월	일	신고 및 납부 일정	비 고
		• 근로·퇴직·사업(원천징수대상)·종교인소득지급명세서 제출기한	2023년분
		• 증권거래세 신고납부기한(증권거래세법 제3조제1호 및 제2호 납세의무자)	2024년 2월 거래분
		• 국외 주식매수선택권등 거 □□□ ...분	...분
		• 인지세 납부기한(후납신청자 □□□	2월분
		• 레저세(지방교육세 포함) □□□	2월분
		• 주민세 종업원분 신고납부 □□□	2월 지급급여기준
		• 국민연금·건강보험료 등 □□□	2월분
		• 건강보험 보수총액 신고기 □□□	지급분
	15일 (금)	• 근로장려금 신청기한(근로소□□□ □□ ...)	2023년 7월~12월분
	20일 (수)	• 담배소비세(지방교육세 포함) 신고납부기한	2024년 2월분
	25일 (월)	• 개별소비세 신고납부기한(과세유흥장소)	2024년 2월 거래분
4월	1일 (월)	• 12월말 결산법인 법인세 신고납부기한	2023년 1월~12월
		• 일용근로소득 지급명세서, 근로·사업·기타소득 간이지급명세서 제출기한	2024년 2월 지급분
		• 개별소비세 신고납부기한(석유류, 담배)	2024년 2월 거래분
		• 개별소비세 신고납부기한(과세영업장소)	2023년분
		• 교통·에너지·환경세 신고납부기한	2024년 2월 거래분
		• 주행분 자동차세 신고납부기한	2024년 2월 거래분
		• 개인금융보험업자 교육세 신고납부기한	2023년 귀속분
		• 법인금융보험업자 교육세 신고납부기한	12월말 결산법인
		• 고용보험·산재보험료(개산·확정) 자진납부기한	2023년 확정분, 2024년 개산분
	11일 (목)	• 원천징수세액(법인세, 소득세, 특별징수분 지방소득세) 신고납부기한	2024년 3월 지급분
		• 증권거래세 신고납부기한(증권거래세법 제3조제1호 및 제2호 납세의무자)	2024년 3월 거래분
		• 인지세 납부기한(후납신청자)	2024년 3월분
		• 레저세(지방교육세 포함) 신고납부기한	2024년 3월분
		• 주민세 종업원분 신고납부기한	2024년 3월 지급급여기준
		• 국민연금·건강보험료 등 납부기한	2024년 3월분
	22일 (월)	• 담배소비세(지방교육세 포함) 신고납부기한	2024년 3월분
	25일 (목)	• 부가가치세 예정신고납부기한	2024년 제1기분
		• 개별소비세 신고납부기한(과세장소, 석유류 외)	2024년 1/4분기분
		• 개별소비세 신고납부기한(과세유흥장소)	2024년 3월 거래분
		• 주세 신고납부기한	2024년 1/4분기분
	30일 (화)	• 12월말 결산 성실신고확인대상인 법인세 신고기한	2023년 1월~12월
		• 12월말 결산법인 법인세 분납기한(일반기업)	납부세액 1천만원 초과시
		• 일용근로소득 지급명세서, 근로·사업·기타소득 간이지급명세서 제출기한	2024년 3월 지급분
		• 12월말 공익법인 세무확인서·출연재산 명세서 등 제출기한	2023년 1월~12월분
		• 공익법인 결산서류 등 공시기한	12월말 결산법인
		• 개별소비세 신고납부기한(석유류, 담배)	2024년 3월 거래분
		• 교통·에너지·환경세 신고납부기한	2024년 3월 거래분
		• 주행분 자동차세 신고납부기한	2024년 3월 거래분
		• 12월말 결산법인 지방소득세(법인세분) 신고납부기한	2023년 1월~12월
5월	10일 (금)	• 원천징수세액(법인세, 소득세, 특별징수분 지방소득세) 신고납부기한	2024년 4월 지급분
		• 증권거래세 신고납부기한(증권거래세법 제3조제1호 및 제2호 납세의무자)	2024년 4월 거래분
		• 인지세 납부기한(후납신청자)	2024년 4월분
		• 레저세(지방교육세 포함) 신고납부기한	2024년 4월분
		• 주민세 종업원분 신고납부기한	2024년 4월 지급급여기준
		• 국민연금·건강보험료 등 납부기한	2024년 4월분
	16일 (목)	• 고용보험·산재보험료(개산) 분납(건설업)	분납신청 회사
	20일 (월)	• 담배소비세(지방교육세 포함) 신고납부기한	2024년 4월분

KB171196

월	일	신고 및 납부 일정	비 고
	27일 (월)	• 개별소비세 신고납부기한(과세유흥장소)	2024년 4월 거래분
	31일 (금)	• 9월말 결산법인 법인세 중간예납기한 • 12월말 결산법인 법인세 분납기한(중소기업) • 소득세 확정신고 납부기한(5.1.~) • 사업용계좌 변경·추가 신고기한 • 근로장려금·자녀장려금 신청기한 • 일용근로소득 지급명세서, 근로·사업·기타소득 간이지급명세서 제출기한 • 개별소비세 신고납부기한(석유류, 담배) • 교통·에너지·환경세 신고납부기한 • 주행분 자동차세 신고납부기한 • 지방소득세(소득세분) 신고납부기한	2023년 10월~2024년 3월분 납부세액 1천만원 초과시 2023년 귀속 개인소득 성실신고대상자 외 사업자 2023년 귀속분 2024년 4월 지급분 2024년 4월 거래분 2024년 4월 거래분 2024년 4월 거래분 2023년 귀속분
6월	10일 (월)	• 원천징수세액(법인세, 소득세, 특별징수분 지방소득세) 신고납부기한 • 부가가치세 주사업장 총괄납부 신청 및 포기신고기한 • 증권거래세 신고납부기한(증권거래세법 제3조제1호 및 제2호 납세의무자) • 인지세 납부기한(후납신청자) • 레저세(지방교육세 포함) 신고납부기한 • 주민세 종업원분 신고납부기한 • 국민연금·건강보험료 등 납부기한	2024년 5월 지급분 2024년 2기 이후 적용자 2024년 5월 거래분 2024년 5월분 2024년 5월분 2024년 5월 지급급여기준 2024년 5월분
	17일 (월)	• 2023 종합부동산세 분납기한	납부세액 250만원 초과시
	20일 (목)	• 담배소비세(지방교육세 포함) 신고납부기한	2024년 5월분
	25일 (화)	• 개별소비세 신고납부기한(과세유흥장소)	2024년 5월 거래분
7월	1일 (월)	• 3월말 결산법인 법인세 확정신고납부기한 • 종합소득세 확정신고 납부기한(성실신고 확인 대상 사업자) • 일용근로소득 지급명세서, 근로·사업·기타소득 간이지급명세서 제출기한 • 일감몰아주기, 일감떼어주기 증여세 신고기한 • 사업용계좌 변경·추가 신고기한 • 소규모사업자 반기별 원천징수납부승인신청기한(6.1.~) • 개별소비세 신고납부기한(석유류, 담배) • 교통·에너지·환경세 신고납부기한 • 법인금융보험업자 교육세 신고납부기한 • 주행분 자동차세 신고납부기한 • 소유분 자동차세(지방교육세 포함) 납부기한(6.16.~)	2023년 4월~2024년 3월 2023년 귀속분 2024년 5월 지급분 12월말 결산법인 성실신고대상자 7월 1일 이후 적용자 2024년 5월 거래분 2024년 5월 거래분 3월말 결산법인 2024년 5월 거래분 1월~6월분(제1기분)
	10일 (수)	• 원천징수세액(법인세, 소득세, 특별징수분 지방소득세) 신고납부기한 • 소규모사업자 원천징수세액 반기별 납부기한 • 증권거래세 신고납부기한(증권거래세법 제3조제1호 및 제2호 납세의무자) • 인지세 납부기한(후납신청자) • 레저세(지방교육세 포함) 신고납부기한 • 주민세 종업원분 신고납부기한 • 국민연금·건강보험료 등 납부기한	2024년 6월 지급분 2024년 1월~6월 지급분 2024년 6월 거래분 2024년 6월분 2024년 6월분 2024년 6월 지급급여기준 2024년 6월분
	22일 (월)	• 담배소비세(지방교육세 포함) 신고납부기한	2024년 6월분
	25일 (목)	• 부가가치세 확정신고납부기한 • 개별소비세 신고납부기한(과세장소, 석유류 외) • 개별소비세 신고납부기한(과세유흥장소) • 주세 신고납부기한	2024년 제1기분 2024년 2/4분기분 2024년 6월 거래분 2024년 2/4분기분
	31일 (수)	• 종합(양도)소득세 확정신고분 분납기한(2023년 귀속) • 일용근로소득 지급명세서, 근로·사업·기타소득 간이지급명세서 제출기한 • 개별소비세 신고납부기한(석유류, 담배) • 교통·에너지·환경세 신고납부기한 • 주행분 자동차세 신고납부기한	납부세액 1천만원 초과시 2024년 6월 지급분 2024년 6월 거래분 2024년 6월 거래분 2024년 6월 거래분

월	일	신고 및 납부 일정	비 고
		• 재산세(지방교육세 포함) 납부기한(7.16.~)	건축물·주택(산출세액 1/2), 선박, 항공기
		• 3월말 결산법인 지방소득세(법인세분) 신고납부기한	2023년 4월~2024년 3월
8월	12일 (월)	• 원천징수세액(법인세, 소득세, 특별징수분 지방소득세) 신고납부기한	2024년 7월 지급분
		• 증권거래세 신고납부기한(증권거래세법 제3조제1호 및 제2호 납세의무자)	2024년 7월 거래분
		• 인지세 납부기한(후납신청자)	2024년 7월분
		• 레저세(지방교육세 포함) 신고납부기한	2024년 7월분
		• 주민세 종업원분 신고납부기한	2024년 7월 지급급여기준
		• 국민연금·건강보험료 등 납부기한	2024년 7월분
	16일 (금)	• 고용보험·산재보험료(개산) 분납(건설업)	분납신청 회사
	20일 (화)	• 담배소비세(지방교육세 포함) 신고납부기한	2024년 7월분
	26일 (월)	• 개별소비세 신고납부기한(과세유흥장소)	2024년 7월 거래분
9월	2일 (월)	• 12월말 결산법인 법인세 중간예납기한	2024년 1월~6월분
		• 일용근로소득 지급명세서, 근로·사업·기타소득 간이지급명세서 제출기한	2024년 7월 지급분
		• 증권거래세 신고납부기한(증권거래세법 제3조제3호 납세의무자)	2024년 1월~6월분
		• 개별소비세 신고납부기한(석유류, 담배)	2024년 7월 거래분
		• 교통·에너지·환경세 신고납부기한	2024년 7월 거래분
		• 주행분 자동차세 신고납부기한	2024년 7월 거래분
		• 주민세 개인분(지방교육세 포함) 납부기한(8.16.~)	2024년도분
		• 주민세 사업소분(지방교육세 포함) 납부기한(8.1.~)	2024년도분
	10일 (화)	• 원천징수세액(법인세, 소득세, 특별징수분 지방소득세) 신고납부기한	2024년 8월 지급분
		• 증권거래세 신고납부기한(증권거래세법 제3조제1호 및 제2호 납세의무자)	2024년 8월 거래분
		• 인지세 납부기한(후납신청자)	2024년 8월분
		• 레저세(지방교육세 포함) 신고납부기한	2024년 8월분
		• 주민세 종업원분 신고납부기한	2024년 8월 지급급여기준
		• 국민연금·건강보험료 등 납부기한	2024년 8월분
	19일 (목)	• 근로장려금 신청기한(근로소득만 있는 자)	2024년 1월~6월분
	20일 (금)	• 담배소비세(지방교육세 포함) 신고납부기한	2024년 8월분
	25일 (월)	• 개별소비세 신고납부기한(과세유흥장소)	2024년 8월 거래분
	30일 (월)	• 6월말 결산법인 법인세 신고납부기한	2023년 7월~2024년 6월
		• 12월말 결산법인 중간예납법인세 분납기한(일반기업)	납부세액 1천만원 초과시
		• 일용근로소득 지급명세서, 근로·사업·기타소득 간이지급명세서 제출기한	2024년 8월 지급분
		• 개별소비세 신고납부기한(석유류, 담배)	2024년 8월 거래분
		• 교통·에너지·환경세 신고납부기한	2024년 8월 거래분
		• 주행분 자동차세 신고납부기한	6월말 결산법인
		• 법인금융보험업자의 교육세 신고납부기한	토지, 주택(산출세액의 1/2)
		• 재산세(지방교육세 포함) 납부기한(9.16.~)	2024년도분
		• 종합부동산세 합산배제 및 과세특례 신고기한(9.16.~)	
10월	10일 (목)	• 원천징수세액(법인세, 소득세, 특별징수분 지방소득세) 신고납부기한	2024년 9월 지급분
		• 증권거래세 신고납부기한(증권거래세법 제3조제1호 및 제2호 납세의무자)	2024년 9월 거래분
		• 인지세 납부기한(후납신청자)	2024년 9월분
		• 레저세(지방교육세 포함) 신고납부기한	2024년 9월분
		• 주민세 종업원분 신고납부기한	2024년 9월 지급급여기준
		• 국민연금·건강보험료 등 납부기한	2024년 9월분
	21일 (월)	• 담배소비세(지방교육세 포함) 신고납부기한	2024년 9월분

월	일	신고 및 납부 일정	비 고
	25일 (금)	• 부가가치세 예정신고납부기한 • 개별소비세 신고납부기한(과세장소, 석유류 외) • 개별소비세 신고납부기한(과세유흥장소) • 주세 신고납부기한	2024년 제2기분 2024년 3/4분기분 2024년 9월 거래분 2024년 3/4분기분
	31일 (목)	• 6월말 성실신고확인대상인 법인세 신고납부기한 • 6월말 결산법인 법인세 분납기한(일반기업) • 12월말 결산법인 중간예납법인세 분납기한(중소기업) • 일용근로소득 지급명세서, 근로·사업·기타소득 간이지급명세 서 제출기한 • 6월말 공익법인 세무확인서·출연재산 명세서 등 제출기한 • 공익법인 결산서류 등 공시기한 • 개별소비세 신고납부기한(석유류, 담배) • 교통·에너지·환경세 신고납부기한 • 주행분 자동차세 신고납부기한 • 6월말 결산법인 지방소득세(법인세분) 신고납부기한	2023년 7월~2024년 6월 납부세액 1천만원 초과시 납부세액 1천만원 초과시 2024년 9월 지급분 2023년 7월~2024년 6월분 6월말 결산법인 2024년 9월 거래분 2024년 9월 거래분 2024년 9월 거래분 2023년 7월~2024년 6월
11월	11일 (월)	• 원천징수세액(법인세, 소득세, 특별징수분 지방소득세) 신고납부기한 • 증권거래세 신고납부기한(증권거래세법 제3조제1호 및 제2호 납세의무자) • 인지세 납부기한(후납신청자) • 레저세(지방교육세 포함) 신고납부기한 • 주민세 종업원분 신고납부기한 • 국민연금·건강보험료 등 납부기한	2024년 10월 지급분 2024년 10월 거래분 2024년 10월분 2024년 10월분 2024년 10월 지급급여기준 2024년 10월분
	15일 (금)	• 고용보험·산재보험료(개산) 분납(건설업)	분납신청 회사
	20일 (수)	• 담배소비세(지방교육세 포함) 신고납부기한	2024년 10월분
	25일 (월)	• 개별소비세 신고납부기한(과세유흥장소)	2024년 10월 거래분
12월	2일 (월)	• 3월말 결산법인 법인세 중간예납기한 • 6월말 결산법인 법인세 분납기한(중소기업) • 종합소득세 중간예납기한 • 일용근로소득 지급명세서, 근로·사업·기타소득 간이지급명세 서 제출기한 • 근로장려금·자녀장려금 기한 후 신청 기한 • 개별소비세 신고납부기한(석유류, 담배) • 교통·에너지·환경세 신고납부기한 • 주행분 자동차세 신고납부기한	2024년 4월~9월분 납부세액 1천만원 초과시 2024년 1월~6월분 2024년 10월 지급분 2023년 귀속분 2024년 10월 거래분 2024년 10월 거래분 2024년 10월 거래분
	10일 (화)	• 부가가치세주사업장 총괄 납부(사업자 단위 신고·납부)승인신청 및 포기신고기한 • 원천징수세액(법인세, 소득세, 특별징수분 지방소득세) 신고납부기한 • 증권거래세 신고납부기한(증권거래세법 제3조제1호 및 제2호 납세의무자) • 인지세 납부기한(후납신청자) • 레저세(지방교육세 포함) 신고납부기한 • 주민세 종업원분 신고납부기한 • 국민연금·건강보험료 등 납부기한	2025년 1기 이후 적용자 2024년 11월 지급분 2024년 11월 거래분 2024년 11월분 2024년 11월분 2024년 11월 지급급여기준 2024년 11월분
	16일 (월)	• 종합부동산세 신고납부기한(12.1.~)	2024년분
	20일 (금)	• 담배소비세(지방교육세 포함) 신고납부기한	2024년 11월분
	26일 (목)	• 개별소비세 신고납부기한(과세유흥장소)	2024년 11월 거래분
	31일 (화)	• 9월말 결산법인 법인세 신고납부기한 • 일용근로소득 지급명세서, 근로·사업·기타소득 간이지급명세 서 제출기한 • 소규모사업자 반기별 원천징수납부승인신청기한(12.1.~) • 개별소비세 신고납부기한(석유류, 담배) • 교통·에너지·환경세 신고납부기한 • 주행분 자동차세 신고납부기한 • 소유분 자동차세(지방교육세 포함) 납부기한(12.16.~)	2023년 10월~2024년 9월 11월 지급분 2025년 1월 이후 적용자 2024년 11월 거래분 2024년 11월 거래분 2024년 11월 거래분 2024년 7월~12월분(제2기분)

2024年

税法

玄岩 趙相元 創始

㈜현암사

2024年版

稅法

創始
玄岩 趙相元

創始者略歷
1946年 · 韓國公論社 社長
1959年 · 『法典』 創始
1971年 · 讀書新聞 社長
1972年 · 國務總理表彰(文化有功)
1979年 · 서울市 文化賞受賞(法典 등 出版에 先導的 역할 有功)
1984年 · 大統領表彰(法典 등 出版有功) · 出版學會賞
1985年 · 文化勳章寶冠章敍勳
1995年 · 中央大學校 言論文化賞(出版部門) 受賞
1999年 · 韓國法學敎授會 名譽會員 추대
　　　　　著書에 〈外國法典〉〈商工法典〉〈基本法典〉〈警察法〉〈實務刑罰法大典〉〈책과 30年〉
　　　　　〈韓國判例와 外國判例〉〈內外判例事典 全5卷〉〈圖解法律用語辭典〉
　　　　　〈憲法S-E〉〈刑法S-E〉〈刑訴法S-E〉〈삶에 이르는 삶〉〈법이 뭐길래〉〈그래도 길이 있었다〉 등
2001年 · 「정보산업법전」 발행
2003年 · 「考試法典」 행정고시 · 외무고시 · 법원행정고시 · 법무사 2차 시험장 비치용 법전으로 채택
　　　　　「試驗用法典」 사법시험 2차 시험장 대비용 법전 발행
2004年 · 「辨理士試驗用法典」 변리사 2차 시험장 비치용 법전으로 채택
　　　　　대표이사 사장 조근태 제18회 '책의 날' 기념 정부 표창 대통령상 수상(출판공로)
2005年 · 대표이사 사장 조근태 간행물윤리상 출판인쇄상 수상
2009年 · 「法典」 50주년 기념 전시회(국회도서관 2009. 11. 19~2009. 11. 26)
2010年 · 한국산업인력공단 주관 공인노무사 2차시험용 법전 출간업체로 선정
2011年 · 대표이사 사장 조미현 제25회 '책의 날' 기념 정부 표창 문화체육관광부장관상 수상(출판공로)
2012年 · 「변호사시험법전」 발행
2015年 · 현암사 창립 70주년 기념 전시회(파주 아시아출판문화정보센터 2015. 11. 12~2015. 11. 30)
2017年 · 대표이사 사장 조미현 출판문화산업진흥원 이사 역임
2018年 · 대표이사 사장 조미현 국가지식재산위원회 민간위원 역임

인쇄 : 2024. 2. 14
발행 : 2024. 2. 26　*개정 : 2024년판
발행인 : 조미현
편집 : 윤지현 김희윤 이수호 류근순
발행처 : ㈜**현암사**
서울특별시 마포구 동교로12안길 35(우 04029)
Tel. 365-5051(법전팀 내선번호 4번) FAX. 313-2729
E-mail : law@hyeonamsa.com
홈페이지 : www.hyeonamsa.com
등록 : 1951. 12. 24. 제10-126호

정가 : 30,000원
*파본은 본사나 구입하신 서점에서 바꿔 드립니다.

www.hyeonamsa.com

14360

9 788932 323572
ISBN 978-89-323-2357-2
ISBN 978-89-323-2355-8(세트)

일 러 두 기

1. **【수록범위】** 세법은 2024년 2월 현재의 법률·시행령·시행규칙을 참조식으로 수록하였다. 이후 개정은 「현암법률」에 수록하기로 하였다.

2. **【법령분류】** 수록한 세법을 ① 租稅·通則 ② 直接稅 ③ 間接稅 ④ 關稅 ⑤ 地方稅·目的稅로 분류하였다.

3. **【가나다순 법령찾기, 편목차】** 법령을 손쉽게 찾아볼 수 있도록 책머리에 "가나다순 법령찾기"와 "編目次"를 수록하였다.

4. **【법령명 한글·띄어쓰기 표기】** 법제처의 법령명 '한글·띄어쓰기' 표기 원칙에 맞춰 개정 사항에 반영된 일부 법령은 그에 따랐으나, 아직 개정 사항에 반영되지 못한 법령명은 '한자·붙여쓰기'로 표기하였다.

5. **【조·항·호·목의 개정표시】** 법령 개정이 있을 때마다 해당 조·항·호·목별로 개정 연·월·일을 명시하였다.

6. **【법률 제명 약칭】** 제명이 10음절 이상인 법률에 대해서는 법제처에서 정한 '법률 제명 약칭'에 따른 약칭을 함께 표기하였다.

7. **【간이세액표】** 근로소득·연금소득 및 종교인소득에 대한 간이세액표는 이 책 끝에 수록하였다.

8. **【대한민국 현행 법령 서비스】** 법제처에서 제공하는 대한민국 현행 법령 서비스를 현암사 홈페이지(www.hyeonamsa.com)와 연동, 대한민국의 현행 법령 및 연혁 법령을 홈페이지에서 검색할 수 있도록 하였다.

가나다순 법령찾기

編 目 次

税法

국세기본법

(1974년 12월 21일)
(법 률 제2679호)

제1장 총 칙
(2010.1.1 본장제목개정)

제1절 통 칙
(2010.1.1 본절개정)

제1조【목적】 이 법은 국세에 관한 기본적이고 공통적인 사항과 납세자의 권리ㆍ의무 및 권리구제에 관한 사항을 규정함으로써 국세에 관한 법률관계를 명확하게 하고, 과세(課稅)를 공정하게 하며, 국민의 납세의무의 원활한 이행에 이바지함을 목적으로 한다. (2016.12.20 본조개정)

제2조【정의】 이 법에서 사용하는 용어의 뜻은 다음과 같다.
1. "국세"(國稅)란 국가가 부과하는 조세 중 다음 각 목의 것을 말한다.
   가. 소득세
   나. 법인세
   다. 상속세와 증여세
   라. 종합부동산세
   마. 부가가치세

   바. 개별소비세
   사. 교통ㆍ에너지ㆍ환경세
   아. 주세(酒稅)
   자. 인지세(印紙稅)
   차. 증권거래세
   카. 교육세
   타. 농어촌특별세
   (2011.12.31 본호개정)
2. "세법"(稅法)이란 국세의 종목과 세율을 정하고 있는 법률과 「국세징수법」, 「조세특례제한법」, 「국제조세조정에 관한 법률」, 「조세범 처벌법」 및 「조세범 처벌절차법」을 말한다.
3. "원천징수"(源泉徵收)란 세법에 따라 원천징수의무자가 국세(이와 관계되는 가산세는 제외한다)를 징수하는 것을 말한다.(2020.6.9 본호개정)
4. "가산세"(加算稅)란 이 법 및 세법에서 규정하는 의무의 성실한 이행을 확보하기 위하여 세법에 따라 산출한 세액에 가산하여 징수하는 금액을 말한다. (2018.12.31 본호개정)
5. (2018.12.31 삭제)
6. "강제징수비"(强制徵收費)란 「국세징수법」 중 강제징수에 관한 규정에 따른 재산의 압류, 보관, 운반과 매각에 든 비용(매각을 대행시키는 경우 그 수수료를 포함한다)을 말한다.(2020.12.22 본호개정)
7. "지방세"(地方稅)란 「지방세기본법」에서 규정하는 세목을 말한다.(2013.1.1 본호개정)
8. "공과금"(公課金)이란 「국세징수법」에서 규정하는 강제징수의 예에 따라 징수할 수 있는 채권 중 국세, 관세, 임시수입부가세, 지방세와 이와 관계되는 강제징수비를 제외한 것을 말한다.(2020.12.22 본호개정)
9. "납세의무자"란 세법에 따라 국세를 납부할 의무(국세를 징수하여 납부할 의무는 제외한다)가 있는 자를 말한다.
10. "납세자"란 납세의무자(연대납세의무자와 납세자를 갈음하여 납부할 의무가 생긴 경우의 제2차 납세의무자 및 보증인을 포함한다)와 세법에 따라 국세를 징수하여 납부할 의무를 지는 자를 말한다.
11. "제2차 납세의무자"란 납세자가 납세의무를 이행할 수 없는 경우에 납세자를 갈음하여 납세의무를 지는 자를 말한다.
12. "보증인"이란 납세자의 국세 또는 강제징수비의 납부를 보증한 자를 말한다.(2020.12.22 본호개정)
13. "과세기간"이란 세법에 따라 국세의 과세표준 계산의 기초가 되는 기간을 말한다.
14. "과세표준"(課稅標準)이란 세법에 따라 직접적으로 세액산출의 기초가 되는 과세대상의 수량 또는 가액(價額)을 말한다.(2011.12.31 본호개정)
15. "과세표준신고서"란 국세의 과세표준과 국세의 납부 또는 환급에 필요한 사항을 적은 신고서를 말한다.
15의2. "과세표준수정신고서"란 당초에 제출한 과세표준신고서의 기재사항을 수정하는 신고서를 말한다.
16. "법정신고기한"이란 세법에 따라 과세표준신고서를 제출할 기한을 말한다.
17. "세무공무원"이란 다음 각 목의 사람을 말한다.
    가. 국세청장, 지방국세청장, 세무서장 또는 그 소속 공무원
    나. 세법에 따라 국세에 관한 사무를 세관장(稅關長)이 관장하는 경우의 그 세관장 또는 그 소속 공무원
    다. (2011.12.31 삭제)
18. "정보통신망"이란 「전기통신기본법」 제2조제2호에 따른 전기통신설비를 활용하거나 전기통신설비와 컴퓨터 및 컴퓨터의 이용기술을 활용하여 정보를 수집, 가공, 저장, 검색, 송신 또는 수신하는 정보통신체계를 말한다.

租稅
通則

19. "전자신고"란 과세표준신고서 등 이 법 또는 세법에 따른 신고 관련 서류를 국세청장이 정하여 고시하는 정보통신망(이하 "국세정보통신망"이라 한다)을 이용하여 신고하는 것을 말한다.
20. "특수관계인"이란 본인과 다음 각 목의 어느 하나에 해당하는 관계에 있는 자를 말한다. 이 경우 이 법 및 세법을 적용할 때 본인도 그 특수관계인의 특수관계인으로 본다.
　가. 혈족·인척 등 대통령령으로 정하는 친족관계
　나. 임원·사용인 등 대통령령으로 정하는 경제적 연관관계
　다. 주주·출자자 등 대통령령으로 정하는 경영지배관계
　(2011.12.31 본호신설)
21. "세무조사"란 국세의 과세표준과 세액을 결정 또는 경정하기 위하여 질문을 하거나 해당 장부·서류 또는 그 밖의 물건(이하 "장부등"이라 한다)을 검사·조사하거나 그 제출을 명하는 활동을 말한다.
　(2018.12.31 본호신설)
제3조【세법 등과의 관계】 ① 국세에 관하여 세법에 별도의 규정이 있는 경우를 제외하고는 이 법에서 정하는 바에 따른다.(2019.12.31 본항개정)
② 「관세법」과 「수출용 원재료에 대한 관세 등 환급에 관한 특례법」에서 세관장이 부과·징수하는 국세에 관하여 이 법에 대한 특례규정을 두고 있는 경우에는 「관세법」과 「수출용 원재료에 대한 관세 등 환급에 관한 특례법」에서 정하는 바에 따른다.
(2014.1.1 본조개정)

제2절　기간과 기한
(2010.1.1 본절개정)

제4조【기간의 계산】 이 법 또는 세법에서 규정하는 기간의 계산은 이 법 또는 그 세법에 특별한 규정이 있는 것을 제외하고는 「민법」에 따른다.
제5조【기한의 특례】 ① 이 법 또는 세법에서 규정하는 신고, 신청, 청구, 그 밖에 서류의 제출, 통지, 납부 또는 징수에 관한 기한이 다음 각 호의 어느 하나에 해당하는 경우에는 그 다음날을 기한으로 한다.
(2022.12.31 본문개정)
1. 토요일 및 일요일(2022.12.31 본호신설)
2. 「공휴일에 관한 법률」에 따른 공휴일 및 대체공휴일
　(2022.12.31 본호신설)
3. 「근로자의 날 제정에 관한 법률」에 따른 근로자의 날(2022.12.31 본호신설)
② (2006.4.28 삭제)
③ 이 법 또는 세법에서 규정하는 신고기한 만료일 또는 납부기한 만료일에 국세정보통신망이 대통령령으로 정하는 장애로 가동이 정지되어 전자신고나 전자납부(이 법 또는 세법에 따라 납부할 국세를 정보통신망을 이용하여 납부하는 것을 말한다)를 할 수 없는 경우에는 그 장애가 복구되어 신고 또는 납부할 수 있게 된 날의 다음날을 기한으로 한다.(2019.12.31 본항개정)
제5조의2【우편신고 및 전자신고】 ① 우편으로 과세표준신고서, 과세표준수정신고서, 경정청구서 또는 과세표준신고·과세표준수정신고·경정청구와 관련된 서류를 제출한 경우 「우편법」에 따른 우편날짜도장이 찍힌 날(우편날짜도장이 찍히지 아니하였거나 분명하지 아니한 경우에는 통상 걸리는 배송일수를 기준으로 발송한 날로 인정되는 날)에 신고되거나 청구된 것으로 본다.(2019.12.31 본항개정)
② 제1항의 신고서 등을 국세정보통신망을 이용하여 제출하는 경우에는 해당 신고서 등이 국세청장에게 전송된 때에 신고되거나 청구된 것으로 본다.(2019.12.31 본항개정)

③ 제2항에 따라 전자신고 또는 전자청구된 경우 과세표준신고 또는 과세표준수정신고와 관련된 서류 중 대통령령으로 정하는 서류에 대해서는 대통령령으로 정하는 바에 따라 10일의 범위에서 제출기한을 연장할 수 있다.(2019.12.31 본항개정)
④ 전자신고에 의한 과세표준 등의 신고 절차 등에 관한 세부적인 사항은 기획재정부령으로 정한다.
제6조【천재 등으로 인한 기한의 연장】 관할 세무서장은 천재지변이나 그 밖에 대통령령으로 정하는 사유로 이 법 또는 세법에서 규정하는 신고, 신청, 청구, 그 밖에 서류의 제출 또는 통지를 정하여진 기한까지 할 수 없다고 인정하는 경우나 납세자가 기한 연장을 신청한 경우에는 대통령령으로 정하는 바에 따라 그 기한을 연장할 수 있다.(2020.12.22 본조개정)
제6조의2~제7조 (2020.12.22 삭제)

제3절　서류의 송달
(2010.1.1 본절개정)

제8조【서류의 송달】 ① 이 법 또는 세법에서 규정하는 서류는 그 명의인(그 서류에 수신인으로 지정되어 있는 자를 말한다. 이하 같다)의 주소, 거소(居所), 영업소 또는 사무소[정보통신망을 이용한 송달(이하 "전자송달"이라 한다)인 경우에는 명의인의 전자우편주소(국세정보통신망에 저장하는 경우에는 명의인의 사용자확인기호를 이용하여 접근할 수 있는 곳을 말한다)를 말하며, 이하 "주소 또는 영업소"라 한다]에 송달한다.
② 연대납세의무자에게 서류를 송달할 때에는 그 대표자를 명의인으로 하며, 대표자가 없을 때에는 연대납세의무자 중 국세를 징수하기에 유리한 자를 명의인으로 한다. 다만, 납부의 고지와 독촉에 관한 서류는 연대납세의무자 모두에게 각각 송달하여야 한다.
(2020.12.29 단서개정)
③ 상속이 개시된 경우 상속재산관리인이 있을 때에는 그 상속재산관리인의 주소 또는 영업소에 송달한다.
④ 납세관리인이 있을 때에는 납부의 고지와 독촉에 관한 서류는 그 납세관리인의 주소 또는 영업소에 송달한다.(2020.12.29 본항개정)
⑤ 제1항에 불구하고 송달받아야 할 사람이 교정시설 또는 국가경찰관서의 유치장에 체포·구속 또는 유치(留置)된 사실이 확인된 경우에는 해당 교정시설의 장 또는 국가경찰관서의 장에게 송달한다.
(2018.12.31 본항신설)
제9조【송달받을 장소의 신고】 제8조에 따른 서류의 송달을 받을 자가 주소 또는 영업소 중에서 송달받을 장소를 대통령령으로 정하는 바에 따라 정부에 신고한 경우에는 그 신고된 장소에 송달하여야 한다. 이를 변경한 경우에도 또한 같다.
제10조【서류 송달의 방법】 ① 제8조에 따른 서류 송달은 교부, 우편 또는 전자송달의 방법으로 한다.
② 납부의 고지·독촉·강제징수 또는 세법에 따른 정부의 명령과 관계되는 서류의 송달을 우편으로 할 때에는 등기우편으로 하여야 한다. 다만, 「소득세법」 제65조제1항에 따른 중간예납세액의 납부고지서, 「부가가치세법」 제48조제3항에 따라 징수하기 위한 납부고지서 및 제22조제2항 각 호의 국세에 대한 과세표준신고서를 법정신고기한까지 제출하였으나 과세표준신고액에 상당하는 세액의 전부 또는 일부를 납부하지 아니하여 발급하는 납부고지서로서 대통령령으로 정하는 금액 미만에 해당하는 납부고지서는 일반우편으로 송달할 수 있다.(2020.12.29 본항개정)
③ 교부에 의한 서류 송달은 해당 행정기관의 소속 공무원이 서류를 송달할 장소에서 송달받아야 할 자에게 서류를 교부하는 방법으로 한다. 다만, 송달을 받아야

할 자가 송달받기를 거부하지 아니하면 다른 장소에서 교부할 수 있다.
④ 제2항과 제3항의 경우에 송달할 장소에서 서류를 송달받아야 할 자를 만나지 못하였을 때에는 그 사용인이나 그 밖의 종업원 또는 동거인으로서 사리를 판별할 수 있는 사람에게 서류를 송달할 수 있으며, 서류를 송달받아야 할 자 또는 그 사용인이나 그 밖의 종업원 또는 동거인으로서 사리를 판별할 수 있는 사람이 정당한 사유 없이 서류 수령을 거부할 때에는 송달할 장소에 서류를 둘 수 있다.
⑤ 제1항부터 제4항까지의 규정에 따라 서류를 송달하는 경우에 송달받아야 할 자가 주소 또는 영업소를 이전하였을 때에는 주민등록표 등으로 이를 확인하고 이전한 장소에 송달하여야 한다.
⑥ 서류를 교부하였을 때에는 송달서에 수령인이 서명 또는 날인하게 하여야 한다. 이 경우 수령인이 서명 또는 날인을 거부하면 그 사실을 송달서에 적어야 한다.
⑦ 일반우편으로 서류를 송달하였을 때에는 해당 행정기관의 장은 다음 각 호의 사항을 확인할 수 있는 기록을 작성하여 갖춰 두어야 한다.
1. 서류의 명칭
2. 송달을 받아야 할 자의 성명
3. 송달 장소
4. 발송연월일
5. 서류의 주요 내용
⑧ 전자송달은 대통령령으로 정하는 바에 따라 서류를 송달받아야 할 자가 신청한 경우에만 한다. 다만, 납부고지서가 송달되기 전에 대통령령으로 정하는 바에 따라 납세자가 이 법 또는 세법에서 정하는 바에 따라 세액을 자진납부한 경우 납부한 세액에 대해서는 자진납부한 시점에 전자송달을 신청한 것으로 본다. (2020.12.29 단서개정)
⑨ 납세자가 2회 연속하여 전자송달(국세정보통신망에 송달된 경우에 한정한다)된 서류를 열람하지 아니하는 경우에는 대통령령으로 정하는 바에 따라 전자송달의 신청을 철회한 것으로 본다. 다만, 납세자가 전자송달된 납부고지서에 의한 세액을 그 납부기한까지 전액 납부한 경우에는 그러하지 아니하다. (2022.12.31 본항신설)
⑩ 제8항에도 불구하고 국세정보통신망의 장애로 전자송달을 할 수 없는 경우나 그 밖에 대통령령으로 정하는 사유가 있는 경우에는 교부 또는 우편의 방법으로 송달할 수 있다.
⑪ 제8항에 따라 전자송달을 할 수 있는 서류의 구체적인 범위 및 송달 방법 등에 관하여 필요한 사항은 대통령령으로 정한다.

제11조【공시송달】
① 서류를 송달받아야 할 자가 다음 각 호의 어느 하나에 해당하는 경우에는 서류의 주요 내용을 공고한 날부터 14일이 지나면 제8조에 따른 서류 송달이 된 것으로 본다.
1. 주소 또는 영업소가 국외에 있고 송달하기 곤란한 경우
2. 주소 또는 영업소가 분명하지 아니한 경우
3. 제10조제4항에서 규정한 자가 송달할 장소에 없는 경우로서 등기우편으로 송달하였으나 수취인 부재로 반송되는 경우 등 대통령령으로 정하는 경우
② 제1항에 따른 공고는 다음 각 호의 어느 하나에 게시하거나 게재한다. 이 경우 국세정보통신망을 이용하여 공시송달을 할 때에는 다른 공시송달 방법과 함께 하여야 한다.
1. 국세정보통신망
2. 세무서의 게시판이나 그 밖의 적절한 장소
3. 해당 서류의 송달 장소를 관할하는 특별자치시ㆍ특별자치도ㆍ시ㆍ군ㆍ구(자치구를 말한다. 이하 같다)의 홈페이지, 게시판이나 그 밖의 적절한 장소 (2013.1.1 본호개정)
4. 관보 또는 일간신문

제12조【송달의 효력 발생】
제8조에 따라 송달하는 서류는 송달받아야 할 자에게 도달한 때부터 효력이 발생한다. 다만, 전자송달의 경우에는 송달받을 자가 지정한 전자우편주소에 입력된 때(국세정보통신망에 저장하는 경우에는 저장된 때)에 그 송달을 받아야 할 자에게 도달한 것으로 본다.

제4절　인　격
(2010.1.1 본절개정)

제13조【법인으로 보는 단체 등】
① 법인(「법인세법」 제2조제1호에 따른 내국법인 및 같은 조 제3호에 따른 외국법인을 말한다. 이하 같다)이 아닌 사단, 재단, 그 밖의 단체(이하 "법인 아닌 단체"라 한다) 중 다음 각 호의 어느 하나에 해당하는 것으로서 수익을 구성원에게 분배하지 아니하는 것은 법인으로 보아 이 법과 세법을 적용한다. (2018.12.31 본문개정)
1. 주무관청의 허가 또는 인가를 받아 설립되거나 법령에 따라 주무관청에 등록한 사단, 재단, 그 밖의 단체로서 등기되지 아니한 것
2. 공익을 목적으로 출연(出捐)된 기본재산이 있는 재단으로서 등기되지 아니한 것
② 제1항에 따라 법인으로 보는 사단, 재단, 그 밖의 단체 외의 법인 아닌 단체 중 다음 각 호의 요건을 모두 갖춘 것으로서 대표자나 관리인이 관할 세무서장에게 신청하여 승인을 받은 것도 법인으로 보아 이 법과 세법을 적용한다. 이 경우 해당 사단, 재단, 그 밖의 단체의 계속성과 동질성이 유지되는 것으로 본다. (2010.12.27 전단개정)
1. 사단, 재단, 그 밖의 단체의 조직과 운영에 관한 규정(規程)을 가지고 대표자나 관리인을 선임하고 있을 것
2. 사단, 재단, 그 밖의 단체 자신의 계산과 명의로 수익과 재산을 독립적으로 소유ㆍ관리할 것
3. 사단, 재단, 그 밖의 단체의 수익을 구성원에게 분배하지 아니할 것
③ 제2항에 따라 법인으로 보는 법인 아닌 단체는 그 신청에 대하여 관할 세무서장의 승인을 받은 날이 속하는 과세기간과 그 과세기간이 끝난 날부터 3년이 되는 날이 속하는 과세기간까지는 「소득세법」에 따른 거주자 또는 비거주자로 변경할 수 없다. 다만, 제2항 각 호의 요건을 갖추지 못하게 되어 승인취소를 받는 경우에는 그러하지 아니하다. (2011.12.31 본항개정)
④ 제1항과 제2항에 따라 법인으로 보는 법인 아닌 단체(이하 "법인으로 보는 단체"라 한다)의 국세에 관한 의무는 그 대표자나 관리인이 이행하여야 한다. (2010.12.27 본항개정)
⑤ 법인으로 보는 단체는 국세에 관한 의무 이행을 위하여 대표자나 관리인을 선임하거나 변경한 경우에는 대통령령으로 정하는 바에 따라 관할 세무서장에게 신고하여야 한다.
⑥ 법인으로 보는 단체가 제5항에 따른 신고를 하지 아니한 경우에는 관할 세무서장은 그 단체의 구성원 또는 관계인 중 1명을 국세에 관한 의무를 이행하는 사람으로 지정할 수 있다.
⑦ 법인으로 보는 단체의 신청ㆍ승인과 납세번호 등의 부여 및 승인취소에 필요한 사항은 대통령령으로 정한다.
⑧ 세법에서 규정하는 납세의무에도 불구하고 전환 국립대학 법인(「고등교육법」 제3조에 따른 국립대학 법인 중 같은 법 제3조, 제18조 및 제19조에 따른 국립학교 또는 공립학교로 운영되다가 법인별 설립근거가 되는 법률에 따라 국립대학 법인으로 전환된 법인을 말한다. 이하 이 항에서 같다)에 대한 국세의 납세의무(국세를 징수하여 납부할 의무는 제외한다. 이하 이 항에서 같다)를 적용할 때에는 전환 국립대학 법인을 별

租税
通則

도의 법인으로 보지 아니하고 국립대학 법인으로 전환되기 전의 국립학교 또는 공립학교로 본다. 다만, 전환 국립대학 법인이 해당 법인의 설립근거가 되는 법률에 따른 교육·연구 활동에 지장이 없는 범위 외의 수익사업을 하는 경우의 납세의무에 대해서는 그러하지 아니하다.(2019.12.31 본항신설)
(2019.12.31 본조제목개정)

제2장 국세 부과와 세법 적용
(2010.1.1 본장제목개정)

제1절 국세 부과의 원칙
(2010.1.1 본절개정)

제14조【실질과세】 ① 과세의 대상이 되는 소득, 수익, 재산, 행위 또는 거래의 귀속이 명의(名義)일 뿐이고 사실상 귀속되는 자가 따로 있을 때에는 사실상 귀속되는 자를 납세의무자로 하여 세법을 적용한다.
② 세법 중 과세표준의 계산에 관한 규정은 소득, 수익, 재산, 행위 또는 거래의 명칭이나 형식과 관계없이 그 실질 내용에 따라 적용한다.(2020.6.9 본항개정)
③ 제3자를 통한 간접적인 방법이나 둘 이상의 행위 또는 거래를 거치는 방법으로 이 법 또는 세법의 혜택을 부당하게 받기 위한 것으로 인정되는 경우에는 그 경제적 실질 내용에 따라 당사자가 직접 거래를 한 것으로 보거나 연속된 하나의 행위 또는 거래를 한 것으로 보아 이 법 또는 세법을 적용한다.
[판례] 실제사업자가 따로 있는데도 과세관청이 사업명의자에게 과세처분을 한 경우에는, 사업명의자와 과세관청 사이에 과세처분에 따라 세액을 납부하는 법률관계가 성립된다. 이는 실제사업자와 과세관청 사이의 법률관계와는 별도의 법률관계로서, 사업명의자에 대한 과세처분에 대하여 실제사업자가 사업명의자 명의로 직접 납부행위를 하였거나 납부자금을 부담하였다고 하더라도 납부의 법률효과는 과세처분의 상대방인 사업명의자에게 귀속될 뿐이며, 실제사업자와 과세관청의 법률관계에서 실제사업자가 세액을 납부한 효과가 발생된다고 할 수 없다. 따라서 사업명의자에게 과세처분이 이루어져 사업명의자 명의로 세액이 납부되었으나 무효이거나 취소되어 과오납부액이 발생한 경우에, 사업명의자 명의로 납부된 세액의 환급청구권자는 사업명의자와 과세관청 사이의 법률관계에 관한 직접 당사자로서 세액 납부의 법률효과가 귀속되는 사업명의자로 보아야 한다.(대판 2015.8.27, 2013두212639)
제15조【신의·성실】 납세자가 그 의무를 이행할 때에는 신의에 따라 성실하게 하여야 한다. 세무공무원이 직무를 수행할 때에도 또한 같다.
제16조【근거과세】 ① 납세의무자가 세법에 따라 장부를 갖추어 기록하고 있는 경우에는 해당 국세 과세표준의 조사와 결정은 그 장부와 이와 관계되는 증거자료에 의하여야 한다.(2020.6.9 본항개정)
② 제1항에 따라 국세를 조사·결정할 때 장부의 기록 내용이 사실과 다르거나 장부의 기록에 누락된 것이 있을 때에는 그 부분에 대해서만 정부가 조사한 사실에 따라 결정할 수 있다.
③ 정부는 제2항에 따라 장부의 기록 내용과 다른 사실 또는 장부 기록에 누락된 것을 조사하여 결정하였을 때에는 정부가 조사한 사실과 결정의 근거를 결정서에 적어야 한다.
④ 행정기관의 장은 해당 납세의무자 또는 그 대리인이 요구하면 제3항의 결정서를 열람 또는 복사하게 하거나 그 등본 또는 초본이 원본과 일치함을 확인하여야 한다.
⑤ 제4항의 요구는 구술(口述)로 한다. 다만, 해당 행정기관의 장이 필요하다고 인정할 때에는 열람하거나 복사한 사람의 서명을 요구할 수 있다.

[판례] 조세부과처분 취소소송에서 과세요건사실에 대한 증명책임은 과세관청에 있으므로, 납세의무자의 금융기관 계좌에 입금된 금액이 매출이나 수입에 해당하고, 그것이 신고에서 누락된 금액이라는 과세요건사실은 과세관청이 증명하여야 하는 것이 원칙이다. 다만 납세의무자의 금융기관 계좌에 입금된 금액이 매출이나 수입에 해당한다는 것은 구체적인 소송과정에서 경험칙에 비추어 이를 추정할 수 있는 사실을 밝히거나 이를 인정할 만한 간접적인 사실을 밝히는 방법으로도 증명할 수 있고, 이는 납세의무자가 차명계좌를 이용한 경우에도 마찬가지이다. 이때 그와 같이 추정할 수 있는지 여부는 해당 금융기관 계좌가 과세대상 매출이나 수입에 관한 것인지, 입금된 금액이 매출이나 수입에 해당하는 외형을 가지고 있는지, 그 계좌의 거래 중에서 매출이나 수입 관련 거래가 차지하는 비중, 반대로 매출이나 수입이 아닌 다른 용도의 자금이 혼입될 가능성 및 그 정도 등 해당 금융기관 계좌에 입금된 금액에 관한 여러 사정을 종합하여 판단하여야 한다.(대판 2017.6.29, 2016두1035)
제17조【조세감면의 사후관리】 ① 정부는 국세를 감면한 경우에 그 감면의 취지를 성취하거나 국가정책을 수행하기 위하여 필요하다고 인정하면 세법에서 정하는 바에 따라 감면한 세액에 상당하는 자금 또는 자산의 운용 범위를 정할 수 있다.
② 제1항에 따른 운용 범위를 벗어난 자금 또는 자산에 상당하는 감면세액은 세법에서 정하는 바에 따라 감면을 취소하고 징수할 수 있다.

제2절 세법 적용의 원칙
(2010.1.1 본절개정)

제18조【세법 해석의 기준 및 소급과세의 금지】 ① 세법을 해석·적용할 때에는 과세의 형평(衡平)과 해당 조항의 합목적성에 비추어 납세자의 재산권이 부당하게 침해되지 아니하도록 하여야 한다.
② 국세를 납부할 의무(세법에 징수의무자가 따로 규정되어 있는 국세의 경우에는 이를 징수하여 납부할 의무. 이하 같다)가 성립한 소득, 수익, 재산, 행위 또는 거래에 대해서는 그 성립 후의 새로운 세법에 따라 소급하여 과세하지 아니한다.
③ 세법의 해석이나 국세행정의 관행이 일반적으로 납세자에게 받아들여진 후에는 그 해석이나 관행에 의한 행위 또는 계산은 정당한 것으로 보며, 새로운 해석이나 관행에 의하여 소급하여 과세되지 아니한다.
④ (1993.12.31 삭제)
⑤ 세법 외의 법률 중 국세의 부과·징수·감면 또는 그 절차에 관하여 규정하고 있는 조항은 제1항부터 제3항까지의 규정을 적용할 때에는 세법으로 본다.
[판례] 조세법률주의의 원칙상 과세요건이거나 비과세요건 또는 조세감면요건을 막론하고 조세법규의 해석은 특별한 사정이 없는 한 법문대로 해석하여야 할 것이고 합리적 이유 없이 확장해석하거나 유추해석하는 것은 허용되지 아니하고, 특히 감면요건 규정 가운데 명백히 특혜규정이라고 볼 수 있는 것은 엄격하게 해석하는 것이 조세공평의 원칙에 부합한다.(대판 2011.1.27, 2010도1191)
제18조의2【국세예규심사위원회】 ① 다음 각 호의 사항을 심의하기 위하여 기획재정부에 국세예규심사위원회를 둔다.
1. 제18조제1항부터 제3항까지의 기준에 맞는 세법의 해석 및 이와 관련되는 이 법의 해석에 관한 사항(2017.12.19 본호개정)
2. 「관세법」 제5조제1항 및 제2항의 기준에 맞는 「관세법」의 해석 및 이와 관련되는 「자유무역협정의 이행을 위한 관세법의 특례에 관한 법률」 및 「수출용 원재료에 대한 관세 등 환급에 관한 특례법」의 해석에 관한 사항(2017.12.19 본호개정)
(2011.12.31 본항개정)

② 국세예규심사위원회의 위원은 공정한 심의를 기대하기 어려운 사정이 있다고 인정될 때에는 대통령령으로 정하는 바에 따라 위원회 회의에서 제척(除斥)되거나 회피(回避)하여야 한다.(2014.12.23 본항신설)
③ 제1항에 따른 국세예규심사위원회의 설치·구성 및 운영방법, 세법 해석에 관한 질의회신의 처리 절차 및 방법 등에 관하여 필요한 사항은 대통령령으로 정한다.
제19조【세무공무원의 재량의 한계】 세무공무원이 재량으로 직무를 수행할 때에는 과세의 형평과 해당 세법의 목적에 비추어 일반적으로 적당하다고 인정되는 한계를 엄수하여야 한다.
제20조【기업회계의 존중】 세무공무원이 국세의 과세표준을 조사·결정할 때에는 해당 납세의무자가 계속하여 적용하고 있는 기업회계의 기준 또는 관행으로서 일반적으로 공정·타당하다고 인정되는 것은 존중하여야 한다. 다만, 세법에 특별한 규정이 있는 것은 그러하지 아니한다.

제3절 중장기 조세정책운용계획
(2014.1.1 본절신설)

제20조의2【중장기 조세정책운용계획의 수립 등】 ① 기획재정부장관은 효율적인 조세정책의 수립과 조세부담의 형평성 제고를 위하여 매년 해당 연도부터 5개 연도 이상의 기간에 대한 중장기 조세정책운용계획(이하 이 조에서 "중장기 조세정책운용계획"이라 한다)을 수립하여야 한다. 이 경우 중장기 조세정책운용계획은 「국가재정법」 제7조에 따른 국가재정운용계획과 연계되어야 한다.
② 중장기 조세정책운용계획에는 다음 각 호의 사항이 포함되어야 한다.
1. 조세정책의 기본방향과 목표
2. 주요 세목별 조세정책 방향
3. 비과세·감면 제도 운용 방향
4. 조세부담 수준
5. 그 밖에 대통령령으로 정하는 사항
③ 기획재정부장관은 중장기 조세정책운용계획을 수립할 때에는 관계 중앙관서의 장과 협의하여야 한다.
④ 기획재정부장관은 수립한 중장기 조세정책운용계획을 국회 소관 상임위원회에 보고하여야 한다.
⑤ 제1항부터 제4항까지 규정된 사항 외에 중장기 조세정책운용계획의 수립에 관하여 필요한 사항은 대통령령으로 정한다.

제3장 납세의무
(2010.1.1 본장제목개정)

제1절 납세의무의 성립과 확정

제21조【납세의무의 성립시기】 ① 국세를 납부할 의무는 이 법 및 세법에서 정하는 과세요건이 충족되면 성립한다.(2020.6.9 본항개정)
② 제1항에 따른 국세를 납부할 의무의 성립시기는 다음 각 호의 구분에 따른다.
1. 소득세·법인세 : 과세기간이 끝나는 때. 다만, 청산소득에 대한 법인세는 그 법인이 해산을 하는 때를 말한다.
2. 상속세 : 상속이 개시되는 때
3. 증여세 : 증여에 의하여 재산을 취득하는 때
4. 부가가치세 : 과세기간이 끝나는 때. 다만, 수입재화의 경우에는 세관장에게 수입신고를 하는 때를 말한다.
5. 개별소비세·주세 및 교통·에너지·환경세 : 과세물품을 제조장으로부터 반출하거나 판매장에서 판매하는 때, 과세장소에 입장하거나 과세유흥장소에서

유흥음식행위를 하는 때 또는 과세영업장소에서 영업행위를 하는 때. 다만, 수입물품의 경우에는 세관장에게 수입신고를 하는 때를 말한다.
6. 인지세 : 과세문서를 작성하는 때
7. 증권거래세 : 해당 매매거래가 확정되는 때
8. 교육세 : 다음 각 목의 구분에 따른 시기
　가. 국세에 부과되는 교육세 : 해당 국세의 납세의무가 성립하는 때
　나. 금융·보험업자의 수익금액에 부과되는 교육세 : 과세기간이 끝나는 때
9. 농어촌특별세 : 「농어촌특별세법」 제2조제2항에 따른 본세의 납세의무가 성립하는 때
10. 종합부동산세 : 과세기준일
11. 가산세 : 다음 각 목의 구분에 따른 시기. 다만, 나목과 다목의 경우 제39조를 적용할 때에는 이 법 및 세법에 따른 납부기한(이하 "법정납부기한"이라 한다)이 경과하는 때로 한다.
　가. 제47조의2에 따른 무신고가산세 및 제47조의3에 따른 과소신고·초과환급신고가산세 : 법정신고기한이 경과하는 때
　나. 제47조의4제1항제1호·제2호에 따른 납부지연가산세 및 제47조의5제1항제2호에 따른 원천징수 등 납부지연가산세 : 법정납부기한 경과 후 1일마다 그 날이 경과하는 때(2020.12.22 본목개정)
　다. 제47조의4제1항제3호에 따른 납부지연가산세 : 납부고지서에 따른 납부기한이 경과하는 때 (2020.12.29 본목개정)
　라. 제47조의5제1항제1호에 따른 원천징수 등 납부지연가산세 : 법정납부기한이 경과하는 때(2020.12.22 본목개정)
　마. 그 밖의 가산세 : 가산할 국세의 납세의무가 성립하는 때
(2019.12.31 본호개정)
③ 다음 각 호의 국세를 납부할 의무의 성립시기는 제2항에도 불구하고 다음 각 호의 구분에 따른다.
1. 원천징수하는 소득세·법인세 : 소득금액 또는 수입금액을 지급하는 때
2. 납세조합이 징수하는 소득세 또는 예정신고납부하는 소득세 : 과세표준이 되는 금액이 발생한 달의 말일
3. 중간예납하는 소득세·법인세 또는 예정신고기간·예정부과기간에 대한 부가가치세 : 중간예납기간 또는 예정신고기간·예정부과기간이 끝나는 때
4. 수시부과(隨時賦課)하여 징수하는 국세 : 수시부과할 사유가 발생한 때
(2018.12.31 본조개정)
[판례] 과세관청이 상여로 소득처분을 한 사외유출된 익금가산액 귀속자의 종합소득세(근로소득세) 납세의무의 성립시기 : 소득의 귀속자의 종합소득세(근로소득세) 납세의무는 제1항제1호가 정하는 바에 따라 당해 소득이 귀속된 과세기간이 종료하는 때에 성립한다.(대판 2006.7.27, 2004두9944)
제22조【납세의무의 확정】 ① 국세는 이 법 및 세법에서 정하는 절차에 따라 그 세액이 확정된다.
(2020.6.9 본항개정)
② 다음 각 호의 국세는 납세의무자가 과세표준과 세액을 정부에 신고했을 때에 확정된다. 다만, 납세의무자가 과세표준과 세액의 신고를 하지 아니하거나 신고한 과세표준과 세액이 세법에서 정하는 바와 맞지 아니한 경우에는 정부가 과세표준과 세액을 결정하거나 경정하는 때에 그 결정 또는 경정에 따라 확정된다.
(2020.6.9 단서개정)
1. 소득세
2. 법인세
3. 부가가치세
4. 개별소비세

5. 주세
6. 증권거래세
7. 교육세
8. 교통·에너지·환경세
9. 종합부동산세(납세의무자가 「종합부동산세법」 제16조제3항에 따라 과세표준과 세액을 정부에 신고하는 경우에 한정한다)
(2018.12.31 본항신설)
③ 제2항 각 호 외의 국세는 해당 국세의 과세표준과 세액을 정부가 결정하는 때에 확정된다.
(2018.12.31 본항신설)
④ 다음 각 호의 국세는 제1항부터 제3항까지의 규정에도 불구하고 납세의무가 성립하는 때에 특별한 절차 없이 그 세액이 확정된다.(2018.12.31 본문개정)
1. 인지세
2. 원천징수하는 소득세 또는 법인세
3. 납세조합이 징수하는 소득세
4. 중간예납하는 법인세(세법에 따라 정부가 조사·결정하는 경우는 제외한다)
5. 제47조의4에 따른 납부지연가산세 및 제47조의5에 따른 원천징수 등 납부지연가산세(납부고지서에 따른 납부기한 후의 가산세로 한정한다)
(2020.12.29 본호개정)
(2010.1.1 본조개정)

제22조의2【수정신고의 효력】 ① 제22조제2항 각 호에 따라 국세의 수정신고(과세표준신고서를 법정신고기한까지 제출한 자의 수정신고로 한정한다)는 당초의 신고에 따라 확정된 과세표준과 세액을 증액하여 확정하는 효력을 가진다.(2019.12.31 본항개정)
② 제1항에 따른 국세의 수정신고는 당초 신고에 따라 확정된 세액에 관한 이 법 또는 세법에서 규정하는 권리·의무관계에 영향을 미치지 아니한다.
(2018.12.31 본조신설)

제22조의3【경정 등의 효력】 ① 세법에 따라 당초 확정된 세액을 증가시키는 경정(更正)은 당초 확정된 세액에 관한 이 법 또는 세법에서 규정하는 권리·의무관계에 영향을 미치지 아니한다.
② 세법에 따라 당초 확정된 세액을 감소시키는 경정은 그 경정으로 감소되는 세액 외의 세액에 관한 이 법 또는 세법에서 규정하는 권리·의무관계에 영향을 미치지 아니한다.
(2010.1.1 본조개정)

제2절　납세의무의 승계
(2010.1.1 본절개정)

제23조【법인의 합병으로 인한 납세의무의 승계】 법인이 합병한 경우 합병 후 존속하는 법인 또는 합병으로 설립된 법인은 합병으로 소멸된 법인에 부과되거나 그 법인이 납부할 국세 및 강제징수비를 납부할 의무를 진다.(2020.12.22 본조개정)

제24조【상속으로 인한 납세의무의 승계】 ① 상속이 개시된 때에 그 상속인[「민법」 제1000조, 제1001조, 제1003조 및 제1004조에 따른 상속인을 말하고, 「상속세 및 증여세법」 제2조제5호에 따른 수유자(受遺者)를 포함한다. 이하 이 조에서 같다] 또는 「민법」 제1053조에 규정된 상속재산관리인은 피상속인에게 부과되거나 그 피상속인이 납부할 국세 및 강제징수비를 상속으로 받은 재산의 한도에서 납부할 의무를 진다.(2020.12.22 본항개정)
② 제1항에 따른 납세의무 승계를 피하면서 재산을 상속받기 위하여 피상속인이 상속인을 수익자로 하는 보험계약을 체결하고 상속인은 「민법」 제1019조제1항에 따라 상속을 포기한 것으로 인정되는 경우로서 상속포

기자가 피상속인의 사망으로 인하여 보험금(「상속세 및 증여세법」 제8조에 따른 보험금을 말한다. 이하 이 조에서 같다)을 받는 때에는 상속포기자를 상속인으로 보고, 보험금을 상속받은 재산으로 보아 제1항을 적용한다.(2021.12.21 본항개정)
③ 제1항의 경우에 상속인이 2명 이상일 때에는 각 상속인은 피상속인에게 부과되거나 그 피상속인이 납부할 국세 및 강제징수비를 「민법」 제1009조·제1010조·제1012조 및 제1013조에 따른 상속분(다음 각 호의 어느 하나에 해당하는 경우에는 대통령령으로 정하는 비율로 한다)에 따라 나누어 계산한 국세 및 강제징수비를 상속으로 받은 재산의 한도에서 연대하여 납부할 의무를 진다. 이 경우 각 상속인은 그들 중에서 피상속인의 국세 및 강제징수비를 납부할 대표자를 정하여 대통령령으로 정하는 바에 따라 관할 세무서장에게 신고하여야 한다.(2021.12.21 전단개정)
1. 상속인 중 수유자가 있는 경우
2. 상속인 중 「민법」 제1019조제1항에 따라 상속을 포기한 사람이 있는 경우
3. 상속인 중 「민법」 제1112조에 따른 유류분을 받은 사람이 있는 경우
4. 상속으로 받은 재산에 보험금이 포함되어 있는 경우
(2021.12.21 1호~4호신설)
④ 제1항의 경우에 상속인이 있는지 분명하지 아니할 때에는 상속인에게 하여야 할 납부의 고지·독촉이나 그 밖에 필요한 사항은 상속재산관리인에게 하여야 한다.
(2020.12.29 본항개정)
⑤ 제1항의 경우에 상속인이 있는지 분명하지 아니하고 상속재산관리인도 없을 때에는 세무서장은 상속개시지를 관할하는 법원에 상속재산관리인의 선임을 청구할 수 있다.
⑥ 피상속인에게 한 처분 또는 절차는 제1항에 따라 상속으로 인한 납세의무를 승계하는 상속인이나 상속재산관리인에 대해서도 효력이 있다.

제3절　연대납세의무
(2010.1.1 본절개정)

제25조【연대납세의무】 ① 공유물(共有物), 공동사업 또는 그 공동사업에 속하는 재산과 관계되는 국세 및 강제징수비는 공유자 또는 공동사업자가 연대하여 납부할 의무를 진다.(2020.12.22 본항개정)
② 법인이 분할되거나 분할합병된 후 분할되는 법인(이하 이 조에서 "분할법인"이라 한다)이 존속하는 경우 다음 각 호의 법인은 분할등기일 이전에 분할법인에 부과되거나 납세의무가 성립한 국세 및 강제징수비에 대하여 분할로 승계된 재산가액을 한도로 연대하여 납부할 의무가 있다.(2020.12.22 본문개정)
1. 분할법인
2. 분할 또는 분할합병으로 설립되는 법인(이하 이 조에서 "분할신설법인"이라 한다)
3. 분할법인의 일부가 다른 법인과 합병하는 경우 그 합병의 상대방인 다른 법인(이하 이 조에서 "분할합병의 상대방 법인"이라 한다)
③ 법인이 분할 또는 분할합병한 후 소멸하는 경우 다음 각 호의 법인은 분할법인에 부과되거나 분할법인이 납부하여야 할 국세 및 강제징수비에 대하여 분할로 승계된 재산가액을 한도로 연대하여 납부할 의무가 있다.
(2020.12.22 본문개정)
1. 분할신설법인
2. 분할합병의 상대방 법인
④ 법인이 「채무자 회생 및 파산에 관한 법률」 제215조에 따라 신회사를 설립하는 경우 기존의 법인에 부과되

거나 납세의무가 성립한 국세 및 강제징수비는 신회사가 연대하여 납부할 의무를 진다.(2020.12.22 본항개정)
(2018.12.31 본조개정)

제25조의2【연대납세의무에 관한 「민법」의 준용】 이 법 또는 세법에 따라 국세 및 강제징수비를 연대하여 납부할 의무에 관하여는 「민법」 제413조부터 제416조까지, 제419조, 제421조, 제423조 및 제425조부터 제427조까지의 규정을 준용한다.(2020.12.22 본조개정)

제4절 납부의무의 소멸
(2010.1.1 본절개정)

제26조【납부의무의 소멸】 국세 및 강제징수비를 납부할 의무는 다음 각 호의 어느 하나에 해당하는 때에 소멸한다.(2020.12.22 본문개정)
1. 납부·충당되거나 부과가 취소된 때
2. 제26조의2에 따라 국세를 부과할 수 있는 기간에 국세가 부과되지 아니하고 그 기간이 끝난 때
3. 제27조에 따라 국세징수권의 소멸시효가 완성된 때

제26조의2【국세의 부과제척기간】 ① 국세를 부과할 수 있는 기간(이하 "부과제척기간"이라 한다)은 국세를 부과할 수 있는 날부터 5년으로 한다. 다만, 역외거래(「국제조세조정에 관한 법률」 제2조제1항제1호에 따른 국제거래(이하 "국제거래"라 한다) 및 거래 당사자 양쪽이 거주자(내국법인과 외국법인의 국내사업장을 포함한다)인 거래로서 국외에 있는 자산의 매매·임대차, 국외에서 제공하는 용역과 관련된 거래를 말한다. 이하 같다)의 경우에는 국세를 부과할 수 있는 날부터 7년으로 한다.(2019.12.31 본항개정)
② 제1항에도 불구하고 다음 각 호의 어느 하나에 해당하는 경우에는 다음 각 호의 구분에 따른 기간을 부과제척기간으로 한다.
1. 납세자가 법정신고기한까지 과세표준신고서를 제출하지 아니한 경우 : 해당 국세를 부과할 수 있는 날부터 7년(역외거래의 경우 10년)
2. 납세자가 대통령령으로 정하는 사기나 그 밖의 부정행위(이하 "부정행위"라 한다)로 국세를 포탈(逋脫)하거나 환급·공제를 받은 경우 : 그 국세를 부과할 수 있는 날부터 10년(역외거래에서 발생한 부정행위로 국세를 포탈하거나 환급·공제받은 경우에는 15년). 이 경우 부정행위로 포탈하거나 환급·공제받은 국세가 법인세이면 이와 관련하여 「법인세법」 제67조에 따라 처분된 금액에 대한 소득세 또는 법인세에 대해서도 또한 같다.
3. 납세자가 부정행위를 하여 다음 각 목에 따른 가산세 부과대상이 되는 경우 : 해당 가산세를 부과할 수 있는 날부터 10년
   가. 「소득세법」 제81조의10제1항제4호
   나. 「법인세법」 제75조의8제1항제4호
   다. 「부가가치세법」 제60조제2항제2호, 같은 조 제3항 및 제4항
(2019.12.31 본항신설)
③ 제1항 및 제2항제1호의 기간이 끝난 날이 속하는 과세기간 이후의 과세기간에 「소득세법」 제45조제3항, 「법인세법」 제13조제1항제1호, 제76조의3제1항제1호 또는 제91조제1항제1호에 따라 이월결손금을 공제하는 경우 그 결손금이 발생한 과세기간의 소득세 또는 법인세의 부과제척기간은 제1항 및 제2항제1호에도 불구하고 이월결손금을 공제한 과세기간의 법정신고기한으로부터 1년으로 한다.(2019.12.31 본항신설)
④ 제1항 및 제2항에도 불구하고 상속세·증여세의 부과제척기간은 국세를 부과할 수 있는 날부터 10년으로 하고, 다음 각 호의 어느 하나에 해당하는 경우에는 15년으로 한다. 부담부증여에 따라 증여세와 함께 「소득

세법」 제88조제1호 각 목 외의 부분 후단에 따른 소득세가 과세되는 경우에 그 소득세의 부과제척기간도 또한 같다.
1. 납세자가 부정행위로 상속세·증여세를 포탈하거나 환급·공제받은 경우
2. 「상속세 및 증여세법」 제67조 및 제68조에 따른 신고서를 제출하지 아니한 경우
3. 「상속세 및 증여세법」 제67조 및 제68조에 따라 신고서를 제출한 자가 대통령령으로 정하는 거짓신고 또는 누락신고를 한 경우(그 거짓신고 또는 누락신고를 한 부분만 해당한다)
(2019.12.31 본항개정)
⑤ 납세자가 부정행위로 상속세·증여세(제7호의 경우에는 해당 명의신탁과 관련한 국세를 포함한다)를 포탈하는 경우로서 다음 각 호의 어느 하나에 해당하는 경우 과세관청은 제4항에도 불구하고 해당 재산의 상속 또는 증여가 있음을 안 날부터 1년 이내에 상속세 및 증여세를 부과할 수 있다. 다만, 상속인이나 증여자 및 수증자(受贈者)가 사망한 경우와 포탈세액 산출의 기준이 되는 재산가액(다음 각 호의 어느 하나에 해당하는 재산의 가액을 합친 것을 말한다)이 50억원 이하인 경우에는 그러하지 아니하다.(2019.12.31 본문개정)
1. 제3자의 명의로 되어 있는 피상속인 또는 증여자의 재산을 상속인이나 수증자가 취득한 경우(2019.12.31 본호개정)
2. 계약에 따라 피상속인이 취득할 재산이 계약이행기간에 상속이 개시됨으로써 등기·등록 또는 명의개서가 이루어지지 아니하고 상속인이 취득한 경우
3. 국외에 있는 상속재산이나 증여재산을 상속인이나 수증자가 취득한 경우
4. 등기·등록 또는 명의개서가 필요하지 아니한 유가증권, 서화(書畵), 골동품 등 상속재산 또는 증여재산을 상속인이나 수증자가 취득한 경우
5. 수증자의 명의로 되어 있는 증여자의 「금융실명거래 및 비밀보장에 관한 법률」 제2조제2호에 따른 금융자산을 수증자가 보유하고 있거나 사용·수익한 경우(2013.1.1 본호신설)
6. 「상속세 및 증여세법」 제3조제2호에 따른 비거주자인 피상속인의 국내재산을 상속인이 취득한 경우(2016.12.20 본호신설)
7. 「상속세 및 증여세법」 제45조의2에 따른 명의신탁재산의 증여의제에 해당하는 경우(2019.12.31 본호신설)
8. 상속재산 또는 증여재산인 「특정 금융거래정보의 보고 및 이용 등에 관한 법률」에 따른 가상자산을 같은 법에 따른 가상자산사업자(같은 법 제7조에 따라 신고가 수리된 자로 한정한다)를 통하지 아니하고 상속인이나 수증자가 취득한 경우(2022.12.31 본호신설)
⑥ 제1항부터 제5항까지의 규정에도 불구하고 지방국세청장 또는 세무서장은 다음 각 호의 구분에 따른 기간이 지나기 전까지 경정이나 그 밖에 필요한 처분을 할 수 있다.(2019.12.31 본문개정)
1. 제7장에 따른 이의신청, 심사청구, 심판청구, 「감사원법」에 따른 심사청구 또는 「행정소송법」에 따른 소송에 대한 결정이나 판결이 확정된 경우 : 결정 또는 판결이 확정된 날부터 1년
1의2. 제1호의 결정이나 판결이 확정됨에 따라 그 결정 또는 판결의 대상이 된 과세표준 또는 세액과 연동된 다른 세목(같은 과세기간으로 한정한다)이나 연동된 다른 세목(같은 세목으로 한정한다)의 과세표준 또는 세액의 조정이 필요한 경우 : 제1호의 결정 또는 판결이 확정된 날부터 1년(2022.12.31 본호개정)
1의3. 「형사소송법」에 따른 소송에 대한 판결이 확정되어 「소득세법」 제21조제1항제23호 또는 제24호의 소

득이 발생한 것으로 확인된 경우 : 판결이 확정된 날부터 1년(2021.12.21 본호신설)
2. 조세조약에 부합하지 아니하는 과세의 원인이 되는 조치가 있는 경우 그 조치가 있음을 안 날부터 3년 이내(조세조약에 따라 권한 있는 당국 간에 상호합의가 신청된 것으로서 그에 대하여 상호합의가 이루어진 경우 : 상호합의 절차의 종료일부터 1년
3. 제45조의2제1항·제2항·제5항 및 제6항 또는「국제조세조정에 관한 법률」제19조제1항 및 제33조제2항에 따른 경정청구가 있는 경우 : 경정청구일 또는 조정권고일부터 2개월(2022.12.31 본호개정)
4. 제3호에 따른 경정청구 또는 조정권고가 있는 경우 그 경정청구 또는 조정권고의 대상이 된 과세표준 또는 세액과 연동된 다른 과세기간의 과세표준 또는 세액의 조정이 필요한 경우 : 제3호에 따른 경정청구일 또는 조정권고일부터 2개월(2017.12.19 본호신설)
5. 최초의 신고·결정 또는 경정에서 과세표준 및 세액의 계산 근거가 된 거래 또는 행위 등이 그 거래·행위 등과 관련된 소송에 대한 판결(판결과 같은 효력을 가지는 화해나 그 밖의 행위를 포함한다. 이하 이 호에서 같다)에 의하여 다른 것으로 확정된 경우 : 판결이 확정된 날부터 1년(2017.12.19 본호신설)
6. 역외거래와 관련하여 제1항에 따른 기간이 지나기 전에「국제조세조정에 관한 법률」제36조제1항에 따라 조세의 부과와 징수에 필요한 조세정보(이하 이 호에서 "조세정보"라 한다)를 외국의 권한 있는 당국에 요청하여 조세정보를 요청한 날부터 2년이 지나기 전까지 조세정보를 받은 경우 : 조세정보를 받은 날부터 1년(2020.12.22 본호개정)
7.「국제조세조정에 관한 법률」제69조제2항에 따른 국가별 실효세율이 변경된 경우 : 국가별 실효세율의 변경이 있음을 안 날부터 1년(2023.12.31 본호신설)(2016.12.20 본항개정)
⑦ 제1항부터 제5항까지의 규정에도 불구하고 제6항제1호의 결정 또는 판결에 의하여 다음 각 호의 어느 하나에 해당하게 된 경우에는 당초의 부과처분을 취소하고 그 결정 또는 판결이 확정된 날부터 1년 이내에 다음 각 호의 구분에 따른 자에게 경정이나 그 밖에 필요한 처분을 할 수 있다.
1. 명의대여 사실이 확인된 경우 : 실제로 사업을 경영한 자
2. 과세의 대상이 되는 재산의 귀속이 명의일 뿐이고 사실상 귀속되는 자가 따로 있다는 사실이 확인된 경우 : 재산의 사실상 귀속자(2022.12.31 본호신설)
3.「소득세법」제119조 및「법인세법」제93조에 따른 국내원천소득의 실질귀속자(이하 이 항에서 "국내원천소득의 실질귀속자"라 한다)가 확인된 경우 : 국내원천소득의 실질귀속자 또는「소득세법」제156조 및「법인세법」제98조에 따른 원천징수의무자(2019.12.31 본항개정)
⑧ 제1항부터 제5항까지의 규정에도 불구하고 국세의 부과제척기간에 관하여 조세의 이중과세를 방지하기 위하여 체결한 조약(이하 "조세조약"이라 한다)에 따라 상호합의 절차가 진행 중인 경우에는「국제조세조정에 관한 법률」제51조에서 정하는 바에 따른다.(2020.12.22 본항개정)
⑨ 제1항부터 제4항까지의 규정에 따른 국세를 부과할 수 있는 날은 대통령령으로 정한다.(2019.12.31 본항개정)(2019.12.31 본조제목개정)

제27조【국세징수권의 소멸시효】① 국세의 징수를 목적으로 하는 국가의 권리(이하 이 조에서 "국세징수권"

이라 한다)는 이를 행사할 수 있는 때부터 다음 각 호의 구분에 따른 기간 동안 행사하지 아니하면 소멸시효가 완성된다. 이 경우 다음 각 호의 국세의 금액은 가산세를 제외한 금액으로 한다.(2019.12.31 본문개정)
1. 5억원 이상의 국세 : 10년(2013.1.1 본호신설)
2. 제1호 외의 국세 : 5년(2013.1.1 본호신설)
② 제1항의 소멸시효에 관하여는 이 법 또는 세법에 특별한 규정이 있는 것을 제외하고는「민법」에 따른다.
③ 제1항에 따른 국세징수권을 행사할 수 있는 때는 다음 각 호의 날을 말한다.
1. 과세표준과 세액의 신고에 의하여 납세의무가 확정되는 국세의 경우 신고한 세액에 대해서는 그 법정 신고납부기한의 다음 날
2. 과세표준과 세액을 정부가 결정, 경정 또는 수시부과 결정하는 경우 납부고지한 세액에 대해서는 그 고지에 따른 납부기한의 다음 날(2020.12.29 본항개정)(2019.12.31 본항개정)
④ 제3항에도 불구하고 다음 각 호의 날은 제1항에 따른 국세징수권을 행사할 수 있는 때로 본다.
1. 원천징수의무자 또는 납세조합으로부터 징수하는 국세의 경우 납부고지한 원천징수세액 또는 납세조합징수세액에 대해서는 그 고지에 따른 납부기한의 다음 날(2020.12.29 본호개정)
2. 인지세의 경우 납부고지한 인지세액에 대해서는 그 고지에 따른 납부기한의 다음 날(2020.12.29 본호개정)
3. 제3항제1호의 법정 신고납부기한이 연장되는 경우 그 연장된 기한의 다음 날(2019.12.31 본호신설)

제28조【소멸시효의 중단과 정지】① 제27조에 따른 소멸시효는 다음 각 호의 사유로 중단된다.
1. 납부고지(2020.12.29 본호개정)
2. 독촉(2020.12.29 본호개정)
3. 교부청구
4. 압류(「국세징수법」제57조제1항제5호 및 제6호의 사유로 압류를 즉시 해제하는 경우는 제외한다)(2023.12.31 본호개정)
② 제1항에 따라 중단된 소멸시효는 다음 각 호의 기간이 지난 때부터 새로 진행한다.
1. 고지한 납부기간
2. 독촉에 의한 납부기간(2020.12.29 본호개정)
3. 교부청구 중의 기간
4. 압류해제까지의 기간
③ 제27조에 따른 소멸시효는 다음 각 호의 어느 하나에 해당하는 기간에는 진행되지 아니한다.
1. 세법에 따른 분납기간
2. 세법에 따른 납부고지의 유예, 지정납부기한·독촉장에서 정하는 기한의 연장, 징수 유예기간
3. 세법에 따른 압류·매각의 유예기간(2020.12.29 2호~3호개정)
4. 세법에 따른 연부연납(年賦延納)기간
5. 세무공무원이「국세징수법」제25조에 따른 사해행위(詐害行爲) 취소소송이나「민법」제404조에 따른 채권자대위 소송을 제기하여 그 소송이 진행 중인 기간(2020.12.29 본호개정)
6. 체납자가 국외에 6개월 이상 계속 체류하는 경우 해당 국외 체류 기간(2017.12.19 본호신설)
④ 제3항에 따른 사해행위 취소소송 또는 채권자대위 소송의 제기로 인한 시효정지의 효력은 소송이 각하·기각 또는 취하된 경우에는 효력이 없다.

제5절 납세담보

제29조~제34조 (2020.12.22 삭제)

제4장 국세와 일반채권의 관계
(2010.1.1 본장개정)

제1절 국세의 우선권

제35조【국세의 우선】 ① 국세 및 강제징수비는 다른 공과금이나 그 밖의 채권에 우선하여 징수한다. 다만, 다음 각 호의 어느 하나에 해당하는 공과금이나 그 밖의 채권에 대해서는 그러하지 아니하다.(2020.12.22 본문개정)

1. 지방세나 공과금의 체납처분 또는 강제징수를 할 때 그 체납처분 또는 강제징수 금액 중에서 국세 및 강제징수비를 징수하는 경우의 그 지방세나 공과금의 체납처분비 또는 강제징수비(2020.12.22 본호개정)

2. 강제집행·경매 또는 파산 절차에 따라 재산을 매각할 때 그 매각금액 중에서 국세 및 강제징수비를 징수하는 경우의 그 강제집행, 경매 또는 파산 절차에 든 비용(2020.12.22 본호개정)

3. 제2항에 따른 법정기일 전에 다음 각 목의 어느 하나에 해당하는 권리가 설정된 재산이 국세의 강제징수 또는 경매 절차 등을 통하여 매각(제3호의2에 해당하는 재산의 매각은 제외한다)되어 그 매각금액에서 국세를 징수하는 경우 그 권리에 의하여 담보된 채권 또는 임대차보증금반환채권. 이 경우 다음 각 목에 해당하는 권리가 설정된 사실은 대통령령으로 정하는 방법으로 증명한다.(2023.12.31 전단개정)

가. 전세권, 질권 또는 저당권
나. 「주택임대차보호법」 제3조의2제2항 또는 「상가건물 임대차보호법」 제5조제2항에 따라 대항요건과 확정일자를 갖춘 임차권
다. 납세의무자를 등기의무자로 하고 채무불이행을 정지조건으로 하는 대물변제(代物辨濟)의 예약에 따라 채권 담보의 목적으로 가등기(가등록을 포함한다. 이하 같다)를 마친 가등기 담보권

3의2. 제3호 각 목의 어느 하나에 해당하는 권리(이하 이 호에서 "전세권등"이라 한다)가 설정된 재산이 양도, 상속 또는 증여된 후 해당 재산이 국세의 강제징수 또는 경매 절차 등을 통하여 매각되어 그 매각금액에서 국세를 징수하는 경우 해당 재산에 설정된 전세권등에 의하여 담보된 채권 또는 임대차보증금반환채권. 다만, 해당 재산의 직전 보유자가 전세권등의 설정 당시 체납하고 있었던 국세 등을 고려하여 대통령령으로 정하는 방법에 따라 계산한 금액의 범위에서는 국세(제2항에 따른 법정기일이 전세권등의 설정일보다 빠른 국세로 한정한다)를 우선하여 징수한다.(2023.12.31 본호개정)

4. 「주택임대차보호법」 제8조 또는 「상가건물 임대차보호법」 제14조가 적용되는 임대차관계에 있는 주택 또는 건물을 매각할 때 그 매각금액에서 국세를 징수하는 경우 임대차에 관한 보증금 중 일정 금액으로서 「주택임대차보호법」 제8조 또는 「상가건물 임대차보호법」 제14조에 따라 임차인이 우선하여 변제받을 수 있는 금액에 관한 채권

5. 사용자의 재산을 매각하거나 추심(推尋)할 때 그 매각금액 또는 추심금액 중에서 국세를 징수하는 경우에 「근로기준법」 제38조 또는 「근로자퇴직급여 보장법」 제12조에 따라 국세에 우선하여 변제되는 임금, 퇴직금, 재해보상금, 그 밖에 근로관계로 인한 채권

② 이 조에서 "법정기일"이란 다음 각 호의 어느 하나에 해당하는 기일을 말한다.

1. 과세표준과 세액의 신고에 따라 납세의무가 확정되는 국세[중간예납하는 법인세와 예정신고납부하는 부가가치세 및 소득세(「소득세법」 제105조에 따라 신고하는 경우로 한정한다)를 포함한다]의 경우 신고한 해당 세액: 그 신고일

2. 과세표준과 세액을 정부가 결정·경정 또는 수시부과 결정을 하는 경우 고지한 해당 세액(제47조의4에 따른 납부지연가산세 중 납부고지서에 따른 납부기한 후의 납부지연가산세와 제47조의5에 따른 원천징수 등 납부지연가산세 중 납부고지서에 따른 납부기한 후의 원천징수 등 납부지연가산세를 포함한다): 그 납부고지서의 발송일(2020.12.29 본호개정)

3. 인지세와 원천징수의무자나 납세조합으로부터 징수하는 소득세·법인세 및 농어촌특별세: 그 납세의무의 확정일

4. 제2차 납세의무자(보증인을 포함한다)의 재산에서 징수하는 국세: 「국세징수법」 제7조에 따른 납부고지서의 발송일

5. 제42조에 따른 양도담보재산에서 징수하는 국세: 「국세징수법」 제7조에 따른 납부고지서의 발송일

6. 「국세징수법」 제31조제2항에 따라 납세자의 재산을 압류한 경우에 그 압류와 관련하여 확정된 국세: 그 압류등기일 또는 등록일

7. 「부가가치세법」 제3조의2에 따라 신탁재산에서 징수하는 부가가치세등: 같은 법 제52조의2제1항에 따른 납부고지서의 발송일
(2020.12.29 4호~7호개정)

8. 「종합부동산세법」 제7조의2 및 제12조의2에 따라 신탁재산에서 징수하는 종합부동산세등: 같은 법 제16조의2제1항에 따른 납부고지서의 발송일
(2020.12.22 본호신설)

③ 제1항제3호에도 불구하고 해당 재산에 대하여 부과된 상속세, 증여세 및 종합부동산세는 같은 호에 따른 채권 또는 임대차보증금반환채권보다 우선하며, 제1항제3호의2에도 불구하고 해당 재산에 대하여 부과된 종합부동산세는 같은 호에 따른 채권 또는 임대차보증금반환채권보다 우선한다.(2022.12.31 본항개정)

④ 법정기일 후에 제1항제3호다목의 가등기를 마친 사실이 대통령령으로 정하는 바에 따라 증명되는 재산을 매각하여 그 매각금액에서 국세를 징수하는 경우 그 재산을 압류한 날 이후에 그 가등기에 따른 본등기가 이루어지더라도 그 국세는 그 가등기에 의해 담보된 채권보다 우선한다.

⑤ 세무서장은 제1항제3호다목의 가등기가 설정된 재산을 압류하거나 공매(公賣)할 때에는 그 사실을 가등기권리자에게 지체 없이 통지하여야 한다.

⑥ 세무서장은 납세자가 제3자와 짜고 거짓으로 재산에 다음 각 호의 어느 하나에 해당하는 계약을 하고 그 등기 또는 등록을 하거나 「주택임대차보호법」 제3조의2제2항 또는 「상가건물 임대차보호법」 제5조제2항에 따른 대항요건과 확정일자를 갖춘 임대차 계약을 체결함으로써 그 재산의 매각금액으로 국세를 징수하기가 곤란하다고 인정할 때에는 그 행위의 취소를 법원에 청구할 수 있다. 이 경우 납세자가 국세의 법정기일 전 1년 내에 특수관계인 중 대통령령으로 정하는 자와 전세권·질권 또는 저당권 설정계약, 임대차 계약, 가등기 설정계약 또는 양도담보 설정계약을 한 경우에는 짜고 한 거짓 계약으로 추정한다.

1. 제1항제3호가목에 따른 전세권·질권 또는 저당권의 설정계약

2. 제1항제3호나목에 따른 임대차 계약

3. 제1항제3호다목에 따른 가등기 설정계약

4. 제42조제3항에 따른 양도담보 설정계약
(2020.12.22 본호개정)

⑦ 제3항에도 불구하고 「주택임대차보호법」 제3조의2제2항에 따라 대항요건과 확정일자를 갖춘 임차권에 의하여 담보된 임대차보증금반환채권 또는 같은 법 제

租稅
通則

2조에 따른 주거용 건물에 설정된 전세권에 의하여 담보된 채권(이하 이 항에서 "임대차보증금반환채권등"이라 한다)은 해당 임차권 또는 전세권이 설정된 재산이 국세의 강제징수 또는 경매 절차 등을 통하여 매각되어 그 매각금액에서 국세를 징수하는 경우 그 확정일자 또는 설정일보다 법정기일이 늦은 해당 재산에 대하여 부과된 상속세, 증여세 및 종합부동산세의 우선징수 순서에 대신하여 변제될 수 있다. 이 경우 대신 변제되는 금액은 우선 징수할 수 있었던 해당 재산에 대하여 부과된 상속세, 증여세 및 종합부동산세의 징수액에 한정하며, 임대차보증금반환채권등보다 우선 변제되는 저당권 등의 변제액과 제3항에 따라 해당 재산에 대하여 부과된 상속세, 증여세 및 종합부동산세를 우선징수하는 경우에 배분받을 수 있었던 임대차보증금반환채권등의 변제액에는 영향을 미치지 아니한다.
(2023.12.31 전단개정)
(2019.12.31 본조개정)

第35조의2 (1993.12.31 삭제)

第36조【압류에 의한 우선】 ① 국세 강제징수에 따라 납세자의 재산을 압류한 경우에 다른 국세 및 강제징수비 또는 지방세의 교부청구(「국세징수법」 제61조 또는 「지방세징수법」 제67조에 따라 참가압류를 한 경우를 포함한다. 이하 이 조에서 같다)가 있으면 압류와 관계되는 국세 및 강제징수비는 교부청구된 다른 국세 및 강제징수비 또는 지방세보다 우선하여 징수한다.
(2020.12.29 본항개정)
② 지방세 체납처분에 의하여 납세자의 재산을 압류한 경우에 국세 및 강제징수비의 교부청구가 있으면 교부청구된 국세 및 강제징수비는 압류에 관계되는 지방세의 다음 순위로 징수한다.
(2020.12.22 본조개정)

第37조【담보 있는 국세의 우선】 납세담보물을 매각하였을 때에는 제36조에도 불구하고 그 국세 및 강제징수비는 매각대금 중에서 다른 국세 및 강제징수비와 지방세에 우선하여 징수한다.(2020.12.22 본조개정)

제2절 제2차 납세의무

第38조【청산인 등의 제2차 납세의무】 ① 법인이 해산하여 청산하는 경우에 그 법인에 부과되거나 그 법인이 납부할 국세 및 강제징수비를 납부하지 아니하고 해산에 의한 잔여재산을 분배하거나 인도하였을 때에 그 법인에 대하여 강제징수를 하여도 징수할 금액에 미치지 못하는 경우에는 청산인 또는 잔여재산을 분배받거나 인도받은 자는 그 부족한 금액에 대하여 제2차 납세의무를 진다.(2020.12.22 본항개정)
② 제1항에 따른 제2차 납세의무의 한도는 다음 각 호의 구분에 따른다.
1. 청산인 : 분배하거나 인도한 재산의 가액
2. 잔여재산을 분배받거나 인도받은 자 : 각자가 받은 재산의 가액
(2019.12.31 본조개정)

第39조【출자자의 제2차 납세의무】 법인(대통령령으로 정하는 증권시장에 주권이 상장된 법인은 제외한다. 이하 이 조에서 같다)의 재산으로 그 법인에 부과되거나 그 법인이 납부할 국세 및 강제징수비에 충당하여도 부족한 경우에는 그 국세의 납세의무 성립일 현재 다음 각 호의 어느 하나에 해당하는 자는 그 부족한 금액에 대하여 제2차 납세의무를 진다. 다만, 제2호에 따른 과점주주의 경우에는 그 부족한 금액을 그 법인의 발행주식 총수(의결권이 없는 주식은 제외한다. 이하 이 조에서 같다) 또는 출자총액으로 나눈 금액에 해당 과점주주가 실질적으로 권리를 행사하는 주식 수(의결권이 없는 주식은 제외한다) 또는 출자액을 곱하여 산출한 금액을 한도로 한다.
1. 무한책임사원으로서 다음 각 목의 어느 하나에 해당하는 사원
　가. 합명회사의 사원
　나. 합자회사의 무한책임사원
2. 주주 또는 다음 각 목의 어느 하나에 해당하는 사원 1명과 그의 특수관계인 중 대통령령으로 정하는 자로서 그들의 소유주식 합계 또는 출자액 합계가 해당 법인의 발행주식 총수 또는 출자총액의 100분의 50을 초과하면서 그 법인의 경영에 대하여 지배적인 영향력을 행사하는 자들(이하 "과점주주"라 한다)
　가. 합자회사의 유한책임사원
　나. 유한책임회사의 사원
　다. 유한회사의 사원
(2020.12.22 본조개정)
[판례] 과점주주의 제2차 납세의무는 사법상 주주 유한책임의 원칙에 대한 중대한 예외로서 본래의 납세의무자가 아닌 제3자에게 보충적인 납세의무를 부과하는 것이기 때문에 그 적용 요건을 엄격하게 해석하여야 한다. 그런데 국세기본법에서는 법인에 대한 제2차 납세의무자로 과점주주만을 규정하고 있을 뿐 그 법인의 과점주주인 법인(이하 '1차 과점주주'라 한다)이 제2차 납세의무자로서 체납한 국세 등에 대하여 1차 과점주주의 과점주주(이하 '2차 과점주주'라 한다)가 또다시 제2차 납세의무를 진다고 규정하지 않고 있다. 따라서 2차 과점주주가 단지 1차 과점주주의 과점주주라는 사정만으로 1차 과점주주를 넘어 2차 과점주주에까지 보충적 납세의무를 확장하여서는 안된다.
(대판 2019.5.16, 2018두36110)
[판례] 100분의 50을 초과하는 주식에 관한 권리 행사에 해당하기 위해서는 현실적으로 주주권을 행사한 실적은 없더라도 적어도 납세의무 성립일 당시 소유하는 주식에 관하여 주주권을 행사할 수 있는 지위에는 있어야 한다. 따라서 납세의무 성립일 당시 주주권을 행사할 가능성이 없었던 경우에는 위 규정에 의한 제2차 납세의무를 지지 않는다고 할 것이다. (대판 2012.12.26, 2011두9287)

第40조【법인의 제2차 납세의무】 ① 국세(둘 이상의 국세의 경우에는 납부기한이 뒤에 오는 국세)의 납부기간 만료일 현재 법인의 무한책임사원 또는 과점주주(이하 "출자자"라 한다)의 재산(그 법인의 발행주식 또는 출자지분은 제외한다)으로 그 출자자가 납부할 국세 및 강제징수비에 충당하여도 부족한 경우에는 그 법인은 다음 각 호의 어느 하나에 해당하는 경우에만 그 부족한 금액에 대하여 제2차 납세의무를 진다.
(2020.12.22 본문개정)
1. 정부가 출자자의 소유주식 또는 출자지분을 재공매(再公賣)하거나 수의계약으로 매각하려 하여도 매수 희망자가 없는 경우
2. 그 법인이 외국법인인 경우로서 출자자의 소유주식 또는 출자지분이 외국에 있는 재산에 해당하여 「국세징수법」에 따른 압류 등 강제징수가 제한되는 경우
(2022.12.31 본호신설)
3. 법률 또는 그 법인의 정관에 의하여 출자자의 소유주식 또는 출자지분의 양도가 제한된 경우(「국세징수법」 제66조제5항에 따라 공매할 수 없는 경우는 제외한다)(2022.12.31 본호개정)
② 제1항에 따른 법인의 제2차 납세의무는 다음 계산식에 따라 계산한 금액을 한도로 한다.

한도액 =	$(A - B) \times \dfrac{C}{D}$

A : 법인의 자산총액
B : 법인의 부채총액
C : 출자자의 소유주식 금액 또는 출자액
D : 발행주식 총액 또는 출자총액
(2019.12.31 본항개정)

'법률에 의하여 출자자의 소유주식 등의 양도가 제한된 경우'의 의미 : 출자자의 소유주식 등이 외국법인이 발행한 주식 등으로서 해당 외국법인의 본점 또는 주사무소 소재지국에 있는 재산에 해당하여 국세징수법에 따른 압류 등 체납처분절차가 제한된다고 하더라도, 이러한 사유는 이 사건 조항에서 말하는 '법률에 의하여 출자자의 소유주식 등의 양도가 제한된 경우'라고 할 수 없다. (대판 2020.9.24, 2016두38112)

제41조【사업양수인의 제2차 납세의무】 ① 사업이 양도·양수된 경우에 양도일 이전에 양도인의 납세의무가 확정된 그 사업에 관한 국세 및 강제징수비를 양도인의 재산으로 충당하여도 부족할 때에는 대통령령으로 정하는 사업의 양수인은 그 부족한 금액에 대하여 양수한 재산의 가액을 한도로 제2차 납세의무를 진다. (2020.12.22 본항개정)
② 제1항에 규정된 양수한 재산의 가액은 대통령령으로 정한다.

제3절 물적납세 의무

제42조【양도담보권자의 물적납세 의무】 ① 납세자가 국세 및 강제징수비를 체납한 경우에 그 납세자에게 양도담보재산이 있을 때에는 그 납세자의 다른 재산에 대하여 강제징수를 하여도 징수할 금액에 미치지 못하는 경우에만 「국세징수법」에서 정하는 바에 따라 그 양도담보재산으로써 납세자의 국세 및 강제징수비를 징수할 수 있다. 다만, 그 국세의 법정기일 전에 담보의 목적이 된 양도담보재산에 대해서는 그러하지 아니하다.
② 「국세징수법」 제7조제1항에 따라 양도담보권자에게 납부고지가 있은 후 납세자가 양도에 의하여 실질적으로 담보된 채무를 불이행하여 해당 재산이 양도담보권자에게 확정적으로 귀속되고 양도담보권이 소멸하는 경우에는 납부고지 당시의 양도담보재산이 계속하여 양도담보재산으로서 존속하는 것으로 본다. (2020.12.22 본항신설)
③ 제1항 및 제2항에서 "양도담보재산"이란 당사자 간의 계약에 의하여 납세자가 그 재산을 양도하였을 때에 실질적으로 양도인에 대한 채권담보의 목적이 된 재산을 말한다. (2020.12.22 본조개정)

제5장 과 세
(2010.1.1 본장제목개정)

제1절 관할 관청
(2010.1.1 본절개정)

제43조【과세표준신고의 관할】 ① 과세표준신고서는 신고 당시 해당 국세의 납세지를 관할하는 세무서장에게 제출하여야 한다. 다만, 전자신고를 하는 경우에는 지방국세청장이나 국세청장에게 제출할 수 있다.
② 과세표준신고서가 제1항의 세무서장 외의 세무서장에게 제출된 경우에도 그 신고의 효력에는 영향이 없다.

제44조【결정 또는 경정결정의 관할】 국세의 과세표준과 세액의 결정 또는 경정결정은 그 처분 당시 그 국세의 납세지를 관할하는 세무서장이 한다.

제2절 수정신고와 경정 등의 청구
(2010.1.1 본절개정)

제45조【수정신고】 ① 과세표준신고서를 법정신고기한까지 제출한 자('「소득세법」 제73조제1항제1호부터 제7호까지의 어느 하나에 해당하는 자를 포함한다)' 및

제45조의3제1항에 따른 기한후과세표준신고서를 제출한 자는 다음 각 호의 어느 하나에 해당할 때에는 관할 세무서장이 각 세법에 따라 해당 국세의 과세표준과 세액을 결정 또는 경정하여 통지하기 전으로서 제26조의2제1항부터 제4항까지의 규정에 따른 기간이 끝나기 전까지 과세표준수정신고서를 제출할 수 있다. (2019.12.31 본문개정)
1. 과세표준신고서 또는 기한후과세표준신고서에 기재된 과세표준 및 세액이 세법에 따라 신고하여야 할 과세표준 및 세액에 미치지 못할 때
2. 과세표준신고서 또는 기한후과세표준신고서에 기재된 결손금액 또는 환급세액이 세법에 따라 신고하여야 할 결손금액이나 환급세액을 초과할 때
(2019.12.31 1호~2호개정)
3. 제1호 및 제2호 외에 원천징수의무자의 정산 과정에서의 누락, 세무조정 과정에서의 누락 등 대통령령으로 정하는 사유로 불완전한 신고를 하였을 때(제45조의2에 따라 경정 등의 청구를 할 수 있는 경우는 제외한다)
② (1994.12.22 삭제)
③ 과세표준수정신고서의 기재사항 및 신고 절차에 관한 사항은 대통령령으로 정한다.

제45조의2【경정 등의 청구】 ① 과세표준신고서를 법정신고기한까지 제출한 자 및 제45조의3제1항에 따른 기한후과세표준신고서를 제출한 자는 다음 각 호의 어느 하나에 해당할 때에는 최초신고 및 수정신고한 국세의 과세표준 및 세액의 결정 또는 경정을 법정신고기한이 지난 후 5년 이내에 관할 세무서장에게 청구할 수 있다. 다만, 결정 또는 경정으로 인하여 증가된 과세표준 및 세액에 대하여는 해당 처분이 있음을 안 날(처분의 통지를 받은 경우에는 그 받은 날)부터 90일 이내(법정신고기한이 지난 후 5년 이내로 한정한다)에 경정을 청구할 수 있다.
1. 과세표준신고서 또는 기한후과세표준신고서에 기재된 과세표준 및 세액(각 세법에 따라 결정 또는 경정이 있는 경우에는 해당 결정 또는 경정 후의 과세표준 및 세액을 말한다)이 세법에 따라 신고하여야 할 과세표준 및 세액을 초과할 때
2. 과세표준신고서 또는 기한후과세표준신고서에 기재된 결손금액 또는 환급세액(각 세법에 따라 결정 또는 경정이 있는 경우에는 해당 결정 또는 경정 후의 결손금액 또는 환급세액을 말한다)이 세법에 따라 신고하여야 할 결손금액 또는 환급세액에 미치지 못할 때
(2019.12.31 본항개정)
② 과세표준신고서를 법정신고기한까지 제출한 자 또는 국세의 과세표준 및 세액의 결정을 받은 자는 다음 각 호의 어느 하나에 해당하는 사유가 발생하였을 때에는 제1항에서 규정하는 기간에도 불구하고 그 사유가 발생한 것을 안 날부터 3개월 이내에 결정 또는 경정을 청구할 수 있다. (2015.12.15 본문개정)
1. 최초의 신고·결정 또는 경정에서 과세표준 및 세액의 계산 근거가 된 거래 또는 행위 등이 그에 관한 제7장에 따른 심사청구, 심판청구, 「감사원법」에 따른 심사청구에 대한 결정이나 소송에 대한 판결(판결과 같은 효력을 가지는 화해나 그 밖의 행위를 포함한다)에 의하여 다른 것으로 확정되었을 때(2022.12.31 본호개정)
2. 소득이나 그 밖의 과세물건의 귀속을 제3자에게로 변경시키는 결정 또는 경정이 있을 때
3. 조세조약에 따른 상호합의가 최초의 신고·결정 또는 경정의 내용과 다르게 이루어졌을 때
4. 결정 또는 경정으로 인하여 그 결정 또는 경정의 대상이 된 과세표준 및 세액과 연동된 다른 세목(같은 과세기간으로 한정한다)이나 연동된 다른 과세기간(같은 세목으로 한정한다)의 과세표준 또는 세액이

租稅 通則

세법에 따라 신고하여야 할 과세표준 또는 세액을 초과할 때(2022.12.31 본호개정)
5. 제1호부터 제4호까지와 유사한 사유로서 대통령령으로 정하는 사유가 해당 국세의 법정신고기한이 지난 후에 발생하였을 때
③ 제1항과 제2항에 따라 결정 또는 경정의 청구를 받은 세무서장은 그 청구를 받은 날부터 2개월 이내에 과세표준 및 세액을 결정 또는 경정하거나 결정 또는 경정하여야 할 이유가 없다는 뜻을 그 청구를 한 자에게 통지하여야 한다. 다만, 청구를 한 자가 2개월 이내에 아무런 통지(제4항에 따른 통지를 제외한다. 이하 이 항에서 같다)를 받지 못한 경우에는 통지를 받기 전이라도 그 2개월이 되는 날의 다음 날부터 제7장에 따른 이의신청, 심사청구, 심판청구 또는 「감사원법」에 따른 심사청구를 할 수 있다.(2020.12.22 단서개정)
④ 제1항과 제2항에 따라 청구를 받은 세무서장은 제3항 본문에 따른 기간 내에 과세표준 및 세액의 결정 또는 경정이 곤란한 경우에는 청구를 한 자에게 관련 진행상황 및 제3항 단서에 따라 제7장에 따른 이의신청, 심사청구, 심판청구 또는 「감사원법」에 따른 심사청구를 할 수 있다는 사실을 통지하여야 한다. (2020.12.22 본항신설)
⑤ 「소득세법」 제73조제1항 각 호에 해당하는 소득이 있는 자, 「소득세법」 제119조제1호·제2호, 제4호부터 제8호까지, 제8호의2 및 제10호부터 제12호까지의 규정에 해당하는 소득이 있는 자 또는 「법인세법」 제93조제1호·제2호, 제4호부터 제6호까지 및 제8호부터 제10호까지의 규정에 해당하는 국내 원천소득이 있는 자(이하 이 항 및 제52조에서 "원천징수대상자"라 한다)의 경우에는 제1항부터 제4항까지의 규정을 준용한다. 이 경우 제1항 각 호 외의 부분 본문 중 "과세표준신고서를 법정신고기한까지 제출한 자 및 제45조의3제1항에 따른 기한후과세표준신고서를 제출한 자" 및 제2항 각 호 외의 부분 중 "과세표준신고서를 법정신고기한까지 제출한 자 또는 국세의 과세표준 및 세액의 결정을 받은 자"는 "연말정산 또는 원천징수하여 소득세 또는 법인세를 납부하고 「소득세법」 제164조, 제164조의2 및 「법인세법」 제120조, 제120조의2에 따라 지급명세서를 제출기한까지 제출한 원천징수의무자 또는 원천징수대상자(「소득세법」 제1조의2제1항제2호에 따른 비거주자 및 「법인세법」 제2조제3호에 따른 외국법인은 제외한다. 다만, 원천징수의무자의 폐업 등 대통령령으로 정하는 사유가 발생하여 원천징수의무자가 경정을 청구하기 어렵다고 인정되는 경우에는 그러하지 아니하다)"로, 제1항 각 호 외의 부분 본문·단서 및 제2항제5호 중 "법정신고기한이 지난 후"는 "연말정산세액 또는 원천징수세액의 납부기한이 지난 후"로, 제1항제1호 중 "과세표준신고서 또는 기한후과세표준신고서에 기재된 과세표준 및 세액"은 "원천징수영수증에 기재된 과세표준 및 세액"으로, 제1항제2호 중 "과세표준신고서 또는 기한후과세표준신고서에 기재된 결손금액 또는 환급세액"은 "원천징수영수증에 기재된 환급세액"으로 본다.(2022.12.31 본문개정)
1.~3. (2019.12.31 삭제)
⑥ 「종합부동산세법」 제7조 및 제12조에 따른 납세의무자로서 종합부동산세를 부과·고지받은 자의 경우에는 제1항부터 제4항까지의 규정을 준용한다. 이 경우 제1항 각 호 외의 부분 본문 중 "과세표준신고서를 법정신고기한까지 제출한 자 및 제45조의3제1항에 따른 기한후과세표준신고서를 제출한 자" 및 제2항 각 호 외의 부분 중 "과세표준신고서를 법정신고기한까지 제출한 자 또는 국세의 과세표준 및 세액의 결정을 받은 자"는 "과세기준일이 속한 연도에 종합부동산세를 부과·고지받은 자"로, 제1항 각 호 외의 부분 본문·단

서 및 제2항제5호 중 "법정신고기한이 지난 후"는 "종합부동산세의 납부기한이 지난 후"로, 제1항제1호 중 "과세표준신고서 또는 기한후과세표준신고서에 기재된 과세표준 및 세액"은 "납부고지서에 기재된 과세표준 및 세액"으로 본다.(2022.12.31 본항신설)
⑦ 결정 또는 경정의 청구 및 통지 절차에 관하여 필요한 사항은 대통령령으로 정한다.

제45조의3【기한 후 신고】 ① 법정신고기한까지 과세표준신고서를 제출하지 아니한 자는 관할 세무서장이 세법에 따라 해당 국세의 과세표준과 세액(이 법 및 세법에 따른 가산세를 포함한다. 이하 이 조에서 같다)을 결정하여 통지하기 전까지 기한후과세표준신고서를 제출할 수 있다.(2016.12.20 단서삭제)
② 제1항에 따라 기한후과세표준신고서를 제출한 자로서 세법에 따라 납부하여야 할 세액이 있는 자는 그 세액을 납부하여야 한다.(2014.12.23 본항개정)
③ 제1항에 따라 기한후과세표준신고서를 제출하거나 제45조제1항에 따라 기한후과세표준신고서를 제출한 자가 과세표준수정신고서를 제출한 경우 관할 세무서장은 세법에 따라 신고일부터 3개월 이내에 해당 국세의 과세표준과 세액을 결정 또는 경정하여 신고인에게 통지하여야 한다. 다만, 그 과세표준과 세액을 조사할 때 조사 등에 장기간이 걸리는 등 부득이한 사유로 신고일부터 3개월 이내에 결정 또는 경정할 수 없는 경우에는 그 사유를 신고인에게 통지하여야 한다. (2019.12.31 본항개정)
④ 기한후과세표준신고서의 기재사항 및 신고 절차 등에 관하여 필요한 사항은 대통령령으로 정한다.

제46조【추가자진납부】 ① 세법에 따라 과세표준신고액에 상당하는 세액을 자진납부하는 국세에 관하여 제45조에 규정된 과세표준수정신고서를 제출하는 납세자는 이미 납부한 세액이 과세표준수정신고액에 상당하는 세액에 미치지 못할 때에는 그 부족한 금액과 이 법 또는 세법에서 정하는 가산세를 추가하여 납부하여야 한다.(2014.12.23 본항개정)
② (2014.12.23 삭제)
③ 과세표준신고서를 법정신고기한까지 제출하였으나 과세표준신고액에 상당하는 세액의 전부 또는 일부를 납부하지 아니한 자는 그 세액과 이 법 또는 세법에서 정하는 가산세를 세무서장이 고지하기 전에 납부할 수 있다.

제46조의2 (2020.12.22 삭제)

제3절 가산세의 부과와 감면
       (2010.1.1 본절개정)

제47조【가산세 부과】 ① 정부는 세법에서 규정한 의무를 위반한 자에게 이 법 또는 세법에서 정하는 바에 따라 가산세를 부과할 수 있다.
② 가산세는 해당 의무가 규정된 세법의 해당 국세의 세목(稅目)으로 한다. 다만, 해당 국세를 감면하는 경우에는 가산세는 그 감면대상에 포함시키지 아니하는 것으로 한다.
③ 가산세는 납부할 세액에 가산하거나 환급받을 세액에서 공제한다.(2011.12.31 본항신설)

제47조의2【무신고가산세】 ① 납세의무자가 법정신고기한까지 세법에 따른 국세의 과세표준 신고(예정신고 및 중간신고를 포함하며, 「교육세법」 제9조에 따른 신고 중 금융·보험업자가 아닌 자의 신고와 「농어촌특별세법」 및 「종합부동산세법」에 따른 신고는 제외한다)를 하지 아니한 경우에는 그 신고로 납부하여야 할 세액(이 법 및 세법에 따른 가산세와 세법에 따라 가산하여 납부하여야 할 이자 상당 가산액이 있는 경우 그 금액은 제외하며, 이하 "무신고납부세액"이라 한다)에

다음 각 호의 구분에 따른 비율을 곱한 금액을 가산세로 한다.

1. 부정행위로 법정신고기한까지 세법에 따른 국세의 과세표준 신고를 하지 아니한 경우 : 100분의 40(역외거래에서 발생한 부정행위인 경우에는 100분의 60) (2019.12.31 본호개정)
2. 제1호 외의 경우 : 100분의 20 (2016.12.20 본항개정)

② 제1항에도 불구하고 다음 각 호의 어느 하나에 해당하는 경우에는 해당 호에 따른 금액을 가산세로 한다.

1. 「소득세법」 제70조 및 제124조 또는 「법인세법」 제60조, 제76조의17 및 제97조에 따른 신고를 하지 아니한 자가 「소득세법」 제160조제3항에 따른 복식부기의무자(이하 "복식부기의무자"라 한다) 또는 법인인 경우 : 다음 각 목의 구분에 따른 금액과 제1항 각 호의 구분에 따른 금액 중 큰 금액으로 한다.
   가. 제1항제1호의 경우 : 다음 구분에 따른 수입금액(이하 이 조에서 "수입금액"이라 한다)에 1만분의 14를 곱한 금액(2019.12.31 본문개정)
   1) 개인 : 「소득세법」 제24조부터 제26조까지 및 제122조에 따라 계산한 사업소득에 대한 해당 개인의 총수입금액(2019.12.31 신설)
   2) 법인 : 「법인세법」 제60조, 제76조의17, 제97조에 따라 법인세 과세표준 및 세액 신고서에 적어야 할 해당 법인의 수입금액(2019.12.31 신설)
   나. 제1항제2호의 경우 : 수입금액에 1만분의 7을 곱한 금액
2. 「부가가치세법」에 따른 사업자가 같은 법 제48조제1항, 제49조제1항 및 제67조에 따른 신고를 하지 아니한 경우로서 같은 법 또는 「조세특례제한법」에 따른 영세율이 적용되는 과세표준(이하 "영세율과세표준"이라 한다)이 있는 경우 : 제1항 각 호의 구분에 따른 금액에 영세율과세표준의 1천분의 5에 상당하는 금액을 더한 금액
(2016.12.20 본항개정)

③ 제1항 및 제2항에도 불구하고 다음 각 호의 어느 하나에 해당하는 경우에는 제1항 및 제2항을 적용하지 아니한다.
1. (2020.12.22 삭제)
2. 「부가가치세법」 제69조에 따라 납부의무가 면제되는 경우(2013.6.7 본호개정)

④ 제1항 또는 제2항을 적용할 때 「부가가치세법」 제45조제3항 단서에 따른 대손세액에 상당하는 부분에 대해서는 제1항 또는 제2항에 따른 가산세를 적용하지 아니한다.(2013.6.7 본항개정)

⑤ 제1항 또는 제2항을 적용할 때 예정신고 및 중간신고와 관련하여 이 조 또는 제47조의3에 따라 가산세가 부과되는 부분에 대해서는 확정신고와 관련하여 제1항 또는 제2항에 따른 가산세를 적용하지 아니한다.

⑥ 제1항 또는 제2항을 적용할 때 「소득세법」 제81조의5, 제115조 또는 「법인세법」 제75조의3이 동시에 적용되는 경우에는 그 중 가산세액이 큰 가산세만 적용하고, 가산세액이 같은 경우에는 제1항 또는 제2항의 가산세액만 적용한다. (2019.12.31 본항개정)

⑦ 제1항부터 제6항까지에서 규정한 사항 외에 가산세 부과에 필요한 사항은 대통령령으로 정한다. (2019.12.31 본항개정)
(2011.12.31 본조개정)

제47조의3 【과소신고·초과환급신고가산세】

① 납세의무자가 법정신고기한까지 세법에 따른 국세의 과세표준 신고(예정신고 및 중간신고를 포함하며, 「교육세법」 제9조에 따른 신고 중 금융·보험업자가 아닌 자의 신고와 「농어촌특별세법」에 따른 신고는 제외한다)를 한 경우로서 납부할 세액을 신고하여야 할 세액보다 적게 신고(이하 이 조 및 제48조에서 "과소신고"라 한다)하거나 환급받을 세액을 신고하여야 할 금액보다 많이 신고(이하 이 조 및 제48조에서 "초과신고"라 한다)한 경우에는 과소신고한 납부세액과 초과신고한 환급세액을 합한 금액(이 법 및 세법에 따른 가산세와 세법에 따라 가산하여 납부하여야 할 이자 상당 가산액이 있는 경우 그 금액은 제외하며, 이하 "과소신고납부세액등"이라 한다)에 다음 각 호의 구분에 따른 산출방법을 적용한 금액을 가산세로 한다.(2017.12.19 본문개정)

1. 부정행위로 과소신고하거나 초과신고한 경우 : 다음 각 목의 금액을 합한 금액
   가. 부정행위로 인한 과소신고납부세액등의 100분의 40(역외거래에서 발생한 부정행위로 인한 경우에는 100분의 60)에 상당하는 금액(2019.12.31 본목개정)
   나. 과소신고납부세액등에서 부정행위로 인한 과소신고납부세액등을 뺀 금액의 100분의 10에 상당하는 금액
2. 제1호 외의 경우 : 과소신고납부세액등의 100분의 10에 상당하는 금액
(2016.12.20 본항개정)

② 제1항에도 불구하고 다음 각 호의 어느 하나에 해당하는 경우에는 해당 호에 따른 금액을 가산세로 한다.
1. 부정행위로 「소득세법」 제70조 및 제124조 또는 「법인세법」 제60조, 제76조의17 및 제97조에 따른 신고를 과소신고한 자가 복식부기의무자 또는 법인인 경우 : 다음 각 목의 금액 중 큰 금액에 제1항제1호나목에 따른 금액을 더한 금액
   가. 제1항제1호가목에 따른 금액
   나. 부정행위로 과소신고된 과세표준관련 수입금액에 1만분의 14를 곱하여 계산한 금액
2. 「부가가치세법」에 따른 사업자가 같은 법 제48조제1항·제4항, 제49조제1항, 제66조 및 제67조에 따른 신고를 한 경우로서 영세율과세표준을 과소신고하거나 신고하지 아니한 경우 : 제1항 각 호의 구분에 따른 금액에 그 과소신고되거나 무신고된 영세율과세표준의 1천분의 5에 상당하는 금액을 더한 금액
(2016.12.20 1호~2호개정)

③ 제1항 및 제2항은 「부가가치세법」에 따른 사업자가 아닌 자가 환급세액을 신고한 경우에도 적용한다.

④ 제1항 또는 제2항을 적용할 때 다음 각 호의 어느 하나에 해당하는 경우에는 이와 관련하여 과소신고하거나 초과신고한 부분에 대해서는 제1항 또는 제2항의 가산세를 적용하지 아니한다.
1. 다음 각 목의 어느 하나에 해당하는 사유로 상속세·증여세 과세표준을 과소신고한 경우
   가. 신고 당시 소유권에 대한 소송 등의 사유로 상속재산 또는 증여재산으로 확정되지 아니하였던 경우
   나. 「상속세 및 증여세법」 제18조, 제18조의2, 제18조의3, 제19조부터 제23조까지, 제23조의2, 제24조, 제53조, 제53조의2 및 제54조에 따른 공제의 적용에 착오가 있었던 경우(2023.12.31 본목개정)
   다. 「상속세 및 증여세법」 제60조제2항·제3항 및 제66조에 따라 평가한 가액으로 과세표준을 결정한 경우(부정행위로 상속세 및 증여세의 과세표준을 과소신고한 경우는 제외한다)(2022.12.31 본목개정)
   라. 「법인세법」 제66조에 따라 법인세 과세표준 및 세액의 결정·경정으로 「상속세 및 증여세법」 제45조의3부터 제45조의5까지의 규정에 따른 증여의제이익이 변경되는 경우(부정행위로 인하여 법인세의 과세표준을 결정·경정하는 경우는 제외한다)(2015.12.15 본목개정)
1의2. 「상속세 및 증여세법」 제60조제2항·제3항 및 제66조에 따라 평가한 가액으로 「소득세법」 제88조제1호 각 목 외의 부분 후단에 따른 부담부증여 시 양도

로 보는 부분에 대한 양도소득세 과세표준을 결정·경정한 경우(부정행위로 양도소득세의 과세표준을 과소신고한 경우는 제외한다)(2023.12.31 본호신설)
2. 「부가가치세법」 제45조제3항 단서가 적용되는 경우 (2013.6.7 본호개정)
3. 제1호라목에 해당하는 사유로 「소득세법」 제88조제2호에 따른 주식등의 취득가액이 감소된 경우 (2017.12.19 본호신설)
4. 「조세특례제한법」 제24조에 따라 세액공제를 받은 후 대통령령으로 정하는 부득이한 사유로 해당 세액공제 요건을 충족하지 못하게 된 경우 (2023.12.31 본호신설)
⑤ (2014.12.23 삭제)
⑥ 이 조에 따른 가산세의 부과에 대해서는 제47조의2 제5항 및 제6항을 준용한다.(2020.12.22 본항개정)
⑦ 부정행위로 인한 과소신고납부세액등의 계산과 그 밖에 가산세의 부과에 필요한 사항은 대통령령으로 정한다.(2014.12.23 본항개정)
(2011.12.31 본조개정)

판례 납세자의 대리인이나 사용인, 그 밖의 종업원(이하 '사용인 등'이라 한다)의 부정한 행위가 납세자 본인의 이익이나 의사에 반하여 자기 또는 제3자의 이익을 도모할 목적으로 납세자를 피해자로 하는 사기, 배임 등 범행의 일환으로 행하여지고, 거래 상대방이 이에 가담하는 등으로 인하여 납세자가 이들의 부정한 행위를 쉽게 인식하거나 예상할 수 없었던 특별한 사정이 있는 경우라면, 사용인의 부정한 행위로 납세자의 과세표준이 결과적으로 과소신고되었을지라도 이들의 배임적 부정행위로 인한 과소신고를 '납세자가 부당한 방법으로 과소신고한 경우'에 포함된다고 볼 수 없다. (대판 2021.2.18, 2017두38959)

제47조의4【납부지연가산세】① 납세의무자(연대납세의무자, 납세자를 갈음하여 납부할 의무가 생긴 제2차 납세의무자 및 보증인을 포함한다)가 법정납부기한까지 국세(「인지세법」 제8조제1항에 따른 인지세는 제외한다)의 납부(중간예납·예정신고납부·중간신고납부를 포함한다)를 하지 아니하거나 납부하여야 할 세액보다 적게 납부(이하 "과소납부"라 한다)하거나 환급받아야 할 세액보다 많이 환급(이하 "초과환급"이라 한다)받은 경우에는 다음 각 호의 금액을 합한 금액을 가산세로 한다.(2019.12.31 본문개정)
1. 납부하지 아니한 세액 또는 과소납부분 세액(세법에 따라 가산하여 납부하여야 할 이자 상당 가산액이 있는 경우에는 그 금액을 더한다) × 법정납부기한의 다음 날부터 납부일까지의 기간(납부고지일부터 납부고지서에 따른 납부기한까지의 기간은 제외한다) × 금융회사 등이 연체대출금에 대하여 적용하는 이자율 등을 고려하여 대통령령으로 정하는 이자율
2. 초과환급받은 세액(세법에 따라 가산하여 납부하여야 할 이자상당가산액이 있는 경우에는 그 금액을 더한다) × 환급받은 날의 다음 날부터 납부일까지의 기간(납부고지일부터 납부고지서에 따른 납부기한까지의 기간은 제외한다) × 금융회사 등이 연체대출금에 대하여 적용하는 이자율 등을 고려하여 대통령령으로 정하는 이자율
3. 법정납부기한까지 납부하여야 할 세액(세법에 따라 가산하여 납부하여야 할 이자 상당 가산액이 있는 경우에는 그 금액을 더한다) 중 납부고지서에 따른 납부기한까지 납부하지 아니한 세액 또는 과소납부분 세액 × 100분의 3(국세를 납부고지서에 따른 납부기한까지 완납하지 아니한 경우에 한정한다)
(2020.12.29 1호~3호개정)
② 제1항은 「부가가치세법」에 따른 사업자가 아닌 자가 부가가치세액을 환급받은 경우에도 적용한다.
③ 다음 각 호의 어느 하나에 해당하는 경우에는 제1항

제1호 및 제2호의 가산세(법정납부기한의 다음 날부터 납부고지일까지의 기간에 한정한다)를 적용하지 아니한다.(2020.12.29 본문개정)
1. 「부가가치세법」에 따른 사업자가 같은 법에 따른 납부기한까지 어느 사업장에 대한 부가가치세를 다른 사업장에 대한 부가가치세에 더하여 신고납부한 경우
2. 「부가가치세법」 제45조제3항 단서에 따른 대손세액에 상당하는 부분
(2014.12.23 1호~2호신설)
3. (2020.12.22 삭제)
4. 「법인세법」 제66조에 따라 법인세 과세표준 및 세액의 결정·경정으로 「상속세 및 증여세법」 제45조의3부터 제45조의5까지의 규정에 따른 증여의제이익이 변경되는 경우(부정행위로 인하여 법인세의 과세표준 및 세액을 결정·경정하는 경우는 제외한다)(2015.12.15 본호개정)
5. 제4호에 해당하는 사유로 「소득세법」 제88조제2호에 따른 주식등의 취득가액이 감소된 경우(2017.12.19 본호신설)
6. 「상속세 및 증여세법」 제67조 또는 제68조에 따라 상속세 또는 증여세를 신고한 자가 같은 법 제70조에 따라 법정신고기한까지 상속세 또는 증여세를 납부한 경우로서 법정신고기한 이후 대통령령으로 정하는 방법에 따라 상속재산 또는 증여재산을 평가하여 과세표준과 세액을 결정·경정한 경우(2020.12.22 본호신설)
7. 「소득세법」 제88조제1호 각 목 외의 부분 후단에 따른 부담부증여 시 양도로 보는 부분에 대하여 같은 법 제105조 또는 제110조에 따라 양도소득세 과세표준을 신고한 자가 같은 법 제106조 또는 제111조에 따라 법정신고기한까지 양도소득세를 납부한 경우로서 법정신고기한 이후 대통령령으로 정하는 방법에 따라 부담부증여 재산을 평가하여 양도소득세의 과세표준과 세액을 결정·경정한 경우(2023.12.31 본호신설)
④ 제47조의5에 따른 가산세가 부과되는 부분에 대해서는 국세의 납부와 관련하여 제1항에 따른 가산세를 부과하지 아니한다.(2018.12.31 본항개정)
⑤ 중간예납, 예정신고납부 및 중간신고납부와 관련하여 제1항에 따른 가산세가 부과되는 부분에 대해서는 확정신고납부와 관련하여 제1항에 따른 가산세를 부과하지 아니한다.(2018.12.31 본항개정)
⑥ 국세(소득세, 법인세 및 부가가치세만 해당한다)를 과세기간을 잘못 적용하여 신고납부한 경우에는 제1항을 적용할 때 실제 신고납부한 날에 실제 신고납부한 금액의 범위에서 당초 신고납부하였어야 할 과세기간에 대한 국세를 자진납부한 것으로 본다. 다만, 해당 국세의 신고가 제47조의2에 따른 신고 중 부정행위로 무신고한 경우 또는 제47조의3에 따른 신고 중 부정행위로 과소신고·초과신고 한 경우에는 그러하지 아니하다.(2016.12.20 단서개정)
⑦ 제1항을 적용할 때 납부고지서에 따른 납부기한의 다음 날부터 납부일까지의 기간(「국세징수법」 제13조에 따라 지정납부기한과 독촉장에서 정하는 기한을 연장한 경우에는 그 연장기간은 제외한다)이 5년을 초과하는 경우에는 그 기간은 5년으로 한다.(2020.12.29 본항개정)
⑧ 체납된 국세의 납부고지서별·세목별 세액이 150만원 미만인 경우에는 제1항제1호 및 제2호의 가산세를 적용하지 아니한다.(2021.12.21 본항개정)
⑨ 「인지세법」 제8조제1항에 따른 인지세(같은 법 제3조제1항제1호의 문서 중 부동산의 소유권 이전에 관한 증서에 대한 인지세는 제외한다)의 납부를 하지 아니하

거나 과소납부한 경우에는 납부하지 아니한 세액 또는 과소납부분 세액의 100분의 300에 상당하는 금액을 가산세로 한다. 다만, 다음 각 호의 어느 하나에 해당하는 경우(과세표준과 세액을 경정할 것을 미리 알고 납부하는 경우는 제외한다)에는 해당 호에 따른 금액을 가산세로 한다.(2022.12.31 본문개정)

1. 「인지세법」에 따른 법정납부기한이 지난 후 3개월 이내에 납부한 경우 : 납부하지 아니한 세액 또는 과소납부분 세액의 100분의 100

2. 「인지세법」에 따른 법정납부기한이 지난 후 3개월 초과 6개월 이내에 납부한 경우 : 납부하지 아니한 세액 또는 과소납부분 세액의 100분의 200

(2020.12.22 1호~2호신설)
(2011.12.31 본조개정)

제47조의5【원천징수 등 납부지연가산세】 ① 국세를 징수하여 납부할 의무를 지는 자가 징수하여야 할 세액(제2항제2호의 경우에는 징수한 세액)을 법정납부기한까지 납부하지 아니하거나 과소납부한 경우에는 납부하지 아니한 세액 또는 과소납부분 세액의 100분의 50(제1호의 금액과 제2호 중 법정납부기한의 다음 날부터 납부고지일까지의 기간에 해당하는 금액을 합한 금액은 100분의 10)에 상당하는 금액을 한도로 하여 다음 각 호의 금액을 합한 금액을 가산세로 한다.(2020.12.29 본문개정)

1. 납부하지 아니한 세액 또는 과소납부분 세액의 100분의 3에 상당하는 금액

2. 납부하지 아니한 세액 또는 과소납부분 세액 × 법정납부기한의 다음 날부터 납부일까지의 기간(납부고지일부터 납부고지서에 따른 납부기한까지의 기간은 제외한다) × 금융회사 등이 연체대출금에 대하여 적용하는 이자율 등을 고려하여 대통령령으로 정하는 이자율(2020.12.29 본호개정)

② 제1항에서 "국세를 징수하여 납부할 의무"란 다음 각 호의 어느 하나에 해당하는 의무를 말한다.

1. 「소득세법」 또는 「법인세법」에 따라 소득세 또는 법인세를 원천징수하여 납부할 의무

2. 「소득세법」 제149조에 따른 납세조합이 같은 법 제150조부터 제152조까지의 규정에 따라 소득세를 징수하여 납부할 의무

3. 「부가가치세법」 제52조에 따라 용역등을 공급받는 자가 부가가치세를 징수하여 납부할 의무 (2013.6.7 본호개정)

③ 제1항에도 불구하고 다음 각 호의 어느 하나에 해당하는 경우에는 제1항을 적용하지 아니한다.

1. 「소득세법」에 따라 소득세를 원천징수하여야 할 자가 우리나라에 주둔하는 미군인 경우

2. 「소득세법」에 따라 소득세를 원천징수하여야 할 자가 같은 법 제20조의3제1항제1호 또는 같은 법 제22조제1항제1호의 소득을 지급하는 경우(2013.1.1 본호개정)

3. 「소득세법」 또는 「법인세법」에 따라 소득세 또는 법인세를 원천징수하여야 할 자가 국가, 지방자치단체 또는 지방자치단체조합인 경우(「소득세법」 제128조의2에 해당하는 경우는 제외한다)

④ 제1항을 적용할 때 납부고지서에 따른 납부기한의 다음 날부터 납부일까지의 기간(「국세징수법」 제13조에 따라 지정납부기한과 독촉장에서 정하는 기한을 연장한 경우에는 그 연장기간은 제외한다)이 5년을 초과하는 경우에는 그 기간은 5년으로 한다.(2020.12.29 본항개정)

⑤ 체납된 국세의 납부고지서별·세목별 세액이 150만원 미만인 경우에는 제1항제2호의 가산세를 적용하지 아니한다.(2021.12.21 본항개정)

⑥ 제1항에도 불구하고 2025년 1월 1일 및 2026년 1월 1일이 속하는 각 과세기간에 발생한 「소득세법」 제4조제1항제2호의2에 따른 금융투자소득의 원천징수세액에 대한 납부지연가산세는 제1항 각 호 외의 부분에서 정하는 한도와 같은 항 각 호의 금액을 합한 금액의 100분의 50에 해당하는 금액으로 한다. (2022.12.31 본항신설 : 2025.1.1 시행)
(2020.12.22 본조제목개정)
(2011.12.31 본조개정)

제48조【가산세 감면 등】 ① 정부는 이 법 또는 세법에 따라 가산세를 부과하는 경우 그 부과의 원인이 되는 사유가 다음 각 호의 어느 하나에 해당하는 경우에는 해당 가산세를 부과하지 아니한다.

1. 제6조에 따른 기한 연장 사유에 해당하는 경우 (2020.12.22 본호개정)

2. 납세자가 의무를 이행하지 아니한 데에 정당한 사유가 있는 경우

3. 그 밖에 제1호 및 제2호와 유사한 경우로서 대통령령으로 정하는 경우
(2018.12.31 본항개정)

② 정부는 다음 각 호의 어느 하나에 해당하는 경우에는 이 법 또는 세법에 따른 해당 가산세액에서 다음 각 호에서 정하는 금액을 감면한다.

1. 과세표준신고서를 법정신고기한까지 제출한 자가 법정신고기한이 지난 후 제45조에 따라 수정신고한 경우(제47조의3에 따른 가산세에 해당하며, 과세표준과 세액을 경정할 것을 미리 알고 과세표준수정신고서를 제출한 경우는 제외한다)에는 다음 각 목의 구분에 따른 금액

가. 법정신고기한이 지난 후 1개월 이내에 수정신고한 경우 : 해당 가산세액의 100분의 90에 상당하는 금액

나. 법정신고기한이 지난 후 1개월 초과 3개월 이내에 수정신고한 경우 : 해당 가산세액의 100분의 75에 상당하는 금액

다. 법정신고기한이 지난 후 3개월 초과 6개월 이내에 수정신고한 경우 : 해당 가산세액의 100분의 50에 상당하는 금액(2019.12.31 본목신설)

라. 법정신고기한이 지난 후 6개월 초과 1년 이내에 수정신고한 경우 : 해당 가산세액의 100분의 30에 상당하는 금액(2019.12.31 본목신설)

마. 법정신고기한이 지난 후 1년 초과 1년 6개월 이내에 수정신고한 경우 : 해당 가산세액의 100분의 20에 상당하는 금액(2019.12.31 본목신설)

바. 법정신고기한이 지난 후 1년 6개월 초과 2년 이내에 수정신고한 경우 : 해당 가산세액의 100분의 10에 상당하는 금액
(2019.12.31 본호개정)

2. 과세표준신고서를 법정신고기한까지 제출하지 아니한 자가 법정신고기한이 지난 후 제45조의3에 따라 기한 후 신고를 한 경우(제47조의2에 따른 가산세만 해당하며, 과세표준과 세액을 결정할 것을 미리 알고 기한후과세표준신고서를 제출한 경우는 제외한다)에는 다음 각 목의 구분에 따른 금액(2019.12.31 본문개정)

가. 법정신고기한이 지난 후 1개월 이내에 기한 후 신고를 한 경우 : 해당 가산세액의 100분의 50에 상당하는 금액

나. 법정신고기한이 지난 후 1개월 초과 3개월 이내에 기한 후 신고를 한 경우 : 해당 가산세액의 100분의 30에 상당하는 금액(2019.12.31 본목신설)

다. 법정신고기한이 지난 후 3개월 초과 6개월 이내에

기한 후 신고를 한 경우 : 해당 가산세액의 100분의 20에 상당하는 금액(2019.12.31 본목개정)
(2014.12.23 본호개정)
3. 다음 각 목의 어느 하나에 해당하는 경우에는 해당 가산세액의 100분의 50에 상당하는 금액
　가. 제81조의15에 따른 과세전적부심사 결정·통지기간에 그 결과를 통지하지 아니한 경우(결정·통지가 지연됨으로써 해당 기간에 부과되는 제47조의4에 따른 가산세만 해당한다)(2011.12.31 본목개정)
　나. 세법에 따른 제출, 신고, 가입, 등록, 개설(이하 이 목에서 "제출등"이라 한다)의 기한이 지난 후 1개월 이내에 해당 세법에 따른 제출등의 의무를 이행하는 경우(제출등의 의무위반에 대하여 세법에 따라 부과되는 가산세만 해당한다)
　다. 제1호라목부터 바목까지의 규정에도 불구하고 세법에 따른 예정신고기한 및 중간신고기한까지 예정신고 및 중간신고를 하였으나 과소신고하거나 초과신고한 경우로서 확정신고기한까지 과세표준을 수정하여 신고한 경우(해당 기간에 부과되는 제47조의3에 따른 가산세만 해당하며, 과세표준과 세액을 경정할 것을 미리 알고 과세표준신고를 하는 경우는 제외한다)(2019.12.31 본목개정)
　라. 제2호에도 불구하고 세법에 따른 예정신고기한 및 중간신고기한까지 예정신고 및 중간신고를 하지 아니하였으나 확정신고기한까지 과세표준신고를 한 경우(해당 기간에 부과되는 제47조의2에 따른 가산세만 해당하며, 과세표준과 세액을 경정할 것을 미리 알고 과세표준신고를 하는 경우는 제외한다)(2017.12.19 본목신설)
(2010.12.27 본항개정)
③ 제1항이나 제2항에 따른 가산세 감면 등을 받으려는 자는 대통령령으로 정하는 바에 따라 감면 등을 신청할 수 있다.

제49조【가산세 한도】 ① 다음 각 호의 어느 하나에 해당하는 가산세에 대해서는 그 의무위반의 종류별로 각각 5천만원(「중소기업기본법」제2조제1항에 따른 중소기업이 아닌 기업은 1억원)을 한도로 한다. 다만, 해당 의무를 고의적으로 위반한 경우에는 그러하지 아니하다.(2010.12.27 본문개정)
1. 「소득세법」제81조, 제81조의3, 제81조의6, 제81조의7, 제81조의10, 제81조의11 및 제81조의13에 따른 가산세(2019.12.31 본호개정)
2. 「법인세법」제75조의2, 제75조의4, 제75조의5, 제75조의7, 제75조의8(같은 조 제1항제4호에 따른 가산세는 같은 호 가목에 따른 계산서의 발급시기가 지난 후 해당 재화 또는 용역의 공급시기가 속하는 사업연도 말의 다음 달 25일까지 계산서를 발급한 경우에 부과되는 가산세만 해당한다) 및 제75조의9에 따른 가산세(2023.12.31 본호개정)
3. 「부가가치세법」제60조제1항(같은 법 제68조제2항에서 준용되는 경우를 포함한다), 같은 조 제2항제1호·제3호부터 제5호까지 및 같은 조 제5항부터 제8항까지의 규정에 따른 가산세(2013.6.7 본호개정)
4. 「상속세 및 증여세법」제78조제3항·제5항(같은 법 제50조제1항 및 제2항에 따른 의무를 위반한 경우만 해당한다)·제12항·제13항 및 제14항에 따른 가산세(2020.12.22 본호개정)
5. 「조세특례제한법」제30조의5제5항 및 제90조의2제1항에 따른 가산세
② 제1항을 적용하는 경우 의무위반의 구분, 가산세 한도의 적용기간 및 적용 방법, 그 밖에 필요한 사항은 대통령령으로 정한다.
제50조 (1994.12.22 삭제)

제6장 국세환급금과 국세환급가산금
(2010.1.1 본장개정)

제51조【국세환급금의 충당과 환급】 ① 세무서장은 납세의무자가 국세 및 강제징수비로서 납부한 금액 중 잘못 납부하거나 초과하여 납부한 금액이 있거나 세법에 따라 환급하여야 할 환급세액(세법에 따라 환급세액에서 공제하여야 할 세액이 있을 때에는 공제한 후에 남은 금액을 말한다)이 있을 때에는 즉시 그 잘못 납부한 금액, 초과하여 납부한 금액 또는 환급세액을 국세환급금으로 결정하여야 한다. 이 경우 착오납부·이중납부로 인한 환급청구는 대통령령으로 정하는 바에 따른다.(2020.12.22 전단개정)
② 세무서장은 국세환급금으로 결정한 금액을 대통령령으로 정하는 바에 따라 다음 각 호의 국세 및 강제징수비에 충당하여야 한다. 다만, 제1호(「국세징수법」제9조에 따른 납부기한 전 징수 사유에 해당하는 경우는 제외한다) 및 제3호의 국세에의 충당은 납세자가 그 충당에 동의하는 경우에만 한다.(2020.12.29 단서개정)
1. 납부고지에 의하여 납부하는 국세(2020.12.29 본호개정)
2. 체납된 국세 및 강제징수비(다른 세무서에 체납된 국세 및 강제징수비를 포함한다)(2020.12.22 본호개정)
3. 세법에 따라 자진납부하는 국세
③ 제2항제2호에의 충당이 있는 경우 체납된 국세 및 강제징수비와 국세환급금은 체납된 국세의 법정납부기한과 대통령령으로 정하는 국세환급금 발생일 중 늦은 때로 소급하여 대등액에 관하여 소멸한 것으로 본다.(2020.12.22 본항개정)
④ 납세자가 세법에 따라 환급받을 환급세액이 있는 경우에는 그 환급세액을 제2항제1호 및 제3호의 국세에 충당할 것을 청구할 수 있다. 이 경우 충당된 세액의 충당청구를 한 날에 해당 국세를 납부한 것으로 본다.
⑤ 원천징수의무자가 원천징수하여 납부한 세액에서 환급받을 환급세액이 있는 경우 그 환급액은 그 원천징수의무자가 원천징수하여 납부하여야 할 세액에 충당(다른 세목의 원천징수세액에의 충당은 「소득세법」에 따른 원천징수이행상황신고서에 그 충당·조정명세를 적어 신고한 경우에만 할 수 있다)하고 남은 금액을 환급한다. 다만, 그 원천징수의무자가 그 환급액을 즉시 환급해 줄 것을 요구하는 경우나 원천징수하여 납부하여야 할 세액이 없는 경우에는 즉시 환급한다.
⑥ 국세환급금 중 제2항에 따라 충당한 후 남은 금액은 국세환급금의 결정을 한 날부터 30일 내에 대통령령으로 정하는 바에 따라 납세자에게 지급하여야 한다.
⑦ 제6항에 따라 국세환급금을 환급할 때에는 대통령령으로 정하는 바에 따라 한국은행이 세무서장의 소관 수입금 중에서 지급한다.(2010.12.27 본항개정)
⑧ 제6항에도 불구하고 국세환급금 중 제2항에 따라 충당한 후 남은 금액이 10만원 이하이고, 지급결정을 한 날부터 1년 이내에 환급이 이루어지지 아니하는 경우에는 대통령령으로 정하는 바에 따라 제2항제1호의 국세에 충당할 수 있다. 이 경우 제2항 단서의 동의가 있는 것으로 본다.(2017.12.19 본항신설)
⑨ 세무서장이 국세환급금의 결정이 취소됨에 따라 이미 충당되거나 지급된 금액의 반환을 청구하는 경우에는 「국세징수법」의 고지·독촉 및 강제징수의 규정을 준용한다.(2020.12.22 본항개정)
⑩ 제1항에도 불구하고 제47조의4제6항 본문에 해당하는 경우에는 제1항을 적용하지 아니한다.(2016.12.20 본항개정)

租稅
通則

⑪ 과세의 대상이 되는 소득, 수익, 재산, 행위 또는 거래의 귀속이 명의일 뿐이고 사실상 귀속되는 자(이하 이 항에서 "실질귀속자"라 한다)가 따로 있어 명의대여자에 대한 과세를 취소하고 실질귀속자를 납세의무자로 하여 과세하는 경우 명의대여자 대신 실질귀속자가 납부한 것으로 확인된 금액은 실질귀속자의 기납부세액으로 먼저 공제하고 남은 금액이 있는 경우에는 실질귀속자에게 환급한다.(2019.12.31 본항신설)

제51조의2【물납재산의 환급】 ① 납세자가 「상속세 및 증여세법」 제73조에 따라 상속세를 물납(物納)한 후 그 부과의 전부 또는 일부를 취소하거나 감액하는 경정 결정에 따라 환급하는 경우에는 해당 물납재산으로 환급하여야 한다. 이 경우 제52조에 따른 국세환급가산금은 지급하지 아니한다.
② 제1항에도 불구하고 그 물납재산이 매각되었거나 다른 용도로 사용되고 있는 경우 등 대통령령으로 정하는 경우에는 제51조에 따라 금전으로 환급하여야 한다.
③ 물납재산의 환급 순서, 물납재산을 수납할 때부터 환급할 때까지의 관리비용 부담 주체 등 물납재산의 환급에 관한 세부적인 사항은 대통령령으로 정한다.
(2016.12.20 본조개정)

제52조【국세환급가산금】 ① 세무서장은 국세환급금을 제51조에 따라 충당하거나 지급할 때에는 대통령령으로 정하는 국세환급가산금 기산일부터 충당하는 날 또는 지급결정을 하는 날까지의 기간과 금융회사 등의 예금이자율 등을 고려하여 대통령령으로 정하는 이자율에 따라 계산한 금액(이하 "국세환급가산금"이라 한다)을 국세환급금에 가산하여야 한다.
② 제51조제8항에 따라 국세에 충당하는 경우 국세환급가산금은 지급결정을 한 날까지 가산한다.
(2017.12.19 본항신설)
③ 제1항 및 제2항에도 불구하고 다음 각 호의 어느 하나에 해당하는 사유 없이 대통령령으로 정하는 고충민원의 처리에 따라 국세환급금을 충당하거나 지급하는 경우에는 국세환급가산금을 가산하지 아니한다.
1. 제45조의2에 따른 경정 등의 청구
2. 제7장에 따른 이의신청, 심사청구, 심판청구, 「감사원법」에 따른 심사청구 또는 「행정소송법」에 따른 소송에 대한 결정이나 판결
(2020.12.22 본항신설)
(2011.12.31 본조개정)

제53조【국세환급금에 관한 권리의 양도와 충당】 ① 납세자는 국세환급금에 관한 권리를 대통령령으로 정하는 바에 따라 타인에게 양도할 수 있다.
② 세무서장은 국세환급금에 관한 권리의 양도 요구가 있는 경우에 양도인 또는 양수인이 납부할 국세 및 강제징수비가 있으면 그 국세 및 강제징수비에 충당하고, 남은 금액에 대해서는 양도의 요구에 지체 없이 따라야 한다.(2020.12.22 본항개정)
(2019.12.31 본조제목개정)

제54조【국세환급금의 소멸시효】 ① 납세자의 국세환급금과 국세환급가산금에 관한 권리는 행사할 수 있는 때부터 5년간 행사하지 아니하면 소멸시효가 완성된다.
② 제1항의 소멸시효에 관하여는 이 법 또는 세법에 특별한 규정이 있는 것을 제외하고는 「민법」에 따른다. 이 경우 국세환급금과 국세환급가산금을 과세처분의 취소 또는 무효확인청구의 소 등 행정소송으로 청구한 경우 시효의 중단에 관하여 「민법」 제168조제1호에 따른 청구를 한 것으로 본다.(2014.01.01 후단신설)
③ 제1항의 소멸시효는 세무서장이 납세자의 환급청구를 촉구하기 위하여 납세자에게 하는 환급청구의 안내·통지 등으로 인하여 중단되지 아니한다.
(2016.12.20 본항신설)

제7장 심사와 심판
(2010.1.1 본장제목개정)

제1절 통 칙
(2010.1.1 본절개정)

제55조【불복】 ① 이 법 또는 세법에 따른 처분으로서 위법 또는 부당한 처분을 받거나 필요한 처분을 받지 못함으로 인하여 권리나 이익을 침해당한 자는 이 장의 규정에 따라 그 처분의 취소 또는 변경을 청구하거나 필요한 처분을 청구할 수 있다. 다만, 다음 각 호의 처분에 대해서는 그러하지 아니하다.(2016.12.20 단서신설)
1. 「조세범 처벌절차법」에 따른 통고처분
2. 「감사원법」에 따라 심사청구를 한 처분이나 그 심사청구에 대한 처분
(2016.12.20 1호~2호신설)
3. 이 법 또는 세법에 따른 과태료 부과처분(2019.12.31 본호신설)
② 이 법 또는 세법에 따른 처분에 의하여 권리나 이익을 침해당하게 될 이해관계인으로서 다음 각 호의 어느 하나에 해당하는 자는 위법 또는 부당한 처분을 받은 자의 처분에 대하여 이 장의 규정에 따라 그 처분의 취소 또는 변경을 청구하거나 그 밖에 필요한 처분을 청구할 수 있다.
1. 제2차 납세의무자로서 납부고지서를 받은 자
2. 제42조에 따라 물적납세 의무를 지는 자로서 납부고지서를 받은 자
2의2. 「부가가치세법」 제3조의2에 따라 물적납세의무를 지는 자로서 같은 법 제52조의2제1항에 따른 납부고지서를 받은 자
(2020.12.29 1호~2호의2개정)
2의3. 「종합부동산세법」 제7조의2 및 제12조의2에 따라 물적납세의무를 지는 자로서 같은 법 제16조의2제1항에 따른 납부고지서를 받은 자(2020.12.22 본호신설)
3. 보증인
4. 그 밖에 대통령령으로 정하는 자
③ 제1항과 제2항에 따른 처분이 국세청장이 조사·결정 또는 처리하거나 하였어야 할 것인 경우를 제외하고는 그 처분에 대하여 심사청구 또는 심판청구에 앞서 이 장의 규정에 따른 이의신청을 할 수 있다.
④ (1999.8.31 삭제)
⑤ 이 장의 규정에 따른 심사청구 또는 심판청구에 대한 처분에 대해서는 이의신청, 심사청구 또는 심판청구를 제기할 수 없다. 다만, 제65조제1항제3호 단서(제80조의2에서 준용하는 경우를 포함한다)의 재조사 결정에 따른 처분청의 처분에 대해서는 해당 재조사 결정을 한 재결청에 대하여 심사청구 또는 심판청구를 제기할 수 있다.(2022.12.31 단서개정)
⑥ 이 장의 규정에 따른 이의신청에 대한 처분과 제65조제1항제3호 단서(제66조제6항에서 준용하는 경우를 말한다)의 재조사 결정에 따른 처분청의 처분에 대해서는 이의신청을 할 수 없다.(2016.12.20 본항신설)
⑦~⑧ (2010.1.1 삭제)
⑨ 동일한 처분에 대해서는 심사청구와 심판청구를 중복하여 제기할 수 없다.

제55조의2【국제거래가격에 대한 과세의 조정절차 등 진행 시 기간 계산의 특례】 「국제조세조정에 관한 법률」 제20조에 따른 국제거래가격에 대한 과세의 조정절차 및 조세조약에 따른 상호합의절차 진행 시 기간 계산의 특례는 「국제조세조정에 관한 법률」 제20조제4항 및 제50조에서 정하는 바에 따른다.(2020.12.22 본조개정)

제56조【다른 법률과의 관계】 ① 제55조에 규정된 처분에 대해서는 「행정심판법」의 규정을 적용하지 아니한다. 다만, 심사청구 또는 심판청구에 관하여는 「행정심판법」 제15조, 제16조, 제20조부터 제22조까지, 제29조, 제36조제1항, 제39조, 제40조, 제42조 및 제51조를 준용하며, 이 경우 "위원회"는 "국세심사위원회", "조세심판관회의" 또는 "조세심판관합동회의"로 본다. (2013.1.1 단서개정)
② 제55조에 규정된 위법한 처분에 대한 행정소송은 「행정소송법」 제18조제1항 본문, 제2항 및 제3항에도 불구하고 이 법에 따른 심사청구 또는 심판청구와 그에 대한 결정을 거치지 아니하면 제기할 수 없다. 다만, 심사청구 또는 심판청구에 대한 제65조제1항제3호 단서(제80조의2에서 준용하는 경우를 포함한다)의 재조사 결정에 따른 처분청의 처분에 대한 행정소송은 그러하지 아니하다. (2022.12.31 단서개정)
③ 제2항 본문에 따른 행정소송은 「행정소송법」 제20조에도 불구하고 심사청구 또는 심판청구에 대한 결정의 통지를 받은 날부터 90일 이내에 제기하여야 한다. 다만, 제65조제2항 또는 제80조의2에 따른 결정기간에 결정의 통지를 받지 못한 경우에는 결정의 통지를 받기 전이라도 그 결정기간이 지난 날부터 행정소송을 제기할 수 있다. (2022.12.31 단서개정)
④ 제2항 단서에 따른 행정소송은 「행정소송법」 제20조에도 불구하고 다음 각 호의 기간 내에 제기하여야 한다.
1. 이 법에 따른 심사청구 또는 심판청구를 거치지 아니하고 제기하는 경우 : 재조사 후 행한 처분청의 처분의 결과 통지를 받은 날부터 90일 이내. 다만, 제65조제5항(제80조의2에서 준용하는 경우를 포함한다)에 따른 처분기간(제65조제5항 후단에 따라 조사를 연기하거나 조사기간을 연장하거나 조사를 중지한 경우에는 해당 기간을 포함한다. 이하 이 호에서 같다)에 처분청의 처분 결과 통지를 받지 못하는 경우에는 그 처분기간이 지난 날부터 행정소송을 제기할 수 있다. (2022.12.31 단서개정)
2. 이 법에 따른 심사청구 또는 심판청구를 거쳐 제기하는 경우 : 재조사 후 행한 처분청의 처분에 대하여 제기한 심사청구 또는 심판청구에 대한 결정의 통지를 받은 날부터 90일 이내. 다만, 제65조제2항(제80조의2에서 준용하는 경우를 포함한다)에 따른 결정기간에 결정의 통지를 받지 못하는 경우에는 그 결정기간이 지난 날부터 행정소송을 제기할 수 있다. (2022.12.31 단서개정)
(2016.12.20 본항신설)
⑤ 제55조제1항제2호의 심사청구를 거친 경우에는 이 법에 따른 심사청구 또는 심판청구를 거친 것으로 보고 제2항을 준용한다. (2017.12.19 본항개정)
⑥ 제3항의 기간은 불변기간(不變期間)으로 한다.
제57조【심사청구 등이 집행에 미치는 효력】 ① 이의신청, 심사청구 또는 심판청구는 세법에 특별한 규정이 있는 것을 제외하고는 해당 처분의 집행에 효력을 미치지 아니한다. 다만, 해당 재결청(裁決廳)이 처분의 집행 또는 절차의 속행 때문에 이의신청인, 심사청구인 또는 심판청구인에게 중대한 손해가 생기는 것을 예방할 필요성이 긴급하다고 인정할 때에는 처분의 집행 또는 절차 속행의 전부 또는 일부의 정지(이하 "집행정지"라 한다)를 결정할 수 있다. (2018.12.31 단서개정)
② 재결청은 집행정지 또는 집행정지의 취소에 관하여 심리·결정하면 지체 없이 당사자에게 통지하여야 한다. (2018.12.31 본항신설)
제58조【관계 서류의 열람 및 의견진술권】 이의신청인, 심사청구인, 심판청구인 또는 처분청(처분청의 경우 심판청구에 한정한다)은 그 신청 또는 청구에 관계

되는 서류를 열람할 수 있으며 대통령령으로 정하는 바에 따라 해당 재결청에 의견을 진술할 수 있다. (2014.12.23 본조개정)
제59조【대리인】 ① 이의신청인, 심사청구인 또는 심판청구인과 처분청은 변호사, 세무사 또는 「세무사법」에 따른 세무사등록부 또는 공인회계사 세무대리업무등록부에 등록한 공인회계사를 대리인으로 선임할 수 있다. (2021.11.23 본항개정)
② 이의신청인, 심사청구인 또는 심판청구인은 신청 또는 청구의 대상이 제78조제1항 단서에 따른 소액인 경우에는 그 배우자, 4촌 이내의 혈족 또는 그 배우자의 4촌 이내의 혈족을 대리인으로 선임할 수 있다. (2010.12.27 본항신설)
③ 대리인의 권한은 서면으로 증명하여야 한다.
④ 대리인은 본인을 위하여 그 신청 또는 청구에 관한 모든 행위를 할 수 있다. 다만, 그 신청 또는 청구의 취하는 특별한 위임을 받은 경우에만 할 수 있다.
⑤ 대리인을 해임하였을 때에는 그 사실을 서면으로 해당 재결청에 신고하여야 한다.
제59조의2【국선대리인】 ① 이의신청인, 심사청구인, 심판청구인 및 과세전적부심사를 청구인(이하 이 조에서 "이의신청인등"이라 한다)은 재결청(제81조의15에 따른 과세전적부심사의 경우에는 같은 조 제2항 각 호에 따른 통지를 한 세무서장이나 지방국세청장을 말한다. 이하 이 조에서 같다)에 다음 각 호의 요건을 모두 갖추어 대통령령으로 정하는 바에 따라 변호사, 세무사 또는 「세무사법」에 따른 세무사등록부 또는 공인회계사 세무대리업무등록부에 등록한 공인회계사를 대리인(이하 "국선대리인"이라 한다)으로 선정하여 줄 것을 신청할 수 있다. (2021.11.23 본문개정)
1. 이의신청인등이 다음 각 목의 어느 하나에 해당할 것
가. 개인인 경우 : 「소득세법」 제14조제2항에 따른 종합소득금액과 소유 재산의 가액이 각각 대통령령으로 정하는 금액 이하일 것
나. 법인인 경우 : 수입금액과 자산가액(「법인세법」 제43조의 기업회계기준에 따라 계산한 매출액과 자산을 말한다)이 각각 대통령령으로 정하는 금액 이하일 것 (2023.12.31 본호개정)
2. (2023.12.31 삭제)
3. 대통령령으로 정하는 금액 이하인 신청 또는 청구일 것
4. 상속세, 증여세 및 종합부동산세가 아닌 세목에 대한 신청 또는 청구일 것
② 재결청은 제1항에 따른 신청이 제1항 각 호의 요건을 모두 충족하는 경우 지체 없이 국선대리인을 선정하고, 신청을 받은 날부터 5일 이내에 그 결과를 이의신청인등과 국선대리인에게 각각 통지하여야 한다.
③ 국선대리인의 권한에 관하여는 대리인에 관한 제59조제4항을 준용한다.
④ 국선대리인의 자격, 관리 등 국선대리인 제도의 운영에 필요한 사항은 대통령령으로 정한다.
(2014.12.23 본조신설)
제60조【불복 방법의 통지】 ① 이의신청, 심사청구 또는 심판청구의 재결청은 결정서에 그 결정서를 받은 날부터 90일 이내에 이의신청인은 심사청구 또는 심판청구를, 심사청구인 또는 심판청구인은 행정소송을 제기할 수 있다는 내용을 적어야 한다.
② 이의신청, 심사청구 또는 심판청구의 재결청은 그 신청 또는 청구에 대한 결정기간이 지나도 결정을 하지 못하였을 때에는 이의신청인은 심사청구 또는 심판청구를, 심사청구인 또는 심판청구인은 행정소송 제기를 결정의 통지를 받기 전이라도 그 결정기간이 지난 날부터 할 수 있다는 내용을 서면으로 지체 없이 그 신청인 또는 청구인에게 통지하여야 한다.

제60조의2【정보통신망을 이용한 불복청구】 ① 이의신청인, 심사청구인 또는 심판청구인은 국세청장 또는 조세심판원장이 운영하는 정보통신망을 이용하여 이의신청서, 심사청구서 또는 심판청구서를 제출할 수 있다.
② 제1항에 따라 이의신청서, 심사청구서 또는 심판청구서를 제출하는 경우에는 국세청장 또는 조세심판원장에게 이의신청서, 심사청구서 또는 심판청구서가 전송된 때에 이 법에 따라 제출된 것으로 본다.
(2018.12.31 본조신설)

제2절 심 사
(2010.1.1 본절제목개정)

제61조【청구기간】 ① 심사청구는 해당 처분이 있음을 안 날(처분의 통지를 받은 때에는 그 받은 날)부터 90일 이내에 제기하여야 한다.
② 이의신청을 거친 후 심사청구를 하려면 이의신청에 대한 결정의 통지를 받은 날부터 90일 이내에 제기하여야 한다. 다만, 다음 각 호의 어느 하나에 해당하는 경우에는 해당 호에서 정하는 날부터 90일 이내에 심사청구를 할 수 있다.(2022.12.31 단서개정)
1. 제66조제7항에 따른 결정기간 내에 결정의 통지를 받지 못한 경우 : 그 결정기간이 지난 날
2. 이의신청에 대한 재조사 결정이 있은 후 제66조제6항에 따라 준용되는 제65조제5항 전단에 따른 처분기간 내에 처분 결과의 통지를 받지 못한 경우 : 그 처분기간이 지난 날
(2022.12.31 1호~2호신설)
③ 제1항과 제2항 본문의 기한까지 우편으로 제출(제5조의2에서 정한 날을 기준으로 한다)한 심사청구서가 청구기간을 지나서 도달한 경우에는 그 기간의 만료일에 적법한 청구를 한 것으로 본다.
④ 심사청구인이 제6조에 따른 사유로 제1항에서 정한 기간에 심사청구를 할 수 없을 때에는 그 사유가 소멸한 날부터 14일 이내에 심사청구를 할 수 있다. 이 경우 심사청구인은 그 기간에 심사청구를 할 수 없었던 사유, 그 사유가 발생한 날과 소멸한 날, 그 밖에 필요한 사항을 기재한 문서를 함께 제출하여야 한다.
(2020.12.22 전단개정)
(2010.1.1 본조개정)

제62조【청구 절차】 ① 심사청구는 대통령령으로 정하는 바에 따라 불복의 사유를 갖추어 해당 처분을 하였거나 하였어야 할 세무서장을 거쳐 국세청장에게 하여야 한다.
② 제61조에 따른 심사청구기간을 계산할 때에는 제1항에 따라 세무서장에게 해당 청구서가 제출된 때에 심사청구를 한 것으로 한다. 해당 청구서가 제1항의 세무서장 외의 세무서장, 지방국세청장 또는 국세청장에게 제출된 때에도 또한 같다.
③ 제1항에 따라 해당 청구서를 받은 세무서장은 이를 받은 날부터 7일 이내에 그 청구서에 처분의 근거·이유, 처분의 이유가 된 사실 등이 구체적으로 기재된 의견서를 첨부하여 국세청장에게 송부하여야 한다. 다만, 다음 각 호의 어느 하나에 해당하는 심사 청구의 경우에는 그 지방국세청장의 의견서를 첨부하여야 한다.
(2015.12.15 본문개정)
1. 해당 심사청구의 대상이 된 처분이 지방국세청장이 조사·결정 또는 처리하였거나 하였어야 할 것인 경우
2. 지방국세청장에게 이의신청을 한 자가 이의신청에 대한 결정에 이의가 있거나 그 결정을 받지 못한 경우
④ 제3항의 의견서가 제출되면 국세청장은 지체 없이 해당 의견서를 심사청구인에게 송부하여야 한다.
(2015.12.15 본항신설)
(2010.1.1 본조개정)

제63조【청구서의 보정】 ① 국세청장은 심사청구의 내용이나 절차가 이 법 또는 세법에 적합하지 아니하나 보정(補正)할 수 있다고 인정되면 20일 이내의 기간을 정하여 보정할 것을 요구할 수 있다. 다만, 보정할 사항이 경미한 경우에는 직권으로 보정할 수 있다.
② 제1항의 요구를 받은 심사청구인은 보정할 사항을 서면으로 작성하여 국세청장에게 제출하거나, 국세청에 출석하여 보정할 사항을 말하고 그 말한 내용을 국세청 소속 공무원이 기록한 서면에 서명 또는 날인함으로써 보정할 수 있다.(2018.12.31 본항개정)
③ 제1항의 보정기간은 제61조에 규정된 심사청구기간에 산입하지 아니한다.
(2010.1.1 본조개정)

제63조의2【증거서류 또는 증거물】 ① 심사청구인은 제62조제4항에 따라 송부받은 의견서에 대하여 항변하기 위하여 국세청장에게 증거서류나 증거물을 제출할 수 있다.
② 심사청구인은 국세청장이 제1항에 따른 증거서류나 증거물에 대하여 기한을 정하여 제출할 것을 요구하는 경우 그 기한까지 해당 증거서류 또는 증거물을 제출하여야 한다.
③ 국세청장은 제1항 및 제2항에 따라 증거서류가 제출되면 증거서류의 부본(副本)을 지체 없이 해당 세무서장 및 지방국세청장에게 송부하여야 한다.
(2017.12.19 본조신설)

제64조【결정 절차】 ① 국세청장은 심사청구를 받으면 국세심사위원회의 의결에 따라 결정을 하여야 한다. 다만, 심사청구기간이 지난 후에 제기된 심사청구 등 대통령령으로 정하는 사유에 해당하는 경우에는 그러하지 아니하다.(2019.12.31 본문개정)
② 국세청장은 제1항에 따른 국세심사위원회 의결이 법령에 명백히 위반된다고 판단하는 경우 구체적인 사유를 적어 서면으로 국세심사위원회로 하여금 한 차례에 한정하여 다시 심의할 것을 요청할 수 있다.
(2019.12.31 본항신설)
③ 국세심사위원회의 회의는 공개하지 아니한다. 다만, 국세심사위원회 위원장이 필요하다고 인정할 때에는 공개할 수 있다.
(2010.1.1 본조개정)

제65조【결정】 ① 심사청구에 대한 결정은 다음 각 호의 규정에 따라 하여야 한다.
1. 심사청구가 다음 각 목의 어느 하나에 해당하는 경우에는 그 청구를 각하하는 결정을 한다.
   가. 심판청구를 제기한 후 심사청구를 제기(같은 날 제기한 경우도 포함한다)한 경우
   나. 제61조에서 규정한 청구기간이 지난 후에 청구된 경우
   다. 심사청구 후 제63조제1항에 규정된 보정기간에 필요한 보정을 하지 아니한 경우
   라. 심사청구가 적법하지 아니한 경우
   마. 가목부터 라목까지의 규정에 따른 경우와 유사한 경우로서 대통령령으로 정하는 경우
   (2016.12.20 본호개정)
2. 심사청구가 이유 없다고 인정될 때에는 그 청구를 기각하는 결정을 한다.
3. 심사청구가 이유 있다고 인정될 때에는 그 청구의 대상이 된 처분의 취소·경정 결정을 하거나 필요한 처분의 결정을 한다. 다만, 취소·경정 또는 필요한 처분을 하기 위하여 사실관계 확인 등 추가적으로 조사가 필요한 경우에는 처분청으로 하여금 이를 재조사하여 그 결과에 따라 취소·경정하거나 필요한 처분을 하도록 하는 재조사 결정을 할 수 있다.
(2016.12.20 단서신설)
② 제1항의 결정은 심사청구를 받은 날부터 90일 이내에 하여야 한다.

③ 제1항의 결정을 하였을 때에는 제2항의 결정기간 내에 그 이유를 기재한 결정서로 심사청구인에게 통지하여야 한다.
④ 제63조제1항에 규정된 보정기간은 제2항의 결정기간에 산입하지 아니한다.
⑤ 제1항제3호 단서에 따른 재조사 결정이 있는 경우 처분청은 재조사 결정일로부터 60일 이내에 결정서 주문에 기재된 범위에 한정하여 조사하고, 그 결과에 따라 취소ㆍ경정하거나 필요한 처분을 하여야 한다. 이 경우 처분청은 제81조의7 및 제81조의8에 따라 조사를 연기하거나 조사기간을 연장하거나 조사를 중지할 수 있다.(2016.12.20 본항신설)
⑥ 처분청은 제1항제3호 단서 및 제5항 전단에도 불구하고 재조사 결과 심사청구인의 주장과 재조사 과정에서 확인한 사실관계가 다른 경우 등 대통령령으로 정하는 경우에는 해당 심사청구의 대상이 된 당초의 처분을 취소ㆍ경정하지 아니할 수 있다.(2022.12.31 본항신설)
⑦ 제1항제3호 단서, 제5항 및 제6항에서 규정한 사항 외에 재조사 결정에 필요한 사항은 대통령령으로 정한다.(2022.12.31 본항개정)
(2010.1.1 본조개정)

제65조의2【결정의 경정】 ① 심사청구에 대한 결정에 잘못된 기재, 계산착오, 그 밖에 이와 비슷한 잘못이 있는 것이 명백할 때에는 국세청장은 직권으로 또는 심사청구인의 신청에 의하여 경정할 수 있다.
② 제1항에 따른 경정의 세부적인 절차는 대통령령으로 정한다.
(2010.1.1 본조개정)

제65조의3【불고불리ㆍ불이익변경 금지】 ① 국세청장은 제65조에 따른 결정을 할 때 심사청구를 한 처분 외의 처분에 대해서는 그 처분의 전부 또는 일부를 취소 또는 변경하거나 새로운 처분의 결정을 하지 못한다.
② 국세청장은 제65조에 따른 결정을 할 때 심사청구를 한 처분보다 청구인에게 불리한 결정을 하지 못한다.
(2018.12.31 본조신설)

제66조【이의신청】 ① 이의신청은 대통령령으로 정하는 바에 따라 불복의 사유를 갖추어 해당 처분을 하였거나 하였어야 할 세무서장에게 하거나 세무서장을 거쳐 관할 지방국세청장에게 하여야 한다. 다만, 다음 각 호의 경우에는 관할 지방국세청장에게 하여야 하며, 세무서장에게 한 이의신청은 관할 지방국세청장에게 한 것으로 본다.(2019.12.31 단서개정)
1. 지방국세청장의 조사에 따라 과세처분을 한 경우
2. 세무서장에게 제81조의15에 따른 과세전적부심사를 청구한 경우
② 세무서장은 이의신청의 대상이 된 처분이 지방국세청장이 조사ㆍ결정 또는 처리하였거나 하였어야 할 것인 경우에는 이의신청을 받은 날부터 7일 이내에 해당 신청서에 의견서를 첨부하여 해당 지방국세청장에게 송부하고 그 사실을 이의신청인에게 통지하여야 한다.
③ 제1항에 따라 지방국세청장에게 하는 이의신청을 받은 세무서장은 이의신청을 받은 날부터 7일 이내에 해당 신청서에 의견서를 첨부하여 지방국세청장에게 송부하여야 한다.
④ 제1항 및 제2항에 따라 이의신청을 받은 세무서장과 지방국세청장은 각각 국세심사위원회의 심의를 거쳐 결정하여야 한다.
⑤ (2008.12.26 삭제)
⑥ 이의신청에 관하여는 제61조제1항ㆍ제3항 및 제4항, 제62조제2항, 제63조, 제63조의2, 제64조제1항 단서 및 같은 조 제3항, 제65조제1항 및 제3항부터 제7항까지, 제65조의2 및 제65조의3을 준용한다.(2022.12.31 본항개정)

⑦ 제6항에서 준용하는 제65조제1항의 결정은 이의신청을 받은 날부터 30일 이내에 하여야 한다. 다만, 이의신청인이 제8항에 따라 송부받은 의견서에 대하여 이항 본문에 따른 결정기간 내에 항변하는 경우에는 이의신청을 받은 날부터 60일 이내에 하여야 한다.(2016.12.20 본항신설)
⑧ 제1항의 신청서를 받은 세무서장 또는 제1항부터 제3항까지의 신청서 또는 의견서를 받은 지방국세청장은 지체 없이 이의신청의 대상이 된 처분에 대한 의견서를 이의신청인에게 송부하여야 한다. 이 경우 의견서에는 처분의 근거ㆍ이유, 처분의 이유가 된 사실 등이 구체적으로 기재되어야 한다.(2015.12.15 본항신설)
(2010.1.1 본조개정)

제66조의2【국세심사위원회】 ① 제64조에 따른 심사청구, 제66조에 따른 이의신청 및 제81조의15에 따른 과세전적부심사 청구사항을 심의 및 의결(제64조에 따른 심사청구에 한정한다)하기 위하여 세무서, 지방국세청 및 국세청에 각각 국세심사위원회를 둔다.
(2019.12.31 본항개정)
② 국세심사위원회의 위원 중 공무원이 아닌 위원은 법률 또는 회계에 관한 학식과 경험이 풍부한 사람(국세청에 두는 국세심사위원회의 위원 중 공무원이 아닌 위원의 경우에는 대통령령으로 정하는 자격을 갖춘 사람) 중에서 다음 각 호의 구분에 따른 사람이 된다.(2019.12.31 본문개정)
1. 세무서에 두는 국세심사위원회 : 지방국세청장이 위촉하는 사람
2. 지방국세청 및 국세청에 두는 국세심사위원회 : 국세청장이 위촉하는 사람
(2017.12.19 본항신설)
③ 국세심사위원회의 위원 중 공무원이 아닌 위원은 「형법」 제127조 및 제129조부터 제132조까지의 규정을 적용할 때에는 공무원으로 본다.(2017.12.19 본항신설)
④ 국세심사위원회의 위원은 공정한 심의를 기대하기 어려운 사정이 있다고 인정될 때에는 대통령령으로 정하는 바에 따라 위원회 회의에서 제척되거나 회피하여야 한다.(2014.12.23 본항신설)
⑤ 국세심사위원회의 조직과 운영, 각 위원회별 심의사항과 그 밖에 필요한 사항은 대통령령으로 정한다.
(2008.12.26 본조신설)

제3절 심 판
(2010.1.1 본절개정)

제67조【조세심판원】 ① 심판청구에 대한 결정을 하기 위하여 국무총리 소속으로 조세심판원을 둔다.
② 조세심판원은 그 권한에 속하는 사무를 독립적으로 수행한다.
③ 조세심판원에 원장과 조세심판관을 두되, 원장과 원장이 아닌 상임조세심판관은 고위공무원단에 속하는 일반직공무원 중에서 국무총리의 제청으로 대통령이 임명하고, 비상임조세심판관은 대통령령으로 정하는 바에 따라 위촉한다. 이 경우 원장이 아닌 상임조세심판관(경력직공무원으로서 전보 또는 승진의 방법으로 임용되는 상임조세심판관은 제외한다)은 임기제공무원으로 임용한다.(2014.12.23 본항개정)
④ 조세심판관은 조세ㆍ법률ㆍ회계분야에 관한 전문지식과 경험을 갖춘 사람으로서 대통령령으로 정하는 자격을 가진 사람이어야 한다.
⑤ 상임조세심판관의 임기는 3년으로 하며, 한 차례만 중임할 수 있다.(2023.12.31 본항신설)
⑥ 비상임조세심판관의 임기는 3년으로 하며, 한 차례만 연임할 수 있다.(2023.12.31 본항신설)
⑦ 조세심판관이 다음 각 호의 어느 하나에 해당하는

경우를 제외하고는 그 의사에 반하여 임명을 철회하거나 해촉할 수 없다.
1. 심신쇠약 등으로 장기간 직무를 수행할 수 없게 된 경우
2. 직무와 관련된 비위사실이 있는 경우
3. 직무태만, 품위손상이나 그 밖의 사유로 조세심판관으로서 적합하지 아니하다고 인정되는 경우
4. 제73조제1항 각 호의 어느 하나에 해당하는데도 불구하고 회피하지 아니한 경우
(2023.12.31 본항개정)
⑧ 원장인 조세심판관에 대해서는 제5항 및 제7항을 적용하지 아니한다.(2023.12.31 본항개정)
⑨ 조세심판관 중 공무원이 아닌 사람은 「형법」 제127조 및 제129조부터 제132조까지의 규정을 적용할 때에는 공무원으로 본다.(2017.12.19 본항신설)
⑩ 조세심판원에 심판청구사건에 대한 조사사무를 담당하는 심판조사관 및 이를 보조하는 직원을 두며 그 자격은 대통령령으로 정한다.(2010.12.27 본항개정)
⑪ 조세심판원의 정원, 조직, 운영, 그 밖에 필요한 사항은 대통령령으로 정한다.
제68조【청구기간】 ① 심판청구는 해당 처분이 있음을 안 날(처분의 통지를 받은 때에는 그 받은 날)부터 90일 이내에 제기하여야 한다.
② 이의신청을 거친 후 심판청구를 하는 경우의 청구기간에 관하여는 제61조제2항을 준용한다.
제69조【청구 절차】 ① 심판청구를 하려는 자는 대통령령으로 정하는 바에 따라 불복의 사유 등이 기재된 심판청구서를 그 처분을 하였거나 하였어야 할 세무서장이나 조세심판원장에게 제출하여야 한다. 이 경우 심판청구서를 받은 세무서장은 이를 지체 없이 조세심판원장에게 송부하여야 한다.
② 제68조에 따른 심판청구기간을 계산할 때에는 심판청구서가 그 기간 전단에 따른 세무서장 외의 세무서장, 지방국세청장 또는 국세청장에게 제출된 경우에도 심판청구를 한 것으로 본다. 이 경우 심판청구서를 받은 세무서장, 지방국세청장 또는 국세청장은 이를 지체 없이 조세심판원장에게 송부하여야 한다.
③ 제1항 전단 또는 제2항 후단에 따라 심판청구서를 받은 경우에는 지체 없이 그 부본을 그 처분을 하였거나 하였어야 할 세무서장에게 송부하여야 한다.(2018.12.31 본항신설)
④ 제1항 전단에 따라 심판청구서를 받거나 제3항에 따라 심판청구서의 부본을 받은 세무서장은 이를 받은 날부터 10일 이내에 그 심판청구서에 대한 답변서를 조세심판원장에게 제출하여야 한다. 다만, 제55조제3항 및 제62조제3항 단서에 해당하는 처분의 경우에는 국세청장 또는 지방국세청장의 답변서를 첨부하여야 한다.
⑤ 제4항의 답변서에는 이의신청에 대한 결정서(이의신청에 대한 결정을 한 경우에만 해당한다), 처분의 근거·이유 및 처분의 이유가 된 사실을 증명하는 서류, 청구인이 제출한 증거서류 및 증거물, 그 밖의 심리자료 전부를 첨부하여야 한다.(2020.6.9 본항개정)
⑥ 제4항의 답변서가 제출되면 조세심판원장은 지체 없이 그 부본(副本)을 해당 심판청구인에게 송부하여야 한다.
⑦ 조세심판원장은 제4항 본문에 따른 기한까지 세무서장이 답변서를 제출하지 아니하는 경우에는 기한을 정하여 답변서 제출을 촉구할 수 있다.(2018.12.31 본항신설)
⑧ 조세심판원장은 세무서장이 제7항에 따른 기한까지 답변서를 제출하지 아니하는 경우에는 제56조제1항 단서에 따른 증거조사 등을 통하여 심리절차를 진행하도록 할 수 있다.(2018.12.31 본항신설)
(2018.12.31 본조개정)

제70조 (1999.8.31 삭제)
제71조【증거서류 또는 증거물】 ① 심판청구인은 제69조제6항에 따라 송부받은 답변서에 대하여 항변하기 위하여 조세심판원장에게 증거서류나 증거물을 제출할 수 있다.(2018.12.31 본항개정)
② 조세심판원장이 심판청구인에게 제1항의 증거서류나 증거물을 기한을 정하여 제출할 것을 요구하면 심판청구인은 그 기한까지 제출하여야 한다.
③ 제1항에 따라 증거서류가 제출되면 조세심판원장은 증거서류의 부본을 지체 없이 피청구인에게 송부하여야 한다.
제72조【조세심판관회의】 ① 조세심판원장은 심판청구를 받으면 이에 관한 조사와 심리(審理)를 담당할 주심조세심판관 1명과 배석조세심판관 2명 이상을 지정하여 조세심판관회의를 구성하게 한다.
② 제1항의 조세심판관회의는 주심조세심판관이 그 의장이 되며, 의장은 그 심판사건에 관한 사무를 총괄한다. 다만, 주심조세심판관이 부득이한 사유로 직무를 수행할 수 없을 때에는 조세심판원장이 배석조세심판관 중에서 그 직무를 대행할 사람을 지정한다.
③ 조세심판관회의는 담당 조세심판관 3분의 2 이상의 출석으로 개의(開議)하고, 출석조세심판관 과반수의 찬성으로 의결한다.
④ 조세심판관회의는 공개하지 아니한다. 다만, 조세심판관회의 의장이 필요하다고 인정할 때에는 공개할 수 있다.
⑤ 조세심판관회의의 운영과 그 밖에 필요한 사항은 대통령령으로 정한다.
제73조【조세심판관의 제척과 회피】 ① 조세심판관은 다음 각 호의 어느 하나에 해당하는 경우에는 심판관여로부터 제척된다.(2014.12.23 본문개정)
1. 심판청구인 또는 제59조에 따른 대리인인 경우(대리인이었던 경우를 포함한다)
2. 제1호에 규정된 사람의 친족이거나 친족이었던 경우
3. 제1호에 규정된 사람의 사용인이거나 사용인이었던 경우(심판청구일을 기준으로 최근 5년 이내에 사용인이었던 경우로 한정한다)(2022.12.31 본호개정)
4. 불복의 대상이 되는 처분이나 처분에 대한 이의신청에 관하여 증언 또는 감정을 한 경우
5. 심판청구일 전 최근 5년 이내에 불복의 대상이 되는 처분, 처분에 대한 이의신청 또는 그 기초가 되는 세무조사(「조세범 처벌절차법」에 따른 조세범칙조사를 포함한다)에 관여하였던 경우(2018.12.31 본호개정)
6. 제4호 또는 제5호에 해당하는 법인 또는 단체에 속하거나 심판청구일 전 최근 5년 이내에 속하였던 경우(2014.12.23 본호신설)
7. 그 밖에 심판청구인 또는 그 대리인의 업무에 관여하거나 관여하였던 경우
② 조세심판관은 제1항 각 호의 어느 하나에 해당하는 경우에는 제72조제1항에 따른 주심조세심판관 또는 배석조세심판관의 지정에서 회피하여야 한다.(2014.12.23 본항개정)
(2010.12.27 본조개정)
제74조【담당 조세심판관의 기피】 ① 담당 조세심판관에게 공정한 심판을 기대하기 어려운 사정이 있다고 인정될 때에는 심판청구인은 그 조세심판관의 기피(忌避)를 신청할 수 있다.
② 제1항의 기피 신청은 대통령령으로 정하는 바에 따라 조세심판원장에게 하여야 한다.
③ 조세심판원장은 기피 신청이 이유 있다고 인정할 때에는 기피 신청을 승인하여야 한다.
제74조의2【심판조사관의 제척·회피 및 기피】 심판에 관여하는 심판조사관에 대하여도 제73조 및 제74조를 준용한다.(2010.12.27 본조신설)

제75조【사건의 병합과 분리】 담당 조세심판관은 필요하다고 인정하면 여러 개의 심판사항을 병합하거나 병합된 심판사항을 여러 개의 심판사항으로 분리할 수 있다.

제76조【질문검사권】 ① 담당 조세심판관은 심판청구에 관한 조사와 심리를 위하여 필요하면 직권으로 또는 심판청구인의 신청에 의하여 다음 각 호의 행위를 할 수 있다.

1. 심판청구인, 처분청(심판청구사건의 쟁점 거래사실과 직접 관계있는 자를 관할하는 세무서장 또는 지방국세청장을 포함한다), 관계인 또는 참고인에 대한 질문(2019.12.31 본호개정)

2. 제1호에 열거한 자의 장부, 서류, 그 밖의 물건의 제출 요구

3. 제1호에 열거한 자의 장부, 서류, 그 밖의 물건의 검사 또는 감정기관에 대한 감정 의뢰

② 조세심판관 외의 조세심판원 소속 공무원은 조세심판원장의 명에 따라 제1항제1호 및 제3호의 행위를 할 수 있다.

③ 조세심판관이나 그 밖의 조세심판원 소속 공무원이 제1항제1호 및 제3호의 행위를 할 때에는 그 신분을 표시하는 증표를 지니고 관계자에게 보여야 한다.

④ 담당 조세심판관은 심판청구인이 제1항 각 호의 행위 또는 제71조제2항의 요구를 정당한 사유 없이 따르지 아니하여 해당 심판청구의 전부 또는 일부에 대하여 심판하는 것이 현저히 곤란하다고 인정할 때에는 그 부분에 관한 심판청구인의 주장을 인용(認容)하지 아니할 수 있다.(2020.6.9 본항개정)

제77조【사실 판단】 조세심판관은 심판청구에 관한 조사 및 심리의 결과와 과세의 형평을 고려하여 자유심증(自由心證)으로 사실을 판단한다.

제78조【결정 절차】 ① 조세심판원장이 심판청구를 받았을 때에는 조세심판관회의가 심리를 거쳐 결정한다. 다만, 심판청구의 대상이 대통령령으로 정하는 금액에 미치지 못하는 소액이거나 경미한 것인 경우나 청구기간이 지난 후에 심판청구를 받은 경우에는 조세심판관회의의 심리를 거치지 아니하고 주심조세심판관이 심리하여 결정할 수 있다.

② 조세심판원장과 상임조세심판관 모두로 구성된 회의가 대통령령으로 정하는 방법에 따라 제1항에 따른 조세심판관회의의 의결이 다음 각 호의 어느 하나에 해당한다고 의결하는 경우에는 조세심판관합동회의가 심리를 거쳐 결정한다.(2019.12.31 본문개정)

1. 해당 심판청구사건에 관하여 세법의 해석이 쟁점이 되는 경우로서 이에 관하여 종전의 조세심판원 결정이 없는 경우

2. 종전에 조세심판원에서 한 세법의 해석·적용을 변경하는 경우

3. 조세심판관회의 간에 결정의 일관성을 유지하기 위한 경우

4. 그 밖에 국세행정이나 납세자의 권리·의무에 중대한 영향을 미칠 것으로 예상되는 등 대통령령으로 정하는 경우

(2016.12.20 본항개정)

③ 제2항의 조세심판관합동회의는 조세심판원장과 조세심판원장이 회의마다 지정하는 12명 이상 20명 이내의 상임조세심판관 및 비상임조세심판관으로 구성하되, 상임조세심판관과 같은 수 이상의 비상임조세심판관이 포함되어야 한다.(2023.12.31 본항개정)

④ 제2항의 조세심판관합동회의에 관하여는 제72조제2항부터 제4항까지의 규정을 준용한다. 이 경우 같은 조 제2항 중 "주심조세심판관"은 "조세심판원장"으로, "조세심판관회의"는 "조세심판관합동회의"로 본다.

⑤ 심판결정은 문서로 하여야 하고, 그 결정서에는 주문(主文)과 이유를 적고 심리에 참석한 조세심판관의 성명을 밝혀 해당 심판청구인과 세무서장에게 송달하여야 한다.

⑥ 조세심판관합동회의의 운영, 결정서의 송달 등에 필요한 사항은 대통령령으로 정한다.

제79조【불고불리, 불이익변경금지】 ① 조세심판관회의 또는 조세심판관합동회의는 제80조의2에서 준용하는 제65조에 따른 결정을 할 때 심판청구를 한 처분 외의 처분에 대해서는 그 처분의 전부 또는 일부를 취소하는 변경하거나 새로운 처분의 결정을 하지 못한다.

② 조세심판관회의 또는 조세심판관합동회의는 제80조의2에서 준용하는 제65조에 따른 결정을 할 때 심판청구를 한 처분보다 청구인에게 불리한 결정을 하지 못한다.(2022.12.31 본항개정)

제80조【결정의 효력】 ① 제80조의2에서 준용하는 제65조에 따른 결정은 관계 행정청을 기속(羈束)한다.(2022.12.31 본항개정)

② 심판청구에 대한 결정이 있으면 해당 행정청은 결정의 취지에 따라 즉시 필요한 처분을 하여야 한다.

제80조의2【심사청구에 관한 규정의 준용】 심판청구에 관하여는 제61조제3항·제4항, 제63조, 제65조(제1항제1호가목 중 심사청구와 심판청구를 같은 날 제기한 경우는 제외한다) 및 제65조의2를 준용한다. 이 경우 제63조제1항 중 "20일 이내의 기간"은 "상당한 기간"으로 본다.(2016.12.20 전단개정)

제81조【항고소송 제기사건의 통지】 국세청장, 지방국세청장, 세무서장은 제7장에 따른 심판청구를 거쳐「행정소송법」에 따른 항고소송이 제기된 사건에 대하여 그 내용이나 결과 등 대통령령으로 정하는 사항을 반기마다 그 다음 달 15일까지 조세심판원장에게 알려야 한다.(2022.12.31 본조신설)

제7장의2 납세자의 권리
(2010.1.1 본장제목개정)

제81조의2【납세자권리헌장의 제정 및 교부】 ① 국세청장은 제81조의3부터 제81조의16까지, 제81조의18 및 제81조의19에 규정된 사항과 그 밖에 납세자의 권리보호에 관한 사항을 포함하는 납세자권리헌장을 제정하여 고시하여야 한다.(2017.12.19 본항개정)

② 세무공무원은 다음 각 호의 어느 하나에 해당하는 경우에는 제1항에 따른 납세자권리헌장의 내용이 수록된 문서를 납세자에게 내주어야 한다.

1. 세무조사(「조세범 처벌절차법」에 따른 조세범칙조사를 포함한다. 이하 이 조에서 같다)를 하는 경우(2018.12.31 본호개정)

2. (2011.12.31 삭제)

3. 사업자등록증을 발급하는 경우

4. 그 밖에 대통령령으로 정하는 경우

③ 세무공무원은 세무조사를 시작할 때 조사원증을 납세자 또는 관련인에게 제시한 후 납세자권리헌장을 교부하고 그 요지를 직접 낭독해 주어야 하며, 조사사유, 조사기간, 제81조의18제1항에 따른 납세자보호위원회에 대한 심의 요청사항·절차 및 권리구제 절차 등을 설명하여야 한다.(2017.12.19 본항개정)

(2010.1.1 본조개정)

제81조의3【납세자의 성실성 추정】 세무공무원은 납세자가 제81조의6제3항 각 호의 어느 하나에 해당하는 경우를 제외하고는 납세자가 성실하며 납세자가 제출한 신고서 등이 진실한 것으로 추정하여야 한다.(2014.1.1 본조개정)

제81조의4【세무조사권 남용 금지】 ① 세무공무원은 적정하고 공평한 과세를 실현하기 위하여 필요한 최소

한의 범위에서 세무조사(「조세범 처벌절차법」에 따른 조세범칙조사를 포함한다. 이하 이 조에서 같다)를 하여야 하며, 다른 목적 등을 위하여 조사권을 남용해서는 아니 된다.(2018.12.31 본항개정)

② 세무공무원은 다음 각 호의 어느 하나에 해당하는 경우가 아니면 같은 세목 및 같은 과세기간에 대하여 재조사를 할 수 없다.

1. 조세탈루의 혐의를 인정할 만한 명백한 자료가 있는 경우

2. 거래상대방에 대한 조사가 필요한 경우

3. 2개 이상의 과세기간과 관련하여 잘못이 있는 경우 (2013.1.1 본호개정)

4. 제65조제1항제3호 단서(제66조제6항과 제80조의2에서 준용하는 경우를 포함한다) 또는 제81조의15제5항제2호 단서에 따른 재조사 결정에 따라 조사를 하는 경우(결정서 주문에 기재된 범위의 조사에 한정한다) (2022.12.31 본호개정)

5. 납세자가 세무공무원에게 직무와 관련하여 금품을 제공하거나 금품제공을 알선한 경우(2015.12.15 본호 신설)

6. 제81조의11제3항에 따른 부분조사를 실시한 후 해당 조사에 포함되지 아니한 부분에 대하여 조사하는 경우(2017.12.19 본호신설)

7. 그 밖에 제1호부터 제6호까지와 유사한 경우로서 대통령령으로 정하는 경우(2017.12.19 본호개정)

③ 세무공무원은 세무조사를 하기 위하여 필요한 최소한의 범위에서 장부등의 제출을 요구하여야 하며, 조사대상 세목 및 과세기간의 과세표준과 세액의 계산과 관련 없는 장부등의 제출을 요구해서는 아니 된다. (2017.12.19 본항신설)

④ 누구든지 세무공무원으로 하여금 법령을 위반하게 하거나 지위 또는 권한을 남용하게 하는 등 공정한 세무조사를 저해하는 행위를 하여서는 아니 된다. (2014.1.1 본항신설)

(2010.1.1 본조개정)

[판례] 탈세제보를 받은 세무공무원이 먼저 현장조사(1차 조사)를 하고 그 결과 매출을 누락했다고 보아 세무조사(2차 조사)를 한 후 부가가치세를 부과한 사안에서 현지 확인 형식의 1차 조사를 재조사가 금지되는 '세무조사'로 보아야 할 것인지에 대해, 조사행위가 실질적으로 과세표준과 세액을 결정 또는 경정하기 위한 것으로서 납세자 등을 직접 접촉하여 상당한 시일에 걸쳐 질문하거나 일정한 기간 동안의 장부·서류·물건 등을 검사·조사하는 경우에는 특별한 사정이 없는 한 재조사가 금지되는 '세무조사'로 보아야 한다.(대판 2017.3.16, 2014두8360)

제81조의5【세무조사 시 조력을 받을 權利】 납세자는 세무조사(「조세범 처벌절차법」에 따른 조세범칙조사를 포함한다)를 받는 경우에 변호사, 공인회계사, 세무사로 하여금 조사에 참여하게 하거나 의견을 진술하게 할 수 있다.(2018.12.31 본조개정)

제81조의6【세무조사 관할 및 대상자 선정】 ① 세무조사는 납세지 관할 세무서장 또는 지방국세청장이 수행한다. 다만, 납세자의 주된 사업장 등이 납세지와 관할을 달리하거나 납세지 관할 세무서장이 세무조사를 수행하는 것이 부적절한 경우 등 대통령령으로 정하는 사유에 해당하는 경우에는 국세청장(같은 지방국세청 소관 세무서 관할 조정의 경우에는 지방국세청장)이 그 관할을 조정할 수 있다. (2014.1.1 본항신설)

② 세무공무원은 다음 각 호의 어느 하나에 해당하는 경우에 정기적으로 신고의 적정성을 검증하기 위하여 대상을 선정(이하 "정기선정"이라 한다)하여 세무조사를 할 수 있다. 이 경우 세무공무원은 객관적 기준에 따라 공정하게 그 대상을 선정하여야 한다.

1. 국세청장이 납세자의 신고 내용에 대하여 과세자료, 세무정보 및 「주식회사의 외부감사에 관한 법률」에 따른 감사의견, 외부감사 실시내용 등 회계성실도 자료 등을 고려하여 정기적으로 성실도를 분석한 결과 불성실 혐의가 있다고 인정하는 경우(2017.12.19 본호개정)

2. 최근 4과세기간 이상 같은 세목의 세무조사를 받지 아니한 납세자에 대하여 업종, 규모, 경제력 집중 등을 고려하여 대통령령으로 정하는 바에 따라 신고 내용이 적정한지를 검증할 필요가 있는 경우(2014.1.1 본호개정)

3. 무작위추출방식으로 표본조사를 하려는 경우

③ 세무공무원은 제2항에 따른 정기선정에 의한 조사 외에 다음 각 호의 어느 하나에 해당하는 경우에는 세무조사를 할 수 있다.(2014.1.1 본문개정)

1. 납세자가 세법에서 정하는 신고, 성실신고확인서의 제출, 세금계산서 또는 계산서의 작성·교부·제출, 지급명세서의 작성·제출 등의 납세협력의무를 이행하지 아니한 경우(2011.5.2 본호개정)

2. 무자료거래, 위장·가공거래 등 거래 내용이 사실과 다른 혐의가 있는 경우

3. 납세자에 대한 구체적인 탈세 제보가 있는 경우

4. 신고 내용에 탈루나 오류의 혐의를 인정할 만한 명백한 자료가 있는 경우

5. 납세자가 세무공무원에게 직무와 관련하여 금품을 제공하거나 금품제공을 알선한 경우(2015.12.15 본호 신설)

④ 세무공무원은 과세관청의 조사결정에 의하여 과세표준과 세액이 확정되는 세목의 경우 과세표준과 세액을 결정하기 위하여 세무조사를 할 수 있다.

⑤ 세무공무원은 다음 각 호의 요건을 모두 충족하는 자에 대해서는 제2항에 따른 세무조사를 하지 아니할 수 있다. 다만, 객관적인 증거자료에 의하여 과소신고한 것이 명백한 경우에는 그러하지 아니하다.(2014.1.1 본문개정)

1. 업종별 수입금액이 대통령령으로 정하는 금액 이하인 사업자

2. 장부 기록 등이 대통령령으로 정하는 요건을 충족하는 사업자

(2014.1.1 본조제목개정)

(2010.1.1 본조개정)

제81조의7【세무조사의 통지와 연기신청 등】 ① 세무공무원은 세무조사를 하는 경우에는 세무조사를 받을 납세자(납세자가 제82조에 따라 납세관리인을 정하여 관할 세무서장에게 신고한 경우에는 납세관리인을 말한다. 이하 이 조에서 같다)에게 조사를 시작하기 15일 전에 조사대상 세목, 조사기간 및 조사 사유, 그 밖에 대통령령으로 정하는 사항을 통지(이하 이 조에서 "사전통지"라 한다)하여야 한다. 다만, 사전통지를 하면 증거인멸 등으로 조사 목적을 달성할 수 없다고 인정되는 경우에는 그러하지 아니하다.(2018.12.31 본문개정)

② 사전통지를 받은 납세자가 천재지변이나 그 밖에 대통령령으로 정하는 사유로 조사를 받기 곤란한 경우에는 대통령령으로 정하는 바에 따라 관할 세무관서의 장에게 조사를 연기해 줄 것을 신청할 수 있다. (2017.12.19 본항개정)

③ 제2항에 따라 연기신청을 받은 관할 세무관서의 장은 연기신청 승인 여부를 결정하고 그 결과(연기 결정 시 연기한 기간을 포함한다)를 조사 개시 전까지 통지하여야 한다.(2021.12.21 본항개정)

④ 관할 세무관서의 장은 다음 각 호의 어느 하나에 해당하는 사유가 있는 경우에는 제3항에 따라 연기한 기간이 만료되기 전에 조사를 개시할 수 있다.

1. 제2항에 따른 연기 사유가 소멸한 경우

2. 조세채권을 확보하기 위하여 조사를 긴급히 개시할 필요가 있다고 인정되는 경우 (2021.12.21 본항신설)

⑤ 관할 세무관서의 장은 제4항제1호의 사유로 조사를 개시하려는 경우에는 조사를 개시하기 5일 전까지 조사를 받을 납세자에게 연기 사유가 소멸한 사실과 조사기간을 통지하여야 한다.(2021.12.21 본항신설)

⑥ 세무공무원은 제1항 단서에 따라 사전통지를 하지 아니하거나 조사를 개시하거나 제4항제2호의 사유로 조사를 개시할 때 다음 각 호의 구분에 따른 사항이 포함된 세무조사통지서를 세무조사를 받을 납세자에게 교부하여야 한다. 다만, 폐업 등 대통령령으로 정하는 경우에는 그러하지 아니하다.
1. 제1항 단서에 따라 사전통지를 하지 아니하고 조사를 개시하는 경우 : 사전통지 사항, 사전통지를 하지 아니한 사유, 그 밖에 세무조사의 개시와 관련된 사항으로서 대통령령으로 정하는 사항
2. 제4항제2호의 사유로 조사를 개시하는 경우 : 조사를 긴급히 개시하여야 하는 사유
(2021.12.21 본항개정)
(2021.12.21 본조제목개정)

제81조의8【세무조사 기간】 ① 세무공무원은 조사대상 세목·업종·규모, 조사 난이도 등을 고려하여 세무조사 기간이 최소한이 되도록 하여야 한다. 다만, 다음 각 호의 어느 하나에 해당하는 경우에는 세무조사 기간을 연장할 수 있다.
1. 납세자가 장부·서류 등을 은닉하거나 제출을 지연하거나 거부하는 등 조사를 기피하는 행위가 명백한 경우
2. 거래처 조사, 거래처 현지확인 또는 금융거래 현지확인이 필요한 경우
3. 세금탈루 혐의가 포착되거나 조사 과정에서「조세범 처벌절차법」에 따른 조세범칙조사를 개시하는 경우 (2018.12.31 본호개정)
4. 천재지변이나 노동쟁의로 조사가 중단되는 경우
5. 제81조의16제2항에 따른 납세자보호관 또는 담당관 (이하 이 조에서 "납세자보호관등"이라 한다)이 세금탈루혐의와 관련하여 추가적인 사실 확인이 필요하다고 인정하는 경우(2014.1.1 본호개정)
6. 세무조사 대상자가 세금탈루혐의에 대한 해명 등을 위하여 세무조사 기간의 연장을 신청한 경우로서 납세자보호관등이 이를 인정하는 경우(2014.1.1 본호신설)

② 세무공무원은 제1항에 따라 세무조사 기간을 정할 경우 조사대상 과세기간 중 연간 수입금액 또는 양도가액이 가장 큰 과세기간의 연간 수입금액 또는 양도가액이 100억원 미만인 납세자에 대한 세무조사 기간은 20일 이내로 한다.(2010.1.1 본항신설)

③ 제2항에 따라 기간을 정한 세무조사를 제1항 단서에 따라 연장하는 경우로서 최초로 연장하는 경우에는 관할 세무관서의 장의 승인을 받아야 하고, 2회 이후 연장의 경우에는 관할 상급 세무관서의 장의 승인을 받아 각각 20일 이내로 연장할 수 있다. 다만, 다음 각 호에 해당하는 경우에는 제2항의 세무조사 기간의 제한 및 이 항 본문의 세무조사 연장기간의 제한을 받지 아니한다.(2014.1.1 단서개정)
1. 무자료거래, 위장·가공거래 등 거래 내용이 사실과 다른 혐의가 있어 실제 거래 내용에 대한 조사가 필요한 경우(2014.1.1 본호신설)
2. 역외거래를 이용하여 세금을 탈루(脫漏)하거나 국내 탈루소득을 해외로 변칙유출한 혐의로 조사하는 경우(2019.12.31 본호개정)
3. 명의위장, 이중장부의 작성, 차명계좌의 이용, 현금거래의 누락 등의 방법을 통하여 세금을 탈루한 혐의로 조사하는 경우
4. 거짓계약서 작성, 미등기양도 등을 이용한 부동산 투기 등을 통하여 세금을 탈루한 혐의로 조사하는 경우

5. 상속세·증여세 조사, 주식변동 조사, 범칙사건 조사 및 출자·거래관계에 있는 관련자에 대하여 동시조사를 하는 경우 (2014.1.1 3호~5호신설)

④ 세무공무원은 납세자가 자료의 제출을 지연하는 등 대통령령으로 정하는 사유로 세무조사를 진행하기 어려운 경우에는 세무조사를 중지할 수 있다. 이 경우 그 중지기간은 제1항부터 제3항까지의 세무조사 기간 및 세무조사 연장기간에 산입하지 아니한다.(2010.1.1 본항개정)

⑤ 세무공무원은 제4항에 따른 세무조사의 중지기간 중에는 납세자에 대하여 국세의 과세표준과 세액을 결정 또는 경정하기 위한 질문을 하거나 장부등의 검사·조사 또는 그 제출을 요구할 수 없다.(2017.12.19 본항신설)

⑥ 세무공무원은 제4항에 따라 세무조사를 중지한 경우에는 그 중지사유가 소멸하게 되면 즉시 조사를 재개하여야 한다. 다만, 조세채권의 확보 등 긴급히 조사를 재개하여야 할 필요가 있는 경우에는 세무조사를 재개할 수 있다.(2010.1.1 본항신설)

⑦ 세무공무원은 제1항 단서에 따라 세무조사 기간을 연장하는 경우에는 그 사유와 기간을 납세자에게 문서로 통지하여야 하고, 제4항 및 제6항에 따라 세무조사를 중지 또는 재개하는 경우에는 그 사유를 문서로 통지하여야 한다.(2017.12.19 본항개정)

⑧ 세무공무원은 세무조사 기간을 단축하기 위하여 노력하여야 하며, 장부기록 및 회계처리의 투명성 등 납세성실도를 검토하여 더 이상 조사할 사항이 없다고 판단될 때에는 조사기간 종료 전이라도 조사를 조기에 종결할 수 있다.(2014.1.1 본항신설)
(2010.1.1 본조개정)

제81조의9【세무조사 범위 확대의 제한】 ① 세무공무원은 구체적인 세금탈루 혐의가 여러 과세기간 또는 다른 세목까지 관련되는 것으로 확인되는 경우 등 대통령령으로 정하는 경우를 제외하고는 조사진행 중 세무조사의 범위를 확대할 수 없다.

② 세무공무원은 제1항에 따라 세무조사의 범위를 확대하는 경우에는 그 사유와 범위를 납세자에게 문서로 통지하여야 한다.
(2010.1.1 본조신설)

제81조의10【장부등의 보관 금지】 ① 세무공무원은 세무조사(「조세범 처벌절차법」에 따른 조세범칙조사를 포함한다. 이하 이 조에서 같다)의 목적으로 납세자의 장부등을 세무관서에 임의로 보관할 수 없다.
(2018.12.31 본항개정)

② 제1항에도 불구하고 세무공무원은 제81조의6제3항 각 호의 어느 하나의 사유에 해당하는 경우에는 조사목적에 필요한 최소한의 범위에서 납세자, 소지자 또는 보관자 등 정당한 권한이 있는 자가 임의로 제출한 장부등을 납세자의 동의를 받아 세무관서에 일시 보관할 수 있다.

③ 세무공무원은 제2항에 따라 납세자의 장부등을 세무관서에 일시 보관하려는 경우 납세자로부터 일시 보관 동의서를 받아야 하며, 일시 보관증을 교부하여야 한다.

④ 세무공무원은 제2항에 따라 일시 보관하고 있는 장부등에 대하여 납세자가 반환을 요청한 경우에는 그 반환을 요청한 날부터 14일 이내에 장부등을 반환하여야 한다. 다만, 조사 목적을 달성하기 위하여 필요한 경우에는 제81조의18제1항에 따른 납세자보호위원회의 심의를 거쳐 한 차례만 14일 이내의 범위에서 보관 기간을 연장할 수 있다.

⑤ 제4항에도 불구하고 세무공무원은 납세자가 제2항에 따라 일시 보관하고 있는 장부등의 반환을 요청한

경우로서 세무조사에 지장이 없다고 판단될 때에는 요청한 장부등을 즉시 반환하여야 한다.

⑥ 제4항 및 제5항에 따라 납세자에게 장부등을 반환하는 경우 세무공무원은 장부등의 사본을 보관할 수 있고, 그 사본이 원본과 다름없다는 사실을 확인하는 납세자의 서명 또는 날인을 요구할 수 있다.

⑦ 제1항부터 제6항까지에서 규정한 사항 외에 장부등의 일시 보관 방법 및 절차 등에 관하여 필요한 사항은 대통령령으로 정한다.

(2017.12.19 본조개정)

제81조의11 【통합조사의 원칙】 ① 세무조사는 납세자의 사업과 관련하여 세법에 따라 신고·납부의무가 있는 세목을 통합하여 실시하는 것을 원칙으로 한다. (2017.12.19 본항개정)

② 제1항에도 불구하고 다음 각 호의 어느 하나에 해당하는 경우에는 특정한 세목만을 조사할 수 있다.

1. 세목의 특성, 납세자의 신고유형, 사업규모 또는 세금탈루 혐의 등을 고려하여 특정 세목만을 조사할 필요가 있는 경우

2. 조세채권의 확보 등을 위하여 특정 세목만을 긴급히 조사할 필요가 있는 경우

3. 그 밖에 세무조사의 효율성 및 납세자의 편의 등을 고려하여 특정 세목만을 조사할 필요가 있는 경우로서 대통령령으로 정하는 경우

(2017.12.19 본항신설)

③ 제1항 및 제2항에도 불구하고 다음 각 호의 어느 하나에 해당하는 경우에는 해당 호의 사항에 대한 확인을 위하여 필요한 부분에 한정한 조사(이하 "부분조사"라 한다)를 실시할 수 있다.

1. 제45조의2제3항, 「소득세법」 제156조의2제5항 및 제156조의6제5항, 「법인세법」 제98조의4제5항 및 제98조의6제5항에 따른 경정 등의 청구에 대한 처리 또는 제51조제1항에 따른 국세환급금의 결정을 위하여 확인이 필요한 경우(2018.12.31 본호개정)

2. 제65조제1항제3호 단서(제66조제6항 및 제80조의2에서 준용하는 경우를 포함한다) 또는 제81조의15제5항제2호 단서에 따른 재조사 결정에 따라 사실관계의 확인 등이 필요한 경우(2022.12.31 본호개정)

3. 거래상대방에 대한 세무조사 중에 거래 일부의 확인이 필요한 경우

4. 납세자에 대한 구체적인 탈세 제보가 있는 경우로서 해당 탈세 혐의에 대한 확인이 필요한 경우

5. 명의위장, 차명계좌의 이용을 통하여 세금을 탈루한 혐의에 대한 확인이 필요한 경우

6. 그 밖에 세무조사의 효율성 및 납세자의 편의 등을 고려하여 특정 사업장, 특정 항목 또는 특정 거래에 대한 확인이 필요한 경우로서 대통령령으로 정하는 경우

(2017.12.19 본항신설)

④ 제3항제3호부터 제6호까지에 해당하는 사유로 인한 부분조사는 같은 세목 및 같은 과세기간에 대하여 2회를 초과하여 실시할 수 없다.(2017.12.19 본항신설)

제81조의12 【세무조사의 결과 통지】 ① 세무공무원은 세무조사를 마쳤을 때에는 그 조사를 마친 날부터 20일(제11조제1항 각 호의 어느 하나에 해당하는 경우에는 40일) 이내에 다음 각 호의 사항이 포함된 조사결과를 납세자에게 설명하고, 이를 서면으로 통지하여야 한다. 다만, 납세관리인을 정하지 아니하고 국내에 주소 또는 거소를 두지 아니한 경우 등 대통령령으로 정하는 경우에는 그러하지 아니하다.(2018.12.31 단서개정)

1. 세무조사 내용

2. 결정 또는 경정할 과세표준, 세액 및 산출근거

3. 그 밖에 대통령령으로 정하는 사항

(2017.12.19 1호~3호신설)

② 제1항에도 불구하고 세무공무원은 다음 각 호의 어느 하나에 해당하는 사유로 제1항에 따른 기간 이내에 조사결과를 통지할 수 없는 부분이 있는 경우에는 납세자가 동의하는 경우에 한정하여 조사결과를 통지할 수 없는 부분을 제외한 조사결과를 납세자에게 설명하고, 이를 서면으로 통지할 수 있다.

1. 「국제조세조정에 관한 법률」 및 조세조약에 따른 국외자료의 수집·제출 또는 상호합의절차 개시에 따라 외국 과세기관과의 협의가 진행 중인 경우

2. 해당 세무조사와 관련하여 세법의 해석 또는 사실관계 확정을 위하여 기획재정부장관 또는 국세청장에 대한 질의 절차가 진행 중인 경우

(2019.12.31 본항신설)

③ 상호합의절차 종료, 세법의 해석 또는 사실관계 확정을 위한 질의에 대한 회신 등 제2항 각 호에 해당하는 사유가 해소된 때에는 그 사유가 해소된 날부터 20일(제11조제1항 각 호의 어느 하나에 해당하는 경우에는 40일) 이내에 제2항에 따라 통지한 부분 외에 대한 조사결과를 납세자에게 설명하고, 이를 서면으로 통지하여야 한다.(2019.12.31 본항신설)

제81조의13 【비밀 유지】 ① 세무공무원은 납세자가 세법에서 정한 납세의무를 이행하기 위하여 제출한 자료나 국세의 부과·징수를 위하여 업무상 취득한 자료 등(이하 "과세정보"라 한다)을 타인에게 제공 또는 누설하거나 목적 외의 용도로 사용해서는 아니 된다. 다만, 다음 각 호의 어느 하나에 해당하는 경우에는 그 사용 목적에 맞는 범위에서 납세자의 과세정보를 제공할 수 있다.

1. 국가행정기관, 지방자치단체 등이 법률에서 정하는 조세, 과징금의 부과·징수 등을 위하여 사용할 목적으로 과세정보를 요구하는 경우(2019.12.31 본호개정)

2. 국가기관이 조세쟁송이나 조세범 소추(訴追)를 위하여 과세정보를 요구하는 경우

3. 법원의 제출명령 또는 법관이 발부한 영장에 의하여 과세정보를 요구하는 경우

4. 세무공무원 간에 국세의 부과·징수 또는 질문·검사에 필요한 과세정보를 요구하는 경우

5. 통계청장이 국가통계작성 목적으로 과세정보를 요구하는 경우

6. 「사회보장기본법」 제3조제2호에 따른 사회보험의 운영을 목적으로 설립된 기관이 관계 법률에 따른 소관 업무를 수행하기 위하여 과세정보를 요구하는 경우

7. 국가행정기관, 지방자치단체 또는 「공공기관의 운영에 관한 법률」에 따른 공공기관이 급부·지원 등을 위한 자격의 조사·심사 등에 필요한 과세정보를 당사자의 동의를 받아 요구하는 경우

(2014.1.1 6호~7호신설)

8. 「국정감사 및 조사에 관한 법률」 제3조에 따른 조사위원회가 국정조사의 목적을 달성하기 위하여 조사위원회의 의결로 비공개회의에 과세정보의 제공을 요청하는 경우(2017.12.19 본호신설)

9. 다른 법률의 규정에 따라 과세정보를 요구하는 경우

② 제1항제1호·제2호 및 제5호부터 제9호까지의 규정에 따라 과세정보의 제공을 요구하는 자는 납세자의 인적사항, 과세정보의 사용목적, 요구하는 과세정보의 내용 및 기간 등을 기재한 문서로 해당 세무관서의 장에게 요구하여야 한다.(2023.12.31 본항개정)

③ 세무공무원은 제1항 및 제2항을 위반하여 과세정보의 제공을 요구받으면 그 요구를 거부하여야 한다.

④ 제1항에 따라 과세정보를 알게 된 사람은 이를 타인에게 제공 또는 누설하거나 그 목적 외의 용도로 사용해서는 아니 된다.

⑤ 이 조에 따라 과세정보를 제공받아 알게 된 사람 중 공무원이 아닌 사람은 「형법」이나 그 밖의 법률에 따른 벌칙을 적용할 때에는 공무원으로 본다.

⑥ 제1항 단서에 따라 과세정보를 제공받은 자는 과세정보의 유출을 방지하기 위한 시스템의 구축 등 대통령령으로 정하는 바에 따라 과세정보의 안전성 확보를 위한 조치를 하여야 한다.(2019.12.31 본항신설)
(2010.1.1 본조개정)

제81조의14【납세자의 권리 행사에 필요한 정보의 제공】 ① 납세자 본인의 권리 행사에 필요한 정보를 납세자(세무사 등 납세자로부터 세무업무를 위임받은 자를 포함한다)가 요구하는 경우 세무공무원은 신속하게 정보를 제공하여야 한다.
② 제1항에 따라 제공하는 정보의 범위와 수임대상자 등 필요한 사항은 대통령령으로 정한다.
(2014.12.23 본조개정)

제81조의15【과세전적부심사】 ① 세무서장 또는 지방국세청장은 다음 각 호의 어느 하나에 해당하는 경우에는 미리 납세자에게 그 내용을 서면으로 통지(이하 이 조에서 "과세예고통지"라 한다)하여야 한다.
1. 세무서 또는 지방국세청에 대한 지방국세청장 또는 국세청장의 업무감사 결과(현지에서 시정조치하는 경우를 포함한다)에 따라 세무서장 또는 지방국세청장이 과세하는 경우
2. 세무조사에서 확인된 것으로 조사대상자 외의 자에 대한 과세자료 및 현지 확인조사에 따라 세무서장 또는 지방국세청장이 과세하는 경우
3. 납부고지하려는 세액이 100만원 이상인 경우. 다만, 「감사원법」 제33조에 따른 시정요구에 따라 세무서장 또는 지방국세청장이 과세처분하는 경우로서 시정요구 전에 과세처분 대상자가 감사원의 지적사항에 대한 소명안내를 받은 경우는 제외한다.
(2020.12.29 본문개정)
(2018.12.31 본항신설)
② 다음 각 호의 어느 하나에 해당하는 통지를 받은 자는 통지를 받은 날부터 30일 이내에 통지를 한 세무서장이나 지방국세청장에게 통지 내용의 적법성에 관한 심사[이하 이 조에서 "과세전적부심사"(課稅前適否審査)라 한다]를 청구할 수 있다. 다만, 법령과 관련하여 국세청장의 유권해석을 변경하여야 하거나 새로운 해석이 필요한 경우 등 대통령령으로 정하는 사항에 대해서는 국세청장에게 청구할 수 있다.
1. 제81조의12에 따른 세무조사 결과에 대한 서면통지
2. 제1항 각 호에 따른 과세예고통지(2018.12.31 본호개정)
③ 다음 각 호의 어느 하나에 해당하는 경우에는 제2항을 적용하지 아니한다.(2018.12.31 본문개정)
1. 「국세징수법」 제9조에 규정된 납부기한 전 징수의 사유가 있거나 세법에서 규정하는 수시부과의 사유가 있는 경우(2020.12.29 본호개정)
2. 「조세범 처벌법」 위반으로 고발 또는 통고처분하는 경우. 다만, 고발 또는 통고처분과 관련 없는 세목 또는 세액에 대해서는 그러하지 아니하다.(2023.12.31 단서신설)
3. 세무조사 결과 통지 및 과세예고통지를 하는 날부터 국세부과 제척기간의 만료일까지의 기간이 3개월 이하인 경우(2018.12.31 본호개정)
4. 그 밖에 대통령령으로 정하는 경우
④ 과세전적부심사 청구를 받은 세무서장, 지방국세청장 또는 국세청장은 각각 국세심사위원회의 심사를 거쳐 결정을 하고 그 결과를 청구를 받은 날부터 30일 이내에 청구인에게 통지하여야 한다.
⑤ 과세전적부심사 청구에 대한 결정은 다음 각 호의 구분에 따른다.
1. 청구가 이유 없다고 인정되는 경우 : 채택하지 아니한다는 결정
2. 청구가 이유 있다고 인정되는 경우 : 채택하거나 일부 채택하는 결정. 다만, 구체적인 채택의 범위를 정하기 위하여 사실관계 확인 등 추가적으로 조사가 필요한 경우에는 제2항 각 호의 통지를 한 세무서장이나 지방국세청장으로 하여금 이를 재조사하여 그 결과에 따라 당초 통지 내용을 수정하여 통지하도록 하는 재조사 결정을 할 수 있다.(2018.12.31 단서개정)
3. 청구가 다음 각 목의 어느 하나에 해당하는 경우 : 심사하지 아니한다는 결정
가. 제2항에 따른 청구기간이 지난 후에 청구된 경우
나. 과세전적부심사 청구 후 제6항에 따라 준용되는 제63조제1항에 따른 보정기간에 필요한 보정을 하지 아니한 경우
다. 그 밖에 청구가 적법하지 아니한 경우
(2023.12.31 본호개정)
⑥ 과세전적부심사에 관하여는 제58조, 제59조, 제60조의2, 제61조제3항, 제62조제2항, 제63조, 제64조제1항 단서, 제64조제3항 및 제65조제4항부터 제7항까지의 규정을 준용한다.(2022.12.31 본항개정)
⑦ 과세전적부심사에 관하여는 「행정심판법」 제15조·제16조·제20조부터 제22조까지·제29조·제36조제1항·제39조·제40조 및 제42조를 준용한다. 이 경우 "심판청구"는 "과세전적부심사 청구"로, "제7조제6항 또는 제8조제7항에 따른 의결"은 "제4항에 따른 과세전적부심사 청구에 대한 결정"으로, "위원회"는 "국세심사위원회"로 본다.(2015.12.15 본항개정)
⑧ 제2항 각 호의 어느 하나에 해당하는 통지를 받은 자는 과세전적부심사를 청구하지 아니하고 통지를 한 세무서장이나 지방국세청장에게 통지받은 내용의 전부 또는 일부에 대하여 과세표준 및 세액을 조기에 결정하거나 경정결정해 줄 것을 신청할 수 있다. 이 경우 해당 세무서장이나 지방국세청장은 신청받은 내용대로 즉시 결정이나 경정결정을 하여야 한다.(2018.12.31 전단개정)
⑨ 과세전적부심사의 신청, 방법, 그 밖에 필요한 사항은 대통령령으로 정한다.
(2010.1.1 본조개정)

제81조의16【국세청장의 납세자 권리보호】 ① 국세청장은 직무를 수행할 때에 납세자의 권리가 보호되고 실현될 수 있도록 성실하게 노력하여야 한다.
(2020.6.9 본항개정)
② 납세자의 권리보호를 위하여 국세청에 납세자 권리보호업무를 총괄하는 납세자보호관을 두고, 세무서 및 지방국세청에 납세자 권리보호업무를 수행하는 담당관을 각각 1인을 둔다.
③ 국세청장은 제2항에 따른 납세자보호관을 개방형직위로 운영하고 납세자보호관 및 담당관이 업무를 수행할 때에 독립성이 보장될 수 있도록 하여야 한다. 이 경우 납세자보호관은 조세·법률·회계 분야의 전문지식과 경험을 갖춘 사람으로서 다음 각 호의 어느 하나에 해당하지 아니하는 사람을 대상으로 공개모집한다.
(2020.6.9 전단개정)
1. 세무공무원
2. 세무공무원으로 퇴직한 지 3년이 지나지 아니한 사람(2017.12.19 1호~2호신설)
④ 국세청장은 납세자 권리보호업무의 추진실적 등의 자료를 제85조의6제2항에 따라 일반 국민에게 정기적으로 공개하여야 한다.(2016.12.20 본항신설)
⑤ 납세자보호관 및 담당관의 자격·직무·권한 등 납세자보호관 제도의 운영에 필요한 사항은 대통령령으로 정한다.
(2010.1.1 본조신설)

제81조의17【납세자의 협력의무】 납세자는 세무공무원의 적법한 질문·조사, 제출명령에 대하여 성실하게 협력하여야 한다.(2014.1.1 본조신설)

제81조의18【납세자보호위원회】 ① 납세자 권리보호에 관한 사항을 심의하기 위하여 세무서, 지방국세청 및 국세청에 납세자보호위원회(이하 "납세자보호위원회"라 한다)를 둔다.(2017.12.19 본항개정)
② 제1항에 따라 세무서에 두는 납세자보호위원회(이하 "세무서 납세자보호위원회"라 한다) 및 지방국세청에 두는 납세자보호위원회(이하 "지방국세청 납세자보호위원회"라 한다)는 다음 각 호의 사항을 심의한다.
1. 세무조사의 대상이 되는 과세기간 중 연간 수입금액 또는 양도가액이 가장 큰 과세기간의 연간 수입금액 또는 양도가액이 100억원 미만(부가가치세에 대한 세무조사의 경우 1과세기간 공급가액의 합계액이 50억원 미만)인 납세자(이하 이 조에서 "중소규모납세자"라 한다) 외의 납세자에 대한 세무조사(「조세범 처벌절차법」 제2조제3호에 따른 "조세범칙조사"는 제외한다. 이하 이 조에서 같다) 기간의 연장. 다만, 제81조의8제1항제6호에 따라 조사대상자가 해명 등을 위하여 연장을 신청한 경우는 제외한다.
2. 중소규모납세자 이외의 납세자에 대한 세무조사 범위의 확대
3. 제81조의8제3항에 따른 세무조사 기간 연장 및 세무조사 범위 확대에 대한 중소규모납세자의 세무조사 일시중지 및 중지 요청
4. 위법·부당한 세무조사 및 세무조사 중 세무공무원의 위법·부당한 행위에 대한 납세자의 세무조사 일시중지 및 중지 요청
5. 제81조의10제4항 단서에 따른 장부등의 일시 보관 기간 연장
6. 그 밖에 납세자의 권리보호를 위하여 납세자보호담당관이 심의가 필요하다고 인정하는 안건
(2017.12.19 본항개정)
③ 제1항에 따라 국세청에 두는 납세자보호위원회(이하 "국세청 납세자보호위원회"라 한다)는 다음 각 호의 사항을 심의한다.
1. 제2항제1호부터 제4호까지의 사항에 대하여 세무서 납세자보호위원회 또는 지방국세청 납세자보호위원회의 심의를 거친 세무서장 또는 지방국세청장의 결정에 대한 납세자의 취소 또는 변경 요청
2. 그 밖에 납세자의 권리보호를 위한 국세행정의 제도 및 절차 개선 등으로서 납세자보호위원회의 위원장 또는 납세자보호관이 심의가 필요하다고 인정하는 사항(2019.12.31 본호개정)
(2017.12.19 본항개정)
④ 납세자보호위원회는 위원장 1명을 포함한 18명 이내의 위원으로 구성한다.(2017.12.19 본항신설)
⑤ 납세자보호위원회의 위원장은 다음 각 호의 구분에 따른 사람이 된다.
1. 세무서 납세자보호위원회: 공무원이 아닌 사람 중에서 세무서장의 추천을 받아 지방국세청장이 위촉하는 사람
2. 지방국세청 납세자보호위원회: 공무원이 아닌 사람 중에서 지방국세청장의 추천을 받아 국세청장이 위촉하는 사람
3. 국세청 납세자보호위원회: 공무원이 아닌 사람 중에서 기획재정부장관의 추천을 받아 국세청장이 위촉하는 사람
(2017.12.19 본항신설)
⑥ 납세자보호위원회의 위원은 세무 분야에 전문적인 학식과 경험이 풍부한 사람과 관계 공무원 중에서 국세청장(세무서 납세자보호위원회의 위원은 지방국세청장)이 임명 또는 위촉한다.(2017.12.19 본항개정)
⑦ 납세자보호위원회의 위원은 업무 중 알게 된 과세정보를 타인에게 제공 또는 누설하거나 목적 외의 용도로 사용해서는 아니 된다.

⑧ 납세자보호위원회의 위원은 공정한 심의를 기대하기 어려운 사정이 있다고 인정될 때에는 대통령령으로 정하는 바에 따라 위원회 회의에서 제척되거나 회피하여야 한다.(2014.12.23 본항신설)
⑨ 납세자보호위원회의 위원 중 공무원이 아닌 사람은 「형법」 제127조 및 제129조부터 제132조까지의 규정을 적용할 때에는 공무원으로 본다.(2017.12.19 본항신설)
⑩ 납세자보호위원회의 구성 및 운영 등에 관하여 필요한 사항은 대통령령으로 정한다.
⑪ 납세자보호관은 납세자보호위원회의 의결사항에 대한 이행여부 등을 감독한다.
(2014.1.1 본조신설)

제81조의19【납세자보호위원회에 대한 납세자의 심의 요청 및 결과 통지 등】 ① 납세자는 세무조사 기간이 끝나는 날까지 세무서장 또는 지방국세청장에게 제81조의18제2항제3호 또는 제4호에 해당하는 사항에 대한 심의를 요청할 수 있다.
② 세무서장 또는 지방국세청장은 제81조의18제2항제1호부터 제5호까지의 사항에 대하여 세무서 납세자보호위원회 또는 지방국세청 납세자보호위원회의 심의를 거쳐 결정을 하고, 납세자에게 그 결과를 통지하여야 한다. 이 경우 제81조의18제2항제3호 또는 제4호에 대한 결과는 제1항에 따른 요청을 받은 날부터 20일 이내에 통지하여야 한다.
③ 납세자는 제2항에 따라 통지를 받은 날부터 7일 이내에 제81조의18제2항제1호에 따른 사항으로서 세무서 납세자보호위원회 또는 지방국세청 납세자보호위원회의 심의를 거친 세무서장 또는 지방국세청장의 결정에 대하여 국세청장에게 취소 또는 변경을 요청할 수 있다.
④ 제3항에 따른 납세자의 요청을 받은 국세청장은 국세청 납세자보호위원회의 심의를 거쳐 세무서장 및 지방국세청장의 결정을 취소하거나 변경할 수 있다. 이 경우 국세청장은 요청받은 날부터 20일 이내에 그 결과를 납세자에게 통지하여야 한다.
⑤ 제81조의16제2항에 따른 납세자보호관 또는 담당관은 납세자가 제1항 또는 제3항에 따른 요청을 하는 경우에는 납세자보호위원회의 심의 전까지 세무공무원에게 세무조사의 일시중지 등을 요구할 수 있다. 다만, 납세자가 세무조사를 기피하려는 것이 명백한 경우 등 대통령령으로 정하는 경우에는 그러하지 아니하다.
⑥ 납세자보호위원회는 제81조의18제2항제3호 또는 제4호에 따른 요청이 있는 경우 그 의결로 세무조사의 일시중지 및 중지를 세무공무원에게 요구할 수 있다. 이 경우 납세자보호위원회는 정당한 사유 없이 위원회의 요구에 따르지 아니하는 세무공무원에 대하여 국세청장에게 징계를 건의할 수 있다.
⑦ 제1항 및 제3항에 따른 요청을 한 납세자는 대통령령으로 정하는 바에 따라 세무서장, 지방국세청장 또는 국세청장에게 의견을 진술할 수 있다.
⑧ 제1항부터 제7항까지에서 규정한 사항 외에 납세자보호위원회에 대한 납세자의 심의 요청 및 결과 통지 등에 필요한 사항은 대통령령으로 정한다.
(2017.12.19 본조신설)

제8장 보 칙
(2010.1.1 본장개정)

제82조【납세관리인】 ① 납세자가 국내에 주소 또는 거소를 두지 아니하거나 국외로 주소 또는 거소를 이전할 때에는 국세에 관한 사항을 처리하기 위하여 납세관리인을 정하여야 한다.
② 납세자는 국세에 관한 사항을 처리하게 하기 위하여 변호사, 세무사 또는 「세무사법」에 따른 세무사등록

부 또는 공인회계사 세무대리업무등록부에 등록한 공인회계사를 납세관리인으로 둘 수 있다.(2021.11.23 본항개정)

③ 제1항과 제2항에 따라 납세관리인을 정한 납세자는 대통령령으로 정하는 바에 따라 관할 세무서장에게 신고하여야 한다. 납세관리인을 변경하거나 해임할 때에도 또한 같다.

④ 관할 세무서장은 납세자가 제3항에 따른 신고를 하지 아니할 때에는 납세자의 재산이나 사업의 관리인을 납세관리인으로 정할 수 있다.

⑤ 세무서장이나 지방국세청장은 「상속세 및 증여세법」에 따라 상속세를 부과할 때에 납세관리인이 있는 경우를 제외하고 상속인이 확정되지 아니하였거나 상속인이 상속재산을 처분할 권한이 없는 경우에는 특별한 규정이 없으면 추정상속인, 유언집행자 또는 상속재산관리인에 대하여 「상속세 및 증여세법」 중 상속인 또는 수유자(受遺者)에 관한 규정을 적용할 수 있다.

⑥ 비거주자인 상속인이 금융회사 등에 상속재산의 지급·명의개서 또는 명의변경을 청구하려면 제1항에 따라 납세관리인을 정하여 납세지 관할 세무서장에게 신고하고, 그 사실에 관한 확인서를 발급받아 금융회사 등에 제출하여야 한다.

제83조【고지금액의 최저한도】 고지할 국세(인지세는 제외한다) 및 강제징수비를 합친 금액이 대통령령으로 정하는 금액 미만일 때에는 그 금액은 없는 것으로 본다.(2020.12.22 본조개정)

제84조【국세행정에 대한 협조】 ① 세무공무원은 직무를 집행할 때 필요하면 국가기관, 지방자치단체 또는 그 소속 공무원에게 협조를 요청할 수 있다.

② 제1항의 요청을 받은 자는 정당한 사유가 없으면 협조하여야 한다.

③ 정부는 납세지도(納稅指導)를 담당하는 단체에 그 납세지도 경비의 전부 또는 일부를 대통령령으로 정하는 바에 따라 교부금으로 지급할 수 있다.

제84조의2【포상금의 지급】 ① 국세청장은 다음 각 호의 어느 하나에 해당하는 자에게는 20억원(제1호에 해당하는 자에게는 40억원으로 하고, 제2호에 해당하는 자에게는 30억원으로 한다)의 범위에서 포상금을 지급할 수 있다. 다만, 탈루세액, 부당하게 환급·공제받은 세액, 은닉재산의 신고를 통하여 징수된 금액 또는 해외금융계좌 신고의무 불이행에 따른 과태료가 대통령령으로 정하는 금액 미만인 경우 또는 공무원이 그 직무와 관련하여 자료를 제공하거나 은닉재산을 신고한 경우에는 포상금을 지급하지 아니한다.(2021.12.21 본문개정)

1. 조세를 탈루한 자에 대한 탈루세액 또는 부당하게 환급·공제받은 세액을 산정하는 데 중요한 자료를 제공한 자(2011.12.31 본호개정)

2. 체납자의 은닉재산을 신고한 자

3. 다음 각 목의 어느 하나에 해당하는 경우로서 해당 각 목의 행위를 한 신용카드가맹점(「여신전문금융업법」에 따른 신용카드가맹점으로서 「소득세법」 제162조의2제1항 및 「법인세법」 제117조제1항에 따라 가입한 신용카드가맹점을 말한다)을 신고한 자. 다만, 신용카드(신용카드와 유사한 것으로서 대통령령으로 정하는 것을 포함한다. 이하 이 조에서 같다) 결제 대상 거래금액이 5천원 미만인 경우는 제외한다.

가. 신용카드로 결제할 것을 요청하였으나 이를 거부하는 경우

나. 신용카드매출전표(신용카드매출전표와 유사한 것으로서 대통령령으로 정하는 것을 포함한다)를 사실과 다르게 발급하는 경우로서 대통령령으로 정하는 경우

4. 다음 각 목의 어느 하나에 해당하는 경우로서 해당 각 목의 행위를 한 현금영수증가맹점(「조세특례제한법」 제126조의3제1항에 따른 현금영수증가맹점을 말한다)을 신고한 자. 다만, 「조세특례제한법」 제126조의3제4항에 따른 현금영수증(이하 "현금영수증"이라 한다) 발급 대상 거래금액이 5천원 미만인 경우는 제외한다.

가. 현금영수증의 발급을 거부하는 경우

나. 현금영수증을 사실과 다르게 발급하는 경우로서 대통령령으로 정하는 경우

4의2. 「소득세법」 제162조의3제4항 또는 「법인세법」 제117조의2제4항에 따른 현금영수증 발급의무를 위반한 자를 신고한 자(2014.12.23 본호신설)

5. 타인의 명의를 사용하여 사업을 경영하는 자를 신고한 자

6. 「국제조세조정에 관한 법률」 제53조에 따른 해외금융계좌 신고의무 위반행위를 적발하는 데 중요한 자료를 제공한 자(2020.12.22 본호개정)

7. 타인 명의로 되어 있는 다음 각 목의 어느 하나에 해당하는 사업자의 「금융실명거래 및 비밀보장에 관한 법률」 제2조제2호에 따른 금융자산을 신고한 자

가. 법인

나. 복식부기의무자(2016.12.20 본목개정)

(2013.1.1 본호신설)

② 제1항제1호 및 제6호에 따른 중요한 자료는 다음 각 호의 구분에 따른 것으로 한다.

1. 제1항제1호의 경우 : 다음 각 목의 어느 하나에 해당하는 것

가. 조세탈루 또는 부당하게 환급·공제받은 내용을 확인할 수 있는 거래처, 거래일 또는 거래기간, 거래품목, 거래수량 및 금액 등 구체적 사실이 기재된 자료 또는 장부[자료 또는 장부 제출 당시에 세무조사(「조세범 처벌절차법」에 따른 조세범칙조사를 포함한다)가 진행 중인 것은 제외한다. 이하 이 조에서 "자료"라 한다](2018.12.31 본목개정)

나. 가목에 해당하는 자료의 소재를 확인할 수 있는 구체적인 정보

다. 그 밖에 조세탈루 또는 부당하게 환급·공제받은 수법, 내용, 규모 등의 정황으로 보아 중요한 자료로 인정할 만한 자료로서 대통령령으로 정하는 자료

2. 제1항제6호의 경우 : 「국제조세조정에 관한 법률」 제52조제3호에 따른 해외금융계좌정보를 제공함으로써 같은 법 제62조에 따른 과태료 부과 또는 「조세범처벌법」 제16조에 따른 처벌의 근거로 활용할 수 있는 자료(2020.12.22 본호개정)

(2011.12.31 본항개정)

③ 제1항제2호에서 "은닉재산"이란 체납자가 은닉한 현금, 예금, 주식, 그 밖에 재산적 가치가 있는 유형·무형의 재산을 말한다. 다만, 다음 각 호의 어느 하나에 해당하는 재산은 제외한다.

1. 「국세징수법」 제25조에 따른 사해행위(詐害行爲) 취소소송의 대상이 되어 있는 재산(2020.12.29 본호개정)

2. 세무공무원이 은닉사실을 알고 조사 또는 강제징수 절차를 시작한 재산(2020.12.22 본호개정)

3. 그 밖에 체납자의 은닉재산을 신고받을 필요가 없다고 인정되는 재산으로서 대통령령으로 정하는 것

④ 제1항 각 호에 따른 자료 제공 또는 신고는 문서, 팩스, 전화자동응답시스템 또는 인터넷 홈페이지를 통하여 하여야 한다. 이 경우 다음 각 호의 요건을 모두 갖추어야 한다.(2015.12.15 본문개정)

1. 본인의 성명과 주소를 적거나 진술할 것(2015.12.15 본호신설)

2. 서명(「전자서명법」 제2조제2호에 따른 전자서명(서명자의 실지명의를 확인할 수 있는 것을 말한다)을

포함한다), 날인 또는 그 밖에 본인임을 확인할 수 있는 인증을 할 것 (2020.6.9 본호개정)
3. 객관적으로 확인되는 증거자료 등을 제출할 것 (2015.12.15 본호신설)
⑤ 제1항에 따른 포상금 지급과 관련된 업무를 담당하는 공무원은 신고자 또는 자료 제공자의 신원 등 신고 또는 제보와 관련된 사항을 그 목적 외의 용도로 사용하거나 타인에게 제공 또는 누설해서는 아니 된다.
⑥ 제1항에 따른 포상금의 지급기준, 지급 방법 및 신고기간과 제4항에 따른 신고의 방법 및 증거자료 제출 등에 관하여 필요한 사항은 대통령령으로 정한다. (2015.12.15 본항개정)

제85조【과세자료의 제출과 그 수집에 대한 협조】 ① 세법에 따라 과세자료를 제출할 의무가 있는 자는 과세자료를 성실하게 작성하여 정해진 기한까지 소관 세무서장에게 제출하여야 한다. 다만, 국세정보통신망을 이용하여 제출하는 경우에는 지방국세청장이나 국세청장에게 제출할 수 있다.
② 국가기관, 지방자치단체, 금융회사 등 또는 전자계산·정보처리시설을 보유한 자는 과세와 관계되는 자료 또는 통계를 수집하거나 작성하였을 때에는 국세청장에게 통보하여야 한다.(2020.6.9 본항개정)

제85조의2【지급명세서 자료의 이용】 「금융실명거래 및 비밀보장에 관한 법률」 제4조제4항에도 불구하고 세무서장(지방국세청장, 국세청장을 포함한다)은 「소득세법」 제164조 또는 「법인세법」 제120조에 따라 제출받은 이자소득 또는 배당소득에 대한 지급명세서를 다음 각 호의 어느 하나에 해당하는 용도에 이용할 수 있다.
1. 상속·증여 재산의 확인
2. 조세탈루의 혐의를 인정할 만한 명백한 자료의 확인
3. 「조세특례제한법」 제100조의3에 따른 근로장려금 신청자격의 확인

제85조의3【장부 등의 비치와 보존】 ① 납세자는 각 세법에서 규정하는 바에 따라 모든 거래에 관한 장부 및 증거서류를 성실하게 작성하여 갖춰 두어야 한다. 이 경우 장부 및 증거서류 중 「국제조세조정에 관한 법률」 제16조제4항에 따라 과세당국이 납세의무자에게 제출하도록 요구할 수 있는 자료의 경우에는 「소득세법」 제6조 또는 「법인세법」 제9조에 따른 납세지(「소득세법」 제9조 또는 「법인세법」 제10조에 따라 국세청장이나 관할지방국세청장이 지정하는 납세지를 포함한다)에 갖춰 두어야 한다.(2022.12.31 후단신설)
② 제1항에 따른 장부 및 증거서류는 그 거래사실이 속하는 과세기간에 대한 해당 국세의 법정신고기한이 지난 날부터 5년간(역외거래의 경우 7년간) 보존하여야 한다. 다만, 제26조의2제3항에 해당하는 경우에는 같은 항에서 규정한 날까지 보존하여야 한다.(2022.12.31 본문개정)
③ 납세자는 제1항에 따른 장부와 증거서류의 전부 또는 일부를 전산조직을 이용하여 작성할 수 있다. 이 경우 그 처리과정 등을 대통령령으로 정하는 기준에 따라 자기테이프, 디스켓 또는 그 밖의 정보보존 장치에 보존하여야 한다.
④ 제1항을 적용하는 경우 「전자문서 및 전자거래 기본법」 제5조제2항에 따른 전자화문서로 변환하여 같은 법 제31조의2에 따른 공인전자문서센터에 보관한 경우에는 제1항에 따라 장부 및 증거서류를 갖춘 것으로 본다. 다만, 계약서 등 위조·변조하기 쉬운 장부 및 증거서류로서 대통령령으로 정하는 것은 그러하지 아니하다.(2012.6.1 본문개정)

제85조의4【서류접수증 발급】 ① 납세자 또는 세법에 따라 과세자료를 제출할 의무가 있는 자(이하 "납세자등"이라 한다)로부터 과세표준신고서, 과세표준수정

신고서, 경정청구서 또는 과세표준신고·과세표준수정신고·경정청구와 관련된 서류 및 그 밖에 대통령령으로 정하는 서류를 받는 경우에는 세무공무원은 납세자등에게 접수증을 발급하여야 한다. 다만, 우편신고 등 대통령령으로 정하는 경우에는 접수증을 발급하지 아니할 수 있다.
② 납세자등으로부터 제1항의 신고서 등을 국세정보통신망을 통해 받은 경우에는 그 접수사실을 전자적 형태로 통보할 수 있다.

제85조의5【불성실기부금수령단체 등의 명단 공개】 ① 국세청장은 제81조의13과 「국제조세조정에 관한 법률」 제57조에도 불구하고 다음 각 호의 어느 하나에 해당하는 자의 인적사항 등을 공개할 수 있다. 다만, 체납된 국세가 이의신청·심사청구 등 불복청구 중에 있거나 그 밖에 대통령령으로 정하는 사유가 있는 경우에는 그러하지 아니하다.(2020.12.22 본문개정)
1. (2020.12.22 삭제)
2. 대통령령으로 정하는 불성실기부금수령단체(이하 이 조에서 "불성실기부금수령단체"라 한다)의 인적사항, 국세추징명세 등
3. 「조세범 처벌법」 제3조제1항, 제4조 및 제5조에 따른 범죄로 유죄판결이 확정된 자로서 「조세범 처벌법」 제3조제1항에 따른 포탈세액 등이 연간 2억원 이상인 자(이하 "조세포탈범"이라 한다)의 인적사항, 포탈세액 등(2016.12.20 본호개정)
4. 「국제조세조정에 관한 법률」 제53조제1항에 따른 계좌신고의무자로서 신고기한 내에 신고하지 아니한 금액이나 과소 신고한 금액이 50억원을 초과하는 자(이하 이 조에서 "해외금융계좌신고의무위반자"라 한다)의 인적사항, 신고의무 위반금액 등(2021.12.21 본호개정)
5. 「특정범죄 가중처벌 등에 관한 법률」 제8조의2에 따른 범죄로 유죄판결이 확정된 사람(이하 "세금계산서발급의무등위반자"라 한다)의 인적사항, 부정 기재한 공급가액 등의 합계액 등(2021.12.21 본호신설)
② 제1항에 따른 불성실기부금수령단체, 조세포탈범, 해외금융계좌신고의무위반자 또는 세금계산서발급의무등위반자의 인적사항, 국세추징명세, 포탈세액, 신고의무 위반금액, 부정 기재한 공급가액 등의 합계액 등에 대한 공개 여부를 심의하고 「국세징수법」 제115조제1항제3호에 따른 체납자에 대한 감치 필요성 여부를 의결하기 위하여 국세청에 국세정보위원회(이하 이 조에서 "위원회"라 한다)를 둔다.(2021.12.21 본항개정)
③ 위원회의 위원은 공정한 심의를 기대하기 어려운 사정이 있다고 인정될 때에는 대통령령으로 정하는 바에 따라 위원회 회의에서 제척되거나 회피하여야 한다.(2019.12.31 본항개정)
④ 국세청장은 위원회의 심의를 거친 공개 대상자에게 불성실기부금수령단체 또는 해외금융계좌신고의무위반자 명단 공개 대상자임을 통지하여 소명 기회를 주어야 하며, 통지일부터 6개월이 지난 후 위원회로 하여금 기부금영수증 발급명세의 작성·보관 의무 이행 또는 해외금융계좌의 신고의무 이행 등을 고려하여 불성실기부금수령단체 또는 해외금융계좌신고의무위반자 명단 공개 여부를 재심의하게 한 후 공개대상자를 선정한다.(2021.12.21 본항개정)
⑤ 제1항에 따른 공개는 관보에 게재하거나 국세정보통신망 또는 관할세무서 게시판에 게시하는 방법으로 한다.
⑥ 제1항부터 제4항까지의 규정에 따른 불성실기부금수령단체, 조세포탈범, 해외금융계좌신고의무위반자 또는 세금계산서발급의무등위반자 명단 공개와 관련하여 필요한 사항 및 위원회의 구성·운영 등에 필요한 사항은 대통령령으로 정한다.(2021.12.21 본항개정)
(2020.12.22 본조제목개정)

제85조의6 【통계자료의 작성 및 공개 등】 ① 국세청장은 조세정책의 수립 및 평가 등에 활용하기 위하여 과세정보를 분석·가공한 통계자료(이하 "통계자료"라 한다)를 작성·관리하여야 한다. 이 경우 통계자료는 납세자의 과세정보를 직접적 방법 또는 간접적인 방법으로 확인할 수 없도록 작성되어야 한다.(2015.12.15 전단개정)

② 세원의 투명성, 국민의 알권리 보장 및 국세행정의 신뢰증진을 위하여 국세청장은 통계자료를 제85조의5 제2항에 따른 국세정보위원회의 심의를 거쳐 일반 국민에게 정기적으로 공개하여야 한다.(2019.12.31 본항개정)

③ 국세청장은 제2항에 따라 국세정보를 공개하기 위하여 예산의 범위 안에서 국세정보시스템을 구축·운영할 수 있다.(2014.1.1 본항신설)

④ 국세청장은 다음 각 호의 경우에 그 목적의 범위에서 통계자료를 제공하여야 하고 제공한 통계자료의 사본을 기획재정부장관에게 송부하여야 한다.

1. 국회 소관 상임위원회가 의결로 세법의 제정법률안·개정법률안, 세입예산안의 심사 및 국정감사, 그 밖의 의정활동에 필요한 통계자료를 요구하는 경우 (2020.6.9 본호개정)

2. 국회예산정책처장이 의장의 허가를 받아 세법의 제정법률안·개정법률안에 대한 세수추계 또는 세입예산안의 분석을 위하여 필요한 통계자료를 요구하는 경우

⑤ 국세청장은 제81조의13제1항 각 호 외의 부분 본문에도 불구하고 국회 소관 상임위원회가 의결로 국세의 부과·징수·감면 등에 관한 자료를 요구하는 경우에는 그 사용목적에 맞는 범위에서 과세정보를 납세자 개인정보를 직접적인 방법 또는 간접적인 방법으로 확인할 수 없도록 가공하여 제공하여야 한다. (2020.12.22 본항개정)

⑥ 국세청장은 「정부출연연구기관 등의 설립·운영 및 육성에 관한 법률」 제8조제1항에 따라 설립된 연구기관의 장이 조세정책의 연구를 목적으로 통계자료를 요구하는 경우 그 사용 목적에 맞는 범위안에서 제공할 수 있다. 이 경우 통계자료의 범위, 제공 절차, 비밀유지 등에 관하여 필요한 사항은 대통령령으로 정한다.(2017.12.19 전단개정)

⑦ 국세청장은 다음 각 호의 어느 하나에 해당하는 자가 조세정책의 평가 및 연구 등에 활용하기 위하여 통계자료 작성에 사용된 기초자료(이하 "기초자료"라 한다)를 직접 분석하기를 원하는 경우 제81조의13제1항 각 호 외의 부분 본문에도 불구하고 국세청 내에 설치된 대통령령으로 정하는 시설 내에서 기초자료를 그 사용목적에 맞는 범위에서 제공할 수 있다. 이 경우 기초자료는 개별 납세자의 과세정보를 직접적 또는 간접적 방법으로 확인할 수 없는 상태로 제공하여야 한다.

1. 국회의원(2021.12.21 본호신설)

2. 「국회법」에 따른 국회사무총장·국회도서관장·국회예산정책처장·국회입법조사처장 및 「국회미래연구원법」에 따른 국회미래연구원장

3. 「정부조직법」 제2조에 따른 중앙행정기관의 장

4. 「지방자치법」 제2조에 따른 지방자치단체의 장

5. 그 밖에 「정부출연연구기관 등의 설립·운영 및 육성에 관한 법률」 제2조에 따른 정부출연연구기관의 장 등 대통령령으로 정하는 자

(2019.12.31 본항신설)

⑧ 국세청장은 조세정책의 평가 및 연구를 목적으로 기초자료를 이용하려는 자가 소득세 관련 기초자료의 일부의 제공을 요구하는 경우에는 제7항 및 제81조의13제1항 각 호 외의 부분 본문에도 불구하고 소득세 관련 기초자료의 일부를 검증된 통계작성기법을 적용하여

표본 형태로 처리한 기초자료(이하 "표본자료"라 한다)를 대통령령으로 정하는 방법에 따라 제공할 수 있다. 이 경우 표본자료는 그 사용 목적에 맞는 범위에서 개별 납세자의 과세정보를 직접적 또는 간접적 방법으로 확인할 수 없는 상태로 가공하여 제공하여야 한다.(2020.12.22 본항신설)

⑨ 제4항 및 제6항에 따라 제공되거나 송부된 통계자료(제2항에 따라 공개된 것은 제외한다), 제7항에 따라 제공된 기초자료 및 제8항에 따라 제공된 표본자료를 알게 된 자는 그 통계자료, 기초자료 및 표본자료를 목적 외의 용도로 사용해서는 아니 된다.(2020.12.22 본항개정)

⑩ 제4항에 따른 통계자료, 제7항에 따른 기초자료 및 제8항에 따른 표본자료의 제공 절차 등에 관하여 필요한 사항은 대통령령으로 정한다.(2020.12.22 본항개정)
(2019.12.31 본조제목개정)

제86조 【가족관계등록 전산정보의 공동이용】 국세청장, 지방국세청장, 세무서장 및 조세심판원장은 심사·심판 및 과세전적부심사 업무를 처리할 때 제56조제1항 단서 및 제81조의15제7항에 따라 「행정심판법」 제16조에 따른 청구인 지위 승계의 신고 또는 허가 업무를 처리하기 위하여 「전자정부법」에 따라 「가족관계의 등록 등에 관한 법률」 제11조제4항에 따른 전산정보자료를 공동이용(「개인정보 보호법」 제2조제2호에 따른 처리를 포함한다)할 수 있다.(2018.12.31 본조개정)

제87조 【금품 수수 및 공여에 대한 징계 등】 ① 세무공무원이 그 직무와 관련하여 금품을 수수(收受)하였을 때에는 「국가공무원법」 제82조에 따른 징계절차에서 그 금품 수수액의 5배 이내의 징계부가금 부과 의결을 징계위원회에 요구하여야 한다.

② 징계대상 세무공무원이 제1항에 따른 징계부가금 부과 의결 전후에 금품 수수를 이유로 다른 법률에 따라 형사처벌을 받거나 변상책임 등을 이행한 경우(몰수나 추징을 당한 경우를 포함한다)에는 징계위원회에 감경된 징계부가금 부과 의결 또는 징계부가금 감면을 요구하여야 한다.

③ 제1항 및 제2항에 따른 징계부가금 부과 의결의 요구(감면요구를 포함한다)는 5급 이상 공무원 및 고위공무원단에 속하는 일반직공무원은 국세청장(세법에 따라 국세에 관한 사무를 세관장이 관장하는 경우에는 관세청장이), 6급 이하의 공무원은 소속 기관의 장 또는 소속 상급기관의 장이 한다.

④ 제1항에 따라 징계부가금 부과처분을 받은 세무공무원이 납부기간 내에 그 부가금을 납부하지 아니한 때에는 징계권자는 국세강제징수의 예에 따라 징수할 수 있다.(2020.12.22 본항개정)
(2018.12.31 본조신설)

제9장 벌 칙
(2018.12.31 본장신설)

제88조 【직무집행 거부 등에 대한 과태료】 ① 관할 세무서장은 세법의 질문·조사권 규정에 따른 세무공무원의 질문에 대하여 거짓으로 진술하거나 그 직무집행을 거부 또는 기피한 자에게 5천만원 이하의 과태료를 부과·징수한다.(2022.12.31 본항개정)

② 제1항에 따른 과태료의 부과기준은 대통령령으로 정한다.(2021.12.21 본항신설)

제89조 【금품 수수 및 공여에 대한 과태료】 ① 관할 세무서장 또는 세관장은 세무공무원에게 금품을 공여한 자에게 그 금품 상당액의 2배 이상 5배 이하의 과태료를 부과·징수한다. 다만, 「형법」 등 다른 법률에 따라 형사처벌을 받은 경우에는 과태료를 부과하지 아니

하고, 과태료를 부과한 후 형사처벌을 받은 경우에는 과태료 부과를 취소한다.

② 제1항 본문에 따른 과태료의 부과기준은 대통령령으로 정한다.(2021.12.21 본항신설)

제90조【비밀유지 의무 위반에 대한 과태료】① 국세청장은 제81조의13제1항에 따라 알게 된 과세정보를 타인에게 제공 또는 누설하거나 그 목적 외의 용도로 사용한 자에게 2천만원 이하의 과태료를 부과·징수한다. 다만, 「형법」 등 다른 법률에 따라 형사처벌을 받은 경우에는 과태료를 부과하지 아니하고, 과태료를 부과한 후 형사처벌을 받은 경우에는 과태료를 취소한다.

② 제1항 본문에 따른 과태료의 부과기준은 대통령령으로 정한다.(2021.12.21 본항신설)

(2019.12.31 본조신설)

부 칙 (2015.12.15)

제1조【시행일】이 법은 2016년 1월 1일부터 시행한다. 다만, 제85조의5제1항제1호의 개정규정은 2016년 3월 1일부터, 같은 항 제3호의 개정규정은 2016년 7월 1일부터 시행한다.

제2조【경정 등의 청구에 관한 적용례 등】① 제45조의2제2항의 개정규정은 이 법 시행 이후 결정 또는 경정을 청구하는 분부터 적용한다.

② 제1항에도 불구하고, 이 법 시행 전에 종전의 제45조의2제2항에 따른 청구기간이 경과한 분에 대해서는 제45조의2제2항의 개정규정에도 불구하고 종전의 규정에 따른다.

제3조【재조사 금지 예외에 관한 적용례】제81조의4제2항제5호의 개정규정은 이 법 시행 후 금품을 제공하거나 금품제공을 알선하는 분부터 적용한다.

제4조【세무조사 대상자 선정에 관한 적용례】제81조의6제3항제5호의 개정규정은 이 법 시행 후 금품을 제공하거나 금품제공을 알선하는 분부터 적용한다.

제5조【과세전적부심사에 관한 적용례】제81조의15제6항의 개정규정은 이 법 시행 이후 과세전적부심사를 청구하는 경우부터 적용한다.

제6조【조세포탈범의 명단 공개에 관한 적용례】제85조의5제1항제3호의 개정규정은 같은 개정규정 시행 이후 최초로 유죄판결이 확정된 자부터 적용한다.

부 칙 (2016.12.20)

제1조【시행일】이 법은 2017년 1월 1일부터 시행한다. 다만, 제59조의2제1항의 개정규정은 2018년 1월 1일부터 시행한다.

제2조【납부기한 연장에 관한 적용례】제6조제2항 단서의 개정규정은 이 법 시행 이후 납부기한의 연장을 받는 분부터 적용한다.

제3조【신고 관련 가산세에 관한 적용례】제47조의2제1항과 제47조의3제1항의 개정규정은 이 법 시행 이후 시작되는 과세기간에 대하여 신고하는 분부터 적용한다.

제4조【재조사 결정에 관한 적용례】제55조제5항 단서, 제56조제2항 단서 및 같은 조 제4항의 개정규정은 이 법 시행 이후 심사청구, 심판청구 또는 행정소송을 제기하는 분부터 적용한다.

② 제65조제1항제3호 단서(제66조제6항과 제81조에서 준용하는 경우를 포함한다), 제65조제5항(제66조제6항과 제81조에서 준용하는 경우를 포함한다), 제81조제2항제4호 및 제81조의15제4항제2호 단서의 개정규정은 이 법 시행 이후 결정하는 분부터 적용한다.

제5조【국선대리인에 관한 적용례】제59조의2제1항의 개정규정은 같은 개정규정 시행 전에 심판청구를 하고 같은 개정규정 시행 이후 국선대리인을 신청하는 경우에도 적용한다.

제6조【이의신청 결정기간에 관한 적용례】제66조제6항 및 제7항의 개정규정은 이 법 시행 이후 이의신청인이 항변하는 경우부터 적용한다.

제7조【조세심판관합동회의의 심리·결정에 관한 적용례】제78조제2항의 개정규정은 이 법 시행 이후 심판청구를 제기하는 경우부터 적용한다.

제8조【국세부과의 제척기간에 관한 경과조치】① 이 법 시행 전에 제26조의2제2항제1호에 따른 결정이나 판결이 확정된 경우 또는 제26조의2제1항에 따른 제척기간이 만료된 경우에는 제26조의2제2항제1호의2의 개정규정에도 불구하고 종전의 규정에 따른다.

② 이 법 시행 전에 제26조의2제1항에 따라 제척기간이 만료된 경우에 대해서는 제26조의2제2항제3호 및 제4항제6호의 개정규정에도 불구하고 종전의 규정에 따른다.

제9조【물납재산의 환급에 관한 경과조치】이 법 시행 전에 물납한 경우에는 제51조의2제1항의 개정규정에도 불구하고 종전의 규정에 따른다.

부 칙 (2017.12.19)

제1조【시행일】이 법은 2018년 1월 1일부터 시행한다. 다만, 제81조의12, 제81조의18 및 제81조의19의 개정규정은 2018년 4월 1일부터 시행하고, 제46조의2의 개정규정은 2019년 1월 1일부터 시행한다.

제2조【국세부과의 제척기간에 관한 적용례 등】① 제26조의2제2항제4호 및 제5호의 개정규정은 이 법 시행 이후 제26조의2제2항제3호에 따른 경정청구 또는 조정권고가 있거나 판결이 확정되는 경우부터 적용한다.

② 이 법 시행 전에 제26조의2제1항에 따라 제척기간이 만료된 경우에는 제26조의2제2항제4호 및 제5호의 개정규정에도 불구하고 종전의 규정에 따른다.

제3조【소멸시효에 관한 적용례】제28조제3항의 개정규정은 이 법 시행 이후 신고 또는 고지하는 분부터 적용한다.

제4조【무신고가산세, 과소신고·초과환급신고가산세 및 납부불성실·환급불성실가산세에 관한 적용례】① 제47조의2제6항의 개정규정은 이 법 시행 이후 개시하는 과세기간 분부터 적용한다.

② 제47조의3제1항 각 호 외의 부분의 개정규정은 이 법 시행 이후 납세의무가 성립하는 분부터 적용한다.

③ 제47조의3제4항제3호 및 제47조의4제3항제5호의 개정규정은 이 법 시행 이후 양도소득세를 수정신고하거나 결정 또는 경정하는 분부터 적용한다.

제5조【가산세 감면 등에 관한 적용례】제48조제2항제3호다목 및 라목의 개정규정은 이 법 시행 이후 도래하는 확정신고기한까지 신고하거나 수정하여 신고하는 분부터 적용한다.

제6조【국세환급금 충당에 관한 적용례】제51조제8항의 개정규정은 이 법 시행 이후 최초로 지급결정하는 국세환급금을 충당하는 분부터 적용한다.

제7조【세무조사에 관한 적용례】① 제81조의2제1항·제3항, 제81조의4제2항제6호, 제81조의7제1항·제4항, 제81조의10, 제81조의11제2항부터 제4항까지의 개정규정은 이 법 시행 이후 개시하는 세무조사부터 적용한다.

② 제81조의4제3항 및 제81조의8제5항의 개정규정은 이 법 시행 당시 진행 중인 세무조사에 대해서도 적용한다.

③ 제81조의12의 개정규정은 2018년 4월 1일 현재 진행 중인 세무조사에 대해서도 적용한다.

제8조【납세자보호위원회에 대한 적용례】제81조의18제2항·제3항 및 제81조의19의 개정규정은 2018년 4월

1일 이후 납세자보호위원회에 심의를 요청한 경우부터 적용한다.

제9조【포상금 지급에 관한 적용례】 제84조의2제1항의 개정규정은 이 법 시행 이후 자료를 제공하는 경우부터 적용한다.

부　칙 (2018.12.31)

제1조【시행일】 이 법은 2019년 1월 1일부터 시행한다. 다만, 제2조제4호·제5호·제8호·제12호, 제5조제3항, 제23조, 제24조제1항·제3항, 제25조제1항·제4항, 제25조제2항·제3항(가산금과 관련된 개정사항에 한정한다), 제25조의2, 제26조, 제32조부터 제34조까지, 제35조제1항·제2항, 제35조제4항(가산금과 관련된 개정사항에 한정한다), 제36조부터 제42조까지, 제47조의4, 제51조 및 제83조의 개정규정은 2020년 1월 1일(「농어촌특별세법」 제5조제1항제1호·제6호 및 제7호에 따른 취득세·등록면허세 또는 레저세를 본세로 하는 농어촌특별세에 대한 제47조의4의 개정규정은 2022년 2월 3일)부터 시행하고, 법률 제9911호 국세기본법 일부개정법률 제21조의 개정규정은 법률 제9346호 교통·에너지·환경세법 폐지법률의 시행일부터 시행한다.(2019.12.31 단서개정)

제2조【서류의 송달에 관한 적용례】 제8조제5항의 개정규정은 이 법 시행 이후 송달하는 서류분부터 적용한다.

제3조【연대납세의무에 관한 적용례】 ① 제25조제2항 및 제3항의 개정규정은 이 법 시행 이후 분할 또는 분할합병하는 분부터 적용한다.
② 제25조제2항 및 제3항의 개정규정을 적용할 때 2019년 1월 1일부터 2019년 12월 31일까지는 같은 항의 "국세 및 체납처분비"는 "국세·가산금·체납처분비"로 본다.

제4조【국세 부과의 제척기간에 관한 적용례】 ① 제26조의2제2항제6호의 개정규정은 이 법 시행 이후 조세정보를 외국의 권한 있는 당국에 요청하는 분부터 적용한다.
② 제26조의2제5항의 개정규정은 이 법 시행 이후 결정 또는 판결이 확정된 경우(이 법 시행 전에 종전의 제26조의2제1항에 따라 제척기간이 만료된 경우는 제외한다)부터 적용한다.

제5조【국세의 우선에 관한 적용례】 제35조제4항의 개정규정은 이 법 시행 이후 「주택임대차보호법」 제3조의2제2항 또는 「상가건물 임대차보호법」 제5조제2항에 따른 대항요건과 확정일자를 갖춘 임대차계약을 체결하는 분부터 적용한다.

제6조【경정 등의 청구에 관한 적용례】 제45조의2제4항의 개정규정은 이법 시행 이후 경정 등을 청구하는 분부터 적용한다.

제7조【기한 후 신고에 관한 적용례】 제45조의3제3항의 개정규정은 이 법 시행 이후 기한 후 신고를 하는 분부터 적용한다.

제8조【심판청구 절차에 관한 적용례】 제69조제7항 및 제8항의 개정규정은 이 법 시행 당시 심판청구 절차가 진행 중인 경우에 대해서도 적용한다.

제9조【통합조사의 원칙에 관한 적용례】 제81조의11 제3항제1호의 개정규정은 이 법 시행 이후 경정을 청구받은 분부터 적용한다.

제10조【국세 부과의 제척기간에 관한 경과조치】 이 법 시행 전에 납세의무가 성립한 분에 대해서는 제26조의2제2항제1항의 개정규정에도 불구하고 종전의 규정에 따른다.

제11조【납부지연가산세에 관한 경과조치】 부칙 제1조 단서에 따른 시행일 전에 납세의무가 성립한 분에 대해서는 제2조제4호·제5호·제8호·제12호, 제5조제3항, 제23조, 제24조제1항·제3항, 제25조제1항·제4항, 제25조제2항·제3항(가산금과 관련된 개정사항에 한정한다), 제25조의2, 제26조, 제32조부터 제34조까지, 제35조제1항·제2항, 제35조제4항(가산금과 관련된 개정사항에 한정한다), 제36조부터 제42조까지, 제47조의4, 제51조 및 제83조의 개정규정에도 불구하고 종전의 규정에 따른다. 이 경우 부칙 제1조 단서에 따른 시행일 전에 종전의 제38조부터 제41조까지의 규정에 따른 주된 납세자의 납세의무가 성립한 경우의 제2차 납세의무자에 대해서도 제47조의4의 개정규정에도 불구하고 종전의 규정에 따른다.(2019.12.31 후단신설)

부　칙 (2019.12.31)

제1조【시행일】 이 법은 2020년 1월 1일부터 시행한다. 다만, 법률 제9911호 국세기본법 일부개정법률 제21조제2항제11호의 개정규정은 법률 제9346호 교통·에너지·환경세법 폐지법률의 시행일부터 시행한다.

제2조【서류 송달의 방법에 관한 적용례】 제10조제2항의 개정규정은 이 법 시행 이후 납세고지서를 발급하는 분부터 적용한다.

제3조【국립대학 법인의 납세의무에 대한 적용례】 ① 제13조제8항의 개정규정은 이 법 시행 전에 전환된 국립대학 법인에 대해서도 적용한다.
② 제13조제8항의 개정규정은 이 법 시행 이후 성립하는 납세의무부터 적용한다.

제4조【국세징수권의 소멸시효에 관한 적용례】 제27조제1항의 개정규정은 이 법 시행 이후 신고 또는 고지하는 분부터 적용한다.

제5조【기한 후 신고한 자에 대한 수정신고 및 경정 등의 청구에 관한 적용례】 제45조제1항 및 제45조의2 제1항·제4항(기한후과세표준신고서와 관련된 개정사항에 한정한다)의 개정규정은 이 법 시행 전에 기한후과세표준신고서를 제출하고 이 법 시행 이후 과세표준수정신고서를 제출하거나 국세의 과세표준 및 세액의 결정 또는 경정을 청구하는 경우에도 적용한다.

제6조【경정 등의 청구에 관한 적용례】 제45조의2제4항 각 호 외의 부분 전단의 개정규정은 이 법 시행 이후 경정 등을 청구하는 분부터 적용한다.

제7조【무신고 및 과소신고·초과환급신고 가산세에 관한 적용례】 제47조의2제1항제1호 및 제47조의3제1항제1호가목의 개정규정은 이 법 시행 이후 거래하는 분부터 적용한다.

제8조【가산세 감면 등에 관한 적용례】 제48조제2항의 개정규정은 이 법 시행 전에 법정신고기한이 만료된 경우로서 이 법 시행 이후 최초로 수정신고하거나 기한 후 신고하는 분에 대해서도 적용한다.

제9조【국세환급금의 충당과 환급에 관한 적용례】 제51조제11항의 개정규정은 이 법 시행 이후 국세를 환급하는 분부터 적용한다.

제10조【국선대리인에 관한 적용례】 제59조의2제1항의 개정규정은 이 법 시행 이후 과세전적부심사를 청구하는 경우부터 적용한다.

제11조【심사청구 결정 절차에 관한 적용례】 제64조제1항 및 제2항의 개정규정은 이 법 시행 이후 국세청장에게 심사청구를 하는 경우부터 적용한다.

제12조【국세심사위원회 위원 자격에 관한 적용례】 제66조의2제2항의 개정규정은 이 법 시행 이후 공무원이 아닌 위원을 위촉하는 경우부터 적용한다.

제13조【조세심판관의 질문검사권에 관한 적용례】 제76조제1항제1호의 개정규정은 이 법 시행 전에 심판청구된 경우에도 적용한다.

제14조【세무조사 기간 및 결과 통지에 관한 적용례】 제81조의8제3항제2호 및 제81조의12제2항·제3항의 개

정규정은 이 법 시행 이후 세무조사에 착수하는 경우부터 적용한다.

제15조 【비밀 유지에 관한 적용례】 제81조의13제1항제1호의 개정규정은 이 법 시행 이후 과세정보를 요구하는 분부터 적용한다.

제16조 【가산세 납세의무 성립시기에 관한 경과조치】 이 법 시행 전에 가산세와 관련된 국세의 납세의무가 성립한 분에 대해서는 제21조제2항제11호의 개정규정에도 불구하고 종전의 규정에 따른다.

제17조 【납세의무의 확정에 관한 경과조치】 이 법 시행 전에 납세의무가 성립한 분에 대해서는 제22조제4항제5호의 개정규정에도 불구하고 종전의 규정에 따른다.

제18조 【국세 부과제척기간에 관한 경과조치】 이 법 시행 전에 종전의 제26조의2제1항제4호에 따라 부과제척기간이 만료된 경우에는 제26조의2제5항의 개정규정에도 불구하고 종전의 규정에 따른다.

제19조 【경정 등의 청구에 관한 경과조치】 이 법 시행 전에 지급한 소득분에 대해서는 제45조의2제4항 후단의 개정규정(비거주자 및 외국법인의 경정청구와 관련된 개정사항에 한정한다)에도 불구하고 종전의 규정에 따른다.

제20조 【납부지연가산세에 관한 경과조치】 이 법 시행 전에 납세의무가 성립된 분에 대해서는 법률 제16097호 국세기본법 일부개정법률 제47조의4제1항 및 제8항의 개정규정에도 불구하고 종전의 규정에 따른다.

제21조 【원천징수납부 등 불성실가산세에 관한 경과조치】 이 법 시행 전에 납세의무가 성립된 분에 대해서는 제47조의5제1항, 제4항 및 제5항의 개정규정에도 불구하고 종전의 규정에 따른다. 이 법 시행 전에 종전의 제38조부터 제41조까지의 규정에 따른 주된 납세자의 납세의무가 성립한 경우의 제2차 납세의무자에 대해서도 또한 같다.

제22조 【가산세 감면 등에 관한 경과조치】 이 법 시행 전에 수정신고하거나 기한 후 신고한 분에 대해서는 제48조제2항의 개정규정에도 불구하고 종전의 규정에 따른다. 이 법 시행 전에 수정신고하거나 기한 후 신고한 분에 대하여 이 법 시행 이후 다시 수정신고하거나 기한 후 신고하는 분에 대해서도 또한 같다.

제23조 【이의신청에 관한 경과조치】 이 법 시행 전에 종전의 제66조제1항제2호에 따라 한 이의신청에 관하여는 제66조제1항의 개정규정에도 불구하고 종전의 규정에 따른다.

제24조 【다른 법률의 개정】 ※(해당 법령에 가제정리하였음)

부 칙 (2020.6.9 법17339호)

이 법은 공포한 날부터 시행한다.(이하 생략)

부 칙 (2020.6.9 법17354호)

제1조 【시행일】 이 법은 공포 후 6개월이 경과한 날부터 시행한다.(이하 생략)

부 칙 (2020.12.22 법17650호)

제1조 【시행일】 이 법은 2021년 1월 1일부터 시행한다. 다만, 법률 제9911호 국세기본법 일부개정법률 제21조제2항제11호나목 및 라목의 개정규정은 법률 제9346호 교통·에너지·환경세법 폐지법률의 시행일부터 시행한다.

제2조 【출자자의 제2차 납세의무에 관한 적용례】 제39조의 개정규정은 이 법 시행 이후 법인의 납세의무가 성립하는 분부터 적용한다.

제3조 【경정 등의 청구에 관한 적용례】 제45조의2제4항의 개정규정은 이 법 시행 이후 결정 또는 경정을 청구하는 분부터 적용한다.

제4조 【간편사업자의 부가가치세 납부 관련 무신고가산세, 과소신고·초과환급신고가산세 및 납부지연가산세에 대한 적용례】 제47조의2제3항제1호, 제47조의3제6항 및 제47조의4제3항제3호의 개정규정은 이 법 시행 이후 용역을 공급하는 분부터 적용한다.

제5조 【납부지연가산세에 관한 적용례】 ① 제47조의4제3항제6호의 개정규정은 이 법 시행 이후 결정 또는 경정하는 분부터 적용한다.
② 제47조의4제9항의 개정규정은 이 법 시행 이후 과세문서를 작성하는 분부터 적용한다.

제6조 【가산세 한도에 관한 적용례】 제49조제1항제4호의 개정규정은 이 법 시행 이후 가산세를 부과하는 분부터 적용한다.

제7조 【국세환급가산금에 관한 적용례】 제52조제3항의 개정규정은 이 법 시행 이후 국세를 환급하는 분부터 적용한다.

부 칙 (2020.12.22 법17651호)
    (2020.12.29)

제1조 【시행일】 이 법은 2021년 1월 1일부터 시행한다.(이하 생략)

부 칙 (2021.11.23)

제1조 【시행일】 이 법은 공포한 날부터 시행한다.(이하 생략)

부 칙 (2021.12.21)

제1조 【시행일】 이 법은 2022년 1월 1일부터 시행한다.

제2조 【상속으로 인한 납세의무의 승계에 관한 적용례】 제24조제3항의 개정규정은 이 법 시행 이후 상속이 개시되는 경우부터 적용한다.

제3조 【국세의 부과제척기간에 관한 적용례】 ① 제26조의2제6항제1호의2의 개정규정은 이 법 시행 이후 제7장에 따른 이의신청, 심사청구, 심판청구, 「감사원법」에 따른 심사청구 또는 「행정소송법」에 따른 소송에 대한 결정이나 판결이 확정되는 경우(이 법 시행 전에 종전의 제26조의2에 따라 부과제척기간이 만료된 경우는 제외한다)부터 적용한다.
② 제26조의2제6항제1호의3의 개정규정은 이 법 시행 이후 「형사소송법」에 따른 소송에 대한 판결이 확정되는 경우(이 법 시행 전에 종전의 제26조의2에 따라 부과제척기간이 만료된 경우는 제외한다)부터 적용한다.

제4조 【포상금의 지급에 관한 적용례】 제84조의2제1항의 개정규정은 이 법 시행 이후 체납자의 은닉재산을 신고하는 경우부터 적용한다.

제5조 【명단 공개에 관한 적용례】 제85조의5제1항의 개정규정은 이 법 시행 이후 유죄판결이 확정되는 사람부터 적용한다.

제6조 【통계자료의 작성 및 공개 등에 관한 적용례】 제85조의6제7항의 개정규정은 이 법 시행 이후 자료를 제공하는 경우부터 적용한다.

제7조 【납부지연가산세에 관한 경과조치】 이 법 시행 전에 납부고지서별·세목별 세액이 100만원 이상 150만원 미만인 국세를 체납하여 그 미납기간에 대하여 납세의무가 성립한 납부지연가산세의 부과에 관하여는 제47조의4제8항 또는 제47조의5제5항의 개정규정에도 불구하고 종전의 규정에 따른다.

부   칙 (2022.12.31)

제1조【시행일】 이 법은 2023년 1월 1일부터 시행한다. 다만, 제35조의 개정규정은 2023년 4월 1일부터 시행하고, 제47조의5제6항의 개정규정은 2025년 1월 1일부터 시행한다.

제2조【국세의 부과제척기간에 관한 적용례】 ① 제26조의2제5항제8호의 개정규정은 이 법 시행 이후 상속이 개시되거나 증여를 받는 경우부터 적용한다.

② 제26조의2제7항제2호의 개정규정은 이 법 시행 이후 제7장에 따른 이의신청, 심사청구, 심판청구, 「감사원법」에 따른 심사청구 또는 「행정소송법」에 따른 소송에 대한 결정이나 판결이 확정되어 재산의 사실상 귀속자가 따로 있다는 사실이 확인되는 경우(이 법 시행 전에 종전의 제26조의2에 따라 부과제척기간이 만료된 경우는 제외한다)부터 적용한다.

제3조【국세의 우선에 관한 적용례】 제35조의 개정규정은 같은 개정규정 시행 이후 「국세징수법」 제84조에 따른 매각결정 또는 「민사집행법」 제128조에 따른 매각허가 하는 경우부터 적용한다.

제4조【법인의 제2차 납세의무에 관한 적용례】 제40조제1항제2호의 개정규정은 이 법 시행 이후 출자자의 납세의무가 성립하는 경우부터 적용한다.

제5조【경정 등의 청구에 관한 적용례】 ① 제45조의2제2항제1호의 개정규정(같은 조 제5항의 규정 및 제6항의 개정규정에 따라 준용되는 경우를 포함한다)은 이 법 시행 이후 제7장에 따른 심사청구, 심판청구, 「감사원법」에 따른 심사청구에 대한 결정이 확정되는 경우부터 적용한다.

② 제45조의2제2항제4호의 개정규정(같은 조 제5항의 규정 및 제6항의 개정규정에 따라 준용되는 경우를 포함한다)은 이 법 시행 이후 과세표준 또는 세액이 결정 또는 경정되는 경우부터 적용한다.

③ 제45조의2제6항의 개정규정은 다음 각 호의 구분에 따른 경우부터 적용한다.

1. 제45조의2제1항이 준용되는 경우 : 이 법 시행 전에 종합부동산세 납세의무가 성립한 자로서 이 법 시행 당시 종합부동산세 납부기한이 지난 날부터 5년이 경과하지 아니한 경우

2. 제45조의2제2항이 준용되는 경우 : 이 법 시행 당시 종합부동산세 납부기한이 지난 날부터 5년이 경과하지 아니한 경우로서 이 법 시행 이후 같은 항 각 호의 어느 하나에 해당하는 사유가 발생하는 경우

제6조【과소신고·초과환급신고가산세에 관한 적용례】 제47조의3제4항제1호다목의 개정규정은 이 법 시행 이후 상속이 개시되거나 증여를 받는 경우부터 적용한다.

제7조【인지세의 납부지연가산세에 관한 적용례】 제47조의4제9항의 개정규정은 이 법 시행 이후 부동산의 소유권 이전에 관한 증서를 작성하는 경우부터 적용한다.

제8조【이의신청 재조사 결정 후 심사·심판 청구기간에 관한 적용례】 제61조제2항제2호의 개정규정(제68조제2항에 따라 준용되는 경우를 포함한다)은 이 법 시행 전에 이의신청을 제기한 경우로서 이 법 시행 당시 같은 개정규정에 따른 청구기간이 경과하지 아니한 경우에도 적용한다.

제9조【조세심판관의 제척과 회피에 관한 적용례】 제73조제1항제3호의 개정규정은 이 법 시행 전에 제기된 심판청구에 대하여 이 법 시행 이후 심판관을 지정하는 경우에도 적용한다.

제10조【장부 등의 비치와 보존에 관한 적용례】 ① 제85조의3제1항 후단의 개정규정은 이 법 시행 이후 「국제조세조정에 관한 법률」에 따른 국제거래를 하거나

같은 법 제9조에 따른 원가 등의 분담에 대한 약정을 체결하는 경우부터 적용한다.

② 제85조의3제2항 본문의 개정규정은 이 법 시행 당시 역외거래 관련 장부 등에 대한 종전의 규정에 따른 보존기간이 경과하지 아니한 경우에도 적용한다.

부   칙 (2023.12.31)

제1조【시행일】 이 법은 2024년 1월 1일부터 시행한다. 다만, 제59조의2제1항의 개정규정은 2024년 4월 1일부터 시행한다.

제2조【과소신고·초과환급신고가산세의 적용 제외에 관한 적용례】 ① 제47조의3제4항제1호의2의 개정규정은 이 법 시행 이후 양도소득세 과세표준을 결정 또는 경정하는 경우부터 적용한다.

② 제47조의3제4항제4호의 개정규정은 이 법 시행 이후 소득세 또는 법인세 과세표준을 신고하는 경우부터 적용한다.

제3조【납부지연가산세의 적용 제외에 관한 적용례】 제47조의4제3항제7호의 개정규정은 이 법 시행 이후 양도소득세의 과세표준과 세액을 결정 또는 경정하는 경우부터 적용한다.

제4조【가산세 한도의 적용 범위 확대에 관한 적용례】 제49조제1항제2호의 개정규정은 이 법 시행 이후 가산세를 부과하는 경우부터 적용한다.

제5조【국선대리인의 신청 자격 확대에 관한 적용례】 제59조의2제1항의 개정규정은 2024년 4월 1일 이후 국선대리인의 선정을 신청하는 경우부터 적용한다.

제6조【비상임조세심판관의 연임에 관한 적용례】 ① 제67조제6항의 개정규정은 이 법 시행 전에 위촉되어 이 법 시행 당시 그 임기가 만료되지 아니한 비상임조세심판관에 대해서도 적용한다.

② 제1항에 따라 제67조제6항의 개정규정을 적용할 때 이 법 시행 전에 한 차례 연임되어 임기 중에 있는 비상임조세심판관은 그 임기 만료 후에는 연임할 수 없고, 그 밖의 비상임조세심판관은 그 임기 만료 후 한 차례만 연임할 수 있다.

제7조【조세심판관의 임명 철회 또는 해촉 사유 확대에 관한 적용례】 제67조제7항의 개정규정은 이 법 시행 이후 임명 철회 또는 해촉 사유에 해당하게 되는 사람부터 적용한다.

제8조【조세심판관합동회의의 구성에 관한 적용례】 제78조제3항의 개정규정은 이 법 시행 이후 조세심판관합동회의를 구성하는 경우부터 적용한다.

국세기본법 시행령

(1974년 12월 31일)
(대통령령 제7459호)

개정
1976.12.31영 8352호	<중략>
2000.12.29영 17036호	
2000.12.29영 17047호(전화세법시행령폐지령)	
2002.12.30영 17830호	2003.12.30영 18172호
2004. 3.17영 18312호(전자적민원처리틀위한가석방자관리규정등)	
2004. 5.10영 18385호	2005. 5.31영 18849호
2006. 4.28영 19461호	
2006. 6.12영 19513호(고위공무원단인사규정)	
2007. 2.28영 19893호	
2007.12.31영 20516호(개별소비세법시)	
2008. 2.22영 20622호	2008. 2.29영 20654호
2009. 2. 6영 21316호	
2009.10. 1영 21765호(신용정보의이용및보호에관한법시)	
2009.12.31영 21937호	2010. 2.18영 22038호
2010.12.30영 22572호	
2012. 1. 6영 23488호(민감정보고유식별정보)	
2012. 2. 2영 23592호	2012. 6.26영 23878호
2013. 2.15영 24366호	
2013. 3.23영 24441호(직제)	
2013. 6.11영 24573호	
2013. 6.28영 24638호(부가세시)	
2013. 8.27영 24697호(자본시장금융투자업시)	
2013.11.20영 24852호(공무원임용)	
2014. 2.21영 25201호	
2014.11.19영 25751호(직제)	
2015. 2. 3영 26066호	2016. 2. 5영 26946호
2016. 5.10영 27129호(행정기관책임성강화)	
2016. 8.31영 27472호(감정평가감정평가사시)	
2017. 2. 7영 27833호	
2017. 7.26영 28211호(직제)	
2018. 2.13영 28644호	2018. 6.26영 28989호
2019. 2.12영 29534호	2020. 2.11영 30400호
2020. 6. 2영 30724호	
2020. 6. 2영 30753호(공직자윤리시)	
2020.10. 5영 31082호	
2021. 1. 5영 31380호(법령용어정비)	
2021. 2.17영 31452호	2022. 2.15영 32424호
2023. 2.28영 33276호	

제1장 총 칙
(2010.2.18 본장개정)

제1조【목적】 이 영은 「국세기본법」에서 위임된 사항과 그 시행에 필요한 사항을 규정함을 목적으로 한다.

제1조의2【특수관계인의 범위】 ① 법 제2조제20호가목에서 "혈족·인척 등 대통령령으로 정하는 친족관계"란 다음 각 호의 어느 하나에 해당하는 관계(이하 "친족관계"라 한다)를 말한다.
1. 4촌 이내의 혈족(2023.2.28 본호개정)
2. 3촌 이내의 인척(2023.2.28 본호개정)
3. 배우자(사실상의 혼인관계에 있는 자를 포함한다)
4. 친생자로서 다른 사람에게 친양자 입양된 자 및 그 배우자·직계비속
5. 본인이 「민법」에 따라 인지한 혼인 외 출생자의 생부나 생모(본인의 금전이나 그 밖의 재산으로 생계를 유지하는 사람 또는 생계를 함께하는 사람으로 한정한다)(2023.2.28 본호신설)

② 법 제2조제20호나목에서 "임원·사용인 등 대통령령으로 정하는 경제적 연관관계"란 다음 각 호의 어느 하나에 해당하는 관계(이하 "경제적 연관관계"라 한다)를 말한다.
1. 임원과 그 밖의 사용인
2. 본인의 금전이나 그 밖의 재산으로 생계를 유지하는 자
3. 제1호 및 제2호의 자와 생계를 함께하는 친족

③ 법 제2조제20호다목에서 "주주·출자자 등 대통령령으로 정하는 경영지배관계"란 다음 각 호의 구분에 따른 관계(이하 "경영지배관계"라 한다)를 말한다.
1. 본인이 개인인 경우
   가. 본인이 직접 또는 그와 친족관계 또는 경제적 연관관계에 있는 자를 통하여 법인의 경영에 대하여 지배적인 영향력을 행사하고 있는 경우 그 법인
   나. 본인이 직접 또는 그와 친족관계, 경제적 연관관계 또는 가목의 관계에 있는 자를 통하여 법인의 경영에 대하여 지배적인 영향력을 행사하고 있는 경우 그 법인
2. 본인이 법인인 경우
   가. 개인 또는 법인이 직접 또는 그와 친족관계 또는 경제적 연관관계에 있는 자를 통하여 본인인 법인의 경영에 대하여 지배적인 영향력을 행사하고 있는 경우 그 개인 또는 법인
   나. 본인이 직접 또는 그와 경제적 연관관계 또는 가목의 관계에 있는 자를 통하여 어느 법인의 경영에 대하여 지배적인 영향력을 행사하고 있는 경우 그 법인
   다. 본인이 직접 또는 그와 경제적 연관관계, 가목 또는 나목의 관계에 있는 자를 통하여 어느 법인의 경영에 대하여 지배적인 영향력을 행사하고 있는 그 법인
   라. 본인이 「독점규제 및 공정거래에 관한 법률」에 따른 기업집단에 속하는 경우 그 기업집단에 속하는 다른 계열회사 및 그 임원

④ 제3항제1호 각 목, 같은 항 제2호가목부터 다목까지의 규정을 적용할 때 다음 각 호의 구분에 따른 요건에 해당하는 경우 해당 법인의 경영에 대하여 지배적인 영향력을 행사하고 있는 것으로 본다.
1. 영리법인인 경우
   가. 법인의 발행주식총수 또는 출자총액의 100분의 30 이상을 출자한 경우
   나. 임원의 임면권의 행사, 사업방침의 결정 등 법인의 경영에 대하여 사실상 영향력을 행사하고 있다고 인정되는 경우
2. 비영리법인인 경우
   가. 법인의 이사의 과반수를 차지하는 경우
   나. 법인의 출연재산(설립을 위한 출연재산만 해당한다)의 100분의 30 이상을 출연하고 그 중 1인이 설립자인 경우
(2012.2.2 본조신설)

제1조의3【전자신고의 특례 등】 ① 「국세기본법」(이하 "법"이라 한다) 제5조제3항에서 "대통령령으로 정하는 장애"란 정전, 통신상의 장애, 프로그램의 오류, 그 밖의 부득이한 사유로 국세정보통신망의 가동이 정지되어 전자신고 또는 전자납부를 할 수 없게 되는 경우를 말한다.(2010.12.30 본항개정)
② 법 제5조의2제3항에서 "대통령령으로 정하는 서류"란 수출대금입금증명서 등 전자신고를 할 때 제출하여야 하는 관련 서류로서 국세청장이 지정하여 고시하는 서류를 말한다.
③ 법 제5조의2제3항에 따라 제출기한을 연장하는 경우 「부가가치세법」 제59조제2항에 따른 조기환급에 필요한 서류의 제출기한의 연장은 국세청장이 따로 정하여 고시한다.(2013.6.28 본항개정)

제2조【기한연장의 사유】 법 제6조에서 "대통령령으로 정하는 사유"란 다음 각 호의 경우를 말한다.
1. 납세자가 화재, 전화(戰禍), 그 밖의 재해를 입거나 도난을 당한 경우
2. 납세자 또는 그 동거가족이 질병이나 중상해로 6개월 이상의 치료가 필요하거나 사망하여 상중(喪中)인 경우

3. 정전, 프로그램의 오류나 그 밖의 부득이한 사유로 한국은행(그 대리점을 포함한다) 및 체신관서의 정보통신망의 정상적인 가동이 불가능한 경우

4. 금융회사 등(한국은행 국고대리점 및 국고수납대리점인 금융회사 등만 해당한다) 또는 체신관서의 휴무나 그 밖의 부득이한 사유로 정상적인 세금납부가 곤란하다고 국세청장이 인정하는 경우

5. 권한 있는 기관에 장부나 서류가 압수 또는 영치된 경우

6. 「세무사법」 제2조제3호에 따라 납세자의 장부 작성을 대행하는 세무사(같은 법 제16조의4에 따라 등록한 세무법인을 포함한다) 또는 같은 법 제20조의2에 따른 공인회계사(「공인회계사법」 제24조에 따라 등록한 회계법인을 포함한다)가 화재, 전화, 그 밖의 재해를 입거나 도난을 당한 경우

7. 그 밖에 제1호, 제2호 또는 제5호에 준하는 사유가 있는 경우

(2021.2.17 본조개정)

제2조의2【기한연장의 기간】 ① 제2조 각 호에 따른 기한연장은 3개월 이내로 하되, 해당 기한연장의 사유가 소멸되지 않는 경우 관할 세무서장은 1개월의 범위에서 그 기한을 다시 연장할 수 있다.

② 제1항에도 불구하고 신고와 관련된 기한연장은 9개월을 넘지 않는 범위에서 관할 세무서장이 할 수 있다.

③ (2021.2.17 삭제)

(2021.2.17 본조개정)

제2조의3 (2021.2.17 삭제)

제3조【기한연장의 신청】 법 제6조에 따라 기한의 연장을 받으려는 자는 기한 만료일 3일 전까지 다음 각 호의 사항을 적은 문서로 해당 행정기관의 장에게 신청하여야 한다. 이 경우 해당 행정기관의 장은 기한연장을 신청하는 자가 기한 만료일 3일 전까지 신청할 수 없다고 인정하는 경우에는 기한의 만료일까지 신청하게 할 수 있다.

1. 기한의 연장을 받으려는 자의 주소 또는 거소와 성명

2. 연장을 받으려는 기한

3. 연장을 받으려는 사유

4. 그 밖에 필요한 사항

제4조【기한연장의 승인】 ① 행정기관의 장은 법 제6조에 따라 기한을 연장하였을 때에는 제3조 각 호에 준하는 사항을 적은 문서로 지체 없이 관계인에게 통지하여야 하며, 제3조 전단에 따른 신청에 대해서는 기한 만료일 전에 그 승인 여부를 통지하여야 한다.

② 행정기관의 장은 다음 각 호의 어느 하나에 해당하는 경우에는 제1항을 준용하고 관보 또는 일간신문에 공고하는 방법으로 통지를 갈음할 수 있다.

1. 제2조제3호에 해당하는 사유가 전국적으로 일시에 발생하는 경우(2021.2.17 본호개정)

2. 기한연장의 통지대상자가 불특정 다수인 경우

3. 기한연장의 사실을 그 대상자에게 개별적으로 통지할 시간적 여유가 없는 경우

제4조의2 ∼ 제4조의3 (2021.2.17 삭제)

제5조【송달받을 장소의 신고】 ① 법 제9조에 따라 송달받을 장소를 신고 또는 변경신고하려는 자는 다음 각 호의 사항을 적은 문서를 해당 행정기관의 장에게 제출해야 한다.(2020.2.11 본문개정)

1. 납세자의 성명

2. 납세자의 주소·거소 또는 영업소의 소재지

3. 서류를 송달받을 장소

4. 서류를 송달받을 장소를 정하는 이유

5. 그 밖에 필요한 사항

② 서류를 송달받을 장소로 「주민등록법」상 주소를 신고한 자가 제1항에 따른 신고서를 제출하면서 같은 법에 따른 주소가 이전하는 때에 송달받을 장소도 변경되는 것에 동의한 경우에는 같은 법 제16조에 따른 전

입신고를 제1항에 따른 송달받을 장소의 변경신고로 본다.(2020.2.11 본항신설)

제5조의2【일반우편 송달의 범위】 법 제10조제2항 단서에서 "대통령령으로 정하는 금액"이란 50만원을 말한다.

제6조【송달서】 법 제10조제6항에 따른 송달서는 다음 각 호의 사항을 적은 것이어야 한다.

1. 서류의 명칭

2. 송달받아야 할 자의 성명

3. 수령한 자의 성명

4. 교부 장소

5. 교부 연월일

6. 서류의 주요 내용

제6조의2【전자송달의 신청】 ① 법 제10조제8항에 따라 전자송달을 신청하거나 그 신청을 철회하려는 자는 다음 각 호의 사항을 적은 문서를 관할 세무서장에게 제출하여야 한다.

1. 납세자의 성명, 주민등록번호 등 인적사항

2. 납세자의 주소 또는 본점 소재지 및 사업장 소재지

3. 전자송달과 관련한 안내를 받을 수 있는 전자우편주소 또는 연락처

4. 전자송달의 안내방법 및 신청(철회)사유

5. 그 밖에 기획재정부령으로 정하는 사항

② 전자송달의 개시 및 철회는 제1항에 따른 신청서를 접수한 날의 다음 날부터 적용한다.

③ 전자송달의 신청을 철회한 자가 전자송달을 재신청하는 경우에는 철회 신청일부터 30일이 지난 날 이후에 신청할 수 있다.

④ 법 제10조제8항 단서에서 "대통령령으로 정하는 바에 따라 납세자가 이 법 또는 세법에서 정하는 바에 따라 세액을 자진납부한 경우"란 납세자가 국세정보통신망을 통해 다음 각 호의 어느 하나에 해당하는 세액을 「국세징수법 시행령」 제9조제1항에 따른 계좌이체 또는 같은 영 제9조제4항에 따른 신용카드등으로 국세를 전액 납부하는 것을 말한다.(2021.2.17 본문개정)

1. 「소득세법」 제65조제1항 및 제2항에 따른 소득세액

2. 「부가가치세법」 제48조제3항 및 제66조제1항에 따른 부가가치세액(2013.6.28 본문개정)

(2013.2.15 본항신설)

⑤ 국세청장이 제6조의4제2항에 따라 국세정보통신망에 접속하여 서류를 열람할 수 있게 하였음에도 불구하고 해당 납세자가 2회 연속하여 전자송달된 서류를 다음 각 호의 기한까지 열람하지 않은 경우에는 법 제10조제9항에 따라 두 번째로 열람하지 않은 서류에 대한 다음 각 호의 구분에 따른 날의 다음 날에 전자송달 신청을 철회한 것으로 본다.(2023.2.28 본문개정)

1. 해당 서류에 납부기한 등 기한이 정하여진 경우 : 정하여진 해당 기한

2. 제1호 외의 경우 : 국세정보통신망에 해당 서류가 저장된 때부터 1개월이 되는 날

(2015.2.3 본항신설)

제6조의3【전자송달이 불가능한 경우】 법 제10조제10항에서 "대통령령으로 정하는 사유"란 다음 각 호의 어느 하나에 해당하는 경우를 말한다.(2023.2.28 본문개정)

1. 정보통신망의 장애로 전자송달이 불가능한 경우

2. 그 밖에 전자송달이 불가능한 경우로서 국세청장이 정하는 경우

제6조의4【전자송달서류의 범위 등】 ① 법 제10조제11항에 따라 전자송달할 수 있는 서류는 납부고지서, 국세환급금통지서, 신고안내문, 그 밖에 국세청장이 정하는 서류로 한다.(2023.2.28 본항개정)

② 국세청장이 제1항에 따른 서류 중 납부고지서 및 국세환급금통지서를 전자송달하는 경우에는 해당 납세자

로 하여금 국세정보통신망에 접속하여 해당 서류를 열람할 수 있게 해야 한다.(2021.2.17 본항개정)
③ 국세청장이 제2항에 따른 서류 외의 서류를 전자송달하는 경우에는 해당 납세자가 지정한 전자우편주소로 송달하여야 한다.
제7조【주소 불분명의 확인】 법 제11조제1항제2호에서 "주소 또는 영업소가 분명하지 아니한 경우"란 주민등록표, 법인등기부 등에 의해서도 주소 또는 영업소를 확인할 수 없는 경우를 말한다.
제7조의2【공시송달】 법 제11조제1항제3호에서 "등기우편으로 송달하였으나 수취인 부재로 반송되는 경우 등 대통령령으로 정하는 경우"란 다음 각 호의 어느 하나에 해당하는 경우를 말한다.
1. 서류를 등기우편으로 송달하였으나 수취인이 부재중(不在中)인 것으로 확인되어 반송됨으로써 납부기한 내에 송달이 곤란하다고 인정되는 경우
2. 세무공무원이 2회 이상 납세자를 방문〔처음 방문한 날과 마지막 방문한 날 사이의 기간이 3일(기간을 계산할 때 공휴일, 대체공휴일, 토요일 및 일요일은 산입하지 않는다) 이상이어야 한다〕해 서류를 교부하려고 하였으나 수취인이 부재중인 것으로 확인되어 납부기한까지 송달이 곤란하다고 인정되는 경우
(2023.2.28 본호개정)
제8조【법인으로 보는 단체의 신청·승인 등】 ① 법 제13조제2항에 따라 승인을 받으려는 법인(「법인세법」 제2조제1호 및 제3호에 따른 내국법인 및 외국법인을 말한다. 이하 같다)이 아닌 사단, 재단, 그 밖의 단체(이하 "법인 아닌 단체"라 한다)의 대표자 또는 관리인은 다음 각 호의 사항을 적은 문서를 관할 세무서장에게 제출하여야 한다.(2019.2.12 본문개정)
1. 단체의 명칭
2. 주사무소의 소재지
3. 대표자 또는 관리인의 성명과 주소 또는 거소
4. 고유사업
5. 재산상황
6. 정관 또는 조직과 운영에 관한 규정
7. 그 밖에 필요한 사항
② 관할 세무서장은 제1항에 따라 법인 아닌 단체의 대표자 또는 관리인이 제출한 문서에 대하여 그 승인 여부를 신청일부터 10일 이내에 신청인에게 통지하여야 한다.(2010.12.30 본항개정)
③ 제2항에 따라 승인을 받은 법인 아닌 단체에 대해서는 승인과 동시에 「부가가치세법 시행령」 제12조제2항에 따른 고유번호를 부여하여야 한다. 다만, 해당 단체가 수익사업을 하려는 경우로서 「법인세법」 제111조에 따라 사업자등록을 하여야 하는 경우에는 그러하지 아니하다.(2013.6.28 본문개정)
④ 제2항에 따라 승인을 받은 법인 아닌 단체가 법 제13조제2항 각 호의 요건을 갖추지 못하게 되었을 때에는 관할 세무서장은 지체 없이 그 승인을 취소하여야 한다.(2010.12.30 본항개정)
제9조【법인으로 보는 단체의 대표자 등의 신고】 법 제13조제1항 및 제2항에 따라 법인으로 보는 법인 아닌 단체(이하 "법인으로 보는 단체"라 한다)가 법 제13조제5항에 따른 대표자 또는 관리인의 선임신고 또는 변경신고를 하려는 경우에는 대표자 또는 관리인(변경의 경우에는 변경 전 및 변경 후의 대표자 또는 관리인)의 성명과 주소 또는 거소, 그 밖에 필요한 사항을 적은 문서를 관할 세무서장에게 제출하여야 한다.(2010.12.30 본조개정)
제9조의2【법인으로 보는 단체의 대표자 등의 지정통지】 관할 세무서장은 법 제13조제6항에 따라 국세에 관한 의무를 이행하는 사람을 지정하였을 때에는 다음 각 호의 사항을 적은 문서로 지체 없이 해당 법인으로 보는 단체에 통지하여야 한다.

1. 국세에 관한 의무를 이행하는 사람의 성명과 주소 또는 거소
2. 지정 연월일
3. 지정 사유
4. 그 밖에 필요한 사항
제9조의3【국세예규심사위원회】 ① 법 제18조의2에 따른 국세예규심사위원회(이하 "국세예규심사위원회"라 한다)는 다음 각 호의 사항 중 위원장이 위원회의 회의에 부치는 사항을 심의한다.(2022.2.15 본문개정)
1. 세법 및 이와 관련되는 이 법의 입법취지에 따른 해석이 필요한 사항과 「관세법」 및 이와 관련되는 「자유무역협정의 이행을 위한 관세법의 특례에 관한 법률」·「수출용 원재료에 대한 관세 등 환급에 관한 특례법」의 입법 취지에 따른 해석이 필요한 사항(2018.2.13 본호개정)
2. 기존의 세법 및 이와 관련되는 이 법의 해석 또는 일반화된 국세 행정의 관행을 변경하는 사항과 「관세법」 및 이와 관련되는 「자유무역협정의 이행을 위한 관세법의 특례에 관한 법률」·「수출용 원재료에 대한 관세 등 환급에 관한 특례법」 해석 또는 일반화된 관세 행정의 관행을 변경하는 사항(2018.2.13 본호개정)
3. 그 밖에 납세자의 권리 및 의무에 중대한 영향을 미치는 사항
② 국세예규심사위원회는 위원장 1명을 포함한 50명 이내의 위원으로 구성한다.(2018.2.13 본항개정)
③ 위원장은 기획재정부 세제실장이 되고, 위원은 다음 각 호의 사람이 된다.
1. 기획재정부 소속 3급 공무원 또는 고위공무원단에 속하는 공무원 중 위원장이 지명하는 사람
2. 법제처의 3급 공무원 또는 고위공무원단에 속하는 공무원 중 법제처장이 추천하는 사람
3. 국세청의 3급 공무원 또는 고위공무원단에 속하는 공무원 중 국세청장이 추천하는 사람
4. 관세청의 3급 공무원 또는 고위공무원단에 속하는 공무원 중 관세청장이 추천하는 사람
5. 조세심판원의 3급 공무원 또는 고위공무원단에 속하는 공무원 중 조세심판원장이 추천하는 사람(2010.12.30 본호신설)
6. 제55조의2제1항 각 호의 어느 하나에 해당하는 자격을 가진 사람 중에서 기획재정부장관이 위촉하는 사람(2020.2.11 본호개정)
④ 위원장은 국세예규심사위원회를 대표하고, 그 업무를 총괄한다.
⑤ 위원장이 부득이한 사유로 직무를 수행할 수 없는 경우에는 제3항제1호의 위원 중 위원장이 미리 지명한 위원이 그 직무를 대리한다.
⑥ 제3항제6호의 위원의 임기는 2년으로 하며, 한 차례만 연임할 수 있다.(2019.2.12 본항개정)
⑦ (2016.5.10 삭제)
⑧ 위원장은 국세예규심사위원회의 회의를 소집하고, 그 의장이 된다.
⑨ 국세예규심사위원회의 회의는 공개하지 아니한다. 다만, 위원장이 필요하다고 인정하는 경우에는 공개할 수 있다.
⑩ 국세예규심사위원회의 회의는 위원장과 위원장이 회의마다 지정하는 12명 이상 20명 이내의 위원으로 구성하되, 제3항제6호의 위원 2분의 1 이상을 포함해야 한다.(2020.2.11 본항개정)
⑪ 국세예규심사위원회의 회의는 제10항에 따른 구성원 과반수의 출석으로 개의하고, 출석위원 과반수의 찬성으로 의결한다.
⑫ 국세예규심사위원회의 위원은 다음 각 호의 어느 하나에 해당하는 경우에는 위원회의 심의·의결에서 제척(除斥)된다.

1. 질의자(세법 해석 등에 관하여 질의를 한 자를 말하며, 국세청장이 해석을 요청한 경우 국세청장에게 질의한 자를 포함한다. 이하 이 항에서 같다) 또는 질의자의 위임을 받아 질의 업무를 수행하거나 수행하였던 자인 경우
2. 제1호에 규정된 사람의 친족이거나 친족이었던 경우
3. 제1호에 규정된 사람의 사용인이거나 사용인이었던 경우
4. 질의의 대상이 되는 처분이나 처분에 대한 이의신청, 심사청구 또는 심판청구에 관하여 증언 또는 감정을 한 경우
5. 질의일 전 최근 5년 이내에 질의의 대상이 되는 처분, 처분에 대한 이의신청·심사청구·심판청구 또는 그 기초가 되는 세무조사에 관여하였던 경우
6. 제4호 또는 제5호에 해당하는 법인 또는 단체에 속하거나 질의일 전 최근 5년 이내에 속하였던 경우
7. 그 밖에 질의자 또는 질의자의 위임을 받아 질의 업무를 수행하는 자의 업무에 관여하거나 관여하였던 경우 (2015.2.3 본항신설)
⑬ 국세예규심사위원회의 위원은 제12항 각 호의 어느 하나에 해당하는 경우에는 스스로 해당 안건의 심의·의결에서 회피(回避)하여야 한다.(2015.2.3 본항신설)
⑭ 제1항부터 제13항까지에서 규정한 사항 외에 국세예규심사위원회의 구성·운영 등에 필요한 사항은 기획재정부령으로 정한다.(2015.2.3 본항개정)

제9조의4【국세예규심사위원 위원의 지명철회 등】① 위원장은 제9조의3제3항제1호에 따른 위원이 다음 각 호의 어느 하나에 해당하는 경우에는 그 지명을 철회할 수 있다.
1. 심신장애로 인하여 직무를 수행할 수 없게 된 경우
2. 직무와 관련된 비위사실이 있는 경우
3. 직무태만, 품위손상이나 그 밖의 사유로 인하여 위원으로 적합하지 아니하다고 인정되는 경우
4. 제9조의3제12항 각 호의 어느 하나에 해당하는 데에도 불구하고 회피하지 아니한 경우
5. 위원 스스로 직무를 수행하는 것이 곤란하다고 의사를 밝히는 경우
② 제9조의3제3항제2호부터 제5호까지의 규정에 따라 위원을 추천한 자는 해당 위원이 제1항 각 호의 어느 하나에 해당하는 경우에는 그 추천을 철회할 수 있다.
③ 기획재정부장관은 제9조의3제3항제6호에 따른 위원이 제1항 각 호의 어느 하나에 해당하는 경우에는 해당 위원을 해촉(解囑)할 수 있다.
(2016.5.10 본조신설)

제10조【세법 해석에 관한 질의회신의 절차와 방법】
① 기획재정부장관 및 국세청장은 세법의 해석과 관련된 질의에 대하여 법 제18조에 따른 세법해석의 기준에 따라 해석하여 회신하여야 한다.
② 국세청장은 제1항에 따라 회신한 문서의 사본을 해당 문서의 시행일이 속하는 달의 다음 달 말일까지 기획재정부장관에게 송부하여야 한다.(2013.2.15 단서삭제)
③ 국세청장은 제1항의 질의가 제9조의3제1항 각 호의 어느 하나에 해당하는 경우에는 기획재정부장관에게 의견을 첨부하여 해석을 요청하여야 한다.
(2013.2.15 본항개정)
④ 국세청장은 제3항에 따른 기획재정부장관의 해석에 이견이 있는 경우에는 그 이유를 붙여 재해석을 요청할 수 있다.
⑤ 기획재정부장관에게 제출된 세법 해석과 관련된 질의는 국세청장을 경유하여 이송하되고 그 사실을 민원인에게 통지하여야 한다. 다만, 다음 각 호의 어느 하나에 해당하는 경우에는 기획재정부장관이 직접 회신할 수 있으며, 이 경우 회신한 문서의 사본을 국세청장에게 송부하여야 한다.

1. 제9조의3제1항 각 호의 어느 하나에 해당하여 국세예규심사위원회의 심의를 거쳐야 하는 질의
2. 국세청장의 세법 해석에 대하여 다시 질의한 사항으로서 국세청장의 회신문이 첨부된 경우의 질의(사실판단과 관련된 사항은 제외한다)
3. 세법이 새로 제정되거나 개정되어 이에 대한 기획재정부장관의 해석이 필요한 경우
4. 그 밖에 세법의 입법 취지에 따른 해석이 필요한 경우로서 납세자의 권리보호를 위하여 필요하다고 기획재정부장관이 인정하는 경우(2016.2.5 본호신설)
⑥ 제1항부터 제5항까지에 규정된 사항 외에 세법해석에 관한 질의회신 등에 필요한 사항은 기획재정부령으로 정한다.

제2장 납세의무
(2010.2.18 본장개정)

제10조의2 (2019.2.12 삭제)
제11조【상속재산의 가액】① 법 제24조제1항에 따른 상속으로 받은 재산은 다음 계산식에 따른 가액(價額)으로 한다.

상속받은 자산총액 - (상속받은 부채총액 + 상속으로 인하여 부과되거나 납부할 상속세)

② 제1항에 따른 자산총액과 부채총액의 가액은 「상속세 및 증여세법」 제60조부터 제66조까지의 규정을 준용하여 평가한다.
③ 제1항을 적용할 때 법 제24조제1항에 따른 상속인이 받은 자산·부채 및 납부할 상속세와 같은 조 제2항에 따라 상속재산으로 보는 보험금 및 그 보험금을 받은 자가 납부할 상속세를 포함하여 상속으로 받은 재산의 가액을 계산한다.(2015.2.3 본항신설)
④ 법 제24조제3항 전단에서 "대통령령으로 정하는 비율"이란 각각의 상속인(법 제24조제1항에 따른 수유자와 같은 조 제2항에 따른 상속포기자를 포함한다. 이하 이 항에서 같다)이 제1항에 따라 계산한 상속으로 받은 재산의 가액을 각각의 상속인이 상속으로 받은 재산가액의 합계액으로 나누어 계산한 비율을 말한다.
(2016.2.5 본항개정)
제12조【상속인 대표자의 신고】① 법 제24조제3항 후단에 따른 상속인 대표자의 신고는 상속 개시일부터 30일 이내에 대표자의 성명과 주소 또는 거소, 그 밖에 필요한 사항을 적은 문서(전자문서를 포함한다)로 하여야 한다.
② 세무서장은 법 제24조제3항 후단에 따른 신고가 없는 경우에는 상속인 중 1명을 대표자로 지정할 수 있다. 이 경우 세무서장은 그 뜻을 적은 문서로 지체 없이 각 상속인에게 통지하여야 한다.
(2016.2.5 본조개정)
제12조의2【부정행위의 유형 등】① 법 제26조의2제2항제2호 전단에서 "대통령령으로 정하는 사기나 그 밖의 부정한 행위"란 「조세범 처벌법」 제3조제6항에 해당하는 행위를 말한다.(2020.2.11 본항개정)
② 법 제26조의2제4항제3호에서 "대통령령으로 정하는 거짓 신고 또는 누락신고를 한 경우"란 다음 각 호의 어느 하나에 해당하는 경우를 말한다.(2020.2.11 본문개정)
1. 상속재산가액 또는 증여재산가액에서 가공(架空)의 채무를 빼고 신고한 경우
2. 권리의 이전이나 그 행사에 등기, 등록, 명의개서 등(이하 이 호에서 "등기등"이라 한다)이 필요한 재산을 상속인 또는 수증자의 명의로 등기등을 하지 아니한 경우로서 그 재산을 상속재산 또는 증여재산의 신고에서 누락한 경우

3. 예금, 주식, 채권, 보험금, 그 밖의 금융자산을 상속재산 또는 증여재산의 신고에서 누락한 경우
(2012.2.2 본조제목개정)

제12조의3【국세 부과제척기간의 기산일】 ① 법 제26조의2제9항에 따른 국세를 부과할 수 있는 날은 다음 각 호의 날로 한다.(2020.2.11 본항개정)
1. 과세표준과 세액을 신고하는 국세(「종합부동산세법」 제16조제3항에 따라 신고하는 종합부동산세는 제외한다)의 경우 해당 국세의 과세표준과 세액에 대한 신고기한 또는 신고서 제출기한(이하 "과세표준신고기한"이라 한다)의 다음 날. 이 경우 중간예납·예정 신고기한과 수정신고기한은 과세표준신고기한에 포함되지 아니한다.
2. 종합부동산세 및 인지세의 경우 해당 국세의 납세의무가 성립한 날
② 다음 각 호의 날은 제1항에도 불구하고 국세를 부과할 수 있는 날로 한다.
1. 원천징수의무자 또는 납세조합에 대하여 부과하는 국세의 경우 해당 원천징수세액 또는 납세조합징수세액의 법정 납부기한의 다음 날
2. 과세표준신고기한 또는 제1호에 따른 법정 납부기한이 연장되는 경우 그 연장된 기한의 다음 날
3. 공제, 면제, 비과세 또는 낮은 세율의 적용 등에 따른 세액(소득공제를 받은 경우에는 공제받은 소득금액에 상당하는 세액을 말하고, 낮은 세율을 적용받은 경우에는 일반세율과의 차이에 상당하는 세액을 말한다. 이하 이 호에서 "공제세액등"이라 한다)을 의무불이행 등의 사유로 징수하는 경우 해당 공제세액등을 징수할 수 있는 사유가 발생한 날
(2020.2.11 본조제목개정)

제12조의4 (2020.2.11 삭제)

제13조~제17조 (201.2.17 삭제)

제3장 국세와 일반채권과의 관계
(2010.2.18 본장개정)

제18조【국세의 우선】 ① (2003.12.30 삭제)
② 법 제35조제1항제3호 각 목 외의 부분 후단에 따라 같은 호 각 목에 해당하는 권리가 설정된 사실은 다음 각 호의 어느 하나에 해당하는 방법으로 증명한다.
(2020.2.11 본문개정)
1. 부동산등기부 등본
2. 공증인의 증명
3. 질권의 때는 증명으로서 세무서장이 인정하는 것
4. 공문서 또는 금융회사 등의 장부상의 증명으로서 세무서장이 인정하는 것
③ 법 제35조제1항제3호의2 단서에서 "대통령령으로 정하는 방법에 따라 계산한 금액"이란 다음 각 호의 구분에 따른 금액을 말한다.
1. 직전 보유자가 해당 재산을 보유하기 전에 해당 재산에 설정된 법 제35조제1항제3호 각 목의 어느 하나에 해당하는 권리(이하 "전세권등"이라 한다)가 없는 경우 : 직전 보유자 보유기간 중의 전세권등 설정일 중 가장 빠른 날보다 법정기일이 빠른 직전 보유자의 국세 체납액을 모두 더한 금액
2. 직전 보유자가 해당 재산을 보유하기 전에 해당 재산에 설정된 전세권등이 있는 경우 : 0원
(2023.2.28 본항신설)
④ 세무서장은 법 제35조제1항제4호 및 제5호에 따른 국세 등에 우선하는 채권과 관계있는 재산을 압류한 경우에는 그 사실을 해당 채권자에게 대통령령으로 정하는 사항을 적은 문서로 통지하여야 한다. 다만, 법 제35조제1항제5호에 따른 채권을 가진 사람이 여러 명인 경우에는 세무서장이 선정하는 대표자에게 통지할 수 있으며

통지를 받은 대표자는 공고 또는 게시의 방법으로 그 사실을 해당 채권의 다른 채권자에게 알려야 한다.
1. 체납자의 성명과 주소 또는 거소
2. 압류와 관계되는 국세의 과세기간, 세목, 세액과 납부기한(2013.2.15 본호개정)
3. 압류재산의 종류, 수량, 품질과 소재지
4. 압류 연월일
⑤ 법 제35조제5항에 따른 가등기권리자에 대한 압류의 통지에 관한 사항과 제3항에 따른 직전 보유자 국세 체납액의 구체적인 범위 등에 필요한 사항은 기획재정부령으로 정한다.(2023.2.28 본항개정)

제18조의2【짜고 한 거짓 계약으로 추정되는 계약의 특수관계인의 범위】 법 제35조제6항 각 호 외의 부분 후단에서 "특수관계인 중 대통령령으로 정하는 자"란 해당 납세자와 다음 각 호의 어느 하나에 해당하는 관계에 있는 자를 말한다.(2020.2.11 본문개정)
1. 친족관계
2. 경제적 연관관계
3. 경영지배관계 중 제1조의2제3항제1호가목 및 같은 항 제2호 가목 및 나목의 관계. 이 경우 같은 조 제4항을 적용할 때 같은 항 제1호가목 및 제2호나목 중 "100분의 30"은 "100분의 50"으로 본다.
(2012.2.2 본조개정)

제19조【청산인 등의 제2차 납세의무의 한도】 법 제38조제2항 각 호에 따른 재산의 가액은 청산 후 남은 재산을 분배하거나 인도한 날 현재의 시가로 한다.
(2020.2.11 본조개정)

제20조【출자자의 제2차 납세의무의 적용 범위】 ① 법 제39조 각 호 외의 부분 본문에서 "대통령령으로 정하는 증권시장"이란 「자본시장과 금융투자업에 관한 법률 시행령」 제176조의9제1항에 따른 유가증권시장 및 대통령령 제24697호 자본시장과 금융투자업에 관한 법률 시행령 일부개정령 부칙 제8조에 따른 코스닥시장을 말한다.(2021.2.17 본항신설)
② 법 제39조제2호에서 "특수관계인 중 대통령령으로 정하는 자"란 해당 주주 또는 법 제39조제2호 각 목의 어느 하나에 해당하는 사원과 제18조의2 각 호의 어느 하나에 해당하는 관계에 있는 자를 말한다.
(2021.2.17 본조개정)

제20조의2 (1998.12.31 삭제)

제21조【법인의 제2차 납세의무의 한도】 법 제40조제2항에 따른 자산총액과 부채총액의 평가는 해당 국세(해당 국세가 둘 이상이면 납부기한이 뒤에 도래한 국세)의 납부기한 종료일 현재의 시가로 한다.

제22조【사업의 양도·양수의 범위】 법 제41조제1항에서 "대통령령으로 정하는 사업의 양수인"이란 사업장별로 그 사업에 관한 모든 권리(미수금에 관한 것은 제외한다)와 모든 의무(미지급금에 관한 것은 제외한다)를 포괄적으로 승계한 자로서 다음 각 호의 어느 하나에 해당하는 자를 말한다.(2019.2.12 본문개정)
1. 양도인과 특수관계인인 자
2. 양도인의 조세회피를 목적으로 사업을 양수한 자
(2019.2.12 1호~2호신설)

제23조【사업양수인의 제2차 납세의무의 한도】 ① 법 제41조제1항에 따른 사업의 양도인에게 둘 이상의 사업장이 있는 경우에는 하나의 사업장을 양수한 자의 제2차 납세의무는 양수한 사업장과 관계되는 국세 및 강제징수비(둘 이상의 사업장에 공통되는 국세 및 강제징수비가 있는 경우에는 양수한 사업장에 배분되는 금액을 포함한다)에 대해서만 진다.(2021.2.17 본항개정)
② 법 제41조제2항에서 "양수한 재산의 가액"이란 다음 각 호의 가액을 말한다.
1. 사업의 양수인이 양도인에게 지급하였거나 지급하여야 할 금액이 있는 경우에는 그 금액

2. 제1호에 따른 금액이 없거나 불분명한 경우에는 양수한 자산 및 부채를 「상속세 및 증여세법」 제60조부터 제66조까지의 규정을 준용하여 평가한 후 그 자산총액에서 부채총액을 뺀 가액
③ 제2항에도 불구하고 같은 항 제1호에 따른 금액과 시가의 차액이 3억원 이상이거나 시가의 100분의 30에 상당하는 금액 이상인 경우에는 같은 항 제1호의 금액과 제2호의 금액 중 큰 금액으로 한다.

제4장 과 세

제24조【관할을 위반한 신고서의 처리】 ① 법 제43조제1항에 따른 관할 세무서장 외의 세무서장에게 제출되는 과세표준신고서에 대해서는 관할 세무서를 밝혀 그 세무서장에게 제출하도록 하여야 한다.
② 제1항의 경우에 해당 과세표준신고서를 접수한 후 소관이 아님을 알게 되었을 때에는 그 신고서를 관할 세무서장에게 지체 없이 송부하고, 그 뜻을 적은 문서로 해당 납세자에게 통지하여야 한다.
(2010.2.18 본조개정)
제25조【과세표준수정신고】 ① 법 제45조에 따른 과세표준수정신고서에는 다음 각 호의 사항을 적어야 하며, 수정한 부분에 관하여 당초의 과세표준신고서에 첨부하여야 할 서류가 있는 경우에는 이를 수정한 서류를 첨부하여야 한다.
1. 당초 신고한 과세표준과 세액
2. 수정신고하는 과세표준과 세액
3. 그 밖에 필요한 사항
② 법 제45조제1항제3호에서 "원천징수의무자의 정산 과정에서의 누락, 세무조정 과정에서의 누락 등 대통령령으로 정하는 사유"란 다음 각 호의 어느 하나에 해당하는 것을 말한다.
1. 원천징수의무자가 정산 과정에서 「소득세법」 제73조제1항제1호부터 제7호까지의 어느 하나에 해당하는 자의 소득을 누락한 것
2. 세무조정 과정에서 「법인세법」 제36조제1항에 따른 국고보조금등과 같은 법 제37조제1항에 따른 공사부담금에 상당하는 금액을 익금(益金)과 손금(損金)에 동시에 산입(算入)하지 아니한 것
3. 제2호와 유사한 사유로서 기획재정부령으로 정하는 것
(2014.2.21 본항개정)
(2010.2.18 본조개정)
제25조의2【후발적 사유】 법 제45조의2제2항제5호에서 "대통령령으로 정하는 사유"란 다음 각 호의 어느 하나에 해당하는 사유를 말한다.
1. 최초의 신고·결정 또는 경정을 할 때 과세표준 및 세액의 계산 근거가 된 거래 또는 행위 등의 효력과 관계되는 관청의 허가나 그 밖의 처분이 취소된 경우
2. 최초의 신고·결정 또는 경정을 할 때 과세표준 및 세액의 계산 근거가 된 거래 또는 행위 등의 효력과 관계되는 계약이 해제권의 행사에 의하여 해제되거나 해당 계약의 성립 후 발생한 부득이한 사유로 해제되거나 취소된 경우
3. 최초의 신고·결정 또는 경정을 할 때 장부 및 증거서류의 압수, 그 밖의 부득이한 사유로 과세표준 및 세액을 계산할 수 없었으나 그 후 해당 사유가 소멸한 경우
4. 제1호부터 제3호까지의 규정과 유사한 사유에 해당하는 경우(2019.2.12 본호개정)
(2010.2.18 본조개정)
〔판례〕 법인세법이나 관련 규정에서 일정한 계약의 해제에 대하여 그로 말미암아 실현되지 아니한 소득금액을 해제일이 속하는 사업연도의 소득금액에 대한 차감사유 등으로 별도로 규정하고 있거나 경상적·반복적으로 발생하는 상품판매계약 등의 해제에 대하여 납세의무자가 기업회계의 기준이나 관행에 따라 해제일이 속한 사업연도의 소득금액을 차감하는 방식으로 법인세를 신고하여 왔다는 등의 특별한 사정이 있는 경우에는 그러한 계약의 해제는 당초 성립되었던 납세의무에 영향을 미칠 수 없으므로 후발적 경정청구사유가 될 수 없다.(대판 2014.3.13, 2012두10611)
제25조의3【경정 등의 청구】 ① 법 제45조의2제1항·제2항 및 제5항에 따라 결정 또는 경정의 청구를 하려는 자는 다음 각 호의 사항을 적은 결정 청구서를 제출해야 한다.(2021.2.17 본문개정)
1. 청구인의 성명과 주소 또는 거소
2. 결정 또는 경정 전의 과세표준 및 세액
3. 결정 또는 경정 후의 과세표준 및 세액
4. 결정 또는 경정의 청구를 하는 이유
5. 그 밖에 필요한 사항
② 법 제45조의2제5항 후단에서 "원천징수의무자의 폐업 등 대통령령으로 정하는 사유"란 다음 각 호의 어느 하나에 해당하는 사유를 말한다.(2021.2.17 본문개정)
1. 원천징수의무자의 부도·폐업 또는 그 밖에 이에 준하는 경우
2. 원천징수대상자가 정당한 사유로 원천징수의무자에게 경정을 청구하도록 요청했으나 원천징수의무자가 이에 응하지 않은 경우
(2020.2.11 본항신설)
③ 다음 각 호의 어느 하나에 해당하는 원천징수대상자가 법 제45조의2제5항에 따라 준용되는 같은 조 제1항 및 제2항에 따라 경정을 청구하려는 경우에는 제1항에 따른 경정 청구서를 원천징수의무자의 납세지 관할 세무서장에게 제출해야 한다.
1. 「소득세법」 제73조제1항제8호 또는 제9호에 해당하는 원천징수대상자가 해당 소득에 대해 경정을 청구하는 경우
2. 비거주자 또는 외국법인이 제2항 각 호의 어느 하나에 해당하여 경정을 청구하는 경우
(2021.2.17 본항개정)
④ 제3항제2호의 경우에는 제1항에 따른 경정 청구서에 다음 각 호의 서류를 첨부하여 제출해야 한다.
1. 제2항 각 호의 어느 하나에 해당한다는 것을 입증하는 자료
2. 국내원천소득의 실질귀속자임을 입증할 수 있는 해당 실질귀속자 거주지국의 권한 있는 당국이 발급하는 거주자증명서
(2021.2.17 본항신설)
⑤ 제3항 각 호 외의 부분에도 불구하고 원천징수대상자가 경정 청구서를 원천징수의무자의 납세지 관할 세무서장이 아닌 세무서장에게 제출한 경우 그 경정 청구서를 제출받은 세무서장은 이를 원천징수의무자의 납세지 관할 세무서장에게 지체 없이 송부하고, 그 사실을 적은 문서로 해당 원천징수대상자에게 통지해야 한다.(2021.2.17 본항신설)
⑥ 제3항에 따라 경정 청구서를 제출받은 세무서장이나 제5항에 따라 다른 세무서장으로부터 경정청구서를 송부받은 세무서장은 그 경정청구의 내용에 대해 보정할 필요가 있다고 인정되는 때에는 30일 이내의 기간을 정하여 보정할 것을 요구할 수 있다. 이 경우 보정기간은 법 제45조의2제3항에 따른 기간에 산입하지 않는다.(2021.2.17 전단개정)
⑦ 제6항에 따른 보정요구는 다음 각 호의 사항을 모두 기재한 문서로 해야 한다.(2021.2.17 본문개정)
1. 보정할 사항
2. 보정을 요구하는 이유
3. 보정할 기간
4. 그 밖의 필요한 사항
(2020.2.11 본항신설)
(2010.2.18 본조개정)

제25조의4【기한 후 과세표준신고】 ① 법 제45조의3에 따라 기한 후 과세표준신고를 하려는 자는 기한후과세표준신고서를 관할 세무서장에게 제출하여야 한다.
② 법 제45조의3에 따른 기한후과세표준신고서는 세법에서 정하는 바에 따른다.
(2010.2.18 본조개정)
제26조【추가자진납부】 법 제46조에 따라 국세를 추가하여 납부하는 자는 세법에서 정하는 자진납부계산서에 당초의 납부계산서의 기재 내용을 함께 기록하여 작성한 추가자진납부계산서를 제출하여야 한다.
(2010.2.18 본조개정)
제26조의2 (2021.2.17 삭제)
제27조 (2020.2.11 삭제)
제27조의2【과소신고·초과환급신고가산세】
① (2015.2.3 삭제)
② 「부가가치세법 시행령」 제101조제1항의 표 제1호에 따라 제출한 수출실적명세서, 같은 항의 표 제3호가목에 따라 제출한 내국신용장·구매확인서 전자발급명세서와 같은 조 제2항부터 제4항까지의 규정에 따라 제출한 영세율첨부서류제출명세서의 기재사항이 착오로 기재되었으나 관련 증명자료 등에 의하여 그 사실이 확인되는 경우에는 법 제47조의3제2항제2호를 적용하지 아니한다.(2017.2.7 본항개정)
③ 법 제47조의3에 따른 신고 중 부정행위로 과소신고·초과신고한 경우 같은 조 제1항 각 호 외의 부분에 따른 과소신고납부세액등 중에 부정행위로 인한 과소신고납부세액등(이 항에서 "부정과소신고납부세액"이라 한다)과 그 외의 과소신고납부세액등(이하 이 항에서 "일반과소신고납부세액"이라 한다)이 있는 경우로서 부정과소신고납부세액과 일반과소신고납부세액을 구분하기 곤란한 경우 부정과소신고납부세액은 다음 계산식에 따라 계산한 금액으로 한다.

$$\text{과소신고}\\\text{납부세액등} \times \frac{\text{부정행위로 인하여 과소신고한 과세표준}}{\text{과소신고한 과세표준}}$$

(2017.2.7 본항개정)
제27조의3 (2012.2.2 삭제)
제27조의4【납부지연가산세 및 원천징수 등 납부지연가산세의 이자율】 법 제47조의4제1항제1호·제2호 및 제47조의5제1항제2호에서 "대통령령으로 정하는 이자율"이란 1일 10만분의 22의 율을 말한다.
(2021.2.17 본조제목개정)
(2022.2.15 본조개정)
제27조의5【납부지연가산세 적용 제외】 법 제47조의4제3항제6호에서 "대통령령으로 정하는 방법"이란 「상속세 및 증여세법 시행령」 제49조제1항 각 호 외의 부분 단서에 따라 평가심의위원회를 거치는 방법을 말한다.
(2021.2.17 본조신설)
제28조【가산세의 감면 등】 ① 법 제48조제1항제3호에서 "대통령령으로 정하는 경우"란 다음 각 호의 어느 하나에 해당하는 경우를 말한다.
1. 제10조에 따른 세법해석에 관한 질의·회신 등에 따라 신고·납부하였으나 이후 다른 과세처분을 하는 경우
2. 「공익사업을 위한 토지 등의 취득 및 보상에 관한 법률」에 따른 토지등의 수용 또는 사용, 「국토의 계획 및 이용에 관한 법률」에 따른 도시·군계획 또는 그 밖의 법령 등으로 인해 세법상 의무를 이행할 수 없게 된 경우
3. 「소득세법 시행령」 제118조의5제1항에 따라 실손의료보험금(같은 영 제216조의3제7항 각 호의 어느 하나에 해당하는 자로부터 지급받은 것을 말한다)을 의료비에서 제외할 때에 실손의료보험금 지급의 원인이 되는 의료비를 지출한 과세기간과 해당 보험금을 지급받은 과세기간이 달라 해당 보험금을 지급받은

후 의료비를 지출한 과세기간에 대한 소득세를 수정신고하는 경우(해당 보험금을 지급받은 과세기간에 대한 종합소득 과세표준 확정신고기한까지 수정신고하는 경우로 한정한다)(2021.2.17 본호신설)
(2019.2.12 본항신설)
② 법 제48조제1항 또는 제2항에 따라 가산세의 감면 등을 받으려는 자는 다음 각 호의 사항을 적은 신청서를 관할 세무서장(세관장 또는 지방자치단체의 장을 포함한다. 이하 이 조에서 같다)에게 제출하여야 한다.
1. 감면을 받으려는 가산세와 관계되는 국세의 세목 및 부과연도와 가산세의 종류 및 금액
2. 해당 의무를 이행할 수 없었던 사유(법 제48조제1항의 경우만 해당한다)
③ 제2항의 경우에 같은 항 제2호의 사유를 증명할 수 있는 서류가 있을 때에는 이를 첨부하여야 한다.(2019.2.12 본항개정)
④ 관할 세무서장은 제2항에 따른 신청서를 제출받은 경우에는 그 승인여부를 통지하여야 한다.(2019.2.12 본항개정)
(2019.2.12 본조제목개정)
(2010.2.18 본조개정)
제29조【가산세 감면 제외 사유】 법 제48조제2항제1호 및 제2호에 따른 경정할 것을 미리 알고 제출한 경우는 다음 각 호의 어느 하나에 해당하는 경우를 말한다.
1. 해당 국세에 관하여 세무공무원이 조사에 착수한 것을 알고 과세표준수정신고서 또는 기한후과세표준신고서를 제출한 경우
2. 해당 국세에 관하여 관할 세무서장으로부터 과세자료 해명 통지를 받고 과세표준수정신고서를 제출한 경우
(2013.2.15 본조개정)
제29조의2【가산세 한도】 ① 법 제49조제1항에 따른 가산세 한도는 세법에 따라 부과된 의무의 내용에 따라 구분한다.
② 법 제49조제1항 각 호에 따른 가산세 한도의 적용기간은 다음 각 호의 구분에 따른다.
1. 「소득세법」, 「법인세법」 및 「부가가치세법」에 따른 가산세 : 과세기간 단위
2. 「상속세 및 증여세법」에 따른 가산세 : 같은 법에 따라 의무를 이행하여야 할 기간 단위
3. 「조세특례제한법」 제30조의5제5항에 따른 가산세 : 같은 법에 따라 의무를 이행하여야 할 기간 단위
4. 「조세특례제한법」 제90조의2제1항에 따른 가산세 : 소득세의 과세기간 단위
(2010.2.18 본조개정)

제5장 국세환급금과 국세환급가산금
(2010.2.18 본장개정)

제30조 (2012.2.2 삭제)
제31조【국세환급금의 충당】 ① 세무서장은 법 제51조제2항 및 제8항에 따라 국세환급금(국세환급가산금을 포함한다)을 다른 국세 또는 강제징수비에 충당한 경우에는 그 뜻을 적은 문서로 해당 납세자에게 통지해야 한다.(2021.2.17 본항개정)
② 법 제51조제2항에 따라 국세환급금을 충당할 경우에는 같은 항 제2호의 체납된 국세 및 강제징수비에 우선 충당해야 한다. 다만, 납세자가 같은 항 제1호의 납부고지에 따라 납부하는 국세에 충당하는 것을 동의하거나 신청한 경우에는 납부고지에 따라 납부하는 국세에 우선 충당해야 한다.(2021.2.17 본항개정)
③ 법 제51조제8항에 따른 국세환급금은 국세환급금이 발생한 세목과 같은 세목이 있는 경우 같은 세목에 우선 충당한다.(2018.2.13 본항신설)

④ 법 제51조제2항 및 제8항에 따라 충당할 국세환급금이 2건 이상인 경우에는 소멸시효가 먼저 도래하는 것부터 충당하여야 한다.(2018.2.13 본항신설)

제32조【국세환급금 발생일】 법 제51조제3항에서 "대통령령으로 정하는 국세환급금 발생일"이란 다음 각 호의 구분에 따른 날을 말한다.
1. 착오납부, 이중납부 또는 납부의 기초가 된 신고 또는 부과의 취소·경정에 따라 환급하는 경우 : 그 국세 납부일(세법에 따른 중간예납액 또는 원천징수에 따른 납부액인 경우에는 그 세목의 법정신고기한의 만료일). 다만, 그 국세가 2회 이상 분할납부된 것인 경우에는 그 마지막 납부일로 하되, 국세환급금이 마지막에 납부된 금액을 초과하는 경우에는 그 금액이 될 때까지 납부일의 순서로 소급하여 계산한 국세의 각 납부일로 한다.
2. 적법하게 납부된 국세의 감면으로 환급하는 경우 : 그 감면 결정일
3. 적법하게 납부된 후 법률이 개정되어 환급하는 경우 : 그 개정된 법률의 시행일
4. 「소득세법」, 「법인세법」, 「부가가치세법」, 「개별소비세법」, 「주세법」 또는 「조세특례제한법」에 따른 환급세액의 신고, 환급신청 또는 신고한 환급세액의 경정으로 인하여 환급하는 경우 : 그 신고·신청일. 다만, 환급세액을 신고하지 않은 경우(법정신고기한이 지난 후 법 제45조의3에 따라 기한 후 신고를 한 경우를 포함한다)로서 결정에 의하여 환급세액을 환급하는 경우에는 해당 결정일로 한다.(2022.2.15 단서개정)
5. 원천징수의무자가 연말정산 또는 원천징수하여 납부한 세액을 법 제45조의2제5항에 따른 경정청구에 따라 환급하는 경우 : 연말정산세액 또는 원천징수세액 납부기한의 만료일(2021.2.17 본호개정)
6. 「조세특례제한법」 제100조의8에 따라 근로장려금을 환급하는 경우 : 근로장려금의 결정일(2013.2.15 본호신설)
(2010.12.30 본조신설)

제33조【국세환급금 등의 환급】 ① 세무서장은 법 제51조에 따라 국세환급금(국세환급가산금을 포함한다)을 충당하고, 남은 금액이 있는 경우에는 이를 해당 연도의 소관 세입금 중에서 납세자에게 지급하도록 한국은행에 통지하여야 한다.
② 한국은행은 제1항에 따른 통지를 받았을 때에는 지체 없이 환급에 필요한 절차를 밟아야 한다.
③ 법 제51조제1항 후단에 따른 환급청구를 하려는 자는 기획재정부령으로 정하는 환급신청서를 관할 세무서장에게 제출하여야 한다.

제33조의2【세무서장 소관 세입금계정 간의 조정】 ① 국세청장 또는 지방국세청장은 세무서장의 소관 세입금이 국세환급금을 지급하기에 부족하거나 부족할 염려가 있다고 인정되는 경우에는 해당 세무서장의 신청에 의하여 다른 세무서장의 소관 세입금계정으로부터 필요한 금액을 이체하도록 지시할 수 있다. 이 경우 이체지시는 세입금이체명령서로 하며, 그 내용은 이체를 신청한 세무서장에게도 통지하여야 한다.
② 제1항의 이체지시를 받은 세무서장은 소관 세입금계정으로부터 해당 금액을 다른 세무서장의 세입금계정으로 이체할 것을 내용으로 하는 세입금이체청구서를 작성하여 한국은행에 청구하여야 한다.
③ 한국은행은 제2항의 청구를 받았을 때에는 지체 없이 이체하고, 이체한 사실을 해당 세무서장에게 각각 통지하여야 한다.

제34조【국세환급금의 계좌이체 지급】 ① 세무서장은 금융회사 등 또는 체신관서에 계좌를 개설하고 세무서장에게 그 계좌를 신고한 납세자에게는 계좌이체방식으로 국세환급금을 지급할 수 있다.

② 세무서장은 제1항에 따라 국세환급금을 지급하려는 경우에는 한국은행 또는 체신관서에 국세환급금계좌입금요구서(이하 "계좌이체입금요구서"라 한다)를 송부하여야 한다.
③ 한국은행 또는 체신관서는 계좌이체입금요구서를 받았을 때에는 환급에 필요한 금액을 납세자의 계좌에 입금하고 그 내용을 해당 세무서장에게 통지하여야 한다. 다만, 계좌불명 등으로 입금이 불가능한 경우에는 계좌이체입금요구서를 받은 날의 다음 날까지 그 사실을 세무서장에게 통지하여야 한다.
④ 세무서장은 제3항 단서에 따른 통지를 받았을 때에는 지체 없이 납세자의 계좌번호 등을 확인하여 한국은행 또는 체신관서에 계좌이체입금요구서를 다시 송부하여야 한다. 다만, 세무서장은 납세자의 계좌번호 등을 제3항 단서에 따른 통지를 받은 날부터 30일이 지날 때까지 알 수 없는 경우에는 제35조에 따른 현금지급방식으로 국세환급금을 지급할 수 있다.

제34조의2 (2000.12.29 삭제)

제35조【국세환급금의 현금지급】 ① 세무서장은 국세환급금을 제34조에 따른 계좌이체방식으로 지급할 수 없는 납세자에게는 현금지급방식으로 지급할 수 있다.
② 세무서장은 제1항에 따라 국세환급금을 지급하는 경우에는 국세환급금현금지급요구서(이하 "현금지급요구서"라 한다)를 체신관서에 송부하여야 한다.
③ 체신관서는 현금지급요구서를 받았을 때에는 제37조에 따라 국세환급금을 납세자에게 지급하고, 그 내용을 해당 세무서장에게 통지하여야 한다.
④ 세무서장은 현금지급방식에 의한 국세환급금 지급 절차 진행 중에 납세자가 계좌이체방식의 입금을 요구하는 경우에는 제34조에 따른 계좌이체방식으로 국세환급금을 지급하게 할 수 있다.

제36조【납세자에 대한 환급통지】 세무서장은 제35조에 따라 한국은행 또는 체신관서에 국세환급금의 지급을 요구한 경우에는 지급금액, 지급이유, 수령방법, 지급장소, 지급요구일, 그 밖에 필요한 사항을 명시한 국세환급금통지서(이하 "국세환급금통지서"라 한다)를 납세자에게 송부해야 한다.(2021.2.17 본조개정)

제37조【국세환급금의 현금지급 절차】 ① 체신관서는 제35조에 따라 국세환급금을 현금지급방식으로 받게 되는 납세자가 현금지급요구서를 제시하였을 때에는 지체 없이 현금지급요구서와 대조·확인한 후 그 내용에 따라 지급하여야 한다. 다만, 국세환급금통지서에 표시된 지급요구일부터 1년이 지난 경우에는 그러하지 아니하다.
② 체신관서는 제1항에 따라 국세환급금을 지급할 때에는 납세자로 하여금 주민등록증이나 그 밖의 신분증을 제시하게 하여 그 납세자가 정당한 권리자인지를 확인하여야 한다.
③ 제2항의 경우에는 국세환급금통지서의 여백에 수령인의 주민등록번호를 적고, 그 서명을 받아야 한다.
④ 납세자는 제1항 단서의 경우에 국세환급금을 환급받으려면 다음 각 호의 사항을 적은 문서에 해당 국세환급금통지서를 첨부하여 관할 세무서장에게 신청해야 한다. 이 경우 세무서장은 다시 이 장의 규정에 따른 환급 절차를 밟아 환급해야 한다.(2021.2.17 본문개정)
1. 환급받으려는 국세 또는 강제징수비의 연도 및 금액 (2021.2.17 본호개정)
2. 국세환급금통지서를 받고 1년이 지나도록 수령하지 아니한 사유

제38조【체신관서에 대한 환급자금 지급 등】 세무서장은 체신관서에 계좌이체입금요구서 또는 현금지급요구서를 송부하는 경우에는 한국은행을 거쳐야 한다. 이 경우 한국은행은 체신관서가 국세환급금을 납세자에게 지급할 수 있도록 환급에 필요한 금액을 체신관서에 지급하여야 한다.

제39조【체신관서의 미지급자금 정리】 체신관서는 제35조에 따른 환급금액 중 세무서장의 지급요구일부터 1년 이내에 지급하지 못한 금액이 있는 경우에는 그 지급을 취소하고, 지급하지 못한 금액을 그 취소한 날이 속하는 연도의 세입에 납입하여야 한다.

제40조∼제41조 (2000.12.29 삭제)

제42조 (2012.2.2 삭제)

제43조【국세환급금지급액계산서】 세무서장은 국세환급금지급액계산서에 증거서류를 첨부하여 감사원장에게 제출하여야 한다.

제43조의2【물납재산의 환급】 ① 법 제51조의2제1항 전단에 따라 물납(物納)재산을 환급하는 경우 환급의 순서에 관하여 납세자의 신청이 있는 경우에는 그 신청에 따라 관할 세무서장이 환급하고, 납세자의 신청이 없는 경우에는「상속세 및 증여세법 시행령」제74조제2항에 따른 물납에 충당하는 재산에 대한 허가 순서의 역순(逆順)으로 환급한다.(2017.2.7 본문개정)

1.∼2. (2017.2.7 삭제)

② 법 제51조의2제2항에서 "그 물납재산이 매각되었거나 다른 용도로 사용되고 있는 경우 등 대통령령으로 정하는 경우"란 다음 각 호의 어느 하나에 해당하는 경우를 말한다.(2017.2.7 본문개정)

1. 해당 물납재산의 성질상 분할하여 환급하는 것이 곤란한 경우
2. 해당 물납재산이 임대 중이거나 다른 행정용도로 사용되고 있는 경우
3. 사용계획이 수립되어 해당 물납재산으로 환급하는 것이 곤란하다고 인정되는 경우 등 국세청장이 정하는 경우

③ 제1항에 따라 환급하는 경우에 국가가 물납재산을 유지 또는 관리하기 위하여 지출한 비용은 국가의 부담으로 한다. 다만, 국가가 물납재산에 대하여「법인세법 시행령」제31조제2항에 따른 자본적 지출을 한 경우에는 이를 납세자의 부담으로 한다.

④ 제1항에 따라 환급하는 경우 물납재산이 수납된 이후 발생한 법정과실 및 천연과실은 납세자에게 환급하지 아니하고 국가에 귀속된다.(2017.2.7 본항개정)

제43조의3【국세환급가산금】 ① 법 제52조제1항에서 "대통령령으로 정하는 국세환급가산금 기산일"이란 다음 각 호의 구분에 따른 날의 다음 날로 한다.
(2020.2.11 본문개정)

1. 착오납부, 이중납부 또는 납부 후 그 납부의 기초가 된 신고 또는 부과를 경정하거나 취소함에 따라 발생한 국세환급금 : 국세 납부일. 다만, 그 국세가 2회 이상 분할납부된 것인 경우에는 그 마지막 납부일로 하되, 국세환급금이 마지막에 납부된 금액을 초과하는 경우에는 그 금액이 될 때까지 납부일의 순서로 소급하여 계산한 국세의 각 납부일로 하며, 세법에 따른 중간예납액 또는 원천징수에 의한 납부액은 해당 세목의 법정신고기한 만료일에 납부된 것으로 본다.
(2021.2.17 본문개정)

2. 적법하게 납부된 국세의 감면으로 발생한 국세환급금 : 감면 결정일
3. 적법하게 납부된 후 법률이 개정되어 발생한 국세환급금 : 개정된 법률의 시행일
4.「소득세법」·「법인세법」·「부가가치세법」·「개별소비세법」·「주세법」,「교통·에너지·환경세법」또는「조세특례제한법」에 따른 환급세액의 신고, 환급신청, 경정 또는 결정으로 인하여 환급하는 경우 : 신고를 한 날(신고한 날이 법정신고기일 전인 경우에는 해당 법정신고기일) 또는 신청을 한 날부터 30일이 지난 날(세법에서 환급기한을 정하고 있는 경우에는 그 환급기한의 다음 날). 다만, 환급세액을 법정신고기한까지 신고하지 않음에 따른 결정으로 인하여 발

생한 환급세액을 환급할 때에는 해당 결정일부터 30일이 지난 날로 한다.(2021.2.17 본문개정)

5. (2021.2.17 삭제)

② 법 제52조제1항에서 "대통령령으로 정하는 이자율"이란 시중은행의 1년 만기 정기예금 평균 수신금리를 고려하여 기획재정부령으로 정하는 이자율(이하 이 항에서 "기본이자율"이라 한다)을 말한다. 다만, 납세자가 법 제7장에 따른 이의신청, 심사청구, 심판청구,「감사원법」에 따른 심사청구 또는「행정소송법」에 따른 소송을 제기하여 그 결정 또는 판결에 따라 세무서장이 국세환급금을 지급하는 경우로서 그 결정 또는 판결이 확정된 날부터 40일 이후에 납세자에게 국세환급금을 지급하는 경우에는 기본이자율의 1.5배에 해당하는 이자율을 적용한다.(2020.2.11 본항개정)

③ 법 제52조제3항 각 호 외의 부분에서 "대통령령으로 정하는 고충민원"이란 국세와 관련하여 납세자가 법 제52조제3항 각 호의 어느 하나에 해당하는 불복청구 등을 그 기한까지 제기하지 않은 사항에 대해 과세관청에 직권으로 이 법 또는 세법에 따른 처분의 취소, 변경이나 그 밖의 필요한 처분을 해 줄 것을 요청하는 민원을 말한다.(2021.2.17 본항신설)
(2012.2.2 본조신설)

제43조의4【국세환급금의 양도】 ① 법 제53조에 따라 국세환급금에 관한 권리를 타인에게 양도하려는 납세자는 세무서장이 국세환급금통지서를 발급하기 전에 다음 각 호의 사항을 적은 문서로 관할 세무서장에게 양도를 요구하여야 한다.

1. 양도인의 주소와 성명
2. 양수인의 주소와 성명
3. 양도하려는 권리의 내용

② (2020.2.11 삭제)
(2012.2.2 본조신설)

제6장 심사와 심판

제1절 통 칙
(2010.2.18 본절개정)

제44조 (2010.2.18 삭제)

제44조의2【이의신청이 배제되는 처분】 법 제55조제3항에 따른 국세청장이 조사·결정 또는 처리하거나 하였어야 할 것은 다음 각 호의 어느 하나에 해당하는 것으로 한다.

1. 국세청의 감사결과로서의 시정지시에 따른 처분
2. 세법에 따라 국세청장이 하여야 할 처분

제45조 (2019.2.12 삭제)

제46조【관계 서류의 열람신청】 ① 법 제58조에 따라 이의신청, 심사청구 또는 심판청구와 관계되는 서류를 열람하거나 그 내용에 동조(同調)하려는 자는 이를 구술로 해당 재결청에 요구할 수 있다.

② 제1항의 요구를 받은 재결청은 그 서류를 열람 또는 복사하게 하거나 그 등본 또는 초본이 원본과 다르지 않음을 확인하여야 한다.

③ 제1항의 요구를 받은 재결청은 필요하다고 인정하는 경우에는 열람하거나 복사하는 자의 서명을 요구할 수 있다.

제47조【의견진술】 ① 법 제58조에 따라 의견을 진술하려는 자는 진술자의 주소 또는 거소 및 성명(진술자가 처분청인 경우 처분청의 소재지와 명칭을 말한다)과 진술하려는 내용의 대강을 적은 문서로 해당 재결청에 신청하여야 한다.(2015.2.3 본항개정)

② 제1항의 신청을 받은 재결청은 심판청구인이 의견진술을 신청하지 아니하고 처분청만 의견진술을 신청한 경우로서 심판청구의 목적이 된 사항의 내용 등을

고려할 때 처분청의 의견진술이 필요하지 아니하다고 인정하는 경우를 제외하고는 출석 일시 및 장소와 필요하다고 인정되는 진술시간을 정하여 국세심사위원회, 조세심판관회의 또는 조세심판관합동회의의 회의 개최일(이의신청의 경우에는 결정을 하는 날) 3일 전까지 신청인에게 통지하여 의견진술의 기회를 주어야 한다. 다만, 이의신청, 심사청구 또는 심판청구를 최초로 심의하는 경우에는 국세심사위원회 또는 조세심판관회의의 회의개최일 7일 전까지 통지하여야 한다. (2018.2.13 본항개정)
③ 제2항의 경우에 의견진술이 필요 없다고 인정될 때에는 재결청은 이유를 구체적으로 밝혀 그 뜻을 해당 신청인에게 통지하여야 한다.(2013.2.15 본항개정)
④ 법 제58조에 따른 의견진술은 간단하고 명료하게 하여야 하며 필요한 경우에는 관련 증거, 그 밖의 자료를 제시할 수 있다.
⑤ 제4항의 의견진술은 진술하려는 의견을 기록한 문서의 제출로 갈음할 수 있다.
⑥ 제2항 또는 제3항의 통지는 서면으로 하거나 심사청구서 및 심판청구서에 적힌 전화, 휴대전화를 이용한 문자전송, 팩시밀리 또는 전자우편 등 간편한 통지 방법으로 할 수 있다.(2013.2.15 본항신설)
제48조【국세청장 등이 한 처분의 통지】 세무서장은 제44조의2에 따른 처분 또는 「감사원법」에 의한 시정요구에 따른 처분을 하는 경우에는 해당 처분의 통지서에 그 뜻을 덧붙여 적어야 한다.
제48조의2【국선대리인】 ① 법 제59조의2제1항에 따라 국선대리인의 선정을 신청하려는 자는 다음 각 호의 사항을 적은 문서를 재결청(법 제81조의15에 따른 과세전적부심사의 경우에는 같은 조 제2항 각 호에 따른 통지를 한 세무서장이나 지방국세청장을 말한다. 이하 이 조에서 같다)에 제출해야 한다.(2020.2.11 본항개정)
1. 이의신청인, 심사청구인, 심판청구인 및 과세전적부심사 청구인(이하 이 조에서 "이의신청인등"이라 한다)의 성명과 주소 또는 거소(2020.2.11 본호개정)
2. 법 제59조의2제1항 각 호의 요건을 충족한다는 사실
3. 재결청이 법 제59조의2제1항 각 호의 요건 충족여부를 확인할 수 있다는 것에 대한 동의에 관한 사항(2017.2.7 본호신설)
② 법 제59조의2제1항제1호에서 "대통령령으로 정하는 금액"이란 다음 각 호의 구분에 따른 금액을 말한다.
1. 종합소득금액의 경우 : 5천만원. 이 경우 「소득세법」 제70조에 따른 신고기한 이전에, 국선대리인의 선정을 신청하는 경우 그 신청일이 속하는 과세기간의 전전 과세기간의 종합소득금액을 대상으로 하고, 그 신고기한 이후에 신청하는 경우 그 신청일이 속하는 과세기간의 직전 과세기간의 종합소득금액을 대상으로 한다.
2. 소유 재산의 가액의 경우 : 다음 각 목에 따른 재산의 평가 가액 합계액이 5억원
   가. 「소득세법」 제94조제1항제1호에 따른 토지와 건물
   나. 「지방세법 시행령」 제123조제1호 및 제2호에 따른 승용자동차
   다. 전세금(임차보증금을 포함한다)
   라. 골프회원권 및 콘도미니엄회원권
   마. 주식 또는 출자지분
③ 법 제59조의2제1항제3호에서 "대통령령으로 정하는 금액"이란 5천만원을 말한다.(2023.2.28 본항개정)
④ 조세심판원장은 심판청구인이 국선대리인의 선정을 신청한 경우 국세청장에게 법 제59조의2제1항 각 호의 요건을 충족하는지 여부를 확인하여 줄 것을 요청할 수 있다.(2017.2.7 본항신설)
⑤ 제1항부터 제4항까지에서 규정한 사항 외에 이의신청인등이 소유한 재산의 평가 방법, 국선대리인의 임

기·위촉, 국선대리인 선정 신청의 방법·절차 등 국선대리인 제도 운영에 필요한 사항은 이의신청, 심사청구 및 과세전적부심사 청구의 경우에는 국세청장이, 심판청구의 경우에는 조세심판원장이 각각 정한다.(2020.2.11 본항개정)
(2015.2.3 본조신설)
제49조【불복방법의 통지를 잘못한 경우의 구제】 ① 법 제60조와 이 영 제48조에 따라 불복방법 등을 통지할 때 불복을 할 기관을 잘못 통지하여 신청인 또는 청구인이 그 통지된 기관에 신청 또는 청구를 한 경우에는 정당한 기관에 해당 이의신청, 심사청구 또는 심판청구를 한 것으로 본다.
② 제1항의 경우에 통지의 잘못으로 그 신청 또는 청구를 받은 기관은 정당한 기관에 지체 없이 이송하고 그 뜻을 해당 신청인 또는 청구인에게 통지하여야 한다.

제2절 심 사
(2010.2.18 본절개정)

제50조【심사청구서】 ① 심사청구는 다음 각 호의 사항을 적은 심사청구서에 의하여 관할 세무서장을 거쳐야 한다. 이 경우 관계 증거서류 또는 증거물이 있을 때에는 심사청구서에 이를 첨부하여야 한다.
1. 청구인의 주소 또는 거소와 성명
2. 처분이 있은 것을 안 연월일(처분통지를 받은 경우에는 통지를 받은 연월일)
3. 통지된 사항 또는 처분의 내용
4. 불복의 이유
② 심사청구서가 법 제62조제1항의 세무서장 외의 세무서장, 지방국세청장 또는 국세청장에게 제출된 경우에는 그 심사청구서를 관할 세무서장에게 지체 없이 송부하고, 그 뜻을 해당 청구인에게 통지하여야 한다.
제51조【지방국세청장을 경유하는 심사청구】 법 제62조제3항 단서에 따른 지방국세청장이 조사·결정 또는 처리하였거나 하였어야 할 것의 범위에 관하여는 제44조의2를 준용한다. 이 경우 제44조의2 중 "국세청장"은 "지방국세청장"으로 본다.
제52조【보정 요구】 ① 법 제63조제1항(법 제66조제6항 및 제80조의2에서 준용하는 경우를 포함한다)에 따른 심사청구의 내용 또는 절차의 보정 요구는 다음 각 호의 사항을 적은 문서로 하여야 한다.(2023.2.28 본문개정)
1. 보정할 사항
2. 보정을 요구하는 이유
3. 보정할 기간
4. 그 밖에 필요한 사항
② 재결청은 법 제63조제1항 단서에 따라 직권으로 보정을 한 경우에는 그 뜻을 문서로 해당 이의신청인, 심사청구인 또는 심판청구인에게 통지하여야 한다.
제52조의2【각하 결정 사유】 법 제65조제1항제1호마목에서 "대통령령으로 정하는 경우"란 다음 각 호의 경우를 말한다.
1. 심사청구의 대상이 되는 처분이 존재하지 않는 경우
2. 심사청구의 대상이 되는 처분으로 권리나 이익을 침해당하지 않는 경우
3. 법 제59조에 따른 대리인이 아닌 자가 대리인으로서 불복을 청구하는 경우
(2021.2.17 본조신설)
제52조의3【재조사 결과에 따른 처분의 통지 등】 ① 처분청은 법 제65조제5항(법 제66조제6항, 제80조의2 및 제81조의15제6항에서 준용하는 경우를 포함한다)에 따른 재조사 결과에 따라 청구의 대상이 된 처분의 취소·경정을 하거나 필요한 처분을 하였을 때에는 그 처분결과를, 법 제65조제6항에 따라 당초의 처분을 취소·

경정하지 않았을 때에는 그 사실을 지체 없이 서면으로 심사청구인(법 제66조제6항, 제80조의2 및 제81조의15 제6항에서 준용하는 경우에는 이의신청인, 심판청구인 또는 과세전적부심사 청구인을 말한다)에게 통지하여 야 한다.

② 법 제65조제6항(법 제66조제6항, 제80조의2 및 제81 조의15제6항에서 준용하는 경우를 포함한다)에서 "심 사청구인의 주장과 재조사 과정에서 확인한 사실관계 가 다른 경우 등 대통령령으로 정하는 경우"란 다음 각 호의 어느 하나에 해당하는 경우를 말한다.
1. 심사청구인의 주장과 재조사 과정에서 확인한 사실 관계가 달라 당초의 처분을 유지할 필요가 있는 경우
2. 심사청구인의 주장에 대한 사실관계를 확인할 수 없 는 경우
(2023.2.28 본항신설)
(2023.2.28 본조개정)

제53조【국세심사위원회】 ① 법 제66조의2에 따른 국 세심사위원회의 심의 및 의결사항(법 제64조에 따른 심사청구에 한정한다)은 다음 각 호의 구분에 따른다. (2020.2.11 본문개정)
1. 세무서 및 지방국세청에 두는 국세심사위원회 : 법 제66조에 따른 이의신청 및 법 제81조의15제2항 각 호 외의 부분 본문에 따른 과세전적부심사 청구사항
2. 국세청에 두는 국세심사위원회 : 법 제64조에 따른 심사청구 및 법 제81조의15제2항 각 호 외의 부분 단 서에 따른 과세전적부심사 청구사항
(2019.2.12 1호~2호개정)
② 국세심사위원회는 위원장 1명을 포함하여 다음 각 호의 구분에 따른 위원으로 구성한다.
1. 세무서에 두는 국세심사위원회 : 25명 이내의 위원
2. 지방국세청에 두는 국세심사위원회 : 32명 이내의 위원
3. 국세청에 두는 국세심사위원회 : 41명 이내의 위원
(2023.2.28 1호~3호개정)
③ 각 국세심사위원회의 위원장은 다음 각 호의 구분 에 따른 사람이 된다.
1. 세무서에 두는 국세심사위원회 : 세무서장
2. 지방국세청에 두는 국세심사위원회 : 지방국세청장
3. 국세청에 두는 국세심사위원회 : 국세청차장
④ 국세심사위원회의 위원은 다음 각 호의 구분에 따 른 사람이 된다.
1. 세무서에 두는 국세심사위원회 : 지방국세청장이 해 당 세무서 소속 공무원 중에서 임명하는 4명 이내의 사람과 법률 또는 회계에 관한 학식과 경험이 풍부한 사람 중에서 위촉하는 20명 이내의 사람
2. 지방국세청에 두는 국세심사위원회 : 국세청장이 해 당 지방국세청 소속 공무원 중에서 임명하는 6명 이 내의 사람과 법률 또는 회계에 관한 학식과 경험이 풍부한 사람 중에서 위촉하는 25명 이내의 사람
3. 국세청에 두는 국세심사위원회 : 국세청장이 소속 공무원 중에서 임명하는 10명 이내의 사람과 제55조 의2제1항 각 호의 어느 하나에 해당하는 자격(같은 항 제2호나목의 관세사는 제외한다)을 가진 사람 중 에서 위촉하는 30명 이내의 사람
(2023.2.28 1호~3호개정)
⑤ 국세심사위원회의 위원장은 국세심사위원회를 대표 하고 국세심사위원회의 업무를 총괄한다.
⑥ 국세심사위원회의 위원장이 부득이한 사유로 직무 를 수행할 수 없는 경우에는 제4항 각 호의 위원 중 국세 심사위원회의 위원장(국세청에 두는 국세심사위원 회의 경우에는 국세청장을 말한다)이 미리 지명한 위 원이 그 직무를 대리한다.
⑦ 제4항 각 호의 위원 중 국세청장(세무서에 두는 국세 심사위원회는 지방국세청장을 말한다)이 위촉하는 위원

(이하 "민간위원"이라 한다)의 임기는 2년으로 하며, 한 차 례만 연임할 수 있다.(2020.2.11 본항개정)
⑧ 다음 각 호의 어느 하나에 해당하는 사람은 민간위 원이 될 수 없다.
1. 「공직자윤리법」 제17조에 따른 취업심사대상기관에 소속되어 있거나 취업제한기관에서 퇴직한 지 3년이 지나지 않은 사람(2020.6.2 본호개정)
2. 최근 3년 이내에 해당 국세심사위원회를 둔 세무서, 지방국세청 또는 국세청에서 공무원으로 근무한 사 람
3. 「세무사법」 제17조에 따른 징계처분을 받은 날부터 5년이 지나지 않은 사람
4. 그 밖에 공정한 직무수행에 지장이 있다고 인정되는 사람으로서 국세청장이 정하는 사람
(2019.2.12 본항신설)
⑨ 국세청장(세무서에 두는 국세심사위원회는 지방국 세청장을 말한다)은 위원이 다음 각 호의 어느 하나에 해당하는 경우에는 임명을 철회하거나 해촉할 수 있다.
1. 심신장애로 인하여 직무를 수행할 수 없게 된 경우
2. 직무와 관련된 비위사실이 있는 경우
3. 직무태만, 품위손상이나 그 밖의 사유로 인하여 위원 으로 적합하지 아니하다고 인정되는 경우
4. 위원 스스로 직무를 수행하는 것이 곤란하다고 의사 를 밝히는 경우
5. 제15항 각 호의 어느 하나의 사유에 해당하는 데에도 불구하고 회피하지 아니한 경우(2019.2.12 본호개정)
(2018.2.13 본항개정)
⑩ 국세심사위원회의 위원장은 제1항에 따른 심의 및 의결이 필요한 경우 기일을 정하여 국세심사위원회의 회의를 소집하고, 그 의장이 된다.(2020.2.11 본항개정)
⑪ 국세심사위원회의 회의는 위원장과 다음 각 호의 구분에 따른 위원장이 회의마다 지정하는 사람으로 구 성하되, 민간위원이 과반수 이상 포함되어야 한다.
1. 세무서에 두는 국세심사위원회 : 6명
2. 지방국세청에 두는 국세심사위원회 : 8명
3. 국세청에 두는 국세심사위원회 : 10명
⑫ 국세심사위원회의 위원장은 제10항의 기일을 정하 였을 때에는 그 기일 7일 전에 제11항에 따라 지정된 위 원 및 해당 청구인 또는 신청인에게 통지하여야 한다. (2019.2.12 본항개정)
⑬ 국세심사위원회의 회의는 구성원 과반수의 출석으 로 개의하고, 출석위원 과반수의 찬성으로 의결한다.
⑭ 법 제64조제1항 단서에서 "심사청구기간이 지난 후 에 제기된 심사청구 등 대통령령으로 정하는 사유에 해당하는 경우"란 다음 각 호의 어느 하나에 해당하는 경우를 말한다.
1. 심사청구의 내용이 기획재정부령으로 정하는 경미 한 사항에 해당하는 경우
2. 심사청구가 그 청구기간이 지난 후에 제기된 경우
⑮ 국세심사위원회의 위원은 다음 각 호의 어느 하나 에 해당하는 경우에는 심사관여로부터 제척된다.
1. 심사청구인 또는 법 제59조에 따른 대리인이거나 대 리인이었던 경우
2. 제1호에 규정된 사람의 친족이거나 친족이었던 경우
3. 제1호에 규정된 사람의 사용인이거나 사용인이었던 경우(심사청구일을 기준으로 최근 5년 이내에 사용인 이었던 경우로 한정한다)(2023.2.28 본호개정)
4. 불복의 대상이 되는 처분이나 처분에 대한 이의신청 에 관하여 증인 또는 감정을 한 경우
5. 심사청구일 전 최근 5년 이내에 불복의 대상이 되는 처분, 처분에 대한 이의신청 또는 그 기초가 되는 세 무조사에 관여하였던 경우
6. 제4호 또는 제5호에 해당하는 법인 또는 단체에 속 하거나 심사청구일 전 최근 5년 이내에 속하였던 경우

7. 그 밖에 심사청구인 또는 그 대리인의 업무에 관여하거나 관여하였던 경우
(2015.2.3 본항신설)
⑯ 국세심사위원회의 위원은 제15항 각 호의 어느 하나에 해당하는 경우에는 스스로 해당 안건의 심의·의결에서 회피하여야 한다.(2019.2.12 본항개정)
⑰ 국세심사위원회의 회의에서 의결한 사항은 위원장이 국세청장에게 보고하여야 한다.
⑱ 국세심사위원회에 그 서무를 처리하게 하기 위하여 간사 1명을 두고, 간사는 위원장이 소속 공무원 중에서 지명한다.

제53조의2【결정의 경정】 국세청장은 법 제65조의2에 따른 결정의 경정을 한 경우에는 경정서를 작성하여 지체 없이 심사청구인에게 통지하여야 한다.
(2013.2.15 본조신설)

제54조【이의신청】 ① 이의신청에 관하여는 제50조를 준용한다.
② 법 제66조제2항에 따른 지방국세청장이 조사·결정 또는 처리하였거나 하였어야 할 것의 범위에 관하여는 제44조의2를 준용한다. 이 경우 제44조의2 중 "국세청장"은 "지방국세청장"으로 본다.

제54조의2 (2009.2.6 삭제)

제3절 심 판

제55조【심판청구】 ① 심판청구에 관하여는 제50조를 준용한다.
②~③ (2019.2.12 삭제)
(2010.2.18 본조개정)

제55조의2【조세심판관의 자격요건】 ① 법 제67조제4항에 따른 조세심판관은 다음 각 호의 어느 하나에 해당하는 자격을 가진 사람이어야 한다.
1. 조세에 관한 사무에 관한 4급 이상의 국가공무원·지방공무원 또는 고위공무원단에 속하는 일반직공무원으로서 3년 이상 근무한 사람 또는 5급 이상의 국가공무원·지방공무원으로서 5년 이상 근무한 사람
2. 다음 각 목의 어느 하나에 해당하는 직에 재직한 기간을 합해 10년 이상인 사람
  가. 판사·검사 또는 군법무관
  나. 변호사·공인회계사·세무사 또는 관세사
  다. 조세 관련 분야를 전공하고 「고등교육법」 제2조에 따른 학교의 조교수 이상에 해당하는 직
  (2019.2.12 본호개정)
3.~4. (2019.2.12 삭제)
② 다음 각 호의 어느 하나에 해당하는 상임조세심판관은 3명, 비상임조세심판관은 6명을 각각 초과할 수 없다.(2022.2.15 본문개정)
1. 관세 또는 지방세에 관한 사무에 근무한 기간을 포함한 경력으로 제1항제1호에 따른 자격요건에 해당되어 조세심판관이 된 사람
2. 관세사의 직에 6년 이상 재직한 경력으로 조세심판관이 된 사람(2019.2.12 본호개정)
(2010.2.18 본조개정)

제55조의3【심판조사관의 자격요건】 법 제67조제8항에 따른 심판조사관은 3급 공무원 또는 4급 공무원으로서 다음 각 호의 어느 하나에 해당하는 자격을 갖춘 사람이어야 한다.(2018.2.13 본문개정)
1. 국세(관세를 포함한다) 또는 지방세에 관한 사무에 2년 이상 근무한 사람
2. 변호사·공인회계사·세무사 또는 관세사의 직에 5년 이상 재직한 사람(2019.2.12 본호개정)
(2018.2.13 본조제목개정)
(2010.2.18 본조개정)

제55조의4【조세심판관의 임명 및 위촉】 ① 법 제67조제3항에 따라 국무총리가 원장 또는 상임조세심판관을 제청하는 경우 기획재정부장관 또는 행정안전부장관의 의견을 들을 수 있다.(2017.7.26 본항개정)
② 법 제67조제3항에 따라 심판업무에 필요한 비상임조세심판관은 원장의 제청으로 국무총리가 예산의 범위에서 위촉한다.
(2008.2.29 본조신설)

제56조【항변자료의 제출 요구】 법 제71조제2항에 따른 증거서류 또는 증거물의 제출 요구는 문서로 하여야 한다.(2010.2.18 본조개정)

제57조【조세심판관 지정통지】 조세심판원장은 법 제72조제1항에 따라 담당 조세심판관을 지정한 경우 또는 담당 조세심판관을 변경한 경우에는 지체 없이 그 뜻을 적은 문서로 해당 조세심판관과 심판청구인에게 통지하여야 한다. 다만, 당초 지정통지한 담당 조세심판관 중 일부를 제외하는 경우는 그러하지 아니하다.(2013.2.15 본조개정)

제58조【조세심판관회의의 운영】 ① 주심조세심판관은 조세심판관회의 개최일 14일 전까지 조세심판관회의의 일시 및 장소를 심판청구인과 처분청에 각각 통지해야 한다.
② 주심조세심판관은 조세심판관회의(동일한 심판청구사건에 대해 조세심판관회의가 1회 이상 개최되는 경우에는 첫 번째 개최되는 조세심판관회의를 말한다)가 개최되기 전에 심판청구인 또는 처분청의 요청이 있는 경우 심판청구인 또는 처분청에 해당 심판청구와 관련된 처분개요, 심판청구인의 주장, 처분청의 의견 및 사실관계를 정리한 심리자료를 열람하게 해야 한다.
③ 심판청구인 또는 처분청은 조세심판관회의의 개최일 7일 전까지 주심조세심판관에게 해당 심판청구와 관련한 주장과 그 이유 등을 정리한 요약 서면자료를 제출할 수 있다. 이 경우 주심조세심판관은 조세심판관회의를 할 때 요약 서면자료를 심리자료의 일부로 포함해야 한다.
④ 조세심판관회의에 그 서무를 처리하게 하기 위해 간사 1명을 두고, 간사는 조세심판원장이 심판조사관 중에서 임명한다.
(2020.2.11 본조개정)

제59조 (1999.12.28 삭제)

제60조【담당 조세심판관의 기피 신청】 법 제74조제1항에 따른 담당 조세심판관의 기피 신청은 다음 각 호의 사항을 적은 문서로 제57조에 따른 담당 조세심판관의 지정 또는 변경 통지를 받은 날부터 7일 이내에 하여야 한다.
1. 기피하려는 담당 조세심판관의 성명
2. 기피의 이유
3. 담당 조세심판관의 지정 또는 변경 통지를 받은 연월일
(2010.2.18 본조개정)

제61조【질문·검사의 신청】 법 제76조제1항에 따른 질문·검사의 신청은 다음 각 호의 사항을 적은 문서로 제57조에 따른 담당 조세심판관의 지정통지를 받은 날부터 14일 이내에 하여야 한다.
1. 요구하는 행위
2. 요구의 이유
3. 그 밖에 필요한 사항
(2010.2.18 본조개정)

제62조【소액심판】 법 제78조제1항 단서에서 "대통령령으로 정하는 금액에 미치지 못하는 소액이거나 경미한 것"이란 다음 각 호의 어느 하나에 해당하는 것을 말한다.
1. 심판청구금액이 3천만원(지방세의 경우는 1천만원) 미만인 것으로 다음 각 목의 어느 하나에 해당하는 것

가. 청구사항이 법령의 해석에 관한 것이 아닌 것
나. 청구사항이 법령의 해석에 관한 것으로서 유사한 청구에 대하여 이미 조세심판관회의의 의결에 따라 결정된 사례가 있는 것
다. 법 제65조제1항제1호 각 목의 어느 하나에 해당하는 경우(같은 호 나목은 제외한다)〈2021.2.17 본목신설〉
2. 심판청구가 과세표준 또는 세액의 결정에 관한 것 외의 것으로서 유사한 청구에 대하여 이미 조세심판관회의의 의결에 따라 결정된 사례가 있는 것
〈2010.2.18 본조개정〉

제62조의2【조세심판관합동회의】 ① 법 제78조제2항 각 호 외의 부분에 따른 조세심판원장과 상임심판관 모두로 구성된 회의(이하 "합동회의상정심의위원회"라 한다)는 구성원 3분의 2 이상 출석으로 개의하고, 출석위원 과반수의 찬성으로 의결한다. 이 경우 합동회의상정심의위원회의 의장은 조세심판원장이 된다.
〈2020.2.11 본항신설〉
② 법 제78조제2항제4호에서 "국세행정이나 납세자의 권리·의무에 중대한 영향을 미칠 것으로 예상되는 등 대통령령으로 정하는 경우"란 다음 각 호의 어느 하나에 해당하는 경우를 말한다.〈2020.2.11 본문개정〉
1. 해당 심판청구사건에 대한 결정이 다수의 납세자에게 동일하게 적용되는 등 국세행정에 중대한 영향을 미칠 것으로 예상되어 국세청장이 조세심판원장에게 조세심판관합동회의에서 심리하여 줄 것을 요청하는 경우
2. 그 밖에 해당 심판청구사건에 대한 결정이 국세행정이나 납세자의 권리·의무에 중대한 영향을 미칠 것으로 예상되는 경우
〈2017.2.7 본항개정〉
③ 주심조세심판관은 조세심판관회의에서 심판청구사건에 대한 심리(제5항에 따라 심리를 재개하는 경우를 포함하며, 이하 이 조에서 같다)가 종료되었을 때에는 지체 없이 그 심리 내용을 조세심판원장에게 통보해야 한다.〈2020.2.11 본항개정〉
④ 조세심판원장은 제3항에 따라 통보받은 날부터 30일 이내에 합동회의상정심의위원회의 의결에 따라 해당 심판청구사건이 법 제78조제2항에 따라 조세심판관합동회의의 심리를 거쳐야 하는 사건인지 여부를 결정해야 한다.〈2020.2.11 본항개정〉
⑤ 조세심판원장은 조세심판관회의의 심리내용이 다음 각 호의 어느 하나에 해당하는 경우에는 제3항에 따라 통보받은 날부터 30일 이내에 구체적인 사유를 적은 서면으로 주심조세심판관에게 다시 심리할 것을 요청할 수 있다.〈2022.2.15 본문개정〉
1. 중요한 사실관계를 누락했거나 사실관계의 판단이나 법령해석에 명백한 오류가 있는 경우
2. 심판청구의 대상이 되는 처분의 근거 법령이나 심리 내용과 관련된 다른 법령에 대한 해석이 그와 동일하거나 유사한 법령에 대한 해석으로서 종전의 헌법재판소의 결정, 대법원 판결, 국세예규심사위원회의 심의를 거친 기획재정부장관의 질의회신이나 조세심판관합동회의의 결정에서 이루어진 해석과 다른 경우
3. 심판청구의 대상이 되는 처분의 직접적인 근거 법령이나 사실관계에 관하여 종전의 법원 판결 또는 조세심판원 결정과 다른 해석을 하거나 사실관계를 달리 판단한 경우
〈2022.2.15 1호~3호신설〉
⑥ 국세청장은 제2항제1호에 따라 조세심판관합동회의에서의 심리를 요청하는 경우에는 제58조제1항에 따른 조세심판관회의의 개최 통지(동일한 심판청구사건에 대해 조세심판관회의가 1회 이상 개최되는 경우에는 첫 번째 조세심판관회의의 개최 통지를 말한다)를 받기 전까지 기획재정부령으로 정하는 조세심판관합동회의의 심리요청서를 조세심판원장에게 제출해야 한다.
〈2020.2.11 본항개정〉

⑦ 국세청장은 제2항제1호에 따른 요청을 한 경우에는 이를 철회할 수 없다.〈2020.2.11 본항개정〉
⑧ 조세심판관합동회의에 관하여는 제58조제1항, 제3항 및 제4항을 준용한다. 이 경우 "주심조세심판관"은 "조세심판원장"으로, "조세심판관회의"는 "조세심판관합동회의"로 본다.〈2020.2.11 본항개정〉

제62조의3【결정서의 송달】 심판청구인에 대한 심판결정서의 송달은 심판청구인 또는 그 대리인이 조세심판원에서 심판결정서를 직접 수령하는 경우를 제외하고는 기획재정부령으로 정하는 방법으로 하여야 한다.〈2010.2.18 본조신설〉

제63조【항고소송 제기사건의 통지】 법 제81조에서 "항고소송이 제기된 사건에 관하여 그 내용이나 결과 등 대통령령으로 정하는 사항"이란 다음 각 호의 사항을 말한다.
1. 항고소송이 제기된 사건 목록과 해당 사건의 처리 상황 및 결과
2. 항고소송 결과 원고의 승소판결이 확정된 경우 그 판결문 사본
〈2023.2.28 본조신설〉

제4절　납세자의 권리
〈2010.2.18 본절개정〉

제63조의2【세무조사를 다시 할 수 있는 경우】 법 제81조의4제2항제7호에서 "대통령령으로 정하는 경우"란 다음 각 호의 어느 하나에 해당하는 경우를 말한다.
〈2018.2.13 본문개정〉
1. 부동산투기, 매점매석, 무자료거래 등 경제질서 교란 등을 통한 세금탈루 혐의가 있는 자에 대하여 일제조사를 하는 경우〈2016.2.5 본호개정〉
2. 과세관청 외의 기관이 직무상 목적을 위해 작성하거나 취득해 과세관청에 제공한 자료의 처리를 위해 조사하는 경우〈2019.2.12 본호개정〉
3. 국세환급금의 결정을 위한 확인조사를 하는 경우〈2019.2.12 본호신설〉
4. 「조세범 처벌절차법」 제2조제1호에 따른 조세범칙행위의 혐의를 인정할 만한 명백한 자료가 있는 경우. 다만, 해당 자료에 대하여 「조세범 처벌절차법」 제5조제1항제1호에 따라 조세범칙조사심의위원회가 조세범칙조사의 실시에 관한 심의를 한 결과 조세범칙행위의 혐의가 없다고 의결한 경우에는 조세범칙행위의 혐의를 인정할 만한 명백한 자료로 인정하지 아니한다.〈2019.2.12 단서개정〉
〈2014.2.21 본조제목개정〉

제63조의3【세무조사의 관할 조정】 법 제81조의6제1항 단서에서 "납세자의 주된 사업장 등이 납세지와 관할을 달리하거나 납세지 관할 세무서장 또는 지방국세청장이 세무조사를 수행하는 것이 부적절한 경우 등 대통령령으로 정하는 사유에 해당하는 경우"란 다음 각 호의 어느 하나에 해당하는 경우를 말한다.
1. 납세자가 사업을 실질적으로 관리하는 장소의 소재지와 납세지가 관할을 달리하는 경우
2. 일정한 지역에서 주로 사업을 하는 납세자에 대하여 공정한 세무조사를 실시할 필요가 있는 경우 등 납세지 관할 세무서장 또는 지방국세청장이 세무조사를 수행하는 것이 부적절하다고 판단되는 경우
3. 세무조사 대상 납세자와 출자관계에 있는 자, 거래가 있는 자 또는 특수관계인에 해당하는 자 등에 대한 세무조사가 필요한 경우
4. 세무관서별 업무량과 세무조사 인력 등을 고려하여 관할을 조정할 필요가 있다고 판단되는 경우
〈2014.2.21 본조신설〉

제63조의4 【장기 미조사자에 대한 세무조사기준】 법 제81조의6제2항제2호에 따라 실시하는 세무조사는 납세자의 이력이나 세무정보 등을 고려하여 국세청장이 정하는 기준에 따른다.(2014.2.21 본조신설)

제63조의5 【소규모 성실사업자에 대한 세무조사 면제】 ① 법 제81조의6제5항제1호에서 "업종별 수입금액이 대통령령으로 정하는 금액 이하인 사업자"란 다음 각 호의 어느 하나에 해당하는 자를 말한다.(2014.2.21 본문개정)

1. 개인 : 「소득세법」 제160조제3항에 따른 간편장부대상자
2. 법인 : 「법인세법」 제60조에 따라 법인세 과세표준 및 세액 신고서에 적어야 할 해당 법인의 수입금액(과세기간이 1년 미만인 경우에는 1년으로 환산한 수입금액을 말한다)이 3억원 이하인 자(2023.2.28 본호개정)

② 법 제81조의6제5항제2호에서 "장부 기록 등이 대통령령으로 정하는 요건을 충족하는 사업자"란 다음 각 호의 요건을 모두 갖춘 사업자를 말한다. 다만, 제4호의3의 요건은 최초 사업연도의 종료일 이후 1년 이상 경과한 법인으로서 법인세 과세표준 및 세액 신고서에 적어야 할 직전 사업연도의 수입금액이 1억원을 초과하는 법인의 경우에 해당한다.(2023.2.28 단서신설)

1. 모든 거래사실이 객관적으로 파악될 수 있도록 복식부기방식으로 장부를 기록·관리할 것
2. 과세기간 개시 이전에 「여신전문금융업법」에 따른 신용카드가맹점으로 가입하고 해당 과세기간에 법 제84조의2제1항제3호 각 목의 행위를 하지 아니할 것(「소득세법」 제162조의3제1항 및 「법인세법」 제117조의2제1항에 따라 현금영수증가맹점으로 가입하여야 하는 사업자만 해당한다)(2013.2.15 본호개정)
3. 과세기간 개시 이전에 「조세특례제한법」 제126조의3에 따른 현금영수증가맹점으로 가입하고 해당 과세기간에 법 제84조의2제1항제4호 각 목의 행위를 하지 아니할 것(「소득세법」 제162조의3제1항 및 「법인세법」 제117조의2제1항에 따라 현금영수증가맹점으로 가입하여야 하는 사업자만 해당한다)(2013.2.15 본호개정)
4. 「소득세법」 제160조의5에 따른 사업용계좌를 개설하여 사용할 것(개인인 경우만 해당한다)
4의2. 재화나 용역을 공급하는 경우 「부가가치세법」 제32조제2항에 따른 전자세금계산서 또는 「소득세법」 제163조제1항 각 호 외의 부분 후단에 따른 전자계산서를 발급하고, 「부가가치세법」 제60조 또는 「소득세법」 제81조의10에 따른 가산세(세금계산서 및 계산서 관련 가산세로 한정한다)의 부과 대상이 되는 행위를 하지 않을 것(2023.2.28 본호신설)
4의3. 「법인세법 시행령」 제158조제6항에 따른 지출증명서류 합계표를 작성하여 보관할 것(2023.2.28 본호신설)
5. 업종별 평균 수입금액 증가율 등을 고려하여 국세청장이 정하여 고시하는 수입금액 등의 신고기준에 해당할 것
6. 해당 과세기간의 법정신고납부기한 종료일 현재 최근 3년간 조세범으로 처벌받은 사실이 없을 것
7. 해당 과세기간의 법정신고납부기한 종료일 현재 국세의 체납사실이 없을 것
(2013.2.15 6호~7호개정)

제63조의6 【세무조사의 통지】 ① 법 제81조의7제1항에 따라 납세자 또는 납세관리인에게 세무조사에 관한 사전통지를 하는 경우에는 다음 각 호의 사항을 적은 문서로 해야 한다.(2021.2.17 본문개정)

1. 납세자 또는 납세관리인의 성명과 주소 또는 거소
2. 조사기간
3. 조사대상 세목, 과세기간 및 조사 사유
   (2021.2.17 본호개정)

4. 법 제81조의11제3항에 따른 부분조사를 실시하는 경우에는 해당 부분조사의 범위(2018.2.13 본호신설)
5. 그 밖에 필요한 사항

② 법 제81조의7제6항 각 호 외의 부분 단서에서 "폐업 등 대통령령으로 정하는 경우"란 다음 각 호의 어느 하나에 해당하는 경우를 말한다.(2022.2.15 본문개정)

1. 납세자가 세무조사 대상이 된 사업을 폐업한 경우
2. 납세자가 납세관리인을 정하지 아니하고 국내에 주소 또는 거소를 두지 아니한 경우
3. 납세자 또는 납세관리인이 세무조사통지서의 수령을 거부하거나 회피하는 경우
(2018.2.13 본항신설)
(2018.2.13 본조제목개정)

제63조의7 【세무조사의 연기신청】 ① 법 제81조의7제2항에서 "대통령령으로 정하는 사유"란 다음 각 호의 어느 하나에 해당하는 사유를 말한다.

1. 화재, 그 밖의 재해로 사업상 심각한 어려움이 있을 때
2. 납세자 또는 납세관리인의 질병, 장기출장 등으로 세무조사가 곤란하다고 판단될 때
3. 권한 있는 기관에 장부, 증거서류가 압수되거나 영치되었을 때
4. 제1호부터 제3호까지의 규정에 준하는 사유가 있을 때

② 법 제81조의7제2항에 따라 세무조사의 연기신청을 하려는 자는 다음 각 호의 사항을 적은 문서를 해당 행정기관의 장에게 제출하여야 한다.

1. 세무조사의 연기를 받으려는 자의 성명과 주소 또는 거소
2. 세무조사의 연기를 받으려는 기간
3. 세무조사의 연기를 받으려는 사유
4. 그 밖에 필요한 사항

제63조의8 (2014.2.21 삭제)

제63조의9 【세무조사의 중지】 법 제81조의8제4항에서 "납세자가 자료의 제출을 지연하는 등 대통령령으로 정하는 사유"란 다음 각 호의 어느 하나에 해당하는 경우를 말한다.

1. 법 제81조의7제2항에 따른 세무조사 연기신청 사유에 해당하는 사유가 있어 납세자가 조사중지를 신청한 경우
2. 국외자료의 수집·제출 또는 상호합의절차 개시에 따라 외국 과세기관과의 협의가 필요한 경우
3. 다음 각 목의 어느 하나에 해당하여 세무조사를 정상적으로 진행하기 어려운 경우
   가. 납세자의 소재가 불명한 경우
   나. 납세자가 해외로 출국한 경우
   다. 납세자가 장부·서류 등을 은닉하거나 그 제출을 지연 또는 거부한 경우
   라. 노동쟁의가 발생한 경우
   마. 그 밖에 이와 유사한 사유가 있는 경우
   (2013.2.15 본호개정)
4. (2013.2.15 삭제)
5. 제63조의16제1항제1호(같은 조 제2항에서 위임한 경우를 포함한다)에 따라 법 제81조의16제2항에 따른 납세자보호관 또는 담당관이 세무조사의 일시중지를 요청하는 경우(2020.2.11 본호개정)
(2010.2.18 본조신설)

제63조의10 【세무조사 범위의 확대】 법 제81조의9제1항에서 "구체적인 세금탈루 혐의가 여러 과세기간 또는 다른 세목까지 관련되는 것으로 확인되는 경우 등 대통령령으로 정하는 경우"란 다음 각 호의 어느 하나에 해당하는 경우를 말한다.

1. 다른 과세기간·세목 또는 항목에 대한 구체적인 세금탈루 증거자료가 확인되어 다른 과세기간·세목 또는 항목에 대한 조사가 필요한 경우

2. 명백한 세금탈루 혐의 또는 세법 적용의 착오 등이 있는 조사대상 과세기간의 특정 항목이 다른 과세기간에도 있어 동일하거나 유사한 세금탈루 혐의 또는 세법 적용 착오 등이 있을 것으로 의심되어 다른 과세기간의 그 항목에 대한 조사가 필요한 경우
(2019.2.12 본조개정)

제63조의11【장부등의 일시 보관 방법 및 절차】① 세무공무원은 법 제81조의10제2항에 따라 법 제81조의2제2항제1호에 따른 장부등(이하 "장부등"이라 한다)을 일시보관하려는 경우 장부등의 일시 보관 전에 납세자, 소지자 또는 보관자 등 정당한 권한이 있는 자(이하 이 조에서 "납세자등"이라 한다)에게 다음 각 호의 사항을 고지하여야 한다.
1. 법 제81조의6제3항 각 호의 사유 중 장부등을 일시 보관하는 사유
2. 납세자등이 동의하지 아니하는 경우에는 장부등을 일시 보관할 수 없다는 내용
3. 납세자등이 임의로 제출한 장부등에 대해서만 일시 보관할 수 있다는 내용
4. 납세자등이 요청하는 경우 일시 보관 중인 장부등을 반환받을 수 있다는 내용
② 납세자등은 조사목적이나 조사범위와 관련이 없는 등의 사유로 일시 보관에 동의하지 아니하는 장부등에 대해서는 세무공무원에게 일시 보관할 장부등에서 제외할 것을 요청할 수 있다. 이 경우 세무공무원은 정당한 사유 없이 해당 장부등을 일시 보관할 수 없다.
③ 법 제81조의10제4항 및 제5항에 따라 장부등을 반환한 경우를 제외하고 세무공무원은 해당 세무조사를 종결할 때까지 일시 보관한 장부등을 모두 반환하여야 한다.
(2018.2.13 본조신설)

제63조의12【부분조사 사유】① 법 제81조의11제3항제6호에서 "대통령령으로 정하는 경우"란 다음 각 호의 어느 하나에 해당하는 경우를 말한다.
1. 법인이 주식 또는 출자지분을 시가보다 높거나 낮은 가액으로 거래하거나 「법인세법 시행령」 제88조제1항제8호 각 목 및 같은 항 제8호의2의 자본거래로 인하여 해당 법인의 특수관계인인 다른 주주 등에게 이익을 분여(分與)하거나 분여받은 구체적인 혐의가 있는 경우로서 해당 혐의에 대한 확인이 필요한 경우
2. 무자료거래, 위장·가공 거래 등 특정 거래 내용이 사실과 다른 구체적인 혐의가 있는 경우로서 조세채권의 확보 등을 위하여 긴급한 조사가 필요한 경우
3. 과세관청 외의 기관이 직무상 목적을 위해 작성하거나 취득하여 과세관청에 제공한 자료의 처리를 위해 조사하는 경우(2021.2.17 본호신설)
4. 「소득세법」 제156조의2제1항·제2항 및 「법인세법」 제98조의4제1항·제2항에 따른 조세조약상의 비과세·면제 적용 신청의 내용을 확인할 필요가 있는 경우 (2022.2.15 본호신설)
(2018.2.13 본조개정)

제63조의13【세무조사의 결과 통지 및 예외】① 법 제81조의12제1항제3호에서 "대통령령으로 정하는 사항"이란 다음 각 호의 사항을 말한다.(2020.2.11 본문개정)
1. 세무조사 대상 세목 및 과세기간
2. 과세표준 및 세액을 결정 또는 경정하는 경우 그 사유(근거 법령 및 조항, 과세표준 및 세액 계산의 기초가 되는 구체적 사실관계 등을 포함한다) (2021.2.17 본호개정)
2의2. 가산세의 종류, 금액 및 그 산출근거 (2021.2.17 본호신설)
3. 관할세무서장이 해당 국세의 과세표준과 세액을 결정 또는 경정하여 통지하기 전까지 법 제45조에 따른 수정신고가 가능하다는 사실

4. 법 제81조의15에 따른 과세전적부심사를 청구할 수 있다는 사실
(2018.2.13 본항신설)
② 법 제81조의12제1항 각 호 외의 부분 단서에서 "납세관리인을 정하지 아니하고 국내에 주소 또는 거소를 두지 아니한 경우 등 대통령령으로 정하는 경우"란 다음 각 호의 어느 하나에 해당하는 경우를 말한다.
(2020.2.11 본문개정)
1. 납세관리인을 정하지 아니하고 국내에 주소 또는 거소를 두지 아니한 경우
2. 법 제65조제1항제3호 단서(법 제66조제6항 및 제80조의2에서 준용하는 경우를 포함한다) 및 제81조의15제5항제2호 단서에 따른 재조사 결정에 의한 조사를 마친 경우(2023.2.28 본호개정)
3. 세무조사결과통지서 수령을 거부하거나 회피하는 경우(2018.2.13 본호신설)
(2018.2.13 본조제목개정)

제63조의14【과세정보의 안전성 확보조치】① 법 제81조의13제1항 단서에 따라 과세정보를 제공받은 자(이하 이 조에서 "과세정보를 제공받은 자"라 한다)는 과세정보의 안전성을 확보하기 위해 다음 각 호의 조치를 해야 한다.
1. 과세정보의 유출, 변조 등을 방지하기 위한 정보보호시스템의 구축
2. 과세정보 이용이 가능한 업무담당자 지정 및 업무담당자 외의 자에 대한 과세정보 이용 금지
3. 과세정보 보관기간 설정 및 보관기간 경과 시 과세정보의 파기
② 과세정보를 제공받은 자는 제1항 각 호에 해당하는 조치의 이행 여부를 주기적으로 점검해야 한다.
③ 국세청장은 과세정보를 제공받은 자에게 제2항에 따른 점검결과의 제출을 요청할 수 있으며, 해당 요청을 받은 자는 그 점검결과를 국세청장에게 제출해야 한다.
(2020.2.11 본조신설)

제63조의15【과세전적부심사의 범위 및 청구 절차 등】① 법 제81조의15제2항 각 호 외의 부분 단서에서 "법령과 관련하여 국세청장의 유권해석을 변경하여야 하거나 새로운 해석이 필요한 경우 등 대통령령으로 정하는 사항"이란 다음 각 호의 어느 하나에 해당하는 것을 말한다.(2019.2.12 본문개정)
1. 법령과 관련하여 국세청장의 유권해석을 변경하여야 하거나 새로운 해석이 필요한 것
2. 국세청장의 훈령·예규·고시 등과 관련하여 새로운 해석이 필요한 것
3. 세무서 또는 지방국세청에 대한 국세청장의 업무감사 결과(현지시정조치를 포함한다)에 따라 세무서장 또는 지방국세청장이 하는 과세예고통지에 관한 것(2017.2.7 본호개정)
4. 제1호부터 제3호까지의 규정에 해당하지 아니하는 사항 중 과세전적부심사 청구금액이 10억원 이상인 것
5. 「감사원법」 제33조에 따른 시정요구에 따라 세무서장 또는 지방국세청장이 과세처분하는 경우로서 시정요구 전에 과세처분 대상자가 감사원의 지적사항에 대한 소명안내를 받지 못한 것(2018.2.13 본호신설)
② (2019.2.12 삭제)
③ 법 제81조의15제3항제4호에서 "대통령령으로 정하는 경우"란 다음 각 호의 어느 하나에 해당하는 경우를 말한다.(2019.2.12 본문개정)
1. 「국제조세조정에 관한 법률」에 따라 조세조약을 체결한 상대국이 상호합의 절차의 개시를 요청한 경우(2017.2.7 본호신설)
2. 법 제65조제1항제3호 단서(법 제66조제6항 및 제80조의2에서 준용하는 경우를 포함한다) 및 제81조의15제5항제2호 단서에 따른 재조사 결정에 따라 하는 경우(2023.2.28 본호개정)

④ 법 제81조의15제2항에 따라 과세전적부심사 청구를 받은 세무서장·지방국세청장 또는 국세청장은 그 청구 부분에 대하여 같은 조 제4항에 따른 결정이 있을 때까지 과세표준 및 세액의 결정이나 경정결정을 유보(留保)하여야 한다. 다만, 법 제81조의15제3항 각 호의 어느 하나에 해당하는 경우 또는 같은 조 제8항에 따른 신청이 있는 경우에는 그러하지 아니하다.(2019.2.12 본항개정)
⑤ 법 제81조의15제2항 각 호의 어느 하나에 해당하는 통지를 받은 자는 과세전적부심사 청구를 할 때 해당 통지를 한 세무서장·지방국세청장(같은 항 단서에 해당하는 경우에는 국세청장을 말한다)에게 다음 각 호의 사항을 적은 과세전적부심사청구서를 제출하여야 한다. 이 경우 증거서류나 증거물이 있으면 첨부하여야 한다.(2019.2.12 전단개정)
1. 청구인의 주소 또는 거소와 성명
2. 세무조사 결과 통지 또는 법 제81조의15제1항 각 호의 통지를 받은 날짜(2019.2.12 본호개정)
3. 청구 세액
4. 청구 내용 및 이유
⑥ 과세전적부심사청구서가 법 제81조의15제2항 각 호의 어느 하나에 해당하는 통지를 한 세무서장·지방국세청장 외의 세무서장·지방국세청장 또는 국세청장에게 제출된 경우에는 해당 과세전적부심사청구서를 소관 세무서장·지방국세청장 또는 국세청장에게 지체 없이 송부하고, 그 뜻을 해당 청구인에게 통지하여야 한다.(2019.2.12 본항개정)
⑦ 제1항 및 제3항부터 제6항까지에서 규정한 사항 외에 과세전적부심사청구의 결정 통지 등에 필요한 사항은 기획재정부령으로 정한다.(2019.2.12 본항개정)

제63조의16【납세자보호관 및 담당관의 자격·직무 등】
① 법 제81조의16제2항에 따른 납세자보호관(이하 "납세자보호관"이라 한다)의 직무 및 권한은 다음 각 호와 같다.
1. 위법·부당한 세무조사 및 세무조사 중 세무공무원의 위법·부당한 행위에 대한 일시중지 및 중지
1의2. 세무조사 과정에서 위법·부당한 행위를 한 세무공무원 교체 명령 및 징계 요구(2020.2.11 본호신설)
2. 위법·부당한 처분(세법에 따른 납세의 고지는 제외한다)에 대한 시정요구
3. 위법·부당한 처분이 행하여 질 수 있다고 인정되는 경우 그 처분 절차의 일시중지 및 중지
4. 납세서비스 관련 제도·절차 개선에 관한 사항
5. 납세자의 권리보호업무에 관하여 세무서 및 지방국세청의 담당관(법 제81조의16제2항에 따라 세무서 및 지방국세청에 납세자 권리보호업무를 수행하기 위하여 두는 담당관을 말한다. 이하 "납세자보호담당관"이라 한다)에 대한 지도·감독
6. 세금 관련 고충민원의 해소 등 납세자 권리보호에 관한 사항
7. 그 밖에 납세자의 권리보호와 관련하여 국세청장이 정하는 사항
(2018.2.13 본항개정)
② 납세자보호관은 제1항에 따른 업무를 효율적으로 수행하기 위하여 납세자보호담당관에게 그 직무와 권한의 일부를 위임할 수 있다.(2018.2.13 본항개정)
③ 납세자보호담당관은 세무서 소속 공무원 중에서 그 직급·경력 등을 고려하여 국세청장이 정하는 기준에 해당하는 사람으로 한다.(2018.2.13 본항개정)
④ 납세자보호담당관의 직무 및 권한은 다음 각 호와 같다.(2018.2.13 본문개정)
1. 세금 관련 고충민원의 해소 등 납세자 권리보호에 관한 사항
2. 세무조사 과정에서 세무공무원의 법 제81조의4제1항부터 제3항까지의 규정 준수 여부에 대한 점검(2020.2.11 본호신설)

3. 조사대상 과세연도의 수입금액이 「소득세법 시행령」 제131조의2제1항제1호 각 목의 업종별 기준수입금액 이하인 개인사업자 및 내국법인에 대한 세무조사 참관(2021.1.5 본호개정)
4. 제2항에 따라 위임받은 업무(2018.2.13 본호개정)
5. 그 밖에 납세자 권리보호에 관하여 국세청장이 정하는 사항
⑤ 납세자보호담당관은 제4항제2호에 따라 규정 준수 여부를 점검한 결과 세무공무원의 세무조사권 남용 행위가 발견된 경우에는 납세자보호위원회의 심의를 거쳐 이를 납세자보호관에게 보고해야 한다.(2020.2.11 본항신설)
⑥ 제5항에 따라 보고를 받은 납세자보호관은 납세자보호위원회의 심의과정에서 중요 사실관계의 누락 등이 있는 경우 해당 납세자보호위원회에 다시 심의할 것을 요청할 수 있으며, 세무조사권 남용행위가 인정되는 세무공무원을 해당 세무조사에서 배제시키는 명령을 해야 한다.(2020.2.11 본항신설)
(2010.2.18 본조신설)

제63조의17【납세자보호위원회】
① 법 제81조의18에 따른 납세자보호위원회(이하 이 조에서 "위원회"라 한다)는 위원장 1명을 포함하여 다음 각 호의 구분에 따른 위원으로 구성한다.
1. 세무서에 두는 위원회 : 14명 이내의 위원
2. 지방국세청에 두는 위원회 : 18명 이내의 위원
3. 국세청에 두는 위원회 : 18명 이내의 위원
(2018.2.13 본호신설)
② 위원회의 위원은 다음 각 호의 구분에 따른 사람이 된다.
1. 세무서에 두는 위원회 : 다음 각 목의 사람
 가. (2018.2.13 삭제)
 나. 세무서에 납세자 권리보호 업무를 수행하기 위해 두는 납세자보호담당관 1명(2018.2.13 본목개정)
 다. 세무서장이 추천하는 변호사, 세무사, 교수 등으로서 법률 또는 회계에 관한 학식과 경험이 풍부한 사람 중에서 지방국세청장이 위촉하는 13명 이내의 사람(2018.2.13 본목개정)
2. 지방국세청에 두는 위원회 : 다음 각 목의 사람
 가. (2018.2.13 삭제)
 나. 지방국세청에 납세자 권리보호 업무를 수행하기 위해 두는 납세자보호담당관 1명(2018.2.13 본목개정)
 다. 지방국세청장이 추천하는 변호사, 세무사, 교수 등으로서 법률 또는 회계에 관한 학식과 경험이 풍부한 사람 중에서 국세청장이 위촉하는 17명 이내의 사람(2018.2.13 본목개정)
3. 국세청에 두는 위원회 : 다음 각 목의 사람
 가. 납세자보호관 1명
 나. 기획재정부장관이 추천하는 조세·법률·회계분야의 전문가로서 국세청장이 위촉하는 사람 7명(2023.2.28 본목개정)
 다. 「세무사법」 제18조에 따른 한국세무사회의 장이 추천하는 5년 이상 경력을 가진 세무사로서 국세청장이 위촉하는 사람 2명
 라. 「공인회계사법」 제41조에 따른 한국공인회계사회의 장이 추천하는 5년 이상의 경력을 가진 공인회계사로서 국세청장이 위촉하는 사람 2명
 마. 「변호사법」에 따른 대한변호사협회의 장이 추천하는 5년 이상의 경력을 가진 변호사로서 국세청장이 위촉하는 사람 2명
 바. 「비영리민간단체 지원법」 제2조에 따른 비영리민간단체가 추천하는 5년 이상의 경력을 가진 조세·법률 또는 회계 분야의 전문가 중 국세청장이 위촉하는 사람 4명
(2018.2.13 본호신설)

③ 위원회의 위원장(이하 이 조에서 "위원장"이라 한다)은 위원회를 대표하고 위원회의 업무를 총괄한다.
④ 위원장이 부득이한 사유로 직무를 수행할 수 없을 때에는 제2항 각 호의 구분에 따른 위원 중 국세청장(세무서에 두는 위원회의 경우에는 지방국세청장을 말한다)이 위촉하는 위원(이하 이 조에서 "민간위원"이라 한다) 중 위원장이 미리 지명한 위원이 그 직무를 대행한다.(2019.2.12 본항개정)
⑤ 위원장과 민간위원의 임기는 2년으로 하며, 한 차례만 연임할 수 있다.(2019.2.12 본항개정)
⑥ 다음 각 호의 어느 하나에 해당하는 사람은 민간위원이 될 수 없다.
1. 「공직자윤리법」 제17조에 따른 취업심사대상기관에 소속되어 있거나 취업제한기관에서 퇴직한 지 3년이 지나지 않은 사람(2020.6.2 본호개정)
2. 최근 3년 이내에 해당 위원회를 둔 세무서, 지방국세청 또는 국세청에서 공무원으로 근무한 사람
3. 「세무사법」 제17조에 따른 징계처분을 받은 날부터 5년이 지나지 않은 사람
4. 그 밖에 공정한 직무수행에 지장이 있다고 인정되는 사람으로서 국세청장이 정하는 사람
(2019.2.12 본항신설)
⑦ 국세청장(세무서에 두는 위원회의 경우에는 지방국세청장을 말한다)은 위원장과 민간위원이 다음 각 호의 어느 하나에 해당하는 경우에는 해당 위원을 해촉할 수 있다.(2019.2.12 본문개정)
1. 심신장애로 인하여 직무를 수행할 수 없게 된 경우
2. 직무와 관련된 비위사실이 있는 경우
3. 직무태만, 품위손상이나 그 밖의 사유로 인하여 위원으로 적합하지 아니하다고 인정되는 경우
4. 위원 스스로 직무를 수행하는 것이 곤란하다고 의사를 밝히는 경우
5. 제13항 각 호의 어느 하나에 해당하는 데에도 불구하고 회피하지 아니한 경우(2019.2.12 본호개정)
(2018.2.13 본항개정)
⑧ 위원장은 법 제81조의18제2항 각 호 또는 같은 조 제3항 각 호의 안건에 대한 심의가 필요하다고 인정하거나 납세자보호관 또는 납세자보호담당관인 위원의 요구가 있는 경우 기일을 정하여 위원회의 회의를 소집하고, 그 의장이 된다.(2018.2.13 본항개정)
⑨ 위원회의 회의는 위원장 및 납세자보호관 또는 납세자보호담당관인 위원과 다음 각 호에 따른 사람으로 구성한다.
1. 세무서에 두는 위원회 : 위원장이 납세자보호담당관인 위원의 의견을 들어 회의마다 지정하는 사람 5명
2. 지방국세청에 두는 위원회 : 위원장이 납세자보호담당관인 위원의 의견을 들어 회의마다 지정하는 사람 7명
3. 국세청에 두는 위원회 : 위원장이 납세자보호관인 위원의 의견을 들어 회의마다 지정하는 사람 7명
(2018.2.13 본항개정)
⑩ 위원회의 회의는 제9항에 따라 구성된 위원 과반수의 출석으로 개의하고, 출석위원 과반수의 찬성으로 의결한다.(2019.2.12 본항개정)
⑪ 위원회의 회의는 공개하지 아니한다. 다만, 위원장이 필요하다고 인정하는 경우에는 납세자보호담당관인 위원의 의견을 들어 공개할 수 있다.
⑫ 위원회에 그 사무를 처리하게 하기 위하여 간사 1명을 두고, 간사는 다음 각 호의 구분에 따른 사람이 된다.(2018.2.13 본문개정)
1. 세무서에 두는 위원회 : 세무서장이 소속 공무원 중에서 지명하는 사람(2018.2.13 본호신설)
2. 지방국세청에 두는 위원회 : 지방국세청장이 소속 공무원 중에서 지명하는 사람(2018.2.13 본호신설)

3. 국세청에 두는 위원회 : 국세청장이 소속 공무원 중에서 임명하는 사람(2018.2.13 본호신설)
⑬ 위원회의 위원은 다음 각 호의 어느 하나에 해당하는 경우에는 위원회의 심의·의결에서 제척된다.
1. 세무조사를 받는 자(이하 이 항에서 "조사대상자"라 한다) 또는 법 제81조의5에 따라 조사대상자의 세무조사에 대하여 조력을 제공하거나 제공하였던 자인 경우
2. 제1호에 규정된 사람의 친족이거나 친족이었던 경우
3. 제1호에 규정된 사람의 사용인이거나 사용인이었던 경우
4. 심의의 대상이 되는 세무조사에 관하여 증언 또는 감정을 한 경우
5. 세무조사 착수일 전 최근 5년 이내에 조사대상자의 법 또는 세법에 따른 신고·신청·청구에 관여하였던 경우
6. 제4호 또는 제5호에 해당하는 법인 또는 단체에 속하거나 세무조사 착수일 전 최근 5년 이내에 속하였던 경우
7. 그 밖에 조사대상자 또는 법 제81조의5에 따라 조사대상자의 세무조사에 대하여 조력을 제공하는 자의 업무에 관여하거나 관여하였던 경우
(2015.2.3 본항신설)
⑭ 위원회의 위원은 제13항 각 호의 어느 하나에 해당하는 경우에는 스스로 해당 안건의 심의·의결에서 회피하여야 한다.(2019.2.12 본항개정)
⑮ 제1항부터 제14항까지에서 규정한 사항 외에 위원회의 구성 및 운영 등에 필요한 사항은 국세청장이 정한다.(2019.2.12 본항개정)
(2014.2.21 본조신설)

제63조의18【납세자보호위원회에 대한 납세자의 심의 등의 요청 및 결과 통지 등】 ① 납세자가 법 제81조의19제1항에 따라 심의를 요청하는 경우 및 같은 조 제3항에 따라 취소 또는 변경 요청을 하는 경우에는 서면으로 하여야 한다.
② 세무서장 또는 지방국세청장이 법 제81조의19제2항에 따른 결과를 통지하거나 국세청장이 같은 조 제4항에 따른 결과를 통지하는 경우에는 서면으로 하여야 한다.
③ 법 제81조의19제5항에서 "납세자가 세무조사를 기피하려는 것이 명백한 경우 등 대통령령으로 정하는 경우"란 다음 각 호의 경우를 말한다.
1. 납세자가 장부·서류 등을 은닉하거나 제출을 지연하거나 거부하는 등 조사를 기피하는 행위가 명백한 경우
2. 납세자의 심의 요청 및 취소 또는 변경 요청이 세무조사를 기피하려는 행위임을 세무공무원이 자료·근거 등으로 명백하게 입증하는 경우
④ 법 제81조의19제7항에 따라 의견 진술을 신청하려는 납세자는 다음 각 호의 사항을 적은 문서를 관할 세무서장, 지방국세청장 또는 국세청장에게 제출하여야 한다.
1. 진술자의 성명(법인인 경우 법인의 대표자 성명)
2. 진술자의 주소 또는 거소
3. 진술하려는 내용
⑤ 제4항의 신청을 받은 관할 세무서장, 지방국세청장 또는 국세청장은 출석 일시 및 장소와 필요하다고 인정하는 진술시간을 정하여 회의 개최일 3일 전까지 납세자에게 통지하여야 한다.
⑥ 제1항부터 제5항까지에서 규정한 사항 이외에 납세자보호위원회에 대한 납세자의 심의 요청 및 결과 통지 등에 필요한 사항은 국세청장이 정한다.
(2018.2.13 본조신설)

제63조의19【납세자 권리 행사에 필요한 정보의 제공】 ① 법 제81조의14제1항에 따라 세무공무원이 제공

하는 정보의 범위는 다음 각 호의 구분에 따른다.
1. 납세자 본인이 요구하는 경우: 납세자 본인의 납세와 관련된 정보
2. 납세자로부터 세무업무를 위임받은 자가 요구하는 경우: 제1호에 따른 정보로서 「개인정보 보호법」 제23조에 따른 민감정보에 해당하지 아니하는 정보
② 세무공무원은 법 제81조의14제1항에 따라 정보를 제공하는 경우에는 주민등록증 등 신분증명서에 의하여 정보를 요구하는 자가 납세자 본인 또는 납세자로부터 세무업무를 위임받은 자임을 확인하여야 한다. 다만, 세무공무원이 정보통신망을 통하여 정보를 제공하는 경우에는 전자서명 등을 통하여 그 신원을 확인하여야 한다.
③ 제1항 및 제2항에서 규정한 사항 외에 납세자의 권리 행사에 필요한 정보의 제공 방법·절차 등에 관하여 필요한 사항은 국세청장이 정한다.
(2015.2.3 본조신설)

제7장 보 칙
(2010.2.18 본장개정)

제64조【납세관리인 설정 신고】 ① 법 제82조제3항 전단에 따라 납세관리인의 설정을 신고하려는 자는 다음 각 호의 사항을 적은 문서를 관할 세무서장에게 제출하여야 한다.
1. 납세자의 성명과 주소 또는 거소
2. 납세관리인의 성명과 주소 또는 거소
3. 설정의 이유
② 법 제82조제3항 후단에 따라 납세관리인을 변경신고하려는 자는 다음 각 호의 사항을 적은 문서를 관할 세무서장에게 제출하여야 한다.
1. 제1항제1호 및 제2호에 열거된 사항
2. 변경 후 납세관리인의 성명과 주소 또는 거소
3. 변경의 이유
③ 법 제82조제4항에 따라 관할 세무서장이 납세자의 재산이나 사업의 관리인을 납세관리인으로 정한 경우에는 해당 납세자와 납세관리인에게 지체 없이 그 사실을 통지하여야 한다.
제64조의2【납세관리인의 업무 범위】 납세관리인은 다음의 사항에 관하여 납세자를 대리할 수 있다.
1. 이 법 및 세법에 따른 신고, 신청, 청구, 그 밖의 서류의 작성 및 제출
2. 세무서장 등이 발급한 서류의 수령
3. 국세 등의 납부 또는 국세환급금의 수령
제65조【납세관리인의 변경 조치】 ① 세무서장은 납세관리인이 부적당하다고 인정될 때에는 기한을 정하여 납세자에게 그 변경을 요구할 수 있다.
② 제1항의 요구를 받은 납세자가 정해진 기한까지 납세관리인 변경의 신고를 하지 아니하면 납세관리인의 설정은 없는 것으로 본다.
제65조의2【납세지도교부금】 ① 법 제84조제3항에 따른 납세지도교부금(이하 "교부금"이라 한다)을 받으려는 단체는 다음 각 호의 사항을 적은 교부금지급신청서를 교부금을 받으려는 연도의 1월 31일까지 국세청장에게 제출하여야 한다.
1. 신청단체의 명칭, 주소 및 대표자의 성명
2. 납세지도 사업 내용
3. 납세지도에 필요한 경비와 지급받으려는 교부금액
4. 납세지도 실시기간
5. 지급되는 교부금이 필요한 경비보다 적은 경우 그 대책
② 국세청장은 제1항에 따라 교부금지급신청서가 제출된 경우에는 사업의 적정성, 실현 가능성 및 그 효과 등을 고려하여 해당 연도 2월 말까지 교부금의 지급 여부를 결정하여야 한다.

③ 국세청장은 제2항에 따라 교부금의 지급을 결정할 때 교부금의 지급목적을 달성하는 데 필요하다고 인정되는 조건을 붙일 수 있다.
④ 국세청장은 제2항에 따라 교부금 지급 여부를 결정하거나, 제3항에 따라 교부금 지급의 조건을 붙인 경우에는 이를 교부금 지급신청자에게 지체 없이 통지하여야 한다.
⑤ 교부금을 받은 납세지도단체는 교부금을 받은 연도의 다음 연도 1월 20일까지 납세지도 사업실적 보고서를 국세청장에게 제출하여야 한다.
⑥ 국세청장은 납세지도단체가 교부금을 다른 용도로 사용하거나, 교부금의 지급조건을 위반한 경우에는 교부금 지급결정의 전부 또는 일부를 취소하거나 이미 지급된 교부금의 반환을 명하여야 한다.
⑦ 제1항부터 제6항까지에서 규정한 사항 외에 교부금의 신청, 결정, 지급, 반환 등에 필요한 사항은 기획재정부령으로 정한다.
제65조의3【고지금액의 최저한도】 법 제83조에서 "대통령령으로 정하는 금액"이란 1만원을 말한다. (2012.2.2 본조개정)
제65조의4【포상금의 지급】 ① 법 제84조의2제1항제1호에 해당하는 자(이하 "조세탈루제보자"라 한다) 또는 같은 항 제2호에 해당하는 자(이하 "은닉재산신고자"라 한다)가 제1호의 지급 요건을 갖춘 경우에는 탈루하였거나 부당하게 환급·공제받은 세액(「조세범 처벌법」 제10조제1항부터 제4항까지의 규정에 따른 세금계산서의 발급이나 위반 등에 대하여 포상금을 지급하는 경우에는 공급가액에 부가가치세의 세율을 적용하여 계산한 세액의 100분의 30에 해당하는 금액을 말하며, 이하 이 조에서 "탈루세액등"이라 한다) 또는 은닉재산의 신고를 통하여 징수된 금액(이하 이 조에서 "징수금액"이라 한다)에 제2호에 따른 지급률을 각각 적용하여 계산한 금액(조세탈루제보자에 대해서는 40억원, 은닉재산신고자에 대해서는 30억원을 한도로 한다)을 포상금으로 지급할 수 있다. 다만, 탈루세액등이 일부 납부된 경우에는 전단의 포상금 지급금액 범위에서 제3호의 지급기준에 따라 포상금을 지급할 수 있다.
(2022.2.15 본문개정)
1. 지급 요건: 다음 각 목의 기간이 모두 지나 해당 불복 절차가 모두 종료되고, 탈루세액등이 납부(「조세범 처벌법」에 따른 조세범칙행위로 인한 탈루세액등에 따라 포상금을 지급하는 경우에는 「조세범 처벌절차법」 제15조에 따른 통고의 이행이나 재판에 의한 형의 확정을 말하며, 이하 이 항에서 같다)되었거나 재산은닉자의 체납액에 해당하는 금액이 징수되었을 것(2022.2.15 본문개정)
   가. 법 제61조에 따른 심사청구기간과 법 제68조에 따른 심판청구기간
   나. 「감사원법」 제44조에 따른 심사청구의 제척기간과 같은 법 제46조의2에 따른 행정소송 제기기간
   다. 「행정소송법」 제20조에 따른 제소기간
2. 지급률: 다음 표의 구분에 따를 것

탈루세액등 또는 징수금액	지급률
5천만원 이상 5억원 이하	100분의 20
5억원 초과 20억원 이하	1억원 + 5억원 초과 금액의 100분의 15
20억원 초과 30억원 이하	3억2천5백만원 + 20억원 초과 금액의 100분의 10
30억원 초과	4억2천5백만원 + 30억원 초과 금액의 100분의 5

(2022.2.15 본호개정)

3. 탈루세액등이 일부 납부된 경우의 포상금 지급 기준 : 다음 각 목에 따라 지급할 것
  가. 일부 납부된 탈루세액등(이미 납부된 탈루세액등이 있는 경우에는 그 탈루세액등을 누적한 금액을 말한다)에 제2호의 지급률(일부 납부된 탈루세액등의 금액을 기준으로 한 지급률을 말한다)을 적용하여 계산한 금액을 지급. 이 경우 이미 지급한 포상금이 있는 경우에는 이를 차감한다.
  나. 최종적으로 탈루세액등이 완납된 경우에는 탈루세액등이 전부 납부된 경우에 지급하는 포상금액과 가목에 따라 지급한 포상금의 차액을 지급
(2021.2.17 본항개정)
② 제1항에 따라 과세관청이 포상금을 지급(같은 항 제3호를 적용하는 경우도 포함한다)하려는 경우에는 조세탈루제보자 또는 은닉재산신고자에게 제1항제1호의 요건을 갖춘 날부터 15일 이내에 포상금 지급 대상이라는 사실과 지급 절차, 포상금을 지급하기 위해 제보자 또는 신고자가 제출해야 하는 서류 등을 안내해야 한다.(2022.2.15 본항개정)
③ (2022.2.15 삭제)
④ 탈루세액등에는 다음 각 호의 사유로 세액의 차이가 발생한 경우 그 차액을 포함하지 아니한다.
1. 세무회계와 기업회계간의 차이로 인하여 세액의 차이가 발생한 경우
2. 「상속세 및 증여세법」에 따른 평가가액의 착오로 인하여 세액의 차이가 발생한 경우
3. 소득, 거래 등에 대한 귀속연도의 착오로 인하여 세액의 차이가 발생한 경우
⑤ (2022.2.15 삭제)
⑥ 법 제84조의2제1항제3호 또는 제4호에 해당하는 자에게는 신용카드·현금영수증의 결제·발급을 거부하거나 사실과 다르게 발급한 금액(사실과 다르게 발급한 경우 발급하여야 할 금액과의 차액을 말한다. 이하 이 항에서 "거부금액"이라 한다)에 따라 다음의 금액을 포상금으로 지급할 수 있다. 다만, 포상금으로 지급할 금액 중 1천원 미만의 금액은 없는 것으로 하고, 동일인이 받을 수 있는 포상금은 연간 200만원을 한도로 한다.

거부금액	지급금액
5천원 이상 5만원 이하	1만원
5만원 초과 250만원 이하	거래금액의 100분의 20에 해당하는 금액
250만원 초과	50만원

⑦ 법 제84조의2제1항 각 호 외의 부분 단서에서 "대통령령으로 정하는 금액"이란 다음 각 호의 구분에 따른 금액을 말한다.
1. 탈루세액등 또는 징수금액 : 5천만원
2. 해외금융계좌 신고의무 불이행에 따른 과태료 금액(이하 이 조에서 "과태료금액"이라 한다) : 2천만원
(2016.2.5 본항개정)
⑧ 법 제84조의2제1항제3호 각 목 외의 부분 단서에서 "대통령령으로 정하는 것"이란 「여신전문금융업법」에 따른 직불카드와 선불카드를 말한다.
⑨ 법 제84조의2제1항제3호나목에서 "대통령령으로 정하는 것"이란 직불카드 영수증과 선불카드 영수증을 말한다.
⑩ 법 제84조의2제1항제3호나목에서 "대통령령으로 정하는 경우"란 신용카드에 의한 거래를 이유로 재화나 용역의 대가를 현금에 의한 거래(현금영수증을 발급받은 경우는 제외한다)보다 재화나 용역을 공급받은 자에게 불리하게 기재하여 신용카드매출전표를 발급하는 경우를 말한다.
⑪ 현금영수증을 발급한 후 재화나 용역을 공급받은 자의 의사에 반하여 그 발급을 취소하는 경우에는 법 제84조의2제1항제4호가목의 현금영수증 발급을 거부하는 것으로 본다.
⑫ 법 제84조의2제1항제4호나목에서 "대통령령으로 정하는 경우"란 현금영수증의 발급을 이유로 재화나 용역의 대가를 다르게 기재하여 현금영수증을 발급하는 경우를 말한다.
⑬ 법 제84조의2제2항제1호다목에서 "대통령령으로 정하는 자료"란 다음 각 호의 어느 하나에 해당하는 자료를 말한다.(2012.2.2 본문개정)
1. 조세탈루 또는 부당한 환급·공제와 관련된 회계부정 등에 관한 자료
2. 조세탈루와 관련된 토지 및 주택 등 부동산투기거래에 관한 자료
3. 조세탈루와 관련된 밀수·마약 등 공공의 안전을 위협하는 행위에 관한 자료
4. 그 밖에 조세탈루 또는 부당한 환급·공제의 수법, 내용, 규모 등 정황으로 보아 중요한 자료로 보는 것이 타당하다고 인정되는 자료
⑭ 법 제84조의2제3항제3호에서 "대통령령으로 정하는 것"이란 체납자 본인의 명의로 등기된 국내에 있는 부동산을 말한다.
⑮ 법 제84조의2제1항제3호에 따른 신고는 같은 호 각 목의 행위가 있은 날부터 1개월 이내에, 같은 항 제4호에 따른 신고는 같은 호 각 목의 행위가 있은 날부터 5년 이내에 관할 세무서장, 관할 지방국세청장 또는 국세청장에게 하여야 한다.(2012.2.2 본항개정)
⑯ 법 제84조의2제1항제5호에 해당하는 자에게는 신고 건별로 200만원을 포상금으로 지급할 수 있다. 다만, 타인의 명의를 사용하여 사업을 경영하는 자가 다음 각 호의 어느 하나에 해당하는 경우로서 조세를 회피할 목적이 없거나 강제집행을 면탈(免脫)할 목적이 없다고 인정되면 포상금을 지급하지 아니한다.(2022.2.15 본문개정)
1. 배우자, 직계존속 또는 직계비속의 명의로 사업자등록을 하고 사업을 경영하거나 배우자, 직계존속 또는 직계비속 명의의 사업자등록을 이용하여 사업을 경영하는 경우(2016.2.5 본호개정)
2. 약정한 기일 내에 채무를 변제하지 아니하여 「신용정보의 이용 및 보호에 관한 법률」 제25조제2항제1호에 따른 종합신용정보집중기관에 등록된 경우
(2012.2.2 본항개정)
⑰ 법 제84조의2제1항제6호에 해당하는 자에게는 과태료금액 또는 벌금액(징역형에 해당하는 경우에는 「국제조세조정에 관한 법률 시행령」 제103조제1항제1호다목의 신고 대상 계좌별 미신고·과소신고한 금액의 합계액이 50억원 초과인 경우의 과태료 부과기준을 준용하여 산출한 금액)에 다음의 지급률을 곱하여 계산한 금액을 포상금으로 지급할 수 있다. 다만, 20억원을 초과하는 부분은 지급하지 않는다.

과태료금액 또는 벌금액	지급률
2천만원 이상 2억원 이하	100분의 15
2억원 초과 5억원 이하	3천만원+2억원을 초과하는 금액의 100분의 10
5억원 초과	6천만원+5억원을 초과하는 금액의 100분의 5

(2023.2.28 본문개정)
⑱ 법 제84조의2제1항제7호에 해당하는 자에게는 해당 은닉 자산으로 징수한 탈루세액등이 1천만원 이상인 신고 건별로 100만원을 포상금으로 지급할 수 있다. 다만, 동일인이 지급받을 수 있는 포상금은 연간 5천만원을 한도로 한다.(2015.2.3 본문개정)

⑲ 법 제84조의2제1항제4호의2에 해당하는 자에게는 다음 표의 구분에 따른 포상금을 지급할 수 있다. 다만, 포상금으로 지급할 금액 중 1천원 미만의 금액은 없는 것으로 하고, 동일인에게 지급할 수 있는 포상금은 연간 200만원을 한도로 한다.

현금영수증을 발급하지 않은 금액	지급금액
5만원 이하	1만원
5만원 초과 250만원 이하	현금영수증을 발급하지 않은 금액의 100분의 20
250만원 초과	50만원

(2019.2.12 본항개정)
⑳ 국세청장은 다음 각 호의 구분에 따른 날이 속하는 달의 말일부터 2개월 이내에 포상금을 지급해야 한다. (2021.2.17 본문개정)
1. 법 제84조의2제1항제1호 및 제2호에 따른 포상금 : 제2항에 따른 포상금 지급에 관한 안내 기한의 종료일(2022.2.15 본호개정)
2. (2022.2.15 삭제)
3. 법 제84조의2제1항제3호부터 제5호까지의 규정에 따른 포상금 : 신고내용이 사실로 확인된 날
4. 법 제84조의2제1항제6호에 따른 포상금
  가. 과태료 부과처분에 해당하는 경우에는 과태료금액이 납부되고 「질서위반행위규제법」 제20조에 따른 이의제기기간이 지났거나 「비송사건절차법」에 따른 불복청구 절차가 종료되어 과태료 부과처분이 확정된 날
  나. 징역형 또는 벌금형에 해당하는 경우에는 재판에 의하여 형이 확정된 날
(2013.2.15 본항개정)
5. 법 제84조의2제1항제7호에 따른 포상금 : 탈루세액 등이 확인된 날(2013.2.15 본호신설)
(2012.2.2 본항개정)
㉑ 법 제84조의2제1항 각 호의 어느 하나에 해당하는 자에게 포상금을 지급하는 경우 같은 사안에 대하여 중복신고가 있으면 최초로 신고한 자에게만 포상금을 지급한다.(2013.2.15 본항신설)
㉒ 포상금의 세부적인 지급방법 등에 관하여 필요한 사항은 국세청장이 정한다.(2012.2.2 본항신설)
제65조의5【과세자료의 제출협조 등】① 법 제85조제1항에 따라 과세자료를 제출할 의무가 있는 자와 같은 조 제2항에 따라 과세와 관계되는 자료 또는 통계를 통보할 의무가 있는 자가 전자계산조직을 운영하고 있는 경우에 국세청장은 국세행정의 효율적인 집행을 위하여 해당 자료를 국세정보통신망을 활용하여 전송하거나 디스켓 또는 자기테이프 등 전자기록매체로 제출할 것을 요청할 수 있다.
② 제1항의 요청을 받은 자는 정당한 사유가 없으면 이에 따라야 한다.
제65조의6 → 제63조의6으로 이동
제65조의7【장부 등의 비치와 보존】① 법 제85조의3제3항에서 "대통령령으로 정하는 기준"이란 다음 각 호의 요건을 말한다.
1. 자료를 저장하거나 저장된 자료를 수정·추가 또는 삭제하는 절차·방법 등 정보보존 장치의 생산과 이용에 관련된 전자계산조직의 개발과 운영에 관한 기록을 보관할 것
2. 정보보존 장치에 저장된 자료의 내용을 쉽게 확인할 수 있도록 하거나 이를 문서화할 수 있는 장치와 절차가 마련되어 있어야 하며, 필요시 다른 정보보존 장치에 복제가 가능하도록 복제할 것
3. 정보보존 장치가 거래 내용 및 변동사항을 포괄하고 있어야 하며, 과세표준과 세액을 결정할 수 있도록 검색과 이용이 가능한 형태로 보존되어 있을 것

② 제1항에 따른 전자기록의 보전방법(保全方法), 그 밖에 필요한 사항은 국세청장이 정한다.
③ 법 제85조의3제4항 단서에서 "대통령령으로 정하는 것"이란 다음 각 호의 어느 하나에 해당하는 문서를 말한다.
1. 「상법 시행령」 등 다른 법령에 따라 원본을 보존하여야 하는 문서
2. 등기·등록 또는 명의개서가 필요한 자산의 취득 및 양도와 관련하여 기명날인 또는 서명한 계약서
3. 소송과 관련하여 제출·접수한 서류 및 판결문 사본. 다만, 재발급이 가능한 서류는 제외한다.
4. 인가·허가와 관련하여 제출·접수한 서류 및 인·허가증. 다만, 재발급이 가능한 서류는 제외한다.
제65조의8【서류접수증의 발급】① 법 제85조의4제1항 본문에서 "대통령령으로 정하는 서류"란 다음 각 호의 어느 하나에 해당하는 서류를 말한다.
1. 이의신청서, 심사청구서 및 심판청구서
2. 세법상 제출기한이 정해진 서류
3. 그 밖에 국세청장이 납세자의 권익보호에 필요하다고 인정하여 지정한 서류
② 법 제85조의4제1항 단서에서 "우편신고 등 대통령령으로 정하는 경우"란 다음 각 호의 어느 하나에 해당하는 경우를 말한다.
1. 납세자가 과세표준신고서 등의 서류를 우편이나 팩스로 제출하는 경우
2. 납세자가 과세표준신고서 등의 서류를 세무공무원을 거치지 아니하고 지정된 신고함에 직접 투입하는 경우
제66조【불성실기부금수령단체 등의 명단 공개】① 법 제85조의5제1항 각 호 외의 부분 단서에서 "대통령령으로 정하는 사유"란 다음 각 호의 구분에 따른 사유를 말한다.(2022.2.15 본문개정)
1. (2021.2.17 삭제)
2. 법 제85조의5제1항제2호에 따른 불성실기부금수령단체 명단공개
  가. 제10항 각 호의 어느 하나에 해당하는지에 대하여 법 제7장에 따른 이의신청·심사청구·심판청구, 「감사원법」에 따른 심사청구 또는 「행정소송법」에 따른 행정소송 중에 있는 경우(2019.2.12 본목개정)
  나. 법 제85조의5제2항에 따른 국세정보위원회(이하 이 조에서 "위원회"라 한다)가 공개할 실익이 없거나 공개하는 것이 부적절하다고 인정하는 경우 (2021.2.17 본목개정)
(2015.2.3 본호신설)
3. 법 제85조의5제1항제3호에 따른 조세포탈범 및 같은 항 제5호에 따른 세금계산서발급의무등위반자 명단공개 : 위원회가 공개할 실익이 없거나 공개하는 것이 부적절하다고 인정하는 경우(2022.2.15 본호개정)
4. 법 제85조의5제1항제4호에 따른 해외금융계좌신고의무위반자 명단공개(2022.2.15 본문개정)
  가. 위원회가 신고의무자의 신고의무 위반에 정당한 사유가 있다고 인정하는 경우(2015.2.3 본목신설)
  나. 「국제조세조정에 관한 법률」 제55조에 따라 수정신고 및 기한 후 신고를 한 경우(해당 해외금융계좌와 관련하여 세무공무원이 세무조사에 착수한 것을 알았거나 과세자료 해명 통지를 받고 수정신고 및 기한 후 신고를 한 경우는 제외한다)(2021.2.17 본목개정)
(2013.2.15 본항개정)
② 위원회는 위원장 1명을 포함하여 다음 각 호의 구분에 따른 위원 20명으로 구성하고, 위원장은 제2호의 위원 중 국세청장이 지명하는 자가 된다.
1. 국세청장이 국세청의 고위공무원단에 속하는 일반직공무원 중에서 임명하는 사람 8명

2. 법률 또는 회계에 관한 학식과 경험이 풍부한 사람 중에서 국세청장이 위촉하는 사람 12명 (2015.2.3 본항개정)
③ 제2항제2호에 따른 위원의 임기는 2년으로 한다.
④ 위원회의 회의는 위원장과 위원장이 지정하는 제2항제1호의 위원 5명과 같은 항 제2호의 위원 5명으로 구성한다.(2015.2.3 본항신설)
⑤ 위원회의 회의는 위원장을 포함한 구성원 과반수의 출석으로 개의하고, 출석위원 과반수의 찬성으로 의결한다.(2016.2.5 본항개정)
⑥ 위원회의 위원은 다음 각 호의 어느 하나에 해당하는 경우에는 위원회의 심의·의결에서 제척된다.
1. 법 제85조의5제1항제2호부터 제5호까지의 규정에 따른 인적사항 등의 공개 대상자(이하 이 항에서 "명단공개대상자"라 한다)인 경우(2022.2.15 본호개정)
2. 제1호에 규정된 사람의 친족이거나 친족이었던 경우
3. 제1호에 규정된 사람의 사용인이거나 사용인이었던 경우
4. 명단공개의 직접적인 원인이 된 세무조사에 관여하였던 경우
5. 명단공개일 전 최근 5년 이내에 명단공개대상자에 관한 법 또는 세법에 따른 신고·신청·청구에 관여하였던 경우
6. 제4호 또는 제5호에 해당하는 법인 또는 단체에 속하거나 명단공개일 전 최근 5년 이내에 속하였던 경우
7. 그 밖에 명단공개대상자의 업무에 관여하거나 관여하였던 경우
(2015.2.3 본항신설)
⑦ 위원회의 위원은 제6항 각 호의 어느 하나에 해당하는 경우에는 스스로 해당 안건의 심의·의결에서 회피하여야 한다.(2015.2.3 본항신설)
⑧ 제2항부터 제7항까지에서 규정한 사항 외에 위원회의 구성 및 운영에 필요한 사항은 국세청장이 정한다.(2015.2.3 본항신설)
⑨ (2021.2.17 삭제)
⑩ 법 제85조의5제1항제2호에서 "대통령령으로 정하는 불성실기부금수령단체"란 기부금을 수령한 단체로서 다음 각 호의 단체를 말한다.(2022.2.15 본문개정)
1. 명단 공개일이 속하는 연도의 직전 연도 12월 31일을 기준으로 최근 2년 이내(제1항제2호가목의 기간은 제외한다)에 「상속세 및 증여세법」에 따른 의무의 불이행으로 추징당한 세액의 합계액이 1천만원 이상인 경우(2019.2.12 본호개정)
2. 명단 공개일이 속하는 연도의 직전 연도 12월 31일을 기준으로 최근 3년 간(제1항제2호가목의 기간은 제외한다)의 「소득세법」 제160조의3 또는 「법인세법」 제112조의2에 따른 기부자별 발급명세를 작성하여 보관하고 있지 아니한 경우(2019.2.12 본호개정)
3. 명단 공개일이 속하는 연도의 직전 연도 12월 31일을 기준으로 최근 3년 이내(제1항제2호가목의 기간은 제외한다)에 기부금액 또는 기부자의 인적사항이 사실과 다르게 발급된 기부금영수증(이하 이 조에서 "거짓영수증"이라 한다)을 5회 이상 발급하였거나 그 발급금액의 합계액이 5천만원 이상인 경우(2019.2.12 본호개정)
4. 명단 공개일이 속하는 연도의 직전 연도 12월 31일을 기준으로 「법인세법 시행령」 제39조제1항제1호가목부터 라목까지의 규정에 따른 공익법인등이 다음 각 목에 해당하는 사실이 2회 이상 확인되는 경우 (2021.2.17 본문개정)
가. 「법인세법 시행령」 제39조제5항 각 호(같은 항 제1호는 제외한다)의 의무를 위반한 사실
나. 「법인세법 시행령」 제39조제6항 후단에 따른 국

세청장의 요구에도 불구하고 의무이행 여부를 보고하지 아니한 사실(2022.2.15 본목개정)
⑪ 불성실기부금수령단체의 명단을 공개할 때 공개할 사항은 단체의 명칭, 대표자, 국세추징 건수 또는 세액, 거짓영수증 발급 건수, 발급금액 또는 의무불이행 내역 등으로 한다.(2018.2.13 본항개정)
⑫ 법 제85조의5제4항에 따라 공개대상자에게 명단 공개대상자임을 통지하는 경우에는 체납된 세금을 납부하도록 촉구하고, 공개 제외 사유에 해당되는 경우에는 이에 관한 소명자료를 제출하도록 안내하여야 한다.(2017.2.7 본항개정)
⑬ (2021.2.17 삭제)
⑭ 법 제85조의5제1항제3호에 따라 조세포탈범의 명단을 공개할 때 공개할 사항은 조세포탈범의 성명·상호(법인의 명칭을 포함한다), 나이, 직업, 주소, 포탈세액 등의 세목·금액, 판결 요지 및 형량 등으로 한다. 이 경우 조세포탈범의 처벌행위가 「조세범 처벌법」 제18조 본문에 해당하는 경우에는 해당 법인의 명칭·주소·대표자 또는 해당 개인의 성명·상호, 주소를 함께 공개한다.(2012.2.2 본항신설)
⑮ 법 제85조의5제1항제4호에 따라 해외금융계좌신고 의무위반자의 명단을 공개할 때 공개할 사항은 신고의무 위반자(법인인 경우에는 법인 대표자를 포함한다)의 성명·법인명, 나이, 직업, 주소, 신고의무 위반금액 등으로 한다.(2022.2.15 본항개정)
⑯ 법 제85조의5제1항제5호에 따라 세금계산서발급의무등위반자의 명단을 공개할 때 공개할 사항은 세금계산서발급의무등위반자의 성명·상호(소속 법인의 명칭을 포함한다), 나이, 직업, 주소, 「특정범죄 가중처벌 등에 관한 법률」 제8조의2제1항제1호에 따른 공급가액 등의 합계액, 판결 요지와 형량 등으로 한다.(2022.2.15 본항신설)
⑰ 국세청장이 법 제85조의5제5항에 따라 명단을 국세정보통신망 또는 관할세무서 게시판에 게시하는 방법으로 공개하는 경우 그 공개 기간은 게시일부터 다음 각 호의 구분에 따른 기간이 만료하는 날까지로 한다.
1. 법 제85조의5제1항제2호에 따른 불성실기부금수령단체의 경우 : 3년
2. 법 제85조의5제1항제3호에 따른 조세포탈범의 경우 : 다음 각 목의 구분에 따른 기간
가. 「조세범 처벌법」 제3조제1항에 따른 범죄(같은 조 제4항에 따른 상습범은 제외한다)로 유죄판결이 확정된 자 : 5년
나. 「조세범 처벌법」 제3조제1항에 따른 범죄(같은 조 제4항에 따른 상습범만 해당한다), 같은 법 제4조 또는 제5조에 따른 범죄로 유죄판결이 확정된 자 : 10년
3. 법 제85조의5제1항제4호에 따른 해외금융계좌신고 의무위반자의 경우 : 5년
4. 법 제85조의5제1항제5호에 따른 세금계산서발급의무등위반자의 경우 : 5년
(2023.2.28 본항개정)
⑱ 제17항에도 불구하고 같은 항 각 호에 따른 자가 그 공개 기간의 만료일 현재 다음 각 호의 어느 하나에 해당하는 경우에는 해당 호에서 정하는 날까지 계속하여 공개한다.
1. 세법에 따라 납부해야 할 세액, 과태료 또는 벌금을 납부하지 않은 경우 : 그 세액 등을 완납하는 날
2. 형의 집행이 완료되지 않은 경우 : 그 형의 집행이 완료되는 날
(2023.2.28 본항신설)
(2021.2.17 본조제목개정)

제67조【통계자료의 공개】 ① 법 제85조의6제4항에 따라 국회 소관 상임위원회로부터 법 제85조의6제1항에 따른 통계자료(이하 "통계자료"라 한다)의 제공을 요청받은 국세청장은 제출기간이 따로 명시되지 아니한 경우에는 요청받은 날부터 10일 이내에 제공하여야 한다. 다만, 그 기간에 통계자료를 작성하여 제공하기 곤란한 경우에는 소관 상임위원회와 협의하여 그 기간을 연장할 수 있다.
② 국세청장은 제1항에 따라 소관 상임위원회로부터 제공을 요청받은 통계자료가 보관·관리되지 아니하거나 생산할 수 없는 것인 경우에는 그 사유를 첨부하여 소관 상임위원회에 통보하여야 한다.
③ 국세청장은 제1항에 따라 소관 상임위원회에 통계자료를 제공한 경우 그 사본을 7일 이내에 기획재정부장관에게 송부하여야 한다.
④ 법 제85조의6제6항에 따라 「정부출연연구기관 등의 설립·운영 및 육성에 관한 법률」 제8조제1항에 따라 설립된 연구기관의 장(이하 "정부출연연구기관의 장"이라 한다)은 다음 각 호의 사항을 적은 문서를 국세청장에게 제출하는 방식으로 통계자료를 요구할 수 있다. (2021.2.17 본문개정)
1. 통계자료의 명칭
2. 통계자료의 사용 목적
3. 통계자료의 내용과 범위
4. 통계자료의 제공방법
(2015.2.3 본항신설)
⑤ 제4항에 따라 정부출연연구기관의 장으로부터 통계자료의 제공을 요청받은 국세청장은 요청받은 날부터 30일 이내에 제공하여야 한다. 다만, 그 기간에 통계자료를 작성하여 제공하기 곤란한 경우에는 정부출연연구기관의 장과 협의하여 그 기간을 연장할 수 있다. (2018.2.13 본항개정)
⑥ 국세청장은 제4항에 따라 정부출연연구기관의 장으로부터 제공을 요청받은 통계자료가 보관·관리되지 아니하거나 생산할 수 없는 것인 경우에는 요청받은 날부터 30일 이내에 그 사유를 첨부하여 정부출연연구기관의 장에게 통보하여야 한다. (2018.2.13 본항개정)
⑦ 제5항에 따라 정부출연연구기관의 장에게 통계자료를 제공하는 경우 국세청장은 정부출연연구기관의 장에게 통계자료의 사용 목적, 사용 방법 등을 제한하거나 통계자료의 안전성 확보를 위하여 필요한 조치를 마련하도록 요청할 수 있다. (2018.2.13 본항개정)
⑧ 제4항부터 제7항까지에서 규정한 사항 외에 정부출연연구기관의 장에 대한 통계자료의 제공방법 등 통계자료의 제공에 필요한 사항은 국세청장이 정부출연연구기관의 장과 협의하여 정한다. (2018.2.13 본항개정)
(2014.2.21 본조개정)

제67조의2【기초자료의 제공】 ① 법 제85조의6제7항 각 호 외의 부분 전단에서 "대통령령으로 정하는 시설"이란 해당 시설 외부에서 내부통신망 등에 접근·침입하는 것을 방지하기 위한 정보보호시스템 및 기초자료를 분석할 수 있는 설비 등을 갖춘 시설(이하 "국세통계센터"라 한다)을 말한다.
② 법 제85조의6제7항제5호에서 "「정부출연연구기관 등의 설립·운영 및 육성에 관한 법률」 제2조에 따른 정부출연연구기관의 장 등 대통령령으로 정하는 자"란 다음 각 호의 자를 말한다. (2022.2.15 본문개정)
1. 「정부출연연구기관 등의 설립·운영 및 육성에 관한 법률」 제2조에 따른 정부출연연구기관의 장
2. 「고등교육법」에 따른 학교의 장 (2022.2.15 본호개정)
3. 「공공기관의 운영에 관한 법률」에 따른 공공기관의 장
4. 제1호에 준하는 민간 연구기관의 장

5. 조세정책의 평가 및 연구를 목적으로 기초자료의 적정성 점검 등을 수행하는 기관의 장 (2022.2.15 3호~5호신설)
③ 법 제85조의6제7항에 따른 기초자료의 제공에 관하여는 제67조제4항부터 제7항까지의 규정을 준용한다. 이 경우 "법 제85조의6제6항"은 "법 제85조의6제7항"으로, "「정부출연연구기관 등의 설립·운영 및 육성에 관한 법률」 제8조제1항에 따라 설립된 연구기관의 장(이하 "정부출연연구기관의 장"이라 한다)"은 "같은 항 각 호의 어느 하나에 해당하는 자(이하 "정부출연연구기관등의 장"이라 한다)"로, "정부출연연구기관의 장"은 "정부출연연구기관등의 장"으로, "통계자료"는 "기초자료"로 본다. (2021.2.17 후단개정)
④ 제1항부터 제3항까지에서 규정한 사항 외에 국세통계센터의 이용방법 등 국세통계센터의 운영에 필요한 세부적인 사항은 국세청장이 정한다.
(2020.2.11 본조신설)

제67조의3【표본자료의 제공】 ① 법 제85조의6제8항에 따라 표본자료를 이용하려는 자(이하 이 조에서 "표본자료이용자"라 한다)는 다음 각 호의 사항을 적은 문서로 국세청장에게 표본자료의 제공을 요청해야 한다.
1. 표본자료이용자의 이름(기관, 법인 또는 단체 등의 경우에는 그 명칭) 및 주소
2. 표본자료의 사용목적
3. 표본자료의 종류 및 범위
4. 표본자료의 제공방법(제3항에 따른 제공방법으로 한정한다)
② 제1항에 따라 표본자료의 제공을 요청받은 국세청장은 그 요청받은 날부터 30일 이내에 표본자료를 표본자료이용자에게 제공해야 한다. 다만, 그 기간에 표본자료를 제공하기 곤란한 경우에는 표본자료이용자와 협의하여 그 기간을 연장할 수 있다.
③ 법 제85조의6제8항 전단에서 "대통령령으로 정하는 방법"이란 표본자료를 전자매체에 수록하거나 정보통신망을 통해 제공하는 방법을 말한다.
(2021.2.17 본조신설)

제68조【민감정보 및 고유식별정보의 처리】 ① 세무공무원은 법 및 세법에 따른 사무를 처리하기 위하여 불가피한 경우 「개인정보 보호법」 제23조에 따른 건강에 관한 정보 또는 같은 법 시행령 제18조제2호에 따른 범죄경력자료에 해당하는 정보나 같은 영 제19조에 따른 주민등록번호(「정보통신망 이용촉진 및 정보보호 등에 관한 법률」 제23조의3에 따른 본인확인기관이 같은 법 제2조제3호에 따른 정보통신서비스 제공자의 온·오프라인 서비스 연계를 위해 같은 조 제4호에 따른 이용자의 주민등록번호와 연계해 생성한 정보를 포함한다), 여권번호, 운전면허의 면허번호 또는 외국인등록번호가 포함된 자료를 처리할 수 있다. (2020.2.11 본항개정)
② 조세심판원장, 조세심판관, 심판조사관 및 이를 보조하는 공무원은 법 제55조, 제67조부터 제69조까지, 제71조부터 제74조까지, 제74조의2, 제75조부터 제80조까지 및 제80조의2에 따른 심판청구 및 심판청구에 대한 결정 등에 관한 사무를 수행하기 위하여 불가피한 경우 제1항에 따른 개인정보가 포함된 자료를 처리할 수 있다. (2023.2.28 본항개정)
③ 세법에 따른 원천징수의무자는 원천징수 사무를 수행하기 위하여 불가피한 경우 제1항에 따른 개인정보가 포함된 자료를 처리할 수 있다.
④ 세법에 따른 소득공제 증명서류를 발급하는 자와 자료집중기관은 소득공제 증명서류의 발급 및 제출을 위하여 불가피한 경우 제1항에 따른 개인정보가 포함된 자료를 처리할 수 있다.
(2012.1.6 본조신설)

제8장 벌 칙
(2022.2.15 본장신설)

제69조【과태료의 부과기준】 ① 법 제88조제1항에 따른 과태료의 부과기준은 별표1과 같다.
② 법 제89조제1항 본문에 따른 과태료의 부과기준은 별표2와 같다.
③ 법 제90조제1항 본문에 따른 과태료의 부과기준은 별표3과 같다.

부 칙 (2015.2.3)

제1조【시행일】 이 영은 공포한 날부터 시행한다.
제2조【세무사 등의 재해 등을 사유로 한 기한연장에 관한 적용례】 제2조제1항제8호의 개정규정은 이 영 시행 이후 기한의 연장을 신청하는 분부터 적용한다.
제3조【전자송달의 신청 철회에 관한 적용례】 제6조의2제4항의 개정규정은 이 영 시행 이후 국세정보통신망에 접속하여 서류를 열람할 수 있게 하는 분부터 적용한다.
제4조【감정평가를 통한 납세담보 가액 산정 방식에 관한 적용례】 제13조제4항제1호 단서의 개정규정은 이 영 시행 이후 담보를 제공하는 분부터 적용한다.
제5조【경정 청구에 따른 국세환급가산금에 관한 적용례】 제43조의3제1항의 개정규정은 이 영 시행 이후 경정 청구를 하는 분부터 적용한다.
제6조【은닉재산 포상금 지급률 변경 등에 관한 적용례】 제65조의4제3항 및 같은 조 제16항 본문의 개정규정은 이 영 시행 이후 신고하는 분부터 적용한다.
제7조【불성실기부금 수령단체 등 명단공개 예외 사유 등에 관한 적용례】 제66조제1항제2호 및 같은 항 제4호나목의 개정규정은 이 영 시행 이후 인적사항 등을 공개하는 분부터 적용한다.
제8조【해외금융계좌 신고의무 위반자 명단공개 기간 등에 관한 적용례】 제66조제15항의 개정규정은 이 영 시행 전에 인적사항 등을 공개한 경우에 대해서도 적용한다. 이 경우 이 영 시행일을 명단공개일로 본다.
제9조【한국조세재정연구원장에 대한 통계자료의 공개에 관한 적용례】 제67조제4항부터 제8항까지의 개정규정은 이 영 시행 이후 통계자료를 요청하는 경우부터 적용한다.

부 칙 (2017.2.7)

제1조【시행일】 이 영은 공포한 날부터 시행한다. 다만, 제25조의2제4호 · 제5호, 제48조의2제1항제1호 · 제3호 및 같은 조 제4항 · 제5항의 개정규정은 2018년 1월 1일부터 시행한다.
제2조【납부기한 연장 시 담보제공 면제사유에 관한 적용례】 제2조제2항의 개정규정은 이 영 시행 전에 납부기한의 연장을 신청한 분에 대해서도 적용한다.
제3조【의견진술에 관한 적용례】 제47조제2항제3호의 개정규정은 이 영 시행 전에 처분청만 의견진술을 신청한 경우에도 적용한다.
제4조【국세청장에 대한 과세전적부심사 청구에 관한 적용례】 제63조의14제1항제3호의 개정규정은 이 영 시행 전에 현지에서 시정조치를 하여 그에 따라 과세예고 통지를 한 경우로서 이 영 시행 이후 과세전적부심사를 청구하는 분부터 적용한다.

부 칙 (2018.2.13)

제1조【시행일】 이 영은 공포한 날부터 시행한다. 다만, 제63조의13, 제63조의15, 제63조의16 및 제63조의17의

개정규정은 2018년 4월 1일부터 시행하고, 제26조의2제2항 및 제66조제10항제4호의 개정규정은 2019년 1월 1일부터 시행한다.
제2조【국세환급금의 국세등의 충당 순서에 관한 적용례】 제31조제2항의 개정규정은 이 영 시행 이후 지급을 결정하는 국세환급금을 충당하는 분부터 적용한다.
제3조【의견진술에 관한 적용례】 제47조제2항의 개정규정은 이 영 시행 이후 의견진술을 신청하는 분부터 적용한다.
제4조【국선대리인에 관한 적용례】 제48조의2제3항의 개정규정은 이 영 시행 전에 이의신청, 심사청구 또는 심판청구를 하고 이 영 시행 이후 국선대리인을 신청하는 경우에도 적용한다.
제5조【세무조사 결과통지에 관한 적용례】 제63조의13제1항의 개정규정은 2018년 4월 1일 현재 진행 중인 세무조사에 대해서도 적용한다.
제6조【과세전적부심사 청구에 관한 적용례】 제63조의14제1항의 개정규정은 이 영 시행 이후 과세전적부심사를 청구하는 분부터 적용한다.
제7조【고액 · 상습체납자 등 명단공개에 관한 적용례】 제66조제1항제1호라목의 개정규정은 이 영 시행 이후 물적납세의무가 있는 수탁자가 물적납세의무와 관련한 부가가치세를 체납한 분부터 적용한다.
제8조【탈세 제보 신고 포상금 등에 관한 경과조치】 ① 제65조의4제1항 및 제3항의 개정 규정은 이 영 시행 이후 자료를 제공하거나 신고하는 분부터 적용한다.
② 이 영 시행 전에 법 제84조의2제1항에 해당하는 자에 대한 포상금 지급기준은 제65조의4제1항 및 제3항의 개정규정에도 불구하고 종전의 규정에 따른다.

부 칙 (2018.6.26)

제1조【시행일】 이 영은 공포한 날부터 시행한다.
제2조【납부기한 연장과 분납한도의 특례에 관한 적용례】 제2조의3의 개정규정은 이 영 시행 이후 기한연장을 신청하는 분부터 적용한다.

부 칙 (2019.2.12)

제1조【시행일】 이 영은 공포한 날부터 시행한다. 다만, 제16조, 제23조제1항, 제27조의4(조 제목 부분에 한정한다), 제31조제1항 · 제2항, 제37조제4항제1호 및 제43조의4제2항의 개정규정은 2020년 1월 1일부터 시행한다.
제2조【납세담보 가액 평가에 관한 적용례】 제13조제4항제1호의 개정규정은 이 영 시행 이후 납세담보를 제공하는 분부터 적용한다.
제3조【사업양수인의 제2차 납세의무 범위에 관한 적용례】 제22조의 개정규정은 이 영 시행 당시 사업이 양도 · 양수된 경우로서 이 영 시행 당시 제2차 납세의무자로서 납부통지를 받지 않은 경우에 대해서도 적용한다.
제4조【가산세의 면제에 관한 적용례】 제28조제1항의 개정규정은 이 영 시행 이후 가산세의 감면을 신청하는 경우부터 적용한다.
제5조【조세심판관합동회의에 관한 적용례】 제62조의2제3항의 개정규정은 이 영 시행 이후 심판청구하는 경우부터 적용한다.
제6조【불성실기부금수령단체 명단공개에 관한 적용례】 제66조제10항제1호부터 제3호까지의 개정규정은 이 영 시행 이후 제7장에 따른 이의신청 · 심사청구 · 심판청구, 「감사원법」에 따른 심사청구 또는 「행정소송법」에 따른 행정소송 절차가 끝나는 경우부터 적용한다.
제7조【국세예규심사위원회 위원의 연임에 관한 경과조치】 이 영 시행 당시 제9조의3제3항제6호에 따른 위

원에 대하여 제9조의3제6항의 개정규정을 적용할 때에는 이 영 시행 당시의 임기를 최초의 임기로 본다.
제8조【후발적 사유에 관한 경과조치】 이 영 시행 전의 양도분에 대해서는 제25조의2의 개정규정에도 불구하고 종전의 규정에 따른다.
제9조【납부지연가산세 및 원천징수납부 등 불성실가산세의 이자율 인하에 관한 경과조치】 이 영 시행 전에 납부기한이 지났거나 환급받은 경우로서 이 영 시행 이후 납부 또는 부과하는 경우 그 납부기한 또는 환급받은 날의 다음 날부터 이 영 시행일 전일까지의 기간에 대한 이자율은 제27조의4의 개정규정에도 불구하고 종전의 규정에 따른다.
제10조【국세심사위원회 민간위원에 관한 경과조치】
① 이 영 시행 당시 국세심사위원회 민간위원에 대하여 제53조제7항의 개정규정을 적용할 때에는 이 영 시행 당시의 임기를 최초의 임기로 본다.
② 이 영 시행 당시 국세심사위원회 민간위원이 이 영 시행 전에 발생한 사유로 제53조제8항의 개정규정에 따른 결격사유에 해당하게 된 경우에는 같은 항의 개정규정에도 불구하고 해당 민간위원의 임기가 끝날 때까지는 결격사유에 해당하지 않는 것으로 본다.
제11조【조세심판관 및 심판조사관 자격요건에 관한 경과조치】 이 영 시행 당시 조세심판관 또는 심판조사관인 사람은 그 임기가 끝날 때까지(임기가 없는 사람은 해당 직을 수행하는 때까지를 말한다)는 제55조의2제1항 및 제55조의3제2호의 개정규정에 따른 자격요건을 갖춘 것으로 본다.
제12조【납세자보호위원회 민간위원에 관한 경과조치】
① 이 영 시행 당시 납세자보호위원회 민간위원에 대해 제63조의16제5항의 개정규정을 적용할 때에는 이 영 시행 당시의 임기를 최초의 임기로 본다.
② 이 영 시행 당시 납세자보호위원회 민간위원이 이 영 시행 전에 발생한 사유로 제63조의16제6항의 개정규정에 따른 결격사유에 해당하게 된 경우에는 같은 항의 개정규정에도 불구하고 해당 민간위원의 임기가 끝날 때까지는 결격사유에 해당하지 않는 것으로 본다.

        부 칙 (2020.2.11)

제1조【시행일】 이 영은 공포한 날부터 시행한다.
제2조【송달받을 장소의 신고에 관한 적용례】 제5조제2항의 개정규정은 이 영 시행 이후 송달받을 장소를 신고하면서 「주민등록법」에 따른 주소가 이전하는 때에 송달받을 장소도 변경되는 것에 동의하는 자부터 적용한다.
제3조【공시송달에 관한 적용례】 제7조의2제2호의 개정규정은 이 영 시행 이후 처음 납세자를 방문하여 서류를 교부하는 경우부터 적용한다.
제4조【국세환급가산금에 관한 적용례】 제43조의3제2항의 개정규정은 이 영 시행 이후 국세환급금을 지급하는 분부터 적용한다.
제5조【국세예규심사위원회 및 국세심사위원회에 관한 경과조치】 이 영 시행 전에 국세예규심사위원회 또는 국세심사위원회의 위원으로 위촉된 사람은 그 임기가 끝날 때까지는 제9조의3제3항제6호 또는 제53조제4항제3호의 개정규정에 따른 요건을 갖춘 것으로 본다.

        부 칙 (2020.6.2 영30724호)

이 영은 공포한 날부터 시행한다.

        부 칙 (2020.6.2 영30753호)

제1조【시행일】 이 영은 2020년 6월 4일부터 시행한다.(이하 생략)

        부 칙 (2020.10.5)

이 영은 공포한 날부터 시행한다.

        부 칙 (2021.1.5)

이 영은 공포한 날부터 시행한다.(이하 생략)

        부 칙 (2021.2.17)

제1조【시행일】 이 영은 공포한 날부터 시행한다. 다만, 제63조의13의 개정규정은 2021년 4월 1일부터 시행한다.
제2조【경정 등의 청구에 관한 적용례】 제25조의3제5항 및 제6항의 개정규정은 이 영 시행 이후 경정을 청구하는 경우부터 적용한다.
제3조【가산세의 감면에 관한 적용례】 제28조제1항제3호의 개정규정은 이 영 시행 이후 소득세를 수정신고하는 경우부터 적용한다.
제4조【국세환급가산금 기산일에 관한 적용례】 ① 제43조의3제1항제1호 본문, 같은 항 제4호 본문(같은 항 제5호를 삭제하는 개정사항에 한정한다) 및 같은 항 제5호의 개정규정은 이 영 시행 전에 경정청구되어 이 영 시행 이후 그 경정에 따라 산정하는 국세환급가산금에 대해서도 적용한다.
② 제43조의3제1항제4호 본문의 개정규정(세법에서 환급기한을 정하고 있는 경우와 관련한 개정사항에 한정한다)은 이 영 시행 이후 환급세액을 신고, 신청, 경정 또는 결정을 하는 경우부터 적용한다.
제5조【소액심판의 대상에 관한 적용례】 제62조제1호다목의 개정규정은 이 영 시행 이후 심판청구를 받는 경우부터 적용한다.
제6조【세무조사의 통지에 관한 적용례】 제63조의6제1항제3호의 개정규정은 이 영 시행 이후 세무조사에 관한 사전통지를 하는 경우부터 적용한다.
제7조【부분조사 사유에 관한 적용례】 제63조의12제1항제3호의 개정규정은 이 영 시행 이후 세무조사를 시작하는 경우부터 적용한다.
제8조【세무조사의 결과 통지에 관한 적용례】 제63조의13제1항제2호 및 제2호의2의 개정규정은 부칙 제1조 단서에 따른 시행일 당시 진행 중인 세무조사에 대해서도 적용한다.
제9조【포상금의 지급에 관한 적용례】 제65조의4제2항 및 제3항의 개정규정은 이 영 시행 이후 법 제84조의2제1항제1호에 해당하게 되는 자부터 적용한다.
제10조【납세자에 대한 환급통지에 관한 경과조치】 이 영 시행 전에 제34조제2항 또는 제4항에 따라 세무서장이 한국은행 또는 체신관서에 계좌이체입금요구서를 송부한 경우에는 제36조의 개정규정에도 불구하고 종전의 규정에 따른다.
제11조【포상금의 지급에 관한 경과조치】 ① 이 영 시행 전에 법 제84조의2제1항제1호에 해당한 자의 경우에는 제65조의4제1항의 개정규정에도 불구하고 종전의 규정에 따른다.
② 이 영 시행 전에 종전의 제65조의4제18항제1호에서 정한 포상금 지급기준일이 이미 지난 경우에는 제65조의4제20항제1호의 개정규정에도 불구하고 종전의 규정에 따른다.

        부 칙 (2022.2.15)

제1조【시행일】 이 영은 공포한 날부터 시행한다.
제2조【전자송달 신청 철회의 간주 적용 배제에 관한 적용례】 제6조의2제4항의 개정규정은 이 영 시행 이후

전자송달된 납부고지서에 따른 세액을 그 납부기한까지 전액 납부한 경우부터 적용한다.

제3조【조세심판관회의 결과에 대한 재심리요청에 관한 적용례】 제62조의2제5항의 개정규정은 이 영 시행 전에 조세심판원장이 제62조의2제3항에 따라 통보받은 심판청구사건으로서 이 영 시행 당시 해당 통보일부터 30일이 지나지 않은 경우에도 적용한다.

제4조【부분조사 사유에 관한 적용례】 제63조의12제4호의 개정규정은 이 영 시행 이후 「소득세법」 제156조의2제1항·제2항 및 「법인세법」 제98조의4제1항·제2항에 따른 조세조약상의 비과세·면제 적용 신청을 하는 경우부터 적용한다.

제5조【과태료 부과에 관한 적용례】 별표3의 개정규정은 이 영 시행 전의 위반행위에 대하여 이 영 시행 당시 과태료 부과절차가 진행 중인 경우에도 적용한다.

제6조【납부지연가산세의 이자율에 관한 경과조치】 이 영 시행 전에 납세의무가 성립한 납부지연가산세를 이 영 시행 이후 납부하는 경우 이 영 시행일 전의 기간분에 대한 납부지연가산세의 계산에 적용되는 이자율은 제27조의4의 개정규정에도 불구하고 종전의 규정에 따르고, 이 영 시행 이후의 기간분에 대한 납부지연가산세의 계산에 적용되는 이자율은 제27조의4의 개정규정에 따른다.

제7조【조세탈루제보자 또는 은닉재산신고자 등에 대한 포상금 지급에 관한 경과조치】 ① 이 영 시행 전에 조세탈루를 제보하거나 은닉재산을 신고한 자에게 이 영 시행 이후 포상금을 지급하는 경우에는 제65조의4제1항 각 호 외의 부분 본문, 같은 항 제1호 및 같은 조 제2항·제3항·제5항·제20항의 개정규정에도 불구하고 종전의 규정에 따른다.
② 이 영 시행 전에 타인의 명의를 사용하여 사업을 경영하는 자를 신고한 자에게 이 영 시행 이후 포상금을 지급하는 경우에는 제65조의4제16항의 개정규정에도 불구하고 종전의 규정에 따른다.

   부   칙 (2023.2.28)

제1조【시행일】 이 영은 공포한 날부터 시행한다. 다만, 제1조의2제1항의 개정규정은 2023년 3월 1일부터 시행하고, 제18조의 개정규정은 2023년 4월 1일부터 시행한다.

제2조【국선대리인 선정 신청에 관한 적용례】 제48조의2제3항의 개정규정은 이 영 시행 이후 국선대리인의 선정을 신청하는 경우부터 적용한다.

제3조【국세심사위원회 위원의 제척 및 회피에 관한 적용례】 제53조제15항제3호의 개정규정은 이 영 시행 이후 국세심사위원회의 회의를 소집하는 경우부터 적용한다.

제4조【불성실기부금수령단체 등의 명단 공개에 관한 적용례 등】 제66조제17항 및 제18항의 개정규정은 이 영 시행 전에 국세정보통신망 또는 관할세무서 게시판에 게시된 명단에 대해서도 적용한다. 다만, 이 영 시행 당시 같은 개정규정에 따른 공개 기간이 경과한 경우에는 이 영 시행일을 만료일로 본다.

〔별표1〕

과태료의 부과기준(제69조제1항 관련)

(2023.2.28 개정)

1. 일반기준

가. 부과권자는 다음의 어느 하나에 해당하는 경우 제2호의 개별기준에 따른 과태료의 2분의 1 범위에서 그 금액을 줄여 부과할 수 있다. 다만, 과태료를 체납하고 있는 위반행위자에 대해서는 그렇지 않다.
  1) 위반행위가 사소한 부주의나 오류로 인한 것으로 인정되는 경우
  2) 그 밖에 위반행위의 정도, 위반행위의 동기와 그 결과 등을 고려하여 줄일 필요가 있다고 인정되는 경우
나. 부과권자는 다음의 구분에 따른 범위에서 제2호의 개별기준에 따른 과태료를 늘려 부과할 수 있다. 다만, 늘려 부과하는 경우에도 법 제88조제1항에 따른 과태료의 상한을 넘을 수 없다.
  1) 다음의 어느 하나에 해당하는 경우(2)에 해당하는 경우는 제외한다) : 해당 과태료의 2분의 1의 범위
    가) 위반행위가 고의나 중대한 과실에 따른 것으로 인정되는 경우
    나) 그 밖에 위반행위의 정도, 위반행위의 동기와 그 결과 등을 고려하여 늘릴 필요가 있다고 인정되는 경우
  2) 다음의 어느 하나에 해당하는 경우 : 500만원의 범위
    가) 제2호가목에 해당하는 자가 법 제26조의2제2항제2호에 따른 부정행위(이하 이 표에서 "부정행위"라 한다)로 국세를 포탈한 경우
    나) 제2호나목에 해당하는 자가 국세를 포탈한 납세의무자의 부정행위에 참여한 경우

2. 개별기준

위반행위	근거 법조문	과태료 금액 (단위 : 만원)
세법의 질문·조사권 규정에 따른 세무공무원의 질문에 대해 거짓으로 진술하거나 그 직무집행을 거부 또는 기피한 경우	법 제88조제1항	
가. 납세의무자(질문·조사 과정에서 납세의무 여부가 심의되어 질문·조사 후 납세의무가 있다고 인정된 자를 포함하며, 이하 이 표에서 같다)인 경우		
1) 수입금액 등이 100억원 이하인 경우		500
2) 수입금액 등이 100억원 초과 200억원 이하인 경우		1,000
3) 수입금액 등이 200억원 초과 300억원 이하인 경우		2,000
4) 수입금액 등이 300억원 초과 400억원 이하인 경우		3,000
5) 수입금액 등이 400억원 초과 500억원 이하인 경우		4,000
6) 수입금액 등이 500억원 초과인 경우		5,000
나. 납세의무자가 아닌 경우		500

비고
1. 이 표에서 "수입금액 등"이란 세법의 질문·조사권의 대상이 되는 세목에 대한 수입금액, 과세가액 등으로서 다음의 구분에 따른 금액을 말한다.
  가. 「법인세법」 제122조에 따른 질문·조사권의 대상인 경우 : 수입금액

나. 「소득세법」 제170조에 따른 질문·조사권의 대상인 경우 : 종합소득세 신고 대상자인 경우는 총수입금액(사업소득 외 소득이 있는 경우에는 해당 소득금액을 모두 합한 금액을 말한다), 퇴직소득세 신고 대상자인 경우는 퇴직소득금액, 양도소득세 신고 대상자인 경우는 양도가액

다. 「부가가치세법」 제74조에 따른 질문·조사권의 대상인 경우 : 제1기 및 제2기 과세기간에 대한 과세표준(면세사업 수입금액을 포함한다)을 합산한 금액

라. 「상속세 및 증여세법」 제84조에 따른 질문·조사권의 대상인 경우 : 상속세 및 증여세 과세가액

마. 「종합부동산법」 제23조, 「개별소비세법」 제26조, 「주세법」 제25조, 「인지세법」 제11조, 「증권거래세법」 제17조, 「교통·에너지·환경세법」 제22조 등에 따른 질문·조사권의 대상인 경우 : 100억원 이하

바. 가목부터 라목까지의 규정에 따른 금액이 확인되지 않는 경우 : 100억원 이하

2. 수입금액 등을 계산할 때에는 다음의 기준을 따라야 한다.

가. 비고 제1호가목 및 나목에 따른 수입금액 등은 질문·조사의 대상이 되는 과세기간 1년에 대한 수입금액 등으로 하고, 2개 이상의 과세기간에 대하여 질문·조사권이 행사되는 경우에는 각 과세기간 중 1년의 수입금액이 가장 큰 것으로 할 것

나. 비고 제1호다목에 따른 수입금액 등은 질문·조사의 대상이 되는 과세기간이 속하는 연도의 1기 및 2기 과세기간에 대한 수입금액 등의 합계액으로 하고, 2개 연도 이상의 과세기간에 대하여 질문·조사권이 행사되는 경우에는 각 연도에 속하는 과세기간 수입금액 등의 합계액이 가장 큰 것으로 할 것

다. 가목 또는 나목의 과세기간(나목의 경우에는 해당 연도의 1기 및 2기 과세기간을 합한 기간을 말한다)이 1년이 되지 못하는 경우에는 수입금액 등을 1년으로 환산하여 계산할 것

라. 수입금액 등은 신고한 금액으로 하되, 결정·경정된 금액이 있는 경우에는 그 결정·경정된 금액으로 할 것

〔별표2〕

과태료의 부과기준(제69조제2항 관련)

(2022.2.15 신설)

1. 일반기준

가. 부과권자는 위반행위의 정도, 위반행위의 동기와 그 결과 등을 고려하여 과태료를 줄일 필요가 있다고 인정되는 경우에는 제2호의 개별기준에 따른 과태료의 2분의 1 범위에서 그 금액을 줄여 부과할 수 있다. 다만, 과태료를 체납하고 있는 위반행위자에 대해서는 그렇지 않다.

나. 부과권자는 위반행위의 정도, 위반행위의 동기와 그 결과 등을 고려하여 과태료를 늘릴 필요가 있다고 인정되는 경우에는 제2호의 개별기준에 따른 과태료의 2분의 1 범위에서 그 금액을 늘려 부과할 수 있다. 다만, 늘려 부과하는 경우에도 법 제89조제1항 본문에 따른 과태료의 상한을 넘을 수 없다.

2. 개별기준

위반행위	근거 법조문	과태료
세무공무원에게 금품을 공여한 경우 중 다음 각 목의 어느 하나에 해당하는 경우	법 제89조제1항 본문	
가. 업무편의를 제공받은 사실이 있어 세무공무원에게 다음의 금액에 해당하는 금품을 공여한 경우		
1) 공여한 금품 상당액이 200만원 미만인 경우		공여한 금품 상당액의 2배
2) 공여한 금품 상당액이 200만원 이상 500만원 미만인 경우		공여한 금품 상당액의 2배
3) 공여한 금품 상당액이 500만원 이상인 경우		공여한 금품 상당액의 3배
나. 업무편의를 제공받은 대가로 세무공무원에게 다음의 금액에 해당하는 금품을 공여한 경우		
1) 공여한 금품 상당액이 200만원 미만인 경우		공여한 금품 상당액의 2배
2) 공여한 금품 상당액이 200만원 이상 500만원 미만인 경우		공여한 금품 상당액의 3배
3) 공여한 금품 상당액이 500만원 이상인 경우		공여한 금품 상당액의 4배
다. 세무공무원에게 금품을 공여한 행위로 과태료를 부과받거나 형사처벌을 받은 자가 그 부과처분일 또는 확정판결일부터 3년 이내에 같은 위반행위를 한 경우		공여한 금품 상당액의 5배

〔별표3〕

과태료의 부과기준(제69조제3항 관련)

(2022.2.15 신설)

1. 일반기준

가. 부과권자는 다음의 어느 하나에 해당하는 경우 제2호의 개별기준에 따른 과태료의 2분의 1 범위에서 그 금액을 줄여 부과할 수 있다. 다만, 과태료를 체납하고 있는 위반행위자에 대해서는 그렇지 않다.

1) 위반행위가 사소한 부주의나 오류로 인한 것으로 인정되는 경우

2) 위반의 내용·정도가 경미하여 그 피해가 적다고 인정되는 경우

3) 위반행위자가 법 위반상태를 시정하거나 해소하기 위해 노력한 것이 인정되는 경우

4) 그 밖에 위반행위의 정도, 위반행위의 동기와 그 결과 등을 고려하여 줄일 필요가 있다고 인정되는 경우

나. 부과권자는 다음의 어느 하나에 해당하는 경우 제2호의 개별기준에 따른 과태료의 2분의 1 범위에서 그 금액을 늘려 부과할 수 있다. 다만, 늘려 부과하는 경우에도 법 제90조제1항 본문에 따른 과태료의 상한을 넘을 수 없다.

1) 위반행위가 고의나 중대한 과실에 따른 것으로 인정되는 경우

2) 위반행위의 내용·정도가 중대하여 그 피해가 크다고 인정되는 경우

3) 그 밖에 위반행위의 정도, 위반행위의 동기와 그 결과 등을 고려하여 늘릴 필요가 있다고 인정되는 경우

2. 개별기준

위반행위	근거 법조문	과태료
법 제81조의13제1항에 따라 알게 된 과세정보를 타인에게 제공 또는 누설하거나 그 목적 외의 용도로 사용한 경우	법 제90조제1항 본문	타인에게 제공 또는 누설하거나 그 목적 외의 용도로 사용한 과세정보의 건수에 50만원을 곱한 금액과 500만원 중 큰 금액(2천만원을 한도로 한다)

비고 : 위 표에서 "과세정보의 건수"를 계산할 때 1인의 과세정보는 1건으로 하며, 1인의 과세정보가 2개 이상의 전자적 파일, 종이문서 등의 형태로 분리되어 있는 경우에는 분리된 각각의 과세정보를 1건으로 보아 과태료를 산정한다.

국세기본법 시행규칙

(1975년 3월 6일)
(재무부령 제1087호)

개정
1976.12.31재무부령 1216호 <중략>
2000. 3.27재정경제부령130호 2001. 3.31재정경제부령190호
2003. 1.24재정경제부령296호 2004. 3.11재정경제부령360호
2005. 3.19재정경제부령426호 2006. 2.14재정경제부령488호
2007. 4. 4재정경제부령551호
2007.10.29재정경제부령579호(행정정보이용감축개정령)
2008. 3.20기획재정부령 7호 2008. 5. 1기획재정부령 22호
2009. 4.16기획재정부령142호 2009.12.31기획재정부령116호
2010. 3.16기획재정부령142호 2011. 4.11기획재정부령205호
2012. 2.28기획재정부령262호 2013. 2.23기획재정부령320호
2013. 6.28기획재정부령355호(부가세시규)
2014. 3.14기획재정부령404호 2015. 3. 6기획재정부령467호
2016. 3. 7기획재정부령543호 2017. 3.15기획재정부령611호
2018. 3.19기획재정부령665호 2019. 3.20기획재정부령715호
2020. 3.13기획재정부령771호 2021. 3.16기획재정부령833호
2021.10.28기획재정부령867호(법령용어정비)
2022. 3.18기획재정부령903호 2023. 3.20기획재정부령967호

제1장 총 칙
(2012.2.28 본장개정)

제1조【전자신고등의 방법·절차 등】「국세기본법」(이하 "법"이라 한다) 제5조의2제2항에 따라 전자신고 또는 전자청구(이하 이 조에서 "전자신고등"이라 한다)로 과세표준 등을 신고할 수 있는 국세의 종목, 전자신고등의 방법 및 절차는 국세의 종목별 특성, 전자신고등에 필요한 기술적·지리적 여건 등을 고려하여 국세청장이 정하여 고시한다.(2021.3.16 본조개정)
제1조의2【기한연장신청】「국세기본법 시행령」(이하 "영"이라 한다) 제3조에 따른 기한연장의 신청은 별지 제1호서식의 기한연장 승인 신청서에 따른다.
(2021.3.16 본조개정)
제2조【기한연장 승인·기각의 통지】영 제4조에 따른 기한연장 승인(기각)의 통지는 별지 제2호서식의 기한연장 승인(기각) 통지서에 따른다.(2021.3.16 본조개정)
제2조의2 (2021.3.16 삭제)
제3조【송달받을 장소의 신고】영 제5조에 따른 송달받을 장소의 신고(변경신고를 포함한다)는 별지 제3호서식의 송달 장소(변경) 신고서에 따른다.
제3조의2【전자송달의 신청 등】영 제6조의2제1항에 따른 전자송달의 신청 및 신청철회, 그 밖에 법 제5조의2제2항에 따른 국세정보통신망의 이용신청은 별지 제3호의2서식의 홈택스 이용신청서에 따른다.
(2021.3.16 본조개정)
제4조【송달서】법 제10조에 따른 송달과 영 제7조의2에 따른 부재중 확인은 별지 제4호서식의 송달서에 따른다.
제5조【공시송달】법 제11조제1항에 따른 공고는 별지 제5호서식의 공시송달서에 따른다.
제5조의2【법인으로 보는 단체의 신청·승인 등】① 영 제8조제1항에 따른 법인으로 보는 단체의 승인신청은 별지 제6호서식의 법인으로 보는 단체의 승인신청서에 따른다.
② 영 제8조제2항에 따른 법인으로 보는 단체의 승인 여부 통지는 별지 제6호의2서식의 법인으로 보는 단체의 승인 여부 통지서에 따른다.
③ 영 제8조제4항에 따른 법인으로 보는 단체의 승인 취소의 통지는 별지 제6호의3서식의 법인으로 보는 단체의 승인 취소 통지서에 따른다.
제6조【법인으로 보는 단체의 대표자등의 선임신고】영 제9조에 따른 법인으로 보는 단체의 대표자등의 선임신고 또는 변경신고는 별지 제6호의4서식의 법인으로 보는 단체의 대표자등의 선임(변경)신고서에 따른다.
제7조【법인으로 보는 단체의 국세에 관한 의무를 이행하는 사람의 지정통지】영 제9조의2에 따른 국세에 관한 의무를 이행하는 사람의 지정통지는 별지 제7호서식의 법인으로 보는 단체의 국세에 관한 의무 이행자 지정통지서에 따른다.
제7조의2【국세예규심사위원회】① (2020.3.13 삭제)
② 위원장은 영 제9조의3제1항의 사항을 심의하기 위하여 필요하면 관련 전문가 등의 의견을 들을 수 있다.

제2장 납세의무
(2012.2.28 본장개정)

제8조【상속인 대표자 신고 등】① 영 제12조제1항에 따른 대표자신고는 별지 제8호서식의 상속인 대표자 신고서에 따른다.
② 영 제12조제2항에 따른 상속인 대표자 지정통지는 별지 제9호서식의 상속인 대표자 지정통지서에 따른다.
제9조 ~ 제11조 (2021.3.16 삭제)
제11조의2【국세 등에 우선하는 채권을 가진 자에 대한 통지】영 제18조제4항에 따른 압류사실 통지는 별지 제15호의2서식의 압류사실 통지서에 따른다.
(2023.3.20 본조개정)
제11조의3【가등기권리자에 대한 압류 통지 등】① 영 제18조제5항에 따른 가등기권리자에 대한 압류의 통지에 관하여는 「국세징수법 시행규칙」 제30조를 준용한다.
② 영 제18조제5항에 따른 직전 보유자 국세 체납액의 구체적인 범위 설정을 위한 계산 기준일은 공매의 배분기일 또는 경매의 배당기일로 한다.(2023.3.20 본항신설)
③ 제2항에 따라 계산된 금액으로 국세 체납액 징수를 하는 경우 그 징수 요구에 관하여는 「국세징수법 시행규칙」 제48조를 준용한다.(2023.3.20 본항신설)
(2023.3.20 본조개정)

제3장 과 세
(2012.2.28 본장개정)

제12조【과세표준수정신고서 등】① 영 제25조제2항제3호에서 "기획재정부령으로 정하는 것"이란 「법인세법」 제44조, 제46조, 제47조 및 제47조의2에 따라 합병, 분할, 물적분할 및 현물출자에 따른 양도차익(「법인세법」(법률 제9898호 법인세법 일부개정법률로 개정되기 전의 것을 말한다) 제44조 및 제46조에 따른 합병평가차익 또는 분할평가차익을 포함한다. 이하 이 항에서 같다)에 대하여 과세를 이연(移延)받는 경우로서 세무조정 과정에서 양도차익의 전부 또는 일부에 상당하는 금액을 익금과 손금에 동시에 산입하지 아니한 것을 말한다. 다만, 다음 각 호의 모두에 해당하는 경우는 제외한다.
1. 정당한 사유 없이 「법인세법 시행령」 제80조, 제82조, 제83조의2, 제84조 및 제84조의2에 따른 과세특례를 신청하지 아니한 경우(「법인세법 시행령」(대통령령 제21184호 법인세법 시행령 일부개정령으로 개정되기 전의 것을 말한다) 제80조, 제82조, 제83조 및 제83조의2에 따라 과세특례를 적용받기 위한 관련 명세서를 제출하지 아니한 경우를 포함한다)
2. 영 제29조 각 호의 어느 하나에 해당하는 경우
② 영 제25조에 따른 과세표준수정신고서와 영 제26조에 따른 추가자진납부계산서는 별지 제16호서식과 같다. 다만, 다음 각 호의 어느 하나에 해당하는 경우에는 각 호의 구분에 따른 서식에 원래 신고한 내용과 수정

신고의 내용을 함께 적고 납부세액란 옆에 추가자진납부세액을 부기(附記)한 후 이에 각각 수정신고서 또는 추가자진납부 세액계산서로 표시함으로써 별지 제16호서식을 대신한다.(2021.10.28 단서개정)
1. 부가가치세 :「부가가치세법 시행규칙」별지 제21호서식
2. 개별소비세 :「개별소비세법 시행규칙」별지 제6호서식(부표를 포함한다), 별지 제7호서식, 별지 제7호의2서식 또는 별지 제7호의3서식
3. 교통·에너지·환경세 :「교통·에너지·환경세법 시행규칙」별지 제4호서식
(2014.3.14 본조개정)

제12조의2【경정 등의 청구】 영 제25조의3에 따른 결정 또는 경정의 청구는 별지 제16호의2서식의 과세표준 및 세액의 결정(경정) 청구서에 최초의 과세표준 및 세액신고서 사본과 경정청구 사유를 객관적으로 증명할 수 있는 서류를 첨부하여 하여야 한다.

제12조의3 (2021.3.16 삭제)

제13조【가산세의 감면 등 신청】 ① 영 제28조제2항에 따른 가산세의 감면 등의 신청은 별지 제17호서식의 가산세 감면 등 신청서에 따른다.
② 영 제28조제4항에 따른 가산세 감면 등의 승인 여부 통지는 별지 제18호서식의 가산세 감면 등에 대한 승인 여부 통지서에 따른다.
(2019.3.20 본조개정)

제4장 국세환급금과 국세환급가산금

제13조의2 (2012.2.28 삭제)

제14조【국세환급금의 충당통지 등】 ① 영 제31조에 따른 충당통지는 별지 제19호서식의 국세환급금 충당통지서에 따른다.
② 법 제51조제2항에 따른 국세환급금의 충당동의 및 같은 조 제4항에 따른 충당청구는 별지 제19호의2서식의 국세환급금 충당 청구서(동의서)에 따른다.
(2012.2.28 본조개정)

제14조의2【착오·이중납부에 대한 환급청구】 영 제33조제3항에 따른 환급청구는 별지 제20호서식의 국세환급금 환급신청서에 따른다.(2012.2.28 본조개정)

제15조【국세환급금의 환급】 다음 각 호의 국세환급금의 지급통지 등은 별지 제21호서식의 국세환급금지급통지·계좌이체입금(현금지급) 요구 및 지급내역통지서에 따른다.
1. 영 제33조제1항에 따른 국세환급금의 지급통지
2. 영 제34조제2항 및 제4항 본문에 따른 국세환급금의 계좌이체입금 요구
3. 영 제34조제3항에 따른 국세환급금의 계좌이체 입금 통지 또는 계좌이체 입금불가능사실의 통지
4. 영 제35조제2항에 따른 국세환급금의 현금지급 요구
5. 영 제35조제3항에 따른 국세환급금의 지급명세 통지
(2012.2.28 본조개정)

제16조 (2001.3.31 삭제)

제16조의2【세무서장 소관 세입금계정 간의 조정】 ① 영 제33조의2제1항 전단에 따른 세입금 이체 수입 신청은 별지 제44호서식의 세입금 이체 수입 신청서에 따른다.
② 영 제33조의2제1항 후단에 따른 세입금이체명령서는 별지 제45호서식에 따른다.
③ 영 제33조의2제1항 후단에 따른 세입금 이체 명령 통지는 별지 제46호서식의 세입금 이체 명령 통지서에 따른다.
④ 영 제33조의2제2항에 따른 세입금이체청구서는 별지 제47호서식에 따른다.
⑤ 영 제33조의2제3항에 따른 세입금 이체사실의 통지는 별지 제48호서식의 세입금 이체사실 통지서 및 별지 제49호서식의 세입금 이체사실 통지서에 따른다.(2012.2.28 본조개정)

제16조의3【계좌개설신고】 영 제34조제1항에 따른 계좌개설신고(계좌변경신고를 포함한다)는 별지 제22호서식의 계좌개설(변경) 신고서에 따른다. 다만, 법 및 세법에 따른 과세표준신고서에 납세자 명의의 환급계좌를 기재한 경우 해당 환급 신고분에 대해서는 계좌개설을 신고한 것으로 본다.(2023.3.20 단서신설)

제17조【납세자에 대한 환급통지】 영 제36조에 따른 국세환급금통지서는 별지 제24호서식에 따른다.
② 제1항에 따른 국세환급금통지서의 송달은 등기우편으로 해야 한다. 다만, 국세환급금이 5만원 미만인 경우에는 일반우편으로 송달할 수 있다.(2021.3.16 본문개정)
1.~2. (2021.3.16 삭제)
(2012.2.28 본조개정)

제18조【미지급자금의 세입편입】 영 제39조에 따른 지급하지 못한 금액의 세입납입은 지급기간이 지난 날이 속하는 달의 다음 달 말일까지 일반회계 잡수입(雜收入)으로 소관 세입징수관계정에 납입하는 방법으로 한다.(2012.2.28 본조개정)

제19조【국세환급금 등의 양도 요구】 영 제43조의4제1항에 따른 국세환급금 등의 양도 요구는 별지 제24호의2서식의 국세환급금 양도 요구서에 따른다.(2012.2.28 본조개정)

제19조의2【물납재산의 환급신청】 영 제43조의2제1항에 따른 물납(物納)재산의 환급신청은 별지 제25호서식의 물납재산 환급신청서에 따른다.(2012.2.28 본조개정)

제19조의3【국세환급가산금의 이율】 영 제43조의3제2항 본문에서 "기획재정부령으로 정하는 이자율"이란 1천분의 29를 말한다.(2023.3.20 본조개정)

제20조【준용규정】 이 장의 규정 외에 국세환급금 등의 환급에 필요한 사항은「국고금관리법 시행규칙」을 준용한다.(2012.2.28 본조개정)

제5장 심사와 심판
(2012.2.28 본장개정)

제20조의2【「행정심판법」의 준용】 법 제56조제1항 단서 및 제81조의15제7항에 따라 심사청구, 심판청구 또는 과세전적부심사(課稅前適否審查)에 대하여「행정심판법」을 준용하는 경우에 사용하는 서식은 다음 각 호와 같다.(2019.3.20 본문개정)
1.「행정심판법」제15조제1항에 따른 선정대표자 선정 : 별지 제25호의2서식의 선정대표자 선정서
2.「행정심판법」제15조제5항에 따른 선정대표자 해임 : 별지 제25호의3서식의 선정대표자 해임서
3.「행정심판법」제16조제1항부터 제3항까지의 규정에 따른 청구인지위 승계신고 : 별지 제25호의4서식의 청구인 지위 승계신고서
4.「행정심판법」제16조제5항에 따른 청구인지위 승계 허가신청 : 별지 제25호의5서식의 청구인 지위 승계허가신청서
5.「행정심판법」제20조제1항 및 제2항에 따른 심사·심판참가 신청 : 별지 제25호의6서식의(심사·심판)참가 신청서
6.「행정심판법」제20조제6항 및 같은 법 시행령 제17조에 따른 심사·심판참가 거부에 대한 이의신청 : 별지 제25호의7서식의(심사·심판)참가 신청 거부에 대한 이의신청서
7.「행정심판법」제21조제1항 및 같은 법 시행령 제18조에 따른 참가 요구 : 별지 제25호의8서식의 국세심사위원회·조세심판관(합동)회의 참가 요구서

8.「행정심판법」제29조제1항부터 제3항까지의 규정에 따른 청구변경신청 : 별지 제25호의9서식의 청구변경신청서
9.「행정심판법」제36조제1항에 따른 출석 요청 : 별지 제25호의10서식의 국세심사위원회·조세심판관(합동)회의 출석 요청서
10.「행정심판법」제40조제1항 단서와 같은 법 시행령 제27조에 따른 구술심리신청 : 별지 제25호의11서식의 구술심리 신청서
11.「행정심판법」제40조제2항에 따른 구술심리 허가 여부 통지 : 별지 제25호의12서식의 국세심사위원회·조세심판관(합동)회의 구술심리 허가 여부 통지서
제21조【의견진술】 ① 영 제47조제1항에 따른 의견진술신청은 별지 제26호서식의 의견진술 신청서에 따른다.
② 영 제47조제2항 및 제6항에 따라 출석통지를 서면으로 하는 경우에는 별지 제27호서식의 출석통지서에 따른다.(2013.2.23 본항개정)
③ 영 제47조제3항 및 제6항에 따라 의견진술신청의 기각(각하)통지를 서면으로 하는 경우에는 별지 제28호서식의 의견진술신청 기각(각하) 통지서에 따른다.(2013.2.23 본항개정)
제21조의2【국선대리인의 선정신청】 영 제48조의2제1항에 따른 국선대리인 선정의 신청은 별지 제28호의2서식의 국선대리인 선정 신청서에 따른다.(2015.3.6 본조신설)
제22조【심사청구서】 영 제50조에 따른 심사청구서는 별지 제29호서식에 따른다.
제23조【보정요구】 영 제52조에 따른 보정요구는 별지 제30호서식의 보정 요구서에 따른다.
제23조의2【국세심사위원회】 ① 영 제53조제14항제1호에서 "심사청구의 내용이 기획재정부령으로 정하는 경미한 사항에 해당하는 경우"란 다음 각 호의 어느 하나에 해당하는 경우를 말한다.(2019.3.20 본문개정)
1. 심사청구금액이 3천만원 미만으로서 사실판단과 관련된 사항이거나 유사한 심사청구에 대하여 국세심사위원회의 심의를 거쳐 결정된 사례가 있는 경우
2. 법 제65조제1항제1호의 각하결정사유에 해당하는 경우
② 심사청구의 내용이 다음 각 호의 어느 하나에 해당하는 경우에는 제1항제1호에도 불구하고 국세심사위원회의 심의를 거쳐 결정한다.
1. 국세심사위원회의 결정사항과 배치되는 새로운 조세심판, 법원 판결 또는 기획재정부장관의 세법해석 등이 있는 경우
2. 국세심사위원회의 위원장이 국세심사위원회의 심의를 거쳐 결정할 필요가 있다고 인정하는 경우
제24조【심사결정】 법 제65조제3항에 따른 결정서는 별지 제31호서식에 따른다.
제24조의2【결정의 경정신청】 법 제65조의2제1항(법 제81조에 따라 준용되는 경우를 포함한다)에 따른 결정의 경정신청은 별지 제31호의2서식의 국세심사·조세심판 결정 경정신청서에 따른다.
제25조【이의신청】 ① 영 제54조제1항에 따른 이의신청은 별지 제32호서식의 이의신청서에 따른다.
② 법 제66조제2항에 따른 이의신청서의 이송 통지는 별지 제33호서식의 이의신청서 이송 통지서에 따른다.
③ 법 제66조제6항에 따른 결정의 통지는 별지 제34호서식에 따른다.(2022.3.18 본항개정)
제26조【심판청구】 영 제55조에 따른 심판청구는 별지 제35호서식의 조세심판청구서에 따른다.(2019.3.20 본조개정)
제27조【답변서】 법 제69조제4항에 따른 답변서는 별지 제36호서식에 따른다.(2019.3.20 본조개정)
제27조의2【증거목록】 법 제69조제1항 및 제4항에 따라 심판청구서 및 답변서를 제출하거나 법 제71조제1

항에 따른 항변서를 제출할 때 증거서류 또는 증거물이 있는 경우에는 별지 제36호의2서식의 증거목록을 함께 제출해야 한다.(2019.3.20 본조신설)
제28조【사건배정 및 심리개시 통지서】 법 제69조제6항에 따른 답변서의 부본송부, 영 제56조에 따른 항변자료의 제출요구와 영 제57조 본문에 따른 담당조세심판관의 지정 또는 변경통지는 별지 제37호서식의 사건배정 및 심리개시 통지서에 따른다.(2019.3.20 본조개정)
제28조의2【항변 및 추가답변】 ① 법 제71조제1항에 따른 항변은 별지 제37호의2서식의 항변서에 따른다.
② 법 제71조제3항에 따라 증거서류의 부본을 받은 피청구인은 별지 제37호의3서식의 청구인 항변에 대한 추가답변서를 조세심판원장에게 제출할 수 있다.(2019.3.20 본조신설)
제29조【담당조세심판관의 기피신청】 ① 영 제60조에 따른 담당조세심판관의 기피신청은 별지 제38호서식의 담당 조세심판관 기피 신청서에 따른다.
② 제1항의 담당조세심판관 기피신청서에 대한 승인 또는 기각통지 및 재지정통지는 별지 제39호서식의 담당 조세심판관 기피 신청에 대한 통지서에 따른다.
제30조【신분증명서】 법 제76조제3항에 따른 증표는 별지 제40호서식의 신분증명서에 따른다.
제31조【결정서 등】 ① 법 제78조제5항에 따른 결정서는 별지 제41호서식, 별지 제41호의2서식 및 별지 제41호의3서식에 따른다.
② 영 제62조의2제6항에 따른 심리요청서는 별지 제41호의4서식과 같다.(2020.3.13 본항개정)
③ 영 제63조에서 "기획재정부령으로 정하는 방법"이란「우편법 시행규칙」제25조제1항제6호에 따른 특별송달방법을 말한다.(2017.3.15 본조제목개정)
제32조【심판결정의 처리결과 보고】 조세심판원장으로부터 심판결정의 통지를 받은 관계행정기관의 장은 그 받은 날부터 14일내에 처리결과를 별지 제42호서식의 조세심판결정 처리결과 보고서에 따라 조세심판원장에게 보고하여야 한다.

제6장 보 칙

제33조【납세관리인설정신고】 영 제64조에 따른 납세관리인설정신고 또는 변경신고는 별지 제43호서식의 납세관리인 설정·변경·해임신고서에 따른다.(2012.2.28 본조개정)
제33조의2【납세관리인신고확인서】 법 제82조제6항에 따른 확인서는 별지 제43호의2서식에 따른다.(2012.2.28 본조개정)
제33조의3【납세관리인 지정 통지】 영 제64조제3항에 따른 납세관리인 지정 통지는 별지 제43호의3서식에 따른다.(2011.4.11 본조개정)
제34조【납세지도교부금】 ① 영 제65조의2제1항에 따른 교부금지급신청서는 별지 제50호서식에 따른다.
② 영 제65조의2제4항에 따른 교부금 지급 여부 결정 통지는 별지 제51호서식의 교부금 지급 여부 결정 통지서에 따른다.
③ 영 제65조의2제5항에 따른 납세지도 사업실적 보고서는 별지 제52호서식에 따른다.(2012.2.28 본항개정)
제35조【세무조사의 통지】 ① 영 제63조의6제1항에 따른 세무조사에 관한 사전 통지는 별지 제54호서식의 세무조사 사전 통지서에 따른다.
② 법 제81조의7제4항에 따른 세무조사통지서는 별지 제54호의2서식과 같다.(2018.3.19 본항신설)(2018.3.19 본조개정)

제36조【세무조사의 연기신청】① 영 제63조의7제2항에 따른 세무조사의 연기신청은 별지 제55호서식의 세무조사 연기신청서에 따른다.
② 법 제81조의7제3항에 따른 세무조사의 연기신청에 관한 결과 통지는 별지 제55호의2서식의 세무조사 연기신청 결과 통지서에 따른다.
(2012.2.28 본조개정)
제36조의2【세무조사 기간 연장 통지】법 제81조의8제7항에 따른 세무조사 기간 연장 통지는 별지 제55호의3서식의 세무조사 기간 연장 통지서에 따른다.
(2019.3.20 본조개정)
제36조의3~제36조의5 (2012.2.28 삭제)
제37조【세무조사의 결과 통지】법 제81조의12에 따른 세무조사의 결과 통지는 별지 제56호서식의 세무조사 결과 통지서에 따른다.(2012.2.28 본조개정)
제37조의2【과세정보제공요구서】법 제81조의13제2항에 따라 같은 조 제1항제1호·제2호 및 제5호부터 제9호까지의 어느 하나에 해당하여 과세정보의 제공을 요구하는 자는 별지 제56호의2서식(1)의 과세정보제공요구서를 해당 세무관서의 장에게 제출해야 한다. 다만, 둘 이상의 납세자의 과세정보의 제공을 요구하는 경우에는 별지 제56호의2서식(2)을 함께 제출해야 한다.
(2022.3.18 본조신설)
제37조의3【과세전적부심사의 청구절차 등】① 법 제81조의15제2항에 따른 과세전적부심사의 청구는 다음 각 호의 구분에 따른 서식에 따른다.(2019.3.20 본문개정)
1. 세무서장이나 지방국세청장에게 청구하는 경우 : 별지 제56호의3서식의 과세전적부심사 청구서
2. 국세청장에게 청구하는 경우 : 별지 제56호의4서식의 과세전적부심사 청구서(국세청용)
(2022.3.18 1호~2호개정)
② 법 제81조의15제8항에 따른 과세표준 및 세액의 조기 결정 또는 경정결정의 신청은 별지 제56호의5서식의 조기결정 신청서에 따른다.(2022.3.18 본항개정)
제37조의4【납세자보호위원회에 대한 납세자의 심의 등의 요청 및 결과 통지 등】① 법 제81조의19제1항에 따른 납세자의 심의 요청 및 같은 조 제3항에 따른 취소 또는 변경 요청은 별지 제56호의6서식의 권리보호 심의 요청서에 따른다.
② 법 제81조의19제2항 및 같은 조 제4항에 따른 결과의 통지는 별지 제56호의7서식의 권리보호 심의 요청 결과 통지서에 따른다.
③ 법 제81조의19제7항에 따른 의견 진술의 신청은 별지 제56호의8서식의 의견진술 신청서에 따른다.
(2022.3.18 본조개정)
제38조【불성실기부금수령단체 등 명단공개 사전통지】① 법 제85조의5제1항제2호에 따른 불성실기부금수령단체에 같은 조 제4항에 따라 명단공개 대상자임을 통지하는 경우에는 별지 제57호서식의 불성실기부금수령단체 명단공개 사전통지서에 따른다.
② 법 제85조의5제1항제4호에 따른 해외금융계좌 신고의무 위반자에게 같은 조 제4항에 따라 명단공개 대상자임을 통지하는 경우에는 별지 제57호의2서식의 해외금융계좌 신고의무 위반자 명단공개 사전통지서에 따른다.
(2021.3.16 본조개정)

부   칙 (2015.3.6)

제1조【시행일】이 규칙은 공포한 날부터 시행한다.
제2조【국세환급가산금의 이율에 관한 적용례】제19조의3의 개정규정은 이 규칙 시행 이후 기간분에 대하여 적용한다.

제3조【서식에 관한 적용례】서식에 관한 개정규정은 이 규칙 시행 이후 통지하거나 제출하는 분부터 적용한다.

부   칙 (2016.3.7)

제1조【시행일】이 규칙은 공포한 날부터 시행한다.
제2조【국세환급가산금의 이율에 관한 적용례】제19조의3의 개정규정은 이 규칙 시행 이후 기간분에 대하여 적용한다.

부   칙 (2017.3.15)

제1조【시행일】이 규칙은 공포한 날부터 시행한다. 다만, 별지 제28호의2서식의 개정규정은 2018년 1월 1일부터 시행한다.
제2조【국세환급가산금의 이율에 관한 경과조치】이 규칙 시행 이후 영 제52조에 따른 국세환급가산금을 지급 또는 충당하는 경우에는 제19조의3의 개정규정에도 불구하고 이 규칙 시행 전에 경과한 기간분에 대하여는 종전의 규정에 따른다.

부   칙 (2018.3.19)

제1조【시행일】이 규칙은 공포한 날부터 시행한다. 다만, 제37조의3, 별지 제56호서식 및 별지 제56호의5서식부터 별지 제56호의7서식까지의 개정규정은 2018년 4월 1일부터 시행한다.
제2조【국세환급가산금의 이율에 관한 경과조치】이 규칙 시행 이후 법제52조에 따른 국세환급가산금을 지급 또는 충당하는 경우로서 이 규칙 시행 전에 경과한 기간에 대해서는 제19조의3의 개정규정에도 불구하고 종전의 규정에 따른다.

부   칙 (2019.3.20)

제1조【시행일】이 규칙은 공포한 날부터 시행한다. 다만, 제11조제2항의 개정규정은 2020년 1월 1일부터 시행한다.
제2조【서식에 관한 적용례】서식에 관한 개정규정은 이 규칙 시행 이후 통지하거나 제출하는 분부터 적용한다.
제3조【국세환급가산금의 이율에 관한 경과조치】법 제52조에 따른 국세환급가산금 기산일이 이 규칙 시행 전인 경우로서 이 규칙 시행 이후 같은 조에 따라 국세환급가산금을 충당 또는 지급하는 경우 그 기산일부터 이 규칙 시행일 전일까지의 기간에 대한 이율은 제19조의3의 개정규정에도 불구하고 종전의 규정에 따른다.

부   칙 (2020.3.13)

제1조【시행일】이 규칙은 공포한 날부터 시행한다.
제2조【서식에 관한 적용례】서식에 관한 개정규정은 이 규칙 시행 이후 통지하거나 제출하는 분부터 적용한다.
제3조【국세환급가산금의 이율에 관한 경과조치】법 제52조제1항에 따른 국세환급가산금 기산일이 이 규칙 시행 전인 경우로서 이 규칙 시행 이후 같은 조에 따라 국세환급가산금을 충당 또는 지급하는 경우 그 기산일부터 이 규칙 시행일 전일까지의 기간에 대한 이율은 제19조의3의 개정규정에도 불구하고 종전의 규정에 따른다.

부 칙 (2021.3.16)

제1조【시행일】 이 규칙은 공포한 날부터 시행한다. 다만, 별지 제56호서식의 개정규정은 2021년 4월 1일부터 시행한다.
제2조【서식에 관한 적용례】 서식에 관한 개정규정은 이 규칙 시행 이후 통지하거나 제출하는 경우부터 적용한다.
제3조【납세자에 대한 환급통지에 관한 경과조치】 2021년 2월 17일 전에 영 제34조제2항 또는 제4항에 따라 세무서장이 한국은행 또는 체신관서에 계좌이체입금요구서를 송부한 경우에는 제17조제2항의 개정규정에도 불구하고 종전의 규정에 따른다.
제4조【국세환급가산금의 이율에 관한 경과조치】 법 제52조제1항에 따른 국세환급가산금 기산일이 이 규칙 시행 전인 경우로서 이 규칙 시행 이후 같은 조에 따라 국세환급가산금을 충당 또는 지급하는 경우 그 기산일부터 이 규칙 시행일 전일까지의 기간에 대한 이율은 제19조의3의 개정규정에도 불구하고 종전의 규정에 따른다.

부 칙 (2021.10.28)

이 규칙은 공포한 날부터 시행한다.

부 칙 (2022.3.18)

제1조【시행일】 이 규칙은 공포한 날부터 시행한다.
제2조【서식에 관한 적용례】 서식에 관한 개정규정은 이 규칙 시행 이후 통지하거나 제출하는 경우부터 적용한다.

부 칙 (2023.3.20)

제1조【시행일】 이 규칙은 공포한 날부터 시행한다. 다만, 제11조의2 및 제11조의3의 개정규정은 2023년 4월 1일부터 시행한다.
제2조【서식에 관한 적용례】 서식에 관한 개정규정은 이 규칙 시행 이후 통지하거나 제출하는 경우부터 적용한다.
제3조【국세환급가산금의 이율에 관한 경과조치】 법 제52조제1항에 따른 국세환급가산금 기산일이 이 규칙 시행 전인 경우로서 이 규칙 시행 이후 같은 조에 따라 국세환급가산금을 충당 또는 지급하는 경우 그 기산일부터 이 규칙 시행일 전일까지의 기간에 대한 이율은 제19조의3의 개정규정에도 불구하고 종전의 규정에 따른다.

국세징수법

(2020년 12월 29일)
(전부개정법률 제17758호)

개정
2021.12.21법 18587호
2022.12.31법 19190호→시행일 부칙 참조
2023. 3. 4법 19228호(정부조직)
2023. 7.18법 19563호(가상자산이용자보호등에 관한법률)→2024년 7월 19일 시행
2023.12.31법 19927호→2024년 1월 1일 및 2024년 7월 1일 시행

제1장 총 칙

제1조【목적】 이 법은 국세의 징수에 필요한 사항을 규정함으로써 국민의 납세의무의 적정한 이행을 통해 국세수입을 확보하는 것을 목적으로 한다.
제2조【정의】 ① 이 법에서 사용하는 용어의 뜻은 다음과 같다.
1. "납부기한"이란 납세의무가 확정된 국세(가산세를 포함한다. 이하 같다)를 납부하여야 할 기한으로서 다음 각 목의 구분에 따른 기한을 말한다.
   가. 법정납부기한 : 국세의 종목과 세율을 정하고 있는 법률, 「국세기본법」, 「조세특례제한법」 및 「국제조세조정에 관한 법률」에서 정한 기한
   나. 지정납부기한 : 관할 세무서장이 납부고지를 하면서 지정한 기한
2. "체납"이란 국세를 지정납부기한까지 납부하지 아니하는 것을 말한다. 다만, 지정납부기한 후에 납세의무가 성립·확정되는 「국세기본법」 제47조의4에 따른 납부지연가산세 및 같은 법 제47조의5에 따른 원천징수 등 납부지연가산세의 경우 납세의무가 확정된 후 즉시 납부하지 아니하는 것을 말한다.
3. "체납자"란 국세를 체납한 자를 말한다.
4. "체납액"이란 체납된 국세와 강제징수비를 말한다.
② 제1항제1호를 적용하는 경우 다음 각 호의 기한은 지정납부기한으로 본다. 다만, 「소득세법」 제65조제4항, 「부가가치세법」 제48조제4항 후단 및 같은 법 제66조제3항, 「종합부동산세법」 제16조제3항 후단에 따라 세액의 결정이 없었던 것으로 보는 경우는 제외한다.
1. 관할 세무서장이 「소득세법」 제65조제1항 전단에 따라 중간예납세액을 징수하여야 하는 기한
2. 관할 세무서장이 「부가가치세법」 제48조제3항 본문 및 같은 법 제66조제1항 본문에 따라 부가가치세액을 징수하여야 하는 기한
3. 관할 세무서장이 「종합부동산세법」 제16조제1항에 따라 종합부동산세액을 징수하여야 하는 기한
③ 제1항 및 제2항에서 정하는 것 외에 이 법에서 사용하는 용어의 뜻은 「국세기본법」에서 정하는 바에 따른다.
제3조【징수의 순위】 체납액의 징수 순위는 다음 각 호의 순서에 따른다.
1. 강제징수비
2. 국세(가산세는 제외한다)
3. 가산세
제4조【다른 법률과의 관계】 국세의 징수에 관하여 「국세기본법」이나 다른 세법에 특별한 규정이 있는 경우를 제외하고는 이 법에서 정하는 바에 따른다.

제2장 신고납부, 납부고지 등

제1절 신고납부

제5조【신고납부】 납세자는 세법에서 정하는 바에 따라 국세를 관할 세무서장에게 신고납부하는 경우 그

국세의 과세기간, 세목(稅目), 세액 및 납세자의 인적사항을 납부서에 적어 납부하여야 한다.

제2절 납부고지

제6조【납세자에 대한 납부고지 등】 ① 관할 세무서장은 납세자로부터 국세를 징수하려는 경우 국세의 과세기간, 세목, 세액, 산출 근거, 납부하여야 할 기한(납부고지를 하는 날부터 30일 이내의 범위로 정한다) 및 납부장소를 적은 납부고지서를 납세자에게 발급하여야 한다. 다만, 「국세기본법」 제47조의4에 따른 납부지연가산세 및 같은 법 제47조의5에 따른 원천징수 등 납부지연가산세 중 지정납부기한이 지난 후의 가산세를 징수하는 경우에는 납부고지서를 발급하지 아니할 수 있다.
② 관할 세무서장은 납세자가 체납액 중 국세만을 완납하여 강제징수비를 징수하려는 경우 강제징수비의 징수와 관계되는 국세의 과세기간, 세목, 강제징수비의 금액, 산출 근거, 납부하여야 할 기한(강제징수비 고지를 하는 날부터 30일 이내의 범위로 정한다) 및 납부장소를 적은 강제징수비고지서를 납세자에게 발급하여야 한다.

제7조【제2차 납세의무자 등에 대한 납부고지】 ① 관할 세무서장은 납세자의 체납액을 다음 각 호의 어느 하나에 해당하는 자(이하 이 조에서 "제2차 납세의무자등"이라 한다)로부터 징수하려는 경우 징수하려는 체납액의 과세기간, 세목, 세액, 산출 근거, 납부하여야 할 기한(납부고지를 하는 날부터 30일 이내의 범위로 정한다), 납부장소, 제2차 납세의무자등으로부터 징수할 금액, 그 산출 근거, 그 밖에 필요한 사항을 적은 납부고지서를 제2차 납세의무자등에게 발급하여야 한다.
1. 제2차 납세의무자
2. 보증인
3. 「국세기본법」 및 세법에 따라 물적납세의무를 부담하는 자(이하 "물적납세의무를 부담하는 자"라 한다)
② 관할 세무서장은 제1항에 따라 제2차 납세의무자등에게 납부고지서를 발급하는 경우 납세자에게 그 사실을 통지하여야 하고, 물적납세의무를 부담하는 자로부터 납세자의 체납액을 징수하는 경우 물적납세의무를 부담하는 자의 주소 또는 거소(居所)를 관할하는 세무서장에게도 그 사실을 통지하여야 한다.

제8조【납부고지서의 발급 시기】 납부고지서는 징수결정 즉시 발급하여야 한다. 다만, 제14조에 따라 납부고지를 유예한 경우 유예기간이 끝난 날의 다음 날에 발급한다.

제9조【납부기한 전 징수】 ① 관할 세무서장은 납세자에게 다음 각 호의 어느 하나에 해당하는 사유가 있는 경우 납부기한 전이라도 이미 납세의무가 확정된 국세를 징수할 수 있다.
1. 국세, 지방세 또는 공과금의 체납으로 강제징수 또는 체납처분이 시작된 경우
2. 「민사집행법」에 따른 강제집행 및 담보권 실행 등을 위한 경매가 시작되거나 「채무자 회생 및 파산에 관한 법률」에 따른 파산선고를 받은 경우
3. 「어음법」 및 「수표법」에 따른 어음교환소에서 거래정지처분을 받은 경우
4. 법인이 해산한 경우
5. 국세를 포탈(逋脫)하려는 행위가 있다고 인정되는 경우
6. 납세관리인을 정하지 아니하고 국내에 주소 또는 거소를 두지 아니하게 된 경우
② 관할 세무서장은 제1항에 따라 납부기한 전에 국세를 징수하려는 경우 당초의 납부기한보다 단축된 기한을 정하여 납세자에게 납부고지를 하여야 한다.

제3절 독 촉

제10조【독촉】 ① 관할 세무서장은 납세자가 국세를 지정납부기한까지 완납하지 아니한 경우 지정납부기한이 지난 후 10일 이내에 체납된 국세에 대한 독촉장을 발급하여야 한다. 다만, 제9조에 따라 국세를 납부기한 전에 징수하거나 체납된 국세가 일정한 금액 미만인 경우 등 대통령령으로 정하는 경우에는 독촉장을 발급하지 아니할 수 있다.
② 관할 세무서장은 제1항 본문에 따라 독촉장을 발급하는 경우 독촉을 하는 날부터 20일 이내의 범위에서 기한을 정하여 발급한다.

제11조【체납액 징수 관련 사실행위의 위탁】 ① 관할 세무서장은 제10조에 따른 독촉에도 불구하고 납부되지 아니한 체납액을 징수하기 위하여 「한국자산관리공사 설립 등에 관한 법률」 제6조에 따라 설립된 한국자산관리공사(이하 "한국자산관리공사"라 한다)에 다음 각 호의 징수 관련 사실행위를 위탁할 수 있다. 이 경우 한국자산관리공사는 위탁받은 업무를 제3자에게 다시 위탁할 수 없다.
1. 체납자의 주소 또는 거소 확인
2. 체납자의 재산 조사
3. 체납액의 납부를 촉구하는 안내문 발송과 전화 또는 방문 상담
4. 제1호부터 제3호까지의 규정에 준하는 단순 사실행위에 해당하는 업무로서 대통령령으로 정하는 사항
② 제1항에서 정한 사항 외에 위탁 방법, 위탁 대상 체납액의 범위, 위탁 수수료 및 위탁의 해지 등 체납액 징수 관련 사실행위의 위탁에 필요한 사항은 대통령령으로 정한다.

제4절 납부의 방법

제12조【납부의 방법】 ① 국세 또는 강제징수비는 다음 각 호의 방법으로 납부한다.
1. 현금(대통령령으로 정하는 바에 따라 계좌이체하는 경우를 포함한다)
2. 「증권에 의한 세입납부에 관한 법률」에 따른 증권
3. 대통령령으로 정하는 바에 따라 지정된 국세납부대행기관(이하 "국세납부대행기관"이라 한다)을 통해 처리되는 다음 각 목의 어느 하나에 해당하는 결제수단
  가. 「여신전문금융업법」 제2조제3호에 따른 신용카드 또는 같은 조 제6호에 따른 직불카드
  나. 「정보통신망 이용촉진 및 정보보호 등에 관한 법률」 제2조제10호에 따른 통신과금서비스
  다. 그 밖에 가목 또는 나목과 유사한 것으로서 대통령령으로 정하는 것
② 제1항제3호에 따라 신용카드, 직불카드 및 통신과금서비스 등으로 국세를 납부하는 경우에는 국세납부대행기관의 승인일을 납부일로 본다.
③ 국세납부대행기관의 지정·운영, 납부 대행 수수료 및 납부수단별 납부절차 등에 관한 구체적인 사항은 대통령령으로 정한다.

제5절 납부기한등의 연장 등

제13조【재난 등으로 인한 납부기한등의 연장】 ① 관할 세무서장은 납세자가 다음 각 호의 어느 하나에 해당하는 사유로 국세를 납부기한 또는 독촉장에서 정하는 기한(이하 이 조, 제15조 및 제16조에서 "납부기한등"이라 한다)까지 납부할 수 없다고 인정되는 경우 대통령령으로 정하는 바에 따라 납부기한등을 연장(세액

을 분할하여 납부하도록 하는 것을 포함한다. 이하 같다)할 수 있다.
1. 납세자가 재난 또는 도난으로 재산에 심한 손실을 입은 경우
2. 납세자가 경영하는 사업에 현저한 손실이 발생하거나 부도 또는 도산의 우려가 있는 경우
3. 납세자 또는 그 동거가족이 질병이나 중상해로 6개월 이상의 치료가 필요한 경우 또는 사망하여 상중(喪中)인 경우
4. 그 밖에 납세자가 국세를 납부기한등까지 납부하기 어렵다고 인정되는 경우로서 대통령령으로 정하는 경우
② 납세자는 제1항 각 호의 사유로 납부기한등의 연장을 받으려는 경우 대통령령으로 정하는 바에 따라 관할 세무서장에게 신청할 수 있다.
③ 관할 세무서장은 제1항에 따라 납부기한등을 연장하는 경우 대통령령으로 정하는 바에 따라 즉시 납세자에게 그 사실을 통지하여야 한다.
④ 관할 세무서장은 제2항에 따른 신청을 받은 경우 납부기한등의 만료일까지 대통령령으로 정하는 바에 따라 납세자에게 납부기한등의 연장 승인 여부를 통지하여야 한다.
⑤ 납세자가 납부기한등의 만료일 10일 전까지 제2항에 따른 신청을 하였으나 관할 세무서장이 그 신청일부터 10일 이내에 승인 여부를 통지하지 아니한 경우에는 신청일부터 10일이 되는 날에 제2항에 따른 신청을 승인한 것으로 본다.
제14조【납부고지의 유예】 ① 관할 세무서장은 납세자가 제13조제1항각 호의 어느 하나에 해당하는 사유로 국세를 납부할 수 없다고 인정되는 경우 대통령령으로 정하는 바에 따라 납부고지를 유예(세액을 분할하여 납부고지하는 것을 포함한다. 이하 같다)할 수 있다.
② 납세자는 제13조제1항 각 호의 사유로 납부고지의 유예를 받으려는 경우 대통령령으로 정하는 바에 따라 관할 세무서장에게 신청할 수 있다.
③ 관할 세무서장은 제1항에 따라 납부고지를 유예하는 경우 대통령령으로 정하는 바에 따라 즉시 납세자에게 그 사실을 통지하여야 한다.
④ 관할 세무서장은 제2항에 따라 납부고지의 유예를 신청받은 경우 납부고지 예정인 국세의 납부하여야 할 기한의 만료일까지 대통령령으로 정하는 바에 따라 납세자에게 납부고지 유예의 승인 여부를 통지하여야 한다.
⑤ 납세자가 납부고지 예정인 국세의 납부하여야 할 기한의 만료일 10일 전까지 제2항에 따른 신청을 하였으나 관할 세무서장이 신청일부터 10일 이내에 승인 여부를 통지하지 아니한 경우에는 신청일부터 10일이 되는 날에 제2항에 따른 신청을 승인한 것으로 본다.
제15조【납부기한등 연장 등에 관한 담보】 관할 세무서장은 제13조에 따른 납부기한등의 연장 또는 제14조에 따른 납부고지의 유예를 하는 경우 그 연장 또는 유예와 관계되는 금액에 상당하는 제18조에 따른 납세담보의 제공을 요구할 수 있다. 다만, 납세자가 사업에서 심각한 손해를 입거나 그 사업이 중대한 위기에 처한 경우로서 관할 세무서장이 그 연장된 납부기한등까지 해당 국세를 납부할 수 있다고 인정하는 경우 등 대통령령으로 정하는 경우에는 그러하지 아니하다.
제16조【납부기한등 연장 등의 취소】 ① 관할 세무서장은 제13조에 따른 납부기한등의 연장 또는 제14조에 따른 납부고지의 유예를 한 후 해당 납세자가 다음 각 호의 어느 하나에 해당하게 된 경우 그 납부기한등의 연장 또는 납부고지의 유예를 취소하고 연장 또는 유예와 관계되는 국세를 한꺼번에 징수할 수 있다.
1. 국세를 분할납부하여야 하는 각 기한까지 분할납부하여야 할 금액을 납부하지 아니한 경우

2. 제21조제2항에 따른 관할 세무서장의 납세담보물의 추가 제공 또는 보증인의 변경 요구에 따르지 아니한 경우
3. 재산 상황의 변동 등 대통령령으로 정하는 사유로 납부기한등의 연장 또는 납부고지의 유예를 할 필요가 없다고 인정되는 경우
4. 제9조제1항 각 호의 어느 하나에 해당하는 사유가 있어 그 연장 또는 유예한 기한까지 연장 또는 유예와 관계되는 국세의 전액을 징수할 수 없다고 인정되는 경우
② 관할 세무서장은 제1항에 따라 납부기한등의 연장 또는 납부고지의 유예를 취소한 경우 납세자에게 그 사실을 통지하여야 한다.
③ 관할 세무서장은 제1항제1호, 제2호 또는 제4호에 따라 지정납부기한 또는 독촉장에서 정한 기한(이하 "지정납부기한등"이라 한다)의 연장을 취소한 경우 그 국세에 대하여 다시 제13조제1항에 따라 지정납부기한등의 연장을 할 수 없다.
제17조【송달 지연으로 인한 지정납부기한등의 연장】 ① 납부고지서 또는 독촉장의 송달이 지연되어 다음 각 호의 어느 하나에 해당하는 경우에는 도달한 날부터 14일이 지난 날을 지정납부기한등으로 한다.
1. 도달한 날에 이미 지정납부기한등이 지난 경우
2. 도달한 날부터 14일 이내에 지정납부기한등이 도래하는 경우
② 제9조제2항에 따라 납부기한 전에 납부고지를 하는 경우에는 제1항에도 불구하고 다음 각 호의 구분에 따른 날을 납부하여야 할 기한으로 한다.
1. 단축된 기한 전에 도달한 경우 : 단축된 기한
2. 단축된 기한이 지난 후에 도달한 경우 : 도달한 날

제6절 납세담보

제18조【담보의 종류 등】 ① 이 법 및 다른 세법에 따라 제공하는 담보(이하 "납세담보"라 한다)는 다음 각 호의 어느 하나에 해당하는 것이어야 한다.
1. 금전
2. 「자본시장과 금융투자업에 관한 법률」 제4조제3항에 따른 국채증권 등 대통령령으로 정하는 유가증권(이하 이 절에서 "유가증권"이라 한다)
3. 납세보증보험증권(보험기간이 대통령령으로 정하는 기간 이상인 것으로 한정한다)(2021.12.21 본호개정)
4. 「은행법」 제2조제1항제2호에 따른 은행 등 대통령령으로 정하는 자의 납세보증서(이하 "납세보증서"라 한다)
5. 토지
6. 보험(보험기간이 대통령령으로 정하는 기간 이상인 것으로 한정한다)에 든 등기·등록된 건물, 공장재단(工場財團), 광업재단(鑛業財團), 선박, 항공기 또는 건설기계(2021.12.21 본호개정)
② 납세담보를 제공하는 경우에는 담보할 국세의 100분의 120(금전, 납세보증보험증권 또는 「은행법」 제2조제1항제2호에 따른 은행의 납세보증서로 제공하는 경우에는 100분의 110) 이상의 가액에 상당하는 담보를 제공하여야 한다. 다만, 국세가 확정되지 아니한 경우에는 국세청장이 정하는 가액에 상당하는 담보를 제공하여야 한다.(2021.12.21 본항신설)
(2021.12.21 본조제목개정)
제19조【담보의 평가】 금전 외의 납세담보의 가액(價額)은 다음 각 호의 구분에 따른다.
1. 유가증권 : 대통령령으로 정하는 바에 따라 시가(時價)를 고려하여 결정한 가액
2. 납세보증보험증권 : 보험금액
3. 납세보증서 : 보증금액

4. 토지, 건물, 공장재단, 광업재단, 선박, 항공기 또는 건설기계 : 대통령령으로 정하는 가액

제20조【담보의 제공 방법】 ① 금전이나 유가증권을 납세담보로 제공하려는 자는 이를 공탁(供託)하고 그 공탁수령증을 관할 세무서장(이 법 및 다른 세법에 따라 국세에 관한 사무를 세관장이 관장하는 경우에는 세관장을 말한다. 이하 이 절에서 같다)에게 제출하여야 한다. 다만, 등록된 유가증권의 경우에는 담보 제공의 뜻을 등록하고 그 등록확인증을 제출하여야 한다.
② 납세보증보험증권이나 납세보증서를 납세담보로 제공하려는 자는 그 보험증권이나 보증서를 관할 세무서장에게 제출하여야 한다.
③ 토지, 건물, 공장재단, 광업재단, 선박, 항공기 또는 건설기계를 납세담보로 제공하려는 자는 그 등기필증, 등기완료통지서 또는 등록필증을 관할 세무서장에게 제시하여야 하며, 관할 세무서장은 이에 따라 저당권 설정을 위한 등기 또는 등록 절차를 밟아야 한다. 이 경우 화재보험에 든 건물, 공장재단, 광업재단, 선박, 항공기 또는 건설기계를 납세담보로 제공하려는 자는 그 화재보험증권도 관할 세무서장에게 제출하여야 한다. (2021.12.21 후단신설)
④ 관할 세무서장은 제3항 전단에 따라 제시한 등기필증, 등기완료통지서 또는 등록필증이 사실과 일치하는지를 조사하여 다음 각 호의 어느 하나에 해당하는 경우에는 다른 담보를 제공하게 하여야 한다.
1. 법령에 따라 담보 제공이 금지되거나 제한된 경우 (관계 법령에 따라 주무관청의 허가를 받아 제공하는 경우는 제외한다.)
2. 법령에 따라 사용·수익이 제한되어 있는 등의 사유로 담보의 목적을 달성할 수 없다고 인정되는 경우 (2021.12.21 본항신설)
⑤ 제1항부터 제4항까지에서 규정한 사항 외에 납세담보의 제공방법 등에 관하여 필요한 사항은 대통령령으로 정한다.(2021.12.21 본항신설)

제21조【담보의 변경과 보충】 ① 납세담보를 제공한 자는 관할 세무서장의 승인을 받아 그 담보를 변경할 수 있다.
② 관할 세무서장은 납세담보물의 가액 감소, 보증인의 자력(資力) 감소 또는 그 밖의 사유로 그 납세담보로는 국세 및 강제징수비의 납부를 담보할 수 없다고 인정할 때에는 담보를 제공한 자에게 담보물의 추가 제공 또는 보증인의 변경을 요구할 수 있다.

제22조【담보에 의한 납부와 징수】 ① 납세담보로서 금전을 제공한 자는 그 금전으로 담보한 국세 및 강제징수비를 납부할 수 있다.
② 관할 세무서장은 납세담보를 제공받은 국세 및 강제징수비가 담보의 기간에 납부되지 아니하면 대통령령으로 정하는 바에 따라 그 담보로써 그 국세 및 강제징수비를 징수한다.

제23조【담보의 해제】 관할 세무서장은 납세담보를 제공받은 국세 및 강제징수비가 납부되면 지체 없이 담보 해제 절차를 밟아야 한다.

제3장 강제징수

제1절 통 칙

제24조【강제징수】 관할 세무서장(체납기간 및 체납금액을 고려하여 대통령령으로 정하는 체납자의 경우에는 지방국세청장을 포함한다. 이하 이 장에서 같다)은 납세자가 제10조에 따른 독촉 또는 제9조제2항에 따른 납부기한 전 징수의 고지를 받고 지정된 기한까지 국세 또는 체납액을 완납하지 아니한 경우 재산의 압류(교부청구·참가압류를 포함한다), 압류재산의 매각·추심 및 청산의 절차에 따라 강제징수를 한다.

제25조【사해행위의 취소 및 원상회복】 관할 세무서장은 강제징수를 할 때 납세자가 국세의 징수를 피하기 위하여 한 재산의 처분이나 그 밖에 재산권을 목적으로 한 법률행위(「신탁법」 제8조에 따른 사해신탁을 포함한다)에 대하여 「신탁법」 제8조 및 「민법」 제406조·제407조를 준용하여 사해행위(詐害行爲)의 취소 및 원상회복을 법원에 청구할 수 있다.

제26조【가압류·가처분 재산에 대한 강제징수】 관할 세무서장은 재판상의 가압류 또는 가처분 재산이 강제징수 대상인 경우에도 이 법에 따른 강제징수를 한다.

제27조【상속 또는 합병의 경우 강제징수의 속행 등】 ① 체납자의 재산에 대하여 강제징수를 시작한 후 체납자가 사망하였거나 체납자인 법인이 합병으로 소멸된 경우에도 그 재산에 대한 강제징수는 계속 진행하여야 한다.
② 제1항을 적용할 때 체납자가 사망한 후 체납자 명의의 재산에 대하여 한 압류는 그 재산을 상속한 상속인에 대하여 한 것으로 본다.

제28조【제3자의 소유권 주장】 ① 압류한 재산에 대하여 소유권을 주장하고 반환을 청구하려는 제3자는 그 재산의 매각 5일 전까지 소유자로 확인할 만한 증거서류를 관할 세무서장에게 제출하여야 한다.
② 관할 세무서장은 제1항에 따라 제3자가 소유권을 주장하고 반환을 청구하는 경우 그 재산에 대한 강제징수를 정지하여야 한다.
③ 관할 세무서장은 제1항에 따른 제3자의 소유권 주장 및 반환 청구가 정당하다고 인정되는 경우 즉시 압류를 해제하여야 하고, 부당하다고 인정되면 즉시 그 뜻을 제3자에게 통지하여야 한다.
④ 관할 세무서장은 제3항에 따른 통지를 받은 제3자가 통지를 받은 날부터 15일 이내에 그 재산에 대하여 체납자를 상대로 소유권에 관한 소송을 제기한 사실을 증명하지 아니하면 즉시 강제징수를 계속하여야 한다.
⑤ 관할 세무서장은 제3항에 따른 통지를 받은 제3자가 체납자를 상대로 소유권에 관한 소송을 제기하여 승소 판결을 받고 그 사실을 증명한 경우 압류를 즉시 해제하여야 한다.

제29조【인지세와 등록면허세의 면제】 ① 압류재산을 보관하는 과정에서 작성하는 문서에 관하여는 인지세를 면제한다.
② 다음 각 호의 등기 또는 등록에 관하여는 등록면허세를 면제한다.
1. 제45조제1항 및 제2항에 따른 압류의 등기 또는 등록
2. 제58조제2항에 따른 압류 말소의 등기 또는 등록
3. 제74조에 따른 공매공고의 등기 또는 등록
4. 제89조에 따른 공매공고 말소의 등기 또는 등록

제30조【고액·상습체납자의 수입물품에 대한 강제징수의 위탁】 ① 관할 세무서장은 체납 발생일부터 1년이 지난 국세의 합계액이 2억원 이상인 경우 체납자의 수입물품에 대한 강제징수를 세관장에게 위탁할 수 있다.
② 제1항에 따른 강제징수의 위탁 방법 및 위탁의 철회 등 강제징수의 위탁에 필요한 사항은 대통령령으로 정한다.

제2절 압 류

제1관 통 칙

제31조【압류의 요건 등】 ① 관할 세무서장은 다음 각 호의 어느 하나에 해당하는 경우 납세자의 재산을 압류한다.

1. 납세자가 제10조에 따른 독촉을 받고 독촉장에서 정한 기한까지 국세를 완납하지 아니한 경우
2. 납세자가 제9조제2항에 따라 납부고지를 받고 단축된 기한까지 국세를 완납하지 아니한 경우
② 관할 세무서장은 납세자에게 제9조제1항 각 호의 어느 하나에 해당하는 사유가 있어 국세가 확정된 후 그 국세를 징수할 수 없다고 인정할 때에는 국세로 확정되리라고 추정되는 금액의 한도에서 납세자의 재산을 압류할 수 있다.
③ 관할 세무서장은 제2항에 따라 재산을 압류하려는 경우 미리 지방국세청장의 승인을 받아야 하고, 압류 후에는 납세자에게 문서로 그 압류 사실을 통지하여야 한다.
④ 관할 세무서장은 제2항에 따라 재산을 압류한 경우 다음 각 호의 어느 하나에 해당하면 즉시 압류를 해제하여야 한다.
1. 납세자가 납세담보를 제공하고 압류 해제를 요구한 경우
2. 압류를 한 날부터 3개월(국세 확정을 위하여 실시한 세무조사가 「국세기본법」 제81조의8제4항에 따라 중지된 경우에 그 중지 기간은 빼고 계산한다)이 지날 때까지 압류에 따라 징수하려는 국세를 확정하지 아니한 경우(2021.12.21 본호개정)
⑤ 관할 세무서장은 제2항에 따라 압류를 한 후 압류에 따라 징수하려는 국세를 확정한 경우 압류한 재산이 다음 각 호의 어느 하나에 해당하고 납세자의 신청이 있으면 압류한 재산의 한도에서 확정된 국세를 징수한 것으로 볼 수 있다.
1. 금전
2. 납부기한 내 추심 가능한 예금 또는 유가증권
제32조【초과압류의 금지】관할 세무서장은 국세를 징수하기 위하여 필요한 재산 외의 재산을 압류할 수 없다. 다만, 불가분물(不可分物) 등 부득이한 경우에는 압류할 수 있다.
제33조【압류재산 선택 시 제3자의 권리보호】관할 세무서장은 압류재산을 선택하는 경우 강제징수에 지장이 없는 범위에서 전세권·질권·저당권 등 체납자의 재산과 관련하여 제3자가 가진 권리를 침해하지 아니하도록 하여야 한다.
제34조【압류조서】① 세무공무원은 체납자의 재산을 압류하는 경우 압류조서를 작성하여야 한다. 다만, 제61조에 따른 참가압류에 압류의 효력이 생긴 경우에는 압류조서를 작성하지 아니할 수 있다.
② 압류재산이 다음 각 호의 어느 하나에 해당하는 경우 압류조서 등본을 체납자에게 내주어야 한다.
1. 동산 또는 유가증권
2. 채권
3. 채권과 소유권을 제외한 그 밖의 재산권(이하 "그 밖의 재산권"이라 한다)
③ 압류조서에는 압류에 참여한 세무공무원이 제37조에 따른 참여자와 함께 서명날인을 하여야 한다. 다만, 참여자가 서명날인을 거부한 경우에는 그 사실을 압류조서에 적는 것으로 참여자의 서명날인을 갈음할 수 있다.
④ 세무공무원은 질권이 설정된 동산 또는 유가증권을 압류한 경우 그 동산 또는 유가증권의 질권자에게 압류조서의 등본을 내주어야 한다.
⑤ 압류조서에는 압류한 재산에 관하여 양도, 제한물권의 설정, 채권의 영수(領收) 및 그 밖의 처분을 할 수 없다는 뜻이 기재되어야 한다.
제35조【수색】① 세무공무원은 재산을 압류하기 위하여 필요한 경우에는 체납자의 주거·창고·사무실·선박·항공기·자동차 또는 그 밖의 장소(이하 "주거 등"이라 한다)를 수색할 수 있고, 해당 주거등의 폐쇄된 문·금고 또는 기구를 열게 하거나 직접 열 수 있다.

② 세무공무원은 다음 각 호의 어느 하나에 해당하는 경우 제3자의 주거등을 수색할 수 있고, 해당 주거등의 폐쇄된 문·금고 또는 기구를 열게 하거나 직접 열 수 있다.
1. 체납자 또는 제3자가 제3자의 주거등에 체납자의 재산을 감춘 혐의가 있다고 인정되는 경우
2. 체납자의 재산을 점유·보관하는 제3자가 재산의 인도(引渡) 또는 이전을 거부하는 경우(2021.12.21 본호개정)
③ 제1항 또는 제2항에 따른 수색은 해가 뜰 때부터 해가 질 때까지만 할 수 있다. 다만, 해가 지기 전에 시작한 수색은 해가 진 후에도 계속할 수 있다.
④ 주로 야간에 대통령령으로 정하는 영업을 하는 장소에 대해서는 제3항에도 불구하고 해가 진 후에도 영업 중에는 수색을 시작할 수 있다.
⑤ 세무공무원은 제1항 또는 제2항에 따라 수색을 하였으나 압류할 재산이 없는 경우 수색조서를 작성하고 수색조서에 제37조에 따른 참여자와 함께 서명날인하여야 한다. 다만, 참여자가 서명날인을 거부한 경우에는 그 사실을 수색조서에 적는 것으로 참여자의 서명날인을 갈음할 수 있다.
⑥ 세무공무원은 제5항에 따라 수색조서를 작성한 경우 그 등본을 수색을 받은 체납자 또는 참여자에게 내주어야 한다.
제36조【질문·검사】① 세무공무원은 강제징수를 하면서 압류할 재산의 소재 또는 수량을 알아내기 위하여 필요한 경우 다음 각 호의 어느 하나에 해당하는 자에게 구두(口頭) 또는 문서로 질문하거나 장부, 서류 및 그 밖의 물건을 검사할 수 있다.
1. 체납자
2. 체납자와 거래관계가 있는 자
3. 체납자의 재산을 점유하는 자
4. 체납자와 채권·채무 관계가 있는 자
5. 체납자가 주주 또는 사원인 법인
6. 체납자인 법인의 주주 또는 사원
7. 체납자와 「국세기본법」 제2조제20호가목에 따른 친족관계나 같은 호 나목에 따른 경제적 연관관계가 있는 자 중에서 체납자의 재산을 감춘 혐의가 있다고 인정되는 자
② 제1항에 따라 구두로 질문한 내용이 중요한 사항인 경우 그 내용을 기록하고 기록한 서류에 답변한 자와 함께 서명날인하여야 한다. 다만, 답변한 자가 서명날인을 거부한 경우 그 사실을 본문의 서류에 적는 것으로 답변한 자의 서명날인을 갈음할 수 있다.
제37조【참여자】① 세무공무원은 제35조에 따른 수색 또는 제36조에 따른 검사를 하는 경우 그 수색 또는 검사를 받는 사람, 그 가족·동거인이나 사무원 또는 그 밖의 종업원을 참여시켜야 한다.
② 제1항을 적용할 때 참여시켜야 할 자가 없거나 참여 요청에 따르지 아니하는 경우 성인 2명 이상 또는 특별시·광역시·특별자치시·특별자치도·시·군·자치구의 공무원이나 경찰공무원 1명 이상을 증인으로 참여시켜야 한다.
제38조【증표 등의 제시】세무공무원은 다음 각 호의 어느 하나를 하는 경우 그 신분을 나타내는 증표 및 압류·수색 등 통지서를 지니고 이를 관계자에게 보여주어야 한다.
1. 제31조에 따른 압류
2. 제35조에 따른 수색
3. 제36조에 따른 질문·검사
제39조【압류, 수색 또는 질문·검사 중의 출입 제한】세무공무원은 제38조 각 호의 어느 하나를 하는 경우로서 강제징수를 위하여 필요하다고 인정하는 경우 체납자 및 제37조에 따른 참여자 등 관계자를 제외한 사

람에 대하여 해당 장소에서 나갈 것을 요구하거나 그 장소에 출입하는 것을 제한할 수 있다.

제40조【저당권자등에 대한 압류 통지】 ① 관할 세무서장은 재산을 압류한 경우 전세권, 질권, 저당권 또는 그 밖에 압류재산 위의 등기 또는 등록된 권리자(이하 "저당권자등"이라 한다)에게 그 사실을 통지하여야 한다.
② 국세에 대하여 우선권을 가진 저당권자등이 제1항에 따라 통지를 받고 그 권리를 행사하려는 경우 통지를 받은 날부터 10일 이내에 그 사실을 관할 세무서장에게 신고하여야 한다.

제2관 압류금지 등

제41조【압류금지 재산】 다음 각 호의 재산은 압류할 수 없다.
1. 체납자 또는 그와 생계를 같이 하는 가족(사실상 혼인관계에 있는 사람을 포함한다. 이하 이 조에서 "동거가족"이라 한다)의 생활에 없어서는 아니 될 의복, 침구, 가구, 주방기구, 그 밖의 생활필수품
2. 체납자 또는 그 동거가족에게 필요한 3개월간의 식료품 또는 연료
3. 인감도장이나 그 밖에 직업에 필요한 도장
4. 제사 또는 예배에 필요한 물건, 비석 또는 묘지
5. 체납자 또는 그 동거가족의 장례에 필요한 물건
6. 족보·일기 등 체납자 또는 그 동거가족에게 필요한 장부 또는 서류
7. 직무 수행에 필요한 제복
8. 훈장이나 그 밖의 명예의 증표
9. 체납자 또는 그 동거가족의 학업에 필요한 서적과 기구
10. 발명 또는 저작에 관한 것으로서 공표되지 아니한 것
11. 주로 자기의 노동력으로 농업을 하는 사람에게 없어서는 아니 될 기구, 가축, 사료, 종자, 비료, 그 밖에 이에 준하는 물건
12. 주로 자기의 노동력으로 어업을 하는 사람에게 없어서는 아니 될 어망, 기구, 미끼, 새끼 물고기, 그 밖에 이에 준하는 물건
13. 전문직 종사자·기술자·노무자, 그 밖에 주로 자기의 육체적 또는 정신적 노동으로 직업 또는 사업에 종사하는 사람에게 없어서는 아니 될 기구, 비품, 그 밖에 이에 준하는 물건
14. 체납자 또는 그 동거가족의 일상생활에 필요한 안경·보청기·의치·의수족·지팡이·장애보조용 바퀴의자, 그 밖에 이에 준하는 신체보조기구 및 「자동차관리법」에 따른 경형자동차
15. 재해의 방지 또는 보안을 위하여 법령에 따라 설치하여야 하는 소방설비, 경보기구, 피난시설, 그 밖에 이에 준하는 물건
16. 법령에 따라 지급되는 사망급여금 또는 상이급여금(傷痍給與金)
17. 「주택임대차보호법」 제8조에 따라 우선변제를 받을 수 있는 금액
18. 체납자의 생계 유지에 필요한 소액금융재산으로서 대통령령으로 정하는 것

제42조【급여채권의 압류 제한】 ① 급료, 연금, 임금, 봉급, 상여금, 세비, 퇴직연금, 그 밖에 이와 비슷한 성질을 가진 급여채권에 대해서는 그 총액의 2분의 1에 해당하는 금액은 압류가 금지되는 금액으로 한다.
② 제1항에도 불구하고 다음 각 호의 경우 압류가 금지되는 금액은 각각 다음 각 호의 구분에 따른 금액으로 한다.
1. 제1항에 따라 계산한 급여채권 총액의 2분의 1에 해당하는 금액이 표준적인 가구의 「국민기초생활 보장법」 제2조제7호에 따른 최저생계비를 고려하여 대통

령령으로 정하는 금액에 미달하는 경우 : 같은 호에 따른 최저생계비를 고려하여 대통령령으로 정하는 금액
2. 제1항에 따라 계산한 급여채권 총액의 2분의 1에 해당하는 금액이 표준적인 가구의 생계비를 고려하여 대통령령으로 정하는 금액을 초과하는 경우 : 표준적인 가구의 생계비를 고려하여 대통령령으로 정하는 금액
③ 퇴직금이나 그 밖에 이와 비슷한 성질을 가진 급여채권에 대해서는 그 총액의 2분의 1에 해당하는 금액은 압류하지 못한다.
④ 제1항부터 제3항까지의 규정에 따른 총액은 「소득세법」 제20조제1항 각 호에 해당하는 근로소득의 금액의 합계액(비과세소득의 금액은 제외한다) 또는 같은 법 제22조제1항 각 호에 해당하는 퇴직소득의 금액의 합계액(비과세소득의 금액은 제외한다)에서 그 근로소득 또는 퇴직소득에 대한 소득세 및 소득세분 지방소득세를 뺀 금액으로 한다.

제3관 압류의 효력

제43조【처분의 제한】 ① 세무공무원이 재산을 압류한 경우 체납자는 압류한 재산에 관하여 양도, 제한물권의 설정, 채권의 영수, 그 밖의 처분을 할 수 없다.
② 세무공무원이 채권 또는 그 밖의 재산권을 압류한 경우 해당 채권의 채무자 및 그 밖의 재산권의 채무자 또는 이에 준하는 자(이하 "제3채무자"라 한다)는 체납자에 대한 지급을 할 수 없다.
③ 세무공무원이 제56조의2제1항에 따른 예탁유가증권지분 또는 제56조의3제1항에 따른 전자등록주식등을 압류한 경우 제56조의2제1항 각 호의 구분에 따른 자는 해당 체납자에 대하여 계좌대체 및 증권반환을 할 수 없고, 제56조의3제1항 각 호의 구분에 따른 자는 해당 체납자에 대하여 계좌대체 및 전자등록말소를 할 수 없다.(2023.12.31 본항신설)
제44조【과실에 대한 압류의 효력】 ① 압류의 효력은 압류재산으로부터 생기는 천연과실(天然果實) 또는 법정과실(法定果實)에도 미친다.
② 제1항에도 불구하고 체납자 또는 제3자가 압류재산의 사용 또는 수익을 하는 경우 그 재산의 매각으로 인하여 권리를 이전하기 전까지 이미 거두어들인 천연과실에 대해서는 압류의 효력이 미치지 아니한다.

제4관 부동산 등의 압류

제45조【부동산 등의 압류 절차】 ① 관할 세무서장은 다음 각 호의 재산을 압류하려는 경우 압류조서를 첨부하여 압류등기를 관할 등기소에 촉탁하여야 한다. 그 변경등기에 관하여도 또한 같다.
1. 「부동산등기법」 등에 따라 등기된 부동산
2. 「공장 및 광업재단 저당법」에 따라 등기된 공장재단 및 광업재단
3. 「선박등기법」에 따라 등기된 선박
② 관할 세무서장은 다음 각 호의 재산을 압류하려는 경우 압류의 등록을 관계 행정기관의 장 또는 지방자치단체의 장에게 촉탁하여야 한다. 그 변경 등록에 관하여도 또한 같다.
1. 「자동차관리법」에 따라 등록된 자동차
2. 「선박법」에 따라 등록된 선박(「선박등기법」에 따라 등기된 선박은 제외한다)
3. 「항공안전법」에 따라 등록된 항공기 또는 경량항공기(이하 "항공기"라 한다)
4. 「건설기계관리법」에 따라 등록된 건설기계
③ 관할 세무서장은 압류를 하기 위하여 부동산, 공장재

단 및 광업재단의 재산을 분할하거나 구분하려는 경우 분할 또는 구분의 등기를 관할 등기소에 촉탁하여야 한다. 그 합병 또는 변경 등기에 관하여도 또한 같다.

④ 관할 세무서장은 등기되지 아니한 부동산을 압류하려는 경우 토지대장 등본, 건축물대장 등본 또는 부동산종합증명서를 갖추어 보존등기를 관할 등기소에 촉탁하여야 한다.

⑤ 관할 세무서장은 제2항에 따라 압류한 자동차, 선박, 항공기 또는 건설기계가 은닉 또는 훼손될 우려가 있다고 인정되는 경우 체납자에게 인도를 명하여 이를 점유할 수 있다.

⑥ 관할 세무서장은 제1항, 제2항 및 제4항에 따라 압류를 한 경우 그 사실을 체납자에게 통지하여야 한다.

제46조【부동산 등의 압류의 효력】 ① 제45조에 따른 압류의 효력은 그 압류등기 또는 압류의 등록이 완료된 때에 발생한다.

② 제1항에 따른 압류의 효력은 해당 압류재산의 소유권이 이전되기 전에 「국세기본법」 제35조제2항에 따른 법정기일이 도래한 국세의 체납액에 대해서도 미친다.

제47조【압류 부동산 등의 사용·수익】 ① 체납자는 압류된 부동산, 공장재단, 광업재단, 선박, 항공기, 자동차 또는 건설기계(이하 "부동산등"이라 한다)를 사용하거나 수익할 수 있다. 다만, 관할 세무서장은 그 가치가 현저하게 줄어들 우려가 있다고 인정할 경우에는 그 사용 또는 수익을 제한할 수 있다.

② 압류된 부동산등을 사용하거나 수익할 권리를 가진 제3자의 사용·수익에 관하여는 제1항을 준용한다.

③ 관할 세무서장은 자동차, 선박, 항공기 또는 건설기계에 대하여 강제징수를 위하여 필요한 기간 동안 정박 또는 정류를 하게 할 수 있다. 다만, 출항준비(出航準備)를 마친 선박 또는 항공기에 대해서는 정박 또는 정류를 하게 할 수 없다.

④ 관할 세무서장은 제3항에 따라 정박 또는 정류를 하게 하였을 경우 그 감시와 보존에 필요한 처분을 하여야 한다.

제5관 동산과 유가증권의 압류

제48조【동산과 유가증권의 압류】 ① 동산 또는 유가증권의 압류는 세무공무원이 점유함으로써 하고, 압류의 효력은 세무공무원이 점유한 때에 발생한다.

② 세무공무원은 제3자가 점유하고 있는 체납자 소유의 동산 또는 유가증권을 압류하기 위해서는 먼저 그 제3자에게 문서로 해당 동산 또는 유가증권의 인도를 요구하여야 한다.

③ 세무공무원은 제2항에 따라 인도를 요구받은 제3자가 해당 동산 또는 유가증권을 인도하지 아니하는 경우 제35조제2항에 따라 제3자의 주거등에 대한 수색을 통하여 이를 압류할 수 있다.

④ 세무공무원은 체납자와 그 배우자의 공유재산으로서 체납자가 단독 점유하거나 배우자와 공동 점유하고 있는 동산 또는 유가증권을 제1항에 따라 압류할 수 있다.

제49조【압류 동산의 사용·수익】 ① 제48조에도 불구하고 운반하기 곤란한 동산은 체납자 또는 제3자에게 보관하게 할 수 있다. 이 경우 봉인(封印)이나 그 밖의 방법으로 압류재산임을 명백히 하여야 한다.

② 관할 세무서장은 제1항에 따라 압류한 동산을 체납자 또는 이를 사용하거나 수익할 권리를 가진 제3자에게 보관하게 한 경우 강제징수에 지장이 없다고 인정되면 그 동산의 사용 또는 수익을 허가할 수 있다.

③ 제2항에 따라 허가를 받은 자는 압류 동산을 사용하거나 수익하는 경우 선량한 관리자의 주의의무를 다하여야 하며, 관할 세무서장이 해당 재산의 인도를 요구하는 경우 즉시 이에 따라야 한다.

제50조【금전의 압류 및 유가증권에 관한 채권의 추심】 ① 관할 세무서장이 금전을 압류한 경우에는 그 금전 액수만큼 체납자의 압류에 관계되는 체납액을 징수한 것으로 본다.

② 관할 세무서장은 유가증권을 압류한 경우 그 유가증권에 따라 행사할 수 있는 금전의 급부를 목적으로 한 채권을 추심할 수 있다. 이 경우 관할 세무서장이 채권을 추심하였을 때에는 추심한 채권의 한도에서 체납자의 압류와 관계되는 체납액을 징수한 것으로 본다.

제6관 채권의 압류

제51조【채권의 압류 절차】 ① 관할 세무서장은 채권을 압류하려는 경우 그 뜻을 제3채무자에게 통지하여야 한다.

② 관할 세무서장은 제1항에 따라 채권을 압류한 경우 그 사실을 체납자에게 통지하여야 한다.

제52조【채권 압류의 효력 및 추심】 ① 채권 압류의 효력은 제51조제1항에 따라 채권 압류 통지서가 제3채무자에게 송달된 때에 발생한다.

② 관할 세무서장은 제51조제1항에 따른 통지를 한 경우 체납액을 한도로 하여 체납자인 채권자를 대위(代位)한다.

③ 관할 세무서장은 제2항에 따라 채권자를 대위하는 경우 압류 후 1년 이내에 제3채무자에 대한 이행의 촉구와 채무 이행의 소송을 제기하여야 한다. 다만, 체납된 국세와 관련하여 「국세기본법」에 따른 이의신청·심사청구·심판청구, 「감사원법」에 따른 심사청구 또는 「행정소송법」에 따른 행정소송(이하 "심판청구등"이라 한다)이 계속 중이거나 그 밖에 이에 준하는 사유로 법률상·사실상 추심이 불가능한 경우에는 그러하지 아니하다.

④ 관할 세무서장은 제3항 단서의 사유가 해소되어 추심이 가능해진 때에는 지체 없이 제3채무자에 대한 이행의 촉구와 채무 이행의 소송을 제기하여야 한다.

제53조【채권 압류의 범위】 관할 세무서장은 채권을 압류하는 경우 체납액을 한도로 하여야 한다. 다만, 압류하려는 채권에 국세보다 우선하는 질권이 설정되어 있어 압류에 관계된 체납액의 징수가 확실하지 아니한 경우 등 필요하다고 인정되는 경우 채권 전액을 압류할 수 있다.

제54조【계속적 거래관계에서 발생하는 채권의 압류】 급료, 임금, 봉급, 세비, 퇴직연금 또는 그 밖에 계속적 거래관계에서 발생하는 이와 유사한 채권에 대한 압류의 효력은 체납액을 한도로 하여 압류 후에 발생할 채권에도 미친다.

제7관 그 밖의 재산권의 압류

제55조【그 밖의 재산권의 압류 절차 등】 ① 관할 세무서장은 권리의 변동에 등기 또는 등록이 필요한 그 밖의 재산권을 압류하려는 경우 압류의 등기 또는 등록을 관할 등기소, 관계 행정기관의 장, 지방자치단체의 장(이하 "관할 등기소등"이라 한다)에게 촉탁하여야 한다. 그 변경의 등기 또는 등록에 관하여도 또한 같다.

② 관할 세무서장은 권리의 변동에 등기 또는 등록이 필요하지 아니한 그 밖의 재산권을 압류하려는 경우 그 뜻을 다음 각 호의 구분에 따른 자에게 통지하여야 한다.

1. 제3채무자가 있는 경우 : 제3채무자
2. 제3채무자가 없는 경우 : 체납자

③ 관할 세무서장은 제2항에 따라 「가상자산 이용자 보호 등에 관한 법률」 제2조제1호에 따른 가상자산(이하 "가상자산"이라 한다)을 압류하려는 경우 체납자〔같은 법 제2조제2호에 따른 가상자산사업자(이하 "가

상자산사업자"라 한다) 등 제3자가 체납자의 가상자산을 보관하고 있을 때에는 그 제3자를 말한다]에게 대통령령으로 정하는 바에 따라 해당 가상자산의 이전을 문서로 요구할 수 있고, 요구받은 체납자 또는 그 제3자는 이에 따라야 한다.(2023.7.18 본항개정)

④ 관할 세무서장은 제1항 및 제2항제1호에 따라 압류를 한 경우 및 제3항에 따라 체납자의 가상자산을 보관하고 있는 제3자에게 해당 가상자산의 이전을 요구한 경우 그 사실을 체납자에게 통지하여야 한다. (2023.12.31 본항개정)

⑤ 관할 세무서장이 그 밖의 재산권을 압류한 경우 제52조제3항 및 제4항을 준용하거나 제64조에 따라 매각·추심에 착수한다.

제56조【국가 또는 지방자치단체의 재산에 관한 권리의 압류】 ① 관할 세무서장은 체납자가 국가 또는 지방자치단체(「지방자치법」 제159조에 따른 지방자치단체조합을 포함한다. 이하 이 조 및 제97조에서 같다)의 재산을 매수한 경우 소유권 이전 전이라도 그 재산에 관한 체납자의 국가 또는 지방자치단체에 대한 권리를 압류한다.

② 관할 세무서장은 제1항에 따라 압류를 한 경우 그 사실을 체납자에게 통지하여야 한다.

③ 제1항의 압류재산을 매각함에 따라 이를 매수한 자는 그 대금을 완납한 때에 그 재산에 관한 체납자의 국가 또는 지방자치단체에 대한 모든 권리·의무를 승계한다.

제7관의2   예탁된 유가증권 및 전자등록된
           주식 등의 압류
           (2023.12.31 본관신설)

제56조의2【예탁된 유가증권의 압류 절차 등】 ① 관할 세무서장은 「자본시장과 금융투자업에 관한 법률」 제309조제2항에 따라 한국예탁결제원(이하 "예탁결제원"이라 한다)에 예탁된 유가증권(같은 법 제310조제4항에 따라 예탁결제원에 예탁된 것으로 보는 경우를 포함한다)에 관한 공유지분(이하 "예탁유가증권지분"이라 한다)을 압류하려는 경우에는 그 뜻을 다음 각 호의 구분에 따른 자에게 통지하여야 한다.

1. 체납자가 「자본시장과 금융투자업에 관한 법률」 제309조제2항에 따른 예탁자(이하 "예탁자"라 한다)인 경우 : 예탁결제원

2. 체납자가 「자본시장과 금융투자업에 관한 법률」 제309조제2항에 따른 투자자인 경우 : 예탁자

② 관할 세무서장은 제1항에 따라 예탁유가증권지분을 압류한 경우에는 그 사실을 체납자에게 통지하여야 한다.

③ 예탁유가증권지분 압류의 효력은 그 압류 통지서가 제1항 각 호의 구분에 따른 자에게 송달된 때에 발생한다.

제56조의3【전자등록된 주식 등의 압류 절차 등】 ① 관할 세무서장은 「주식·사채 등의 전자등록에 관한 법률」 제2조제4호에 따른 전자등록주식등(이하 "전자등록주식등"이라 한다)을 압류하려는 경우 그 뜻을 다음 각 호의 구분에 따른 자에게 통지하여야 한다.

1. 체납자가 「주식·사채 등의 전자등록에 관한 법률」 제23조제1항에 따른 계좌관리기관등인 경우 : 같은 법 제2조제6호에 따른 전자등록기관

2. 체납자가 「주식·사채 등의 전자등록에 관한 법률」 제22조제1항에 따라 계좌관리기관에 고객계좌를 개설한 자인 경우 : 같은 법 제2조제7호에 따른 계좌관리기관

3. 체납자가 「주식·사채 등의 전자등록에 관한 법률」 제29조제1항에 따른 특별계좌의 명의자인 경우 : 같은 법 제29조제1항에 따른 명의개서대행회사등

② 관할 세무서장은 제1항에 따라 전자등록주식등을 압류한 경우 그 사실을 체납자에게 통지하여야 한다.

③ 전자등록주식등 압류의 효력은 그 압류 통지서가 제1항 각 호의 구분에 따른 자에게 송달된 때에 발생한다.

제8관   압류의 해제

제57조【압류 해제의 요건】 ① 관할 세무서장은 다음 각 호의 어느 하나에 해당하는 경우 압류를 즉시 해제하여야 한다.

1. 압류와 관계되는 체납액의 전부가 납부 또는 충당(국세환급금, 그 밖에 관할 세무서장이 세법상 납세자에게 지급할 의무가 있는 금전을 체납액과 대등액에서 소멸시키는 것을 말한다. 이하 이 조, 제60조제1항 및 제71조제5항에서 같다)된 경우

2. 국세 부과의 전부를 취소한 경우

3. 여러 재산을 한꺼번에 공매(公賣)하는 경우로서 일부 재산의 공매대금으로 체납액 전부를 징수한 경우

4. 총 재산의 추산(推算)가액이 강제징수비(압류에 관계되는 국세에 우선하는 「국세기본법」 제35조제1항제3호에 따른 채권 금액이 있는 경우 이를 포함한다)를 징수하면 남을 여지가 없어 강제징수를 종료할 필요가 있는 경우. 다만, 제59조에 따른 교부청구 또는 제61조에 따른 참가압류가 있는 경우로서 교부청구 또는 참가압류와 관계된 체납액을 기준으로 할 경우 남을 여지가 있는 경우는 제외한다.

5. 제41조에 따른 압류금지재산을 압류한 경우

6. 제3자의 재산을 압류한 경우
(2023.12.31 5호~6호신설)

7. 그 밖에 제1호부터 제4호까지의 규정에 준하는 사유로 압류할 필요가 없게 된 경우

② 관할 세무서장은 다음 각 호의 어느 하나에 해당하는 경우 압류재산의 전부 또는 일부에 대하여 압류를 해제할 수 있다.

1. 압류 후 재산가격이 변동하여 체납액 전액을 현저히 초과한 경우

2. 압류와 관계되는 체납액의 일부가 납부 또는 충당된 경우

3. 국세 부과의 일부를 취소한 경우

4. 체납자가 압류할 수 있는 다른 재산을 제공하여 그 재산을 압류한 경우

③ 관할 세무서장은 제1항제4호 본문에 따른 사유로 압류를 해제하려는 경우 제106조에 따른 국세체납정리위원회의 심의를 거쳐야 한다.

제58조【압류 해제의 절차 등】 ① 관할 세무서장은 재산의 압류를 해제한 경우 그 사실을 그 재산의 압류 통지를 한 체납자, 제3채무자 및 저당권자등에게 통지하여야 한다.

② 관할 세무서장은 압류를 해제한 경우 압류의 등기 또는 등록을 한 것에 대해서는 압류 해제 조서를 첨부하여 압류 말소의 등기 또는 등록을 관할 등기소등에 촉탁하여야 한다.

③ 관할 세무서장은 제3자에게 보관하게 한 압류재산의 압류를 해제한 경우 그 보관자에게 압류 해제 통지를 하고 압류재산을 체납자 또는 정당한 권리자에게 반환하여야 한다. 이 경우 관할 세무서장이 받았던 압류재산의 보관증은 보관자에게 반환하여야 한다.

④ 관할 세무서장은 제3항을 적용할 때 필요하다고 인정하는 경우 보관자가 체납자 또는 정당한 권리자에게 그 압류재산을 직접 인도하게 할 수 있다. 이 경우 체납자 또는 정당한 권리자에게 보관자로부터 압류재산을 직접 인도받을 것을 통지하여야 한다.

⑤ 관할 세무서장은 보관 중인 재산을 반환하는 경우 영수증을 받아야 한다. 다만, 체납자 또는 정당한 관리

자에게 압류조서에 영수 사실을 적고 서명날인하게 함으로써 영수증을 받는 것에 갈음할 수 있다.

제9관 교부청구 및 참가압류

제59조【교부청구】 관할 세무서장은 다음 각 호의 어느 하나에 해당하는 경우 해당 관할 세무서장, 지방자치단체의 장, 「공공기관의 운영에 관한 법률」제4조에 따른 공공기관의 장, 「지방공기업법」제49조 또는 제76조에 따른 지방공사 또는 지방공단의 장, 집행법원, 집행공무원, 강제관리인, 파산관재인 또는 청산인에 대하여 다음 각 호에 따른 절차의 배당·배분 요구의 종기(終期)까지 체납액(제13조에 따라 지정납부기한이 연장된 국세를 포함한다)의 교부를 청구하여야 한다.
1. 국세, 지방세 또는 공과금의 체납으로 체납자에 대한 강제징수 또는 체납처분이 시작된 경우
2. 체납자에 대하여「민사집행법」에 따른 강제집행 및 담보권 실행 등을 위한 경매가 시작되거나 체납자가「채무자 회생 및 파산에 관한 법률」에 따른 파산선고를 받은 경우
3. 체납자인 법인이 해산한 경우

제60조【교부청구의 해제】 ① 관할 세무서장은 납부, 충당, 국세 부과의 취소나 그 밖의 사유로 교부를 청구한 체납액의 납부의무가 소멸된 경우 그 교부청구를 해제하여야 한다.
② 관할 세무서장은 제1항에 따라 교부청구를 해제하려는 경우 그 사실을 교부청구를 받은 기관에 통지하여야 한다.

제61조【참가압류】 ① 관할 세무서장은 압류하려는 재산이 이미 다른 기관에 압류되어 있는 경우 참가압류 통지서를 그 재산을 이미 압류한 기관(이하 "선행압류기관"이라 한다)에 송달함으로써 제59조에 따른 교부청구를 갈음하고 그 압류에 참가할 수 있다.
② 관할 세무서장은 제1항에 따라 참가압류를 한 경우 그 사실을 체납자, 제3채무자 및 저당권자등에게 통지하여야 한다.
③ 관할 세무서장은 권리의 변동에 등기 또는 등록이 필요한 재산에 대하여 참가압류를 하려는 경우 참가압류의 등기 또는 등록을 관할 등기소등에 촉탁하여야 한다.

제62조【참가압류의 효력 등】 ① 제61조에 따라 참가압류를 한 후에 선행압류기관이 그 재산에 대한 압류를 해제한 경우 그 참가압류는 다음 각 호의 구분에 따른 시기로 소급하여 압류의 효력을 갖는다.
1. 권리의 변동에 등기 또는 등록이 필요한 재산 : 참가압류의 등기 또는 등록이 완료된 때
2. 권리의 변동에 등기 또는 등록이 필요하지 아니한 재산 : 참가압류 통지서가 선행압류기관에 송달된 때
② 제1항을 적용할 때 둘 이상의 참가압류가 있는 경우에는 다음 각 호의 구분에 따른 시기로 소급하여 압류의 효력이 생긴다.
1. 권리의 변동에 등기 또는 등록을 필요로 하는 재산 : 가장 먼저 참가압류의 등기 또는 등록이 완료된 때
2. 권리의 변동에 등기 또는 등록을 필요로 하지 아니한 재산 : 가장 먼저 참가압류 통지서가 송달된 때
③ 선행압류기관은 압류를 해제한 경우 압류가 해제된 재산 목록을 첨부하여 그 사실을 참가압류를 한 관할 세무서장에게 통지하여야 한다.
④ 선행압류기관은 압류를 해제한 재산이 동산 또는 유가증권 등인 경우로서 해당 재산을 선행압류기관이 점유하고 있거나 제3자에게 보관하게 한 경우 참가압류를 한 관할 세무서장에게 직접 인도하여야 한다. 다만, 제3자가 보관하고 있는 재산에 대해서는 그 제3자가 발행한 해당 보관증을 인도함으로써 재산을 직접

인도하는 것을 갈음할 수 있다.
⑤ 참가압류를 한 관할 세무서장은 선행압류기관이 그 압류재산을 장기간이 지나도록 매각하지 아니한 경우 이에 대한 매각을 선행압류기관에 촉구할 수 있다.
⑥ 참가압류를 한 관할 세무서장은 제5항에 따라 매각의 촉구를 받은 선행압류기관이 촉구를 받은 날부터 3개월 이내에 다음 각 호의 어느 하나에 해당하는 행위를 하지 아니한 경우 해당 압류재산을 매각할 수 있다.
1. 제67조에 따라 수의계약으로 매각하려는 사실의 체납자 등에 대한 통지
2. 제72조에 따른 공매공고
3. 제103조제1항에 따라 공매 또는 수의계약을 대행하게 하는 의뢰서의 송부
⑦ 참가압류를 한 관할 세무서장은 제6항에 따라 압류재산을 매각하려는 경우 그 내용을 선행압류기관에 통지하여야 한다.
⑧ 선행압류기관은 제7항에 따른 통지를 받은 경우 점유하고 있거나 제3자에게 보관하게 하고 있는 동산 또는 유가증권 등 압류재산을 제5항에 따라 매각을 촉구한 관할 세무서장에게 인도하여야 한다. 이 경우 인도 방법에 관하여는 제4항을 준용한다.

제63조【참가압류의 해제】 참가압류의 해제에 관하여는 제29조, 제57조 및 제58조를 준용한다.

제3절 압류재산의 매각

제1관 통 칙

제64조【매각의 착수시기】 ① 관할 세무서장은 압류 후 1년 이내에 매각을 위한 다음 각 호의 어느 하나에 해당하는 행위를 하여야 한다. 다만, 체납된 국세와 관련하여 심판청구등이 계속 중인 경우, 이 법 또는 다른 세법에 따라 압류재산의 매각을 유예한 경우, 압류재산의 감정평가가 곤란한 경우, 그 밖에 이에 준하는 사유로 법률상·사실상 매각이 불가능한 경우에는 그러하지 아니하다.
1. 제67조에 따라 수의계약으로 매각하려는 사실의 체납자 등에 대한 통지
2. 제72조에 따른 공매공고
3. 제103조제1항에 따라 공매 또는 수의계약을 대행하게 하는 의뢰서의 송부
② 관할 세무서장은 제1항 각 호 외의 부분 단서의 사유가 해소되어 매각이 가능해진 때에는 지체 없이 제1항 각 호의 어느 하나에 해당하는 행위를 하여야 한다.

제65조【매각 방법】 ① 압류재산은 공매 또는 수의계약으로 매각한다.
② 공매는 다음 각 호의 어느 하나에 해당하는 방법(정보통신망을 이용한 것을 포함한다)으로 한다.
1. 경쟁입찰 : 공매를 집행하는 공무원이 공매예정가격을 제시하고, 매수신청인에게 문서로 매수신청을 하게 하여 공매예정가격 이상의 신청가격 중 최고가격을 신청한 자(이하 "최고가 매수신청인"이라 한다)를 매수인으로 정하는 방법
2. 경매 : 공매를 집행하는 공무원이 공매예정가격을 제시하고, 매수신청인에게 구두 등의 방법으로 신청가격을 순차로 올려 매수신청을 하게 하여 최고가 매수신청인을 매수인으로 정하는 방법
③ 경매의 방법으로 매각하는 경우 경매의 성질에 반하지 아니하는 범위에서 이 절의 경쟁입찰에 관한 규정을 준용한다.

제66조【공매】 ① 관할 세무서장은 압류한 부동산등, 동산, 유가증권, 그 밖의 재산권과 제52조제2항에 따라 체납자를 대위하여 받은 물건(금전은 제외한다)을 대통령령으로 정하는 바에 따라 공매한다.

② 제1항에도 불구하고 관할 세무서장은 다음 각 호의 어느 하나에 해당하는 압류재산의 경우에는 각 호의 구분에 따라 직접 매각할 수 있다.(2021.12.21 본문개정)
1. 「자본시장과 금융투자업에 관한 법률」 제8조의2제4항제1호에 따른 증권시장(이하 "증권시장"이라 한다)에 상장된 증권 : 증권시장에서의 매각
2. 가상자산사업자를 통해 거래되는 가상자산 : 가상자산사업자를 통한 매각
(2021.12.21 1호~2호신설)
③ 관할 세무서장은 제2항 각 호의 구분에 따라 압류재산을 직접 매각하려는 경우에는 매각 전에 그 사실을 체납자 등 대통령령으로 정하는 자에게 통지하여야 한다.(2022.12.31 본항신설)
④ 제1항 및 제2항에도 불구하고 제31조제2항에 따라 압류한 재산은 그 압류와 관계되는 국세의 납세 의무가 확정되기 전에는 공매할 수 없다.
⑤ 제1항 및 제2항에도 불구하고 심판청구등이 계속 중인 국세의 체납으로 압류된 재산은 그 신청 또는 청구에 대한 결정이나 소(訴)에 대한 판결이 확정되기 전에는 공매할 수 없다. 다만, 그 재산이 제67조제2호에 해당하는 경우에는 그러하지 아니하다.

제66조의2 【가족관계등록 전산정보의 공동이용】 관할 세무서장(제103조제1항제1호에 따라 한국자산관리공사가 공매를 대행하는 경우에는 한국자산관리공사를 말한다)은 제66조제1항 및 제2항에 따른 공매를 위하여 필요한 경우 「전자정부법」 제36조제1항에 따라 「가족관계의 등록 등에 관한 법률」 제11조제4항에 따른 전산정보자료를 공동이용(「개인정보 보호법」 제2조제2호에 따른 처리를 포함한다)할 수 있다.
(2022.12.31 본조신설)

제67조 【수의계약】 관할 세무서장은 압류재산이 다음 각 호의 어느 하나에 해당하는 경우 수의계약으로 매각할 수 있다.
1. 수의계약으로 매각하지 아니하면 매각대금이 강제징수비 금액 이하가 될 것으로 예상되는 경우
2. 부패·변질 또는 감량되기 쉬운 재산으로서 속히 매각하지 아니하면 그 재산가액이 줄어들 우려가 있는 경우
3. 압류한 재산의 추산가격이 1천만원 미만인 경우
4. 법령으로 소지(所持) 또는 매매가 금지 및 제한된 재산인 경우
5. 제1회 공매 후 1년에 5회 이상 공매하여도 매각되지 아니한 경우
6. 공매가 공익(公益)을 위하여 적절하지 아니한 경우

제2관 공매의 준비

제68조 【공매예정가격의 결정】 ① 관할 세무서장은 압류재산을 공매하려면 그 공매예정가격을 결정하여야 한다.
② 관할 세무서장은 공매예정가격을 결정하기 어려운 경우 대통령령으로 정하는 바에 따라 감정인(鑑定人)에게 평가를 의뢰하여 그 가액을 참고할 수 있다.
③ 감정인은 제2항의 평가를 위하여 필요한 경우 제69조제2항에 따른 조치를 할 수 있다.
④ 관할 세무서장은 제2항에 따라 감정인에게 공매대상 재산의 평가를 의뢰한 경우 대통령령으로 정하는 바에 따라 수수료를 지급할 수 있다.

제69조 【공매재산에 대한 현황조사】 ① 관할 세무서장은 제68조에 따라 공매예정가격을 결정하기 위하여 공매재산의 현 상태, 점유관계, 임차료 또는 보증금의 액수, 그 밖의 현황을 조사하여야 한다.
② 세무공무원은 제1항의 조사를 위하여 건물에 출입할 수 있고, 체납자 또는 건물을 점유하는 제3자에게

공매재산의 현황과 관련된 질문을 하거나 문서의 제시를 요구할 수 있다.
③ 세무공무원은 제2항에 따라 건물에 출입하기 위하여 필요한 경우 잠긴 문을 여는 등 적절한 처분을 할 수 있다.

제70조 【공매장소】 공매는 지방국세청, 세무서, 세관 또는 공매재산이 있는 특별자치시·특별자치도·시·군·자치구에서 한다. 다만, 관할 세무서장이 필요하다고 인정하는 경우에는 다른 장소에서 공매할 수 있다.

제71조 【공매보증】 ① 관할 세무서장은 압류재산을 공매하는 경우 필요하다고 인정하면 공매에 참여하려는 자에게 공매보증을 받을 수 있다.
② 공매보증금액은 공매예정가격의 100분의 10 이상으로 한다.
③ 공매보증은 다음 각 호의 어느 하나에 해당하는 것으로 한다. 이 경우 제2호부터 제4호까지의 어느 하나에 해당하는 것(이하 "국공채등"이라 한다)으로 할 때 필요한 요건은 대통령령으로 정한다.
1. 금전
2. 국공채
3. 증권시장에 상장된 증권
4. 「보험업법」에 따른 보험회사가 발행한 보증보험증권
④ 관할 세무서장은 다음 각 호의 경우 다음 각 호의 구분에 따른 자가 제공한 공매보증을 반환한다.
1. 개찰(開札) 후 : 최고가 매수신청인을 제외한 다른 매수신청인
2. 매수인이 매수대금을 납부하기 전에 체납자가 매수인의 동의를 받아 압류와 관련된 체납액을 납부하여 제86조제1호에 따라 압류재산의 매각결정이 취소된 경우 : 매수인
3. 차순위 매수신청인이 있는 경우로서 매수인이 대금을 모두 지급한 경우 : 차순위 매수신청인
4. 매수신청인이 제80조제2항에 해당하여 매각결정을 받지 못한 경우 : 매수신청인(2023.12.31 본호신설)
⑤ 관할 세무서장은 다음 각 호의 어느 하나에 해당하는 경우 공매보증을 강제징수비, 압류와 관계되는 국세의 순으로 충당한 후 남은 금액은 체납자에게 지급한다.
1. 최고가 매수신청인이 개찰 후 매수계약을 체결하지 아니한 경우
2. 제86조제2호 또는 제3호에 해당하는 사유로 압류재산의 매각결정이 취소된 경우(2023.12.31 본호개정)

제72조 【공매공고】 ① 관할 세무서장은 공매를 하려는 경우 다음 각 호의 사항을 공고하여야 한다.
1. 매수대금을 납부하여야 할 기한(이하 "대금납부기한"이라 한다)
2. 공매재산의 명칭, 소재, 수량, 품질, 공매예정가격, 그 밖의 중요한 사항
3. 입찰서 제출 또는 경매의 장소와 일시(기간입찰의 경우 그 입찰서 제출기간)
4. 개찰의 장소와 일시
5. 공매보증을 받을 경우 그 금액
6. 공매재산이 공유물의 지분 또는 부부공유의 동산·유가증권인 경우 공유자(체납자는 제외한다. 이하 같다)·배우자에게 각 우선매수권이 있다는 사실
7. 배분요구의 종기
8. 배분요구의 종기까지 배분을 요구하여야 배분받을 수 있는 채권
9. 매각결정기일
10. 매각으로 소멸하지 아니하고 매수인이 인수하게 될 공매재산에 대한 지상권, 전세권, 대항력 있는 임차권 또는 가등기가 있는 경우 그 사실
11. 공매재산의 매수인으로서 일정한 자격이 필요한 경우 그 사실
12. 제77조제2항 각 호에 따른 자료의 제공 내용 및 기간
13. 차순위 매수신청의 기간과 절차

② 관할 세무서장은 공매공고를 하는 경우 동일한 재산에 대한 향후의 여러 차례의 공매에 관한 사항을 한꺼번에 공고할 수 있다.
③ 공매공고는 정보통신망을 통하여 하되, 다음 각 호의 구분에 따른 게시 또는 게재도 함께 하여야 한다.
1. 지방국세청, 세무서, 세관, 특별자치시·특별자치도·시·군·자치구, 그 밖의 적절한 장소에 게시
2. 관보 또는 일간신문에 게재
④ 제1항제7호에 따른 배분요구의 종기는 절차 진행에 필요한 기간을 고려하여 정하되, 최초의 입찰서 제출 시작일 이전으로 하여야 한다. 다만, 공매공고에 대한 등기 또는 등록이 지연되거나 누락되는 등 대통령령으로 정하는 사유로 공매 절차가 진행되지 못하는 경우에는 관할 세무서장은 배분요구의 종기를 최초의 입찰서 제출 마감일 이후로 연기할 수 있다.
⑤ 제1항제9호에 따른 매각결정기일은 같은 항 제4호에 따른 개찰일부터 7일(토요일, 일요일, 「공휴일에 관한 법률」 제2조의 공휴일 및 같은 법 제3조의 대체공휴일은 제외한다) 이내로 정하여야 한다.(2022.12.31 본항개정)
⑥ 관할 세무서장은 경매의 방법으로 재산을 공매하는 경우 대통령령으로 정하는 바에 따라 경매인을 선정하여 이를 취급하게 할 수 있다.
⑦ 제1항부터 제6항까지에서 규정한 사항 외에 공매공고에 필요한 사항은 대통령령으로 정한다.
제73조【공매공고 기간】 공매공고 기간은 10일 이상으로 한다. 다만, 그 재산을 보관하는 데에 많은 비용이 들거나 재산의 가액이 현저히 줄어들 우려가 있으면 이를 단축할 수 있다.
제74조【공매공고에 대한 등기 또는 등록의 촉탁】 관할 세무서장은 제72조에 따라 공매공고를 한 압류재산이 권리의 변동에 등기 또는 등록이 필요한 경우 공매공고 즉시 그 사실을 등기부 또는 등록부에 기입하도록 관할 등기소등에 촉탁하여야 한다.
제75조【공매통지】 ① 관할 세무서장은 제72조제1항 및 제2항에 따른 공매공고를 한 경우 즉시 그 내용을 다음 각 호의 자에게 통지하여야 한다.
1. 체납자
2. 납세담보물 소유자
3. 다음 각 목의 구분에 따른 자
　가. 공매재산이 공유물의 지분인 경우 : 공매공고의 등기 또는 등록 전 날 현재의 공유자
　나. 공매재산이 부부공유의 동산·유가증권인 경우 : 배우자
4. 공매공고의 등기 또는 등록 전 날 현재 공매재산에 대하여 전세권·질권·저당권 또는 그 밖의 권리를 가진 자
② 제1항 각 호의 자 중 일부에 대한 공매통지의 송달 불능 등의 사유로 동일한 공매재산에 대하여 다시 공매공고를 하는 경우 그 이전 공매공고 당시 공매통지가 도달되었던 제1항제3호 및 제4호에 해당하는 자에 대하여 다시 하는 공매통지는 주민등록표 등본 등 공매 집행기록에 표시된 주소, 거소, 영업소 또는 사무소에 등기우편을 발송하는 방법으로 할 수 있다. 이 경우 그 공매통지는 「국세기본법」 제12조제1항 본문에 불구하고 송달받아야 할 자에게 발송한 때부터 효력이 발생한다.
제76조【배분요구 등】 ① 제74조에 따른 공매공고의 등기 또는 등록 전까지 등기 또는 등록되지 아니한 다음 각 호의 채권을 가진 자는 제96조제1항에 따른 배분을 받으려는 경우 배분요구의 종기까지 관할 세무서장에게 배분을 요구하여야 한다.
1. 압류재산과 관계되는 체납액
2. 교부청구와 관계되는 체납액·지방세 또는 공과금

3. 압류재산에 설정된 전세권·질권·저당권 또는 가등기담보권에 의하여 담보된 채권
4. 「주택임대차보호법」 또는 「상가건물 임대차보호법」에 따라 우선변제권이 있는 임차보증금 반환채권
5. 「근로기준법」 또는 「근로자퇴직급여 보장법」에 따라 우선변제권이 있는 임금, 퇴직금, 재해보상금 및 그 밖에 근로관계로 인한 채권
6. 압류재산과 관계되는 가압류채권
7. 집행문이 있는 판결 정본에 의한 채권
② 매각으로 소멸되지 아니하는 전세권을 가진 자는 배분을 받으려는 경우 배분요구의 종기까지 배분을 요구하여야 한다.
③ 배분요구를 한 자는 제1항 및 제2항에 따른 배분요구에 따라 매수인이 인수하여야 할 부담이 달라지는 경우 배분요구의 종기가 지난 뒤에는 이를 철회할 수 없다.
④ 체납자의 배우자는 공매재산이 제48조제4항에 따라 압류한 부부공유의 동산 또는 유가증권인 경우 공유지분에 따른 매각대금의 지급을 배분요구의 종기까지 관할 세무서장에게 요구할 수 있다.
⑤ 관할 세무서장은 공매공고의 등기 또는 등록 전에 등기 또는 등록된 제1항 각 호의 채권을 가진 자(이하 "채권신고대상채권자"라 한다)에게 채권의 유무, 그 원인 및 액수(원금, 이자, 비용, 그 밖의 부대채권을 포함한다)를 배분요구의 종기까지 관할 세무서장에게 신고하도록 촉구하여야 한다.
⑥ 관할 세무서장은 채권신고대상채권자가 제5항에 따른 신고를 하지 아니한 경우 등기사항증명서 등 공매 집행기록에 있는 증명자료에 따라 해당 채권신고대상채권자의 채권액을 계산한다. 이 경우 해당 채권신고대상채권자는 채권액을 추가할 수 없다.
⑦ 관할 세무서장은 제1항 또는 제2항에 해당하는 자와 다음 각 호의 기관의 장에게 배분요구의 종기까지 배분요구를 하여야 한다는 사실을 안내하여야 한다.
1. 행정안전부
2. 관세청
3. 「국민건강보험법」에 따른 국민건강보험공단
4. 「국민연금법」에 따른 국민연금공단
5. 「산업재해보상보험법」에 따른 근로복지공단
⑧ 제75조에 따른 공매통지에 제5항에 따른 채권 신고의 촉구 또는 제7항에 따른 배분요구의 안내에 관한 사항이 포함된 경우에는 해당 항에 따른 촉구 또는 안내를 한 것으로 본다.
제77조【공매재산명세서의 작성 및 비치 등】 ① 관할 세무서장은 공매재산에 대하여 제69조에 따른 현황조사를 기초로 다음 각 호의 사항이 포함된 공매재산명세서를 작성하여야 한다.
1. 공매재산의 명칭, 소재, 수량, 품질, 공매예정가격, 그 밖의 중요한 사항
2. 공매재산의 점유자 및 점유 권원(權原), 점유할 수 있는 기간, 차임 또는 보증금에 관한 관계인의 진술
3. 제76조제1항 및 제2항에 따른 배분요구 현황 및 같은 조 제5항에 따른 채권신고 현황
4. 공매재산에 대하여 등기·등록된 권리, 대항력 있는 임차권 또는 가처분으로서 매수인이 인수하는 것
5. 매각에 따라 설정된 것으로 보게 되는 지상권의 개요
② 관할 세무서장은 다음 각 호의 자료를 입찰서 제출 시작 7일 전부터 입찰서 제출 마감 전까지 세무서에 갖추어 두거나 정보통신망을 이용하여 게시함으로써 입찰에 참가하려는 자가 열람할 수 있게 하여야 한다.
1. 제1항에 따른 공매재산명세서
2. 제68조제2항에 따라 감정인이 평가한 가액에 관한 자료
3. 그 밖에 입찰가격을 결정하는 데 필요한 자료

제78조【국세에 우선하는 제한물권 등의 인수 등】 관할 세무서장은 공매재산에 압류와 관계되는 국세보다 우선하는 제한물권 등이 있는 경우 제한물권 등을 매수인에게 인수하게 하거나 매수대금으로 그 제한물권 등에 의하여 담보된 채권을 변제하는 데 충분하다고 인정된 경우가 아니면 그 재산을 공매하지 못한다.

제79조【공유자·배우자의 우선매수권】 ① 공유자는 공매재산이 공유물의 지분인 경우 매각결정기일 전까지 공매보증을 제공하고 다음 각 호의 구분에 따른 가격으로 공매재산을 우선매수하겠다는 신청을 할 수 있다.
1. 최고가 매수신청인이 있는 경우 : 최고가 매수신청가격
2. 최고가 매수신청인이 없는 경우 : 공매예정가격
② 체납자의 배우자는 공매재산이 제48조제4항에 따라 압류한 부부공유의 동산 또는 유가증권인 경우 제1항을 준용하여 공매재산을 우선매수하겠다는 신청을 할 수 있다.
③ 관할 세무서장은 제1항 또는 제2항에 따른 우선매수 신청이 있는 경우 제82조제3항 및 제87조제1항제1호에도 불구하고 그 공유자 또는 체납자의 배우자에게 매각결정을 하여야 한다.
④ 관할 세무서장은 여러 사람의 공유자가 우선매수 신청을 하고 제3항의 절차를 마친 경우 공유자 간의 특별한 협의가 없으면 공유지분의 비율에 따라 공매재산을 매수하게 한다.
⑤ 관할 세무서장은 제3항에 따른 매각결정 후 매수인이 매수대금을 납부하지 아니한 경우 최고가 매수신청인에게 다시 매각결정을 할 수 있다.

제80조【매수인의 제한】 ① 다음 각 호의 어느 하나에 해당하는 자는 자기 또는 제3자의 명의나 계산으로 압류재산을 매수하지 못한다.
1. 체납자
2. 세무공무원
3. 매각 부동산을 평가한 「감정평가 및 감정평가사에 관한 법률」에 따른 감정평가법인등(같은 법 제29조에 따른 감정평가법인의 경우 그 감정평가법인 및 소속 감정평가사를 말한다)
② 공매재산의 매수신청인이 매각결정기일(제84조제2항에 따라 매각결정기일이 연기된 경우 연기된 매각결정기일을 말한다) 전까지 공매재산의 매수인이 되기 위하여 다른 법령에 따라 갖추어야 하는 자격을 갖추지 못한 경우에는 공매재산을 매수하지 못한다. (2023.12.31 본항신설)

제81조【공매참가의 제한】 관할 세무서장은 다음 각 호의 어느 하나에 해당한다고 인정되는 사실이 있는 자에 대해서는 그 사실이 있은 후 2년간 공매장소 출입을 제한하거나 입찰에 참가시키지 아니할 수 있다. 그 사실이 있은 후 2년이 지나지 아니한 자를 사용인이나 그 밖의 종업원으로 사용한 자와 이러한 자를 입찰 대리인으로 한 자에 대해서도 또한 같다.
1. 입찰을 하려는 자의 공매참가, 최고가 매수신청인의 결정 또는 매수인의 매수대금 납부를 방해한 사실
2. 공매에서 부당하게 가격을 낮출 목적으로 담합한 사실
3. 거짓 명의로 매수신청을 한 사실

제3관 공매의 실시

제82조【입찰서 제출과 개찰】 ① 공매를 입찰의 방법으로 하는 경우 공매재산의 매수신청인은 그 성명·주소·거소, 매수하려는 재산의 명칭, 매수신청가격, 공매보증, 그 밖에 필요한 사항을 입찰서에 적어 개찰이 시작되기 전에 공매를 집행하는 공무원에게 제출하여야 한다.

② 개찰은 공매를 집행하는 공무원이 공개적으로 각각 적힌 매수신청가격을 불러 입찰조서에 기록하는 방법으로 한다.
③ 공매를 집행하는 공무원은 최고가 매수신청인을 정한다. 이 경우 최고가 매수신청가격이 둘 이상이면 즉시 추첨으로 최고가 매수신청인을 정한다.
④ 공매를 집행하는 공무원은 제3항 후단을 적용할 때 해당 매수신청인 중 출석하지 아니한 자 또는 추첨을 하지 아니한 자가 있는 경우 입찰 사무와 관계없는 공무원으로 하여금 대신하여 추첨하게 할 수 있다.
⑤ 공매를 집행하는 공무원은 공매예정가격 이상으로 매수신청한 자가 없는 경우 즉시 그 장소에서 재입찰을 실시할 수 있다.

제83조【차순위 매수신청】 ① 제82조에 따라 최고가 매수신청인이 결정된 후 해당 최고가 매수신청인 외의 매수신청인은 매각결정기일 전까지 공매보증을 제공하고 제86조제2호 또는 제3호에 해당하는 사유로 매각결정이 취소되는 경우 최고가 매수신청가격에서 공매보증을 뺀 금액 이상의 가격으로 공매재산을 매수하겠다는 신청(이하 이 조에서 "차순위 매수신청"이라 한다)을 할 수 있다. (2023.12.31 본항개정)
② 관할 세무서장은 제1항에 따라 차순위 매수신청을 한 자가 둘 이상인 경우 최고액의 매수신청인을 차순위 매수신청인으로 정하고, 최고액의 매수신청인이 둘 이상인 경우에는 추첨으로 차순위 매수신청인을 정한다.
③ 관할 세무서장은 차순위 매수신청이 있는 경우 제86조제2호 또는 제3호에 해당하는 사유로 매각결정을 취소한 날부터 3일(토요일, 일요일, 「공휴일에 관한 법률」 제2조의 공휴일 및 같은 법 제3조의 대체공휴일은 제외한다) 이내에 차순위 매수신청인을 매수인으로 정하여 매각결정을 할 것인지 여부를 결정하여야 한다. 다만, 제84조제1항 각 호의 사유(이 경우 같은 항 제2호의 "최고가 매수신청인"은 "차순위 매수신청인"으로 본다)가 있는 경우에는 차순위 매수신청인에게 매각결정을 할 수 없다. (2023.12.31 본문개정)

제84조【매각결정 및 대금납부기한 등】 ① 관할 세무서장은 다음 각 호의 사유가 없으면 매각결정기일에 제82조에 따른 최고가 매수신청인을 매수인으로 정하여 매각결정을 하여야 한다.
1. 제79조에 따른 공유자·배우자의 우선매수 신청이 있는 경우
2. 최고가 매수신청인이 제80조에 따른 매수인의 제한 또는 제81조에 따른 공매참가의 제한을 받는 자에 해당하는 경우
3. 매각결정 전에 제88조에 따른 공매 취소·정지 사유가 있는 경우
4. 그 밖에 매각결정을 할 수 없는 중대한 사실이 있다고 관할 세무서장이 인정하는 경우
② 관할 세무서장은 최고가 매수신청인이 공매재산의 매수인이 되기 위하여 다른 법령에 따라 갖추어야 하는 자격을 갖추지 못한 경우에는 매각결정기일을 1회에 한정하여 당초 매각결정기일부터 10일 이내의 범위에서 연기할 수 있다. (2023.12.31 본항신설)
③ 매각결정의 효력은 매각결정기일에 매각결정을 한 때에 발생한다.
④ 관할 세무서장은 매각결정을 한 경우 매수인에게 대금납부기한을 정하여 매각결정 통지서를 발급하여야 한다. 다만, 권리 이전에 등기 또는 등록이 필요 없는 재산의 매수대금을 즉시 납부시킬 경우에는 구두로 통지할 수 있다.
⑤ 제4항의 대금납부기한은 매각결정을 한 날부터 7일 이내로 한다. 다만, 관할 세무서장이 필요하다고 인정하는 경우에는 그 대금납부기한을 30일의 범위에서 연장할 수 있다. (2023.12.31 본문개정)

제84조의2【매수대금의 차액납부】 ① 공매재산에 대하여 저당권이나 대항력 있는 임차권 등을 가진 매수신청인으로서 대통령령으로 정하는 자는 매각결정기일 전까지 관할 세무서장에게 제96조에 따라 자신에게 배분될 금액을 제외한 금액을 매수대금으로 납부(이하 "차액납부"라 한다)하겠다는 신청을 할 수 있다.
② 제1항에 따른 신청을 받은 관할 세무서장은 그 신청인을 매수인으로 정하여 매각결정을 할 때 차액납부 허용 여부를 함께 결정하여 통지하여야 한다.
③ 관할 세무서장은 제2항에 따라 차액납부 여부를 결정할 때 차액납부를 신청한 자가 다음 각 호의 어느 하나에 해당하는 경우에는 차액납부를 허용하지 아니할 수 있다.
1. 배분요구의 종기까지 배분요구를 하지 아니하여 배분받을 자격이 없는 경우
2. 배분받으려는 채권이 압류 또는 가압류되어 지급이 금지된 경우
3. 배분순위에 비추어 실제로 배분받을 금액이 없는 경우
4. 그 밖에 제1호부터 제3호까지에 준하는 사유가 있는 경우
④ 관할 세무서장은 차액납부를 허용하기로 결정한 경우에는 제84조제4항에도 불구하고 대금납부기한을 정하지 아니하며, 이 조 제5항에 따른 배분기일에 매수인에게 차액납부를 하게 하여야 한다.
⑤ 관할 세무서장은 차액납부를 허용하기로 결정한 경우에는 제95조제1항에도 불구하고 그 결정일부터 30일 이내의 범위에서 배분기일을 정하여 배분하여야 한다. 다만, 30일 이내에 배분계산서를 작성하기 곤란한 경우에는 배분기일을 30일 이내의 범위에서 연기할 수 있다.
⑥ 관할 세무서장으로부터 차액납부를 허용하는 결정을 받은 매수인은 그가 배분받아야 할 금액에 대해서 제99조제1항 및 제2항에 따라 이의가 제기된 경우에 이의가 제기된 금액을 이 조 제5항에 따른 배분기일에 납부하여야 한다.
⑦ 제1항부터 제6항까지에서 규정한 사항 외에 차액납부의 신청 절차 및 차액납부 금액의 계산 방법 등에 관하여 필요한 사항은 대통령령으로 정한다.
(2023.12.31 본조신설)
제85조【매수대금 납부의 촉구】 관할 세무서장은 매수인이 매수대금을 지정된 대금납부기한까지 납부하지 아니한 경우 다시 대금납부기한을 지정하여 납부를 촉구하여야 한다.
제86조【매각결정의 취소】 관할 세무서장은 다음 각 호의 어느 하나에 해당하는 경우 압류재산의 매각결정을 취소하고 그 사실을 매수인에게 통지하여야 한다.
1. 제84조에 따른 매각결정을 한 후 매수인이 매수대금을 납부하기 전에 체납자가 압류와 관련된 체납액을 납부하고 매각결정의 취소를 신청하는 경우. 이 경우 체납자는 매수인의 동의를 받아야 한다.
2. 매수인이 제84조의2제4항에 따라 배분기일에 차액납부를 하지 아니하거나 같은 조 제6항에 따라 이의가 제기된 금액을 납부하지 아니한 경우(2023..12.31 본호신설)
3. 제85조에 따라 납부를 촉구하여도 매수인이 매수대금을 지정된 기한까지 납부하지 아니한 경우
제87조【재공매】 ① 관할 세무서장은 다음 각 호의 어느 하나에 해당하는 경우 재공매를 한다.
1. 재산을 공매하여도 매수신청인이 없거나 매수신청 가격이 공매예정가격 미만인 경우
2. 제86조제2호 또는 제3호에 해당하는 사유로 매각결정을 취소한 경우(2023.12.31 본호개정)
② 관할 세무서장은 재공매를 할 때마다 최초의 공매예정가격의 100분의 10에 해당하는 금액을 차례로 줄

여 공매하며, 최초의 공매예정가격의 100분의 50에 해당하는 금액까지 차례로 줄여 공매하여도 매각되지 아니할 때에는 제68조에 따라 새로 공매예정가격을 정하여 재공매를 할 수 있다. 다만, 제82조제5항에 따라 즉시 재입찰을 실시한 경우에는 최초의 공매예정가격을 줄이지 아니한다.
③ 제1항 및 제2항에 따른 재공매의 경우 제65조제2항, 제68조, 제70조부터 제73조까지, 제75조부터 제83조까지, 제88조 및 제89조를 준용한다. 다만, 관할 세무서장은 제73조에도 불구하고 공매공고 기간을 5일까지 단축할 수 있다.
제88조【공매의 취소 및 정지】 ① 관할 세무서장은 다음 각 호의 어느 하나에 해당하는 경우 공매를 취소하여야 한다.
1. 해당 재산의 압류를 해제한 경우
2. 그 밖에 공매를 진행하기 곤란한 경우로서 대통령령으로 정하는 경우
② 관할 세무서장은 다음 각 호의 어느 하나에 해당하는 경우 공매를 정지하여야 한다.
1. 제105조에 따라 압류 또는 매각을 유예한 경우
2. 「국세기본법」 제57조 또는 「행정소송법」 제23조에 따라 강제징수에 대한 집행정지의 결정이 있는 경우
3. 그 밖에 공매를 정지하여야 할 필요가 있는 경우로서 대통령령으로 정하는 경우
③ 관할 세무서장은 매각결정기일 전에 공매를 취소한 경우 공매취소 사실을 공고하여야 한다.
④ 관할 세무서장은 제2항에 따라 공매를 정지한 후 그 사유가 소멸되어 공매를 계속할 필요가 있다고 인정하는 경우 즉시 공매를 속행하여야 한다.
제89조【공매공고의 등기 또는 등록 말소】 관할 세무서장은 다음 각 호의 어느 하나에 해당하는 경우 제74조에 따른 공매공고의 등기 또는 등록을 말소할 것을 관할 등기소등에 촉탁하여야 한다.
1. 제86조제1호에 따라 매각결정을 취소한 경우
2. 제88조제3항에 따라 공매취소의 공고를 한 경우

제4관　매수대금의 납부와 권리의 이전

제90조【공매보증과 매수대금 납부】 ① 매수인이 공매보증으로 금전을 제공한 경우 그 금전은 매수대금으로서 납부된 것으로 본다.
② 관할 세무서장은 매수인이 공매보증으로 국공채등을 제공한 경우 그 국공채등을 현금화하여야 한다. 이 경우 그 현금화에 사용된 비용을 뺀 금액은 공매보증 금액을 한도로 매수대금으로서 납부된 것으로 본다.
③ 관할 세무서장은 제2항 전단에 따라 현금화한 금액(현금화에 사용된 비용을 뺀 금액을 말한다)이 공매보증 금액보다 적을 때에는 다시 대금납부기한을 정하여 매수인에게 그 부족액을 납부하게 하여야 하고, 공매보증 금액보다 많으면 그 차액을 매수인에게 반환하여야 한다.
제91조【매수대금 납부의 효과】 ① 매수인은 매수대금을 완납한 때에 공매재산을 취득한다.
② 관할 세무서장이 매수대금을 수령한 때에는 체납자로부터 매수대금만큼의 체납액을 징수한 것으로 본다.
제92조【공매재산에 설정된 제한물권 등의 소멸과 인수 등】 ① 공매재산에 설정된 모든 질권·저당권 및 가등기담보권은 매각으로 소멸된다.
② 지상권·지역권·전세권 및 등기된 임차권 등은 압류채권(압류와 관계되는 국세를 포함한다)·가압류채권 및 제1항에 따라 소멸하는 담보물권에 대항할 수 없는 경우 매각으로 소멸된다.
③ 제2항 외의 경우 지상권·지역권·전세권 및 등기된 임차권 등은 매수인이 인수한다. 다만, 제76조제2항

에 따라 전세권자가 배분요구를 한 전세권의 경우에는 매각으로 소멸된다.

④ 매수인은 유치권자(留置權者)에게 그 유치권(留置權)으로 담보되는 채권을 변제할 책임이 있다.

제93조【매각재산의 권리이전 절차】 관할 세무서장은 매각재산에 대하여 체납자가 권리이전의 절차를 밟지 아니한 경우 대통령령으로 정하는 바에 따라 체납자를 대신하여 그 절차를 밟는다.

제4절 청 산

제94조【배분금전의 범위】 배분금전은 다음 각 호의 금전으로 한다.
1. 압류한 금전
2. 채권·유가증권·그 밖의 재산권의 압류에 따라 체납자 또는 제3채무자로부터 받은 금전
3. 압류재산의 매각대금 및 그 매각대금의 예치 이자
4. 교부청구에 따라 받은 금전

제95조【배분기일의 지정】 ① 관할 세무서장은 제94조제2호 또는 제3호의 금전을 배분하려면 체납자, 제3채무자 또는 매수인으로부터 해당 금전을 받은 날부터 30일 이내에서 배분기일을 정하여 배분하여야 한다. 다만, 30일 이내에 배분계산서를 작성하기 곤란한 경우에는 배분기일을 30일 이내에서 연기할 수 있다.

② 관할 세무서장은 제1항 또는 제84조의2제5항에 따라 배분기일을 정한 경우 체납자, 채권신고대상채권자 및 배분요구를 한 채권자(이하 "체납자등"이라 한다)에게 그 사실을 통지하여야 한다. 다만, 체납자등이 외국에 있거나 있는 곳이 분명하지 아니한 경우 통지하지 아니할 수 있다.(2023.12.31 본문개정)

제96조【배분 방법】 ① 제94조제2호 및 제3호의 금전은 다음 각 호의 체납액과 채권에 배분한다. 이 경우, 제76조제1항 및 제2항에 따라 배분요구의 종기까지 배분요구를 하여야 하는 채권의 경우에는 배분요구를 한 채권에 대해서만 배분한다.
1. 압류재산과 관계되는 체납액
2. 교부청구를 받은 체납액·지방세 또는 공과금
3. 압류재산과 관계되는 전세권·질권·저당권 또는 가등기담보권에 의하여 담보된 채권
4.「주택임대차보호법」 또는 「상가건물 임대차보호법」에 따라 우선변제권이 있는 임차보증금 반환채권
5.「근로기준법」 또는 「근로자퇴직급여 보장법」에 따라 우선변제권이 있는 임금, 퇴직금, 재해보상금 및 그 밖에 근로관계로 인한 채권
6. 압류재산과 관계되는 가압류채권
7. 집행문이 있는 판결정본에 의한 채권

② 제94조제1호 및 제4호의 금전은 각각 그 압류 또는 교부청구와 관계되는 체납액에 배분한다.

③ 관할 세무서장은 제1항과 제2항에 따라 금전을 배분하고 남은 금액이 있는 경우 체납자에게 지급한다.

④ 관할 세무서장은 매각대금이 제1항 각 호의 체납액 및 채권의 총액보다 적은 경우 「민법」이나 그 밖의 법령에 따라 배분할 순위와 금액을 정하여 배분하여야 한다.

⑤ 관할 세무서장은 제1항, 제2항 및 제4항에 따른 배분을 할 때 국세보다 우선하는 채권이 있음에도 불구하고 배분 순위의 착오나 부당한 교부청구 또는 그 밖에 이에 준하는 사유로 체납액에 먼저 배분한 경우 그 배분한 금액을 국세보다 우선하는 채권의 채권자에게 국세환급금의 예에 따라 지급한다.

제97조【국가 또는 지방자치단체의 재산에 관한 권리의 매각대금의 배분】 ① 제56조제1항에 따라 압류한 국가 또는 지방자치단체의 재산에 관한 체납자의 권리를 매각한 경우 다음 각 호의 순서에 따라 매각대금을 배분한다.

1. 국가 또는 지방자치단체가 체납자로부터 지급받지 못한 매각대금
2. 체납액

② 관할 세무서장은 제1항에 따라 배분하고 남은 금액은 체납자에게 지급한다.

제98조【배분계산서의 작성】 ① 관할 세무서장은 제96조에 따라 금전을 배분하는 경우 배분계산서 원안(原案)을 작성하고, 이를 배분기일 7일 전까지 갖추어 두어야 한다.

② 체납자등은 관할 세무서장에게 교부청구서, 감정평가서, 채권신고서, 배분요구서, 배분계산서 원안 등 배분금액 산정의 근거가 되는 서류의 열람 또는 복사를 신청할 수 있다.

③ 관할 세무서장은 제2항에 따른 열람 또는 복사의 신청을 받은 경우 이에 따라야 한다.

제99조【배분계산서에 대한 이의 등】 ① 배분기일에 출석한 체납자등은 배분기일이 끝나기 전까지 자기의 채권과 관계되는 범위에서 제98조제1항에 따른 배분계산서 원안에 기재된 다른 채권자의 채권 또는 채권의 순위에 대하여 이의제기를 할 수 있다.

② 제1항에도 불구하고 체납자는 배분기일에 출석하지 아니한 경우에도 배분계산서 원안이 갖추어진 이후부터 배분기일이 끝나기 전까지 문서로 이의제기를 할 수 있다.

③ 관할 세무서장은 다음 각 호의 구분에 따라 배분계산서를 확정하여 배분을 실시하고, 확정되지 아니한 부분에 대해서는 배분을 유보한다.
1. 제1항 및 제2항에 따른 이의제기가 있는 경우
 가. 관할 세무서장이 이의제기가 정당하다고 인정하거나 배분계산서 원안과 다른 내용으로 체납자등이 한 합의가 있는 경우 : 정당하다고 인정된 이의제기의 내용 또는 합의에 따라 배분계산서를 수정하여 확정
 나. 관할 세무서장이 이의제기가 정당하다고 인정하지 아니하고 배분계산서 원안과 다른 내용으로 체납자등이 한 합의도 없는 경우 : 배분계산서 중 이의제기가 없는 부분에 한정하여 확정
2. 제1항 및 제2항에 따른 이의제기가 없는 경우 : 배분계산서 원안대로 확정

④ 배분기일에 출석하지 아니한 채권자는 배분계산서 원안과 같이 배분을 실시하는 데에 동의한 것으로 보고, 그가 다른 체납자등이 제기한 이의에 관계된 경우 그 이의제기에 동의하지 아니한 것으로 본다.

제100조【배분계산서에 대한 이의의 취하간주】 제99조제3항제1호나목에 따라 배분계산서 중 이의를 제기한 체납자등이 관할 세무서장의 배분계산서 작성에 관하여 심판청구등을 한 사실을 증명하는 서류를 배분기일부터 1주일 이내에 제출하지 아니하면 이의제기가 취하된 것으로 본다.

제101조【배분금전의 예탁】 ① 관할 세무서장은 다음 각 호의 어느 하나에 해당하는 사유가 있는 경우 그 채권에 관계되는 배분금전을 「한국은행법」에 따른 한국은행(국고대리점을 포함한다)에 예탁(預託)하여야 한다.
1. 채권에 정지조건 또는 불확정기한이 붙어 있는 경우
2. 가압류채권자의 채권인 경우
3. 체납자등이 제100조에 따라 배분계산서 작성에 대하여 심판청구등을 한 사실을 증명하는 서류를 제출한 경우
4. 그 밖의 사유로 배분금전을 체납자등에게 지급하지 못한 경우

② 관할 세무서장은 제1항에 따라 예탁한 경우 그 사실을 체납자등에게 통지하여야 한다.

제102조【예탁금에 대한 배분의 실시】 ① 관할 세무서장은 제101조에 따라 배분금전을 예탁한 후 다음 각 호의 어느 하나에 해당하는 사유가 있는 경우 예탁금을 당초 배분받을 체납자등에게 지급하거나 배분계산서 원안을 변경하여 예탁금에 대한 추가 배분을 실시하여야 한다.

1. 배분계산서 작성에 관한 심판청구등의 결정·판결이 확정된 경우
2. 그 밖에 예탁의 사유가 소멸한 경우

② 관할 세무서장은 제1항에 따라 예탁금의 추가 배분을 실시하려는 경우 당초의 배분계산서에 대하여 이의를 제기하지 아니한 체납자등을 위해서도 배분계산서를 변경하여야 한다.

③ 체납자등은 제1항에 따른 추가 배분기일에 제99조에 따라 이의를 제기할 경우 종전의 배분기일에서 주장할 수 없었던 사유만을 주장할 수 있다.

제5절 공매등의 대행 등

제103조【공매등의 대행】 ① 관할 세무서장은 다음 각 호의 업무(이하 이 조에서 "공매등"이라 한다)에 전문지식이 필요하거나 그 밖에 직접 공매등을 하기에 적당하지 아니하다고 인정되는 경우 대통령령으로 정하는 바에 따라 한국자산관리공사에 공매등을 대행하게 할 수 있다. 이 경우 공매등은 관할 세무서장이 한 것으로 본다.

1. 공매
2. 수의계약
3. 매각재산의 권리이전
4. 금전의 배분

② 관할 세무서장은 제1항에 따라 한국자산관리공사가 공매등을 대행하는 경우 대통령령으로 정하는 바에 따라 수수료를 지급할 수 있다.

③ 한국자산관리공사가 제1항제1호, 제2호 및 제4호의 업무를 대행하는 경우 한국자산관리공사의 직원은 「형법」이나 그 밖의 법률에 따른 벌칙을 적용할 때 세무공무원으로 본다.

④ 제1항에 따라 한국자산관리공사가 대행하는 공매등에 필요한 사항은 대통령령으로 정한다.

제104조【전문매각기관의 매각관련사실행위 대행 등】 ① 관할 세무서장은 압류한 재산이 예술적·역사적 가치가 있어 가격을 일률적으로 책정하기 어렵고, 그 매각에 전문적인 식견이 필요하여 직접 매각을 하기에 적당하지 아니한 물품(이하 이 조에서 "예술품등"이라 한다)인 경우 직권이나 납세자의 신청에 따라 예술품등의 매각에 전문성과 경험이 있는 기관 중에서 전문매각기관을 선정하여 예술품등의 감정, 매각기일·기간의 진행 등 매각에 관련된 사실행위(이하 이 조에서 "매각관련사실행위"라 한다)를 대행하게 할 수 있다.

② 관할 세무서장은 제1항에 따라 전문매각기관에 매각관련사실행위의 대행을 의뢰하는 경우 예술품등의 감정가액에 상응하는 담보로서 제18조제1항 각 호의 어느 하나에 해당하는 담보를 제공할 것을 요구할 수 있다. 이 경우 제18조제1항제3호의 "납세보증보험증권"은 "이행보증보험증권"으로 한다.(2021.12.21 본항신설)

③ 제1항에 따라 선정된 전문매각기관(이하 이 조에서 "전문매각기관"이라 한다) 및 전문매각기관의 임직원은 직접적으로든 간접적으로든 매각관련사실행위 대행의 대상인 예술품등을 매수하지 못한다.

④ 관할 세무서장은 제1항에 따라 전문매각기관이 매각관련사실행위를 대행하는 경우 대통령령으로 정하는 바에 따라 수수료를 지급할 수 있다.

⑤ 제1항에 따른 납세자의 신청 절차, 전문매각기관의 선정 및 그 취소의 기준·절차, 전문매각기관의 선정기

간, 그 밖에 매각관련사실행위의 대행에 필요한 사항은 대통령령으로 정한다.

⑥ 제1항에 따라 전문매각기관이 매각관련사실행위를 대행하는 경우 전문매각기관의 임직원은 「형법」 제129조에서 제132조까지의 규정을 적용할 때에는 공무원으로 본다.

(2021.12.21 본조개정)

제6절 압류·매각의 유예

제105조【압류·매각의 유예】 ① 관할 세무서장은 체납자가 다음 각 호의 어느 하나에 해당하는 경우 체납자의 신청 또는 직권으로 그 체납액에 대하여 강제징수에 따른 재산의 압류 또는 압류재산의 매각을 대통령령으로 정하는 바에 따라 유예할 수 있다.

1. 국세청장이 성실납세자로 인정하는 기준에 해당하는 경우
2. 재산의 압류나 압류재산의 매각을 유예함으로써 체납자가 사업을 정상적으로 운영할 수 있게 되어 체납액의 징수가 가능하게 될 것이라고 관할 세무서장이 인정하는 경우

② 관할 세무서장은 제1항에 따라 유예를 하는 경우 필요하다고 인정하면 이미 압류한 재산의 압류를 해제할 수 있다.

③ 관할 세무서장은 제1항 및 제2항에 따라 재산의 압류를 유예하거나 압류를 해제하는 경우 그에 상당하는 납세담보의 제공을 요구할 수 있다. 다만, 성실납세자가 체납세액 납부계획서를 제출하고 제106조에 따른 국세체납정리위원회가 체납세액 납부계획의 타당성을 인정하는 경우에는 그러하지 아니하다.

④ 제1항에 따른 유예의 신청·승인·통지 등의 절차에 관하여 필요한 사항은 대통령령으로 정한다.

⑤ 압류·매각의 유예 취소와 체납액의 일시징수에 관하여는 제16조를 준용한다.

제106조【국세체납정리위원회】 ① 국세의 체납정리에 관한 사항을 심의하기 위하여 지방국세청과 대통령령으로 정하는 세무서에 국세체납정리위원회를 둔다.

② 국세체납정리위원회의 위원은 관계 공무원과 법률·회계 또는 경제에 관하여 자격을 보유하고 있거나 학식과 경험이 풍부한 사람 중에서 다음 각 호의 구분에 따른 사람이 된다.

1. 지방국세청에 두는 국세체납정리위원회 : 지방국세청장이 임명 또는 위촉하는 사람
2. 세무서에 두는 국세체납정리위원회 : 세무서장이 임명 또는 위촉하는 사람

(2023.12.31 본항신설)

③ 국세체납정리위원회의 위원 중 공무원이 아닌 위원은 「형법」 제127조 및 제129조부터 제132조까지를 적용할 때에는 공무원으로 본다.(2023.12.31 본항신설)

④ 국세체납정리위원회의 조직과 운영에 필요한 사항은 대통령령으로 정한다.(2023.12.31 본항개정)

제4장 보 칙

제107조【납세증명서의 제출】 ① 납세자는 다음 각 호의 어느 하나에 해당하는 경우 대통령령으로 정하는 바에 따라 납세증명서를 제출하여야 한다.

1. 국가, 지방자치단체 또는 대통령령으로 정하는 정부관리기관으로부터 대금을 지급받을 경우(체납액이 없다는 사실의 증명이 필요하지 아니한 경우로서 대통령령으로 정하는 경우는 제외한다)(2021.12.21 본호개정)
2. 「출입국관리법」 제31조에 따른 외국인등록 또는 「재외동포의 출입국과 법적 지위에 관한 법률」 제6조에 따른 국내거소신고를 한 외국인이 체류기간 연장허

가 등 대통령령으로 정하는 체류 관련 허가 등을 법무부장관에게 신청하는 경우(2021.12.21 본호개정)
3. 내국인이 해외이주 목적으로 「해외이주법」 제6조에 따라 재외동포청장에게 해외이주신고를 하는 경우 (2023.3.4 본호개정)
② 제1항에 따른 납세증명서는 발급일 현재 다음 각 호의 금액을 제외하고는 다른 체납액이 없다는 사실을 증명하는 문서를 말하며, 제13조에 따라 지정납부기한이 연장된 경우 그 사실도 기재되어야 한다.
1. 제13조에 따른 독촉장에서 정하는 기한의 연장에 관계된 금액
2. 제105조에 따른 압류·매각의 유예액
3. 그 밖에 대통령령으로 정하는 금액

제108조【납세증명서의 발급】 관할 세무서장은 납세자로부터 납세증명서의 발급을 신청받은 경우 그 사실을 확인한 후 즉시 납세증명서를 발급하여야 한다.

제109조【미납국세 등의 열람】 ① 「주택임대차보호법」 제2조에 따른 주거용 건물 또는 「상가건물 임대차보호법」 제2조에 따른 상가건물을 임차하여 사용하려는 자는 해당 건물에 대한 임대차계약을 하기 전 또는 임대차계약을 체결하고 임대차 기간이 시작하는 날까지 임대인의 동의를 받아 그 자가 납부하지 아니한 다음 각 호의 국세 또는 체납액의 열람을 임차할 건물 소재지의 관할 세무서장에게 신청할 수 있다. 이 경우 열람 신청은 관할 세무서장이 아닌 다른 세무서장에게도 할 수 있으며, 신청을 받은 세무서장은 열람 신청에 따라야 한다.(2022.12.31 본문개정)
1. 세법에 따른 과세표준 및 세액의 신고기한까지 신고한 국세 중 납부하지 아니한 국세
2. 납부고지서를 발급한 후 지정납부기한이 도래하지 아니한 국세
3. 체납액
② 제1항에도 불구하고 임대차계약을 체결한 임차인으로서 해당 계약에 따른 보증금이 대통령령으로 정하는 금액을 초과하는 자는 임대차 기간이 시작하는 날까지 임대인의 동의 없이도 제1항에 따른 신청을 할 수 있다. 이 경우 신청을 받은 세무서장은 열람 내역을 지체 없이 임대인에게 통지하여야 한다.(2022.12.31 본항신설)
③ 제1항에 따른 열람신청에 필요한 사항은 대통령령으로 정한다.

제110조【체납자료의 제공】 ① 관할 세무서장(지방국세청장을 포함한다. 이하 이 조 및 제112조에서 같다)은 국세징수 또는 공익 목적을 위하여 필요한 경우로서 「신용정보의 이용 및 보호에 관한 법률」 제2조제6호에 따른 신용정보집중기관, 그 밖에 대통령령으로 정하는 자가 다음 각 호의 어느 하나에 해당하는 체납자의 인적사항 및 체납액에 관한 자료(이하 이 조에서 "체납자료"라 한다)를 요구한 경우 이를 제공할 수 있다. 다만, 체납된 국세와 관련하여 심판청구등이 계속 중이거나 그 밖에 대통령령으로 정하는 경우에는 체납자료를 제공할 수 없다.
1. 체납 발생일부터 1년이 지나고 체납액이 대통령령으로 정하는 금액 이상인 자
2. 1년에 3회 이상 체납하고 체납액이 대통령령으로 정하는 금액 이상인 자
② 제1항에 따른 체납자료의 제공 절차 등에 관하여 필요한 사항은 대통령령으로 정한다.
③ 제1항에 따라 체납자료를 제공받은 자는 이를 누설하거나 업무 목적 외의 목적으로 이용할 수 없다.

제111조【재산조회 및 강제징수를 위한 지급명세서 등의 사용】 국세청장·지방국세청장 또는 관할 세무서장은 「금융실명거래 및 비밀보장에 관한 법률」 제4조제4항 본문에도 불구하고 「소득세법」 제164조 및 「법인세법」 제120조에 따라 제출받은 이자소득 또는 배당

소득에 대한 지급명세서 등 금융거래에 관한 정보를 체납자의 재산조회와 강제징수를 위하여 사용할 수 있다.

제111조【재산조회 및 강제징수를 위한 지급명세서 등의 사용】 국세청장·지방국세청장 또는 관할 세무서장은 「금융실명거래 및 비밀보장에 관한 법률」 제4조제4항 본문에도 불구하고 「소득세법」 제164조 및 「법인세법」 제120조에 따라 제출받은 이자소득, 배당소득 또는 금융투자소득에 대한 지급명세서 등 금융거래에 관한 정보를 체납자의 재산조회와 강제징수를 위하여 사용할 수 있다.(2022.12.31 본조개정 : 2025.1.1 시행)

제112조【사업에 관한 허가등의 제한】 ① 관할 세무서장은 납세자가 허가·인가·면허 및 등록 등(이하 이 조에서 "허가등"이라 한다)을 받은 사업과 관련된 소득세, 법인세 및 부가가치세를 체납한 경우 해당 사업의 주무관청에 그 납세자에 대하여 허가등의 갱신과 그 허가등의 근거 법률에 따른 신규 허가등을 하지 아니할 것을 요구할 수 있다. 다만, 재난, 질병 또는 사업의 현저한 손실, 그 밖에 대통령령으로 정하는 사유가 있는 경우는 그러하지 아니하다.
② 관할 세무서장은 허가등을 받아 사업을 경영하는 자가 해당 사업과 관련된 소득세, 법인세 및 부가가치세를 3회 이상 체납하고 그 체납된 금액의 합계액이 500만원 이상인 경우 해당 주무관청에 사업의 정지 또는 허가등의 취소를 요구할 수 있다. 다만, 재난, 질병 또는 사업의 현저한 손실, 그 밖에 대통령령으로 정하는 사유가 있는 경우에는 그러하지 아니하다.
③ 관할 세무서장은 제1항 또는 제2항의 요구를 한 후 해당 국세를 징수한 경우 즉시 그 요구를 철회하여야 한다.
④ 해당 주무관청은 제1항 또는 제2항에 따른 관할 세무서장의 요구가 있는 경우 정당한 사유가 없으면 요구에 따라야 하며, 그 조치 결과를 즉시 관할 세무서장에게 알려야 한다.

제113조【출국금지】 ① 국세청장은 정당한 사유 없이 5천만원 이상으로서 대통령령으로 정하는 금액 이상의 국세를 체납한 자 중 대통령령으로 정하는 자에 대하여 법무부장관에게 「출입국관리법」 제4조제3항에 따라 출국금지를 요청하여야 한다.
② 법무부장관은 제1항의 요청에 따라 출국금지를 한 경우 국세청장에게 그 결과를 정보통신망 등을 통하여 통보하여야 한다.
③ 국세청장은 체납자의 징수, 체납자 재산의 압류 및 담보 제공 등으로 출국금지 사유가 없어진 경우 즉시 법무부장관에게 출국금지의 해제를 요청하여야 한다.
④ 제1항부터 제3항까지에서 규정한 사항 외에 출국금지 및 그 해제의 요청 등의 절차에 관하여 필요한 사항은 대통령령으로 정한다.

제114조【고액·상습체납자의 명단 공개】 ① 국세청장은 「국세기본법」 제81조의13에도 불구하고 체납 발생일부터 1년이 지난 국세의 합계액이 2억원 이상인 경우 체납자의 인적사항 및 체납액 등을 공개할 수 있다. 다만, 체납된 국세와 관련하여 심판청구등이 계속 중이거나 그 밖에 대통령령으로 정하는 경우에는 공개할 수 없다.
② 제1항에 따른 명단 공개 대상자의 선정 절차, 명단 공개 방법, 그 밖에 명단 공개와 관련하여 필요한 사항은 「국세기본법」 제85조의5제2항부터 제6항까지의 규정을 준용한다.

제115조【고액·상습체납자의 감치】 ① 법원은 검사의 청구에 따라 체납자가 다음 각 호의 사유에 모두 해당하는 경우 결정으로 30일의 범위에서 체납된 국세가 납부될 때까지 그 체납자를 감치(監置)에 처할 수 있다.
1. 국세를 3회 이상 체납하고 있고, 체납 발생일부터 각

1년이 경과하였으며, 체납된 국세의 합계액이 2억원 이상인 경우
2. 체납된 국세의 납부능력이 있음에도 불구하고 정당한 사유 없이 체납한 경우
3. 「국세기본법」제85조의5제2항에 따른 국세정보위원회의 의결에 따라 해당 체납자에 대한 감치 필요성이 인정되는 경우
② 국세청장은 체납자가 제1항 각 호의 사유에 모두 해당하는 경우 체납자의 주소 또는 거소를 관할하는 지방검찰청 또는 지청의 검사에게 체납자의 감치를 신청할 수 있다.
③ 국세청장은 제2항에 따라 체납자의 감치를 신청하기 전에 체납자에게 대통령령으로 정하는 바에 따라 소명자료를 제출하거나 의견을 진술할 수 있는 기회를 주어야 한다.
④ 제1항의 결정에 대해서는 즉시항고를 할 수 있다.
⑤ 제1항에 따라 감치에 처하여진 체납자는 동일한 체납 사실로 인하여 다시 감치되지 아니한다.
⑥ 제1항에 따라 감치에 처하는 재판을 받은 체납자가 그 감치의 집행 중에 체납된 국세를 납부한 경우 감치집행을 종료하여야 한다.
⑦ 세무공무원은 제1항에 따른 감치 집행 시 감치대상자에게 감치 사유, 감치기간 및 제6항에 따른 감치집행의 종료 등 감치결정에 대한 사항을 설명하고 그 밖에 감치집행에 필요한 절차에 협력하여야 한다.
⑧ 제1항에 따른 감치에 처하는 재판의 절차 및 그 집행, 그 밖에 필요한 사항은 대법원규칙으로 정한다.

부 칙

제1조【시행일】이 법은 2021년 1월 1일부터 시행한다.
제2조【재난 등으로 인한 납부기한 등의 연장 등에 관한 적용례】제13조제5항 및 제14조제5항의 개정규정은 이 법 시행 이후 납부기한등의 연장 또는 납부고지의 유예를 신청하는 경우부터 적용한다.
제3조【압류·수색 등 통지서의 제시에 관한 적용례】제38조의 개정규정은 이 법 시행 이후 압류, 수색 또는 질문·검사하는 경우부터 적용한다.
제4조【저당권자 등에 대한 압류 통지에 관한 적용례】제40조제1항의 개정규정은 이 법 시행 이후 압류하는 경우부터 적용한다.
제5조【압류금지 재산에 관한 적용례】제41조의 개정규정은 이 법 시행 이후 압류하는 경우부터 적용한다.
제6조【선박 또는 항공기의 압류에 관한 적용례】제45조제5항의 개정규정은 이 법 시행 이후 압류하는 경우부터 적용한다.
제7조【부부공유의 동산 또는 유가증권에 관한 적용례】제48조제4항, 제72조제1항제6호, 제75조제1항제3호나목, 제76조제4항 및 제79조의 개정규정은 이 법 시행 이후 압류하는 경우부터 적용한다.
제8조【매각·추심 착수시기에 관한 적용례】제52조제3항·제4항, 제55조제4항 및 제64조의 개정규정은 이 법 시행 이후 압류하는 경우부터 적용한다.
제9조【압류 해제에 관한 적용례】제57조제3항의 개정규정은 이 법 시행 이후 압류 해제하는 경우부터 적용한다.
제10조【「감사원법」에 따른 심사청구에 관한 적용례】제66조제4항, 제110조제1항 단서의 개정규정은 이 법 시행 이후 압류 또는 체납자료를 요구하는 경우부터 적용한다.
제11조【감정인의 필요한 조치에 관한 적용례】제68조제3항의 개정규정은 이 법 시행 이후 공매공고하는 경우부터 적용한다.

제12조【매각결정기일 지정 등에 관한 적용례】제72조제5항 및 제83조제3항의 개정규정은 이 법 시행 이후 공매공고하는 경우부터 적용한다.
제13조【공매통지에 관한 적용례】제75조제2항의 개정규정은 이 법 시행 이후 공매공고하는 경우부터 적용한다.
제14조【공매의 취소 및 정지에 관한 적용례】제88조의 개정규정은 이 법 시행 이후 공매공고하는 경우부터 적용한다.
제15조【가산금 폐지에 관한 특례】2019년 12월 31일까지 납세의무가 성립된 분에 대해서는 이 법에도 불구하고 종전의 「국세징수법」(법률 제16098호로 개정되기 전의 것을 말한다. 이하 부칙 제17조부터 제19조까지에서 같다) 제21조를 적용한다. 다만, 같은 조 제2항 본문에 따라 2019년 1월 1일 이후 가산하여 징수하는 가산금을 계산할 때는 같은 본문 중 "1천분의 12"를 "1만분의 75"로 본다.
제16조【일반적 경과조치】국세 징수에 관하여 종전의 규정에 따라 행한 처분 또는 절차로서 이 법 중 그에 해당하는 규정이 있는 때에는 이 법의 해당 규정에 따라 한 것으로 본다.
제17조【체납액 정의 등에 관한 경과조치】2020년 1월 1일 전에 납세의무가 성립된 분에 대해서는 종전의 「국세징수법」제3조제1항제2호, 제4조제3호, 제9조제2항, 제19조제1항·제2항·제4항·제5항, 제24조제1항제1호, 제65조제4항 및 제78조제2항에 따른다.
제18조【가산금 폐지에 따른 다른 법령과의 관계에 관한 경과조치】2020년 1월 1일 이후에도 다른 법령에서 가산금에 관하여 「국세징수법」제21조를 인용하고 있는 경우에는 종전의 「국세징수법」제21조를 인용한 것으로 보되, 같은 조 제2항 본문 중 "1천분의 12"를 "1만분의 75"로 본다.
제19조【징수의 순위에 관한 경과조치】2020년 1월 1일 전에 국세의 납세의무가 성립한 분에 대해서는 제3조의 개정규정에도 불구하고 종전의 「국세징수법」제4조에 따른다.
제20조【납세의 고지 등에 관한 경과조치】2020년 1월 1일 전에 국세의 납세의무가 성립한 분에 대해서는 제6조의 개정규정에도 불구하고 종전의 「국세징수법」(법률 제16842호로 개정되기 전의 것을 말한다. 이하 부칙 제21조에서 같다) 제9조에 따른다.
제21조【매수인의 제한에 관한 경과조치】2020년 1월 1일 전에 압류재산을 매각한 경우에 대해서는 제80조의 개정규정에도 불구하고 종전의 「국세징수법」제66조에 따른다.
제22조【고액·상습체납자에 대한 감치에 관한 경과조치】2020년 1월 1일 전에 국세를 체납한 분에 대해서는 제115조의 개정규정을 적용하지 아니한다.
제23조【종전 부칙의 적용범위에 관한 경과조치】종전의 「국세징수법」의 개정에 따라 규정하였던 종전의 부칙은 이 법 시행 전에 그 효력이 이미 상실된 경우를 제외하고는 이 법 시행 후에도 계속하여 적용한다.
제24조【다른 법률의 개정】①~⑫ ※(해당 법령에 가제정리 하였음)
제25조【체납처분 용어 변경에 따른 다른 법령과의 관계】이 법 시행 당시 다른 법령에서 종전의 「국세징수법」에 따른 "체납처분"을 인용하고 있는 경우에는 이 법에 따른 "강제징수"를 인용한 것으로 본다.
제26조【다른 법령과의 관계】이 법 시행 당시 다른 법령에서 종전의 「국세징수법」및 「국세기본법」의 용어 및 규정을 인용한 경우로서 이 법 가운데 그에 해당하는 용어 및 규정이 있는 경우 종전의 용어 및 규정에 갈음하여 이 법의 해당 용어 및 규정을 인용한 것으로 본다.

부 칙 (2021.12.21)

제1조【시행일】이 법은 2022년 1월 1일부터 시행한다.

제2조【압류 해제의 사유에 관한 적용례】제31조제4항제2호의 개정규정은 이 법 시행 이후 체납자의 재산을 압류하는 경우부터 적용한다.

제3조【압류한 가상자산의 매각에 관한 적용례】제66조제2항의 개정규정은 이 법 시행 전에 압류한 가상자산을 이 법 시행 이후 매각하는 경우에도 적용한다.

부 칙 (2022.12.31)

제1조【시행일】이 법은 2023년 1월 1일부터 시행한다. 다만, 제109조의 개정규정은 2023년 4월 1일부터 시행하고, 제111조의 개정규정은 2025년 1월 1일부터 시행한다.

제2조【압류재산의 직접 매각 통지에 관한 적용례】제66조제3항의 개정규정은 이 법 시행 전에 압류한 재산을 이 법 시행 이후 제66조제2항 각 호의 구분에 따라 직접 매각하는 경우에도 적용한다.

제3조【매각결정기일에 관한 적용례】제72조제5항의 개정규정은 이 법 시행 이후 공매공고를 하는 경우부터 적용한다.

제4조【미납국세 등의 열람에 관한 적용례】제109조의 개정규정은 같은 개정규정 시행 전에 임대차계약을 체결한 경우로서 같은 개정규정 시행 이후 열람을 신청하는 경우에도 적용한다.

부 칙 (2023.3.4)

제1조【시행일】이 법은 공포 후 3개월이 경과한 날부터 시행한다.(이하 생략)

부 칙 (2023.7.18)

제1조【시행일】이 법은 공포 후 1년이 경과한 날부터 시행한다.(이하 생략)

부 칙 (2023.12.31)

제1조【시행일】이 법은 2024년 1월 1일부터 시행한다. 다만, 제71조제5항제2호, 제83조제1항 및 같은 조 제3항 본문, 제84조의2, 제86조제2호·제3호, 제87조제1항제2호 및 제95조제2항 본문의 개정규정은 2024년 7월 1일부터 시행한다.

제2조【가상자산 이전 요구 사실의 통지에 관한 적용례】제55조제4항의 개정규정은 이 법 시행 이후 제3자에게 가상자산의 이전을 요구하는 경우부터 적용한다.

제3조【예탁유가증권지분 및 전자등록주식등의 압류에 관한 적용례】제56조의2 및 제56조의3의 개정규정은 이 법 시행 이후 압류하는 경우부터 적용한다.

제4조【매각결정기일의 연기에 관한 적용례】제84조제2항의 개정규정은 이 법 시행 이후 공매공고를 하는 경우부터 적용한다.

제5조【매수대금의 차액납부에 관한 적용례】제84조의2의 개정규정은 2024년 7월 1일 이후 공매공고를 하는 경우부터 적용한다.

국세징수법 시행령

(2021년   2월   17일)
(전부개정대통령령 제31453호)

개정
2022. 2.15영32422호
2022. 2.18영32455호(지역산업위기대응및지역경제회복을위한특별법시)
2023. 2.28영33268호

제1장 총 칙

제1조【목적】이 영은 「국세징수법」에서 위임된 사항과 그 시행에 필요한 사항을 규정함을 목적으로 한다.

제2장 신고납부, 납부고지 등

제1절 납부고지

제2조【납부기한 전 징수】① 관할 세무서장은 「국세징수법」(이하 "법"이라 한다)제9조제1항 각 호의 어느 하나에 해당하는 사유가 있어 납부기한까지 기다려서는 국세를 징수할 수 없는 경우 같은 조에 따라 납부기한 전에 국세를 징수할 수 있다.

② 관할 세무서장은 법 제9조제2항에 따라 납부고지를 하는 경우 납부고지서에 다음 각 호의 사항을 적어 납부기한 전에 징수한다는 것을 알려야 한다.

1. 당초의 납부기한
2. 단축된 납부기한
3. 납부기한 전 징수 사유

제2절 독 촉

제3조【독촉의 예외】법 제10조제1항 단서에서 "법 제9조에 따라 국세를 납부기한 전에 징수하거나 체납된 국세가 일정한 금액 미만인 경우 등 대통령령으로 정하는 경우"란 다음 각 호의 어느 하나에 해당하는 경우를 말한다.

1. 법 제9조에 따라 국세를 납부기한 전에 징수하는 경우
2. 체납된 국세가 1만원 미만인 경우
3. 「국세기본법」 및 세법에 따라 물적납세의무를 부담하는 경우

제4조【체납액 징수 관련 사실행위의 위탁 사유】관할 세무서장은 다음 각 호의 어느 하나에 해당하는 경우 법 제11조제1항에 따라 「한국자산관리공사 설립 등에 관한 법률」 제6조에 따른 한국자산관리공사(이하 "한국자산관리공사"라 한다)에 체납액 징수 관련 사실행위를 위탁할 수 있다.

1. 체납자별 체납액이 1억원 이상인 경우
2. 관할 세무서장이 체납자 명의의 소득 또는 재산이 없는 등의 사유로 징수가 어렵다고 판단한 경우

제5조【체납액 징수 관련 사실행위의 위탁 방법】① 관할 세무서장은 법 제11조제1항에 따라 체납액 징수 관련 사실행위를 위탁하는 경우 한국자산관리공사에 다음 각 호의 사항을 적은 위탁의뢰서를 보내야 한다.

1. 체납자의 주소 또는 거소
2. 체납자의 성명 및 주민등록번호(체납자가 법인인 경우에는 명칭 및 사업자등록번호를 말한다)(2023.2.28 본호개정)
3. 위탁 사유
4. 체납자가 체납한 국세의 과세기간·세목(稅目)·세액
5. 체납자가 체납한 국세의 지정납부기한

② 관할 세무서장은 법 제11조제1항에 따라 체납액 징수 관련 사실행위를 위탁한 경우 즉시 그 위탁 사실을 체납자에게 통지해야 한다.

제6조【위탁 수수료】 법 제11조제1항에 따른 위탁의 경우 그 위탁 수수료는 체납액 징수 관련 사실행위를 위탁받은 체납액 중 다음 각 호의 구분에 따른 금액에 100분의 25를 초과하지 않는 범위에서 기획재정부령으로 정하는 비율을 곱한 금액으로 한다.
1. 체납자가 체납액의 전부 또는 일부를 납부한 경우 : 해당 금액
2. 한국자산관리공사가 체납자의 소득 또는 재산을 발견하여 관할 세무서장에게 통보한 경우 : 통보한 금액 중 징수한 금액

제7조【위탁 해지】 관할 세무서장은 다음 각 호의 어느 하나에 해당하는 사유가 발생한 경우 해당 체납액에 대하여 체납액 징수 관련 사실행위의 위탁을 해지해야 한다.
1. 「국세기본법」 제26조에 따라 체납자의 납부의무가 소멸된 경우
2. 법 제18조에 따라 체납자가 납세담보를 제공하여 체납액 징수가 가능하게 된 경우

제8조【위탁된 체납액 징수 관련 사실행위의 감독】 국세청장은 위탁된 체납액 징수 관련 사실행위의 관리를 위하여 필요하다고 인정하는 경우 한국자산관리공사로 하여금 법 제11조제1항에 따라 관할 세무서장이 위탁한 사항을 보고하게 하거나, 필요한 조치를 하도록 요구할 수 있다. 이 경우 한국자산관리공사는 특별한 사유가 없으면 국세청장의 요구에 따라야 한다.

제3절 납부의 방법

제9조【납부의 방법】 ① 법 제12조제1항제1호에서 "대통령령으로 정하는 바에 따라 계좌이체하는 경우"란 「국고금 관리법」 제36조제1항 및 제2항에 따른 국고금 출납 사무를 취급하는 금융회사등(이하 "금융회사등"이라 한다)에 개설된 계좌에서 다른 계좌로 「전자금융거래법」 제2조제8호에 따른 전자적 장치를 이용해 자금을 이체하는 경우(제3항 본문에 따라 자동이체를 하는 경우를 포함한다)를 말한다.
② 납세자는 제1항에 따른 전자적 장치를 활용한 납부확인서 등 납부증명서류로 세법에서 정한 수납기관이 발급한 영수증을 갈음하여 사용할 수 있다.
③ 납세자는 납부고지를 받은 국세 중 기획재정부령으로 정하는 국세를 금융회사등에 개설된 예금계좌로부터 자동이체하는 방법으로 납부할 수 있다. 다만, 지정납부기한이 지난 국세는 자동이체하는 방법으로 납부할 수 없다.
④ 법 제12조제1항제3호 각 목 외의 부분에서 "대통령령으로 정하는 바에 따라 지정된 국세납부대행기관"이란 정보통신망을 이용하여 신용카드, 직불카드, 통신과금서비스 등(이하 이 조에서 "신용카드등"이라 한다)에 의한 결제를 수행하는 기관으로서 시설, 업무수행능력 등을 고려하여 기획재정부령으로 정하는 바에 따라 국세납부대행기관으로 지정받은 자를 말한다.
⑤ 제4항에 따라 지정된 국세납부대행기관의 납부 대행 수수료는 해당 납부세액의 1천분의 10 이내에서 기획재정부령으로 정한다.
⑥ 제1항부터 제5항까지에서 규정한 사항 외에 계좌이체 및 신용카드등에 의한 납부절차에 관하여 필요한 세부 사항은 국세청장이 정한다.

제10조【제3자의 납부】 ① 제3자는 납세자를 위하여 납세자의 명의로 국세 및 강제징수비를 납부할 수 있다.
② 제3자는 제1항에 따라 국세 및 강제징수비를 납부한 경우 국가에 대하여 그 납부한 금액의 반환을 청구할 수 없다.

제4절 납부기한등의 연장 등

제11조【납부기한 등의 연장사유】 법 제13조제1항제4호에서 "대통령령으로 정하는 경우"란 다음 각 호의 어느 하나에 해당하는 경우를 말한다.
1. 권한 있는 기관에 장부나 서류 또는 그 밖의 물건이 압수 또는 영치된 경우 및 이에 준하는 경우
2. 정전, 프로그램의 오류, 그 밖의 부득이한 사유로 다음 각 목의 어느 하나에 해당하는 정보처리장치나 시스템을 정상적으로 가동시킬 수 없는 경우
   가. 「한국은행법」에 따른 한국은행(그 대리점을 포함한다)
   나. 「우체국예금·보험에 관한 법률」에 따른 체신관서
3. 금융회사등·체신관서의 휴무, 그 밖에 부득이한 사유로 정상적인 국세 납부가 곤란하다고 국세청장이 인정하는 경우
4. 「세무사법」 제2조제3호에 따라 납세자의 장부 작성을 대행하는 세무사(같은 법 제16조의4에 따라 등록한 세무법인을 포함한다) 또는 같은 법 제20조의2제1항에 따라 세무대리업무등록부에 등록한 공인회계사(「공인회계사법」 제24조에 따라 등록한 회계법인을 포함한다)가 화재, 전화(戰禍), 그 밖의 재해를 입거나 해당 납세자의 장부(장부 작성에 필요한 자료를 포함한다)를 도난당한 경우
5. 법 제13조제1항제1호부터 제3호까지의 규정에 준하는 사유가 있는 경우

제12조【납부기한 등 연장 등의 기간과 분납 한도】 ① 관할 세무서장은 법 제13조제1항에 따른 납부기한등(이하 "납부기한등"이라 한다)의 연장 또는 법 제14조제1항에 따른 납부고지의 유예를 하는 경우 그 연장 또는 유예 기간을 연장 또는 유예받은 날의 다음 날부터 9개월 이내로 정하며, 연장 또는 유예 기간 중의 분납기한 및 분납금액을 정할 수 있다. 이 경우 관할 세무서장은 연장 또는 유예 기간이 6개월을 초과하는 경우에는 가능한 한 연장 또는 유예 기간 시작 후 6개월이 지난 날부터 3개월 이내에 균등액을 분납할 수 있도록 정해야 한다.
② 관할 세무서장은 제1항에도 불구하고 다음 각 호의 어느 하나에 해당하는 지역에 사업장을 가진 자가 법 제13조제1항제1호부터 제3호까지 및 이 영 제11조제5호의 사유로 소득세, 법인세, 부가가치세 및 이에 부가되는 세목에 관하여 법 제13조제2항 및 제14조제2항에 따라 납부기한등의 연장 또는 납부고지의 유예를 신청하는 경우(같은 사유로 제1항에 따라 납부기한등의 연장 또는 납부고지의 유예를 받고 그 연장 또는 유예 기간 중에 신청하는 경우를 포함한다) 그 연장 또는 유예의 기간을 유예한 날 또는 유예받은 날의 다음날부터 2년(제1항에 따라 연장 또는 유예받은 기간에 대해서는 연장 또는 유예를 받은 기간을 포함하여 산정한다) 이내로 정할 수 있고, 연장 또는 유예 기간 중의 분납기한 또는 분납금액을 관할 세무서장이 정할 수 있다.
1. 「고용정책 기본법」 제32조의2제2항에 따라 선포된 고용재난지역
2. 「고용정책 기본법 시행령」 제29조제1항에 따라 지정·고시된 지역
3. 「지역 산업위기 대응 및 지역경제 회복을 위한 특별법」 제10조제1항에 따라 지정된 산업위기대응특별지역
4. 「재난 및 안전관리 기본법」 제60조제2항에 따라 선포된 특별재난지역(선포된 날부터 2년으로 한정한다) (2023.2.28 본항개정)

제13조【납부기한등 연장 등의 납부지연가산세 등 미부과】 관할 세무서장은 법 제13조 또는 제14조에 따라

납부기한등을 연장하거나 납부고지를 유예한 경우 그 연장 또는 유예 기간 동안 「국세기본법」 제47조의4에 따른 납부지연가산세 및 같은 법 제47조의5에 따른 원천징수 등 납부지연가산세를 부과하지 않는다. 납세자가 납부고지 또는 독촉을 받은 후에 「채무자 회생 및 파산에 관한 법률」 제140조에 따른 징수의 유예를 받은 경우에도 또한 같다.

제14조 【납부기한등 연장 등의 신청】 납세자는 법 제13조제2항 또는 제14조제2항에 따라 납부기한등의 연장 또는 납부고지의 유예를 신청하려는 경우 기한(납부기한등 또는 납부고지 예정인 국세를 납부해야 할 기한을 말한다. 이하 이 조 및 제15조에서 같다) 만료일 3일 전까지 다음 각 호의 사항을 적은 신청서를 관할 세무서장에게 제출(「국세기본법」 제2조제19호에 따른 국세정보통신망(이하 "국세정보통신망"이라 한다)을 통한 제출을 포함한다. 이하 이 조에서 같다)해야 한다. 다만, 관할 세무서장이 납세자가 기한 만료일 3일 전까지 신청서를 제출할 수 없다고 인정하는 경우에는 기한 만료일까지 제출할 수 있다.
1. 납세자의 주소 또는 거소와 성명
2. 납부할 국세의 과세기간, 세목, 세액과 기한
3. 연장 또는 유예를 받으려는 이유와 기간
4. 분할납부의 방법으로 연장 또는 유예를 받으려는 경우에는 그 분납액 및 분납 횟수

제15조 【납부기한등 연장 등의 통지】 ① 관할 세무서장은 법 제13조제3항 또는 제14조제3항에 따라 납부기한등의 연장 또는 납부고지의 유예를 통지하는 경우 다음 각 호의 사항을 적은 문서로 해야 한다.
1. 연장 또는 유예를 한 국세의 과세기간, 세목, 세액 및 기한
2. 연장 또는 유예 기간
3. 분할납부의 방법으로 연장 또는 유예를 한 경우에는 분납금액 및 분납횟수
② 관할 세무서장은 법 제13조제4항 또는 제14조제4항에 따라 납부기한등의 연장 또는 납부고지의 유예를 승인하는 경우 제1항 각 호의 사항을 적은 문서로 통지하고, 기각하는 경우 그 사유를 적은 문서로 통지해야 한다.
③ 관할 세무서장은 제1항 및 제2항에도 불구하고 다음 각 호의 어느 하나에 해당하는 경우에는 관보, 일간신문 또는 정보통신망을 통하여 공고하는 방법으로 통지를 갈음할 수 있다.
1. 제11조제2호에 해당하는 사유가 전국적으로 일시에 발생하는 경우
2. 연장 또는 유예의 통지 대상자가 불특정 다수인 경우
3. 연장 또는 유예의 사실을 그 대상자에게 개별적으로 통지할 시간적 여유가 없는 경우

제16조 【담보제공의 예외】 법 제15조 단서에서 "납세자가 사업에서 심각한 손해를 입거나 그 사업의 중대한 위기에 처한 경우로서 관할 세무서장이 그 연장된 납부기한등까지 해당 국세를 납부할 수 있다고 인정하는 경우 등 대통령령으로 정하는 경우"란 다음 각 호의 어느 하나에 해당하는 경우를 말한다.
1. 납세자가 사업에서 심각한 손해를 입거나 그 사업이 중대한 위기에 처한 경우로서 관할 세무서장이 납부해야 할 금액, 납부기한등의 연장기간, 납부고지의 유예 기간 및 납세자의 과거 국세 납부명세 등을 고려하여 납세자가 그 연장 또는 유예 기간 내에 해당 국세를 납부할 수 있다고 인정하는 경우
2. 법 제13조제1항제1호 또는 이 영 제11조제2호 · 제3호에 해당하는 경우
3. 제1호 또는 제2호와 유사한 사유에 해당하는 경우

제17조 【납부기한등 연장 등의 취소】 법 제16조제1항 제3호에서 "재산 상황의 변동 등 대통령령으로 정하는 사유"란 다음 각 호의 어느 하나에 해당하는 사유를 말한다.
1. 재산 상황의 변동
2. 제11조제2호 또는 제3호에 해당하는 사유로 납부기한등의 연장 또는 납부고지의 유예를 한 경우 그 사유의 소멸
3. 그 밖에 납부기한등의 연장 또는 납부고지의 유예를 한 당시의 사정이 변화된 경우

제5절 납세담보

제18조 【납세담보의 종류 등】 ① 법 제18조제1항제2호에서 "「자본시장과 금융투자업에 관한 법률」 제4조제3항에 따른 국채증권 등 대통령령으로 정하는 유가증권"이란 다음 각 호의 유가증권(이하 이 절에서 "유가증권"이라 한다)을 말한다.(2022.2.15 본문개정)
1. 「자본시장과 금융투자업에 관한 법률」 제4조제3항에 따른 국채증권, 지방채증권 및 특수채증권
2. 「자본시장과 금융투자업에 관한 법률」 제4조제5항에 따른 수익증권으로서 무기명 수익증권이거나 환매청구가 가능한 수익증권
3. 「자본시장과 금융투자업에 관한 법률」 제8조의2제4항제1호에 따른 증권시장(이하 이 조에서 "증권시장"이라 한다)에 주권을 상장한 법인이 발행한 사채권 중 보증사채 및 전환사채
4. 증권시장에 상장된 유가증권으로서 매매사실이 있는 것
5. 양도성 예금증서
② 법 제18조제1항제3호에서 "대통령령으로 정하는 기간"이란 납세담보를 필요로 하는 기간에 30일을 더한 기간을 말한다. 다만, 납부해야 할 기한이 확정되지 않은 국세의 경우에는 국세청장이 정하는 기간을 말한다.(2022.2.15 본항신설)
③ 법 제18조제1항제4호에서 "「은행법」 제2조제1항제2호에 따른 은행 등 대통령령으로 정하는 자"란 다음 각 호의 어느 하나에 해당하는 자를 말한다.(2022.2.15 본문개정)
1. 「은행법」 제2조제1항제2호에 따른 은행
2. 「신용보증기금법」에 따른 신용보증기금
3. 보증채무를 이행할 수 있는 자금능력이 충분하다고 관할 세무서장이 인정하는 자
④ 법 제18조제1항제6호에서 "대통령령으로 정하는 기간"이란 납세담보를 필요로 하는 기간에 30일을 더한 기간을 말한다.(2022.2.15 본항신설)
(2022.2.15 본조제목개정)

제19조 【납세담보의 평가】 ① 법 제19조제1호에서 "대통령령으로 정하는 바에 따라 시가(時價)를 고려하여 결정한 가액"이란 담보로 제공하는 날의 전날을 평가기준일로 하여 「상속세 및 증여세법 시행령」 제58조제1항을 준용하여 계산한 가액(價額)을 말한다.
② 법 제19조제4호에서 "대통령령으로 정하는 가액"이란 다음 각 호의 구분에 따른 가액을 말한다.
1. 토지 또는 건물 : 「상속세 및 증여세법」 제60조 및 제61조에 따라 평가한 가액
2. 공장재단, 광업재단, 선박, 항공기 또는 건설기계 : 「감정평가 및 감정평가사에 관한 법률」 제2조제4호에 따른 감정평가법인등의 평가액 또는 「지방세법」 제4조에 따른 시가표준액

제20조 【납세담보에 대한 저당권 설정 절차】 관할 세무서장은 법 제20조제3항 전단에 따라 저당권 설정을 위한 등기 또는 등록 절차를 밟으려는 경우에는 다음 각 호의 사항을 적은 문서를 관할 등기소장, 관계 행정기관의 장 및 지방자치단체의 장(이하 "관할등기소장

등"이라 한다)에게 제출하는 방법으로 등기 또는 등록을 촉탁해야 한다.
1. 저당권 설정 대상 재산의 표시
2. 등기 또는 등록의 원인과 그 연월일
3. 등기 또는 등록의 목적
4. 저당권의 범위
5. 등기 또는 등록 권리자
6. 등기 또는 등록 의무자의 주소와 성명
(2022.2.15 본조개정)

제21조【납세담보의 변경과 보충】① 관할 세무서장은 법 제21조제1항에 따라 납세자가 다음 각 호의 어느 하나에 해당하여 이미 제공한 납세담보의 변경승인을 신청하는 경우 그 변경을 승인해야 한다.
1. 보증인의 납세보증서를 갈음하여 다른 담보재산을 제공한 경우
2. 제공한 납세담보의 가액이 변동되어 지나치게 많아진 경우
3. 납세담보로 제공한 유가증권 중 상환기간이 정해진 것이 그 상환시기에 이른 경우
② 법 제21조제1항 또는 제2항에 따른 납세담보의 변경 승인 신청 또는 납세담보물의 추가 제공이나 보증인의 변경 요구는 문서로 해야 한다.

제22조【납세담보에 의한 납부와 징수】① 법 제22조제1항에 따라 납세담보로 제공한 금전으로 국세 및 강제징수비를 납부하려는 자는 그 뜻을 적은 문서로 관할 세무서장에게 납부를 신청해야 한다. 이 경우 신청한 금액에 상당하는 국세 및 강제징수비를 납부한 것으로 본다.
② 관할 세무서장은 법 제22조제2항에 따라 납세담보를 제공받은 국세 및 강제징수비가 그 담보기간에 납부되지 않는 경우 납세담보가 금전이면 그 금전으로 해당 국세 및 강제징수비를 징수하고, 납세담보가 금전 외의 것이면 다음 각 호의 구분에 따른 방법으로 현금화하거나 징수한 금전으로 해당 국세 및 강제징수비를 징수한다.
1. 유가증권, 토지, 건물, 공장재단, 광업재단, 선박, 항공기 또는 건설기계인 경우 : 공매절차에 따라 매각
2. 납세보증보험증권인 경우 : 해당 납세보증보험사업자에게 보험금의 지급을 청구
3. 납세보증서인 경우 : 보증인으로부터 징수절차에 따라 징수
③ 제2항에 따라 납세담보를 현금화한 금전으로 징수해야 할 국세 및 강제징수비를 징수하고 남은 금전이 있는 경우 공매대금의 배분방법에 따라 배분한 후 납세자에게 지급한다.

제23조【납세담보의 해제】① 관할 세무서장은 법 제23조에 따라 납세담보의 해제를 하려는 경우 그 뜻을 납세담보를 제공한 자에게 통지해야 한다. 이 경우 통지는 문서로 해야 하며, 납세자가 납세담보를 제공할 때 제출한 관계 서류가 있으면 그 서류를 첨부해야 한다.
② 제1항을 적용할 때 납세담보 제공에 따라 제20조에 따라 저당권의 설정을 위한 등기 또는 등록을 촉탁하여 그 저당권이 설정된 경우에는 같은 조 각 호에 준하는 사항을 적은 문서를 관할등기소장등에게 제출하는 방법으로 저당권 말소의 등기 또는 등록을 촉탁해야 한다.
(2022.2.15 본항개정)

제3장 강제징수

제1절 통 칙

제24조【지방국세청장의 강제징수】 법 제24조에서 "대통령령으로 정하는 체납자"란 체납 발생 후 1개월 이상 지나고 체납액이 5천만원 이상인 자를 말한다.

제25조【가압류·가처분 재산에 대한 압류 통지】 관할 세무서장(제24조에 해당하는 체납자의 경우에는 지방국세청장을 포함한다. 이하 이 장에서 같다)은 법 제26조에 따라 재판상의 가압류 또는 가처분을 받은 재산을 압류하는 경우 그 뜻을 해당 법원, 집행공무원 또는 강제관리인에게 통지해야 한다. 그 압류를 해제하려는 경우에도 또한 같다.

제26조【강제징수의 속행】 관할 세무서장은 체납자가 파산선고를 받은 경우라도 이미 압류한 재산이 있을 때에는 강제징수를 계속 진행해야 한다.

제27조【고액·상습체납자의 수입물품에 대한 강제징수의 위탁】① 관할 세무서장은 법 제30조제1항에 해당하는 체납자에 대하여 1개월 이내의 기간을 정하여 그 기간에 체납된 국세를 납부하지 않을 경우 같은 항에 따라 체납자의 수입물품에 대한 강제징수가 세관장에서 위탁될 수 있다는 사실을 알려야 한다.
② 관할 세무서장은 법 제30조제1항에 따라 세관장에게 강제징수를 위탁한 경우 즉시 그 위탁 사실을 체납자에게 통지해야 한다.
③ 관할 세무서장은 체납자가 법 제114조제1항에 따른 고액·상습체납자의 명단 공개 대상에서 제외되는 경우 즉시 해당 체납자의 수입물품에 대한 강제징수의 위탁을 철회해야 한다.

제28조【강제징수의 인계】① 관할 세무서장은 체납자가 관할구역 밖에 거주하거나 압류할 재산이 관할구역 밖에 있는 경우 체납자의 거주지 또는 압류할 재산의 소재지를 관할하는 세무서장에게 강제징수를 인계할 수 있다. 다만, 압류할 재산이 채권이거나 체납자의 거주지 또는 압류할 재산의 소재지가 둘 이상의 세무서가 관할하는 구역에 걸쳐있는 경우에는 강제징수를 인계할 수 없다.
② 제1항 본문에 따라 강제징수를 인계받은 세무서장은 압류할 재산이 해당 관할구역에 없는 경우 강제징수의 인수를 거절할 수 있다. 이 경우 체납자가 그 관할구역에 거주하고 있는 경우에는 법 제35조제5항에 따른 수색조서를 강제징수를 인계한 관할 세무서장에게 보내야 한다.

제2절 압 류

제1관 통 칙

제29조【공유물에 대한 압류】 압류할 재산이 공유물인 경우 각자의 지분이 정해져 있지 않으면 그 지분이 균등한 것으로 보아 압류한다.

제30조【야간수색 대상 영업】 법 제35조제4항에서 "대통령령으로 정하는 영업"이란 다음 각 호의 어느 하나에 해당하는 영업을 말한다.
1. 객실을 갖추어 음식과 주류를 제공하고, 유흥종사자에게 손님의 유흥을 돋우는 접객행위를 하게 하는 영업
2. 무도장(舞蹈場)을 설치하여 일반인에게 이용하게 하는 영업
3. 주류, 식사, 그 밖의 음식물을 제공하는 영업
4. 제1호부터 제3호까지의 영업과 유사한 영업으로서 기획재정부령으로 정하는 영업

제2관 압류금지 등

제31조【압류금지 재산】① 법 제41조제18호에서 "대통령령으로 정하는 것"이란 다음 각 호의 구분에 따른 보장성보험의 보험금, 해약환급금 및 만기환급금과 개인별 잔액이 185만원 미만인 예금(적금, 부금, 예탁금과 우편대체를 포함한다)을 말한다.

1. 사망보험금 중 1천만원 이하의 보험금
2. 상해·질병·사고 등을 원인으로 체납자가 지급받는 보장성보험의 보험금 중 다음 각 목에 해당하는 보험금
   가. 진료비, 치료비, 수술비, 입원비, 약제비 등 치료 및 장애 회복을 위하여 실제 지출되는 비용을 보장하기 위한 보험금
   나. 치료 및 장애 회복을 위한 보험금 중 가목에 해당하는 보험금을 제외한 보험금의 2분의 1에 해당하는 금액
3. 보장성보험의 해약환급금 중 150만원 이하의 금액
4. 보장성보험의 만기환급금 중 150만원 이하의 금액
② 보장성보험의 보험금, 해약환급금 또는 만기환급금 채권을 취득하는 보험계약이 둘 이상인 체납자에 대해서는 다음 각 호의 구분에 따라 제1항 각 호의 금액을 계산한다.
1. 제1항제1호, 제3호 및 제4호 : 보험계약별 사망보험금, 해약환급금, 만기환급금을 각각 합산한 금액
2. 제1항제2호나목 : 보험계약별 금액

제32조【급여의 압류 범위】 ① 법 제42조제2항제1호에서 "대통령령으로 정하는 금액"이란 각각 월 185만원을 말한다.
② 법 제42조제2항제2호에서 "대통령령으로 정하는 금액"이란 각각 다음 각 호의 금액을 더한 금액을 말한다.
1. 월 300만원
2. 다음의 계산식에 따라 계산한 금액. 다만, 계산한 금액이 0보다 작은 경우에는 0으로 본다.

> [법 제42조제1항에 따른 압류금지 금액(월액으로 계산한 금액을 말한다) – 제1호의 금액] × 1/2

제3관 압류의 효력

제33조【과실에 대한 압류 효력의 특례】 법 제44조에 따른 천연과실(天然果實) 중 성숙한 것은 토지 또는 입목(立木)과 분리하여 동산으로 볼 수 있다.

제4관 부동산 등의 압류

제34조【부동산 등의 압류등기】 ① 관할 세무서장은 법 제45조제1항에 따라 부동산·공장재단 또는 광업재단의 압류등기 또는 그 변경등기를 촉탁하는 경우 다음 각 호의 사항을 적은 문서로 해야 한다.
1. 재산의 표시
2. 등기 원인과 그 연월일
3. 등기의 목적
4. 등기권리자
5. 등기의무자의 주소와 성명
② 관할 세무서장은 법 제45조제1항에 따라 선박의 압류등기 또는 그 변경등기를 촉탁하는 경우 다음 각 호의 사항을 적은 문서로 해야 한다.
1. 선박의 표시
2. 선적항
3. 선박소유자의 성명 또는 명칭
4. 등기원인과 그 연월일
5. 등기의 목적
6. 등기권리자
7. 등기의무자의 주소와 성명
제35조【항공기 등의 압류등록】 법 제45조제2항에 따른 자동차·선박·항공기 또는 건설기계의 압류등록 또는 그 변경등록의 촉탁에 관하여는 제34조제2항을 준용한다.
제36조【부동산 등의 분할 또는 구분 등기】 ① 법 제45조제3항에 따른 부동산·공장재단 또는 광업재단의 분할·구분·합병 또는 변경 등기의 촉탁에 관하여는 제34조제1항을 준용한다.
② 관할 세무서장은 제1항에 따라 제34조제1항을 준용하는 경우 그 촉탁서에 대위등기의 원인을 함께 적어야 한다.

제37조【부동산의 보존등기 절차】 ① 법 제45조제4항에 따른 미등기 부동산의 보존등기의 촉탁에 관하여는 제34조제1항 및 제36조제2항을 준용한다.
② 관할 세무서장은 강제징수를 위하여 필요한 경우 소관 관서에 토지대장 등본이나 건축물대장 등본 또는 부동산종합증명서의 발급을 요구할 수 있다.

제38조【압류 부동산 등의 사용·수익 절차】 법 제47조제1항 및 제2항에 따라 압류된 재산을 압류 당시와 달리 사용하거나 수익하려는 경우에 관하여는 법 제49조제3항 및 이 영 제40조를 준용한다.

제5관 동산과 유가증권의 압류

제39조【압류 동산의 표시】 세무공무원은 법 제49조제1항 후단에 따라 압류재산임을 명백히 하는 경우 압류 연월일과 압류한 세무공무원이 소속된 세무서의 명칭을 명백히 표시해야 한다.
제40조【압류 동산의 사용·수익 절차】 ① 법 제49조제2항에 따라 압류된 동산을 사용하거나 수익하려는 자는 기획재정부령으로 정하는 압류재산 사용·수익 허가신청서를 관할 세무서장에게 제출해야 한다.
② 관할 세무서장은 제1항에 따라 압류재산 사용·수익 허가신청서를 제출받은 경우 해당 사용·수익 행위가 압류재산의 보전(保全)에 지장을 주는지를 조사하여 30일 이내에 그 허가 여부를 신청인에게 통지해야 한다.

제6관 채권의 압류

제41조【조건부채권의 압류】 ① 관할 세무서장은 신원보증금, 계약보증금 등의 조건부채권을 그 조건 성립 전에도 압류할 수 있다.
② 제1항에 따라 압류한 채권이 성립되지 않는 것이 확정된 때에는 그 압류를 지체 없이 해제해야 한다.
제42조【채무불이행에 따른 절차】 ① 관할 세무서장은 법 제51조제1항에 따라 채권 압류의 통지를 받은 제3채무자가 채무이행의 기한이 지나도 이행하지 않은 경우 체납자인 채권자를 대위(代位)하여 이행의 촉구를 해야 한다.
② 관할 세무서장은 제1항에 따라 이행의 촉구를 받은 제3채무자가 촉구한 기한까지 채무를 이행하지 않는 경우 체납자인 채권자를 대위하여 제3채무자를 상대로 소송을 제기해야 한다. 다만, 채무이행의 자력(資力)이 없다고 인정하는 경우에는 소송을 제기하지 않고 채권의 압류를 해제할 수 있다.

제7관 그 밖의 재산권의 압류

제43조【그 밖의 재산권의 압류 등기 또는 등록】 관할 세무서장은 법 제55조제1항에 따라 채권과 소유권을 제외한 그 밖의 재산권(이하 "그 밖의 재산권"이라 한다)의 압류 등기 또는 등록과 그 변경 등기 또는 등록을 촉탁하는 경우 다음 각 호의 사항을 적은 문서에 압류조서를 첨부하여 제출해야 한다.
1. 그 밖의 재산권의 표시
2. 등기 또는 등록의 원인과 그 연월일
3. 등기 또는 등록의 목적
4. 등기 또는 등록의 권리자
5. 그 밖의 재산권의 권리자의 주소와 성명

제43조의2【가상자산의 압류】 ① 관할 세무서장은 법 제55조제3항에 따라 「특정 금융거래정보의 보고 및 이용 등에 관한 법률」 제2조제3호에 따른 가상자산(이하 "가상자산"이라 한다)의 이전을 문서로 요구하는 경우에는 다음 각 호의 구분에 따라 이전하도록 요구해야 한다.

1. 체납자나 제3자가 체납자의 가상자산을 보관하고 있는 경우(제2호의 경우는 제외한다) : 체납자 또는 제3자에게 해당 가상자산을 관할 세무서장이 지정하는 가상자산주소(「특정 금융거래정보의 보고 및 이용 등에 관한 법률 시행령」 제10조의10제2호나목에 따른 가상자산주소를 말하며, 제2호에 따른 계정은 제외한다. 이하 같다)로 이전하도록 요구

2. 「특정 금융거래정보의 보고 및 이용 등에 관한 법률」 제2조제1호하목에 따른 가상자산사업자(이하 "가상자산사업자"라 한다)가 체납자의 가상자산을 보관하고 있는 경우 : 가상자산사업자에게 해당 가상자산을 체납자의 계정(가상자산사업자가 가상자산의 거래·보관 등의 서비스 제공을 위해 고객에게 부여한 고유 식별부호를 말한다. 이하 같다)에서 관할 세무서장이 지정하는 계정으로 이전하도록 요구

② 법 제55조제3항에 따라 가상자산의 이전을 요구하는 문서에는 다음 각 호의 사항이 포함되어야 한다.

1. 체납자의 성명 또는 명칭과 주소
2. 체납자의 가상자산을 보관하고 있는 자의 성명 또는 명칭과 주소(제3자가 체납자의 가상자산을 보관하고 있는 경우로 한정한다)
3. 이전하여야 할 가상자산 및 그 규모
4. 이전 기한
5. 제1항에 따라 관할 세무서장이 지정한 가상자산주소 또는 계정
6. 그 밖에 가상자산의 이전에 필요한 사항

③ 관할 세무서장은 체납자의 가상자산이 두 종류 이상인 경우에는 매각의 용이성 및 가상자산의 종류별 규모 등을 고려하여 특정 가상자산을 우선하여 이전하도록 요구할 수 있다.

(2022.2.15 본조신설)

제44조【국가 또는 지방자치단체의 재산에 관한 권리의 압류등록】 ① 관할 세무서장은 법 제56조제1항에 따라 국가 또는 지방자치단체의 재산에 관한 체납자의 권리를 압류하는 경우 다음 각 호의 사항을 적은 문서에 압류조서를 첨부하여 국가 또는 지방자치단체에 압류의 등록을 촉탁해야 한다.

1. 계약자의 주소 또는 거소와 성명
2. 국가 또는 지방자치단체 재산의 표시
3. 그 밖에 필요한 사항

② 국가 또는 지방자치단체는 제1항에 따라 촉탁을 받은 경우 관계 대장에 그 사실을 등록하고 지체 없이 관할 세무서장에게 등록 사실을 통지해야 한다.

제8관 압류의 해제

제45조【추산가액】 법 제57조제1항제4호 본문에 따른 추산(推算)가액은 강제징수의 목적물인 재산을 「상속세 및 증여세법」 제60조부터 제66조까지의 규정에 따라 평가한 금액으로 한다.

제46조【압류 해제 조서】 관할 세무서장은 법 제57조에 따라 재산의 압류를 해제하는 경우 기획재정부령으로 정하는 압류 해제 조서를 작성해야 한다. 다만, 압류를 해제하려는 재산이 동산이나 유가증권인 경우에는 압류조서의 여백에 해제 연월일과 해제 이유를 함께 적음으로써 압류 해제 조서의 작성을 갈음할 수 있다.

제46조의2【가상자산의 압류 해제】 관할 세무서장은 법 제57조에 따라 가상자산의 압류를 해제하는 경우에

는 해당 가상자산을 체납자의 가상자산주소(가상자산을 가상자산사업자가 아닌 제3자가 보관했던 경우에는 그 제3자의 가상자산주소를 말한다) 또는 계정으로 이전해야 한다.(2022.2.15 본조신설)

제47조【압류 말소의 등기 또는 등록】 법 제58조제2항에 따른 압류 말소의 등기 또는 등록의 촉탁에 관하여는 제34조를 준용한다.

제9관 교부청구 및 참가압류

제48조【파산선고에 따른 교부청구】 관할 세무서장은 법 제59조에 따라 파산관재인에게 교부청구를 하는 경우 다음 각 호의 구분에 따른 방법으로 해야 한다.

1. 압류한 재산의 가액이 징수할 금액보다 적거나 적다고 인정될 경우 : 재단채권(財團債權)으로서 파산관재인에게 그 부족액을 교부청구하는 방법
2. 납세담보물 제공자가 파산선고를 받아 강제징수에 의하여 그 담보물을 공매하려는 경우 : 「채무자 회생 및 파산에 관한 법률」 제447조에 따른 채권신고 절차를 거친 후 별제권(別除權)을 행사해도 부족하거나 부족하다고 인정되는 금액을 교부청구하는 방법. 다만, 파산관재인이 그 재산을 매각하려는 경우에는 징수할 금액을 교부청구하는 방법으로 해야 한다.

제49조【선행압류기관의 동산 등 인도 통지】 법 제61조제1항에 따른 선행압류기관(이하 "선행압류기관"이라 한다)은 법 제62조제4항에 따라 압류를 해제한 동산 또는 유가증권 등을 참가압류를 한 관할 세무서장에게 인도하거나 같은 조 제8항에 따라 압류한 동산 또는 유가증권 등을 매각을 촉구한 관할 세무서장에게 인도하려는 경우 기획재정부령으로 정하는 참가압류재산 인도통지서를 보내야 한다. 이 경우 해당 재산을 제3자가 보관하고 있는 상태로 인도하려면 참가압류재산 인도통지서에 그 보관증과 보관자에 대한 인도지시서를 첨부해야 한다.

제50조【참가압류한 동산 등의 인수】 ① 참가압류를 한 관할 세무서장은 제49조에 따라 선행압류기관으로부터 동산 또는 유가증권 등의 인도 통지를 받은 경우 지체 없이 해당 동산 또는 유가증권 등을 인수해야 한다.

② 참가압류를 한 관할 세무서장은 제1항에 따라 인수한 동산 또는 유가증권 등이 제3자가 보관하고 있는 재산인 경우 제49조 후단에 따라 받은 보관증과 인도지시서를 그 보관자에게 내주어야 한다.

③ 참가압류를 한 관할 세무서장은 필요하다고 인정하면 제1항에 따라 인수한 동산 또는 유가증권 등을 체납자 또는 그 재산을 점유한 제3자에게 보관하게 할 수 있다.

④ 참가압류를 한 관할 세무서장은 제1항에 따라 동산 또는 유가증권 등을 인수한 경우 선행압류기관에 지체 없이 그 사실을 통지해야 한다.

제51조【일반 압류 규정의 준용】 참가압류에 관하여 이 영에 특별한 규정이 없는 경우에는 이 영 중 일반 압류에 관한 규정을 준용한다.

제3절 압류재산의 매각

제1관 통 칙

제52조【개별공매 및 일괄공매】 ① 관할 세무서장은 법 제66조제1항에 따라 여러 개의 재산을 공매에 부치는 경우 그 재산을 각각 공매해야 한다. 다만, 관할 세무서장이 해당 재산의 위치·형태·이용관계 등을 고려하여 그 재산을 일괄하여 공매하는 것이 알맞다고 인정하는 경우에는 직권으로 또는 이해관계인의 신청에 따라 일괄하여 공매할 수 있다.

② 관할 세무서장은 제1항 단서에 따라 여러 개의 재산을 일괄하여 공매할 때 각 재산의 매각대금을 특정할 필요가 있는 경우 각 재산에 대한 공매예정가격의 비율을 정해야 하며, 각 재산의 매각대금은 총 매각대금을 각 재산의 공매예정가격 비율에 따라 나눈 금액으로 한다.

③ 관할 세무서장은 제1항 단서에 따라 여러 개의 재산을 일괄하여 공매하는 경우 그 재산 중 일부 재산의 매각대금만으로도 체납액을 변제하기에 충분하면 다른 재산은 공매하지 않아야 한다. 다만, 다음 각 호의 어느 하나에 해당하는 경우는 예외로 한다.

1. 토지와 그 위의 건물을 일괄하여 공매하는 경우
2. 재산을 분리하여 공매하면 그 경제적 효용이 현저하게 떨어지는 경우
3. 체납자의 동의를 받은 경우

④ 제3항 본문에 따라 관할 세무서장이 여러 개의 재산 중 일부 재산을 공매하려는 경우 해당 체납자는 공매대상 재산을 지정할 수 있다.

제53조【행정정보의 공동이용】 관할 세무서장(법 제103조제1항제1호에 따른 공매를 대행하는 한국자산관리공사를 포함한다)은 법 제66조제1항 및 제2항에 따른 압류재산의 공매를 위하여 필요한 경우 「전자정부법」 제36조제1항에 따른 행정정보의 공동이용을 통하여 다음 각 호의 정보를 확인할 수 있다.

1. 법무부장관이 보유하는 출입국사실증명, 외국인등록사실증명 및 국내거소신고사실증명
2. 행정안전부장관이 보유하는 주민등록표 등본·초본 및 주민등록전입세대
3. 국토교통부장관이 보유하는 토지(임야)대장, 건축물대장, 자동차등록원부 및 건설기계등록원부
4. 해양수산부장관이 보유하는 선박원부
5. 대법원장이 보유하는 법인등기사항증명서, 토지등기사항증명서 및 건물등기사항증명서

제53조의2【압류재산 직접 매각 시 통지 대상】 법 제66조제3항에서 "체납자 등 대통령령으로 정하는 자"란 다음 각 호의 자를 말한다.

1. 체납자
2. 납세담보물 소유자
3. 압류재산에 질권 또는 그 밖의 권리를 가진 자
(2023.2.28 본조신설)

제54조【수의계약】 ① 관할 세무서장은 법 제67조에 따라 압류재산을 수의계약으로 매각하려는 경우 추산가격조서를 작성하고 2인 이상으로부터 견적서를 받아야 한다. 다만, 같은 조 제5호에 해당하여 수의계약을 하는 경우로서 그 매각금액이 최종 공매 시의 공매예정가격 이상인 경우에는 견적서를 받지 않을 수 있다.

② 관할 세무서장은 압류재산을 법 제67조에 따라 수의계약으로 매각하려는 경우 그 사실을 다음 각 호의 자에게 통지해야 한다.

1. 체납자
2. 납세담보물 소유자
3. 압류재산에 전세권·질권·저당권 또는 그 밖의 권리를 가진 자

제2관　공매의 준비

제55조【감정인】 ① 관할 세무서장은 법 제68조제2항에 따라 다음 각 호의 구분에 따른 감정인(鑑定人)에게 공매대상 재산의 평가를 의뢰할 수 있다.

1. 공매대상 재산이 부동산인 경우 : 「감정평가 및 감정평가사에 관한 법률」 제2조제4호에 따른 감정평가법인등
2. 공매대상 재산이 제1호 외의 재산인 경우 : 해당 재산과 관련된 분야에 5년 이상 종사한 전문가

② 법 제68조제4항에 따른 수수료는 감정평가금액 등을 고려하여 기획재정부령으로 정한다.

제56조【국공채 등의 공매보증 제공】 ① 매수신청인은 법 제71조제3항 후단에 따른 국공채등(이하 "국공채등"이라 한다)을 공매보증으로 제공하려는 경우 해당 국공채등에 다음 각 호의 구분에 따른 서류를 첨부하여 관할 세무서장에게 제출해야 한다.

1. 무기명국채 또는 미등록공사채로 납부하는 경우 : 질권설정서
2. 등록국채 또는 등록공사채로 납부하는 경우 : 다음 각 목의 서류
   가. 담보권등록증명서
   나. 등록국채 또는 등록공사채 기명자(記名者)의 인감증명서 또는 본인서명사실확인서를 첨부한 위임장
3. 주식(출자증권을 포함한다)으로 납부하는 경우 : 다음 각 목의 구분에 따른 서류
   가. 무기명주식인 경우 : 해당 주식을 발행한 법인의 주식확인증
   나. 기명주식인 경우 : 질권설정에 필요한 서류

② 관할 세무서장은 제1항제3호나목에 해당하는 서류를 제출받은 경우 질권설정의 등록을 해당 법인에 촉탁해야 한다.

제57조【공매보증으로 제공하는 국공채등의 평가】 공매보증으로 제공하는 국공채등의 가액의 평가에 관하여는 법 제19조제1호·제2호 및 이 영 제19조제1항을 준용한다. 이 경우 이 영 제19조제1항 중 "담보로 제공하는 날"은 "공매보증으로 제공하는 날"로 본다.

제58조【공매공고 사항】 ① 관할 세무서장은 법 제72조에 따라 공매공고를 할 때 공매할 토지의 지목(地目) 또는 지적(地籍)이 토지대장의 표시와 다른 경우 그 사실을 공매공고문에 함께 적어야 한다.

② 관할 세무서장은 법 제72조에 따라 공고한 사항이 변경된 경우 그 변경된 사항을 지체 없이 다시 공고해야 한다.

제59조【배분요구의 종기 연기사유】 법 제72조제4항 단서에서 "공매공고에 대한 등기 또는 등록이 지연되거나 누락되는 등 대통령령으로 정하는 사유"란 다음 각 호의 어느 하나에 해당하는 경우를 말한다.

1. 공매공고의 등기 또는 등록이 지연되거나 누락된 경우
2. 법 제75조에 따른 공매통지가 누락되는 등의 사유로 다시 법 제72조에 따른 공매공고를 해야 하는 경우
3. 그 밖에 제1호 및 제2호와 유사한 사유로 공매공고를 다시 진행하는 경우

제3관　공매의 실시

제60조【매각불허의 통지】 관할 세무서장은 법 제84조제1항 각 호의 사유로 압류재산을 매각하지 않기로 결정한 경우 법 제65조제2항제1호에 따른 최고가 매수신청인(법 제83조제3항 단서가 적용되는 경우 차순위 매수신청인을 말한다)에게 그 사유를 통지해야 한다.

제61조【매수대금의 납부촉구 기한】 관할 세무서장은 법 제85조에 따라 매수대금의 납부를 촉구하는 경우 대금납기기한을 납부 촉구일부터 10일 이내로 정해야 한다.

제62조【공매취소의 사유】 법 제88조제1항제2호에서 "대통령령으로 정하는 경우"란 관할 세무서장이 직권으로 또는 제71조제1항에 따른 한국자산관리공사의 요구에 따라 해당 재산에 대한 공매대행 의뢰를 해제한 경우를 말한다.

제4관　매수대금의 납부와 권리의 이전

제63조【권리이전 등기 등의 촉탁】 관할 세무서장은 법 제93조에 따라 매각재산의 권리이전 절차를 밟는

경우 권리이전의 등기 또는 등록이나 매각에 수반하여 소멸되는 권리의 말소등기 촉탁서에 다음 각 호의 문서를 첨부하여 촉탁해야 한다.
1. 매수인이 제출한 등기청구서
2. 매각결정 통지서 또는 그 등본이나 배분계산서 등본

제64조【국가 또는 지방자치단체의 재산에 관한 권리의 매각 통지】 ① 관할 세무서장은 법 제56조제1항에 따라 압류한 국가 또는 지방자치단체의 재산에 관한 권리의 매수인이 그 매수대금을 완납한 경우 법 제97조제1항제1호의 금액을 납입함과 동시에 그 매각 사실을 국가 또는 해당 지방자치단체에 통지해야 한다.
② 국가 또는 지방자치단체는 제1항에 따라 통지를 받은 경우 소유권 이전에 관한 서류를 매수인에게 발급해야 한다.

제4절 청 산

제65조【배분금전의 예탁 통지】 관할 세무서장은 법 제101조제2항에 따라 배분금전을 예탁(預託)한 사실을 통지하는 경우 법 제99조제3항에 따른 배분계산서(배분계산서 원안을 수정하여 확정한 경우에는 수정된 배분계산서를 말한다) 등본을 첨부해야 한다.

제5절 공매 등의 대행 등

제66조【공매대행 의뢰 등】 ① 관할 세무서장은 법 제103조제1항제1호에 따른 공매(공매와 관련한 같은 항 제3호 및 제4호의 업무를 포함한다. 이하 이 절에서 같다)를 한국자산관리공사에 대행하게 하는 경우 기획재정부령으로 정하는 공매대행 의뢰서를 한국자산관리공사에 보내야 한다.
② 관할 세무서장은 제1항에 따른 공매대행의 사실을 다음 각 호의 자에게 통지해야 한다.
1. 체납자
2. 납세담보물 소유자
3. 공매의 대상이 되는 재산에 전세권·질권·저당권 또는 그 밖의 권리를 가진 자
4. 법 제49조제1항 전단에 따라 압류재산을 보관하고 있는 자
③ 관할 세무서장은 공매 여부 결정을 위하여 필요한 경우 제1항에 따라 공매대행을 의뢰하기 전에 한국자산관리공사에 해당 압류재산의 공매를 통한 매각의 적절성 등에 관한 분석을 의뢰할 수 있다.(2023.2.28 본항신설)

제67조【압류재산의 인도】 ① 관할 세무서장은 법 제103조제1항제1호에 따른 공매를 한국자산관리공사에 대행하게 한 경우 점유하고 있거나 제3자에게 보관하게 한 압류재산을 한국자산관리공사에 인도할 수 있다. 다만, 제3자가 보관하고 있는 재산의 경우에는 그 제3자가 발행한 압류재산의 보관증을 인도함으로써 압류재산의 직접 인도에 갈음할 수 있다.
② 한국자산관리공사는 제1항에 따라 압류재산을 인수한 경우 인도·인수서를 작성해야 한다.

제68조【관할 세무서장의 한국자산관리공사에 대한 압류 해제 등 통지】 ① 관할 세무서장은 법 제103조제1항제1호에 따른 공매를 한국자산관리공사에 대행하게 한 후 다음 각 호의 어느 하나에 해당하는 사유가 발생한 경우 지체 없이 그 사실을 한국자산관리공사에 통지해야 한다.
1. 매각결정 전에 법 제57조에 따라 해당 재산의 압류를 해제한 경우
2. 법 제81조에 따라 공매참가를 제한한 경우
② 한국자산관리공사는 관할 세무서장으로부터 제1항제1호의 사실에 관한 통지를 받은 경우 지체 없이 해당 재산의 공매를 취소해야 한다.

제69조【한국자산관리공사의 관할 세무서장에 대한 공매공고 등 통지】 한국자산관리공사는 법 제103조제1항제1호에 따른 공매를 대행하는 경우 다음 각 호의 어느 하나에 해당하는 사유가 발생하면 지체 없이 그 사실을 관할 세무서장에게 통지해야 한다.
1. 법 제72조에 따라 공매공고를 한 경우
2. 법 제81조에 따라 공매참가를 제한한 경우
3. 법 제83조제3항 또는 제84조제1항에 따라 매각 여부를 결정한 경우
4. 법 제86조에 따라 매각결정을 취소한 경우
5. 법 제88조제1항제1호의 사유로 공매를 취소한 경우 또는 같은 조 제2항에 따라 공매를 정지한 경우

제70조【매수대금 등의 인계 등】 ① 한국자산관리공사는 법 제103조제1항제1호에 따른 공매(같은 항 제4호에 따른 금전의 배분은 제외한다)를 대행하여 법 제71조제3항제1호에 따른 공매보증금 또는 매수대금을 수령한 경우 그 금액을 지체 없이 관할 세무서의 세입세출외 현금출납공무원에게 인계하거나 세입세출외 현금출납공무원 계좌에 입금해야 한다.
② 한국자산관리공사는 제1항에 따라 수령한 매수대금 등을 세입세출외 현금출납공무원 계좌에 입금한 경우 지체 없이 그 사실을 세입세출외 현금출납공무원에게 통지해야 한다.

제71조【공매대행 의뢰의 해제 요구】 ① 한국자산관리공사는 제66조제1항에 따라 공매대행을 의뢰받은 날부터 2년이 지나도 공매되지 않은 재산이 있는 경우 관할 세무서장에게 해당 재산에 대한 공매대행 의뢰를 해제해 줄 것을 요구할 수 있다.
② 관할 세무서장은 제1항에 따라 해제 요구를 받은 경우 특별한 사정이 없는 한 해제 요구에 따라야 한다.

제72조【공매대행 수수료】 법 제103조제2항에 따른 수수료(같은 조 제1항제2호에 따른 수의계약의 수수료는 제외한다)는 공매대행에 드는 실제 비용을 고려하여 기획재정부령으로 정한다.

제73조【공매대행의 세부 사항】 한국자산관리공사가 법 제103조제1항제1호에 따른 공매를 대행하는 데 필요한 사항으로서 이 영에서 정하지 않은 사항은 국세청장이 한국자산관리공사와 협의하여 정한다.

제74조【수의계약 대행】 관할 세무서장이 법 제103조제1항제2호에 따른 수의계약(수의계약과 관련한 같은 항 제3호 및 제4호의 업무를 포함한다)을 한국자산관리공사에 대행하게 하는 경우 대행 의뢰, 압류재산의 인도, 매수대금 등의 인계, 해제 요구, 수수료 등에 관하여는 제66조부터 제73조까지의 규정(제68조 및 제69조는 재산의 압류를 해제함에 따라 공매를 취소하는 부분으로 한정한다)을 준용한다.

제75조【전문매각기관의 매각 관련 사실행위 대행】 ① 국세청장은 다음 각 호의 요건을 모두 충족하는 기관 중에서 법 제104조제1항에 따른 전문매각기관(이하 "전문매각기관"이라 한다)으로 선정될 수 있는 대상 기관을 관보 및 국세청 홈페이지에 공고해야 한다. 이 경우 공고된 기관이 제7항 각 호의 어느 하나에 해당하는 경우에는 해당 기관을 제외하고 다시 공고해야 한다.(2022.2.15 본문개정)
1. 공고일이 속하는 연도의 직전 2년 동안 법 제104조제1항에 따른 예술품등(이하 "예술품등"이라 한다)을 경매를 통하여 매각한 횟수가 연평균 10회 이상일 것
2. 정보통신망을 이용해서 예술품등의 매각이 가능할 것
② 제1항에 따라 공고된 기관은 같은 항 각 호 외의 부분에 따라 국세청장이 공고한 날부터 2년 동안 전문매각기관으로 선정될 수 있다.(2022.2.15 본항개정)
③ 관할 세무서장은 법 제104조제1항에 따라 직권으로 제1항에 따라 공고된 기관 중 하나의 기관을 전문매각

기관으로 선정하여 예술품등의 감정, 매각기일·기간의 진행 등 매각에 관련된 사실행위(이하 "매각관련사실행위"라 한다)의 대행을 의뢰할 수 있다. 이 경우 관할 세무서장은 매각 대상인 예술품등을 소유한 납세자에게 그 사실을 통지해야 한다.(2022.2.15 본항개정)

④ 납세자는 법 제104조제1항에 따라 관할 세무서장에게 전문매각기관을 선정하여 매각관련사실행위를 대행하도록 신청하려는 경우 기획재정부령으로 정하는 신청서를 작성하여 관할 세무서장에게 제출해야 한다.(2022.2.15 본항개정)

⑤ 관할 세무서장은 제4항에 따라 신청서를 제출받은 경우 제1항에 따라 공고된 기관 중 하나의 기관을 전문매각기관으로 선정하여 매각관련사실행위의 대행을 의뢰할 수 있으며, 제4항에 따라 신청서를 제출한 납세자에게 그 사실을 통지해야 한다.(2022.2.15 본항개정)

⑥ (2022.2.15 삭제)

⑦ 관할 세무서장은 제3항 또는 제5항에 따라 선정한 전문매각기관이 다음 각 호의 어느 하나에 해당하는 경우 그 선정을 취소할 수 있다.(2022.2.15 본문개정)

1. 해당 기관의 부도, 파산, 휴업·폐업, 제1항에 따른 공고 당시의 시설·자본금 등의 변동 등으로 매각관련사실행위의 대행이 곤란하다고 인정되는 경우(2022.2.15 본호개정)

2. 해당 기관 또는 그 대표자가 법 제114조제1항에 따라 고액·상습체납자로 명단이 공개되거나 「조세범 처벌법」에 따라 벌금 이상의 형을 선고받은 경우

3. 해당 기관의 임직원이 매각관련사실행위의 대행과 관련하여 「형법」 제129조부터 제132조까지의 죄로 벌금 이상의 형을 선고받은 경우(2022.2.15 본호개정)

4. 해당 기관 또는 그 대표자가 사회적 물의를 일으키거나 그 밖에 이에 준하는 사유가 있어 해당 기관의 매각관련사실행위의 대행이 적절하지 않다고 인정되는 경우(2022.2.15 본호개정)

⑧ 제1항부터 제7항까지에서 규정한 사항 외에 전문매각기관의 선정 및 예술품등의 매각 절차에 필요한 세부 사항은 국세청장이 정하여 고시한다.(2022.2.15 본항개정)

제76조【전문매각기관의 매각대행 수수료】 법 제104조제4항에 따른 매각 수수료는 매각관련사실행위의 대행에 드는 실제 비용을 고려하여 기획재정부령으로 정한다.(2022.2.15 본조개정)

제6절 압류·매각의 유예

제77조【압류·매각의 유예】 ① 법 제105조제1항에 따른 압류 또는 매각의 유예의 기간은 그 유예한 날의 다음 날부터 1년 이내로 한다.

② 관할 세무서장은 제1항에도 불구하고 다음 각 호의 요건을 모두 갖춘 자가 소득세, 법인세, 부가가치세 및 이에 부가되는 세목에 대한 압류 또는 매각의 유예를 신청하는 경우(제1항에 따라 압류 또는 매각의 유예를 받고 그 유예기간 중에 신청하는 경우를 포함한다) 그 압류 또는 매각의 유예기간을 유예한 날의 다음 날부터 2년(제1항에 따라 압류 또는 매각의 유예를 받은 기간에 대해서는 그 기간을 포함하여 산정한다) 이내로 정할 수 있다.

1. 「조세특례제한법 시행령」 제2조에 따른 중소기업에 해당할 것

2. 다음 각 목의 어느 하나에 해당하는 지역에 사업장이 소재할 것
  가. 「고용정책 기본법」 제32조의2제2항에 따라 선포된 고용재난지역
  나. 「고용정책 기본법 시행령」 제29조제1항에 따라 지정·고시된 지역

다. 「지역 산업위기 대응 및 지역경제 회복을 위한 특별법」 제10조제1항에 따라 지정된 산업위기대응특별지역(2022.2.18 본목개정)
  라. 「재난 및 안전관리 기본법」 제60조제2항에 따라 선포된 특별재난지역(선포된 날부터 2년으로 한정한다)

③ 관할 세무서장은 압류 또는 매각이 유예된 체납세액을 제1항 또는 제2항에 따른 압류 또는 매각의 유예기간 동안 분할하여 징수할 수 있다.

④ 압류 또는 매각의 유예 신청 및 통지에 관하여는 제14조 및 제15조를 준용한다.

⑤ 법 제105조제3항 단서에 따른 체납세액 납부계획서에는 다음 각 호의 사항이 포함되어야 한다.

1. 체납세액 납부에 제공될 재산 또는 소득에 관한 사항

2. 체납세액의 납부일정에 관한 사항

3. 그 밖에 체납세액 납부계획과 관련된 사항

제78조【국세체납정리위원회를 두는 세무서】 법 제106조제1항에서 "대통령령으로 정하는 세무서"란 「국세청과 그 소속기관 직제」 제24조제2항에 따른 1급지 세무서를 말한다.

제79조【국세체납정리위원회의 구성】 ① 법 제106조제1항에 따른 국세체납정리위원회는 지방국세청에 두는 지방국세청국세체납정리위원회(이하 "지방국세청위원회"라 한다)와 제78조에 따른 세무서에 두는 세무서국세체납정리위원회(이하 "세무서위원회"라 한다)로 한다.

② 지방국세청위원회는 위원장을 포함한 7명 이상 9명 이하의 위원으로 구성하고, 세무서위원회는 위원장을 포함한 5명 이상 7명 이하의 위원으로 구성한다.

③ 지방국세청위원회 위원장은 지방국세청장이 되고, 세무서위원회 위원장은 세무서장이 된다.

④ 국세체납정리위원회 위원은 해당 지방국세청장 또는 세무서장이 다음 각 호의 어느 하나에 해당하는 사람 중에서 임명 또는 위촉한다.

1. 해당 지방국세청 또는 세무서 소속 5급 이상 공무원

2. 변호사·공인회계사 또는 세무사의 자격이 있는 사람

3. 법률·회계 또는 경제에 관하여 학식과 경험이 풍부한 사람으로서 경제계에 종사하는 사람

⑤ 제4항제2호 또는 제3호에 해당하는 위원(이하 "위촉위원"이라 한다)의 임기는 2년으로 하며, 한 차례만 연임할 수 있다.

제80조【국세체납정리위원회의 심의사항】 국세체납정리위원회는 다음 각 호의 어느 하나에 해당하는 사항을 심의한다.

1. 법 제57조제1항제4호에 따른 사유로 압류를 해제하려는 사항

2. 그 밖에 법 또는 다른 세법에 따라 국세체납정리위원회의 심의를 거치도록 한 사항(2023.2.28 본조제목개정)

제81조【국세체납정리위원회 위원장의 직무】 ① 국세체납정리위원회 위원장은 해당 위원회를 대표하고, 위원회의 업무를 총괄한다.

② 국세체납정리위원회 위원장이 부득이한 사유로 직무를 수행할 수 없는 경우 국세체납정리위원회 위원장이 지명하는 해당 위원회 위원이 그 직무를 대행한다.

제82조【회의】 ① 국세체납정리위원회 위원장은 해당 위원회의 회의를 소집하고 그 의장이 된다.

② 국세체납정리위원회 위원장은 회의의 일정과 의안을 미리 각 위원에게 통지해야 한다.

③ 회의는 재적위원 과반수의 출석으로 개의(開議)하고, 출석위원 과반수의 찬성으로 의결한다.

제83조【회의록】 국세체납정리위원회 위원장은 해당 위원회의 회의를 개최한 경우 회의록을 작성하여 갖춰 두어야 한다.

제84조【보고와 통지】 ① 지방국세청위원회 위원장은 지방국세청위원회의 회의에서 의결된 사항을 관할 세무서장에게 지체 없이 통지해야 한다.
② 제81조제2항에 따라 국세체납정리위원회 위원장의 직무를 대행하는 위원이 지방국세청위원회 또는 세무서위원회의 회의를 개최한 경우 해당 위원은 그 회의에서 의결된 사항을 지방국세청장 또는 세무서장에게 각각 보고해야 한다.
③ 지방국세청장은 제2항에 따른 보고를 받은 경우 그 내용을 관할 세무서장에게 지체 없이 통지해야 한다.
제85조【의견 청취】 국세체납정리위원회는 의안을 심의하기 위하여 필요하다고 인정하는 경우 체납자, 이해관계인 등의 의견을 들을 수 있다.
제86조【위원의 제척·회피】 ① 국세체납정리위원회 위원이 다음 각 호의 어느 하나에 해당하는 경우에는 체납국세에 관한 의사(議事)에서 제척(除斥)된다.
1. 위원 또는 그 배우자나 배우자였던 사람이 해당 의사의 당사자가 되거나 그 안건의 당사자와 공동권리자 또는 공동의무자인 경우
2. 위원이 해당 의사의 당사자와 친족이거나 친족이었던 경우
3. 위원이 해당 안건에 대하여 증언, 진술, 자문, 연구, 용역 또는 감정을 한 경우
4. 위원이나 위원이 속한 법인이 해당 안건의 당사자의 대리인이거나 대리인이었던 경우
② 국세체납정리위원회 위원이 제1항 각 호의 제척사유에 해당하는 경우에는 스스로 그 의사에서 회피(回避)해야 한다.
제87조【수당】 국세체납정리위원회는 회의에 출석한 위촉위원에게 예산의 범위에서 수당을 지급할 수 있다.
제88조【위원의 해촉】 지방국세청장 또는 세무서장은 위촉위원이 다음 각 호의 어느 하나에 해당하는 경우 해당 위원을 해촉할 수 있다.
1. 심신장애로 직무를 수행할 수 없게 된 경우
2. 직무와 관련한 비위 사실이 있는 경우
3. 위촉 당시의 자격을 상실한 경우
4. 국세를 체납한 경우
5. 직무태만, 품위손상이나 그 밖의 사유로 위원으로 적합하지 않다고 인정되는 경우
6. 위원 스스로 직무를 수행하기 어렵다는 의사를 밝히는 경우
7. 제86조제1항에 해당함에도 불구하고 회피하지 않은 경우

제4장 보 칙

제89조【정부 관리기관】 법 제107조제1항제1호에서 "대통령령으로 정하는 정부 관리기관"이란 「감사원법」제22조제1항제3호 및 제4조에 따라 감사원의 검사 대상이 되는 법인 또는 단체 등을 말한다.
제90조【납세증명서의 제출】 법 제107조제1항제1호에 따른 대금을 지급받는 자가 원래의 계약자가 아닌 자인 경우 다음 각 호의 구분에 따른 납세증명서를 제출해야 한다.
1. 채권양도로 인한 경우 : 양도인과 양수인의 납세증명서
2. 법원의 전부명령(轉付命令)에 따르는 경우 : 압류채권자의 납세증명서
3. 「하도급거래 공정화에 관한 법률」 제14조제1항제1호 및 제2호에 따라 건설공사의 하도급대금을 직접 지급받는 경우 : 수급사업자의 납세증명서
제91조【납세증명서 제출의 예외】 납세자는 법 제107조제1항제1호에 따라 국가, 지방자치단체 등으로부터 대금을 지급받을 경우라도 다음 각 호의 어느 하나에 해

당하는 경우에는 납세증명서를 제출하지 않을 수 있다.
1. 「국가를 당사자로 하는 계약에 관한 법률 시행령」 제26조제1항 각 호(같은 항 제1호라목은 제외한다) 및 「지방자치단체를 당사자로 하는 계약에 관한 법률 시행령」 제25조제1항 각 호(같은 항 제7호가목은 제외한다)에 해당하는 수의계약에 따라 대금을 지급받는 경우
2. 국가 또는 지방자치단체가 대금을 지급받아 그 대금이 국고 또는 지방자치단체금고에 귀속되는 경우
3. 국세 강제징수에 따른 채권 압류로 관할 세무서장이 그 대금을 지급받는 경우
4. 「채무자 회생 및 파산에 관한 법률」에 따른 파산관재인이 납세증명서를 발급받지 못하여 관할 법원이 파산절차를 원활하게 진행하기 곤란하다고 인정하는 경우로서 관할 세무서장에게 납세증명서 제출의 예외를 요청하는 경우
5. 납세자가 계약대금 전액을 체납세액으로 납부하거나 계약대금 중 일부 금액으로 체납세액 전액을 납부하려는 경우
제92조【체류 관련 허가】 법 제107조제1항제2호에서 "체류기간 연장허가 등 대통령령으로 정하는 체류 관련 허가 등"이란 다음 각 호의 어느 하나에 해당하는 것을 말한다.(2022.2.15 본문개정)
1. 「재외동포의 출입국과 법적 지위에 관한 법률」 제6조에 따른 국내거소신고
2. 「출입국관리법」 제20조에 따른 체류자격 외 활동허가
3. 「출입국관리법」 제21조에 따른 근무처 변경·추가에 관한 허가 또는 신고
4. 「출입국관리법」 제23조에 따른 체류자격 부여
5. 「출입국관리법」 제24조에 따른 체류자격 변경허가
6. 「출입국관리법」 제25조에 따른 체류기간 연장허가
7. 「출입국관리법」 제31조에 따른 외국인등록
제93조【관할 세무서장 등에 대한 조회 등】 납세자가 법 제107조제1항 각 호의 어느 하나에 해당하여 납세증명서를 제출해야 하는 경우 해당 주무관서 등이 국세청장 또는 관할 세무서장에게 조회(국세청장에게 조회하는 경우는 국세정보통신망을 통한 방법으로 한정한다)하거나 납세자의 동의를 받아 「전자정부법」 제36조제1항에 따른 행정정보의 공동이용을 통하여 그 체납사실 여부를 확인하는 경우에는 납세증명서를 제출받은 것으로 볼 수 있다.
제94조【납세증명서】 법 제107조제2항제3호에서 "대통령령으로 정하는 금액"이란 다음 각 호의 금액을 말한다.
1. 법 제14조에 따른 납부고지의 유예액
2. 「채무자 회생 및 파산에 관한 법률」 제140조에 따른 징수유예액 또는 강제징수에 따라 압류된 재산의 환가유예에 관련된 체납액
3. 「국세기본법」 제42조에 따라 물적납세의무를 부담하는 양도담보권자가 그 물적납세의무와 관련하여 체납한 국세 또는 강제징수비(2023.2.28 본호신설)
4. 「종합부동산세법」 제7조의2 또는 제12조의2에 따라 물적납세의무를 부담하는 수탁자가 그 물적납세의무와 관련하여 체납한 종합부동산세 또는 강제징수비
5. 「부가가치세법」 제3조의2에 따라 물적납세의무를 부담하는 수탁자가 그 물적납세의무와 관련하여 체납한 부가가치세 또는 강제징수비
6. 「조세특례제한법」 제99조의6에 따른 압류 또는 매각이 유예된 체납액(2022.2.15 본호신설)
7. 「조세특례제한법」 제99조의8에 따른 납부고지의 유예 또는 지정납부기한등의 연장에 관계된 국세 또는 체납액(2022.2.15 본호신설)
8. 「조세특례제한법」 제99조의10에 따른 체납액 징수특례를 적용받은 징수곤란 체납액(2022.2.15 본호신설)

제95조【납세증명서의 발급 신청】법 제108조에 따라 납세증명서를 발급받으려는 자는 다음 각 호의 사항을 적은 문서를 개인의 경우에는 주소지(주소가 없는 외국인의 경우에는 거소지를 말한다. 이하 같다) 또는 사업장 소재지를 관할하는 세무서장에게 제출(국세정보통신망을 통한 제출을 포함한다. 이하 이 조에서 같다)하고, 법인의 경우에는 본점(외국법인인 경우에는 국내 주사업장을 말한다) 소재지를 관할하는 세무서장에게 제출해야 한다. 다만, 국세청장이 납세자의 편의를 위하여 발급 세무서를 달리 정하는 경우에는 그 발급 세무서의 장에게 제출해야 한다.
1. 납세자의 주소 또는 거소와 성명
2. 납세증명서의 사용 목적
3. 납세증명서의 수량

제96조【납세증명서의 유효기간】① 납세증명서의 유효기간은 그 증명서를 발급한 날부터 30일간으로 한다. 다만, 발급일 현재 해당 신청인에게 납부고지된 국세가 있는 경우에는 해당 국세의 지정납부기한까지로 할 수 있다.
② 관할 세무서장은 제1항 단서에 따라 유효기간을 지정납부기한까지로 정하는 경우 해당 납세증명서에 그 사유와 유효기간을 분명하게 적어야 한다.

제97조【미납국세 등의 열람 신청】① 법 제109조에 따라 미납국세 등의 열람을 신청하려는 자는 기획재정부령으로 정하는 미납국세 등 열람신청서에 다음 각 호의 서류를 첨부하여 세무서장에게 제출해야 한다.(2023.2.28 본문개정)
1. 임대인의 동의를 증명할 수 있는 서류(법 제109조제2항 전단에 따라 임대인의 동의 없이 신청하는 경우에는 임대차계약 체결 사실을 증명할 수 있는 서류를 말한다)(2023.2.28 본호개정)
2. 임차하려는 자의 신분을 증명할 수 있는 서류
② 법 제109조제2항 전단에서 "대통령령으로 정하는 금액"이란 1천만원을 말한다.(2023.2.28 본항신설)
③ 세무서장은 제1항에 따른 열람신청을 받은 경우 각 세법에 따른 과세표준 및 세액의 신고기한까지 임대인이 신고한 국세 중 납부하지 않은 국세에 대해서는 신고기한부터 30일(종합소득세의 경우에는 60일)이 지났을 때부터 열람 신청에 따라 열람할 수 있게 해야 한다.(2023.2.28 본항개정)

제98조【체납자료의 제공】① 법 제110조제1항 각 호 외의 부분 단서에서 "대통령령으로 정하는 경우"란 다음 각 호의 어느 하나에 해당하는 경우를 말한다.
1. 법 제13조제1항제1호 또는 제2호의 사유에 해당하는 경우
2. 법 제105조제1항에 따라 압류 또는 매각이 유예된 경우
3. 「국세기본법」 제42조에 따라 물적납세의무를 부담하는 양도담보권자가 그 물적납세의무와 관련한 국세 또는 강제징수비를 체납한 경우(2023.2.28 본호신설)
4. 「종합부동산세법」 제7조의2 또는 제12조의2에 따라 물적납세의무를 부담하는 수탁자가 그 물적납세의무와 관련한 종합부동산세 또는 강제징수비를 체납한 경우
5. 「부가가치세법」 제3조의2에 따라 물적납세의무를 부담하는 수탁자가 그 물적납세의무와 관련한 부가가치세 또는 강제징수비를 체납한 경우
② 법 제110조제1항제1호 또는 제2호에서 "대통령령으로 정하는 금액"이란 각각 500만원을 말한다.

제99조【체납자료 파일의 작성 등】① 관할 세무서장(지방국세청장을 포함한다. 이하 이 조부터 제101조까지에서 같다)은 법 제110조제1항 각 호 외의 부분 본문에 따른 체납자료(이하 "체납자료"라 한다)를 전산정보

처리조직에 의하여 처리하는 경우 체납자료 파일(자기테이프, 자기디스크, 그 밖에 이와 유사한 매체에 체납자료가 기록·보관된 것을 말한다. 이하 같다)을 작성할 수 있다.
② 제1항에 따른 체납자료 파일의 정리, 관리, 보관 등에 필요한 사항은 국세청장이 정한다.

제100조【체납자료의 요구 등】① 법 제110조제1항 각 호 외의 부분 본문에 따라 체납자료를 요구하려는 자(이하 이 조에서 "요구자"라 한다)는 다음 각 호의 사항을 적은 문서를 관할 세무서장에게 제출해야 한다.
1. 요구자의 이름 및 주소
2. 요구하는 자료의 내용 및 이용 목적
② 관할 세무서장은 제1항에 따라 체납자료를 요구받은 경우 제99조제1항에 따른 체납자료 파일이나 문서로 제공할 수 있다.
③ 관할 세무서장은 제2항에 따라 제공한 체납자료가 체납액의 납부 등으로 체납자료에 해당되지 않게 된 경우 그 사실을 체납자료에 해당하지 않게 된 사유가 발생한 날부터 15일 이내에 요구자에게 통지해야 한다.
④ 제1항부터 제3항까지에서 규정한 사항 외에 체납자료의 요구 및 제공 등에 필요한 사항은 국세청장이 정한다.

제101조【사업에 관한 허가 등의 제한의 예외】① 법 제112조제1항 단서에서 "대통령령으로 정하는 사유"란 다음 각 호의 어느 하나에 해당하는 경우로서 관할 세무서장이 인정하는 사유를 말한다.
1. 공시송달의 방법으로 납부고지된 경우
2. 납세자에게 법 제9조제1항제2호 또는 제3호의 사유가 있는 경우
3. 법 제13조제1항제1호부터 제3호까지의 사유에 해당하는 경우
4. 납세자의 재산이 법 제57조제1항제4호 본문에 해당하는 경우
5. 제1호부터 제4호까지의 규정에 준하는 사유가 있는 경우
6. 「국세기본법」 제42조에 따라 물적납세의무를 부담하는 양도담보권자가 그 물적납세의무와 관련한 국세 또는 강제징수비를 체납한 경우(2023.2.28 본호신설)
7. 「종합부동산세법」 제7조의2 또는 제12조의2에 따라 물적납세의무를 부담하는 수탁자가 그 물적납세의무와 관련한 종합부동산세 또는 강제징수비를 체납한 경우
8. 「부가가치세법」 제3조의2에 따라 물적납세의무를 부담하는 수탁자가 그 물적납세의무와 관련한 부가가치세 또는 강제징수비를 체납한 경우
② 법 제112조제2항 단서에서 "대통령령으로 정하는 사유"란 다음 각 호의 어느 하나에 해당하는 경우를 말한다.
1. 제1항 각 호의 어느 하나에 해당하는 경우로서 관할 세무서장이 인정하는 경우
2. 그 밖에 관할 세무서장이 납세자에게 납부가 곤란한 사정이 있다고 인정하는 경우

제102조【체납 횟수의 계산】법 제112조제2항 본문에 따른 3회의 체납 횟수는 납부고지서 1통을 1회로 보아 계산한다.

제103조【출국금지 요청】① 법 제113조제1항에서 "대통령령으로 정하는 금액"이란 5천만원을 말한다.
② 법 제113조제1항에서 "대통령령으로 정하는 자"란 다음 각 호의 어느 하나에 해당하는 사람으로서 관할 세무서장이 압류·공매, 담보 제공, 보증인의 납세보증서 등으로 조세채권을 확보할 수 없고, 강제징수를 회피할 우려가 있다고 인정하는 사람을 말한다.
1. 배우자 또는 직계존비속이 국외로 이주(국외에 3년 이상 장기체류 중인 경우를 포함한다)한 사람

2. 출국금지 요청일 현재 최근 2년간 미화 5만달러 상당액 이상을 국외로 송금한 사람
3. 미화 5만달러 상당액 이상의 국외자산이 발견된 사람
4. 법 제114조제1항에 따라 명단이 공개된 고액·상습체납자
5. 출국금지 요청일을 기준으로 최근 1년간 체납된 국세가 5천만원 이상인 상태에서 사업 목적, 질병 치료, 직계존비속의 사망 등 정당한 사유 없이 국외 출입 횟수가 3회 이상이거나 국외 체류 일수가 6개월 이상인 사람
6. 법 제25조에 따라 사해행위(詐害行爲) 취소소송 중이거나 「국세기본법」 제35조제6항에 따라 제3자와 짜고 한 거짓계약에 대한 취소소송 중인 사람
③ 국세청장은 법 제113조제1항에 따라 법무부장관에게 체납자에 대한 출국금지를 요청하는 경우 해당 체납자가 제2항 각 호의 어느 하나에 해당하는지와 조세채권을 확보할 수 없고 강제징수를 회피할 우려가 있다고 인정하는 사유를 구체적으로 밝혀야 한다.

제104조【출국금지 해제 요청】① 국세청장은 출국금지 중인 사람에게 다음 각 호의 어느 하나에 해당하는 사유가 발생한 경우 지체 없이 법무부장관에게 출국금지의 해제를 요청해야 한다.
1. 체납액의 납부 또는 부과결정의 취소 등에 따라 체납된 국세가 5천만원 미만으로 된 경우
2. 제103조제2항에 따른 출국금지 요청의 요건이 해소된 경우
② 국세청장은 출국금지 중인 사람에게 다음 각 호의 어느 하나에 해당하는 사유가 발생한 경우로서 강제징수를 회피할 목적으로 국외로 도피할 우려가 없다고 인정하는 경우에는 법무부장관에게 출국금지의 해제를 요청할 수 있다.
1. 국외건설계약 체결, 수출신용장 개설, 외국인과의 합작사업 계약 체결 등 구체적인 사업계획을 가지고 출국하려는 경우
2. 국외에 거주하는 직계존비속이 사망하여 출국하려는 경우
3. 제1호 및 제2호의 사유 외에 본인의 신병(身病) 치료 등 불가피한 사유로 출국금지를 해제할 필요가 있다고 인정되는 경우

제105조【고액·상습체납자의 명단 공개】① 법 제114조제1항 본문에서 "체납 발생일부터 1년이 지난 국세"란 명단을 공개할 날이 속하는 연도의 직전 연도 12월 31일을 기준으로 역산하여 1년이 지난 국세를 말한다.
② 법 제114조제1항 단서에서 "대통령령으로 정하는 경우"란 다음 각 호의 어느 하나에 해당하는 경우를 말한다.
1. 다음 계산식에 따라 계산한 최근 2년 간의 체납액 납부비율이 100분의 50 이상인 경우

최근 2년 간의 체납액 납부비율 = $\dfrac{B}{A+B}$
A : 명단 공개 예정일이 속하는 연도의 직전 연도 12월 31일 당시 명단 공개 대상 예정자의 체납액
B : 명단 공개 예정일이 속하는 연도의 직전 2개 연도 동안 명단 공개 대상 예정자가 납부한 금액

2. 「채무자 회생 및 파산에 관한 법률」 제243조에 따른 회생계획인가의 결정에 따라 체납된 국세의 징수를 유예받고 그 유예기간 중에 있거나 체납된 국세를 회생계획의 납부일정에 따라 납부하고 있는 경우
3. 재산 상황, 미성년자 해당 여부 및 그 밖의 사정 등을 고려할 때 법 제114조제2항에 따라 준용하는 「국세기본법」 제85조의5제2항에 따른 국세정보위원회(이하 이 조에서 "위원회"라 한다)가 공개할 실익이 없거나 공개하는 것이 부적절하다고 인정하는 경우

4. 「국세기본법」 제42조에 따라 물적납세의무를 부담하는 양도담보권자가 그 물적납세의무와 관련한 국세 또는 강제징수비를 체납한 경우(2023.2.28 본호신설)
5. 「종합부동산세법」 제7조의2 또는 제12조의2에 따라 물적납세의무를 부담하는 수탁자가 물적납세의무와 관련된 종합부동산세 또는 강제징수비를 체납한 경우
6. 「부가가치세법」 제3조의2에 따라 물적납세의무를 부담하는 수탁자가 물적납세의무와 관련한 부가가치세 또는 강제징수비를 체납한 경우
③ 국세청장은 법 제114조제2항에 따라 준용하는 「국세기본법」 제85조의5제4항에 따라 체납자에게 명단 공개 대상자임을 통지하는 경우 체납된 국세를 납부하도록 촉구하고, 공개 제외 사유에 해당하는 경우에는 그 사유에 관한 소명자료를 제출하도록 안내해야 한다.
④ 체납자의 명단을 공개하는 경우 공개할 사항은 다음 각 호와 같다.
1. 체납자의 성명·상호(법인의 명칭을 포함한다)
2. 체납자의 나이 및 직업(체납자가 법인이 아닌 경우로 한정한다)
3. 법인의 대표자(체납자가 법인인 경우로 한정한다)
4. 체납자(체납자가 법인인 경우에는 그 대표자를 포함한다)의 주소
5. 체납액의 세목·납부해야 할 기한 및 체납 요지 등 체납된 국세와 관련된 사항
⑤ 체납자의 명단 공개와 관련하여 위원회의 구성·운영 등에 필요한 사항에 관하여는 「국세기본법 시행령」 제66조제2항부터 제8항까지의 규정을 준용한다.

제106조【고액·상습체납자의 감치 신청에 대한 의견진술 등】① 국세청장은 법 제115조제3항에 따라 체납자가 소명자료를 제출하거나 의견을 진술할 수 있도록 다음 각 호의 사항이 모두 포함된 서면(체납자가 동의하는 경우 전자문서를 포함한다)을 체납자에게 통지해야 한다. 이 경우 제4호에 따른 기간에 소명자료를 제출하지 않거나 의견진술 신청이 없는 경우에는 의견이 없는 것으로 본다.
1. 체납자의 성명과 주소
2. 감치(監置) 요건, 감치 신청의 원인이 되는 사실, 감치 기간 및 적용 법령
3. 법 제115조제6항에 따라 국세를 납부하는 경우에는 감치 집행이 종료될 수 있다는 사실
4. 체납자가 소명자료를 제출하거나 의견을 진술할 수 있다는 사실과 소명자료 제출 및 의견진술 신청 기간. 이 경우 그 기간은 통지를 받은 날부터 30일 이상으로 해야 한다.
5. 그 밖에 소명자료 제출 및 의견진술 신청에 필요한 사항
② 법 제115조제3항에 따라 의견을 진술하려는 사람은 제1항제4호에 따른 기간에 진술하려는 내용을 간략하게 적은 문서를 국세청장에게 제출해야 한다.
③ 국세청장은 제2항에 따라 의견진술 신청을 받은 경우 「국세기본법」 제85조의5제2항에 따른 국세정보위원회의 회의 개최일 3일 전까지 신청인에게 회의 일시 및 장소를 통지해야 한다.

제107조【고유식별정보의 처리】 한국자산관리공사는 다음 각 호의 업무 수행을 위하여 불가피한 경우 「개인정보 보호법 시행령」 제19조제1호 또는 제4호에 따른 주민등록번호 또는 외국인등록번호가 포함된 자료를 처리할 수 있다.
1. 법 제11조제1항제2호에 따라 위탁받은 체납자의 재산 조사 업무
2. 법 제103조제1항제1호에 따라 대행하는 공매 업무 (2023.2.28 본조개정)

제1조【시행일】이 영은 공포한 날부터 시행한다.
제2조【종합부동산세의 물적납세의무에 따른 적용례】
제94조제4호, 제98조제1항제4호, 제101조제1항제7호 및
제105조제2항제5호의 개정규정은 이 영 시행 이후 종
합부동산세를 부과하는 경우부터 적용한다.
제3조【고액·상습체납자 명단공개 제외 사유 변경에
따른 적용례】제105조제2항제1호의 개정규정은 이 영
시행 이후 명단을 공개하는 경우부터 적용한다.
제4조【국세체납정리위원회 위원에 관한 경과조치】
① 이 영 시행 당시 종전의「국세징수법 시행령」제85
조제3항에 따라 임명되거나 위촉된 국세체납정리위원
회 위원은 제79조제4항의 개정규정에 따라 임명되거나
위촉된 것으로 본다. 이 경우 위촉된 것으로 보는 위원
의 임기는 종전 임기의 남은 기간으로 한다.
② 제79조제5항의 개정규정에 따른 연임 제한은 제1항
전단에 따라 위촉된 것으로 보는 위원에 대해서도 적
용하되, 이 영 시행 당시 진행 중인 임기를 첫 번째 임
기로 보아 연임 횟수를 계산한다.
제5조【가산금 폐지에 따른 납세증명서에 관한 경과조
치】2020년 1월 1일 전에 납세의무가 성립된 분에 대해
서는 제94조제3호의 개정규정에도 불구하고 종전의「국
세징수법 시행령」(대통령령 제29538호로 개정되기 전
의 것을 말한다) 제2조제4호에 따른다.
제6조【종전 부칙의 적용범위에 관한 경과조치】이 영
시행 전의「국세징수법 시행령」의 개정에 따른 부칙의
규정은 기간의 경과 등으로 이미 그 효력이 상실된 규정
을 제외하고는 이 영 시행 이후에도 계속하여 적용한다.
제7조【다른 법령의 개정】①~⑯ ※(해당 법령에 가
제정리 하였음)
제8조【다른 법령과의 관계】이 영 시행 당시 다른 법
령에서 종전의「국세징수법 시행령」및「국세기본법
시행령」의 규정을 인용한 경우로서 이 영 가운데 그에
해당하는 규정이 있는 경우 종전의 규정을 갈음하여
이 영의 해당 규정을 인용한 것으로 본다.

제1조【시행일】이 영은 공포한 날부터 시행한다.
제2조【전문매각기관 선정 취소에 관한 적용례】제75
조제7항의 개정규정은 이 영 시행 전에 같은 항 각 호
의 어느 하나에 해당하는 사유가 발생한 경우에도 적
용한다.

제1조【시행일】이 영은 2022년 2월 18일부터 시행한
다.(이하 생략)

제1조【시행일】이 영은 공포한 날부터 시행한다. 다
만, 제97조의 개정규정은 2023년 4월 1일부터 시행한다.
제2조【납부기한등의 연장 및 납부고지의 유예 기간
에 관한 적용례】제12조제2항의 개정규정은 이 영 시
행 이후 납부기한등의 연장 또는 납부고지의 유예를
승인하는 경우부터 적용한다.
제3조【납세증명서 발급 등에 관한 적용례】제94조제
3호, 제98조제1항제3호, 제101조제1항제6호 및 제105조
제2항제4호의 개정규정은 이 영 시행 이후 납세증명서
의 발급, 체납자료의 제공, 허가·인가·면허·등록 등
의 제한 요구 및 고액·상습체납자의 명단 공개를 하
는 경우부터 적용한다.

국세징수법 시행규칙

(2021년   3월   16일
전부개정기획재정부령 제835호)

개정
2022. 3.18기획재정부령902호   2023. 3.20기획재정부령970호

제1장 총 칙

제1조【목적】이 규칙은「국세징수법」및 같은 법 시
행령에서 위임된 사항과 그 시행에 필요한 사항을 규
정함을 목적으로 한다.

제2장 신고납부, 납부고지 등

제1절 신고납부 및 납부고지

제2조【납부서】「국세징수법」(이하 "법"이라 한다) 제
5조에 따른 납부서는 별지 제1호서식에 따른다.
제3조【납부고지서】법 제6조제1항에 따른 납부고지
서는 별지 제2호서식에 따른다. 다만, 종합부동산세 납
부고지서는 별지 제3호서식에 따른다.
제4조【영수증서】수입공무원은 국세를 수납한 경우
별지 제4호서식의 영수증서를 납세자에게 발급해야 한
다. 다만, 별지 제4호서식의 영수증서의 발급이 불가능
한 경우에는 별지 제5호서식의 영수증서를 발급해야
한다.
제5조【강제징수비고지서】법 제6조제2항에 따른 강
제징수비고지서는 별지 제2호서식의 납부고지서를 준
용한다.
제6조【제2차 납세의무자 등에 대한 납부고지서】법
제7조제1항에 따른 제2차 납세의무자등에 대한 납부고
지서는 별지 제6호서식에 따른다.

제2절 독 촉

제7조【독촉장】법 제10조제1항에 따른 독촉장은 별
지 제7호서식에 따른다. 다만, 제2차 납세의무자 및 보
증인에 대한 독촉장은 별지 제8호서식에 따른다.
제8조【체납액 징수 관련 사실행위의 위탁의뢰서 등】
①「국세징수법 시행령」(이하 "영"이라 한다) 제5조제1
항 각 호 외의 부분에 따른 위탁의뢰서는 별지 제9호서
식에 따른다.
② 영 제5조제2항에 따른 위탁 사실의 통지는 별지 제
10호서식의 체납액 징수 관련 사실행위 위탁 통지서에
따른다.
제9조【체납액 납부 촉구】법 제11조제1항제3호에 따
른 체납액의 납부를 촉구하는 안내문은 별지 제11호서
식에 따른다.
제10조【위탁 수수료】영 제6조에 따른 위탁 수수료
는 별표 1에 따른 금액으로 한다.
제11조【체납자의 소득·재산 발견 통보】영 제6조제2
호에 따른 체납자의 소득 또는 재산의 통보는 별지 제
12호서식의 체납자의 소득·재산 통보서에 따른다.
제12조【위탁 해지의 통지】영 제7조에 따른 위탁 해
지의 통지는 별지 제13호서식의 체납액 징수 관련 사
실행위 위탁 해지 통지서에 따른다.

제3절 납부의 방법

제13조【자동이체로 납부 가능한 국세】영 제9조제3
항 본문에서 "기획재정부령으로 정하는 국세"란「부가
가치세법」제48조제3항 본문에 따른 부가가치세 결정
세액을 말한다.

제14조【신용카드 등에 의한 국세납부】 ① 영 제9조 제4항에서 "기획재정부령으로 정하는 바에 따라 국세 납부대행기관으로 지정받은 자"란 다음 각 호의 어느 하나에 해당하는 자를 말한다.
1. 「민법」 제32조 및 「기획재정부 및 그 소속청 소관 비 영리법인의 설립 및 감독에 관한 규칙」에 따라 설립 된 금융결제원
2. 시설, 업무수행능력, 자본금 규모 등을 고려하여 국 세청장이 국세납부대행기관으로 지정하는 자
② 영 제9조제5항에 따른 납부 대행 수수료는 국세청 장이 국세납부대행기관의 운영경비 등을 종합적으로 고려하여 승인해야 한다.

제4절 납부기한 등의 연장 등

제15조【납부기한등 연장 등의 신청】 법 제13조제2항 에 따른 납부기한등(이하 "납부기한등"이라 한다)의 연 장 신청은 별지 제14호서식의 납부기한등 연장 신청서 에 따르고, 법 제14조제2항에 따른 납부고지의 유예 신 청은 별지 제15호서식의 납부고지 유예 신청서에 따른 다.
제16조【납부기한등 연장 등의 통지 등】 법 제13조제 3항에 따른 납부기한등의 연장 통지 및 같은 조 제4항 에 따른 납부기한등의 연장 승인 여부에 대한 통지는 별지 제16호서식의 납부기한등 연장(승인, 기각) 통지 서에 따르고, 법 제14조제3항에 따른 납부고지의 유예 통지 및 같은 조 제4항에 따른 납부고지 유예의 승인 여부에 대한 통지는 별지 제17호서식의 납부고지 유예 (승인, 기각) 통지서에 따른다.
제17조【납부기한등 연장 등의 취소 통지】 법 제16조 제2항에 따른 납부기한등 연장의 취소 통지는 별지 제 18호서식의 납부기한등 연장 취소 통지서에 따르고, 납 부고지 유예의 취소 통지는 별지 제19호서식의 납부고 지 유예 취소 통지서에 따른다.

제5절 납세담보

제18조【담보의 제공】 ① 법 제18조제1항 각 호 외의 부분에 따른 납세담보를 제공하는 자는 별지 제20호서 식의 납세담보제공서를 제출해야 한다.(2022.3.18 본항 개정)
② 법 제20조제2항에 따른 납세보증서는 별지 제21호 서식에 따른다.
③ 영 제20조에 따른 저당권 설정을 위한 등기 또는 등 록의 촉탁은 별지 제22호서식의 납세담보에 따른 저당 권설정등기(등록)촉탁서에 따른다.(2022.3.18 본항개정)
제19조【납세담보의 변경과 보충】 ① 영 제21조제2항 에 따른 납세담보의 변경 승인 신청은 별지 제23호서 식의 납세담보 변경 승인 신청서에 따른다.
② 영 제21조제2항에 따른 납세담보물의 추가 제공이 나 보증인의 변경요구는 별지 제24호서식의 납세담보 변경 요구서에 따른다.
제20조【납세담보에 의한 납부】 ① 영 제22조제1항에 따른 납세담보에 의한 납부의 신청은 별지 제25호서식 의 납세담보에 의한 납부신청서에 따른다.
② 관할 세무서장은 영 제22조제1항 및 제2항에 따라 납세담보로 국세 및 강제징수비를 징수한 경우 그 사 실을 별지 제26호서식의 납세담보에 의한 징수 통지서 에 따라 지체 없이 해당 납세자에게 통지해야 한다.
제21조【납세담보 해제】 영 제23조제2항에 따른 저당 권 말소를 위한 등기 또는 등록의 촉탁은 별지 제27호 서식의 납세담보 해제에 따른 저당권말소등기(등록) 촉탁서에 따른다.

제3장 강제징수

제1절 통 칙

제22조【가압류·가처분 재산에 대한 압류 통지】 영 제25조에 따른 가압류 또는 가처분을 받은 재산에 대 한 압류 및 압류 해제 통지는 부동산인 경우에는 별지 제28호서식(갑), 동산인 경우에는 별지 제28호서식(을) 의 가압류(가처분) 중인 재산 압류(압류 해제) 통지서 에 따른다.
제23조【고액·상습체납자의 수입물품에 대한 강제 징수 위탁 사실의 통지】 영 제27조제2항에 따른 고 액·상습체납자의 수입물품에 대한 강제징수 위탁 통 지는 별지 제29호서식에 따른다.
제24조【강제징수의 인계·인수 등】 영 제28조제1항 및 제2항에 따른 강제징수의 인계·인수 및 인수 거절 은 별지 제30호서식에 따른다.

제2절 압 류

제1관 통 칙

제25조【압류 통지】 법 제31조제3항에 따른 압류 통 지는 별지 제31호서식의 압류 통지서에 따른다.
제26조【압류조서】 법 제34조에 따른 압류조서는 별 지 제32호서식에 따른다.
제27조【야간수색 대상 영업】 영 제30조제4항에서 "기획재정부령으로 정하는 영업"이란 노래연습장, 그 밖에 주로 야간에 공중이 출입하는 영업을 말한다.
제28조【수색조서】 법 제35조제5항에 따른 수색조서 는 별지 제33호서식에 따른다.
제29조【신분증 등】 법 제38조에 따른 신분을 나타내 는 증표는 세무공무원의 공무원증으로 하고, 압류·수 색 등에 관해서는 별지 제34호서식에 따른다.
제30조【저당권자등에 대한 압류 통지】 법 제40조제1 항에 따른 저당권자등에 대한 재산의 압류의 통지는 별지 제35호서식의 재산 압류 통지서에 따른다.

제2관 부동산 등의 압류

제31조【부동산 등의 압류등기 등 촉탁】 ① 영 제34 조제1항에 따른 부동산·공장재단 또는 광업재단의 압 류등기 또는 그 변경등기의 촉탁은 별지 제36호서식의 국세 강제징수에 따른 압류(변경)등기 촉탁서에 따른다.
② 영 제34조제2항에 따른 선박의 압류등기 또는 그 변 경등기 및 영 제35조에 따른 선박의 압류등록 또는 그 변경등록의 촉탁은 별지 제37호서식의 국세 강제징수 에 따른 선박 압류(변경)등기(등록) 촉탁서에 따른다.
제32조【항공기 등의 압류등록 등 촉탁】 영 제35조에 따른 자동차·항공기 또는 건설기계의 압류등록 또는 그 변경등록의 촉탁은 별지 제38호서식의 국세 강제징 수에 따른 자동차·항공기 또는 건설기계 압류(변경) 등록 촉탁서에 따른다.
제33조【부동산 등의 분할등기 등 촉탁】 영 제36조에 따른 부동산·공장재단 또는 광업재단의 분할·구분· 합병 또는 변경 등기의 촉탁은 별지 제39호서식의 부 동산·공장재단·광업재단 분할(구분·합병·변경) 대 위등기 촉탁서에 따른다. 다만, 변경등기 중 상속으로 인한 소유권 이전등기의 촉탁은 별지 제40호서식의 상 속으로 인한 소유권 이전 대위등기 촉탁서에 따른다.
제34조【미등기부동산의 보존등기 촉탁】 영 제37조 제1항에 따른 미등기 부동산의 보존등기의 촉탁은 별 지 제41호서식의 미등기부동산 보존 대위등기 촉탁서 에 따른다.

제35조【압류 자동차 등의 인도명령】법 제45조제5항에 따른 자동차·선박·항공기 또는 건설기계의 인도명령은 별지 제42호서식의 압류 자동차·선박·항공기·건설기계 인도명령서에 따른다.

제36조【부동산 등의 압류 통지】법 제45조제6항에 따른 부동산 등의 압류 통지는 별지 제35호서식의 재산 압류 통지서에 따른다.

제37조【압류 부동산 등의 사용·수익 허가 신청】영 제38조에 따라 압류 부동산 등의 사용·수익 허가를 신청하려는 경우 별지 제45호서식의 압류재산 사용·수익 허가신청서에 따른다.

제3관 동산과 유가증권의 압류

제38조【제3자가 점유하는 동산·유가증권의 인도 요구】법 제48조제2항에 따른 제3자가 점유하는 동산 또는 유가증권의 인도 요구는 별지 제43호서식의 점유물 인도 요구서에 따른다.

제39조【압류 동산의 표시】영 제39조에 따른 압류 동산의 표시는 별지 제44호서식에 따른다.

제40조【압류 동산의 사용·수익 허가 신청】영 제40조에 따라 압류 동산의 사용·수익 허가를 신청하려는 경우 별지 제45호서식의 압류재산 사용·수익 허가신청서에 따른다.

제4관 채권의 압류

제41조【채권 압류의 통지】① 법 제51조제1항에 따른 제3채무자에 대한 채권 압류의 통지는 별지 제46호서식(갑)의 채권 압류 통지서에 따른다.
② 법 제51조제2항에 따른 체납자에 대한 채권 압류의 통지는 별지 제46호서식(을)의 채권 압류 통지서에 따른다.

제5관 그 밖의 재산권의 압류

제42조【그 밖의 재산권의 압류 등기 등 촉탁】영 제43조에 따른 그 밖의 재산권의 압류 등기 또는 등록과 그 변경 등기 또는 등록의 촉탁은 별지 제47호서식의 국세 강제징수에 따른 그 밖의 재산권 압류(변경, 압류말소)등기(등록) 촉탁서에 따른다.

제43조【그 밖의 재산권의 압류 통지】법 제55조제2항에 따른 그 밖의 재산권의 압류 통지는 별지 제35호서식의 재산 압류 통지서에 따른다.

제44조【국가 또는 지방자치단체의 재산에 관한 권리의 압류등록 촉탁】영 제44조제1항에 따른 국가 또는 지방자치단체의 재산에 관한 체납자 권리의 압류등록 촉탁은 별지 제48호서식의 국세 강제징수에 따른 국가 또는 지방자치단체 재산에 관한 권리 압류(압류말소)등록 촉탁서에 따른다.

제6관 압류의 해제

제45조【압류 해제 조서】영 제46조에 따른 압류 해제 조서는 별지 제49호서식에 따른다.

제46조【압류 해제의 통지】법 제58조제1항에 따른 압류 해제의 통지는 별지 제50호서식의 압류 해제 통지서에 따른다.

제47조【압류 말소의 등기 또는 등록 촉탁】법 제58조제2항에 따른 압류 말소의 등기 또는 등록의 촉탁은 별지 제51호서식의 국세 강제징수에 따른 압류 말소 등기(등록) 촉탁서에 따른다. 다만, 그 밖의 재산권 및 국가 또는 지방자치단체의 재산에 관한 체납자의 권리에 대한 압류 말소의 등기 또는 등록의 촉탁은 각각 별지 제47호서식 및 별지 제48호서식에 따른다.

제7관 교부청구 및 참가압류

제48조【교부청구】법 제59조에 따른 체납액의 교부청구는 별지 제52호서식의 교부청구서에 따른다.

제49조【교부청구의 해제 통지】법 제60조제2항에 따른 체납액 교부청구의 해제 통지는 별지 제53호서식의 교부청구 해제 통지서에 따른다.

제50조【참가압류 통지】① 법 제61조제1항에 따른 선행압류기관(이하 "선행압류기관"이라 한다)에 대한 참가압류 통지서는 별지 제54호서식(갑)에 따른다.
② 법 제61조제2항에 따른 체납자, 제3채무자 및 저당권자등에 대한 참가압류의 통지는 별지 제54호서식(을)의 참가압류 통지서에 따른다.

제51조【선행압류기관의 압류 해제 통지 등】① 법 제62조제3항에 따른 선행압류기관의 압류 해제의 통지는 별지 제55호서식의 선행압류기관 압류 해제 통지서에 따른다.
② 영 제49조에 따른 동산 또는 유가증권 등의 참가압류재산 인도통지서는 별지 제56호서식에 따른다.

제52조【참가압류기관의 매각 촉구 및 통지】① 법 제62조제5항에 따른 참가압류재산 매각 촉구는 별지 제57호서식의 참가압류재산 매각 촉구서에 따른다.
② 법 제62조제7항에 따른 참가압류재산 매각 통지는 별지 제58호서식의 참가압류재산 매각 통지서에 따른다.

제53조【참가압류재산의 인수 통지】영 제50조제4항에 따른 동산 또는 유가증권 등의 참가압류재산 인수 통지는 별지 제59호서식의 참가압류재산 인수 통지서에 따른다.

제3절 압류재산의 매각

제1관 통 칙

제53조의2【직접 매각의 사전통지】법 제66조제3항에 따른 압류재산 직접 매각의 사전통지는 별지 제59호의2서식에 따른다.〈2023.3.20 본조신설〉

제54조【수의계약】① 영 제54조제2항에 따른 수의계약의 통지는 별지 제60호서식의 수의계약 통지서에 따른다.
② 관할 세무서장이 법 제75조에 따라 공매통지를 할 때에 제1회 공매 후 1년간 5회 이상 공매해도 매각되지 않으면 법 제67조에 따른 수의계약으로 매각할 수 있다는 뜻을 함께 통지하는 경우에는 영 제54조제2항에 따른 통지를 한 것으로 본다.

제2관 공매의 준비

제55조【공매예정가격조서】법 제68조제1항에 따른 공매예정가격의 결정은 별지 제61호서식의 공매예정가격조서에 따른다.

제56조【감정서 및 감정수수료】① 영 제55조제1항에 따라 공매대상 재산의 평가를 의뢰받은 감정인이 작성하는 감정서는 별지 제62호서식에 따른다.
② 영 제55조제2항에 따른 수수료는 별표2에 따른 금액으로 한다. 다만, 무형자산 등 자산의 특수성으로 인하여 별표2의 수수료를 적용하기 곤란한 경우에는 관할 세무서장이 감정인과 협의하여 수수료를 별도로 정할 수 있다.

제57조【공매재산 현황조사】법 제69조제1항에 따른 공매재산에 대한 현황조사는 별지 제63호서식의 공매재산 현황조사서에 따른다.

제58조【질권설정서】영 제56조제1항제1호에 따른 질권설정서는 별지 제64호서식에 따른다.

제59조【공매공고에 대한 등기 또는 등록의 촉탁】① 법 제74조에 따른 공매공고의 등기 또는 등록의 촉탁은 별지 제65호서식의 공매공고에 대한 등기(등록) 촉탁서에 따른다.
② 제1항에 따라 공매공고 등기 또는 등록 촉탁을 하는 경우 해당 압류재산에 대한 압류등기 또는 등록의 부기등기(附記登記) 또는 등록으로 해야 한다. 다만, 공매의 원인이 납세담보에 해당하는 경우에는 법 제20조제3항 전단에 따른 저당권의 부기등기 또는 등록으로 해야 한다.(2022.3.18 단서개정)
제60조【공매통지】법 제75조에 따른 공매통지는 별지 제66호서식의 공매통지서에 따른다.
제61조【채권신고 및 배분요구】① 법 제76조제1항 및 제2항에 따른 배분요구와 같은 조 제5항에 따른 채권신고는 별지 제67호서식의 채권신고 및 배분요구서에 따른다.
② 법 제76조제5항 및 제7항에 따른 채권신고 촉구 및 배분요구 안내는 별지 제68호서식의 채권신고 촉구 및 배분요구 안내서에 따른다.
제62조【공매재산명세서】법 제77조제1항에 따른 공매재산명세서는 별지 제69호서식에 따른다.
제63조【공매참가 제한의 통지】영 제68조 또는 제69조에 따라 관할 세무서장 또는 「한국자산관리공사 설립 등에 관한 법률」 제6조에 따른 한국자산관리공사(이하 "한국자산관리공사"라 한다)가 법 제81조에 따른 공매참가 제한을 통지하는 경우에는 별지 제70호서식의 공매참가제한 통지서에 따른다.

제3관 공매의 실시

제64조【입찰서】법 제82조제1항에 따른 입찰서는 별지 제71호서식에 따른다.
제65조【입찰조서】법 제82조제2항에 따른 입찰조서는 별지 제72호서식에 따른다.
제66조【매각결정 통지서 등】① 법 제84조제3항 본문에 따른 매각결정 통지서는 별지 제73호서식에 따른다.
② 영 제60조에 따라 매각하지 않기로 결정한 사유의 통지는 별지 제74호서식의 매각불허 통지서에 따른다.
제67조【매수대금의 납부 촉구】영 제61조에 따른 매수대금의 납부 촉구는 별지 제75호서식의 매수대금 납부 촉구서에 따른다.
제68조【매각결정의 취소 통지】법 제86조에 따른 매각결정의 취소 통지는 별지 제76호서식의 매각결정 취소 통지서에 따른다.
제69조【공매공고의 등기 또는 등록 말소 촉탁】법 제89조에 따른 공매공고의 등기 또는 등록 말소 촉탁은 별지 제77호서식의 공매공고의 등기(등록) 말소등기(등록) 촉탁서에 따른다.

제4관 매수대금의 납부와 권리의 이전

제70조【권리이전의 등기 촉탁 등】영 제63조에 따른 권리이전의 등기 또는 등록 촉탁은 별지 제78호서식의 공매에 따른 소유권 이전등기(등록) 촉탁서에 따르고, 등기(등록)청구서는 별지 제79호서식에 따른다.
제71조【국가 또는 지방자치단체의 재산에 관한 권리의 매각 통지】영 제64조제1항에 따른 국가 또는 지방자치단체의 재산에 관한 권리의 매각 통지는 별지 제80호서식의 국세 강제징수에 따른 국가 또는 지방자치단체의 재산에 관한 권리의 매각 통지서에 따른다.

제4절 청산

제72조【배분기일 통지서】법 제95조제2항 본문에 따른 배분기일의 통지는 별지 제81호서식의 배분기일 통지서에 따른다.

제73조【배분계산서】① 법 제98조제1항에 따른 배분계산서는 별지 제82호서식에 따른다.
② 법 제98조제2항에 따른 배분금액 산정의 근거가 되는 서류의 열람 또는 복사 신청은 별지 제83호서식의 배분 관련 서류의 열람ㆍ복사 신청서에 따른다.
③ 법 제99조에 따른 배분계산서 원안에 대한 이의제기는 별지 제84호서식의 배분에 대한 이의제기서에 따른다.
제74조【배분금전의 예탁 통지】법 제101조제2항에 따른 배분금전의 예탁 통지는 별지 제85호서식의 배분금전 예탁 통지서에 따른다.

제5절 공매 등의 대행 등

제75조【공매대행 의뢰서】영 제66조제1항에 따른 공매대행 의뢰서는 별지 제86호서식에 따른다.
제76조【공매대행의 통지】영 제66조제2항에 따른 공매대행의 통지는 별지 제87호서식에 따른다.
제77조【압류재산의 인도ㆍ인수서】영 제67조제2항에 따른 압류재산의 인도ㆍ인수서는 별지 제88호서식에 따른다.
제78조【공매대행 수수료 등】① 영 제72조에 따른 공매대행 수수료는 다음 각 호의 구분에 따른 금액(이하 이 조에서 "기준금액"이라 한다)을 기준으로 산정하되, 기준금액이 12억원을 초과하는 경우에는 12억원으로 한다.
1. 한국자산관리공사가 공매대행의 의뢰를 받은 후에 체납자 또는 제3자가 해당 체납액을 완납하여 법 제57조제1항제1호 및 제88조제1항제1호에 해당하여 압류 해제 및 공매 취소되거나 법 제86조제1호에 따라 체납자가 매수인의 동의를 받아 체납액을 납부하여 매각결정이 취소된 경우의 수수료(이하 "완납수수료"라 한다) : 해당 납부세액
2. 한국자산관리공사가 공매대행의 의뢰를 받은 후에 관할 세무서장의 직권 또는 한국자산관리공사의 요구에 따라 공매대행의 의뢰가 해제된 경우(제1호에 따라 압류 해제 및 공매 취소되거나 매각결정이 취소된 경우 또는 법 제57조제1항제3호 및 제88조제1항제1호에 해당하여 압류 해제 및 공매 취소된 경우는 제외한다)의 수수료(이하 "해제수수료"라 한다) : 해당 해제금액(체납액 또는 공매예정가격 중 적은 금액으로 한다)
3. 한국자산관리공사가 압류재산을 매각한 경우의 수수료(이하 "매각수수료"라 한다) : 해당 건별 매각금액
4. 법 제86조제2호에 따른 매수인이 매수대금을 지정된 기한까지 납부하지 않은 경우에 해당하여 매각결정이 취소된 경우의 수수료(이하 "매각결정취소수수료"라 한다) : 해당 매수대금
② 영 제72조에 따른 공매대행 수수료는 제1항 각 호의 구분에 따른 기준금액에 별표3에 따른 공매진행 단계에 따른 수수료율을 곱하여 계산한 금액과 공매진행 단계 등에 따른 최저수수료 중 큰 금액으로 한다. 이 경우 완납수수료 및 해제수수료를 산정할 때 동일한 체납자의 재산에 대하여 2건 이상의 공매 절차가 진행 중인 경우에는 각 재산의 공매진행 단계 등에 따른 수수료율 중 가장 높은 수수료율을 적용하며, 매각결정취소수수료는 법 제71조제2항에 따른 건별 공매보증금액을 한도로 한다.
③ 제2항에도 불구하고 한국자산관리공사가 공매대행의 의뢰를 받은 날부터 10일 이내에 제1항제1호에 따라 압류 해제 및 공매 취소되거나 매각결정이 취소된 경우 또는 제1항제2호에 따라 공매대행의 의뢰가 해제된 경우 해당 수수료를 면제한다.
④ 기획재정부장관은 제2항에 따른 공매대행 수수료를

한국자산관리공사의 공매대행 실적, 공매비용 및 물가 상승률 등을 고려하여 매년 조정해야 한다.

제79조【수의계약 대행】 ① 한국자산관리공사가 수 의계약을 대행하는 경우의 수수료에 관하여는 영 제74 조에 따라 제78조를 준용한다.

② 수의계약 대행 의뢰서 및 수의계약 대행 통지서는 영 제74조에 따라 각각 별지 제86호서식 및 별지 제87 호서식에 따른다.

제80조【서식의 준용】 법 제103조제1항에 따라 한국 자산관리공사가 공매등을 대행하는 경우의 서식에 관 하여는 별지 제60호서식부터 별지 제85호서식까지를 준용한다.

제81조【매각 관련 사실행위 대행 신청서 등】 ① 영 제75조제4항에 따른 예술품등에 대한 매각 관련 사실 행위의 대행 신청서는 별지 제89호서식에 따른다.

② 영 제75조제5항에 따른 예술품등에 대한 매각 관련 사실행위 대행 통지는 별지 제90호서식에 따른다.

제82조【매각대행 수수료】 영 제76조에 따른 매각대 행 수수료는 다음 각 호와 같다.

1. 매각수수료 : 법 제104조제3항에 따른 전문매각기관 (이하 "전문매각기관"이라 한다)이 매각을 대행하는 물품을 매각한 경우 국세청장이 매각금액의 100분의 5 이내에서 정하여 고시하는 수수료(2022.3.18 본호개 정)

2. 보전수수료 : 전문매각기관이 물품을 감정하거나 운 송 또는 보관한 경우 발생한 실제 비용을 보전하기 위해 국세청장이 정하여 고시하는 수수료

제6절 압류·매각의 유예

제83조【압류·매각의 유예의 신청 등】 ① 영 제77조 제4항에 따른 압류 또는 매각의 유예 신청은 별지 제91 호서식의 압류·매각 유예 신청서에 따른다.

② 영 제77조제4항에 따른 압류 또는 매각 유예의 통지 및 압류 또는 매각 유예의 승인 여부에 대한 통지는 별 지 제92호서식의 압류·매각 유예(승인, 기각) 통지서 에 따른다.

③ 법 제105조제5항에 따른 압류 또는 매각 유예의 취 소 통지는 별지 제93호서식의 압류·매각 유예 취소 통지서에 따른다.

제4장 보 칙

제84조【납세증명서의 발급 신청】 ① 영 제95조에 따 라 납세증명서의 발급을 신청하려면 별지 제94호서식 의 납세증명서에 영 제95조 각 호의 사항을 기재하여 같은 조에 따라 관할 세무서장에게 제출한다.

② 법 제108조에 따른 납세증명서는 별지 제94호서식 에 따른다.

제85조【미납국세 등의 열람 신청 등】 ① 영 제97조 제1항에 따른 미납국세 등 열람신청서는 별지 제95호 서식에 따른다.

② 법 제109조제2항 후단에 따른 미납국세 등 열람 내 역의 통지는 별지 제95호의2서식에 따른다.(2023.3.20 본항신설)

(2023.3.20 본조제목개정)

제86조【사업에 관한 허가 등의 제한 요구】 법 제112 조제1항 및 제2항에 따른 사업에 관한 허가등의 제한 요구는 별지 제96호서식의 사업에 관한 허가등의 제한 요구서에 따른다.

제87조【고액·상습체납자의 명단 공개 사전통지】 영 제105조제3항에 따른 명단 공개 대상자 통지는 별 지 제97호서식의 고액·상습체납자 명단 공개 사전통 지서에 따른다.

제88조【고액·상습체납자의 감치 관련 소명자료 제 출 및 의견진술 신청 통지 등】 ① 영 제106조제1항 전 단에 따른 소명자료 제출 및 의견진술 신청에 관한 통 지는 별지 제98호서식의 소명자료 제출 및 의견진술 신청 통지서에 따른다.

② 영 제106조제1항 전단의 통지를 받고 소명자료를 제출하는 경우 별지 제99호서식에 따른다.

③ 영 제106조제2항에 따른 의견진술 신청은 별지 제 100호서식의 의견진술 신청서에 따른다.

④ 영 제106조제3항에 따른 국세정보위원회 회의 일시 및 장소의 통지는 별지 제101호서식의 국세정보위원회 회의 일시·장소 통지서에 따른다.

   부 칙

제1조【시행일】 이 규칙은 공포한 날부터 시행한다.

제2조【서식에 관한 경과조치】 ① 이 규칙 시행 전 종 전의 「국세징수법 시행규칙」 및 「국세기본법 시행규칙」 서식에 따라 신청·제출·촉탁·통지된 것으로서 이 규칙 중 그에 해당하는 서식이 있는 경우 이 규칙의 해 당 서식에 따라 작성된 것으로 본다.

② 이 규칙 시행 당시 종전의 별지 제1호서식 및 별지 제10호서식은 2021년 6월 30일까지 별지 제94호서식 및 별지 제2호서식과 각각 함께 사용할 수 있다.

제3조【종전 부칙의 적용범위에 관한 경과조치】 이 규칙 시행 전의 「국세징수법 시행규칙」의 개정에 따른 부칙의 규정은 기간의 경과 등으로 이미 그 효력이 상 실된 규정을 제외하고는 이 규칙 시행 이후에도 계속 하여 적용한다.

제4조【다른 법령의 개정】 ①~② ※(해당 법령에 가 제정리 하였음)

제5조【다른 법령과의 관계】 이 규칙 시행 당시 다른 법령에서 종전의 「국세징수법 시행규칙」 및 「국세기본 법 시행규칙」의 규정을 인용한 경우로서 이 규칙 가운 데 그에 해당하는 규정이 있는 경우 종전의 규정을 갈 음하여 이 규칙의 해당 규정을 인용한 것으로 본다.

   부 칙 (2022.3.18)

이 규칙은 공포한 날부터 시행한다.

   부 칙 (2023.3.20)

제1조【시행일】 이 규칙은 공포한 날부터 시행한다. 다만, 제85조, 별지 제95호서식 및 별지 제95호의2서식 의 개정규정은 2023년 4월 1일부터 시행한다.

제2조【공매대행 수수료에 관한 적용례】 별표3의 개 정규정은 이 규칙 시행 이후 공매대행을 의뢰하는 경 우부터 적용한다.

제3조【납세증명서 서식에 관한 경과조치】 이 규칙 시 행 당시 종전의 별지 제94호서식은 2023년 6월 30일까 지 개정된 별지 제94호서식과 함께 사용할 수 있다. 이 경우 이 규칙에 따라 개정된 부분은 수정하여 사용해 야 한다.

〔별표·별지서식〕 ➡ 「www.hyeonamsa.com」 참조

國稅物納財産取扱規則

(1950年 5月 22日)
(大統領令 第358號)

第1條 [目的] 法令에 의하여 物納을 하는 國稅의 物納財産의 取扱에 관하여서는 法令에 따로 정하는 것을 除外하고 本令의 정하는 바에 의한다.

第2條 [物納財産納付節次] 法令에 의하여 物納의 許可를 받은 國稅의 物納財産을 納付하고저 하는 者는 第1號서식의 國稅物納財産納付書에 第2號서식의 國稅物納財産明細書를 添附하여 所管稅務署長에게 提出하여야 한다.

第3條 [納付後의 取扱要領] 稅務署長은 前條에 의한 物納財産의 納付가 있을 때에는 左에 의하여 取扱하여야 한다.

1. 不動産
   不動産의 所有權移轉의 登記를 登記所에 囑託할 것
2. 有價證券
   國債證券에 대하여서는 未登錄國債는 즉시 當該證券을 提供시키고 登錄國債는 國債法施行令 第29條 및 第30條의 規定에 의하여 財務部長官의 名義로 登錄變更의 請求手續을 하여 國債法施行令 第41條에 의한 登錄濟通知書를 提出시킬 것. 이 경우에 當該國債가 乙種國債登錄簿에 登錄된 것인 때에는 當該國債證券을 添附시킬 것
   公債 기타 有價證券에 대하여서는 無記名式의 것은 卽時 이를 提供시키고 記名式의 것은 納稅者로 하여금 當該證券을 財務部長官의 名義로 變更의 請求手續을 하여 그 變更된 事實을 證明할 만한 書類를 添附하여 提供시킬 것

第4條 [納付完了의 時期] 物納財産의 收納은 物納에 充當할 財産의 引渡, 所有權移轉의 登記 또는 登錄 기타 法令에 의하여 第三者에 對抗할 수 있는 要件이 具備된 때에 納付가 完了한 것으로 한다.

第5條 [收納濟證書] 稅務署長은 國稅의 物納이 完了된 때에는 第3號서식의 國稅物納財産收納濟證書를 納稅者에게 交付하여야 한다.

第6條 [物納報告書] 稅務署長은 國稅의 物納額에 대하여 每月 第4號서식의 國稅物納報告書를 調製하여 參照書類를 添附하여 이를 翌月10日까지 所管司稅廳長에게 送付하여야 한다.

第7條 [物納總報告書] 司稅廳長은 國稅物納報告書에 의하여 每月 第5號서식의 國稅物納總報告書를 調製하여 翌月中에 財務部長官에 送付하여야 한다.

第8條 [物納臺帳] 稅務署長은 第6號서식의 國稅物納臺帳을 備置하여 必要事項을 記入하여야 한다.

第9條 [物納總括簿] 司稅廳長은 第7號서식의 國稅物納總括簿를 備置하여 國稅의 物納의 總額 기타 必要한 事項을 記入하여야 한다.

第10條 [管理廳에의 引渡] 收納한 物納財産이 國有財産法 第1條에 規定한 財産에 該當한 財産인 때에는 國稅物納財産明細書를 添附하여 當該財産管理廳에 引渡하여야 한다.

第11條 [國有財産法適用除外財産의 管理 및 處分] 收納한 物納財産이 國有財産法 第1條에 該當하지 아니하는 것의 管理및 處分에 관하여 必要한 事項은 財務部長官이 이를 정한다.

    附 則 (생략)

〔별지서식〕➡ 「www.hyeonamsa.com」 참조

(舊 : 국세·관세 체납자에 대한 감치의 재판에 관한 규칙)

국세·관세·지방세 체납자에 대한 감치의 재판에 관한 규칙

(2020년 11월 26일)
(대법원규칙 제2926호)

개정
2021. 1.29대법원규칙2950호   2022. 5.25대법원규칙3051호

제1조 【목적】 이 규칙은 「국세징수법」 제115조, 「관세법」 제116조의4 또는 「지방세징수법」 제11조의4에 따라 감치에 처하는 재판 절차 및 그 집행, 그 밖에 필요한 사항을 정하는 것을 목적으로 한다.(2022.5.25 본조개정)

제2조 【관할】 감치청구 사건은 청구 당시 체납자의 주소 또는 거소를 관할하는 지방법원 또는 그 지원의 전속관할로 한다.

제3조 【감치재판의 청구】 「국세징수법」 제115조제1항, 「관세법」 제116조의4제1항 또는 「지방세징수법」 제11조의4제1항에 따른 감치재판의 청구는 다음 각 호의 사항을 기재하고, 검사가 기명날인 또는 서명한 서면으로 한다.(2022.5.25 본문개정)

1. 체납자의 성명과 주소
2. 체납된 국세 또는 관세(세관장이 부과·징수하는 내국세등을 포함한다. 다음부터 같다)를 부과한 행정청 또는 체납된 지방세를 부과한 지방자치단체의 장, 부과일자, 부과사유, 국세, 관세 또는 지방세의 금액, 납부기한 및 체납된 국세, 관세 또는 지방세의 합계액(국세, 관세 또는 지방세 부과에 대하여 이의가 제기된 때에는 이의신청, 심사청구, 심판청구 또는 이와 관련된 재판에서 정한 국세·관세·지방세의 금액. 다만, 재판의 경우 재판을 한 법원, 사건번호, 재판일자, 재판의 확정여부 및 확정일자를 포함한다)(2022.5.25 본호개정)
3. 체납된 국세, 관세 또는 지방세의 납부능력이 있음을 나타내는 사정(2022.5.25 본호개정)
4. 「국세기본법」 제85조의5제2항에 따른 국세정보위원회의 의결, 「관세법」 제116조의2제2항에 따른 관세정보위원회의 의결 또는 「지방세기본법」 제147조에 따른 지방세심의위원회의 의결에 따라 체납자에 대한 감치 필요성이 인정된 사정(2022.5.25 본호개정)
5. 감치의 재판을 구하는 뜻

제4조 【청구각하의 결정】 ① 법원은 「국세징수법」 제115조제1항, 「관세법」 제116조의4제1항 또는 「지방세징수법」 제11조의4제1항에 따른 검사의 청구가 부적법하다고 인정한 때에는 그 청구를 각하하는 결정을 하여야 한다. 다만, 그 흠을 보정할 수 있는 경우에는 그러하지 아니하다.(2022.5.25 본문개정)
② 제1항의 결정은 검사에게 송달하여야 한다.
③ 검사는 제1항의 결정에 대하여 즉시항고를 할 수 있다.

제5조 【재판기일의 지정 등】 「국세징수법」 제115조제1항, 「관세법」 제116조의4제1항 또는 「지방세징수법」 제11조의4제1항에 따른 청구가 이유 있다고 인정한 때에는 재판장은 재판기일을 정하여 체납자를 소환하고, 검사에게 그 기일을 통지하여야 한다.(2022.5.25 본조개정)

제6조 【감치의 재판 등】 ① 감치에 처하는 재판에는 체납된 국세, 관세 또는 지방세의 내용, 감치의 기간 및 감치의 기간이 만료되기 이전이라도 체납된 국세, 관세 또는 지방세가 납부된 때에는 감치의 집행이 종료된다는 뜻을 명확히 하여야 한다.(2022.5.25 본항개정)

② 법원은 다음 각 호의 어느 하나에 해당하는 경우에는 감치의 청구를 기각하는 결정을 하여야 한다.
1. 「국세징수법」 제115조제1항, 「관세법」 제116조의4제1항 또는 「지방세징수법」 제11조의4제1항에서 정한 요건에 해당하지 아니한 때(2022.5.25 본호개정)
2. 체납자가 재판기일까지 체납된 국세, 관세 또는 지방세가 납부된 사실을 증명한 경우(2022.5.25 본호개정)
3. 체납자를 감치에 처하는 것이 상당하지 아니하다고 인정하는 경우
③ 감치에 관한 재판서 또는 그 재판의 내용을 기재한 조서의 등본은 검사에게 송달하여야 한다.
④ 체납자가 재판기일에 출석하지 아니한 때에는 제1항과 제2항의 감치에 관한 재판서 또는 그 재판의 내용을 기재한 조서의 등본을 체납자에게 송달하여야 한다.
⑤ 검사는 제2항의 결정에 대하여 즉시항고를 할 수 있다.

제7조【즉시항고】 ① 「국세징수법」 제115조제4항, 「관세법」 제116조의4제4항 또는 「지방세징수법」 제11조의4제4항에 따른 즉시항고는 재판의 선고일부터 7일 이내에 하여야 한다. 다만, 체납자가 출석하지 아니한 상태에서 감치의 재판을 선고한 때에는 재판서 또는 재판의 내용이 기재된 조서의 등본이 체납자에게 송달된 날부터 체납자의 즉시항고기간을 기산한다. (2022.5.25 본문개정)
② 제1항의 경우 이외에 이 규칙에 따른 즉시항고는 검사가 감치에 관한 재판서 또는 그 재판의 내용을 기재한 조서의 등본을 송달받은 날부터 7일 이내에 하여야 한다.
③ 제1항과 제2항의 기간은 불변기간으로 한다.
④ 체납자가 책임질 수 없는 사유로 말미암아 불변기간을 지킬 수 없었던 경우에는 그 사유가 없어진 날부터 14일 이내에 즉시항고를 제기할 수 있다. 다만, 그 사유가 없어질 당시 외국에 있던 체납자에 대하여는 이 기간을 30일로 한다.
⑤ 즉시항고는 이유를 기재한 항고장을 재판법원에 제출함으로써 한다.
⑥ 제6조제3항, 제4항은 즉시항고 및 재항고에 대한 재판서에 이를 준용한다.

제8조【재항고】 항고법원의 결정에 대하여는 재판에 영향을 미친 헌법·법률·명령 또는 규칙의 위반을 이유로 드는 때에만 재항고할 수 있다.

제9조【집행지휘】 ① 감치에 처하는 재판의 집행은 그 재판을 한 법원에 대응한 검찰청검사가 지휘한다.
② 검사 또는 사법경찰관리는 필요한 경우 세무공무원 또는 세관공무원으로 하여금 감치집행에 필요한 절차에 협력할 것을 요청할 수 있고, 협력 요청을 받은 세무공무원 또는 세관공무원은 이에 응하여야 한다.
③ 법원은 감치에 처하는 재판에 대하여 체납자의 즉시항고가 있는 경우 그 사실을 즉시 검사에게 통지하여야 한다.
④ 감치에 처하는 재판은 그 재판의 확정일부터 1년이 경과된 후에는 이를 집행할 수 없다.

제10조【감치기간의 계산】 감치의 기간은 감치에 처하는 재판의 집행 또는 그 집행을 위한 구인에 의하여 체납자가 실제로 구속된 날부터 기산하고, 초일은 그 시간에 불구하고 이를 1일로 산정한다.

제11조【감치의 집행방법】 ① 검사 또는 사법경찰관리의 협력 요청을 받은 세무공무원 또는 세관공무원은 감치집행 현장에 출석하여야 한다.

② 감치집행 현장에 출석한 공무원은 자신의 신분을 표시하는 증표를 체납자에게 제시하면서 소속과 성명을 밝히고, 감치사유, 감치기간, 「국세징수법」 제115조제6항, 「관세법」 제116조의4제6항 또는 「지방세징수법」 제11조의4제6항에 따른 감치집행 종료 등 감치결정에 대한 사항을 설명하여야 한다.(2022.5.25 본항개정)
③ 감치에 처하는 재판을 받은 체납자를 감치시설에 유치하는 때에는 「형의 집행 및 수용자의 처우에 관한 법률」 중 미결수용자에 대한 내용에 의한다.

제12조【체납된 국세·관세·지방세 납부에 의한 감치집행의 종료】 ① 「국세징수법」 제115조제1항, 「관세법」 제116조의4제1항 또는 「지방세징수법」 제11조의4제1항에 따라 감치에 처하는 재판을 받은 자가 그 감치의 집행 중에 체납된 국세, 관세 또는 지방세가 납부된 사실을 증명하는 서면을 제출한 때에는 검사는 곧바로 체납자가 유치되어 있는 감치시설의 장에게 체납자의 석방을 지휘하여야 한다.(2022.5.25 본항개정)
② 제1항의 석방지휘는 서면으로 하여야 한다. 다만, 긴급한 필요가 있는 경우에는 그러하지 아니하다.
(2022.5.25 본조제목개정)

제13조【준용규정】 ① 이 규칙에 따른 송달에 관하여는 「형사소송법」과 「형사소송규칙」 중 송달에 관한 규정을 준용한다.
② 「국세징수법」 제115조제1항, 「관세법」 제116조의4제1항 또는 「지방세징수법」 제11조의4제1항에 따른 감치에 처하는 재판 절차 및 그 집행, 그 밖에 필요한 사항에 관하여는 「법정등의질서유지를위한재판에관한규칙」 제6조, 제7조(다만, '재판지연의 우려가 없는 경우에 한하여' 부분은 제외한다), 제8조, 제10조제1항, 제11조, 제15조, 제16조부터 제18조까지, 제25조제2항·제5항의 규정을 준용한다.(2022.5.25 본항개정)
③ 체납자가 항고한 사건에 대하여는 「법정등의질서유지를위한재판에관한규칙」 제15조의2의 규정을 준용한다.
④ 「국세징수법」 제115조제1항, 「관세법」 제116조의4제1항 또는 「지방세징수법」 제11조의4제1항에 따른 감치에 처하는 재판의 집행절차에 관하여는 「국세징수법」, 「관세법」, 「지방세징수법」 및 이 규칙에 특별한 규정이 있는 경우를 제외하고는 성질에 반하지 아니하는 한 「형사소송법」과 「형사소송규칙」 중 형의 집행에 관한 규정을 준용한다.(2022.5.25 본항개정)

　　부　칙

이 규칙은 공포한 날부터 시행한다.

　　부　칙 (2021.1.29)

이 규칙은 공포한 날부터 시행한다.

　　부　칙 (2022.5.25)

제1조【시행일】 이 규칙은 2022년 7월 29일부터 시행한다.
제2조【적용례】 이 규칙은 이 규칙 시행 후 최초로 접수되는 사건부터 적용한다.

국세와 지방세의 조정 등에 관한 법률(약칭 : 국세지방세조정법)

(1961년 12월 2일)
(법률 제780호)

개정
1962.12. 8법 1211호
1971.12.28법 2327호
1976.12.22법 2921호
1976.12.22법 2932호(부가가치세실시에따른세법조정에관한임시조치법)
1981.12. 5법 3459호(교육세법)
1984.12.24법 3757호(지방세)
1988.12.26법 4028호(지방세)
1989. 6.16법 4128호(지방세)
1989.12.30법 4177호(토지초과이득세법)
1990.12.31법 4278호
1991.12.14법 4415호(지방세)
1991.12.21법 4444호
1994. 3.24법 4743호(농어촌특별세법)
1995.12.29법 5071호(교육환경개선특별회계법)
1996.12.12법 5173호
1998.12.28법 5586호(토지초과이득세법폐지법)
1999.12.28법 6052호
2001.12.29법 6549호(지방세)
2004. 1.16법 7061호(국가균형발전특별법)
2004.12.30법 7253호(지방교육양여금법폐지법)
2005. 1. 5법 7331호
2006.12.30법 8138호(교통 · 에너지 · 환경세법)
2007. 7.19법 8521호(부당이득세법폐지법)
2007.12.31법 8829호(개별소비세법)
2010. 1. 1법 9912호
2010. 3.31법10219호(지방세기본법)
2014. 1.14법12226호

1970. 1. 1법 2161호
1973. 3.14법 2614호

1993.12.31법 4671호

2000.12.29법 6300호

제1조【목적】이 법은 국세(國稅)와 지방세(地方稅)의 조정(調整) 등에 필요한 사항을 규정함을 목적으로 한다.(2014.1.14 본조개정)
제2조【국세】국가는 다음 각 호의 국세를 과세(課稅)한다.
1. 소득세
2. 법인세
3. 상속세와 증여세
4. 종합부동산세
5. 부가가치세
6. 개별소비세
7. 교통 · 에너지 · 환경세
8. 주세(酒稅)
9. 인지세(印紙稅)
10. 증권거래세
11. 교육세
12. 농어촌특별세
13. 재평가세
14. 관세
15. 임시수입부가세
(2014.1.14 본조개정)
제3조【지방세】지방자치단체는 다음 각 호의 구분에 따른 지방세를 과세한다.
1. 보통세
 가. 취득세
 나. 등록면허세
 다. 레저세
 라. 담배소비세
 마. 지방소비세
 바. 주민세

 사. 지방소득세
 아. 재산세
 자. 자동차세
2. 목적세
 가. 지역자원시설세
 나. 지방교육세
(2014.1.14 본조개정)
제4조【중복과세의 금지】국가와 지방자치단체는 이 법에서 규정한 것을 제외하고는 과세물건(課稅物件)이 중복되는 어떠한 명목의 세법(稅法)도 제정하여서는 아니 된다.(2014.1.14 본조개정)
제5조【국세의 지방양여】① (2004.1.16 삭제)
② (2004.12.30 삭제)

　　　부　칙 (2010.1.1)

이 법은 2010년 1월 1일부터 시행한다.

　　　부　칙 (2010.3.31)

제1조【시행일】이 법은 2011년 1월 1일부터 시행한다.(이하 생략)

　　　부　칙 (2014.1.14)

이 법은 공포한 날부터 시행한다.

조세특례제한법

$$\binom{1998년\ 12월\ 28일}{전개법률\ 제5584호}$$

개정
1999. 2. 8법 5825호(산업발전법)   <중략>
2009. 1.30법 9346호(교통·에너지·환경세법폐지법)→2025년
1월 1일 시행이므로 추후 수록   <중략>
2017.12.19법15227호
2017.12.26법15309호(혁신도시 조성 및 발전에 관한특별법)
2018. 1.16법15356호(민간임대주택에 관한특별법)
2018. 5.29법15623호   2018.10.16법 15785호
2018.12.11법15881호(노인장기요양보험법)
2018.12.24법16009호
2018.12.31법16133호(환경친화적자동차의개발및보급촉진에
관한법)
2018.12.31법16172호(중소기업진흥)
2019. 4.30법16407호(첨단의료복합단지육성에 관한특별법)
2019. 4.30법16413호(파견근로자보호)
2019.11.26법16652호(자산관리)
2019.12.31법16835호→시행일 부칙 참조. 2027년 1월 1일 시
행하는 부분은 추후 수록
2019.12.31법16859호(소재·부품·장비산업경쟁력강화를위
한특별조치법)
2020. 2.11법16998호(벤처투자촉진에관한법)
2020. 2.18법17039호(수산업협동조합의부실예방및구조개선
에 관한법)
2020. 3.23법17073호   2020. 5.19법17254호
2020. 6. 9법17339호(법률용어정비)
2020. 6. 9법17344호(지능정보화기본법)
2020. 6. 9법17460호(국가철도공단법)
2020.12.29법17759호→시행일 부칙 참조. 2025년 1월 1일 시
행이므로 추후 수록
2020.12.29법17799호(독점)
2021. 1. 5법17883호(5·18민주유공자예우및단체설립에관한법)
2021. 3.16법17926호
2021. 4.20법18075호(연구산업진흥법)
2021. 7.27법18358호(지역중소기업육성및혁신촉진등에관한
법)
2021. 8.10법18371호
2021. 8.17법18425호(국민평생직업능력개발법)
2021.10.19법18503호(무역조정지원등에관한법)
2021.11.23법18521호(세무사법)
2021.12. 7법18547호(도서관법)
2021.12.28법18634호→시행일 부칙 참조. 2025년 1월 1일 시
행하는 부분은 추후 수록
2021.12.28법18661호(중소기업창업)
2022. 1. 4법18682호(비상대비에관한법)
2022.12.31법19199호→시행일 부칙 참조. 2026년 1월 1일 시행하는 부분은 추후 수록
2023. 4.11법19328호
2023. 6. 9법19430호(지방자치분권및지역균형발전에관한특
별법)
2023. 6.13법19438호(소재·부품·장비산업경쟁력강화및공
급망안정화를위한특별조치법)
2023. 6.20법19504호(벤처투자촉진에관한법)
2023.12.31법19936호→시행일 부칙 참조. 2025년 1월 1일 시
행하는 부분은 추후 수록
2024. 1. 9법19990호(벤처기업육성에관한특별법)→2024년 7월
10일 시행
2024년 1월 25일 제412회 국회 본회의 통과(무역조정지원등
에관한법)→추후 수록
2024년 2월 1일 제412회 국회 본회의 통과(관광진흥법)→추
후 수록

제1장 총 칙
(2010.1.1 본장제목개정)

제1조【목적】 이 법은 조세(租稅)의 감면 또는 중과(重課) 등 조세특례와 이의 제한에 관한 사항을 규정하여 과세(課稅)의 공평을 도모하고 조세정책을 효율적으로 수행함으로써 국민경제의 건전한 발전에 이바지함을 목적으로 한다.(2020.6.9 본조개정)

제2조【정의】 ① 이 법에서 사용하는 용어의 뜻은 다음과 같다.

1. "내국인"이란 「소득세법」에 따른 거주자 및 「법인세법」에 따른 내국법인을 말한다.

2. "과세연도"란 「소득세법」에 따른 과세기간 또는 「법인세법」에 따른 사업연도를 말한다.

3. "과세표준신고"란 「소득세법」 제70조, 제71조, 제74조 및 제110조에 따른 과세표준확정신고 및 「법인세법」 제60조에 따른 과세표준의 신고를 말한다.

4. "익금(益金)"이란 「소득세법」 제24조에 따른 총수입금액 또는 「법인세법」 제14조에 따른 익금을 말한다.

5. "손금(損金)"이란 「소득세법」 제27조에 따른 필요경비 또는 「법인세법」 제14조에 따른 손금을 말한다.

6. "이월과세(移越課稅)"란 개인이 해당 사업에 사용되는 사업용고정자산 등(이하 이 호에서 "종전사업용고정자산등"이라 한다)을 현물출자(現物出資) 등을 통하여 법인에 양도하는 경우 이를 양도하는 개인에 대

해서는 「소득세법」 제94조에 따른 양도소득에 대한 소득세(이하 "양도소득세"라 한다)를 과세하지 아니하고, 그 대신 이를 양수한 법인이 그 사업용고정자산 등을 양도하는 경우 개인이 종전사업용고정자산을 그 법인에 양도한 날이 속하는 과세기간에 다른 양도자산이 없다고 보아 계산한 같은 법 제104조에 따른 양도소득 산출세액 상당액을 법인세로 납부하는 것을 말한다.

7. "과세이연(課稅移延)"이란 공장의 이전 등을 위하여 개인이 해당 사업에 사용되는 사업용고정자산 등(이하 이 호에서 "종전사업용고정자산등"이라 한다)을 양도하고 그 양도가액(讓渡價額)으로 다른 사업용고정자산 등(이하 이 호에서 "신사업용고정자산등"이라 한다)을 대체 취득한 경우 종전사업용고정자산등의 양도에 따른 양도차익(讓渡差益) 중 다음의 계산식에 따라 계산한 금액(신사업용고정자산등의 취득가액이 종전사업용고정자산등의 양도가액을 초과하는 경우에는 종전사업용고정자산등의 양도에 따른 양도차익을 한도로 한다. 이하 이 호에서 "과세이연금액"이라 한다)에 대해서는 양도소득세를 과세하지 아니하되, 신사업용고정자산등을 양도할 때 신사업용고정자산등의 취득가액에서 과세이연금액을 뺀 금액을 취득가액으로 보고 양도소득세를 과세하는 것을 말한다.

종전사업용고정자산등의 양도에 따른 양도차익 × (신사업용고정자산등의 취득가액 / 종전사업용고정자산등의 양도가액)

8. "조세특례"란 일정한 요건에 해당하는 경우의 특례세율 적용, 세액감면, 세액공제, 소득공제, 준비금의 손금산입(損金算入) 등의 조세감면과 특정 목적을 위한 익금산입, 손금불산입(損金不算入) 등의 중과세(重課稅)를 말한다.

9. "수도권"이란 「수도권정비계획법」 제2조제1호에 따른 수도권을 말한다.

10. "수도권과밀억제권역"이란 「수도권정비계획법」 제6조제1항제1호에 따른 과밀억제권역을 말한다.

11. "연구개발"이란 과학적 또는 기술적 진전을 이루기 위한 활동과 새로운 서비스 및 서비스전달체계를 개발하기 위한 활동을 말하며, 대통령령으로 정하는 활동을 제외한다.(2019.12.31 본호신설)

12. "인력개발"이란 내국인이 고용하고 있는 임원 또는 사용인을 교육·훈련시키는 활동을 말한다.
(2019.12.31 본호신설)

② 제1항에 규정된 용어 외의 용어에 관하여는 이 법에서 특별히 정하는 경우를 제외하고는 제3조제1항제1호부터 제19조까지에 규정된 법률에서 사용하는 용어의 예에 따른다.

③ 이 법에서 사용되는 업종의 분류는 이 법에 특별한 규정이 있는 경우를 제외하고는 「통계법」 제22조에 따라 통계청장이 고시하는 한국표준산업분류에 따른다. 다만, 한국표준산업분류가 변경되어 이 법에 따른 조세특례를 적용받지 못하게 되는 업종에 대해서는 한국표준산업분류가 변경된 과세연도와 그 다음 과세연도까지는 변경 전의 한국표준산업분류에 따른 업종에 따라 조세특례를 적용한다.
(2010.1.1 본조개정)

제3조 【조세특례의 제한】 ① 이 법, 「국세기본법」 및 조약과 다음 각 호의 법률에 따르지 아니하고는 조세특례를 정할 수 없다.(2010.1.1 본문개정)

1. 「소득세법」(2010.1.1 본호개정)
2. 「법인세법」(2010.1.1 본호개정)
3. 「상속세 및 증여세법」(2010.1.1 본호개정)
4. 「부가가치세법」(2010.1.1 본호개정)
5. 「개별소비세법」(2007.12.31 본호개정)
6. 「주세법」(2010.1.1 본호개정)

7. 「인지세법」(2010.1.1 본호개정)
8. 「증권거래세법」(2010.1.1 본호개정)
9. 「국세징수법」(2010.1.1 본호개정)
10. 「교통·에너지·환경세법」
11. 「관세법」(2010.1.1 본호개정)
12. 「지방세특례제한법」(2010.3.31 본호개정)
13. 「임시수입부가세법」(2010.1.1 본호개정)
14. (2001.12.29 삭제)
15. 「국제조세조정에 관한 법률」(2010.1.1 본호개정)
16. 「금융실명거래 및 비밀보장에 관한 법률」(2010.1.1 본호개정)
17. (2000.12.29 삭제)
18. 「교육세법」(2010.1.1 본호개정)
19. 「농어촌특별세법」(2010.1.1 본호개정)
20. (1999.5.24 삭제)
21. 「남북교류협력에 관한 법률」(2010.1.1 본호개정)
22 (2010.1.1 삭제)
23. 「자유무역지역의 지정 및 운영에 관한 법률」
24. 「제주특별자치도 설치 및 국제자유도시 조성을 위한 특별법」(제주특별자치도세에 관한 규정만 해당한다)
(2010.1.1 23호~24호개정)
25. 「종합부동산세법」

② 이 법, 「국세기본법」 및 조약과 제1항 각 호의 법률에 따라 감면되는 조세의 범위에는 해당 법률이나 조약에 특별한 규정이 있는 경우를 제외하고는 가산세와 양도소득세는 포함되지 아니한다.(2010.1.1 본항개정)
(2010.1.1 본조제목개정)

제2장 직접국세
(2010.1.1 본장제목개정)

제1절 중소기업에 대한 조세특례
(2010.1.1 본절개정)

제4조 (2007.12.31 삭제)
제5조 (2020.12.29 삭제)
제5조의2 【중소기업 정보화 지원사업에 대한 과세특례】 대통령령으로 정하는 중소사업자가 「중소기업기술혁신 촉진법」 제18조, 「산업기술혁신 촉진법」 제19조 및 「정보통신산업 진흥법」 제44조제1항에 따라 2015년 12월 31일까지 지급받는 중소기업 정보화 지원사업을 위한 출연금 등을 다음 각 호의 어느 하나에 해당하는 설비에 투자하는 경우에는 그 투자금액을 「소득세법」 제32조 및 「법인세법」 제36조를 준용하여 손금에 산입할 수 있다.(2013.1.1 본문개정)

1. 구매·설계·건설·생산·재고·인력 및 경영정보 등 기업의 인적·물적 자원을 전자적 형태로 관리하기 위하여 사용되는 컴퓨터와 그 주변기기, 소프트웨어, 통신설비, 그 밖의 유형·무형의 설비로서 감가상각 기간이 2년 이상인 설비(이하 "전사적(全社的) 기업자원 관리설비"라 한다)

2. 전자적 형태로 수요예측·수주(受注)·용역제공·상품판매·배송·대금결제·고객관리 등을 하기 위하여 사용되는 컴퓨터와 그 주변기기, 소프트웨어, 통신설비, 그 밖의 유형·무형의 설비로서 감가상각 기간이 2년 이상인 설비(이하 "전자상거래설비"라 한다)

3. 제1호와 제2호 외에 기업의 정보화에 사용되는 설비로서 대통령령으로 정하는 설비

제5조의3 (2007.12.31 삭제)
제6조 【창업중소기업 등에 대한 세액감면】 ① 대통령령으로 정하는 중소기업(이하 "중소기업"이라 한다) 중 2024년 12월 31일 이전에 제3항 각 호에 따른 업종으로 창업한 중소기업(이하 이 조에서 "창업중소기업"이라 한다)과 「중소기업창업 지원법」 제53조제1항에 따라 창

업보육센터사업자로 지정받은 내국인(이하 이 조에서 "창업보육센터사업자"라 한다)에 대해서는 해당 사업에서 최초로 소득이 발생한 과세연도(사업 개시일부터 5년이 되는 날이 속하는 과세연도까지 해당 사업에서 소득이 발생하지 아니하는 경우에는 5년이 되는 날이 속하는 과세연도를 말한다. 이하 제6항에서 같다)와 그 다음 과세연도의 개시일부터 4년 이내에 끝나는 과세연도까지 해당 사업에서 발생한 소득에 대한 소득세 또는 법인세에 다음 각 호의 구분에 따른 비율을 곱한 금액에 상당하는 세액을 감면한다.(2021.12.28 본문개정)
1. 창업중소기업의 경우 : 다음 각 목의 구분에 따른 비율
    가. 수도권과밀억제권역 외의 지역에서 창업한 대통령령으로 정하는 청년창업중소기업(이하 "청년창업중소기업"이라 한다)의 경우 : 100분의 100
    나. 수도권과밀억제권역에서 창업한 청년창업중소기업 및 수도권과밀억제권역 외의 지역에서 창업한 창업중소기업의 경우 : 100분의 50
2. 창업보육센터사업자의 경우 : 100분의 50
(2018.5.29 1호~2호신설)
② 「벤처기업육성에 관한 특별법」 제2조제1항에 따른 벤처기업(이하 "벤처기업"이라 한다) 중 대통령령으로 정하는 기업으로서 창업 후 3년 이내에 같은 법 제25조에 따라 2024년 12월 31일까지 벤처기업으로 확인받은 기업(이하 "창업벤처중소기업"이라 한다)의 경우에는 그 확인받은 날 이후 최초로 소득이 발생한 과세연도(벤처기업으로 확인받은 날부터 5년이 되는 날이 속하는 과세연도까지 해당 사업에서 소득이 발생하지 아니하는 경우에는 5년이 되는 날이 속하는 과세연도)와 그 다음 과세연도의 개시일부터 4년 이내에 끝나는 과세연도까지 해당 사업에서 발생한 소득에 대한 소득세 또는 법인세의 100분의 50에 상당하는 세액을 감면한다. 다만, 제1항을 적용받는 경우는 제외하며, 감면기간 중 다음 각 호의 사유가 있는 경우에는 다음 각 호의 구분에 따른 날이 속하는 과세연도부터 감면을 적용하지 아니한다.(2024.1.9 본문개정)
1. 벤처기업의 확인이 취소된 경우 : 취소일 (2016.12.20 본호신설)
2. 「벤처기업육성에 관한 특별법」 제25조제2항에 따른 벤처기업확인서의 유효기간이 만료된 경우(해당 과세연도 종료일 현재 벤처기업으로 재확인받은 경우는 제외한다) : 유효기간 만료일(2024.1.9 본호개정)
③ 창업중소기업과 창업벤처중소기업의 범위는 다음 각 호의 업종을 경영하는 중소기업으로 한다.
1. 광업
2. 제조업(제조업과 유사한 사업으로서 대통령령으로 정하는 사업을 포함한다. 이하 같다)
3. 수도, 하수 및 폐기물 처리, 원료 재생업
4. 건설업
5. 통신판매업
6. 대통령령으로 정하는 물류산업(이하 "물류산업"이라 한다)
7. 음식점업
8. 정보통신업. 다만, 다음 각 목의 어느 하나에 해당하는 업종은 제외한다.
    가. 비디오물 감상실 운영업
    나. 뉴스제공업
    다. 블록체인 기반 암호화자산 매매 및 중개업
9. 금융 및 보험업 중 대통령령으로 정하는 정보통신을 활용하여 금융서비스를 제공하는 업종
10. 전문, 과학 및 기술 서비스업〔대통령령으로 정하는 엔지니어링사업(이하 "엔지니어링사업"이라 한다)을 포함한다〕. 다만, 다음 각 목의 어느 하나에 해당하는 업종은 제외한다.
    가. 변호사업
    나. 변리사업
    다. 법무사업
    라. 공인회계사업
    마. 세무사업
    바. 수의업
    사. 「행정사법」 제14조에 따라 설치된 사무소를 운영하는 사업
    아. 「건축사법」 제23조에 따라 신고된 건축사사무소를 운영하는 사업
11. 사업시설 관리, 사업 지원 및 임대 서비스업 중 다음 각 목의 어느 하나에 해당하는 업종
    가. 사업시설 관리 및 조경 서비스업
    나. 사업 지원 서비스업(고용 알선업 및 인력 공급업은 농업노동자 공급업을 포함한다)
12. 사회복지 서비스업
13. 예술, 스포츠 및 여가관련 서비스업. 다만, 다음 각 목의 어느 하나에 해당하는 업종은 제외한다.
    가. 자영예술가
    나. 오락장 운영업
    다. 수상오락 서비스업
    라. 사행시설 관리 및 운영업
    마. 그 외 기타 오락관련 서비스업
14. 협회 및 단체, 수리 및 기타 개인 서비스업 중 다음 각 목의 어느 하나에 해당하는 업종
    가. 개인 및 소비용품 수리업
    나. 이용 및 미용업
15. 「학원의 설립·운영 및 과외교습에 관한 법률」에 따른 직업기술 분야를 교습하는 학원을 운영하는 사업 또는 「국민 평생 직업능력 개발법」에 따른 직업능력개발훈련시설을 운영하는 사업(직업능력개발훈련을 주된 사업으로 하는 경우로 한정한다)(2021.8.17 본호개정)
16. 「관광진흥법」에 따른 관광숙박업, 국제회의업, 유원시설업 및 대통령령으로 정하는 관광객 이용시설업
17. 「노인복지법」에 따른 노인복지시설을 운영하는 사업
18. 「전시산업발전법」에 따른 전시산업
(2019.12.31 본항개정)
④ 창업일이 속하는 과세연도와 그 다음 3개 과세연도가 지나지 아니한 중소기업으로서 2024년 12월 31일까지 대통령령으로 정하는 에너지신기술중소기업(이하 "에너지신기술중소기업"이라 한다)에 해당하는 경우에는 그 해당하는 날 이후 최초로 해당 사업에서 소득이 발생한 과세연도(에너지신기술중소기업에 해당하는 날부터 5년이 되는 날이 속하는 과세연도까지 해당 사업에서 소득이 발생하지 아니하는 경우에는 5년이 되는 날이 속하는 과세연도)와 그 다음 과세연도의 개시일부터 4년 이내에 끝나는 과세연도까지 해당 사업에서 발생한 소득에 대한 소득세 또는 법인세의 100분의 50에 상당하는 세액을 감면한다. 다만, 제1항 및 제2항을 적용받는 경우는 제외하며, 감면기간 중 에너지신기술중소기업에 해당하지 않게 되는 경우에는 그 날이 속하는 과세연도부터 감면하지 아니한다.(2021.12.28 본문개정)
⑤ 제1항, 제2항 및 제4항에도 불구하고 2024년 12월 31일 이전에 수도권과밀억제권역 외의 지역에서 창업한 창업중소기업(청년창업중소기업은 제외한다), 2024년 12월 31일까지 벤처기업으로 확인받은 창업벤처중소기업 및 2024년 12월 31일까지 에너지신기술중소기업에 해당하는 경우로서 대통령령으로 정하는 신성장 서비스업을 영위하는 기업의 경우에는 최초로 세액을 감면받는 과세연도와 그 다음 과세연도의 개시일부터 2년 이내에 끝나는 과세연도에는 소득세 또는 법인세의

100분의 75에 상당하는 세액을 감면하고, 그 다음 2년 이내에 끝나는 과세연도에는 소득세 또는 법인세의 100분의 50에 상당하는 세액을 감면한다.(2021.12.28 본항개정)

⑥ 제1항 및 제5항에도 불구하고 2024년 12월 31일 이전에 창업한 창업중소기업(청년창업중소기업은 제외한다. 이하 이 항에서 같다)에 대해서는 최초로 소득이 발생한 과세연도와 그 다음 과세연도의 개시일부터 4년 이내에 끝나는 과세연도까지의 기간에 속하는 과세연도의 수입금액(과세기간이 1년 미만인 과세연도의 수입금액은 1년으로 환산한 총수입금액을 말한다)이 8천만원 이하인 경우 그 과세연도에 대한 소득세 또는 법인세에 다음 각 호의 구분에 따른 비율을 곱한 금액에 상당하는 세액을 감면한다. 다만, 제2항 또는 제4항을 적용받는 경우는 제외한다.(2021.12.28 본문개정)
1. 수도권과밀억제권역 외의 지역에서 창업한 창업중소기업의 경우 : 100분의 100
2. 수도권과밀억제권역에서 창업한 창업중소기업의 경우 : 100분의 50
(2018.5.29 본항신설)

⑦ 제1항, 제2항 및 제4항부터 제6항까지의 규정에 따라 감면을 적용받는 업종별로 대통령령으로 정하는 상시근로자 수(이하 이 조에서 "업종별최소고용인원"이라 한다) 이상을 고용하는 수도권과밀억제권역 외의 지역에서 창업한 창업중소기업(청년창업중소기업은 제외한다), 창업보육센터사업자, 창업벤처중소기업 및 에너지신기술중소기업의 경우 다음 항에 따른 감면기간 중 해당 과세연도의 상시근로자 수가 직전 과세연도의 상시근로자 수(직전 과세연도의 상시근로자 수가 업종별최소고용인원에 미달하는 경우에는 업종별최소고용인원을 말한다)보다 큰 경우에는 제1호의 세액에 제2호의 율을 곱하여 산출한 금액을 같은 항에 따른 감면세액에 더하여 감면한다. 다만, 제6항에 따라 100분의 100에 상당하는 세액을 감면받는 과세연도에는 이 항에 따른 감면을 적용하지 아니한다.(2019.12.31 본문개정)
1. 해당 사업에서 발생한 소득에 대한 소득세 또는 법인세
2. 다음의 계산식에 따라 계산한 율. 다만, 100분의 50(제5항에 따라 100분의 75에 상당하는 세액을 감면받는 과세연도의 경우에는 100분의 25)을 한도로 하고, 100분의 1 미만인 부분은 없는 것으로 본다.

$$\frac{(\text{해당 과세연도의 상시근로자 수} - \text{직전 과세연도의 상시근로자 수})}{\text{직전 과세연도의 상시근로자 수}} \times \frac{50}{100}$$

(2018.5.29 단서개정)
⑧ 제4항을 적용할 때 해당 사업에서 발생한 소득의 계산은 대통령령으로 정한다.
⑨ 제7항을 적용할 때 상시근로자의 범위, 상시근로자 수의 계산방법 및 그 밖에 필요한 사항은 대통령령으로 정한다.(2018.5.29 본항개정)
⑩ 제1항부터 제9항까지의 규정을 적용할 때 다음 각 호의 어느 하나에 해당하는 경우는 창업으로 보지 아니한다.(2018.5.29 본문개정)
1. 합병·분할·현물출자 또는 사업의 양수를 통하여 종전의 사업을 승계하거나 종전의 사업에 사용되던 자산을 인수 또는 매입하여 같은 종류의 사업을 하는 경우. 다만, 다음 각 목의 어느 하나에 해당하는 경우는 제외한다.(2017.12.19 단서개정)
가. 종전의 사업에 사용되던 자산을 인수하거나 매입하여 같은 종류의 사업을 하는 경우 그 자산가액의 합계가 사업 개시 당시 토지·건물 및 기계장치 등 대통령령으로 정하는 사업용자산의 총가액에서 차지하는 비율이 100분의 50 미만으로서 대통령령으로

정하는 비율 이하인 경우(2017.12.19 본목신설)
나. 사업의 일부를 분리하여 해당 기업의 임직원이 사업을 개시하는 경우로서 대통령령으로 정하는 요건에 해당하는 경우(2017.12.19 본목신설)
2. 거주자가 하던 사업을 법인으로 전환하여 새로운 법인을 설립하는 경우
3. 폐업 후 사업을 다시 개시하여 폐업 전의 사업과 같은 종류의 사업을 하는 경우
4. 사업을 확장하거나 다른 업종을 추가하는 경우 등 새로운 사업을 최초로 개시하는 것으로 보기 곤란한 경우
⑪ 제1항, 제2항 및 제4항부터 제7항까지의 규정에 따라 감면을 적용받은 기업이 「중소기업기본법」에 따른 중소기업이 아닌 기업과 합병하는 등 대통령령으로 정하는 사유에 따라 중소기업에 해당하지 아니하게 된 경우에는 해당 사유 발생일이 속하는 과세연도부터 감면하지 아니한다.(2018.5.29 본항개정)
⑫ 제1항, 제2항 및 제4항부터 제7항까지의 규정을 적용받으려는 내국인은 대통령령으로 정하는 바에 따라 세액감면신청을 하여야 한다.(2018.5.29 본항개정)

제7조【중소기업에 대한 특별세액감면】 ① 중소기업 중 다음 제1호의 감면 업종을 경영하는 기업에 대해서는 2025년 12월 31일 이전에 끝나는 과세연도까지 해당 사업장에서 발생한 소득에 대한 소득세 또는 법인세에 제2호의 감면 비율을 곱하여 계산한 세액상당액(제3호에 따라 계산한 금액을 한도로 한다)을 감면한다. 다만, 내국법인의 본점 또는 주사무소가 수도권에 있는 경우에는 모든 사업장이 수도권에 있는 것으로 보고 제2호에 따른 비율을 적용한다.(2022.12.31 본문개정)
1. 감면 업종
가. 작물재배업
나. 축산업
다. 어업
라. 광업
마. 제조업
바. 하수·폐기물 처리(재활용을 포함한다), 원료재생 및 환경복원업
사. 건설업
아. 도매 및 소매업
자. 운수업 중 여객운송업
차. 출판업
카. 영상·오디오 기록물 제작 및 배급업(비디오물 감상실 운영업은 제외한다)(2014.12.23 본목개정)
타. 방송업
파. 전기통신업
하. 컴퓨터프로그래밍, 시스템 통합 및 관리업
거. 정보서비스업(블록체인 기반 암호화자산 매매 및 중개업은 제외한다)(2018.12.24 본목개정)
너. 연구개발업
더. 광고업
러. 기타 과학기술 서비스업(2023.12.31 본목개정)
머. 포장 및 충전업
버. 전문디자인업
서. 창작 및 예술관련 서비스업(자영예술가는 제외한다)
어. 대통령령으로 정하는 주문자상표부착방식에 따른 수탁생산업(受託生産業)
저. 엔지니어링사업
처. 물류산업
커. 「학원의 설립·운영 및 과외교습에 관한 법률」에 따른 직업기술 분야를 교습하는 학원을 운영하는 사업 또는 「국민 평생 직업능력 개발법」에 따른 직업능력개발훈련시설을 운영하는 사업(직업능력개발훈련을 주된 사업으로 하는 경우에 한정한다)(2021.8.17 본목개정)

터. 대통령령으로 정하는 자동차정비공장을 운영하는 사업
퍼. 「해운법」에 따른 선박관리업
허. 「의료법」에 따른 의료기관을 운영하는 사업〔의원·치과의원 및 한의원은 해당 과세연도의 수입금액(기업회계기준에 따라 계산한 매출액을 말한다)에서 「국민건강보험법」 제47조에 따라 지급받는 요양급여비용이 차지하는 비율이 100분의 80 이상으로서 해당 과세연도의 종합소득금액이 1억원 이하인 경우에 한정한다. 이하 이 조에서 "의료업"이라 한다〕(2016.12.20 본목개정)
고. 「관광진흥법」에 따른 관광사업(카지노, 관광유흥음식점 및 외국인전용유흥음식점업은 제외한다)
노. 「노인복지법」에 따른 노인복지시설을 운영하는 사업
도. 「전시산업발전법」에 따른 전시산업
로. 인력공급 및 고용알선업(농업노동자 공급업을 포함한다)(2010.12.27 본목개정)
모. 콜센터 및 텔레마케팅 서비스업
보. 「에너지이용 합리화법」 제25조에 따른 에너지절약전문기업이 하는 사업
소. 「노인장기요양보험법」 제31조에 따른 장기요양기관 중 재가급여를 제공하는 장기요양기관을 운영하는 사업(2018.12.11 본목개정)
오. 건물 및 산업설비 청소업(2010.12.27 본목신설)
조. 경비 및 경호 서비스업(2010.12.27 본목신설)
초. 시장조사 및 여론조사업(2010.12.27 본목신설)
코. 사회복지 서비스업(2013.1.1 본목신설)
토. 무형재산권 임대업(「지식재산 기본법」 제3조제1호에 따른 지식재산을 임대하는 경우로 한정한다)(2014.1.1 본목신설)
포. 「연구산업진흥법」 제2조제1호나목의 산업(2021.4.20 본목개정)
호. 개인 간병 및 유사 서비스업, 사회교육시설, 직원훈련기관, 기타 기술 및 직업훈련 학원, 도서관·사적지 및 유사 여가 관련 서비스업(독서실 운영업은 제외한다)(2017.12.19 본목개정)
구. 「민간임대주택에 관한 특별법」에 따른 주택임대관리업(2015.12.15 본목개정)
누. 「신에너지 및 재생에너지 개발·이용·보급 촉진법」에 따른 신·재생에너지 발전사업(2014.12.23 본목신설)
두. 보안시스템 서비스업(2015.12.15 본목신설)
루. (2016.12.20 본목삭제)
무. 통관 대리 및 관련 서비스업(2020.12.29 본목신설)
부. 자동차 임대업(「여객자동차 운수사업법」 제31조제1항에 따른 자동차대여사업자로서 같은 법 제28조에 따라 등록한 자동차 중 100분의 50 이상을 「환경친화적 자동차의 개발 및 보급 촉진에 관한 법률」 제2조제3호에 따른 전기자동차 또는 같은 조 제6호에 따른 수소전기자동차로 보유한 경우로 한정한다)(2020.12.29 본목신설)
2. 감면 비율. 다만, 제1호무목에 따른 업종을 경영하는 사업장의 경우 나목, 다목 및 바목에도 불구하고 나목, 다목 및 바목의 감면 비율에 100분의 50을 곱한 비율로 한다.(2020.12.29 단서신설)
가. 대통령령으로 정하는 소기업(이하 이 조에서 "소기업"이라 한다)이 도매 및 소매업, 의료업(이하 이 조에서 "도매업등"이라 한다)을 경영하는 사업장 : 100분의 10
나. 소기업이 수도권에서 제1호에 따른 감면 업종 중 도매업등을 제외한 업종을 경영하는 사업장 : 100분의 20
다. 소기업이 수도권 외의 지역에서 제1호에 따른 감

면 업종 중 도매업등을 제외한 업종을 경영하는 사업장 : 100분의 30
라. 소기업을 제외한 중소기업(이하 이 조에서 "중기업"이라 한다)이 수도권 외의 지역에서 도매업등을 경영하는 사업장 : 100분의 5
마. (2022.12.31 삭제)
바. 중기업이 수도권 외의 지역에서 제1호에 따른 감면 업종 중 도매업등을 제외한 업종을 경영하는 사업장 : 100분의 15
3. 감면한도 : 다음 각 목의 구분에 따른 금액
가. 해당 과세연도의 상시근로자 수가 직전 과세연도의 상시근로자 수보다 감소한 경우 : 1억원에서 감소한 상시근로자 1명당 5백만원씩을 뺀 금액(해당 금액이 음수인 경우에는 영으로 한다)
나. 그 밖의 경우 : 1억원
(2017.12.19 본호신설)
② 제1항을 적용할 때 다음 각 호의 요건을 모두 충족하는 중소기업의 경우에는 제1항제2호의 규정에도 불구하고 제1항제2호에 따른 감면 비율에 100분의 110을 곱한 감면 비율을 적용한다.
1. 해당 과세연도 개시일 현재 10년 이상 계속하여 해당 업종을 경영한 기업일 것
2. 해당 과세연도의 종합소득금액이 1억원 이하일 것
3. 「소득세법」 제59조의4제9항에 따른 성실사업자로서 제122조의3제1항제2호 및 제4호의 요건을 모두 갖춘 자일 것(2022.12.31 본호개정)
(2016.12.20 본항개정)
③ 제1항 및 제2항에도 불구하고 「석유 및 석유대체연료 사업법」에 따른 석유판매업 중 대통령령으로 정하는 석유판매업을 영위하는 중소기업으로서 제1호 각 목의 감면 요건을 모두 갖춘 자에 대해서는 2023년 12월 31일까지 해당 석유판매업에서 발생하는 소득에 대한 소득세 또는 법인세에 제2호의 감면 비율을 곱하여 계산한 세액상당액(제1항제3호 각 목의 금액을 한도로 한다)을 감면한다.
1. 감면 요건
가. 2022년 1월 1일부터 2022년 12월 31일까지의 기간 중 「한국석유공사법」에 따른 한국석유공사와 석유제품(「석유 및 석유대체연료 사업법」에 따른 석유제품을 말한다. 이하 이 호에서 같다) 공급계약을 최초로 체결할 것
나. 가목에 따른 석유제품 공급계약 기간 동안 매 분기별로 「한국석유공사법」에 따른 한국석유공사로부터의 석유제품 구매량이 같은 분기의 석유제품 판매량의 100분의 50 이상일 것
다. 상표를 "알뜰주유소"로 하여 영업할 것
2. 감면 비율
가. 소기업이 경영하는 사업장 : 100분의 20
나. 중기업이 수도권 외의 지역에서 경영하는 사업장 : 100분의 15
다. 중기업이 수도권에서 경영하는 사업장 : 100분의 10
(2022.12.31 본항신설)
④ 제1항부터 제3항까지의 규정을 적용받으려는 내국인은 대통령령으로 정하는 바에 따라 감면신청을 하여야 한다.(2022.12.31 본항개정)
⑤ 제1항 및 제3항을 적용할 때 상시근로자의 범위, 상시근로자 수의 계산방법과 그 밖에 필요한 사항은 대통령령으로 정한다.(2022.12.31 본항개정)
제7조의2【기업의 어음제도개선을 위한 세액공제】
① 중소기업을 경영하는 내국인이 2013년 12월 31일까지 중소기업에 지급한 구매대금〔중소기업이 아닌 기업을 경영하는 내국인이 네트워크 론(network loan) 제도를 이용하여 중소기업에 지급하는 구매대금을 포함한다. 이하 이 조에서 같다〕 중 다음 각 호의 어느 하나에

해당하는 금액(이하 이 조에서 "환어음등 지급금액"이라 한다)이 있는 경우에는 제2항에 따라 계산한 금액을 소득세(사업소득에 대한 소득세만 해당한다) 또는 법인세에서 공제한다. 다만, 공제받는 금액이 해당 과세연도의 소득세 또는 법인세의 100분의 10을 초과하는 경우에는 100분의 10을 한도로 한다.(2010.12.27 본항개정)
1. 환어음 및 판매대금추심의뢰서(販賣代金推尋依賴書)로 결제한 금액
2. 판매기업에 대한 구매대금의 지급분이 해당 거래에 대한 「부가가치세법」, 「소득세법」 및 「법인세법」에 따른 세금계산서・계산서 및 영수증(이하 이 항에서 "세금계산서등"이라 한다)의 작성일부터 60일 이내이고 신용카드업자가 판매기업에 대하여 상환청구권을 행사할 수 없는 것으로 약정된 기업구매전용카드의 사용금액
3. 구매기업의 대출금 상환기한이 세금계산서 등의 작성일부터 60일 이내이고 금융기관이 판매기업에 대하여 상환청구권을 행사할 수 없는 것으로 약정된 외상매출채권 담보대출 제도를 이용하여 지급한 금액
4. 구매기업의 대금결제 기한이 세금계산서 등의 작성일부터 60일 이내이고 금융기관이 판매기업에 대하여 상환청구권을 행사할 수 없는 것으로 약정된 구매론(loan) 제도를 이용하여 지급한 금액
5. 구매기업의 대금결제 기한이 세금계산서 등의 작성일부터 60일 이내이고, 세금계산서 등의 작성일 이전에는 금융기관이 판매기업에 대하여 상환청구권을 행사하고 세금계산서 등의 작성일 후에는 금융기관이 구매기업에 대하여 상환청구권을 행사하는 것으로 약정된 네트워크 론 제도를 이용하여 지급한 금액(판매기업이 대출받은 금액을 한도로 한다)
② 제1항에 따라 공제할 금액은 제1호의 금액에 제2호의 금액(해당 금액이 음수(陰數)인 경우에는 영으로 본다)을 합하여 계산한 금액으로 한다.
1. 〔환어음등 지급금액 중 지급기한・상환기한 또는 대금결제 기한이 세금계산서 등의 작성일부터 30일 이내 금액 - 구매대금을 지급하기 위하여 결제한 약속어음의 금액(지급기한・상환기한 또는 대금결제 기한이 세금계산서 등의 작성일부터 30일 이내인 환어음등 지급금액보다 작거나 같은 금액을 말한다)〕 × 1천분의 5(중소기업이 아닌 기업을 경영하는 내국인이 네트워크 론제도를 이용하여 중소기업에 지급하는 구매대금의 경우에는 1천분의 4)
2. 〔환어음등 지급금액 중 지급기한・상환기한 또는 대금결제 기한이 세금계산서 등의 작성일부터 30일 초과 60일 이내인 금액 - 구매대금을 지급하기 위하여 결제한 약속어음의 금액(제1호에서 빼고 남은 금액을 말한다)〕 × 1만분의 15
③ 제1항과 제2항에서 사용하는 용어의 뜻은 다음과 같다.
1. "구매대금"이란 구매기업이 그 기업의 사업 목적에 맞는 경상적(經常的) 영업활동과 관련하여 판매기업으로부터 재화를 공급받거나 용역을 제공받고 그 대가로 지급하는 금액을 말한다.
2. "판매대금"이란 판매기업이 그 기업의 사업 목적에 맞는 경상적 영업활동과 관련하여 구매기업에 재화를 공급하거나 용역을 제공하고 그 대가로 받는 금액을 말한다.
3. "환어음"이란 판매기업이 판매대금을 받기 위하여 구매기업을 지급인으로, 판매대금을 지급금액으로 하여 일람출급식(一覽出給式)으로 발행한 어음으로서 한국은행총재가 기업구매자금대출과 관련하여 정한 조건 및 양식에 따라 발행된 것을 말한다.
4. "판매대금추심의뢰서"란 판매기업이 판매대금을 받기 위하여 전자적 형태로 작성하여 거래 은행에 전송하는 서류로서 한국은행총재가 기업구매자금대출과

관련하여 정한 조건 및 양식에 따라 작성된 것을 말한다.
5. "기업구매전용카드"란 구매기업이 구매대금을 지급하기 위하여 「여신전문금융업법」에 따른 신용카드업자로부터 발급받는 신용카드 또는 직불카드로서 일반적인 신용카드 가맹점에서는 사용할 수 없고, 구매기업・판매기업 및 신용카드업자 간의 계약에 의하여 해당 판매기업에 대한 구매대금의 지급만을 목적으로 발급하는 것을 말한다.
6. "외상매출채권 담보대출"이란 판매기업이 판매대금을 받기 위하여 구매기업에 대한 외상매출채권을 담보로 금융기관에서 대출을 받고, 구매기업이 구매대금으로 판매기업에 대한 금융기관의 대출금을 상환하는 것으로서 한국은행총재가 정한 조건에 따라 대출이 이루어지는 것을 말한다.
7. "구매론 제도"란 구매기업이 금융기관과 대출한도를 약정하여 대출받은 금액으로 정보처리시스템을 이용하여 판매기업에 구매대금을 결제하고 만기일에 대출금을 금융기관에 상환하는 결제방식을 말한다.
8. "네트워크 론 제도"란 판매기업과 금융기관이 대출한도를 약정한 후 판매기업이 구매기업의 발주서를 근거로 대출받고, 구매기업이 전자결제방식으로 대출금을 금융기관에 상환하는 결제방식을 말한다.
④ 제1항과 제2항을 적용받으려는 내국인은 대통령령으로 정하는 바에 따라 세액공제신청을 하여야 한다.
⑤ 제1항제5호를 적용하는 경우 구매기업・금융기관과 판매기업 간의 발주서 및 대출정보 제공 절차 등에 관하여 필요한 사항은 대통령령으로 정한다.
제7조의3 (2003.12.30 삭제)
제7조의4 【상생결제 지급금액에 대한 세액공제】 ① 중소기업 및 대통령령으로 정하는 중견기업(이하 제10조를 제외하고 "중견기업"이라 한다)을 경영하는 내국인이 2025년 12월 31일까지 중소기업 및 중견기업에 지급한 구매대금(제7조의2제3항제1호에 따른 구매대금을 말한다. 이하 이 조에서 같다) 중 대통령령으로 정하는 상생결제제도(이하 이 조에서 "상생결제제도"라 한다)를 통하여 지급한 금액이 있는 경우로서 해당 과세연도에 지급한 구매대금 중 con속어음으로 결제한 금액이 차지하는 비율이 직전 과세연도보다 증가하지 아니하는 경우에는 제2항에 따라 계산한 금액을 소득세(사업소득(「소득세법」 제45조제2항에 따른 부동산임대업에서 발생하는 소득은 포함하지 아니한다. 제122조의3, 제126조의2, 제126조의6 및 제132조를 제외하고 이하에서 같다)에 대한 소득세만 해당한다) 또는 법인세에서 공제한다. 다만, 공제받는 금액이 해당 과세연도의 소득세 또는 법인세의 100분의 10을 초과하는 경우에는 100분의 10을 한도로 한다.(2022.12.31 본항개정)
1.~2. (2021.12.28 삭제)
② 제1항에 따라 공제할 금액은 다음 각 호의 금액(해당 금액이 0보다 작은 경우에는 0으로 한다)을 합하여 계산한 금액으로 한다.
1. 상생결제제도를 통한 지급금액 중 지급기한이 세금계산서등(제7조의2제1항제2호에 따른 세금계산서등을 말한다. 이하 이 조에서 같다)의 작성일부터 15일 이내인 지급금액에 대하여 다음의 계산식에 따라 산출한 금액

$$(A - B) \times 1천분의 5$$

A : 상생결제제도를 통한 지급금액 중 지급기한이 세금계산서등의 작성일부터 15일 이내인 금액
B : 직전 과세연도에 지급한 대통령령으로 정하는 현금성결제금액(이하 이 조에서 "현금성결제금액"이라 한다)이 해당 과세연도의 현금성결제금액을 초과하는 경우 그 초과하는 금액

2. 상생결제제도를 통한 지급금액 중 지급기한이 세금계산서등의 작성일부터 15일 초과 30일 이내인 지급금액에 대하여 다음의 계산식에 따라 산출한 금액

$$(C - D) \times 1천분의 3$$

C : 상생결제제도를 통한 지급금액 중 지급기한이 세금계산서등의 작성일부터 15일 초과 30일 이내인 금액
D : 제1호에 따른 B가 A를 초과하는 경우 그 초과하는 금액

3. 상생결제제도를 통한 지급금액 중 지급기한이 세금계산서등의 작성일부터 30일 초과 60일 이내인 지급금액에 대하여 다음의 계산식에 따라 산출한 금액

$$(E - F) \times 1만분의 15$$

E : 상생결제제도를 통한 지급금액 중 지급기한이 세금계산서등의 작성일부터 30일 초과 60일 이내인 금액
F : 제2호에 따른 D가 C를 초과하는 경우 그 초과하는 금액

(2021.12.28 본항개정)
③ 제1항과 제2항을 적용받으려는 내국인은 대통령령으로 정하는 바에 따라 세액공제신청을 하여야 한다. (2015.12.15 본조신설)

제8조【중소기업 지원설비에 대한 손금산입의 특례 등】 ① 내국인이 사업에 직접 사용하던 자동화설비 등 대통령령으로 정하는 설비를 중소기업에 2012년 12월 31일까지 무상으로 기증하거나 「법인세법」 제52조제2항에 따른 시가(이하 이 조에서 "시가"라 한다)보다 낮은 가액(價額)으로 양도하는 경우에는 다음 각 호의 금액을 해당 과세연도의 소득금액을 계산할 때 손금에 산입한다.
1. 무상으로 기증하는 경우 : 기증한 설비의 시가
2. 시가보다 낮은 가액으로 양도하는 경우 : 양도한 자산의 시가(시가가 장부가액보다 낮은 경우에는 장부가액)에서 양도가액을 뺀 가액
② 중소기업이 제1항에 따라 기증받은 설비의 가액에 상당하는 금액은 「소득세법」 제32조 및 「법인세법」 제36조를 준용하여 손금에 산입할 수 있다.
③ 제1항 및 제2항의 적용대상이 되는 중소기업의 요건과 그 밖에 필요한 사항은 대통령령으로 정한다.

제8조의2【상생협력 중소기업으로부터 받은 수입배당금의 익금불산입】 내국법인이 2013년 12월 31일까지 「대·중소기업 상생협력 촉진에 관한 법률」 제2조에 따른 상생협력 중소기업에 출자하여 받은 수입배당금액(의결권 없는 주식으로 받은 것만 해당한다)은 각 사업연도의 소득금액을 계산할 때 익금에 산입하지 아니한다.(2010.12.27 본조개정)

제8조의3【상생협력을 위한 기금 출연 등에 대한 세액공제】 ① 내국법인이 「대·중소기업 상생협력 촉진에 관한 법률」 제2조제3호 또는 「자유무역협정체결에 따른 농어업인 등의 지원에 관한 특별법」 제2조제19조에 따른 상생협력을 위하여 2025년 12월 31일까지 다음 각 호의 어느 하나에 해당하는 출연을 하는 경우에는 해당 출연금의 100분의 10에 상당하는 금액을 출연한 날이 속하는 사업연도의 법인세에서 공제한다. 다만, 해당 출연금이 대통령령으로 정하는 특수관계인을 지원하기 위하여 사용된 경우 그 금액에 대해서는 공제하지 아니한다.(2022.12.31 본문개정)
1. 「대·중소기업 상생협력 촉진에 관한 법률」 제2조제6호에 따른 수탁기업 등 대통령령으로 정하는 중소기업(이하 이 조에서 "협력중소기업"이라 한다)에 대한 보증 또는 대출지원을 목적으로 「신용보증기금법」에 따른 신용보증기금(이하 이 조에서 "신용보증기금"이라 한다) 또는 「기술보증기금법」에 따른 기술보증기금(이하 이 조에서 "기술보증기금"이라 한다)에 출연하는 경우(2016.3.29 본호개정)

2. 「대·중소기업 상생협력 촉진에 관한 법률」에 따른 대·중소기업·농어업협력재단(「자유무역협정 체결에 따른 농어업인 등의 지원에 관한 특별법」에 따른 농어촌상생협력기금을 포함한며, 이하 이 조에서 "협력재단"이라 한다)에 출연하는 경우(2016.12.20 본호개정)
3. 「대·중소기업 상생협력 촉진에 관한 법률」 제2조제1호에 따른 중소기업(이하 이 항에서 "상생중소기업"이라 한다)이 설립한 「근로복지기본법」 제50조에 따른 사내근로복지기금에 출연하거나 상생중소기업 간에 공동으로 설립한 「근로복지기본법」 제86조의2에 따른 공동근로복지기금에 출연하는 경우. 다만, 해당 내국법인이 설립한 사내근로복지기금 또는 해당 내국법인이 공동으로 설립한 공동근로복지기금에 출연하는 경우는 제외한다.(2019.12.31 본호신설)
4. 「중소기업협동조합법」 제106조제8항에 따른 공동사업지원자금에 출연하는 경우(2021.12.28 본호신설)
② 내국법인이 협력중소기업(해당 내국법인의 대통령령으로 정하는 특수관계인인 경우는 제외한다)을 지원하기 위하여 대통령령으로 정하는 바에 따라 2025년 12월 31일까지 대통령령으로 정하는 유형고정자산을 무상으로 임대하는 경우에는 대통령령으로 정하는 바에 따라 유형고정자산 장부가액의 100분의 3에 상당하는 금액을 무상임대를 개시하는 날이 속하는 사업연도의 법인세에서 공제한다.(2022.12.31 본항개정)
③ 내국인이 「대·중소기업 상생협력 촉진에 관한 법률」에 따른 수탁·위탁거래의 상대방인 수탁기업에 설치(제2항에 따라 무상임대하는 경우는 제외한다)하는 대통령령으로 정하는 시설에 2025년 12월 31일까지 투자(중고품 및 대통령령으로 정하는 리스에 의한 투자는 제외한다)하는 경우에는 그 투자금액의 100분의 1(중견기업의 경우에는 100분의 3, 중소기업의 경우에는 100분의 7)에 상당하는 금액을 소득세(사업소득에 대한 소득세만 해당한다) 또는 법인세에서 공제한다. 이 경우 세액공제의 방법에 관하여는 제24조제1항, 제2항 및 제5항을 준용한다.(2022.12.31 전단개정)
④ 내국법인이 사업에 사용하던 자산 중 연구시험용 시설 등 대통령령으로 정하는 자산을 「고등교육법」 제2조제1호에 따른 대학 및 그 밖에 대통령령으로 정하는 교육기관에 2025년 12월 31일까지 무상으로 기증하는 경우에는 기증한 자산의 「법인세법」 제52조제2항에 따른 시가의 100분의 10에 상당하는 금액을 기증하는 날이 속하는 사업연도의 법인세에서 공제한다. 이 경우 기증한 자산의 세액공제에 관하여 필요한 사항은 대통령령으로 정한다.(2022.12.31 본항신설)
⑤ 신용보증기금, 기술보증기금, 협력재단, 사내근로복지기금 및 공동근로복지기금은 제1항에 따라 세액공제를 적용받은 해당 출연금을 회계처리할 때에는 다른 자금과 구분경리하여야 한다.(2019.12.31 본항개정)
⑥ 신용보증기금 또는 기술신용보증기금은 제1항에 따라 받은 출연금을 같은 항에 따른 지원목적 외의 용도로 사용한 경우에는 해당 사업연도의 과세표준신고를 할 때 제1항에 따라 내국법인이 공제받은 세액상당액을 법인세로 납부하여야 한다.(2016.12.20 본항개정)
⑦ 내국법인이 제2항에 따른 무상임대 개시일 이후 5년 이내에 해당 유형고정자산의 무상임대를 종료하는 경우에는 해당 사업연도의 과세표준신고를 할 때 제2항에 따라 내국법인이 공제받은 세액상당액을 법인세로 납부하여야 한다.(2016.12.20 본항신설)
⑧ 제1항부터 제4항까지의 규정을 적용받으려는 내국법인은 대통령령으로 정하는 바에 따라 세액공제신청을 하여야 한다.(2022.12.31 본항개정)
(2018.12.24 본조제목개정)

제8조의4【중소기업의 결손금 소급공제에 따른 환급특례】 중소기업에 해당하는 내국인은 2021년 12월 31일

이 속하는 과세연도에 「소득세법」 제19조제2항 및 「법인세법」 제14조제2항에 따른 결손금이 발생한 경우 「소득세법」 제85조의2 및 「법인세법」 제72조에도 불구하고 직전 2개 과세연도의 소득(거주자의 경우에는 해당 중소기업의 사업소득에 한정한다)에 대하여 부과된 소득세액 또는 법인세액을 한도로 대통령령으로 정하는 바에 따라 계산한 금액을 환급신청할 수 있다. (2021.12.28 본조개정)

제2절 연구 및 인력개발에 대한 조세특례
(2010.1.1 본절제목개정)

제9조 (2019.12.31 삭제)

제10조【연구·인력개발비에 대한 세액공제】 ① 내국인의 연구개발 및 인력개발을 위한 비용 중 대통령령으로 정하는 비용(이하 "연구·인력개발비"라 한다)이 있는 경우에는 다음 각 호의 금액을 합한 금액을 해당 과세연도의 소득세(사업소득에 대한 소득세만 해당한다) 또는 법인세에서 공제한다. 이 경우 제1호 및 제2호는 2024년 12월 31일까지 발생한 해당 연구·인력개발비에 대해서만 적용하며, 제1호 및 제2호를 동시에 적용받을 수 있는 경우에는 납세의무자의 선택에 따라 그 중 하나만을 적용한다.(2021.12.28 본문개정)
1. 연구·인력개발비 중 미래 유망성 및 산업 경쟁력 등을 고려하여 지원할 필요성이 있다고 인정되는 기술로서 대통령령으로 정하는 기술(이하 "신성장·원천기술"이라 한다)을 얻기 위한 연구개발비(이하 이 조에서 "신성장·원천기술연구개발비"라 한다)에 대해서는 해당 과세연도에 발생한 신성장·원천기술연구개발비에 가목의 비율과 나목의 비율을 더한 비율을 곱하여 계산한 금액(2021.12.28 본문개정)
가. 기업유형에 따른 비율
  1) 중소기업에 해당하는 경우 : 100분의 30
  2) 그 밖의 경우 : 100분의 20[대통령령으로 정하는 중견기업(이하 이 조에서 "중견기업"이라 한다) 중 「자본시장과 금융투자업에 관한 법률」에 따른 코스닥시장에 상장한 중견기업(이하 이 조에서 "코스닥상장중견기업"이라 한다)의 경우 100분의 25]
나. 해당 과세연도의 수입금액(「법인세법」 제43조의 기업회계기준에 따라 계산한 매출액을 말한다. 이하 이 조에서 같다)에서 신성장·원천기술연구개발비가 차지하는 비율에 대통령령으로 정하는 일정배수를 곱한 비율. 다만, 100분의 10(코스닥상장중견기업의 경우 100분의 15)을 한도로 한다.(2021.12.28 본문개정)
(2017.12.19 본호개정)
2. 연구·인력개발비 중 반도체, 이차전지, 백신, 디스플레이, 수소, 미래형 이동수단, 바이오의약품 및 그 밖에 대통령령으로 정하는 분야와 관련된 기술로서 국가안보 차원의 전략적 중요성이 인정되고 국민경제 전반에 중대한 영향을 미치는 대통령령으로 정하는 기술(이하 "국가전략기술"이라 한다)을 얻기 위한 연구개발(이하 이 조에서 "국가전략기술연구개발비"라 한다)에 대해서는 해당 과세연도에 발생한 국가전략기술연구개발비에 가목의 비율과 나목의 비율을 더한 비율을 곱하여 계산한 금액(2023.12.31 본문개정)
가. 기업유형에 따른 비율
  1) 중소기업에 해당하는 경우 : 100분의 40
  2) 그 밖의 경우 : 100분의 30
나. 해당 과세연도의 수입금액에서 국가전략기술연구개발비가 차지하는 비율에 대통령령으로 정하는 일정배수를 곱한 비율(100분의 10을 초과하는 경우에는 100분의 10으로 한다)
(2021.12.28 본호신설)

3. 제1호 및 제2호에 해당하지 아니하거나 제1호를 선택하지 아니한 내국인의 연구·인력개발비(이하 이 조에서 "일반연구·인력개발비"라 한다)의 경우에는 다음 각 목 중에서 선택하는 어느 하나에 해당하는 금액. 다만, 해당 과세연도의 개시일부터 소급하여 4년간 일반연구·인력개발비가 발생하지 아니하거나 직전 과세연도에 발생한 일반연구·인력개발비가 해당 과세연도의 개시일부터 소급하여 4년간 발생한 일반연구·인력개발비의 연평균 발생액보다 적은 경우에는 나목에 해당하는 금액(2021.12.28 본문개정)
가. 해당 과세연도에 발생한 일반연구·인력개발비가 직전 과세연도에 발생한 일반연구·인력개발비를 초과하는 경우 그 초과하는 금액의 100분의 25(중견기업의 경우에는 100분의 40, 중소기업의 경우에는 100분의 50)에 상당하는 금액(2017.12.19 본목개정)
나. 해당 과세연도에 발생한 일반연구·인력개발비에 다음의 구분에 따른 비율을 곱하여 계산한 금액
  1) 중소기업인 경우 : 100분의 25
  2) 중소기업이 대통령령으로 정하는 바에 따라 최초로 중소기업에 해당하지 아니하게 된 경우 : 다음의 구분에 따른 비율
  가) 최초로 중소기업에 해당하지 아니하게 된 과세연도의 개시일부터 3년 이내에 끝나는 과세연도까지 : 100분의 15
  나) 가)의 기간 이후부터 2년 이내에 끝나는 과세연도까지 : 100분의 10
  3) 중견기업이 2)에 해당하지 아니하는 경우 : 100분의 8(2016.12.20 개정)
  4) 1)부터 3)까지의 어느 하나에 해당하지 아니하는 경우 : 다음 계산식에 따른 비율(100분의 2를 한도로 한다)
  해당 과세연도의 수입금액에서 일반연구·인력개발비가 차지하는 비율 × 2분의 1
  (2017.12.19 개정)
(2013.1.1 본목개정)
② 제1항제3호에 따른 직전 과세연도에 발생한 일반연구·인력개발비 및 4년간의 일반연구·인력개발비의 연평균 발생액의 구분 및 계산과 그 밖에 필요한 사항은 대통령령으로 정한다.(2022.12.31 본항개정)
③ 제1항을 적용받으려는 내국인은 대통령령으로 정하는 바에 따라 세액공제신청을 하여야 한다.
④ 제1항제1호 또는 제2호를 적용받으려는 내국인은 일반연구·인력개발비, 신성장·원천기술연구개발비 및 국가전략기술연구개발비를 대통령령으로 정하는 바에 따라 구분경리(區分經理)하여야 한다.(2021.12.28 본항개정)
⑤ 제1항을 적용할 때 새로운 서비스 및 서비스전달체계를 개발하기 위한 활동을 위하여 발생한 비용 중 과학기술분야와 결합되어 있지 아니한 금액에 대해서는 자체 연구개발을 위하여 발생한 것에 한정한다.(2021.12.28 본항개정)
⑥ 자체 연구개발을 위한 연구개발비가 「기초연구진흥 및 기술개발지원에 관한 법률」 제14조의3제1항 각 호에 해당하는 사유 중 대통령령으로 정하는 사유로 인하여 연구개발비에 해당하지 아니하게 되는 경우에는 대통령령으로 정하는 날 이후 발생하는 비용에 대하여 제1항에 따른 세액공제를 적용하지 아니한다.(2021.12.28 본항개정)
(2010.1.1 본조개정)

제10조의2【연구개발 관련 출연금 등의 과세특례】 ① 내국인이 2026년 12월 31일까지 연구개발 등을 목적으로 「기초연구진흥 및 기술개발지원에 관한 법률」이나 그 밖에 대통령령으로 정하는 법률에 따라 출연금 등의 자산(이하 이 조에서 "연구개발출연금등"이라 한다)을 받은 경우로서 대통령령으로 정하는 방법에 따라

해당 연구개발출연금등을 구분경리하는 경우에는 연구개발출연금등에 상당하는 금액을 해당 과세연도의 소득금액을 계산할 때 익금에 산입하지 아니할 수 있다. (2023.12.31 본항개정)

② 제1항에 따라 익금에 산입하지 아니한 금액은 다음 각 호의 방법에 따라 익금에 산입하여야 한다.

1. 연구개발출연금등을 해당 연구개발비로 지출하는 경우 : 해당 지출액에 상당하는 금액을 해당 지출일이 속하는 과세연도의 소득금액을 계산할 때 익금에 산입하는 방법

2. 연구개발출연금등으로 해당 연구개발에 사용되는 자산을 취득하는 경우 : 대통령령으로 정하는 방법에 따라 익금에 산입하는 방법

③ 제1항에 따라 연구개발출연금등에 상당하는 금액을 익금에 산입하지 아니한 내국인이 그 연구개발출연금등을 해당 연구개발 목적 외의 용도로 사용하거나 해당 연구개발에 사용하기 전에 폐업하거나 해산하는 경우 그 사용하지 아니한 금액은 해당 사유가 발생한 날이 속하는 과세연도의 소득금액을 계산할 때 익금에 산입한다. 다만, 합병하거나 분할하는 경우로서 합병법인 등이 그 금액을 승계한 경우는 제외하며, 그 금액은 합병법인 등이 제1항에 따라 익금에 산입하지 아니한 것으로 본다.

④ 제3항에 따라 익금에 산입할 금액에 대해서는 제33조제3항 후단을 준용한다.

⑤ 제1항부터 제4항까지의 규정을 적용하는 경우 연구개발출연금등 익금불산입명세서의 제출과 그 밖에 필요한 사항은 대통령령으로 정한다. (2011.12.31 본항개정)

(2010.1.1 본조개정)

제11조 (2018.12.24 삭제)

제12조 【기술이전 및 기술취득 등에 대한 과세특례】 ① 중소기업 및 중견기업이 대통령령으로 정하는 자체 연구·개발한 특허권, 실용신안권, 기술비법 또는 기술(이하 이 조에서 "특허권등"이라 한다)을 2026년 12월 31일까지 내국인에게 이전(대통령령으로 정하는 특수관계인에게 이전한 경우는 제외한다)함으로써 발생하는 소득에 대해서는 해당 소득에 대한 소득세 또는 법인세의 100분의 50에 상당하는 세액을 감면한다. (2023.12.31 본항개정)

② 내국인이 대통령령으로 정하는 특허권등을 자체 연구·개발한 내국인으로부터 2018년 12월 31일까지 특허권등을 취득(대통령령으로 정하는 특수관계인으로부터 취득하는 경우는 제외한다)한 경우에는 다음 각 호의 구분에 따른 비율을 곱하여 계산한 금액을 해당 과세연도의 소득세(사업소득에 대한 소득세만 해당한다) 또는 법인세에서 공제한다. 이 경우 공제받을 수 있는 금액은 해당 과세연도의 소득세 또는 법인세의 100분의 10을 한도로 한다. (2016.12.20 전단개정)

1. 중소기업이 취득하는 경우 : 100분의 10

2. 중소기업에 해당하지 아니하는 자가 취득하는 경우 : 100분의 5(중소기업으로부터 특허권등을 취득하는 경우로 한정한다)

(2016.12.20 1호~2호신설)

③ 중소기업 및 중견기업이 대통령령으로 정하는 자체 연구·개발한 특허권등을 2026년 12월 31일까지 대여(대통령령으로 정하는 특수관계인에게 대여한 경우는 제외한다)함으로써 발생하는 소득에 대해서는 해당 소득에 대한 소득세 또는 법인세의 100분의 25에 상당하는 세액을 감면한다. (2023.12.31 본항개정)

④ 제1항 또는 제3항을 적용할 때 해당 과세연도 및 직전 4개 과세연도에 특허권등에서 발생한 손실이 있는 경우에는 특허권등을 이전 또는 대여함으로써 발생하는 소득을 계산할 때 그 소득에서 해당 손실금액을 뺀다. (2017.12.19 본항신설)

⑤ 제1항부터 제3항까지의 규정을 적용받으려는 내국인은 대통령령으로 정하는 바에 따라 세액감면 또는 세액공제 신청을 하여야 한다. (2014.12.23 본항개정)

제12조의2 【연구개발특구에 입주하는 첨단기술기업 등에 대한 법인세 등의 감면】 ① 「연구개발특구의 육성에 관한 특별법」 제2조제1호에 따른 연구개발특구에 입주한 기업으로서 다음 각 호의 어느 하나에 해당하는 기업이 해당 구역의 사업장(이하 이 조에서 "감면대상사업장"이라 한다)에서 물류산업·정보통신산업 등 대통령령으로 정하는 사업(이하 이 조에서 "감면대상사업"이라 한다)을 하는 경우에는 제2항부터 제8항까지의 규정에 따라 소득세 또는 법인세를 감면한다.

1. 「연구개발특구의 육성에 관한 특별법」 제9조제1항에 따라 2025년 12월 31일까지 지정을 받은 첨단기술기업

2. 「연구개발특구의 육성에 관한 특별법」 제9조의3제2항에 따라 2025년 12월 31일까지 등록한 연구소기업

(2023.12.31 1호~2호개정)

(2021.12.28 본항개정)

② 제1항에 따른 요건을 갖춘 기업의 감면대상사업에서 발생한 소득에 대해서는 해당 감면대상사업에서 최초로 소득이 발생한 과세연도(지정을 받은 날 또는 등록한 날부터 5년이 되는 날이 속하는 과세연도까지 해당 감면대상사업에서 소득이 발생하지 아니한 경우에는 5년이 되는 날이 속하는 과세연도)의 개시일부터 3년 이내에 끝나는 과세연도의 경우에는 소득세 또는 법인세의 100분의 100에 상당하는 세액을 감면하고, 그 다음 2년 이내에 끝나는 과세연도의 경우에는 소득세 또는 법인세의 100분의 50에 상당하는 세액을 감면한다. 다만, 제1항제1호 또는 제2호에 따른 지정 또는 등록이 취소되는 경우 등 대통령령으로 정하는 사유가 발생한 경우에는 해당 사유가 발생한 날이 속하는 과세연도부터 감면을 적용하지 아니한다. (2022.12.31 단서신설)

③ 제2항이 적용되는 감면기간 동안 감면받는 소득세 또는 법인세의 총합계액은 제1호와 제2호의 금액을 합한 금액을 한도(이하 이 조에서 "감면한도"라 한다)로 한다. (2018.12.24 본문개정)

1. 대통령령으로 정하는 투자누계액의 100분의 50

2. 해당 과세연도의 감면대상사업장의 상시근로자 수 × 1천5백만원[청년 상시근로자와 대통령령으로 정하는 서비스업(이하 이 조에서 "서비스업"이라 한다)을 하는 감면대상사업장의 상시근로자의 경우에는 2천만원] (2018.12.24 본호개정)

3. (2018.12.24 삭제)

(2010.12.27 본항신설)

④ 제2항에 따라 각 과세연도에 감면받을 소득세 또는 법인세에 대하여 감면한도를 적용할 때에는 제3항제1호의 금액을 먼저 적용한 후 같은 항 제2호의 금액을 적용한다. (2010.12.27 본항신설)

⑤ 제3항제2호를 적용받아 소득세 또는 법인세를 감면받은 기업이 감면받은 과세연도 종료일부터 2년이 되는 날이 속하는 과세연도 종료일까지의 기간 중 각 과세연도의 감면대상사업장의 상시근로자 수가 감면받은 과세연도의 상시근로자 수보다 감소한 경우에는 대통령령으로 정하는 바에 따라 감면받은 세액에 상당하는 금액을 소득세 또는 법인세로 납부하여야 한다. (2018.12.24 본항개정)

⑥ 제3항 및 제5항을 적용할 때 상시근로자 및 청년 상시근로자의 범위, 상시근로자 수의 계산방법, 그 밖에 필요한 사항은 대통령령으로 정한다. (2018.12.24 본항개정)

⑦ 제2항에 따라 소득세 또는 법인세를 감면받은 기업이 다음 각 호의 어느 하나에 해당하는 경우에는 그 사유가 발생한 과세연도의 과세표준신고를 할 때 대통령령으로 정하는 바에 따라 계산한 세액을 소득세 또는 법인세로 납부하여야 한다.

1. 감면대상사업장의 사업을 폐업하거나 법인이 해산한 경우. 다만, 법인의 합병·분할 또는 분할합병으로 인한 경우는 제외한다.
2. 감면대상사업장을 「연구개발특구의 육성에 관한 특별법」 제2조제1호에 따른 연구개발특구 외의 지역으로 이전한 경우
(2021.12.28 본항신설)
⑧ 제7항에 따라 소득세 또는 법인세를 납부하는 경우에는 대통령령으로 정하는 바에 따라 계산한 이자상당가산액을 소득세 또는 법인세에 가산하여 납부하여야 하며, 해당 세액은 「소득세법」 제76조 또는 「법인세법」 제64조에 따라 납부하여야 할 세액으로 본다.
(2021.12.28 본항신설)
⑨ 제2항을 적용받으려는 자는 대통령령으로 정하는 바에 따라 감면신청을 하여야 한다.
⑩ 제3항제2호에 따라 서비스업에 대한 한도를 적용받는 기업은 제143조를 준용하여 서비스업과 그 밖의 사업을 각각 구분하여 경리하여야 한다.(2018.12.24 본항개정)
(2010.1.1 본조개정)

제12조의3 【기술혁신형 합병에 대한 세액공제】

① 내국법인이 2024년 12월 31일까지 대통령령으로 정하는 기술혁신형 중소기업을 다음 각 호의 요건을 모두 갖추어 합병(대통령령으로 정하는 특수관계인과의 합병은 제외한다)하는 경우 합병법인이 피합병법인에게 지급한 양도가액(이하 이 조에서 "양도가액"이라 한다) 중 대통령령으로 정하는 기술가치 금액의 100분의 10에 상당하는 금액을 해당 사업연도의 법인세에서 공제한다.
(2021.12.28 본문개정)
1. 합병등기일 현재 1년 이상 사업을 계속하던 내국법인 간의 합병일 것
2. 양도가액이 합병등기일 현재의 피합병법인의 순자산시가의 100분의 130 이상일 것 (2015.12.15 본호개정)
3. 대통령령으로 정하는 피합병법인의 주주 또는 출자자(이하 이 조에서 "주주등"이라 한다)가 합병등기일부터 합병등기일이 속하는 사업연도의 종료일까지 합병법인의 지배주주등에 해당하지 아니할 것
(2017.12.19 본호개정)
4. 합병법인이 합병등기일이 속하는 사업연도의 종료일까지 피합병법인으로부터 승계받은 사업을 계속할 것
② 제1항에 따라 법인세를 공제받은 내국법인이 3년 이내의 범위에서 대통령령으로 정하는 기간에 다음 각 호의 어느 하나에 해당하는 사유가 발생하는 경우에는 그 사유가 발생한 날이 속하는 사업연도의 과세표준신고를 할 때 제1항에 따라 공제받은 세액에 대통령령으로 정하는 바에 따라 계산한 이자상당액을 더한 금액을 법인세로 납부하여야 한다.
1. 대통령령으로 정하는 피합병법인의 주주등이 합병법인의 지배주주등에 해당하는 경우
2. 합병법인이 피합병법인으로부터 승계 받은 사업을 폐지하는 경우
③ 제1항제4호 및 제2항제2호를 적용할 때 대통령령으로 정하는 부득이한 사유가 있는 경우에는 사업을 계속하는 것으로 본다.
④ 제1항 및 제2항에 따른 양도가액 및 피합병법인의 순자산시가의 계산, 합병대가의 총합계액의 계산, 지배주주등의 범위, 승계받은 사업의 계속 및 폐지에 관한 기준 등에 관하여 필요한 사항은 대통령령으로 정한다.
⑤ 제1항을 적용받으려는 내국법인은 대통령령으로 정하는 바에 따라 세액공제 신청을 하여야 한다.
(2014.1.1 본조신설)

제12조의4 【기술혁신형 주식취득에 대한 세액공제】

① 내국법인(이하 이 조에서 "인수법인"이라 한다)이 2024년 12월 31일까지 대통령령으로 정하는 기술혁신형 중소기업(이하 이 조에서 "피인수법인"이라 한다)의 주식 또는 출자지분(이하 이 조에서 "주식등"이라 한다)을 다음 각 호의 요건을 모두 갖추어 취득(대통령령으로 정하는 특수관계인으로부터 취득한 경우는 제외한다)하는 경우 취득가액 중 대통령령으로 정하는 기술가치 금액의 100분의 10에 상당하는 금액을 그 취득한 주식등이 제2호의 기준지분비율을 최초로 초과하는 사업연도(이하 이 조에서 "기준충족사업연도"라 한다)의 법인세에서 공제한다.
1. 인수법인이 피인수법인의 주식등을 최초 취득한 날(이하 이 조에서 "최초취득일"이라 한다) 현재 1년 이상 사업을 계속하던 내국법인 간의 취득일 것
2. 인수법인이 최초취득일이 속하는 사업연도 내에 또는 최초취득일이 속하는 사업연도의 다음 사업연도의 종료일까지 취득한 주식등이 해당 사업연도의 종료일 현재 피인수법인의 발행주식총수 또는 출자총액의 100분의 50(인수법인이 피인수법인의 최대출자자로서 피인수법인의 경영권을 실질적으로 지배하는 경우는 100분의 30으로 하고, 이하 이 조에서 "기준지분비율"이라 한다)을 초과하고, 인수법인이 해당 주식등을 기준충족사업연도의 종료일까지 보유할 것
3. 인수법인이 최초취득일부터 기준충족사업연도의 종료일까지 취득한 주식등의 매입가액이 가목의 금액에 나목의 비율을 곱한 금액 이상일 것
   가. 기준충족사업연도의 피인수법인의 순자산시가의 100분의 130
   나. 최초취득일부터 기준충족사업연도의 종료일까지 취득한 주식등이 기준충족사업연도의 종료일 현재 피인수법인의 발행주식총수 또는 출자총액에서 차지하는 비율(이하 이 조에서 "당초지분비율"이라 한다)
4. 대통령령으로 정하는 피인수법인의 주주 또는 출자자(이하 이 조에서 "주주등"이라 한다)가 기준충족사업연도의 종료일에 인수법인 또는 피인수법인의 지배주주등에 해당하지 아니할 것
5. 피인수법인이 기준충족사업연도의 종료일까지 종전에 영위하던 사업을 계속할 것
(2023.12.31 본항개정)
② 제1항에 따라 법인세를 공제받은 내국법인이 5년 이내의 범위에서 대통령령으로 정하는 기간에 다음 각 호의 어느 하나에 해당하는 사유가 발생하는 경우에는 그 사유가 발생한 날이 속하는 사업연도의 과세표준신고를 할 때 제1항에 따라 공제받은 세액〔제3호에 해당하는 경우로서 각 사업연도 종료일 현재 인수법인의 피인수법인 지분비율(이하 이 항에서 "현재지분비율"이라 한다)이 기준지분비율을 초과하는 경우에는 당초지분비율에서 현재지분비율을 차감한 값을 당초지분비율로 나눈 비율과 제1항에 따른 공제세액을 곱한 금액(지분비율 감소로 이미 납부한 공제세액은 제외한다)〕에 대통령령으로 정하는 바에 따라 계산한 이자상당액을 더한 금액을 법인세로 납부하여야 한다.(2018.12.24 본문개정)
1. 대통령령으로 정하는 피인수법인의 주주등이 인수법인 또는 피인수법인의 지배주주등에 해당하는 경우
2. 피인수법인이 종전에 영위하던 사업을 폐지하는 경우
3. 현재지분비율이 당초지분비율보다 낮아지는 경우. 다만, 다음 각 목의 어느 하나에 해당하는 사유로 지분비율이 낮아지는 경우는 제외한다.(2018.12.24 본문개정)
   가. 「벤처기업육성에 관한 특별법」 제16조의3 또는 「상법」 제340조의2에 따른 주식매수선택권을 행사하는 경우(2024.1.9 본목개정)
   나. 「근로복지기본법」에 따른 우리사주조합원이 우리사주를 취득하는 경우(2015.12.15 본목신설)
   다. 제13조제1항제1호에 따른 벤처투자회사, 같은 항 제2호에 따른 신기술사업금융업자, 같은 항 제3호에 따

른 창투조합등이 출자하는 경우(타인 소유의 주식 또는 출자지분을 매입하는 경우는 제외한다)(2023.6.20 본목개정)

③ 제1항제5호 및 제2항제2호를 적용할 때 대통령령으로 정하는 부득이한 사유가 있는 경우에는 사업을 계속하는 것으로 본다.

④ 제1항 및 제2항에 따른 매입가액 및 피인수법인의 순자산시가의 계산, 지배주주등의 범위, 종전에 영위하던 사업의 계속 및 폐지에 관한 기준 등에 관하여 필요한 사항은 대통령령으로 정한다.

⑤ 제1항을 적용받으려는 내국법인은 대통령령으로 정하는 바에 따라 세액공제 신청을 하여야 한다.

(2014.1.1 본조신설)

제13조【벤처투자회사 등의 주식양도차익 등에 대한 비과세】 ① 다음 각 호의 어느 하나에 해당하는 주식 또는 출자지분을 양도함으로써 발생하는 양도차익에 대해서는 법인세를 부과하지 아니한다.

1. 「벤처투자 촉진에 관한 법률」에 따른 벤처투자회사(이하 "벤처투자회사"라 한다) 및 창업기획자(이하 "창업기획자"라 한다)가 「중소기업창업 지원법」에 따른 창업기업(이하 "창업기업"이라 한다), 벤처기업 또는 「벤처기업육성에 관한 특별법」에 따른 신기술창업전문회사(「중소기업기본법」 제2조에 따른 중소기업에 한정한다. 이하 "신기술창업전문회사"라 한다)에 2025년 12월 31일까지 출자함으로써 취득한 주식 또는 출자지분(2024.1.9 본호개정)

2. 「여신전문금융업법」에 따른 신기술사업금융업자(이하 "신기술사업금융업자"라 한다)가 「기술보증기금법」에 따른 신기술사업자(이하 "신기술사업자"라 한다), 벤처기업 또는 신기술창업전문회사에 2025년 12월 31일까지 출자함으로써 취득한 주식 또는 출자지분(2022.12.31 본호개정)

3. 벤처투자회사, 창업기획자, 「벤처투자 촉진에 관한 법률」 제50조제1항제5호에 따른 「상법」상 유한회사(이하 이 조에서 "벤처기업출자유한회사"라 한다) 또는 신기술사업금융업자가 다음 각 목의 어느 하나에 해당하는 조합(이하 "창투조합등"이라 한다)을 통하여 창업기업, 신기술사업자, 벤처기업 또는 신기술창업전문회사에 2025년 12월 31일까지 출자함으로써 취득한 주식 또는 출자지분(2023.6.20 본문개정)

가. 「벤처투자 촉진에 관한 법률」 제2조제8호에 따른 개인투자조합(이하 "개인투자조합"이라 한다) 및 같은 법 제2조제11호에 따른 벤처투자조합(이하 "벤처투자조합"이라 한다)(2021.12.28 본목개정)

나. (2020.2.11 삭제)

다. 「여신전문금융업법」에 따른 신기술사업투자조합(이하 "신기술사업투자조합"이라 한다)

라. 「소재·부품·장비산업 경쟁력 강화 및 공급망 안정화를 위한 특별조치법」에 따른 전문투자조합(이하 "전문투자조합"이라 한다)(2023.6.13 본목개정)

마. 「농림수산식품투자조합 결성 및 운용에 관한 법률」에 따른 농식품투자조합(이하 "농식품투자조합"이라 한다)(2011.12.31 본목신설)

4. 기금을 관리·운용하는 법인 또는 공제사업을 하는 법인으로서 대통령령으로 정하는 법인(이하 이 조에서 "기금운용법인등"이라 한다)이 창투조합등을 통하여 창업기업, 신기술사업자, 벤처기업 또는 신기술창업전문회사에 2025년 12월 31일까지 출자함으로써 취득한 주식 또는 출자지분(2022.12.31 본호개정)

5. 벤처투자회사 또는 신기술사업금융업자가 코넥스시장(「자본시장과 금융투자업에 관한 법률」 및 같은 법 시행령에 따른 코넥스시장을 말한다)에 상장한 중소기업(이하 이 조, 제16조의2, 제46조의7 및 제117조에서 "코넥스상장기업"이라 한다)에 2025년 12월 31일까

지 출자함으로써 취득한 주식 또는 출자지분(2023.6.20 본호개정)

6. 벤처투자회사, 벤처기업출자유한회사 또는 신기술사업금융업자가 창투조합등을 통하여 코넥스상장기업에 2025년 12월 31일까지 출자함으로써 취득한 주식 또는 출자지분(2023.6.20 본호개정)

7. 「벤처투자 촉진에 관한 법률」 제2조제12호에 따른 민간재간접벤처투자조합(이하 "민간재간접벤처투자조합"이라 한다)의 업무집행조합원으로서 대통령령으로 정하는 자가 민간재간접벤처투자조합을 통하여 창업기업, 신기술사업자, 벤처기업 또는 신기술창업전문회사에 2025년 12월 31일까지 출자함으로써 취득한 주식 또는 출자지분(2023.12.31 본호신설)

② 제1항제1호부터 제4호까지 및 제7호를 적용할 때 출자는 벤처투자회사, 창업기획자, 벤처기업출자유한회사·신기술사업금융업자 또는 기금운용법인등은 직접 또는 창투조합등을 통하여, 민간재간접벤처투자조합의 업무집행조합원은 민간재간접벤처투자조합을 통하여 각각 다음 각 호의 어느 하나에 해당하는 방법으로 창업기업, 신기술사업자, 벤처기업 또는 신기술창업전문회사나 창업기업 또는 출자지분을 취득하여야 한다. 다만, 제1호부터 제4호까지의 규정의 경우에는 타인 소유의 주식 또는 출자지분을 매입에 의하여 취득하는 경우는 제외한다.(2023.12.31 본문개정)

1. 해당 기업의 설립 시에 자본금으로 납입하는 방법

2. 해당 기업이 설립된 후 7년 이내에 유상증자(有償增資)하는 경우로서 증자대금을 납입하는 방법

3. 해당 기업이 설립된 후 7년 이내에 잉여금을 자본으로 전입(轉入)하는 방법

4. 해당 기업이 설립된 후 7년 이내에 채무를 자본으로 전환하는 방법

5. 제2호에 따라 유상증자의 증자대금을 납입한 날부터 6개월 이내에 제16조제1항에 따라 거주자가 소득공제를 적용받아 소유하고 있는 해당 유상증자 기업의 주식 또는 출자지분으로서 해당 거주자의 출자일 또는 투자일부터 3년이 지난 것을 매입하는 방법. 다만, 제2호에 따라 납입한 증자대금의 100분의 30을 한도로 한다.(2022.12.31 단서개정)

③ 제1항제5호 또는 제6호를 적용할 때 출자는 벤처투자회사, 벤처기업출자유한회사 또는 신기술사업금융업자가 직접 또는 창투조합등을 통하여 다음 각 호의 어느 하나에 해당하는 방법으로 코넥스상장기업의 주식 또는 출자지분을 취득하는 것으로 한다. 다만, 제1호부터 제3호까지의 규정의 경우에는 타인 소유의 주식 또는 출자지분을 매입에 의하여 취득하는 경우는 제외한다.(2023.6.20 본문개정)

1. 해당 기업이 상장된 후 2년 이내에 유상증자(有償增資)하는 경우로서 증자대금을 납입하는 방법

2. 해당 기업이 상장된 후 2년 이내에 잉여금을 자본으로 전입(轉入)하는 방법

3. 해당 기업이 상장된 후 2년 이내에 채무를 자본으로 전환하는 방법

4. 제1호에 따라 유상증자의 증자대금을 납입한 날부터 6개월 이내에 제16조제1항에 따라 거주자가 소득공제를 적용받아 소유하고 있는 해당 유상증자 기업의 주식 또는 출자지분으로서 해당 거주자의 출자일 또는 투자일부터 3년이 지난 것을 매입하는 방법. 다만, 제1호에 따라 납입한 증자대금의 100분의 30을 한도로 한다.(2022.12.31 단서개정)

(2014.1.1 본항신설)

④ 벤처투자회사, 창업기획자, 벤처기업출자유한회사 또는 신기술사업금융업자가 제1항에 따른 출자로 인하여 창업기업, 신기술사업자, 벤처기업, 신기술창업전문회사 또는 코넥스상장기업으로부터 2025년 12월 31일까

지 받는 배당소득에 대해서는 법인세를 부과하지 아니한다.(2023.6.20 본항개정)
⑤ 제1항부터 제4항까지의 규정에 따른 양도차익 및 배당소득의 계산 등에 관하여 필요한 사항은 대통령령으로 정한다.(2023.6.20 본항개정)
(2023.6.20 본조제목개정)
(2010.1.1 본조개정)

제13조의2【내국법인의 벤처기업 등에의 출자에 대한 과세특례】 ① 대통령령으로 정하는 내국법인이 2025년 12월 31일까지 다음 각 호의 어느 하나에 해당하는 주식 또는 출자지분을 취득하는 경우 주식 또는 출자지분 취득가액의 100분의 5에 상당하는 금액을 해당 사업연도의 법인세에서 공제한다. 다만, 대통령령으로 정하는 특수관계인의 주식 또는 출자지분을 취득하는 경우 그 금액에 대해서는 공제하지 아니한다.(2022.12.31 본문개정)
1. 창업기업, 신기술사업자, 벤처기업 또는 신기술창업전문회사에 출자함으로써 취득한 주식 또는 출자지분
2. 「자본시장과 금융투자업에 관한 법률」 제249조의23에 따른 창업·벤처전문 사모집합투자기구(이하 "창업·벤처전문사모집합투자기구"라 한다) 또는 창투조합등(민간재간접벤처투자조합은 제외한다)을 통하여 창업기업, 신기술사업자, 벤처기업 또는 신기술창업전문회사에 출자함으로써 취득한 주식 또는 출자지분
(2023.12.31 본호개정)
② 제1항에 따른 내국법인이 2025년 12월 31일까지 민간재간접벤처투자조합을 통하여 창업기업, 신기술사업자, 벤처기업 또는 신기술창업전문회사에 출자함으로써 주식 또는 출자지분을 취득하는 경우 다음 각 호의 금액을 합한 금액을 해당 사업연도의 법인세에서 공제한다. 이 경우 제1항 각 호 외의 부분 단서를 준용한다.
1. 다음 각 목의 금액 중 큰 금액의 100분의 5에 상당하는 금액
   가. 해당 주식 또는 출자지분의 취득가액
   나. 민간재간접벤처투자조합에 투자한 금액의 100분의 60에 상당하는 금액
2. 해당 사업연도에 취득한 해당 주식 또는 출자지분의 취득가액이 직전 3개 사업연도의 해당 주식 또는 출자지분 취득가액의 평균액을 초과하는 경우 그 초과하는 금액의 100분의 3에 상당하는 금액
(2023.12.31 본항신설)
③ 제1항 각 호 및 제2항을 적용할 때 출자는 내국법인이 다음 각 호의 어느 하나에 해당하는 방법으로 주식 또는 출자지분을 취득하는 것으로 하되, 타인 소유의 주식 또는 출자지분을 매입에 의하여 취득하는 경우는 제외한다.(2023.12.31 본문개정)
1. 해당 기업의 설립 시에 자본금으로 납입하는 방법
2. 해당 기업이 설립된 후 7년 이내에 유상증자하는 경우로서 증자대금을 납입하는 방법
④ 제1항에 따라 법인세를 공제받은 내국법인이 주식 또는 출자지분을 취득한 후 5년 이내에 피출자법인의 지배주주 등에 해당하는 경우에는 지배주주 등이 되는 날이 속하는 사업연도의 과세표준신고를 할 때 주식 또는 출자지분에 대한 세액공제액 상당액에 대통령령으로 정하는 바에 따라 계산한 이자상당가산액을 더하여 법인세로 납부하여야 하며, 해당 세액은 「법인세법」 제64조에 따라 납부하여야 할 세액으로 본다.(2023.12.31 본항개정)
⑤ 제1항 또는 제2항을 적용받으려는 내국법인은 대통령령으로 정하는 바에 따라 세액공제신청을 하여야 한다.(2023.12.31 본항개정)
⑥ 제1항부터 제5항까지를 적용할 때 지배주주 등의 범위 등에 관하여 필요한 사항은 대통령령으로 정한다.(2023.12.31 본항개정)
(2016.12.20 본조신설)

제13조의3【내국법인의 소재·부품·장비전문기업 등에의 출자·인수에 대한 과세특례】 ① 둘 이상의 내국법인(이하 이 조에서 "투자기업"이라 한다)이 2025년 12월 31일까지 다음 각 호의 요건을 모두 갖추어 대통령령으로 정하는 소재·부품·장비 관련 중소기업·중견기업(이하 이 조에서 "투자대상기업"이라 한다)의 주식 또는 출자지분(이하 이 조에서 "주식등"이라 한다)을 대통령령으로 정하는 바에 따라 공동으로 취득(이하 이 조에서 "공동투자"라 한다)하는 경우 주식등의 취득가액의 100분의 5에 상당하는 금액을 각 내국법인의 해당 사업연도의 법인세에서 공제한다.(2022.12.31 본문개정)
1. 투자대상기업의 대통령령으로 정하는 소재·부품·장비 관련 연구개발·인력개발·시설투자(이하 이 조에서 "소재·부품·장비 관련 연구·인력개발등"이라 한다)를 통하여 투자기업의 제품 생산에 도움을 받기 위한 목적일 것
2. 투자대상기업이 유상증자하는 경우로서 증자대금을 납입하는 방법으로 주식등을 취득할 것
3. 투자기업 간, 투자기업과 투자대상기업의 관계가 대통령령으로 정하는 특수관계인이 아닐 것. 다만, 이 항에 따른 공동투자로 서로 본문에 따른 특수관계인이 된 경우는 제외한다.
② 제1항에 따라 투자기업이 법인세를 공제받은 후에 다음 각 호의 어느 하나에 해당하는 사유가 발생하는 경우에는 그 사유가 발생한 날이 속하는 사업연도의 과세표준신고를 할 때 주식등에 대한 세액공제액 상당액(제3호에 해당하는 경우 대통령령으로 정하는 바에 따라 계산한 금액)에 대통령령으로 정하는 바에 따라 계산한 이자상당가산액을 더하여 법인세로 납부하여야 하며, 해당 세액은 「법인세법」 제64조에 따라 납부하여야 할 세액으로 본다.
1. 제1항에 따라 법인세를 공제받은 투자기업이 주식등을 취득한 후 5년 이내에 투자대상기업의 지배주주등에 해당하는 경우
2. 투자대상기업이 유상증자일부터 3년이 되는 날이 속하는 사업연도 종료일까지 투자기업이 납입한 증자대금의 100분의 80에 상당하는 금액 이상을 소재·부품·장비 관련 연구·인력개발등에 지출하지 아니하는 경우
3. 제1항에 따라 법인세를 공제받은 투자기업이 주식등을 취득한 후 4년 이내에 해당 주식등을 처분하는 경우. 이 경우 처분되는 주식등은 먼저 취득한 주식등이 먼저 처분되는 것으로 본다.
③ 내국법인(외국법인이 대통령령으로 정하는 특수관계인(이하 이 항에서 "특수관계인"이라 한다)인 법인과 금융 및 보험업을 영위하는 법인은 제외한다. 이하 이 항 및 제4항에서 같다)이 다음 각 호의 구분에 해당하는 요건을 모두 갖추어 2025년 12월 31일까지 국내 산업 기반, 해외 의존도 등을 고려하여 대통령령으로 정하는 소재·부품·장비 또는 국가전략기술 관련 외국법인(내국법인이 특수관계인인 경우는 제외하며, 이하 이 조에서 "인수대상외국법인"이라 한다)의 주식등을 취득하거나 인수대상외국법인의 소재·부품·장비 또는 국가전략기술 관련 사업의 양수 또는 사업의 양수에 준하는 자산의 양수(이하 이 조에서 "인수"라 한다)를 하는 경우[인수대상외국법인을 인수할 목적으로 설립된 대통령령으로 정하는 특수 목적 법인(이하 이 조에서 "인수목적법인"이라 한다)를 통해 간접적으로 인수하는 경우를 포함한다] 주식등 취득가액 또는 사업·자산의 양수가액(이하 이 조에서 "인수가액"이라 한다)의 100분의 5(중견기업의 경우에는 100분의 7, 중소기업의 경우에는 100분의 10)에 상당하는 금액을 해당 사업연도의 법인세에서 공제한다. 이 경우 대통령령으로 정하는 인수건

별 인수가액이 5천억원을 초과하는 경우 그 초과하는 금액은 없는 것으로 본다.(2022.12.31 전단개정)
1. 주식등을 취득하는 경우 : 다음 각 목의 요건
  가. 해당 내국법인과 인수대상외국법인이 각각 1년 이상 사업을 계속하던 기업일 것(2022.12.31 본목개정)
  나. 인수대상외국법인의 발행주식총수 또는 출자총액의 100분의 50(내국법인이 인수대상외국법인의 최대주주 또는 최대출자자로서 그 인수대상외국법인의 경영권을 실질적으로 지배하는 경우는 100분의 30으로 하고, 이하 이 조에서 "기준지분비율"이라 한다) 이상을 직접 또는 간접적으로 취득하고, 해당 내국법인이 해당 주식등을 취득일이 속하는 사업연도의 종료일까지 보유할 것(2022.12.31 본목개정)
  다. 인수일 당시 인수대상외국법인의 주주 또는 출자자(이하 이 조에서 "주주등"이라 한다)가 해당 주식등을 양도한 날부터 그 날이 속하는 내국법인의 사업연도 종료일까지 내국법인 또는 인수목적법인의 지배주주등에 해당하지 아니할 것(2022.12.31 본목개정)
  라. 내국법인의 주식등 취득일이 속하는 사업연도의 종료일까지 인수대상외국법인이 종전에 영위하던 사업을 계속할 것(2022.12.31 본목개정)
2. 사업 또는 자산을 양수하는 경우 : 다음 각 목의 요건
  가. 해당 내국법인과 인수대상외국법인이 각각 1년 이상 사업을 계속하던 기업일 것(2022.12.31 본목개정)
  나. 인수대상외국법인의 주주등이 사업 또는 자산을 양도한 날부터 그 날이 속하는 내국법인의 사업연도 종료일까지 내국법인 또는 인수목적법인의 지배주주등에 해당하지 아니할 것(2022.12.31 본목개정)
  다. 내국법인의 사업·자산의 양수일이 속하는 사업연도의 종료일까지 양수를 통하여 승계된 종전의 사업을 계속할 것
④ 제3항에 따라 법인세를 공제받은 내국법인은 5년 이내의 범위에서 대통령령으로 정하는 기간에 다음 각 호의 사유가 발생하는 경우에는 그 사유가 발생한 날이 속하는 사업연도의 과세표준신고를 할 때 제3항에 따라 공제받은 세액에 대통령령으로 정하는 바에 따라 계산한 이자상당액을 더한 금액을 법인세로 납부하여야 하며, 해당 세액은 「법인세법」 제64조에 따라 납부하여야 할 세액으로 본다. 다만, 사업 또는 자산을 양수한 경우에는 제3호를 적용하지 아니한다.
1. 인수일 당시 인수대상외국법인의 주주등이 내국법인 또는 인수목적법인의 지배주주등에 해당하는 경우(2022.12.31 본호개정)
2. 인수대상외국법인이 종전에 영위하던 사업을 폐지하거나 양수를 통하여 승계된 종전의 사업을 폐지하는 경우(2022.12.31 본호개정)
3. 각 사업연도 종료일 현재 내국법인이 직접 또는 간접적으로 보유하고 있는 인수대상외국법인의 지분비율(이하 이 조에서 "현재지분비율"이라 한다)이 주식등의 취득일 당시 지분비율(이하 이 조에서 "당초지분비율"이라 한다)보다 낮아지는 경우(2022.12.31 본호개정)
⑤ 제4항제3호에 해당하는 경우로서 현재지분비율이 기준지분비율 이상인 경우에는 제4항 각 호 외의 부분 본문에도 불구하고 다음의 계산식에 따라 계산한 금액(지분비율 감소로 이미 납부한 공제세액은 제외한다)에 대통령령으로 정하는 바에 따라 계산한 이자상당액을 더한 금액을 법인세로 납부하여야 한다.

$$\frac{(당초지분비율 - 현재지분비율)}{당초지분비율} \times 제3항에 따른 공제세액$$

⑥ 제3항 및 제4항을 적용할 때 둘 이상의 내국법인이 대통령령으로 정하는 바에 따라 공동으로 인수대상외국법인을 인수(이하 "공동인수"라고 한다)하는 경우 1개의 내국법인이 인수하는 것으로 보며, 공동인수에 참여

한 각 내국법인의 공제금액은 인수가액에 비례하여 안분계산한 금액으로 한다.(2022.12.31 본항개정)
⑦ 제1항 및 제3항을 적용받으려는 내국법인은 대통령령으로 정하는 바에 따라 세액공제신청을 하여야 한다.
⑧ 제1항부터 제7항까지의 규정에 따른 중견기업의 요건, 지배주주등의 범위, 종전에 영위하던 사업의 계속 및 폐지에 관한 기준 등과 그 밖에 필요한 사항은 대통령령으로 정한다.
(2022.12.31 본조제목개정)
(2019.12.31 본조신설)

제13조의4 【벤처투자회사 등의 소재·부품·장비전문기업 주식양도차익 등에 대한 비과세】 ① 다음 각 호의 어느 하나에 해당하는 주식 또는 출자지분(이하 이 조에서 "주식등"이라 한다)을 양도함으로써 발생하는 양도차익에 대해서는 법인세를 부과하지 아니한다. 다만, 제13조제1항 각 호의 어느 하나에 해당하는 경우는 제외한다.
1. 벤처투자회사, 창업기획자 또는 신기술사업금융업자가 대통령령으로 정하는 소재·부품·장비 관련 중소기업(이하 이 조에서 "투자대상기업"이라 한다)에 2025년 12월 31일까지 출자함으로써 취득한 주식등
2. 벤처투자회사, 창업기획자, 제13조제1항제3호 각 목 외의 부분에 따른 벤처기업출자유한회사(이하 이 조에서 "벤처기업출자유한회사"라 한다) 또는 신기술사업금융업자가 창투조합등을 통하여 투자대상기업에 2025년 12월 31일까지 출자함으로써 취득한 주식등(2023.6.20 1호~2호개정)
3. 제13조제1항제4호에 따른 기금운용법인등(이하 이 조에서 "기금운용법인등"이라 한다)이 창투조합등을 통하여 투자대상기업에 2025년 12월 31일까지 출자함으로써 취득한 주식등(2022.12.31 본호개정)
② 제1항을 적용할 때는 벤처투자회사, 창업기획자, 벤처기업출자유한회사, 신기술사업금융업자 또는 기금운용법인등이 직접 또는 창투조합등을 통하여 다음 각 호의 어느 하나에 해당하는 방법으로 투자대상기업의 주식등을 취득하는 것으로 한다. 이 경우 타인 소유의 주식등을 매입으로 취득하는 경우는 제외한다.(2023.6.20 전단개정)
1. 투자대상기업의 설립 시에 자본금으로 납입하는 방법
2. 투자대상기업이 유상증자하는 경우로서 증자대금을 납입하는 방법
3. 투자대상기업이 잉여금을 자본으로 전입하는 방법
4. 투자대상기업이 채무를 자본으로 전환하는 방법
③ 벤처투자회사, 창업기획자, 벤처기업출자유한회사 또는 신기술사업금융업자가 제1항에 따른 출자로 투자대상기업으로부터 2025년 12월 31일까지 받는 배당소득에 대해서는 법인세를 부과하지 아니한다.(2023.6.20 본항개정)
④ 제1항부터 제3항까지의 규정에 따른 양도차익 및 배당소득의 계산 등에 관하여 필요한 사항은 대통령령으로 정한다.
(2023.6.20 본조제목개정)
(2020.12.29 본조신설)

제14조 【창업기업 등에의 출자에 대한 과세특례】 ① 다음 각 호의 어느 하나에 해당하는 주식 또는 출자지분(제1호·제2호·제2호의2·제2호의3 및 제3호부터 제6호까지의 규정에 따른 주식 또는 출자지분은 제13조제2항 각 호의 어느 하나에 해당하는 방법으로 취득하는 경우만 해당한다)의 양도에 대해서는 「소득세법」 제94조제1항제3호를 적용하지 아니한다. 다만, 제1호·제2호·제2호의2·제2호의3·제3호부터 제6호까지 및 제8호의 경우에는 타인 소유의 주식 또는 출자지분을 매입에 의하여 취득하는 경우는 제외한다.(2019.12.31 단서개정)

1. 벤처투자회사 또는 「여신전문금융업법」에 따른 신기술사업금융전문회사에 출자함으로써 취득한 주식 또는 출자지분(2023.6.20 본호개정)
2. 벤처투자조합이 창업기업, 벤처기업 또는 신기술사업전문회사에 출자함으로써 취득한 주식 또는 출자지분(2021.12.28 본호개정)
2의2. 민간재간접벤처투자조합이 창업기업, 벤처기업 또는 신기술창업전문회사에 출자함으로써 취득한 주식 또는 출자지분(2023.12.31 본호신설)
2의3. 농식품투자조합이 창업기업, 벤처기업 또는 신기술창업전문회사에 출자함으로써 취득한 주식 또는 출자지분(2021.12.28 본호개정)
3. 신기술사업투자조합이 신기술사업자, 벤처기업 또는 신기술창업전문회사에 출자함으로써 취득한 주식 또는 출자지분(2011.12.31 본호개정)
4. 벤처기업에 출자함으로써 취득(개인투자조합을 통하여 벤처기업에 출자함으로써 취득하는 경우를 포함한다)한 대통령령으로 정하는 주식 또는 출자지분(2020.2.11 본호개정)
5. 창업기획자에 출자함으로써 취득한 주식 또는 출자지분(2016.12.20 본호개정)
6. 전문투자조합이 창업기업, 신기술사업자, 벤처기업 또는 신기술창업전문회사에 출자함으로써 취득한 주식 또는 출자지분(2021.12.28 본호개정)
7. 「증권거래세법」 제3조제1호나목에서 정하는 방법으로 거래되는 벤처기업의 주식(「소득세법」 제104조제1항제11호나목의 대주주가 아닌 자가 양도하는 것으로 한정한다)(2016.12.20 본호개정)
8. 「자본시장과 금융투자업에 관한 법률」 제117조의10에 따라 온라인소액투자중개의 방법으로 모집하는 창업 후 3년 이내의 기술우수중소기업 등 대통령령으로 정하는 기업에 출자함으로써 취득한 대통령령으로 정하는 주식 또는 출자지분(2020.12.29 본호개정)
② (2008.12.26 삭제)
③ (2003.12.30 삭제)
④ 다음 각 호의 어느 하나에 해당하는 소득에 대해서는 해당 조합이 조합원에게 그 소득을 지급할 때 소득세를 원천징수한다. 다만, 그 조합원이 민간재간접벤처투자조합인 경우에는 민간재간접벤처투자조합이 조합원에게 그 소득을 지급할 때 소득세를 원천징수한다. (2023.12.31 단서신설)
1. 벤처투자조합이 창업기업, 벤처기업 또는 신기술창업전문회사에 출자함으로써 발생하는 배당소득(2021.12.28 본호개정)
1의2. 민간재간접벤처투자조합이 창업기업, 벤처기업 또는 신기술창업전문회사에 출자함으로써 발생하는 배당소득(2023.12.31 본호신설)
1의3. 농식품투자조합이 창업기업, 벤처기업 또는 신기술창업전문회사에 출자함으로써 발생하는 배당소득(2021.12.28 본호개정)
2. 신기술사업투자조합이 신기술사업자, 벤처기업 또는 신기술창업전문회사에 출자함으로써 발생하는 배당소득(2011.12.31 본호개정)
3. 「산업발전법」(법률 제9584호 산업발전법 전부개정법률로 개정되기 전의 것을 말한다) 제15조에 따라 등록된 기업구조조정조합이 같은 법 제14조제4항에 따른 구조조정대상기업에 출자하여 얻는 배당소득
4. 전문투자조합이 창업기업, 신기술사업자, 벤처기업 또는 신기술창업전문회사에 출자함으로써 발생하는 배당소득(2021.12.28 본호개정)
(2010.1.1 본항개정)
⑤ 벤처투자조합, 민간재간접벤처투자조합, 농식품투자조합, 신기술사업투자조합, 기업구조조정조합 또는 전문투자조합에 귀속되는 소득으로서 「소득세법」 제16조

제1항 각 호 및 같은 법 제17조제1항제5호의 소득에 대해서는 「소득세법」과 「법인세법」에도 불구하고 해당 조합이 조합원에게 그 소득을 지급할 때 소득세 또는 법인세를 원천징수한다. 다만, 그 조합원이 민간재간접벤처투자조합인 경우에는 민간재간접벤처투자조합이 조합원에게 그 소득을 지급할 때 소득세 또는 법인세를 원천징수한다. (2023.12.31 본항개정)
⑥ 제4항 및 제5항에 따른 소득의 경우에는 「소득세법」 제16조제2항 및 같은 법 제17조제3항 본문에도 불구하고 총수입금액에서 해당 조합이 지출한 비용(그 총수입금액에 대응되는 것으로 한정한다)을 뺀 금액을 이자소득금액 또는 배당소득금액으로 한다.(2010.1.1 본항개정)
⑦ 제4항부터 제6항까지의 규정은 2025년 12월 31일까지 발생하는 소득에 대해서만 적용한다.(2022.12.31 본항개정)
⑧ 제1항제1호는 2009년 12월 31일까지 취득하는 주식 또는 출자지분에 대해서만 적용하고, 제1항제2호 · 제2호의2 · 제2호의3 및 제3호부터 제8호까지의 규정은 2025년 12월 31일까지 취득하는 주식 또는 출자지분에 대해서만 적용한다.(2023.12.31 본항개정)
(2021.12.28 본조제목개정)

제15조【벤처기업 출자자의 제2차 납세의무 면제】 ① 벤처기업이 2018년 1월 1일부터 2025년 12월 31일까지의 기간 중 법인세 납세의무가 성립한 사업연도에 다음 각 호의 요건을 모두 충족하는 경우에는 그 벤처기업의 「국세기본법」 제39조 각 호의 어느 하나에 해당하는 자(이하 이 조에서 "출자자"라 한다)는 해당 사업연도의 법인세 및 이에 부가되는 농어촌특별세 · 강제징수비(이하 이 조에서 "법인세등"이라 한다)에 대하여 제2차 납세의무를 지지 아니한다. 이 경우 2018년 1월 1일부터 2025년 12월 31일까지의 기간에 납세의무가 성립한 법인세등에 대한 제2차 납세의무를 지지 아니하는 금액의 한도는 출자자 1명당 2억원으로 한다.(2022.12.31 본문개정)
1. 수입금액(「법인세법」 제43조의 기업회계기준에 따라 계산한 매출액을 말한다)에서 연구 · 인력개발비가 차지하는 비율이 100분의 5 이상일 것
2. 대통령령으로 정하는 소기업에 해당할 것
② 벤처기업 또는 그 출자자가 해당 사업연도의 법인세등에 대한 대통령령으로 정하는 체납일 현재 다음 각 호의 어느 하나에 해당하는 경우에는 제1항을 적용하지 아니한다.
1. 직전 3년 이내에 「조세범 처벌법」에 따른 처벌 또는 처분을 받은 사실이나 이와 관련된 재판이 진행 중인 사실이 있는 경우
2. 「조세범 처벌법」에 따른 범칙사건에 대한 조사가 진행 중인 사실이 있는 경우
3. 직전 3년 이내에 「조세범 처벌법」 제3조제6항 각 호에 따른 사기나 그 밖의 부정한 행위로 국세를 포탈하거나 환급 또는 공제받은 사실이 있는 경우
③ 벤처기업이 그 출자자가 제1항에 따라 제2차 납세의무를 지지 아니하는 해당 사업연도의 법인세를 「조세범 처벌법」 제3조제6항 각 호에 따른 사기나 그 밖의 부정한 행위로 포탈하거나 환급 또는 공제받은 사실이 확인되는 경우에는 해당 사업연도의 법인세등에 대하여 제1항을 적용하지 아니한다.
④ 제1항부터 제3항까지를 적용할 때 신청절차 및 그 밖에 필요한 사항은 대통령령으로 정한다.
(2017.12.19 본조신설)

제16조【벤처투자조합 출자 등에 대한 소득공제】 ① 거주자가 다음 각 호의 어느 하나에 해당하는 출자 또는 투자를 하는 경우에는 2025년 12월 31일까지 출자 또는 투자한 금액의 100분의 10(제3호 · 제4호 또는 제6호에 해당하는 출자 또는 투자의 경우에는 출자 또는

투자한 금액 중 3천만원 이하분은 100분의 100, 3천만원 초과분부터 5천만원 이하분까지는 100분의 70, 5천만원 초과분은 100분의 30)에 상당하는 금액(해당 과세연도의 종합소득금액의 100분의 50을 한도로 한다)을 그 출자일 또는 투자일이 속하는 과세연도(제3항의 경우에는 제1항제3호·제4호 또는 제6호에 따른 기업에 해당하게 된 날이 속하는 과세연도를 말한다)의 종합소득금액에서 공제(거주자가 출자일 또는 투자일이 속하는 과세연도부터 출자 또는 투자 후 2년이 되는 날이 속하는 과세연도까지 1과세연도를 선택하여 대통령령으로 정하는 바에 따라 공제시기 변경을 신청하는 경우에는 신청한 과세연도의 종합소득금액에서 공제)한다. 다만, 타인의 출자지분이나 투자지분 또는 수익증권을 양수하는 방법으로 출자하거나 투자하는 경우에는 그러하지 아니하다.(2022.12.31 본문개정)

1. 벤처투자조합, 민간재간접벤처투자조합, 신기술사업투자조합 또는 전문투자조합에 출자하는 경우 (2023.12.31 본호개정)
2. 대통령령으로 정하는 벤처기업투자신탁(이하 이 조에서 "벤처기업투자신탁"이라 한다)의 수익증권에 투자하는 경우
3. 개인투자조합에 출자한 금액을 벤처기업 또는 이에 준하는 창업 후 3년 이내의 중소기업으로서 대통령령으로 정하는 기업(이하 이 조 및 제16조의5에서 "벤처기업등"이라 한다)에 대통령령으로 정하는 바에 따라 투자하는 경우(2020.2.11 본호개정)
4. 「벤처기업육성에 관한 특별법」에 따라 벤처기업등에 투자하는 경우(2024.1.9 본호개정)
5. 창업·벤처전문사모집합투자기구에 투자하는 경우 (2021.12.28 본호개정)
6. 「자본시장과 금융투자업에 관한 법률」 제117조의10에 따라 온라인소액투자중개의 방법으로 모집하는 창업 후 7년 이내의 중소기업으로서 대통령령으로 정하는 기업의 지분증권에 투자하는 경우(2017.12.19 본호신설)

② 제1항 각 호 외의 부분 본문에 따라 소득공제를 적용받은 거주자가 출자일 또는 투자일부터 3년이 지나기 전에 다음 각 호의 어느 하나에 해당하게 되면 그 거주자의 주소지 관할 세무서장, 원천징수의무자 또는 벤처기업투자신탁을 취급하는 금융기관은 대통령령으로 정하는 바에 따라 거주자가 이미 공제받은 소득금액에 해당하는 세액을 추징한다. 다만, 출자자 또는 투자자의 사망이나 그 밖에 대통령령으로 정하는 사유로 인한 경우에는 그러하지 아니하다.(2018.12.24 본문개정)

1. 제1항제1호 및 제5호에 따른 출자지분 또는 투자지분을 이전하거나 회수하는 경우(2016.12.20 본호개정)
2. 제1항제2호에 규정된 벤처기업투자신탁의 수익증권을 양도하거나 환매(還買, 일부환매를 포함한다)하는 경우(2018.12.24 본호개정)
3. 제1항제3호, 제4호 및 제6호에 규정된 출자지분 또는 투자지분을 이전하거나 회수하는 경우(2018.12.24 본호개정)

③ 제1항에 따른 소득공제는 투자 당시에는 같은 항 제3호·제4호 또는 제6호에 따른 기업에 해당하지 아니하였으나, 투자일부터 2년이 되는 날이 속하는 과세연도까지 같은 항 제3호·제4호 또는 제6호에 따른 기업에 해당하게 된 경우에도 적용한다.(2017.12.19 본항신설)
④ 제1항과 제2항을 적용하는 경우 공제액의 한도와 계산, 소득공제의 신청, 그 밖에 필요한 사항은 대통령령으로 정한다.
(2020.2.11 본조제목개정)
(2010.1.1 본조개정)

제16조의2【벤처기업 주식매수선택권 행사이익 비과세 특례】
① 벤처기업 또는 대통령령으로 정하는 바에 따라 벤처기업이 인수한 기업의 임원 또는 종업원(이하 이 조 및 제16조의3에서 "벤처기업 임원 등"이라 한다)이 해당 벤처기업으로부터 2024년 12월 31일 이전에 부여받은 주식매수선택권을 행사(벤처기업 임원 등으로서 부여받은 주식매수선택권을 퇴직 후 행사하는 경우를 포함한다)함으로써 얻은 이익(주식매수선택권 행사 당시의 시가와 실제 매수가액과의 차액을 말하며, 주식에는 신주인수권을 포함한다. 이하 이 조부터 제16조의4까지 "벤처기업 주식매수선택권 행사이익"이라 한다) 중 연간 2억원 이내의 금액에 대해서는 소득세를 과세하지 아니한다. 다만, 소득세를 과세하지 아니한 벤처기업 주식매수선택권 행사이익의 벤처기업별 총 누적 금액은 5억원을 초과하지 못한다.(2022.12.31 본항개정)
② 제1항이 적용되는 주식매수선택권은 「벤처기업육성에 관한 특별법」 제16조의3에 따라 부여받은 주식매수선택권 및 「상법」 제340조의2 또는 제542조의3에 따라 부여받은 주식매수선택권(코넥스상장기업으로부터 부여받은 경우로 한정한다)으로 한정한다.(2024.1.9 본항개정)
③ 제1항을 적용하는 경우 특례 신청절차, 그 밖에 필요한 사항은 대통령령으로 정한다.(2018.12.24 본항신설)

제16조의3【벤처기업 주식매수선택권 행사이익 납부특례】
① 벤처기업 임원 등이 2024년 12월 31일 이전에 「벤처기업육성에 관한 특별법」 제16조의3에 따라 부여받은 주식매수선택권 및 「상법」 제340조의2 또는 제542조의3에 따라 부여받은 주식매수선택권을 행사함으로써 발생한 벤처기업 주식매수선택권 행사이익(제16조의2에 따라 비과세되는 금액은 제외한다)에 대한 소득세는 다음 각 호에 따라 납부할 수 있다. 다만, 주식매수선택권의 행사가격과 시가와의 차액을 현금으로 교부받는 경우에는 그러하지 아니하다.(2024.1.9 본문개정)

1. 벤처기업 주식매수선택권 행사이익에 대하여 벤처기업 임원 등이 원천징수의무자에게 납부특례의 적용을 신청한 경우 「소득세법」 제127조, 제134조 및 제145조에도 불구하고 소득세를 원천징수하지 아니한다. (2017.12.19 본호개정)
2. 제1호에 따라 원천징수를 하지 아니한 경우 벤처기업 임원 등은 주식매수선택권을 행사한 날이 속하는 과세기간의 종합소득금액에 대한 「소득세법」 제70조 및 제76조에 따른 종합소득과세표준 확정신고 및 확정신고납부 시 벤처기업 주식매수선택권 행사이익을 포함하여 종합소득 과세표준을 신고하되, 벤처기업 주식매수선택권 행사이익에 관련한 종합소득세로서 대통령령으로 정하는 금액의 5분의 4에 해당하는 금액(이하 이 항에서 "분할납부세액"이라 한다)은 제외하고 납부할 수 있다.(2017.12.19 본호개정)
3. 제2호에 따라 소득세를 납부한 경우 벤처기업 임원 등은 주식매수선택권을 행사한 날이 속하는 과세기간의 다음 4개 연도의 「소득세법」 제70조 및 제76조에 따른 종합소득과세표준 확정신고 및 확정신고납부 시 분할납부세액의 4분의 1에 해당하는 금액을 각각 납부하여야 한다.(2015.12.15 본호개정)

② 벤처기업 임원 등이 제1항에 따라 소득세를 납부하는 중 「소득세법」 제74조제4항의 사유가 발생한 경우에는 해당 규정을 준용한다.
③ 제1항과 제2항을 적용하는 경우 특례 신청절차, 그 밖에 필요한 사항은 대통령령으로 정한다.
(2013.8.13 본조신설)

제16조의4【벤처기업 주식매수선택권 행사이익에 대한 과세특례】
① 벤처기업 또는 대통령령으로 정하는 바에 따라 벤처기업이 인수한 기업의 임원 또는 종업원으로서 대통령령으로 정하는 자(이하 이 조에서 "벤처기업 임직원"이라 한다)가 2024년 12월 31일 이전에 해당 벤처기업으로부터 부여받은 주식매수선택권으로서 다음

각 호의 요건을 갖춘 주식매수선택권(이하 이 조에서 "적격주식매수선택권"이라 한다)을 행사함으로써 발생한 벤처기업 주식매수선택권 행사이익에 대해서 벤처기업 임직원이 제2항을 적용받을 것을 대통령령으로 정하는 바에 따라 신청한 경우에는 「소득세법」 제20조 또는 제21조에도 불구하고 주식매수선택권 행사시에 소득세를 과세하지 아니할 수 있다. 다만, 주식매수선택권의 행사 당시 실제 매수가액이 해당 주식매수선택권 부여 당시의 시가보다 낮은 경우 그 차액(이하 "시가 이하 발행이익"이라 한다)에 대해서는 주식매수선택권 행사시에 「소득세법」 제20조 또는 제21조에 따라 소득세를 과세한다.(2021.12.28 본문개정)

1. 「벤처기업육성에 관한 특별법」 제16조의3에 따른 주식매수선택권으로서 대통령령으로 정하는 요건을 갖출 것(2024.1.9 본호개정)
2. 해당 벤처기업으로부터 부여받은 주식매수선택권의 행사일부터 역산하여 2년이 되는 날이 속하는 과세기간부터 해당 행사일이 속하는 과세기간까지 전체 행사가액의 합계(이하 이 조에서 "전체 행사가액"이라 한다)가 5억원 이하일 것(2016.12.20 본호개정)

② 적격주식매수선택권 행사시 제1항에 따라 소득세를 과세하지 아니할 경우 적격주식매수선택권 행사에 따라 취득한 주식(해당 주식의 보유를 원인으로 해당 벤처기업의 잉여금을 자본에 전입함에 따라 무상으로 취득한 주식을 포함한다)을 양도하여 발생하는 양도소득(제16조의2에 따라 비과세되는 금액은 제외한다)에 대해서는 「소득세법」 제94조제1항제3호 각 목에도 불구하고 주식등에 해당하는 것으로 보아 양도소득세를 과세한다.(2019.12.31 본항개정)

③ 제2항에 따라 양도소득세를 과세하는 경우 양도소득금액은 다음 계산식에 따라 계산한 금액으로 한다.

양도소득금액 = A - B - (C - D)

A : 적격주식매수선택권 행사에 따라 취득한 주식의 양도가액
B : 적격주식매수선택권 행사 당시의 실제 매수가액과 적격주식매수선택권 부여 당시의 시가 중 큰 금액
C : 제16조의2에 따라 비과세되는 금액
D : 시가 이하 발행이익에 대하여 제16조의2에 따라 비과세를 적용받은 금액

(2022.12.31 본항개정)

④ 제1항 각 호 외의 부분 본문에 따라 소득세를 과세하지 아니한 경우(주식매수선택권 행사 이후 제5항에 따라 소득세를 과세한 경우를 포함한다)에는 해당 주식매수선택권의 행사에 따라 발생하는 비용으로서 대통령령으로 정하는 금액을 「법인세법」 제19조, 제20조 및 제52조에도 불구하고 해당 벤처기업의 각 사업연도의 소득금액을 계산할 때 손금에 산입하지 아니한다.(2021.12.28 본항개정)

⑤ 벤처기업 임직원이 다음 각 호의 어느 하나에 해당하는 경우 제1항에도 불구하고 같은 항 제2호에 따른 기간 내에 주식매수선택권을 행사함으로써 얻은 모든 이익(제1호의 경우에는 증여 또는 처분한 주식에 대한 벤처기업 주식매수선택권 행사이익)을 「소득세법」 제20조 또는 제21조에 따라 소득세로 과세하며, 이 경우 소득의 귀속시기는 다음 각 호의 구분에 따른 날이 속하는 과세연도로 한다.(2022.12.31 본문개정)

1. 적격주식매수선택권 행사로 취득한 주식을 증여하거나 행사일부터 1년이 지나기 전에 처분하는 경우(해당 벤처기업의 파산 등 대통령령으로 정하는 부득이한 사유가 있는 경우는 제외한다) : 증여일 또는 처분일
2. 전체 행사가액이 5억원을 초과하는 경우 : 전체 행사가액이 5억원을 초과한 날
(2016.12.20 1호~2호신설)

3. 제8항에 따른 전용계좌를 통하여 주식매수선택권 행사로 취득한 주식 외의 주식을 거래한 경우 : 주식매수선택권 행사로 취득한 주식 외의 주식을 최초로 거래한 날(2022.12.31 본호신설)

⑥ 적격주식매수선택권을 부여하는 벤처기업 및 「자본시장과 금융투자업에 관한 법률」 제8조제1항에 따른 금융투자업자는 적격주식매수선택권의 부여 및 행사와 관련한 자료, 적격주식매수선택권의 행사로 취득한 주식의 이체자료 등 제1항부터 제5항까지를 적용하기 위하여 필요한 자료로서 대통령령으로 정하는 자료를 대통령령으로 정하는 바에 따라 납세지 관할 세무서장에게 제출하여야 한다.

⑦ 제2항에 따라 양도소득세를 과세하는 경우에는 제14조제1항제7호를 적용하지 아니한다.

⑧ 제1항을 적용받으려는 벤처기업 임직원은 대통령령으로 정하는 바에 따라 주식매수선택권 행사로 취득한 주식만을 거래하는 전용계좌를 개설하여야 한다.(2022.12.31 본항신설)

⑨ 제1항은 벤처기업 임직원이 적격주식매수선택권을 행사하는 시점에 그 주식매수선택권을 부여한 기업이 더 이상 벤처기업에 해당하지 아니하게 된 경우에도 적용한다.(2022.12.31 본항신설)

⑩ 제1항부터 제7항까지를 적용하는 경우 특례 신청·운영절차 및 그 밖에 필요한 사항은 대통령령으로 정한다.
(2017.12.19 본조제목개정)
(2014.12.23 본조신설)

제16조의5 【산업재산권 현물출자 이익에 대한 과세특례】 ① 대통령령으로 정하는 특허권, 실용신안권, 디자인권, 상표권 또는 그 밖에 대통령령으로 정하는 산업재산권(이하 이 조에서 "산업재산권"이라 한다)을 보유한 거주자가 벤처기업등에 산업재산권을 2020년 12월 31일 이전에 출자(거주자가 해당 벤처기업등의 대통령령으로 정하는 특수관계인인 경우는 제외한다)하고 해당 벤처기업등의 주식을 받은 경우에 그 현물출자에 따른 이익을 거주자가 해당 주식을 양도할 때 양도소득세로 납부할 것을 대통령령으로 정하는 바에 따라 신청하면 「소득세법」 제21조에도 불구하고 주식의 취득 시에 소득세를 과세하지 아니할 수 있다.(2019.12.31 본항개정)

② 제1항에 따라 거주자가 산업재산권의 출자로 인하여 받은 벤처기업등의 주식을 양도하여 발생하는 양도소득에 대해서는 「소득세법」 제94조제1항제3호 각 목에도 불구하고 같은 호에 따른 주식등에 해당하는 것으로 보아 양도소득세를 과세한다.(2016.12.20 본항개정)

③ 제2항에 따라 양도소득세를 과세하는 경우에 주식의 취득가액은 「소득세법」 제97조에도 불구하고 출자한 산업재산권의 취득가액으로 하고, 산업재산권의 취득가액의 계산은 산업재산권의 취득에 실제 소요된 비용으로서 대통령령으로 정하는 바에 따라 계산한 금액으로 한다.

④ 주식을 부여하는 벤처기업등 및 「자본시장과 금융투자업에 관한 법률」 제8조제1항에 따른 금융투자업자(이하 이 조에서 "금융투자업자"라 한다)는 산업재산권의 현물출자와 관련한 자료 및 현물출자로 인하여 받은 주식의 이체자료 등 제1항부터 제3항까지의 규정을 적용하기 위하여 필요한 자료로서 대통령령으로 정하는 자료를 대통령령으로 정하는 바에 따라 납세지 관할 세무서장에게 제출하여야 한다.(2016.12.20 본항개정)

⑤ 제2항에 따라 양도소득세를 과세하는 경우에는 제14조제1항제6호 및 제7호를 적용하지 아니한다.

⑥ 제1항부터 제5항까지를 적용하는 경우 특례 신청·운영절차 및 그 밖에 필요한 사항은 대통령령으로 정한다.
(2015.12.15 본조신설)

제17조 (2007.12.31 삭제)

제18조【외국인기술자에 대한 소득세의 감면】① 대통령령으로 정하는 외국인기술자(이하 이 조에서 "외국인기술자"라 한다)가 국내에서 내국인에게 근로를 제공하고 받는 근로소득으로서 그 외국인기술자가 국내에서 최초로 근로를 제공한 날(2026년 12월 31일 이전인 경우만 해당한다)부터 10년이 되는 날이 속하는 달까지 발생한 근로소득에 대해서는 소득세의 100분의 50에 상당하는 세액을 감면한다. 다만, 외국인기술자 중 대통령령으로 정하는 소재·부품·장비 관련 외국인기술자의 경우에는 국내에서 내국인에게 근로를 제공하고 받는 근로소득으로서 그 외국인기술자가 국내에서 최초로 근로를 제공한 날(2022년 12월 31일 이전인 경우만 해당한다)부터 3년이 되는 날이 속하는 달까지 발생한 근로소득에 대해서는 소득세의 100분의 70에 상당하는 세액을 감면하고, 그 다음 달 1일부터 2년이 되는 날이 속하는 달까지 발생한 근로소득에 대해서는 소득세의 100분의 50에 상당하는 세액을 감면한다. (2023.12.31 본문개정)
② (2014.12.23 삭제)
③ 원천징수의무자가 제1항에 따라 소득세가 감면되는 근로소득을 지급할 때에는 「소득세법」 제127조에 따라 징수할 소득세에서 제1항에 따라 감면하는 세액을 제외한 금액을 원천징수한다.(2019.12.31 본항개정)
④ 제1항을 적용받으려는 자는 대통령령으로 정하는 바에 따라 그 감면신청을 하여야 한다.
(2014.12.23 본조개정)

제18조의2【외국인근로자에 대한 과세특례】① (2010.12.27 삭제)
② 외국인인 임원 또는 사용인(일용근로자는 제외하며, 이하 "외국인근로자"라 한다)이 2026년 12월 31일 이전에 국내에서 최초로 근로를 제공하기 시작하는 경우 국내에서 근무[대통령령으로 정하는 외국인투자기업의 경우 외국인투자기업이 대통령령으로 정하는 특수관계인(이하 이 조에서 "특수관계기업"이라 한다)에게 근로를 제공하는 경우는 제외한다]함으로써 받는 근로소득으로서 국내에서 최초로 근로를 제공한 날부터 20년 이내에 끝나는 과세기간까지 받는 근로소득에 대한 소득세는 「소득세법」 제55조제1항에도 불구하고 해당 근로소득에 100분의 19를 곱한 금액을 그 세액으로 할 수 있다. 다만, 외국인근로자가 대통령령으로 정하는 지역본부에 근무함으로써 받는 근로소득의 경우에는 국내에서 최초로 근로를 제공한 날부터 20년 이내에 끝나는 과세기간까지 받는 근로소득에 대한 소득세는 「소득세법」 제55조제1항에도 불구하고 해당 근로소득에 100분의 19를 곱한 금액을 그 세액으로 할 수 있다. (2023.12.31 본문개정)
③ 제2항을 적용할 때 「소득세법」 및 이 법에 따른 소득세와 관련된 비과세(「소득세법」 제12조제3호저목의 복리후생적 성질의 급여 중 대통령령으로 정하는 소득에 대한 비과세는 제외한다), 공제, 감면 및 세액공제에 관한 규정은 적용하지 아니하며, 해당 근로소득은 「소득세법」 제14조제2항에 따른 종합소득과세표준에 합산하지 아니한다.(2023.12.31 본항개정)
④ 원천징수의무자는 외국인근로자에게 매월분의 근로소득을 지급할 때 「소득세법」 제134조제1항에도 불구하고 해당 근로소득에 100분의 19를 곱한 금액을 원천징수할 수 있다.(2016.12.20 본항개정)
⑤ 제2항이나 제4항을 적용받으려는 외국인근로자는 대통령령으로 정하는 바에 따라 신청을 하여야 한다. (2010.12.27 본항개정)

제18조의3【내국인 우수 인력의 국내복귀에 대한 소득세 감면】① 학위 취득 후 국외에서 5년 이상 거주하면서 연구개발 및 기술개발 경험을 가진 사람으로서 대통령령으로 정하는 내국인 우수 인력이 국내에 거주하면서 대통령령으로 정하는 연구기관 등(이하 이 조에서 "연구기관등"이라 한다)에 취업하여 받는 근로소득으로서 취업일(2025년 12월 31일 이전인 경우만 해당한다)부터 10년이 되는 날이 속하는 달까지 발생한 근로소득에 대해서는 소득세의 100분의 50에 상당하는 세액을 감면한다. 이 경우 소득세 감면기간은 소득세를 감면받은 사람이 다른 연구기관등에 취업하는 경우에 관계없이 소득세를 감면받은 최초 취업일부터 계산한다. (2022.12.31 전단개정)
② 원천징수의무자가 제1항에 따라 소득세가 감면되는 근로소득을 지급할 때에는 「소득세법」 제127조에 따라 징수할 소득세의 100분의 50에 상당하는 세액을 원천징수한다.
③ 제1항을 적용받으려는 사람은 대통령령으로 정하는 바에 따라 감면신청을 하여야 한다.
④ 제1항부터 제3항까지에 규정된 사항 외에 국외 거주기간의 판정방법 및 그 밖에 필요한 사항은 대통령령으로 정한다.
(2019.12.31 본조신설)

제19조【성과공유 중소기업의 경영성과급에 대한 세액공제 등】① 「중소기업 인력지원 특별법」 제27조의2제1항에 따른 중소기업(이하 이 조에서 "성과공유 중소기업"이라 한다)이 대통령령으로 정하는 상시근로자(이하 이 조에서 "상시근로자"라 한다)에게 2024년 12월 31일까지 대통령령으로 정하는 경영성과급(이하 이 조에서 "경영성과급"이라 한다)을 지급하는 경우 그 경영성과급의 100분의 15에 상당하는 금액을 해당 과세연도의 소득세(사업소득에 대한 소득세만 해당한다) 또는 법인세에서 공제한다. 다만, 성과공유 중소기업의 해당 과세연도의 상시근로자 수가 직전 과세연도의 상시근로자 수보다 감소한 경우에는 공제하지 아니한다. (2021.12.28 본문개정)
② 성과공유 중소기업의 근로자 중 다음 각 호에 해당하는 사람을 제외한 근로자가 해당 중소기업으로부터 2024년 12월 31일까지 경영성과급을 지급받는 경우 그 경영성과급에 대한 소득세의 100분의 50에 상당하는 세액을 감면한다.(2021.12.28 본문개정)
1. 해당 과세기간의 총급여액이 7천만원을 초과하는 사람
2. 해당 기업의 최대주주 등 대통령령으로 정하는 사람
③ 제1항 및 제2항을 적용받으려는 중소기업과 근로자는 대통령령으로 정하는 바에 따라 세액공제 또는 세액감면을 신청하여야 한다.
④ 제1항 및 제2항에서 규정한 사항 외에 상시근로자 수의 계산방법, 소득세 감면의 계산방법, 그 밖에 필요한 사항은 대통령령으로 정한다.
(2018.12.24 본조신설)

제3절 국제자본거래에 대한 조세특례 (2010.1.1 본절개정)

제20조【공공차관 도입에 따른 과세특례】① 「공공차관의 도입 및 관리에 관한 법률」 제2조제6호에 따른 공공차관(이하 이 조에서 "공공차관"이라 한다)의 도입과 직접 관련하여 같은 법 제2조제10호에 따른 대주(이하 이 조에서 "대주"(貸主)라 한다)가 부담하여야 할 조세는 같은 법 제2조제7호에 따른 공공차관협약(이하 이 조에서 "공공차관협약"이라 한다)에서 정하는 바에 따라 감면한다.
② 공공차관의 도입과 관련하여 외국인에게 지급되는 기술 또는 용역의 대가에 대해서는 해당 공공차관협약에서 정하는 바에 따라 소득세 또는 법인세를 감면한다.
③ 제1항 및 제2항에 따른 조세감면은 대주 또는 기술제공자의 신청에 의하여 감면하지 아니할 수 있다.

제21조【국제금융거래에 따른 이자소득 등에 대한 법인세 등의 면제】① 다음 각 호의 어느 하나의 소득을 받는 자(거주자, 내국법인 및 외국법인의 국내사업장은 제외한다)에 대해서는 소득세 또는 법인세를 면제한다. (2011.12.31 본문개정)
1. 국가·지방자치단체 또는 내국법인이 국외에서 발행하는 외화표시채권의 이자 및 수수료(2011.12.31 본호개정)
2. 「외국환거래법」에 따른 외국환업무취급기관이 같은 법에 따른 외국환업무를 하기 위하여 외국금융기관으로부터 차입하여 외화로 상환하여야 할 외화채무에 대하여 지급하는 이자 및 수수료(2014.12.23 본호개정)
3. 대통령령으로 정하는 금융회사 등이 「외국환거래법」에서 정하는 바에 따라 국외에서 발행하거나 매각하는 외화표시어음과 외화예금증서의 이자 및 수수료(2011.12.31 본호개정)
② (2002.12.11 삭제)
③ 국가·지방자치단체 또는 내국법인이 발행한 대통령령으로 정하는 유가증권을 비거주자 또는 외국법인이 국외에서 양도함으로써 발생하는 소득에 대해서는 소득세 또는 법인세를 면제한다.

제21조의2【비거주자등의 정기외화예금에 대한 이자소득세 비과세】① 비거주자 또는 외국법인(비거주자 또는 외국법인의 국내사업장은 제외한다. 이하 이 조에서 "비거주자등"이라 한다)이 계약기간 1년 이상인 대통령령으로 정하는 정기외화예금에 2015년 12월 31일까지 가입하는 경우 해당 예금에서 계약기간 내에 발생하는 이자에 대해서는 소득세 또는 법인세를 부과하지 아니한다.
② 제1항에 따른 예금의 가입자가 계약기간 내에 계약을 해지하거나 예금의 전부 또는 일부를 인출하는 경우 해당 예금을 취급하는 제21조제1항제2호에 따른 외국환업무취급기관은 대통령령으로 정하는 바에 따라 부과되지 아니한 소득세 또는 법인세에 상당하는 세액을 추징하여 해지 또는 인출한 날이 속하는 달의 다음 달 10일까지 원천징수 관할 세무서장에게 납부하여야 한다. 이 경우 그 기한까지 납부하지 아니하거나 납부하여야 할 세액에 미달하게 납부한 경우에는 그 납부하지 아니한 세액 또는 미달하게 납부한 세액의 100분의 10에 해당하는 금액을 추가로 납부하여야 한다.
③ 비거주자등의 정기외화예금 가입 시 제출서류, 예금 계약의 변경·갱신에 대한 적용방법 등 그 밖에 필요한 사항은 대통령령으로 정한다. (2013.1.1 본조신설)

제22조【해외자원개발투자 배당소득에 대한 법인세의 면제】① 내국법인의 2015년 12월 31일 이전에 끝나는 각 사업연도의 소득에 「외국환거래법」에 따라 대통령령으로 정하는 해외자원개발사업(자원보유국의 외자도입 조건에 따른 자원의 가공업을 포함한다)에 투자함으로써 받은 배당소득이 포함되어 있는 경우에는 해당 자원보유국에서 그 배당소득에 대하여 조세를 면제받은 부분에 대해서만 법인세를 면제한다. (2013.1.1 본항개정)
② 내국법인의 배당소득에 대하여 제1항과 「법인세법」 제57조제3항이 동시에 적용되는 경우에는 그 중 하나만을 선택하여 적용받는다.

제23조 (2008.12.26 삭제)

제4절 투자촉진을 위한 조세특례
(2010.1.1 본절제목개정)

제24조【통합투자세액공제】① 대통령령으로 정하는 내국인이 제1호가목 또는 나목에 해당하는 자산에 투자

(중고품 및 대통령령으로 정하는 리스에 의한 투자는 제외한다. 이하 이 조에서 같다)하는 경우에는 제2호 각 목에 따른 기본공제 금액과 추가공제 금액을 합한 금액을 해당 투자가 이루어지는 과세연도의 소득세(사업소득에 대한 소득세만 해당한다) 또는 법인세에서 공제한다. 다만, 2023년 12월 31일이 속하는 과세연도에 투자하는 경우에는 제3호 각 목에 따른 기본공제 금액과 추가공제 금액을 합한 금액을 공제한다.(2023.4.11 단서신설)
1. 공제대상 자산
가. 기계장치 등 사업용 유형자산. 다만, 대통령령으로 정하는 자산은 제외한다.
나. 가목에 해당하지 않는 유형자산과 무형자산으로서 대통령령으로 정하는 자산
2. 공제금액
가. 기본공제 금액 : 해당 과세연도에 투자한 금액의 100분의 1(중견기업은 100분의 5, 중소기업은 100분의 10)에 상당하는 금액. 다만, 다음의 어느 하나에 해당하는 경우에는 다음의 구분에 따른 금액으로 한다.
1) 신성장·원천기술의 사업화를 위한 시설로서 대통령령으로 정하는 시설(이하 이 조에서 "신성장사업화시설"이라 한다)에 투자하는 경우 : 100분의 3(중견기업은 100분의 6, 중소기업은 100분의 12)에 상당하는 금액
2) 국가전략기술의 사업화를 위한 시설로서 대통령령으로 정하는 시설(이하 이 조에서 "국가전략기술사업화시설"이라 한다)에 2024년 12월 31일까지 투자하는 경우 : 100분의 15(중소기업은 100분의 25)에 상당하는 금액(2023.4.11 개정)
(2022.12.31 본목개정)
나. 추가공제 금액 : 해당 과세연도에 투자한 금액이 해당 과세연도의 직전 3년간 연평균 투자 또는 취득 금액을 초과하는 경우에는 그 초과하는 금액의 100분의 3(국가전략기술사업화시설의 경우에는 100분의 4)에 상당하는 금액. 다만, 추가공제 금액이 기본공제 금액을 초과하는 경우에는 기본공제 금액의 2배를 한도로 한다.(2023.4.11 본문개정)
3. 임시 투자 세액공제금액
가. 기본공제 금액 : 2023년 12월 31일이 속하는 과세연도에 투자한 금액의 100분의 3(중견기업은 100분의 7, 중소기업은 100분의 12)에 상당하는 금액. 다만, 다음의 어느 하나에 해당하는 경우에는 다음의 구분에 따른 금액으로 한다.
1) 신성장사업화시설에 투자하는 경우 : 100분의 6(중견기업은 100분의 10, 중소기업은 100분의 18)에 상당하는 금액
2) 국가전략기술사업화시설에 투자하는 경우 : 제2호가목2)에 따른 금액
나. 추가공제 금액 : 2023년 12월 31일이 속하는 과세연도에 투자한 금액이 해당 과세연도의 직전 3년 연평균 투자 또는 취득금액을 초과하는 경우에는 그 초과하는 금액의 100분의 10에 상당하는 금액. 다만, 추가공제 금액이 기본공제 금액을 초과하는 경우에는 기본공제 금액의 2배를 그 한도로 한다. (2023.4.11 본호신설)
② 제1항에 따른 투자가 2개 이상의 과세연도에 걸쳐서 이루어지는 경우에는 그 투자가 이루어지는 과세연도마다 해당 과세연도에 투자한 금액에 대하여 제1항을 적용한다.
③ 제1항에 따라 소득세 또는 법인세를 공제받은 자가 투자완료일부터 5년 이내의 기간 중 대통령령으로 정하는 기간 내에 그 자산을 다른 목적으로 전용하는 경우에는 공제받은 세액공제액 상당액에 대통령령으로 정

하는 바에 따라 계산한 이자 상당 가산액을 가산하여 소득세 또는 법인세로 납부하여야 한다. 이 경우 해당 세액은 「소득세법」 제76조 또는 「법인세법」 제64조에 따라 납부하여야 할 세액으로 본다.

④ 제1항을 적용받으려는 내국인은 대통령령으로 정하는 바에 따라 세액공제신청을 하여야 한다.

⑤ 제1항부터 제4항까지의 규정을 적용할 때 투자금액의 계산방법, 해당 과세연도의 직전 3년간 연평균 투자금액의 계산방법, 신성장사업화시설 및 국가전략기술사업화시설의 판정방법 및 그 밖에 필요한 사항은 대통령령으로 정한다.(2023.4.11 본항개정)

(2020.12.29 본조신설)

제25조 (2020.12.29 삭제)

제25조의2~제25조의3 (2018.12.24 삭제)

제25조의4~제25조의5 (2020.12.29 삭제)

제25조의6【영상콘텐츠 제작비용에 대한 세액공제】① 대통령령으로 정하는 내국인이 2025년 12월 31일까지 제1호 각 목의 어느 하나에 해당하는 것으로서 대통령령으로 정하는 영상콘텐츠(이하 이 조에서 "영상콘텐츠"라 한다)의 제작을 위하여 국내외에서 발생한 비용 중 대통령령으로 정하는 비용(이하 이 조에서 "영상콘텐츠 제작비용"이라 한다)이 있는 경우에는 제2호 각 목에 따른 기본공제 금액과 추가공제 금액을 합한 금액을 대통령령으로 정하는 바에 따라 해당 영상콘텐츠가 처음으로 방송되거나 영화상영관에서 상영되거나 온라인 동영상 서비스를 통하여 시청에 제공된 과세연도의 소득세(사업소득에 대한 소득세만 해당한다) 또는 법인세에서 공제한다.

1. 공제대상 영상콘텐츠
   가. 「방송법」 제2조제17호에 따른 방송프로그램으로서 같은 조 제3호에 따른 방송사업자의 텔레비전방송으로 방송된 드라마, 애니메이션, 다큐멘터리 및 오락을 위한 프로그램
   나. 「영화 및 비디오물의 진흥에 관한 법률」 제2조제1호에 따른 영화
   다. 「영화 및 비디오물의 진흥에 관한 법률」 제2조제12호에 따른 비디오물로서 같은 법에 따른 등급분류를 받고 「전기통신사업법」 제2조제12호의2에 따른 온라인 동영상 서비스를 통하여 시청에 제공된 비디오물

2. 공제금액
   가. 기본공제 금액 : 해당 영상콘텐츠 제작비용의 100분의 5(중견기업의 경우에는 100분의 10, 중소기업의 경우에는 100분의 15)에 상당하는 금액
   나. 추가공제 금액 : 국내에서 발생한 제작비용이 총제작비에서 차지하는 비율 등을 고려하여 대통령령으로 정하는 요건을 충족하는 영상콘텐츠의 경우 그 제작비용의 100분의 10(중소기업의 경우에는 100분의 15)에 상당하는 금액

(2023.12.31 본항개정)

② 제1항을 적용받으려는 내국인은 대통령령으로 정하는 바에 따라 세액공제신청을 하여야 한다.

③ 제1항을 적용할 때 영상콘텐츠의 범위, 제작비용의 계산방법과 그 밖에 필요한 사항은 대통령령으로 정한다.

(2016.12.20 본조신설)

제25조의7【내국법인의 문화산업전문회사에의 출자에 대한 세액공제】① 대통령령으로 정하는 중소기업 또는 중견기업이 제25조의6제1항제1호 각 목의 어느 하나에 해당하는 것으로서 대통령령으로 정하는 영상콘텐츠(이하 이 조에서 "영상콘텐츠"라 한다)를 제작하는 「문화산업진흥 기본법」에 따른 문화산업전문회사(이하 이

조에서 "문화산업전문회사"라 한다)에 2025년 12월 31일까지 출자하는 경우 제1호의 금액과 제2호의 비율을 곱한 금액의 100분의 3에 상당하는 금액을 영상콘텐츠의 최초 방송·상영 또는 제공일과 해당 문화산업전문회사의 청산일 중 빠른 날이 속하는 사업연도의 법인세에서 공제한다.

1. 해당 중소기업 또는 중견기업이 문화산업전문회사에 출자한 금액
2. 해당 영상콘텐츠 제작을 위하여 국내외에서 발생한 비용 중 대통령령으로 정하는 비용을 해당 문화산업전문회사의 총 출자금액으로 나눈 비율

② 제1항을 적용받으려는 중소기업 또는 중견기업은 대통령령으로 정하는 바에 따라 세액공제신청을 하여야 한다.

③ 제1항을 적용할 때 세액공제 금액의 계산방법 및 그 밖에 필요한 사항은 대통령령으로 정한다.

(2023.12.31 본조신설)

제26조【고용창출투자세액공제】① 내국인이 2017년 12월 31일까지 대통령령으로 정하는 투자(중고품 및 대통령령으로 정하는 리스에 의한 투자와 수도권과밀억제권역 내에 투자하는 경우는 제외한다. 이하 이 조에서 같다)를 하는 경우로서 해당 과세연도의 상시근로자 수가 직전 과세연도의 상시근로자 수보다 감소하지 아니한 경우에는 다음 각 호의 구분에 따라 계산한 금액을 더한 금액을 해당 과세연도에 투자가 이루어지는 각 과세연도의 소득세(사업소득에 대한 소득세만 해당한다) 또는 법인세에서 공제한다. 다만, 중소기업의 경우에는 해당 과세연도의 상시근로자 수가 직전 과세연도의 상시근로자 수보다 감소한 경우에도 제1호를 적용한다. 이 경우 제1호의 금액에서 감소한 상시근로자 1명당 1천만원씩 뺀 금액으로 하며, 해당 금액이 음수(陰數)인 경우에는 영으로 한다.(2014.12.23 본문개정)

1. 기본공제금액 : 중소기업의 경우 해당 투자금액의 100분의 3에 상당하는 금액으로 하고, 중견기업의 경우 다음 각 목에서 정한 바에 따른다.(2020.12.29 본항개정)
   가. 「수도권정비계획법」 제6조제1항제2호의 성장관리권역 또는 같은 항 제3호의 자연보전권역(이하 이 조에서 "수도권과밀억제권역 외 수도권"이라 한다) 내에 투자하는 경우에는 해당 투자금액의 100분의 1에 상당하는 금액
   나. 수도권 밖의 지역에 투자하는 경우에는 해당 투자금액의 100분의 2에 상당하는 금액
   (2014.12.23 본호개정)
2. 추가공제금액 : 수도권과밀억제권역 외 수도권 내에 투자하는 경우에는 해당 투자금액의 100분의 3(중소기업은 100분의 6, 중견기업은 100분의 5)에 상당하는 금액으로 하고, 수도권 밖의 지역에 투자하는 경우에는 해당 투자금액의 100분의 4(중소기업은 100분의 7, 중견기업은 100분의 6)에 상당하는 금액으로 하되, 대통령령으로 정하는 서비스업을 영위하는 경우에는 각각 해당 투자금액의 100분의 1에 상당하는 금액을 가산한 금액으로 한다. 다만, 그 금액이 가목부터 다목까지의 금액을 순서대로 더한 금액에서 라목의 금액을 뺀 금액을 초과하는 경우에는 그 초과하는 금액은 없는 것으로 한다.(2017.4.18 본문개정)
   가. 해당 과세연도에 최초로 근로계약을 체결한 상시근로자 중 「초·중등교육법」 제2조에 따른 학교로서 산업계의 수요에 직접 연계된 맞춤형 교육과정을 운영하는 고등학교 등 직업교육훈련을 실시하는 대통령령으로 정하는 학교(이하 "산업수요맞춤형고등학교등"이라 한다)의 졸업생 수 × 2천만원(중소기업의 경우는 2천500만원)
   나. 해당 과세연도에 최초로 근로계약을 체결한 가목

외의 상시근로자 중 청년근로자, 장애인근로자, 60세 이상인 근로자 수 × 1천500만원(중소기업의 경우는 2천만원)

다. (해당 과세연도의 상시근로자 수 − 직전 과세연도 의 상시근로자 수 − 가목에 따른 졸업생 수 − 나목 에 따른 청년근로자, 장애인근로자, 60세 이상인 근로자 수) × 1천만원(중소기업의 경우는 1천500만원) (2016.12.20 가목∼다목개정)

라. 해당 과세연도에 제144조제3항에 따라 이월공제받는 금액

② 내국법인이 「법인세법」 제63조 및 제63조의2에 따른 중간예납(같은 법 제63조의2제1항제2호의 방법으로 중간예납(中間豫納)하는 경우는 제외한다) 또는 같은 법 제76조의18에 따른 연결중간예납(같은 법 제76조의18 제1항제2호의 방법으로 중간예납하는 경우는 제외한다)을 할 때 그 중간예납기간에 제1항이 적용되는 투자를 한 경우에는 그 중간예납세액에서 제1항을 준용하여 계산한 중간예납기간의 투자분에 해당하는 세액공제액을 뺀 금액을 중간예납세액으로 하여 납부할 수 있다. 이 경우 "해당 과세연도"는 "중간예납기간"으로 본다. (2018.12.24 전단개정)

③ 거주자가 「소득세법」 제65조에 따른 중간예납을 할 때 그 중간예납기간에 제1항이 적용되는 투자를 한 경우에는 그 중간예납세액에서 제1항을 준용하여 계산한 중간예납기간의 투자분에 해당하는 세액공제액(그 중간예납세액 중 사업소득에 대한 세액을 한도로 한다)을 뺀 금액을 중간예납세액으로 하여 11월 1일부터 11월 30일까지의 기간에 납세지 관할 세무서장에게 신고할 수 있다. 이 경우 "해당 과세연도"는 "중간예납기간"으로 본다.

④ 거주자가 제3항에 따라 신고를 한 경우에는 「소득세법」 제65조제3항에 따라 신고한 것으로 보고 같은 법 (제65조제9항 후단은 제외한다)을 적용한다.

⑤ 제2항 또는 제3항에 따라 납부 또는 신고하는 중간예납세액이 제132조에 따라 계산한 직전 과세연도 최저한세액(最低限稅額)의 100분의 50에 미달하는 경우에는 그 미달하는 세액에 상당하는 중간예납기간의 투자분에 해당하는 세액공제액은 빼지 아니한다. (2011.12.31 본항신설)

⑥ 제1항 또는 제144조제3항에 따라 소득세 또는 법인세를 공제받은 자가 그 공제받은 과세연도 종료일부터 2년이 되는 날이 속하는 과세연도 종료일까지의 기간 중 각 과세연도의 상시근로자 수가 공제받은 과세연도의 상시근로자 수보다 감소한 경우에는 대통령령으로 정하는 바에 따라 공제받은 세액에 상당하는 금액을 소득세 또는 법인세로 납부하여야 한다.

⑦ 제2항 및 제3항에 따라 공제받은 중간예납기간의 투자분에 해당하는 세액공제액이 해당 과세연도의 제1항이 적용되는 투자분에 해당하는 세액공제액을 초과하는 경우에는 해당 과세연도의 과세표준을 신고할 때 그 초과하는 부분에 상당하는 금액을 소득세 또는 법인세로 납부하여야 한다.

⑧ 제1항부터 제3항까지, 제6항 또는 제144조제3항을 적용할 때 상시근로자 및 청년근로자, 장애인근로자, 60세 이상인 근로자의 범위와 상시근로자 수, 산업수요맞춤형고등학교등의 졸업생 및 청년근로자, 장애인근로자, 60세 이상인 근로자 수의 계산방법, 그 밖에 필요한 사항은 대통령령으로 정한다. (2014.1.1 본항개정)

⑨ 제1항부터 제3항까지의 규정을 적용받으려는 내국인은 대통령령으로 정하는 바에 따라 세액공제신청을 하여야 한다. (2011.12.31 본조개정)

제26조의2【특정사회기반시설 집합투자기구 투자자에 대한 과세특례】 ① 거주자가 2022년 12월 31일까지 제2항에 따른 전용계좌에 가입하고 다음 각 호의 요건을 모두 갖춘 집합투자기구(이하 이 조에서 "특정사회기반시설 집합투자기구"라 한다)에 투자하여 발생하는 배당소득 및 금융투자소득(각각 가입일부터 3년 이내에 지급받는 경우로 한정한다)은 「소득세법」 제129조에도 불구하고 100분의 9의 세율을 적용하고, 같은 법 제14조제2항 및 제87조의4에 따른 종합소득과세표준 및 금융투자소득과세표준에 합산하지 아니한다. (2021.12.28 본문개정 : "금융투자소득"의 개정부분은 2025.1.1 시행)

1. 대통령령으로 정하는 종류의 집합투자기구일 것
2. 대통령령으로 정하는 투자대상에 집합투자재산의 100분의 50 이상으로서 대통령령으로 정하는 비율 이상을 투자할 것
3. 「자본시장과 금융투자업에 관한 법률」 제9조제19항에 따른 사모집합투자기구에 해당하지 아니할 것

② 제1항의 조세특례는 다음 각 호의 요건을 모두 갖춘 계좌(이하 이 조에서 "전용계좌"라 한다)를 통하여 투자하는 경우에 적용한다.

1. 1명당 1개의 전용계좌만 가입할 것
2. 납입한도가 2억원 이하일 것
3. 특정사회기반시설 집합투자기구의 「자본시장과 금융투자업에 관한 법률」 제4조에 따른 지분증권 또는 수익증권에만 투자할 것

③ 특정사회기반시설 집합투자기구 및 전용계좌의 구체적 요건, 투자금액의 계산방법, 전용계좌의 확인 등 그 밖에 필요한 사항은 대통령령으로 정한다. (2020.12.29 본조신설)

제27조【투융자집합투자기구 투자자에 대한 과세특례】 ① 거주자가 다음 각 호의 요건을 모두 갖추어 2025년 12월 31일까지 「사회기반시설에 대한 민간투자법」 제41조제2항에 따른 투융자집합투자기구(「자본시장과 금융투자업에 관한 법률」 제9조제19항에 따른 사모집합투자기구에 해당하는 투융자집합투자기구는 제외한다. 이하 이 조에서 "투융자집합투자기구"라 한다)로부터 받는 배당소득은 「소득세법」 제14조제2항에 따른 종합소득과세표준에 합산하지 아니한다. (2022.12.31 본문개정)

1. 1명당 1개의 투융자집합투자기구전용계좌(이하 이 조에서 "전용계좌"라 한다)만 가입할 것
2. 전용계좌를 통하여 투융자집합투자기구의 「자본시장과 금융투자업에 관한 법률」 제9조제21항에 따른 집합투자증권에 투자하여 배당소득을 지급받을 것
3. 전용계좌의 납입한도가 1억원 이하일 것

② 전용계좌의 구체적 요건, 투자금액의 계산방법 등 그 밖에 필요한 사항은 대통령령으로 정한다. (2020.12.29 본조신설)

제27조의2 (2000.12.29 삭제)

제28조【서비스업 감가상각비의 손금산입특례】 ① 대통령령으로 정하는 서비스업을 영위하는 내국인으로서 다음 각 호의 요건을 모두 충족하는 자가 해당 사업에 사용하기 위하여 대통령령으로 정하는 고정자산(이하 이 조에서 "설비투자자산"이라 한다)을 2015년 12월 31일까지 취득하는 경우 해당 설비투자자산에 대한 감가상각비는 각 과세연도의 결산을 확정할 때 손금으로 계상하였는지와 관계없이 대통령령으로 정하는 바에 따라 계산한 금액의 범위에서 해당 과세연도의 소득금액을 계산할 때 손금에 산입할 수 있다.

1. 해당 과세연도에 취득한 설비투자자산의 취득가액의 합계액이 직전 과세연도에 취득한 설비투자자산의 취득가액의 합계액보다 클 것

2. 직전 과세연도에 취득한 설비투자자산의 취득가액의 합계액이 그 전 과세연도에 취득한 설비투자자산의 취득가액의 합계액보다 클 것
② 제1항을 적용받으려는 자는 대통령령으로 정하는 바에 따라 손금산입특례의 적용신청을 하여야 한다.
③ 제1항에 따른 감가상각비의 손금계상방법과 그 밖에 필요한 사항은 대통령령으로 정한다.
(2014.12.23 본조신설)

제28조의2【중소·중견기업 설비투자자산의 감가상각비 손금산입 특례】 ① 중소기업 또는 중견기업이 사업에 사용하기 위하여 대통령령으로 정하는 고정자산(이하 이 조에서 "설비투자자산"이라 한다)을 2017년 6월 30일까지 취득하는 경우 해당 설비투자자산에 대한 감가상각비는 각 과세연도의 결산을 확정할 때 손금으로 계상하였는지와 관계없이 대통령령으로 정하는 바에 따라 계산한 금액의 범위에서 해당 과세연도의 소득금액을 계산할 때 손금에 산입할 수 있다.(2020.12.29 본항개정)
② 중소기업 또는 중견기업이 해당 사업연도에 취득한 설비투자자산의 취득가액의 합계액이 직전 사업연도에 취득한 설비투자자산에 대한 취득가액의 합계액보다 적은 경우에는 제1항을 적용하지 아니한다.
③ 제1항에 따라 감가상각비를 손금에 산입하려는 내국인은 대통령령으로 정하는 바에 따라 손금산입특례의 적용신청을 하여야 한다.
④ 제1항에 따른 감가상각비의 손금계상방법과 그 밖에 필요한 사항은 대통령령으로 정한다.
(2016.12.20 본조신설)

제28조의3【설비투자자산의 감가상각비 손금산입 특례】 ① 내국인이 다음 각 호의 구분에 따른 자산(이하 이 조에서 "설비투자자산"이라 한다)을 2021년 12월 31일까지 취득하는 경우 해당 설비투자자산에 대한 감가상각비는 각 과세연도의 결산을 확정할 때 손비로 계상하였는지와 관계없이 대통령령으로 정하는 바에 따라 계산한 금액의 범위에서 해당 과세연도의 소득금액을 계산할 때 손금에 산입할 수 있다.(2020.12.29 본문개정)
1. 중소기업 또는 중견기업 : 대통령령으로 정하는 사업용 고정자산(2020.12.29 본호개정)
2. 제1호 외의 기업 : 대통령령으로 정하는 혁신성장투자자산
② 제1항에 따라 감가상각비를 손금에 산입하려는 내국인은 대통령령으로 정하는 바에 따라 손금산입 특례의 적용신청을 하여야 한다.
③ 제1항에 따른 감가상각비의 손금산입방법과 그 밖에 필요한 사항은 대통령령으로 정한다.
(2018.12.24 본조신설)

제28조의4【에너지절약시설의 감가상각비 손금산입 특례】 ① 내국인이 대통령령으로 정하는 에너지 절약시설(이하 이 조에서 "에너지절약시설"이라 한다)을 2024년 12월 31일까지 취득하는 경우 해당 에너지 절약시설에 대한 감가상각비는 각 과세연도의 결산을 확정할 때 손비로 계상하였는지와 관계없이 대통령령으로 정하는 바에 따라 계산한 금액의 범위에서 해당 과세연도의 소득금액을 계산할 때 손금에 산입할 수 있다.(2023.12.31 본항개정)
② 제1항에 따라 감가상각비를 손금에 산입하려는 내국인은 대통령령으로 정하는 바에 따라 손금산입 특례의 적용신청을 하여야 한다.
③ 제1항에 따른 감가상각비의 손금산입방법과 그 밖에 필요한 사항은 대통령령으로 정한다.
(2022.12.31 본조신설)

제29조【사회기반시설채권의 이자소득에 대한 분리과세】 발행일부터 최종 상환일까지의 기간이 7년 이상인 대통령령으로 정하는 사회기반시설채권으로서 2014년

12월 31일까지 발행된 채권의 이자소득은 「소득세법」 제14조에도 불구하고 종합소득에 대한 과세표준을 계산할 때 산입하지 아니하고, 같은 법 제129조제1항제1호라목에 따른 세율을 적용한다.(2013.1.1 본조개정)

제4절의2 고용지원을 위한 조세특례
(2009.3.25 본절제목개정)

제29조의2【산업수요맞춤형고등학교등 졸업자를 병역 이행 후 복직시킨 기업에 대한 세액공제】 ① 중소기업 또는 중견기업이 산업수요맞춤형고등학교등을 졸업한 사람 중 대통령령으로 정하는 사람을 고용한 경우 그 근로자가 대통령령으로 정하는 병역을 이행한 후 2020년 12월 31일까지 복직된 경우(병역을 이행한 후 1년 이내에 복직된 경우만 해당한다)에는 해당 복직자에게 복직일 이후 2년 이내에 지급한 대통령령으로 정하는 인건비의 100분의 30(중견기업의 경우에는 100분의 15)에 상당하는 금액을 해당 과세연도의 소득세(사업소득에 대한 소득세만 해당한다) 또는 법인세에서 공제한다.(2020.12.29 본항개정)
② 제1항을 적용받으려는 중소기업 또는 중견기업은 대통령령으로 정하는 바에 따라 세액공제신청을 하여야 한다.
(2017.12.19 본조개정)

제29조의3【경력단절 여성 고용 기업 등에 대한 세액공제】 ① 중소기업 또는 중견기업이 다음 각 호의 요건을 모두 충족하는 여성(이하 이 조, 제29조의8 및 제30조에서 "경력단절 여성"이라 한다)과 2022년 12월 31일까지 1년 이상의 근로계약을 체결하는 경우에는 고용한 날부터 2년이 되는 날이 속하는 달까지 해당 경력단절 여성에게 지급한 대통령령으로 정하는 인건비의 100분의 30(중견기업의 경우에는 100분의 15)에 상당하는 금액을 해당 과세연도의 소득세(사업소득에 대한 소득세만 해당한다) 또는 법인세에서 공제한다.(2022.12.31 본문개정)
1. 해당 기업 또는 해당 기업과 대통령령으로 정하는 분류를 기준으로 동일한 업종의 기업에서 1년 이상 근무(대통령령으로 정하는 바에 따라 경력단절 여성의 근로소득세가 원천징수되었던 사실이 확인되는 경우로 한정한다)한 후 대통령령으로 정하는 결혼·임신·출산·육아 및 자녀교육의 사유로 퇴직하였을 것
(2019.12.31 본호개정)
2. 제1호에 따른 사유로 퇴직한 날부터 2년 이상 15년 미만의 기간이 지났을 것(2021.12.28 본호개정)
3. 해당 기업의 최대주주 또는 최대출자자(개인사업자의 경우에는 대표자를 말한다)나 그와 대통령령으로 정하는 특수관계인이 아닐 것
② 중소기업 또는 중견기업이 다음 각 호의 요건을 모두 충족하는 사람(이하 이 조에서 "육아휴직 복귀자"라 한다)을 2022년 12월 31일까지 복직시키는 경우에는 복직한 날부터 1년이 되는 날이 속하는 달까지 해당 육아휴직 복귀자에게 지급한 대통령령으로 정하는 인건비의 100분의 30(중견기업의 경우에는 100분의 15)에 상당하는 금액을 해당 과세연도의 소득세(사업소득에 대한 소득세만 해당한다) 또는 법인세에서 공제한다. 다만, 해당 중소기업 또는 중견기업의 해당 과세연도의 상시근로자 수가 직전 과세연도의 상시근로자 수보다 감소한 경우에는 공제하지 아니한다.(2020.12.29 본문개정)
1. 해당 기업에서 1년 이상 근무하였을 것(대통령령으로 정하는 바에 따라 기업이 육아휴직 복귀자의 근로소득세를 원천징수하였던 사실이 확인되는 경우로 한정한다)
2. 「남녀고용평등과 일·가정 양립 지원에 관한 법률」 제19조제1항에 따라 육아휴직한 경우로서 육아휴직 기간이 연속하여 6개월 이상일 것

3. 해당 기업의 최대주주 또는 최대출자자(개인사업자의 경우에는 대표자를 말한다)나 그와 대통령령으로 정하는 특수관계인이 아닐 것
(2018.12.24 본항신설)
③ 제2항에 따라 소득세 또는 법인세를 공제받은 기업이 해당 기업에 복직한 날부터 1년이 지나기 전에 해당 육아휴직 복귀자와의 근로관계를 종료하는 경우에는 근로관계가 종료한 날이 속하는 과세연도의 과세표준신고를 할 때 공제받은 세액에 상당하는 금액을 소득세 또는 법인세로 납부하여야 한다.(2020.12.29 본항개정)
④ 제2항은 육아휴직 복귀자의 자녀 1명당 한 차례에 한정하여 적용한다.(2018.12.24 본항신설)
⑤ 제1항 또는 제2항을 적용받으려는 중소기업 또는 중견기업은 대통령령으로 정하는 바에 따라 세액공제신청을 하여야 한다.(2018.12.24 본항개정)
⑥ 제2항을 적용할 때 상시근로자의 범위와 상시근로자의 수의 계산방법, 그 밖에 필요한 사항은 대통령령으로 정한다.(2018.12.24 본항신설)
(2019.12.31 본조제목개정)
(2017.12.19 본조개정)
제29조의4【근로소득을 증대시킨 기업에 대한 세액공제】 ① 중소기업 또는 중견기업이 다음 각 호의 요건을 모두 충족하는 경우에는 2025년 12월 31일이 속하는 과세연도까지 직전 3년 평균 초과 임금증가분의 100분의 20(중견기업의 경우에는 100분의 10)에 상당하는 금액을 해당 과세연도의 소득세(사업소득에 대한 소득세만 해당한다) 또는 법인세에서 공제한다.(2022.12.31 본문개정)
1. 대통령령으로 정하는 상시 근로자(이하 이 조에서 "상시근로자"라 한다)의 해당 과세연도의 평균임금 증가율이 직전 3개 과세연도의 평균임금 증가율의 평균(이하 이 조에서 "직전 3년 평균임금 증가율의 평균"이라 한다)보다 클 것
2. 해당 과세연도의 상시근로자 수가 직전 과세연도의 상시 근로자 수보다 크거나 같을 것
② 제1항에 따른 직전 3년 평균 초과 임금증가분은 다음 계산식에 따라 계산한 금액으로 한다.
직전 3년 평균 초과 임금증가분 = 〔해당 과세연도 상시근로자의 평균임금 − 직전 과세연도 상시근로자의 평균임금 × (1 + 직전 3년 평균임금 증가율의 평균)〕 × 직전 과세연도 상시근로자 수
③ 중소기업 또는 중견기업이 다음 각 호의 요건을 모두 충족하는 경우에는 2025년 12월 31일이 속하는 과세연도까지 근로기간 및 근로형태 등 대통령령으로 정하는 요건을 충족하는 정규직 전환 근로자(이하 이 조에서 "정규직 전환 근로자"라 한다)에 대한 임금증가분 합계액의 100분의 20(중견기업의 경우에는 100분의 10)에 상당하는 금액을 해당 과세연도의 소득세(사업소득에 대한 소득세만 해당한다) 또는 법인세에서 공제한다.
(2022.12.31 본문개정)
1. 해당 과세연도에 정규직 전환 근로자가 있을 것
2. 해당 과세연도의 상시근로자 수가 직전 과세연도의 상시 근로자 수보다 크거나 같을 것
(2015.12.15 본항신설)
④ 제3항에 따라 소득세 또는 법인세를 공제받은 중소기업 또는 중견기업이 공제를 받은 과세연도 종료일부터 1년이 되는 날이 속하는 과세연도의 종료일까지의 기간 중 정규직 전환 근로자와의 근로관계를 종료하는 경우에는 근로관계가 종료한 날이 속하는 과세연도의 과세표준신고를 할 때 대통령령으로 정하는 바에 따라 계산한 세액을 소득세 또는 법인세로 납부하여야 한다.(2022.12.31 본항개정)
⑤ 제1항에도 불구하고 중소기업이 다음 각 호의 요건을 모두 충족하는 경우에는 2025년 12월 31일이 속하는

과세연도까지 전체 중소기업의 평균임금증가분을 초과하는 임금증가분의 100분의 20에 상당하는 금액을 제1항에 따른 금액 대신 해당 과세연도의 소득세(사업소득에 대한 소득세만 해당한다) 또는 법인세에서 공제할 수 있다.(2022.12.31 본문개정)
1. 상시 근로자의 해당 과세연도의 평균임금 증가율이 전체 중소기업 임금증가율을 고려하여 대통령령으로 정한 비율보다 클 것
2. 해당 과세연도의 상시근로자 수가 직전 과세연도의 상시 근로자 수보다 크거나 같을 것
3. 직전 과세연도의 평균임금 증가율이 음수가 아닐 것
(2016.12.20 본항신설)
⑥ 제5항에 따른 전체 중소기업의 평균임금증가분을 초과하는 임금증가분은 다음 계산식에 따라 계산한 금액으로 한다.
전체 중소기업의 평균임금증가분을 초과하는 임금증가분 = 〔해당 과세연도 상시근로자의 평균임금 − 직전 과세연도 상시근로자의 평균임금 × (1 + 전체 중소기업 임금증가율을 고려하여 대통령령으로 정한 비율)〕 × 직전 과세연도 상시근로자 수
(2016.12.20 본항신설)
⑦ 제1항 또는 제3항을 적용받으려는 중소기업 또는 중견기업은 대통령령으로 정하는 바에 따라 세액공제신청을 하여야 한다.(2022.12.31 본항개정)
⑧ 제1항부터 제4항까지의 규정을 적용할 때 임금의 범위, 평균임금 증가율 및 직전 3년 평균임금 증가율의 평균의 계산방법, 정규직 전환 근로자의 임금 증가분 합계액과 그 밖에 필요한 사항은 대통령령으로 정한다.
(2015.12.15 본항개정)
(2014.12.23 본조신설)
제29조의5【청년고용을 증대시킨 기업에 대한 세액공제】 ① 내국인(소비성서비스업 등 대통령령으로 정하는 업종을 경영하는 내국인은 제외한다)의 2017년 12월 31일이 속하는 과세연도까지의 기간 중 해당 과세연도의 대통령령으로 정하는 청년 정규직 근로자의 수(이하 이 조에서 "청년 정규직 근로자 수"라 한다)가 직전 과세연도의 청년 정규직 근로자 수보다 증가한 경우에는 증가한 인원 수〔대통령령으로 정하는 정규직 근로자(이하 이 조에서 "전체 정규직 근로자"라 한다)의 증가한 인원 수와 대통령령으로 정하는 상시근로자(이하 이 조에서 "상시근로자"라 한다)의 증가한 인원 수 중 작은 수를 한도로 한다)에 300만원(중소기업의 경우에는 1천만원, 중견기업의 경우에는 700만원)을 곱한 금액을 해당 과세연도의 소득세(사업소득에 대한 소득세만 해당한다) 또는 법인세에서 공제한다.(2020.12.29 본항개정)
② 제1항에 따라 소득세 또는 법인세를 공제받은 내국인이 공제를 받은 과세연도의 종료일부터 2년이 되는 날이 속하는 과세연도의 종료일까지의 기간 중 각 과세연도의 청년 정규직 근로자 수, 전체 정규직 근로자 수 또는 상시근로자 수가 공제를 받은 과세연도보다 감소한 경우에는 대통령령으로 정하는 바에 따라 공제받은 세액에 상당하는 금액을 소득세 또는 법인세로 납부하여야 한다.
③ 제1항을 적용받으려는 내국인은 대통령령으로 정하는 바에 따라 세액공제신청을 하여야 한다.
④ 제1항 및 제2항을 적용할 때 청년 정규직 근로자, 전체 정규직 근로자 및 상시근로자 수의 계산방법과 그 밖에 필요한 사항은 대통령령으로 정한다.
(2015.12.15 본조신설)
제29조의6【중소기업 청년근로자 및 핵심인력 성과보상기금 수령액에 대한 소득세 감면 등】 ①「중소기업 인력지원 특별법」제35조의2에 따른 중소기업 청년근로자 및 핵심인력 성과보상기금(이하 이 조에서 "성과보상기금"이라 한다)의 공제사업에 2024년 12월 31일까

지 가입한 중소기업 또는 중견기업의 근로자(해당 기업의 최대주주 등 대통령령으로 정하는 사람은 제외한다. 이하 이 조에서 "핵심인력"이라 한다)가 공제납입금을 5년(중소기업 또는 중견기업의 청년근로자를 대상으로 하는 공제사업에 가입하여 만기까지 납입한 후에 핵심인력을 대상으로 하는 공제사업에 연계하여 납입하는 경우에는 해당 기간을 합산하여 5년) 이상 납입하고 그 성과보상기금으로부터 공제금을 수령하는 경우에 해당 공제금 중 같은 법 제35조의3제3호에 따라 해당 기업이 부담한 기여금(이하 이 조에서 "기여금"이라 한다) 부분에 대해서는 「소득세법」 제20조에 따른 근로소득으로 보아 소득세를 부과하되, 소득세에 다음 각 호의 구분에 따른 비율을 곱한 금액에 상당하는 세액을 감면한다.(2021.12.28 본문개정)
1. 대통령령으로 정하는 청년의 경우 : 다음 각 목의 구분에 따른 비율
　가. 중소기업 근로자의 경우 : 100분의 90
　나. 중견기업 근로자의 경우 : 100분의 50
2. 제1호 외의 경우 : 다음 각 목의 구분에 따른 비율
　가. 중소기업 근로자의 경우 : 100분의 50
　나. 중견기업 근로자의 경우 : 100분의 30
(2021.12.28 1호~2호신설)
② 공제금 중 핵심인력이 납부한 공제납입금과 기여금을 제외한 금액은 「소득세법」 제16조제1항의 이자소득으로 보아 소득세를 부과한다.
③ 제1항 및 제2항에서 규정한 사항 외에 소득세 감면의 계산방법, 신청절차 및 그 밖에 필요한 사항은 대통령령으로 정한다.
(2019.12.31 본조제목개정)
(2016.12.15 본조신설)

제29조의7【고용을 증대시킨 기업에 대한 세액공제】

① 내국인(소비성서비스업 등 대통령령으로 정하는 업종을 경영하는 내국인은 제외한다. 이하 이 조에서 같다)의 2024년 12월 31일이 속하는 과세연도까지의 기간 중 해당 과세연도의 대통령령으로 정하는 상시근로자(이하 이 조에서 "상시근로자"라 한다)의 수가 직전 과세연도의 상시근로자의 수보다 증가한 경우에는 다음 각 호에 따른 금액을 더한 금액을 해당 과세연도와 해당 과세연도의 종료일부터 1년(중소기업 및 중견기업의 경우에는 2년)이 되는 날이 속하는 과세연도까지의 소득세(사업소득에 대한 소득세만 해당한다) 또는 법인세에서 공제한다.(2021.12.28 본문개정)
1. 청년 정규직 근로자, 장애인 근로자, 60세 이상인 근로자 등 대통령령으로 정하는 상시근로자(이하 이 조에서 "청년등상시근로자"라 한다)의 증가한 인원 수(증가한 상시근로자의 인원 수를 한도로 한다)에 400만원[중견기업의 경우에는 800만원, 중소기업의 경우에는 1,100만원(중소기업으로서 수도권 밖의 지역에서 증가한 경우에는 1,200만원)]을 곱한 금액. 다만, 2021년 12월 31일이 속하는 과세연도부터 2022년 12월 31일이 속하는 과세연도까지의 기간 중 수도권 밖의 지역에서 증가한 청년등상시근로자의 인원 수(증가한 상시근로자의 인원 수를 한도로 한다)에 대해서는 500만원(중견기업의 경우에는 900만원, 중소기업의 경우에는 1,300만원)을 곱한 금액으로 한다.
(2021.12.28 본호개정)
2. 청년등상시근로자 외 상시근로자의 증가한 인원 수(증가한 상시근로자 인원 수를 한도로 한다) × 0원(중견기업의 경우에는 450만원, 중소기업의 경우에는 다음 각 목에 따른 금액)(2021.3.16 본문개정)
　가. 수도권 내의 지역에서 증가한 경우 : 700만원
　나. 수도권 밖의 지역에서 증가한 경우 : 770만원
② 제1항에 따라 소득세 또는 법인세를 공제받은 내국인이 최초로 공제를 받은 과세연도의 종료일부터 2년이

되는 날이 속하는 과세연도의 종료일까지의 기간 중 전체 상시근로자의 수가 최초로 공제를 받은 과세연도에 비하여 감소한 경우에는 감소한 과세연도부터 제1항을 적용하지 아니하고, 청년등상시근로자의 수가 최초로 공제를 받은 과세연도에 비하여 감소한 경우에는 감소한 과세연도부터 제1항제1호를 적용하지 아니한다. 이 경우 대통령령으로 정하는 바에 따라 공제받은 세액에 상당하는 금액을 소득세 또는 법인세로 납부하여야 한다.(2021.3.16 전단개정)
③ (2018.12.24 삭제)
④ 제1항을 적용받으려는 내국인은 대통령령으로 정하는 바에 따라 세액공제신청을 하여야 한다.(2018.12.24 본항개정)
⑤ 제1항에 따라 소득세 또는 법인세를 공제받은 내국인이 2020년 12월 31일이 속하는 과세연도의 전체 상시근로자의 수 또는 청년등상시근로자의 수가 최초로 공제받은 과세연도에 비하여 감소한 경우에는 최초로 공제받은 과세연도의 종료일부터 3년이 되는 날이 속하는 과세연도의 종료일까지의 기간에 대하여 제2항을 적용한다. 다만, 2020년 12월 31일이 속하는 과세연도에 대해서는 제2항 후단을 적용하지 아니한다.(2021.3.16 본항신설)
⑥ 제5항을 적용받은 내국인이 2021년 12월 31일이 속하는 과세연도의 전체 상시근로자의 수 또는 청년등상시근로자의 수가 최초로 공제받은 과세연도에 비하여 감소하지 아니한 경우에는 제1항 각 호에 따른 금액을 더한 금액을 2021년 12월 31일이 속하는 과세연도부터 최초로 공제받은 과세연도의 종료일부터 2년(중소기업 및 중견기업의 경우에는 3년)이 되는 날이 속하는 과세연도까지 소득세(사업소득에 대한 소득세만 해당한다) 또는 법인세에서 공제한다.(2021.3.16 본항신설)
⑦ 제6항을 적용받은 내국인이 2022년 12월 31일이 속하는 과세연도의 전체 상시근로자의 수 또는 청년등상시근로자의 수가 최초로 공제받은 과세연도에 비하여 감소한 경우에는 최초로 공제받은 과세연도의 종료일부터 3년이 되는 날이 속하는 과세연도의 종료일까지 제2항을 적용한다.(2021.3.16 본항신설)
⑧ 제1항, 제2항 및 제5항부터 제7항까지의 규정을 적용할 때 청년등상시근로자 및 전체 상시근로자 수의 계산방법과 그 밖에 필요한 사항은 대통령령으로 정한다.(20201.3.16 본항개정)
(2017.12.19 본조신설)

제29조의8【통합고용세액공제】

① 내국인(소비성서비스업 등 대통령령으로 정하는 업종을 경영하는 내국인은 제외한다. 이하 이 조에서 같다)의 2025년 12월 31일이 속하는 과세연도까지의 기간 중 해당 과세연도의 대통령령으로 정하는 상시근로자(이하 이 조에서 "상시근로자"라 한다)의 수가 직전 과세연도의 상시근로자의 수보다 증가한 경우에는 다음 각 호에 따른 금액을 더한 금액을 해당 과세연도와 해당 과세연도의 종료일부터 1년(중소기업 및 중견기업의 경우에는 2년)이 되는 날이 속하는 과세연도까지의 소득세(사업소득에 대한 소득세만 해당한다) 또는 법인세에서 공제한다.
1. 청년 정규직 근로자, 장애인 근로자, 60세 이상인 근로자 또는 경력단절 여성 등 대통령령으로 정하는 상시근로자(이하 이 조에서 "청년등상시근로자"라 한다)의 증가 인원 수(전체 상시근로자의 증가 인원 수를 한도로 한다)에 400만원[중견기업의 경우에는 800만원, 중소기업의 경우에는 1,450만원(중소기업으로서 수도권 밖의 지역에서 증가한 경우에는 1,550만원)]을 곱한 금액
2. 청년등상시근로자를 제외한 상시근로자의 증가 인원 수(전체 상시근로자의 증가 인원 수를 한도로 한다) × 0원(중견기업의 경우에는 450만원, 중소기업의 경우에는 다음 각 목에 따른 금액)

가. 수도권 내의 지역에서 증가한 경우 : 850만원
나. 수도권 밖의 지역에서 증가한 경우 : 950만원
② 제1항에 따라 소득세 또는 법인세를 공제받은 내국인이 최초로 공제를 받은 과세연도의 종료일부터 2년이 되는 날이 속하는 과세연도의 종료일까지의 기간 중 전체 상시근로자의 수가 최초로 공제를 받은 과세연도에 비하여 감소한 경우에는 감소한 과세연도부터 제1항을 적용하지 아니하고, 청년등상시근로자의 수가 최초로 공제를 받은 과세연도에 비하여 감소한 경우에는 감소한 과세연도부터 제1항제1호를 적용하지 아니한다. 이 경우 대통령령으로 정하는 바에 따라 공제받은 세액에 상당하는 금액(제1항에 따른 공제금액 중 제144조에 따라 공제받지 못하고 이월된 금액이 있는 경우에는 그 금액을 차감한 후의 금액을 말한다)을 소득세 또는 법인세로 납부하여야 한다.
③ 중소기업 또는 중견기업이 2023년 6월 30일 당시 고용하고 있는 「기간제 및 단시간근로자 보호 등에 관한 법률」에 따른 기간제근로자 및 단시간근로자(이하 이 조에서 "기간제근로자 및 단시간근로자"라 한다),「파견근로자 보호 등에 관한 법률」에 따른 파견근로자,「하도급거래 공정화에 관한 법률」에 따른 수급사업자에게 고용된 기간제근로자 및 단시간근로자를 2024년 1월 1일부터 2024년 12월 31일까지 기간의 정함이 없는 근로계약을 체결한 근로자로 전환하거나 「파견근로자 보호 등에 관한 법률」에 따라 사용사업주가 직접 고용하거나 「하도급거래 공정화에 관한 법률」제2조제2항제2호에 따른 원사업자가 기간의 정함이 없는 근로계약을 체결하여 직접 고용하는 경우(이하 이 조에서 "정규직 근로자로의 전환"이라 한다)에는 정규직 근로자로의 전환에 해당하는 인원[해당 기업의 최대주주 또는 최대출자자(개인사업자의 경우에는 대표자를 말한다)나 그와 대통령령으로 정하는 특수관계에 있는 사람은 제외한다]에 1,300만원(중견기업의 경우에는 900만원)을 곱한 금액을 해당 과세연도의 소득세(사업소득에 대한 소득세만 해당한다) 또는 법인세에서 공제한다. 다만, 해당 과세연도에 해당 중소기업 또는 중견기업의 상시근로자 수가 직전 과세연도의 상시근로자 수보다 감소한 경우에는 공제하지 아니한다.(2023.12.31 본문개정)
④ 중소기업 또는 중견기업이 다음 각 호의 요건을 모두 충족하는 사람(이하 이 조에서 "육아휴직 복귀자"라 한다)을 2025년 12월 31일까지 복직시키는 경우에는 육아휴직 복귀자 인원에 1,300만원(중견기업의 경우에는 900만원)을 곱한 금액을 복직한 날이 속하는 과세연도의 소득세(사업소득에 대한 소득세만 해당한다) 또는 법인세에서 공제한다. 다만, 해당 과세연도에 해당 중소기업 또는 중견기업의 상시근로자 수가 직전 과세연도의 상시근로자 수보다 감소한 경우에는 공제하지 아니한다.
1. 해당 기업에서 1년 이상 근무하였을 것(대통령령으로 정하는 바에 따라 해당 기업이 육아휴직 복귀자의 근로소득세를 원천징수하였던 사실이 확인되는 경우로 한정한다)
2. 「남녀고용평등과 일·가정 양립 지원에 관한 법률」제19조제1항에 따라 육아휴직한 경우로서 육아휴직 기간이 연속하여 6개월 이상일 것
3. 해당 기업의 최대주주 또는 최대출자자(개인사업자의 경우에는 대표자를 말한다)나 그와 대통령령으로 정하는 특수관계에 있는 사람이 아닐 것
⑤ 제4항은 육아휴직 복귀자의 자녀 1명당 한 차례에 한정하여 적용한다.
⑥ 제3항 또는 제4항에 따라 소득세 또는 법인세를 공제받은 자가 각각 정규직 근로자로의 전환일 또는 육아휴직 복직일부터 2년이 지나기 전에 해당 근로자와의 근로관계를 종료하는 경우에는 근로관계가 종료한 날

이 속하는 과세연도의 과세표준신고를 할 때 공제받은 세액에 상당하는 금액(제3항 또는 제4항에 따른 공제금액 중 제144조에 따라 공제받지 못하고 이월된 금액이 있는 경우에는 그 금액을 차감한 후의 금액을 말한다)을 소득세 또는 법인세로 납부하여야 한다.
⑦ 제1항, 제3항 또는 제4항을 적용받으려는 내국인은 대통령령으로 정하는 바에 따라 세액공제신청을 하여야 한다.
⑧ 제1항부터 제4항까지의 규정을 적용할 때 청년등상시근로자 및 전체 상시근로자 수의 계산 방법과 그 밖에 필요한 사항은 대통령령으로 정한다.
(2022.12.31 본항신설)

제30조【중소기업 취업자에 대한 소득세 감면】① 대통령령으로 정하는 청년(이하 이 항에서 "청년"이라 한다), 60세 이상인 사람, 장애인 및 경력단절 여성이「중소기업기본법」제2조에 따른 중소기업(비영리기업을 포함한다)으로서 대통령령으로 정하는 기업(이하 이 조에서 "중소기업체"라 한다)에 2012년 1월 1일(60세 이상인 사람 또는 장애인의 경우 2014년 1월 1일)부터 2026년 12월 31일까지 취업하는 경우 그 중소기업체로부터 받는 근로소득으로서 그 취업일부터 3년(청년의 경우에는 5년)이 되는 날(청년으로서 대통령령으로 정하는 병역을 이행한 후 1년 이내에 병역 이행 전에 근로를 제공한 중소기업체에 복직하는 경우에는 복직한 날부터 2년이 되는 날을 말하며, 그 복직한 날이 최초 취업일부터 5년이 지나지 아니한 경우에는 최초 취업일부터 7년이 되는 날을 말한다)이 속하는 달까지 발생한 소득에 대해서는 소득세의 100분의 70(청년의 경우에는 100분의 90)에 상당하는 세액을 감면(과세기간별로 200만원을 한도로 한다)한다. 이 경우 소득세 감면기간은 소득세를 감면받은 사람이 다른 중소기업체에 취업하거나 해당 중소기업체에 재취업하는 경우는 합병·분할·사업 양도 등으로 다른 중소기업체로 고용이 승계되는 경우와 관계없이 소득세를 감면받은 최초 취업일부터 계산한다.(2023.12.31 전단개정)
② 제1항을 적용받으려는 근로자는 원천징수의무자에게 감면 신청을 하여야 한다. 다만, 퇴직한 근로자의 경우 해당 근로자의 주소지 관할 세무서장에게 감면 신청을 할 수 있다.(2018.12.24 단서신설)
③ 원천징수의무자는 제2항에 따라 감면 신청을 받은 경우 그 신청을 한 근로자의 명단을 신청을 받은 날이 속하는 달의 다음 달 10일까지 원천징수 관할 세무서장에게 제출하여야 한다.(2011.12.31 본항개정)
④ 원천징수 관할 세무서장은 제3항에 따라 감면 신청을 한 근로자의 명단을 받은 경우 해당 근로자가 제1항의 요건에 해당하지 아니하는 사실이 확인되는 때에는 원천징수의무자에게 그 사실을 통지하여야 한다.(2011.12.31 본항개정)
⑤ 제4항에 따라 감면 신청을 한 근로자가 제1항의 요건을 갖추지 못한 사실을 통지받은 원천징수의무자는 그 통지를 받은 날 이후 근로소득을 지급하는 때에 당초 원천징수하였어야 할 세액에 미달하는 금액의 합계액에 100분의 105를 곱한 금액을 해당 월의 근로소득에 대한 원천징수세액에 더하여 원천징수하여야 한다. 다만, 해당 근로자가 퇴직한 경우 원천징수의무자는 그 사실을 대통령령으로 정하는 바에 따라 원천징수 관할 세무서장에게 통지하여야 한다.(2011.12.31 본문개정)
⑥ 제5항 단서에 따라 통지된 근로자에 대하여는 해당 근로자의 주소지 관할 세무서장이 제1항을 적용받음에 따라 과소징수된 금액에 100분의 105를 곱한 금액을 해당 근로자에게 소득세로 즉시 부과·징수하여야 한다.
⑦ 제2항 단서에 따라 감면 신청을 한 근로자가 제1항의 요건에 해당하지 아니하는 사실이 확인되는 때에는 해당 근로자의 주소지 관할 세무서장이 제1항을 적용받

음에 따라 과소징수된 금액에 100분의 105를 곱한 금액을 해당 근로자에게 소득세로 즉시 부과·징수하여야 한다.(2018.12.24 본항신설)

⑧ 제1항을 적용할 때 2011년 12월 31일 이전에 중소기업체에 취업한 자(경력단절 여성은 제외한다)가 2012년 1월 1일 이후 계약기간 연장 등을 통해 해당 중소기업체에 재취업하는 경우에는 제1항에 따른 소득세 감면을 적용하지 아니한다.(2016.12.20 본항개정)

⑨ 제1항부터 제8항까지에서 규정한 사항 외에 소득세 감면의 신청절차, 제출서류, 그 밖에 필요한 사항은 대통령령으로 정한다.(2018.12.24 본항개정)

(2014.1.1 본조제목개정)

(2010.3.12 본조개정)

제30조의2 (2022.12.31 삭제)

제30조의3 【고용유지중소기업 등에 대한 과세특례】 ① 「중소기업기본법」제2조에 따른 중소기업으로서 다음 각 호의 요건을 모두 충족하는 기업(이하 이 조에서 "고용유지중소기업"이라 한다)은 제2항의 계산식에 따라 계산한 금액을 2026년 12월 31일이 속하는 과세연도까지 각 과세연도의 소득세(사업소득에 대한 소득세만 해당한다) 또는 법인세에서 공제한다.(2023.12.31 본문개정)

1. 해당 과세연도의 대통령령으로 정하는 바에 따라 계산한 상시근로자(해당 과세연도 중에 근로관계가 성립한 상시근로자는 제외한다) 1인당 시간당 임금이 직전 과세연도에 비하여 감소하지 아니한 경우 (2014.1.1 본항개정)

2. 해당 과세연도의 상시근로자 수가 직전 과세연도의 상시근로자 수와 비교하여 대통령령으로 정하는 일정비율 이상 감소하지 아니한 경우

3. 해당 과세연도의 대통령령으로 정하는 바에 따라 계산한 상시근로자(해당 과세연도 중에 근로관계가 성립한 상시근로자는 제외한다)의 해당 연간 임금총액이 직전 과세연도에 비하여 감소한 경우(2014.1.1 본호개정)

② 제1항에 따라 공제하는 금액은 제1호의 금액과 제2호의 금액(해당 금액이 음수인 경우에는 영으로 본다)을 합하여 계산한 금액으로 한다.

1. (직전 과세연도 상시근로자 1인당 연간 임금총액 − 해당 과세연도 상시근로자 1인당 연간 임금총액) × 해당 과세연도 상시근로자 수 × 100분의 10

2. (해당 과세연도 상시근로자 1인당 시간당 임금 − 직전 과세연도 상시근로자 1인당 시간당 임금 × 100분의 105) × 해당 과세연도 전체 상시근로자의 근로시간 합계 × 100분의 15

(2018.12.24 본항개정)

③ 고용유지중소기업에 근로를 제공하는 상시근로자에 대하여 2026년 12월 31일이 속하는 과세연도까지 다음 계산식에 따라 계산한 금액을 해당 과세연도의 근로소득금액에서 공제할 수 있다. 이 경우 공제할 금액이 1천만원을 초과하는 경우에는 그 초과하는 금액은 없는 것으로 한다.

> (직전 과세연도의 해당 근로자 연간 임금총액 − 해당 과세연도의 해당 근로자 연간 임금총액) × 100분의 50

(2023.12.31 전단개정)

④ 제1항부터 제3항까지의 규정을 적용할 때 상시근로자의 범위, 임금총액 그 밖에 필요한 사항은 대통령령으로 정한다.(2009.5.21 본항개정)

⑤ 제1항부터 제4항까지의 규정은 다음 각 호의 어느 하나에 해당하는 지역(이하 "위기지역"이라 한다) 내 중견기업의 사업장에 대하여 위기지역으로 지정 또는 선포된 기간이 속하는 과세연도에도 적용한다. (2020.12.29 본문개정)

1. 「고용정책 기본법」제32조제1항에 따라 지원할 수 있는 지역으로서 대통령령으로 정하는 지역

2. 「고용정책 기본법」제32조의2제2항에 따라 선포된 고용재난지역 (2020.12.29 1호~2호신설)

3. 「지역 산업위기 대응 및 지역경제 회복을 위한 특별법」제10조제1항에 따라 지정된 산업위기대응특별지역(2021.12.28 본호개정)

(2009.5.21 본조제목개정)

(2009.3.25 본조신설)

제30조의4 【중소기업 사회보험료 세액공제】 ① 중소기업이 2024년 12월 31일이 속하는 과세연도까지의 기간 중 해당 과세연도의 상시근로자 수가 직전 과세연도의 상시근로자 수보다 증가한 경우에는 다음 각 호에 따른 금액을 더한 금액을 해당 과세연도와 해당 과세연도의 종료일부터 1년이 되는 날이 속하는 과세연도까지의 소득세(사업소득에 대한 소득세만 해당한다) 또는 법인세에서 공제한다.(2021.12.28 본문개정)

1. 청년 및 경력단절 여성(이하 이 조에서 "청년등"이라 한다) 상시근로자고용증가 인원에 대하여 사용자가 부담하는 사회보험료 상당액 : 청년등 상시근로자 고용증가인원으로서 대통령령으로 정하는 인원 × 청년등 상시근로자 고용증가인원에 대한 사용자의 사회보험료 부담금액으로서 대통령령으로 정하는 금액 × 100분의 100

2. 청년등 외 상시근로자 고용증가 인원에 대하여 사용자가 부담하는 사회보험료 상당액 : 청년등 외 상시근로자 고용증가인원으로서 대통령령으로 정하는 인원 × 청년등 외 상시근로자 고용증가인원에 대한 사용자의 사회보험료 부담금액으로서 대통령령으로 정하는 금액 × 100분의 50(대통령령으로 정하는 신성장서비스업을 영위하는 중소기업의 경우 100분의 75)

(2016.12.20 1호~2호개정)

② 제1항에 따라 소득세 또는 법인세를 공제받은 중소기업이 최초로 공제를 받은 과세연도의 종료일부터 1년이 되는 날이 속하는 과세연도의 종료일까지의 기간 중 전체 상시근로자의 수가 최초로 공제를 받은 과세연도에 비하여 감소한 경우에는 감소한 과세연도에 대하여 같은 항을 적용하지 아니하고, 청년등상시근로자의 수가 최초로 공제를 받은 과세연도에 비하여 감소한 경우에는 감소한 과세연도에 대하여 같은 항 제1호를 적용하지 아니한다. 이 경우 대통령령으로 정하는 바에 따라 공제받은 세액에 상당하는 금액을 소득세 또는 법인세로 납부하여야 한다.(2021.12.28 본항개정)

③ 중소기업 중 대통령령으로 정하는 기업이 2020년 1월 1일 현재 고용 중인 대통령령으로 정하는 근로자 중 2020년 12월 31일까지 사회보험에 신규 가입하는 근로자에 대하여 신규 가입을 한 날부터 2년이 되는 날이 속하는 달까지 사용자가 부담하는 사회보험료 상당액(대통령령으로 정하는 국가 등의 지원금은 제외한다)으로서 대통령령으로 정하는 금액의 100분의 50에 상당하는 금액을 해당 과세연도의 소득세(사업소득에 대한 소득세만 해당한다) 또는 법인세에서 공제한다.

(2019.12.31 본항개정)

④ 제1항 및 제3항에 따른 사회보험이란 다음 각 호의 것을 말한다.(2017.12.19 본문개정)

1. 「국민연금법」에 따른 국민연금

2. 「고용보험법」에 따른 고용보험

3. 「산업재해보상보험법」에 따른 산업재해보상보험

4. 「국민건강보험법」에 따른 국민건강보험

5. 「노인장기요양보험법」에 따른 장기요양보험

⑤ 제1항부터 제3항까지의 규정을 적용받으려는 중소기업은 해당 과세연도의 과세표준신고를 할 때 기획재정부령으로 정하는 세액공제신청서 및 공제세액계산서를 제출하여야 한다.(2017.12.19 본항개정)

⑥ 제1항부터 제3항까지의 규정을 적용할 때 상시근로자, 청년등 상시근로자의 범위, 사회보험 신규 가입 및 제29조의3에 따른 세액공제를 적용받은 경우 청년등 상시근로자 고용증가인원의 계산방법과 그 밖에 필요한 사항은 대통령령으로 정한다.(2017.12.19 본항개정) (2017.12.19 본조제목개정) (2011.12.31 본조개정)

제5절 기업구조조정을 위한 조세특례 (2010.1.1 본절개정)

제30조의5【창업자금에 대한 증여세 과세특례】 ① 18세 이상인 거주자가 제6조제3항 각 호에 따른 업종을 영위하는 중소기업을 창업할 목적으로 60세 이상의 부모(증여 당시 아버지나 어머니가 사망한 경우에는 그 사망한 아버지나 어머니의 부모를 포함한다. 이하 이 조부터 제30조의7까지에서 같다)로부터 토지·건물 등 대통령령으로 정하는 재산을 제외한 재산을 증여받는 경우에는 「상속세 및 증여세법」 제53조, 제53조의2 및 제56조에도 불구하고 해당 증여받은 재산의 가액 중 대통령령으로 정하는 창업자금[증여세 과세가액 50억원(창업을 통하여 10명 이상을 신규 고용한 경우에는 100억원)을 한도로 하며, 이하 이 조에서 "창업자금"이라 한다]에 대해서는 증여세 과세가액에서 5억원을 공제하고 세율을 100분의 10으로 하여 증여세를 부과한다. 이 경우 창업자금을 2회 이상 증여받거나 부모로부터 각각 증여받는 경우에는 각각의 증여세 과세가액을 합산하여 적용한다.(2023.12.31 전단개정) ② 창업자금을 증여받은 자는 증여받은 날부터 2년 이내에 창업을 하여야 한다. 이 경우 사업을 확장하는 경우로서 대통령령으로 정하는 경우는 창업으로 보며, 다음 각 호의 어느 하나에 해당하는 경우는 창업으로 보지 아니한다.(2019.12.31 전단개정) 1. 합병·분할·현물출자 또는 사업의 양수를 통하여 종전의 사업을 승계하여 같은 종류의 사업을 하는 경우 (2022.12.31 본호개정) 1의2. 종전의 사업에 사용되던 자산을 인수 또는 매입하여 같은 종류의 사업을 하는 경우로서 인수 또는 매입한 자산가액의 합계액이 사업개시일이 속하는 과세연도의 종료일 또는 그 다음 과세연도의 종료일 현재 대통령령으로 정하는 사업용자산의 총 가액에서 차지하는 비율이 100분의 50 미만으로서 대통령령으로 정하는 비율 이하인 경우(2022.12.31 본호신설) 2. 거주자가 하던 사업을 법인으로 전환하여 새로운 법인을 설립하는 경우 3. 폐업 후 사업을 다시 개시하여 폐업 전의 사업과 같은 종류의 사업을 하는 경우 4. 다른 업종을 추가하는 등 새로운 사업을 최초로 개시하는 것으로 보기 곤란한 경우, 그 밖에 이와 유사한 것으로서 대통령령으로 정하는 경우 (2015.12.15 본호개정) ③ 창업자금을 증여받아 제2항에 따라 창업을 한 자가 새로 창업자금을 증여받아 당초 창업한 사업과 관련하여 사용하는 경우에는 제2항제3호 및 제4항을 적용하지 아니한다. ④ 창업자금을 증여받은 자는 증여받은 날부터 4년이 되는 날까지 창업자금을 모두 해당 목적에 사용하여야 한다.(2019.12.31 본항개정) ⑤ 창업자금을 증여받은 자가 제2항에 따라 창업하는 경우에는 대통령령으로 정하는 날에 창업자금 사용명세(증여받은 창업자금이 50억원을 초과하는 경우에는 고용명세를 포함한다)를 증여세 납세지 관할 세무서장에게 제출하여야 한다. 이 경우 창업자금 사용명세를 제출하지 아니하거나 제출된 창업자금 사용명세가 분

명하지 아니한 경우에는 그 미제출분 또는 불분명한 부분의 금액에 1천분의 3을 곱하여 산출한 금액을 창업자금 사용명세서 미제출 가산세로 부과한다. (2022.12.31 전단개정) ⑥ 제1항에 따라 창업자금에 대한 증여세 과세특례를 적용받은 경우로서 다음 각 호의 어느 하나에 해당하는 경우에는 각 호의 구분에 따른 금액에 대하여 「상속세 및 증여세법」에 따라 증여세와 상속세를 각각 부과한다. 이 경우 대통령령으로 정하는 바에 따라 계산한 이자상당액을 그 부과하는 증여세에 가산하여 부과한다.(2015.12.15 전단개정) 1. 제2항에 따라 창업하지 아니한 경우: 창업자금 2. 창업자금으로 제6조제3항 각 호에 따른 업종 외의 업종을 경영하는 경우: 제6조제3항 각 호에 따른 업종 외의 업종에 사용된 창업자금(2014.1.1 본호개정) 3. 새로 증여받은 창업자금을 제3항에 따라 사용하지 아니한 경우: 해당 목적에 사용되지 아니한 창업자금 4. 창업자금을 제4항에 따라 증여받은 날부터 4년이 되는 날까지 모두 해당 목적에 사용하지 아니한 경우: 해당 목적에 사용되지 아니한 창업자금 (2019.12.31 본호개정) 5. 증여받은 후 10년 이내에 창업자금(창업으로 인한 대통령령으로 정하는 바에 따라 계산한 가치증가분을 포함한다. 이하 "창업자금등"이라 한다)을 해당 사업용도 외의 용도로 사용한 경우: 해당 사업용도 외의 용도로 사용된 창업자금등(2015.12.15 본호개정) 6. 창업 후 10년 이내에 해당 사업을 폐업하는 경우 등 대통령령으로 정하는 경우: 창업자금등과 그 밖에 대통령령으로 정하는 금액 7. 증여받은 창업자금이 50억원을 초과하는 경우로서 창업한 날이 속하는 과세연도의 종료일부터 5년 이내에 각 과세연도의 근로자 수가 다음 계산식에 따라 계산한 수보다 적은 경우: 50억원을 초과하는 창업자금

> 창업한 날의 근로자 수 - (창업을 통하여 신규 고용한 인원 수 - 10명)

(2022.12.31 본호개정) ⑦ 제6항에 해당하는 거주자는 같은 항 각 호의 어느 하나에 해당하는 날이 속하는 달의 말일부터 3개월 이내에 대통령령으로 정하는 바에 따라 납세지 관할 세무서장에게 신고하고 해당 증여세와 이자상당액을 납세지 관할 세무서, 한국은행 또는 체신관서에 납부하여야 한다. 다만, 제6항에 따라 이미 증여세와 이자상당액이 부과되어 이를 납부한 경우에는 그러하지 아니하다. (2022.12.31 본항신설) ⑧ 창업자금은 「상속세 및 증여세법」 제3조의2제1항을 적용할 때 상속재산에 가산하는 증여재산으로 본다. (2015.12.15 본항개정) ⑨ 창업자금은 「상속세 및 증여세법」 제13조제1항제1호를 적용할 때 증여받은 날부터 상속개시일까지의 기간과 관계없이 상속세 과세가액에 가산하되, 같은 법 제24조제3호를 적용할 때에는 상속세 과세가액에 가산한 증여재산가액으로 보지 아니한다. ⑩ 창업자금에 대한 증여세액에 대하여 「상속세 및 증여세법」 제28조를 적용하는 경우에는 같은 조 제2항에도 불구하고 상속세 산출세액에서 창업자금에 대한 증여세액을 공제한다. 이 경우 공제할 증여세액이 상속세 산출세액보다 많은 경우 그 차액에 상당하는 증여세액은 환급하지 아니한다. ⑪ 창업자금에 대하여 증여세를 부과하는 경우에는 「상속세 및 증여세법」 제47조제2항에도 불구하고 동일인(그 배우자를 포함한다)으로부터 증여받은 창업자금 외의 다른 증여재산의 가액은 창업자금에 대한 증여세 과세가액에 가산하지 아니하며, 창업자금에 대한 증여

세 과세표준을 신고하는 경우에도 같은 법 제69조제2항에 따른 신고세액공제를 적용하지 아니한다.(2014.12.23 본항개정)
⑫ 제1항을 적용하려는 자는 증여세 과세표준 신고기한까지 대통령령으로 정하는 바에 따라 특례신청을 하여야 한다. 이 경우 그 신고기한까지 특례신청을 하지 아니한 경우에는 이 특례규정을 적용하지 아니한다.
⑬ 증여세 및 상속세를 과세하는 경우 이 조에서 달리 정하지 아니한 것은 「상속세 및 증여세법」에 따른다.
⑭ 제1항을 적용받는 거주자는 제30조의6을 적용하지 아니한다.
⑮ 제1항 및 제6항을 적용할 때 신규 고용의 기준, 근로자의 범위, 근로자 수의 계산 방법 및 그 밖에 필요한 사항은 대통령령으로 정한다.(2015.12.15 본항개정)

제30조의6【가업의 승계에 대한 증여세 과세특례】
① 18세 이상인 거주자가 60세 이상의 부모로부터 「상속세 및 증여세법」 제18조의2제1항에 따른 가업(이 경우 "피상속인"은 "부모"로, "상속인"은 "거주자"로 보며, 이하 이 조 및 제30조의7에서 "가업"이라 한다)의 승계를 목적으로 해당 가업의 주식 또는 출자지분(이하 이 조에서 "주식등"이라 한다)을 증여받고 대통령령으로 정하는 바에 따라 가업을 승계한 경우에는 「상속세 및 증여세법」 제53조, 제53조의2 및 제56조에도 불구하고 그 주식등의 가액 중 대통령령으로 정하는 가업자산상당액에 대한 증여세 과세가액(다음 각 호의 구분에 따른 금액을 한도로 한다)에서 10억원을 공제하고 세율을 100분의 10(과세표준이 120억원을 초과하는 경우 그 초과금액에 대해서는 100분의 20)으로 하여 증여세를 부과한다. 다만, 가업의 승계 후 가업의 승계 당시 「상속세 및 증여세법」 제22조제2항에 따른 최대주주 또는 최대출자자에 해당하는 자(가업의 승계 당시 해당 주식등의 증여자 및 해당 주식등을 증여받은 자는 제외한다)로부터 증여받는 경우에는 그러하지 아니하다.(2023.12.31 본문개정)
1. 부모가 10년 이상 20년 미만 계속하여 경영한 경우 : 300억원
2. 부모가 20년 이상 30년 미만 계속하여 경영한 경우 : 400억원
3. 부모가 30년 이상 계속하여 경영한 경우 : 600억원(2022.12.31 1호~3호신설)
② 제1항을 적용할 때 주식등을 증여받고 가업을 승계한 거주자가 2인 이상인 경우 각 거주자가 증여받은 주식등은 1인이 모두 증여받은 것으로 보아 증여세를 부과한다. 이 경우 각 거주자가 납부하여야 하는 증여세액은 대통령령으로 정하는 방법에 따라 계산한 금액으로 한다.(2019.12.31 본항신설)
③ 제1항에 따라 주식등을 증여받은 자가 대통령령으로 정하는 바에 따라 가업을 승계하지 아니하거나 가업을 승계한 후 주식등을 증여받은 날부터 5년 이내에 대통령령으로 정하는 정당한 사유 없이 다음 각 호의 어느 하나에 해당하게 된 경우에는 그 주식등의 가액(제3호의 사유에만 해당하는 경우에는 100억원을 초과하는 주식등의 가액)에 대하여 「상속세 및 증여세법」에 따라 증여세를 부과한다. 이 경우 대통령령으로 정하는 바에 따라 계산한 이자상당액을 증여세에 가산하여 부과한다.(2022.12.31 전단개정)
1. 가업에 종사하지 아니하거나 가업을 휴업하거나 폐업하는 경우
2. 증여받은 주식등의 지분이 줄어드는 경우
④ 거주자 또는 부모가 가업의 경영과 관련하여 조세포탈 또는 회계부정 행위(「조세범 처벌법」 제3조제1항 또는 「주식회사 등의 외부감사에 관한 법률」 제39조제1항에 따른 죄를 범하는 것을 말하며, 증여일 전 10년 이내 또는 증여일부터 5년 이내의 기간 중의 행위로 한정한

다. 이하 제71조에서 같다)로 징역형 또는 대통령령으로 정하는 벌금형을 선고받고 그 형이 확정된 경우에는 다음 각 호의 구분에 따른다.
1. 「상속세 및 증여세법」 제76조에 따른 과세표준과 세율의 결정이 있기 전에 거주자 또는 부모에 대한 형이 확정된 경우 : 제1항을 적용하지 아니한다.
2. 제1항을 적용받은 후에 거주자 또는 부모에 대한 형이 확정된 경우 : 증여받은 주식등의 가액에 대하여 「상속세 및 증여세법」에 따라 증여세를 부과한다. 이 경우 대통령령으로 정하는 바에 따라 계산한 이자상당액을 증여세에 가산하여 부과한다.(2023.12.31 본항신설)
⑤ 제1항에 따른 주식등의 증여에 관하여는 제30조의5제8항부터 제13항까지의 규정을 준용한다. 이 경우 "창업자금"은 "주식등"으로 본다.(2022.12.31 전단개정)
⑥ 제1항에 따른 주식등의 증여 후 「상속세 및 증여세법」 제41조의3 및 제41조의5가 적용되는 경우의 증여세 과세특례 적용 방법, 해당 주식등의 증여 후 상속이 개시되는 경우의 가업상속공제 적용 방법, 증여자 및 수증자의 범위 등에 필요한 사항은 대통령령으로 정한다.(2015.12.15 본항개정)
⑦ 제1항을 적용받는 거주자는 제30조의5를 적용하지 아니한다.
⑧ 제3항 또는 제4항제2호에 해당하는 거주자는 제3항 각 호의 어느 하나 또는 제4항제2호에 해당하게 되는 날이 속하는 달의 말일부터 3개월 이내에 대통령령으로 정하는 바에 따라 납세지 관할 세무서장에게 신고하고 해당 증여세와 이자상당액을 납세지 관할 세무서, 한국은행 또는 체신관서에 납부하여야 한다. 다만, 제3항 또는 제4항제2호에 따라 이미 증여세와 이자상당액이 부과되어 납부된 경우에는 그러하지 아니하다.(2023.12.31 본항개정)

제30조의7【가업승계 시 증여세의 납부유예】 ① 납세지 관할세무서장은 거주자가 다음 각 호의 요건을 모두 갖추어 증여세의 납부유예를 신청하는 경우에는 대통령령으로 정하는 금액에 대하여 납부유예를 허가할 수 있다.
1. 18세 이상인 거주자가 60세 이상의 부모로부터 대통령령으로 정하는 바에 따라 가업(대통령령으로 정하는 중소기업으로 한정한다. 이하 이 조에서 같다)의 승계를 목적으로 해당 가업의 주식 또는 출자지분(이하 이 조에서 "주식등"이라 한다)을 증여받았을 것(2023.12.31 본호개정)
2. 제30조의5 또는 제30조의6에 따른 증여세 과세특례를 적용받지 아니하였을 것
② 제1항에 따른 납부유예 허가를 받으려는 자는 담보를 제공하여야 한다.
③ 납세지 관할세무서장은 거주자가 대통령령으로 정하는 정당한 사유 없이 다음 각 호의 어느 하나에 해당하는 경우 제1항에 따른 허가를 취소하거나 변경하고, 해당 호에 따른 세액과 대통령령으로 정하는 바에 따라 계산한 이자상당액을 징수한다.
1. 해당 거주자가 가업에 종사하지 아니하게 된 경우 : 납부유예된 세액의 전부
2. 주식등을 증여받은 거주자의 지분이 감소한 경우 : 다음 각 목의 구분에 따른 세액
   가. 증여일부터 5년 이내에 감소한 경우 : 납부유예된 세액의 전부
   나. 증여일부터 5년 후에 감소한 경우 : 납부유예된 세액 중 지분 감소 비율을 고려하여 대통령령으로 정하는 바에 따라 계산한 세액
3. 다음 각 목에 모두 해당하는 경우 : 납부유예된 세액의 전부
   가. 증여일부터 5년간 대통령령으로 정하는 정규직 근로자(이하 이 목에서 "정규직근로자"라 한다) 수의

전체 평균이 증여일이 속하는 사업연도의 직전 2개 사업연도의 정규직근로자 수의 평균의 100분의 70에 미달하는 경우

나. 증여일부터 5년간 대통령령으로 정하는 총급여액(이하 이 목에서 "총급여액"이라 한다)의 전체 평균이 증여일이 속하는 사업연도의 직전 2개 사업연도의 총급여액 평균의 100분의 70에 미달하는 경우

4. 해당 거주자가 사망하여 상속이 개시되는 경우 : 납부유예된 세액의 전부

④ 제1항에 따라 납부유예 허가를 받은 자는 제3항 각 호의 어느 하나에 해당하는 경우 그 날이 속하는 달의 말일부터 3개월 이내에 대통령령으로 정하는 바에 따라 납세지 관할세무서장에게 신고하고 해당 증여세와 이자상당액을 납부하여야 한다. 다만, 제3항에 따라 이미 증여세와 이자상당액이 징수된 경우에는 그러하지 아니하다.

⑤ 납세지 관할세무서장은 제1항에 따라 납부유예 허가를 받은 자가 다음 각 호의 어느 하나에 해당하는 경우 그 허가를 취소하거나 변경하고, 납부유예된 세액의 전부 또는 일부와 대통령령으로 정하는 바에 따라 계산한 이자상당액을 징수할 수 있다.

1. 담보의 변경 또는 그 밖의 담보 보전에 필요한 관할세무서장의 명령에 따르지 아니한 경우

2. 「국세징수법」 제9조제1항 각 호의 어느 하나에 해당되어 납부유예된 세액의 전액을 징수할 수 없다고 인정되는 경우

⑥ 제3항제2호 또는 제4호(제7항에 따라 준용되는 경우를 포함한다)에 따라 납부유예된 세액과 이자상당액을 납부하여야 하는 자는 다음 각 호의 어느 하나에 해당하는 경우 제3항과 제4항에도 불구하고 납세지 관할세무서장에게 해당 세액과 이자상당액의 납부유예 허가를 신청할 수 있다.

1. 제3항제2호에 해당하는 경우로서 수증자가 제30조의6에 따른 과세특례를 적용받거나 제1항에 따른 납부유예 허가를 받은 경우

2. 제3항제4호에 해당하는 경우로서 상속인이 상속받은 가업에 대하여 「상속세 및 증여세법」 제18조의2제2항에 따른 가업상속공제를 받거나 같은 법 제72조의2제1항에 따른 납부유예 허가를 받은 경우

⑦ 제6항에 따른 납부유예에 관하여는 제2항부터 제5항까지의 규정(제3항제3호는 제외한다)을 준용한다. 이 경우 제3항제2호가목 중 "납부유예된 세액의 전부"는 "납부유예된 세액 중 지분 감소 비율을 고려하여 대통령령으로 정하는 바에 따라 계산한 세액"으로 보고, 제6항제2호에 따라 납부유예 허가를 받은 경우에는 제3항부터 제5항까지의 규정 중 "거주자"는 "상속인"으로, "증여받은"은 "상속받은"으로, "증여일"은 "상속개시일"로 본다.

⑧ 제1항에 따른 주식등의 증여에 관하여는 제30조의5제7항부터 제10항까지의 규정 및 제12항을 준용한다. 이 경우 "창업자금"은 "주식등"으로 본다.

⑨ 제1항부터 제8항까지의 규정을 적용할 때 납부유예 신청 절차, 담보의 제공에 관한 사항, 납부유예 허가 시기와 관련한 납부지연가산세의 부과 여부에 관한 사항, 가업 종사 여부의 판정방법, 그 밖에 필요한 사항은 대통령령으로 정한다.
(2022.12.31 본조신설)

제31조 【중소기업 간의 통합에 대한 양도소득세의 이월과세 등】 ① 대통령령으로 정하는 업종을 경영하는 중소기업 간의 통합으로 인하여 소멸되는 중소기업이 대통령령으로 정하는 사업용고정자산(이하 "사업용고정자산"이라 한다)을 통합에 의하여 설립된 법인 또는 통합 후 존속하는 법인(이하 이 조에서 "통합법인"이라 한다)에 양도하는 경우 그 사업용고정자산에 대해서는 이월과세를 적용받을 수 있다.(2013.1.1 본항개정)

② 제1항의 적용대상이 되는 중소기업 간 통합의 범위 및 요건에 관하여는 대통령령으로 정한다.

③ 제1항을 적용받으려는 내국인은 대통령령으로 정하는 바에 따라 이월과세 적용신청을 하여야 한다.

④ 제6조제1항 및 제2항에 따른 창업중소기업 및 창업벤처중소기업 또는 제64조제1항에 따라 세액감면을 받는 내국인이 제6조 또는 제64조에 따른 감면기간이 지나기 전에 제1항에 따른 통합을 하는 경우 통합법인은 대통령령으로 정하는 바에 따라 남은 감면기간에 대하여 제6조 또는 제64조를 적용받을 수 있다.
(2014.12.23 본항개정)

⑤ 제63조에 따른 수도권과밀억제권역 밖으로 이전하는 중소기업 또는 제68조에 따른 농업회사법인이 제63조 또는 제68조에 따른 감면기간이 지나기 전에 제1항에 따른 통합을 하는 경우 통합법인은 대통령령으로 정하는 바에 따라 남은 감면기간에 대하여 제63조 또는 제68조를 적용받을 수 있다.

⑥ 제144조에 따른 미공제 세액이 있는 내국인이 제1항에 따른 통합을 하는 경우 통합법인은 대통령령으로 정하는 바에 따라 그 내국인의 미공제 세액을 승계하여 공제받을 수 있다.

⑦ 제1항을 적용받은 내국인이 사업용고정자산을 양도한 날부터 5년 이내에 다음 각 호의 어느 하나에 해당하는 사유가 발생하는 경우에는 해당 내국인은 사유발생일이 속하는 달의 말일부터 2개월 이내에 제1항에 따른 이월과세액(통합법인이 이미 납부한 세액은 제외한 금액을 말한다)을 양도소득세로 납부하여야 한다. 이 경우 사업 폐지의 판단기준 등에 관하여 필요한 사항은 대통령령으로 정한다.(2014.12.23 전단개정)

1. 통합법인이 소멸되는 중소기업으로부터 승계받은 사업을 폐지하는 경우

2. 제1항을 적용받은 내국인이 통합으로 취득한 통합법인의 주식 또는 출자지분의 100분의 50 이상을 처분하는 경우
(2013.1.1 본항신설)

제32조 【법인전환에 대한 양도소득세의 이월과세】 ① 거주자가 사업용고정자산을 현물출자하거나 대통령령으로 정하는 사업 양도·양수의 방법에 따라 법인(대통령령으로 정하는 소비성서비스업을 경영하는 법인은 제외한다)으로 전환하는 경우 그 사업용고정자산에 대해서는 이월과세를 적용받을 수 있다. 다만, 해당 사업용고정자산이 주택 또는 주택을 취득할 수 있는 권리인 경우는 제외한다.(2020.12.29 단서신설)

② 제1항은 새로 설립되는 법인의 자본금이 대통령령으로 정하는 금액 이상인 경우에만 적용한다.

③ 제1항을 적용받으려는 거주자는 대통령령으로 정하는 바에 따라 이월과세 적용신청을 하여야 한다.

④ 제1항에 따라 설립되는 법인에 대해서는 제31조제4항부터 제6항까지의 규정을 준용한다.

⑤ 제1항에 따라 설립된 법인의 설립등기일부터 5년 이내에 다음 각 호의 어느 하나에 해당하는 사유가 발생하는 경우에는 제1항을 적용받은 거주자가 사유발생일이 속하는 달의 말일부터 2개월 이내에 제1항에 따른 이월과세액(해당 법인이 이미 납부한 세액은 제외한 금액을 말한다)을 양도소득세로 납부하여야 한다. 이 경우 사업 폐지의 판단기준 등에 관하여 필요한 사항은 대통령령으로 정한다.(2017.12.19 전단개정)

1. 제1항에 따라 설립된 법인이 제1항을 적용받은 거주자로부터 승계받은 사업을 폐지하는 경우

2. 제1항을 적용받은 거주자가 법인전환으로 취득한 주식 또는 출자지분의 100분의 50 이상을 처분하는 경우
(2013.1.1 본항개정)

제33조 【사업전환 무역조정지원기업에 대한 과세특례】 ① 「무역조정 지원 등에 관한 법률」 제6조에 따른 무역

조정지원기업(이 조에서 "무역조정지원기업"이라 한다)이 경영하던 사업(이하 이 조에서 "전환전사업"이라 한다)을 이 법 제6조제3항 각 호의 어느 하나에 해당하는 사업(이하 이 조에서 "전환사업"이라 한다)으로 전환하기 위하여 해당 전환전사업에 직접 사용하는 사업용고정자산(이하 이 조에서 "전환전사업용고정자산"이라 한다)을 2023년 12월 31일까지 양도하고 양도일부터 1년 이내에 전환사업에 직접 사용할 사업용고정자산을 취득하는 경우 전환전사업용고정자산을 양도함에 따라 발생하는 양도차익에 대해서는 대통령령으로 정하는 바에 따라 계산한 금액을 해당 사업연도의 소득금액을 계산할 때 익금에 산입하지 아니할 수 있다. 이 경우 해당 금액은 양도일이 속하는 사업연도 종료일 이후 3년이 되는 날이 속하는 사업연도부터 3개 사업연도의 기간 동안 균분(均分)한 금액 이상을 익금에 산입하여야 한다.(2021.12.28 전단개정)
② 제1항을 적용할 때 거주자의 경우에는 다음 각 호의 방법에 따라 세액을 감면받거나 과세이연을 받을 수 있다.
1. 전환전사업의 사업장 건물 및 그 부속토지의 양도가액(이하 이 조에서 "전환전사업양도가액"이라 한다)으로 전환사업의 기계장치를 취득한 경우 : 대통령령으로 정하는 바에 따라 양도소득세의 100분의 50에 상당하는 세액을 감면하는 방법
2. 전환전사업양도가액으로 전환사업의 사업장 건물 및 그 부속토지를 취득한 경우 : 대통령령으로 정하는 바에 따라 과세이연을 하는 방법
③ 제1항 및 제2항을 적용받은 내국인이 사업전환을 하지 아니하거나 전환사업 개시일부터 3년 이내에 해당 사업을 폐업하거나 해산한 경우에는 그 사유가 발생한 날이 속하는 사업연도의 소득금액을 계산할 때 대통령령으로 정하는 바에 따라 계산한 금액을 익금에 산입하거나, 감면 또는 과세이연받은 세액을 양도소득세로 납부하여야 한다. 이 경우 다음 각 호의 구분에 따른 때에 대통령령으로 정하는 바에 따라 계산한 이자상당 가산액을 가산하여 법인세 또는 양도소득세로 납부하여야 하며, 그 세액은 「법인세법」 제64조 또는 「소득세법」 제111조에 따라 납부하여야 할 세액으로 본다.(2017.12.19 후단개정)
1. 법인의 경우 : 해당 사유가 발생한 날이 속하는 사업연도의 과세표준신고를 할 때(2017.12.19 본호신설)
2. 거주자의 경우 : 해당 사유가 발생한 날이 속하는 달의 말일부터 2개월 이내(2017.12.19 본호신설)
④ 제2항제2호에 따라 과세이연을 받은 거주자(이 항 제2호의 경우에는 해당 거주자의 상속인을 말한다)는 다음 각 호의 어느 하나에 해당하는 경우 대통령령으로 정하는 바에 따라 계산한 과세이연받은 세액을 해당 각 호의 기한까지 양도소득세로 납부하여야 한다.(2020.6.9 본문개정)
1. 거주자가 전환사업의 사업장 건물 및 그 부속토지를 증여하는 경우 : 증여일이 속하는 달의 말일부터 3개월 이내
2. 거주자의 사망으로 전환사업의 사업장 건물 및 그 부속토지에 대한 상속이 이루어지는 경우 : 상속개시일이 속하는 달의 말일부터 6개월 이내(2016.12.20 본항신설)
⑤ 제1항부터 제4항까지의 규정을 적용하는 경우 사업전환의 범위, 사업용고정자산의 범위, 세액감면신청서·과세이연신청서 및 사업용고정자산 양도차익명세서의 제출, 그 밖에 필요한 사항은 대통령령으로 정한다.(2016.12.20 본항개정)
제33조의2 (2020.12.29 삭제)
제34조【내국법인의 금융채무 상환을 위한 자산매각에 대한 과세특례】 ① 내국법인이 재무구조를 개선하

기 위하여 2026년 12월 31일 이전에 자산을 양도한 날(장기할부조건의 경우에는 대통령령으로 정하는 날을 말하며, 대통령령으로 정하는 부득이한 사유가 있는 경우에는 그 사유가 종료된 날을 말한다. 이하 이 조에서 같다)부터 대통령령으로 정하는 기간까지 채무를 상환한다는 내용이 포함되어 있는 대통령령으로 정하는 재무구조개선계획(대통령령으로 정하는 자가 승인한 것에 한정한다. 이하 이 조에서 "재무구조개선계획"이라 한다)에 따라 자산을 양도하는 경우에는 해당 자산을 양도함으로써 발생하는 양도차익 중 대통령령으로 정하는 채무상환액에 상당하는 금액(대통령령으로 정하는 결손금을 초과하는 금액에 한정한다. 이하 이 조에서 "양도차익상당액"이라 한다)에 대해서는 해당 사업연도와 해당 사업연도의 종료일 이후 3년 이내에 끝나는 각 사업연도에 익금에 산입하지 아니하고 그 다음 3개 사업연도의 기간 동안 균분한 금액 이상을 익금에 산입한다.(2023.12.31 본문개정)
1.~2. (2015.12.15 삭제)
② 제1항을 적용받은 내국법인이 다음 각 호의 어느 하나에 해당하게 된 경우에는 대통령령으로 정하는 바에 따라 해당 사유가 발생한 사업연도의 소득금액을 계산할 때 제1항에 따라 익금에 산입하지 아니한 금액을 익금에 산입하여야 한다. 이 경우 대통령령으로 정하는 바에 따라 계산한 이자상당가산액을 법인세에 가산하여 납부하여야 하며 해당 세액은 「법인세법」 제64조에 따라 납부하여야 할 세액으로 본다.(2015.12.15 본문개정)
1. 재무구조개선계획에 따라 채무를 상환하지 아니한 경우
2. 자산을 양도한 내국법인의 부채비율이 자산 양도 후 3년 이내의 기간 중 기준부채비율보다 증가하게 된 경우(2015.12.15 본호개정)
3. 해당 자산을 양도한 날부터 3년 이내에 해당 사업을 폐업하거나 해산한 경우로서 합병법인, 분할로 인하여 신설되는 법인 또는 분할합병의 상대방 법인이 해당 사업을 승계한 경우가 아닌 경우. 다만, 파산 등 대통령령으로 정하는 부득이한 사유가 있는 경우에는 대통령령으로 정하는 바에 따라 계산한 이자상당가산액을 가산하지 아니한다.
③ 제1항에 따른 재무구조개선계획을 승인한 자는 재무구조개선계획의 내용 및 그 이행실적을 매년 대통령령으로 정하는 바에 따라 납세지 관할 세무서장에게 제출하여야 한다.(2015.12.15 본항개정)
④ 제1항에 따른 양도의 시기, 재무구조개선계획의 내용 및 승인기준 등에 관한 사항, 채무의 범위, 제2항에 따른 부채비율 및 기준부채비율의 산정, 세액감면의 신청, 그 밖에 필요한 사항은 대통령령으로 정한다.(2015.12.15 본조제목개정)
제35조~제36조 (2001.12.29 삭제)
제37조 (2017.12.19 삭제)
제38조【주식의 포괄적 교환·이전에 대한 과세특례】 ① 내국법인이 다음 각 호의 요건을 모두 갖추어 「상법」 제360조의2에 따른 주식의 포괄적 교환 또는 같은 법 제360조의15에 따른 주식의 포괄적 이전(이하 이 조에서 "주식의 포괄적 교환등"이라 한다)에 따라 주식의 포괄적 교환등의 상대방 법인의 완전자회사로 되는 경우 그 주식의 포괄적 교환등으로 발생한 완전자회사 주주의 주식양도차익에 상당하는 금액에 대한 양도소득세 또는 「법인세법」으로 정하는 바에 따라 완전자회사의 주주가 완전모회사 또는 그 완전모회사의 완전모회사의 주식을 처분할 때까지 과세를 이연받을 수 있다.(2016.12.20 본문개정)
1. 주식의 포괄적 교환·이전일 현재 1년 이상 계속하여 사업을 하던 내국법인 간의 주식의 포괄적 교환등

일 것. 다만, 주식의 포괄적 이전으로 신설되는 완전모회사는 제외한다.(2014.1.1 단서신설)
2. 완전자회사의 주주가 완전모회사로부터 교환·이전대가를 받은 경우 그 교환·이전대가의 총합계액 중 완전모회사 주식의 가액이 100분의 80 이상이거나 그 완전모회사의 완전모회사 주식의 가액이 100분의 80 이상으로서 그 주식이 대통령령으로 정하는 바에 따라 배정되고, 완전모회사 및 대통령령으로 정하는 완전자회사의 주주가 주식의 포괄적 교환등으로 취득한 주식을 교환·이전일이 속하는 사업연도의 종료일까지 보유할 것(2016.12.20 본호개정)
3. 완전자회사가 교환·이전일이 속하는 사업연도의 종료일까지 사업을 계속할 것
② 완전자회사의 주주가 제1항에 따라 과세를 이연받은 경우 완전모회사는 완전자회사 주식을 「법인세법」 제52조제2항에 따른 시가로 취득하고, 이후 3년 이내의 범위에서 대통령령으로 정하는 기간에 다음 각 호의 어느 하나의 사유가 발생하는 경우 완전모회사는 해당 사유의 발생 사실을 발생일부터 1개월 이내에 완전자회사의 주주에게 알려야 하며, 완전자회사의 주주는 제1항에 따라 과세를 이연받은 양도소득세 또는 법인세를 대통령령으로 정하는 바에 따라 납부하여야 한다.(2017.12.19 본문개정)
1. 완전자회사가 사업을 폐지하는 경우
2. 완전모회사 또는 대통령령으로 정하는 완전자회사의 주주가 주식의 포괄적 교환등으로 취득한 주식을 처분하는 경우
③ 제1항제2호 및 제3호와 제2항제1호 및 제2호를 적용할 때 법령에 따라 불가피하게 주식을 처분하는 경우 등 대통령령으로 정하는 부득이한 사유가 있는 경우에는 주식을 보유하거나 사업을 계속하는 것으로 본다.(2021.5.19 본항개정)
④ 제1항부터 제3항까지의 규정에 따른 주식양도차익의 계산, 완전자회사의 사업의 계속 및 폐지에 관한 기준, 익금산입액의 계산 및 그 산입방법, 완전자회사 주식의 장부가액의 산정방식, 주식의 포괄적 교환등에 관한 명세서 제출 등에 관하여 필요한 사항은 대통령령으로 정한다.
(2021.12.28 본조제목개정)
(2010.1.1 본조신설)

제38조의2【주식의 현물출자 등에 의한 지주회사의 설립 등에 대한 과세특례】 ① 내국법인의 내국인 주주가 2026년 12월 31일까지 다음 각 호의 요건을 모두 갖추어 주식을 현물출자함에 따라 「독점규제 및 공정거래에 관한 법률」에 따른 지주회사(「금융지주회사법」에 따른 금융지주회사를 포함한다. 이하 이 조에서 "지주회사"라 한다)를 새로 설립하거나 기존의 내국법인을 지주회사로 전환하는 경우 그 현물출자로 인하여 취득한 주식의 가액 중 그 현물출자로 인하여 발생한 양도차익에 상당하는 금액에 대하여는 대통령령으로 정하는 바에 따라 그 주주가 해당 지주회사의 주식을 처분할 때까지 양도소득세 또는 법인세의 과세를 이연받을 수 있다.(2023.12.31 본문개정)
1. 지주회사 및 현물출자를 한 주주 중 대통령령으로 정하는 주주가 현물출자로 취득한 주식을 현물출자일이 속하는 사업연도의 종료일까지 보유할 것
2. 현물출자로 인하여 지주회사의 자회사로 된 내국법인(이하 이 조에서 "자회사"라 한다)이 현물출자일이 속하는 사업연도의 종료일까지 사업을 계속할 것
(2010.12.27 본항개정)
② 내국법인의 내국인 주주가 현물출자 또는 분할(「법인세법」 제46조제2항 각 호 또는 같은 법 제47조제1항에서 정한 요건을 갖춘 분할만 해당하며, 이하 이 조에서 "분할"이라 한다)에 의하여 지주회사로 전환한 내국

법인(제1항에 따라 지주회사로 전환된 내국법인을 포함하며, 이하 이 조에서 "전환지주회사"라 한다)에 제1항 각 호 및 다음 각 호의 요건을 모두 갖추어 2026년 12월 31일까지 주식을 현물출자하거나 그 전환지주회사의 자기주식과 교환(이하 이 조에서 "자기주식교환"이라 한다)하는 경우 그 현물출자 또는 자기주식교환으로 인하여 취득한 전환지주회사의 주식가액 중 현물출자 또는 자기주식교환으로 인하여 발생한 양도차익에 상당하는 금액에 대해서는 대통령령으로 정하는 바에 따라 그 주주가 해당 전환지주회사의 주식을 처분할 때까지 양도소득세 또는 법인세의 과세를 이연받을 수 있다. 이 경우 제1항 각 호를 적용할 때 "지주회사"는 "전환지주회사"로, "자회사"는 "지분비율미달자회사"로, "현물출자"는 "현물출자 또는 자기주식교환"으로 본다.(2023.12.31 전단개정)
1. 전환지주회사의 주식소유비율이 「독점규제 및 공정거래에 관한 법률」 제18조제2항제2호 각 목 외의 부분 본문에서 정한 비율 미만인 법인(이하 이 조에서 "지분비율미달자회사"라 한다)으로서 다음 각 목에 해당하는 법인의 주식을 현물출자하거나 자기주식교환하는 것일 것(2020.12.29 본문개정)
가. 전환지주회사가 될 당시 해당 전환지주회사가 출자하고 있는 다른 내국법인
나. 전환지주회사의 분할로 신설·합병되는 법인 및 분할 후 존속하는 법인
2. 전환지주회사가 된 날부터 2년 이내에 현물출자하거나 자기주식교환하는 것일 것
3. 자기주식교환의 경우에는 지분비율미달자회사의 모든 주주가 그 자기주식교환에 참여할 수 있어야 하며, 그 사실을 대통령령으로 정하는 바에 따라 공시하였을 것
③ 내국법인의 주주가 제1항 또는 제2항에 따라 과세를 이연받은 경우 지주회사(전환지주회사를 포함한다)는 현물출자 또는 자기주식교환(이하 이 조에서 "현물출자 등"이라 한다)으로 취득한 주식의 가액을 장부가액으로 하고, 이후 3년 이내의 범위에서 대통령령으로 정하는 기간에 다음 각 호의 어느 하나의 사유가 발생하는 경우에는 현물출자등으로 취득한 주식의 장부가액과 현물출자등을 한 날 현재의 시가와의 차액(시가가 장부가액보다 큰 경우만 해당한다)을 대통령령으로 정하는 바에 따라 익금에 산입하여야 한다. 이 경우 제2호의 사유에 해당하는 경우에는 대통령령으로 정하는 바에 따라 계산한 이자상당액을 법인세 납부금액에 가산하여 납부하여야 한다.
1. 제1항에 따라 신설되거나 전환된 지주회사 또는 전환지주회사가 지주회사에 해당하지 아니하게 되는 경우. 다만, 「독점규제 및 공정거래에 관한 법률」 등 지주회사의 기준을 정한 법령의 개정으로 지주회사에 해당하지 아니하게 된 경우로서 대통령령으로 정하는 경우는 제외한다.
2. 전환지주회사가 지주회사로 전환한 날의 다음 날부터 2년이 되는 날까지 지분비율미달자회사의 주식을 「독점규제 및 공정거래에 관한 법률」 제18조제2항제2호 각 목 외의 부분 본문에서 정한 비율 미만으로 소유하는 경우(2020.12.29 본호개정)
3. 자회사(지분비율미달자회사를 포함한다)가 사업을 폐지하는 경우
4. 지주회사(전환지주회사를 포함한다) 또는 현물출자 등을 한 주주 중 대통령령으로 정하는 주주가 현물출자 등으로 취득한 주식을 처분하는 경우
(2010.12.27 본항개정)
④ 제1항에 따라 주식을 다른 금융지주회사의 지배를 받는 금융지주회사(이하 이 항에서 "중간지주회사"라 한다)에 이전하거나 중간지주회사의 주식과 교환함에

따라 양도소득세 또는 법인세의 과세를 이연받은 주주가 2026년 12월 31일까지 그 주식교환 또는 주식이전의 대가로 받은 중간지주회사의 주식을 그 중간지주회사를 지배하는 금융지주회사의 주식과 교환하는 경우 당초 과세를 이연받은 양도소득세 또는 법인세에 대해서는 제1항에도 불구하고 해당 주주가 그 주식교환의 대가로 받은 금융지주회사의 주식을 양도할 때까지 대통령령으로 정하는 바에 따라 다시 과세를 이연받을 수 있다.(2023.12.31 본항개정)

⑤ 제1항 각 호(제2항에서 제1항 각 호를 준용하는 경우를 포함한다) 및 제3항제3호·제4호를 적용할 때 대통령령으로 정하는 부득이한 사유가 있는 경우에는 주식을 보유하거나 사업을 계속하는 것으로 본다.

⑥ 제1항부터 제5항까지의 규정을 적용하는 경우 양도차익의 계산, 자회사의 사업의 계속 및 폐지에 관한 기준, 현물출자등에 관한 명세서의 제출 등에 관하여 필요한 사항은 대통령령으로 정한다.(2010.12.27 본항개정)
(2010.12.27 본조제목개정)

제38조의3【내국법인의 외국자회사 주식 등의 현물출자에 대한 과세특례】

① 5년 이상 계속하여 사업을 한 내국법인이 2021년 12월 31일까지 외국자회사(내국법인이 현물출자일 현재 발행주식총수 또는 출자총액의 100분의 20 이상을 출자하고 있는 외국법인을 말한다. 이하 이 조에서 같다)의 주식 또는 출자지분(이하 이 조에서 "주식등"이라 한다)을 현물출자하여 새로운 외국법인을 설립하거나 이미 설립된 외국법인에 현물출자하는 경우 그 현물출자로 인하여 발생한 외국자회사의 주식등의 양도차익에 상당하는 금액은 그 양도일부터 4년이 되는 날이 속하는 사업연도부터 각 사업연도의 소득금액을 계산할 때 그 금액을 36으로 나눈 금액에 해당 사업연도의 개월 수를 곱하여 산출한 금액을 익금에 산입한다.(2018.12.24 본항개정)

② 제1항에 따라 외국자회사의 주식등을 현물출자한 내국법인이 그 주식등의 양도차익 전액을 익금에 산입하기 전에 현물출자로 취득한 주식등을 양도하는 경우에는 익금에 산입하지 아니한 금액 중 양도한 주식등의 비율에 상당하는 금액으로서 대통령령으로 정하는 방법에 따라 계산한 금액을 익금에 산입하며, 내국법인 또는 내국법인으로부터 외국자회사의 주식등을 현물출자받은 외국법인이 사업을 폐업하거나 해산하는 경우에는 그 사유가 발생한 날이 속하는 사업연도의 소득금액을 계산할 때 익금에 산입하지 아니한 금액 전액을 익금에 산입한다. 다만, 다음 각 호의 어느 하나에 해당하는 경우에는 그러하지 아니하다.
1. 내국법인의 합병 또는 분할로 생기는 다음 각 목의 어느 하나에 해당하는 법인이 해당 내국법인의 현물출자로 인하여 취득한 주식등을 승계하는 경우
   가. 합병법인
   나. 분할로 신설되는 법인
   다. 분할합병의 상대방 법인
2. 내국법인이 외국자회사의 주식등을 현물출자함으로써 취득한 외국법인의 주식등을 1개월 이내에 다른 외국법인에 다시 현물출자하는 경우

③ 제1항을 적용하려는 경우에는 대통령령으로 정하는 바에 따라 주식등 현물출자 양도차익명세서를 납세지 관할 세무서장에게 제출하여야 한다.

제39조【채무의 인수·변제에 대한 과세특례】

① 내국법인의 주주 또는 출자자(법인인 경우에 한정한다. 이하 이 조에서 "주주등"이라 한다)가 해당 법인의 채무를 인수·변제하는 경우로서 다음 각 호의 어느 하나에 해당하는 요건을 갖춘 경우에는 해당 법인의 채무금액 중 해당 주주등이 인수·변제한 금액은 해당 연도 주주등의 소득금액을 계산할 때 대통령령으로 정하는 금액을 한도로 손금에 산입한다.

1. 대통령령으로 정하는 재무구조개선계획(대통령령으로 정하는 자가 승인한 것에 한정한다. 이하 이 조에서 "재무구조개선계획"이라 한다)에 따라 2026년 12월 31일까지 해당 내국법인의 지배주주·출자자 및 그 특수관계인(이하 이 조에서 "지배주주등"이라 한다)의 소유주식 또는 출자지분을 대통령령으로 정하는 특수관계인 외의 자에게 전부 양도할 것(2023.12.31 본호개정)
2. 대통령령으로 정하는 바에 따라 법인청산계획서를 해당 내국법인의 납세지 관할세무서장에게 제출하고 2027년 12월 31일까지 해당 내국법인의 청산을 종결할 것(2023.12.31 본호개정)

② 제1항에 따라 채무가 인수·변제되어 채무가 감소한 법인(이하 이 조에서 "양도등대상법인"이라 한다)은 소득금액을 계산할 때 채무의 감소액(대통령령으로 정하는 결손금을 초과하는 금액에 한정한다. 이하 이 조에서 "채무감소액"이라 한다)을 해당 사업연도와 해당 사업연도의 종료일 이후 3개 사업연도의 기간 중 익금에 산입하지 아니하고 그 다음 3개 사업연도의 기간 동안 균분한 금액 이상을 익금에 산입한다. 다만, 제1항제2호의 요건에 해당되는 양도등대상법인의 경우에는 해산하는 날이 속하는 사업연도의 소득금액을 계산할 때 채무감소액을 익금에 산입한다.

③ 제1항 및 제2항을 적용할 때 제2항을 적용받은 양도등대상법인이 다음 각 호의 어느 하나에 해당하게 된 경우에는 해당 사유가 발생한 과세연도에 양도등대상법인의 소득금액을 계산할 때 대통령령으로 정하는 바에 따라 익금에 산입하지 아니한 금액을 익금에 산입하여야 한다. 이 경우 제1항에 따라 주주등이 감면받은 법인세액 및 대통령령으로 정하는 바에 따라 계산한 이자상당가산액을 법인세에 가산하여 납부하여야 하며 해당 세액은 「법인세법」 제64조에 따라 납부하여야 할 세액으로 본다.
1. 양도등대상법인의 부채비율이 채무 인수·변제 후 3년 이내의 기간 중 기준부채비율보다 증가하게 된 경우(제1항제1호에 해당되는 양도등대상법인에 한정한다)
2. 채무를 인수·변제한 날부터 3년 이내에 해당 사업을 폐업하거나 해산한 경우로서 합병법인, 분할로 신설되는 법인 또는 분할합병의 상대방 법인이 해당 사업을 승계한 경우가 아닌 경우(제1항제1호에 해당되는 양도등대상법인에 한정한다). 다만, 파산 등 대통령령으로 정하는 부득이한 사유가 있는 경우에는 제1항에 따라 주주등이 감면받은 법인세액 및 대통령령으로 정하는 바에 따라 계산한 이자상당가산액을 가산하지 아니한다.
3. 제1항제1호 또는 제2호의 요건을 충족하지 못한 경우

④ 제1항제1호에 따른 법인의 양도·양수에 있어서 양도대상법인의 자산부족액을 익금에 산입하여 이를 「법인세법」 제67조에 따라 처분하는 경우 해당 양도등대상법인은 「소득세법」에도 불구하고 그 처분금액에 대한 소득세를 원천징수하지 아니한다.

⑤ 제1항에 따라 법인의 채무가 인수·변제됨에 따라 해당 법인의 다른 주주등이 얻는 이익에 대해서는 「상속세 및 증여세법」에 따른 증여로 보지 아니한다. 다만, 채무를 인수·변제한 주주등에 대하여 대통령령으로 정하는 특수관계인에 대해서는 그러하지 아니하다.

⑥ 제1항제1호에 따른 재무구조개선계획을 승인한 자는 재무구조개선계획의 내용 및 그 이행실적을 매년 대통령령으로 정하는 바에 따라 납세지 관할 세무서장에게 제출하여야 한다.

⑦ 제1항부터 제6항까지의 규정을 적용할 때 채무의 범위, 재무구조개선계획의 내용 및 승인기준, 지배주주등의 범위, 자산부족액의 요건 및 신고의 방법, 법인양도·양수에 관한 명세서의 제출, 법인의 청산계획서 제

출, 세액감면의 신청 및 그 밖에 필요한 사항은 대통령령으로 정한다.
(2015.12.15 본조개정)
제40조【주주등의 자산양도에 관한 법인세 등 과세특례】 ① 내국법인이 주주 또는 출자자(이하 이 조에서 "주주등"이라 한다)로부터 2026년 12월 31일 이전에 다음 각 호의 요건을 모두 갖추어 자산을 무상으로 받은 경우에는 해당 사업연도의 소득금액을 계산할 때 해당 자산가액(대통령령으로 정하는 결손금을 초과하는 금액에 한정한다)은 자산을 증여받은 날이 속하는 사업연도의 종료일 이후 3개 사업연도의 기간 중 익금에 산입하지 아니하고 그 다음 3개 사업연도의 기간 동안 균분한 금액 이상을 익금에 산입하여야 한다.
(2023.12.31 본문개정)
1. 대통령령으로 정하는 재무구조개선계획(대통령령으로 정하는 자가 승인한 것에 한정한다. 이하 이 조에서 "재무구조개선계획"이라 한다)에 따라 주주등의 자산증여 및 법인의 채무상환이 이루어 질 것
2. 재무구조개선계획에는 금전의 경우 법인이 해당 금전을 받은 날부터 2026년 12월 31일 이내에서 대통령령으로 정하는 기한까지, 금전 외의 자산의 경우에는 해당 자산을 양도한 날(장기할부조건의 경우에는 대통령령으로 정하는 날을 말한다)부터 2026년 12월 31일 이내에서 대통령령으로 정하는 기한까지 그 양도대금을 대통령령으로 정하는 금융채권자(이하 이 조 및 제44조에서 "금융채권자"라 한다)에 대한 부채의 상환에 전액 사용(대통령령으로 정하는 부득이한 사유가 있는 경우에는 그 사유가 종료한 날의 다음 날에 부채의 상환에 전액 사용을 말한다)한다는 내용이 포함되어 있을 것(2023.12.31 본호개정)
② 제1항에 따라 자산을 증여한 주주등(법인인 경우에 한정한다)의 경우 증여한 자산의 가액(장부가액을 말한다) 중 대통령령으로 정하는 금액을 해당 사업연도의 소득금액을 계산할 때 손금에 산입한다.
③ 제1항에 따라 주주등이 법인에 자산을 증여할 때 소유하던 자산을 양도하고 2026년 12월 31일 이전에 그 양도대금을 법인에 증여하는 경우에는 해당 자산을 양도함으로써 발생하는 양도차익 중 대통령령으로 정하는 증여금액에 상당하는 금액(이하 이 조에서 "양도차익상당액"이라 한다)은 다음 각 호에 해당하는 방법으로 양도소득세를 감면하거나 같은 금액을 익금에 산입하지 아니할 수 있다.(2023.12.31 본문개정)
1. 거주자 : 양도차익상당액에 대한 양도소득세의 100분의 100에 상당하는 세액을 감면하는 방법
2. 내국법인 : 양도차익상당액을 해당 사업연도의 소득금액을 계산할 때 익금에 산입하지 아니하는 방법
④ 제1항에 따라 자산을 증여받은 법인이 다음 각 호의 어느 하나에 해당하는 경우에는 해당 사유가 발생한 사업연도의 소득금액을 계산할 때 대통령령으로 정하는 바에 따라 제1항에 따라 익금에 산입하지 아니한 금액을 익금에 산입한다. 이 경우 제2항 및 제3항에 따라 감면한 세액을 해당 법인이 납부할 법인세액에 가산하여 징수한다.
1. 재무구조개선계획에 따라 채무를 상환하지 아니한 경우
2. 해당 법인의 부채비율이 채무 상환 후 3년 이내의 기간 중 기준부채비율보다 증가하게 된 경우
3. 제1항에 따라 자산을 증여받은 날부터 3년 이내에 해당 사업을 폐업하거나 해산한 경우로서 합병법인, 분할로 인하여 신설된 법인 또는 분할합병의 상대방 법인이 해당 사업을 승계한 경우가 아닌 경우. 다만, 파산 등 대통령령으로 정하는 부득이한 사유가 있는 경우에는 제2항 및 제3항에 따라 감면한 세액을 가산하지 아니한다.

⑤ 제4항에 따라 법인이 납부할 세액에는 대통령령으로 정하는 바에 따라 계산한 이자상당가산액을 가산하며 해당 세액은 「법인세법」 제64조에 따라 납부하여야 할 세액으로 본다. 다만, 제4항제3호 단서에 해당하는 경우에는 그러하지 아니하다.
⑥ 제1항에 따라 법인이 주주등으로부터 자산을 무상으로 받음으로써 해당 법인의 다른 주주등이 얻는 이익은 「상속세 및 증여세법」에 따른 증여로 보지 아니한다. 다만, 자산을 증여한 주주등의 특수관계인에 대해서는 그러하지 아니하다.(2011.12.31 단서개정)
⑦ 제1항제1호에 따라 재무구조개선계획을 승인한 자는 재무구조개선계획의 내용 및 그 이행실적을 매년 대통령령으로 정하는 바에 따라 납세지 관할세무서장에게 제출하여야 한다.
⑧ 제1항부터 제7항까지의 규정을 적용할 때 양도의 시기, 재무구조개선계획의 내용 및 승인기준 등에 관한 사항, 부채비율 및 기준부채비율의 산정, 특수관계인의 범위, 세액감면의 신청, 그 밖에 필요한 사항은 대통령령으로 정한다.(2011.12.31 본항개정)
제41조 (2007.12.31 삭제)
제41조의2 (2008.12.26 삭제)
제42조 (2001.12.29 삭제)
제43조【구조조정대상 부동산 취득자에 대한 양도소득세의 감면 등】 ① 제40조제1항에 따라 양도소득세의 감면대상이 되는 부동산(이하 이 조에서 "구조조정대상부동산"이라 한다)을 1999년 12월 31일 이전에 취득한 자가 그 구조조정대상부동산을 취득한 날부터 5년 이내에 양도함으로써 발생하는 소득에 대해서는 양도소득세의 100분의 50에 상당하는 세액을 감면하며, 그 구조조정대상부동산을 취득한 날부터 5년이 지난 후에 양도하는 경우에는 그 구조조정대상부동산을 취득한 날부터 5년간 발생한 양도소득금액의 100분의 50에 상당하는 금액을 양도소득세 과세대상 소득금액에서 뺀다.
② 제1항을 적용받으려는 자는 대통령령으로 정하는 바에 따라 감면신청을 하여야 한다.
③ 제1항에 따른 구조조정대상부동산의 확인 및 부동산을 취득한 날부터 5년간 발생한 양도소득금액의 계산, 그 밖에 필요한 사항은 대통령령으로 정한다.
제43조의2 (2008.12.26 삭제)
제44조【재무구조개선계획 등에 따른 기업의 채무면제익에 대한 과세특례】 ① 2026년 12월 31일까지 내국법인이 금융채권자로부터 채무의 일부를 면제받은 경우로서 다음 각 호의 어느 하나에 해당하는 경우 소득금액을 계산할 때 그 면제받은 채무에 상당하는 금액(대통령령으로 정하는 결손금을 초과하는 금액에 한정한다. 이하 이 조에서 "채무면제익"이라 한다)은 해당 사업연도와 해당 사업연도의 종료일 이후 3개 사업연도의 기간 중 익금에 산입하지 아니하고 그 다음 3개 사업연도의 기간 동안 균분한 금액 이상을 익금에 산입한다.
(2023.12.31 본문개정)
1. 「채무자 회생 및 파산에 관한 법률」에 따른 회생계획인가의 결정을 받은 법인이 금융채권자로부터 채무의 일부를 면제받은 경우로서 그 결정에 채무의 면제액이 포함된 경우(2017.12.19 본호개정)
2. 「기업구조조정 촉진법」 제14조제1항에 따른 기업개선계획의 이행을 위한 약정을 체결한 부실징후기업이 금융채권자로부터 채무의 일부를 면제받은 경우로서 그 약정에 채무의 면제액이 포함된 경우 및 같은 법 제27조에 따른 반대채권자의 채권매수청구권의 행사와 관련하여 채무의 일부를 면제받은 경우(2022.12.31 본호개정)
3. 내국법인이 대통령령으로 정하는 바에 따라 채권을 보유한 금융채권자 간의 합의에 따라 채무를 면제받은 경우(2017.12.19 본호개정)

4. 그 밖에 내국법인이 관계 법률에 따라 채무를 면제받은 경우로서 대통령령으로 정하는 경우
② 「기업구조조정 투자회사법」에 따른 약정체결기업이 기업구조조정투자회사로부터 채무를 출자로 전환받는 과정에서 채무의 일부를 면제받는 경우 그 채무면제익은 제1항을 준용하여 익금에 산입한다.
③ 제1항에 따라 채무를 면제받은 법인이 채무면제익 전액을 익금에 산입하기 전에 사업을 폐업하거나 해산하는 경우에는 그 사유가 발생한 날이 속하는 사업연도의 소득금액을 계산할 때 익금에 산입하지 아니한 금액 전액을 익금에 산입한다.
④ 제1항에 따라 채무를 면제(채무의 출자전환으로 채무를 면제한 경우를 포함한다)한 금융채권자(「기업구조조정투자회사법」에 따른 기업구조조정투자회사는 제외한다)는 해당 사업연도의 소득금액을 계산할 때 그 면제한 채무에 상당하는 금액을 손금에 산입한다. (2017.12.19 본항개정)
⑤ 제1항부터 제4항까지의 규정을 적용할 때 채무의 면제에 관한 명세서의 제출, 세액 감면의 신청, 그 밖에 필요한 사항은 대통령령으로 정한다. (2011.12.31 본항개정)
제45조【감자에 대한 과세특례】① 내국법인이 2012년 12월 31일 이전에 대통령령으로 정하는 재무구조개선계획(대통령령으로 정하는 자가 승인한 것에 한정한다. 이하 이 조에서 "재무구조개선계획"이라 한다)에 따라 주주 또는 출자자(이하 이 조에서 "주주등"이라 한다)로부터 해당 법인의 주식 또는 출자지분(이하 이 조에서 "주식등"이라 한다)을 무상으로 받아 소각하는 경우 해당 주식등의 가액(대통령령으로 정하는 결손금을 초과하는 금액에 한정한다)은 해당 사업연도의 소득금액을 계산할 때 익금에 산입하지 아니한다. (2010.12.27 본항개정)
② 제1항에 따라 주식등을 증여한 주주등(법인인 경우에 한정한다)의 경우 「법인세법」 제52조를 적용하지 아니하며 보유 주식등을 전부 증여한 경우에는 해당 주식등의 가액(장부가액을 말한다)은 해당 사업연도의 소득금액을 계산할 때 손금에 산입한다.
③ 제1항에 따라 법인이 주주등으로부터 주식등을 무상으로 받아 소각함으로써 해당 법인의 다른 주주등이 얻는 이익에 대해서는 「상속세 및 증여세법」에 따른 증여 또는 「법인세법」에 따른 익금으로 보지 아니한다. 다만, 주식등을 증여한 주주등의 특수관계인에 대해서는 그러하지 아니하다. (2011.12.31 단서개정)
④ 제1항부터 제3항까지의 규정을 적용할 때 재무구조개선계획의 내용 및 승인기준, 특수관계인의 범위, 세액 감면의 신청, 그 밖에 필요한 사항은 대통령령으로 정한다. (2011.12.31 본항개정)
제45조의2【공공기관의 구조개편을 위한 분할에 대한 과세특례】「공공기관의 운영에 관한 법률」 제4조에 따라 공공기관으로 지정된 내국법인(이하 "공공기관"이라 한다)이 민영화 등의 구조개편을 위하여 2010년 12월 31일까지 「상법」 제530조의2부터 제530조의11까지의 규정에 따라 대통령령으로 정하는 분할을 하는 경우로서 그 분할이 대통령령으로 정하는 요건을 갖춘 경우에는 「법인세법」 제46조제1항 각 호의 요건을 갖춘 분할로 보아 이 법과 「법인세법」 및 「부가가치세법」의 분할에 관한 규정을 적용한다. (2010.1.1 본조신설)
제46조【기업 간 주식등의 교환에 대한 과세특례】① 내국법인(이하 이 조에서 "교환대상법인"이라 한다)의 지배주주·출자자 및 그 특수관계인(이하 이 조에서 "지배주주등"이라 한다)이 2017년 12월 31일 이전에 대통령령으로 정하는 재무구조개선계획(대통령령으로 정하는 자가 승인한 것에 한정한다. 이하 이 조에서 "재무구조개선계획"이라 한다)에 따라 그 소유 주식 또는 출자지분(이하 이 조에서 "주식등"이라 한다) 전부를 양도하고 교환대상법인의 대통령령으로 정하는 특수관계인이 아닌 다른 내국법인(이하 이 조에서 "교환양수

법인"이라 한다)의 주식등을 다음 각 호의 어느 하나에 해당하는 방법으로 그 소유비율에 따라 양수하는 경우에는 주식등을 양도함에 따라 발생한 양도차익(교환양수법인 및 교환양수법인의 지배주주등에게 발생하는 양도차익을 포함한다)에 상당하는 금액에 대한 양도소득세 또는 법인세에 대해서는 대통령령으로 정하는 바에 따라 양수한 주식등을 처분(상속·증여를 포함한다)할 때까지 과세를 이연받을 수 있다. (2014.12.23 본문개정)
1. 교환양수법인이 이미 보유하거나 새롭게 발행한 주식등을 양수하는 방법
2. 교환양수법인의 지배주주등이 보유한 주식등의 전부를 양수하는 방법〔교환대상법인 및 교환양수법인이 서로 다른 기업집단(「독점규제 및 공정거래에 관한 법률」 제2조제11호에 따른 기업집단을 말한다. 이하 이 조에서 같다)에 소속되어 있는 경우로 한정한다〕(2020.12.29 본호개정)
② 제1항제2호에 따른 교환대상법인의 양도·양수에 있어서 나타난 해당 법인의 자산부족을 익금에 산입하여 이를 「법인세법」 제67조에 따라 처분하는 경우 해당 법인은 「소득세법」에도 불구하고 그 처분금액에 대한 소득세를 원천징수하지 아니한다.
③ 제1항제2호에 따라 주식등을 양도한 교환대상법인의 주주등이 다음 각 호의 어느 하나에 해당하게 된 경우에는 해당 사유가 발생한 과세연도에 납부하지 아니한 세액을 납부하거나 소득금액을 계산할 때 손금에 산입한 금액을 익금에 산입하여야 한다. 이 경우 대통령령으로 정하는 바에 따라 계산한 이자상당가산액을 가산하여 양도소득세 또는 법인세로 납부하여야 하며 해당 세액은 「법인세법」 제64조 또는 「소득세법」 제76조에 따라 납부하여야 할 세액으로 본다.
1. 주식등을 양도한 사업연도의 종료일 이후 5년 이내에 교환대상법인이 속하였던 기업집단에 교환대상법인과 동일한 업종을 경영하는 법인이 속하게 되는 경우(2014.12.23 본호개정)
2. 주식등을 양도한 사업연도의 종료일 이후 5년 이내에 지배주주등이 교환대상법인의 주식등을 다시 보유하게 되는 경우(2014.12.23 본호개정)
④ 내국법인이 「법인세법」 제47조에 따른 물적분할 또는 같은 법 제47조의2에 따른 현물출자로 취득한 주식등의 전부를 제1항에 따라 다른 법인의 주식등과 교환하는 경우에 현물출자 또는 물적분할 당시 자산의 양도차익에 상당하는 금액으로서 손금에 산입하여 과세를 이연하는 금액은 대통령령으로 정하는 바에 따라 다시 과세를 이연받을 수 있다.
⑤ 제1항제2호에 따라 주식등을 양도한 교환대상법인의 재무구조개선계획을 승인한 자는 재무구조개선계획의 내용 및 그 이행실적을 매년 대통령령으로 정하는 바에 따라 납세지 관할세무서장에게 제출하여야 한다.
⑥ 제1항부터 제5항까지의 규정을 적용할 때 지배주주등의 범위, 주식등의 양도·양수의 방법, 손금산입대상 양도차익의 계산, 재무구조개선계획의 내용 및 승인기준, 주식등의 양도·양수에 관한 명세서 제출, 채무의 범위, 세액감면의 신청, 그 밖에 필요한 사항은 대통령령으로 정한다.
제46조의2【벤처기업의 전략적 제휴를 위한 주식교환 등에 대한 과세특례】① 주식회사인 법인(이하 이 조에서 "제휴법인"이라 한다)의 주주(그 법인의 발행주식총수의 100분의 10 이상을 보유한 주주를 말한다. 이하 이 조에서 같다)가 소유하는 제휴법인 주식을 다음 각 호의 요건을 갖추어 2009년 12월 31일 이전에 벤처기업(「자본시장과 금융투자업에 관한 법률」에 따른 주권상장법인은 제외한다. 이하 이 조에서 같다)이 보유한 자기주식과 교환하거나 벤처기업에 현물출자하고 그 벤처기업으로부터 출자가액에 상당하는 주식을 새

로 받음으로써 발생하는 양도차익에 대해서는 대통령령으로 정하는 바에 따라 그 주주가 주식교환 또는 현물출자(이하 이 조에서 "주식교환등"이라 한다)로 인하여 취득한 벤처기업의 주식을 처분할 때까지 양도소득세의 과세를 이연받을 수 있다.
1. 대통령령으로 정하는 바에 따라 벤처기업과 제휴법인 간의 전략적 제휴계획을 추진하고 그 계획에 따라 주식교환등이 이루어질 것
2. 제휴법인의 주주 1명과 대통령령으로 정하는 특수관계인이 벤처기업의 대통령령으로 정하는 최대주주와 대통령령으로 정하는 특수관계에 있지 아니할 것 (2011.12.31 본호개정)
3. 제휴법인의 주주가 주식교환등으로 인하여 취득한 주식과 벤처기업이 주식교환등으로 보유한 주식을 각각 1년 이상 보유하도록 하는 계약을 제휴법인과 벤처기업 간에 체결할 것
② 제1항에 따라 양도소득세의 과세를 이연받은 제휴법인의 주주는 제1항제3호를 위반하는 사유가 발생하면 대통령령으로 정하는 바에 따라 그 이연받은 양도소득세를 납부하여야 한다.
③ 제1항에 따라 양도소득세의 과세를 이연받으려는 자는 대통령령으로 정하는 바에 따라 신청하여야 한다.
제46조의3【물류기업의 전략적 제휴를 위한 주식교환 등에 대한 과세특례】 ① 물류산업을 경영하는 중소기업인 법인(이하 이 조에서 "제휴물류법인"이라 한다)의 주주(그 법인의 발행주식총수의 100분의 10 이상을 보유한 주주를 말한다. 이하 이 조에서 같다)가 소유하는 제휴물류법인의 주식을 다음 각 호의 요건을 갖추어 2009년 12월 31일 이전에 물류산업을 경영하는 다른 중소기업인 법인(「자본시장과 금융투자업에 관한 법률」에 따른 주권상장법인은 제외하며, 이하 이 조에서 "제휴상대물류법인"이라 한다)이 보유한 자기주식과 교환하거나 제휴상대물류법인에 현물출자하고 그 법인으로부터 출자가액에 상당하는 주식을 새로 받음으로써 발생하는 양도차익에 대해서는 대통령령으로 정하는 바에 따라 그 주주가 주식교환 또는 현물출자(이하 이 조에서 "주식교환등"이라 한다)로 인하여 취득한 제휴상대물류법인의 주식을 처분할 때까지 양도소득세의 과세를 이연받을 수 있다.
1. 대통령령으로 정하는 바에 따라 제휴물류법인과 제휴상대물류법인 간 전략적 제휴계획을 추진하고 그 계획에 따라 주식교환등이 이루어질 것
2. 제휴물류법인의 주주 또는 그 주주의 특수관계인이 제휴상대물류법인의 최대주주와 특수관계에 있지 아니할 것 (2011.12.31 본호개정)
3. 제휴물류법인의 주주가 주식교환등으로 취득한 주식과 제휴상대물류법인이 주식교환등으로 보유한 주식을 각각 1년 이상 보유하도록 하는 계약을 제휴물류법인과 제휴상대물류법인 간에 체결할 것
② 제1항을 적용하는 경우 물류산업의 범위, 최대주주의 범위 및 특수관계의 범위에 관한 사항은 대통령령으로 정한다.
③ 제1항에 따른 물류기업의 전략적 제휴를 위한 주식교환등에 대한 과세특례에 관하여는 제46조의2제2항 및 제3항을 준용한다. 이 경우 "제휴법인"은 "제휴물류법인"으로 본다.
제46조의4【자기물류시설의 양도차익에 대한 법인세 과세특례】 ① 1년 이상 계속하여 사업을 한 중소기업에 해당하는 내국법인이 대통령령으로 정하는 자가물류시설(이하 이 조에서 "자가물류시설"이라 한다)을 2013년 12월 31일까지 양도함으로써 발생하는 양도차익에 상당하는 금액에 대해서는 대통령령으로 정하는 바에 따라 계산한 금액을 해당 사업연도의 소득금액을 계산할 때 익금에 산입하지 아니할 수 있다. 이 경우 해당 금액은 양도일이 속하는 사업연도 종료일 이후 3년

이 되는 날이 속하는 사업연도부터 3개 사업연도의 기간 동안 균분한 금액 이상을 익금에 산입하여야 한다. (2011.12.31 전단개정)
② 제1항을 적용받은 내국법인이 자가물류시설의 양도일 이후 3년 이내에 해당 사업을 폐업하거나 해산한 경우 또는 다음 각 호의 어느 하나에 해당하는 요건을 충족하지 못한 경우에는 그 사유가 발생한 날이 속하는 사업연도의 소득금액을 계산할 때 대통령령으로 정하는 바에 따라 계산한 금액을 익금에 산입하여야 한다. 이 경우 익금에 산입할 금액에 대해서는 제33조제3항 후단을 준용한다.
1. 자가물류시설을 양도한 후 대통령령으로 정하는 기간 동안 각 사업연도에 지출한 물류비용 중 「법인세법」 제2조제12호에 따른 특수관계인 외의 자에게 지출한 물류비용(이하 이 조 및 제104조의14에서 "제3자물류비용"이라 한다)이 100분의 70 이상일 것 (2018.12.24 본호개정)
2. 대통령령으로 정하는 기간 동안 각 사업연도의 제3자물류비용이 자가물류시설의 양도차익에 가목 및 나목의 비율을 곱하여 계산한 금액 이상일 것
  가. 「법인세법」 제55조에 따른 세율
  나. 금융기관의 이자율을 고려하여 대통령령으로 정하는 이자율
③ 제1항 및 제2항을 적용하는 경우 물류비용의 범위, 양도차익명세서의 제출, 그 밖에 필요한 사항은 대통령령으로 정한다.
제46조의5【물류사업 분할에 대한 과세특례】 내국법인이 다음 각 호의 요건을 모두 갖추어 2009년 12월 31일 이전에 물류사업부문을 분할한 후 대통령령으로 정하는 물류전문법인(이하 이 조에서 "물류전문법인"이라 한다)과 합병하는 경우로서 분할로 신설되는 법인 또는 분할합병의 상대방 법인이 분할법인 또는 소멸한 분할합병의 상대방 법인의 자산을 평가하여 승계한 경우 그 승계한 자산(대통령령으로 정하는 자산만 해당한다)의 가액 중 해당 자산에 대한 분할평가차익에 상당하는 금액은 「법인세법」 제46조제1항 각 호 외의 본문에 따라 분할등기일이 속하는 사업연도의 소득금액을 계산할 때 손금에 산입할 수 있다. 다만, 분할법인과 분할로 신설되는 법인 또는 분할합병의 상대방 법인이 「법인세법」 제2조제12호에 따른 특수관계인에 해당하는 경우에는 그러하지 아니하다. (2018.12.24 단서개정)
1. 분할등기일 현재 1년 이상 계속하여 사업을 한 내국법인이 대통령령으로 정하는 바에 따라 분할하는 것일 것
2. 「법인세법」 제46조제1항제2호 및 제3호에 해당할 것
제46조의6【물류법인의 합병 시 이월결손금의 승계에 대한 과세특례】 물류산업을 경영하는 법인(이하 이 조에서 "물류법인"이라 한다)이 2009년 12월 31일까지 다른 물류법인을 합병하는 경우로서 다음 각 호의 요건을 모두 갖춘 경우에는 합병등기일 현재 합병으로 인하여 소멸하는 법인(이하 "피합병법인"이라 한다)의 「법인세법」 제13조제1항제1호에 따른 결손금은 대통령령으로 정하는 금액의 범위에서 같은 법 제45조에 따라 합병법인의 각 사업연도의 과세표준을 계산할 때 공제할 수 있다.(2018.12.24 본문개정)
1. 「법인세법」 제44조제1항 각 호의 요건을 모두 갖출 것
2. 합병법인이 피합병법인의 자산을 장부가액으로 승계할 것
3. 피합병법인의 주주·사원 또는 출자자가 합병법인으로부터 받은 주식 또는 출자지분이 합병법인의 합병등기일 현재 발행주식총수 또는 출자총액의 100분의 3 이상일 것
4. 「법인세법」 제45조제1항제3호에 해당할 것
제46조의7【전략적 제휴를 위한 비상장 주식교환등에 대한 과세특례】 ① 「자본시장과 금융투자업에 관한 법

률」에 따른 주권상장법인(코넥스상장기업이 아닌 경우만 해당한다)을 제외한 벤처기업(대통령령으로 정하는 매출액 대비 연구·인력개발비 투자 비중이 5퍼센트 이상인 중소기업 및 대통령령으로 정하는 기술우수 중소기업을 포함한다. 이하 이 조에서 "벤처기업등"이라 한다)의 주주(그 법인의 발행주식 총수의 100분의 10 이상을 보유한 주주를 말한다. 이하 이 조에서 같다)가 소유하는 벤처기업등의 주식을 다음 각 호의 요건을 갖추어 2024년 12월 31일 이전에 주식회사인 법인(이하 이 조에서 "제휴법인"이라 한다)이 보유한 자기주식 또는 제휴법인의 주주(발행주식 총수의 100분의 10 이상을 보유한 주주를 말한다. 이하 이 조에서 같다)의 주식과 교환하거나 제휴법인에 현물출자하고 그 제휴법인으로부터 출자가액에 상당하는 주식을 새로 받음으로써 발생하는 양도차익에 대해서는 대통령령으로 정하는 바에 따라 그 주주가 주식교환 또는 현물출자(이하 이 조에서 "주식교환등"이라 한다)로 인하여 취득한 제휴법인의 주식을 처분할 때까지 양도소득세의 과세를 이연받을 수 있다.(2021.12.28 본문개정)

1. 대통령령으로 정하는 바에 따라 벤처기업등과 제휴법인 간의 전략적 제휴계획을 추진하고 그 계획에 따라 주식교환등이 이루어질 것
2. 벤처기업등의 주주 1인과 대통령령으로 정하는 특수관계인이 제휴법인의 대통령령으로 정하는 최대주주와 대통령령으로 정하는 특수관계에 있지 않을 것
3. 벤처기업등의 주주가 주식교환등으로 인하여 취득한 주식과 제휴법인 또는 제휴법인의 주주가 주식교환등으로 취득한 주식을 각각 1년 이상 보유하도록 하는 계약을 벤처기업등과 제휴법인 간에 체결할 것

② 제1항에 따라 양도소득세의 과세를 이연받은 벤처기업등의 주주는 제1항제3호의 계약을 위반하는 사유가 발생하면 대통령령으로 정하는 바에 따라 그 이연받은 양도소득세를 납부하여야 한다.
③ 제1항에 따라 양도소득세의 과세를 이연받으려는 자는 대통령령으로 정하는 바에 따라 신청하여야 한다.
(2014.1.1 본조신설)

제46조의8【주식매각 후 벤처기업등 재투자에 대한 과세특례】 ① 벤처기업 또는 벤처기업이었던 기업이 벤처기업에 해당하지 아니하게 된 이후 7년 이내 기업(이하 이 조에서 "매각대상기업"이라 한다)의 주주로서 대통령령으로 정하는 주주가 2026년 12월 31일 이전에 그가 보유한 매각대상기업의 주식 중 대통령령으로 정하는 일정비율 이상을 대통령령으로 정하는 특수관계인 외의 자에게 양도하고 그 양도대금 중 100분의 50 이상을 다음 각 호의 요건을 갖추어 출자 또는 투자(이하 "재투자"라 한다)를 한 경우에는 그 재투자에 사용된 금액에 대해서는 대통령령으로 정하는 바에 따라 재투자로 취득한 주식 또는 출자지분을 처분(재투자 대상기업이 사업을 폐지하는 경우 등을 포함한다)할 때까지 양도소득세의 과세를 이연받을 수 있다. 다만, 타인의 출자지분이나 투자지분 또는 수익증권을 양수하는 방법으로 재투자하는 경우 또는 재투자로 취득한 주식 또는 출자지분을 처분한 후 다시 재투자 하는 경우에는 그러하지 아니하다.(2023.12.31 본문개정)

1. 제1항에 따라 주식을 양도한 날부터 대통령령으로 정하는 기간 내에 다음 각 목의 어느 하나에 해당하는 재투자를 할 것
   가. 벤처투자조합, 신기술사업투자조합 또는 전문투자조합에 출자하는 경우(2020.2.11 본목개정)
   나. 대통령령으로 정하는 벤처기업투자신탁(이하 이 조에서 "벤처기업투자신탁"이라 한다)의 수익증권에 투자하는 경우
   다. 「벤처투자 촉진에 관한 법률」 제12조에 따른 조합에 출자한 금액을 대통령령으로 정하는 바에 따라

벤처기업 또는 이에 준하는 창업후 3년이내 중소기업으로서 대통령령으로 정하는 기업(이하 이 조에서 "벤처기업등"이라 한다)에 투자하는 경우
   (2020.2.11 본목개정)
   라. 벤처기업등에 투자하는 경우
2. 매각대상기업의 주주 1인과 대통령령으로 정하는 특수관계인이 제1호다목 및 라목의 벤처기업등의 대통령령으로 정하는 최대주주와 대통령령으로 정하는 특수관계에 있지 아니할 것
3. 재투자로 취득한 주식 또는 출자지분을 3년 이상 보유할 것

② 제1항에 따라 양도소득세의 과세를 이연받으려는 자는 예정신고 기간 내에 대통령령으로 정하는 바에 따라 신청하여야 한다.
③ 제1항에 따라 양도소득세의 과세를 이연받은 자는 제1항제1호 또는 제3호를 위반하는 사유가 발생하면 대통령령으로 정하는 바에 따라 그 이연받은 양도소득세를 납부하여야 하며, 제1항제1호를 위반하는 경우 예정신고 기간 내에 신고는 했으나 양도소득세는 납부하지 아니한 것으로 간주하여 납부할 세액을 계산하되 대통령령으로 정하는 사유로 재투자를 하지 않은 경우는 제외한다.
(2016.12.20 본조제목개정)
(2014.1.1 본조신설)

제47조~제47조의2 (2008.12.26 삭제)

제47조의3【벤처기업의 합병 시 이월결손금의 승계에 대한 과세특례】 법인(벤처기업을 포함한다)이 2012년 12월 31일까지 벤처기업을 합병하는 경우로서 「법인세법」 제44조제2항 각 호의 요건(이 경우 같은 항 제1호를 적용할 때 벤처기업이 연구·개발 등 사업을 하기 위하여 자산을 취득하거나 비용을 지출한 때부터 1년이 지난 경우에는 1년 이상 계속하여 사업을 한 것으로 본다)을 갖춘 경우에는 합병등기일 현재 피합병법인의 「법인세법」 제13조제1항제1호에 따른 결손금은 대통령령으로 정하는 금액의 범위에서 같은 법 제45조에 따라 합병법인의 각 사업연도의 과세표준을 계산할 때 공제할 수 있다.(2018.12.24 본조개정)

제6절 금융기관 구조조정을 위한 조세특례
(2010.1.1 본절제목개정)

제47조의4【합병에 따른 중복자산의 양도에 대한 과세특례】 ① 제약업 등 대통령령으로 정하는 업종을 경영하는 내국법인 간에 2021년 12월 31일까지 합병(분할합병을 포함하며, 같은 업종 간의 합병으로 한정한다)함으로써 중복자산이 발생한 경우로서 합병법인이 합병등기일부터 1년 이내에 그 중복자산을 양도하는 경우 그 중복자산을 양도함에 따라 발생하는 양도차익(그 중복자산에 대한 합병평가차익 및 분할평가차익을 포함한다)에 대해서는 대통령령으로 정하는 바에 따라 계산한 금액을 해당 사업연도의 소득금액을 계산할 때 익금에 산입하지 아니할 수 있다. 이 경우 해당 금액은 양도일이 속하는 사업연도의 종료일 이후 3년이 되는 날이 속하는 사업연도부터 3개 사업연도의 기간 동안 균분한 금액 이상을 익금에 산입하여야 한다.
(2018.12.24 전단개정)
② 제1항을 적용받은 내국법인이 합병등기일부터 3년 이내에 해당 사업을 폐업하거나 해산한 경우에는 그 사유가 발생한 날이 속하는 사업연도의 소득금액을 계산할 때 대통령령으로 정하는 바에 따라 계산한 금액을 익금에 산입한다. 이 경우 익금에 산입한 금액에 대해서는 제33조제3항 후단을 준용한다.
③ 제1항을 적용하는 경우 중복자산의 범위, 양도차익 명세서의 제출, 그 밖에 필요한 사항은 대통령령으로 정한다.
(2016.12.20 본조개정)

제48조 【구조개선적립금에 대한 과세특례】 ① 「상호저축은행법」 제25조에 따른 상호저축은행중앙회(이하 이 조에서 "상호저축은행중앙회"라 한다)가 2013년 6월 30일이 속하는 사업연도까지 부실상호저축은행의 인수(「금융산업의 구조개선에 관한 법률」 제2조제4호에 따른 인수를 말한다)·증자 등 상호저축은행의 구조개선사업(이하 이 조에서 "구조개선사업"이라 한다)에 사용하기 위하여 대통령령으로 정하는 구조개선적립금(이하 이 조에서 "구조개선적립금"이라 한다)을 적립하는 경우에는 해당 사업연도의 소득금액을 계산할 때 그 적립금 상당액을 손금에 산입한다.
② 상호저축은행중앙회가 구조개선적립금의 운용으로 발생한 이익을 구조개선사업에서 발생한 손실을 보전하기 위하여 2013년 6월 30일이 속하는 사업연도까지 손실보전준비금으로 계상한 경우에는 해당 사업연도의 소득금액을 계산할 때 해당 금액을 손금에 산입한다.
③ 상호저축은행중앙회는 구조개선사업에서 손실이 발생한 경우에는 먼저 계상한 손실보전준비금부터 차례로 상계하여야 한다.
④ 상호저축은행중앙회는 손실보전준비금을 손금에 산입한 사업연도의 종료일 이후 5년이 되는 날이 속하는 사업연도의 종료일까지 제3항에 따라 상계하고 남은 준비금의 잔액이 있으면 그 금액을 5년이 되는 날이 속하는 사업연도의 소득금액을 계산할 때 익금에 산입한다.
⑤ 상호저축은행중앙회는 다음 각 호의 어느 하나에 해당하는 사유가 발생한 경우에는 제1항 및 제2항에 따라 손금에 산입한 금액을 대통령령으로 정하는 방법으로 익금에 산입하여야 한다.
1. 구조개선적립금을 폐지한 경우
2. 구조개선적립금의 일부를 구조개선적립금 회계에서 상호저축은행중앙회의 다른 회계로 이전한 경우
3. 상호저축은행중앙회가 해산한 경우
⑥ 상호저축은행중앙회가 제1항과 제2항을 적용받으려는 경우에는 손실보전준비금에 관한 명세서를 납세지 관할세무서장에게 제출하여야 한다.
⑦ 상호저축은행중앙회가 구조개선적립금을 적립하는 경우에는 「법인세법」 제113조에 따라 구조개선적립금 회계를 상호저축은행중앙회의 다른 회계와 구분경리하여야 한다.
⑧ 제1항·제2항 및 제6항을 적용할 때 손실보전준비금에 관한 명세서의 제출, 그밖에 필요한 사항은 대통령령으로 정한다.
(2010.1.1 본조개정)
제49조 (2008.12.26 삭제)
제50조~제51조 (2001.12.29 삭제)
제52조 【금융기관의 자산·부채 인수에 대한 법인세 과세특례】 「금융산업의 구조개선에 관한 법률」 제10조에 따른 적기시정조치(이하 제117조에서 "적기시정조치"라 한다) 중 계약이전에 관한 명령 또는 같은 법 제14조제2항에 따른 계약이전의 결정(이하 제117조에서 "계약이전결정"이라 한다)에 따라 같은 법 제2조제1호에 따른 금융기관(이하 이 조에서 "인수금융기관"이라 한다)이 2026년 12월 31일까지 같은 법 제2조제3호에 따른 부실금융기관(이하 "부실금융기관"이라 한다)으로부터 자산의 가액을 초과하는 부채를 이전받은 경우로서 다음 각 호의 요건을 갖춘 경우에는 이전받은 부채의 가액 중 이전받은 자산의 가액을 초과하는 금액(이하 이 조에서 "순부채액"이라 한다)을 해당 사업연도의 소득금액을 계산할 때 손금에 산입한다.
(2023.12.31 본문개정)
1. 인수금융기관이 「예금자보호법」 제3조에 따른 예금보험공사(이하 "예금보험공사"라 한다)로부터 순부채액에 상당하는 금액을 보전(補塡)받을 것

2. 인수금융기관이 이전받은 자산과 부채의 가액이 금융감독원장이 확인한 가액일 것
(2010.1.1 본조개정)
제52조의2 (2008.12.26 삭제)
제53조 (1999.12.28 삭제)
제54조~제55조 (2008.12.26 삭제)
제55조의2 【자기관리 부동산투자회사 등에 대한 과세특례】 ①~② (2006.12.30 삭제)
③ (2001.12.29 삭제)
④ 「부동산투자회사법」 제2조제1호가목에 따른 자기관리 부동산투자회사(이하 이 조에서 "자기관리 부동산투자회사"라 한다)가 2009년 12월 31일 이전에 대통령령으로 정하는 규모 이하의 주택(이하 "국민주택"이라 한다)을 신축하거나 취득 당시 입주된 사실이 없는 국민주택을 매입하여 임대업을 경영하는 경우에는 그 임대업으로부터 최초로 소득이 발생한 사업연도(임대사업 개시일부터 5년이 되는 날이 속하는 사업연도까지 그 사업에서 소득이 발생하지 아니하는 경우에는 5년이 되는 날이 속하는 사업연도)와 그 다음 사업연도 개시일부터 5년 이내에 끝나는 사업연도까지 국민주택을 임대함으로써 발생한 소득금액의 100분의 50에 상당하는 금액을 각 사업연도의 소득금액에서 공제한다.
(2015.12.15 본항개정)
⑤ 자기관리 부동산투자회사가 2021년 12월 31일 이전에 다음 각 호의 어느 하나에 해당하는 주택을 신축하거나 취득 당시 입주된 사실이 없는 다음 각 호의 어느 하나에 해당하는 주택을 매입하여 임대업을 경영하는 경우에는 그 임대업으로부터 최초로 소득이 발생한 사업연도(임대사업 개시일부터 5년이 되는 날이 속하는 사업연도까지 그 사업에서 소득이 발생하지 아니하는 경우에는 5년이 되는 날이 속하는 사업연도)와 그 다음 사업연도 개시일부터 8년(제2호에 해당하는 주택의 경우에는 5년) 이내에 끝나는 사업연도까지 해당 주택을 임대함으로써 발생한 소득금액의 100분의 100에 상당하는 금액을 각 사업연도의 소득금액에서 공제한다.
(2018.12.24 본문개정)
1. 「민간임대주택에 관한 특별법」 제2조제4호에 따른 공공지원민간임대주택 또는 같은 법 제2조제5호에 따른 장기일반민간임대주택으로서 대통령령으로 정하는 규모 이하의 주택(2018.1.16 본호개정)
2. 제1호에 해당하지 아니하는 주택으로서 대통령령으로 정하는 규모 이하의 주택(2015.12.15 본호신설)
⑥ 제4항 및 제5항을 적용받으려는 자기관리 부동산투자회사가 소득공제를 적용받는 사업과 그 밖의 사업을 겸영하는 경우에는 「법인세법」 제113조에 따라 구분하여 경리하여야 한다.(2015.12.15 본항개정)
⑦ 제4항 및 제5항을 적용하는 경우 소득공제금액의 계산, 소득공제의 신청 등에 관하여 필요한 사항은 대통령령으로 정한다.(2011.7.25 본항개정)
(2015.12.15 본조제목개정)
제56조 (2001.12.29 삭제)
제57조 【증권시장안정기금 등에 출자함으로써 발생하는 손익의 귀속사업연도】 법인이 상장유가증권 투자 등을 통한 증권시장 또는 투자신탁시장의 안정을 목적으로 설립된 조합으로서 대통령령으로 정하는 조합에 2004년 12월 31일까지 출자함으로써 발생하는 손익의 귀속사업연도는 「법인세법」 제40조에도 불구하고 그 조합으로부터 그 손익을 실제로 배분받는 날이 속하는 사업연도로 한다.(2010.1.1 본조개정)

제7절 지역 간의 균형발전을 위한 조세특례 (2010.1.1 본절개정)

제58조 【고향사랑 기부금에 대한 세액공제 등】 ① 거주자가 「고향사랑 기부금에 관한 법률」에 따라 고향사

랑 기부금을 지방자치단체에 기부한 경우 다음 각 호의 계산식에 따라 계산한 금액을 이를 지출한 해당 과세연도의 종합소득산출세액에서 공제한다. 다만, 사업자인 거주자의 경우 10만원 이하의 금액에 대해서는 제1호를 따르되, 10만원을 초과하는 금액에 대해서는 이월결손금을 뺀 후의 소득금액의 범위에서 손금에 산입한다.
1. 10만원 이하의 금액을 기부한 경우 : 고향사랑 기부금 × 110분의 100
2. 10만원 초과 5백만원 이하의 금액을 기부한 경우 : 10만원 × 110분의 100 + (고향사랑 기부금 − 10만원) × 100분의 15
② 제1항에 따라 세액공제받는 금액은 해당 과세기간의 종합소득산출세액을 한도로 하며, 사업자인 거주자가 필요경비에 산입하는 경우 해당 과세기간의 소득금액에서 「소득세법」 제45조에 따른 이월결손금을 뺀 금액을 한도로 한다.
③ 이 법에 따라 세액공제받거나 필요경비에 산입한 고향사랑 기부금과 제2항의 한도를 초과한 고향사랑 기부금에 대해서는 「소득세법」 제34조제2항 또는 같은 법 제59조의4제4항을 적용하지 아니한다.
(2021.12.28 본조신설)
제59조 (1999.8.31 삭제)
제60조【공장의 대도시 밖 이전에 대한 법인세 과세특례】① (2001.12.29 삭제)
② 다음 각 호의 어느 하나에 해당하는 지역(이하 "대도시"라 한다)에서 공장시설을 갖추고 사업을 하는 내국법인이 대도시에 있는 공장(이하 이 조에서 "지방"이라 한다)으로 이전(수도권 밖에 있는 공장을 수도권으로 이전하는 경우는 제외한다)하기 위하여 해당 공장의 대지와 건물을 2025년 12월 31일까지 양도함으로써 발생하는 양도차익에 대해서는 해당 양도차익에서 양도일이 속하는 사업연도의 직전 사업연도 종료일 현재 「법인세법」 제13조제1호에 따른 이월결손금을 뺀 금액의 범위에서 대통령령으로 정하는 바에 따라 계산한 금액을 해당 사업연도의 소득금액을 계산할 때 익금에 산입하지 아니할 수 있다. 이 경우 해당 금액은 양도일이 속하는 사업연도 종료일 이후 5년이 되는 날이 속하는 사업연도부터 5개 사업연도의 기간 동안 균분한 금액 이상을 익금에 산입하여야 한다.
(2022.12.31 전단개정)
1. 수도권과밀억제권역
2. 수도권과밀억제권역 외의 지역으로서 대통령령으로 정하는 지역. 다만, 해당 지역에 위치한 「산업입지 및 개발에 관한 법률」에 따른 산업단지(이하 이 조에서 "산업단지"라 한다)는 제외한다.
(2022.12.31 1호~2호신설)
③ 제2항을 적용받으려는 내국법인은 대통령령으로 정하는 분류를 기준으로 이전 전의 공장에서 영위하던 업종과 이전 후의 공장에서 영위하는 업종이 같아야 한다.
(2011.12.31 본항신설)
④ 제2항을 적용받는 내국법인이 해당 익금불산입액 전액을 익금에 산입하기 전에 지방 공장을 취득하여 사업을 개시하지 아니하거나 사업을 폐업 또는 해산하는 경우 등 대통령령으로 정하는 사유가 있는 경우에는 그 사유가 발생한 날이 속하는 사업연도의 소득금액을 계산할 때 익금에 산입하지 아니한 금액 중 대통령령으로 정하는 바에 따라 계산한 금액을 익금에 산입한다. 이 경우 익금에 산입한 금액(합병 또는 분할 및 분할합병에 의하여 사업을 폐업하거나 해산함으로써 익금에 산입한 금액은 제외한다)에 대해서는 제33조제3항 후단을 준용한다.(2019.12.31 전단개정)
⑤ 제2항제2호 단서에도 불구하고 「산업입지 및 개발에 관한 법률」에 따라 산업단지로 지정되기 전부터 해당 지역에서 공장시설을 갖추고 사업을 하는 내국법인이

그 공장을 지방으로 이전하기 위하여 해당 공장의 대지와 건물을 양도하는 경우에는 해당 지역을 대도시로 보아 제2항을 적용한다.(2022.12.31 본항신설)
⑥ 제2항을 적용받으려는 내국법인은 대통령령으로 정하는 바에 따라 토지 또는 건물(이하 "토지등"이라 한다)의 양도차익에 관한 명세서 등을 납세지 관할 세무서장에게 제출하여야 한다.
제61조【법인 본사를 수도권과밀억제권역 밖으로 이전하는 데 따른 양도차익에 대한 법인세 과세특례】①~② (2001.12.29 삭제)
③ 수도권과밀억제권역에 본점이나 주사무소를 둔 내국법인이 본점이나 주사무소를 수도권과밀억제권역 밖으로 이전하기 위하여 해당 본점 또는 주사무소의 대지와 건물을 2025년 12월 31일까지 양도하여 발생한 양도차익은 해당 양도차익에서 양도일이 속하는 사업연도의 직전 사업연도 종료일 현재 「법인세법」 제13조제1항제1호에 따른 이월결손금을 뺀 금액의 범위에서 대통령령으로 정하는 바에 따라 계산한 금액을 해당 사업연도의 소득금액을 계산할 때 익금에 산입하지 아니할 수 있다. 이 경우 해당 금액은 양도일이 속하는 사업연도 종료일 이후 5년이 되는 날이 속하는 사업연도부터 5개 사업연도의 기간 동안 균분한 금액 이상을 익금에 산입하여야 한다.(2022.12.31 전단개정)
④ 제3항을 적용받으려는 내국법인은 대통령령으로 정하는 분류를 기준으로 이전 전의 본점 또는 주사무소에서 영위하던 업종과 이전 후의 본점 또는 주사무소에서 영위하는 업종이 같아야 한다.(2014.12.23 본항신설)
⑤ 제3항을 적용받은 내국법인이 해당 익금불산입액 전액을 익금에 산입하기 전에 다음 각 호의 어느 하나에 해당하는 경우에는 그 사유가 발생한 날이 속하는 사업연도의 소득금액을 계산할 때 익금에 산입하지 아니한 금액 중 대통령령으로 정하는 바에 따라 계산한 금액을 익금에 산입한다. 이 경우 익금에 산입한 금액(합병 또는 분할 및 분할합병에 의하여 사업을 폐업하거나 해산함으로써 익금에 산입한 금액은 제외한다)에 대해서는 제33조제3항 후단을 준용한다.(2014.12.23 전단개정)
1. 대통령령으로 정하는 바에 따라 본점 또는 주사무소를 수도권과밀억제권역 밖으로 이전한 경우에 해당하지 아니하는 경우
2. 수도권과밀억제권역에 대통령령으로 정하는 기준 이상의 사무소를 둔 경우
3. 수도권과밀억제권역의 본점 또는 주사무소의 대지와 건물을 처분한 대금을 대통령령으로 정하는 용도 외에 사용한 경우
4. 해당 사업을 폐업하거나 법인이 해산한 경우
⑥ 제3항을 적용받으려는 내국법인은 대통령령으로 정하는 바에 따라 토지등 양도차익 명세서 등을 납세지 관할 세무서장에게 제출하여야 한다.
제62조【공공기관이 혁신도시 등으로 이전하는 경우 법인세 등 감면】① 「혁신도시 조성 및 발전에 관한 특별법」 제2조제2호에 따른 이전공공기관(이하 이 조에서 "이전공공기관"이라 한다)이 본점 또는 주사무소(이하 이 조에서 "본사"라 한다)를 같은 법 제2조제3호에 따른 혁신도시(이하 이 조에서 "혁신도시"라 한다) 또는 「세종특별자치시 설치 등에 관한 특별법」에 따른 세종특별자치시(이하 이 조에서 "세종시"라 한다)로 이전하기 위하여 「혁신도시 조성 및 발전에 관한 특별법」 제2조제6호의 종전부동산으로서 대통령령으로 정하는 부동산(이하 이 조에서 "종전부동산"이라 한다)을 2026년 12월 31일까지 양도함으로써 발생하는 양도차익에 대해서는 해당 양도차익에서 양도일이 속하는 사업연도의 직전 사업연도 종료일 현재 「법인세법」 제13조제1항제1호에 따른 이월결손금을 뺀 금액의 범위에서 대통령령

으로 정하는 바에 따라 계산한 금액을 해당 사업연도의 소득금액을 계산할 때 익금에 산입하지 아니할 수 있다. 이 경우 해당 금액은 양도일이 속하는 사업연도 종료일 이후 5년이 되는 날이 속하는 사업연도부터 5개 사업연도의 기간 동안 균분한 금액 이상을 익금에 산입하여야 한다.(2023.12.31 전단개정)

② 제1항을 적용받는 내국법인에 대하여는 대통령령으로 정하는 바에 따라 제61조제5항을 준용한다. 이 경우 "수도권과밀억제권역 밖"은 "혁신도시 또는 세종시"로 보고, "수도권과밀억제권역"은 "수도권"으로 보며, "수도권과밀억제권역의 본점 또는 주사무소의 대지와 건물"은 "종전부동산"으로 본다.(2014.1.1 후단개정)

③ 제1항을 적용받으려는 내국법인은 대통령령으로 정하는 바에 따라 토지등 양도차익 명세서 등을 납세지 관할 세무서장에게 제출하여야 한다.

④ 「수도권정비계획법」 제6조제1항제2호에 따른 성장관리권역(이하 이 조에서 "성장관리권역"이라 한다)에 본사가 소재하는 이전공공기관이 2018년 12월 31일까지 혁신도시로 본사를 이전하는 경우, 이전공공기관은 과세연도별로 제1호의 금액에 제3호의 비율을 곱하여 산출한 금액에 상당하는 소득에 대하여 이전일 이후 이전공공기관에서 최초로 소득이 발생한 과세연도(이전일부터 5년이 되는 날이 속하는 과세연도까지 소득이 발생하지 아니한 경우에는 이전일부터 5년이 되는 날이 속하는 과세연도)와 그 다음 과세연도의 개시일부터 2년 이내에 끝나는 과세연도까지는 법인세의 전액을, 그 다음 2년 이내에 끝나는 과세연도에는 법인세의 100분의 50에 상당하는 세액을 감면한다.(2017.12.19 본문개정)

1. 해당 과세연도의 과세표준에서 토지·건물 및 부동산을 취득할 수 있는 권리의 양도차익 및 대통령령으로 정하는 소득을 뺀 금액

2. (2017.12.19 삭제)

3. 해당 과세연도의 혁신도시로 이전한 본사(이하 이 조에서 "이전본사"라 한다) 근무인원이 법인 전체 근무인원에서 차지하는 비율(2017.12.19 본호개정)

⑤ 제4항을 적용할 때 이전본사 근무인원이란 이전본사에서 본사 업무에 종사하는 상시 근무인원의 연평균 인원(매월 말 현재의 인원을 합하고 이를 해당 개월 수로 나누어 계산한 인원을 말하며, 이전일부터 소급하여 2년이 되는 날이 속하는 과세연도 이후 수도권 밖의 지역에서 본사 업무에 종사하는 근무인원이 이전본사로 이전한 근무인원은 제외한다)에서 이전일부터 소급하여 3년이 되는 날이 속하는 과세연도에 이전본사에서 본사 업무에 종사하던 상시 근무인원의 연평균 인원을 빼고 계산한 인원을 말하며, 법인 전체 근무인원이란 법인 전체의 상시 근무인원의 연평균 인원을 말한다.(2014.12.23 본항개정)

⑥ 제4항을 적용할 때 법인세 감면기간에 대통령령으로 정하는 임원(이하 이 조에서 "임원"이라 한다) 중 이전본사 근무 임원 수가 수도권의 본사 임원과 이전본사 근무 임원의 합계 인원에서 차지하는 비율이 100분의 50에 미달하게 되는 경우 해당 과세연도부터 제4항에 따른 법인세 감면을 받을 수 없다.

⑦ 제4항에 따라 법인세를 감면받은 이전공공기관이 다음 각 호의 어느 하나에 해당하는 경우에는 그 사유가 발생한 과세연도의 과세표준신고를 할 때 대통령령으로 정하는 바에 따라 계산한 세액을 법인세로 납부하여야 한다.

1. 본사를 혁신도시로 이전하여 사업을 개시한 날부터 3년 이내에 그 사업을 폐업하거나 법인이 해산한 경우

2. 본사를 혁신도시로 이전하여 사업을 개시하지 아니한 경우 등 대통령령으로 정하는 경우

3. 수도권에 대통령령으로 정하는 기준 이상의 사무소를 둔 경우

4. 임원 중 이전본사 근무 임원 수가 수도권의 본사 근무 임원과 이전본사 근무 임원의 합계 인원에서 차지하는 비율이 100분의 50에 미달하게 되는 경우

⑧ 제4항에 따라 감면받은 법인세를 제7항에 따라 납부하는 경우에는 제63조제3항의 이자상당 가산액에 관한 규정을 준용한다.(2020.12.29 본항개정)

⑨ 제4항부터 제6항까지를 적용하는 경우 기간 계산의 방법, 급여의 범위, 세액감면신청, 그 밖의 필요한 사항은 대통령령으로 정한다.

(2014.12.23 본조제목개정)

(2011.12.31 본조신설)

제63조【수도권 밖으로 공장을 이전하는 기업에 대한 세액감면 등】 ① 제1호 각 목의 요건을 모두 갖춘 내국인(이하 이 조에서 "공장이전기업"이라 한다)이 공장을 이전하여 2025년 12월 31일(공장을 신축하는 경우로서 공장의 부지를 2025년 12월 31일까지 보유하고 2025년 12월 31일이 속하는 과세연도의 과세표준 신고를 할 때 이전계획서를 제출하는 경우에는 2028년 12월 31일)까지 사업을 개시하는 경우에는 이전 후의 공장에서 발생하는 소득(공장이전기업이 이전 후 합병·분할·현물출자 또는 사업의 양수를 통하여 사업을 승계하는 경우 승계한 사업장에서 발생한 소득은 제외한다)에 대하여 제2호의 구분에 따라 소득세 또는 법인세를 감면한다. 다만, 대통령령으로 정하는 부동산업, 건설업, 소비성서비스업, 무점포판매업 및 해운중개업을 경영하는 내국인인 경우에는 그러하지 아니하다.(2022.12.31 본문개정)

1. 세액감면 요건

가. 수도권과밀억제권역에 3년(중소기업은 2년) 이상 계속하여 공장시설을 갖추고 사업을 한 기업일 것

나. 공장시설의 전부를 수도권(중소기업은 수도권과밀억제권역) 밖으로 대통령령으로 정하는 바에 따라 이전할 것

다. 다음의 어느 하나에 해당하는 경우 다음의 구분에 따른 요건을 갖출 것

1) 중소기업이 공장시설을 수도권 안(수도권과밀억제권역은 제외한다)으로 이전하는 경우로서 본점이나 주사무소(이하 이 조 및 제63조의2에서 "본사"라 한다)가 수도권과밀억제권역에 있는 경우 : 해당 본사도 공장시설과 함께 이전할 것

2) 중소기업이 아닌 기업이 광역시로 이전하는 경우 : 「산업입지 및 개발에 관한 법률」 제2조제8호에 따른 산업단지로 이전할 것

2. 감면기간 및 감면세액

가. 공장 이전일 이후 해당 공장에서 최초로 소득이 발생한 과세연도(공장 이전일부터 5년이 되는 날이 속하는 과세연도까지 소득이 발생하지 아니한 경우에는 이전일부터 5년이 되는 날이 속하는 과세연도)의 개시일부터 다음의 구분에 따른 기간 이내에 끝나는 과세연도 : 소득세 또는 법인세의 100분의 100에 상당하는 세액(2022.12.31 본문개정)

1) 수도권 등 대통령령으로 정하는 지역으로 이전하는 경우 : 5년

2) 수도권 밖에 소재하는 광역시 등 대통령령으로 정하는 지역으로 이전하는 경우

가) 위기지역, 「지방자치분권 및 지역균형발전에 관한 특별법」에 따른 성장촉진지역 또는 인구감소지역(이하 이 조 및 제63조의2에서 "성장촉진지역등"이라 한다)으로 이전하는 경우 : 7년 (2023.6.9 개정)

나) 가)에 따른 지역 외의 지역으로 이전하는 경우 : 5년

3) 1) 또는 2)에 따른 지역 외의 지역으로 이전하는 경우

가) 성장촉진지역등으로 이전하는 경우 : 10년

나) 가)에 따른 지역 외의 지역으로 이전하는 경우 : 7년

(2022.12.31 1)~3)신설)

나. 가목에 따른 과세연도의 다음 2년[가목2)가) 또는 같은 목 3)나)에 해당하는 경우에는 3년] 이내에 끝나는 과세연도 : 소득세 또는 법인세의 100분의 50에 상당하는 세액(2022.12.31 본목개정)

② 제1항에 따라 감면을 적용받은 공장이전기업이 다음 각 호의 어느 하나에 해당하는 경우에는 그 사유가 발생한 과세연도의 과세표준신고를 할 때 대통령령으로 정하는 바에 따라 계산한 세액을 소득세 및 법인세로 납부하여야 한다.

1. 공장을 이전하여 사업을 개시한 날부터 3년 이내에 그 사업을 폐업하거나 법인이 해산한 경우. 다만, 합병·분할 또는 분할합병으로 인한 경우에는 그러하지 아니하다.

2. 대통령령으로 정하는 바에 따라 공장을 수도권(중소기업은 수도권과밀억제권역) 밖으로 이전하여 사업을 개시하지 아니한 경우

3. 수도권(중소기업은 수도권과밀억제권역)에 제1항에 따라 이전한 공장에서 생산하는 제품과 같은 제품을 생산하는 공장(중소기업이 수도권 안으로 이전한 경우에는 공장 또는 본사)을 설치한 경우

③ 제1항에 따라 감면받은 소득세액 또는 법인세액을 제2항에 따라 납부하는 경우에는 대통령령으로 정하는 바에 따라 계산한 이자상당가산액을 소득세 또는 법인세에 가산하여 납부하여야 하며, 해당 세액은 「소득세법」 제76조 또는 「법인세법」 제64조에 따라 납부하여야 할 세액으로 본다.

④ 공장이전기업 중 법인(이하 이 조에서 "공장이전법인"이라 한다)이 공장을 수도권 밖으로 이전한 경우에는 수도권과밀억제권역에 있는 공장을 양도함으로써 발생하는 양도차익에 대한 법인세에 관하여는 제60조제2항·제4항 및 제6항을 준용한다.

⑤ 공장을 수도권 밖으로 이전한 공장이전법인이 소유(합병·분할 또는 분할합병으로 소유권이 이전된 경우를 포함한다)하는 이전 전 공장용 건축물의 부속토지로서 공장 이전일 현재 「지방세법」 제106조제1항제3호가목이 적용되는 토지는 공장을 전부 이전한 날부터 5년간 「지방세법」 제106조제1항제3호가목을 적용하는 토지로 본다. 다만, 공장을 이전하여 사업을 개시한 후 그 사업을 폐업한 이후에는 그러하지 아니하다.

⑥ 제5항에 따라 이전한 날부터 5년 이전 전 공장용 건축물의 부속토지에 대하여 「지방세법」 제106조제1항제3호가목을 적용받은 공장이전법인이 제2항제1호부터 제3호까지의 규정 중 어느 하나에 해당하는 경우에는 대통령령으로 정하는 바에 따라 재산세액 및 종합부동산세액과 이자상당가산액을 추징한다.

⑦ 제1항, 제4항 또는 제5항을 적용받으려는 공장이전기업은 대통령령으로 정하는 분류를 기준으로 이전 전의 공장에서 영위하던 업종과 이전 후의 공장에서 영위하는 업종이 같아야 한다.

⑧ 제1항에 따라 감면을 적용받은 중소기업이 수도권 안으로 이전한 경우로서 「중소기업기본법」에 따른 중소기업이 아닌 기업과 합병하는 등 대통령령으로 정하는 사유에 따라 중소기업에 해당하지 아니하게 된 경우에는 해당 사유 발생일이 속하는 과세연도부터 감면하지 아니한다.

⑨ 제1항부터 제8항까지의 규정을 적용할 때 기간 계산의 방법, 세액감면신청, 그 밖에 필요한 사항은 대통령령으로 정한다.

(2020.12.29 본조개정)

제63조의2【수도권 밖으로 본사를 이전하는 법인에 대한 세액감면 등】 ① 제1호 각 목의 요건을 모두 갖추

어 본사를 이전하여 2025년 12월 31일(본사를 신축하는 경우로서 본사의 부지를 2025년 12월 31일까지 보유하고 2025년 12월 31일이 속하는 과세연도의 과세표준신고를 할 때 이전계획서를 제출하는 경우에는 2028년 12월 31일)까지 사업을 개시하는 법인(이하 이 조에서 "본사이전법인"이라 한다)은 제2호에 따른 감면대상소득(이전 후 합병·분할·현물출자 또는 사업의 양수를 통하여 사업을 승계하는 경우 승계한 사업장에서 발생한 소득은 제외한다)에 대하여 제3호의 구분에 따라 법인세를 감면한다. 다만, 대통령령으로 정하는 부동산업, 건설업, 소비성서비스업, 무점포판매업 및 해운중개업을 경영하는 법인인 경우에는 그러하지 아니하다. (2022.12.31 본문개정)

1. 세액감면 요건

가. 수도권과밀억제권역에 3년 이상 계속하여 본사를 둔 법인일 것

나. 본사를 수도권 밖으로 대통령령으로 정하는 바에 따라 이전할 것

다. 수도권 밖으로 이전한 본사(이하 이 조에서 "이전본사"라 한다)에 대한 투자금액 및 이전본사의 근무인원이 지역경제에 미치는 영향 등을 고려하여 대통령령으로 정하는 기준을 충족할 것(2021.12.28 본목신설)

2. 감면대상소득 : 가목의 금액에 나목의 비율과 다목의 비율을 곱하여 산출한 금액에 상당하는 금액

가. 해당 과세연도의 과세표준에서 토지·건물 및 부동산을 취득할 수 있는 권리의 양도차익 및 대통령령으로 정하는 소득을 뺀 금액

나. 해당 과세연도의 이전본사의 근무인원이 법인전체 근무인원에서 차지하는 비율(2021.12.28 본목개정)

다. 해당 과세연도의 전체 매출액에서 대통령령으로 정하는 위탁가공무역에서 발생하는 매출액을 뺀 금액이 해당 과세연도의 전체 매출액에서 차지하는 비율

3. 감면기간 및 감면세액

가. 본사 이전일 이후 본사이전법인에서 최초로 소득이 발생한 과세연도(본사 이전일부터 5년이 되는 날이 속하는 과세연도까지 소득이 발생하지 아니한 경우에는 이전일부터 5년이 되는 날이 속하는 과세연도)의 개시일부터 다음의 구분에 따른 기간 이내에 끝나는 과세연도 : 감면대상소득에 대한 법인세의 100분의 100에 상당하는 세액(2022.12.31 본문개정)

1) 제63조제1항제2호가목1)에 따른 지역으로서 수도권 밖의 지역으로 이전하는 경우 : 5년

2) 제63조제1항제2호가목2)에 따른 지역으로 이전하는 경우

가) 성장촉진지역등으로 이전하는 경우 : 7년

나) 가)에 따른 지역 외의 지역으로 이전하는 경우 : 5년

3) 1) 또는 2)에 따른 지역 외의 지역으로서 수도권 밖의 지역으로 이전하는 경우

가) 성장촉진지역등으로 이전하는 경우 : 10년

나) 가)에 따른 지역 외의 지역으로 이전하는 경우 : 7년

(2022.12.31 1)~3)신설)

나. 가목에 따른 과세연도의 다음 2년[가목2)가) 또는 같은 목 3)나)에 해당하는 경우에는 3년] 이내에 끝나는 과세연도 : 감면대상소득에 대한 법인세의 100분의 50에 상당하는 세액(2022.12.31 본목개정)

② 제1항에 따라 감면을 적용받는 본사이전법인이 다음 각 호의 어느 하나에 해당하는 경우에는 그 사유가 발생한 과세연도의 과세표준신고를 할 때 대통령령으로 정하는 바에 따라 계산한 세액을 법인세로 납부하여야 한다.

1. 본사를 이전하여 사업을 개시한 날부터 3년 이내에 그 사업을 폐업하거나 법인이 해산한 경우. 다만, 합

병·분할 또는 분할합병으로 인한 경우에는 그러하지 아니하다.
2. 대통령령으로 정하는 바에 따라 본사를 수도권 밖으로 이전하여 사업을 개시하지 아니한 경우
3. 수도권에 본사를 설치하거나 대통령령으로 정하는 기준 이상의 사무소를 둔 경우
4. 제1항에 따른 감면기간에 대통령령으로 정하는 임원 중 이전본사의 근무 임원 수가 수도권 안의 사무소에서 근무하는 임원과 이전본사 근무 임원의 합계 인원에서 차지하는 비율이 100분의 50에 미달하게 된 경우
③ 제1항에 따라 감면받은 법인세액을 제2항에 따라 납부하는 경우에는 제63조제3항의 이자상당가산액에 관한 규정을 준용한다.
④ 본사이전법인이 수도권과밀억제권역에 있는 본사를 양도함으로써 발생한 양도차익에 대한 법인세에 관하여는 제61조제3항·제5항 및 제6항을 준용한다.
⑤ 제1항 및 제4항을 적용받으려는 본사이전법인은 대통령령으로 정하는 분류를 기준으로 이전 전의 본사에서 영위하던 업종과 이전 후의 본사에서 영위하는 업종이 같아야 한다.
⑥ 공장과 본사를 함께 이전하는 경우에는 제1항과 제63조제1항에도 불구하고 제1항에 따른 감면대상소득과 제63조제1항에 따라 이전한 공장에서 발생하는 소득을 합하여 산출한 금액에 상당하는 소득을 감면대상소득으로 한다. 다만, 해당 과세연도의 소득금액을 한도로 한다.
⑦ 제1항부터 제6항까지의 규정을 적용할 때 투자금액·근무인원·기간의 계산방법, 세액감면신청 및 그 밖에 필요한 사항은 대통령령으로 정한다.(2021.12.28 본항개정)
(2020.12.29 본조개정)
제63조의3 (2008.12.26 삭제)
제64조【농공단지 입주기업 등에 대한 세액감면】 ① 다음 각 호의 어느 하나에 해당하는 자에 대해서는 제2항부터 제7항까지의 규정에 따라 해당 사업(이하 이 조에서 "감면대상사업"이라 한다)에서 발생한 소득에 대한 소득세 또는 법인세를 감면한다.
1. 2025년 12월 31일까지「산업입지 및 개발에 관한 법률」에 따른 농공단지 중 대통령령으로 정하는 농공단지에 입주하여 농어촌소득원개발사업을 하는 내국인 (2023.12.31 본호개정)
2. 2025년 12월 31일까지「지역중소기업 육성 및 혁신촉진 등에 관한 법률」제23조에 따른 중소기업특별지원지역으로서 대통령령으로 정하는 지역에 입주하여 사업을 하는 중소기업(2023.12.31 본호개정)
(2021.12.28 본항개정)
② 제1항에 따른 요건을 갖춘 자의 감면대상사업에서 발생한 소득에 대해서는 해당 감면대상사업에서 최초로 소득이 발생한 과세연도(사업개시일부터 5년이 되는 날이 속하는 과세연도까지 해당 감면대상사업에서 소득이 발생하지 아니한 경우에는 5년이 되는 날이 속하는 과세연도)의 개시일부터 5년 이내에 끝나는 과세연도까지 소득세 또는 법인세의 100분의 50에 상당하는 세액을 감면한다.(2018.12.24 본항신설)
③ 제2항이 적용되는 감면기간 동안 감면받는 소득세 또는 법인세의 총합계액은 제1호와 제2호의 금액을 합한 금액을 한도(이하 이 조에서 "감면한도"라 한다)로 한다.
1. 대통령령으로 정하는 투자누계액의 100분의 50
2. 해당 과세연도에 제1항의 적용대상이 되는 사업장(이하 이 조에서 "감면대상사업장"이라 한다)의 상시근로자 수 × 1천5백만원[청년 상시근로자와 대통령령으로 정하는 서비스업(이하 이 조에서 "서비스업"이라 한다)을 하는 감면대상사업장의 상시근로자의 경우에는 2천만원]
(2018.12.24 본항신설)

④ 제2항에 따라 각 과세연도에 감면받을 소득세 또는 법인세에 대하여 감면한도를 적용할 때에는 제3항제1호의 금액을 먼저 적용한 후 같은 항 제2호의 금액을 적용한다.(2018.12.24 본항신설)
⑤ 제3항제2호를 적용받아 소득세 또는 법인세를 감면받은 자가 감면받은 과세연도 종료일부터 2년이 되는 날이 속하는 과세연도 종료일까지의 기간 중 각 과세연도의 감면대상사업장의 상시근로자 수가 감면받은 과세연도의 상시근로자 수보다 감소한 경우에는 대통령령으로 정하는 바에 따라 감면받은 세액에 상당하는 금액을 소득세 또는 법인세로 납부하여야 한다.(2018.12.24 본항신설)
⑥ 제3항 및 제5항을 적용할 때 상시근로자 및 청년 상시근로자의 범위, 상시근로자 수의 계산방법, 그 밖에 필요한 사항은 대통령령으로 정한다.(2018.12.24 본항신설)
⑦ 제2항에 따라 소득세 또는 법인세를 감면받은 자가 다음 각 호의 어느 하나에 해당하는 경우에는 그 사유가 발생한 과세연도의 과세표준신고를 할 때 대통령령으로 정하는 바에 따라 계산한 세액을 소득세 또는 법인세로 납부하여야 한다. 이 경우 제12조의2제8항의 이자상당가산액 등에 관한 규정을 준용한다.
1. 감면대상사업장의 사업을 폐업하거나 법인이 해산한 경우. 다만, 법인의 합병·분할 또는 분할합병으로 인한 경우는 제외한다.
2. 감면대상사업장을 다음 각 목의 어느 하나에 해당하는 곳 외의 지역으로 이전한 경우
가. 제1항제1호에 해당하여 소득세 또는 법인세를 감면받은 자인 경우 : 같은 호에서 정하는 농공단지
나. 제1항제2호에 해당하여 소득세 또는 법인세를 감면받은 자인 경우 : 같은 호에서 정하는 중소기업특별지원지역
(2021.12.28 본항신설)
⑧ 제2항을 적용받으려는 자는 대통령령으로 정하는 바에 따라 세액감면신청을 하여야 한다.
⑨ 제3항제2호에 따라 서비스업에 대한 한도를 적용받는 자는 제143조를 준용하여 서비스업과 그 밖의 사업을 각각 구분하여 경리하여야 한다.(2018.12.24 본항신설)
(2018.12.24 본조개정)
제65조 (2000.12.29 삭제)
제66조【영농조합법인 등에 대한 법인세의 면제 등】 ①「농어업경영체 육성 및 지원에 관한 법률」제4조에 따라 농어업경영정보를 등록한 영농조합법인(이하 "영농조합법인"이라 한다)에 대해서는 2026년 12월 31일 이전에 끝나는 과세연도까지 곡물 및 기타 식량작물재배업에서 발생하는 소득(이하 "식량작물재배업소득"이라 한다) 전액과 식량작물재배업소득 외의 소득 중 대통령령으로 정하는 범위의 금액에 대하여 법인세를 면제한다.(2023.12.31 본항개정)
② 영농조합법인의 조합원이 영농조합법인으로부터 2026년 12월 31일까지 받는 배당소득 중 식량작물재배업소득에서 발생한 배당소득 전액과 식량작물재배업소득 외의 소득에서 발생한 배당소득 중 대통령령으로 정하는 범위의 금액에 대해서는 소득세를 면제한다. 이 경우 식량작물재배업소득에서 발생한 배당소득과 식량작물재배업소득 외의 소득에서 발생한 배당소득의 계산은 대통령령으로 정하는 바에 따른다.(2023.12.31 전단개정)
③ 영농조합법인이 조합원에게 지급하는 배당소득 중 제2항에 따라 소득세가 면제되는 금액을 제외한 배당소득으로서 2026년 12월 31일까지 받는 소득에 대한 소득세의 원천징수세율은「소득세법」제129조에도 불구하고 100분의 5로 하고, 그 배당소득은「소득세법」제14조제2항에 따른 종합소득과세표준에 합산하지 아니한다.(2023.12.31 본항개정)

④ 대통령령으로 정하는 농업인이 2026년 12월 31일 이전에 농지 또는 「초지법」 제5조에 따른 초지조성허가를 받은 초지(이하 "초지"라 한다)를 영농조합법인에 현물출자함으로써 발생하는 소득(현물출자와 관련하여 영농조합법인이 인수한 채무가액에 상당하는 대통령령으로 정하는 소득은 제외한다)에 대해서는 양도소득세의 100분의 100에 상당하는 세액을 감면한다. 다만, 해당 농지 또는 초지가 「국토의 계획 및 이용에 관한 법률」에 따른 주거지역·상업지역 및 공업지역(이하 이 조부터 제69조까지, 제69조의2부터 제69조의4까지 및 제70조에서 "주거지역등"이라 한다)에 편입되거나 「도시개발법」 또는 그 밖의 법률에 따라 환지처분(換地處分) 전에 농지 또는 초지 외의 토지로 환지예정지 지정을 받은 경우에는 주거지역등에 편입되거나, 환지예정지 지정을 받은 날가 발생한 소득으로서 대통령령으로 정하는 소득에 대해서만 양도소득세의 100분의 100에 상당하는 세액을 감면한다.(2023.12.31 본문개정)

⑤ 제4항에 따라 양도소득세를 감면받은 자가 그 출자지분을 출자일부터 3년 이내에 다른 사람에게 양도하는 경우에는 그 양도일이 속하는 과세연도의 과세표준신고를 할 때 대통령령으로 정하는 바에 따라 계산한 세액을 양도소득세로 납부하여야 한다. 다만, 대통령령으로 정하는 경우에는 그러하지 아니하다.
(2014.12.23 본문개정)

⑥ 제4항에 따라 감면받은 양도소득세를 제5항 본문에 따라 납부하는 경우에는 대통령령으로 정하는 바에 따라 계산한 이자 상당액을 가산한다.(2014.12.23 본항개정)

⑦ 대통령령으로 정하는 농업인이 2026년 12월 31일 이전에 영농조합법인에 「농업·농촌 및 식품산업 기본법」 제3조제1호에 따른 농작물재배업·축산업 및 임업에 직접 사용되는 부동산(제4항에 따른 농지 및 초지는 제외한다)을 현물출자하는 경우에는 이월과세를 적용받을 수 있다. (2023.12.31 본항개정)

⑧ 제1항·제2항·제4항 및 제7항을 적용받으려는 자는 대통령령으로 정하는 바에 따라 신청을 하여야 한다.

⑨ 제7항을 적용받은 농업인이 현물출자로 취득한 주식 또는 출자지분의 100분의 50 이상을 출자일부터 3년 이내에 처분하는 경우에는 처분일이 속하는 달의 말일부터 2개월 이내에 제7항에 따른 이월과세액(해당 영농조합법인이 이미 납부한 세액을 제외한 금액을 말한다)을 대통령령으로 정하는 바에 따라 양도소득세로 납부하여야 한다.(2014.12.23 본항개정)

⑩ 제7항에 따른 이월과세액을 제9항에 따라 납부하는 경우 주식 또는 출자지분의 100분의 50 이상을 처분하는 경우의 판단기준 등에 관하여 필요한 사항은 대통령령으로 정하며, 대통령령으로 정하는 바에 따라 계산한 이자상당액을 가산한다.(2014.1.1 본항신설)

제67조【영어조합법인 등에 대한 법인세의 면제 등】 ① 「농어업경영체 육성 및 지원에 관한 법률」 제4조에 따라 농어업경영정보를 등록한 영어조합법인[이하 "영어조합법인(營漁組合法人)"이라 한다]에 대해서는 2026년 12월 31일 이전에 끝나는 과세연도까지 각 사업연도의 소득 중 대통령령으로 정하는 범위의 금액에 대하여 법인세를 면제한다.(2023.12.31 본항개정)

② 영어조합법인의 조합원이 영어조합법인으로부터 2026년 12월 31일까지 받는 배당소득 중 대통령령으로 정하는 범위의 금액에 대해서는 소득세를 면제한다.
(2023.12.31 본항개정)

③ 영어조합법인이 조합원에게 지급하는 배당소득 중 제2항에 따라 소득세가 면제되는 금액을 제외한 배당소득으로서 2026년 12월 31일까지 받는 소득에 대한 소득세의 원천징수세율은 「소득세법」 제129조에도 불구하고 100분의 5로 하고, 그 배당소득은 「소득세법」 제14조제2항에 따른 종합소득과세표준에 합산하지 아니한다.(2023.12.31 본항개정)

④ 대통령령으로 정하는 어업인이 2026년 12월 31일 이전에 대통령령으로 정하는 어업용 토지 등(이하 이 조 및 제71조에서 "어업용 토지등"이라 한다)을 영어조합법인과 「농어업경영체 육성 및 지원에 관한 법률」 제4조에 따라 농어업경영정보를 등록한 어업회사법인(이하 "어업회사법인"이라 한다)에 현물출자함으로써 발생하는 소득(현물출자와 관련하여 영어조합법인과 어업회사법인이 인수한 채무가액에 상당하는 대통령령으로 정하는 소득은 제외한다)에 대해서는 양도소득세의 100분의 100에 상당하는 세액을 감면한다. 다만, 해당 어업용 토지등이 주거지역등에 편입되거나 「도시개발법」 또는 그 밖의 법률에 따라 환지처분 전에 어업용 토지등 외의 토지로 환지예정지 지정을 받은 경우에는 주거지역등에 편입되거나, 환지예정지 지정을 받은 날까지 발생한 소득으로 정하는 소득에 대해서만 양도소득세의 100분의 100에 상당하는 세액을 감면한다.(2023.12.31 본문개정)

⑤ 제4항에 따라 양도소득세를 감면받은 자가 그 출자지분을 출자일부터 3년 이내에 다른 사람에게 양도하는 경우에는 그 양도일이 속하는 과세연도의 과세표준신고를 할 때 대통령령으로 정하는 바에 따라 계산한 세액을 양도소득세로 납부하여야 한다. 다만, 대통령령으로 정하는 경우에는 그러하지 아니하다.
(2014.12.23 본문개정)

⑥ 제1항·제2항 및 제4항에 따른 면제 또는 감면 신청과 제5항 본문에 따른 세액의 납부에 관하여는 제66조제6항 및 제8항을 준용한다.(2014.12.23 본항개정)

제68조【농업회사법인에 대한 법인세의 면제 등】 ① 「농어업경영체 육성 및 지원에 관한 법률」 제4조에 따라 농어업경영정보를 등록한 농업회사법인(이하 "농업회사법인"이라 한다)에 대해서는 2026년 12월 31일 이전에 끝나는 과세연도까지 식량작물재배업소득 전액과 식량작물재배업소득 외의 작물재배업에서 발생하는 소득 중 대통령령으로 정하는 범위의 금액에 대하여 법인세를 면제하고, 작물재배업에서 발생하는 소득 외의 소득 중 대통령령으로 정하는 소득에 대해서는 최초로 해당 소득이 발생한 과세연도(사업 개시일부터 5년이 되는 날이 속하는 과세연도까지 해당 소득이 발생하지 아니하는 경우에는 5년이 되는 날이 속하는 과세연도를 말한다)와 그 다음 과세연도의 개시일부터 4년 이내에 끝나는 과세연도까지 해당 소득에 대한 법인세의 100분의 50에 상당하는 세액을 감면한다.(2023.12.31 본항개정)

② 대통령령으로 정하는 농업인이 2026년 12월 31일 이전에 농지 또는 초지를 농업회사법인("농지법」에 따른 농업법인의 요건을 갖춘 경우만 해당한다)에 현물출자함으로써 발생하는 소득(현물출자와 관련하여 농업회사법인이 인수한 채무가액에 상당하는 대통령령으로 정하는 소득은 제외한다)에 대해서는 양도소득세의 100분의 100에 상당하는 세액을 감면한다. 다만, 해당 농지 또는 초지가 주거지역등에 편입되거나 「도시개발법」 또는 그 밖의 법률에 따라 환지처분 전에 농지 또는 초지 외의 토지로 환지예정지 지정을 받은 경우에는 주거지역등에 편입되거나, 환지예정지 지정을 받은 날까지 발생한 소득으로서 대통령령으로 정하는 소득에 대해서만 양도소득세의 100분의 100에 상당하는 세액을 감면한다.(2023.12.31 본문개정)

③ 대통령령으로 정하는 농업인이 2026년 12월 31일 이전에 농업회사법인에 「농업·농촌 및 식품산업 기본법」 제3조제1호에 따른 농작물재배업·축산업 및 임업에 직접 사용되는 부동산(제2항에 따른 농지 및 초지는 제외한다)을 현물출자하는 경우에는 이월과세를 적용받을 수 있다. 이 경우 제66조제9항 및 제10항을 준용한다.(2023.12.31 전단개정)

④ 농업회사법인에 출자한 거주자가 2026년 12월 31일까지 받는 배당소득 중 식량작물재배업소득에서 발생한 배당소득 전액에 대해서는 소득세를 면제하고, 식량작물재배업소득 외의 소득 중 대통령령으로 정하는 소득에서 발생한 배당소득은 「소득세법」 제14조제2항에 따른 종합소득과세표준에 합산하지 아니한다. 이 경우 식량작물재배업소득에서 발생한 배당소득과 식량작물재배업소득 외의 소득 중 대통령령으로 정하는 소득에서 발생한 배당소득의 계산은 대통령령으로 정하는 바에 따른다.(2023.12.31 전단개정)
⑤ 제1항·제3항 및 제4항을 적용받으려는 자는 대통령령으로 정하는 바에 따라 신청을 하여야 한다.
⑥ 제2항 본문 및 단서에 따른 양도소득세의 감면에 관하여는 제66조제5항, 제6항 및 제8항을 준용한다.(2016.12.20 본항신설)
제69조【자경농지에 대한 양도소득세의 감면】 ① 농지 소재지에 거주하는 대통령령으로 정하는 거주자가 8년 이상〔대통령령으로 정하는 경영이양 직접지불보조금의 지급대상이 되는 농지를 「한국농어촌공사 및 농지관리기금법」에 따른 한국농어촌공사 또는 농업을 주로 하는 법인으로서 대통령령으로 정하는 법인(이하 이 조에서 "농업법인"이라 한다)에 2026년 12월 31일까지 양도하는 경우에는 3년 이상〕 대통령령으로 정하는 방법으로 직접 경작한 토지 중 대통령령으로 정하는 토지의 양도로 인하여 발생하는 소득에 대해서는 양도소득세의 100분의 100에 상당하는 세액을 감면한다. 다만, 해당 토지가 주거지역등에 편입되거나 「도시개발법」 또는 그 밖의 법률에 따라 환지처분 전에 농지 외의 토지로 환지예정지 지정을 받은 경우에는 주거지역등에 편입되거나, 환지예정지 지정을 받은 날까지 발생한 소득으로서 대통령령으로 정하는 소득에 대해서만 양도소득세의 100분의 100에 상당하는 세액을 감면한다.(2023.12.31 본문개정)
② 농업법인이 해당 토지를 취득한 날부터 3년 이내에 그 토지를 양도하거나 대통령령으로 정하는 사유가 발생한 경우에는 그 법인이 그 사유가 발생한 과세연도의 과세표준신고를 할 때 제1항에 따라 감면된 세액에 상당하는 금액을 법인세로 납부하여야 한다.
③ 제1항을 적용받으려는 자는 대통령령으로 정하는 바에 따라 감면신청을 하여야 한다.
제69조의2【축사용지에 대한 양도소득세의 감면】 ① 축산에 사용하는 축사와 이에 딸린 토지(이하 이 조 및 제71조에서 "축사용지"라 한다) 소재지에 거주하는 대통령령으로 정하는 거주자가 8년 이상 대통령령으로 정하는 방법으로 직접 축산에 사용한 대통령령으로 정하는 축사용지를 폐업을 위하여 2025년 12월 31일까지 양도함에 따라 발생하는 소득에 대하여는 양도소득세의 100분의 100에 상당하는 세액을 감면한다. 다만, 해당 토지가 주거지역등에 편입되거나 「도시개발법」 또는 그 밖의 법률에 따라 환지처분 전에 해당 축사용지 외의 토지로 환지예정지 지정을 받은 경우에는 주거지역등에 편입되거나, 환지예정지 지정을 받은 날까지 발생한 소득으로서 대통령령으로 정하는 소득에 대하여만 양도소득세의 100분의 100에 상당하는 세액을 감면한다.(2022.12.31 본문개정)
② 제1항에 따라 양도소득세를 감면받은 거주자가 해당 축사용지 양도 후 5년 이내에 축산업을 다시 하는 경우에는 감면받은 세액을 추징한다. 다만, 상속 등 대통령령으로 정하는 경우에는 그러하지 아니하다.
③ 제1항을 적용받으려는 자는 대통령령으로 정하는 바에 따라 감면신청을 하여야 한다.
④ 제1항부터 제3항까지의 규정을 적용하는 경우 축사용지의 보유기간, 폐업의 범위, 감면세액의 계산방법 및 그 밖에 필요한 사항은 대통령령으로 정한다.
(2011.7.25 본조신설)

제69조의3【어업용 토지등에 대한 양도소득세의 감면】 ① 어업용 토지등 소재지에 거주하는 대통령령으로 정하는 거주자가 8년 이상 대통령령으로 정하는 방법으로 직접 어업에 사용한 대통령령으로 정하는 어업용 토지등을 2025년 12월 31일까지 양도함에 따라 발생하는 소득에 대해서는 양도소득세의 100분의 100에 상당하는 세액을 감면한다. 다만, 해당 어업용 토지등이 주거지역등에 편입되거나 「도시개발법」 또는 그 밖의 법률에 따라 환지처분 전에 해당 어업용 토지등 외의 토지로 환지처분을 받은 경우에는 주거지역등에 편입되거나 환지예정지 지정을 받은 날까지 발생한 소득으로서 대통령령으로 정하는 소득에 대해서만 양도소득세의 100분의 100에 상당하는 세액을 감면한다.(2022.12.31 본문개정)
② 제1항을 적용받으려는 자는 대통령령으로 정하는 바에 따라 감면신청을 하여야 한다.
③ 제1항 및 제2항을 적용하는 경우 어업용 토지등의 보유기간, 감면세액의 계산방법과 그 밖에 필요한 사항은 대통령령으로 정한다.
(2017.12.19 본조신설)
제69조의4【자경산지에 대한 양도소득세의 감면】 ① 산지 소재지에 거주하는 대통령령으로 정하는 거주자가 「산림자원의 조성 및 관리에 관한 법률」 제13조에 따른 산림경영계획인가를 받아 10년 이상 대통령령으로 정하는 방법으로 직접 경영한 산지 중 대통령령으로 정하는 산지를 양도함에 따라 발생하는 소득에 대해서는 다음 표에 따른 세액을 감면한다. 다만, 해당 산지가 주거지역등에 편입되거나 「도시개발법」 또는 그 밖의 법률에 따라 환지처분 전에 산지 외의 토지로 환지예정지 지정을 받은 경우에는 주거지역등에 편입되거나 환지예정지 지정을 받은 날까지 발생한 소득으로서 대통령령으로 정하는 소득에 대해서만 세액을 감면한다.

직접 경영한 기간	감면 세액
10년 이상 20년 미만	양도소득세의 100분의 10에 상당하는 세액
20년 이상 30년 미만	양도소득세의 100분의 20에 상당하는 세액
30년 이상 40년 미만	양도소득세의 100분의 30에 상당하는 세액
40년 이상 50년 미만	양도소득세의 100분의 40에 상당하는 세액
50년 이상	양도소득세의 100분의 50에 상당하는 세액

② 제1항을 적용받으려는 자는 대통령령으로 정하는 바에 따라 감면신청을 하여야 한다.
(2017.12.19 본조신설)
제70조【농지대토에 대한 양도소득세 감면】 ① 농지 소재지에 거주하는 대통령령으로 정하는 거주자가 대통령령으로 정하는 방법으로 직접 경작한 토지를 경작상의 필요에 의하여 대통령령으로 정하는 경우에 해당하는 농지로 대토(代土)함으로써 발생하는 소득에 대해서는 양도소득세의 100분의 100에 상당하는 세액을 감면한다. 다만, 해당 토지가 주거지역등에 편입되거나 「도시개발법」 또는 그 밖의 법률에 따라 환지처분 전에 농지 외의 토지로 환지예정지 지정을 받은 경우에는 주거지역 등에 편입되거나, 환지예정지 지정을 받은 날까지 발생한 소득으로서 대통령령으로 정하는 소득에 대해서만 양도소득세를 감면한다.(2016.12.20 단서개정)
② 제1항에 따라 양도하거나 취득하는 토지가 주거지역등에 편입되거나 「도시개발법」 또는 그 밖의 법률에 따라 환지처분 전에 농지 외의 토지로 환지예정지 지정을 받은 토지로서 대통령령으로 정하는 토지의 경우에는 제1항을 적용하지 아니한다.(2016.12.20 본항개정)

③ 제1항에 따라 감면을 받으려는 자는 대통령령으로 정하는 바에 따라 감면신청을 하여야 한다.
④ 제1항에 따라 양도소득세의 감면을 적용받은 거주자가 대통령령으로 정하는 사유가 발생하여 제1항에서 정하는 요건을 충족하지 못하는 경우에는 그 사유가 발생한 날이 속하는 달의 말일부터 2개월 이내에 감면받은 양도소득세를 납부하여야 한다.(2014.1.1 본항신설)
⑤ 제1항에 따라 감면받은 양도소득세를 제4항에 따라 납부하는 경우에는 대통령령으로 정하는 바에 따라 계산한 이자상당액을 가산한다.(2014.1.1 본항신설)

제70조의2【경영회생 지원을 위한 농지 매매 등에 대한 양도소득세 과세특례】① 「농지법」 제2조에 따른 농업인(이하 이 조에서 "농업인"이라 한다)이 「한국농어촌공사 및 농지관리기금법」 제24조의3제1항에 따라 직접 경작하거나 직접 축산에 사용한 농지 및 그 농지에 딸린 농업용시설(이하 이 조에서 "농지등"이라 한다)을 같은 법 제3조에 따른 한국농어촌공사(이하 이 조에서 "한국농어촌공사"라 한다)에 양도한 후 같은 법 제24조의3제3항에 따라 임차하여 직접 경작하거나 직접 축산에 사용한 경우로서 해당 농지등을 같은 법 제24조의3제3항에 따른 임차기간 내에 환매한 경우 대통령령으로 정하는 바에 따라 해당 농지등의 양도소득에 대하여 납부한 양도소득세를 환급받을 수 있다.(2023.12.31 본항개정)
② 제1항에 따라 양도소득세를 환급받은 농업인이 환매한 해당 농지등을 다시 양도하는 경우 그 농지등에 대한 양도소득세액은 「소득세법」 제95조제4항, 제97조제1항제1호, 제98조 및 제104조제2항에도 불구하고 다음 각 호의 취득가액 및 취득시기를 적용하여 계산하되, 해당 농지등이 한국농어촌공사에 양도되기 전에 제71조제1항에 따라 증여세를 감면받은 농지등에 해당하는 경우에는 같은 조 제4항에 따른 취득시기 및 필요경비를 적용하여 계산한다.(2023.12.31 본문개정)
1. 취득가액 : 한국농어촌공사에 양도하기 전 농업인의 해당 농지등 취득 당시의 취득가액
2. 취득시기 : 한국농어촌공사에 양도하기 전 해당 농지등의 취득일
(2016.12.20 본항개정)
③ 제1항에 따라 환급받으려는 자는 대통령령으로 정하는 바에 따라 환급신청을 하여야 한다.
④ 제1항 및 제2항을 적용할 때 환매한 농지등을 다시 양도하는 경우 제69조에 따른 자경농지 또는 제69조의2에 따른 축사용지에 대한 양도소득세의 감면의 적용방법 등 그 밖에 필요한 사항은 대통령령으로 정한다.(2023.12.31 본항개정)
⑤ 제1항에 따른 환매요건을 갖춘 농업인이 그 임차기간 중 사망한 경우로서 다음 각 호의 요건을 모두 갖춘 상속인이 해당 농지등에 대한 임차기간 내에 환매한 경우 그 상속인은 대통령령으로 정하는 바에 따라 피상속인이 해당 농지등의 양도소득에 대하여 납부한 양도소득세를 환급받을 수 있다. 이 경우 제2항부터 제4항까지를 준용한다.
1. 농업인에 해당할 것
2. 해당 농지등을 직접 경작하거나 직접 축산에 사용할 것
(2023.12.31 본항신설)
(2014.1.1 본조신설)

제71조【영농자녀등이 증여받는 농지 등에 대한 증여세의 감면】① 다음 각 호의 요건을 모두 충족하는 농지·초지·산림지·어선·어업권·어업용 토지등·염전 또는 축사용지(해당 농지·초지·산림지·어선·어업권·어업용 토지등·염전 또는 축사용지를 영농조합법인 또는 영어조합법인에 현물출자하여 취득한 출자지분을 포함한다. 이하 이 조에서 "농지등"이라 한다)를 농지등의 소재지에 거주하면서 「상속세 및 증여세법」 제18조의3제1항에 따른 영농(이하 이 조에서 "영농"이라 한다)에 종사하는 대통령령으로 정하는 거주자(이하 이 조에서 "자경농민등"이라 한다)가 대통령령으로 정하는 직계비속(이하 이 조에서 "영농자녀등"이라 한다)에게 2025년 12월 31일까지 증여하는 경우에는 해당 농지등의 가액에 대한 증여세의 100분의 100에 상당하는 세액을 감면한다.(2023.12.31 본문개정)
1. 다음 각 목의 어느 하나에 해당하는 농지등
가. 농지 : 「농지법」 제2조제1호가목에 따른 토지로서 4만제곱미터 이내의 것(2015.12.15 본목개정)
나. 초지 : 「초지법」 제5조에 따른 초지조성허가를 받은 초지로서 14만8천500제곱미터 이내의 것(2015.12.15 본목개정)
다. 산림지 : 「산지관리법」 제4조제1항제1호에 따른 보전산지 중 「산림자원의 조성 및 관리에 관한 법률」에 따라 산림경영계획을 인가받거나 특수산림사업지구로 지정받아 새로 조림(造林)한 기간이 5년 이상인 산림지(채종림, 「산림보호법」 제7조에 따른 산림보호구역을 포함한다. 이하 이 목에서 같다)로서 29만7천제곱미터 이내의 것. 다만, 조림 기간이 20년 이상인 산림지의 경우에는 조림 기간이 5년 이상인 29만7천제곱미터 이내의 산림지를 포함하여 99만제곱미터 이내의 것으로 한다.(2015.12.15 본문개정)
라. 축사용지 : 축사 및 축사에 딸린 토지로서 해당 축사의 실제 건축면적을 「건축법」 제55조에 따른 건폐율로 나눈 면적의 범위 이내의 것(2015.12.15 본목신설)
마. 어선 : 「어선법」 제13조의2에 따른 총톤수 20톤 미만의 어선
바. 어업권 : 「수산업법」 제2조 또는 「내수면어업법」 제7조에 따른 어업권으로서 10만제곱미터 이내의 것
사. 어업용 토지등 : 4만제곱미터 이내의 것
(2017.12.19 마목~사목신설)
아. 염전 : 「소금산업 진흥법」 제2조제3호에 따른 염전으로서 6만제곱미터 이내의 것(2019.12.31 본목신설)
2. 「국토의 계획 및 이용에 관한 법률」 제36조에 따른 주거지역·상업지역 및 공업지역 외에 소재하는 농지등
3. 「택지개발촉진법」에 따른 택지개발지구나 그 밖에 대통령령으로 정하는 개발사업지구로 지정된 지역 외에 소재하는 농지등(2011.5.30 본호개정)
② 제1항에 따라 증여세를 감면받은 농지등을 영농자녀등의 사망 등 대통령령으로 정하는 정당한 사유 없이 증여받은 날부터 5년 이내에 양도하거나 질병·취학 등 대통령령으로 정하는 정당한 사유 없이 해당 농지등에서 직접 영농에 종사하지 아니하게 된 경우에는 즉시 그 농지등에 대한 증여세의 감면세액에 상당하는 금액에 대통령령으로 정하는 바에 따라 계산한 이자상당액을 가산하여 징수한다.(2023.12.31 본항개정)
③ 영농자녀등 또는 자경농민등이 영농과 관련하여 조세포탈 또는 회계부정 행위로 징역형 또는 대통령령으로 정하는 벌금형을 선고받고 그 형이 확정된 경우에는 다음 각 호의 구분에 따른다.
1. 「상속세 및 증여세법」 제76조에 따른 과세표준과 세율의 결정이 있기 전에 영농자녀등 또는 자경농민등에 대한 형이 확정된 경우 : 제1항을 적용하지 아니한다.
2. 제1항에 따라 증여세를 감면받은 후에 영농자녀등 또는 는 자경농민등에 대한 형이 확정된 경우 : 증여받은 농지등에 대한 증여세의 감면세액에 상당하는 금액에 대통령령으로 정하는 바에 따라 계산한 이자상당액을 가산하여 징수한다.
(2023.12.31 본항신설)

④ 제2항 또는 제3항제2호에 해당하는 영농자녀등은 제2항 또는 제3항제2호에 해당하게 되는 날이 속하는 달의 말일부터 3개월 이내에 대통령령으로 정하는 바에 따라 납세지 관할 세무서장에게 신고하고 해당 증여세와 이자상당액을 납세지 관할 세무서, 한국은행 또는 체신관서에 납부하여야 한다. 다만, 제2항 또는 제3항제2호에 따라 이미 증여세와 이자상당액이 징수된 경우에는 그러하지 아니하다.(2023.12.31 본항개정)
⑤ 제1항에 따라 증여세를 감면받은 농지등을 양도하여 양도소득세를 부과하는 경우 「소득세법」에도 불구하고 취득 시기는 자경농민등이 그 농지등을 취득한 날로 하고, 필요경비는 자경농민등의 취득 당시 필요경비로 한다.(2017.12.19 본항개정)
⑥ 제1항에 따라 증여세를 감면받은 농지등은 「상속세 및 증여세법」 제3조의2제1항을 적용하는 경우 상속재산에 가산하는 증여재산으로 보지 아니하며, 같은 법 제13조제1항에 따라 상속세 과세가액에 가산하는 증여재산가액에 포함시키지 아니한다.(2015.12.15 본항개정)
⑦ 제1항에 따라 증여세를 감면받은 농지등은 「상속세 및 증여세법」 제47조제2항에 따라 해당 증여일 전 10년 이내에 자경농민등(자경농민등의 배우자를 포함한다)으로부터 증여받아 합산하는 증여재산가액에 포함시키지 아니한다.(2017.12.19 본항개정)
⑧ 제1항에 따라 증여세를 감면받으려는 영농자녀등은 증여세 과세표준 신고기한이나 대통령령으로 정하는 바에 따라 감면신청을 하여야 한다.(2017.12.19 본항개정)
⑨ 제1항부터 제7항까지의 규정을 적용하는 경우 증여세를 감면받은 농지등의 보유기간 및 취득가액의 계산방법, 그 밖에 필요한 사항은 대통령령으로 정한다.(2017.12.19 본조제목개정)

제8절 공익사업지원을 위한 조세특례
(2010.1.1 본절제목개정)

제72조 [조합법인 등에 대한 법인세 과세특례] ① 다음 각 호의 어느 하나에 해당하는 법인의 각 사업연도의 소득에 대한 법인세는 2025년 12월 31일 이전에 끝나는 사업연도까지 「법인세법」 제13조 및 같은 법 제55조에도 불구하고 해당 법인의 결산재무제표상 당기순이익[법인세 등을 공제하지 아니한 당기순이익(當期純利益)을 말한다]에 「법인세법」 제24조에 따른 기부금(해당 법인의 수익사업과 관련된 것만 해당한다)의 손금불산입액과 같은 법 제25조에 따른 기업업무추진비(해당 법인의 수익사업과 관련된 것만 해당한다)의 손금불산입액 및 대통령령으로 정하는 손금의 계산에 관한 규정을 적용하여 계산한 금액을 합한 금액에 100분의 9[해당금액이 20억원(2016년 12월 31일 이전에 조합법인간 합병하는 경우로서 합병에 따라 설립되나 합병 후 존속하는 조합법인의 합병등기일이 속하는 사업연도와 그 다음 사업연도에 대해서는 40억원을 말한다)을 초과하는 경우 그 초과분에 대해서는 100분의 12]의 세율을 적용하여 과세(이하 이 조에서 "당기순이익과세"라 한다)한다. 다만, 해당 법인이 대통령령으로 정하는 바에 따라 당기순이익과세를 포기한 경우에는 그 이후의 사업연도에 대하여 당기순이익과세를 하지 아니한다.(2022.12.31 본문개정)
1. 「신용협동조합법」에 따라 설립된 신용협동조합 및 「새마을금고법」에 따라 설립된 새마을금고
2. 「농업협동조합법」에 따라 설립된 조합 및 조합공동사업법인
3. (1999.12.28 삭제)
4. 「수산업협동조합법」에 따라 설립된 조합(어촌계를 포함한다) 및 조합공동사업법인(2016.12.20 본호개정)
5. 「중소기업협동조합법」에 따라 설립된 협동조합·사업협동조합 및 협동조합연합회

6. 「산림조합법」에 따라 설립된 산림조합(산림계를 포함한다) 및 조합공동사업법인(2013.1.1 본호개정)
7. 「엽연초생산협동조합법」에 따라 설립된 엽연초생산협동조합
8. 「소비자생활협동조합법」에 따라 설립된 소비자생활협동조합
(2010.1.1 본항개정)
② 제1항 각 호의 법인(제1항 각 호 외의 부분 단서에 따라 당기순이익과세를 포기한 법인은 제외한다)에는 제5조의2, 제6조, 제7조, 제7조의2, 제7조의4, 제8조, 제8조의2, 제8조의3, 제10조, 제10조의2, 제12조, 제12조의2부터 제12조의4까지, 제13조, 제14조, 제19조, 제22조, 제24조, 제25조의6, 제26조, 제28조, 제28조의3, 제29조의2부터 제29조의4까지, 제29조의8제3항·제4항, 제30조의4, 제31조제4항부터 제6항까지, 제32조제4항, 제33조, 제63조, 제63조의2, 제63조의3, 제64조, 제66조부터 제68조까지, 제99조의9, 제102조, 제104조의14 및 제104조의15를 적용하지 아니한다.(2022.12.31 본항개정)
③ (2013.1.1 삭제)
④ 제1항을 적용하는 경우 같은 항 제4호 및 제6호에 따른 조합 및 산림조합이 2010년 12월 31일까지 「수산업협동조합의 부실예방 및 구조개선에 관한 법률」 제7조제1항제3호 및 「산림조합의 구조개선에 관한 법률」 제7조제1항제3호에 따라 재무구조개선을 위한 자금을 지원(자금을 각 법에 따른 상호금융예금자보호기금으로부터 무이자로 대출받아 수산업협동조합중앙회 또는 산림조합중앙회에 예치하고 정기적으로 이자를 받은 후 상환하는 방식의 지원을 말한다)받은 경우로서 그 자금을 기획재정부령으로 정하는 방법으로 구분하여 경리하는 경우에는 해당 자금을 예치함에 따라 발생하는 이자를 당기순이익을 계산할 때 수익으로 보지 아니할 수 있다. 이 경우 해당 조합이 그 이자금액을 지출하고 비용으로 계상(자산 취득에 지출한 경우에는 감가상각비 또는 처분 당시 장부가액으로 계상하는 것을 말한다)한 경우에는 그 이자금액을 비용으로 보지 아니한다.(2020.2.18 전단개정)
⑤ 제1항을 적용하는 경우 같은 항 제1호에 따른 신용협동조합 및 새마을금고 중 「신용협동조합법」 제86조의4제2항 및 「새마을금고법」 제80조의2제2항에 따른 인수조합 및 인수금고(이하 이 조에서 "인수조합등"이라 한다)가 2015년 12월 31일까지 「신용협동조합법」 제86조의4제3항 및 「새마을금고법」 제80조의2제3항에 따라 계약이전의 이행을 위하여 자금을 지원(자금을 각 법에 따른 예금자보호기금 및 예금자보호준비금으로부터 무이자로 대출받아 신용협동조합중앙회 또는 새마을금고중앙회에 예치하고 정기적으로 이자를 받은 후 상환하는 방식의 지원을 말한다)받은 경우로서 그 자금을 기획재정부령으로 정하는 방법으로 구분하여 경리하는 경우에는 해당 자금을 예치함에 따라 발생하는 이자를 당기순이익을 계산할 때 수익으로 보지 아니할 수 있다. 이 경우 해당 인수조합등이 그 이자금액을 지출하고 비용으로 계상(자산 취득에 지출한 경우에는 감가상각비 또는 처분 당시 장부가액으로 계상하는 것을 말한다)한 경우에는 그 이자금액을 비용으로 보지 아니한다.(2013.1.1 본항신설)
⑥ 제1항에 따른 조합법인 등의 기부금 및 기업업무추진비의 손금불산입액 계산 등에 관하여 필요한 사항은 대통령령으로 정한다.(2022.12.31 본항개정)
(2010.1.1 본조제목개정)
제72조의2 (2006.12.30 삭제)
제73조 (2010.12.27 삭제)
제74조 [고유목적사업준비금의 손금산입특례] ① 다음 각 호의 어느 하나에 해당하는 법인에 대해서는 2025년 12월 31일 이전에 끝나는 사업연도까지 「법인세법」 제

29조를 적용하는 경우 같은 조 제1항제2호에도 불구하고 해당 법인의 수익사업(이 항 제4호 및 제5호의 경우에는 해당 사업과 해당 사업 시설에서 그 시설을 이용하는 자를 대상으로 하는 수익사업만 해당하고, 제6호의 체육단체의 경우에는 국가대표의 활동과 관련된 수익사업만 해당한다)에서 발생한 소득을 고유목적사업준비금으로 손금에 산입할 수 있다.(2022.12.31 본문개정)

1. 다음 각 목의 어느 하나에 해당하는 법인
   가. 「사립학교법」에 따른 학교법인
   나. 「산업교육진흥 및 산학연협력촉진에 관한 법률」에 따른 산학협력단
   다. 「평생교육법」에 따른 원격대학 형태의 평생교육시설을 운영하는 「민법」 제32조에 따른 비영리법인
   라. 「국립대학법인 서울대학교 설립·운영에 관한 법률」에 따른 국립대학법인 서울대학교 및 발전기금 (2015.3.27 삭제)
   마. (2015.3.27 삭제)
   바. 「국립대학법인 인천대학교 설립·운영에 관한 법률」에 따른 국립대학법인 인천대학교 및 발전기금 (2013.1.1 본목신설)
   (2011.12.31 본호개정)
2. 「사회복지사업법」에 따른 사회복지법인
3. 다음 각 목의 어느 하나에 해당하는 법인
   가. 「국립대학병원 설치법」에 따른 국립대학병원 및 「국립대학치과병원 설치법」에 따른 국립대학치과병원 (2013.1.1 본목개정)
   나. 「서울대학교병원 설치법」에 따른 서울대학교병원
   다. 「서울대학교치과병원 설치법」에 따른 서울대학교치과병원
   라. 「국립암센터법」에 따른 국립암센터
   마. 「지방의료원의 설립 및 운영에 관한 법률」에 따른 지방의료원
   바. 「대한적십자사 조직법」에 따른 대한적십자사가 운영하는 병원
   사. 「국립중앙의료원의 설립 및 운영에 관한 법률」에 따른 국립중앙의료원(2013.1.1 본목신설)
4. 「도서관법」에 따라 등록한 도서관을 운영하는 법인
5. 「박물관 및 미술관 진흥법」에 따라 등록한 박물관 또는 미술관을 운영하는 법인
6. 정부로부터 허가 또는 인가를 받은 문화예술단체 및 체육단체로서 대통령령으로 정하는 법인(2022.12.31 본호개정)
7. 「국제경기대회 지원법」에 따라 설립된 조직위원회로서 기획재정부장관이 효율적인 준비와 운영을 위하여 필요하다고 인정하여 고시한 조직위원회(2022.12.31 본문개정)
   가.~다. (2022.12.31 삭제)
   라. (2014.12.23 삭제)
   마. (2022.12.31 삭제)
   바. (2017.12.19 삭제)
8. 「공익법인의 설립·운영에 관한 법률」에 따라 설립된 법인으로서 해당 과세연도의 고유목적사업이나 「법인세법」 제24조제3항제1호에 따른 일반기부금에 대한 지출액 중 100분의 80 이상의 금액을 장학금으로 지출한 법인(2022.12.31 본호개정)
9. 다음 각 목의 어느 하나에 해당하는 법인
   가. 「공무원연금법」에 따른 공무원연금공단
   나. 「사립학교교직원연금법」에 따른 사립학교교직원연금공단
   (2014.1.1 본호신설)
   ②~③ (2022.12.31 삭제)
④ 수도권 과밀억제권역 및 광역시를 제외하고 인구 등을 고려하여 대통령령으로 정하는 지역에 「의료법」 제3조제2항제1호 또는 제3호의 의료기관을 개설하여 의료업을 영위하는 비영리내국법인(제1항이 적용되는

비영리내국법인은 제외한다)에 대하여는 2025년 12월 31일 이전에 끝나는 사업연도까지 「법인세법」 제29조를 적용하는 경우 그 법인의 수익사업에서 발생한 소득을 고유목적사업준비금으로 손금에 산입할 수 있다.(2022.12.31 본항개정)
(2010.1.1 본조개정)

제75조【기부장려금】 ① 「소득세법」 제59조의4제4항에 따라 기부금 세액공제를 신청할 수 있는 거주자(이하 이 조에서 "기부자"라 한다)는 본인이 기부금 세액공제를 받는 대신 그 기부금에 대한 세액공제 상당액(이하 이 조에서 "기부장려금"이라 한다)을 당초 기부금을 받은 자가 지급받을 수 있도록 기부장려금을 신청할 수 있다.(2016.12.20 단서삭제)
② 기획재정부장관은 「소득세법」 제160조의3 또는 「법인세법」 제112조의2에 따른 기부금영수증(이하 이 조에서 "기부금영수증"이라 한다)을 발급하는 자로서 기부금영수증 발급명세서의 작성·보관 의무 등 납세협력의무의 이행과 회계 투명성 등 대통령령으로 정하는 요건을 갖춘 것으로 인정되어 국세청장이 추천하는 자를 기부장려금단체로 지정할 수 있다.
③ 제2항에 따라 지정된 기부장려금단체(이하 이 조에서 "기부장려금단체"라 한다)는 기부자에게 기부금영수증을 발급할 때 기부장려금 신청 여부를 확인하여 「소득세법」 제160조의3제3항 또는 「법인세법」 제112조의2제3항에 따라 기부금영수증 발급명세서를 납세지 관할 세무서장에게 제출할 때 기획재정부령으로 정하는 기부장려금 신청명세서를 제출하여야 한다.
④ 제3항에 따라 기부장려금단체로부터 기부장려금 신청명세서를 제출받은 납세지 관할 세무서장은 제1호의 금액에서 제2호의 금액을 뺀 금액을 기부장려금으로 결정한다. 이 경우 납세지 관할 세무서장은 제3항의 기부장려금 신청명세서 제출기한이 지난 후 4개월 이내에 기부장려금을 결정하여야 한다.
1. 기부장려금을 신청한 기부자의 해당 과세기간의 종합소득 결정세액
2. 기부자가 기부장려금을 신청한 기부금에 대하여 「소득세법」 제59조의4제4항에 따른 기부금 세액공제를 신청한 것으로 보아 계산한 종합소득 결정세액. 이 경우 같은 항에 따른 기부금 세액공제액을 계산할 때 기부장려금을 신청한 기부금에 대해서는 같은 항 제2호에 따른 기부금의 한도액을 적용하지 아니한다.
(2020.12.29 후단개정)
(2016.12.20 본항개정)
⑤ 납세지 관할 세무서장은 제4항에 따라 결정된 기부장려금을 기부장려금단체에 국세환급금에 관한 「국세기본법」 제51조를 준용하여 지급한다. 이 경우 "국세환급금"은 "기부장려금"으로, "환급"은 "지급"으로 본다.
⑥ 납세지 관할 세무서장은 제4항에 따라 기부장려금을 결정한 후 그 결정에 탈루나 오류가 있을 때에는 기부장려금을 경정하여야 한다.
⑦ 납세지 관할 세무서장은 기부장려금단체가 기부장려금 신청명세서를 사실과 다르게 작성하여 제6항에 따른 경정으로 기부장려금이 줄어든 경우에는 초과하여 지급받은 기부장려금(이하 이 조에서 "초과지급금"이라 한다)에 다음 각 호의 금액을 합한 금액을 징수하여야 한다.
1. 초과지급금의 100분의 3에 상당하는 금액
2. 초과지급금 × 기부장려금을 환급받은 날의 다음 날부터 자진납부일 또는 납부고지일까지의 기간 × 금융기관이 연체대출금에 대하여 적용하는 이자율 등을 고려하여 대통령령으로 정하는 이자율(2020.12.29 본호개정)
⑧ 기획재정부장관은 기부장려금단체가 다음 각 호의 어느 하나에 해당하는 경우에는 대통령령으로 정하는 바에 따라 기부장려금단체의 지정을 취소할 수 있다.

1. 기부장려금단체가 기부장려금 신청명세를 사실과 다르게 작성한 경우
2. 「국세기본법」 제85조의5에 따라 불성실기부금수령단체로 명단이 공개된 경우
3. 기부장려금단체가 해산한 경우
4. 그 밖에 법령을 위반하거나 목적 외 사업을 하는 등 대통령령으로 정하는 사유가 있는 경우
⑨ 제8항제1호·제2호·제4호에 따라 기부장려금단체의 지정이 취소된 경우 그 지정이 취소된 날이 속하는 과세연도부터 5년간 기부장려금단체로 지정하지 아니한다.
⑩ 기부자가 「소득세법」 제59조의4제4항에 따른 기부금 세액공제와 기부장려금을 중복하여 신청한 경우에는 기부금 세액공제를 신청한 것으로 보아 「소득세법」 제59조의4제4항을 적용한다. 다만, 기부장려금을 신청한 기부자가 제3항의 기부장려금 신청명세서 제출기한이 지난 후에 기부금 세액공제를 중복하여 신청한 경우에는 기부장려금을 신청한 것으로 보아 제1항부터 제9항까지의 규정을 적용한다.(2016.12.20 본항신설)
⑪ 제1항부터 제10항까지에서 규정한 사항 외에 기부장려금의 신청 절차, 배분방법과 환급 방법 등에 관하여 필요한 사항은 대통령령으로 정한다.(2016.12.20 본항개정)
(2014.12.23 본조신설)
제76조【정치자금의 손금산입특례 등】 ① 거주자가 「정치자금법」에 따라 정당(같은 법에 따른 후원회 및 선거관리위원회를 포함한다)에 기부한 정치자금은 이를 지출한 해당 과세연도의 소득금액에서 10만원까지는 그 기부금액의 110분의 100, 10만원을 초과한 금액에 대해서는 해당 금액의 100분의 15(해당 금액이 3천만원을 초과하는 경우 그 초과분에 대해서는 100분의 25)에 해당하는 금액을 종합소득산출세액에서 공제한다. 다만, 사업자인 거주자가 정치자금을 기부한 경우 10만원을 초과한 금액에 대해서는 이월결손금을 뺀 후의 소득금액의 범위에서 손금에 산입한다.(2014.1.1 본항개정)
② 제1항에 따라 기부하는 정치자금에 대해서는 상속세 또는 증여세를 부과하지 아니한다.
③ 제1항에 따른 정치자금 외의 정치자금에 대해서는 「상속세 및 증여세법」 제12조제4호, 제46조제3호 및 다른 세법의 규정에도 불구하고 그 기부받은 자가 상속받거나 증여받은 것으로 보아 상속세 또는 증여세를 부과한다.
(2010.1.1 본조개정)
제77조【공익사업용 토지 등에 대한 양도소득세의 감면】 ① 다음 각 호의 어느 하나에 해당하는 소득으로서 해당 토지등이 속한 사업지역에 대한 사업인정고시일(사업인정고시일 전에 양도하는 경우에는 양도일)부터 소급하여 2년 이전에 취득한 토지등을 2026년 12월 31일 이전에 양도함으로써 발생하는 소득에 대해서는 양도소득세의 100분의 10[토지등의 양도대금을 대통령령으로 정하는 채권으로 받는 부분에 대해서는 100분의 15로 하되, 「공공주택 특별법」 등 대통령령으로 정하는 법률에 따라 협의매수 또는 수용됨으로써 발생하는 소득으로서 대통령령으로 정하는 방법으로 해당 채권을 3년 이상의 만기가지 보유하기로 특약을 체결하는 경우에는 100분의 30(만기가 5년 이상인 경우에는 100분의 40)]에 상당하는 세액을 감면한다.
(2023.12.31 본문개정)
1. 「공익사업을 위한 토지 등의 취득 및 보상에 관한 법률」이 적용되는 공익사업에 필요한 토지등을 그 공익사업의 시행자에게 양도함으로써 발생하는 소득
2. 「도시 및 주거환경정비법」에 따른 정비구역(정비기반시설을 수반하지 아니하는 정비구역은 제외한다)의 토지등을 같은 법에 따른 사업시행자에게 양도함으로써 발생하는 소득

3. 「공익사업을 위한 토지 등의 취득 및 보상에 관한 법률」이나 그 밖의 법률에 따른 토지등의 수용으로 인하여 발생하는 소득
② 거주자가 제1항제1호에 따른 공익사업의 시행자 및 같은 항 제2호에 따른 사업시행자(이하 이 조에서 "사업시행자"라 한다)로 지정되기 전의 사업자(이하 이 항에서 "지정 전 사업자"라 한다)에게 2년 이상 보유한 토지등(제1항제1호의 공익사업에 필요한 토지등 또는 같은 항 제2호에 따른 정비구역의 토지등을 말한다. 이하 이 항에서 같다)을 2015년 12월 31일 이전에 양도하고 해당 토지등을 양도한 날이 속하는 과세기간의 과세표준신고(예정신고를 포함한다)를 법정신고기한까지 한 경우로서 지정 전 사업자가 그 토지등의 양도일부터 5년 이내에 사업시행자로 지정받은 경우에는 대통령령으로 정하는 바에 따라 제1항에 따른 양도소득세 감면을 받을 수 있다. 이 경우 감면할 양도소득세의 계산은 감면율 등이 변경되더라도 양도 당시 법률에 따른다.(2013.1.1 전단개정)
③ 다음 각 호의 어느 하나에 해당하는 경우 해당 사업시행자는 제1항 또는 제2항에 따라 감면된 세액에 상당하는 금액을 그 사유가 확정된 과세연도의 과세표준신고를 할 때 소득세 또는 법인세로 납부하여야 한다.(2010.12.27 본문개정)
1. 제1항제1호에 따른 공익사업의 시행자가 사업시행인가 등을 받은 날부터 3년 이내에 그 공익사업을 시작하지 아니하는 경우(2020.6.9 본호개정)
2. 제1항제2호에 따른 사업시행자가 대통령령으로 정하는 기한까지 「도시 및 주거환경정비법」에 따른 사업시행계획인가를 받지 아니하거나 그 사업을 완료하지 아니하는 경우(2017.2.8 본호개정)
④ 제1항에 따라 해당 채권을 만기까지 보유하기로 특약을 체결하고 양도소득세의 100분의 30(만기가 5년 이상인 경우에는 100분의 40)에 상당하는 세액을 감면받은 자가 그 특약을 위반하게 된 경우에는 즉시 감면받은 세액 중 양도소득세의 100분의 15(만기가 5년 이상인 경우에는 100분의 25)에 상당하는 금액을 징수한다.
(2018.12.24 본항개정)
⑤ 제1항제1호·제2호 또는 제2항에 따라 감면받은 세액을 제3항에 따라 납부하는 경우에는 제63조제3항의 이자 상당 가산액에 관한 규정을 준용하고 제1항에 따라 감면받은 세액을 제4항에 따라 징수하는 경우에는 제66조제6항을 준용한다.(2020.12.29 본항개정)
⑥ 제1항제1호 또는 제2호에 따라 감면받으려면 해당 사업시행자가 대통령령으로 정하는 바에 따라 감면신청을 하여야 한다.(2010.12.27 본항개정)
⑦ 제1항제3호에 따른 감면을 받으려는 자는 대통령령으로 정하는 바에 따라 감면신청을 하여야 한다.
⑧ 제1항과 제4항을 적용하는 경우 채권을 만기까지 보유하기로 한 특약의 내용, 특약을 위반하였을 때 그 위반 사실을 국세청에 통보하는 방법, 그 밖에 필요한 사항은 대통령령으로 정한다.(2010.12.27 본항개정)
⑨ 제1항 및 제2항을 적용하는 경우 상속받거나 「소득세법」 제97조의2제1항이 적용되는 증여받은 토지등은 피상속인 또는 증여자가 해당 토지등을 취득한 날을 해당 토지등의 취득일로 본다.(2014.1.1 본항개정)
(2010.1.1 본조개정)
제77조의2【대토보상에 대한 양도소득세 과세특례】 ① 거주자가 「공익사업을 위한 토지 등의 취득 및 보상에 관한 법률」에 따른 공익사업의 시행으로 해당 사업지역에 대한 사업인정고시일(사업인정고시일 전에 양도하는 경우에는 양도일)부터 소급하여 2년 이전에 취득한 토지등을 2026년 12월 31일 이전에 해당 공익사업의 시행자에게 양도함으로써 발생하는 양도차익으로서 토지등의 양도대금을 같은 법 제63조제1항 각 호 외의 부

분 단서에 따라 해당 공익사업의 시행으로 조성한 토지로 보상(이하 이 조에서 "대토보상"이라 한다)받는 부분에 대해서는 대통령령으로 정하는 바에 따라 양도소득세의 100분의 40에 상당하는 세액을 감면받거나 양도소득세의 과세를 이연받을 수 있다.(2023.12.31 본항개정)
② 제1항은 해당 공익사업의 시행자가 대통령령으로 정하는 방법으로 대토보상 명세를 국세청에 통보하는 경우에만 적용한다.
③ 제1항에 따라 양도소득세를 감면받거나 과세이연받은 거주자는 다음 각 호의 어느 하나에 해당하는 경우 대통령령으로 정하는 바에 따라 감면받거나 과세이연받은 세액 및 이자 상당 가산액을 양도소득세로 납부하여야 한다.(2014.12.23 본문개정)
1. 대토보상받기로 한 보상금을 현금으로 받는 경우 등 대통령령으로 정하는 사유가 발생하는 경우
2. 「공익사업을 위한 토지 등의 취득 및 보상에 관한 법률」제63조제1항 단서에 따라 토지로 보상받기로 결정된 권리를 「부동산투자회사법」에 따른 부동산투자회사에 현물출자하는 경우 등 대토보상으로 취득하는 토지에 관한 소유권이전등기의 등기원인이 대토보상으로 기재되지 아니하는 경우(2019.12.31 본호개정)
④ 제1항에 따른 감면이나 과세이연을 받으려는 자는 대통령령으로 정하는 바에 따라 신청하여야 한다.(2014.12.23 본항개정)
⑤ 제1항부터 제3항까지의 규정을 적용하는 경우 대토보상의 요건 및 방법, 감면받거나 과세이연받은 세액의 납부 사유 및 방법, 그 밖에 필요한 사항은 대통령령으로 정한다.(2014.12.23 본항개정)
(2010.1.1 본조개정)

제77조의3【개발제한구역 지정에 따른 매수대상 토지등에 대한 양도소득세의 감면】① 「개발제한구역의 지정 및 관리에 관한 특별조치법」제3조에 따라 지정된 개발제한구역(이하 이 조에서 "개발제한구역"이라 한다) 내의 해당 토지등을 같은 법 제17조에 따른 토지매수의 청구 또는 같은 법 제20조에 따른 협의매수를 통하여 2025년 12월 31일까지 양도함으로써 발생하는 소득에 대해서는 다음 각 호에 따른 세액을 감면한다.(2022.12.31 본항개정)
1. 개발제한구역 지정일 이전에 해당 토지등을 취득하여 취득일부터 매수청구일 또는 협의매수일까지 해당 토지등의 소재지에서 거주하는 대통령령으로 정하는 거주자가 소유한 토지등 : 양도소득세의 100분의 40에 상당하는 세액(2014.1.1 본호개정)
2. 매수청구일 또는 협의매수일부터 20년 이전에 취득하여 취득일부터 매수청구일 또는 협의매수일까지 해당 토지등의 소재지에서 거주하는 대통령령으로 정하는 거주자가 소유한 토지등 : 양도소득세의 100분의 25에 상당하는 세액(2014.1.1 본호개정)
② 개발제한구역에서 해제된 해당 토지등을 「공익사업을 위한 토지 등의 취득 및 보상에 관한 법률」및 그 밖의 법률에 따른 협의매수 또는 수용을 통하여 2025년 12월 31일까지 양도함으로써 발생하는 소득에 대해서는 다음 각 호에 따른 세액을 감면한다. 다만, 개발제한구역 해제일부터 1년(개발제한구역 해제 이전에 「경제자유구역의 지정 및 운영에 관한 법률」에 따른 경제자유구역의 지정 등 대통령령으로 정하는 지역으로 지정이 된 경우에는 5년) 이내에 「공익사업을 위한 토지 등의 취득 및 보상에 관한 법률」및 그 밖의 법률에 따라 사업인정고시가 된 경우에 한정한다.(2022.12.31 본항개정)
1. 개발제한구역 지정일 이전에 해당 토지등을 취득하여 취득일부터 사업인정고시일까지 해당 토지등의 소재지에서 거주하는 대통령령으로 정하는 거주자가 소유한 토지등 : 양도소득세의 100분의 40에 상당하는 세액(2014.1.1 본호개정)

2. 사업인정고시일부터 20년 이전에 취득하여 취득일부터 사업인정고시일까지 해당 토지등의 소재지에서 거주하는 대통령령으로 정하는 거주자가 소유한 토지등 : 양도소득세의 100분의 25에 상당하는 세액(2014.1.1 본호개정)
③ 제1항 및 제2항을 적용하는 경우 상속받은 토지등은 피상속인이 해당 토지등을 취득한 날을 해당 토지등의 취득일로 본다.
④ 제1항 및 제2항을 적용할 때 감면신청, 거주기간의 계산, 그 밖에 필요한 사항은 대통령령으로 정한다.(2010.1.1 본조개정)

제78조~제81조 (2001.12.29 삭제)
제81조의2 (2006.12.30 삭제)
제82조 (2001.12.29 삭제)
제83조【박물관 등의 이전에 대한 양도소득세의 과세특례】① 거주자가 3년 이상 운영한 다음 각 호의 어느 하나에 해당하는 시설(이하 이 조에서 "박물관등"이라 한다)을 이전하기 위하여 박물관등의 건물과 부속토지(이하 이 조에서 "종전시설"이라 한다)를 2022년 12월 31일까지 양도하는 경우에는 종전시설을 양도함에 따라 발생하는 양도차익에 상당하는 금액에 대하여 대통령령으로 정하는 바에 따라 계산한 양도소득세를 양도일이 속하는 해당 연도의 양도소득세 과세표준 확정신고기한종료일 이후 3년이 되는 날부터 5년의 기간 동안 균분한 금액 이상을 납부하는 방법에 따라 분할납부할 수 있다.(2019.12.31 본문개정)
1. 「도서관법」제36조에 따라 등록한 사립 공공도서관 (2021.12.7 본호개정)
2. 「박물관 및 미술관 진흥법」제16조에 따라 등록한 사립박물관 및 사립미술관
3. 「과학관의 설립·운영 및 육성에 관한 법률」제6조에 따라 등록한 사립과학관
② 제1항을 적용받은 자가 대통령령으로 정하는 바에 따라 박물관등을 이전하지 아니하거나 박물관등을 이전하여 관리한 날부터 3년 이내에 해당 건물과 부속토지를 처분하거나 폐관한 경우에는 대통령령으로 정하는 바에 따라 계산한 금액을 양도소득세로 납부하여야 한다. 다만, 대통령령으로 정하는 부득이한 사유가 있는 경우는 제외한다.
③ 제2항 본문에 따라 납부할 세액에 대해서는 제33조 제3항 후단을 준용한다.
④ 제1항 및 제2항을 적용하는 경우 분할납부신청서의 제출 등 그 밖에 필요한 사항은 대통령령으로 정한다.(2016.12.20 본조신설)

제84조~제85조 (2006.12.30 삭제)
제85조의2【행정중심복합도시·혁신도시 개발예정지구 내 공장의 지방 이전에 대한 과세특례】① 「신행정수도 후속대책을 위한 연기·공주지역 행정중심복합도시 건설을 위한 특별법」에 따른 행정중심복합도시 예정지역 또는 「혁신도시 조성 및 발전에 관한 특별법」에 따른 혁신도시개발예정지구(이하 이 조에서 "행정중심복합도시등"이라 한다)에서 공장시설을 갖추고 사업을 하는 내국인이 대통령령으로 정하는 행정중심복합도시 등 밖(이하 이 조에서 "지방"이라 한다)으로 이전하기 위하여 그 공장의 대지와 건물을 2012년 12월 31일까지 같은 법에 따른 사업시행자에게 양도함으로써 발생하는 양도차익에 상당하는 금액에 대해서는 다음 각 호에 해당하는 방법에 따라 익금에 산입하지 아니하거나 과세이연을 받을 수 있다.(2017.12.26 본문개정)
1. 내국법인 : 대통령령으로 정하는 바에 따라 계산한 금액을 해당 사업연도의 소득금액을 계산할 때 익금에 산입하지 아니하는 방법. 이 경우 해당 금액은 양도일이 속하는 사업연도 종료일 이후 5년이 되는 날이 속하는 사업연도부터 5개 사업연도의 기간 동안 균분한 금액 이상을 익금에 산입하여야 한다.

2. 거주자 : 대통령령으로 정하는 바에 따라 과세이연을 받는 방법
② 제1항을 적용받은 내국인이 대통령령으로 정하는 바에 따라 지방으로 이전하지 아니하거나 해당 공장 양도일부터 3년 이내에 해당 사업을 폐업 또는 해산한 경우에는 해당 사유가 발생한 날이 속하는 사업연도의 소득금액을 계산할 때 대통령령으로 정하는 바에 따라 계산한 금액을 익금에 산입하거나 과세이연받은 세액을 양도소득세로 납부하여야 한다. 이 경우 익금에 산입하거나 양도소득세로 납부하여야 할 금액에 대해서는 제33조제3항 후단을 준용한다.
③ (2019.12.31 삭제)
④ 제1항제2호에 따라 과세이연을 받은 거주자(이 항 제2호의 경우에는 해당 거주자의 상속인을 말한다)는 다음 각 호의 어느 하나에 해당하는 경우 대통령령으로 정하는 바에 따라 계산한 과세이연받은 세액을 해당 각 호의 기한까지 양도소득세로 납부하여야 한다. (2020.6.9 본문개정)
1. 거주자가 지방으로 이전하여 취득한 공장(이하 이 조에서 "지방공장"이라 한다)을 증여하는 경우 : 증여일이 속하는 달의 말일부터 3개월 이내
2. 거주자의 사망으로 지방공장에 대한 상속이 이루어지는 경우 : 상속개시일이 속하는 달의 말일부터 6개월 이내
(2016.12.20 본항신설)
⑤ 제1항, 제2항 및 제4항을 적용하는 경우 양도차익명세서의 제출과 그 밖에 필요한 사항은 대통령령으로 정한다.(2016.12.20 본항개정)
⑥ (2019.12.31 삭제)
(2010.1.1 본조개정)

제85조의3【기업도시개발사업구역 등 안에 소재하는 토지의 현물출자 등에 대한 법인세 과세특례】 ① 다음 각 호의 어느 하나에 해당하는 금액은 해당 사업연도의 소득금액을 계산할 때 대통령령으로 정하는 바에 따라 손금에 산입하여 그 내국법인이 현물출자로 취득한 주식을 처분할 때까지 과세를 이연받을 수 있다.
1. 내국법인이「기업도시개발특별법」제2조제3호에 따른 기업도시개발사업을 전담하는 대통령령으로 정하는 기업(이하 이 조에서 "기업도시개발사업전담기업"이라 한다)에게 기업도시개발사업구역 안에 소재하는 토지를 2015년 12월 31일까지 현물출자함에 따라 발생하는 양도차익(2013.1.1 본호개정)
2. 내국법인이「신발전지역 육성을 위한 투자촉진 특별법」제2조제4호에 따른 신발전지역발전촉진지구의 개발사업을 전담하는 대통령령으로 정하는 기업(이하 이 조에서 "신발전지역발전촉진지구개발사업전담기업"이라 한다)에게 신발전지역발전촉진지구 안에 소재하는 토지를 2015년 12월 31일까지 현물출자함에 따라 발생하는 양도차익(2013.1.1 본호개정)
② 제1항에 따라 법인세의 과세를 이연받은 내국법인이 기업도시개발사업전담기업 또는 신발전지역발전촉진지구개발사업전담기업으로부터 개발된 토지를 분양받으면서 그 대가를 현물출자로 취득한 주식으로 지급하는 경우 당초 과세를 이연받은 법인세에 대해서는 제1항에도 불구하고 과세하지 아니하고 그 분양받은 토지를 양도할 때까지 대통령령으로 정하는 바에 따라 다시 과세를 이연받을 수 있다.
③ 내국법인이 제1항에 따라 양도차익에 상당하는 금액을 손금에 산입한 후 토지를 현물출자받은 기업도시개발사업전담기업 또는 신발전지역발전촉진지구개발사업전담기업이 사업을 폐업하거나 해산하는 경우에는 그 사유가 발생한 날이 속하는 사업연도의 소득금액을 계산할 때 익금에 산입하지 아니한 금액 전액을 익금에 산입한다.

④ 내국법인이 2015년 12월 31일까지「관광진흥개발기금법」제5조제3항제4호에 따라 관광진흥개발기금으로부터 보조금을 받아 기업도시개발사업전담기업에 출자함으로써 주식을 취득하는 경우 해당 주식을「법인세법」제36조제1항의 사업용자산으로 보아 같은 조를 준용하여 손금에 산입할 수 있다.(2013.1.1 본항개정)
⑤ 제1항 및 제2항을 적용하는 경우 손금산입대상 양도차익의 계산, 과세의 이연방법, 현물출자에 관한 명세서의 제출, 그 밖에 필요한 사항은 대통령령으로 정한다.
(2010.1.1 본조개정)

제85조의4【경제자유구역 개발사업을 위한 토지의 현물출자에 대한 법인세 과세특례】 ①「경제자유구역의 지정 및 운영에 관한 특별법」제8조의3제1항 및 제2항에 따른 개발사업시행자(「외국인투자촉진법」제2조제1항제6호에 따른 외국인투자기업만 해당한다)가 대통령령으로 정하는 내국법인에 보유 토지를 2014년 12월 31일까지 현물출자함에 따라 발생하는 양도차익에 상당하는 금액은 해당 사업연도의 소득금액을 계산할 때 대통령령으로 정하는 바에 따라 손금에 산입하여 해당 개발사업시행자가 현물출자로 취득한 주식을 처분할 때까지 과세를 이연받을 수 있다.(2013.1.1 본항개정)
② 내국법인이 제1항에 따라 양도차익에 상당하는 금액을 손금에 산입한 후 토지를 현물출자받은 내국법인이 사업을 폐업하거나 해산하는 경우에는 그 사유가 발생한 날이 속하는 사업연도의 소득금액을 계산할 때 익금에 산입하지 아니한 금액 전액을 익금에 산입한다.
③ 제1항을 적용하는 경우 손금산입대상 양도차익의 계산, 과세의 이연방법, 현물출자에 관한 명세서의 제출, 그 밖에 필요한 사항은 대통령령으로 정한다.
(2010.1.1 본조개정)

제85조의5【어린이집용 토지 등의 양도차익에 대한 과세특례】 ①「영유아보육법」에 따른 직장어린이집(이하 이 조에서 "종전어린이집"이라 한다)을 운영하는 자가 종전어린이집을 2009년 12월 31일까지 양도하고 양도일부터 1년 이내에 새로운 직장어린이집(이하 이 조에서 "신규어린이집"이라 한다)을 취득하는 경우 종전어린이집을 양도함에 따라 발생하는 양도차익에 상당하는 금액에 대해서는 다음 각 호에 해당하는 방법에 따라 익금에 산입하지 아니하거나 과세이연을 받을 수 있다.(2011.6.7 본문개정)
1. 법인 : 대통령령으로 정하는 바에 따라 계산한 금액을 해당 사업연도의 소득금액을 계산할 때 익금에 산입하지 아니하는 방법. 이 경우 해당 금액은 양도일이 속하는 사업연도 종료일 이후 3년이 되는 날이 속하는 사업연도부터 3개 사업연도의 기간 동안 균분한 금액 이상을 익금에 산입하여야 한다.
2. 개인 : 대통령령으로 정하는 바에 따라 과세이연을 받는 방법
② 제1항을 적용받은 자가 신규어린이집을 취득하지 아니하거나 신규어린이집의 운영을 개시하는 날부터 3년 이내에 해당 신규어린이집을 폐쇄하는 경우에는 해당 사유가 발생한 날이 속하는 사업연도의 소득금액을 계산할 때 대통령령으로 정하는 바에 따라 계산한 금액을 익금에 산입하거나 과세이연받은 세액을 양도소득세로 납부하여야 한다. 이 경우 익금에 산입하거나 양도소득세로 납부하여야 할 금액에 대해서는 제33조제3항 후단을 준용한다.(2011.6.7 전단개정)
③ 제1항제2호에 따라 과세이연을 받은 거주자(이 항 제2호의 경우에는 해당 거주자의 상속인을 말한다)는 다음 각 호의 어느 하나에 해당하는 경우 대통령령으로 정하는 바에 따라 계산한 과세이연받은 세액을 해당 각 호의 기한까지 양도소득세로 납부하여야 한다.
(2020.6.9 본문개정)

1. 거주자가 신규어린이집을 증여하는 경우 : 증여일이 속하는 달의 말일부터 3개월 이내
2. 거주자의 사망으로 신규어린이집에 대한 상속이 이루어지는 경우 : 상속개시일이 속하는 달의 말일부터 6개월 이내
(2016.12.20 본항신설)
④ 제1항부터 제3항까지의 규정을 적용하는 경우 어린이집의 범위, 양도차익명세서, 과세이연신청서 및 분할익금산입 조정명세서의 제출, 그 밖에 필요한 사항은 대통령령으로 정한다.(2016.12.20 본항개정)
(2011.6.7 본조제목개정)
(2010.1.1 본조개정)

제85조의6 【사회적기업 및 장애인 표준사업장에 대한 법인세 등의 감면】 ① 「사회적기업 육성법」 제2조제1호에 따라 2025년 12월 31일까지 사회적기업으로 인증받은 내국인은 해당 사업에서 최초로 소득이 발생한 과세연도(인증을 받은 날부터 5년이 되는 날이 속하는 과세연도까지 해당 사업에서 소득이 발생하지 아니한 경우에는 5년이 되는 날이 속하는 과세연도)와 그 다음 과세연도의 개시일부터 2년 이내에 끝나는 과세연도까지 해당 사업에서 발생한 소득에 대한 법인세 또는 소득세의 100분의 100에 상당하는 세액을 감면하고, 그 다음 2년 이내에 끝나는 과세연도에는 소득세 또는 법인세의 100분의 50에 상당하는 세액을 감면한다.(2022.12.31 본항개정)
② 「장애인고용촉진 및 직업재활법」 제22조의4제1항에 따라 2025년 12월 31일까지 장애인 표준사업장으로 인증받은 내국인은 해당 사업에서 최초로 소득이 발생한 과세연도(인증을 받은 날부터 5년이 되는 날이 속하는 과세연도까지 해당 사업에서 소득이 발생하지 아니한 경우에는 5년이 되는 날이 속하는 과세연도)와 그 다음 과세연도의 개시일부터 2년 이내에 끝나는 과세연도까지 해당 사업에서 발생한 소득에 대한 법인세 또는 소득세의 100분의 100에 상당하는 세액을 감면하고, 그 다음 2년 이내에 끝나는 과세연도에는 소득세 또는 법인세의 100분의 50에 상당하는 세액을 감면한다.(2022.12.31 본항개정)
③ 제1항 및 제2항이 적용되는 감면기간 동안 해당 과세연도에 감면받는 소득세 또는 법인세는 다음 각 호의 구분에 따른 금액을 한도로 한다.
1. 제1항에 따른 사회적기업으로 인증받은 내국인의 경우 : 1억원 + 「사회적기업 육성법」 제2조제2호에 따른 취약계층에 해당하는 상시근로자 수 × 2천만원
2. 제2항에 따른 장애인 표준사업장으로 인증받은 내국인의 경우 : 1억원 + 「장애인고용촉진 및 직업재활법」 제2조제1호에 따른 장애인에 해당하는 상시근로자 수 × 2천만원
(2019.12.31 본항신설)
④ 제1항을 적용할 때 세액감면기간 중 다음 각 호의 어느 하나에 해당하여 「사회적기업 육성법」 제18조에 따라 사회적기업의 인증이 취소되었을 때에는 해당 과세연도부터 제1항에 따른 법인세 또는 소득세를 감면받을 수 없다.
1. 거짓이나 그 밖의 부정한 방법으로 인증을 받은 경우
2. 「사회적기업 육성법」 제8조의 인증요건을 갖추지 못하게 된 경우
⑤ 제2항을 적용할 때 세액감면기간 중 해당 장애인 표준사업장이 다음 각 호의 어느 하나에 해당하는 경우에는 해당 과세연도부터 제2항에 따른 법인세 또는 소득세를 감면받을 수 없다.
1. 「장애인고용촉진 및 직업재활법」 제21조 또는 제22조에 따른 융자 또는 지원을 거짓이나 그 밖의 부정한 방법으로 받은 경우
2. 사업주가 「장애인고용촉진 및 직업재활법」 제21조 또는 제22조에 따라 받은 융자금 또는 지원금을 같은

규정에 따른 용도에 사용하지 아니한 경우
3. 「장애인고용촉진 및 직업재활법」 제22조의4제2항에 따라 인증이 취소된 경우(2019.12.31 본호개정)
(2010.12.27 본항신설)
⑥ 제1항 및 제2항에 따라 세액을 감면받은 내국인이 제4항제1호 또는 제5항제1호에 해당하는 경우에는 그 사유가 발생한 과세연도의 과세표준신고를 할 때 감면받은 세액에 제63조제3항의 이자상당가산액에 관한 규정을 준용하여 계산한 금액을 가산하여 법인세 또는 소득세로 납부하여야 한다.(2020.12.29 본항개정)
⑦ 제3항을 적용할 때 상시근로자의 범위, 상시근로자 수의 계산방법, 그 밖에 필요한 사항은 대통령령으로 정한다.(2019.12.31 본항신설)
⑧ 제1항 및 제2항을 적용받으려는 자는 대통령령으로 정하는 바에 따라 감면신청을 하여야 한다.(2010.12.27 본항개정)
(2010.12.27 본조제목개정)
(2010.1.1 본조개정)

제85조의7 【공익사업을 위한 수용등에 따른 공장 이전에 대한 과세특례】 ① 「공익사업을 위한 토지 등의 취득 및 보상에 관한 법률」에 따른 공익사업의 시행으로 해당 공익사업지역에서 그 사업인정고시일(사업인정고시일 전에 양도하는 경우에는 양도일로 한다. 이하 이 조에서 같다)부터 소급하여 2년 이상 가동한 공장(공장을 사업인정고시일부터 소급하여 2년 미만 가동한 경우 양도일 현재 1년 이상 가동한 공장의 토지로서 사업인정고시일부터 소급하여 5년 이상 보유한 토지를 포함한다)을 공익사업 시행지역 밖의 지역(공익사업의 시행으로 조성한 공익사업 지역 안의 토지를 사업시행자로부터 직접 취득하여 해당 공장의 용지로 사용하는 경우에는 그 공익사업 시행지역을 포함한다)으로서 대통령령으로 정하는 지역으로 이전하기 위하여 그 공장의 대지와 건물을 그 공익사업의 사업시행자에게 2026년 12월 31일까지 양도(공장의 대지의 일부만 양도하는 경우를 포함한다)함으로써 발생하는 양도차익에 상당하는 금액은 다음 각 호에 해당하는 방법에 따라 익금에 산입하지 아니하거나 양도소득세를 분할납부할 수 있다.(2023.12.31 본문개정)
1. 내국법인 : 대통령령으로 정하는 바에 따라 계산한 금액을 해당 사업연도의 소득금액을 계산할 때 익금에 산입하지 아니하는 방법. 이 경우 해당 금액은 양도일이 속하는 사업연도 종료일 이후 5년이 되는 날이 속하는 사업연도부터 5개 사업연도의 기간 동안 균분한 금액 이상을 익금에 산입하여야 한다.(2019.12.31 후단개정)
2. 거주자 : 대통령령으로 정하는 바에 따라 계산한 양도소득세를 양도일이 속하는 해당 연도의 양도소득세 과세표준 확정신고기한까지 납부하여야 할 양도소득세로 보지 아니하는 방법. 이 경우 해당 세액은 양도일이 속하는 해당 연도의 양도소득세 과세표준 확정신고기한 종료일 이후 5년이 되는 날부터 5년의 기간 동안 균분한 금액 이상을 납부하여야 한다.(2019.12.31 후단개정)
② 제1항을 적용받은 내국인이 대통령령으로 정하는 바에 따라 공장을 이전하지 아니하거나 그 공장의 양도일부터 3년 이내에 해당 사업을 폐업하거나 해산하는 경우에는 그 사유가 발생한 날이 속하는 사업연도의 소득금액을 계산할 때 대통령령으로 정하는 바에 따라 계산한 금액을 익금에 산입하거나 분할납부할 세액을 양도소득세로 납부하여야 한다. 이 경우 익금에 산입할 금액 또는 납부할 세액에 대해서는 제33조제3항 후단을 준용한다.
③ 제1항 및 제2항을 적용하는 경우 양도차익명세서의 제출이나 그 밖에 필요한 사항은 대통령령으로 정한다.(2010.1.1 본조개정)

제85조의8【중소기업의 공장이전에 대한 과세특례】① 2년 이상 계속하여 공장시설을 갖추고 사업을 하는 중소기업이 대통령령으로 정하는 지역 외의 지역으로 공장을 이전하거나 「산업입지 및 개발에 관한 법률」에 따른 산업단지에서 2년 이상 계속하여 공장시설을 갖추고 사업을 하는 중소기업이 동일한 산업단지 내 다른 공장으로 이전하는 경우 해당 공장의 대지와 건물을 2025년 12월 31일까지 양도함으로써 발생하는 양도차익에 상당하는 금액은 다음 각 호의 방법에 따라 익금에 산입하지 아니하거나 양도소득세를 분할납부할 수 있다. (2022.12.31 본문개정)

1. 내국법인 : 대통령령으로 정하는 바에 따라 계산한 금액을 해당 사업연도의 소득금액을 계산할 때 익금에 산입하지 아니하는 방법. 이 경우 해당 금액은 양도일이 속하는 사업연도가 끝나는 날 이후 5년이 되는 날이 속하는 사업연도부터 5개 사업연도의 기간 동안 균분한 금액 이상을 익금에 산입하여야 한다.

2. 거주자 : 대통령령으로 정하는 바에 따라 계산한 양도소득세를 양도일이 속하는 해당 연도의 양도소득세 과세표준 확정신고기한까지 납부하여야 할 양도소득세로 보지 아니하는 방법. 이 경우 해당 세액은 양도일이 속하는 해당 연도의 양도소득세 과세표준 확정신고기한이 끝나는 날 이후 5년이 되는 날부터 5년의 기간 동안 균분한 금액 이상을 납부하여야 한다. (2019.12.31 본항개정)

② 제1항을 적용받은 내국인이 대통령령으로 정하는 바에 따라 공장을 이전하지 아니하거나 해당 공장의 양도일부터 3년 이내에 해당 사업을 폐업하거나 해산한 경우에는 해당 사유가 발생한 날이 속하는 사업연도의 소득금액을 계산할 때 대통령령으로 정하는 바에 따라 계산한 금액을 익금에 산입하거나 분할납부할 세액을 양도소득세로 납부하여야 한다. 이 경우 익금에 산입할 금액 또는 납부할 세액에 관하여는 제33조제3항 후단을 준용한다.

③ 제1항 및 제2항을 적용하는 경우 양도차익명세서의 제출 등에 필요한 사항은 대통령령으로 정한다. (2010.1.1 본조신설)

제85조의9【공익사업을 위한 수용 등에 따른 물류시설 이전에 대한 과세특례】① 「공익사업을 위한 토지 등의 취득 및 보상에 관한 법률」에 따른 공익사업의 시행으로 해당 공익사업지역에서 그 사업인정고시일(사업인정고시일 전에 양도하는 경우에는 양도일)로 현재 2년 이상 사용한 대통령령으로 정하는 물류시설(이하 이 조에서 "물류시설"이라 한다)을 대통령령으로 정하는 지역으로 이전하기 위하여 그 물류시설의 대지 또는 건물을 그 공익사업의 사업시행자에게 2026년 12월 31일까지 양도함으로써 발생하는 양도차익에 상당하는 금액은 다음 각 호의 구분에 따른 방법으로 익금에 산입하지 아니하거나 양도소득세를 분할납부할 수 있다. (2023.12.31 본문개정)

1. 내국법인 : 대통령령으로 정하는 바에 따라 계산한 금액을 해당 사업연도의 소득금액을 계산할 때 익금에 산입하지 아니하는 방법. 이 경우 해당 금액은 양도일이 속하는 사업연도 종료일 이후 3년이 되는 날이 속하는 사업연도부터 3개 사업연도의 기간 동안 균분한 금액 이상을 익금에 산입하여야 한다.

2. 거주자 : 대통령령으로 정하는 바에 따라 계산한 양도소득세를 분할납부하는 방법. 이 경우 해당 세액은 양도일이 속하는 해당 연도의 양도소득세 과세표준 확정신고기한 종료일 이후 3년이 되는 날부터 3년의 기간 동안 균분한 금액 이상을 납부하여야 한다.

② 제1항을 적용받은 내국인이 대통령령으로 정하는 바에 따라 물류시설을 이전하지 아니하거나 그 물류시설의 양도일부터 3년 이내에 해당 사업을 폐업하거나

해산한 경우에는 그 사유가 발생한 날이 속하는 사업연도의 소득금액을 계산할 때 대통령령으로 정하는 바에 따라 계산한 금액을 익금에 산입하거나 분할납부할 세액을 양도소득세로 납부하여야 한다. 이 경우 익금에 산입할 금액 또는 납부할 세액에 대해서는 제33조제3항 후단을 준용한다.

③ 제1항 및 제2항을 적용하는 경우 양도차익명세서의 제출이나 그 밖에 필요한 사항은 대통령령으로 정한다. (2010.1.1 본조신설)

제85조의10【국가에 양도하는 산지에 대한 양도소득세의 감면】① 거주자가 「산지관리법」에 따른 산지(「국토의 계획 및 이용에 관한 법률」에 따른 도시지역에 소재하는 산지를 제외하며, 이하 이 항에서 "산지"라 한다)로서 2년 이상 보유한 산지를 2022년 12월 31일 이전에 「국유림의 경영 및 관리에 관한 법률」 제18조에 따라 국가에 양도함으로써 발생하는 소득에 대해서는 양도소득세의 100분의 10에 상당하는 세액을 감면한다. (2020.12.29 본항개정)

② 제1항을 적용받으려는 자는 대통령령으로 정하는 바에 따라 감면신청을 하여야 한다. (2010.1.1 본조신설)

제9절 저축 지원을 위한 조세특례
(2010.1.1 본절제목개정)

제86조～제86조의2 (2013.1.1 삭제)

제86조의3【소기업·소상공인 공제부금에 대한 소득공제 등】① 거주자가 「중소기업협동조합법」 제115조에 따른 소기업·소상공인 공제로서 대통령령으로 정하는 공제(이하 이 조에서 "소기업·소상공인 공제"라 한다)에 가입하여 납부하는 공제부금에 대해서는 해당 연도의 공제부금 납부액과 다음 각 호의 구분에 따른 금액 중 적은 금액에 해당 과세연도의 사업소득금액(법인의 대표자로서 해당 과세기간의 총급여액이 7천만원 이하인 거주자의 경우에는 근로소득금액으로 한다. 이하 이 항에서 같다)에서 "소득세법" 제45조제2항에 따른 부동산임대업의 소득금액을 차감한 금액이 사업소득금액에서 차지하는 비율을 곱한 금액을 해당 과세연도의 사업소득금액에서 공제한다. 다만, 사업소득금액에서 공제하는 금액은 사업소득금액에서 「소득세법」 제45조제2항에 따른 부동산임대업의 소득금액을 차감한 금액을 한도로 한다. (2018.12.24 본문개정)

1. 해당 과세연도의 사업소득금액이 4천만원 이하인 경우 : 500만원(2016.12.20 본호신설)

2. 해당 과세연도의 사업소득금액이 4천만원 초과 1억원 이하인 경우 : 300만원(2016.12.20 본호신설)

3. 해당 과세연도의 사업소득금액이 1억원 초과인 경우 : 200만원(2016.12.20 본호신설)

② 제1항에 따른 소기업·소상공인 공제에서 발생하는 소득은 소기업·소상공인 공제 가입자가 실제로 그 소득을 받을 때 발생한 것으로 본다.

③ 폐업 등 대통령령으로 정하는 사유가 발생하여 소기업·소상공인 공제에서 공제금을 지급받는 경우에는 다음 계산식에 따라 계산한 금액을 「소득세법」 제22조제1항제2호의 퇴직소득으로 보아 소득세를 부과한다. 이 경우 「소득세법」 제48조 및 제55조에 따른 근속연수는 소기업·소상공인 공제의 가입기간을 고려하여 대통령령으로 정하는 방법에 따라 계산한 연수로 한다.

퇴직소득 = 공제금 - 실제 소득공제받은 금액을 초과하여 납입한 금액의 누계액

(2014.12.23 본항개정)

④ 폐업 등 대통령령으로 정하는 사유가 발생하기 전에 소기업·소상공인 공제계약이 해지된 경우에는 다음의 계산식에 따라 계산한 금액을 「소득세법」 제21조

에 따른 기타소득으로 보아 소득세를 부과한다. 다만, 해외이주 등 대통령령으로 정하는 사유로 해지된 경우에는 제3항을 적용한다.

　기타소득 = 해지로 인하여 받은 환급금 - 실제 소득공제 받은 금액을 초과하여 납입한 금액의 누계액

⑤ (2016.12.20 삭제)

⑥ 제3항 및 제4항에 따라 납부하여야 할 세액을 「소득세법」제128조제1항에 따른 기한까지 납부하거나 납부하여야 할 세액에 미달하게 납부한 경우「중소기업협동조합법」에 따른 중소기업중앙회는 그 납부하지 아니한 세액 또는 미달한 세액에 「국세기본법」제47조의5제1항에 따른 금액을 가산하여 납부하여야 한다.(2016.12.20 본항개정)

⑦ 제4항에 따른 소득세는 소기업·소상공인 공제계약의 해지로 인하여 소기업·소상공인 공제 가입자가 받는 환급금을 한도로 한다.(2016.12.20 본항개정)

⑧ 소기업·소상공인 공제 가입자에 대한 소득공제 방법 및 절차 등에 관하여 필요한 사항은 대통령령으로 정한다.

(2010.1.1 본조개정)

제86조의4【연금계좌세액공제 등】 종합소득이 있으며, 해당 과세기간에 「소득세법」제14조제3항제6호에 따른 소득의 합계액이 2천만원을 초과하지 않는 50세 이상인 거주자는 2022년 12월 31일까지「소득세법」제59조의3을 적용하는 경우 같은 조 제1항 단서에도 불구하고 연금계좌 중 연금저축계좌에 납입한 금액이 연 600만원을 초과하는 경우에는 그 초과하는 금액은 없는 것으로 하고, 연금저축계좌에 납입한 금액 중 600만원 이내의 금액과 퇴직연금계좌에 납입한 금액을 합한 금액이 연 900만원을 초과하는 경우에는 그 초과하는 금액은 없는 것으로 하되, 해당 과세기간에 종합소득과세표준을 계산할 때 합산하는 종합소득금액이 1억원 초과(근로소득만 있는 경우에는 총급여액 1억2천만원 초과)인 거주자에 대해서는 연금계좌 중 연금저축계좌에 납입한 금액이 연 300만원을 초과하는 경우에는 그 초과하는 금액은 없는 것으로 하고, 연금저축계좌에 납입한 금액 중 300만원 이내의 금액과 퇴직연금계좌에 납입한 금액을 합한 금액이 연 700만원을 초과하는 경우에는 그 초과하는 금액은 없는 것으로 한다.(2019.12.31 본조신설)

제87조【주택청약종합저축 등에 대한 소득공제 등】 ① 다음 각 호의 요건을 모두 갖춘 장기주택마련저축(이하 이 조에서 "장기주택마련저축"이라 한다)으로서 2012년 12월 31일까지 가입한 저축의 이자소득과 배당소득에 대해서는 소득세를 부과하지 아니한다.

1. 가입대상이 만 18세 이상의 거주자로서 가입 당시 다음 각 목의 어느 하나에 해당될 것
　가. 주택을 소유하지 아니한 대통령령으로 정하는 세대(이하 이 조에서 "세대"라 한다)의 세대주
　나. 「소득세법」제99조제1항에 따른 주택의 기준시가(이하 이 조에서 "기준시가"라 한다)가 5천만원 이하인 주택 또는 대통령령으로 정하는 규모 이하의 주택(이하 이 조에서 "국민주택규모의 주택"이라 한다)으로서 기준시가가 3억원 이하인 주택을 한 채만 소유한 세대의 세대주
2. 저축 납입한도, 계약기간 등 대통령령으로 정하는 요건을 갖출 것

② 근로소득이 있는 거주자(일용근로자는 제외한다)로서 「소득세법」제20조제2항에 따른 해당 과세기간의 총급여액이 7천만원 이하이며 해당 과세기간 중 주택을 소유하지 않은 세대의 세대주가 2025년 12월 31일까지 해당 과세기간에 「주택법」에 따른 주택청약종합저축에 납입한 금액(연 300만원을 납입한도로 하며, 제4항제1호에 따른 소득공제 적용 과세기간 이후에 납입한 금액만 해당한다)의 100분의 40에 상당하는 금액을 해당 과

세기간의 근로소득금액에서 공제한다. 다만, 과세기간 중에 주택 당첨 등 대통령령으로 정하는 것 외의 사유로 중도해지한 경우에는 해당 과세기간에 납입한 금액은 공제하지 아니한다.(2023.12.31 본문개정)

1.~2. (2016.1.19 삭제)

③ 다음 각 호의 요건을 모두 갖춘 주택청약종합저축(이하 이 조에서 "청년우대형주택청약종합저축"이라 한다)에 2025년 12월 31일까지 가입하는 경우 해당 저축에서 발생하는 이자소득의 합계액에 대해서는 500만원까지 소득세를 부과하지 아니한다. 이 경우 비과세를 적용받을 수 있는 납입금액은 모든 금융회사에 납입한 금액을 합하여 연 600만원을 한도로 한다.

(2023.12.31 전단개정)

1. 가입 당시 대통령령으로 정하는 청년에 해당하고 주택을 소유하지 아니하는 세대의 세대주로서 다음 각 목의 어느 하나에 해당하는 거주자를 가입대상으로 할 것
　가. 직전 과세기간의 총급여액이 3천6백만원 이하인 근로소득자(직전 과세기간에 근로소득만 있거나 근로소득 및 종합소득과세표준에 합산되지 아니하는 종합소득이 있는 자로 한정하되, 비과세소득만 있는 자는 제외한다)(2021.12.28 본목개정)
　나. 직전 과세기간의 종합소득과세표준에 합산되는 종합소득금액이 2천6백만원 이하인 자(직전 과세기간의 총급여액이 3천6백만원을 초과하는 근로소득이 있는 자 및 비과세소득만 있는 자는 제외한다)
　(2022.12.31 본목개정)
2. 계약기간이 2년 이상일 것
(2018.12.24 본항신설)

④ 제2항에 따라 주택청약종합저축에 납입한 금액에 대하여 소득공제를 적용받거나 제3항에 따른 청년우대형주택청약종합저축의 이자소득에 대한 비과세를 적용받으려는 사람은 해당 저축 취급기관에 주택을 소유하지 아니한 세대의 세대주임을 확인하는 대통령령으로 정하는 서류(이하 이 조에서 "무주택 확인서"라 한다)를 다음 각 호의 구분에 따른 시기에 제출하여야 한다.(2018.12.24 본항개정)

1. 제2항에 따라 소득공제를 적용받으려는 경우에는 소득공제를 적용받으려는 과세기간(이하 이 조에서 "소득공제 적용 과세기간"이라 한다)의 다음 연도 2월 말까지(2018.12.24 본호신설)
2. 제3항에 따라 이자소득에 대한 비과세를 적용받으려는 경우에는 저축가입 후 2년 이내(2018.12.24 본호신설)

⑤ 제2항과 「소득세법」제52조제4항에 따라 공제한 금액의 합계액이 연 400만원을 초과하는 경우 그 초과하는 금액은 해당 연도의 근로소득금액에서 공제하지 아니하고, 제2항, 「소득세법」제52조제4항부터 제6항까지(「소득세법」제52조제5항에 따른 장기주택저당차입금이 같은 조 제6항 각 호의 요건에 해당하는 경우에는 각각의 공제한도액)을 초과하는 경우에는 그 초과하는 금액은 해당 연도의 근로소득금액에서 공제하지 아니한다. 이 경우 세대주인지 여부는 과세기간 종료일 현재를 기준으로 판단한다.(2023.12.31 전단개정)

⑥ 장기주택마련저축 또는 청년우대형주택청약종합저축의 계약을 체결한 자가 해당 저축의 계약일부터 다음 각 호의 구분에 따른 기간 이내에 원금이나 이자 등을 인출하거나 계약을 해지한 경우 그 저축을 취급하는 금융기관은 이자소득과 배당소득에 대하여 소득세가 부과되지 아니함으로써 감면받은 세액을 제146조의2에 따라 추징하여야 한다. 다만, 저축자의 사망, 해외이주 또는 대통령령으로 정하는 사유로 저축계약을 해지하는 경우에는 그러하지 아니한다.(2020.12.29 본문개정)

1. 장기주택마련저축 : 7년(2018.12.24 본호신설)

2. 청년우대형주택청약종합저축 : 2년(2018.12.24 본호 신설)

⑦ 주택청약종합저축 납입액에 대하여 소득공제를 받은 사람이 다음 각 호의 어느 하나에 해당하는 경우 해당 저축 취급기관은 소득공제 적용 과세기간 이후에 납입한 금액(연 300만원을 한도로 한다)의 누계액에 100분의 6을 곱하여 계산한 금액(이하 이 조에서 "추징세액"이라 한다)을 해당 저축을 해지하는 때에 해당 저축금액에서 추징하여 해지일이 속하는 달의 다음 달 10일까지 원천징수 관할 세무서장에게 납부하여야 한다. 다만, 소득공제를 받은 사람이 해당 소득공제로 감면받은 세액이 추징세액에 미달하는 사실을 증명하는 경우에는 실제로 감면받은 세액 상당액을 추징한다.(2023.12.31 본문개정)

1. 저축 가입일부터 5년 이내에 저축계약을 해지하는 경우. 다만, 저축자의 사망, 해외이주 또는 대통령령으로 정하는 사유로 저축계약을 해지하는 경우는 제외한다.

2. 「주택법」에 따른 사업계획승인을 받아 건설되는 국민주택규모를 초과하는 주택에 청약하여 당첨된 경우

⑧ 제7항에 따른 추징세액을 기한까지 납부하지 아니하거나 납부하여야 할 세액에 미달하게 납부한 경우 저축 취급기관은 그 납부하지 아니한 세액 또는 미달한 세액의 100분의 10에 해당하는 금액을 추징세액에 가산하여 원천징수 관할 세무서장에게 납부하여야 한다.(2020.12.29 본항개정)

⑨ 장기주택마련저축 가입대상의 확인과 관리는 다음 각 호에 따른다.

1. 국세청장은 장기주택마련저축의 가입자가 가입 당시 제1항 각 호의 요건을 갖추었는지를 확인하여 대통령령으로 정하는 기간에 저축 취급기관에 통보하여야 한다.

2. 국세청장은 장기주택마련저축의 가입자가 장기주택마련저축의 계약일부터 7년이 되는 날이 속하는 과세기간 종료일과 해당 과세기간 이후 매 3년이 되는 과세기간 종료일 현재 제1항 각 호의 요건(기준시가가 3억원 이하인 주택인지 여부는 제외한다)을 모두 갖추었는지를 확인하여 저축 취급기관에 통보하여야 한다. 이 경우 제1항 각 호(기준시가가 3억원 이하인 주택인지 여부는 제외한다)의 요건 중 어느 하나에 해당되지 아니한 경우에는 그 통보를 받은 날에 저축을 해지한 것으로 보되 제6항 및 제8항을 적용하지 아니한다.(2018.12.24 후단개정)

⑩ 주택청약종합저축 및 청년우대형주택청약종합저축의 가입대상의 확인과 관리는 다음 각 호에 따른다.

1. 저축 취급기관은 무주택 확인서를 제출한 사람의 명단을 대통령령으로 정하는 때까지 국토교통부장관에게 제출하여야 한다.

2. 국토교통부장관은 무주택 확인서를 제출한 사람이 대통령령으로 정하는 시기에 주택을 소유하지 않은 세대의 세대주에 해당하는지를 확인하여 대통령령으로 정하는 날까지 국세청장과 저축 취급기관에 통보하여야 한다.

3. 국세청장은 청년우대형주택청약종합저축의 가입자가 제3항제1호 각 목의 요건을 갖추었는지를 확인하여 대통령령으로 정하는 기간에 저축 취급기관에 통보하여야 한다.(2018.12.24 본호신설)

(2018.12.24 본항개정)

⑪ 장기주택마련저축의 가입, 해지 및 비과세 절차, 청약저축 및 주택청약종합저축의 소득공제 절차, 그 밖에 필요한 사항은 대통령령으로 정한다.(2018.12.24 본항개정)

(2014.12.23 본조제목개정)

(2010.1.1 본조개정)

제87조의2【농어가목돈마련저축에 대한 비과세】 농어민이 「농어가목돈마련저축에 관한 법률」에 따른 농어가목돈마련저축에 2025년 12월 31일까지 가입한 경우 해당 농어민 또는 그 상속인이 저축계약기간이 만료되거나 가입일부터 1년 이후 다음 각 호의 어느 하나에 해당하는 사유로 저축을 해지하여 받는 이자소득과 저축장려금에 대해서는 소득세 · 증여세 또는 상속세를 부과하지 아니한다.(2022.12.31 본문개정)

1. 농어민이 사망한 때
2. 농어민이 해외로 이주한 때
3. 천재지변 그 밖에 대통령령으로 정하는 사유가 발생한 때

(2010.1.1 본조개정)

제87조의3 (2010.1.1 삭제)

제87조의4 (2005.12.31 삭제)

제87조의5【선박투자회사의 주주에 대한 과세특례】 ① (2005.12.31 삭제)

② 거주자가 「선박투자회사법」 제2조제1호에 따른 선박투자회사(이하 "선박투자회사"라 한다)로부터 2015년 12월 31일 이전에 받는 선박투자회사별 액면가액(額面價額) 5천만원 이하 보유주식의 배당소득에 대해서는 「소득세법」 제129조에도 불구하고 100분의 9의 세율을 적용한다. 이 경우 액면가액이 2억원 이하인 보유주식의 배당소득은 「소득세법」 제14조제2항에 따른 종합소득과세표준에 합산하지 아니한다.(2014.1.1 본항개정)

③ 선박투자회사의 주식이 투자매매업자 또는 투자중개업자에게 전자등록되거나 예탁되는 경우 선박투자회사가 그 배당소득을 지급하려면 배당결의를 한 후 즉시 주식보유자별, 투자매매업자 또는 투자중개업자별로 제2항에 따른 분리과세대상소득의 명세를 직접 또는 「주식 · 사채 등의 전자등록에 관한 법률」 제2조제6호에 따른 전자등록기관(이하 "전자등록기관"이라 한다) 또는 「자본시장과 금융투자업에 관한 법률」 제294조에 따른 한국예탁결제원(이하 "한국예탁결제원"이라 한다)을 통하여 주식보유자가 위탁매매하는 투자매매업자 또는 투자중개업자에게 통지하여야 하며, 통지를 받은 투자매매업자 또는 투자중개업자는 통지받은 내용에 따라 원천징수하여야 한다.(2016.3.22 본항개정)

④ 선박투자회사의 주권이 투자매매업자 또는 투자중개업자에게 예탁되어 있지 아니한 경우 해당 선박투자회사는 직접 또는 해당 선박투자회사의 명의개서대행기관(名義改書代行機關)을 통하여 주식보유자별로 제2항 전단에 따른 과세대상소득과 「소득세법」 제129조에 따른 세율을 적용하는 과세대상소득을 구분하여 원천징수하여야 한다.(2010.1.1 본항개정)

⑤ 제3항과 제4항에 따른 원천징수의무자가 직접 선박투자회사의 배당소득을 지급할 때에는 그 배당소득을 지급하는 날이 속하는 분기의 종료일의 다음 달 말일까지 기획재정부령으로 정하는 선박투자회사 분리과세명세서를 원천징수 관할 세무서장에게 제출하여야 한다.(2010.1.1 본항개정)

제87조의6【부동산집합투자기구등 집합투자증권의 배당소득에 대한 과세특례】 ① 거주자가 대통령령으로 정하는 임대주택에 자산총액 중 대통령령으로 정하는 비율 이상을 투자하는 「자본시장과 금융투자업에 관한 법률」에 따른 부동산집합투자기구(집합투자재산의 100분의 50 이상을 같은 법 제229조제2호에서 정한 부동산에 투자하는 같은 법 제9조제19항에 따른 사모집합투자기구를 포함한다) 또는 「부동산투자회사법」에 따른 부동산투자회사(이하 이 조에서 "부동산집합투자기구등"이라 한다)로부터 2018년 12월 31일까지 받는 부동산집합투자기구등별 액면가액 합계액이 2억원 이하인 보유주식 또는 수익증권(이하 이 조에서 "집합투자증권"이라 한다)의 배당소득은 「소득세법」 제14조제2항에 따른

종합소득과세표준에 합산하지 아니한다. 이 경우 부동산집합투자기구등별 액면가액 합계액이 5천만원 이하인 집합투자증권의 배당소득에 대해서는 「소득세법」 제129조에도 불구하고 100분의 5의 세율을 적용한다. (2016.12.20 전단개정)

② 부동산집합투자기구등의 집합투자증권이 투자매매업자 또는 투자중개업자에게 전자등록되거나 예탁된 경우 부동산집합투자기구등은 그 배당소득을 지급하기로 결정한 후 즉시 제1항에 따른 집합투자증권보유자별·투자매매업자별·투자중개업자별 분리과세대상소득의 명세를 직접 또는 전자등록기관 또는 한국예탁결제원을 통하여 집합투자증권 보유자가 위탁매매하는 투자매매업자 또는 투자중개업자에게 통지하여야 하며, 통지받은 투자매매업자 또는 투자중개업자는 통지받은 내용에 따라 원천징수하여야 한다. (2016.3.22 본항개정)

③ 부동산집합투자기구등의 집합투자증권이 투자매매업자 또는 투자중개업자에게 예탁되어 있지 아니한 경우에는 그 부동산집합투자기구등은 직접 또는 그 부동산집합투자기구등의 명의개서대행기관을 통하여 집합투자증권 보유자별로 분리과세대상소득을 구분하여 원천징수하여야 한다.

④ 제2항과 제3항에 따른 원천징수의무자가 직접 부동산집합투자기구등의 배당소득을 지급할 경우에는 그 배당소득을 지급하는 날이 속하는 분기의 종료일의 다음 달 말일까지 기획재정부령으로 정하는 부동산집합투자기구등 배당소득분리과세명세서를 원천징수 관할 세무서장에게 제출하여야 한다.

⑤ 거주자가 「자본시장과 금융투자업에 관한 법률」에 따른 신탁업자와 신탁계약을 통하여 부동산집합투자기구등의 집합투자증권에 투자하는 경우에는 해당 신탁업자와 부동산집합투자기구등 간에 원천징수의무의 대리 또는 위임의 관계가 있는 것으로 본다. (2016.12.20 본항신설)

⑥ 부동산집합투자기구등의 투자비율 계산방법, 원천징수 방법 및 그 밖에 필요한 사항은 대통령령으로 정한다. (2016.12.20 본항신설)
(2011.5.19 본조신설)

제87조의7【공모부동산집합투자기구의 집합투자증권의 배당소득 등에 대한 과세특례】 ① 거주자가 다음 각 호에 해당하는 신탁, 회사 또는 조합(이하 "공모부동산집합투자기구"라 한다)의 지분증권 또는 수익증권(이하 "공모부동산집합투자기구의 집합투자증권"이라 한다)에 2026년 12월 31일까지 투자하는 경우 해당 거주자가 보유하고 있는 공모부동산집합투자기구의 집합투자증권 중 거주자별 투자금액의 합계액이 5천만원을 초과하지 않는 범위에서 지급받는 배당소득(투자일부터 3년 이내에 발생하는 경우로 한정한다)에 대해서는 「소득세법」 제14조제2항에 따른 종합소득과세표준에 합산하지 아니하되 「소득세법」 제129조에도 불구하고 100분의 9의 세율을 적용한다. (2023.12.31 본문개정)

1. 「자본시장과 금융투자업에 관한 법률」 제229조제2호에 따른 부동산집합투자기구(같은 법 제9조제19항에 따른 사모집합투자기구를 제외한다)
2. 「부동산투자회사법」 제49조의3제1항에 따른 공모부동산투자회사
3. 집합투자재산의 투자액 전부를 제1호 또는 제2호에 투자(투자대기자금의 일시적인 운용 등을 위하여 대통령령으로 정하는 경우를 제외한다)하는 「자본시장과 금융투자업에 관한 법률」 제9조제18항에 따른 집합투자기구(같은 법 제9조제19항에 따른 사모집합투자기구를 제외한다) 및 「부동산투자회사법」 제49조의3제1항에 따른 공모부동산투자회사

② 제1항을 적용받으려는 거주자는 대통령령으로 정하는 바에 따라 제1항의 적용대상이 되는 공모부동산집합

투자기구의 집합투자증권의 내역을 해당 거주자가 매매를 위탁한 투자매매업자 또는 투자중개업자(공모부동산집합투자기구의 집합투자증권이 예탁되어 있지 아니한 경우에는 해당 공모부동산집합투자기구로 한다)에게 제출하여야 한다.

③ 제2항에 따른 투자매매업자·투자중개업자 또는 공모부동산집합투자기구(이하 이 조에서 "원천징수의무자"라 한다)는 제1항을 적용받는 배당소득을 구분하여 원천징수하여야 한다.

④ 제1항에도 불구하고 원천징수의무자는 거주자가 투자일부터 3년이 되는 날 이전에 제1항을 적용받는 공모부동산집합투자기구의 집합투자증권의 소유권을 이전하는 경우에는 제1항에 따라 거주자가 과세특례를 적용받은 소득세에 상당하는 세액을 제146조의2에 따라 추징하여야 한다. 다만, 다음 각 호의 어느 하나에 해당하는 사유로 소유권을 이전하는 경우는 제외한다. (2023.12.31 본문개정)

1. 대통령령으로 정하는 바에 따라 다른 공모부동산집합투자기구의 집합투자증권으로 전환하여 투자하는 경우
2. 대통령령으로 정하는 부득이한 사유가 있는 경우
(2023.12.31 1호~2호신설)

⑤ 공모부동산집합투자기구의 집합투자증권으로부터의 배당소득 계산방법, 원천징수의무자의 제출서류 및 그 밖에 필요한 사항은 대통령령으로 정한다. (2021.12.28 본조제목개정)
(2019.12.31 본조신설)

제88조 (2010.1.1 삭제)

제88조의2【비과세종합저축에 대한 과세특례】 ① 다음 각 호의 어느 하나에 해당하는 거주자가 1명당 저축원금이 5천만원(제89조에 따른 세금우대종합저축에 가입한 거주자로서 세금우대종합저축을 해지 또는 해제하지 아니한 자의 경우에는 5천만원에서 해당 거주자가 가입한 세금우대종합저축의 계약금액 총액을 뺀 금액으로 한다) 이하인 대통령령으로 정하는 저축(이하 이 조에서 "비과세종합저축"이라 한다)에 2025년 12월 31일까지 가입하는 경우 해당 저축에서 발생하는 이자소득 또는 배당소득에 대해서는 소득세를 부과하지 아니한다. (2022.12.31 본문개정)

1. 65세 이상인 거주자 (2014.12.23 본호개정)
2. 「장애인복지법」 제32조에 따라 등록한 장애인
3. 「독립유공자 예우에 관한 법률」 제6조에 따라 등록된 독립유공자와 그 유족 또는 가족
4. 「국가유공자 등 예우 및 지원에 관한 법률」 제6조에 따라 등록된 상이자(傷痍者)
5. 「국민기초생활보장법」 제2조제2호에 따른 수급자
6. 「고엽제후유의증 등 환자지원 및 단체설립에 관한 법률」 제2조제3호에 따른 고엽제후유의증환자 (2015.12.22 본호개정)
7. 「5·18민주유공자예우 및 단체설립에 관한 법률」 제4조제2호에 따른 5·18민주화운동부상자 (2021.1.5 본호개정)

② (2001.12.29 삭제)

③ 비과세종합저축의 가입절차, 가입대상의 확인, 계약금액 총액의 계산방법, 운용·관리 방법과 그 밖에 필요한 사항은 대통령령으로 정한다. (2019.12.31 본항개정)
(2014.12.23 본조제목개정)
(2010.1.1 본조개정)

제88조의3 (2003.12.30 삭제)

제88조의4【우리사주조합원 등에 대한 과세특례】 ① 「근로복지기본법」에 따른 우리사주조합원(이하 "우리사주조합원"이라 한다)이 우리사주를 취득하기 위하여 같은 법에 따른 우리사주조합(이하 "우리사주조합"이라 한다)에 출자하는 경우에는 해당 연도의 출자금

과 400만원(제16조제1항제3호에 따른 벤처기업등의 우리사주조합원의 경우에는 1천500만원) 중 적은 금액을 해당 연도의 근로소득금액에서 공제한다. (2017.12.19 본항개정)

② 「근로복지기본법」 제36조에 따른 우리사주조합기금에서 발생하거나 우리사주조합이 보유하고 있는 우리사주에서 발생하는 소득에 대해서는 소득세를 부과하지 아니한다.(2010.6.8 본항개정)

③ 우리사주조합원이 「근로복지기본법」 제36조제1항에 따라 해당 법인 등에 출연하거나 「자본시장과 금융투자업에 관한 법률」에 따른 증권시장 등에서 매입하여 취득한 우리사주를 우리사주조합을 통하여 배정받는 경우에는 소득세를 부과하지 아니한다. (2010.6.8 본항개정)

④ 제3항에도 불구하고 우리사주조합원이 우리사주조합을 통하여 배정받은 우리사주가 해당 법인이 출연하거나 해당 법인의 출연금으로 취득한 것으로서 대통령령으로 정하는 한도를 초과하는 부분에 대해서는 소득세를 부과한다. 이 경우 「근로복지기본법」 제37조에 따라 당초 배정된 우리사주가 우리사주조합으로부터 우리사주조합에 회수되어 이미 지난 과세기간에 속하는 근로소득에서 빼야 할 금액이 있는 경우 해당 우리사주조합은 회수일이 속하는 과세기간의 근로소득세액에 대한 연말정산 시 해당 근로소득에서 그 금액을 뺄 수 있다.(2010.6.8 본항개정)

⑤ 우리사주조합원이 우리사주조합으로부터 배정받은 우리사주를 인출하는 경우에는 인출하는 우리사주에서 다음 각 호의 우리사주를 제외한 것(이하 이 조에서 "과세인출주식"이라 한다)에 대하여 대통령령으로 정하는 바에 따라 계산한 금액(이하 이 조에서 "인출금"이라 한다)을 「소득세법」 제20조에 따른 근로소득으로 보고 소득세를 부과한다. 이 경우 그 소득의 수입(收入)시기는 그 우리사주의 인출일로 하고, 해당 법인은 인출금에 「소득세법」 제55조제1항에 따른 세율을 적용하여 계산한 금액을 원천징수하여야 한다.
1. 제1항에 따라 소득공제를 받지 아니한 출자금액으로 취득한 우리사주
2. 제4항 전단에 따른 우리사주
3. 잉여금을 자본에 전입함에 따라 우리사주조합원에게 무상으로 지급된 우리사주
(2010.6.8 본항개정)

⑥ 우리사주조합원의 과세인출주식에 대한 인출금의 경우 우리사주의 보유기간과 법인의 규모에 따라 다음 각 호의 구분에 따른 금액에 대해서는 소득세를 부과하지 아니한다. 이 경우 우리사주의 보유기간은 「자본시장과 금융투자업에 관한 법률」에 따른 증권금융회사(이하 이 조에서 "증권금융회사"라 한다)의 우리사주조합원별 계정에 의무적으로 예탁하여야 하는 기간의 종료일의 다음 날부터 인출한 날까지의 기간으로 한다.
1. 중소기업의 경우 : 다음 각 목의 구분에 따른 금액
  가. 과세인출주식을 2년 이상 4년 미만 보유하는 경우 : 인출금의 100분의 50에 상당하는 금액
  나. 과세인출주식을 4년 이상 6년 미만 보유하는 경우 : 인출금의 100분의 75에 상당하는 금액
  다. 과세인출주식을 6년 이상 보유하는 경우 : 인출금의 100분의 100에 상당하는 금액
2. 중소기업 외의 경우 : 다음 각 목의 구분에 따른 금액
  가. 과세인출주식을 2년 이상 4년 미만 보유하는 경우 : 인출금의 100분의 50에 상당하는 금액
  나. 과세인출주식을 4년 이상 보유하는 경우 : 인출금의 100분의 75에 상당하는 금액
(2015.12.15 본항개정)

⑦ 우리사주조합원이 출연금을 우리사주 취득에 사용하지 아니하고 인출하는 경우에는 해당 금액(제1항에 따라 소득공제를 받지 아니한 것은 제외한다)을 제5항에 따른 인출금에 포함한다.(2010.6.8 본항개정)

⑧ 우리사주조합원이 우리사주조합에 출자하고 그 조합을 통하여 우리사주를 취득하는 경우 그 주식의 취득가액과 시가와의 차액에 대한 소득세 과세는 다음 각 호에 따른다.(2010.6.8 본문개정)
1. 출자금액이 400만원(제16조제1항제3호에 따른 벤처기업등의 우리사주조합원의 경우에는 1천500만원) 이하인 경우에는 해당 차액에 대하여 과세하지 아니한다. (2017.12.19 본호개정)
2. 출자금액이 400만원(제16조제1항제3호에 따른 벤처기업등의 우리사주조합원의 경우에는 1천500만원)을 초과하는 경우 그 초과금액으로 취득한 우리사주의 취득가액이 대통령령으로 정하는 가액(이하 이 항에서 "기준가액"이라 한다)보다 낮은 경우에는 해당 취득가액과 기준가액과의 차액에 대하여 근로소득으로 보아 과세한다.(2017.12.19 본호개정)

⑨ 우리사주조합원이 우리사주조합을 통하여 취득한 후 증권금융회사에 예탁한 우리사주의 배당소득에 대해서는 다음 각 호의 요건을 갖춘 경우에 소득세를 과세하지 아니한다. 다만, 예탁일부터 1년 이내에 인출하는 경우 그 인출일 이전에 지급된 배당소득에 대해서는 인출일에 배당소득이 지급된 것으로 보아 소득세를 과세한다.
1. 증권금융회사가 발급한 주권예탁증명서에 의하여 우리사주조합원이 보유하고 있는 우리사주가 배당지급 기준일 현재 증권금융회사에 예탁되어 있음이 확인될 것(2010.6.8 본호개정)
2. 우리사주조합원이 대통령령으로 정하는 소액주주(이하 이 조에서 "소액주주"라 한다)일 것
3. 우리사주조합원이 보유하고 있는 우리사주의 액면가액의 개인별 합계액이 1천800만원 이하일 것 (2010.6.8 본호개정)

⑩ 「농업협동조합법」 제21조의2, 제107조제2항, 제112조제2항, 제112조의10제2항 및 제147조와 「수산업협동조합법」 제22조의2, 제108조, 제113조 및 제147조에 따라 출자지분을 취득한 근로자가 보유하고 있는 자사지분의 배당소득에 대해서는 다음 각 호의 요건을 갖춘 경우 소득세를 과세하지 아니한다. 다만, 취득일부터 1년 이상 보유하지 아니하게 된 자사지분의 경우에는 그 사유가 발생하기 이전에 받은 배당소득에 대하여 그 사유가 발생한 날에 배당소득이 지급된 것으로 보아 소득세를 과세한다.(2013.1.1 본문개정)
1. 근로자가 소액주주일 것
2. 근로자가 보유하고 있는 자사지분의 액면가액의 개인별 합계액이 1천800만원 이하일 것

⑪ 원천징수의무자는 제9항 및 제10항에 따른 우리사주조합원 및 근로자의 배당소득에 대한 비과세명세서를 대통령령으로 정하는 바에 따라 원천징수 관할 세무서장에게 제출하여야 한다.

⑫ 우리사주조합원의 출연금의 소득공제, 배당소득 비과세, 인출한 우리사주에 대한 과세, 우리사주의 보유기간 계산 및 우리사주의 기장(記帳) 등에 관하여 필요한 사항은 대통령령으로 정한다.(2010.6.8 본항개정)

⑬ 거주자가 우리사주조합에 지출하는 기부금(우리사주조합원이 지출하는 기부금은 제외한다. 이하 이 항에서 같다)은 제1호 및 제2호의 구분에 따른 금액을 한도로 하여 「소득세법」 제34조제3항에 따라 필요경비에 산입하거나 「소득세법」 제59조의4제4항 각 호 외의 부분에 따라 종합소득산출세액에서 공제할 수 있고, 법인이 우리사주조합에 지출하는 기부금은 제3호의 금액을 한도로 하여 손금에 산입할 수 있다.
1. 거주자가 해당 과세연도의 사업소득금액을 계산할 때 해당 기부금을 필요경비에 산입하는 경우 : 다음 계산식에 따른 금액

$$한도액 = [A - (B + C)] × 100분의 30$$

A : 「소득세법」 제34조제2항제2호에 따른 기준소득금액

B : 「소득세법」 제45조에 따른 이월결손금

C : 「소득세법」 제34조제2항에 따라 필요경비에 산입하는 기부금

2. 거주자가 해당 기부금에 대하여 해당 과세연도의 종합소득산출세액에서 공제하는 경우 : 다음 계산식에 따른 금액

$$한도액 = (A - B) × 100분의 30$$

A : 종합소득금액(「소득세법」 제62조에 따른 원천징수세율을 적용받는 이자소득 및 배당소득은 제외한다)

B : 「소득세법」 제59조의4제4항제1호에 따른 기부금

3. 법인이 해당 과세연도의 소득금액을 계산할 때 해당 기부금을 손금에 산입하는 경우 : 다음 계산식에 따른 금액

$$한도액 = [A - (B + C)] × 100분의 30$$

A : 「법인세법」 제24조제2항제2호에 따른 기준소득금액

B : 이월결손금(다만, 「법인세법」 제13조제1항 각 호외의 부분 단서에 따라 각 사업연도 소득의 100분의 80을 한도로 이월결손금 공제를 적용받는 법인은 같은 법 제24조제2항제2호에 따른 기준소득금액의 100분의 80을 한도로 한다)

C : 「법인세법」 제24조제2항에 따라 손금에 산입하는 기부금(「법인세법」 제24조제5항에 따라 이월하여 손금에 산입한 금액을 포함한다)

(2022.12.31 본호개정)

(2020.12.29 본항개정)

⑭ 우리사주조합원이 보유하고 있는 우리사주로서 다음 각 호의 요건을 갖춘 주식을 해당 조합원이 퇴직을 원인으로 인출하여 우리사주조합에 양도하는 경우에는 「소득세법」 제94조제1항제3호를 적용하지 아니한다. 이 경우 그 양도차익이 3천만원을 초과할 때에는 그 초과금액에 대해서는 그러하지 아니하다.

1. 우리사주조합원이 우리사주를 우리사주조합을 통하여 취득한 후 1년 이상 보유할 것

2. 우리사주조합원이 보유하고 있는 우리사주가 양도일 현재 증권금융회사에 1년 이상 예탁된 것일 것

3. 우리사주조합원이 보유하고 있는 우리사주의 액면가액 합계액이 1천800만원 이하일 것

(2010.6.8 본항개정)

(2010.1.1 본조개정)

제88조의5 【조합 등 출자금 등에 대한 과세특례】 농민·어민 및 그 밖에 상호 유대를 가진 거주자를 조합원·회원 등으로 하는 금융기관에 대한 대통령령으로 정하는 출자금으로서 1명당 2천만원 이하의 출자금에 대한 배당소득과 그 조합원·회원 등이 그 금융기관으로부터 받는 사업 이용 실적에 따른 배당소득(이하 이 조에서 "배당소득등"이라 한다) 중 2025년 12월 31일까지 받는 배당소득등에 대해서는 소득세를 부과하지 아니하며, 이후 받는 배당소득등에 대한 원천징수세율은 「소득세법」 제129조에도 불구하고 다음 각 호의 구분에 따른 세율을 적용하고, 그 배당소득등은 같은 법 제14조제2항에 따른 종합소득과세표준에 합산하지 아니한다. (2023.12.31 본항개정)

1. 2026년 1월 1일부터 2026년 12월 31일까지 받는 배당소득등 : 100분의 5

2. 2027년 1월 1일 이후 받는 배당소득등 : 100분의 9

(2022.12.31 본조개정)

제88조의6 (2010.1.1 삭제)

제89조 【세금우대종합저축에 대한 과세특례】 ① 거주자가 다음 각 호의 요건을 모두 갖춘 저축(이하 "세금우대종합저축"이라 한다)에 2014년 12월 31일까지 가입하는 경우 해당 저축에서 발생하는 이자소득 및 배당소득에 대한 원천징수세율은 「소득세법」 제129조에도 불구하고 100분의 9로 하고, 그 이자소득 및 배당소득은 「소득세법」 제14조에도 불구하고 종합소득에 대한 과세표준을 계산할 때 산입하지 아니하며, 그 이자소득 및 배당소득에 대해서는 「지방세법」에 따른 개인지방소득세를 부과하지 아니한다.(2014.1.1 본문개정)

1. 「금융실명거래 및 비밀보장에 관한 법률」 제2조제1호 각 목의 어느 하나에 해당하는 금융회사등(이하 이 조에서 "금융회사등"이라 한다)이 취급하는 적립식 또는 거치식 저축(집합투자증권저축·공제·보험·증권저축과 대통령령으로 정하는 채권저축 등을 포함한다)으로서 저축 가입 당시 저축자가 세금우대 적용을 신청할 것(2011.7.14 본호개정)

2. 계약기간이 1년 이상일 것

3. 모든 금융회사등에 가입한 세금우대종합저축의 계약금 총액이 다음 각 목의 어느 하나에 해당하는 금액 이하일 것. 다만, 세금우대종합저축에서 발생하여 원금에 전입되는 이자 및 배당 등은 세금우대종합저축으로 보되, 계약금액 총액의 1명당 한도를 계산할 때에는 산입하지 아니한다.(2011.7.14 본문개정)

가. 20세 이상인 자 : 1명당 1천만원

나. 제87조제2항제1항 각 호의 어느 하나에 해당하는 자 : 1명당 3천만원

②~⑥ (2001.12.29 삭제)

⑦ 세금우대종합저축을 계약일부터 1년 이내에 해지 또는 인출하거나 그 권리를 이전하는 경우 해당 원천징수의무자는 제1항 각 호 외의 부분을 적용하여 원천징수한 세액과 「소득세법」 제129조를 적용하여 계산한 세액의 차액을 제146조의2에 따라 추징하여야 한다. 다만, 가입자의 사망·해외이주 등 대통령령으로 정하는 부득이한 사유가 있는 경우에는 그러하지 아니하다.

(2020.12.29 본문개정)

⑧ 세금우대종합저축의 계약금액 총액의 계산방법과 운용·관리 방법, 그 밖에 필요한 사항은 대통령령으로 정한다.

(2010.1.1 본조개정)

제89조의2 【세금우대저축자료의 제출 등】 ① 다음 각 호의 어느 하나에 해당하는 저축 등을 취급하는 금융회사 등(이하 이 조에서 "세금우대저축 취급기관"이라 한다)은 각 저축별로 저축자별 성명 및 주민등록번호와 저축계약의 체결·해지·권리이전 및 그 밖의 계약 내용의 변경 사항[제2호에 따른 저축성보험의 보험금·공제금·해지환급금·중도인출금(이하 이 조에서 "보험금등"이라 한다) 지급금액과 제4호에 따른 연금계좌의 납입금액·인출금액 및 「소득세법」 제20조의3제1항제2호 각 목에 해당하지 아니하는 금액을 포함하며, 이하 "세금우대저축자료"라 한다]을 컴퓨터 등 전기통신매체를 통하여 대통령령으로 정하는 기관(이하 "세금우대저축자료 집중기관"이라 한다)에 즉시 통보하여야 한다.(2022.12.31 본문개정)

1. 제26조의2, 제27조, 제87조, 제87조의7, 제88조의2, 제88조의5, 제89조, 제89조의3, 제91조의14부터 제91조의23까지, 제121조의35에 따른 특정사회기반시설 집합투자기구의 증권, 투융자집합투자기구의 증권, 장기주택마련저축, 청년우대형주택청약종합저축, 공모부동산집합투자기구의 집합투자증권, 비과세종합저축, 출자금, 세금우대종합저축, 조합등예탁금, 재형저축, 고위험고수익채권투자신탁, 장기집합투자증권저축, 해외주식투자전용집합투자증권저축, 개인종합자산관리계좌, 장병내일준비적금, 청년형장기집합투자증권저축, 청년

희망적금, 청년도약계좌, 개인투자용국채, 기회발전특구집합투자기구의 증권(2023.12.31 본호개정)
2. 「소득세법」 제16조제1항제9호에 따른 저축성보험 (2013.1.1 본호신설)
3. 「농어가 목돈마련저축에 관한 법률」에 따른 농어가 목돈마련저축
4. 「소득세법」 제20조의3제1항제2호에 따른 연금계좌 (2013.1.1 본호신설)
② 세금우대저축 취급기관은 저축별로 가입자 수, 계좌 수, 저축 납입금액, 보험금등 지급금액을 매 분기 종료일의 다음 달 20일까지 세금우대저축자료 집중기관에 통보하여야 한다.(2013.1.1 본항개정)
③ 국세청장은 세금우대저축자료 집중기관에 저축자의 세금우대저축자료의 조회·열람 또는 제출을 요구할 수 있다.
④ 세금우대저축 취급기관은 세금우대저축자료 집중기관에 저축자(신탁의 경우에는 수익자를 포함하며, 보험의 경우에는 피보험자와 수익자를 포함한다. 이하 이 조에서 같다)가 다른 세금우대저축 취급기관에 가입한 세금우대저축의 계약금액 총액, 보험금등 지급금액을 조회할 수 있으며, 저축자가 서면으로 요구하거나 동의할 때에는 계약금액 총액, 보험금등 지급금액의 명세를 조회하여 저축자에게 알려줄 수 있다.(2013.1.1 본항개정)
⑤ 세금우대저축자료 집중기관은 세금우대저축 취급기관으로부터 통보된 세금우대저축자료를 즉시 처리·가공하여 저축별 저축자별로 세금우대저축의 계약금액, 보험금등 지급금액 및 그 명세에 관한 정보망을 구축하고, 제3항 또는 제4항에 따른 요구 또는 조회를 받으면 이에 따라야 한다.(2013.1.1 본항개정)
⑥ 세금우대저축자료 집중기관은 세금우대저축자료를 개별 세금우대저축이 해지된 연도의 다음 연도부터 5년(제1항제4호에 따른 연금계좌의 경우에는 해당 저축자가 가입한 모든 연금계좌를 해지한 연도의 다음 연도부터 5년)간 보관하여야 하며, 세금우대저축 취급기관 및 세금우대저축자료 집중기관에 종사하는 자(이하 이 조에서 "금융기관등 종사자"라 한다)는 저축자의 서면에 의한 요구나 동의를 받지 아니하고는 세금우대저축에 관련된 정보 또는 자료(이하 이 조에서 "자료등"이라 한다)를 타인에게 제공하거나 누설해서는 아니 되며, 누구든지 금융기관등 종사자에게 자료등의 제공을 요구해서는 아니 된다. 다만, 제3항 및 「금융실명거래 및 비밀보장에 관한 법률」 제4조제1항 각 호의 경우는 제외한다.(2020.12.29 본문개정)
(2010.1.1 본조개정)
제89조의3【조합등예탁금에 대한 저율과세 등】 ① 농민·어민 및 그 밖에 상호 유대를 가진 거주자를 조합원·회원 등으로 하는 조합 등에 대한 예탁금으로서 가입 당시 19세 이상인 거주자가 가입한 대통령령으로 정하는 예탁금(1명당 3천만원 이하의 예탁금만 해당하며, 이하 "조합등예탁금"이라 한다)에서 2007년 1월 1일부터 2025년 12월 31일까지 발생하는 이자소득에 대해서는 비과세하고, 2026년 1월 1일부터 2026년 12월 31일까지 발생하는 이자소득에 대해서는 「소득세법」 제129조에도 불구하고 100분의 5의 세율을 적용하며, 그 이자소득은 「소득세법」 제14조제2항에 따른 종합소득과세표준에 합산하지 아니하며, 「지방세법」에 따른 개인지방소득세를 부과하지 아니한다.
② 2027년 1월 1일 이후 조합등예탁금에서 발생하는 이자소득에 대해서는 「소득세법」 제129조에도 불구하고 100분의 9의 세율을 적용하고, 같은 법 제14조제2항에 따른 종합소득과세표준에 합산하지 아니하며, 「지방세법」에 따른 개인지방소득세를 부과하지 아니한다.
(2022.12.31 본조개정)
제90조 (1999.12.28 삭제)

제90조의2【세금우대자료 미제출 가산세】 ① 제87조의5제5항, 제87조의6제4항, 제88조의4제11항, 제89조의2제1항 및 제91조의6제4항에 따라 세금우대자료를 제출하거나 세금우대저축자료를 통보하여야 하는 자가 해당 세금우대자료 또는 세금우대저축자료를 각 조에 규정된 기간 이내(제89조의2제1항의 경우에는 통보 사유가 발생한 날부터 15일 이내를 말한다)에 제출 또는 통보하지 아니하거나, 제출·통보된 세금우대자료 또는 세금우대저축자료가 대통령령으로 정하는 불분명한 사유에 해당하는 경우에는 그 제출 또는 통보하지 아니하거나 불분명하게 제출·통보한 계약 또는 해지 건당 2천원을 납부세액에 가산한다.
(2014.12.23 본항개정)
② 제1항을 적용할 때 세금우대자료의 제출기간 또는 세금우대저축자료의 통보기간의 종료일이 속하는 달의 다음 달 말일까지 제출하거나 통보하는 경우에는 부과하여야 할 가산세의 100분의 50에 상당하는 세액을 경감한다.
(2010.1.1 본조개정)
제91조 (2010.12.27 삭제)
제91조의2【집합투자기구 등에 대한 과세특례】 「자본시장과 금융투자업에 관한 법률」에 따른 집합투자기구(「소득세법」 제17조제1항제5호에 따른 요건을 갖춘 것에 한정한다)가 「자본시장과 금융투자업에 관한 법률」 제9조제21항에 따른 집합투자증권(이하 이 조에서 "집합투자증권"이라 한다)으로서 자기의 집합투자증권을 환매하는 경우 해당 집합투자기구에 대한 투자자의 집합투자증권 이전은 「소득세법」 및 「증권거래세법」에 따른 양도로 보지 아니한다.(2010.1.1 본조개정)
제91조의3 (2003.12.30 삭제)
제91조의4 (2013.1.1 삭제)
제91조의5 (2010.1.1 삭제)
제91조의6【해외자원개발투자회사 등의 주식의 배당소득에 대한 과세특례】 ① 「해외자원개발 사업법」 제13조에 따른 해외자원개발투자회사 및 해외자원개발투자전문회사(이하 "해외자원개발투자회사등"이라 한다)의 주식을 보유한 거주자가 해외자원개발투자회사등이 2016년 12월 31일까지 받는 해외자원개발투자회사등별 액면가액 합계액이 2억원 이하인 보유주식의 배당소득은 「소득세법」 제14조제2항에 따른 종합소득과세표준에 합산하지 아니한다. 이 경우 해외자원개발투자회사등별 액면가액 합계액이 5천만원 이하인 보유주식의 배당소득에 대해서는 「소득세법」 제129조에도 불구하고 100분의 9의 세율을 적용한다.(2014.12.23 본항개정)
② 해외자원개발투자회사등의 주식이 투자매매업자 또는 투자중개업자에게 전자등록되거나 예탁된 경우 해외자원개발투자회사등이 그 배당소득을 지급하려면 배당 결의를 한 후 즉시 제1항에 따른 주식 보유자별·증권회사별 비과세대상소득과 분리과세대상소득의 명세를 직접 또는 전자등록기관 또는 한국예탁결제원을 통하여 주식 보유자가 위탁 매매하는 투자매매업자 또는 투자중개업자에게 통지하여야 하며, 통지받은 투자매매업자 또는 투자중개업자는 통지받은 내용에 따라 비과세하거나 원천징수하여야 한다.(2016.3.22 본항개정)
③ 해외자원개발투자회사등의 주권이 투자매매업자 또는 투자중개업자에게 예탁되어 있지 아니한 경우에는 그 해외자원개발투자회사등은 직접 또는 해외자원개발투자회사등의 명의개서대행기관을 통하여 주식 보유자별로 비과세대상소득과 분리과세대상소득을 구분하여 원천징수하여야 한다.
④ 제2항과 제3항에 따른 원천징수의무자가 직접 해외자원개발투자회사등의 배당소득을 지급하는 경우에는

그 배당소득을 지급하는 날이 속하는 분기의 종료일의 다음 달 말일까지 기획재정부령으로 정하는 해외자원개발투자회사등 배당소득비과세·분리과세 명세서를 원천징수 관할 세무서장에게 제출하여야 한다. (2010.1.1 본조개정)

제91조의7 (2014.12.23 삭제)

제91조의8 (2010.12.27 삭제)

제91조의9 ~ 제91조의11 (2014.12.23 삭제)

제91조의12 【재외동포전용 투자신탁등에 대한 과세특례】 ①「소득세법」제120조에 따른 국내사업장이 없는 대통령령으로 정하는 재외동포가 대통령령으로 정하는 재외동포 전용 투자신탁 및 투자회사(이하 이 조에서 "재외동포전용 투자신탁등"이라 한다)에 2010년 12월 31일까지 가입하여 2012년 12월 31일 이전에 받는 배당소득 중 해당 재외동포전용 투자신탁등별로 투자금액 1억원까지에서 발생하는 배당소득에 대해서는 「소득세법」제156조제1항제3호에도 불구하고 소득세를 부과하지 아니하고, 투자금액이 1억원을 초과하는 경우 그 초과하는 금액에서 발생하는 배당소득에 대해서는 100분의 5의 세율을 적용한다.

② 재외동포전용 투자신탁등의 가입자가 계약체결일부터 1년 이내에 재외동포전용 투자신탁등을 환매하거나 그 권리를 이전하는 경우 원천징수의무자는 제1항에도 불구하고 다음 각 호에 따라 원천징수하여야 한다. 다만, 가입자의 사망, 그 밖에 대통령령으로 정하는 부득이한 사유가 있는 경우에는 그러하지 아니하다.

1. 계약체결일부터 환매 또는 증권 양도일의 기간 중 결산일이 도래하지 아니한 경우 : 「소득세법」제156조제1항제3호에 따른 세율로 원천징수

2. 계약체결일 이후부터 환매 또는 증권 양도일의 기간 중에 결산일이 속하여 있는 경우로서 같은 결산일에 배분받은 이익에 대하여 제1항에 따라 과세되지 아니하거나 100분의 5의 세율로 원천징수된 세액이 있는 경우 : 제1항에 따른 세액과 「소득세법」제156조제1항제3호에 따른 세액과의 차액을 추가로 원천징수

③ 재외동포 및 재외동포전용 투자신탁등의 요건, 가입 시 제출서류, 그 밖에 필요한 사항은 대통령령으로 정한다. (2010.1.1 본조개정)

제91조의13 (2014.1.1 삭제)

제91조의14 【재형저축에 대한 비과세】 ① 거주자가 다음 각 호의 요건을 모두 갖춘 저축(이하 이 조에서 "재형저축"이라 한다)에 2015년 12월 31일까지 가입하는 경우 해당 저축에서 발생하는 이자소득과 배당소득에 대해서는 소득세를 부과하지 아니한다.

1. 재형저축 가입자가 가입 당시 다음 각 목의 어느 하나에 해당하는 거주자일 것
   가. 직전 과세기간의 총급여액이 5천만원 이하인 경우(직전 과세기간에 근로소득만 있거나 근로소득 및 종합소득과세표준에 합산되지 않는 종합소득이 있는 경우로 한정한다)
   나. 가목에 해당하는 거주자를 제외하고 직전 과세기간의 종합소득과세표준에 합산되는 종합소득금액이 3천500만원 이하인 경우(직전 과세기간에 근로소득 또는 사업소득이 있는 경우로 한정한다)

2. 「금융실명거래 및 비밀보장에 관한 법률」제2조제1호 각 목의 어느 하나에 해당하는 금융회사등(이하 이 조에서 "금융회사등"이라 한다)이 취급하는 적립식 저축으로서 소득세가 비과세되는 재형저축임이 표시된 통장으로 거래될 것

3. 계약기간이 7년일 것(2014.12.23 본조개정)

4. 1명당 분기별 300만원 이내(해당 거주자가 가입한 모든 재형저축의 합계액을 말한다)에서 납입할 것. 이

경우 해당 분기 이후의 저축금을 미리 납입하거나 해당 분기 이전의 납입금을 후에 납입할 수 없으나 보험 또는 공제의 경우에는 최종납입일이 속하는 달의 말일부터 2년 2개월이 지나기 전에는 그 동안의 저축금을 납입할 수 있다.(2014.1.1 후단신설)

② 재형저축 가입자는 최초로 재형저축의 계약을 체결한 날부터 7년이 도래하는 때에 제1항제3호에도 불구하고 해당 저축의 계약기간을 한 차례만 3년 이내의 범위에서 추가로 연장할 수 있다. 이 경우 연장한 계약기간까지 해당 저축에서 발생하는 이자소득과 배당소득에 대해서는 소득세를 부과하지 아니한다.(2020.6.9 전단개정)

③ 재형저축의 계약을 체결한 거주자가 다음 각 호의 구분에 따른 날 이전에 해당 저축으로부터 원금이나 이자 등을 인출하거나 해당 계약을 해지 또는 제3자에게 양도한 경우 그 저축을 취급하는 금융회사등(이하 이 조에서 "저축취급기관"이라 한다)은 이자소득과 배당소득에 대하여 소득세가 부과되지 아니함으로써 감면받은 세액을 제146조의2에 따라 추징하여야 한다. 다만, 저축자의 사망·해외이주 또는 대통령령으로 정하는 사유로 저축계약을 해지하는 경우에는 그러하지 아니하다.(2020.12.29 본문개정)

1. 가입 당시 다음 각 목의 어느 하나에 해당하는 거주자의 경우 : 최초로 계약을 체결한 날부터 3년이 되는 날
   가. 제1항제1호가목에 해당하는 거주자로서 직전 과세기간의 총급여액이 2천500만원 이하인 거주자
   나. 제1항제1호나목에 해당하는 거주자로서 직전 과세기간의 종합소득과세표준에 합산되는 종합소득금액이 1천600만원 이하인 거주자
   다. 「중소기업기본법」제2조에 따른 중소기업(비영리법인을 포함한다)으로서 대통령령으로 정하는 기업에 근무하는 대통령령으로 정하는 청년(가목 및 나목에 해당하는 거주자는 제외한다)
   (2014.12.23 본호신설)

2. 제1호 외의 거주자의 경우 : 최초로 계약을 체결한 날부터 7년이 되는 날(2014.12.23 본호신설)

④~⑤ (2020.12.29 삭제)

⑥ 국세청장은 재형저축의 가입자가 가입 당시 제1항제1호의 요건을 갖추었는지를 확인하여 저축취급기관에 통보하여야 한다.

⑦ 제6항에 따라 저축취급기관이 재형저축 가입자가 제1항제1호의 요건에 해당하지 아니한 것으로 통보받은 경우에는 그 통보를 받은 날에 재형저축이 해지된 것으로 보며, 해당 저축취급기관은 이를 재형저축 가입자에게 통보하여야 한다. 이 경우 제3항을 적용하지 아니한다.(2020.12.29 후단개정)

⑧ 재형저축의 가입절차, 가입대상의 확인·관리, 해지, 그 밖에 필요한 사항은 대통령령으로 정한다. (2013.1.1 본조신설)

제91조의15 【고위험고수익채권투자신탁에 대한 과세특례】 ① 거주자가 대통령령으로 정하는 채권을 일정 비율 이상 편입하는 대통령령으로 정하는 투자신탁 등(이하 "고위험고수익채권투자신탁"이라 한다)에 2024년 12월 31일까지 가입하는 경우 해당 고위험고수익채권투자신탁에서 받는 이자소득 또는 배당소득은 「소득세법」제14조제2항에 따른 종합소득과세표준에 합산하지 아니한다.

② 거주자가 각 금융회사를 통하여 가입한 고위험고수익채권투자신탁에 투자하는 금액의 합계액이 3천만원을 초과하는 경우 그 초과하는 금액에서 발생하는 소득에 대해서는 제1항을 적용하지 아니한다.

③ 고위험고수익채권투자신탁의 계약기간은 1년 이상으로 하고, 가입일부터 3년이 지나 발생한 소득에 대해서는 제1항을 적용하지 아니한다.

④ 고위험고수익채권투자신탁의 가입자가 가입일부터 1년 이내에 고위험고수익채권투자신탁을 해약 또는 환매하거나 그 권리를 이전하는 경우 이자소득 또는 배당소득이 종합소득과세표준에 합산되지 아니함으로써 감면받은 세액을 제146조의2에 따라 추징한다. 다만, 가입자의 사망·해외이주 등 대통령령으로 정하는 부득이한 사유로 해약 또는 환매하거나 그 권리를 이전하는 경우에는 그러하지 아니하다.
⑤ 고위험고수익채권투자신탁의 채권 편입 비율의 계산방법, 채권 편입 비율 미충족 시 과세특례 적용이 제외되는 소득의 범위, 그 밖에 필요한 사항은 대통령령으로 정한다.
(2023.4.11 본조개정)

제91조의16【장기집합투자증권저축에 대한 소득공제】
① 근로소득이 있는 거주자(일용근로자는 제외한다)가 다음 각 호의 요건을 모두 갖춘 저축(이하 이 조에서 "장기집합투자증권저축"이라 한다)에 2015년 12월 31일까지 가입하는 경우 가입한 날부터 10년 동안 각 과세기간에 납입한 금액의 100분의 40에 해당하는 금액을 해당 과세기간의 근로소득금액에서 공제(해당 과세기간의 근로소득금액을 한도로 한다)한다.(2020.6.9 본문개정)
1. 장기집합투자증권저축 가입자가 가입 당시 직전 과세기간의 총급여액이 5천만원 이하인 근로소득이 있는 거주자일 것(직전 과세기간에 근로소득만 있거나 근로소득 및 종합소득과세표준에 합산되지 않는 종합소득이 있는 경우로 한정한다)
2. 자산총액의 100분의 40 이상을 국내에서 발행되어 국내에서 거래되는 주식(「자본시장과 금융투자업에 관한 법률」에 따른 증권시장에 상장된 것으로 한정한다)에 투자하는 「소득세법」 제17조제1항제5호에 따른 집합투자기구의 집합투자증권 취득을 위한 저축일 것
3. 장기집합투자증권저축 계약기간이 10년 이상이고 저축가입일부터 10년 미만의 기간 내에 원금·이자·배당·주식 또는 수익증권 등의 인출이 없을 것
4. 적립식 저축으로서 1인당 연 600만원 이내(해당 거주자가 가입한 모든 장기집합투자증권저축의 합계액을 말한다)에서 납입할 것
② 제1항에도 불구하고 장기집합투자증권저축에 가입한 거주자가 다음 각 호의 어느 하나에 해당하는 경우에는 해당 과세기간에 제1항에 따른 소득공제를 하지 아니한다.
1. 해당 과세기간에 근로소득만 있거나 근로소득 및 종합소득과세표준에 합산되지 않는 종합소득이 있는 경우로서 총급여액이 8천만원을 초과하는 경우
2. 해당 과세기간에 근로소득이 없는 경우
③ 제1항에 따라 소득공제를 받으려는 거주자는 근로소득세액의 연말정산 또는 종합소득과세표준확정신고를 하는 때에 소득공제를 받는 데 필요한 해당 연도의 저축금 납입액이 명시된 장기집합투자증권저축 납입증명서를 장기집합투자증권저축을 취급하는 금융회사(이하 이 조에서 "저축취급기관"이라 한다)로부터 발급받아 원천징수의무자 또는 주소지 관할 세무서장에게 제출하여야 한다.
④ 장기집합투자증권저축 가입자가 해당 저축의 가입일부터 10년 미만의 기간 내에 해당 저축으로부터 원금·이자·배당·주식 또는 수익증권 등의 전부 또는 일부를 인출하거나 해당 계약을 해지 또는 제3자에게 양도한 경우(이하 이 조에서 "해지"라 한다) 해당 과세기간부터 제1항에 따른 소득공제를 하지 아니한다.
⑤ 장기집합투자증권저축 가입자가 해당 저축의 가입일부터 5년 미만의 기간 내에 장기집합투자증권저축을 해지하는 경우 저축취급기관은 해당 저축에 납입한 금액의 총 누계액에 100분의 6을 곱한 금액(이하 이 조에서 "추징세액"이라 한다)을 추징하여 저축 계약이 해지

된 날이 속하는 달의 다음달 10일까지 원천징수 관할 세무서장에게 납부하여야 한다. 다만, 사망·해외이주 등 대통령령으로 정하는 부득이한 사유로 해지된 경우에는 그러하지 아니하며, 소득공제를 받은 자가 해당 소득공제로 감면받은 세액이 추징세액에 미달하는 사실을 증명하는 경우에는 실제로 감면받은 세액상당액을 추징한다.
⑥ 저축취급기관이 제5항에 따라 추징세액을 징수한 경우 해당 저축취급기관은 저축자에게 그 내용을 서면으로 즉시 통보하여야 한다.
⑦ 저축취급기관이 제5항에 따른 추징세액을 기한까지 납부하지 아니하거나 납부하여야 할 세액에 미달하게 납부한 경우 해당 저축취급기관은 그 납부하지 아니한 세액 또는 미달하게 납부한 세액의 100분의 10에 해당하는 금액을 가산하여 원천징수 관할 세무서장에게 납부하여야 한다.(2020.6.9 본항개정)
⑧ 국세청장은 장기집합투자증권저축의 가입자가 가입 당시 제1항제1호의 요건을 갖추었는지를 확인하여 저축취급기관에 통보하여야 한다.
⑨ 제8항에 따라 저축취급기관이 장기집합투자증권저축 가입자가 제1항제1호의 요건에 해당하지 아니한 것으로 통보받은 경우에는 그 통보를 받은 날에 장기집합투자증권저축이 해지된 것으로 보며, 해당 저축취급기관은 이를 장기집합투자증권저축 가입자에게 통보하여야 한다.
⑩ 이 법에 따른 비과세 등 조세특례 또는 「소득세법」 제20조제3항제1항제2호를 적용받는 저축 등의 경우에는 제1항에 따른 소득공제를 적용하지 아니한다.
⑪ 장기집합투자증권저축의 가입절차, 가입대상의 확인·관리, 해지, 소득공제 절차, 그 밖에 필요한 사항은 대통령령으로 정한다.
(2014.1.1 본조신설)

제91조의17【해외주식투자전용집합투자기구에 대한 과세특례】
① 거주자가 국외에서 발행되어 국외에서 거래되는 주식(이하 이 조에서 "해외상장주식"이라 한다)에 자산총액의 100분의 60 이상을 투자하는 「소득세법」 제17조제1항제5호에 따른 집합투자기구(이하 이 조에서 "해외주식투자전용집합투자기구"라 한다)의 「자본시장과 금융투자업에 관한 법률」 제9조제21항에 따른 집합투자증권(이하 이 조에서 "집합투자증권"이라 한다)에 다음 각 호의 요건을 모두 갖추어 2017년 12월 31일까지 투자하는 경우에는 해외주식투자전용집합투자증권저축에 가입한 날부터 10년이 되는 날까지 해당 해외주식투자전용집합투자기구가 직접 또는 집합투자증권(「자본시장과 금융투자업에 관한 법률」 제279조제1항에 따른 외국 집합투자증권을 포함한다)에 투자하여 취득하는 해외상장주식의 매매 또는 평가로 인하여 발생한 손익(환율변동에 의한 손익을 포함한다)을 「소득세법」 제17조제1항제5호에도 불구하고 해당 해외주식투자전용집합투자기구로부터 받는 배당소득금액에 포함하지 아니한다.
1. 대통령령으로 정하는 해외주식투자전용집합투자증권저축(이하 이 조에서 "해외주식투자전용집합투자증권저축"이라 한다)에 가입하여 해당 해외주식투자전용집합투자증권저축을 통하여 해외주식투자전용집합투자기구의 집합투자증권에 투자할 것
2. 거주자 1명당 해외주식투자전용집합투자증권저축에 납입한 원금이 3천만원(「금융실명거래 및 비밀보장에 관한 법률」 제2조제1호 각 목에 따른 모든 금융회사등에 가입한 해외주식투자전용집합투자증권저축에 납입한 금액의 합계액을 말한다) 이내일 것
② 해외주식투자전용집합투자증권저축, 해외상장주식 및 해외주식투자전용집합투자기구의 요건과 그 밖에 필요한 사항은 대통령령으로 정한다.
(2015.12.15 본조신설)

제91조의18【개인종합자산관리계좌에 대한 과세특례】
① 다음 각 호의 어느 하나에 해당하는 거주자가 제3항 각 호의 요건을 모두 갖춘 계좌(이 조에서 "개인종합자산관리계좌"라 한다)에 가입하거나 계약기간을 연장하는 경우 해당 계좌에서 발생하는 이자소득과 배당소득(이하 이 조에서 "이자소득등"이라 한다)의 합계액에 대해서는 제2항에 따른 비과세 한도금액까지는 소득세를 부과하지 아니하며, 제2항에 따른 비과세 한도금액을 초과하는 금액에 대해서는 「소득세법」 제129조에도 불구하고 100분의 9의 세율을 적용하고 같은 법 제14조제2항에 따른 종합소득과세표준에 합산하지 아니한다.
1. 가입일 또는 연장일 기준 19세 이상인 자
2. 가입일 또는 연장일 기준 15세 이상인 자로서 가입일 또는 연장일이 속하는 과세기간의 직전 과세기간에 근로소득이 있는 자(비과세소득만 있는 자는 제외한다. 이하 이 조에서 같다)
3. (2020.12.29 삭제)
(2020.12.29 본항개정)
② 개인종합자산관리계좌의 비과세 한도금액은 가입일 또는 연장일을 기준으로 다음 각 호의 구분에 따른 금액으로 한다.
1. 다음 각 목의 어느 하나에 해당하는 경우 : 400만원
   가. 직전 과세기간의 총급여액이 5천만원 이하인 거주자(직전 과세기간에 근로소득만 있거나 근로소득 및 종합소득과세표준에 합산되지 아니하는 종합소득이 있는 자로 한정한다)
   나. 직전 과세기간의 종합소득과세표준에 합산되는 종합소득금액이 3천8백만원 이하인 거주자(직전 과세기간의 총급여액이 5천만원을 초과하지 아니하는 자로 한정한다)(2021.12.28 본목개정)
   다. 대통령령으로 정하는 농어민(직전 과세기간의 종합소득과세표준에 합산되는 종합소득금액이 3천8백만원을 초과하는 자는 제외한다)(2021.12.28 본목개정)
2. 제1호에 해당하지 아니하는 자의 경우 : 200만원
(2020.12.29 본항개정)
③ "개인종합자산관리계좌"란 다음 각 호의 요건을 모두 갖춘 계좌를 말한다.
1. 1명당 1개의 계좌만 보유할 것(2020.12.29 본호개정)
2. 계좌의 명칭이 개인종합자산관리계좌이고 다음 각 목의 어느 하나에 해당하는 계좌일 것
   가. 「자본시장과 금융투자업에 관한 법률」 제8조제3항에 따른 투자중개업자(이하 이 조에서 "투자중개업자"라 한다)와 대통령령으로 정하는 계약을 체결하여 개설한 계좌
   나. 「자본시장과 금융투자업에 관한 법률」 제8조제6항에 따른 투자일임업자(이하 이 조에서 "투자일임업자"라 한다)와 대통령령으로 정하는 계약을 체결하여 개설한 계좌
   다. 「자본시장과 금융투자업에 관한 법률」 제8조제7항에 따른 신탁업자(이하 이 조에서 "신탁업자"라 한다)와 특정금전신탁계약을 체결하여 개설한 신탁계좌
   (2020.12.29 본호개정)
3. 다음 각 목의 재산으로 운용할 것
   가. 예금·적금·예탁금 및 그 밖에 이와 유사한 것으로서 대통령령으로 정하는 금융상품
   나. 「소득세법」 제17조제1항제5호에 따른 집합투자기구의 집합투자증권
   다. 「소득세법」 제17조제1항제5호의2에 따른 파생결합증권 또는 파생결합사채(2018.12.24 본목신설)
   라. 「소득세법」 제17조제1항제9호에 따라 과세되는 증권 또는 증서
   마. 「소득세법」 제88조제3호에 따른 주권상장법인의 주식(2020.12.29 본목신설)
   바. 그 밖에 대통령령으로 정하는 재산

4. 계약기간이 3년 이상일 것(2020.12.29 본호개정)
5. 총납입한도가 1억원(제91조의14에 따른 재형저축 또는 제91조의16에 따른 장기집합투자증권저축에 가입한 거주자는 재형저축 및 장기집합투자증권저축의 계약금액 총액을 뺀 금액으로 한다) 이하이고, 연간 납입한도가 다음의 계산식에 따른 금액일 것

   > 2천만원 × [1 + 가입 후 경과한 연수(경과한 연수가 4년 이상인 경우에는 4년으로 한다)] − 누적 납입금액

   (2021.12.28 본호개정)
④ 개인종합자산관리계좌의 계좌보유자는 계약기간 만료일 전에 해당 계좌의 계약기간을 연장할 수 있다. (2020.12.29 본항신설)
⑤ 제1항 또는 제2항을 적용할 때 이자소득등의 합계액은 개인종합자산관리계좌의 계약 해지일을 기준으로 하여 제3항제3호 각 목의 재산에서 발생한 이자소득등에서 제3항제3호 각 목의 재산에서 발생한 대통령령으로 정하는 손실을 대통령령으로 정하는 방법에 따라 차감하여 계산한다.(2020.12.29 본항개정)
⑥ 신탁업자, 투자일임업자 및 투자중개업자(이하 이 조에서 "신탁업자등"이라 한다)는 「소득세법」 제130조 및 제155조의2에도 불구하고 계약 해지일에 이자소득등에 대한 소득세를 원천징수하여야 한다.(2020.12.29 본항개정)
⑦ 신탁업자등은 개인종합자산관리계좌의 계좌보유자가 최초로 계약을 체결한 날부터 3년이 되는 날 전에 계약을 해지하는 경우(계좌보유자의 사망·해외이주 등 대통령령으로 정하는 부득이한 사유로 계약을 해지하는 경우는 제외한다)에는 과세특례를 적용받은 소득세에 상당하는 세액을 제146조의2에 따라 추징하여야 한다.(2020.12.29 본항개정)
⑧ 개인종합자산관리계좌의 계좌보유자가 최초로 계약을 체결한 날부터 3년이 되는 날 전에 계약기간 중 납입한 금액의 합계액을 초과하는 금액을 인출하는 경우에는 해당 인출일에 계약이 해지된 것으로 보아 제5항부터 제7항까지의 규정을 적용한다.(2020.12.29 본항개정)
⑨ 국세청장은 개인종합자산관리계좌의 계좌보유자가 제1항제2호(근로소득 요건에 한정한다), 제2항 각 호에(총급여액 및 종합소득금액 요건에 한정한다)에 해당하는지를 확인하여 신탁업자등에게 통보하여야 한다. (2020.12.29 본항개정)
⑩ 제9항에 따라 신탁업자등이 개인종합자산관리계좌의 계좌보유자가 제1항제2호(근로소득 요건에 한정한다)에 해당하는지를 통보받지 않는 경우에는 그 통보를 받은 날에 계약이 해지된 것으로 보며, 해당 신탁업자등은 이를 개인종합자산관리계좌의 계좌보유자에게 통보하여야 한다.(2020.12.29 본항개정)
⑪ 개인종합자산관리계좌의 계좌보유자가 최초로 계약을 체결한 날부터 3년이 되는 날 이후에 「소득세법」 제59조의3제3항에 따라 해당 계좌 잔액의 전부 또는 일부를 연금계좌로 납입한 경우에는 해당 개인종합자산관리계좌의 계약기간이 만료된 것으로 본다.(2020.12.29 본항신설)
⑫ 개인종합자산관리계좌의 가입·연장절차, 가입대상의 확인·관리, 이자소득등의 계산방법 및 그 밖에 필요한 사항은 대통령령으로 정한다.(2020.12.29 본항개정)
(2015.12.15 본조신설)

제91조의19【장병내일준비적금에 대한 비과세】 ① 가입 당시 현역병 등 대통령령으로 정하는 요건을 충족하는 사람(이하 이 조에서 "현역병등"이라 한다)이 대통령령으로 정하는 장병내일준비적금(이하 이 조에서 "장병내일준비적금"이라 한다)에 2026년 12월 31일까지 가입하는 경우 가입일부터 「병역법」에 따른 복무기간 종료일까지 해당 적금(모든 금융회사에 납입한 금액의 합계액 기준으로 다음 각 호의 구분에 따른 금액을 한도

로 한다)에서 발생하는 이자소득에 대해서는 소득세를 부과하지 아니한다. 다만, 복무기간이 24개월을 초과하는 경우 비과세 적용기간은 24개월을 초과하지 못한다.(2023.12.31 본문개정)
1. 2024년 12월 31일 이전에 납입하는 금액 : 월 40만원
2. 2025년 1월 1일 이후에 납입하는 금액 : 월 55만원
(2023.12.31 1호~2호신설)
② 금융회사는 장병내일준비적금의 가입자가 계약의 만기일 전에 해당 계약을 해지하는 경우에는 가입자가 비과세를 적용받은 소득세에 상당하는 세액을 제146조의2에 따라 추징하여야 한다.(2020.12.29 본항개정)
③~④ (2020.12.29 삭제)
⑤ 장병내일준비적금의 가입, 해지 및 운용·관리 방법, 그 밖에 필요한 사항은 대통령령으로 정한다.
(2018.12.24 본조신설)

제91조의20【청년형 장기집합투자증권저축에 대한 소득공제】
① 대통령령으로 정하는 청년으로서 제1호에 따른 소득기준을 충족하는 거주자가 제2호에 따른 저축(이하 이 조에서 "청년형장기집합투자증권저축"이라 한다)에 2024년 12월 31일까지 가입하는 경우 계약기간 동안 각 과세기간에 납입한 금액의 100분의 40에 해당하는 금액을 해당 과세기간의 종합소득금액에서 공제한다.(2023.12.31 본문개정)
1. 다음 각 목의 어느 하나에 해당하는 소득기준을 충족할 것
  가. 직전 과세기간의 총급여액이 5천만원 이하일 것(직전 과세기간에 근로소득만 있거나 근로소득과 종합소득과세표준에 합산되지 아니하는 종합소득만 있는 경우로 한정하고, 비과세소득만 있는 경우는 제외한다)(2022.12.31 본목개정)
  나. 직전 과세기간의 종합소득과세표준에 합산되는 종합소득금액이 3천8백만원 이하일 것(직전 과세기간의 총급여액이 5천만원을 초과하는 근로소득이 있는 경우 및 비과세소득만 있는 경우는 제외한다)(2022.12.31 본목개정)
2. 다음 각 목의 요건을 모두 갖춘 저축
  가. 자산총액의 100분의 40 이상을 「자본시장과 금융투자업에 관한 법률」 제9조제15항제3호에 따른 주권상장법인의 주식에 투자하는 집합투자기구(「소득세법」 제17조제1항제5호에 따른 집합투자기구로 한정한다)의 집합투자증권을 취득하기 위한 저축일 것
  나. 계약기간이 3년 이상 5년 이하일 것
  다. 적립식 저축으로서 1인당 납입금액이 연 600만원(해당 거주자가 가입한 모든 청년형장기집합투자증권저축의 합계액을 말한다) 이내일 것
② 제1항에도 불구하고 청년형장기집합투자증권저축에 가입한 거주자(이하 이 조에서 "가입자"라 한다)가 다음 각 호의 어느 하나에 해당하는 경우에는 해당 과세기간에 같은 항에 따른 소득공제를 하지 아니한다.
1. 해당 과세기간에 근로소득만 있거나 근로소득과 종합소득과세표준에 합산되지 아니하는 종합소득만 있는 경우로서 총급여액이 8천만원을 초과하는 경우
2. 해당 과세기간의 종합소득과세표준에 합산되는 종합소득금액이 6천7백만원을 초과하는 경우
3. 해당 과세기간에 근로소득 및 종합소득과세표준에 합산되는 종합소득금액이 없는 경우
4. 청년형장기집합투자증권저축을 해지하고 대통령령으로 정하는 요건을 갖추어 다른 청년형장기집합투자증권저축에 가입(이하 이 조에서 "전환가입"이라 한다)한 경우. 이 경우 소득공제 대상에서 제외되는 금액은 그 다른 청년형장기집합투자증권저축에 납입된 금액 중 전환가입에 따라 종전의 청년형장기집합투자증권저축에서 이체된 금액으로 한정한다.(2023.12.31 본호신설)

③ 제1항에 따라 소득공제를 받으려는 가입자는 근로소득세액의 연말정산 또는 종합소득과세표준확정신고를 하는 때에 소득공제를 받기 위하여 필요한 해당 연도의 저축금 납입액이 명시된 청년형장기집합투자증권저축 납입증명서를 청년형장기집합투자증권저축을 취급하는 금융회사(이하 이 조에서 "저축취급기관"이라 한다)로부터 발급받아 원천징수의무자 또는 주소지 관할 세무서장에게 제출하여야 한다.
④ 가입자가 해당 계약을 해지한 경우(해당 저축의 가입일부터 3년이 경과하기 전에 해당 저축으로부터 원금·이자·배당·주식 또는 수익증권 등의 전부 또는 일부를 인출하거나 제3자에게 양도한 경우를 포함한다. 이하 이 조에서 같다)에는 해당 과세기간부터 제1항에 따른 소득공제를 하지 아니한다. 다만, 전환가입을 하기 위하여 해지한 경우 해지 직전의 청년형장기집합투자증권저축에 납입한 금액은 제1항에 따라 해당 과세기간의 종합소득금액에서 공제한다.(2023.12.31 단서신설)
⑤ 저축취급기관은 가입자가 가입일부터 3년 미만의 기간 내에 청년형장기집합투자증권저축을 해지하는 경우 해당 저축에 납입한 금액의 총 누계액에 100분의 6을 곱한 금액(이하 이 조에서 "추징세액"이라 한다)을 추징하여 저축 계약이 해지된 날이 속하는 달의 다음달 10일까지 원천징수 관할 세무서장에게 납부하여야 한다. 다만, 다음 각 호의 어느 하나에 해당하는 경우에는 추징하지 아니하며, 소득공제를 받은 자가 해당 소득공제로 감면받은 세액이 추징세액에 미달하는 사실을 증명하는 경우에는 실제로 감면받은 세액상당액을 추징한다.(2023.12.31 단서개정)
1. 다른 청년형장기집합투자증권저축에 전환가입한 경우로서 대통령령으로 정하는 경우(2023.12.31 본호신설)
2. 사망·해외이주 등 대통령령으로 정하는 부득이한 사유로 해지된 경우(2023.12.31 본호신설)
⑥ 저축취급기관은 제5항에 따라 추징세액을 징수한 경우 가입자에게 그 내용을 서면으로 즉시 통보하여야 한다.
⑦ 저축취급기관은 제5항에 따른 추징세액(실제로 감면받은 세액상당액을 추징한 경우에는 해당 세액상당액을 말한다)을 기한까지 납부하지 아니하거나 납부하여야 할 세액에 미달하게 납부한 경우 그 납부하지 아니한 세액 또는 미달하게 납부한 세액의 100분의 10에 해당하는 금액을 가산하여 원천징수 관할 세무서장에게 납부하여야 한다.
⑧ 저축취급기관은 국세청장에게 가입자가 가입 당시 제1항제1호 각 목의 요건을 갖추었는지 여부를 확인하여 줄 것을 요청할 수 있다.
⑨ 국세청장은 제8항에 따른 요청이 있는 경우 가입자의 가입 당시 요건 충족 여부를 확인하여 저축취급기관에 통보하여야 한다.
⑩ 제9항에 따라 저축취급기관이 가입자가 제1항제1호 각 목의 요건에 해당하지 아니한 것을 통보받은 경우에는 그 통보를 받은 날에 청년형장기집합투자증권저축이 해지된 것으로 본다.
⑪ 저축취급기관은 제10항에 따라 청년형장기집합투자증권저축이 해지된 것으로 보는 경우에는 해당 사실을 가입자에게 통보하여야 한다.
⑫ 제1항에도 불구하고 이 법에 따른 비과세 등 조세특례 또는 「소득세법」 제20조의3제1항제2호를 적용받는 저축 등의 경우에는 제1항에 따른 소득공제를 적용하지 아니한다.
⑬ 청년형장기집합투자증권저축의 가입절차, 가입대상의 확인·관리, 해지, 소득공제 절차 및 그 밖에 청년형장기집합투자증권저축에 대한 소득공제에 필요한 사항은 대통령령으로 정한다.
(2021.12.28 본조신설)

제91조의21【청년희망적금에 대한 비과세】① 대통령령으로 정하는 청년으로서 다음 각 호의 어느 하나에 해당하는 거주자가 제2항에 따른 전용계좌를 통하여 2022년 12월 31일까지 대통령령으로 정하는 청년희망적금(이하 이 조에서 "청년희망적금"이라 한다)에 가입하여 2024년 12월 31일까지 받는 이자소득에 대해서는 소득세를 부과하지 아니한다.
1. 직전 과세기간의 총급여액이 3천6백만원 이하인 경우(직전 과세기간에 근로소득만 있거나 근로소득과 종합소득과세표준에 합산되지 아니하는 종합소득만 있는 경우로 한정하고, 비과세소득만 있는 경우는 제외한다)(2022.12.31 본호개정)
2. 직전 과세기간의 종합소득과세표준에 합산되는 종합소득금액이 2천6백만원 이하인 경우(직전 과세기간의 총급여액이 3천6백만원을 초과하는 근로소득이 있는 경우 및 비과세소득만 있는 경우는 제외한다)(2022.12.31 본호개정)
② 제1항의 조세특례는 다음 각 호의 요건을 모두 갖춘 계좌(이하 이 조에서 "전용계좌"라 한다)에 납입하는 경우에 적용한다.
1. 1명당 1개만 가입할 수 있는 계좌일 것
2. 납입한도가 연 600만원일 것
③ 청년희망적금의 가입절차, 가입대상의 확인·관리, 해지, 전용계좌 운용·관리방법, 그 밖에 필요한 사항은 대통령령으로 정한다.
(2021.12.28 본조신설)
제91조의22【청년도약계좌에 대한 비과세】① 대통령령으로 정하는 청년으로서 다음 각 호의 어느 하나에 해당하는 거주자가 제2항 각 호의 요건을 모두 갖춘 계좌(이하 이 조에서 "청년도약계좌"라 한다)에 2025년 12월 31일까지 가입하는 경우 해당 계좌에서 발생하는 이자소득과 배당소득(이하 이 조에서 "이자소득등"이라 한다)의 합계액에 대해서는 소득세를 부과하지 아니한다.
1. 직전 과세기간의 총급여액이 7,500만원 이하일 것(직전 과세기간에 근로소득만 있거나 근로소득과 종합소득과세표준에 합산되지 아니하는 종합소득만 있는 경우로 한정하고, 비과세소득만 있는 경우는 제외한다)
2. 직전 과세기간의 종합소득과세표준에 합산되는 종합소득금액이 6,300만원 이하일 것(직전 과세기간의 총급여액이 7,500만원을 초과하는 근로소득이 있는 자 및 비과세소득만 있는 경우는 제외한다)
② "청년도약계좌"란 다음 각 호의 요건을 모두 갖춘 계좌로서 대통령령으로 정하는 계좌를 말한다.
1. 1명당 1개의 계좌만 보유할 것
2. 다음 각 목의 재산으로 운용할 것
　가. 예금·적금·예탁금 및 그 밖에 이와 유사한 것으로서 대통령령으로 정하는 금융상품
　나. 「소득세법」 제17조제1항제5호에 따른 집합투자기구의 집합투자증권
　다. 「소득세법」 제17조제1항제5호의2에 따른 파생결합증권 또는 파생결합사채
　라. 「소득세법」 제17조제1항제9호에 따라 과세되는 증권 또는 증서
　마. 「소득세법」 제88조제3호에 따른 주권상장법인의 주식
　바. 그 밖에 대통령령으로 정하는 재산
3. 납입한도가 연 840만원 이하일 것
③ 금융회사등은 청년도약계좌의 계좌보유자가 최초로 계약을 체결한 날부터 5년이 되는 날 이전에 청년도약계좌로부터 계약을 해지하는 경우에는 비과세를 적용받은 소득세에 상당하는 세액을 제146조의2에 따라 추징하여야 한다. 다만, 가입자의 사망·해외이주 등 대통령령으로 정하는 부득이한 사유로 계약을 해지하는 경우에는 그러하지 아니하다.

④ 국세청장은 청년도약계좌의 가입자가 가입일 직전 과세기간에 제1항제1호 및 제1항제2호에 따른 소득요건을 충족하는지를 확인하여 금융회사등에게 통보하여야 한다.
⑤ 제91조의21에 따른 청년희망적금에 가입하여 만기일 이후에 해지한 거주자가 청년도약계좌에 가입한 경우로서 다음 각 호의 요건을 모두 충족하는 경우에는 제2항제3호에도 불구하고 가입일부터 2년간 납입액의 합계가 1천680만원을 초과하지 아니하는 범위에서 청년희망적금의 해지로 지급받은 금액(이하 이 항에서 "만기지급금"이라 한다)을 일시에 납입할 수 있다.
1. 청년희망적금의 해지일이 속하는 달의 다음 달 말일까지 청년도약계좌에 가입을 신청할 것
2. 청년도약계좌에 가입한 날부터 30일 이내에 만기지급금의 100분의 60 이상을 납입할 것
(2023.12.31 본항신설)
⑥ 청년도약계좌의 가입절차, 가입대상의 확인·관리, 계좌 운용·관리방법, 이자소득등의 계산방법 및 그 밖에 필요한 사항은 대통령령으로 정한다.
(2022.12.31 본조신설)
제91조의23【개인투자용국채에 대한 과세특례】① 거주자가 다음 각 호의 요건을 모두 갖춘 계좌(이하 이 조에서 "전용계좌"라 한다)를 통하여 2024년 12월 31일까지 「국채법」 제4조제1항제1호나목에 따른 개인투자용국채(이하 "개인투자용국채"라 한다)를 매입하고 대통령령으로 정하는 기간 동안 보유하는 경우 개인투자용국채에서 발생하는 이자소득 중 총 2억원까지의 매입금액에서 발생하는 이자소득에 대해서는 100분의 14의 세율을 적용하고, 「소득세법」 제14조제2항에 따른 종합소득과세표준에 합산하지 아니한다.
1. 1명당 1개만 가입할 수 있는 계좌일 것
2. 개인투자용국채의 매입에만 사용되는 계좌일 것
② 개인투자용국채의 매입금액 계산방법, 전용계좌의 운용·관리방법 및 그 밖에 개인투자용국채에 대한 과세특례에 관하여 필요한 사항은 대통령령으로 정한다.
(2023.4.11 본조신설)
제91조의24【과세특례 대상 저축 등의 소득기준 적용에 대한 특례】제87조제3항에 따른 청년우대형주택청약종합저축, 제91조의18제1항에 따른 개인종합자산관리계좌, 제91조의20제1항에 따른 청년형장기집합투자증권저축, 제91조의21제1항에 따른 청년희망적금 및 제91조의22제1항에 따른 청년도약계좌(이하 이 조에서 "저축등"이라 한다)의 가입 요건 또는 비과세 한도금액과 관련하여 제87조제3항제1호, 제91조의18제2항제1호, 제91조의20제1항제1호, 제91조의21제1항 및 제91조의22제1항을 적용할 때 다음 각 호에 해당하는 경우에는 해당 호에서 정하는 바에 따른다.
1. 저축등의 가입 신청일 또는 연장 신청일 현재 대통령령으로 정하는 사유로 직전 과세기간의 총급여액 또는 종합소득과세표준에 합산되는 종합소득금액(이하 이 조에서 "총급여액등"이라 한다)을 확인하기 곤란한 경우 : 전전 과세기간의 총급여액등을 직전 과세기간의 총급여액등으로 보아 해당 규정을 적용한다.
2. 거주자가 「소득세법」 제12조제3호마목에 따른 육아휴직 급여, 육아휴직수당 또는 대통령령으로 정하는 소득이 있는 경우 : 비과세소득만 있는 자로 보지 아니한다.
(2023.12.31 본조신설)

제10절　국민생활의 안정을 위한 조세특례
　　　　(2010.1.1 본절개정)

제92조 (2008.12.26 삭제)
제93조 (2007.12.31 삭제)

제94조 (2018.12.24 삭제)

제95조 (2001.12.29 삭제)

제95조의2【월세액에 대한 세액공제】 ① 과세기간 종료일 현재 주택을 소유하지 아니한 대통령령으로 정하는 세대의 세대주(세대주가 이 항, 제87조제2항 및 「소득세법」 제52조제4항·제5항에 따른 공제를 받지 아니하는 경우에는 세대의 구성원을 말하며, 대통령령으로 정하는 외국인을 포함한다)로서 해당 과세기간의 총급여액이 8천만원 이하인 근로자(해당 과세기간에 종합소득과세표준을 계산할 때 합산하는 종합소득금액이 7천만원을 초과하는 사람은 제외한다)가 대통령령으로 정하는 월세액을 지급하는 경우 그 금액의 100분의 15[해당 과세기간의 총급여액이 5천500만원 이하인 근로자(해당 과세기간에 종합소득과세표준을 계산할 때 합산하는 종합소득금액이 4천500만원을 초과하는 사람은 제외한다)의 경우에는 100분의 17]에 해당하는 금액을 해당 과세기간의 종합소득산출세액에서 공제한다. 다만, 해당 월세액이 1천만원을 초과하는 경우 그 초과하는 금액은 없는 것으로 한다.(2023.12.31 본항개정)

② 제1항에 따른 공제는 해당 거주자가 대통령령으로 정하는 바에 따라 신청한 경우에 적용한다.

③ 제1항에 따른 공제의 적용 등과 관련하여 그 밖에 필요한 사항은 대통령령으로 정한다.

(2014.12.23 본조신설)

제96조【소형주택 임대사업자에 대한 세액감면】 ① 대통령령으로 정하는 내국인이 대통령령으로 정하는 임대주택(이하 이 조에서 "임대주택"이라 한다)을 1호 이상 임대하는 경우에는 2025년 12월 31일 이전에 끝나는 과세연도까지 해당 임대사업에서 발생한 소득에 대해서는 다음 각 호에 따른 세액을 감면한다.(2022.12.31 본문개정)

1. 임대주택을 1호 임대하는 경우 : 소득세 또는 법인세의 100분의 30[임대주택 중 「민간임대주택에 관한 특별법」 제2조제4호에 따른 공공지원민간임대주택 또는 같은 법 제2조제5호에 따른 장기일반민간임대주택(이하 이 조에서 "장기일반민간임대주택등"이라 한다)의 경우에는 100분의 75]에 상당하는 세액

2. 임대주택을 2호 이상 임대하는 경우 : 소득세 또는 법인세의 100분의 20(장기일반민간임대주택등의 경우에는 100분의 50)에 상당하는 세액

(2019.12.31 1호~2호신설)

② 제1항에 따라 소득세 또는 법인세를 감면받은 내국인이 대통령령으로 정하는 바에 따라 1호 이상의 임대주택을 4년(장기일반민간임대주택등의 경우에는 10년) 이상 임대하지 아니하는 경우 그 사유가 발생한 날이 속하는 과세연도의 과세표준신고를 할 때 감면받은 세액을 소득세 또는 법인세로 납부하여야 한다. 다만, 「민간임대주택에 관한 특별법」 제6조제1항제11호에 해당하여 등록이 말소되는 경우 등 대통령령으로 정하는 경우에는 그러하지 아니하다.(2020.12.29 본항개정)

③ 제1항에 따라 감면받은 소득세액 또는 법인세액을 제2항에 따라 납부하는 경우에는 제63조제3항의 이자상당 가산액에 관한 규정을 준용한다. 다만, 대통령령으로 정하는 부득이한 사유가 있는 경우에는 그러하지 아니하다.(2020.12.29 본항개정)

④ 제1항에 따라 소득세 또는 법인세를 감면받으려는 자는 대통령령으로 정하는 바에 따라 세액의 감면을 신청하여야 한다.

⑤ 제1항부터 제4항까지의 규정을 적용할 때 임대주택의 수, 세액감면의 신청, 감면받은 소득세액 또는 법인세액을 납부하는 경우의 이자상당액 계산방법 등 그 밖에 필요한 사항은 대통령령으로 정한다.

(2014.12.23 본항개정)

(2014.1.1 본조신설)

제96조의2【상가건물 장기 임대사업자에 대한 세액감면】 ① 해당 과세연도의 부동산임대업에서 발생하는 수입금액(과세기간이 1년 미만인 과세연도의 수입금액은 1년으로 환산한 총수입금액을 말한다)이 7천5백만원 이하인 내국인이 2021년 12월 31일 이전에 끝나는 과세연도까지 다음 각 호의 요건을 모두 충족하는 임대사업(이하 이 조에서 "상가건물임대사업"이라 한다)을 하는 경우에는 해당 과세연도의 상가건물임대사업에서 발생한 소득에 대한 소득세 또는 법인세의 100분의 5에 상당하는 세액을 감면한다.

1. 「상가건물 임대차보호법」 제2조제1항에 따른 상가건물을 「소득세법」 제168조 및 「부가가치세법」 제8조에 따라 사업자등록을 한 개인사업자(이하 이 조에서 "임차인"이라 한다)에게 대통령령으로 정하는 바에 따라 영업용 사용을 목적으로 임대할 것

2. 해당 과세연도 개시일 현재 동일한 임차인에게 계속하여 임대한 기간이 5년을 초과할 것

3. 동일한 임차인에 대한 해당 과세연도 종료일 이전 2년간의 연평균 임대료 인상률이 「상가건물 임대차보호법」 제11조제1항에 따른 차임 또는 보증금의 증액 청구 기준 이내에서 대통령령으로 정하는 비율 이내일 것

② 제1항에 따라 소득세 또는 법인세를 감면받으려는 자는 대통령령으로 정하는 바에 따라 세액의 감면을 신청하여야 한다.

③ 제1항을 적용할 때 임대한 기간 및 연평균 임대료 인상률의 계산방법, 세액감면의 신청, 그 밖에 필요한 사항은 대통령령으로 정한다.

(2018.10.16 본조신설)

제96조의3【상가임대료를 인하한 임대사업자에 대한 세액공제】 ① 대통령령으로 정하는 부동산임대사업을 하는 자가 대통령령으로 정하는 상가건물에 대한 임대료를 임차인(대통령령으로 정하는 소상공인에 한정한다)으로부터 2020년 1월 1일부터 2024년 12월 31일까지(이하 이 조에서 "공제기간"이라 한다) 인하하여 지급받는 경우 대통령령으로 정하는 임대료 인하액의 100분의 70(대통령령으로 정하는 바에 따라 계산한 해당 과세연도의 기준소득금액이 1억원을 초과하는 경우에는 100분의 50)에 해당하는 금액을 소득세 또는 법인세에서 공제한다.(2023.12.31 본항개정)

② 공제기간을 포함하는 계약기간 중 일정한 기간 내에 임대료 또는 보증금을 인상하는 등 대통령령으로 정하는 요건에 해당하는 경우에는 제1항에 따른 공제를 적용하지 아니하거나 이미 공제받은 세액을 추징한다.

(2020.12.29 본항개정)

③ 제1항에 따라 소득세 또는 법인세를 공제받으려는 자는 대통령령으로 정하는 바에 따라 해당 상가건물에 대한 임대료를 인하한 사실을 증명하는 서류 등을 갖추어 공제를 신청하여야 한다.

④ 제1항 및 제2항을 적용할 때 세액공제의 계산방법, 세액공제에 대한 사후관리 및 그 밖에 필요한 사항은 대통령령으로 정한다.

(2020.3.23 본조신설)

제97조【장기임대주택에 대한 양도소득세의 감면】 ① 대통령령으로 정하는 거주자가 다음 각 호의 어느 하나에 해당하는 국민주택(이에 딸린 해당 건물 연면적의 2배 이내의 토지를 포함한다)을 2000년 12월 31일 이전에 임대를 개시하여 5년 이상 임대한 후 양도하는 경우에는 그 주택(이하 "임대주택"이라 한다)을 양도함으로써 발생하는 소득에 대한 양도소득세의 100분의 50에 상당하는 세액을 감면한다. 다만, 「민간임대주택에 관한 특별법」 또는 「공공주택 특별법」에 따른 건설임대주택 중 5년 이상 임대한 임대주택과 같은 법에 따른 매입임대주택 중 1995년 1월 1일 이후 취득 및 임대를 개시하여 5년 이상 임대한 임대주택(취득 당시 입주

된 사실이 없는 주택만 해당한다) 및 10년 이상 임대한 임대주택의 경우에는 양도소득세를 면제한다. (2015.8.28 단서개정)

1. 1986년 1월 1일부터 2000년 12월 31일까지의 기간 중 신축된 주택

2. 1985년 12월 31일 이전에 신축된 공동주택으로서 1986년 1월 1일 현재 입주된 사실이 없는 주택

② 「소득세법」 제89조제1항제3호를 적용할 때 임대주택은 그 거주자의 소유주택으로 보지 아니한다.

③ 제1항에 따라 양도소득세를 감면받으려는 자는 대통령령으로 정하는 바에 따라 주택임대에 관한 사항을 신고하고 세액의 감면신청을 하여야 한다.

④ 제1항에 따른 임대주택에 대한 임대기간의 계산과 그 밖에 필요한 사항은 대통령령으로 정한다.

제97조의2【신축임대주택에 대한 양도소득세의 감면특례】 ① 대통령령으로 정하는 거주자가 다음 각 호의 어느 하나에 해당하는 국민주택(이에 딸린 해당 건물 연면적의 2배 이내의 토지를 포함한다)을 5년 이상 임대한 후 양도하는 경우에는 그 주택(이하 이 조에서 "신축임대주택"이라 한다)을 양도함으로써 발생하는 소득에 대한 양도소득세를 면제한다.

1. 다음 각 목의 어느 하나에 해당하는 「민간임대주택에 관한 특별법」 또는 「공공주택 특별법」에 따른 건설임대주택(2015.8.28 본문개정)

   가. 1999년 8월 20일부터 2001년 12월 31일까지의 기간 중에 신축된 주택

   나. 1999년 8월 19일 이전에 신축된 공동주택으로서 1999년 8월 20일 현재 입주된 사실이 없는 주택

2. 다음 각 목의 어느 하나에 해당하는 「민간임대주택에 관한 특별법」 또는 「공공주택 특별법」에 따른 매입임대주택 중 1999년 8월 20일 이후 취득(1999년 8월 20일부터 2001년 12월 31일까지의 기간 중에 매매계약을 체결하고 계약금을 지급한 경우만 해당한다) 및 임대를 개시한 임대주택(취득 당시 입주된 사실이 없는 주택만 해당한다)(2015.8.28 본문개정)

   가. 1999년 8월 20일 이후 신축된 주택

   나. 제1호나목에 해당하는 주택

② 신축임대주택에 관하여는 제97조제2항부터 제4항까지의 규정을 준용한다.

제97조의3【장기일반민간임대주택 등에 대한 양도소득세의 과세특례】 ① 대통령령으로 정하는 거주자가 「민간임대주택에 관한 특별법」 제2조제2호에 따른 민간건설임대주택으로서 같은 조 제4호 또는 제5호에 따른 공공지원민간임대주택 또는 장기일반민간임대주택을 2024년 12월 31일까지 「2020년 7월 11일 이후 장기일반민간임대주택으로 등록 신청한 경우로서 「민간임대주택에 관한 특별법」(법률 제17482호로 개정되기 전의 것을 말한다) 제2조제6호에 따른 단기민간임대주택을 2020년 7월 11일 이후 같은 법 제5조제3항에 따라 공공지원민간임대주택 또는 장기일반민간임대주택으로 변경 신고한 주택은 제외한다」한 후 다음 각 호의 요건을 모두 갖추어 그 주택을 양도하는 경우 대통령령으로 정하는 바에 따라 임대기간 중 발생하는 양도소득에 대해서는 「소득세법」 제95조제1항에 따른 장기보유 특별공제액을 계산할 때 같은 조 제2항에도 불구하고 100분의 70의 공제율을 적용한다.(2022.12.31 본문개정)

1. 10년 이상 계속하여 임대한 후 양도하는 경우 (2022.12.31 본호개정)

2. 대통령령으로 정하는 임대보증금 또는 임대료 증액 제한 요건 등을 준수하는 경우

② 제1항에 따른 과세특례는 제97조의4에 따른 장기임대주택에 대한 양도소득세의 과세특례와 중복하여 적용하지 아니한다.(2018.12.24 본항신설)

③ 제1항에 따라 과세특례를 적용받으려는 자는 대통령령으로 정하는 바에 따라 주택임대에 관한 사항을 신고

하고 과세특례 적용의 신청을 하여야 한다.

④ 제1항에 따른 임대주택에 대한 임대기간의 계산과 그 밖에 필요한 사항은 대통령령으로 정한다. (2022.12.31 본조제목개정)

(2014.1.1 본조신설)

제97조의4【장기임대주택에 대한 양도소득세의 과세특례】 ① 거주자 또는 비거주자가 「민간임대주택에 관한 특별법」 제2조제2호에 따른 민간건설임대주택, 같은 법 제2조제3호에 따른 민간매입임대주택, 「공공주택 특별법」 제2조제1호의2에 따른 공공건설임대주택 또는 같은 법 제2조제1호의3에 따른 공공매입임대주택으로서 대통령령으로 정하는 주택을 6년 이상 임대한 후 양도하는 경우 그 주택을 양도함으로써 발생하는 소득에 대해서는 「소득세법」 제95조제1항에 따른 장기보유 특별공제액을 계산할 때 같은 조 제2항에 따른 보유기간별 공제율에 해당 주택의 임대기간에 따라 다음 표에 따른 추가공제율을 더한 공제율을 적용한다. 다만, 같은 항 단서에 해당하는 경우에는 그러하지 아니하다.

임대기간	추가공제율
6년 이상 7년 미만	100분의 2
7년 이상 8년 미만	100분의 4
8년 이상 9년 미만	100분의 6
9년 이상 10년 미만	100분의 8
10년 이상	100분의 10

(2015.12.15 본문개정)

② 제1항에 따라 과세특례를 적용받으려는 자는 대통령령으로 정하는 바에 따라 주택임대에 관한 사항을 신고하고 과세특례의 적용신청을 하여야 한다.

③ 제1항에 따른 임대주택에 대한 임대기간의 계산과 그밖에 필요한 사항은 대통령령으로 정한다.

(2014.1.1 본조신설)

제97조의5【장기일반민간임대주택등에 대한 양도소득세 감면】 ① 거주자가 다음 각 호의 요건을 모두 갖춘 「민간임대주택에 관한 특별법」 제2조제4호에 따른 공공지원민간임대주택 또는 같은 법 제2조제5호에 따른 장기일반민간임대주택(이하 이 조에서 "장기일반민간임대주택등"이라 한다)을 양도하는 경우에는 대통령령으로 정하는 바에 따라 임대기간 중 발생한 양도소득에 대한 양도소득세의 100분의 100에 상당하는 세액을 감면한다.(2018.1.16 본문개정)

1. 2018년 12월 31일까지 「민간임대주택에 관한 특별법」 제2조제3호의 민간매입임대주택 및 「공공주택 특별법」 제2조제1호의3에 따른 공공매입임대주택을 취득(2018년 12월 31일까지 매매계약을 체결하고 계약금을 납부한 경우를 포함한다)하고, 취득일로부터 3개월 이내에 「민간임대주택에 관한 특별법」에 따라 장기일반민간임대주택으로 등록할 것(2018.1.16 본호개정)

2. 장기일반민간임대주택등으로 등록 후 10년 이상 계속하여 장기일반민간임대주택등으로 임대한 후 양도할 것(2018.1.16 본호개정)

3. 임대기간 중 제97조의3제1항제2호의 요건을 준수할 것(2018.1.16 본호개정)

② 제1항에 따른 세액감면은 제97조의3의 장기일반민간임대주택등에 대한 양도소득세의 과세특례 및 제97조의4의 장기임대주택에 대한 양도소득세의 과세특례와 중복하여 적용하지 아니한다.(2018.1.16 본항개정)

③ 제1항에 따라 세액감면을 적용받으려는 자는 대통령령으로 정하는 바에 따라 주택임대에 관한 사항을 신고하고 과세특례 적용의 신청을 하여야 한다.

④ 제1항에 따른 임대주택에 대한 임대기간의 계산과 그 밖에 필요한 사항은 대통령령으로 정한다. (2018.1.16 본조제목개정)

(2014.12.23 본조신설)

제97조의6 【임대주택 부동산투자회사의 현물출자자에 대한 과세특례 등】 ① 내국인이 다음 각 호의 요건을 모두 갖추어 대통령령으로 정하는 임대주택 부동산투자회사(이하 이 조에서 "임대주택 부동산투자회사"라고 한다)에 2017년 12월 31일까지 「소득세법」 제94조제1항제1호에 따른 토지 또는 건물을 현물출자함으로써 발생하는 양도차익에 상당하는 금액(현물출자 후 대통령령으로 정하는 바에 따라 임대주택용으로 사용되는 부분에서 발생하는 것에 한정한다)에 대하여는 대통령령으로 정하는 바에 따라 양도소득세의 납부 또는 법인세의 과세를 이연받을 수 있다.(2020.6.9 본문개정)
1. 「부동산투자회사법」 제9조제1항에 따른 영업인가(변경인가의 경우 당초 영업인가 이후 추가적인 현물출자로 인한 변경인가에 한정한다)일부터 1년 이내에 현물출자할 것
2. 현물출자의 대가를 전액 주식으로 받을 것
② 제1항을 적용받은 내국인이 다음 각 호의 어느 하나에 해당하게 되는 경우에는 대통령령으로 정하는 바에 따라 거주자의 경우에는 해당 사유 발생일이 속하는 달의 말일부터 2개월 이내(제4호의 증여의 경우 3개월 이내, 상속의 경우 6개월 이내)에 양도소득세액을 납부하여야 하며, 내국법인의 경우에는 해당사유가 발생한 사업연도의 소득금액을 계산할 때 과세이연받은 금액을 익금에 산입하여야 한다.(2016.12.20 본문개정)
1. 현물출자의 대가로 받은 주식의 일부 또는 전부를 처분하는 경우(제4호에 따라 거주자가 증여하거나 거주자의 사망으로 상속이 이루어지는 경우는 제외한다) (2016.12.20 본호개정)
2. 현물출자 받은 임대주택 부동산투자회사가 「부동산투자회사법」 제44조에 따라 해산하는 경우(다만, 「부동산투자회사법」 제43조에 따른 합병으로서 「법인세법」 제44조제2항 각 호의 요건을 모두 갖춘 합병인 경우는 제외한다. 이 경우 합병법인을 당초에 현물출자 받은 임대주택 부동산투자회사로 보아 이 조를 적용한다)
3. 매분기말 2분기 연속하여 대통령령으로 정하는 임대주택 부동산투자회사 요건을 갖추지 못한 경우
4. 제1항을 적용받은 거주자가 현물출자의 대가로 받은 주식의 일부 또는 전부를 증여하거나 거주자의 사망으로 해당 주식에 대한 상속이 이루어지는 경우 (2016.12.20 본호신설)
③ 내국인이 제1항에 따라 납부를 이연받은 양도소득세액 또는 과세를 이연받은 법인세액을 제2항제2호(「부동산투자회사법」 제42조에 따른 영업인가 취소의 경우에 한정한다) 또는 제2항제3호에 따라 납부하는 경우에는 대통령령으로 정하는 바에 따라 계산한 이자상당가산액을 양도소득세 또는 법인세에 더하여 납부하여야 하며, 해당세액은 「소득세법」 제111조 또는 「법인세법」 제64조에 따라 납부하여야 할 세액으로 본다.
④ 제1항에 따라 과세특례를 적용받으려는 자는 대통령령으로 정하는 바에 따라 과세특례의 적용을 신청하여야 한다.
⑤ 제1항에 따라 현물출자받은 임대주택 부동산투자회사는 대통령령으로 정하는 바에 따라 임대주택 부동산투자회사의 현물출자자에 대한 과세특례의 적용을 위해 필요한 서류를 제출하여야 한다.
⑥ 제1항부터 제3항까지의 규정을 적용할 때 납부 또는 과세를 이연받은 양도소득세 또는 법인세의 납부 방법 등 그 밖에 필요한 사항은 대통령령으로 정한다. (2014.12.23 본조신설)
제97조의7 【임대사업자에게 양도한 토지에 대한 과세특례】 ① 거주자가 공공지원민간임대주택을 300호 이상 건설하려는 「민간임대주택에 관한 특별법」 제2조제7호에 따른 임대사업자(이하 이 조에서 "임대사업자"라

한다)에게 2018년 12월 31일까지 토지를 양도함으로써 발생하는 소득에 대해서는 양도소득세의 100분의 10에 상당하는 세액을 감면한다.(2018.1.16 본항개정)
② 제1항에 따라 세액감면을 적용받으려는 자는 대통령령으로 정하는 바에 따라 납세지 관할 세무서장에게 세액감면 신청을 하여야 한다.
③ 임대사업자가 다음 각 호의 사유에 해당하는 경우 제1항에 따라 감면된 세액에 상당하는 금액을 그 사유가 발생한 과세연도의 과세표준을 신고할 때 소득세 또는 법인세로 납부하여야 한다.
1. 「민간임대주택에 관한 특별법」 제23조에 따라 공공지원민간임대주택 개발사업의 시행자로 지정받은 자인 경우 : 토지 양도일로부터 대통령령으로 정하는 기간 이내에 해당 토지가 「민간임대주택에 관한 특별법」 제22조에 따른 공급촉진지구로 지정을 받지 못하거나, 공급촉진지구로 지정을 받았으나 공급촉진지구 지정일로부터 대통령령으로 정한 기간 이내에 공급촉진지구 내 유상공급면적의 100분의 50 이상을 공공지원민간임대주택으로 건설하여 취득하지 아니하는 경우
2. 제1호 외의 임대사업자의 경우 : 토지 양도일로부터 대통령령으로 정하는 기간 이내에 해당 토지에 공공지원민간임대주택 건설을 위한 「주택법」 제15조에 따른 사업계획승인 또는 「건축법」 제11조에 따른 건축허가(이하 이 조에서 "사업계획승인등"이라 한다)를 받지 못하거나, 사업계획승인등을 받았으나 사업계획승인일로부터 대통령령으로 정하는 기간 이내에 사업부지 내 전체 건축물 연면적 대비 공공지원민간임대주택 연면적의 비율이 100분의 50 이상이 되지 아니하는 경우
(2018.1.16 본항개정)
④ 제1항에 따라 감면받은 세액을 제3항에 따라 납부하는 경우에는 제63조제3항의 이자상당가산액에 관한 규정을 준용한다.(2020.12.29 본항개정)
⑤ 제1항에 따른 감면 대상 양도소득금액의 계산 및 그 밖에 필요한 사항은 대통령령으로 정한다.
(2018.1.16 본조제목개정)
(2015.12.15 본조신설)
제97조의8 【공모부동산투자회사의 현물출자자에 대한 과세특례】 ① 내국법인이 「부동산투자회사법」 제9조제1항에 따른 영업인가(변경인가의 경우 당초 영업인가 이후 추가적인 현물출자로 인한 변경인가에 한정한다)일부터 1년 이내에 같은 법 제49조의3제1항에 따른 공모부동산투자회사(이하 이 조에서 "공모부동산투자회사"라 한다)에 「소득세법」 제94조제1항제1호에 따른 토지 또는 건물을 2022년 12월 31일까지 현물출자함으로써 발생하는 양도차익에 상당하는 금액은 해당 사업연도의 소득금액을 계산할 때 대통령령으로 정하는 바에 따라 손금에 산입하여 그 내국법인이 현물출자로 취득한 주식을 처분할 때까지 과세를 이연받을 수 있다.
(2019.12.31 본항개정)
② 제1항을 적용받은 내국법인이 다음 각 호의 어느 하나에 해당하게 되는 경우에는 대통령령으로 정하는 바에 따라 해당사유가 발생한 사업연도의 소득금액을 계산할 때 과세이연받은 금액을 익금에 산입하여야 한다.
1. 현물출자의 대가로 받은 주식을 처분하는 경우
2. 현물출자를 받은 공모부동산투자회사가 「부동산투자회사법」 제44조에 따라 해산하는 경우. 다만, 「부동산투자회사법」 제43조에 따른 합병으로 해산하는 경우로서 「법인세법」 제44조제2항 각 호의 요건을 모두 갖추어 합병하는 경우는 제외하며, 해당 합병법인을 제1항에 따라 현물출자를 받은 공모부동산투자회사로 보아 이 조를 적용한다.
③ 내국법인이 제1항에 따라 과세를 이연받은 법인세액을 제2항제2호(「부동산투자회사법」 제42조에 따른 영

업인가 취소로 인한 해산으로 한정한다)에 따라 납부하는 경우에는 대통령령으로 정하는 바에 따라 계산한 이자상당가산액을 법인세에 더하여 납부하여야 하며, 해당 세액은 「법인세법」 제64조에 따라 납부하여야 할 세액으로 본다.

④ 제1항에 따라 과세특례를 적용받으려는 내국법인은 대통령령으로 정하는 바에 따라 과세특례의 적용을 신청하여야 한다.

⑤ 제1항에 따라 현물출자를 받은 공모부동산투자회사는 대통령령으로 정하는 바에 따라 공모부동산투자회사의 현물출자자에 대한 과세특례의 적용을 위하여 필요한 서류를 제출하여야 한다.

⑥ 제1항부터 제5항까지의 규정을 적용할 때 과세를 이연받은 양도차익의 익금산입 방법 등 그 밖에 필요한 사항은 대통령령으로 정한다.

(2016.12.20 본조신설)

제97조의9 【공공매입임대주택 건설을 목적으로 양도한 토지에 대한 과세특례】 ① 거주자가 「공공주택 특별법」 제2조제1호의3에 따른 공공매입임대주택(이하 이 조에서 "공공매입임대주택"이라 한다)을 건설할 자〔같은 법 제4조에 따른 공공주택사업자(이하 이 조에서 "공공주택사업자"라 한다)와 공공매입임대주택을 건설하여 양도하기로 약정을 체결한 자로 한정한다. 이하 이 조에서 "주택건설사업자"라 한다]에게 2024년 12월 31일까지 주택 건설을 위한 토지를 양도함으로써 발생하는 소득에 대해서는 양도소득세의 100분의 10에 상당하는 세액을 감면한다.(2022.12.31 본항개정)

② 제1항에 따라 세액감면을 적용받으려는 사람은 대통령령으로 정하는 바에 따라 납세지 관할 세무서장에게 세액감면 신청을 하여야 한다.

③ 주택건설사업자가 토지를 양도받은 날(인허가 지연 등 대통령령으로 정하는 부득이한 사유로 공공매입임대주택으로 사용할 주택을 건설하여 양도하지 아니한 경우에는 해당 사유가 해소된 날)부터 3년 이내에 해당 토지에 공공매입임대주택으로 사용할 주택을 건설하여 공공주택사업자에게 양도하지 아니하는 경우 주택건설사업자는 제1항에 따라 감면된 세액에 상당하는 금액을 그 사유가 발생한 과세연도의 과세표준을 신고할 때 소득세 또는 법인세로 납부하여야 한다.(2022.12.31 본항개정)

④ 제1항에 따라 감면받은 세액을 제3항에 따라 납부하는 경우에는 제63조제3항을 준용하여 이자상당가산액을 납부하여야 한다.

⑤ 제1항에 따른 감면 대상 양도소득금액의 계산 및 그 밖에 필요한 사항은 대통령령으로 정한다

(2021.3.16 본조신설)

제98조 【미분양주택에 대한 과세특례】 ① 거주자가 대통령령으로 정하는 미분양 국민주택(이하 이 조에서 "미분양주택"이라 한다)을 1995년 11월 1일부터 1997년 12월 31일까지의 기간 중에 취득(1997년 12월 31일까지 매매계약을 체결하고 계약금을 납부한 경우를 포함한다)하여 5년 이상 보유·임대한 후에 양도하는 경우 그 주택을 양도함으로써 발생하는 소득에 대해서는 다음 각 호의 방법 중 하나를 선택하여 적용받을 수 있다.

1. 「소득세법」 제92조에 따라 양도소득의 과세표준과 세액을 계산하여 양도소득세를 납부하는 방법. 이 경우 양도소득세의 세율은 같은 법 제104조제1항에도 불구하고 100분의 20으로 한다.(2023.12.31 본호개정)

2. 「소득세법」 제14조 및 제15조에 따라 종합소득의 과세표준과 세액을 계산하여 종합소득세를 납부하는 방법. 이 경우 해당 주택을 양도함으로써 발생하는 소득금액의 계산에 관하여는 「소득세법」 제19조제2항을 준용한다.

② 제1항을 적용할 때 「소득세법」 제89조제1항제3호

각 목의 어느 하나에 해당하는 주택의 판정, 과세특례 적용의 신청 등 미분양주택에 대한 과세특례에 관하여 필요한 사항은 대통령령으로 정한다.(2014.1.1 본항개정)

③ 거주자가 대통령령으로 정하는 미분양 국민주택을 1998년 3월 1일부터 1998년 12월 31일까지의 기간 중에 취득(1998년 12월 31일까지 매매계약을 체결하고 계약금을 납부한 경우를 포함한다)하여 5년 이상 보유·임대한 후에 양도하는 경우 그 주택을 양도함으로써 발생하는 소득에 대해서는 제1항을 준용한다.

제98조의2 【지방 미분양주택 취득에 대한 양도소득세 등 과세특례】 ① 거주자가 2008년 11월 3일부터 2010년 12월 31일까지의 기간 중에 취득(2010년 12월 31일까지 매매계약을 체결하고 계약금을 납부한 경우를 포함한다)한 수도권 밖에 있는 대통령령으로 정하는 미분양주택(이하 이 조에서 "지방 미분양주택"이라 한다)을 양도함으로써 발생하는 소득에 대해서는 「소득세법」 제95조제2항 각 표 외의 부분 본문과 같은 법 제104조제1항제3호에도 불구하고 장기보유특별공제액 및 세율은 다음 각 호의 규정을 적용한다.(2014.1.1 본항개정)

1. 장기보유특별공제액 : 양도차익에 「소득세법」 제95조제2항 표2에 따른 보유기간별 공제율을 곱하여 계산한 금액

2. 세율 : 「소득세법」 제104조제1항제1호에 따른 세율

② 법인이 지방 미분양주택을 양도함으로써 발생하는 소득에 대해서는 「법인세법」 제55조의2제1항제2호 및 제55조의2를 적용하지 아니한다. 다만, 미등기양도의 경우에는 그러하지 아니한다.

③ 부동산매매업을 경영하는 거주자가 지방 미분양주택을 양도함으로써 발생하는 소득에 대한 종합소득산출세액은 「소득세법」 제64조제1항에도 불구하고 같은 법 제55조제1항에 따른 종합소득산출세액으로 한다.

④ 「소득세법」 제89조제1항제3호를 적용할 때 제1항을 적용받는 지방 미분양주택은 해당 거주자의 소유주택으로 보지 아니한다.(2014.1.1 본항개정)

⑤ 제1항부터 제4항까지의 규정을 적용할 때 과세표준확정신고와 그 밖에 필요한 사항은 대통령령으로 정한다.

제98조의3 【미분양주택의 취득자에 대한 양도소득세의 과세특례】 ① 거주자 또는 「소득세법」 제120조에 따른 국내사업장이 없는 비거주자가 서울특별시 밖의 지역(「소득세법」 제104조의2에 따른 지정지역은 제외한다)에 있는 대통령령으로 정하는 미분양주택(이하 이 조에서 "미분양주택"이라 한다)을 다음 각 호의 기간 중에 「주택법」 제54조에 따라 주택을 공급하는 해당 사업체(20호 미만의 주택을 공급하는 경우 해당 주택건설사업자를 포함한다)와 최초로 매매계약을 체결하고 취득(2010년 2월 11일까지 매매계약을 체결하고 계약금을 납부한 경우를 포함한다)하여 그 취득일부터 5년 이내에 양도함으로써 발생하는 소득에 대해서는 양도소득세의 100분의 100(수도권과밀억제권역인 경우에는 100분의 60)에 상당하는 세액을 감면하고, 해당 미분양주택의 취득일부터 5년이 지난 후에 양도하는 경우에는 해당 미분양주택의 취득일부터 5년간 발생한 양도소득금액(수도권과밀억제권역인 경우에는 양도소득금액의 100분의 60에 상당하는 금액)을 해당 주택의 양도소득 과세대상소득금액에서 뺀다. 이 경우 공제하는 금액이 과세대상소득금액을 초과하는 경우 그 초과금액은 없는 것으로 한다.(2016.1.19 전단개정)

1. 거주자인 경우 : 2009년 2월 12일부터 2010년 2월 11일까지의 기간

2. 비거주자인 경우 : 2009년 3월 16일부터 2010년 2월 11일까지의 기간

② 제1항을 적용할 때 자기가 건설한 신축주택으로서 2009년 2월 12일부터 2010년 2월 11일까지의 기간 중에 공사에 착공(착공일이 불분명한 경우에는 착공신고

서 제출일을 기준으로 한다)하고, 사용승인 또는 사용검사(임시사용승인을 포함한다)를 받은 주택을 포함한다. 다만, 다음 각 호의 경우에는 이를 적용하지 아니한다.
1. 「도시 및 주거환경정비법」에 따른 재개발사업 또는 재건축사업, 「빈집 및 소규모주택 정비에 관한 특례법」에 따른 소규모재건축사업을 시행하는 정비사업조합의 조합원이 해당 관리처분계획에 따라 취득하는 주택(2017.2.8 본호개정)
2. 거주하거나 보유하는 중에 소실·붕괴·노후 등으로 인하여 멸실되어 재건축한 주택
③ 「소득세법」 제89조제1항제3호를 적용할 때 제1항 및 제2항을 적용받는 주택은 해당 거주자의 소유주택으로 보지 아니한다.(2014.1.1 본항개정)
④ 제1항 및 제2항을 적용받는 주택을 양도함으로써 발생하는 소득에 대해서는 「소득세법」 제95조제2항 및 제104조제1항제3호의 규정에도 불구하고 장기보유특별공제액 및 세율은 다음 각 호의 규정을 적용한다. (2014.1.1 본문개정)
1. 장기보유특별공제액 : 양도차익에 「소득세법」 제95조제2항 표1(같은 조 제2항 단서에 해당하는 경우에는 표2)에 따른 보유기간별 공제율을 곱하여 계산한 금액
2. 세율 : 「소득세법」 제104조제1항제1호에 따른 세율
⑤ 제1항 및 제2항을 적용할 때 주택의 취득일부터 5년간 발생한 양도소득금액의 계산과 그 밖에 필요한 사항은 대통령령으로 정한다.

제98조의4【비거주자의 주택취득에 대한 양도소득세의 과세특례】「소득세법」 제120조에 따른 국내사업장이 없는 비거주자가 2009년 3월 16일부터 2010년 2월 11일까지의 기간 중에 제98조의3제1항에 따른 미분양주택 외의 주택을 취득(2010년 2월 11일까지 매매계약을 체결하고 계약금을 납부한 경우를 포함한다)하여 양도함으로써 발생하는 소득에 대해서는 양도소득세의 100분의 10에 상당하는 세액을 감면한다.

제98조의5【수도권 밖의 지역에 있는 미분양주택의 취득자에 대한 양도소득세의 과세특례】 ① 거주자 또는 「소득세법」 제120조에 따른 국내사업장이 없는 비거주자가 2010년 2월 11일 현재 수도권 밖의 지역에 있는 대통령령으로 정하는 미분양주택(이하 이 조에서 "미분양주택"이라 한다)을 2011년 4월 30일까지 「주택법」 제54조에 따라 주택을 공급하는 해당 사업주체 등과 최초로 매매계약을 체결하고 취득(2011년 4월 30일까지 매매계약을 체결하고 계약금을 납부한 경우를 포함한다)하여 그 취득일부터 5년 이내에 양도함으로써 발생하는 소득에 대하여는 양도소득세에 다음 각 호의 분양가격(「주택법」에 따른 입주자 모집공고안에 공시된 분양가격을 말한다. 이하 이 조에서 같다) 인하율에 따른 감면율을 곱하여 계산한 세액을 감면하고, 해당 미분양주택의 취득일부터 5년이 지난 후에 양도하는 경우에는 해당 미분양주택의 취득일부터 5년간 발생한 양도소득금액에 다음 각 호의 분양가격 인하율에 따른 감면율을 곱하여 계산한 금액을 해당 미분양주택의 양도소득세 과세대상소득금액에서 뺀다. 이 경우 공제하는 금액이 과세대상소득금액을 초과하는 경우 그 초과금액은 없는 것으로 한다.(2016.1.19 전단개정)
1. 분양가격 인하율이 100분의 10 이하인 경우 : 100분의 60
2. 분양가격 인하율이 100분의 10을 초과하고 100분의 20 이하인 경우 : 100분의 80
3. 분양가격 인하율이 100분의 20을 초과하는 경우 : 100분의 100
② 「소득세법」 제89조제1항제3호를 적용할 때 제1항을 적용받는 미분양주택은 해당 거주자의 소유주택으로 보지 아니한다.(2014.1.1 본항개정)

③ 제1항을 적용받는 미분양주택을 양도함으로써 발생하는 소득에 대하여는 「소득세법」 제95조제2항 및 제104조제1항제3호의 규정에도 불구하고 장기보유 특별공제액 및 세율은 다음 각 호를 적용한다. (2014.1.1 본문개정)
1. 장기보유 특별공제액 : 양도차익에 「소득세법」 제95조제2항 표1(같은 항 단서에 해당하는 경우에는 표2)에 따른 보유기간별 공제율을 곱하여 계산한 금액
2. 세율 : 「소득세법」 제104조제1항제1호에 따른 세율
④ 제1항을 적용할 때 미분양주택의 취득일부터 5년간 발생한 양도소득금액의 계산, 분양가격 인하율의 산정방법과 그 밖에 필요한 사항은 대통령령으로 정한다. (2010.5.14 본조신설)

제98조의6【준공후미분양주택의 취득자에 대한 양도소득세의 과세특례】 ① 거주자 또는 「소득세법」 제120조에 따른 국내사업장이 없는 비거주자(이하 이 조에서 "비거주자"라 한다)가 다음 각 호의 어느 하나에 해당하는 주택을 양도하는 경우에는 해당 주택의 취득일부터 5년 이내에 양도함으로써 발생하는 소득에 대하여는 양도소득세의 100분의 50에 상당하는 세액을 감면(제1호의 요건을 갖춘 주택에 한정한다)하고, 그 취득일부터 5년이 지난 후에 양도하는 때에는 해당 주택의 취득일부터 5년간 발생한 양도소득금액의 100분의 50에 상당하는 금액을 해당 주택의 양도소득세 과세대상소득금액에서 뺀다. 이 경우 공제하는 금액이 과세대상소득금액을 초과하는 경우 그 초과금액은 없는 것으로 한다.
1. 「주택법」 제54조에 따라 주택을 공급하는 사업주체 및 그 밖에 대통령령으로 정하는 사업자(이하 이 조에서 "사업주체등"이라 한다)가 대통령령으로 정하는 준공후미분양주택(이하 이 조에서 "준공후미분양주택"이라 한다)을 2011년 12월 31일까지 임대계약을 체결하여 2년 이상 임대한 주택으로서 거주자 또는 비거주자가 해당 사업주체등과 최초로 매매계약을 체결하고 취득한 주택(2016.1.19 본호개정)
2. 거주자 또는 비거주자가 준공후미분양주택을 사업주체등과 최초로 매매계약을 체결하여 취득하고 5년 이상 임대한 주택(거주자 또는 비거주자가 「소득세법」 제168조에 따른 사업자등록과 「민간임대주택에 관한 특별법」 제5조에 따른 임대사업자등록을 하고 2011년 12월 31일 이전에 임대계약을 체결한 경우에 한정한다)(2015.8.28 본호개정)
② 「소득세법」 제89조제1항제3호를 적용할 때 제1항을 적용받는 주택은 해당 거주자의 소유주택으로 보지 아니한다.(2014.1.1 본항개정)
③ 제1항을 적용받는 주택을 양도함으로써 발생하는 소득에 대하여는 「소득세법」 제95조제2항 및 제104조제1항제3호의 규정에도 불구하고 장기보유 특별공제액 및 세율은 다음 각 호를 적용한다.(2014.1.1 본문개정)
1. 장기보유 특별공제액 : 양도차익에 「소득세법」 제95조제2항 표1(같은 항 단서에 해당하는 경우에는 표2)에 따른 보유기간별 공제율을 곱하여 계산한 금액
2. 세율 : 「소득세법」 제104조제1항제1호에 따른 세율
④ 제1항을 적용할 때 양도소득금액의 계산, 준공후미분양주택·임대기간의 확인절차 및 그 밖에 필요한 사항은 대통령령으로 정한다.
(2011.5.19 본조신설)

제98조의7【미분양주택의 취득자에 대한 양도소득세의 과세특례】 ① 내국인이 2012년 9월 24일 현재 대통령령으로 정하는 미분양주택으로서 취득가액이 9억원 이하인 주택(이하 이 조에서 "미분양주택"이라 한다)을 2012년 9월 24일부터 2012년 12월 31일까지 「주택법」 제54조에 따라 주택을 공급하는 해당 사업주체 또는 그 밖에 대통령령으로 정하는 사업자와 최초로 매매계약

(계약금을 납부한 경우에 한정한다)을 체결하거나 그 계약에 따라 취득한 경우에는 취득일부터 5년 이내에 양도함으로써 발생하는 소득에 대하여는 양도소득세의 100분의 100에 상당하는 세액을 감면하고, 해당 미분양 주택의 취득일부터 5년이 지난 후에 양도하는 경우에는 해당 미분양주택의 취득일부터 5년간 발생한 양도소득 금액을 양도소득세 과세대상소득금액에서 공제한다. 이 경우 공제하는 금액이 과세대상소득금액을 초과하는 경우 그 초과금액은 없는 것으로 한다.(2016.1.19 전단개정)
② 「소득세법」 제89조제1항제3호를 적용할 때 제1항을 적용받는 미분양주택은 해당 거주자의 소유주택으로 보지 아니한다.(2014.1.1 본항개정)
③ 제1항을 적용할 때 미분양주택의 취득일부터 5년간 발생한 양도소득금액의 계산과 그 밖에 필요한 사항은 대통령령으로 정한다.
(2012.10.2 본조신설)

제98조의8 【준공후미분양주택의 취득자에 대한 양도소득세 과세특례】 ① 거주자가 대통령령으로 정하는 준공후미분양주택으로서 취득 당시 취득가액이 6억원 이하이고 주택의 연면적(공동주택의 경우에는 전용면적)이 135제곱미터 이하인 주택을 「주택법」 제54조에 따라 주택을 공급하는 사업주체 등 대통령령으로 정하는 자와 2015년 1월 1일부터 2015년 12월 31일까지 최초로 매매계약을 체결하고 5년 이상 임대한 주택(거주자가 「소득세법」 제168조에 따른 사업자등록과 「민간임대주택에 관한 특별법」 제5조에 따른 임대사업자등록을 하고 2015년 12월 31일 이전에 임대계약을 체결한 경우로 한정한다)을 양도하는 경우에는 해당 주택의 취득일부터 5년간 발생하는 양도소득금액의 100분의 50에 상당하는 금액을 해당 주택의 양도소득세 과세대상소득금액에서 공제한다. 이 경우 공제하는 금액이 과세대상소득금액을 초과하는 경우 그 초과금액은 없는 것으로 한다.(2016.1.19 전단개정)
② 「소득세법」 제89조제1항제3호를 적용할 때 제1항에 해당하는 주택은 해당 거주자의 소유주택으로 보지 아니한다.
③ 제1항을 적용할 때 해당 주택의 취득일부터 5년간 발생한 양도소득금액의 계산, 준공후미분양주택·임대 기간의 확인절차 및 그 밖에 필요한 사항은 대통령령으로 정한다.
(2014.12.23 본조신설)

제99조 【신축주택의 취득자에 대한 양도소득세의 감면】 ① 거주자(주택건설사업자는 제외한다)가 다음 각 호의 어느 하나에 해당하는 신축주택(이에 딸린 해당 건물 연면적의 2배 이내의 토지를 포함한다. 이하 이 조에서 같다)을 취득하여 그 취득한 날부터 5년 이내에 양도하는 경우에는 그 신축주택을 취득한 날부터 양도 일까지 발생한 양도소득금액을 양도소득세 과세대상소 득금액에서 빼고, 해당 신축주택을 취득한 날부터 5년 이 지난 후에 양도하는 경우에는 그 신축주택을 취득한 날부터 5년간 발생한 양도소득금액을 양도소득세 과세대상소득금액에서 뺀다. 다만, 신축주택이 「소득세법」 제89조제1항제3호에 따라 양도소득세의 비과세대상에서 제외되는 고가 주택에 해당하는 경우에는 그러하지 아니하다.(2015.12.15 본문개정)
1. 자기가 건설한 주택(「주택법」에 따른 주택조합 또는 「도시 및 주거환경정비법」에 따른 정비사업조합을 통하여 조합원이 취득하는 주택을 포함한다)으로서 1998년 5월 22일부터 1999년 6월 30일까지의 기간(국민주택의 경우에는 1998년 5월 22일부터 1999년 12월 31일까지로 한다. 이하 이 조에서 "신축주택취득기간"이라 한다) 사이에 사용승인 또는 사용검사(임시 사용승인을 포함한다)를 받은 주택
2. 주택건설사업자로부터 취득하는 주택으로서 신축주

택취득기간에 주택건설업자와 최초로 매매계약을 체결하고 계약금을 납부한 자가 취득하는 주택(「주택법」에 따른 주택조합 또는 「도시 및 주거환경정비법」에 따른 정비사업조합을 통하여 취득하는 주택으로 대통령령으로 정하는 주택을 포함한다). 다만, 매매계약 현재 다른 자가 입주한 사실이 있거나 신축주택 취득기간 중 대통령령으로 정하는 사유에 해당하는 사실이 있는 주택은 제외한다.
② 「소득세법」 제89조제1항제3호를 적용할 때 제1항을 적용받는 신축주택과 그 외의 주택을 보유한 거주자가 그 신축주택 외의 주택을 2007년 12월 31일까지 양도하는 경우에만 그 신축주택을 거주자의 소유주택으로 보지 아니한다.
③ 제1항을 적용받으려는 자는 대통령령으로 정하는 바에 따라 감면신청을 하여야 한다.
④ 제1항에 따라 양도소득 과세대상소득금액에서 빼는 양도소득금액의 계산 및 그 밖에 필요한 사항은 대통령령으로 정한다.(2015.12.15 본항개정)

⚖판례 조세특례제한법 제99조제1항제2호는 양도소득세의 감면을 통하여 주택신축 및 분양을 장려함으로써 침체된 건설경기 및 부동산시장을 활성화하려는 데 입법 취지가 있다. 이러한 입법 취지와 문언 등에 비추어 볼 때 위 법률조항에서 정한 과세특례의 적용대상은 원칙적으로 신축주택을 주택건설업자로부터 '직접' 취득한 거주자임이 분명하다. (대판 2014.5.16, 2014두35126)

제99조의2 【신축주택 등 취득자에 대한 양도소득세의 과세특례】 ① 거주자 또는 비거주자가 대통령령으로 정하는 신축주택, 미분양주택 또는 1세대 1주택자의 주택으로서 취득가액이 6억원 이하이거나 주택의 연면적(공동주택의 경우에는 전용면적)이 85제곱미터 이하인 주택을 2013년 4월 1일부터 2013년 12월 31일까지 「주택법」 제54조에 따라 주택을 공급하는 사업주체 등 대통령령으로 정하는 자와 최초로 매매계약을 체결하여 그 계약에 따라 취득(2013년 12월 31일까지 매매계약을 체결하고 계약금을 지급한 경우를 포함한다)한 경우에 해당 주택을 취득일부터 5년 이내에 양도함으로써 발생하는 양도소득에 대하여는 해당 주택의 취득일부터 5년이 지난 후에 양도하는 경우에는 해당 주택의 취득일부터 5년간 발생한 양도소득금액을 해당 주택의 양도소득세 과세대상소득금액에서 공제한다. 이 경우 공제하는 금액이 과세대상소득금액을 초과하는 경우 그 초과금액은 없는 것으로 한다.(2016.1.19 전단개정)
② 「소득세법」 제89조제1항제3호를 적용할 때 제1항을 적용받는 주택은 해당 거주자의 소유주택으로 보지 아니한다.(2014.1.1 본항개정)
③ 제1항은 전국 소비자물가상승률 및 전국 주택매매가 격상승률을 고려하여 부동산 가격이 급등하거나 급등할 우려가 있는 지역으로서 대통령령으로 정하는 지역에는 적용하지 아니한다.
④ 제1항에 따른 양도소득세의 감면은 대통령령으로 정하는 방법에 따라 제1항에 따른 감면 대상 주택임을 확인받아 납세지 관할 세무서장에게 제출한 경우에만 적용한다.(2014.1.1 본항개정)
⑤ 제1항을 적용할 때 해당 주택의 취득일부터 5년간 발생한 양도소득금액의 계산과 그 밖에 필요한 사항은 대통령령으로 정한다.
(2013.5.10 본조신설)

제99조의3 【신축주택의 취득자에 대한 양도소득세의 과세특례】 ① 거주자(주택건설사업자는 제외한다)가 전국소비자물가상승률 및 전국주택매매가격상승률을 고려하여 부동산 가격이 급등하거나 급등할 우려가 있는 지역으로서 대통령령으로 정하는 지역 외의 지역에 있는 다음 각 호의 어느 하나에 해당하는 신축주택(그 주

택에 딸린 토지로서 해당 건물 연면적의 2배 이내의 것을 포함한다. 이하 이 조에서 같다)을 취득하여 그 취득일부터 5년 이내에 양도하는 경우에는 그 신축주택을 취득한 날부터 양도일까지 발생한 양도소득금액을 양도소득세 과세대상소득금액에서 빼며, 해당 신축주택을 취득한 날부터 5년이 지난 후에 양도하는 경우에는 그 신축주택을 취득한 날부터 5년간 발생한 양도소득금액을 양도소득세 과세대상소득금액에서 뺀다. 다만, 해당 신축주택이 「소득세법」 제89조제1항제3호에 따라 양도소득세의 비과세대상에서 제외되는 고가 주택에 해당하는 경우에는 그러하지 아니하다. (2015.12.15 본문개정)

1. 주택건설사업자로부터 취득한 신축주택의 경우 : 2001년 5월 23일부터 2003년 6월 30일까지의 기간(이하 이 조에서 "신축주택취득기간"이라 한다) 중에 주택건설업자와 최초로 매매계약을 체결하고 계약금을 납부한 자가 취득한 신축주택(「주택법」에 따른 주택조합 또는 「도시 및 주거환경정비법」에 따른 정비사업조합을 통하여 취득하는 주택으로서 대통령령으로 정하는 주택을 포함한다). 다만, 매매계약일 현재 입주한 사실이 있거나 신축주택취득기간 중 대통령령으로 정하는 사유에 해당하는 사실이 있는 주택은 제외한다.

2. 자기가 건설한 신축주택(「주택법」에 따른 주택조합 또는 「도시 및 주거환경정비법」에 따른 정비사업조합을 통하여 대통령령으로 정하는 조합원이 취득하는 주택을 포함한다)의 경우 : 신축주택취득기간에 사용승인 또는 사용검사(임시 사용승인을 포함한다)를 받은 신축주택

② 「소득세법」 제89조제1항제3호를 적용할 때 제1항을 적용받는 신축주택과 그 외의 주택을 보유한 거주자가 그 신축주택 외의 주택을 2007년 12월 31일까지 양도하는 경우에만 그 신축주택을 거주자의 소유주택으로 보지 아니한다.

③ 제1항을 적용받으려는 자는 대통령령으로 정하는 바에 따라 감면신청을 하여야 한다.

④ 제1항에 따라 양도소득세 과세대상소득금액에서 빼는 양도소득금액의 계산 및 그 밖에 필요한 사항은 대통령령으로 정한다. (2015.12.15 본항개정)

제99조의4【농어촌주택등 취득자에 대한 양도소득세 과세특례】

① 거주자 및 그 배우자가 구성하는 대통령령으로 정하는 1세대(이하 이 조에서 "1세대"라 한다)가 2003년 8월 1일(고향주택은 2009년 1월 1일)부터 2025년 12월 31일까지의 기간(이하 이 조에서 "농어촌주택등취득기간"이라 한다) 중에 다음 각 호의 어느 하나에 해당하는 1채의 주택(이하 이 조에서 "농어촌주택등"이라 한다)을 취득(자기가 건설하여 취득한 경우를 포함한다)하여 3년 이상 보유하고 그 농어촌주택등 취득 전에 보유하던 다른 주택(이하 이 조에서 "일반주택"이라 한다)을 양도하는 경우에는 그 농어촌주택등을 해당 1세대의 소유주택이 아닌 것으로 보아 「소득세법」 제89조제1항제3호를 적용한다. (2022.12.31 본문개정)

1. 다음 각 목의 요건을 모두 갖춘 주택(이 조에서 "농어촌주택"이라 한다)

가. 취득 당시 「지방자치분권 및 지역균형발전에 관한 특별법」 제2조제13호에 따른 기회발전특구(같은 법 제2조제12호에 따른 인구감소지역, 「접경지역 지원 특별법」 제2조제1호에 따른 접경지역이 아닌 수도권 과밀억제권역 안의 기회발전특구는 제외한다. 이하 이 조 및 제5장의11에서 "기회발전특구"라 한다)에 소재하거나 다음의 어느 하나에 해당하는 지역을 제외한 지역으로서 「지방자치법」 제3조제3항 및 제4항에 따른 읍·면 또는 인구 규모 등을 고려하여 대통령령으로 정하는 동에 소재할 것(2023.12.31 본문개정)

1) 수도권지역. 다만, 「접경지역 지원 특별법」 제2조에 따른 접경지역 중 부동산가격동향 등을 고려하여 대통령령으로 정하는 지역은 제외한다. (2011.5.19 개정)

2) 「국토의 계획 및 이용에 관한 법률」 제6조에 따른 도시지역. 다만, 「지방자치분권 및 지역균형발전에 관한 특별법」 제2조제12호에 따른 인구감소지역 중 부동산가격동향 등을 고려하여 대통령령으로 정하는 지역은 제외한다. (2023.6.9 단서개정)

3) 「주택법」 제63조의2에 따른 조정대상지역 (2020.12.29 개정)

4) 「부동산 거래신고 등에 관한 법률」 제10조에 따른 허가구역(2016.1.19 신설)

5) 그 밖에 관광단지 등 부동산가격안정이 필요하다고 인정되어 대통령령으로 정하는 지역

나. 주택 및 이에 딸린 토지의 가액(「소득세법」 제99조에 따른 기준시가를 말한다)의 합계액이 해당 주택의 취득 당시 3억원(대통령령으로 정하는 한옥은 4억원)을 초과하지 아니할 것(2022.12.31 본목개정)

2. 다음 각 목의 요건을 모두 갖춘 주택(이 조에서 "고향주택"이라 한다)

가. 대통령령으로 정하는 고향에 소재하는 주택일 것

나. 취득 당시 인구 등을 고려하여 대통령령으로 정하는 시 지역(다음의 지역은 제외한다)에 소재할 것

1) 수도권지역

2) 「주택법」 제63조의2에 따른 조정대상지역 (2020.12.29 개정)

3) 그 밖에 관광단지 등 부동산가격안정이 필요하다고 인정되어 대통령령으로 정하는 지역

다. 주택 및 이에 딸린 토지의 가액(「소득세법」 제99조에 따른 기준시가를 말한다)의 합계액이 해당 주택의 취득 당시 3억원(대통령령으로 정하는 한옥은 4억원)을 초과하지 아니할 것(2022.12.31 본목개정)

② (2007.12.31 삭제)

③ 1세대가 취득한 농어촌주택과 보유하고 있던 일반주택이 행정구역상 같은 읍·면 또는 연접한 읍·면에 있는 경우나 1세대가 취득한 고향주택과 보유하고 있던 일반주택이 행정구역상 같은 시 또는 연접한 시에 있는 경우에는 제1항을 적용하지 아니한다. (2014.12.23 본항개정)

④ 1세대가 제1항에 따른 농어촌주택등의 3년 이상 보유 요건을 충족하기 전에 일반주택을 양도하는 경우에도 제1항을 적용한다.

⑤ 1세대가 수도권 내 「주택법」 제63조의2제1항제1호에 따른 조정대상지역에 소재하는 2주택(양도하는 시점의 「부동산 가격공시에 관한 법률」에 따른 개별주택가격 및 공동주택가격을 합산한 금액이 6억원 이하인 경우에 한정한다)만을 소유하는 경우로서 2020년 12월 31일까지 그 중 1주택을 양도하고 「소득세법」 제105조제1항제1호 본문에 따른 기간 내에 농어촌주택등을 취득하는 경우에는 같은 법 제104조제7항을 적용하지 아니하고, 「소득세법」 제95조제2항에 따른 장기보유 특별공제액을 공제받을 수 있다. (2018.12.24 본항신설)

⑥ 제4항에 따른 양도소득세의 특례를 적용받은 1세대가 농어촌주택등을 3년 이상 보유하지 아니하게 된 경우 또는 제5항에 따른 양도소득세의 특례를 적용받은 1세대가 농어촌주택등을 3년 이상 보유하지 아니하거나 최초 보유한 기간 3년 중 농어촌주택등에 2년 이상 거주하지 아니한 경우에는 과세특례를 적용받은 자가 과세특례를 적용받지 아니하였을 경우 납부하였을 세액에 상당하는 세액으로서 대통령령으로 정하는 바에 따라 계산한 세액을 그 보유 또는 거주하지 아니하게 된 날이 속하는 달의 말일부터 2개월 이내에 양도소득세로 납부하여야 한다. 다만, 「공익사업을 위한 토지 등의 취득 및 보상에 관한 법률」에 따른 수용 등 대통령령으로

정하는 부득이한 사유가 있는 경우에는 그러하지 아니하다.(2018.12.24 본문개정)

⑦ 제1항, 제4항 및 제5항에 따른 과세특례를 적용받으려는 자는 대통령령으로 정하는 바에 따라 과세특례신청을 하여야 한다.(2018.12.24 본항개정)

⑧ 농어촌주택등의 면적 및 취득가액의 산정방법, 농어촌주택등의 보유기간 및 거주기간 계산, 농어촌주택등의 판정기준 등에 관하여 필요한 사항은 대통령령으로 정한다.(2018.12.24 본항개정)

제99조의5【영세개인사업자의 체납액 납부의무 소멸특례】① 세무서장은 다음 각 호의 요건을 모두 갖춘 거주자의 신청에 따라 해당 거주자의 징수가 곤란한 체납액으로서 종합소득세, 부가가치세, 종합소득세 및 부가가치세에 부가되는 농어촌특별세·가산금·체납처분비(이를 모두 합친 금액을 이하 이 조에서 "소멸대상체납액"이라 한다) 중 국세징수권 소멸시효가 완성되지 아니한 금액의 납부의무를 1명당 3천만원을 한도로 소멸시킬 수 있다. 이 경우 다른 세무서에서 납부의무가 소멸된 소멸대상체납액을 모두 포함하여 한도를 적용한다.(2017.12.19 본문개정)

1. 해당 거주자의 최종 폐업일이 속하는 과세연도를 포함하여 직전 3개 과세연도의 사업소득 총수입금액(과세기간이 1년 미만인 과세연도의 수입금액은 1년으로 환산한 총수입금액을 말한다)의 평균금액이 대통령령으로 정하는 금액 미만인 사람

2. 2017년 12월 31일 이전에 폐업하고, 다음 각 목의 어느 하나의 요건을 충족하는 사람
가. 2018년 1월 1일부터 2018년 12월 31일까지의 기간 중 새로 사업을 하기 위하여 관할 세무서에 사업자등록을 신청할 것
나. 2018년 1월 1일부터 2018년 12월 31일까지의 기간 중 취업하여 납부의무의 소멸을 신청한 날(이하 이 조에서 "신청일"이라 한다) 현재 3개월 이상 근무할 것 (2017.12.19 본호개정)

3. 신청일 직전 5년 이내에 「조세범 처벌법」에 따른 처벌 또는 처분을 받은 사실이나 이와 관련한 재판이 진행 중인 사실이 없는 사람

4. 신청일 현재 「조세범 처벌법」에 따른 범칙사건에 대한 조사가 진행 중인 사실이 없는 사람

② 제1항에서 "해당 거주자의 징수가 곤란한 체납액"이란 다음 각 호의 어느 하나에 해당하는 체납액을 말한다.

1. 2017년 6월 30일 현재 결손처분된 해당 거주자의 체납액

2. 2017년 6월 30일 현재 체납처분 중지된 해당 거주자의 체납액

3. 2017년 6월 30일 현재 재산이 없어 해당 거주자의 체납액을 징수할 수 없는 경우 그 체납액

4. 2017년 6월 30일 현재 체납처분이 종결되고 해당 거주자의 체납액에 충당된 배분금액이 그 체납액에 미치지 못하는 경우 배분금액을 충당하고 남은 체납액

5. 2017년 6월 30일 현재 총재산가액이 체납처분비에 충당하고 남을 여지가 없어 해당 거주자의 체납액을 징수할 수 없는 경우 그 체납액

6. 그 밖에 징수가 곤란하다고 인정되는 경우로서 대통령령으로 정하는 체납액 (2017.12.19 본항신설)

③ 거주자가 제1항에 따라 소멸대상체납액에 대하여 납부의무를 소멸받으려는 경우에는 대통령령으로 정하는 바에 따라 2018년 1월 1일부터 2019년 12월 31일까지 소멸대상체납액을 관할하는 세무서장에게 소멸대상체납액의 납부의무 소멸을 신청하여야 한다. (2017.12.19 본항개정)

④ 제3항에 따라 거주자의 납부의무 소멸의 신청을 받은 세무서장은 「국세징수법」 제87조에 따른 국세체납

정리위원회의 심의를 거쳐 신청일부터 2개월 이내에 납부의무의 소멸 여부를 결정하여 해당 거주자에게 그 사실을 통지하여야 한다. 이 경우 세무서장이 해당 거주자의 소멸대상체납액의 납부의무를 소멸하는 것으로 결정한 때에는 신청일에 해당 소멸대상체납액의 납부의무가 소멸한 것으로 본다.(2017.12.19 본항개정)

⑤ 세무서장은 제1항에 따라 소멸대상체납액에 대하여 납부의무의 소멸을 결정한 후에도 2017년 6월 30일 당시 징수할 수 있는 다른 재산이 있었던 것을 발견한 때에는 지체 없이 그 재산의 가액에 상당하는 금액에 대하여 납부의무의 소멸을 취소하고 체납처분을 하여야 한다.(2017.12.19 본항개정)

⑥ 세무서장은 제1항에 따라 소멸대상체납액에 대하여 납부의무의 소멸을 결정한 후에도 제1항제2호가목에 해당하는 거주자가 다음 각 호의 어느 하나에 해당하는 경우에는 지체 없이 그 납부의무의 소멸을 취소하고 체납처분을 하여야 한다.

1. 사업자등록을 신청한 날부터 1개월 이내에 사업자등록증을 발급받지 못한 경우

2. 사업자등록을 신청한 날부터 1개월 이내에 사업을 시작하지 아니한 경우 (2017.12.19 본항신설)

⑦ 2017년 7월 1일 이후 취득하거나 발생한 재산·소득(이하 이 조에서 "재산등"이라 한다)으로서 신청일 전에 발견된 거주자의 재산등이 있는 경우에는 체납처분을 할 수 있다.(2017.12.19 본항개정)

⑧ 2017년 7월 1일 이후 취득하거나 발생한 재산등으로서 신청일 이후에 발견된 거주자의 재산등이 있는 경우에는 제1항에 따라 납부의무가 소멸된 금액에 대해서는 해당 거주자의 재산등에 대하여 체납처분을 할 수 없다.(2017.12.19 본항개정)

⑨ 거주자의 소멸대상체납액 중 일부 금액만 납부의무를 소멸시키는 경우 그 소멸 순서는 건별로 국세, 가산금, 체납처분비 순으로 한다.(2017.12.19 본항개정)

⑩ 소멸대상체납액의 납부의무 소멸에 관하여 신청방법 등 그 밖에 필요한 사항은 대통령령으로 정한다. (2017.12.19 본항개정)
(2017.12.19 본조제목개정)
(2010.1.1 본조신설)

제99조의6【재기중소기업인의 체납액 등에 대한 과세특례】① 세무서장은 「중소기업진흥에 관한 법률」에 따른 중소벤처기업진흥공단으로부터 재창업자금을 융자받는 등 대통령령으로 정하는 내국인 중 다음 각 호의 요건을 모두 갖춘 자(이하 이 조에서 "재기중소기업인"이라 한다)의 신청에 따라 대통령령으로 정하는 기간까지 체납액(소득세, 법인세, 부가가치세 및 이에 부가되는 세목에 대한 체납액으로 한정한다)에 대하여 체납액 납부계획에 따라 「국세징수법」상 강제징수에 따른 재산의 압류(이미 압류한 재산의 압류)나 압류재산의 매각을 유예할 수 있다.(2020.12.29 본문개정)

1. 신청일 직전 5년 이내의 연평균 체납횟수 및 신청일 당시 체납액이 대통령령으로 정하는 기준 미만인 자

2. 신청일 직전 3개 과세연도의 수입금액(기업회계기준에 따라 계산한 매출액을 말한다)의 평균금액이 대통령령으로 정하는 금액 미만인 내국인 중 대통령령으로 정하는 자

3. 신청일 직전 5년 이내에 「조세범 처벌법」에 따른 처벌 또는 처분을 받은 사실이나 이와 관련한 재판이 진행 중인 사실이 없는 자

4. 신청일 「조세범 처벌법」에 따른 범칙사건에 대한 조사가 진행 중인 사실이 없는 자

5. 신청일 당시 복식부기의무 등 대통령령으로 정하는 세법상 의무를 이행하고 있는 자

② 재기중소기업인은 제1항에 따라 재산의 압류를 유예

받거나 압류재산의 매각을 유예받으려는 때에는 대통령령으로 정하는 바에 따라 2026년 12월 31일까지 세무서장에게 신청하여야 한다.(2023.12.31 본항개정)

③ 제2항에 따라 재기중소기업인의 압류 또는 매각의 유예를 신청받은 세무서장은 「국세징수법」 제106조에 따른 국세체납정리위원회의 심의를 거쳐 신청일부터 2개월 이내에 납세담보의 제공 여부를 결정하여 해당 재기중소기업인에게 그 사실을 통지하여야 한다.(2020.12.29 본항개정)

④ 세무서장은 제1항에 따라 압류 또는 매각의 유예를 결정한 후 해당 재기중소기업인이 다음 각 호의 어느 하나에 해당하게 되었을 때에는 그 유예를 취소하고, 강제징수를 하여야 한다.(2020.12.29 본문개정)

1. 체납액 납부계획을 3회 이상 위반하였을 때
2. 「국세징수법」 제30조제1항 각 호의 어느 하나에 해당하는 사유로 유예되어 그 유예한 기한까지 유예와 관계되는 체납액의 전액을 징수할 수 없다고 인정될 때 (2020.12.29 본호개정)
3. 재창업자금의 회수 등 대통령령으로 정하는 사유가 발생하여 유예할 필요가 없다고 인정될 때

⑤ 2026년 12월 31일까지 제6조에 따른 창업, 지정 또는 확인을 받은 재기중소기업인에 대하여 제6조를 적용하는 경우에는 같은 조 제10항제3호는 적용하지 아니한다. (2023.12.31 본항개정)

⑥ 제5항을 적용받으려는 재기중소기업인은 대통령령으로 정하는 바에 따라 세액감면신청을 하여야 한다.

⑦ 재기중소기업인의 체납액 등에 대한 과세특례와 관련하여 신청방법 등 그 밖에 필요한 사항은 대통령령으로 정한다.

(2013.8.13 본조신설)

제99조의7【목돈 안드는 전세에 대한 과세특례】① 거주자가 각 호의 요건을 모두 갖춘 방식으로 주택을 임대하고 2015년 12월 31일까지 해당 차입금 이자를 지급하였을 때에는 해당 과세기간에 지급한 이자상환액의 100분의 40에 해당하는 금액을 그 과세기간의 종합소득금액에서 공제한다. 다만, 그 금액이 연 300만원을 초과하는 경우에는 연 300만원으로 한다.

1. 거주자가 보유주택을 임대하면서 그 주택에 저당권을 설정하고 거주자를 채무자로 하여 「금융실명거래 및 비밀보장에 관한 법률」 제2조제1호에 따른 금융회사등(이하 이 조에서 "금융회사등"이라 한다)으로부터 전세보증금을 차입할 것
2. 해당 주택의 임차인이 계약일 현재 대통령령으로 정하는 무주택세대의 세대주이면서 직전 연도 연간 총소득의 합계액(배우자의 소득을 포함한다)이 6천만원 이하일 것
3. 해당 주택의 전세보증금 총액이 2억원(수도권은 3억원) 이하이고, 제1호에 따른 차입금이 3천만원(수도권은 5천만원) 이하일 것
4. 「주택임대차보호법」 제3조의2제2항에 따른 임대차계약증서의 입주일(계약을 갱신한 경우에는 갱신일을 말한다)과 주민등록표 등본의 전입일 중 빠른 날부터 전후 3개월 이내에 차입할 것
5. 해당 주택의 임차인이 제1호에 따른 전세보증금의 이자상환액을 지급하여야 할 금융회사등에 직접 지급하는 방식으로 할 것
6. 임차인의 임대차계약증서에 따른 주소지와 주민등록표 등본의 주소지가 같을 것

② 제1항제1호에 따른 전세보증금 또는 같은 항 제5호에 따른 이자상환액에 대해서는 2015년 12월 31일까지 소득세를 과세하지 아니한다.

(2013.8.13 본조신설)

제99조의8【재기중소기업인에 대한 납부고지의 유예 등의 특례】① 세무서장은 「중소기업진흥에 관한 법률」에 따른 중소벤처기업진흥공단(이하 이 조에서 "중소벤처기업진흥공단"이라 한다)으로부터 재창업자금을 융자받는 등 대통령령으로 정하는 내국인으로서 「국세징수법」에 따른 납부고지의 유예 또는 지정납부기한·독촉기한에서 정하는 기한의 연장(이하 이 조에서 "지정납부기한등의 연장"으로 한다) 신청일 현재 다음 각 호의 요건을 모두 갖춘 자(이하 이 조에서 "재기중소기업인"이라 한다)가 「국세징수법」 제13조제1항제1호부터 제4호까지의 규정 중 어느 하나에 해당하는 사유로 2026년 12월 31일까지 신청한 납부고지의 유예 또는 지정납부기한등의 연장(소득세, 법인세, 부가가치세 및 이에 부가되는 세목에 대한 납부고지의 유예 또는 지정납부기한등의 연장으로 한정한다)에 대해서는 「국세징수법」 제13조 또는 제14조에도 불구하고 납부고지의 유예는 지정납부기한등의 연장을 한 날의 다음 날부터 대통령령으로 정하는 기간 동안 납부고지의 유예 또는 지정납부기한등의 연장을 할 수 있고, 납부고지의 유예 또는 지정납부기한등의 연장기간 중의 분납기한 및 분납금액을 정할 수 있다.(2023.12.31 본문개정)

1. 신청일 직전 5년 이내의 연평균 체납횟수 및 신청일 당시 체납액이 대통령령으로 정하는 기준 미만인 자
2. 신청일 직전 3개 과세연도의 수입금액(기업회계기준에 따라 계산한 매출액을 말한다)의 평균금액이 대통령령으로 정하는 금액 미만인 자
3. 신청일 직전 5년 이내에 「조세범 처벌법」에 따른 처벌 또는 처분을 받은 사실이나 이와 관련한 재판이 진행 중인 사실이 없는 자
4. 신청일 당시 「조세범 처벌법」에 따른 범칙사건에 대한 조사가 진행 중이거나 고발되지 않은 자
5. 신청일 당시 복식부기의무 등 대통령령으로 정하는 세법상 의무를 이행하고 있는 자

② 세무서장은 제1항에 따라 납부고지의 유예 또는 지정납부기한등의 연장을 결정한 후 재기중소기업인이 다음 각 호의 어느 하나에 해당하게 되었을 때에는 그 납부고지의 유예 또는 지정납부기한등의 연장을 취소하고, 유예 또는 연장과 관계되는 국세 또는 체납액을 한꺼번에 징수할 수 있다. 이 경우 세무서장은 해당 재기중소기업인에게 그 사실을 통지하여야 한다. (2020.12.29 전단개정)

1. 「국세징수법」 제16조제1항 각 호에 해당하는 경우 (2020.12.29 본호개정)
2. 중소벤처기업진흥공단이 재창업자금을 회수하는 등 대통령령으로 정하는 사유가 발생하여 유예할 필요가 없다고 인정되는 경우(2018.12.31 본호개정)
(2020.12.29 본조제목개정)
(2015.12.15 본조신설)

제99조의9【위기지역 창업기업에 대한 법인세 등의 감면】① 위기지역에 2025년 12월 31일까지 제6조제3항 각 호에 따른 업종(이하 이 조에서 "감면대상사업"이라 한다)으로 창업하거나 사업장을 신설(기존 사업장을 이전하는 경우는 제외하며, 위기지역으로 지정된 기간에 창업하거나 사업장을 신설하는 경우로 한정한다)하는 기업에 대해서는 제2항부터 제8항까지의 규정에 따라 법인세 또는 소득세를 감면한다.(2023.12.31 본항개정)

② 제1항에 따른 기업은 감면대상사업에서 발생한 소득에 대하여 감면대상사업에서 최초로 소득이 발생한 과세연도(사업개시일부터 5년이 되는 날이 속하는 과세연도까지 그 사업에서 소득이 발생하지 아니한 경우에는 5년이 되는 날이 속하는 과세연도를 말한다)의 개시일부터 5년 이내에 끝나는 과세연도에는 소득세 또는 법인세의 100분의 100에 상당하는 세액을 감면하고, 그 다음 2년 이내에 끝나는 과세연도까지는 소득세 또는 법인세의 100분의 50에 상당하는 세액을 감면한다. (2019.12.31 본항개정)

③ 중소기업 외의 기업이 제2항이 적용되는 감면기간 동안 감면받는 소득세 또는 법인세의 총합계액은 제1호와 제2호의 금액을 합한 금액을 한도(이하 이 조에서 "감면한도"라 한다)로 한다.
1. 대통령령으로 정하는 투자누계액의 100분의 50
2. 해당 과세연도에 제1항의 적용대상이 되는 사업장(이하 이 조에서 "감면대상사업장"이라 한다)의 상시근로자 수 × 1천5백만원〔청년 상시근로자와 대통령령으로 정하는 서비스업(이하 이 조에서 "서비스업"이라 한다)을 하는 감면대상사업장의 상시근로자의 경우에는 2천만원〕
④ 제2항에 따라 각 과세연도에 감면받을 소득세 또는 법인세에 대하여 감면한도를 적용할 때에는 제3항제1호의 금액을 먼저 적용한 후 같은 항 제2호의 금액을 적용한다.
⑤ 제3항제2호를 적용받아 소득세 또는 법인세를 감면받은 기업이 감면받은 과세연도 종료일부터 2년이 되는 날이 속하는 과세연도 종료일까지의 기간 중 각 과세연도의 감면대상사업장의 상시근로자 수가 감면받은 과세연도의 상시근로자 수보다 감소한 경우에는 대통령령으로 정하는 바에 따라 감면받은 세액에 상당하는 금액을 소득세 또는 법인세로 납부하여야 한다.
⑥ 제3항 및 제5항을 적용할 때 상시근로자 및 청년 상시근로자의 범위, 상시근로자의 수의 계산방법, 그 밖에 필요한 사항은 대통령령으로 정한다.
⑦ 제1항의 규정을 적용할 때 창업의 범위에 관하여는 제6조제10항을 준용한다.
⑧ 제2항에 따라 소득세 또는 법인세를 감면받은 기업이 다음 각 호의 어느 하나에 해당하는 경우에는 그 사유가 발생한 과세연도의 과세표준신고를 할 때 대통령령으로 정하는 바에 따라 계산한 세액을 소득세 또는 법인세로 납부하여야 한다. 이 경우 제12조의2제8항의 이자상당가산액 등에 관한 규정을 준용한다.
1. 감면대상사업장의 사업을 폐업하거나 법인이 해산한 경우. 다만, 법인의 합병·분할 또는 분할합병으로 인한 경우는 제외한다.
2. 감면대상사업장을 위기지역 외의 지역으로 이전한 경우
(2021.12.28 본항신설)
⑨ 제2항을 적용받으려는 자는 대통령령으로 정하는 바에 따라 감면신청을 하여야 한다.
⑩ 제3항제2호에 따라 서비스업에 대한 한도를 적용받는 기업은 제143조를 준용하여 서비스업과 그 밖의 사업을 각각 구분하여 경리하여야 한다.
(2018.12.24 본조신설)

제99조의10【영세개인사업자의 체납액 징수특례】① 세무서장은 다음 각 호의 요건을 모두 갖춘 거주자의 신청에 따라 징수가 곤란한 체납액으로서 종합소득세(이에 부가되는 농어촌특별세를 포함한다) 및 부가가치세의 합계액(이하 이 조에서 "징수곤란 체납액"이라 한다) 중 국세징수권의 소멸시효가 완성되지 아니한 금액에 대하여 그 거주자에게 제2항에 따른 체납액 징수특례를 적용할 수 있다.
1. 해당 거주자의 최종 폐업일이 속하는 과세연도를 포함하여 직전 3개 과세연도의 사업소득 총수입금액의 평균금액이 15억원 미만인 사람
2. 2023년 12월 31일 이전에 모든 사업을 폐업한 이후 다음 각 목의 어느 하나에 해당하는 요건을 충족하는 사람
가. 2020년 1월 1일부터 2026년 12월 31일까지의 기간 중 사업자등록을 신청하고 사업을 개시하여 제3항에 따른 신청일(이하 이 조에서 "신청일"이라 한다) 현재 1개월 이상 사업을 계속하고 있을 것
나. 2020년 1월 1일부터 2026년 12월 31일까지의 기간

중 취업하여 신청일 현재 3개월 이상 근무하고 있는 자로서 대통령령으로 정하는 요건을 충족할 것
(2023.12.31 본호개정)
3. 신청일 직전 5년 이내에「조세범 처벌법」에 따른 처벌 또는 처분을 받은 사실이나 이와 관련한 재판이 진행 중인 사실이 없는 사람
4. 신청일 현재「조세범 처벌법」에 따른 조세범칙사건에 대한 조사가 진행 중인 사실이 없는 사람
5. 신청일 현재 해당 거주자의 체납액 중 종합소득세(이에 부가되는 농어촌특별세를 포함한다) 및 부가가치세의 합계액이 5천만원 이하인 사람
6. 제99조의5에 따른 영세개인사업자의 체납액 납부의무 소멸특례를 적용받은 사실이 없는 사람
② 제1항에서 "체납액 징수특례"란 다음 각 호의 것을 말한다.
1. 징수곤란 체납액에 대한「국세기본법」제47조의4제1항제1호 및 제3호에 따른 납부지연가산세(신청일 이후의 납부지연가산세를 포함한다. 이하 이 조에서 같다)의 납부의무 면제(2021.12.28 본호개정)
2. 징수곤란 체납액에 대한 분납 허가
③ 제1항에 따른 체납액 징수특례를 적용받으려는 거주자는 2020년 1월 1일부터 2027년 12월 31일까지 징수곤란 체납액을 관할하는 세무서장에게 대통령령으로 정하는 바에 따라 체납액 징수특례를 신청(분납기간은 5년 이내의 범위에서 정한다)하여야 한다.(2023.12.31 본항개정)
④ 제3항에 따라 체납액 징수특례의 신청을 받은 세무서장은「국세징수법」제106조에 따른 국세체납정리위원회의 심의를 거쳐 신청일부터 2개월 이내에 체납액 징수특례의 적용 여부를 결정하여 해당 거주자에게 그 결과를 통지하여야 한다.(2020.12.29 본항개정)
⑤ 체납액을 관할하는 세무서장은 신청일부터 제2항제2호에 따른 최종 분납기한까지는 제1항에 따라 체납액 징수특례를 적용한 징수곤란 체납액에 대하여 강제징수를 할 수 없다.(2020.12.29 본항개정)
⑥ 체납액을 관할하는 세무서장은 제4항에 따라 체납액 징수특례를 적용하기로 결정한 후에 다음 각 호의 어느 기준일(이하 이 조에서 "기준일"이라 한다) 당시 해당 거주자로부터 체납액을 징수할 수 있는 다른 재산이 있었던 것을 발견한 때에는 제5항에도 불구하고 지체 없이 체납액 징수특례를 취소하고 강제징수를 하여야 한다.(2020.12.29 본문개정)
1. 2019년 12월 31일 이전 모든 사업을 폐업한 경우 : 2019년 7월 25일(2020.12.29 본호신설)
2. 2020년 1월 1일부터 2020년 12월 31일까지 모든 사업을 폐업한 경우 : 2020년 7월 25일(2020.12.29 본호신설)
3. 2021년 1월 1일부터 2021년 12월 31일까지 모든 사업을 폐업한 경우 : 2021년 7월 25일(2021.12.28 본호신설)
4. 2022년 1월 1일부터 2022년 12월 31일까지 모든 사업을 폐업한 경우 : 2022년 7월 25일(2022.12.31 본호신설)
5. 2023년 1월 1일부터 2023년 12월 31일까지 모든 사업을 폐업한 경우 : 2023년 7월 25일(2023.12.31 본호신설)
⑦ 체납액을 관할하는 세무서장은 체납액 징수특례를 적용받은 거주자가 총 5회 또는 연속하여 3회 분납하지 아니한 경우에는 제5항에도 불구하고 체납액 징수특례를 취소하고 강제징수를 하여야 한다.(2020.12.29 본항개정)
⑧ 체납액을 관할하는 세무서장은 제6항 및 제7항에 따라 체납액 징수특례를 취소하는 경우에는 해당 거주자에게 그 사실을 즉시 통지하여야 한다.
⑨ 제1항에서 "징수곤란 체납액"이란 다음 각 호의 어느 하나에 해당하는 체납액을 말한다. 이 경우 거주자가

기준일 후에 취득한 재산으로서 체납액을 관할하는 세무서장이 신청일 전에 발견한 재산의 가액 및 거주자가 기준일부터 신청일까지 납부한 금액은 징수곤란 체납액에서 제외한다.(2020.12.29 후단개정)
1. 기준일 현재 재산이 없어 해당 거주자의 체납액을 징수할 수 없는 경우 그 체납액(2020.12.29 본호개정)
2. 기준일 현재 강제징수가 종결되고 해당 거주자의 체납액에 충당된 배분금액이 그 체납액에 미치지 못하는 경우 배분금액을 충당하고 남은 체납액 (2020.12.29 본호개정)
3. 기준일 현재 총재산가액이 강제징수비에 충당하고 남을 여지가 없어 해당 거주자의 체납액을 징수할 수 없는 경우 그 체납액(2020.12.29 본호개정)
4. 그 밖에 징수가 곤란하다고 인정되는 경우로서 대통령령으로 정하는 체납액
⑩ 분납기한 및 분납금액 등 제2항제2호에 따른 분납에 대한 구체적인 사항, 체납액 징수특례 신청방법과 그 밖에 필요한 사항은 대통령령으로 정한다.
(2019.12.31 본조신설)

제99조의11【감염병 피해에 따른 특별재난지역의 중소기업에 대한 법인세 등의 감면】 ①「감염병의 예방 및 관리에 관한 법률」에 따른 감염병의 확산으로 피해가 발생하여「재난 및 안전관리 기본법」제60조에 따라 선포된 특별재난지역에 선포일 당시 사업장(이하 이 조에서 "감면대상사업장"이라 한다)을 둔 중소기업에 대해서는 2020년 6월 30일이 속하는 과세연도에 감면대상사업장에서 영위하는 사업(부동산 임대 및 공급업 등 대통령령으로 정하는 사업은 제외한다)에서 발생한 소득에 대한 소득세 또는 법인세에 제1호의 감면비율을 곱하여 계산한 세액상당액(제2호에 따라 계산한 금액을 한도로 한다)을 감면한다.
1. 감면비율 : 다음 각 목의 구분에 따른 비율
   가. 대통령령으로 정하는 소기업(이하 이 조에서 "소기업"이라 한다)이 경영하는 감면대상사업장 : 100분의 60
   나. 소기업을 제외한 중소기업이 경영하는 감면대상사업장 : 100분의 30
2. 감면한도 : 다음 각 목의 구분에 따른 금액
   가. 해당 과세연도의 상시근로자 수가 직전 과세연도의 상시근로자 수보다 감소한 경우 : 2억원에서 감소한 상시근로자 1명당 5백만원씩을 뺀 금액(해당 금액이 음수인 경우에는 영으로 한다)
   나. 그 밖의 경우 : 2억원
② 제1항을 적용할 때 상시근로자의 범위, 상시근로자 수의 계산방법과 그 밖에 필요한 사항은 대통령령으로 정한다.
③ 제1항에 따라 소득세 또는 법인세를 감면받으려는 중소기업은 대통령령으로 정하는 바에 따라 감면신청을 하여야 한다.
(2020.3.23 본조신설)

제99조의12【선결제 금액에 대한 세액공제】 ① 내국인이 2020년 4월 1일부터 7월 31일까지「소상공인 보호 및 지원에 관한 법률」제2조에 따른 소상공인에게 다음 각 호의 요건을 모두 갖추어 결제(이하 이 조에서 "선결제"라 한다)한 금액이 있는 경우에는 제2항에 따라 계산한 금액을 2020년 12월 31일이 속하는 과세연도의 소득세(사업소득에 대한 소득세만 해당한다) 또는 법인세에서 공제한다.
1. 사업과 관련한 재화 또는 용역을 2020년 12월 31일까지 공급(대통령령으로 정하는 업종으로부터의 공급은 제외한다)받기 위하여 지출한 비용으로서 공급받는 날부터 3개월 이전에 결제할 것
2. 1회 결제 건당 금액이 100만원 이상일 것
3. 현금,「여신전문금융업법」제2조에 따른 신용카드 등

대통령령으로 정하는 지급수단으로 결제할 것
② 제1항에 따라 공제할 금액은 다음의 계산식에 따라 계산한 금액으로 한다.

공제할 금액 = 선결제 금액(결제한 날부터 3개월이 되기 전에 공급받은 금액과 2020년 12월 31일까지 공급받지 않은 금액은 제외하되, 소상공인의 폐업 등 대통령령으로 정하는 사유로 공급받지 못한 금액은 포함한다) × 100분의 1

③ 제1항에 따라 소득세 또는 법인세를 공제받으려는 자는 대통령령으로 정하는 바에 따라 선결제 및 재화 또는 용역을 공급받은 내역을 증명하는 서류 등을 갖추어 공제를 신청하여야 한다.
④ 제1항부터 제3항까지의 규정을 적용할 때 세액공제의 세부 계산방법, 신청 절차 및 그 밖에 필요한 사항은 대통령령으로 정한다.
(2020.5.19 본조신설)

제99조의13【감염병 예방 조치에 따른 소상공인 손실보상금에 대한 과세특례】 ① 내국인이「소상공인 보호 및 지원에 관한 법률」제12조의2에 따라 받은 손실보상금은 해당 과세연도의 소득금액을 계산할 때 익금에 산입하지 아니한다.
② 제1항을 적용하는 경우 익금불산입의 신청, 손실보상금 익금불산입명세서의 제출과 그 밖에 필요한 사항은 대통령령으로 정한다.
(2023.12.31 본조신설)

제100조【근로자의 주거안정 지원을 위한 과세특례】 「한국주택금융공사법」제2조제10호에 따른 사업주(이하 이 조에서 "사업주"라 한다)가 주택이 없는 근로자에게「주택법」에 따른 국민주택 규모 이하 주택의 취득 또는 임차에 드는 자금을 2009년 12월 31일까지 보조하는 경우 그 보조금 중 대통령령으로 정하는 보조금을 손금에 산입하고, 무주택근로자가 사업주로부터 받는 해당 주택보조금에 대해서는 소득세를 부과하지 아니한다.

제10절의2 근로 장려를 위한 조세특례
      (2010.1.1 본절개정)

제100조의2【근로장려세제】 저소득자의 근로를 장려하고 소득을 지원하기 위하여 제100조의3부터 제100조의13까지의 규정에 따른 근로장려세제를 적용하여 근로장려금을 결정ㆍ환급한다.

제100조의3【근로장려금의 신청자격】 ① 소득세 과세기간 중에「소득세법」제19조에 따른 사업소득, 같은 법 제20조에 따른 근로소득 또는 같은 법 제21조제1항제26호에 따른 종교인소득이 있는 거주자로서 대통령령으로 정하는 자는 다음 각 호의 요건을 모두 갖춘 경우 해당 소득세 과세기간의 근로장려금을 신청할 수 있다.
(2017.12.19 본문개정)
1. (2018.12.24 삭제)
2. 거주자(그 배우자를 포함한다. 이하 이 조에서 같다)의 대통령령으로 정하는 연간 총소득의 합계액(이하 제10절의4에서 "연간 총소득의 합계액"이라 한다)이 거주자를 포함한 1세대(이하 이 절과 제10절의4에서 "가구"라 한다)의 구성원 전원(이하 이 절과 제10절의4에서 "가구원"이라 한다)의 구성에 따라 정한 다음 표의 총소득기준금액(이하 이 절에서 "총소득기준금액"이라 한다) 미만일 것.

가구원 구성	총소득기준금액
단독가구	2천200만원
홑벌이 가구	3천200만원
맞벌이 가구	3천800만원

(2021.12.28 본호개정)
3. (2016.12.20 삭제)

4. 가구원이 소유하고 있는 토지·건물·자동차·예금 등 대통령령으로 정하는 재산의 합계액(이하 제10절의4에서 "가구원 재산의 합계액"이라 한다)이 2억4천만원 미만일 것(2022.12.31 본호개정)
② 제1항에도 불구하고 다음 각 호의 어느 하나에 해당하는 거주자는 근로장려금을 신청할 수 없다. (2013.1.1 본문개정)
1. (2014.1.1 삭제)
2. 해당 소득세 과세기간 종료일 현재 대한민국 국적을 보유하지 아니한 사람. 다만, 다음 각 목의 어느 하나에 해당하는 사람은 제외한다.
　가. 대한민국 국적을 가진 사람과 혼인한 사람
　나. 대한민국 국적의 제100조의4제1항에 따른 부양자녀(이하 이 절 및 제10절의4에서 "부양자녀"라 한다)가 있는 사람(2018.12.24 본목개정)
　(2017.12.19 본호개정)
3. 해당 소득세 과세기간 중 다른 거주자의 부양자녀인 자(2013.1.1 본호개정)
③ 거주자의 배우자에 해당하는지 여부와 직계존속 또는 직계비속의 배우자에 해당하는지 여부의 판정은 해당 소득세 과세기간 종료일 현재의 「가족관계의 등록 등에 관한 법률」 제9조제1항에 따른 가족관계등록부에 따른다. 다만, 해당 소득세 과세기간 종료일 전에 사망한 배우자에 대해서는 사망일 전일의 「가족관계의 등록 등에 관한 법률」 제9조제1항에 따른 가족관계등록부에 따른다.(2022.12.31 본문개정)
④ (2014.1.1 삭제)
⑤ 이 절과 제10절의4에서 "단독가구", "홑벌이 가구" 및 "맞벌이 가구"의 뜻은 다음 각 호와 같다. (2019.12.31 본문개정)
1. 단독가구 : 배우자, 부양자녀 및 제2호나목에 따른 직계존속이 없는 가구(2020.12.29 본호개정)
2. 홑벌이 가구 : 다음 각 목의 어느 하나에 해당하는 가구
　가. 배우자의 제3호에 따른 총급여액 등이 3백만원 미만인 가구
　나. 배우자 없이 부양자녀 있는 가구 또는 배우자 없이 다음의 요건을 모두 갖춘 직계존속(사망한 종전 배우자의 직계존속을 포함하고, 직계존속이 재혼한 경우에는 해당 직계존속의 배우자를 포함한다. 이하 이 목에서 같다)이 있는 가구(2020.12.29 본문개정)
　　1) 직계존속 각각의 연간 소득금액의 합계액이 100만원 이하일 것
　　2) 해당 소득세 과세기간 종료일 현재 주민등록표상의 동거가족으로서 해당 거주자의 주소나 거소에서 현실적으로 생계를 같이 할 것. 다만, 해당 소득세 과세기간 종료일 전에 사망한 직계존속에 대해서는 사망일 전일을 기준으로 한다.
　　3) 70세 이상일 것. 다만, 대통령령으로 정하는 장애인의 경우에는 연령의 제한을 받지 아니한다. (2020.12.29 신설)
　　(2019.12.31 본목개정)
　(2017.12.19 본호개정)
3. 맞벌이 가구 : 거주자 및 그 배우자의 소득세 과세기간 중에 다음 각 목의 금액을 모두 합한 금액(비과세소득과 대통령령으로 정하는 사업소득, 근로소득 또는 종교인소득은 제외하며, 이하 이 절과 제10절의4에서 "총급여액 등"이라 한다)이 각각 3백만원 이상인 가구(2021.12.28 본문개정)
　가. 「소득세법」 제19조제1항 각 호에 따른 사업소득 중 대통령령으로 정하는 소득의 금액
　나. 「소득세법」 제20조제1항 각 호에 따른 근로소득의 금액
　다. 「소득세법」 제21조제1항제26호에 따른 종교인소득의 금액(2017.12.19 본목신설)
(2014.1.1 본항신설)

⑥ 제1항부터 제5항까지의 규정에도 불구하고 제100조의6제7항에 따른 신청(같은 조 제9항에 따라 신청한 것으로 보는 경우를 포함한다. 이하 이 절과 제10절의4에서 "반기 신청"이라 한다)이 있는 때에는 해당 요건에 해당하는지 여부의 판정은 해당 소득세 직전 과세기간 종료일 현재의 상황에 따른다.(2019.12.31 본항개정)
⑦ 제1항제4호에 따른 재산의 소유기준일, 평가방법, 그 밖에 필요한 사항은 대통령령으로 정한다. (2016.12.20 본항개정)

제100조의4【부양자녀의 요건과 판정시기】 ① 부양자녀는 다음 각 호의 요건을 모두 갖춘 사람을 말한다.
1. 거주자(그 배우자를 포함한다. 이하 이 호에서 같다)의 자녀이거나 대통령령으로 정하는 동거입양자일 것. 다만, 부모가 없거나 부모가 자녀를 부양할 수 없는 경우로서 대통령령으로 정하는 경우에는 거주자의 손자·손녀 또는 형제자매를 포함한다.(2014.1.1 본문개정)
2. 18세 미만일 것. 다만, 대통령령으로 정하는 장애인의 경우에는 연령의 제한을 받지 아니한다.
3. 연간 소득금액의 합계액이 100만원 이하일 것
4. 주민등록표상의 동거가족으로서 해당 거주자의 주소나 거소에서 현실적으로 생계를 같이 하는 사람일 것. 다만, 직계비속의 경우에는 그러하지 아니하다.
(2011.12.31 본항개정)
② 거주자 또는 직계비속이 아닌 부양자녀가 취학 또는 질병의 요양, 근무상 또는 사업상의 형편 등으로 본래의 주소나 거소를 일시 퇴거한 경우에는 제1항제4호에 따른 생계를 같이 하는 사람으로 한다. (2011.12.31 본항개정)
③ 부양자녀에 해당하는지 여부의 판정은 해당 소득세 과세기간 종료일 현재의 상황에 따른다. 다만, 해당 소득세 과세기간 종료일 전에 사망한 자 또는 장애가 치유된 자에 대해서는 사망일 전일 또는 치유일 전일의 상황에 따른다.(2013.1.1 본항개정)
④ 부양자녀가 해당 소득세 과세기간 중에 18세 미만에 해당하는 날이 있는 경우에는 제3항 본문에도 불구하고 18세 미만으로 본다.(2013.1.1 본항개정)
⑤ 거주자의 부양자녀가 다른 거주자의 부양자녀에 해당하는 경우에는 대통령령으로 정하는 바에 따라 어느 한 거주자의 부양자녀로 한다.
⑥ 제1항부터 제5항까지의 규정에도 불구하고 반기 신청이 있는 경우에는 해당 요건에 해당하는지 여부의 판정은 해당 소득세 직전 과세기간 종료일 현재의 상황에 따른다.(2019.12.31 본항개정)
(2011.12.31 본조제목개정)

제100조의5【근로장려금의 산정】 ① 근로장려금은 총급여액 등을 기준으로 다음 각 호의 구분에 따라 계산한 금액으로 한다.(2019.12.31 후단삭제)
1. 단독가구인 경우 : 다음 각 목의 구분에 따라 계산한 금액

목별	총급여액 등	근로장려금
가	400만원 미만	총급여액 등 × 400분의 165
나	400만원 이상 900만원 미만	165만원
다	900만원 이상 2천200만원 미만	165만원 - (총급여액 등 - 900만원) × 1천300분의 165

2. 홑벌이 가구인 경우 : 다음 각 목의 구분에 따라 계산한 금액

목별	총급여액 등	근로장려금
가	700만원 미만	총급여액 등 × 700분의 285
나	700만원 이상 1천400만원 미만	285만원
다	1천400만원 이상 3천200만원 미만	285만원 - (총급여액 등 - 1천400만원) × 1천800분의 285

3. 맞벌이 가구인 경우 : 다음 각 목의 구분에 따라 계산한 금액

목별	총급여액 등	근로장려금
가	800만원 미만	총급여액 등 × 800분의 330
나	800만원 이상 1천700만원 미만	330만원
다	1천700만원 이상 3천800만원 미만	330만원 − (총급여액 등 − 1천 700만원) × 2천100분의 330

(2022.12.31 1호~3호개정)
② 제1항에도 불구하고 반기 신청에 따른 근로장려금은 다음 각 호의 금액을 해당 기간의 총급여액 등으로 보아 제1항 각 호의 구분에 따라 계산한 금액의 100분의 35로 한다.
1. 1월 1일부터 6월 30일까지 발생한 소득분(이하 이 절에서 "상반기 소득분"이라 한다) : (상반기의 「소득세법」 제164조 및 제164조의3에 따른 지급명세서 및 간이지급명세서상 근로소득 ÷ 대통령령으로 정하는 근무월수) × (대통령령으로 정하는 근무월수 + 6)
(2021.3.16 본호개정)
2. 7월 1일부터 12월 31일까지 발생한 소득분(이하 이 절에서 "하반기 소득분"이라 한다) : 상반기의 「소득세법」 제164조 및 제164조의3에 따른 지급명세서 및 간이지급명세서상 근로소득 + 하반기의 같은 법 제164조 및 제164조의3에 따른 지급명세서 및 근로소득 간이지급명세서상 근로소득(2021.3.16 본호개정)
(2019.12.31 본항개정)
③ 제1항 및 제2항을 적용하는 경우 거주자의 배우자(비거주자는 제외한다. 이하 이 항에서 같다)가 사업소득, 근로소득 또는 종교인소득이 있을 때에는 해당 거주자와 그 배우자 중 제100조의6에 따라 근로장려금을 신청한 자의 총급여액 등에 그 배우자의 총급여액 등을 합산하여 총급여액 등을 산정한다.(2020.12.29 본항개정)
④ 제1항 및 제2항에도 불구하고 제100조의3제1항제4호에 따른 재산의 합계액이 1억7천만원 이상인 경우에는 제1항 및 제2항에 따라 계산한 금액의 100분의 50에 해당하는 금액을 근로장려금으로 한다.(2022.12.31 본항개정)
⑤ 제1항, 제2항 및 제4항에도 불구하고 근로장려금은 총급여액 등의 구간별로 작성한 대통령령으로 정하는 근로장려금산정표를 적용하여 산정한다.(2019.12.31 본항개정)

제100조의6【근로장려금의 신청 등】 ① 근로장려금을 받으려는 거주자는 「소득세법」 제70조 또는 제74조에 따른 종합소득과세표준 확정신고 기간(이하 이 조에서 "신청기간"이라 한다)에 다음 각 호의 사항이 포함된 근로장려금신청서에 근로장려금 신청자격을 확인하기 위하여 필요한 대통령령으로 정하는 증거자료를 첨부하여 납세지 관할 세무서장에게 근로장려금을 신청하여야 한다.(2020.12.29 본문개정)
1. 신청자격
2. 제100조의5제1항 및 제3항부터 제5항까지의 규정에 따라 산정한 근로장려금(2018.12.24 본호개정)
② 제1항·제7항 또는 제8항을 적용하는 경우 거주자가 사망하였을 때에는 거주자의 상속인이 거주자의 근로장려금을 신청할 수 있다. 이 경우 거주자가 근로장려금을 신청한 것으로 본다.(2018.12.24 전단개정)
③ 해당 소득세 과세기간에 근로소득 외의 소득이 있는 거주자가 제7항에 해당하는 내용의 신청을 한 경우에는 제1항에 따른 근로장려금을 신청한 것으로 본다.(2021.12.28 본항개정)
④ 제1항·제7항 또는 제8항을 적용하는 경우 가구 내

에서 둘 이상 거주자가 근로장려금을 신청한 때에는 대통령령으로 정하는 거주자 1명이 근로장려금을 신청한 것으로 본다.(2018.12.24 본항개정)
⑤ 제1항은 거주자가 「소득세법」 제70조 또는 제74조에 따른 종합소득과세표준 확정신고 기간에 종합소득과세표준 확정신고(그 배우자의 종합소득과세표준 확정신고를 포함한다)와 제1항 또는 제8항에 따른 신청을 한 경우에만 적용한다. 다만, 종합소득과세표준 확정신고 기간에 종합소득과세표준 확정신고를 하지 아니한 자가 제100조의7에 따른 근로장려금의 결정일까지 종합소득과세표준을 「국세기본법」 제45조의3에 따라 기한 후 신고(그 배우자의 종합소득과세표준 기한 후 신고를 포함한다)를 한 경우에는 「소득세법」 제70조 또는 제74조에 따른 종합소득과세표준 확정신고 기간에 종합소득과세표준 확정신고를 한 것으로 본다.(2020.12.29 단서개정)
⑥ 다음 각 호의 어느 하나에 해당하는 때에는 이 절을 적용하는 경우 「소득세법」 제70조 또는 제74조에 따른 종합소득과세표준 확정신고를 한 것으로 본다.
1. 「소득세법」 제14조제3항제2호에 따른 일용근로자가 그 급여액에 대하여 제1항 또는 제8항에 따라 근로장려금을 신청하였을 때
2. 「소득세법」 제70조 또는 제74조에 따른 종합소득과세표준 확정신고를 하여야 하는 자 중에서 종합소득금액 등을 고려하여 대통령령으로 정하는 자가 제1항 또는 제8항에 따라 근로장려금을 신청하였을 때
3. 「소득세법」 제73조에 따라 종합소득과세표준 확정신고를 하지 아니하는 자가 제1항 또는 제8항에 따라 근로장려금을 신청하였을 때
(2014.12.23 본항개정)
⑦ 제1항에도 불구하고 반기(半期)동안 대통령령으로 정하는 근로소득만 있는 거주자는 상반기 소득분에 대하여 9월 1일부터 9월 15일까지, 하반기 소득분에 대하여 다음 연도 3월 1일부터 3월 15일까지 다음 각 호의 사항이 포함된 근로장려금신청서에 근로장려금 신청자격을 확인하기 위하여 필요한 대통령령으로 정하는 자료를 첨부하여 납세지 관할 세무서장에게 근로장려금을 신청할 수 있다.(2019.12.31 본문개정)
1. 신청자격
2. 제100조의5제2항부터 제5항까지의 규정에 따라 산정한 근로장려금
(2018.12.24 본항신설)
⑧ 제1항에 따른 신청기간에 근로장려금의 신청을 하지 아니한 거주자는 해당 신청기간 종료일의 다음 날부터 6개월 이내에 해당 근로장려금을 신청할 수 있다.(2019.12.31 본항개정)
⑨ 상반기 소득분에 대하여 제7항에 따른 신청을 한 경우 그 신청자의 의사에 따라 하반기 소득분에 대하여 같은 항에 따른 신청을 한 것으로 본다.(2019.12.31 본항개정)
⑩ 납세지 관할 세무서장은 「소득세법」 제164조에 따른 지급명세서 등 과세자료를 이용하여 근로장려금의 신청안내 등 필요한 조치를 할 수 있다.(2011.12.31 본항신설)
⑪ 납세지 관할 세무서장 또는 그 위임을 받은 세무공무원 등은 근로장려금 환급대상자가 누락되지 아니하도록 하기 위하여 거주자가 동의한 경우에는 근로장려금을 받으려는 거주자의 근로장려금을 직권으로 신청할 수 있다.(2020.12.29 본항신설)
⑫ 근로장려금의 신청안내, 신청절차, 신청서식, 신청자격의 확인을 위한 자료의 제출, 그 밖에 필요한 사항은 대통령령으로 정한다.(2011.12.31 본항개정)

제100조의7【근로장려금의 결정】 ① 납세지 관할 세무서장은 다음 각 호의 어느 하나에 해당하는 신청을 받은 경우에는 해당 호에서 정한 기한이 지난 후 3개월

이내에 대통령령으로 정하는 바에 따라 근로장려금을 결정하여야 한다. 다만, 3개월 이내에 근로장려금을 결정하기 어려운 경우로서 대통령령으로 정하는 사유에 해당할 때에는 근로장려금의 결정 기한을 2개월의 범위에서 연장할 수 있다.

1. 제100조의6제1항 또는 제8항에 따른 신청을 받은 경우 : 「소득세법」 제70조 또는 제74조에 따른 종합소득 과세표준 확정신고 기한(제100조의6제8항에 따른 신청의 경우에는 그 신청일이 속하는 달의 말일)

2. 반기 신청을 받은 경우 : 제100조의6제7항 각 호 외의 부분에 따른 반기별 신청기한

(2019.12.31 1호~2호개정)

② 납세지 관할 세무서장은 제100조의6제8항에 따른 신청을 받은 경우에는 제100조의5에 따라 산정한 금액의 100분의 95에 해당하는 금액을 근로장려금으로 결정한다. (2023.12.31 본항개정)

③ 납세지 관할 세무서장은 제100조의5에 따라 산정한 금액(그 금액이 제2항에 따라 감액되는 경우를 포함한다)이 1만5천원 미만인 경우에는 근로장려금이 없는 것으로 결정하고, 제100조의5제1항제1호가목, 같은 항 제2호가목 또는 같은 항 제3호가목에 따라 계산한 금액(그 금액이 같은 조 제4항 및 이 조 제2항에 따라 감액되는 경우를 포함한다)이 1만5천원 이상 10만원 미만인 경우에는 10만원을 근로장려금으로 결정하며, 제100조의5제1항제1호다목, 같은 항 제2호다목 또는 같은 항 제3호다목에 따라 계산한 금액(그 금액이 같은 조 제4항 및 이 조 제2항에 따라 감액되는 경우를 포함한다)이 1만5천원 이상 3만원 미만인 경우에는 3만원을 근로장려금으로 결정한다.(2019.12.31 본항개정)

④ 제1항부터 제3항까지의 규정에 따라 결정된 근로장려금은 제100조의8에 따라 근로장려금을 환급받는 사람이 이미 납부한 해당 소득세 과세기간의 소득세액으로 본다.(2019.12.31 본항개정)

(2018.12.24 본조개정)

제100조의8【근로장려금의 환급 및 정산 등】① 납세지 관할 세무서장은 제100조의7에 따라 결정된 근로장려금을 환급세액으로 하여 「국세기본법」 제51조를 준용하여 환급한다.(2014.1.1 본항개정)

② 제1항 및 제8항에 따른 환급세액에 대해서는 「국세기본법」 제52조를 적용하지 아니한다.(2021.12.28 본항개정)

③ 근로장려금을 결정한 납세지 관할 세무서장은 대통령령으로 정하는 바에 따라 근로장려금의 결정일부터 30일(제100조의7제1항제2호에 따른 근로장려금의 경우에는 결정일부터 15일) 이내에 그 결정 사실을 신청자에게 통지하고, 환급할 세액이 있을 경우에는 같은 기한까지 환급하여야 한다.(2020.12.29 본항개정)

④ 제1항에 따라 「국세기본법」 제51조를 준용할 때 근로장려금을 받으려는 거주자에게 국세의 체납액(「국세징수법」 제2조제1항제4호에 따른 체납액을 말한다. 이하 이 항에서 같다)이 있는 경우에는 환급할 근로장려금의 100분의 30을 한도로 하여 그 국세의 체납액에 충당한다. 이 경우 다른 국세에 부가되는 국세는 본세에 따른다.(2020.12.29 전단개정)

⑤ 제1항 및 제3항에도 불구하고 납세지 관할 세무서장은 다음 각 호의 어느 하나에 해당하는 경우에는 반기 신청에 따른 근로장려금을 환급하지 아니하고 제8항에 따른 정산(환급 또는 환수하는 것을 말한다. 이하 이 절에서 같다) 시 환급 또는 환수하여야 한다. (2021.12.28 본문개정)

1. 상반기 소득분에 대한 반기 신청에 따른 근로장려금이 대통령령으로 정하는 금액 미만인 경우 (2021.12.28 본호개정)

2. 하반기 근로장려금 환급 시 정산할 때 환수가 예상되는 경우로서 대통령령으로 정하는 경우 (2019.12.31 본항개정)

⑥ 제1항부터 제4항까지의 규정에 따라 환급받은 근로장려금 중 대통령령으로 정하는 액수 이하의 금액은 압류할 수 없다.(2018.12.24 본항신설)

⑦ 환급세액의 산정방법, 환급절차, 그 밖에 필요한 사항은 대통령령으로 정한다.

⑧ 납세지 관할 세무서장은 반기 신청한 거주자에 대하여 해당 과세연도의 다음 연도 6월 30일까지 이미 환급받은 근로장려금과 제100조의6제1항에 따라 신청하여 이 조 제1항에 따라 환급하여야 할 해당 과세연도 근로장려금을 비교하여 그 차액을 환급하거나 환수하여야 한다. 다만, 제100조의6제3항에 따라 같은 조 제1항에 따른 신청을 한 것으로 보는 경우에는 해당 과세연도의 다음 연도 9월 30일까지 정산하여야 한다. (2021.12.28 본항개정)

(2018.12.24 본조제목개정)

제100조의9【근로장려금 환급의 제한】① 납세지 관할 세무서장은 신청자(제100조의6제2항의 상속인을 포함한다. 이하 이 항에서와 같다)가 다음 각 호의 어느 하나에 해당하는 근로장려금의 신청요건에 관한 사항을 고의 또는 중대한 과실로 사실과 다르게 하여 신청한 경우에는 그 사실이 확인된 날이 속하는 해(그 사실이 확인된 날이 속하는 해에 제100조의8에 따른 근로장려금을 환급받은 경우에는 그 다음 해)부터 2년간(사기나 그 밖의 부정한 행위로써 사실과 다르게 신청한 경우에는 5년간) 근로장려금을 환급하지 아니한다. (2014.1.1 본문개정)

1. 제100조의3제1항 및 제2항에 따른 근로장려금의 신청자격에 관한 사항(2011.12.31 본호신설)

2. 제100조의5제1항부터 제3항까지의 규정에 따른 근로장려금의 산정을 위한 총급여액 등(2018.12.24 본호개정)

② 제1항은 신청자가 제1항에 따른 근로장려금의 신청요건에 관한 사항을 사실과 다르게 하여 신청하게 한 자에게도 적용한다.

③ 납세지 관할 세무서장은 제1항 또는 제2항에 따라 근로장려금의 환급을 제한받는 자에게 대통령령으로 정하는 바에 따라 근로장려금 환급의 제한사유와 제한기간 등을 알려야 한다.

제100조의10【근로장려금의 경정 등】① 납세지 관할 세무서장은 제100조의7제1항에 따라 근로장려금을 결정한 후 그 결정에 탈루나 오류가 있을 때에는 근로장려금을 경정하여야 한다.

② 신청자가 신청한 근로장려금이 제100조의7에 따른 근로장려금을 초과한 경우에는 「국세기본법」 제47조의3을 적용하지 아니한다.(2011.12.31 본항개정)

③ 제1항에 따른 경정으로 제100조의7에 따른 근로장려금이 줄어들어 신청자가 환급받은 세액이 환급받아야 할 세액을 초과한 경우에는 다음 계산식을 이용하여 산정한 금액을 「국세기본법」 제47조의4제1항에 따른 가산세로 한다. 다만, 신청자에게 귀책사유가 없는 경우로서 대통령령으로 정하는 경우에는 가산세를 부과하지 아니한다.

초과하여 환급받은 세액 × 환급받은 날의 다음 날부터 납부고지일까지의 기간 × 금융기관이 연체대출금에 대하여 적용하는 이자율 등을 고려하여 대통령령으로 정하는 이자율을

(2020.12.29 본항개정)

제100조의11【신청자 등에 대한 확인·조사】근로장려금의 결정 등의 사무에 종사하는 공무원은 다음 각 호의 어느 하나에 해당하는 자에게 근로장려금 신청자격, 근로장려금 결정 등에 필요한 사항을 확인하고, 해

당 장부·서류와 그 밖의 물건을 조사하거나 그 제출을 명할 수 있다.
1. 신청자(제100조의6제2항의 상속인을 포함한다) 및 그 밖의 가구원(2016.12.20 본호개정)
2. 「소득세법」 제127조에 따른 원천징수의무자
3. 「소득세법」 제164조에 따른 지급명세서 제출의무자
4. 제1호에 해당하는 자와 거래(「소득세법」 제19조에 따른 사업소득을 발생시키는 거래로 한정한다)한 사실이 있는 자(2014.12.23 본호신설)

제100조의12【금융거래 정보에 대한 조회】 ① 국세청장(지방국세청장을 포함한다. 이하 이 조에서 같다)은 납세지 관할 세무서장이 근로장려금의 결정 또는 경정을 위하여 신청자 및 그 밖의 가구원의 금융거래의 내용에 관하여 확인이 필요한 경우에는 「금융실명거래 및 비밀보장에 관한 법률」 제4조에도 불구하고 대통령령으로 정하는 바에 따라 문서 또는 「국세기본법」 제2조제18호에 따른 정보통신망(이하 이 조에서 "정보통신망"이라 한다)으로 금융회사등의 장에게 금융거래의 내용에 관한 자료를 요구할 수 있으며, 해당 금융회사 등의 장은 정보통신망으로 전송하거나 디스켓 또는 자기테이프 등 전자기록매체 등으로 제출하여야 한다. (2016.12.20 본항개정)
② 국세청장은 제1항에 따라 제출받은 자료를 제1항의 목적 외의 용도로 사용하거나 다른 기관에 제공하여서는 아니 된다.

제100조의13【자료요청】 국세청장은 국가기관·지방자치단체 또는 대통령령으로 정하는 단체나 기관에 대하여 제100조의3제1항 및 제2항에 따른 근로장려금의 신청자격 확인 및 제100조의6제10항에 따른 근로장려금 신청안내에 필요한 가족관계증명서, 지방세 과세정보 등 대통령령으로 정하는 자료의 제공을 요청할 수 있다. 이 경우 요청을 받은 자는 정당한 사유가 없으면 자료를 제공하여야 한다.(2017.12.19 전단개정)

제10절의3 동업기업에 대한 조세특례
(2007.12.31 본절신설)

제100조의14【용어의 뜻】 이 절에서 사용하는 용어의 뜻은 다음과 같다.
1. "동업기업"이란 2명 이상이 금전이나 그 밖의 재산 또는 노무 등을 출자하여 공동사업을 경영하면서 발생한 이익 또는 손실을 배분받기 위하여 설립한 단체를 말한다.
2. "동업자"란 동업기업의 출자자인 거주자, 비거주자, 내국법인 및 외국법인을 말한다.
3. "배분"이란 동업기업의 소득금액 또는 결손금 등을 각 과세연도의 종료일에 자산의 실제 분배 여부와 관계없이 동업자의 소득금액 또는 결손금 등으로 귀속시키는 것을 말한다.(2020.6.9 본호개정)
4. "동업자군(群)별 동업기업 소득금액 또는 결손금"이란 동업자를 거주자, 비거주자, 내국법인 및 외국법인의 네 개의 군(이하 "동업자군"이라 한다)으로 구분하여 각 군별로 동업기업을 각각 하나의 거주자, 비거주자, 내국법인 또는 외국법인으로 보아 「소득세법」 또는 「법인세법」에 따라 계산한 해당 과세연도의 소득금액 또는 결손금을 말한다.
5. "동업자군별 손익배분비율"이란 동업자군별로 해당 군에 속하는 동업자들의 손익배분비율을 합한 비율을 말한다.
6. "동업자군별 배분대상 소득금액 또는 결손금"이란 동업자군별 동업기업 소득금액 또는 결손금에 동업자군별 손익배분비율을 곱하여 계산한 금액을 말한다.
7. "지분가액"이란 동업자가 보유하는 동업기업 지분의 세무상 장부가액으로서 동업기업 지분의 양도 또

는 동업기업 자산의 분배시 과세소득의 계산 등의 기초가 되는 가액을 말한다.
8. "분배"란 동업기업의 자산이 동업자에게 실제로 이전되는 것을 말한다.

제100조의15【적용범위】 ① 이 절에서 규정하는 과세특례(이 절에서 "동업기업과세특례"라 한다)는 동업기업으로서 다음 각 호의 어느 하나에 해당하는 단체가 제100조의17에 따라 적용신청을 한 경우 해당 동업기업 및 그 동업자에 대하여 적용한다. 다만, 동업기업과세특례를 적용받는 동업기업의 동업자는 동업기업의 자격으로 동업기업과세특례를 적용받을 수 없으며, 제5호에 따른 외국단체의 경우 국내사업장을 하나의 동업기업으로 보아 해당 국내사업장과 실질적으로 관련되거나 해당 국내사업장에 귀속하는 소득으로 한정하여 동업기업과세특례를 적용한다.(2013.1.1 단서개정)
1. 「민법」에 따른 조합
2. 「상법」에 따른 합자조합 및 익명조합(「자본시장과 금융투자업에 관한 법률」 제9조제18항제5호 및 제6호의 투자합자조합 및 투자익명조합은 제외한다) (2013.5.28 1호~2호개정)
3. 「상법」에 따른 합명회사 및 합자회사(「자본시장과 금융투자업에 관한 법률」 제9조제18항제4호의 투자합자회사 중 같은 조 제19항제1호의 기관전용 사모집합투자기구가 아닌 것은 제외한다)(2021.12.28 본호개정)
4. 제1호부터 제3호까지의 규정에 따른 단체와 유사하거나 인적 용역을 주로 제공하는 단체로서 대통령령으로 정하는 것
5. 「법인세법」 제2조제3호의 외국법인 또는 「소득세법」 제2조제3항에 따른 비거주자로 보는 법인 아닌 단체 중 제1호부터 제4호까지의 규정에 따른 단체와 유사한 단체로서 대통령령으로 정하는 기준에 해당하는 외국단체(2018.12.24 본호개정)
② 제1항 단서에도 불구하고 동업기업과세특례를 적용받는 동업기업에 출자한 동업자가 「자본시장과 금융투자업에 관한 법률」 제9조제19항제1호의 기관전용 사모집합투자기구로서 대통령령으로 정하는 요건을 갖춘 투자합자회사인 경우 그 투자합자회사는 자기에게 출자한 동업자와의 관계에서 하나의 동업기업 의제로 동업기업과세특례를 적용받을 수 있다. 이 경우 해당 투자합자회사의 동업자는 동업기업의 자격으로 동업기업과세특례를 적용받을 수 없다.(2023.12.31 본항신설)
③ 제2항의 경우 같은 항 전단에 따라 동업자인 동시에 동업기업의 자격으로 동업기업과세특례를 적용받는 자는 동업자의 자격으로 자기가 출자한 동업기업(동업기업과세특례를 적용받는 동업기업을 말한다)과의 관계에서 "상위 동업기업"이라 하고, 그 출자를 받은 동업기업은 상위 동업기업과의 관계에서 "하위 동업기업"이라 하며, 이하 이 절에서 같다.(2023.12.31 본항신설)
④ 동업기업과세특례를 적용받는 동업기업과 그 동업자에 대해서는 각 세법의 규정에 우선하여 이 절의 규정을 적용한다.
(2010.1.1 본조개정)

제100조의16【동업기업 및 동업자의 납세의무】 ① 동업기업에 대해서는 「소득세법」 제2조제1항 및 「법인세법」 제3조제1항에도 불구하고 「소득세법」 제3조 및 「법인세법」 제4조제1항 각 호의 소득에 대한 소득세 또는 법인세를 부과하지 아니한다.(2018.12.24 본항개정)
② 동업자(상위 동업기업인 동업자는 제외한다)는 제100조의18에 따라 배분받은 동업기업의 소득에 대하여 소득세 또는 법인세를 납부할 의무를 진다.(2023.12.31 본항개정)
③ 내국법인이 동업기업과세특례를 적용받는 경우 해당 내국법인(이하 "동업기업 전환법인"이라 한다)은 「법인세법」 제79조제1항의 "해산에 의한 청산소득"의 금

액에 준하여 대통령령으로 정하는 바에 따라 계산한 과세표준에 「법인세법」 제55조제1항에 따른 세율을 적용하여 계산한 금액을 법인세(이하 "준청산소득에 대한 법인세"라 한다)로 납부할 의무가 있다.
④ 동업기업 전환법인은 동업기업과세특례를 적용받는 최초 사업연도의 직전 사업연도 종료일 이후 3개월이 되는 날까지 대통령령으로 정하는 바에 따라 준청산소득에 대한 법인세의 과세표준과 세액을 납세지 관할세무서장에게 신고하여야 한다.
⑤ 동업기업 전환법인은 준청산소득에 대한 법인세의 세액을 제4항의 신고기한부터 3년의 기간 동안 균분한 금액 이상 납부하여야 한다.
(2010.1.1 본조개정)

제100조의17 【동업기업과세특례의 적용 및 포기신청】
① 동업기업과세특례를 적용받으려는 기업은 대통령령으로 정하는 바에 따라 관할 세무서장에게 신청을 하여야 한다.
② 동업기업과세특례를 적용받고 있는 동업기업은 대통령령으로 정하는 바에 따라 동업기업과세특례의 적용을 포기할 수 있다. 다만, 동업기업과세특례를 최초로 적용받은 과세연도와 그 다음 과세연도의 개시일부터 4년 이내에 끝나는 과세연도까지는 동업기업과세특례의 적용을 포기할 수 없다.
(2010.1.1 본조개정)

제100조의18 【동업기업 소득금액 등의 계산 및 배분】
① 동업자군별 배분대상 소득금액 또는 결손금은 각 과세연도의 종료일에 해당 동업자군에 속하는 동업자들에게 동업자 간의 손익배분비율에 따라 배분한다. 다만, 동업기업의 경영에 참여하지 아니하고 출자만 하는 자로서 대통령령으로 정하는 동업자(이하 이 절에서 "수동적동업자"라 한다)에게는 결손금을 배분하지 아니하되, 해당 과세연도의 종료일부터 15년 이내에 끝나는 각 과세연도에 그 수동적동업자에게 소득금액을 배분할 때 배분되지 아니한 결손금을 그 배분대상 소득금액에서 대통령령으로 정하는 바에 따라 공제하고 배분한다.(2021.12.28 단서개정)
② 제1항에 따라 각 동업자에게 배분되는 결손금은 동업기업의 해당 과세연도의 종료일 현재 해당 동업자의 지분가액을 한도로 한다. 이 경우 지분가액을 초과하는 해당 동업자의 결손금은 대통령령으로 정하는 바에 따라 해당 과세연도의 다음 과세연도 개시일 이후 15년 이내에 끝나는 각 과세연도에 이월하여 배분한다.
(2021.12.28 후단개정)
③ 제1항 및 제2항을 적용할 때 하위 동업기업의 소득금액 또는 결손금에 대한 상위 동업기업의 동업자군별 배분대상 소득금액 또는 결손금은 다음의 계산식에 따라 계산한 금액으로 한다.

$$A \times B \times C$$

A : 하위 동업기업의 동업자군별 소득금액 및 결손금
B : 하위 동업기업에 대한 상위 동업기업의 손익배분비율
C : 상위 동업기업의 동업자군별 손익배분비율

(2023.12.31 본항신설)
④ 동업자는 동업기업의 과세연도의 종료일이 속하는 과세연도의 소득세 또는 법인세 과세표준을 계산할 때 제1항에 따라 배분받은 소득금액 또는 결손금을 대통령령으로 정하는 구분에 따른 익금 또는 손금으로 보아 계산한다. 다만, 수동적동업자(「자본시장과 금융투자업에 관한 법률」 제9조제19항제1호에 따른 기관전용 사모집합투자기구의 수동적동업자 또는 외국법인은 제외한다)의 경우에는 배분받은 소득금액을 「소득세법」 제17조제1항, 제119조제2호 및 「법인세법」 제93조제2호에 따른 소득으로 본다.(2022.12.31 단서개정)
⑤ 동업기업과 관련된 다음 각 호의 금액은 각 과세연도의 종료일에 동업자 간의 손익배분비율에 따라 동업자에게 배분한다. 이 경우 하위 동업기업과 관련된 다음 각 호의 금액은 하위 동업기업에 대한 상위 동업기업의 손익배분비율과 상위 동업기업의 동업자 간 손익배분비율을 곱한 비율에 따라 상위 동업기업의 동업자에게 배분한다.(2023.12.31 본문개정)
1. 「법인세법」 및 이 법에 따른 세액공제 및 세액감면 금액
2. 동업기업에서 발생한 소득에 대하여 「법인세법」 제73조 및 제73조의2에 따라 원천징수된 세액 (2018.12.24 본호개정)
3. 「법인세법」 제75조 및 제75조의2부터 제75조의9까지의 규정에 따른 가산세 및 이 법 제100조의25에 따른 가산세(2018.12.24 본호개정)
4. 「법인세법」 제55조의2에 따른 토지 등 양도소득에 대한 법인세(내국법인 및 외국법인인 동업자에게 배분하는 경우만 해당한다)(2023.12.31 본호개정)
⑥ 동업자(상위 동업기업인 동업자는 제외한다)는 동업기업의 과세연도의 종료일이 속하는 과세연도의 소득세 또는 법인세를 신고·납부할 때 제5항에 따라 배분받은 금액 중 같은 항 제1호 및 제2호의 금액은 해당 동업자의 소득세 또는 법인세에서 공제하고, 같은 항 제3호 및 제4호의 금액은 해당 동업자의 소득세 또는 법인세에 가산한다.(2023.12.31 본항개정)
⑦ 손익배분비율의 결정, 동업기업 소득금액 및 결손금 등의 계산 및 배분, 그 밖에 필요한 사항은 대통령령으로 정한다.
(2010.1.1 본조개정)

제100조의19 【동업기업과 동업자 간의 거래】
① 동업자가 동업자의 자격이 아닌 제3자의 자격으로 동업기업과 거래를 하는 경우 동업기업과 동업자는 해당 과세연도의 소득금액을 계산할 때 그 거래에서 발생하는 수익 또는 손비를 익금 또는 손금에 산입한다.
② 제1항을 적용하는 경우 납세지 관할 세무서장은 동업기업 또는 동업자가 소득을 부당하게 감소시킨 것으로 인정되면 「법인세법」 제52조를 준용하여 해당 소득금액을 계산할 수 있다. 이 경우 동업기업과 동업자는 같은 조 제1항에 따른 특수관계인으로 본다.(2011.12.31 후단개정)
③ 제3자의 자격으로 하는 거래의 판단 기준, 산입할 수 있는 익금과 손금의 범위, 그 밖에 필요한 사항은 대통령령으로 정한다.
(2010.1.1 본조개정)

제100조의20 【지분가액의 조정】
① 동업자가 동업기업으로부터 소득을 배분받는 경우 등 대통령령으로 정하는 사유가 발생하면 동업자의 지분가액을 증액 조정한다.
② 동업자가 동업기업으로부터 자산을 분배받는 경우 등 대통령령으로 정하는 사유가 발생하면 동업자의 지분가액을 감액 조정한다.
③ 지분가액의 조정금액, 조정순서, 그 밖에 필요한 사항은 대통령령으로 정한다.
(2010.1.1 본조개정)

제100조의21 【동업기업 지분의 양도】
① 동업자가 동업기업의 지분을 타인에게 양도하는 경우 해당 지분의 양도소득에 대해서는 「소득세법」 제94조제1항제3호 또는 제4호다목에 따른 자산(해당 동업자가 비거주자인 경우 「소득세법」 제119조제9호나목 또는 제11호가목에 따른 자산, 외국법인인 경우 「법인세법」 제93조제7호나목 또는 제9호가목에 따른 자산)을 양도한 것으로 보아 「소득세법」에 따라 양도소득세 또는 법인세를 과세한다.(2013.1.1 본항개정)
② 지분의 양도소득의 계산방법과 그 밖에 필요한 사항은 대통령령으로 정한다.
(2010.1.1 본조개정)

제100조의22【동업기업 자산의 분배】 ① 동업자가 동업기업으로부터 자산을 분배받은 경우 분배받은 자산의 시가가 분배일의 해당 동업자의 지분가액을 초과하면 동업자는 분배받은 자산이 속하는 과세연도의 소득금액을 계산할 때 그 초과하는 금액을 「소득세법」 제17조제1항에 따른 소득으로 본다.

② 동업자가 동업기업의 해산 등 대통령령으로 정하는 사유가 발생함에 따라 동업기업으로부터 자산을 분배받은 경우 분배받은 자산의 시가가 분배일의 해당 동업자의 지분가액에 미달하면 동업자는 분배일이 속하는 과세연도의 소득금액을 계산할 때 그 미달하는 금액을 「소득세법」 제94조제1항제3호 또는 제4호다목에 따른 자산을 양도함에 따라 발생한 손실로 본다.

③ 제1항 및 제2항의 경우 동업기업으로부터 분배받은 자산의 시가 중 분배일의 동업자의 지분가액 상당액은 해당 동업자의 분배일이 속하는 과세연도의 소득세 또는 법인세 과세표준을 계산할 때 익금에 산입하지 아니한다.(2008.12.26 본항신설)

제100조의23【동업기업의 소득의 계산 및 배분명세 신고】 ① 동업기업은 각 과세연도의 종료일이 속하는 달의 말일부터 3개월이 되는 날이 속하는 달의 15일까지 대통령령으로 정하는 바에 따라 해당 과세연도의 소득의 계산 및 배분명세를 관할 세무서장에게 신고하여야 한다.

② 각 과세연도의 소득금액이 없거나 결손금이 있는 동업기업의 경우에도 제1항을 적용한다.

③ 동업기업은 제1항에 따른 신고를 할 때 각 동업자에게 해당 동업자와 관련된 신고 내용을 통지하여야 한다.(2010.12.27 본항신설)

제100조의24【비거주자 또는 외국법인인 동업자에 대한 원천징수】 ① 동업기업은 비거주자 또는 외국법인인 동업자에게 배분된 소득에 대해서는 다음 각 호의 세율을 적용하여 계산한 금액에 상당하는 소득세 또는 법인세를 징수하여 제100조의23제1항에 따른 신고기한(제100조의23에 따라 신고하지 아니한 금액을 분배하는 경우에는 해당 분배일이 속하는 달의 다음 달 10일)과 제100조의23제1항에 따른 신고기한 중 빠른 날)까지 납세지 관할 세무서장에게 납부하여야 한다.

1. 수동적 동업자인 경우에는 「소득세법」 제156조제1항제2호 및 「법인세법」 제98조제1항제2호에 따른 세율. 다만, 제3항 단서 및 제100조의18제4항 본문이 적용되는 경우에는 「소득세법」 제156조제1항 각 호 및 「법인세법」 제98조제1항 각 호에 따른 세율(2023.12.31 단서개정)

2. 수동적 동업자 외의 동업자인 경우에는 다음 각 목의 세율 중 최고세율
   가. 비거주자인 동업자의 경우 : 「소득세법」 제55조에 따른 세율
   나. 외국법인인 동업자의 경우 : 「법인세법」 제55조에 따른 세율

② 동업기업은 제1항에 따라 원천징수를 하는 경우 「소득세법」 제164조의2 및 「법인세법」 제120조의2에 따라 지급명세서를 제출하여야 한다. 이 경우 해당 소득은 동업기업이 제100조의23에 따른 신고를 할 때(제100조의23에 따른 신고를 하지 아니한 금액이 분배되는 경우에는 분배할 때)에 비거주자 또는 외국법인인 동업자에게 지급된 것으로 본다.

③ 수동적 동업자에게 배분되는 소득의 구분은 제100조의18제4항 단서에 따른다. 다만, 수동적 동업자가 소득을 직접 받지 아니하고 동업기업을 통하여 받음으로써 소득세 또는 법인세를 부당하게 감소시킨 것으로 인정될 때에는 제100조의18제4항 단서에 따른 소득구분에 따르지 아니하고 동업기업이 받는 소득을 기준으로 「소득세법」 제119조 또는 「법인세법」 제93조의 소득구분에 따른다.(2023.12.31 본항개정)

④ 제1항제2호에 따른 소득이 있는 비거주자 및 외국법인인 동업자는 「소득세법」 제121조부터 제125조까지의 규정을 준용하여 소득세의 과세표준확정신고를 하거나 「법인세법」 제91조, 제92조, 제95조, 제95조의2 및 제97조를 준용하여 법인세의 과세표준신고를 하여야 한다. 다만, 동업기업이 제1항에 따라 소득세 또는 법인세를 원천징수하여 납부한 경우에는 과세표준확정신고 또는 과세표준신고를 하지 아니할 수 있다.

⑤ 수동적 동업자에 대하여 제3항 단서 및 제100조의18제4항 본문이 적용되어 구분된 소득이 「소득세법」 제119조제3호, 「법인세법」 제93조제3호의 소득 또는 「소득세법」 제119조제9호, 「법인세법」 제93조제7호의 소득인 경우에는 제1항제1호 단서의 세율로 원천징수하지 아니하고 다음 각 호의 방법에 따른다.(2023.12.31 본문개정)

1. 「소득세법」 제119조제3호 또는 「법인세법」 제93조제3호의 소득인 경우 : 제4항을 준용하여 동업자가 신고·납부하는 방법

2. 「소득세법」 제119조제9호 또는 「법인세법」 제93조제7호의 소득인 경우 : 동업기업이 제1항제1호의 세율로 원천징수하고 동업자가 제4항을 준용하여 신고·납부하는 방법

⑥ 제1항제2호 및 제4항을 적용할 때 동업기업이 국내에서 사업을 하는 장소를 비거주자 또는 외국법인인 동업자의 국내사업장으로 본다.

⑦ 제1항제1호, 제3항 및 제5항제2호의 원천징수의 적용방법에 관하여는 「소득세법」 제156조의2부터 제156조의8까지 및 「법인세법」 제98조의3부터 제98조의7까지를 준용한다.(2020.12.29 본항개정)

⑧ 비거주자 또는 외국법인인 동업자가 「소득세법」 제120조 또는 「법인세법」 제94조에 따른 국내사업장(제6항에 따라 국내사업장으로 보는 경우는 제외한다. 이하 이 항에서 같다)이 있고 동업자에게 배분된 소득이 그 국내사업장에 귀속되는 소득인 경우에는 제1항부터 제7항까지의 규정을 적용하지 아니하고 그 국내사업장의 과세표준에 합산하여 신고·납부하여야 한다.(2010.1.1 본조개정)

제100조의25【가산세】 ① 관할 세무서장은 동업기업이 제100조의23제1항에 따른 신고를 하지 아니하거나 신고하여야 할 소득금액보다 적게 신고한 경우 다음 각 호의 금액을 가산세로 징수하여야 한다. 이 경우 신고하여야 할 소득금액의 계산방법은 대통령령으로 정한다.

1. 신고하지 아니한 경우 : 신고하여야 할 소득금액의 100분의 4

2. 신고하여야 할 소득금액보다 적게 신고한 경우 : 적게 신고한 소득금액의 100분의 2

② 관할 세무서장은 동업기업이 제100조의24에 따라 원천징수하였거나 원천징수하여야 할 세액을 납부기한에 납부하지 아니하거나 적게 납부하는 경우에는 납부하지 아니하거나 적게 납부한 세액의 100분의 10을 한도로 하여 다음 각 호의 금액을 합계한 금액을 가산세로 징수하여야 한다.(2018.12.24 본항개정)

1. 납부하지 아니하거나 적게 납부한 세액 × 납부기한의 다음 날부터 자진납부일 또는 납부고지일까지의 기간 × 금융기관이 연체대출금에 대하여 적용하는 이자율을 고려하여 대통령령으로 정하는 이자율(2020.12.29. 본호개정)

2. 납부하지 아니하거나 적게 납부한 세액의 100분의 3(2018.12.24 본호개정)

제100조의26【준용규정】 법인이 아닌 동업기업의 경우 과세연도, 납세지, 사업자등록, 세액공제, 세액감면, 원천징수, 가산세, 토지 등 양도소득에 대한 법인세 등 대통령령으로 정하는 사항에 대해서는 그 동업기업을 하나의 내국법인(제100조의15제1항제5호의 동업기업의 경우에는 외국법인)으로 보아 「법인세법」과 이 법의 해당 규정을 준용한다.(2013.1.1 본조개정)

제10절의4 자녀 장려를 위한 조세특례
(2014.1.1 본절신설)

제100조의27【자녀장려세제】 저소득자의 자녀양육비를 지원하기 위하여 제100조의28부터 제100조의31까지의 규정에 따른 자녀장려세제를 적용하여 자녀장려금을 결정·환급한다.

제100조의28【자녀장려금의 신청자격】 ① 소득세 과세기간 중에「소득세법」제19조에 따른 사업소득, 같은 법 제20조에 따른 근로소득 또는 같은 법 제21조제1항제26호에 따른 종교인소득이 있는 거주자로서 대통령령으로 정하는 자는 다음 각 호의 요건을 모두 갖춘 경우 해당 소득세 과세기간의 자녀장려금을 신청할 수 있다.(2017.12.19 본문개정)
1. 부양자녀가 있을 것
2. 거주자(그 배우자를 포함한다. 이하 이 조에서 같다)의 연간 총소득의 합계액이 7천만원 미만일 것 (2023.12.31 본호개정)
3. (2016.12.20 삭제)
4. 가구원 재산의 합계액이 2억4천만원 미만일 것 (2022.12.31 본호개정)
② 제1항에도 불구하고 다음 각 호의 어느 하나에 해당하는 거주자는 자녀장려금을 신청할 수 없다.
1. 제100조의3제2항제2호 및 제3호의 어느 하나에 해당하는 경우
2. (2018.12.24 삭제)
③ (2019.12.31 삭제)

제100조의29【자녀장려금의 산정】 ① 자녀장려금은 총급여액 등을 기준으로 다음 각 호의 구분에 따라 계산한 금액으로 한다.(2019.12.31 단서삭제)
1. 홑벌이 가구인 경우 : 다음 각 목의 구분에 따라 계산한 금액

목별	총급여액 등	자녀장려금
가	2천100만원 미만	부양자녀의 수 × 100만원
나	2천100만원 이상 7천만원 미만	부양자녀의 수 × [100만원 − (총급여액 등 − 2천100만원) × 4천900분의 50]

2. 맞벌이 가구인 경우 : 다음 각 목의 구분에 따라 계산한 금액

목별	총급여액 등	자녀장려금
가	2천500만원 미만	부양자녀의 수 × 100만원
나	2천500만원 이상 7천만원 미만	부양자녀의 수 × [100만원 − (총급여액 등 − 2천500만원) × 4천500분의 50]

(2023.12.31 1호~2호개정)
② 제1항에도 불구하고 자녀장려금은 총급여액 등의 구간별로 작성한 대통령령으로 정하는 자녀장려금산정표를 적용하여 산정한다.(2019.12.31 본항개정)
③ (2019.12.31 삭제)

제100조의30【자녀장려금의 신청 등】 ① 자녀장려금을 받으려는 거주자는「소득세법」제70조 또는 제74조에 따른 종합소득과세표준 확정신고 기간에 다음 각 호의 사항이 포함된 자녀장려금신청서에 자녀장려금 신청자격을 확인하기 위하여 필요한 대통령령으로 정하는 증거자료를 첨부하여 납세지 관할 세무서장에게 자녀장려금을 신청하여야 한다.(2020.12.29 본문개정)
1. 신청자격
2. 제100조의29에 따라 산정한 자녀장려금
② 제1항에도 불구하고 자녀장려금은「소득세법」제59조의2에 따른 자녀세액공제와 중복하여 적용할 수 없다.
③ 제1항에도 불구하고 반기 신청을 한 경우에는 그 신

청자의 의사에 의하여 제1항에 따라 해당 소득세 과세기간의 자녀장려금을 신청한 것으로 본다.(2019.12.31 본항개정)

제100조의31【자녀장려금 관련 사항의 준용 등】 ① 자녀장려금의 신청자격, 부양자녀의 요건과 판정시기, 자녀장려금의 산정·신청·결정·환급 및 환급의 제한·경정 등과 신청자 등에 대한 확인·조사, 금융거래정보에 대한 조회, 자료요청에 관하여는 제100조의3(제1항, 제2항 및 제6항은 제외한다), 제100조의4(제6항은 제외한다), 제100조의5(제1항, 제2항 및 제5항은 제외한다), 제100조의6(제1항, 제3항, 제7항 및 제9항은 제외한다), 제100조의7(제1항제2호 및 제3항은 제외한다) 및 제100조의8(제5항 및 제8항은 제외한다)부터 제100조의13까지의 규정을 준용한다. 이 경우 "근로장려금"은 "자녀장려금"으로 본다.(2021.12.28 전단개정)
② 납세지 관할 세무서장은 제100조의29제2항에 따라 산정한 금액이 제1항 및 제100조의30제2항에 따라 감액되어 3만원 미만일 경우(영이거나 음수인 경우는 제외한다)에는 3만원을 자녀장려금으로 결정한다. 다만, 제100조의5제1항제2호가목에 따라 계산한 금액이 1만5천원 미만일 경우에는 자녀장려금이 없는 것으로 결정한다.(2019.12.31 본조개정)

제10절의5 투자·상생협력 촉진을 위한 조세특례
(2017.12.19 본절신설)

제100조의32【투자·상생협력 촉진을 위한 과세특례】 ① 각 사업연도 종료일 현재「독점규제 및 공정거래에 관한 법률」제31조제1항에 따른 상호출자제한기업집단에 속하는 내국법인이 제2항제1호가목부터 다목까지의 규정에 따른 투자, 임금 등으로 환류하지 아니한 소득이 있는 경우에는 같은 항에 따른 미환류소득(제5항에 따른 차기환류적립금과 제7항에 따라 이월된 초과환류액을 공제한 금액을 말한다)에 100분의 20을 곱하여 산출한 세액을 미환류소득에 대한 법인세로 하여「법인세법」제13조에 따른 과세표준에 같은 법 제55조에 따른 세율을 적용하여 계산한 법인세액에 추가하여 납부하여야 한다.(2022.12.31 본문개정)
1. ~ 2. (2022.12.31 삭제)
② 제1항에 따른 내국법인은 다음 각 호의 방법 중 어느 하나를 선택하여 산정한 금액(산정한 금액이 양수인 경우에는 "미환류소득"이라 하고, 산정한 금액이 음수인 경우에는 음의 부호를 뗀 금액을 "초과환류액"이라 한다. 이하 이 조에서 같다)을 각 사업연도의 종료일이 속하는 달의 말일부터 3개월(「법인세법」제76조의17에 따라 법인세의 과세표준과 세액을 신고하는 경우에는 각 연결사업연도의 종료일이 속하는 달의 말일부터 4개월) 이내에 대통령령으로 정하는 바에 따라 납세지 관할 세무서장에게 신고하여야 한다.(2022.12.31 본문개정)
1. 해당 사업연도[2025년 12월 31일이 속하는 사업연도까지(제6항을 적용할 때에는 2027년 12월 31일이 속하는 사업연도까지)를 말한다]의 소득 중 대통령령으로 정하는 소득(이하 이 조에서 "기업소득"이라 한다)에 100분의 60부터 100분의 80까지의 범위에서 대통령령으로 정하는 비율을 곱하여 산출한 금액에서 다음 각 목의 금액의 합계액을 공제하는 방법(2022.12.31 본문개정)
가. 기계장치 등 대통령령으로 정하는 자산에 대한 투자 합계액
나. 대통령령으로 정하는 상시근로자(이하 이 조에서 "상시근로자"라 한다)의 해당 사업연도 임금증가금액으로서 다음 구분에 따른 금액이 있는 경우 그 금액을 합한 금액

1) 상시근로자의 해당 사업연도 임금이 증가한 경우
가) 해당 사업연도의 상시근로자 수가 직전 사업연도의 상시근로자 수보다 증가하지 아니한 경우 : 상시근로자 임금증가액
나) 해당 사업연도의 상시근로자 수가 직전 사업연도의 상시근로자 수보다 증가한 경우 : 기존 상시근로자 임금증가액에 100분의 150을 곱한 금액과 신규 상시근로자 임금증가액에 100분의 200을 곱한 금액을 합한 금액
2) 해당 사업연도에 대통령령으로 정하는 청년정규직근로자(이하 이 조에서 "청년정규직근로자"라 한다) 수가 직전 사업연도의 청년정규직근로자 수보다 증가한 경우 : 해당 사업연도의 청년정규직근로자에 대한 임금증가액
3) 해당 사업연도에 근로기간 및 근로형태 등 대통령령으로 정하는 요건을 충족하는 정규직 전환 근로자(이하 이 조에서 "정규직 전환 근로자"라 한다)가 있는 경우 : 정규직 전환 근로자(청년정규직 근로자는 제외한다)에 대한 임금증가액
다. 「대·중소기업 상생협력 촉진에 관한 법률」 제2조 제3호에 따른 상생협력을 위하여 지출하는 금액 등 대통령령으로 정하는 금액에 100분의 300을 곱한 금액
2. 기업소득에 100분의 10부터 100분의 20까지의 범위에서 대통령령으로 정하는 비율을 곱하여 산출한 금액에서 제1호 각 목(가목에 따른 자산에 대한 투자 합계액은 제외한다)의 합계액을 공제하는 방법
③ 제1항에 따른 내국법인이 제2항 각 호의 방법 중 어느 하나를 선택하여 신고한 경우 해당 사업연도의 개시일부터 대통령령으로 정하는 기간까지는 그 선택한 방법을 계속 적용하여야 한다.(2022.12.31 본항개정)
④ 제1항에 따른 내국법인이 제2항에 따라 신고를 하지 아니한 경우에는 대통령령으로 정하는 바에 따라 제2항 각 호의 방법 중 어느 하나를 선택하여 신고한 것으로 보고 제3항을 적용한다.(2022.12.31 본항개정)
⑤ 제1항에 따른 내국법인(제4항이 적용되는 법인은 제외한다)은 제2항에 따른 해당 사업연도 미환류소득의 전부 또는 일부를 다음 2개 사업연도의 투자, 임금 등으로 환류하기 위한 금액(이하 이 조에서 "차기환류적립금"이라 한다)으로 적립하여 해당 사업연도의 미환류소득에서 차기환류적립금을 공제할 수 있다.(2022.12.31 본항개정)
⑥ 제5항에 따라 차기환류적립금을 적립한 경우 다음 계산식에 따라 계산한 금액(음수인 경우 영으로 본다)을 그 다음다음 사업연도의 법인세액에 추가하여 납부하여야 한다.
(차기환류적립금 - 제2항에 따라 계산한 해당 사업연도의 초과환류액) × 100분의 20
(2022.12.31 본항개정)
⑦ 해당 사업연도에 초과환류액(제6항에 따라 초과환류액으로 차기환류적립금을 공제한 경우에는 그 공제 후 남은 초과환류액을 말한다)이 있는 경우에는 그 초과환류액을 그 다음 2개 사업연도까지 이월하여 그 다음 2개 사업연도 동안 미환류소득에서 공제할 수 있다.(2020.12.29 본항개정)
⑧ 제1항에 따른 내국법인이 제2항제1호가목에 따른 자산을 처분한 경우 등 대통령령으로 정하는 경우에는 제2항제1호에 따라 그 자산에 대한 투자금액의 공제로 인하여 납부하지 아니한 세액에 대통령령으로 정하는 바에 따라 계산한 이자 상당액을 가산하여 납부하여야 한다.
⑨ 직전 사업연도에 종전의 「법인세법」(법률 제15222호로 개정된 것을 말한다) 제56조제7항에 따라 발생한 초과환류액이 있는 경우에는 제2항에 따른 미환류소득에서 공제할 수 있다.(2018.12.24 본항개정)
⑩ 제1항부터 제9항까지의 규정을 적용할 때 투자 합계

액, 임금증가액, 상시근로자 수 또는 청년정규직근로자 수의 계산방법 등과 그 밖에 필요한 사항은 대통령령으로 정한다.
제100조의33~제100조의34 (2010.12.27 삭제)

제11절 그 밖의 직접국세 특례
(2010.1.1 본절제목개정)

제101조 (2019.12.31 삭제)
제102조【산림개발소득에 대한 세액감면】 ① 내국인이 「산림자원의 조성 및 관리에 관한 법률」에 따른 산림경영계획 또는 특수산림사업지구사업(법률 제4206호 산림법중개정법률의 시행 전에 종전의 「산림법」에 따라 지정된 지정개발지역으로서 같은 개정법률 부칙 제2조에 해당하는 지정개발지역에서의 지정개발사업을 포함한다)에 따라 새로 조림(造林)한 산림과 채종림, 「산림보호법」 제7조에 따른 산림보호구역으로서 그가 조림한 기간이 10년 이상인 것을 2018년 12월 31일까지 벌채(伐採) 또는 양도함으로써 발생한 소득에 대해서는 소득세 또는 법인세의 100분의 50에 상당하는 세액을 감면한다.(2015.12.15 본항개정)
② 제1항을 적용받으려는 자는 대통령령으로 정하는 바에 따라 그 감면신청을 하여야 한다.
(2010.1.1 본조개정)
제103조 (2000.12.29 삭제)
제104조 (2007.12.31 삭제)
제104조의2【어업협정에 따른 어업인에 대한 지원】 ① 2009년 12월 31일까지 받는 다음 각 호의 어느 하나에 해당하는 지원금에 대해서는 소득세 또는 법인세를 부과하지 아니한다.
1. 「어업협정체결에 따른 어업인 등의 지원 및 수산업발전특별법」에 따른 어업자등(이하 이 조에서 "어업자등"이라 한다)이 같은 법 제4조제1항에 따라 받는 지원금
2. 어선원이 「어업협정체결에 따른 어업인 등의 지원 및 수산업발전특별법」 제5조제1항에 따라 받는 실업지원금
② 어업자등이 「어업협정체결에 따른 어업인 등의 지원 및 수산업발전특별법」 제4조제3항에 따라 2009년 12월 31일까지 보조받는 어선·어구(漁具)의 개조 비용 및 출어 비용(이하 이 항에서 "어업보조금"이라 한다)은 해당 어업자등의 소득금액을 계산할 때 익금에 산입하지 아니하며, 그 어업보조금을 지출하거나 어업보조금으로 취득한 사업용 자산에 대하여 감가상각을 할 때에 이를 손금에 산입하지 아니한다.
(2010.1.1 본조개정)
제104조의3【자본확충목적회사에 대한 과세특례】 ① 대통령령으로 정하는 금융기관의 자본확충 지원을 위하여 설립된 법인으로서 기획재정부장관이 지정한 법인(이하 이 조에서 "자본확충목적회사"라 한다)이 대통령령으로 정하는 방식으로 자금을 조달·투자함으로써 발생하는 손실을 보전하기 위하여 2021년 12월 31일 이전에 끝나는 사업연도까지 손실보전준비금을 손금으로 계상한 경우에는 해당 사업연도의 소득금액을 계산할 때 다음 각 호에 따라 산정된 금액 중 적은 금액의 범위에서 해당 금액을 손금에 산입한다.(2016.12.20 본문개정)
1. 해당 사업연도 중 손실보전준비금을 손금 산입하기 이전 소득금액의 100분의 100
2. 해당 사업연도 종료일 현재 대통령령으로 정하는 투자금액에서 손실보전준비금 잔액을 뺀 금액. 다만, 금액이 음수이면 영으로 본다.
② 제1항에 따라 손실보전준비금을 손금으로 계상한 법인은 손실이 발생할 때에는 그 손실은 이미 손금으로 계상한 손실보전준비금과 먼저 상계하여야 한다.

③ 제1항에 따라 손금에 산입한 손실보전준비금으로서 그 준비금을 손금에 산입한 사업연도의 종료일 이후 5년이 되는 날이 속하는 사업연도의 종료일까지 제2항에 따라 상계하고 남은 준비금의 잔액은 5년이 되는 날이 속하는 사업연도의 소득금액을 계산할 때 익금에 산입한다.
④ 자본확충목적회사에 다음 각 호의 어느 하나에 해당하는 사유가 발생하면 그 사유가 발생한 날이 속하는 과세연도의 소득금액을 계산할 때 익금에 산입하지 아니한 손실보전준비금 전액을 익금에 산입한다.
1. 해당 사업을 폐업하였을 때
2. 법인이 해산하였을 때
⑤ 제1항을 적용받으려는 자는 대통령령으로 정하는 바에 따라 손실보전준비금에 관한 명세서를 납세지 관할세무서장에게 제출하여야 한다.
(2010.1.1 본조개정)
제104조의4【다자간매매체결거래에 대한 소득세 등 과세특례】「자본시장과 금융투자업에 관한 법률」 제8조의2제5항에 따른 다자간매매체결회사를 통하여 거래되는 주식 중 상장주식은 증권시장에서 거래되는 것으로 보아 「소득세법」 제94조, 「증권거래세법」 제8조 및 「농어촌특별세법」 제5조제1항제5호를 적용한다.
(2014.1.1 본조개정)
제104조의5 (2014.1.1 삭제)
제104조의6 (2011.12.31 삭제)
제104조의7【정비사업조합에 대한 과세특례】① 2003년 6월 30일 이전에 「주택건설촉진법」(법률 제6852호로 개정되기 전의 것을 말한다) 제44조제1항에 따라 조합설립의 인가를 받은 재건축조합으로서 「도시 및 주거환경정비법」 제38조에 따라 법인으로 등기한 조합(이하 이 조에서 "전환정비사업조합"이라 한다)에 대해서는 「법인세법」 제3조에도 불구하고 전환정비사업조합 및 그 조합원을 각각 「소득세법」 제87조제1항 및 같은 법 제43조제3항에 따른 공동사업장 및 공동사업자로 보아 「소득세법」을 적용한다. 다만, 전환정비사업조합이 「법인세법」 제60조에 따라 해당 사업연도의 소득에 대한 과세표준과 세액을 납세지 관할 세무서장에게 신고하는 경우 해당 사업연도 이후부터는 그러하지 아니하다.(2018.12.24 본문개정)
② 다음 각 호의 어느 하나에 해당하는 조합(이하 이 조에서 "정비사업조합"이라 한다)에 대해서는 「법인세법」 제2조에도 불구하고 비영리내국법인으로 보아 「법인세법」(같은 법 제29조는 제외한다)을 적용한다. 이 경우 전환정비사업조합은 제1항 단서에 따라 신고한 경우만 해당한다.(2021.12.28 전단개정)
1. 「도시 및 주거환경정비법」 제35조에 따라 설립된 조합(전환정비사업조합을 포함한다)(2021.12.28 본호신설)
2. 「빈집 및 소규모주택 정비에 관한 특례법」 제23조에 따라 설립된 조합(2021.12.28 본호신설)
③ 정비사업조합이 「도시 및 주거환경정비법」 또는 「빈집 및 소규모주택 정비에 관한 특례법」에 따라 해당 정비사업에 관한 공사를 마친 후에 그 관리처분계획에 따라 조합원에게 공급하는 것으로서 종전의 토지를 대신하여 공급하는 토지 및 건축물(해당 정비사업의 시행으로 건설된 것만 해당한다. 이하 이 조에서 같다)은 「부가가치세법」 제9조 및 제10조에 따른 재화의 공급으로 보지 아니한다.(2021.12.28 본항개정)
④ 정비사업조합이 관리처분계획에 따라 해당 정비사업의 시행으로 조성된 토지 및 건축물의 소유권을 타인에게 제3자에게 이전한 경우로서 정비사업조합이 납부할 국세 또는 강제징수비를 납부하지 아니하고 그 남은 재산을 분배하거나 인도한 경우에는 그 정비사업조합에 대하여 강제징수를 하여도 징수할 금액이 부족한 경우에만 그 남은 재산의 분배 또는 인도를 받은 자가 그

부족액에 대하여 제2차 납세의무를 진다. 이 경우 해당 제2차 납세의무는 그 남은 재산을 분배 또는 인도받은 가액을 한도로 한다.(2020.12.29 전단개정)
⑤ 제2항을 적용할 때 정비사업조합에 대한 「법인세법」 제4조에 따른 과세소득의 범위에서 제외되는 사업의 범위 등에 관하여 필요한 사항은 대통령령으로 정한다.(2018.12.24 본항개정)
제104조의8【전자신고 등에 대한 세액공제】① 납세자가 직접 「국세기본법」 제5조의2에 따른 전자신고(이하 이 조에서 "전자신고"라 한다)의 방법으로 대통령령으로 정하는 소득세, 양도소득세 또는 법인세과세표준신고를 하는 경우에는 해당 납부세액에서 대통령령으로 정하는 금액을 공제한다. 이 경우 납부할 세액이 음수인 경우에는 이를 없는 것으로 한다.(2020.12.29 전단개정)
② 납세자가 직접 전자신고의 방법으로 대통령령으로 정하는 부가가치세 신고를 하는 경우에는 해당 납부세액에서 대통령령으로 정하는 금액을 공제하거나 환급세액에 가산한다. 다만, 매출가액과 매입가액이 없는 「부가가치세법」 제2조제5호에 따른 일반과세자에 대하여는 본문을 적용하지 아니하며, 같은 조 제4조에 따른 간이과세자에 대하여는 공제세액이 납부세액에 같은 법 제63조제3항, 제64조 및 제65조에 따른 금액을 가감(加減)한 후의 금액을 초과할 때에는 그 초과하는 금액은 없는 것으로 본다.(2013.6.7 단서개정)
③ 「세무사법」에 따른 세무사(「세무사법」에 따른 세무사등록부 또는 세무대리업무등록부에 등록한 공인회계사 및 변호사, 같은 법에 따른 세무법인 및 「공인회계사법」에 따른 회계법인을 포함한다. 이하 이 조에서 같다)가 납세자를 대리하여 전자신고의 방법으로 직전 과세연도 동안 소득세, 양도소득세 또는 법인세의 신고를 한 경우에는 해당 세무사의 소득세(사업소득에 대한 소득세만 해당한다) 또는 법인세의 납부세액에서 제1항에 따른 금액을 공제하고, 직전 과세기간 동안 부가가치세를 신고한 경우에는 해당 세무사의 부가가치세 납부세액에서 제2항에 따른 금액을 공제한다.
(2021.11.23 본항개정)
④ 제3항에 따라 세무사가 공제받을 수 있는 연간 공제한도액(해당 세무사가 소득세 또는 법인세의 납부세액에서 공제받을 금액 및 부가가치세에서 공제받을 금액을 합한 금액)은 3백만원(「세무사법」에 따른 세무법인 또는 「공인회계사법」에 따른 회계법인인 경우에는 750만원)으로 한다.(2019.12.31 본항신설)
⑤ 납세자가 「국세기본법」 제8조제1항에 따른 전자송달의 방법으로 납부고지서의 송달을 신청한 경우 신청한 달의 다음다음 달 이후 송달하는 분부터 다음 각 호의 어느 하나에 해당하는 국세의 납부세액에서 대통령령으로 정하는 금액을 공제한다.
1. 「소득세법」 제65조제1항 전단에 따라 결정·징수하는 소득세
2. 「부가가치세법」 제48조제3항 본문 및 같은 법 제66조제1항 본문에 따라 결정·징수하는 부가가치세
3. 「국세기본법」 제22조제3항에 따라 과세표준과 세액이 정부가 결정하는 때 확정되는 국세(수시부과하여 징수하는 것은 제외한다)
(2020.12.29 본항신설)
⑥ 제5항에 따른 세액공제 금액은 각 세법에 따라 부과하는 국세의 납부세액에서 「국세기본법」 제83조에 따른 금액을 차감한 금액을 한도로 한다.(2020.12.29 본항신설)
(2020.12.29 본조제목개정)
제104조의9【여수세계박람회 참가준비금의 손금산입】① 「여수세계박람회 지원 및 사후활용에 관한 특별법」에 따라 설립된 2012여수세계박람회조직위원회(이하

"2012여수세계박람회조직위원회"라 한다)와 대통령령으로 정하는 사업에 대한 참가계약(이하 이 조에서 "박람회 참가계약"이라 한다)을 체결한 내국법인(그 내국법인의 도급업자인 내국법인을 포함한다. 이하 이 조에서 같다)이 2011년 12월 31일 이전에 끝나는 각 사업연도에 참가준비금을 손금으로 계상한 경우에는 해당 사업연도의 소득금액을 계산할 때 그 금액을 손금에 산입한다.(2014.12.23 본항개정)
② 제1항에 따라 참가준비금을 손금으로 계상한 내국법인이 여수세계박람회에 참가하기 위하여 대통령령으로 정하는 비용을 지출한 때에는 그 비용을 이미 손금으로 계상한 참가준비금과 먼저 상계하여야 한다.
③ 제1항에 따라 손금에 산입한 참가준비금은 다음 각 호에 따라 익금에 산입한다.
1. 2012년 12월 31일까지 「여수세계박람회 지원 및 사후활용에 관한 특별법」 제2조제6호에 따른 박람회장 조성사업구역에 설치할 사업용 고정자산을 취득하기 위하여 지출한 금액에 해당하는 참가준비금은 2012년 12월 31일이 속하는 사업연도부터 각 사업연도의 소득금액을 계산할 때 그 참가준비금을 36으로 나눈 금액에 해당 사업연도의 개월 수를 곱하여 계산한 금액을 익금에 산입한다.(2012.1.26 본호개정)
2. 제1항에 따라 손금에 산입한 참가준비금이 제2항에 따라 상계한 금액과 제1호에 따라 익금에 산입할 금액의 합계액을 초과하는 때에는 2012년 12월 31일이 속하는 사업연도의 소득금액을 계산할 때 그 초과액을 익금에 산입한다. 다만, 참가준비금을 손금에 산입한 후 사업계획이 변경되어 박람회 참가 용도에 사용하지 아니하게 된 금액은 2012년 12월 31일이 속하는 사업연도가 도래하기 전에 익금에 산입할 수 있다.
④ 제1항에 따라 참가준비금을 손금에 산입한 내국법인은 다음 각 호의 어느 하나에 해당하는 사유가 발생하면 그 사유가 발생한 날이 속하는 사업연도의 소득금액을 계산할 때 익금에 산입하지 아니한 참가준비금 전액을 익금에 산입한다.
1. 박람회참가계약 또는 도급계약이 해지된 때
2. 해당 사업을 폐업한 때
3. 법인이 해산한 때. 다만, 합병으로 인하여 해산한 경우 합병으로 설립된 법인 또는 합병 후 존속하는 법인에 해당 참가준비금계정의 금액을 인계한 경우는 제외한다.
⑤ 제3항제2호 본문 또는 제4항에 따라 참가준비금을 익금에 산입하는 경우에는 대통령령으로 정하는 바에 따라 계산한 이자상당가산액을 법인세에 가산하여 징수한다. 다만, 여수세계박람회 종료 후 폐업하거나 해산한 경우로서 제3항제1호에 해당하는 금액 중 익금에 산입하지 않은 금액에 대해서는 그러하지 아니하다.
⑥ 제1항을 적용받으려는 내국법인은 대통령령으로 정하는 바에 따라 참가준비금에 관한 명세서를 납세지 관할 세무서에 제출하여야 한다.
(2010.1.1 본조신설)

제104조의10 【해운기업에 대한 법인세 과세표준 계산특례】 ① 내국법인 중 「해운법」상 외항운송사업의 경영 등 대통령령으로 정하는 요건을 갖춘 해운기업(이하 이 조에서 "해운기업"이라 한다)의 법인세과세표준은 2024년 12월 31일까지 다음 각 호에 따라 계산한 금액을 합한 금액으로 할 수 있다.(2019.12.31 본문개정)
1. 외항운송 활동과 관련된 대통령령으로 정하는 소득(이하 이 조에서 "해운소득"이라 한다)에 대해서는 「법인세법」 제13조부터 제54조까지의 규정에도 불구하고 선박별로 다음 계산식을 적용하여 계산한 개별선박표준이익의 합계액(이하 이 조에서 "선박표준이익"이라 한다)

개별선박표준이익 = 개별선박순톤수 × 톤당 1운항일 이익 × 운항일수 × 사용률

2. 해운소득 외의 소득(이하 이 조에서 "비해운소득"이라 한다)에 대해서는 「법인세법」 제13조부터 제54조까지의 규정에 따라 계산한 금액
② 제1항에 따른 해운기업의 과세표준 계산의 특례(이하 이 조에서 "과세표준계산특례"라 한다)를 적용받으려는 법인은 대통령령으로 정하는 바에 따라 과세표준계산특례 적용을 신청하여야 하며, 과세표준계산특례를 적용받으려는 사업연도부터 연속하여 5개 사업연도(이하 "과세표준계산특례적용기간"이라 한다) 동안 과세표준계산특례를 적용받아야 한다. 다만, 과세표준계산특례를 적용받고 있는 해운기업은 2017년 12월 31일이 속하는 사업연도까지 대통령령으로 정하는 바에 따라 과세표준계산특례의 적용을 포기할 수 있다.(2016.12.20 단서개정)
③ 제1항을 적용할 때 비해운소득에서 발생한 결손금은 선박표준이익과 합산하지 아니하며, 해운소득에 대해서는 이 법, 「국세기본법」 및 조약과 제3조제1항 각 호에 규정된 법률에 따른 비과세, 세액면제, 세액감면, 세액공제 또는 소득공제 등의 조세특례를 적용하지 아니한다.
④ 해운소득에 「법인세법」 제73조 및 제73조의2에 따라 원천징수된 소득이 포함되어 있는 경우 그 소득에 대한 원천징수세액은 법인세의 산출세액에서 이미 납부한 세액으로 공제하지 아니한다.(2018.12.24 본항개정)
⑤ 과세표준계산특례 적용을 받기 전에 발생한 이월결손금은 제1항 각 호의 금액 계산시 공제하지 아니한다.
⑥ 과세표준계산특례를 적용받고 있는 법인이 과세표준계산특례적용기간 동안 제1항에 따른 요건을 2개 사업연도 이상 위반하는 경우에는 2회째 위반하게 된 사업연도부터 해당 과세표준계산특례적용기간의 남은 기간과 다음 5개 사업연도 기간은 과세표준계산특례를 적용받을 수 없다.
⑦ 과세표준계산특례를 적용받는 내국법인이 「법인세법」 제63조의2제1항제2호의 방법으로 중간예납을 하는 경우 중간예납의 과세표준은 제1항부터 제5항까지의 규정에 따라 계산한 금액으로 하고, 같은 법 제63조의2제1항제2호의 계산식에서 감면된 법인세액과 납부한 원천징수세액은 비해운소득과 관련된 부분에 대해서만 적용한다.(2018.12.24 본항개정)
⑧ 제1항을 적용할 때 톤당 1운항일 이익은 선박톤수, 해운기업의 운항소득, 법인세 납부 실적 및 외국의 운영 사례 등을 고려하여 톤당 30원을 초과하지 아니하는 범위에서 대통령령으로 정한다.
⑨ 운항일수, 사용률 등 개별선박표준이익의 계산, 과세표준계산특례를 적용받지 아니하거나 「법인세법」을 적용받게 되는 경우 각 사업연도 소득의 계산방법, 구분경리 방법 등 과세표준계산특례 적용에 관하여 필요한 사항은 대통령령으로 정한다.
(2010.1.1 본조개정)

제104조의11 【신용회복목적회사 출연 시 손금 산입특례】 ① 「한국자산관리공사 설립 등에 관한 법률」에 따라 설립된 한국자산관리공사(이하 "한국자산관리공사"라 한다) 및 「금융실명거래 및 비밀보장에 관한 법률」 제2조제1호 각 목의 어느 하나에 해당하는 금융회사등(이하 이 조에서 "금융회사등"이라 한다)이 2024년 12월 31일까지 제104조의12제1항에 따른 신용회복목적회사에 출연하는 경우에는 그 출연금액을 해당 사업연도의 소득금액을 계산할 때 손금에 산입할 수 있다.
② 한국자산관리공사 및 금융회사등은 제1항을 적용받으려는 경우 해당 사업연도의 법인세 과세표준신고와 함께 기획재정부령으로 정하는 신용회복목적회사 출연 명세서를 납세지 관할 세무서장에게 제출하여야 한다.
(2023.12.31 본조개정)

제104조의12 【신용회복목적회사에 대한 과세특례】 ① 낮은 신용도 또는 경제력의 부족 등의 사유로 금융회

사 등으로부터 여신 거래에 제한을 받고 있는 자에 대한 부실채권의 매입과 금리·만기 등의 재조정, 고금리 금융비용을 경감하기 위한 지급보증 등의 사업을 수행하는 법인으로서 기획재정부장관이 지정하여 고시한 법인(이하 이 조에서 "신용회복목적회사"라 한다)이 2026년 12월 31일 이전에 끝나는 각 사업연도에 손실보전준비금을 손금으로 계상하였을 때에는 해당 사업연도의 소득금액을 계산할 때 그 금액을 손금에 산입한다. (2023.12.31 본항개정)

② 제1항에 따라 손실보전준비금을 손금에 산입한 법인은 손실이 발생하였을 때에는 그 손실을 이미 손금으로 산입한 손실보전준비금과 먼저 상계하여야 한다.

③ 제1항에 따라 손금에 산입한 손실보전준비금으로서 그 준비금을 손금에 산입한 사업연도의 종료일 이후 15년이 되는 날이 속하는 사업연도의 종료일까지 제2항에 따라 상계하고 남은 준비금의 잔액은 15년이 되는 날이 속하는 사업연도의 소득금액을 계산할 때 익금에 산입한다.(2018.12.24 본항개정)

④ 신용회복목적회사에 다음 각 호의 어느 하나에 해당하는 사유가 발생하면 그 사유가 발생한 날이 속하는 과세연도의 소득금액을 계산할 때 익금에 산입하지 아니한 손실보전준비금 전액을 익금에 산입한다.
1. 해당 사업을 폐업한 때
2. 법인이 해산할 때

⑤ 제1항을 적용받으려는 자는 대통령령으로 정하는 바에 따라 손실보전준비금에 관한 명세서를 납세지 관할 세무서장에게 제출하여야 한다.
(2010.1.1 본조신설)

제104조의13【향교 및 종교단체에 대한 종합부동산세 과세특례】① 대통령령으로 정하는 개별 향교 또는 개별 종교단체(이하 이 조에서 "개별단체"라 한다)가 소유한 주택 또는 토지 중 개별단체가 속하는 「향교재산법」에 따른 향교재단 또는 대통령령으로 정하는 종교단체(이하 이 조에서 "향교재단 등"이라 한다)의 명의로 조세포탈을 목적으로 하지 아니하고 등기한 주택 또는 토지(이하 이 조에서 "대상주택 또는 대상토지"라 한다)가 있는 경우, 대상주택 또는 대상토지를 실제 소유한 개별단체를 「종합부동산세법」 제7조제1항 및 제12조제1항에도 불구하고 과세기준일 현재 각각 주택분 재산세 납세의무자 및 토지분 재산세 납세의무자로 보아 개별단체가 종합부동산세를 신고할 수 있다. 이 경우 대상주택 또는 대상토지도 종합부동산세의 과세의 경우에만 개별단체의 소유로 본다.(2013.1.1 전단개정)

② 개별단체가 제1항에 따라 종합부동산세를 신고하는 경우 향교재단 등은 대상주택 또는 대상토지의 공시가격을 한도로 그 개별단체와 연대하여 종합부동산세를 납부할 의무가 있다.

③ 개별단체가 제1항에 따라 종합부동산세를 신고하는 경우 향교재단 등은 대상주택 또는 대상토지를 소유하지 아니한 것으로 보아 종합부동산세를 신고하여야 한다.

④ 제1항에 따른 종합부동산세액의 계산 및 신고·납부 방법, 그 밖에 필요한 사항은 대통령령으로 정한다.
(2010.1.1 본조개정)

제104조의14【제3자물류비용에 대한 세액공제】① 제조업을 경영하는 중소기업 및 중견기업이 다음 각 호의 요건을 모두 갖추어 2020년 12월 31일 이전에 끝나는 과세연도까지 각 과세연도에 지출한 물류비용 중 제3자물류비용이 직전 과세연도에 지출한 제3자물류비용을 초과하는 경우 그 초과하는 금액의 100분의 3(중소기업의 경우에는 100분의 5)에 상당하는 금액을 소득세(사업소득에 대한 소득세만 해당한다) 또는 법인세에서 공제한다. 다만, 공제받는 금액이 해당 과세연도의 소득세 또는 법인세의 100분의 10을 초과하는 경우에는 100분의 10을 한도로 한다.(2020.12.29 본문개정)

1. 각 과세연도에 지출한 제3자물류비용이 각 과세연도에 지출한 물류비용의 100분의 30 이상일 것 (2011.12.31 본호개정)
2. 해당 과세연도에 지출한 물류비용 중 제3자물류비용이 차지하는 비율이 직전 과세연도보다 낮아지지 아니할 것

② 직전 과세연도에 지출한 제3자물류비용이 직전 과세연도에 지출한 물류비용의 100분의 30 미만이거나 없는 경우로서 해당 과세연도에 지출한 제3자물류비용이 해당 과세연도에 지출한 물류비용의 100분의 30을 초과하는 경우에는 제1항에도 불구하고 그 초과금액의 100분의 3(중소기업의 경우에는 100분의 5)에 상당하는 금액을 소득세(사업소득에 대한 소득세만 해당한다) 또는 법인세에서 공제한다. 다만, 공제받는 금액이 해당 과세연도의 소득세 또는 법인세의 100분의 10을 초과하는 경우에는 100분의 10을 한도로 한다. (2014.12.23 본문개정)

③ 제1항 및 제2항을 적용받으려는 중소기업 및 중견기업은 대통령령으로 정하는 바에 따라 세액공제신청을 하여야 한다.(2018.12.24 본항개정)
(2010.1.1 본조개정)

제104조의15【해외자원개발투자에 대한 과세특례】① 「해외자원개발 사업법」 제2조제5호에 따른 해외자원개발사업자(이하 이 조에서 "해외자원개발사업자"라 한다)가 같은 조 제4호에 따른 해외자원개발을 위하여 2024년 1월 1일부터 2026년 12월 31일까지 다음 각 호의 어느 하나에 해당하는 투자 또는 출자를 하는 경우에는 해당 투자금액 또는 출자금액의 100분의 3에 상당하는 금액을 해당 투자 또는 출자가 이루어지는 과세연도의 법인세 또는 소득세(사업소득에 대한 소득세만 해당한다)에서 공제한다. 다만, 내국인 또는 내국인의 외국자회사(내국인이 발행주식총수 또는 출자총액의 100분의 100을 직접 출자하고 있는 외국법인을 말한다. 이하 이 조에서 같다)의 투자자산 또는 출자지분을 양수하는 방법으로 투자하거나 출자하는 경우에는 그러하지 아니한다. (2023.12.31 본문개정)

1. 광업권과 조광권을 취득하는 투자
2. 광업권 또는 조광권을 취득하기 위한 외국법인에 대한 출자로서 대통령령으로 정하는 출자(2010.12.27 본호개정)
3. 내국인의 외국자회사에 대한 해외직접투자로서 「외국환거래법」 제3조제1항제18호가목에 따라 대통령령으로 정하는 투자. 다만, 내국인의 외국자회사가 제1호와 제2호의 방법으로 광업권 또는 조광권을 취득하는 경우로 한정한다.

② 제1항 각 호 외의 부분 본문에 따라 세액공제를 적용받은 자가 다음 각 호의 어느 하나에 해당하는 경우에는 그 사유 발생일이 속하는 과세연도의 과세표준신고를 할 때 해당 투자 또는 출자금액에 대한 세액공제액 상당액으로서 대통령령으로 정하는 금액에 대통령령으로 정하는 바에 따라 계산한 이자 상당 가산액을 가산하여 소득세 또는 법인세로 납부하여야 한다. 이 경우 해당 세액은 「소득세법」 제76조 또는 「법인세법」 제64조에 따라 납부하여야 할 세액으로 본다. (2023.12.31 전단개정)

1. 투자일 또는 출자일부터 5년이 지나기 전에 제1항 각 호에 따른 투자자산 또는 출자지분을 이전하거나 회수하는 경우
2. 투자일 또는 출자일부터 3년이 되는 날까지 광업권 또는 조광권을 취득하지 못하는 경우

③ 제1항을 적용받으려는 자는 대통령령으로 정하는 바에 따라 세액공제 신청을 하여야 한다.

④ 해외자원개발사업자가 「에너지 및 자원사업 특별회계법」에 따른 보조금을 받아 「외국환거래법」 제3조제1

항제18호에 따른 해외직접투자로 주식 또는 출자지분을 취득하는 경우에는 해당 주식 또는 출자지분을 「법인세법」 제36조제1항의 사업용 자산으로 보아 같은 조를 준용하여 손금에 산입할 수 있다.
(2010.1.1 본조개정)

제104조의16【대학 재정 건전화를 위한 과세특례】 ① 「고등교육법」에 따른 학교법인이 대통령령으로 정하는 수익용 기본재산(이하 "수익용 기본재산"이라 한다)을 양도하고 양도일부터 1년 이내에 다른 수익용 기본재산을 취득하는 경우 양도 보유하였던 수익용 기본재산을 양도하여 발생하는 양도차익은 대통령령으로 정하는 바에 따라 계산한 금액을 해당 사업연도의 소득금액을 계산할 때 익금에 산입하지 아니할 수 있다. 이 경우 해당 금액은 양도일이 속하는 사업연도 종료일 이후 3년이 되는 사업연도까지 3개 사업연도의 기간 동안 균분한 금액 이상을 익금에 산입하여야 한다.
(2014.1.1 전단개정)
② 제1항을 적용받은 학교법인이 다른 수익용 기본재산을 취득하지 아니하는 경우에는 해당 사유가 발생한 날이 속하는 사업연도의 소득금액을 계산할 때 대통령령으로 정하는 바에 따라 계산한 금액을 익금에 산입한다. 이 경우 익금에 산입하는 금액은 제33조제3항 후단을 준용한다.
③ 제1항과 제2항을 적용하는 경우 양도차익명세서의 제출, 그 밖에 필요한 사항은 대통령령으로 정한다.
④ 「고등교육법」에 따른 학교법인이 발행주식총수의 100분의 50 이상을 출자하여 설립한 법인이 해당 법인에 출자한 학교법인에 출연하는 금액(이하 이 항에서 "학교법인 출연금"이라 한다)은 제1호의 금액에서 제2호의 금액을 뺀 금액을 한도로 손금에 산입한다.
(2014.1.1 본문개정)
1. 해당 사업연도의 소득금액(「법인세법」 제24조에 따른 기부금을 손금에 산입하기 전의 소득금액을 말한다)
2. 「법인세법」 제13조제1항제1호에 따른 결손금의 합계액 및 같은 법 제24조에 따른 기부금(학교법인 출연금은 제외한다)의 합계액(2018.12.24 본호개정)
(2010.1.1 본조개정)

제104조의17【금융기관의 휴면예금 출연 시 손금산입 특례】 ① 「서민의 금융생활 지원에 관한 법률」 제40조에 따라 금융기관이 휴면예금을 휴면예금관리재단에 2008년 12월 31일까지 출연하는 경우 그 출연금액을 해당 과세연도의 소득금액을 계산할 때 손금에 산입한다.
(2016.3.22 본항개정)
② 제1항을 적용받으려는 금융기관은 해당 과세연도의 법인세 과세표준신고와 함께 기획재정부령으로 정하는 휴면예금출연명세서를 제출하여야 한다.
(2008.9.26 본조신설)

제104조의18 (2020.12.29 삭제)

제104조의19【주택건설사업자가 취득한 토지에 대한 과세특례】 ① 다음 각 호의 어느 하나에 해당하는 사업자(이하 이 조에서 "주택건설사업자"라 한다)가 주택을 건설하기 위하여 취득한 토지(토지를 취득한 후 해당 연도 종합부동산세 과세기준일 전까지 주택건설사업자의 지위를 얻은 자의 토지를 포함한다) 중 취득일부터 5년 이내에 「주택법」에 따른 사업계획의 승인을 받을 토지는 「종합부동산세법」 제13조제1항에 따른 과세표준 합산의 대상이 되는 토지의 범위에 포함되지 아니하는 것으로 본다.(2013.1.1 본문개정)
1. 「주택법」에 따라 주택건설사업자 등록을 한 주택건설사업자(2010.12.27 본호신설)
2. 「주택법」 제11조에 따른 주택조합 및 고용자인 사업주체(2016.1.19 본호개정)
3. 「도시 및 주거환경정비법」 제24조부터 제28조까지 및 「빈집 및 소규모주택 정비에 관한 특례법」 제17조

부터 제19조까지의 규정에 따른 사업시행자
(2017.2.8 본호개정)
4. 제104조의31제1항에 따른 법인(2020.12.29 본호개정)
② 제1항을 적용하려는 자는 해당 연도 9월 16일부터 9월 30일까지 대통령령으로 정하는 바에 따라 납세지 관할세무서장에게 토지의 보유현황을 신고하여야 한다.
③ 주택건설사업자가 제1항에 따라 취득한 날부터 5년 이내에 「주택법」에 따른 주택건설을 위하여 같은 법에 따른 사업계획의 승인을 받지 못한 경우에는 대통령령으로 정하는 바에 따라 종합부동산세액과 이자상당가산액을 추징한다.
(2008.12.26 본조신설)

제104조의20【산업단지 개발사업 시행에 따른 양도소득세 과세특례】 ① 「산업입지 및 개발에 관한 법률」에 따른 산업단지 개발사업의 시행에 따라 같은 법 제36조에 따른 이주자(해당 사업의 실시계획승인일부터 소급하여 2년 이상 해당 사업을 위하여 제공된 주거용 건축물에서 거주한 자에 한정한다)가 이주대책으로 분양받은 이주택지(분양가격이 1억원 이하인 경우에 한정한다)를 2012년 12월 31일까지 양도함으로써 발생하는 소득에 대해서는 「소득세법」 제104조제1항제2호 및 제3호에도 불구하고 같은 항 제1호에 따른 세율을 적용한다.(2011.12.31 본항개정)
② 제1항에 따른 과세특례를 적용받으려는 자는 해당 이주택지를 양도한 날이 속하는 과세연도의 과세표준신고(예정신고를 포함한다)와 함께 다음 각 호의 서류를 납세지 관할 세무서장에게 제출하여야 한다.
1. 해당 사업을 위하여 제공된 주거용 건축물에서 2년 이상 거주하였음을 확인할 수 있는 서류
2. 사업시행자와 체결한 이주택지의 분양계약서 사본
(2010.1.1 본조개정)

제104조의21【대한주택공사 및 한국토지공사의 합병에 대한 법인세 과세특례】 ① 「한국토지주택공사법」 부칙 제7조에 따른 합병으로 한국토지주택공사를 설립하는 경우 대한주택공사 및 한국토지공사의 주주등의 「법인세법」 제16조제1항제5호에 따른 배당금 또는 분배금의 의제액에 상당하는 금액은 대통령령으로 정하는 바에 따라 합병등기일이 속하는 사업연도의 소득금액을 계산할 때 이를 손금에 산입할 수 있다. 이 경우 손금산입액 및 익금산입액의 계산과 그 산입방법 및 배당금 또는 분배금 의제액명세서 등에 관하여 필요한 사항은 대통령령으로 정한다.(2020.6.9 전단개정)
② 「한국토지주택공사법」 부칙 제7조에 따른 합병으로 한국토지주택공사를 설립하는 경우 한국토지주택공사 및 한국토지공사의 주식등을 같은 법 제52조제2항의 시가보다 높거나 낮게 평가하여 합병함으로써 주주등이 특수관계인인 다른 주주등에게 이익을 분여한 경우에 해당되는 경우에도 이익을 분여한 주주등에 대하여 같은 법 제52조를 적용하지 아니하며 이익을 분여받은 주주등에 대하여 해당 이익을 「법인세법」 제15조의 익금으로 보지 아니한다.(2011.12.31 본항개정)
③ 법률 제9706호 한국토지주택공사법 부칙 제7조에 따른 합병으로 설립된 한국토지주택공사는 같은 조에 따라 해산된 대한주택공사 및 한국토지공사의 각 사업연도의 소득금액과 과세표준의 계산에서 익금 또는 손금에 산입하거나 산입하지 아니한 금액을 「법인세법」 제49조에도 불구하고 승계한다.(2020.6.9 본항개정)

제104조의22【기업의 운동경기부 등 설치·운영에 대한 과세특례】 ① 내국법인이 대통령령으로 정하는 종목의 운동경기부(이하 이 조에서 "운동경기부"라 한다)를 설치하는 경우 설치한 날이 속하는 사업연도와 그 다음 사업연도의 개시일부터 2년 이내에 끝나는 사업연도까지 해당 운동경기부의 운영에 드는 비용 중 대통령령으로 정하는 비용의 100분의 10에 상당하는 금액을 법인세에서 공제한다.

② 내국법인이 대통령령으로 정하는 장애인운동경기부(이하 이 조에서 "장애인운동경기부"라 한다)를 설치하는 경우 설치한 날이 속하는 사업연도와 그 다음 사업연도의 개시일부터 4년 이내에 끝나는 사업연도까지 해당 장애인운동경기부의 운영에 드는 비용 중 대통령령으로 정하는 비용의 100분의 20에 상당하는 금액을 법인세에서 공제한다.(2014.1.1 본항신설)
③ 내국법인이 「이스포츠(전자스포츠) 진흥에 관한 법률」에 따른 이스포츠 중 대통령령으로 정하는 종목의 경기부(이하 이 조에서 "이스포츠경기부"라 한다)를 설치하는 경우 설치한 날이 속하는 사업연도와 그 다음 사업연도의 개시일부터 2년 이내에 끝나는 사업연도까지 해당 이스포츠경기부의 운영에 드는 비용 중 대통령령으로 정하는 비용의 100분의 10에 상당하는 금액을 법인세에서 공제한다.(2021.12.28 본항신설)
④ 제1항부터 제3항까지의 규정을 적용받으려는 내국법인은 대통령령으로 정하는 바에 따라 신청을 하여야 한다.(2021.12.28 본항개정)
⑤ 제1항부터 제3항까지의 규정을 적용받은 내국법인이 운동경기부, 장애인운동경기부 또는 이스포츠경기부를 설치한 날부터 3년(장애인운동경기부의 경우 5년) 이내에 해당 운동경기부, 장애인운동경기부 또는 이스포츠경기부를 해체하거나 대통령령으로 정하는 선수단 구성 등에 관한 요건을 갖추지 못한 경우에는 해당 사업연도의 과세표준신고를 할 때 제1항부터 제3항까지의 규정에 따라 공제받은 세액에 대통령령으로 정하는 바에 따라 계산한 이자상당액을 더한 금액을 법인세로 납부하여야 한다.(2021.12.28 본항개정)
(2021.12.28 본조제목개정)
(2014.1.1 본조개정)

제104조의23【국제회계기준 적용 내국법인등에 대한 대손충당금 환입액의 익금불산입】 ① 내국법인 또는 「법인세법」 제94조에 따른 국내사업장이 있는 외국법인(이하 이 조에서 "내국법인등"이라 한다)이 2014년 12월 31일이 속하는 사업연도 이전에 「주식회사 등의 외부감사에 관한 법률」 제5조제1항제1호에 따른 회계처리기준(이하 이 조에서 "국제회계기준"이라 한다)을 최초로 적용하는 경우 해당 사업연도의 소득금액 계산을 할 때 제1호의 금액에서 제2호의 금액을 뺀 금액을 익금에 산입하지 아니할 수 있다.(2017.10.31 본문개정)
1. 「법인세법」 제34조제3항에 따라 익금에 산입하여야 하는 직전 사업연도 대손충당금의 잔액(2018.12.24 본호개정)
2. 「법인세법」 제34조제1항에 따른 해당 사업연도의 대손충당금 손금 산입액
② 제1항에 따라 익금에 산입하지 아니한 금액은 이후 사업연도에 「법인세법」 제34조제1항에 따라 손금에 산입하여야 할 금액이 같은 조 제3항에 따라 익금에 산입하여야 할 금액보다 큰 경우 그 차액과 상계하며, 상계하고 남은 금액은 2015년 1월 1일 이후 최초로 개시하는 사업연도의 소득금액을 계산할 때 익금에 산입한다.(2018.12.24 본항개정)
③ 제1항을 적용받으려는 내국법인등은 국제회계기준을 최초로 적용하는 사업연도의 과세표준신고를 할 때 기획재정부령으로 정하는 대손충당금익금불산입신청서를 납세지 관할 세무서장에게 제출하여야 한다.(2011.12.31 본항개정)
(2011.12.31 본조제목개정)
(2010.12.27 본조신설)

제104조의24【해외진출기업의 국내복귀에 대한 세액감면】 ① 대한민국 국민 등 대통령령으로 정하는 자가 다음 각 호의 어느 하나에 해당하는 경우로서 2024년 12월 31일까지 국내(수도권과밀억제권역은 제외한다. 이하 이 조 및 제118조의2에서 같다)에서 창업하거나

사업장을 신설 또는 증설(증설한 부분에서 발생하는 소득을 구분경리하는 경우로 한정한다)하는 경우에는 제2항 또는 제3항에 따라 소득세 또는 법인세를 감면한다.(2021.12.28 본문개정)
1. 국외에서 2년 이상 계속하여 경영하던 사업장을 대통령령으로 정하는 바에 따라 국내로 이전하는 경우
2. 국외에서 2년 이상 계속하여 경영하던 사업장을 부분 축소 또는 유지하면서 대통령령으로 정하는 바에 따라 국내로 복귀하는 경우(2020.12.29 본호개정)
② 제1항제1호의 경우에는 이전 후의 사업장에서 발생하는 소득(기존 사업장을 증설하는 경우에는 증설한 부분에서 발생하는 소득을 말한다)으로서 대통령령으로 정하는 소득에 대하여 이전일 이후 해당 사업장(기존 사업장을 증설하는 경우에는 증설한 부분을 말한다)에서 최초로 소득이 발생한 과세연도(이전일부터 5년이 되는 날이 속하는 과세연도까지 소득이 발생하지 아니한 경우에는 이전일부터 5년이 되는 날이 속하는 과세연도)와 그 다음 과세연도 개시일부터 6년 이내에 끝나는 과세연도에는 소득세 또는 법인세의 100분의 100에 상당하는 세액을 감면하고, 그 다음 3년 이내에 끝나는 과세연도에는 소득세 또는 법인세의 100분의 50에 상당하는 세액을 감면한다.(2023.12.31 본항개정)
③ 제1항제2호의 경우에는 복귀 후의 사업장에서 발생하는 소득(기존 사업장을 증설하는 경우에는 증설한 부분에서 발생하는 소득을 말한다)으로서 대통령령으로 정하는 소득에 대하여 복귀일 이후 해당 사업장(기존 사업장을 증설하는 경우에는 증설한 부분을 말한다)에서 최초로 소득이 발생한 과세연도(복귀일부터 5년이 되는 날이 속하는 과세연도까지 소득이 발생하지 아니한 경우에는 복귀일부터 5년이 되는 날이 속하는 과세연도)와 그 다음 과세연도 개시일부터 6년(수도권 내의 지역에서 창업하거나 사업장을 신설 또는 증설하는 경우에는 2년) 이내에 끝나는 과세연도에는 소득세 또는 법인세의 100분의 100에 상당하는 세액을 감면하고, 그 다음 3년(수도권 내의 지역에서 창업하거나 사업장을 신설 또는 증설하는 경우에는 2년) 이내에 끝나는 과세연도에는 소득세 또는 법인세의 100분의 50에 상당하는 세액을 감면한다.(2023.12.31 본항개정)
④ 제1항에 따라 소득세 또는 법인세를 감면받은 내국인이 다음 각 호의 어느 하나에 해당하는 경우에는 그 사유가 발생한 과세연도의 과세표준신고를 할 때 대통령령으로 정하는 바에 따라 계산한 세액을 소득세 또는 법인세로 납부하여야 한다.
1. 사업장을 이전 또는 복귀하여 사업을 개시(기존 사업장의 증설을 포함한다. 이하 이 항에서 같다)한 날부터 3년 이내에 그 사업을 폐업 또는 증설한 부분을 폐쇄하거나 법인이 해산한 경우. 다만, 합병·분할 또는 분할합병으로 인한 경우는 제외한다.(2020.3.23 본문개정)
2. 대통령령으로 정하는 바에 따라 국외에서 경영하던 사업장을 양도하거나 폐쇄하지 아니한 경우(2020.12.29 본호개정)
3. 국외에서 경영하던 사업장을 축소하여 제3항에 따라 감면을 받은 후 다시 확대하는 경우로서 대통령령으로 정하는 경우(2020.12.29 본호신설)
⑤ 제1항에 따라 감면받은 소득세액 또는 법인세액을 제4항에 따라 납부하는 경우 이자상당가산액에 관하여는 제63조제3항을 준용한다.(2020.12.29 본항개정)
⑥ 제1항을 적용받으려는 내국인은 다음 각 호의 어느 하나에 해당하여야 한다.
1. 한국표준산업분류에 따른 세분류를 기준으로 이전 또는 복귀 전의 사업장에서 영위하던 업종과 이전 또는 복귀 후의 사업장에서 영위하는 업종이 동일한 경우
2. 「해외진출기업의 국내복귀 지원에 관한 법률」에 따른 국내복귀기업지원위원회에서 대통령령으로 정하

는 바에 따라 업종 유사성을 확인받은 경우
(2023.12.31 본항신설)
⑦ 제1항부터 제6항까지를 적용할 때 세액감면 신청, 증설의 범위, 구분경리, 그 밖에 필요한 사항은 대통령령으로 정한다.(2023.12.31 본항개정)
(2013.1.1 본조개정)
제104조의25【석유제품 전자상거래에 대한 세액공제】
① 「석유 및 석유대체연료 사업법」에 따른 석유판매업자 중 대통령령으로 정하는 자가 대통령령으로 정하는 전자결제망을 이용하여 같은 법에 따른 석유제품을 2025년 12월 31일까지 공급받는 경우 공급가액(「부가가치세법」 제29조에 따른 공급가액을 말한다)의 1천분의 3에 상당하는 금액을 공급받은 날(「부가가치세법」 제15조에 따른 재화의 공급시기를 말한다)이 속하는 과세연도의 소득세(사업소득에 대한 소득세만 해당한다) 또는 법인세에서 공제한다. 다만, 공제받는 금액이 해당 과세연도의 소득세 또는 법인세의 100분의 10을 초과하는 경우에는 그 초과하는 금액은 없는 것으로 한다.
(2022.12.31 본문개정)
1.~2. (2019.12.31 삭제)
② 제1항을 적용받으려는 내국인은 대통령령으로 정하는 바에 따라 세액공제신청을 하여야 한다.
(2011.12.31 본조신설)
제104조의26【정비사업조합 설립인가등의 취소에 따른 채권의 손금산입】
① 「도시 및 주거환경정비법」 제22조에 따라 조합설립의 승인 또는 조합 설립인가가 취소된 경우 해당 정비사업과 관련하여 선정된 설계자·시공자 또는 정비사업전문관리업자(이하 이 조에서 "시공자등"이라 한다)가 다음 각 호에 따라 2024년 12월 31일까지 추진위원회 또는 조합(연대보증인을 포함한다. 이하 이 조에서 "조합등"이라 한다)에 대한 채권을 포기하는 경우에는 해당 채권의 가액은 시공자등이 해당 사업연도의 소득금액을 계산할 때 손금에 산입할 수 있다.(2021.12.28 본문개정)
1. 시공자등이 「도시 및 주거환경정비법」 제133조에 따른 채권확인서를 시장·군수에게 제출하고 해당 채권확인서에 따른 조합등에 대한 채권을 포기하는 경우(2017.2.8 본호개정)
2. 시공자등이 대통령령으로 정하는 바에 따라 조합등에 대한 채권을 전부 포기하는 경우
② 제1항에 따라 시공자등이 채권을 포기함에 따라 조합등이 얻는 이익에 대해서는 「상속세 및 증여세법」에 따른 증여 또는 「법인세법」에 따른 익금으로 보지 아니한다.
(2014.1.1 본조신설)
제104조의27 (2017.12.19 삭제)
제104조의28【2018 평창 동계올림픽대회 및 동계패럴림픽대회에 대한 과세특례】
① 2018 평창 동계올림픽대회 및 동계패럴림픽대회(이하 이 조에서 "대회"라 한다)의 운영에 직접 관련된 자로서 다음 각 호의 어느 하나에 해당하는 외국법인이 2018년 12월 31일까지 대회 운영과 관련하여 얻은 소득에 대해서는 법인세를 부과하지 아니한다.(2016.5.29 본조개정)
1. 국제올림픽위원회 또는 국제장애인올림픽위원회
2. 각국 올림픽위원회 또는 각국 장애인올림픽위원회
3. 국제올림픽위원회가 대회 방송중계에 필요한 시설과 서비스 제공을 위하여 설립한 올림픽방송제작사
4. 국제올림픽위원회와 계약을 통하여 국제올림픽위원회의 휘장을 사용하는 대가로 국제올림픽위원회 또는 2018 평창 동계올림픽대회 및 동계패럴림픽대회 조직위원회에 금전, 재화 및 용역을 제공하는 외국법인(국내사업장이 없는 외국법인으로 한정한다) 등 대통령령으로 정하는 외국법인(2016.5.29 본호개정)
② 2018 평창 동계올림픽대회 및 동계패럴림픽대회 조

직위원회로부터 대회에 참가하거나 그 운영에 관련된 활동을 수행하는 자로 인정받은 자로서 다음 각 호의 어느 하나에 해당하는 비거주자인 2018년 12월 31일까지 대회 참가 및 대회 운영과 관련하여 얻은 소득에 대해서는 소득세를 부과하지 아니한다.(2016.5.29 본문개정)
1. 제1항에 따른 외국법인의 위원 또는 임직원
2. 경기의 선수·감독·코치·심판 또는 운영요원
3. 행사 공연자 등 대회에 참가하거나 운영에 관련된 활동을 수행하는 자
③ 대회의 경기 시간 측정 및 경기 결과 기록 사업 등을 수행하는 기획재정부령으로 정하는 외국법인이 그 사업을 수행하는 국내사업장을 한시적으로 가지고 있는 경우에는 「법인세법」 제94조에도 불구하고 2018년 12월 31일까지 국내사업장이 있는 것으로 보지 아니한다.
④ 제2항 각 호의 어느 하나에 해당하는 자로서 기획재정부령으로 정하는 자가 한시적으로 국내에 주소 또는 거소를 두는 경우에는 「소득세법」 제1조의2제1항제1호에도 불구하고 2018년 12월 31일까지 거주자로 보지 아니한다.
⑤ 사업자가 2018 평창 동계올림픽대회 및 동계패럴림픽대회 조직위원회에 공급하는 재화 또는 용역의 대가로 2018 평창 동계올림픽대회 및 동계패럴림픽대회 조직위원회가 지정한 대회 관련 권리 등을 2018년 12월 31일까지 공급받는 경우에는 그 공급가액에 109분의 9를 곱하여 계산한 금액을 「부가가치세법」 제37조제1항 및 같은 법 제38조에 따라 매출세액에서 매입세액으로 공제할 수 있다.(2017.9.12 본항신설)
⑥ 제5항에 따른 매입세액 공제대상, 공제방법, 신청절차와 그 밖에 필요한 사항은 대통령령으로 정한다.
(2017.9.12 본항신설)
(2016.5.29 본조제목개정)
(2015.12.15 본조신설)
제104조의29【2019광주세계수영선수권대회에 대한 과세특례】
① 사업자가 국제수영연맹 주관으로 2019년에 대한민국에서 개최되는 세계수영선수권대회를 위하여 「국제경기대회 지원법」 제9조에 따라 설립된 조직위원회(이하 "2019광주세계수영선수권대회 조직위원회"라 한다)에 공급하는 재화 또는 용역의 대가로 2019광주세계수영선수권대회 조직위원회가 지정한 대회 관련 권리 등을 2019년 12월 31일까지 공급받는 경우에는 그 공급가액에 109분의 9를 곱하여 계산한 금액을 「부가가치세법」 제37조제1항 및 같은 법 제38조에 따라 매출세액에서 매입세액으로 공제할 수 있다.
② 제1항에 따른 매입세액 공제대상, 공제방법 및 신청절차에 필요한 사항은 대통령령으로 정한다.
(2017.12.19 본조신설)
제104조의30【우수 선화주기업 인증을 받은 화주 기업에 대한 세액공제】
① 「해운법」 제47조의2에 따라 우수 선화주기업 인증을 받은 화주 기업(「물류정책기본법」 제43조제1항에 따라 국제물류주선업자로 등록한 기업으로 한정한다) 중 대통령령으로 정하는 기업(이하 이 조에서 "화주기업"이라 한다)이 다음 각 호의 요건을 모두 충족하는 경우에는 2025년 12월 31일까지 「해운법」 제25조제1항에 따른 외항정기화물운송사업자(이하 이 조에서 "외항정기화물운송사업자"라 한다)에게 수출입을 위하여 지출한 운송비용의 100분의 1에 상당하는 금액에 직전 과세연도에 비하여 증가한 운송비용의 100분의 3에 상당하는 금액을 더한 금액을 해당 지출일이 속하는 과세연도의 소득세(사업소득에 대한 소득세만 해당한다) 또는 법인세에서 공제한다. 다만, 공제받는 금액이 해당 과세연도의 소득세 또는 법인세의 100분의 10을 초과하는 경우에는 100분의 10을 한도로 한다.
(2022.12.31 본문개정)
1. 화주기업이 해당 과세연도에 외항정기화물운송사업

자에게 지출한 해상운송비용이 전체 해상운송비용의 100분의 40 이상일 것
2. 화주기업이 해당 과세연도에 지출한 해상운송비용 중 외항정기화물운송사업자에게 지출한 비용이 차지하는 비율이 직전 과세연도보다 증가할 것
② 제1항을 적용받으려는 내국인은 대통령령으로 정하는 바에 따라 세액공제신청을 하여야 한다.
③ 제1항 및 제2항을 적용할 때 운송비용의 계산 등 그 밖에 필요한 사항은 대통령령으로 정한다.
(2019.12.31 본조신설)

제104조의31 【프로젝트금융투자회사에 대한 소득공제】 ① 「법인세법」 제51조의2제1항제1호부터 제8호까지의 규정에 따른 투자회사와 유사한 투자회사로서 다음 각 호의 요건을 모두 갖춘 법인이 2025년 12월 31일 이전에 끝나는 사업연도에 대하여 대통령령으로 정하는 배당가능이익(이하 이 조에서 "배당가능이익"이라 한다)의 100분의 90 이상을 배당한 경우 그 금액(이하 이 조에서 "배당금액"이라 한다)은 해당 배당을 결의한 잉여금 처분의 대상이 되는 사업연도의 소득금액에서 공제한다.(2022.12.31 본항개정)
1. 회사의 자산을 설비투자, 사회간접자본 시설투자, 자원개발, 그 밖에 상당한 기간과 자금이 소요되는 특정 사업에 운용하고 그 수익을 주주에게 배분하는 회사일 것
2. 본점 외의 영업소를 설치하지 아니하고 직원과 상근하는 임원을 두지 아니할 것
3. 한시적으로 설립된 회사로서 존립기간이 2년 이상일 것
4. 「상법」이나 그 밖의 법률의 규정에 따른 주식회사로서 발기설립의 방법으로 설립할 것
5. 발기인이 「기업구조조정투자회사법」 제4조제2항 각 호의 어느 하나에 해당하지 아니하고 대통령령으로 정하는 요건을 충족할 것
6. 이사가 「기업구조조정투자회사법」 제12조 각 호의 어느 하나에 해당하지 아니할 것
7. 감사는 「기업구조조정투자회사법」 제17조에 적합할 것. 이 경우 "기업구조조정투자회사"는 "회사"로 본다.
8. 자본금 규모, 자산관리업무와 자금관리업무의 위탁 및 설립신고 등에 관하여 대통령령으로 정하는 요건을 갖출 것
② 「법인세법」 제51조의2제2항 각 호의 어느 하나에 해당하는 경우에는 제1항을 적용하지 아니한다.
③ 제1항을 적용할 때 배당금액이 해당 사업연도의 소득금액을 초과하는 경우 그 초과하는 금액(이하 이 조에서 "초과배당금액"이라 한다)은 해당 사업연도의 다음 사업연도 개시일부터 5년 이내에 끝나는 각 사업연도로 이월하여 그 이월된 사업연도의 소득금액에서 공제할 수 있다. 다만, 내국법인이 이월된 사업연도에 배당가능이익의 100분의 90 이상을 배당하지 아니하는 경우에는 그 초과배당금액을 공제하지 아니한다.
(2022.12.31 본항신설)
④ 제3항 본문에 따라 이월된 초과배당금액을 해당 사업연도의 소득금액에서 공제하는 경우에는 다음 각 호의 방법에 따라 공제한다.
1. 이월된 초과배당금액을 해당 사업연도의 배당금액보다 먼저 공제할 것
2. 이월된 초과배당금액이 둘 이상인 경우에는 먼저 발생한 초과배당금액부터 공제할 것
(2022.12.31 본항신설)
⑤ 제1항을 적용받으려는 자는 대통령령으로 정하는 바에 따라 소득공제신청을 하여야 한다.
(2020.12.29 본조신설)

제104조의32 【용역제공자에 관한 과세자료의 제출에 대한 세액공제】 ① 「소득세법」 제173조제1항에 따른 용역제공자에 관한 과세자료(이하 이 조에서 "과세자료"라 한다)를 제출하여야 할 자가 같은 항의 기한 내에 「국세기본법」 제2조제19호에 따른 국세정보통신망을 통하여 2026년 12월 31일까지 수입금액 또는 소득금액이 발생하는 용역에 관한 과세자료를 제출하는 경우 「소득세법」 제173조제1항에 따른 용역제공자의 인원 수 등을 고려하여 대통령령으로 정하는 금액을 해당 용역에 대한 수입금액 또는 소득금액이 발생한 달이 속하는 과세연도에 대한 소득세(사업소득에 대한 소득세만 해당한다) 또는 법인세에서 공제한다.(2023.12.31 본항개정)
② 제1항에 따른 세액공제의 적용, 신청방법, 그 밖에 필요한 사항은 대통령령으로 정한다.
(2021.8.10 본조신설)

제104조의33 【해외건설자회사에 지급한 대여금등에 대한 손금산입 특례】 ① 「해외건설 촉진법」 제2조제5호에 따른 해외건설사업자인 내국법인이 대통령령으로 정하는 해외건설자회사(이하 "해외건설자회사"라 한다)에 대한 채권으로서 다음 각 호의 요건을 모두 갖춘 대여금, 그 이자 및 그 밖에 이와 유사한 것으로서 대통령령으로 정하는 채권(이하 이 조에서 "대여금등"이라 한다)의 대손(貸損)에 충당하기 위하여 대손충당금을 손비로 계상한 경우에는 제2항에 따라 계산한 금액을 한도로 그 대손충당금을 해당 사업연도의 소득금액을 계산할 때 손금에 산입할 수 있다.
1. 해외건설자회사의 공사 또는 운영자금으로 사용되었을 것
2. 「법인세법」 제28조제1항제4호나목에 해당하는 금액이 아닐 것
3. 2022년 12월 31일 이전에 지급한 대여금으로서 최초 회수기일부터 5년이 경과한 후에도 회수하지 못하였을 것
4. 해외건설사업자인 내국법인이 대손충당금을 손금에 산입한 사업연도 종료일 직전 10년 동안에 해외건설자회사가 계속하여 자본잠식(사업연도말 자산총액에서 부채총액을 뺀 금액이 0이거나 0보다 작은 경우를 말한다)인 경우 등 회수가 현저히 곤란하다고 인정되는 경우로서 대통령령으로 정하는 경우에 해당할 것
② 제1항에 따른 대손충당금의 손금산입 한도는 해당 사업연도 종료일 현재 대여금등의 채권잔액에서 해외건설자회사의 순자산 장부가액(차입금 등을 제외한 순자산 장부가액을 말하며, 0보다 작은 경우에는 0으로 한다)을 뺀 금액에 제3항에 따른 손금산입률을 곱한 금액으로 한다.
③ 제2항에 따른 손금산입 한도를 계산할 때 2024년 1월 1일이 속하는 사업연도의 손금산입률은 100분의 10으로 하고, 이후 사업연도의 손금산입률은 100분의 100을 한도로 매년 직전 사업연도의 손금산입률에서 100분의 10만큼 가산한 율로 한다.
④ 제1항에 따라 대손충당금을 손금에 산입한 내국법인은 해당 대여금등의 대손금이 발생한 경우 그 대손금을 제1항에 따라 손금에 산입한 대손충당금과 먼저 상계하고, 상계하고 남은 대손충당금의 금액은 다음 사업연도의 소득금액을 계산할 때 익금에 산입한다.
⑤ 제1항에 따른 대여금등의 손금산입 특례 신청절차, 제출서류, 그 밖에 필요한 사항은 대통령령으로 정한다.
(2023.12.31 본조신설)

제3장 간접국세
(2010.1.1 본장제목개정)

제105조 【부가가치세 영세율의 적용】 ① 다음 각 호의 어느 하나에 해당하는 재화 또는 용역의 공급에 대한 부가가치세의 경우에는 대통령령으로 정하는 바에 따라 영(零)의 세율을 적용한다. 이 경우 제3호 및 제3

호의2는 2026년 12월 31일까지 공급한 것에 대해서만 적용하고, 제5호 및 제6호는 2025년 12월 31일까지 공급한 것에 대해서만 적용한다.(2023.12.31 후단개정)
1. 「방위사업법」에 따라 지정을 받은 방산업체가 공급하는 같은 법에 따른 방산물자(경찰이 작전용으로 사용하는 것을 포함한다)와 「비상대비에 관한 법률」에 따라 중점관리대상으로 지정된 자가 생산공급하는 시제품(試製品) 및 자원 동원으로 공급하는 용역 (2022.1.4 본호개정)
2. 「국군조직법」에 따라 설치된 부대 또는 기관에 공급(「군인복지기본법」 제2조제4호에 따른 체육시설 중 군 골프장과 그 밖에 이와 유사한 시설로서 대통령령으로 정하는 것에 공급하는 경우는 제외한다)하는 석유류(2015.12.15 본호개정)
3. 다음 각 목의 어느 하나에 해당하는 자에게 직접 공급하는 도시철도건설용역
   가. 국가 및 지방자치단체(제106조제1항제7호의2에 따라 공급받는 경우는 제외한다)(2020.12.29 본목개정)
   나. 「도시철도법」의 적용을 받는 도시철도공사(지방자치단체의 조례에 따라 도시철도를 건설할 수 있는 경우로 한정한다)
   다. 「국가철도공단법」에 따른 국가철도공단 (2020.6.9 본목개정)
   라. 「사회기반시설에 대한 민간투자법」 제2조제8호에 따른 사업시행자(2020.12.29 본목개정)
   마. 「한국철도공사법」에 따른 한국철도공사 (2020.12.29 본목신설)
3의2. 「사회기반시설에 대한 민간투자법」 제2조제8호에 따른 사업시행자가 부가가치세가 과세되는 사업을 할 목적으로 같은 법 제4조제1호부터 제3호까지의 규정에 따른 방식으로 국가 또는 지방자치단체에 공급하는 같은 법 제2조제1호에 따른 사회기반시설 또는 사회기반시설의 건설용역(2020.12.29 본호개정)
4. 장애인용 보장구, 장애인용 특수 정보통신기기 및 장애인의 정보통신기기 이용에 필요한 특수 소프트웨어로서 대통령령으로 정하는 것
5. 대통령령으로 정하는 농민 또는 임업에 종사하는 자에게 공급(국가 및 지방자치단체와 「농업협동조합법」, 「엽연초생산협동조합법」 또는 「산림조합법」에 따라 설립된 각 조합 및 이들의 중앙회와 「농업협동조합법」에 따라 설립된 농협경제지주회사 및 그 자회사를 통하여 공급하는 것을 포함한다)하는 농업용·축산업용 또는 임업용으로서 다음 각 목의 어느 하나에 해당하는 것(2014.12.23 본문개정)
   가. 「비료관리법」에 따른 비료로서 대통령령으로 정하는 것
   나. 「농약관리법」에 따른 농약으로서 대통령령으로 정하는 것
   다. 농촌 인력의 부족을 보완하고 농업의 생산성 향상에 기여할 수 있는 농업용 기계로서 대통령령으로 정하는 것
   라. 축산 인력의 부족을 보완하고 축산업의 생산성 향상에 기여할 수 있는 축산업용 기자재로서 대통령령으로 정하는 것
   마. 「사료관리법」에 따른 사료(「부가가치세법」 제26조에 따라 부가가치세가 면제되는 것은 제외한다) (2013.6.7 본목개정)
   바. 산림의 보호와 개발 촉진에 기여할 수 있는 임업용 기자재로서 대통령령으로 정하는 것
   사. 「친환경농어업 육성 및 유기식품 등의 관리·지원에 관한 법률」에 따른 유기농어업자재로서 대통령령으로 정하는 것(2012.6.1 본목개정)
6. 연근해 및 내수면어업용으로 사용할 목적으로 대통령령으로 정하는 어민에게 공급(「수산업협동조합법」에 따라 설립된 각 조합 및 어촌계와 「농업협동조합법」에 따라 설립된 각 조합 및 이들의 중앙회를 통하여 공급하는 것을 포함한다)하는 어업용 기자재로서 다음 각 목의 어느 하나에 해당하는 것
   가. 「사료관리법」에 따른 사료(「부가가치세법」 제26조에 따라 부가가치세가 면제되는 것은 제외한다) (2013.6.7 본목개정)
   나. 그 밖에 대통령령으로 정하는 것
② 관할 세무서장은 제1항제5호 각 목 외의 부분에 따른 농민에 해당하지 아니하는 자가 같은 호 라목 및 마목에 따른 축산업용 기자재 및 사료(이하 이 항에서 "축산업용 기자재등"이라 한다)를 부정하게 부가가치세 영의 세율을 적용하여 공급받은 경우에는 그 축산업용 기자재등을 공급받은 자로부터 그 축산업용 기자재등의 공급가액의 100분의 10에 해당하는 부가가치세액과 그 세액의 100분의 10에 해당하는 금액의 가산세를 추징한다.
(2010.1.1 본조개정)

제105조의2【농업·임업·어업용 기자재에 대한 부가가치세의 환급에 관한 특례】① 다음 각 호에 해당하는 세무서장(이하 이 조에서 "관할 세무서장"이라 한다)은 대통령령으로 정하는 농민, 임업에 종사하는 자와 어민(이하 이 조에서 "농어민등"이라 한다)이 농업·임업 또는 어업에 사용하기 위하여 구입하는 기자재(「부가가치세법」 제2조제5호에 따른 일반과세자로부터 구입하는 기자재만 해당한다) 또는 직접 수입하는 기자재로서 대통령령으로 정하는 것에 대해서는 기자재를 구입 또는 수입한 때에 부담한 부가가치세액을 해당 농어민등에게 대통령령으로 정하는 바에 따라 환급할 수 있다.(2014.12.23 본문개정)
1. 제3항에 따른 환급대행자를 통하여 환급을 신청하는 경우에는 환급대행자의 사업장 관할 세무서장
2. 제1호 외의 경우에는 해당 농어민등의 사업장 관할 세무서장(2014.12.23 본항개정)
② 제1항에 따른 기자재를 공급하는 일반과세자는 그 기자재를 구입하는 농어민등이 세금계산서의 발급을 요구하면 「부가가치세법」 제36조에도 불구하고 세금계산서를 발급하여야 한다.(2014.12.23 본항개정)
③ 제1항에 따라 환급을 받으려는 농어민등은 다음 각 호의 어느 하나에 해당하는 자(이하 이 조에서 "환급대행자"라 한다)를 통하여 환급을 신청하여야 한다. 다만, 대통령령으로 정하는 자는 사업장 관할 세무서장에게 직접 환급을 신청할 수 있다.(2014.12.23 본문개정)
1. 「농업협동조합법」에 따른 조합
2. 「수산업협동조합법」에 따른 조합
3. 「엽연초생산협동조합법」에 따른 엽연초생산협동조합
4. 「산림조합법」에 따른 조합(2015.12.15 본호신설)
④ 환급대행자는 환급을 신청한 자가 다음 각 호의 어느 하나에 해당하는 경우에는 관할 세무서장에게 이를 알려야 한다.
1. 농어민등이 아닌 것으로 판단되는 경우
2. 농어민등의 경작면적, 시설규모 등을 고려할 때 거짓이나 그 밖의 부정한 방법으로 환급을 신청한 것으로 판단되는 경우
(2014.12.23 1호~2호개정)
⑤ 관할 세무서장은 제1항에 따라 부가가치세액을 환급받은 자가 다음 각 호의 어느 하나에 해당하는 경우에는 그 환급받은 부가가치세액과 대통령령으로 정하는 바에 따라 계산한 이자 상당 가산액을 부가가치세로 추징한다.
1. 농어민등이 제1항에 따라 부가가치세액을 환급받은 기자재를 본래의 용도에 사용하지 아니하거나 농어민 외의 자에게 양도한 경우(2014.12.23 본호개정)

2. 농어민등이 다음 각 목의 어느 하나에 해당하는 세금계산서에 의하여 부가가치세를 환급받은 경우 (2014.12.23 본문개정)
가. 재화의 공급 없이 발급된 세금계산서
나. 재화를 공급한 사업장 외의 사업장 명의로 발급된 세금계산서
다. 재화의 공급 시기가 속하는 과세기간에 대한 확정신고 기한 후에 발급된 세금계산서(2020.12.29 본목개정)
라. 정당하게 발급된 세금계산서를 해당 농어민등이 임의로 수정한 세금계산서(2014.12.23 본목개정)
마. 그 밖에 사실과 다르게 적힌 대통령령으로 정하는 세금계산서
3. 농어민등에 해당하지 아니하는 자가 제1항에 따른 부가가치세액을 환급받은 경우(2014.12.23 본호개정)
⑥ 관할 세무서장은 환급대행자가 제4항에 따른 통보를 하지 아니함에 따라 제5항제3호가 적용되는 경우에는 환급받은 세액의 100분의 10에 상당하는 금액을 그 환급대행자로부터 가산세로 징수한다.
⑦ 다음 각 호의 어느 하나에 해당하는 경우에는 해당 요건을 충족하는 추징세액의 고지일부터 2년간 제1항에 따른 환급을 받을 수 없다. (2014.12.23 본문개정)
1. 제5항에 따라 최근 2년 이내에 3회 이상 부가가치세를 추징당한 경우
2. 제5항에 따라 추징된 세액의 합계액이 200만원 이상으로서 대통령령으로 정하는 금액을 초과하는 경우
⑧ 환급대행자는 부가가치세의 환급대행과 관련하여 환급신청서의 작성 및 제출, 환급관리대장의 비치, 환급금의 배분 등에 드는 비용에 충당하기 위하여 환급받는 자로부터 대통령령으로 정하는 금액을 수수료로 징수할 수 있다.
⑨ 제1항부터 제8항까지의 규정을 적용할 때 환급 절차, 제출 서류 등에 관하여 필요한 사항은 대통령령으로 정한다.
(2014.12.23 본조제목개정)
(2010.1.1 본조개정)
제106조【부가가치세의 면제 등】 ① 다음 각 호의 어느 하나에 해당하는 재화 또는 용역의 공급에 대해서는 부가가치세를 면제한다. 이 경우 제1호, 제4호의2, 제5호, 제9호의2 및 제12호는 2025년 12월 31일까지 공급한 것에만 적용하며, 제2호, 제3호 및 제4호의5는 2026년 12월 31일까지 공급한 것에만 적용하며, 제8호 및 제8호의2는 2014년 12월 31일까지 실시협약이 체결된 것에만 적용하고, 제8호의3은 2015년 1월 1일부터 2025년 12월 31일까지 실시협약이 체결된 것에만 적용하며, 제9호는 2023년 12월 31일까지 공급한 것에만 적용하고, 제9호의3은 2024년 12월 31일까지 공급한 것에만 적용한다. (2023.12.31 후단개정)
1. 「전기사업법」 제2조에 따른 전기사업자가 전기를 공급할 수 없거나 상당한 기간 전기공급이 곤란한 도서(島嶼)로서 산업통상자원부장관(같은 법 제98조에 따라 위임을 받은 기관을 포함한다)이 증명하는 도서지방의 자가발전에 사용할 목적으로 「수산업협동조합법」에 따라 설립된 수산업협동조합중앙회에 직접 공급하는 석유류(2013.3.23 본호개정)
2. 다음 각 목의 어느 하나에 해당하는 음식용역(식사류로 한정한다). 이 경우 위탁급식 공급가액의 증명 등 위탁급식의 부가가치세 면제에 필요한 사항은 대통령령으로 정한다.
가. 공장, 광산, 건설사업현장 및 「여객자동차 운수사업법」에 따른 노선 여객자동차운송사업장의 경영자가 그 종업원의 복리후생을 목적으로 해당 사업장의 구내에서 식당을 직접 경영하여 공급하는 음식용역

나. 「여객자동차 운수사업법」 제11조에 따른 공동운수협정을 체결한 노선 여객자동차운송사업자로 구성된 조합이 그 사업자의 종업원에게 제공하기 위하여 대통령령으로 정하는 위탁 계약을 통하여 공급받는 음식용역
다. 「초·중등교육법」 제2조 및 「고등교육법」 제2조에 따른 학교의 경영자가 학생의 복리후생을 목적으로 학교 구내에서 식당을 직접 경영하여 공급하는 음식용역
라. 「학교급식법」 제4조 각 호의 어느 하나에 해당하는 학교의 장의 위탁을 받은 학교급식공급업자가 같은 법 제15조에 따른 위탁급식의 방법으로 해당 학교에 직접 공급하는 음식용역
(2019.12.31 본호개정)
3. 농어업 경영 및 농어업 작업의 대행용역으로서 대통령령으로 정하는 것(2010.1.1 본호개정)
4. 대통령령으로 정하는 국민주택 및 그 주택의 건설용역(대통령령으로 정하는 리모델링 용역을 포함한다)(2010.1.1 본호개정)
4의2. 「공동주택관리법」 제2조제1항제10호에 따른 관리주체(같은 호 가목은 제외한다. 이하 이 조에서 "관리주체"라 한다), 「경비업법」 제4조제1항에 따라 경비업의 허가를 받은 법인(이하 이 조에서 "경비업자"라 한다) 또는 「공중위생관리법」 제3조제1항에 따라 건물위생관리업의 신고를 한 자(이하 이 조에서 "청소업자"라 한다)가 「주택법」 제2조제3호에 따른 공동주택 중 국민주택을 제외한 주택으로서 다음 각 목의 주택에 공급하는 대통령령으로 정하는 일반관리용역·경비용역 및 청소용역(2016.2.3 본문개정)
가. 수도권을 제외한 「국토의 계획 및 이용에 관한 법률」 제6조제1호에 따른 도시지역이 아닌 읍 또는 면 지역의 주택(2016.12.20 본목개정)
나. 가목 외의 주택으로서 1호(戶) 또는 1세대당 주거전용면적이 135제곱미터 이하인 주택(2014.12.23 본목신설)
4의3. 관리주체, 경비업자 또는 청소업자가 「주택법」 제2조제3호에 따른 공동주택 중 국민주택에 공급하는 대통령령으로 정하는 일반관리용역·경비용역 및 청소용역(2016.1.19 본호개정)
4의4. 「노인복지법」 제32조제1항제3호에 따른 노인복지주택(이하 이 호에서 "노인복지주택"이라 한다)의 관리·운영자, 경비업자 및 청소업자가 「주택법」에 따른 국민주택 규모 이하의 노인복지주택에 공급하는 대통령령으로 정하는 일반관리용역·경비용역 및 청소용역(2010.12.27 본호신설)
4의5. 「공공주택 특별법」 제50조의2제1항에 따라 영구적인 임대를 목적으로 건설한 임대주택에 공급하는 난방용역(2015.8.28 본호개정)
5. 「온실가스 배출권의 할당 및 거래에 관한 법률」 제2조제3호의 배출권과 같은 법 제29조제1항에 따른 외부사업 온실가스 감축량 및 같은 조 제3항에 따른 상쇄배출권(2015.12.15 본호신설)
6. 대통령령으로 정하는 정부업무를 대행하는 단체가 공급하는 재화 또는 용역으로서 대통령령으로 정하는 것(2010.1.1 본호개정)
7. 「국가철도공단법」에 따른 국가철도공단이 「철도산업발전기본법」 제3조제2호에 따른 철도시설(이하 이 호에서 "철도시설"이라 한다)을 국가에 귀속시키고 같은 법 제26조에 따라 철도시설관리권을 설정받는 방식으로 국가에 공급하는 철도시설(2020.6.9 본호개정)
7의2. 「사회기반시설에 대한 민간투자법」 제2조제8호에 따른 사업시행자가 부가가치세가 면제되는 사업을 할 목적으로 같은 법 제4조제1호부터 제3호까지의 규정에 따른 방식으로 국가 또는 지방자치단체에 공급하

는 같은 법 제2조제1호에 따른 사회기반시설 또는 사회기반시설의 건설용역(2020.12.29 본호신설)
8. 교육부장관의 추천이나 교육부장관이 지정하는 자의 추천을 받은 자가 「사회기반시설에 대한 민간투자법」 제4조제1호의 방식을 준용하여 건설한 학교시설(「고등교육법」 제2조에 따른 학교의 시설로서 대통령령으로 정하는 것으로 한정한다)에 대하여 학교가 제공하는 시설관리운영권 및 그 추천을 받은 자가 그 학교시설을 이용하여 제공하는 용역(2013.3.23 본호개정)
8의2. 「한국사학진흥재단법」에 따른 한국사학진흥재단이 설립한 특수 목적 법인이 「사회기반시설에 대한 민간투자법」 제4조제1호의 방식을 준용하여 건설한 기숙사에 대하여 국가 및 지자체가 제공하는 시설관리운영권 및 그 법인이 그 기숙사를 이용하여 제공하는 용역(2014.12.23 본호신설)
8의3. 다음 각 목의 법인이 「사회기반시설에 대한 민간투자법」 제4조제1호에 따른 방식을 준용하여 건설한 기숙사에 대하여 국가, 지방자치단체 또는 「고등교육법」 제2조에 따른 학교(이하 이 호에서 "학교"라 한다)가 제공하는 시설관리운영권 및 그 법인이 그 기숙사를 이용하여 제공하는 용역
  가. 「한국사학진흥재단법」에 따른 한국사학진흥재단이 설립한 특수 목적 법인
  나. 「한국사학진흥재단법」에 따른 한국사학진흥재단과 학교가 공동으로 설립한 특수 목적 법인
  (2019.12.31 본호신설)
9. 「여객자동차 운수사업법」 및 같은 법 시행령에 따른 시내버스 및 마을버스운송사업용으로 공급하는 버스로서 천연가스를 연료로 사용하는 것(2011.12.31 본호개정)
9의2. 다음 각 목의 요건을 모두 갖춘 버스(2018.12.24 본문개정)
  가. 「환경친화적 자동차의 개발 및 보급 촉진에 관한 법률」 제2조제3호에 따른 전기자동차 또는 같은 조 제6호에 따른 수소전기자동차로서 같은 조 제2호 각 목의 요건을 갖춘 자동차(2020.12.29 본목개정)
  나. 「여객자동차 운수사업법」 및 같은 법 시행령에 따른 시내버스, 농어촌버스 및 마을버스 운송사업용으로 공급하는 버스(2023.12.31 본목개정)
9의3. 「여객자동차 운수사업법」 및 같은 법 시행령에 따른 개인택시운송사업용으로 「부가가치세법」 제61조제1항에 따른 간이과세자에게 공급하는 자동차
10. 「관세법」 제91조제4호 및 제5호에 따른 물품 중 희귀병치료등을 위한 것으로서 대통령령으로 정하는 것(2010.1.1 본호개정)
11. 영유아용 기저귀와 분유(액상 형태의 분유를 포함하되, 「부가가치세법」 제26조에 따라 부가가치세가 면제되는 분유는 제외한다)(2016.12.20 본호개정)
12. 제105조제1항제5호에 따른 농민 또는 임업에 종사하는 자에게 난방용 또는 농업용·임업용으로 공급하는 목재펠릿으로서 대통령령으로 정하는 것(2017.12.19 본호개정)
13. 「한국주택금융공사법」에 따른 한국주택금융공사가 같은 법 제43조의4에 따라 주택담보노후연금채권을 행사하거나 주택담보노후연금보증채무 이행으로 인한 구상권을 행사하기 위하여 처분하는 주택담보노후연금채권 담보 대상주택(2021.12.28 본호신설)
② 다음 각 호의 어느 하나에 해당하는 재화의 수입에 대해서는 부가가치세를 면제한다. 이 경우 제9호는 2025년 12월 31일까지 수입신고하는 분에만 적용하고, 제22호는 2024년 12월 31일까지 수입신고하는 분에만 적용한다.(2022.12.31 후단개정)
1. 무연탄(2010.1.1 본호개정)

2. (2001.12.29 삭제)
3. 과세사업에 사용하기 위한 선박(제3자에게 판매하기 위하여 선박을 수입하는 경우는 제외한다)(2014.1.1 본호개정)
4. 과세사업에 사용하기 위한 「관세법」에 따른 보세건설물품(2010.1.1 본호개정)
5.~6. (2003.12.30 삭제)
7.~8. (2000.12.29 삭제)
9. 제105조제1항제5호에서 규정하는 농민 또는 임업에 종사하는 자가 직접 수입하는 농업용·축산업용 또는 임업용 기자재와 제105조제1항제6호에서 규정하는 어민이 직접 수입하는 어업용 기자재로서 대통령령으로 정하는 것(2020.12.29 본호개정)
10. (2011.12.31 삭제)
11. (2013.1.1 삭제)
12. (2014.12.23 삭제)
13. (2015.12.15 삭제)
14. (2013.1.1 삭제)
15. (2014.1.1 삭제)
16. (2016.12.20 삭제)
17.~18. (2014.1.1 삭제)
19.~20. (2013.12.28 삭제)
21. (2015.12.15 삭제)
22. 「국제경기대회 지원법」 제9조에 따라 설립된 2024 강원동계청소년올림픽대회조직위원회 또는 지방자치단체가 2024강원동계청소년올림픽대회의 경기시설 제작·건설 및 경기운영에 사용하기 위한 물품으로서 국내제작이 곤란한 것(2021.12.28 본호신설)
③~④ (2008.12.26 삭제)
⑤ 부가가치세 간이과세가 적용되는 개인택시운송업, 용달 및 개별 화물자동차운송업, 그 밖의 도로화물운송업, 이용업, 미용업, 그 밖에 이와 유사한 것으로서 대통령령으로 정하는 사업에 대해서는 「부가가치세법」 제61조제1항 단서를 적용하지 아니한다.(2016.12.20 본항개정)
(2010.1.1 본조제목개정)
판례 조세특례제한법 상의 면세조항에 의하면 '대통령령으로 정하는 국민주택'의 공급에 대하여는 부가가치세가 면제된다. 그러나 소형 주거용 오피스텔의 경우 공급 당시 관련 법령에 따른 '오피스텔'의 요건을 충족하고 공부상 용도 역시 '업무시설'이므로, 그 규모가 주택법에 따른 국민주택 규모 이하인지 여부나 사실상 주거의 용도로 사용될 수 있는 구조와 기능을 갖추었고 실제로 주거의 용도로 사용되었는지 여부 등과 관계없이 해당 법령 면세조항의 '국민주택'에 해당한다고 볼 수 없다.
(대판 2021.1.28, 2020두44749)

제106조의2 【농업·임업·어업용 및 연안여객선박용 석유류에 대한 부가가치세 등의 감면 등】 ① 다음 각 호의 어느 하나에 해당하는 석유류(「석유 및 석유대체연료 사업법」에 따른 석유제품을 말한다. 이하 이 조에서 "면세유"라 한다)의 공급에 대해서는 부가가치세와 제조장 또는 보세구역에서 반출되는 것에 대한 개별소비세, 교통·에너지·환경세, 교육세 및 자동차 주행에 대한 자동차세(이하 이 조에서 "자동차세"라 한다)를 대통령령으로 정하는 바에 따라 면제한다. 이 경우 제1호는 2026년 12월 31일까지 공급하는 것에만 적용하고, 제2호는 2025년 12월 31일까지 공급하는 것에만 적용한다.(2023.12.31 후단개정)
1. 대통령령으로 정하는 농민, 임업에 종사하는 자 및 어민(이하 이 조에서 "농어민등"이라 한다)이 농업·임업 또는 어업에 사용하기 위한 석유류로서 대통령령으로 정하는 것
2. 연안을 운항하는 여객선박(「관광진흥법」 제2조에 따른 관광사업 목적으로 사용되는 여객선박은 제외한

다)에 사용할 목적으로 「한국해운조합법」에 따라 설립된 한국해운조합에 직접 공급하는 석유류
② 주유소 등 대통령령으로 정하는 석유판매업자(이하 이 조에서 "석유판매업자"라 한다)가 부가가치세, 개별소비세, 교통・에너지・환경세, 교육세 및 자동차세가 과세된 석유류를 공급받아 농어민등에게 공급한 석유류가 제1항 각 호의 어느 하나에 해당하는 경우에는 석유판매업자는 대통령령으로 정하는 바에 따라 신고하여 면제되는 세액을 환급받거나 납부 또는 징수할 세액에서 공제받을 수 있다.(2011.12.31 본항개정)
③ 농어민등이 면세유를 공급받기 위하여는 「농업협동조합법」에 따른 조합, 「산림조합법」에 따른 조합 및 「수산업협동조합법」에 따른 조합(이하 이 조에서 "면세유류 관리기관인 조합"이라 한다)에 대통령령으로 정하는 농업기계, 임업기계 및 어업기계 또는 선박 및 시설(이하 이 조에서 "농기계등"이라 한다)의 보유 현황과 영농・영림 또는 어업경영 사실을 대통령령으로 정하는 바에 따라 신고하여야 하며, 농기계등의 취득・양도 또는 농어민등의 사망, 이농(離農) 등으로 그 신고 내용에 달라진 사항이 발생한 경우에는 30일 이내에 그 변동 내용을 신고하여야 한다.(2013.1.1 본항개정)
④ 농어민등이 면세유를 공급받으려면 면세유류 관리기관인 조합으로부터 대통령령으로 정하는 면세유류 구입카드 또는 출고지시서(이하 이 조에서 "면세유류 구입카드등"이라 한다)를 발급받아야 한다.
⑤ 농어민등이 면세유를 농기계등에 사용하려는 경우에는 다음 각 호의 구분에 따른 사항을 준수하여야 한다. 이 경우 농어민등이 제1호나목 및 제2호에 따른 서류를 매반기 마지막 달의 다음 달 말일(이하 이 항에서 "제출기한"이라 한다)까지 제출하지 아니한 경우에는 면세유류 관리기관인 조합은 농어민등에게 제출기한부터 1개월이 되는 날(이하 이 조에서 "최종 제출기한"이라 한다)까지 해당 서류를 제출할 것을 요구하여야 한다.
(2018.12.24 본항개정)
1. 대통령령으로 정하는 농업기계, 어업기계 및 선박의 경우: 다음 각 목의 요건
  가. 사용 실적 등을 확인할 수 있는 대통령령으로 정하는 장치를 부착할 것
  나. 사용 실적 등을 확인할 수 있는 대통령령으로 정하는 서류를 제출기한까지 면세유류 관리기관인 조합에 제출할 것
2. 대통령령으로 정하는 농업기계, 어업기계 및 농어업용 시설의 경우: 생산 실적 등을 확인할 수 있는 대통령령으로 정하는 서류를 제출기한까지 면세유류 관리기관인 조합에 제출할 것
(2014.12.23 본항개정)
⑥ 면세유류 관리기관인 조합은 농어민등의 농기계등의 보유 현황, 영농・영림 또는 어업경영 규모 등을 고려하여 면세유류 구입카드등을 발급하여야 한다.
⑦ 「농업협동조합법」에 따른 농업협동조합중앙회, 「산림조합법」에 따른 산림조합중앙회 및 「수산업협동조합법」에 따른 수산업협동조합중앙회(이하 이 조에서 "면세유류 관리기관인 중앙회"라 한다)는 면세유 관리업무의 효율화 및 부정 유통 방지를 위하여 필요하면 대통령령으로 정하는 바에 따라 석유판매업자의 신청을 받아 농어민등에게 면세유를 판매할 수 있는 석유판매업자를 지정할 수 있다.
⑧ 면세유류 관리기관인 중앙회와 면세유류 관리기관인 조합(이하 이 조에서 "면세유류 관리기관"이라 한다)은 농어민등에 대한 면세유의 공급 명세를 면세유류 관리기관의 홈페이지에 공개할 수 있다.
⑨ 농어민등이 제4항에 따라 발급받은 면세유류 구입카드등으로 공급받은 석유류를 농업・임업・어업용 외의 용도로 사용한 경우에는 대통령령으로 정하는 바에 따

라 다음 각 호에 따라 계산한 금액의 합계액을 추징한다.(2019.12.31 본문개정)
1. 해당 석유류에 대한 부가가치세, 개별소비세, 교통・에너지・환경세, 교육세 및 자동차세의 감면세액(2011.12.31 본호개정)
2. 제1호에 따른 감면세액의 100분의 40에 해당하는 금액의 가산세
⑩ 농어민등이 다음 각 호의 어느 하나에 해당하는 경우에는 그 농어민등(그 농어민등과 공동으로 생산 활동을 하는 배우자 및 직계존비속으로서 생계를 같이하는 자를 포함한다)은 면세유류 관리기관이 그 사실을 안 날부터 2년간(제3호의 경우에는 1년간, 제4호의 경우로서 제9항에 따른 추징세액을 2년이 지난 날까지 납부하지 아니한 경우에는 그 추징세액을 납부하는 날까지) 면세유를 사용할 수 없다. 다만, 천재지변 등 대통령령으로 정하는 사유로 제3항에 따른 변동신고를 하지 못하거나 제5항제1호나목 및 같은 항 제2호에 따른 서류를 최종 제출기한까지 제출하지 못한 경우에는 대통령령으로 정하는 바에 따라 면세유를 사용할 수 있다.
(2020.6.9 본항개정)
1. 제3항에 따른 신고를 거짓이나 그 밖의 부정한 방법으로 하거나 변동신고를 하지 아니한 경우
2. 제4항에 따라 발급받은 면세유류 구입카드등과 그 면세유류 구입카드등으로 공급받은 석유류를 타인에게 양도한 경우
3. 제5항제1호나목 및 같은 항 제2호에 따른 서류를 최종 제출기한까지 제출하지 아니하거나 거짓으로 제출한 경우(2014.12.23 본호신설)
4. 제9항에 따른 감면세액의 추징 사유가 발생한 경우
⑪ 면세유류 관리기관인 조합이 제1호에 해당하는 경우에는 해당 석유류에 대한 부가가치세, 개별소비세, 교통・에너지・환경세, 교육세 및 자동차세의 감면세액의 100분의 40에 해당하는 금액을, 제2호에 해당하는 경우에는 해당 석유류에 대한 부가가치세, 개별소비세, 교통・에너지・환경세, 교육세 및 자동차세의 감면세액의 100분의 20에 해당하는 금액을 대통령령으로 정하는 바에 따라 가산세로 징수한다.(2019.12.31 본항개정)
1. 거짓이나 그 밖의 부정한 방법으로 면세유류 구입카드등을 발급하는 경우
2. 관련 증거서류를 확인하지 아니하는 등 관리 부실로 인하여 농어민등에게 면세유류 구입카드등을 잘못 발급하거나 농어민등 외의 자에게 면세유류 구입카드등을 발급하는 경우
⑫ 농어민등이 아닌 자가 제4항에 따라 면세유류 구입카드등을 발급받거나 농어민등 또는 농어민등이 아닌 자가 농어민등으로부터 면세유류 구입카드등 또는 그 면세유류 구입카드등으로 공급받은 석유류를 양수받은 경우 또는 석유판매업자가 제2항에 따라 신청한 환급・공제세액이 신청하여야 할 환급・공제세액을 초과하는 경우에는 대통령령으로 정하는 바에 따라 다음 각 호에 따라 계산한 금액을 추징한다.(2019.12.31 본항개정)
1. 면세유류 관리기관인 조합으로부터 면세유류 구입카드등을 발급받거나 농어민등으로부터 면세유류 구입카드등을 양수받은 경우에는 다음 각 목에 따라 계산한 금액을 합친 금액
  가. 발급 또는 양수 당시 면세유류 구입카드등으로 석유류를 공급받을 경우의 부가가치세, 개별소비세, 교통・에너지・환경세, 교육세의 감면세액 상당액(2011.12.31 본목개정)
  나. 가목에 따른 감면세액 상당액의 100분의 40에 해당하는 금액의 가산세
2. 농어민등으로부터 면세유류 구입카드등으로 공급받은 석유류를 양수받은 경우에는 다음 각 목에 따라 계산한 금액을 합친 금액

가. 해당 석유류에 대한 부가가치세, 개별소비세, 교통·에너지·환경세, 교육세 및 자동차세의 감면세액(2011.12.31 본목개정)
나. 가목에 따른 감면세액의 100분의 40에 해당하는 금액의 가산세
3. 석유판매업자가 제2항에 따라 신청한 환급·공제세액이 신청하여야 할 환급·공제세액을 초과하는 경우에는 다음 각 목에 따라 계산한 금액을 합친 금액. 다만, 나목은 부당한 방법으로 신청하는 경우에만 적용한다.
가. 해당 석유류에 대한 부가가치세, 개별소비세, 교통·에너지·환경세, 교육세 및 자동차세의 감면세액(2011.12.31 본목개정)
나. 가목에 따른 감면세액의 100분의 40에 해당하는 금액의 가산세
⑬ 석유판매업자가 다음 각 호의 어느 하나에 해당하는 경우에는 면세유류 관리기관인 중앙회는 면세유를 판매할 수 있는 석유판매업자의 지정을 취소할 수 있으며, 지정 취소된 석유판매업자는 각 호에서 정하는 기간 동안 제7항에 따른 지정 신청을 할 수 없다.(2019.12.31 본문개정)
1. 제12항에 따른 감면세액의 추징 사유가 생긴 경우 : 지정취소일부터 5년간(2019.12.31 본호신설)
2. 직전 2회계연도의 기간 동안 면세유류 판매실적이 없는 경우 : 지정취소일부터 1년간(2019.12.31 본호신설)
⑭ 제12항에 따른 감면세액의 추징 사유가 생긴 석유판매업자와 다음 각 호의 관계에 있는 자에 대하여도 제13항을 적용한다. 다만, 그 양수인(해당 석유판매업자와 대통령령으로 정하는 특수관계에 있는 자는 제외한다) 또는 법인이 종전 석유판매업자의 감면세액 추징 사유가 생긴 것을 알지 못하였음을 증명하는 경우에는 그러하지 아니하다.(2014.12.23 단서개정)
1. 석유판매업자가 사망한 경우 그 상속인
2. 석유판매업자가 그 석유판매업의 전부를 양도한 경우 그 양수인
3. 법인인 석유판매업자가 다른 석유판매업자와 합병을 한 경우 합병 후 존속하는 법인이나 합병에 의하여 설립되는 법인
⑮ 제1항제1호에 따른 석유류의 연간 한도량은 대통령령으로 정하는 바에 따라 농림축산식품부장관, 해양수산부장관 또는 산림청장의 신청을 받아 기획재정부장관이 석유제품별로 정한다.(2013.3.23 본항개정)
⑯ 면세유류 관리기관인 중앙회는 제15항에 따른 석유류의 연간 한도량(이하 이 항에서 "면세유류한도량"이라 한다)의 범위에서 제4항에 따른 면세유류 구입카드등이 발급되고 사용되도록 관리하여야 하며, 면세유류한도량을 초과하여 면세유류 구입카드등이 발급되어 제1항제1호에 따른 석유류가 공급되었을 경우에는 그 면세유류한도량을 초과하는 석유류에 대해서는 면세유류 관리기관인 중앙회가 공급받은 것으로 보아 대통령령으로 정하는 바에 따라 면세유류 관리기관인 중앙회로부터 부가가치세, 개별소비세, 교통·에너지·환경세, 교육세 및 자동차세의 감면세액을 추징한다.(2019.12.31 본항개정)
⑰ 「농업협동조합법」에 따른 조합은 농어민에 대한 면세유류의 공급과 관련하여 면세유류 구입카드등의 발급, 관리대장의 비치, 전산처리 등에 사용되는 비용에 충당하기 위하여 면세유류 구입카드등을 발급받는 자로부터 대통령령으로 정하는 금액을 수수료로 징수할 수 있다.
⑱ 면세유류 관리기관인 조합은 제9항·제11항 및 제12항에 따른 감면세액 또는 가산세의 추징 사유가 발생하였음을 알았거나 농어민이 「수산업법」 등 관련 법령에 따라 어업 등에 대한 제한이나 정지처분을 갈음하

는 과징금을 부과받은 경우에는 면세유류 구입카드등의 발급 및 사용을 즉시 중지시키고 지체 없이 그 사실을 관할 세무서장에게 알려야 한다.(2015.12.15 본항개정)
⑲ 관할 세무서장은 제9항부터 제14항까지 및 제16항에 따른 감면세액 추징 사유 등이 발생하였음을 알았을 때에는 지체 없이 「지방세법」 제137조제1항에 따른 자동차세의 특별징수의무자와 면세유류관리기관인 조합에 그 사실을 알려야 한다.(2019.12.31 본항개정)
⑳ 면세유류 관리기관은 면세유 관리업무를 효율적으로 수행하기 위하여 행정기관 등에 다음 각 호의 자료를 요청할 수 있으며, 요청받은 행정기관 등은 정당한 사유가 없으면 면세유류 관리기관에 요청받은 자료를 제출하여야 한다.(2019.12.31 본문개정)
1. 농어민등의 「가족관계의 등록 등에 관한 법률」 제9조에 따른 사망에 관한 자료
2. 농어민등의 「주민등록법」 제16조에 따른 전입신고에 관한 자료
3. 「어선법」 제5조의2에 따른 어선위치발신장치의 선박 위치 관련 자료
4. 제9항에 따른 추징세액의 납부 여부에 관한 자료
5. 농어민등이 보유한 화물자동차의 「자동차관리법」 제69조에 따른 전산자료(자동차등록번호, 소유자 성명 및 주민등록번호를 포함한 자동차의 신규등록·이전등록·변경등록·말소등록에 관한 자료)
(2019.12.31 1호~5호신설)
㉑ 관할 세무서장은 제1항제1호에 따른 면세유를 공급받은 자로부터 취득하여 판매한 자에게 판매가액의 3배 이하의 과태료를 부과한다. 이 경우 과태료의 부과기준은 대통령령으로 정한다.(2021.12.28 후단신설)
㉒ 제1항부터 제20항까지의 규정에 따른 면세유의 공급 및 관리절차, 면세유류 구입카드등의 발급 및 사용방법, 감면세액과 감면세액 상당액 및 가산세의 추징절차 등에 필요한 사항은 대통령령으로 정한다.(2021.12.28 본항개정)
(2010.12.27 본조제목개정)
(2010.1.1 본조개정)

제106조의3【금지금에 대한 부가가치세 과세특례】 ① 대통령령으로 정하는 형태·순도 등을 갖춘 지금[이하 이 조에서 "금지금"(金地金)이라 한다]으로서 다음 각 호의 어느 하나에 해당하는 금지금(이하 이 조에서 "면세금지금"이라 한다)의 공급에 대해서는 2014년 3월 31일까지 제3항의 구분에 따라 부가가치세를 면제한다.(2014.1.1 본문개정)
1. 대통령령으로 정하는 금지금도매업자 및 금지금제련업자(이하 이 조에서 "금지금도매업자등"이라 한다)가 대통령령으로 정하는 자(이하 이 조에서 "면세금지금 거래추천자"라 한다)의 면세 추천을 받은 대통령령으로 정하는 금세공업자 등(이하 이 조에서 "금세공업자등"이라 한다)에게 공급하는 금지금
2. 금지금도매업자등 및 대통령령으로 정하는 금융기관(이하 이 조에서 "금융기관"이라 한다)이 면세금지금 거래추천자의 면세 추천을 받은 금융기관에 공급하는 금지금 또는 금융기관이 금지금 소비대차에 의하여 공급하거나 이를 상환받는 금지금
3. 「자본시장과 금융투자업에 관한 법률」에 따른 파생상품시장에서 거래되는 장내파생상품거래(이하 "장내파생상품거래"라 한다)에 의하여 공급하는 금지금. 다만, 금세공업자등(금융기관을 포함한다) 외의 자가 금지금의 실물을 인수하는 경우에는 그러하지 아니하다.
4. 금융기관이 면세금지금 거래추천자의 면세 추천을 받은 금세공업자등에게 공급하는 금지금
② 금세공업자등 및 금융기관이 대통령령으로 정하는 자(이하 이 조에서 "면세금지금 수입추천자"라 한다)로

부터 면세수입 추천을 받아 수입하는 금지금에 대해서는 2014년 3월 31일까지 부가가치세를 면제한다. (2014.1.1 본항개정)

③ 제1항에 따른 면세금지금에 대해서는 다음 각 호의 어느 하나의 규정에 따라 「부가가치세법」상의 특례를 적용한다.

1. 금융기관이 면세금지금을 공급하는 경우 「부가가치세법」 제26조를 준용한다.(2013.6.7 본호개정)

2. 금융기관 외의 사업자가 면세금지금을 공급하는 경우 해당 사업자는 부가가치세 과세사업자로 보아 「부가가치세법」을 적용한다. 이 경우 그 사업자가 면세금지금의 공급과 관련하여 해당 금지금을 구입할 때에 부담한 부가가치세 매입세액에 대해서는 「부가가치세법」 제38조에 따른 공제하는 매입세액으로 보지 아니하되, 금지금도매업자등 중 금지금제련업자가 제련하여 공급하는 면세금지금 및 해당 사업자가 제1항제2호에 따라 금융기관에 금지금 소비대차에 의하여 상환하는 면세금지금의 구입과 관련하여 부담한 부가가치세 매입세액은 공제받을 수 있다.(2013.6.7 후단개정)

④ 대통령령으로 정하는 부가가치세 징수의무자(이하 이 조에서 "부가가치세 징수의무자"라 한다)는 다음 각 호의 어느 하나에 해당하는 경우 대통령령으로 정하는 공급 시기에 대통령령으로 정하는 부가가치세 징수대상자(이하 이 조에서 "부가가치세 징수대상자"라 한다)로부터 부가가치세를 징수하여 징수일이 속하는 달의 다음 달 말일까지 대통령령으로 정하는 바에 따라 사업장 관할 세무서장, 한국은행 또는 체신관서에 납부하여야 한다.

1. 금융기관이 금지금 소비대차에 의하여 공급한 금지금을 상환받지 못하는 경우

2. 금지금 장내파생상품거래의 경우 금세공업자등(금융기관을 포함한다) 외의 자가 금지금의 실물을 인수하는 경우

⑤ 제4항에 따라 부가가치세 징수의무자가 부가가치세를 징수하는 경우에는 대통령령으로 정하는 바에 따라 금지금 부가가치세 징수영수증을 발급하여야 한다.

⑥ 관할 세관장은 제1항에 따라 금세공업자등에게 금지금을 공급할 목적 등으로 제2항에 따라 면세로 금지금을 수입한 자가 그 수입한 금지금을 해당 목적으로 공급하지 아니하는 경우에는 수입과 관련된 부가가치세를 수입자로부터 징수하고 세금계산서를 발급하여야 한다. 다만, 대통령령으로 정하는 경우에는 그러하지 아니하다.

⑦ 제1항 및 제2항에 따라 면세로 금지금을 공급(「자본시장과 금융투자업에 관한 법률」 제8조의 금융투자업자를 통하여 장내파생상품을 매매거래한 자의 공급은 제외한다)하거나 수입한 자, 면세금지금 거래추천자, 면세금지금 수입추천자 및 금융기관은 대통령령으로 정하는 바에 따라 면세금지금의 거래내용(금융투자업자를 통하여 금지금 장내파생상품을 매매거래하는 것을 포함한다. 이하 이 조에서 같다) 및 추천내용을 매분기 마지막 달의 다음 달 말일까지 사업장 관할 세무서장에 보고하고, 면세금지금의 거래내용, 수입내용 및 면세추천내용을 각각 구분하여 장부에 기록하여야 하며, 면세금지금의 공급일ㆍ수입일 및 추천일이 속하는 해의 말일부터 5년간 이를 보관하여야 한다.

⑧ 사업장 관할 세무서장 또는 관할 세관장이 다음 각 호의 구분에 따라 부가가치세를 징수하는 것으로 본다.

1. 제1항제1호에 따라 면세금지금 거래추천자로부터 면세추천받은 금지금을 추천받은 자 외의 자에게 공급하는 경우에는 해당 금지금에 대한 부가가치세액의 100분의 10에 상당하는 금액을 가산세로 징수한다.

2. 제1항제2호에 따라 금지금을 공급한 경우로서 다음 각 목의 어느 하나에 해당하는 때에는 해당 금지금에 대한 부가가치세액의 100분의 10에 상당하는 금액을 가산세로 징수한다.

가. 금지금도매업자등 및 금융기관이 면세금지금 거래추천자로부터 면세추천받은 금지금을 추천받은 금융기관 외의 자에게 금지금을 공급하는 경우

나. 사업자가 금지금 소비대차에 의하여 차입한 금지금을 상환할 때 차입한 금융기관 외의 자에게 금지금을 공급하는 경우

3. 제4항에 따라 부가가치세를 징수하여 납부하여야 할 부가가치세 징수의무자가 부가가치세 징수대상자로부터 부가가치세를 징수하여 납부하지 아니한 경우에는 그 납부하지 아니한 세액의 100분의 10에 상당하는 금액을 가산하여 징수한다.

4. 제1항에 따라 금세공업자등에게 금지금을 공급할 목적 등으로 제2항에 따라 면세로 금지금을 수입한 자가 그 수입한 금지금을 해당 목적으로 공급하지 아니하여 관할 세관장이 제6항에 따라 부가가치세를 징수하는 경우에는 그 징수하는 세액의 100분의 10에 상당하는 금액을 가산하여 징수한다.

5. 제7항에 따라 면세금지금 거래내용 등에 대하여 보고ㆍ장부기록 및 관리보관 의무를 성실하게 이행하여야 할 자가 이를 이행하지 아니한 경우에는 다음 각 목에서 정하는 금액을 가산세로 징수한다. 이 경우 가목 및 나목에 동시에 해당되는 경우에는 나목을 적용한다.

가. 제7항에 따른 장부를 비치ㆍ기록하지 아니하였거나 비치ㆍ기록한 장부에 따른 면세금지금의 거래금액 및 추천금액이 기록하여야 할 거래금액 및 추천금액에 미달하는 경우에는 그 미달된 면세금지금의 거래금액 및 추천금액의 100분의 1(면세금지금 거래추천자, 면세금지금 수입추천자의 경우는 1,000분의 5)에 상당한 금액

나. 제7항에 따라 면세금지금의 거래내용 및 추천내용을 사업장 관할 세무서장에게 보고하지 아니하거나 보고하여야 할 면세금지금의 거래금액 및 추천금액에 미달하는 경우에는 그 보고하지 아니하거나 미달한 면세금지금의 거래금액 및 추천금액의 100분의 1(면세금지금 거래추천자, 면세금지금 수입추천자의 경우는 1,000분의 5)에 상당한 금액

⑨ 부가가치세 일반과세자가 제4항에 따라 부가가치세를 징수당한 부분과 제6항에 따라 세금계산서를 발급받은 부분은 「부가가치세법」 제37조부터 제39조까지의 규정을 준용하여 이를 매입세액으로 공제받을 수 있다. (2013.6.7 본항개정)

⑩ 금융기관이 금지금 소비대차에 의하여 공급한 금지금을 상환받지 못하는 경우로서 그 금지금을 상환하지 못하는 자가 대통령령으로 정하는 사유에 해당할 때에는 제4항에도 불구하고 부가가치세를 징수하지 아니한다.

⑪ 관할 세무서장은 부가가치세를 보전(保全)하기 위하여 필요하다고 인정하면 대통령령으로 정하는 금지금도매업자등 및 금세공업자등에 대하여 담보의 제공을 요구할 수 있다.

⑫ 제1항부터 제11항까지의 규정을 적용할 때 금지금의 면세방법ㆍ절차, 세금계산서의 발급ㆍ추징ㆍ징수ㆍ신고ㆍ사후관리, 금지금에 관한 납세담보금액ㆍ기간, 납세담보 제공시기ㆍ절차ㆍ해제 등 운용에 필요한 사항은 대통령령으로 정한다. (2010.1.1 본조개정)

제106조의4 【금 관련 제품에 대한 부가가치세 매입자 납부 특례】 ① 다음 각 호의 어느 하나에 해당하는 제품(이하 이 조에서 "금 관련 제품"이라 한다)을 공급하거나 공급받으려는 사업자 또는 수입하려는 사업자

(이하 이 조에서 "금사업자"라 한다)는 대통령령으로 정하는 바에 따라 금거래계좌(이하 이 조에서 "금거래계좌"라 한다)를 개설하여야 한다.(2014.12.23 본문개정)
1. 대통령령으로 정하는 형태·순도 등을 갖춘 지금
2. 대통령령으로 정하는 형태·순도 등을 갖춘 금제품
3. 대통령령으로 정하는 금 관련 웨이스트와 스크랩
(2014.12.23 1호~3호신설)
② 금사업자가 금 관련 제품을 다른 금사업자에게 공급하였을 때에는 「부가가치세법」 제31조에도 불구하고 부가가치세를 그 공급받는 자로부터 징수하지 아니한다.(2013.6.7 본항개정)
③ 금사업자가 금 관련 제품을 다른 금사업자로부터 공급받았을 때에는 그 공급을 받은 날(금 관련 제품을 공급받은 날이 세금계산서를 발급받은 날보다 빠른 경우에는 세금계산서를 발급받은 날을 말한다)의 다음 날(이하 이 조에서 "부가가치세액 입금기한"이라 한다)까지 금거래계좌를 사용하여 제1호의 금액은 공급한 사업자에게, 제2호의 금액은 대통령령으로 정하는 자에게 입금하여야 한다. 다만, 기업구매자금대출 등 대통령령으로 정하는 방법으로 금 관련 제품의 가액을 결제하는 경우에는 제2호의 금액만 입금할 수 있다.(2018.12.24 본문개정)
1. 금 관련 제품의 가액
2. 「부가가치세법」 제29조에 따른 과세표준에 같은 법 제30조에 따른 세율을 적용하여 계산한 금액(이하 이 조에서 "부가가치세액"이라 한다)(2013.6.7 본호개정)
④ 금 관련 제품 수입에 대한 부가가치세는 「부가가치세법」 제50조에도 불구하고 금거래계좌를 사용하여 대통령령으로 정하는 방법으로 납부할 수 있다.(2013.6.7 본항개정)
⑤ 제3항 및 제4항은 제106조의3과 제126조의7제1항제2호에 따라 부가가치세가 면제되는 경우에는 적용하지 아니한다.(2014.1.1 본항개정)
⑥ 금 관련 제품을 공급받은 금사업자가 제3항제2호에 따라 부가가치세액을 입금하지 아니한 경우에는 금 관련 제품을 공급한 금사업자에게서 발급받은 세금계산서에 적힌 세액은 「부가가치세법」 제37조 및 제38조에도 불구하고 매출세액에서 공제되는 매입세액으로 보지 아니한다.(2013.6.7 본항개정)
⑦ 제3항에 따라 금거래계좌를 사용하지 아니하고 금 관련 제품의 가액을 결제받은 경우에는 해당 금 관련 제품을 공급한 금사업자 및 공급받은 금사업자에게 금액의 100분의 10을 가산세로 징수한다. 다만, 제1항제3호의 제품과 제106조의9제1항 각 호의 물품이 혼합된 제품을 공급하거나 공급받으려는 사업자가 같은 항 각 호 외의 부분에 따른 스크랩등거래계좌를 사용하는 경우에는 가산세를 징수하지 아니한다.(2016.12.20 단서신설)
⑧ 관할 세무서장은 금 관련 제품을 공급받은 금사업자가 제3항에 따라 부가가치세액을 입금하지 아니한 경우에는 부가가치세액 입금기한의 다음 날부터 부가가치세액을 입금한 날(「부가가치세법」 제48조, 제49조, 제66조 및 제67조에 따른 과세표준 신고기한을 한도로 한다)까지의 기간에 대하여 대통령령으로 정하는 이자율을 곱하여 계산한 금액을 입금하여야 할 부가가치세액에 가산하여 징수한다.(2018.12.24 본항개정)
⑨ 제3항에 따라 공급받은 자가 입금한 부가가치세액은 금 관련 제품을 공급한 금사업자가 납부하여야 할 세액에서 공제하거나 환급받을 세액에 가산한다.
⑩ 관할 세무서장은 해당 예정신고기간 및 확정신고기간 중 금사업자의 금 관련 제품의 매출액이 금 관련 제품의 매입액에서 차지하는 비율이 대통령령으로 정하는 비율 이하인 경우에는 환급을 보류할 수 있다. 다만, 다음 각 호의 어느 하나에 해당하는 경우에는 그러하지 아니하다.

1. 환급받을 세액이 대통령령으로 정하는 금액 이하인 경우
2. 체납이나 포탈 등의 우려가 적다고 인정되는 대통령령으로 정하는 경우
⑪ 제3항에 따라 공급받은 자가 입금한 부가가치세액 중 잘못 납부하거나 초과하여 납부한 금액은 「국세기본법」 제51조제1항에도 불구하고 공급받은 자에게 환급하여야 한다.(2017.12.19 본항신설)
⑫ 국세청장은 부가가치세 보전을 위하여 필요한 경우 금 관련 제품을 공급하거나 공급받는 사업자 또는 수입하는 사업자에게 세금계산서 및 세금계산서합계표의 작성 및 제출에 관한 명령을 할 수 있다.(2023.12.31 본항신설)
⑬ 금거래계좌 사용대상 금사업자의 범위, 금거래계좌 입금방법, 입금된 부가가치세액의 처리, 세금계산서 등의 작성·제출 명령 등 제1항부터 제12항까지의 매입자 납부제도를 운영하는 데에 필요한 사항은 대통령령으로 정한다.(2023.12.31 본항개정)
(2010.1.1 본조개정)
제106조의5 (2014.1.1 삭제)
제106조의6【금지금 등의 거래내용 제출】 ① 대통령령으로 정하는 금지금제련업자는 「부가가치세법」 제48조, 제49조, 제66조 및 제67조에 따른 부가가치세의 과세표준신고를 할 때 대통령령으로 정하는 금지금의 제조매출내용을 과세표준신고서의 첨부서류로 제출하여야 한다.(2013.6.7 본항개정)
② 세관장은 대통령령으로 정하는 금 관련 제품이 수입된 경우에는 그 수입신고명세서를 수입자의 사업장 관할 세무서장에게 수입신고일의 다음 달 말일까지 제출하여야 한다.
(2010.1.1 본조개정)
제106조의7【일반택시 운송사업자의 부가가치세 납부세액 경감】 ①「여객자동차 운수사업법」 및 같은 법 시행령에 따른 일반택시 운송사업자(이하 이 조에서 "일반택시 운송사업자"라 한다)에 대해서는 부가가치세 납부세액의 100분의 99를 2026년 12월 31일 이전에 끝나는 과세기간분까지 경감한다.(2023.12.31 본항개정)
② 일반택시 운송사업자는 제1항에 따른 경감세액 중 부가가치세 납부세액의 100분의 90에 해당하는 금액을 국토교통부장관이 정하는 바에 따라 경감된 부가가치세의 확정신고납부기한 종료일부터 1개월(이하 이 조에서 "지급기간"이라 한다) 이내에 「여객자동차 운수사업법」에 따른 일반택시 운송사업자(이하 이 조에서 "일반택시 운수종사자"라 한다)에게 현금으로 지급하여야 한다. 이 경우 일반택시 운송사업자는 지급하는 현금이 부가가치세 경감세액임을 일반택시 운수종사자에게 알려야 한다.(2014.12.23 전단개정)
③ 일반택시 운송사업자는 택시 감차 보상의 재원으로 사용하기 위하여 제1항에 따른 경감세액 중 부가가치세 납부세액의 100분의 5에 해당하는 금액을 국토교통부장관이 정하는 바에 따라 지급기간 이내에 국토교통부장관이 지정하는 기관(이하 이 조에서 "택시 감차보상 재원 관리기관"이라 한다)에 지급하여야 한다.(2014.12.23 본항신설)
④ 일반택시 운송사업자는 「택시운송사업의 발전에 관한 법률」 제15조에 따른 택시운수종사자 복지기금의 재원 마련을 위하여 제1항에 따른 경감세액 중 부가가치세 납부세액의 100분의 4에 해당하는 금액을 국토교통부장관이 정하는 바에 따라 지급기간 이내에 「여객자동차 운수사업법」 제53조 또는 제59조에 따른 택시운송사업자단체 중 대통령령으로 정하는 단체에 지급하여야 한다.(2017.12.19 본항신설)
⑤ 일반택시 운송사업자는 지급기간 종료일부터 10일 이내에 제2항에 따라 일반택시 운송종사자에게 제1항

에 따른 경감세액을 지급한 명세를 국토교통부장관과 일반택시 운송사업자 관할 세무서장에게 각각 제출하여야 한다.(2014.1.1 본항신설)
⑥ 국토교통부장관은 일반택시 운송사업자가 제1항에 따라 경감된 세액을 지급기간에 제2항부터 제4항까지의 규정에 따라 지급하였는지를 확인하고 그 결과를 지급기간 종료일부터 3개월 이내에 국세청장 또는 일반택시 운송사업자 관할 세무서장에게 대통령령으로 정하는 방법으로 통보(이하 이 조에서 "미지급통보"라 한다)하여야 한다. 이 경우 미지급통보 대상이 된 일반택시 운송사업자에게도 그 미지급통보 대상이 되었음을 알려야 한다.(2017.12.19 전단개정)
⑦ 제6항에 따른 미지급통보를 받은 국세청장 또는 일반택시 운송사업자 관할 세무서장은 다음 각 호의 구분에 따라 계산한 금액을 일반택시 운송사업자로부터 추징한다.(2017.12.19 본문개정)
1. 일반택시 운송사업자가 제2항부터 제4항까지의 규정에 따라 지급하지 아니한 미지급 경감세액(이하 이 항에서 "미지급 경감세액"이라 한다)을 미지급통보를 한 날까지 지급한 경우 : 다음 각 목에 따라 계산한 금액을 합한 금액(2017.12.19 본문개정)
 가. 다음 계산식에 따라 계산한 미지급경감세액 상당액의 이자상당액
 이자상당액 = 미지급경감세액 상당액 × 제1항에 따라 경감된 부가가치세의 신고납부기한 종료일의 다음 날부터 지급일까지의 기간(일) × 금융회사 등이 연체대출금에 대하여 적용하는 이자율을 고려하여 대통령령으로 정하는 이자율
 (2019.12.31 본목개정)
 나. 미지급경감세액 상당액의 100분의 20에 해당하는 금액의 가산세
2. 일반택시 운송사업자가 미지급경감세액을 미지급통보를 한 날까지 지급하지 아니한 경우 : 다음 각 목에 따라 계산한 금액을 합한 금액
 가. 미지급경감세액 상당액
 나. 다음 계산식에 따라 계산한 경감세액 상당액의 이자상당액
 이자상당액 = 미지급경감세액 상당액 × 제1항에 따라 경감된 부가가치세의 신고납부기한 종료일의 다음 날부터 추징세액의 고지일까지의 기간(일) × 금융회사 등이 연체대출금에 대하여 적용하는 이자율을 고려하여 대통령령으로 정하는 이자율
 (2019.12.31 본목개정)
 다. 미지급경감세액 상당액의 100분의 40에 해당하는 금액의 가산세
3. (2011.12.31 삭제)
(2014.1.1 본항개정)
⑧ 국세청장 또는 일반택시 운송사업자 관할 세무서장은 제7항제2호가목에 따라 추징한 미지급경감세액 상당액을 해당 일반택시 운송사업자가 제2항에 따라 지급하여야 할 일반택시 운수종사자에게 대통령령으로 정하는 방법에 따라 지급하여야 한다.(2017.12.19 본항신설)
제106조의8 (2014.1.1 삭제)
제106조의9【스크랩등에 대한 부가가치세 매입자 납부특례】① 다음 각 호의 어느 하나에 해당하는 물품(이하 "스크랩등"이라 한다)을 공급하거나 공급받으려는 사업자 또는 수입하려는 사업자(이하 "스크랩등사업자"라 한다)는 대통령령으로 정하는 바에 따라 구리 스크랩등 거래계좌(이하 "스크랩등거래계좌"라 한다)를 개설하여야 한다.(2015.12.15 본문개정)
1. 「관세법」 제84조에 따라 기획재정부장관이 고시한 「관세・통계통합품목분류표」 중 비철금속류의 웨이스트 및 스크랩과 잉곳(ingot) 또는 이와 유사한 재용해(再溶解)비철금속류의 웨이스트와 스크랩으로부터 제조

된 괴상의 주조물(2023.12.31 본호개정)
2. (2023.12.31 삭제)
3. 「관세법」 제84조에 따라 기획재정부장관이 고시한 「관세・통계통합품목분류표」 중 철의 웨이스트와 스크랩, 철강의 재용해용 스크랩 잉곳 또는 그 밖에 이와 유사한 것으로서 대통령령으로 정하는 물품
 (2015.12.15 본호신설)
② 스크랩등사업자가 스크랩등을 다른 스크랩등사업자에게 공급하였을 때에는 「부가가치세법」 제31조에도 불구하고 부가가치세를 그 공급받는 자로부터 징수하지 아니한다.(2015.12.15 본항개정)
③ 스크랩등사업자가 스크랩등을 다른 스크랩등사업자로부터 공급받았을 때에는 그 공급을 받은 날(스크랩등을 공급받은 날이 세금계산서를 발급받은 날보다 빠른 경우에는 세금계산서를 발급받은 날을 말한다)의 다음 날(이하 이 조에서 "부가가치세액 입금기한"이라 한다)까지 스크랩등거래계좌를 사용하여 제1호의 금액은 스크랩등을 공급한 사업자에게, 제2호의 금액은 대통령령으로 정하는 자에게 입금하여야 한다. 다만, 기업구매자금대출 등 대통령령으로 정하는 방법으로 스크랩등의 가액을 결제하는 경우에는 제2호의 금액만 입금할 수 있다.(2018.12.24 본문개정)
1. 스크랩등의 가액(2015.12.15 본호개정)
2. 「부가가치세법」 제29조에 따른 과세표준에 같은 법 제30조에 따른 세율을 적용하여 계산한 금액(이하 이 조에서 "부가가치세액"이라 한다)
④ 스크랩등 수입에 대한 부가가치세는 「부가가치세법」 제50조에도 불구하고 스크랩등거래계좌를 사용하여 대통령령으로 정하는 방법으로 납부할 수 있다.
(2015.12.15 본항개정)
⑤ 스크랩등을 공급받은 스크랩등사업자가 제3항제2호에 따라 부가가치세액을 입금하지 아니한 경우에는 스크랩등을 공급한 스크랩등사업자에게서 발급받은 세금계산서에 적힌 세액은 「부가가치세법」 제38조에도 불구하고 매출세액에서 공제되는 매입세액으로 보지 아니한다.(2015.12.15 본항개정)
⑥ 제3항에 따라 스크랩등거래계좌를 사용하지 아니하고 스크랩등의 가액을 결제받은 경우에는 해당 스크랩등을 공급하거나 공급받은 스크랩등사업자에게 제품가액의 100분의 10을 가산세로 징수한다. 다만, 제1항 각 호의 물품과 제106조의4제1항제3호의 제품이 혼합된 물품을 공급하거나 공급받는 사업자가 같은 항 각 호 외의 부분에 따른 금거래계좌를 사용하는 경우에는 가산세를 징수하지 아니한다.(2016.12.20 단서신설)
⑦ 관할 세무서장은 스크랩등을 공급받은 스크랩등사업자가 제3항에 따라 부가가치세액을 입금하지 아니한 경우에는 부가가치세액 입금기한의 다음 날부터 부가가치세액을 입금한 날(「부가가치세법」 제48조, 제49조 및 제67조에 따른 과세표준 신고기한을 한도로 한다)까지의 기간에 대하여 대통령령으로 정하는 이자율을 곱하여 계산한 금액을 입금하여야 할 부가가치세에 가산하여 징수한다.(2018.12.24 본항개정)
⑧ 제3항에 따라 공급받은 자가 입금한 부가가치세액은 스크랩등을 공급한 스크랩등사업자가 납부하여야 할 세액에서 공제하거나 환급받을 세액에 가산한다.
(2015.12.15 본항개정)
⑨ 관할 세무서장은 해당 예정신고기간 및 확정신고기간 중 스크랩등의 매출액이 스크랩등의 매입액에서 차지하는 비율이 대통령령으로 정하는 비율 이하인 경우에는 환급을 보류할 수 있다. 다만, 다음 각 호의 어느 하나에 해당하는 경우에는 그러하지 아니하다.
(2015.12.15 본항개정)
1. 환급받을 세액이 대통령령으로 정하는 금액 이하인 경우

2. 체납이나 포탈 등의 우려가 적다고 인정되는 대통령령으로 정하는 경우

⑩ 제3항에 따라 부가가치세를 입금받은 제3항 본문에 따른 대통령령으로 정하는 자는 제8항에 따라 공제하거나 환급받을 세액에 가산한 후의 부가가치세액을 매 분기가 끝나는 날의 다음 달 25일까지 국고에 납부하여야 한다.

⑪ 제3항에 따라 공급받은 자가 입금한 부가가치세액 중 잘못 납부하거나 초과하여 납부한 금액은 「국세기본법」 제51조제1항에도 불구하고 공급받은 자에게 환급하여야 한다.(2017.12.19 본항신설)

⑫ 국세청장은 부가가치세 보전을 위하여 필요한 경우 스크랩등을 공급하거나 공급받는 사업자 또는 수입하는 사업자에게 세금계산서 및 세금계산서합계표의 작성 및 제출에 관한 명령을 할 수 있다.(2023.12.31 본항신설)

⑬ 스크랩등거래계좌 사용 대상 스크랩등사업자의 범위, 스크랩등거래계좌 입금 방법, 입금된 부가가치세액의 처리, 스크랩등 품목을 취급하는 사업자의 부가가치세, 소득세 및 법인세의 신고·납부에 관한 관리, 세금계산서 등의 작성·제출 명령 등 제1항부터 제12항까지의 매입자 납부제도를 운영하는 데에 필요한 사항은 대통령령으로 정한다.(2023.12.31 본항개정)

(2015.12.15 본조제목개정)
(2013.5.10 본조신설)

제106조의10【신용카드 등 결제금액에 대한 부가가치세 대리납부 등】 ① 대통령령으로 정하는 신용카드업자(이하 이 조에서 "신용카드업자"라 한다)는 부가가치세 체납률 등을 고려하여 대통령령으로 정하는 사업자(이하 이 조에서 "특례사업자"라 한다)가 부가가치세가 과세되는 재화 또는 용역을 공급(「여신전문금융업법」 제2조에 따른 신용카드·직불카드 또는 선불카드를 사용한 거래로 한정한다)하고 그 신용카드업자로부터 공급대가를 받는 경우에는 「부가가치세법」 제31조에도 불구하고 해당 공급대가를 특례사업자에게 지급하는 때에 공급대가의 110분의 4에 해당하는 금액을 부가가치세로 징수하여 매 분기가 끝나는 날의 다음 달 25일까지 대통령령으로 정하는 대리납부신고서와 함께 신용카드업자의 관할 세무서장에게 납부하여야 한다.(2021.12.28 본항개정)

② 제1항에 따라 신용카드업자가 납부한 부가가치세액은 특례사업자가 「부가가치세법」 제48조 및 제49조에 따른 신고 시 이미 납부한 세액으로 본다.

③ 특례사업자에 대하여 「부가가치세법」 제48조제3항 본문 및 제66조제1항 본문에 따라 부가가치세를 결정하여 징수하는 경우에는 그 결정세액에서 해당 예정신고기간 또는 예정부과기간 종료일 현재 제1항에 따라 신용카드업자가 신용카드업자의 관할 세무서장에게 납부할 부가가치세를 뺀 금액을 각각 징수한다. 다만, 그 산정한 세액이 음수인 경우에는 영으로 본다.

④ 특례사업자는 제2항에 따라 신용카드업자가 납부한 부가가치세액에서 금융기관의 이자율 등을 고려하여 대통령령으로 정하는 이자율을 곱한 금액을 「부가가치세법」 제48조 및 제49조에 따른 신고 시 납부세액에서 공제할 수 있다. 이 경우 해당 공제금액을 차감한 후 납부할 세액[「부가가치세법」 제37조제2항에 따른 납부세액에서 이 법, 「부가가치세법」 및 「국세기본법」에 따라 빼거나 더할 세액(「부가가치세법」 제60조 및 「국세기본법」 제47조의2부터 제47조의4까지의 규정에 따른 가산세는 제외한다)을 빼거나 더하여 계산한 세액을 말한다]이 음수인 경우에는 영으로 본다.

⑤ 국세청장은 신용카드업자가 제1항에 따라 부가가치세를 납부할 수 있도록 신용카드업자에게 대리납부에 필요한 특례사업자에 대한 정보를 제공하여야 한다.

⑥ 국세청장은 신용카드업자에게 제1항에 따른 납부에 필요한 경비를 지원한다.

⑦ 제1항부터 제6항까지에서 규정한 사항 외에 특례사업자 지정 통지와 그 밖에 필요한 사항은 대통령령으로 정한다.

(2017.12.19 본조신설)

제107조【외국사업자 등에 대한 간접세의 특례】 ① 외국인관광객 등이 국외로 반출하기 위하여 대통령령으로 정하는 사업자로부터 구입하는 재화에 대해서는 대통령령으로 정하는 바에 따라 부가가치세 영세율(零稅率)을 적용하거나 해당 재화에 대한 부가가치세액을 환급할 수 있다.

② 외국인관광객 등이 국외로 반출하기 위하여 대통령령으로 정하는 판매장에서 구입하는 물품에 대해서는 대통령령으로 정하는 바에 따라 개별소비세를 면제하거나 해당 물품에 대한 개별소비세액을 환급할 수 있다.

③ 정부는 제1항 및 제2항에 따라 부가가치세 및 개별소비세를 면제(부가가치세 영세율의 적용을 포함한다) 또는 환급받은 재화를 국외로 반출하지 아니하는 경우에는 대통령령으로 정하는 바에 따라 부가가치세 및 개별소비세를 징수하여야 한다.

④ 제1항부터 제3항까지의 규정을 적용할 때 외국인관광객 등의 범위, 대상 재화의 범위, 구입·판매의 절차, 세액 환급, 그 밖에 필요한 사항은 대통령령으로 정한다.

⑤ 국세청장, 관할 지방국세청장 또는 관할 세무서장은 부정 유통 방지를 위하여 필요하다고 인정하는 때에는 대통령령으로 정하는 바에 따라 제1항의 사업자 또는 제2항의 판매장에 대하여 필요한 명령을 할 수 있다.

⑥ 국내에 사업장이 없는 외국법인 또는 비거주자로서 외국에서 사업을 하는 자(이하 이 조에서 "외국사업자"라 한다)가 사업상 다음 각 호의 어느 하나에 해당하는 재화 또는 용역을 구입하거나 제공받았을 때에는 대통령령으로 정하는 바에 따라 그 재화 또는 용역과 관련된 부가가치세를 해당 외국사업자에게 환급할 수 있다. 다만, 그 외국사업자의 한 해(1월 1일부터 12월 31일까지)의 환급금액이 대통령령으로 정하는 금액 이하인 경우에는 그러하지 아니하다.

(2023.12.31 단서개정)
1. 음식·숙박용역
2. 광고용역
3. 그 밖에 대통령령으로 정하는 재화 또는 용역

⑦ 우리나라에 주재하는 외교관 및 이에 준하는 자로서 대통령령으로 정하는 자(이하 이 조에서 "외교관등"이라 한다)가 대통령령으로 정하는 면세점으로부터 재화 또는 용역(「부가가치세법」 제21조부터 제25조까지의 규정을 적용받는 재화 또는 용역은 제외한다)을 구입하거나 제공받는 경우에 부담하는 부가가치세액은 대통령령으로 정하는 바에 따라 연간 200만원을 한도로 하여 그 외교관등에게 환급할 수 있다.(2018.12.24 본항개정)

⑧ 제6항 또는 제7항에 따른 부가가치세의 환급은 해당 외국에서 우리나라의 사업자, 외교관 또는 외교사절에게 동일하게 환급하는 경우에만 적용한다.

⑨ 2018 평창 동계올림픽대회 및 동계패럴림픽대회(이하 이 조에서 "대회"라 한다)의 운영에 직접 관련된 자로서 다음 각 호의 어느 하나에 해당하는 외국법인이 2018년 12월 31일까지 대회의 운영과 관련하여 공급받은 제6항 각 호의 어느 하나에 해당하는 재화 또는 용역과 제2호에 해당하는 외국법인이 대회의 방송중계와 관련하여 공급받은 대통령령으로 정하는 재화 또는 용역에 대해서는 제6항을 준용하여 부가가치세를 환급할 수 있다. 다만, 제8항은 적용하지 아니한다.
1. 제104조의28제1항제1호 또는 제2호의 외국법인

2. 제104조의28제1항제3호의 외국법인 및 국제올림픽위원회와 계약을 맺은 대회의 지역별 독점방송중계권자
3. 국제올림픽위원회와 계약을 통하여 국제올림픽위원회의 휘장을 사용하는 대가로 국제올림픽위원회 또는 대회 조직위원회에 금전, 재화 및 용역을 제공하는 외국법인
4. 그 밖에 대통령령으로 정하는 외국법인
(2016.12.20 본항신설)
(2010.1.1 본조개정)

제107조의2【외국인 관광객에 대한 부가가치세의 특례】 ① 외국인관광객 등이 2018년 1월 1일부터 2025년 12월 31일까지 「관광진흥법」에 따른 호텔로서 대통령령으로 정하는 요건을 갖춘 관광호텔(이하 이 조에서 "특례적용관광호텔"이라 한다)에서 30일 이하의 숙박용역(이하 이 조에서 "환급대상 숙박용역"이라 한다)을 공급받은 경우에는 대통령령으로 정하는 바에 따라 해당 환급대상 숙박용역에 대한 부가가치세액을 환급받을 수 있다.(2022.12.31 본항개정)
② 특례적용관광호텔 관할세무서장은 제1항에 따른 환급대상이 아닌 숙박용역에 대하여 외국인관광객 등이 부가가치세를 환급받은 경우에는 대통령령으로 정하는 바에 따라 특례적용관광호텔 등 대통령령으로 정하는 자에게 부가가치세액을 징수하여야 한다.
③ 국세청장, 관할 지방국세청장 또는 관할 세무서장은 부정 환급 방지를 위하여 필요하다고 인정하면 대통령령으로 정하는 바에 따라 특례적용관광호텔에 대하여 필요한 명령을 할 수 있다.
④ 제1항과 제2항을 적용할 때 외국인관광객, 특례적용관광호텔, 환급대상 숙박용역의 범위, 세액 환급의 절차와 그 밖에 필요한 사항은 대통령령으로 정한다.
(2014.1.1 본조신설)

제107조의3【외국인관광객 미용성형 의료용역에 대한 부가가치세환급 특례】 ① 대통령령으로 정하는 외국인관광객(이하 이 조에서 "외국인관광객"이라 한다)이 「의료 해외진출 및 외국인환자 유치 지원에 관한 법률」 제6조제1항에 따라 보건복지부장관에게 등록한 의료기관(이하 이 조에서 "특례적용의료기관"이라 한다)에서 2025년 12월 31일까지 공급받은 대통령령으로 정하는 의료용역(이하 이 조에서 "환급대상 의료용역"이라 한다)에 대해서는 대통령령으로 정하는 바에 따라 해당 환급대상 의료용역에 대한 부가가치세액을 환급할 수 있다.(2022.12.31 본항개정)
② 특례적용의료기관의 사업자는 외국인관광객에게 환급대상 의료용역을 공급한 때에 기획재정부령으로 정하는 의료용역공급확인서(이하 이 조에서 "의료용역공급확인서"라 한다)를 해당 외국인관광객에게 교부하고, 외국인관광객이 부담한 부가가치세액을 환급하는 사업을 영위하는 자(이하 이 조에서 "환급창구운영사업자"라 한다)에게 정보통신망을 이용하여 전자적 방식으로 전송하여야 한다.
③ 제1항에 따라 환급을 받으려는 외국인관광객은 환급대상 의료용역을 공급받은 날부터 3개월 이내에 환급창구운영사업자에게 해당 의료용역공급확인서를 제출하여야 한다.
④ 특례적용의료기관 관할 세무서장은 환급대상 의료용역이 아닌 의료용역에 대하여 외국인관광객이 부가가치세를 환급받은 경우나 특례적용의료기관이 사실과 다른 의료용역공급확인서를 교부 또는 전송하는 등 대통령령으로 정하는 사유에 해당하는 경우에는 해당 특례적용의료기관으로부터 해당 부가가치세액 및 가산세를 징수하여야 한다. 이 경우 부가가치세액의 결정과 징수 등에 관하여는 「부가가치세법」 제57조, 제58조 및 제60조를 따른다.
⑤ 제1항부터 제4항까지의 규정을 적용할 때 환급창구

운영사업자의 요건 및 지정 절차, 부가가치세액 환급 및 징수의 절차와 그 밖에 필요한 사항은 대통령령으로 정한다.
(2015.12.15 본조신설)

제108조【재활용폐자원 등에 대한 부가가치세 매입세액 공제특례】 ① 재활용폐자원 및 중고자동차를 수집하는 사업자가 세금계산서를 발급할 수 없는 자 등 대통령령으로 정하는 자로부터 재활용폐자원을 2025년 12월 31일까지, 중고자동차를 2025년 12월 31일까지 취득하여 제조 또는 가공하거나 이를 공급하는 경우에는 취득가액에 다음 각 호의 값을 곱하여 계산한 금액을 「부가가치세법」 제37조제1항 및 같은 법 제38조에 따라 매출세액에서 매입세액으로 공제할 수 있다.(2023.12.31 본항개정)

1. 재활용폐자원 : 103분의 3. 다만, 2014년 1월 1일부터 2015년 12월 31일까지 취득하는 경우에는 105분의 5로 한다.
2. 중고자동차 : 110분의 10(2017.12.19 본호개정)
(2014.12.23 본항개정)
② 제1항에 따라 재활용폐자원을 수집하는 사업자가 재활용폐자원에 대한 부가가치세 매입세액 공제특례를 적용받는 경우에는 부가가치세 확정신고를 할 때 해당 과세기간에 해당 사업자가 공급한 재활용폐자원과 관련한 부가가치세 과세표준에 100분의 80(2007년 12월 31일까지 취득한 재활용폐자원에 대해서는 100분의 90을 적용한다)을 곱하여 계산한 금액에서 세금계산서를 발급받고 매입한 재활용폐자원 매입가액(해당 사업자의 사업용 고정자산 매입가액은 제외한다)을 뺀 금액을 한도로 하여 계산한 매입세액을 매출세액에서 공제할 수 있다. 이 경우 「부가가치세법」 제48조에 따른 예정신고 및 같은 법 제59조제2항에 따른 환급신고를 할 때 이미 재활용폐자원 매입세액 공제를 받은 경우에는 같은 법 제49조에 따른 확정신고를 할 때 정산하여야 한다.
(2013.6.7 후단개정)
③ 제1항 및 제2항을 적용하는 경우 재활용폐자원 및 중고자동차를 수집하는 사업자의 범위, 재활용폐자원 및 중고자동차의 범위, 매입세액 공제방법, 그 밖에 필요한 사항은 대통령령으로 정한다.
(2010.1.1 본조개정)

제108조의2【스크랩등사업자의 스크랩등에 대한 부가가치세 매입세액 공제특례】 ① 스크랩등사업자가 스크랩등에 대하여 제108조제1항에 따른 부가가치세 매입세액 공제특례를 적용받는 경우에는 같은 조 제2항 전단에도 불구하고 대통령령으로 정하는 기간(이하 이 조에서 "특례기간"이라 한다)이 끝나는 날의 다음 날부터 25일 이내에 대통령령으로 정하는 바에 따라 사업장 관할 세무서장에게 신고할 수 있다.(2015.12.15 본항개정)
② 스크랩등사업자는 제1항에 따른 신고와 함께 특례기간에 대한 납부세액을 사업장 관할 세무서장에게 납부하여야 한다.(2015.12.15 본항개정)
③ 제1항과 제2항에 따라 부가가치세를 신고납부하는 경우에는 「부가가치세법」을 따른다.
(2015.12.15 본조제목개정)
(2013.5.10 본조신설)

제108조의3【금사업자와 스크랩등사업자의 부가가치세 예정부과 특례】 ① 금사업자 또는 스크랩등사업자에 대하여 「부가가치세법」 제48조제3항 본문 및 제66조제1항 본문에 따라 부가가치세를 결정하여 징수하는 경우 그 결정세액에서 그 예정신고기간 또는 예정부과기간 종료일 현재 금거래계좌 또는 스크랩등거래계좌에서 국고에 납부할 부가가치세를 뺀 금액을 각각 징수한다. 다만, 그 산정한 세액이 음수인 경우에는 "0"으로 본다.
② 금사업자 또는 스크랩등사업자가 「부가가치세법」 제48조제4항 및 제66조제2항에 따라 부가가치세를 신고

납부하는 경우 그 예정신고기간 또는 예정부과기간 종료일 현재 금거래계좌 또는 스크랩등거래계좌에서 국고에 납부할 부가가치세를 뺀 금액을 각각 신고납부한다. 다만, 그 산정한 세액이 음수인 경우에는 "0"으로 본다.(2015.12.15 본조개정)

제108조의4【소규모 개인사업자에 대한 부가가치세 감면】 ① 다음 각 호의 요건을 모두 갖춘 사업자가 2020년 12월 31일까지 재화 또는 용역을 공급한 분에 대하여 「부가가치세법」 제49조에 따른 확정 신고를 하는 경우에는 부가가치세 납부세액에서 제3항에 따른 금액을 감면한다.

1. 「부가가치세법」 제2조제5호에 따른 일반과세자로서 개인사업자일 것
2. 감면받으려는 과세기간의 재화 또는 용역의 공급가액을 합한 금액(사업자가 둘 이상의 사업장을 경영하는 경우에는 그 둘 이상의 사업장의 공급가액을 합한 금액을 말한다)이 4천만원 이하일 것. 다만, 해당 과세기간이 6개월 미만(1개월 미만의 끝수가 있으면 1개월로 한다)인 경우에는 6개월로 환산한 금액을 기준으로 한다.
3. 업종 등을 고려하여 대통령령으로 정하는 감면배제사업(이하 "감면배제사업"이라 한다)이 아닌 사업을 경영할 것

② 제1항을 적용할 때 사업자가 둘 이상의 서로 다른 사업을 경영하는 경우에는 감면배제사업이 아닌 사업에 한정하여 부가가치세를 감면한다.
③ 제1항에 따른 부가가치세 감면세액은 다음 계산식에 따라 계산한 금액(해당 금액이 음수인 경우에는 영으로 본다)으로 한다.

> 감면세액 = 일반과세방식 세액(A)
>   － 간이과세방식 세액(B)
>
> A : 「부가가치세법」 제37조제2항에 따른 납부세액에서 같은 법 제46조에 따른 신용카드 등의 사용에 따른 세액공제 등 대통령령으로 정하는 공제세액을 뺀 금액
> B : 해당 과세기간의 재화와 용역의 공급에 대한 대가(부가가치세가 포함된 대가를 말하며, 이하 "공급대가"라 한다)의 합계액(영세율이 적용되는 재화 또는 용역의 공급분은 제외한다) × 직전 3년간 신고된 업종별 평균 부가가치율 등을 고려하여 대통령령으로 정하는 업종별 부가가치율 × 10퍼센트

④ 제1항에 따른 감면을 적용받으려는 사업자는 「부가가치세법」 제49조에 따른 확정신고를 할 때 납세지 관할 세무서장에게 감면신청을 하여야 한다.
⑤ 제1항부터 제4항까지의 규정에 따른 감면세액의 세부 계산방법, 감면신청 절차·제출서류 및 그 밖에 필요한 사항은 대통령령으로 정한다.
(2020.3.23 본조신설)

제108조의5【간이과세자에 대한 부가가치세 납부의무의 면제 특례】 ① 다음 각 호의 요건을 모두 갖춘 사업자가 2020년 12월 31일까지 재화 또는 용역을 공급한 분에 대하여는 「부가가치세법」 제66조 및 제67조에도 불구하고 같은 법 제63조제2항에 따른 부가가치세 납부의무를 면제한다. 다만, 「부가가치세법」 제64조에 따라 납부세액에 더하여야 할 세액은 그러하지 아니하다.
1. 「부가가치세법」 제2조제4호에 따른 간이과세자일 것
2. 납부의무를 면제받으려는 과세기간의 공급대가의 합계액이 3천만원 이상 4천800만원 미만일 것
3. 감면배제사업이 아닌 사업을 경영할 것
② 제1항을 적용할 때 사업자가 둘 이상의 서로 다른 사업을 경영하는 경우에는 감면배제사업이 아닌 사업에 한정하여 부가가치세 납부의무를 면제한다.
③ 제1항에 따른 납부의무 면제에 관하여는 「부가가치세법」 제69조제2항부터 제4항까지의 규정을 준용한다.

④ 제1항부터 제3항까지의 규정에 따른 납부의무가 면제되는 세액의 세부 계산방법 및 그 밖에 필요한 사항은 대통령령으로 정한다.
(2020.3.23 본조신설)

제109조【환경친화적 자동차에 대한 개별소비세 감면】 ① 「환경친화적 자동차의 개발 및 보급 촉진에 관한 법률」 제2조제5호에 따른 하이브리드자동차로서 같은 조 제2호 각 목의 요건을 갖춘 자동차에 대해서는 개별소비세를 감면한다.
② 제1항에 따른 개별소비세 감면액은 다음 각 호와 같다.
1. 개별소비세액이 100만원 이하인 경우에는 개별소비세액 전액
2. 개별소비세액이 100만원을 초과하는 경우에는 100만원
③ 제1항은 2009년 7월 1일부터 2024년 12월 31일까지 제조장 또는 보세구역에서 반출되는 자동차에만 적용한다.(2022.12.31 본항개정)
④ 「환경친화적 자동차의 개발 및 보급 촉진에 관한 법률」 제2조제3호에 따른 전기자동차로서 같은 조 제2호 각 목의 요건을 갖춘 자동차에 대해서는 개별소비세를 감면한다.(2011.12.31 본항개정)
⑤ 제4항에 따른 개별소비세 감면액은 다음 각 호와 같다.
1. 개별소비세액이 300만원 이하인 경우에는 개별소비세액 전액(2017.12.19 본호개정)
2. 개별소비세액이 300만원을 초과하는 경우에는 300만원(2017.12.19 본호개정)
(2011.12.31 본항신설)
⑥ 제4항은 2012년 1월 1일부터 2024년 12월 31일까지 제조장 또는 보세구역에서 반출되는 자동차에만 적용한다.(2022.12.31 본항개정)
⑦ 「환경친화적 자동차의 개발 및 보급 촉진에 관한 법률」 제2조제6호에 따른 수소전기자동차로서 같은 조 제2호 각 목의 요건을 갖춘 자동차에 대해서는 개별소비세를 감면한다.(2018.12.31 본항개정)
⑧ 제7항에 따른 개별소비세 감면액은 다음 각 호와 같다.
1. 개별소비세액이 400만원 이하인 경우에는 개별소비세액 전액
2. 개별소비세액이 400만원을 초과하는 경우에는 400만원
(2016.12.20 본항신설)
⑨ 제7항은 2017년 1월 1일부터 2024년 12월 31일까지 제조장 또는 보세구역에서 반출되는 자동차에 적용한다.(2022.12.31 본항개정)
(2011.12.31 본조제목개정)
(2010.1.1 본조개정)

제109조의2【노후자동차 교체에 대한 개별소비세 감면】 ① 「자동차관리법」에 따라 2009년 12월 31일 이전에 신규등록된 자동차(이륜자동차와 「자동차관리법」에 따라 자동차매매업으로 등록한 자가 매매용으로 취득한 중고자동차는 제외한다. 이하 이 조에서 "노후자동차"라 한다)를 2019년 6월 30일 현재 소유(등록일을 기준으로 한다. 이하 이 조에서 같다)하고 있는 자(법인을 포함한다)가 노후자동차를 폐차 또는 수출하고 노후자동차의 말소등록일을 전후하여 2개월 이내에 승용자동차(「자동차관리법」 제2조제1호에 따른 신조차(新造車) 중 경유를 사용하는 승용자동차를 제외한 승용자동차에 한정하며, 이하 이 조에서 "신차"라 한다)를 본인의 명의로 신규등록하는 경우에는 개별소비세액의 100분의 70을 감면한다. 이 경우 노후자동차 1대당 신차 1대에 한정하여 개별소비세를 감면한다.(2019.12.31 본항개정)
② 제1항에 따른 1대당 감면액이 100만원을 초과하면 100만원을 감면한다.
③ 관할세무서장 또는 관할세관장은 제1항의 요건을 갖추지 아니한 자가 개별소비세를 감면받은 경우에는

「개별소비세법」 제3조에 따른 납세의무자에게 다음 각 호에 따라 계산한 금액을 합친 금액을 추징한다. 다만, 대통령령으로 정하는 사유에 해당하는 경우에는 신차 구입자를 「개별소비세법」 제3조에 따른 납세의무자로 본다.

1. 제1항 및 제2항에 따른 감면세액(노후자동차 1대당 신차 2대 이상을 감면받은 경우에는 신차 모두에 해당하는 감면세액으로 한다)

2. 제1호에 따른 감면세액의 100분의 10에 상당하는 금액의 가산세(노후자동차 1대당 신차 2대 이상을 감면받은 경우에는 감면세액의 100분의 40에 상당하는 금액으로 한다)

④ 대통령령으로 정하는 불가피한 사유가 있는 경우에는 제3항을 적용하지 아니할 수 있다.

⑤ 제1항부터 제3항까지의 규정에 따른 감면신청절차, 증거자료의 확인 및 제출, 감면세액 및 가산세 추징 등에 관하여 필요한 사항은 대통령령으로 정한다.

⑥ (2016.12.20 삭제)

(2019.12.31 본조제목개정)

(2010.1.1 본조개정)

제109조의3 【여수세계박람회용 물품에 대한 개별소비세 면제】

① 2012여수세계박람회조직위원회 또는 대통령령으로 정하는 박람회 참가자(이하 이 조에서 "박람회 참가자"라 한다)가 「여수세계박람회 지원 및 사후활용에 관한 특별법」 제2조제2호에 따른 박람회 직접시설의 제작·건설 및 박람회 운영에 사용하기 위하여 구입하는 물품으로서 국내제작이 곤란한 물품에 대해서는 개별소비세를 면제한다.(2012.1.26 본항개정)

② 여수세계박람회가 끝난 후 박람회 참가자가 대통령령으로 정하는 박람회장 관리주체에게 출품물을 무상으로 양도할 때에는 그에 대한 개별소비세를 면제한다.

(2010.1.1 본조신설)

제109조의4 【자동차에 대한 개별소비세 감면】

① 「개별소비세법」 제1조제2항제3호에 따른 자동차를 2020년 3월 1일부터 2020년 6월 30일까지 제조장에서 반출하거나 수입신고를 하는 경우에는 개별소비세액의 100분의 70을 감면한다.

② 제1항에도 불구하고 「개별소비세법」 제3조에 따른 납세의무자는 다음 각 호의 요건을 모두 충족하는 자동차에 대하여 개별소비세를 납부하였거나 납부할 세액이 있는 경우에는 국세청장 또는 관세청장이 정하는 바에 따라 해당 자동차에 대한 재고물품확인서, 판매확인서, 환급신청서 등 증명서류를 첨부하여 2020년 6월 30일까지 관할 세무서장 또는 관할 세관장에게 신고하면 해당 자동차를 2020년 3월 1일 이후 제조장에서 반출하거나 수입신고를 한 것으로 보아 감면분에 해당하는 세액을 환급받거나 납부하여야 할 세액에서 공제받을 수 있다.

1. 2020년 2월 29일 이전에 제조장에서 반출하거나 수입신고를 한 자동차일 것

2. 자동차 제조업자, 수입업자 또는 도·소매업자가 2020년 3월 1일 현재 하치장·직매장·보세구역 등 국세청장 또는 관세청장이 정하는 장소에 해당 자동차를 보유하고 있을 것

3. 자동차 제조업자, 수입업자 또는 도·소매업자가 2020년 3월 1일부터 2020년 6월 30일까지 해당 자동차를 소비자에게 판매할 것

③ 제1항 및 제2항에 따른 감면액이 100만원을 초과하는 경우에는 100만원을 감면한다.

(2020.3.23 본조신설)

제110조 【외교관용 등 승용자동차에 대한 개별소비세의 면제】

① 대통령령으로 정하는 외교관으로서 우리나라에 주재하는 자가 구입하는 국산승용자동차와 협정에 의하여 등록된 외국 민간 원조단체가 주무부장관의 추천을 받아 그 사업용으로 구입하는 국산승용자동차에 대해서는 개별소비세를 면제한다.

② 제1항에 따른 국산승용자동차를 제조장에서 반출하려는 내국인은 대통령령으로 정하는 바에 따라 관할 세무서장의 승인을 받아야 한다.

(2010.1.1 본조개정)

제111조 【석유류에 대한 개별소비세의 면제】

① 다음 각 호의 어느 하나에 해당하는 석유류에 대해서는 개별소비세를 면제한다. 이 경우 제2호의 석유류는 2025년 12월 31일까지 제조장 또는 보세구역에서 반출되는 것만 개별소비세를 면제한다.(2022.12.31 후단개정)

1. 제105조제1항제2호에 따른 석유류

2. 제106조제1항제1호에 따른 석유류

② 「석유 및 석유대체연료 사업법」 제29조제2항제6호에 따라 산업통상자원부장관이 고시한 석유제품을 대체하여 사용할 수 있는 연료에 혼합되어 있는 바이오디젤에 대해서는 2011년 12월 31일까지 제조장 또는 보세구역에서 반출되는 것만 개별소비세를 면제한다.(2013.3.23 본항개정)

(2010.1.1 본조개정)

제111조의2 【자동차 연료에 대한 개별소비세의 환급에 관한 특례】

① 「자동차관리법」 제3조제1항제1호부터 제3호까지 및 제5호의 규정에 따른 승용자동차, 승합자동차, 화물자동차 또는 이륜자동차로서 배기량 1,000시시 미만 등 대통령령으로 정하는 기준 이하인 자동차를 소유하는 자로서 자동차 소유 대수 등 대통령령으로 정하는 요건을 충족하는 자가 2026년 12월 31일까지 해당 자동차 연료로 사용하기 위하여 제3항에서 규정하는 유류(이하 이 조에서 "유류"라 한다)를 구매하는 경우에는 제5항에 따른 신용카드업자 사업장의 관할 세무서장(이하 이 조에서 "관할 세무서장"이라 한다)은 해당 연료에 부과된 개별소비세 중 제3항에 따른 세액을 환급할 수 있다.(2023.12.31 본문개정)

1.~2. (2022.12.31 삭제)

② (2010.12.27 삭제)

③ 제1항에 따른 환급은 다음 각 호에 따른 세액을 환급하며, 연간 환급 한도액 등은 대통령령으로 정한다.(2010.12.27 본문개정)

1. 「개별소비세법」 제1조제2항제4호가목 및 나목에 따른 휘발유 또는 이와 유사한 대체유류의 경우 : 리터당 250원의 개별소비세(2009.1.30 본호개정)

2. 「개별소비세법」 제1조제2항제4호바목에 따른 석유가스 중 부탄의 경우 : 해당 물품에 부과된 개별소비세 전액

④ 제1항에 따라 개별소비세를 환급받고자 하는 자(이하 이 조에서 "환급대상자"라 한다)는 국세청장이 지정하는 「여신전문금융업법」 제2조제2호의2에 따른 신용카드업자(이하 이 조에서 "신용카드업자"라 한다)로부터 환급을 위한 유류구매카드(이하 이 조에서 "환급용 유류구매카드"라 한다)를 대통령령으로 정하는 바에 따라 발급받아야 한다. 이 경우 하나의 신용카드업자로부터만 환급용 유류구매카드를 발급받아야 한다.(2010.12.27 전단개정)

⑤ 환급용 유류구매카드를 발급받은 환급대상자가 그 카드로 유류를 구입한 신용카드업자는 관할 세무서장에게 해당 유류에 대하여 세액 환급을 신청하여 제3항에 따른 환급세액을 환급받거나 그 신용카드업자가 납부할 세액에서 공제받을 수 있다.

⑥ 환급용 유류구매카드를 발급받은 자가 환급대상자에 해당되지 아니하게 되었을 때에는 즉시 신용카드업자에게 환급용 유류구매카드를 반납하여야 한다. 이 경우 신용카드업자는 지체 없이 이를 국세청장에게 통보하여야 한다.

⑦ 환급대상자의 주소지 관할 세무서장은 환급대상자가 환급용 유류구매카드로 구입한 유류를 해당 자동차

연료 외의 용도로 사용하는 경우에는 다음 각 호의 금액을 합친 금액을 징수한다.
1. 해당 자동차 연료 외의 용도로 사용하는 유류의 환급세액
2. 제1호에 따른 환급세액의 100분의 40에 상당하는 금액의 가산세
⑧ 국세청장 또는 신용카드업자는 환급대상자가 환급용 유류구매카드로 구입한 유류를 해당 자동차 연료 외의 용도로 사용하거나 타인에게 환급용 유류구매카드를 양도하는 경우 그 사실을 안 날부터 환급대상자에서 제외한다.
⑨ 제3항에 따른 관할 세무서장은 신용카드업자가 거짓이나 그 밖의 부정한 방법으로 제3항에 따른 환급세액을 과다하게 환급받거나 공제받은 경우에는 과다환급세액과 과다환급세액의 100분의 40에 상당하는 금액의 가산세를 합친 금액을 징수한다.
⑩ 다음 각 호의 어느 하나에 해당하는 자의 주소지 관할 세무서장은 제7항을 준용하여 계산한 환급세액과 환급세액의 100분의 40에 상당하는 금액의 가산세를 합친 금액을 징수한다.
1. 환급대상자로부터 환급용 유류구매카드를 양수하여 사용한 경우
2. 환급대상자가 아닌 자가 환급용 유류구매카드를 발급받아 사용한 경우
3. 환급용 유류구매카드를 발급받은 자가 환급대상자에 해당되지 아니하게 된 이후에 환급용 유류구매카드를 사용한 경우
⑪ 국세청장은 환급대상자 관리를 효율적으로 하기 위하여 관계 행정기관 등으로 하여금 필요한 자료를 국세청장 또는 신용카드업자에게 제공할 것을 요청할 수 있으며, 요청을 받은 관계 행정기관 등은 정당한 사유가 없으면 이에 따라야 한다.
⑫ 제1항 및 제3항부터 제11항까지의 규정에 따른 환급절차, 제출서류 등에 필요한 사항은 대통령령으로 정한다.(2010.12.27 본항개정)
(2022.12.31 본조제목개정)
(2010.1.1 본조개정)

제111조의3【택시연료에 대한 개별소비세 등의 감면】
① 「여객자동차 운수사업법」 제3조제2항과 「여객자동차 운수사업법 시행령」 제3조제2호다목 및 라목에 따른 일반택시운송사업 및 개인택시운송사업에 사용하는 자동차에 2026년 12월 31일까지 공급하는 「개별소비세법」 제1조제2항제4호바목에 따른 석유가스 중 부탄(이하 이 조에서 "부탄"이라 한다)에 대해서는 킬로그램당 개별소비세 및 교육세 합계액 중 킬로그램당 40원을 감면한다.(2023.12.31 본항개정)
② 제1항에 따라 개별소비세 및 교육세를 감면받으려는 일반택시운송사업자 및 개인택시운송사업자(이하 이 조에서 "택시운송사업자"라 한다)는 국세청장이 지정하는 「여신전문금융업법」 제2조제2호의2에 따른 신용카드업자(이하 이 조에서 "신용카드업자"라 한다)로부터 면세를 위한 유류구매카드(이하 이 조에서 "택시면세유류구매카드"라 한다)를 대통령령으로 정하는 바에 따라 발급받아야 한다.(2010.12.27 본항개정)
③ 택시면세유류구매카드를 발급받은 택시운송사업자가 해당 카드로 부탄을 구입한 경우 신용카드업자는 관할 세무서장에게 해당 부탄에 대하여 감면액 환급을 신청하여 제1항에 따른 감면액을 환급받거나 납부할 세액에서 공제받을 수 있다.(2010.12.27 본항개정)
④ 택시면세유류구매카드를 발급받은 자가 택시운송사업자에 해당되지 아니하게 되었을 때에는 즉시 신용카드업자에게 택시면세유류구매카드를 반납하여야 한다. 이 경우 신용카드업자는 지체 없이 그 사실을 국세청장에게 통보하여야 한다.

⑤ 택시운송사업자의 주소지 관할 세무서장은 택시운송사업자가 택시면세유류구매카드로 구입한 부탄을 택시운송사업용 외의 용도로 사용하는 경우에는 다음 각 호에 따라 계산한 금액을 합친 금액을 징수한다.
1. 택시운송사업용 외의 용도로 사용하는 부탄에 대한 감면액(2010.12.27 본호개정)
2. 제1호에 따른 감면액의 100분의 40에 상당하는 금액의 가산세(2010.12.27 본호개정)
⑥ 국세청장 또는 신용카드업자는 택시운송사업자가 택시면세유류구매카드로 구입한 부탄을 택시운송사업용 외의 용도로 사용하거나 타인에게 택시면세유류구매카드를 양도하는 경우에는 그 사실을 안 날부터 그 택시운송사업자를 택시면세유류구매카드 발급대상자에서 제외한다.
⑦ 제3항에 따른 관할 세무서장은 신용카드업자가 거짓이나 그 밖의 부정한 방법으로 제1항에 따른 감면액을 과다하게 환급받거나 공제받은 경우에는 과다환급세액과 과다환급세액의 100분의 40에 상당하는 금액의 가산세를 합친 금액을 징수한다.(2010.12.27 본항개정)
⑧ 다음 각 호의 어느 하나에 해당하는 자의 주소지 관할 세무서장은 제5항을 준용하여 계산한 감면액과 감면액의 100분의 40에 상당하는 금액의 가산세를 합친 금액을 징수한다.(2010.12.27 본문개정)
1. 택시운송사업자로부터 택시면세유류구매카드를 양수하여 사용한 경우
2. 택시운송사업자가 아닌 자가 택시면세유류구매카드를 발급받아 사용한 경우
3. 택시면세유류구매카드를 발급받은 자가 택시운송사업자에 해당되지 아니하게 된 이후에 택시면세유류구매카드를 사용한 경우
⑨ 국세청장은 택시운송사업자에 대한 관리를 효율적으로 수행하기 위하여 관계 행정기관 등으로 하여금 필요한 자료를 국세청장 또는 신용카드업자에게 제공할 것을 요청할 수 있으며, 요청받은 관계 행정기관 등은 정당한 사유가 없으면 이에 따라야 한다.
⑩ 제1항부터 제9항까지의 규정에 따른 환급절차, 제출서류 등에 필요한 사항은 대통령령으로 정한다.
(2010.12.27 본조제목개정)
(2010.1.1 본조개정)

제111조의4【외교관용 등 자동차 연료에 대한 개별소비세 등의 환급 특례】
① 대통령령으로 정하는 주한외교공관, 주한외교관 등(이하 이 조에서 "환급대상자"라 한다)이 제2항에 따른 유류구매카드를 사용하여 환급대상자의 자동차에 사용되는 석유류를 구입하는 경우 제2항에 따른 신용카드업자는 대통령령으로 정하는 바에 따라 세액 환급을 신청하여 해당 석유류에 부과되는 개별소비세액, 교통·에너지·환경세액, 교육세액, 자동차 주행에 대한 자동차세액 및 부가가치세액을 환급받거나 납부할 세액에서 공제받을 수 있다. 이 경우 해당 석유류에는 「개별소비세법」 제16조제1항제3호 또는 「교통·에너지·환경세법」 제14조제1항에 따른 면세 및 「부가가치세법」 제24조제1항에 따른 영세율을 적용하지 아니한다.(2013.6.7 후단개정)
② 제1항에 따른 환급대상자는 국세청장이 지정하는 「여신전문금융업법」 제2조제2호의2에 따른 신용카드업자(이하 이 조에서 "신용카드업자"라 한다)로부터 환급을 위한 유류구매카드(이하 이 조에서 "유류구매카드"라 한다)를 대통령령으로 정하는 바에 따라 발급받아야 한다.
③ 다음 각 호의 어느 하나에 해당하는 자에 대해서는 대통령령으로 정하는 바에 따라 환급세액을 징수한다. 다만, 제2호의 경우에는 환급세액의 100분의 40에 상당하는 금액의 가산세를 포함하여 징수한다.
1. 환급대상자가 유류구매카드로 구입한 석유류를 환급대상자의 자동차에 대한 연료 외의 용도로 사용하는 경우

2. 환급대상자가 아닌 자가 유류구매카드를 발급받거나 양수하여 그 유류구매카드로 석유류를 구입하는 경우
④ 신용카드업자 사업장의 관할 세무서장은 신용카드업자가 거짓이나 그 밖의 부정한 방법으로 제1항에 따른 환급액을 과다하게 과다받거나 공제받은 경우에는 과다환급세액과 과다환급세액의 100분의 40에 상당하는 금액의 가산세를 합친 금액을 징수한다.
⑤ 국세청장은 환급대상자에 대한 관리를 효율적으로 수행하기 위하여 관계 행정기관 등으로 하여금 필요한 자료를 국세청장 또는 신용카드업자에게 제공할 것을 요청할 수 있으며, 요청받은 관계 행정기관 등은 정당한 사유가 없으면 이에 따라야 한다.
⑥ 제1항부터 제5항까지의 규정에 따른 환급절차, 제출서류 등에 필요한 사항은 대통령령으로 정한다.
(2013.1.1 본조신설)

제111조의5【연안화물선용 경유에 대한 교통·에너지·환경세 감면】 ① "해운법」 제24조제1항에 따라 내항 화물운송사업자로 등록한 자(이하 "내항 화물운송사업자"라 한다)가 해당 사업용으로 운항하는 선박에 사용할 목적으로 2025년 12월 31일까지 「한국해운조합법」에 따라 설립된 한국해운조합(이하 "한국해운조합"이라 한다)에 직접 공급하는 「교통·에너지·환경세법」 제2조제1항제2호에 따른 경유(이하 이 조에서 "경유"라 한다)에 대해서는 교통·에너지·환경세액을 리터당 56원 감면한다.(2022.12.31 본항개정)
② 「교통·에너지·환경세법」 제3조에 따른 납세의무자가 제1항에 따른 감면대상에 해당하는 경유에 대하여 제1항에 따라 감면받지 못한 경우에는 대통령령으로 정하는 바에 따라 세액을 환급받거나 납부 또는 징수할 세액에서 공제받을 수 있다.
③ 내항 화물운송사업자가 제1항 또는 제2항에 따라 감면, 환급 또는 공제받은 경유를 해당 사업 이외의 다른 목적에 사용한 경우에는 다음 각 호에 따른 금액의 합계액을 추징한다.
1. 해당 경유에 대한 교통·에너지·환경세, 교육세 및 자동차 주행에 대한 자동차세의 감면세액
2. 제1호에 따른 감면세액의 100분의 40에 해당하는 금액의 가산세
④ 제1항에 따라 교통·에너지·환경세가 감면된 경유를 공급하는 한국해운조합이 관련 증거서류를 확인하지 아니하는 등 부실관리로 내항 화물운송사업자가 아닌 자에게 제1항 또는 제2항에 따라 감면, 환급 또는 공제받은 경유를 공급한 경우에는 한국해운조합으로부터 제3항제1호에 따른 감면세액의 100분의 20에 해당하는 금액을 대통령령으로 정하는 바에 따라 가산세로 징수한다.
⑤ 제1항에 따른 경유의 감면, 환급 또는 공제, 감면세액과 감면세액 상당액 및 가산세의 추징 절차 등에 관하여 필요한 사항은 대통령령으로 정한다.
(2020.12.29 본조신설)

제111조의6 (2022.12.31 삭제)

제112조【위기지역 소재 골프장에 대한 개별소비세 감면】 위기지역에 있는 골프장 입장행위(2021년 12월 31일까지 입장하는 경우만 해당한다)에 대해서는 「개별소비세법」 제1조제3항에도 불구하고 3천원의 세액을 적용한다.(2019.12.31 본조신설)

제112조의2 (2010.12.27 삭제)

제113조【개별소비세의 감면절차 등】 ① 제106조의2제1항제2호에 따른 석유류 및 제110조 및 제111조에 따른 물품을 면세(이하 이 조에서 "면세"라 한다)로 반입한 날부터 5년(제110조에 따른 국산승용자동차로서 외교관이 구입한 경우는 3년) 이내에 해당 용도에 사용하지 아니하거나 양도한 경우에는 그 면세된 세액을 징수한다. 다만, 제110

조에 따른 국산승용자동차로서 외교관이 구입한 경우에는 외교관이 이임(移任)하는 등 대통령령으로 정하는 부득이한 사유가 있는 경우에는 그 면세된 세액을 징수하지 아니한다.(2014.12.23 본항개정)
② 개별소비세가 과세된 석유류가 제106조의2제1항제1호(같은 조 제2항에 따라 환급 또는 공제받는 경우는 제외한다), 같은 항 제2호 또는 제111조의 규정에 의한 면세에 해당되는 경우에는 그 면세되는 세액을 환급하거나 납부 또는 징수할 세액에서 공제할 수 있다.(2013.1.1 본항개정)
③ 제106조의2제1항제1호(같은 조 제2항에 따라 환급 또는 공제받는 경우는 제외한다), 같은 항 제2호·제110조 및 제111조에 따른 개별소비세의 면세절차(면세절차를 이행하지 아니한 경우의 처리를 포함한다)와 제1항에 따른 세액의 징수, 제2항에 따른 환급 또는 세액공제의 절차는 해당 물품에 따라 「개별소비세법」을 준용한다.(2013.1.1 본항개정)
(2009.1.30 본조제목개정)

제113조의2【면세유등의 공급에 대한 통합관리】 ① 국세청장은 다음 각 호에 해당하는 석유류(「석유 및 석유대체연료 사업법」에 따른 석유 및 석유제품을 말한다. 이하 이 조에서 "면세유등"이라 한다)의 공급내역 등을 통합적으로 관리하기 위한 전산시스템을 구축하여야 한다.
1. 제106조의2제1항에 따른 석유류
2. 제111조제1항에 따른 석유류
3. 「개별소비세법」 제16조제1항제3호 및 「교통·에너지·환경세법」 제14조제1항에 따른 자동차용 석유류
4. 「개별소비세법」 제18조제1항제9호 및 「교통·에너지·환경세법」 제15조제1항제3호에 따른 외국항행선박 또는 원양어업선박에 사용하는 석유류
② 국세청장은 제1항에 따른 전산시스템 구축 및 운영을 위하여 필요한 경우에는 대통령령으로 정하는 기관이나 단체 등에게 면세유등의 공급내역 등 대통령령으로 정하는 정보 또는 자료의 제공을 요청할 수 있다. 이 경우 요청을 받은 자는 정당한 사유가 없으면 이에 따라야 한다.
③ 제2항에 따른 정보 또는 자료의 제출방법, 제출주기 및 그 밖에 필요한 사항은 대통령령으로 정한다.
(2013.1.1 본조신설)

제114조【군인 등에게 판매하는 물품에 대한 개별소비세와 주세의 면제】 ① 군이 직영하는 매점에서 대통령령으로 정하는 군인, 군무원과 태극·을지무공훈장 수훈자에게 판매하는 물품(국내에서 제조된 물품만 해당한다)에 대해서는 개별소비세와 주세를 면제한다.
② 국방부장관은 기획재정부장관과 협의하여 매 연도분의 물품별면세한도량을 그 전년도 12월 31일까지 결정하여야 한다.
③ 제1항에 따라 면세되는 물품에 대해서는 국세청장이 정하는 바에 따라 해당 물품 또는 그 포장 및 용기에 면세물품임을 표시하여야 한다.
④ 제1항에 따라 면세되는 주류의 원료용 주류의 주세액에 상당하는 금액은 환급하거나 공제하되, 이에 관하여는 「주세법」 제19조제3항을 준용한다.(2021.12.28 본항개정)
⑤ 제1항에 따른 면세대상물품의 범위, 면세절차 및 징수에 필요한 사항은 대통령령으로 정한다.
(2010.1.1 본조개정)

제115조【주세의 면제】 ① 다음 각 호의 어느 하나에 해당하는 주류에 대해서는 주세를 면제한다.
1. 「관광진흥법」 제3조제1항제3호에 따른 관광객 이용시설업 중 주한외국군인 및 외국인선원 전용 유흥음식점업을 경영하는 자가 해당 음식점에서 제공하는 주류

2. 제107조에 따른 외국인관광객 등이 다음 각 목의 어느 하나에 해당하는 주류 제조장을 방문하여 구매하는 주류(방문한 주류 제조장에서 제조한 것으로 한정한다)

가. 대통령령으로 정하는 소규모 주류 제조장

나. 「주세법」제2조제8호에 따른 전통주를 제조하는 주류 제조장

(2020.12.29 본항개정)

② 제1항에 따라 면제되는 주류의 원료용 주류의 주세액에 상당하는 금액은 환급하거나 공제하되, 이에 관하여는 「주세법」제19조제3항을 준용한다.(2021.12.28 본항개정)

③ 제1항에 따른 주세의 면제절차는 「주세법」제20조를 준용한다.(2021.12.28 본항개정)

제116조【인지세의 면제】① 다음 각 호의 어느 하나에 해당하는 서류에 대해서는 인지세를 면제한다.(2010.1.1 본문개정)

1.~4. (2001.12.29 삭제)

5. 「신용협동조합법」에 따라 설립된 신용협동조합, 「새마을금고법」에 따라 설립된 새마을금고, 「농업협동조합법」에 따라 설립된 조합, 「수산업협동조합법」에 따라 설립된 조합 및 어촌계, 「엽연초생산협동조합법」에 따라 설립된 엽연초생산협동조합 및 「산림조합법」에 따라 설립된 산림조합의 각 조합원(회원 또는 계원을 포함한다)이 해당 조합(어촌계를 포함한다) 또는 그 중앙회(「농업협동조합법」에 따른 농협은행과 「수산업협동조합법」에 따른 수협은행을 포함한다)로부터 융자를 받기 위하여 작성하는 금전소비대차에 관한 증서. 다만, 동일인이 받는 융자금액의 합계액이 1억원을 초과하는 경우에는 그러하지 아니하다.(2017.12.19 본호개정)

6. 어린이예금통장과 「신용협동조합법」에 따라 설립된 신용협동조합, 「새마을금고법」에 따라 설립된 새마을금고, 「농업협동조합법」에 따라 설립된 조합, 「수산업협동조합법」에 따라 설립된 조합 및 어촌계, 「엽연초생산협동조합법」에 따라 설립된 엽연초생산협동조합과 「산림조합법」에 따라 설립된 산림조합이 작성하는 해당 조합원(「수산업협동조합법」에 따른 어촌계의 계원을 포함한다)의 예금 및 적금증서와 통장(2010.1.1 본호개정)

7. 「농어촌정비법」에 따라 시행되는 농어촌정비사업과 「한국농어촌공사 및 농지관리기금법」제10조제1항에 따라 시행되는 농지의 매매, 임대차, 교환, 분리·합병 등 농지은행사업 및 「농어촌발전특별조치법」에 따라 시행되는 농어촌정주생활권사업과 「자유무역협정체결에 따른 농어업인 등의 지원에 관한 특별법」제5조에 따라 지원되는 농지의 구입·임차 등 농업경영·어업경영 규모의 확대 사업에 따른 재산권의 설정·이전·변경 또는 소멸을 증명하는 증서 및 서류(2011.7.21 본호개정)

8. (2001.12.29 삭제)

9. 「농업협동조합법」에 따라 설립된 조합으로부터 농촌주택개량자금을 융자받거나 주택건축용 자재를 외상으로 구입하기 위하여 작성하는 서류(2010.1.1 본호개정)

10. (2001.12.29 삭제)

11. 「공유수면매립법」에 따라 시행되는 농지조성사업과 관련하여 작성하는 서류(2010.1.1 본호개정)

12.~14. (2001.12.29 삭제)

15. (2003.12.30 삭제)

16. (2001.12.29 삭제)

17. (2000.12.29 삭제)

18. (2003.12.30 삭제)

19. 「중소기업창업 지원법」에 따른 창업기업(같은 법 제5조에 따른 적용 범위 내의 창업기업만 해당한다)가 창업일부터 2년 이내에 해당 사업과 관련하여 대통령령으로 정하는 금융기관으로부터 융자를 받기 위하여 작성하는 증서, 통장, 계약서 등(2021.12.28 본호개정)

20.~21.(2013.1.1 삭제)

22. (2014.12.23 삭제)

23. (2015.12.15 삭제)

24. (2013.1.1 삭제)

25. (2014.1.1 삭제)

26. (2018.12.24 삭제)

27. (2014.1.1 삭제)

28. (2018.12.24 삭제)

29. (2021.12.28 삭제)

30. (2015.12.15 삭제)

31. 「국제경기대회 지원법」제9조에 따라 설립된 2024 강원동계청소년올림픽대회조직위원회가 작성하는 서류(2021.12.28 본호신설)

② 제1항 각 호에 따른 서류의 인지세 면제 기일에 관하여는 다음 각 호에 따른다.

1. (2014.1.1 삭제)

2. (2013.12.23 삭제)

3. 제5호부터 제7호까지, 제9호, 제11호 및 제19호는 2026년 12월 31일까지 작성하는 과세문서에만 적용(2023.12.31 본호개정)

4. 제31호는 2024년 12월 31일까지 작성하는 과세문서에만 적용(2021.12.28 본호신설)

5. (2021.12.28 삭제)

(2013.1.1 본항개정)

(2010.1.1 본조제목개정)

제117조【증권거래세의 면제】① 다음 각 호의 어느 하나에 해당하는 경우에는 증권거래세를 면제한다.(2010.1.1 본문개정)

1. 벤처투자회사, 창업기획자 또는 벤처투자조합이 창업기업 또는 벤처기업에 직접 출자함으로써 취득한 주권 또는 지분을 양도하는 경우(2023.6.20 본호개정)

2. 신기술사업금융업자 또는 신기술사업투자조합이 신기술사업자에게 직접 출자함으로써 취득한 주권 또는 지분을 양도하는 경우(2010.1.1 본호개정)

2의2. 농식품투자조합이 창업기업 또는 벤처기업에 직접 출자함으로써 취득한 주권 또는 지분을 양도하는 경우(2021.12.28 본호개정)

2의3. (2020.2.11 삭제)

2의4. 벤처투자회사, 신기술사업금융업자, 창업기획자 또는 제1호·제2호·제2호의2·제2호의3에 따른 투자조합이 코넥스상장기업(상장 후 2년 이내의 중소기업에 한정한다)에 직접출자함으로써 취득한 주권 또는 지분을 양도하는 경우(2023.6.20 본호개정)

2의5. 「자본시장과 금융투자업에 관한 법률」제8조제1항에 따른 금융투자업자로서 대통령령으로 정하는 자가 같은 법 제8조의2제4항제2호에 따른 파생상품시장을 조성하기 위하여 거래대금, 시가총액, 회전율 등을 고려하여 대통령령으로 정하는 파생상품에 대한 다음 각 목의 구분에 따른 주권을 대통령령으로 정하는 바에 따라 양도하는 경우. 다만, 파생상품의 가격변동으로 인한 위험을 회피하여 양도하는 등 대통령령으로 정하는 경우로 한정한다.(2020.12.29 본문개정)

가. 주가지수를 기초자산으로 하는 파생상품의 경우 : 해당 파생상품의 기초자산인 주가지수를 구성하는 주권(2015.12.15 본목신설)

나. 가목 외의 파생상품의 경우 : 해당 파생상품의 기초자산인 주권(2015.12.15 본목신설)

3. 「자본시장과 금융투자업에 관한 법률」제8조제1항에 따른 금융투자업자로서 대통령령으로 정하는 자가 같은 법 제8조의2제4항제1호에 따른 증권시장(이하 이

조에서 "증권시장"이라 한다)을 조성하기 위하여 거래대금, 시가총액, 회전율 등을 고려하여 대통령령으로 정하는 주권을 대통령령으로 정하는 바에 따라 양도하는 경우(2020.12.29 본호개정)

4. 창업·벤처전문사모집합투자기구가 창업기업, 벤처기업 또는 코넥스상장기업(상장 후 2년 이내의 중소기업에 한정한다)에 직접 또는 「자본시장과 금융투자업에 관한 법률」 제249조의23제3항에 따른 투자목적회사를 통하여 출자함으로써 취득한 주권 또는 지분을 양도하는 경우(2021.12.28 본호개정)

5. 「우정사업 운영에 관한 특례법」 제2조제2호에 따른 우정사업총괄기관과 「국가재정법」 별표2에 규정된 법률에 따라 설립된 기금을 관리·운용하는 법인(이하 이 호에서 "기금관리주체"라 한다)이 「자본시장과 금융투자업에 관한 법률」 제5조제2항제1호에 따른 장내파생상품으로서 대통령령으로 정하는 파생상품(이하 이 호에서 "파생상품"이라 한다)과 해당 파생상품의 기초자산인 주권(해당 파생상품의 기초자산이 주가지수인 경우 해당 지수를 구성하는 주권을 말한다. 이하 이 호에서 같다)의 가격 차이를 이용한 이익을 얻을 목적으로 파생상품의 거래와 연계하여 기초자산인 주권(기금관리주체의 경우 「자본시장과 금융투자업에 관한 법률」에 따른 코스닥시장에 상장된 주권에 한정한다)을 대통령령으로 정하는 바에 따라 양도하는 경우(2021.12.28 본호개정)

6. (2018.12.24 삭제)

7. 부실금융기관 또는 「농업협동조합의 구조개선에 관한 법률」 제2조제3호에 따른 부실조합 또는 같은 법 제2조제4호에 따른 부실우려조합(이하 "부실농협조합"이라 한다)이 보유하고 있던 주권 또는 지분을 적기시정조치(「농업협동조합의 구조개선에 관한 법률」 제4조에 따른 적기시정조치를 포함한다. 이하 이 호에서 같다) 또는 계약이전결정에 따라 양도하는 경우 및 그 양도를 받은 금융기관 또는 「농업협동조합의 구조개선에 관한 법률」 제2조제1호 및 제2호에 따른 조합 및 중앙회가 다시 이를 양도하는 경우 (2010.1.1 본호개정)

7의2. 「수산업협동조합의 부실예방 및 구조개선에 관한 법률」 제2조제3호에 따른 부실조합 또는 같은 법 제2조제4호에 따른 부실우려조합(이하 "부실수협조합"이라 한다)이 보유하고 있던 주권 또는 지분을 적기시정조치(같은 법 제4조의2에 따른 적기시정조치를 포함한다. 이하 이 호에서 같다) 또는 계약이전결정에 따라 양도하는 경우 및 그 양도를 받은 같은 법 제2조제1호 및 제2호에 따른 조합 또는 중앙회가 이를 다시 양도하는 경우(2020.2.18 본호개정)

7의3. 「산림조합의 구조개선에 관한 법률」 제2조제3호에 따른 부실조합 또는 같은 법 제2조제4호에 따른 부실우려조합(이하 "부실산림조합"이라 한다)이 보유하고 있던 주권 또는 지분을 적기시정조치(같은 법 제4조에 따른 적기시정조치를 포함한다. 이하 이 호에서 같다) 또는 계약이전 결정에 따라 양도하는 경우와 같은 법 제2조제1호·제2호에 따른 조합 또는 중앙회가 적기시정조치 또는 계약이전 결정에 따라 부실산림조합으로부터 주권 또는 지분을 양도받은 후 다시 양도하는 경우(2010.1.1 본호개정)

8. 예금보험공사 또는 「예금자보호법」 제36조의3에 따른 정리금융회사(이하 "정리금융회사"라 한다)가 「예금자보호법」 제18조제4호 또는 같은 법 제36조의5제1항에 따라 부실금융회사의 정리업무 등을 수행하기 위하여 다음 각 목의 어느 하나에 해당하는 금융회사로부터 인수한 부실채권의 출자전환으로 취득하거나 직접 취득한 주권 또는 지분을 양도하는 경우
가. 「예금자보호법」 제2조제5호에 따른 부실금융회사

나. 「예금자보호법」 제2조제6호에 따른 부실우려금융회사
다. 「예금자보호법」 제38조에 따라 자금지원을 받는 금융회사
(2015.12.22 본호개정)

9. 「한국자산관리공사 설립 등에 관한 법률」에 따라 설립된 한국자산관리공사(이하 "한국자산관리공사"라 한다)가 부실금융기관 정리업무를 수행하기 위하여 부실금융기관으로부터 인수한 부실채권의 출자전환으로 취득하거나 직접 취득한 주권 또는 지분을 양도하는 경우(2019.11.26 본호개정)

10. (2010.1.1 삭제)

11.~12. (2006.12.30 삭제)

13. (2018.12.24 삭제)

14. 「법인세법」 제47조의2에 따른 신설법인의 설립, 같은 법 제44조제2항 각 호 또는 제3항에 따른 합병, 같은 법 제46조제2항 각 호 또는 같은 법 제47조제1항의 요건을 갖춘 분할, 이 법 제38조제1항 각 호의 요건을 모두 갖춘 주식의 포괄적 교환·이전을 위하여 주식을 양도하는 경우(2017.12.19 본호개정)

15. (2010.1.1 삭제)

16. 금융기관등의 주주 및 「금융지주회사법」 제2조제1항제1호에 따른 금융기관 및 금융업의 영위와 밀접한 관련이 있는 회사의 주주 또는 같은 법에 따른 금융지주회사(이하 "금융지주회사"라 한다)가 제38조의2에 따라 주식을 이전하거나 주식을 교환하는 경우 (2008.12.26 본호개정)

17. (2006.12.30 삭제)

18. (2010.1.1 삭제)

19. 「농업협동조합의 구조개선에 관한 법률」에 따라 설립된 상호금융예금자보호기금 및 농업협동조합자산관리회사가 부실농협조합의 정리업무를 수행하기 위하여 부실농협조합으로부터 인수한 부실채권의 출자전환으로 취득하거나 직접 취득한 주권 또는 지분을 양도하는 경우(2010.1.1 본호개정)

19의2. 「수산업협동조합의 부실예방 및 구조개선에 관한 법률」에 의한 상호금융예금자보호기금이 부실수협조합의 정리업무를 수행하기 위하여 부실수협조합으로부터 인수한 부실채권의 출자전환으로 취득하거나 직접 취득한 주권 또는 지분을 양도하는 경우 (2020.2.18 본호개정)

19의3. 「산림조합의 구조개선에 관한 법률」에 따른 상호금융예금자보호기금이 부실산림조합의 정리업무를 수행하기 위하여 부실산림조합으로부터 인수한 부실채권의 출자전환으로 취득하거나 직접 취득한 주권 또는 지분을 양도하는 경우(2008.12.26 본호신설)

20. (2014.12.23 삭제)

21. 「자본시장과 금융투자업에 관한 법률」 제234조제1항의 상장지수집합투자기구가 추종지수의 구성종목이 변경되어 이를 반영하기 위하여 증권시장 또는 같은 법 제78조에 따른 다자간매매체결거래를 통하여 주권을 양도하는 경우(2018.12.24 본호개정)

22. 「농업협동조합법」에 따른 농협금융지주회사가 「한국산업은행법」에 따라 설립된 한국산업은행으로부터 법률 제10522호 농업협동조합법 일부개정법률 부칙 제3조에 따라 현물출자받은 주권 또는 지분을 농협은행 등 농협금융지주회사의 자회사에게 양도하는 경우 (2014.5.21 본호개정)

23. 「자본시장과 금융투자업에 관한 법률」 제249조의22제1항에 따른 기업재무안정 사모집합투자기구가 같은 항에 따른 재무구조개선기업 중 대통령령으로 정하는 기업에 직접 또는 같은 조 제3항에 따른 투자목적회사를 통하여 투자·출자하여 취득한 주권 또는 지분을 양도하는 경우(2021.12.28 본호개정)

24. 제121조의30제1항에 따라 주권 또는 지분을 양도하는 경우(2015.12.15 본호신설)
② 다음 각 호의 경우에는 같은 호에서 규정한 기한까지 양도·인출·편입·현물출자·주식이전·주식교환하는 것에만 제1항을 적용한다.(2020.6.9 본문개정)
1. 제1항제1호, 제2호, 제2호의2, 제2호의4, 제2호의5, 제3호 및 제4호 : 2025년 12월 31일(2022.12.31 본호개정)
2. 제1항제5호, 제16호, 제23호 및 제24호 : 2026년 12월 31일(2023.12.31 본호개정)
3. (2016.12.20 삭제)
4. (2010.1.1 삭제)
③ (2011.12.31 삭제)
④ 제1항을 적용받으려는 자는 대통령령으로 정하는 바에 따라 세액면제신청을 하여야 한다.(2010.1.1 본항개정)
(2010.1.1 본조제목개정)

제118조【관세의 경감】① 다음 각 호의 어느 하나에 해당하는 물품 중 국내제작이 곤란한 것에 대해서는 관세를 경감할 수 있다.(2010.1.1 본문개정)
1. (2014.1.1 삭제)
2. (2001.12.29 삭제)
3. 2026년 12월 31일까지 중소기업 또는 중견기업이 수입하는 「신에너지 및 재생에너지 개발·이용·보급 촉진법」 제2조제1호 및 제2호에 따른 신에너지 및 재생에너지의 생산용기자재, 이용기자재 또는 전력계통 연계조건을 개선하기 위한 기자재(그 기자재 제조용 기계 및 기구를 포함한다)(2023.12.31 본호개정)
4.~5. (2003.12.30 삭제)
6.~7. (2001.12.29 삭제)
8.~9. (2003.12.30 삭제)
10.~11. (2013.1.1 삭제)
12. (2011.12.31 삭제)
13. (2015.12.15 삭제)
14. (2021.12.28 삭제)
15. (2013.1.1 삭제)
16. (2011.1.1 삭제)
17. 포뮬러원국제자동차경주대회조직위원회·지방자치단체 또는 대회 관련 시설의 시공자가 「포뮬러원 국제자동차경주대회 지원법」에 따른 포뮬러원 국제자동차경주대회 운영에 사용하거나 같은 법 제18조제1항에 따른 대회 관련 시설의 제작·건설에 사용하기 위하여 수입하는 물품(2011.12.31 본호신설)
18. (2014.1.1 삭제)
19.~21. (2021.12.28 삭제)
22. 「관세법」 제174조 및 제185조에 따라 보세공장 설치·운영에 관한 특허를 받은 중소기업 및 중견기업이 같은 법 제185조제1항에 따른 물품의 제조·가공 등에 사용하기 위하여 2022년 12월 31일까지 수입하는 기계 및 장비(2019.12.31 본호신설)
23. 「국제경기대회 지원법」 제9조에 따라 설립된 2024 강원동계청소년올림픽대회조직위원회, 지방자치단체 또는 같은 법 제2조제2호에 따른 대회관련시설의 시공자가 그 대회관련시설의 제작·건설에 사용하거나 경기운영에 사용하기 위하여 수입하는 물품(같은 대회 참가선수의 과학적 훈련용 기자재를 포함한다)(2021.12.28 본호신설)
② 제1항에 따라 관세를 경감하는 물품과 그 경감률은 기획재정부령으로 정한다.(2010.1.1 본항개정)
③ 제1항에 따라 관세의 경감을 받은 물품을 그 수입신고 수리일부터 3년의 범위에서 관세청장이 정하는 기간에 제1항 각 호의 용도가 아닌 곳에 사용한 때(관세청장이 정하는 기간에 해당 용도에 계속하여 사용하지 아니한 경우를 포함한다) 또는 그 용도가 아닌 곳에 사용할 자에게 양도하였을 때에는 그 용도 외에 사용한

자 또는 그 양도인으로부터 경감된 관세를 즉시 징수하며, 양도인으로부터 그 관세를 징수할 수 없을 때에는 양수인으로부터 경감된 관세를 즉시 징수한다. 다만, 재해나 그 밖의 부득이한 사유로 멸실되었거나 미리 세관장의 승인을 받아 없애버렸을 때에는 그러하지 아니하다.(2010.1.1 본항개정)
④ 제3항에 따라 관세를 징수하는 경우에는 「관세법」 제103조제1항 단서를 적용하지 아니한다.(2010.1.1 본항개정)
(2010.1.1 본조제목개정)

제118조의2【해외진출기업의 국내복귀에 대한 관세감면】① 제104조의24제1항에 따른 대한민국 국민 등 대통령령으로 정하는 자가 다음 각 호의 요건을 모두 충족하여 국내에서 창업하거나 사업장을 신설 또는 증설하기 위하여 2024년 12월 31일까지 수입신고하는 대통령령으로 정하는 자본재에 대하여 제2항에 따라 관세를 감면할 수 있다.(2021.12.28 본문개정)
1. 제104조의24제1항제1호 및 제2호에 따라 이전 또는 복귀하는 내국인일 것(2018.12.24 본호개정)
2. 제104조의24제6항 각 호의 어느 하나에 해당할 것(2023.12.31 본호개정)
② 제1항의 규정에 따른 자본재에 대한 관세 감면율은 다음 각 호와 같다.
1. 제104조의24제1항제1호의 경우 : 수입하는 자본재에 대한 관세의 100분의 100(2018.12.24 단서삭제)
2. 제104조의24제1항제2호의 경우 : 수입하는 자본재에 대한 관세의 100분의 50(2018.12.24 단서삭제)
③ 제1항에 따라 관세를 감면받은 자가 다음 각 호의 어느 하나에 해당하는 경우에는 대통령령으로 정하는 바에 따라 감면받은 관세를 납부하여야 한다.
1. 제1항에 따라 감면받은 자가 해당 사업을 폐업하거나 법인이 해산한 경우
2. 대통령령으로 정하는 바에 따라 사업장을 국내로 이전하거나 복귀하여 사업을 개시하지 아니한 경우
3. 관세감면을 받고 도입한 자본재를 「관세법」에 따른 수입신고 수리일부터 3년 이내에 처분하거나 양도 또는 대여하는 경우
④ 제1항부터 제3항까지의 규정을 적용할 때 감면의 신청절차, 제출서류 및 그 밖에 필요한 사항은 대통령령으로 정한다.
(2013.1.1 본조신설)

제4장 지방세

제119조~제121조 (2014.12.23 삭제)

제5장 외국인투자 등에 대한 조세특례
(2010.1.1 본장개정)

제121조의2【외국인투자에 대한 조세 감면】① 다음 각 호의 어느 하나에 해당하는 사업을 하기 위한 외국인투자자(「외국인투자촉진법」 제2조제1항제4호에 따른 외국인투자를 말한다. 이하 이 장에서 같다)로서 대통령령으로 정하는 기준에 해당하는 외국인투자자에 대해서는 제2항, 제4항, 제5항 및 제12항에 따라 법인세, 소득세, 취득세 및 재산세(「지방세법」 제111조에 따라 부과된 세액을 말한다. 이하 같다)를 각각 감면한다.
(2014.12.23 본문개정)
1. 국내산업구조의 고도화와 국제경쟁력 강화에 긴요한 신성장동력산업에 속하는 사업으로서 대통령령으로 정하는 기술을 수반하는 사업(2016.12.20 본호개정)
2. 「외국인투자촉진법」 제18조제1항제2호에 따른 외국인투자지역에 입주하는 같은 법 제2조제1항제6호에 따른 외국인투자기업(이하 이 장에서 "외국인투자기

업"이라 한다)이 경영하는 사업 및 제2호의2, 제2호의8, 제121조의8제1항 또는 제121조의9제1항제1호의 사업 중 외국인투자기업이 경영하는 사업으로서 다음 각 목의 위원회의 심의·의결을 거치는 사업 (2016.12.20 본문개정)

가. 제2호의2의 사업인 경우 「경제자유구역의 지정 및 운영에 관한 특별법」 제25조에 따른 경제자유구역위원회

나. 제2호의8의 사업인 경우 「새만금사업 추진 및 지원에 관한 특별법」 제33조에 따른 새만금위원회 (2014.1.1 본목개정)

다. 제121조의8제1항의 사업인 경우 「제주특별자치도 설치 및 국제자유도시 조성을 위한 특별법」 제17조에 따른 제주특별자치도 지원위원회(2015.7.24 본목개정)

라. 제121조의9제1항제1호의 사업인 경우 「제주특별자치도 설치 및 국제자유도시 조성을 위한 특별법」 제144조에 따른 제주국제자유도시 종합계획 심의회 (2015.7.24 본목개정)

2의2. 「경제자유구역의 지정 및 운영에 관한 특별법」 제2조제1호에 따른 경제자유구역에 입주하는 외국인투자기업이 경영하는 사업

2의3. 「경제자유구역의 지정 및 운영에 관한 특별법」 제8조의3제1항 및 제2항에 따른 개발사업시행자에 해당하는 외국인투자기업이 경영하는 사업 (2011.4.4 본호개정)

2의4. 「제주특별자치도 설치 및 국제자유도시 조성을 위한 특별법」 제162조에 따라 지정되는 제주투자진흥지구의 개발사업시행자에 해당하는 외국인투자기업이 경영하는 사업(2015.7.24 본호개정)

2의5. 「외국인투자촉진법」 제18조제1항제1호에 따른 외국인투자지역에 입주하는 외국인투자기업이 경영하는 사업

2의6. 「기업도시개발 특별법」 제2조제2호에 따른 기업도시개발구역(이하 "기업도시개발구역"이라 한다)에 입주하는 외국인투자기업이 경영하는 사업

2의7. 「기업도시개발 특별법」 제10조제1항에 따라 기업도시 개발사업의 시행자(이하 "기업도시개발사업시행자"라 한다)로 지정된 외국인투자기업이 경영하는 사업으로서 같은 법 제2조제3호에 따른 기업도시개발사업

2의8. 「새만금사업 추진 및 지원에 관한 특별법」 제2조에 따라 지정되는 새만금사업지역(이하 이 장에서 "새만금사업지역"이라 한다)에 입주하는 외국인투자기업이 경영하는 사업(2014.1.1 본호신설)

2의9. 「새만금사업 추진 및 지원에 관한 특별법」 제8조제1항에 따른 사업시행자에 해당하는 외국인투자기업이 경영하는 사업(2014.1.1 본호신설)

3. 그 밖에 외국인투자유치를 위하여 조세감면이 불가피한 사업으로서 대통령령으로 정하는 사업

② 2018년 12월 31일까지 제6항에 따른 조세감면신청을 한 외국인투자기업에 대해서는 제1항에 따라 감면대상이 되는 사업을 함으로써 발생한 소득(제1항제1호에 따른 감면대상 사업의 경우 대통령령으로 정하는 소득)에 대하여 다음 각 호의 구분에 따른 세액을 감면한다. 이 경우 감면대상이 되는 세액을 산정할 때 외국인투자기업이 감면기간 중에 내국법인(감면기간 중인 외국인투자기업은 제외한다)과 합병하여 해당 합병법인의 외국인투자비율(외국인투자기업이 발행한 주식의 종류 등을 고려하여 대통령령으로 정하는 바에 따라 계산한 외국인투자비율을 말한다. 이하 이 장에서 같다)이 감소한 경우에는 합병 전 외국인투자기업의 외국인투자비율을 적용한다.(2018.12.24 전단개정)

1. 제1항제1호 및 제2호에 따라 감면대상이 되는 사업을 함으로써 발생한 소득 : 다음 각 목의 구분에 따른 세액

가. 해당 사업을 개시한 후 그 사업에서 최초로 소득이 발생한 과세연도(사업개시일부터 5년이 되는 날이 속하는 과세연도까지 그 사업에서 소득이 발생하지 아니한 경우에는 5년이 되는 날이 속하는 과세연도를 말한다)의 개시일부터 5년 이내에 끝나는 과세연도까지 : 해당 사업소득에 대한 법인세 또는 소득세 상당액(총산출세액에 제1항 각 호의 사업을 함으로써 발생한 소득이 총과세표준에서 차지하는 비율을 곱한 금액을 말한다)에 외국인투자비율을 곱한 세액(이하 이 항, 제12항제1호·제2호 및 제121조의4제4항에서 "감면대상세액"이라 한다)의 전액

나. 가목의 기간 이후 2년 이내에 끝나는 과세연도까지 : 감면대상세액의 100분의 50에 상당하는 세액

2. 제1항제2호의2부터 제2호의9까지 및 제3호에 따라 감면대상이 되는 사업을 함으로써 발생한 소득 : 다음 각 목의 구분에 따른 세액

가. 해당 사업을 개시한 후 그 사업에서 최초로 소득이 발생한 과세연도(사업개시일부터 5년이 되는 날이 속하는 과세연도까지 그 사업에서 소득이 발생하지 아니한 경우에는 5년이 되는 날이 속하는 과세연도를 말한다)의 개시일부터 3년 이내에 끝나는 과세연도까지 : 감면대상세액의 전액

나. 가목의 기간 이후 2년 이내에 끝나는 과세연도까지 : 감면대상세액의 100분의 50에 상당하는 세액 (2016.12.20 본항개정)

③ (2014.1.1 삭제)

④ 2019년 12월 31일까지 제6항에 따른 조세감면신청을 한 외국인투자기업에 대해서는 해당 외국인투자기업이 신고한 사업을 하기 위하여 취득·보유하는 재산에 대한 취득세 및 재산세에 대해서는 다음 각 호와 같이 세액을 감면하거나 일정금액을 과세표준에서 공제한다. 다만, 지방자치단체가 「지방세특례제한법」 제4조에 따른 조례로 정하는 바에 따라 감면기간 또는 공제기간을 15년까지 연장하거나 연장한 기간에 감면비율 또는 공제비율을 높인 경우에는 제1호 및 제2호에도 불구하고 그 기간 및 비율에 따른다.(2019.12.31 본문개정)

1. 취득세 및 재산세는 사업개시일부터 5년 동안은 해당 재산에 대한 산출세액에 외국인투자비율을 곱한 금액(이하 이 항, 제5항, 제12항제3호 및 제4호에서 "감면대상세액"이라 한다)의 전액을, 그 다음 2년 동안은 감면대상세액의 100분의 50에 상당하는 세액을 감면. 다만, 제1항제2호의2부터 제2호의9까지 및 제3호에 따른 감면대상이 되는 사업을 하기 위하여 취득·보유하는 재산에 대한 취득세 및 재산세는 사업개시일부터 3년 동안은 감면대상세액의 전액을, 그 다음 2년 동안은 감면대상세액의 100분의 50에 상당하는 세액을 감면한다.

2. 토지에 대한 재산세는 사업개시일부터 5년 동안은 해당 재산의 과세표준에 외국인투자비율을 곱한 금액(이하 이 항, 제5항, 제12항제3호 및 제4호에서 "공제대상금액"이라 한다)의 전액을, 그 다음 2년 동안은 공제대상금액의 100분의 50에 상당하는 금액을 과세표준에서 공제. 다만, 제1항제2호의2부터 제2호의9까지 및 제3호에 따른 감면대상이 되는 사업을 하기 위하여 취득·보유하는 토지에 대한 재산세는 사업개시일부터 3년 동안은 공제대상금액의 전액을, 그 다음 2년 동안은 공제대상금액의 100분의 50에 상당하는 금액을 과세표준에서 각각 공제한다. (2014.12.23 본항개정)

⑤ 2019년 12월 31일까지 제6항에 따른 조세감면신청을 한 외국인투자기업에 대해서는 해당 외국인투자기업이 사업개시일 전에 제1항 각 호의 사업에 사용할 목적으로 취득·보유하는 재산이 있는 경우에는 제4항에도

불구하고 그 재산에 대한 취득세 및 재산세에 대하여 다음 각 호와 같이 그 세액을 감면하거나 일정금액을 그 과세표준에서 공제한다. 다만, 지방자치단체가 「지방세특례제한법」 제4조에 따른 조례로 정하는 바에 따라 감면기간 또는 감면기간을 15년까지 연장하거나 연장한 기간의 범위에서 감면비율 또는 공제비율을 높인 경우에는 제2호 및 제3호에도 불구하고 그 기간 및 비율에 따른다.(2019.12.31 본문개정)

1. 제8항에 따라 조세감면결정을 받은 날 이후에 취득하는 재산에 대한 취득세는 감면대상세액의 전액을 감면.(2010.12.27 본호개정)

2. 재산세는 해당 재산을 취득한 날부터 5년 동안은 감면대상세액의 전액을, 그 다음 2년 동안은 감면대상세액의 100분의 50에 상당하는 세액을 감면. 다만, 제1항제2호의2부터 제2호의9까지 및 제3호에 따른 감면대상이 되는 사업을 하기 위하여 취득·보유하는 재산에 대한 재산세는 그 재산을 취득한 날부터 3년 동안은 감면대상세액의 전액을, 그 다음 2년 동안은 감면대상세액의 100분의 50에 상당하는 세액을 각각 감면한다.(2014.12.23 단서개정)

3. 토지에 대한 재산세는 해당 재산을 취득한 날부터 5년 동안은 공제대상금액의 전액을, 그 다음 2년 동안은 공제대상금액의 100분의 50에 상당하는 금액을 과세표준에서 공제. 다만, 제1항제2호의2부터 제2호의9까지 및 제3호에 따른 감면대상이 되는 사업을 하기 위하여 취득·보유하는 토지에 대한 재산세는 해당 재산을 취득한 날부터 3년 동안은 공제대상금액의 전액을, 그 다음 2년 동안은 공제대상금액의 100분의 50에 상당하는 금액을 과세표준에서 각각 공제한다.(2014.12.23 단서개정)

⑥ 외국인투자기업이 제2항, 제4항, 제5항, 제12항 및 「지방세특례제한법」 제78조의3에 따른 감면을 받으려면 그 외국인투자기업의 사업개시일이 속하는 과세연도의 종료일까지 기획재정부장관에게 감면신청을 하여야 한다. 다만, 제8항에 따라 조세감면결정을 받은 사업내용을 변경한 경우 그 변경된 사업에 대한 감면을 받으려면 해당 변경사유가 발생한 날부터 2년이 되는 날까지 기획재정부장관에게 조세감면내용 변경신청을 하여야 하며, 이에 따른 조세감면내용 변경결정이 있는 경우 그 변경결정의 내용은 당초 감면기간의 남은 기간에 대해서만 적용된다.(2019.12.31 본문개정)

⑦ 외국인(「외국인투자촉진법」 제2조제1항제1호에 따른 외국인을 말한다) 또는 외국인투자기업은 「외국인투자촉진법」 제2조제1항제4호가목1)에 따른 외국인투자를 하기 위하여 같은 법 제5조제1항에 따라 신고를 하기 전에 하려는 사업이 제1항 및 「지방세특례제한법」 제78조의3에 따른 감면대상에 해당하는지 확인하여 줄 것을 기획재정부장관에게 신청할 수 있다.(2019.12.31 본항개정)

⑧ 기획재정부장관은 제6항에 따른 조세감면신청 또는 조세감면내용 변경신청을 받거나 제7항에 따른 사전확인신청을 받으면 관계 중앙관서의 장(제4항, 제5항, 제12항제3호 및 제4호에 따른 취득세 및 재산세의 감면의 경우에는 해당 사업장을 관할하는 지방자치단체의 장을 말하고, 「지방세특례제한법」 제78조의3에 따른 취득세 및 재산세의 감면의 경우에는 행정안전부장관 및 해당 사업장을 관할하는 지방자치단체의 장을 말한다)과 협의하여 그 감면·감면내용변경·감면대상 해당여부를 결정하고 이를 신청인에게 알려야 한다. 다만, 제1항제1호에 따른 감면에 대해서는 대통령령으로 정하는 바에 따라 그 감면·감면내용변경·감면대상 해당 여부를 결정할 수 있다.(2019.12.31 본문개정)

⑨ 「외국인투자촉진법」 제2조제1항제8호사목 또는 같은 법 제2조제1항제4호가목2), 제5조제2항제1호 및 제6

조에 따른 외국인투자에 대해서는 제2항부터 제5항까지 및 제12항을 적용하지 아니한다.(2016.1.27 본항개정)

⑩ 외국인투자기업이 제6항에 따른 감면신청기한이 지난 후 감면신청을 하여 제8항에 따라 감면결정을 받은 경우에는 그 감면신청일이 속하는 과세연도와 그 후의 남은 감면기간에 대해서만 제1항부터 제5항까지 및 제12항을 적용한다. 이 경우 외국인투자기업이 제8항에 따라 감면결정을 받기 이전에 이미 납부한 세액이 있을 때에는 그 세액은 환급하지 아니한다.(2014.1.1 본항개정)

⑪ 이 조부터 제121조의4까지의 규정을 적용할 때 다음 각 호의 어느 하나에 해당하는 외국인투자의 경우 대통령령으로 정하는 바에 따라 계산한 주식 또는 출자지분(이하 이 장에서 "주식등"이라 한다)의 소유비율(소유비율이 100분의 5 미만인 경우에는 100분의 5로 본다) 상당액, 대여금 상당액 또는 외국인투자금액에 대해서는 조세감면대상으로 보지 아니한다.(2015.12.15 본문개정)

1. 외국법인 또는 외국기업(이하 이 항에서 "외국법인등"이라 한다)이 외국인투자를 하는 경우로서 다음 각 목의 어느 하나에 해당하는 경우
   가. 대한민국 국민(외국에 영주하고 있는 사람으로서 거주지국의 영주권을 취득하거나 영주권을 갈음하는 체류허가를 받은 사람은 제외한다) 또는 대한민국 법인(이하 이 항에서 "대한민국국민등"이라 한다)이 해당 외국법인등의 의결권 있는 주식등의 100분의 5 이상을 직접 또는 간접으로 소유하고 있는 경우
   나. 대한민국국민등이 단독으로 또는 다른 주주와의 합의·계약 등에 따라 해당 외국법인등의 대표이사 또는 이사의 과반수를 선임한 주주에 해당하는 경우

2. 다음 각 목의 어느 하나에 해당하는 자가 「외국인투자 촉진법」 제2조제1항제5호에 따른 외국투자가(이하 이 장에서 "외국투자가"라 한다)에게 대여한 금액이 있는 경우
   가. 외국인투자기업
   나. 외국인투자기업의 의결권 있는 주식등을 100분의 5 이상 직접 또는 간접으로 소유하고 있는 대한민국 국민등
   다. 단독으로 또는 다른 주주와의 합의·계약 등에 따라 외국인투자기업의 대표이사 또는 이사의 과반수를 선임한 주주인 대한민국국민등
   (2015.12.15 1호~2호개정)

3. 외국인이 「국제조세조정에 관한 법률」 제2조제1항제7호에 따른 조세조약 또는 투자보장협정을 체결하지 아니한 국가 또는 지역 중 대통령령으로 정하는 국가 또는 지역을 통하여 외국인투자를 하는 경우 (2020.12.29 본호개정)

⑫ 제1항제1호에서 규정하는 사업에 대한 외국인투자 중 사업의 양수 등 대통령령으로 정하는 방식에 해당하는 외국인투자에 대해서는 제2항부터 제5항까지의 규정에 따른 감면기간·공제기간 및 감면비율·공제비율에도 불구하고 다음 각 호에서 정하는 바에 따라 법인세, 소득세, 취득세 및 재산세를 각각 감면한다. 다만, 제3호 및 제4호를 적용할 때 지방자치단체가 「지방세특례제한법」 제4조에 따른 조례로 정하는 바에 따라 감면기간을 공제기간을 10년까지 연장하거나 연장한 기간의 범위에서 감면비율 또는 공제비율을 높인 경우에는 제3호 및 제4호에도 불구하고 그 기간 및 비율에 따른다.(2010.12.27 본문개정)

1. 2018년 12월 31일까지 제6항에 따른 조세감면신청을 한 외국인투자기업에 대한 법인세 및 소득세는 제1항제1호에 따라 감면대상이 되는 사업을 함으로써 발생한 소득에 대해서만 감면하되, 그 사업을 개시한 후 그 사업에서 최초로 소득이 발생한 과세연도(사업개시일부터 5년이 되는 날이 속하는 과세연도까지 그 사

업에서 소득이 발생하지 아니한 경우에는 5년이 되는 날이 속하는 과세연도의 개시일부터 3년 이내에 끝나는 과세연도에는 감면대상세액의 100분의 50을, 그 다음 2년 이내에 끝나는 과세연도에는 감면대상세액의 100분의 30에 상당하는 세액을 각각 감면한다. (2018.12.24 본호개정)
2. (2014.1.1 삭제)
3. 2019년 12월 31일까지 제6항에 따른 조세감면신청을 한 외국인투자기업이 제1항제1호의 사업을 하기 위하여 취득·보유하는 재산에 대한 취득세 및 재산세는 다음 각 목의 구분에 따라 그 세액을 감면하거나 과세표준에서 공제한다.(2019.12.31 본문개정)
   가. 취득세 및 재산세는 사업개시일부터 3년 동안은 감면대상세액의 100분의 50을, 그 다음 2년 동안은 감면대상세액의 100분의 30에 상당하는 세액을 각각 감면한다.(2010.12.27 본목개정)
   나. 토지에 대한 재산세는 사업개시일부터 3년 동안은 공제대상금액의 100분의 50을, 그 다음 2년 동안은 공제대상금액의 100분의 30에 상당하는 금액을 과세표준에서 각각 공제한다.
4. 2019년 12월 31일까지 제6항에 따른 조세감면신청을 한 외국인투자기업이 사업개시일 전에 제1항제1호의 사업에 사용할 목적으로 취득·보유하는 재산이 있는 경우의 취득세 및 재산세는 다음 각 목의 구분에 따라 그 세액을 감면하거나 과세표준에서 공제한다.(2019.12.31 본문개정)
   가. 제8항에 따른 조세감면결정을 받은 날 이후에 취득하는 재산에 대한 취득세는 감면대상세액의 100분의 50을 감면한다.(2010.12.27 본목개정)
   나. 재산세는 해당 재산을 취득한 날부터 3년 동안은 감면대상세액의 100분의 50을, 그 다음 2년 동안은 감면대상세액의 100분의 30에 상당하는 세액을 각각 감면한다.
   다. 토지에 대한 재산세는 해당 재산을 취득한 날부터 3년 동안은 공제대상금액의 100분의 50을, 그 다음 2년 동안은 공제대상금액의 100분의 30에 상당하는 금액을 과세표준에서 각각 공제한다.
⑬ 외국인투자신고 후 최초의 조세감면결정 통지일부터 3년이 지나는 날까지 최초의 출자(증자를 포함한다. 이하 이 항에서 같다)를 하지 아니하는 경우에는 제8항에 따른 조세감면결정의 효력이 상실되며, 외국인투자신고 후 최초의 조세감면결정 통지일부터 3년 이내에 최초의 출자를 한 경우로서 최초의 조세감면결정 통지일부터 5년이 되는 날까지 사업을 개시하지 아니한 경우에는 최초의 조세감면결정 통지일부터 5년이 되는 날을 그 사업을 개시한 날로 보아 제2항, 제4항, 제5항, 제12항 및 제18항을 적용한다.(2015.12.15 본항개정)
⑭ 제2항 및 제12항제1호가 적용되는 감면기간 동안 감면받는 소득세 또는 법인세의 총합계액이 다음 각 호의 금액을 합한 금액을 초과하는 경우에는 그 합한 금액을 한도(이하 이 조에서 "감면한도"라 한다)로 하여 세액을 감면한다.
1. 투자금액을 기준으로 한 한도로서 다음 각 목의 구분에 따른 금액
   가. 제1항제1호 및 제2호의 경우 : 대통령령으로 정하는 외국인투자누계액(이하 이 항에서 "외국인투자누계액"이라 한다)의 100분의 50
   나. 제1항제2호의2부터 제2호의9까지, 제3호 및 제12항제1호의 경우 : 외국인투자누계액의 100분의 40
   (2015.12.15 가목~나목개정)
2. 고용을 기준으로 다음 각 목의 금액을 합한 금액. 다만, 제1항제1호 및 제2호의 경우에는 외국인투자누계액의 100분의 50에 상당하는 금액을 한도로 하고, 제1항제2호의2부터 제2호의9까지, 제3호 및 제12항제1

호의 경우에는 외국인투자누계액의 100분의 40에 상당하는 금액을 한도로 한다.(2017.12.19 단서개정)
   가. 해당 과세연도의 해당 외국인투자기업의 상시근로자 중 산업수요맞춤형고등학교등의 졸업생 수 × 2천만원
   나. 해당 과세연도의 해당 외국인투자기업의 가목 외의 상시근로자 중 청년근로자, 장애인근로자, 60세 이상인 근로자 수 × 1천500만원
   다. (해당 과세연도의 상시근로자 수 - 가목에 따른 졸업생 수 - 나목에 따른 청년근로자, 장애인근로자, 60세 이상인 근로자 수) × 1천만원
   (2014.12.23 본호개정)
(2010.12.27 본항신설)
⑮ 제2항 및 제12항제1호에 따라 각 과세연도에 감면받을 소득세 또는 법인세에 대하여 감면한도를 적용할 때에는 제14항제1호의 금액을 먼저 적용한 후 같은 항 제2호의 금액을 적용한다.(2010.12.27 본항신설)
⑯ 제14항제2호를 적용받아 소득세 또는 법인세를 감면받은 외국인투자기업이 감면받은 과세연도 종료일부터 2년이 되는 날이 속하는 과세연도 종료일까지의 기간 중 각 과세연도의 상시근로자 수가 감면받은 과세연도의 상시근로자 수보다 감소한 경우에는 대통령령으로 정하는 바에 따라 감면받은 세액에 상당하는 금액을 소득세 또는 법인세로 납부하여야 한다.(2010.12.27 본항신설)
⑰ 제14항 및 제16항을 적용할 때 상시근로자의 범위, 상시근로자 수의 계산방법, 그 밖에 필요한 사항은 대통령령으로 정한다.(2010.12.27 본항신설)
⑱ 외국인투자기업이 동일한 사업장에서 제1항 각 호의 사업 중 제1항제1호의 사업과 제1항제1호 외의 사업을 제143조를 준용하여 각각 구분하여 경리하는 경우에는 각각의 사업에 대하여 감면과 제2항을 각각 적용한다. 다만, 각각의 사업에 대한 감면기간은 해당 사업장에서 최초로 감면 대상 소득이 발생한 과세연도(사업개시일부터 5년이 되는 날이 속하는 과세연도까지 소득이 발생하지 아니한 경우에는 5년이 되는 날이 속하는 과세연도)의 개시일부터 기산한다.(2014.12.23 본항신설)
(2018.12.24 본조제목개정)

제121조의3【관세 등의 면제】 ① 제121조의2제1항제1호 및 제2호의 사업에 필요한 다음 각 호의 자본재(「외국인투자촉진법」 제2조제1항제9호에 따른 "자본재"를 말한다. 이하 이 장에서 같다) 중 대통령령으로 정하는 자본재(「외국인투자 촉진법」 제2조제1항제4호가목)에 따른 외국인투자를 하기 위하여 같은 법 제5조제1항 및 제2항에 따라 신고된 내용에 따라 도입되는 경우에는 관세·개별소비세 및 부가가치세를 면제한다.
(2016.1.27 본문개정)
1. 외국인투자기업이 외국투자가로부터 출자받은 대외지급수단 또는 내국지급수단으로 도입하는 자본재
2. 외국투자가가 「외국인투자촉진법」 제2조제1항제8호에 해당하는 출자목적물(이하 이 장에서 "출자목적물"이라 한다)로 도입하는 자본재
② 제121조의2제1항제2호의2부터 제2호의5까지, 제2호의8, 제2호의9 및 제3호의 사업에 필요한 자본재 중 대통령령으로 정하는 자본재(「외국인투자 촉진법」 제2조제1항제4호가목1)에 따른 외국인투자를 하기 위하여 같은 법 제5조제1항 및 제2항에 따라 신고된 내용에 따라 도입되는 경우에는 관세를 면제한다.(2016.1.27 본항개정)
③ 외국투자가 또는 외국인투자기업은 제1항에 따라 관세·개별소비세 및 부가가치세를 면제받거나 제2항에 따라 관세를 면제받으려면 기획재정부령으로 정하는 바에 따라 면제신청을 하여야 한다.
④ 「외국인투자 촉진법」 제2조제1항제4호가목2), 제5조

제2항제1호 및 제6조에 따른 외국인투자에 대해서는 제1항을 적용하지 아니한다.(2016.1.27 본항개정)

제121조의4【증자의 조세감면】 ① 외국인투자기업이 증자하는 경우에 그 증자분에 대한 조세감면에 대해서는 제121조의2 및 제121조의3을 준용한다. 다만, 대통령령으로 정하는 기준에 해당하는 조세감면신청에 대해서는 제121조의2제8항에 따른 주무부장관 또는 지방자치단체의 장과의 협의를 생략할 수 있다.
② 다음 각 호의 주식등에 대해서는 그 발생근거가 되는 주식등에 대한 감면의 예에 따라 그 감면기간의 남은 기간과 남은 기간의 감면비율에 따라 감면한다.
1. 「외국인투자 촉진법」 제5조제2항제2호에 따라 준비금·재평가적립금과 그 밖에 다른 법령에 따른 적립금이 자본으로 전입됨으로써 외국투자가가 취득한 주식등
2. 「외국인투자 촉진법」 제5조제2항제5호에 따라 외국투자가가 취득한 주식등으로부터 생긴 과실(주식등으로 한정한다)을 출자하여 취득한 주식등
(2016.1.27 1호~2호개정)
(2011.12.31 본항개정)
③ 제1항을 적용할 때 사업개시일은 자본증가에 관한 변경등기를 한 날로 한다.
④ 제1항에 따라 외국인투자기업에 대한 감면대상세액을 계산하는 경우 제121조의2에 따른 감면기간이 종료된 사업의 사업용 고정자산을 제1항에 따른 증자분에 대한 조세감면을 받는 사업(이하 이 항에서 "증자분사업"이라 한다)에 계속 사용하는 경우 등 대통령령으로 정하는 사유가 있는 경우에는 다음 계산식에 따라 계산한 금액을 증자분사업에 대한 감면대상세액으로 한다.

$$감면대상 \\ 세액 \times \frac{자본증가에 관한 변경등기를 한 날 이후 새}{로 취득·설치되는 사업용 고정자산의 가액}{증자분사업의 사업용 고정자산의 총가액}$$

(2011.12.31 본항신설)
⑤ 제1항에도 불구하고 외국인투자신고 후 최초의 조세감면결정 통지일부터 3년이 되는 날 이전에 외국인투자기업이 조세감면결정 시 확인된 외국인투자조세금액의 범위에서 증자하는 경우에는 제121조의2제6항에 따른 감면신청을 하지 아니하는 경우에도 그 증자분에 대하여 제121조의2제8항에 따른 감면결정을 받은 것으로 본다.
⑥ 제1항에 따라 증자분에 대한 조세감면에 대하여 제121조의2를 준용할 때 상시근로자의 범위, 상시근로자수의 계산방법, 그 밖에 필요한 사항은 대통령령으로 정한다.(2010.12.27 본항신설)

제121조의5【외국인투자에 대한 감면세액의 추징 등】 ① 제121조의2제2항 및 제12항에 따라 법인세 또는 소득세를 감면받은 외국인투자기업은 다음 각 호의 어느 하나에 해당하는 사유가 발생한 경우 사유가 발생한 날이 속하는 과세연도의 과세표준신고를 할 때 대통령령으로 정하는 바에 따라 계산한 세액에 대통령령으로 정하는 바에 따라 계산한 이자 상당 가산액을 가산하여 소득세 또는 법인세로 납부하여야 하며, 해당 세액은 「소득세법」 제76조 또는 「법인세법」 제64조에 따라 납부하여야 할 세액으로 본다.(2014.1.1 본문개정)
1. 「외국인투자 촉진법」에 따라 등록이 말소된 경우
2. 제121조의2제1항 각 호 외의 부분에 따른 조세감면기준에 해당하지 아니하게 된 경우
3. 신고한 내용을 이행하지 아니하여 「외국인투자촉진법」 제28조제5항에 따른 시정명령을 받은 자가 이를 이행하지 아니한 경우
4. 외국투자가가 이 법에 따라 소유하는 주식등을 대한민국 국민 또는 대한민국 법인에 양도하는 경우
5. 해당 외국인투자기업이 폐업하는 경우

6. 외국인투자기업이 외국인투자신고 후 5년(고용 관련 조세감면기준은 3년)이내에 출자목적물의 납입 및 「외국인투자 촉진법」 제2조제1항제4호나목에 따른 장기차관의 도입 또는 고용인원이 제121조의2제1항에 따른 조세감면기준에 미달하는 경우(2016.12.20 본호개정)
② 세관장 또는 세무서장은 다음 각 호의 어느 하나에 해당하는 경우에는 대통령령으로 정하는 바에 따라 제121조의3에 따라 면제된 관세·개별소비세 및 부가가치세를 추징한다.
1. 「외국인투자 촉진법」에 따라 등록이 말소된 경우
2. 출자목적물이 신고된 목적 외의 목적에 사용되거나 처분된 경우
3. 외국투자가가 이 법에 따라 소유하는 주식등을 대한민국 국민 또는 대한민국 법인에 양도하는 경우
4. 해당 외국인투자기업이 폐업하는 경우
5. 외국인투자기업이 외국인투자신고 후 5년(고용 관련 조세감면기준은 3년)이내에 출자목적물의 납입 및 「외국인투자 촉진법」 제2조제1항제4호나목에 따른 장기차관의 도입 또는 고용인원이 제121조의2제1항에 따른 조세감면기준에 미달하는 경우(2016.12.20 본호개정)
③ 지방자치단체의 장은 다음 각 호의 어느 하나에 해당하는 경우에는 대통령령으로 정하는 바에 따라 제121조의2제4항·제5항 및 제12항에 따라 감면된 취득세 및 재산세를 추징한다. 이 경우 제1호에 해당하는 경우에는 그 미달된 비율에 상응하는 금액에 해당하는 세액을 추징한다.(2010.12.27 전단개정)
1. 제121조의2제5항 및 제12항에 따라 조세가 감면된 후 외국투자가의 주식등의 비율이 감면 당시의 주식등의 비율에 미달하게 된 경우
2. 제121조의2제4항 및 제12항에 따라 조세가 감면된 후 외국투자가가 이 법에 따라 소유하는 주식등을 대한민국 국민 또는 대한민국 법인에 양도하는 경우
3. 「외국인투자 촉진법」에 따라 등록이 말소된 경우
4. 해당 외국인투자기업이 폐업하는 경우
5. 외국인투자기업이 외국인투자신고 후 5년(고용 관련 조세감면기준은 3년)이내에 출자목적물의 납입 및 「외국인투자 촉진법」 제2조제1항제4호나목에 따른 장기차관의 도입 또는 고용인원이 제121조의2제1항에 따른 조세감면기준에 미달하는 경우(2016.12.20 본호개정)
④ 제1항부터 제3항까지의 규정에 따라 추징할 세액의 범위, 여러 추징사유에 해당하는 경우의 적용방법 등 그 밖에 필요한 사항은 대통령령으로 정한다.(2013.1.1 본항개정)
⑤ 다음 각 호의 어느 하나에 해당하는 경우에는 제1항부터 제3항까지의 규정에도 불구하고 대통령령으로 정하는 바에 따라 그 감면된 세액을 추징하지 아니할 수 있다.
1. 외국인투자기업이 합병으로 인하여 해산됨으로써 외국인투자기업의 등록이 말소된 경우
2. 제121조의3에 따라 관세 등을 면제받고 도입되어 사용 중인 자본재를 천재지변이나 그 밖의 불가항력적인 사유가 있거나 감가상각, 기술의 진보, 그 밖에 경제여건의 변동 등으로 그 본래의 목적에 사용할 수 없게 되어 기획재정부장관의 승인을 받아 본래의 목적 외의 목적에 사용하거나 처분하는 경우
3. 「자본시장과 금융투자업에 관한 법률」에 따라 해당 외국인투자기업을 공개하기 위하여 주식등을 대한민국 국민 또는 대한민국 법인에 양도하는 경우
4. 「외국인투자 촉진법」에 따라 시·도지사가 연장한 이행기간 내에 출자목적물을 납입하여 해당 조세감면기준을 충족하는 경우(2014.12.23 본호신설)
5. 그 밖에 조세감면의 목적을 달성하였다고 인정되는 경우로서 대통령령으로 정하는 경우
⑥ 제121조의2제8항에 따라 감면결정을 받은 외국인

투자기업이 제1항 각 호(제4호는 제외한다), 제2항 각 호(제2호 및 제3호는 제외한다) 또는 제3항 각 호(제1호 및 제2호는 제외한다)의 어느 하나에 해당하는 경우에는 대통령령으로 정하는 바에 따라 해당 과세연도와 남은 감면기간 동안 제121조의2부터 제121조의4까지의 규정에 따른 감면을 적용하지 아니한다.
(2013.1.1 본항신설)
(2013.1.1 본조제목개정)
제121조의6 (2010.1.1 삭제)
제121조의7【권한의 위임 등】 기획재정부장관은 대통령령으로 정하는 바에 따라 이 장의 규정에 따른 권한의 일부를 국세청장, 관세청장, 그 밖에 대통령령으로 정하는 외국인투자 관련 기관의 장에게 위임하거나 위탁할 수 있다.

제5장의2　제주국제자유도시 육성을 위한 조세특례
(2010.1.1 본장개정)

제121조의8【제주첨단과학기술단지 입주기업에 대한 법인세 등의 감면】 ①「제주특별자치도 설치 및 국제자유도시 조성을 위한 특별법」제161조에 따라 지정된 제주첨단과학기술단지(이하 이 장에서 "제주첨단과학기술단지"라 한다)에 2025년 12월 31일까지 입주한 기업이 생물산업, 정보통신산업 등 대통령령으로 정하는 사업(이하 이 조에서 "감면대상사업"이라 한다)을 하는 경우 감면대상사업에서 발생한 소득에 대하여 사업개시일 이후 최초로 소득이 발생한 과세연도(사업개시일부터 5년이 되는 날이 속하는 과세연도까지 해당 사업에서 소득이 발생하지 아니한 경우에는 5년이 되는 날이 속하는 과세연도)의 개시일부터 3년 이내에 끝나는 과세연도에는 법인세 또는 소득세의 100분의 100에 상당하는 세액을 감면하고, 그 다음 2년 이내에 끝나는 과세연도에는 법인세 또는 소득세의 100분의 50에 상당하는 세액을 감면한다.(2023.12.31 본항개정)
② 제1항이 적용되는 감면기간 동안 감면받는 소득세 또는 법인세의 총합계액은 제1호와 제2호의 금액을 합한 금액을 한도(이하 이 조에서 "감면한도"라 한다)로 한다.(2018.12.24 본문개정)
1. 대통령령으로 정하는 투자누계액의 100분의 50
2. 해당 과세연도의 제주첨단과학기술단지 사업장(이하 이 조에서 "감면대상사업장"이라 한다)의 상시근로자 수 × 1천5백만원[청년 상시근로자와 대통령령으로 정하는 서비스업(이하 이 조에서 "서비스업"이라 한다)을 하는 감면대상사업장의 상시근로자의 경우에는 2천만원](2018.12.24 본호개정)
3. (2018.12.24 삭제)
(2010.12.27 본항신설)
③ 제1항에 따라 각 과세연도에 감면받을 소득세 또는 법인세에 대하여 감면한도를 적용할 때에는 제2항제1호의 금액을 먼저 적용한 후 같은 항 제2호의 금액을 적용한다.(2010.12.27 본항신설)
④ 제2항제2호를 적용받아 소득세 또는 법인세를 감면받은 기업이 감면받은 과세연도 종료일부터 2년이 되는 날이 속하는 과세연도 종료일까지의 기간 중 각 과세연도의 감면대상사업장의 상시근로자 수가 감면받은 과세연도의 상시근로자 수보다 감소한 경우에는 대통령령으로 정하는 바에 따라 감면받은 세액에 상당하는 금액을 소득세 또는 법인세로 납부하여야 한다.(2018.12.24 본항개정)
⑤ 제2항 및 제4항을 적용할 때 상시근로자 및 청년 상시근로자의 범위, 상시근로자 수의 계산방법, 그 밖에 필요한 사항은 대통령령으로 정한다.(2018.12.24 본항개정)

⑥ 제1항에 따라 소득세 또는 법인세를 감면받은 기업이 다음 각 호의 어느 하나에 해당하는 경우에는 그 사유가 발생한 과세연도의 과세표준신고를 할 때 대통령령으로 정하는 바에 따라 계산한 세액을 소득세 또는 법인세로 납부하여야 한다. 이 경우 제12조의2제8항의 이자상당가산액 등에 관한 규정을 준용한다.
1. 감면대상사업장의 사업을 폐업하거나 법인이 해산한 경우. 다만, 법인의 합병·분할 또는 분할합병으로 인한 경우는 제외한다.
2. 감면대상사업장을 제주첨단과학기술단지 외의 지역으로 이전한 경우
(2021.12.28 본항신설)
⑦ 제1항을 적용받으려는 자는 대통령령으로 정하는 바에 따라 그 감면신청을 하여야 한다.
⑧ 제2항제2호에 따라 서비스업에 대한 한도를 적용받는 기업은 제143조를 준용하여 서비스업과 그 밖의 사업을 각각 구분하여 경리하여야 한다.(2018.12.24 본항개정)
제121조의9【제주투자진흥지구 또는 제주자유무역지역 입주기업에 대한 법인세 등의 감면】 ① 다음 각 호의 어느 하나에 해당하는 사업(이하 이 조, 제121조의11 및 제121조의12에서 "감면대상사업"이라 한다)을 하기 위한 투자로서 대통령령으로 정하는 기준에 해당하는 투자의 경우에 대해서는 제2항 및 제4항부터 제7항까지의 규정에 따라 법인세 또는 소득세를 감면한다.
(2015.12.15 본문개정)
1.「제주특별자치도 설치 및 국제자유도시 조성을 위한 특별법」제162조에 따라 지정되는 제주투자진흥지구(이하 이 장에서 "제주투자진흥지구"라 한다)에 2025년 12월 31일까지 입주하는 기업이 해당 구역의 사업장에서 하는 사업(2023.12.31 본호개정)
2.「자유무역지역의 지정 및 운영에 관한 법률」제4조에 따라 제주특별자치도에 지정되는 자유무역지역(이하 이 장에서 "제주자유무역지역"이라 한다)에 2021년 12월 31일까지 입주하는 기업이 해당 구역의 사업장에서 하는 사업(2018.12.24 본호개정)
3. 제주투자진흥지구의 개발사업시행자가 제주투자진흥지구를 개발하기 위하여 기획, 금융, 설계, 건축, 마케팅, 임대, 분양 등을 일괄적으로 수행하는 개발사업
② 제1항 각 호의 어느 하나에 해당하는 감면대상사업에서 발생한 소득에 대해서는 사업개시일 이후 그 감면대상사업에서 최초로 소득이 발생한 과세연도(사업개시일부터 5년이 되는 날이 속하는 과세연도까지 그 사업에서 소득이 발생하지 아니한 경우에는 5년이 되는 날이 속하는 과세연도)의 개시일부터 3년 이내에 끝나는 과세연도에는 제1항제1호 및 제2호의 경우 법인세 또는 소득세의 100분의 100에 상당하는 세액을, 제1항제3호의 경우 법인세 또는 소득세의 100분의 50에 상당하는 세액을 각각 감면하고, 그 다음 2년 이내에 끝나는 과세연도에는 제1항제1호 및 제2호의 경우 법인세 또는 소득세의 100분의 50에 상당하는 세액을, 제1항제3호의 경우 법인세 또는 소득세의 100분의 25에 상당하는 세액을 각각 감면한다.(2020.6.9 본항개정)
③ (2015.12.15 삭제)
④ 제2항이 적용되는 감면기간 동안 감면받는 소득세 또는 법인세의 총합계액은 제1호와 제2호의 금액을 합한 금액을 한도(이하 이 조에서 "감면한도"라 한다)로 한다.(2018.12.24 본문개정)
1. 대통령령으로 정하는 투자누계액의 100분의 50
2. 해당 과세연도의 제1항 각 호의 어느 하나에 해당하는 사업(이하 이 조에서 "감면대상사업장"이라 한다)의 상시근로자 수 × 1천5백만원[청년 상시근로자와 대통령령으로 정하는 서비스업(이하 이 조에서 "서비스업"이라 한다)을 하는 감면대상사업장의 상시근로자의 경우에는 2천만원](2018.12.24 본호개정)

3. (2018.12.24 삭제)
(2010.12.27 본항신설)
⑤ 제2항에 따라 각 과세연도에 감면받을 소득세 또는 법인세에 대하여 감면한도를 적용할 때에는 제4항제1호의 금액을 먼저 적용한 후 같은 항 제2호의 금액을 적용한다.(2010.12.27 본항신설)
⑥ 제4항제2호를 적용받아 소득세 또는 법인세를 감면받은 기업이 감면받은 과세연도 종료일부터 2년이 되는 날이 속하는 과세연도 종료일까지의 기간 중 각 과세연도의 감면대상사업장의 상시근로자 수가 감면받은 과세연도의 상시근로자 수보다 감소한 경우에는 대통령령으로 정하는 바에 따라 감면받은 세액에 상당하는 금액을 소득세 또는 법인세로 납부하여야 한다.
(2018.12.24 본항개정)
⑦ 제4항 및 제6항을 적용할 때 상시근로자 및 청년 상시근로자의 범위, 상시근로자 수의 계산방법, 그 밖에 필요한 사항은 대통령령으로 정한다.(2018.12.24 본항개정)
⑧ 제2항을 적용받으려는 자는 대통령령으로 정하는 바에 따라 그 감면신청을 하여야 한다.(2015.12.15 본항개정)
⑨ 제4항제2호에 따라 서비스업에 대한 한도를 적용받는 기업은 제143조를 준용하여 서비스업과 그 밖의 사업을 각각 구분하여 경리하여야 한다.(2018.12.24 본항개정)

제121조의10【제주첨단과학기술단지 입주기업 수입물품에 대한 면제】 ① 제주첨단과학기술단지 입주기업이 연구개발에 사용하기 위하여 2023년 12월 31일까지 수입하는 물품 중 대통령령으로 정하는 물품에 대해서는 관세를 면제한다.(2021.12.28 본항개정)
② 제1항에 따라 관세를 면제받은 물품에 대해서는 제118조제3항 및 제4항을 준용한다.
③ 세관장은 제121조의8제6항 각 호의 어느 하나에 해당하는 경우에는 대통령령으로 정하는 바에 따라 면제된 관세를 추징한다.(2021.12.28 본항신설)

제121조의11【제주투자진흥지구 입주기업 수입물품에 대한 관세의 면제】 ① 제주투자진흥지구 입주기업이 감면대상사업에 직접 사용하기 위하여 2023년 12월 31일까지 수입하는 자본재(「외국인투자촉진법」 제2조제1항제9호에 따른 자본재를 말하며, 수리용 또는 개체용 물품은 제외한다) 중 대통령령으로 정하는 물품에 대해서는 관세를 면제한다. 다만, 「외국인투자촉진법」에 따라 외국투자가 또는 외국인투자기업이 외국인투자의 목적으로 수입하는 물품을 제외하거나는 국내제작이 곤란한 물품만 해당한다.(2021.12.28 본문개정)
② 제1항에 따라 관세를 면제받은 물품에 대해서는 제118조제3항 및 제4항을 준용한다.

제121조의12【제주투자진흥지구 또는 제주자유무역지역 입주기업에 대한 감면세액의 추징】 ① 세무서장 또는 세관장은 다음 각 호의 어느 하나에 해당하는 경우에는 대통령령으로 정하는 바에 따라 제121조의9 또는 제121조의11에 따라 감면된 법인세·소득세 및 관세를 추징한다.(2015.12.15 본문개정)
1. 「제주특별자치도 설치 및 국제자유도시 조성을 위한 특별법」 제163조에 따라 제주투자진흥지구의 지정이 해제된 경우(2015.7.24 본호개정)
2. 「자유무역지역의 지정 및 운영에 관한 법률」 제15조에 따라 입주계약이 해지된 경우(2016.1.27 본호개정)
3. 해당 제주투자진흥지구 또는 제주자유무역지역 입주기업이 폐업한 경우
4.~5. (2015.12.15 삭제)
6. 해당 감면대상사업에서 최초로 소득이 발생한 과세연도(사업개시일부터 3년이 되는 날이 속하는 과세연도까지 해당 사업에서 소득이 발생하지 아니한 경우에는 3년이 되는 날이 속하는 과세연도) 종료일 이후

2년 이내에 제121조의9제1항에 따른 조세감면기준에 해당하는 투자가 이루어지지 아니한 경우(2010.12.27 본호신설)
② 제1항제6호에 해당하는 경우에는 해당 과세연도와 남은 감면기간 동안 제121조의9제2항을 적용하지 아니한다.(2010.12.27 본항신설)
③ 제1항에 따라 추징할 세액의 범위는 대통령령으로 정한다.

제121조의13【제주도여행객 면세점에 대한 간접세 등의 특례】 ① 대통령령으로 정하는 제주도여행객(이하 이 조에서 "제주도여행객"이라 한다)이 「제주특별자치도 설치 및 국제자유도시 조성을 위한 특별법」 제255조에 따른 면세품판매장(이하 이 조에서 "지정면세점"이라 한다)에서 대통령령으로 정하는 물품(이하 이 조에서 "면세물품"이라 한다)을 구입하여 제주도 외의 다른 지역으로 휴대하여 반출하는 경우에는 그 물품에 대한 부가가치세, 개별소비세, 주세, 관세 및 담배소비세(이하 이 조에서 "부가가치세등"이라 한다)를 면제(부가가치세의 경우에는 영세율을 적용하는 것을 말한다. 이하 이 조에서 같다)한다.(2015.7.24 본항개정)
② 지정면세점은 「관세법」 제174조에 따라 특허를 받은 보세판매장으로 본다. 이 경우 해당 보세판매장에서는 「관세법」 제196조제1항에도 불구하고 제1항에 따라 제주도 외의 다른 지역으로 휴대하여 반출하는 면세물품을 판매할 수 있다.
③ 사업자가 면세물품을 지정면세점에 공급하는 경우에는 대통령령으로 정하는 바에 따라 부가가치세, 개별소비세, 주세 및 담배소비세를 면제한다.
④ 지정면세점에서 판매할 수 있는 면세물품은 판매가격이 미합중국 화폐 800달러에 상당하는 금액으로서 대통령령으로 정하는 금액 이하의 것으로 한다.(2022.12.31 본항개정)
⑤ 제주도여행객이 지정면세점에서 구입할 수 있는 면세물품의 금액한도는 1회당 미합중국 화폐 800달러에 상당하는 금액으로서 대통령령으로 정하는 금액으로 한다. 이 경우 대통령령으로 정하는 범위 내의 면세물품은 금액한도 계산에서 제외한다.(2022.12.31 전단개정)
⑥ 제주도여행객은 지정면세점에서 면세물품을 연도별로 6회까지 구입할 수 있다.(2019.12.31 본항신설)
⑦ 면세물품의 종류별 구입수량 및 금액, 면세물품의 판매절차, 면세물품에 대한 부가가치세등의 면제절차, 미반출 물품에 대한 관리절차, 면세물품의 부정구입에 따른 감면세액의 징수 및 지정면세점의 이용제한, 그 밖에 부가가치세등의 면제에 관하여 필요한 사항은 대통령령으로 정한다.

제121조의14【입국경로에 설치된 보세판매장 등의 물품에 대한 간접세의 특례】 ① 「관세법」 제196조제1항제1호 단서에 따라 보세판매장에서 같은 조 제4항 단서에 따른 물품(이하 이 조에서 "물품"이라 한다)을 판매하는 경우에는 그 물품에 대한 부가가치세 및 주세(이하 이 조에서 "부가가치세등"이라 한다)를 면제(부가가치세의 경우에는 영세율을 적용하는 것을 말한다. 이하 이 조에서 같다)한다.
② 「관세법」 제196조제2항에 따른 보세판매장에서 우리나라로 입국하는 자에게 물품을 판매하는 경우에는 그 물품에 대한 부가가치세등을 면제한다.(2020.12.29 본항신설)
③ 사업자가 「관세법」 제2조제5호에 따른 내국물품을 제1항 또는 제2항에 따른 보세판매장에 공급하는 경우에는 대통령령으로 정하는 바에 따라 부가가치세등을 면제한다.
④ 물품에 대한 부가가치세등의 면제절차, 물품의 부정구입에 따른 감면세액의 징수에 관하여 필요한 사항은 대통령령으로 정한다.
(2020.12.29 본조개정)

제121조의15【제주특별자치도 소재 골프장에 대한 개별소비세 감면】제주특별자치도에 있는 골프장 입장행위(2021년 12월 31일까지 입장하는 경우만 해당한다)에 대해서는 「개별소비세법」제1조제3항제4호에도 불구하고 3천원의 세율을 적용한다.(2019.12.31 본조신설)

제121조의16 (2015.12.15 삭제)

제5장의3　기업도시 개발과 지역개발사업 구역 등 지원을 위한 조세특례
(2014.12.23 본장제목개정)

제121조의17【기업도시개발구역 등의 창업기업 등에 대한 법인세 등의 감면】① 다음 각 호의 어느 하나에 해당하는 사업(이하 이 장에서 "감면대상사업"이라 한다)을 하기 위한 투자로서 업종, 투자금액 및 고용인원이 대통령령으로 정하는 기준에 해당하는 경우에는 제2항부터 제8항까지의 규정에 따라 법인세 또는 소득세를 감면한다.(2018.12.24 본문개정)

1. 기업도시개발구역에 2025년 12월 31일까지 창업하거나 사업장을 신설(기존 사업장을 이전하는 경우는 제외한다)하는 기업이 그 구역의 사업장에서 하는 사업 (2023.12.31 본호개정)

2. 기업도시개발사업 시행자가 하는 사업으로서 「기업도시개발 특별법」 제2조제3호에 따른 기업도시개발사업

3. 「지역 개발 및 지원에 관한 법률」 제11조에 따라 지정된 지역개발사업구역(같은 법 제7조제1항제1호에 해당하는 지역개발사업으로 한정한다) 또는 같은 법 제67조에 따른 지역활성화지역에 2025년 12월 31일까지 창업하거나 사업장을 신설(기존 사업장을 이전하는 경우는 제외한다)하는 기업(법률 제12737호 「지역 개발 및 지원에 관한 법률」 부칙 제4조에 따라 의제된 지역개발사업구역 중 「폐광지역 개발 지원에 관한 특별법」에 따라 지정된 폐광지역진흥지구에 개발사업시행자로 선정되어 입주하는 경우에는 「관광진흥법」에 따른 관광숙박업 및 종합휴양업과 축산업을 경영하는 내국인을 포함한다)이 그 구역 또는 지역 안의 사업장에서 하는 사업과 「지역 개발 및 지원에 관한 법률」 제2조제5호에 따른 낙후지역 중 「주한미군 공여구역주변지역 등 지원 특별법」 제8조에 따른 종합계획 및 제9조에 따른 사업계획에 따라 대통령령으로 정하는 구역 안에서 2025년 12월 31일까지 창업하거나 사업장을 신설(기존 사업장을 이전하는 경우는 제외한다)하는 기업이 그 구역 안의 사업장에서 하는 사업 (2023.12.31 본호개정)

4. 「지역 개발 및 지원에 관한 법률」 제11조(같은 법 제7조제1항제1호에 해당하는 지역개발사업으로 한정한다)에 따른 지역개발사업구역과 같은 법 제67조에 따른 지역활성화지역에서 같은 법 제19조에 따라 지정된 사업시행자가 하는 지역개발사업과 「지역 개발 및 지원에 관한 법률」 제2조제5호에 따른 낙후지역 내에서 「주한미군 공여구역주변지역 등 지원 특별법」 제10조제1항에 따른 사업시행자가 하는 같은 조 제2항에 따른 사업(2020.12.29 본호개정)

5. 「여수세계박람회 기념 및 사후활용에 관한 특별법」 제15조제1항에 따라 지정·고시된 해양박람회특구에 2025년 12월 31일까지 창업하거나 사업장을 신설(기존 사업장을 이전하는 경우는 제외한다)하는 기업이 그 구역 안의 사업장에서 하는 사업(2023.12.31 본호개정)

6. 「여수세계박람회 기념 및 사후활용에 관한 특별법」 제18조제1항에 따른 사업시행자가 박람회 사후활용에 관하여 하는 사업(2015.12.15 본호개정)

7. 「새만금사업 추진 및 지원에 관한 특별법」 제8조제1항에 따라 지정된 사업시행자가 하는 새만금사업 (2016.12.20 본호신설)

8. 「새만금사업 추진 및 지원에 관한 특별법」 제11조의5에 따라 지정되는 새만금투자진흥지구에 2025년 12월 31일까지 창업하거나 사업장을 신설(기존 사업장을 이전하는 경우는 제외한다)하는 기업이 해당 구역 안의 사업장에서 하는 사업(2022.12.31 본호신설)

9. 「평화경제특별구역의 지정 및 운영에 관한 법률」 제8조에 따라 지정되는 평화경제특구에 2025년 12월 31일까지 창업하거나 사업장을 신설(기존 사업장을 이전하는 경우는 제외한다)하는 기업이 해당 구역 안의 사업장에서 하는 사업(2023.12.31 본호신설)

10. 「평화경제특별구역의 지정 및 운영에 관한 법률」 제15조에 따라 지정되는 개발사업시행자가 시행하는 평화경제특구개발사업(2023.12.31 본호신설)

② 제1항에 해당하는 기업의 감면대상사업에서 발생한 소득에 대해서는 사업개시일 이후 그 감면대상사업에서 최초로 소득이 발생한 과세연도(사업개시일부터 5년이 되는 날이 속하는 과세연도까지 그 사업에서 소득이 발생하지 아니한 경우에는 5년이 되는 날이 속하는 과세연도)의 개시일부터 3년 이내에 끝나는 과세연도에는 제1항제1호·제3호·제5호·제8호 및 제9호의 경우 법인세 또는 소득세의 100분의 100에 상당하는 세액을, 제1항제2호·제4호·제6호·제7호 및 제10호의 경우 법인세 또는 소득세의 100분의 50에 상당하는 세액을 각각 감면하고, 그 다음 2년 이내에 끝나는 과세연도에는 제1항제1호·제3호·제5호·제8호 및 제9호의 경우 법인세 또는 소득세의 100분의 50에 상당하는 세액을, 제1항제2호·제4호·제6호·제7호 및 제10호의 경우 법인세 또는 소득세의 100분의 25에 상당하는 세액을 각각 감면한다.(2023.12.31 본항개정)

③ (2015.12.15 삭제)

④ 제2항이 적용되는 감면기간 동안 감면받는 소득세 또는 법인세의 총합계액은 제1호와 제2호의 금액을 합한 금액을 한도(이하 이 조에서 "감면한도"라 한다)로 한다.(2018.12.24 본문개정)

1. 대통령령으로 정하는 투자누계액의 100분의 50

2. 해당 과세연도의 제1항 각 호의 어느 하나에 해당하는 사업을 하는 사업장(이하 이 조에서 "감면대상사업장"이라 한다)의 상시근로자 수 × 1천5백만원[청년상시근로자와 대통령령으로 정하는 서비스업(이하 이 조에서 "서비스업"이라 한다)을 하는 감면대상사업장의 상시근로자의 경우에는 2천만원](2018.12.24 본호개정)

2. (2018.12.24 삭제)
(2010.12.27 본항신설)

⑤ 제2항에 따라 각 과세연도에 감면받을 소득세 또는 법인세에 대하여 감면한도를 적용할 때에는 제4항제1호의 금액을 먼저 적용한 후 같은 항 제2호의 금액을 적용한다.(2010.12.27 본항신설)

⑥ 제4항제2호를 적용받아 소득세 또는 법인세를 감면받은 기업이 감면받은 과세연도 종료일부터 2년이 되는 날이 속하는 과세연도 종료일까지의 기간 중 각 과세연도의 감면대상사업장의 상시근로자 수가 감면받은 과세연도의 상시근로자 수보다 감소한 경우에는 대통령령으로 정하는 바에 따라 감면받은 세액에 상당하는 금액을 소득세 또는 법인세로 납부하여야 한다. (2018.12.24 본항개정)

⑦ 제4항 및 제6항을 적용할 때 상시근로자 및 청년 상시근로자의 범위, 상시근로자 수의 계산방법, 그 밖에 필요한 사항은 대통령령으로 정한다.(2018.12.24 본항개정)

⑧ 제1항을 적용할 때 창업의 범위에 관하여는 제6조제10항을 준용한다.(2018.12.24 본항개정)

⑨ 제2항을 적용받으려는 자는 대통령령으로 정하는 바에 따라 감면신청을 하여야 한다.(2015.12.15 본항개정)

⑩ 제4항제2호에 따라 서비스업에 대한 한도를 적용받는 기업은 제143조를 준용하여 서비스업과 그 밖의 사업을 각각 구분하여 경리하여야 한다.(2018.12.24 본항개정) (2010.1.1 본조개정)

제121조의18【관광 중심 기업도시 내 골프장에 대한 개별소비세 감면】 ① 「기업도시개발 특별법」 제30조제1항에 따른 관광 중심 기업도시(법률 제13372호 기업도시개발 특별법 일부개정법률 시행 당시 지정된 종전의 「기업도시개발 특별법」 제2조제1호다목에 따른 관광레저형 기업도시를 포함하며, 이하 이 조에서 "관광 중심 기업도시"라 한다)에 설치된 골프장의 입장행위(2015년 12월 31일까지 입장하는 경우만 해당한다)에 대해서는 「개별소비세법」 제1조제3항제4호에도 불구하고 개별소비세를 부과하지 아니한다.

② 관광 중심 기업도시를 관할하는 광역시장·시장 또는 군수(광역시 관할 구역에 있는 군의 군수는 제외한다)는 제1항에 따른 관광 중심 기업도시 안의 골프장에 대한 과세특례가 기업도시의 관광 진흥에 기여하도록 대통령령으로 정하는 바에 따라 필요한 조치를 하여야 한다. (2015.6.22 본조개정)

제121조의19【감면세액의 추징 등】 ① 세무서장은 다음 각 호의 어느 하나에 해당하는 경우에는 대통령령으로 정하는 바에 따라 제121조의17에 따라 감면된 법인세 또는 소득세를 추징한다.

1. 「기업도시개발 특별법」 제7조에 따라 기업도시개발구역의 지정이 해제된 경우
2. 「지역 개발 및 지원에 관한 법률」 제18조에 따라 지역개발사업구역의 지정이 해제되거나 같은 법 제69조에 따라 지역활성화지역의 지정이 해제된 경우. 다만, 같은 법 제18조제2항제3호에 따른 지정 해제 등 지정 목적을 달성함에 따라 지역개발사업구역 또는 지역활성화지역의 지정이 해제된 경우는 제외한다. (2023.12.31 단서신설)
3. 해당 감면대상사업에서 최초로 소득이 발생한 과세연도(사업개시일부터 3년이 되는 날이 속하는 과세연도까지 해당 사업에서 소득이 발생하지 아니한 경우에는 3년이 되는 날이 속하는 과세연도) 종료일 이후 2년 이내에 제121조의17제1항에 따른 조세감면기준에 해당하는 투자가 이루어지지 아니한 경우
4. 기업도시개발구역에 창업한 기업이 폐업하거나 신설한 사업장을 폐쇄한 경우
5. 「지역 개발 및 지원에 관한 법률」 제11조(같은 법 제7조제1항제1호에 해당하는 지역개발사업으로 한정한다)에 따라 지정된 지역개발사업구역과 같은 법 제67조에 따라 지정된 지역활성화지역에 창업한 기업이 폐업하거나 신설한 사업장을 폐쇄한 경우 (2014.12.23 본호개정)
6. 「여수세계박람회 기념 및 사후활용에 관한 특별법」 제15조제1항에 따른 지정·고시된 해양박람회특구에 창업한 기업이 폐업하거나 신설한 사업장을 폐쇄한 경우(2015.12.15 본호개정)
7. 「주한미군 공여구역주변지역 등 지원 특별법」 제11조제6항에 따라 사업의 시행승인이 취소된 경우 (2018.12.24 본호신설)
8. 「주한미군 공여구역주변지역 등 지원 특별법」 제8조에 따른 종합계획 및 제9조에 따른 사업계획에 의한 사업의 구역에 창업한 기업이 폐업하거나 신설한 사업장을 폐쇄한 경우(2020.12.29 본호개정)
9. 「새만금사업 추진 및 지원에 관한 특별법」 제11조의6에 따라 새만금투자진흥지구의 지정이 해제된 경우
10. 「새만금사업 추진 및 지원에 관한 특별법」 제11조의5에 따라 지정·고시된 새만금투자진흥지구에 창업한 기업이 폐업하거나 신설한 사업장을 폐쇄한 경우 (2022.12.31 9호~10호신설)

11. 「평화경제특별구역의 지정 및 운영에 관한 법률」 제14조제1항에 따라 평화경제특구의 지정이 해제되거나 해당 단위개발사업지구가 평화경제특구에서 제외된 경우(2023.12.31 본호신설)
12. 「평화경제특별구역의 지정 및 운영에 관한 법률」 제8조에 따라 지정·고시된 평화경제특구에 창업한 기업이 폐업하거나 신설한 사업장을 폐쇄한 경우 (2023.12.31 본호신설)

② 제1항제3호에 해당하는 경우에는 해당 과세연도와 남은 감면기간 동안 제121조의17제2항을 적용하지 아니한다.

③ (2015.12.15 삭제) (2010.1.1 본조개정)

제5장의4 아시아문화중심도시 지원을 위한 조세특례
(2010.1.1 본장개정)

제121조의20【아시아문화중심도시 투자진흥지구 입주 등에 대한 법인세 등의 감면 등】 ① 「아시아문화중심도시 조성에 관한 특별법」 제16조에 따른 투자진흥지구에 2025년 12월 31일까지 입주하는 기업이 그 지구에서 사업을 하기 위한 투자로서 업종 및 투자금액이 대통령령으로 정하는 기준에 해당하는 투자에 대해서는 제2항 및 제4항부터 제10항까지의 규정에 따라 법인세 또는 소득세를 감면한다.(2023.12.31 본항개정)

② 제1항에 따른 기업의 감면대상사업에서 발생한 소득에 대해서는 사업개시일 이후 해당 감면대상사업에서 최초로 소득이 발생한 과세연도(사업개시일부터 5년이 되는 날이 속하는 과세연도까지 해당 사업에서 소득이 발생하지 아니한 때에는 5년이 되는 날이 속하는 과세연도)의 개시일부터 3년 이내에 끝나는 과세연도의 법인세 또는 소득세의 100분의 100에 상당하는 세액을, 그 다음 2년 이내에 끝나는 과세연도의 법인세 또는 소득세의 100분의 50에 상당하는 세액을 감면한다.

③ (2015.12.15 삭제)

④ 제2항이 적용되는 감면기간 동안 감면받는 소득세 또는 법인세의 총합계액은 제1호와 제2호의 금액을 합한 금액을 한도(이하 이 조에서 "감면한도"라 한다)로 한다.(2018.12.24 본문개정)

1. 대통령령으로 정하는 투자누계액의 100분의 50
2. 해당 과세연도의 제1항에 따른 투자진흥지구의 사업장(이하 이 조에서 "감면대상사업장"이라 한다)의 상시근로자 수 × 1천5백만원[청년 상시근로자와 대통령령으로 정하는 서비스업(이하 이 조에서 "서비스업"이라 한다)을 하는 감면대상사업장의 상시근로자의 경우에는 2천만원](2018.12.24 본호개정)
3. (2018.12.24 삭제)
(2010.12.27 본항신설)

⑤ 제2항에 따라 각 과세연도에 감면받을 소득세 또는 법인세에 대하여 감면한도를 적용할 때에는 제4항제1호의 금액을 먼저 적용한 후 같은 항 제2호의 금액을 적용한다.(2010.12.27 본항신설)

⑥ 제4항제2호를 적용받아 소득세 또는 법인세를 감면받은 기업이 감면받은 과세연도 종료일부터 2년이 되는 날이 속하는 과세연도 종료일까지의 기간 중 각 과세연도의 감면대상사업장의 상시근로자 수가 감면받은 과세연도의 상시근로자 수보다 감소한 경우에는 대통령령으로 정하는 바에 따라 감면받은 세액에 상당하는 금액을 소득세 또는 법인세로 납부하여야 한다. (2018.12.24 본항개정)

⑦ 제4항 및 제6항을 적용할 때 상시근로자 및 청년 상시근로자의 범위, 상시근로자 수의 계산방법, 그 밖에 필요한 사항은 대통령령으로 정한다.(2018.12.24 본항개정)

⑧ 세무서장은 해당 감면대상사업에서 최초로 소득이 발생한 과세연도(사업개시일부터 3년이 되는 날이 속하는 과세연도까지 해당 사업에서 소득이 발생하지 아니한 경우에는 3년이 되는 날이 속하는 과세연도) 종료일 이후 2년 이내에 제1항에 따른 조세감면기준에 해당하는 투자가 이루어지지 아니한 경우에는 대통령령으로 정하는 바에 따라 제1항부터 제7항까지의 규정에 따라 감면된 법인세 또는 소득세를 추징한다. (2010.12.27 본항신설)
⑨ 제8항에 해당하는 경우에는 해당 과세연도와 남은 감면기간 동안 제2항을 적용하지 아니한다.(2010.12.27 본항신설)
⑩ 제2항에 따라 소득세 또는 법인세를 감면받은 기업이 다음 각 호의 어느 하나에 해당하는 경우에는 그 사유가 발생한 과세연도의 과세표준신고를 할 때 대통령령으로 정하는 바에 따라 계산한 세액을 소득세 또는 법인세로 납부하여야 한다. 이 경우 제12조의2제8항의 이자상당가산액 등에 관한 규정을 준용한다.
1. 감면대상사업장의 사업을 폐업하거나 법인이 해산한 경우. 다만, 법인의 합병·분할 또는 분할합병으로 인한 경우는 제외한다.
2. 감면대상사업장을 「아시아문화중심도시 조성에 관한 특별법」 제16조에 따른 투자진흥지구 외의 지역으로 이전한 경우
(2021.12.28 본항신설)
⑪ 제2항에 따라 법인세 또는 소득세를 감면받으려는 자는 대통령령으로 정하는 바에 따라 그 감면신청을 하여야 한다.(2015.12.15 본항개정)
⑫ 제4항제2호에 따라 서비스업에 대한 한도를 적용받는 기업은 제143조를 준용하여 서비스업과 그 밖의 사업을 각각 구분하여 경리하여야 한다.(2018.12.24 본항개정)
(2010.12.27 본조제목개정)

제5장의5 금융중심지의 조성과 발전을 위한 조세특례
(2010.5.14 본장신설)

제121조의21【금융중심지 창업기업 등에 대한 법인세 등의 감면】 ① 「금융중심지의 조성과 발전에 관한 법률」 제5조제5항에 따라 지정된 금융중심지(수도권과밀억제권역 안의 금융중심지는 제외한다)에 2025년 12월 31일까지 창업하거나 사업장을 신설(기존 사업장을 이전하는 경우는 제외한다)하여 해당 구역 안의 사업장(이하 이 조에서 "감면대상사업장"이라 한다)에서 대통령령으로 정하는 기준을 충족하는 금융 및 보험업(이하 이 조에서 "감면대상사업"이라 한다)을 영위하는 경우에는 제2항 및 제4항부터 제10항까지의 규정에 따라 법인세 또는 소득세를 감면한다.(2023.12.31 본항개정)
② 제1항의 금융중심지 구역 안 사업장의 감면대상사업에서 발생한 소득에 대하여는 사업개시일 이후 해당 감면대상사업에서 최초로 소득이 발생한 과세연도(사업개시일부터 5년이 되는 날이 속하는 과세연도까지 해당 사업에서 소득이 발생하지 아니한 때에는 5년이 되는 날이 속하는 과세연도)의 개시일부터 3년 이내에 종료하는 과세연도의 법인세 또는 소득세의 100분의 100에 상당하는 세액을 감면하고, 그 다음 2년 이내에 종료하는 과세연도의 법인세 또는 소득세의 100분의 50에 상당하는 세액을 감면한다.
③ 제1항을 적용할 때 창업의 범위에 관하여는 제6조제10항을 준용한다.(2018.12.24 본항개정)
④ 제2항이 적용되는 감면기간 동안 감면받는 소득세 또는 법인세의 총합계액은 제1호와 제2호의 금액을 합한 금액을 한도(이하 이 조에서 "감면한도"라 한다)로 한다.(2018.12.24 본문개정)

1. 대통령령으로 정하는 투자누계액의 100분의 50
2. 해당 과세연도의 감면대상사업장의 상시근로자 수 × 1천5백만원〔청년 상시근로자와 대통령령으로 정하는 서비스업(이하 이 조에서 "서비스업"이라 한다)을 하는 감면대상사업장의 상시근로자의 경우에는 2천만원〕(2018.12.24 본호개정)
3. (2018.12.24 삭제)
(2010.12.27 본항신설)
⑤ 제2항에 따라 각 과세연도에 감면받을 소득세 또는 법인세에 대하여 감면한도를 적용할 때에는 제4항제1호의 금액을 먼저 적용한 후 같은 항 제2호의 금액을 적용한다.(2010.12.27 본항신설)
⑥ 제4항제2호를 적용받아 소득세 또는 법인세를 감면받은 기업이 감면받은 과세연도 종료일부터 2년이 되는 날이 속하는 과세연도 종료일까지의 기간 중 각 과세연도의 감면대상사업장의 상시근로자 수가 감면받은 과세연도의 상시근로자 수보다 감소한 경우에는 대통령령으로 정하는 바에 따라 감면받은 세액에 상당하는 금액을 소득세 또는 법인세로 납부하여야 한다.(2018.12.24 본항개정)
⑦ 제4항 및 제6항을 적용할 때 상시근로자 및 청년 상시근로자의 범위, 상시근로자 수의 계산방법, 그 밖에 필요한 사항은 대통령령으로 정한다.(2018.12.24 본항개정)
⑧ 세무서장은 해당 감면대상사업에서 최초로 소득이 발생한 과세연도(사업개시일부터 3년이 되는 날이 속하는 과세연도까지 해당 사업에서 소득이 발생하지 아니한 경우에는 3년이 되는 날이 속하는 과세연도) 종료일 이후 2년 이내에 제1항에 따른 조세감면기준에 해당하는 투자가 이루어지지 아니한 경우에는 대통령령으로 정하는 바에 따라 제1항, 제2항 및 제4항부터 제7항까지의 규정에 따라 감면된 법인세 또는 소득세를 추징한다.(2015.12.15 본항개정)
⑨ 제8항에 해당하는 경우에는 해당 과세연도와 남은 감면기간 동안 제2항을 적용하지 아니한다.(2010.12.27 본항신설)
⑩ 제2항에 따라 소득세 또는 법인세를 감면받은 기업이 다음 각 호의 어느 하나에 해당하는 경우에는 그 사유가 발생한 과세연도의 과세표준신고를 할 때 대통령령으로 정하는 바에 따라 계산한 세액을 소득세 또는 법인세로 납부하여야 한다. 이 경우 제12조의2제8항의 이자상당가산액 등에 관한 규정을 준용한다.
1. 감면대상사업장의 사업을 폐업하거나 법인이 해산한 경우. 다만, 법인의 합병·분할 또는 분할합병으로 인한 경우는 제외한다.
2. 감면대상사업장을 「금융중심지의 조성과 발전에 관한 법률」 제5조제5항에 따라 지정된 금융중심지(수도권과밀억제권역 안의 금융중심지는 제외한다) 외의 지역으로 이전한 경우
(2021.12.28 본항신설)
⑪ 제2항에 따라 법인세 또는 소득세를 감면받으려는 자는 대통령령으로 정하는 바에 따라 그 감면신청을 하여야 한다.(2015.12.15 본항개정)
⑫ 제4항제2호에 따라 서비스업에 대한 한도를 적용받는 기업은 제143조를 준용하여 서비스업과 그 밖의 사업을 각각 구분하여 경리하여야 한다.(2018.12.24 본항개정)
(2010.12.27 본조제목개정)

제5장의6 첨단의료복합단지 및 국가식품 클러스터 지원을 위한 조세특례
(2019.12.31 본장제목개정)

제121조의22【첨단의료복합단지 및 국가식품클러스터 입주기업에 대한 법인세 등의 감면】 ① 다음 각 호의 어느 하나에 해당하는 사업(이하 이 장에서 "감면대

상사업"이라 한다)을 하는 경우에는 제2항부터 제7항까지의 규정에 따라 소득세 또는 법인세를 감면한다.
1. 「첨단의료복합단지 육성에 관한 특별법」 제6조에 따라 지정된 첨단의료복합단지에 2025년 12월 31일까지 입주한 기업이 첨단의료복합단지에 위치한 사업장에서 하는 보건의료기술사업 등 대통령령으로 정하는 사업 (2023.12.31 본호개정)
2. 「식품산업진흥법」 제12조에 따른 국가식품클러스터에 2025년 12월 31일까지 입주한 기업이 국가식품클러스터에 위치한 사업장에서 하는 식품산업 등 대통령령으로 정하는 사업 (2023.12.31 본호개정)
(2021.12.28 본항개정)
② 제1항에 따른 감면대상사업을 하는 사업장(이하 이 장에서 "감면대상사업장"이라 한다)의 감면대상사업에서 발생한 소득에 대하여는 사업개시일 이후 해당 감면대상사업에서 최초로 소득이 발생한 과세연도(사업개시일부터 5년이 되는 날이 속하는 과세연도까지 해당 사업에서 소득이 발생하지 아니한 때에는 5년이 되는 날이 속하는 과세연도)의 개시일부터 3년 이내에 끝나는 과세연도의 소득세 또는 법인세의 100분의 100에 상당하는 세액을 감면하고, 그 다음 2년 이내에 끝나는 과세연도의 소득세 또는 법인세의 100분의 50에 상당하는 세액을 감면한다.(2019.12.31 본항개정)
③ 제2항이 적용되는 감면기간 동안 감면받는 소득세 또는 법인세의 총합계액은 제1호와 제2호의 금액을 합한 금액을 한도(이하 이 조에서 "감면한도"라 한다)로 한다.(2018.12.24 본문개정)
1. 대통령령으로 정하는 투자누계액의 100분의 50
2. 해당 과세연도의 감면대상사업장의 상시근로자 수 × 1천5백만원(청년 상시근로자와 대통령령으로 정하는 서비스업(이하 이 조에서 "서비스업"이라 한다)을 하는 감면대상사업장의 상시근로자의 경우에는 2천만원)(2018.12.24 본호개정)
3. (2018.12.24 삭제)
④ 제2항에 따라 각 과세연도에 감면받을 소득세 또는 법인세에 대하여 감면한도를 적용할 때에는 제3항제1호의 금액을 먼저 적용한 후 같은 항 제2호의 금액을 적용한다.
⑤ 제3항제2호를 적용받아 소득세 또는 법인세를 감면받은 기업이 감면받은 과세연도 종료일부터 3년이 되는 날이 속하는 과세연도 종료일까지의 기간 중 각 과세연도의 감면대상사업장의 상시근로자 수가 감면받은 과세연도의 상시근로자 수보다 감소한 경우에는 대통령령으로 정하는 바에 따라 감면받은 세액에 상당하는 금액을 소득세 또는 법인세로 납부하여야 한다.
(2018.12.24 본항개정)
⑥ 제3항 및 제5항을 적용할 때 상시근로자 및 청년 상시근로자의 범위, 상시근로자 수의 계산방법, 그 밖에 필요한 사항은 대통령령으로 정한다.(2018.12.24 본항개정)
⑦ 제2항에 따라 소득세 또는 법인세를 감면받은 기업이 다음 각 호의 어느 하나에 해당하는 경우에는 그 사유가 발생한 과세연도의 과세표준신고를 할 때 대통령령으로 정하는 바에 따라 계산한 세액을 소득세 또는 법인세로 납부하여야 한다. 이 경우 제12조의2제8항의 이자상당가산액 등에 관한 규정을 준용한다.
1. 감면대상사업장의 사업을 폐업하거나 법인이 해산한 경우. 다만, 법인의 합병·분할 또는 분할합병으로 인한 경우는 제외한다.
2. 감면대상사업장을 다음 각 목의 어느 하나에 해당하는 곳 외의 지역으로 이전한 경우
   가. 제1항제1호에 해당하여 소득세 또는 법인세를 감면받은 기업인 경우 : 「첨단의료복합단지 육성에 관한 특별법」 제6조에 따라 지정된 첨단의료복합단지

나. 제1항제2호에 해당하여 소득세 또는 법인세를 감면받은 기업인 경우 : 「식품산업진흥법」 제12조에 따른 국가식품클러스터
(2021.12.28 본항신설)
⑧ 제2항에 따라 소득세 또는 법인세를 감면받고자 하는 자는 대통령령으로 정하는 바에 따라 감면신청을 하여야 한다.
⑨ 제3항제2호에 따라 서비스업에 대한 한도를 적용받는 기업은 제143조를 준용하여 서비스업과 그 밖의 사업을 각각 구분하여 경리하여야 한다.(2018.12.24 본항개정)
(2019.12.31 본조제목개정)

제5장의7 농업협동조합중앙회 구조개편을 위한 조세특례
(2011.12.31 본장신설)

제121조의23 【농업협동조합중앙회의 분할 등에 대한 과세특례】
① 「농업협동조합법」에 따른 농업협동조합중앙회(이하 이 조에서 "농업협동조합중앙회"라 한다)가 2017년 12월 31일까지 「농업협동조합법」 제161조의2, 제161조의10부터 제161조의12까지와 법률 제10522호 농업협동조합법 일부개정법률 부칙 제6조에 따라 분할하는 경우에는 「법인세법」 제47조제1항의 요건을 갖춘 분할로 보아 이 법과 「법인세법」의 분할에 관한 규정을 적용하고, 이를 「부가가치세법」 제9조 및 제10조에 따른 재화의 공급으로 보지 아니한다.(2016.12.27 본항개정)
② 「농업협동조합법」 제161조의10에 따른 농협금융지주회사(이하 이 조에서 "농협금융지주회사"라 한다)가 농업협동조합중앙회와 2012년 6월 30일까지 「상법」 제360조의2에 따른 주식의 포괄적 교환(이하 이 조에서 "주식의 포괄적 교환"이라 한다)을 하는 경우에는 제38조제1항제1호의 요건을 갖춘 것으로 본다.(2016.12.27 본항개정)
③ 「농업협동조합법」 제161조의2에 따른 농협경제지주회사(이하 이 조에서 "농협경제지주회사"라 한다)가 농업협동조합중앙회와 2017년 12월 31일까지 주식의 포괄적 교환을 하는 경우에는 제38조제1항제1호의 요건을 갖춘 것으로 본다.(2016.12.27 본항개정)
④ 농협경제지주회사가 제1항에 따른 분할로 인하여 취득한 주식에 대하여 분할 당시 발생한 자산의 양도차익에 상당하는 금액으로서 손금에 산입하여 과세를 이연받은 금액은 해당 분할로 취득한 주식을 제3항에 따라 농협경제지주회사와 주식의 포괄적 교환을 하는 경우에 대통령령으로 정하는 바에 따라 다시 과세를 이연받을 수 있다.(2014.12.23 본항신설)
⑤ 농협경제지주회사와 법률 제10522호 농업협동조합법 일부개정법률 부칙 제6조에 따른 분할로 설립된 그 자회사가 대통령령으로 정하는 사업을 위한 목적으로 「농업협동조합법」에 따라 설립된 조합(조합원 및 조합공동사업법인을 포함한다)에 지출하는 금전, 재화 또는 용역에 대해서는 「법인세법」 제24조, 제25조 및 제52조를 적용하지 아니한다.(2014.12.23 본항신설)
⑥ 농업협동조합중앙회에 대해서는 「법인세법」 제29조를 적용하는 경우 다음 각 호의 금액을 합한 금액의 범위에서 고유목적사업준비금을 손금에 산입할 수 있다.(2014.1.1 본문개정)
1. 「법인세법」 제29조제1항제1호가목 및 나목에 따른 소득금액(2018.12.24 본호개정)
2. 「농업협동조합법」 제159조의2에 따라 농업협동조합의 명칭을 사용하는 법인에 대해서 부과하는 농업지원사업비 수입금액에 100분의 70에서 100분의 100까지의 범위에서 기획재정부장관과 농림축산식품부장관이 협의하여 기획재정부령으로 정하는 비율을 곱하여 산출한 금액(2016.12.27 본호개정)

3. 제1호 및 제2호에 규정된 것 외의 수익사업에서 발생한 소득에 100분의 50을 곱하여 산출한 금액

⑦ 농업협동조합중앙회에 대해서는 「법인세법」 제29조를 적용할 때 「농업협동조합법」 제68조에 따라 회원에게 배당하는 금액 등 대통령령으로 정하는 금액을 고유목적사업준비금으로 세무조정계산서에 계상하면 해당 금액은 손금으로 계상한 것으로서 고유목적사업에 지출 또는 사용된 금액으로 본다.(2014.1.1 본항개정)

⑧ 「농업협동조합법」 제159조의2에 따라 농업협동조합의 명칭을 사용하는 법인이 지출하는 농업지원사업비에 대해서는 「법인세법」 제52조를 적용하지 아니한다. (2016.12.27 본항개정)

⑨ 농업협동조합중앙회가 「농업협동조합법」 제159조의2에 따라 공급하는 명칭사용용역에 대해서는 부가가치세를 면제한다.(2014.1.1 본항개정)

⑩ 다음 각 호의 어느 하나에 해당하는 전산용역에 대해서는 2026년 12월 31일까지 부가가치세를 면제한다. (2023.12.31 본문개정)

1. 농업협동조합중앙회가 「농업협동조합법」 제161조의2, 제161조의10부터 제161조의12까지의 규정에 따른 법인(「법률 제10522호 농업협동조합법 일부개정법률 부칙 제6조제3항에 따른 농업협동조합중앙회의 자회사를 포함한다)에 공급하는 전산용역(2016.12.27 본호개정)

2. 「농업협동조합법」 제161조의11에 따른 농협은행이 다음 각 목의 법인에 공급하는 전산용역(2017.12.19 본문개정)

가. 농업협동조합중앙회
나. 「농업협동조합법」 제161조의10에 따른 농협금융지주회사 또는 같은 법 제161조의12에 따른 농협생명보험 및 농협손해보험(2017.12.19 본목개정)
(2016.12.20 본항개정)

⑪ 「농업협동조합법」 제161조의12제1항에 따른 농협생명보험과 농협손해보험(이하 이 항에서 "농협보험"이라 한다)의 교육세 과세표준을 계산할 때 농협보험 설립 전에 체결한 공제계약으로부터 발생하는 수익금액은 제외한다.(2016.12.27 본항개정)

제5장의8   공적자금 회수를 위한 조세특례
(2014.5.14 본장신설)

제121조의24 【공적자금 회수를 위한 합병 및 분할 등에 대한 과세특례】
① 예금보험공사가 발행주식총수 또는 출자총액의 50퍼센트 이상을 출자한 「금융지주회사법」에 따른 금융지주회사가 「공적자금관리 특별법」에 따라 공적자금을 회수하기 위하여 2016년 4월 30일까지 분할하는 경우에는 「법인세법」 제46조제2항 각 호의 요건을 모두 갖춘 분할로 보아 이 법과 「법인세법」, 「소득세법」 및 「부가가치세법」의 분할에 관한 규정을 적용하고, 「법인세법」 제46조의3제3항 및 제4항은 적용하지 아니한다.

② 예금보험공사가 발행주식총수 또는 출자총액의 50퍼센트 이상을 출자한 「금융지주회사법」에 따른 금융지주회사(제1항에 따라 분할로 설립된 금융지주회사를 포함한다. 이하 이 조에서 같다)가 「공적자금관리 특별법」에 따라 공적자금을 회수하기 위하여 2016년 4월 30일까지 그 금융지주회사의 자회사(「금융지주회사법」에 따른 자회사를 말한다. 이하 이 조에서 같다)와 합병하는 경우에는 「법인세법」 제44조제2항 각 호의 요건을 모두 갖춘 합병으로 보아 이 법과 「법인세법」, 「소득세법」 및 「부가가치세법」의 합병에 관한 규정을 적용하고, 「법인세법」 제44조의3제3항 및 제4항은 적용하지 아니한다.

③ 예금보험공사가 발행주식총수 또는 출자총액의 50퍼센트 이상을 출자한 「금융지주회사법」에 따른 금융지주회사가 「공적자금관리 특별법」에 따라 공적자금을 회수하기 위하여 2016년 4월 30일까지 그 금융지주회사의 자회사와 합병하는 경우에는 금융지주회사가 보유한 자회사 주식과 관련한 세무조정사항(제1항에 의한 분할을 통하여 분할법인인 금융지주회사에서 분할신설법인인 금융지주회사에 승계된 주식과 관련하여 분할법인의 각 사업연도의 소득금액 및 과세표준을 계산할 때 익금 또는 손금에 산입하거나 산입하지 아니하여 제1항에 의한 분할 시 분할신설법인인 금융지주회사에 승계된 금액과 제1항에 의한 분할 시 자회사 주식과 관련하여 발생한 자산조정계정을 포함한다)은 모두 소멸하는 것으로 본다.

제5장의9   수산업협동조합중앙회 구조개편을 위한 조세특례
(2015.12.15 본장신설)

제121조의25 【수산업협동조합중앙회의 분할 등에 대한 과세특례】
① 「수산업협동조합법」에 따른 수산업협동조합중앙회(이하 이 조에서 "수산업협동조합중앙회"라 한다)가 2016년 12월 31일까지 대통령령으로 정하는 바에 따라 분할하는 경우에는 「법인세법」 제47조제1항의 요건을 갖춘 분할로 보아 이 법과 「법인세법」의 분할에 관한 규정을 적용하고, 이를 「부가가치세법」 제9조 및 제10조에 따른 재화의 공급으로 보지 아니한다.

② 제1항의 분할로 신설된 자회사(이하 이 조에서 "수협은행"이라 한다)가 「공적자금관리 특별법」 제2조제1호에 따른 공적자금(이하 이 조에서 "공적자금"이라 한다)으로써 대통령령으로 정하는 자금의 상환을 위하여 제1항의 분할로 승계한 자산을 처분하는 경우에는 「법인세법」 제47조제2항제2호를 적용하지 아니한다.

③ 수협은행이 대통령령으로 정하는 사업을 위한 목적으로 「수산업협동조합법」에 따라 설립된 조합(조합원을 포함한다)에 지출하는 금전, 재화 또는 용역에 대해서는 「법인세법」 제24조, 제25조 및 제52조를 적용하지 아니한다.

④ 수산업협동조합중앙회에 대해서는 「법인세법」 제29조를 적용하는 경우 다음 각 호의 금액을 합한 금액의 범위에서 고유목적사업준비금을 손금에 산입할 수 있다.

1. 「법인세법」 제29조제1항제1호가목 및 나목에 따른 소득금액(2018.12.24 본호개정)

2. 대통령령으로 정하는 바에 따라 수산업협동조합의 명칭을 사용하는 법인에 대하여 부과하는 명칭사용료 수입금액에 100분의 70에서 100분의 100까지의 범위에서 기획재정부장관과 해양수산부장관이 협의하여 기획재정부령으로 정하는 비율을 곱하여 산출한 금액

3. 제1호 또는 제2호의 수익사업에서 발생한 소득에 100분의 50을 곱하여 산출한 금액

⑤ 수산업협동조합중앙회에 대해서는 「법인세법」 제29조를 적용하는 경우 다음 각 호의 금액을 고유목적사업준비금으로 세무조정계산서에 계상하면 해당 금액은 손금으로 계상한 것으로서 고유목적사업에 지출 또는 사용된 금액으로 본다.

1. 수산업협동조합중앙회가 「수산업협동조합법」 제166조에 따라 회원에게 배당하는 금액으로서 대통령령으로 정하는 금액

2. 공적자금으로서 대통령령으로 정하는 자금의 상환을 위하여 지출하는 금액

⑥ 대통령령으로 정하는 바에 따라 수산업협동조합의 명칭을 사용하는 법인이 지출하는 명칭사용료에 대해서는 「법인세법」 제52조를 적용하지 아니한다.

⑦ 수산업협동조합중앙회가 2026년 12월 31일까지 대통령령으로 정하는 바에 따라 공급하는 명칭사용용역에 대해서는 부가가치세를 면제한다.(2023.12.31 본항개정)

⑧ 다음 각 호의 어느 하나에 해당하는 전산용역으로서 2026년 12월 31일까지 공급하는 것에 대해서는 부가가치세를 면제한다.(2023.12.31 본문개정)
1. 수협은행이 대통령령으로 정하는 바에 따라 조합에 공급하는 전산용역
2. 수협은행이 대통령령으로 정하는 바에 따라 수산업협동조합중앙회에 공급하는 전산용역
3. 수산업협동조합중앙회가 수협은행에 공급하는 전산용역
⑨ 수산업협동조합중앙회가 2022년 1월 1일부터 2022년 12월 31일까지 제5항제2호에 따라 상환한 금액이 제4항에 따라 손금에 산입할 수 있는 범위를 초과하여 손금에 산입하지 못한 금액에 대해서는 2023년 1월 1일부터 2028년 12월 31일까지의 기간 중 각 사업연도에 균분한 금액을 제5항제2호에 따라 고유목적사업에 지출 또는 사용된 금액으로 본다.(2021.12.28 본항신설)

제5장의10 사업재편계획을 위한 조세특례
(2015.12.15 본장신설)

제121조의26【내국법인의 금융채무 상환 및 투자를 위한 자산매각에 대한 과세특례】
① 내국법인이 다음 각 호의 어느 하나에 해당하는 내용이 포함되어 있는 대통령령으로 정하는 사업재편계획(이하 이 조에서 "사업재편계획"이라 한다)에 따라 2026년 12월 31일 이전에 자산을 양도하는 경우에는 해당 자산을 양도함으로써 발생하는 양도차익 중 대통령령으로 정하는 금액(대통령령으로 정하는 결손금을 초과하는 금액으로 한정한다. 이하 이 조에서 "양도차익상당액"이라 한다)에 대해서는 해당 사업연도와 해당 사업연도의 종료일 이후 3개 사업연도의 기간 중 익금에 산입하지 아니하고 그 다음 3개 사업연도의 기간 동안 균분한 금액 이상을 익금에 산입할 수 있다.(2023.12.31 본문개정)
1. 자산을 양도한 날(장기할부조건의 경우에는 대통령령으로 정하는 날을 말하며, 대통령령으로 정하는 부득이한 사유가 있는 경우에는 그 사유가 종료된 날을 말한다. 이하 이 조에서 같다)부터 대통령령으로 정하는 기한까지 채무를 상환한다는 내용(2021.12.28 본호신설)
2. 자산을 양도한 날부터 대통령령으로 정하는 기한까지 제24조제1항제1호가목 또는 나목에 해당하는 자산에 투자한다는 내용(2021.12.28 본호신설)
② 제1항을 적용받은 내국법인이 다음 각 호의 어느 하나에 해당하게 된 경우에는 해당 사유가 발생한 사업연도의 소득금액을 계산할 때 제1항에 따라 익금에 산입하지 아니한 금액을 대통령령으로 정하는 바에 따라 익금에 산입하여야 한다. 이 경우 대통령령으로 정하는 바에 따라 계산한 이자상당가산액(이하 이 항에서 "이자상당가산액"이라 한다)을 법인세에 가산하여 납부하여야 하며, 해당 세액은 「법인세법」 제64조에 따라 납부하여야 할 세액으로 본다.
1. 사업재편계획에 따라 채무를 상환하지 아니하거나 투자가 이루어지지 아니한 경우(2021.12.28 본호개정)
2. 자산을 양도한 내국법인의 부채비율이 자산 양도 후 3년(대통령령으로 정하는 바에 따라 둘 이상의 내국법인이 공동으로 수립한 사업재편계획에 따라 자산을 양도하는 경우에는 1년) 이내의 기간 중 기준부채비율보다 증가하게 된 경우(2021.12.28 본호개정)
3. 사업재편계획에 따른 투자로 취득한 자산을 제1항에 따른 자산 양도 후 4년 이내에 처분한 경우(2021.12.28 본호신설)
4. 해당 자산을 양도한 날부터 3년 이내에 해당 사업을 폐업하거나 해산한 경우로서 합병법인 등 대통령령으로 정하는 법인이 해당 사업을 승계한 경우가 아닌 경

우. 다만, 파산 등 대통령령으로 정하는 부득이한 사유가 있는 경우에는 이자상당가산액을 가산하지 아니한다.
5. 대통령령으로 정하는 사유에 해당하여 사업재편계획의 승인이 취소된 경우
③ 제2항제2호는 제1항제1호의 내용이 포함되지 아니한 사업재편계획에 따라 자산을 양도하고 같은 항의 특례를 적용받은 내국법인에 대해서는 적용하지 아니한다.(2021.12.28 본항신설)
④ 사업재편계획을 이행하는 내국법인은 사업재편계획의 내용 및 그 이행실적을 매년 대통령령으로 정하는 바에 따라 납세지 관할 세무서장에게 제출하여야 한다.
⑤ 제1항부터 제4항까지의 규정을 적용할 때 양도의 시기, 채무의 범위, 부채비율 및 기준부채비율의 산정, 세액감면의 신청 및 그 밖에 필요한 사항은 대통령령으로 정한다.(2021.12.28 본항개정)
(2021.12.28 본조제목개정)

제121조의27【채무의 인수·변제에 대한 과세특례】
① 내국법인의 주주 또는 출자자(법인인 경우로 한정한다. 이하 이 조에서 "주주등"이라 한다)가 해당 내국법인의 채무를 인수·변제하는 경우로서 대통령령으로 정하는 사업재편계획(이하 이 조에서 "사업재편계획"이라 한다)에 따라 2026년 12월 31일까지 해당 내국법인의 지배주주·출자자 및 그 특수관계인(이하 이 조에서 "지배주주등"이라 한다)의 소유 주식 또는 출자지분을 대통령령으로 정하는 특수관계인 외의 자에게 전부 양도하는 경우에는 해당 내국법인의 채무금액 중 해당 주주등이 인수·변제한 금액은 해당 연도 주주등의 소득금액을 계산할 때 대통령령으로 정하는 금액을 한도로 손금에 산입한다.(2023.12.31 본항개정)
② 제1항에 따라 채무가 인수·변제되어 채무가 감소한 내국법인(이하 이 조에서 "양도대상법인"이라 한다)은 소득금액을 계산할 때 채무의 감소액(대통령령으로 정하는 결손금을 초과하는 금액에 한정한다. 이하 이 조에서 "채무감소액"이라 한다)을 해당 사업연도와 해당 사업연도의 종료일 이후 3개 사업연도의 기간 중 익금에 산입하지 아니하고 그 다음 3개 사업연도의 기간 동안 균분한 금액 이상을 익금에 산입한다.
③ 제2항을 적용받은 양도대상법인이 다음 각 호의 어느 하나에 해당하게 된 경우에는 해당 사유가 발생한 사업연도에 양도대상법인의 소득금액을 계산할 때 익금에 산입하지 아니한 금액을 대통령령으로 정하는 바에 따라 익금에 산입하여야 한다. 이 경우 제1항에 따라 주주등이 감면받은 법인세액 및 대통령령으로 정하는 바에 따라 계산한 이자상당가산액(이하 이 항에서 "이자상당가산액"이라 한다)을 법인세에 가산하여 납부하여야 하며, 해당 세액은 「법인세법」 제64조에 따라 납부하여야 할 세액으로 본다.
1. 양도대상법인의 부채비율이 채무 인수·변제 후 3년 이내의 기간 중 기준부채비율보다 증가하게 된 경우
2. 채무를 인수·변제한 날부터 3년 이내에 해당 사업을 폐업하거나 해산한 경우로서 합병법인 등 대통령령으로 정하는 법인이 해당 사업을 승계한 경우가 아닌 경우. 다만, 파산 등 대통령령으로 정하는 부득이한 사유가 있는 경우에는 제1항에 따라 주주등이 감면받은 법인세액 및 이자상당가산액을 가산하지 아니한다.
3. 사업재편계획에 따라 지배주주등의 소유 주식 또는 출자지분을 대통령령으로 정하는 특수관계인 외의 자에게 전부 양도하지 아니한 경우
4. 대통령령으로 정하는 사유에 해당하여 사업재편계획의 승인이 취소된 경우
④ 제1항에 따른 법인의 양도·양수에 있어서 양도대상법인의 자산부족액을 익금에 산입하여 이를 「법인세법」 제67조에 따라 처분하는 경우 해당 양도대상법인은 「소

득세법」에도 불구하고 그 처분금액에 대한 소득세를 원천징수하지 아니한다.
⑤ 제1항에 따라 내국법인의 채무가 인수·변제됨에 따라 해당 내국법인의 다른 주주등이 얻는 이익에 대해서는 「상속세 및 증여세법」에 따른 증여로 보지 아니한다. 다만, 채무를 인수·변제한 주주등의 대통령령으로 정하는 특수관계인에 대해서는 그러하지 아니하다.
⑥ 사업재편계획을 이행하는 내국법인은 사업재편계획의 내용 및 그 이행실적을 매년 대통령령으로 정하는 바에 따라 납세지 관할 세무서장에게 제출하여야 한다.
⑦ 제1항부터 제6항까지의 규정을 적용할 때 채무의 범위, 지배주주등의 범위, 자산부족액의 요건 및 신고의 방법, 부채비율 및 기준부채비율의 산정, 법인양도·양수에 관한 명세서의 제출, 세액감면의 신청 및 그 밖에 필요한 사항은 대통령령으로 정한다.

제121조의28【주주등의 자산양도에 관한 법인세 등 과세특례】 ① 내국법인이 주주 또는 출자자자(이하 이 조에서 "주주등"이라 한다)로부터 다음 각 호의 요건을 모두 갖추어 2026년 12월 31일 이전에 자산을 무상으로 받은 경우에는 해당 사업연도의 소득금액을 계산할 때 해당 자산가액(대통령령으로 정하는 결손금을 초과하는 금액으로 한정한다)은 자산을 증여받은 날이 속하는 사업연도의 종료일 이후 3개 사업연도의 기간 중 익금에 산입하지 아니하고 그 다음 3개 사업연도의 기간 동안 균분한 금액 이상을 익금에 산입하여야 한다. (2023.12.31 본항개정)
1. 대통령령으로 정하는 사업재편계획(이하 이 조에서 "사업재편계획"이라 한다)에 따라 주주등의 자산증여 및 법인의 채무상환이 이루어 질 것
2. 사업재편계획에는 금전의 경우 법인이 해당 금전을 받은 날부터 2026년 12월 31일 이내에서 대통령령으로 정하는 기한까지, 금전 외의 자산의 경우에는 해당 자산을 양도한 날(장기할부조건의 경우에는 대통령령으로 정하는 날을 말한다)부터 2023년 12월 31일 이내에서 대통령령으로 정하는 기한까지 그 양도대금을 대통령령으로 정하는 금융채권자(이하 이 조 및 제121조의29에서 "금융채권자"라 한다)에 대한 부채의 상환에 전액 사용(대통령령으로 정하는 부득이한 사유가 있는 경우에는 그 사유가 종료한 날의 다음 날에 부채의 상환에 전액 사용하는 것을 말한다)한다는 내용이 포함되어 있을 것(2023.12.31 본호개정)
② 제1항에 따라 자산을 증여한 주주등(법인인 경우로 한정한다)의 경우 증여한 자산의 가액(장부가액을 말한다) 중 대통령령으로 정하는 금액을 해당 사업연도의 소득금액을 계산할 때 손금에 산입한다.
③ 제1항에 따라 주주등이 법인에 자산을 증여할 때 소유하던 자산을 양도하고 2026년 12월 31일 이전에 그 양도대금을 해당 법인에 증여하는 경우에는 자산을 양도함으로써 발생하는 양도차익 중 대통령령으로 정하는 증여금액에 상당하는 금액(이하 이 조에서 "양도차익상당액"이라 한다)은 다음 각 호의 구분에 따라 양도소득세를 감면하거나 같은 금액을 익금에 산입하지 아니할 수 있다.(2023.12.31 본문개정)
1. 거주자 : 양도차익상당액에 대한 양도소득세의 100분의 100에 상당하는 세액 감면
2. 내국법인 : 양도차익상당액을 해당 사업연도의 소득금액을 계산할 때 익금에 불산입
④ 제1항에 따라 자산을 증여받은 법인이 다음 각 호의 어느 하나에 해당하는 경우에는 그 사유가 발생한 사업연도의 소득금액을 계산할 때 대통령령으로 정하는 바에 따라 제1항에 따라 익금에 산입하지 아니한 금액을 익금에 산입한다. 이 경우 제2항 및 제3항에 따라 주주등이 감면받은 세액 및 대통령령으로 정하는 바에 따라 계산한 이자상당가산액(이하 이 항에서 "이자상당가

산액"이라 한다)을 법인세에 가산하여 납부하여야 하며, 해당 세액은 「법인세법」 제64조에 따라 납부하여야 할 세액으로 본다.
1. 사업재편계획에 따라 채무를 상환하지 아니한 경우
2. 해당 법인의 부채비율이 채무 상환 후 3년 이내의 기간 중 기준부채비율보다 증가하게 된 경우
3. 제1항에 따라 자산을 증여받은 날부터 3년 이내에 해당 사업을 폐업하거나 해산한 경우로서 합병법인 등 대통령령으로 정하는 법인이 해당 사업을 승계한 경우가 아닌 경우. 다만, 파산 등 대통령령으로 정하는 부득이한 사유가 있는 경우에는 제2항 및 제3항에 따라 감면한 세액 및 이자상당가산액을 가산하지 아니한다.
4. 대통령령으로 정하는 사유에 해당하여 사업재편계획의 승인이 취소된 경우
⑤ 제1항에 따라 법인이 주주등으로부터 자산을 무상으로 받음으로써 해당 법인의 다른 주주등이 얻는 이익은 「상속세 및 증여세법」에 따른 증여로 보지 아니한다. 다만, 자산을 증여한 주주등의 대통령령으로 정하는 특수관계인에 대해서는 그러하지 아니하다.
⑥ 사업재편계획을 이행하는 내국법인은 사업재편계획의 내용 및 그 이행실적을 매년 대통령령으로 정하는 바에 따라 납세지 관할 세무서장에게 제출하여야 한다.
⑦ 제1항부터 제6항까지의 규정을 적용할 때 양도의 시기, 부채비율 및 기준부채비율의 산정, 세액감면의 신청과 그 밖에 필요한 사항은 대통령령으로 정한다.

제121조의29【사업재편계획에 따른 기업의 채무면제익에 대한 과세특례】 ① 대통령령으로 정하는 사업재편계획(이하 이 조에서 "사업재편계획"이라 한다)을 이행 중인 내국법인이 금융채권자로부터 채무의 일부를 2026년 12월 31일까지 면제받은 경우 그 면제받은 채무에 상당하는 금액(대통령령으로 정하는 결손금을 초과하는 금액에 한정한다. 이하 이 조에서 "채무면제익"이라 한다)은 소득금액을 계산할 때 해당 사업연도와 해당 사업연도의 종료일 이후 3개 사업연도의 기간 중 익금에 산입하지 아니하고 그 다음 3개 사업연도의 기간 동안 균분한 금액 이상을 익금에 산입한다.(2023.12.31 본항개정)
② 제1항에 따라 채무를 면제받은 내국법인이 다음 각 호의 어느 하나에 해당하는 경우에는 그 사유가 발생한 날이 속하는 사업연도의 소득금액을 계산할 때 익금에 산입하지 아니한 금액 전액을 익금에 산입한다. 이 경우 대통령령으로 정하는 바에 따라 계산한 이자상당가산액(이하 이 항에서 "이자상당가산액"이라 한다)을 법인세에 가산하여 납부하여야 하며, 해당 세액은 「법인세법」 제64조에 따라 납부하여야 할 세액으로 본다.
1. 채무면제익 전액을 익금에 산입하기 전에 사업을 폐업하거나 해산하는 경우로서 합병법인 등 대통령령으로 정하는 법인이 해당 사업을 승계한 경우가 아닌 경우. 다만, 파산 등 대통령령으로 정하는 부득이한 사유가 있는 경우에는 이자상당가산액을 가산하지 아니한다.
2. 대통령령으로 정하는 사유에 해당하여 사업재편계획의 승인이 취소된 경우
③ 제1항에 따라 채무를 면제(채무의 출자전환으로 채무를 면제한 경우를 포함한다)한 금융채권자는 해당 사업연도의 소득금액을 계산할 때 면제한 채무에 상당하는 금액을 손금에 산입한다.(2017.12.19 본항개정)
④ 사업재편계획을 이행하는 내국법인은 사업재편계획의 내용 및 그 이행실적을 매년 대통령령으로 정하는 바에 따라 납세지 관할 세무서장에게 제출하여야 한다.
⑤ 제1항부터 제4항까지의 규정을 적용할 때 채무의 면제에 관한 명세서의 제출, 세액감면의 신청 및 그 밖에 필요한 사항은 대통령령으로 정한다.

제121조의30【기업 간 주식등의 교환에 대한 과세특례】 ① 내국법인(이하 이 조에서 "교환대상법인"이라 한다)의 지배주주·출자자 및 그 특수관계인(이하 이

조에서 "지배주주등"이라 한다)이 2026년 12월 31일 이전에 대통령령으로 정하는 사업재편계획(이하 이 조에서 "사업재편계획"이라 한다)에 따라 그 소유 주식 또는 출자지분(이하 이 조에서 "주식등"이라 한다) 전부를 양도하고 교환대상법인의 대통령령으로 정하는 특수관계인이 아닌 다른 내국법인(이하 이 조에서 "교환양수법인"이라 한다)의 주식등을 다음 각 호의 어느 하나에 해당하는 방법으로 그 소유비율에 따라 양수하는 경우에는 주식등을 양도함에 따라 발생한 양도차익(교환양수법인 및 교환양수법인의 지배주주등에 발생하는 양도차익을 포함한다)에 상당하는 금액에 대한 양도소득세 또는 법인세에 대해서는 대통령령으로 정하는 바에 따라 양수한 주식등을 처분(상속ㆍ증여를 포함한다)할 때까지 과세를 이연받을 수 있다.(2023.12.31 본문개정)
1. 교환양수법인이 이미 보유하거나 새롭게 발행한 주식등을 양수하는 방법
2. 교환양수법인의 지배주주등이 보유한 주식등의 전부를 양수하는 방법〔교환대상법인 및 교환양수법인이 서로 다른 기업집단(「독점규제 및 공정거래에 관한 법률」 제2조제11호에 따른 기업집단을 말한다. 이하 이 조에서 같다)에 속하여 있는 경우로 한정한다〕(2020.12.29 본호개정)
② 제1항제2호에 따른 교환대상법인의 양도ㆍ양수에 있어서 나타난 해당 법인의 자산부족액을 익금에 산입하여 이를 「법인세법」 제67조에 따라 처분하는 경우 해당 법인은 「소득세법」에도 불구하고 그 처분금액에 대한 소득세를 원천징수하지 아니한다.
③ 제1항제2호에 따라 주식등을 양도한 교환대상법인의 주주등이 다음 각 호의 어느 하나에 해당하게 된 경우에는 거주자는 해당 사유 발생일이 속하는 반기의 말일부터 2개월 이내에 납부하지 아니한 세액을 납부하여야 하며, 내국법인은 해당 사유가 발생한 사업연도의 소득금액을 계산할 때 손금에 산입한 금액을 익금에 산입하여야 한다. 이 경우 대통령령으로 정하는 바에 따라 계산한 이자상당가산액을 가산하여 양도소득세 또는 법인세로 납부하여야 하며, 해당 세액은 「법인세법」 제64조 또는 「소득세법」 제111조에 따라 납부하여야 할 세액으로 본다.(2017.12.19 본문개정)
1. 주식등을 양도한 사업연도의 종료일 이후 5년 이내에 교환대상법인이 속하였던 기업집단에 교환양수법인과 동일한 업종을 경영하는 법인이 속하게 되는 경우
2. 주식등을 양도한 사업연도의 종료일 이후 5년 이내에 지배주주등이 교환양수법인의 주식등을 다시 보유하게 되는 경우
3. 대통령령으로 정하는 사유에 해당하여 사업재편계획의 승인이 취소된 경우
④ 내국법인이 「법인세법」 제47조에 따른 물적분할 또는 같은 법 제47조의2에 따른 현물출자로 취득한 주식등의 전부를 이 법인의 주식등을 교환 또는 이전하는 경우에 현물출자 또는 물적분할 당시 자산의 양도차익에 상당하는 금액으로서 손금에 산입하여 과세를 이연받은 금액은 대통령령으로 정하는 바에 따라 다시 과세를 이연받을 수 있다.
⑤ 사업재편계획을 이행하는 내국법인은 사업재편계획의 내용 및 그 이행실적을 매년 대통령령으로 정하는 바에 따라 납세지 관할 세무서장에게 제출하여야 한다.
⑥ 제1항부터 제5항까지의 규정을 적용할 때 지배주주등의 범위, 주식등의 양도ㆍ양수의 방법, 손금산입 대상 양도차익의 계산, 주식등의 양도ㆍ양수에 관한 명세서의 제출, 세액감면의 신청 및 그 밖에 필요한 사항은 대통령령으로 정한다.

제121조의31【합병에 따른 중복자산의 양도에 대한 과세특례】 ① 대통령령으로 정하는 사업재편계획(이하 이 조에서 "사업재편계획"이라 한다)에 따라 내국법인

간에 2026년 12월 31일까지 합병(분할합병을 포함하며, 같은 업종 간의 합병으로 한정한다)함에 따라 중복자산이 발생한 경우로서 합병법인이 합병등기일부터 1년 이내에 그 중복자산을 양도하는 경우 그 중복자산을 양도함에 따라 발생하는 양도차익(그 중복자산에 대한 합병평가차익 및 분할평가차익을 포함한다)에 대해서는 대통령령으로 정하는 바에 따라 계산한 금액을 해당 사업연도의 소득금액을 계산할 때 익금에 산입하지 아니할 수 있다. 이 경우 해당 금액은 양도일이 속하는 사업연도의 종료일 이후 3년이 되는 날이 속하는 사업연도부터 3개 사업연도의 기간 동안 균분한 금액 이상을 익금에 산입하여야 한다.(2023.12.31 전단개정)
② 제1항을 적용받은 내국법인이 다음 각 호의 어느 하나에 해당하는 경우에는 그 사유가 발생한 날이 속하는 사업연도의 소득금액을 계산할 때 대통령령으로 정하는 바에 따라 계산한 금액을 익금에 산입한다. 이 경우 대통령령으로 정하는 바에 따라 계산한 이자상당가산액을 법인세에 가산하여 납부하여야 하며, 해당 세액은 「법인세법」 제64조에 따라 납부하여야 할 세액으로 본다.
1. (2016.12.20 삭제)
2. 합병등기일부터 3년 이내에 해당 사업을 폐업하거나 해산한 경우
3. 대통령령으로 정하는 사유에 해당하여 사업재편계획의 승인이 취소된 경우
③ 사업재편계획을 이행하는 내국법인은 사업재편계획의 내용 및 그 이행실적을 매년 대통령령으로 정하는 바에 따라 납세지 관할 세무서장에게 제출하여야 한다.
④ 제1항을 적용하는 경우 중복자산의 범위, 양도차익 명세서의 제출 및 그 밖에 필요한 사항은 대통령령으로 정한다.(2016.12.20 본항개정)

제121조의32【사업재편계획에 따른 합병 시 주식교부 비율 특례】 「기업 활력 제고를 위한 특별법」 제10조에 따라 주무부처의 장이 승인한 사업재편계획에 따라 내국법인 간에 2021년 12월 31일까지 합병(분할합병을 포함한다)하는 경우에는 「법인세법」 제44조제2항제2호 및 제46조제2항제2호를 적용할 때 "100분의 80"을 "100분의 70"으로 본다.(2018.12.24 본조개정)

제5장의11 기회발전특구 지원을 위한 조세특례
(2023.12.31 본장신설)

제121조의33【기회발전특구의 창업기업 등에 대한 법인세 등의 감면】 ① 기회발전특구에 2026년 12월 31일까지 제조업 등 대통령령으로 정하는 업종(이하 이 조에서 "감면대상사업"이라 한다)으로 창업하거나 사업장을 신설(기존 사업장을 이전하는 경우는 제외하며, 기회발전특구로 지정된 기간에 창업하거나 사업장을 신설하는 경우로 한정한다)하는 기업에 대해서는 제2항부터 제8항까지에 따라 소득세 또는 법인세를 감면한다.
② 제1항에 따른 기업은 감면대상사업에서 발생한 소득에 대하여 감면대상사업에서 최초로 소득이 발생한 과세연도(사업개시일부터 5년이 되는 날이 속하는 과세연도까지 그 사업에서 소득이 발생하지 아니한 경우에는 5년이 되는 날이 속하는 과세연도를 말한다)의 개시일부터 5년 이내에 끝나는 과세연도까지는 소득세 또는 법인세의 100분의 100에 상당하는 세액을 감면하고, 그 다음 2년 이내에 끝나는 과세연도까지는 소득세 또는 법인세의 100분의 50에 상당하는 세액을 감면한다.
③ 제2항이 적용되는 감면기간 동안 감면받는 소득세 또는 법인세의 총합계액은 제1호와 제2호의 금액을 합한 금액을 한도(이하 이 조에서 "감면한도"라 한다)로 한다.
1. 대통령령으로 정하는 투자누계액의 100분의 50

2. 해당 과세연도에 제1항의 적용대상이 되는 사업장(이하 이 조에서 "감면대상사업장"이라 한다)의 상시근로자 수 × 1천5백만원[청년상시근로자와 대통령령으로 정하는 서비스업(이하 이 조에서 "서비스업"이라 한다)을 하는 감면대상사업장의 상시근로자의 경우에는 2천만원]

④ 제2항에 따라 각 과세연도에 감면받을 소득세 또는 법인세에 대하여 감면한도를 적용할 때에는 제3항제1호의 금액을 먼저 적용한 후 같은 항 제2호의 금액을 적용한다.

⑤ 제3항제2호를 적용받아 소득세 또는 법인세를 감면받은 기업이 감면받은 과세연도 종료일부터 2년이 되는 날이 속하는 과세연도 종료일까지의 기간 중 각 과세연도의 감면대상사업장의 상시근로자 수가 감면받은 과세연도의 상시근로자 수보다 감소한 경우에는 대통령령으로 정하는 바에 따라 감면받은 세액에 상당하는 금액을 소득세 또는 법인세로 납부하여야 한다.

⑥ 제3항 및 제5항을 적용할 때 상시근로자 및 청년 상시근로자의 범위, 상시근로자의 수의 계산방법, 그 밖에 필요한 사항은 대통령령으로 정한다.

⑦ 제1항을 적용할 때 창업의 범위에 관하여는 제6조제10항을 준용한다.

⑧ 제2항에 따라 소득세 또는 법인세를 감면받은 기업이 다음 각 호의 어느 하나에 해당하는 경우에는 그 사유가 발생한 과세연도의 과세표준신고를 할 때 대통령령으로 정하는 바에 따라 계산한 세액을 소득세 또는 법인세로 납부하여야 한다. 이 경우 제12조의2제8항의 이자상당가산액 등에 관한 규정을 준용한다.
1. 감면대상사업장의 사업을 폐업하거나 법인이 해산한 경우. 다만, 법인의 합병·분할 또는 분할합병으로 인한 경우는 제외한다.
2. 감면대상사업장을 기회발전특구 외의 지역으로 이전한 경우

⑨ 제2항을 적용받으려는 자는 대통령령으로 정하는 바에 따라 감면신청을 하여야 한다.

⑩ 제3항제2호에 따라 서비스업에 대한 한도를 적용받는 기업은 제143조를 준용하여 서비스업과 그 밖의 사업을 각각 구분하여 경리하여야 한다.

제121조의34 【기회발전특구로 이전하는 기업에 대한 과세특례】 ① 수도권에서 3년(중소기업은 2년) 이상 계속하여 사업을 한 내국인이 기회발전특구로 이전하기 위하여 수도권에 있는 대통령령으로 정하는 사업용 부동산(이하 이 조에서 "종전사업용부동산"이라 한다)을 2026년 12월 31일까지 양도하는 경우 종전사업용부동산의 양도에 따른 양도차익 중 대통령령으로 정하는 바에 따라 계산한 금액(이하 이 조에서 "양도차익상당액"이라 한다)에 대해서는 다음 각 호의 방법에 따라 익금에 산입하지 아니하거나 양도소득세를 과세이연받을 수 있다.
1. 법인 : 양도차익상당액을 해당 사업연도의 소득금액을 계산할 때 익금에 산입하지 아니하는 방법. 이 경우 해당 금액은 기회발전특구에 있는 사업용 부동산(이하 이 조에서 "신규사업용부동산"이라 한다) 처분일이 속하는 사업연도의 소득금액을 계산할 때 익금에 산입하여야 한다.
2. 거주자 : 양도차익상당액에 대한 양도소득세를 양도일이 속하는 해당 연도의 양도소득세 과세표준 확정신고기한까지 납부하여야 할 양도소득세로 보지 아니하는 방법. 이 경우 해당 세액은 신규사업용부동산 처분일이 속하는 해당 연도에 납부하여야 한다.

② 제1항이 적용되는 기회발전특구로의 이전은 다음 각 호의 어느 하나에 해당하는 경우로 한다.
1. 신규사업용부동산을 취득하여 사업을 개시한 날부터 2년 이내에 종전사업용부동산을 양도하는 경우
2. 종전사업용부동산을 양도한 날부터 3년 이내에 신규사업용부동산을 취득하여 사업을 개시하는 경우

③ 제1항을 적용받은 내국인이 다음 각 호의 어느 하나에 해당하는 경우 그 사유가 발생한 날이 속하는 사업연도의 소득금액을 계산할 때 대통령령으로 정하는 바에 따라 계산한 금액을 익금에 산입하거나 양도소득세로 납부하여야 한다. 이 경우 익금에 산입할 금액 또는 납부할 세액에 관하여는 제33조제3항 후단을 준용한다.
1. 신규사업용부동산을 취득하여 사업을 개시한 날부터 3년 이내에 그 사업을 폐지하거나 법인이 해산한 경우
2. 제2항에 따라 사업용 부동산을 기회발전특구로 이전하지 아니한 경우
3. 대통령령으로 정하는 바에 따라 사업을 이전하지 아니하였다고 인정되는 경우

④ 제1항부터 제3항까지를 적용하는 경우 양도차익상당액의 계산 및 그 산입방법, 사업 폐지 등에 관한 판단기준, 양도차익명세서의 제출 및 그 밖의 필요한 사항은 대통령령으로 정한다.

제121조의35 【기회발전특구집합투자기구 투자자에 대한 과세특례】 ① 거주자가 2026년 12월 31일까지 제2항에 따른 전용계좌에 가입하고 다음 각 호의 요건을 모두 갖춘 집합투자기구 등(이하 이 조에서 "기회발전특구집합투자기구"라 한다)에 투자하여 발생하는 이자소득 또는 배당소득(전용계좌의 가입일부터 10년 이내에 지급받는 경우로 한정한다)은 「소득세법」 제129조에도 불구하고 100분의 9의 세율을 적용하고, 같은 법 제14조제2항 및 제87조의4에 따른 종합소득과세표준 및 금융투자소득과세표준에 합산하지 아니한다.
1. 대통령령으로 정하는 종류의 집합투자기구 등일 것
2. 기회발전특구의 기반시설 및 입주기업 등에 대한 투자자로서 대통령령으로 정하는 투자대상에 집합투자재산의 100분의 60 이상으로서 대통령령으로 정하는 비율 이상을 투자할 것

② 제1항의 과세특례는 다음 각 호의 요건을 모두 갖춘 계좌(이하 이 조에서 "전용계좌"라 한다)를 통하여 투자하는 경우에 적용한다.
1. 1명당 1개의 전용계좌만 가입할 것
2. 납입한도가 3억원 이하일 것
3. 기회발전특구집합투자기구의 지분증권 또는 수익증권에만 투자할 것

③ 기회발전특구집합투자기구 및 전용계좌의 구체적 요건, 투자금액의 계산방법, 전용계좌의 확인 등 그 밖에 필요한 사항은 대통령령으로 정한다.

④ 전용계좌를 관리하는 금융회사등은 기회발전특구집합투자기구에 투자한 자(이하 이 조에서 "투자자"라 한다)가 가입한 날부터 10년이 되는 날 전에 계좌를 해지하는 경우(투자자의 사망·해외이주 등 대통령령으로 정하는 부득이한 사유로 계좌를 해지하는 경우는 제외한다)에는 과세특례를 적용받은 소득세에 상당하는 세액을 제146조의2에 따라 추징하여야 한다.

⑤ 투자자가 가입한 날부터 10년이 되는 날 전에 납입한 금액을 인출하는 경우(납입된 금액의 합계액을 초과하는 부분이 있어 그 초과하는 금액을 인출하는 경우는 제외한다)에는 해당 인출일에 계좌가 해지된 것으로 보아 제4항을 적용한다.
<"제87조의4에 따른 금융투자소득과세표준"의 개정부분은 2025.1.1 시행>

제6장 그 밖의 조세특례
(2010.1.1 본장제목개정)

제1절 과세표준 양성화를 위한 조세특례
(2010.1.1 본절개정)

제122조 (2010.12.27 삭제)
제122조의2 (2007.12.31 삭제)

제122조의3 【성실사업자에 대한 의료비 등 공제】 ①「소득세법」제59조의4제9항에 따른 성실사업자(사업소득이 있는 자만 해당한다)로서 다음 각 호의 요건을 모두 갖춘 자(이하 이 조에서 "성실사업자"라 한다) 또는 「소득세법」제70조의2제1항에 따른 성실신고확인대상사업자로서 성실신고확인서를 제출한 자가 「소득세법」제59조의4제2항과 제3항(같은 항 제2호다목은 제외한다)에 따른 의료비 및 교육비를 2026년 12월 31일이 속하는 과세연도까지 지출한 경우 그 지출한 금액의 100분의 15(「소득세법」제59조의4제2항제3호에 따른 의료비의 경우에는 100분의 20, 같은 항 제4호에 따른 난임시술을 위하여 지출한 비용의 경우에는 100분의 30)에 해당하는 금액(이하 이 조에서 "의료비등 세액공제금액"이라 한다)을 해당 과세연도의 소득세(사업소득에 대한 소득세만 해당한다. 이하 이 조에서 같다)에서 공제한다.(2023.12.31 본문개정)
1. (2017.12.19 삭제)
2. 해당 과세기간의 수입금액으로 신고한 금액이 직전 3개 과세기간의 연평균수입액(과세기간이 3개 과세기간에 미달하는 경우에는 사업의 개시일이 속하는 과세기간과 직전 과세기간의 연평균수입금액을 말한다)의 100분의 50을 초과할 것. 다만, 사업장의 이전 또는 업종의 변경 등 대통령령으로 정하는 사유로 수입금액이 증가하는 경우는 제외한다.(2017.12.19 본문개정)
3. 해당 과세기간 개시일 현재 2년 이상 계속하여 사업을 경영할 것(2017.12.19 본호개정)
4. 국세의 체납사실, 조세범처벌사실, 세금계산서·계산서 등의 발급 및 수령 의무 위반, 소득금액 누락사실 등을 고려하여 대통령령으로 정하는 요건에 해당할 것
② 제1항에 따른 의료비 공제금액은 「소득세법」제59조의4제2항을 준용하여 계산한 금액으로 한다. 이 경우 「소득세법」제59조의4제2항제1호 및 제2호의 "총급여액"은 "사업소득금액"으로 본다.(2014.1.1 본항개정)
③ 해당 과세연도의 종합소득과세표준에 합산되는 종합소득금액이 7천만원 이하인 성실사업자 또는 「소득세법」제70조의2제1항에 따른 성실신고확인대상사업자로서 성실신고확인서를 제출한 자가 제95조의2에 따른 월세액을 2026년 12월 31일이 속하는 과세연도까지 지급하는 경우 그 지급한 금액의 100분의 15(해당 과세연도의 종합소득과세표준에 합산되는 종합소득금액이 4천500만원 이하인 성실사업자 또는 「소득세법」제70조의2제1항에 따른 성실신고확인대상사업자로서 성실신고확인서를 제출한 자의 경우에는 100분의 17)에 해당하는 금액(이하 이 조에서 "월세세액공제액"이라 한다)을 해당 과세연도의 소득세에서 공제한다. 다만, 해당 월세액이 1천만원을 초과하는 경우 그 초과하는 금액은 없는 것으로 한다.(2023.12.31 본항개정)
④ 의료비등 세액공제금액과 월세세액공제금액의 합계액이 해당 사업자의 해당 과세연도의 소득세를 초과하는 경우 그 초과금액은 없는 것으로 한다.(2014.12.23 본항신설)
⑤ 제1항 또는 제3항을 적용받은 사업자가 다음 각 호의 어느 하나에 해당하는 경우에는 공제받은 금액에 상당하는 세액을 전액 추징한다.(2014.1.1 본항개정)
1. 해당 과세기간에 대하여 과소 신고한 수입금액이 경정(수정신고로 인한 경우를 포함한다)된 수입금액의 100분의 20 이상인 경우
2. 해당 과세기간에 대한 사업소득금액 계산 시 과대계상한 필요경비가 경정(수정신고로 인한 경우를 포함한다)된 필요경비의 100분의 20 이상인 경우
⑥ 제5항에 따라 세액이 추징된 사업자에 대해서는 추징일이 속하는 다음 과세기간부터 3개 과세기간 동안 제1항 및 제3항에 따른 공제를 적용하지 아니한다.(2014.12.23 본항개정)

⑦ 제1항부터 제6항까지의 규정 외에 제1항제1호 각 목의 해당 여부의 판정기준, 공제의 신청절차 등에 필요한 사항은 대통령령으로 정한다.(2014.12.23 본항개정)
제122조의4 【금사업자와 스크랩등사업자의 수입금액의 증가 등에 대한 세액공제】 ① 금사업자(제106조의4제1항제3호의 제품을 공급하거나 공급받으려는 사업자 또는 수입하려는 사업자로 한정한다) 또는 스크랩등사업자가 과세표준신고를 할 때 신고한 사업장별 익금 및 손금(이하 이 항에서 "익금 및 손금"이라 한다)에 각각 제106조의4 또는 제106조의9에 따라 금거래계좌나 스크랩등거래계좌를 사용하여 결제하거나 결제받은 익금 및 손금(이하 이 항에서 "매입자납부 익금 및 손금"이라 한다)이 포함되어 있는 경우에는 2023년 12월 31일 이전에 끝나는 과세연도까지 다음 각 호의 어느 하나를 선택하여 그 금액을 해당 과세연도의 소득세 또는 법인세에서 공제받을 수 있다. 이 경우 공제세액은 해당 과세연도의 종합소득 산출세액 또는 법인세 산출세액에서 직전 과세연도의 종합소득 산출세액 또는 법인세 산출세액을 공제한 금액을 한도로 한다.(2021.12.28 전단개정)
1. 과세표준신고를 할 때 신고한 사업장별 매입자납부 익금 및 손금을 합친 금액이 직전 과세연도의 매입자납부 익금 및 손금을 합친 금액을 초과하는 경우에는 그 초과금액(사업장별 익금 및 손금을 합친 금액의 증가분을 한도로 한다)의 100분의 50에 상당하는 금액이 익금 및 손금을 합친 금액에서 차지하는 비율을 종합소득세 산출세액 또는 법인세 산출세액에 곱하여 계산한 금액. 이 경우 직전 과세연도의 매입자납부 익금 및 손금을 합친 금액이 없는 경우에는 직전 과세연도의 익금 및 손금을 합친 금액을 직전 과세연도의 매입자납부 익금 및 손금을 합친 금액으로 한다.
2. 과세표준신고를 할 때 신고한 사업장별 매입자납부 익금 및 손금을 합친 금액의 100분의 5에 상당하는 금액이 익금 및 손금을 합친 금액에서 차지하는 비율을 종합소득세 산출세액 또는 법인세 산출세액에 곱하여 계산한 금액
② 제1항을 적용할 때 공제세액의 계산 등에 관하여 필요한 사항은 대통령령으로 정한다.
③ 제1항을 적용받으려는 자는 대통령령으로 정하는 바에 따라 세액공제신청을 하여야 한다.
(2015.12.15 본조제목개정)
(2013.5.10 본조신설)
제123조 (2002.12.11 삭제)
제124조 (2000.12.29 삭제)
제125조 (2002.12.11 삭제)
제126조 (2000.12.29 삭제)
제126조의2 【신용카드 등 사용금액에 대한 소득공제】
① 근로소득이 있는 거주자(일용근로자는 제외한다. 이하 이 조에서 같다) 또는 법인(외국법인의 국내사업장을 포함한다) 또는 「소득세법」제1조의2제1항제5호에 따른 사업자(비거주자의 국내사업장을 포함한다)로부터 2025년 12월 31일까지 재화나 용역을 제공받고 다음 각 호의 어느 하나에 해당하는 금액(이하 이 조에서 "신용카드등사용금액"이라 한다)의 연간합계액(국외에서 사용한 금액은 제외한다. 이하 이 조에서 같다)이 같은 법 제20조제2항에 따른 해당 과세연도의 총급여액의 100분의 25(이하 이 조에서 "최저사용금액"이라 한다)를 초과하는 경우 제2항의 산식에 따라 계산한 금액(이하 이 조에서 "신용카드등소득공제금액"이라 한다)을 해당 과세연도의 근로소득금액에서 공제한다.(2022.12.31 본문개정)
1. 「여신전문금융업법」제2조에 따른 신용카드를 사용하여 그 대가로 지급하는 금액
2. 제126조의3에 따른 현금영수증(제126조의5에 따라 현금거래사실을 확인받은 것을 포함한다. 이하 이 조에서 "현금영수증"이라 한다)에 기재된 금액

3. (2013.1.1 삭제)
4. 「여신전문금융업법」 제2조에 따른 직불카드 또는 선불카드(대통령령으로 정하는 바에 따라 실지명의가 확인되는 것만 해당한다. 이하 이 조에서 "기명식선불카드"라 한다), 「전자금융거래법」 제2조에 따른 직불전자지급수단, 선불전자지급수단(대통령령으로 정하는 바에 따라 실지명의가 확인되는 것만 해당한다. 이하 이 조에서 "기명식선불전자지급수단"이라 한다) 또는 전자화폐(대통령령으로 정하는 바에 따라 실지명의가 확인되는 것만 해당한다. 이하 이 조에서 "기명식전자화폐"라 한다)를 사용하여 그 대가로 지급하는 금액
② 신용카드등소득공제금액은 제1호부터 제5호까지의 금액의 합계액(해당 과세연도의 총급여액이 7천만원을 초과하는 경우에는 제1호·제2호·제4호 및 제5호의 금액의 합계액)에서 제6호의 금액을 뺀 금액과 제7호의 금액(2024년 과세연도의 신용카드등소득공제금액을 계산하는 경우로 한정한다)을 더한 금액으로 하되, 제10항에 따른 금액을 한도로 한다. 이 경우 신용카드등사용금액이 제1호, 제2호 및 제3호의 금액에 중복하여 해당하는 경우에는 그 중 하나에 해당하는 것으로 보아 소득공제를 적용한다.(2023.12.31 전단개정)
1. 「전통시장 및 상점가 육성을 위한 특별법」 제2조제1호에 따른 전통시장과 대통령령으로 정하는 전통시장 구역 안의 법인 또는 사업자(대통령령으로 정하는 법인 또는 사업자는 제외한다)로부터 재화 또는 용역을 제공받은 대가에 해당하는 금액으로서 제1항제1호·제2호 및 제4호의 금액의 합계액(이하 이 항에서 "전통시장사용분"이라 한다) × 100분의 40(2023년 4월 1일부터 2023년 12월 31일까지 사용한 전통시장사용분의 경우에는 100분의 50)(2023.12.31 본호개정)
2. 「대중교통의 육성 및 이용촉진에 관한 법률」에 따른 대중교통수단을 이용한 대가에 해당하는 금액으로서 제1항제1호·제2호 및 제4호의 금액의 합계액(이하 이 항에서 "대중교통이용분"이라 한다) × 100분의 40(2023년 1월 1일부터 2023년 12월 31일까지 사용한 대중교통이용분의 경우에는 100분의 80)(2023.4.11 본호개정)
3. 다음 각 목에 해당하는 금액(이하 이 항에서 "도서등사용분"이라 한다) × 100분의 30(2023년 4월 1일부터 2023년 12월 31일까지 사용한 도서등사용분의 경우에는 100분의 40)(2023.12.31 본문개정)
   가. 「출판문화산업 진흥법」 제2조제3호에 따른 간행물(같은 조 제8호에 따른 유해간행물은 제외한다)을 구입하거나 「신문 등의 진흥에 관한 법률」 제2조제1호에 따른 신문을 구독하거나 「공연법」 제2조제1호에 따른 공연을 관람하기 위하여 문화체육관광부장관이 지정하는 법인 또는 사업자에게 지급한 금액(이하 "도서·신문·공연사용분"이라 한다). 이 경우 법인 또는 사업자의 규모(문화체육관광부장관이 기획재정부장관과 협의하여 정하는 매출액 등의 기준에 따른다)에 따른 도서·신문·공연사용분의 인정방법 등에 관하여는 대통령령으로 정한다.
   나. 「박물관 및 미술관 진흥법」 제2조제1호 및 제2호에 따른 박물관 및 미술관이나 「영화 및 비디오물의 진흥에 관한 법률」 제2조제10호에 따른 영화상영관에 입장하기 위하여 문화체육관광부장관이 지정하는 법인 또는 사업자에게 지급한 금액(이하 "박물관·미술관·영화상영관사용분"이라 한다). 이 경우 법인 또는 사업자의 규모(문화체육관광부장관이 기획재정부장관과 협의하여 정하는 매출액 등의 기준에 따른다)에 따른 박물관·미술관·영화상영관사용분의 인정방법 등에 관하여 필요한 사항은 대통령령으로 정한다.(2022.12.31 본목개정)
   (2019.12.31 본호개정)
4. 제1항제2호 및 제4호의 금액(해당 과세연도의 총급여액이 7천만원 이하인 경우에는 전통시장사용분·대중교통이용분 및 도서등사용분에 포함된 금액은 제외하고, 해당 과세연도의 총급여액이 7천만원을 초과하는 경우에는 전통시장사용분 및 대중교통이용분에 포함된 금액은 제외한다. 이하 이 항에서 "직불카드등사용분"이라 한다) × 100분의 30(2022.12.31 본호개정)
5. 신용카드등사용금액의 합계액에서 전통시장사용분, 대중교통이용분, 직불카드등사용분을 뺀 금액(해당 과세연도의 총급여액이 7천만원 이하인 경우에는 도서등사용분을 추가로 뺀 금액을 말한다. 이하 이 항에서 "신용카드사용분"이라 한다) × 100분의 15(2022.12.31 본호개정)
6. 다음 각 목의 구분에 따른 금액. 다만, 2023년 1월 1일부터 2023년 12월 31일까지 사용한 신용카드등사용금액에 대한 신용카드등소득공제금액은 별표에 따라 계산한 금액으로 한다.(2023.12.31 단서개정)
   가. 최저사용금액이 신용카드사용분보다 작거나 같은 경우 : 최저사용금액 × 100분의 15
   나. 최저사용금액이 신용카드사용분보다 크고 신용카드사용분과 직불카드등사용분을 합친 금액(해당 과세연도의 총급여액이 7천만원 이하인 경우에는 도서등사용분을 추가로 합친 금액)보다 작거나 같은 경우 : 신용카드사용분 × 100분의 15 + (최저사용금액 − 신용카드사용분) × 100분의 30(2022.12.31 본목개정)
   다. 최저사용금액이 신용카드사용분과 직불카드등사용분을 합친 금액보다 큰 경우 : 다음 구분에 따른 금액(2022.12.31 본문개정)
      1) 해당 과세연도의 총급여액이 7천만원 이하인 경우 : 신용카드사용분 × 100분의 15 + (직불카드등사용분 + 도서등사용분) × 100분의 30 + (최저사용금액 − 신용카드사용분 − 직불카드등사용분 − 도서등사용분) × 100분의 40(2022.12.31 개정)
      2) 해당 과세연도의 총급여액이 7천만원을 초과하는 경우 : 신용카드사용분 × 100분의 15 + 직불카드등사용분 × 100분의 30 + (최저사용금액 − 신용카드사용분 − 직불카드등사용분) × 100분의 40
   라. (2023.12.31 삭제)
   (2017.12.19 본호개정)
7. 2024년 1월 1일부터 2024년 12월 31일까지의 신용카드등사용금액 연간합계액에서 2023년 1월 1일부터 2023년 12월 31일까지의 신용카드등사용금액 연간합계액의 100분의 105 상당액을 차감한 금액(0보다 작은 경우에는 없는 것으로 본다) × 100분의 10(2023.12.31 본호신설)
8. (2023.4.11 삭제)
③ 제1항을 적용할 때 근로소득이 있는 거주자의 배우자 또는 직계존비속(배우자의 직계존속을 포함한다)으로서 대통령령으로 정하는 신용카드등사용금액은 그 거주자의 신용카드등소득공제금액에 포함시킬 수 있다.(2016.12.20 단서삭제)
④ 제1항을 적용할 때 신용카드등사용금액이 다음 각 호의 어느 하나에 해당하는 경우에는 신용카드등사용금액에 포함하지 아니한다. 다만, 제3호의 경우로서 대통령령으로 정하는 중고자동차를 신용카드, 직불카드, 직불전자지급수단, 기명식선불카드, 기명식선불전자지급수단, 기명식전자화폐 또는 현금영수증으로 구입하는 경우에는 그 중고자동차 구입금액 중 대통령령으로 정하는 금액을 신용카드등사용금액에 포함한다.(2016.12.20 단서신설)
1. 사업소득과 관련된 비용 또는 법인의 비용에 해당하는 경우
2. 물품의 판매 또는 용역의 제공을 가장하는 등 대통령령으로 정하는 신용카드, 직불카드, 직불전자지급

수단, 기명식선불카드, 기명식선불전자지급수단, 기명식전자화폐 또는 현금영수증의 비정상적인 사용행위에 해당하는 경우

3. 자동차를 신용카드, 직불카드, 직불전자지급수단, 기명식선불카드, 기명식선불전자지급수단, 기명식전자화폐 또는 현금영수증으로 구입하는 경우 (2016.12.20 본호개정)

4. 그 밖에 대통령령으로 정하는 경우

⑤ 제4항제2호를 적용할 때 「소득세법」 제127조제7항에 따른 원천징수의무자가 대통령령으로 정하는 사유로 원천징수하여야 할 세액에 미달하게 세액을 납부한 경우에는 「국세기본법」 제47조의5제1항에 따른 가산세를 부과하지 아니한다.(2011.12.31 본항개정)

⑥ 국세청장은 「여신전문금융업법」 제2조에 따른 신용카드업자, 「전자금융거래법」에 따른 전자금융업자 및 전자금융보조업자에 대하여 신용카드등사용금액의 통지 등 신용카드등사용금액에 대한 소득공제에 필요한 사항을 명할 수 있다.

⑦ 제1항을 적용받으려는 자는 대통령령으로 정하는 바에 따라 소득공제신청을 하여야 한다.

⑧ 신용카드등사용금액은 해당 과세기간에 사용한 금액, 기재된 금액 또는 납부한 금액을 합친 금액으로 한다.

⑨ 소득공제 대상 신용카드등사용금액의 확인방법, 소득공제 관련 자료수집 절차와 그 밖에 신용카드등사용금액에 대한 소득공제에 필요한 사항은 대통령령으로 정한다.(2011.12.31 본항개정)

⑩ 제2항에 따른 신용카드등소득공제금액은 연간 250만원(해당 과세연도의 총급여액이 7천만원 이하인 경우에는 300만원)을 한도로 한다. 다만, 신용카드등소득공제금액이 본문에 따른 한도를 초과하는 경우에는 그 한도를 초과하는 금액과 다음 각 호의 금액의 합계액 중 작거나 같은 금액을 신용카드등소득공제금액에 추가한다.(2023.12.31 단서개정)

1. 제2항제1호 및 제2호의 금액의 합계액(연간 200만원을 한도로 하되, 해당 과세연도의 총급여액이 7천만원 이하인 경우에는 같은 항 제3호의 금액을 추가로 합쳐 연간 300만원을 한도로 한다)(2023.12.31 본호신설)

2. 제7호의 금액(연간 100만원을 한도로 한다)(2023.12.31 본호신설)

⑪ (2023.4.11 삭제)

제126조의3【현금영수증사업자 및 현금영수증가맹점에 대한 과세특례】 ① 현금영수증 결제를 승인하고 전송할 수 있는 시스템을 갖춘 사업자로서 대통령령으로 정하는 바에 따라 국세청장으로부터 현금영수증사업의 승인을 받은 현금영수증사업자(이하 이 조에서 "현금영수증사업자"라 한다)는 신용카드단말기 등에 현금영수증발급장치를 설치한 사업자(이하 이 조에서 "현금영수증가맹점"이라 한다)의 현금영수증 결제 건수 및 「소득세법」 제164조제3항 후단에 따른 방법으로 제출하는 지급명세서의 건수에 따라 대통령령으로 정하는 금액을 해당 과세기간의 부가가치세 납부세액에서 공제받거나 환급세액에 가산하여 받을 수 있다.(2023.12.31 본항개정)

② 제1항에 따른 현금영수증가맹점(2025년 12월 31일까지 제4항에 따른 현금영수증(거래건별 5천원 미만의 거래만 해당하며, 발급승인 시 전화망을 사용한 것을 말한다)을 발급하는 경우 해당 과세기간별 현금영수증 발급건수에 대통령령으로 정하는 금액을 곱한 금액(이하 이 조에서 "공제세액"이라 한다)을 해당 과세기간의 소득세 산출세액에서 공제할 수 있다. 이 경우 공제세액은 산출세액을 한도로 한다.(2022.12.31 전단개정)

③ 현금영수증사업자는 거래일시, 금액, 거래자의 인적 사항 및 현금영수증가맹점의 인적사항 등 현금결제와 관련한 세부 내용을 대통령령으로 정하는 바에 따라 국세청장에게 전송하여야 한다.

④ 제1항에 따른 "현금영수증"이란 현금영수증가맹점이 재화 또는 용역을 공급하고 그 대금을 현금으로 받는 경우 해당 재화 또는 용역을 공급받는 자에게 현금영수증발급장치에 의해 발급하는 것으로서 거래일시·금액 등 결제내용이 기재된 영수증을 말한다.

⑤ 국세청장은 현금영수증을 발급받은 자의 소득공제 등 현금영수증제도 운영을 위하여 필요한 경우에는 「신용정보의 이용 및 보호에 관한 법률」 제23조에 따라 성명·주민등록번호 등 대통령령으로 정하는 정보의 제공을 같은 법 제2조에 따른 신용정보제공·이용자에게 요청할 수 있다.(2016.12.20 본항개정)

⑥ 그 밖에 현금영수증 발급방법 및 그 양식, 제2항에 따른 세액공제의 방법과 절차 등 현금영수증제도 운영에 필요한 사항은 대통령령으로 정한다.

제126조의4 (2016.12.20 삭제)

제126조의5【현금거래의 확인 등】 ① 대통령령으로 정하는 사업자로부터 재화 또는 용역을 공급받은 자가 그 대가를 현금으로 지급하였으나 제126조의3제4항에 따른 현금영수증을 발급받지 못한 경우에는 대통령령으로 정하는 바에 따라 현금거래 사실을 관할 세무서장의 확인을 받은 경우에는 제126조의3제4항에 따른 현금영수증을 발급받은 것으로 본다.(2017.12.19 본항개정)

② 제1항에 따라 현금영수증을 발급받은 것으로 보는 경우 현금영수증을 발급하지 아니한 사업자에 대해서는 해당 금액에 대하여 「부가가치세법」 제46조제1항 및 제2항에 따른 신용카드 등의 사용에 따른 세액공제를 적용하지 아니한다.(2013.6.7 본항개정)

③ 제1항 및 제2항 외에 현금거래 사실의 신고, 확인 방법, 그 밖에 필요한 사항은 대통령령으로 정한다.

제126조의6【성실신고 확인비용에 대한 세액공제】 ① 「소득세법」 제70조의2제1항에 따른 성실신고확인대상사업자 및 「법인세법」 제60조의2제1항에 따른 성실신고확인대상 내국법인(이하 이 조에서 "성실신고확인대상자"라 한다)이 성실신고확인서를 제출(둘 이상의 업종을 영위하는 「소득세법」 제70조의2제1항에 따른 성실신고확인대상사업자가 일부 업종에 대해서만 성실신고확인서를 제출한 경우를 포함한다)하는 경우에는 성실신고 확인에 직접 사용한 비용의 100분의 60에 해당하는 금액을 해당 과세연도의 소득세[사업소득(「소득세법」 제45조제2항에 따른 부동산임대업에서 발생하는 소득을 포함한다)에 대한 소득세만 해당한다] 또는 법인세에서 공제한다. 다만, 공제세액의 한도는 120만원(「법인세법」 제60조의2제1항에 따른 성실신고확인대상 내국법인의 경우에는 150만원)의 범위에서 대통령령으로 정한다.(2017.12.19 본항개정)

② 제1항을 적용받은 성실신고확인대상자가 해당 과세연도의 사업소득금액(법인인 경우에는 「법인세법」 제13조에 따른 과세표준을 말한다. 이하 이 조에서 "사업소득금액등"이라 한다)을 과소 신고한 경우로서 그 과소 신고한 사업소득금액등이 경정(수정신고로 인한 경우를 포함한다)된 사업소득금액등의 100분의 10 이상인 경우에는 제1항에 따라 공제받은 금액에 상당하는 세액을 전액 추징한다.(2017.12.19 본항개정)

③ 제2항에 따라 사업소득금액등이 경정된 성실신고확인대상자에 대해서는 경정일이 속하는 과세연도의 다음 과세연도부터 3개 과세연도 동안 성실신고 확인비용에 대한 세액공제를 하지 아니한다.(2017.12.19 본항개정)

④ 제1항을 적용받으려는 자는 대통령령으로 정하는 바에 따라 세액공제신청을 하여야 한다.(2011.5.19 본조신설)

제126조의7【금 현물시장에서 거래되는 금지금에 대한 과세특례】 ① 대통령령으로 정하는 금지금(이하 이 조

에서 "금지금"이라 한다)으로서 다음 각 호의 어느 하나에 해당하는 금지금의 공급에 대해서는 부가가치세를 면제한다.

1. 금지금을 공급하는 대통령령으로 정하는 사업자(이하 이 조에서 "금지금공급사업자"라 한다)가 대통령령으로 정하는 보관기관(이하 이 조에서 "보관기관"이라 한다)에 금지금을 임치한 후「자본시장과 금융투자업에 관한 법률」제373조의2제1항에 따라 허가를 받은 한국거래소(이하 이 조에서 "한국거래소"라 한다)가 개설하여 운영하는 대통령령으로 정하는 금 현물시장(이하 이 조에서 "금 현물시장"이라 한다)에서 매매거래를 통하여 최초로 공급하는 금지금

2. 제1호에 따라 공급된 후 금 현물시장에서 매매거래되는 금지금

② 제1항제1호에 따라 금지금공급사업자가 금지금을 공급하는 경우 해당 금지금에 대하여 금지금공급사업자가 부담한 부가가치세 매입세액은「부가가치세법」제39조에도 불구하고 같은 법 제38조의 공제되는 매입세액으로 본다. 이 경우 대통령령으로 정하는 바에 따라 제106조의4에 따른 금거래계좌를 사용하여 부가가치세 매입세액의 공제 또는 환급에 대한 특례를 적용받을 수 있다.

③ 금지금공급사업자는 제1항제1호에 따른 금지금을 공급하는 때에 보관기관을 공급받는 자로 하여 대통령령으로 정하는 바에 따라 세금계산서를 발급하여야 한다. 이 경우 제1항제1호에 따른 공급에 관한 금지금의 대금을 결제하는 경우 보관기관은 제106조의4제3항에 따라 같은 항 제2호의 금액을 제외하고 같은 항 제1호의 금액만을 입금하는 방법으로 금지금의 가액을 결제하여야 한다.

④ 보관기관에 임치된 금지금을 금 현물시장에서 매매거래를 통하여 공급받아 보관기관으로부터 인출하는 경우 해당 금지금의 인출은「부가가치세법」제9조에 따른 재화의 공급으로 본다. 이 경우 보관기관은 금지금을 인출하는 자에게 대통령령으로 정하는 공급가액을 과세표준으로 하여「부가가치세법」제30조에 따른 세율을 적용한 금액(이하 이 조에서 "부가가치세액"이라 한다)을 거래징수하여 납부하여야 한다.

⑤ 제4항 후단에도 불구하고 금지금을 인출하는 자가 제106조의4제1항에 따른 금사업자인 경우에는 같은 조 제3항에 따라 부가가치세액을 납부할 수 있다. 이 경우 제106조의4제3항제1호의 금액을 제외하고 부가가치세액만을 입금하는 방법으로 납부한다.

⑥ 보관기관은 제1항과 제4항을 적용할 때「부가가치세법」에 따른 사업자로 보며, 대통령령으로 정하는 범위에서 제106조의4제1항에 따른 금사업자로 본다.

⑦ 제1항제2호에 따라 금 현물시장에서 거래되는 금지금에 대해서는「소득세법」제163조 또는「법인세법」제121조에 따른 계산서를 발급하지 아니한다.

⑧ 금지금공급사업자가 금지금을 보관기관에 임치하고 해당 금지금을 금 현물시장에서 매매거래를 통하여 2019년 12월 31일까지 공급하거나 금 현물시장에서 금지금을 매수한 사업자(이하 이 항에서 "금지금매수사업자"라 한다)가 해당 금지금을 보관기관으로부터 2019년 12월 31일까지 인출하는 경우 해당 공급가액 및 매수금액(이하 이 항에서 "금 현물시장 이용금액"이라 하되, 금지금공급사업자와 금지금매수사업자가 대통령령으로 정하는 특수관계에 있는 경우 해당 금액은 제외한다)에 대해서는 다음 각 호 중에서 선택하는 어느 하나에 해당하는 금액을 공급일 또는 매수일(「부가가치세법」제15조에 따른 재화의 공급시기를 말한다)이 속하는 과세연도의 소득세(사업소득에 대한 소득세만 해당한다. 이하 이항에서 같다) 또는 법인세에서 공제한다. 다만, 직전 과세연도의 금 현물시장 이용금액이 전전 과세연도

의 이용금액보다 적은 경우 제2호를 적용하여 계산한 금액을 해당 과세연도의 소득세 또는 법인세에서 공제한다.(2017.12.19 본항개정)

1. 금 현물시장 이용금액이 직전 과세연도의 금 현물시장 이용금액을 초과하는 경우 그 초과금액(이하 이 호에서 "이용금액 초과분"이라 한다)이 해당 과세연도의 매출액에서 차지하는 비율을 종합소득산출세액 또는 법인세산출세액에 곱하여 계산한 금액. 다만, 직전 과세연도 금 현물시장 이용금액이 없는 경우로서 금 현물시장을 최초로 이용한 경우에는 해당 과세연도의 금 현물시장 이용금액을 이용금액 초과분으로 본다.

2. 해당 과세연도 금 현물시장 이용금액의 100분의 5에 상당하는 금액이 해당 과세연도 매출액에서 차지하는 비율을 종합소득산출세액 또는 법인세산출세액에 곱하여 계산한 금액

⑨ 금지금공급사업자 중 대통령령으로 정하는 자가 금 현물시장에서 매매거래를 하기 위하여 2026년 12월 31일까지 수입신고하는 금지금에 대해서는 그 관세를 면제한다.(2023.12.31 본항개정)

⑩ 제9항에 따라 관세를 면제받은 자는 대통령령으로 정하는 바에 따라 해당 금지금을 보관기관에 임치하고 금 현물시장에서 매매거래를 하여야 한다.

⑪ 제9항에 따라 관세를 면제받은 자가 제10항에 따른 요건을 충족하지 아니하거나 관세를 면제받은 금지금을 보관기관에 임치한 후에 금 현물시장에서 매매거래를 하지 아니하고 양도(임대를 포함한다)하거나 인출하는 경우 세관장은 대통령령으로 정하는 바에 따라 면제받은 관세를 징수한다.

⑫ 한국거래소와 보관기관 등 대통령령으로 정하는 자는 금지금의 임치·거래·보관·인출명세 등(이하 이 조에서 "거래명세 등"이라 한다)을 대통령령으로 정하는 바에 따라 유지·보관하여야 하며, 국세청장 또는 관세청장(관할 세무서장과 세관장을 포함한다)이 과세에 필요한 자료의 제출을 요구하는 경우 이를 제출하여야 한다. 이 경우 금지금의 거래명세 등은「소득세법」제160조의2제2항 또는「법인세법」제116조제2항에 따른 증명서류로 본다.

⑬ 다음 각 호의 사항은 대통령령으로 정한다.

1. 제1항부터 제7항까지의 규정을 적용할 때 금 현물시장에서 매매거래를 통한 금지금의 공급, 보관기관에 금지금의 임치·인출 등 거래절차, 부가가치세 신고·납부와 그 밖에 필요한 사항

2. 제8항을 적용할 때 공제세액의 계산 등에 관하여 필요한 사항과 세액공제신청에 관한 사항

3. 제9항부터 제11항까지의 규정을 적용할 때 면제의 신청절차, 제출서류와 그 밖에 필요한 사항

(2014.1.1 본조신설)

제2절 조세특례제한 등
(2010.1.1 본절제목개정)

제127조【중복지원의 배제】① 내국인이 이 법에 따라 투자하거나 자산 또는 출자에 대하여 취득한 지분에 대하여 제8조의3제3항, 제24조, 제26조 및 제104조의15제1항을 적용받는 경우 다음 각 호의 금액을 투자금액, 출자금액 또는 취득금액에서 차감한다.(2023.12.31 본문개정)

1. 내국인이 자산에 대한 투자 또는 출자지분의 취득을 목적으로 다음 각 목의 어느 하나에 해당하는 국가 등(이하 이 조에서 "국가등"이라 한다)으로부터 출연금 등의 자산을 지급받아 투자 또는 출자에 지출하는 경우 : 출연금 등의 자산을 투자 또는 출자에 지출한 금액에 상당하는 금액(2023.12.31 본문개정)

가. 국가

나. 지방자치단체

다. 「공공기관의 운영에 관한 법률」에 따른 공공기관
라. 「지방공기업법」에 따른 지방공기업
2. 내국인이 자산에 대한 투자 또는 출자지분의 취득을 목적으로 「금융실명거래 및 비밀보장에 관한 법률」 제2조제1호 각 목의 어느 하나에 해당하는 금융회사등(이하 이 조에서 "금융회사등"이라 한다)으로부터 융자를 받아 투자 또는 출자에 지출하고 금융회사등에 지급하여야 할 이자비용의 전부 또는 일부를 국가등이 내국인을 대신하여 지급하는 경우 : 대통령령으로 정하는 바에 따라 계산한 국가등이 지급하는 이자비용에 상당하는 금액(2023.12.31 본호개정)
3. 내국인이 자산에 대한 투자 또는 출자지분의 취득을 목적으로 국가등으로부터 융자를 받아 투자 또는 출자에 지출하는 경우 : 대통령령으로 정하는 바에 따라 계산한 국가등이 지급하는 이자지원금에 상당하는 금액(2023.12.31 본호개정)
4. 내국인이 「법인세법」 제37조제1항 각 호의 어느 하나에 해당하는 사업에 필요한 자산에 대한 투자를 목적으로 해당 자산의 수요자 또는 편익을 받는 자로부터 같은 항에 따른 공사부담금을 제공받아 투자에 지출하는 경우 : 공사부담금을 투자에 지출한 금액에 상당하는 금액(2021.12.28 본호신설)
(2014.1.1 본항신설)
② 내국인이 이 법에 따라 투자한 자산에 대하여 제8조의3제3항, 제24조 및 제26조가 동시에 적용되는 경우와 동일한 과세연도에 제26조 및 제29조의5가 동시에 적용되거나 제19조제1항과 제29조의4, 제26조와 제29조의5, 제26조와 제30조의4가 동시에 적용되는 경우에는 각각 그 중 하나만을 선택하여 적용받을 수 있다.
(2020.12.29 본항개정)
③ 내국인에 대하여 동일한 과세연도에 제8조의3제3항, 제24조, 제26조, 제29조의5, 제29조의7, 제29조의8제1항, 제30조의4, 제104조의14 및 제104조의15를 적용할 때 제121조의2 또는 제121조의4에 따라 소득세 또는 법인세를 감면하는 경우에는 해당 규정에 따라 공제할 세액에 해당 기업의 총주식 또는 총지분에 대한 내국인투자자의 소유주식 또는 지분의 비율을 곱하여 계산한 금액을 공제한다.(2022.12.31 본항개정)
④ 내국인이 동일한 과세연도에 제6조, 제7조, 제12조의2, 제31조제4항·제5항, 제32조제4항, 제62조제4항, 제63조제1항, 제63조의2제1항, 제64조, 제66조부터 제68조까지, 제85조의6제1항·제2항, 제99조의9제2항, 제99조의11제1항, 제104조의24제1항, 제121조의8, 제121조의9제2항, 제121조의17제2항, 제121조의20제2항, 제121조의21제2항, 제121조의22제2항 및 제121조의33제2항에 따라 소득세 또는 법인세가 감면되는 경우와 제8조의3, 제13조의2, 제24조, 제25조의6, 제26조, 제30조의4(제7조와 동시에 적용되는 경우는 제외한다), 제104조의14, 제104조의15, 제104조의22, 제104조의25, 제122조의4제1항 및 제126조의7제8항에 따라 소득세 또는 법인세가 공제되는 경우를 동시에 적용받을 수 있는 경우에는 그 중 하나만을 선택하여 적용받을 수 있다. 다만, 제6조제7항에 따라 소득세 또는 법인세를 감면받는 경우에는 제29조의7 또는 제29조의8제1항을 동시에 적용하지 아니한다.(2023.12.31 본문개정)
⑤ 내국인의 동일한 사업장에 대하여 동일한 과세연도에 제6조, 제7조, 제12조의2, 제31조제4항·제5항, 제32조제4항, 제62조제4항, 제63조제1항, 제63조의2제1항, 제64조, 제85조의6제1항·제2항, 제99조의9제2항, 제99조의11제1항, 제104조의24제1항, 제121조의8, 제121조의9제2항, 제121조의17제2항, 제121조의20제2항, 제121조의21제2항, 제121조의22제2항, 제121조의33제2항과 제121조의2 또는 제121조의4에 따른 소득세 또는 법인세의 감면규정 중 둘 이상의 규정이 적용될 수 있는 경우에

는 그 중 하나만을 선택하여 적용받을 수 있다.(2023.12.31 본항개정)
⑥ 내국인의 동일한 사업장에 대하여 동일한 과세연도에 제121조의2 및 제121조의4에 따른 취득세 및 재산세의 감면규정이 모두 적용될 수 있는 경우에는 그 중 하나만을 선택하여 적용받을 수 있다.(2015.12.15 본항개정)
⑦ 거주자가 토지등을 양도하여 둘 이상의 양도소득세의 감면규정을 동시에 적용받는 경우에는 그 거주자가 선택하는 하나의 감면규정만을 적용한다. 다만, 토지등의 일부에 대하여 특정의 감면규정을 적용받는 경우에는 남은 부분에 대하여 다른 감면규정을 적용받을 수 있다.
⑧ 거주자가 토지등을 양도하여 제77조 및 제85조의7이 동시에 적용되는 경우에는 그 중 하나만을 선택하여 적용받을 수 있다.
⑨ 거주자가 주택을 양도하여 제98조의2와 제98조의3이 동시에 적용되는 경우에는 그 중 하나만을 선택하여 적용받을 수 있다.
⑩ 제3항과 제4항을 적용할 때 제143조에 따라 세액감면을 적용받는 사업과 그 밖의 사업을 구분경리하는 경우로서 그 밖의 사업에 공제규정이 적용되는 경우에는 해당 세액감면과 공제는 중복지원에 해당하지 아니한다.(2013.1.1 본항신설)
⑪ 제29조의8제1항은 제29조의7 또는 제30조의4에 따른 공제를 받지 아니한 경우에만 적용한다.(2022.12.31 본항신설)
(2010.1.1 본조개정)

제128조【추계과세 시 등의 감면배제】 ① 「소득세법」 제80조제3항 단서 또는 「법인세법」 제66조제3항 단서에 따라 추계(推計)를 하는 경우에는 제7조의2, 제7조의4, 제8조의3제3항, 제10조, 제12조제2항, 제12조의3, 제12조의4, 제13조의2, 제13조의3, 제19조제1항, 제24조, 제25조의6, 제26조, 제29조의2부터 제29조의5까지, 제29조의7, 제29조의8, 제30조의3, 제30조의4, 제96조의3(「소득세법」 제160조에 따른 간편장부대상자는 제외한다), 제99조의12, 제104조의14, 제104조의15, 제104조의25, 제104조의30, 제122조의4제1항 및 제126조의7제8항을 적용하지 아니한다. 다만, 추계를 하는 경우에도 거주자에 대해서는 제24조 및 제26조를 적용(투자에 관한 증거서류를 제출하는 경우로 한정한다)한다.(2022.12.31 본문개정)
② 「소득세법」 제80조제1항 또는 「법인세법」 제66조제1항에 따라 결정을 하는 경우와 「국세기본법」 제45조의3에 따라 기한 후 신고를 하는 경우에는 제6조, 제7조, 제12조제1항·제3항, 제12조의2, 제31조제4항·제5항, 제32조제4항, 제62조제4항, 제63조제1항, 제63조의2제1항, 제64조, 제66조부터 제68조까지, 제85조의6제1항·제2항, 제96조, 제96조의2, 제96조의3, 제99조의9제2항, 제99조의11제1항, 제99조의12, 제102조, 제104조의24제1항, 제121조의8, 제121조의9제2항, 제121조의17제2항, 제121조의20제2항, 제121조의21제2항, 제121조의22제2항, 제121조의33제2항을 적용하지 아니한다.(2022.12.31 본항개정)
③ 「소득세법」 제80조제2항 또는 「법인세법」 제66조제2항에 따라 경정(제4항 각 호의 어느 하나에 해당되어 경정하는 경우는 제외한다)을 하는 경우와 과세표준 수정신고서를 제출한 과세표준과 세액을 경정할 것을 미리 알고 제출한 경우에는 대통령령으로 정하는 과소신고금액(過少申告金額)에 대하여 제6조, 제7조, 제12조제1항·제3항, 제12조의2, 제31조제4항·제5항, 제32조제4항, 제62조제4항, 제63조제1항, 제63조의2제1항, 제64조, 제66조부터 제68조까지, 제85조의6제1항·제2항, 제96조, 제96조의2, 제96조의3, 제99조의9제2항, 제99조의11제1항, 제99조의12, 제102조, 제104조의24제1항, 제121

조의8, 제121조의9제2항, 제121조의17제2항, 제121조의20제2항, 제121조의21제2항, 제121조의22제2항, 제121조의33제2항을 적용하지 아니한다.(2023.12.31 본항개정)

④ 사업자가 다음 각 호의 어느 하나에 해당하는 경우에는 해당 과세기간의 해당 사업장에 대하여 제6조, 제7조, 제12조제1항·제3항, 제12조의2, 제31조제4항·제5항, 제32조제4항, 제62조제4항, 제63조제1항, 제63조의2제1항, 제64조, 제66조부터 제68조까지, 제85조의6제1항·제2항, 제96조, 제96조의2, 제96조의3, 제99조의9제2항, 제99조의11제1항, 제102조, 제12조, 제104조의24제1항, 제121조의8, 제121조의9제2항, 제121조의17제2항, 제121조의20제2항, 제121조의21제2항, 제121조의22제2항, 제121조의33제2항을 적용하지 아니한다. 다만, 사업자가 제1호 또는 제2호의 의무 불이행에 대하여 정당한 사유가 있는 경우에는 그러하지 아니한다.(2023.12.31 본문개정)

1. 「소득세법」 제160조의5제3항에 따라 사업용계좌를 신고하여야 할 사업자가 이를 이행하지 아니한 경우 (2010.12.27 본호개정)

2. 「소득세법」 제162조의3제1항 또는 「법인세법」 제117조의2제1항에 따라 현금영수증가맹점으로 가입하여야 할 사업자가 이를 이행하지 아니한 경우

3. 「소득세법」 제162조의2제2항 및 「법인세법」 제117조에 따른 신용카드가맹점으로 가입한 사업자 또는 「소득세법」 제162조의3제1항 또는 「법인세법」 제117조의2에 따라 현금영수증가맹점으로 가입한 사업자가 다음 각 목의 어느 하나에 해당하는 경우로서 그 횟수·금액 등을 고려하여 대통령령으로 정하는 때에 해당하는 경우

가. 신용카드에 의한 거래를 거부하거나 신용카드매출전표를 사실과 다르게 발급한 경우

나. 현금영수증의 발급요청을 거부하거나 사실과 다르게 발급한 경우

(2010.1.1 본조개정)

제129조【양도소득세의 감면 배제 등】 ① 「소득세법」 제94조제1항제1호 및 제2호에 따른 자산을 매매하는 거래당사자가 매매계약서의 거래가액을 실지거래가액과 다르게 적은 경우에는 해당 자산에 대하여 「소득세법」 제91조제2항에 따라 이 법에 따른 양도소득세의 비과세 및 감면을 제한한다.(2010.12.27 본항신설)

② 「소득세법」 제104조제3항에 따른 미등기양도자산에 대해서는 양도소득세의 비과세 및 감면에 관한 규정을 적용하지 아니한다.(2010.1.1 본항개정)

(2010.12.27 본조제목개정)

제129조의2【저축지원을 위한 조세특례의 제한】 ① 제87조제3항, 제87조의2, 제87조의7, 제88조의2, 제88조의4, 제88조의5, 제89조의3 및 제91조의18부터 제91조의22까지의 규정에 따라 과세특례를 적용받는 계좌의 가입일(제87조의7의 경우 공모부동산집합투자기구의 집합투자증권의 최초 보유일, 제88조의4의 경우 우리사주조합을 통한 취득일로 한다) 또는 연장일이 속한 과세기간의 직전 3개 과세기간 중 1회 이상 「소득세법」 제14조제3항제6호에 따른 소득의 합계액이 같은 호에 따른 이자소득등의 종합과세기준금액을 초과한 자(이하 이 조에서 "금융소득종합과세 대상자"라 한다)에 대해서는 해당 과세특례를 적용하지 아니한다.(2022.12.31 본항개정)

② 금융소득종합과세 대상자 여부의 확인방법 및 절차와 그 밖에 필요한 사항은 대통령령으로 정한다. (2020.12.29 본조신설)

제130조【수도권과밀억제권역의 투자에 대한 조세감면 배제】 ① 1989년 12월 31일 이전부터 수도권과밀억제권역에서 계속하여 사업을 경영하고 있는 내국인과 1990년 1월 1일 이후 수도권과밀억제권역에서 새로 사업장을 설치하여 사업을 개시하거나 종전의 사업장(1989년 12월 31일 이전에 설치한 사업장을 포함한다. 이하 이 조에서 같다)을 이전하여 설치하는 중소기업(이하 이 항에서 "1990년이후중소기업등"이라 한다)이 수도권과밀억제권역에 있는 해당 사업장에서 사용하기 위하여 취득하는 사업용 고정자산으로서 대통령령으로 정하는 증설투자에 해당하는 것에 대해서는 제24조를 적용하지 아니한다. 다만, 대통령령으로 정하는 산업단지 또는 공업지역에서 증설투자를 하는 경우 및 대통령령으로 정하는 사업용 고정자산을 취득하는 경우에는 그러하지 아니한다.

② 중소기업이 아닌 자가 1990년 1월 1일 이후 수도권과밀억제권역에서 새로 사업장을 설치하여 사업을 개시하거나 종전의 사업장을 이전하여 설치하는 경우 수도권과밀억제권역에 있는 해당 사업장에서 사용하기 위하여 취득하는 사업용 고정자산에 대해서는 제24조를 적용하지 아니한다. 다만, 대통령령으로 정하는 사업용 고정자산을 취득하는 경우에는 그러하지 아니한다.(2020.12.29 본조개정)

제131조 (2001.12.29 삭제)

제132조【최저한세액에 미달하는 세액에 대한 감면 등의 배제】 ① 내국법인(제72조제1항을 적용받는 조합법인 등은 제외한다)의 각 사업연도의 소득과 「법인세법」 제91조제1항을 적용받는 외국법인의 각 사업연도의 국내원천소득에 대한 법인세(「법인세법」 제55조의2에 따른 토지등 양도소득에 대한 법인세와 같은 법 제96조에 따른 법인세에 추가하여 납부하는 세액, 제100조의32에 따른 투자·상생협력 촉진을 위한 과세특례를 적용하여 계산한 법인세, 가산세 및 대통령령으로 정하는 추징세액은 제외하며, 대통령령으로 정하는 세액공제 등을 하지 아니한 법인세를 말한다)를 계산할 때 다음 각 호의 어느 하나에 규정된 감면 등을 적용받은 후의 세액이 제2호에 따른 손금산입 및 소득공제 등을 하지 아니한 경우의 과세표준(이하 이 조에서 "과세표준"이라 한다)에 100분의 17(과세표준이 100억원 초과 1천억원 이하 부분은 100분의 12, 과세표준이 100억원 초과 부분은 100분의 10, 중소기업의 경우에는 100분의 7(중소기업이 대통령령으로 정하는 바에 따라 최초로 중소기업에 해당하지 아니하게 된 경우에는 그 최초로 중소기업에 해당하지 아니하게 된 과세연도의 개시일부터 3년 이내에 끝나는 과세연도에는 100분의 8, 그 다음 2년 이내에 끝나는 과세연도에는 100분의 9로 한다)]을 곱하여 계산한 세액(이하 "법인세 최저한세액"이라 한다)에 미달하는 경우 그 미달하는 세액에 상당하는 부분에 대해서는 감면 등을 하지 아니한다.

(2019.12.31 본문개정)

1. (2019.12.31 삭제)

2. 제8조, 제8조의2, 제10조의2, 제13조, 제14조, 제28조, 제28조의2, 제28조의3, 제55조의2제4항, 제60조제2항, 제61조제3항, 제62조제1항, 제63조제4항 및 제63조의2제4항에 따른 소득공제금액, 손금산입금액, 익금불산입금액 및 비과세금액(2020.12.29 본호개정)

3. 제7조의2, 제7조의4, 제8조의3, 제10조(중소기업이 아닌 자만 해당한다. 이하 이 조에서 같다), 제12조제2항, 제12조의3, 제12조의4, 제13조의2, 제13조의3, 제19조제1항, 제24조, 제25조의6, 제25조의7, 제26조, 제29조의2부터 제29조의5까지, 제29조의7, 제29조의8, 제30조의3, 제30조의4, 제31조제6항, 제32조제4항, 제99조의12, 제104조의8, 제104조의14, 제104조의15, 제104조의22, 제104조의25, 제104조의30, 제122조의4제1항 및 제126조의7제8항에 따른 세액공제금액(2023.12.31 본호개정)

4. 제6조, 제7조, 제12조제1항·제3항, 제12조의2, 제21조, 제31조제4항·제5항, 제32조제4항, 제62조제4항, 제63조, 제64조, 제68조, 제96조, 제96조의2, 제99조의9,

제102조, 제121조의8, 제121조의9, 제121조의17, 제121조의20부터 제121조의22까지, 제121조의33에 따른 법인세의 면제 및 감면. 다만, 다음 각 목의 경우는 제외한다.(2023.12.31 본문개정)

가. 제6조제1항 또는 제6항, 제12조의2, 제99조의9, 제121조의8, 제121조의9, 제121조의17, 제121조의20부터 제121조의22까지, 제121조의33에 따라 법인세의 100분의 100에 상당하는 세액을 감면받는 과세연도의 경우(2023.12.31 본목개정)

나. 제6조제7항에 따라 추가로 감면받는 부분의 경우

다. 제63조에 따라 수도권 밖으로 이전하는 경우

라. 제68조에 따라 작물재배업에서 발생하는 소득의 경우

(2019.12.31 본호개정)

② 거주자의 사업소득(제16조를 적용받는 경우에만 해당 부동산임대업에서 발생하는 소득을 포함한다. 이하 이 항에서 같다)과 비거주자의 국내사업장에서 발생하는 사업소득에 대한 소득세(가산세와 대통령령으로 정하는 추징세액은 제외하며 사업소득에 대한 대통령령으로 정하는 세액공제 등을 하지 아니한 소득세를 말한다)를 계산할 때 다음 각 호의 어느 하나에 해당하는 감면 등을 적용받은 후의 세액이 제2호에 따른 손금산입 및 소득공제 등을 하지 아니한 경우의 사업소득에 대한 산출세액에 100분의 45(산출세액이 3천만원 이하인 부분은 100분의 35)를 곱하여 계산한 세액(이하 "소득세 최저한세액"이라 한다)에 미달하는 경우 그 미달하는 세액에 상당하는 부분에 대해서는 감면 등을 하지 아니한다.(2019.12.31 본문개정)

1. (2019.12.31 삭제)

2. 제8조, 제10조의2, 제16조, 제28조, 제28조의2, 제28조의3, 제86조의3 및 제132조의2에 따른 손금산입금액 및 소득공제금액(2018.12.24 본호개정)

3. 제7조의2, 제7조의4, 제8조의3제3항, 제10조, 제12조제2항, 제19조제1항, 제24조, 제25조의6, 제26조, 제29조의2부터 제29조의5까지, 제29조의7, 제29조의8, 제30조의3, 제30조의4, 제31조제6항, 제32조제4항, 제99조의12, 제104조의8, 제104조의14, 제104조의15, 제104조의25, 제104조의30, 제122조의3, 제122조의4제1항, 제126조의3제2항 및 제126조의7제8항에 따른 세액공제금액(2022.12.31 본호개정)

4. 제6조, 제7조, 제12조제1항·제3항, 제12조의2, 제21조, 제31조제4항·제5항, 제32조제4항, 제63조, 제64조, 제96조, 제96조의2, 제99조의9, 제102조, 제121조의8, 제121조의9, 제121조의17, 제121조의20부터 제121조의22까지, 제121조의33에 따른 소득세의 면제 및 감면. 다만, 다음 각 목의 경우는 제외한다.(2023.12.31 본문개정)

가. 제6조제1항 또는 제6항, 제12조의2, 제99조의9, 제121조의8, 제121조의9, 제121조의17, 제121조의20부터 제121조의22까지, 제121조의33에 따라 소득세의 100분의 100에 상당하는 세액을 감면받는 과세연도의 경우(2023.12.31 본목개정)

나. 제6조제7항에 따라 추가로 감면받는 부분의 경우

다. 제63조에 따라 수도권 밖으로 이전하는 경우

(2019.12.31 본호개정)

③ 이 법을 적용할 때 제1항 각 호 및 제2항 각 호에 열거된 감면 등과 그 밖의 감면 등이 동시에 적용되는 경우 그 적용순위는 제1항 각 호 및 제2항 각 호에 열거된 감면 등을 먼저 적용한다.

④ 제1항 및 제2항에 따른 최저한세의 적용에 필요한 사항은 대통령령으로 정한다.

(2010.1.1 본조개정)

제132조의2【소득세 소득공제 등의 종합한도】 ① 거주자의 종합소득에 대한 소득세를 계산할 때 다음 각 호의 어느 하나에 해당하는 공제금액 및 필요경비의 합

계액이 2천500만원을 초과하는 경우에는 그 초과하는 금액은 없는 것으로 한다.

1. (2014.1.1 삭제)

2. 「소득세법」 제52조에 따른 특별소득공제. 다만, 「소득세법」 제52조제1항에 따른 보험료 소득공제는 포함하지 아니한다.(2014.1.1 본문개정)

가. ~ 라. (2014.1.1 삭제)

3. 제16조제1항에 따른 벤처투자조합 출자 등에 대한 소득공제(같은 항 제3호, 제4호 또는 제6호에 따른 출자 또는 투자를 제외한다)(2020.2.11 본호개정)

4. 제86조의3에 따른 공제부금에 대한 소득공제

5. 제87조제2항에 따른 청약저축 등에 대한 소득공제

6. 제88조의4제1항에 따른 우리사주조합 출자에 대한 소득공제

7. 제91조의16에 따른 장기집합투자증권저축 소득공제(2014.1.1 본호신설)

8. (2018.12.24 삭제)

9. 제126조의2에 따른 신용카드 등 사용금액에 대한 소득공제

②~③ (2014.1.1 삭제)

④ 제1항에 따른 소득공제 한도 적용에 필요한 사항은 대통령령으로 정한다.

(2013.1.1 본조신설)

제133조【양도소득세 및 증여세 감면의 종합한도】 ① 개인이 제33조, 제43조, 제66조부터 제69조까지, 제69조의2부터 제69조의4까지, 제70조, 제77조, 제77조의2, 제77조의3, 제85조의10 또는 법률 제6538호 부칙 제29조에 따라 감면받을 양도소득세액의 합계액 중에서 다음 각 호의 금액 중 큰 금액은 감면하지 아니한다. 이 경우 감면받는 양도소득세액의 합계액은 자산양도의 순서에 따라 합산한다.(2017.12.19 전단개정)

1. 제33조, 제43조, 제66조부터 제69조까지, 제69조의2부터 제69조의4까지, 제70조, 제77조, 제77조의2, 제77조의3, 제85조의10 또는 법률 제6538호 부칙 제29조에 따라 감면받을 양도소득세액의 합계액이 과세기간별로 1억원을 초과하는 경우에는 그 초과하는 부분에 상당하는 금액(2017.12.19 본호개정)

2. 5개 과세기간의 합계액으로 계산된 다음 각 목의 금액 중 큰 금액. 이 경우 5개 과세기간의 감면받을 양도소득세액의 합계액은 해당 과세기간에 감면받은 양도소득세액과 직전 4개 과세기간에 감면받은 양도소득세액을 합친 금액으로 계산한다.(2020.6.9 후단개정)

가. 5개 과세기간의 제70조에 따라 감면받을 양도소득세액의 합계액이 1억원을 초과하는 경우에는 그 초과하는 부분에 상당하는 금액

나. 5개 과세기간의 제66조부터 제69조까지, 제69조의2부터 제69조의4까지, 제70조, 제77조 또는 제77조의2에 따라 감면받을 양도소득세액의 합계액이 2억원을 초과하는 경우에는 그 초과하는 부분에 상당하는 금액(2017.12.19 본목개정)

다. (2017.12.19 삭제)

② 제1항제1호를 적용할 때 토지를 분할(해당 토지의 일부를 양도한 날부터 소급하여 1년 이내에 토지를 분할한 경우를 말한다)하여 그 일부를 양도하거나 토지의 지분을 양도한 후 그 양도한 날로부터 2년 이내에 나머지 토지나 그 지분의 전부 또는 일부를 동일인이나 그 배우자에게 양도하는 경우에는 1개 과세기간에 해당 양도가 모두 이루어진 것으로 본다.(2023.12.31 본항신설)

③ 제71조에 따라 감면받을 증여세액의 5년간 합계가 1억원(이하 이 항에서 "증여세감면한도액"이라 한다)을 초과하는 경우에는 그 초과하는 부분에 상당하는 금액은 감면하지 아니한다. 이 경우 증여세감면한도액은 그 감면받을 증여세액과 그 증여일 전 5년간 감면받은 증여세액을 합친 금액으로 계산한다.

(2010.1.1 본조개정)

제134조 (2001.12.29 삭제)
제135조 (2005.12.31 삭제)
제136조【기업업무추진비의 손금불산입 특례】① (2022.12.31 삭제)
② 다음 각 호의 법인에 대해서는 「법인세법」 제25조제4항에 따라 각 사업연도의 소득금액을 계산할 때 손금에 산입하는 기업업무추진비의 금액은 같은 조 같은 항 본문에 따른 금액을 합한 금액의 100분의 70에 상당하는 금액으로 한다.(2022.12.31 본문개정)
1. (2007.12.31 삭제)
2. 대통령령으로 정하는 정부출자기관(2010.1.1 본호개정)
3. 제2호에 따른 법인이 출자한 대통령령으로 정하는 법인(2007.12.31 본호개정)
③ 내국인이 2025년 12월 31일 이전에 대통령령으로 정하는 문화비로 지출한 기업업무추진비에 대해서는 내국인의 기업업무추진비 한도액(「법인세법」 제25조제4항 각 호의 금액을 합친 금액(부동산임대업을 주된 사업으로 하는 등 대통령령으로 정하는 내국법인의 경우에는 그 금액에 100분의 50을 곱한 금액) 또는 「소득세법」 제35조제3항 각 호의 금액을 합친 금액을 말한다. 이하 이 조에서 같다)에도 불구하고 해당 과세연도의 소득금액을 계산할 때 내국인의 기업업무추진비 한도액의 100분의 20에 상당하는 금액의 범위에서 손금에 산입한다.(2023.12.31 본항개정)
④ 내국인이 2020년 1월 1일부터 2020년 12월 31일까지 지출한 기업업무추진비로서 「법인세법」 제25조제4항 및 「소득세법」 제35조제3항에 따라 기업업무추진비를 손금 또는 필요경비에 산입하지 아니하는 금액을 계산할 때 수입금액별 한도는 「법인세법」 제25조제4항제2호의 표 및 「소득세법」 제35조제3항제2호의 표에도 불구하고 다음 표에 규정된 비율을 적용하여 산출한다.

수입금액	비 율
100억원 이하	0.35퍼센트
100억원 초과 500억원 이하	3천5백만원 + (수입금액 − 100억원) × 0.25퍼센트
500억원 초과	1억3천5백만원 + (수입금액 − 500억원) × 0.06퍼센트

(2022.12.31 본항개정)
⑤ 제4항을 적용할 때 2020년이 2개 이상의 사업연도에 걸쳐 있는 내국법인의 경우에는 다음 계산식에 따라 수입금액별 한도를 산출한다.

제4항에 따른 수입금액별 한도	×	해당 사업연도 중 2020년에 속하는 일수 / 해당 사업연도의 일수	×	「법인세법」 제25조제4항 제2호에 따른 수입금액별 한도	×	해당 사업연도 중 2020년에 속하지 않는 일수 / 해당 사업연도의 일수

(2020.3.23 본항신설)
⑥ 내국인이 2025년 12월 31일 이전에 「전통시장 및 상점가 육성을 위한 특별법」 제2조제1호에 따른 전통시장에서 지출한 기업업무추진비로서 다음 각 호의 요건을 모두 갖춘 기업업무추진비는 내국인의 기업업무추진비 한도액에도 불구하고 해당 과세연도의 소득금액을 계산할 때 내국인의 기업업무추진비 한도액의 100분의 10에 상당하는 금액의 범위에서 손금에 산입한다.
1. 제126조의2제1항에 따른 신용카드등사용금액에 해당할 것
2. 소비성서비스업 등 대통령령으로 정하는 업종을 경영하는 법인 또는 사업자에게 지출한 것이 아닐 것
(2023.12.31 본항신설)
(2022.12.31 본조제목개정)

제137조 (2005.12.31 삭제)
제138조【임대보증금 등의 간주익금】① 법인의 자기자본에 대한 차입금의 비율 등을 고려하여 대통령령으로 정하는 기준을 초과하여 차입금을 보유하는 내국법인으로서 부동산임대업을 주업으로 하는 법인(비영리내국법인은 제외한다)이 대통령령으로 정하는 주택을 제외한 부동산 또는 그 부동산에 관한 권리 등을 대여하고 보증금, 전세금 또는 이에 준하는 것을 받은 경우에는 대통령령으로 정하는 바에 따라 계산한 금액을 「법인세법」 제15조제1항에 따른 익금에 가산한다.
② 제1항을 적용할 때 차입금의 범위, 주업의 판정기준, 그 밖에 필요한 사항은 대통령령으로 정한다.
(2010.1.1 본조개정)
제139조 (2008.12.26 삭제)
제140조【해저광물자원개발을 위한 과세특례】① 「해저광물자원 개발법」 제2조제5호의 해저조광권을 가진 자(이하 이 조에서 "해저조광권자"라 한다)가 해저광물의 탐사 및 채취사업에 사용하기 위하여 2025년 12월 31일까지 수입하는 기계·장비 및 자재에 대한 관세와 부가가치세를 면제한다.
② 해저조광권자의 대리인 또는 도급업자가 해저광물의 탐사 및 채취사업에 직접 사용하기 위하여 2025년 12월 31일까지 그 해저조광권자의 명의로 수입하는 기계·장비 및 자재에 대한 관세와 부가가치세를 면제한다.
(2022.12.31 본조개정)
제141조【부동산실권리자 명의등기에 대한 조세부과의 특례】「부동산실권리자 명의등기에 관한 법률」 제11조에 따라 실명등기를 한 부동산이 1건이고 그 가액이 5천만원 이하인 경우로서 다음 각 호의 어느 하나에 해당하는 경우에는 이미 면제되거나 적게 부과된 조세 또는 부과되지 아니한 조세는 추징하지 아니한다. 이 경우 실명등기를 한 부동산의 범위 및 가액의 계산에 대해서는 대통령령으로 정한다.
1. 「소득세법」 제89조제3호에 따라 명의신탁자 및 그와 생계를 같이 하는 1세대가 이 법 시행 전에 1세대 1주택의 양도에 따른 비과세를 받은 경우로서 실명등기로 인하여 해당 주택을 양도한 날에 비과세에 해당하지 아니하게 되는 경우
2. 종전의 「상속세법」(1996. 12. 30. 법률 제5193호로 개정되기 전의 것을 말한다) 제32조의2에 따라 명의자에게 「부동산실권리자 명의등기에 관한 법률」 시행 전에 납세의무가 성립된 증여세를 부과하는 경우
(2010.1.1 본조개정)
제141조의2【비거주자등의 보세구역 물류시설의 재고자산 판매이익에 대한 과세특례】① 「소득세법」 제120조 또는 「법인세법」 제94조에 따른 국내사업장이 없는 비거주자 또는 외국법인(이하 이 조에서 "비거주자등"이라 한다)이 국외에서 제조하거나 양도받은 재고자산을 「관세법」 제154조에 따른 보세구역 또는 「자유무역지역의 지정 및 운영에 관한 법률」 제2조제1호에 따른 자유무역지역에 소재하는 「물류정책기본법」 제2조제1항제4호에 따른 물류시설에 보관 후 양도함에 따라 발생하는 「소득세법」 제119조제5호 또는 「법인세법」 제93조제5호의 국내원천소득에 대하여 「소득세법」 제156조제1항 또는 「법인세법」 제98조제1항에 따른 소득세 또는 법인세를 면제한다.
② 제1항을 적용받으려는 비거주자등은 대통령령으로 정하는 바에 따라 면제신청을 하여야 한다.
(2008.12.26 본조신설)

제7장 보 칙
(2010.1.1 본장개정)

제142조【조세특례의 사전·사후관리】① 기획재정부장관은 매년 3월 31일까지 조세특례 및 그 제한에 관한

기본계획을 수립하여 국무회의의 심의를 거쳐 중앙행정기관의 장에게 통보하여야 한다.

② 중앙행정기관의 장은 경제·사회정책 등의 효율적 수행을 위하여 조세감면이 필요하다고 인정되는 사항에 대하여 조세감면의 목적, 조세감면으로 인하여 기대되는 정책효과, 연도별 예상 세수효과 및 관련 통계자료 등을 포함한 조세감면에 관한 건의를 매년 4월 30일까지 기획재정부장관에게 하여야 한다.

③ 대통령령으로 정하는 조세특례사항에 대하여 중앙행정기관의 장은 조세감면으로 인한 효과분석 및 조세감면제도의 존치 여부 등에 대한 의견을 매년 4월 30일까지 기획재정부장관에게 제출하여야 한다.

④ 기획재정부장관은 주요 조세특례에 대한 평가를 실시할 수 있다. 다만, 해당 연도에 적용기한이 종료되는 사항(지원대상의 소멸로 조세특례의 폐지가 명백한 사항 등 대통령령으로 정하는 사항은 제외한다)으로서 연간 조세특례금액이 대통령령으로 정하는 일정금액 이상인 조세특례에 대해서는 예산의 범위 내에서 전문적인 조사·연구기관이 목표달성도, 경제적 효과, 소득재분배효과, 재정에 미치는 영향 등 대통령령으로 정하는 내용에 대해 평가한 결과를 회계연도 개시 120일 전까지 국회에 제출하여야 한다.(2014.1.1 단서신설)

⑤ 정부는 연간 조세특례금액이 300억원 이상인 조세특례를 신규로 도입하는 법률안을 제출하는 경우에는 전문적인 조사·연구기관에서 조세특례의 필요성 및 적시성, 기대효과, 예상되는 문제점 등 대통령령으로 정하는 내용에 대해 평가한 결과를 첨부하여야 한다. 다만, 다음 각 호의 어느 하나에 해당하는 사항은 그러하지 아니하다.(2019.12.31 본문개정)

1. 경제·사회적 상황에 대응하기 위하여 도입하려는 경우로서 국무회의의 심의를 거친 사항
2. 남북교류협력에 관계되거나 국가 간 협약·조약에 따라 추진하는 사항
3. 국제대회나 국가행사 등 지원 기간이 일시적이고 적용기한이 명확하며 사업의 추진을 위하여 시급히 도입할 필요가 있는 사항
4. 제4항에 따른 평가 결과를 반영하여 기존 조세특례를 개선하려는 경우로서 기획재정부장관이 제4항에 따른 평가 내용에 조세특례의 필요성 및 적시성, 기대효과, 예상되는 문제점 등 대통령령으로 정하는 내용이 포함된 것으로 인정하는 사항
(2019.12.31 1호~4호신설)

⑥ 기획재정부장관은 제2항에 따른 조세감면에 관한 건의, 제3항에 따른 의견제출 및 제4항과 제5항에 따른 평가와 관련하여 전문적인 조사·연구를 수행할 기관을 지정하고 그 운영 등에 필요한 경비를 출연할 수 있다.
(2014.1.1 본항개정)

⑦ 기획재정부장관은 제3항에 따른 의견제출 및 제4항과 제5항에 따른 평가와 관련하여 필요하다고 인정할 때에는 관계 행정기관의 장 등에게 의견 또는 자료의 제출을 요구할 수 있다. 이 경우 관계 행정기관의 장 등은 특별한 사유가 있는 경우를 제외하고는 이에 따라야 한다.(2014.1.1 전단개정)

⑧ 제1항부터 제7항까지의 규정에 따른 조세특례 및 그 제한에 관한 기본계획 수립, 조세감면건의, 조세감면에 대한 의견제출, 주요 조세특례의 범위, 조사·연구기관의 지정과 그 밖에 필요한 사항은 대통령령으로 정한다.
(2014.1.1 본항개정)

제142조의2 【조세지출예산서의 작성】 ① 기획재정부장관은 조세감면·비과세·소득공제·세액공제·우대세율적용 또는 과세이연 등 조세특례에 따른 재정지원(이하 "조세지출"이라 한다)의 직전 연도 실적과 해당 연도 및 다음 연도의 추정금액을 기능별·세목별로 분석한

보고서(이하 "조세지출예산서"라 한다)를 작성하여야 한다.

② 기획재정부장관은 조세지출예산서를 작성하기 위하여 필요할 때에는 관계 중앙행정기관의 장 등 대통령령으로 정하는 자에게 자료제출을 요청할 수 있다. 이 경우 요청을 받은 관계 중앙행정기관의 장 등은 특별한 사유가 있는 경우를 제외하고는 이에 따라야 한다.

③ 조세지출예산서의 구체적인 작성방법 등에 관하여는 대통령령으로 정한다.
(2013.1.1 본조신설)

제143조 【구분경리】 ① 내국인은 이 법에 따라 세액감면을 적용받는 사업(감면비율이 2개 이상인 경우 각각의 사업을 말하며, 이하 이 조에서 "감면대상사업"이라 한다)과 그 밖의 사업을 겸영하는 경우에는 대통령령으로 정하는 바에 따라 구분하여 경리하여야 한다.

② 소비성서비스업과 그 밖의 사업을 함께 하는 내국인은 대통령령으로 정하는 바에 따라 자산·부채 및 손익을 각각의 사업별로 구분하여 경리하여야 한다.

③ 감면대상사업의 소득금액을 계산할 때 제1항 및 제2항에 따라 구분하여 경리하는 사업 중 결손금이 발생한 경우에는 해당 결손금의 합계액에서 소득금액이 발생한 사업의 소득금액에 비례하여 안분계산한 금액을 공제한 금액으로 한다.

제144조 【세액공제액의 이월공제】 ① 제7조의2, 제7조의4, 제8조의3, 제10조, 제12조제2항, 제12조의3, 제12조의4, 제13조의2, 제13조의3, 제19조제1항, 제24조, 제25조의6, 제25조의7, 제26조, 제29조의2부터 제29조의5까지, 제29조의7, 제29조의8, 제30조의3, 제30조의4, 제96조의3, 제99조의12, 제104조의8, 제104조의14, 제104조의15, 제104조의22, 제104조의25, 제104조의30, 제104조의32, 제122조의4제1항, 제126조의6, 제126조의7제8항 및 법률 제5584호 조세감면규제법개정법률 부칙 제12조제2항(종전 제37조의 개정규정만 해당한다)에 따라 공제할 세액 중 해당 과세연도에 납부할 세액이 없거나 제132조에 따른 법인세 최저한세액 및 소득세 최저한세액에 미달하여 공제받지 못한 부분에 상당하는 금액은 해당 과세연도의 다음 과세연도 개시일부터 10년 이내에 끝나는 각 과세연도에 이월하여 그 이월된 각 과세연도의 소득세[사업소득(제96조의3 및 제126조의6을 적용하는 경우에는 「소득세법」 제45조제2항에 따른 부동산임대업에서 발생하는 소득을 포함한다)에 대한 소득세만 해당한다] 또는 법인세에서 공제한다.(2023.12.31 본문개정)
1.~3. (2020.12.29 삭제)

② 각 과세연도의 소득세 또는 법인세에서 공제할 금액으로서 제7조의2, 제7조의4, 제8조의3, 제10조, 제12조제2항, 제12조의3, 제12조의4, 제13조의2, 제13조의3, 제19조제1항, 제24조, 제25조의6, 제25조의7, 제26조, 제29조의2부터 제29조의5까지, 제29조의7, 제29조의8, 제30조의3, 제30조의4, 제96조의3, 제99조의12, 제104조의8, 제104조의14, 제104조의15, 제104조의22, 제104조의25, 제104조의30, 제104조의32, 제122조의4제1항, 제126조의6, 제126조의7제8항 및 법률 제5584호 조세감면규제법개정법률 부칙 제12조제2항(종전 제37조의 개정규정만 해당한다)에 따라 공제할 금액과 제1항에 따라 이월된 미공제 금액이 중복되는 경우에는 제1항에 따라 이월된 미공제 금액을 먼저 공제하고 그 이월된 미공제 금액 간에 중복되는 경우에는 먼저 발생한 것부터 차례로 공제한다.(2023.12.31 본항개정)

③ 제1항에도 불구하고 제26조제1항제2호 각 목 외의 부분 단서에 따라 해당 투자가 이루어진 과세연도에 공제받지 못한 금액과 제26조제6항에 따라 소득세 또는 법인세로 납부한 금액은 다음 각 호의 순서대로 계산한 금액을 더한 금액을 한도로 하여 해당 투자가 이루어진 과세연도의 다음 과세연도 개시일부터 5년 이내에 끝나

는 각 과세연도에 이월하여 그 이월된 각 과세연도의 소득세(사업소득에 대한 소득세만 해당한다) 또는 법인세에서 공제한다. 이 경우 이월공제받는 과세연도의 상시근로자 수는 제3호 각 목에 따른 상시근로자 수 중 큰 수를 초과하여야 한다.

1. 이월공제받는 과세연도에 최초로 근로계약을 체결한 상시근로자 중 산업수요맞춤형고등학교등의 졸업생 수 × 2천만원(중소기업의 경우는 2천500만원)
2. 이월공제받는 과세연도에 최초로 근로계약을 체결한 제1호 외의 상시근로자 중 청년근로자, 장애인근로자, 60세 이상인 근로자 수 × 1천500만원(중소기업의 경우는 2천만원)
   (2016.12.20 1호~2호개정)
3. (이월공제받는 과세연도의 상시근로자 수 − 제1호에 따른 졸업생 수 − 제2호에 따른 청년근로자, 장애인근로자, 60세 이상인 근로자 수 − 다음 각 목의 수 중 큰 수) × 1천만원(중소기업의 경우는 1천500만원)
   (2016.12.20 본문개정)
   가. 이월공제받는 과세연도의 직전 과세연도의 상시근로자 수
   나. 이월공제받는 금액의 해당 투자가 이루어진 과세연도의 직전 과세연도의 상시근로자 수
   다. 제26조제6항에 따라 상시근로자 수가 감소하여 소득세 또는 법인세를 납부한 경우 그 상시근로자 수가 감소한 과세연도(2개 과세연도 연속으로 상시근로자 수가 감소한 경우에는 두 번째 과세연도)의 상시근로자 수
   (2011.12.31 본항신설)
④ (2020.12.29 삭제)

제145조 (2002.12.11 삭제)

제146조【감면세액의 추징】 제8조의3제3항, 제24조, 제26조 및 법률 제5584호 조세감면규제법개정법률 부칙 제12조제2항(종전 제37조의 개정규정만 해당한다)에 따라 소득세 또는 법인세를 공제받은 자가 같은 조에 따라 투자완료일부터 2년(대통령령으로 정하는 건물과 구축물의 경우에는 5년)이 지나기 전에 해당 자산을 처분한 경우(임대하는 경우를 포함하며, 대통령령으로 정하는 경우는 제외한다)에는 처분한 날이 속하는 과세연도의 과세표준신고를 할 때 해당 자산에 대한 세액공제액 상당액에 대통령령으로 정하는 바에 따라 계산한 이자 상당 가산액을 가산하여 소득세 또는 법인세로 납부하여야 하며, 해당 세액은 「소득세법」 제76조 또는 「법인세법」 제64조에 따라 납부하여야 할 세액으로 본다.
(2020.12.29 본조개정)

제146조의2【이자·배당·금융투자소득 비과세·감면세액의 추징】 ① 제26조의2, 제27조, 제29조, 제66조부터 제68조까지, 제87조, 제87조의2, 제87조의5부터 제87조의7까지, 제88조의2, 제88조의4, 제88조의5, 제89조, 제89조의3, 제91조의6, 제91조의12, 제91조의14, 제91조의15, 제91조의17, 제91조의18(같은 조 제8항 및 제9항이 적용되는 경우는 제외한다), 제91조의19 및 제91조의21부터 제91조의23까지, 제121조의35에 따른 이자소득 또는 배당소득에 대한 과세특례 적용 요건을 갖추지 못한 경우 원천징수의무자는 비과세 또는 감면받은 세액 상당액을 즉시 추징하여 추징일이 속하는 달의 다음 달 10일까지 원천징수 관할 세무서장에게 납부하여야 하고, 해당 소득이 속하는 과세연도의 종합소득과세표준은 「소득세법」 제14조(비거주자의 경우에는 같은 법 제122조) 및 같은 법 제87조의4에 따라 계산한다.
(2023.12.31 본항개정)
② 원천징수의무자는 과세특례를 적용받은 자에게 제1항에 따라 추징한 세액 및 그 산출근거를 즉시 통보하여야 한다.
③ 원천징수의무자가 제1항에 따라 추징한 세액을 기한

내에 납부하지 아니하거나 납부하여야 할 세액에 미달하게 납부한 경우에는 그 납부하지 아니한 세액 또는 미달하게 납부한 세액의 100분의 10에 해당하는 금액을 추가로 납부하여야 한다.
④ 제1항을 적용하는 경우 「소득세법」 제86조를 적용하고 「국세기본법」 제47조의2부터 제47조의5까지의 규정은 적용하지 아니한다.
⑤ 제1항부터 제4항까지에서 규정한 사항 외에 추징 및 통보 방법과 그 밖에 필요한 사항은 대통령령으로 정한다.
(2021.12.28 본조제목개정)
(2020.12.29 본조신설)

제147조【무액면주식의 가액 계산】 제87조의6제1항, 제88조의4제9항제3호·제10항제2호 및 제91조의6제1항을 적용할 때 무액면주식의 경우에는 배당기준일 현재(제88조의4제14항제3호의 경우에는 발행일 현재) 해당 주식을 발행한 법인의 자본금을 발행주식총수로 나누어 계산한 금액을 액면가액으로 본다.
(2020.12.29 본조개정)

부 칙 (2017.12.19)

제1조【시행일】 이 법은 2018년 1월 1일부터 시행한다. 다만, 제126조의2의 개정규정(도서·공연사용분과 관련된 부분에 한정한다)은 2018년 7월 1일부터 시행하고, 제106조의10의 개정규정은 2019년 1월 1일부터 시행한다.
제2조【일반적 적용례】 ① 이 법 중 소득세(양도소득세는 제외한다) 및 법인세에 관한 개정규정은 이 법 시행 이후 개시하는 과세연도 분부터 적용한다.
② 이 법 중 부가가치세에 관한 개정규정은 이 법 시행 이후 재화나 용역을 공급하거나 공급받는 분 또는 재화를 수입신고하는 경우부터 적용한다.
③ 이 법 중 양도소득세 및 증권거래세에 관한 개정규정은 이 법 시행 이후 양도하는 경우부터 적용한다.
④ 이 법 중 상속세 및 증여세에 관한 개정규정은 이 법 시행 이후 상속이 개시되거나 증여받는 경우부터 적용한다.
⑤ 이 법 중 개별소비세에 관한 개정규정은 이 법 시행 이후 제조장에서 반출하거나 수입신고하는 경우부터 적용한다.
⑥ 이 법 중 관세에 관한 개정규정은 이 법 시행 이후 수입신고하는 경우부터 적용한다.
⑦ 이 법 중 인지세에 관한 개정규정은 이 법 시행 이후 과세문서를 작성하는 분부터 적용한다.
제3조【중소기업 등 투자세액공제에 관한 적용례】 제5조의 개정규정은 이 법 시행 이후 투자하는 경우부터 적용한다.
제4조【창업중소기업 등에 대한 세액감면에 관한 적용례】 제6조의 개정규정은 이 법 시행 이후 창업중소기업을 창업하는 경우, 창업보육센터사업자로 지정을 받는 경우, 벤처기업으로 확인받는 경우 및 에너지신기술중소기업에 해당하는 경우부터 적용한다.
제5조【기술혁신형 합병에 대한 세액공제에 관한 적용례】 제12조의3제1항제3호의 개정규정은 이 법 시행 이후 합병한 경우부터 적용한다.
제6조【기술혁신형 주식취득에 대한 세액공제에 관한 적용례】 제12조의4제1항제4호의 개정규정은 이 법 시행 이후 주식 또는 출자지분을 취득한 경우부터 적용한다.
제7조【벤처기업 출자자의 제2차 납세의무 면제에 관한 적용례】 제15조의 개정규정은 이 법 시행 이후 벤처기업의 납세의무가 성립하는 분부터 적용한다.
제8조【벤처기업 주식매수선택권 행사이익 비과세 특례에 관한 적용례】 제16조의2의 개정규정은 이 법 시행 이후 주식매수선택권을 부여받은 분부터 적용한다.

제9조【벤처기업 주식매수선택권 행사이익 과세특례에 관한 경과조치】이 법 시행 전에 주식매수선택권을 부여받은 분에 대해서는 제16조의4의 개정규정에도 불구하고 종전의 규정에 따른다.

제10조【생산성향상시설 투자 등에 대한 세액공제에 관한 적용례】제24조제1항의 개정규정은 이 법 시행 이후 투자를 개시하는 경우부터 적용한다.

제11조【안전설비 투자 등에 대한 세액공제에 관한 적용례】제25조제1항의 개정규정은 이 법 시행 이후 투자를 개시하는 경우부터 적용한다.

제12조【환경보전시설 투자에 대한 세액공제에 관한 적용례】제25조의3제1항의 개정규정은 이 법 시행 이후 투자를 개시하는 경우부터 적용한다.

제13조【산업수요맞춤형고등학교등 졸업자를 병역 이행 후 복직시킨 기업에 대한 세액공제에 관한 적용례】제29조의2의 개정규정은 이 법 시행 이후 복직되는 경우부터 적용한다.

제14조【경력단절 여성 재고용 기업에 대한 세액공제에 관한 적용례】제29조의3의 개정규정은 이 법 시행 이후 재고용하는 경우부터 적용한다.

제15조【중소기업 핵심인력 성과보상기금 수령액에 대한 소득세 감면 등에 관한 적용례】제29조의6의 개정규정은 이 법 시행 이후 중견기업 근로자가 성과보상기금으로부터 공제금을 수령하는 분부터 적용한다.

제16조【정규직 근로자로의 전환에 따른 세액공제에 관한 적용례】제30조의2제1항의 개정규정은 이 법 시행 이후 정규직 근로자로 전환하는 경우부터 적용한다.

제17조【중소기업 사회보험료 세액공제에 관한 적용례】① 제30조의4제2항의 개정규정은 이 법 시행 이후 개시하는 과세연도에 대하여 같은 조 제1항에 따라 공제받은 금액 상당액을 그 다음 과세연도에 공제하는 경우부터 적용한다.
② 제30조의4제3항의 개정규정은 이 법 시행 이후 사회보험에 신규 가입하는 경우부터 적용한다.

제18조【가업의 승계에 관한 증여세 과세특례에 관한 적용례】제30조의6제6항의 개정규정은 이 법 시행 이후 같은 조 제2항 각 호의 사유가 발생하는 경우부터 적용한다.

제19조【주식의 포괄적 교환·이전에 대한 과세 특례에 관한 적용례】제38조제2항의 개정규정은 이 법 시행 이후 주식의 포괄적 교환등이 이루어진 경우부터 적용한다.

제20조【주주등의 자산양도에 관한 법인세 등 과세특례에 관한 적용례】제40조제1항제2호의 개정규정은 이 법 시행 이후 과세표준을 신고하는 경우부터 적용한다.

제21조【재무구조개선계획 등에 따른 기업의 채무면제익에 대한 과세특례에 관한 적용례】제44조제1항 및 제4항의 개정규정은 이 법 시행 이후 과세표준을 신고하는 경우부터 적용한다.

제22조【공공기관이 혁신도시 등으로 이전하는 경우 법인세 등 감면에 관한 적용례】제62조제4항의 개정규정은 이 법 시행 이후 본사를 혁신도시로 이전하는 경우부터 적용한다.

제23조【법인의 공장 및 본사를 수도권 밖으로 이전하는 경우 법인세 등 감면에 관한 적용례】제63조의2제2항제2호의 개정규정은 이 법 시행 이후 공장 또는 본사를 수도권 밖으로 이전하는 경우부터 적용한다.

제24조【우리사주조합원 등에 대한 과세특례에 관한 적용례】제88조의4의 개정규정은 이 법 시행 이후 우리사주조합에 출자하는 분부터 적용한다.

제25조【개인종합자산관리계좌에 대한 과세특례에 관한 적용례】① 제91조의18의 개정규정은 이 법 시행 전에 개인종합자산관리계좌에 가입한 분에 대해서도 적용한다.

② 제91조의18제8항의 개정규정은 이 법 시행 이후 인출하는 경우부터 적용한다.

제26조【소형주택 임대사업자에 대한 세액감면에 관한 적용례】제96조제1항 및 제2항의 개정규정은 이 법 시행 이후 발생하는 임대소득 분부터 적용한다.

제27조【영세개인사업자의 체납액 납부의무 소멸특례에 관한 적용례】제99조의5의 개정규정은 이 법 시행 이후 납부의무 소멸을 신청하는 분부터 적용한다.

제28조【근로장려금 및 자녀장려금에 관한 적용례】제100조의3제1항제1호·제2항제2호·제5항제1호 및 제2호, 제100조의6제1항의 개정규정은 이 법 시행 이후 근로장려금 또는 자녀장려금을 신청하는 경우부터 적용한다.

제29조【2019광주세계수영선수권대회에 대한 과세특례에 관한 적용례】제104조의29의 개정규정은 이 법 시행일이 속하는 과세기간에 재화 또는 용역을 공급받는 분부터 적용한다.

제30조【금 관련 제품에 대한 부가가치세 매입자 납부 특례에 관한 적용례】① 제106조의4제8항의 개정규정은 이 법 시행 이후 징수하는 경우부터 적용한다.
② 제106조의4제11항의 개정규정은 이 법 시행 전에 잘못 납부하거나 초과하여 납부한 분에 대해서도 적용한다.

제31조【일반택시 운송사업자의 부가가치세 납부세액 경감에 관한 적용례】① 제106조의7제1항, 제4항, 제6항 및 제7항의 개정규정은 이 법 시행일이 속하는 과세기간 경감 분부터 적용한다.
② 제106조의7제8항의 개정규정은 이 법 시행일이 속하는 과세기간 경감 분에 대해 미지급이 발생하는 경우부터 적용한다.

제32조【스크랩등에 대한 부가가치세 매입자 납부특례에 관한 적용례】① 제106조의9제7항의 개정규정은 이 법 시행 이후 징수하는 경우부터 적용한다.
② 제106조의9제11항의 개정규정은 이 법 시행 전에 잘못 납부하거나 초과하여 납부한 분에 대해서도 적용한다.

제33조【외국인 관광객에 대한 부가가치세의 특례에 관한 적용례】제107조의2제1항의 개정규정은 이 법 시행 이후 숙박용역을 공급받은 분부터 적용한다.

제34조【주주등의 자산양도에 관한 법인세 등 과세특례에 관한 적용례】제121조의28제1항제2호의 개정규정은 이 법 시행 이후 과세표준을 신고하는 경우부터 적용한다.

제35조【사업재편계획에 따른 기업의 채무면제익에 대한 과세특례에 관한 적용례】제121조의29제1항 및 제3항의 개정규정은 이 법 시행 이후 과세표준을 신고하는 경우부터 적용한다.

제36조【성실사업자 등에 대한 의료비 세액공제에 관한 적용례】제122조의3제1항 각 호 외의 부분의 개정규정은 이 법 시행 이후 종합소득과세표준을 확정신고하는 경우부터 적용한다.

제37조【신용카드 등 사용금액에 대한 소득공제에 관한 적용례】① 제126조의2의 개정규정(전통시장사용분 및 대중교통이용분과 관련된 부분에 한정한다)은 이 법 시행 이후 연말정산 또는 종합소득과세표준을 확정신고하는 경우부터 적용한다.
② 제126조의2의 개정규정(도서·공연사용분과 관련된 부분에 한정한다)은 2018년 7월 1일 이후 사용하는 분부터 적용한다.

제38조【추계과세 시 등의 감면배제에 관한 적용례】제128조제1항의 개정규정은 이 법 시행 이후 결정, 경정 또는 신고하는 경우부터 적용한다.

제39조【창업중소기업 등에 대한 세액감면에 관한 경과조치】이 법 시행 전에 창업중소기업을 창업하는 경우, 창업보육센터사업자로 지정을 받은 경우, 벤처기업으로 확인받은 경우와 이 법 시행 전부터 에너지신기술

중소기업에 해당하는 경우에는 제6조의 개정규정에도 불구하고 종전의 규정에 따른다.

제40조【기술혁신형 합병에 대한 세액공제에 관한 경과조치】 이 법 시행 전에 합병한 경우에 대해서는 제12조의3제1항제3호의 개정규정에도 불구하고 종전의 규정에 따른다.

제41조【기술혁신형 주식취득에 대한 세액공제에 관한 경과조치】 이 법 시행 전에 주식 또는 출자지분을 취득한 경우에 대해서는 제12조의4제1항제4호의 개정규정에도 불구하고 종전의 규정에 따른다.

제42조【중소기업창업투자조합 출자 등에 대한 소득공제에 관한 경과조치】 이 법 시행 전에 출자 또는 투자한 경우에 대해서는 제16조의 개정규정에도 불구하고 종전의 규정에 따른다.

제43조【생산성향상시설 투자 등에 대한 세액공제에 관한 경과조치】 이 법 시행 전에 투자한 경우에 대해서는 제24조제1항의 개정규정에도 불구하고 종전의 규정에 따른다.

제44조【안전설비 투자 등에 대한 세액공제에 관한 경과조치】 이 법 시행 전에 투자한 경우에 대해서는 제25조제1항의 개정규정에도 불구하고 종전의 규정에 따른다.

제45조【환경보전시설 투자에 대한 세액공제에 관한 경과조치】 이 법 시행 전에 투자한 경우에 대해서는 제25조의3제1항의 개정규정에도 불구하고 종전의 규정에 따른다.

제46조【산업수요맞춤형고등학교등 졸업자를 병역 이행 후 복직시킨 기업에 대한 세액공제에 관한 경과조치】 이 법 시행 전에 복직된 경우에 대해서는 제29조의2의 개정규정에도 불구하고 종전의 규정에 따른다.

제47조【경력단절 여성 재고용 기업에 대한 세액공제에 관한 경과조치】 이 법 시행 전에 재고용한 경우에 대해서는 제29조의3의 개정규정에도 불구하고 종전의 규정에 따른다.

제48조【정규직 근로자로의 전환에 따른 세액공제에 관한 경과조치】 이 법 시행 전에 정규직 근로자로 전환한 경우에 대해서는 제30조의2제1항의 개정규정에도 불구하고 종전의 규정에 따른다.

제49조【사업전환 무역조정지원기업에 대한 과세특례에 관한 경과조치】 이 법 시행 전에 제33조제1항에 따른 사업전환을 하지 아니하거나 전환사업을 폐업 또는 해산하는 경우에 대해서는 같은 조 제3항의 개정규정에도 불구하고 종전의 규정에 따른다.

제50조【자산의 포괄적 양도에 대한 과세특례에 관한 경과조치】 이 법 시행 전에 이루어진 자산의 포괄적 양도에 대해서는 제37조의 개정규정에도 불구하고 종전의 규정에 따른다.

제51조【주식의 포괄적 교환·이전에 대한 과세 특례에 관한 경과조치】 이 법 시행 전에 이루어진 주식의 포괄적 교환등에 대해서는 제38조제2항의 개정규정에도 불구하고 종전의 규정에 따른다.

제52조【공공기관이 혁신도시 등으로 이전하는 경우 법인세 등 감면에 관한 경과조치】 이 법 시행 전에 본사를 혁신도시로 이전한 공공기관에 대해서는 제62조제4항의 개정규정에도 불구하고 종전의 규정에 따른다.

제53조【법인의 공장 및 본사를 수도권 밖으로 이전하는 경우 법인세 등 감면에 관한 경과조치】 이 법 시행 전에 공장 또는 본사를 수도권 밖으로 이전한 법인에 대해서는 제63조의2제2항제2호의 개정규정에도 불구하고 종전의 규정에 따른다.

제54조【개인종합자산관리계좌에 대한 과세특례에 관한 경과조치】 이 법 시행 전에 개인종합자산관리계좌로부터 재산을 인출한 경우에는 제91조의18제4항부터 제6항까지의 개정규정에도 불구하고 종전의 규정에 따른다.

제55조【월세액에 대한 세액공제에 관한 경과조치】 이 법 시행 전에 지급한 월세액에 대해서는 제95조의2제1항 본문의 개정규정에도 불구하고 종전의 규정에 따른다.

제56조【고배당기업 주식의 배당소득에 대한 과세특례에 관한 경과조치】 제104조의27의 개정규정에도 불구하고 2017년 12월 31일이 속하는 사업연도의 결산기에 지급하는 배당금에 대해서는 종전의 규정에 따른다.

제57조【중고자동차에 대한 부가가치세 매입세액 공제특례에 관한 경과조치】 이 법 시행 전에 취득한 중고자동차에 대해서는 제108조제1항제2호의 개정규정에도 불구하고 종전의 규정에 따른다.

제58조【외국인투자자에 대한 법인세 등의 감면에 관한 경과조치】 이 법 시행 전에 조세감면을 신청한 경우에 대해서는 제121조의2제14항제2호의 개정규정에도 불구하고 종전의 규정에 따른다.

제59조【기업 간 주식등의 교환에 대한 과세특례에 관한 경과조치】 이 법 시행 전에 주주등이 제121조의30제3항 각 호의 어느 하나에 해당하게 된 경우에는 같은 항 각 호 외의 부분의 개정규정에도 불구하고 종전의 규정에 따른다.

제60조【현금영수증사업자 및 현금영수증가맹점에 대한 과세특례에 관한 경과조치】 이 법 시행 전에 설치한 현금영수증발급장치 분에 대해서는 제126조의3제1항의 개정규정에도 불구하고 종전의 규정에 따른다.

제61조【자경농지·축사용지에 대한 양도소득세 감면한도에 관한 경과조치】 제69조 및 제69조의2에 따라 양도소득세 감면을 적용받는 경우로서 이 법 시행 전에 「공익사업을 위한 토지 등의 취득 및 보상에 관한 법률」 제22조에 따라 사업인정고시가 된 사업지역 중 사업시행자의 토지 취득 비율 등 대통령령으로 정하는 요건을 충족하는 사업지역 내 토지를 2019년 12월 31일까지 해당 공익사업의 시행자에게 양도하는 경우에는 제133조제1항제2호의 개정규정에도 불구하고 종전의 규정에 따른다.

부　칙 (2018.5.29)

제1조【시행일】 이 법은 공포한 날부터 시행한다.
제2조【중소기업 취업 청년에 대한 소득세 감면에 관한 적용례】 제30조제1항의 개정규정은 이 법 시행일이 속하는 과세연도분부터 적용한다.
제3조【최저한세액에 미달하는 세액에 대한 감면 등의 배제에 관한 적용례】 제132조제1항제4호 및 제2항제4호의 개정규정은 이 법 시행일이 속하는 과세연도부터 적용한다.
제4조【창업중소기업에 대한 세액감면에 관한 경과조치】 이 법 시행 전에 창업중소기업을 창업한 경우에는 제6조의 개정규정에도 불구하고 종전의 규정에 따른다.

부　칙 (2018.10.16)

제1조【시행일】 이 법은 2019년 1월 1일부터 시행한다.
제2조【상가건물 장기 임대사업자에 대한 세액감면에 관한 적용례】 제96조의2의 개정규정은 이 법 시행 이후 개시하는 과세연도분부터 적용한다.

부　칙 (2018.12.24)

제1조【시행일】 이 법은 2019년 1월 1일부터 시행한다. 다만, 제121조의2의 개정규정은 공포한 날부터 시행하고, 제126조의2의 개정규정(박물관·미술관 입장료와 관련된 부분에 한정한다)은 2019년 7월 1일부터 시행한다.
제2조【일반적 적용례】 ① 이 법 중 소득세(양도소득세는 제외한다) 및 법인세에 관한 개정규정은 이 법 시행 이후 개시하는 과세연도 분부터 적용한다.

② 이 법 중 부가가치세에 관한 개정규정은 이 법 시행 이후 재화나 용역을 공급하거나 공급받는 분 또는 재화를 수입신고하는 경우부터 적용한다.

③ 이 법 중 양도소득세 및 증권거래세에 관한 개정규정은 이 법 시행 이후 양도하는 분부터 적용한다.

④ 이 법 중 상속세 및 증여세에 관한 개정규정은 이 법 시행 이후 상속이 개시되거나 증여받는 경우부터 적용한다.

⑤ 이 법 중 개별소비세에 관한 개정규정은 이 법 시행 이후 제조장에서 반출하거나 수입신고하는 경우부터 적용한다.

⑥ 이 법 중 관세에 관한 개정규정은 이 법 시행 이후 수입신고하는 경우부터 적용한다.

⑦ 이 법 중 인지세에 관한 개정규정은 이 법 시행 이후 과세문서를 작성하는 분부터 적용한다.

제3조【중소기업 등 투자 세액공제에 관한 적용례】 제5조제4항의 개정규정은 2018년 1월 1일 이후 지정 또는 선포된 위기지역의 지정일 또는 선포일이 속하는 과세연도의 과세표준을 이 법 시행 이후 신고하는 경우부터 적용한다.

제4조【기술혁신형 주식취득에 대한 세액공제에 관한 적용례】 제12조의4제2항의 개정규정은 이 법 시행 이후 같은 항 제3호에 따른 사유가 발생하는 경우부터 적용한다.

제5조【중소기업창업투자회사 등의 주식양도차익 등에 대한 비과세에 관한 적용례】 제13조제1항의 개정규정은 이 법 시행 이후 양도하는 분부터 적용한다.

제6조【중소기업창업투자조합 출자 등에 대한 소득공제에 관한 적용례】 제16조제2항의 개정규정은 이 법 시행 이후 추징사유가 발생하는 분부터 적용한다.

제7조【외국인기술자에 대한 소득세 감면에 관한 적용례】 제18조제1항의 개정규정(감면기간과 관련된 부분에 한정한다)은 이 법 시행 이후 최초로 근로를 제공하는 분부터 적용한다.

제8조【성과공유 중소기업의 경영성과급에 대한 세액공제 등에 관한 적용례】 제19조의 개정규정은 이 법 시행 이후 경영성과급을 지급하거나 지급받는 분부터 적용한다.

제9조【특정 시설 투자 등에 대한 세액공제에 관한 적용례】 ① 제25조제1항제1호부터 제3호까지, 제5호 및 제6호의 개정규정에 해당하는 시설에 적용되는 제25조제2항의 개정규정에 따른 공제율은 이 법 시행 이후 투자하는 분부터 적용한다.

② 제25조제1항제4호의 개정규정에 해당하는 시설에 적용되는 제25조제2항의 개정규정에 따른 공제율은 이 법 시행 이후 취득(신축·증축·개축 및 구입을 포함한다)하는 분부터 적용한다.

제10조【초연결 네트워크 구축을 위한 시설투자에 대한 세액공제에 관한 적용례】 제25조의7의 개정규정은 이 법 시행 이후 투자하는 분부터 적용한다.

제11조【설비투자자산의 감가상각비 손금산입 특례에 관한 적용례】 제28조의3의 개정규정은 2018년 7월 1일 이후 취득한 설비투자자산부터 적용한다.

제12조【경력단절 여성 재고용 기업 등에 대한 세액공제에 관한 적용례】 제29조의3제2항부터 제6항까지의 개정규정은 이 법 시행 이후 육아휴직에서 복귀하는 사람의 인건비를 지급하는 분부터 적용한다.

제13조【고용을 증대시킨 기업에 대한 세액공제에 관한 적용례】 제29조의7의 개정규정은 이 법 시행 이후 과세표준을 신고하는 경우부터 적용한다.

제14조【중소기업 취업자에 대한 소득세 감면 신청에 관한 적용례】 제30조제2항 및 제7항의 개정규정은 이 법 시행 이후 신청하는 분부터 적용한다.

제15조【정규직 근로자로의 전환에 따른 세액공제에 관한 적용례】 제30조의2제1항의 개정규정은 이 법 시행 이후 정규직 근로자로 전환하는 경우부터 적용한다.

제16조【고용유지중소기업 등에 대한 과세특례에 관한 적용례】 제30조의3제5항의 개정규정은 2018년 1월 1일 이후 지정 또는 선포된 위기지역의 지정일 또는 선포일이 속하는 과세연도의 과세표준을 이 법 시행 이후 신고하는 경우부터 적용한다.

제17조【주식매각 후 벤처기업등 재투자에 대한 과세특례에 관한 적용례】 제46조의8의 개정규정은 이 법 시행 이후 매각대상기업의 주식을 양도하는 분부터 적용한다.

제18조【소기업·소상공인 공제부금에 대한 소득공제 등에 관한 적용례】 제86조의3제1항의 개정규정은 이 법 시행 이후 소기업·소상공인 공제에 가입하는 경우부터 적용한다.

제19조【주택청약종합저축 등에 대한 소득공제 등에 관한 적용례】 ① 제87조제3항의 개정규정은 이 법 시행 이후 지급분부터 적용한다.

② 이 법 시행 전에 청년우대형주택청약종합저축에 가입한 경우 이 법 시행일에 가입한 것으로 보아 제87조제10항의 개정규정을 적용한다.

제20조【세금우대저축자료의 제출 등에 관한 적용례】 ① 제89조의2의 개정규정은 이 법 시행 이후 가입하는 분부터 적용한다.

② 이 법 시행 전에 청년우대형주택청약종합저축 및 장병내일준비적금에 가입한 경우 이 법 시행일에 가입한 것으로 보아 제89조의2의 개정규정을 적용한다.

제21조【개인종합자산관리계좌에 대한 과세특례에 관한 적용례】 ① 제91조의18제1항의 개정규정은 이 법 시행 이후 가입하는 분부터 적용한다.

② 제91조의18제3항제3호의 개정규정은 이 법 시행 전에 가입한 분에 대하여도 적용한다.

제22조【장병내일준비적금에 대한 비과세에 관한 적용례】 제91조의19의 개정규정은 이 법 시행 이후 지급하는 소득분부터 적용한다.

제23조【장기일반민간임대주택등에 대한 양도소득세 과세특례에 관한 적용례】 제97조의3의 개정규정은 이 법 시행일 이후 경정·결정하는 분부터 적용한다.

제24조【위기지역 창업기업에 대한 법인세 등의 감면에 관한 적용례】 제99조의9의 개정규정은 2018년 1월 1일 이후 지정 또는 선포된 위기지역의 지정일 또는 선포일이 속하는 과세연도의 과세표준을 이 법 시행 이후 신고하는 경우부터 적용한다.

제25조【근로장려금 및 자녀장려금에 관한 적용례】 ① 제100조의3제1항·제2항, 제100조의5제1항·제4항, 제100조의6제1항, 제100조의7제1항제1호·제2항·제3항·제4항제1호, 제100조의8제6항, 제100조의9제1항 및 제100조의28부터 제100조의31까지의 개정규정은 이 법 시행 이후 근로장려금 또는 자녀장려금을 신청하는 분부터 적용한다.

② 제100조의3제6항, 제100조의4제6항, 제100조의5제2항·제3항·제5항, 제100조의6제2항부터 제4항까지, 제7항 및 제9항, 제100조의7제1항제2호·제4항제2호 및 제100조의8제3항·제5항·제8항의 개정규정은 이 법 시행 이후 발생하는 소득에 대하여 근로장려금을 신청하는 분부터 적용한다.

제26조【가산세에 관한 적용례】 제100조의25제2항의 개정규정은 이 법 시행 이후 원천징수하여 납부할 의무가 발생하는 분부터 적용한다.

제27조【신용회복목적회사에 대한 과세특례에 관한 적용례】 제104조의12제3항의 개정규정은 이 법 시행 전에 손금에 산입한 손실보전준비금에 대해서도 적용한다.

제28조【해외진출기업의 국내복귀에 대한 세액감면에 관한 적용례】 제104조의24제1항제2호 및 같은 조 제3항의 개정규정은 이 법 시행 이후 국내에서 창업하거나 사업장을 신설하는 경우부터 적용한다.

제29조【금 관련 제품에 대한 부가가치세 매입자 납부 특례에 관한 적용례】 ① 제106조의4제3항의 개정규정

은 이 법 시행 이후 공급받는 경우부터 적용한다.
② 제106조의4제8항의 개정규정은 이 법 시행 이후 징수하는 경우부터 적용한다.

제30조【스크랩등에 대한 부가가치세 매입자 납부 특례에 관한 적용례】 ① 제106조의9제3항의 개정규정은 이 법 시행 이후 공급받는 경우부터 적용한다.
② 제106조의9제7항의 개정규정은 이 법 시행 이후 징수하는 경우부터 적용한다.

제31조【노후경유자동차 교체에 대한 개별소비세 감면에 관한 적용례】 제109조의2제1항의 개정규정은 2019년 1월 1일부터 2019년 12월 31일까지 신차를 제조장에서 반출하거나 수입신고하여 같은 기간 동안 신규등록하는 경우에 한정하여 적용한다.

제32조【기업도시개발구역 등의 창업기업 등에 대한 법인세 등의 감면에 관한 적용례】 제121조의17제1항제3호의 개정규정 중「주한미군 공여구역주변지역 등 지원 특별법」제11조에 따라 승인된 사업에 해당하여 감면을 적용받는 경우에는 이 법 시행 이후 창업하거나 사업장을 신설하는 경우부터 적용하고, 같은 조 같은 항 제4호의 개정규정 중「주한미군 공여구역주변지역 등 지원 특별법」제10조제1항제5호에 따른 사업시행자가 같은 법 제11조에 따라 승인을 받아 하는 사업에 해당하여 감면을 적용받는 경우에는 이 법 시행 이후 투자를 개시하는 분부터 적용한다.

제33조【성실사업자 등에 대한 월세세액공제에 관한 적용례】 제122조의3제3항의 개정규정은 이 법 시행 이후 종합소득과세표준을 확정신고하는 분부터 적용한다.

제34조【박물관·미술관 입장료에 대한 신용카드 등 사용금액 소득공제에 관한 적용례】 제126조의2의 개정규정(박물관·미술관 입장료와 관련된 부분에 한정한다)은 2019년 7월 1일 이후 사용하는 분부터 적용한다.

제35조【추계과세 시 등의 감면배제에 관한 적용례】 제128조제2항부터 제4항까지의 개정규정은 이 법 시행 이후 과세표준을 신고하는 분부터 적용한다.

제36조【수도권과밀억제권역의 투자에 대한 조세감면 배제에 관한 적용례】 제130조제1항 및 제2항의 개정규정은 이 법 시행 이후 투자하는 분부터 적용한다.

제37조【최저한세액에 미달하는 세액의 감면 등의 배제에 관한 적용례】 제132조제1항제2호 및 같은 조 제2항제2호의 개정규정은 이 법 시행 이후 과세표준을 신고하는 경우부터 적용한다.

제38조【소득세 소득공제 등의 종합한도에 관한 적용례】 제132조의2제1항제3호의 개정규정은 이 법 시행 이후 과세표준을 신고하거나 연말정산하는 분부터 적용한다.

제39조【연구개발특구에 입주하는 첨단기술기업 등에 대한 법인세 등의 감면한도에 관한 경과조치】 이 법 시행 전에 연구개발특구에 입주한 기업에 대해서는 제12조의2제3항의 개정규정에도 불구하고 종전의 규정에 따른다.

제40조【외국인기술자에 대한 소득세 감면에 관한 경과조치】 이 법 시행 전에 국내에서 근무를 시작한 외국인기술자의 소득세 감면기간에 대해서는 제18조제1항의 개정규정에도 불구하고 종전의 규정에 따른다.

제41조【특정 시설 투자 등에 대한 세액공제에 관한 경과조치】 ① 2017년 12월 31일 이전에 종전의 제24조제1항(제7호부터 제9호까지를 제외한다), 제25조제1항(제3호를 제외한다. 이하 이 항에서 같다)에 따른 투자(종전의 제25조제1항에 따른 투자로서 중소기업이 투자하는 경우는 제외한다)를 개시하여 이 법 시행 이후 투자하는 경우의 공제율에 관하여는 제25조제2항의 개정규정 및 부칙 제9조제1항에도 불구하고 종전의 규정에 따른다.
② 종전의 제24조제1항제7호부터 제9호까지 또는 종전

의 제25조제1항제3호에 해당하는 시설에 2019년 12월 31일까지 투자하는 경우에는 제25조제1항의 개정규정에도 불구하고 종전의 규정에 따른다.
③ 종전의 제24조제2항에 규정된 설비를 2019년 12월 31일까지 이용하는 경우에는 제25조제1항의 개정규정에도 불구하고 종전의 규정에 따른다.

제42조【중소기업 사회보험료 세액공제에 관한 경과조치】 이 법 시행 전에 사회보험에 신규 가입한 경우에는 제30조의4제3항의 개정규정에도 불구하고 종전의 규정에 따른다.

제43조【농공단지 입주기업 등에 대한 세액감면에 관한 경과조치】 이 법 시행 전에 농공단지 등에 입주한 기업에 대해서는 제64조의 개정규정에도 불구하고 종전의 규정에 따른다.

제44조【소기업·소상공인 공제부금에 대한 소득공제에 관한 경과조치】 이 법 시행 전에 소기업·소상공인 공제에 가입한 자에 대해서는 제86조의3제1항의 개정규정에도 불구하고 종전의 규정에 따른다.

제45조【노후경유자동차 교체에 대한 개별소비세 감면 등에 관한 경과조치】 부칙 제31조에도 불구하고 2018년 12월 31일 이전에 제조장 또는 보세구역으로부터 반출되거나 개별소비세가 납부되었거나 납부될 승용자동차를 2018년 12월 31일 현재 보유하고 있는 제조업자, 도·소매업자 또는 수입업자 등 사업자에 대해서는 해당 승용자동차에 대한 판매확인서, 재고물품확인서, 환급신청서 등 국세청장 또는 관세청장이 정하는 증거서류를 첨부하여 관할세무서장 또는 관할세관장의 확인을 받으면 해당 승용자동차는 이 법 시행일 이후에 제조장 또는 보세구역으로부터 반출된 것으로 보아 제109조의2에 따라 감면, 환급 또는 공제받을 수 있다.

제46조【제주첨단과학기술단지 입주기업에 대한 법인세 등의 감면한도에 관한 경과조치】 이 법 시행 전에 제주첨단과학기술단지에 입주한 기업에 대해서는 제121조의8의 개정규정에도 불구하고 종전의 규정에 따른다.

제47조【제주투자진흥지구 또는 제주자유무역지역 입주기업 등에 대한 법인세 등의 감면한도에 관한 경과조치】 이 법 시행 전에 제주투자진흥지구 또는 제주자유무역지역에 입주한 기업과 투자를 개시한 사업시행자에 대해서는 제121조의9의 개정규정에도 불구하고 종전의 규정에 따른다.

제48조【기업도시개발구역 등의 창업기업 등에 대한 법인세 등의 감면에 관한 경과조치】 이 법 시행 전에 기업도시개발구역 등에 창업하거나 사업장을 신설한 기업과 투자를 개시한 사업시행자에 대해서는 제121조의17의 개정규정에도 불구하고 종전의 규정에 따른다.

제49조【아시아문화중심도시 투자진흥지구 입주기업 등에 대한 법인세 등의 감면한도에 관한 경과조치】 이 법 시행 전에 아시아문화중심도시 투자진흥지구에 입주한 기업에 대해서는 제121조의20의 개정규정에도 불구하고 종전의 규정에 따른다.

제50조【금융중심지 창업기업 등에 대한 법인세 등의 감면한도에 관한 경과조치】 이 법 시행 전에 금융중심지에 창업하거나 사업장을 신설한 기업에 대해서는 제121조의21의 개정규정에도 불구하고 종전의 규정에 따른다.

제51조【첨단의료복합단지 입주기업에 대한 법인세 등의 감면한도에 관한 경과조치】 이 법 시행 전에 첨단의료복합단지에 입주한 기업에 대해서는 제121조의22의 개정규정에도 불구하고 종전의 규정에 따른다.

제52조【세액공제액의 이월공제에 관한 경과조치】 이 법 시행 전에 이월된 세액공제액에 대해서는 제144조제1항 및 제2항의 개정규정에도 불구하고 종전의 규정에 따른다.

제53조【감면세액의 추징에 관한 경과조치】 이 법 시행 당시 종전의 제146조에 따라 공제받은 법인세 또는

소득세를 납부하여야 하는 경우에는 제146조의 개정규정에도 불구하고 종전의 규정에 따른다.

부　칙 （2019.12.31 법16835호）

제1조【시행일】 이 법은 2020년 1월 1일부터 시행한다. 다만, 제118조제1항제22호의 개정규정 및 제121조의13 제5항의 개정규정은 2020년 4월 1일부터 시행하고, 제96조제1항의 개정규정(감면세액과 관련된 부분에 한정한다), 제106조의2제13항의 개정규정 및 제126조의2의 개정규정(신문 구독료와 관련된 부분에 한정한다)은 2021년 1월 1일부터 시행하며, 제38조의2의 개정규정은 2027년 1월 1일부터 시행하고, 제121조의2의 개정규정은 공포한 날부터 시행한다.(2023.12.31 단서개정)

제2조【일반적 적용례】 ① 이 법 중 소득세(양도소득세는 제외한다) 및 법인세에 관한 개정규정은 이 법 시행 이후 개시하는 과세연도분부터 적용한다.
② 이 법 중 부가가치세에 관한 개정규정은 이 법 시행 이후 재화나 용역을 공급하거나 공급받는 분 또는 재화를 수입신고하는 경우부터 적용한다.
③ 이 법 중 양도소득세에 관한 개정규정은 이 법 시행 이후 양도하는 경우부터 적용한다.
④ 이 법 중 상속세 및 증여세에 관한 개정규정은 이 법 시행 이후 상속이 개시되거나 증여받는 경우부터 적용한다.
⑤ 이 법 중 개별소비세에 관한 개정규정은 이 법 시행 이후 제조장에서 반출하거나 수입신고하는 경우부터 적용한다.
⑥ 이 법 중 관세에 관한 개정규정은 이 법 시행 이후 수입신고하는 경우부터 적용한다.

제3조【중소기업 등 투자 세액공제에 관한 적용례】 제5조제4항의 개정규정은 상생형지역일자리의 선정일 또는 규제자유특구의 지정일이 속하는 과세연도의 과세표준을 이 법 시행 이후 신고하는 분부터 적용한다.

제4조【창업중소기업 등에 대한 세액감면에 관한 적용례】 제6조제3항의 개정규정은 이 법 시행 이후 창업하는 경우부터 적용한다.

제5조【상생협력을 위한 사내근로복지기금 출연 등에 대한 세액공제에 관한 적용례】 제8조의3제1항제3호 및 같은 조 제4항의 개정규정은 이 법 시행 이후 출연하는 분부터 적용한다.

제6조【중소기업창업투자회사 등의 주식양도차익 등에 대한 비과세에 관한 적용례】 제13조제2항 및 제3항의 개정규정은 이 법 시행 이후 타인 소유의 주식 또는 출자지분을 매입하는 분부터 적용한다.

제7조【내국법인의 소재·부품·장비전문기업에의 출자·인수에 대한 과세특례에 관한 적용례】 제13조의3의 개정규정은 이 법 시행 이후 출자하거나 인수하는 분부터 적용한다.

제8조【창업자 등에의 출자에 대한 과세특례에 관한 적용례】 제14조제1항제8호 및 같은 조 제8항의 개정규정은 이 법 시행 이후 출자 또는 투자하는 분부터 적용한다.

제9조【중소기업창업투자조합 출자 등에 대한 소득공제에 관한 적용례】 제16조제1항의 개정규정은 이 법 시행 이후 출자 또는 투자하는 분부터 적용한다.

제10조【벤처기업 주식매수선택권 행사이익 비과세특례에 관한 적용례】 제16조의2의 개정규정은 이 법 시행 이후 주식매수선택권을 부여받은 분부터 적용한다.

제11조【소재·부품·장비 관련 외국인기술자에 대한 소득세 감면에 관한 적용례】 제18조의 개정규정은 이 법 시행 이후 소재·부품·장비 관련 외국인기술자가 국내에서 최초로 근로를 제공하는 분부터 적용한다.

제12조【내국인 우수 인력의 국내복귀에 대한 소득세 감면에 관한 적용례】 제18조의3의 개정규정은 이 법 시행 이후 같은 개정규정에 따른 연구기관등에 취업하는 경우부터 적용한다.

제13조【특정 시설 투자 등에 대한 세액공제에 관한 적용례】 제25조제1항 및 제2항의 개정규정은 이 법 시행 이후 투자하는 분부터 적용한다.

제14조【영상콘텐츠 제작비용에 대한 세액공제에 관한 적용례】 제25조의6제1항의 개정규정은 이 법 시행 이후 발생한 영상콘텐츠의 제작비용을 지출하는 경우부터 적용한다.

제15조【경력단절 여성 고용 기업 등에 대한 세액공제에 관한 적용례】 제29조의3제1항의 개정규정은 이 법 시행 이후 고용하는 분부터 적용한다.

제16조【중소기업 청년근로자 및 핵심인력 성과보상기금 수령액에 대한 소득세 감면에 관한 적용례】 제29조의6제1항의 개정규정은 이 법 시행 이후 공제금을 수령하는 분부터 적용한다.

제17조【고용을 증대시킨 기업에 대한 세액공제의 사후관리에 관한 적용례】 제29조의7제2항의 개정규정은 이 법 시행 이후 과세표준을 신고하는 분부터 적용한다.

제18조【정규직 근로자로의 전환에 따른 세액공제에 관한 적용례】 제30조의2제1항의 개정규정은 이 법 시행 이후 정규직 근로자로 전환하는 분부터 적용한다.

제19조【주식의 현물출자 등에 의한 지주회사의 설립 등에 대한 과세특례에 관한 적용례】 제38조의2의 개정규정은 2027년 1월 1일 이후 현물출자하거나 주식을 교환하는 분부터 적용한다.(2023.12.31 본조개정)

제20조【전략적 제휴를 위한 비상장 주식교환등에 대한 과세특례에 관한 적용례】 제46조의7제1항의 개정규정은 이 법 시행 이후 제46조의7제1항에 따른 주식교환 등을 하는 분부터 적용한다.

제21조【대토보상에 대한 양도소득세 과세특례에 관한 적용례】 제77조의2의 개정규정은 이 법 시행 이후 양도하는 분부터 적용한다.

제22조【연금계좌세액공제 등에 관한 적용례】 제86조의4의 개정규정은 이 법 시행 이후 연금계좌에 납입하는 분부터 적용한다.

제23조【공모부동산집합투자기구의 집합투자증권의 배당소득에 대한 과세특례에 관한 적용례】 제87조의7제1항의 개정규정은 이 법 시행 이후 최초로 배당소득을 지급받는 분부터 적용한다.

제24조【비과세종합저축에 대한 과세특례에 관한 적용례】 제88조의2의 개정규정은 이 법 시행 이후 신규로 가입하는 분부터 적용한다.

제25조【세금우대저축자료의 제출 등에 관한 적용례】 ① 제89조의2제1항의 개정규정은 이 법 시행 이후 거주자가 제87조의7제2항의 개정규정에 따라 같은 조 제1항의 개정규정의 적용대상이 되는 공모부동산집합투자기구의 집합투자증권의 내역을 제출하는 경우부터 적용한다.
② 제89조의2제6항의 개정규정은 이 법 시행 이후 세금우대저축자료를 통보받는 분부터 적용한다.

제26조【소형주택 임대사업자에 대한 세액감면에 관한 적용례】 제96조제1항의 개정규정(감면세액과 관련된 부분에 한정한다)은 2021년 1월 1일 이후 임대사업에서 발생하는 소득분부터 적용한다.

제27조【영세개인사업자의 체납액 징수특례에 관한 적용례】 제99조의10의 개정규정은 이 법 시행 이후 체납액 징수특례를 신청하는 분부터 적용한다.

제28조【근로장려세제 및 자녀장려세제에 관한 적용례】 제100조의3제3항·제5항·제6항, 제100조의4제6항, 제100조의5제1항·제2항·제4항·제5항, 제100조의6제5항·제7항부터 제9항까지, 제100조의7, 제100조의8제5항, 제100조의28, 제100조의29, 제100조의30제1항·제3항 및 제100조의31의 개정규정은 이 법 시행 이후 근로장려금 또는 자녀장려금을 신청하는 분부터 적용한다.

제29조【투자·상생협력 촉진을 위한 과세특례에 관한 적용례】 제100조의32제1항의 개정규정은 이 법 시행 이후 과세표준을 신고하는 분부터 적용한다.

제30조【전자신고에 대한 세액공제의 연간 공제 한도액에 관한 적용례】 제104조의8제3항 및 제4항의 개정규정은 이 법 시행 이후 같은 조 제3항에 따른 세무사 본인의 과세표준을 신고하는 분부터 적용한다.

제31조【기숙사 운영사업 등에 대한 부가가치세 면제에 관한 적용례】 제106조제1항의 개정규정은 이 법 시행 이후 시설관리운영권 및 용역을 제공하는 분부터 적용한다.

제32조【농업·임업·어업용 및 연안여객선박용 석유류에 대한 부가가치세의 감면 등에 관한 적용례】 ① 제106조의2제10항의 개정규정은 이 법 시행 이후 천재지변 등의 사유가 발생하는 분부터 적용한다.

② 제106조의2제13항제2호의 개정규정은 2021년 1월 1일 이후 지정취소 사유가 발생하는 분부터 적용한다.

③ 제106조의2제20항의 개정규정은 이 법 시행 이후 면세유류 관리기관이 자료를 요청하는 분부터 적용한다.

제33조【노후자동차 교체에 대한 개별소비세 감면에 관한 적용례】 제109조의2제1항의 개정규정은 2020년 1월 1일부터 2020년 6월 30일까지 신차를 제조장에서 반출하거나 수입신고하여 같은 기간 동안 신규등록하는 경우에 한정하여 적용한다.

제34조【위기지역 및 제주특별자치도 소재 골프장에 대한 개별소비세 감면에 대한 적용례】 제112조 및 제121조의15의 개정규정은 이 법 시행 이후 입장행위를 하는 분부터 적용한다.

제35조【제주여행객 면세점에 대한 간접세 등의 특례에 관한 적용례】 제121조의13제5항의 개정규정은 이 법 시행 이후 면세물품을 구입하는 분부터 적용한다.

제36조【첨단의료복합단지 및 국가식품클러스터 입주기업에 대한 법인세 등의 감면에 관한 적용례】 제121조의22의 개정규정은 이 법 시행 이후 과세표준을 신고하는 분부터 적용한다.

제37조【신용카드 등 사용금액에 대한 소득공제에 관한 적용례】 제126조의2의 개정규정(신문 구독료와 관련된 부분에 한정한다)은 2021년 1월 1일 이후 사용하는 분부터 적용한다.

제38조【세액공제액의 이월공제에 관한 적용례】 제144조제1항제2호의 개정규정은 이 법 시행 이후 비용이 발생하는 분부터 적용한다.

제39조【공모부동산집합투자기구의 집합투자증권의 배당소득에 대한 과세특례에 관한 특례】 이 법 시행 당시 공모부동산집합투자기구의 집합투자증권을 보유하고 있는 거주자에게 제87조의7의 개정규정을 적용하는 경우에는 이 법 시행일을 공모부동산집합투자기구의 집합투자증권에 투자한 날로 본다.

제40조【일반택시 운송사업자의 부가가치세 경감세액 미지급 관련 이자상당액 계산에 대한 특례 등】 제106조의7제7항의 개정규정에도 불구하고 미지급한 경감세액에 대한 이자상당액 계산의 기준이 되는 기간 중 2019년 12월 31일 이전의 기간에 대한 이자율은 1만분의 3으로 하고, 2020년 1월 1일부터 2020년 3월 31일까지의 기간에 대한 이자율은 10만분의 25로 한다.

제41조【특정 시설 투자 등에 대한 세액공제에 관한 경과조치】 2017년 12월 31일 이전에 제25조제1항제6호의 시설에 투자(중소기업이 투자하는 경우는 제외한다)를 개시하여 이 법 시행일부터 2020년 12월 31일까지 투자하는 분의 공제율에 관하여는 제25조제2항의 개정규정 및 부칙 제13조에도 불구하고 종전의「조세특례제한법」(법률 제15227호로 개정되기 전의 것을 말한다)의 규정에 따른다.

제42조【중소기업 사회보험료 세액공제에 관한 경과조치】 이 법 시행 전에 사회보험에 신규 가입한 경우에는 제30조의4제3항의 개정규정에도 불구하고 종전의 규정에 따른다.

제43조【창업자금에 대한 증여세 과세특례에 관한 경과조치】 이 법 시행 전에 창업자금을 증여받고 제30조의5제1항에 따라 증여세를 부과받은 경우에는 제30조의5제2항·제4항 및 같은 조 제6항제4호의 개정규정에도 불구하고 종전의 규정에 따른다.

제44조【주식의 현물출자 등에 의한 지주회사의 설립 등에 대한 과세특례에 관한 경과조치】 2026년 12월 31일 이전에 현물출자하거나 주식을 교환한 경우에는 제38조의2의 개정규정에도 불구하고 종전의 규정에 따른다.(2023.12.31 본조개정)

제45조【박물관 등의 이전에 대한 양도소득세의 과세특례에 관한 경과조치】 이 법 시행 전에 제83조제1항 각 호의 어느 하나에 해당하는 박물관 등을 양도하고 같은 조에 따라 양도소득세 과세특례를 적용받은 경우에는 제83조제1항의 개정규정에도 불구하고 종전의 규정에 따른다.

제46조【행정중심복합도시·혁신도시 개발예정지구 내 공장의 지방이전에 대한 과세특례에 관한 경과조치】 이 법 시행 전에 종전의 제85조의2제3항에 따라 행정중심복합도시 등에서 지방으로 이전하여 사업을 개시한 경우에는 제85조의2제3항 및 제6항의 개정규정에도 불구하고 종전의 규정에 따른다.

제47조【공익사업을 위한 수용등에 따른 공장 이전에 대한 과세특례에 관한 경과조치】 이 법 시행 전에 공장의 대지와 건물을 공익사업의 사업시행자에게 양도하고 제85조의7에 따라 양도소득세 과세특례를 적용받은 경우에는 제85조의7제1항의 개정규정에도 불구하고 종전의 규정에 따른다.

제48조【중소기업의 공장이전에 대한 과세특례에 관한 경과조치】 이 법 시행 전에 공장의 대지와 건물을 양도하고 제85조의8에 따라 양도소득세 과세특례를 적용받은 경우에는 제85조의8제1항의 개정규정에도 불구하고 종전의 규정에 따른다.

제49조【비과세종합저축에 대한 과세특례에 관한 경과조치】 이 법 시행 전에 비과세종합저축에 가입한 경우에는 제88조의2의 개정규정에도 불구하고 종전의 규정에 따른다.

제50조【세금우대저축자료의 제출 등에 관한 경과조치】 이 법 시행 전에 세금우대저축자료를 통보받아 보관하고 있는 경우에는 제89조의2제6항의 개정규정에도 불구하고 종전의 규정에 따른다.

제51조【소형주택 임대사업자에 대한 세액감면에 관한 경과조치】 2020년 12월 31일 이전에 임대사업에서 발생한 소득에 대하여는 제96조제1항의 개정규정(감면세액과 관련된 부분에 한정한다)에도 불구하고 종전의 규정에 따른다.

제52조【석유제품 전자상거래에 대한 세액공제에 관한 경과조치】 제104조의25제1항의 개정규정에도 불구하고 이 법 시행 전에 전자결제망을 이용하여 석유제품을 공급하였던 분에 대해서는 종전의 규정에 따른다.

제53조【노후자동차 교체에 대한 개별소비세 감면 등에 관한 경과조치】 부칙 제33조에도 불구하고 2019년 12월 31일 이전에 제조장 또는 보세구역으로부터 반출되어 개별소비세가 납부되었거나 납부될 승용자동차를 2019년 12월 31일 현재 보유하고 있는 제조업자, 도·소매업자 또는 수입업자 등 사업자는 해당 승용자동차에 대한 판매확인서, 재고물품확인서, 환급신청서 등 국세청장 또는 관세청장이 정하는 증거서류를 첨부하여 관할세무서장 또는 관할세관장의 확인을 받으면 해당 승용자동차는 이 법 시행일 이후에 제조장 또는 보세구역으로부터 반출된 것으로 보아 제109조의2에 따라 감면, 환급 또는 공제받을 수 있다.

부　칙 (2020.3.23)

제1조【시행일】 이 법은 공포한 날부터 시행한다.

제2조【상가임대료를 인하한 임대사업자에 대한 세액공제에 관한 적용례】제96조의3의 개정규정은 2020년 1월 1일이 속하는 과세연도 분부터 적용한다.
제3조【해외진출기업의 국내복귀에 대한 세액감면에 관한 적용례】제104조의24제1항부터 제4항까지 및 제6항의 개정규정은 이 법 시행 이후 국내에서 사업장을 증설하는 경우부터 적용한다.
제4조【소규모 개인사업자에 대한 부가가치세 감면에 관한 적용례】제108조의4의 개정규정은 이 법 시행일이 속하는 과세기간 분부터 적용한다.
제5조【간이과세자에 대한 부가가치세 납부의무의 면제 특례에 관한 적용례】제108조의5의 개정규정은 이 법 시행일이 속하는 과세기간 분부터 적용한다.
제6조【신용카드 등 사용금액에 대한 소득공제에 관한 적용례】제126조의2제2항의 개정규정은 이 법 시행 이후 연말정산 또는 종합소득과세표준을 확정신고하는 분부터 적용한다.
제7조【접대비의 손금불산입 특례에 관한 적용례】제136조제4항 및 제5항의 개정규정은 이 법 시행일이 속하는 과세연도 분부터 적용한다.
제8조【자동차에 대한 개별소비세 환급 등에 관한 경과조치】「개별소비세법」제3조에 따른 납세의무자는 2020년 3월 1일부터 이 법 시행일 전일까지 제조장에서 반출하거나 수입신고를 한 자동차에 대하여 개별소비세를 납부하였거나 납부할 세액이 있는 경우에는 국세청장 또는 관세청장이 정하는 바에 따라 해당 자동차에 대한 세금계산서 등 증명서류를 첨부하여 2020년 4월 25일까지 관할 세무서장 또는 관할 세관장에게 신고하면 감면분에 해당하는 세액을 환급받거나 납부하여야 할 세액에서 공제받을 수 있다.

부　칙　(2020.5.19)

제1조【시행일】이 법은 공포한 날부터 시행한다.
제2조【신용카드 등 사용금액에 대한 소득공제에 관한 적용례】제126조의2제2항의 개정규정은 이 법 시행 이후 연말정산 또는 종합소득과세표준을 확정신고하는 분부터 적용한다.

부　칙　(2020.6.9 법17339호)

이 법은 공포한 날부터 시행한다.(이하 생략)

부　칙　(2020.6.9 법17344호)

제1조【시행일】이 법은 공포 후 6개월이 경과한 날부터 시행한다.(이하 생략)

부　칙　(2020.6.9 법17460호)

제1조【시행일】이 법은 공포 후 3개월이 경과한 날부터 시행한다.(이하 생략)

부　칙　(2020.12.29 법17759호)

제1조【시행일】이 법은 2021년 1월 1일부터 시행한다. 다만, 제104조의8제5항 및 제6항의 개정규정은 2021년 7월 1일부터 시행하며, 제117조제1항제2호의5 및 제3호의 개정규정은 2021년 4월 1일부터 시행하며, 제91조의2 및 제126조의2제5항의 개정규정은 2025년 1월 1일부터 시행한다.(2022.12.31 단서개정)
제2조【일반적 적용례】① 이 법 중 소득세(양도소득세는 제외한다) 및 법인세에 관한 개정규정은 이 법 시행 이후 개시하는 과세연도분부터 적용한다.
② 이 법 중 부가가치세에 관한 개정규정은 이 법 시행 이후 재화나 용역을 공급하거나 공급받는 분 또는 재화를 수입신고하는 경우부터 적용한다.
③ 이 법 중 양도소득세 및 증권거래세에 관한 개정규정은 이 법 시행 이후 양도하는 경우부터 적용한다.
④ 이 법 중 상속세 및 증여세에 관한 개정규정은 이 법 시행 이후 상속이 개시되거나 증여받는 경우부터 적용한다.
제3조【중소기업에 대한 특별세액감면에 관한 적용례】제7조제1항제1호무목 및 같은 항 제2호 단서의 개정규정은 2019년 1월 1일 이후 개시한 과세연도분에 대해서도 적용한다.
제4조【통합투자세액공제에 관한 적용례 등】① 제24조의 개정규정은 이 법 시행 이후 과세표준을 신고하는 경우부터 적용한다.
② 다음 각 호의 요건을 모두 충족하는 제24조제1항의 개정규정에 따른 내국인이 2개 이상의 과세연도에 걸쳐서 투자하는 경우에는 제24조제2항의 개정규정에도 불구하고 투자를 완료한 날이 속하는 과세연도에 모든 투자가 이루어진 것으로 본다.
1. 2020년 12월 31일이 속하는 과세연도 전에 투자를 개시하였을 것
2. 종전의 제5조, 제25조, 제25조의4 및 제25조의7에 따른 공제를 받지 아니하였을 것
제5조【특정사회기반시설 집합투자기구 투자자에 대한 과세특례에 관한 적용례】제26조의2의 개정규정은 이 법 시행 이후 지급받는 소득분부터 적용한다.
제6조【투융자집합투자기구 투자자에 대한 과세특례에 관한 적용례】제27조의 개정규정은 이 법 시행 이후 지급받는 소득분부터 적용한다.
제7조【설비투자자산의 감가상각비 손금산입 특례에 관한 적용례】제28조의3제1항 각 호 외의 부분의 개정규정은 2021년 1월 1일 이후 취득한 설비투자자산부터 적용한다.
제8조【경력단절여성 고용기업 등에 대한 세액공제에 관한 적용례】① 제29조의3제2항의 개정규정은 이 법 시행 이후 육아휴직에서 복귀하는 사람의 인건비를 지급하는 분부터 적용한다.
② 제29조의3제3항의 개정규정은 이 법 시행 이후 공제받은 세액상당액을 납부하는 경우부터 적용한다.
제9조【정규직 근로자로의 전환에 따른 세액공제에 관한 적용례】제30조의2제2항의 개정규정은 이 법 시행 이후 공제받은 세액상당액을 납부하는 경우부터 적용한다.
제10조【법인전환에 대한 양도소득세의 이월과세에 관한 적용례】제32조제1항의 개정규정은 이 법 시행 이후 현물출자하거나 법인전환하는 분부터 적용한다.
제11조【수도권 밖으로 공장을 이전하는 기업에 대한 세액감면 등에 관한 적용례】제63조의 개정규정은 이 법 시행 이후 공장을 이전하는 경우(중소기업의 경우 수도권과밀억제권역 밖으로 이전하는 경우를 포함한다)부터 적용한다.
제12조【수도권 밖으로 본사를 이전하는 법인에 대한 세액감면 등에 관한 적용례】제63조의2의 개정규정은 이 법 시행 이후 본사를 이전하는 경우부터 적용한다.
제13조【우리사주조합원에 대한 과세특례에 관한 적용례】제88조의4제13항제3호의 개정규정은 이 법 시행 이후 개시하는 사업연도에 기부금을 우리사주조합에 지출하는 경우부터 적용한다.
제14조【세금우대저축자료의 제출 등에 관한 적용례】제89조의2제6항의 개정규정은 이 법 시행 당시 세금우대저축자료 집중기관이 보관하고 있는 세금우대저축자료에 대하여도 적용한다.
제15조【조합등예탁금에 대한 저율과세 등에 관한 적용례】제89조의3제1항의 개정규정(가입 당시 연령에 관한 부분에 한정한다)은 이 법 시행 이후 가입하는 분부터 적용한다.

제16조【집합투자기구에 대한 과세특례에 관한 적용례】① 제91조의2제1항의 개정규정은 2025년 1월 1일 이후 환매하는 분부터 적용한다.
② 제91조의2제2항 및 제3항의 개정규정은 2025년 1월 1일 이후 발생하는 소득분부터 적용한다.
(2022.12.31 본조개정)
제17조【개인종합자산관리계좌에 대한 과세특례에 관한 적용례】① 제91조의18제1항·제2항·제4항(같은 항 제2호 및 제5호는 제외한다)·제4항부터 제6항까지 및 제9항부터 제11항까지의 개정규정은 이 법 시행 이후 가입·연장 또는 해지하는 분부터 적용한다.
② 제91조의18제3항제3호의 개정규정은 이 법 시행 이후 같은 호 마목의 주식을 취득하는 분부터 적용한다.
③ 제91조의18제3항제5호의 개정규정은 이 법 시행 이후 납입하는 분부터 적용한다.
④ 제91조의18제7항의 개정규정은 이 법 시행 이후 해지하는 분부터 적용한다.
⑤ 제91조의18제8항의 개정규정은 이 법 시행 이후 인출하는 분부터 적용한다.
제18조【월세액에 대한 세액공제에 관한 적용례】① 제95조의2제1항의 개정규정(외국인을 포함하는 것에 관한 부분에 한정한다)은 이 법 시행 이후 월세액을 지급하는 분부터 적용한다.
② 제95조의2제1항(종합소득금액에 관한 부분에 한정한다) 및 제122조의3제3항의 개정규정은 이 법 시행 이후 연말정산 또는 종합소득과세표준을 확정신고하는 분부터 적용한다.
제19조【소형주택 임대사업자에 대한 세액감면에 관한 적용례】① 제96조제2항 본문의 개정규정은 2020년 8월 18일 이후「민간임대주택에 관한 특별법」제5조에 따라 등록을 신청하는 민간임대주택부터 적용한다.
② 제96조제2항 단서의 개정규정은 2020년 8월 18일 이후 등록이 말소되는 분부터 적용한다.
제20조【상가임대료를 인하한 임대사업자에 대한 세액공제에 관한 적용례】제96조의3의 개정규정은 이 법 시행 이후 과세표준신고를 하는 분부터 적용한다.
제21조【농어촌주택 등 취득자에 대한 양도소득세 과세특례에 관한 적용례】① 제99조의4제1항제1호가목3) 및 같은 항 제2호나목2)의 개정규정은 이 법 시행 이후 농어촌주택 또는 고향주택을 취득하는 경우부터 적용한다.
② 제99조의4제1항제1호나목 및 같은 항 제2호다목의 개정규정은 이 법 시행 이후 양도하는 경우부터 적용한다.
제22조【근로장려금 및 자녀장려금에 관한 적용례】① 제100조의3제5항제2호, 제100조의5제3항, 제100조의6제1항·제3항, 제100조의8제3항 및 제100조의30제1항의 개정규정은 이 법 시행 이후 근로장려금 또는 자녀장려금을 신청하는 경우부터 적용한다.
② 제100조의6제11항의 개정규정은 이 법 시행 이후 거주자가 동의하는 경우부터 적용한다.
제23조【투자·상생협력 촉진을 위한 과세특례에 관한 적용례】제100조의32제7항의 개정규정은 이 법 시행 이후 신고하는 초과환류액 분부터 적용한다.
제24조【전자신고에 대한 세액공제에 관한 적용례】제104조의8제1항 및 제3항의 개정규정은 이 법 시행 이후 전자신고의 방법으로 과세표준을 신고하는 경우부터 적용한다.
제25조【전자고지에 대한 세액공제에 관한 적용례】제104조의8제5항 및 제6항의 개정규정은 2021년 7월 1일 이후 최초로 전자송달하는 분부터 적용한다.
제26조【해외진출기업의 국내복귀에 대한 세액감면에 관한 적용례】제104조의24제1항부터 제4항까지의 개정규정은 이 법 시행 이후 국내에서 창업하거나 사업장을 신설 또는 증설하는 경우부터 적용한다.
제27조【한국철도공사에 직접 공급하는 도시철도건설용역에 대한 영세율 적용에 관한 적용례】제105조제1

항제3호마목의 개정규정은 이 법 시행 이후 한국철도공사에 직접 건설용역을 공급하는 분부터 적용한다.
제28조【연안화물선용 경유에 대한 교통·에너지·환경세 감면에 관한 적용례】제111조의5의 개정규정은 이 법 시행 이후 한국해운조합에 직접 공급하는 경우부터 적용한다.
제29조【석유제품 생산공정용 원료로 사용하는 석유류에 대한 개별소비세 면제에 관한 적용례】제111조의6의 개정규정은 이 법 시행 이후 제조장에서 반출하거나 수입신고하는 분부터 적용한다.
제30조【주세의 면제에 관한 적용례】제115조제1항의 개정규정은 이 법 시행 이후 주류 제조장에서 반출하는 분부터 적용한다.
제31조【입국경로에 설치된 보세판매장 등의 물품에 대한 주세의 면제에 관한 적용례】제121조의14제1항부터 제3항까지의 개정규정은 이 법 시행 이후 보세판매장에 공급하거나 주류 제조장에서 반출하는 분부터 적용한다.
제32조【기업도시개발구역 등의 창업기업 등에 대한 법인세 등의 감면에 관한 적용례】제121조의17제1항제3호 및 제121조의19제1항제8호의 개정규정은 2019년 1월 1일 이후 창업하거나 사업장을 신설한 경우부터 적용하고, 제121조의17제1항제4호의 개정규정은「주한미군 공여구역주변지역 등 지원 특별법」제10조제1항에 따른 사업시행자가 이 법 시행 이후 투자를 개시하는 분부터 적용한다.
제33조【신용카드 등 사용금액에 대한 소득공제에 관한 적용례】제126조의2제10항의 개정규정은 이 법 시행 이후 연말정산 또는 종합소득과세표준을 확정신고하는 분부터 적용한다.
제34조【저축지원을 위한 조세특례 제한에 관한 적용례】제129조의2의 개정규정은 이 법 시행 이후 가입·보유·취득·연장하는 경우부터 적용한다.
제35조【세액공제액의 이월공제에 관한 적용례】제144조제1항의 개정규정 중 이월공제의 기간에 관한 부분은 이 법 시행 이후 과세표준을 신고하는 경우부터 적용한다.
제36조【특정시설투자 세액공제 등에 관한 특례 등】① 제24조제1항의 개정규정에 따른 내국인이 2021년 12월 31일까지(종전의 제25조의7에 따른 투자는 2020년 12월 31일까지) 투자를 완료하는 경우에는 종전의 제5조, 제25조, 제25조의4, 제25조의5 및 제25조의7(이하 이 조에서 "종전세액공제규정"이라 한다)을 적용받을 수 있다. 이 경우 종전세액공제규정을 적용받는 제24조제1항의 개정규정에 따른 내국인은 다른 공제대상 자산에 대하여 제24조의 개정규정을 적용받을 수 없다.
② 제1항에 따라 종전세액공제규정을 적용받는 경우에는 제72조제2항, 제127조제1항부터 제4항까지, 제128조제1항, 제130조제1항·제2항, 제132조제1항제3호, 같은 조 제2항제3호 및 제146조의 개정규정에도 불구하고 종전의 규정에 따른다.
제37조【중소기업에 대한 특별세액감면에 관한 경과조치】이 법 시행 전에 개시한 과세연도분에 대해서는 제7조제1항제1호부목 및 같은 조 제3항의 개정규정에도 불구하고 종전의 규정에 따른다.
제38조【벤처기업 출자자의 제2차 납세의무 면제 관련 가산금에 관한 경과조치】2020년 1월 1일 전에 납세의무가 성립된 분에 대해서는 제15조제1항의 개정규정에도 불구하고 종전의 규정에 따른다.
제39조【법인전환에 대한 양도소득세의 이월과세에 관한 경과조치】이 법 시행 전에 현물출자하거나 법인전환한 분에 대해서는 제32조제1항의 개정규정에도 불구하고 종전의 규정에 따른다.
제40조【수도권과밀억제권역 밖으로 이전하는 중소기업에 대한 세액감면에 관한 경과조치】이 법 시행 전에

공장을 이전한 경우에 대해서는 제63조의 개정규정에도 불구하고 종전의 규정에 따른다.

제41조【법인의 공장 또는 본사를 수도권 밖으로 이전하는 경우 법인세 감면에 관한 경과조치】 이 법 시행 전에 공장 또는 본사를 이전한 경우에 대해서는 제63조의2의 개정규정에도 불구하고 종전의 규정에 따른다.

제42조【우리사주조합원에 대한 과세특례에 관한 경과조치】 이 법 시행 전에 개시한 사업연도에 우리사주조합에 기부금을 지출한 경우에 대해서는 제88조의4제13항제3호의 개정규정에도 불구하고 종전의 규정에 따른다.

제43조【집합투자기구에 대한 과세특례에 관한 경과조치】 ① 이 법 부칙 제1조 단서의 시행일 전에 환매한 분에 대해서는 제91조의2제1항의 개정규정에도 불구하고 종전의 규정에 따른다.

② 이 법 부칙 제1조 단서의 시행일 전에 발생한 소득분에 대해서는 제91조의2제2항 및 제3항의 개정규정에도 불구하고 종전의 규정에 따른다.

제44조【개인종합자산관리계좌에 대한 과세특례에 관한 경과조치】 이 법 시행 전에 가입한 분에 대해서는 제91조의18제1항의 개정규정에도 불구하고 종전의 규정에 따른다.

제45조【소형주택 임대사업자에 대한 세액감면에 관한 경과조치】 2020년 8월 18일 전에「민간임대주택에 관한 특별법」제5조에 따라 등록을 신청한 민간임대주택에 대해서는 제96조제2항 본문의 개정규정에도 불구하고 종전의 규정에 따른다.

제46조【농어촌주택 등의 취득자에 대한 양도소득세 과세특례에 관한 경과조치】 이 법 시행 전에 종전의 제99조의4에 따른 농어촌주택 또는 고향주택을 취득한 경우에는 제99조의4제1항제1호가목3) 및 같은 항 제2호나목2)의 개정규정에도 불구하고 종전의 규정에 따른다.

제47조【영세개인사업자의 체납액 징수특례에 관한 경과조치】 이 법 시행 당시 종전의 규정에 따라 체납액 징수특례를 신청한 자는 제99조의10의 개정규정에 따라 신청한 것으로 본다.

제48조【가산금에 관한 경과조치】 2020년 1월 1일 전에 납세의무가 성립된 분에 대해서는 제104조의7제4항의 개정규정에도 불구하고 종전의 규정에 따른다.

제49조【해외진출기업의 국내복귀에 대한 세액감면에 관한 경과조치】 이 법 시행 전에 국내에서 창업하거나 사업장을 신설 또는 증설한 경우에 대해서는 제104조의24제1항부터 제4항까지의 개정규정에도 불구하고 종전의 규정에 따른다.

제50조【기업도시개발구역 등의 창업기업 등에 대한 법인세 등의 감면에 관한 경과조치】 ① 2019년 1월 1일 전에 창업하거나 사업장을 신설한 경우에는 제121조의17제1항제3호 및 제121조의19제1항제8호의 개정규정에도 불구하고 종전의「조세특례제한법」(법률 제16009호로 개정되기 전의 것을 말한다)에 따른다.

② 이 법 시행 전에 투자를 개시한「주한미군 공여구역주변지역 등 지원 특별법」제10조제1항제5호에 따른 사업시행자에 대해서는 제121조의17제1항제4호의 개정규정에도 불구하고 종전의 규정에 따른다.

제51조【세액공제의 이월공제에 관한 경과조치】 이 법 시행 전에 종전의 제144조제1항 각 호의 구분에 따른 기간(법률 제16009호 조세특례제한법 일부개정법률 부칙 제52조에 따라 적용받는 이월공제기간을 포함한다)이 지나 이월하여 공제받지 못한 세액에 대해서는 제144조제1항 및 제2항의 개정규정에도 불구하고 종전의 규정에 따른다.

제52조【감면세액의 추징에 관한 경과조치】 이 법 시행 전에 해당 자산을 처분한 경우에는 제146조의 개정규정에도 불구하고 종전의 규정에 따른다.

부 칙 (2021.3.16)

제1조【시행일】 이 법은 공포한 날부터 시행한다. 다만, 제100조의5제2항의 개정규정은 2021년 7월 1일부터 시행한다.

제2조【고용을 증대시킨 기업에 대한 세액공제에 관한 적용례】 제29조의7제5항부터 제8항까지의 개정규정은 2020년 12월 31일이 속하는 과세연도의 과세표준을 신고하는 분부터 적용한다.

제3조【개발제한구역에서 해제된 토지등에 대한 양도소득세 감면에 관한 적용례】 제77조의3제2항의 개정규정은 이 법 시행일이 속하는 과세연도분부터 적용한다.

제4조【상가임대료를 인하한 임대사업자에 대한 세액공제에 관한 적용례】 제96조의3제1항의 개정규정은 2021년 1월 1일 이후 발생한 임대료 수입금액부터 적용한다.

제5조【공공매입임대주택 건설을 목적으로 양도한 토지에 대한 과세특례에 관한 적용례】 제97조의9의 개정규정은 이 법 시행 이후 양도하는 경우부터 적용한다.

제6조【상가임대료를 인하한 임대사업자에 대한 세액공제에 관한 경과조치】 2021년 1월 1일 전에 발생한 임대료 수입금액에 대해서는 제96조의3제1항의 개정규정에도 불구하고 종전의 규정에 따른다.

부 칙 (2021.4.20)
　　　　(2021.7.27)

제1조【시행일】 이 법은 공포 후 6개월이 경과한 날부터 시행한다.(이하 생략)

부 칙 (2021.8.10)

제1조【시행일】 이 법은 공포 후 3개월이 경과한 날부터 시행한다.

제2조【용역제공자에 관한 과세자료의 제출에 대한 세액공제에 관한 적용례】 제104조의32의 개정규정은 이 법 시행 이후 수입금액 또는 소득금액이 발생하는 용역에 대한 과세자료를 제출하는 분부터 적용한다.

부 칙 (2021.8.17)
　　　　(2021.10.19)

제1조【시행일】 이 법은 공포 후 6개월이 경과한 날부터 시행한다.(이하 생략)

부 칙 (2021.11.23)

제1조【시행일】 이 법은 공포한 날부터 시행한다.(이하 생략)

부 칙 (2021.12.7)

제1조【시행일】 이 법은 공포 후 1년이 경과한 날부터 시행한다.(이하 생략)

부 칙 (2021.12.28 법18634호)

제1조【시행일】 이 법은 2022년 1월 1일부터 시행한다. 다만, 다음 각 호의 개정규정은 각 호의 구분에 따른 날부터 시행한다.

1. 제14조, 제16조의4제2항・제3항・제7항 및 제16조의5의 개정규정, 제26조의2제1항의 개정규정 중 "금융투자소득"의 개정부분, 같은 조 제3항・제4항, 제27조, 제38조제1항・제2항 및 제38조의2의 개정규정 중 "금융투자소득"의 개정부분, 제40조제3항의 개정규정 중

"금융투자소득"의 개정부분, 제46조, 제46조의2 및 제46조의3의 개정규정, 제46조의7제1항의 개정규정 중 "금융투자소득"의 개정부분, 같은 조 제2항·제3항의 개정규정, 제46조의8제1항의 개정규정 중 "금융투자소득"의 개정부분, 같은 조 제2항·제3항의 개정규정, 제87조의7제1항의 개정규정 중 "금융투자소득"의 개정부분, 같은 조 제3항·제5항·제6항, 제88조의2, 제88조의4, 제89조, 제91조의14, 제91조의17, 제91조의18(제2항 및 제3항제5호는 제외한다), 제100조의21, 제104조의4의 개정규정, 제121조의28제3항의 개정규정 중 "금융투자소득"의 개정부분, 제121조의30제1항의 개정규정 중 "금융투자소득"의 개정부분, 같은 조 제3항의 개정규정 및 제146조의2제1항의 개정규정 중 "금융투자소득"의 개정부분 : 2025년 1월 1일 (2023.4.11 본호개정)

2. 제30조의3제3항제3호의 개정규정 : 2022년 2월 18일

3. 제58조의 개정규정 : 2023년 4월 15일(2023.4.11 본호신설)

제2조【일반적 적용례】 ① 이 법 중 소득세(양도소득세와 금융투자소득세는 제외한다) 및 법인세에 관한 개정규정은 부칙 제1조에 따른 각 해당 개정규정의 시행일 이후 개시하는 과세연도부터 적용한다.

② 이 법 중 부가가치세에 관한 개정규정은 부칙 제1조에 따른 각 해당 개정규정의 시행일 이후 재화나 용역을 공급하거나 공급받는 경우 또는 재화를 수입신고하는 경우부터 적용한다.

③ 이 법 중 양도소득세 및 증권거래세에 관한 개정규정은 부칙 제1조에 따른 각 해당 개정규정의 시행일 이후 양도하는 경우부터 적용한다.

④ 이 법 중 금융투자소득세에 관한 개정규정은 부칙 제1조에 따른 각 해당 개정규정의 시행일 이후 발생하는 소득부터 적용한다.

⑤ 이 법 중 상속세 및 증여세에 관한 개정규정은 부칙 제1조에 따른 각 해당 개정규정의 시행일 이후 상속이 개시되거나 증여받는 경우부터 적용한다.

⑥ 이 법 중 인지세에 관한 개정규정은 부칙 제1조에 따른 각 해당 개정규정의 시행일 이후 과세문서를 작성하는 경우부터 적용한다.

⑦ 이 법 중 관세에 관한 개정규정은 부칙 제1조에 따른 각 해당 개정규정의 시행일 이후 수입신고하는 경우부터 적용한다.

제3조【공동사업지원자금 출연금에 대한 세액공제에 관한 적용례】 제8조의3제1항제4호의 개정규정은 이 법 시행 이후 최초로 출연하는 분부터 적용한다.

제4조【연구·인력개발비에 대한 세액공제에 관한 적용례】 제10조의 개정규정 중 국가전략기술연구개발비에 관한 부분은 2021년 7월 1일 이후 발생한 연구개발비부터 적용한다.

제5조【기관전용 사모집합투자기구 등에 대한 과세특례에 관한 적용례 등】 ① 제13조의2제1항제2호, 제16조제1항제5호, 제100조의15제1항제3호 및 제100조의18제3항의 개정규정은 이 법 시행 이후 과세표준을 신고하는 경우부터 적용한다.

② 제117조제1항제4호 및 제23호의 개정규정은 이 법 시행 이후 과세표준을 신고하거나 결정 또는 경정하는 경우부터 적용한다.

③ 이 법 시행 당시 법률 제18128호 자본시장과 금융투자업에 관한 법률 일부개정법률 부칙 제8조제1항부터 제4항까지의 규정에 따라 기관전용 사모집합투자기구, 기업재무안정 사모집합투자기구 및 창업·벤처전문 사모집합투자기구로 보아 존속하는 종전의 경영참여형 사모집합투자기구에 대해서는 제13조의2제1항제2호, 제16조제1항제5호, 제100조의15제1항제3호, 제100조의18제3항 및 제117조제1항제4호·제23호의 개정규정에도 불구하고 종전의 규정에 따른다.

제6조【벤처기업 주식매수선택권 행사이익의 과세특례에 관한 적용례】 ① 제16조의2제1항의 개정규정은 이 법 시행 이후 주식매수선택권을 행사하는 경우부터 적용한다.

② 제16조의4제1항의 개정규정(시가 이하 발행이익에 관한 부분은 제외한다)은 이 법 시행 이전에 「벤처기업육성에 관한 특별조치법」 제16조의3에 따라 부여받은 주식매수선택권을 2021년 1월 1일 이후에 행사하는 경우에도 적용한다.

③ 제16조의4제1항(시가 이하 발행이익에 관한 부분에 한정한다), 제2항부터 제4항까지의 개정규정은 이 법 시행 이후 주식매수선택권을 부여받은 분부터 적용한다.

제7조【통합투자세액공제에 관한 적용례】 제24조의 개정규정 중 국가전략기술사업화시설에 관한 부분은 2021년 7월 1일 이후 국가전략기술사업화시설에 투자하는 경우부터 적용한다.

제8조【영상콘텐츠 제작비용에 대한 세액공제에 관한 적용례】 제25조의6제1항의 개정규정은 이 법 시행 이후 발생한 영상콘텐츠 제작비용부터 적용한다.

제9조【경력단절 여성 고용 기업 등에 대한 세액공제에 관한 적용례】 제29조의3제1항제2호의 개정규정은 이 법 시행 이후 경력단절 여성을 고용하는 경우부터 적용한다.

제10조【중소기업 청년근로자 및 핵심인력 성과보상기금 수령액에 대한 소득세 감면에 관한 적용례】 제29조의6제1항제1호의 개정규정은 이 법 시행 이후 성과보상기금으로부터 공제금을 수령하는 경우부터 적용한다.

제11조【정규직 근로자로의 전환에 따른 세액공제에 관한 적용례】 제30조의2제1항 단서 및 같은 조 제2항의 개정규정은 이 법 시행 이후 정규직 근로자로의 전환을 하는 경우부터 적용한다.

제12조【전략적 제휴를 위한 비상장 주식교환등에 대한 과세특례에 관한 적용례】 제46조의7제1항의 개정규정(금융투자소득에 관한 부분은 제외한다)은 이 법 시행 이후 같은 개정규정에 따른 주식교환등을 하는 경우부터 적용한다.

제12조의2【고향사랑 기부금에 대한 세액공제에 관한 적용례】 제58조의 개정규정은 거주자가 부칙 제1조제3호에 따른 시행일이 속하는 과세기간에 기부하는 경우부터 적용한다.(2023.4.11 본조신설)

제13조【세금우대저축자료의 제출에 관한 적용례 등】 ① 제89조의2제1항의 개정규정은 2022년 1월 1일 전에 종전의 제26조의2 및 제27조에 따라 가입한 전용계좌에 대해서도 적용한다.

② 제1항이 적용되는 경우 그 통보시기는 제89조의2제1항에도 불구하고 2022년 6월 30일까지로 한다.

제14조【개인종합자산관리계좌에 대한 과세특례에 관한 적용례】 ① 제91조의18제1항, 같은 조 제5항부터 제9항까지의 개정규정은 2025년 1월 1일 전에 가입한 개인종합자산관리계좌를 2025년 1월 1일 이후 해지하는 경우에도 적용한다.(2022.12.31 본항개정)

② 제91조의18제2항의 개정규정은 이 법 시행 이후 가입 및 연장하는 경우부터 적용한다.

제15조【청년형장기집합투자증권저축에 관한 적용례】 제91조의20의 개정규정은 이 법 시행 이후 같은 개정규정에 따른 청년형장기집합투자증권저축에 신규로 가입하는 경우부터 적용한다. 이 경우 이 법 시행 전에 보유하고 있던 집합투자증권을 청년형장기집합투자증권저축으로 이체하는 경우는 신규 가입으로 보지 아니한다.

제16조【근로장려금에 관한 적용례】 제100조의3제1항제2호, 제100조의5제1항, 제100조의6제3항, 제100조의8제7항·제8항의 개정규정은 이 법 시행 이후 근로장려금을 신청하는 경우(제100조의6제9항에 따라 2021년 과세기간의 하반기 소득분에 대하여 같은 조 제7항에 따

라 반기 신청을 한 것으로 보는 경우를 포함한다)부터 적용한다.

제17조【동업기업 소득금액 등의 계산 및 배분에 관한 적용례 등】 ① 제100조의18제1항 및 제2항의 개정규정은 2021년 1월 1일 이후 개시하는 과세연도에 발생한 결손금부터 적용한다.

② 2021년 1월 1일 전에 개시한 과세연도에 발생한 결손금에 대해서는 제100조의18제1항 및 제2항의 개정규정에도 불구하고 종전의 규정에 따른다.

제18조【투자·상생협력 촉진을 위한 과세특례에 관한 적용례】 제100조의32제5항 및 제6항의 개정규정은 2021년 12월 31일이 속하는 사업연도에 적립한 차기환류적립금부터 적용한다.

제19조【정비사업조합에 대한 과세특례에 관한 적용례】 제104조의7제2항의 개정규정은 이 법 시행 이후 설립된 조합부터 적용한다.

제20조【기업의 이스포츠경기부 설치·운영에 대한 과세특례에 관한 적용례】 제104조의22의 개정규정은 이 법 시행 이후 이스포츠경기부를 설치·운영하는 경우부터 적용한다.

제21조【정비사업조합 설립인가등의 취소에 따른 채권 손금산입에 대한 적용례】 제104조의26제1항의 개정규정은 2018년 2월 9일 이후에 「도시 및 주거환경정비법」 제22조에 따라 추진위원회의 승인 또는 조합 설립인가가 취소된 경우에도 적용한다.

제22조【제주첨단과학기술단지 입주기업 수입물품에 대한 관세 추징에 관한 적용례】 제121조의10제3항의 개정규정은 이 법 시행 이후 폐업·해산하거나 사업장을 제주첨단과학기술단지 외의 지역으로 이전하는 경우부터 적용한다.

제23조【내국법인의 금융채무 상환을 위한 자산매각에 대한 과세특례에 관한 적용례】 제121조의26의 개정규정은 이 법 시행 전에 사업재편계획을 승인 받은 기업이 이 법 시행 이후 자산을 양도하는 경우에도 적용한다.

제24조【중복지원의 배제에 관한 적용례】 제127조제1항제4호의 개정규정은 이 법 시행 이후 투자하는 경우부터 적용한다.

제25조【상생결제 지급금액에 대한 세액공제에 관한 경과조치】 이 법 시행 전에 개시한 과세연도의 상생결제 지급금액에 대한 세액공제에 관하여는 제7조의4제1항 및 제2항의 개정규정에도 불구하고 종전의 규정에 따른다.

제26조【기술혁신형 주식취득에 대한 세액공제에 관한 경과조치】 이 법 시행 전에 주식 또는 출자지분을 취득한 경우의 세액공제에 관하여는 제12조의4제1항의 개정규정에도 불구하고 종전의 규정에 따른다.

제27조【성과공유 중소기업의 경영성과급에 대한 세액공제 비율에 관한 경과조치】 이 법 시행 전에 경영성과급을 지급한 경우의 세액공제에 관하여는 제19조제1항 본문의 개정규정에도 불구하고 종전의 규정에 따른다.

제28조【중소기업 사회보험료 세액공제에 관한 경과조치】 이 법 시행 전에 개시한 과세연도의 상시근로자 수가 그 직전 과세연도의 상시근로자 수보다 증가한 경우 해당 과세연도의 세액공제에 관하여는 제30조제4항제1항 및 제2항의 개정규정에도 불구하고 종전의 규정에 따른다.

제29조【금융투자소득 등에 관한 경과조치 등】 ① 2025년 1월 1일 전에 발생한 배당소득 또는 양도소득에 대해서는 제14조, 제16조의4제2항·제3항·제7항, 제16조의5, 제26조의2제1항(금융투자소득에 관한 부분으로 한정한다)·제3항, 제27조, 제38조제1항·제2항, 제38조의2(금융투자소득에 관한 부분으로 한정한다), 제40조제3항(금융투자소득에 관한 부분으로 한정한다), 제46조제1항·제3항, 제46조의2, 제46조의3제1항, 제46조의7제1

항(금융투자소득에 관한 부분으로 한정한다)·제2항·제3항, 제46조의8제1항(금융투자소득에 관한 부분으로 한정한다)·제2항·제3항, 제87조의7제1항(금융투자소득에 관한 부분으로 한정한다)·제3항·제5항·제6항, 제88조의2, 제88조의4, 제89조, 제91조의14, 제91조의17, 제100조의21, 제104조의4, 제121조의28제3항(금융투자소득에 관한 부분으로 한정한다), 제121조의30제1항(금융투자소득에 관한 부분으로 한정한다)·제3항 및 제146조의2제1항(금융투자소득에 관한 부분으로 한정한다)의 개정규정에도 불구하고 종전의 규정에 따른다.

② 제1항에도 불구하고 2025년 1월 1일 전에 양도소득세 과세를 이연받은 주주 등이 2025년 1월 1일 이후 주식 등을 처분하는 경우로서 제38조제2항, 제46조의7제2항, 제46조의8제3항 또는 제121조의30제3항에 해당하는 사실이 없는 경우에는 금융투자소득세 과세를 이연받은 것으로 보아 제38조제1항, 제46조의7제1항, 제46조의8제1항 또는 제121조의30제1항의 개정규정을 적용한다.

③ 제1항에도 불구하고 2025년 1월 1일 전에 종전의 제46조제1항·제3항, 제46조의2 및 제46조의3제1항에 따라 양도소득세 과세를 이연받고 2025년 1월 1일 이후 주식 등을 처분하는 경우에는 금융투자소득세 과세를 이연받은 것으로 보아 제46조제1항·제3항, 제46조의2 및 제46조의3제1항의 개정규정을 적용한다.

(2022.12.31 본조개정)

제30조【수도권 밖으로 본사를 이전하는 법인에 대한 세액감면 등에 관한 경과조치】 ① 이 법 시행 전에 본사를 수도권 밖으로 이전한 법인 및 수도권과밀억제권역 안의 본사를 양도하거나 본사 외의 용도로 전환한 법인에 대해서는 제63조의2제1항제1호나목의 개정규정에도 불구하고 종전의 제63조의2제1항제1호에 따른다.

② 본사를 신축하는 경우로서 본사의 부지를 2021년 12월 31일까지 보유하거나 2021년 12월 31일이 속하는 과세연도의 과세표준신고를 할 때 이전계획서를 제출하는 법인에 대해서는 제63조의2제1항제1호나목의 개정규정에도 불구하고 종전의 제63조의2제1항제1호에 따른다.

제31조【영세개인사업자의 체납액 징수특례에 관한 경과조치】 2019년 12월 31일까지 납세의무가 성립한 국세에 대한 가산금에 관하여는 제99조의10제2항제1호의 개정규정에도 불구하고 종전의 규정에 따른다.

제32조【금융기관의 신용회복목적회사 출자·출연 시 손금산입 특례에 관한 경과조치】 2021년 12월 31일까지 신용회복목적회사에 출자 또는 출연한 금융기관에 대한 손금 산입 등의 특례에 관하여는 제104조의11의 개정규정에도 불구하고 종전의 규정에 따른다.

부　칙 (2021.12.28 법18661호)
　　　　(2022.1.4)

제1조【시행일】 이 법은 공포 후 6개월이 경과한 날부터 시행한다.(이하 생략)

부　칙 (2022.12.31)

제1조【시행일】 이 법은 2023년 1월 1일부터 시행한다. 다만, 다음 각 호의 개정규정은 해당 호에서 정한 날부터 시행한다.

1. 제72조제1항의 개정규정 중 "기업업무추진비"의 개정부분, 같은 조 제6항의 개정규정, 제136조 제목 및 같은 조 제2항의 개정규정, 같은 조 제3항의 개정규정 중 "기업업무추진비" 및 "기업업무추진비 한도액"의 개정부분 및 같은 조 제4항의 개정규정 : 2024년 1월 1일 (2023.12.31 본호개정)

2. 제111조의2의 제목, 같은 조 제1항의 개정규정 : 2023년 4월 1일

3. 제126조의2(영화상영관에 관한 부분으로 한정한다)의 개정규정 : 2023년 7월 1일
4. 법률 제18634호 조세특례제한법 일부개정법률 제16조의4제3항의 개정규정 : 2025년 1월 1일
5. 제104조의5의 개정규정, 제144조제1항 및 제2항의 개정규정(제104조의5를 추가하는 부분으로 한정한다) : 2026년 1월 1일(2023.12.31 본호신설)

제2조【일반적 적용례】 ① 이 법 중 소득세(양도소득세는 제외한다) 및 법인세에 관한 개정규정은 부칙 제1조에 따른 각 해당 개정규정의 시행일 이후 개시하는 과세연도부터 적용한다.
② 이 법 중 양도소득세에 관한 개정규정은 부칙 제1조에 따른 각 해당 개정규정의 시행일 이후 양도하는 경우부터 적용한다.
③ 이 법 중 상속세 및 증여세에 관한 개정규정은 부칙 제1조에 따른 각 해당 개정규정의 시행일 이후 상속이 개시되거나 증여를 받는 경우부터 적용한다.
④ 이 법 중 부가가치세에 관한 개정규정은 부칙 제1조에 따른 각 해당 개정규정의 시행일 이후 재화나 용역을 공급하거나 공급받는 분 또는 재화를 수입신고하는 경우부터 적용한다.

제3조【중소기업에 대한 특별세액감면에 관한 적용례】 제7조제3항의 개정규정은 이 법 시행 이후 과세표준을 신고하는 분부터 적용한다.

제4조【상생협력을 위한 기금 출연 등에 대한 세액공제에 관한 적용례】 제8조의3제4항의 개정규정은 2023년 1월 1일 이후 자산을 기증하는 경우부터 적용한다.

제5조【내국법인의 소재·부품·장비전문기업 등에의 출자·인수에 대한 과세특례에 관한 적용례】 제13조의3제3항, 제4항 및 제6항의 개정규정은 2023년 1월 1일 이후 국가전략기술 관련 외국법인을 인수하는 경우부터 적용한다.

제6조【벤처기업 주식매수선택권 행사이익 납부특례에 관한 적용례】 제16조의3제1항의 개정규정은 이 법 시행 이후 주식매수선택권을 행사하는 경우부터 적용한다.

제7조【벤처기업 주식매수선택권 행사이익에 대한 과세특례에 관한 적용례】 제16조의4제5항제3호의 개정규정은 이 법 시행 이후 전용계좌를 통해 주식을 거래하는 경우부터 적용한다.

제8조【금융투자소득에 관한 적용례】 법률 제18634호 조세특례제한법 일부개정법률 제16조의4제3항의 개정규정은 2025년 1월 1일 이후 발생하는 소득부터 적용한다.

제9조【외국인기술자에 대한 소득세의 감면에 관한 적용례】 제18조제1항 본문의 개정규정은 이 법 시행 당시 국내에서 최초로 근로를 제공한 날부터 5년이 지나지 아니한 외국인기술자에 대해서도 적용한다.

제10조【외국인근로자에 대한 과세특례에 관한 적용례】 제18조의2제2항의 개정규정은 이 법 시행 당시 국내에서 최초로 근로를 제공한 날부터 20년이 지나지 아니한 외국인근로자에 대해서도 적용한다.

제11조【내국인 우수 인력의 국내복귀에 대한 소득세 감면에 관한 적용례】 제18조제3제1항의 개정규정은 이 법 시행 당시 취업일부터 5년이 지나지 아니한 내국인 우수 인력에 대해서도 적용한다.

제12조【영상콘텐츠 제작비용에 대한 세액공제에 관한 적용례】 제25조의6제1항의 개정규정은 이 법 시행 이후 같은 항 제3호에 따른 비디오물의 제작을 위하여 발생하는 영상콘텐츠 제작비용부터 적용한다.

제13조【에너지절약시설의 감가상각비 손금산입 특례에 관한 적용례】 제28조의4의 개정규정은 이 법 시행 이후 취득한 에너지절약시설부터 적용한다.

제14조【공장의 대도시 밖 이전에 대한 법인세 과세특례에 관한 적용례】 제60조제5항의 개정규정은 이 법 시행 이후 공장의 대지와 건물을 양도하는 경우부터 적용한다.

제15조【영농자녀등이 증여받는 농지 등에 대한 증여세의 신고·납부에 관한 적용례】 제71조제3항의 개정규정은 이 법 시행 이후 영농자녀등이 같은 조 제2항에 해당하는 경우부터 적용한다.

제16조【고유목적사업준비금의 손금산입특례에 관한 적용례】 제74조제1항제6호의 개정규정은 이 법 시행 이후 최초로 신고하는 분부터 적용한다.

제17조【주택청약종합저축 등에 대한 소득공제 등에 관한 적용례】 제87조제5항의 개정규정은 2022년 과세기간의 근로소득에 대하여 이 법 시행 이후 종합소득과세표준을 신고하거나 소득세를 결정하거나 연말정산하는 경우에도 적용한다.

제18조【월세액에 대한 세액공제에 관한 적용례】 제95조의2제1항의 개정규정은 이 법 시행 전에 월세액을 지급한 경우로서 이 법 시행 이후 종합소득과세표준을 신고하거나 소득세를 결정하거나 연말정산하는 경우에도 적용한다.

제19조【근로장려금 및 자녀장려금에 관한 적용례】 제100조의3제1항제4호, 제100조의5제1항·제4항, 제100조의28제1항제4호 및 제100조의29제1항의 개정규정은 이 법 시행 이후 근로장려금 또는 자녀장려금을 신청하는 경우(제100조의6제9항에 따라 2022년 과세기간의 하반기 소득분에 대하여 같은 조 제7항에 따른 신청을 한 것으로 보는 경우를 포함한다)부터 적용한다.

제20조【투자·상생협력 촉진을 위한 과세특례에 관한 적용례】 제100조의32제6항의 개정규정은 2021년 12월 31일이 속하는 사업연도 및 그 이후 사업연도에 적립한 차기환류적립금에 대해 적용한다. 이 경우 같은 조 제1항의 개정규정에도 불구하고 종전규정 제1항제1호에 따른 법인이 2021년 12월 31일이 속하는 사업연도 및 2022년 12월 31일이 속하는 사업연도에 적립한 차기환류적립금이 있는 경우에도 제6항의 개정규정을 적용한다.

제21조【간이지급명세서의 제출에 대한 세액공제 적용례】 제104조의5의 개정규정은 이 법 시행 이후 발생하는 소득에 대한 간이지급명세서를 제출하는 분부터 적용한다.

제22조【프로젝트금융투자회사에 대한 소득공제에 관한 적용례】 제104조의31제3항 및 제4항의 개정규정은 이 법 시행 이후 배당을 결의하는 경우부터 적용한다.

제23조【제주도여행객 면세점에 대한 간접세 등의 특례에 관한 적용례】 제121조의13제4항 및 제5항의 개정규정은 이 법 시행 이후 면세물품을 판매하거나 구입하는 경우부터 적용한다.

제24조【기업도시개발구역 등의 창업기업 등에 대한 법인세 등의 감면에 관한 적용례】 제121조의17제1항제8호 및 같은 조 제2항의 개정규정은 이 법 시행 이후 제121조의17제1항제8호에 따른 새만금투자진흥지구에 최초로 창업하거나 사업장을 신설하는 기업부터 적용한다.

제25조【감면세액의 추징 등에 관한 적용례】 제121조의19제1항제9호 및 제10호의 개정규정은 이 법 시행 이후 제121조의17제1항제8호에 따른 새만금투자진흥지구에 최초로 창업하거나 사업장을 신설하는 기업부터 적용한다.

제26조【성실사업자에 대한 의료비 등 공제에 관한 적용례】 제122조의3제1항 각 호 외의 부분 및 같은 조 제3항의 개정규정은 이 법 시행 전에 의료비, 난임시술을 위한 비용 또는 월세액을 지출한 경우로서 이 법 시행 이후 종합소득과세표준을 확정신고하거나 소득세를 결정하는 경우에도 적용한다.

제27조【신용카드 등 사용금액에 대한 소득공제에 관한 적용례 등】① 제126조의2제2항제3호부터 제6호까지(영화상영관에 관한 부분으로 한정한다)의 개정규정은 2023년 7월 1일 이후 영화상영관에 입장하기 위하여 지급하는 금액부터 적용한다.
② 제126조의2제11항의 개정규정은 2022년 과세기간의 근로소득에 대하여 이 법 시행 이후 종합소득과세표준을 신고하거나 소득세를 결정하거나 연말정산하는 경우에도 적용한다.
③ 이 법 시행 전에 신용카드 등을 사용한 경우에 대한 소득공제에 관하여는 제126조의2제2항 및 제10항의 개정규정에도 불구하고 종전의 규정에 따른다.
제28조【중소기업에 대한 특별세액감면에 관한 경과조치】이 법 시행 전에 개시한 과세연도에 종전의 제7조제1항제2호마목에 따른 사업장에서 발생한 소득에 대한 소득세 또는 법인세의 감면에 관하여는 제7조제1항제2호마목의 개정규정에도 불구하고 종전의 규정에 따른다.
제29조【중소기업창업투자회사 등의 주식양도차익 등에 대한 비과세 범위에 관한 경과조치】이 법 시행 전에 매입한 주식 또는 출자지분을 이 법 시행 이후 양도하여 발생하는 양도차익 및 이 법 시행 전에 매입한 주식 또는 출자지분에 대하여 이 법 시행 이후 받는 배당소득에 대한 법인세 비과세의 범위에 관하여는 제13조제2항제5호 단서 및 같은 조 제3항제4호 단서의 개정규정에도 불구하고 종전의 규정에 따른다.
제30조【벤처기업 주식매수선택권 행사이익 비과세 특례에 관한 경과조치 등】① 이 법 시행 전에 주식매수선택권을 행사하여 얻은 이익에 대한 소득세 비과세 한도에 관하여는 제16조의2제1항 본문의 개정규정에도 불구하고 종전의 규정에 따른다.
② 제16조의2제1항 단서의 개정규정은 이 법 시행 이후 주식매수선택권을 행사하는 경우부터 적용한다. 이 경우 이 법 시행 전에 주식매수선택권을 행사하여 얻은 이익은 누적 적용하지 아니한다.
제31조【통합투자세액공제의 공제율 상향에 관한 경과조치】이 법 시행 전에 투자한 경우의 세액공제율에 관하여는 제24조제1항제2호가목의 개정규정에도 불구하고 종전의 규정에 따른다.
제32조【근로소득을 증대시킨 기업에 대한 세액공제에 관한 경과조치】이 법 시행 전에 개시한 과세연도에 제29조의4제1항 각 호 또는 같은 조 제3항 각 호의 요건을 충족한 내국인(중소기업 및 중견기업은 제외한다)에 대한 세액공제에 관하여는 제29조의4제1항 및 제3항의 개정규정에도 불구하고 종전의 규정에 따른다.
제33조【정규직 근로자로의 전환에 따른 세액공제에 관한 경과조치】이 법 시행 전에 개시한 과세연도에 정규직 근로자로의 전환을 한 경우에 대한 세액공제에 관하여는 제30조의2의 개정규정에도 불구하고 종전의 규정에 따른다.
제34조【창업자금에 대한 증여세 과세특례에 관한 경과조치 등】① 이 법 시행 전에 창업자금을 증여받은 경우에 대한 증여세 과세특례에 관하여는 제30조의5제1항 전단, 같은 조 제2항제1호의2, 같은 조 제5항 전단 및 같은 조 제6항제7호의 개정규정에도 불구하고 종전의 규정에 따른다.
② 제30조의5제7항의 개정규정은 이 법 시행 이후 거주자가 같은 조 제6항 각 호(이 법 시행 전에 창업자금을 증여받은 자에 대해서는 종전의 같은 항 제7호를 포함한다)의 어느 하나에 해당하는 경우부터 적용한다.
제35조【가업의 승계에 대한 증여세 과세특례에 관한 경과조치 등】① 이 법 시행 전에 증여를 받은 경우의 가업의 승계에 대한 증여세 과세특례에 관하여는 제30조의6제1항의 개정규정에도 불구하고 종전의 규정에 따른다.

② 제30조의6제3항의 개정규정은 다음 각 호의 요건을 모두 충족하는 자 및 이 법 시행 전에 증여를 받은 경우로서 이 법 시행 이후 증여세 과세표준을 신고하는 자에 대해서도 적용한다.
1. 이 법 시행 전에 제30조의6제1항에 따른 과세특례를 적용받았을 것
2. 이 법 시행 당시 주식등을 증여받은 날부터 7년이 경과하지 아니하였을 것
3. 이 법 시행 전에 종전의 제30조의6제3항에 따른 증여세 및 이자상당액이 부과되지 아니하였을 것
제36조【수도권 밖으로 공장을 이전하는 기업에 대한 세액감면 등에 관한 경과조치】① 이 법 시행 전에 공장을 이전한 경우의 세액감면에 관하여는 제63조제1항제2호가목 및 나목의 개정규정에도 불구하고 종전의 규정에 따른다.
② 이 법 시행 이후 공장을 이전하는 경우로서 공장이전기업이 종전의 제63조제1항제2호가목 및 나목을 적용받기 위하여 이 법 시행 전에 다음 각 호의 어느 하나에 해당하는 행위를 한 경우에는 제63조제1항제2호가목 및 나목의 개정규정에도 불구하고 종전의 규정을 적용할 수 있다.
1. 공장을 신축하는 경우로서 제63조제1항에 따라 이전계획서를 제출한 경우
2. 공장 이전을 위하여 기존 공장의 부지나 공장용 건축물을 양도(양도 계약을 체결한 경우를 포함한다)하거나 공장을 철거 또는 폐쇄한 경우
3. 공장 이전을 위하여 신규 공장의 부지나 공장용 건축물을 매입(매입 계약을 체결한 경우를 포함한다)한 경우
4. 공장을 신축하기 위하여 건축허가를 받은 경우
5. 제1호부터 제4호까지의 행위에 준하는 행위를 한 경우로서 실질적으로 이전에 착수한 것으로 볼 수 있는 경우
③ 제2항에 따라 제63조제1항제2호가목 및 나목의 개정규정은 종전의 규정 중 하나를 선택하여 적용하는 경우에는 감면기간 동안 동일한 규정을 계속하여 적용하여야 한다.
제37조【수도권 밖으로 본사를 이전하는 법인에 대한 세액감면 등에 관한 경과조치】① 이 법 시행 전에 본사를 이전한 경우의 세액감면에 관하여는 제63조의2제1항제3호가목 및 나목의 개정규정에도 불구하고 종전의 규정에 따른다.
② 이 법 시행 이후 본사를 이전하는 경우로서 본사이전법인이 종전의 제63조의2제1항제3호가목 및 나목을 적용받기 위하여 이 법 시행 전에 다음 각 호의 어느 하나에 해당하는 행위를 한 경우에는 제63조의2제1항제3호가목 및 나목의 개정규정에도 불구하고 종전의 규정을 적용할 수 있다.
1. 본사를 신축하는 경우로서 제63조의2제1항에 따라 이전계획서를 제출한 경우
2. 본사 이전을 위하여 기존 본사의 부지나 본사용 건축물을 양도(양도 계약을 체결한 경우를 포함한다)하거나 본사를 철거·폐쇄 또는 본사 외의 용도로 전환한 경우
3. 본사 이전을 위하여 신규 본사의 부지나 본사용 건축물을 매입(매입 계약을 체결한 경우를 포함한다)한 경우
4. 본사를 신축하기 위하여 건축허가를 받은 경우
5. 제1호부터 제4호까지의 행위에 준하는 행위를 한 경우로서 실질적으로 이전에 착수한 것으로 볼 수 있는 경우
③ 제2항에 따라 제63조의2제1항제3호가목 및 나목의 개정규정 또는 종전의 규정 중 하나를 선택하여 적용하는 경우에는 감면기간 동안 동일한 규정을 계속하여 적용하여야 한다.

제38조【장기일반민간임대주택 등에 대한 양도소득세 과세특례에 관한 경과조치】이 법 시행 전에 등록을 한 공공지원민간임대주택 또는 장기일반민간임대주택에 대한 양도소득세 과세특례에 관하여는 제97조의3제1항의 개정규정에도 불구하고 종전의 규정에 따른다.

제39조【농어촌주택등 취득자에 대한 양도소득세 과세특례에 관한 경과조치】이 법 시행 전에 양도한 주택의 양도소득세 과세특례 요건에 관하여는 제99조의4제1항제1호 및 제2호의 개정규정에도 불구하고 종전의 규정에 따른다.

제40조【전자상거래로 공급받는 석유제품 공급가액의 세액공제에 관한 경과조치】제104조의25제1항 본문의 개정규정에도 불구하고 이 법 시행 전에 전자결제망을 이용하여 석유제품을 공급받은 분에 대해서는 종전의 규정에 따른다.

      부 칙 (2023.4.11)

제1조【시행일】이 법은 공포한 날부터 시행한다. 다만, 다음 각 호의 개정규정은 해당 호에서 정한 날부터 시행한다.
1. 제89조의2제1항제1호 중 "고위험고수익채권투자신탁"에 대한 부분 및 제91조의15의 개정규정 : 공포 후 2개월이 경과한 날
2. 제89조의2제1항제1호 중 "개인투자용국채"에 대한 부분, 제91조의23 및 제146조의2제1항의 개정규정 : 공포 후 1개월이 경과한 날
3. 법률 제18634호 조세특례제한법 일부개정법률 부칙 제1조제1호·제3호 및 제12조의2의 개정규정 : 2023년 4월 15일

제2조【국가전략기술 범위 확대에 따른 연구·인력개발비 세액공제 등에 관한 적용례】① 제10조제1항제2호의 개정규정 중 국가전략기술연구개발비에 관한 부분은 2023년 1월 1일 이후 발생한 연구개발비부터 적용한다.
② 제10조제1항제2호의 개정규정과 관련된 사업화시설 투자에 대하여 제24조의 통합투자세액공제를 적용할 때에는 2023년 1월 1일 이후 국가전략기술사업화시설에 투자하는 경우부터 적용한다.

제3조【통합투자세액공제의 공제율 상향 등에 관한 적용례】① 제24조제1항제2호가목2)의 개정규정은 2023년 1월 1일 이후 국가전략기술사업화시설에 투자하는 경우부터 적용한다.
② 2023년 1월 1일 전에 국가전략기술사업화시설에 투자한 경우의 세액공제율에 관하여는 제24조제1항제2호가목2)의 개정규정에도 불구하고 종전의 규정에 따른다.
③ 제24조제1항제3호의 개정규정은 2023년 12월 31일이 속하는 과세연도에 투자한 금액에 대하여 적용한다.

제4조【고위험고수익채권투자신탁에 대한 과세특례에 관한 적용례】제91조의15의 개정규정은 부칙 제1조제1호에 따른 시행일 이후 고위험고수익채권투자신탁에 가입하는 경우부터 적용한다.

제5조【개인투자용국채에 대한 과세특례에 관한 적용례】제91조의23의 개정규정은 부칙 제1조제2호에 따른 시행일 이후 개인투자용국채에서 발생하는 소득부터 적용한다.

제6조【고위험고수익투자신탁에 대한 과세특례에 관한 경과조치】부칙 제1조제1호에 따른 시행일 전에 종전의 제91조의15에 따른 고위험고수익투자신탁에 가입한 경우의 과세특례에 관하여는 제91조의15의 개정규정에도 불구하고 종전의 규정에 따른다.

제7조【신용카드 등 사용금액에 대한 소득공제에 관한 경과조치】2021년 과세기간 및 2022년 과세기간에 신용카드 등을 사용한 경우에 대한 소득공제에 관하여는

제126조의2제2항 및 제11항의 개정규정에도 불구하고 종전의 규정에 따른다.

      부 칙 (2023.6.9)

제1조【시행일】이 법은 공포 후 1개월이 경과한 날부터 시행한다.(이하 생략)

      부 칙 (2023.6.13)
          (2023.6.20)

제1조【시행일】이 법은 공포 후 6개월이 경과한 날부터 시행한다.(이하 생략)

      부 칙 (2023.12.31)

제1조【시행일】이 법은 2024년 1월 1일부터 시행한다. 다만, 다음 각 호의 개정규정은 해당 호에서 정하는 날부터 시행한다.
1. 제87조의7제4항, 제91조의20제2항, 같은 조 제4항 단서 및 같은 조 제5항의 개정규정 : 2024년 4월 1일
2. 제105조의3의 개정규정, 제121조의35의 개정규정 중 "제87조의4에 따른 금융투자소득과세표준"의 개정부분 : 2025년 1월 1일
3. 제106조의4제12항·제13항 및 제106조의9제1항·제12항·제13항의 개정규정 : 2024년 7월 1일

제2조【민간재간접벤처투자조합원의 주식양도차익에 대한 비과세에 관한 적용례】제13조제1항 및 제2항의 개정규정은 이 법 시행 이후 과세표준을 신고하는 경우부터 적용한다.

제3조【내국법인의 민간재간접벤처투자조합을 통한 벤처기업 등에의 출자에 대한 세액공제에 관한 적용례】제13조의2제2항의 개정규정은 이 법 시행 이후 세액공제신청을 하는 경우부터 적용한다. 이 경우 같은 항 제2호의 개정규정은 내국법인이 민간재간접벤처투자조합을 통하여 최초로 벤처기업 등의 주식 또는 출자지분을 취득한 사업연도의 다음 사업연도의 법인세에서 공제하는 경우부터 적용한다.

제4조【민간재간접벤처투자조합의 창업기업 등에의 출자에 대한 과세특례에 관한 적용례】① 제14조제1항의 개정규정은 이 법 시행 이후 양도하는 경우부터 적용한다.
② 제14조제4항 및 제5항의 개정규정은 이 법 시행 이후 소득을 지급하는 경우부터 적용한다.

제5조【벤처투자조합 출자 등에 대한 소득공제에 관한 적용례】제16조제1항제1호의 개정규정은 2023년 과세기간의 소득에 대하여 이 법 시행 이후 과세표준을 신고하거나 소득세를 결정하거나 연말정산하는 경우부터 적용한다.

제6조【외국인근로자에 대한 과세특례에 관한 적용례】제18조의2제3항의 개정규정은 이 법 시행 이후 소득을 지급받는 경우부터 적용한다.

제7조【문화산업전문회사에의 출자에 대한 세액공제에 관한 적용례】제25조의7의 개정규정은 이 법 시행 이후 문화산업전문회사에 출자하는 경우부터 적용한다.

제8조【경영회생 지원을 위한 농지 매매 등에 대한 양도소득세 과세특례에 관한 적용례】제70조의2제1항·제4항 및 제5항의 개정규정은 이 법 시행 이후 농지등을 한국농어촌공사에 양도하는 경우부터 적용한다.

제9조【영농자녀등이 증여받는 농지 등에 대한 증여세의 감면에 관한 적용례】제71조제3항의 개정규정은 이 법 시행 이후 증여를 받는 경우부터 적용한다.

제10조【공모부동산집합투자기구 전환투자에 관한 적용례】제87조의7제4항제1호의 개정규정은 2024년 4월 1일 이후 다른 공모부동산집합투자기구의 집합투자증권으로 전환하여 투자하는 경우부터 적용한다.

제11조【조합 등 출자금에 대한 과세특례에 관한 적용례】 제88조의5의 개정규정은 이 법 시행 이후 개시하는 조합 등의 회계연도에서 발생한 잉여금의 배당으로 지급받는 경우부터 적용한다.

제12조【청년형장기집합투자증권저축 전환가입에 관한 적용례】 제91조의20제2항제4호, 같은 조 제4항 단서 및 같은 조 제5항제1호의 개정규정은 2024년 4월 1일 이후 다른 청년형장기집합투자증권저축으로 전환가입하는 경우부터 적용한다.

제13조【청년희망적금 만기지급금의 청년도약계좌 일시납입에 대한 적용례】 제91조의22제5항의 개정규정은 이 법 시행 이후 청년도약계좌에 납입하는 경우부터 적용한다.

제14조【과세특례 대상 저축 등의 소득기준 적용에 대한 특례에 관한 적용례】 ① 제91조의24제1호의 개정규정은 이 법 시행 당시 가입되어 있는 저축등의 가입요건 충족 여부 또는 비과세 한도금액을 판단하는 경우에도 적용한다.
② 제91조의24제2호의 개정규정은 이 법 시행 이후 저축등에 가입하는 경우부터 적용한다.

제15조【월세액 세액공제에 대한 적용례】 제95조의2제1항 및 제122조의3제3항의 개정규정은 이 법 시행 이후 월세액을 지급하는 경우부터 적용한다.

제16조【농어촌주택등 취득자에 대한 양도소득세 과세특례에 관한 적용례】 제99조의4제1항제1호가목의 개정규정은 이 법 시행 이후 일반주택을 양도하는 경우부터 적용한다.

제17조【손실보상금에 대한 과세특례에 관한 적용례】 제99조의13제1항의 개정규정은 이 법 시행 이후 내국인이 손실보상금을 받는 경우부터 적용한다.

제18조【근로장려금 및 자녀장려금에 관한 적용례】 ① 제100조의7제2항의 개정규정은 2023년 1월 1일 이후 개시하는 과세기간에 대한 근로장려금(제100조의31제1항에 따라 준용되는 경우를 포함한다)을 환급하는 경우부터 적용한다.
② 제100조의28제1항제2호 및 제100조의29제1항의 개정규정은 2023년 1월 1일 이후 개시하는 과세기간에 대한 자녀장려금을 환급하는 경우부터 적용한다.

제19조【동업기업과세특례의 적용범위 확대에 관한 적용례 등】 제100조의15제2항·제3항, 제100조의16제2항 및 제100조의18제3항·제5항·제6항의 개정규정은 2023년 12월 31일이 속하는 과세연도부터 적용한다. 이 경우 2023년 12월 31일이 속하는 과세연도 또는 2024년 1월 1일 개시하는 과세연도에 대하여 동업기업과세특례를 적용받으려는 기업은 제100조의17제1항에도 불구하고 기획재정부장관이 정하여 고시하는 바에 따라 2024년 1월 31일까지 관할 세무서장에게 신청을 하여야 한다.

제20조【금융회사등의 신용회복목적회사 출연 시 손금 산입 특례에 관한 적용례】 제104조의11의 개정규정은 이 법 시행 이후 과세표준을 신고하는 경우부터 적용한다.

제21조【해외건설자회사에 지급한 대여금등에 대한 손금산입 특례에 관한 적용례】 제104조의33의 개정규정은 이 법 시행 이후 개시하는 사업연도에 대손충당금을 손금에 산입하는 경우부터 적용한다.

제22조【운송사업용 자동차에 대한 부가가치세 환급 특례에 관한 적용례】 제105조의3의 개정규정은 2025년 1월 1일 이후 재화를 공급하거나 공급받는 경우 또는 재화를 수입신고하는 경우부터 적용한다.

제23조【부가가치세 면제에 관한 적용례】 제106조제1항제9호의2나목의 개정규정은 이 법 시행 이후 재화를 공급하는 경우부터 적용한다.

제24조【부가가치세 매입자 납부특례에 관한 적용례】 제106조의4제12항 및 제106조의9제1항·제12항의 개정규정은 2024년 7월 1일 이후 재화를 공급하거나 공급받는 경우 또는 재화를 수입신고하는 경우부터 적용한다.

제25조【기업도시개발구역 등의 창업기업 등에 대한 법인세 등의 감면에 관한 적용례】 제121조의17제1항제9호, 제10호 및 같은 조 제2항의 개정규정은 이 법 시행 이후 제121조의17제1항제9호의 개정규정에 따른 평화경제특구에 최초로 창업하거나 사업장을 신설하는 기업부터 적용한다.

제26조【감면세액의 추징 등에 관한 적용례】 ① 제121조의19제1항제2호 단서의 개정규정은 이 법 시행 이후 추징세액을 결정하거나 경정하는 경우부터 적용한다.
② 제121조의19제1항제11호 및 제12호의 개정규정은 이 법 시행 이후 제121조의17제1항제9호의 개정규정에 따른 평화경제특구에 최초로 창업하거나 사업장을 신설하는 기업부터 적용한다.

제27조【기회발전특구의 창업기업 등에 대한 법인세 등의 감면에 관한 적용례】 제121조의33의 개정규정은 이 법 시행 이후 같은 개정규정 제1항에 따른 기회발전특구에 최초로 창업하거나 사업장을 신설하는 기업부터 적용한다.

제28조【기회발전특구로 이전하는 기업에 대한 과세특례에 관한 적용례】 제121조의34의 개정규정은 이 법 시행 이후 수도권에 있는 종전사업용부동산을 양도하는 경우부터 적용한다.

제29조【기회발전특구집합투자기구 투자자에 대한 과세특례에 관한 적용례】 제121조의35제1항의 개정규정은 이 법 시행 이후 지급받는 이자소득 또는 배당소득부터 적용한다.

제30조【해외자원개발투자에 대한 중복지원 배제에 관한 적용례】 제127조제1항의 개정규정은 이 법 시행 이후 투자 또는 출자하는 경우부터 적용한다.

제31조【중복지원의 배제에 관한 적용례】 제127조제4항 및 제5항의 개정규정은 이 법 시행일이 속하는 과세연도부터 적용한다.

제32조【추계과세 시 등의 감면배제에 관한 적용례】 제128조제2항부터 제4항까지의 개정규정은 이 법 시행 이후 과세표준을 신고하거나 결정 또는 경정하는 경우부터 적용한다.

제33조【최저한세액에 미달하는 세액에 대한 감면 등의 배제에 관한 적용례】 제132조제1항제4호 및 제2항제4호의 개정규정은 이 법 시행일이 속하는 과세연도부터 적용한다.

제34조【양도소득세 및 증여세 감면의 종합한도에 관한 적용례】 제133조제2항의 개정규정은 이 법 시행 이후 토지의 일부 또는 토지의 지분을 양도하는 경우부터 적용한다. 이 경우 이 법 시행 전에 이루어진 양도는 같은 개정규정에 따라 1개 과세기간에 이루어진 것으로 보는 양도에 포함하지 아니한다.

제35조【전통시장 기업업무추진비 손금산입에 관한 적용례】 제136조제6항의 개정규정은 이 법 시행 이후 과세표준을 신고하는 경우부터 적용한다.

제36조【기술혁신형 주식취득에 대한 세액공제에 관한 경과조치】 인수법인이 피인수법인의 주식등을 최초 취득한 날이 이 법 시행 전인 경우의 세액공제 요건에 관하여는 제12조의4제1항의 개정규정에도 불구하고 종전의 규정에 따른다.

제37조【영상콘텐츠 제작비용에 대한 세액공제에 관한 경과조치】 이 법 시행 전에 발생한 영상콘텐츠 제작비용에 대한 세액공제에 관하여는 제25조의6제1항의 개정규정에도 불구하고 종전의 규정에 따른다.

제38조【가업의 승계에 대한 증여세 과세특례에 관한 경과조치 등】 ① 이 법 시행 전에 증여를 받은 경우에

대한 증여세 세율의 적용에 관하여는 제30조의6제1항 각 호 외의 부분 본문의 개정규정에도 불구하고 종전의 규정에 따른다.

② 제30조의6제4항의 개정규정은 이 법 시행 이후 증여를 받는 경우부터 적용한다.

제39조【과세특례 대상 영농조합법인 등의 범위 변경에 관한 경과조치】 2023년 12월 31일이 속하는 과세연도의 소득(현물출자에 따른 소득은 이 법 시행 전에 이루어진 현물출자에 따른 소득으로 한정한다)에 대한 과세특례에 관하여는 제66조제1항, 제67조제1항, 같은 조 제4항 본문 및 제68조제1항의 개정규정에도 불구하고 종전의 규정에 따른다.

제40조【주택청약종합저축에 대한 소득공제에 관한 경과조치】 이 법 시행 전에 주택청약종합저축에 납입한 금액에 대한 소득공제 및 추징세액의 계산에 관하여는 제87조제2항·제5항 및 제7항의 개정규정에도 불구하고 종전의 규정에 따른다.

제41조【해외진출기업의 국내복귀에 대한 세액감면에 관한 경과조치】 이 법 시행 전에 국내에서 창업하거나 사업장을 신설 또는 증설한 경우의 세액감면 기간 및 업종요건에 관하여는 제104조의24제2항, 제3항, 제6항 및 제118조의2제1항제2호의 개정규정에도 불구하고 종전의 규정에 따른다.

부 칙 (2024.1.9)

제1조【시행일】 이 법은 공포 후 6개월이 경과한 날부터 시행한다.(이하 생략)

〔별표〕

신용카드등소득공제금액 계산 시 차감하는 금액
(제126조의2제2항제6호 관련)

(2023.12.31 신설)

1. 제126조의2제2항제6호 단서에 따라 2023년 1월 1일부터 2023년 12월 31일까지 사용한 신용카드등사용금액에 대한 신용카드등소득공제금액을 계산할 때 차감하는 금액은 다음 표 왼쪽 란의 신용카드등사용금액과 최저사용금액 간의 비교 조건에 따라 같은 표 오른쪽 란의 계산식을 적용하여 계산한 금액으로 한다. 이 경우 신용카드등사용금액은 제2호 각 목의 금액으로 구분한다.

신용카드등사용금액과 최저사용금액 간 조건	신용카드등소득공제금액 계산 시 차감하는 금액
최저사용금액 ≤ 제2호가목의 금액	최저사용금액 × 100분의 15
제2호가목의 금액 < 최저사용금액 ≤ (제2호가목 및 나목의 금액의 합계액)	제2호가목의 금액 × 100분의 15 + (최저사용금액 - 제2호가목의 금액) × 100분의 30
(제2호가목 및 나목의 금액의 합계액) < 최저사용금액 ≤ 제2호가목부터 다목까지의 금액의 합계액)	제2호가목의 금액 × 100분의 15 + 제2호나목의 금액 × 100분의 30 + (최저사용금액 - 제2호가목 및 나목의 금액의 합계액) × 100분의 40
(제2호가목부터 다목까지의 금액의 합계액) < 최저사용금액 ≤ (제2호가목부터 라목까지의 금액의 합계액)	제2호가목의 금액 × 100분의 15 + 제2호나목의 금액 × 100분의 30 + 제2호다목의 금액 × 100분의 40 + (최저사용금액 - 제2호가목부터 다목까지의 금액의 합계액) × 100분의 50
(제2호가목부터 라목까지의 금액의 합계액) < 최저사용금액	제2호가목의 금액 × 100분의 15 + 제2호나목의 금액 × 100분의 30 + 제2호다목의 금액 × 100분의 40 + 제2호라목의 금액 × 100분의 50 + (최저사용금액 - 제2호가목부터 라목까지의 금액의 합계액) × 100분의 80

2. 신용카드등사용금액의 구분
   가. 2023년 1월 1일부터 2023년 12월 31일까지 사용한 신용카드사용분
   나. 다음의 금액의 합계액(해당 과세연도의 총급여액이 7천만원을 초과하는 경우에는 2)의 금액은 제외한다)
     1) 2023년 1월 1일부터 2023년 12월 31일까지 사용한 직불카드등사용분
     2) 2023년 1월 1일부터 2023년 3월 31일까지 사용한 도서등사용분
   다. 다음의 금액의 합계액(해당 과세연도의 총급여액이 7천만원을 초과하는 경우에는 2)의 금액은 제외한다)
     1) 2023년 1월 1일부터 2023년 3월 31일까지 사용한 전통시장사용분
     2) 2023년 4월 1일부터 2023년 12월 31일까지 사용한 도서등사용분
   라. 2023년 4월 1일부터 2023년 12월 31일까지 사용한 전통시장사용분
   마. 2023년 1월 1일부터 2023년 12월 31일까지 사용한 대중교통이용분

비고 : 이 표에서 사용하는 용어의 뜻은 제126조의2제1항 및 제2항에 따른다.

조세특례제한법 시행령

(1998년 12월 31일)
(전개대통령령 제15976호)

개정
1999. 3.12영16184호(과학기술혁신을위한특별법시) <중략>
2017. 4. 7영27978호   2017. 5. 8영28009호
2017. 6.27영28152호(농협시)
2017. 7.26영28211호(직제)
2018. 1. 9영28575호
2018. 1.16영28583호(물환경보전법시)
2018. 2. 9영28627호(빈집및소규모주택정비에관한특례법시)
2018. 2.13영28636호
2018. 2.27영28686호(혁신도시조성및발전에관한특별법시)
2018. 7.16영29045호(민간임대주택에관한특별법시)
2018. 8.28영29116호
2018. 9.18영29163호(출입국시)
2018.10.23영29241호   2019. 2.12영29527호
2019. 3.12영29617호(철도의건설및철도시설유지관리에관한법시)
2019. 4. 2영29677호(중소기업진흥에관한법시)
2019. 6.11영29849호(한국해양교통안전공단법시)
2019. 6.25영29892호(주식·사채등의전자등록에관한법시)
2019. 7.30영30005호
2019.12.31영30285호(문화재시)
2020. 2.11영30390호
2020. 2.18영30423호(건설산업시)
2020. 3.31영30586호(소재·부품·장비산업경쟁력강화를위한특별조치법시)
2020. 4.14영30609호
2020. 5.26영30704호(문화재시)
2020. 6. 2영30723호
2020. 8. 4영30892호(개인정보보호법시)
2020. 8. 4영30893호(신용정보의이용및보호에관한법시)
2020. 8. 5영30918호(외국인투자촉진법시)
2020. 8.11영30934호(벤처투자촉진에관한법시)
2020. 8.26영30977호(양식산업발전법시)
2020.10. 7영31086호
2020.11.20영31168호(생명공학육성법시)
2020. 9월31220호(지능정보화기본법시)
2020.12.29영32195호
2021. 1. 5영31380호(법령용어정비)
2021. 2. 2영31429호(소상공인기본법시)
2021. 2.17영31444호
2021. 2.17영31463호(지방세시)
2021. 4. 6영31614호(5·18민주유공자예우및단체설립에관한법시)
2021. 5. 4영31661호
2021. 8.31영31961호(한국광해광업공단법시)
2021.10.19영32063호(연구산업진흥법시)
2021.11. 9영32105호
2022. 1.25영32370호(지역중소기업육성및혁신촉진등에관한법시)
2022. 2.15영32413호→시행일 부칙 참조. 2025년 1월 1일 시행하는 부분은 추후 수록
2022. 2.15영32416호(개별소비세법시)
2022. 2.17영32447호(국민평생직업능력개발법시)
2022. 2.17영32449호(한국자산관리공사설립등에관한법시)
2022. 3.25영32557호(기후위기대응을위한탄소중립·녹색성장기본법시)
2022. 5. 9영32636호(농어업경영체육성및지원에관한법시)
2022.12.31영33208호   2023. 2.28영33264호
2023. 4.11영33382호(직제)
2023. 5.23영33499호
2023. 7. 7영33621호(지방자치분권및지역균형발전에관한특별법시)
2023. 8.29영33682호
2023. 9.26영33764호(민간임대주택에관한특별법시)
2023.12. 5영33899호(소재·부품·장비산업경쟁력강화및공급망안정화를위한특별조치법시)
2023.12.19영34011호(벤처투자촉진에관한법시)

제1장 총 칙

제1조【목적】 이 영은 「조세특례제한법」에서 위임된 사항과 동법의 시행에 관하여 필요한 사항을 규정함을 목적으로 한다.(2005.2.19 본조개정)

제1조의2【정의】 「조세특례제한법」(이하 "법"이라 한다) 제2조제1항제11호에서 "대통령령으로 정하는 활동"이란 다음 각 호의 활동을 말한다.
1. 일반적인 관리 및 지원활동
2. 시장조사, 판촉활동 및 일상적인 품질시험
3. 반복적인 정보수집 활동
4. 경영이나 사업의 효율성을 조사·분석하는 활동
5. 특허권의 신청·보호 등 법률 및 행정 업무
6. 광물 등 자원 매장량 확인, 위치 확인 등 조사·탐사 활동
7. 위탁받아 수행하는 연구활동
8. 이미 기획된 콘텐츠를 단순 제작하는 활동
9. 기존에 상품화 또는 서비스화된 소프트웨어 등을 복제하여 반복적으로 제작하는 활동
(2020.2.11 본조신설)

제2장 직접국세

제1절 중소기업에 대한 조세특례

제2조【중소기업의 범위】 ① 법 제6조제1항 각 호 외의 부분에서 "대통령령으로 정하는 중소기업"이란 다음

각 호의 요건을 모두 갖춘 기업(이하 "중소기업"이라 한다)을 말한다. 다만, 자산총액이 5천억원 이상인 경우에는 중소기업으로 보지 않는다.(2021.2.17 본문개정)
1. 매출액이 업종별로 「중소기업기본법 시행령」 별표1에 따른 규모 기준("평균매출액등"은 "매출액"으로 보며, 이하 이 조에서 "중소기업기준"이라 한다) 이내일 것
2. (2000.12.29 삭제)
3. 「독점규제 및 공정거래에 관한 법률」 제31조제1항에 따른 공시대상기업집단에 속하는 회사 또는 같은 법 제33조에 따라 공시대상기업집단의 국내 계열회사로 편입·통지된 것으로 보는 회사에 해당하지 않으며, 실질적인 독립성이 「중소기업기본법 시행령」 제3조제1항제2호에 적합할 것. 이 경우 「중소기업기본법 시행령」 제3조제1항제2호나목의 주식등의 간접소유 비율을 계산할 때 「자본시장과 금융투자업에 관한 법률」에 따른 집합투자기구를 통하여 간접소유한 경우는 제외하며, 「중소기업기본법 시행령」 제3조제1항제2호다목을 적용할 때 "평균매출액등이 별표1의 기준에 맞지 아니하는 기업"은 "매출액이 「조세특례제한법 시행령」 제2조제1항제1호에 따른 중소기업기준에 맞지 않는 기업"으로 본다.(2022.2.15 전단개정)
4. 제29조제3항에 따른 소비성서비스업을 주된 사업으로 영위하지 아니할 것(2017.2.7 본호신설)
(2015.2.3 본항개정)
② 제1항의 규정을 적용함에 있어서 중소기업이 그 규모의 확대로 같은 항 각 호 외의 부분 단서에 해당되거나 같은 항 제1호 또는 제3호(「중소기업기본법 시행령」 제3조제1항제2호다목의 규정으로 한정한다)의 요건을 갖추지 못하게 되어 중소기업에 해당하지 아니하게 된 때에는 최초로 그 사유가 발생한 날이 속하는 과세연도와 그 다음 3개 과세연도까지는 이를 중소기업으로 보고, 해당 기간(이하 이 조에서 "유예기간"이라 한다)이 경과한 후에는 과세연도별로 제1항의 규정에 따라 중소기업 해당 여부를 판정한다. 다만, 중소기업이 다음 각 호의 어느 하나의 사유로 중소기업에 해당하지 아니하게 된 경우에는 유예기간을 적용하지 아니하고, 유예기간 중에 있는 기업에 대해서는 해당 사유가 발생한 날(제2호는 유예기간 중에 있는 기업이 유예기간 중에 있는 기업과 합병하는 경우에는 합병일로 한다)이 속하는 과세연도부터 유예기간을 적용하지 아니한다.
(2017.2.7 단서개정)
1. 「중소기업기본법」의 규정에 의한 중소기업외의 기업과 합병하는 경우(2005.2.19 본호개정)
2. 유예기간 중에 있는 기업과 합병하는 경우 (2010.12.30 본호개정)
3. 제1항제3호(「중소기업기본법 시행령」 제3조제1항제2호다목의 규정은 제외한다)의 요건을 갖추지 못하게 되는 경우(2015.2.3 본호개정)
4. 창업일이 속하는 과세연도 종료일부터 2년 이내의 과세연도 종료일 현재 중소기업기준을 초과하는 경우(2006.2.9 본호개정)
③ 제1항의 규정을 적용함에 있어서 2 이상의 서로 다른 사업을 영위하는 경우에는 사업별 사업수입금액이 큰 사업을 주된 사업으로 본다.
④ 제1항 각 호 외의 부분 단서 및 같은 항 제1호 및 제3호 후단에 따른 매출액, 자산총액, 발행주식의 간접소유비율의 계산과 「중소기업기본법 시행령」 제3조제1항제2호다목에 따른 관계기업에 속하는 기업인지의 판단에 관하여 필요한 사항은 기획재정부령으로 정한다.
(2015.2.3 본항개정)
⑤ 제1항을 적용할 때 기업이 「중소기업기본법 시행령」 제3조제1항제2호, 별표1 및 별표2의 개정으로 새로이 중소기업에 해당하게 되는 때에는 그 사유가 발생한 날이 속하는 과세연도부터 중소기업으로 보고, 중소기

업에 해당하지 아니하게 되는 때에는 그 사유가 발생한 날이 속하는 과세연도와 그 다음 3개 과세연도까지 중소기업으로 본다.(2012.2.2 본항개정)
(2000.12.29 본조개정)
【제3조【투자세액공제 제외 대상 리스】 법 제8조의3제3항 전단, 제24조제1항 각 호 외의 부분 및 제26조제1항 각 호 외의 부분 본문에서 "대통령령으로 정하는 리스"란 각각 내국인에게 자산을 대여하는 것으로서 기획재정부령으로 정하는 금융리스를 제외한 것을 말한다.
(2021.2.17 본조개정)
【제4조 (2021.2.17 삭제)
【제4조의2【중소기업 정보화지원사업에 대한 과세특례】① 법 제5조의2에서 "대통령령으로 정하는 중소사업자"란 「중소기업기본법」에 의한 중소기업자를 말한다.(2010.2.18 본항개정)
② 법 제5조의2제3호에서 "대통령령으로 정하는 설비"란 컴퓨터 또는 각종 제어장치를 이용하여 경영 및 유통관리를 전산화하는 소프트웨어 등의 설비로서 다음 각 호의 어느 하나에 해당하는 것(감가상각기간이 2년 이상인 것에 한한다)을 말한다.(2008.2.22 본문개정)
1. (2008.10.7 삭제)
2. 생산설비를 전자화하고 생산공정을 정보화하기 위한 시스템
3. 제품생산정보·재고정보 등의 상호교환, 공동설계, 공동구매 등을 위한 기업간 정보공유시스템
4. 인사, 급여, 회계, 원가관리, 재고, 재무, 판매, 영업, 자재조달, 물류 등 2 이상의 단위업무를 통합지원하는 소프트웨어
5. 그 밖에 기업의 정보화에 사용되는 설비로서 기획재정부령이 정하는 설비(2008.2.29 본호개정)
③ 법 제5조의2의 규정에 의하여 지급받은 출연금 등을 손금산입하고자 하는 내국인은 소득세 또는 법인세 과세표준신고와 함께 기획재정부령이 정하는 정보화지원사업출연금등손금산입조정명세서를 납세지 관할세무서장에게 제출하여야 한다.(2008.2.29 본항개정)
(2001.12.31 본조신설)
【제4조의3 (2008.2.22 삭제)
【제5조【창업중소기업 등에 대한 세액감면】① 법 제6조제1항제1호가목에서 "대통령령으로 정하는 청년창업중소기업"이란 대표자(「소득세법」 제43조제1항에 따른 공동사업장의 경우에는 같은 조 제2항에 따른 손익분배비율이 가장 큰 사업자(손익분배비율이 가장 큰 사업자가 둘 이상인 경우에는 그 모두를 말한다. 이하 이 조에서 같다)를 말한다. 이하 이 조에서 같다)가 다음 각 호의 구분에 따른 요건을 충족하는 기업(이하 이 조에서 "청년창업중소기업"이라 한다)을 말한다.(2019.2.12 본문개정)
1. 개인사업자로 창업하는 경우 : 창업 당시 15세 이상 34세 이하인 사람. 다만, 제27조제1항제1호 각 목의 어느 하나에 해당하는 병역을 이행한 경우에는 그 기간(6년을 한도로 한다)을 창업 당시 연령에서 빼고 계산한 연령이 34세 이하인 사람을 포함한다.(2018.8.28 본호개정)
2. 법인으로 창업하는 경우 : 다음 각 목의 요건을 모두 갖춘 사람
가. 제1호의 요건을 갖출 것
나. 「법인세법 시행령」 제43조제7항에 따른 지배주주 등으로서 해당 법인의 최대주주 또는 최대출자자일 것
(2017.2.7 본항신설)
② 법 제6조제1항제1호가목을 적용할 때 수도권과밀억제권역 외의 지역에서 창업한 청년창업중소기업의 대표자가 감면기간 중 제1항제2호나목의 요건을 충족하지 못하게 되거나 개인사업자로서 손익분배비율이 가

장 큰 사업자가 아니게 된 경우에는 법 제6조제1항제1호가목에 따른 감면을 적용하지 아니하고, 해당 사유가 발생한 날이 속하는 과세연도부터 남은 감면기간 동안 법 제6조제1항제1호나목에 따른 감면을 적용한다. (2019.2.12 본항개정)
③ 법 제6조제1항제1호나목을 적용할 때 수도권과밀억제권역에서 창업한 청년창업중소기업의 대표자가 감면기간 중 제1항제2호나목의 요건을 충족하지 못하게 되거나 개인사업자로서 손익분배비율이 가장 큰 사업자가 아니게 된 경우에는 해당 사유가 발생한 날이 속하는 과세연도부터 남은 감면기간 동안 법 제6조제1항에 따른 감면을 적용하지 아니한다. (2019.2.12 본항개정)
④ 법 제6조제2항에서 "대통령령으로 정하는 기업"이란 다음 각 호의 1에 해당하는 기업을 말한다. (2010.2.18 본문개정)
1. 「벤처기업육성에 관한 특별조치법」 제2조의2의 요건을 갖춘 중소기업(같은 조 제1항제2호나목에 해당하는 중소기업을 제외한다) (2009.2.4 본호개정)
2. 연구개발 및 인력개발을 위한 비용으로서 별표6의 비용(이하 이 조에서 "연구개발비"라 한다)이 당해 과세연도의 수입금액의 100분의 5 이상인 중소기업 (2012.2.2 본호개정)
⑤ 제4항제2호의 규정은 「벤처기업육성에 관한 특별조치법」 제25조의 규정에 의한 벤처기업 해당여부의 확인을 받은 날이 속하는 과세연도부터 연구개발비가 동호의 규정에 의한 비율을 계속 유지하는 경우에 한하여 적용한다. (2005.2.19 본항개정)
⑥ 법 제6조제3항제2호에서 "대통령령으로 정하는 사업"이란 자기가 제품을 직접 제조하지 아니하고 제조업체에 의뢰하여 제품을 제조하는 사업으로서 기획재정부령으로 정하는 사업을 말한다. (2017.2.7 본항신설)
⑦ 법 제6조제3항제6호에서 "대통령령으로 정하는 물류산업"이란 다음 각 호의 어느 하나에 해당하는 업종(이하 "물류산업"이라 한다)을 말한다.
1. 육상ㆍ수상ㆍ항공 운송업
2. 화물 취급업
3. 보관 및 창고업
4. 육상ㆍ수상ㆍ항공 운송지원 서비스업
5. 화물운송 중개ㆍ대리 및 관련 서비스업
6. 화물포장ㆍ검수 및 계량 서비스업
7. 「선박의 입항 및 출항 등에 관한 법률」에 따른 예선업
8. 「도선법」에 따른 도선업
9. 기타 산업용 기계ㆍ장비 임대업 중 파렛트 임대업 (2020.2.11 본항개정)
⑧ 법 제6조제3항제9호에서 "대통령령으로 정하는 정보통신을 활용하여 서비스를 제공하는 업종"이란 다음 각 호의 어느 하나에 해당하는 업무를 업으로 영위하는 업종을 말한다.
1. 「전자금융거래법」 제2조제1호에 따른 전자금융업무
2. 「자본시장과 금융투자업에 관한 법률」 제9조제27항에 따른 온라인소액투자중개
3. 「외국환거래법 시행령」 제15조의2제1항에 따른 소액해외송금업무 (2020.2.11 본항신설)
⑨ 법 제6조제3항제10호 각 목 외의 부분에서 "대통령령으로 정하는 엔지니어링사업"이란 「엔지니어링산업진흥법」에 따른 엔지니어링활동(「기술사법」의 적용을 받는 기술사의 엔지니어링활동을 포함한다. 이하 같다)을 제공하는 사업(이하 "엔지니어링사업"이라 한다)을 말한다. (2020.2.11 본항개정)
⑩ 법 제6조제3항제16호에서 "대통령령으로 정하는 관광객이용시설업"이란 「관광진흥법 시행령」 제2조에 따

른 전문휴양업, 종합휴양업, 자동차야영장업, 관광유람선업과 관광공연장업을 말한다. (2020.2.11 본항개정)
⑪ 법 제6조제4항에서 "대통령령으로 정하는 에너지신기술중소기업"이란 다음 각 호의 제품(이하 이 조에서 "고효율제품등"이라 한다)을 제조하는 중소기업을 말한다.
1. 「에너지이용 합리화법」 제15조에 따른 에너지소비효율 1등급 제품 및 같은 법 제22조에 따라 고효율에너지 기자재로 인증받은 제품
2. 「신에너지 및 재생에너지 개발ㆍ이용ㆍ보급 촉진법」 제13조에 따라 신ㆍ재생에너지설비로 인증받은 제품 (2010.2.18 본항신설)
⑫ 법 제6조제5항에서 "대통령령으로 정하는 신성장 서비스업을 영위하는 기업"이란 다음 각 호의 어느 하나에 해당하는 사업(이하 이 조에서 "신성장서비스업종"이라 한다)을 주된 사업으로 영위하는 중소기업을 말한다. 이 경우 둘 이상의 서로 다른 사업을 영위하는 경우에는 사업별 사업수입금액이 큰 사업을 주된 사업으로 본다.
1. 컴퓨터 프로그래밍, 시스템 통합 및 관리업, 소프트웨어 개발 및 공급업, 정보서비스업(뉴스제공업은 제외한다) 또는 전기통신업
2. 창작 및 예술관련 서비스업(자영예술가는 제외한다), 영화ㆍ비디오물 및 방송 프로그램 제작업, 오디오물 출판 및 원판 녹음업 또는 방송업
3. 엔지니어링사업, 전문 디자인업, 보안 시스템 서비스업 또는 광고업 중 광고대행 문안, 도안, 설계 등 작성업
4. 서적, 잡지 및 기타 인쇄물 출판업, 연구개발업, 「학원의 설립ㆍ운영 및 과외교습에 관한 법률」에 따른 직업기술 분야를 교습하는 학원을 운영하는 사업 또는 「국민 평생 직업능력 개발법」에 따른 직업능력개발훈련시설을 운영하는 사업(직업능력개발훈련을 주된 사업으로 하는 경우로 한정한다) (2022.2.17 본호개정)
5. 제7항에 따른 물류산업 (2022.2.15 본호개정)
6. 「관광진흥법」에 따른 관광숙박업, 국제회의업, 유원시설업 또는 제10항에 따른 관광객이용시설업 (2022.2.15 본호개정)
7. 그 밖에 기획재정부령으로 정하는 신성장 서비스업 (2018.2.13 본항신설)
⑬ 법 제6조제5항을 적용할 때 감면기간 중 신성장서비스업종 이외의 업종으로 주된 사업이 변경되는 경우에는 같은 항에 따른 감면을 적용하지 아니하고, 해당 사유가 발생한 날이 속하는 과세연도부터 남은 감면기간 동안 같은 조 제1항, 제2항 또는 제4항에 따른 감면을 적용한다. (2018.8.28 본항개정)
⑭ 법 제6조제7항 각 호 외의 부분 본문에서 "업종별로 대통령령으로 정하는 상시근로자 수"란 다음 각 호의 구분에 따른 인원수를 말한다. (2018.8.28 본문개정)
1. 광업ㆍ제조업ㆍ건설업 및 물류산업의 경우 : 10명
2. 그 밖의 업종의 경우 : 5명 (2018.2.13 본항신설)
⑮ 법 제6조제8항에 따른 해당 사업에서 발생한 소득의 계산은 다음의 계산식에 따른다.
해당 과세연도의 제조업에서 발생한 소득 × (해당 과세연도의 고효율제품등의 매출액/해당 과세연도의 제조업에서 발생한 총매출액) (2018.8.28 본항개정)
⑯ 제15항을 적용할 때 고효율제품등의 매출액은 제조업 분야의 다른 제품의 매출액과 구분경리해야 한다. (2020.2.11 본항개정)
⑰ 법 제6조제9항에 따른 상시근로자의 범위 및 상시근로자 수의 계산방법에 관하여는 제23조제10항부터 제13항까지의 규정을 준용한다. (2019.2.12 본항개정)
⑱ 법 제6조제9항에 따른 상시근로자의 수를 계산할 때 해당 과세연도에 법인전환 또는 사업의 승계 등을 한

내국인의 경우에는 다음 각 호의 구분에 따른 수를 직전 또는 해당 과세연도의 상시근로자 수로 본다. (2018.8.28 본문개정)
1. 법 제6조제10항제2호에 해당하는 경우의 직전 과세연도의 상시근로자 수 : 법인전환 전의 사업의 직전 과세연도 상시근로자 수(2018.8.28 본호개정)
2. 다음 각 목의 어느 하나에 해당하는 경우의 직전 또는 해당 과세연도의 상시근로자 수 : 직전 과세연도의 상시근로자 수는 승계시킨 기업의 경우에는 직전 과세연도 상시근로자 수에 승계시킨 상시근로자 수를 뺀 수로 하고, 승계한 기업의 경우에는 직전 과세연도 상시근로자 수에 승계한 상시근로자 수를 더한 수로 하며, 해당 과세연도의 상시근로자 수는 해당 과세연도 개시일에 상시근로자를 승계하거나 승계한 것으로 보아 계산한 상시근로자 수로 한다.
   가. 해당 과세연도에 합병·분할·현물출자 또는 사업의 양수 등에 의하여 종전의 사업부문에서 종사하던 상시근로자를 승계하는 경우
   나. 제11조제1항에 따른 특수관계인으로부터 상시근로자를 승계하는 경우
(2018.2.13 본항신설)
⑲ 법 제6조제10항제1호가목에서 "토지·건물 및 기계장치 등 대통령령으로 정하는 사업용자산"이란 토지와 「법인세법 시행령」 제24조의 규정에 의한 감가상각자산을 말한다.(2018.8.28 본항개정)
⑳ 법 제6조제10항제1호가목에서 "대통령령으로 정하는 비율"이란 100분의 30을 말한다.(2018.8.28 본항개정)
㉑ 법 제6조제10항제1호나목에서 "대통령령으로 정하는 요건에 해당하는 경우"란 다음 각 호의 요건을 모두 갖춘 경우를 말한다.(2018.8.28 본문개정)
1. 기업과 사업을 개시하는 해당 기업의 임직원 간에 사업 분리에 관한 계약을 체결할 것
2. 사업을 개시하는 임직원이 새로 설립되는 기업의 대표자로서 「법인세법 시행령」 제43조제7항에 따른 지배주주등에 해당하는 해당 법인의 최대주주 또는 최대출자자(개인사업자의 경우에는 대표자를 말한다)일 것
(2018.2.13 본항신설)
㉒ 법 제6조제10항제1호나목을 적용할 때 사업을 개시하는 자가 제21항제2호의 요건을 충족하지 못하게 된 경우에는 해당 사유가 발생한 날이 속하는 과세연도부터 감면을 적용하지 않는다.(2020.2.11 본항개정)
㉓ 법 제6조제10항을 적용할 때 같은 종류의 사업의 분류는 「통계법」 제22조에 따라 통계청장이 작성·고시하는 표준분류(이하 "한국표준산업분류"라 한다)에 따른 세분류를 따른다.(2018.8.28 본항개정)
㉔ 법 제6조제11항에서 "대통령령으로 정하는 사유"란 제2조제2항 각 호의 어느 하나에 해당하는 사유를 말한다.(2018.8.28 본항개정)
㉕ 법 제6조제1항·제5항·제6항 및 제7항을 적용할 때 수도권과밀억제권역 외의 지역에서 창업한 창업중소기업이 창업 이후 다음 각 호의 어느 하나에 해당하는 사유가 발생한 경우에는 해당 사유가 발생한 날이 속하는 과세연도부터 남은 감면기간 동안 해당 창업중소기업은 수도권과밀억제권역에서 창업한 창업중소기업으로 본다.
1. 창업중소기업이 사업장을 수도권과밀억제권역으로 이전한 경우
2. 창업중소기업이 수도권과밀억제권역에 지점 또는 사업장을 설치(합병·분할·현물출자 또는 사업의 양수를 포함한다)한 경우
(2018.8.28 본항신설)
㉖ 법 제6조제1항, 제2항 및 제4항부터 제7항까지의 규정에 따라 소득세 또는 법인세를 감면받으려는 자는 과

세표준신고와 함께 기획재정부령으로 정하는 세액감면신청서를 납세지 관할세무서장에게 제출하여야 한다. (2018.8.28 본항개정)
제6조【중소기업에 대한 특별세액감면】 ① 법 제7조제1항제1호어목에서 "대통령령으로 정하는 주문자상표부착방식에 따른 수탁생산업"이란 위탁자로부터 주문자상표부착방식에 따른 제품생산을 위탁받아 이를 재위탁하여 제품을 생산·공급하는 사업을 말한다. (2009.2.4 본항개정)
② 법 제7조제1항제1호터목에서 "대통령령으로 정하는 자동차정비공장"이란 제54조제1항에 따른 자동차정비공장을 말한다.(2009.2.4 본항개정)
③~④ (2009.2.4 삭제)
⑤ 법 제7조제1항제2호가목에서 "대통령령으로 정하는 소기업"이란 중소기업 중 매출액이 업종별로 「중소기업기본법 시행령」 별표3을 준용하여 산정한 규모 기준 이내인 기업을 말한다. 이 경우 "평균매출액등"은 "매출액"으로 본다.(2016.2.5 본항개정)
⑥ 법 제7조제3항 각 호 외의 부분에서 "대통령령으로 정하는 석유판매업"이란 「석유 및 석유대체연료 사업법 시행령」 제2조제3호에 따른 주유소를 말한다. (2023.2.28 본항개정)
⑦ 법 제7조제5항에 따른 상시근로자의 범위 및 상시근로자 수의 계산방법에 관하여는 제23조제10항부터 제13항까지의 규정을 준용한다.(2023.2.28 본항개정)
⑧ 법 제7조에 따라 소득세 또는 법인세를 감면받고자 하는 자는 과세표준신고와 함께 기획재정부령으로 정하는 세액감면신청서를 납세지 관할세무서장에게 제출하여야 한다.(2009.2.4 본항개정)
제6조의2【기업의 어음제도 개선을 위한 세액공제】 ① 법 제7조의2제1항제5호의 규정에 따라 세액공제를 적용받고자 하는 구매기업은 발주건별로 발주일자, 발주금액, 판매기업, 납품기한 등 발주 관련 자료와 납품금액, 세금계산서 작성일, 구매대금 지급기한 등 매출채권확정 관련 자료를 금융기관에 제공하여야 한다.
② 구매기업으로부터 제1항의 규정에 따른 자료를 제공받은 금융기관은 발주건별로 판매기업의 대출일자, 대출금액 등 세액공제에 필요한 자료를 구매기업에 제공하여야 한다.
③ 법 제7조의2의 규정에 따라 소득세 또는 법인세를 공제받고자 하는 내국인은 과세표준신고와 함께 기획재정부령이 정하는 세액공제신청서 및 공제세액계산서를 납세지 관할 세무서장에게 제출하여야 한다. (2008.2.29 본항개정)
(2006.2.9 본조개정)
제6조의3 (2003.12.30 삭제)
제6조의4【상생결제 지급금액에 대한 세액공제】 ① 법 제7조의4제1항 본문에서 "대통령령으로 정하는 중견기업"이란 다음 각 호의 요건을 모두 갖춘 기업(이하 제9조를 제외하고 "중견기업"이라 한다)을 말한다. (2022.2.15 본문개정)
1. 중소기업이 아닐 것
1의2. 「중견기업 성장촉진 및 경쟁력 강화에 관한 특별법 시행령」 제2조제1항제1호 또는 제2호에 해당하는 기관이 아닐 것(2023.2.28 본호신설)
2. 다음 각 목의 어느 하나에 해당하는 업종을 주된 사업으로 경영하지 않을 것. 이 경우 둘 이상의 서로 다른 사업을 경영하는 경우에는 사업별 사업수입금액이 큰 사업을 주된 사업으로 본다.
   가. 제29조제3항에 따른 소비성서비스업
   나. 「중견기업 성장촉진 및 경쟁력 강화에 관한 특별법 시행령」 제2조제2항제2호 각 목의 업종
3. 소유와 경영의 실질적인 독립성이 「중견기업 성장촉진 및 경쟁력 강화에 관한 특별법 시행령」 제2조제2항제1호에 적합할 것

4. 직전 3개 과세연도의 매출액(매출액은 제2조제4항에 따른 계산방법으로 산출하며, 과세연도가 1년 미만인 과세연도의 매출액은 1년으로 환산한 매출액을 말한다)의 평균금액이 3천억원 미만인 기업일 것 (2021.2.17 본항개정)
② 법 제7조의4제1항 본문에서 "대통령령으로 정하는 상생결제제도"란 다음 각 호의 요건을 모두 충족하는 결제방법을 말한다.(2022.2.15 본문개정)
1. 판매기업이 구매기업으로부터 판매대금으로 받은 외상매출채권을 담보로 다른 판매기업에 새로운 외상매출채권을 발행하여 구매대금을 지급할 것
2. 여러 단계의 하위 판매기업들이 구매기업이 발행한 외상매출채권과 동일한 금리조건의 외상매출채권으로 판매대금을 지급할 것
3. 외상매출채권의 지급기한이 법 제7조의2제1항제2호에 따른 세금계산서등(이하 이 조에서 "세금계산서등"이라 한다)의 작성일부터 60일 이내일 것
4. 금융기관이 판매기업에 대하여 상환청구권을 행사할 수 없는 것으로 약정될 것
③ 법 제7조의4제2항의 계산식에서 "대통령령으로 정하는 현금성결제금액"이란 법 제7조의2제1항에 따른 환어음등 지급금액(같은 항 제1호에 따른 환어음 및 판매대금추심의뢰서로 결제한 금액은 대금결제 기한이 세금계산서등의 작성일부터 60일 이내이고 금융기관이 판매기업에 대하여 상환청구권을 행사할 수 없는 것으로 약정된 것에 한정한다)(2022.2.15 본항개정)
④ 법 제7조의4에 따라 소득세 또는 법인세를 공제받으려는 내국인은 과세표준신고와 함께 기획재정부령으로 정하는 세액공제신청서 및 공제세액계산서를 납세지 관할 세무서장에게 제출하여야 한다. (2016.2.5 본조신설)

제7조 【중소기업지원설비에 대한 손금산입특례 등】 ① 법 제8조제1항 각 호 외의 부분에서 "사업에 직접 사용하던 자동화설비 등 대통령령으로 정하는 설비"라 함은 다음 각 호의 어느 하나에 해당하는 설비로서 해당 사업에 1년 이상 사용한 것을 말한다.(2008.10.7 본문개정)
1. 제4조제2항에 따른 사업용자산(2008.10.7 본호개정)
2. 제10조제2항부터 제4항까지에 따른 시설 또는 자산 (2014.2.21 본호개정)
3. 제21조제2항 또는 제3항에 따른 시설 또는 설비 (2015.2.3 본호개정)
4. 제22조제1항 각 호(제8호를 제외한다)에 따른 시설
② 법 제8조제1항 및 제2항은 내국인과 다음 각 호의 어느 하나에 해당하는 특수관계에 있는 중소기업을 제외한다.
1. 「소득세법 시행령」 제98조제1항에 따른 특수관계
2. 「법인세법 시행령」 제87조제1항에 따른 특수관계
③ 법 제8조제2항에 따라 기증받은 설비의 가액에 상당하는 금액을 손금에 산입하려는 중소기업은 소득세 또는 법인세 과세표준신고와 함께 기획재정부령으로 정하는 중소기업 지원설비 손금산입 조정명세서를 납세지 관할 세무서장에게 제출하여야 한다.(2008.2.29 본항개정)
(2007.2.28 본조신설)

제7조의2 【협력중소기업의 범위 등】 ① 법 제8조의3제1항 각 호 외의 부분 단서 및 같은 조 제2항에서 "대통령령으로 정하는 특수관계인"이란 각각 「법인세법 시행령」 제2조제5항에 따른 특수관계인을 말한다.(2019.2.12 본항개정)
② 법 제8조의3제1항제1호에서 "「대·중소기업 상생협력 촉진에 관한 법률」 제2조제6호에 따른 수탁기업 등 대통령령으로 정하는 중소기업"이란 다음 각 호의 어느 하나에 해당하는 중소기업을 말한다.(2017.2.7 본문개정)

1. 「대·중소기업 상생협력 촉진에 관한 법률」 제2조제6호에 따른 수탁기업
2. 제1호의 수탁기업과 직접 또는 간접으로 물품을 납품하는 계약관계가 있는 중소기업
3. 「과학기술기본법」 제16조의4제3항에 따라 지정된 전담기관과 연계하여 지원하는 창업기업(2016.6.21 본호개정)
4. 그 밖에 법 제8조의3제1항에 따른 내국법인이 협력이 필요하다고 인정하는 중소기업
③ (2017.2.7 삭제)
④ 법 제8조의3제1항을 적용받으려는 내국법인은 과세표준신고와 함께 기획재정부령으로 정하는 세액공제신청서를 납세지 관할 세무서장에게 제출하여야 한다.
⑤ 법 제8조의3제1항제1호에 따른 신용보증기금, 기술보증기금 및 같은 항 제2호에 따른 협력재단은 해당 사업연도의 과세표준신고를 할 때 기획재정부령으로 정하는 출연금 사용명세서를 납세지 관할 세무서장에게 제출하여야 한다.(2016.5.31 본항개정)
⑥ 법 제8조의3제2항에서 "대통령령으로 정하는 유형고정자산"이란 연구개발을 위한 연구·시험용 자산으로서 기획재정부령으로 정하는 자산을 말한다. (2017.2.7 본항신설)
⑦ 법 제8조의3제2항에 따라 내국법인이 유형고정자산을 무상으로 임대하는 경우에는 제2항제3호에 따른 전담기관 또는 「중소기업창업 지원법」에 따른 창업보육센터(이하 이 조에서 "창업보육센터등"이라 한다)와 연계하여 지원하는 창업기업에 제6항에 따른 자산을 무상으로 5년 이상 계속 임대하여야 한다.(2017.2.7 본항신설)
⑧ 법 제8조의3제2항을 적용받으려는 내국법인은 과세표준신고를 할 때 기획재정부령으로 정하는 세액공제신청서 및 제9항에 따른 확인서를 납세지 관할 세무서장에게 제출하여야 한다.(2017.2.7 본항신설)
⑨ 법 제8조의3제2항에 따라 자산을 무상임대받은 창업기업과 연계된 창업보육센터등은 무상임대가 개시되는 즉시 기획재정부령으로 정하는 무상임대 확인서(이하 이 조에서 "확인서"라 한다)를 해당 내국법인에게 발급하여야 한다.(2017.2.7 본항신설)
⑩ 창업보육센터등은 확인서 발급일 이후 매년 무상임대 여부를 확인하여야 하며, 제7항에 따른 기간 동안 무상임대가 이루어지지 아니한 사실을 확인한 경우에는 지체 없이 그 사실을 납세지 관할 세무서장에게 알려야 한다.(2017.2.7 본항신설)
⑪ 법 제8조의3제3항 전단에서 "대통령령으로 정하는 시설"이란 「대·중소기업 상생협력 촉진에 관한 법률」에 따라 위탁기업이 수탁기업에 설치하는 검사대 또는 연구시설을 말한다.(2019.2.12 본항신설)
⑫ 법 제8조의3제3항을 적용받으려는 자는 투자완료일이 속하는 과세연도(법 제25조제3항을 적용받으려는 경우에는 해당 투자가 이루어지는 각 과세연도를 말한다)에 과세표준신고와 함께 기획재정부령으로 정하는 세액공제신청서를 납세지 관할 세무서장에게 제출해야 한다.(2019.2.12 본항신설)
⑬ 법 제8조의3제4항 전단에서 "연구시험용 시설 등 대통령령으로 정하는 자산"이란 반도체 관련 연구·교육에 직접 사용하기 위한 시설·장비로서 별표1에 따른 시설·장비를 말한다.(2023.2.28 본항신설)
⑭ 법 제8조의3제4항 전단에서 "대통령령으로 정하는 교육기관"이란 다음 각 호의 기관을 말한다.
1. 「고등교육법」 제2조제4호에 따른 전문대학
2. 「한국과학기술원법」에 따른 한국과학기술원, 「광주과학기술원법」에 따른 광주과학기술원, 「대구경북과학기술원법」에 따른 대구경북과학기술원 및 「울산과학기술원법」에 따른 울산과학기술원

3. 「산업교육진흥 및 산학연협력촉진에 관한 법률」 제25조제1항에 따른 산학협력단
4. 다음 각 목의 학교
　가. 「초·중등교육법 시행령」 제90조제1항제10호에 따른 산업수요 맞춤형 고등학교
　나. 「초·중등교육법 시행령」 제91조제1항에 따른 특성화고등학교
　다. 「초·중등교육법 시행령」 제81조제7항제2호에 따른 학과가 설치된 일반고등학교
5. 「국가첨단전략산업 경쟁력 강화 및 보호에 관한 특별조치법」 제38조제1항에 따른 전략산업종합교육센터 (2023.2.28 본항신설)
⑮ 법 제8조의3제4항에 따라 기증한 자산에 대하여 「법인세법」 제24조를 적용하는 경우에는 같은 법 시행령 제36조제1항에 따라 가액을 산정한다.(2023.2.28 본항신설)
⑯ 법 제8조의3제4항을 적용받으려는 내국법인은 과세표준신고를 할 때 기획재정부령으로 정하는 세액공제신청서를 납세지 관할 세무서장에게 제출해야 한다. (2023.2.28 본항신설)
(2010.12.30 본조신설)

제7조의3【중소기업의 결손금 소급공제에 따른 환급특례】
① 법 제8조의4에서 "대통령령으로 정하는 바에 따라 계산한 금액"이란 다음 각 호의 구분에 따른 금액을 말한다.
1. 중소기업을 영위하는 자가 거주자인 경우 : 가목의 금액에서 나목의 금액을 차감한 금액
　가. 직전 또는 직전전 과세연도의 중소기업에 대한 종합소득산출세액
　나. 직전 또는 직전전 과세연도의 종합소득과세표준에서 2021년 12월 31일이 속하는 과세연도에 발생한 「소득세법」 제45조제3항에 따른 이월결손금(같은 조 제2항의 부동산임대업에서 발생한 이월결손금은 제외한다)으로서 소급공제를 받으려는 금액(직전 또는 직전전 과세연도의 종합소득과세표준을 한도로 한다)을 차감한 금액에 직전 또는 직전전 과세연도의 세율을 각각 적용하여 계산한 해당 중소기업에 대한 종합소득산출세액
2. 중소기업을 영위하는 자가 내국법인인 경우 : 가목의 금액에서 나목의 금액을 차감한 금액
　가. 직전 또는 직전전 과세연도의 법인세 산출세액
　나. 직전 또는 직전전 과세연도의 과세표준에서 2021년 12월 31일이 속하는 과세연도에 발생한 「법인세법」 제14조제2항에 따른 결손금으로서 소급공제를 받으려는 금액(직전 또는 직전전 과세연도의 과세표준을 한도로 한다)을 차감한 금액에 직전 또는 직전전 과세연도의 세율을 각각 적용하여 계산한 금액
② 법 제8조의4에 따라 결손금을 소급공제하는 경우 직전 과세연도와 직전전 과세연도 각각에 해당 중소기업의 사업소득에 대한 종합소득 또는 법인세의 납부세액이 있는 경우에는 직전전 과세연도의 해당 사업소득에 대한 소득세 또는 법인세의 과세표준에서 결손금을 먼저 공제한다.
③ 법 제8조의4에 따라 결손금소급공제세액을 환급받으려는 자는 「소득세법」 제70조·제70조의2·제74조에 따른 과세표준확정신고기간 또는 「법인세법」 제60조에 따른 신고기간 내에 기획재정부령으로 정하는 결손금소급공제 세액 환급 특례 신청서를 납세지 관할 세무서장에게 제출해야 한다.
④ ~ ⑥ (2022.2.15 삭제)
(2022.2.15 본조개정)

제2절　연구 및 인력개발에 대한 조세특례
(2002.12.30 본절제목개정)

제8조 (2020.2.11 삭제)

제9조【연구 및 인력개발비에 대한 세액공제】
① 법 제10조제1항 각 호 외의 부분 전단에서 "대통령령으로 정하는 비용"이란 연구개발 및 인력개발을 위한 비용으로서 별표6에 따른 비용을 말한다. 다만, 다음 각 호에 해당하는 비용은 제외한다.
1. 법 제10조의2제1항에 따른 연구개발출연금등을 지급받아 연구개발비로 지출하는 금액(2022.2.15 본호개정)
2. 국가, 지방자치단체, 「공공기관의 운영에 관한 법률」에 따른 공공기관 또는 「지방공기업법」에 따른 지방공기업으로부터 출연금 등의 자산을 지급받아 연구개발비 또는 인력개발비로 지출하는 금액(2023.2.28 본호개정)
(2020.2.11 본항신설)
② 법 제10조제1항 각 목 외의 부분에서 "대통령령으로 정하는 기술"이란 별표7에 따른 기술(이하 "신성장·원천기술"이라 한다)을 말한다.(2022.2.15 본항신설)
③ 법 제10조제1항제1호 각 목 외의 부분에 따른 신성장·원천기술을 얻기 위한 연구개발비(이하 이 조에서 "신성장·원천기술연구개발비"라 한다)는 다음 각 호의 구분에 따른 비용을 말한다.(2022.2.15 본항개정)
1. 자체 연구개발의 경우 : 다음 각 목의 비용
　가. 기획재정부령으로 정하는 연구소 또는 전담부서에서 신성장·원천기술의 연구개발업무(이하 이 조에서 "신성장·원천기술연구개발업무"라 한다)에 종사하는 연구원 및 이들의 연구개발업무를 직접적으로 지원하는 사람에 대한 인건비. 다만, 기획재정부령으로 정하는 사람에 대한 인건비는 제외한다.
　(2022.2.15 본문개정)
　나. 신성장·원천기술연구개발업무를 위하여 사용하는 견본품, 부품, 원재료와 시약류 구입비 및 소프트웨어(「문화산업진흥 기본법」 제2조제2호에 따른 문화상품 제작을 목적으로 사용하는 경우에 한정한다)·서체·음원·이미지의 대여·구입비(2020.2.11 본목개정)
2. 위탁 및 공동연구개발의 경우 : 기획재정부령으로 정하는 기관에 신성장·원천기술연구개발업무를 위탁(재위탁을 포함한다)함에 따라 발생하는 비용(전사적 기업자원 관리설비, 판매시점 정보관리 시스템 설비 등 기업의 사업운영·관리·지원 활동과 관련된 시스템 개발을 위한 위탁비용은 제외한다) 및 이들 기관과의 공동연구개발을 수행함에 따라 발생하는 비용
(2022.2.15 본호개정)
(2017.2.7 본항개정)
④ 법 제10조제1항제1호가목2)에서 "대통령령으로 정하는 중견기업"이란 다음 각 호의 요건을 모두 갖춘 기업을 말한다.(2018.2.13 본문개정)
1. 중소기업이 아닐 것
1의2. 「중견기업 성장촉진 및 경쟁력 강화에 관한 특별법 시행령」 제2조제1항제1호 또는 제2호에 해당하는 기관이 아닐 것(2023.2.28 본호신설)
2. 다음 각 목의 어느 하나에 해당하는 업종을 주된 사업으로 영위하지 아니할 것. 이 경우 둘 이상의 서로 다른 사업을 영위하는 경우에는 사업별 사업수입금액이 큰 사업을 주된 사업으로 본다.(2019.2.12 후단신설)
　가. 제29조제3항에 따른 소비성서비스업
　나. 「중견기업 성장촉진 및 경쟁력 강화에 관한 특별법 시행령」 제2조제2항제2호 각 목의 업종
　(2017.2.7 본호개정)
3. 소유와 경영의 실질적인 독립성이 「중견기업 성장촉진 및 경쟁력 강화에 관한 특별법 시행령」 제2조제2항제1호에 적합할 것(2017.2.7 본호개정)
4. 직전 3개 과세연도의 매출액(매출액은 제2조제4항에 따른 계산방법으로 산출하며, 과세연도가 1년 미만인 과세연도의 매출액은 1년으로 환산한 매출액을 말한다)의 평균금액이 5천억원 미만인 기업일 것
(2015.2.3 본호개정)
(2013.2.15 본항신설)

⑤ 법 제10조제1항제1호나목 본문 및 같은 항 제2호나목에서 "대통령령으로 정하는 일정배수"란 각각 3배를 말한다.(2022.2.15 본항신설)
⑥ 법 제10조제1항제2호 각 목 외의 부분에서 "대통령령으로 정하는 기술"이란 별표7의2에 따른 기술(이하 "국가전략기술"이라 한다)을 말한다.(2022.2.15 본항신설)
⑦ 법 제10조제1항제2호 각 목 외의 부분에 따른 국가전략기술을 얻기 위한 연구개발비(이하 이 조에서 "국가전략기술연구개발비"라 한다)는 다음 각 호의 구분에 따른 비용을 말한다.
1. 자체 연구개발의 경우 : 다음 각 목의 비용
  가. 기획재정부령으로 정하는 연구소 또는 전담부서에서 국가전략기술의 연구개발업무(이하 이 조에서 "국가전략기술연구개발업무"라 한다)에 종사하는 연구원 및 이들의 연구개발업무를 직접적으로 지원하는 사람에 대한 인건비. 다만, 기획재정부령으로 정하는 사람에 대한 인건비는 제외한다.
  나. 국가전략기술연구개발업무를 위하여 사용하는 견본품, 부품, 원재료와 시약류 구입비
2. 위탁 및 공동연구개발의 경우 : 기획재정부령으로 정하는 기관에 국가전략기술연구개발업무를 위탁(재위탁을 포함한다)함에 따라 발생하는 비용(전사적 기업자원 관리설비, 판매시점 정보관리 시스템 설비 등 기업의 사업운영·관리·지원 활동과 관련된 시스템 개발을 위한 위탁비용은 제외한다) 및 이들 기관과의 공동연구개발을 수행함에 따라 발생하는 비용
(2022.2.15 본항신설)
⑧ 법 제10조제1항제3호나목2)에서 "대통령령으로 정하는 바에 따라 최초로 중소기업에 해당하지 아니하게 된 경우"란 제2조제2항 각 호 외의 부분 본문 및 같은 조 제5항에 따라 중소기업에 해당하지 아니하게 된 사유가 발생한 날이 속하는 과세연도의 다음 3개 과세연도가 경과한 경우를 말한다.(2022.2.15 본항개정)
⑨ 법 제10조제2항에 따른 4년간의 일반연구·인력개발비의 연평균 발생액은 다음 계산식에 따라 계산한 금액으로 한다.
  해당 과세연도 개시일부터 소급하여 4년간 발생한 일반연구·인력개발비의 합계액／해당 과세연도 개시일부터 소급하여 4년간 일반연구·인력개발비가 발생한 과세연도의 수(그 수가 4 이상인 경우 4로 한다) × 해당 과세연도의 개월 수/12
(2012.2.2 본항개정)
⑩ 법 제10조제1항제3호에 따른 직전 과세연도에 발생한 일반연구·인력개발비 및 이 조 제9항의 계산식 중 해당 과세연도 개시일부터 소급하여 4년간 발생한 일반연구·인력개발비의 합계액을 계산할 때 합병법인, 분할신설법인, 분할합병의 상대방법인, 사업양수법인 또는 기획재정부령으로 정하는 현물출자를 받은 법인(이하 이 항에서 "합병법인등"이라 한다)의 경우에는 합병, 분할, 분할합병, 사업양도 또는 기획재정부령으로 정하는 현물출자(이하 이 항에서 "합병등"이라 한다)를 하기 전에 피합병법인, 분할법인, 사업양도인 또는 현물출자자(이하 이 항에서 "피합병법인등"이라 한다)로부터 발생한 일반연구·인력개발비는 합병법인등에서 발생한 것으로 본다. 다만, 피합병법인등이 운영하던 사업의 일부를 승계한 경우로서 합병등을 하기 전에 피합병법인등의 해당 승계사업에서 발생한 일반연구·인력개발비를 구분하기 어려운 경우에는 피합병법인등에서 합병등을 하기 전에 발생한 일반연구·인력개발비에 각 사업연도의 승계사업의 매출액이 총매출액에서 차지하는 비율과 각 사업연도말 승계사업의 자산가액이 총자산가액에서 차지하는 비율 중 큰 것을 곱한 금액을 피합병법인등에서 발생한 일반연구·인력개발비로 본다.(2023.2.28 본문개정)

⑪ 제9항의 계산식을 적용할 때 개월 수는 월력에 따라 계산하되, 과세연도 개시일이 속하는 달이 1개월 미만인 경우에는 1개월로 하고, 과세연도 종료일이 속하는 달이 1개월 미만인 경우에는 산입하지 않는다.
(2022.2.15 본항개정)
⑫ 법 제10조제1항제1호 또는 제2호를 적용받으려는 내국인은 신성장·원천기술연구개발비, 국가전략기술연구개발비 및 일반연구·인력개발비를 각각 별개의 회계로 구분경리해야 한다. 이 경우 신성장·원천기술연구개발비, 국가전략기술연구개발비 및 일반연구·인력개발비가 공통되는 경우에는 해당 비용을 기획재정부령으로 정하는 바에 따라 신성장·원천기술연구개발비, 국가전략기술연구개발비 및 일반연구·인력개발비로 안분하여 계산한다.(2022.2.15 본항개정)
⑬ 법 제10조제1항을 적용받으려는 내국인은 연구개발계획서, 연구개발보고서 및 연구노트 등 증거서류를 기획재정부령으로 정하는 바에 따라 작성·보관해야 한다.(2019.2.12 본항신설)
⑭ 법 제10조제1항을 적용받으려는 내국인은 과세표준신고를 할 때 기획재정부령으로 정하는 세액공제신청서, 연구및인력개발비보고서 및 증거서류를 납세지 관할 세무서장에게 제출하여야 한다.(2019.2.12 본항개정)
⑮ 다음 각 호의 사항을 심의하기 위하여 기획재정부장관 및 산업통상자원부장관이 공동으로 운영하는 연구개발세액공제기술심의위원회를 둔다.
1. 내국인의 연구개발 대상 기술이 신성장·원천기술 또는 국가전략기술에 해당되는지 여부에 관한 사항
2. 제21조제4항제1호가목에 따른 신성장사업화시설의 인정에 관한 사항
3. 제21조제4항제2호에 따른 국가전략기술사업화시설의 인정에 관한 사항
4. 그 밖에 신성장·원천기술 또는 국가전략기술과 관련하여 심의가 필요하다고 기획재정부장관 또는 산업통상자원부장관이 인정하는 사항
(2022.2.15 본항신설)
⑯ 제15항에 따른 연구개발세액공제기술심의위원회(이하 "연구개발세액공제기술심의위원회"라 한다)의 구성 및 운영에 필요한 사항은 기획재정부와 산업통상자원부의 공동부령으로 정한다.(2022.2.15 본항개정)
⑰ 법 제10조제1항을 적용받으려는 내국인은 제14항에 따른 신고를 하기 전에 지출한 비용이 연구·인력개발비에 해당하는지 여부 등에 관해 국세청장에게 미리 심사하여 줄 것을 요청할 수 있다. 이 경우 심사 방법 및 요청 절차 등에 필요한 사항은 국세청장이 정한다.
(2022.2.15 전단개정)
⑱ 법 제10조제6항에서 "「기초연구진흥 및 기술개발지원에 관한 법률」 제14조의3제1항 각 호에 해당하는 사유 등 대통령령으로 정하는 사유"란 다음 각 호의 어느 하나의 해당하는 경우를 말한다.
1. 「기초연구진흥 및 기술개발지원에 관한 법률」 제14조의3제1항 각 호의 어느 하나에 해당하는 사유로 기업부설연구소 또는 연구개발전담부서의 인정이 취소된 경우
2. 「문화산업진흥 기본법」 제17조의3제4항 각 호의 어느 하나에 해당하는 사유로 기업부설창작연구소 또는 기업창작전담부서의 인정이 취소된 경우
(2020.2.11 본항신설)
⑲ 법 제10조제6항에서 "대통령령으로 정하는 날"이란 제18항 각 호에 따른 인정취소의 사유별로 다음 각 호의 구분에 따른 날을 말한다.(2022.2.15 본항개정)
1. 「기초연구진흥 및 기술개발지원에 관한 법률」 제14조의3제1항제1호 또는 「문화산업진흥 기본법」 제17조의3제4항제1호에 따라 인정이 취소된 경우 : 인정일이 속하는 과세연도의 개시일

2. 「기초연구진흥 및 기술개발지원에 관한 법률」 제14조의3제1항제2호, 제3호, 제5호, 제6호 및 제8호에 따라 인정이 취소된 경우 : 인정취소일
3. 「기초연구진흥 및 기술개발지원에 관한 법률」 제14조의3제1항제4호·제7호 또는 「문화산업진흥 기본법」 제17조의3제4항제2호에 따라 인정이 취소된 경우 : 인정취소일이 속하는 과세연도의 개시일
(2020.2.11 본항신설)

제9조의2 【연구개발 관련 출연금 등의 과세특례】 ① 법 제10조의2제1항에서 "대통령령으로 정하는 법률"이란 다음 각 호의 어느 하나에 해당하는 법률을 말한다. (2010.2.18 본문개정)
1. 「산업기술혁신 촉진법」
2. 「정보통신산업 진흥법」(2009.8.18 본호개정)
3. 「중소기업기술혁신 촉진법」
4. 그 밖에 연구개발 등을 목적으로 출연금 등을 지급하도록 규정하고 있는 법률로서 기획재정부령이 정하는 법률(2008.2.29 본호개정)
② 법 제10조의2제1항에서 "대통령령으로 정하는 방법에 따라 해당 연구개발출연금등을 구분경리하는 경우"란 「법인세법」 제113조를 준용하여 구분경리하는 경우를 말한다.(2010.2.18 본항개정)
③ 법 제10조의2제2항제2호에서 "대통령령으로 정하는 방법에 따라 익금에 산입하는 방법"이란 다음 각 호의 방법을 말한다.(2010.2.18 본문개정)
1. 「법인세법 시행령」 제24조 또는 「소득세법 시행령」 제62조제2항 및 제3항에 따른 감가상각자산 : 해당 과세연도의 소득금액 계산의 경우 「법인세법 시행령」 제25조 또는 「소득세법 시행령」 제62조제1항 및 제4항에 따라 손금에 산입하는 감가상각비에 상당하는 금액을 익금에 산입하는 방법. 다만, 해당 자산을 처분하는 경우에는 법 제10조의2제1항에 따른 익금에 산입하지 아니한 금액 중 이미 익금에 산입하고 남은 잔액을 그 처분한 날이 속하는 과세연도에 전액 익금에 산입한다.
2. 제1호 외의 자산 : 해당 자산을 처분한 날이 속하는 과세연도의 소득금액 계산의 경우 법 제10조의2제1항에 따라 익금에 산입하지 아니한 금액 전액을 익금에 산입하는 방법
④ 법 제10조의2제1항 및 제2항을 적용받으려는 내국인은 과세표준신고와 함께 기획재정부령이 정하는 출연금등익금불산입명세서를 납세지관할세무서장에게 제출하여야 한다.(2008.2.29 본항개정)
(2007.2.28 본조신설)

제10조 (2019.2.12 삭제)

제11조 【기술비법의 범위 등】 ① 법 제12조제1항, 같은 조 제2항 전단 및 같은 조 제3항에서 "대통령령으로 정하는 특수관계인"이란 「법인세법 시행령」 제2조제5항 및 「소득세법 시행령」 제98조제1항에 따른 특수관계인을 말한다. 이 경우 「법인세법 시행령」 제2조제5항제2호의 소액주주등을 판정할 때 「법인세법 시행령」 제50조제2항 중 "100분의 1"은 "100분의 30"으로 본다.
(2019.2.12 본항개정)
② (2021.2.17 삭제)
③ 법 제12조제1항에서 "대통령령으로 정하는 자체 연구·개발한 특허권, 실용신안권, 기술비법 또는 기술"은 다음 각 호의 어느 하나에 해당하는 것을 말한다.
1. 「특허법」 및 「실용신안법」에 따라 해당 기업이 국내에서 자체 연구·개발하여 최초로 설정등록받은 특허권 및 실용신안권
2. 해당 기업이 국내에서 자체 연구·개발한 과학기술 분야에 속하는 기술비법(공업소유권, 「해외건설 촉진법」에 따른 해외건설 엔지니어링활동 또는 「엔지니어링산업 진흥법」에 따른 엔지니어링활동과 관련된 기술비법은 제외한다)으로서 수입금액 기준 등 기획재정부령으로 정하는 요건을 충족하는 것
3. 해당 기업이 국내에서 자체 연구·개발한 「기술의 이전 및 사업화 촉진에 관한 법률」 제2조제1호에 따른 기술로서 수입금액 기준 등 기획재정부령으로 정하는 요건을 충족하는 것
(2017.2.7 본항개정)
④ 법 제12조제2항 각 호 외의 부분 전단에서 "대통령령으로 정하는 특허권등"이란 제3항 각 호의 어느 하나에 해당하는 것을 말한다.(2017.2.7 본항개정)
⑤ 법 제12조제3항에서 "대통령령으로 정하는 자체 연구·개발한 특허권등"이란 제3항제1호에 따른 특허권 및 실용신안권과 같은 항 제2호에 따른 기술비법을 말한다.(2017.2.7 본항개정)
⑥ 법 제12조제1항부터 제3항까지의 규정을 적용받으려는 과세표준신고와 함께 기획재정부령으로 정하는 세액감면신청서 또는 세액공제신청서를 납세지 관할 세무서장에게 제출하여야 한다.(2015.2.3 본항개정)
(2000.12.29 본조제목개정)

제11조의2 【연구개발특구에 입주하는 첨단기술기업 등에 대한 법인세 등의 감면】 ① 법 제12조의2제1항에서 "생물산업·정보통신산업 등 대통령령으로 정하는 사업"이란 다음 각 호의 산업을 영위하는 사업을 말한다.(2010.2.18 본문개정)
1. 「생명공학육성법」 제2조제1호에 따른 생명공학과 관련된 산업(종자 및 묘목생산업, 수산물부화 및 수산종자생산업을 포함한다)(2020.11.20 본호개정)
2. 「정보통신산업 진흥법」 제2조제2호에 따른 정보통신산업(2009.8.18 본호개정)
3. 「정보통신망 이용촉진 및 정보보호 등에 관한 법률」 제2조제1항제2호에 따른 정보통신서비스를 제공하는 산업(2012.2.2 본호신설)
4. 「산업발전법」 제5조제1항에 따라 산업통상자원부장관이 고시한 첨단기술 및 첨단제품과 관련된 산업(2013.3.23 본호개정)
② 법 제12조의2제2항 단서에서 "지정 또는 등록이 취소되는 경우 등 대통령령으로 정하는 사유가 발생한 경우"란 다음 각 호의 경우를 말한다.
1. 「연구개발특구의 육성에 관한 특별법」 제9조의2제1항에 따라 첨단기술기업의 지정이 취소된 경우
2. 「연구개발특구의 육성에 관한 특별법」 제9조의4제1항에 따라 연구소기업의 등록이 취소된 경우
3. 「연구개발특구의 육성에 관한 특별법 시행령」 제12조의4제3항에 따른 첨단기술기업 지정의 유효기간이 만료된 경우. 다만, 유효기간 만료일이 속하는 과세연도 종료일 현재 첨단기술기업으로 재지정된 경우는 제외한다.
(2023.2.28 본항신설)
③ 법 제12조의2제3항제1호에서 "대통령령으로 정하는 투자누계액"이란 법 제12조의2제2항에 따라 법인세 또는 소득세를 감면받는 해당 과세연도까지의 기획재정부령으로 정하는 사업용자산에 대한 투자 합계액을 말한다.(2010.12.30 본항신설)
④ 법 제12조의2제3항제2호에서 "대통령령으로 정하는 서비스업"이란 제23조제4항에 따른 서비스업을 말한다.(2019.2.12 본항개정)
⑤ 법 제12조의2제5항에 따라 납부해야 할 소득세액 또는 법인세액은 다음의 계산식에 따라 계산한 금액(그 수가 음수이면 영으로 보고, 감면받은 과세연도 종료일 이후 2년간 계속으로 상시근로자 수가 감소한 경우에는 두 번째 과세연도에는 첫 번째 과세연도에 납부한 금액을 뺀 금액을 말한다)으로 하며, 이를 상시근로자 수가 감소한 과세연도의 과세표준을 신고할 때 소득세 또는 법인세로 납부해야 한다.

해당 기업의 상시근로자 수가 감소한 과세연도의 직전 2년 이내의 과세연도에 법 제12조의2제3항제2호를 적용하여 감면받은 세액의 합계액 - 〔상시근로자 수가 감소한 과세연도의 감면대상사업장의 상시근로자 수 × 1천5백만원(청년 상시근로자와 법 제12조의2제3항제2호의 서비스업의 경우에는 2천만원으로 한다)〕
(2023.2.28 본항개정)
⑥ 법 제12조의2제3항 및 제5항을 적용할 때 상시근로자 및 청년 상시근로자의 범위는 다음 각 호의 구분에 따른다.
1. 상시근로자의 범위 : 제23조제10항에 따른 상시근로자
2. 청년 상시근로자의 범위 : 제26조의8제3항제1호에 해당하는 사람
(2023.2.28 본항개정)
⑦ 법 제12조의2제3항 및 제5항을 적용할 때 상시근로자 수 및 청년 상시근로자 수는 다음 각 호의 구분에 따른 계산식에 따라 계산한 수(100분의 1 미만의 부분은 없는 것으로 한다)로 한다. 이 경우 상시근로자 수 및 청년 상시근로자 수의 계산에 관하여는 제23조제11항 각 호의 부분 후단을 준용한다.(2023.2.28 본문개정)
1. 상시근로자의 수 :

$$\frac{해당\ 과세연도의\ 매월\ 말\ 현재\ 상시근로자\ 수의\ 합}{해당\ 과세연도의\ 개월\ 수}$$

2. 청년 상시근로자 수 :

$$\frac{해당\ 과세연도의\ 매월\ 말\ 현재\ 청년\ 상시근로자\ 수의\ 합}{해당\ 과세연도의\ 개월\ 수}$$

(2023.2.28 본호개정)
(2019.2.12 본항신설)
⑧ 법 제12조의2제7항 각 호 외의 부분에서 "대통령령으로 정하는 바에 따라 계산한 세액"이란 다음 각 호의 구분에 따른 세액을 말한다.
1. 법 제12조의2제7항제1호에 해당하는 경우 : 폐업일 또는 법인해산일부터 소급하여 3년 이내에 감면된 세액
2. 법 제12조의2제7항제2호에 해당하는 경우 : 이전일부터 소급하여 5년 이내에 감면된 세액
(2022.2.15 본항신설)
⑨ 법 제12조의2제8항에서 "대통령령으로 정하는 바에 따라 계산한 이자상당가산액"이란 제8항 각 호의 구분에 따른 세액에 상당하는 금액에 제1호에 따른 기간과 제2호에 따른 율을 곱하여 계산한 금액을 말한다.
1. 감면을 받은 과세연도의 종료일 다음 날부터 법 제12조의2제7항 각 호의 어느 하나에 해당하는 사유가 발생한 날이 속하는 과세연도의 종료일까지의 기간
2. 1일 10만분의 22
(2022.2.15 본항신설)
⑩ 법 제12조의2제9항에 따라 법인세 또는 소득세를 감면받으려는 자는 과세표준신고를 할 때 기획재정부령으로 정하는 세액감면신청서를 납세지 관할세무서장에게 제출해야 한다.(2022.2.15 본항개정)
제11조의3【기술혁신형 합병에 대한 세액공제】① 법 제12조의3제1항 각 호 외의 부분에서 "대통령령으로 정하는 기술혁신형 중소기업"이란 다음 각 호의 어느 하나에 해당하는 중소기업을 말한다.
1. 합병등기일까지 「벤처기업육성에 관한 특별조치법」 제25조에 따라 벤처기업으로 확인받은 기업
2. 합병등기일까지 「중소기업 기술혁신 촉진법」 제15조와 같은 법 시행령 제13조에 따라 기술혁신형 중소기업으로 선정된 기업
3. 합병등기일이 속하는 사업연도의 직전 사업연도의 법 제10조제1항에 따른 연구·인력개발비가 매출액의 100분의 5 이상인 중소기업 (2020.2.11 본호개정)

4. 합병등기일까지 다음 각 목 중 어느 하나에 해당하는 인증 등을 받은 중소기업
가. 「산업기술혁신 촉진법」 제15조의2제1항에 따른 신기술 인증
나. 「보건의료기술 진흥법」 제8조제1항에 따른 보건신기술 인증
다. 「산업기술혁신 촉진법」 제16조제1항에 따른 신제품 인증
라. 「제약산업 육성 및 지원에 관한 법률」 제7조제2항에 따른 혁신형 제약기업 인증
마. 「중견기업 성장촉진 및 경쟁력 강화에 관한 특별법」 제18조제1항에 따른 선정
바. 「의료기기산업 육성 및 혁신의료기기 지원법」 제10조에 따른 혁신형 의료기기기업의 인증 (2022.2.15 본목신설)
사. 그 밖에 가목부터 바목까지와 유사한 경우로서 기획재정부령으로 정하는 인증 등(2022.2.15 본목개정)
(2016.2.5 본호신설)
② 법 제12조의3제1항 각 호 외의 부분에서 "대통령령으로 정하는 특수관계인"이란 「법인세법 시행령」 제2조제5항에 따른 특수관계인을 말한다.(2019.2.12 본항개정)
③ 법 제12조의3제1항 각 호 외의 부분에서 "대통령령으로 정하는 기술가치 금액"이란 다음 각 호의 어느 하나에 해당하는 금액 중에서 합병법인이 선택한 금액을 말한다.
1. 「벤처기업육성에 관한 특별조치법 시행령」 제4조 각 호의 어느 하나에 해당하는 기관이 합병등기일 전후 3개월 이내에 피합병법인이 보유한 특허권, 실용신안권 및 기획재정부령으로 정하는 기술비법 또는 기술(이하 이 조 및 제11조의4에서 "특허권등"이라 한다)을 평가한 금액의 합계액. 이 경우 그 합계액은 합병법인이 피합병법인에 지급한 양도가액에서 합병등기일 현재의 피합병법인의 순자산시가를 뺀 금액〔음수(陰數)인 경우에는 영으로 본다〕을 한도로 한다.
(2022.2.15 전단개정)
2. 합병법인이 피합병법인에 지급한 양도가액에서 합병등기일 현재의 피합병법인의 순자산시가의 100분의 130을 뺀 금액
④ 법 제12조의3제1항 각 호 외의 부분에 따른 양도가액은 「법인세법 시행령」 제80조제1항제2호에 따른 금액으로 한다.
⑤ 법 제12조의3제1항제2호와 이 영 제3항에 따른 피합병법인의 순자산시가는 합병등기일 현재의 피합병법인의 자산총액(특허권등의 가액을 제외한다)에서 부채총액을 뺀 금액으로 한다.(2017.2.7 본항개정)
⑥~⑦ (2022.2.15 삭제)
⑧ 법 제12조의3제1항제3호에서 "대통령령으로 정하는 피합병법인의 주주 또는 출자자"와 같은 조 제2항제1호에서 "대통령령으로 정하는 피합병법인의 주주등"이란 각각 피합병법인의 「법인세법 시행령」 제43조제3항 및 제7항에 따른 지배주주등 중 다음 각 호에 해당하는 자를 제외한 자를 말한다.(2018.2.13 본문개정)
1. 「법인세법 시행령」 제43조제8항제1호가목의 친족 중 4촌인 혈족(2023.2.28 본호개정)
2. 합병등기일 현재 피합병법인에 대한 지분비율이 100분의 1 미만이면서 시가로 평가한 그 지분가액이 10억원 미만인 자
⑨ 법 제12조의3제1항제3호 및 같은 조 제2항제1호에 따른 합병법인의 지배주주등의 범위에 관하여는 「법인세법 시행령」 제43조제3항 및 제7항을 준용한다.
⑩ 법 제12조의3제1항제4호 및 같은 조 제2항제2호에 따른 합병법인의 사업 계속 및 폐지 여부의 판정에 관하여는 「법인세법 시행령」 제80조의2제7항을 준용한다.
(2020.2.11 본항개정)

⑪ 법 제12조의3제2항 각 호 외의 부분에서 "대통령령으로 정하는 기간"이란 합병등기일이 속하는 사업연도의 다음 사업연도의 개시일부터 2년을 말한다.
⑫ 법 제12조의3제2항 각 호 외의 부분에서 "대통령령으로 정하는 바에 따라 계산한 이자상당액"이란 같은 조 제1항에 따라 공제받은 세액에 제1호의 기간과 제2호의 율을 곱하여 계산한 금액을 말한다.
1. 공제받은 사업연도 종료일의 다음 날부터 납부사유가 발생한 날이 속하는 사업연도의 종료일까지의 기간
2. 제11조의2제9항제2호에 따른 율(2022.2.15 본호개정)
⑬ 법 제12조의3제3항에서 "대통령령으로 정하는 부득이한 사유가 있는 경우"란 합병법인이 파산하거나 「채무자 회생 및 파산에 관한 법률」에 따른 회생절차에 따라 법원의 허가를 받아 승계 받은 자산을 처분한 경우를 말한다.
⑭ 법 제12조의3제1항에 따라 세액공제를 받으려는 내국법인은 과세표준신고와 함께 기획재정부령으로 정하는 세액공제신청서 및 공제세액계산서를 납세지 관할 세무서장에게 제출하여야 한다.
(2014.2.21 본조신설)

제11조의4 【기술혁신형 주식취득에 대한 세액공제】 ①
법 제12조의4제1항제1호에 따른 최초 취득한 날(이하 이 조에서 "취득일"이라 한다)은 인수법인이 피인수법인의 주식 또는 출자지분(이하 이 조에서 "주식등"이라 한다)을 취득한 날부터 직전 2년 이내의 기간 동안 그 주식등을 보유한 사실이 없는 경우로 한다. 다만, 인수법인이 「법인세법 시행령」 제50조제2항에 따른 소액주주등에 해당하는 기간은 주식등을 보유한 것으로 보지 아니한다.
② 법 제12조의4제1항 각 호 외의 부분에서 "대통령령으로 정하는 기술혁신형 중소기업"이란 다음 각 호의 어느 하나에 해당하는 중소기업을 말한다.
1. 취득일까지 「벤처기업육성에 관한 특별조치법」 제25조에 따라 벤처기업으로 확인받은 기업
2. 취득일까지 「중소기업 기술혁신 촉진법」 제15조와 같은 법 시행령 제13조에 따라 기술혁신형 중소기업으로 선정된 기업
3. 취득일이 속하는 사업연도의 직전 사업연도의 법 제10조제1항에 따른 연구·인력개발비가 매출액의 100분의 5 이상인 중소기업(2020.2.11 본호개정)
4. 취득일까지 다음 각 목 중 어느 하나에 해당하는 인증 등을 받은 중소기업
가. 「산업기술혁신 촉진법」 제15조의2제1항에 따른 신기술 인증
나. 「보건의료기술 진흥법」 제8조제1항에 따른 보건신기술 인증
다. 「산업기술혁신 촉진법」 제16조제1항에 따른 신제품 인증
라. 「제약산업 육성 및 지원에 관한 법률」 제7조제2항에 따른 혁신형 제약기업 인증
마. 「중견기업 성장촉진 및 경쟁력 강화에 관한 특별법」 제18조제1항에 따른 선정
바. 「의료기기산업 육성 및 혁신의료기기 지원법」 제10조에 따른 혁신형 의료기기기업의 인증
(2022.2.15 본목신설)
사. 그 밖에 가목부터 바목까지와 유사한 경우로서 기획재정부령으로 정하는 인증 등(2022.2.15 본목개정)
(2016.2.5 본호신설)
③ 법 제12조의4제1항 각 호 외의 부분에서 "대통령령으로 정하는 특수관계인"이란 「법인세법 시행령」 제2조제5항 각 호의 어느 하나에 해당하는 관계에 있는 자(이하 이 조에서 "특수관계인"이라 한다)를 말한다. 이 경우 특수관계인 여부는 취득일을 기준으로 판단한다. (2022.2.15 본항개정)

④ 법 제12조의4제1항 각 호 외의 부분에서 "대통령령으로 정하는 기술가치 금액"이란 다음 각 호의 어느 하나에 해당하는 금액 중에서 인수법인이 선택한 금액을 말한다.
1. 「벤처기업육성에 관한 특별조치법 시행령」 제4조 각 호의 어느 하나에 해당하는 기관이 취득일 전후 3개월 이내에 피인수법인이 보유한 특허권등을 평가한 금액의 합계액에 취득일이 속하는 사업연도 종료일 현재의 지분비율을 곱하여 계산한 금액. 이 경우 그 계산한 금액은 인수법인이 피인수법인에 지급한 매입가액에서 취득일이 속하는 사업연도의 피인수법인의 순자산시가에 해당 지분비율을 곱하여 계산한 금액을 뺀 금액[음수(陰數)인 경우에는 영으로 본다]을 한도로 한다.(2022.2.15 본호개정)
2. 인수법인이 피인수법인에 지급한 매입가액에서 가목의 금액에 나목의 비율을 곱한 금액을 뺀 금액
가. 취득일이 속하는 사업연도의 피인수법인의 순자산시가의 100분의 130에 해당하는 금액
나. 취득일이 속하는 사업연도 종료일 현재의 지분비율
(2022.2.15 가목~나목개정)
⑤ 법 제12조의4제1항제3호가목, 이 조 제4항제1호 및 제2호가목에 따른 취득일이 속하는 사업연도의 피인수법인의 순자산시가는 취득일 현재의 피인수법인의 자산총액(특허권등의 가액은 제외한다)에서 부채총액을 뺀 금액으로 하되, 인수법인이 피인수법인의 주식등을 2회 이상 취득한 경우에는 취득시점 각각의 피인수법인의 순자산시가에 취득한 주식등의 수를 곱한 금액의 합계액을 해당 사업연도에 취득한 주식등의 총수로 나눈 금액으로 한다.(2022.2.15 본항개정)
⑥ 법 제12조의4제1항제4호에서 "대통령령으로 정하는 피인수법인의 주주 또는 출자자" 및 같은 조 제2항제1호에서 "대통령령으로 정하는 피인수법인의 주주등"이란 각각 피인수법인의 「법인세법 시행령」 제43조제3항 및 제7항에 따른 지배주주등 또는 각 호에 해당하는 자를 제외한 자를 말한다.(2018.2.13 본문개정)
1. 「법인세법 시행령」 제43조제8항제1호가목의 친족 중 4촌인 혈족(2023.2.28 본호개정)
2. 취득일 현재 피인수법인에 대한 지분비율이 100분의 1 미만이면서 시가로 평가한 그 지분가액이 10억원 미만인 자
⑦ 법 제12조의4제1항제4호 및 같은 조 제2항제1호에 따른 인수법인 또는 피인수법인의 지배주주등의 범위에 관하여는 「법인세법 시행령」 제43조제3항 및 제7항을 준용한다.
⑧ 법 제12조의4제1항제5호 및 같은 조 제2항제2호에 따른 피인수법인의 사업의 계속 및 폐지 여부의 판정에 관하여는 「법인세법 시행령」 제80조의2제7항을 준용한다.(2020.2.11 본항개정)
⑨ 법 제12조의4제2항 각 호 외의 부분에서 "대통령령으로 정하는 기간"이란 취득일이 속하는 사업연도의 다음 사업연도의 개시일부터 2년을 말한다. 다만, 법 제12조의4제2항제3호의 경우는 취득일이 속하는 사업연도의 다음 사업연도의 개시일부터 4년으로 한다.
⑩ 법 제12조의4제2항 각 호 외의 부분에서 "대통령령으로 정하는 바에 따라 계산한 이자상당액"이란 같은 조 제1항에 따른 공제세액에 제1호의 기간과 제2호의 율을 곱하여 계산한 금액을 말한다.
1. 공제받은 사업연도 종료일의 다음 날부터 납부사유가 발생한 날이 속하는 사업연도의 종료일까지의 기간
2. 제11조의2제9항제2호에 따른 율(2022.2.15 본호개정)
⑪ 법 제12조의4제3항에서 "대통령령으로 정하는 부득이한 사유가 있는 경우"란 피인수법인이 파산하거나 「채무자 회생 및 파산에 관한 법률」에 따른 회생절차에 따라 법원의 허가를 받아 보유한 자산을 처분한 경우를 말한다.

⑫ 법 제12조의4제1항에 따라 세액공제를 받으려는 내국법인은 과세표준신고와 함께 기획재정부령으로 정하는 세액공제신청서 및 공제세액계산서를 납세지 관할 세무서장에게 제출하여야 한다.
(2014.2.21 본조신설)
제12조 【주식양도차익 및 배당소득의 계산 등】 ① 법 제13조제1항에 따라 법인세가 부과되지 아니하는 주식 또는 출자지분(이하 이 조에서 "주식등"이라 한다) 양도차익의 계산은 다음 각 호의 방법에 따른다.
1. 법 제13조제1항 각 호의 방법으로 취득한 주식등과 다른 방법으로 취득한 주식등을 함께 보유하고 있는 벤처투자회사 또는 신기술사업금융업자(이하 이 조에서 "벤처투자회사등"이라 한다)가 보유주식등의 일부를 양도하는 경우에는 먼저 취득한 주식등을 먼저 양도한 것으로 본다.(2023.12.19 본호개정)
2. 벤처투자회사등이 취득한 주식등의 취득가액은 「법인세법 시행령」 제74조제1항제1호라목 또는 마목에 따른 방법 중 당해 기업이 납세지 관할세무서장에게 신고한 방법으로 계산한다.(2023.12.19 본호개정)
3. 법인세가 부과되지 아니하는 주식등 양도차익의 계산은 양도시기마다 구분 가능한 종목별로 다음 산식에 따른다.

$$총양도차익 \times \frac{법인세가\ 부과되지\ 아니하는\ 주식등의\ 수}{양도주식등의\ 총수}$$

② 법 제13조제1항제4호에서 "대통령령으로 정하는 법인"이란 법률에 따라 설립된 기금을 관리·운용하거나 법률에 따라 공제사업을 영위하는 법인으로서 기획재정부령으로 정하는 법인을 말한다.
③ 법 제13조제4항에 따라 법인세가 부과되지 아니하는 배당소득의 계산은 구분 가능한 종목별로 다음 산식에 따른다.

$$배당소득 \times \frac{법인세가\ 부과되지\ 아니하는\ 주식등의\ 수}{보유하고\ 있는\ 주식등의\ 총수}$$

(2014.2.21 본항개정)
(2009.2.4 본조개정)
제12조의2 【내국법인의 벤처기업 등에의 출자에 대한 과세특례】 ① 법 제13조의2제1항 각 호 외의 부분 본문에서 "대통령령으로 정하는 내국법인"이란 다음 각 호의 자를 제외한 내국법인을 말한다.
1. 법 제13조제1항제1호에 따른 벤처투자회사(2023.12.19 본호개정)
2. 법 제13조제1항제2호에 따른 신기술사업금융업자
3. 법 제13조제1항제3호 각 목 외의 부분에 따른 벤처기업출자유한회사
4. 법 제13조제1항제4호에 따른 기금운용법인등
② 법 제13조의2제1항 각 호 외의 부분 단서에서 "대통령령으로 정하는 특수관계인"이란 「법인세법 시행령」 제2조제5항에 따른 특수관계인을 말한다.(2019.2.12 본항개정)
③ 법 제13조의2제3항에 따른 이자상당가산액은 공제받은 세액에 제1호의 기간 및 제2호의 율을 곱하여 계산한 금액으로 한다.
1. 공제받은 사업연도의 과세표준신고일의 다음 날부터 법 제13조의2제3항의 사유가 발생한 날이 속하는 사업연도의 과세표준신고일까지의 기간
2. 제11조의2제9항제2호에 따른 율(2022.2.15 본호개정)
④ 법 제13조의2제3항에 따른 지배주주 등의 범위는 「법인세법 시행령」 제43조제7항에 따른 지배주주등의 범위로 한다.
⑤ 법 제13조의2제1항을 적용받으려는 내국법인은 과세표준신고와 함께 기획재정부령으로 정하는 세액공제신청서를 납세지 관할 세무서장에게 제출하여야 한다.
(2017.2.7 본조신설)

제12조의3 【내국법인의 소재·부품·장비전문기업 등에의 출자·인수에 대한 과세특례】 ① 법 제13조의3제1항 각 호 외의 부분에서 "대통령령으로 정하는 소재·부품·장비 관련 중소기업·중견기업"이란 「소재·부품·장비산업 경쟁력 강화 및 공급망 안정화를 위한 특별조치법」 제16조에 따른 특화선도기업등으로서 중소기업 또는 중견기업에 해당하는 기업을 말한다.
(2023.12.5 본항개정)
② 법 제13조의3제1항에 따른 공동투자(이하 이 조에서 "공동투자"라 한다)는 다음 각 호의 요건을 모두 갖추어야 한다.
1. 법 제13조의3제1항에 따른 투자기업(이하 이 조에서 "투자기업"이라 한다)이 투자대상기업(이하 이 조에서 "투자대상기업"이라 한다)과 공동투자에 대해 체결한 협약에 따라 공동으로 주식 또는 출자지분(이하 이 조에서 "주식등"이라 한다)을 취득할 것
2. 공동투자에 참여한 각 내국법인이 투자대상기업의 유상증자 금액의 100분의 25 이상을 증자대금으로 납입할 것
③ 법 제13조의3제1항제1호에서 "대통령령으로 정하는 소재·부품·장비 관련 연구개발·인력개발·시설투자"란 다음 각 호의 어느 하나에 해당하는 것을 말한다.
1. 법 제10조제1항에 따른 연구·인력개발비
2. 법 제24조제1항제1호에 따른 공제대상 자산에 대한 투자(2021.2.17 본호개정)
3.~4. (2021.2.17 삭제)
④ 법 제13조의3제1항제3호 본문 및 같은 조 제3항 각 호 외의 부분 전단에서 "대통령령으로 정하는 특수관계인"이란 각각 「법인세법」 제2조제12호에 따른 특수관계인을 말한다.
⑤ 법 제13조의3제2항 각 호 외의 부분에 따라 같은 항 제3호에 해당하여 법인세로 납부하여야 하는 세액공제액 상당액은 다음 각 호의 구분에 따라 계산한 금액으로 한다.
1. 투자기업이 주식등 취득일부터 2년 이내에 주식등을 처분하는 경우 : 법 제13조의3제1항에 따라 공제받은 세액 전액
2. 투자기업이 주식등 취득일부터 2년이 경과한 날부터 2년 이내에 주식등을 처분하는 경우: 다음의 계산식에 따라 계산한 금액

법 제13조의3제1항에 따라 각 내국법인이 공제받은 세액	×	공동투자로 각 내국법인이 취득한 주식등 중 해당 과세기간에 처분한 주식등의 수 / 공동투자로 각 내국법인이 취득한 주식등의 수

⑥ 법 제13조의3제2항 각 호 외의 부분, 같은 조 제4항 각 호 외의 부분 본문 및 같은 조 제5항에 따라 법인세에 더하여 납부해야 하는 이자상당액은 같은 조 제1항 및 제3항에 따라 공제받은 세액(법 제13조의3제5항의 경우에는 같은 항에 따른 계산식, 제5항제2호의 경우에는 같은 호에 따른 계산식에 따라 계산한 금액을 말한다)에 제1호의 기간과 제2호의 율을 곱하여 계산한 금액으로 한다.
1. 공제받은 사업연도 종료일의 다음 날부터 납부사유가 발생한 날이 속하는 사업연도의 종료일까지의 기간
2. 제11조의2제9항제2호에 따른 율(2022.2.15 본호개정)
⑦ 법 제13조의3제3항 각 호 외의 부분 전단에서 "대통령령으로 정하는 소재·부품·장비 또는 국가전략기술 관련 외국법인"이란 다음 각 호의 어느 하나에 해당하는 외국법인(이하 이 조에서 "인수대상외국법인"이라 한다)을 말한다.
1. 해당 소재·부품·장비 관련 국내 산업 기반, 국내 특허 보유 여부, 해외 의존도 등을 고려하여 기획재정

부령으로 정하는 소재·부품·장비 품목을 생산하는 외국법인. 이 경우 주식등을 취득하는 방법으로 인수하는 경우에는 소재·부품·장비 품목의 매출액(제2조제4항에 따른 계산방법으로 산출한 매출액으로서 주식등의 취득일이 속한 사업연도 직전 3개 사업연도의 평균 매출액을 말하며, 사업연도가 1년 미만인 사업연도의 매출액은 1년으로 환산한 매출액을 말한다. 이하 이 항에서 같다)이 전체 매출액의 100분의 50 이상인 외국법인으로 한정한다.

2. 국가전략기술을 활용한 사업에서 발생한 매출액이 전체 매출액의 100분의 50 이상인 외국법인

3. 소재·부품·장비 품목의 매출액과 국가전략기술을 활용한 사업에서 발생한 매출액의 합계액이 전체 매출액의 100분의 50 이상인 외국법인 (2023.2.28 본항개정)

⑧ 법 제13조의3제3항 각 호 외의 부분 전단에 따른 소재·부품·장비 또는 국가전략기술 관련 사업(이하 이 조에서 "인수대상사업"이라 한다)의 양수는 인수대상사업에 관한 권리와 의무를 포괄적 또는 부분적으로 승계하는 것을 말하며, 사업의 양수에 준하는 자산의 양수는 양수 전에 인수대상외국법인이 영위하던 인수대상사업이 양수 후에도 계속될 수 있는 정도의 자산을 매입하는 것을 말한다.(2023.2.28 본항개정)

⑨ 법 제13조의3제3항 각 호 외의 부분 전단에서 "인수대상외국법인을 인수할 목적으로 설립된 대통령령으로 정하는 특수 목적 법인"이란 다음 각 호의 요건을 모두 충족하는 법인(이하 "인수목적법인"이라 한다)을 말한다. (2023.2.28 본문개정)

1. 인수대상외국법인을 인수하는 것을 사업목적으로 할 것(2023.2.28 본호개정)

2. 법 제13조의3제3항 각 호 외의 부분 전단에 따른 내국법인이 발행주식총수 또는 출자총액의 100분의 100을 출자하고 있는 법인일 것

⑩ 법 제13조의3제3항 각 호 외의 부분 후단에서 "대통령령으로 정하는 인수건별 인수가액"이란 법 제13조의3제3항 각 호 외의 부분 전단에 따라 인수대상외국법인의 인수대상사업 또는 자산의 양수일부터 3년 이내에 그 외국법인으로부터 인수대상사업 또는 자산의 양수가 있는 경우 그 각각의 인수가액을 합한 금액을 말한다. (2023.2.28 본항개정)

⑪ 법 제13조의3제3항 각 호 외의 부분 전단에 따라 간접적으로 인수하는 경우 지분비율은 내국법인의 인수목적법인에 대한 출자비율에 그 인수목적법인의 인수대상외국법인에 대한 출자비율을 곱한 것으로 한다. (2023.2.28 본항개정)

⑫ 법 제13조의3제4항 각 호 외의 부분 본문에서 "대통령령으로 정하는 기간"이란 법 제13조의3제3항 각 호 외의 부분 전단에 따른 인수일이 속하는 사업연도의 다음 사업연도의 개시일부터 4년을 말한다.

⑬ 법 제13조의3제6항에 따라 같은 조 제3항 및 제4항이 적용되는 공동인수는 같은 조 제3항에 따른 내국법인이 공동투자 등에 대해 체결한 협약에 따라 공동으로 같은 항에 따른 인수를 하는 경우로 한다.

⑭ 법 제13조의3제6항에 따른 공동인수에 참여한 법인이 그 공동인수에 참여하지 않은 제3자에게 주식등을 처분하여 같은 조 제4항제3호 또는 같은 조 제5항에 해당하게 된 경우에는 해당 법인이 각각 같은 조 제4항 또는 제5항에 따른 법인세를 납부해야 한다.

⑮ 법 제13조의3제7항에 따라 세액공제를 받으려는 내국법인은 과세표준신고와 함께 기획재정부령으로 정하는 세액공제신청서 및 공제세액계산서를 납세지 관할 세무서장에게 제출해야 한다.

⑯ 법 제13조의3제2항제1호, 같은 조 제3항제1호다목, 같은 항 제2호나목 및 같은 조 제4항제1호에 따른 지배

주주등의 범위에 관하여는 「법인세법 시행령」 제43조제7항을 준용한다.

⑰ 법 제13조의3제3항제1호라목, 같은 항 제2호다목 및 같은 조 제4항제2호에 따른 사업의 계속 및 폐지 여부의 판정에 관하여는 「법인세법 시행령」 제80조의2제7항을 준용한다.
(2023.2.28 본조제목개정)
(2020.2.11 본조신설)

제12조의4【벤처투자회사 등의 소재·부품·장비전문기업 주식양도차익 등에 대한 법인세 비과세】 ① 법 제13조의4제1항제1호에서 "대통령령으로 정하는 소재·부품·장비 관련 중소기업"이란 중소기업 중 "소재·부품·장비산업 경쟁력 강화 및 공급망 안정화를 위한 특별조치법」 제13조에 따라 선정된 특화선도기업을 말한다. (2023.12.5 본항개정)

② 법 제13조의4제1항에 따라 법인세가 부과되지 않는 주식 또는 출자지분 양도차익의 계산은 제12조제1항에 따른 양도차익 계산방법에 따른다.

③ 법 제13조의4제3항에 따라 법인세가 부과되지 않는 배당소득의 계산은 제12조제3항에 따른 배당소득 계산방법에 따른다.
(2023.12.19 본조제목개정)
(2021.2.17 본조신설)

제13조【창업자 등에의 출자에 대한 과세특례】 ① 법 제14조제1항제4호에서 "대통령령으로 정하는 주식 또는 출자지분"이란 제1호 및 제2호의 규정에 적합한 출자에 의하여 취득한 주식 또는 출자지분으로서 그 출자일부터 3년이 경과된 것을 말한다.(2012.2.2 본문개정)

1. 창업 후 5년 이내인 벤처기업(「벤처기업육성에 관한 특별조치법」 제2조제1항에 따른 벤처기업으로서 출자일까지 같은 법 제25조에 따라 벤처기업 확인을 받은 벤처기업을 말한다. 이하 이 조에서 같다) 또는 벤처기업으로 전환한 지 3년 이내인 벤처기업에 대한 출자일 것. 다만, 창업 후 5년 이내 최초로 출자한 날부터 3년 이내에 추가 출자하는 경우로서 최초 출자금액과 추가 출자금액의 합계액이 10억원 이하인 경우에는 창업 후 5년 이내인 벤처기업에 출자한 것으로 본다.(2022.2.15 본문개정)

2. 다음 각 목의 어느 하나에 해당하는 벤처기업에 대한 출자일 것. 다만, 제1호 단서를 적용할 때 「법인세법 시행령」 제2조제5항제2호는 적용하지 아니한다. (2019.2.12 단서개정)

가. 「소득세법 시행령」 제98조제1항 또는 「법인세법 시행령」 제2조제5항에 따른 특수관계(이하 이 항에서 "특수관계"라 한다)가 없는 벤처기업에 대한 출자(2019.2.12 본목개정)

나. 「벤처투자 촉진에 관한 법률」 제2조제8호에 따른 개인투자조합이 그 조합원과 특수관계가 없는 벤처기업에 대한 출자(2020.8.11 본목개정)

② 법 제14조제1항제8호에서 "창업 후 3년 이내의 기술우수중소기업 등 대통령령으로 정하는 기업에 출자함으로써 취득한 대통령령으로 정하는 주식 또는 출자지분"이란 다음 각 호의 어느 하나에 해당하는 요건을 갖춘 창업 후 3년 이내의 기업으로서 제1항제2호가목에 따른 특수관계가 없는 기업에 출자한 주식 또는 출자지분(출자일부터 3년이 경과한 것으로 한정한다)을 말한다. (2021.2.17 본문개정)

1. 「벤처기업육성에 관한 특별조치법」 제2조의2제1항제2호다목에 따른 기업(2022.2.15 본호개정)

2. 투자받은 날이 속하는 과세연도의 직전 과세연도에 법 제10조제1항에 따른 연구·인력개발비를 3천만원 이상 지출한 기업. 다만, 직전 과세연도의 기간이 6개월 이내인 경우에는 법 제10조제1항에 따른 연구·인력개발비를 1천5백만원 이상 지출한 중소기업으로 한다.(2022.2.15 본호개정)

3. 「신용정보의 이용 및 보호에 관한 법률」 제2조제8호의3다목에 따른 기술신용평가업무를 하는 기업신용조회회사가 평가한 기술등급(같은 목에 따라 기업 및 법인의 기술과 관련된 기술성·시장성·사업성 등을 종합적으로 평가한 등급을 말한다)이 기술등급체계상 상위 100분의 50에 해당하는 기업(2020.8.4 본호개정)
(2010.2.18 본조제목개정)

제13조의2【벤처기업 출자자의 제2차 납세의무 면제】
① 법 제15조제1항제2호에서 "대통령령으로 정하는 소기업"이란 중소기업 중 매출액이 업종별로 「중소기업기본법 시행령」 별표3을 준용하여 산정한 규모 이내인 기업을 말한다. 이 경우 "평균매출액등"은 "매출액"으로 본다.
② 법 제15조제2항 각 호 외의 부분에서 "대통령령으로 정하는 체납일"이란 「국세기본법」 제27조제3항 각 호의 어느 하나에 해당하는 날을 말한다.(2020.2.11 본항개정)
③ 법 제15조제1항을 적용받으려는 출자자는 「국세징수법」 제7조제1항에 따른 제2차 납세의무자에 대한 납부고지를 받은 날부터 90일 이내에 기획재정부령으로 정하는 제2차 납세의무 면제신청서를 관할 세무서장에게 제출하여야 한다.(2021.2.17 본항개정)
④ 세무서장은 제3항의 제2차 납세의무 면제 신청을 받은 날부터 1개월 이내에 면제 여부를 해당 출자자에게 통지하여야 한다.
⑤ 세무서장은 제4항에 따라 면제 결정을 통지한 이후 법 제15조제2항 및 제3항에 따라 같은 조 제1항을 적용하지 아니하게 된 경우에는 해당 출자자에게 그 사실을 통지하여야 한다.
(2018.2.13 본조신설)

제14조【벤처투자조합 등에의 출자 등에 대한 소득공제】
① 법 제16조제1항제2호에서 "대통령령으로 정하는 벤처기업투자신탁"이란 다음 각호의 요건을 갖춘 신탁(이하 이 조에서 "벤처기업투자신탁"이라 한다)을 말한다.(2010.2.18 본문개정)
1. 「자본시장과 금융투자업에 관한 법률」에 의한 투자신탁(같은 법 제251조에 따른 보험회사의 특별계정을 제외한다. 이하 "투자신탁"이라 한다)으로서 계약기간이 3년 이상일 것(2012.2.2 본호개정)
2. 통장에 의하여 거래되는 것일 것
3. 투자신탁의 설정일부터 6개월(「자본시장과 금융투자업에 관한 법률」 제9조제19항에 따른 사모집합투자기구에 해당하지 않는 경우에는 9개월) 이내에 투자신탁 재산총액에서 다음 각 목에 따른 비율의 합계가 100분의 50 이상일 것. 이 경우 투자신탁 재산총액에서 가목1)에 따른 투자를 하는 재산의 평가액이 차지하는 비율은 100분의 15 이상이어야 한다.(2019.2.12 전단개정)
가. 벤처기업에 다음의 투자를 하는 재산의 평가액의 합계액이 차지하는 비율
  1) 「벤처투자 촉진에 관한 법률」 제2조제1호에 따른 투자(2020.8.11 개정)
  2) 타인 소유의 주식 또는 출자지분을 매입에 의하여 취득하는 방법으로 하는 투자
나. 벤처기업이었던 기업이 벤처기업에 해당하지 않게 된 이후 7년이 지나지 않은 기업으로서 「자본시장과 금융투자업에 관한 법률」에 따른 코스닥시장에 상장한 중소기업 또는 중견기업에 가목1) 및 2)에 따른 투자를 하는 재산의 평가액의 합계액이 차지하는 비율(2021.2.17 본목개정)
(2018.2.13 본호개정)
4. 제3호의 요건을 갖춘 날부터 매 6개월마다 같은 호 각 목 외의 부분 전단 및 후단에 따른 비율(투자신탁 재산의 평가액이 투자원금보다 적은 경우로서 같은 후단에 따른 비율이 100분의 15 미만인 경우에는 이를

100분의 15로 본다)을 매일 6개월 동안 합산하여 같은 기간의 총일수로 나눈 비율이 각각 100분의 50 및 100분의 15 이상일 것. 다만, 투자신탁의 해지일 전 6개월에 대해서는 적용하지 아니한다.(2019.2.12 본문개정)
② 벤처기업투자신탁의 수익증권에 투자한 경우 소득공제를 적용받을 수 있는 투자액(해당 거주자가 투자한 모든 벤처기업투자신탁의 합계액을 말한다)은 거주자 1명당 3천만원으로 한다.(2018.2.13 본항신설)
③ 법 제16조제1항제3호에서 "벤처기업 또는 이에 준하는 창업 후 3년 이내의 중소기업으로서 대통령령으로 정하는 기업에 대통령령으로 정하는 바에 따라 투자하는 경우"란 「벤처투자 촉진에 관한 법률」 제2조제8호에 따른 개인투자조합(이하 이 조에서 "개인투자조합"이라 한다)이 거주자로부터 출자받은 금액을 해당 출자일이 속하는 과세연도의 다음 과세연도 종료일까지 다음 각 호의 어느 하나에 해당하는 기업(이하 이 조 및 제14조의5에서 "벤처기업등"이라 한다)에 같은 법에 따라 투자하는 것을 말한다.(2020.8.11 본문개정)
1. 벤처기업(2016.2.5 본호신설)
2. 창업 후 3년 이내의 중소기업으로서 「벤처기업육성에 관한 특별조치법」 제2조의2제1항제2호다목에 따른 기업(2022.2.15 본호개정)
3. 창업 후 3년 이내의 중소기업으로서 개인투자조합으로부터 투자받은 날(법 제16조의5의 경우에는 산업재산권을 출자받은 날을 말한다)이 속하는 과세연도의 직전 과세연도에 법 제10조제1항에 따른 연구·인력개발비를 3천만원 이상 지출한 기업. 다만, 직전 과세연도의 기간이 6개월 이내인 경우에는 법 제10조제1항에 따른 연구·인력개발비를 1천5백만원 이상 지출한 중소기업으로 한다.(2022.2.15 본호개정)
4. 창업 후 3년 이내의 중소기업으로서 「신용정보의 이용 및 보호에 관한 법률」 제2조제8호의3다목에 따른 기술신용평가업무를 하는 기업신용조회회사가 평가한 기술등급(같은 목에 따라 기업 및 법인의 기술과 관련된 기술성·시장성·사업성 등을 종합적으로 평가한 등급을 말한다)이 기술등급체계상 상위 100분의 50에 해당하는 기업(2020.8.4 본호개정)
④ 제3항에 따라 벤처기업등에 투자한 경우 소득공제를 적용받을 수 있는 투자액은 다음 계산식에 따라 계산한 금액으로 한다.

{거주자가 개인투자조합에 출자한 금액 × (개인투자조합이 벤처기업등에 투자한 금액 ÷ 개인투자조합의 출자액 총액)}

(2018.2.13 본항개정)
⑤ 법 제16조제1항제6호에서 "창업 후 7년 이내의 중소기업으로서 대통령령으로 정하는 기업의 지분증권에 투자하는 경우"란 제3항제2호부터 제4호까지의 기업의 지분증권에 투자하는 경우를 말한다. 이 경우 "창업 후 3년 이내의 중소기업"은 "창업 후 7년 이내의 중소기업"으로 본다.(2019.2.12 전단개정)
⑥ 법 제16조에 따른 소득공제를 받고자 하는 거주자는 기획재정부령이 정하는 소득공제신청서에 「벤처투자 촉진에 관한 법률」 제2조제11호에 따른 벤처투자조합(이하 "벤처투자조합"이라 한다)을 관리하는 자, 「여신전문금융업법」에 따른 신기술사업투자조합(이하 "신기술사업투자조합"이라 한다)을 관리하는 자, 「자본시장과 금융투자업에 관한 법률」에 따른 벤처기업투자신탁의 집합투자업자 또는 그 투자신탁을 취급하는 금융회사, 같은 법에 따른 창업·벤처전문 사모집합투자기구의 업무집행사원, 「벤처기업육성에 관한 특별조치법」 제27조에 따라 중소벤처기업부장관의 위임을 받은 자 또는 「소재·부품·장비산업 경쟁력 강화 및 공급망 안정화를 위한 특별조치법」에 따른 전문투자조합(이하 "전문투자조합"이라 한다)을 관리하는 자(이하 이 조에서

"투자조합관리자등"이라 한다)로부터 기획재정부령으로 정하는 출자 또는 투자확인서(이하 이 조에서 "출자 또는 투자확인서"라 한다)를 발급받아 이를 첨부하여 다음 각 호의 구분에 따른 날까지 원천징수의무자·납세조합 또는 납세지 관할세무서장에게 신청하여야 한다. (2023.12.5 본문개정)
1. 「소득세법」 제73조의 규정이 적용되는 거주자는 당해 연도의 다음 연도 2월분의 급여 또는 사업소득을 받는 날(퇴직 또는 폐업을 한 경우에는 당해 퇴직 또는 폐업한 날이 속하는 달의 급여 또는 사업소득을 받는 날)(2020.2.11 본호개정)
2. 제1호외의 거주자는 종합소득과세표준확정신고한
⑦ 법 제16조제1항 각 호 외의 부분 본문에 따라 공제시기의 변경을 신청하려는 경우에는 거주자가 제6항에 따라 출자 또는 투자확인서를 발급받을 때(법 제16조제1항제2호에 해당하는 투자의 경우에는 해당 수익증권에 투자하는 때를 말한다) 투자조합관리자등에게 기획재정부령으로 정하는 소득공제시기 변경신청서를 제출해야 한다. (2020.2.11 본항신설)
⑧ 투자조합관리자등은 법 제16조제2항의 규정에 의한 추징사유가 발생한 경우에는 기획재정부령이 정하는 출자지분등변경통지서를 제6항의 규정에 의하여 당해 거주자가 소득공제를 신청한 원천징수의무자·납세조합, 국세청장 또는 납세지 관할세무서장에게 제출하여야 한다. 다만, 다음 각호의 1에 해당하는 사유가 있는 경우에는 출자지분등변경통지서를 납세지 관할세무서장에게 제출하여야 한다.(2018.2.13 본문개정)
1. 원천징수의무자의 휴업 또는 폐업
2. 납세조합의 해산
3. 근로자의 퇴직
4. 「소득세법」 제73조제1항제4호에 따른 사업소득만 있는 자의 휴업 또는 폐업(2010.2.18 본호개정)
⑨ 제8항에 따라 출자지분등 변경통지서를 제출받은 원천징수의무자·납세조합 또는 납세지 관할세무서장은 지체없이 해당 거주자가 법 제16조제1항에 따라 공제받은 소득금액에 대한 세액(출자지분 또는 투자지분의 이전·회수나 수익증권의 양도·환매와 관련된 분에 한한다)에 상당하는 금액을 추징해야 한다. (2020.2.11 본항개정)
⑩ 법 제16조제2항 각 호 외의 부분 단서에서 "대통령령으로 정하는 사유"란 다음 각 호의 어느 하나에 해당하는 사유를 말한다.(2010.2.18 본문개정)
1. 「해외이주법」에 의한 해외이주로 세대전원이 출국하는 경우(2005.2.19 본호개정)
2. 천재·지변으로 재산상 중대한 손실이 발생하는 경우
3. 벤처투자조합, 신기술사업투자조합, 전문투자조합 또는 「자본시장과 금융투자업에 관한 법률」에 의한 집합투자업자가 해산하는 경우(2020.8.11 본호개정)
⑪ 제1항에 따라 소득공제를 적용받은 거주자(이하 이 항에서 "투자자"라 한다)에게 법 제16조제2항제2호에 따른 추징사유가 발생한 경우에는 제8항 및 제9항에도 불구하고 해당 벤처기업투자신탁을 취급하는 금융기관이 연 300만원을 한도로 벤처기업투자신탁 수익증권의 양도액 또는 환매액에 1천분의 35를 곱한 금액을 추징하여 추징사유 발생일이 속하는 달의 다음 달 10일까지 원천징수 관할 세무서장에게 납부하고 그 내용을 투자자에게 서면으로 통지해야 한다. 다만, 투자자가 해당 소득공제로 감면받은 세액이 추징하려는 세액에 미달한다는 사실을 증명하는 경우 등 해당 소득공제로 감면받은 세액과 추징세액이 다르다는 사실이 확인되는 경우에는 실제로 감면받은 세액상당액을 추징한다. (2020.2.11 본문개정)
⑫ 법 제16조제2항 각 호 외의 부분 단서에 따른 사유가 발생하여 같은 항 각 호의 어느 하나에 해당하게 되는 사람은 기획재정부령으로 정하는 특별해지사유신고서

를 그 거주자의 주소지 관할 세무서장, 원천징수의무자 또는 벤처기업투자신탁을 취급하는 금융기관에 제출해야 한다.(2019.2.12 본항신설)
⑬ 제1항제3호 각 목 외의 부분 후단 및 같은 항 제4호에 따른 요건의 충족 여부를 판단할 때 벤처기업투자신탁이 같은 항 제3호가목1) 또는 2) 중 어느 것에 따라 취득한 주식인지 여부가 불분명한 주식을 매도하는 경우에는 벤처기업투자신탁의 재산총액에서 각각의 주식의 평가액이 차지하는 비율에 비례하여 해당 주식을 각각 매도한 것으로 본다.(2022.2.15 본항신설)
(2020.8.11 본조제목개정)

제14조의2 【벤처기업 주식매수선택권 행사이익 비과세 특례】 ① 법 제16조의2제1항에서 "대통령령으로 정하는 바에 따라 벤처기업이 인수한 기업"이란 벤처기업(「벤처기업육성에 관한 특별조치법」에 따른 벤처기업을 말하며, 이하 같다)이 발행주식 총수의 100분의 30 이상을 인수한 기업을 말한다.(2022.2.15 본항신설)
② 원천징수의무자는 법 제16조의2제1항을 적용하는 경우 기획재정부령으로 정하는 비과세특례적용명세서를 벤처기업 주식매수선택권 행사이익이 속하는 연도의 다음 연도 2월 말일까지 원천징수 관할 세무서장에게 제출해야 한다. 다만, 법 제16조의3에 따른 벤처기업 주식매수선택권 행사이익 납부특례 또는 법 제16조의4에 따른 벤처기업 주식매수선택권 행사이익 과세특례를 적용받기 위하여 제14조의3에 따른 특례적용대상명세서 또는 제14조의4에 따른 특례적용대상명세서를 원천징수 관할 세무서장에게 제출한 경우에는 그렇지 않다.(2022.2.15 본조제목개정)
(2019.2.12 본조신설)

제14조의3 【벤처기업 주식매수선택권 행사이익 납부특례】 ① 법 제16조의3제1항제2호에서 "대통령령으로 정하는 금액"이란 다음 계산식에 따라 계산한 금액을 말한다. 이 경우 해당 과세기간의 종합소득금액과 주식매수선택권 행사이익에 따른 소득금액을 계산할 때 법 제16조의2에 따라 비과세되는 금액은 제외한다.

해당 과세기간의 종합소득금액에 대한 결정세액	−	해당 과세기간의 종합소득금액에서 주식매수선택권 행사이익에 따른 소득금액을 제외하여 산출한 결정세액

(2018.2.13 본항개정)
② 법 제16조의3제1항에 따라 소득세를 납부하려는 벤처기업의 임원 또는 종업원(이하 이 조에서 "벤처기업 임원 등"이라 한다)은 주식매수선택권을 행사한 날이 속하는 달의 다음 달 5일까지 기획재정부령으로 정하는 특례적용신청서(이하 이 조에서 "특례적용신청서"라 한다)를 원천징수의무자에게 제출하여야 한다.(2018.2.13 본항개정)
③ 제2항에 따라 특례적용신청서를 제출받은 원천징수의무자는 기획재정부령으로 정하는 특례적용대상명세서를 주식매수선택권을 행사한 날이 속하는 달의 다음 달 10일까지 원천징수 관할 세무서장에게 제출하여야 한다.
④ 제2항에 따라 특례적용신청서를 제출한 벤처기업 임원 등은 주식매수선택권을 행사한 날이 속하는 과세기간의 종합소득금액에 대한 「소득세법」 제70조에 따른 종합소득과세표준 확정신고를 할 때 특례적용신청서의 사본을 납세지 관할 세무서장에게 제출하여야 한다.
⑤ 제2항부터 제4항까지의 규정에도 불구하고 제2항의 기간 내에 특례적용신청서를 제출하지 아니한 벤처기업 임원 등으로서 법 제16조의3제1항에 따라 소득세를 납부하려는 자는 주식매수선택권을 행사한 날이 속하는 과세기간의 종합소득금액에 대한 「소득세법」 제70조에 따른 종합소득과세표준 확정신고를 할 때 특례적용신청서를 납세지 관할 세무서장에게 제출하여야 한다.(2018.2.13 본항개정)
(2014.2.21 본조신설)

제14조의4【벤처기업 주식매수선택권 행사이익에 대한 과세특례】① 법 제16조의4제1항 각 호 외의 부분에서 "대통령령으로 정하는 바에 따라 벤처기업이 인수한 기업"이란 벤처기업이 발행주식 총수의 100분의 30 이상을 인수한 기업을 말하며, 법 제16조의4제1항 각 호 외의 부분에서 "대통령령으로 정하는 자"란 「벤처기업육성에 관한 특별조치법」 제16조의3제1항에 따른 주식매수선택권을 부여받은 임직원(「벤처기업육성에 관한 특별조치법」 제16조의3제1항에 따른 주주총회의 결의가 있는 날 현재 다음 각 호의 어느 하나에 해당하는 자는 제외하며, 이하 이 조에서 "벤처기업 임직원"이라 한다)을 말한다.(2022.2.15 본문개정)
1. 부여받은 주식매수선택권을 모두 행사하는 경우 해당 법인의 발행주식 총수의 100분의 10을 초과하여 보유하게 되는 자
2. 해당 법인의 주주로서 「법인세법 시행령」 제43조제7항에 따른 지배주주등에 해당하는 자
3. 해당 법인의 발행주식 총수의 100분의 10을 초과하여 보유하는 주주
4. 제3호의 주주와 「국세기본법 시행령」 제1조의2제1항 및 같은 조 제3항제1호에 따른 친족관계 또는 경영지배관계에 있는 자
② 법 제16조의4제1항을 적용받으려는 벤처기업 임직원은 기획재정부령으로 정하는 특례적용신청서에 기획재정부령으로 정하는 주식매수선택권 전용계좌개설확인서를 첨부하여 주식매수선택권 행사일 전일까지 해당 벤처기업에 제출해야 한다.(2023.2.28 본항개정)
③ 제2항에 따라 특례적용신청서를 제출받은 벤처기업은 주식매수선택권 행사로 지급하는 주식을 제10항에 따른 주식매수선택권 전용계좌로 입고하고, 기획재정부령으로 정하는 주식매수선택권 행사주식지급명세서(이하 이 조에서 "주식매수선택권 행사주식지급명세서"라 한다)와 기획재정부령으로 정하는 특례적용대상명세서(이하 이 조에서 "특례적용대상명세서"라 한다)를 주식매수선택권을 행사한 날이 속하는 달의 다음 달 10일까지 원천징수 관할 세무서장에게 제출하여야 한다.(2023.2.28 본항개정)
④ 「자본시장과 금융투자업에 관한 법률」 제8조제1항에 따른 금융투자업자(이하 이 조에서 "금융투자업자"라 한다)는 기획재정부령으로 정하는 주식매수선택권 전용계좌거래현황신고서(이하 이 조에서 "주식매수선택권 전용계좌거래현황신고서"라 한다)를 매분기 종료일의 다음 달 말일까지 본점 또는 주사무소 소재지 관할 세무서장에게 제출하여야 한다.(2023.2.28 본항개정)
⑤ 법 제16조의4제1항제1호에서 "대통령령으로 정하는 요건"이란 다음 각 호의 요건을 말한다.(2018.2.13 본문개정)
1. 벤처기업이 주식매수선택권을 부여하기 전에 주식매수선택권의 수량·매수가액·대상자 및 기간 등에 관하여 주주총회의 결의를 거쳐 벤처기업 임직원과 약정할 것
2. 제1호에 따른 주식매수선택권을 다른 사람에게 양도할 수 없을 것
3. 사망, 정년 등 기획재정부령으로 정하는 불가피한 사유가 있는 경우를 제외하고 「벤처기업육성에 관한 특별조치법」 제16조의3제1항에 따른 주주총회의 결의가 있는 날부터 2년 이상 해당 법인에 재임 또는 재직한 후에 주식매수선택권을 행사할 것
4. (2022.2.15 삭제)
⑥ 법 제16조의4제2항에 따라 양도소득세를 납부하려는 벤처기업 임직원은 「소득세법」 제105조 및 제110조에 따라 양도소득과세표준을 신고하는 경우 제2항에 따른 특례적용신청서 제출에 대하여 해당 벤처기업이 발급하는 기획재정부령으로 정하는 특례신청확인서를 납

세지 관할 세무서장에게 제출하여야 한다.(2018.2.13 본항개정)
⑦ 법 제16조의4제4항에서 "대통령령으로 정하는 금액"이란 약정된 주식매수시기에 약정된 주식의 매수가액과 시가의 차액을 말한다. 다만, 주식매수선택권의 행사 당시 실제 매수가액이 해당 주식매수선택권 부여 당시의 시가보다 낮은 주식매수선택권의 경우에는 본문에 따른 금액에서 법 제16조의4제1항 각 호 외의 부분 단서에 따른 시가 이하 발행이익을 제외한 금액을 말한다.(2022.2.15 단서신설)
⑧ 법 제16조의4제5항제1호에서 "해당 벤처기업의 파산 등 대통령령으로 정하는 부득이한 사유"란 다음 각 호의 사유를 말한다.(2018.2.13 본문개정)
1. 주식매수선택권을 부여한 벤처기업이 파산하는 경우
2. 「채무자 회생 및 파산에 관한 법률」에 따른 회생절차에 따라 법원의 허가를 받아 주식을 처분하는 경우
3. 합병·분할 등에 따라 해당 법인의 주식을 처분하고 합병법인 또는 분할신설법인의 신주를 지급받는 경우
⑨ 법 제16조의4제6항에서 "대통령령으로 정하는 자료"란 주식매수선택권 행사주식지급명세서, 특례적용대상명세서 및 주식매수선택권 전용계좌거래현황신고서를 말한다.(2018.2.13 본항개정)
⑩ 법 제16조의4제8항에 따라 벤처기업 임직원은 다음 각 호의 요건을 모두 충족하는 전용계좌를 개설해야 한다.
1. 벤처기업 임직원 본인의 명의로 개설할 것
2. 금융투자업자가 벤처기업 임직원의 다른 매매거래계좌와 구분하여 '주식매수선택권 전용계좌'의 명칭으로 별도로 개설·관리할 것
3. 주식매수선택권 행사로 취득한 주식만을 거래할 것
4. 계좌 개설 이후 1개월 내에 주식이 입고되지 않을 경우에는 해당 계좌를 폐쇄하는 내용으로 사전에 약정할 것
(2023.2.28 본항신설)
(2018.2.13 본조제목개정)
(2015.2.3 본조신설)

제14조의5【산업재산권 현물출자 이익에 대한 과세특례】① 법 제16조의5제1항에서 "대통령령으로 정하는 특허권, 실용신안권, 디자인권 및 상표권"이란 다음 각 호에 따른 권리를 말한다.(2018.2.13 본문개정)
1. 「특허법」에 따른 특허권
2. 「실용신안법」에 따른 실용신안권
3. 「디자인보호법」에 따른 디자인권
4. 「상표법」에 따른 상표권
② 법 제16조의5제1항에서 "대통령령으로 정하는 특수관계인"이란 다음 각 호의 어느 하나에 해당하는 자를 말한다.(2018.2.13 본문개정)
1. 법 제16조의5제1항에 따른 산업재산권(이하 이 조에서 "산업재산권"이라 한다)의 현물출자로 주식을 받는 경우 해당 법인의 발행주식 총수의 100분의 30을 초과하여 보유하게 되는 자(현물출자 이전에 해당 법인의 발행주식 총수의 100분의 30을 이미 초과하여 보유하고 있는 주주를 포함한다)(2018.2.13 본호개정)
2. 해당 법인의 주주로서 「법인세법 시행령」 제43조제7항에 따른 지배주주등에 해당하는 자
3. 해당 법인의 발행주식 총수의 100분의 30을 초과하여 보유하는 주주와 「국세기본법 시행령」 제1조의2제1항에 따른 친족관계에 있는 자, 같은 조 제2항에 따른 경제적 연관관계에 있는 자 또는 같은 조 제3항제1호에 따른 경영지배관계에 있는 자
③ 법 제16조의5제1항을 적용받으려는 자는 「자본시장과 금융투자업에 관한 법률」 제8조제1항에 따른 금융투자업자(이하 이 조에서 "금융투자업자"라 한다)를 통하여 기획재정부령으로 정하는 계좌(이하 이 조에서 "산업재산권 출자 주식전용계좌"라 한다)를 개설하고, 기

획재정부령으로 정하는 특례적용신청서(이하 이 조에서 "특례적용신청서"라 한다)에 금융투자업자가 발급하는 기획재정부령으로 정하는 산업재산권 출자 전용계좌개설확인서를 첨부하여 출자로 인한 주식을 부여받는 날의 전날까지 해당 벤처기업등에 제출하여야 한다. (2018.2.13 본항개정)

④ 제3항에 따라 특례적용신청서를 제출받은 벤처기업등은 기획재정부령으로 정하는 특례신청확인서(이하 이 조에서 "특례신청확인서"라 한다)를 법 제16조의5제1항을 적용받으려는 자에게 발급하여야 한다.(2018.2.13 본항개정)

⑤ 제3항에 따라 특례적용신청서를 제출받은 벤처기업등은 산업재산권 출자로 교부하는 주식을 산업재산권 출자 주식전용계좌로 입고하고, 기획재정부령으로 정하는 산업재산권 출자 주식지급명세서(이하 이 조에서 "산업재산권 출자 주식지급명세서"라 한다)와 기획재정부령으로 정하는 특례적용대상명세서(이하 이 조에서 "특례적용대상명세서"라 한다)를 산업재산권의 출자로 인하여 주식을 교부하는 날이 속하는 달의 다음 달 10일까지 원천징수 관할 세무서장에게 제출하여야 한다. (2017.2.7 본항개정)

⑥ 금융투자업자는 기획재정부령으로 정하는 산업재산권 출자 주식 전용계좌거래현황신고서(이하 이 조에서 "산업재산권 출자 주식 전용계좌거래현황신고서"라 한다)를 매분기 종료일의 다음 달 말일까지 본점 또는 주사무소 소재지 관할 세무서장에게 제출하여야 한다.

⑦ 법 제16조의5제2항에 따라 양도소득세를 납부하려는 자는「소득세법」제105조 및 제110조에 따라 양도소득과세표준을 신고하는 경우 특례신청확인서를 납세지 관할 세무서장에게 제출하여야 한다.(2018.2.13 본항개정)

⑧ 법 제16조의5제3항에 따른 산업재산권의 취득가액의 계산은「소득세법 시행령」제89조에 따른 자산의 취득가액 계산방법에 따른다.(2018.2.13 본항개정)

⑨ 법 제16조의5제4항에서 "대통령령으로 정하는 자료"란 산업재산권 출자 주식지급명세서, 특례적용대상명세서 및 산업재산권 출자 주식 전용계좌거래현황신고서를 말한다.(2018.2.13 본항개정)
(2016.2.5 본조신설)

제15조 (2008.2.22 삭제)

제16조【외국인기술자의 범위 등】 ① 법 제18조제1항 본문에서 "대통령령으로 정하는 외국인기술자"란 대한민국의 국적을 가지지 않은 사람으로서 다음 각 호의 어느 하나에 해당하는 사람을 말한다.(2020.2.11 본문개정)
1. 기획재정부령으로 정하는 엔지니어링기술도입계약에 의하여 국내에서 기술을 제공하는 사람(2021.2.17 본호개정)
2. 다음 각 목의 요건을 모두 갖춘 사람
   가. 자연계·이공계·의학계 분야의 학사 학위 이상을 소지한 사람일 것
   나. 기획재정부령으로 정하는 국외의 대학 및 연구기관 등에서 5년(박사 학위를 소지한 사람의 경우에는 박사 학위 취득 전 경력을 포함하여 2년) 이상 연구개발 및 기술개발 경험이 있을 것
   다. 해당 과세연도 현재 근로를 제공하는 기업과「국세기본법 시행령」제1조의2제1항에 따른 친족관계 또는 같은 조 제3항에 따른 경영지배관계에 있지 않을 것. 다만, 경영지배관계에 있는지를 판단할 때「국세기본법 시행령」제1조의2제4항제1호나목의 요건은 적용하지 아니한다.
   라. 제16조의3제2항 각 호의 기관 또는 부서에서 연구원(행정 사무만을 담당하는 사람은 제외한다)으로 근무하는 사람일 것
   (2021.2.17 본호개정)
2의2.~4. (2015.2.3 삭제)

② 법 제18조제1항 단서에서 "대통령령으로 정하는 소재·부품·장비 관련 외국인기술자"란「소재·부품·장비산업 경쟁력 강화 및 공급망 안정화를 위한 특별조치법」제16조에 따른 특화선도기업등에서 근무하는 사람을 말한다.(2023.12.5 본항개정)

③ 법 제18조제1항에 따라 소득세를 감면받으려는 사람은 근로를 제공한 날이 속하는 달의 다음달 10일까지 기획재정부령으로 정하는 바에 따라 원천징수의무자를 거쳐 원천징수 관할세무서장에게 세액감면신청서를 제출하여야 한다.(2015.2.3 본항개정)

제16조의2【외국인근로자에 대한 과세특례】 ① 법 제18조의2제2항 본문에서 "대통령령으로 정하는 외국인투자기업"이란 해당 과세연도 종료일 현재 법 제121조의2에 따라 법인세, 소득세, 취득세 및 재산세를 각각 감면받는 기업 또는 제116조의2제3항부터 제10항까지의 규정에 따른 감면요건을 갖춘 기업을 말한다.(2015.2.3 본항개정)

② 법 제18조의2제2항 본문에서 "대통령령으로 정하는 특수관계인"이란 해당 과세연도 종료일 현재 외국인근로자가 근로를 제공하는 기업과「국세기본법 시행령」제1조의2제1항 및 제3항에 따른 친족관계 또는 경영지배관계에 있는 경우의 해당 기업을 말한다. 다만, 경영지배관계에 있는지를 판단할 때 같은 조 제4항제1호나목의 요건은 적용하지 아니한다.(2015.2.3 본문개정)

③ 법 제18조의2제2항 단서에서 "대통령령으로 정하는 지역본부"란「외국인투자 촉진법 시행령」제20조의2제5항제1호에 따른 지역본부를 말한다.(2020.8.5 본항개정)

④ 법 제18조의2제2항을 적용받으려는 외국인근로자(해당 과세연도 종료일 현재 대한민국의 국적을 가지지 아니한 사람만 해당한다)는 근로소득세액의 연말정산 또는 종합소득과세표준확정신고를 하는 때에「소득세법 시행령」제198조에 따른 근로소득자 소득·세액공제신고서에 기획재정부령으로 정하는 외국인근로자단일세율적용신청서를 첨부하여 원천징수의무자·납세조합 또는 납세지 관할세무서장에게 제출하여야 한다.(2014.2.21 본항개정)

⑤ 법 제18조의2제4항을 적용받으려는 외국인근로자(원천징수 신청일 현재 대한민국 국적을 가지지 아니한 사람만 해당한다)는 근로를 제공한 날이 속하는 달의 다음달 10일까지 기획재정부령으로 정하는 단일세율적용 원천징수신청서를 원천징수의무자를 거쳐 원천징수 관할 세무서장에게 제출하여야 한다.(2010.12.30 본항신설)

⑥ 제5항에 따라 단일세율적용 원천징수신청서를 제출한 외국인근로자가 기획재정부령으로 정하는 단일세율적용 원천징수포기신청서를 원천징수의무자를 거쳐 원천징수 관할 세무서장에게 제출하는 경우에는 제출일이 속하는 과세기간의 다음 과세기간부터 법 제18조의2제4항을 적용하지 아니한다.(2015.2.3 본항개정)

제16조의3【내국인 우수 인력의 국내복귀에 대한 소득세 감면】 ① 법 제18조의3제1항 전단에서 "대통령령으로 정하는 내국인 우수 인력"이란 다음 각 호의 요건을 모두 갖춘 사람을 말한다.
1. 자연계·이공계·의학계 분야의 박사학위를 소지한 사람일 것
2. 제2항 각 호의 기관 또는 부서에 취업한 날 또는 소득세를 최초로 감면받는 날이 속하는 과세기간의 직전 5개 과세기간 동안 국외에서 거주했을 것. 이 경우 1개 과세기간에 183일 이상 국외에서 체류한 경우 해당 과세기간에는 국외에 거주한 것으로 본다.
3. 기획재정부령으로 정하는 국외의 대학 및 연구기관 등에서 5년 이상 연구개발 및 기술개발 경험이 있을 것
4. 해당 과세연도 종료일 현재 근로를 제공하는 기업과「국세기본법 시행령」제1조의2제1항 또는 제3항에 따

른 친족관계 또는 경영지배관계에 있지 않을 것. 다만, 경영지배관계에 있는지 여부를 판단할 때 「국세기본법 시행령」 제1조의2제4항제1호나목의 요건은 적용하지 않는다.

5. 해당 과세기간 종료일 현재 대한민국의 국적을 가진 사람일 것
6. 제2항 각 호의 기관 또는 부서에서 연구원(행정 사무만을 담당하는 사람은 제외한다)으로 근무하는 사람일 것

② 법 제18조의3제1항 전단에서 "대통령령으로 정하는 연구기관 등"이란 다음 각 호의 어느 하나에 해당하는 기관 또는 부서를 말한다.

1. 「기초연구진흥 및 기술개발지원에 관한 법률」 제14조의2제1항에 따라 과학기술정보통신부장관의 인정을 받은 기업부설연구소 또는 연구개발전담부서
2. 「정부출연연구기관 등의 설립·운영 및 육성에 관한 법률」 제2조에 따른 정부출연연구기관 및 「과학기술분야 정부출연연구기관 등의 설립·운영 및 육성에 관한 법률」 제2조에 따른 과학기술분야 정부출연연구기관 및 그 부설 연구기관
3. 「특정연구기관 육성법」 제2조에 따른 특정연구기관 및 그 부설 연구기관
4. 「고등교육법」 제2조에 따른 대학, 산업대학, 전문대학 또는 기술대학 및 그 부설 연구기관
5. 「한국해양과학기술원법」에 따라 설립된 한국해양과학기술원
6. 「국방과학연구소법」에 따라 설립된 국방과학연구소
7. 「산업기술혁신 촉진법」 제42조에 따른 전문생산기술연구소
8. 「산업기술연구조합 육성법」에 따라 설립된 산업기술연구조합

③ 법 제18조의3제1항에 따라 소득세를 감면받으려는 사람은 근로를 제공한 날이 속하는 달의 다음 달 10일까지 기획재정부령으로 정하는 바에 따라 원천징수의무자를 거쳐 원천징수 관할 세무서장에게 세액감면신청서를 제출해야 한다.

④ 제1항부터 제3항까지에서 규정한 사항 외에 국외의 연구개발 및 기술개발 경험의 판정방법과 그 밖에 필요한 사항은 기획재정부령으로 정한다.
(2020.2.11 본조신설)

제17조【성과공유 중소기업의 경영성과급에 대한 세액공제 등】 ① 법 제19조제1항 본문에서 "대통령령으로 정하는 상시근로자"란 「근로기준법」에 따라 근로계약을 체결한 내국인 근로자를 말한다. 다만, 다음 각 호의 어느 하나에 해당하는 사람은 제외한다.

1. 근로계약기간이 1년 미만인 근로자(근로계약의 연속된 갱신으로 인하여 그 근로계약의 총 기간이 1년 이상인 근로자는 제외한다)(2020.2.11 본호개정)
2. 「근로기준법」 제2조제1항제9호에 따른 단시간근로자. 다만, 1개월간의 소정근로시간이 60시간 이상인 근로자는 상시근로자로 본다.(2020.6.2 본호개정)
3. 「법인세법 시행령」 제40조제1항 각 호의 어느 하나에 해당하는 임원
4. 해당 기업의 최대주주 또는 최대출자자(개인사업자의 경우에는 대표자를 말한다)와 그 배우자
5. 제4호에 해당하는 자의 직계존비속(그 배우자를 포함한다) 및 「국세기본법 시행령」 제1조의2제1항에 따른 친족관계인 사람
6. 「소득세법 시행령」 제196조에 따른 근로소득원천징수부에 의하여 근로소득세를 원천징수한 사실이 확인되지 않고, 다음 각 목의 어느 하나에 해당하는 금액의 납부사실도 확인되지 않은 자
   가. 「국민연금법」 제3조제1항제11호 및 제12호에 따른 부담금 및 기여금

나. 「국민건강보험법」 제69조에 따른 직장가입자의 보험료
7. 해당 과세기간의 총급여액이 7천만원을 초과하는 근로자

② 법 제19조제1항 본문에서 "대통령령으로 정하는 경영성과급"이란 「중소기업 인력지원 특별법 시행령」 제26조의2제1항제1호에 따른 성과급을 말한다.(2022.2.15 본문개정)

1.~2. (2022.2.15 삭제)

③ 법 제19조제1항을 적용할 때 상시근로자의 수는 다음의 계산식에 따라 계산한 수(100분의 1 미만의 부분은 없는 것으로 한다)로 한다.

$$\frac{\text{해당 과세연도의 매월 말 현재 상시근로자 수의 합}}{\text{해당 과세연도의 개월 수}}$$

④ 제3항에 따른 상시근로자 수의 계산에 관하여는 제23조제11항 각 호 외의 부분 후단 및 같은 항 제2호를 준용한다.

⑤ 법 제19조제1항에 따라 세액공제를 받으려는 자는 과세표준신고와 함께 기획재정부령으로 정하는 세액공제신청서 및 공제세액계산서를 납세지 관할 세무서장에게 제출해야 한다.

⑥ 법 제19조제2항제2호에서 "해당 기업의 최대주주 등 대통령령으로 정하는 사람"이란 다음 각 호의 어느 하나에 해당하는 사람을 말한다.

1. 해당 기업의 최대주주 또는 최대출자자(개인사업자의 경우에는 대표자를 말한다)와 그 배우자
2. 제1호에 해당하는 자의 직계존비속(그 배우자를 포함한다) 또는 제1호에 해당하는 사람과 「국세기본법 시행령」 제1조의2제1항에 따른 친족관계에 있는 사람

⑦ 법 제19조제2항에 따른 감면세액은 다음 계산식에 따라 계산한 금액으로 한다.

$$\frac{\text{「소득세법」 제137조제1항제2호에 따른 합산소득산출세액(이하 이 조에서 "산출세액"이라 한다)}{\times}\frac{\text{「소득세법」 제20조제2항에 따른 근로소득금액}}{\text{「소득세법」 제14조제2항에 따른 종합소득금액}}\times\frac{\text{법 제19조제1항에 따른 경영성과급}}{\text{해당 근로자의 총급여액}}\times\text{법 제19조제2항의 감면율}$$

⑧ 제7항에도 불구하고 법 제19조제2항에 따라 세액감면을 받으려는 자가 법 제30조제1항에 따라 감면을 받는 경우 법 제19조제2항에 따른 감면세액은 다음 계산식에 따라 계산한 금액으로 한다.

$$\left[\text{산출세액}\times\frac{\text{「소득세법」 제20조제2항에 따른 근로소득액}}{\text{「소득세법」 제14조제2항에 따른 종합소득금액}}-\text{법 제30조제1항에 따른 감면세액}\right]\times\frac{\text{법 제19조제1항에 따른 경영성과급}}{\text{해당 근로자의 총급여액}}\times\text{법 제19조제2항의 감면율}$$

⑨ 법 제19조제2항에 따라 세액감면을 받으려는 자는 경영성과급을 지급받은 날이 속하는 달의 다음 달 말일까지 기획재정부령으로 정하는 세액감면신청서를 원천징수의무자에게 제출해야 한다.

⑩ 제9항에 따라 세액감면신청서를 제출받은 원천징수의무자는 기획재정부령으로 정하는 감면 대상 명세서

를 신청을 받은 날이 속하는 달의 다음 달 말일까지 원천징수 관할 세무서장에게 제출해야 한다.
(2019.2.12 본조신설)

제3절 국제자본거래에 대한 조세특례

제18조【국제금융거래에 따른 이자소득 등에 대한 법인세 등의 면제】 ① (2008.2.22 삭제)
② 법 제21조제1항제3호에서 "대통령령으로 정하는 금융회사 등"이란 다음 각 호의 어느 하나에 해당하는 금융회사 등을 말한다.(2012.2.2 본문개정)
1. 「은행법」에 의하여 은행업의 인가를 받은 은행 (2010.11.15 본호개정)
2. 「한국산업은행법」에 의하여 설립된 한국산업은행
3. 「한국수출입은행법」에 의하여 설립된 한국수출입은행
4. 「중소기업은행법」에 의하여 설립된 중소기업은행 (2005.2.19 2호~4호개정)
5. (2000.1.10 삭제)
6. 「농업협동조합법」에 따른 농협은행(2012.2.2 본호개정)
7. 「수산업협동조합법」에 따라 설립된 수협은행 (2017.2.7 본호개정)
8. (2014.12.30 삭제)
9. 「자본시장 및 금융투자업에 관한 법률」에 따른 종합금융회사(2009.2.4 본호개정)
③ (2002.12.30 삭제)
④ 법 제21조제3항에서 "대통령령으로 정하는 유가증권"이란 다음 각 호의 어느 하나에 해당하는 것을 말한다.(2010.2.18 본문개정)
1. 국외에서 발행한 유가증권중 외국통화로 표시된 것 또는 외국에서 지급받을 수 있는 것으로서 기획재정부령이 정하는 것. 다만, 주식·출자증권 또는 그 밖의 유가증권(이하 이 항에서 "과세대상 주식 등"이라 한다)을 기초로 발행된 예탁증서를 양도하는 경우로서 예탁증서를 발행하기 전 과세대상 주식 등의 소유자가 예탁증서를 발행한 후에도 계속하여 해당 예탁증서를 양도하기 전까지 소유한 경우는 제외한다. (2008.2.29 본문개정)
2. 기획재정부령이 정하는 외국의 유가증권시장에 상장 또는 등록된 내국법인의 주식 또는 출자지분으로서 해당 유가증권시장에서 양도되는 것. 다만, 해당 외국의 유가증권시장에서 취득하지 아니한 과세대상 주식 등으로서 해당 외국의 유가증권시장에서 최초로 양도하는 경우는 제외하되, 외국의 유가증권시장의 상장규정상 주식분산요건을 충족하기 위해 모집·매출되는 과세대상 주식 등을 취득하여 양도하는 경우에는 그러하지 아니하다.(2013.2.15 본호개정)

제18조의2【비거주자등의 정기외화예금에 대한 이자소득세 비과세】 ① 법 제21조의2제1항에서 "대통령령으로 정하는 정기외화예금"이란 법 제21조제1항제2호에 따른 외국환업무취급기관이 취급하는 정기외화예금으로서 금융감독원의 장의 약관심사를 거친 것을 말한다.
② 법 제21조의2제2항에 따라 예금의 가입자가 계약기간 내에 계약을 변경하거나 갱신하여 예금의 전부 또는 일부를 인출한 경우에는 다음 각 호에 따라 소득세 또는 법인세를 추징한다. 다만, 예금의 인출 없이 1년 이상 예치한 경우에는 그 1년 동안 발생한 이자에 대해서는 소득세 또는 법인세를 부과하지 아니한다.
1. 계약을 해지한 경우 : 발생한 이자에 대해 부과하지 아니한 소득세 또는 법인세
2. 예금을 인출한 경우 : 계약일로부터 인출일까지 인출한 예금에 대하여 발생한 이자에 대해 부과하지 아니한 소득세 또는 법인세

③ 법 제21조의2제1항을 적용받으려는 비거주자등은 국세청장이 정하는 바에 따라 비거주자등임을 증명하는 서류를 외국환업무취급기관에 제출하여야 한다.
④ 비거주자등이 예금 계약을 변경하거나 갱신하여 예금이 법 제21조의2제1항이 적용되는 정기외화예금에 해당하게 되는 경우에는 그 변경·갱신일에 새로이 가입한 것으로 본다.
(2013.2.15 본조신설)

제19조【해외자원개발사업의 범위】 법 제22조에서 "대통령령으로 정하는 해외자원개발사업"이란 국외에서 다음의 자원을 개발하는 사업(자원보유국의 외자도입 조건에 의한 자원의 가공사업을 포함한다)을 말한다. (2010.2.18 본문개정)
1. 농산물
2. 축산물
3. 수산물
4. 임산물
5. 광물
제20조 (2009.2.4 삭제)

제4절 투자촉진을 위한 조세특례

제21조【통합투자세액공제】 ① 법 제24조제1항 각 호 외의 부분 본문에서 "대통령령으로 정하는 내국인"이란 다음 각 호의 업종 외의 사업을 경영하는 내국인을 말한다.
1. 제29조제3항에 따른 소비성서비스업
2. 부동산임대 및 공급업
② 법 제24조제1항제1호가목 단서에서 "대통령령으로 정하는 자산"이란 토지와 건축물 등 기획재정부령으로 정하는 자산을 말한다.
③ 법 제24조제1항제1호나목에서 "가목에 해당하지 않는 유형자산과 무형자산으로서 대통령령으로 정하는 자산"이란 다음 각 호의 자산을 말한다.
1. 연구·시험, 직업훈련, 에너지 절약, 환경보전 또는 근로자복지 증진 등의 목적으로 사용되는 사업용자산으로서 기획재정부령으로 정하는 자산
2. 운수업을 경영하는 자가 사업에 직접 사용하는 차량 및 운반구 등 기획재정부령으로 정하는 자산
3. 중소기업 및 중견기업이 취득한 다음 각 목의 자산(제11조제1항에 따른 특수관계인으로부터 취득한 자산은 제외한다)
  가. 내국인이 국내에서 연구·개발하여 「특허법」에 따라 최초로 설정등록받은 특허권
  나. 내국인이 국내에서 연구·개발하여 「실용신안법」에 따라 최초로 설정등록받은 실용신안권
  다. 내국인이 국내에서 연구·개발하여 「디자인보호법」에 따라 최초로 설정등록받은 디자인권
(2022.2.15 본호신설)
④ 법 제24조제1항제2호가목1) 및 2)에서 "대통령령으로 정하는 시설"이란 다음 각 호의 시설을 말한다.
1. 법 제24조제1항제2호가목1)의 시설 : 다음 각 목의 시설
  가. 기획재정부령으로 정하는 바에 따라 신성장·원천기술을 사업화하는 시설(신성장·원천기술을 사용하여 생산하는 제품 외에 다른 제품의 생산에도 사용되는 시설을 포함한다)로서 연구개발세액공제기술심의위원회의 심의를 거쳐 기획재정부장관과 산업통상자원부장관이 공동으로 인정하는 시설(이하 "신성장사업화시설"이라 한다)
  나. 별표7 제6호가목1) 및 2)의 기술이 적용된 5세대 이동통신 기지국(이와 연동된 교환시설을 포함한다)을 운용하기 위해 필요한 설비로서 「전기통신사업 회계정리 및 보고에 관한 규정」 제8조에 따른 전기

통신설비 중 같은 조 제1호, 제2호 및 제6호에 따른 교환설비, 전송설비 및 전원설비
2. 법 제24조제1항제2호가목2)의 시설 : 기획재정부령으로 정하는 바에 따라 국가전략기술을 사업화하는 시설(국가전략기술을 사용하여 생산하는 제품 외에 다른 제품의 생산에도 사용되는 시설을 포함한다)로서 연구개발세액공제기술심의위원회의 심의를 거쳐 기획재정부장관과 산업통상자원부장관이 공동으로 인정하는 시설(이하 "국가전략기술사업화시설"이라 한다)(2022.2.15 본항개정)
⑤ 법 제24조제3항 전단에서 "대통령령으로 정하는 기간"이란 다음 각 호의 구분에 따른 기간을 말한다.(2022.2.15 본문개정)
1. 제3항 각 호의 어느 하나에 해당하는 사업용자산으로서 기획재정부령으로 정하는 건축물 또는 구축물 : 5년
2. 신성장사업화시설 또는 국가전략기술사업화시설 중 해당 기술을 사용하여 생산하는 제품 외에 다른 제품의 생산에도 사용되는 시설 : 투자완료일이 속하는 과세연도의 다음 3개 과세연도의 종료일까지의 기간(2022.2.15 본호개정)
3. 제1호 및 제2호 외의 사업용자산 : 2년(2022.2.15 본호신설)
⑥ 법 제24조제3항 전단에서 "대통령령으로 정하는 바에 따라 계산한 이자상당 가산액"은 공제받은 세액에 제1호의 기간과 제2호의 율을 곱하여 계산한 금액으로 한다.(2022.2.15 본문개정)
1. 공제받은 과세연도의 과세표준신고일의 다음 날부터 법 제24조제3항의 사유가 발생한 날이 속하는 과세연도의 과세표준신고일까지의 기간
2. 제11조의2제9항제2호에 따른 율(2022.2.15 본호개정)
⑦ 법 제24조제1항 및 제2항에 따른 투자금액은 제1호의 금액에서 제2호의 금액을 뺀 금액으로 한다.
1. 총투자금액에「법인세법 시행령」제69조제1항에 따른 작업진행률에 의하여 계산한 금액 과 해당 과세연도까지 실제로 지출한 금액 중 큰 금액
2. 다음 각 목의 금액을 더한 금액
가. 해당 과세연도 전에 법 제24조를 적용받은 투자금액
나. 해당 과세연도 전의 투자분으로서 가목의 금액을 제외한 투자분에 대하여 제1호를 준용하여 계산한 금액
⑧ 법 제24조제1항제2호나목 및 같은 항 제3호나목에 따른 3년간 연평균 투자금액의 계산은 다음 계산식에 따른다. 이 경우 내국인의 투자금액이 최초로 발생한 과세연도의 개시일부터 세액공제를 받으려는 해당 과세연도 개시일까지의 기간이 36개월 미만인 경우에는 그 기간에 투자한 금액의 합계액을 36개월로 환산한 금액을 해당 과세연도의 개시일부터 소급하여 3년간 투자한 금액의 합계액으로 보며, 합병법인, 분할신설법인, 분할합병의 상대방법인, 사업양수법인 또는 현물출자를 받은 법인(이하 이 항에서 "합병법인등"이라 한다)의 경우에는 합병, 분할, 분할합병, 사업양도 또는 현물출자를 하기 전에 피합병법인, 분할법인, 사업양도인 또는 현물출자자가 투자한 금액은 합병법인등이 투자한 것으로 본다.

해당 과세연도의 개시일부터 소급하여 3년간 투자한 금액의 합계액	×	해당 과세연도의 개월 수
		12

(2023.6.7 전단개정)
⑨ 법 제24조제1항제2호나목 및 같은 항 제3호나목을 적용할 때 제8항에 따라 계산한 3년간 연평균 투자금액이 없는 경우에는 추가공제 금액이 없는 것으로 한다.(2023.6.7 본항개정)

⑩ 법 제24조제3항을 적용할 때 제5항제2호의 시설이 다음 각 호에 해당하면 해당 호에서 정한 기간이 끝나는 날에 그 시설을 다른 목적으로 전용한 것으로 본다. 다만, 천재지변으로 인한 시설의 멸실, 그 밖에 기획재정부령으로 정하는 사유가 있는 경우에는 전용한 것으로 보지 않는다.
1. 신성장사업화시설의 경우 : 투자완료일(투자완료일이 2022년 4월 1일 이전인 경우에는 2022년 4월 1일)부터 제5항제2호의 기간 동안 해당 시설에서 생산된 모든 제품의 총생산량에서 신성장·원천기술을 사용하여 생산한 제품과 국가전략기술을 사용하여 생산한 제품의 생산량의 합이 차지하는 비율이 100분의 50 이하인 경우
2. 국가전략기술사업화시설의 경우 : 투자완료일(투자완료일이 2022년 4월 1일 이전인 경우에는 2022년 4월 1일)부터 제5항제2호의 기간 동안 해당 시설에서 생산된 모든 제품의 총생산량에서 국가전략기술을 사용하여 생산한 제품의 생산량이 차지하는 비율이 100분의 50 이하인 경우(2022.2.15 본항신설)
⑪ 제10항에 따라 신성장사업화시설 또는 국가전략기술사업화시설을 다른 목적으로 전용한 것으로 보는 경우의 법 제24조제3항 전단에 따른 "공제받은 세액공제액 상당액"은 다음 각 호의 구분에 따라 계산한 금액으로 한다.
1. 신성장사업화시설의 경우 : 공제받은 세액공제액에서 해당 시설이 신성장사업화시설 또는 국가전략기술사업화시설이 아닌 시설(이하 이 항에서 "일반시설"이라 한다)인 경우에 공제받을 수 있는 세액공제액을 뺀 금액
2. 국가전략기술사업화시설의 경우 : 공제받은 세액공제액에서 해당 시설이 일반시설인 경우에 공제받을 수 있는 세액공제액(해당 시설에서 생산된 모든 제품의 총생산량에서 신성장·원천기술을 사용하여 생산한 제품과 국가전략기술을 사용하여 생산한 제품의 생산량의 합이 차지하는 비율이 100분의 50을 초과하는 경우에는 신성장사업화시설로서 공제받을 수 있는 세액공제액)을 뺀 금액(2023.2.28 본호개정)
(2022.2.15 본항신설)
⑫ 제1항부터 제11항까지의 규정을 적용할 때 투자의 개시시기에 관하여는 제23조제14항을 준용한다.(2022.2.15 본항개정)
⑬ 법 제24조제1항에 따른 세액공제를 적용받으려는 자는 해당 과세연도의 과세표준신고서와 함께 기획재정부령으로 정하는 세액공제신청서를 납세지 관할 세무서장에게 제출해야 한다. 이 경우 신성장사업화시설은 국가전략기술사업화시설의 인정을 받을 것을 조건으로 그 인정을 받기 전에 기획재정부령으로 정하는 바에 따라 세액공제를 신청할 수 있다.(2023.2.28 후단신설)
⑭ 신성장사업화시설 또는 국가전략기술사업화시설 중 해당 기술을 사용하여 생산하는 제품 외에 다른 제품의 생산에도 사용되는 시설에 대하여 법 제24조제1항에 따른 세액공제를 적용받으려는 자는 해당 시설에서 생산되는 모든 제품의 생산량을 기획재정부령으로 정하는 바에 따라 측정하여 작성·보관해야 하며, 제5항제2호에 따른 기간 중 마지막 과세연도의 과세표준신고를 할 때 기획재정부령으로 정하는 생산량 실적 자료를 납세지 관할 세무서장에게 제출해야 한다.(2022.2.15 본항신설)
(2021.2.17 본조신설)
제22조~제22조의9 (2021.2.17 삭제)
제22조의10【영상콘텐츠 제작비용에 대한 세액공제】
① 법 제25조의6제1항 각 호 외의 부분에서 "대통령령으로 정하는 내국인"이란 「저작권법」 제2조제14호에 따른 영상제작자로서 기획재정부령으로 정하는 요건을 갖춘 자를 말한다.

② 법 제25조의6제1항 각 호 외의 부분에서 "대통령령으로 정하는 영상콘텐츠"란 다음 각 호의 어느 하나에 해당하는 것(이하 이 조에서 "영상콘텐츠"라 한다)을 말한다.(2023.2.28 본문개정)
1. 다음 각 목의 어느 하나에 해당하는 「방송법」 제2조제17호에 따른 방송프로그램(2023.2.28 본문개정)
　가. 「방송법 시행령」 제50조제2항에 따른 오락에 관한 방송프로그램
　나. 「방송법 시행령」 제50조제2항에 따른 교양에 관한 방송프로그램 중 다큐멘터리
　다. 「애니메이션산업 진흥에 관한 법률」 제2조제1호에 따른 애니메이션 중 「방송법」 제2조제3호에 따른 방송사업자의 텔레비전방송으로 방송된 애니메이션
　(2020.2.11 본호개정)
2. 「영화 및 비디오물의 진흥에 관한 법률」 제2조제1호에 따른 영화로서 기획재정부령으로 정하는 바에 따라 영화상영관에서 일정기간 이상 연속하여 상영된 것(이하 이 조에서 "영화"라 한다)
3. 「영화 및 비디오물의 진흥에 관한 법률」 제2조제12호에 따른 비디오물로서 다음 각 목의 어느 하나에 해당하는 등급분류를 받고 「전기통신사업법」 제2조제12호의2에 따른 온라인 동영상 서비스를 통해 시청에 제공된 비디오물
　가. 「영화 및 비디오물의 진흥에 관한 법률」 제50조에 따른 영상물등급위원회의 등급분류
　나. 「영화 및 비디오물의 진흥에 관한 법률」 제50조의2에 따른 자체등급분류사업자의 등급분류
　(2023.2.28 본호신설)
③ 법 제25조의6제1항 각 호 외의 부분에서 "대통령령으로 정하는 비용"이란 영상콘텐츠 제작에 참여한 사람 등에 대한 인건비 등 기획재정부령으로 정하는 비용(이하 이 조에서 "영상콘텐츠 제작비용"이라 한다)을 말한다. 다만, 다음 각 호에 해당하는 비용은 제외한다.
1. 국가, 지방자치단체, 「공공기관의 운영에 관한 법률」에 따른 공공기관 및 「지방공기업법」에 따른 지방공기업으로부터 출연금 등의 자산을 지급받아 영상콘텐츠 제작비용으로 사용한 금액
2. 광고 또는 홍보비용 등 기획재정부령으로 정하는 비용(2022.2.15 본항개정)
3. 법 제25조의6에 따른 세액공제를 받은 영상콘텐츠를 활용하여 다른 영상콘텐츠를 제작한 경우 이미 세액공제를 받은 기존 영상콘텐츠의 제작비용(2023.2.28 본호신설)
④ (2021.2.17 삭제)
⑤ 제2항제1호 또는 제3호에 따른 영상콘텐츠가 여러 과세연도 기간 동안 연속하여 방송되거나 온라인 동영상 서비스를 통해 시청에 제공되는 경우에는 기획재정부령으로 정하는 바에 따라 계산한 제작비용에 대하여 세액공제를 적용받을 수 있다.(2023.2.28 본항개정)
⑥ 법 제25조의6제1항에 따라 세액공제를 받으려는 자는 다음 각 호의 구분에 따른 과세연도의 과세표준신고와 함께 기획재정부령으로 정하는 세액공제신청서를 납세지 관할 세무서장에게 제출하여야 한다.
1. 제2항제1호 또는 제3호에 따른 영상콘텐츠의 경우 : 처음으로 방송되거나 온라인 동영상 서비스를 통해 시청에 제공된 날이 속하는 과세연도. 다만, 제5항에 해당하는 경우에는 다음 각 목의 어느 하나에 해당하는 과세연도를 말한다.
　가. 방송되거나 온라인 동영상 서비스를 통해 시청에 제공된 각 과세연도
　나. 해당 영상콘텐츠의 마지막 회차가 방송되거나 온라인 동영상 서비스를 통해 시청에 제공된 날이 속하는 과세연도
　(2023.2.28 본호개정)

2. 영화의 경우 : 처음으로 영화상영관에서 상영된 날이 속하는 과세연도
(2017.2.7 본조신설)
제22조의11 (2021.2.17 삭제)
제23조【고용창출투자세액공제】 ① 법 제26조제1항 각 호 외의 부분 본문에서 "대통령령으로 정하는 투자"란 제29조제3항에 따른 소비성서비스업 외의 사업을 영위하는 내국인이 기획재정부령으로 정하는 사업용자산(이하 이 조에서 "사업용자산"이라 한다)에 해당하는 시설을 새로 취득하여 해당 사업에 사용하기 위한 투자를 말한다.(2017.2.7 본항개정)
② 법 제26조제1항에 따른 투자금액은 제1호의 금액에서 제2호의 금액을 뺀 금액으로 한다.
1. 총투자금액에 「법인세법 시행령」 제69조제1항에 따른 작업진행률에 따라 계산한 금액과 해당 과세연도까지 실제로 지출한 금액 중 큰 금액
2. 다음 각 목의 금액을 더한 금액
　가. 해당 과세연도 전에 법 제26조제1항제1호를 적용받은 투자금액
　나. 해당 과세연도 전의 투자분으로서 가목의 금액을 제외한 투자분에 대하여 제1호를 준용하여 계산한 금액
(2012.2.2 본항개정)
③ (2021.2.17 삭제)
④ 법 제26조제1항제2호 각 목 외의 부분 본문에서 "대통령령으로 정하는 서비스업"이란 다음 각 호의 어느 하나에 해당하는 사업을 제외한 사업(이하 이 조에서 "서비스업"이라 한다)을 말한다.(2017.2.7 본문개정)
1. 농업, 임업 및 어업
2. 광업
3. 제조업
4. 전기, 가스, 증기 및 수도사업
5. 건설업
6. 제29조제3항에 따른 소비성서비스업
(2017.2.7 1호~6호신설)
⑤ 법 제26조제1항제2호가목에서 "대통령령으로 정하는 학교"란 다음 각 호의 어느 하나에 해당하는 학교(이하 "산업수요맞춤형고등학교등"이라 한다)를 말한다.(2015.2.3 본문개정)
1. 「초ㆍ중등교육법 시행령」 제90조제1항제10호에 따른 산업수요 맞춤형 고등학교
2. 「초ㆍ중등교육법 시행령」 제91조제1항에 따른 특성화고등학교
3. 「초ㆍ중등교육법」 제2조제5호에 따른 각종학교(같은 법 제60조의3에 따른 대안학교 중 직업과정을 운영하는 학교 및 같은 법 시행령 제76조의2제1호에 따른 일반고등학교 재학생에 대한 직업과정 위탁교육을 수행하는 학교만 해당한다)(2015.2.3 본호개정)
(2012.2.2 본항개정)
⑥ 법 제26조제1항제2호를 적용할 때 둘 이상의 서로 다른 사업을 영위하는 내국인이 서비스업과 그 밖의 사업에 공동으로 사용되는 사업용자산을 취득한 경우에는 해당 사업용자산은 그 자산을 주로 사용하는 사업의 사업용자산으로 본다.(2017.2.7 본항개정)
⑦ 법 제26조제1항제2호가목에 따른 산업수요맞춤형고등학교등의 졸업생 수는 근로계약 체결일 현재 산업수요맞춤형고등학교등을 졸업한 날부터 2년 이상 경과하지 아니한 상시근로자 수(해당 과세연도의 상시근로자 수에서 직전 과세연도의 상시근로자 수를 뺀 수를 한도로 한다)로 한다.(2012.2.2 본항개정)
⑧ 법 제26조제1항제2호나목에 따른 청년근로자, 장애인근로자, 60세 이상인 근로자 수는 다음 각 호에 따라 계산한 수로 한다.
1. 청년근로자 수 : 근로계약 체결일 현재 15세 이상 29

세 이하인 상시근로자 수(해당 과세연도의 상시근로자 수에서 직전 과세연도의 상시근로자 수와 제7항에 따른 산업수요맞춤형고등학교등의 졸업생 수를 뺀 수를 한도로 한다)로 한다. 다만, 그 청년근로자가 제27조제1항제1호 각 목의 어느 하나에 해당하는 병역을 이행한 경우에는 그 기간(6년을 한도로 한다)을 근로계약 체결일 현재 연령에서 빼고 계산한 연령이 29세 이하인 사람을 포함한다.(2015.2.3 본호개정)
2. 장애인근로자 수 : 근로계약 체결일 현재 「장애인복지법」의 적용을 받는 장애인인 상시근로자 수와 「국가유공자 등 예우 및 지원에 관한 법률」에 따른 상이자인 상시근로자 수를 더한 수(해당 과세연도의 상시근로자 수에서 직전 과세연도의 상시근로자 수, 제7항에 따른 산업수요맞춤형고등학교등의 졸업생 수와 제1호에 따른 청년근로자 수를 뺀 수를 한도로 한다)로 한다.(2015.2.3 본호개정)
3. 60세 이상인 근로자 수 : 근로계약 체결일 현재 60세 이상인 상시근로자 수(해당 과세연도의 상시근로자 수에서 직전 과세연도의 상시근로자 수, 제7항에 따른 산업수요맞춤형고등학교등의 졸업생 수, 제1호에 따른 청년근로자 수와 제2호에 따른 장애인근로자 수를 뺀 수를 한도로 한다)로 한다.(2015.2.3 본호개정)
(2014.2.21 본항개정)
⑨ 법 제26조제6항에 따라 납부하여야 할 소득세액 또는 법인세액은 다음 각 호의 구분에 따라 계산한 금액[제1호 및 제2호(가목 및 나목의 금액을 합한 금액을 말한다)의 상시근로자 수가 감소된 과세연도의 직전 2년 이내의 과세연도에 법 제26조제1항제2호 및 제144조제3항에 따라 공제받은 세액의 합계액을 한도로 한다]으로 하며, 이를 상시근로자 수가 감소된 과세연도의 과세표준을 신고할 때 소득세 또는 법인세로 납부하여야 한다.(2012.2.2 본문개정)
1. 상시근로자 수가 1개 과세연도에만 감소한 경우 : 법 제26조제1항제2호 또는 제144조제3항에 따라 공제받은 과세연도(2개 과세연도 연속으로 공제받은 경우에는 두 번째 과세연도로 한다)보다 감소한 상시근로자 수 × 1천만원(2012.2.2 본호개정)
2. 상시근로자 수가 2개 과세연도 연속으로 감소한 경우
가. 상시근로자 수가 감소한 첫 번째 과세연도 : 제1호에 따라 계산한 금액
나. 상시근로자 수가 감소한 두 번째 과세연도 : 해당 과세연도의 직전 과세연도보다 감소한 상시근로자 수 × 1천만원
(2010.12.30 본항신설)
⑩ 제7항부터 제9항까지의 규정을 적용할 때 상시근로자는 「근로기준법」에 따라 근로계약을 체결한 내국인 근로자로 한다. 다만, 다음 각 호의 어느 하나에 해당하는 사람은 제외한다.(2015.2.3 본문개정)
1. 근로계약기간이 1년 미만인 근로자(근로계약의 연속된 갱신으로 인하여 그 근로계약의 총 기간이 1년 이상인 근로자는 제외한다)(2020.2.11 본호개정)
2. 「근로기준법」 제2조제1항제9호에 따른 단시간근로자. 다만, 1개월간의 소정근로시간이 60시간 이상인 근로자는 상시근로자로 본다.(2020.6.2 본호개정)
3. 「법인세법 시행령」 제40조제1항 각 호의 어느 하나에 해당하는 임원(2019.2.12 본호개정)
4. 해당 기업의 최대주주 또는 최대출자자(개인사업자의 경우에는 대표자를 말한다)와 그 배우자
5. 제4호에 해당하는 자의 직계존비속(그 배우자를 포함한다) 및 「국세기본법 시행령」 제1조의2제1항에 따른 친족관계인 사람
6. 「소득세법 시행령」 제196조에 따른 근로소득원천징수부에 의하여 근로소득세를 원천징수한 사실이 확인되지 아니하고, 다음 각 목의 어느 하나에 해당하는

금액의 납부사실도 확인되지 아니하는 자
가. 「국민연금법」 제3조제1항제11호 및 제12호에 따른 부담금 및 기여금
나. 「국민건강보험법」 제69조에 따른 직장가입자의 보험료(2012.8.31 본목개정)
(2012.2.2 본항신설)
⑪ 제7항과 제8항을 적용할 때 상시근로자 수는 제1호의 계산식에 따라 계산한 수로 한다. 이 경우 제10항제2호 단서에 따른 근로자 1명은 0.5명으로 하여 계산하되, 제2호 각 목의 지원요건을 모두 충족하는 경우에는 0.75명으로 하여 계산한다.(2015.2.3 본항개정)
1. 계산식

상시근로자 수 = 해당 과세연도의 매월 말 현재 상시근로자 수의 합 ÷ 해당 과세연도의 개월 수

2. 지원요건
가. 해당 과세연도의 상시근로자 수(제10항제2호 단서에 따른 근로자는 제외한다)가 직전 과세연도의 상시근로자 수(제10항제2호 단서에 따른 근로자는 제외한다)보다 감소하지 아니하였을 것(2015.2.3 본목개정)
나. 기간의 정함이 없는 근로계약을 체결하였을 것
다. 상시근로자와 시간당 임금(「근로기준법」 제2조제1항제5호에 따른 임금, 정기상여금 · 명절상여금 등 정기적으로 지급되는 상여금과 경영성과에 따른 성과금을 포함한다), 그 밖에 근로조건과 복리후생 등에 관한 사항에서 「기간제 및 단시간근로자 보호 등에 관한 법률」 제2조제3호에 따른 차별적 처우가 없을 것
라. 시간당 임금이 「최저임금법」 제5조에 따른 최저임금액의 100분의 130(중소기업의 경우에는 100분의 120) 이상일 것(2016.2.5 본목개정)
(2014.2.21 본항개정)
⑫ 제11항에 따라 계산한 상시근로자 수 중 100분의 1 미만 부분은 없는 것으로 한다.(2015.2.3 본항개정)
⑬ 제7항 및 제8항을 적용할 때 해당 과세연도에 창업 등을 한 내국인의 경우에는 다음 각 호의 구분에 따른 수를 직전 또는 해당 과세연도의 상시근로자 수로 본다.(2015.2.3 본항개정)
1. 창업(법 제6조제10항제1호부터 제3호까지의 규정에 해당하는 경우는 제외한다)한 경우의 직전 과세연도의 상시근로자 수 : 0(2019.2.12 본호개정)
2. 법 제6조제10항제1호(합병 · 분할 · 현물출자 또는 사업의 양수 등을 통하여 종전의 사업을 승계하는 경우는 제외한다)부터 제3호까지의 어느 하나에 해당하는 경우의 직전 과세연도의 상시근로자 수 : 종전 사업, 법인전환 전의 사업 또는 폐업 전의 사업의 직전 과세연도 상시근로자 수(2019.2.12 본호개정)
3. 다음 각 목의 어느 하나에 해당하는 경우의 직전 또는 해당 과세연도의 상시근로자 수 : 직전 과세연도의 상시근로자 수는 승계시킨 기업의 경우에는 직전 과세연도 상시근로자 수에 승계시킨 상시근로자 수를 뺀 수로 하고, 승계한 기업의 경우에는 직전 과세연도 상시근로자 수에 승계한 상시근로자 수를 더한 수로 하며, 해당 과세연도의 상시근로자 수는 해당 과세연도 개시일에 상시근로자를 승계시키거나 승계한 것으로 보아 계산한 상시근로자 수로 한다.(2014.2.21 본문개정)
가. 해당 과세연도에 합병 · 분할 · 현물출자 또는 사업의 양수 등에 따라 종전의 사업부문에서 종사하던 상시근로자를 승계하는 경우
나. 제11조제1항에 따른 특수관계인으로부터 상시근로자를 승계하는 경우
(2013.2.15 본호개정)

⑭ 제1항 및 제2항을 적용할 때 투자의 개시시기는 다음 각 호의 어느 하나에 해당하는 때로 한다. (2012.2.2 본문개정)
1. 국내·국외 제작계약에 따라 발주하는 경우에는 발주자가 최초로 주문서를 발송한 때(2008.10.7 본호개정)
2. 제1호의 규정에 의한 발주에 의하지 아니하고 매매계약에 의하여 매입하는 경우에는 계약금 또는 대가의 일부를 지급한 때(계약금 또는 대가의 일부를 지급하기 전에 당해 시설을 인수한 경우에는 실제로 인수한 때)
3. 당해 시설을 수입하는 경우로서 승인을 얻어야 하는 경우에는 제1호 및 제2호의 규정에 불구하고 수입승인을 얻은 때
4. 자기가 직접 건설 또는 제작하는 경우에는 실제로 건설 또는 제작에 착수한 때. 이 경우 사업의 타당성 및 예비적 준비를 위한 것은 착수한 때에 포함하지 아니한다.(2008.10.7 후단신설)
5. 타인에게 건설을 의뢰하는 경우에는 실제로 건설에 착공한 때. 이 경우 사업의 타당성 및 예비적 준비를 위한 것은 착공한 때에 포함하지 아니한다.
(2008.10.7 본호신설)
⑮ 법 제26조제1항에 따라 세액공제를 받으려는 자는 과세표준신고와 함께 기획재정부령으로 정하는 세액공제신청서 및 공제세액계산서를 납세지 관할세무서장에게 제출하여야 한다.(2012.2.2 본항개정)
⑯ 법 제26조제2항에 따라 세액공제를 받으려는 자는 중간예납세액 납부시 기획재정부령으로 정하는 세액공제신청서를 납세지 관할세무서장에게 제출하여야 한다. (2017.2.7 본항개정)
⑰ 법 제26조제3항에 따라 중간예납세액을 신고하려는 자는 기획재정부령으로 정하는 세액공제신청서 및 중간예납세액신고서를 납세지 관할세무서장에게 제출하여야 한다.(2017.2.7 본항개정)
⑱ 「개성공업지구 지원에 관한 법률」 제2조제1호에 따른 개성공업지구에 제1항에 따른 투자를 하는 경우에도 제2항 및 제4항부터 제17항까지의 규정을 준용한다. (2021.2.17 본항개정)
(2010.12.30 본조제목개정)

제24조【특정사회기반시설 집합투자기구 투자자에 대한 과세특례】 ① 법 제26조의2제1항제1호에서 "대통령령으로 정하는 종류의 집합투자기구"란 다음 각 호의 집합투자기구를 말한다.
1. 「부동산투자회사법」 제2조제1호에 따른 부동산투자회사
2. 「사회기반시설에 대한 민간투자법」 제41조제2항에 따른 투융자집합투자기구
3. 「자본시장과 금융투자업에 관한 법률」 제229조제2호에 따른 부동산집합투자기구
4. 「자본시장과 금융투자업에 관한 법률」 제229조제3호에 따른 특별자산집합투자기구
② 법 제26조의2제1항제2호에서 "대통령령으로 정하는 투자대상"이란 제1호의 자산 중 제2호의 산업과 관련된 것으로 기획재정부령으로 정하는 바에 따라 인정된 사회기반시설 및 부동산(이하 이 조에서 "특정사회기반시설"이라 한다)에 관한 자산(이하 이 조에서 "투자대상자산"이라 한다)을 말한다.
1. 특정사회기반시설 관련 자산
가. 「사회기반시설에 대한 민간투자법」 제43조제1항제1호 및 제2호에 따른 주식·지분·채권(대출채권을 포함한다)
나. 「사회기반시설에 대한 민간투자법」 제43조제1항제3호 및 제4호에 따라 취득한 자산
다. 「사회기반시설에 대한 민간투자법」 제2조제1호에

따른 사회기반시설에 해당하는 부동산 등 기획재정부령으로 정하는 자산
2. 특정사회기반시설 관련 산업
가. 「정보통신산업 진흥법」 제2조제2호에 따른 정보통신산업
나. 「기후위기 대응을 위한 탄소중립·녹색성장 기본법」에 따른 녹색산업(2022.3.25 본목개정)
다. 그 밖에 기획재정부령으로 정하는 산업
③ 법 제26조의2제1항제2호에서 "대통령령으로 정하는 비율"이란 100분의 50을 말한다.
④ 제3항에 따른 비율은 투자대상자산의 가액이 법 제26조의2제1항에 따른 특정사회기반시설 집합투자기구(이하 이 조에서 "특정사회기반시설집합투자기구"라 한다)의 자산총액에서 차지하는 연평균 비율로서 다음 계산식에 따라 계산한다. 이 경우 연평균 비율 판정기간은 설정일·설립일·영업인가일(이하 이 항에서 "설정일 등"이라 한다)부터 매 1년 동안의 기간으로 한다.

> 연평균 비율 = A ÷ B
> A : 일별 투자비율을 합산한 비율
> $$투자비율 = \frac{투자대상자산의\ 가액}{특정사회기반시설집합투자기구의\ 자산총액}$$
> B : 설정일등부터 매 1년 동안의 총일수

⑤ 특정사회기반시설집합투자기구가 다른 집합투자기구를 통하여 투자대상자산에 투자하는 경우 제4항의 계산식 중 투자대상자산의 가액은 다음의 계산식에 따라 계산한다.

> 투자대상자산의 가액 = A + B
> A : 특정사회기반시설집합투자기구가 보유한 투자대상자산의 가액
> B : 특정사회기반시설집합투자기구가 보유한 다른 집합투자기구의 지분증권 또는 수익증권의 가액 × (다른 집합투자기구가 보유한 투자대상자산의 가액 ÷ 다른 집합투자기구의 자산총액)

⑥ 제4항 및 제5항에 따른 일별 투자비율을 계산할 때 투자대상자산의 가액이 투자원금보다 적은 경우에는 투자대상자산의 가액을 다음 계산식에 따라 계산한다.

> 투자대상자산의 가액 = A + B
> A : 특정사회기반시설집합투자기구가 보유한 투자대상자산의 투자원금
> B : 특정사회기반시설집합투자기구가 보유한 다른 집합투자기구의 지분증권 또는 수익증권의 투자원금 × (다른 집합투자기구가 보유한 투자대상자산의 가액 ÷ 다른 집합투자기구의 자산총액)

⑦ 제4항의 계산식에도 불구하고 다음 각 호의 어느 하나에 해당하는 기간과 그 기간의 일별 투자비율은 연평균 비율을 계산할 때 제외한다.
1. 특정사회기반시설집합투자기구의 설정일등부터 3개월
2. 특정사회기반시설집합투자기구의 해지·해산 이전 3개월
3. 그 밖에 사회기반시설 사업의 지연 기간 등 기획재정부령으로 정하는 기간
⑧ 법 제26조의2제2항에 따른 전용계좌(이하 이 조에서 "전용계좌"라 한다)의 구체적 요건은 다음 각 호와 같다.
1. 특정사회기반시설집합투자기구 전용계좌의 명칭으로 개설한 계좌일 것
2. 계약기간이 1년 이상일 것
⑨ 전용계좌에 지급된 배당소득과 재투자된 금액은 법 제26조의2제2항제2호에 따른 납입한도에 포함하지 않는다.
⑩ 전용계좌를 보유한 거주자(이하 "계좌보유자"라 한다)가 전용계좌에서 일부 금액을 인출하는 경우에는 투자원금부터 인출한 것으로 본다.

⑪ 계약기간 중 다음 각 호의 어느 하나에 해당하는 사유로 계약을 해지하는 경우에도 해지 시 지급받은 배당소득에 대해 법 제26조의2제1항에 따른 조세특례를 적용한다.
1. 계좌보유자가 사망하거나 해외로 이주한 경우
2. 계약 해지일 전 6개월 이내에 계좌보유자에게 제81조제6항 각 호의 어느 하나에 해당하는 사유가 발생한 경우(2022.2.15 본호개정)
⑫ 제11항 각 호의 사유로 계약을 해지하려는 거주자는 기획재정부령으로 정하는 특별해지사유신고서를 전용계좌를 관리하는 금융회사등(이하 이 조에서 "금융회사등"이라 한다)에 제출해야 한다.
⑬ 기획재정부에 특정사회기반시설에 대한 심의를 위한 위원회를 둘 수 있다.
⑭ 전용계좌의 운영, 제13항에 따른 위원회의 구성·운영, 그 밖에 필요한 사항은 기획재정부령으로 정한다.
(2021.2.17 본조신설)

제24조의2【투융자집합투자기구 투자자에 대한 과세특례】
① 법 제27조제1항제1호에 따른 전용계좌(이하 이 조에서 "전용계좌"라 한다)의 구체적 요건은 다음 각 호와 같다.
1. 법 제27조제1항 각 호 외의 부분에 따른 투융자집합투자기구(이하 이 조에서 "투융자집합투자기구"라 한다) 전용계좌의 명칭으로 개설한 계좌일 것
2. 계약기간이 1년 이상일 것
3. 투융자집합투자기구의 「자본시장과 금융투자업에 관한 법률」 제9조제21항에 따른 집합투자증권(이하 "집합투자증권"이라 한다)에만 투자할 것
4. 전용계좌 가입 전 보유 중인 투융자집합투자기구의 집합투자증권을 이체하는 것이 제한될 것
② 전용계좌에 지급된 배당소득과 재투자된 금액은 법 제27조제1항제3호에 따른 납입한도에 포함하지 않는다.
③ 계좌보유자가 전용계좌에서 일부 금액을 인출하는 경우에는 투자원금부터 인출한 것으로 본다.
④ 계약기간 중 전용계좌 해지에 관하여는 제24조제11항 및 제12항을 준용한다.
⑤ (2022.2.15 삭제)
⑥ 제1항부터 제5항까지에서 규정한 사항 외에 전용계좌의 운영 등에 필요한 사항은 기획재정부령으로 정한다.
(2021.2.17 본조신설)

제24조의3 (2000.12.29 삭제)

제25조【서비스업 감가상각비의 손금산입특례】
① 법 제23조제1항 각 호 외의 부분에서 "대통령령으로 정하는 서비스업"이란 제23조제4항에 따른 서비스업을 말한다.
② 법 제28조제1항 각 호 외의 부분에서 "대통령령으로 정하는 고정자산"이란 「법인세법 시행령」 제28조제6항 및 「소득세법 시행령」 제63조제5항 각 호의 어느 하나에 해당하는 자산(이하 이 조에서 "설비투자자산"이라 한다)을 말한다.
③ 법 제28조제1항 각 호 외의 부분에서 "대통령령으로 정하는 바에 따라 계산한 금액"이란 「법인세법 시행령」 제28조제1항제2호 본문 및 「소득세법 시행령」 제63조제1항제2호에 불구하고 제4항에 따른 신고내용연수를 적용하여 「법인세법 시행령」 제26조제1항 및 「소득세법 시행령」 제64조제1항에 따른 방법(이하 이 조에서 "상각방법"이라 한다)으로 계산한 금액(이하 이 조에서 "상각범위액"이라 한다)을 말한다. 이 경우 그 상각방법은 내국인이 「법인세법 시행령」 제26조제3항 또는 「소득세법 시행령」 제64조제2항에 따라 신고한 방법을 사용하여야 하며, 상각방법의 적용 및 구체적인 상각범위액의 계산방법에 관하여는 「법인세법 시행령」 제26조제2항 및 같은 조 제4항부터 제9항까지와 「소득세법 시행령」 제62조제1항 후단, 제64조제3항·제4항, 제66조 및 제71조를 준용한다.

④ 상각범위액을 계산할 때 적용하는 내용연수는 「법인세법 시행령」 제26조의3제2항제1호 및 「소득세법 시행령」 제63조제1항제2호에 따른 기준내용연수(이하 이 조에서 "기준내용연수"라 한다)에 그 기준내용연수의 100분의 40을 더하거나 뺀 범위(1년 미만은 없는 것으로 한다)에서 내국인이 선택하여 납세지 관할 세무서장에게 신고한 내용연수(이하 이 조에서 "신고내용연수"라 한다)로 한다. 이 경우 사업연도가 1년 미만인 법인의 경우에는 「법인세법 시행령」 제28조제2항을 준용하여 계산한다.
⑤ 내국인이 제4항에 따라 설비투자자산에 대하여 자산별·업종별로 적용한 신고내용연수는 이후의 과세연도에 계속하여 적용하여야 한다.
⑥ 법 제28조제1항을 적용받는 설비투자자산에 대해서는 「법인세법 시행령」 제28조제2항을 적용하지 아니하며, 해당 설비투자자산을 적격합병 또는 적격분할로 취득한 경우에는 해당 합병법인, 분할신설법인 또는 분할합병의 상대방 법인이 제1항의 사업을 영위하여 해당 사업에 사용하는 경우로 한정하여 「법인세법 시행령」 제29조의2제2항제1호를 적용한다.(2018.2.13 본항개정)
⑦ 내국인이 「법인세법 시행령」 제27조 및 「소득세법 시행령」 제65조에 따라 감가상각방법을 변경한 경우에는 그 변경된 감가상각방법을 적용하여 설비투자자산의 상각범위액을 계산한다. 이 경우 상각범위액의 계산방법은 「법인세법 시행령」 제27조제5항 및 제6항과 「소득세법 시행령」 제64조제5항 및 제65조제5항을 준용한다.
⑧ 법 제28조제1항을 적용할 때 「법인세법 시행령」 제30조부터 제32조까지의 규정과 「소득세법 시행령」 제62조제5항부터 제8항까지, 제67조, 제68조 및 제73조를 준용한다.
⑨ 법 제28조제1항을 적용받으려는 자는 설비투자자산을 그 밖의 자산과 구분하여 기획재정부령으로 정하는 감가상각비조정명세서를 작성·보관하고, 과세표준 신고와 함께 기획재정부령으로 정하는 감가상각비조정명세서합계표 및 기획재정부령으로 정하는 감가상각비조정명세서를 납세지 관할 세무서장에게 제출하여야 하며, 기획재정부령으로 정하는 내용연수 특례적용 신청서를 해당 설비투자자산을 취득한 날이 속하는 과세연도의 과세표준 신고기한까지 납세지 관할 세무서장에게 제출[「국세기본법」 제2조제19호에 따른 국세정보통신망(이하 "국세정보통신망"이라 한다)을 통한 제출을 포함한다]하여야 한다.
⑩ 제1항부터 제9항까지에서 규정한 사항 외에 설비투자자산의 감가상각비 계산에 관하여 필요한 사항은 기획재정부령으로 정한다.
(2015.2.3 본조신설)

제25조의2【중소·중견기업 설비투자자산의 감가상각비 손금산입 특례】
① (2021.2.17 삭제)
② 법 제28조의2제1항에서 "대통령령으로 정하는 고정자산"이란 「법인세법 시행령」 제28조제6항 각 호의 어느 하나 및 「소득세법 시행령」 제63조제5항 각 호의 어느 하나에 해당하는 자산(이하 이 조에서 "설비투자자산"이라 한다)이라 한다.
③ 법 제28조의2제1항에서 "대통령령으로 정하는 바에 따라 계산한 금액"이란 「법인세법 시행령」 제28조제1항제2호 본문 및 「소득세법 시행령」 제63조제1항제2호에도 불구하고 제4항에 따른 신고내용연수를 적용하여 「법인세법 시행령」 제26조제1항 및 「소득세법 시행령」 제64조제1항에 따른 방법(이하 이 조에서 "상각방법"이라 한다)으로 계산한 금액(이하 이 조에서 "상각범위액"이라 한다)을 말한다. 이 경우 상각방법의 적용 및 구체적인 상각범위액의 계산방법에 관하여는 「법인세법 시행령」 제26조제2항부터 제9항까지의 규정과 「소득세

시행령」제62조제1항 후단, 제64조제2항부터 제4항까지, 제66조 및 제71조를 준용한다.

④ 상각범위액을 계산할 때 적용하는 내용연수는 「법인세법 시행령」 제26조의3제2항제1호 및 「소득세법 시행령」 제63조제1항제2호에 따른 기준내용연수(이하 이 조에서 "기준내용연수"라 한다)에 그 기준내용연수의 100분의 50을 더하거나 뺀 범위(1년 미만은 없는 것으로 한다)에서 선택하여 납세지 관할 세무서장에게 신고한 내용연수(이하 이 조에서 "신고내용연수"라 한다)로 한다. 이 경우 사업연도가 1년 미만인 법인의 경우에는 「법인세법 시행령」 제28조제2항을 준용하여 계산한다.

⑤ 중소기업 또는 중견기업이 제4항에 따라 설비투자자산에 대하여 자산별·업종별로 적용한 신고내용연수는 이후의 과세연도에 계속하여 적용하여야 한다.

⑥ 법 제28조의2제1항을 적용받는 설비투자자산에 대해서는 「법인세법」 제23조제2항을 적용하지 아니하며, 해당 설비투자자산을 적격합병 또는 적격분할로 취득한 경우에는 「법인세법 시행령」 제29조의2제2항제1호를 적용한다. (2018.2.13 본항개정)

⑦ 중소기업 또는 중견기업이 「법인세법 시행령」 제27조 및 「소득세법 시행령」 제65조에 따라 상각방법을 변경한 경우에는 그 변경된 상각방법을 적용하여 설비투자자산의 상각범위액을 계산한다. 이 경우 상각범위액의 계산방법은 「법인세법 시행령」 제27조제5항 및 제6항과 「소득세법 시행령」 제64조제5항 및 제65조제5항을 준용한다.

⑧ 법 제28조의2제1항을 적용할 때 「법인세법 시행령」 제30조부터 제32조까지의 규정과 「소득세법 시행령」 제62조제5항부터 제8항까지, 제67조, 제68조 및 제73조를 준용한다.

⑨ 법 제28조의2제1항을 적용받으려는 자는 설비투자자산을 그 밖의 자산과 구분하여 기획재정부령으로 정하는 감가상각비조정명세서를 작성·보관하고, 과세표준 신고와 함께 기획재정부령으로 정하는 감가상각비조정명세서합계표 및 기획재정부령으로 정하는 감가상각비조정명세서를 납세지 관할 세무서장에게 제출(국세정보통신망을 통한 제출을 포함한다. 이하 이 항에서 같다)하여야 한다. 이때, 기획재정부령으로 정하는 내용연수 특례적용 신청서를 해당 설비투자자산을 취득한 날이 속하는 과세연도의 과세표준 신고기한까지 납세지 관할 세무서장에게 제출하여야 한다.

⑩ 제2항부터 제9항까지에서 규정한 사항 외에 설비투자자산의 감가상각비 계산에 필요한 사항은 기획재정부령으로 정한다. (2021.2.17 본항개정)

(2017.2.7 본조신설)

제25조의3 【설비투자자산의 감가상각비 손금산입 특례】 ① (2021.2.17 삭제)

② 법 제28조의3제1항제1호에서 "대통령령으로 정하는 사업용 고정자산"이란 다음 각 호의 어느 하나에 해당하는 자산을 말한다.

1. 차량 및 운반구. 다만, 운수업에 사용되거나 임대목적으로 임대업에 사용되는 경우로 한정한다.
2. 선박 및 항공기. 다만, 어업 및 운수업에 사용되거나 임대목적으로 임대업에 사용되는 경우로 한정한다.
3. 공구, 기구 및 비품
4. 기계 및 장치

③ 법 제28조의3제1항제2호에서 "대통령령으로 정하는 혁신성장투자자산"이란 다음 각 호의 어느 하나에 해당하는 시설을 말한다.

1. 신성장사업화시설
2. 다음 각 목의 어느 하나에 해당하는 연구·시험용 시설 및 직업훈련용 시설
   가. 연구개발을 위한 연구·시험용 시설로서 기획재정부령으로 정하는 시설

나. 인력개발을 위한 직업훈련용 시설로서 기획재정부령으로 정하는 시설

3. 다음 각 목의 어느 하나에 해당하는 에너지절약시설
   가. 「에너지이용 합리화법」에 따른 에너지절약형 시설(대가를 분할상환한 후 소유권을 취득하는 조건으로 같은 법에 따른 에너지절약전문기업이 설치한 경우를 포함한다) 등으로서 기획재정부령으로 정하는 시설
   나. 「물의 재이용 촉진 및 지원에 관한 법률」 제2조제4호에 따른 중수도와 「수도법」 제3조제30호에 따른 절수설비와 같은 조 제31호에 따른 절수기기
   다. 「신에너지 및 재생에너지 개발·이용·보급 촉진법」 제2조제1호에 따른 신에너지 및 같은 조 제2호에 따른 재생에너지를 생산하는 설비의 부품·중간재 또는 완제품을 제조하기 위한 시설로서 기획재정부령으로 정하는 시설

4. 다음 각 목의 어느 하나에 해당하는 생산성향상시설
   가. 공정을 개선하거나 시설의 자동화 및 정보화를 위해 투자하는 시설(데이터에 기반하여 제품의 생산 및 제조과정을 관리하거나 개선하는 지능형 공장시설을 포함한다)로서 기획재정부령으로 정하는 시설
   나. 첨단기술을 이용하거나 응용하여 제작된 시설로서 기획재정부령으로 정하는 시설
   다. 자재조달·생산계획·재고관리 등 공급망을 전자적 형태로 관리하기 위하여 사용되는 컴퓨터와 그 주변기기, 소프트웨어, 통신시설, 그 밖의 유형·무형의 시설로서 감가상각기간이 2년 이상인 시설

(2021.2.17 1호~4호개정)

④ 법 제28조의3제1항 각 호 외의 부분에 따라 계산한 금액은 「법인세법 시행령」 제28조제1항제2호 본문 및 「소득세법 시행령」 제63조제1항제2호에도 불구하고 제5항에 따른 신고내용연수를 적용하여 「법인세법 시행령」 제26조제1항 및 「소득세법 시행령」 제64조제1항에 따른 방법(이하 이 조에서 "상각방법"이라 한다)으로 계산한 금액(이하 이 조에서 "상각범위액"이라 한다)으로 한다. 이 경우 상각방법의 적용 및 구체적인 상각범위액의 계산방법에 관하여는 「법인세법 시행령」 제26조제2항부터 제9항까지의 규정과 「소득세법 시행령」 제62조제1항 후단, 제64조제2항부터 제4항까지, 제66조 및 제71조를 준용한다.

⑤ 상각범위액을 계산할 때 적용하는 내용연수는 「법인세법 시행령」 제26조의3제2항제1호 및 「소득세법 시행령」 제63조제1항제2호에 따른 기준내용연수(이하 이 조에서 "기준내용연수"라 한다)에 그 기준내용연수의 100분의 50(중소기업 및 중견기업이 취득하는 제2항 각 호의 자산의 경우에는 100분의 75)을 더하거나 뺀 범위(1년 미만은 없는 것으로 한다)에서 선택하여 납세지 관할 세무서장에게 신고한 내용연수(이하 이 조에서 "신고내용연수"라 한다)로 한다. 이 경우 사업연도가 1년 미만인 법인의 경우에는 「법인세법 시행령」 제28조제2항을 준용하여 계산한다. (2021.2.17 전단개정)

⑥ 내국인이 제5항에 따라 설비투자자산에 대해 자산별·업종별로 적용한 신고내용연수는 이후의 과세연도에 계속하여 적용한다.

⑦ 법 제28조의3제1항을 적용받는 설비투자자산에 대해서는 「법인세법」 제23조제2항을 적용하지 아니하며, 해당 설비투자자산을 적격합병 또는 적격분할로 취득한 경우에는 「법인세법 시행령」 제29조의2제2항제1호를 적용한다.

⑧ 내국인이 「법인세법 시행령」 제27조 또는 「소득세법 시행령」 제65조에 따라 상각방법을 변경한 경우에는 그 변경된 상각방법을 적용하여 설비투자자산의 상각범위액을 계산한다. 이 경우 상각범위액의 계산방법은 「법인세법 시행령」 제27조제5항 및 제6항과 「소득세법 시행령」 제64조제5항 및 제65조제5항을 준용한다.

⑨ 법 제28조의3제1항을 적용할 때 「법인세법 시행령」 제30조부터 제32조까지의 규정과 「소득세법 시행령」 제62조제5항부터 제8항까지, 제67조, 제68조 및 제73조를 준용한다.

⑩ 법 제28조의3제1항을 적용받으려는 자는 설비투자자산을 그 밖의 자산과 구분하여 기획재정부령으로 정하는 감가상각비조정명세서를 작성·보관하고, 과세표준신고와 함께 기획재정부령으로 정하는 감가상각비조정명세서합계표 및 기획재정부령으로 정하는 감가상각비조정명세서를 납세지 관할 세무서장에게 제출(국세정보통신망을 통한 제출을 포함한다. 이하 이 항에서 같다)해야 하며, 기획재정부령으로 정하는 내용연수 특례 적용 신청서를 해당 설비투자자산을 취득한 날이 속하는 과세연도의 과세표준 신고기한까지 납세지 관할 세무서장에게 제출해야 한다.

⑪ 제2항부터 제10항까지에서 규정한 사항 외에 설비투자자산의 감가상각비 계산에 필요한 사항은 기획재정부령으로 정한다.(2021.2.17 본항개정)

(2019.2.12 본조신설)

제25조의4【에너지절약시설의 감가상각비 손금산입 특례】 ① 법 제28조의4제1항에서 "대통령령으로 정하는 에너지 절약시설"이란 제25조의3제3항제3호 각 목의 시설(이하 이 조에서 "에너지절약시설"이라 한다)을 말한다.

② 법 제28조의4제1항에서 "대통령령으로 정하는 바에 따라 계산한 금액"이란 「법인세법 시행령」 제28조제1항제2호 본문과 「소득세법 시행령」 제63조제1항제2호에도 불구하고 이 조 제3항에 따른 신고내용연수를 적용하여 「법인세법 시행령」 제26조제1항 및 「소득세법 시행령」 제64조제1항에 따른 방법(이하 이 조에서 "상각방법"이라 한다)으로 계산한 금액(이하 이 조에서 "상각범위액"이라 한다)을 말한다. 이 경우 상각방법의 적용 및 구체적인 상각범위액의 계산방법에 관하여는 「법인세법 시행령」 제26조제2항부터 제9항까지의 규정과 「소득세법 시행령」 제62조제1항 후단, 제64조제2항부터 제4항까지, 제66조 및 제71조를 준용한다.

③ 상각범위액을 계산할 때 적용하는 내용연수는 「법인세법 시행령」 제28조제3항제1호 및 「소득세법 시행령」 제63조제1항제2호에 따른 기준내용연수(이하 이 조에서 "기준내용연수"라 한다)에 그 기준내용연수의 100분의 50(중소기업 및 중견기업이 취득하는 에너지절약시설의 경우에는 100분의 75)을 더하거나 뺀 범위(1년 미만은 없는 것으로 한다)에서 선택하여 납세지 관할 세무서장에게 신고한 내용연수(이하 이 조에서 "신고내용연수"라 한다)로 한다. 이 경우 사업연도가 1년 미만인 법인의 경우에는 「법인세법 시행령」 제28조제2항을 준용하여 계산한다.

④ 제3항에 따라 내용연수를 신고하려는 자는 해당 에너지절약시설을 취득한 날이 속하는 과세연도의 과세표준 신고기한까지 기획재정부령으로 정하는 내용연수 특례적용 신청서를 납세지 관할 세무서장에게 제출해야 한다.

⑤ 내국인이 제3항에 따라 에너지절약시설에 대해 자산별·업종별로 적용한 신고내용연수는 이후의 과세연도에 계속하여 적용한다.

⑥ 법 제28조의4제1항을 적용받는 에너지절약시설에 대해서는 「법인세법」 제23조제2항을 적용하지 않으며, 해당 에너지절약시설을 적격합병 또는 적격분할로 취득한 경우에는 「법인세법 시행령」 제29조의2제2항제1호를 적용한다.

⑦ 내국인이 「법인세법 시행령」 제27조 또는 「소득세법 시행령」 제65조에 따라 상각방법을 변경한 경우에는 그 변경된 상각방법을 적용하여 에너지절약시설의 상각범위액을 계산한다. 이 경우 상각범위액의 계산방법에 관하여는 「법인세법 시행령」 제27조제5항 및 제6항과 「소득세법 시행령」 제64조제5항 및 제65조제5항을 준용한다.

⑧ 법 제28조의4제1항을 적용할 때 감가상각에 관하여는 「법인세법 시행령」 제30조부터 제32조까지의 규정과 「소득세법 시행령」 제62조제5항부터 제8항까지, 제67조, 제68조 및 제73조를 준용한다.

⑨ 법 제28조의4제1항을 적용받으려는 자는 에너지절약시설을 다른 자산과 구분하여 기획재정부령으로 정하는 감가상각비조정명세서를 작성·보관해야 한다.

⑩ 법 제28조의4제1항을 적용받으려는 자는 과세표준신고를 할 때 제9항에 따른 감가상각비조정명세서 및 기획재정부령으로 정하는 감가상각비조정명세서합계표를 납세지 관할 세무서장에게 제출해야 한다.

⑪ 제2항부터 제10항까지에서 규정한 사항 외에 에너지절약시설의 감가상각비 계산에 필요한 사항은 기획재정부령으로 정한다.

(2023.2.28 본조신설)

제26조【사회기반시설채권 등의 범위】 ① 법 제29조에서 "대통령령으로 정하는 사회기반시설채권"이란 「사회기반시설에 대한 민간투자법」 제58조제1항의 규정에 의한 사회기반시설채권을 말한다.(2010.2.18 본항개정)

② (2010.2.18 삭제)

(2008.10.7 본조제목개정)

제4절의2 고용지원을 위한 조세특례
(2009.4.21 본절제목개정)

제26조의2【산업수요맞춤형고등학교등 졸업자를 병역 이행 후 복직시킨 기업에 대한 세액공제】 ① (2021.2.17 삭제)

② 법 제29조의2제1항에서 "대통령령으로 정하는 사람"이란 근로계약 체결일 현재 산업수요맞춤형고등학교등을 졸업한 날부터 2년 이상 경과하지 아니한 사람을 말하고, "대통령령으로 정하는 병역"이란 제27조제1항제1호 각 목의 어느 하나에 해당하는 병역을 말하며, "대통령령으로 정하는 인건비"란 근로의 대가로 지급하는 비용으로서 다음 각 호에 따른 인건비를 제외한 금액을 말한다.(2019.2.12 본문개정)

1. 「소득세법」 제22조에 따른 퇴직소득에 해당하는 금액
2. 「소득세법」 제29조 및 「법인세법」 제33조에 따른 퇴직급여충당금
3. 「소득세법 시행령」 제40조의2제2호에 따른 퇴직연금계좌에 납부한 부담금 및 「법인세법 시행령」 제44조의2제2항에 따른 퇴직연금등의 부담금

(2019.2.12 1호~3호신설)

③ 법 제29조의2제1항에 따라 세액공제를 받으려는 자는 과세표준신고와 함께 기획재정부령으로 정하는 세액공제신청서를 납세지 관할세무서장에게 제출하여야 한다.

(2018.2.13 본조제목개정)

(2013.2.15 본조신설)

제26조의3【경력단절 여성 고용 기업 등에 대한 세액공제】 ① 법 제29조의3제1항 각 호 외의 부분 및 같은 조 제2항 각 호 외의 부분 본문에서 "대통령령으로 정하는 인건비"란 근로의 대가로 지급하는 비용으로서 다음 각 호에 따른 인건비를 제외한 금액을 말한다.

(2019.2.12 본문개정)

1. 「소득세법」 제22조에 따른 퇴직소득에 해당하는 금액
2. 「소득세법」 제29조 및 「법인세법」 제33조에 따른 퇴직급여충당금
3. 「소득세법 시행령」 제40조의2제2호에 따른 퇴직연금계좌에 납부한 부담금 및 「법인세법 시행령」 제44조의2제2항에 따른 퇴직연금등의 부담금

(2019.2.12 1호~3호신설)

② 법 제29조의3제1항제1호에서 "대통령령으로 정하는 분류"란 한국표준산업분류상의 중분류를 말한다.
(2020.2.11 본항신설)
③ 법 제29조의3제1항제1호 및 같은 조 제2항제1호에 따른 기업이 경력단절 여성 또는 육아휴직 복귀자의 근로소득세를 원천징수하였던 사실이 확인되는 경우는 「소득세법 시행령」 제196조제1항에 따른 근로소득원천징수부를 통하여 근로소득세를 원천징수한 사실이 확인되는 경우로 한다.(2020.2.11 본항개정)
④ 법 제29조의3제1항제1호에서 "대통령령으로 정하는 결혼·임신·출산·육아 및 자녀교육의 사유"란 다음 각 호의 어느 하나에 해당하는 경우를 말한다.
(2020.2.11본문개정)
1. 퇴직한 날부터 1년 이내에 혼인한 경우(가족관계기록사항에 관한 증명서를 통하여 확인되는 경우로 한정한다)(2020.2.11 본호신설)
2. 퇴직한 날부터 2년 이내에 임신하거나 기획재정부령으로 정하는 난임시술을 받은 경우(의료기관의 진단서 또는 확인서를 통하여 확인되는 경우에 한정한다)(2016.2.5 본호신설)
3. 퇴직일 당시 임신한 상태인 경우(의료기관의 진단서를 통하여 확인되는 경우로 한정한다)
4. 퇴직일 당시 8세 이하의 자녀가 있는 경우
5. 퇴직일 당시 「초·중등교육법」 제2조에 따른 학교에 재학 중인 자녀가 있는 경우
(2020.2.11 4호~5호신설)
⑤ 법 제29조의3제3호 및 같은 조 제2항제3호에서 "대통령령으로 정하는 특수관계인"이란 「국세기본법 시행령」 제1조의2제1항에 따른 친족관계인 사람을 말한다.
(2020.2.11 본항개정)
⑥ 법 제29조의3에 따라 세액공제를 받으려는 자는 과세표준 신고와 함께 기획재정부령으로 정하는 세액공제신청서를 납세지 관할 세무서장에게 제출하여야 한다.
⑦ (2021.2.17 삭제)
⑧ 법 제29조의3제2항을 적용할 때 상시근로자 및 상시근로자 수의 계산방법에 관하여는 제23조제10항부터 제13항까지의 규정을 준용한다.(2019.2.12 본항신설)
(2020.2.11 본조제목개정)
(2015.2.3 본조신설)

제26조의4【근로소득을 증대시킨 기업에 대한 세액공제】① (2021.2.17 삭제)
② 법 제29조의4제1항제1호에서 "대통령령으로 정하는 상시 근로자"란 「근로기준법」에 따라 근로계약을 체결한 근로자(다음 각 호의 어느 하나에 해당하는 자는 제외하며, 이하 이 조에서 "상시근로자"라 한다)를 말한다.
1. 「법인세법 시행령」 제40조제1항 각 호의 어느 하나에 해당하는 임원(2019.2.12 본호개정)
2. 「소득세법」 제20조제1항제1호 및 제2호에 따른 근로소득의 합계액(비과세소득의 금액은 제외한다)이 7천만원 이상인 근로자(2023.2.28 본호개정)
3. 기획재정부령으로 정하는 해당 기업의 최대주주 또는 최대출자자(개인사업자의 경우에는 대표자를 말한다) 및 그와 「국세기본법 시행령」 제1조의2제1항에 따른 친족관계인 근로자
4. 「소득세법 시행령」 제196조에 따른 근로소득원천징수부에 의하여 근로소득세를 원천징수한 사실이 확인되지 아니하는 근로자
5. 근로계약기간이 1년 미만인 근로자(근로계약의 연속된 갱신으로 인하여 그 근로계약의 총 기간이 1년 이상인 근로자는 제외한다)(2020.6.2 본호개정)
6. 「근로기준법」 제2조제1항제9호에 따른 단시간근로자(2020.2.11 본호개정)
③ 법 제29조의4제1항부터 제6항까지의 규정을 적용할 때 상시근로자 수는 다음 계산식에 따라 계산한다. 이

경우 100분의 1 미만의 부분은 없는 것으로 한다.

해당 과세연도의 매월 말 현재 상시근로자 수의 합
해당 과세연도의 개월 수

(2017.2.7 전단개정)
④ 법 제29조의4제1항부터 제6항까지의 규정을 적용할 때 임금은 「소득세법」 제20조제1항제1호 및 제2호에 따른 소득의 합계액(비과세소득의 금액은 제외한다)을 말한다.(2023.2.28 본항개정)
⑤ 법 제29조의4제1항, 제2항, 제5항 및 제6항을 적용할 때 평균임금은 다음 계산식에 따라 계산한 금액으로 한다. 이 경우 1천원 이하 부분은 없는 것으로 한다.

해당 과세연도 상시근로자의 임금의 합계
제3항에 따른 해당 과세연도의 상시근로자 수

(2017.2.7 전단개정)
⑥ 법 제29조의4제1항, 제2항 및 제5항을 적용할 때 평균임금 증가율은 다음 계산식에 따라 계산하며, 1만분의 1 미만의 부분은 없는 것으로 한다.

해당 과세연도 평균임금 - 직전 과세연도 평균임금
직전 과세연도 평균임금

(2017.2.7 본항개정)
⑦ 법 제29조의4제1항 및 제2항을 적용할 때 직전 3개 과세연도의 평균임금 증가율의 평균(이하 이 조에서 "직전 3년 평균임금 증가율의 평균"이라 한다)은 다음 계산식에 따라 계산하며, 1만분의 1 미만의 부분은 없는 것으로 한다. 이 경우 직전 2년 과세연도 평균임금 증가율 또는 직전 3년 과세연도 평균임금 증가율이 음수인 경우에는 영으로 보아 계산한다.

직전 과세연도 평균임금 증가율 + 직전 2년 과세연도 평균임금 증가율 + 직전 3년 과세연도 평균임금 증가율
3

⑧ 제5항부터 제7항까지의 규정에도 불구하고 직전 과세연도의 평균임금 증가율이 음수 또는 직전 3년 평균임금 증가율의 평균(양수인 경우로 한정한다)의 100분의 30 미만인 경우에는 기획재정부령으로 정하는 바에 따라 각각 평균임금 및 평균임금 증가율, 직전 3년 평균임금 증가율의 평균 및 법 제29조의4제2항에 따른 직전 3년 평균 초과 임금증가분을 계산한다.
⑨ 제2항제2호에 따른 근로소득의 금액 및 제5항에 따른 평균임금을 계산할 때 해당 과세연도의 근로제공기간이 1년 미만인 상시근로자가 있는 경우에는 해당 상시근로자의 근로소득의 금액 또는 임금을 해당 과세연도의 근무제공월수로 나눈 금액에 12를 곱하여 산출한 금액을 해당 상시근로자의 근로소득의 금액 또는 임금으로 본다.
⑩ 법 제29조의4제1항 및 제5항에 따라 세액공제를 받으려는 과세연도의 종료일 전 5년 이내의 기간 중에 퇴사하거나 새로 제2항 각 호의 어느 하나에 해당하게 된 근로자가 있는 경우에는 제3항에 따른 상시근로자 수 및 제5항에 따른 평균임금을 계산할 때 해당 근로자를 제외하고 계산하며, 세액공제를 받으려는 과세연도의 종료일 전 5년 이내의 기간 중에 입사한 근로자가 있는 경우에는 제6항에 따라 해당 근로자가 입사한 과세연도의 평균임금 증가율을 계산할 때 해당 근로자를 제외하고 계산한다.(2017.2.7 본항개정)
⑪ 합병, 분할, 현물출자 또는 사업의 양수 등으로 인하여 종전의 사업부문에서 종사하던 상시근로자를 합병법인, 분할신설법인, 피출자법인 등(이하 이 조에서 "합병법인등"이라 한다)이 승계하는 경우에는 해당 상시근로자는 종전부터 합병법인등에 근무한 것으로 본다.
⑫ 창업 및 휴업 등의 사유로 제7항 및 제8항에 따라 직전 3년 평균임금 증가율의 평균을 계산할 수 없는 경우에는 법 제29조의4제1항 및 제5항을 적용하지 아니한다.
(2017.2.7 본항개정)

⑬ 법 제29조의4제3항 각 호 외의 부분에서 "대통령령으로 정하는 요건을 충족하는 정규직 전환 근로자"란 「근로기준법」에 따라 근로계약을 체결한 근로자로서 다음 각 호의 요건을 모두 갖춘(이하 이 조에서 "정규직 전환 근로자"라 한다)를 말한다.
1. 직전 과세연도 개시일부터 해당 과세연도 종료일까지 계속하여 근무한 자로서 「소득세법 시행령」 제196조의 근로소득원천징수부에 따라 매월분의 근로소득세를 원천징수한 사실이 확인될 것
2. 해당 과세연도 중에 비정규직 근로자(「기간제 및 단시간근로자 보호 등에 관한 법률」에 따른 기간제근로자 또는 단시간근로자를 말한다. 이하 이 호에서 같다)에서 비정규직 근로자가 아닌 근로자로 전환하였을 것
3. 직전 과세연도 또는 해당 과세연도 중에 제2항제1호부터 제3호까지의 어느 하나에 해당하는 자가 아닐 것(2016.2.5 본항신설)
⑭ 법 제29조의4제3항을 적용할 때 정규직 전환 근로자의 임금 증가분 합계액은 정규직 전환 근로자의 해당 과세연도 임금 합계액에서 직전 과세연도 임금 합계액을 뺀 금액을 말한다. 이 경우 직전 과세연도 또는 해당 과세연도의 기간이 1년 미만인 경우에는 임금 합계액을 그 과세연도의 월수(1월 미만의 일수는 1월로 한다)로 나눈 금액에 12를 곱하여 산출한 금액을 임금 합계액으로 본다.(2016.2.5 본항신설)
⑮ 법 제29조의4제4항에 따라 납부하여야 할 세액은 다음 계산식에 따라 계산한 금액으로 한다.

$$\text{법 제29조의4} \atop \text{제3항에 따라} \times \frac{\text{공제받은 과세연도의 정규직 전환}}{\text{근로자 중 근로관계를 종료한}} \atop \text{공제받은 세액} \quad \frac{\text{근로자 수}}{\text{공제받은 과세연도의 정규직 전환}} \atop \text{근로자 수}$$

(2021.2.17 본항개정)
⑯ 법 제29조의4제5항제1호 및 같은 조 제6항에서 "전체 중소기업 임금증가율을 고려하여 대통령령으로 정한 비율"이란 각각 전체 중소기업의 직전 3년 평균임금증가율을 고려하여 기획재정부령으로 정하는 비율을 말한다.(2017.2.7 본항신설)
⑰ 법 제29조의4제1항, 제3항 또는 제5항에 따라 세액공제를 받으려는 자는 과세표준 신고와 함께 기획재정부령으로 정하는 세액공제신청서를 납세지 관할 세무서장에게 제출하여야 한다.(2017.2.7 본항개정)
(2015.2.3 본조신설)
제26조의5【청년고용을 증대시킨 기업에 대한 세액공제】 ① 법 제29조의5제1항에서 "소비성서비스업 등 대통령령으로 정하는 업종"이란 제29조제3항에 따른 소비성서비스업을 말한다.
② 법 제29조의5제1항에서 "대통령령으로 정하는 정규직 근로자"란 「근로기준법」에 따라 근로계약을 체결한 내국인 근로자 중 다음 각 호의 어느 하나에 해당하는 사람을 제외한 근로자(이하 이 조에서 "전체 정규직 근로자"라 한다)를 말한다.
1. 「기간제 및 단시간근로자 보호 등에 관한 법률」에 따른 기간제근로자 및 단시간근로자
2. 「파견근로자보호 등에 관한 법률」에 따른 파견근로자
3. 제23조제10항제3호부터 제6호까지의 근로자 중 어느 하나에 해당하는 근로자
4. 「청소년 보호법」 제2조제5호 각 목에 따른 업소에 근무하는 같은 조 제1호에 따른 청소년
③ 법 제29조의5제1항에서 "대통령령으로 정하는 청년 정규직 근로자"란 제2항에 따른 정규직 근로자로서 15세 이상 29세 이하인 자(이하 이 조에서 "청년 정규직 근로자"라 한다)를 말한다. 다만, 해당 근로자가 제27조제1항제1호 각 목의 어느 하나에 해당하는 병역을 이행한

경우에는 그 기간(6년을 한도로 한다)을 현재 연령에서 빼고 계산한 연령이 29세 이하인 사람을 포함한다.
④ 법 제29조의5제1항에서 "대통령령으로 정하는 상시근로자"란 제23조제1항에 따른 상시근로자(이하 이 조에서 "상시근로자"라 한다)를 말한다.
⑤ (2021.2.17 삭제)
⑥ 법 제29조의5제2항에 따라 납부하여야 할 소득세액 또는 법인세액은 제1호의 금액(해당 과세연도의 직전 2년 이내의 과세연도에 법 제29조의5제1항에 따라 공제받은 세액의 합계액을 한도로 한다)에서 제2호의 금액을 뺀 금액(해당 금액이 음수인 경우에는 영으로 본다)으로 하며, 이를 해당 과세연도의 과세표준을 신고할 때 소득세 또는 법인세로 납부하여야 한다.
1. 법 제29조의5제1항에 따라 공제받은 과세연도(2개 과세연도 이상 연속으로 공제받은 경우에는 공제받은 마지막 과세연도로 하며, 이하 이 조에서 "공제받은 과세연도"라 한다) 대비 해당 과세연도의 청년 정규직 근로자 감소 인원, 전체 정규직 근로자 감소 인원 또는 상시근로자 감소 인원 중 가장 큰 수에 300만원(공제받은 과세연도에 중소기업의 경우에는 1,000만원, 중견기업의 경우에는 700만원)을 곱한 금액
2. 공제받은 과세연도 대비 직전 과세연도의 청년 정규직 근로자 감소 인원, 전체 정규직 근로자 감소 인원 또는 상시근로자 감소 인원 중 가장 큰 수에 300만원(공제받은 과세연도에 중소기업의 경우에는 1,000만원, 중견기업의 경우에는 700만원)을 곱한 금액(공제받은 과세연도가 직전 과세연도인 경우에는 영으로 본다)
(2017.5.8 1호~2호개정)
⑦ 제6항을 적용할 때 공제받은 과세연도에 제3항에 따른 청년 정규직 근로자에 해당한 자는 이후 과세연도에도 청년 정규직 근로자로 보아 청년 정규직 근로자 수를 계산한다.(2020.2.11 본항개정)
⑧ 법 제29조의5제1항 및 제2항을 적용할 때 청년 정규직 근로자 수, 전체 정규직 근로자 수 또는 상시근로자 수는 다음 각 호의 구분에 따른 계산식에 따라 계산한 수(100분의 1 미만의 부분은 없는 것으로 한다)로 한다.
1. 청년 정규직 근로자 수 :

$$\frac{\text{해당 과세연도의 매월 말 현재}}{\text{해당 과세연도의 개월 수}}$$

2. 전체 정규직 근로자 수 :

$$\frac{\text{해당 과세연도의 매월 말 현재}}{\text{해당 과세연도의 개월 수}}$$

3. 상시근로자 수 :

$$\frac{\text{해당 과세연도의 매월 말 현재}}{\text{해당 과세연도의 개월 수}}$$

⑨ 제8항제3호에 따른 상시근로자 수의 계산에 관하여는 제23조제11항 각 호 외의 부분 후단 및 같은 항 제2호를 준용한다.
⑩ 제8항을 적용할 때 해당 과세연도에 창업 등을 한 내국인의 경우에는 제23조제13항을 준용한다. 이 경우 "상시근로자 수"는 "청년 정규직 근로자 수, 전체 정규직 근로자 수 또는 상시근로자 수"로, "상시근로자"는 "청년 정규직 근로자, 전체 정규직 근로자 또는 상시근로자"로 본다.
⑪ 법 제29조의5제1항에 따라 세액공제를 받으려는 자는 과세표준 신고와 함께 기획재정부령으로 정하는 세액공제신청서 및 공제세액계산서를 납세지 관할 세무서장에게 제출하여야 한다.
(2016.2.5 본조신설)

제26조의6 【중소기업 청년근로자 및 핵심인력 성과보상기금 수령액에 대한 소득세 감면 등】 ① 법 제29조의6 제1항 각 호 외의 부분에서 "해당 기업의 최대주주 등 대통령령으로 정하는 사람"이란 다음 각 호의 어느 하나에 해당하는 사람을 말한다.(2023.2.28 본문개정)
1. 해당 기업의 최대주주 또는 최대출자자(개인사업자의 경우에는 대표자를 말한다)와 그 배우자
2. 제1호에 해당하는 사람의 직계존비속(그 배우자를 포함한다) 또는 제1호에 해당하는 사람과 「국세기본법 시행령」 제1조의2제1항에 따른 친족관계에 있는 사람(2023.2.28 본호개정)
② 법 제29조의6제1항제1호 각 목 외의 부분에서 "대통령령으로 정하는 청년"이란 제26조의8제3항제1호에 해당하는 사람을 말한다.(2023.2.28 본항신설)
③ 법 제29조의6제1항에 따른 감면세액은 다음 계산식에 따라 계산한 금액으로 한다.

$$
\begin{array}{l}
\left[\dfrac{\begin{array}{l}\text{「소득세법」}\\ \text{제137조제}\\ \text{1항제2호}\\ \text{에 따른 종}\\ \text{합소득산}\\ \text{출세액}\end{array}}{}\right. \times \dfrac{\text{「소득세법」 제20}}{\text{조제2항에 따른}}\\
\text{근로소득금액}\\
\dfrac{\text{「소득세법」 제14}}{\text{조제2항에 따른}}\\
\text{종합소득금액}
\end{array}
\times
\begin{array}{l}\text{법 제29조의6}\\ \text{제1항에 따라}\\ \text{부담한 기여금}\\ \overline{}\\ \text{해당 근로자}\\ \text{의 총급여액}\end{array}
\times
\begin{array}{l}\text{감}\\ \text{면}\\ \text{율}\end{array}
$$

감면율 : 법 제29조의6제1항제1호 또는 제2호의 비율

(2023.2.28 본항개정)
④ 근로자는 법 제29조의6제1항에 따라 감면을 신청하려는 경우 기획재정부령으로 정하는 감면신청서를 같은 항에 따른 공제금을 수령하는 달이 속하는 달의 다음 달 말일까지 원천징수의무자에게 제출하여야 한다.
⑤ 원천징수의무자는 법 제29조의6제1항에 따라 감면을 받는 경우 신청을 받은 달이 속하는 달의 다음 달 10일까지 원천징수관할세무서장에게 기획재정부령으로 정하는 감면 대상 명세서를 제출하여야 한다.
(2020.2.11 본조제목개정)
(2016.2.5 본조신설)

제26조의7 【고용을 증대시킨 기업에 대한 세액공제】 ① 법 제29조의7제1항 각 호 외의 부분에서 "소비성서비스업 등 대통령령으로 정하는 업종"이란 제29조제3항에 따른 소비성서비스업을 말한다.
② 법 제29조의7제1항 각 호 외의 부분에서 "대통령령으로 정하는 상시근로자"란 제23조제10항에 따른 상시근로자(이하 이 조에서 "상시근로자"라 한다)를 말한다.
③ 법 제29조의7제1항제1호에서 "청년 정규직 근로자, 장애인 근로자, 60세 이상인 근로자 등 대통령령으로 정하는 상시근로자"란 상시근로자 중 다음 각 호의 어느 하나에 해당하는 사람(이하 이 조에서 "청년등 상시근로자"라 한다)을 말한다.(2022.2.15 본문개정)
1. 15세 이상 29세 이하인 사람 중 다음 각 목의 어느 하나에 해당하는 사람을 제외한 사람. 다만, 해당 근로자가 제23조제1항제1호 각 목의 어느 하나에 해당하는 병역을 이행한 경우에는 그 기간(6년을 한도로 한다)을 현재 연령에서 빼고 계산한 연령이 29세 이하인 사람을 포함한다.
가. 「기간제 및 단시간근로자 보호 등에 관한 법률」에 따른 기간제근로자 및 단시간근로자
나. 「파견근로자보호 등에 관한 법률」에 따른 파견근로자
다. 「청소년 보호법」 제2조제5호 각 목에 따른 업소에 근무하는 같은 조 제1호에 따른 청소년
2. 「장애인복지법」의 적용을 받는 장애인, 「국가유공자 등 예우 및 지원에 관한 법률」에 따른 상이자, 「5 · 18민주유공자예우 및 단체설립에 관한 법률」 제4조제2호에 따른 5 · 18민주화운동부상자와 「고엽제후유의증 등 환자지원 및 단체설립에 관한 법률」 제2조제3호에 따른 고엽제후유의증환자로서 장애등급 판정을 받은

사람(2021.4.6 본호개정)
3. 근로계약 체결일 현재 연령이 60세 이상인 사람 (2021.2.17 본호신설)
④ (2021.2.17 삭제)
⑤ 법 제29조의7제2항에 따라 납부하여야 할 소득세액 또는 법인세액은 다음 각 호의 구분에 따라 계산한 금액으로 하며, 이를 해당 과세연도의 과세표준을 신고할 때 소득세 또는 법인세로 납부하여야 한다.
1. 법 제29조의7제1항에 따라 최초로 공제받은 과세연도의 종료일부터 1년이 되는 날이 속하는 과세연도의 종료일까지의 기간 중 최초로 공제받은 과세연도보다 상시근로자 수 또는 청년등 상시근로자 수가 감소하는 경우 : 다음 각 목의 구분에 따라 계산한 금액(해당 과세연도의 직전 1년 이내의 과세연도에 법 제29조의7제1항에 따라 공제받은 세액을 한도로 한다)
가. 상시근로자 수가 감소하는 경우 : 다음의 구분에 따라 계산한 금액
1) 청년등 상시근로자의 감소한 인원 수가 상시근로자의 감소한 인원 수 이상인 경우 : 다음의 계산식에 따라 계산한 금액

[최초로 공제받은 과세연도 대비 청년등 상시근로자의 감소한 인원 수(최초로 공제받은 과세연도에 청년등 상시근로자의 증가한 인원 수를 한도로 한다) − 상시근로자의 감소한 인원 수] × (법 제29조의7제1항제1호의 금액 − 같은 항 제2호의 금액) + (상시근로자의 감소한 인원 수 × 법 제29조의7제1항제1호의 금액)

2) 그 밖의 경우 : 다음의 계산식에 따라 계산한 금액

[최초로 공제받은 과세연도 대비 청년등 상시근로자의 감소한 인원 수(상시근로자의 감소한 인원 수를 한도로 한다) × 법 제29조의7제1항제1호의 금액] + [최초로 공제받은 과세연도 대비 청년등 상시근로자 외 상시근로자의 감소한 인원 수(상시근로자의 감소한 인원 수를 한도로 한다) × 법 제29조의7제1항제2호의 금액]

나. 상시근로자 수는 감소하지 않으면서 청년등 상시근로자 수가 감소한 경우 : 다음의 계산식에 따라 계산한 금액

최초로 공제받은 과세연도 대비 청년등 상시근로자의 감소한 인원 수(최초로 공제받은 과세연도에 청년등 상시근로자의 증가한 인원 수를 한도로 한다) × (법 제29조의7제1항제1호의 금액 − 같은 항 제2호의 금액)

2. 제1호에 따른 기간의 다음 날부터 법 제29조의7제1항에 따라 최초로 공제받은 과세연도의 종료일부터 2년이 되는 날이 속하는 과세연도의 종료일까지의 기간 중 최초로 공제받은 과세연도보다 상시근로자 수 또는 청년등 상시근로자 수가 감소하는 경우 : 다음 각 목의 구분에 따라 계산한 금액(제1호에 따라 계산한 금액이 있는 경우 그 금액을 제외하며, 해당 과세연도의 직전 2년 이내의 과세연도에 법 제29조의7제1항에 따라 공제받은 세액의 합계액을 한도로 한다)
가. 상시근로자 수가 감소하는 경우 : 다음의 구분에 따라 계산한 금액
1) 청년등 상시근로자의 감소한 인원 수가 상시근로자의 감소한 인원 수 이상인 경우 : 다음의 계산식에 따라 계산한 금액

[최초로 공제받은 과세연도 대비 청년등 상시근로자의 감소한 인원 수(최초로 공제받은 과세연도에 청년등 상시근로자의 증가한 인원 수를 한도로 한다) − 상시근로자의 감소한 인원 수] × (법 제29조의7제1항제1호의 금액 − 같은 항 제2호의 금액 × 직전 2년 이내의 과세연도에 공제받은 횟수) + (상시근로자의 감소한 인원 수 × 법 제29조의7제1항제1호의 금액 × 직전 2년 이내의 과세연도에 공제받은 횟수)

2) 그 밖의 경우 : 최초로 공제받은 과세연도 대비 청년등 상시근로자 및 청년등 상시근로자 외 상시근로자의 감소한 인원 수(상시근로자의 감소한 인원 수를 한도로 한다)에 대해 직전 2년 이내의 과세연도에 공제받은 세액의 합계액

나. 상시근로자 수는 감소하지 않으면서 청년등 상시근로자 수가 감소한 경우 : 다음의 계산식에 따라 계산한 금액

> 최초로 공제받은 과세연도 대비 청년등 상시근로자의 감소한 인원 수(최초로 공제받은 과세연도에 청년등 상시근로자의 증가한 인원 수를 한도로 한다) × (법 제29조의7제1항제1호의 금액 - 같은 항 제2호의 금액) × 직전 2년 이내의 과세연도에 공제받은 횟수

(2020.2.11 본항개정)

⑥ 제5항을 적용할 때 최초로 공제받은 과세연도에 제3항제1호에 따른 청년등 상시근로자에 해당한 자는 이후 과세연도에도 청년등 상시근로자로 보아 청년등 상시근로자 수를 계산한다.(2020.2.11 본항개정)

⑦ 법 제29조의7제1항 및 제2항을 적용할 때 상시근로자 수, 청년등 상시근로자 수는 다음 각 호의 구분에 따른 계산식에 따라 계산한 수(100분의 1 미만의 부분은 없는 것으로 한다)로 한다.(2019.2.12 본문개정)

1. 상시근로자 수 :

$$\frac{\text{해당 과세연도의 매월 말 현재 상시근로자 수의 합}}{\text{해당 과세연도의 개월 수}}$$

2. 청년등 상시근로자 수 :

$$\frac{\text{해당 과세연도의 매월 말 현재 청년등 상시근로자 수의 합}}{\text{해당 과세연도의 개월 수}}$$

⑧ 제7항에 따른 상시근로자 수의 계산에 관하여는 제23조제11항 각 호 외의 부분 후단 및 같은 항 제2호를 준용한다.

⑨ 제7항을 적용할 때 해당 과세연도에 창업 등을 한 내국인의 경우에는 제23조제13항을 준용한다.

⑩ 법 제29조의7제1항에 따라 세액공제를 받으려는 자는 과세표준 신고와 함께 기획재정부령으로 정하는 세액공제신청서 및 공제세액계산서를 납세지 관할 세무서장에게 제출하여야 한다.(2019.2.12 본항개정)

(2018.2.13 본조신설)

제26조의8【통합고용세액공제】

① 법 제29조의8제1항 각 호 외의 부분에서 "소비성서비스업 등 대통령령으로 정하는 업종"이란 제29조제3항에 따른 소비성서비스업을 말한다.

② 법 제29조의8제1항 각 호 외의 부분에서 "대통령령으로 정하는 상시근로자"란 제23조제10항에 따른 상시근로자(이하 이 조에서 "상시근로자"라 한다)를 말한다.

③ 법 제29조의8제1항제1호에서 "청년 정규직 근로자, 장애인 근로자, 60세 이상인 근로자 또는 경력단절 여성 등 대통령령으로 정하는 상시근로자"란 상시근로자 중 다음 각 호의 어느 하나에 해당하는 사람(이하 이 조에서 "청년등상시근로자"라 한다)을 말한다.

1. 15세 이상 34세(제27조제1항제1호 각 목의 어느 하나에 해당하는 병역을 이행한 사람의 경우에는 6년을 한도로 병역을 이행한 기간을 해당 연령에서 빼고 계산한 연령을 말한다) 이하인 사람 중 다음 각 목에 해당하는 사람을 제외한 사람

가. 「기간제 및 단시간근로자 보호 등에 관한 법률」에 따른 기간제근로자 및 단시간근로자

나. 「파견근로자 보호 등에 관한 법률」에 따른 파견근로자

다. 「청소년 보호법」에 따른 청소년유해업소에 근무하는 같은 법에 따른 청소년

2. 「장애인복지법」의 적용을 받는 장애인, 「국가유공자 등 예우 및 지원에 관한 법률」에 따른 상이자, 「5·18민주유공자예우 및 단체설립에 관한 법률」 제4조제2호에 따른 5·18민주화운동부상자와 「고엽제후유의증 등 환자지원 및 단체설립에 관한 법률」에 따른 고엽제후유의증환자로서 장애등급 판정을 받은 사람

3. 근로계약 체결일 현재 연령이 60세 이상인 사람

4. 법 제29조의3제1항에 따른 경력단절 여성

④ 법 제29조의8제2항 후단에 따라 납부해야 할 소득세액 또는 법인세액은 다음 각 호의 구분에 따라 계산한 금액으로 하며, 이를 해당 과세연도의 과세표준을 신고할 때 소득세 또는 법인세로 납부해야 한다.

1. 법 제29조의8제1항에 따라 최초로 공제받은 과세연도의 종료일부터 1년이 되는 날이 속하는 과세연도의 종료일까지의 기간 중 최초로 공제받은 과세연도보다 전체 상시근로자 수 또는 청년등상시근로자 수가 감소하는 경우 : 다음 각 목의 구분에 따라 계산한 금액(해당 과세연도의 직전 1년 이내의 과세연도에 법 제29조의8제1항에 따라 공제받은 세액을 한도로 한다)

가. 전체 상시근로자 수가 감소하는 경우 : 다음의 구분에 따라 계산한 금액

1) 청년등상시근로자의 감소 인원 수가 전체 상시근로자의 감소 인원 수 이상인 경우 : 다음 계산식에 따라 계산한 금액

> [최초로 공제받은 과세연도 대비 청년등상시근로자의 감소 인원 수(최초로 공제받은 과세연도의 청년등상시근로자의 증가 인원 수를 한도로 한다) - 전체 상시근로자의 감소 인원 수) × (법 제29조의8제1항제1호의 금액 - 같은 항 제2호의 금액) + (전체 상시근로자의 감소 인원 수 × 법 제29조의8제1항제1호의 금액)

2) 그 밖의 경우 : 다음 계산식에 따라 계산한 금액

> [최초로 공제받은 과세연도 대비 청년등상시근로자의 감소 인원 수(전체 상시근로자의 감소 인원 수를 한도로 한다) × 법 제29조의8제1항제1호의 금액] + [최초로 공제받은 과세연도 대비 청년등상시근로자를 제외한 상시근로자의 감소 인원 수(전체 상시근로자의 감소 인원 수를 한도로 한다) × 법 제29조의8제1항제2호의 금액]

나. 전체 상시근로자 수는 감소하지 않으면서 청년등상시근로자 수가 감소한 경우 : 다음 계산식에 따라 계산한 금액

> 최초로 공제받은 과세연도 대비 청년등상시근로자의 감소 인원 수(최초로 공제받은 과세연도의 청년등상시근로자의 증가 인원 수를 한도로 한다) × (법 제29조의8제1항제1호의 금액 - 같은 항 제2호의 금액)

2. 제1호에 따른 기간의 다음 날부터 법 제29조의8제1항에 따라 최초로 공제받은 과세연도의 종료일부터 2년이 되는 날이 속하는 과세연도의 종료일까지의 기간 중 최초로 공제받은 과세연도보다 전체 상시근로자 수 또는 청년등상시근로자 수가 감소하는 경우 : 다음 각 목의 구분에 따라 계산한 금액(제1호에 따라 계산한 금액이 있는 경우 그 금액을 제외하며, 해당 과세연도의 직전 2년 이내의 과세연도에 법 제29조의8제1항에 따라 공제받은 세액의 합계액을 한도로 한다)

가. 전체 상시근로자 수가 감소하는 경우 : 다음의 구분에 따라 계산한 금액

1) 청년등상시근로자의 감소 인원 수가 전체 상시근로자의 감소 인원 수 이상인 경우 : 다음 계산식에 따라 계산한 금액

［최초로 공제받은 과세연도 대비 청년등상시근로자의 감소 인원 수(최초로 공제받은 과세연도의 청년등상시근로자의 증가 인원 수를 한도로 한다) － 전체 상시근로자의 감소 인원 수］ × (법 제29조의8제1항제1호의 금액 － 같은 항 제2호의 금액) × 직전 2년 이내의 과세연도에 공제받은 횟수 ＋ (전체 상시근로자의 감소 인원 수 × 법 제29조의8제1항제1호의 금액 × 직전 2년 이내의 과세연도에 공제받은 횟수)

　2) 그 밖의 경우 : 최초로 공제받은 과세연도 대비 청년등상시근로자 및 청년등상시근로자를 제외한 상시근로자의 감소 인원 수(전체 상시근로자의 감소 인원 수를 한도로 한다)에 대해 직전 2년 이내의 과세연도에 공제받은 금액의 합계액

　나. 전체 상시근로자 수는 감소하지 않으면서 청년등상시근로자 수가 감소한 경우 : 다음 계산식에 따라 계산한 금액

　최초로 공제받은 과세연도 대비 청년등상시근로자의 감소 인원 수(최초로 공제받은 과세연도의 청년등상시근로자의 증가 인원 수를 한도로 한다) × (법 제29조의8제1항제1호의 금액 － 같은 항 제2호의 금액) × 직전 2년 이내의 과세연도에 공제받은 횟수

⑤ 제4항을 적용할 때 최초로 공제받은 과세연도에 제3항제1호에 따른 청년등상시근로자에 해당한 자는 최초로 공제받은 과세연도 이후의 과세연도에도 청년등상시근로자로 보아 청년등상시근로자 수를 계산한다.
⑥ 법 제29조의8제1항부터 제4항까지의 규정을 적용할 때 상시근로자 수 및 청년등상시근로자 수는 다음 각 호의 구분에 따른 계산식에 따라 계산한 수(100분의 1 미만의 부분은 없는 것으로 한다)로 한다.
1. 상시근로자 수 :

$$\frac{\text{해당 과세연도의 매월 말 현재 상시근로자 수의 합}}{\text{해당 과세연도의 개월 수}}$$

2. 청년등상시근로자 수 :

$$\frac{\text{해당 과세연도의 매월 말 현재 청년등상시근로자 수의 합}}{\text{해당 과세연도의 개월 수}}$$

⑦ 제6항에 따른 상시근로자 수의 계산에 관하여는 제23조제11항 각 호 외의 부분 후단을 준용한다.
⑧ 제6항을 적용할 때 해당 과세연도에 창업 등을 한 내국인의 경우에는 제23조제13항을 준용한다. 이 경우 "상시근로자 수"는 "상시근로자 수 또는 청년등상시근로자 수"로 본다.
⑨ 법 제29조의8제3항 본문 및 같은 조 제4항제3호에서 "대통령령으로 정하는 특수관계"란 각각 「국세기본법 시행령」 제1조의2제1항에 따른 친족관계를 말한다.
⑩ 법 제29조의8제4항제1호에 따라 기업의 육아휴직 복귀자에 대한 근로소득세 원천징수의 사실 여부는 「소득세법 시행령」 제196조제1항에 따른 근로소득원천징수부를 통하여 확인한다.
⑪ 법 제29조의8제1항, 제3항 및 제4항에 따라 세액공제를 받으려는 자는 과세표준신고를 할 때 기획재정부령으로 정하는 세액공제신청서 및 공제세액계산서를 납세지 관할 세무서장에게 제출해야 한다.
(2023.2.28 본조신설)
제27조【중소기업 취업자에 대한 소득세 감면】 ① 법 제30조제1항 전단에서 "대통령령으로 정하는 청년, 60세 이상인 사람, 장애인 및 경력단절 여성"이란 다음 각 호의 구분에 따른 사람을 말한다.(2017.2.7 본문개정)
1. 청년 : 근로계약 체결일 현재 연령이 15세 이상 34세 이하인 사람. 다만, 다음 각 목의 어느 하나에 해당하는 병역을 이행한 경우에는 그 기간(6년을 한도로 한다)

을 근로계약 체결일 현재 연령에서 빼고 계산한 연령이 34세 이하인 사람을 포함한다.(2018.8.28 본문개정)
　가. 「병역법」 제16조 또는 제20조에 따른 현역병(같은 법 제21조, 제25조에 따라 복무한 상근예비역 및 의무경찰·의무소방원을 포함한다)(2016.11.29 본목개정)
　나. 「병역법」 제26조제1항에 따른 사회복무요원
　다. 「군인사법」 제2조제1호에 따른 현역에 복무하는 장교, 준사관 및 부사관
2. 60세 이상의 사람 : 근로계약 체결일 현재 연령이 60세 이상인 사람
3. 장애인 : 다음 각 목의 어느 하나에 해당하는 사람
　가. 「장애인복지법」의 적용을 받는 장애인
　나. 「국가유공자 등 예우 및 지원에 관한 법률」에 따른 상이자
　다. 「5·18민주유공자예우 및 단체설립에 관한 법률」 제4조제2호에 따른 5·18민주화운동부상자 (2021.4.6 본목개정)
　라. 「고엽제후유의증 등 환자지원 및 단체 설립에 관한 법률」에 따른 고엽제후유의증환자로서 장애등급 판정을 받은 사람
　(2019.2.12 본호개정)
4. 경력단절 여성 : 법 제29조의3제1항에 따른 경력단절 여성(2017.2.7 본호신설)
(2014.2.21 본항개정)
② 제1항을 적용할 때 다음 각 호의 어느 하나에 해당하는 사람은 제외한다.
1. 「법인세법 시행령」 제40조제1항 각 호의 어느 하나에 해당하는 임원(2019.2.12 본호개정)
2. 해당 기업의 최대주주 또는 최대출자자(개인사업자의 경우에는 대표자를 말한다)와 그 배우자
3. 제2호에 해당하는 자의 직계존속·비속(그 배우자를 포함한다) 및 「국세기본법 시행령」 제1조의2제1항에 따른 친족관계인 사람
4. 「소득세법」 제14조제3항제2호에 따른 일용근로자
5. 다음 각 목의 어느 하나에 해당하는 보험료 등의 납부 사실이 확인되지 아니하는 사람. 다만, 「국민연금법」 제6조 단서에 따라 국민연금 가입 대상이 되지 아니하는 자와 「국민건강보험법」 제5조제1항 단서에 따라 건강보험 가입자가 되지 아니하는 자는 제외한다. (2016.2.5 단서개정)
　가. 「국민연금법」 제3조제1항제11호 및 제12호에 따른 부담금 및 기여금
　나. 「국민건강보험법」 제69조에 따른 직장가입자의 보험료(2012.8.31 본목개정)
(2012.2.2 본항신설)
③ 법 제30조제1항 전단에서 "대통령령으로 정하는 기업"이란 다음 각 호의 어느 하나에 해당하는 사업을 주된 사업으로 영위하는 기업을 말한다. 다만, 국가, 지방자치단체(지방자치단체조합을 포함한다), 「공공기관의 운영에 관한 법률」에 따른 공공기관 및 「지방공기업법」에 따른 지방공기업은 제외한다.
1. 농업, 임업 및 어업
2. 광업
3. 제조업
4. 전기, 가스, 증기 및 공기조절 공급업
5. 수도, 하수 및 폐기물처리, 원료재생업
6. 건설업
7. 도매 및 소매업
8. 운수 및 창고업
9. 숙박 및 음식점업(주점 및 비알코올 음료점업은 제외한다)
10. 정보통신업(비디오물 감상실 운영업은 제외한다)
11. 부동산업
12. 연구개발업
13. 광고업

14. 시장조사 및 여론조사업
15. 건축기술, 엔지니어링 및 기타 과학기술 서비스업
16. 기타 전문, 과학 및 기술 서비스업
17. 사업시설 관리, 사업 지원 및 임대 서비스업
18. 기술 및 직업훈련학원
19. 사회복지 서비스업
20. 개인 및 소비용품 수리업
21. 창작 및 예술 관련 서비스업
22. 도서관, 사적지 및 유사 여가 관련 서비스업
23. 스포츠 서비스업
(2020.2.11 본항개정)
④ 법 제30조제1항 전단에서 "대통령령으로 정하는 병역"이란 제1항제1호 각 목의 어느 하나에 해당하는 병역을 말한다.(2015.2.3 본항신설)
⑤ 법 제30조제2항에 따라 감면 신청을 하려는 근로자는 기획재정부령으로 정하는 감면신청서에 병역복무기간을 증명하는 서류 등을 첨부하여 취업일이 속하는 달의 다음 달 말일까지 원천징수의무자에게 제출하여야 한다. 이 경우 원천징수의무자는 감면신청서를 제출받은 달의 다음 달부터 「소득세법」 제134조제1항에도 불구하고 법 제30조제1항에 따른 감면율을 적용하여 매월분의 근로소득에 대한 소득세를 원천징수할 수 있다.(2016.2.5 후단개정)
⑥ 원천징수의무자는 법 제30조제3항에 따라 감면 신청을 한 근로자의 명단을 원천징수 관할 세무서장에게 제출할 때에는 기획재정부령으로 정하는 감면 대상 명세서를 제출하여야 한다.
⑦ 원천징수의무자는 법 제30조제5항 단서에 따라 해당 근로자가 퇴직한 사실을 원천징수 관할 세무서장에게 통지할 때에는 기획재정부령으로 정하는 감면부적격 대상 퇴직자 명세서를 제출하여야 한다.
⑧ 법 제30조제1항에 따른 중소기업체로부터 받는 근로소득(이하 이 조에서 "감면소득"이라 한다)과 그 외의 종합소득이 있는 경우에 해당 과세기간의 감면세액은 과세기간별로 200만원을 한도로 다음 계산식에 따라 계산한 금액으로 한다.

감면세액 = A × (B / C) × (D / E) × F

A : 「소득세법」 제55조제1항에 따른 종합소득산출세액
B : 「소득세법」 제20조제2항에 따른 근로소득금액
C : 「소득세법」 제14조제2항에 따른 종합소득금액
D : 법 제30조제1항에 따른 중소기업체로부터 받는 총급여액
E : 해당 근로자의 총급여액
F : 법 제30조제1항의 감면율

(2023.2.28 본항개정)
⑨ 「소득세법」 제59조제1항에 따른 근로소득세액공제를 할 때 감면소득과 다른 근로소득이 있는 경우(감면소득 외의 다른 근로소득이 없는 경우를 포함한다)에는 다음 계산식에 따라 계산한 금액을 근로소득세액공제액으로 한다.

근로소득세액공제액 = A × 〔1 - (B / C)〕

A : 「소득세법」 제59조제1항에 따라 계산한 근로소득세액공제액
B : 감면세액
C : 「소득세법」 제55조제1항에 따른 종합소득산출세액 × (「소득세법」 제20조제2항에 따른 근로소득금액 / 「소득세법」 제14조제2항에 따른 종합소득금액)

(2021.2.17 본항개정)
(2014.2.21 본조제목개정)
(2012.2.2 본조개정)
제27조의2 (2023.2.28 삭제)
제27조의3【고용유지중소기업 등에 대한 과세특례】 ① 법 제30조의3제1항제1호 및 제2항제2호에 따른 직전 또는 해당 과세연도의 상시근로자(해당 과세연도 중에 근로관계가 성립한 상시근로자는 제외한다. 이하 이 항 및 제5항에서 같다) 1인당 시간당 임금은 제1호에 따른 임금총액을 제2호에 따른 근로시간 합계로 나눈 금액으로 한다.(2017.2.7 본문개정)
1. 임금총액 : 직전 또는 해당 과세연도에 상시근로자에게 지급한 통상임금과 정기상여금 등 고정급 성격의 금액을 합산한 금액
2. 근로시간 합계 : 직전 또는 해당 과세연도의 상시근로자의 근로계약상 근로시간(「근로기준법」 제2조제1항제9호에 따른 단시간근로자로서 1개월간의 소정근로시간이 60시간 이상인 경우에는 실제 근로시간)의 합계(2019.2.12 본호개정)
(2014.2.21 본항개정)
② 법 제30조의3제1항제2호에서 "대통령령으로 정하는 일정비율"이란 100분의 0을 말한다.
③ 법 제30조의3에 따른 고용유지중소기업에 대한 과세특례를 적용받으려는 기업은 소득세 또는 법인세 과세표준신고와 함께 기획재정부령으로 정하는 세액공제신청서에 사업주와 근로자대표간 합의를 증명하는 서류 등을 첨부하여 납세지 관할세무서장에게 제출하여야 한다.(2019.2.12 본항개정)
④ 법 제30조의3제1항부터 제3항까지의 규정을 적용할 때 상시근로자는 「근로기준법」에 따라 근로계약을 체결한 근로자로 한다. 다만, 다음 각 호의 어느 하나에 해당하는 사람은 제외한다.
1. 근로계약기간이 1년 미만인 자. 다만, 법 제30조의3제3항을 적용할 때 근로계약의 연속된 갱신으로 인하여 그 근로계약의 총기간이 1년 이상인 근로자는 상시근로자로 본다.
2. 「법인세법 시행령」 제40조제1항 각 호의 어느 하나에 해당하는 임원(2019.2.12 본호개정)
3. 해당 기업의 최대주주 또는 최대출자자(개인사업자의 경우에는 대표자를 말한다)와 그 배우자
4. 제3호에 해당하는 자의 직계존속·비속과 그 배우자
5. 「소득세법 시행령」 제196조에 따른 근로소득원천징수부에 의하여 근로소득세를 원천징수한 사실이 확인되지 아니하고, 다음 각 목의 어느 하나에 해당하는 보험료 등의 납부사실도 확인되지 아니하는 사람
   가. 「국민연금법」 제3조제1항제11호 및 제12호에 따른 부담금 및 기여금
   나. 「국민건강보험법」 제69조에 따른 직장가입자의 보험료(2012.8.31 본목개정)
6. 「근로기준법」 제2조제1항제9호에 따른 단시간근로자. 다만, 1개월간의 소정근로시간이 60시간 이상인 근로자는 상시근로자로 본다.(2020.6.2 본호개정)
(2012.2.2 본항신설)
⑤ 법 제30조의3제1항제3호 및 같은 조 제2항의 규정을 적용할 때 직전 또는 해당 과세연도의 상시근로자 1인당 연간 임금총액은 제1호에 따른 임금총액을 제2호의 계산식에 따라 계산한 상시근로자 수로 나눈 금액으로 한다.
1. 임금총액 : 직전 또는 해당 과세연도에 상시근로자에게 지급한 통상임금과 정기상여금 등 고정급 성격의 금액을 합산한 금액
2. 상시근로자 수 :

$$\frac{직전\ 또는\ 해당\ 과세연도의\ 매월\ 말\ 현재\ 상시근로자\ 수의\ 합}{직전\ 또는\ 해당\ 과세연도의\ 개월\ 수}$$

(2012.2.2 본항신설)
⑥ 직전 또는 해당 과세연도 중에 사망, 정년퇴직 및 이에 준하는 사유로 근로관계가 종료되어 상시근로자가 감소한 경우 그 감소인원은 직전 과세연도부터 근무하지 아니한 것으로 보아 제5항에 따른 상시근로자 수 및 상시근로자 1인당 연간 임금총액을 산정할 때 제외한다.(2012.2.2 본항신설)

⑦ 직전 또는 해당 과세연도 중에 합병 또는 사업의 포괄양수 등에 의하여 종전의 사업부문에서 종사하던 상시근로자를 승계한 경우 그 승계인원은 직전 과세연도부터 승계한 기업에서 근무한 것으로 보아 제5항에 따른 상시근로자 수 및 상시근로자 1인당 연간 임금총액을 산정한다.(2012.2.2 본항신설)
⑧ 직전 또는 해당 과세연도 중에 분할 또는 사업의 포괄양도 등에 의하여 상시근로자가 감소한 경우 그 감소인원은 직전 과세연도부터 분할 또는 사업을 포괄양도한 기업 등에서 근무하지 아니한 것으로 보아 제5항에 따른 상시근로자 수 및 상시근로자 1인당 연간 임금총액을 산정할 때 제외한다.(2012.2.2 본항신설)
⑨ 법 제30조의3제2항제2호에 따른 해당 과세연도 전체 상시근로자의 근로시간 합계는 제1항제2호에 따른 해당 과세연도의 근로시간 합계로 한다.(2017.2.7 본항신설)
⑩ 법 제30조의3제3항에 따른 연간 임금총액은 통상임금과 정기상여금 등 고정급 성격의 금액을 합산한 금액으로 한다. 이 경우 직전 또는 해당 과세연도 중 근로관계가 성립하거나 종료된 상시근로자의 연간 임금총액은 다음 각 호의 구분에 따라 산정한다.
1. 직전 과세연도 중에 근로관계가 성립한 상시근로자의 해당 과세연도의 연간 임금총액은 다음 계산식에 따라 계산한다.

$$해당\ 과세연도의\ 통상임금과\ 고정급\ 성격의\ 금액의\ 합산액 \times \frac{직전\ 과세연도의\ 총\ 근무일수}{해당\ 과세연도의\ 총\ 근무일수}$$

2. 해당 과세연도 중에 근로관계가 종료된 상시근로자의 직전 과세연도의 연간 임금총액은 다음 계산식에 따라 계산한다.

$$직전\ 과세연도의\ 통상임금과\ 고정급\ 성격의\ 금액의\ 합산액 \times \frac{해당\ 과세연도의\ 총\ 근무일수}{직전\ 과세연도의\ 총\ 근무일수}$$

3. 제1호 및 제2호에도 불구하고 직전 또는 해당 과세연도 중에 기업의 합병 또는 분할 등에 의하여 근로관계가 승계된 상시근로자의 직전 또는 해당 과세연도의 연간 임금총액은 종전 근무지에서 지급받은 임금총액을 합산한 금액으로 한다.
(2012.2.2 본항신설)
⑪ 법 제30조의3제5항제1호에서 "대통령령으로 정하는 지역"이란 「고용정책 기본법 시행령」 제29조에 따라 고용노동부장관이 지정·고시하는 지역을 말한다.
(2021.2.17 본항개정)
(2009.6.19 본조제목개정)
(2009.4.21 본조신설)

제27조의4【중소기업 사회보험료 세액공제 적용 시 상시근로자의 범위 등】① 법 제30조의4제1항에 따른 상시근로자는 「근로기준법」에 따라 근로계약을 체결한 내국인 근로자로 한다. 다만, 다음 각 호의 어느 하나에 해당하는 사람은 제외한다.
1. 근로계약기간이 1년 미만인 근로자(근로계약의 연속된 갱신으로 인하여 그 근로계약의 총 기간이 1년 이상인 근로자는 제외한다)(2020.2.11 본호개정)
2. 「근로기준법」 제2조제1항제9호에 따른 단시간근로자. 다만, 1개월간의 소정근로시간이 60시간 이상인 근로자는 상시근로자로 한다.(2020.6.2 본호개정)
3. 「법인세법 시행령」 제40조제1항 각 호의 어느 하나에 해당하는 임원(2019.2.12 본호개정)
4. 해당 기업의 최대주주 또는 최대출자자(개인사업자의 경우에는 대표자를 말한다)와 그 배우자
5. 제4호에 해당하는 자의 직계존비속(그 배우자를 포

함한다) 및 「국세기본법 시행령」 제1조의2제1항에 따른 친족관계인 사람
6. 「소득세법 시행령」 제196조에 따른 근로소득원천징수부에 의하여 근로소득세를 원천징수한 사실이 확인되지 아니하는 사람
7. 법 제30조의4제4항에 따른 사회보험에 대하여 사용자가 부담하여야 하는 부담금 또는 보험료의 납부 사실이 확인되지 아니하는 근로자(2018.2.13 본호개정)
② 법 제30조의4제1항제1호에 따른 청년 및 경력단절 여성(이하 이 조에서 "청년등"이라 한다) 상시근로자는 다음 각 호의 어느 하나에 해당하는 자로 하고, 같은 항 제2호에 따른 청년등 외 상시근로자는 청년등 상시근로자가 아닌 상시근로자로 한다.
1. 청년 상시근로자 : 15세 이상 29세 이하인 상시근로자[제27조제1항제1호 각 목의 어느 하나에 해당하는 병역을 이행한 경우에는 그 기간(6년을 한도로 한다)을 근로계약 체결일 현재 연령에서 빼고 계산한 연령이 29세 이하인 사람을 포함한다]
2. 경력단절 여성 상시근로자 : 법 제29조의3제1항에 따른 경력단절 여성인 상시근로자
(2017.2.7 본항개정)
③ 법 제30조의4제1항제1호에서 "대통령령으로 정하는 인원"이란 해당 과세연도에 직전 과세연도 대비 증가한 청년등 상시근로자수(그 수가 음수인 경우 영으로 본다)를 말한다. 다만, 해당 과세연도에 직전 과세연도 대비 증가한 상시근로자 수를 한도로 한다.(2017.2.7 본문개정)
④ 법 제30조의4제1항제2호에서 "대통령령으로 정하는 인원"이란 해당 과세연도에 직전 과세연도 대비 증가한 상시근로자 수에서 제3항에 따라 계산한 수를 뺀 수(그 수가 음수인 경우 영으로 본다)를 말한다.
⑤ 법 제30조의4제1항제2호에서 "대통령령으로 정하는 신성장 서비스업을 영위하는 중소기업"이란 다음 각 호의 어느 하나에 해당하는 사업을 주된 사업으로 영위하는 중소기업을 말한다. 이 경우 둘 이상의 서로 다른 사업을 영위하는 경우에는 사업별 사업수입금액이 큰 사업을 주된 사업으로 본다.
1. 컴퓨터 프로그래밍, 시스템 통합 및 관리업, 소프트웨어 개발 및 공급업, 정보서비스업 또는 전기통신업
2. 창작 및 예술관련 서비스업(자영예술가는 제외한다), 영화·비디오물 및 방송프로그램 제작업, 오디오물 출판 및 원판 녹음업 또는 방송업
3. 엔지니어링사업, 전문디자인업, 보안시스템 서비스업 또는 광고업 중 광고물 작성업
4. 서적, 잡지 및 기타 인쇄물출판업, 연구개발업, 「학원의 설립·운영 및 과외교습에 관한 법률」에 따른 직업기술 분야를 교습하는 학원을 운영하는 사업 또는 「국민 평생 직업능력 개발법」에 따른 직업능력개발훈련시설을 운영하는 사업(직업능력개발훈련을 주된 사업으로 하는 경우로 한정한다)(2022.2.17 본호개정)
5. 「관광진흥법」에 따른 관광숙박업, 국제회의업, 유원시설업 또는 법 제6조제3항제20호에 따른 관광객이용시설업
6. 제5조제7항에 따른 물류산업(2020.2.11 본호개정)
7. 그 밖에 기획재정부령으로 정하는 신성장 서비스업
(2017.2.7 본항신설)
⑥ 법 제30조의4에 따른 세액공제를 적용하는 경우 상시근로자 수와 청년등 상시근로자 수는 제1호 각 목의 구분에 따른 계산식에 따라 계산한 수로 한다. 다만, 제1항제2호 단서에 따른 근로자 1명은 0.5명으로 하여 계산하되, 제2호 각 목의 지원요건을 모두 충족하는 경우에는 0.75명으로 하여 계산하고 100분의 1 미만의 부분은 없는 것으로 한다.(2022.2.15 본문개정)

1. 상시근로자 수와 청년등 상시근로자 수 계산식
(2017.2.7 본문개정)
가. 상시근로자 수 :

$$\frac{해당\ 과세연도의\ 매월\ 말\ 현재\ 상시근로자\ 수의\ 합}{해당\ 과세연도의\ 개월\ 수}$$

나. 청년등 상시근로자 수 :

$$\frac{\begin{array}{c}해당\ 과세연도의\ 매월\ 말\ 현재\\ 청년등\ 상시근로자\ 수의\ 합\end{array}}{해당\ 과세연도의\ 개월\ 수}$$

(2020.2.11 가목~나목개정)
2. 지원요건
가. 해당 과세연도의 상시근로자 수(제1항제2호 단서에 따른 근로자는 제외한다)가 직전 과세연도의 상시근로자 수(제1항제2호 단서에 따른 근로자는 제외한다)보다 감소하지 아니하였을 것
나. 기간의 정함이 없는 근로계약을 체결하였을 것
다. 상시근로자와 시간당 임금(「근로기준법」 제2조제1항제5호에 따른 임금, 정기상여금・명절상여금 등 정기적으로 지급되는 상여금과 경영성과에 따른 성과금을 포함한다), 그 밖에 근로조건과 복리후생 등에 관한 사항에서 「기간제 및 단시간근로자 보호 등에 관한 법률」 제2조제3항에 따른 차별적 처우가 없을 것
라. 시간당 임금이 「최저임금법」 제5조에 따른 최저임금액의 100분의 120 이상일 것(2016.2.5 본목개정)
(2014.2.21 본항개정)
⑦ 제3항 및 제4항에 따라 청년등 상시근로자 또는 상시근로자 증가인원을 계산할 때 해당 과세연도에 창업 등을 한 기업의 경우에는 다음 각 호의 구분에 따른 수를 직전 또는 해당 과세연도의 청년등 상시근로자 수 또는 상시근로자 수로 본다.(2017.2.7 본문개정)
1. 창업(법 제6조제10항제1호부터 제3호까지의 규정에 해당하는 경우는 제외한다)한 경우의 직전 과세연도의 상시근로자 수 : 0(2019.2.12 본호개정)
2. 법 제6조제10항제1호(합병・분할・현물출자 또는 사업의 양수 등을 통하여 종전의 사업을 승계하는 경우는 제외한다)부터 제3호까지의 어느 하나에 해당하는 경우의 직전 과세연도의 상시근로자 수 : 종전 사업, 법인전환 전의 사업 또는 폐업 전의 사업의 직전 과세연도 청년등 상시근로자 수 또는 상시근로자 수
(2019.2.12 본호개정)
3. 다음 각 목의 어느 하나에 해당하는 경우의 직전 또는 해당 과세연도의 상시근로자 수 : 직전 과세연도의 상시근로자 수는 승계시킨 기업의 경우에는 직전 과세연도 청년등 상시근로자 수 또는 상시근로자 수에 승계시킨 청년등 상시근로자 수 또는 상시근로자 수를 뺀 수로 하고, 승계한 기업의 경우에는 직전 과세연도 청년등 상시근로자 수 또는 상시근로자 수에 승계한 청년등 상시근로자 수 또는 상시근로자 수를 더한 수로 하며, 해당 과세연도의 상시근로자 수는 해당 과세연도 개시일에 상시근로자를 승계시키거나 승계한 것으로 보아 계산한 청년등 상시근로자 수 또는 상시근로자 수로 한다.
가. 해당 과세연도에 합병・분할・현물출자 또는 사업의 양수 등에 의하여 종전의 사업부문에서 종사하던 청년등 상시근로자 또는 상시근로자를 승계하는 경우
나. 제11조제1항에 따른 특수관계인으로부터 청년등 상시근로자 또는 상시근로자를 승계하는 경우
(2017.2.7 본호개정)
⑧ 법 제30조의4제1항제1호에서 "대통령령으로 정하는 금액"이란 다음의 계산식에 따라 계산한 금액(해당 과세

연도에 청년등 상시근로자를 대상으로 법 제30조의4제4항 각 호의 어느 하나에 해당하는 사회보험에 사용자가 부담하는 사회보험료 상당액에 대하여 국가 및 「공공기관의 운영에 관한 법률」 제4조에 따른 공공기관이 지급했거나 지급하기로 한 보조금 및 감면액의 합계액은 제외한다)을 말한다.

$$\frac{\begin{array}{c}해당\ 과세연도에\ 청년등\ 상시근로자에\\ 게\ 지급하는\ 「소득세법」\ 제20조제1항\\ 에\ 따른\ 총급여액\end{array}}{해당\ 과세연도의\ 청년등\ 상시근로자\ 수} \times 사회보험료율$$

(2020.2.11 본항개정)
⑨ 법 제30조의4제1항제2호에서 "대통령령으로 정하는 금액"이란 다음의 계산식에 따라 계산한 금액(해당 과세연도에 청년등 외 상시근로자를 대상으로 법 제30조의4제4항 각 호의 어느 하나에 해당하는 사회보험에 사용자가 부담하는 사회보험료 상당액에 대하여 국가 및 「공공기관의 운영에 관한 법률」 제4조에 따른 공공기관이 지급했거나 지급하기로 한 보조금 및 감면액의 합계액은 제외한다)을 말한다.

$$\frac{\begin{array}{c}해당\ 과세연도에\ 청년등\ 외\ 상시근로자\\ 에게\ 지급하는\ 「소득세법」\ 제20조제1항\\ 에\ 따른\ 총급여액\end{array}}{해당\ 과세연도의\ 상시근로자\ 수\ -\ 해당\ 과세연도의\ 청년등\ 상시근로자\ 수} \times 사회보험료율$$

(2020.2.11 본항개정)
⑩ 제8항 및 제9항을 적용할 때 사회보험료율은 해당 과세연도 종료일 현재 적용되는 다음 각 호의 수를 더한 수로 한다.(2017.2.7 본문개정)
1. 「국민건강보험법 시행령」 제44조제1항에 따른 보험료율의 2분의 1(2012.8.31 본호개정)
2. 제1호의 수에 「노인장기요양보험법 시행령」 제4조에 따른 장기요양보험료율을 곱한 수
3. 「국민연금법」 제88조에 따른 보험료율
4. 「고용보험 및 산업재해보상보험의 보험료 징수 등에 관한 법률」 제13조제4항 각 호에 따른 수를 합한 수
5. 「고용보험 및 산업재해보상보험의 보험료 징수 등에 관한 법률」 제14조제3항에 따른 산재보험료율
⑪ 법 제30조의4제2항 후단에 따라 납부해야 할 소득세액 또는 법인세액은 다음 각 호의 구분에 따라 계산한 금액(해당 과세연도의 직전 과세연도에 법 제30조의4제1항에 따라 공제받은 세액을 한도로 한다)으로 하며, 이를 해당 과세연도의 과세표준을 신고할 때 소득세 또는 법인세로 납부해야 한다.
1. 상시근로자 수가 감소한 경우 : 다음 각 목의 구분에 따라 계산한 금액
가. 감소한 청년등 상시근로자의 수가 감소한 상시근로자 수 이상인 경우 : 다음의 계산식에 따라 계산한 금액

$$A - B + C$$

A : 최초로 공제받은 과세연도(이하 이 조에서 "최초공제연도"라 한다)에 비해 감소한 청년등 상시근로자 수(최초공제연도에 청년등 상시근로자가 증가한 수를 한도로 한다)에서 최초공제연도에 비해 감소한 상시근로자 수를 뺀 인원수(이하 이 계산식에서 "차감인원수"라 한다)에 대하여 법 제30조의4제1항제1호의 계산식을 준용하여 계산한 금액
B : 차감인원수에 대하여 법 제30조의4제1항제2호의 계산식을 준용하여 계산한 금액
C : 최초공제연도에 비해 감소한 상시근로자 수에 대하여 법 제30조의4제1항제1호의 계산식을 준용하여 계산한 금액
나. 그 밖의 경우 : 다음의 계산식에 따라 계산한 금액

$$A + B$$

A : 최초공제연도에 비해 감소한 청년등 상시근로자
수(최초공제연도에 청년등 상시근로자가 증가한 수
를 한도로 한다)에 대하여 법 제30조의4제1항제1호
의 계산식을 준용하여 계산한 금액

B : 최초공제연도에 비해 감소한 청년등 상시근로자
외의 상시근로자 수(최초공제연도에 비해 감소한 상
시근로자 수를 한도로 한다)에 대하여 법 제30조의4
제1항제2호의 계산식을 준용하여 계산한 금액

2. 상시근로자 수는 감소하지 않으면서 청년등 상시근
로자 수가 감소한 경우 : 다음의 계산식에 따라 계산
한 금액

$$A - B$$

A : 최초공제연도에 비해 감소한 청년등 상시근로자 수
(최초공제연도에 청년등 상시근로자가 증가한 수를
한도로 하며, 이하 이 계산식에서 "청년감소인원수"라
한다)에 대하여 법 제30조의4제1항제1호의 계산식을
준용하여 계산한 금액

B : 청년감소인원수에 대하여 법 제30조의4제1항제2호
의 계산식을 준용하여 계산한 금액

(2022.2.15 본항신설)

⑫ 제11항을 적용할 때 최초공제연도에 청년등 상시근
로자에 해당한 사람은 이후 과세연도에도 청년등 상시
근로자로 보아 청년등 상시근로자 수를 계산한다.
(2022.2.15 본항신설)

⑬ 법 제30조의4제3항에서 "중소기업 중 대통령령으로
정하는 기업"이란 다음 각 호의 요건을 모두 갖춘 중소
기업을 말한다.

1. 해당 과세연도의 상시근로자 수가 10명 미만일 것

2. 해당 과세연도의 소득세 또는 법인세 과세표준이 5억
원 이하일 것. 이 경우 소득세 과세표준은 사업소득에
대한 것에 한정하며, 그 계산방법은 기획재정부령으로
정한다.

(2018.2.13 본항신설)

⑭ 법 제30조의4제3항에서 "대통령령으로 정하는 근로
자"란 「근로기준법」에 따라 근로계약을 체결한 내국인
근로자 중 시간당 임금이 「최저임금법」 제5조에 따른
최저임금액의 100분의 100 이상 100분의 120 이하인 근
로자를 말한다.(2018.2.13 본항신설)

⑮ 법 제30조의4제3항에서 "대통령령으로 정하는 국가
등의 지원금"이란 법 제30조의4제4항 각 호의 어느 하
나에 해당하는 사회보험에 관하여 사용자가 부담하는
사회보험료 상당액에 대하여 국가 및 「공공기관의 운영
에 관한 법률」 제4조에 따른 공공기관이 지급하였거나
지급하기로 한 보조금 및 감면액의 합계액을 말한다.
(2018.2.13 본항신설)

⑯ 법 제30조의4제3항에서 "대통령령으로 정하는 금액"
이란 사용자가 부담하는 사회보험료 상당액에서 제15
항에 따른 금액을 제외한 금액을 말한다.(2022.2.15 본항
개정)

(2018.2.13 본조제목개정)

(2012.2.2 본조개정)

제27조의5 【창업자금에 대한 증여세 과세특례】 ① 법
제30조의5제1항 전단에서 "토지·건물 등 대통령령으
로 정하는 재산"이란 「소득세법」 제94조제1항에 따른
재산을 말한다.(2014.2.21 본항개정)

② 법 제30조의5제1항 전단에서 "대통령령으로 정하는
창업자금"이란 법 제30조의5제2항에 따른 창업에 직접
사용되는 다음 각 호의 어느 하나에 해당하는 자금을
말한다.

1. 제5조제19항에 따른 사업용자산의 취득자금
(2023.2.28 본호개정)

2. 사업장의 임차보증금(전세금을 포함한다. 이하 같다)
및 임차료 지급액
(2016.2.5 본항신설)

③ 법 제30조의5제2항 각 호 외의 부분 전단 및 후단에
서 "창업"이란 각각 「소득세법」 제168조제1항, 「법인세
법」 제111조제1항 또는 「부가가치세법」 제8조제1항
및 제5항에 따라 납세지 관할 세무서장에게 등록하는
것을 말하며, 법 제30조의5제2항 각 호 외의 부분 후단
에서 "대통령령으로 정하는 경우"란 제5조제19항에 따
른 사업용자산을 취득하거나 확장한 사업장의 임차보
증금 및 임차료를 지급하는 경우를 말한다.(2023.2.28 본
항개정)

④ 법 제30조의5제2항제1호의2에서 "대통령령으로 정하
는 사업용자산"이란 제5조제19항에 따른 사업용자산을
말한다.(2023.2.28 본항신설)

⑤ 법 제30조의5제2항제1호의2에서 "대통령령으로 정하
는 비율"이란 100분의 30을 말한다.(2023.2.28 본항신설)

⑥ 법 제30조의5제5항 전단에서 "대통령령으로 정하는
날"이란 다음 각 호에 해당하는 날을 말한다.
(2010.2.18 본문개정)

1. 창업일이 속하는 달의 다음달 말일

2. 창업일이 속하는 과세연도부터 4년 이내의 과세연도
(창업자금을 모두 사용한 경우에는 그 날이 속하는
과세연도)까지 매 과세연도의 과세표준신고기한

⑦ 법 제30조의5제2항제4호에서 "대통령령으로 정하는
경우"란 창업자금을 증여받기 이전부터 영위한 사업의
운용자금과 대체설비자금 등으로 사용하는 경우를 말
한다.(2010.2.18 본항개정)

⑧ 법 제30조의5제5항 전단에 따른 창업자금 사용명세
에는 다음 각 호의 사항이 포함되어야 한다.(2016.2.5
본문개정)

1. 증여받은 창업자금의 내역

2. 증여받은 창업자금의 사용내역 및 이를 확인할 수
있는 사항

3. 증여받은 창업자금이 50억원을 초과하는 경우에는
고용 내역을 확인할 수 있는 사항(2023.2.28 본호개정)

⑨ 법 제30조의5제6항의 규정에 따라 증여세에
가산하여 부과하는 이자상당액은 다음 제1호의 규정에
따른 금액에 제2호의 규정에 따른 기간과 제3호의 규
정에 따른 율을 곱하여 계산한 금액으로 한다.

1. 법 제30조의5제6항 각 호 외의 전단의 규정에 따라
결정한 증여세액

2. 당초 증여받은 창업자금에 대한 증여세의 과세표준
신고기한의 다음날부터 추징사유가 발생한 날까지의
기간

3. 제11조의2제9항제2호에 따른 율(2022.2.15 본호개정)

⑩ 법 제30조의5제6항제6호에서 "대통령령으로 정하는
경우"란 다음 각 호의 어느 하나에 해당하는 경우를 말
한다.(2012.2.2 본문개정)

1. 수증자의 사망. 다만, 다음 각 목의 어느 하나에 해당
하는 경우를 제외한다.

가. 수증자가 창업자금을 증여받고 법 제30조의5제2
항의 규정에 따라 창업하기 전에 사망한 경우로서
수증자의 상속인이 당초 수증자의 지위를 승계하여
동조제2항 내지 제6항의 규정에 따라 창업하는 경우

나. 수증자가 창업자금을 증여받고 법 제30조의5제2
항의 규정에 따라 창업한 후 동조제4항의 규정에 의
하여 창업목적에 사용하기 전에 사망한 경우로서 수
증자의 상속인이 당초 수증자의 지위를 승계하여 동
조제2항 내지 제6항의 규정에 따라 창업하는 경우

다. 수증자가 창업자금을 증여받고 법 제30조의5제4
항의 규정에 따라 창업을 완료한 후 사망한 경우로
서 수증자의 상속인이 당초 수증자의 지위를 승계
하여 동조제6항의 규정에 따라 창업하는 경우

2. 당해 사업을 폐업하거나 휴업(실질적 휴업을 포함한다)한 경우. 다만, 다음 각 목의 어느 하나에 해당하는 사유로 폐업하거나 휴업하는 경우를 제외한다.
　가. 부채가 자산을 초과하여 폐업하는 경우
　나. 최초 창업 이후 영업상 필요 또는 사업전환을 위하여 1회에 한하여 2년(폐업의 경우에는 폐업 후 다시 개업할 때까지 2년) 이내의 기간 동안 휴업하거나 폐업하는 경우(휴업 또는 폐업 중 어느 하나에 한한다)
⑪ 법 제30조의5제6항제6호에서 "대통령령으로 정하는 금액"이란 창업자금(창업으로 인한 가치증가분을 포함한다)을 말한다.(2012.2.2 본항개정)
⑫ 법 제30조의5제6항제7호를 적용할 때 근로자는 제27조의3제4항에 따른 상시근로자를 말한다. 이 경우 근로자 수는 해당 과세연도의 매월 말일 현재의 인원을 합하여 해당 월수로 나눈 인원을 기준으로 계산한다.(2016.2.5 본항신설)
⑬ 법 제30조의5제7항에 따라 증여세와 이자상당액을 신고하는 때에는 기획재정부령으로 정하는 창업자금 증여세 과세특례 위반사유 신고 및 자진납부 계산서를 납세지 관할 세무서장에게 제출해야 한다.(2023.2.28 본항신설)
⑭ 법 제30조의5제12항에 따라 같은 조 제1항에 따른 과세특례를 적용받으려는 자는 증여세 과세표준신고를 할 때 기획재정부령으로 정하는 창업자금 특례신청서 및 사용내역서를 납세지 관할 세무서장에게 제출해야 한다.(2023.2.28 본항개정)
(2006.2.9 본조신설)

제27조의6【가업의 승계에 대한 증여세 과세특례】

① 법 제30조의6제1항에서 "대통령령으로 정하는 바에 따라 가업을 승계한 경우"란 해당 가업의 주식 또는 출자지분(이하 이 조에서 "주식 등"이라 한다)을 증여받은 자(이하 이 조, 제28조 및 제29조에서 "수증자"라 한다) 또는 그 배우자가 「상속세 및 증여세법」 제68조에 따른 증여세 과세표준 신고기한까지 가업에 종사하고 증여일부터 3년 이내에 대표이사에 취임하는 경우를 말한다.(2023.2.28 본항개정)
② 법 제30조의6제2항 후단에서 "대통령령으로 정하는 방법에 따라 계산한 금액"이란 다음 각 호의 구분에 따라 계산한 금액을 말한다.
1. 2인 이상의 거주자가 같은 날에 주식등을 증여받은 경우 : 1인이 모두 증여받은 것으로 보아 법 제30조의6에 따라 부과되는 증여세액을 각 거주자가 증여받은 주식등에 비례하여 안분한 금액
2. 해당 주식등의 증여일 전에 다른 거주자가 해당 가업의 주식등을 증여받고 법 제30조의6에 따라 증여세를 부과받은 경우 : 그 다른 거주자를 해당 주식등의 수증자로 보아 법 제30조의6에 따라 부과되는 증여세액(2020.2.11 본항신설)
③ 법 제30조의6제3항에서 가업을 승계하지 아니한 경우란 제1항에 따라 가업을 승계하지 않는 경우를 말한다.(2020.2.11 본항개정)
④ 법 제30조의6제3항 각 호 외의 부분 전단에서 "대통령령으로 정하는 정당한 사유"란 다음 각 호의 어느 하나에 해당하는 경우를 말한다.(2020.2.11 본문개정)
1. 수증자가 사망한 경우로서 수증자의 상속인이 「상속세 및 증여세법」 제67조에 따른 상속세 과세표준 신고기한까지 당초 수증자의 지위를 승계하여 가업에 종사하는 경우
2. 수증자가 증여받은 주식 등을 국가 또는 지방자치단체에 증여하는 경우
3. 그 밖에 기획재정부령으로 정하는 부득이한 사유에 해당하는 경우(2008.10.7 본호개정)
⑤ 법 제30조의6제3항 각 호 외의 부분 후단에 따라 증

여세에 가산하여 부과하는 이자상당액은 다음 제1호에 따른 금액에 제2호에 따른 기간과 제3호에 따른 율을 곱하여 계산한 금액으로 한다.(2020.2.11 본문개정)
1. 법 제30조의6제3항 각 호 외의 부분 전단에 따라 결정한 증여세액(2020.2.11 본호개정)
2. 당초 증여받은 주식 등에 대한 증여세의 과세표준 신고기한의 다음 날부터 추징사유가 발생한 날까지의 기간
3. 제11조의2제9항제2호에 따른 율(2022.2.15 본호개정)
⑥ 법 제30조의6제3항제1호의 경우는 다음 각 호의 어느 하나에 해당하는 경우를 포함한다.(2020.2.11 본문개정)
1. 수증자(제1항에 따른 수증자의 배우자를 포함한다)가 주식 등을 증여받은 날부터 5년까지 대표이사직을 유지하지 아니하는 경우(2023.2.28 본호개정)
2. 법 제30조의6제1항에 따른 가업(이하 이 조에서 "가업"이라 한다)의 주된 업종을 변경하는 경우. 다만, 다음 각 목의 어느 하나에 해당하는 경우는 제외한다.
　가. 한국표준산업분류에 따른 중분류 내에서 업종을 변경하는 경우
　나. 가목 외의 경우로서 「상속세 및 증여세법 시행령」 제49조의2에 따른 평가심의위원회의 심의를 거쳐 업종의 변경을 승인하는 경우
　(2020.2.11 본호개정)
3. 가업을 1년 이상 휴업(실적이 없는 경우를 포함한다)하거나 폐업하는 경우(2014.2.21 본호신설)
⑦ 법 제30조의6제3항제2호의 경우는 다음 각 호의 어느 하나에 해당하는 경우를 포함한다.(2020.2.11 본문개정)
1. 수증자가 증여받은 주식 등을 처분하는 경우. 다만, 다음 각 목의 어느 하나에 해당하는 경우는 제외한다.(2015.2.3 단서개정)
　가. 합병·분할 등 조직변경에 따른 처분으로서 수증자가 「상속세 및 증여세법 시행령」 제15조제3항에 따른 최대주주등(이하 이 조에서 "최대주주등"이라 한다)에 해당하는 경우(2015.2.3 본목신설)
　나. 「자본시장과 금융투자업에 관한 법률」 제390조제1항에 따른 상장규정의 상장요건을 갖추기 위하여 지분을 감소시킨 경우(2015.2.3 본목신설)
2. 증여받은 주식 등을 발행한 법인이 유상증자 등을 하는 과정에서 실권 등으로 수증자의 지분율이 낮아지는 경우. 다만, 다음 각 목의 어느 하나에 해당하는 경우는 제외한다.(2018.2.13 단서개정)
　가. 해당 법인의 시설투자·사업규모의 확장 등에 따른 유상증자로서 수증자의 특수관계인(「상속세 및 증여세법 시행령」 제2조의2제1항 각 호의 어느 하나에 해당하는 자를 말한다. 이하 이 조에서 같다) 외의 자에게 신주를 배정하기 위하여 실권하는 경우로서 수증자가 최대주주등에 해당하는 경우(2018.2.13 본목신설)
　나. 해당 법인의 채무가 출자전환됨에 따라 수증자의 지분율이 낮아지는 경우로서 수증자가 최대주주 등에 해당하는 경우(2018.2.13 본목신설)
3. 수증자와 특수관계에 있는 자의 주식처분 또는 유상증자 시 실권 등으로 지분율이 낮아져 수증자가 최대주주등에 해당되지 아니하는 경우
⑧ 법 제30조의6제1항에 따른 증여세 과세특례 적용대상 주식 등을 증여받은 후 해당 주식 등의 증여에 대한 「상속세 및 증여세법」 제41조의3 또는 제41조의5에 따른 증여이익(이하 이 항에서 "증여이익"이라 한다)은 증여세 과세특례 대상 주식 등의 과세가액과 증여이익을 합하여 100억원까지 납세자의 선택에 따라 법 제30조의6제1항에 따른 증여세 과세특례를 적용받을 수 있다. 이 경우 증여세 과세특례 적용을 받은 증여이익은 「상속세

및 증여세법」 제13조제3항에 불구하고 법 제30조의5제
7항 및 제8항, 법 제30조의6제4항에 따라 상속세 과세가
액에 가산한다.(2020.2.11 후단개정)
⑨ 법 제30조의6제1항에 따른 증여세 특례대상인 주식
등을 증여받은 후 상속이 개시되는 경우 상속개시일
현재 다음 각 호의 요건을 모두 갖춘 경우에는 「상속
세 및 증여세법」 제18조의2제1항에 따른 가업상속으로
보아 관련 규정을 적용한다.(2023.2.28 본문개정)
1. 「상속세 및 증여세법」 제18조의2제1항 각 호 외의 부
  분 전단에 따른 가업상속에 해당할 것(해당 요건 중
  매출액 평균금액은 법 제30조의6제1항에 따라 주식
  등을 증여받은 날이 속하는 사업연도의 직전 3개 사업
  연도의 매출액 평균금액을 기준으로 판단하며, 법 제
  30조의6에 따라 피상속인이 보유한 가업의 주식 등의
  전부를 증여하여 「상속세 및 증여세법 시행령」 제15
  조제3항제1호가목의 요건을 충족하지 못하는 경우에
  는 상속인이 증여받은 주식 등을 상속개시일 현재까
  지 피상속인이 보유한 것으로 보아 같은 목의 요건을
  적용한다. 다만, 「상속세 및 증여세법 시행령」 제15조제
  3항제1호나목은 적용하지 아니한다.(2023.2.28 본문개
  정)
2. (2011.6.3 삭제)
3. 수증자가 증여받은 주식 등을 처분하거나 지분율이
  낮아지지 아니한 경우로서 가업에 종사하거나 대표
  이사로 재직하고 있을 것
⑩ 법 제30조의6제1항 본문에서 "대통령령으로 정하는
가업자산상당액"이란 「상속세 및 증여세법 시행령」 제
15조제5항제2호를 준용하여 계산한 금액을 말한다. 이
경우 "상속개시일"은 "증여일"로 본다.(2023.2.28 후단
개정)
⑪ 법 제30조의6제7항에 따라 증여세와 이자상당액을
신고하는 때에는 기획재정부령으로 정하는 가업승계
증여세 과세특례 추징사유 신고 및 자진납부 계산서를
납세지 관할 세무서장에게 제출하여야 한다.
(2020.2.11 본항개정)
(2008.2.22 본조신설)

제27조의7【가업승계에 대한 증여세의 납부유예】 ①
법 제30조의7제1항 또는 제6항에 따라 납부유예를 신청
하려는 거주자는 「상속세 및 증여세법」 제67조 또는 제
68조에 따른 상속세 과세표준신고 또는 증여세 과세표
준신고(「국세기본법」 제45조에 따른 수정신고 또는 같
은 법 제45조의3에 따른 기한 후 신고를 포함한다)를 할
때 다음 각 호의 서류를 납세지 관할 세무서장에게 제
출해야 한다. 다만, 「상속세 및 증여세법」 제77조에 따라
과세표준과 세액의 결정 통지를 받은 자는 해당 납부고
지서에 따른 납부기한까지 그 서류를 제출할 수 있다.
1. 기획재정부령으로 정하는 납부유예신청서
2. 법 제30조의6에 따른 과세특례를 적용받았거나 법 제
  30조의7에 따른 납부유예 허가를 받았음을 증명할 수
  있는 서류(법 제30조의7제6항제1호에 따라 신청하는
  경우에만 해당한다)
3. 「상속세 및 증여세법」 제18조의2제1항에 따른 가업
  상속공제를 받았거나 같은 법 제72조의2제1항에 따른
  납부유예 허가를 받았음을 증명할 수 있는 서류(법 제30
  조의7제6항제2호에 따라 신청하는 경우에만 해당한다)
② 제1항에 따른 신청을 받은 납세지 관할 세무서장은
다음 각 호의 구분에 따른 기간 이내에 신청인에게 그
허가 여부를 서면으로 통지해야 한다.
1. 「상속세 및 증여세법」 제67조에 따른 상속세 과세표
  준신고를 한 경우 : 같은 조 제1항에 따른 신고기한이
  지난 날부터 9개월
2. 「상속세 및 증여세법」 제68조에 따른 증여세 과세표
  준신고를 한 경우 : 같은 조 제1항에 따른 신고기한이
  지난 날부터 6개월

3. 「국세기본법」 제45조에 따른 수정신고 또는 같은 법
  제45조의3에 따른 기한 후 신고를 한 경우 : 수정신고
  또는 기한 후 신고를 한 날이 속하는 달의 말일부터 6
  개월(법 제30조의7제6항제2호에 따라 신청하는 경우
  에는 9개월)
4. 제1항 각 호 외의 부분 단서의 경우 : 납부고지서에
  따른 납부기한이 지난 날부터 14일
③ 제2항제4호에 따른 통지가 납부고지서에 따른 납부
기한을 경과한 경우에는 그 통지일 이전의 기간에 대해
서는 「국세기본법」 제47조의4제1항제1호(납부고지서에
따른 납부기한의 다음 날부터 성립하는 부분으로 한정
한다) 및 제3호에 따른 납부지연가산세를 부과하지 않
는다.
④ 법 제30조의7제1항 각 호 외의 부분에서 "대통령령
으로 정하는 가업자산상당액"이란 다음 계산식에 따라
계산한 금액을 말한다. 이 경우 계산식 중 가업자산상당액이란 「상
속세 및 증여세법 시행령」 제15조제5항제2호를 준용하
여 계산한 금액을 말하며, 같은 호 중 "상속개시일"은
"증여일"로 본다.

$$증여세 \ 납부세액 \times \frac{가업자산상당액}{총 \ 증여재산가액}$$

⑤ 법 제30조의7제1항에 따른 증여세의 납부유예 허가
를 받으려는 경우에는 같은 항 제1호에 따라 가업의 주
식 또는 출자지분(이하 이 조에서 "주식등"이라 한다)
을 증여받은 거주자 또는 그 배우자가 「상속세 및 증여
세법」 제68조에 따른 증여세 과세표준신고기한까지 해
당 가업에 종사하고 증여일부터 3년 이내에 대표이사에
취임해야 한다.
⑥ 법 제30조의7제1항제1호에서 "대통령령으로 정하는
중소기업"이란 「상속세 및 증여세법 시행령」 제15조제1
항에 따른 중소기업을 말한다.
⑦ 법 제30조의7제3항 각 호 외의 부분에서 "대통령령
으로 정하는 정당한 사유"란 제27조의6제4항 각 호(같
은 항 제1호는 제외한다)의 어느 하나에 해당하는 경우
를 말한다.
⑧ 법 제30조의7제3항제1호를 적용할 때 다음 각 호의
경우는 해당 거주자가 가업에 종사하지 않게 된 것으로
본다.
1. 가업의 주식등을 증여받은 거주자(제5항에 따른 거주
  자의 배우자를 포함한다)가 대표이사로 종사하지 않는
  경우(증여일부터 5년 이내의 기간 중으로 한정한다)
2. 해당 가업을 1년 이상 휴업(실적이 없는 경우를 포함
  한다)하거나 폐업하는 경우
⑨ 법 제30조의7제3항제2호 각 목 외의 부분에서 "거주
자의 지분이 감소한 경우"란 제27조의6제7항 각 호의
어느 하나에 해당하는 경우를 포함한다.
⑩ 법 제30조의7제3항제2호나목 및 같은 조 제7항 후단
에서 "지분 감소 비율을 고려하여 대통령령으로 정하는
바에 따라 계산한 세액"이란 다음 계산식에 따라 계산
한 금액을 말한다.

$$세액 = A \times (B \div C)$$

A : 법 제30조의7제1항에 따라 납부유예된 세액
B : 감소한 지분율
C : 증여일 현재 지분율

⑪ 법 제30조의7제3항제3호가목에서 "대통령령으로 정
하는 정규직 근로자"란 「근로기준법」에 따라 계약을 체
결한 근로자를 말한다. 다만, 「상속세 및 증여세법 시행
령」 제15조제13항 각 호의 어느 하나에 해당하는 사람
은 제외한다.
⑫ 법 제30조의7제3항제3호나목에서 "대통령령으로 정
하는 총급여액"이란 제11항 본문에 따른 근로자(제26조
의4제2항제3호에 해당하는 사람은 제외하되, 같은 호에
해당되는 사람만 있는 경우에는 포함한다)에게 지급한

「소득세법」 제20조제1항제1호 및 제2호에 따른 소득의 합계액을 말한다.

⑬ 법 제30조의7제3항제3호가목 및 나목에 따른 정규직 근로자 수 및 총급여액의 계산에 관하여는 「상속세 및 증여세법 시행령」 제15조제17항 및 제18항을 준용한다.

⑭ 법 제30조의7제3항 각 호 외의 부분에서 "대통령령으로 정하는 바에 따라 계산한 이자상당액"이란 제1호의 금액에 제2호의 기간과 제3호의 율(법 제30조의7제6항에 따라 납부유예 허가를 받은 경우에는 제3호의 율에 100분의 50을 곱한 율)을 곱하여 계산한 금액을 말한다.

1. 법 제30조의7제3항 각 호에 따른 증여세액
2. 당초 증여받은 가업의 주식등에 대한 증여세 과세표준신고기한의 다음날부터 법 제30조의7제3항 각 호의 사유가 발생한 날까지의 기간
3. 법 제30조의7제3항에 따른 납부유예 허가의 취소 또는 변경 당시의 「국세기본법 시행령」 제43조의3제2항 본문에 따른 이자율을 365로 나눈 율. 다만, 제2호의 기간 중에 「국세기본법 시행령」 제43조의3제2항 본문에 따른 이자율이 1회 이상 변경된 경우 그 변경 전의 기간에 대해서는 변경 전의 이자율을 365로 나눈 율을 적용한다.

⑮ 법 제30조의7제5항 각 호 외의 부분에서 "대통령령으로 정하는 바에 따라 계산한 이자상당액"이란 제1호의 금액에 제2호의 기간과 제3호의 율(법 제30조의7제6항에 따라 납부유예 허가를 받은 경우에는 제3호의 율에 100분의 50을 곱한 율)을 곱하여 계산한 금액을 말한다.

1. 법 제30조의7제5항에 따른 증여세액
2. 당초 증여받은 가업의 주식등에 대한 증여세 과세표준신고기한의 다음날부터 법 제30조의7제5항 각 호의 사유가 발생한 날까지의 기간
3. 법 제30조의7제5항에 따른 납부유예 허가의 취소 또는 변경 당시의 「국세기본법 시행령」 제43조의3제2항 본문에 따른 이자율을 365로 나눈 율. 다만, 제2호의 기간 중에 「국세기본법 시행령」 제43조의3제2항 본문에 따른 이자율이 1회 이상 변경된 경우 그 변경 전의 기간에 대해서는 변경 전의 이자율을 365로 나눈 율을 적용한다.

⑯ 법 제30조의7제4항 본문에 따라 증여세와 이자상당액을 신고하는 때에는 기획재정부령으로 정하는 납부유예 사후관리추징사유 신고 및 자진납부 계산서를 납세지 관할 세무서장에게 제출해야 한다.

⑰ 납세지 관할 세무서장은 납부유예 허가를 받은 거주자가 법 제30조의7제3항 각 호에 해당하는지를 매년 확인·관리해야 한다.

(2023.2.28 본조신설)

제5절 기업구조조정을 위한 조세특례

제28조【중소기업 간의 통합에 대한 양도소득세의 이월과세 등】 ① 법 제31조제1항에서 "대통령령으로 정하는 업종을 경영하는 중소기업 간의 통합"이란 제29조제3항에 따른 소비성서비스업(소비성서비스업과 다른 사업을 겸영하고 있는 경우에는 부동산양도일이 속하는 사업연도의 직전 사업연도의 소비성서비스업의 사업별 수입금액이 가장 큰 경우에 한한다)을 제외한 사업을 영위하는 중소기업자(「중소기업기본법」에 의한 중소기업자를 말한다. 이하 이 조에서 같다)가 당해 기업의 사업장별로 그 사업에 관한 주된 자산을 모두 승계하여 사업의 동일성이 유지되는 것으로서 다음 각호의 요건을 갖춘 것을 말한다. 이 경우 설립후 1년이 경과되지 아니한 법인이 출자자인 개인(「국세기본법」 제39조제2항의 규정에 의한 과점주주에 한한다)의 사업을 승계하는 것은 이를 통합으로 보지 아니한다. (2010.2.18 전단개정)

1. 통합으로 인하여 소멸되는 사업장의 중소기업자가 통합후 존속하는 법인 또는 통합으로 인하여 설립되는 법인(이하 이 조에서 "통합법인"이라 한다)의 주주 또는 출자자일 것(2013.2.15 본호개정)
2. 통합으로 인하여 소멸되는 사업장의 중소기업자가 당해 통합으로 인하여 취득하는 주식 또는 지분의 가액이 통합으로 인하여 소멸하는 사업장의 순자산가액(통합일 현재의 시가로 평가한 자산의 합계액에서 충당금을 포함한 부채의 합계액을 공제한 금액을 말한다. 이하 같다)이상일 것(2003.12.30 본호개정)

② 법 제31조제1항에서 "대통령령으로 정하는 사업용고정자산"이란 당해 사업에 직접 사용하는 유형자산 및 무형자산(1981년 1월 1일 이후에 취득한 부동산으로서 기획재정부령이 정하는 법인의 업무와 관련이 없는 부동산의 판정기준에 해당되는 자산을 제외한다)을 말한다.(2010.2.18 본항개정)

③ 법 제31조제1항의 규정에 의하여 양도소득세의 이월과세를 적용받고자 하는 자는 통합일이 속하는 과세연도의 과세표준신고(예정신고를 포함한다)시 통합법인과 함께 기획재정부령이 정하는 이월과세적용신청서를 납세지 관할세무서장에게 제출하여야 한다.(2008.2.29 본항개정)

④ 법 제31조제4항의 규정에 의한 잔존감면기간에 대한 감면대상이 되는 자는 통합으로 인하여 소멸되는 창업중소기업 또는 창업벤처중소기업이나 농공단지 및 「지역중소기업 육성 및 혁신촉진에 관한 법률」 제23조에 따른 중소기업특별지원지역(이하 "중소기업특별지원지역"이라 한다)의 입주기업으로부터 승계받은 사업에서 발생하는 소득 또는 승계받은 사업용재산에 대하여 통합당시의 잔존감면기간내에 종료하는 각 과세연도 또는 납기분까지 그 감면을 받을 수 있다.(2022.1.25 본항개정)

⑤ 법 제31조제4항의 규정을 적용받고자 하는 통합법인은 제5조제26항 또는 제61조제7항을 준용하여 감면신청을 하여야 한다.(2020.2.11 본항개정)

⑥ 법 제31조제5항의 규정에 의한 잔존감면기간에 대한 감면대상이 되는 자는 통합으로 인하여 소멸되는 중소기업자로부터 승계받은 사업에서 발생하는 소득에 관하여 통합당시 잔존감면기간내에 종료하는 각 과세연도분까지 그 감면을 받을 수 있다.(2002.12.30 본항개정)

⑦ 법 제31조제5항의 규정을 적용받고자 하는 통합법인의 감면신청에 관하여는 제60조제5항 또는 제65조의 규정은 이를 준용한다.(2013.2.15 본항개정)

⑧ 법 제31조제6항의 규정에 의하여 미공제세액을 승계한 자는 통합으로 인하여 소멸되는 중소기업자로부터 승계받은 자산에 대한 미공제세액상당액을 당해 중소기업자의 이월공제잔여기간내에 종료하는 각 과세연도에 이월하여 공제받을 수 있다.(2002.12.30 본항개정)

⑨ 통합법인이 통합으로 인하여 소멸되는 사업장의 중소기업자로부터 승계받은 제2항의 사업용고정자산을 2분의 1 이상 처분하거나 사업에 사용하지 않는 경우 법 제31조제7항제1호에 따른 사업의 폐지로 본다. 다만, 다음 각 호의 어느 하나에 해당하는 경우에는 그러하지 아니하다.

1. 통합법인이 파산하여 승계받은 자산을 처분한 경우
2. 통합법인이 「법인세법」 제44조제2항에 따른 합병, 같은 법 제46조제2항에 따른 분할, 같은 법 제47조제1항에 따른 물적분할, 같은 법 제47조의2제1항에 따른 현물출자의 방법으로 자산을 처분한 경우
3. (2018.2.13 삭제)
4. 통합법인이 「채무자 회생 및 파산에 관한 법률」에 따른 회생절차에 따라 법원의 허가를 받아 승계받은 자산을 처분한 경우

(2013.2.15 본항신설)

⑩ 법 제31조제7항제2호의 처분은 주식 또는 출자지분의 유상이전, 무상이전, 유상감자 및 무상감자(주주 또는 출자자의 소유주식 또는 출자지분 비율에 따라 균등하게 소각하는 경우는 제외한다)를 포함한다. 다만, 다음 각 호의 어느 하나에 해당하는 경우에는 그러하지 아니하다.(2014.2.21 본문개정)
1. 법 제31조제1항을 적용받은 내국인(이하 이 조에서 "해당 내국인"이라 한다)이 사망하거나 파산하여 주식 또는 출자지분을 처분하는 경우
2. 해당 내국인이「법인세법」제44조제2항에 따른 합병이나 같은 법 제46조제2항에 따른 분할의 방법으로 주식 또는 출자지분을 처분하는 경우
3. 해당 내국법인이 법 제38조에 따른 주식의 포괄적 교환·이전 또는 법 제38조의2에 따른 주식의 현물출자의 방법으로 과세특례를 적용받으면서 주식 또는 출자지분을 처분하는 경우(2018.2.13 본호개정)
4. 해당 내국인이「채무자 회생 및 파산에 관한 법률」에 따른 회생절차에 따라 법원의 허가를 받아 주식 또는 출자지분을 처분하는 경우
5. 해당 내국인이 법령상 의무를 이행하기 위하여 주식 또는 출자지분을 처분하는 경우
6. 해당 내국인이 가업의 승계를 목적으로 해당 가업의 주식 또는 출자지분을 증여하는 경우로서 수증자가 법 제30조의6에 따른 증여세 과세특례를 적용받은 경우(2015.2.3 본호신설)
(2013.2.15 본항신설)
⑪ 제10항제6호에 해당하는 경우에는 수증자를 해당 내국인으로 보아 법 제31조제7항을 적용하되, 5년의 기간을 계산할 때 증여자가 통합으로 취득한 통합법인의 주식 또는 출자지분을 보유한 기간을 포함하여 통산한다.
(2015.2.3 본항신설)
(2014.2.21 본조제목개정)
제29조【법인전환에 대한 양도소득세의 이월과세】
① (2002.12.30 삭제)
② 법 제32조제1항 본문에서 "대통령령으로 정하는 사업 양도·양수의 방법"이란 해당 사업을 영위하던 자가 발기인이 되어 제5항에 따른 금액 이상을 출자하여 법인을 설립하고, 그 법인설립일부터 3개월 이내에 해당 법인에게 사업에 관한 모든 권리와 의무를 포괄적으로 양도하는 것을 말한다.(2021.2.17 본항개정)
③ 법 제32조제1항 본문에서 "대통령령으로 정하는 소비성서비스업"이란 다음 각 호의 어느 하나에 해당하는 사업(이하 "소비성서비스업"이라 한다)을 말한다.
(2021.2.17 본문개정)
1. 호텔업 및 여관업(「관광진흥법」에 따른 관광숙박업은 제외한다)
2. 주점업(일반유흥주점업, 무도유흥주점업 및「식품위생법 시행령」제21조에 따른 단란주점 영업만 해당하되, 「관광진흥법」에 따른 외국인전용유흥음식점업 및 관광유흥음식점업은 제외한다)
3. 그 밖에 오락·유흥 등을 목적으로 하는 사업으로서 기획재정부령으로 정하는 사업
(2010.2.18 본항신설)
④ 법 제32조제1항의 규정에 의하여 양도소득세의 이월과세를 적용받고자 하는 자는 현물출자 또는 사업양수도를 한 날이 속하는 과세연도의 과세표준신고(예정신고를 포함한다)시 새로이 설립되는 법인과 함께 기획재정부령이 정하는 이월과세적용신청서를 납세지 관할세무서장에게 제출하여야 한다.(2008.2.29 본항개정)
⑤ 법 제32조제2항에서 "대통령령으로 정하는 금액"이란 사업용고정자산을 현물출자하거나 사업양수도하여 법인으로 전환하는 사업장의 순자산가액으로서 제28조제1항제2호의 규정을 준용하여 계산한 금액을 말한다.
(2010.2.18 본항개정)

⑥ 법 제32조제1항에 따라 설립되는 법인(이하 이 조에서 "전환법인"이라 한다)이 같은 조 제1항에 따른 현물출자 또는 사업 양도·양수의 방법으로 취득한 사업용고정자산의 2분의 1이상을 처분하거나 사업에 사용하지 않는 경우 법 제32조제5항제1호에 따른 사업의 폐지로 본다. 다만, 다음 각 호의 어느 하나에 해당하는 경우에는 그러하지 아니하다.
1. 전환법인이 파산하여 승계받은 자산을 처분한 경우
2. 전환법인이「법인세법」제44조제2항에 따른 합병, 같은 법 제46조제2항에 따른 분할, 같은 법 제47조제1항에 따른 물적분할, 같은 법 제47조의2제1항에 따른 현물출자의 방법으로 자산을 처분한 경우
3. (2018.2.13 삭제)
4. 전환법인이「채무자 회생 및 파산에 관한 법률」에 따른 회생절차에 따라 법원의 허가를 받아 승계받은 자산을 처분한 경우
(2013.2.15 본항개정)
⑦ 법 제32조제5항제2호의 처분은 주식 또는 출자지분의 유상이전, 무상이전, 유상감자 및 무상감자(주주 또는 출자자의 소유주식 또는 출자지분 비율에 따라 균등하게 소각하는 경우는 제외한다)를 포함한다. 다만, 다음 각 호의 어느 하나에 해당하는 경우에는 그러하지 아니하다.(2014.2.21 본문개정)
1. 법 제32조제1항을 적용받은 거주자(이하 이 조에서 "해당 거주자"라 한다)가 사망하거나 파산하여 주식 또는 출자지분을 처분하는 경우
2. 해당 거주자가「법인세법」제44조제2항에 따른 합병이나 같은 법 제46조제2항에 따른 분할의 방법으로 주식 또는 출자지분을 처분하는 경우
3. 해당 거주자가 법 제38조에 따른 주식의 포괄적 교환·이전 또는 법 제38조의2에 따른 주식의 현물출자의 방법으로 과세특례를 적용받으면서 주식 또는 출자지분을 처분하는 경우(2018.2.13 본호개정)
4. 해당 거주자가「채무자 회생 및 파산에 관한 법률」에 따른 회생절차에 따라 법원의 허가를 받아 주식 또는 출자지분을 처분하는 경우
5. 해당 거주자가 법령상 의무를 이행하기 위하여 주식 또는 출자지분을 처분하는 경우
6. 해당 거주자가 가업의 승계를 목적으로 해당 가업의 주식 또는 출자지분을 증여하는 경우로서 수증자가 법 제30조의6에 따른 증여세 과세특례를 적용받은 경우
(2015.2.3 본호신설)
(2013.2.15 본항신설)
⑧ 제7항제6호에 해당하는 경우에는 수증자를 해당 거주자로 보아 법 제32조제5항을 적용하되, 5년의 기간을 계산할 때 증여자가 법인전환으로 취득한 주식 또는 출자지분을 보유한 기간을 포함하여 통산한다.
(2015.2.3 본항신설)
제30조【사업전환 무역조정지원기업에 대한 과세특례】① (2009.2.4 삭제)
② 법 제33조제1항 전단에서 "사업용고정자산"이라 함은 당해 사업에 직접 사용하는 유형고정자산 및 무형고정자산을 말한다.
③ 법 제33조제1항의 적용대상이 되는 사업전환은 전환전사업용고정자산을 사업장 단위별로 양도하고 양도일부터 1년 이내에 전환사업에 직접 사용할 사업용고정자산을 대체취득하여 전환사업을 개시하는 것을 말한다.
④ 법 제33조제1항 전단에서 "대통령령으로 정하는 바에 따라 계산한 금액"이란 제1호의 금액에 제2호의 율을 곱하여 계산한 금액을 말한다.(2009.2.4 본항개정)
1. 전환전사업용고정자산의 양도가액에서 장부가액과 직전사업연도 종료일 현재「법인세법」제13조제1항제1호에 따른 이월결손금의 합계액을 차감한 금액
(2019.2.12 본호개정)

2. 전환전사업용고정자산의 양도가액 중 전환사업용고정자산의 취득가액이 차지하는 비율

⑤ 법 제33조제2항제1호에 따라 감면하는 세액은 다음 계산식에 따라 계산한 금액으로 한다.

$$\text{전환전사업의 사업장건물 및 그 부속토지의 양도에 따른 「소득세법」 제93조 제1호에 따른 양도소득세 산출세액} \times \frac{\text{전환사업양도 가액 중 전환사 업의 기계장치의 취득가액이 차지 하는 비율}}{} \times \frac{50}{100}$$

(2012.2.2 본항개정)

⑥ 법 제33조제2항제2호에 따른 과세이연을 적용받은 금액은 다음 계산식에 따라 계산한 금액으로 한다.

$$\text{「소득세법」 제95조 제1항에 따른 양도 차익} \times \frac{\text{전환사업의 사업장건물 및 그 부속 토지의 취득가액}}{\text{전환전사업양도가액}}$$

(2012.2.2 본항개정)

⑦ 제4항 내지 제6항의 규정을 적용함에 있어서 전환전사업용고정자산의 양도일이 속하는 사업연도 종료일까지 전환사업용고정자산, 전환사업의 기계장치·사업장건물 및 그 부속토지를 취득하지 아니한 경우 당해 취득가액은 사업전환(예정)명세서상의 예정가액으로 한다.

⑧ 법 제33조제3항 각 호 외의 부분 전단에서 "대통령령으로 정하는 바에 따라 계산한 금액"이란 다음 각 호의 금액을 말한다.(2018.2.13 본문개정)

1. 제4항의 규정에 따라 양도차익을 익금에 산입하지 아니한 경우에는 익금에 산입하지 아니한 금액 전액

2. 제5항의 규정에 따라 양도소득세를 감면받은 경우에는 감면받은 세액 전액

3. 제6항에 따라 과세이연을 받은 경우에는 과세이연금액에 상당하는 세액(과세이연금액에 「소득세법」 제104조에 따른 세율을 곱하여 계산한 세액을 말하며, 이하 이 항, 제9항 및 제14항에서 "과세이연세액"이라 한다) 전액(2017.2.7 본호개정)

4. 제7항의 규정에 따른 예정가액에 따라 익금에 산입하지 아니하거나 세액감면 또는 과세이연을 받은 경우에는 실제 가액을 기준으로 제4항 내지 제6항의 규정에 따라 계산한 금액을 초과하여 적용받은 금액

⑨ 법 제33조제3항 후단에서 "대통령령으로 정하는 바에 따라 계산한 이자 상당 가산액"이란 다음 각 호의 구분에 따라 계산한 금액으로 한다.(2010.2.18 본문개정)

1. 제8항제1호 또는 제4호에 따른 금액을 익금에 산입하는 경우 : 양도차익을 익금에 산입하지 아니한 사업연도에 제8항제1호 및 제4호에 따른 금액을 익금에 산입하지 않음에 따라 발생한 법인세액의 차액에 대하여 가목에 따른 기간과 나목에 따른 율을 곱하여 계산한 금액으로 한다.

가. 양도차익을 익금에 산입하지 아니한 사업연도 종료일의 다음 날부터 제8항제1호 및 제4호에 따른 금액을 익금에 산입하는 사업연도의 종료일까지의 기간

나. 제11조의2제9항제2호에 따른 율(2022.2.15 본목개정)

(2009.2.4 본호개정)

2. 제8항제2호부터 제4호까지에 따른 세액을 납부하는 경우 : 제8항제2호부터 제4호까지에 따라 납부하여야 할 감면세액 또는 과세이연세액에 대하여 가목에 따른 기간과 나목에 따른 율을 곱하여 계산한 금액

(2009.2.4 본문개정)

가. 전환전사업용고정자산에 대한 양도소득세 예정신고 납부기한의 다음 날부터 법 제33조제3항 각 호에 따른 세액의 납부일까지의 기간(2018.2.13 본목개정)

나. 제11조의2제9항제2호에 따른 율(2022.2.15 본목개정)

⑩ 법 제33조를 적용하는 경우 사업의 분류는 한국표준산업분류에 따른 세세분류를 따른다.(2007.2.28 본항신설)

⑪ 법 제33조제1항의 규정을 적용받고자 하는 내국법인은 전환전사업용고정자산의 양도일이 속하는 사업연도의 과세표준신고와 함께 기획재정부령이 정하는 양도차익명세 및 분할익금산입조정명세서와 사업전환(예정)명세서를 제출하여야 한다.(2008.2.29 본항개정)

⑫ 법 제33조제2항의 규정에 따라 양도소득세를 감면받거나 과세이연을 적용받고자 하는 거주자는 전환전사업용고정자산의 양도일이 속하는 과세연도의 과세표준신고(예정신고를 포함한다)와 함께 기획재정부령이 정하는 세액감면신청서 또는 과세이연신청서와 사업전환(예정)명세서를 제출하여야 한다.(2008.2.29 본항개정)

⑬ 제7항의 규정을 적용받은 후 전환사업을 개시한 때에는 그 사업개시일이 속하는 과세연도의 과세표준신고와 함께 기획재정부령이 정하는 사업전환완료보고서를 납세지 관할 세무서장에게 제출하여야 한다.(2008.2.29 본항개정)

⑭ 법 제33조제4항 각 호 외의 부분에서 "대통령령으로 정하는 바에 따라 계산한 과세이연받은 세액"이란 제8항제3호에 따른 과세이연세액 전액을 말한다.(2017.2.7 본항신설)

(2009.2.4 본조제목개정)

(2006.2.9 본조신설)

제30조의2 (2021.2.17 삭제)

제31조 (2008.2.22 삭제)

제32조~제33조 (2001.12.31 삭제)

제34조【내국법인의 금융채무 상환을 위한 자산매각에 대한 과세특례】 ① 법 제34조제1항에서 "대통령령으로 정하는 날"이란 각 회의 할부금(계약금은 첫 회의 할부금에 포함되는 것으로 한다)을 받은 날을 말한다.(2016.5.10 본항개정)

② 법 제34조제1항 및 제2항을 적용할 때 자산을 양도한 날(이하 이 조에서 "자산양도일"이라 한다)에 대하여는 「소득세법 시행령」 제162조를 준용한다. 다만, 장기할부조건의 양도의 경우에는 제1항에 따른 날로 한다.

③ 법 제34조제1항에서 "대통령령으로 정하는 부득이한 사유"란 「기업구조조정 촉진법」 제2조제2호에 따른 금융채권자(이하 이 조에서 "금융채권자"라 한다)가 채무상환액을 수령할 수 없는 사정이 있어서 상환이 불가능한 경우를 말한다.(2018.2.13 본항개정)

④ 법 제34조제1항에서 "대통령령으로 정하는 기한"이란 다음 각 호의 어느 하나에 해당하는 날까지의 기한을 말한다.(2016.5.10 본문개정)

1. 제3항에 해당하는 사유가 있는 경우로서 그 사유가 종료된 날이 제2호에 해당하는 날보다 나중에 오는 경우에는 그 사유가 종료된 날의 다음 날

2. 제1호 외의 경우에는 자산양도일부터 3개월이 되는 날

⑤ 법 제34조제1항 및 제2항을 적용할 때 채무의 범위는 제6항에 따른 재무구조개선계획에 채무의 내용 및 자산의 양도를 통한 상환계획이 명시되어 있는 것으로서 다음 각 호의 금액(이하 이 조에서 "금융채권자채무"라 한다)으로 한다.(2018.2.13 본문개정)

1. 금융채권자로부터 사업과 관련하여 차입한 차입금(2018.2.13 본호개정)

2. 제1호의 차입금에 대한 이자

3. 해당 내국법인이 자금조달의 목적으로 발행한 회사채로서 금융채권자가 매입하거나 보증한 것

4. 해당 내국법인이 자금조달의 목적으로 발행한 기업어음으로서 금융채권자가 매입한 것

(2018.2.13 3호~4호개정)

⑥ 법 제34조제1항에서 "대통령령으로 정하는 재무구조개선계획"이란 다음 각 호의 어느 하나에 해당하는 것으로서 금융채권자채무의 총액, 내용, 상환계획 및 양도할 자산의 내용, 양도 계획을 명시한 것(이하 이 조에서

"재무구조개선계획"이라 한다)을 말한다.(2018.2.13 본문개정)
1. 「기업구조조정 촉진법」 제2조제5호에 따른 주채권은행 또는 같은 법 제22조에 따른 금융채권자협의회(이하 이 조에서 "금융채권자협의회등"이라 한다)가 같은 법 제14조에 따라 기업과 체결한 기업개선계획의 이행을 위한 약정(2016.5.10 본호개정)
2. 재무구조개선 대상기업에 대한 채권을 가진 은행 간 재무구조개선 대상기업의 신용위험평가 및 구조조정 방안 등에 대한 협의를 위하여 설치한 협의회(이하 이 조에서 "채권은행자율협의회"라 한다)가 그 설치 근거 및 재무구조개선 대상기업에 대한 채권을 가진 은행의 공동관리절차를 규정한 협약에 따라 재무구조개선 대상기업과 체결한 기업개선계획의 이행을 위한 특별약정(2016.5.10 본호개정)
3. 「금융산업의 구조개선에 관한 법률」 제10조에 따라 금융위원회가 해당 금융기관에 대하여 권고·요구 또는 명령하거나 그 이행계획을 제출할 것을 명한 적기시정조치
4. 「채무자 회생 및 파산에 관한 법률」 제193조에 따른 회생계획으로서 같은 법 제245조에 따라 법원이 인가 결정을 선고한 것
5. 「한국자산관리공사 설립 등에 관한 법률」에 따른 한국자산관리공사(이하 이 조에서 "한국자산관리공사"라 한다)가 다음 각 목의 어느 하나에 해당하는 중소기업과 체결한 재무구조개선을 위한 약정
가. 「한국자산관리공사 설립 등에 관한 법률」에 따른 부실징후기업
나. 「한국자산관리공사 설립 등에 관한 법률」에 따른 구조개선기업
(2022.2.17 본호개정)
⑦ 법 제34조제1항에서 "대통령령으로 정하는 자"란 다음 각 호의 어느 하나에 해당하는 자(이하 이 조, 제36조, 제37조 및 제43조에서 "재무구조개선계획승인권자"라 한다)를 말한다.(2016.5.10 본문개정)
1. 제6항제1호의 경우 : 금융채권자협의회등 (2016.5.10 본호개정)
2. 제6항제2호의 경우 : 채권은행자율협의회
3. 제6항제3호의 경우 : 금융위원회
4. 제6항제4호의 경우 : 관할법원
5. 제6항제5호의 경우 : 한국자산관리공사(2017.2.7 본호신설)
⑧ 법 제34조제1항에서 "대통령령으로 정하는 채무상환액에 상당하는 금액"으로서 "대통령령으로 정하는 결손금을 초과하는 금액"이란 다음의 산식에 의하여 계산한 금액(이하 이 조에서 "양도차익상당액"이라 한다)을 말한다.
〔법 제34조제1항에 따른 양도차익 - 자산양도일이 속하는 사업연도의 직전 사업연도 종료일 현재 「법인세법」 제13조제1호에 따른 이월결손금(이하 이 조에서 "이월결손금"이라 한다). 이 경우 해당 내국법인이 무상으로 받은 자산의 가액이나 채무의 면제 또는 소멸로 인한 부채의 감소액으로 먼저 이월결손금을 보전하는 경우에는 이월결손금에서 그 보전액을 뺀 금액으로 한다〕× 〔법 제34조제1항에 따라 양도한 자산의 양도가액(이하 이 조에서 "양도가액"이라 한다) 중 금융채권자채무를 상환한 금액(이하 이 조에서 "채무상환액"이라 한다) / 양도가액〕 (2020.2.11 본항개정)
⑨ 제8항을 적용할 때 자산양도일이 속하는 사업연도 종료일까지 금융채권자채무를 상환하지 아니한 경우의 채무상환액은 기획재정부령으로 정하는 채무상환(예정)명세서의 채무상환 예정가액으로 한다.(2018.2.13 본항개정)
⑩ 법 제34조제2항 각 호 외의 부분 전단에 따라 익금에 산입하지 아니한 금액을 익금에 산입하는 경우에는 다음 각 호의 구분에 따라 계산한 금액을 익금에 산입하는 방법에 따른다.
1. 법 제34조제2항제1호에 해당하는 경우 : 다음의 산식에 따라 계산한 금액
양도차익상당액 × 〔채무상환(예정)명세서의 채무상환 예정가액 - 양도가액 중 채무상환액〕 / 채무상환(예정)명세서의 채무상환 예정가액
2. 법 제34조제2항제2호에 해당하는 경우 : 다음의 산식에 따라 계산한 금액
양도차익상당액 × 부채비율에서 기준부채비율을 뺀 비율이 기준부채비율에서 차지하는 비율(이 비율이 1을 초과하는 경우에는 1로 본다)
3. 법 제34조제2항제3호에 해당하는 경우 : 양도차익상당액 중 익금에 산입하지 아니한 금액 전액 (2016.5.10 본항개정)
⑪ 법 제34조제2항 각 호 외의 부분 후단 및 같은 항 제3호 단서에서 "대통령령으로 정하는 바에 따라 계산한 이자상당가산액"이란 각각 자산양도일이 속하는 사업연도에 제10항 각 호에 따른 금액을 익금에 산입하지 아니하여 발생한 법인세액의 차액에 제1호에 따른 기간과 제2호에 따른 율을 곱하여 계산한 금액을 말한다.
1. 자산양도일이 속하는 사업연도 종료일의 다음 날부터 제10항 각 호에 따른 금액을 익금에 산입하는 사업연도의 종료일까지의 기간
2. 제11조의2제9항제2호에 따른 율(2022.2.15 본호개정) (2016.5.10 본항개정)
⑫ 제10항(같은 항 제3호는 제외한다. 이하 이 항에서 같다) 및 제11항을 적용할 때 제10항에 따른 금액을 익금에 산입하기 전에 법 제34조제1항에 따라 익금에 산입하지 아니한 금액의 일부는 전부로서 그 이후 익금에 산입한 금액(이하 이 조에서 "기익금산입액"이라 한다)이 있으면 먼저 익금에 산입한 순서대로 기익금산입액을 제10항에 따른 익금산입액으로 보며 기익금산입액을 익금에 산입한 사업연도까지의 기간을 기준으로 제11항에 따른 이자상당가산액을 계산한다. (2016.5.10 본항개정)
⑬ 법 제34조제2항제2호를 적용할 때 자산양도일과 금융채권자채무를 상환한 날(이하 이 조에서 "채무상환일"이라 한다)이 서로 다른 사업연도에 속하는 경우에는 채무상환일부터 3년의 기간을 계산한다. (2018.2.13 본항개정)
⑭ 법 제34조제2항제2호를 적용할 때 자산양도일(제13항에 해당하는 경우에는 채무상환일을 말한다)부터 해당 사업연도 종료일까지의 기간을 1년으로 보아 3년의 기간을 계산한다.(2016.5.10 본항개정)
⑮ 법 제34조제2항제2호를 적용할 때 부채비율은 각 사업연도 종료일 현재 기획재정부령으로 정하는 부채(이하 이 조에서 "부채"라 한다)를 재무상태표의 자기자본(기획재정부령으로 정하는 바에 따라 계산한 금액으로 하며, 자기자본이 납입자본금보다 적은 경우에는 기획재정부령으로 정하는 바에 따라 계산한 납입자본금을 말한다. 이하 이 조에서 "자기자본"이라 한다)으로 나누어 계산한다. 이 경우 외화표시자산 및 부채에 대하여는 기획재정부령으로 정하는 바에 따라 평가한 금액으로 한다.(2021.1.5 전단개정)
⑯ 법 제34조제2항제2호를 적용할 때 기준부채비율은 제1호의 비율에서 제2호의 비율을 뺀 비율로 한다. 이 경우 외화표시자산 및 부채에 대하여는 제15항 후단을 적용한다.
1. 재무구조개선계획이 최초로 승인된 날이 속하는 사업연도의 직전 사업연도 종료일(이하 이 조에서 "기준부채비율산정기준일"이라 한다) 현재의 부채를 기준부채비율산정기준일 현재의 자기자본으로 나누어 계산한 비율. 이 경우 기준부채비율산정기준일 이후

재무구조개선계획이 최초로 승인된 날의 전날까지의 기간 중 어느 한 날을 기준으로 재무구조개선계획의 수립을 위하여 평가한 부채 및 자기자본으로서 재무구조개선계획승인권자가 확인한 경우에는 그 부채 및 자기자본을 사용하여 계산할 수 있다.(2016.5.10 전단개정)
2. 채무상환액을 제1호에 따른 자기자본으로 나누어 계산한 비율
⑰ 법 제34조제2항제3호 단서에서 "파산 등 대통령령으로 정하는 부득이한 사유"란 다음 각 호의 어느 하나에 해당하는 경우를 말한다.
1. 파산선고를 받은 경우
2. 천재지변, 그 밖에 이에 준하는 사유로 사업을 폐지한 경우
⑱ 재무구조개선계획승인권자는 기획재정부령으로 정하는 재무구조개선계획서 및 재무구조개선계획이행보고서를 다음 각 호의 구분에 따른 기한까지 재무구조개선계획을 승인받은 내국법인(이하 이 조에서 "재무구조개선계획 승인내국법인"이라 한다)의 납세지 관할세무서장에게 제출하여야 한다. 다만, 재무구조개선계획 승인내국법인이 재무구조개선계획승인권자의 확인을 받아 재무구조개선계획서 또는 재무구조개선계획이행보고서를 납세지 관할세무서장에게 제출하는 경우에는 재무구조개선계획승인권자가 제출한 것으로 본다.
1. 재무구조개선계획서 : 재무구조개선계획 승인내국법인의 재무구조개선계획 승인일이 속하는 사업연도 종료일
2. 재무구조개선계획이행보고서 : 다음 각 목에 해당하는 사업연도의 과세표준 신고기한 종료일
가. 자산양도일이 속하는 사업연도
나. 채무상환일이 속하는 사업연도(자산양도일과 채무상환일이 서로 다른 사업연도에 속하는 경우에 한정한다)
다. 채무상환일이 속하는 사업연도의 다음 3개 사업연도
(2016.5.10 본항개정)
⑲ 법 제34조제1항을 적용받으려는 내국법인은 자산양도일이 속하는 사업연도의 과세표준신고와 함께 기획재정부령으로 정하는 양도차익명세서, 분할익금산입조정명세서 및 채무상환(예정)명세서를 납세지 관할세무서장에게 제출하여야 하며, 자산양도일과 채무상환일이 서로 다른 사업연도에 속하는 경우에는 채무상환일이 속하는 사업연도의 과세표준신고와 함께 채무상환(예정)명세서를 별도로 제출하여야 한다.(2016.5.10 본항개정)
(2016.5.10 본조제목개정)
(2009.6.19 본조신설)
제35조 (2018.2.13 삭제)
제35조의2【주식의 포괄적 교환·이전에 대한 법인의 과세특례】① 내국법인(이하 이 조에서 "완전자회사"라 한다)의 주주인 법인(내국법인 및 「법인세법」 제91조제1항에 따른 외국법인에 한정한다. 이하 이 조에서 같다)이 보유주식을 법 제38조제1항에 따라 다른 내국법인(이하 이 조에서 "완전모회사"라 한다)에 주식의 포괄적 교환 또는 주식의 포괄적 이전(이하 이 조에서 "주식의 포괄적 교환등"이라 한다)을 하고 과세를 이연받는 경우에는 제1호의 금액에서 제2호의 금액을 뺀 금액에 상당하는 금액을 주식의 포괄적 교환·이전일이 속하는 사업연도의 소득금액을 계산할 때 손금에 산입할 수 있다. 이 경우 손금에 산입하는 금액은 주식의 포괄적 교환등으로 취득한 완전모회사 또는 그 완전모회사의 완전모회사 주식의 압축기장충당금으로 계상하여야 한다.
1. 주식의 포괄적 교환등으로 취득한 완전모회사 주식(법 제38조제1항제2호에 따라 받은 교환·이전대가의

총합계액 중 완전모회사의 완전모회사 주식의 가액이 100분의 80 이상인 경우에는 완전모회사의 완전모회사의 주식을 말한다. 이하 이 조에서 "완전모회사등주식"이라 한다)의 가액, 금전, 그 밖의 재산가액의 합계액(이하 이 조에서 "교환·이전대가"라 한다)에서 주식의 포괄적 교환등으로 양도한 완전자회사의 주식의 취득가액을 뺀 금액
2. 제1호의 금액과 교환·이전대가로 받은 완전모회사등주식 외의 금전, 그 밖의 재산가액의 합계액 중 작은 금액
(2017.2.7 본항개정)
② 제1항에 따라 계상한 압축기장충당금은 해당 법인이 완전모회사등주식을 처분하는 사업연도에 다음 계산식에 따른 금액을 익금에 산입하되, 자기주식으로 소각되는 경우에는 익금에 산입하지 아니하고 소멸하는 것으로 한다. 이 경우 주식의 포괄적 교환등 외의 다른 방법으로 취득한 완전모회사등주식이 있으면 주식의 포괄적 교환등으로 취득한 주식을 먼저 양도한 것으로 본다.

$$\text{압축기장충당금} \times \frac{\text{처분한 주식 수}}{\text{주식의 포괄적 교환등으로 취득한 주식 수}}$$

(2017.2.7 본항개정)
③ 완전자회사의 주주인 거주자, 비거주자 또는 「법인세법」 제91조제1항에 해당하지 아니하는 외국법인(이하 이 조에서 "거주자등"이라 한다)이 보유주식을 법 제38조제1항에 따라 완전모회사에 주식의 포괄적 교환등을 하고 과세를 이연받는 경우에는 제1호와 제2호의 금액 중 작은 금액을 양도소득으로 보아 양도소득세를 과세한다.(2010.12.30 본항개정)
1. 교환·이전대가에서 주식의 포괄적 교환등으로 양도한 완전자회사 주식의 취득가액을 뺀 금액
2. 교환·이전대가로 받은 완전모회사등주식 외의 금전, 그 밖의 재산가액의 합계액(2017.2.7 본호개정)
④ 거주자등이 제3항에 따라 취득한 완전모회사등주식의 전부 또는 일부를 양도하는 때에는 다음 계산식에 따른 금액을 취득가액으로 보아 양도소득세를 과세한다. 이 경우 주식의 포괄적 교환등 외의 다른 방법으로 취득한 완전모회사등주식이 있으면 주식의 포괄적 교환등으로 취득한 주식을 먼저 양도한 것으로 본다.

$$(\text{완전자회사 주식의 취득가액} + \text{제3항에 따른 양도소득} - \text{제3항제2호의 금액}) \times \frac{\text{처분한 주식 수}}{\text{주식의 포괄적 교환등으로 취득한 주식 수}}$$

(2017.2.7 본항개정)
⑤ 법 제38조제1항제2호에 따라 교환·이전대가의 총합계액 중 주식의 가액이 100분의 80 이상 인지를 판정할 때 완전모회사가 주식의 포괄적 교환·이전일 전 2년 내에 취득한 완전자회사의 주식이 있는 경우에는 다음 각 호의 금액을 금전으로 교부한 것으로 보아 교환·이전대가의 총합계액에 더한다.
1. 완전모회사가 주식의 포괄적 교환·이전일 현재 완전자회사의 「법인세법 시행령」 제43조제7항에 따른 지배주주가 아닌 경우 : 완전모회사가 주식의 포괄적 교환·이전일 전 2년 이내에 취득한 완전자회사의 주식이 완전자회사의 발행주식총수의 100분의 20을 초과하는 경우 그 초과하는 주식의 취득가액
2. 완전모회사가 주식의 포괄적 교환·이전일 현재 완전자회사의 「법인세법 시행령」 제43조제7항에 따른 지배주주인 경우 : 완전모회사가 주식의 포괄적 교환·이전일 전 2년 이내에 취득한 완전자회사의 주식의 취득가액
⑥ 법 제38조제1항제2호 및 같은 조 제2항제2호에서 "대통령령으로 정하는 완전자회사의 주주"란 완전자회사의 「법인세법 시행령」 제43조제3항에 따른 지배주주등(그와 같은 조 제8항에 따른 특수관계에 있는 자를 포

함한다) 중 다음 각 호의 어느 하나에 해당하는 자를 제외한 주주를 말한다.(2023.2.28 본문개정)
1. 「법인세법 시행령」 제43조제8항제1호가목의 친족 중 4촌인 혈족(2023.2.28 본호개정)
2. 주식의 포괄적 교환·이전일 현재 완전자회사에 대한 지분비율이 100분의 1 미만이면서 시가로 평가한 그 지분가액이 10억원 미만인 자
⑦ 완전자회사의 주주에게 교환·이전대가로 받은 완전모회사등주식을 교부할 때에는 제6항에 따른 주주에게 다음 계산식에 따른 금액 이상의 완전모회사등주식을 교부하여야 한다.

완전모회사가 교환·이전대가로 지급한 완전모회사등주식의 총합계액	×	해당 주주의 완전자회사에 대한 지분비율

(2017.2.7 본항개정)
⑧ 법 제38조제1항제3호 및 같은 조 제2항제1호에 따른 완전자회사의 사업의 계속 및 폐지 여부를 판정할 때 완전자회사가 주식의 포괄적 교환·이전일 현재 보유하는 고정자산가액의 2분의 1 이상을 처분하거나 사업에 사용하지 아니하는 경우에는 사업을 폐지한 것으로 본다.
⑨~⑩ (2018.2.13 삭제)
⑪ 법 제38조제2항 각 호 외의 부분에서 "대통령령으로 정하는 기간"이란 주식의 포괄적 교환·이전일이 속하는 사업연도의 다음 사업연도 개시일부터 2년을 말한다.(2012.2.2 본항개정)
⑫ 완전자회사의 주주는 제11항의 기간에 법 제38조제2항 각 호의 어느 하나에 해당하는 사유가 발생하는 경우 다음 각 호의 구분에 따라 과세를 이연받은 양도소득세 또는 법인세를 납부하여야 한다.
1. 완전자회사의 주주가 거주자등인 경우 : 해당 사유가 발생한 날이 속하는 반기의 말일부터 2개월 이내에 법 제38조제1항에 따라 이연받은 세액(이연받은 세액 중 이미 납부한 부분과 이 조 제3항에 따라 납부한 세액을 제외한다)을 납부. 이 경우 완전모회사등주식을 양도하는 경우에는 그 주식의 취득가액을 주식의 포괄적 교환·이전일 현재 완전모회사등주식의 시가로 한다.
2. 완전자회사의 주주가 법인인 경우 : 해당 사유가 발생한 날이 속하는 사업연도의 소득금액을 계산할 때 제1항에 따라 압축기장충당금으로 손금에 산입한 금액 중 제2항에 따라 익금에 산입하고 남은 금액을 익금에 산입
(2018.2.13 본항개정)
⑬ 법 제38조제3항에서 "대통령령으로 정하는 부득이한 사유가 있는 경우"란 다음 각 호의 어느 하나에 해당하는 경우를 말한다.(2012.2.2 본문개정)
1. 법 제38조제1항제2호 및 같은 조 제2항제2호에 대한 부득이한 사유가 있는 것으로 보는 경우 : 완전모회사 및 제6항에 따른 주주가 「법인세법 시행령」 제80조의2제1항제1호 각 목의 어느 하나에 해당하는 경우
2. 법 제38조제1항제3호 및 같은 조 제2항제1호에 대한 부득이한 사유가 있는 것으로 보는 경우 : 완전자회사가 「법인세법 시행령」 제80조의2제1항제2호 각 목의 어느 하나에 해당하는 경우
⑭ 법 제38조제1항을 적용받으려는 완전자회사의 주주는 주식의 포괄적 교환·이전일이 속하는 과세연도의 과세표준 신고를 할 때 완전모회사와 함께 기획재정부령으로 정하는 주식의 포괄적 교환등 과세특례신청서를 납세지 관할 세무서장에게 제출하여야 한다.
(2016.2.5 본항개정)
⑮ (2018.2.13 삭제)
(2010.6.8 본조신설)
제35조의3 【지주회사의 설립 등에 대한 법인 주주의 과세특례】 ① 내국법인의 주주인 법인이 법 제38조의2

제1항 또는 제2항에 따라 보유주식을 지주회사 또는 전환지주회사에 현물출자하거나 지주회사 또는 전환지주회사의 주식과 교환하고 과세를 이연받는 경우 그 주식의 현물출자 또는 교환(이하 이 조 및 제35조의4에서 "현물출자등"이라 한다)을 한 날 현재의 그 현물출자등으로 취득한 지주회사 또는 전환지주회사의 주식가액(「법인세법」 제52조제2항에 따른 시가 평가액을 말한다)에서 그 현물출자등을 한 날 전일의 해당 보유주식의 장부가액을 뺀 금액(그 금액이 해당 보유주식의 시가에서 장부가액을 뺀 금액을 초과하는 경우 그 초과한 금액을 제외하며, 이하 이 조에서 "주식양도차익"이라 한다)을 그 사업연도의 소득금액을 계산할 때 손금에 산입한다. 이 경우 그 금액은 해당 주식의 압축기장충당금으로 계상하여야 한다.
② 제1항에 따라 계상한 압축기장충당금은 해당 지주회사 또는 전환지주회사의 주식을 처분(현물출자등으로 취득한 주식 외에 다른 방법으로 취득한 주식이 있는 경우에는 현물출자등으로 취득한 주식을 먼저 처분한 것으로 본다)하는 사업연도에 이를 익금에 산입하되, 일부 주식을 처분하는 경우에는 다음 계산식에 따라 계산한 금액을 익금에 산입한다.

압축기장충당금	×	주식의 현물출자 또는 자기주식 교환으로 취득한 지주회사 또는 전환지주회사의 주식 중 처분한 주식 수
		주식의 현물출자 또는 자기주식 교환으로 취득한 지주회사 또는 전환지주회사의 주식 수

③ 제2항에도 불구하고 「법인세법 시행령」 제82조의2제3항제2호의 요건을 충족하는 적격분할(물적분할 및 분할합병은 제외하며, 이하 이 항에서 "적격분할"이라 한다)로 인하여 해당 지주회사 또는 전환지주회사의 주식을 처분하는 경우에는 해당 주식에 계상된 압축기장충당금을 익금에 산입하지 않으며, 적격분할로 신설되는 법인은 해당 주식에 계상된 압축기장충당금을 적격분할로 양수받은 해당 지주회사 또는 전환지주회사 주식의 압축기장충당금으로 승계하고 제2항의 계산방법에 따라 익금에 산입한다.
④ 법 제38조의2제1항제1호 및 같은 조 제3항제4호에서 "대통령령으로 정하는 주주"란 현물출자등의 대상이 된 주식을 발행한 법인의 주주 중 「법인세법 시행령」 제80조의2제5항에 해당하는 주주를 말한다.
⑤ 법 제38조의2제1항제2호(같은 조 제2항에서 준용하는 경우를 포함한다) 및 같은 조 제3항제3호에서 자회사의 사업 계속 및 폐지 여부의 판정에 관하여는 「법인세법 시행령」 제80조의2제7항 및 제80조의4제8항을 준용한다.
⑥ 지주회사 또는 전환지주회사는 법 제38조의2제3항 각 호 외의 부분 전단에 따라 같은 조 제1항제2호에 따른 자회사(이하 이 조 및 제35조의4에서 "자회사"라 한다)의 주식을 장부가액으로 취득한 경우 현물출자등으로 취득한 자회사의 주식의 가액을 현물출자등을 한 날 현재의 시가로 계상하되, 시가에서 자회사의 주식의 장부가액 합계액을 뺀 금액을 자산조정계정으로 계상하여야 한다. 이 경우 계상한 자산조정계정은 다음 계산식에 따른 금액을 해당 주식을 처분하는 사업연도에 익금 또는 손금에 산입하되, 자기주식으로 소각되는 경우에는 익금 또는 손금에 산입하지 않고 소멸하는 것으로 한다.

자산조정계정	×	처분한 주식 수
		현물출자등으로 취득한 주식 수

⑦ 법 제38조의2제3항 각 호 외의 부분 전단에서 "대통령령으로 정하는 기간"이란 현물출자등을 한 날이 속하는 사업연도의 다음 사업연도 개시일부터 2년을 말한다.

⑧ 법인이 제1항에 따라 주식양도차익상당액을 손금에 산입한 후 법 제38조의2제3항 각 호의 어느 하나에 해당하는 사유가 발생한 경우에는 같은 항 각 호 외의 부분 전단에 따라 이 조 제6항의 자산조정계정의 잔액(잔액이 0보다 큰 경우로 한정하며, 잔액이 0보다 작은 경우에는 없는 것으로 본다)을 익금에 산입한다. 이 경우 제6항에 따라 계상한 자산조정계정은 소멸하는 것으로 한다.
⑨ 법 제38조의2제2항제3호에 따른 자기주식교환사실의 공시는 다음 각 호의 사항을 「신문 등의 진흥에 관한 법률」에 따른 일반일간신문 또는 경제분야의 특수일간신문 중 전국을 보급지역으로 하는 신문에 1회 이상 게재하는 방법에 따라야 한다.
1. 자기주식교환일 및 교환대상주식의 범위
2. 주권제출기한 및 제출장소
3. 교환수량·교환비율 및 교환방법
4. 모든 주주가 자기주식교환에 참여할 수 있다는 내용 및 그 밖에 주식교환에 필요한 사항
⑩ 법 제38조의2제3항 각 호 외의 부분 후단에 따라 법인세에 가산하여 납부해야 하는 이자상당액은 제1호의 금액에 제2호의 값을 곱하여 계산한 금액으로 한다.
1. 법 제38조의2제3항제2호에 해당하는 사유로 제8항에 따라 익금에 산입하는 자산조정계정 잔액을 현물출자 등을 한 날이 속하는 사업연도에 익금에 산입하지 않아 발생한 법인세액의 차액
2. 현물출자등을 한 날이 속하는 사업연도의 다음 사업연도의 개시일부터 제1호에 따른 자산조정계정 잔액을 익금에 산입한 사업연도의 종료일까지의 기간에 대하여 1일 10만분의 22의 율을 곱한 값
⑪ 법 제38조의2제3항제1호 단서에서 "대통령령으로 정하는 경우"란 법령의 개정으로 지주회사의 기준이 변경된 날(이하 이 항에서 "기준변경일"이라 한다)이 속하는 사업연도(지주회사의 기준이 변경되어 지주회사에 해당되지 않게 된 해당 지주회사의 사업연도를 말하며, 이하 이 항에서 같다)와 그 다음 사업연도 개시일부터 4년 이내에 종료하는 사업연도의 기간(이하 이 항에서 "유예기간"이라 한다) 중 각 사업연도 종료일 현재 해당 지주회사의 신설 또는 전환 당시의 법령에 따른 지주회사 기준(신설 또는 전환 이후부터 기준변경일까지의 기간 중에 해당 지주회사의 기준이 2회 이상 변경된 경우에는 기준변경일에서 가장 가까운 때의 기준을 말한다)을 충족하고 있는 경우로서 해당 유예기간 중에 있는 경우를 말한다.
⑫ 법 제38조의2제4항에 따른 법인세의 과세의 이연에 관하여는 제1항 및 제2항을 준용한다. 이 경우 압축기장충당금으로 계상해야 할 금액은 제1항에 따라 과세를 이연받은 금액과 그 과세의 이연을 받은 중간지주회사의 주식을 해당 중간지주회사를 지배하는 금융지주회사의 주식과 교환함으로써 발생한 양도차익의 합계액으로 하고, 그 중간지주회사의 주식과 교환함으로써 취득한 금융지주회사의 주식을 처분하는 사업연도에 해당 압축기장충당금을 익금에 산입한다.
⑬ 법 제38조의2제5항에서 "대통령령으로 정하는 부득이한 사유가 있는 경우"란 다음 각 호의 어느 하나에 해당하는 경우를 말한다.
1. 법 제38조의2제1항제1호(같은 조 제2항에서 준용하는 경우를 포함한다) 및 같은 조 제3항제4호에 대한 부득이한 사유가 있는 것으로 보는 경우 : 지주회사, 전환지주회사 및 제4항에 따른 주주가 「법인세법 시행령」 제80조의2제1항제1호 각 목의 어느 하나에 해당하는 경우
2. 법 제38조의2제1항제2호(같은 조 제2항에서 준용하는 경우를 포함한다) 및 같은 조 제3항제3호에 대한 부득이한 사유가 있는 것으로 보는 경우 : 지주회사

및 전환지주회사의 자회사가 「법인세법 시행령」 제80조의2제1항제2호 각 목의 어느 하나에 해당하는 경우
⑭ 지주회사 또는 전환지주회사는 제1항에 따라 자회사의 주주인 법인이 현물출자등에 따른 주식양도차익을 손금에 산입한 경우 현물출자등으로 취득한 자회사의 주식을 자회사의 주주인 법인의 장부가액으로 취득한 것으로 한다.
⑮ 법 제38조의2제1항, 제2항 및 제4항을 적용받으려는 법인은 해당 현물출자등을 한 날이 속하는 사업연도의 과세표준신고를 할 때 지주회사 또는 전환지주회사와 함께 기획재정부령으로 정하는 현물출자등 과세특례신청서를 납세지 관할세무서장에게 제출해야 한다.
⑯ 제14항에 따라 자회사의 주식을 장부가액으로 취득한 지주회사 또는 전환지주회사는 현물출자등을 받은 날이 속하는 사업연도의 과세표준신고를 할 때 기획재정부령으로 정하는 자회사 주식의 장부가액 계산서를 납세지 관할 세무서장에게 제출해야 한다.
(2023.2.28 본조개정)

제35조의4 【지주회사의 설립 등에 대한 거주자 주주의 과세특례】 ① 내국법인의 주주인 거주자가 법 제38조의2제1항 또는 제2항에 따라 보유주식을 지주회사 또는 전환지주회사에 현물출자하거나 지주회사 또는 전환지주회사의 주식과 교환하고 과세를 이연받는 경우 해당 보유주식의 현물출자등에 따라 발생하는 소득(이하 이 조에서 "주식과세이연금액"이라 한다)에 대해서는 양도소득세를 과세하지 않되, 그 지주회사 또는 전환지주회사의 주식의 양도(현물출자등으로 취득한 주식 외에 다른 방법으로 취득한 주식이 있는 경우에는 현물출자등으로 취득한 주식을 먼저 양도한 것으로 본다)에 대해서는 지주회사 또는 전환지주회사의 주식의 취득가액에서 주식과세이연금액을 뺀 금액을 취득가액으로 보아 양도소득세를 과세한다.
② 법 제38조의2제4항에 따른 양도소득세 과세의 이연에 관하여는 제1항을 준용한다. 이 경우 과세의 이연을 받는 금액은 제1항에 따라 과세의 이연을 받은 금액과 그 과세의 이연을 받은 중간지주회사의 주식을 해당 중간지주회사를 지배하는 금융지주회사의 주식과 교환함으로써 발생한 양도차익의 합계액으로 하고, 그 중간지주회사의 주식과 교환함으로써 취득한 금융지주회사의 주식을 양도하는 때에 양도소득세를 과세한다.
③ 지주회사 또는 전환지주회사는 제1항에 따라 자회사의 주주인 거주자의 현물출자등에 따른 주식과세이연금액에 대하여 양도소득세를 과세하지 않은 경우 현물출자등으로 취득한 자회사의 주식을 자회사의 주주인 거주자의 취득가액으로 취득한 것으로 한다.
④ 법 제38조의2제1항, 제2항 및 제4항을 적용받으려는 거주자는 해당 현물출자등을 한 날이 속하는 과세연도의 과세표준신고를 할 때 지주회사 또는 전환지주회사와 함께 기획재정부령으로 정하는 현물출자등 과세특례신청서를 납세지 관할세무서장에게 제출해야 한다.
⑤ 제3항에 따라 자회사의 주식을 장부가액으로 취득한 지주회사 또는 전환지주회사는 현물출자등을 받은 날이 속하는 사업연도의 과세표준신고를 할 때 기획재정부령으로 정하는 자회사 주식의 장부가액 계산서를 납세지 관할 세무서장에게 제출해야 한다.
(2023.2.28 본조신설)

제35조의5 【내국법인의 외국자회사 주식등의 현물출자에 대한 과세특례】 ① 법 제38조의3제2항에서 "대통령령으로 정하는 방법에 따라 계산한 금액"이란 다음 산식에 의하여 계산한 금액을 말한다. 이 경우 현물출자로 인하여 취득한 주식등외에 다른 방법으로 취득한 주식등이 있는 때에는 현물출자로 인하여 취득한 주식등을 먼저 양도하는 것으로 본다.

현물출자로 인하여 발생한 외국자회사의 주식등의 양도차익에 상당하는 당해 직전사업연도종료일 현재까지 익금에 산입하지 아니한 금액	현물출자로 인하여 취득한 외국법인의 주식등 중 당해 사업연도에 양도한 주식등의 수
×	현물출자로 인하여 취득한 외국법인의 주식등 중 직전사업연도 종료일 현재 보유중인 주식등의 수

(2010.2.18 전단개정)

② 법 제38조의3제1항을 적용받고자 하는 내국법인은 현물출자일이 속하는 사업연도의 과세표준신고와 함께 기획재정부령으로 정하는 주식등 현물출자 양도차익명세서 및 손금산입 조정명세서를 납세지 관할세무서장에게 제출하여야 한다.(2009.4.21 본항개정)

제36조【채무의 인수·변제에 대한 과세특례】 ① 법 제39조제1항 각 호 외의 부분에 따른 채무의 인수·변제(이하 이 조에서 "채무인수·변제"라 한다)는 같은 조 제1항 각 호 외의 부분에 따른 주주등(이하 이 조에서 "주주등"이라 한다)이 단독 또는 공동으로 하나의 계약에 의하여 일시에 인수·변제하는 것에 한정한다.

② 법 제39조제1항부터 제5항까지의 규정을 적용할 때 채무의 범위는 제4항에 따른 재무구조개선계획에 채무의 내용 및 주주등의 채무인수·변제 계획이 명시되어 있는 것으로서 제34조제5항 각 호의 금액(이하 이 조에서 "금융채권자채무"라 한다)으로 한다.(2018.2.13 본항개정)

③ 법 제39조제1항 각 호 외의 부분에서 "대통령령으로 정하는 금액"이란 해당 주주등이 인수·변제한 법 제39조제2항에 따른 양도등대상법인(이하 이 조에서 "양도등대상법인"이라 한다)의 금융채권자채무 금액(이하 이 조에서 "채무인수·변제액"이라 한다)을 말한다. (2018.2.13 본항개정)

④ 법 제39조제1항제1호에서 "대통령령으로 정하는 재무구조개선계획"이란 제34조제6항제1호부터 제4호까지의 어느 하나에 해당하는 것으로서 금융채권자채무의 총액, 내용, 주주등의 채무인수·변제 계획, 기업 양도 또는 청산 계획을 명시한 것(이하 이 조에서 "재무구조개선계획"이라 한다)을 말한다.(2018.2.13 본항개정)

⑤ 법 제39조제1항제1호에서 "대통령령으로 정하는 자"란 제34조제7항제1호부터 제4호까지의 어느 하나에 해당하는 자를 말한다.(2017.2.7 본항개정)

⑥ 법 제39조제1항제1호에 따른 "지배주주·출자자 및 그 특수관계자"란 「법인세법 시행령」 제43조제7항 및 제8항에 따른 지배주주 등 및 특수관계에 있는 자(이하 이 조에서 "지배주주등"이라 한다)를 말한다.

⑦ 법 제39조제1항제1호에서 "대통령령으로 정하는 특수관계인"이란 해당 내국법인 또는 지배주주등과의 관계가 「법인세법 시행령」 제2조제5항 각 호의 어느 하나에 해당하는 자를 말한다.(2019.2.12 본항개정)

⑧ 법 제39조제2항 본문에서 "대통령령으로 정하는 결손금을 초과하는 금액"이란 채무인수·변제를 받은 금액에서 「법인세법 시행령」 제16조제1항에 따른 결손금(이하 이 조에서 "이월결손금"이라 한다)을 뺀 금액(이하 이 조에서 "채무감소액"이라 한다)을 말한다. 이 경우 양도등대상법인이 「법인세법」 제18조제6호에 따라 무상으로 받은 자산의 가액과 채무의 면제 또는 소멸로 인한 부채의 감소액(채무인수·변제를 받은 금액은 제외한다)으로 먼저 이월결손금을 보전하는 경우에는 이월결손금에서 그 보전액을 제외한 잔액을 뺀 금액을 말한다.(2019.2.12 본항개정)

⑨ 법 제39조제3항 각 호 외의 부분 전단에 따라 양도등대상법인이 익금에 산입하여야 할 금액은 다음 각 호의 방법으로 계산한 금액을 말한다.

1. 법 제39조제3항제1호에 해당하는 경우 : 다음 산식에 따라 계산한 금액

채무감소액 × 부채비율에서 기준부채비율을 뺀 비율이 기준부채비율에서 차지하는 비율(이 비율이 1을 초과하는 경우에는 1로 본다)

2. 법 제39조제3항제2호에 해당하는 경우 : 채무감소액 중 익금에 산입하지 아니한 금액 전액

3. 법 제39조제3항제3호에 해당하는 경우 : 채무감소액 전액

⑩ 법 제39조제3항 각 호 외의 부분 후단 중 법인세에 가산하여 납부하여야 할 주주등이 감면받은 법인세액은 다음 각 호의 방법에 따라 계산한다.

1. 법 제39조제3항제1호에 해당하는 경우 : 다음 산식에 따라 계산한 금액

채무인수·변제액을 손금에 산입한 사업연도에 채무인수·변제액을 손금에 산입함에 따라 발생한 법인세 차액 × 부채비율에서 기준부채비율을 뺀 비율이 기준부채비율에서 차지하는 비율(이 비율이 1을 초과하는 경우에는 1로 본다)

2. 법 제39조제3항제2호 본문 및 같은 항 제3호에 해당하는 경우 : 채무인수·변제액을 손금에 산입한 사업연도에 채무인수·변제액을 손금에 산입함에 따라 발생한 법인세 차액

⑪ 법 제39조제3항 각 호 외의 부분 후단 및 같은 항 제2호 단서에서 "대통령령으로 정하는 바에 따라 계산한 이자상당가산액"이란 각각 다음 각 호의 금액을 합산한 금액을 말한다.

1. 채무인수·변제를 받은 날이 속하는 사업연도에 제9항에 따라 익금에 산입하여야 할 금액을 익금에 산입하지 아니함에 따라 발생한 법인세액의 차액에 가목에 따른 기간과 나목에 따른 율을 곱하여 계산한 금액
   가. 채무인수·변제를 받은 날이 속하는 사업연도의 종료일의 다음 날부터 제9항에 따라 익금에 산입하여야 할 금액을 익금에 산입하는 사업연도의 종료일까지의 기간
   나. 제11조의2제9항제2호에 따른 율(2022.2.15 본목개정)

2. 제10항에 따라 납부하여야 할 세액에 가목에 따른 기간과 나목에 따른 율을 곱하여 계산한 금액
   가. 채무인수·변제를 받은 날이 속하는 사업연도의 종료일의 다음 날부터 제10항에 따라 납부하여야 할 세액을 납부하는 사업연도의 종료일까지의 기간
   나. 제11조의2제9항제2호에 따른 율(2022.2.15 본목개정)

⑫ 법 제39조제3항제1호를 적용할 때 채무인수·변제를 한 날부터 해당 사업연도 종료일까지의 기간을 1년으로 보아 3년의 기간을 계산한다.

⑬ 법 제39조제3항제1호에 따른 부채비율 및 기준부채비율의 산정에 관하여는 제34조제15항 및 제16항을 준용한다. 이 경우 "채무상환액"을 "채무인수·변제액의 합계로 본다.

⑭ 법 제39조제3항제2호 단서에서 "파산 등 대통령령으로 정하는 부득이한 사유"란 제34조제17항 각 호의 어느 하나에 해당하는 경우를 말한다.

⑮ 법 제39조제4항에 따른 법인의 양도·양수에 있어서 양도등대상법인의 자산부족액은 해당 주식양도계약에 자산의 실제조사에 대한 내용이 포함되어 있는 경우로서 주식양도일 현재의 자산부족액을 양도등대상법인이 「금융위원회의 설치 등에 관한 법률」 제19조에 따라 설립된 증권선물위원회에 요청하여 지명을 받은 회계법인으로부터 확인받아 수정하여 회계처리한 것에 한정한다.(2021.1.5 본항개정)

⑯ 법 제39조제5항 단서에서 "대통령령으로 정하는 특수관계인"이란 채무인수·변제를 한 주주등과의 관계가 「상속세 및 증여세법 시행령」 제19조제2항 각 호의 어느 하나에 해당하는 자를 말한다.

⑰ 재무구조개선계획승인권자는 양도등대상법인의 그 승인일이 속하는 사업연도(이하 이 조에서 "사업연도"라 한다) 종료일까지 재무구조개선계획의 내용을 기획재정부령으로 정하는 재무구조개선계획서에 따라 양도등대상법인의 납세지 관할세무서장에게 제출하여야 하며, 다음 각 호에 해당하는 사업연도의 과세표준 신고기한 종료일까지 기획재정부령으로 정하는 재무구조개선계획이행보고서를 양도등대상법인의 납세지 관할세무서장에게 제출하여야 한다. 이 경우 양도등대상기업이 재무구조개선계획승인권자의 확인을 받아 재무구조개선계획서 또는 재무구조개선계획이행보고서를 납세지 관할세무서장에게 제출하는 경우에는 재무구조개선계획승인권자가 제출한 것으로 본다.
1. 채무인수·변제가 된 날이 속하는 사업연도
2. 법 제39조제1항제1호에 따라 주식 등을 양도한 날 또는 같은 항 제2호에 따라 법인의 청산을 종결한 날이 속하는 사업연도
3. 법 제39조제1항제1호에 따라 주식 등을 양도한 날이 속하는 사업연도의 다음 3년간
⑱ 법 제39조제1항을 적용받으려는 주주등은 채무인수·변제를 한 날이 속하는 사업연도의 과세표준신고와 함께 기획재정부령으로 정하는 법인양도·양수계획서 또는 법인청산계획서, 채무인수·변제명세서 및 세액감면신청서를 납세지 관할세무서장에게 제출하여야 한다.
⑲ 법 제39조제2항을 적용받으려는 법인은 채무인수·변제를 받은 날이 속하는 사업연도의 과세표준신고와 함께 기획재정부령으로 정하는 법인양도·양수계획서 또는 법인청산계획서, 채무인수·변제명세서 및 분할익금산입조정명세서를 납세지 관할세무서장에게 제출하여야 한다.
(2016.2.5 본조개정)

제37조【주주등의 자산양도에 관한 법인세 등 과세특례】 ① 법 제40조제1항에 따른 자산의 증여는 같은 항 각 호 외의 부분에 따른 주주 또는 출자자(이하 이 조에서 "주주등"이라 한다)가 단독 또는 공동으로 하나의 계약에 의하여 실시에 증여하는 것에 한정한다.
② 법 제40조제1항 각 호 외의 부분에서 "대통령령으로 정하는 결손금을 초과하는 금액"이란 제36조제8항을 준용하여 계산한 금액(이하 이 조에서 "자산수증익"이라 한다)을 말한다. 이 경우 "채무인수·변제를 받은 금액"은 "법 제40조제1항에 따라 증여받은 자산가액"으로 본다.
③ 법 제40조제1항제1호에서 "대통령령으로 정하는 재무구조개선계획"이란 제34조제6항제1호부터 제4호까지의 어느 하나에 해당하는 것으로서 주주등의 자산양도 또는 자산증여 계획, 제10항에 따른 금융채권자채무의 총액, 내용 및 상환계획을 명시한 것(이하 이 조에서 "재무구조개선계획"이라 한다)을 말한다.(2018.2.13 본항개정)
④ 법 제40조제1항제1호에서 "대통령령으로 정하는 자"란 제34조제7항제1호부터 제4호까지의 어느 하나에 해당하는 자를 말한다.(2017.2.7 본항개정)
⑤ 법 제40조제1항제2호에서 "대통령령으로 정하는 기한"이란 각각 제34조제4항에 따른 기한을 말한다.
⑥ 법 제40조제1항제2호에서 "대통령령으로 정하는 날"이란 각 회의 부불금(계약금은 첫 회의 부불금에 포함되는 것으로 한다)을 받은 날을 말한다.
⑦ 법 제40조제1항 및 제2항을 적용할 때 자산의 양도 시기에 대하여는 「소득세법 시행령」 제162조를 준용한다. 다만, 장기할부조건의 양도의 경우에는 제6항에 따른 날로 한다.
⑧ 법 제40조제1항제2호에서 "대통령령으로 정하는 금융채권자"란 「기업구조조정 촉진법」 제2조제2호에 따른 금융채권자를 말한다.(2018.2.13 본항개정)

⑨ 법 제40조제1항제2호에서 "대통령령으로 정하는 부득이한 사유"란 제34조제3항에 해당하는 경우를 말한다.
⑩ 법 제40조제1항제2호에 따라 상환하는 채무는 재무구조개선계획에 채무의 내용 및 주주등의 자산 증여를 통한 상환계획이 명시되어 있는 것으로서 제34조제5항 각 호의 금액(이하 이 조에서 "금융채권자채무"라 한다)을 말한다.(2018.2.13 본항개정)
⑪ 법 제40조제2항에서 "대통령령으로 정하는 금액"이란 해당 주주등이 증여한 자산의 장부가액(이하 이 조에서 "자산증여액"이라 한다)을 말한다.(2017.2.7 본항개정)
⑫ 법 제40조제3항 각 호 외의 부분에서 "대통령령으로 정하는 증여금액에 상당하는 금액"이란 다음 산식에 의하여 계산한 금액(이하 이 조에서 "양도차익상당액"이라 한다)을 말한다.

법 제40조제3항에 따라 양도한 자산의 양도차익 × 〔해당 자산의 양도가액 중 재무구조개선계획을 승인받은 법인(이하 이 조에서 "재무구조개선계획승인법인"이라 한다)에게 증여한 금액 / (해당 자산의 양도차익 − 법 제40조제3항에 따라 양도한 자산의 양도차익에 대하여 해당 법인이 「농어촌특별세법」에 따라 납부한 농어촌특별세)〕
(2017.2.7 본항개정)

⑬ 법 제40조제4항 각 호 외의 부분 전단에 따라 익금에 산입하는 금액은 다음 각 호의 방법으로 계산한 금액을 말한다.
1. 법 제40조제4항제1호에 해당하는 경우 : 다음 산식에 따라 계산한 금액

자산수증익 × 〔(법 제40조제1항에 따라 증여받은 자산의 가액(금전이 아닌 자산의 경우에는 양도가액을 말한다. 이하 이 조에서 "양수자산가액"이라 한다) − 양수자산가액 중 채무상환에 사용한 금액) / 양수자산가액

2. 법 제40조제4항제2호에 해당하는 경우 : 다음 산식에 따라 계산한 금액

자산수증익 × 부채비율에서 기준부채비율을 뺀 비율이 기준부채비율에서 차지하는 비율(이 비율이 1을 초과하는 경우에는 1로 본다)

3. 법 제40조제4항제3호에 해당하는 경우 : 자산수증익 중 익금에 산입하지 아니한 금액 전액
⑭ 법 제40조제2항에 따라 주주등이 감면받은 세액 중 같은 조 제4항에 따라 재무구조개선계획승인법인이 납부하여야 할 법인세에 가산하여 징수하는 금액은 다음 각 호의 금액으로 한다.
1. 법 제40조제4항제1호에 해당하는 경우 : 주주등이 자산증여액을 손금에 산입한 사업연도에 다음 산식에 따라 계산한 금액을 손금에 산입함에 따라 발생한 법인세액의 차액

자산증여액 × (양수자산가액 − 양수자산가액 중 채무상환에 사용한 금액) / 양수자산가액

2. 법 제40조제4항제2호에 해당하는 경우 : 다음 산식에 따라 계산한 금액

자산증여액을 손금에 산입한 사업연도에 자산증여액을 손금에 산입함에 따라 발생한 법인세액의 차액 × 부채비율에서 기준부채비율을 뺀 비율이 기준부채비율에서 차지하는 비율(이 비율이 1을 초과하는 경우에는 1로 본다)

3. 법 제40조제4항제3호 본문에 해당하는 경우 : 자산증여액을 손금에 산입한 사업연도에 자산증여액을 손금에 산입함에 따라 발생한 법인세액의 차액
⑮ 법 제40조제3항에 따라 주주등이 감면받은 세액 중 같은 조 제4항에 따라 재무구조개선계획승인법인이 납부하여야 할 법인세에 가산하여 징수하는 금액은 다음 각 호의 금액으로 한다.
1. 주주등이 거주자인 경우 다음 각 목에 따라 계산한 금액
가. 법 제40조제4항제1호에 해당하는 경우 : 양도차익상당액에 대한 양도소득세를 납부하지 아니한 과세

연도에 다음 산식에 따라 계산한 금액을 양도차익상
당액 산정 시 포함함에 따른 양도소득세액의 차액
양도차익상당액 × (양수자산가액 − 양수자산가액 중
채무상환에 사용한 금액) / 양수자산가액
나. 법 제40조제4항제2호에 해당하는 경우 : 다음 산
식에 따라 계산한 금액
양도차익상당액에 대하여 납부하지 아니한 양도소득세
× 부채비율에서 기준부채비율을 뺀 비율이 기준부채
비율에서 차지하는 비율(이 비율이 1을 초과하는 경우
에는 1로 본다)
다. 법 제40조제4항제3호 본문에 해당하는 경우 : 양
도차익상당액에 대하여 납부하지 아니한 양도소득
세 전액
2. 주주등이 내국법인인 경우 : 다음 각 목에 따라 계산
한 금액
가. 법 제40조제4항제1호에 해당하는 경우 : 양도차익
상당액을 익금에 산입하지 아니한 사업연도에 다음
산식에 따라 계산한 금액을 익금에 산입하지 아니
함에 따라 발생한 법인세액의 차액
양도차익상당액 × (양수자산가액 − 양수자산가액 중
채무상환에 사용한 금액) / 양수자산가액
나. 법 제40조제4항제2호에 해당하는 경우 : 다음 산
식에 따라 계산한 금액
양도차익상당액을 익금에 산입하지 아니한 사업연도에
양도차익상당액을 익금에 산입하지 아니함에 따라 발
생한 법인세액의 차액 × 부채비율에서 기준부채비율
을 뺀 비율이 기준부채비율에서 차지하는 비율(이 비율
이 1을 초과하는 경우에는 1로 본다)
다. 법 제40조제4항제3호 본문에 해당하는 경우 : 양
도차익상당액을 익금에 산입하지 아니한 사업연도
에 양도차익상당액을 익금에 산입하지 아니함에 따
라 발생한 법인세액의 차액
⑯ 법 제40조제4항제2호를 적용할 때 사업연도 중에
채무를 상환한 경우에는 채무를 상환한 날(이하 이 조
에서 "채무상환일"이라 한다)부터 해당 사업연도 종료
일까지의 기간을 1년으로 보아 3년의 기간을 계산한다.
⑰ 법 제40조제4항제2호에 따른 부채비율 및 기준부채
비율의 산정에 관하여는 제34조제15항 및 제16항을 준
용한다. 이 경우 "채무상환일"을 "양수자산가액 중 채
무상환에 사용한 금액"으로 본다.
⑱ 법 제40조제4항제3호 단서에서 "대통령령으로 정하
는 부득이한 사유"란 제34조제17항 각 호의 어느 하나
에 해당하는 경우를 말한다.
⑲ 법 제40조제5항 본문에서 "대통령령으로 정하는 바
에 따라 계산한 이자상당가산액"이란 다음 각 호의 금
액을 합산한 금액을 말한다.
1. 법 제40조제1항에 따라 자산을 증여받은 날(이하 이
조에서 "자산증여일"이라 한다)이 속하는 사업연도에
제13항에 따른 금액을 익금에 산입하지 아니함에 따
라 발생한 법인세액의 차액에 가목에 따른 기간과 나
목에 따른 율을 곱하여 계산한 금액
가. 자산증여일이 속하는 사업연도의 종료일의 다음
날부터 제13항에 따른 금액을 익금에 산입하는 사
업연도의 종료일까지의 기간
나. 제11조의2제9항제2호에 따른 율(2022.2.15 본목개
정)
2. 제14항 및 제15항에 따른 세액에 가목에 따른 기간
과 나목에 따른 율을 곱하여 계산한 금액
가. 제14항 및 제15항에 따른 세액을 납부하지 아니한
사업연도의 종료일의 다음 날부터 제14항 및 제15
항에 따른 세액을 납부하는 사업연도의 종료일까지
의 기간
나. 제11조의2제9항제2호에 따른 율(2022.2.15 본목개
정)
⑳ 제13항(같은 항 제3호는 제외한다. 이하 이 항에서

같다) 및 제19항제1호를 적용할 때 제13항에 따른 금
액을 익금에 산입하기 이전에 법 제40조제1항에 따라
익금에 산입하지 아니한 금액의 일부 또는 전부로서
익금에 산입한 금액(이하 이 조에서 "기익금산입
액"이라 한다)이 있으면 먼저 익금에 산입한 순서대
로 기익금산입액을 제13항에 따른 익금산입액으로 보
며 기익금산입액을 익금에 산입한 사업연도까지의 기간
을 기준으로 제19항제1호에 따른 이자상당가산액을 계
산한다.
㉑ 법 제40조제6항 단서에 따른 "특수관계에 있는 자"
의 범위에 대하여는 제36조제16항을 준용한다.
㉒ 법 제40조제7항에 따른 재무구조개선계획 및 그 이
행실적의 제출방법에 대하여는 제34조제18항을 준용한
다. 이 경우 "자산양도일"을 "자산증여일"로 본다.
㉓ 법 제40조제1항을 적용받으려는 법인은 자산증여일
이 속하는 사업연도의 과세표준신고와 함께 기획재정
부령으로 정하는 수증자산명세서, 채무상환(예정)명세
서 및 분할익금산입조정명세서를 납세지 관할세무서장
에게 제출하여야 하며, 자산증여일과 채무상환일이 서
로 다른 사업연도에 속하는 경우에는 채무상환일이 속
하는 사업연도의 과세표준신고와 함께 채무상환(예정)
명세서를 별도로 제출하여야 한다.
㉔ 법 제40조제2항을 적용받으려는 주주등은 자산증여
일이 속하는 사업연도의 과세표준신고와 함께 자산증
여계약서, 기획재정부령으로 정하는 채무상환(예정)명
세서 및 세액감면신청서를 납세지 관할세무서장에게
제출하여야 한다.
㉕ 법 제40조제3항을 적용받으려는 주주등은 같은 항
에 따라 자산을 양도한 날이 속하는 과세연도의 과세
표준신고와 함께 자산매매계약서, 증여계약서, 기획재
정부령으로 정하는 채무상환(예정)명세서 및 세액감면
신청서를 납세지 관할세무서장에게 제출하여야 한다.
(2017.2.7 본조제목개정)
(2009.6.19 본조개정)
제38조~제38조의2 (2008.2.22 삭제)
제39조 (2001.12.31 삭제)
**제40조【구조조정대상부동산의 취득자에 대한 양도소
득세의 감면 등】** ① 법 제43조제1항에 따른 구조조정대
상부동산을 취득한 날부터 5년간 발생한 양도소득금액
은 「소득세법」 제95조제1항에 따른 양도소득금액 또는
「법인세법」 제55조의2제1항에 따른 양도소득(이하 이
항에서 "양도소득금액"이라 한다)으로서 다음 계산식에
따라 계산한 금액으로 한다. 이 경우 새로운 기준시가가
고시되기 전에 취득 또는 양도하거나 취득일부터 5년이
되는 날이 도래하는 경우에는 직전의 기준시가를 적용
한다.

양도소득금액	×	취득일부터 5년이 되는 날의 기준시가 − 취득 당시 기준시가		
		양도 당시 기준시가 − 취득 당시 기준시가		

② 법 제43조제2항에 따라 양도소득세의 감면신청을 하
려는 자는 해당 구조조정대상부동산의 양도일이 속하
는 과세연도의 과세표준 신고와 함께 기획재정부령으
로 정하는 세액감면신청서를 납세지 관할 세무서장에
게 제출하여야 한다.
③ 제2항에 따라 감면신청을 받은 납세지 관할 세무서
장은 제37조제25항에 따른 채무상환(예정)명세서 및 세
액감면신청서를 통하여 해당 구조조정대상부동산을 확
인하여야 한다.
(2015.2.3 본조개정)
제40조의2 (2009.2.4 삭제)
**제41조【재무구조개선계획 등에 따른 기업의 채무면
제익에 대한 과세특례】** ① 법 제44조제1항 각 호 외의
부분에서 "대통령령으로 정하는 결손금을 초과하는 금

액"이란 제36조제8항을 준용하여 계산한 금액을 말한다. 이 경우 "채무인수·변제를 받은 금액"은 "법 제44조제1항 각 호 외의 부분에 따라 금융채권자로부터 면제받은 채무에 상당하는 금액"으로 본다.(2018.2.13 후단개정)
1.~2. (2009.6.19 삭제)
② 법 제44조제1항제3호에서 "내국법인이 대통령령으로 정하는 바에 따라 채권을 보유한 금융채권자 간의 합의에 따라 채무를 면제받은 경우"란 제34조제6항제2호에 따른 기업개선계획 이행을 위한 특별약정에 따라 채무를 면제받은 경우를 말한다.(2018.2.13 본항개정)
③ 법 제44조제1항제4호에서 "대통령령으로 정하는 경우"란 제34조제6항제3호에 따른 적기시정조치에 따라 채무를 면제받은 경우를 말한다.(2009.6.19 본항신설)
④ 법 제44조제1항·제2항 및 제4항을 적용받으려는 법인은 각각 채무면제일이 속하는 사업연도의 과세표준신고와 함께 기획재정부령으로 정하는 채무면제명세서를 채무를 면제받은 법인별로 작성하여 납세지 관할세무서장에게 제출하여야 한다.(2017.2.7 본항개정)

제42조 【감자에 대한 과세특례】 ① 법 제45조제1항에서 "대통령령으로 정하는 재무구조개선계획"이란 제34조제6항 각 호의 어느 하나에 해당하는 것으로서 주주 또는 출자자(이하 이 조에서 "주주등"이라 한다)의 주식 또는 출자지분(이하 이 조에서 "주식등"이라 한다)의 증여계획 및 증여받은 주식등의 소각계획이 명시된 것을 말한다.
② 법 제45조제1항에서 "대통령령으로 정하는 자"란 제34조제7항 각 호의 어느 하나에 해당하는 자를 말한다.
③ 법 제45조제1항에서 "대통령령으로 정하는 결손금을 초과하는 금액"이란 제36조제8항을 준용하여 계산한 금액을 말한다. 이 경우 "채무인수·변제를 받은 금액"은 "법 제45조제1항에 따라 증여받은 주식등의 가액"으로 본다.
④ 법 제45조제3항 단서에 따른 "특수관계에 있는 자"의 범위에 대하여는 제36조제16항을 준용한다.
⑤ 법 제45조제1항을 적용받으려는 법인은 같은 항에 따라 주식등을 증여받은 날이 속하는 사업연도의 과세표준신고와 함께 기획재정부령으로 정하는 수증자산명세서, 재무구조개선계획서 및 세액감면신청서를 납세지 관할세무서장에게 제출하여야 한다.
⑥ 법 제45조제2항을 적용받으려는 주주등은 같은 조 제1항에 따라 주식등을 증여한 날이 속하는 사업연도의 과세표준신고와 함께 기획재정부령으로 정하는 재무구조개선계획서 및 세액감면신청서를 납세지 관할세무서장에게 제출하여야 한다.
(2009.6.19 본조신설)

제42조의2 【공기업 민영화에 따른 분할에 대한 과세특례】 ① 법 제45조의2에서 "대통령령으로 정하는 분할"이란 다음 각 호의 어느 하나에 해당하는 분할을 말한다.
1. (2014.12.30 삭제)
2. 그 밖에 민영화 등의 구조개편을 위한 공공기관의 분할로서 기획재정부령으로 정하는 분할
② 법 제45조의2에서 "대통령령으로 정하는 요건"이란 다음 각 호의 요건을 말한다.
1. 「법인세법」 제46조제1항제2호 및 제3호에 해당할 것
2. 분할등기일 현재 5년 이상 사업을 계속하던 내국법인이 「법인세법 시행령」 제82조제3항제3호 및 제4호의 요건을 갖추어 분할하는 것일 것
(2010.2.18 본조신설)

제43조 【기업 간 주식등의 교환에 대한 과세특례】 ① 법 제46조제1항 각 호 외의 부분에 따른 "지배주주·출자자 및 그 특수관계자"(이하 이 조에서 "지배주주등"이라 한다)의 범위에 대하여는 제36조제6항을 준용한다.

② 법 제46조제1항 각 호 외의 부분에서 "대통령령으로 정하는 재무구조개선계획"이란 제34조제6항제1호부터 제4호까지의 어느 하나에 해당하는 것으로서 지배주주 등이 보유한 주식 또는 출자지분(이하 이 조에서 "주식등"이라 한다)의 양도·양수계획이 명시된 것을 말한다.(2017.2.7 본항개정)
③ 법 제46조제1항 각 호 외의 부분에서 "대통령령으로 정하는 자"란 제34조제7항제1호부터 제4호까지의 어느 하나에 해당하는 자를 말한다.(2017.2.7 본항개정)
④ 법 제46조제1항 각 호 외의 부분에서 "대통령령으로 정하는 특수관계자"란 같은 항에 따른 교환대상법인(이하 이 조에서 "교환대상법인"이라 한다)과의 관계가 「법인세법 시행령」 제2조제5항 각 호의 어느 하나에 해당하는 자를 말한다.(2019.2.12 본항개정)
⑤ 법 제46조제1항에 따른 주식등의 양도·양수에 있어 교환대상법인의 주식등을 양도한 지배주주등 간의 해당 법인 주식등의 보유비율에 따라 같은 항 각 호 외의 부분에 따른 교환양수법인(이하 이 조에서 "교환양수법인"이라 한다)의 주식등이 배분되어야 한다.
⑥ 법 제46조제1항에 따라 양도소득세 또는 법인세에 대한 과세를 이연받는 경우에는 다음 각 호의 방법에 따른다.
1. 지배주주등이 법인인 경우 : 다음 각 목의 방법에 따라 과세를 이연받는 방법
가. 법 제46조제1항에 따라 주식등을 양도함에 따라 발생한 양도차익은 주식등의 양도 당시의 시가(「법인세법」 제52조제2항에 따른 시가를 말한다)에서 양도일 전일의 장부가액을 뺀 금액(양수한 교환양수법인의 주식등의 가액을 한도로 한다. 이하 이 조에서 "과세이연금액"이라 한다)으로 하되, 그 금액은 양수한 교환양수법인의 주식등의 압축기장충당금으로 계상하여야 한다.
나. 가목에 따라 계상한 압축기장충당금은 양수한 교환양수법인의 주식등을 양도, 상속 또는 증여(법 제46조제1항에 따라 양수한 주식등 외에 다른 방법으로 취득한 주식등이 있으면 같은 항에 따라 양수한 주식등을 먼저 양도, 상속 또는 증여한 것으로 본다. 이하 이 조에서 "처분"이라 한다)하는 사업연도에 이를 익금에 산입하되, 일부 주식등을 처분하는 경우에는 다음 산식에 의하여 계산한 금액을 익금에 산입한다.
가목에 따른 압축기장충당금 × 양수한 교환양수법인의 주식등 중 처분한 주식등의 수 / 양수한 교환양수법인의 주식등의 수
2. 지배주주등이 거주자인 경우 : 법 제46조제1항에 따라 주식등을 양도할 때 양도소득세를 납부하지 아니하고 양수한 교환양수법인의 주식등을 처분할 때에 교환양수법인의 주식등의 취득가액에서 과세이연금액을 뺀 금액을 취득가액으로 보아 양도소득세를 납부하는 방법
⑦ 법 제46조제2항에 따른 자산부족액은 교환대상법인과 교환양수법인의 기업교환계약에 자산의 실제조사에 대한 내용이 포함되어 있는 경우로서 주식등을 양도·양수한 날 현재의 자산부족액을 해당 법인이 「금융위원회의 설치 등에 관한 법률」 제19조에 따라 설립된 증권선물위원회에 요청하여 지명을 받은 회계법인으로부터 확인받아 수정하여 회계처리한 것에 한정한다.
(2021.1.5 본항개정)
⑧ 법 제46조제3항 각 호 외의 부분 후단에서 "대통령령으로 정하는 바에 따라 계산한 이자상당가산액"이란 다음 각 호에 따라 계산한 금액을 말한다.
1. 거주자의 경우 : 법 제46조제1항에 따라 주식등을 양도할 때 납부하지 아니한 양도소득세액에 가목에 따른 기간과 나목에 따른 율을 곱하여 계산한 금액

가. 법 제46조제1항에 따라 주식등을 양도할 때 과세이연금액에 대한 양도소득세를 납부하지 아니한 과세연도의 종료일의 다음 날부터 같은 조 제3항 각 호의 사유가 발생하여 과세이연금액에 대한 양도소득세를 납부하여 계산한 과세연도의 종료일까지의 기간
나. 제11조의2제9항제2호에 따른 율(2022.2.15 본문개정)
2. 내국법인의 경우 : 과세이연금액을 익금에 산입하지 아니한 사업연도에 과세이연금액을 익금에 산입하지 아니함에 따라 발생한 법인세액의 차액을 가목에 따른 기간과 나목에 따른 율을 곱하여 계산한 금액
가. 과세이연금액을 익금에 산입하지 아니한 사업연도 종료일의 다음 날부터 법 제46조제3항 각 호의 사유가 발생하여 과세이연금액을 익금에 산입하는 사업연도의 종료일까지의 기간
나. 제11조의2제9항제2호에 따른 율(2022.2.15 본목개정)
⑨ 법 제46조제3항제1호에 따른 업종의 분류는 한국표준산업분류의 소분류에 따른다.
⑩ 법 제46조제4항에 따라 과세를 이연받을 수 있는 금액은 같은 조 제1항에 따라 양수한 교환양수법인의 주식등의 가액에 상당하는 금액의 범위에서 현물출자 또는 물적분할 당시 과세를 이연받은 금액으로 하되, 그 금액은 교환양수법인의 주식등의 압축기장충당금으로 계상하고 제6항제1호나목을 준용하여 익금에 산입한다.
⑪ 재무구조개선계획승인권자는 교환대상법인의 그 승인일이 속하는 사업연도(이하 이 항에서 "사업연도"라 한다) 종료일까지 재무구조개선계획의 내용을 기획재정부령으로 정하는 재무구조개선계획서에 따라 교환대상법인의 납세지 관할세무서장에게 제출하여야 하며, 다음 각 호에 해당하는 사업연도의 과세표준 신고기간 종료일까지 기획재정부령으로 정하는 재무구조개선계획이행보고서를 교환대상법인의 납세지 관할세무서장에게 제출하여야 한다. 이 경우 교환대상법인이 재무구조개선계획승인권자의 확인을 받아 재무구조개선계획서 또는 재무구조개선계획이행보고서를 납세지 관할세무서장에게 제출하는 경우에는 재무구조개선계획승인권자가 제출한 것으로 본다.
1. 법 제46조제1항에 따라 주식등을 양도·양수한 날이 속하는 사업연도
2. 법 제46조제1항에 따라 주식등을 양도·양수한 날이 속하는 사업연도의 다음 3개 사업연도
⑫ 법 제46조제1항·제2항 및 제4항을 적용받으려는 주주등은 같은 항에 따라 주식등을 양도·양수한 날이 속하는 사업연도의 과세표준신고와 함께 기획교환계약서, 기획재정부령으로 정하는 주식등양도·양수명세서, 과세이연신청서를 납세지 관할세무서장에게 제출하여야 한다.
(2009.6.19 본조신설)

제43조의2【벤처기업 주식교환 등에 대한 과세특례】
① 법 제46조의2제1항제1호에서 "전략적 제휴계획"이라 함은 벤처기업의 생산성향상 및 경쟁력강화 등을 목적으로 벤처기업과 다른 법인(이하 이 조에서 "제휴법인"이라 한다)간의 계약에 의하여 제휴법인의 주주와 벤처기업간에 주식교환 또는 주식현물출자(이하 이 조에서 "주식교환등"이라 한다)를 통하여 벤처기업과 제휴법인간의 협력관계를 형성하고자 하는 계획을 말한다.
② 제1항의 규정에 의한 계약은 다음 각호의 요건을 갖추어야 한다.
1. 벤처기업과 제휴법인이 계약당사자가 될 것
2. 제휴대상 사업내용이 실현가능하고 구체적일 것
3. 제휴사업에서 발생하는 손익의 분배방법을 정할 것
4. 기술·정보·시설·인력 및 자본 등의 협력에 관한 사항을 포함하고 있을 것
③ 법 제46조의2제1항 각호외의 부분에서 "당해 법인

의 발행주식 총수의 100분의 10 이상을 보유한 주주"라 함은 당해 법인의 의결권있는 발행주식 총수의 100분의 10 이상을 보유한 주주를 말한다.
④ 법 제46조의2제1항제2호에서 "대통령령으로 정하는 특수관계인"이란 「국세기본법 시행령」 제1조의2제1항 및 제2항에 해당하는 관계인 사람을 말하고, "대통령령으로 정하는 특수관계"란 「국세기본법 시행령」 제1조의2제1항 및 제2항에 해당하는 관계를 말한다.
(2012.2.2 본항개정)
⑤ 법 제46조의2제1항제2호에서 "대통령령으로 정하는 최대주주"란 주주 1인과 제4항에서 규정하는 자가 보유하는 주식의 합계가 가장 많은 경우의 당해 주주 1인을 말한다.(2010.2.18 본항개정)
⑥ 법 제46조의2제1항의 규정에 의하여 제휴법인의 주주가 벤처기업과 주식교환등을 함에 따라 발생하는 소득(이하 이 조에서 "주식교환금액"이라 한다)에 대하여는 양도소득세를 과세하지 아니하되, 주식교환등으로 인하여 취득한 벤처기업의 주식을 양도(주식교환등외의 다른 방법으로 취득한 주식이 있는 경우에는 주식교환등으로 인하여 취득한 주식을 먼저 양도한 것으로 본다)한 때에는 주식교환등으로 취득한 주식의 취득가액에서 제7항의 규정에 의하여 계산한 과세이연금액을 차감한 금액을 취득가액으로 보아 양도소득세를 과세한다.
⑦ 제6항의 규정에 의하여 취득가액에서 차감하는 과세이연금액은 주식과세이연금액에 제휴법인의 주주가 보유주식을 벤처기업과 주식교환등을 하고 취득한 주식중 양도하는 주식이 차지하는 비율을 곱하여 계산한 금액으로 한다.
⑧ 제휴법인의 주주가 법 제46조의2제1항의 규정에 의하여 양도소득세의 과세를 이연받은 후 동항제3호의 규정을 위반하는 사유(제휴법인의 주주 또는는 벤처기업이 주식교환등으로 취득한 주식을 취득후 1년내에 양도)가 발생한 때에는 주식과세이연금액에 주식교환등으로 취득한 주식중에서 당해 사유가 발생한 날 현재 남아 있는 주식이 차지하는 비율을 곱한 금액에 당해 주식교환등을 할 당시의 「소득세법」 제104조제1항의 규정에 의한 세율을 곱하여 계산한 금액을 당해 사유발생일이 속하는 과세연도의 과세표준신고와 함께 납부하여야 한다.(2005.2.19 본항개정)
⑨ 법 제46조의2제3항의 규정에 의하여 양도소득세의 과세이연 신청을 하고자 하는 자는 주식교환일 또는 현물출자일이 속하는 달의 분기의 말일로부터 2월 이내에 과세표준신고와 함께 기획재정부령이 정하는 벤처기업주식교환등주식양도차익과세이연신청서에 전략적 제휴계획, 주식교환계약서 및 기획재정부령이 정하는 서류로서 세제지원대상임이 확인 가능한 서류를 첨부하여 납세지 관할세무서장에게 제출하여야 한다.(2008.2.29 본항개정)
(2003.12.30 본조신설)

제43조의3【물류기업 주식교환등에 대한 과세특례】
① 법 제46조의3의 규정에 의하여 물류기업의 전략적 제휴를 위한 주식교환 등에 대한 과세특례를 적용함에 있어서 제43조의2제1항 내지 제8항의 규정을 준용한다. 이 경우 "법 제46조의2"를 "법 제46조의3"으로, "벤처기업"을 "제휴상대물류법인"으로, "제휴법인"을 "제휴물류법인"으로 본다.
② 법 제46조의3제2항의 규정에 의한 물류산업의 범위는 제5조제7항에 따른 물류산업으로 한다.(2020.2.11 본항개정)
③ 법 제46조의3제3항의 규정에 의하여 양도소득세의 과세이연신청을 하고자 하는 자는 주식교환등을 한 날이 속하는 분기의 마지막 날부터 2월 이내에 과세표준신고와 함께 기획재정부령이 정하는 물류기업주식교환

등주식양도차익과세이연신청서에 전략적 제휴계획 및 주식교환계약서를 첨부하여 납세지 관할세무서장에게 제출하여야 한다.(2008.2.29 본항개정)
(2005.2.19 본조신설)

제43조의4【자가물류시설의 양도차익에 대한 법인세 과세특례】 ① 법 제46조의4제1항 전단에서 "대통령령으로 정하는 자가물류시설"이란 「화물유통촉진법」 제2조제5호에 따른 물류시설 중 해당 법인이 소유하며 직접 사용하는 물류시설을 말한다.(2010.2.18 본항개정)
② 법 제46조의4제1항 전단에서 "대통령령으로 정하는 바에 따라 계산한 금액"이란 다음 계산식에 따라 계산한 금액을 말한다.

해당 자가 물류시설 의 양도가 액	−	해당 자가 물류시설 의 장부가 액	−	직전 사업연도 종료일 현재 「법인세법」 제13조제1호에 따른 이월결손금액의 합계액

(2012.2.2 본항개정)
③ 법 제46조의4제2항 각 호 외의 부분 전단에서 "대통령령으로 정하는 바에 따라 계산한 금액"이란 법 제46조의4제1항에 따라 익금에 산입하지 아니한 금액 전액을 말한다.(2010.2.18 본항개정)
④ 법 제46조의4제2항제1호 및 제2호에서 "대통령령으로 정하는 기간"이란 양도일이 속하는 사업연도의 다음 사업연도 이후의 3개 사업연도의 기간을 말한다.(2010.2.18 본항개정)
⑤ 법 제46조의4제2항제2호 나목에서 "대통령령으로 정하는 이자율"이란 금융기관의 정기예금이자율을 참작하여 기획재정부령이 정하는 이자율을 말한다.(2010.2.18 본항개정)
⑥ 법 제46조의4제1항 및 제2항을 적용하는 경우 물류비용은 제1호 및 제2호에 따른 물류비용의 합계액으로 한다.
1. 물자가 조달처로부터 운송되어 물자의 보관창고에 입고, 관리되어 생산공정 또는 공장에 투입되기 직전까지의 물류활동에 따른 물류비용
2. 판매가 확정되어 물자의 이동이 개시되는 시점부터 소비자에게 인도 또는 반품되거나 재사용 또는 폐기까지의 물류활동에 따른 비용으로서 기획재정부령이 정하는 물류비용(2008.2.29 본호개정)
⑦ 법 제46조의4제1항을 적용받으려는 내국법인은 자가물류시설의 양도일이 속하는 사업연도의 과세표준신고와 함께 기획재정부령이 정하는 양도차익명세 및 분할익금산입조정명세서를 납세지관할세무서장에게 제출하여야 한다.(2008.2.29 본항개정)
(2007.2.28 본조신설)

제43조의5【물류사업 분할에 대한 과세특례】 ① 법 제46조의5 각 호 외의 부분 본문에서 "대통령령으로 정하는 물류전문법인"이란 다음 각 호의 어느 하나에 해당하는 법인을 말한다.(2010.2.18 본문개정)
1. 법인의 자산가액(분할등기일이 속하는 사업연도의 직전 사업연도 종료일 현재 재무상태표상의 자산가액을 말한다. 이하 이 호에서 같다) 중 제5조제7항에 따른 물류산업에 사용되는 자산가액이 가장 큰 법인(2021.1.5 본호개정)
2. 법인의 매출액(분할등기일이 속하는 사업연도의 직전 사업연도의 손익계산서상의 매출액을 말한다. 이하 이 호에서 같다) 중 제5조제7항에 따른 물류산업에서 발생된 매출액이 가장 큰 법인(2020.2.11 본호개정)
② 법 제46조의5 각 호 외의 부분 본문에서 "대통령령으로 정하는 자산"이란 「법인세법 시행령」 제24조제1항제1호에 따른 유형자산을 말한다.(2019.2.12 본항개정)

③ 법 제46조의5제1호에서 "대통령령으로 정하는 바에 따라 분할하는 것"이란 「법인세법 시행령」 제82조제3항 각 호의 요건을 모두 갖춘 분할을 말한다.(2010.2.18 본항개정)

제43조의6【물류법인의 합병시 이월결손금의 승계에 대한 과세특례】 법 제46조의6 각 호 외의 부분 본문에서 "대통령령으로 정하는 금액"이란 「법인세법 시행령」 제81조제1항에 따른 승계결손금을 말한다.(2010.2.18 본조개정)

제43조의7【전략적 제휴를 위한 비상장 주식교환 등에 대한 과세특례】 ① 법 제46조의7제1항 각 호 외의 부분에서 "대통령령으로 정하는 매출액 대비 연구·인력개발비 투자 비중이 5퍼센트 이상인 중소기업"이란 주식교환 또는 현물출자일이 속하는 사업연도의 직전 사업연도의 법 제10조제1항에 따른 연구·인력개발비가 매출액의 5퍼센트 이상인 중소기업을 말한다.(2020.2.11 본항개정)
② 법 제46조의7제1항 각 호 외의 부분에서 "대통령령으로 정하는 기술우수 중소기업"이란 다음 각 호의 기업을 말한다.
1. 창업 후 3년 이내의 중소기업으로서 「벤처기업육성에 관한 특별조치법」 제2조제2항제1호다목에 따른 기업
2. 창업 후 3년 이내의 중소기업으로서 주식교환 또는 현물출자일이 속하는 과세연도의 직전 과세연도에 법 제10조제1항에 따른 연구·인력개발비를 3천만원 이상 지출한 기업. 다만, 직전 과세연도의 기간이 6개월 이내인 경우에는 법 제10조제1항에 따른 연구·인력개발비를 1천5백만원 이상 지출한 중소기업으로 한다.
3. 창업 후 3년 이내의 중소기업으로서 「신용정보의 이용 및 보호에 관한 법률」에 따른 기술신용평가업무를 하는 기업신용조회회사가 평가한 기술등급이 기술등급체계상 상위 100분의 50에 해당하는 기업(2022.2.15 본항신설)
③ 법 제46조의7제1항 각 호 외의 부분에 따른 발행주식 총수의 100분의 10 이상을 보유한 주주는 해당 법인의 의결권 있는 발행주식 총수의 100분의 10 이상을 보유한 주주로 본다.
④ 법 제46조의7제1항제1호에 따른 전략적 제휴계획은 벤처기업(제1항에 따른 중소기업을 포함하며, 이하 이 조에서 "벤처기업등"이라 한다)이 생산성 향상과 경쟁력 강화 등을 목적으로 주식회사인 법인(이하 이 조에서 "제휴법인"이라 한다)과의 계약을 통하여 협력관계를 형성하고자 하는 계획을 말한다.(2020.2.11 본항개정)
⑤ 제4항에 따른 계약은 다음 각 호의 요건을 갖추어야 한다.(2022.2.15 본문개정)
1. 벤처기업등과 제휴법인이 계약당사자가 될 것
2. 제휴 대상 사업내용이 실현가능하고 구체적일 것
3. 제휴 사업에서 발생하는 손익의 분배방법을 정할 것
4. 기술·정보·시설·인력 및 자본 등의 협력에 관한 사항을 포함하고 있을 것
⑥ 법 제46조의7제1항제2호에서 "대통령령으로 정하는 특수관계인"이란 「국세기본법 시행령」 제1조의2제1항 및 제2항에 따른 관계인(이하 이 조에서 "특수관계인"이라 한다)을 말하고, "대통령령으로 정하는 특수관계"란 「국세기본법 시행령」 제1조의2제1항 및 제2항에 따른 관계를 말한다.
⑦ 법 제46조의7제1항제2호에서 "대통령령으로 정하는 최대주주"란 법인의 의결권 있는 발행주식 총수를 기준으로 주주 1인과 그의 특수관계인이 보유하는 주식을 합하여 그 수가 가장 많은 경우의 그 주주 1인을 말한다.
⑧ 법 제46조의7제1항에 따라 벤처기업등의 주주가 제휴법인 또는 제휴법인의 주주와 주식교환 또는 현물출자(이하 이 조에서 "주식교환등"이라 한다)를 함에 따라

발생하는 소득(이하 이 조에서 "주식과세이연금액"이라 한다)에 대해서는 양도소득세를 과세하지 아니하되, 주식교환등으로 인하여 취득한 제휴법인의 주식을 양도(주식교환등 외의 다른 방법으로 취득한 주식이 있는 경우에는 주식교환등으로 인하여 취득한 주식을 먼저 양도한 것으로 본다)한 때에는 다음의 계산식에 따라 산출한 금액을 취득가액으로 보아 양도소득세를 과세한다.

주식교환등으로 취득한 주식 중 양도한 주식의 취득가액 - (주식과세이연금액 × 양도한 주식 ÷ 주식교환등으로 취득한 주식)

⑨ 벤처기업등의 주주가 법 제46조의7제1항에 따라 양도소득세의 과세를 이연받은 후 같은 항 제3호의 요건을 위반하는 사유가 발생한 때에는 주식과세이연금액에 주식교환등으로 취득한 주식 중에서 해당 사유가 발생한 날 현재 남아 있는 주식이 차지하는 비율을 곱한 금액에 해당 주식교환등을 한 당시의 「소득세법」 제104조제1항에 따른 세율을 곱하여 계산한 금액을 해당 사유발생일이 속하는 과세연도의 과세표준신고와 함께 납부하여야 한다.
⑩ 법 제46조의7제3항에 따라 양도소득세의 과세이연 신청을 하려는 자는 주식교환등을 한 날이 속하는 분기의 말일부터 2개월 이내에 과세표준신고와 함께 기획재정부령으로 정하는 벤처기업등 주식교환·현물출자 주식양도차익 과세이연신청서에 전략적 제휴계획, 주식교환계약서와 세제지원대상 여부를 확인할 수 있는 서류로서 기획재정부령으로 정하는 서류를 첨부하여 납세지 관할 세무서장에게 제출해야 한다.(2020.2.11 본항개정)

(2014.2.21 본조신설)

제43조의8【주식매각 후 벤처기업 등 재투자에 대한 과세특례】
① 법 제46조의8제1항 각 호 외의 부분 본문에서 "대통령령으로 정하는 주주"란 벤처기업 또는 벤처기업이었던 기업이 벤처기업에 해당하지 아니하게 된 이후 7년 이내 기업(이하 이 조에서 "매각대상기업"이라 한다)의 창업주 또는 발기인으로서 매각대상기업의 주주인 자(이하 이 조에서 "매각대상기업의 주주"라 한다)를 말한다.(2017.2.7 본항개정)
② 법 제46조의8제1항 각 호 외의 부분 본문에서 "대통령령으로 정하는 일정비율"이란 매각대상기업의 주주 본인이 보유한 주식의 100분의 30을 말한다.
(2017.2.7 본항개정)
③ 법 제46조의8제1항 각 호 외의 부분 본문 및 같은 항 제2호에서 "대통령령으로 정하는 특수관계인"이란 각각 「국세기본법 시행령」 제1조의2제2항·제1조의2제1항 및 제2항에 따른 관계인(이하 이 조에서 "특수관계인"이라 한다)을 말하며, 법 제46조의8제1항제2호에서 "대통령령으로 정하는 특수관계"란 「국세기본법 시행령」 제1조의2제1항 및 제2항에 따른 관계를 말한다.
④ 법 제46조의8제1항제2호에서 "대통령령으로 정하는 최대주주"란 법인의 의결권 있는 발행주식 총수를 기준으로 주주 1인과 그의 특수관계인이 보유하는 주식을 합하여 그 수가 가장 많은 경우의 그 주주 1인을 말한다.(2017.2.7 본항개정)
⑤ 법 제46조의8제1항제1호 각 목 외의 부분에서 "대통령령으로 정하는 기간"이란 매각대상기업의 주식매각으로 발생하는 양도소득에 대한 「소득세법」 제105조에 따른 예정신고 기간의 종료일부터 1년을 말한다.
(2019.2.12 본항개정)
⑥ 법 제46조의8제1항제1호나목에서 "대통령령으로 정하는 벤처기업투자신탁"이란 제14조제2항에 따른 벤처기업투자신탁을 말한다.(2018.2.13 본항개정)
⑦ 법 제46조의8제1항제1호다목에 따른 재투자자는 「벤처투자 촉진에 관한 법률」 제2조제8호에 따른 개인투자조합(이하 이 조에서 "개인투자조합"이라 한다)이 거주

자로부터 출자받은 금액을 해당 출자일이 속하는 과세연도의 다음 과세연도 종료일까지 같은 법에 따라 벤처기업등에 투자하는 것을 말하며, 법 제46조의8제1항제1호다목에서 "창업후 3년이내 중소기업으로서 대통령령으로 정하는 기업"이란 창업 후 3년 이내 중소기업으로서 「벤처기업육성에 관한 특별조치법」 제2조의2제1항제2호다목의(3)에 따라 기술성이 우수한 것으로 평가받은 기업을 말한다.(2020.8.11 본항개정)
⑧ 법 제46조의8제1항에 따라 매각대상기업 주식의 양도에 따라 발생하는 소득(이하 이 조에서 "주식과세이연금액"이라 한다)에 대해서는 양도소득세를 과세하지 아니하되, 재투자로 인하여 취득한 주식 또는 출자지분(이하 이 조에서 "주식등"이라 한다)을 양도(재투자 외의 다른 방법으로 취득한 주식등이 있는 경우에는 재투자로 인하여 취득한 주식등을 먼저 양도한 것으로 본다)한 때에는 다음의 계산식에 따라 산출한 금액을 취득가액으로 보아 양도소득세를 과세한다.

재투자로 취득한 주식등 중 양도한 주식등의 취득가액 - (주식과세이연금액 × 양도한 주식 ÷ 재투자로 취득한 주식등)

⑨ 매각대상기업의 주주가 법 제46조의8제1항에 따라 양도소득세의 과세를 이연받은 후 같은 항 제1호를 위반하는 사유가 발생한 때에는 매각대상기업의 주주가 예정신고는 했으나 양도소득세를 납부하지 아니한 것으로 본다.
⑩ 매각대상기업의 주주는 법 제46조의8제1항제1호를 위반하는 사유가 발생한 직후 과세표준신고와 함께 매각대상기업의 주식 양도에 따른 양도소득세와 「국세기본법」 제47조의4제1항에 따른 가산세를 납부하여야 한다.
⑪ 매각대상기업의 주주가 법 제46조의8제1항에 따라 양도소득세의 과세를 이연받은 후 같은 항 제3호를 위반하는 사유가 발생한 때에는 주식과세이연금액에 재투자로 취득한 주식 중에서 해당 사유가 발생한 날 현재 남아 있는 주식이 차지하는 비율을 곱한 금액에 기업매각을 위하여 주식을 양도한 당시의 「소득세법」 제104조제1항에 따른 세율을 곱하여 계산한 금액을 해당 사유발생일이 속하는 과세연도의 과세표준신고서와 함께 납부하여야 한다.
⑫ 법 제46조의8제2항에 따라 양도소득세의 과세이연 신청을 하려는 자는 「소득세법」 제105조에 따른 양도소득 과세표준신고와 함께 기획재정부령으로 정하는 재투자자에 따른 주식양도차익과세이연신청서에 주식매매계약서 및 세제지원대상 여부를 확인할 수 있는 서류로서 기획재정부령으로 정하는 서류를 첨부하여 납세지 관할 세무서장에게 제출하여야 한다. 다만, 재투자자를 한 이후에는 기획재정부령으로 정하는 재투자 확인서를 납세지 관할 세무서장에게 제출하여야 한다.
(2017.2.7 본문개정)
⑬ 법 제46조의8제3항에서 "대통령령으로 정하는 사유"란 다음 각 호의 어느 하나에 해당하는 사유를 말한다.
1. 매각대상기업의 주주의 사망
2. 「해외이주법」에 따른 해외이주로 세대전원이 출국하는 경우
3. 천재지변으로 재산상 중대한 손실이 발생하는 경우
⑭ 제13항 각 호의 어느 하나에 해당하는 사유가 발생한 경우에는 그 사유의 발생일을 양도일로 보아 「소득세법」 제105조에 따른 기간 내에 양도소득과세표준 신고와 함께 과세이연금액에 대한 양도소득세를 납부하여야 한다. 이 경우 양도소득세의 세율은 매각대상기업 주식을 양도한 당시의 「소득세법」 제104조제1항에 따른 세율로 한다.(2017.2.7 본항개정)
(2017.2.7 본조제목개정)
(2014.2.21 본조신설)

제44조~제44조의2 (2009.2.4 삭제)

제44조의3【벤처기업의 합병시 승계되는 이월결손금의 범위】법 제47조의3 각호외의 부분에서 "대통령령으로 정하는 금액"이란 「법인세법 시행령」 제81조제1항의 규정에 의한 승계결손금의 금액을 말한다. (2010.2.18 본조개정)

제44조의4【합병에 따른 중복자산의 양도에 대한 과세특례】① 법 제47조의4제1항 전단에서 "제약업 등 대통령령으로 정하는 업종을 경영하는 내국법인"이란 다음 각 호의 업종을 주된 사업으로 경영하는 내국법인을 말한다. 이 경우 주된 사업은 합병등기일이 속하는 사업연도의 직전 사업연도를 기준으로 한국표준산업분류상의 분류에 따라 판단하며 둘 이상의 서로 다른 사업을 경영하는 경우에는 사업별 사업수입금액이 큰 사업을 주된 사업으로 본다.(2014.2.21 본문개정)
1. 의료용 물질 및 의약품 제조업(2014.2.21 본호신설)
2. 의료용 기기 제조업(2014.2.21 본호신설)
3. 건설업(2014.2.21 본호신설)
4. 해상 운송업(2014.2.21 본호신설)
5. 선박 및 수상 부유 구조물 건조업(2018.2.13 본호개정)
6. 1차 철강 제조업(2017.2.7 본호신설)
7. 기초유기화학물질 제조업(2017.2.7 본호신설)
8. 합성고무 및 플라스틱 물질 제조업(2017.2.7 본호신설)
② 법 제47조의4제1항 전단에서 "중복자산"이라 함은 합병당사법인(분할합병의 경우를 포함한다)의 사업에 직접 사용되던 자산으로서 그 용도가 동일하거나 유사한 사업용유형고정자산을 말한다.
③ (2017.2.7 삭제)
④ 법 제47조의4제1항 전단에서 "대통령령으로 정하는 바에 따라 계산한 금액"이란 제1호 및 제2호의 규정에 따른 금액을 합한 금액으로 한다.(2017.2.7 본문개정)
1. 제30조제4항의 규정을 준용하여 계산한 금액. 이 경우 "전환전사업용고정자산"은 "중복자산"으로 한다.
2. 피합병법인으로부터 승계받은 중복자산의 경우 당해 자산에 대한 합병평가차익 및 분할평가차익상당액
3. (2017.2.7 삭제)
⑤ (2017.2.7 삭제)
⑥ 법 제47조의4제2항 전단에서 "대통령령으로 정하는 바에 따라 계산한 금액"이란 법 제47조의4제1항 전단에 따라 양도차익을 익금에 산입하지 아니한 경우에는 익금에 산입하지 아니한 금액 전액을 말한다. (2017.2.7 본문개정)
1.~2. (2017.2.7 삭제)
⑦ 법 제47조의4제1항의 규정을 적용받고자 하는 법인은 중복자산 양도일이 속하는 사업연도의 과세표준신고와 함께 기획재정부령이 정하는 양도차익명세 및 분할익금산입조정명세서를 납세지 관할 세무서장에게 제출하여야 한다.(2017.2.7 본항개정)
(2014.2.21 본조제목개정)
(2006.2.9 본조신설)

제6절 금융기관구조조정을 위한 조세특례

제45조【구조개선적립금에 대한 과세특례】① 법 제48조제1항에서 "대통령령으로 정하는 구조개선적립금"이란 부실 상호저축은행의 인수 및 인수된 상호저축은행에 대한 증자·대출 등 상호저축은행의 구조개선에 사용하기 위하여 적립한 것으로서 그 목적, 관리 및 운용방법 등을 금융위원회가 기획재정부장관과 협의하여 고시한 것을 말한다.
② 법 제48조제5항에 따라 익금에 산입하는 금액은 다음 각 호의 금액으로 한다.
1. 법 제48조제5항제1호 또는 제3호에 해당하는 경우 : 구조개선적립금 잔액
2. 법 제48조제5항제2호에 해당하는 경우 : 구조개선적

립금 회계에서 상호저축은행중앙회의 다른 회계로 이전한 금액에 해당하는 금액
③ 상호저축은행중앙회는 법 제48조제1항부터 제4항까지의 규정을 적용받으려는 경우에는 과세표준신고서와 함께 기획재정부령으로 정하는 손실보전준비금명세서를 납세지 관할세무서장에게 제출하여야 한다. (2009.6.19 본조신설)
제46조 (2000.12.29 삭제)
제47조~제48조 (2001.12.31 삭제)
제48조의2~제48조의3 (2009.2.4 삭제)
제49조 (2000.1.10 삭제)
제50조~제51조 (2009.2.4 삭제)
제51조의2【자기관리부동산투자회사 등에 대한 과세특례】①~② (2007.2.28 삭제)
③ 법 제55조의2제4항에서 "대통령령으로 정하는 규모"란 「주택법」에 따른 국민주택 규모(기획재정부령이 정하는 다가구주택의 경우에는 가구당 전용면적을 기준으로 한 면적을 말한다)를 말한다.(2010.2.18 본항개정)
④ 법 제55조의2제5항제1호 및 제2호에서 "대통령령으로 정하는 규모 이하의 주택"이란 각각 다음 각 호의 구분에 따른 주택을 말한다.(2016.2.5 본문개정)
1. 법 제55조의2제5항제1호의 경우 : 주택의 연면적(공동주택의 경우 전용면적)이 85제곱미터 이하인 주택(2016.2.5 본호신설)
2. 법 제55조의2제5항제2호의 경우 : 주택의 연면적(공동주택의 경우 전용면적)이 149제곱미터 이하인 주택(2016.2.5 본호신설)
⑤ 법 제55조의2제4항 및 제5항을 적용받으려는 자기관리부동산투자회사는 법인세과세표준신고와 함께 기획재정부령으로 정하는 소득공제신청서를 납세지 관할세무서장에게 제출하여야 한다.(2011.7.25 본항개정)
(2005.2.19 본조제목개정)
제52조 (2001.12.31 삭제)
제53조【증권시장안정기금 등의 범위】법 제57조에서 "대통령령으로 정하는 조합"이란 다음 각 호의 어느 하나에 해당하는 조합을 말한다.(2019.2.12 본문개정)
1. 「법인세법 시행령」 제111조제2항제6호 각 목에 따른 조합(2019.2.12 본호신설)
2. 투자신탁시장의 안정을 목적으로 설립된 조합으로서 기획재정부령이 정하는 조합(2008.2.29 본호개정)

제7절 지역간의 균형발전을 위한 조세특례

제54조【공장의 범위 등】① 법 제60조 및 제63조에서 "공장"이란 각각 제조장 또는 기획재정부령이 정하는 자동차정비공장으로서 제조 또는 사업단위로 독립된 것을 말한다. (2021.2.17 본항개정)
② 법 제60조제3항에서 "대통령령으로 정하는 분류"란 한국표준산업분류상의 세분류를 말한다.(2012.2.2 본항개정)
③~④ (1999.10.30 삭제)
제55조 (1999.10.30 삭제)
제56조【공장의 대도시 밖 이전에 대한 법인세 과세특례】① 법 제60조제2항의 규정이 적용되는 대도시공장의 지방이전은 다음 각호의 1에 해당하는 경우로 한다. 다만, 대도시공장 또는 지방공장의 대지가 기획재정부령으로 정하는 공장입지기준면적을 초과하는 경우 그 초과하는 부분에 대하여는 법 제60조제2항의 규정을 적용하지 아니한다.(2010.2.18 단서개정)
1. 지방으로 공장을 이전하여 사업을 개시한 날부터 2년 이내에 대도시공장을 양도하는 경우
2. 대도시공장을 양도한 날부터 1년 이내에 지방에서 기존공장을 취득하여 사업을 개시하는 경우

3. 대도시공장을 양도한 날부터 3년 이내에 지방공장을 준공하여 사업을 개시하는 경우

② 법 제60조제2항제2호 본문에서 "대통령령으로 정하는 지역"이란 부산광역시(기장군을 제외한다), 대구광역시(달성군 및 군위군을 제외한다), 광주광역시, 대전광역시 및 울산광역시의 관할구역을 말한다.(2023.6.7 본항개정)

③ 법 제60조제2항에서 "대통령령으로 정하는 바에 따라 계산한 금액"이란 제1호의 금액에서 제2호의 금액을 뺀 금액에 제3호의 비율을 곱하여 계산한 금액을 말한다.(2009.2.4 본문개정)

1. 대도시공장의 양도가액에서 당해 공장의 장부가액을 차감한 금액

2. 양도일이 속하는 사업연도의 직전사업연도 종료일 현재 「법인세법」 제13조제1항제1호에 따른 이월결손금(2019.2.12 본호개정)

3. 대도시공장의 양도가액에서 공장시설의 이전비용과 이전한 공장건물 및 그 부속토지와 기계장치의 취득·개체·증축 및 증설에 소요된 금액의 합계액이 차지하는 비율(100분의 100을 한도로 한다)(2000.12.29 본항개정)

(1999.10.30 본항신설)

④ 제3항의 규정을 적용함에 있어서 제1항제2호 또는 제3호에 해당하는 경우에는 각각 제1항제2호 또는 제3호의 규정에 의한 공장의 사업개시일까지는 이전계획서상의 예정가액에 의한다.(2001.12.31 본항개정)

⑤ 법 제60조제4항 전단에서 "지방 공장을 취득하여 사업을 개시하지 아니하거나 사업을 폐업 또는 해산하는 경우 등 대통령령으로 정하는 사유가 있는 경우"란 다음 각 호의 어느 하나에 해당하는 경우를 말한다. (2020.2.11 본문개정)

1. 제1항 각호에서 정하는 바에 따라 사업을 개시하지 아니한 경우

2. 사업을 폐지 또는 해산한 경우

3. 제4항에 따른 예정가액에 의하여 익금에 산입하지 않은 금액이 제3항에 따라 계산한 금액을 초과하는 경우 (2020.2.11 본호신설)

(2001.12.31 본항개정)

⑥ 법 제60조제4항에서 "대통령령으로 정하는 바에 따라 계산한 금액"이란 다음 각 호의 1에 해당하는 금액을 말한다.(2010.2.18 본문개정)

1. 법 제60조제2항의 규정에 의하여 양도차익을 익금에 산입하지 아니한 내국법인이 제1항제2호 또는 제3호의 규정에 적합하게 사업을 개시하지 아니한 때에는 그 익금에 산입하지 아니한 금액

2. 제4항의 규정에 의한 예정가액에 의하여 익금에 산입하지 아니한 금액이 제3항의 규정에 의하여 계산한 금액을 초과하는 때에는 그 초과금액

3. 법 제60조제2항의 규정에 의하여 익금에 산입하지 아니한 금액을 전액 익금에 산입하기 전에 사업을 폐지 또는 해산한 때에는 사업의 폐지 또는 해산당시 익금에 산입하지 아니한 금액

(1999.10.30 본항신설)

⑦ 법 제60조제6항의 규정을 적용받고자 하는 내국법인은 대도시공장의 양도일이 속하는 과세연도의 과세표준신고와 함께 기획재정부령이 정하는 토지등양도차익명세서에 다음의 서류를 첨부하여 납세지 관할세무서장에게 제출하여야 한다.

1. 제1항제1호에 해당하는 경우에는 기획재정부령이 정하는 이전완료보고서

2. 제1항제2호 또는 제3호에 해당하는 경우에는 기획재정부령이 정하는 이전계획서. 이 경우 제1항제2호 또는 제3호의 규정에 의하여 사업을 개시한 때에는 그 사업개시일이 속하는 과세연도의 과세표준신고와 함

께 기획재정부령이 정하는 이전완료보고서를 제출하여야 한다.

(2008.2.29 본항개정)

(2008.2.22 본조제목개정)

제57조【법인 본사를 수도권과밀억제권역 밖으로 이전하는 데 따른 양도차익에 대한 법인세 과세특례】 ① (2002.12.30 삭제)

② 법 제61조제3항의 규정을 적용받을 수 있는 경우는 다음 각 호에 해당하는 경우로 한다.

1. 수도권 과밀억제권역외의 지역으로 수도권 과밀억제권역안의 본점 또는 주사무소(이하 "수도권 과밀억제권역내 본사"라 한다)를 이전한 날부터 2년 이내에 수도권 과밀억제권역내 본사의 대지와 건물을 양도하는 경우

2. 수도권 과밀억제권역내 본사의 대지와 건물을 양도한 날부터 3년 이내에 수도권 과밀억제권역외의 지역으로 본점 또는 주사무소를 이전하는 경우

(2002.12.30 본항개정)

③ (2001.12.31 삭제)

④ 법 제61조제3항에서 "대통령령으로 정하는 바에 따라 계산한 금액"이란 제1호의 금액에서 제2호의 금액을 뺀 금액에 제3호의 비율을 곱하여 계산한 금액을 말한다.(2009.2.4 본문개정)

1. 수도권 과밀억제권역내 본사의 양도가액에서 당해 자산의 장부가액을 차감한 금액

2. 수도권 과밀억제권역내 본사의 양도일이 속하는 사업연도의 직전사업연도 종료일 현재 「법인세법」 제13조제1항제1호에 따른 이월결손금(2019.2.12 본호개정)

3. 수도권 과밀억제권역내 본사의 양도가액에서 다음 각목의 금액의 합계액이 차지하는 비율(100분의 100을 한도로 한다)

가. 수도권 과밀억제권역외의 지역에 소재하는 법인의 본사 또는 주사무소의 대지와 건물의 취득가액 또는 임차보증금(전세금을 포함한다. 이하 같다). 다만, 당해 건물중 당해 법인이 직접 사용하지 아니하는 부분이 있는 경우에는 취득가액 또는 임차보증금에 당해 법인이 직접 사용하는 면적이 건물연면적에서 차지하는 비율을 곱하여 계산한 금액으로 한다.

나. 수도권 과밀억제권역내 본사의 양도일부터 1년 이내에 수도권 과밀억제권역외의 법인의 본사 또는 주사무소의 사업용고정자산(가목의 대지와 건물을 제외한다)의 취득가액

다. 수도권 과밀억제권역내 본사의 이전비용

(2002.12.30 본항개정)

⑤ 수도권과밀억제권역내 본사 건물의 일부를 해당 법인이 직접 업무용으로 사용하고, 나머지 일부를 다른 사람이 사용하는 경우에는 해당 건물의 연면적 중 해당 법인이 양도일(제2항제1호의 경우에는 수도권과밀억제권역 내 본사를 이전한 날을 말한다)부터 소급하여 2년 이상 업무용으로 직접 사용한 면적이 차지하는 비율에 따라 계산한 부분에 대하여 법 제61조를 적용한다. (2017.2.7 본항개정)

⑥ 제4항의 규정을 적용함에 있어서 제2항제2호의 경우와 제4항제3호나목의 경우에는 이전완료 또는 사용완료시까지 제11항제2호 전단의 규정에 의한 이전계획서 또는 처분대금사용계획서상의 예정가액에 의한다. (2001.12.31 본항개정)

⑦ 법 제61조제5항제1호에서 "대통령령으로 정하는 바에 따라 본점 또는 주사무소를 수도권과밀억제권역 밖으로 이전한 경우"란 제2항 각호에서 정한 바에 따라 이전한 경우를 말한다.(2010.2.18 본항개정)

⑧ 법 제61조제5항제2호에서 "대통령령으로 정하는 기준 이상"이란 수도권과밀억제권역 밖으로 수도권과밀

억제권역내 본사를 이전한 날부터 3년이 되는 날이 속하는 과세연도가 지난 후 수도권과밀억제권역안의 사무소에서 본사업무에 종사하는 연평균 상시근무인원(해당 과세연도의 매월 말일 현재의 인원을 합하고 이를 해당 월수로 나누어 계산한 인원을 말한다. 이하 이 조 및 제60조의2에서 같다)이 본사업무에 종사하는 연평균 상시근무인원의 100분의 50 이상인 경우를 말한다.(2015.2.3 본항개정)
⑨ 법 제61조제5항제3호에서 "대통령령으로 정하는 용도 외에 사용한 경우"란 다음 각호의 용도가 아닌 다른 용도로 사용한 때를 말한다. 이 경우 제1호의 규정을 적용함에 있어서 수도권 과밀억제권역외의 본사의 대지와 건물을 당해 법인이 직접 사용하지 아니하는 부분이 있는 때에는 그 부분은 이를 용도외에 사용한 것으로 본다.(2010.2.18 본항개정)
1. 제2항 각호의 규정에 의한 기한내에 수도권 과밀억제권역외의 본사의 대지와 건물을 취득 또는 임차한 때
2. 수도권 과밀억제권역내 본사 양도일부터 1년 이내에 수도권 과밀억제권역외의 본사의 사업용고정자산(제1호의 규정에 의한 대지와 건물을 제외한다)을 취득한 때
(2002.12.30 본항개정)
⑩ 법 제61조제5항 각호외의 부분 전단에서 "대통령령으로 정하는 바에 따라 계산한 금액"이란 다음 각호의 1에 해당하는 금액을 말한다.(2010.2.18 본문개정)
1. 법 제61조제5항제1호 또는 제2호에 해당하는 때에는 당해 사유발생일 현재 익금에 산입하지 아니한 금액(2001.12.31 본호개정)
2. 법 제61조제5항제3호에 해당하거나 제6항의 규정에 의한 예정가액에 의하여 익금에 산입하지 아니한 경우에는 익금에 산입하지 아니한 금액에서 제4항의 규정에 의하여 계산한 금액을 차감한 금액(2001.12.31 본호개정)
3. 법 제61조제3항의 규정에 의하여 익금에 산입하지 아니한 금액을 전액 익금에 산입하기 전에 사업을 폐지 또는 해산한 때에는 사업의 폐지 또는 해산 당시 익금에 산입하지 아니한 금액(1999.10.30 본항신설)
⑪ 법 제61조제6항의 규정을 적용받고자 하는 내국법인은 수도권 과밀억제권역내 본사의 양도일이 속하는 과세연도의 과세표준신고와 함께 기획재정부령이 정하는 토지등양도차익명세서에 다음의 서류를 첨부하여 납세지 관할세무서장에게 제출하여야 한다.
1. 제2항제1호의 규정에 해당하는 경우에는 기획재정부령이 정하는 이전완료보고서 및 처분대금사용계획서. 이 경우 제4항제3호나목 또는 제9항제2호의 규정에 의하여 사업용고정자산을 취득한 때에는 그 취득일이 속하는 과세연도의 과세표준신고와 함께 기획재정부령이 정하는 처분대금사용명세서를 제출하여야 한다.
2. 제2항제2호에 해당하는 경우에는 기획재정부령이 정하는 이전계획서 및 처분대금사용계획서. 이 경우 제2항제2호의 규정에 의하여 수도권 과밀억제권역외의 지역으로 본점 또는 주사무소를 이전한 때에는 이 이전일이 속하는 과세연도의 과세표준신고와 함께 기획재정부령이 정하는 이전완료보고서 및 처분대금사용명세서를 제출하여야 한다.
(2008.2.29 본항개정)
⑫ 법 제61조제8항에서 "대통령령으로 정하는 분류"란 한국표준산업분류상의 세분류를 말한다.(2015.2.3 본항신설)
(2010.2.18 본조제목개정)
제58조【공공기관이 혁신도시 등으로 이전하는 경우 법인세 등 감면】 ① 법 제62조제1항 전단에서 "대통령

령으로 정하는 부동산"이란 「혁신도시 조성 및 발전에 관한 특별법」 제43조에 따른 종전부동산 처리계획에 매각시기 및 방법이 규정된 건축물과 그 부지를 말한다.(2018.2.27 본항개정)
② 법 제62조제1항 전단에서 "대통령령으로 정하는 바에 따라 계산한 금액"이란 제57조제4항부터 제6항까지의 규정을 준용하여 계산한 금액을 말한다. 이 경우 "수도권 과밀억제권역내"는 "수도권내"로, "수도권 과밀억제권역외의 지역"은 "혁신도시 및 세종시"로 본다.(2014.2.21 후단개정)
③ 법 제62조제2항에 따라 법 제61조제5항을 준용하는 경우 그 범위는 제57조제7항부터 제10항까지로 한다.
④ 법 제62조제3항에 따른 토지등 양도차익 명세서 및 해당 서류 등의 제출에 관하여는 제57조제11항을 준용한다. 이 경우 "수도권 과밀억제권역내"는 "수도권내"로 보고, "수도권 과밀억제권역외의 지역"은 "혁신도시 및 세종시"로 본다.(2014.2.21 후단개정)
⑤ 법 제62조제4항제1호에서 "대통령령으로 정하는 소득"이란 고정자산처분익, 유가증권처분익, 수입이자, 수입배당금 및 자산수증익을 합한 금액(금융 및 보험업을 영위하는 공공기관(「금융지주회사법」에 따른 금융지주회사는 제외한다)의 경우에는 기업회계기준에 따라 영업수익에 해당하는 유가증권처분익, 수입이자 및 수입배당금은 제외한다)에서 고정자산처분손, 유가증권처분손 및 지급이자를 합한 금액(금융 및 보험업을 영위하는 공공기관(「금융지주회사법」에 따른 금융지주회사는 제외한다)의 경우에는 기업회계기준에 따라 영업비용에 해당하는 유가증권처분손 및 지급이자는 제외한다)을 뺀 금액(그 수가 음수이면 영으로 본다)을 말한다.(2016.2.5 본항개정)
⑥ (2018.2.13 삭제)
⑦ 법 제62조제6항에서 "대통령령으로 정하는 임원"이란 「법인세법 시행령」 제40조제1항 각 호의 어느 하나에 해당하는 사람을 말한다. 다만, 상시 근무하지 아니하는 임원은 제외한다.(2019.2.12 본문개정)
⑧ 법 제62조제7항제2호에서 "대통령령으로 정하는 경우"란 다음 각 호의 어느 하나에 해당하는 경우를 말한다.
1. 본사를 혁신도시로 이전한 후 2018년 12월 31일까지 사업을 개시하지 아니한 경우(2017.2.7 본호개정)
2. 혁신도시로 본사를 이전하여 사업을 개시한 날부터 2년 이내에 수도권 안의 본사를 양도하지 아니한 경우
⑨ 법 제62조제7항제3호에서 "대통령령으로 정하는 기준 이상"이란 수도권 안의 사무소에서 본사업무에 종사하는 연평균 상시근무인원이 본사업무에 종사하는 연평균 상시근무인원의 100분의 50 이상인 경우를 말한다.
⑩ 법 제62조제7항에 따라 납부하여야 하는 세액은 다음 각 호의 구분에 따라 계산한다.
1. 법 제62조제7항제1호에 해당하는 경우 : 사업폐지일 또는 법인해산일부터 소급하여 3년 이내에 감면된 세액
2. 법 제62조제7항제2호에 해당하는 경우 : 제8항에 해당하게 된 날부터 소급하여 5년 이내에 감면된 세액(2013.2.15 본호개정)
3. 법 제62조제7항제3호에 해당하는 경우 : 제9항에서 규정하는 기준 이상의 사무소를 둔 날부터 소급하여 5년 이내에 감면된 세액(2013.2.15 본호개정)
4. 법 제62조제7항제4호에 해당하는 경우 : 해당 비율에 미달하게 된 날부터 소급하여 5년 이내에 감면된 세액
⑪ 법 제62조제4항 및 제9항에 따라 법인세의 감면을 받으려는 법인은 과세표준신고와 함께 기획재정부령으로 정하는 세액감면신청서 및 감면세액계산서를 납세지 관할 세무서장에게 제출하여야 한다.(2014.2.21 본조제목개정)
(2012.2.2 본조신설)

제59조 (2003.12.30 삭제)

제60조【수도권 밖으로 공장을 이전하는 기업에 대한 세액감면 등】 ① 법 제63조제1항 각 호 외의 부분 단서에서 "대통령령으로 정하는 부동산업, 건설업, 소비성서비스업, 무점포판매업 및 해운중개업"이란 다음 각 호의 사업을 말한다. 다만, 「혁신도시 조성 및 발전에 관한 특별법」 제2조제2호의 이전공공기관이 경영하는 다음 각 호의 어느 하나에 해당하는 사업은 제외한다.
1. 부동산임대업
2. 부동산중개업
3. 「소득세법 시행령」 제122조제1항에 따른 부동산매업
4. 건설업〔한국표준산업분류에 따른 주거용 건물 개발 및 공급업(구입한 주거용 건물을 재판매하는 경우는 제외한다)을 포함한다〕
5. 소비성서비스업
6. 「유통산업발전법」 제2조제9호에 따른 무점포판매에 해당하는 사업
7. 「해운법」 제2조제5호에 따른 해운중개업
② 법 제63조제1항제1호가목에 따른 세액감면 요건이란 수도권과밀억제권역 안에 소재하는 공장시설을 수도권 밖(중소기업의 경우 수도권과밀억제권역 밖을 말한다. 이하 이 조에서 같다)으로 이전하기 위하여 조업을 중단한 날부터 소급하여 3년(중소기업의 경우 2년) 이상 계속 조업(「대기환경보전법」, 「물환경보전법」 또는 「소음ㆍ진동관리법」에 따라 배출시설이나 오염물질배출방지시설의 개선ㆍ이전 또는 조업정지명령을 받아 조업을 중단한 기간은 이를 조업한 것으로 본다)한 실적이 있을 것을 말한다.
③ 법 제63조제1항제1호나목에서 "공장시설의 전부를 수도권 밖으로 대통령령으로 정하는 바에 따라 이전할 것"이란 다음 각 호의 어느 하나의 요건을 갖춘 것을 말한다. 이 경우 법 제63조제4항을 적용할 때에는 수도권과밀억제권역 안의 공장을 양도하는 경우로 한정한다.
1. 수도권 밖으로 공장을 이전하여 사업을 개시한 날부터 2년 이내에 수도권과밀억제권역 안의 공장을 양도하거나 수도권과밀억제권역 안에 남아 있는 공장시설의 전부를 철거 또는 폐쇄하여 해당 공장시설에 의한 조업이 불가능한 상태일 것
2. 수도권과밀억제권역 안의 공장을 양도 또는 폐쇄한 날(공장의 대지 또는 건물을 임차하여 자기공장시설을 갖추고 있는 경우에는 공장이전을 위하여 조업을 중단한 날을 말한다. 이하 이 호에서 같다)부터 2년 이내에 수도권 밖에서 사업을 개시할 것. 다만, 공장을 신축하여 이전하는 경우에는 수도권과밀억제권역 안의 공장을 양도 또는 폐쇄한 날부터 3년 이내에 사업을 개시하여야 한다.
④ 법 제63조제1항제2호가목1)에서 "수도권 등 대통령령으로 정하는 지역"이란 다음 각 호의 지역을 말한다. 다만, 제2호의 지역은 해당 지역으로 이전하는 기업이 중소기업인 경우로 한정한다.
1. 당진시, 아산시, 원주시, 음성군, 진천군, 천안시, 춘천시, 충주시, 홍천군(내면은 제외한다) 및 횡성군의 관할구역
2. 「수도권정비계획법」 제6조제1항제2호 및 제3호에 따른 성장관리권역 및 자연보전권역
(2023.2.28 본항개정)
⑤ 법 제63조제1항제2호가목2)에서 "수도권 밖에 소재하는 광역시 등 대통령령으로 정하는 지역"이란 다음 각 호의 지역을 말한다.
1. 수도권 밖에 소재하는 광역시의 관할구역
2. 구미시, 김해시, 전주시, 제주시, 진주시, 창원시, 청주시 및 포항시의 관할구역
(2023.2.28 본항신설)

⑥ 법 제63조제2항에 따라 납부해야 하는 세액은 다음 각 호의 구분에 따라 계산한다.
1. 법 제63조제2항제1호에 해당하는 경우 : 폐업일 또는 법인해산일부터 소급하여 3년 이내에 감면된 세액
2. 법 제63조제2항제2호에 해당하는 경우 : 제3항 각 호의 요건을 갖추지 못하게 된 날부터 소급하여 5년 이내에 감면된 세액
3. 법 제63조제2항제3호에 해당하는 경우 : 공장설치일〔중소기업이 법 제63조제1호다목1)에 따라 본점이나 주사무소를 이전한 경우에는 본점 또는 주사무소 설치일을 포함한다〕부터 소급하여 5년 이내에 감면된 세액. 이 경우 이전한 공장이 둘 이상이고 해당 공장에서 서로 다른 제품을 생산하는 경우에는 수도권(중소기업의 경우 수도권과밀억제권역) 안의 공장에서 생산하는 제품과 동일한 제품을 생산하는 공장의 이전으로 인하여 감면받은 분에 한정한다.
⑦ 법 제63조제2항제2호에서 "대통령령으로 정하는 바에 따라 공장을 수도권(중소기업은 수도권과밀억제권역) 밖으로 이전하여 사업을 개시하지 아니한 경우"란 제3항 각 호의 요건을 갖추지 않은 경우를 말한다.
⑧ 법 제63조제3항에서 "대통령령으로 정하는 바에 따라 계산한 이자상당가산액"이란 법 제63조제2항에 따라 납부해야 할 세액에 상당하는 금액에 제1호에 따른 기간과 제2호에 따른 율을 곱하여 계산한 금액으로 한다.
1. 감면을 받은 과세연도의 종료일 다음 날부터 법 제63조제2항에 해당하는 사유가 발생한 날이 속하는 과세연도의 종료일까지의 기간
2. 제11조의2제4항제2호에 따른 율(2022.2.15 본호개정)
⑨ 법 제63조제1항을 적용받으려는 자는 과세표준신고와 함께 기획재정부령으로 정하는 세액감면신청서 및 감면세액계산서를 납세지 관할 세무서장에게 제출해야 한다.
⑩ 법 제63조제6항에 따라 추징해야 하는 재산세액은 다음 각 호의 기간에 법 제63조제5항을 적용받아 납부한 재산세액과 「지방세법」 제106조제1항제1호 또는 제2호를 적용할 경우 납부할 재산세액의 차액으로 하고, 법 제63조제6항에 따라 추징해야 하는 종합부동산세액은 다음 각 호의 기간에 「지방세법」 제106조제1항제1호 또는 제2호를 적용할 경우 납부할 종합부동산세액으로 한다.
1. 법 제63조제2항제1호에 해당하는 경우 : 폐업일 또는 법인해산일부터 소급하여 3년 이내
2. 법 제63조제2항제2호에 해당하는 경우 : 제3항 각 호의 요건을 갖추지 못한 날부터 소급하여 5년 이내
3. 법 제63조제2항제3호에 해당하는 경우 : 공장설치일부터 소급하여 5년 이내
⑪ 법 제63조제6항에 따른 이자상당가산액은 제10항에 따른 재산세액의 차액과 종합부동산세액에 제1호의 기간과 제2호의 율을 곱하여 계산한 금액으로 한다.
(2023.2.28 본문개정)
1. 법 제63조제5항을 적용받은 과세연도의 납부기한의 다음 날부터 법 제63조제6항에 따라 추징할 세액의 고지일까지의 기간
2. 제11조의2제4항제2호에 따른 율(2022.2.15 본호개정)
⑫ 법 제63조제7항에서 "대통령령으로 정하는 분류"란 한국표준산업분류상의 세분류를 말한다.
⑬ 법 제63조제8항에서 "「중소기업기본법」에 따른 중소기업이 아닌 기업과 합병하는 등 대통령령으로 정하는 사유"란 제2항제2항 각 호의 사유를 말한다.
(2021.2.17 본조개정)

제60조의2【수도권 밖으로 본사를 이전하는 법인에 대한 세액감면 등】 ① 법 제63조의2제1항 각 호 외의 부분 단서에서 "대통령령으로 정하는 부동산업, 건설업, 소비성서비스업, 무점포판매업 및 해운중개업"이란 제60조제1항에 따른 사업을 말한다.

② 법 제63조의2제1항제1호가목에 따른 세액감면 요건이란 본점 또는 주사무소(이하 이 조에서 "본사"라 한다)의 이전등기일부터 소급하여 3년 이상 계속하여 수도권과밀억제권역 안에 본사를 두고 사업을 경영한 실적이 있을 경우를 말한다.
③ 법 제63조의2제1항제1호나목에서 "본사를 수도권 밖으로 대통령령으로 정하는 바에 따라 이전할 것"이란 다음 각 호의 어느 하나의 요건을 갖춘 것을 말한다. 이 경우 법 제63조의2제4항을 적용할 때에는 수도권과밀억제권역 안의 본사를 양도하는 경우로 한정한다.
1. 수도권 밖으로 본사를 이전하여 사업을 개시한 날부터 2년 이내에 수도권과밀억제권역 안의 본사를 양도하거나 본사 외의 용도(제12항에서 정하는 기준 미만의 사무소로 사용하는 경우를 포함한다. 이하 이 조에서 같다)로 전환할 것
2. 수도권과밀억제권역 안의 본사를 양도하거나 본사 외의 용도로 전환한 날부터 2년 이내에 수도권 밖에서 사업을 개시할 것. 다만, 본사를 신축하여 이전하는 경우에는 수도권과밀억제권역 안의 본사를 양도하거나 본사 외의 용도로 전환한 날부터 3년 이내에 사업을 개시하여야 한다.
④ 법 제63조의2제1항제1호다목에서 "대통령령으로 정하는 기준"이란 다음 각 호와 같다.
1. 투자금액 : 기획재정부령으로 정하는 사업용자산에 대한 누적 투자액으로서 기획재정부령으로 정하는 바에 따라 계산한 금액이 10억원 이상일 것
2. 근무인원 : 해당 과세연도에 수도권 밖으로 이전한 본사(이하 이 조에서 "이전본사"라 한다)의 근무인원이 20명 이상일 것
(2022.2.15 본항신설)
⑤ 법 제63조의2제1항제2호가목에서 "대통령령으로 정하는 소득"이란 제1호의 금액에서 제2호의 금액을 뺀 금액을 말한다. 이 경우 그 차액이 음수일 경우에는 0원으로 본다.
1. 고정자산처분익, 유가증권처분익, 수입이자, 수입배당금 및 자산수증익을 합한 금액. 다만, 금융 및 보험업을 경영하는 법인(「금융지주회사법」에 따른 금융지주회사는 제외한다)의 경우에는 기업회계기준에 따라 영업수익에 해당하는 유가증권처분익, 수입이자 및 수입배당금은 제외한다.
2. 고정자산처분손, 유가증권처분손 및 지급이자를 합한 금액. 다만, 금융 및 보험업을 경영하는 법인(「금융지주회사법」에 따른 금융지주회사는 제외한다)의 경우에는 기업회계기준에 따라 영업비용에 해당하는 유가증권처분손 및 지급이자는 제외한다.
⑥ 해당 과세연도에 이전본사의 근무인원 및 법인 전체 근무인원은 다음 각 호에서 정하는 바에 따라 계산한 인원으로 한다.(2022.2.15 본문개정)
1. 이전본사의 근무인원 : 가목에서 나목을 뺀 인원
   가. 이전본사에서 본사업무에 종사하는 상시 근무인원의 연평균 인원(매월 말 현재의 인원을 합하고 이를 해당 개월 수로 나누어 계산한 인원을 말한다. 이하 이 조에서 같다). 다만, 이전일부터 소급하여 2년이 되는 날이 속하는 과세연도 이후 수도권 외의 지역에서 본사업무에 종사하는 근무인원이 이전본사로 이전한 경우는 제외한다.
   나. 이전일부터 소급하여 3년이 되는 날이 속하는 과세연도에 이전본사에서 본사업무에 종사하던 상시 근무인원의 연평균 인원
2. 법인 전체 근무인원 : 법인 전체의 상시 근무인원의 연평균 인원
⑦ 제6항을 적용할 때 상시 근무인원은 「근로기준법」 제2조제1항제2호에 따른 사용자 중 상시 근무하는 자 및 같은 법에 따라 근로계약을 체결한 내국인 근로자로

한다. 다만, 다음 각 호의 어느 하나에 해당하는 사람은 제외한다.(2022.2.15 본문개정)
1. 근로계약기간이 1년 미만인 근로자(근로계약의 연속된 갱신으로 인하여 그 근로계약의 총 기간이 1년 이상인 근로자는 제외한다)
2. 「근로기준법」 제2조제1항제9호에 따른 단시간근로자. 다만, 1개월간의 소정근로시간이 60시간 이상인 근로자는 상시근로자로 본다.
3. 「법인세법 시행령」 제40조제1항 각 호의 어느 하나에 해당하는 임원 중 상시 근무하지 않는 자
4. 「소득세법 시행령」 제196조에 따른 근로소득원천징수부에 따라 근로소득세를 원천징수한 사실이 확인되지 않고, 다음 각 목의 어느 하나에 해당하는 금액의 납부사실도 확인되지 않는 자
   가. 「국민연금법」 제3조제1항제11호 및 제12호에 따른 부담금 및 기여금
   나. 「국민건강보험법」 제69조에 따른 직장가입자의 보험료
⑧ 법 제63조의2제1항제2호다목에서 "대통령령으로 정하는 위탁가공무역"이란 가공임(加工賃)을 지급하는 조건으로 외국에서 가공(제조, 조립, 재생 및 개조를 포함한다. 이하 이 조에서 같다)할 원료의 전부 또는 일부를 거래 상대방에게 수출하거나 외국에서 조달하여 가공한 후 가공물품 등을 수입하거나 외국으로 인도하는 것을 말한다.
⑨ 법 제63조의2제1항제2호다목에 따른 위탁가공무역에서 발생한 매출액은 다른 매출액과 구분하여 경리해야 한다.
⑩ (2023.2.28 삭제)
⑪ 법 제63조의2제2항에 따라 납부해야 하는 세액은 다음 각 호의 구분에 따라 계산한다.
1. 법 제63조의2제2항제1호에 해당하는 경우 : 폐업일 또는 법인해산일부터 소급하여 3년 이내에 감면된 세액
2. 법 제63조의2제2항제2호에 해당하는 경우 : 제3항 각 호의 요건을 갖추지 못하게 된 날부터 소급하여 5년 이내에 감면된 세액
3. 법 제63조의2제2항제3호에 해당하는 경우 : 본사설치일 또는 제12항에서 정하는 기준 이상의 사무소를 둔 날부터 소급하여 5년 이내에 감면된 세액
4. 법 제63조의2제2항제4호에 해당하는 경우 : 같은 호에서 정하는 비율에 미달하게 되는 날부터 소급하여 5년 이내에 감면된 세액
⑫ 법 제63조의2제2항제2호에서 "대통령령으로 정하는 바에 따라 본사를 수도권 밖으로 이전하여 사업을 개시하지 아니한 경우"란 제3항 각 호의 요건을 갖추지 않은 경우를 말한다.
⑬ 법 제63조의2제2항제3호에서 "대통령령으로 정하는 기준 이상"이란 본사를 수도권 밖으로 이전한 날부터 3년이 되는 날이 속하는 과세연도가 지난 후 본사업무에 종사하는 총 상시 근무인원의 연평균 인원 중 수도권 안의 사무소에서 본사업무에 종사하는 상시 근무인원의 연평균 인원의 비율이 100분의 50 이상인 경우를 말한다.
⑭ 법 제63조의2제2항제4호에서 "대통령령으로 정하는 임원"이란 「법인세법 시행령」 제40조제1항 각 호의 자를 말한다. 다만, 상시 근무하지 않는 임원은 제외한다.
⑮ 다음 각 호의 어느 하나에 해당하는 경우에는 해당 과세연도부터 법 제63조의2제1항에 따라 법인세를 감면받을 수 없다.(2022.2.15 본항개정)
1. 제4항제2호의 요건을 충족하지 못한 경우
2. 법 제63조의2제2항제4호에 해당하는 경우
(2022.2.15 1호~2호신설)
⑯ 법 제63조의2제1항에 따라 법인세의 감면을 받으려는 법인은 과세표준신고와 함께 기획재정부령으로 정

하는 세액감면신청서 및 감면세액계산서를 납세지 관할 세무서장에게 제출해야 한다.
⑰ 법 제63조의2제5항에서 "대통령령으로 정하는 분류"란 한국표준산업분류상의 세분류를 말한다.
(2021.2.17 본조개정)

제60조의3 (2009.2.4 삭제)

제61조【농공단지입주기업 등에 대한 세액감면】 ① 법 제64조제1항제1호에서 "대통령령으로 정하는 농공단지"란 수도권 과밀억제권역외의 지역으로서 농공단지지정일 현재 인구 20만 미만인 시(특별자치시와 「제주특별자치도의 설치 및 국제자유도시 조성을 위한 특별법」 제10조제2항에 따른 행정시를 포함한다. 이하 제2항에서 같다)·군·구(자치구인 구를 말한다. 이하 제2항에서 같다)에 소재하는 농공단지를 말한다.(2023.2.28 본항개정)
② 법 제64조제1항제2호에서 "대통령령으로 정하는 지역"이란 수도권과밀억제권역 외의 지역으로서 중소기업특별지원지역의 지정일 현재 인구 20만 미만인 시·군·구에 소재하는 중소기업특별지원지역으로서 기획재정부령으로 정하는 지역을 말한다.(2023.2.28 본항개정)
③ 법 제64조제3항제1호에서 "대통령령으로 정하는 투자누계액"이란 법 제64조제2항에 따라 소득세 또는 법인세를 감면받는 해당 과세연도까지의 기획재정부령으로 정하는 사업용자산에 대한 투자 합계액을 말한다.(2019.2.12 본항신설)
④ 법 제64조제3항제2호에서 "대통령령으로 정하는 서비스업"이란 제23조제4항에 따른 서비스업을 말한다.(2019.2.12 본항신설)
⑤ 법 제64조제5항에 따라 납부해야 할 소득세액 또는 법인세액은 다음의 계산식에 따라 계산한 금액(그 수가 음수이면 영으로 보고, 감면받은 과세연도 종료일 이후 2개 과세연도 연속으로 상시근로자 수가 감소한 경우에는 두 번째 과세연도에는 첫 번째 과세연도에 납부한 금액을 뺀 금액을 말한다)으로 하며, 이를 상시근로자 수가 감소한 과세연도의 과세표준을 신고할 때 소득세 또는 법인세로 납부해야 한다.

해당 기업의 상시근로자 수가 감소한 과세연도의 직전 2년 이내의 과세연도에 법 제64조제3항제2호를 적용하여 감면받은 세액의 합계액 - 〔상시근로자 수가 감소한 과세연도의 감면대상사업장의 상시근로자 수 × 1천5백만원(청년 상시근로자 및 법 제64조제3항제2호의 서비스업의 경우에는 2천만원으로 한다)〕

(2023.2.28 본항개정)
⑥ 법 제64조제3항 및 제5항을 적용할 때 상시근로자 및 청년 상시근로자의 범위, 상시근로자 수 및 청년 상시근로자 수의 계산방법에 관하여는 제11조의2제6항 및 제7항을 준용한다.(2023.2.28 본항개정)
⑦ 법 제64조제7항에서 "대통령령으로 정하는 바에 따라 계산한 세액"이란 다음 각 호의 구분에 따른 세액을 말한다.
1. 법 제64조제7항제1호에 해당하는 경우 : 폐업일 또는 법인 해산일부터 소급하여 3년 이내에 감면된 세액
2. 법 제64조제7항제2호에 해당하는 경우 : 이전일부터 소급하여 5년 이내에 감면된 세액
(2022.2.15 본항신설)
⑧ 법 제64조제1항의 규정을 적용받고자 하는 자는 과세표준신고와 함께 기획재정부령이 정하는 세액감면신청서를 납세지 관할세무서장에게 제출하여야 한다.(2008.2.29 본항개정)

제62조 (2000.12.29 삭제)

제63조【영농조합법인 등에 대한 법인세의 면제 등】 ① 법 제66조제1항에서 "대통령령으로 정하는 범위의 금액"이란 「농어업경영체 육성 및 지원에 관한 법률 시행령」 제20조의5제1항 각 호의 사업에서 발생한 소득으로서 다음 각 호의 어느 하나에 해당하는 소득금액을 말한다.(2022.5.9 본문개정)
1. 곡물 및 기타 식량작물재배업(이하 이 조 및 제65조에서 "식량작물재배업"이라 한다) 외의 작물재배업에서 발생하는 소득금액으로서 각 사업연도별로 다음의 계산식에 따라 계산한 금액 이하의 금액

식량작물재배업 외의 작물재배업에서 발생하는 소득금액 × (6억원 × 조합원 수 × (사업연도 월수 ÷ 12) ÷ 식량작물재배업 외의 작물재배업에서 발생하는 수입금액)

2. 작물재배업에서 발생하는 소득을 제외한 소득금액으로서 각 사업연도별로 다음의 계산식에 따라 계산한 금액 이하의 금액

{1천 200만원 × 조합원 수 × (사업연도 월수 ÷ 12)}

(2014.2.21 본항개정)
② 법 제66조제2항 전단에서 "대통령령으로 정하는 범위의 금액"이란 제1항제1호에 따라 법인세가 면제되는 소득에서 발생한 배당소득의 경우에는 그 배당소득 전액을 말하고, 영농조합법인의 전체 소득에서 식량작물재배업에서 발생하는 소득과 제1항제1호에 따라 법인세가 면제되는 소득을 제외한 소득에서 발생한 배당소득의 경우에는 그 배당소득 중 과세연도별로 1천 200만원이하의 금액을 말한다.(2014.2.21 본항개정)
③ 법 제66조제2항 후단에 따른 배당소득은 각 배당 시마다 다음 각 호의 구분에 따른 계산식에 따라 계산한 금액으로 한다. 이 경우 각 소득금액은 배당확정일이 속하는 사업연도의 직전 사업연도에 해당하는 분으로 하며, 각 소득금액이 음수(陰數)인 경우에는 영으로 본다.
1. 식량작물재배업소득에서 발생한 배당소득 :

{영농조합법인으로부터 지급받은 배당소득 × (식량작물재배업에서 발생하는 소득금액 ÷ 총 소득금액)}

2. 제1항제1호에 따라 법인세가 면제되는 소득에서 발생한 배당소득 :

{영농조합법인으로부터 지급받은 배당소득 × (제1항제1호에 따라 법인세가 면제되는 소득금액 ÷ 총 소득금액)}

3. 전체소득에서 식량작물재배업소득과 제1항제1호에 따라 법인세가 면제되는 소득을 제외한 소득에서 발생한 배당소득 :

{영농조합법인으로부터 지급받은 배당소득 × {1 - (식량작물재배업에서 발생하는 소득금액 + 제1항제1호에 따라 법인세가 면제되는 소득금액) ÷ 총 소득금액}}

(2014.2.21 본항개정)
④ 법 제66조제4항 본문 및 제68조제2항 본문에서 "대통령령으로 정하는 농업인"이란 각각 「농업·농촌 및 식품산업 기본법」 제3조제2호에 따른 농업인으로서 현물출자하는 농지·초지 또는 부동산(이하 이 조에서 "농지등"이라 한다)이 소재하는 시(특별자치시와 「제주특별자치도 설치 및 국제자유도시 조성을 위한 특별법」 제10조제2항에 따른 행정시를 말한다. 이하 이 조에서 같다), 그와 연접한 시·군·구 또는 해당 농지등으로부터 직선거리 30킬로미터 이내에 거주하면서 4년 이상 직접 경작한 자를 말하며, 법 제66조제7항 및 제68조제3항에서 "대통령령으로 정하는 농업인"이란 각각 「농업·농촌 및 식품산업 기본법」 제3조제2호에 따른 농업인으로서 현물출자하는 농지등이 소재하는 시·군·구, 그와 연접한 시·군·구 또는 해당 농지등으로부터 직선거리 30킬로미터 이내에 거주하면서 4년 이상 직접 경작한 자를 말한다.(2017.2.7 본항개정)
⑤ 법 제66조제4항 및 제68조제2항에 따라 현물출자

함으로써 발생한 소득에 대하여 양도소득세가 감면되는 농지는 전·답으로서 지적공부상의 지목에 관계없이 실제로 경작에 사용되는 토지와 그 경작에 직접 필요한 농막·퇴비사·양수장·지소·수로 등에 사용되는 토지로 한다. 다만, 제66조제4항 각 호의 어느 하나에 해당하는 농지를 제외한다.(2017.2.7 본문개정)

⑥ 법 제66조제5항에 따른 양도소득세의 납부는 농지를 현물출자하기 전에 자경하였던 기간과 현물출자후 출자지분 양도시까지의 기간을 합한 기간이 8년 미만인 경우에 한정하되, 납부하여야 하는 세액은 해당 농지에 대한 감면세액에 총출자지분에서 3년 이내에 양도한 출자지분이 차지하는 비율을 곱하여 계산한다. 이 경우 상속받은 농지의 경작기간을 계산할 때 상속인이 상속받은 농지를 1년 이상 계속하여 경작하는 경우(제4항의 현물출자하는 시·군·구, 그와 연접한 시·군·구 또는 해당 농지등으로부터 직선거리 30킬로미터 이내에 거주하면서 경작하는 경우를 말한다) 다음 각 호의 기간은 상속인이 이를 경작한 기간으로 본다.(2016.2.5 전단개정)

1. 피상속인이 취득하여 경작한 기간(직전 피상속인의 경작 기간으로 한정한다)(2015.2.3 본호신설)
2. 피상속인이 배우자로부터 상속받아 경작한 사실이 있는 경우에는 피상속인의 배우자가 취득하여 경작한 기간(2015.2.3 본호신설)

⑦ 법 제66조제1항에 따라 법인세를 면제받으려는 영농조합법인은 과세표준신고와 함께 기획재정부령으로 정하는 세액면제신청서 및 면제세액계산서와 「농어업경영체 육성 및 지원에 관한 법률」 제4조에 따른 농어업경영체 등록(변경등록) 확인서(이하 "농어업경영체 등록확인서"라 한다)를 납세지 관할세무서장에게 제출하여야 한다. 다만, 납부할 법인세가 없는 경우에는 그러하지 아니하다.(2014.2.21 본문개정)

⑧ 법 제66조제2항에 따라 배당소득에 대한 소득세를 면제받으려는 자는 해당 배당소득을 지급받는 때에 기획재정부령이 정하는 세액면제신청서를 영농조합법인에 제출하여야 한다. 이 경우 영농조합법인은 배당금을 지급한 날이 속하는 달의 다음달 말일까지 조합원이 제출한 세액면제신청서와 해당 영농조합법인의 농어업경영체 등록확인서를 원천징수 관할세무서장에게 제출하여야 한다.(2014.2.21 본항개정)

⑨ 법 제66조제6항 및 제10항에서 "대통령령으로 정하는 바에 따라 계산한 이자상당액"이란 각각 법 제66조제5항 또는 제9항에 따라 납부하여야 할 세액에 상당하는 금액에 제1호의 기간과 제2호의 율을 곱하여 계산한 금액으로 한다.(2014.2.21 본문개정)

1. 당초 현물출자한 농지등에 대한 양도소득세 예정신고 납부기한의 다음 날부터 법 제66조제5항 또는 제9항에 따른 세액의 납부일까지의 기간(2014.2.21 본호개정)
2. 제11조의2제9항제2호에 따른 율(2022.2.15 본호개정)

⑩ 법 제66조제8항에 따라 양도소득세를 감면받거나 이월과세를 적용받고자 하는 자는 과세표준신고와 함께 기획재정부령이 정하는 세액감면신청서 또는 이월과세적용신청서에 해당 영농조합법인의 농어업경영체 등록확인서와 현물출자계약서 사본을 첨부하여 납세지 관할세무서장에게 제출하여야 한다. 이 경우 이월과세적용신청서는 영농조합법인과 함께 제출하여야 한다.(2016.2.5 전단개정)

1.~2. (2010.11.2 삭제)

⑪ 제10항에 따른 세액감면신청서 또는 이월과세적용신청서를 제출받은 납세지 관할세무서장은 「전자정부법」 제36조제1항에 따른 행정정보의 공동이용을 통하

여 해당 농지의 토지 등기부등본을 확인하여야 한다.(2016.2.5 본항개정)

⑫ 법 제66조제9항을 적용할 때 현물출자로 취득한 주식 또는 출자지분의 100분의 50 이상을 처분하는 경우의 판단기준에 관하여는 제28조제10항을 준용한다.(2014.2.21 본항신설)

⑬ 법 제66조제9항에 따른 양도소득세는 해당 부동산을 현물출자하기 전에 직접 사용하였던 기간과 현물출자 후 주식 또는 출자지분의 처분일까지의 기간을 합한 기간이 8년 미만인 경우에 납부한다. 이 경우 상속받은 부동산의 사용기간을 계산할 때 피상속인이 사용한 기간은 상속인이 사용한 기간으로 본다.(2014.2.21 본항신설)

⑭ 제4항 및 제6항을 적용할 때 해당 피상속인(그 배우자를 포함한다. 이하 이 항에서 같다) 또는 거주자 각각의 「소득세법」 제19조제2항에 따른 사업소득금액(농업·임업에서 발생하는 소득, 같은 법 제45조제2항에 따른 부동산임대업에서 발생하는 소득과 같은 법 시행령 제9조에 따른 농가부업소득은 제외한다)과 같은 법 제20조제2항에 따른 총급여액의 합계액이 3천700만원 이상인 과세기간이 있는 경우 그 기간은 해당 피상속인 또는 거주자가 경작한 기간에서 제외한다.(2016.2.5 본항개정)

⑮ 법 제66조제4항 본문에서 "대통령령으로 정하는 소득"이란 다음의 계산식에 따른 금액을 말한다.

「소득세법」 제95조제1항에 따른 양도소득금액	×	현물출자한 자산에 담보된 채무 / 양도가액

(2020.2.11 본항신설)

⑯ 법 제66조제4항 단서에서 "대통령령으로 정하는 소득"이란 「소득세법」 제95조제1항에 따른 양도소득금액(이하 이 항에서 "양도소득금액"이라 한다) 중 다음의 계산식에 따라 계산한 금액을 말한다. 이 경우 「공익사업을 위한 토지 등의 취득 및 보상에 관한 법률」 및 그 밖의 법률에 따라 협의매수되거나 수용되는 경우에는 보상가액 산정의 기초가 되는 기준시가를 양도 당시의 기준시가로 보며, 새로운 기준시가가 고시되기 전에 취득하거나 양도한 경우에는 「국토의 계획 및 이용에 관한 법률」에 따른 주거지역·상업지역 및 공업지역(이하 이 조부터 제66조까지, 제66조의2, 제66조의3 및 제67조에서 "주거지역등"이라 한다)에 편입되거나 환지예정지 지정을 받은 날이 도래하는 경우에는 직전의 기준시가를 적용한다.

양도소득금액 × ((주거지역등에 편입되거나 환지예정지 지정을 받은 날의 기준시가 − 취득 당시 기준시가) / (양도 당시 기준시가 − 취득 당시 기준시가))

(2018.2.13 후단개정)

제64조 【영어조합법인 등에 대한 법인세의 면제 등】 ① 법 제67조제1항에 따라 법인세가 면제되는 소득금액은 「농어업경영체 육성 및 지원에 관한 법률 시행령」 제20조의5제2항 각 호의 사업에서 발생한 소득으로서 각 사업연도별로 다음 각 호의 어느 하나에 해당하는 소득금액을 말한다.(2022.5.9 본문개정)

1. 한국표준산업분류에 따른 연근해어업과 내수면어업에서 발생하는 소득금액(이하 이 조에서 "어로어업소득"이라 한다)으로서 각 사업연도별로 다음의 계산식에 따라 계산한 금액 이하의 금액

3천만원 × 조합원 수 × (사업연도 월수 ÷ 12)

2. 어로어업소득을 제외한 소득금액으로서 각 사업연도별로 다음의 계산식에 따라 계산한 금액 이하의 금액

$$1천200만원 \times 조합원 수 \times (사업연도 월수 \div 12)$$

(2020.2.11 본항개정)

② 법 제67조제2항의 규정에 의하여 소득세가 면제되는 배당소득은 과세연도별로 1천200만원 이하의 금액으로 한다.

③ 법 제67조제4항에서 "대통령령으로 정하는 어업인"이란 「수산업법」에 따른 어업인 또는 「수산종자산업육성법」에 따른 수산종자생산업자(바다, 바닷가, 수산종자산업을 목적으로 인공적으로 조성된 육상의 해수면을 이용하는 수산종자생산업자로 한정한다)로서 현물출자하는 어업용 토지 또는 건물(이하 "토지등"이라 한다)이 소재하는 시(특별자치시와 「제주특별자치도 설치 및 국제자유도시 조성을 위한 특별법」 제10조제2항에 따른 행정시를 포함한다. 이하 이 조에서 같다)·군·구(자치구인 구를 말한다. 이하 이 조에서 같다)그와 연접한 시·군·구 또는 해당 어업용 토지등으로부터 직선거리 30킬로미터 이내 거주하면서 해당 어업용 토지를 어업에 4년 이상 직접 사용한 자를 말한다.(2016.6.21 본항개정)

④ 법 제67조제4항에서 "대통령령으로 정하는 어업용 토지등"이란 「양식산업발전법」 제43조제1항제1호에 따른 육상해수양식업 및 「수산종자산업육성법」 제21조제1항에 따른 수산종자생산업(바다, 바닷가, 수산종자생산업을 목적으로 인공적으로 조성된 육상의 해수면을 이용하는 수산종자생산업으로 한정한다)에 직접 사용되는 토지 및 건물을 말한다.(2020.8.26 본항개정)

⑤ 법 제67조제5항에 따른 양도소득세는 해당 어업용 토지등을 현물출자하기 전에 어업에 직접 사용하였던 기간과 현물출자 후 출자지분 양도시까지의 기간을 합한 기간이 8년 미만인 경우에 납부하여야 한다. 이 경우 상속받은 어업용 토지등을 어업에 직접 사용한 기간을 계산할 때 상속인이 상속받은 어업용 토지등을 1년 이상 계속하여 직접 어업에 사용하는 경우(현물출자하는 어업용 토지등이 소재하는 시·군·구, 그와 연접한 시·군·구 또는 해당 어업용 토지등으로부터 직선거리 30킬로미터 이내에 거주하면서 어업에 직접 사용하는 경우를 말한다)에 한정하여 다음 각 호의 기간은 상속인이 이를 어업에 직접 사용한 기간으로 본다.
1. 피상속인이 취득하여 직접 어업에 사용한 기간(직전 피상속인이 어업에 직접 사용한 기간으로 한정한다)
2. 피상속인이 배우자로부터 상속받아 어업에 직접 사용한 사실이 있는 경우에는 피상속인의 배우자가 취득하여 어업에 직접 사용한 기간
(2016.2.5 본항신설)

⑥ 법 제67조제5항에 따라 납부하여야 하는 세액은 해당 어업용 토지 등에 대한 감면세액에 현물출자로 취득한 총출자지분 중 3년 이내에 양도한 출자지분이 차지하는 비율을 곱하여 계산한다.(2016.2.5 본항개정)

⑦ 법 제67조제5항 단서에서 "대통령령으로 정하는 경우"란 「해외이주법」에 의한 해외이주에 의하여 세대전원이 출국하는 경우를 말한다.(2010.2.18 본항개정)

⑧ 법 제67조제1항에 따라 법인세를 면제받으려는 영어조합법인은 과세표준신고와 함께 기획재정부령이 정하는 세액면제신청서와 면제세액계산서 및 농어업경영체 등록확인서를 납세지 관할 세무서장에게 제출하여야 한다. 다만, 납부할 법인세가 없는 경우에는 그러하지 아니하다.(2014.2.21 본문개정)

⑨ 법 제67조제2항에 따른 배당소득에 대한 소득세를 면제받으려는 자는 해당 배당소득을 지급받는 때에 기획재정부령으로 정하는 세액면제신청서를 영어조합법인에 제출하여야 한다. 이 경우 영어조합법인은 배당금을 지급한 날이 속하는 달의 다음달 말일까지 조합원

이 제출한 세액면제신청서와 해당 영어조합법인의 농어업경영체 등록확인서를 원천징수 관할세무서장에게 제출하여야 한다.(2014.2.21 본항개정)

⑩ 법 제67조제6항에 따라 어업용 토지등에 대한 양도소득세의 감면신청을 하려는 자는 해당 어업용 토지등을 양도한 날이 속하는 과세연도의 과세표준신고와 함께 기획재정부령으로 정하는 세액감면신청서에 해당 어업법인의 농어업경영체 등록확인서와 현물출자계약서 사본 1부를 첨부하여 납세지 관할세무서장에게 제출(국세정보통신망에 의한 제출을 포함한다)하여야 한다. 이 경우 납세지 관할세무서장은 「전자정부법」 제36조제1항에 따른 행정정보의 공동이용을 통하여 해당 어업용 토지등의 등기사항증명서를 확인하여야 한다.(2018.2.13 후단개정)

⑪ 제3항 및 제5항을 적용할 때 어업에 직접 사용한 기간 중 배우자(어업에 직접 사용한 기간 중 배우자(같은 항에서 같다) 또는 거주자 각각의 「소득세법」 제19조제2항에 따른 사업소득금액(어업에서 발생하는 소득, 「소득세법」 제45조제2항에 따른 부동산임대업에서 발생하는 소득과 같은 법 시행령 제9조에 따른 농가부업소득은 제외한다) 또는 같은 법 제20조제2항에 따른 총급여액의 합계액이 3천700만원 이상인 과세기간이 있는 경우 그 기간은 피상속인 또는 거주자가 어업에 직접 사용한 기간에서 제외한다.(2016.2.5 본항신설)

⑫ 법 제67조제4항 본문에서 "대통령령으로 정하는 소득"이란 다음의 계산식에 따른 금액을 말한다.

$$「소득세법」 제95조제1항에 따른 양도소득금액 \times \frac{현물출자한 자산에 담보된 채무}{양도가액}$$

(2020.2.11 본항신설)

⑬ 법 제67조제4항 단서에서 "대통령령으로 정하는 소득"이란 「소득세법」 제95조제1항에 따른 양도소득금액(이하 이 항에서 "양도소득금액"이라 한다) 중 다음의 계산식에 따라 계산한 금액을 말한다. 이 경우 「공익사업을 위한 토지 등의 취득 및 보상에 관한 법률」 및 그 밖의 법률에 따라 협의매수되거나 수용되는 경우에는 보상가액 산정의 기초가 되는 기준시가를 양도 당시의 기준시가로 보며, 새로운 기준시가가 고시되기 전에 취득하거나 양도한 경우 또는 주거지역등에 편입되거나 환지예정지 지정을 받은 날이 도래하는 경우에는 직전의 기준시가를 적용한다.

$$양도소득금액 \times \left(\frac{주거지역등에 편입되거나 환지예정지 지정을 받은 날의 기준시가 - 취득 당시 기준시가}{양도 당시 기준시가 - 취득 당시 기준시가} \right)$$

(2017.2.7 본항신설)

제65조【농업회사법인에 대한 세액 감면 등】 ① 법 제68조제1항에서 "대통령령으로 정하는 범위"란 다음의 계산식에 따라 계산한 금액 이하를 말한다.

$$식량작물재배업 외의 작물재배업에서 발생하는 소득금액 \times (50억원 \times 사업연도 개월 수 \div 12) \div 식량작물재배업 외의 작물재배업에서 발생하는 수입금액$$

(2014.2.21 본항신설)

② 법 제68조제1항에서 "대통령령으로 정하는 소득"이란 다음 각 호의 소득(농업인이 아닌 자가 지배하는 기획재정부령으로 정하는 농업회사법인의 경우에는 기획재정부령으로 정하는 업종에서 발생하는 소득은 제외한다)을 말한다.(2019.2.12 본문개정)
1. 「농업·농촌 및 식품산업 기본법 시행령」 제2조에 따른 축산업, 임업에서 발생한 소득(2015.12.22 본호개정)
2. 「농어업경영체 육성 및 지원에 관한 법률」에 따른 농

업회사법인(이하 이 조에서 "농업회사법인"이라 한다)의 같은 법 시행령 제20조의5제1항제6호가목부터 마목까지의 사업에서 발생한 소득(2022.5.9 본호개정)

3.「농어업경영체 육성 및 지원에 관한 법률」제19조제1항에 따른 농산물 유통·가공·판매 및 농작업 대행에서 발생한 소득(2019.2.12 본호개정)

③ 법 제68조제4항 전단에서 "대통령령으로 정하는 소득"이란 제2항 각 호의 소득(이하 이 조에서 "부대사업등 소득"이라 한다) 및 식량작물재배업 외의 작물재배업에서 발생하는 소득을 말한다.(2020.2.11 본항개정)

④ 법 제68조제4항 후단에 따른 배당소득은 각 배당일마다 다음 각 호의 계산식에 따라 계산한 금액으로 한다. 이 경우 각 소득금액은 배당확정일이 속하는 사업연도의 직전 사업연도에 해당하는 분으로 하며, 각 소득금액이 음수인 경우 영으로 본다.

1. 식량작물재배업소득에서 발생한 배당소득 :

$$농업회사법인으로부터~지급받은~배당소득 \times \frac{식량작물재배업에서~발생하는~소득금액}{총~소득금액}$$

2. 부대사업등 소득 및 식량작물재배업 외의 작물재배업에서 발생하는 소득에서 발생한 배당소득 :

$$농업회사법인으로부터~지급받은~배당소득 \times \frac{(부대사업등~소득금액 + 식량작물재배업~외의~작물재배업에서~발생하는~소득금액)}{총~소득금액}$$

(2014.2.21 본항개정)

⑤ 법 제68조제1항 또는 제3항에 따라 법인세를 감면받거나 이월과세를 적용받으려는 자는 과세표준신고와 함께 기획재정부령으로 정하는 세액감면신청서, 면제세액계산서 또는 이월과세적용신청서와 농어업경영체 등록확인서를 납세지 관할세무서장에게 제출하여야 한다. 이 경우 이월과세적용신청서는 농업회사법인과 함께 제출하여야 한다.(2014.2.21 전단개정)

⑥ 법 제68조제4항에 따라 배당소득에 대한 소득세를 면제받으려는 자는 해당 배당소득을 지급받는 때에 기획재정부령으로 정하는 세액면제신청서를 농업회사법인에 제출하여야 한다. 이 경우 농업회사법인은 배당금을 지급한 날이 속하는 달의 다음달 말일까지 조합원이 제출한 세액면제신청서와 해당 농업회사법인의 농어업경영체 등록확인서를 원천징수 관할세무서장에게 제출하여야 한다.(2014.2.21 본항개정)

⑦ 법 제68조제2항 본문에서 "대통령령으로 정하는 소득"이란 다음의 계산식에 따른 금액을 말한다.

$$「소득세법」제95조제1항에~따른~양도소득금액 \times \frac{현물출자한~자산에~담보된~채무}{양도가액}$$

(2020.2.11 본항신설)

⑧ 법 제68조제2항 단서에서 "대통령령으로 정하는 소득"이란 「소득세법」제95조제1항에 따른 양도소득금액(이하 이 항에서 "양도소득금액"이라 한다) 중 다음의 계산식에 따라 계산한 금액을 말한다. 이 경우 「공익사업을 위한 토지 등의 취득 및 보상에 관한 법률」및 그 밖의 법률에 따라 협의매수되거나 수용되는 경우에는 보상가액 산정의 기초가 되는 기준시가를 양도 당시의 기준시가로 보며, 새로운 기준시가가 고시되기 전에 취득하거나 양도한 경우 또는 주거지역등에 편입되거나 환지예정지 지정을 받은 날이 도래하는 경우에는 직전의 기준시가를 적용한다.

$$양도소득금액 \times \frac{\left(\begin{array}{l}주거지역등에~편입\\되거나~환지예정지\\지정을~받은~날의\\기준시가\end{array} - \begin{array}{l}취득~당시\\기준시가\end{array}\right)}{\left(\begin{array}{l}양도~당시\\기준시가\end{array} - \begin{array}{l}취득~당시\\기준시가\end{array}\right)}$$

(2017.2.7 본항신설)

제66조【자경농지에 대한 양도소득세의 감면】① 법 제69조제1항 본문에서 "농지소재지에 거주하는 대통령령으로 정하는 거주자"란 8년〔제3항의 규정에 의한 경영이양보조금의 지급대상이 되는 농지를 「한국농어촌공사 및 농지관리기금법」에 따른 한국농어촌공사(이하 이 조에서 "한국농어촌공사"라 한다) 또는 제2항의 규정에 따른 법인에게 양도하는 경우에는 3년〕이상 다음 각 호의 어느 하나에 해당하는 지역(경작개시 당시에는 당해 지역에 해당하였으나 행정구역의 개편 등으로 이에 해당하지 아니하게 된 지역을 포함한다)에 거주하면서 경작한 자로서 농지 양도일 현재 「소득세법」제1조의2제1항제1호에 따른 거주인인 자(비거주자가 된 날부터 2년 이내인 자를 포함한다)를 말한다.(2013.2.15 본문개정)

1. 농지가 소재하는 시〔특별자치시와 「제주특별자치도 설치 및 국제자유도시 조성을 위한 특별법」제10조제2항에 따라 설치된 행정시를 포함한다. 이하 이 항에서 같다〕·군·구〔자치구인 구를 말한다. 이하 이 항에서 같다〕안의 지역(2016.1.22 본호개정)

2. 제1호의 지역과 연접한 시·군·구안의 지역

3. 해당 농지로부터 직선거리 30킬로미터 이내의 지역(2015.2.3 본호개정)

(2001.12.31 본항신설)

② 법 제69조제1항 본문에서 "대통령령으로 정하는 법인"이란 「농어업경영체 육성 및 지원에 관한 법률」제16조에 따른 영농조합법인 및 같은 법 제19조에 따른 농업회사법인을 말한다.(2010.2.18 본항개정)

③ 법 제69조제1항 본문에서 "대통령령으로 정하는 경영이양직접지불보조금"이란 「농산물의 생산자를 위한 직접지불제도 시행규정」제4조에 따른 경영이양보조금을 말한다.(2010.2.18 본항개정)

④ 법 제69조제1항 본문에서 "대통령령으로 정하는 토지"란 취득한 때부터 양도할 때까지의 사이에 8년(제3항의 규정에 따른 경영이양보조금의 지급대상이 되는 농지를 한국농어촌공사 또는 제2항의 규정에 의한 법인에게 양도하는 경우에는 3년) 이상 자기가 경작한 사실이 있는 농지로서 다음 각 호의 어느 하나에 해당하는 것을 제외한 것을 말한다.(2010.2.18 본문개정)

1. 양도일 현재 특별시·광역시(광역시에 있는 군을 제외한다) 또는 시〔「지방자치법」제3조제4항에 따라 설치된 도농(都農) 복합형태의 시의 읍·면 지역 및 「제주특별자치도 설치 및 국제자유도시 조성을 위한 특별법」제10조제2항에 따라 설치된 행정시의 읍·면 지역은 제외한다〕에 있는 농지중 「국토의 계획 및 이용에 관한 법률」에 의한 주거지역·상업지역 및 공업지역안에 있는 농지로서 이들 지역에 편입된 날부터 3년이 지난 농지. 다만, 다음 각 목의 어느 하나에 해당하는 경우는 제외한다.(2016.1.22 본문개정)

가. 사업시행지역 안의 토지소유자가 1천명 이상이거나 사업시행면적이 기획재정부령으로 정하는 규모 이상인 개발사업(이하 이 호에서 "대규모개발사업"이라 한다)지역(사업인정고시일이 같은 하나의 사업시행지역을 말한다) 안에서 대규모개발사업의 시행으로 인하여 「국토의 계획 및 이용에 관한 법률」에 따른 주거지역·상업지역 또는 공업지역에 편입된 농지로서 사업시행자의 단계적 사업시행 또는 보상지연으로 이들 지역에 편입된 날부터 3년이 지난 경우(2013.2.15 본목개정)

나. 사업시행자가 국가, 지방자치단체, 그 밖에 기획재정부령으로 정하는 공공기관인 개발사업지역 안에서 개발사업의 시행으로 인하여 「국토의 계획 및 이용에 관한 법률」에 따른 주거지역·상업지역 또는 공업지역에 편입된 농지로서 기획재정부령으로 정하는 부득이한 사유에 해당하는 경우(2008.2.29 본목개정)

다. 「국토의 계획 및 이용에 관한 법률」에 따른 주거지역·상업지역 및 공업지역에 편입된 농지로서 편입된 후 3년 이내에 대규모개발사업이 시행되고, 대규모개발사업 시행자의 단계적 사업시행 또는 보상지연으로 이들 지역에 편입된 날부터 3년이 지난 경우(대규모개발사업지역 안에 있는 경우로 한정한다)(2013.2.15 본목신설)
2. 「도시개발법」 또는 그 밖의 법률에 따라 환지처분 이전에 농지 외의 토지로 환지예정지를 지정하는 경우에는 그 환지예정지 지정일부터 3년이 지난 농지. 다만, 환지처분에 따라 교부받는 환지청산금에 해당하는 부분은 제외한다.(2011.6.3 본호개정)
⑤ 제4항의 규정을 적용받는 농지는 「소득세법 시행령」 제162조에 따른 양도일 현재의 농지를 기준으로 한다. 다만, 다음 각 호의 어느 하나에 해당하는 경우에는 다음 각 호의 구분에 따른 기준에 따른다.(2016.2.5 본문개정)
1. 양도일 이전에 매매계약조건에 따라 매수자가 형질변경, 건축착공 등을 한 경우 : 매매계약일 현재의 농지 기준(2012.2.2 본호신설)
2. 환지처분 전에 해당 농지가 농지 외의 토지로 환지예정지 지정이 되고 그 환지예정지 지정일부터 3년이 경과하기 전의 토지로서 토지조성공사의 시행으로 경작을 못하게 된 경우 : 토지조성공사 착수일 현재의 농지 기준(2016.2.5 본호개정)
3. 「광산피해의 방지 및 복구에 관한 법률」, 지방자치단체의 조례 및 지방자치단체의 예산에 따라 광산피해를 방지하기 위하여 휴경하는 경우 : 휴경계약일 현재의 농지 기준(2012.2.2 본호신설)
⑥ 「소득세법」 제89조제1항제2호 및 법 제70조의 규정에 의하여 농지를 교환·분합 및 대토한 경우로서 새로이 취득하는 농지가 「공익사업을 위한 토지 등의 취득 및 보상에 관한 법률」에 의한 협의매수·수용 및 그 밖의 법률에 의하여 수용되는 경우에 있어서는 교환·분합 및 대토전의 농지에서 경작한 기간을 당해 농지에서 경작한 기간으로 보아 제1항 본문의 규정을 적용한다.(2010.2.18 본항개정)
⑦ 법 제69조제1항 단서에서 "대통령령으로 정하는 소득"이란 「소득세법」 제95조제1항에 따른 양도소득금액(이하 이 항에서 "양도소득금액"이라 한다)중 다음 계산식에 의하여 계산한 금액을 말한다. 이 경우 「공익사업을 위한 토지 등의 취득 및 보상에 관한 법률」 및 그 밖의 법률에 따라 협의매수되거나 수용되는 경우에는 보상가액 산정의 기초가 되는 기준시가를 양도 당시의 기준시가로 보며, 새로운 기준시가가 고시되기 전에 취득하거나 양도한 경우 또는 주거지역등에 편입되거나 환지예정지 지정을 받은 날이 도래하는 경우에는 직전의 기준시가를 적용한다.

$$양도소득금액 \times \left(\frac{주거지역등에\ 편입되거나\ 환지예정지\ 지정을\ 받은\ 날의\ 기준시가 - 취득\ 당시\ 기준시가}{양도\ 당시\ 기준시가 - 취득\ 당시\ 기준시가} \right)$$

(2015.2.3 본항개정)
⑧ 법 제69조제2항에서 "대통령령으로 정하는 사유가 발생한 경우"란 다음 각호의 1에 해당하는 경우를 말한다.(2010.2.18 본문개정)
1. 당해 토지를 취득한 날부터 3년 이내에 휴업·폐업하거나 해산하는 경우
2. 당해 토지를 3년 이상 경작하지 아니하고 다른 용도로 사용하는 경우
(2002.12.30 본항신설)

⑨ 법 제69조제3항의 규정에 의하여 양도소득세의 감면신청을 하고자 하는 자는 당해 농지를 양도한 날이 속하는 과세연도의 과세표준신고(예정신고를 포함한다)와 함께 기획재정부령이 정하는 세액감면신청서를 납세지 관할세무서장에게 제출하여야 한다. 이 경우 제2항의 규정에 의한 법인에게 양도한 경우에는 당해 양수인과 함께 세액감면신청서를 제출하여야 한다.(2008.2.29 전단개정)
⑩ 제9항 후단의 규정에 의한 세액감면신청서를 접수한 당해 세무서장은 제2항의 규정에 의한 법인의 납세지 관할세무서장에게 이를 즉시 통지하여야 한다.(2003.12.30 본항개정)
⑪ 제4항의 규정에 따른 경작한 기간을 계산할 때 상속인이 상속받은 농지를 1년 이상 계속하여 경작하는 경우(제1항 각 호의 어느 하나에 따른 지역에 거주하면서 경작하는 경우를 말한다. 이하 이 항 및 제12항에서 같다) 다음 각 호의 기간은 상속인이 이를 경작한 기간으로 본다.(2012.2.2 본문개정)
1. 피상속인이 취득하여 경작한 기간(직전 피상속인의 경작기간으로 한정한다)(2011.6.3 본호개정)
2. 피상속인이 배우자로부터 상속받아 경작한 사실이 있는 경우에는 피상속인의 배우자가 취득하여 경작한 기간(2010.2.18 본호신설)
⑫ 제11항에도 불구하고 상속인이 상속받은 농지를 1년 이상 계속하여 경작하지 아니하더라도 상속받은 날부터 3년이 되는 날까지 양도하거나 「공익사업을 위한 토지 등의 취득 및 보상에 관한 법률」 및 그 밖의 법률에 따라 협의매수 또는 수용되는 경우로서 상속받은 날부터 3년이 되는 날까지 다음 각 호의 어느 하나에 해당하는 지역으로 지정(관계 행정기관의 장이 관보 또는 공보에 고시한 날을 말한다)되는 경우(상속받은 날 전에 지정된 경우를 포함한다)에는 제11항제1호 및 제2호의 경작기간을 상속인이 경작한 기간으로 본다.(2010.12.30 본문개정)
1. 「택지개발촉진법」 제3조에 따라 지정된 택지개발지구(2011.8.30 본호개정)
2. 「산업입지 및 개발에 관한 법률」 제6조·제7조·제7조의2 및 제8조에 따라 지정된 산업단지(2010.2.18 본호개정)
3. 제1호 및 제2호 외의 지역으로서 기획재정부령으로 정하는 지역(2009.2.4 본항신설)
⑬ 법 제69조제1항 본문에서 "대통령령으로 정하는 방법으로 직접 경작"이란 다음 각 호의 어느 하나에 해당하는 것을 말한다.(2016.2.5 본문개정)
1. 거주자가 그 소유농지에서 농작물의 경작 또는 다년생식물의 재배에 상시 종사하는 것
2. 거주자가 그 소유농지에서 농작업의 2분의 1 이상을 자기의 노동력에 의하여 경작 또는 재배하는 것
(2016.2.5 1호~2호신설)
⑭ 제4항·제6항·제11항 및 제12항에 따른 경작한 기간 중 해당 피상속인(그 배우자를 포함한다. 이하 이 항에서 같다) 또는 거주자 각각에 대하여 다음 각 호의 어느 하나에 해당하는 과세기간이 있는 경우 그 기간은 해당 피상속인 또는 거주자가 경작한 기간에서 제외한다.(2020.2.11 본문개정)
1. 「소득세법」 제19조제2항에 따른 사업소득금액(농업·임업에서 발생하는 소득, 같은 법 제45조제2항에 따른 부동산임대업에서 발생하는 소득과 같은 법 시행령 제9조에 따른 농가부업소득은 제외하며, 이하 이 항에서 "사업소득금액"이라 한다)과 같은 법 제20조제2항에 따른 총급여액의 합계액이 3천700만원 이상인 과세기간이 있는 경우. 이 경우 사업소득금액이 음수인 경우에는 해당 금액을 0으로 본다.(2020.2.11 본호신설)

2. 「소득세법」 제24조제1항에 따른 사업소득 총수입금액(농업·임업에서 발생하는 소득, 같은 법 제45조제2항에 따른 부동산임대업에서 발생하는 소득과 같은 법 시행령 제9조에 따른 농가부업소득은 제외한다)이 같은 법 시행령 제208조제5항제2호 각 목의 금액 이상인 과세기간이 있는 경우(2020.2.11 본호신설)
(2001.12.31 본조제목개정)

제66조의2【축사용지에 대한 양도소득세의 감면】 ① 법 제69조의2제1항 본문에서 "대통령령으로 정하는 거주자"란 8년 이상 다음 각 호의 어느 하나에 해당하는 지역(축산 개시 당시에는 그 지역에 해당하였으나 행정구역의 개편 등으로 이에 해당하지 아니하게 된 지역을 포함한다)에 거주한 자로서 축사용지 양도일 현재 「소득세법」 제1조의2제1항제1호에 따른 거주자인 자(비거주자가 된 날부터 2년 이내인 자를 포함한다)를 말한다.(2013.2.15 본문개정)
1. 축산에 사용하는 축사와 이에 딸린 토지(이하 이 조 및 제68조에서 "축사용지"라 한다)가 소재하는 시(특별자치시와 「제주특별자치도 설치 및 국제자유도시 조성을 위한 특별법」에 따른 행정시를 포함한다. 이하 이 항에서 같다)·군·구(자치구인 구를 말한다. 이하 이 항에서 같다) 안의 지역(2016.2.5 본호개정)
2. 제1호의 지역과 연접한 시·군·구 안의 지역
3. 해당 축사용지로부터 직선거리로 30킬로미터 이내의 지역(2015.2.3 본호개정)
② 법 제69조의2제1항 본문에서 "대통령령으로 정하는 방법으로 직접 축산"이란 다음 각 호의 어느 하나에 해당하는 것을 말한다.(2016.2.5 본문개정)
1. 거주자가 그 소유 축사용지에서 「축산법」 제2조제1호에 따른 가축의 사육에 상시 종사하는 것
2. 거주자가 그 소유 축사용지에서 축산작업의 2분의 1 이상을 자기의 노동력에 의하여 수행하는 것
(2016.2.5 1호~2호신설)
③ 법 제69조의2제1항 본문에서 "대통령령으로 정하는 축사용지"란 해당 토지를 취득한 때부터 양도할 때까지의 사이에 8년 이상 자기가 직접 축산에 사용한 축사용지로서 다음 각 호의 어느 하나에 해당하는 것을 제외한 것을 말한다.
1. 양도일 현재 특별시·광역시(광역시에 있는 군은 제외한다) 또는 시[「지방자치법」 제3조제4항에 따라 설치된 도농(都農) 복합형태의 시의 읍·면 지역 및 「제주특별자치도 설치 및 국제자유도시 조성을 위한 특별법」 제10조제2항에 따라 설치된 행정시의 읍·면 지역은 제외한다]에 있는 축사용지 중 「국토의 계획 및 이용에 관한 법률」에 따른 주거지역·상업지역 또는 공업지역 안에 있는 축사용지로서 이들 지역에 편입된 날부터 3년이 지난 축사용지. 다만, 다음 각 목의 어느 하나에 해당하는 경우는 제외한다.(2016.1.22 본문개정)
가. 사업시행지역 안의 토지소유자가 1천명 이상이거나 사업시행면적이 기획재정부령으로 정하는 규모 이상인 개발사업(이하 이 호에서 "대규모개발사업"이라 한다)지역(사업인정고시일이 같은 하나의 사업시행지역을 말한다) 안에서 대규모개발사업의 시행으로 인하여 「국토의 계획 및 이용에 관한 법률」에 따른 주거지역·상업지역 또는 공업지역에 편입된 축사용지로서 사업시행자의 단계적 사업시행 또는 보상지연으로 이들 지역에 편입된 날부터 3년이 지난 경우(2013.2.15 본목개정)
나. 사업시행자가 국가, 지방자치단체, 그 밖에 기획재정부령으로 정하는 공공기관인 개발사업지역 안에서 개발사업의 시행으로 인하여 「국토의 계획 및 이용에 관한 법률」에 따른 주거지역·상업지역 또는 공업지역에 편입된 축사용지로서 기획재정부령으로 정하는 부득이한 사유에 해당하는 경우
다. 「국토의 계획 및 이용에 관한 법률」에 따른 주거지역·상업지역 및 공업지역에 편입된 축사용지로서 편입된 후 3년 이내에 대규모개발사업이 시행되고, 대규모개발사업 시행자의 단계적 사업시행 또는 보상지연으로 이들 지역에 편입된 날부터 3년이 지난 경우(대규모개발사업지역 안에 있는 경우로 한정한다)(2013.2.15 본목신설)
2. 「도시개발법」 또는 그 밖의 법률에 따라 환지처분 이전에 축사용지 외의 토지로 환지 예정지를 지정하는 경우에는 그 환지 예정지 지정일부터 3년이 지난 축사용지. 다만, 환지처분에 따라 교부받는 환지 청산금에 해당하는 부분은 제외한다.
④ 제3항을 적용할 때에는 「소득세법 시행령」 제162조에 따른 양도일 현재의 축사용지를 기준으로 한다. 다만, 양도일 이전에 매매계약조건에 매수자가 형질변경, 건축착공 등을 한 경우에는 매매계약일 현재의 축사용지를 기준으로 하며, 환지처분 전에 해당 축사용지가 축사용지 외의 토지로 환지예정지 지정이 되고 그 환지예정지 지정일부터 3년이 경과하기 전의 토지로서 환지예정지 지정 후 토지조성공사의 시행으로 축산을 하지 못하게 된 경우에는 토지조성공사 착수일 현재의 축사용지를 기준으로 한다.
⑤ 제3항에 따른 축산에 사용한 기간을 계산할 때 축사용지를 교환·분합 및 대토한 경우로서 새로이 취득하는 축사용지가 「공익사업을 위한 토지 등의 취득 및 보상에 관한 법률」 그 밖의 법률에 따라 협의매수되거나 수용되는 경우에는 교환·분합 및 대토 전의 축사용지를 축산에 사용한 기간을 포함하여 계산한다.
⑥ 제3항에 따른 축산에 사용한 기간을 계산할 때 상속인이 상속받은 축사용지를 1년 이상 계속하여 축산에 사용한 경우(제1항 각 호의 어느 하나에 따른 지역에 거주하면서 축산에 사용하는 경우를 말한다. 이하 이 항 및 제7항에서 같다)에는 다음 각 호의 기간은 상속인이 축산에 사용한 기간으로 본다.(2012.2.2 본항개정)
1. 피상속인이 취득하여 축산에 사용한 기간(직전 피상속인이 축산에 사용한 기간으로 한정한다)
2. 피상속인이 그 배우자로부터 상속받은 축사용지를 축산에 사용한 사실이 있는 경우에는 피상속인의 배우자가 취득한 축사용지를 축산에 사용한 기간
⑦ 제6항에도 불구하고 상속인이 상속받은 축사용지를 1년 이상 계속하여 축산에 사용하지 아니하더라도 상속받은 날부터 3년이 되는 날까지 양도하거나 「공익사업을 위한 토지 등의 취득 및 보상에 관한 법률」 및 그 밖의 법률에 따라 협의매수 또는 수용되는 경우로서 상속받은 날부터 3년이 되는 날까지 다음 각 호의 어느 하나에 해당하는 지역으로 지정(관계 행정기관의 장이 관보 또는 공보에 고시한 날을 말한다)되는 경우(상속받은 날 전에 지정된 경우를 포함한다)에는 제6항제1호 및 제2호의 축산에 사용한 기간을 상속인이 축산에 사용한 기간으로 본다.
1. 「택지개발촉진법」 제3조에 따라 지정된 택지개발지구
2. 「산업입지 및 개발에 관한 법률」 제6조·제7조·제7조의2 또는 제8조에 따라 지정된 산업단지
3. 제1호 및 제2호 외의 지역으로서 기획재정부령으로 정하는 지역
⑧ 법 제69조의2제1항 본문에 따른 폐업은 거주자가 축산을 사실상 중단하는 것으로서 해당 축사용지 소재지의 시장(「제주특별자치도 설치 및 국제자유도시 조성을 위한 특별법」에 따른 행정시장을 포함한다)·군수·구청장(자치구의 구청장을 말한다)으로부터 기획재정부령으로 정하는 축산기간 및 폐업 확인서에 폐업임을 확인받은 경우를 말한다.

⑨ 법 제69조의2제1항에 따라 감면하는 세액은 다음 계산식에 따라 계산한다.

감면세액 = 양도소득세 산출세액 × 축사용지면적 / 총 양도면적

(2019.2.12 본항개정)
⑩ 법 제69조의2제1항 단서에서 "대통령령으로 정하는 소득"이란 「소득세법」 제95조제1항에 따른 양도소득금액(이하 이 항에서 "양도소득금액"이라 한다) 중 다음 계산식에 따라 계산한 금액을 말한다. 이 경우 「공익사업을 위한 토지 등의 취득 및 보상에 관한 법률」 및 그 밖의 법률에 따라 협의매수되거나 수용되는 경우에는 보상가액 산정의 기초가 되는 기준시가를 양도 당시의 기준시가로 보며, 새로운 기준시가가 고시되기 전에 취득하거나 하는 경우 또는 주거지역등에 편입되거나 환지예정지 지정을 받은 날이 도래하는 경우에는 직전의 기준시가를 적용한다.

양도소득금액 × (주거지역등에 편입 되거나 환지예정지 지정을 받은 날의 기준시가 − 취득 당시 기준시가) / (양도 당시 기준시가 − 취득 당시 기준시가)

(2015.2.3 본항개정)
⑪ 법 제69조의2제2항 단서에서 "상속 등 대통령령으로 정하는 경우"란 법 제69조의2제1항에 따라 축산용지에 대한 양도소득세 감면을 받은 사람이 그 이후에 상속으로 인하여 축산업을 하게 되는 경우를 말한다.
⑫ 법 제69조의2제3항에 따라 양도소득세 감면신청을 하려는 사람은 해당 축사용지를 양도한 날이 속하는 과세기간의 과세표준신고(예정신고를 포함한다)와 함께 기획재정부령으로 정하는 세액감면신청서 및 제8항에 따른 축산 기간 및 폐업 확인서(「축산법」 제22조제3항에 따른 가축사육업으로서 이 조 제8항에 따른 축산기간 및 폐업 확인을 할 수 없는 경우에는 축산기간 및 폐업 여부를 확인할 수 있는 서류)를 납세지 관할세무서장에게 제출하여야 한다.(2016.2.5 본항개정)
⑬ 제3항에 따른 축산에 사용한 기간의 계산에 관하여는 제66조제14항을 준용한다.(2014.2.21 본항신설)
(2011.7.25 본조신설)

제66조의3【어업용 토지등에 대한 양도소득세의 감면】 ① 법 제69조의3제1항 본문에서 "어업용 토지등 소재지에 거주하는 대통령령으로 정하는 거주자"란 8년 이상 다음 각 호의 어느 하나에 해당하는 지역(제2항에 따른 양식등의 개시 당시에는 그 지역에 해당하였으나 행정구역의 개편 등으로 이에 해당하지 아니하게 된 지역을 포함한다)에 거주한 「수산업·어촌 발전 기본법」에 따른 어업인으로서 어업용 토지등 양도일 현재 「소득세법」 제1조의2제1항제1호에 따른 거주자인 자(같은 항 제2호에 따른 비거주자가 된 날부터 2년 이내인 자를 포함한다)를 말한다.
1. 양식등에 사용하는 어업용 토지등이 소재하는 시(특별자치시와 「제주특별자치도 설치 및 국제자유도시 조성을 위한 특별법」에 따른 행정시를 포함한다. 이하 이 항에서 같다)·군·구(자치구인 구를 말한다. 이하 이 항에서 같다) 안의 지역
2. 제1호의 지역과 연접한 시·군·구 안의 지역
3. 해당 어업용 토지등으로부터 직선거리로 30킬로미터 이내의 지역
② 법 제69조의3제1항 본문에서 "대통령령으로 정하는 방법으로 직접 어업에 사용"이란 다음 각 호의 어느 하나에 해당하는 것을 말한다.(2019.2.12 본문개정)
1. 거주자가 그 소유 어업용 토지등에서 「양식산업발전법」에 따른 육상해수양식업, 같은 법 시행령에 따른

육상수조식내수양식업 및 「수산종자산업육성법」에 따른 수산종자생산업(이하 이 조에서 "양식등"이라 한다)에 상시 종사하는 것(2020.8.26 본호개정)
2. 거주자가 그 소유 어업용 토지등에서 양식등의 2분의 1 이상을 자기의 노동력에 의하여 수행하는 것
③ 법 제69조의3제1항 본문에서 "대통령령으로 정하는 어업용 토지등"이란 해당 토지등을 취득한 때부터 양도할 때까지의 사이에 8년 이상 자기가 직접 양식등에 사용한 어업용 토지등으로서 다음 각 호의 어느 하나에 해당하는 것을 제외한 것을 말한다.(2019.2.12 본문개정)
1. 양도일 현재 특별시·광역시(광역시에 있는 군은 제외한다) 또는 시(「지방자치법」 제3조제4항에 따라 설치된 도농(都農) 복합형태의 시의 읍·면 지역 및 「제주특별자치도 설치 및 국제자유도시 조성을 위한 특별법」 제10조제2항에 따라 설치된 행정시의 읍·면 지역은 제외한다)에 있는 어업용 토지등 중 「국토의 계획 및 이용에 관한 법률」에 따른 주거지역·상업지역 또는 공업지역 안에 있는 어업용 토지등으로서 이들 지역에 편입된 날부터 3년이 지난 어업용 토지등. 다만, 다음 각 목의 어느 하나에 해당하는 경우는 제외한다.
가. 사업시행지역 안의 토지소유자가 1천명 이상이거나 사업시행면적이 기획재정부령으로 정하는 규모 이상인 개발사업(이하 이 호에서 "대규모개발사업"이라 한다)지역(사업인정고시일이 같은 하나의 사업시행지역을 말한다) 안에서 대규모개발사업의 시행으로 인하여 「국토의 계획 및 이용에 관한 법률」에 따른 주거지역·상업지역 또는 공업지역에 편입된 어업용 토지등으로서 사업시행자의 단계적 사업시행 또는 보상지연으로 이들 지역에 편입된 날부터 3년이 지난 경우
나. 사업시행자가 국가, 지방자치단체, 그 밖에 기획재정부령으로 정하는 공공기관인 개발사업지역 안에서 개발사업의 시행으로 인하여 「국토의 계획 및 이용에 관한 법률」에 따른 주거지역·상업지역 또는 공업지역에 편입된 어업용 토지등으로서 기획재정부령으로 정하는 부득이한 사유에 해당하는 경우
다. 「국토의 계획 및 이용에 관한 법률」에 따른 주거지역·상업지역 또는 공업지역에 편입된 어업용 토지등으로서 편입된 후 3년 이내에 대규모개발사업이 시행되고, 대규모개발사업 시행자의 단계적 사업시행 또는 보상지연으로 이들 지역에 편입된 날부터 3년이 지난 경우(대규모개발사업지역 안에 있는 경우로 한정한다)
2. 「도시개발법」 또는 그 밖의 법률에 따라 환지처분 이전에 어업용 토지등 외의 토지로 환지 예정지를 지정하는 경우에는 그 환지 예정지 지정일부터 3년이 지난 어업용 토지등. 다만, 환지처분에 따라 교부받는 환지청산금에 해당하는 부분은 제외한다.
④ 제3항을 적용할 때에는 「소득세법 시행령」 제162조에 따른 양도일 현재의 어업용 토지등을 기준으로 한다. 다만, 양도일 이전에 매매계약조건에 따라 매수자가 형질변경, 건축착공 등을 한 경우에는 매매계약일 현재의 어업용 토지등을 기준으로 하며, 환지처분 전에 해당 어업용 토지등이 어업용 토지등 외의 토지로 환지예정지 지정이 되고 그 환지예정지 지정일부터 3년이 경과하기 전의 토지로서 환지예정지 지정 후 토지조성공사의 시행으로 양식등을 하지 못하게 된 경우에는 토지조성공사 착수일 현재의 어업용 토지등을 기준으로 한다.
⑤ 제3항에 따른 양식등에 사용한 기간을 계산할 때 어업용 토지등을 교환·분합 및 대토한 경우로서 새로이 취득하는 어업용 토지등이 「공익사업을 위한 토지 등의 취득 및 보상에 관한 법률」 및 그 밖의 법률에 따라 협의매수되거나 수용되는 경우에는 교환·분합 및 대토

전의 어업용 토지등을 양식등에 사용한 기간을 포함하여 계산한다.

⑥ 제3항에 따른 양식등에 사용한 기간을 계산할 때 상속인이 상속받은 어업용 토지등을 1년 이상 계속하여 양식등에 사용하는 경우(제2항 각 호의 어느 하나에 따른 지역에 거주하면서 양식등에 사용하는 경우를 말한다. 이하 이 항 및 제7항에서 같다)에는 다음 각 호의 기간은 상속인이 양식등에 사용한 기간으로 본다.
1. 피상속인이 취득하여 양식등에 사용한 기간(직전 피상속인이 양식등에 사용한 기간으로 한정한다)
2. 피상속인이 그 배우자로부터 상속받은 어업용 토지등을 양식등에 사용한 사실이 있는 경우에는 피상속인의 배우자가 취득한 어업용 토지등을 양식등에 사용한 기간

⑦ 제6항에도 불구하고 상속인이 상속받은 어업용 토지등을 1년 이상 계속하여 양식등에 사용하지 아니하더라도 상속받은 날부터 3년이 되는 날까지 양도하거나「공익사업을 위한 토지 등의 취득 및 보상에 관한 법률」및 그 밖의 법률에 따라 협의매수 또는 수용되는 경우로서 상속받은 날부터 3년이 되는 날까지 다음 각 호의 어느 하나에 해당하는 지역으로 지정(관계 행정기관의 장이 관보 또는 공보에 고시한 날을 말한다)되는 경우(상속받은 날 전에 지정된 경우를 포함한다)에는 제6항제1호 및 제2호의 양식등에 사용한 기간을 상속인이 양식등에 사용한 기간으로 본다.
1. 「택지개발촉진법」제3조에 따라 지정된 택지개발지구
2. 「산업입지 및 개발에 관한 법률」제6조·제7조·제7조의2 또는 제8조에 따라 지정된 산업단지
3. 제1호 및 제2호 외의 지역으로서 기획재정부령으로 정하는 지역

⑧ 법 제69조의3제1항 단서에서 "대통령령으로 정하는 소득"이란「소득세법」제95조제1항에 따른 양도소득금액(이하 이 항에서 "양도소득금액"이라 한다) 중 다음 계산식에 따라 계산한 금액을 말한다. 이 경우「공익사업을 위한 토지 등의 취득 및 보상에 관한 법률」및 그 밖의 법률에 따라 협의매수되거나 수용되는 경우에는 보상가액 산정의 기초가 되는 기준시가를 양도 당시의 기준시가로 보며, 새로운 기준시가가 고시되기 전에 취득하거나 양도한 경우 또는 주거지역등에 편입되거나 환지예정지 지정을 받은 날이 도래하는 경우에는 직전의 기준시가를 적용한다.

$$양도소득금액 \times \left(\frac{주거지역등에 편입되거나 환지예정지 지정을 받은 날의 기준시가 - 취득 당시 기준시가}{양도 당시 기준시가 - 취득 당시 기준시가} \right)$$

⑨ 법 제69조의3제2항에 따라 양도소득세 감면신청을 하려는 사람은 해당 어업용 토지등을 양도한 날이 속하는 과세기간의 과세표준신고(예정신고를 포함한다)와 함께 기획재정부령으로 정하는 세액감면신청서를 납세지 관할 세무서장에게 제출하여야 한다.

⑩ 제3항에 따른 양식등에 사용한 기간의 계산에 관하여는 제66조제14항을 준용한다. 이 경우 제66조제14항 전단의 "농업"과 "농업에서 발생하는 소득"은 "어업"·"어업에서 발생하는 소득"으로 본다.(2019.2.12 후단신설)
(2018.2.13 본조신설)

제66조의4【자경산지에 대한 양도소득세의 감면】① 법 제69조의4제1항 표 외의 부분 본문에서 "대통령령으로 정하는 거주자"란 법 제69조의4제1항의 표의 직접 경영한 기간 이상 다음 각 호의 어느 하나에 해당하는 지역(임업 개시 당시에는 그 지역에 해당하였으나 행정구역의 개편 등으로 이에 해당하지 아니하게 된 지역을 포함한다)에 거주한「임업 및 산촌 진흥촉진에 관한 법률」에 따른 임업인으로서 산지 양도일 현재「소득세법」제1조의2제1항제1호에 따른 거주자인 사람(같은 항 제2호에 따른 비거주자가 된 날부터 2년 이내인 사람을 포함한다)을 말한다.
1. 산지가 소재하는 시(특별자치시와「제주특별자치도 설치 및 국제자유도시 조성을 위한 특별법」제10조제2항에 따른 행정시를 포함한다. 이하 이 항에서 같다)·군·구(자치구인 구를 말한다. 이하 이 항에서 같다) 안의 지역
2. 제1호의 지역과 연접한 시·군·구 안의 지역
3. 해당 산지로부터 직선거리로 30킬로미터 이내의 지역
② 법 제69조의4제1항 표 외의 부분 본문에서 "대통령령으로 정하는 방법으로 직접 경영한 산지"란 다음 각 호의 어느 하나에 해당하는 방법으로 경영한 산지를 말한다.
1. 거주자가 그 소유 산지에서「임업 및 산촌 진흥촉진에 관한 법률」에 따른 임업(이하 이 조에서 "임업"이라 한다)에 상시 종사하는 것
2. 거주자가 그 소유 산지에서 임작업의 2분의 1 이상을 자기의 노동력에 의하여 수행하는 것
③ 법 제69조의4제1항 표 외의 부분 본문에서 "대통령령으로 정하는 산지"란 해당 토지를 취득하고「산림자원의 조성 및 관리에 관한 법률」제13조에 따른 산림경영계획인가를 받은 날부터 양도할 때까지의 기간에 법 제69조의4제1항 표의 직접 경영한 기간 이상 자기가 직접 임업에 사용한「산지관리법」제4조제1항제1호에 따른 보전산지로서 다음 각 호의 어느 하나에 해당하는 것을 제외한 것을 말한다.
1. 양도일 현재 특별시·광역시(광역시에 있는 군은 제외한다) 또는 시(「지방자치법」제3조제4항에 따라 설치된 도농(都農) 복합형태의 시의 읍·면 지역 및「제주특별자치도 설치 및 국제자유도시 조성을 위한 특별법」제10조제2항에 따라 설치된 행정시의 읍·면 지역은 제외한다)에 있는 산지 중「국토의 계획 및 이용에 관한 법률」에 따른 주거지역·상업지역 또는 공업지역 안에 있는 산지로서 이들 지역에 편입된 날부터 3년이 지난 산지. 다만, 다음 각 목의 어느 하나에 해당하는 경우는 제외한다.
가. 사업시행지역 안의 토지소유자가 1천명 이상이거나 사업시행면적이 기획재정부령으로 정하는 규모 이상인 개발사업(이하 이 호에서 "대규모개발사업"이라 한다)지역(사업인정고시일이 같은 하나의 사업시행지역을 말한다) 안에서 대규모개발사업의 시행으로 인하여「국토의 계획 및 이용에 관한 법률」에 따른 주거지역·상업지역 또는 공업지역에 편입된 산지로서 사업시행자의 단계적 사업시행 또는 보상 지연으로 이들 지역에 편입된 날부터 3년이 지난 경우
나. 사업시행자가 국가, 지방자치단체, 그 밖에 기획재정부령으로 정하는 공공기관인 개발사업지역 안에서 개발사업의 시행으로 인하여「국토의 계획 및 이용에 관한 법률」에 따른 주거지역·상업지역 또는 공업지역에 편입된 산지로서 기획재정부령으로 정하는 부득이한 사유에 해당하는 경우
다. 「국토의 계획 및 이용에 관한 법률」에 따른 주거지역·상업지역 및 공업지역에 편입된 산지로서 편입된 후 3년 이내에 대규모개발사업이 시행되고, 대규모개발사업 시행자의 단계적 사업시행 또는 보상 지연으로 이들 지역에 편입된 날부터 3년이 지난 경우(대규모개발사업지역 안에 있는 경우로 한정한다)
2. 「도시개발법」또는 그 밖의 법률에 따라 환지처분 이전에 산지 외의 토지로 환지 예정지를 지정하는 경우에는 그 환지 예정지 지정일부터 3년이 지난 산지. 다만, 환지처분에 따라 교부받는 환지 청산금에 해당하는 부분은 제외한다.

④ 제3항을 적용할 때에는 「소득세법 시행령」 제162조에 따른 양도일 현재의 산지를 기준으로 한다. 다만, 양도일 이전에 매매계약조건에 따라 매수자가 형질변경, 건축착공 등을 한 경우에는 매매계약일 현재의 산지를 기준으로 하며, 환지처분 전에 해당 산지가 산지 외의 토지로 환지예정지 지정이 되고 그 환지예정지 지정일부터 3년이 경과하기 전의 토지로서 환지예정지 지정 후 토지조성공사의 시행으로 임업을 하지 못하게 된 경우에는 토지조성공사 착수일 현재의 산지를 기준으로 한다.
⑤ 제3항에 따른 임업에 사용한 기간을 계산할 때 산지를 교환·분합 및 대토한 경우로서 새로이 취득하는 산지가 「공익사업을 위한 토지 등의 취득 및 보상에 관한 법률」 및 그 밖의 법률에 따라 협의매수되거나 수용되는 경우에는 교환·분합 및 대토 전의 산지를 임업에 사용한 기간을 포함하여 계산한다.
⑥ 제3항에 따른 임업에 사용한 기간을 계산할 때 상속인이 상속받은 산지를 1년 이상 계속하여 임업에 사용하는 경우(제1항 각 호의 어느 하나에 따른 지역에 거주하면서 임업에 사용하는 경우를 말한다. 이하 이 항 및 제7항에서 같다)에는 다음 각 호의 기간은 상속인이 임업에 사용한 기간으로 본다.
1. 피상속인이 취득하여 임업에 사용한 기간(직전 피상속인이 임업에 사용한 기간으로 한정한다)
2. 피상속인이 그 배우자로부터 상속받은 산지를 임업에 사용한 사실이 있는 경우에는 피상속인의 배우자가 취득한 산지를 임업에 사용한 기간
⑦ 제6항에도 불구하고 상속인이 상속받은 산지를 1년 이상 계속하여 임업에 사용하지 아니하더라도 상속받은 날부터 3년이 되는 날까지 양도하거나 「공익사업을 위한 토지 등의 취득 및 보상에 관한 법률」 및 그 밖의 법률에 따라 협의매수되거나 수용되는 경우로서 상속받은 날부터 3년이 되는 날까지 다음 각 호의 어느 하나에 해당하는 지역으로 지정(관계 행정기관의 장이 관보 또는 공보에 고시한 날을 말한다)되는 경우(상속받은 날 전에 지정된 경우를 포함한다)에는 제6항제1호 및 제2호의 임업에 사용한 기간을 상속인이 임업에 사용한 기간으로 본다.
1. 「택지개발촉진법」 제3조에 따라 지정된 택지개발지구
2. 「산업입지 및 개발에 관한 법률」 제6조·제7조·제7조의2 또는 제8조에 따라 지정된 산업단지
3. 제1호 및 제2호 외의 지역으로서 기획재정부령으로 정하는 지역
⑧ 법 제69조의4제1항 표 외의 부분 단서에서 "대통령령으로 정하는 소득"이란 「소득세법」 제95조제1항에 따른 양도소득금액(이하 이 항에서 "양도소득금액"이라 한다) 중 다음 계산식에 따라 계산한 금액을 말한다. 이 경우 「공익사업을 위한 토지 등의 취득 및 보상에 관한 법률」 및 그 밖의 법률에 따라 협의매수되거나 수용되는 경우에는 보상가액 산정의 기초가 되는 기준시가를 양도 당시의 기준시가로 보며, 새로운 기준시가가 고시되기 전에 취득하거나 양도한 경우 또는 주거지역등에 편입되거나 환지예정지 지정을 받은 날이 도래하는 경우에는 직전의 기준시가를 적용한다.

$$양도소득금액 \times \left(\frac{\begin{array}{c}주거지역등에\ 편입\\되거나\ 환지예정지\\지정을\ 받은\ 날의\\기준시가\end{array} - \begin{array}{c}취득\ 당시\\기준시가\end{array}}{\begin{array}{c}양도\ 당시\\기준시가\end{array} - \begin{array}{c}취득\ 당시\\기준시가\end{array}} \right)$$

⑨ 법 제69조의4제2항에 따라 양도소득세 감면신청을 하려는 사람은 해당 산지를 양도한 날이 속하는 과세기간의 과세표준신고(예정신고를 포함한다)와 함께 기획재정부령으로 정하는 세액감면신청서를 납세지 관할 세무서장에게 제출하여야 한다.

⑩ 제3항에 따른 임업에 사용한 기간의 계산에 관하여는 제66조제14항을 준용한다.
(2018.2.13 본조신설)
제67조【농지대토에 대한 양도소득세 감면요건 등】① 법 제70조제1항에서 "대통령령으로 정하는 거주자"란 4년 이상 다음 각 호의 어느 하나에 해당하는 지역(경작을 개시할 당시에는 당해 지역에 해당하였으나 행정구역의 개편 등으로 이에 해당하지 아니하게 된 지역을 포함한다. 이하 이 조에서 "농지소재지"라 한다)에 거주한 자로서 대토 전의 농지 양도일 현재 「소득세법」 제1조의2제1항제1호에 따른 거주자인 자(비거주자가 된 날부터 2년 이내인 자를 포함한다)를 말한다.(2014.2.21 본문개정)
1. 농지가 소재하는 시(특별자치시와 「제주특별자치도 설치 및 국제자유도시 조성을 위한 특별법」 제10조제2항에 따라 설치된 행정시를 포함한다. 이하 이 항에서 같다)·군·구(자치구인 구를 말한다. 이하 이 항에서 같다) 안의 지역(2016.1.22 본호개정)
2. 제1호의 지역과 연접한 시·군·구 안의 지역
3. 해당 농지로부터 직선거리 30킬로미터 이내의 지역(2015.2.3 본호개정)
② 법 제70조제1항 본문에서 "대통령령으로 정하는 방법으로 직접 경작"이란 다음 각 호의 어느 하나에 해당하는 것을 말한다.(2016.2.5 본문개정)
1. 거주자가 그 소유농지에서 농작물의 경작 또는 다년생식물의 재배에 상시 종사하는 것
2. 거주자가 그 소유농지에서 농작물의 2분의 1 이상을 자기의 노동력에 의하여 경작 또는 재배하는 것
(2016.2.5 1호~2호신설)
③ 법 제70조제1항에서 "대통령령으로 정하는 경우"란 경작상의 필요에 의하여 대토하는 농지로서 다음 각 호의 어느 하나에 해당하는 경우를 말한다.(2010.2.18 본문개정)
1. 4년 이상 종전의 농지소재지에 거주하면서 경작한 자가 종전의 농지의 양도일부터 1년(「공익사업을 위한 토지 등의 취득 및 보상에 관한 법률」에 따른 협의매수·수용 및 그 밖의 법률에 따라 수용되는 경우에는 2년) 내에 새로운 농지를 취득(상속·증여받은 경우는 제외한다. 이하 이 조에서 같다)하여, 그 취득한 날부터 1년(질병의 요양 등 기획재정부령으로 정하는 부득이한 사유로 경작하지 못하는 경우에는 기획재정부령으로 정하는 기간) 내에 새로운 농지소재지에 거주하면서 경작을 개시한 경우로서 다음 각 목의 어느 하나에 해당하는 경우. 다만, 새로운 농지의 경작을 개시한 후 새로운 농지소재지에 거주하면서 계속하여 경작한 기간과 종전의 농지 경작기간을 합산한 기간이 8년 이상인 경우로 한정한다.(2020.2.11 본문개정)
가. 새로 취득하는 농지의 면적이 양도하는 농지의 면적의 3분의 2 이상일 것
나. 새로 취득하는 농지의 가액이 양도하는 농지의 가액의 2분의 1 이상일 것
(2014.2.21 본호개정)
2. 4년 이상 종전의 농지소재지에 거주하면서 경작한 자가 새로운 농지를 취득한 날부터 1년 내에 종전의 농지를 양도한 후 종전의 농지 양도일부터 1년(질병의 요양 등 기획재정부령으로 정하는 부득이한 사유로 경작하지 못하는 경우에는 기획재정부령으로 정하는 기간) 내에 새로운 농지소재지에 거주하면서 경작을 개시한 경우로서 다음 각 목의 어느 하나에 해당하는 경우. 다만, 새로운 농지의 경작을 개시한 후 새로운 농지소재지에 거주하면서 계속하여 경작한 기간과 종전의 농지 경작기간을 합산한 기간이 8년 이상인 경우로 한정한다.
가. 새로 취득하는 농지의 면적이 양도하는 농지의 면적의 3분의 2 이상일 것

나. 새로 취득하는 농지의 가액이 양도하는 농지의 가액의 2분의 1 이상일 것 (2014.2.21 본호개정)
④ 제3항제1호 및 제2호를 적용할 때 새로운 농지를 취득한 후 4년 이내에 「공익사업을 위한 토지 등의 취득 및 보상에 관한 법률」에 따른 협의매수·수용 및 그 밖의 법률에 따라 수용되는 경우에는 4년 동안 농지소재지에 거주하면서 경작한 것으로 본다.(2014.2.21 본항개정)
⑤ 제3항제1호 및 제2호를 적용할 때 새로운 농지를 취득한 후 종전의 농지 경작기간과 새로운 농지 경작기간을 합산하여 8년이 지나기 전에 농지 소유자가 사망한 경우로서 상속인이 농지소재지에 거주하면서 계속 경작한 때에는 피상속인의 경작기간과 상속인의 경작기간을 통산한다.(2014.2.21 본항개정)
⑥ 제3항제1호 및 제2호를 적용할 때 종전의 농지 경작기간과 새로운 농지 경작기간의 계산에 관하여는 제66조제14항을 준용한다. 이 경우 새로운 농지의 경작기간을 계산할 때 새로운 농지의 경작을 개시한 후 종전의 농지 경작기간과 새로운 농지 경작기간을 합산하여 8년이 지나기 전에 제66조제14항에 해당하는 기간이 있는 경우에는 새로운 농지를 계속하여 경작하지 아니한 것으로 본다.(2014.2.21 본항신설)
⑦ 법 제70조제1항 단서에서 "대통령령으로 정하는 소득"이란 「소득세법」 제95조제1항에 따른 양도소득금액(이하 이 항에서 "양도소득금액"이라 한다) 중 다음의 계산식에 따라 계산한 금액을 말한다. 이 경우 「공익사업을 위한 토지 등의 취득 및 보상에 관한 법률」 및 그 밖의 법률에 따라 협의매수되거나 수용되는 경우에는 보상가액 산정의 기초가 되는 기준시가를 양도 당시의 기준시가로 보며, 새로운 기준시가가 고시되기 전에 취득하거나 양도한 경우 또는 주거지역등에 편입되거나 환지예정지 지정을 받은 날이 도래하는 경우에는 직전의 기준시가를 적용한다.

양도소득금액	× (	주거지역등에 편입되거나 환지예정지 지정을 받은 날의 기준시가 − 취득 당시 기준시가 / 양도 당시 기준시가 − 취득 당시 기준시가)

(2015.2.3 본항개정)
⑧ 법 제70조제2항에서 "대통령령으로 정하는 토지"란 다음 각 호의 어느 하나에 해당하는 농지를 말한다. (2010.2.18 본문개정)
1. 양도일 현재 특별시·광역시(광역시에 있는 군을 제외한다) 또는 시(「지방자치법」 제3조제4항에 따라 설치된 도농(都農) 복합형태의 시의 읍·면 지역과 「제주특별자치도 설치 및 국제자유도시 조성을 위한 특별법」 제10조제2항에 따라 설치된 행정시의 읍·면지역은 제외한다) 지역에 있는 농지 중 「국토의 계획 및 이용에 관한 법률」에 따른 주거지역·상업지역 또는 공업지역 안의 농지로서 이들 지역에 편입된 날부터 3년이 지난 농지. 다만, 다음 각 목의 어느 하나에 해당하는 경우는 제외한다.(2016.1.22 본문개정)
가. 사업시행지역 안의 토지소유자가 1천명 이상이거나 사업시행면적이 기획재정부령으로 정하는 규모 이상인 개발사업(이하 이 호에서 "대규모개발사업"이라 한다)지역(사업인정고시일이 같은 하나의 사업시행지역을 말한다) 안에서 대규모개발사업의 시행으로 인하여 「국토의 계획 및 이용에 관한 법률」에 따른 주거지역·상업지역 또는 공업지역에 편입된 농지로서 사업시행자의 단계적 사업시행 또는 보상지연으로 이들 지역에 편입된 날부터 3년이 지난 경우(2013.2.15 본목개정)

나. 사업시행자가 국가, 지방자치단체, 그 밖에 기획재정부령으로 정하는 공공기관인 개발사업지역 안에서 개발사업의 시행으로 인하여 「국토의 계획 및 이용에 관한 법률」에 따른 주거지역·상업지역 또는 공업지역에 편입된 농지로서 기획재정부령으로 정하는 부득이한 사유에 해당하는 경우 (2008.2.29 본목개정)
다. 「국토의 계획 및 이용에 관한 법률」에 따른 주거지역·상업지역 및 공업지역에 편입된 농지로서 편입된 후 3년 이내에 대규모개발사업이 시행되고, 대규모개발사업 시행자의 단계적 사업시행 또는 보상지연으로 이들 지역에 편입된 날부터 3년이 지난 경우(대규모개발사업지역 안에 있는 경우로 한정한다) (2013.2.15 본목신설)
2. 「도시개발법」 또는 그 밖의 법률에 따라 환지처분 이전에 농지 외의 토지로 환지예정지를 지정하는 경우에는 그 환지예정지 지정일부터 3년이 지난 농지. 다만, 환지처분에 따라 교부받는 환지청산금에 해당하는 부분은 제외한다.(2012.2.2 본문개정)
⑨ 법 제70조제3항의 규정에 따라 양도소득세의 감면신청을 하고자 하는 자는 당해 농지를 양도한 날이 속하는 과세연도의 과세표준신고(예정신고를 포함한다)와 함께 기획재정부령이 정하는 세액감면신청서를 납세지 관할 세무서장에게 제출하여야 한다. (2008.2.29 본항개정)
⑩ 법 제70조제4항에서 "대통령령으로 정하는 사유"란 다음 각 호의 어느 하나에 해당하는 경우를 말한다. 이 경우 경작기간의 계산 등에 관하여는 제4항 및 제5항을 준용한다.
1. 종전의 농지의 양도일부터 1년(「공익사업을 위한 토지 등의 취득 및 보상에 관한 법률」에 따른 협의매수·수용 및 그 밖의 법률에 따라 수용되는 경우에는 2년) 내에 새로운 농지를 취득하지 아니하거나 새로 취득하는 농지의 면적 또는 가액이 제3항제1호 각 목의 어느 하나에 해당하지 아니하는 경우
2. 새로운 농지의 취득일(제3항제2호에 해당하는 경우에는 종전의 농지의 양도일)부터 1년(질병의 요양 등 기획재정부령으로 정하는 부득이한 사유로 경작하지 못하는 경우에는 기획재정부령으로 정하는 기간) 이내에 새로운 농지소재지에 거주하면서 경작을 개시하지 아니하는 경우
3. 새로운 농지의 경작을 개시한 후 새로운 농지소재지에 거주하면서 계속하여 경작한 기간과 종전의 농지 경작기간을 합산한 기간이 8년 미만인 경우
4. 새로운 농지의 경작을 개시한 후 종전의 농지 경작기간과 새로운 농지 경작기간을 합산하여 8년이 지나기 전에 제66조제14항에 해당하는 기간이 있는 경우 (2014.2.21 본항신설)
⑪ 법 제70조제5항에서 "대통령령으로 정하는 바에 따라 계산한 이자상당액"이란 법 제70조제4항에 따라 납부하여야 할 세액에 상당하는 금액에 제1호의 기간과 제2호의 율을 곱하여 계산한 금액으로 한다.
1. 종전의 농지에 대한 양도소득세 예정신고 납부기한의 다음 날부터 법 제70조제4항에 따른 양도소득세 납부일까지의 기간
2. 제11조의2제9항제2호에 따른 율(2022.2.15 본호개정)
(2014.2.21 본항신설)
(2005.12.31 본조신설)

제67조의2 【경영회생 지원을 위한 농지 매매 등에 대한 양도소득세 과세특례】 ① 법 제70조의2제3항에 따라 환급을 받으려는 자는 기획재정부령으로 정하는 환급신청서에 다음 각 호의 서류를 첨부하여 납세지 관할 세무서장에게 제출하여야 한다.
1. 농지등을 「한국농어촌공사 및 농지관리기금법」에 따

른 한국농어촌공사(이하 이 조에서 "한국농어촌공사"라 한다)에 양도한 매매계약서 사본
2. 해당 농지등을 한국농어촌공사로부터 환매한 환매계약서 사본
② 제1항에 따라 환급신청서를 제출받은 납세지 관할세무서장이 환급을 하는 경우에 관하여는 「국세기본법」 제51조를 준용한다. 이 경우 같은 법 제52조의 국세환급가산금에 관한 규정은 적용하지 아니한다.
③ 법 제70조의2제1항에 따라 양도소득세를 환급받은 농업인이 환매한 농지등을 다시 양도하는 경우 「한국농어촌공사 및 농지관리기금법」 제24조의3제3항에 따른 임차기간 내에 경작한 기간은 해당 농업인이 직접 농지등을 경작한 것으로 보아 제66조를 적용한다.
④ 「한국농어촌공사 및 농지관리기금법 시행령」 제19조의6제2항에 따라 농지등의 일부에 대하여 환매를 신청한 경우 제2항에 따른 환급세액은 환매한 농지등에 대하여 납부한 양도소득세에 상당하는 금액으로 한다. (2014.2.21 본조신설)

제68조【영농자녀등이 증여받는 농지 등에 대한 증여세의 감면】 ① 법 제71조제1항 각 호 외의 부분에서 "대통령령으로 정하는 거주자"란 다음 각 호의 요건을 모두 갖춘 자(이하 이 조에서 "자경농민등"이라 한다)를 말한다.(2018.2.13 본문개정)
1. 법 제71조제1항 각 호 외의 부분에 따른 농지등(이하 이 조에서 "농지등"이라 한다)이 소재하는 시·군·구(자치구를 말한다. 이하 이 조에서 같다)와, 그와 연접한 시·군·구 또는 해당 농지등으로부터 직선거리 30킬로미터 이내에 거주할 것
2. 농지등의 증여일부터 소급하여 3년 이상 계속하여 직접 영농〔축산(畜産), 영어(營漁), 및 영림(營林)을 포함한다. 이하 이 조에서 같다〕에 종사하고 있을 것 (2018.2.13 본호개정)
(2015.2.3 본항개정)
② (2016.2.5 삭제)
③ 법 제71조제1항 각 호 외의 부분에서 "대통령령으로 정하는 직계비속"이란 다음 각 호의 요건을 모두 충족하는 자(이하 이 조에서 "영농자녀등"이라 한다)를 말한다.(2018.2.13 본문개정)
1. 농지등의 증여일 현재 만 18세 이상인 직계비속일 것
2. 「상속세 및 증여세법」 제68조에 따른 증여세 과세표준 신고기한까지 제1항제1호의 요건을 갖추고 증여받은 농지등에서 직접 영농에 종사할 것
(2015.2.3 본항개정)
④ 법 제71조제1항제3호에서 "대통령령으로 정하는 개발사업지구"란 별표6의2에 따른 사업지구를 말한다.
(2010.2.18 본항개정)
⑤ 법 제71조제2항에서 "영농자녀등의 사망 등 대통령령으로 정하는 정당한 사유"란 다음 각 호의 어느 하나에 해당하는 경우를 말한다.(2018.2.13 본문개정)
1. 「공익사업을 위한 토지등의 취득 및 보상에 관한 법률」에 따른 협의매수·수용 및 그 밖의 법률에 따라 수용되는 경우
2. 국가·지방자치단체에 양도하는 경우
3. 「농어촌정비법」 그 밖의 법률에 따른 환지처분에 따라 해당 농지등이 농지등으로 사용될 수 없는 다른 지목으로 변경되는 경우
4. 영농자녀등이 「해외이주법」에 따른 해외이주를 하는 경우(2018.2.13 본호개정)
5. 「소득세법」 제89조제1항제2호 및 법 제70조에 따라 농지를 교환·분합 또는 대토한 경우로서 종전 농지 등의 자경기간과 교환·분합 또는 대토 후의 농지등의 자경기간을 합하여 8년 이상이 되는 경우
6. 그 밖에 기획재정부령이 정하는 부득이한 사유가 있는 경우(2008.2.29 본호개정)

⑥ 법 제71조제2항에서 "질병·취학 등 대통령령으로 정하는 정당한 사유"란 다음 각 호의 어느 하나에 해당하는 경우를 말한다.(2010.2.18 본문개정)
1. 영농자녀등이 1년 이상의 치료나 요양을 필요로 하는 질병으로 인하여 치료나 요양을 하는 경우 (2018.2.13 본호개정)
2. 영농자녀등이 「고등교육법」에 따른 학교 중 농업계열(영어의 경우는 제외한다) 또는 수산계열(영어의 경우에 한정한다)의 학교에 진학하여 일시적으로 영농에 종사하지 못하는 경우(2018.2.13 본호개정)
3. 「병역법」에 따라 징집되는 경우
4. 「공직선거법」에 따른 선거에 의하여 공직에 취임하는 경우
5. 그 밖에 기획재정부령이 정하는 부득이한 사유가 있는 경우(2008.2.29 본호개정)
⑦ 농지등을 양도하는 경우로서 법 제71조제1항에 따라 증여받은 농지등이 포함되어 있는 경우에는 증여세를 감면받은 부분과 과세된 부분을 각각 구분하여 양도소득금액을 계산한다.
⑧ 영농자녀등이 농지등을 동시에 2필지 이상 증여받은 경우에는 증여세를 감면받으려는 농지등의 순위를 정하여 감면을 신청하여야 한다. 다만, 영농자녀등이 감면받으려는 농지등의 순위를 정하지 아니하고 감면을 신청한 경우에는 증여 당시 농지등의 가액이 높은 순으로 감면을 신청한 것으로 본다.(2018.2.13 본항개정)
⑨ 법 제71조제1항에 따라 감면신청을 하려는 영농자녀등은 기획재정부령이 정하는 세액감면신청서에 다음 각 호의 서류를 첨부하여 납세지 관할세무서장에게 제출하여야 한다.(2018.2.13 본문개정)
1. 자경농민 및 영농자녀의 농업소득세 납세증명서 또는 영농사실을 확인할 수 있는 서류
2. 해당 농지등 취득시의 매매계약서 사본
3. 해당 농지등에 대한 증여계약서 사본
4. 증여받은 농지등의 명세서
5. 해당 농지등을 영농조합법인 또는 영어조합법인에 현물출자한 경우에는 영농조합법인 또는 영어조합법인에 출자한 증서(2018.2.13 본호개정)
6. 자경농민등의 가족관계기록사항에 관한 증명서 (2018.2.13 본호개정)
7. 기타 기획재정부령이 정하는 서류(2008.2.29 본호개정)
⑩ 제9항에 따라 세액감면신청서를 제출받은 납세지 관할세무서장은 「전자정부법」 제36조제1항에 따른 행정정보의 공동이용을 통하여 다음 각 호의 서류를 확인하여야 한다. 다만, 신청인이 제1호 및 제2호의 확인에 동의하지 아니하는 경우에는 그 서류를 첨부하도록 하여야 한다.(2010.11.2 단서개정)
1. 자경농민등의 주민등록표 등본(2018.2.13 본호개정)
2. 신청인의 주민등록표 등본
3. 증여받은 농지등의 등기사항증명서(2018.2.13 본호개정)
4. 증여받은 농지등의 토지이용계획 확인서 (2010.11.2 본호신설)
⑪ 제1항제2호 및 제3항제2호에서 "직접 영농에 종사"하는 경우에 대한 판단기준은 「상속세 및 증여세법 시행령」 제16조제4항을 준용한다. 이 경우 "피상속인"은 "자경농민등"으로, "상속인"은 "영농자녀등"으로 본다. (2018.2.13 후단개정)
⑫ 법 제71조제3항 본문에 따라 증여세와 이자상당액을 신고하는 때에는 기획재정부령으로 정하는 영농자녀 증여세 감면 위반사유 신고 및 자진납부 계산서를 납세지 관할 세무서장에게 제출해야 한다.(2023.2.28 본항신설)
(2018.2.13 본조제목개정)
(2007.2.28 본조신설)

제8절 공익사업지원을 위한 조세특례

제69조【조합법인 등에 대한 법인세 과세특례】 ① 법 제72조제1항 각 호 외의 부분 본문에서 "대통령령으로 정하는 손금의 계산에 관한 규정을 적용하여 계산한 금액"이란 「법인세법」 제19조의2제2항, 제24조부터 제28조까지, 제33조 및 제34조제2항에 따른 손금불산입액(해당 법인의 수익사업과 관련된 것만 해당한다)을 말한다.(2019.2.12 본항개정)
② 법 제72조제1항 단서의 규정에 의하여 당기순이익과세를 포기하고자 하는 법인은 당기순이익과세를 적용받지 아니하고자 하는 사업연도의 직전사업연도종료일(신설법인의 경우에는 사업자등록증교부신청일)까지 기획재정부령이 정하는 신청서를 납세지 관할세무서장에게 제출(국세정보통신망에 의한 제출을 포함한다)하여야 한다.(2008.2.29 본항개정)
③ 법 제72조제1항의 규정을 적용함에 있어서 당해 조합법인등의 설립에 관한 법령 또는 정관(당해 법령 또는 정관의 위임을 받아 제정된 규정을 포함한다)에 규정된 설립목적을 직접 수행하는 사업(「법인세법 시행령」 제3조제1항에 따른 수익사업외의 사업에 한한다)을 위하여 지출하는 금액은 「법인세법」 제24조 또는 제25조에 따른 기부금 또는 기업업무추진비로 보지 아니하며, 「법인세법」 제25조제4항제2호 단서의 규정은 당해 조합법인등에 출자한 조합원 또는 회원과의 거래에서 발생한 수입금액에 대하여는 이를 적용하지 아니한다.(2023.2.28 본항개정)
④ 법 제72조제1항에 따라 조합법인등의 기부금의 손금불산입액을 계산할 때 「법인세법」 제24조제2항제2호에 따른 기준소득금액은 해당 조합법인등의 결산재무제표상 당기순이익에 같은 조 제2항제1호에 따른 기부금 및 같은 조 제3항제1호에 따른 기부금과 법 제76조에 따른 기부금을 합한 금액으로 한다.(2021.2.17 본항개정)
⑤ 제1항에 따른 손금불산입액의 계산 등에 필요한 사항은 기획재정부령으로 정한다.(2013.2.15 본항신설)
(2013.2.15 본조제목개정)
제69조의2 (2010.12.30 삭제)
제70조【고유목적사업준비금의 손금산입】 ① 법 제74조제1항제6호에서 "대통령령으로 정하는 법인"이란 다음 각 호의 어느 하나에 해당하는 법인을 말한다.
(2009.2.4 본문개정)
1. 「지방문화원진흥법」에 의하여 주무부장관의 인가를 받아 설립된 지방문화원(2005.2.19 본호개정)
2. 「문화예술진흥법」 제23조의2의 규정에 의한 예술의 전당(2005.2.19 본호개정)
2의2. 「국민체육진흥법」 제33조 및 제34조에 따른 대한체육회 및 대한장애인체육회(2023.2.28 본호신설)
3. 그 밖의 문화예술단체 또는 체육단체로서 기획재정부령으로 정하는 법인(2023.2.28 본호개정)
② 법 제74조제2항에서 "대통령령으로 정하는 금액"이란 해당 사업연도의 수익사업에서 발생한 소득금액에서 「법인세법 시행령」 제16조제1항에 따른 이월결손금을 뺀 금액의 100분의 60을 말한다.(2019.2.12 본항개정)
③ 법 제74조제2항의 규정을 적용함에 있어서 동조동항제1호의 규정에 의한 농업협동조합중앙회가 「농어촌발전 특별조치법」 제12조의 규정에 의한 생산조정 또는 출하조정약정의 이행에 따른 손실보전을 목적으로 적립하는 금액은 이를 고유목적사업준비금으로 본다.(2005.2.19 본항개정)
④ 법 제74조제3항에서 "대통령령으로 정하는 비영리법인"이란 「국가재정법」 별표2에 규정된 법률에 따라 설치된 기금중 해당 법률에서 주식의 취득 및 양도가

허용된 기금을 관리·운용하는 비영리법인을 말한다.(2009.2.4 본항개정)
⑤ 법 제74조제4항에서 "대통령령으로 정하는 지역"이란 다음 각 호의 요건을 모두 갖춘 지역으로서 기획재정부령으로 정하는 지역을 말한다.
1. 인구수가 30만명 이하인 시(「제주특별자치도 설치 및 국제자유도시 조성을 위한 특별법」 제10조제2항에 따라 제주특별자치도에 두는 행정시를 포함한다)·군 지역(2016.1.22 본호개정)
2. 「국립대학병원 설치법」에 따른 국립대학병원 또는 「사립학교법」에 따른 사립학교가 운영하는 병원이 소재하고 있지 아니한 지역
(2010.12.30 본항신설)
제71조【기부장려금】 ① 법 제75조제2항에서 "기부금영수증 발급명세서의 작성·보관 의무 등 납세협력의무의 이행에 필요한 사항 및 회계 투명성 등 대통령령으로 정하는 요건"이란 다음 각 호의 요건을 말한다.
1. 기부금영수증을 사실과 다르게 발급하지 아니할 것
2. 기부자별 발급명세를 「소득세법」 제160조의3 또는 「법인세법」 제112조의2에 따라 작성·보관하며, 기부금영수증 발급명세를 「소득세법」 제160조의3제3항 또는 「법인세법」 제112조의2제3항에 따라 제출할 것
3. 「소득세법」 제165조에 따라 기부금 세액공제 증명서류를 국세청장에게 제출할 것
4. 인터넷 홈페이지를 개설하고 연간 기부금 모금액 및 그 활용 실적을 다음 연도(제2항에 따라 지정을 신청하는 경우에는 신청일이 속하는 연도를 말한다) 4월 30일까지 기획재정부령으로 정하는 기부금 모금액 및 활용실적 명세서를 통하여 해당 인터넷 홈페이지 및 국세청의 인터넷 홈페이지에 공개할 것. 다만, 「상속세 및 증여세법」 제50조의3제1항제2호에 따른 사항을 같은 법 시행령 제43조의3제4항에 따른 표준서식에 따라 공시하는 경우에는 기부금 모금액 및 활용실적을 공개한 것으로 본다.(2021.2.17 본호개정)
5. 「주식회사의 외부감사에 관한 법률」 제3조에 따른 감사인에게 회계감사를 받을 것
6. 「상속세 및 증여세법」 제50조의2에 따른 전용계좌를 개설하여야 할 것
7. 「상속세 및 증여세법」 제50조의3제1항(제5호는 제외한다)에 따른 결산서류등을 제4호에 따른 인터넷 홈페이지 또는 국세청의 인터넷 홈페이지를 통하여 공시할 것
8. 법 제75조제8항제1호·제2호 또는 제4호에 따라 지정이 취소된 경우에는 그 취소된 날부터 5년이 지났을 것
② 법 제75조제3항에 따른 기부장려금단체(이하 이 조에서 "기부장려금단체"라 한다)로 지정받으려는 자는 기획재정부령으로 정하는 기부장려금단체 지정신청서에 다음 각 호의 서류를 첨부하여 매반기(半期) 마지막 달의 직전월의 1일부터 말일까지의 기간(2016년의 경우에는 3월 1일부터 3월 31일까지의 기간을 말한다) 동안 국세청장에게 신청하여야 한다.(2016.2.5 본문개정)
1. 법인설립허가서(법인의 경우로 한정한다)
2. 최근 5년간의 결산서 및 해당 사업연도 예산서
3. 최근 5년간의 결산서에 대한 회계감사 보고서
③ 제2항에 따른 신청을 받은 국세청장은 신청일이 속하는 반기 마지막 달의 다음 달 말일까지(제2항에 따라 2016년 3월 1일부터 3월 31일까지의 기간 동안 기부장려금 단체 지정을 신청한 경우에는 2016년 5월 31일까지) 기획재정부장관에게 기부장려금단체 지정 추천을 하여야 하며, 추천을 받은 기획재정부장관은 추천을 받은 날부터 2개월이 되는 날이 속하는 달의 말일까지 기부장려금단체의 지정 여부를 결정하여야 한다. 이 경우 지정을 받은 기부장려금단체의 지정기간은 지정일이 속하는 연도의 1월 1일부터 6년간으로 한다.(2016.2.5 전단개정)

④ 제3항에 따라 지정된 기부장려금단체는 기획재정부령으로 정하는 바에 따라 제1항 각 호의 요건 충족 여부(이하 이 조에서 "요건충족 여부"라 한다)를 국세청장에게 보고하여야 한다. 이 경우 해당 기부장려금단체가 요건충족 여부를 보고하지 아니하면 국세청장은 기획재정부령으로 정하는 바에 따라 보고하도록 요구하여야 한다.
⑤ 기부자가 2개 이상의 기부장려금단체에 대하여 기부장려금을 신청한 경우에는 납세지 관할 세무서장은 다음의 계산식에 따라 계산한 금액을 해당 기부장려금단체의 기부장려금으로 각각 결정한다.

법 제75조제4항에 따른 기부장려금	×	기부자의 해당 기부장려금단체에 대한 기부장려금 신청 기부금액
		기부자의 기부장려금 신청 기부금 총액

(2017.2.7 본항개정)
⑥ 법 제75조제7항제2호에서 "대통령령으로 정하는 이자율"이란 제11조의2제9항제2호에 따른 율을 말한다. (2022.2.15 본항개정)
⑦ 법 제75조제8항제4호에서 "그 밖에 법령을 위반하거나 목적 외 사업을 하는 등 대통령령으로 정하는 사유가 있는 경우"란 다음 각 호의 경우를 말한다.
1. 제1항제1호부터 제4호까지 및 제8호에 따른 요건을 충족하지 못한 경우 또는 제4항 후단에 따른 요구에도 불구하고 요건충족 여부를 보고하지 않은 경우 (2021.2.17 본호개정)
2. 기부장려금단체의 대표자, 대리인, 사용인 또는 그 밖의 종업원이 「기부금품의 모집 및 사용에 관한 법률」을 위반하여 같은 법 제16조에 따라 법인 또는 개인이 벌금 이상의 형을 받은 경우
3. 「상속세 및 증여세법」 제48조제2항, 제3항 및 제8항부터 제11항까지, 제78조제5항제3호, 같은 조 제10항 및 제11항에 따라 1천만원 이상의 상속세(그 가산세를 포함한다) 또는 증여세(그 가산세를 포함한다)를 추징당한 경우(2021.2.17 본호개정)
4. 목적 외의 사업을 하거나 설립허가의 조건을 위반하는 등 공익목적을 위반한 사실이 있는 경우
5. 해당 사업연도의 수익사업의 지출을 제외한 지출액의 100분의 80 이상을 직접 고유목적사업에 지출하지 아니한 경우
⑧ 국세청장은 기부장려금단체가 법 제75조제8항 각 호 또는 이 영 제7항 각 호의 사유에 해당하는 경우에는 그 지정을 취소할 것을 기획재정부장관에게 요청할 수 있다.
⑨ 기획재정부장관은 법 제75조제8항에 따라 기부장려금단체의 지정을 취소하는 경우 해당 기부장려금단체의 명칭과 지정 취소 사실 및 기부장려금단체 지정배제 기간(법 제75조제9항에 따른 기간을 말한다)을 지정취소일이 속하는 연도의 12월 31일(지정취소일이 속하는 달이 12월인 경우에는 다음 연도 1월 31일을 말한다)까지 관보에 공고하여야 한다.
⑩ 법 제75조제1항에 따라 기부자가 기부금에 대한 세액공제 상당액을 당초 기부금을 받은 기부장려금단체가 지급받을 수 있도록 하기 위해서는 기획재정부령으로 정하는 기부장려금 신청서를 해당 기부장려금단체에 제출하여야 한다.(2016.2.5 본항신설)
(2015.2.3 본조신설)

제72조【공익사업용 토지 등에 대한 양도소득세의 감면】 ① 법 제77조제1항 각 호 외의 부분에서 "대통령령으로 정하는 채권"이란 법률 제6656호 공익사업을위한토지등의취득및보상에관한법률 부칙 제2조에 따라 폐지된 「토지수용법」 제45조 또는 「공익사업을 위한 토지 등의 취득 및 보상에 관한 법률」 제63조의 규정에 의한 보상채권(이하 이 조에서 "보상채권"이라 한다)을 말한다.(2010.2.18 본항개정)

② 법 제77조제1항 각 호 외의 부분에서 "「공공주택 특별법」 등 대통령령으로 정하는 법률"이란 다음 각 호의 어느 하나에 해당하는 법률을 말한다.(2015.12.28 본문개정)
1. 「공공주택 특별법」(2015.12.28 본호개정)
2. 「택지개발촉진법」
3. 「공익사업을 위한 토지 등의 취득 및 보상에 관한 법률」
4. 그 밖에 제1호부터 제3호까지에 따른 법률과 유사한 법률로서 공익사업에 따른 협의매수 또는 수용에 관한 사항을 규정하고 있는 법률
(2010.2.18 본항신설)
③ 법 제77조제1항 각 호 외의 부분에서 "대통령령으로 정하는 방법"이란 보상채권을 해당 사업시행자를 「주식·사채 등의 전자등록에 관한 법률」 제19조에 따른 계좌관리기관으로 하여 개설한 계좌를 통하여 만기까지 보유하는 것을 말한다.(2019.6.25 본항개정)
④ 법 제77조제2항에 따라 공익사업용 토지 등을 양도한 자가 양도소득세를 감면받으려는 경우에는 법 제77조제1항제1호에 따른 공익사업의 시행자 및 같은 항 제2호에 따른 사업시행자(이하 이 조에서 "사업시행자"라 한다)가 해당 사업시행자로 지정받은 날부터 2개월 이내에 기획재정부령으로 정하는 세액감면신청서에 해당 사업시행자임을 확인할 수 있는 서류를 첨부하여 양도자의 납세지 관할 세무서장에게 제출하여야 한다.(2010.12.30 본항신설)
⑤ 법 제77조제3항제2호에서 "대통령령으로 정하는 기한"이란 사업시행계획인가에 있어서는 「도시 및 주거환경정비법」에 의하여 사업시행자의 지정을 받은 날부터 1년이 되는 날, 사업완료에 있어서는 「도시 및 주거환경정비법」에 의하여 사업시행계획인가를 받은 사업시행계획서상의 공사완료일을 말한다.(2018.2.9 본항개정)
⑥ 사업시행자는 법 제77조제1항에 따라 보상채권을 만기까지 보유하기로 특약을 체결한 자(이하 이 조에서 "특약체결자"라 한다)가 있으면 그 특약체결자에 대한 보상명세를, 특약체결자가 그 특약을 위반하는 경우 그 위반사실을 다음 달 말일까지 납세지 관할 세무서장에게 통보하여야 한다.(2008.2.22 본항신설)
⑦ 법 제77조제6항에 따른 감면신청을 하고자 하는 사업시행자는 당해 토지등을 양도한 날이 속하는 과세연도의 과세표준신고와 함께 기획재정부령이 정하는 세액감면신청서에 당해 사업시행자임을 확인할 수 있는 서류(특약체결자의 경우에는 특약체결 사실 및 보상채권 보유사실을 확인할 수 있는 서류를 포함한다)를 첨부하여 양도자의 납세지 관할세무서장에게 제출하여야 한다.(2019.6.25 본항개정)
⑧ 법 제77조제7항에 따른 감면신청을 하고자 하는 자는 당해 토지등을 양도한 날이 속하는 과세연도의 과세표준신고(거주자와 「법인세법」 제62조의2제7항의 규정에 의하여 예정신고를 한 비영리내국법인의 경우에는 예정신고를 포함한다)와 함께 기획재정부령이 정하는 세액감면신청서에 수용된 사실을 확인할 수 있는 서류(특약체결자의 경우에는 특약체결 사실 및 보상채권 보유사실을 확인할 수 있는 서류를 포함한다)를 첨부하여 납세지 관할세무서장에게 제출하여야 한다.
(2019.6.25 본항개정)
(2003.12.30 본조제목개정)

제73조【대토보상에 대한 양도소득세 과세특례】 ① 거주자가 법 제77조의2제1항에 따라 토지등을 사업시행자에게 양도하고 토지등의 양도대금의 전부 또는 일부를 해당 공익사업의 시행으로 조성한 토지(이하 이 조에서 "대토"라 한다)로 보상받은 경우에는 다음 각 호의 구분에 따라 양도소득세 과세특례를 적용한다.

1. 세액의 감면을 신청하는 경우 : 거주자가 해당 토지 등을 사업시행자에게 양도하여 발생하는 양도차익 중 다음 계산식에 따라 계산한 금액에 대한 양도소득세의 100분의 40에 상당하는 세액을 감면한다.

$$해당\ 토지등의\ 「소득세법」\ 제95조제1항에\ 따른\ 장기보유특별공제액을\ 뺀\ 금액 \times \frac{대토보상\ 상당액}{총보상액}$$

(2020.2.11 본호개정)

2. 과세이연을 신청하는 경우 : 거주자가 해당 토지등을 사업시행자에게 양도하여 발생하는 양도차익 중 다음 계산식에 따라 계산한 금액(이하 "과세이연금액"이라 한다)에 대해서는 양도소득세를 과세하지 아니하되, 해당 대토를 양도할 때에 대토의 취득가액에서 과세이연금액을 뺀 금액을 취득가액으로 보아 양도소득세를 과세한다. 이 경우 대토를 양도할 때는 「소득세법」 제95조제2항에 따른 장기보유특별공제액을 계산할 때 보유기간은 대토의 취득 시부터 양도 시까지로 본다.

$$해당\ 토지등의\ 「소득세법」\ 제95조제1항에\ 따른\ 양도차익에서\ 같은\ 조\ 제2항에\ 따른\ 장기보유특별공제액을\ 뺀\ 금액 \times \frac{대토보상\ 상당액}{총보상액}$$

(2015.2.3 본항개정)

② 법 제77조의2제2항에서 "대통령령으로 정하는 방법"이란 법 제77조의2제1항에 따라 대토보상을 받은 자(이하 "대토보상자"라 한다)에 대한 보상명세를 다음 달 말일까지 대토보상자의 납세지 관할 세무서장에게 통보하는 것을 말한다.

③ 사업시행자는 대토보상자에게 대토보상을 현금보상으로 전환한 때에는 그 전환내역을 다음 달 말일까지 제2항의 세무서장에게 통보하여야 한다.

④ 법 제77조의2제1항에 따라 양도소득세를 감면받거나 과세이연을 받은 거주자는 다음 각 호의 어느 하나에 해당하면 제1항제1호에 따른 양도소득세 감면세액 전액[제1항제2호에 따라 과세이연을 받은 경우에는 총보상액에 대한 세액(거주자가 사업시행자에게 양도하여 발생하는 양도소득금액에 법 제77조에 따른 세액감면율을 적용한 세액)에서 거주자가 현금보상 또는 채권보상 등을 통하여 이미 납부한 세액을 뺀 금액으로 하며, 이하 이 조에서 "과세이연금액 상당 세액"이라 한다]에 제63조제9항을 준용하여 계산한 이자상당액을 가산하여 해당 사유가 발생한 날이 속하는 달의 말일부터 2개월 이내에 양도소득세로 신고·납부하여야 한다.(2015.2.3 본문개정)

1. 「공익사업을 위한 토지 등의 취득 및 보상에 관한 법률」 제63조제3항에 따른 전매금지를 위반함에 따라 대토보상이 현금보상으로 전환된 경우

2. 해당 대토에 대한 소유권 이전등기를 완료한 후 3년 이내에 해당 대토를 양도하는 경우. 다만, 대토를 취득한 후 3년 이내에 「공익사업을 위한 토지 등의 취득 및 보상에 관한 법률」이나 그 밖의 법률에 따라 협의매수되거나 수용되는 경우에는 그러하지 아니하다.

⑤ 법 제77조의2제1항에 따라 양도소득세를 감면받거나 과세이연을 받은 거주자(제3호의 상속의 경우에는 해당 거주자의 상속인을 말한다)는 다음 각 호의 어느 하나에 해당하면 대토보상과 현금보상(제4호의 경우 법 제77조제1항에 따른 3년 만기보유특약이 체결된 때의 채권보상을 말하되, 현물 출자를 통해 받은 주식을 「부동산투자회사법」 제26조의3제4항제1호의 요건을 갖추지 않은 상태에서 처분할 경우 만기보유특약을 체결하여지 않은 때의 채권보상으로 한다)의 양도소득세 감면세액의 차액(제1항제2호에 따라 과세이연을 받은 경우에는 과세이연금액 상당 세액)을 사유가 발생한 날이 속하는 달의 말일부터 2개월(제3호에 따른 증여의 경우에는 3

개월, 같은 호에 따른 상속의 경우에는 6개월) 이내에 양도소득세로 신고·납부해야 한다.(2021.5.4 본문개정)

1. 해당 대토에 관한 소유권 이전등기의 등기원인이 대토보상으로 기재되지 않은 경우(제4호를 적용받는 경우는 제외한다)(2020.2.11 본호개정)

2. 제4항제1호 외의 사유로 현금보상으로 전환된 경우

3. 해당 대토를 증여하거나 그 상속이 이루어지는 경우

4. 「공익사업을 위한 토지 등의 취득 및 보상에 관한 법률」 제63조제1항 각 호 외의 부분 단서에 따라 토지로 보상받기로 결정된 권리를 「부동산투자회사법」에 따른 부동산투자회사에 현물출자하는 경우(2020.2.11 본호신설)

⑥ 법 제77조의2제4항에 따라 양도소득세 감면이나 과세이연을 신청하려는 자는 해당 토지등을 양도한 날이 속하는 과세연도의 과세표준신고와 함께 기획재정부령으로 정하는 세액감면신청서 또는 기획재정부령으로 정하는 과세이연신청서에 대토보상 신청서 및 대토보상 계약서 사본을 첨부하여 납세지 관할 세무서장에게 제출하여야 한다.(2015.2.3 본항개정)

⑦ 사업시행자는 해당 토지등을 양도한 날이 속하는 과세연도의 과세표준 신고와 함께 기획재정부령으로 정하는 세액감면신청서에 해당 사업시행자가 확인할 수 있는 서류(특약체결자의 경우에는 특약체결 사실 및 보상채권 보유사실을 확인할 수 있는 서류를 포함한다)를 첨부하여 양도자의 납세지 관할 세무서장에게 제출하여야 하며, 해당 대토에 대한 소유권 이전등기를 완료한 때에는 양도자의 납세지 관할 세무서장에게 그 등기사항증명서를 제출하여야 한다.(2019.6.25 본항개정)

⑧ 제5항제4호에 따라 현물출자하는 경우 현물출자자와 현물출자받는 부동산투자회사는 현물출자계약서 사본을 현물출자자의 납세지 관할 세무서장에게 제출해야 한다.(2020.2.11 본항신설)

(2008.2.22 본조신설)

제74조【개발제한구역 지정에 따른 매수대상 토지 등에 대한 양도소득세의 감면】 ① 법 제77조의3제1항제1호·제2호 및 같은 조 제2항제1호·제2호에서 "해당 토지등의 소재지에서 거주하는 대통령령으로 정하는 거주자"란 다음 각 호의 어느 하나에 해당하는 지역(거주 개시 당시에는 해당 지역에 해당하였으나 행정구역의 개편 등으로 이에 해당하지 아니하게 된 지역을 포함한다)에 거주한 자를 말한다.(2009.4.21 본문개정)

1. 해당 토지등이 소재하는 시(특별자치시와 「제주특별자치도 설치 및 국제자유도시 조성을 위한 특별법」 제10조제2항에 따른 행정시를 포함한다. 이하 이 항에서 같다)·군·구(자치구인 구를 말한다. 이하 이 항에서 같다) 안의 지역(2016.1.22 본호개정)

2. 제1호의 지역과 연접한 시·군·구 안의 지역

3. 해당 토지등으로부터 직선거리 30킬로미터 이내의 지역(2015.2.3 본호개정)

② 법 제77조의3제2항 각 호 외의 부분 단서에서 "경제자유구역의 지정 및 운영에 관한 특별법」에 따른 경제자유구역의 지정 등 대통령령으로 정하는 지역"이란 다음 각 호의 어느 하나에 해당하는 지역을 말한다.(2009.7.30 본문개정)

1. 「경제자유구역의 지정 및 운영에 관한 특별법」 제4조에 따라 지정된 경제자유구역(2009.7.30 본호개정)

2. 「택지개발촉진법」 제3조에 따라 지정된 택지개발지구(2011.8.30 본호개정)

3. 「산업입지 및 개발에 관한 법률」 제6조, 제7조, 제7조의2 또는 제8조에 따라 지정된 산업단지

4. 「기업도시개발 특별법」 제5조에 따라 지정된 기업도시개발구역

5. 제1호부터 제4호까지의 규정에 따른 지역과 유사한 지역으로서 기획재정부령으로 정하는 지역(2009.4.21 본항신설)

③ 법 제77조의3제4항에 따라 양도소득세의 감면신청을 하려는 자는 해당 토지등을 양도한 날이 속하는 과세연도의 과세표준신고(예정신고를 포함한다)와 함께 기획재정부령으로 정하는 세액감면신청서에 토지매수청구 또는 협의매수된 사실을 확인할 수 있는 서류를 첨부하여 납세지 관할 세무서장에게 제출하여야 한다. (2009.4.21 본항개정)

④ 법 제77조의3제4항에 따른 거주기간을 계산하는 경우 피상속인이 해당 토지등을 취득하여 거주한 기간은 상속인이 거주한 기간으로 보고, 기획재정부령으로 정하는 취학, 징집, 질병의 요양 그 밖의 부득이한 사유로 해당 토지등의 소재지에 거주하지 못하는 기간은 거주한 것으로 본다.(2009.4.21 본항개정)

(2009.2.4 본조신설)

제75조~제77조 (2001.12.31 삭제)

제78조【박물관 등의 이전에 대한 양도소득세의 과세특례】 ① 법 제83조제1항 각 호 외의 부분에서 "대통령령으로 정하는 바에 따라 계산한 양도소득세"란 제1호의 금액에 제2호의 율을 곱하여 계산한 양도소득세를 말한다.

1. 「소득세법」 제95조제1항에 따른 양도차익

2. 거주자가 3년 이상 운영한 이후 양도하는 법 제83조제1항 각 호에 따른 시설(이하 이 조에서 "박물관등"이라 한다)의 건물과 그 부속토지(이하 이 조에서 "종전시설"이라 한다)의 양도가액 중 신규로 취득한 박물관등의 건물과 그 부속토지(이하 이 조에서 "신규시설"이라 한다)의 취득가액이 차지하는 비율(100분의 100을 한도로 한다)

② 법 제83조제1항이 적용되는 시설이전은 다음 각 호의 어느 하나에 해당하는 경우로 한다.

1. 신규시설을 취득하여 개관한 날부터 2년 이내에 종전시설을 양도하는 경우

2. 종전시설을 양도한 날부터 1년(신규시설을 새로 건설하는 경우에는 3년) 이내에 신규시설을 취득하여 개관하는 경우

③ 제2항제2호에 해당하는 경우로서 종전시설의 양도일이 속하는 과세연도 종료일까지 신규시설을 취득하지 아니한 경우 신규시설의 취득가액은 제5항에 따른 이전(예정)명세서상의 예정가액으로 한다.

④ 법 제83조제1항을 적용하는 경우 제3항에 따른 취득예정가액에 따라 분할납부를 적용받은 경우에는 실제 취득가액을 기준으로 제1항에 따라 계산한 금액을 초과하여 적용받은 금액을 신규시설을 취득하여 개관한 날이 속하는 과세연도의 과세표준신고 종료일까지 양도소득세로 납부하여야 한다. 이 경우 양도소득세로 납부하여야 할 금액에 대해서는 법 제33조제3항 후단을 준용한다.

⑤ 법 제83조제1항에 따라 분할납부를 적용받으려는 거주자는 종전시설을 양도한 날이 속하는 과세연도의 과세표준신고(예정신고를 포함한다)와 함께 기획재정부령으로 정하는 분할납부신청서와 이전(예정)명세서를 납세지 관할 세무서장에게 제출하여야 한다.

⑥ 제3항을 적용받은 후 신규시설을 취득하여 개관한 경우에는 그 개관일이 속하는 과세연도의 과세표준신고와 함께 기획재정부령으로 정하는 이전완료보고서를 납세지 관할 세무서장에게 제출하여야 한다.

⑦ 법 제83조제2항 본문에서 "대통령령으로 정하는 바에 따라 계산한 금액"이란 제1항에 따라 계산한 양도소득세액을 말한다. 다만, 법 제83조제1항에 따라 양도소득세액 중 일부를 납부한 경우에는 해당 금액은 제외한다.

⑧ 법 제83조제2항 단서에서 "대통령령으로 정하는 부득이한 사유가 있는 경우"란 다음 각 호의 어느 하나에 해당하는 경우를 말한다.

1. 해당 신규시설이 제72조제2항 각 호의 법률에 따라 수용된 경우

2. 법령에 따른 폐관·이전명령 등에 따라 해당 신규시설을 폐관하거나 처분하는 경우

(2017.2.7 본조신설)

제79조~제79조의2 (2007.2.28 삭제)

제79조의3【행정중심복합도시·혁신도시 개발예정지구 내 공장의 지방이전에 대한 과세특례】 ① 법 제85조의2제1항 각 호 외의 부분에서 "대통령령으로 정하는 행정중심복합도시등 밖"이란 「신행정수도 후속대책을 위한 연기·공주지역 행정중심복합도시 건설을 위한 특별법」 제2조에 따른 행정중심복합도시 예정지역 또는 「혁신도시 조성 및 발전에 관한 특별법」에 따른 혁신도시 개발예정지구(이하 이 조, 제79조의8 및 제79조의10에서 "행정중심복합도시등"이라 한다) 밖으로서 다음 각 호의 어느 하나에 해당하지 아니하는 지역(이하 이 조에서 "지방"이라 한다)을 말한다.(2018.2.27 본문개정)

1. 수도권과밀억제권역

2. 부산광역시(기장군을 제외한다)·대구광역시(달성군을 제외한다)·광주광역시·대전광역시 및 울산광역시의 관할구역. 다만, 「산업입지 및 개발에 관한 법률」에 따라 지정된 산업단지를 제외한다.

② 법 제85조의2제1항제1호에서 "대통령령으로 정하는 바에 따라 계산한 금액"이란 제1호의 금액에 제2호 및 제3호의 율을 곱하여 계산한 금액을 말한다. (2010.2.18 본문개정)

1. 행정중심복합도시등에 소재하는 공장(이하 이 조에서 "기존공장"이라 한다)의 양도가액에서 장부가액과 직전 사업연도종료일 현재 「법인세법」 제13조제1항제1호에 따른 이월결손금의 합계액을 차감한 금액 (2019.2.12 본호개정)

2. 기존공장의 양도가액 중 지방에 소재하는 공장(이하 이 조에서 "지방공장"이라 한다)의 취득(지방에서 공장을 준공하여 취득하는 경우를 포함한다. 이하 이 조에서 같다)가액이 차지하는 비율(100분의 100을 한도로 한다)

3. 지방공장의 면적비율 : 다음 산식에 따른 비율(100분의 100을 한도로 한다)

$$1 - \frac{\text{지방공장의 면적} - \text{기존공장 면적의 100분의 120에 상당하는 면적}}{\text{기존공장 면적의 100분의 120에 상당하는 면적}}$$

③ 법 제85조의2제1항제2호에 따른 과세이연을 적용받는 금액은 제1호의 금액에 제2호 및 제3호의 율을 곱하여 계산한 금액으로 한다.

1. 「소득세법」 제95조제1항에 따른 양도차익

2. 기존공장 양도가액 중 지방공장의 취득가액이 차지하는 비율(100분의 100을 한도로 한다)

3. 지방공장의 면적비율 : 다음 산식에 따른 비율(100분의 100을 한도로 한다)

$$1 - \frac{\text{지방공장의 면적} - \text{기존공장 면적의 100분의 120에 상당하는 면적}}{\text{기존공장 면적의 100분의 120에 상당하는 면적}}$$

④ 제2항 및 제3항을 적용하는 경우 기존공장의 양도일이 속하는 과세연도종료일까지 지방공장을 취득하지 아니한 경우 지방공장의 취득가액 및 면적은 이전(예정)명세서상의 예정가액 및 취득예정면적에 따른다.

⑤ 법 제85조의2제1항이 적용되는 지방이전은 다음 각 호의 어느 하나에 해당하는 경우로 한다. 다만, 기존공장 또는 지방공장의 대지가 기획재정부령으로 정하는 공장입지기준면적을 초과하는 경우 그 초과하는 부분에 대해서는 법 제85조의2제1항을 적용하지 아니한다.

1. 지방공장을 취득하여 사업을 개시한 날부터 2년 이내에 기존 공장을 양도하는 경우

2. 기존공장을 양도한 날부터 3년(공사의 허가 또는 인가의 지연 등 기획재정부령으로 정하는 부득이한 사

유가 있는 경우에는 6년) 이내에 지방공장을 취득하여 사업을 개시하는 경우
(2010.2.18 본항개정)
⑥ 법 제85조의2제2항 전단에서 "대통령령으로 정하는 바에 따라 계산한 금액"이란 다음 각 호의 어느 하나에 해당하는 금액을 말한다.(2010.2.18 본문개정)
1. 법 제85조의2제1항제1호에 따라 양도차익을 익금에 산입하지 아니한 경우에는 익금에 산입하지 아니한 금액 전액
2. 법 제85조의2제1항제2호에 따라 과세이연을 받은 경우에는 과세이연금액에 상당하는 세액(과세이연금액에 「소득세법」 제104조에 따른 세율을 곱하여 계산한 세액을 말한다) 전액
⑦ 법 제85조의2제1항을 적용하는 경우 제4항에 따른 취득예정가액 및 취득예정면적에 따라 익금에 산입하지 아니하거나 과세이연을 받은 때에는 실제 취득가액 및 취득면적을 기준으로 제2항 및 제3항에 따라 계산한 금액을 초과하여 적용받은 금액을 지방공장을 취득하여 사업을 개시한 날이 속하는 과세연도의 소득금액의 계산의 경우 익금에 산입하거나 양도소득세로 납부하여야 한다. 이 경우 익금에 산입하거나 양도소득세로 납부하여야 할 금액에 대하여는 법 제33조제3항 후단을 준용한다.
⑧ 법 제85조의2제1항제1호를 적용받으려는 내국법인은 기존공장의 양도일이 속하는 사업연도의 과세표준신고와 함께 기획재정부령이 정하는 양도차익명세 및 분할익금산입조정명세서와 이전(예정)명세서를 제출하여야 한다.(2008.2.29 본항개정)
⑨ 법 제85조의2제1항제2호에 따라 과세이연을 적용받으려는 거주자는 기존공장의 양도일이 속하는 과세연도의 과세표준신고(예정신고를 포함한다)와 함께 기획재정부령이 정하는 과세이연신청서와 이전(예정)명세서를 제출하여야 한다.(2008.2.29 본항개정)
⑩ 제4항을 적용받은 후 지방공장을 취득하여 사업을 개시한 때에는 그 사업개시일이 속하는 과세연도의 과세표준신고와 함께 기획재정부령이 정하는 이전완료보고서를 납세지 관할세무서장에게 제출하여야 한다.
(2008.2.29 본항개정)
⑪ 법 제85조의2제4항에서 "공장"이란 제54조제1항의 공장을 말한다.(2008.2.22 본항신설)
⑫ 법 제85조의2제4항 각 호 외의 부분에서 "대통령령으로 정하는 바에 따라 계산한 과세이연받은 세액"이란 제6항제2호에 따른 과세이연금액에 상당하는 세액 전액을 말한다.(2017.2.7 본항신설)
(2008.2.22 본조제목개정)
(2007.2.28 본조신설)

제79조의4【기업도시개발사업구역등 안에 소재하는 토지의 현물출자에 대한 법인세 과세특례】① 법 제85조의3제1항제1호에서 "대통령령으로 정하는 기업"이란 「기업도시개발 특별법 시행령」 제14조제1항제1호 및 제2호에 따른 전담기업을 말하고, 같은 항 제2호에서 "대통령령으로 정하는 기업"이란 「신발전지역 육성을 위한 투자촉진 특별법 시행령」 제13조제4항제2호에 따른 전담기업을 말한다.(2010.10.1 본항개정)
② 법 제85조의3제1항에 따라 내국법인이 법 제85조의3제1항제1호에 따른 기업도시개발사업전담기업 또는 같은 항 제2호에 따른 신발전지역발전촉진지구개발사업전담기업(이하 "기업도시개발사업전담기업등"이라 한다)에 보유한 토지를 현물출자한 경우에는 제1호의 금액에서 제2호의 금액을 차감한 금액(그 금액이 해당 토지의 시가에서 장부가액을 차감한 금액을 초과하는 경우 그 초과한 금액을 제외한다)을 그 토지를 현물출자한 날이 속하는 사업연도의 소득금액 계산을 하는 때에 손금에 산입한다. 이 경우 그 금액은 해당 주식의 압축기장충당금으로 계상하여야 한다.(2010.2.18 전단개정)

1. 현물출자일의 기업도시개발사업전담기업등의 주식가액(「법인세법」 제52조제2항에 따른 시가평가액을 말한다)(2010.2.18 본호개정)
2. 현물출자일 전일의 해당 토지의 장부가액
③ 제2항에 따라 계상한 압축기장충당금은 해당 기업도시개발사업전담기업등의 주식을 양도(현물출자로 인하여 취득한 주식 외에 다른 방법으로 취득한 주식이 있는 경우에는 현물출자로 인하여 취득한 주식을 먼저 양도하는 것으로 본다)하는 사업연도도에 이를 익금에 산입한다. 이 경우 일부 주식을 양도하는 경우에는 다음 산식에 따라 계산한 금액을 익금에 산입한다.

$$압축기장 충당금 \times \frac{토지의\ 현물출자로\ 인하여\ 취득한\ 기업도시개발사업전담기업등의\ 주식\ 중\ 양도하는\ 주식수}{토지의\ 현물출자로\ 인하여\ 취득한\ 기업도시개발사업전담기업등의\ 주식수}$$

(2010.2.18 전단개정)
④ 제2항 및 제3항은 법 제85조의3제2항에 따른 법인세의 과세의 이연에 관하여 준용한다. 이 경우 압축기장충당금으로 계상하여야 하는 금액은 제2항에 따라 과세를 이연받은 금액에 기업도시개발사업전담기업등으로부터 개발된 토지를 분양받으면서 그 대가를 현물출자로 취득한 주식으로 지급함에 따라 발생하는 주식양도차익의 합계액으로 하고, 그 분양받은 토지를 양도하는 사업연도에 해당 압축기장충당금을 익금에 산입한다.(2010.2.18 후단개정)
⑤ 법 제85조의3제1항 및 제2항을 적용받으려는 내국법인은 현물출자일이 속하는 사업연도의 과세표준신고와 함께 기획재정부령이 정하는 현물출자명세서를 납세지 관할세무서장에게 제출하여야 한다.(2008.2.29 본항개정)
(2010.2.18 본조제목개정)
(2007.2.28 본조신설)

제79조의5【경제자유구역 개발사업을 위한 토지 현물출자자에 대한 법인세 과세특례】① 법 제85조의4제1항에서 "대통령령으로 정하는 내국법인"이란 「경제자유구역의 지정 및 운영에 관한 특별법」 제2조에 따른 경제자유구역으로 지정된 지역 내의 토지를 현물출자받아 동법 제6조에 따른 경제자유구역개발계획에 따라 해당 토지를 개발하기 위하여 설립되는 내국법인(이하 이 조에서 "현물출자대상법인"이라 한다)을 말한다.(2010.2.18 본항개정)
② 법 제85조의4제1항에 따라 내국법인이 현물출자대상법인에 보유한 토지를 현물출자한 경우에는 제1호의 금액에서 제2호의 금액을 차감한 금액(그 금액이 해당 토지의 시가에서 장부가액을 차감한 금액을 초과한 경우 그 초과한 금액을 제외한다)을 그 토지를 현물출자한 날이 속하는 사업연도의 소득금액 계산의 경우 손금에 산입한다. 이 경우 그 금액은 해당 주식의 압축기장충당금으로 계상하여야 한다.
1. 현물출자일의 해당 현물출자대상법인의 주식가액(「법인세법」 제52조제2항에 따른 시가평가액을 말한다)
2. 현물출자일 전일의 해당 토지의 장부가액
③ 제2항에 따라 계상한 압축기장충당금은 해당 현물출자대상법인의 주식을 양도(현물출자로 인하여 취득한 주식 외에 다른 방법으로 취득한 주식이 있는 경우에는 현물출자로 인하여 취득한 주식을 먼저 양도하는 것으로 본다)하는 사업연도에 이를 익금에 산입한다. 이 경우 일부 주식을 양도하는 경우에는 다음 산식에 따라 계산한 금액을 익금에 산입한다.

$$압축기장 충당금 \times \frac{토지의\ 현물출자로\ 인하여\ 취득한\ 현물출자대상법인의\ 주식\ 중\ 양도한\ 주식수}{토지의\ 현물출자로\ 인하여\ 취득한\ 현물출자대상법인의\ 주식수}$$

④ 법 제85조의4제1항을 적용받으려는 내국법인은 현물출자일이 속하는 사업연도의 과세표준신고와 함께 기획재정부령이 정하는 현물출자명세서를 납세지관할세무서장에게 제출하여야 한다.(2008.2.29 본항개정)
(2007.2.28 본조신설)

제79조의6【어린이집용 토지 등의 양도차익에 대한 과세특례】 ① 법 제85조의5제1항제1호에서 "대통령령으로 정하는 바에 따라 계산한 금액"이란 제1호의 금액에 제2호의 율을 곱하여 계산한 금액을 말한다.
(2010.2.18 본문개정)
1. 법 제85조의5제1항에 따른 종전어린이집(이하 "종전어린이집"이라 한다)의 양도가액에서 장부가액과 직전 사업연도종료일 현재 「법인세법」 제13조제1항제1호에 따른 이월결손금의 합계액을 차감한 금액
(2019.2.12 본호개정)
2. 종전어린이집의 양도가액 중 법 제85조의5제1항에 따른 신규어린이집(이하 "신규어린이집"이라 한다)의 취득가액이 차지하는 비율(100분의 100을 한도로 한다)(2011.12.8 본호개정)
② 법 제85조의5제1항제2호에 따라 과세이연을 적용받는 금액은 제1호의 금액에 제2호의 율을 곱하여 계산한 금액으로 한다.
1. 「소득세법」 제95조제1항에 따른 양도차익
2. 종전어린이집 양도가액 중 신규어린이집의 취득가액이 차지하는 비율(100분의 100을 한도로 한다)
(2011.12.8 본호개정)
③ 제1항 및 제2항을 적용하는 경우 종전어린이집의 양도일이 속하는 과세연도종료일까지 신규어린이집을 취득하지 아니한 경우 신규어린이집의 취득가액은 이전(예정)명세서상의 예정가액으로 한다.(2011.12.8 본항개정)
④ 법 제85조의5제2항 전단에서 "대통령령으로 정하는 바에 따라 계산한 금액"이란 다음 각 호의 어느 하나에 해당하는 금액을 말한다.(2010.2.18 본문개정)
1. 법 제85조제1항제1호에 따라 양도차익을 익금에 산입하지 아니한 경우에는 익금에 산입하지 아니한 금액 전액
2. 법 제85조제1항제2호에 따라 과세이연을 받은 경우에는 과세이연금액에 상당하는 세액(과세이연금액에 「소득세법」 제104조에 따른 세율을 곱하여 계산한 세액을 말한다) 전액
⑤ 법 제85조의5제1항을 적용하는 경우 제3항에 따른 취득예정가액에 따라 익금에 산입하지 아니하거나 과세이연을 받은 때에는 실제 취득가액을 기준으로 제1항 및 제2항에 따라 계산한 금액을 초과하여 적용받은 금액을 신규어린이집을 취득하여 운영을 개시한 날이 속하는 과세연도의 소득금액 계산의 경우 익금에 산입하거나 양도소득세로 납부하여야 한다. 이 경우 익금에 산입하거나 양도소득세로 납부하여야 할 금액에 대하여는 법 제33조제3항 후단의 규정을 준용한다.
(2011.12.8 전단개정)
⑥ 법 제85조의5제1항제1호를 적용받으려는 법인은 종전어린이집의 양도일이 속하는 사업연도의 과세표준신고와 함께 기획재정부령이 정하는 양도차익명세서 및 분할익금산입조정명세서와 이전(예정)명세서를 제출하여야 한다.(2011.12.8 본항개정)
⑦ 법 제85조의5제1항제2호에 따라 과세이연을 적용받으려는 개인은 종전어린이집의 양도일이 속하는 과세연도의 과세표준신고(예정신고를 포함한다)와 함께 기획재정부령으로 정하는 과세이연신청서와 이전(예정)명세서를 제출하여야 한다.(2011.12.8 본항개정)
⑧ 제3항을 적용받은 후 신규어린이집을 취득하여 운영을 개시한 때에는 그 개시일이 속하는 과세연도의 과세표준신고와 함께 기획재정부령이 정하는 이전완료보고서를 납세지관할세무서장에게 제출하여야 한다.(2011.12.8 본항개정)
⑨ 법 제85조의5제3항 각 호 외의 부분에서 "대통령령으로 정하는 바에 따라 계산한 과세이연받은 세액"이란 제4항제2호에 따른 과세이연금액에 상당하는 세액 전액을 말한다.(2017.2.7 본항신설)
(2011.12.8 본조제목개정)
(2007.2.28 본조신설)

제79조의7【사회적기업에 대한 법인세 등의 감면】 ① 법 제85조의6제3항을 적용할 때 상시근로자의 범위는 제23조제10항을 준용하며, 상시근로자 수는 다음의 계산식에 따라 계산한 수(100분의 1 미만의 부분은 없는 것으로 한다)로 한다.

$$\frac{\text{해당 과세연도의 매월 말 현재 상시근로자 수의 합}}{\text{해당 과세연도의 개월 수}}$$

(2020.2.11 본항신설)
② 법 제85조의6제1항 및 제2항에 따라 법인세 또는 소득세를 감면받으려는 자는 과세표준신고와 함께 기획재정부령으로 정하는 세액감면신청서를 납세지 관할세무서장에게 제출하여야 한다.
(2010.12.30 본조개정)

제79조의8【공익사업을 위한 수용등에 따른 공장이전에 대한 과세특례】 ① 법 제85조의7제1항 각 호 외의 부분에서 "대통령령으로 정하는 지역"이란 해당 공익사업 시행지역 외의 지역으로서 다음 각 호의 어느 하나에 해당하지 아니하는 지역(이하 이 조에서 "지방"이라 한다)을 말한다.
1. 수도권과밀억제권역
2. 부산광역시(기장군은 제외한다)·대구광역시(달성군 및 군위군은 제외한다)·광주광역시·대전광역시 및 울산광역시의 관할 구역. 다만, 「산업입지 및 개발에 관한 법률」에 따라 지정된 산업단지는 제외한다.
(2023.6.7 본문개정)
3. 행정중심복합도시등
② 법 제85조의7제1항제1호 전단에서 "대통령령으로 정하는 바에 따라 계산한 금액"이란 제1호의 금액에 제2호의 율을 곱하여 계산한 금액을 말한다.
1. 해당 공익사업 시행지역에 소재하는 공장(이하 이 조에서 "기존공장"이라 한다)의 양도가액에서 장부가액과 직전 사업연도종료일 현재 「법인세법」 제13조제1항제1호에 따른 이월결손금의 합계액을 뺀 금액
(2019.2.12 본호개정)
2. 기존공장의 양도가액 중 지방에 소재하는 공장(이하 이 조에서 "지방공장"이라 한다)의 취득(지방에서 공장을 준공하여 취득하는 경우를 포함한다. 이하 이 조에서 같다)가액이 차지하는 비율(100분의 100을 한도로 한다)
③ 법 제85조의7제1항제2호 전단에서 "대통령령으로 정하는 바에 따라 계산한 양도소득세"란 제1호의 금액에 제2호의 율을 곱하여 계산한 양도소득세를 말한다.
1. 「소득세법」 제95조제1항에 따른 양도차익
2. 기존공장 양도가액 중 지방공장의 취득가액이 차지하는 비율(100분의 100을 한도로 한다)
④ 제2항 및 제3항을 적용할 때 기존공장의 양도일이 속하는 과세연도 종료일까지 지방공장을 취득하지 아니한 경우 지방공장의 취득가액은 이전(예정)명세서상의 예정가액으로 한다.(2009.2.4 본항개정)
⑤ 법 제85조의7제1항이 적용되는 지방이전은 다음 각 호의 어느 하나에 해당하는 경우로 한다. 다만, 기존공장 또는 지방공장의 대지가 기획재정부령으로 정하는 공장입지기준면적을 초과하는 경우 그 초과하는 부분에 대해서는 법 제85조의7제1항을 적용하지 아니한다.
1. 지방공장을 취득하여 사업을 개시한 날부터 2년 이내에 기존 공장을 양도하는 경우

2. 기존공장을 양도한 날부터 3년(공사의 허가 또는 인가의 지연 등 기획재정부령으로 정하는 부득이한 사유가 있으면 6년) 이내에 지방공장을 취득하여 사업을 개시하는 경우
(2010.2.18 본항개정)
⑥ 법 제85조의7제2항 전단에서 "대통령령으로 정하는 바에 따라 계산한 금액"이란 다음 각 호의 어느 하나에 해당하는 금액을 말한다.
1. 법 제85조의7제1항제1호에 따라 양도차익을 익금에 산입하지 아니한 경우에는 익금에 산입하지 아니한 금액 전액
2. 법 제85조의7제1항제2호에 따라 분할납부를 적용받은 경우에는 분할납부할 세액 전액
⑦ 법 제85조의7제1항을 적용할 때 제4항에 따른 취득예정가액에 따라 익금에 산입하지 아니하거나 분할납부를 적용받은 때에는 실제 취득가액을 기준으로 제2항 및 제3항에 따라 계산한 금액을 초과하여 적용받은 금액을 지방공장을 취득하여 사업을 개시한 날이 속하는 과세연도의 익금에 산입하거나 양도소득세로 납부하여야 한다. 이 경우 익금에 산입하거나 양도소득세로 납부하여야 할 금액에 대하여는 법 제33조제3항 후단을 준용한다.(2009.2.4 본항개정)
⑧ 법 제85조의7제1항제1호를 적용받으려는 내국법인은 기존공장의 양도일이 속하는 사업연도의 과세표준신고와 함께 기획재정부령으로 정하는 양도차익명세 및 분할익금산입조정명세서와 이전(예정)명세서를 납세지 관할 세무서장에게 제출하여야 한다.
(2008.2.29 본항개정)
⑨ 법 제85조의7제1항제2호에 따라 분할납부를 적용받으려는 거주자는 기존공장의 양도일이 속하는 과세연도의 과세표준신고(예정신고를 포함한다)와 함께 기획재정부령으로 정하는 분할납부신청서와 이전(예정)명세서를 납세지 관할 세무서장에게 제출하여야 한다.
(2008.2.29 본항개정)
⑩ 제4항을 적용받은 후 지방공장을 취득하여 사업을 개시한 때에는 그 사업개시일이 속하는 과세연도의 과세표준신고와 함께 기획재정부령으로 정하는 이전완료보고서를 납세지 관할 세무서장에게 제출하여야 한다.
(2008.2.29 본항개정)
⑪ 법 제85조의7에서 "공장"이란 제54조제1항의 공장을 말한다.
(2008.2.22 본조신설)

제79조의9【중소기업의 공장이전에 대한 과세특례】 ① 법 제85조의8제1항 각 호 외의 부분에서 "대통령령으로 정하는 지역"이란 수도권과밀억제권역(「산업입지 및 개발에 관한 법률」에 따라 지정된 산업단지는 제외한다)을 말한다.
② 법 제85조의8제1항제1호 전단에서 "대통령령으로 정하는 바에 따라 계산한 금액"이란 제1호의 금액에 제2호의 율을 곱하여 계산한 금액을 말한다.
1. 이전하기 직전 지역에 소재하는 공장(이하 이 조에서 "기존공장"이라 한다)의 양도가액에서 장부가액과 직전 사업연도종료일 현재 「법인세법」 제13조제1항제1호에 따른 이월결손금의 합계액을 뺀 금액
(2019.2.12 본호개정)
2. 기존공장의 양도가액 중 새로운 공장(이하 이 조에서 "신규공장"이라 한다)의 취득(공장을 준공하여 취득하는 경우를 포함한다. 이하 이 조에서 같다)가액이 차지하는 비율(100분의 100을 한도로 한다)
③ 법 제85조의8제1항제1호 전단에서 "대통령령으로 정하는 바에 따라 계산한 양도소득세"란 제1호의 금액에 제2호의 율을 곱하여 계산한 양도소득세를 말한다.
1. 「소득세법」 제95조제1항에 따른 양도차익
2. 기존공장 양도가액 중 신규 공장 취득가액이 차지하는 비율(100분의 100을 한도로 한다)

④ 제2항 및 제3항을 적용할 때 기존공장의 양도일이 속하는 과세연도 종료일까지 신규공장을 취득하지 아니한 경우 신규공장의 취득가액은 이전(예정)명세서상의 예정가액으로 한다.
⑤ 법 제85조의8제1항이 적용되는 공장이전은 다음 각 호의 어느 하나에 해당하는 경우로 한다. 다만, 기존공장 또는 신규공장의 대지가 기획재정부령으로 정하는 공장입지기준면적을 초과하는 경우 그 초과하는 부분에 대해서는 법 제85조의8제1항을 적용하지 아니한다.
1. 신규공장을 취득하여 사업을 개시한 날부터 2년 이내에 기존 공장을 양도하는 경우
2. 기존공장을 양도한 날부터 3년(공사의 허가 또는 인가의 지연 등 기획재정부령으로 정하는 부득이한 사유가 있으면 6년) 이내에 신규공장을 취득하여 사업을 개시하는 경우
(2010.2.18 본항개정)
⑥ 법 제85조의8제2항 전단에서 "대통령령으로 정하는 바에 따라 계산한 금액"이란 다음 각 호의 어느 하나에 해당하는 금액을 말한다.
1. 법 제85조의8제1항제1호에 따라 양도차익을 익금에 산입하지 아니한 경우에는 익금에 산입하지 아니한 금액 전액
2. 법 제85조의8제1항제2호에 따라 분할납부를 적용받은 경우에는 분할납부할 세액 전액
⑦ 법 제85조의8제1항을 적용할 때 제4항에 따른 취득예정가액에 따라 익금에 산입하지 아니하거나 분할납부를 적용받은 때에는 실제 취득가액을 기준으로 제2항 및 제3항에 따라 계산한 금액을 초과하여 적용받은 금액을 신규 공장을 취득하여 사업을 개시한 날이 속하는 과세연도의 익금에 산입하거나 양도소득세로 납부하여야 한다. 이 경우 익금에 산입하거나 양도소득세로 납부하여야 할 금액에 대하여는 법 제33조제3항 후단을 준용한다.
⑧ 법 제85조의8제1항제1호를 적용받으려는 내국법인은 기존공장의 양도일이 속하는 사업연도의 과세표준신고와 함께 기획재정부령으로 정하는 양도차익명세 및 분할익금산입조정명세서와 이전(예정)명세서를 납세지 관할 세무서장에게 제출하여야 한다.
⑨ 법 제85조의8제1항제2호에 따라 분할납부를 적용받으려는 거주자는 기존공장의 양도일이 속하는 과세연도의 과세표준신고(예정신고를 포함한다)와 함께 기획재정부령으로 정하는 분할납부신청서와 이전(예정)명세서를 납세지 관할 세무서장에게 제출하여야 한다.
⑩ 제4항을 적용받은 후 신규공장을 취득하여 사업을 개시한 때에는 그 사업개시일이 속하는 과세연도의 과세표준신고와 함께 기획재정부령으로 정하는 이전완료보고서를 납세지 관할 세무서장에게 제출하여야 한다.
⑪ 법 제85조의8에서 "공장"이란 제54조제1항의 공장을 말한다.
(2009.2.4 본조신설)

제79조의10【공익사업을 위한 수용 등에 따른 물류시설 이전에 대한 과세특례】 ① 법 제85조의9제1항 각 호 외의 부분에서 "대통령령으로 정하는 물류시설"이란 다음 각 호의 어느 하나에 해당하는 시설로서 기획재정부령으로 정하는 것을 말한다.
1. 제조업자가 생산한 제품(제품생산에 사용되는 부품을 포함한다)의 보관·조립 및 수선 등을 위한 시설
2. 「물류정책기본법」 제2조에 따른 물류사업을 하는 자가 보유한 물류시설
② 법 제85조의9제1항 각 호 외의 부분에서 "대통령령으로 정하는 지역"이란 해당 공익사업 시행지역 밖의 지역으로서 다음 각 호의 어느 하나에 해당하지 아니하는 지역(이하 이 조에서 "지방"이라 한다)을 말한다.
1. 수도권과밀억제권역

2. 부산광역시(기장군은 제외한다)·대구광역시(달성군 및 군위군은 제외한다)·광주광역시·대전광역시 및 울산광역시의 관할 구역. 다만, 「산업입지 및 개발에 관한 법률」에 따라 지정된 산업단지는 제외한다. (2023.6.7 본문개정)
3. 행정중심복합도시등
③ 법 제85조의9제1항제1호 전단에서 "대통령령으로 정하는 바에 따라 계산한 금액"이란 제1호의 금액에 제2호의 비율을 곱하여 계산한 금액을 말한다.
1. 해당 공익사업 시행지역에 소재하는 물류시설(이하 이 조에서 "기존물류시설"이라 한다)의 양도가액에서 장부가액과 직전 사업연도 종료일 현재 「법인세법」 제13조제1항제1호에 따른 이월결손금의 합계액을 뺀 금액(2019.2.12 본호개정)
2. 기존물류시설의 양도가액 중 지방에 소재하는 물류시설(이하 이 조에서 "지방물류시설"이라 한다)의 취득(지방에서 물류시설을 준공하여 취득하는 경우를 포함한다. 이하 이 조에서 같다)가액이 차지하는 비율(100분의 100을 한도로 한다)
④ 법 제85조의9제1항제2호 전단에서 "대통령령으로 정하는 바에 따라 계산한 양도소득세"란 제1호의 금액에 제2호의 비율을 곱하여 계산한 양도소득세를 말한다.
1. 「소득세법」 제95조제1항에 따른 양도차익
2. 기존물류시설의 양도가액 중 지방물류시설의 취득액이 차지하는 비율(100분의 100을 한도로 한다)
⑤ 제3항 및 제4항을 적용할 때 기존물류시설의 양도일이 속하는 과세연도 종료일까지 지방물류시설을 취득하지 아니한 경우 지방물류시설의 취득가액은 이전(예정)명세서상의 예정가액으로 한다.
⑥ 법 제85조의9제1항이 적용되는 지방이전은 다음 각 호의 어느 하나에 해당하는 경우로 한다.
1. 지방물류시설을 취득하여 사업을 개시한 날부터 2년 이내에 기존물류시설을 양도하는 경우
2. 기존물류시설을 양도한 날부터 3년(공사의 허가 또는 인가의 지연 등 기획재정부령으로 정하는 부득이한 사유가 있는 경우에는 6년) 이내에 지방물류시설을 취득하여 사업을 개시하는 경우
⑦ 법 제85조의9제2항 전단에서 "대통령령으로 정하는 바에 따라 계산한 금액"이란 다음 각 호의 어느 하나에 해당하는 금액을 말한다.
1. 법 제85조의9제1항제1호에 따라 양도차익을 익금에 산입하지 아니한 경우에는 익금에 산입하지 아니한 금액 전액
2. 법 제85조의9제1항제2호에 따라 분할납부를 적용받은 경우에는 분할납부할 세액 전액
⑧ 법 제85조의9제1항을 적용할 때 제5항에 따른 취득예정가액에 따라 익금에 산입하지 아니하거나 분할납부를 적용받은 경우에는 실제 취득가액을 기준으로 제3항 및 제4항에 따라 계산한 금액을 초과하여 적용받은 금액은 지방물류시설을 취득하여 사업을 개시한 날이 속하는 과세연도의 익금에 산입하거나 양도소득세로 납부하여야 한다. 이 경우 익금에 산입하거나 양도소득세로 납부하여야 할 금액에 대해서는 법 제33조제3항 후단을 준용한다.
⑨ 법 제85조의9제1항제1호를 적용받으려는 내국법인은 기존물류시설의 양도일이 속하는 사업연도의 과세표준신고를 할 때 기획재정부령으로 정하는 양도차익명세서 및 분할익금산입조정명세서와 이전(예정)명세서를 납세지 관할 세무서장에게 제출하여야 한다.
⑩ 법 제85조의9제1항제2호에 따라 분할납부를 적용받으려는 거주자는 기존물류시설의 양도일이 속하는 과세연도의 과세표준신고(예정신고를 포함한다)를 할 때 기획재정부령으로 정하는 분할납부신청서와 이전(예정)명세서를 납세지 관할 세무서장에게 제출하여야 한다.

⑪ 제5항을 적용받은 후 지방물류시설을 취득하여 사업을 개시하였을 때에는 그 사업개시일이 속하는 과세연도의 과세표준신고를 할 때 기획재정부령으로 정하는 이전완료보고서를 납세지 관할 세무서장에게 제출하여야 한다. (2010.2.18 본조신설)

제79조의11 【국가에 양도하는 산지에 대한 양도소득세의 감면신청】 법 제85조의10제2항에 따라 감면신청을 하려는 자는 해당 산지를 양도한 날이 속하는 과세연도의 과세표준신고(예정신고를 포함한다)를 할 때 기획재정부령으로 정하는 세액감면신청서에 「국유림의 경영 및 관리에 관한 법률」 제18조제2항에 따라 산림청장이 매수한 사실을 확인할 수 있는 매매계약서 사본을 첨부하여 납세지 관할세무서장에게 제출하여야 한다.(2010.2.18 본조신설)

제9절 저축지원을 위한 조세특례

제80조~제80조의2 (2013.2.15 삭제)

제80조의3 【소기업·소상공인 공제부금에 대한 소득공제 등】 ① 법 제86조의3제1항에서 "대통령령으로 정하는 공제"란 분기별로 300만원 이하의 공제부금을 납입하는 공제를 말한다.(2015.2.3 본항개정)
② 제1항에도 불구하고 다음 각 호의 어느 하나에 해당하는 시기에 공제부금을 납입하는 경우에는 해당 분기의 공제부금을 납입한 것으로 본다.
1. 마지막 납입일이 속하는 달의 말일부터 1년 6개월이 경과하기 전에 그 기간 동안의 공제부금을 납입한 경우
2. 분기 이전에 해당 연도에 납부하여야 할 공제부금 중 6개월분에 해당하는 공제부금을 먼저 납입한 경우 (2015.2.3 본항개정)
③ 법 제86조의3제3항 후단에서 "대통령령으로 정하는 방법에 따라 계산한 연수"란 공제부금 납입월수를 12로 나누어 계산한 연수(1년 미만의 기간은 1년으로 본다)로 한다.(2015.2.3 본항신설)
④ 법 제86조의3제3항 전단 및 같은 조 제4항 본문에서 "대통령령으로 정하는 사유"란 다음 각 호의 어느 하나에 해당하는 것을 말한다.(2020.2.11 본항개정)
1. 소기업·소상공인이 폐업(개인사업자의 지위에서 공제에 가입한 자가 법인을 설립하기 위하여 현물출자를 함으로써 폐업한 경우와 개인사업자의 지위에서 공제에 가입한 자가 그 배우자 또는 자녀에게 사업의 전부를 양도함으로써 폐업한 경우를 포함한다) 또는 해산(법인에 한한다)한 때
2. 공제 가입자가 사망한 때
3. 법인의 대표자의 지위에서 공제에 가입한 자가 그 법인의 대표자의 지위를 상실한 때
4. 만 60세 이상으로 공제부금 납입월수가 120개월 이상인 공제 가입자가 공제금의 지급을 청구한 때 (2015.2.3 본호개정)
⑤ 법 제86조의3제4항 계산식 외의 부분 단서에서 "해외이주 등 대통령령으로 정하는 사유"란 해지 전 6개월 이내에 발생한 다음 각 호의 어느 하나에 해당하는 사유를 말한다.(2023.2.28 본문개정)
1. 천재·지변의 발생
2. 공제가입자의 해외이주
3. 공제가입자의 3월 이상의 입원치료 또는 요양을 요하는 상해·질병의 발생
4. 「중소기업협동조합법」에 따른 중소기업중앙회(이하 이 조에서 "중소기업중앙회"라 한다)의 해산
5. 공제 가입자가 「재난 및 안전관리 기본법」 제66조제1항제2호의 재난으로 15일 이상의 입원 치료가 필요한 피해를 입은 경우(2023.2.28 본호신설)
⑥ 법 제86조의3제1항에 따른 소득공제를 받으려는 자

는 소득세과세표준확정신고 시 또는 연말정산 시 기획재정부령으로 정하는 공제부금납입증명서를 주소지관할세무서장 또는 원천징수의무자에게 제출하여야 한다. 다만, 해당 증명서를 제출한 날이 속하는 연도의 다음 연도부터는 공제부금납입증명서를 해당 공제의 납입액을 증명할 수 있는 통장사본으로 갈음할 수 있다. (2015.2.3 단서개정)

⑦ 「소득세법 시행령」 제216조의3에 따라 소득공제증빙서류가 국세청장에게 제출되는 경우에는 제6항에도 불구하고 공제부금 납입내역을 일괄적으로 기재하여 국세청장이 발급하는 서류를 제출할 수 있다. (2015.2.3 본항개정)

⑧ 제5항에 따른 사유가 발생하여 해지하려는 자는 기획재정부령으로 정하는 특별해지사유신고서를 중소기업중앙회에 제출하여야 한다.(2015.2.3 본항개정)

⑨ 법 제86조의3제4항의 산식에 따라 기타소득을 계산하는 경우 실제 소득공제받은 금액을 초과하여 납입한 금액의 누계액(해당 공제금 수령자가 제출한 증빙에 따라 확인되는 금액으로 한정한다)이 해지로 인하여 지급받은 환급금보다 많은 경우에는 해당 기타소득을 영으로 본다.(2015.2.3 본항개정)

⑩ 공제부금에 대한 소득공제 계산방법 및 절차, 그 밖에 필요한 사항은 기획재정부령으로 정한다.(2008.2.29 본항개정)

(2007.8.6 본조신설)

제81조【장기주택마련저축의 범위 등】 ① 법 제87조제1항제1호나목에서 "대통령령으로 정하는 규모 이하의 주택"이란 「주택법」에 따른 국민주택규모의 주택(주택에 부수되는 토지를 포함하며, 그 부수되는 토지가 건물이 정착된 면적에 지역별로 정하는 배율을 곱하여 산정한 면적을 초과하는 경우 해당 주택은 제외한다)을 말한다. 이 경우 해당 주택이 다가구주택인 때에는 가구당 전용면적을 기준으로 판정한다.

② 제1항에서 "지역별로 정하는 배율"이란 다음의 배율을 말한다.
1. 「국토의 계획 및 이용에 관한 법률」 제6조제1호에 따른 도시지역(이하 "도시지역"이라 한다) 안의 토지 : 5배
2. 도시지역 밖의 토지 : 10배

③ 법 제87조제1항제2호에서 "저축납입한도, 계약기간 등 대통령령으로 정하는 요건"이란 다음 각 호의 요건을 말한다.(2010.2.18 본항개정)
1. 「금융실명거래 및 비밀보장에 관한 법률」 제2조제1호 각 목의 어느 하나에 해당하는 금융기관이 취급하는 저축으로서 법 제87조에 따라 소득세가 비과세되는 장기주택마련저축임이 표시된 통장으로 거래될 것
2. 분기마다 300만원 이내(모든 금융기관에 가입한 저축의 합계액을 말한다)에서 납입할 것. 이 경우 해당 분기 이후의 저축금을 미리 납입하거나 해당 분기 이전의 납입금을 후에 납입할 수 없으나 보험 또는 공제의 경우에는 최종 납입일이 속하는 달의 말일부터 2년 2개월이 지나기 전에는 그동안의 저축금을 납입할 수 있을 것
3. 저축계약기간이 7년 이상이고 해당 기간에 원금이나 이자 등의 인출이 없을 것

④ (2010.2.18 삭제)

⑤ 법 제87조제4항 각 호 외의 부분에서 "대통령령으로 정하는 서류"란 기획재정부령으로 정하는 무주택확인서를 말한다.(2019.2.12 본항개정)

⑥ 법 제87조제6항 각 호 외의 부분 단서에서 "대통령령으로 정하는 사유"란 해지 전후 3개월 이내에 주택을 취득한 경우(장기주택마련저축에 한정한다)와 「주택법」에 따른 사업계획승인을 받아 건설되는 국민주택규모

의 주택에 청약하여 당첨된 경우(청년우대형주택청약종합저축에 한정한다) 및 해지 전 6개월 이내에 발생한 다음 각 호의 어느 하나에 해당하는 사유를 말한다. (2019.2.12 본문개정)
1. 천재지변(2013.2.15 본호신설)
2. 저축자의 퇴직(2013.2.15 본호신설)
3. 사업장의 폐업(2013.2.15 본호신설)
4. 저축자의 3개월 이상의 입원치료 또는 요양을 요하는 상해·질병의 발생(2013.2.15 본호신설)
5. 저축취급기관의 영업의 정지, 영업인가·허가의 취소, 해산결의 또는 파산선고(2013.2.15 본호신설)

⑦ 법 제87조제6항 각 호 외의 부분 단서에 따른 사유가 발생하여 장기주택마련저축 또는 청년우대형주택청약종합저축을 해지하려는 자는 기획재정부령으로 정하는 특별해지사유신고서를 해당 저축 취급기관에 제출하여야 한다. 이 경우 해지 후 3개월 이내 주택 취득을 사유로 장기주택마련저축을 해지하는 경우에는 해당 저축을 해지하는 때에 이자소득과 배당소득에 대하여 소득세가 부과되지 아니함으로써 감면받은 세액에 해당하는 금액을 추징하되, 주택 취득 후 1개월 이내에 기획재정부령으로 정하는 환급신청서를 해당 장기주택마련저축 취급기관에 제출하는 경우 추징된 세액을 환급한다. (2019.2.12 본항개정)

⑧ 법 제87조제9항제1호에서 "대통령령으로 정하는 기간"이란 저축가입이 속하는 달의 말일부터 6개월 이내를 말한다.(2019.2.12 본항개정)

⑨ 장기주택마련저축 또는 청년우대형주택청약종합저축의 가입자는 법 제87조제9항제1호·제2호 및 같은 조 제10항제3호에 따라 국세청장이 저축 취급기관에 통보한 내용에 이의가 있으면 기획재정부령으로 정하는 방법에 따라 국세청장에게 의견을 제시할 수 있고 국세청장은 의견제시를 받은 날부터 14일 이내에 저축취급 금융기관에 수용 여부를 통보하여야 한다. (2019.2.12 본항개정)

⑩ 법 제87조제1항제1호가목에서 "대통령령으로 정하는 세대"란 거주자와 그 배우자, 거주자와 동일한 주소 또는 거소에서 생계를 같이하는 거주자와 그 배우자의 직계존비속(그 배우자를 포함한다) 및 형제자매를 모두 포함한 세대를 말한다. 다만, 거주자와 그 배우자는 생계를 달리하더라도 동일한 세대로 보며 거주자와 배우자가 각각 세대주인 경우에는 어느 한명만 세대주로 본다.(2009.2.4 본항신설)

⑪ 법 제87조제7항제1호 단서에서 "대통령령으로 정하는 사유"란 다음 각 호의 어느 하나에 해당하는 경우를 말한다.(2019.2.12 본문개정)
1. 「주택법」에 따른 사업계획승인을 받아 건설되는 국민주택규모의 주택에 청약하여 당첨된 경우
2. 해지 전 6개월 이내에 발생한 제6항 각 호의 어느 하나에 해당하는 경우
3. 주택청약종합저축 가입자가 청년우대형주택청약종합저축에 가입하기 위해 주택청약종합저축을 해지하는 경우
(2019.2.12 1호~3호신설)

⑫ 법 제87조제7항제1호 단서에 따른 사유가 발생하여 주택청약종합저축을 해지하려는 사람은 기획재정부령으로 정하는 특별해지사유신고서를 해당 주택청약종합저축 취급기관에 제출하여야 한다.(2019.2.12 본항개정)

⑬ 법 제87조제2항 단서에서 "주택 당첨 등 대통령령으로 정하는 것"이란 주택 당첨 또는 주택청약종합저축 가입자가 청년우대형주택청약종합저축에 가입하는 것을 말한다.(2019.2.12 본항신설)

⑭ 법 제87조제3항제1호 각 목 외의 부분에서 "대통령령으로 정하는 청년"이란 청년우대형주택청약종합저축 가입일 현재 19세 이상 34세 이하인 사람〔제27조제1항

제1호 각 목의 어느 하나에 해당하는 병역을 이행한 경우에는 그 기간(6년을 한도로 한다)을 청년우대형주택청약종합저축 가입일 현재 연령에서 빼고 계산한 연령이 34세 이하인 사람을 포함한다]을 말한다.(2019.2.12 본항신설)

⑮ 청년우대형주택청약종합저축에서 발생하는 이자소득에 대한 비과세를 적용받으려는 거주자는 해당 저축을 가입하는 때에 다음 각 호의 자료를 저축 취급기관에 제출해야 한다.

1. 세무서장으로부터 발급받은 기획재정부령으로 정하는 소득확인증명서. 다만, 가입일이 속하는 과세기간의 직전 과세기간에 사업소득 또는 근로소득이 최초로 발생하여 소득확인증명서로 법 제87조제3항제1호 각 목의 요건을 갖추었는지 여부를 확인할 수 없는 경우에는 소득확인증명서 대신 사업소득·근로소득의 지급확인서, 사업자등록증명원 또는 원천징수영수증을 제출할 수 있다.(2021.2.17 단서개정)

2. 기획재정부령으로 정하는 병역복무기간을 증명하는 서류(가입일 현재 연령이 35세 이상인 경우에 한정한다)

(2019.2.12 본항신설)

⑯ 법 제87조제10항제1호에서 "대통령령으로 정하는 때"란 다음 각 호의 어느 하나에 해당하는 날을 말한다.

1. 주택청약종합저축의 경우 : 소득공제를 적용받으려는 과세기간의 다음 연도 3월 5일

2. 청년우대형주택청약종합저축의 경우 : 가입자가 무주택확인서를 제출한 날이 속하는 반기의 말일부터 5일이 되는 날

(2019.2.12 본항신설)

⑰ 법 제87조제10항제2호에서 "대통령령으로 정하는 시기"란 다음 각 호의 어느 하나에 해당하는 시기를 말한다.

1. 주택청약종합저축의 경우 : 소득공제를 적용받으려는 과세기간 중

2. 청년우대형주택청약종합저축의 경우 : 가입일 현재

(2019.2.12 본항신설)

⑱ 법 제87조제10항제2호에서 "대통령령으로 정하는 날"이란 다음 각 호의 어느 하나에 해당하는 날을 말한다.

1. 주택청약종합저축의 경우 : 소득공제를 적용받으려는 과세기간의 다음 연도 4월 30일

2. 청년우대형주택청약종합저축의 경우 : 가입자가 무주택확인서를 제출한 날이 속하는 반기의 말일부터 2개월이 되는 날

(2019.2.12 본항신설)

⑲ 법 제87조제10항제3호에서 "대통령령으로 정하는 기간"이란 청년우대형주택청약종합저축 가입연도(해당 가입자에 대하여 「소득세법」 제80조에 따른 결정 또는 경정이 있는 경우에는 결정 또는 경정이 있는 해당 연도)의 다음 연도 2월 말일까지를 말한다.(2019.2.12 본항신설)

⑳ 저축 취급기관은 법 제87조제10항제3호에 따라 청년우대형주택청약종합저축 가입자가 같은 조 제3항제1호의 요건을 갖추지 못한 것으로 통보받은 경우에는 그 사실을 가입자에게 통보해야 한다.(2019.2.12 본항신설)

㉑ (2021.2.17 삭제)

(2008.2.22 본조개정)

제81조의2 【농어가목돈마련저축 해지시 비과세 사유】

법 제87조의2제3호에서 "대통령령으로 정하는 사유"란 다음 각 호의 어느 하나에 해당하는 경우를 말한다.

1. 농어민이 상해·장해 등으로 노동력을 상실하여 매월 납입하는 저축의 경우는 저축금액을 계속하여 6개월 이상, 매 분기 납입하는 저축 및 매 반년 납입하는 저축의 경우는 저축금액을 계속하여 1년 이상 납입하지 못하는 경우(2021.1.5 본호개정)

2. 5년 만기 저축에 가입하여 3년 이상 저축을 한 농어민이 계약을 해지하는 경우

3. 병충해, 설해(雪害 : 눈피해), 바람으로 인한 피해, 수해 또는 가격하락 등으로 소득이 감소되어 정부의 소득세 감면대상으로 지정되거나 정부보조금의 지급대상으로 지정된 사람이 계약을 해지하는 경우

(2021.15 본호개정)

(2010.2.18 본조개정)

제81조의3 【임대주택 투자비율 등】

① 법 제87조의6제1항 전단에서 "대통령령으로 정하는 임대주택"이란 「민간임대주택에 관한 특별법」 제2조에 따른 민간임대주택과 「공공주택 특별법」 제2조제1호가목에 따른 공공임대주택에 해당하는 주택으로서 해당 주택 및 이에 부수되는 토지의 기준시가의 합계액이 취득 당시 6억원 이하이고 주택의 연면적(공동주택의 경우에는 전용면적)이 149제곱미터 이하인 임대주택(이하 이 조에서 "임대주택"이라 한다)을 말한다.(2017.2.7 본항개정)

② 법 제87조의6제1항 전단에서 "대통령령으로 정하는 비율"이란 100분의 50을 말한다.

③ 제2항에 따른 비율은 법 제87조의6제1항 전단에 따른 부동산집합투자기구등(이하 이 조에서 "부동산집합투자기구등"이라 한다)의 설정일 또는 설립일(부동산투자회사의 경우 영업인가일을 말하며, 설정일·설립일 또는 영업인가일 이후 결산·분배가 있었던 경우에는 직전 결산·분배 다음날을 말한다) 이후 결산·분배일까지 다음 계산식에 따른 매일의 비율을 합산하여 해당 기간의 총 일수로 나누어 계산한다. 이 경우 부동산집합투자기구등의 설정일·설립일 또는 영업인가일부터 최초 3개월 및 해지일 또는 해산일 이전 3개월은 제외하고 계산한다.

$$\frac{부동산집합투자기구등이 임대주택에 투자한 자산 또는 자금의 총액 + 부동산집합투자기구등이 다른 부동산집합투자기구등을 통하여 임대주택에 투자한 자산 또는 자금의 총액}{부동산집합투자기구등의 자산총액}$$

(2017.2.7 본항개정)

④ 제3항의 계산식 중 부동산집합투자기구등이 다른 부동산집합투자기구등을 통하여 임대주택에 투자한 자산 또는 자금의 총액은 다른 부동산집합투자기구등별로 다음의 계산식에 따라 계산한 금액의 합계액으로 한다.

$$\frac{부동산집합투자기구등이 다른 부동산집합투자기구등에 투자한 금액 \times 다른 부동산집합투자기구등이 임대주택에 투자한 자산 또는 자금의 총액}{다른 부동산집합투자기구등의 자산총액}$$

(2017.2.7 본항신설)

⑤ 부동산투자집합기구등이 액면가액을 초과하여 법 제87조의6제1항 전단에 따른 집합투자증권을 발행하는 경우 같은 항의 액면가액 합계액은 발행가액 합계액으로 한다.(2017.2.7 본항신설)

(2011.6.3 본조신설)

제81조의4 【공모부동산집합투자기구의 집합투자재산 운용방법 등】

① 법 제87조의7제1항제3호에서 "대통령령으로 정하는 경우"란 집합투자재산을 「자본시장과 금융투자업에 관한 법률 시행령」 제241조제1항 각 호의 어느 하나에 해당하는 단기금융상품 중 남은 만기가 1년 이내인 상품에 투자하는 경우(집합투자재산의 100분의 10을 초과하여 투자하는 경우는 제외한다)를 말한다.

② 법 제87조의7제1항에 따른 과세특례를 적용받으려는 자는 기획재정부령으로 정하는 특례적용신청서를 해당 거주자가 매매를 위탁한 투자매매업자 또는 투자중개업자(공모부동산집합투자기구의 집합투자증권이 예탁되어 있지 않은 경우에는 해당 공모부동산집합투자기구로 한다. 이하 이 조에서 같다)에게 제출해야 한다.

③ 법 제87조의7제4항에서 "대통령령으로 정하는 부득이한 사유"란 다음 각 호의 어느 하나에 해당하는 사유를 말한다.(2021.2.17 본문개정)
1. 거주자의 사망 또는 해외이주
2. 소유권을 이전하기 전 6개월 이내에 발생한 다음 각 목의 어느 하나에 해당하는 사유
가. 천재지변
나. 거주자의 3개월 이상의 입원치료 또는 요양이 필요한 상해·질병의 발생
다. 공모부동산집합투자기구 취급기관의 영업의 정지, 영업 인가·허가의 취소, 해산결의 또는 파산선고
라. 「자본시장과 금융투자업에 관한 법률 시행령」 제223조제3호 및 제4호에 따라 집합투자업자가 해당 공모부동산집합투자기구를 해지하는 경우
④ 법 제87조의7제4항에 따른 부득이한 사유가 발생하여 공모부동산집합투자기구의 집합투자증권의 소유권을 이전하려는 거주자는 기획재정부령으로 정하는 특별해지사유신고서를 제2항에 따른 투자매매업자 또는 투자중개업자에게 제출해야 한다.(2021.2.17 본항개정)
(2020.2.11 본조신설)
제82조 (2010.2.18 삭제)
제82조의2 【비과세종합저축의 요건 등】 ① 법 제88조의2제1항 각 호 외의 부분에서 "대통령령으로 정하는 저축"이란 다음 각 호의 요건을 모두 갖춘 저축(이하 이 조에서 "비과세종합저축"이라 한다)을 말한다.
1. 「금융실명거래 및 비밀보장에 관한 법률」 제2조제1호에 따른 금융회사등(이하 이 조에서 "금융회사등"이라 한다) 및 다음 각 목의 어느 하나에 해당하는 공제회가 취급하는 저축(투자신탁·보험·공제·증권저축·채권저축 등을 포함한다)일 것
가. 「군인공제회법」에 따라 설립된 군인공제회
나. 「한국교직원공제회법」에 따라 설립된 한국교직원공제회(2016.5.10 본목개정)
다. 「대한지방행정공제회법」에 따라 설립된 대한지방행정공제회
라. 「경찰공제회법」에 따라 설립된 경찰공제회
마. 「대한소방공제회법」에 따라 설립된 대한소방공제회
바. 「과학기술인공제회법」에 따라 설립된 과학기술인공제회
2. 가입 당시 저축자가 비과세 적용을 신청할 것
② 법 제88조의2제1항에 따른 저축원금은 모든 금융회사등 및 공제회에 가입한 비과세종합저축의 계약금액의 총액으로 한다. 이 경우 비과세종합저축에서 발생하여 원금에 전입되는 이자 및 배당 등은 비과세종합저축으로 보되, 계약금액의 총액을 계산할 때에는 산입하지 아니한다.
③ 비과세종합저축에서 일부 금액이 인출되는 경우 저축원금부터 인출되는 것으로 본다.(2016.2.5 본항신설)
④ 비과세종합저축을 취급하는 금융회사등 및 공제회는 비과세종합저축만을 입금 또는 출금하는 비과세종합저축통장 또는 거래카드의 표지·속지 또는 거래명세서 등에 "비과세종합저축"이라는 문구를 표시하여야 한다.
⑤ 비과세종합저축의 계약기간의 만료일 이후 발생하는 이자소득 및 배당소득에 대해서는 법 제88조의2제1항을 적용하지 아니한다.
⑥~⑧ (2021.2.17 삭제)
(2015.2.3 본조개정)
제82조의3 (2005.2.19 삭제)
제82조의4 【우리사주조합원 등에 대한 과세특례】 ① 이 조에서 사용하는 용어의 정의는 다음과 같다.
1. "시가"라 함은 「상속세 및 증여세법」 제63조제1항 및 제2항의 규정을 준용하여 산정한 주식의 가액을 말한다. 이 경우 동조제1항제1호가목중 "평가기준일

이전·이후 각 2월"은 각각 "평가기준일 이전 1월"로 본다.(2005.2.19 본호개정)
2. "매입가액등"이라 함은 우리사주조합이 당해 자사주의 취득에 소요된 실지거래가액〔당해 법인 또는 당해 법인의 주주(「소득세법 시행령」 제27조제7항에 따른 소액주주를 제외한다)로부터 출연받거나 시가의 100분의 70보다 낮은 가액으로 취득한 자사주의 경우에는 출연일 또는 취득일 현재 시가의 100분의 70에 상당하는 가액〕을 말한다.(2021.2.17 본호개정)
3. "과세대상주식"이라 함은 우리사주조합원이 배정받은 자사주에서 법 제88조의4제5항 각 호에 해당하는 자사주를 제외한 것을 말한다.(2007.2.28 본호개정)
4. "우리사주조합" 및 "우리사주조합원"이라 함은 각각 「근로복지기본법」에 의한 우리사주조합 및 우리사주조합원을 말한다.(2010.12.7 본호개정)
5. "증권금융회사"란 「자본시장과 금융투자업에 관한 법률」에 따른 증권금융회사를 말한다.(2009.2.4 본호개정)
6. "총급여액"이라 함은 당해 법인으로부터 지급받은 「소득세법」 제20조제2항의 규정에 의한 총급여액을 말한다.(2005.2.19 본호개정)
② 법 제88조의4제4항에서 "대통령령으로 정하는 한도"란 자사주의 매입가액등을 기준으로 연간 우리사주조합원의 직전연도 총급여액의 100분의 20에 상당하는 금액(당해 금액이 500만원 이하인 경우에는 500만원)을 말한다.(2010.2.18 본항개정)
③ 법 제88조의4제4항의 규정을 적용함에 있어서 제2항에서 규정하는 한도를 초과하여 배정받은 자사주의 매입가액등은 우리사주조합원의 근로소득으로 본다.(2007.2.28 본항개정)
④ 법 제88조의4제5항에서 "대통령령으로 정하는 바에 따라 계산한 금액"이란 동항의 규정에 의한 과세인출주식의 매입가액등과 당해 주식의 인출일 현재 시가중 적은 금액(당해 법인이 파산선고를 받은 경우에는 0원)을 말한다.(2010.2.18 본항개정)
⑤ 법 제88조의4제5항 및 제6항의 규정에 의한 과세인출주식의 수 및 보유기간 등을 계산함에 있어서는 우리사주조합원에게 먼저 배정된 자사주(동시에 배정된 자사주의 경우에는 과세대상주식외의 자사주)를 먼저 인출하는 것으로 본다.(2007.2.28 본항개정)
⑥ (2007.2.28 삭제)
⑦ 합병 또는 분할(분할합병을 포함한다. 이하 이 항에서 같다)로 인하여 증권금융회사에서의 우리사주조합원별 계정에 예탁되어 있는 자사주(이하 이 항에서 "구주식"이라 한다)를 새로운 주식(이하 이 항에서 "신주식"이라 한다)으로 교체하는 경우에는 다음 각호를 적용한다.
1. 합병 또는 분할로 인하여 구주식을 신주식으로 교체하는 것은 법 제88조의4제5항의 규정에 의한 인출로 보지 아니한다.(2007.2.28 본호개정)
2. 합병 또는 분할의 대가로 구주식에 대하여 신주식외에 금전 등(이하 이 항에서 "금전등"이라 한다)을 교부받는 경우에는 아래의 산식을 적용하여 계산한 금액을 법 제88조의4제6항의 규정에 의한 인출금으로 본다.

$$\text{금전등의 합계액} \times \frac{\text{구주식중 과세대상주식의 수}}{\text{구주식의 총수}}$$

(2007.2.28 본호개정)
3. 다음 각 목의 어느 하나에 해당하는 금액은 제2호의 규정에 불구하고 법 제88조의4제5항 및 제6항의 규정에 의한 인출금으로 보지 아니한다.(2007.2.28 본문개정)
가. 1주 미만의 단주에 한하여 금전등을 교부받은 경우 당해 금전등

나. 합병 또는 분할의 대가로 구주식에 대하여 교부받는 금전등의 합계액이 구주식의 매입가액등을 초과하는 경우 그 초과하는 금액

4. 신주식의 1주당 매입가액등은 구주식의 매입가액등(제3호외의 금전등의 합계액을 차감한다)을 신주식의 수로 나눈 금액으로 한다.

5. 법 제88조의4제6항 후단을 적용함에 있어서 신주식의 보유기간은 신주식에 대응하는 구주식을 의무적으로 예탁하여야 하는 기간의 종료일의 다음날부터 당해 신주식을 인출한 날까지의 기간으로 한다. (2007.2.28 본호개정)

6. 신주식중 인출하는 때에 과세하는 주식(이하 이 호에서 "과세대상신주식"이라 한다)은 구주식의 과세대상주식에 대응하는 것으로 하며, 과세대상신주식의 수는 아래의 산식을 적용하여 산출한다. 이 경우 산출한 과세대상신주식중 1주 미만의 주식은 이를 없는 것으로 한다.

$$신주식의 수 \times \frac{구주식중 과세대상주식의 수}{구주식의 총수}$$

⑧ 우리사주조합원이 법 제88조의4제3항 내지 제6항 및 제8항의 규정에 의하여 소득세를 부과받은 자사주를 양도하는 경우에는 당해 자사주의 매입가액등을 「소득세법」 제97조제1항제1호의 규정에 의한 취득가액으로 한다.(2007.2.28 본항개정)

⑨ 법 제88조의4제8항제2호에서 "대통령령으로 정하는 가액"이란 자사주의 취득일 현재 시가의 100분의 70에 상당하는 가액을 말한다. 다만, 「소득세법 시행령」 제27조제7항에 따른 소액주주에 해당하는 우리사주조합원이 「근로복지기본법」 제38조의 규정에 의하여 자사주를 우선배정받는 경우에는 자사주의 취득일 현재 시가의 100분의 70에 상당하는 가액과 액면가액중 낮은 금액으로 한다.(2021.2.17 단서개정)

⑩ 우리사주조합은 우리사주조합원의 출연금중 법 제88조의4제1항의 규정에 의한 소득공제의 대상이 되는 금액과 그러하지 아니하는 금액을 구분하여 자사주 취득에 사용하여야 하고, 우리사주조합원별로 자사주 취득을 위한 출연내역과 자사주의 배정내역·인출내역을 기장하여야 하며, 증권금융회사에 자사주를 예탁하는 때에는 다음 각호의 사항을 통보하여야 한다.

1. 우리사주조합원에게 배정하는 자사주의 매입가액등

2. 우리사주조합원에게 배정하는 자사주가 과세대상주식(1주 미만의 단주는 없는 것으로 본다)에 해당하는지 여부(2022.2.15 본호개정)

⑪ 우리사주조합이 제10항제2호에 따라 과세대상으로 통보한 자사주의 내역과 우리사주조합원이 해당 자사주에 대해 연말정산 시 실제 소득공제를 받은 내역이 일치하지 않은 경우 우리사주조합은 즉시 그 내용을 반영하여 과세대상주식(1주 미만의 단주는 없는 것으로 본다) 해당 여부를 증권금융회사에 다시 통보해야 한다. (2022.2.15 본항개정)

⑫ 우리사주조합은 우리사주조합원이 증권금융회사에 예탁된 자사주를 인출하는 때에는 증권금융회사가 발급하는 주권인출내역서를 당해 법인에게 제출하여야 한다.

⑬ 법 제88조의4제3항 및 제4항의 규정에 의한 당해 법인은 기획재정부령이 정하는 우리사주인출및과세명세서를 당해 자사주의 인출일이 속하는 연도의 다음연도 2월말(휴업 또는 폐업의 경우에는 휴업일 또는 폐업일이 속하는 달의 다음달 말일)까지 원천징수 관할세무서장에게 제출하여야 한다.(2008.2.29 본항개정)

⑭ 법 제88조의4제9항을 적용함에 있어서 대통령령 제19074호 근로자복지기본법 시행령 일부개정령 부칙 제2조에 따라 조합원의 개인별계정에 배정된 것으로 보는 가배정주식은 우리사주조합원이 우리사주조합을 통하여 취득한 후 증권금융회사에 예탁한 우리사주로 본다.(2007.2.28 본항신설)

⑮ 원천징수의무자가 법 제88조의4제9항 및 제10항의 규정에 의하여 우리사주조합원의 배당소득에 대하여 비과세하거나 원천징수세액을 환급하는 경우에는 기획재정부령이 정하는 우리사주배당과비과세및원천징수세액환급명세서를 비과세한 날 또는 환급일이 속하는 사업연도의 과세연도 2월 말일까지 원천징수 관할세무서장에게 제출하여야 한다.(2019.2.12 본항개정)

⑯ 법 제88조의4제9항의 규정에 의하여 배당소득에 대한 비과세를 적용받고자 하는 우리사주조합원은 증권금융회사가 발급하는 주권예탁증명서를 원천징수의무자에게 제출하여야 한다.

⑰ 법 제88조의4제9항제2호에서 "대통령령으로 정하는 소액주주"란 「소득세법 시행령」 제27조제7항에 따른 소액주주를 말한다.(2021.2.17 본항개정)
(2001.12.31 본조개정)

제82조의5【조합등출자금의 비과세 요건 등】 법 제88조의5에서 "대통령령으로 정하는 출자금"이란 다음 각호의 1에 해당하는 조합 등의 조합원·준조합원·계원·준회원 또는 회원의 출자금으로서 제1호부터 제5호까지의 조합 등에 출자한 금액의 1인당 합계액이 1천만원 이하인 출자금을 말한다.(2010.2.18 본문개정)

1. 「농업협동조합법」에 의한 조합
2. 「수산업협동조합법」에 의한 수산업협동조합
3. 「산림조합법」에 의한 조합
4. 「신용협동조합법」에 의한 신용협동조합
5. 「새마을금고법」에 의한 금고
(2005.2.19 1호~5호개정)

제82조의6 (2010.2.18 삭제)

제83조【세금우대종합저축에 대한 원천징수의 특례】

① 법 제89조제1항제1호에서 "대통령령으로 정하는 채권저축"이란 다음 각호의 요건을 갖춘 저축을 말한다. (2010.2.18 본문개정)

1. 「소득세법」 제46조제1항에서 규정하는 채권 또는 증권(이하 이 항에서 "채권등"이라 한다)으로서 상환기간이 1년 이상인 채권등을 「금융실명거래 및 비밀보장에 관한 법률」 제2조제1호 각 목의 어느 하나에 해당하는 금융기관에 계좌를 개설하여 1년 이상 계속하여 전자등록(「주식·사채 등의 전자등록에 관한 법률」 제2조제2호에 따른 전자등록을 말한다. 이하 같다)하여 보유하거나 예탁할 것(2019.6.25 본호개정)

2. 금융기관으로부터 환매기간에 따른 사전약정이율을 적용하여 환매수 또는 환매도를 조건으로 취득하는 채권등이 아닐 것(2001.12.31 본호개정)

3. 채권등을 계좌에서 인출하지 아니할 것. 채권등을 인출한 경우에는 인출한 날부터 당해 채권등에 대하여 세금우대종합저축을 해지한 것으로 본다. (2001.12.31 본호개정)

② (2007.2.28 삭제)

③ (2001.12.31 삭제)

④ 법 제89조제7항에서 "대통령령으로 정하는 부득이한 사유"란 사망·해외이주 또는 해지 전 6개월 이내에 발생한 제81조제6항 각 호의 어느 하나에 해당하는 사유를 말한다.(2013.2.15 본항개정)

⑤ 세금우대종합저축의 계약금액총액을 계산함에 있어서 적립식저축의 경우에는 저축자가 납입할 것을 계약한 금액을 기준으로 한다.(2015.2.3 본항개정)

⑥ 투자신탁의 경우는 수익증권을 기준으로 계약금액총액을 계산한다.(2003.12.30 본항개정)

⑦ 금융기관은 세금우대종합저축만을 입금 또는 출금하는 세금우대종합저축통장에 의하여 세금우대종합저축을 취급하여야 하며, 세금우대종합저축통장의 표지에 "세금우대종합저축통장"이라는 문구를 표시하여야 한다.

⑧ 금융기관은 세금우대종합저축의 약관에 세금우대종합저축의 계약금액의 한도·조회 기타 필요한 사항을 명시하여야 한다.
⑨ 「자본시장과 금융투자업에 관한 법률」 제193조에 따른 투자신탁의 합병 및 제204조에 따른 투자회사의 합병은 법 제89조의 규정을 적용함에 있어서 세금우대저축의 해지로 보지 아니한다.(2009.2.4 본항개정)
⑩ 제4항의 규정에 따른 사유가 발생하여 해지하고자 하는 자는 기획재정부령이 정하는 특별해지사유신고서를 금융기관에 제출하여야 한다.(2008.2.29 본항개정)
⑪ 세금우대종합저축의 계약기간의 만료일 이후 발생하는 이자소득 및 배당소득에 대하여는 법 제89조제1항을 적용하지 아니한다.(2009.2.4 본항개정)
(2000.1.10 본조개정)
제83조의2【세금우대저축자료집중기관】 법 제89조의2제1항 각 호 외의 부분에서 "대통령령으로 정하는 기관"이란 사단법인 전국은행연합회를 말한다.
(2016.2.5 본조개정)
제83조의3【조합등예탁금의 요건 등】 ① 법 제89조의3제1항에서 "대통령령으로 정하는 예탁금"이란 제82조의5 각 호의 어느 하나에 해당하는 조합 등의 조합원·준조합원·계원·준계원 또는 회원의 예탁금으로서 같은 조 제1호부터 제5호까지의 조합 등에 예탁한 금액의 합계액이 1인당 3천만원 이하인 예탁금을 말한다.(2010.2.18 본항개정)
② (2010.2.18 삭제)
제84조【집합투자기구에 대한 과세특례】 법 제91조의2제1항에서 "대통령령으로 정하는 집합투자기구"란 「소득세법 시행령」 제150조의7제2항에 따른 적격집합투자기구를 말한다.(2021.2.17 본조신설)
제85조~제91조 (2000.1.10 삭제)
제92조 (2010.12.30 삭제)
제92조의2 (2010.2.18 삭제)
제92조의3 (2008.2.22 삭제)
제92조의4 (2010.2.18 삭제)
제92조의5 (2008.2.22 삭제)
제92조의6 (2015.2.3 삭제)
제92조의7 (2010.12.30 삭제)
제92조의8~제92조의10 (2015.2.3 삭제)
제92조의11【재외동포전용 투자신탁 등에 대한 과세특례】 ① 법 제91조의12제1항에서 "대통령령으로 정하는 재외동포"란 「소득세법」 제120조에 따른 국내사업장이 없는 비거주자로서 다음 각 호의 어느 하나에 해당하는 자를 말한다.
1. 「재외동포의 출입국과 법적지위에 관한 법률」 제2조제1호에 따른 재외국민. 이 경우 「재외동포의 출입국과 법적지위에 관한 법률 시행령」 제2조제2항에 따른 "「해외이주법」 제2조의 규정에 따른 해외이주자로서 거주국으로부터 영주권을 취득하지 아니한 자"의 경우 2년 이상 외국에 거주한 자에 한정한다.
2. 「재외동포의 출입국과 법적지위에 관한 법률」 제2조제2호에 따른 외국국적동포
② 법 제91조의12제1항에서 "대통령령으로 정하는 재외동포 전용 투자신탁 및 투자회사"(이하 이 조에서 "재외동포전용 투자신탁등"이라 한다)란 다음 각 호의 요건에 모두 해당하는 것을 말한다.
1. 가입자 전원이 제1항제1호 또는 제2호에 해당할 것
2. 「자본시장과 금융투자업에 관한 법률」 제9조제18항제1호 또는 제2호에 따른 집합투자기구일 것
3. 국내자산에만 투자할 것. 이 경우 재외동포전용 투자신탁등이 투자하는 다른 집합투자기구도 국내자산에만 투자하여야 한다.
③ 법 제91조의12제2항 각 호 외의 부분 단서에서 "대통령령으로 정하는 부득이한 사유"란 다음 각 호의 어

느 하나에 해당하는 사유를 말한다.
1. 재외동포전용 투자신탁등의 취급기관의 영업정지, 영업인가·허가의 취소, 해산결의 또는 파산선고
2. 「자본시장과 금융투자업에 관한 법률 시행령」 제223조제3호에 따라 집합투자업자가 재외동포전용 투자신탁등을 해지하는 경우
④ 법 제91조의12제2항 각 호 외의 부분 단서에 따른 부득이한 사유가 발생하여 환매하거나 증권을 양도하려는 사람은 기획재정부령으로 정하는 특별해지사유신고서를 재외동포전용 투자신탁등의 취급기관에 제출하여야 한다.
⑤ 재외동포전용 투자신탁등에 가입하려는 사람은 재외동포임을 증명하는 다음 각 호의 서류를 재외동포전용 투자신탁등의 취급기관에 제출하여야 한다.
1. 제1항제1호에 해당하는 경우 : 「재외국민등록법」 제7조제1항에 따른 재외국민등록부 등본 또는 「여권법 시행령」 제6조제4항에 따른 거주여권의 사본
(2009.12.30 본호개정)
2. 제1항제2호에 해당하는 경우 : 다음 각 목의 서류. 다만, 「출입국관리법 시행령」 별표1의2 제26호에 따른 재외동포(F-4) 체류자격을 가진 경우 다음 각 목의 서류 대신 그 체류자격이 기재된 사증사본을 제출할 수 있다.(2018.9.18 단서개정)
   가. 대한민국의 국적을 보유하였던 자로서 외국국적을 취득한 자 : 가족관계기록사항에 관한 증명서 또는 제적등본, 외국국적을 취득한 원인과 그 연월일을 증명하는 서류 또는 거주지국 여권 사본
   나. 부모의 일방 또는 조부모의 일방이 대한민국의 국적을 보유하였던 자로서 외국국적을 취득한 자 : 가족관계기록사항에 관한 증명서 또는 제적등본, 외국국적을 취득한 원인과 그 연월일을 증명하는 서류 또는 거주지국 여권 사본, 출생증명서 등 직계존비속의 관계임을 증명하는 서류
⑥ 재외동포전용 투자신탁등에 가입하여 법 제91조의12제1항의 특례를 적용받으려는 자는 국세청장이 정하는 바에 따라 비거주자임을 증명하는 서류를 제출하여야 한다.
(2009.6.19 본조신설)
제92조의12 (2014.2.21 삭제)
제92조의13【재형저축에 대한 비과세】 ① 재형저축에 가입하려는 거주자는 세무서장으로부터 기획재정부령으로 정하는 소득확인증명서를 발급받아 저축취급기관에 제출하여야 한다. 이 경우 법 제91조의14제3항제1호다목에 해당하는 거주자는 최종학력, 중소기업 재직 여부 등을 확인할 수 있는 기획재정부령으로 정하는 청년층 재형저축 가입요건 확인서를 함께 제출하여야 한다.
(2015.2.3 후단신설)
② 국세청장은 재형저축 가입자가 법 제91조의14제1항제1호 및 같은 조 제3항제1호의 요건을 갖추었는지를 확인하여 그 결과를 가입자의 저축 가입연도(저축 가입자에 대하여 「소득세법」 제80조에 따른 결정 또는 경정이 있는 경우는 결정 또는 경정이 있는 해당 연도)의 다음 연도 2월 말일까지 해당 저축취급기관에 통보하여야 한다.(2015.2.3 본항개정)
③ 재형저축 가입자는 제2항에 따라 국세청장이 저축취급기관에 통보한 내용에 이의가 있는 경우 기획재정부령으로 정하는 바에 따라 국세청장에게 의견을 제시할 수 있으며 국세청장은 의견제시를 받은 날부터 14일 이내에 저축취급기관에 수용 여부를 통보하여야 한다.
④ 법 제91조의14제1항제2호에 따른 적립식 저축은 「자본시장과 금융투자업에 관한 법률」 제233조에 따라 설립·설정된 자집합투자기구에 가입하는 저축을 포함한다.
⑤ 법 제91조의14제3항 단서에서 "대통령령으로 정하는 사유"란 해지 전 6개월 이내에 발생한 제81조제6항 각

호의 어느 하나에 해당하는 사유를 말하며, 법 제91조의 14제3항 단서에 따른 사유가 발생하여 재형저축 계약을 해지하려는 자는 기획재정부령으로 정하는 특별해지사유신고서를 저축취급기관에 제출하여야 한다.
⑥ 법 제91조의14제3항제1호다목에서 "대통령령으로 정하는 기업"이란 제27조제3항에 따른 기업을 말하며, "대통령령으로 정하는 청년"이란 재형저축 가입일 현재 최종학력이 고등학교 졸업 이하인 거주자로서 연령이 15세 이상 29세 이하인 사람[제27조제1항제1호 각 목의 어느 하나에 해당하는 병역을 이행한 경우에는 그 기간(6년을 한도로 한다)을 재형저축 가입일 현재 연령에서 빼고 계산한 연령이 29세 이하인 사람을 포함한다]을 말한다.(2015.2.3 본항신설)
⑦ 저축취급기관은 재형저축만을 입금 또는 출금하는 재형저축통장에 의하여 재형저축을 취급하여야 하며, 재형저축통장의 표지에 "재형저축통장"이라는 문구를 표시하여야 한다.
⑧ 저축취급기관은 재형저축의 약관에 재형저축의 계약금액 한도, 조회 그 밖에 필요한 사항을 명시하여야 한다.
⑨ 재형저축의 계약기간의 만료일(법 제91조의14제2항에 따라 만료일을 연장한 경우는 그 연장한 만료일) 이후 발생하는 이자소득 및 배당소득에 대해서는 법 제91조의14제1항을 적용하지 아니한다.
(2013.2.15 본조신설)

제93조【고위험고수익채권투자신탁에 대한 과세특례】
① 법 제91조의15제1항에서 "대통령령으로 정하는 채권을 일정 비율 이상 편입하는 대통령령으로 정하는 투자신탁 등"이란 「자본시장과 금융투자업에 관한 법률」에 따른 집합투자기구, 투자일임재산 또는 특정금전신탁(이하 이 조에서 "투자신탁등"이라 한다)으로서 다음 각 호의 요건을 모두 갖춘 것을 말한다.
1. 다음 각 목의 구분에 따른 요건을 갖출 것
  가. 공모집합투자기구(「자본시장과 금융투자업에 관한 법률」 제9조제18항에 따른 집합투자기구 중 같은 조 제19항에 따른 사모집합투자기구를 제외한 것을 말한다. 이하 이 조에서 같다)인 투자신탁등의 경우 : 신용등급(「자본시장과 금융투자업에 관한 법률」 제335조의3에 따라 신용평가업인가를 받은 자 2 이상이 평가한 신용등급 중 낮은 신용등급을 말한다. 이하 이 조에서 같다)이 BBB+ 이하[「주식·사채 등의 전자등록에 관한 법률」 제2조제1호나목에 따른 사채 중 같은 법 제59조에 따른 단기사채등에 해당하는 사채(이하 이 조에서 "단기사채"라 한다)의 경우에는 A3+ 이하]인 사채권의 평균보유비율이 100분의 45 이상이고, 이를 포함한 채권의 평균보유비율이 100분의 60 이상일 것
  나. 공모집합투자기구가 아닌 투자신탁등의 경우 : 신용등급이 A+, A 또는 A-(단기사채의 경우에는 A2+, A2 또는 A2-)인 사채권의 평균보유비율이 100분의 15 이상이고, 신용등급이 BBB+ 이하(단기사채의 경우에는 A3+ 이하)인 사채권의 평균보유비율이 100분의 45 이상일 것
2. 국내 자산에만 투자할 것
② 제1항제1호가목 및 나목에 따른 평균보유비율을 계산할 때 채권의 신용등급은 해당 채권이 투자신탁등에 편입된 날을 기준으로 판단한다. 다만, 해당 채권이 투자신탁등에 편입될 당시에는 신용등급이 A+ 이하(단기사채의 경우에는 A2+ 이하)인 채권(이하 이 조에서 "고위험고수익채권"이라 한다)에 해당하지 않았으나 투자신탁등에 편입된 후 고위험고수익채권에 해당하게 된 경우에는 그 해당하게 된 날부터 그 날의 신용등급을 기준으로 평균보유비율을 계산한다.
③ 제1항제1호가목 및 나목에 따른 평균보유비율은 해당 채권의 평가액이 투자신탁등의 평가액에서 차지하

는 매일의 비율(이하 이 조에서 "일일보유비율"이라 한다)을 3개월 동안 합산하여 같은 기간의 총일수로 나눈 비율로 하며, 매 분기 종료일에 산정한다.
④ 투자신탁등의 평가액이 투자원금보다 적은 날의 일일보유비율을 계산할 때 다음 각 호에 해당하는 경우에는 해당 채권의 일일보유비율은 해당 호에서 정한 비율로 본다.
1. 공모집합투자기구인 투자신탁등의 경우로서 신용등급이 BBB+ 이하(단기사채의 경우에는 A3+ 이하)인 사채권의 일일보유비율이 100분의 45 미만인 경우 : 100분의 45
2. 공모집합투자기구인 투자신탁등의 경우로서 제1호의 채권을 포함한 채권의 일일보유비율이 100분의 60 미만인 경우 : 100분의 60
3. 공모집합투자기구가 아닌 투자신탁등의 경우로서 신용등급이 A+, A 또는 A-(단기사채의 경우에는 A2+, A2 또는 A2-)인 사채권의 일일보유비율이 100분의 15 미만인 경우 : 100분의 15
4. 공모집합투자기구가 아닌 투자신탁등의 경우로서 신용등급이 BBB+ 이하(단기사채의 경우에는 A3+ 이하)인 사채권의 일일보유비율이 100분의 45 미만인 경우 : 100분의 45
⑤ 제3항에도 불구하고 투자신탁등의 설정일·설립일 또는 만기일이 속하는 분기에는 제1항제1호의 요건을 갖춘 것으로 보며, 투자신탁등의 설정일·설립일부터 기산하여 3개월이 되는 날까지의 기간 또는 만기일부터 역산하여 3개월이 되는 날까지의 기간의 일부가 포함되어 있는 분기의 경우에는 해당 기간을 제외한 나머지 기간의 일일보유비율을 합산하여 그 나머지 기간의 총일수로 나눈 비율을 해당 분기의 평균보유비율로 한다.
⑥ 투자신탁등의 결산기간에 제1항제1호의 요건을 갖추지 못한 분기 또는 같은 항 제2호의 요건을 갖추지 못한 날이 포함되어 있는 경우 해당 결산기간에 발생하는 이자소득 및 배당소득은 법 제91조의15제1항에 따른 과세특례 적용 대상 소득에서 제외한다.
⑦ 법 제91조의15제4항 단서에서 "가입자의 사망·해외이주 등 대통령령으로 정하는 부득이한 사유"란 다음 각 호의 사유를 말한다.
1. 가입자의 사망 또는 해외이주
2. 법 제91조의15제1항에 따른 고위험고수익채권투자신탁을 해약 또는 환매하거나 그 권리를 이전하기 전 6개월 이내에 발생한 다음 각 목의 사유
  가. 천재지변
  나. 가입자의 퇴직
  다. 사업장의 폐업
  라. 가입자의 3개월 이상의 입원치료 또는 요양이 필요한 상해·질병의 발생
  마. 법 제91조의15제1항에 따른 고위험고수익채권투자신탁 취급기관의 영업의 정지, 영업인가·허가의 취소, 해산결의 또는 파산선고
⑧ 제7항에 따른 사유가 발생하여 법 제91조의15제1항에 따른 고위험고수익채권투자신탁을 해약 또는 환매하거나 그 권리를 이전하려는 자는 기획재정부령으로 정하는 특별해지사유신고서를 해당 고위험고수익채권투자신탁의 취급기관에 제출해야 한다.
(2023.6.7 본조개정)

제93조의2【장기집합투자증권저축에 대한 소득공제】 ① 법 제91조의16제1항에 따른 장기집합투자증권저축에 가입하려는 자는 세무서장으로부터 기획재정부령으로 정하는 소득확인증명서를 발급받아 저축취급기관에 제출하여야 한다.
② 국세청장은 장기집합투자증권저축 가입자가 법 제91조의16제1항제1호의 요건을 갖추었는지를 확인하여 그 결과를 가입자의 저축 가입연도(저축 가입자에

대하여 「소득세법」 제80조에 따른 결정 또는 경정이 있는 경우에는 결정 또는 경정이 있는 해당 연도)의 다음 연도 2월 말일까지 해당 저축취급기관에 통보하여야 한다.

③ 장기집합투자증권저축 가입자는 제2항에 따라 국세청장이 저축취급기관에 통보한 내용에 이의가 있는 경우 기획재정부령으로 정하는 바에 따라 국세청장에게 의견을 제시할 수 있으며, 국세청장은 의견제시를 받은 날부터 14일 이내에 저축취급기관에 수용 여부를 통보하여야 한다.

④ 법 제91조의16제1항제2호에 따른 자산총액의 100분의 40 이상인 경우는 장기집합투자증권저축의 설정일 또는 설립일부터 국내에서 발행되어 국내에서 거래되는 주식(「자본시장과 금융투자업에 관한 법률」에 따른 증권시장에 상장된 것으로 한정한다)의 매일의 보유비율이 자산총액의 100분의 40 이상인 경우로 한다.

⑤ 법 제91조의16제1항제2호를 적용할 때 다음 각 호의 어느 하나에 해당하는 경우에는 자산총액의 100분의 40 이상 보유의무(이하 이 조에서 "최저보유의무"라 한다)를 적용하지 아니한다. 이 경우 제4호 또는 제5호에 해당하는 경우에는 최저보유의무를 위반한 날부터 15일 이내에 최저보유의무를 충족하여야 한다.

1. 장기집합투자증권저축의 최초 설립일 또는 설정일부터 1개월간
2. 장기집합투자증권저축 회계기간 종료일 이전 1개월간(회계기간이 3개월 이상인 경우로 한정한다)
3. 장기집합투자증권저축의 해산일 또는 해지일 이전 1개월간(최초 설립일 또는 설정일부터 해산일 또는 해지일까지의 기간이 3개월 이상인 경우로 한정한다)
4. 3영업일 동안 누적된 추가설정 또는 해지청구된 금액이 각각 장기집합투자증권저축 자산총액의 100분의 10을 초과하는 경우
5. 장기집합투자증권저축 자산의 가격변동으로 최저보유의무를 위반하게 되는 경우

⑥ 장기집합투자증권저축이 「자본시장과 금융투자업에 관한 법률」 제233조에 따른 자집합투자기구로 설립·설정된 경우에는 모집합투자기구에 투자하여 간접적으로 법 제91조의16제1항제2호에 따른 주식을 취득하는 경우도 주식에 투자한 것으로 보아 보유비율을 산정한다.

⑦ 장기집합투자증권저축이 「자본시장과 금융투자업에 관한 법률」 제232조에 따른 전환형집합투자기구로 설립·설정된 경우로서 가입자가 집합투자규약에 따라 다른 집합투자증권으로 전환하는 경우에는 법 제91조의16제1항제3호에 따른 인출 또는 같은 조 제4항에 따른 해지로 보지 아니한다.

⑧ 법 제91조의16제5항 단서에서 "사망·해외이주 등 대통령령으로 정하는 부득이한 사유"란 다음 각 호의 어느 하나에 해당하는 사유를 말한다.

1. 저축자의 사망·해외이주
2. 해지 전 6개월 이전에 발생한 다음 각 목의 어느 하나에 해당하는 사유
   가. 천재지변
   나. 저축자의 퇴직
   다. 사업장의 폐업
   라. 저축자의 3개월 이상의 입원치료 또는 요양이 필요한 상해·질병의 발생
   마. 저축취급기관의 영업의 정지, 영업인가·허가의 취소, 해산결의 또는 파산선고
   바. 최초 설립 또는 설정된 날부터 1년이 지난 날에 최초 설립 또는 설정된 날부터 1년이 지난 후 1개월간 계속하여 집합투자기구의 원본액이 50억원에 미달하는 여 집합투자업자가 해당 집합투자기구를 해지하는 경우

⑨ 제8항에 따른 사유가 발생하여 해지하려는 자는 기획재정부령으로 정하는 특별해지사유신고서를 저축취급기관에 제출하여야 한다.

⑩ 저축취급기관은 장기집합투자증권저축만을 입금 또는 출금하는 장기집합투자증권저축통장에 의하여 장기집합투자증권저축을 취급하여야 하며, 장기집합투자증권저축통장의 표지에 "소득공제 장기집합투자증권저축"이라는 문구를 표시하여야 한다.

⑪ 저축취급기관은 장기집합투자증권저축의 약관에 장기집합투자증권저축의 계약금액 한도·조회와 그 밖의 필요한 사항을 명시하여야 한다.

(2014.2.21 본조신설)

제93조의3 【해외주식투자전용집합투자기구에 대한 과세특례】 ① 법 제91조의17제1항제1호에서 "대통령령으로 정하는 해외주식투자전용집합투자증권저축"이란 다음 각 호의 요건을 모두 갖춘 저축(이하 이 조에서 "전용저축"이라 한다)을 말한다.

1. 「금융실명거래 및 비밀보장에 관한 법률」 제2조제1호 각 목의 어느 하나에 해당하는 금융기관이 취급하는 저축으로서 해외주식투자전용집합투자증권저축임이 표시된 통장으로 거래될 것
2. 법 제91조의17제1항에 따른 해외주식투자전용집합투자기구(이하 이 조에서 "전용집합투자기구"라 한다)의 집합투자증권에 대한 투자만을 위한 저축으로서 저축계약기간이 10년 이내일 것

② 법 제91조의17제1항 각 호 외의 부분에서 "해외상장주식"이란 다음 각 호의 요건을 모두 갖춘 주식을 말한다.

1. 외국법령에 따라 설립된 외국법인이 발행한 주식일 것. 다만, 집합투자 목적으로 설립된 법인의 주식은 제외한다.
2. 「증권거래세법」 제2조제1호에 따른 외국에 있는 시장(이하 이 조에서 "외국증권시장"이라 한다)에 상장된 주식일 것

③ 제2항에도 불구하고 다음 각 호의 요건을 모두 갖춘 주식예탁증서는 제2항 각 호의 요건을 모두 갖춘 주식으로 본다.

1. 제2항 각 호의 요건을 모두 갖춘 개별 주식을 기초로 하여 발행된 주식예탁증서일 것
2. 외국증권시장에 상장된 주식예탁증서일 것

④ 전용집합투자기구는 제2항 및 제3항에 따른 해외상장주식의 보유비율(전용집합투자기구가 직접 해외상장주식에 투자한 비율과 해외상장주식에 직접 투자하는 다른 집합투자기구를 통하여 해외상장주식에 투자한 비율의 합계를 말한다. 이하 이 조에서 "보유비율"이라 한다)이 매일 자산총액의 100분의 60 이상이 되도록 투자(이하 이 조에서 "최저보유의무"라 한다)하여야 한다. 다만, 다음 각 호의 어느 하나에 해당하는 기간에는 보유비율이 100분의 60 미만인 경우에도 100분의 60 이상인 것으로 본다.

1. 전용집합투자기구의 최초 설정일 또는 설립일부터 1개월
2. 전용집합투자기구의 회계기간(회계기간이 3개월 이상인 경우로 한정한다) 종료일 이전 1개월
3. 전용집합투자기구의 해산일 또는 해지일(최초 설립일 또는 설정일부터 해산일 또는 해지일까지의 기간이 3개월 이상인 경우로 한정한다) 이전 1개월
4. 3영업일 동안 누적된 추가설정 또는 해지청구된 금액이 각각 전용집합투자기구 자산총액의 100분의 10을 초과하여 최저보유의무를 위반하게 된 날부터 1개월
5. 전용집합투자기구가 투자한 자산의 가격변동으로 최저보유의무를 위반하게 된 날부터 1개월

⑤ 법 제91조의17제1항제2호에서 "해외주식투자전용집합투자증권저축에 납입한 금액의 합계액"이란 각 전용

저축의 원금(각 전용저축별 납입원금의 한도액을 설정한 경우에는 해당 한도액을 말한다)을 모두 합한 금액으로 하되, 다음 각 호의 구분에 따라 계산한 금액으로 한다.

1. 법 제91조의17제1항에 따른 투자기간(이하 이 조에서 "투자기간"이라 한다)까지 : 각 전용저축에 보유 중인 집합투자증권을 일부 또는 전부 환매하여 전용저축에서 인출하지 아니하고 전용집합투자기구의 집합투자증권에 재투자하는 경우 해당 재투자금액은 전용저축의 원금에 가산하지 아니하며, 전용저축에서 일부 금액이 인출되는 경우에는 해당 저축의 원금부터 인출된 것으로 본다.

2. 투자기간 경과 후 : 각 전용저축에 보유 중인 집합투자증권을 일부 또는 전부 환매하여 전용집합투자기구의 집합투자증권(투자기간 중에 투자하여 전용저축에 보유 중인 집합투자 증권을 말한다)에 재투자하는 경우 해당 재투자금액은 전용저축의 원금에 가산하며, 전용저축에서 전부 또는 일부 금액이 인출되더라도 해당 저축 원금의 인출은 없는 것으로 본다.

3. 제1호 및 제2호를 적용할 때 전용 집합투자기구에서 발생한 이익금을 「자본시장과 금융투자업에 관한 법률」 제242조에 따라 재투자하는 경우에는 해당 이익금은 전용저축의 원금에 가산하지 아니한다.

⑥ 투자기간 중에 투자하여 보유 중인 전용집합투자기구의 집합투자증권을 해당 투자기간 경과 후 추가로 투자하는 경우 해당 추가 투자는 법 제91조의17제1항에 따른 투자로 본다.

⑦ 전용집합투자기구의 외국납부세액공제금액 한도계산에 대하여는 「법인세법 시행령」 제94조의2를 준용한다. 이 경우 법 제91조의17제1항에 따라 배당소득금액에 포함하지 아니하는 손익은 「법인세법 시행령」 제94조의2제1항제1호의 "당해 사업연도 소득금액 중 과세대상소득금액"으로 본다.

⑧ 전용저축의 가입자는 전용저축을 통하여 보유 중인 전용집합투자기구의 집합투자증권을 해당 전용저축의 계약기간 만료일까지 환매하여야 한다.

⑨ 해외상장주식의 범위와 전용저축의 운영 및 그 밖에 필요한 사항은 기획재정부령으로 정한다.
(2016.2.5 본조신설)

제93조의4 【개인종합자산관리계좌에 대한 과세특례】

① 법 제91조의18제1항 각 호 외의 부분에 따른 개인종합자산관리계좌(이하 이 조에서 "개인종합자산관리계좌"라 한다)에 가입하거나 계약기간을 연장하려는 자는 다음 각 호의 구분에 따른 자료를 같은 조 제6항에 따른 신탁업자등(이하 이 조에서 "신탁업자등"이라 한다)에게 제출하여야 한다.(2021.2.17 본문개정)

1. 법 제91조의18제1항제2호 또는 같은 조 제2항제1호에 해당하는 경우 : 세무서장으로부터 발급받은 기획재정부령으로 정하는 소득확인증명서. 다만, 가입일 또는 연장일이 속하는 과세연도의 직전 과세연도에 사업소득 또는 근로소득이 최초로 발생하여 소득확인증명서로 해당 요건을 갖추었는지 여부를 확인하기 어려운 경우에는 소득확인증명서 대신 사업소득·근로소득의 지급확인서, 사업자등록증명원 또는 원천징수영수증을 제출할 수 있다.(2021.2.17 본호개정)

2. 법 제91조의18제2항제1호다목에 따른 농어민에 해당하는 경우 : 다음 각 목의 어느 하나에 해당하는 자료
   (2021.2.17 본문개정)
   가. 국립농산물품질관리원의 지원장 또는 사무소장으로부터 발급받은 농업인확인서
   나. 지방해양수산청장 또는 제주해양수산관리단장으로부터 발급받은 어업인확인서
   다. 국립농산물품질관리원장으로부터 발급받은 농업경영체 등록 확인서 또는 지방해양수산청장으로부터 발

급받은 어업경영체 등록 확인서(「농어업경영체 육성 및 지원에 관한 법률」 제4조제1항에 따라 농어업경영정보를 등록한 농어업경영체의 경영주인 농업인 또는 어업인의 경우로 한정한다)(2017.2.7 본목신설)

② 법 제91조의18제2항제1호다목에서 "대통령령으로 정하는 농어민"이란 「농업·농촌 및 식품산업 기본법」 제3조제2호의 농업인 또는 「수산업·어촌 발전 기본법」 제3조제3호의 어업인에 해당하는 자를 말한다.
(2021.2.17 본항개정)

③ 국세청장은 다음 각 호의 구분에 따른 날까지 해당 요건을 확인하여 「은행법」에 따른 은행 등을 회원으로 하여 설립된 협회 중 금융위원회가 정하는 협회(이하 "전국은행연합회"라 한다)에 통지해야 한다.

1. 법 제91조의18제1항제2호(근로소득 요건에 한정한다) : 가입일 또는 연장일이 속하는 연도(해당 거주자에 대하여 「소득세법」 제80조에 따른 결정 또는 경정이 있는 연도는 결정 또는 경정이 있는 연도를 말한다. 이하 이 항에서 같다)의 다음 연도 8월 31일

2. 법 제91조의18제2항제1호(다목의 경우 종합소득금액 요건에 한정한다) : 가입일 또는 연장일이 속하는 연도의 다음 연도 2월 말일
(2021.2.17 본항개정)

④ 제3항에 따른 국세청장의 통지에 대한 계좌보유자의 의견제시 절차는 제123조의2제5항을 준용한다.
(2021.2.17 본항개정)

⑤ 법 제91조의18제3항제2호가목에서 "대통령령으로 정하는 계약"이란 다음 각 호의 요건을 모두 갖춘 계약을 말한다.

1. 계약의 형태가 위탁매매계약 또는 매매계약일 것
2. 「자본시장과 금융투자업에 관한 법률」 제72조에 따른 신용공여를 금지할 것
3. 개인종합자산관리계좌가 아닌 계좌에 보유하고 있는 법 제91조의18제3항제3호 각 목의 재산(이하 이 조에서 "투자대상자산"이라 한다)을 개인종합자산관리계좌로 이체하는 것이 제한될 것
(2021.2.17 본항개정)

⑥ 법 제91조의18제3항제2호나목에서 "대통령령으로 정하는 계약"이란 다음 각 호의 요건을 모두 갖춘 계약을 말한다.

1. 「자본시장과 금융투자업에 관한 법률 시행령」 제98조제2항의 자산군으로 개인종합자산관리계좌일 것
2. 제5항제3호의 요건을 갖출 것
(2021.2.17 본항개정)

⑦ 법 제91조의18제3항제3호가목에서 "대통령령으로 정하는 금융상품"이란 다음 각 호의 금융상품을 말한다.

1. 「자본시장과 금융투자업에 관한 법률 시행령」 제106조제2항 각 호의 금융기관에의 예치금(「자본시장과 금융투자업에 관한 법률」 제3조에 따른 금융투자상품은 제외한다)
2. 「소득세법 시행령」 제24조에 따른 환매수 또는 환매도하는 조건으로 매매하는 채권 또는 증권
(2021.2.17 본항개정)

⑧ 법 제91조의18제3항제3호바목에서 "대통령령으로 정하는 재산"이란 다음 각 호의 재산을 말한다.

1. 「부동산투자회사법」 제2조제3호가목에 따른 부동산투자회사의 주식
2. 개인종합자산관리계좌에 보유하고 있는 투자대상자산을 통해 취득한 「상법」 제420조의2제1항에 따른 신주인수권증서
3. 「소득세법」 제16조제1항제1호 및 제2호에 따른 채권 또는 증권(2023.2.28 본호신설)
4. 「자본시장과 금융투자업에 관한 법률」 제283조에 따라 설립된 한국금융투자협회가 행하는 같은 법 제286

조제1항제5호에 따른 장외매거래를 통해 거래되는 다음 각 목의 주식

가. 「중소기업기본법」 제2조에 따른 중소기업의 주식. 이 경우 중소기업에 해당하는지 여부의 판정은 「소득세법 시행령」 제157조의2제3항에 따른다.

나. 중견기업의 주식

(2023.2.28 본호신설)

(2021.2.18 본항개정)

⑨ 법 제91조의18제5항에서 "대통령령으로 정하는 손실"이란 투자대상자산에서 발생한 손실(기획재정부령으로 정하는 주식에서 발생한 양도차손을 포함한다)을 말한다. 다만, 다음 각 호의 손실은 제외한다.

1. 「소득세법」 제17조에 따른 배당소득에 포함되지 않는 손실

2. 「소득세법 시행령」 제26조의2제4항에 따른 집합투자기구로부터의 이익에 포함되지 않는 손실

3. 「소득세법 시행령」 제26조의3제3항에 따른 상장지수증권으로부터의 이익에 포함되지 않는 손실

(2021.2.17 본항개정)

⑩ 법 제91조의18제5항에서 "대통령령으로 정하는 방법"이란 다음 각 호의 순서에 따라 소득에서 손실을 차감하는 방법을 말한다.

1. 각 투자대상자산별 소득에서 같은 종류의 투자대상자산에서 발생한 손실을 차감할 것

2. 제1호를 적용한 후 남은 손실액은 배당소득에서 차감할 것

3. 제2호를 적용한 후 남은 손실액은 이자소득에서 차감할 것

(2021.2.17 본항개정)

⑪ 법 제91조의18제5항에 따른 이자소득등의 합계액은 제10항에 따라 손실을 차감하여 계산한 금액에서 「자본시장과 금융투자업에 관한 법률」에 따른 각종 보수·수수료 등(기획재정부령으로 정하는 주식에서 발생한 양도차손에 포함된 경우는 제외한다)을 뺀 금액으로 한다.

(2021.2.17 본항개정)

⑫ 개인종합자산관리계좌에 지급된 이자소득, 배당소득 및 재투자된 금액(신주인수권증서의 평가금액을 포함한다)은 법 제91조의18제3항제5호에 따른 총납입한도와 연간 납입한도에 포함하지 않는다.(2021.2.17 본항개정)

⑬ 계좌보유자가 개인종합자산관리계좌에서 일부 금액을 인출하는 경우 투자원금부터 인출한 것으로 본다.

(2021.2.17 본항개정)

⑭ 법 제91조의18제7항에서 "계좌보유자의 사망·해외이주 등 대통령령으로 정하는 부득이한 사유"란 다음 각 호의 사유를 말한다.

1. 계좌보유자가 사망하거나 해외로 이주한 경우

2. 계약 해지일 전 6개월 이내에 계좌보유자에게 제81조제6항 각 호의 어느 하나에 해당하는 사유가 발생한 경우(2022.2.15 본호개정)

(2021.2.17 본항개정)

⑮ 제14항에 따른 사유로 계약을 해지하려는 자는 기획재정부령으로 정하는 특별해지사유신고서를 신탁업자 등에게 제출해야 한다.(2021.2.17 본항개정)

⑯ 신탁업자등은 개인종합자산관리계좌의 약관에 납입한도, 계약기간 및 운용방식 등을 명시하여야 한다. (2021.2.17 본항개정)

⑰ 개인종합자산관리계좌의 투자대상자산의 범위, 이자소득등의 계산방법 및 그 밖에 필요한 사항은 기획재정부령으로 정한다.(2021.2.17 본항개정)

(2016.2.5 본조신설)

제93조의5【장병내일준비적금에 대한 비과세】 ① 법 제91조의19제1항 본문에서 "대통령령으로 정하는 요건을 충족하는 사람"이란 다음 각 호의 어느 하나에 해당하는 사람으로서 적금 가입 당시 잔여 복무기간이 6개월 이상인 사람을 말한다.

1. 「병역법」 제5조제1항제1호가목에 따른 현역병

2. 「병역법」 제5조제1항제3호나목1)에 따른 사회복무요원

3. 「병역법」 제2조제1항제8호에 따른 상근예비역

4. 「병역법」 제25조에 따라 전환복무를 하는 사람

5. 「병역법」에 따른 대체복무요원(2022.2.15 본호신설)

② 법 제91조의19제1항 본문에서 "대통령령으로 정하는 장병내일준비적금"이란 다음 각 호의 요건을 모두 갖춘 적금을 말한다.

1. 「금융실명거래 및 비밀보장에 관한 법률」 제2조제1호에 따른 금융회사등(이하 이 조에서 "금융회사등"이라 한다)이 국방부장관·병무청장·경찰청장·소방청장·해양경찰청장과 협약을 체결하여 취급하는 적금일 것

2. 적금통장의 표지에 "장병내일준비적금통장"이라는 문구를 표시할 것

③ 법 제91조의19제1항에 따른 이자소득에 대한 비과세를 적용받으려는 사람은 장병내일준비적금의 가입 시 적금을 취급하는 금융회사등에 기획재정부령으로 정하는 장병내일준비적금 가입자격 확인서를 제출해야 한다.

④ 장병내일준비적금의 가입자가 계약의 만기일 전에 전역하는 경우에는 해당 적금의 계약 만기일을 법 제91조의19제1항 본문의 「병역법」에 따른 복무기간 종료일로 본다.

(2019.2.12 본조신설)

제93조의6【청년형 장기집합투자증권저축에 대한 소득공제】 ① 법 제91조의20제1항 각 호 외의 부분에서 "대통령령으로 정하는 청년"이란 같은 항 제2호에 따른 저축(이하 이 조에서 "청년형장기집합투자증권저축"이라 한다)의 가입일 현재 19세 이상 34세 이하인 사람〔제27조제1항제1호 각 목의 어느 하나에 해당하는 병역을 이행한 경우에는 그 기간(6년을 한도로 한다)을 가입일 현재 연령에서 빼고 계산한 연령이 34세 이하인 사람을 포함한다〕을 말한다.

② 청년형장기집합투자증권저축에 가입하려는 거주자는 다음 각 호의 자료를 청년형장기집합투자증권저축을 취급하는 회사(이하 이 조에서 "저축취급기관"이라 한다)에 제출해야 한다.

1. 세무서장으로부터 발급받은 기획재정부령으로 정하는 소득확인증명서

2. 「병역법 시행령」 제155조의7제2항에 따른 병적증명서(가입일 현재 연령이 35세 이상인 경우로 한정한다)

③ 국세청장은 저축취급기관으로부터 법 제91조의20제8항에 따른 요청을 받으면 같은 조 제9항에 따라 청년형장기집합투자증권저축에 가입한 거주자(이하 이 조에서 "가입자"라 한다)가 같은 조 제1항제1호 각 목의 요건을 갖추었는지를 확인하여 그 결과를 가입자의 청년형장기집합투자증권저축 가입연도(가입자에 대하여 「소득세법」 제80조에 따른 결정 또는 경정이 있는 경우에는 결정 또는 경정이 있는 해당 연도)의 다음 연도 2월 말일까지 해당 저축취급기관에 통보해야 한다.

④ 가입자는 제3항에 따라 국세청장이 저축취급기관에 통보한 내용에 이의가 있는 경우 기획재정부령으로 정하는 바에 따라 국세청장에게 의견을 제시할 수 있으며, 국세청장은 의견을 받은 날부터 14일 이내에 저축취급기관에 그 의견에 대한 수용 여부를 통보해야 한다.

⑤ 청년형장기집합투자증권저축은 청년형장기집합투자증권저축의 설립일 또는 설정일부터 매일 법 제91조의20제1항제2호가목에 따른 자산총액의 주식 투자 비율(이하 이 조에서 "최저보유요건"이라 한다)을 갖추어야 한다.

⑥ 제5항에도 불구하고 다음 각 호의 어느 하나에 해당하는 경우에는 매일 최저보유요건을 충족한 것으로 본다. 다만, 제4호 또는 제5호의 경우에는 최저보유요건을

충족하지 못하게 된 날부터 15일 이내에 다시 최저보유
요건을 충족한 경우에만 매일 최저보유요건을 충족한
것으로 본다.
1. 청년형장기집합투자증권저축의 최초 설립일 또는 설
정일부터 1개월간
2. 청년형장기집합투자증권저축 회계기간 종료일 이전
1개월간(회계기간이 3개월 이상인 경우로 한정한다)
3. 청년형장기집합투자증권저축의 해산일 또는 해지일
이전 1개월간(최초 설립일 또는 설정일부터 해산일 또
는 해지일까지의 기간이 3개월 이상인 경우로 한정한
다)
4. 3영업일 동안 누적된 추가설정 또는 해지청구된 금액
이 각각 청년형장기집합투자증권저축 자산총액의 100
분의 10을 초과하는 경우
5. 청년형장기집합투자증권저축이 투자한 자산의 가격
변동으로 최저보유요건을 충족하지 못하게 된 경우
⑦ 청년형장기집합투자증권저축이 「자본시장과 금융투
자업에 관한 법률」 제233조에 따른 자집합투자기구로
설립·설정된 경우에는 모집합투자기구에 투자하여 간
접적으로 법 제91조의20제1항제2호가목에 따른 주식을
취득하는 경우도 해당 주식에 투자한 것으로 보아 보유
비율을 산정한다.
⑧ 청년형장기집합투자증권저축이 다른 집합투자기구에
투자하여 간접적으로 법 제91조의20제1항제2호가목에
따른 주식을 취득하는 경우도 해당 주식에 투자한 것으
로 보아 다음의 계산식에 따라 보유비율을 산정한다.

보유비율 = (A + B) / C
A : 청년형장기집합투자증권저축이 보유한 주식의 가액
B : 청년형장기집합투자증권저축이 보유한 다른 집합투자
기구의 지분증권 또는 수익증권의 가액 × (다른 집합투
자기구가 보유한 법 제91조의20제1항제2호가목에 따른
주식의 가액 / 다른 집합투자기구의 자산총액)
C : 청년형장기집합투자증권저축의 자산총액

⑨ 청년형장기집합투자증권저축이 「자본시장과 금융투
자업에 관한 법률」 제232조에 따른 전환형집합투자기
구로 설립·설정된 경우로서 가입자가 집합투자규약에
따라 다른 집합투자증권으로 전환하는 경우는 법 제91
조의20제4항 및 제5항에 따른 해지로 보지 않는다.
⑩ 법 제91조의20제5항 단서에서 "사망·해외이주 등
대통령령으로 정하는 부득이한 사유"란 다음 각 호의
사유를 말한다.
1. 가입자의 사망·해외이주
2. 계약 해지일 전 6개월 이내에 발생한 다음 각 목의 사
유
  가. 천재지변
  나. 가입자의 퇴직
  다. 사업장의 폐업
  라. 가입자의 3개월 이상의 입원치료 또는 요양이 필
    요한 상해·질병의 발생
  마. 저축취급기관의 영업의 정지, 영업인가·허가의
    취소, 해산결의 또는 파산선고
  바. 청년형장기집합투자증권저축의 최초 설립일 또는
    설정일부터 1년이 지날 날에 집합투자기구의 원본액
    이 50억원에 미달하거나 최초 설립일 또는 설정일부
    터 1년이 지난 후 1개월간 계속하여 집합투자기구의
    원본액이 50억원에 미달하여 집합투자업자가 해당
    집합투자기구를 해지하는 경우
⑪ 제10항에 따른 사유가 발생하여 청년형장기집합투자
증권저축을 해지하려는 자는 기획재정부령으로 정하는
특별해지사유신고서를 저축취급기관에 제출해야 한다.
⑫ 저축취급기관은 청년형장기집합투자증권저축만을 입
금 또는 출금하는 청년형장기집합투자증권저축 전용계
좌로 청년형장기집합투자증권저축을 취급해야 한다.

⑬ 저축취급기관은 청년형장기집합투자증권저축의 약
관에 청년형장기집합투자증권저축의 계약금액 한도·
조회와 그 밖에 필요한 사항을 명시해야 한다.
⑭ 제1항부터 제13항까지에서 규정한 사항 외에 청년형
장기집합투자증권저축 전용계좌의 운용·관리 등 청년
형장기집합투자증권저축의 운영에 필요한 세부사항은
기획재정부령으로 정한다.
(2022.2.15 본조신설)
제93조의7【청년희망적금에 대한 비과세】 ① 법 제91
조의21제1항 각 호 외의 부분에서 "대통령령으로 정하
는 청년"이란 같은 항 각 호 외의 부분에 따른 청년희망
적금(이하 이 조에서 "청년희망적금"이라 한다) 가입일
현재 19세 이상 34세 이하인 사람[제27조제1항제1호 각
목의 어느 하나에 해당하는 병역을 이행한 경우에는 그
기간(6년을 한도로 한다)을 청년희망적금 가입일 현재
연령에서 빼고 계산한 연령이 34세 이하인 사람을 포함
한다]을 말한다.
② 법 제91조의21제1항 각 호 외의 부분에서 "대통령령
으로 정하는 청년희망적금"이란 다음 각 호의 요건을
모두 갖춘 적금을 말한다.
1. 「금융실명거래 및 비밀보장에 관한 법률」 제2조제1
호에 따른 금융회사등(이하 이 조에서 "금융회사등"이
라 한다)이 「서민의 금융생활 지원에 관한 법률」 제3
조에 따른 서민금융진흥원과 협약을 체결하여 취급하
는 적금일 것
2. 계약기간이 2년일 것
③ 청년희망적금에 가입하려는 자는 다음 각 호의 자료
를 금융회사등에 제출해야 한다.
1. 세무서장으로부터 발급받은 기획재정부령으로 정하
는 소득확인증명서
2. 「병역법 시행령」 제155조의7제2항에 따른 병적증명서
(가입일 현재 연령이 35세 이상인 경우로 한정한다)
④ 금융회사등은 국세청장에게 청년희망적금에 가입한
거주자(이하 이 조에서 "가입자"라 한다)가 가입 당시
법 제91조의21제1항 각 호의 요건을 갖추었는지를 확인
해 줄 것을 요청할 수 있다.
⑤ 제4항에 따른 요청을 받은 국세청장은 가입자가 해
당 요건을 갖추었는지를 확인하여 그 결과를 가입자의
적금 가입연도(적금 가입자에 대하여 「소득세법」 제80
조에 따른 결정 또는 경정이 있는 경우에는 결정 또는
경정이 있는 해당 연도)의 다음 연도 2월 말일까지 해당
금융회사등에 통보해야 한다.
⑥ 가입자는 제5항에 따라 국세청장이 금융회사등에 통
보한 내용에 이의가 있는 경우 기획재정부령으로 정하
는 바에 따라 국세청장에게 의견을 제시할 수 있으며,
국세청장은 의견을 받은 날부터 14일 이내에 금융회사
등에 그 의견에 대한 수용 여부를 통보해야 한다.
⑦ 법 제91조의21제2항에 따른 전용계좌(이하 이 조에
서 "전용계좌"라 한다)는 청년희망적금 전용계좌의 명
칭으로 개설되어야 하며, 금융회사등은 청년희망적금만
을 입금 또는 출금하는 전용계좌로 청년희망적금을 취
급해야 한다.
⑧ 가입자가 제2항제2호에 따른 계약기간 중 다음 각
호의 사유로 계약을 해지하는 경우에는 해지 시 지급받
은 이자소득에 대해 법 제91조의21제1항에 따른 조세특
례를 적용한다.
1. 가입자의 사망·해외이주
2. 계약 해지일 전 6개월 이내에 발생한 다음 각 목의 사
유
  가. 천재지변
  나. 가입자의 퇴직
  다. 사업장의 폐업
  라. 가입자의 3개월 이상의 입원치료 또는 요양이 필
    요한 상해·질병의 발생

마. 금융회사등의 영업의 정지, 영업인가·허가의 취소, 해산결의 또는 파산선고

⑨ 제8항 각 호의 사유가 발생하여 청년희망적금의 계약을 해지하려는 자는 기획재정부령으로 정하는 특별해지사유신고서를 전용계좌를 관리하는 금융회사등에 제출해야 한다.

⑩ 금융회사등은 청년희망적금의 약관에 청년희망적금의 계약금액 한도·조회와 그 밖에 필요한 사항을 명시해야 한다.

⑪ 제1항부터 제10항까지에서 규정한 사항 외에 전용계좌의 운용·관리 등 청년희망적금의 운영에 필요한 세부사항은 기획재정부령으로 정한다.

(2022.2.15 본조신설)

제93조의8 【청년도약계좌에 대한 비과세】 ① 법 제91조의22제1항 각 호 외의 부분에서 "대통령령으로 정하는 청년"이란 같은 조 제2항에 따른 계좌(이하 이 조에서 "청년도약계좌"라 한다)의 가입일 현재 19세 이상 34세(제27조제1항제1호 각 목의 어느 하나에 해당하는 병역을 이행한 경우에는 6년을 한도로 병역을 이행한 기간을 현재 연령에서 빼고 계산한 연령을 말한다) 이하인 사람을 말한다.

② 법 제91조의22제2항 각 호 외의 부분에서 "대통령령으로 정하는 계좌"란 다음 각 호의 요건을 모두 갖춘 계좌를 말한다.

1. 「금융실명거래 및 비밀보장에 관한 법률」에 따른 금융회사등(이하 이 조에서 "금융회사등"이라 한다)이 「서민의 금융생활 지원에 관한 법률」 제3조에 따른 서민금융진흥원과 협약을 체결하여 취급하는 계좌일 것

2. 계약기간이 5년일 것

③ 법 제91조의22제2항제2호가목에서 "대통령령으로 정하는 금융상품"이란 금융회사등 또는 「법인세법 시행령」 제111조제3항 각 호의 어느 하나에 해당하는 자가 환매기간에 따른 사전약정이율을 적용하여 환매수 또는 재매도하는 조건으로 매매하는 채권 또는 증권을 말한다.

④ 법 제91조의22제2항제2호바목에서 "대통령령으로 정하는 재산"이란 다음 각 호의 재산을 말한다.

1. 「부동산투자회사법」 제2조제3호가목에 따른 부동산투자회사의 주식

2. 청년도약계좌에 보유하고 있는 투자대상자산을 통해 취득한 「상법」 제420조의2에 따른 신주인수권증서

3. 「소득세법」 제16조제1항제1호 및 제2호에 따른 채권 또는 증권

⑤ 청년도약계좌에 가입하려는 거주자는 다음 각 호의 자료를 청년도약계좌를 취급하는 금융회사등(이하 이 조에서 "저축취급기관"이라 한다)에 제출해야 한다.

1. 세무서장으로부터 발급받은 기획재정부령으로 정하는 소득확인증명서

2. 「병역법 시행령」 제155조의7제2항에 따른 병적증명서(가입일 현재 연령이 35세 이상인 경우에만 해당한다)

⑥ 법 제91조의22제3항 단서에서 "가입자의 사망·해외이주 등 대통령령으로 정하는 부득이한 사유"란 다음 각 호의 사유를 말한다.

1. 가입자의 사망·해외이주

2. 계약 해지일 전 6개월 이내에 발생한 다음 각 목의 사유

가. 천재지변

나. 가입자의 퇴직

다. 사업장의 폐업

라. 가입자의 3개월 이상의 입원치료 또는 요양이 필요한 상해·질병의 발생

마. 저축취급기관의 영업의 정지, 영업인가·허가의 취소, 해산결의 또는 파산선고

바. 가입자의 주택 취득(과거에 주택을 소유한 사실이 없는 가입자가 본인이 거주할 목적으로 주택을 취득한 경우로서 취득일 당시 「소득세법」 제99조제1항에 따른 기준시가가 5억원 이하인 「주택법」 제2조제6호에 따른 국민주택규모의 주택을 취득한 경우로 한정한다)

⑦ 제6항에 따른 사유가 발생하여 청년도약계좌를 해지하려는 거주자는 기획재정부령으로 정하는 특별해지사유신고서를 저축취급기관에 제출해야 한다.

⑧ 제1항부터 제7항까지에서 규정한 사항 외에 청년도약계좌의 운용·관리, 그 밖에 필요한 사항은 기획재정부령으로 정한다.

(2023.2.28 본조신설)

제93조의9 【개인투자용국채에 대한 과세특례】 ① 법 제91조의23제1항 각 호 외의 부분에서 "대통령령으로 정하는 기간 동안 보유하는 경우"란 「국채법」 제4조제1항제1호나목에 따른 개인투자용국채(이하 이 조에서 "개인투자용국채"라 한다)의 발행일부터 원금 상환일(이하 이 조에서 "만기일"이라 한다)까지의 기간이 10년 이상인 개인투자용국채를 그 발행일부터 만기일까지 보유하는 경우를 말한다.

② 개인투자용국채가 「국채법」 제9조제3항에 따라 상속, 유증(遺贈) 또는 강제집행을 통해 타인에게 이전된 경우에는 해당 개인투자용국채를 이전받은 사람이 해당 개인투자용국채의 발행일부터 이전일까지의 기간 동안 그 개인투자용국채를 보유한 것으로 본다.

③ 법 제91조의23제1항 각 호 외의 부분에 따른 매입금액은 동일인이 매입(「국채법」 제9조제3항에 따라 강제집행을 통해 이전받은 경우를 포함한다. 이하 이 항에서 같다)한 각 개인투자용국채의 액면금액을 만기일이 먼저 도래하는 순서대로 합산하여 계산하고, 만기일이 같은 경우에는 이자율이 높은 개인투자용국채의 액면금액부터 합산하여 계산한다. 이 경우 「국채법」 제9조제3항에 따라 상속 또는 유증을 받은 개인투자용국채의 경우에는 본인이 매입한 개인투자용국채와 구분하여 법 제91조의23제1항 각 호 외의 부분에 따른 매입금액을 계산한다.

④ 법 제91조의23제1항에 따른 전용계좌는 '개인투자용국채 전용계좌'라는 명칭으로 개설된 계좌로서 개인투자용국채의 매입대금 납입, 국채 교부, 원금 상환 및 이자 지급 등 개인투자용국채의 매입과 관련된 용도로만 사용되는 계좌여야 한다.

(2023.6.7 본조신설)

제10절 국민생활의 안정을 위한 조세특례

제94조 (2019.2.12 삭제)

제95조 【월세 세액공제】 ① 법 제95조의2제1항 본문에서 "대통령령으로 정하는 세대"란 다음 각 호의 사람을 모두 포함한 세대를 말한다. 이 경우 거주자와 그 배우자는 생계를 달리 하더라도 동일한 세대로 본다.

1. 거주자와 그 배우자

2. 거주자와 같은 주소 또는 거소에서 생계를 같이 하는 사람으로서 다음 각 목의 어느 하나에 해당하는 사람

가. 거주자의 직계존비속(그 배우자를 포함한다) 및 형제자매

나. 거주자의 배우자의 직계존비속(그 배우자를 포함한다) 및 형제자매

(2021.2.17 본항개정)

② 법 제95조의2제1항 본문에서 "대통령령으로 정하는 월세액"이란 다음 각 호의 요건을 충족하는 주택(「주택법 시행령」 제4조제4호에 따른 오피스텔 및 「건축법 시행령」 별표1 제4호거목에 따른 고시원업의 시설을 포함한다. 이하 이 조에서 같다)을 임차하기 위하여 지급하는 월세액(사글세액을 포함한다. 이하 이 조에서 "월세액"이라 한다)을 말한다.(2017.2.7 본문개정)

1. 「주택법」 제2조제6호에 따른 국민주택규모의 주택이
거나 기준시가 4억원 이하인 주택일 것. 이 경우 해당
주택이 다가구주택이면 가구당 전용면적을 기준으로
한다.(2023.2.28 전단개정)
2. 주택에 딸린 토지가 다음 각 목의 구분에 따른 배율
을 초과하지 아니할 것
   가. 「국토의 계획 및 이용에 관한 법률」 제6조제1호에
   따른 도시지역의 토지 : 5배
   나. 그 밖의 토지 : 10배
3. 「주택임대차보호법」 제3조의2제2항에 따른 임대차계
약증서의 주소지와 주민등록표 등본의 주소지(제9항
에 따른 외국인의 경우에는 「출입국관리법」 제32조제
4호에 따른 국내 체류지 또는 「재외동포의 출입국과
법적 지위에 관한 법률」 제6조에 따라 신고한 국내거
소를 말한다)가 같을 것(2021.2.17 본호개정)
4. 해당 거주자 또는 해당 거주자의 「소득세법」 제50조
제1항제2호 및 제3호에 따른 기본공제대상자가 임대
차계약을 체결하였을 것(2017.2.7 본호신설)
③ 법 제95조의2제2항을 적용할 때 월세액은 임대차계
약증서상 주택임차 기간 중 지급하여야 하는 월세액의
합계액을 주택임대차 계약기간에 해당하는 일수로 나
눈 금액에 해당 과세기간의 임차일수를 곱하여 산정한
다.
④ 법 제95조의2제1항 본문에서 "대통령령으로 정하는
외국인"이란 다음 각 호의 요건을 모두 갖춘 거주자를
말한다.
1. 다음 각 목의 어느 하나에 해당하는 사람일 것
   가. 「출입국관리법」 제31조에 따라 등록한 외국인
   나. 「재외동포의 출입국과 법적 지위에 관한 법률」 제
   6조에 따라 국내거소신고를 한 외국국적동포
2. 다음 각 목의 어느 하나에 해당하는 사람이 법 제87
조제2항 · 제95조의2제1항 및 「소득세법」 제52조제4
항 · 제5항에 따른 공제를 받지 않았을 것
   가. 제1호에 해당하는 사람(이하 이 호에서 "거주자"
   라 한다)의 배우자
   나. 거주자와 같은 주소 또는 거소에서 생계를 같이
   하는 사람으로서 다음의 어느 하나에 해당하는 사람
   1) 거주자의 직계존비속(그 배우자를 포함한다) 및
   형제자매
   2) 거주자의 배우자의 직계존비속(그 배우자를 포함
   한다) 및 형제자매
(2021.2.17 본항신설)
(2015.2.3 본조신설)
제96조【소형주택 임대사업자에 대한 세액감면】 ① 법
제96조제1항에서 "대통령령으로 정하는 내국인"이란 다
음 각 호의 요건을 모두 충족하는 내국인을 말한다.
1. 「소득세법」 제168조 또는 「법인세법」 제111조에 따
른 사업자등록을 하였을 것
2. 「민간임대주택에 관한 특별법」 제5조에 따른 임대사
업자등록을 하였거나 「공공주택 특별법」 제4조에 따
른 공공주택사업자로 지정되었을 것(2015.12.28 본호
개정)
② 법 제96조제1항에서 "대통령령으로 정하는 임대주
택"이란 다음 각 호의 요건을 모두 갖춘 임대주택(이하
이 조에서 "임대주택"이라 한다)을 말한다.(2020.10.7 본
문개정)
1. 제1항에 따른 내국인이 임대주택으로 등록한 주택으
로서 다음 각 목의 어느 하나에 해당하는 주택일 것
   가. 「민간임대주택에 관한 특별법」 제2조제4호에 따른
   공공지원민간임대주택. 다만, 종전의 「민간임대주택
   에 관한 특별법」(법률 제17482호 민간임대주택에 관
   한 특별법 일부개정법률로 개정되기 전의 것을 말한
   다. 이하 이 조에서 같다) 제2조제6호에 따른 단기민
   간임대주택으로서 2020년 7월 11일 이후 같은 법 제5
   조제3항에 따라 공공지원민간임대주택으로 변경 신
   고한 주택은 제외한다.

나. 「민간임대주택에 관한 특별법」 제2조제5호에 따른
장기일반민간임대주택(법률 제17482호 민간임대주
택에 관한 특별법 일부개정법률 부칙 제5조제1항에
따라 장기일반민간임대주택으로 보는 아파트를 임
대하는 민간매입임대주택을 포함한다). 다만 다음의
어느 하나에 해당하는 주택은 제외한다.
   1) 2020년 7월 11일 이후 종전의 「민간임대주택에
   관한 특별법」 제5조제1항에 따라 등록 신청(같은
   조 제3항에 따라 임대할 주택을 추가하기 위해 등
   록한 사항을 변경 신고한 경우를 포함한다. 이하
   이 호에서 같다)한 장기일반민간임대주택 중 아파
   트를 임대하는 민간매입임대주택
   2) 종전의 「민간임대주택에 관한 특별법」 제2조제6
   호에 따른 단기민간임대주택으로서 2020년 7월 11
   일 이후 같은 법 제5조제3항에 따라 장기일반민간
   임대주택으로 변경 신고한 주택
다. 종전의 「민간임대주택에 관한 특별법」 제2조제6호
에 따른 단기민간임대주택. 다만, 2020년 7월 11일
이후 같은 법 제5조제1항에 따라 등록 신청한 단기
민간임대주택은 제외한다.
라. 「공공주택 특별법」 제2조제1호의2 및 제1호의3에
따른 공공건설임대주택 또는 공공매입임대주택
(2020.10.7 본호신설)
2. 「주택법」 제2조제6호에 따른 국민주택규모(해당 주
택이 다가구주택일 경우에는 가구당 전용면적을 기준
으로 한다)의 주택(주거에 사용하는 오피스텔과 주택
및 오피스텔에 딸린 토지를 포함하며, 그 딸린 토지가
건물이 정착된 면적에 지역별로 다음 각 목에서 정하
는 배율을 곱하여 산정한 면적을 초과하는 경우 해
당 주택 및 오피스텔은 제외한다)일 것(2016.8.11 본문
개정)
   가. 「국토의 계획 및 이용에 관한 법률」 제6조제1호에
   따른 도시지역의 토지 : 5배
   나. 그 밖의 토지 : 10배
3. 주택 및 이에 부수되는 토지의 기준시가의 합계액이
해당 주택의 임대개시일(임대 개시 후 제1항제10호 및
제2호의 요건을 충족하는 경우 그 요건을 모두 충족하는
날을 말한다. 이하 이 조에서 같다) 당시 6억원을 초과
하지 않을 것(2020.2.11 본호개정)
4. 임대보증금 또는 임대료(이하 이 호에서 "임대료등"
이라 한다)의 증가율이 100분의 5를 초과하지 않을 것.
이 경우 임대료등 증액 청구는 임대차계약 또는 약정
한 임대료등의 증액이 있은 후 1년 이내에는 하지 못
하고, 임대사업자가 임대료등의 증액을 청구하면서 임
대보증금과 월임대료를 상호 간에 전환하는 경우에는
「민간임대주택에 관한 특별법」 제44조제4항 및 「공공
주택 특별법 시행령」 제44조제3항에 따라 정한 기준
을 준용한다.(2020.2.11 본호개정)
③ 법 제96조제1항 및 제2항에 따른 1호 이상의 임대주
택을 4년(「민간임대주택에 관한 특별법」 제2조제4호에
따른 공공지원민간임대주택 또는 같은 조 제5호에 따른
장기일반민간임대주택(이하 이 조에서 "장기일반민간
임대주택등"이라 한다)의 경우에는 10년) 이상 임대하
는지 여부는 다음 각 호에 따른다.(2021.2.17 본문개정)
1. 해당 과세연도의 매월말 현재 실제 임대하는 임대주
택이 1호 이상인 개월 수가 해당 과세연도 개월 수(1
호 이상의 임대주택의 임대개시일이 속하는 과세연
도의 경우에는 1호 이상의 임대주택의 임대개시일이
속하는 월부터 과세연도 종료일이 속하는 월까지의
개월 수)의 12분의 9 이상인 경우에는 1호 이상의 임
대주택을 임대하고 있는 것으로 본다. 다만, 법 제96조
제2항 단서에 해당하는 경우에는 등록이 말소되는 날
이 속하는 해당 과세연도에 1호 이상의 임대주택을 임
대하고 있는 것으로 본다.(2021.2.17 단서신설)

2. 1호 이상의 임대주택의 임대개시일부터 4년(장기일반민간임대주택등의 경우에는 10년)이 되는 날이 속하는 달의 말일까지의 기간 중 매월 말 현재 실제 임대하는 임대주택이 1호 이상인 개월 수가 43개월(장기일반민간임대주택등의 경우에는 108개월) 이상인 경우에는 1호 이상의 임대주택을 4년(장기일반민간임대주택등의 경우에는 10년) 이상 임대하고 있는 것으로 본다. (2021.2.17 본호개정)
3. 제1호 및 제2호를 적용할 때 기존 임차인의 퇴거일부터 다음 임차인의 입주일까지의 기간으로서 3개월 이내의 기간은 임대한 기간으로 본다.
4. 제1호 및 제2호를 적용할 때 상속, 합병, 분할, 물적분할, 현물출자로 인하여 피상속인, 피합병법인, 분할법인, 출자법인(이하 이 호에서 "피상속인등"이라 한다)이 임대주택을 상속인, 합병법인, 분할신설법인, 피출자법인(이하 이 호에서 "상속인등"이라 한다)이 취득하여 임대하는 경우에는 피상속인등의 임대기간은 상속인등의 임대기간으로 본다.
5. 제1호 및 제2호를 적용할 때 「공익사업을 위한 토지 등의 취득 및 보상에 관한 법률」 또는 그 밖의 법률에 따른 수용(협의 매수를 포함한다)으로 임대주택을 처분하거나 임대를 할 수 없는 경우에는 해당 임대주택을 계속 임대하는 것으로 본다.
6. 제1호 및 제2호를 적용할 때 「도시 및 주거환경정비법」에 따른 재개발사업·재건축사업, 「빈집 및 소규모주택 정비에 관한 특례법」에 따른 소규모주택정비사업 또는 「주택법」에 따른 리모델링의 사유로 임대주택을 처분하거나 임대를 할 수 없는 경우에는 해당 주택의 관리처분계획 인가일(소규모주택정비사업의 경우에는 사업시행계획 인가일, 리모델링의 경우에는 허가일 또는 사업계획승인일을 말한다) 전 6개월부터 준공일 후 6개월까지의 기간은 임대한 기간으로 본다. 이 경우 임대기간 계산에 관하여는 「종합부동산세법 시행령」 제3조제7항제7호 및 제7호의2를 준용한다. (2021.2.17 본호개정)
④ 법 제96조제1항 각 호에서 임대사업자가 임대하는 임대주택의 수를 계산할 때에는 해당 과세연도 말 현재 임대주택 수를 기준으로 한다.(2020.2.11 본항신설)
⑤ 법 제96조제2항 단서에서 "「민간임대주택에 관한 특별법」 제6조제1항제11호에 해당하여 등록이 말소되는 경우 등 대통령령으로 정하는 경우"란 다음 각 호의 경우를 말한다.
1. 「민간임대주택에 관한 특별법」 제6조제1항제11호 또는 같은 조 제5항에 따라 임대사업자 등록이 말소된 경우
2. 「도시 및 주거환경정비법」에 따른 재개발사업·재건축사업, 「빈집 및 소규모주택 정비에 관한 특례법」에 따른 소규모주택정비사업으로 당초의 임대주택이 멸실되어 새로 취득하거나 「주택법」에 따른 리모델링으로 새로 취득한 주택이 아파트(당초의 임대주택이 단기민간임대주택인 경우에는 모든 주택을 말한다)인 경우. 다만, 새로 취득한 주택의 준공일부터 6개월이 되는 날이 2020년 7월 10일 이전인 경우는 제외한다. (2021.2.17 본항신설)
⑥ 법 제96조제2항에 따라 소득세 또는 법인세를 감면받은 내국인이 1호 이상의 임대주택을 4년(장기일반민간임대주택등의 경우에는 10년) 이상 임대하지 아니한 경우에는 그 사유가 발생한 날이 속하는 과세연도의 과세표준신고를 할 때 감면받은 세액 전액(장기일반민간임대주택등을 4년 이상 10년 미만 임대한 경우에는 해당 감면받은 세액의 100분의 60에 상당하는 금액)에 법 제96조제3항에 따라 계산한 이자 상당 가산액을 가산한 금액을 소득세 또는 법인세로 납부하여야 한다. (2021.2.17 본항개정)

⑦ 법 제96조제3항 단서에서 "대통령령으로 정하는 부득이한 사유가 있는 경우"란 다음 각 호의 어느 하나에 해당하는 경우를 말한다.
1. 파산, 강제집행에 따라 임대주택을 처분하거나 임대를 할 수 없는 경우
2. 법령상 의무를 이행하기 위하여 임대주택을 처분하거나 임대를 할 수 없는 경우
3. 「채무자 회생 및 파산에 관한 법률」에 따른 회생절차에 따라 법원의 허가를 받아 임대주택을 처분한 경우
⑧ 법 제96조제2항에 따라 세액의 감면신청을 하려는 자는 해당 과세연도의 과세표준신고와 함께 기획재정부령으로 정하는 세액감면신청서에 다음 각 호의 서류를 첨부하여 납세지 관할 세무서장에게 제출하여야 한다.
1. 「민간임대주택에 관한 특별법 시행령」 제4조제6항에 따른 임대사업자 등록증 또는 「공공주택 특별법」 제4조에 따른 공공주택사업자로의 지정을 증명하는 자료 (2023.9.26 본호개정)
2. 「민간임대주택에 관한 특별법 시행령」 제36조제4항에 따른 임대 조건 신고증명서(2016.2.5 본호신설)
3. 「민간임대주택에 관한 특별법」 제47조 또는 「공공주택 특별법」 제49조의2에 따른 표준임대차계약서 사본 (2019.2.12 본호개정)
4. 그 밖에 기획재정부령으로 정하는 서류
(2014.2.21 본조신설)

제96조의2【상가건물 장기 임대사업자에 대한 세액감면】 ① 법 제96조의2제1항제1호에 따른 영업용 사용 목적의 임대는 「상가건물 임대차보호법」 제2조제1항에 따른 상가건물을 「소득세법」 제168조 또는 「부가가치세법」 제8조에 따라 사업자등록을 한 개인사업자에게 자기의 계산과 책임 하에 계속적·반복적으로 행하는 활동을 위해 임대한 것으로 한다.
② 법 제96조의2제1항제2호에 따른 해당 과세연도 개시일 현재 동일한 임차인에게 계속하여 임대한 기간이 5년을 초과하는지 여부는 월력에 따라 계산하되, 1개월 미만인 경우에는 1개월로 본다.
③ 법 제96조의2제1항제3호에서 "대통령령으로 정하는 비율"이란 3퍼센트를 말한다.
④ 법 제96조의2제1항제3호의 연평균 임대료 인상률은 다음 계산식에 따라 계산한 율로 한다.

$$\text{연평균 임대료 인상률} = \frac{(\text{해당 과세연도 종료일부터 직전 2년간의 매월말 임대료의 합계액}) \times 1/2}{(\text{해당 과세연도 종료일부터 직전 2년이 되는 월말의 임대료}) \times 12}$$

⑤ 법 제96조의2제2항에 따라 세액의 감면신청을 하려는 자는 해당 과세연도의 과세표준신고와 함께 기획재정부령으로 정하는 세액감면신청서에 다음 각 호의 서류를 첨부하여 납세지 관할 세무서장에게 제출해야 한다.
1. 임대차계약서 사본
2. 그 밖에 기획재정부령으로 정하는 서류
(2019.2.12 본조신설)

제96조의3【상가임대료를 인하한 임대사업자에 대한 세액공제】 ① 법 제96조의3제1항에서 "대통령령으로 정하는 부동산임대사업을 하는 자"란 「소득세법」 제168조, 「법인세법」 제111조 또는 「부가가치세법」 제8조에 따라 상가건물에 대한 부동산임대업의 사업자등록을 한 자(이하 이 조에서 "상가임대인"이라 한다)를 말한다.
② 법 제96조의3제1항에서 "대통령령으로 정하는 상가건물"이란 「상가건물 임대차보호법」 제2조제1항 본문에 따른 상가건물(이하 이 조에서 "임대상가건물"이라 한다)을 말한다.
③ 법 제96조의3제1항에서 "대통령령으로 정하는 소상공인"이란 다음 각 호의 어느 하나에 해당하는 자(이하 이 조에서 "임차소상공인"이라 한다)를 말한다.

1. 다음 각 목의 요건을 모두 갖춘 자
가. 「소상공인기본법」 제2조에 따른 소상공인
나. 임대상가건물을 2021년 6월 30일 이전부터 계속하여 임차하여 영업용 목적으로 사용하고 있는 자
다. 별표14에 따른 업종을 영위하지 않는 자
라. 상가임대인과 「국세기본법」 제2조제20호에 따른 특수관계인이 아닌 자
마. 「소득세법」 제168조, 「법인세법」 제111조 또는 「부가가치세법」 제8조에 따른 사업자등록을 한 자
2. 임대상가건물 임대차계약이 종료되기 전에 폐업한 자로서 다음 각 목의 요건을 모두 갖춘 자
가. 폐업하기 전에 제1호에 해당했을 것
나. 2021년 1월 1일 이후에 임대차계약 기간이 남아 있을 것
(2021.11.9 본항개정)
④ 법 제96조의3제1항에서 "대통령령으로 정하는 임대료 인하액"이란 제1호에 따른 금액에서 제2호에 따른 금액을 뺀 금액(이하 이 조에서 "임대료인하액"이라 한다)을 말한다. 이 경우 보증금을 임대료로 환산한 금액은 제외한다.
1. 임대료를 인하하기 직전의 임대상가건물 임대차계약에 따른 임대료를 기준으로 계산한 해당 과세연도[해당 과세연도 중 법 제96조의3제1항에 따른 공제기간(이하 이 조에서 "공제기간"이라 한다)에 해당하는 기간으로 한정한다. 이하 제2호에서 같다]의 임대료. 다만, 공제기간 중 임대상가건물의 임대차계약을 동일한 임차소상공인과 갱신하거나 재계약(이하 이 조에서 "갱신등"이라 한다)하고 갱신등의 임대차계약에 따른 임대료가 인하된 경우 갱신등에 따른 임대차계약이 적용되는 날부터 2023년 12월 31일까지는 갱신등에 따른 임대료를 기준으로 계산한 임대료를 말한다.
(2023.2.28 단서개정)
2. 임대상가건물의 임대료로 지급했거나 지급하기로 하여 해당 과세연도에 상가임대인의 수입금액으로 발생한 임대료(2021.2.17 본호개정)
⑤ 법 제96조의3제1항에 따른 해당 과세연도의 기준소득금액은 해당 과세기간의 종합소득과세표준에 합산되는 종합소득금액에 임대료 인하액을 더한 금액으로 한다. (2021.5.4 본항신설)
⑥ 법 제96조의3제2항에서 "대통령령으로 정하는 요건에 해당하는 경우"란 임대료를 인하하기 직전의 임대차계약에 따른 임대료나 보증금보다 인상(임대차계약의 갱신등을 한 경우에는 갱신등의 임대료나 보증금이 임대료를 인하하기 직전의 임대차계약에 따른 금액의 100분의 5를 초과한 것을 말한다)한 경우를 말한다.
(2021.2.17 본항개정)
⑦ 해당 과세연도 중 제6항에 따른 요건에 해당하는 경우에는 법 제96조의3제1항에 따른 공제를 적용하지 않으며, 해당 과세연도 종료일 이후 6개월 이내에 제6항에 따른 요건에 해당하게 된 경우에는 이미 공제받은 세액을 추징한다. (2021.5.4 본항개정)
⑧ 법 제96조의3제1항에 따라 소득세 또는 법인세를 공제받으려는 자는 같은 조 제3항에 따라 해당 과세연도의 과세표준신고와 함께 기획재정부령으로 정하는 세액공제신청서에 다음 각 호의 서류를 첨부하여 납세지 관할 세무서장에게 제출해야 한다.
1. 임대료를 인하하기 직전에 체결한 임대차계약서 및 2020년 1월 1일 이후 임대차계약에 대한 갱신등을 한 경우 갱신등을 한 임대차계약서의 사본
2. 확약서, 약정서 및 변경계약서 등 공제기간 동안 임대료 인하에 합의한 사실을 증명하는 서류
3. 세금계산서, 금융거래내역 등 임대료의 지급 등을 확인할 수 있는 서류
4. 임차소상공인이 제3항제1호가목 및 다목의 요건을

갖췄음을 「소상공인 보호 및 지원에 관한 법률」 제17조에 따른 소상공인시장진흥공단에서 확인하는 서류 (2021.11.9 본항개정)
(2020.4.14 본조신설)

제97조【장기임대주택에 대한 양도소득세의 감면】
① 법 제97조제1항 각 호 외의 부분 본문에서 "대통령령으로 정하는 거주자"란 임대주택을 5호 이상 임대하는 거주자를 말한다. 이 경우 임대주택을 여러 사람이 공동으로 소유하는 경우에는 공동으로 소유하고 있는 임대주택의 호수에 지분비율을 곱하여 호수를 산정한다. (2019.2.12 후단신설)
② 법 제97조제1항 단서의 규정에 의한 건설임대주택의 일부 또는 동일한 지번상에 상가 등 다른 목적의 건물이 설치된 경우의 주택으로 보는 범위 및 필요경비계산에 관하여는 「소득세법 시행령」 제122조제4항 및 제5항을 준용한다. (2014.2.21 본항개정)
③ 법 제97조제3항의 규정에 의하여 주택임대에 관한 사항을 신고하고자 하는 거주자는 주택의 임대를 개시한 날부터 3월 이내에 기획재정부령이 정하는 주택임대신고서를 임대주택의 소재지 관할세무서장에게 제출하여야 한다. (2008.2.29 본항개정)
④ 법 제97조제3항의 규정에 의하여 세액의 감면신청을 하고자 하는 자는 당해 임대주택을 양도한 날이 속하는 과세연도의 과세표준신고와 함께 기획재정부령이 정하는 세액감면신청서에 다음 각호의 서류를 첨부하여 납세지 관할세무서장에게 제출하여야 한다. (2008.2.29 본문개정)
1. 「민간임대주택에 관한 특별법 시행령」 제4조제5항에 따른 임대사업자 등록증 또는 「공공주택 특별법」 제4조에 따른 공공주택사업자로의 지정을 증명하는 자료 (2023.9.26 본호개정)
2. 임대차계약서 사본
3. 임차인의 주민등록표등본 또는 주민등록증 사본. 이 경우 「주민등록법」 제29조제1항에 따라 열람한 주민등록 전입세대의 열람내역 제출로 갈음할 수 있다. (2020.2.11 후단신설)
4. (2006.6.12 삭제)
5. 기타 기획재정부령이 정하는 서류(2008.2.29 본호개정)
⑤ 법 제97조제4항의 규정에 의한 임대주택에 대한 임대기간(이하 이 조에서 "주택임대기간"이라 한다)의 계산은 다음 각호에 의한다.
1. 주택임대기간의 기산일은 주택의 임대를 개시한 날로 할 것
2. (2001.12.31 삭제)
3. 상속인이 상속으로 인하여 피상속인의 임대주택을 취득하여 임대하는 경우에는 피상속인의 주택임대기간을 상속인의 주택임대기간에 합산할 것
3의2. (2001.12.31 삭제)
4. 5호 미만의 주택을 임대한 기간은 주택임대기간으로 보지 아니할 것
5. 제1호 또는 제3호의 규정을 적용함에 있어서 기획재정부령이 정하는 기간은 이를 주택임대기간에 산입할 것(2008.2.29 본호개정)
⑥ 법 제97조제3항에 따라 세액의 감면신청을 받은 납세지 관할 세무서장은 「전자정부법」 제36조제1항에 따른 행정정보의 공동이용을 통하여 임대주택에 대한 등기사항증명서 또는 토지 및 건축물대장 등본을 확인하여야 한다(2018.2.13 본항개정)
(2001.12.31 본조제목개정)

제97조의2【신축임대주택에 대한 양도소득세의 감면특례】
① 법 제97조의2제1항 각 호 외의 부분에서 "대통령령으로 정하는 거주자"란 1호 이상의 신축임대주택(법 제97조의2제1항의 규정에 의한 신축임대주택을 말한다. 이하 이 조에서 같다)을 포함하여 2호 이상의

임대주택을 5년 이상 임대하는 거주자를 말한다.
(2009.2.4 본항개정)
② 신축임대주택의 주택임대사항의 신고·세액감면의 신청·임대기간의 계산 등에 관하여는 제97조제2항 내지 제6항의 규정을 준용한다. 다만, 제97조제4항의 규정을 준용함에 있어서 법 제97조의2제1항제2호의 규정에 의한 매입임대주택의 경우에는 제97조제4항 각호에 규정된 서류외에 매매계약서 사본과 계약금 지급일을 입증할 수 있는 증빙서류를 첨부하여 납세지 관할세무서장에게 제출하여야 한다.(2006.6.12 본항개정)
(2001.12.31 본조제목개정)
제97조의3【장기일반민간임대주택등에 대한 양도소득세의 과세특례】 ① 법 제97조의3제1항 각 호 외의 부분에서 "대통령령으로 정하는 거주자"란 「소득세법」 제1조의2제1항제1호에 따른 거주자를 말한다.
② 법 제97조의3제1항제1호에 따른 10년 이상 계속하여 임대한 경우는 「민간임대주택에 관한 특별법」 제2조제4호 또는 제5호에 따른 공공지원민간임대주택 또는 장기일반민간임대주택(이하 이 조에서 "장기일반민간임대주택등"이라 한다)으로 10년 이상 계속하여 등록되어 있고, 그 등록 기간 동안 통산하여 10년 이상 임대한 경우로 한다. 이 경우 「도시 및 주거환경정비법」에 따른 재개발사업·재건축사업, 「빈집 및 소규모주택 정비에 관한 특례법」에 따른 소규모주택정비사업 또는 「주택법」에 따른 리모델링의 시행으로 임대할 수 없는 경우에는 해당 주택의 관리처분계획 인가일(소규모주택정비사업의 경우에는 사업시행계획 인가일, 리모델링의 경우에는 허가일 또는 사업계획승인일을 말한다) 전 6개월부터 준공일 후 6개월까지의 기간 동안 계속하여 임대한 것으로 보되, 임대기간 계산 시에는 실제 임대기간만 포함한다.(2023.2.28 본항개정)
③ 법 제97조의3제1항제2호에서 "대통령령으로 정하는 임대보증금 또는 임대료 증액 제한 요건 등"이란 다음 각 호의 요건을 말한다.
1. 임대보증금 또는 임대료(이하 이 호에서 "임대료등"이라 한다)의 증가율이 100분의 5를 초과하지 않을 것. 이 경우 임대료등 증액 청구는 임대차계약 또는 약정한 임대료등의 증액이 있은 후 1년 이내에는 하지 못하고, 임대사업자가 임대료등의 증액을 청구하면서 임대보증금과 월임대료를 상호 간에 전환하는 경우에는 「민간임대주택에 관한 특별법」 제44조제4항에 따라 정한 기준을 준용한다.(2020.2.11 본호개정)
2. 「주택법」 제2조제6호에 따른 국민주택규모 이하의 주택(해당 주택이 다가구주택일 경우에는 가구당 전용면적을 기준으로 한다)일 것(2016.8.11 본호개정)
3. 장기일반민간임대주택등의 임대개시일부터 10년 이상 임대할 것(2023.2.28 본호개정)
4. 장기일반민간임대주택등 및 이에 부수되는 토지의 기준시가의 합계액이 해당 주택의 임대개시일 당시 6억원(수도권 밖의 지역인 경우에는 3억원)을 초과하지 아니할 것(2018.10.23 본호신설)
④ 장기일반민간임대주택등의 임대기간의 계산에 관하여는 제97조제5항제1호·제3호 및 제5호를 준용한다. 이 경우 「소득세법」 제168조에 따른 사업자등록과 「민간임대주택에 관한 특별법」 제5조에 따른 임대사업자등록을 하고 장기일반민간임대주택등으로 등록하여 임대하는 날부터 임대를 개시한 것으로 보며, 「민간임대주택에 관한 특별법」 제5조제3항에 따라 같은 법 제2조제6호의 단기민간임대주택을 장기일반민간임대주택등으로 변경신고하는 경우에는 같은 법 시행령 제34조제1항제3호에 따른 시점부터 임대를 개시한 것으로 본다.(2019.2.12 후단개정)
⑤ 「소득세법」 제95조제1항에 따른 장기보유 특별공제액을 계산할 때 법 제97조의3제1항에 따라 100분의 70의 공제율을 적용하는 경우에는 임대기간 중에 발생한

양도차익에 한정하여 적용하며, 임대기간 중 양도차익은 기준시가를 기준으로 산정한다.(2023.2.28 본항개정)
⑥ 법 제97조의3제2항에 따라 과세특례 적용의 신청을 하려는 자는 장기일반민간임대주택등의 양도소득 과세표준예정신고 또는 과세표준확정신고와 함께 기획재정부령으로 정하는 과세특례적용신청서를 납세지 관할 세무서장에게 제출하여야 한다. 이 경우 그 절차 등에 관하여는 제97조제3항·제4항 및 제6항을 준용한다.(2018.7.16 전단개정)
(2018.7.16 본조제목개정)
(2014.2.21 본조신설)
제97조의4【장기임대주택에 대한 양도소득세의 과세특례】 ① 법 제97조의4제1항에서 "대통령령으로 정하는 주택"이란 「소득세법 시행령」 제167조의3제1항제2호가목 및 다목에 따른 장기임대주택(「소득세법」 제1조의2제1항제2호에 따른 비거주자가 소유한 주택을 포함하며, 이하 이 조에서 "장기임대주택"이라 한다)을 말한다.(2016.2.5 본항개정)
② 법 제97조의4제1항을 적용할 때 장기임대주택의 임대기간의 계산에 관하여는 제97조제5항제1호·제3호 및 제5호를 준용한다. 이 경우 「소득세법」 제168조에 따른 사업자등록과 「민간임대주택에 관한 특별법」 제5조에 따른 임대사업자등록을 하거나, 「공공주택 특별법」 제4조에 따른 공공주택사업자로 지정되어 임대하는 날부터 임대를 개시한 것으로 본다.(2015.12.28 후단개정)
③ 법 제97조의4제2항에 따라 과세특례의 적용신청을 하려는 자는 해당 장기임대주택의 양도소득 과세표준예정신고 또는 과세표준확정신고와 함께 기획재정부령으로 정하는 과세특례적용신청서를 납세지 관할 세무서장에게 제출하여야 한다. 이 경우 그 절차 등에 관하여는 제97조제3항, 제4항 및 제6항을 준용한다.
(2014.2.21 본조신설)
제97조의5【장기일반민간임대주택등에 대한 양도소득세 세액감면】 ① 법 제97조의5제1항제2호에 따른 10년 이상 계속하여 「민간임대주택에 관한 특별법」 제2조제4호의 공공지원민간임대주택 또는 같은 조 제5호에 따른 장기일반민간임대주택(이하 이 조에서 "장기일반민간임대주택등"이라 한다)으로 임대한 경우는 장기일반민간임대주택등으로 10년 이상 계속하여 등록하고, 그 등록한 기간 동안 계속하여 10년 이상 임대한 경우로 한다. 이 경우 다음 각 호의 경우에는 해당 기간 동안 계속하여 임대한 것으로 본다.(2018.7.16 전단개정)
1. 기존 임차인의 퇴거일부터 다음 임차인의 주민등록을 이전하는 날까지의 기간으로서 6개월 이내의 기간
2. 제72조제2항 각 호의 법률에 따라 협의매수 또는 수용되어 임대할 수 없는 경우의 해당 기간
3. 「도시 및 주거환경정비법」에 따른 재개발사업·재건축사업, 「빈집 및 소규모주택 정비에 관한 특례법」에 따른 소규모주택정비사업 또는 「주택법」에 따른 리모델링의 사유로 임대할 수 없는 경우에는 해당 주택의 관리처분계획 인가일(소규모주택정비사업의 경우에는 사업시행계획 인가일, 리모델링의 경우에는 허가일 또는 사업계획승인일을 말한다) 전 6개월부터 준공일 후 6개월까지의 기간(2020.2.11 본호개정)
② 법 제97조의5제1항을 적용할 때 임대기간 중 발생한 양도소득은 다음 계산식에 따라 계산한 금액으로 한다. 이 경우 새로운 기준시가가 고시되기 전에 취득 또는 양도하거나 제1항에 따른 임대기간의 마지막 날이 도래하는 경우에는 직전의 기준시가를 적용하여 계산한다.

$$\begin{array}{l}\text{「소득세법」}\\\text{제95조제1항}\\\text{에 따른 양도}\\\text{소득금액}\end{array} \times \left(\dfrac{\begin{array}{c}\text{제1항에 따른}\\\text{임대기간의 마지막}\\\text{날의 기준시가}\end{array} - \begin{array}{c}\text{취득당시}\\\text{기준시가}\end{array}}{\begin{array}{c}\text{양도 당시}\\\text{기준시가}\end{array} - \begin{array}{c}\text{취득 당시}\\\text{기준시가}\end{array}} \right)$$

③ 장기일반민간임대주택등의 임대기간의 계산에 관하여는 제97조제5항제1호 및 제3호를 준용한다. 이 경우「소득세법」제168조에 따른 사업자등록과「민간임대주택에 관한 특별법」제5조에 따른 임대사업자등록을 하고 장기일반민간임대주택등으로 등록하여 임대하는 날부터 임대를 개시한 것으로 본다.(2018.7.16 본항개정)

④ 법 제97조의5제3항에 따라 과세특례 적용의 신청을 하려는 자는 해당 장기일반민간임대주택등의 양도소득 과세표준예정신고 또는 과세표준확정신고와 함께 기획재정부령으로 정하는 과세특례적용신청서를 납세지 관할 세무서장에게 제출하여야 한다. 이 경우 그 절차 등에 관하여는 제97조제3항, 제4항 및 제6항을 준용한다. (2018.7.16 전단개정)

(2018.7.16 본조제목개정)

(2015.2.3 본조신설)

제97조의6【임대주택 부동산투자회사의 현물출자자에 대한 과세특례 등】 ① 법 제97조의6제1항 각 호 외의 부분 및 같은 조 제2항제3호에서 "대통령령으로 정하는 임대주택 부동산투자회사"란 각각「부동산투자회사법」제14조의8제3항제2호의 주택임대사업에 투자하는 부동산투자회사로서 기획재정부령으로 정하는 임대주택 부동산투자회사(이하 이 조에서 "임대주택 부동산투자회사"라 한다)를 말한다.

② 법 제97조의6제1항 각 호 외의 부분에서 "대통령령으로 정하는 바에 따라 임대주택용으로 사용되는 부분"이란 다음 각 호의 어느 하나에 해당하는 부분을 말한다.

1.「민간임대주택에 관한 특별법」제2조에 따른 민간임대주택과「공공주택 특별법」제2조제1호가목에 따른 공공임대주택에 해당하는 주택(주거에 사용하는 오피스텔을 포함한다)(2015.12.28 본호개정)

2. 제1호에 따른 주택에 딸린 토지(건물이 정착된 면적에 지역별로 다음 각 목에서 정하는 배율을 곱하여 산정한 면적을 초과하는 경우 그 초과하는 부분의 토지는 제외한다)

가.「국토의 계획 및 이용에 관한 법률」제6조제1호에 따른 도시지역의 토지 : 5배

나. 그 밖의 토지 : 10배

③ 내국인이 법 제97조의6제1항에 따라 양도소득세의 납부 또는 법인세의 과세를 이연받을 수 있는 금액은 다음 각 호의 구분에 따라 계산한 금액으로 한다.

1. 거주자의 경우 :「소득세법」제93조제2호에 따른 양도소득 결정세액 × 거주자가 현물출자한「소득세법」제94조제1항제1호에 따른 토지 또는 건물(이하 이 조에서 "자산"이라 한다) 중 제2항에 따라 임대주택용으로 사용되는 부분의 비율

2. 내국법인의 경우 : (법 제97조의6제1항제2호에 따른 현물출자의 대가 - 현물출자한 자산의 장부가액) × 내국법인이 현물출자한 자산 중 제2항에 따라 임대주택용으로 사용되는 부분의 비율

④ 내국법인이 법 제97조의6제1항에 따라 법인세의 과세를 이연받는 경우에는 제3항제2호에 따라 계산한 금액을 현물출자일이 속하는 사업연도의 소득금액을 계산할 때 손금에 산입한다. 이 경우 손금에 산입하는 금액은 현물출자하는 자산의 개별 자산별로 계산하여야 하며, 손금에 산입하는 금액의 합계는 현물출자로 취득한 부동산투자회사 주식의 압축기장충당금으로 계상하여야 한다.

⑤ 현물출자를 2회 이상 하는 경우에는 각각을 독립된 현물출자로 보아 법 제97조의6제1항을 적용한다.

⑥ 제3항을 적용할 때「소득세법」제93조제2호에 따른 양도소득 결정세액은 같은 법 제96조제1항에 따른 실지거래가액을 기준으로 계산하며, 법 제97조의6제1항제2호에 따른 현물출자의 대가는 현물출자한 자산의「법인세법」제52조제2항에 따른 시가를 기준으로 계산한다.

⑦ 법 제97조의6제2항에 따라 이연받은 양도소득세액을 납부하거나 과세이연받은 소득금액을 익금에 산입하는 경우에는 다음 각 호의 방법에 따른다.

1. 거주자의 경우 : 다음 각 목에 따라 계산한 금액을 양도소득세액으로 납부한다.

가. 법 제97조의6제2항제1호 또는 제4호에 해당하는 경우로서 현물출자의 대가로 받은 주식 중 처분한 주식 수를 현물출자의 대가로 받은 주식 수로 나눈 비율(현물출자 외의 방법으로 취득한 주식을 처분하는 경우 현물출자의 대가로 받은 주식을 먼저 처분한 것으로 보며, 이하 이 호에서 "주식처분비율"이라 한다)을 누적한 값이 100분의 50 미만인 경우 : 제3항에 따라 납부이연받은 양도소득세액 × 주식처분비율

나. 법 제97조의6제2항제1호 또는 제4호에 해당하는 경우로서 주식처분비율을 누적한 값이 100분의 50 이상인 경우 : 제3항에 따라 납부이연받은 양도소득세액 전액(가목에 따라 이미 납부한 세액이 있는 경우에는 해당 금액을 제외한다)

(2017.2.7 가목~나목개정)

다. 법 제97조의6제2항제2호 또는 제3호에 해당하는 경우 : 제3항에 따라 납부이연받은 양도소득세액 전액(가목에 따라 이미 납부한 세액이 있는 경우에는 해당 금액을 제외한다)

2. 내국법인의 경우 : 다음 각 목에 따라 계산한 금액을 익금에 산입한다.

가. 법 제97조의6제2항제1호에 해당하는 경우로서 각 현물출자의 대가로 받은 주식 중 해당 사업연도에 처분한 주식 수를 현물출자의 대가로 받은 주식 수로 나눈 비율(먼저 취득한 주식을 먼저 처분한 것으로 보며, 현물출자 외의 방법으로 취득한 주식을 처분하는 경우 현물출자의 대가로 받은 주식을 먼저 처분한 것으로 본다. 이하 이 호에서 "해당연도주식처분비율"이라 한다)을 누적한 값이 100분의 50 미만인 경우 : 현물출자별로 계상된 압축기장충당금 × 해당연도주식처분비율

나. 법 제97조의6제2항제1호에 해당하는 경우로서 각 현물출자의 대가로 받은 주식의 해당연도주식처분비율을 누적한 값이 100분의 50 이상인 경우 : 제4항에 따라 계상한 압축기장충당금 전액(가목에 따라 이미 익금에 산입한 금액이 있는 경우에는 해당 금액을 제외한다)

다. 법 제97조의6제2항제2호 또는 제3호에 해당하는 경우 : 제4항에 따라 계상한 압축기장충당금 전액(가목에 따라 이미 익금에 산입한 금액이 있는 경우에는 해당 금액을 제외한다)

⑧ 법 제97조의6제3항에 따른 이자상당액은 다음 각 호의 구분에 따라 계산한 금액으로 한다.

1. 거주자의 경우 : 제7항제1호다목에 따라 납부하여야 할 양도소득세 납부이연금액에 가목에 따른 기간과 나목에 따른 율을 곱하여 계산한 금액

가. 현물출자한 토지등에 대한 양도소득세 예정신고 납부기한의 다음 날부터 법 제97조의6제2항제2호 또는 제3호에 따른 세액의 납부일까지의 기간

나. 제11조의2제9항제2호에 따른 율(2022.2.15 본목개정)

2. 내국법인의 경우 : 제7항제2호다목에 따라 익금에 산입하는 금액을 제4항에 따라 손금산입하여 발생한 법인세액의 차액에 가목에 따른 기간과 나목에 따른 율을 곱하여 계산한 금액(2019.2.12 본문개정)

가. 현물출자일이 속하는 사업연도 종료일의 다음 날부터 제7항제2호다목에 따른 금액을 익금에 산입하는 사업연도의 종료일까지의 기간

나. 제11조의2제9항제2호에 따른 율(2022.2.15 본목개정)

⑨ 법 제97조의6제1항을 적용받으려는 내국인은 과세표준 신고와 함께 기획재정부령으로 정하는 현물출자명세서 및 기획재정부령으로 정하는 현물출자 과세특례신청서를 납세지 관할 세무서장에게 제출하여야 한다. 이 경우 임대주택 부동산투자회사도 현물출자 과세특례신청서를 제출하여야 한다.
⑩ 내국인이 법 제97조의6제1항에 따라 과세특례를 적용받는 경우 임대주택 부동산투자회사는 매분기의 마지막 날까지 주주명부와 투자결과보고서를 납세지 관할 세무서장에게 제출하여야 한다.
(2015.2.3 본조신설)

제97조의7【임대사업자에게 양도하는 토지에 대한 과세특례】 ① 법 제97조의7제1항을 적용받으려는 자가 토지와 건물 등을 함께 양도하는 경우 토지와 건물 등의 양도가액의 구분이 불분명할 때에는 「소득세법 시행령」 제166조제6항을 준용하여 안분계산한다.
② 법 제97조의7제2항에 따라 세액감면 적용을 받으려는 자는 해당 토지의 양도소득 과세표준예정신고 또는 과세표준확정신고와 함께 기획재정부령으로 정하는 세액감면신청서에 토지를 양수하는 자가 「민간임대주택에 관한 특별법」 제2조제7호에 따른 임대사업자로서 같은 조 제4호에 따른 공공지원민간임대주택 또는 같은 조 제5호에 따른 장기일반민간임대주택을 300호 또는 300세대 이상 취득하였거나 취득하려는 자임을 증빙할 수 있는 서류를 첨부하여 납세지 관할 세무서장에게 제출하여야 한다.(2018.7.16 본항개정)
③ 법 제97조의7제3항제1호 및 제2호에서 "토지 양도일로부터 대통령령으로 정하는 기간"이란 토지 양도일부터 3년을 말한다.
④ 법 제97조의7제3항제1호에서 "공급촉진지구 지정일로부터 대통령령으로 정하는 기간"이란 공급촉진지구 지정일부터 6년을 말한다.
⑤ 법 제97조의7제3항제2호에서 "사업계획승인일로부터 대통령령으로 정하는 기간"이란 사업계획승인일부터 6년을 말한다.
(2018.7.16 본조제목개정)
(2016.2.5 본조신설)

제97조의8【공모부동산투자회사의 현물출자자에 대한 과세특례】 ① 법 제97조의8제1항에 따라 현물출자함으로써 발생하는 양도차익에 상당하는 금액에 대하여 과세를 이연받으려는 내국법인은 다음의 계산식에 따라 계산한 금액을 현물출자일이 속하는 사업연도의 소득금액을 계산할 때 손금에 산입한다. 이 경우 손금에 산입하는 금액은 현물출자하는 개별 자산별로 계산하여야 하며, 손금에 산입하는 금액의 합계는 현물출자로 취득한 「부동산투자회사법」 제49조의3제1항에 따른 공모부동산투자회사(이하 이 조에서 "공모부동산투자회사"라 한다) 주식의 압축기장충당금으로 계산하여야 한다.

| 법 제97조의8제1항에 따른 현물 | _ | 현물출자한 자산의 |
| 출자로 취득하는 주식의 가액 | | 장부가액 |

② 현물출자를 2회 이상 하는 경우에는 각각을 독립된 현물출자로 보아 법 제97조의8제1항을 적용한다.
③ 제1항을 적용할 때 현물출자로 취득하는 주식의 가액은 현물출자한 자산의 「법인세법」 제52조제2항에 따른 시가로 한다.
④ 법 제97조의8제2항에 따라 과세이연받은 소득금액을 익금에 산입하는 경우에는 다음 각 호의 구분에 따른 금액을 익금에 산입하여야 한다.
1. 법 제97조의8제2항제1호에 해당하는 경우로서 각 현물출자자의 대가로 받은 주식 중 해당 사업연도에 처분한 주식 수를 현물출자의 대가로 받은 주식 수로 나눈 비율(먼저 취득한 주식을 먼저 처분한 것으로 보며, 현물출자 외의 방법으로 취득한 주식을 처분하는 경우 현물출자의 대가로 받은 주식을 먼저 처분한 것으

로 본다. 이하 이 호에서 "해당연도주식처분비율"이라 한다)을 누적한 값이 100분의 50 미만인 경우 : 현물출자별로 계상된 압축기장충당금 × 해당연도주식처분비율
2. 법 제97조의8제2항제1호에 해당하는 경우로서 각 현물출자자의 대가로 받은 주식의 해당연도주식처분비율을 누적한 값이 100분의 50 이상인 경우 : 제1항에 따라 계상한 압축기장충당금 전액(제1호에 따라 이미 익금에 산입한 금액이 있는 경우에는 해당 금액을 제외한다)
3. 법 제97조의8제2항제2호에 해당하는 경우 : 제1항에 따라 계상한 압축기장충당금 전액(제1호에 따라 이미 익금에 산입한 금액이 있는 경우에는 해당 금액을 제외한다)
⑤ 법 제97조의8제3항에서 "대통령령으로 정하는 바에 따라 계산한 이자상당가산액"이란 현물출자일이 속하는 사업연도에 익금에 산입하여야 할 금액을 익금에 산입하지 아니함에 따라 발생한 법인세액의 차액에 제1호에 따른 기간과 제2호에 따른 율을 곱하여 계산한 금액을 말한다.
1. 현물출자일이 속하는 사업연도의 종료일의 다음 날부터 제4항제3호에 따라 익금에 산입하여야 할 금액을 익금에 산입하는 사업연도의 종료일까지의 기간
2. 제11조의2제9항제2호에 따른 율(2022.2.15 본호개정)
⑥ 법 제97조의8제1항을 적용받으려는 내국법인은 과세표준 신고와 함께 기획재정부령으로 정하는 현물출자명세서 및 기획재정부령으로 정하는 현물출자 과세특례신청서를 납세지 관할 세무서장에게 제출하여야 한다.
⑦ 내국법인이 법 제97조의8제1항에 따라 과세특례를 적용받는 경우 공모부동산투자회사는 매분기의 마지막 날까지 주주명부를 납세지 관할 세무서장에게 제출하여야 한다.
(2017.2.7 본조신설)

제97조의9【공공매입임대주택 건설을 목적으로 양도한 토지에 대한 과세특례】 ① 법 제97조의9제1항을 적용받으려는 자가 토지와 건물 등을 함께 양도하는 경우 토지와 건물 등의 양도가액 또는 취득가액의 구분이 불분명할 때에는 「소득세법 시행령」 제166조제6항을 준용하여 안분계산한다.
② 법 제97조의9제2항에 따라 세액감면 적용을 받으려는 사람은 해당 토지의 양도소득 과세표준예정신고 또는 과세표준확정신고를 할 때 기획재정부령으로 정하는 세액감면신청서에 토지를 양수하는 자가 「공공주택 특별법」 제2조제1호의3에 따른 공공매입임대주택을 건설할 자로서 같은 조 제4조에 따른 공공주택사업자와 공공매입임대주택을 건설하여 양도하기로 약정을 체결한 자임을 증명할 수 있는 서류를 첨부하여 납세지 관할 세무서장에게 제출해야 한다.
③ 법 제97조의9제3항에서 "인허가 지연 등 대통령령으로 정하는 부득이한 사유"란 다음 각 호의 어느 하나에 해당하는 사유를 말한다.
1. 「공공주택 특별법」 제2조제1호의3에 따른 공공매입임대주택으로 사용할 주택의 건설에 필요한 인가·허가 등의 지연
2. 주택건설사업자의 파산선고
3. 천재지변
(2023.2.28 본항신설)
(2021.5.4 본조신설)

제98조【미분양주택에 대한 과세특례】 ① 법 제98조제1항 본문에서 "대통령령으로 정하는 미분양 국민주택"이란 다음 각호의 요건을 모두 갖춘 국민주택규모 이하의 주택으로서 서울특별시외의 지역에 소재하는 것을 말한다.(2010.2.18 본문개정)
1. 「주택법」에 의하여 사업계획승인을 얻어 건설하는 주택(「민간임대주택에 관한 특별법」 제2조에 따른 민

간임대주택과 「공공주택 특별법」 제2조제1호가목에 따른 공공임대주택을 제외한다. 이하 이 조에서 같다)으로서 당해 주택의 소재지를 관할하는 시장·군수 또는 구청장이 1995년 10월 31일 현재 미분양주택임을 확인한 주택(2015.12.28 본호개정)
2. 주택건설사업자로부터 최초로 분양받은 주택으로서 당해 주택이 완공된 후 다른 자가 입주한 사실이 없는 주택(2020.2.18 본호개정)
② 1995년 11월 1일부터 1997년 12월 31일까지의 기간 중에 취득(1997년 12월 31일까지 매매계약을 체결하고 계약금을 납부한 경우를 포함한다)한 제1항 각 호의 미분양주택 외의 다른 주택을 소유하고 있는 거주자가 다른 주택을 양도할 경우에는 해당 미분양주택 외의 다른 주택만을 기준으로 하여 「소득세법」 제89조제1항제3호를 적용한다.(2014.2.21 본항개정)
③ 법 제98조제1항의 규정에 의한 보유기간의 계산에 관하여는 「소득세법」 제95조제4항의 규정을 준용한다.(2005.2.19 본항개정)
④ 법 제98조제1항의 규정에 의하여 과세특례적용의 신청을 하고자 하는 자는 당해 주택을 양도한 날이 속하는 과세연도의 과세표준확정신고(동조동항제1호의 방법을 선택한 경우에는 예정신고를 포함한다)와 함께 기획재정부령이 정하는 미분양주택과세특례적용신고서에 다음 각호의 서류를 첨부하여 납세지 관할세무서장에게 제출하여야 한다.(2008.2.29 본문개정)
1. 시장·군수 또는 구청장이 발행한 미분양주택확인서 사본
2. 미분양주택 취득시 매매계약서 사본(1998년 1월 1일 이후 취득등기하는 분에 한한다)
⑤ 법 제98조제3항에서 "대통령령으로 정하는 미분양국민주택"이란 다음 각호의 요건을 모두 갖춘 국민주택규모 이하의 주택으로서 서울특별시외의 지역에 소재하는 것을 말한다.(2010.2.18 본문개정)
1. 「주택법」에 의하여 사업계획승인을 얻어 건설하는 주택으로서 당해 주택의 소재지를 관할하는 시장·군수·구청장이 1998년 2월 28일 현재 미분양주택임을 확인한 주택(2005.2.19 본호개정)
2. 주택건설사업자로부터 최초로 분양받은 주택으로서 당해 주택이 완공된 후 다른 자가 입주한 사실이 없는 주택(2020.2.18 본호개정)
⑥ 1998년 3월 1일부터 1998년 12월 31일까지의 기간 중에 취득(1998년 12월 31일까지 매매계약을 체결하고 계약금을 납부한 경우를 포함한다)한 제5항 각 호의 미분양주택 외의 다른 주택을 소유하고 있는 거주자가 다른 주택을 양도할 경우에는 해당 미분양주택 외의 다른 주택만을 기준으로 하여 「소득세법」 제89조제1항제3호를 적용한다.(2014.2.21 본항개정)
⑦ 법 제98조제3항의 규정에 의한 과세특례적용의 신청 및 미분양주택의 보유기간의 계산에 관하여는 제3항 및 제4항의 규정을 준용한다.

제98조의2【지방 미분양주택 취득에 대한 양도소득세 과세특례】 ① 법 제98조의2제1항 각 호 외의 부분 중 "대통령령으로 정하는 미분양주택"이란 다음 각 호의 어느 하나에 해당하는 주택(이하 이 조에서 "미분양주택"이라 한다)을 말한다.
1. 「주택법」 제54조에 따른 사업주체(이하 이 조에서 "사업주체"라 한다)가 같은 조에 따라 공급하는 주택으로서 입주자모집공고에 따른 입주자의 계약일이 지난 주택단지에서 2008년 11월 2일까지 분양계약이 체결되지 아니하여 2008년 11월 3일 이후 선착순의 방법으로 공급하는 주택(2016.8.11 본호개정)
2. 2008년 11월 3일까지 「주택법」 제15조에 따른 사업계획승인(건축법 제11조에 따른 건축허가를 포함하며, 이하 이 조에서 같다)을 얻었거나 사업계획승인신

청을 한 사업주체가 해당 사업계획승인과 「주택법」 제54조에 따라 공급하는 주택(2008년 11월 3일 현재 입주자모집공고에 따른 입주자의 계약일이 지나지 아니한 주택에 한정한다)으로서 해당 사업주체와 최초로 매매계약을 체결하고 취득하는 주택(2016.8.11 본호개정)
② 법 제98조의2에 따라 과세특례를 적용받으려는 자는 해당 주택을 양도하는 날이 속하는 과세연도의 과세표준확정신고(법인세 과세표준신고를 포함한다) 또는 과세표준예정신고와 함께 시장·군수·구청장(구청장은 자치구의 구청장을 말한다. 이하 이 조에서 같다)으로부터 기획재정부령으로 정하는 미분양주택임을 확인하는 날인을 받은 매매계약서 사본을 납세지 관할 세무서장에게 제출하여야 한다. 다만, 다음 각 호의 서류를 제출하는 경우에는 그러하지 아니하다.
1. 제1항제1호의 주택 : 시장·군수·구청장이 확인한 미분양주택 확인서 및 매매계약서 사본
2. 제1항제2호의 주택 : 시장·군수·구청장이 확인한 사업계획승인 사실·사업계획승인신청 사실을 확인할 수 있는 서류 및 매매계약서 사본
③ 주택 소재지 관할세무서장이 제6항에 따라 해당주택이 미분양주택임을 확인할 수 있는 경우에는 제2항에 따른 부속 서류의 제출을 생략할 수 있다.
④ 사업주체는 제1항에 따른 미분양주택의 매매계약을 체결한 즉시 2부의 매매계약서에 시장·군수·구청장으로부터 기획재정부령으로 정하는 미분양주택임을 확인하는 날인을 받아 그 중 1부를 해당 매매계약자에게 교부하여야 한다.
⑤ 제4항에 따라 매매계약서에 미분양주택임을 확인하는 날인을 요청받은 시장·군수·구청장은 미분양주택확인서와 사업계획승인신청서류 등에 따라 미분양주택임을 확인하고, 매매계약서에 그 사실을 증명하는 날인을 하여야 하며, 기획재정부령으로 정하는 미분양주택확인대장에 그 내용을 작성하여 보관하여야 한다.
⑥ 시장·군수·구청장과 사업주체는 각각 기획재정부령으로 정하는 미분양주택확인대장을 매매계약일이 속하는 연도의 다음 연도 2월 말까지 정보처리장치·전산테이프 또는 디스켓·디스크 등의 전자적 형태(이하 이 조에서 "전자매체"라 한다)로 주택 소재지 관할세무서장에게 제출하여야 한다. 다만, 최초로 신고한 연도의 다음 연도부터 그 신고한 내용 중 변동이 없는 경우에는 제출하지 아니할 수 있다.
⑦ 제6항에 따른 전자매체 자료를 제출받은 주택 소재지 관할세무서장은 해당 자료를 기록·보관 하여야 한다.
⑧ 미분양주택 확인 절차 등 그 밖에 필요한 사항은 기획재정부령으로 정한다.
(2009.2.4 본조신설)

제98조의3【미분양주택 취득자에 대한 양도소득세 과세특례】 ① 법 제98조의3제1항 전단에서 "대통령령으로 정하는 미분양주택"이란 다음 각 호의 어느 하나에 해당하는 주택(이하 이 조에서 "미분양주택"이라 한다)을 말한다. 다만, 수도권과밀억제권역 안의 지역인 경우에는 대지면적이 660제곱미터 이내이고, 주택의 연면적이 149제곱미터(공동주택의 경우에는 전용면적 149제곱미터) 이내인 주택에 한정한다.
1. 「주택법」 제54조에 따라 주택을 공급하는 사업주체(이하 이 항에서 "사업주체"라 한다)가 같은 조에 따라 공급하는 주택으로서 해당 사업주체가 입주자모집공고에 따른 입주자의 계약일이 지난 주택단지에서 2009년 2월 11일까지 분양계약이 체결되지 아니하여 2009년 2월 12일 이후 선착순의 방법으로 공급하는 주택(2016.8.11 본호개정)
2. 「주택법」 제15조에 따른 사업계획승인(「건축법」 제11조에 따른 건축허가를 포함한다. 이하 이 조에서 같

다)을 받아 해당 사업계획과 「주택법」 제54조에 따라 사업주체가 공급하는 주택(2009년 2월 12일 이후 입주자모집공고에 따른 입주자의 계약일이 도래하는 주택에 한정한다)(2016.8.11 본호개정)
3. 주택건설사업자(20호 미만의 주택을 공급하는 자를 말하며, 제1호와 제2호에 해당하는 사업주체는 제외한다)가 공급하는 주택(2009년 2월 11일까지 매매계약이 체결되지 아니한 주택을 포함한다)
4. 「주택도시기금법」에 따른 주택도시보증공사(이하 이 조에서 "주택도시보증공사"라 한다)가 같은 법 시행령 제22조제1항제1호가목에 따라 매입한 주택으로서 주택도시보증공사가 공급하는 주택(2015.6.30 본호개정)
5. 주택의 시공자가 해당 주택의 공사대금으로 받은 주택으로서 해당 시공자가 공급하는 주택
6. 「법인세법 시행령」 제92조의2제2항제1호의5에 따른 기업구조조정부동산투자회사등이 취득한 주택으로서 해당 기업구조조정부동산투자회사등이 공급하는 주택
7. 주택 외의 시설과 주택을 동일건축물로 건설·공급하는 건축주가 2004년 3월 30일 전에 「건축법」 제11조에 따라 건축허가를 신청하여 건설한 주택(2009년 2월 11일까지 매매계약이 체결되지 아니한 주택에 한정한다)으로서 해당 건축주가 공급하는 주택
8. 「자본시장과 금융투자업에 관한 법률」에 따른 신탁업자가 「법인세법 시행령」 제92조의2제2항제1호의7에 따라 취득한 주택으로서 해당 신탁업자가 공급하는 주택(2009.9.29 본호신설)
② 제1항을 적용할 때 다음 각 호의 주택은 제외한다.
1. 매매계약일 현재 입주한 사실이 있는 주택
2. 2009년 2월 12일부터 2010년 2월 11일까지의 기간(이하 이 조에서 "미분양주택 취득기간"이라 한다) 중에 사업주체(제1항제3호에 따른 주택건설사업자, 같은 항 제4호에 따른 주택도시보증공사, 같은 항 제5호에 따른 시공자, 같은 항 제6호에 따른 기업구조정부동산투자회사등, 같은 항 제7호에 따른 건축주 및 같은 항 제8호에 따른 신탁업자를 포함한다. 이하 제3호, 제6항·제8항 및 제10항에서 같다)와 매매계약을 체결한 매매계약자가 해당 계약을 해제하고 매매계약자 또는 그 배우자(매매계약자 또는 그 배우자의 직계존비속 및 형제자매를 포함한다)가 당초 매매계약을 체결하였던 주택을 다시 매매계약하여 취득한 주택(2015.6.30 본호개정)
3. 미분양주택 취득기간 중에 해당 사업주체로부터 당초 매매계약을 체결하였던 주택에 대체하여 다른 주택을 매매계약하여 취득한 주택
③ 법 제98조의3제1항에서 해당 미분양주택의 취득일부터 5년간 발생한 양도소득금액은 제40조제1항을 준용하여 계산한 금액으로 한다.(2010.2.18 본항개정)
④ 법 제98조의3제1항에서 수도권과밀억제권역에 해당하는 여부는 매매계약일 현재를 기준으로 판단한다.
⑤ 법 제98조의3에 따라 과세특례를 적용받으려는 자는 해당 주택의 양도소득 과세표준예정신고 또는 과세표준확정신고와 함께 시장·군수·구청장(구청장은 자치구의 구청장을 말한다. 이하 이 조에서 같다)으로부터 기획재정부령으로 정하는 미분양주택임을 확인한 날인을 받은 매매계약서 사본을 납세지 관할세무서장에게 제출하여야 한다. 다만, 법 제98조의3제2항의 주택에 대하여는 시장·군수·구청장에게 제출한 건축착공신고서 사본과 사용검사 또는 사용승인(임시사용승인을 포함한다) 사실을 확인할 수 있는 서류를 제출하여야 한다.
⑥ 사업주체는 기획재정부령으로 정하는 미분양주택 현황(2009년 2월 11일까지 분양계약이 체결되지 아니한 것에 한정한다)을 2009년 4월 30일까지 시장·군

수·구청장에게 제출하여야 한다. 다만, 제1항제2호·제3호(2009년 2월 12일 이후 공급하는 것에 한정한다)·제4호·제5호(2009년 2월 12일 이후 대물변제 받은 것에 한정한다)·제6호 및 제8호에 해당하는 미분양주택 현황의 경우에는 사업주체와 최초로 매매계약(매매계약이 다수인 때에는 최초로 체결한 매매계약을 기준으로 한다)을 체결한 날이 속하는 달의 말일부터 1개월 이내에 제출하여야 한다.(2009.9.29 단서개정)
⑦ 시장·군수·구청장은 제6항에 따라 제출받은 미분양주택 현황을 관리하여야 하며, 그 현황을 제출일이 속하는 분기의 말일부터 1개월 이내에 소재지 관할세무서장에게 제출하여야 한다.
⑧ 사업주체는 제1항에 따른 미분양주택의 매매계약을 체결한 즉시 2부의 매매계약서에 시장·군수·구청장으로부터 기획재정부령으로 정하는 미분양주택임을 확인하는 날인을 받아 그 중 1부를 해당 매매계약자에게 교부하여야 하며, 그 내용을 기획재정부령으로 정하는 미분양주택확인대장에 작성하여 보관하여야 한다.
⑨ 제8항에 따라 매매계약서에 미분양주택임을 확인하는 날인을 요청받은 시장·군수·구청장은 제7항에 따른 미분양주택 현황 및 사업계획승인신청서류 등에 따라 미분양주택임을 확인한 후, 해당 매매계약서에 기획재정부령으로 정하는 미분양주택임을 확인하는 날인을 하여야 하며, 그 내용을 기획재정부령으로 정하는 미분양주택확인대장에 작성하여 보관하여야 한다.
⑩ 시장·군수·구청장과 사업주체는 각각 기획재정부령으로 정하는 미분양주택확인대장을 2010년 4월 30일까지 정보처리장치·전산테이프 또는 디스켓·디스크 등의 전자적 형태(이하 이 조에서 "전자매체"라 한다)로 주택 소재지 관할세무서장에게 제출하여야 한다.
⑪ 제10항에 따른 전자매체 자료를 제출받은 주택 소재지 관할세무서장은 해당 자료를 기록·보관하여야 한다.
⑫ 미분양주택 확인 절차 등 그 밖에 필요한 사항은 기획재정부령으로 정한다.
(2009.4.21 본조신설)
제98조의4【수도권 밖의 지역에 있는 미분양주택의 취득자에 대한 양도소득세의 과세특례】 ① 법 제98조의5제1항 각 호 외의 부분 전단에서 "대통령령으로 정하는 미분양주택"이란 다음 각 호의 어느 하나에 해당하는 주택(이하 이 조에서 "미분양주택"이라 한다)을 말한다.
1. 「주택법」 제54조에 따라 주택을 공급하는 사업주체가 같은 조에 따라 공급하는 주택으로서 해당 사업주체가 입주자모집공고에 따른 입주자의 계약일이 지난 주택단지에서 2010년 2월 11일까지 분양계약이 체결되지 아니하여 선착순의 방법으로 공급하는 주택(2016.8.11 본호개정)
2. 「주택도시기금법」에 따른 주택도시보증공사(이하 이 조에서 "주택도시보증공사"라 한다)가 같은 법 시행령 제22조제1항제1호가목에 따라 매입한 주택으로서 주택도시보증공사가 공급하는 주택(2015.6.30 본호개정)
3. 주택의 시공자가 해당 주택의 공사대금으로 받은 주택으로서 해당 시공자가 공급하는 주택
4. 「법인세법 시행령」 제92조의2제2항제1호의5 및 제1호의8에 따라 기업구조조정부동산투자회사등이 취득한 주택으로서 해당 기업구조조정부동산투자회사등이 공급하는 주택
5. 「자본시장과 금융투자업에 관한 법률」에 따른 신탁업자가 「법인세법 시행령」 제92조의2제2항제1호의7 및 제1호의9에 따라 취득한 주택으로서 해당 신탁업자가 공급하는 주택
② 제1항을 적용할 때 다음 각 호의 주택은 제외한다.
1. 매매계약일 현재 입주한 사실이 있는 주택

2. 2010년 5월 14일부터 2011년 4월 30일까지의 기간(이하 이 항에서 "미분양주택 취득기간"이라 한다) 중에 사업주체등(제1항제1호에 따른 사업주체, 같은 항 제2호에 따른 주택도시보증공사, 같은 항 제3호에 따른 시공자, 같은 항 제4호에 따른 기업구조조정부동산투자회사등 및 같은 항 제5호에 따른 신탁업자를 말한다. 이하 제3호, 제6항, 제8항 및 제10항에서 같다)과 매매계약을 체결한 매매계약자가 해당 계약을 해제하고 매매계약자 또는 그 배우자(매매계약자 또는 그 배우자의 직계존비속 및 형제자매를 포함한다)가 당초 매매계약을 체결하였던 주택을 다시 매매계약하여 취득한 주택(2015.6.30 본호개정)

3. 미분양주택 취득기간 중에 해당 사업주체등으로부터 당초 매매계약을 체결하였던 주택을 대체하여 다른 주택을 매매계약하여 취득한 주택

③ 법 제98조의5제1항에 따른 해당 미분양주택의 취득일부터 5년간 발생한 양도소득금액은 제40조제1항을 준용하여 계산한 금액으로 한다.

④ 법 제98조의5제1항에 따른 분양가격 인하율은 다음의 계산식에 따라 산정한다.

$$\text{분양가격 인하율} = \frac{\text{입주자 모집공고안에 공시된 분양가격} - \text{매매계약서상의 매매가격}}{\text{입주자 모집공고안에 공시된 분양가격}} \times 100$$

⑤ 법 제98조의5에 따라 과세특례를 적용받으려는 자는 해당 미분양주택의 양도소득 과세표준예정신고 또는 과세표준확정신고와 함께 시장(「제주특별자치도 설치 및 국제자유도시 조성을 위한 특별법」 제11조제2항에 따른 행정시장을 포함한다. 이하 이 조에서 같다)·군수·구청장(자치구의 구청장을 말한다. 이하 이 조에서 같다)으로부터 기획재정부령으로 정하는 미분양주택임을 확인하는 날인을 받은 매매계약서 사본을 납세지 관할 세무서장에게 제출하여야 한다.(2016.1.22 본항개정)

⑥ 사업주체등은 기획재정부령으로 정하는 미분양주택 현황(2010년 2월 11일까지 분양계약이 체결되지 아니한 것에 한정한다)을 2010년 6월 30일까지 시장·군수·구청장에게 제출하여야 한다.

⑦ 시장·군수·구청장은 제6항에 따라 제출받은 미분양주택 현황을 관리하여야 하며, 그 현황을 2010년 7월 30일까지 주택 소재지 관할 세무서장에게 제출하여야 한다.

⑧ 사업주체등은 제1항에 따른 미분양주택의 매매계약을 체결한 즉시 2부의 매매계약서에 시장·군수·구청장으로부터 기획재정부령으로 정하는 미분양주택임을 확인하는 날인을 받아 그 중 1부를 해당 매매계약자에게 교부하여야 하며, 그 내용을 기획재정부령으로 정하는 미분양주택확인대장에 작성하여 보관하여야 한다.

⑨ 제8항에 따라 매매계약서에 미분양주택임을 확인하는 날인을 요청받은 시장·군수·구청장은 제7항에 따른 미분양주택 현황 및 「주택법」 제15조에 따른 사업계획승인신청서류 등에 따라 미분양주택임을 확인하고, 해당 매매계약서에 기획재정부령으로 정하는 미분양주택임을 확인하는 날인을 하여야 하며, 그 내용을 기획재정부령으로 정하는 미분양주택확인대장에 작성하여 보관하여야 한다.(2016.8.11 본항개정)

⑩ 시장·군수·구청장과 사업주체등은 각각 기획재정부령으로 정하는 미분양주택확인대장을 2011년 6월 30일까지 정보처리장치·전산테이프 또는 디스켓·디스크 등의 전자적 형태(이하 이 조에서 "전자매체"라 한다)로 주택 소재지 관할 세무서장에게 제출하여야 한다.

⑪ 제10항에 따라 전자매체 자료를 제출받은 주택 소재지 관할 세무서장은 해당 자료를 기록·보관하여야 한다.

⑫ 미분양주택 확인 절차 및 그 밖에 필요한 사항은 기획재정부령으로 정한다.
(2010.6.8 본조신설)

제98조의5【준공후미분양주택의 취득자에 대한 양도소득세의 과세특례】

① 법 제98조의6제1항제1호에서 "대통령령으로 정하는 사업자"란 다음 각 호의 어느 하나에 해당하는 자를 말한다.

1. 「주택도시기금법 시행령」 제22조제1항제1호가목에 따라 주택을 매입한 주택도시보증공사(2015.6.30 본호개정)

2. 주택의 공사대금으로 해당 주택을 받은 주택의 시공자

3. 「법인세법 시행령」 제92조의2제2항제1호의5, 제1호의8 및 제1호의10에 따라 주택을 취득한 기업구조조정부동산투자회사등

4. 「법인세법 시행령」 제92조의2제2항제1호의7, 제1호의9 및 제1호의11에 따라 주택을 취득한 「자본시장과 금융투자업에 관한 법률」에 따른 신탁업자

② 법 제98조의6제1항제1호에서 "대통령령으로 정하는 준공후미분양주택"이란 「주택법」 제54조에 따라 공급하는 주택으로서 같은 법 제49조에 따른 사용검사(임시 사용승인을 포함한다) 또는 「건축법」 제22조에 따른 사용승인(같은 조 제3항 각 호의 어느 하나에 따라 건축물을 사용할 수 있는 경우를 포함한다)을 받은 후 2011년 3월 29일 현재 분양계약이 체결되지 아니하여 선착순의 방법으로 공급하는 주택(이하 이 조에서 "준공후미분양주택"이라 한다)을 말한다. 다만, 주택 및 이에 부수되는 토지의 기준시가의 합계액이 취득 당시(법 제98조의6제1항제1호의 주택은 최초 임대 개시 시) 6억원을 초과하거나, 주택의 연면적(공동주택의 경우에는 전용면적)이 149제곱미터를 초과하는 주택은 제외한다.(2016.8.11 본항개정)

③ 제2항 본문을 적용할 때 다음 각 호의 주택은 제외한다.

1. 해당 주택이 준공된 후 입주한 사실이 있는 주택

2. 2011년 3월 29일부터 2011년 12월 31일까지의 기간 중에 사업주체등(「주택법」 제54조에 따라 주택을 공급하는 해당 사업주체 및 제1항 각 호의 어느 하나에 해당하는 사업자를 말한다. 이하 이 조에서 같다)과 매매계약을 체결한 매매계약자가 해당 계약을 해제하고 매매계약자 또는 그 배우자(매매계약자 또는 그 배우자의 직계존속·비속 및 형제자매를 포함한다)가 당초 매매계약을 체결하였던 주택을 다시 매매계약하여 취득한 주택(2016.8.11 본호개정)

3. 2011년 3월 29일부터 2011년 12월 31일까지의 기간 중에 해당 사업주체등으로부터 당초 매매계약을 체결하였던 주택을 대체하여 다른 주택을 매매계약하여 취득한 주택

④ 법 제98조의6제1항에 따른 해당 준공후미분양주택의 취득일부터 5년간 발생한 양도소득금액은 제40조제1항을 준용하여 계산한 금액으로 한다.

⑤ 법 제98조의6제1항을 적용할 때 해당 준공후미분양주택의 임대기간(이하 이조에서 "임대기간"이라 한다)은 다음 각 호의 방법에 따라 계산한다.

1. 임대인이 「소득세법」 제168조에 따른 사업자등록과 「민간임대주택에 관한 특별법」 제5조에 따른 임대사업자등록을 하거나 「공공주택 특별법」 제4조에 따른 공공주택사업자로 지정된 후 임대를 개시하는 날부터 기산할 것(2015.12.28 본호개정)

2. 상속인이 상속으로 인하여 피상속인의 임대주택을 취득하여 임대하는 경우에는 피상속인의 임대기간을 상속인의 임대기간에 합산할 것

⑥ 법 제98조의6에 따라 과세특례를 적용받으려는 자는 해당 준공후미분양주택의 양도소득 과세표준예정신

고 또는 과세표준확정신고와 함께 다음 각 호의 서류를 납세지 관할 세무서장에게 제출하여야 한다.

1. 준공후미분양주택 소재지 관할 시장(「제주특별자치도 설치 및 국제자유도시 조성을 위한 특별법」 제11조제2항에 따른 행정시장을 포함한다. 이하 이 조에서 같다)·군수·구청장(자치구의 구청장을 말한다. 이하 이 조에서 같다)으로부터 기획재정부령으로 정하는 준공후미분양주택임을 확인하는 날인을 받은 매매계약서 사본(2016.1.22 본호개정)

2. 「민간임대주택에 관한 특별법 시행령」 제4조제5항에 따른 임대사업자등록증 사본 또는 「공공주택 특별법」 제4조에 따른 공공주택사업자를 증명하는 자료 (2023.9.26 본호개정)

3. 임대차계약서 사본

4. 그 밖에 기획재정부령으로 정하는 서류

⑦ 사업주체등은 기획재정부령으로 정하는 준공후미분양주택 현황(2011년 3월 29일까지 분양계약이 체결되지 아니한 것에 한정한다)을 2011년 9월 30일까지 시장·군수·구청장에게 제출하여야 한다.

⑧ 시장·군수·구청장은 제7항에 따라 제출받은 준공후미분양주택 현황을 관리하여야 하며, 그 현황을 2011년 10월 31일까지 준공후미분양주택 소재지 관할 세무서장에게 제출하여야 한다.

⑨ 사업주체등은 제2항에 따른 준공후미분양주택의 매매계약을 체결한 즉시 2부의 매매계약서에 시장·군수·구청장으로부터 기획재정부령으로 정하는 준공후미분양주택임을 확인하는 날인을 받아 그 중 1부를 해당 매매계약자에게 교부하여야 하며, 그 내용을 기획재정부령으로 정하는 준공후미분양주택확인대장(이하 이 조에서 "주택확인대장"이라 한다)에 작성하여 보관하여야 한다.

⑩ 제9항에 따라 매매계약서에 준공후미분양주택임을 확인하는 날인을 요청받은 시장·군수·구청장은 제7항에 따른 준공후미분양주택 현황 및 「주택법」 제15조에 따른 사업계획승인신청서류 등에 따라 준공후미분양주택임을 확인하고, 해당 매매계약서에 기획재정부령으로 정하는 준공후미분양주택임을 확인하는 날인을 하여야 하며, 그 내용을 주택확인대장에 작성하여 보관하여야 한다.(2016.8.11 본항개정)

⑪ 사업주체등은 법 제98조의6제1항제1호에 따라 준공후미분양주택의 매매계약을 체결하는 경우에는 그 즉시 제9항에 따른 매매계약서 외에도 임대사업자등록증 사본, 임대차계약서 사본, 임차인의 주민등록표 등본 또는 주민등록증 사본 등 임대기간을 입증하는 데에 필요한 자료를 해당 매매계약자에게 교부하여야 하며, 그 내용을 주택확인대장에 작성하여 보관하여야 한다.

⑫ 시장·군수·구청장과 사업주체등은 각각 주택확인대장을 2012년 6월 30일까지 정보처리장치·전산테이프 또는 디스켓·디스크 등의 전자적 형태(이하 이 조에서 "전자매체"라 한다)로 준공후미분양주택 소재지 관할 세무서장에게 제출하여야 한다.

⑬ 제12항에 따라 전자매체 자료를 제출받은 준공후미분양주택 소재지 관할 세무서장은 해당 자료를 기록·보관하여야 한다.

⑭ 준공후미분양주택 확인 절차 및 그 밖에 필요한 사항은 기획재정부령으로 정한다.
(2011.6.3 본조신설)

제98조의6【미분양주택의 취득자에 대한 양도소득세의 과세특례】 ① 법 제98조의7제1항 전단에서 "대통령령으로 정하는 미분양주택"이란 「주택법」 제54조에 따라 주택을 공급하는 사업주체가 같은 조에 따라 공급하는 주택으로서 해당 사업주체가 입주자모집공고에 따른 입주자의 계약일이 지난 주택단지로서 2012년 9월 23일까지 분양계약이 체결되지 아니하여 선착순의 방

법으로 공급하는 주택을 말한다.(2016.8.11 본항개정)

② 제1항을 적용할 때 다음 각 호의 주택은 제외한다.

1. 사업주체등(「주택법」 제54조에 따라 주택을 공급하는 해당 사업주체 및 제3항 각 호의 어느 하나에 해당하는 사업자를 말한다. 이하 이 조에서 같다)과 양수자 간에 실제로 거래한 가액이 9억원을 초과하는 주택. 이 경우 양수자가 부담하는 취득세 및 그 밖의 부대비용은 포함하지 아니한다.(2016.8.11 전단개정)

2. 매매계약일 현재 입주한 사실이 있는 주택

3. 2012년 9월 23일 이전에 사업주체등과 체결한 매매계약이 2012년 9월 24일부터 12월 31일까지의 기간(이하 이 항에서 "미분양주택 취득기간"이라 한다) 중에 해제된 주택

4. 제3호에 따른 매매계약을 해제한 매매계약자가 미분양주택 취득기간 중에 계약을 체결하여 취득한 미분양주택 및 해당 매매계약자의 배우자[매매계약자 또는 그 배우자의 직계존비속(그 배우자를 포함한다) 및 형제자매를 포함한다]가 미분양주택 취득기간 중에 원래 매매계약을 체결하였던 사업주체등과 계약을 체결하여 취득한 미분양주택

③ 법 제98조의7제1항 전단에서 "대통령령으로 정하는 사업자"란 다음 각 호의 어느 하나에 해당하는 자를 말한다.

1. 「주택도시기금법 시행령」 제22조제1항제1호가목에 따라 주택을 매입한 주택도시보증공사(2015.6.30 본호개정)

2. 주택의 공사대금으로 해당 주택을 받은 주택의 시공자

3. 「법인세법 시행령」 제92조의2제2항제1호의5, 제1호의8 및 제1호의10에 따라 주택을 취득한 기업구조조정부동산투자회사등

4. 「법인세법 시행령」 제92조의2제2항제1호의7, 제1호의9 및 제1호의11에 따라 주택을 취득한 「자본시장과 금융투자업에 관한 법률」에 따른 신탁업자

④ 법 제98조의7제1항 전단에 따른 해당 미분양주택의 취득일부터 5년간 발생한 양도소득금액은 제40조제1항을 준용하여 계산한 금액으로 한다.

⑤ 법 제98조의7에 따라 과세특례를 적용받으려는 사람은 해당 미분양주택의 양도소득 과세표준예정신고 또는 과세표준확정신고와 함께 제8항에 따라 사업주체등으로부터 교부받은 매매계약서 사본을 납세지 관할 세무서장에게 제출하여야 한다.

⑥ 사업주체등은 기획재정부령으로 정하는 미분양주택 현황을 2012년 11월 30일까지 시장(특별자치시장과 「제주특별자치도 설치 및 국제자유도시 조성을 위한 특별법」 제11조제2항에 따른 행정시장을 포함한다. 이하 이 조에서 같다)·군수·구청장(자치구의 구청장을 말한다. 이하 이 조에서 같다)에게 제출하여야 한다.
(2016.1.22 본항개정)

⑦ 시장·군수·구청장은 제6항에 따라 제출받은 미분양주택 현황을 관리하여야 하며, 그 현황을 2012년 12월 31일까지 주택 소재지 관할 세무서장에게 제출하여야 한다.

⑧ 사업주체등은 제1항에 따른 미분양주택의 매매계약을 체결한 즉시 2부의 매매계약서에 시장·군수·구청장으로부터 기획재정부령으로 정하는 날인을 받아 그 중 1부를 해당 매매계약자에게 교부하여야 하며, 그 내용을 기획재정부령으로 정하는 미분양주택확인대장에 작성하여 보관하여야 한다.

⑨ 제8항에 따라 매매계약서에 미분양주택임을 확인하는 날인을 요청받은 시장·군수·구청장은 제7항에 따른 미분양주택 현황 및 「주택법」 제15조에 따른 사업계획승인신청서류 등에 따라 미분양주택임을 확인하고, 해당 매매계약서에 기획재정부령으로 정하는 미분양주택임을 확인하는 날인을 하여야 하며, 그 내용을 기획재

정부령으로 정하는 미분양주택확인대장에 작성하여 보관하여야 한다.(2016.8.11 본항개정)
⑩ 시장·군수·구청장과 사업주체등은 각각 기획재정부령으로 정하는 미분양주택확인대장을 2013년 3월 31일까지 정보처리장치·전산테이프 또는 디스켓·디스크 등의 전자적 형태(이하 이 조에서 "전자매체"라 한다)로 주택 소재지 관할 세무서장에게 제출하여야 한다.
⑪ 제10항에 따라 전자매체 자료를 제출받은 주택 소재지 관할 세무서장은 해당 자료를 기록·보관하여야 한다.
⑫ 미분양주택 확인 절차 및 그 밖에 필요한 사항은 기획재정부령으로 정한다.
(2012.10.15 본조신설)

제98조의7【준공후미분양주택의 취득자에 대한 양도소득세의 과세특례】 ① 법 제98조의8제1항 전단에서 "대통령령으로 정하는 준공후미분양주택"이란 다음 각 호의 요건을 모두 충족하는 주택(이하 이 조에서 "준공후미분양주택"이라 한다)을 말한다.
1. 「주택법」 제54조에 따라 공급하는 주택으로서 같은 법 제49조에 따른 사용검사(임시 사용승인을 포함한다) 또는 「건축법」 제22조에 따른 사용승인(같은 조 제3항 각 호의 어느 하나에 따라 건축물을 사용할 수 있는 경우를 포함한다)을 받은 후 2014년 12월 31일까지 분양계약이 체결되지 아니하였을 것
(2016.8.11 본호개정)
2. 2015년 1월 1일 이후 선착순의 방법으로 공급할 것
② 제1항을 적용할 때 다음 각 호의 주택은 제외한다.
1. 사업주체등(「주택법」 제54조에 따라 주택을 공급하는 해당 사업주체 및 제3항 각 호의 어느 하나에 해당하는 사업자를 말한다. 이하 이 조에서 같다)과 양수자 간에 실제로 거래한 가액이 6억원을 초과하거나 연면적(공동주택의 경우에는 전용면적을 말한다)이 135제곱미터를 초과하는 주택. 이 경우 양수자가 부담하는 취득세 및 그 밖의 부대비용은 포함하지 아니한다.
(2016.8.11 전단개정)
2. 2014년 12월 31일 이전에 사업주체등과 체결한 매매계약이 2015년 1월 1일 이후 해제된 주택
3. 제2호에 따른 매매계약을 해제한 매매계약자가 2015년 1월 1일부터 2015년 12월 31일까지의 기간 중에 계약을 체결하여 취득한 준공후미분양주택 및 해당 매매계약자의 배우자[매매계약자 또는 그 배우자의 직계존비속(그 배우자를 포함한다) 및 형제자매를 포함한다]가 2015년 1월 1일부터 2015년 12월 31일까지의 기간 중에 원래 매매계약을 체결하였던 사업주체등과 계약을 체결하여 취득한 준공후미분양주택
③ 법 제98조의8제1항 전단에서 "대통령령으로 정하는 자"란 다음 각 호의 어느 하나에 해당하는 자를 말한다.
1. 「주택도시기금법 시행령」 제22조제1항제1호가목에 따라 주택을 매입한 주택도시보증공사(2015.6.30 본호개정)
2. 주택의 공사대금으로 해당 주택을 받은 주택의 시공자
3. 「법인세법 시행령」 제92조의2제2항제1호의5, 제1호의8 및 제1호의10에 따라 주택을 취득한 기업구조조정부동산투자회사등
4. 「법인세법 시행령」 제92조의2제2항제1호의7, 제1호의9 및 제1호의11에 따라 주택을 취득한 「자본시장과 금융투자업에 관한 법률」에 따른 신탁업자
④ 법 제98조의8제1항에 따른 준공후미분양주택의 취득일부터 5년간 발생한 양도소득금액은 제40조제1항을 준용하여 계산한다.
⑤ 법 제98조의8제1항을 적용할 때 해당 준공후미분양주택의 임대기간(이하 이 조에서 "임대기간"이라 한다)은 제98조의5제5항을 준용하여 계산한다.

⑥ 사업주체등은 기획재정부령으로 정하는 준공후미분양주택 현황(2014년 12월 31일까지 분양계약이 체결되지 아니한 것으로 한정한다)을 2015년 4월 30일까지 시장(「제주특별자치도 설치 및 국제자유도시 조성을 위한 특별법」 제11조제2항에 따른 행정시장을 포함한다. 이하 이 조에서 같다)·군수·구청장(자치구의 구청장을 말한다. 이하 이 조에서 같다)에게 제출하여야 한다.
(2016.1.22 본항개정)
⑦ 시장·군수·구청장은 제6항에 따라 제출받은 준공후미분양주택 현황을 관리하여야 하며, 그 현황을 2015년 12월 31일까지 준공후미분양주택 소재지 관할 세무서장에게 제출하여야 한다.
⑧ 법 제98조의8에 따라 과세특례를 적용받으려는 자는 해당 준공후미분양주택의 양도소득 과세표준예정신고 또는 과세표준확정신고와 함께 다음 각 호의 서류를 납세지 관할 세무서장에게 제출하여야 한다.
1. 제9항에 따라 준공후미분양주택 소재지 관할 시장·군수·구청장으로부터 기획재정부령으로 정하는 준공후미분양주택임을 확인하는 날인을 받은 매매계약서의 사본
2. 「민간임대주택에 관한 특별법 시행령」 제4조제5항에 따른 임대사업자등록증 사본 또는 「공공주택 특별법」 제4조에 따른 공공주택사업자를 증명하는 자료
(2023.9.26 본호개정)
3. 임대차계약서 사본
4. 그 밖에 기획재정부령으로 정하는 서류
⑨ 사업주체등은 준공후미분양주택의 매매계약을 체결한 즉시 2부의 매매계약서에 시장·군수·구청장으로부터 기획재정부령으로 정하는 준공후미분양주택임을 확인하는 날인을 받아 그 중 1부를 해당 매매계약자에게 교부하여야 하며, 그 내용을 기획재정부령으로 정하는 준공후미분양주택확인대장(이하 이 조에서 "주택확인대장"이라 한다)에 기재하여 보관하여야 한다.
⑩ 제9항에 따라 매매계약서에 준공후미분양주택임을 확인하는 날인을 요청받은 시장·군수·구청장은 제6항에 따른 준공후미분양주택 현황 및 「주택법」 제15조에 따른 사업계획승인신청서류 등에 따라 준공후미분양주택임을 확인하고, 해당 매매계약서에 기획재정부령으로 정하는 준공후미분양주택임을 확인하는 날인을 하여야 하며, 그 내용을 주택확인대장에 기재하여 보관하여야 한다.(2016.8.11 본항개정)
⑪ 사업주체등은 법 제98조의8제1항에 따라 준공후미분양주택의 매매계약을 체결하는 경우에는 그 즉시 제9항에 따른 매매계약서 외에도 임대사업자등록증 사본, 임대차계약서 사본, 임차인의 주민등록표 등본 또는 주민등록표 초본 등 임대기간을 입증하는 데에 필요한 자료를 해당 매매계약자에게 교부하여야 하며, 그 내용을 주택확인대장에 기재하여 보관하여야 한다.
⑫ 시장·군수·구청장과 사업주체등은 각각 주택확인대장을 2016년 2월 28일까지 정보처리장치·전산테이프 또는 디스켓·디스크 등의 전자적 형태(이하 이 조에서 "전자매체"라 한다)로 준공후미분양주택 소재지 관할 세무서장에게 제출하여야 한다.
⑬ 제12항에 따라 전자매체 자료를 제출받은 준공후미분양주택 소재지 관할 세무서장은 해당 자료를 기록·보관하여야 한다.
⑭ 그 밖에 준공후미분양주택의 확인 절차 및 방법 등에 관하여 필요한 사항은 기획재정부령으로 정한다.
(2015.2.3 본조신설)

제99조【신축주택의 취득자에 대한 양도소득세의 감면】 ① 법 제99조제1항에 따른 양도소득세 과세대상소득금액에서 빼는 양도소득금액(이하 이 조에서 "감면대상 양도소득금액"이라 한다)은 다음 각 호의 구분에 따라 계산한다. 이 경우 새로운 기준시가가 고시되기 전인 경우에는 직전의 기준시가를 적용한다.

1. 취득일부터 5년 이내에 양도하는 경우 감면대상 양도소득금액은 「소득세법」 제95조제1항에 따라 계산한다. 다만, 재개발·재건축되기 전의 주택(이하 이 조에서 "종전주택"이라 한다)을 재개발·재건축하여 취득한 법 제98조의3제2항 각 호에 따른 신축주택의 경우 감면대상 양도소득금액은 다음 계산식에 따라 계산한 금액으로 한다.

$$\text{「소득세법」 제95조제1항에 따라 계산한 양도소득금액} \times \frac{\text{양도 당시 기준시가} - \text{신축주택 취득 당시 기준시가}}{\text{양도 당시 기준시가} - \text{종전주택 취득 당시 기준시가}}$$

(2016.5.10 단서개정)

2. 취득일부터 5년 후에 양도하는 경우 감면대상 양도소득금액은 다음 계산식에 따라 계산한 금액으로 한다.

$$\text{「소득세법」 제95조제1항에 따라 계산한 양도소득금액} \times \frac{\text{신축주택 취득일부터 5년이 되는 날의 기준시가} - \text{신축주택 취득 당시 기준시가}}{\text{양도 당시 기준시가} - \text{신축주택 취득 당시 기준시가(다만, 종전주택을 재개발·재건축하여 취득한 법 제98조의3제2항 각 호에 따른 신축주택의 경우 종전주택 취득 당시 기준시가)}}$$

(2017.5.8 본호개정)
(2016.2.5 본항개정)

② 법 제99조제1항제2호 단서에서 "대통령령으로 정하는 사유에 해당하는 사실이 있는 주택"이란 1998년 5월 21일 이전에 주택건설사업자와 주택분양계약을 체결한 분양계약자가 당해 계약을 해제하고 분양계약자 또는 그 배우자(분양계약자 또는 그 배우자의 직계존비속 및 형제자매를 포함한다)가 당초 분양계약을 체결하였던 주택을 다시 분양받아 취득한 주택 또는 당해 주택건설사업자로부터 당초 분양계약을 체결하였던 주택에 대체하여 다른 주택을 분양받아 취득한 주택을 말한다. 다만, 기획재정부령이 정하는 사유에 해당하는 주택을 제외한다.(2020.2.18 본문개정)

③ 법 제99조제1항제2호에서 "대통령령으로 정하는 주택"이란 다음 각호의 1에 해당하는 주택을 말한다. (2010.2.18 본문개정)

1. 「주택법」에 의한 주택조합 또는 「도시 및 주거환경정비법」에 의한 정비사업조합(이하 이 조에서 "주택조합등"이라 한다)이 그 조합원에게 공급하고 남은 주택(이하 이 조에서 "잔여주택"이라 한다)으로서 법 제99조제1항제1호의 규정에 의한 신축주택취득기간(이하 이 조에서 "신축주택취득기간"이라 한다)내에 주택조합등과 직접 매매계약을 체결하고 계약금을 납부한 자가 취득한 주택(2005.2.19 본호개정)

2. 조합원이 주택조합등으로부터 취득하는 주택으로서 신축주택취득기간 경과후에 사용승인 또는 사용검사를 받는 주택. 다만, 주택조합등이 조합원외의 자와 신축주택취득기간내에 잔여주택에 대한 매매계약(매매계약이 다수인 때에는 최초로 체결한 매매계약을 기준으로 한다)을 직접 체결하여 계약금을 납부받은 사실이 있는 경우에 한한다)
(1999.10.30 본항신설)

④ 법 제99조제3항의 규정에 의하여 양도소득세의 감면신청을 하고자 하는 자는 당해 부동산의 양도일이 속하는 과세연도의 과세표준 확정신고와 함께 기획재정부령이 정하는 세액감면신청서에 다음 각호의 1에 해당하는 서류를 첨부하여 납세지 관할세무서장에게 제출하여야 한다. 이 경우 납세지 관할세무서장은 「전

자정부법」 제36조제1항에 따른 행정정보의 공동이용을 통하여 해당 주택의 건축물대장을 확인하여야 한다(제3호의 경우는 제외한다).(2010.11.2 후단신설)

1. 법 제99조제1항제1호의 주택의 경우에는 사용승인일 또는 사용검사일(임시사용승인일을 포함한다)을 입증할 수 있는 증빙서류(2010.11.2 본호개정)

2. 제3항제2호의 주택
   가. 주택조합등이 조합원외의 자와 신축주택취득기간 내에 잔여주택에 대한 매매계약을 직접 체결하여 계약금을 납부받은 사실을 입증할 수 있는 증빙 서류
   나. 제1호의 서류

3. 기타의 주택
   가. 취득시의 주택매매계약서
   나. 계약금을 납부한 사실을 입증할 수 있는 증빙서류
(1999.10.30 본항개정)

제99조의2【신축주택 등 취득자에 대한 양도소득세의 과세특례】

① 법 제99조의2제1항 전단에서 "대통령령으로 정하는 신축주택, 미분양주택"이란 다음 각 호의 어느 하나에 해당하는 주택(이하 이 조에서 "신축주택등"이라 한다)을 말한다.

1. 「주택법」 제54조에 따라 주택을 공급하는 사업주체(이하 이 항에서 "사업주체"라 한다)가 같은 조에 따라 공급하는 주택으로서 해당 사업주체가 입주자모집공고에 따른 입주자의 계약일이 지난 주택단지에서 2013년 3월 31일까지 분양계약이 체결되지 아니하여 2013년 4월 1일 이후 선착순의 방법으로 공급하는 주택(2016.8.11 본호개정)

2. 「주택법」 제15조에 따른 사업계획승인(「건축법」 제11조에 따른 건축허가를 포함한다. 이하 이 호에서 같다)을 받아 해당 사업계획과 「주택법」 제54조에 따라 사업주체가 공급하는 주택(입주자모집공고에 따른 입주자의 계약일이 2013년 4월 1일 이후 도래하는 주택으로 한정한다)(2016.8.11 본호개정)

3. 주택건설사업자(30호 미만의 주택을 공급하는 자를 말하며, 제1호와 제2호에 해당하는 사업주체는 제외한다)가 공급하는 주택(「주택법」에 따른 주택을 말하며, 이하 제4호부터 제8호까지의 규정에서 같다)
(2014.2.21 본호개정)

4. 「주택도시기금법」에 따른 주택도시보증공사(이하 이 조에서 "주택도시보증공사"라 한다)가 법 시행령 제22조제1항제1호가목에 따라 매입한 주택으로서 주택도시보증공사가 공급하는 주택(2015.6.30 본호개정)

5. 주택의 시공자가 해당 주택의 공사대금으로 받은 주택으로서 해당 시공자가 공급하는 주택

6. 「법인세법 시행령」 제92조의2제2항제1호의5, 제1호의8 및 제1호의10에 따른 기업구조조정부동산투자회사등이 취득한 주택으로서 해당 기업구조조정부동산투자회사등이 공급하는 주택

7. 「자본시장과 금융투자업에 관한 법률」에 따른 신탁업자가 「법인세법 시행령」 제92조의2제2항제1호의7, 제1호의9 및 제1호의11에 따라 취득한 주택으로서 해당 신탁업자가 공급하는 주택

8. 자기가 건설한 주택으로서 2013년 4월 1일부터 2013년 12월 31일까지의 기간(이하 이 조에서 "과세특례취득기간"이라 한다) 중에 사용승인 또는 사용검사(임시사용승인을 포함한다)를 받은 주택. 다만, 다음 각목의 주택은 제외한다.
   가. 「도시 및 주거환경정비법」에 따른 재개발사업, 재건축사업 또는 「빈집 및 소규모주택 정비에 관한 특례법」에 따른 소규모주택정비사업을 시행하는 정비사업조합의 조합원이 해당 관리처분계획(소규모주택정비사업의 경우에는 사업시행계획을 말한다)에 따라 취득하는 주택(2018.2.9 본목개정)
   나. 거주하거나 보유하는 중에 소실·붕괴·노후 등으로 인하여 멸실되어 재건축한 주택

9. 「주택법 시행령」제4조제4호에 따른 오피스텔(이하 이 조에서 "오피스텔"이라 한다) 중 「건축법」제11조에 따른 건축허가를 받아 「건축물의 분양에 관한 법률」 제6조에 따라 분양사업자가 공급(분양 광고에 따른 입주예정일이 지나고 2013년 3월 31일까지 분양계약이 체결되지 아니하여 수의계약으로 공급하는 경우를 포함한다)하거나 「건축법」제22조에 따른 건축물의 사용승인을 받아 공급하는 오피스텔(제4호부터 제8호까지의 방법으로 공급 등을 하는 오피스텔을 포함한다) (2016.8.11 본호개정)

② 제1항을 적용할 때 다음 각 호의 신축주택등은 제외한다.

1. 제6항제1호에 해당하는 사업자(이하 이 조에서 "사업주체등"이라 한다)와 양수자 간에 실제로 거래한 가액이 6억원을 초과하거나 연면적(공동주택 및 오피스텔의 경우에는 전용면적을 말한다)이 85제곱미터를 초과하는 신축주택등. 이 경우 양수자가 부담하는 취득세 및 그 밖의 부대비용은 포함하지 아니한다.

2. 2013년 3월 31일 이전에 사업주체등과 체결한 매매계약이 과세특례 취득기간 중에 해제된 신축주택등

3. 제2호에 따른 매매계약을 해제한 매매계약자가 과세특례 취득기간 중에 계약을 체결하여 취득한 신축주택등 및 해당 매매계약자의 배우자[매매계약자 또는 그 배우자의 직계존비속(그 배우자를 포함한다) 및 형제자매를 포함한다]가 과세특례 취득기간 중에 원래 매매계약을 체결하였던 사업주체등과 계약을 체결하여 취득한 신축주택등

4. 제1항제9호에 따른 오피스텔을 취득한 자가 다음 각 목의 모두에 해당하지 아니하게 된 경우의 해당 오피스텔

가. 취득일부터 60일이 지난 날부터 양도일까지 해당 오피스텔에 취득자 또는 임차인의 「주민등록법」에 따른 주민등록이 되어 있는 경우. 이 경우 기존 임차인의 퇴거일부터 취득자 또는 다음 임차인의 주민등록을 이전하는 날까지의 기간으로서 6개월 이내의 기간은 기존 임차인의 주민등록이 되어 있는 것으로 본다.(2014.2.21 본목개정)

나. 「공공주택 특별법」제4조에 따른 공공주택사업자 또는 「민간임대주택에 관한 특별법」제5조에 따른 임대사업자(취득 후 「민간임대주택에 관한 특별법」 제5조에 따른 임대사업자로 등록한 경우를 포함한다)가 취득한 경우로서 취득일부터 60일 이내에 임대용 주택으로 등록한 경우(2015.12.28 본목개정)

③ 법 제99조의2제1항 전단에서 "1세대 1주택자의 주택"이란 다음 각 호의 어느 하나에 해당하는 주택(주택에 부수되는 토지로서 건물이 정착된 면적에 지역별로 정하는 배율을 곱하여 산정한 면적 이내의 토지를 포함하며, 이하 이 조에서 "감면대상기존주택"이라 한다)을 말한다. 이 경우 다음 각 호에 해당하는지를 판정할 때 1주택을 여러 사람이 공동으로 소유한 경우 공동소유자 각자가 그 주택을 소유한 것으로 보되, 1세대의 구성원이 1주택을 공동으로 소유하는 경우에는 그러하지 아니하다.

1. 2013년 4월 1일 현재 「주민등록법」상 1세대(부부가 각각 세대를 구성하고 있는 경우에는 이를 1세대로 보며, 이하 이 항에서 "1세대"라 한다)가 매매계약일 현재 국내에 1주택(주택은 「주택법」에 따른 주택을 말하며, 「주택법」에 따른 주택을 소유하지 아니하고 2013년 4월 1일 현재 「주민등록법」에 따른 주민등록이 되어 있는 오피스텔을 소유하는 경우에는 그 1오피스텔을 1주택으로 본다. 이하 이 항에서 "1주택"이라 한다)을 보유하고 있는 경우로서 해당 주택의 취득 등기일부터 매매계약일까지의 기간이 2년 이상인 주택

2. 국내에 1주택을 보유한 1세대가 그 주택(이하 이 항

에서 "종전의 주택"이라 한다)을 양도하기 전에 다른 주택을 취득함으로써 일시적으로 2주택이 된 경우(제1호에 따라 1주택으로 보는 오피스텔을 소유하고 있는 자가 다른 주택을 취득하는 경우를 포함한다)로서, 종전의 주택의 취득 등기일부터 1년 이상이 지난 후 다른 주택을 취득하고 그 다른 주택을 취득한 날(등기일을 말한다)부터 3년 이내에 매매계약을 체결하고 양도하는 종전의 주택. 다만, 취득 등기일부터 매매계약일까지의 기간이 2년 이상인 종전의 주택으로 한정한다.(2014.2.21 본문개정)

④ 제3항 각 호 외의 부분에서 "지역별로 정하는 배율"이란 다음의 각 호의 구분에 따른 배율을 말한다.

1. 도시지역 안의 토지 : 5배

2. 도시지역 밖의 토지 : 10배

⑤ 제3항을 적용할 때 다음 각 호의 감면대상기존주택은 제외한다.

1. 감면대상기존주택 양도자와 양수자 간에 실제로 거래한 가액이 6억원을 초과하고 연면적(공동주택 및 오피스텔의 경우에는 전용면적을 말한다)이 85제곱미터를 초과하는 감면대상기존주택. 이 경우 양수자가 부담하는 취득세 및 그 밖의 부대비용은 포함하지 아니한다.

2. 2013년 3월 31일 이전에 체결한 매매계약을 과세특례 취득기간 중에 해제한 매매계약자 또는 그 배우자[매매계약자 또는 그 배우자의 직계존비속(그 배우자를 포함한다) 및 형제자매를 포함한다]가 과세특례 취득기간 중에 계약을 체결하여 취득한 원래 매매계약을 체결하였던 감면대상기존주택

3. 감면대상기존주택 중 오피스텔을 취득하는 자가 취득 후 제2항제4호 각 목의 모두에 해당하지 아니하게 된 경우의 해당 오피스텔

⑥ 법 제99조의2제1항 전단에서 "대통령령으로 정하는 자"란 다음 각 호의 구분에 따른 자를 말한다.

1. 제1항에 해당하는 주택 : 제1항제1호 및 같은 항 제2호에 따른 사업주체, 같은 항 제3호에 따른 주택건설사업자, 같은 항 제4호에 따른 주택도시보증공사, 같은 항 제5호에 따른 시공자, 같은 항 제6호에 따른 기업구조조정부동산투자회사, 같은 항 제7호에 따른 신탁업자, 같은 항 제8호에 따른 주택을 건설한 자 및 같은 항 제9호에 따른 분양사업자 또는 건축주 (2015.6.30 본호개정)

2. 제3항에 해당하는 주택 : 감면대상기존주택 양도자

⑦ 법 제99조의2제1항을 적용할 때 해당 주택의 취득일부터 5년간 발생한 양도소득금액은 제40조제1항을 준용하여 계산한 금액으로 한다.

⑧ 법 제99조의2에 따라 과세특례를 적용받으려는 자는 해당 주택의 양도소득 과세표준예정신고 또는 과세표준확정신고와 함께 제11항 또는 제12항에 따라 확인하는 날인을 받아 관할세무서장에게 매매계약서 사본을 납세지 관할세무서장에게 제출하여야 한다.

⑨ 사업주체등은 기획재정부령으로 정하는 신축주택등 현황(2013년 3월 31일까지 분양계약이 체결되지 아니한 것으로 한정한다)을 2013년 6월 30일까지 시장(「특별자치시장과 「제주특별자치도 설치 및 국제자유도시 조성을 위한 특별법」제11조제2항에 따른 행정시장을 포함한다. 이하 이 조에서 같다)·군수·구청장(자치구의 구청장을 말한다. 이하 이 조에서 같다)에게 제출하여야 한다. 다만, 제1항제2호·제3호(2013년 4월 1일 이후 공급하는 것으로 한정한다)·제4호·제5호(2013년 4월 1일 이후 대물변제 받은 것으로 한정한다)·제6호·제7호 및 제9호(2013년 4월 1일 이후 공급하는 것으로 한정한다)에 해당하는 신축주택등 현황의 경우에는 사업주체등과 최초로 매매계약(매매계약이 다수인 때에는 최초로 체결한 매매계약을 기준으로 한다)을 체결한 날이

속하는 달의 말일부터 1개월 이내에 제출하여야 한다. (2016.1.22 본문개정)
⑩ 시장·군수·구청장은 제9항에 따라 제출받은 신축주택등 현황을 관리하여야 하며, 그 현황을 제출일이 속하는 분기의 말일부터 1개월 이내에 주택 소재지 관할세무서장에게 제출하여야 한다.
⑪ 사업주체등은 신축주택등의 매매계약을 체결한 즉시 2부의 매매계약서에 시장·군수·구청장으로부터 기획재정부령으로 정하는 신축주택등임을 확인하는 날인을 받아 그 중 1부를 해당 매매계약자에게 교부하여야 하며, 그 내용을 기획재정부령으로 정하는 신축주택등확인대장에 작성하여 보관하여야 한다.
⑫ 감면대상기존주택 양도자는 2014년 3월 31일까지 2부의 매매계약서에 시장·군수·구청장으로부터 기획재정부령으로 정하는 감면대상기존주택임을 확인하는 날인을 받아 그 중 1부를 해당 매매계약자에게 교부하여야 한다.(2014.2.21 본항개정)
⑬ 국토교통부장관은 감면대상기존주택임을 확인할 수 있는 자료를 전산망 등을 통하여 시장·군수·구청장에게 제공하여야 한다.
⑭ 제11항에 따라 매매계약서에 신축주택등임을 확인하는 날인을 요청받은 시장·군수·구청장은 제10항에 따른 신축주택등 현황 및 「주택법」제15조에 따른 사업계획승인신청서류 등에 따라 신축주택등임을 확인하고, 해당 매매계약서에 기획재정부령으로 정하는 신축주택등임을 확인하는 날인을 하여야 하며, 그 내용을 기획재정부령으로 정하는 신축주택등확인대장에 작성하여 보관하여야 한다.(2016.8.11 본항개정)
⑮ 제12항에 따라 매매계약서에 감면대상기존주택임을 확인하는 날인을 요청받은 시장·군수·구청장은 제13항에 따라 국토교통부장관이 제공하는 자료(제3항에서 규정하는 1세대 1주택자 여부에 대한 판정 자료를 말한다), 매매계약서 및 「주민등록법」에 따른 주민등록표(주민등록전산정보자료를 포함한다)를 통하여 감면대상기존주택임을 확인하고, 해당 매매계약서에 기획재정부령으로 정하는 감면대상기존주택임을 확인하는 날인을 하여야 하며, 그 내용을 기획재정부령으로 정하는 감면대상기존주택 확인대장에 작성하여 보관하여야 한다.
⑯ 시장·군수·구청장과 사업주체등은 각각 기획재정부령으로 정하는 신축주택등확인대장 및 감면대상기존주택 확인대장을 2014년 4월 30일까지 정보처리장치·전산테이프 또는 디스켓·디스크 등의 전자적 형태(이하 이 조에서 "전자매체"라 한다)로 주택 소재지 관할세무서장에게 제출하여야 한다.(2014.2.21 본항개정)
⑰ 제16항에 따른 전자매체 자료를 제출받은 주택 소재지 관할세무서장은 해당 자료를 기록·보관하여야 한다.
⑱ 신축주택등 및 감면대상기존주택의 확인 절차 등 그 밖에 필요한 사항은 기획재정부령으로 정한다. (2013.5.10 본조신설)

제99조의3【신축주택의 취득자에 대한 양도소득세 과세특례】 ① 법 제99조의3제1항 각 호 외의 부분 본문에서 "대통령령으로 정하는 지역"이란 서울특별시, 과천시 및 「택지개발촉진법」제3조에 따라 택지개발지구로 지정·고시된 분당·일산·평촌·산본·중동 신도시지역을 말한다.(2011.8.30 본항개정)
② 법 제99조의3제1항에 따른 양도소득세 과세대상소득금액에서 빼는 양도소득금액(이하 이 조에서 "감면대상 양도소득금액"이라 한다)은 다음 각 호의 구분에 따라 계산한다. 이 경우 새로운 기준시가가 고시되기 전인 경우에는 직전의 기준시가를 적용한다.
1. 취득일부터 5년 이내에 양도하는 경우 감면대상 양도소득금액은 「소득세법」제95조제1항에 따라 계산한다. 다만, 재개발·재건축되기 이전의 주택(이하 이 조에서 "종전주택"이라 한다)을 재개발·재건축하여 취

득한 법 제98조의3제2항 각 호에 따른 신축주택인 경우 감면대상 양도소득금액은 다음 계산식에 따라 계산한 금액으로 한다.

「소득세법」제95조제1항에 따라 계산한 양도소득금액	$\times$	양도 당시 기준시가 $-$ 신축주택 취득 당시 기준시가	÷	양도 당시 기준시가 $-$ 종전주택 취득 당시 기준시가

(2016.5.10 단서개정)
2. 취득일부터 5년 후에 양도하는 경우 감면대상 양도소득금액은 다음 계산식에 따라 계산한 금액으로 한다.

「소득세법」제95조제1항에 따라 계산한 양도소득금액	$\times$	신축주택 취득일부터 5년이 되는 날의 기준시가 $-$ 신축주택 취득 당시 기준시가	÷	양도 당시 기준시가 $-$ 신축주택 취득 당시 기준시가(종전주택을 재개발·재건축하여 취득한 법 제98조의3제2항 각 호에 따른 신축주택의 경우 종전주택 취득 당시 기준시가)

(2017.2.7 본호개정)
(2016.2.5 본항개정)
③ 법 제99조의3제1항제1호에서 "대통령령으로 정하는 주택"이란 다음 각호의 1에 해당하는 주택을 말한다. (2010.2.18 본문개정)
1. 「주택법」에 의한 주택조합 또는 「도시 및 주거환경정비법」에 의한 정비사업조합(이하 이 조에서 "주택조합등"이라 한다)이 그 조합원에게 공급하고 남은 주택(이하 이 조에서 "잔여주택"이라 한다)으로서 법 제99조의3제1항제1호의 규정에 의한 신축주택취득기간(이하 이 조에서 "신축주택취득기간"이라 한다) 이내에 주택조합등과 직접 매매계약을 체결하고 계약금을 납부한 자가 취득하는 주택(2005.2.19 본호개정)
2. 조합원(「도시 및 주거환경정비법」제48조의 규정에 의한 관리처분계획의 인가일(주택재건축사업의 경우에는 제28조의 규정에 의한 사업시행인가일을 말한다. 이하 이 조에서 같다) 또는 「주택법」제15조에 따른 사업계획의 승인일 현재의 조합원을 말한다. 이하 이 호에서 같다)이 주택조합등으로부터 취득하는 주택으로서 신축주택취득기간 경과후에 사용승인 또는 사용검사를 받는 주택. 다만, 주택조합등이 조합원외의 자와 신축주택취득기간내에 잔여주택에 대한 매매계약(매매계약이 다수인 때에는 최초로 체결한 매매계약을 기준으로 한다)을 직접 체결하여 계약금을 납부받은 사실이 있는 경우에 한한다.(2016.8.11 본문개정)
④ 법 제99조의3제1항제1호에서 "대통령령으로 정하는 사유에 해당하는 사실이 있는 주택"이란 2001년 5월 23일전에 주택건설사업자와 주택분양계약을 체결한 분양계약자가 당해 계약을 해제하고 분양계약자 또는 그 배우자(분양계약자 또는 그 배우자의 직계존비속과 형제자매를 포함한다)가 당초 분양계약을 체결하였던 주택을 다시 분양받아 취득한 주택 또는 당해 주택건설사업자로부터 당초 분양계약을 체결하였던 주택에 대체하여 다른 주택을 분양받아 취득한 주택을 말한다. 다만, 기획재정부령이 정하는 사유에 해당하는 주택을 제외한다.(2020.2.18 본문개정)
⑤ 법 제99조의3제1항제2호에서 "대통령령으로 정하는 조합원"이란 「도시 및 주거환경정비법」제48조의 규정에 의한 관리처분계획의 인가일 또는 「주택법」제15조에 따른 사업계획의 승인일 현재의 조합원을 말한다. (2016.8.11 본항개정)

⑥ 제99조제4항의 규정은 법 제99조의3제3항의 규정에 의한 양도소득세의 감면신청에 관하여 이를 준용한다. (2001.8.14 본조제목개정) (2000.12.29 본조신설)

제99조의4【농어촌주택등 취득자에 대한 양도소득세 과세특례】 ① 법 제99조의4제1항 각 호 외의 부분에서 "대통령령으로 정하는 1세대"란 「소득세법」 제88조제6호에 따른 1세대를 말한다.(2017.2.7 본항개정)

② 법 제99조의4제1항제1호가목1)부터 4)까지 외의 부분에서 "대통령령으로 정하는 동"이란 별표12에 따른 시 지역에 속한 동으로서 보유하고 있던 일반주택이 소재하는 동과 같거나 연접하지 아니하는 동을 말한다. (2016.2.5 본항신설)

③ 법 제99조의4제1항제1호가목1) 단서에서 "대통령령으로 정하는 지역"이란 다음 각 호에 모두 해당하는 지역으로서 부동산가격동향 등을 고려하여 기획재정부령으로 정하는 지역을 말한다.
1. 「접경지역 지원 특별법」 제2조제1호에 따른 접경지역
2. 「지방자치분권 및 지역균형발전에 관한 특별법」 제2조제12호에 따른 인구감소지역(2023.7.7 본호개정)
(2023.2.28 본항개정)

④ 법 제99조의4제1항제1호가목2) 단서에서 "대통령령으로 정하는 지역"이란 다음 각 호에 모두 해당하는 지역으로서 부동산가격동향 등을 고려하여 기획재정부령으로 정하는 지역을 말한다.
1. 「지방자치분권 및 지역균형발전에 관한 특별법」 제2조제12호에 따른 인구감소지역(2023.7.7 본호개정)
2. 「기업도시개발 특별법」 제2조제2호에 따른 기업도시개발구역
(2023.2.28 본항신설)

⑤ 법 제99조의4제1항제1호가목5) 및 같은 항 제2호나목3)에서 "대통령령으로 정하는 지역"이란 「관광진흥법」 제2조에 따른 관광단지를 말한다.(2017.2.7 본항개정)

⑥ 법 제99조의4제1항제2호가목에서 "대통령령으로 정하는 고향"이란 다음 각 호의 요건을 모두 충족한 시 지역(이와 연접한 시지역을 포함하며, 다음 각 호의 요건을 모두 충족한 군 지역에 연접한 시 지역을 포함한다)을 말한다. 이 경우 등록기준지등 또는 거주한 사실이 있는 지역의 시·군이 행정구역의 개편 등으로 이에 해당하지 아니한 경우에도 같은 시·군으로 본다.
1. 「가족관계의 등록 등에 관한 법률」에 따른 가족관계등록부(법률 제8435호 「가족관계의 등록 등에 관한 법률」 부칙 제4조에 따른 제적부 등을 포함하며, 이하 이 조에서 "가족관계등록부등"이라 한다)에 10년 이상 등재된 등록기준지(법률 제8435호 「가족관계의 등록 등에 관한 법률」 부칙 제2조로 폐지되기 전의 「호적법」에 따른 본적지 또는 원적지를 포함하며, 이 조에서 "등록기준지등"이라 한다)
2. 10년 이상 거주한 사실이 있는 지역
(2009.2.4 본항신설)

⑦ 법 제99조의4제1항제2호나목(1)에서 (3)까지의 규정 외의 부분에서 "취득당시 인구 등을 고려하여 대통령령으로 정하는 시 지역"이란 별표12에 따른 시 지역을 말한다.(2021.1.5 본항개정)

⑧ 법 제99조의4제6항 본문에서 "대통령령으로 정하는 바에 따라 계산한 세액"이란 일반주택을 양도한 시점에서의 당해 일반주택에 대한 「소득세법」 제104조의 규정에 의하여 계산한 세액을 말한다.(2012.2.12 본항개정)

⑨ 법 제99조의4제6항 단서에서 "대통령령으로 정하는 부득이한 사유"란 「공익사업을 위한 토지 등의 취득 및 보상에 관한 법률」 및 그 밖의 법률에 의한 수용(협의매수를 포함한다), 사망으로 인한 상속 또는 멸실의 사유로 인하여 당해 농어촌주택 또는 고향주택(이하 이 조에서 "농어촌주택등"이라 한다)을 3년 이상 보유하지 아니하게 되는 경우의 당해 사유를 말한다. (2019.2.12 본항개정)

⑩ 법 제99조의4에 따른 과세특례를 적용받으려는 자는 기획재정부령으로 정하는 과세특례신고서를 「소득세법」 제105조 또는 같은 법 제110조에 따른 양도소득세과세표준신고기한 내에 제출하여야 한다. 이 경우 납세지 관할 세무서장은 「전자정부법」 제36조제1항에 따른 행정정보의 공동이용을 통하여 다음 각 호의 서류를 확인하여야 한다.
1. 일반주택의 토지대장 및 건축물대장
2. 농어촌주택등의 토지대장 및 건축물대장
(2010.11.2 본항개정)

⑪ 법 제99조의4제1항제1호나목·다목 및 같은 항 제2호다목·라목에 따라 농어촌주택등의 면적 및 가액을 산정함에 있어서 일반주택의 양도일까지 농어촌주택등의 증축 또는 그 부수토지의 추가 취득이 있는 경우에는 당해 증가된 건물·토지의 면적 및 가액을 포함하여 계산한다.(2009.2.4 본항개정)

⑫ 농어촌주택등의 증축 또는 그 부수토지의 추가 취득이 있는 경우에 있어서 법 제99조의4제1항 및 같은 조 제4항에 따른 농어촌주택등의 보유기간은 당초 농어촌주택등의 취득일부터 기산하여 계산한다. (2009.2.4 본항개정)

⑬ 농어촌주택등의 보유기간 및 거주기간은 다음 각 호에 따라 계산한다.
1. 농어촌주택등의 증축 또는 그 부수토지의 추가 취득이 있는 경우에 법 제99조의4제1항 각 호 외의 부분에 따른 농어촌주택등취득기간 이내의 취득 또는 같은 항 제1호가목 및 제2호가목·나목에서 시 지역에 해당하는지 여부의 판정은 당초 농어촌주택등의 취득일을 기준으로 한다.
2. 농어촌주택등에서의 거주기간은 주민등록표상의 전입일부터 전출일까지의 기간으로 한다.
3. 농어촌주택등에서 거주하거나 보유하는 중에 소실·붕괴·노후 등으로 인하여 멸실되어 재건축한 주택인 경우에는 그 멸실된 주택과 재건축한 주택에 대한 거주기간 및 보유기간을 통산한다.
(2019.2.12 본항개정)

⑭ 법 제99조의4제1항제1호나목 및 같은 항 제2호다목에서 "대통령령으로 정하는 한옥"이란 각각 「건축법 시행령」 제2조제16호에 따른 한옥으로서 지방자치단체의 조례에 따라 건축비·수선비 지원, 보존의무 등의 대상으로 해당 지방자치단체의 장에게 등록된 한옥을 말한다.(2021.2.17 본항개정)
(2009.2.4 본조제목개정)

제99조의5【영세개인사업자의 체납액 납부의무 소멸 특례】 ① 법 제99조의5제1항제1호에서 "대통령령으로 정하는 금액"이란 「소득세법 시행령」 제133조제1항 각 호의 구분에 따른 금액을 말한다.

② 법 제99조의5제2항제6호에서 "대통령령으로 정하는 체납액"이란 2017년 6월 30일 현재 체납처분의 목적물인 거주자의 재산을 「상속세 및 증여세법」 제60조부터 제66조까지의 규정에 따라 평가한 금액의 140퍼센트에 해당하는 금액을 제외한 나머지 체납액을 말한다. (2018.2.13 본항신설)

③ 법 제99조의5제3항에 따라 소멸대상체납액에 대하여 납부의무를 소멸받으려는 거주자는 기획재정부령으로 정하는 납부의무소멸신청서를 사업자 등록 신청 또는 취업사실을 증명하는 서류 등과 함께 소멸대상체납액을 관할하는 세무서장에게 제출하여야 한다.

④ 관할 세무서장은 제3항에 따른 서류에 미비 또는 오류가 있는 경우에는 10일 이내의 기간을 정하여 그 보정을 요구할 수 있다. 이 경우 보정기간은 법 제99조의5제4항의 통지기간에 포함하지 아니한다.

⑤ 법 제99조의5제2항을 적용하기 위하여 거주자의 재산가액의 평가에 소요되는 기간은 법 제99조의5제4항의 통지기간에 포함하지 아니한다.(2018.2.13 본항신설)
⑥ 관할 세무서장은 법 제99조의5제4항에 따라 거주자의 소멸대상체납액의 납부의무를 소멸시키는 경우 납부의무를 건별로 소멸시키고 그 순서는 거주자가 신청한 순서에 따르며, 거주자가 납부의무를 소멸시키는 순서를 정하지 아니한 경우 또는 그 순서를 알 수 없는 경우에는 국세징수권 소멸시효가 많이 남아있는 건부터 소멸시킨다.
⑦ 제1항부터 제6항까지에서 규정한 사항 외에 법 제99조의5에 따른 소멸대상체납액의 납부의무 소멸에 관하여 필요한 사항은 기획재정부령으로 정한다.
(2018.2.13 본조신설)

제99조의6【재기중소기업인의 체납액 등에 대한 과세특례 등】① 법 제99조의6제1항 각 호 외의 부분 및 법 제99조의8제1항 각 호 외의 부분에서 "대통령령으로 정하는 내국인"이란 각각 다음 각 호의 어느 하나에 해당하는 자를 말한다.(2016.2.5 본조개정)
1. 「중소기업진흥에 관한 법률」에 따른 중소기업진흥공단(이하 이 조에서 "중소벤처기업진흥공단"라 한다)으로부터 재창업자금을 융자받은 자(2019.4.2 본호개정)
2. 「신용보증기금법」에 따른 신용보증기금(이하 이 조에서 "신용보증기금"이라 한다) 또는 「기술보증기금법」에 따른 기술보증기금(이하 이 조에서 "기술보증기금"으로 한다)으로부터 재창업자금을 융자받은 자(2018.2.13 본호개정)
3. 「서민의 금융생활 지원에 관한 법률」 제56조에 따른 신용회복위원회(이하 이 조에서 "신용회복위원회"라 한다)의 채무조정을 받은 자(2018.2.13 본호개정)
4. 「중소기업창업 지원법」 제43조제4항에 따라 중소벤처기업부장관이 성실경영실패자로 판정한 자(2023.2.28 본호개정)
② 법 제99조의6제1항 각 호 외의 부분 및 법 제99조의8제1항 각 호 외의 부분에서 "대통령령으로 정하는 기간"이란 각각 3년을 말한다.(2016.2.5 본항개정)
③ 법 제99조의6제1항 각 호 외의 부분에 따른 체납액 납부계획은 다음 각 호의 사항을 적은 문서로 하여야 한다.
1. 체납액 납부에 제공될 재산 또는 소득에 관한 사항
2. 체납액의 납부일정에 관한 사항
④ 법 제99조의6제1항제1호 및 법 제99조의8제1항제1호에서 "대통령령으로 정하는 기준 미만인 자"란 각각 다음 각 호의 기준을 모두 충족하는 자를 말한다.(2018.2.5 본항개정)
1. 신청일 직전 5년 이내의 연평균 체납횟수 : 3회 미만
2. 신청일 당시 체납액 : 5천만원 미만(2018.2.13 본호개정)
⑤ 법 제99조의6제1항제2호 및 법 제99조의8제1항제2호에서 "대통령령으로 정하는 금액"이란 각각 다음 각 호의 구분에 따른 금액을 말한다.(2016.2.5 본문개정)
1. 제1항제1호의 경우 : 15억원(2022.2.15 본호개정)
2. 제1항제2호의 경우 : 15억원(2022.2.15 본호개정)
3. 제1항제3호의 경우 : 금액 제한 없음
4. 제1항제4호의 경우 : 15억원(2022.2.15 본호개정)
⑥ 법 제99조의6제1항제2호에서 "대통령령으로 정하는 자"란 제1항제1호부터 제4호까지의 어느 하나에 해당하는 자를 말한다.(2018.2.13 본항개정)
⑦ 법 제99조의6제1항제5호 및 법 제99조의8제1항제5호에서 "대통령령으로 정하는 세법상의 의무를 이행하였거나 이행하고 있는 자"란 각각 다음 각 호의 구분에 따른 요건을 이행하고 있는 자를 말한다.(2016.2.5 본문개정)
1. 「소득세법」 제160조제3항 및 「법인세법」 제112조에 따른 복식부기의무자인 경우에는 복식부기에 따라 장부를 갖추어 두고 기록하고 있을 것

2. 「소득세법」 제160조의5에 따른 사업용계좌 신고·사용의무가 있는 사업자인 경우에는 사업용계좌를 신고하여 사용하고 있을 것
3. 「소득세법」 제162조의2제1항 및 「법인세법」 제117조제1항에 따른 신용카드가맹점 가입 대상 사업자인 경우에는 「여신전문금융업법」 제2조제5호에 따른 신용카드가맹점으로 가입하고 있을 것
4. 「소득세법」 제162조의3제1항 및 「법인세법」 제117조의2제1항에 따른 현금영수증가맹점 가입 대상이 되어야 하는 사업자인 경우에는 「조세특례제한법」 제126조의3제1항에 따른 현금영수증가맹점으로 가입하고 있을 것
⑧ 법 제99조의6제1항에 따른 재기중소기업인이 같은 조 제2항에 따라 재산의 압류 또는 압류재산의 매각을 유예받거나 법 제99조의8제1항에 따른 재기중소기업인이 이 같은 항에 따라 납부고지의 유예 또는 지정납부기한 등의 연장을 받으려는 때에는 다음 각 호의 사항을 적은 신청서(전자문서를 포함한다)를 관할 세무서장에게 제출해야 한다.(2021.2.17 본항개정)
1. 납세자의 주소 또는 거소와 성명
2. 납부할 국세의 과세기간, 세목, 세액 및 납부해야 할 기한(2021.2.17 본항개정)
3. 압류 또는 압류재산의 매각을 유예받거나 납부고지의 유예 또는 지정납부기한등의 연장을 받으려는 이유와 기간(2021.2.17 본항개정)
4. 분할납부의 방법으로 압류 또는 압류재산의 매각을 유예받거나 납부고지의 유예 또는 지정납부기한등의 연장을 받으려는 경우에는 그 분납액 및 분납횟수(2021.2.17 본항개정)
⑨ 법 제99조의6제3항에 따른 재기중소기업인에 대한 통지 및 법 제99조의8제1항에 따른 납부고지의 유예 또는 지정납부기한등의 연장의 통지에 관하여는 「국세징수법 시행령」 제15조를 준용한다.(2021.2.17 본항개정)
⑩ 법 제99조의6제4항 및 법 제99조의8제2항제2호에서 "대통령령으로 정하는 사유"란 각각 다음 각 호의 어느 하나에 해당하는 경우를 말한다.(2016.2.5 본문개정)
1. 중소벤처기업진흥공단, 신용보증기금 또는 기술보증기금이 융자한 재창업자금을 회수한 경우(2019.4.2 본호개정)
2. 신용회복위원회가 채무조정 계획을 취소한 경우
⑪ 세무서장은 법 제99조의6제4항에 따라 압류 또는 매각의 유예를 취소하거나 법 제99조의8제2항에 따라 납부고지의 유예 또는 지정납부기한등의 연장을 취소한 경우에는 해당 재기중소기업인에게 그 사실을 통지해야 한다.(2021.2.17 본항개정)
⑫ 법 제99조의6제6항에 따른 재기중소기업인의 세액감면신청에 관하여는 제5조제26항을 준용한다.(2020.2.11 본항개정)
(2016.2.5 본조제목개정)
(2013.9.2 본조신설)

제99조의7【목돈 안드는 전세에 대한 과세특례】① 법 제99조의7제1항제2호에서 "대통령령으로 정하는 무주택세대"란 주택을 소유하지 아니한 「소득세법 시행령」 제112조제1항에 따른 세대를 말한다.
② 법 제99조의7제1항에 따라 과세특례를 받으려는 사람은 과세표준신고와 함께 기획재정부령으로 정하는 이자상환액증명서를 납세지 관할 세무서장에게 제출하여야 한다.
(2013.11.29 본조신설)

제99조의8【위기지역 창업기업에 대한 법인세 등의 감면】① 법 제99조의9제2항에서 "감면대상사업에서 발생한 소득"이란 법 제99조의9제1항에 따른 감면대상사업을 경영하기 위하여 법 제30조의3제5항에 따른 위기지역에 투자한 사업장에서 발생한 소득을 말한다.
(2021.2.17 본항신설)

② 법 제99조의9제3항제1호에서 "대통령령으로 정하는 투자누계액"이란 같은 조 제2항에 따라 소득세 또는 법인세를 감면받는 해당 과세연도까지의 기획재정부령으로 정하는 사업용자산에 대한 투자 합계액을 말한다.
③ 법 제99조의9제3항제2호에서 "대통령령으로 정하는 서비스업"이란 제23조제4항에 따른 서비스업을 말한다.
④ 법 제99조의9제5항에 따라 납부해야 할 소득세액 또는 법인세액은 다음의 계산식에 따라 계산한 금액(그 수가 음수이면 영으로 보고, 감면받은 과세연도 종료일 이후 2개 과세연도 연속으로 상시근로자 수가 감소한 경우에는 두 번째 과세연도에는 첫 번째 과세연도에 납부한 금액을 뺀 금액을 말한다)으로 하며, 이를 상시근로자 수가 감소한 과세연도의 과세표준을 신고할 때 소득세 또는 법인세로 납부해야 한다.

해당 기업의 상시근로자 수가 감소한 과세연도의 직전 2년 이내의 과세연도에 법 제99조의9제3항제2호를 적용하여 감면받은 세액의 합계액 - 〔상시근로자 수가 감소한 과세연도의 감면대상사업장의 상시근로자 수 × 1천5백만원(청년 상시근로자 및 법 제99조의9제3항제2호의 서비스업의 경우에는 2천만원으로 한다)〕

(2023.2.28 본항개정)
⑤ 법 제99조의9제3항 및 제5항을 적용할 때 상시근로자 및 청년 상시근로자의 범위, 상시근로자 수 및 청년 상시근로자 수의 계산방법에 관하여는 제11조의2제6항 및 제7항을 준용한다.(2023.2.28 본항개정)
⑥ 법 제99조의9제8항 각 호 외의 부분 전단에서 "대통령령으로 정하는 바에 따라 계산한 세액"이란 다음 각 호의 구분에 따른 세액을 말한다.
1. 법 제99조의9제8항제1호에 해당하는 경우 : 폐업일 또는 법인해산일부터 소급하여 3년 이내에 감면된 세액
2. 법 제99조의9제8항제2호에 해당하는 경우 : 이전일부터 소급하여 5년 이내에 감면된 세액
(2022.2.15 본항신설)
⑦ 법 제99조의9제9항에 따라 소득세 또는 법인세 감면을 받으려는 자는 과세표준신고와 함께 기획재정부령으로 정하는 세액감면신청서를 납세지 관할 세무서장에게 제출해야 한다.(2022.2.15 본항개정)
(2019.2.12 본조신설)

제99조의9【영세개인사업자의 체납액 징수특례】① 법 제99조의10제1항제2호나목에서 "대통령령으로 정하는 요건"이란 다음 각 호의 어느 하나에 해당하는 경우로서 근로소득을 지급하는 원천징수의무자(이하 이 조에서 "원천징수의무자"라 한다)의 변경이 없는 것을 말한다. 다만, 거주자의 근무 장소의 변경 없이 부득이한 사유로 원천징수의무자가 변경된 경우에는 원천징수의무자의 변경이 없는 것으로 본다.
1. 거주자가 원천징수의무자에 고용되어 월 15일 이상 연속하여 3개월 이상 근무할 것
2. 거주자가 원천징수의무자로부터 3개월 이상 월 100만원 이상의 급여를 연속하여 지급 받을 것
② 법 제99조의10제9항제4호에서 "대통령령으로 정하는 체납액"이란 체납액에서 제1호의 금액을 빼고 제2호의 금액을 더한 금액을 말한다.
1. 법 제99조의10제6항 각 호에 따른 기준일 당시 거주자로부터 체납액을 징수할 수 있는 재산을 「상속세 및 증여세법」 제60조부터 제66조까지의 규정에 따라 평가한 금액의 140퍼센트(2023.2.28 본호개정)
2. 「국세기본법」 제35조제1항제3호에 따른 체납된 국세의 법정기일 전에 등기·등록된 전세권, 질권 또는 저당권에 따라 담보된 채권의 금액이나 확정일자를 갖춘 임대차계약증서 또는 임대차계약서상의 보증금
(2021.2.17 본항개정)
③ 법 제99조의10제3항에 따른 체납액 징수특례의 신청 절차에 관하여는 제99조의5제3항부터 제5항까지의 규

정을 준용한다. 이 경우 제99조의5제3항 중 "기획재정부령으로 정하는 납부의무소멸신청서"는 "기획재정부령으로 정하는 체납액징수특례신청서"로 본다.
④ 제1항부터 제3항까지에서 규정한 사항 외에 법 제99조의10에 따른 영세개인사업자의 체납액 징수특례에 관하여 필요한 사항은 기획재정부령으로 정한다.
(2020.2.11 본조신설)

제99조의10【감염병 피해에 따른 특별재난지역의 중소기업에 대한 법인세 등의 감면】① 법 제99조의11제1항 각 호 외의 부분에서 "부동산 임대 및 공급업 등 대통령령으로 정하는 사업"이란 다음 각 호의 사업을 말한다.
1. 부동산 임대 및 공급업
2. 부동산 감정평가업
3. 사행시설 관리 및 운영업
4. 법무관련 서비스업
5. 회계 및 세무관련 서비스업
6. 통관 대리 및 관련서비스업
7. 「도선법」에 따른 도선업
8. 「건축사법」 제23조에 따라 신고된 건축사사무소를 운영하는 사업
9. 「의료법」 제3조제2항제1호에 따른 의원급 의료기관을 운영하는 사업. 다만, 다음 각 목의 요건을 모두 충족하는 의원·치과의원 및 한의원을 운영하는 사업은 제외한다.(2021.2.17 본문개정)
　가. 해당 과세연도의 수입금액(기업회계기준에 따라 계산한 매출액을 말한다)에서 「국민건강보험법」 제47조에 따라 지급받는 요양급여비용이 차지하는 비율이 100분의 80 이상일 것
　나. 해당 과세연도의 종합소득금액이 1억원 이하일 것
10. 수의업
11. 「통계법」 제22조에 따라 통계청장이 고시한 「블록체인기술 산업분류 고시」에 따른 블록체인 기반 암호화자산 매매 및 중개업
12. 금융 및 보험업(「소득세법 시행령」 제137조제1항제1호에 해당하는 경우는 제외한다)
② 법 제99조의11제1항제1호가목에서 "대통령령으로 정하는 소기업"이란 중소기업 중 매출액이 업종별로 「중소기업기본법 시행령」 별표 3을 준용하여 산정한 규모 이내인 기업을 말한다. 이 경우 "평균매출액등"은 "매출액"으로 본다.
③ 법 제99조의11제1항을 적용할 때 상시근로자란 같은 항에 따른 감면대상사업장에서 근무하는 근로자로서 그 범위에 관하여는 제23조제10항을 준용한다.
④ 법 제99조의11제1항을 적용할 때 상시근로자의 수 및 계산방법에 관하여는 제23조제11항부터 제13항까지의 규정을 준용한다.
⑤ 법 제99조의11제1항에 따라 소득세 또는 법인세를 감면받으려는 중소기업은 같은 조 제3항에 따라 과세표준신고와 함께 기획재정부령으로 정하는 세액감면신청서를 납세지 관할 세무서장에게 제출해야 한다.
(2020.4.14 본조신설)

제99조의11【선결제 금액에 대한 세액공제】① 법 제99조의12제1항제1호에서 "대통령령으로 정하는 업종"이란 다음 각 호의 업종을 말한다.
1. 제99조의10제1항제1호부터 제8호까지의 사업
2. 「개별소비세법」 제1조제4항에 따른 과세유흥장소를 경영하는 사업
3. 금융 및 보험업
② 법 제99조의12제1항제3호에서 "현금, 「여신전문금융업법」 제2조에 따른 신용카드 등 대통령령으로 정하는 지급수단"이란 다음 각 호의 어느 하나에 해당하는 지급수단을 말한다.
1. 현금

2.「여신전문금융업법」제2조에 따른 신용카드, 직불카드 및 선불카드
3.「전자금융거래법」제2조에 따른 전자지급수단
③ 법 제99조의12제2항 계산식에서 "소상공인의 폐업 등 대통령령으로 정하는 사유"란 소상공인이 휴업 또는 폐업한 경우를 말한다.
④ 법 제99조의12제1항에 따라 소득세 또는 법인세를 공제받으려는 내국인은 같은 조 제3항에 따라 과세표준 신고와 함께 기획재정부령으로 정하는 세액공제신청서에 다음 각 호의 서류를 첨부하여 납세지 관할 세무서장에게 제출해야 한다.
1. 다음 각 목의 어느 하나에 해당하는 선결제 사실을 확인할 수 있는 서류
   가. 법 제126조의3에 따른 현금영수증
   나.「여신전문금융업법」에 따른 신용카드매출전표
   다.「부가가치세법 시행령」제88조제4항 각 호의 어느 하나에 해당하는 것
   라.「부가가치세법」제32조에 따른 세금계산서,「소득세법」제163조 또는「법인세법」제121조에 따른 계산서
2. 재화 또는 용역을 공급받은 날짜, 금액 등 내역을 기록한 기획재정부령으로 정하는 선결제 이용내역 확인서
3. 소상공인이「소상공인기본법」제2조에 따른 소상공인임을「소상공인 보호 및 지원에 관한 법률」제17조에 따른 소상공인시장진흥공단에서 확인하는 서류
(2021.2.2 본호개정)
(2020.6.2 본조신설)
제100조【주택보조금의 범위 등】① 법 제100조에서 "대통령령으로 정하는 보조금"이란 보조금을 지급하는 자의 정관 또는 사규나 주주총회·사원총회 또는 이사회의 결의에 의한 지급기준이 정하여지지 되고 당해 제1기준에 따라 지급된 금액으로서 다음 각호의 규정에 의한 한도 이내의 금액을 말한다.(2010.2.18 본문개정)
1. 주택의 취득에 소요되는 자금을 보조하는 경우에는 당해 주택의 취득가액의 100분의 5
2. 주택의 임차에 소요되는 자금을 보조하는 경우에는 당해 주택의 임차자금(전세금 또는 보증금을 말한다)의 100분의 10
② 법 제100조의 규정에 의한 보조금을 지급하는 자는 보조금을 지급한 날이 속하는 과세연도의 과세표준신고 고시에 기획재정부령이 정하는 보조금 지급명세서를 제출하여야 한다.(2008.2.29 본항개정)
(2003.12.30 본조개정)

제10절의2 근로장려를 위한 조세특례
(2007.2.28 본절신설)

제100조의2【부양자녀의 범위 및 근로장려금의 신청대상】① 법 제100조의4제1항제1호 본문에서 "대통령령으로 정하는 동거입양자"란「민법」또는「입양특례법」에 의하여 입양한 양자 및 사실상 입양상태에 있는 자로서 주민등록표상의 동거가족인 자(이하 이 절에서 "동거입양자"라 한다)를 말한다.(2020.2.11 본항개정)
② 법 제100조의4제1항제1호 단서에서 "부모가 없거나 부모가 자녀를 부양할 수 없는 경우로서 대통령령으로 정하는 경우"란 거주자의 자녀가 아닌 주민등록표상의 동거가족으로서 다음 각 호의 어느 하나에 해당하는 경우를 말한다.(2012.2.2 본문개정)
1. 거주자가 부모 모두가 없는 손자녀 또는 형제자매를 부양하는 경우
2. 거주자가 부모(부모 중 한 명만 있는 경우를 포함한다. 이하 이 호에서 같다)가 있는 손자녀 또는 형제자매를 부양하는 경우로서 다음 각 목의 모두에 해당하는 경우
   가. 그 부모 각각의 해당 소득세 과세기간의 소득금액 합계액이 100만원 이하일 것

나. 그 부 또는 모가「장애인고용촉진 및 직업재활법」제2조제2호에 따른 중증장애인이거나「5·18민주화운동 관련자 보상 등에 관한 법률」제5조제5항에 따라 장해등급 3등급 이상으로 지정될 것
3. 거주자가 부모 중 한 명만 있는 손자녀를 부양하는 경우로서 그 부 또는 모가 다음 각 목의 모두에 해당하는 경우
   가. 해당 소득세 과세기간 종료일 현재 18세 미만일 것. 다만, 해당 소득세 과세기간 중에 18세 미만에 해당하는 날이 있는 경우에는 18세 미만으로 본다.
   나. 해당 소득세 과세기간의 소득금액 합계액이 100만원 이하일 것
(2020.2.11 1호~3호개정)
③ 법 제100조의4제1항제2호 단서에서 "대통령령으로 정하는 장애인"이란 각각「장애인고용촉진 및 직업재활법」제2조제2호에 따른 중증장애인과「5·18민주화운동 관련자 보상 등에 관한 법률」제5조제5항에 따라 장해등급 3등급 이상으로 지정된 사람으로서 다음 각 호의 어느 하나에 해당하는 사람을 말한다.(2020.2.11 본문개정)
1. 거주자(그 배우자를 포함한다. 이하 이 항에서 같다)와 동일한 주소 또는 거소에 거주하는 사람
2. 질병의 치료, 요양 등으로 거주자의 주소 또는 거소에서 일시퇴거한 사람
(2020.2.11 1호~2호신설)
④ 법 제100조의3제1항 각 호 외의 부분에서 "대통령령으로 정하는 자"란 다음 각 호의 어느 하나에 해당하는 자(그 배우자를 포함한다)를 제외한 자를 말한다.
(2022.2.15 본문개정)
1. 해당 소득세 과세기간 중「부가가치세법 시행령」제109조제2항제7호에 해당하는 사업을 영위하는 자
2. 해당 소득세 과세기간 종료일 현재 계속 근무하는 상용근로자(「소득세법」제14조제3항제2호에 따른 일용근로자가 아닌 근로자를 말한다)로서 기획재정부령으로 정하는 월 평균 근로소득이 500만원 이상인 자
(2022.2.15 1호~2호신설)
(2013.2.15 본조제목개정)

제100조의3【연간 총소득의 범위】① 법 제100조의3제1항제2호에서 "대통령령으로 정하는 연간 총소득의 합계액"이란 해당 소득세 과세기간의 다음 각 호의 소득(그 수가 음수인 경우 영으로 본다)을 모두 합한 금액을 말한다. 다만, 비과세소득을 제외한다.(2020.2.11 본문개정)
1.「소득세법」제16조제1항 각 호에 따른 이자소득의 합계액
2.「소득세법」제17조제1항 각 호에 따른 배당소득의 합계액
3. (2010.2.18 삭제)
4.「소득세법」제19조제1항 각 호에 따른 사업소득(이하 이 절에서 "사업소득"이라 한다)에 다음 각 목의 율(이하 이 절에서 "조정률"이라 한다)을 곱한 금액. 다만, 2 이상의 사업소득이 있는 경우에는 각각의 사업소득에 조정률을 곱한 금액을 모두 합산한다.(2020.2.11 본문개정)
   가. 도매업 : 100분의 20
   나. 농업·임업 및 어업, 소매업 : 100분의 25
   (2022.2.15 본목개정)
   다. 광업, 자동차 및 부품 판매업, 그 밖에 다른 목에 해당되지 않는 사업 : 100분의 30(2022.2.15 본목개정)
   라. 제조업, 음식점업(제29조제3항제2호에 따른 주점업은 제외한다)과「소득세법 시행령」제122조제1항에 따른 부동산매매업 : 100분의 40(2022.2.15 본목개정)
   마. 전기·가스·증기 및 수도사업, 건설업(비주거용 건물 건설업은 제외하고, 주거용 건물 개발 및 공급업을 포함한다) : 100분의 45(2022.2.15 본목개정)

바. 제29조제3항제2호에 따른 주점업, 숙박업, 하수·폐기물처리·원료재생 및 환경복원업, 운수업, 출판·영상·방송통신업 : 100분의 55
사. 상품중개업, 컴퓨터 및 정보서비스업, 보험 및 연금업, 금융 및 보험관련 서비스업 : 100분의 60
아. 금융업, 예술·스포츠 및 여가 관련 서비스업, 수리 및 기타 개인 서비스업[인적(人的)용역(「부가가치세법」 제26조제1항제15호 및 같은 법 시행령 제42조에 따른 것을 말한다. 이하 이 절에서 같다)은 제외한다] : 100분의 70
자. 부동산 관련 서비스업, 전문·과학 및 기술서비스업, 사업시설관리 및 사업지원서비스업, 교육서비스업, 보건업 및 사회복지서비스업 : 100분의 75 (2022.2.15 바목~자목신설)
차. 「소득세법」 제45조제2항에 따른 부동산임대업, 임대업(부동산 제외), 인적용역, 가구 내 고용활동 : 100분의 90 (2013.2.15 본호개정)
5. 「소득세법」 제20조제1항 각 호에 따른 근로소득의 합계액(이하 이 절에서 "근로소득"이라 한다) (2020.2.11 본호개정)
6. 「소득세법」 제20조의3제1항 각 호에 따른 연금소득의 합계액. 이 경우 「소득세법」 제20조의3제2항에 따라 연금소득에서 제외되는 소득을 포함한다.
7. 「소득세법」 제21조제1항(같은 항 제26호에 따른 종교인소득은 제외한다)부터 제3항까지의 규정에 따른 기타소득금액(2022.2.15 본호개정)
8. 「소득세법」 제21조제1항제26호에 따른 종교인소득의 합계액(이하 이 절에서 "종교인소득"이라 한다) (2020.2.11 본호개정)
② (2013.2.15 삭제)
③ (2015.2.3 삭제)

제100조의4 【1세대의 범위 및 재산의 판정기준】 ① 법 제100조의3제1항제2호에서 "대통령령으로 정하는 1세대"란 해당 소득세 과세기간 종료일 현재 거주자와 다음 각 호의 어느 하나에 해당하는 자가 구성하는 세대를 말한다.(2020.2.11 본문개정)
1. 배우자
2. 거주자 또는 그 배우자와 동일한 주소 또는 거소에 거주하는 직계존속(사망한 종전 배우자의 직계존속을 포함하고, 직계존속이 재혼한 경우에는 해당 직계존속의 배우자를 포함한다. 이하 이 항에서 같다) 및 직계비속(그 배우자와 동거입양자의 그 배우자를 포함한다. 이하 이 항에서 같다)(2020.2.11 본호개정)
3. 법 제100조의4제1항에 따른 부양자녀(이하 이 절과 제10절의4에서 "부양자녀"라 한다)(2020.2.11 본호개정)
4. (2022.2.15 삭제)
(2016.2.5 본항개정)
② 동일한 주소 또는 거소에 거주하는 형제자매인 복수의 거주자가 각각 법 제100조의3제5항제2호나목에 따른 직계존속이 있는 홀벌이 가구(이하 이 항에서 "홀벌이 가구"라 한다)에 해당하는 경우에는 다음 각 호의 순서에 따라 정한 거주자의 가구만을 홀벌이 가구로 본다.
1. 해당 직계존속과 상호합의로 정한 사람
2. 해당 소득세 과세기간의 법 제100조의3제5항제3호에 따른 총급여액 등(이하 이 절과 제10절의4에서 "총급여액 등"이라 한다)이 많은 사람
3. 홀벌이 가구로서 산정한 해당 소득세 과세기간의 근로장려금이 많은 사람
4. 홀벌이 가구로서 해당 소득세 과세기간 직전 과세기간의 근로장려금을 받은 사람
(2020.2.11 본항신설)
③ 법 제100조의3제1항제4호에서 "대통령령으로 정하는 재산의 합계액"이란 다음 각 호의 재산의 가액을 모두 합한 금액을 말한다.(2010.2.18 본문개정)
1. 「지방세법」 제104조제1호부터 제3호까지의 규정에 따른 토지·건축물 및 주택. 다만, 「지방세법」 제109조제3항 및 「지방세특례제한법」 제22조, 제41조, 제43조, 제50조, 제72조제1항·제2항, 제89조 및 제90조에 따른 재산을 제외한다.(2017.2.7 본문개정)
2. 「지방세법 시행령」 제123조제1호 및 제2호에 따른 승용자동차. 다만, 영업용 승용자동차 및 「지방세법 시행령」 제121조제2항 각 호에 따른 승용자동차를 제외한다.(2010.9.20 본문개정)
3. 전세금(임차보증금을 포함한다. 이하 같다) (2012.2.2 본호개정)
4. 현금 및 「소득세법」 제16조제1항제3호·제4호 및 제9호에 따른 이자소득을 발생시키는 예금·적금·부금·예탁금·저축성보험 등과 「소득세법」 제17조제1항제5호에 따른 배당소득을 발생시키는 집합투자기구의 금융재산 및 「소득세법」 제17조제1항제5호의2에 따른 배당소득을 발생시키는 파생결합증권 또는 파생결합사채(2020.2.11 단서삭제)
5. 「지방세법」 제7조제1항에 따른 각 회원권 (2014.2.21 본호개정)
6. 기획재정부령으로 정하는 유가증권(2008.2.29 본호개정)
7. 부동산을 취득할 수 있는 권리로서 기획재정부령으로 정하는 권리(2008.2.29 본호개정)
④ 제3항 각 호에 따른 재산의 소유기준일은 해당 소득세 과세기간 종료일이 속하는 연도의 6월 1일로 한다. 다만, 다음 각 호의 어느 하나에 해당하는 경우에는 해당 소득세 과세기간 종료일이 속하는 과세연도 직전 연도의 6월 1일로 한다.(2019.2.12 단서개정)
1. 거주자가 사망 또는 출국하는 경우로서 소득세 과세기간 종료일이 5월 31일 이전인 경우(2019.2.12 본호신설)
2. 법 제100조의6제7항에 따른 신청(같은 조 제9항에 따라 신청한 것으로 보는 경우를 포함한다. 이하 이 절에서 "반기 신청"이라 한다)을 한 경우(2020.2.11 본호개정)
⑤ 제3항제1호에 따른 재산의 소유자의 결정에 관해서는 「지방세법」 제107조를 준용한다. 이 경우 "납세의무자"를 "소유자"로 본다.(2017.2.7 전단개정)
⑥ (2017.2.7 삭제)
⑦ 제3항제2호에 따른 승용자동차의 소유자 판정은 「지방세법」 제125조를 준용한다. 이 경우 "납세의무자"를 "소유자"로 본다.(2010.9.20 전단개정)
⑧ 제3항 각 호에 따른 재산의 평가는 제4항에 따른 소유기준일 현재의 다음 각 호의 가액에 따른다.
1. 제3항제1호의 재산 : 「지방세법」 제4조제1항 및 제2항에 따른 시가표준액(2015.2.3 본호개정)
2. 제3항제2호의 승용자동차 : 「지방세법」 제4조제2항 및 「지방세법 시행령」 제4조제1항제3호에 따른 시가표준액(2010.9.20 본호개정)
2의2. 주택 및 오피스텔(「주택법 시행령」 제4조제4호에 따른 오피스텔을 말한다)에 대한 제3항제3호의 전세금 : 다음 각 목의 구분에 따른 금액
가. 거주자 또는 그 배우자의 직계존비속(그 배우자를 포함한다)으로부터 임차한 주택의 경우 : 「소득세법」 제99조제1항제1호다목 및 라목의 기준시가를 적용하여 평가한 금액(기준시가가 없는 경우에는 제1호에 따른 금액)
나. 가목 외의 경우 : 「소득세법」 제99조제1항제1호다목 및 라목의 기준시가를 적용하여 평가한 금액의 100분의 60 이내에서 국세청장이 정하여 고시하는 금액(기준시가가 없는 경우에는 제1호에 따른 금액의 100분의 60 이내에서 국세청장이 정하여 고시하

는 금액). 다만, 근로장려금을 신청한 거주자가 제100조의7제2항제2호에 따른 임대차계약서 사본을 제출하고 그에 따른 전세금이 본문에 따른 금액보다 적은 경우에는 해당 임대차계약서에 따른 전세금으로 한다.(2022.2.15 본호개정)

3. 제3항제4호의 예금·적금·부금·예탁금·저축성보험 및 집합투자기구 등의 금융자산 : 금융재산의 잔액. 다만, 보통예금, 저축예금 및 자유저축예금 등 요구불예금의 경우에는 해당 소득세 과세기간 종료일이 속하는 연도의 3월 2일부터 6월 1일까지의 기간 동안의 일평균잔액으로 한다.(2021.2.17 단서신설)

4. 제3항제5호의 회원권 : 「소득세법 시행령」 제165조제8항에 따라 평가한 가액

5. 제3항제6호 및 제7호의 재산 : 해당 재산의 가치를 고려하여 기획재정부령으로 정하는 방법에 따라 평가한 가액(2008.2.29 본호개정)

⑨ 법 제100조의3제3항제2호나목3) 단서에서 "대통령령으로 정하는 장애인"이란 각각 「장애인고용촉진 및 직업재활법」 제2조제2호에 따른 중증장애인과 「5·18민주화운동 관련자 보상 등에 관한 법률」에 따라 장해등급 3급 이상으로 판정된 사람으로서 다음 각 호의 어느 하나에 해당하는 사람을 말한다.

1. 거주자 또는 그 배우자와 같은 주소 또는 거소에 거주하는 사람

2. 질병의 치료, 요양 등으로 거주자 또는 그 배우자의 주소 또는 거소에서 일시퇴거한 사람
(2021.2.17 본항신설)

제100조의5 【부양자녀의 판단】 법 제100조의4제5항에 따라 거주자의 부양자녀가 다른 거주자의 부양자녀에 해당하는 경우에는 다음 각 호의 순서에 따라 정한 거주자를 해당 소득세 과세기간에 부양자녀가 있는 거주자로 한다.

1. 해당 거주자 간 상호합의로 정한 사람

2. 해당 부양자녀와 동일한 주소 또는 거소에서 거주하는 사람

3. 총급여액 등이 많은 사람

4. 해당 부양자녀를 본인의 부양자녀로 하여 산정한 해당 소득세 과세기간의 근로장려금이 많은 사람

5. 해당 부양자녀를 본인의 부양자녀로 하여 해당 소득세 과세기간 직전 과세기간의 근로장려금을 받은 사람(2020.2.11 3호~5호신설)
(2020.2.11 본조개정)

제100조의6 【근로장려금 산정 등】 ① 법 제100조의3제5항제3호가목에서 "대통령령으로 정하는 소득의 금액"이란 제100조의2제4항에 따른 자의 해당 사업소득에 제100조의3제1항제4호 각 목의 조정률을 곱한 금액의 합계를 말한다.(2015.2.3 본항개정)

② 법 제100조의3제5항제3호 각 목 외의 부분에서 "대통령령으로 정하는 사업소득, 근로소득 또는 종교인소득"이란 다음 각 호의 어느 하나에 해당하는 소득을 말한다.(2020.2.11 본항개정)

1. 본인 및 배우자의 직계존비속(그 배우자를 포함한다)으로부터 받은 「소득세법」 제127조제1항제3호에 따른 원천징수대상 사업소득 및 근로소득(2020.2.11 본호개정)

2. 기획재정부령으로 정하는 사업자 외의 자로부터 지급받은 근로소득

3. 「소득세법」 제20조제1항제3호에 따른 근로소득
(2013.2.15 2호~3호개정)

4. 해당 소득세 과세기간 중 「소득세법」 제168조제3항 또는 「부가가치세법」 제8조제7항에 따른 사업자등록을 하지 아니한 자의 사업소득. 다만, 인적 용역의 공급에서 발생하는 소득으로 기획재정부령으로 정하는

사업자로부터 받은 소득은 제외한다.(2022.2.15 본문개정)

5. 「소득세법」 제45조제2항에 따른 부동산임대업에서 발생하는 소득(2021.2.17 본호신설)

③ 법 제100조의5제2항제1호에서 "대통령령으로 정하는 근무월수"란 각각 월 15일 이상 근무한 월을 1월로 보아 계산하고, 신청한 연도의 6월 30일 현재 계속 근무하는 상용근로자(「소득세법」 제14조제3항제2호에 따른 일용근로자가 아닌 근로자를 말한다. 이하 같다)에게 적용한다. 다만, 일용근로소득이나 중도퇴직자의 상용근로소득(상용근로자에게 지급하는 근로소득을 말한다)에 대해서는 실제 근무월수와 무관하게 근무월수를 6개월로 본다.(2020.2.11 본항개정)

④ 법 제100조의5제3항에서 "대통령령으로 정하는 주된 소득자"(이하 이 절에서 "주소득자"라 한다)란 해당 거주자와 그 배우자 중 다음 각 호의 순서에 따라 정한 자를 말한다. 다만, 해당 소득세 과세기간 중 거주자 또는 그 배우자가 사망 또는 출국하는 경우에는 사망 또는 출국하지 아니한 거주자 또는 그 배우자를 해당 소득세 과세기간의 주소득자로 본다.

1. 거주자와 그 배우자 간 상호합의로 정한 사람

2. 총급여액 등이 많은 사람

3. 해당 소득세 과세기간 직전 과세기간의 근로장려금을 받은 사람(2020.2.11 본호신설)
(2020.2.11 본항개정)

⑤ 법 제100조의3제5항에 따른 근로장려금산정표는 별표11과 같다.(2019.2.12 본항개정)

제100조의7 【신청서류 등】 ① 법 제100조의6제1항 및 제7항에 따른 근로장려금 신청서(이하 이 절에서 "근로장려금신청서"라 한다)에는 다음 각 호의 사항이 포함되어야 한다.(2020.2.11 본문개정)

1. 신청자격에 관한 사항

2. 총급여액 등(2020.2.11 본호개정)

3. 근로장려금 산정액

4. 그 밖에 근로장려금의 신청자격 및 산정에 필요한 사항으로 기획재정부령으로 정하는 사항
(2008.2.29 본호개정)

② 법 제100조의6제1항 각 호 외의 부분에서 "대통령령으로 정하는 증거자료"란 다음 각 호의 자료(이하 이 절에서 "증거자료"라 한다)를 말한다.(2020.2.11 본항개정)

1. 근로소득, 사업소득 또는 종교인소득이 있음을 입증할 수 있는 자료로서 다음 각 목의 어느 하나에 해당하는 자료. 다만, 제3항에 따라 열람한 근로소득 또는 사업소득 지급액을 근로장려금신청서에 기재하여 제출하는 경우에는 해당 자료를 제출하지 아니할 수 있다.(2019.2.12 본문개정)

가. 근로소득 또는 사업소득 원천징수영수증

나. 급여 또는 사업소득 수령통장 사본

다. 그 밖에 근로소득, 사업소득 또는 종교인소득이 있음을 객관적으로 확인할 수 있는 자료로서 국세청장이 정하는 자료(2019.2.12 본목개정)
(2013.2.15 본호개정)

2. 제100조의4제8항제2호의2나목 단서에 따라 전세금을 평가받으려는 경우 : 임대차계약서 사본(2022.2.15 본호개정)

3. 제100조의4제3항제7호에 따른 부동산을 취득할 수 있는 권리가 있는 경우 : 분양계약서 사본과 분양대금·청산금 등 납입영수증, 토지상환채권 사본 또는 주택상환사채 사본(2008.2.22 본호신설)

③ 국세청장은 근로장려금 신청의 편의를 위해 「소득세법」 제164조 및 제164조의3에 따라 제출받은 지급명세서 및 간이지급명세서에 기재된 근로소득 또는 사업소득 지급액을 기획재정부령으로 정하는 바에 따라 거주자가 열람할 수 있도록 해야 한다.(2021.5.4 본항개정)

④ 법 제100조의6제4항에서 "대통령령으로 정하는 거주자 1명"이란 다음 각 호의 순서에 따라 정한 사람을 말한다. 다만, 가구 내 둘 이상의 거주자가 각각 법 제100조의6제1항 및 제8항에 따른 신청을 한 경우에는 같은 조 제1항에 따른 신청을 한 거주자가 근로장려금을 신청한 것으로 보고, 각각 같은 조 제7항 및 제8항에 따른 신청을 한 경우에는 같은 조 제7항에 따른 신청을 한 거주자가 근로장려금을 신청한 것으로 본다.(2022.2.15 단서개정)
1. 해당 거주자 간 상호합의로 정한 사람
2. 총급여액 등이 많은 사람
3. 해당 소득세 과세기간의 근로장려금이 많은 사람
4. 해당 소득세 과세기간 직전 과세기간의 근로장려금을 받은 사람(2020.2.11 본호신설)
(2020.2.11 본항개정)
⑤ 근로장려금을 신청한 자는 법 제100조의6제11항에 따라 납세지 관할 세무서장이 근로장려금신청서의 내용과 신청자격에 대한 사실을 확인하기 위하여 기획재정부령으로 정하는 자료를 요청하면 그 자료를 제출하여야 한다.(2014.2.21 본항개정)
⑥ 법 제100조의6제6항에 따라 종합소득과세표준 확정신고를 한 것으로 보는 경우에는 거주자가 그 확정신고서에 근로장려금을 기납부세액으로 기재하여 신고한 것으로 본다.(2020.2.11 본항개정)
⑦ 법 제100조의6제6항제2호에서 "종합소득금액 등을 고려하여 대통령령으로 정하는 자"란 종합소득금액이 「소득세법」 제50조에 따른 본인에 대한 기본공제액 이하이고, 다음 각 호의 어느 하나에만 해당하는 사람을 말한다.(2020.2.11 본문개정)
1. 「소득세법 시행령」 제143조제4항 각 호의 어느 하나에 해당하는 사업자
2. 2명 이상으로부터 받는 「소득세법」 제73조제2항 각 호의 어느 하나에 해당하는 소득이 있는 상용근로자
(2020.2.11 1호~2호신설)
⑧ 법 제100조의6제7항 각 호 외의 부분에서 "대통령령으로 정하는 근로소득만 있는 거주자"란 본인과 그 배우자가 해당 소득세 과세기간이 속하는 연도의 반기(半期)동안 근로소득(제100조의6제2항제1호부터 제3호까지의 근로소득은 제외한다)만 있는 사람을 말한다.(2020.2.11 본항개정)
⑨ 법 제100조의6제7항 각 호 외의 부분에서 "대통령령으로 정하는 자료"란 제2항 각 호의 자료를 말한다.(2019.2.12 본항신설)
⑩ 납세지 관할세무서장은 근로장려금신청서나 그 밖의 서류에 누락 또는 오류가 있다고 인정되는 때에는 20일 이내의 기간을 정하여 보정할 것을 요구할 수 있다. 다만, 보정할 사항이 경미한 경우에는 직권으로 보정할 수 있다.(2015.2.3 본항개정)

제100조의8【근로장려금의 결정】① 납세지 관할 세무서장은 다음 각 호의 사항을 확인하고 그 확인된 총급여액 등에 따라 법 제100조의6에 따라 근로장려금을 신청한 자에게 환급해야 하는 근로장려금을 결정해야 한다. 이 경우 근로장려금신청서 또는 증거자료에 나타난 수입금액이 제3호의 금액과 차이가 있는 경우에는 「소득세법 시행령」 제144조제1항 또는 「부가가치세법 시행령」 제104조제1항에 따른 추계 방법 또는 그 밖에 재산상황ㆍ소비지출상황 등을 고려하여 국세청장이 합리적이라고 인정하는 방법에 따라 검증하여 확정된 수입금액을 기준으로 근로장려금을 결정해야 한다.(2021.5.4 본문개정)
1. 법 제100조의3에 따른 근로장려금의 신청자격
2. 근로장려금신청서 또는 증거자료에 나타난 총급여액 등(배우자의 총급여액 등을 포함한다)이 총급여액 등을 지급하는 자가 법 제100조의6제1항에 따른 신청기간(같은 조 제8항에 따라 신청한 경우에는 그 신청한 날) 또는 같은 조 제7항에 따른 반기별 신청기간의 마

지막 날까지 제출한 「소득세법」 제164조 및 제164조의3에 따른 지급명세서 및 간이지급명세서에 의하여 입증되는 경우 등 객관적으로 인정되는 총급여액 등(2021.5.4 본항개정)
3. 근로장려금신청서 또는 증거자료에 나타난 수입금액으로서 「소득세법」 또는 「부가가치세법」에 따른 계산서, 세금계산서, 신용카드 및 현금영수증 등에 의하여 입증되는 등 객관적으로 인정되는 수입금액
(2020.2.11 본항개정)
② (2017.2.7 삭제)
③ (2021.2.17 삭제)
④ 납세지 관할 세무서장은 제100조의7제10항에 따른 보정요구에 불구하고 근로장려금 신청자가 신청자격과 근로장려금 결정에 필요한 사항을 보정하지 아니하는 경우에는 근로장려금 급여를 거부하는 결정을 할 수 있다.(2019.2.12 본항개정)
⑤ 법 제100조의7제1항 단서에서 "대통령령으로 정하는 사유"란 다음 각 호의 어느 하나에 해당하는 경우를 말한다.(2010.2.18 본문개정)
1. 근로장려금신청서와 첨부서류 등에 의하여 신청자격을 확인하는데 어려움이 있어 사실확인ㆍ자료요구ㆍ조사가 필요한 경우
2. 근로장려금을 신청한 자와 총급여액 등을 지급하는 자가 제출한 총급여액 등에 대한 증빙자료 등에 의하여 총급여액 등을 확인하는데 어려움이 있어 사실확인ㆍ자료요구ㆍ조사가 필요한 경우(2020.2.11 본호개정)
3. 제100조의7제5항 및 제10항에 따라 납세지 관할 세무서장이 신청자에게 증거자료의 제출 또는 보정을 요구한 경우. 다만, 법 제100조의7제1항 본문에 따른 결정기한이 1개월 미만 남은 시점에 요구한 경우로 한정한다.(2020.2.11 단서개정)
4. (2015.2.3 삭제)

제100조의9【근로장려금의 환급 등】① 근로장려금을 결정한 납세지 관할세무서장은 신청자가 금융회사 또는 체신관서 등에 계좌를 개설하고 기획재정부령으로 정하는 계좌개설(변경/철회)신고서를 제출한 경우에는 계좌이체방식으로 근로장려금을 지급할 수 있다.(2017.2.7 본항신설)
② 근로장려금을 결정한 납세지 관할세무서장은 근로장려금의 신청자에게 근로장려금의 결정내용 및 그 결정이유, 결정일자 등이 기재된 기획재정부령으로 정하는 근로장려금결정통지서로 통지하여야 한다. 이 경우 다음 각 호의 어느 하나에 해당하는 경우에는 「국세기본법」 제8조제1항에 따른 전자송달의 방법으로 통지할 수 있다.(2022.2.15 본문개정)
1. 신청자의 신청금액과 납세지 관할 세무서장이 결정한 결정금액이 같은 경우(2020.2.11 본호신설)
2. 신청자가 기획재정부령으로 정하는 결정통지 전자송달 신청서를 제출한 경우(2022.2.15 본호개정)
③ 근로장려금을 결정한 납세지 관할세무서장은 근로장려금을 받은 자가 수급사실에 대한 증명을 신청하는 경우에는 국세청장이 정하는 근로장려금 수급사실 증명서를 발급하여야 한다.(2017.2.7 본항신설)
④ 법 제100조의8제5항제1호에서 "대통령령으로 정하는 금액"이란 15만원을 말한다.(2020.2.11 본항개정)
⑤ 법 제100조의8제5항제2호에서 "대통령령으로 정하는 경우"란 다음의 계산식에 해당하는 경우를 말한다.

법 제100조의8에 따라 환급한 해당 소득세 과세기간의 상반기 근로장려금과 법 제100조의8에 따라 환급할 해당 소득세 과세기간의 하반기 근로장려금의 합계액	≥	법 제100조의6제1항에 따라 신청하여 법 제100조의8제1항에 따라 환급해야 할 해당 소득세 과세기간의 근로장려금

(2022.2.15 본항개정)

⑥ 법 제100조의8제6항에서 "대통령령으로 정하는 액수"란 연 185만원을 말한다.(2021.2.17 본항신설)
⑦ 납세지 관할 세무서장은 법 제100조의8제8항에 따라 이미 환급한 근로장려금을 환수하는 경우에는 그 금액을 다음 각 호의 순서에 따라 환수해야 한다. 다만, 근로장려금 신청자가 제2호에 따른 차감 대신 잔여 환수 금액에 대한 소득세 납부 고지를 요청하는 경우에는 납세지 관할 세무서장은 즉시 환수 금액을 소득세 납부 고지해야 한다.(2021.2.17 단서신설)
1. 해당 소득세 과세기간의 자녀장려금에서 환수 금액을 차감할 것
2. 제1호에도 불구하고 환수 금액이 남은 경우에는 해당 소득세 과세기간의 다음 소득세 과세기간부터 5개 과세기간의 근로장려금 또는 자녀장려금에서 차감할 것
3. 제2호에도 불구하고 환수 금액이 남은 경우에는 환수 금액을 소득세 납부 고지할 것
(2020.2.11 본항신설)
⑧ 가구 내에서 둘 이상의 거주자가 법 제100조의6제1항 또는 제7항에 따라 근로장려금을 신청한 경우로서 같은 조 제4항에 따라 근로장려금을 신청한 것으로 보는 1명의 거주자에게 환급할 근로장려금과 그 밖의 거주자에게 환수할 근로장려금이 각각 발생한 경우에는 근로장려금을 신청한 것으로 보는 1명의 거주자의 동의를 받아 환급할 근로장려금과 환수할 근로장려금을 상계한 후 그 차액만 환급하거나 환수할 수 있다.
(2023.2.28 본항신설)
(2017.2.7 본조제목개정)

제100조의10【근로장려금 환급의 제한】 ① (2012.2.2 삭제)
② 납세지 관할세무서장은 법 제100조의9제3항에 따라 근로장려금의 환급을 제한받는 자에게 환급제한사유, 환급제한기간 등을 기재한 기획재정부령으로 정하는 근로장려금 환급제한통지서에 의하여 통지하여야 한다.(2008.2.29 본항개정)

제100조의11【가산세】 ① 법 제100조의10제3항 계산식 외의 부분 단서에서 "대통령령으로 정하는 경우"란 다음 각 호의 어느 하나에 해당하는 경우를 말한다.
1. 「소득세법」 제164조 및 제164조의3에 따라 제출받은 지급명세서 및 간이지급명세서상 근로소득, 원천징수 대상 사업소득 또는 종교인소득 지급액에 오류가 있는 경우(2021.5.4 본호개정)
2. 법 제100조의12 및 제100조의13에 따라 금융회사등의 장 및 국가기관 등으로부터 제출받은 금융거래정보 또는 신청자격 확인 자료 등에 오류가 있는 경우
3. 그 밖에 제1호 및 제2호와 유사한 경우로서 신청자에게 귀책사유가 없다고 인정되는 경우
② 법 제100조의10제3항의 계산식에서 "대통령령으로 정하는 이자율"이란 제11조의2제9항제2호에 따른 율을 말한다.(2022.2.15 본항개정)
(2017.2.7 본조개정)

제100조의12【확인·조사】 근로장려금의 결정 등의 사무에 종사하는 공무원은 법 제100조의11에 따라 근로장려금의 신청자격, 근로장려금 결정 등의 확인 또는 조사를 할 때에는 기획재정부령으로 정하는 조사원증을 관계자에게 내보여야 한다.(2008.2.29 본조개정)

제100조의13【금융거래내용의 요구방식】 ① 국세청장(지방국세청장을 포함한다)은 법 제100조의12제1항에 따라 금융회사등의 장에게 금융거래의 내용을 요구하는 때에는 다음 각 호의 사항을 명확히 하여 해당 자료를 요구하여야 한다.(2017.2.7 본항개정)
1. 신청자를 포함한 가구원의 인적사항(2014.2.21 본호개정)
2. 사용목적
3. 요구하는 금융거래의 내용

② 국세청장(지방국세청장을 포함한다)은 금융회사등이 가입한 협회, 연합회 또는 중앙회(이하 "협회등"이라 한다)가 금융정보등에 관한 정보통신망을 관리하는 경우 해당 금융회사등의 장에게 그 협회등의 정보통신망을 이용하여 제1항에 따른 금융정보등을 제공하도록 요청할 수 있다.(2017.2.7 본항개정)

제100조의14【자료요청 대상기관의 범위와 자료의 종류】 ① 법 제100조의13 전단에서 "대통령령으로 정하는 단체나 기관"이란 다음 각 호의 어느 하나에 해당하는 단체나 기관을 말한다.(2020.2.11 본문개정)
1. 「국민건강보험법」에 따른 국민건강보험공단
2. 「산업재해보상보험법」에 따른 근로복지공단
3. 「국민연금법」에 따른 국민연금공단
4. 「공무원연금법」에 따른 공무원연금공단
5. 「사립학교교직원 연금법」에 따른 사립학교교직원연금공단
(2014.2.21 3호~5호개정)
6. 「별정우체국법」에 따른 별정우체국 연금관리단(2010.6.29 본호개정)
7. 「민법」 제32조에 따라 기획재정부장관의 허가를 받아 설립된 금융결제원(2008.12.31 본호개정)
8. 「정보통신망 이용촉진 및 정보보호 등에 관한 법률」에 따른 정보통신서비스 제공자(2012.2.2 본호신설)
9. 「한국전력공사법」에 따른 한국전력공사(2014.2.21 본호신설)
10. 「여신전문금융업법」 제62조에 따라 설립된 여신전문금융업협회(2015.2.3 본호신설)
11. 「한국토지주택공사법」에 따라 설립된 한국토지주택공사(2015.2.3 본호신설)
12. 「지방공기업법」에 따라 설립된 에스에이치(SH)공사(2015.2.3 본호신설)
13. 그 밖에 제1호부터 제12호까지의 규정과 유사한 단체 또는 기관으로서 기획재정부령으로 정하는 단체 또는 기관(2015.2.3 본호개정)
② 법 제100조의13 전단에서 "대통령령으로 정하는 자료"란 다음 각 호의 어느 하나에 해당하는 자료를 말한다.(2015.2.3 본문개정)
1. 「가족관계의 등록 등에 관한 법률」 제11조제4항에 따라 법원행정처장이 작성·관리하는 가족관계 등록사항에 대한 전산정보자료(2012.2.2 본호개정)
2. 「주민등록법」에 따라 주민등록사무의 지도·감독을 위임받은 기관의 장이 작성·관리하는 주민등록 전산정보자료(2012.2.2 본호개정)
3. 「장애인고용촉진 및 직업재활법 시행령」 제4조제2항에 따른 중증장애인 확인자료(2021.2.17 본호개정)
4. 「국가유공자 등 예우 및 지원에 관한 법률」에 따른 상이자 등록자료 및 「5·18민주화운동 관련자 보상 등에 관한 법률」에 따른 부상자 등록자료(2008.2.22 본호개정)
5. 「출입국관리법」에 따른 외국인 등록자료
6. 「지방세법 시행령」 제119조의2제2항에 따른 재산세 및 종합부동산세 과세자료(2021.2.17 본호개정)
7. 「자동차관리법」 제69조에 따른 자동차 관리현황자료(매년 6월 1일 현재의 승용자동차 등록현황에 의한다)
8. 「지방세법 시행령」 제4조제1항제3호에 따른 자동차 시가표준액 결정자료(2013.2.15 본호개정)
9. 「주택임대차보호법」에 따른 임대차계약서의 확정일자 관련 자료
10. 「부동산등기법」에 따른 전세권 등기자료
11. 「국민기초생활보장법」에 따른 수급자의 월별 수급 여부에 관한 자료 및 3월 미만 수급자의 소득·재산 자료(국가기관이 해당 자료의 현황을 관리하는 경우 해당 국가기관이 관리하는 현황자료를 포함한다)
12. 「국민건강보험법」에 따른 가입자 등의 소득·재산 자료

13. 「고용보험법」에 따른 피보험자 등의 임금 및 급여 자료
14. 「산업재해보상보험법」에 따른 수급권자 등의 임금 및 급여자료(2014.2.21 본호개정)
15. 「국민연금법」에 따른 가입자의 소득·재산 및 급여 자료
16. 「공무원연금법」·「군인연금법」·「사립학교교직원 연금법」 또는 「별정우체국법」에 따른 급여자료
17. 「주택법」 제54조에 따라 주택을 공급받는 자의 명단 및 「부동산 거래신고 등에 관한 법률」 제3조제1항제2 호·제3호에 따른 부동산거래의 신고 자료(2018.2.13 본호개정)
18. 「개인정보 보호법」에 따른 개인정보(2020.8.4 본호 개정)
19. 「전기사업법」에 따른 전기요금과 「수도법」에 따른 수도요금 부과 명세(2014.2.21 본호신설)
20. 「지방세법」 제7조제1항에 따른 각 회원권을 취득한 자에 대한 취득세 부과 명세(2014.2.21 본호신설)
21. 「지방세법 시행령」 제4조제1항제9호에 따른 각 회 원권의 시가표준액 결정자료(2014.2.21 본호신설)
22. 「여신전문금융업법」에 따른 신용카드회원과 직불카 드회원의 신용카드와 직불카드 이용과 관련된 대금 (代金)결제 관련 자료(2015.2.3 본호신설)
23. 「한국토지주택공사법」에 따라 설립된 한국토지주택 공사 또는 「지방공기업법」에 따라 설립된 에스에이치 (SH)공사와 주택임차인이 체결한 주택임대차계약서의 임차보증금(전세금을 포함한다) 관련 자료(2015.2.3 본 호신설)
24. 「한부모가족지원법」에 따른 한부모가족 지원 신청 자료(2019.2.12 본호신설)
25. 제1호부터 제24호까지의 규정과 비슷한 것으로서 기획재정부령으로 정하는 자료(2019.2.12 본호개정)
(2020.2.11 본조제목개정)

제10절의3 동업기업에 대한 조세특례
(2008.2.22 본절신설)

제100조의15【동업기업과세특례의 적용 범위】 ① 법 제100조의15제1항제4호에서 "대통령령으로 정하는 것" 이란 다음 각 호의 어느 하나에 해당하는 단체를 말한다.
1. 「변호사법」 제40조 및 제58조의18에 따른 법무법인 및 법무조합
2. 「변리사법」 제6조의3 및 같은 법 시행령 제14조에 따른 특허법인
3. 「공인노무사법」 제7조의2에 따른 노무법인
4. 「법무사법」 제33조에 따른 법무사합동법인
5. 전문적인 인적용역을 제공하는 법인으로서 다음 각 목의 어느 하나에 해당하는 것
  가. 「변호사법」 제58조의2에 따른 법무법인(유한)
  나. 「변리사법」 제6조의12에 따른 특허법인(유한)
    (2014.2.21 본목신설)
  다. 「공인회계사법」 제23조에 따른 회계법인
  라. 「세무사법」 제16조의3에 따른 세무법인
  마. 「관세사법」 제17조에 따른 관세법인
② 법 제100조의15제1항제5호에서 "대통령령으로 정하 는 기준에 해당하는 외국단체"란 다음 각 호에 모두 해 당하는 외국단체를 말한다.
1. 법 제100조의15제1항제1호부터 제4호(제3호에 따른 단체 중 기관전용 사모집합투자기구는 제외한다)까지 의 규정에 해당하는 단체와 유사한 외국단체 (2022.2.15 본호개정)
2. 「법인세법」 제94조 또는 「소득세법」 제120조에 따른 국내사업장을 가지고 사업을 경영하는 외국단체
3. 설립된 국가(우리나라와 조세조약이 체결된 국가에

한정한다)에서 동업기업과세특례와 유사한 제도를 적 용받는 외국단체
(2013.2.15 본항신설)
(2014.2.21 본조제목개정)

제100조의16【동업기업과세특례의 적용 및 포기신 청】 ① 동업기업과세특례를 적용받으려는 기업은 동업 기업과세특례를 적용받으려는 최초의 과세연도의 개시 일 이전(기업을 설립하는 경우로서 기업의 설립일이 속하는 과세연도부터 적용받으려는 경우에는 그 과세 연도의 개시일부터 1개월 이내)에 동업자 전원의 동의 서(외국단체의 경우에는 제100조의15제2항 각 호에 해 당하는 사항을 입증할 수 있는 서류를 포함한다)와 함 께 기획재정부령으로 정하는 동업기업과세특례 적용신 청서를 납세지 관할 세무서장에게 제출하여야 한다. (2013.2.15 본항개정)
② 동업기업과세특례를 적용받고 있는 동업기업이 동 업기업과세특례의 적용을 포기하려면 동업기업과세특 례를 적용받지 아니하려는 최초의 과세연도의 개시일 이전에 동업자 전원의 동의서와 함께 기획재정부령으 로 정하는 동업기업과세특례 포기신청서를 납세지 관 할 세무서장에게 제출하여야 한다. (2010.12.30 본항개정)
③ 법 제100조의16제3항에 따른 준청산소득에 대한 법 인세의 과세표준(이하 이 조에서 "준청산소득금액"이 라 한다)은 해당 내국법인이 동업기업과세특례를 적용 받는 최초 사업연도의 직전 사업연도의 종료일(이하 이 조에서 "준청산일"이라 한다) 현재의 잔여재산의 가 액에서 자기자본의 총액을 공제한 금액으로 한다. (2009.2.4 본항신설)
④ 제3항에 따른 "잔여재산의 가액"은 자산총액에서 부채총액을 공제한 금액으로 한다. 이 경우 자산총액 및 부채총액은 장부가액으로 계산한다.(2009.2.4 본항 신설)
⑤ 제3항에 따른 "자기자본의 총액"은 자본금 또는 출 자금과 잉여금의 합계액으로 하되, 준청산일 이후 「국 세기본법」에 따라 환급되는 법인세액이 있는 경우 이에 상당하는 금액은 준청산일 현재의 자기자본의 총액에 가산하고, 준청산일 현재의 「법인세법」 제18조 제1항에 따른 이월결손금의 잔액은 준청산일 현재의 자 기자본의 총액에서 그에 상당하는 금액과 상계한다. 다 만, 상계하는 이월결손금의 금액은 자기자본의 총액 중 잉여금의 금액을 초과하지 못하며, 초과하는 이월결손 금은 없는 것으로 본다.(2019.2.12 본항개정)
⑥ 준청산소득금액을 계산할 때 제3항부터 제5항까지 에 규정하는 것을 제외하고는 「법인세법」 제14조부터 제54조까지를 준용한다.(2009.2.4 본항신설)
⑦ 법 제100조의16제4항에 따라 신고하는 경우에는 기 획재정부령으로 정하는 준청산소득에 대한 법인세과세 표준 및 세액신고서에 기획재정부령으로 정하는 서류 를 첨부하여 납세지 관할세무서장에게 제출하여야 한 다.(2009.2.4 본항신설)

제100조의17【손익배분비율】 ① 법 제100조의18을 적 용할 때 손익배분비율은 동업자 간에 서면으로 약정한 해당 사업연도의 손익의 분배에 관한 단일의 비율로서 제100조의24에 따라 신고한 비율(이하 이 조에서 "약정 손익분배비율"이라 한다)에 따른다. 다만, 약정손익분 배비율이 없는 경우에는 출자지분의 비율에 따른다. (2010.2.18 본항개정)
② 제1항을 적용할 때 조세회피의 우려가 있다고 인정 되어 기획재정부령으로 정한 사유가 발생하면 해당 사 유가 발생한 과세연도에 대하여는 직전 과세연도의 손 익배분비율에 따른다.(2008.2.29 본항개정)
③ 제1항 본문을 적용할 때 어느 동업자의 출자지분과 그와 특수관계에 있는 자(「소득세법 시행령」 제98조제 1항에 따른 "특수관계에 있는 자" 또는 「법인세법 시행

령」제2조제5항에 따른 "특수관계에 있는 자"를 말한다. 이하 이 항에서 "특수관계자"라 한다)인 동업자의 출자지분의 합계가 가장 큰 경우에는 그 동업자와 특수관계자 간에는 출자지분의 비율에 따른다. (2019.2.12 본항개정)

④ 제2항 및 제3항에도 불구하고 해당 동업기업이 「자본시장과 금융투자업에 관한 법률」제9조제19항제1호에 따른 기관전용 사모집합투자기구(법률 제18128호 자본시장과 금융투자업에 관한 법률 일부개정법률 부칙 제8조제1항부터 제4항까지의 규정에 따라 기관전용 사모집합투자기구, 기업재무안정 사모집합투자기구 및 창업·벤처전문 사모집합투자기구로 보아 존속하는 종전의 경영참여형 사모집합투자기구를 포함하며, 이하 이 절에서 "기관전용 사모집합투자기구"라 한다)인 경우로서 정관, 약관 또는 투자계약서에서 정한 바에 따라 결정된 이익의 배당률 또는 손실의 배분율을 약정손익분배비율로 신고한 때에는 해당 비율에 따른다. 이 경우 같은 법 제86조제1항 및 제249조의14제11항에 따른 성과보수(이하 이 절에서 "성과보수"라 한다)는 업무집행사원에 대한 이익의 우선배당으로 본다. (2022.2.15 본항개정)

⑤ 법 제100조의18제1항을 적용할 때 과세연도 중 동업자가 가입하거나 탈퇴하여 손익배분비율이 변경되면 변경 이전과 이후 기간별로 산출한 동업자군별 배분대상 소득금액 또는 결손금을 각각의 해당 손익배분비율에 따라 계산한다.(2009.2.4 본항신설)

제100조의18【동업기업 소득금액 및 결손금의 계산 및 배분】

① 법 제100조의18제1항 단서에서 "대통령령으로 정하는 동업자"란 다음 각 호의 어느 하나에 해당하는 동업자(이하 "수동적동업자"라 한다)를 말한다. (2023.2.28 본문개정)

1. 다음 각 목의 요건을 모두 갖춘 동업자
   가. 동업기업에 성명 또는 상호를 사용하게 하지 아니할 것
   나. 동업기업의 사업에서 발생한 채무에 대하여 무한책임을 부담하기로 약정하지 아니할 것
   다. 「법인세법 시행령」제40조제1항 각 호에 따른 임원 또는 이에 준하는 자가 아닐 것(2019.2.12 본목개정)
2. 해당 동업기업이 기관전용 사모집합투자기구인 경우에는 그 유한책임사원(2022.2.15 본호개정)
3. (2009.2.4 삭제)
(2009.2.4 본항개정)

② 법 제100조의18제1항 단서에 따라 해당 동업자군별 배분대상 결손금이 발생한 과세연도의 종료일부터 15년 이내에 종료하는 각 과세연도에 그 수동적동업자에게 동업자군별 소득금액을 배분하는 경우에는 제1호의 금액에서 제2호의 금액을 공제하고 배분한다. 이 경우 법 제100조의18제3항 단서 또는 제100조의24제3항 단서가 적용되는 수동적동업자에게 배분하는 경우 제1호와 제2호의 배분대상 소득금액 및 배분대상 결손금은 「소득세법」제119조 또는 「법인세법」제93조의 구분에 따라 계산한 금액으로 한다.(2022.2.15 전단개정)

1. 해당 과세연도에 그 수동적동업자에게 배분할 소득금액으로서 다음의 금액

$$\text{해당 과세연도의 해당 동업자군별 배분대상 소득금액} \times \frac{\text{해당 과세연도의 그 수동적 동업자의 손익배분비율}}{\text{해당 과세연도의 해당 동업자군별 손익배분비율}}$$

2. 해당 동업자군별 배분대상 결손금이 발생한 과세연도에 그 수동적동업자에게 배분되지 않은 결손금으로서 다음의 금액(해당 결손금이 발생한 과세연도 이후 과세연도에 공제되지 않은 금액만 해당한다)

$$\text{해당 동업자군별 배분대상 결손금이 발생한 과세연도의 해당 동업자군별 배분대상 결손금} \times \frac{\text{해당 동업자군별 배분대상 결손금이 발생한 과세연도의 그 수동적동업자의 손익배분비율}}{\text{해당 동업자군별 배분대상 결손금이 발생한 과세연도의 해당 동업자군별 손익배분비율}}$$

(2010.2.18 본항신설)

③ 법 제100조의18제1항을 적용할 때 결손금의 이월공제에 관하여는 동업자군별로 다음 각 호의 구분에 따른 규정을 적용한다.(2013.2.15 본항개정)

1. 거주자로 구성된 동업자군(이하 "거주자군"이라 한다) : 「소득세법」제45조
2. 비거주자로 구성된 동업자군(이하 "비거주자군"이라 한다) : 「소득세법」제122조
3. 내국법인으로 구성된 동업자군(이하 "내국법인군"이라 한다) : 「법인세법」제13조제1항제1호 (2019.2.12 본호개정)
4. 외국법인으로 구성된 동업자군(이하 "외국법인군"이라 한다) : 「법인세법」제91조
(2010.2.18 본항신설)

④ 법 제100조의18제2항 후단을 적용할 때 지분가액을 초과하는 해당 동업자의 결손금(이하 이 절에서 "배분한도 초과결손금"이라 한다)은 이월된 각 과세연도에 배분하는 동업기업의 각 과세연도의 결손금이 지분가액에 미달할 때에만 그 미달하는 금액의 범위에서 추가로 배분한다. 이 경우 추가분으로 초과결손금에 해당하는 금액은 「소득세법」제45조 및 「법인세법」제13조제1항제1호에 따라 이월결손금의 공제를 적용할 때 해당 배분한도 초과결손금이 발생한 동업기업의 과세연도의 종료일에 발생한 것으로 본다.(2019.2.12 후단개정)

⑤ 법 제100조의18제2항 후단 및 같은 조 제3항을 적용하는 경우 동업자군별로 둘 이상으로 구분된 결손금이 발생한 때에는 배분한도 초과결손금은 각각의 구분된 결손금의 크기에 비례하여 발생한 것으로 본다.

⑥ 법 제100조의18제3항을 적용할 때 동업자가 배분받은 소득금액은 동업자군별로 다음 각 호의 구분에 따른다.

1. 거주자군 : 「소득세법」제16조부터 제19조까지, 제21조 및 제94조에 따른 각 소득에 대한 수입금액
2. 비거주자군
   가. 「소득세법」제121조제2항 및 제5항에 따른 비거주자의 경우 : 같은 법 제119조제1호부터 제6호까지, 제9호부터 제12호까지에 따른 각 소득에 대한 수입금액
   나. 가목 외의 비거주자의 경우 : 「소득세법」제119조제1호, 제2호, 제4호부터 제6호까지 및 제10호부터 제12호까지에 따른 각 소득에 대한 수입금액. 이 경우 동업기업인 기관전용 사모집합투자기구가 「자본시장과 금융투자업에 관한 법률」제249조의13에 따른 투자목적회사를 통하여 지급받은 소득을 수동적동업자에게 배분하는 경우 수동적동업자가 배분받은 소득금액은 해당 투자목적회사가 지급받은 소득의 소득구분에 따른다.(2023.2.28 후단신설)
3. 내국법인군 : 「법인세법」제15조에 따른 익금 (2010.2.18 1호~3호개정)
4. 외국법인군(2010.2.18 본문개정)
   가. 「법인세법」제97조제1항에 따른 외국법인의 경우 : 같은 법 제92조제1항에 따른 익금
   나. 가목 외의 외국법인의 경우 : 「법인세법」제93조제1호, 제2호, 제4호부터 제6호까지 및 제8호부터 제10호까지에 따른 각 소득에 대한 수입금액. 이 경우 동업기업인 기관전용 사모집합투자기구가 「자본시장과 금융투자업에 관한 법률」제249조의13에 따른 투자목적회사를 통하여 지급받은 소득을 수동적동

업자에게 배분하는 경우 수동적동업자가 배분받은 소득금액은 해당 투자목적회사가 지급받은 소득의 소득구분에 따른다.(2023.2.28 후단개정)
(2009.2.4 본항개정)
⑦ 법 제100조의18제3항을 적용할 때 동업자가 배분받은 결손금은 동업자군별로 다음 각 호의 구분에 따른다.
1. 거주자군 : 「소득세법」 제19조 및 제94조에 따른 각 소득에 대한 필요경비(2012.2.2 본호개정)
2. 비거주자군 : 「소득세법」 제119조제3호부터 제6호까지, 제9호부터 제11호까지에 따른 각 소득에 대한 필요경비(같은 법 제121조제2항 및 제5항에 따른 비거주자에 한정한다)
3. 내국법인군 : 「법인세법」 제19조에 따른 손금
4. 외국법인군 : 「법인세법」 제92조제1항에 따른 손금(같은 법 제97조제1항에 따른 외국법인에 한정된다)
(2010.2.18 본항개정)
⑧ 법 제100조의18제3항을 적용할 때 해당 동업기업이 기관전용 사모집합투자기구인 경우로서 비거주자·외국법인인 수동적동업자에게 소득을 배분하는 경우에는 해당 동업자가 같은 조 제1항에 따라 배분받은 소득금액에서 「자본시장과 금융투자업에 관한 법률」에 따른 보수(성과보수는 제외한다)·수수료 중 동업기업의 손익배분비율에 따라 그 동업자에게 귀속하는 금액을 뺀 금액(제100조의18제3항 본문 또는 제100조의24제3항 단서가 적용되는 기관전용 사모집합투자기구의 수동적동업자의 경우에는 「소득세법」 제119조 또는 「법인세법」 제93조의 구분에 따른 소득금액 비율로 안분하여 계산한 금액을 말한다)을 그 동업자가 배분받은 소득금액으로 한다.(2022.2.15 본항개정)
⑨ (2023.2.28 삭제)
제100조의19 【동업기업 세액의 계산 및 배분】 ① 법 제100조의18제4항 각 호의 금액은 동업기업을 하나의 내국법인으로 보아 계산한다.
② 법 제100조의18제5항을 적용할 때 같은 조 제4항에 따라 동업자가 배분받은 금액은 다음 각 호의 방법에 따라 공제하거나 가산한다.(2009.2.4 본문개정)
1. 세액공제·세액감면금액 : 산출세액에서 공제하는 방법
2. 원천징수세액 : 기납부세액으로 공제하는 방법. 다만, 다음 각 목의 어느 하나에 해당하는 경우에는 동업기업이 법 제100조의24 또는 「소득세법」 제127조에 따라 해당 동업자가 배분받은 소득에 대한 소득세 또는 법인세를 원천징수할 때 해당 세액에서 공제하되, 해당 세액을 초과하는 금액은 없는 것으로 본다.
가. 거주자·비거주자·외국법인인 수동적동업자의 경우
나. 거주자인 동업자(수동적 동업자는 제외한다)로서 배분받은 소득이 제100조의18제6항제1호에 따라 「소득세법」 제16조, 제17조 또는 제21조의 소득에 대한 수입금액으로 구분되는 경우(2013.2.15 본목개정)
(2009.2.4 본호개정)
3. 가산세 : 산출세액에 합산하는 방법
4. 토지등 양도소득에 대한 법인세에 상당하는 세액 : 산출세액에 합산하는 방법. 이 경우 토지등 양도소득에 대한 법인세에 상당하는 세액은 동업기업을 하나의 내국법인으로 보아 산출한 금액에 내국법인 및 외국법인인 동업자의 손익배분비율의 합계를 곱한 금액으로 한다.
③ 법 제100조의18제4항제3호를 적용할 때 동업자에게 배분하는 가산세는 다음 각 호의 가산세를 말한다.
1. 「법인세법」 제75조2제2항, 제75조의5부터 제75조의8까지의 규정에 따른 가산세(2019.2.12 본호개정)
2. 법 제100조의25제1항 및 제2항에 따른 가산세
제100조의20 【동업기업과 동업자 간의 거래】 ① 법 제100조의19제1항에서 "동업자가 동업자의 자격이 아닌

제3자의 자격으로 동업기업과 거래하는 경우"란 동업자가 동업기업으로부터 얻은 거래대가가 동업기업의 소득과 관계없이 해당 거래를 통하여 공급되는 재화 또는 용역의 가치에 따라 결정되는 경우로서 다음 각 호의 어느 하나에 해당하는 거래를 말한다.
1. 동업자가 동업기업에 재화를 양도하거나 동업기업으로부터 재화를 양수하는 거래
2. 동업자가 동업기업에 금전, 그 밖의 자산을 대부하거나 임대하는 거래 또는 동업기업으로부터 금전, 그 밖의 자산을 차입하거나 임차하는 거래
3. 동업자가 동업기업에 용역(해당 동업기업이 영위하는 사업에 해당하는 용역은 제외한다)을 제공하는 거래 또는 동업기업으로부터 용역을 제공받는 거래
4. 그 밖에 제1호부터 제3호까지의 규정과 비슷한 거래로서 기획재정부령으로 정하는 거래(2008.2.29 본호개정)
② 법 제100조의19제1항을 적용할 때 해당 동업기업이 기관전용 사모집합투자기구인 경우 그 업무집행사원이 「자본시장과 금융투자업에 관한 법률」 제249조의14에 따라 해당 동업기업에 용역을 제공하는 거래는 동업자가 동업자의 자격이 아닌 제3자의 자격으로 동업기업과 거래하는 경우에 해당하는 것으로 본다. 다만, 성과보수를 지급받는 부분은 제외한다.(2022.2.15 본문개정)
제100조의21 【지분가액의 조정】 ① 동업자의 최초 지분가액은 동업기업과세특례를 적용받는 최초 과세연도의 직전 과세연도의 종료일(기업의 설립일이 속하는 과세연도부터 적용받는 경우에는 그 과세연도의 개시일) 현재의 동업기업의 출자총액에 해당 동업자의 출자비율을 곱하여 계산한 금액으로 한다.
② 법 제100조의20제1항에서 "대통령령으로 정하는 사유"와 그에 따라 증액조정하는 금액은 다음 각 호의 구분에 따른 사유와 금액을 말한다.
1. 동업기업에 자산을 출자하는 경우 : 출자일 현재의 자산의 시가
2. 동업기업의 지분을 매입하는 경우 또는 상속·증여받는 경우 : 지분의 매입가액 또는 상속·증여일 현재의 지분의 시가
3. 동업기업으로부터 소득금액을 배분받는 경우 : 소득금액(「소득세법」, 「법인세법」 및 법에 따른 비과세소득을 포함한다)
③ 법 제100조의20제2항에서 "대통령령으로 정하는 사유"와 그에 따라 감액조정하는 금액은 다음 각 호의 구분에 따른 사유와 금액을 말한다.
1. 동업기업의 자산을 분배받는 경우 : 분배일 현재의 자산의 시가
2. 동업기업의 지분을 양도하거나 상속·증여하는 경우 : 지분의 양도일 또는 상속·증여일 현재의 해당 지분의 지분가액
3. 동업기업으로부터 결손금을 배분받는 경우 : 결손금의 금액
④ 제2항 및 제3항을 적용할 때 둘 이상의 지분가액 조정사유가 동시에 발생하면 다음의 순서에 따른다. 다만, 제100조의23의 경우에는 제2호보다 제3호 또는 제4호를 먼저 적용한다.
1. 제2항제1호 및 제2호에 따른 증액조정
2. 제3항제1호 및 제2호에 따른 감액조정
3. 제2항제3호에 따른 증액조정
4. 제3항제3호에 따른 감액조정
⑤ 제3항에 따라 지분가액을 감액조정하는 경우 지분가액의 최저금액은 영(零)으로 한다.
(2009.2.4 본조개정)
제100조의22 【동업기업 지분의 양도소득 계산】 법 제100조의21제1항을 적용할 때 지분의 양도소득은 양

도일 현재의 해당 지분의 지분가액을 취득가액으로 보아 계산한다.(2009.2.4 본조개정)

제100조의23【손실이 인정되는 자산의 분배 사유】 법 제100조의22제2항에서 "대통령령으로 정하는 사유"란 다음 각 호의 어느 하나에 해당하는 경우를 말한다.
1. 동업기업이 해산에 따른 청산, 분할, 합병 등으로 소멸되는 경우
2. 동업자가 동업기업을 탈퇴하는 경우

제100조의24【동업기업의 소득의 계산 및 배분명세 신고】 법 제100조의23에 따라 신고할 때 기획재정부령으로 정하는 동업기업 소득 계산 및 배분명세 신고서와 다음 각 호의 서류를 제출해야 한다. 이 경우 제1호 및 제2호의 서류를 첨부하지 않으면 법 제100조의23에 따른 신고로 보지 않는다.(2021.1.5 본문개정)
1. 기업회계기준을 준용하여 작성한 재무상태표와 손익계산서(2021.1.5 본호개정)
2. 기획재정부령으로 정하는 지분가액조정명세서 (2008.2.29 본호개정)
2의2. 제100조의17제1항 본문의 약정손익분배비율에 관한 서면약정서(2010.2.18 본호신설)
2의3. (2023.2.28 삭제)
3. 그 밖에 기획재정부령으로 정하는 서류(2008.2.29 본호개정)

제100조의25 (2009.2.4 삭제)

제100조의26【가산세】 ① 법 제100조의25제1항을 적용할 때 신고하여야 할 소득금액은 동업자군별 배분대상 소득금액의 합계액으로 한다.
② 법 제100조의25제2항제1호에서 "대통령령으로 정하는 이자율"이란 제11조의2제9항제2호에 따른 율을 말한다.(2022.2.15 본항개정)

제100조의27【준용규정】 법 제100조의26을 적용할 때 "대통령령으로 정하는 사항"이란 다음 각 호의 사항을 말한다.
1. 「법인세법」 제6조 및 제7조에 따른 사업연도
2. 「법인세법」 제9조부터 제12조까지의 규정에 따른 납세지와 과세 관할
3. 「법인세법」 제111조에 따른 사업자등록
4. 법 및 「법인세법」에 따른 세액공제 및 세액감면 (2013.2.15 본호개정)
5. 「법인세법」 제73조, 제73조의2 및 제74조에 따른 원천징수(2019.2.12 본호개정)
6. 「법인세법」 제75조의3, 제75조의5부터 제75조의8까지의 규정에 따른 가산세(2019.2.12 본호개정)
7. 「법인세법」 제55조의2에 따른 토지등 양도소득에 대한 법인세
8. 「법인세법」 제66조에 따른 결정 및 경정
9. 「법인세법」 제112조에 따른 장부의 비치·기장
10. 「법인세법」 제113조에 따른 구분경리
11. 「법인세법」 제116조에 따른 지출증빙서류의 제출 및 보관
12. 「법인세법」 제117조에 따른 신용카드가맹점 가입·발급의무 등
13. 「법인세법」 제117조의2에 따른 현금영수증가맹점 가입·발급의무 등
14. 「법인세법」 제120조 및 제120조의2에 따른 지급명세서의 제출의무(2013.2.15 본호개정)
15. 「법인세법」 제120조의3에 따른 매입처별세금계산서합계표의 제출
16. 「법인세법」 제121조에 따른 계산서의 작성·교부 등
17. 「법인세법」 제122조에 따른 질문·조사
18. 그 밖에 기획재정부령으로 정하는 사항(2008.2.29 본호개정)

제10절의4 자녀 장려를 위한 조세특례
(2014.2.21 본절신설)

제100조의28【자녀장려금의 신청대상】 법 제100조의28제1항 각 호 외의 부분에서 "대통령령으로 정하는 자"란 해당 소득세 과세기간 중 「부가가치세법 시행령」 제109조제2항제7호에 해당하는 사업을 영위하는 자(그 배우자를 포함한다)를 제외한 자를 말한다.(2020.2.11 본조개정)

제100조의29【자녀장려금의 산정 등】 ① 법 제100조의29제2항에 따른 자녀장려금산정표는 별표11의2와 같다.
② (2020.2.11 삭제)

제100조의30【자녀장려금의 신청서류 등】 ① 법 제100조의30제1항에 따른 자녀장려금신청서에는 다음 각 호의 사항이 포함되어야 한다.
1. 신청자격에 관한 사항
2. 총급여액 등(2020.2.11 본호개정)
3. 자녀장려금 산정액
4. 그 밖에 자녀장려금의 신청자격 및 산정에 필요한 사항으로서 기획재정부령으로 정하는 사항
② (2020.2.11 삭제)

제100조의31【자녀장려금 관련 사항의 준용 등】 ① 이 절에 따라 자녀장려를 위한 조세특례제도를 운영할 때 다음 각 호의 사항에 관하여는 해당 호에서 정한 규정을 준용한다. 이 경우 "근로장려금", "근로장려금신청서", "근로장려금결정통지서", "근로장려금환급제한통지서"는 각각 "자녀장려금", "자녀장려금신청서", "자녀장려금결정통지서", "자녀장려금환급제한통지서"로 본다.
1. 부양자녀의 범위 및 자녀장려금의 신청대상 : 제100조의2(제4항은 제외한다)
2. 연간 총소득의 범위 : 제100조의3
3. 1세대의 범위 및 재산의 판정기준 : 제100조의4(제2항은 제외한다)
4. 부양자녀의 판단 : 제100조의5
5. 자녀장려금의 산정 등 : 제100조의6(제3항 및 제5항은 제외한다)
6. 신청서류 등 : 제100조의7(제1항·제8항 및 제9항은 제외한다)
7. 자녀장려금의 결정 : 제100조의8
8. 자녀장려금의 환급 등 : 제100조의9(제4항·제5항 및 제7항은 제외한다)
9. 자녀장려금 환급의 제한 : 제100조의10
10. 가산세 : 제100조의11
11. 확인·조사 : 제100조의12
12. 금융거래내용의 요구방식 : 제100조의13
13. 자료요청 대상기관의 범위와 자료의 종류 : 제100조의14
(2020.2.11 본항개정)
② 납세지 관할 세무서장은 제1항에 따라 자녀장려금을 결정할 때 신청자(그 배우자를 포함한다)가 「소득세법」 제59조의2에 따른 자녀세액공제를 받은 경우에는 같은 조 및 같은 법 제61조에 따라 계산한 금액을 공제하여야 한다.(2017.2.7 본항신설)

제10절의5 투자·상생협력 촉진을 위한 조세특례
(2018.2.13 본절신설)

제100조의32【투자·상생협력 촉진을 위한 과세특례】 ①~② (2023.2.28 삭제)
③ 법 제100조의32제2항에 따라 신고를 하려는 내국법인은 「법인세법」 제60조 또는 제76조의17에 따른 과세표준 신고를 할 때 기획재정부령으로 정하는 미환류소

득에 대한 법인세 신고서를 납세지 관할 세무서장에게 제출하여야 한다.

④ 법 제100조의32제2항제1호 가 목 외의 부분에서 "대통령령으로 정하는 소득"이란 「법인세법」 제14조에 따른 각 사업연도의 소득에 제1호의 합계액을 더한 금액에서 제2호의 합계액을 뺀 금액(그 수가 음수인 경우 영으로 본다. 이하 이 항에서 "기업소득"이라 한다)으로 한다. 다만, 「법인세법」 제2장의3에 따른 연결납세방식을 적용받는 연결법인으로서 각 연결법인의 기업소득 합계액이 3천억원을 초과하는 경우에는 다음 계산식에 따라 계산한 금액으로 하고, 그 밖의 법인의 경우로서 기업소득이 3천억원을 초과하는 경우에는 3천억원으로 한다.

$$3천억원 \times \frac{해당\ 연결법인의\ 기업소득}{각\ 연결법인의\ 기업소득\ 합계액}$$

(2019.2.12 본문개정)
1. 다음 각 목에 따른 금액의 합계액
   가. 「법인세법」 제18조제4호에 따른 환급금에 대한 이자
   나. (2023.2.28 삭제)
   다. 「법인세법」 제24조제5항에 따라 이월되어 해당 사업연도의 손금에 산입한 금액(2019.2.12 본목개정)
   라. 해당 사업연도에 법 제100조의32제2항제1호 가목을 적용받은 자산에 대한 감가상각비로서 해당 사업연도에 손금으로 산입한 금액
2. 다음 각 목에 따른 금액의 합계액
   가. 해당 사업연도의 기획재정부령으로 정하는 법인세액(「법인세법」 제57조에 따라 내국법인이 직접 납부한 외국법인세액으로서 손금에 산입하지 아니한 세액과 같은 법 제15조제2항제2호에 따른 외국법인세액을 포함한다), 법인세 감면액에 대한 농어촌특별세액 및 기획재정부령으로 정하는 법인지방소득세액(2022.2.15 본목개정)
   나. 「상법」 제458조에 따라 해당 사업연도에 의무적으로 적립하는 이익준비금
   다. 법령에 따라 의무적으로 적립하는 적립금으로서 기획재정부령으로 정하는 금액
   라. 「법인세법」 제13조제1항제1호에 따라 해당 사업연도에 공제할 수 있는 결손금. 이 경우 같은 조 제1항 각 호 외의 부분 단서의 한도는 적용하지 않으며, 합병법인 등의 경우에는 같은 법 제45조제1항·제2항과 제46조의4제1항에 따른 공제제한 규정을 적용하지 않는다.(2022.2.15 본목개정)
   마. 「법인세법」 제16조제1항제5호에 해당하는 금액(합병대가 중 주식등으로 받은 부분만 해당한다)으로서 해당 사업연도의 익금에 산입한 금액(같은 법 제18조의2에 따른 익금불산입을 적용하기 전의 금액을 말한다)(2019.2.12 본목개정)
   바. 「법인세법」 제16조제1항제6호에 해당하는 금액(분할대가 중 주식으로 받은 부분만 해당한다)으로서 해당 사업연도에 익금에 산입한 금액(같은 법 제18조의2에 따른 익금불산입을 적용하기 전의 금액을 말한다)(2019.2.12 본목개정)
   사. 「법인세법」 제24조제2항에 따라 기부금 손금산입 한도를 넘어 손금에 산입하지 아니한 금액 (2019.2.12 본목개정)
   아. 「법인세법」 제44조제1항에 따른 양도손익으로서 해당 사업연도에 익금에 산입한 금액
   자. 「법인세법」 제46조제1항에 따른 양도손익으로서 해당 사업연도에 익금에 산입한 금액
   차. 법 제104조의31제1항 또는 「법인세법」 제51조의2 제1항에 따라 배당한 금액(2021.2.17 본목개정)
   카. (2020.2.11 삭제)
   타. 외국법인이 발행하는 주식등을 보유하는 내국법인

중 기획재정부령으로 정하는 요건을 충족하는 내국법인이 그 보유주식등을 발행한 외국법인으로부터 받는 배당소득으로서 해당 사업연도에 익금에 산입한 금액(2023.2.28 본목개정)
   파. 「공적자금관리 특별법」 제2조제1호에 따른 공적자금의 상환과 관련하여 지출하는 금액으로서 기획재정부령으로 정하는 금액(2019.2.12 본목신설)
⑤ 법 제100조의32제2항제1호 각 목 외의 부분에서 "대통령령으로 정하는 비율"이란 100분의 70을 말하며, 같은 항 제2호에서 "대통령령으로 정하는 비율"이란 100분의 15를 말한다.(2021.2.17 본항개정)
⑥ 법 제100조의32제2항제1호가목에서 "기계장치 등 대통령령으로 정하는 자산"이란 다음 각 호의 자산을 말한다.
1. 국내사업장에서 사용하기 위하여 새로이 취득하는 사업용 자산(중고품 및 제3조에 따른 금융리스 외의 리스자산은 제외하며, 법 제104조의10에 따라 해운기업에 대한 법인세 과세표준 계산 특례를 적용받는 내국법인의 경우에는 기획재정부령으로 정하는 자산으로 한정한다)으로서 다음 각 목의 자산. 다만, 가목의 자산(해당 사업연도 이전에 취득한 자산을 포함한다)에 대한 「법인세법 시행령」 제31조제2항에 따른 자본적 지출을 포함하되, 같은 조 제4항·제6항에 따라 해당 사업연도에 즉시상각된 분은 제외한다.
   가. 다음의 사업용 유형고정자산
     1) 기계 및 장치, 공구, 기구 및 비품, 차량 및 운반구, 선박 및 항공기, 그 밖에 이와 유사한 사업용 유형고정자산
     2) 기획재정부령으로 정하는 신축·증축하는 업무용 건축물
   나. 「법인세법 시행령」 제24조제1항제2호가목부터 마목까지 및 바목의 무형자산. 다만, 영업권(합병 또는 분할로 인하여 합병법인등이 계상한 영업권을 포함한다)은 제외한다.(2019.2.12 본문개정)
2. 「벤처기업육성에 관한 특별조치법」 제2조제1항에 따른 벤처기업에 다음 각 목의 어느 하나에 해당하는 방법으로 출자(법 제13조의2제1항제2호의 창업·벤처전문 사모집합투자기구 또는 창투조합등을 통한 출자를 포함한다)하여 취득한 주식등(2022.2.15 본문개정)
   가. 해당 기업의 설립 시에 자본금으로 납입하는 방법
   나. 해당 기업이 설립된 후 유상증자하는 경우로서 증자대금을 납입하는 방법
⑦ 법 제100조의32제2항제1호가목에 따른 투자가 2개 이상의 사업연도에 걸쳐서 이루어지는 경우에는 그 투자가 이루어지는 사업연도마다 해당 사업연도에 실제 지출한 금액을 기준으로 투자 합계액을 계산한다.
⑧ 법 제100조의32제2항제1호나목1)부터 3)까지 외의 부분에서 "대통령령으로 정하는 상시근로자"란 「근로기준법」에 따라 근로계약을 체결한 근로자를 말한다. 다만, 다음 각 호의 자는 제외한다.
1. 제26조의4제2항제1호 및 제3호부터 제6호까지의 규정 중 어느 하나에 해당하는 자
2. 「소득세법」 제20조제1항제1호 및 제2호에 따른 근로소득의 금액이 8천만원 이상인 근로자. 다만, 해당 과세연도의 근로제공기간이 1년 미만인 근로자의 경우에는 해당 근로자의 근로소득의 금액을 해당 과세연도 근무제공월수로 나눈 금액에 12를 곱하여 산출한 금액을 기준으로 판단한다.(2022.2.15 단서신설)
(2021.2.17 본항개정)
⑨ 법 제100조의32제2항제1호나목1)부터 3)까지 외의 부분에 따른 임금증가금액은 「소득세법」 제20조제1항제1호 및 제2호에 따른 근로소득(「법인세법 시행령」 제19조제16호에 따른 우리사주조합에 출연하는 자사주의 장부가액 또는 금품으로서 기획재정부령으로 정하는

바에 따라 계산한 금액을 포함하며, 해당 법인이 손금으로 산입한 금액에 한정한다)의 합계액(이하 이 조에서 "임금지급액"이라 한다)으로서 직전 사업연도 대비 증가한 금액으로 한다.
⑩ 법 제100조의32제2항제1호나목1)나)에 따른 기존 상시근로자 임금증가금액과 신규 상시근로자 임금증가금액은 다음 각 호의 구분에 따라 계산한 금액으로 한다. 이 경우 제2호에 따라 계산한 금액은 해당 연도 상시근로자 임금증가금액을 한도로 한다.
1. 기존 상시근로자 임금증가금액 : 해당 연도 상시근로자 임금증가금액에서 제2호에 따라 계산한 금액을 뺀 금액
2. 신규 상시근로자 임금증가금액 : (해당 연도 상시근로자 수 - 직전 연도 상시근로자 수) × 해당 연도에 최초로 「근로기준법」에 따라 근로계약을 체결한 상시근로자(근로계약을 갱신하는 경우는 제외한다)에 대한 기획재정부령으로 정하는 임금지급액의 평균액
⑪ 제8항 및 제10항에 따른 상시근로자 수의 계산은 제26조의4제3항을 준용한다.
⑫ 법 제100조의32제2항제1호나목2)에서 "대통령령으로 정하는 청년정규직근로자"란 제26조의5제2항에 따른 정규직 근로자로서 15세 이상 34세(제27조제1항제1호 각 목의 어느 하나에 해당하는 병역을 이행한 사람의 경우에는 6년을 한도로 병역을 이행한 기간을 현재 연령에서 빼고 계산한 연령을 말한다) 이하인 사람을 말한다. 이 경우 청년정규직근로자 수의 계산은 제26조의5제8항제1호를 준용한다.(2023.2.28 본항개정)
⑬ 법 제100조의32제2항제1호나목3)에서 "근로기간 및 근로형태 등 대통령령으로 정하는 요건을 충족하는 정규직 전환 근로자"란 제26조의4제13항에 따른 정규직 전환 근로자를 말한다.
⑭ 법 제100조의32제2항제1호다목에서 "「대·중소기업 상생협력 촉진에 관한 법률」 제2조제3호에 따른 상생협력을 위하여 지출하는 금액 등 대통령령으로 정하는 금액"이란 해당 사업연도에 지출한 다음 각 호의 어느 하나에 해당하는 금액을 말한다. 다만, 해당 금액이 「법인세법 시행령」 제2조제5항에 따른 특수관계인을 지원하기 위하여 사용된 경우는 제외한다.(2019.2.12 단서개정)
1. 법 제8조의3제1항에 따라 같은 항 각 호의 어느 하나에 해당하는 출연을 하는 경우 그 출연금
2. 법 제8조의3제1항제1호에 따른 협력중소기업의 사내근로복지기금에 출연하는 경우 그 출연금
3. 「근로복지기본법」 제86조의2에 따른 공동근로복지기금에 출연하는 경우 그 출연금
4. 다음 각 목의 구분에 따른 법인이 기획재정부령으로 정하는 바에 따라 중소기업에 대한 보증 또는 대출지원을 목적으로 출연하는 경우 그 출연금
  가. 「신용보증기금법」에 따른 신용보증기금에 출연하는 경우 : 같은 법 제2조제3호에 따른 금융회사등
  나. 「기술보증기금법」에 따른 기술보증기금에 출연하는 경우 : 같은 법 제2조제3호에 따른 금융회사
  다. 「지역신용보증재단법」에 따른 신용보증재단 및 신용보증재단중앙회에 출연하는 경우 : 같은 법 제2조제4호에 따른 금융회사등
5. 그 밖에 상생협력을 위하여 지출하는 금액으로서 기획재정부령으로 정하는 금액
⑮ 법 제100조의32제3항에서 "대통령령으로 정하는 기간"이란 다음 각 호의 구분에 따른 기간을 말한다.
1. 내국법인이 법 제100조의32제2항제1호의 방법을 선택하여 신고한 경우 : 3년이 되는 날이 속하는 사업연도
2. 내국법인이 법 제100조의32제2항제2호의 방법을 선택하여 신고한 경우 : 1년이 되는 날이 속하는 사업연도
⑯ 법 제100조의32제3항에 따라 그 선택한 방법을 계속 적용하여야 하는 법인이 합병을 하거나 사업을 양수하

는 등 기획재정부령으로 정하는 경우에는 그 선택한 방법을 변경할 수 있다.
⑰ 법 제100조의32제2항 각 호의 방법 중 어느 하나의 방법을 선택하지 아니한 내국법인의 경우에는 해당 법인이 최초로 같은 제1항 각 호의 어느 하나에 해당하게 되는 사업연도에 미환류소득이 적게 산정되거나 초과환류액이 많게 산정되는 방법을 선택하여 신고한 것으로 본다.
⑱ 법 제100조의32제5항에 따라 해당 사업연도에 차기환류적립금을 적립하여 미환류소득에서 공제한 내국법인이 다음 2개 사업연도에 「독점규제 및 공정거래에 관한 법률」 제31조제1항에 따른 상호출자제한기업집단에 속하는 내국법인에 해당하지 아니하게 되는 경우에도 같은 조 제1항 및 제6항에 따라 미환류소득에 대한 법인세를 납부하여야 한다.(2023.2.28 본항개정)
⑲ 법 제100조의32제7항을 적용할 때 「법인세법」(법률 제16008호로 개정되기 전의 것을 말한다) 제56조제5항에 따라 직전 사업연도에 적립한 차기환류적립금에서 같은 조 제6항에 따라 초과환류액을 공제한 경우에는 제1호의 금액에서 제2호의 금액을 공제하고 남은 금액을 다음 사업연도로 이월하여 다음 사업연도의 미환류소득에서 공제할 수 있다.(2019.2.12 본문개정)
1. 법 제100조의32제2항에 따라 계산한 해당 사업연도의 초과환류액
2. 「법인세법」(법률 제16008호로 개정되기 전의 것을 말한다) 제56조제6항에 따라 차기환류적립금에서 공제한 초과환류액(2019.2.12 본호개정)
⑳ 법 제100조의32제8항에서 "제2항제1호가목에 따른 자산을 처분한 경우 등 대통령령으로 정하는 경우"란 다음 각 호의 어느 하나에 해당하는 경우를 말한다.
1. 제6항제1호가목1)에 따른 자산의 투자완료일, 같은 항 제1호나목의 자산(매입한 자산에 한정한다)의 매입일 또는 같은 항 제2호의 자산의 취득일부터 2년이 지나기 전에 해당 자산을 양도하거나 대여하는 경우. 다만, 다음 각 목의 어느 하나에 해당하는 경우는 제외한다.
  가. 제137조제1항 각 호의 어느 하나에 해당하는 경우
  나. 제6항제1호가목1)의 자산을 「대·중소기업 상생협력 촉진에 관한 법률」 제2조제6호에 따른 수탁기업(「법인세법 시행령」 제2조제5항에 따른 특수관계인은 제외한다)에 무상양도 또는 무상대여하는 경우(2019.2.12 본목개정)
  다. 천재지변, 화재 등으로 멸실되거나 파손되어 사용이 불가능한 자산을 처분하는 경우(2023.2.28 본목신설)
  라. 그 밖에 업종 등의 특성을 고려하여 기획재정부령으로 정하는 경우(2021.1.5 본목개정)
2. 제6항제1호가목2)에 따른 업무용 건축물에 해당하지 아니하게 되는 등 기획재정부령으로 정하는 경우
㉑ 법 제100조의32제8항에 따라 내국법인은 투자금액의 공제로 인하여 납부하지 아니한 세액에 제1호의 기간 및 제2호의 율을 곱하여 계산한 금액을 이자상당액으로 하여 제20항 각 호의 어느 하나에 해당하는 사유가 발생하는 날 등 기획재정부령으로 정하는 날이 속하는 사업연도의 과세표준 신고를 할 때(이하 이 항에서 "이자상당액납부일"이라 한다) 납부하여야 한다.
1. 투자금액을 공제받은 사업연도의 법인세 과세표준 신고일의 다음 날부터 이자상당액납부일까지의 기간
2. 제11조의2제9항제2호에 따른 율(2022.2.15 본호개정)
㉒ 제9항에 따라 근로소득의 합계액을 계산할 때에는 다음 각 호에 따른다.
1. 합병·분할·현물출자 또는 사업의 양수 등에 따라 종전의 사업부문에서 종사하던 근로자를 합병법인, 분할신설법인, 피출자법인, 양수법인 등(이하 이 항에서

"합병법인등"이라 한다)이 승계하는 경우에는 해당 근로자는 종전부터 합병법인등에 근무한 것으로 본다.
2. 법인이 새로 설립된 경우에는 직전 사업연도의 근로소득의 합계액은 영으로 본다. 다만, 제1호가 적용되는 경우는 제외한다.
㉓ 합병 또는 분할에 따라 피합병법인 또는 분할법인이 소멸하는 경우 합병법인 또는 분할신설법인은 기획재정부령으로 정하는 바에 따라 법 제100조의32에 따른 미환류소득 및 초과환류액을 승계할 수 있다.
㉔ (2019.2.12 삭제)
㉕ 그 밖에 투자 합계액, 임금증가액, 합병 또는 분할 등에 따른 미환류소득의 계산방법 등에 관하여 필요한 사항은 기획재정부령으로 정한다.

제11절 기타 직접국세 특례

제101조 (2001.12.31 삭제)
제102조 【산림개발소득에 대한 세액감면신청】 법 제102조제1항의 규정의 적용을 받고자 하는 내국인은 과세표준신고와 함께 기획재정부령이 정하는 세액감면신청서를 납세지 관할세무서장에게 제출하여야 한다.
(2008.2.29 본조개정)
제103조 (2008.2.22 삭제)
제104조 【자본확충목적회사에 대한 과세특례】 ① 법 제104조의3제1항 각 호 외의 부분에서 "대통령령으로 정하는 금융기관"이란 다음 각 호의 금융기관을 말한다.
1. 「한국산업은행법」에 따라 설립된 한국산업은행
2. 「한국수출입은행법」에 따라 설립된 한국수출입은행
(2017.2.7 1호~2호개정)
3.~5. (2017.2.7 삭제)
② 법 제104조의3제1항 각 호 외의 부분에서 "대통령령으로 정하는 방식"이란 해당 사업연도에 다음 각 호의 방법으로 자금을 조달·투자하는 것을 말한다.
1. 투자자금의 전액 또는 일부를 「한국은행법」에 따른 한국은행 또는 「중소기업은행법」에 따른 중소기업은행으로부터 차입(중소기업은행 및 「한국자산관리공사 설립 등에 관한 법률」에 따른 한국자산관리공사를 통한 간접 차입을 포함한다)(2022.2.17 본호개정)
2. 투자자금을 제1항에 따른 금융기관이 발행하는 다음 각 목의 어느 하나에 투자
가. 신종자본증권(「은행법 시행령」 제19조에 따른 금융채 중 같은 법 시행령 제1조의2제1호에 따른 기본자본에 해당하는 것을 말한다)
나. 후순위채권(「은행법 시행령」 제19조에 따른 금융채 중 같은 법 시행령 제1조의2제2호에 따른 보완자본에 해당하는 것을 말한다)
③ 법 제104조의3제1항제2호 본문에서 "대통령령으로 정하는 투자금액"이란 제2항제2호가목에 따른 신종자본증권의 잔액과 같은 호 나목에 따른 후순위채권의 잔액의 합계액의 100분의 10을 말한다.(2017.2.7 본항개정)
④ 법 제104조의3제1항을 적용받으려는 자는 과세표준신고서와 함께 기획재정부령으로 정하는 손실보전준비금명세서를 납세지 관할세무서장에게 제출하여야 한다.
(2009.6.19 본조신설)
제104조의2 【간이지급명세서에 대한 세액공제】 ① 법 제104조의5제1항에서 "대통령령으로 정하는 소규모 사업자"란 세액공제를 받으려는 과세연도의 상시고용인원 수가 20명 이하인 원천징수의무자를 말한다.
② 제1항에 따른 상시고용인원 수는 해당 과세연도의 매월 말일 현재의 상시고용인원 수를 합하여 해당 과세연도의 개월 수로 나눈 수로 한다.
③ 법 제104조의5제1항에서 "대통령령으로 정하는 금액"이란 간이지급명세서상의 소득자 인원 수에 200원을 곱한 금액을 말한다.

④ 법 제104조의5제1항 또는 제2항에 따른 세액공제를 받으려는 자는 과세표준신고를 할 때 기획재정부령으로 정하는 세액공제신청서 및 공제세액계산서를 납세지 관할 세무서장에게 제출해야 한다.
(2023.2.28 본조신설)
제104조의3 (2012.2.2 삭제)
제104조의4 【정비사업조합의 수익사업의 범위】 법 제104조의7제2항을 적용할 때 정비사업조합이 「도시 및 주거환경정비법」 또는 「빈집 및 소규모주택 정비에 관한 특례법」에 따라 해당 정비사업에 관한 관리처분계획에 따라 조합원에게 종전의 토지를 대신하여 토지 및 건축물을 공급하는 사업은 「법인세법」 제4조제3항에 따른 수익사업이 아닌 것으로 본다.(2022.2.15 본조개정)
제104조의5 【전자신고 등에 대한 세액공제】 ① 법 제104조의8제1항 전단에서 "대통령령으로 정하는 소득세, 양도소득세 또는 법인세 과세표준신고"란 「소득세법」 제70조에 따른 종합소득 과세표준 확정신고, 같은 법 제105조에 따른 양도소득 과세표준 예정신고 및 「법인세법」 제60조에 따른 과세표준신고를 말한다.
(2021.2.17 본항개정)
② 법 제104조의8제1항 전단에서 "대통령령으로 정하는 금액"이란 2만원(「소득세법」 제73조에 따라 과세표준 확정신고의 예외에 해당하는 자가 과세표준확정신고를 한 경우에는 추가로 납부하거나 환급받은 결정세액과 1만원 중 적은 금액)을 말한다.(2019.2.12 본항개정)
③ 법 제104조의8제2항에서 "대통령령으로 정하는 부가가치세 신고"란 「부가가치세법」 제49조에 따른 확정신고 및 같은 법 제67조에 따른 신고를 말한다.
(2013.6.28 본항개정)
④ 법 제104조의8제2항에서 "대통령령으로 정하는 금액"이란 1만원을 말한다.(2010.2.18 본항개정)
⑤ (2020.2.11 삭제)
⑥ 법 제104조의8제1항 및 제3항의 규정에 의하여 전자신고세액공제를 받고자 하는 자는 전자신고를 할 때(법 제104조의8제3항의 규정에 의하여 세무사가 세액공제를 받고자 하는 경우에는 세무사 본인의 과세표준신고를 하는 때를 말한다)에 기획재정부령이 정하는 세액공제신청서를 관할세무서장에게 제출하여야 한다.
(2008.2.29 본항개정)
⑦ 법 제104조의8제5항 각 호 외의 부분에서 "대통령령으로 정하는 금액"이란 납부고지서 1건당 1천원을 말한다.
(2021.2.17 본항신설)
(2021.2.17 본조제목개정)
제104조의6 【여수세계박람회 참가준비금의 손금산입】 ① 법 제104조의9제1항에서 "대통령령으로 정하는 사업"이란 다음 각 호의 어느 하나에 해당하는 사업을 말한다.
1. 「2012여수세계박람회 지원특별법」 제2조제2호에 따른 박람회 직접시설의 제작 및 건설
2. 한국표준산업분류상 다음 각 목의 어느 하나에 해당하는 것으로서 여수세계박람회의 홍보 또는 여수세계박람회장 내에서의 이용을 목적으로 하는 사업
(2015.2.3 본문개정)
가. 출판업
나. 영상·오디오 기록물 제작 및 배급업
다. 방송업
라. 창작, 예술 및 여가관련 서비스업
② 법 제104조의9제2항에서 "대통령령으로 정하는 비용"이란 제1항 각 호의 어느 하나에 해당하는 사업으로서 법 제104조의9제1항에 따라 박람회 참가계약을 체결한 사업의 수행을 위하여 직접 사용되는 비용(차입금에 대한 이자와 「2012여수세계박람회 지원특별법」 제4조에 따른 여수세계박람회조직위원회, 지방자치단체, 그 밖에 여수세계박람회 관련 단체 등에 대한 기부금은 제외한다)을 말한다.

③ 법 제104조의9제5항에서 "대통령령으로 정하는 바에 따라 계산한 이자상당가산액"이란 법 제104조의9제1항에 따라 참가준비금을 손금에 산입하여 발생한 법인세액에 제1호의 기간과 제2호의 비율을 곱하여 계산한 금액을 말한다.
1. 참가준비금을 손금에 산입한 사업연도의 종료일의 다음 날부터 익금에 산입하는 날이 속하는 사업연도의 종료일까지의 기간
2. 제11조의2제9항제2호에 따른 율(2022.2.15 본호개정)
④ 법 제104조의9제1항을 적용받으려는 내국법인은 참가준비금을 손금 또는 익금에 산입하는 사업연도의 과세표준신고를 할 때 기획재정부령으로 정하는 참가준비금명세서를 납세지 관할 세무서장에게 제출하여야 한다.
(2010.2.18 본조신설)

제104조의7【해운기업에 대한 법인세 과세표준 계산특례】 ① 법 제104조의10제1항 각 호 외의 부분에서 "「해운법」상 외항운송사업의 영위 등 대통령령으로 정하는 요건을 갖춘 해운기업"이란 다음 각 호의 어느 하나에 해당하는 사업을 영위하는 기업으로서 해당 기업이 용선(다른 해운기업이 기획재정부령으로 정하는 공동운항에 투입한 선박을 사용하는 경우를 포함한다. 이하 이 조에서 같다)한 선박의 연간운항순톤수(선박의 순톤수에 연간운항일수와 사용률을 곱하여 계산한 톤수를 말한다. 이하 이 조에서 같다)의 합계가 해당 기업이 소유한 선박 등 기획재정부령으로 정하는 기준선박의 연간운항순톤수의 합계의 5배를 초과하지 아니하는 기업을 말한다.(2010.2.18 본문개정)
1. 「해운법」 제3조에 따른 외항정기여객운송사업 또는 외항부정기여객운송사업(2009.2.4 본호개정)
2. 「해운법」 제23조에 따른 외항정기화물운송사업 또는 외항부정기화물운송사업. 다만, 수산물운송사업을 제외한다.(2007.11.30 본호개정)
3. 「크루즈산업의 육성 및 지원에 관한 법률」 제2조제4호에 따른 국제순항 크루즈선 운항사업(2016.2.5 본호신설)
② 법 제104조의10제1항제1호에서 "외항운송 활동과 관련된 대통령령으로 정하는 소득"이란 제1호 또는 제2호에 해당하는 활동으로 발생한 소득과 제3호에 해당하는 소득(이하 이 조에서 "해운소득"이라 한다)을 말한다.(2023.2.28 본문개정)
1. 외항해상운송활동(외항운송에 사용하기 위한 「해운법」 제2조제4호에 따른 용대선(傭貸船)을 포함한다. 이하 이 조에서 같다)(2009.2.4 본호개정)
2. 외항해상운송활동과 연계된 활동으로서 다음 각 목의 어느 하나에 해당하는 활동(2009.2.4 본문개정)
가. 화물의 유치·선적·하역·유지 및 관리와 관련된 활동
나. 외항해상운송활동을 위하여 필요한 시설의 임대차와 관련된 활동으로서 기획재정부령이 정하는 활동(2008.2.29 본목개정)
다. 직원의 모집·교육 및 훈련과 관련된 활동
라. 선박의 취득·유지·관리 및 폐기와 관련된 활동
마. 선박의 매각과 관련된 활동. 다만, 법 제104조의10제1항에 따른 해운기업의 과세표준계산의 특례(이하 이 조에서 "과세표준계산특례"라고 한다)의 적용 이전부터 소유하고 있던 선박을 매각하는 경우에는 1)의 계산식에 따라 계산한 금액(이하 "특례적용전 기간분"이라 한다)은 비해운소득으로 하되, 그 매각대금으로 해당 선박의 매각일이 속하는 사업연도의 종료일까지 새로운 선박을 취득하는 경우에는 2)의 계산식에 따라 계산한 금액에 상당하는 금액은 해운소득으로 한다.(2023.2.28 본문개정)

1)

$$\text{해당 선박의} \atop \text{매각 손익} \times \frac{\text{해당 선박의 과세표준계산}}{\text{특례가 적용되기 전의 기간}} \over \text{해당 선박의 총 소유기간}$$

2)

$$\text{특례적용전} \atop \text{기간분} \times \frac{\text{새로운 선박의 취득에}}{\text{사용된 매각대금}} \over \text{해당 선박의 매각대금} \times \frac{80}{100}$$

(2012.2.2 1)~2)신설)
바. 단일운송계약에 의한 기획재정부령이 정하는 복합운송활동(2008.2.29 본목개정)
사. 가목 내지 바목과 유사한 활동으로 기획재정부령이 정하는 활동(2008.2.29 본목개정)
3. 다음 각 목의 어느 하나에 해당하는 소득(2014.2.21 본문개정)
가. 외항해상운송활동과 관련하여 발생한 「소득세법」 제16조의 이자소득, 동법 제17조제1항제5호의 투자신탁수익의 분배금(이하 이 조에서 "이자소득등"이라 한다) 및 지급이자. 다만, 기업회계기준에 따른 유동자산에서 발생하는 이자소득등을 포함하되, 기업회계기준에 따른 비유동자산 중 투자자산에서 발생하는 이자소득등과 그 밖에 기획재정부령이 정하는 이자소득등은 제외한다.(2023.2.28 단서개정)
나. 외항해상운송활동과 관련하여 발생한 기업회계기준에 따른 화폐성 외화자산·부채를 평가함에 따라 발생하는 원화평가금액과 원화기장액의 차익 또는 차손(2014.2.21 본목신설)
다. 외항해상운송활동과 관련하여 상환받거나 상환하는 외화채권·채무의 원화금액과 원화기장액의 차익 또는 차손
라. 외항해상운송활동과 관련하여 발생하는 차입금에 대한 이자율 변동, 통화의 환율 변동, 운임의 변동, 선박 연료유 등 해운관련 주요 원자재 가격변동의 위험을 회피하기 위하여 체결한 기업회계기준에 의한 파생상품거래로 인한 손익
③ 제1항 및 법 제104조의10제1항제1호에서 "선박", "순톤수", "운항일수" 또는 "사용률"은 다음 각 호에 따른다.
1. 선박 : 과세표준계산특례를 적용받는 기업(이하 이 조에서 "특례적용기업"이라 한다)이 소유하거나 용선한 선박
2. 순톤수 : 「선박법」 제3조제1항제3호에 따른 순톤수
3. 운항일수 : 다음 각 목의 어느 하나의 기간에 속하는 일수. 다만, 정비·개량·보수 그 밖의 불가피한 사유로 30일 이상 연속하여 선박을 운항하지 아니한 경우에는 그 기간은 제외한다.
가. 특례적용기업이 소유한 선박의 경우에는 소유기간
나. 특례적용기업이 용선한 선박의 경우에는 용선기간
4. 사용률 : 다음 각 목의 어느 하나의 비율
가. 특례적용기업이 선박을 소유하거나 선박 전체를 용선한 경우 : 100퍼센트(2022.2.15 본목개정)
나. 특례적용기업이 선박의 일부를 용선한 경우 : 해당 선박의 최대 적재량에서 특례적용기업이 해당 선박에 적재한 물량이 차지하는 비율. 다만, 특례적용기업이 컨테이너 수량을 기준으로 용선을 한 경우에는 해당 선박에 적재할 수 있는 최대 컨테이너 수(선박 건조 시 설계서에 명시된 적재능력의 100분의 75에 해당하는 컨테이너 수를 말한다)에서 특례적용기업이 해당 선박에 적재한 컨테이너 수가 차지하는 비율로 한다.(2022.2.15 본목개정)
다. (2022.2.15 삭제)
(2009.2.4 본항신설)

④ 법 제104조의10제8항에서 "1톤당 1운항일이익"은 다음과 같다.

개별선박의 순톤수	1톤당 1운항일이익
1,000톤 이하분	14원
1,000톤 초과 10,000톤 이하분	11원
10,000톤 초과 25,000톤 이하분	7원
25,000톤 초과분	4원

(2009.2.4 본항신설)

⑤ 과세표준계산특례를 적용받으려는 법인은 과세표준계산특례를 적용받으려는 최초 사업연도의 과세표준신고기한까지 기획재정부령으로 정하는 해운기업의 법인세과세표준계산특례 적용신청서에 제1항에 따른 요건의 충족여부에 대한 해양수산부장관의 확인서를 첨부하여 납세지 관할세무서장에게 제출하여야 한다. (2013.3.23 본항개정)

⑥ 특례적용기업은 법 제104조의10제2항 본문에 따른 과세표준계산특례적용기간(이하 이 조에서 "특례적용기간"이라 한다)에 속하는 사업연도(제5항에 따라 제출된 해양수산부장관의 확인서에 의하여 요건의 충족을 확인할 수 있는 사업연도는 제외한다)의 과세표준을 신고하는 때에 기획재정부령으로 정하는 해운기업의 법인세과세표준계산특례 요건명세서에 제1항에 따른 요건의 충족여부에 대한 해양수산부장관의 확인서를 첨부하여 납세지 관할세무서장에게 제출하여야 한다. (2013.3.23 본항개정)

⑦ 특례적용기업은 법 제104조의10제2항 단서에 따라 과세표준계산특례의 적용을 포기하려는 때에는 과세표준계산특례를 적용받지 아니하려는 최초 사업연도의 과세표준신고기한까지 기획재정부령으로 정하는 해운기업의 법인세 과세표준계산특례 포기신청서를 납세지 관할세무서장에게 제출하여야 한다. (2009.6.19 본항신설)

⑧ 특례적용기업은 특례적용기간이 종료되거나 제1항에 따른 요건을 위반하거나 법 제104조의10제2항 단서에 따라 과세표준계산특례의 적용을 포기함으로써 과세표준계산특례를 적용받지 아니하고 「법인세법」을 적용받게 되는 경우에는 특례적용기간에도 계속하여 「법인세법」을 적용받은 것으로 보고 각 사업연도의 소득을 계산한다. 다만, 다음 각 호의 「법인세법」 규정을 적용하는 때에는 각각 해당 호의 계산방법에 따른다. (2009.6.19 본문개정)

1. 「법인세법」 제19조의2를 적용할 때에는 같은 조 제1항의 대손금으로서 같은 법 시행령 제19조의2제1항 각 호의 채권을 회수할 수 없는 사유가 특례적용기간에 발생한 경우에는 같은 조 제3항에도 불구하고 해당 사유가 발생한 사업연도에 손금에 산입한 것으로 본다. (2009.6.19 본호신설)

2. 「법인세법」 제23조를 적용할 때 같은 조 제1항의 상각범위액은 같은 법 시행령 제30조를 준용하여 계산한다. 이 경우 특례적용기간에 「법인세법 시행령」 제26조제1항 각 호의 구분을 달리하는 감가상각자산이나 같은 법 시행령 제28조제1항제2호의 자산별・업종별 구분에 따른 기준내용연수가 다른 감가상각자산을 새로 취득한 경우에는 같은 법 시행령 제26조제3항 및 제28조제3항에도 불구하고 해당 자산에 관한 감가상각방법신고서 또는 내용연수신고서를 「법인세법」을 적용받게 된 최초 사업연도의 법인세 과세표준신고기한까지 납세지 관할세무서장에게 제출(국세정보통신망에 의한 제출을 포함한다)할 수 있다. (2019.2.12 후단개정)

3. 「법인세법」 제33조를 적용할 때 특례적용기간에는 같은 법 시행령 제60조제1항부터 제3항까지의 규정에 따라 계산한 각 사업연도의 퇴직급여충당금의 손금산입 한도액에 해당하는 금액을 해당 사업연도에 퇴직급여충당금으로서 손금에 산입한 것으로 보고 같은 조 제2항의 퇴직급여충당금의 누적액을 계산한다. (2009.6.19 본호신설)

4. 「법인세법」 제13조・제34조 및 이 법 제144조를 적용할 때에는 다음 각 목에 따른다. 다만, 해당 법인이 「법인세법」을 적용받게 된 최초 사업연도의 과세표준신고기한까지 특례적용기간에 관하여 「법인세법」 제60조제2항제2호에 따른 세무조정계산서 등 기획재정부령으로 정하는 서류를 작성하여 같은 조 제1항에 따른 신고와 함께 납세지 관할세무서장에게 제출하는 경우에는 특례적용기간에도 계속하여 「법인세법」을 적용받은 것으로 보고 같은 법 제13조・제34조 및 이 법 제144조를 적용한다.

가. 「법인세법」 제13조를 적용할 때에는 같은 조 제1항제1호에도 불구하고 특례적용기간의 종료일 현재의 같은 법 시행령 제16조제1항에 따른 이월결손금의 잔액은 없는 것으로 본다. (2019.2.12 본목개정)

나. 「법인세법」 제34조를 적용할 때에는 같은 조 제3항에도 불구하고 과세표준계산특례를 적용받기 직전 사업연도 종료일 현재의 대손충당금 잔액은 「법인세법」을 적용받게 된 최초 사업연도의 소득금액을 계산할 때 익금에 산입한 것으로 본다. (2019.2.12 본목개정)

다. 이 법 제144조를 적용할 때에는 같은 조 제1항에도 불구하고 같은 항에 따라 이월된 특례적용기간의 종료일 현재의 미공제금액은 없는 것으로 본다.

(2009.6.19 본호신설)

⑨ 특례적용기업은 해운소득과 비해운소득을 각각 별개의 회계로 구분하여 경리하여야 하고, 해운소득과 비해운소득에 공통되는 익금과 손금은 기획재정부령으로 정하는 방법에 따라 안분하여 계산한다. (2009.2.4 본항신설)

(2009.2.4 본조제목개정)

(2005.2.19 본조신설)

제104조의8 (2009.2.4 삭제)

제104조의9 (2022.2.15 삭제)

제104조의10【신용회복목적회사에 대한 과세특례】
법 제104조의12제1항을 적용받으려는 법인은 손실보전준비금을 손금 또는 익금에 산입하는 사업연도의 과세표준신고를 할 때 기획재정부령으로 정하는 손실보전준비금명세서를 납세지 관할 세무서장에게 제출하여야 한다. (2010.2.18 본조신설)

제104조의11【종합부동산세 과세특례대상 향교 및 종교단체의 범위】 ① 법 제104조의13제1항 전단에서 "대통령령으로 정하는 개별 향교 또는 개별 종교단체"란 「부동산 실권리자명의 등기에 관한 법률 시행령」 제5조제1항제3호에 따른 개별 향교 또는 같은 항 제2호에 따른 소속 종교단체를 말한다.

② 법 제104조의13제1항 전단에서 "대통령령으로 정하는 종교단체"란 「부동산 실권리자명의 등기에 관한 법률 시행령」 제5조제1항제1호에 따른 종단을 말한다. (2008.2.22 본조신설)

제104조의12【향교 및 종교단체에 대한 종합부동산세 과세특례 세액 계산방법】 ① 개별 단체가 법 제104조의13제1항에 따라 주택분 종합부동산세를 신고하는 경우 「종합부동산세법 시행령」 제4조의2의 산식 중 "주택분 재산세로 부과된 세액의 합계액"에는 대상주택을 개별 단체가 실제 소유한 것으로 보아 부과되었을 주택분 재산세를 포함한다.

② 개별 단체가 법 제104조의13제1항에 따라 토지분 종합부동산세를 신고하는 경우 「종합부동산세법 시행령」 제5조의3제1항의 산식 중 "종합합산과세대상인 토지분 재산세로 부과된 세액의 합계액" 또는 같은 조 제2항의 산식 중 "별도합산과세대상인 토지분 재산세로 부과된 세액의 합계액"에는 대상토지를 개별 단체가 실제 소유한 것으로 보아 부과되었을 토지분 재산세를 각각 포함한다.

③ 향교재단 등이 법 제104조의13제3항에 따라 대상주택을 소유하지 아니한 것으로 보아 주택분 종합부동산세를 신고하는 경우 「종합부동산세법 시행령」 제4조의2의 산식 중 "주택분 재산세로 부과된 세액의 합계액"은 대상주택을 향교재단 등이 소유하지 아니한 것으로 보아 부과되었을 주택분 재산세로 한다.
④ 향교재단 등이 법 제104조의13제3항에 따라 대상토지를 소유하지 아니한 것으로 보아 토지분 종합부동산세를 신고하는 경우 「종합부동산세법 시행령」 제5조의3 제1항의 산식 중 "종합합산과세대상인 토지분 재산세로 부과된 세액의 합계액" 또는 같은 조 제2항의 산식 중 "별도합산과세대상인 토지분 재산세로 부과된 세액의 합계액"은 대상토지를 향교재단 등이 소유하지 아니한 것으로 보아 부과되었을 토지분 재산세로 한다. (2008.2.22 본조신설)

제104조의13【향교 및 종교단체에 대한 종합부동산세 과세특례 신고】
① 법 제104조의13제1항 및 제3항에 따라 신고하려는 개별 단체 및 향교재단 등은 「종합부동산세법 시행령」 제8조제2항 각 호에 따른 서류 외에 기획재정부령으로 정하는 향교 및 종교단체 종합부동산세 과세특례신고서와 「민법」 제45조제3항에 따른 향교재단 등에 대한 주무관청의 정관 변경허가서, 향교재단 등의 정관 및 이사회 회의록, 그 밖에 대상주택 또는 대상토지의 사실상 소유자가 개별단체임을 입증할 수 있는 서류를 해당연도의 9월 16일부터 9월 30일까지 납세지 관할 세무서장에게 각각 제출하여야 한다. (2009.2.4 본항개정)
② 최초로 법 제104조의13제1항 및 제3항에 따라 신고를 한 다음 연도부터 대상주택 또는 대상토지의 소유관계에 변동이 없는 경우, 제1항에 따른 향교 및 종교단체 종합부동산세 과세특례신고서를 제외한 대상주택 또는 대상토지의 사실상 소유자가 개별단체임을 입증할 수 있는 서류는 제출하지 아니할 수 있다. (2008.2.22 본조신설)

제104조의14【제3자물류비용에 대한 세액공제신청 등】
① (2021.2.17 삭제)
② 법 제104조의14제1항 및 제2항에 따라 소득세 또는 법인세를 공제받으려는 자는 과세표준신고와 함께 기획재정부령으로 정하는 세액공제신청서를 납세지 관할 세무서장에게 제출하여야 한다. (2008.2.29 본항개정)

제104조의15【해외자원개발투자에 대한 과세특례】
① 법 제104조의15제1항제2호에서 "대통령령으로 정하는 출자"란 다음 각 호의 요건을 모두 갖춘 외국법인에 대한 출자로서 발행주식총수 또는 출자총액에서 차지하는 비율이 100분의 10 이상이거나 같은 항 각 호 외의 부분 본문에 따른 해외자원개발사업자의 임직원을 외국법인의 임원으로 파견하는 경우의 출자를 말한다. (2010.12.30 본항개정)
1. 「해외자원개발 사업법」 제2조제4호에 따른 해외자원개발사업자가 같은 법 제5조에 따라 신고한 사업의 광구(이하 이 조에서 "해당 광구"라 한다)에 대한 광업권 또는 조광권을 소유할 것
2. 해당 광구의 개발과 운영을 목적으로 설립되었을 것
② 법 제104조의15제1항제3호에서 "외국환거래법" 제3조제1항제18호가목에 따라 대통령령으로 정하는 투자"란 다음 각 호의 어느 하나에 해당하는 것을 말한다.
1. 내국인의 외국자회사(내국인이 발행주식총수 또는 출자총액의 100분의 100을 직접 출자하고 있는 외국법인을 말한다. 이하 이 조에서 같다)의 증자에 참여하는 투자
2. 내국인의 외국자회사에 상환기간을 5년 이상으로 하여 금전을 대여하는 투자
3. 해외자원개발사업자가 제1호 또는 제2호에 따른 내국인과 공동으로 내국인의 외국자회사에 상환기간을

5년 이상으로 하여 금전을 대여하는 투자 (2011.6.3 본항개정)
③ 법 제104조의15제1항을 적용할 때 해외자원개발사업자가 광물자원을 개발하기 위한 투자금액 또는 출자금액은 법 제104조의15제1항 각 호에 따라 취득하거나 소유하고 있는 광업권 또는 조광권의 금액을 한도로 하며, 제2항제3호의 경우에는 전체 투자금액(광업권 또는 조광권의 금액을 한도로 한다)에 각 해외자원개발사업자의 투자비율을 곱하여 계산한다. (2009.2.4 본항신설)
④ 법 제104조의15제2항에 따른 이자상당가산액은 공제받은 세액에 제1호의 기간 및 제2호의 율을 곱하여 계산한 금액으로 한다.
1. 공제받은 과세연도의 과세표준신고일의 다음 날부터 법 제104조의15제2항의 사유가 발생한 날이 속하는 과세연도의 과세표준 신고일까지의 기간
2. 제11조의2제9항제2호에 따른 율(2022.2.15 본호개정)
⑤ 법 제104조의15제1항을 적용받으려는 자는 과세표준신고와 함께 기획재정부령으로 정하는 세액공제신청서 및 해외자원개발투자신고서를 납세지 관할 세무서장에게 제출하여야 한다. (2009.2.4 본항개정) (2009.2.22 본조신설)

제104조의16【대학재정건전화를 위한 과세특례】
① 법 제104조의16제1항 전단에서 "대통령령으로 정하는 수익용기본재산"이란 「대학설립·운영 규정」 제7조에 따른 수익용기본재산 중 토지와 건축물을 말한다.
② 법 제104조의16제1항 전단에서 "양도일부터 1년 이내에 다른 수익용기본재산을 취득하는 경우"에는 종전 수익용기본재산 처분일이 속하는 사업연도가 종료된 후 다른 수익용기본재산을 취득하는 경우를 포함한다.
③ 법 제104조의16제1항 전단에서 "대통령령으로 정하는 바에 따라 계산한 금액"이란 제1호의 금액에 제2호의 율을 곱하여 계산한 금액을 말한다.
1. 처분하는 수익용기본재산의 처분가액 - (처분하는 수익용기본재산의 장부가액 + 직전 사업연도 종료일 현재 「법인세법」 제13조제1항제1호에 따른 이월결손금)(2019.2.12 본호개정)
2. 처분하는 수익용기본재산의 처분가액 중 취득하는 수익용기본재산의 취득가액이 차지하는 비율(100분의 100을 한도로 한다)
④ 제3항을 적용할 때 종전 수익용기본재산 양도일이 속하는 사업연도의 종료일까지 다른 수익용기본재산을 취득하지 아니한 경우 취득하는 수익용기본재산의 가액은 취득 예정인 자산의 가액(이하 이 조에서 "취득예정 자산가액"이라 한다)으로 할 수 있다.
⑤ 법 제104조의16제2항 전단에서 "대통령령으로 정하는 바에 따라 계산한 금액"이란 제3항에 따라 익금에 산입하지 아니한 금액 전액(취득예정 자산가액보다 낮은 가액의 자산을 취득한 경우에는 실제 취득가액을 기준으로 제3항에 따라 계산한 금액을 초과하는 금액을 말한다)을 말한다.
⑥ 법 제104조의16제1항을 적용받으려는 학교법인은 수익용기본재산의 양도일이 속하는 사업연도의 과세표준신고와 함께 기획재정부령으로 정하는 양도차익명세서 및 분할익금명세서를 납세지 관할 세무서장에게 제출하여야 한다. (2008.2.29 본항개정)
⑦ 제4항을 적용받은 후 수익용기본재산을 취득하는 때에는 취득일이 속하는 사업연도의 과세표준신고와 함께 기획재정부령으로 정하는 취득완료보고서를 납세지 관할 세무서장에게 제출하여야 한다. (2008.2.29 본항개정) (2008.2.22 본조신설)

제104조의17 (2021.2.17 삭제)

제104조의18【주택건설사업자가 취득한 토지에 대한 과세특례】
① 법 제104조의19를 적용받으려는 자는 기획재정부령으로 정하는 신고서에 따라 신고하여야 한

다. 다만, 최초로 신고한 연도의 다음 연도부터는 그 신고한 내용 중 변동이 없는 경우에는 신고하지 아니할 수 있다.

② 법 제104조의19제3항에서 종합부동산세액이란 제1호의 금액에서 제2호의 금액을 뺀 세액을 말한다.

1. 법 제104조의19제1항에 따라 과세표준 합산의 대상에 포함되지 아니하였던 해당 토지를 매 과세연도마다 종합부동산세 과세표준 합산의 대상이 되는 토지로 보고 계산한 세액

2. 법 제104조의19제1항에 따라 과세표준 합산의 대상에 포함되지 아니하였던 해당 토지를 매 과세연도마다 종합부동산세 과세표준 합산의 대상에서 제외되는 토지로 보고 계산한 세액

③ 법 제104조의19제3항에서 이자상당가산액이란 제2항에 따른 종합부동산세액에 제1호의 기간과 제2호의 율을 곱하여 계산한 금액을 말한다.

1. 법 제104조의19제2항에 따라 신고한 매 과세연도의 납부기한 다음 날부터 법 제104조의19제3항에 따라 추징할 세액의 고지일까지의 기간

2. 제11조의2제9항제2호에 따른 율(2022.2.15 본호개정)
(2009.2.4 본호신설)

제104조의19【대한주택공사 및 한국토지공사의 합병에 대한 법인세 과세특례】 ① 법 제104조의21제1항에 따라 손금에 산입하는 금액은 「법인세법」 제16조제1항제5호에 따라 계산한 배당금 또는 분배금의 의제액으로 한다. 이 경우 그 금액은 해당 주식 또는 출자지분(이하 이 조에서 "주식등"이라 한다)의 압축기장충당금으로 계상하여야 한다.

② 제1항에 따라 계상한 압축기장충당금은 대한주택공사 및 한국토지공사의 주주 등이 합병대가로 취득한 한국토지주택공사의 주식등을 처분하는 사업연도에 익금에 산입하되, 일부 주식등을 처분하는 경우에는 다음 계산식에 따라 계산한 금액을 익금에 산입한다.

$$압축기장충당금 \times \frac{\text{합병대가로 취득한 한국토지주택}}{\text{공사 주식등 중 처분한 주식등의 수}}{\text{합병대가로 취득한 한국토지주택}}{\text{공사 주식등의 수}}$$

③ (2014.12.30 삭제)

④ 법 제104조의21제1항을 적용받으려는 내국법인은 「법인세법」 제60조에 따른 과세표준신고를 할 때 기획재정부령으로 정하는 배당금등의제액상당액손금산입조정명세서를 납세지 관할 세무서장에게 제출하여야 한다.
(2010.2.18 본조신설)

제104조의20【기업의 운동경기부 설치·운영에 대한 과세특례】 ① 법 제104조의22제1항에서 "대통령령으로 정하는 종목의 운동경기부"란 「국민체육진흥법」 제33조에 따라 설립된 대한체육회(이하 "대한체육회"라 한다)에 가맹된 경기단체 종목 중 기획재정부령으로 정하는 종목의 운동경기부로서 다음 각 호의 요건을 모두 갖춘 운동경기부를 말한다.(2022.2.15 본문개정)

1. 대한체육회 또는 「국민체육진흥법」 제34조에 따른 대한장애인체육회(이하 "대한장애인체육회"라 한다)에 가맹된 경기단체에 등록되어 있는 선수로 구성되어 설치(재설치를 포함한다)·운영되는 운동경기부일 것(2022.2.15 본호개정)

2. 경기종목별 선수의 수는 해당 종목의 경기 정원 이상일 것

3. 경기종목별로 경기지도자가 1명 이상일 것

② 법 제104조의22제2항에서 "대통령령으로 정하는 장애인운동경기부"란 대한장애인체육회에 가맹된 경기단체가 있는 종목의 운동경기부로서 제1항 각 호의 요건을 모두 갖춘 운동경기부를 말한다.(2014.2.21 본항신설)

③ 법 제104조의22제3항에서 "대통령령으로 정하는 종목의 경기부"란 「이스포츠(전자스포츠) 진흥에 관한 법

률」 제12조에 따라 선정된 종목 중 기획재정부령으로 정하는 종목의 이스포츠경기부로서 다음 각 호의 요건을 모두 갖춘 이스포츠경기부를 말한다.

1. 「이스포츠(전자스포츠) 진흥에 관한 법률」에 따른 이스포츠 선수로 구성되어 설치(재설치를 포함한다)·운영되는 경기부일 것

2. 이스포츠 종목별로 경기지도자가 1명 이상일 것
(2022.2.15 본항신설)

④ 법 제104조의22제1항부터 제3항까지의 규정에서 "대통령령으로 정하는 비용"이란 각각 다음 각 호에 해당하는 비용을 말한다.

1. 제1항부터 제3항까지의 규정에 따른 운동경기부 또는 이스포츠경기부(이하 이 항에서 "경기부"라 한다)에 소속된 선수, 감독 및 코치와 경기부의 운영 업무를 직접적으로 지원하는 사람에 대한 인건비

2. 대회참가비, 훈련장비구입비 등 경기부를 운영하기 위하여 드는 비용으로서 기획재정부령으로 정하는 비용
(2022.2.15 본항개정)

⑤ 법 제104조의22제1항부터 제3항까지의 규정을 적용받으려는 내국법인은 과세표준신고와 함께 기획재정부령으로 정하는 세액공제신청서를 납세지 관할 세무서장에게 제출하여야 한다.(2022.2.15 본항개정)

⑥ 법 제104조의22제5항에서 "대통령령으로 정하는 선수단 구성 등에 관한 요건"이란 제1항 각 호 또는 제3항 각 호의 요건을 말한다.(2022.2.15 본항개정)

⑦ 법 제104조의22제4항에서 "대통령령으로 정하는 바에 따라 계산한 이자상당액"이란 법 제104조의22제1항 또는 제2항에 따라 공제받은 세액에 제1호의 기간과 제2호의 율을 곱하여 계산한 금액을 말한다.(2014.2.21 본문개정)

1. 공제받은 과세연도 종료일의 다음 날부터 납부사유가 발생한 날이 속하는 과세연도의 종료일까지의 기간

2. 제11조의2제9항제2호에 따른 율(2022.2.15 본호개정)
(2010.12.30 본조신설)

제104조의21【해외진출기업의 국내복귀에 대한 세액감면】 ① 법 제104조의24제1항에서 "대한민국 국민 등 대통령령으로 정하는 자"란 국외에서 2년 이상 계속하여 경영하던 사업장을 소유하거나 기획재정부령으로 정하는 바에 따라 실질적으로 지배하는 대한민국 국민(「재외동포의 출입국과 법적 지위에 관한 법률」 제5조에 따른 재외동포체류자격을 부여받은 재외동포를 포함한다) 또는 대한민국 법률에 따라 설립된 법인(「외국인투자 촉진법」 제2조제6호에 따른 외국인투자기업을 포함한다)을 말하고, 법 제104조의24제1항에 따라 사업장을 이전하려는 자는 다음 각 호의 어느 하나의 요건을 갖추어야 한다.(2013.2.15 본문개정)

1. 수도권과밀억제권역 밖의 지역에 창업하거나 사업장을 신설 또는 증설하여 사업을 개시한 날부터 4년 이내에 국외에서 경영하던 사업장을 양도하거나 폐쇄할 것(2020.4.14 본호개정)

2. 국외에서 경영하던 사업장을 양도하거나 폐쇄한 날부터 3년 이내에 수도권과밀억제권역 밖의 지역에 창업하거나 사업장을 신설 또는 증설할 것(2023.2.28 본호개정)

② 법 제104조의24제1항에 따라 사업장을 국내로 이전 또는 복귀하는 경우 한국표준산업분류에 따른 세분류를 기준으로 이전 또는 복귀 전의 사업장에서 영위하던 업종과 이전 또는 복귀 후의 사업장에서 영위하는 업종이 동일하여야 한다.(2013.2.15 본항개정)

③ 법 제104조의24제1항제2호에 따라 국내로 복귀하는 자는 다음 각 호의 어느 하나의 요건을 갖추어야 한다.

1. 국내에 사업장이 없는 내국인으로서 수도권과밀억제권역 밖의 지역에 창업할 것

2. 국외에서 경영하던 사업장을 축소하여 「해외진출기업의 국내복귀 지원에 관한 법률 시행령」 제6조제2항

제2호에 따른 산업통상자원부장관의 고시에 따라 산업통상자원부장관의 축소 확인을 받은 경우로서 그 축소를 완료한 날이 속하는 과세연도의 그 다음 과세연도의 개시일부터 3년 이내에 수도권과밀억제권역 밖의 지역에 사업장을 신설 또는 증설할 것(2023.2.28 본호개정)

(2021.2.17 본항개정)

④ 법 제104조의24제1항 각 호에 따른 국외에는 「개성공업지구 지원에 관한 법률」 제2조제1호에 따른 개성공업지구를 포함한다.(2016.5.10 본항신설)

⑤ 법 제104조의24제2항에서 "대통령령으로 정하는 소득"이란 다음 각 호의 계산식에 따라 계산한 소득을 말한다. 이 경우 계산식의 매출액은 제2항에 따른 동일 업종의 경영을 통해 발생하는 매출액을 말하며, 계산식에 따라 계산된 소득이 이전 후의 사업장에서 발생한 해당 과세연도의 소득(기존 사업장을 증설하는 경우에는 증설한 부분에서 발생한 소득을 말한다. 이하 이 항에서 같다)을 초과하는 경우에는 그 초과하는 금액은 없는 것으로 한다.

1. 제1항제1호에 따라 사업장을 이전하는 경우

이전 후의 사업장에서 발생한 해당 과세연도의 소득	×	국내로 이전하여 사업을 개시한 날이 속하는 과세연도에 국외에서 경영하던 사업장에서 발생한 매출액을 환율 등을 고려하여 기획재정부령으로 정하는 바에 따라 환산한 금액
		이전 후의 사업장에서 발생한 해당 과세연도의 매출액

2. 제1항제2호에 따라 사업장을 이전하는 경우

이전 후의 사업장에서 발생한 해당 과세연도의 소득	×	국외에서 경영하던 사업장에서 그 사업장이 양도·폐쇄한 날이 속하는 과세연도의 직전 과세연도에 발생한 매출액을 환율 등을 고려하여 기획재정부령으로 정하는 바에 따라 환산한 금액
		이전 후의 사업장에서 발생한 해당 과세연도의 매출액

(2021.2.17 본항개정)

⑥ 법 제104조의24제3항에서 "대통령령으로 정하는 소득"이란 다음 각 호의 계산식에 따라 계산한 소득을 말한다. 이 경우 계산식의 매출액은 제2항에 따른 동일 업종의 경영을 통해 발생하는 매출액으로 하며, 계산식에 따라 계산된 소득이 복귀 후의 사업장에서 발생한 해당 과세연도의 소득(기존 사업장을 증설하는 경우에는 증설한 부분에서 발생한 소득으로 한다. 이하 이 항에서 같다)을 초과하는 경우에는 그 초과하는 금액은 없는 것으로 한다.(2021.2.17 본문개정)

1. 제3항제1호에 따라 국내에 창업하는 경우

복귀 후의 사업장에서 발생한 해당 과세연도의 소득	×	국내로 복귀하여 사업을 개시한 날이 속하는 과세연도에 국외에서 경영하던 사업장에서 발생한 매출액을 환율 등을 고려하여 기획재정부령으로 정하는 바에 따라 환산한 금액
		복귀 후의 사업장에서 발생한 해당 과세연도의 매출액

2. 제3항제2호에 따라 국내에서 사업장을 신설 또는 증설하는 경우

복귀 후의 사업장에서 발생한 해당 과세연도의 소득	×	국외에서 경영하던 사업장에서 축소한 생산량으로서 산업통상자원부장관이 확인한 생산량에 해당하는 금액을 환율 등을 고려하여 기획재정부령으로 정하는 바에 따라 환산한 금액
		복귀 후의 사업장에서 발생한 해당 과세연도의 매출액

(2021.2.17 1호~2호신설)

⑦ 법 제104조의24제4항에 따라 납부해야 하는 세액은 다음 각 호의 구분에 따라 계산한다.

1. 법 제104조의24제4항제1호에 해당하는 경우 : 폐업일(증설한 부분의 폐쇄일) 또는 법인해산일부터 소급하여 3년 이내에 감면된 세액

2. 법 제104조의24제4항제2호에 해당하는 경우 : 법 제104조의24제2항에 따라 감면받은 소득세 또는 법인세 전액

3. 법 제104조의24제4항제3호에 해당하는 경우 : 국외에 사업장을 신설하거나 증설하여 사업을 개시한 날부터 소급하여 3년 이내에 감면된 세액

(2021.2.17 본항개정)

⑧ 법 제104조의24제4항제2호에서 "대통령령으로 정하는 바에 따라 국외에서 경영하던 사업장을 양도하거나 폐쇄하지 아니한 경우"란 제1항의 요건을 갖추지 않은 경우를 말한다.(2021.2.17 본항개정)

⑨ 법 제104조의24제4항제3호에서 "감면을 받은 후 다시 확대하는 경우로서 대통령령으로 정하는 경우"란 제3항제2호의 요건을 갖추어 법 제104조의24제3항에 따른 감면을 받는 기간 중에 국외에 사업장을 신설하거나 국외에서 경영하던 사업장을 증설하는 경우를 말한다.(2021.2.17 본항신설)

⑩ 법 제104조의24제6항에 따른 증설의 범위는 다음 각 호의 어느 하나에 해당하는 경우로 한다.

1. 사업용고정자산을 새로 설치함으로써 기획재정부령으로 정하는 사업장의 연면적이 증가하는 경우(2023.2.28 본호개정)

2. 사업용고정자산을 새로 설치함으로써 사업용고정자산의 수량이 증가하는 경우. 다만, 사업장이 기획재정부령으로 정하는 공장인 경우에는 「해외진출기업의 국내복귀에 관한 법률 시행령」 제6조제2항제2호에 따른 산업통상자원부장관의 고시에 따라 확인받은 유휴면적 내에 사업용고정자산을 새로 설치한 경우로 한정하고, 공장이 아닌 사업장의 경우에는 사업수행에 필요한 생산설비를 새로 설치한 경우로 한정한다.(2023.2.28 본호개정)

(2020.4.14 본항신설)

⑪ 법 제104조의24제6항에 따른 구분경리는 법 제143조제1항을 준용하여 증설한 부분에서 발생한 소득과 증설 전의 부분에서 발생한 소득을 각각 구분하여 경리하는 것으로 한다.(2020.4.14 본항신설)

⑫ 법 제104조의24제1항부터 제3항까지의 규정을 적용받으려는 자는 과세표준신고와 함께 기획재정부령으로 정하는 세액감면신청서, 감면세액계산서 및 그 밖에 필요한 서류를 납세지 관할 세무서장에게 제출하여야 한다.(2020.4.14 본항개정)

제104조의22 【석유제품 전자상거래에 대한 세액공제】

① 법 제104조의25제1항 본문에서 "대통령령으로 정하는 전자결제망"이란 법률 제11845호 자본시장과 금융투자업에 관한 법률 일부개정법률 부칙 제15조에 따른 한국거래소에서 운영하는 석유제품 전자결제망을 말한다.(2020.2.11 본항개정)

② 법 제104조의25제1항 본문에서 "석유판매업자 중 대통령령으로 정하는 자"란 다음 각 호의 어느 하나에 해당하는 자를 말한다.

1. 「석유 및 석유대체연료 사업법 시행령」 제2조제1호에 따른 일반대리점(제1항에 따른 석유제품 전자결제망을 통하여 일반대리점으로부터 석유제품을 공급받는 경우는 제외한다)

2. 「석유 및 석유대체연료 사업법 시행령」 제2조제3호에 따른 주유소

3. 「석유 및 석유대체연료 사업법 시행령」 제2조제4호에 따른 일반판매소

(2020.2.11 본항개정)

③ 법 제104조의25에 따라 소득세 또는 법인세를 공제받으려는 자는 과세표준신고와 함께 기획재정부령으로 정하는 세액공제신청서를 납세지 관할 세무서장에게 제출하여야 한다.
(2012.2.2 본조신설)

제104조의23【정비사업조합 설립인가등의 취소에 따른 채권의 손금산입】 법 제104조의26제1항제2호에서 "대통령령으로 정하는 바에 따라 조합등에 대한 채권을 전부 포기하는 경우"란 과세표준신고와 함께 다음 각 호의 사항을 포함하는 채권의 포기에 관한 확인서를 납세지 관할 세무서장에게 제출한 경우를 말한다. 이 경우 설계자·시공자 또는 정비사업전문관리업자가 추진위원회 또는 조합에게 채무를 면제하는 의사를 표시한 것으로 보며, 확인서를 접수한 관할 세무서장은 즉시 해당 확인서 사본을 시장·군수·구청장에게 송부하여야 한다.
1. 채권의 금액과 그 증명자료
2. 채권의 포기에 관한 내용
3. 「도시 및 주거환경정비법」 제133조제3호에 따라 시·도조례로 정하는 사항(2018.2.9 본호개정)
(2014.2.21 본조신설)

제104조의24 (2018.2.13 삭제)

제104조의25【2018 평창 동계올림픽대회 및 동계패럴림픽대회에 대한 과세특례】 ① 법 제104조의28제1항제4호에서 "대통령령으로 정하는 외국법인"이란 다음 각 호의 어느 하나에 해당하는 외국법인을 말한다.
1. 올림픽 종목별 국제경기연맹 또는 국제장애인경기연맹
2. 세계반도핑기구
3. 국제스포츠중재재판소
4. 국제올림픽위원회가 설립한 올림픽문화유산재단, 방송마케팅사, 올림픽채널서비스사
5. 국제장애인올림픽위원회가 장애인 체육활동을 육성·지원하기 위하여 설립한 단체
6. 국제올림픽위원회와의 계약을 통하여 국제올림픽위원회의 휘장을 사용하는 경기시간 및 점수 측정업체 또는 경기관리 정보시스템 운영업체(국내사업장이 없는 경우에 한정한다)
7. 2018 평창 동계올림픽대회 및 동계패럴림픽대회의 지역별 독점방송중계권자(2017.2.7 본호신설)
② 법 제104조의28제5항에 따라 매입세액공제를 받으려는 사업자는 「부가가치세법」 제48조 또는 제49조에 따른 신고를 할 때 기획재정부령으로 정하는 의제매입세액공제신고서에 「소득세법」 제163조 또는 「법인세법」 제121조에 따른 매입처별 계산서합계표를 첨부하여 제출(국세정보통신망을 통한 제출을 포함한다)하여야 한다. 이 경우 의제매입세액공제신고서에 다음 각 호의 사항이 기재되어 있지 아니하거나 그 거래내용이 사실과 다른 경우에는 매입세액을 공제하지 아니한다.
1. 공급자의 명칭 및 등록번호
2. 매입가액
(2018.1.9 본항신설)
③ 제2항에 따른 매입세액의 공제에 관하여는 「부가가치세법」 제39조제1항제1호 단서를 준용한다.
(2018.1.9 본항신설)
(2016.8.29 본조제목개정)
(2016.2.5 본조신설)

제104조의26【2019광주세계수영선수권대회에 대한 과세특례】 ① 법 제104조의29제1항에 따라 매입세액공제를 받으려는 사업자는 「부가가치세법」 제48조 또는 제49조에 따른 신고를 할 때 기획재정부령으로 정하는 의제매입세액공제신고서에 「소득세법」 제163조 또는 「법인세법」 제121조에 따른 매입처별 계산서합계표를 첨부하여 제출(국세정보통신망을 통한 제출을 포함한다)하여야 한다. 이 경우 의제매입세액공제신고서에 다음

각 호의 사항이 기재되어 있지 아니하거나 그 거래내용이 사실과 다른 경우에는 매입세액을 공제하지 아니한다.
1. 공급자의 명칭 및 등록번호
2. 매입가액
② 제1항에 따른 매입세액의 공제에 관하여는 「부가가치세법」 제39조제1항제1호 단서를 준용한다.
(2018.2.13 본조신설)

제104조의27【우수 선화주기업 인증을 받은 화주 기업에 대한 세액공제】 ① 법 제104조의30제1항 각 호 외의 부분 본문에서 "대통령령으로 정하는 기업"이란 직전 과세연도에 매출액이 있는 기업을 말한다.
(2022.2.15 본항개정)
② 법 제104조의30제1항에 따른 운송비용 및 해상운송비용은 「해운법」 제23조제2호에 따른 외항 정기 화물운송사업을 영위하는 자에게 지출한 비용으로서 다음 각 호의 요건을 모두 충족하는 것으로 한다.
1. 「대외무역법 시행령」 제2조제3호 및 제4호에 따른 수출·수입에 따른 물품의 이동을 위해 지출하는 비용일 것
2. 외항 정기 화물운송사업을 영위하는 자와 체결한 운송계약을 증명하는 선하증권 및 그 밖의 서류에 기재된 구간의 운송을 위하여 지출한 비용일 것
③ 법 제104조의30제2항에 따라 세액공제를 신청하려는 자는 과세표준 신고와 함께 기획재정부령으로 정하는 세액공제신청서 및 공제세액계산서를 납세지 관할 세무서장에게 제출해야 한다.
(2020.2.11 본조신설)

제104조의28【프로젝트금융투자회사에 대한 소득공제】 ① 법 제104조의31제1항 각 호 외의 부분에서 "대통령령으로 정하는 배당가능이익"이란 「법인세법 시행령」 제86조의3제1항에 따라 계산한 금액을 말한다.
(2022.2.15 본항개정)
② 「법인세법」 제51조의2제1항 각 호와 유사한 투자회사가 「주택법」에 따라 주택건설사업자와 공동으로 주택건설사업을 수행하는 경우로서 그 자산을 주택건설사업에 운용하고 해당 수익을 주주에게 배분하는 때에는 법 제104조의31제1항제1호의 요건을 갖춘 것으로 본다.
③ 법 제104조의31제1항제5호에서 "대통령령으로 정하는 요건"이란 다음 각 호의 요건을 말한다.
1. 발기인 중 1인 이상이 다음 각 목의 어느 하나에 해당할 것
   가. 「법인세법 시행령」 제61조제2항제1호부터 제4호까지, 제6호부터 제13호까지 및 제24호의 어느 하나에 해당하는 금융회사 등
   나. 「국민연금법」에 따른 국민연금공단(「사회기반시설에 대한 민간투자법」 제4조제2호에 따른 방식으로 민간투자사업을 시행하는 투자회사의 경우에 한정한다)
2. 제1호가목 또는 나목에 해당하는 발기인이 100분의 5(제1호나목 또는 나목에 해당하는 발기인이 다수인 경우에는 이를 합산한다) 이상의 자본금을 출자할 것
④ 법 제104조의31제1항제8호에서 "대통령령으로 정하는 요건"이란 다음 각 호의 요건을 말한다.
1. 자본금이 50억원 이상일 것. 다만, 「사회기반시설에 대한 민간투자법」 제4조제2호에 따른 방식으로 민간투자사업을 시행하는 투자회사의 경우에는 10억원 이상일 것으로 한다.
2. 자산관리·운용 및 처분에 관한 업무를 다음 각 목의 어느 하나에 해당하는 자(이하 이 조에서 "자산관리회사"라 한다)에게 위탁할 것. 다만, 제6호 단서의 경우 「건축물의 분양에 관한 법률」 제4조제1항제1호에 따른 신탁계약에 관한 업무는 제3호에 따른 자금관리사무수탁회사에 위탁할 수 있다.
   가. 해당 회사에 출자한 법인
   나. 해당 회사에 출자한 자가 단독 또는 공동으로 설립한 법인

3. 「자본시장과 금융투자업에 관한 법률」에 따른 신탁업을 경영하는 금융회사 등(이하 이 조에서 "자금관리사무수탁회사"라 한다)에 자금관리업무를 위탁할 것
4. 주주가 제3항 각 호의 요건을 갖출 것. 이 경우 "발기인"을 "주주"로 본다.
5. 법인설립등기일부터 2개월 이내에 다음 각 목의 사항을 적은 명목회사설립신고서에 기획재정부령으로 정하는 서류를 첨부하여 납세지 관할 세무서장에게 신고할 것
　가. 정관의 목적사업
　나. 이사 및 감사의 성명·주민등록번호
　다. 자산관리회사의 명칭
　라. 자금관리사무수탁회사의 명칭
6. 자산관리회사와 자금관리사무수탁회사가 동일인이 아닐 것. 다만, 해당 회사가 자금관리사무수탁회사(해당 회사에 대하여 「법인세법 시행령」 제43조제7항에 따른 지배주주등이 아닌 경우로서 출자비율이 100분의 10 미만일 것)와 「건축물의 분양에 관한 법률」 제4조제1항제1호에 따라 신탁계약과 대리사무계약을 체결한 경우는 제외한다.
⑤ 법 제104조의31제1항에 해당하는 법인이 제4항제5호에 따라 신고한 후에 이사·감사 및 주주가 법 제104조의31제1항제6호·제7호 및 이 조 제4항제4호의 요건을 충족하지 못하게 되는 경우로서 그 사유가 발생한 날부터 1개월 이내에 해당 요건을 보완하는 경우에는 그 법인은 해당 요건을 계속 충족하는 것으로 본다.
⑥ 법 제104조의31제1항에 해당하는 법인이 제4항제5호에 따라 신고한 후에 같은 호 각 목의 어느 하나에 해당하는 사항이 변경된 경우에는 그 법인은 변경사항이 발생한 날부터 2주 이내에 해당 변경사항을 적은 명목회사변경신고서에 기획재정부령으로 정하는 서류를 첨부하여 납세지 관할 세무서장에게 신고해야 한다.
⑦ (2023.2.28 삭제)
⑧ 법 제104조의31제1항을 적용받으려는 법인은 「법인세법」 제60조에 따른 과세표준신고와 함께 기획재정부령으로 정하는 소득공제신청서를 납세지 관할 세무서장에게 제출하여야 한다.
⑨ 「법인세법」 제51조의2제2항제1호 단서에 해당하는 법인은 소득공제신청을 할 때 제8항에 따른 서류 외에 배당을 받은 동업기업으로부터 법 제100조의23제1항에 따른 신고기한까지 제출받은 기획재정부령으로 정하는 동업기업과세특례적용 및 동업자과세여부 확인서를 추가로 첨부해야 한다.
(2021.2.17 본조신설)
제104조의29【용역제공자에 관한 과세자료 제출에 대한 세액공제】
① 법 제104조의32제1항에서 "대통령령으로 정하는 금액"이란 「소득세법」 제173조제1항에 따라 제출하는 각각의 과세자료에 기재된 용역제공자 인원 수("소득세법 시행령" 제224조제3항에 따른 용역제공자 인적사항 및 용역제공기간 등 기재해야 할 사항이 모두 기재된 인원 수로 한정한다)에 300원을 곱하여 계산한 금액의 합계액을 말한다. 이 경우 그 합계액이 1만원 미만인 경우에는 이를 1만원으로 하고, 200만원을 초과하는 경우에는 그 초과하는 금액은 없는 것으로 한다.
(2023.2.28 후단개정)
② 법 제104조의32제1항에 따라 세액공제를 받으려는 자는 과세표준신고를 할 때 기획재정부령으로 정하는 세액공제신청서 및 공제세액계산서를 납세지 관할 세무서장에게 제출해야 한다.
(2021.11.9 본조신설)

제3장　간접국세

제105조【부가가치세 영세율의 적용】
① 법 제105조

제1항제2호에서 "대통령령으로 정하는 것"이란 골프연습장을 말한다.
② 법 제105조제1항제4호에서 "대통령령으로 정하는 것"이란 "장애인·노인 등을 위한 보조기기 지원 및 활용촉진에 관한 법률」 제3조제2호에 따른 보조기기 또는 「의료기기법」 제2조에 따른 의료기기로서 기획재정부령으로 정하는 것을 말한다.(2020.2.11 본항개정)
(2012.2.2 본조개정)
제106조【부가가치세 면제 등】
① (2000.12.29 삭제)
② 법 제106조제1항제2호나목에서 "대통령령으로 정하는 위탁계약"이란 다음 각 호의 요건을 모두 충족하는 계약을 말한다.
1. 음식용역을 공급하는 사업자(이하 이 항에서 "수탁사업자"라 한다)와 "여객자동차 운수사업법」 제11조에 따른 공동운수협정을 체결한 노선여객자동차운송사업자(이하 "운송사업자"라 한다)로 구성된 조합(이하 "조합"이라 한다) 또는 운송사업자(각 조합과 운송사업자의 임원 및 사용인을 포함한다)는 「국세기본법」 제2조제20호에 따른 특수관계인이 아닐 것(2022.2.15 본호개정)
2. 수탁사업자는 조합에 소속된 운송사업자의 종업원에게만 음식용역을 제공할 것(2022.2.15 본호개정)
(2020.2.11 본항개정)
③ 법 제106조제1항제3호에서 "대통령령으로 정하는 것"이란 "농어업경영체 육성 및 지원에 관한 법률」 제16조에 따라 설립된 영농조합법인 및 같은 법 제19조에 따라 설립된 농업회사법인이 공급하는 농업경영 및 농작업의 대행용역과 「농어업경영체 육성 및 지원에 관한 법률」 제16조에 따라 설립된 영어조합법인 및 같은 법 제19조에 따라 설립된 어업회사법인이 공급하는 어업경영 및 어작업의 대행용역을 말한다.
(2017.2.7 본항개정)
④ 법 제106조제1항제4호에서 "대통령령으로 정하는 국민주택 및 그 주택의 건설용역"이란 다음 각 호의 것을 말한다.(2010.2.18 본문개정)
1. 「주택법」 제2조제1호에 따른 주택으로서 그 규모가 같은 조 제6호에 따른 국민주택규모(기획재정부령으로 정하는 다가구주택의 경우에는 가구당 전용면적을 기준으로 한 면적을 말한다) 이하인 주택
(2021.2.17 본호개정)
2. 제1호의 규정에 의한 주택의 건설용역으로서 「건설산업기본법」·「전기공사업법」·「소방시설공사업법」·「정보통신공사업법」·「주택법」·「하수도법」 및 「가축분뇨의 관리 및 이용에 관한 법률」에 의하여 등록을 한 자가 공급하는 것. 다만, 「소방시설공사업법」에 따른 소방공사감리업은 제외한다.(2018.2.13 본호개정)
3. 제1호의 규정에 의한 주택의 설계용역으로서 「건축사법」·「전력기술관리법」·「소방시설공사업법」·「기술사법」 및 「엔지니어링산업 진흥법」에 따라 등록 또는 신고를 한 자가 공급하는 것(2011.1.17 본호개정)
⑤ 법 제106조제1항제4호에서 "대통령령으로 정하는 리모델링용역"이란 "주택법」 및 「도시 및 주거환경정비법」 및 「건축법」에 의하여 리모델링하는 것으로서 다음 각 호의 어느 하나에 해당하는 용역을 말하며, 당해 리모델링을 하기 전의 주택 규모가 제4항제1호의 규정에 의한 주택에 해당하는 경우(리모델링후 당해 주택의 규모가 제4항제1호의 규정에 의한 규모를 초과하는 경우로서 리모델링하기 전의 주택규모의 100분의 130을 초과하는 경우를 제외한다)에 한한다.(2010.2.18 본문개정)
1. 「건설산업기본법」·「전기공사업법」·「소방시설공사업법」·「정보통신사업법」·「주택법」·「하수도법」 및 「가축분뇨의 관리 및 이용에 관한 법률」에 의하여 등록을 한 자가 공급하는 것(2007.9.27 본호개정)
2. 당해 리모델링에 사용되는 설계용역으로서 「건축사법」에 의하여 등록을 한 자가 공급하는 것(2005.2.19 본항개정)

⑥ 법 제106조제1항제4호의2부터 제4호의4까지의 규정에서 "대통령령으로 정하는 일반관리용역·경비용역 및 청소용역"이란 다음 각 호에 해당하는 용역을 말한다. (2010.12.30 본문개정)
1. 관리주체 또는 「노인복지법」 제32조제1항제3호에 따른 노인복지주택(이하 이 항에서 "노인복지주택"이라 한다)의 관리·운영자가 각각 공동주택 또는 노인복지주택에 공급하는 경비용역 및 청소용역과 다음 각 목에 해당하는 비용을 받고 제공하는 일반관리용역을 말한다.(2010.12.30 본문개정)
  가. 「공동주택관리법 시행령」 제23조의 규정을 적용받는 공동주택의 경우 : 같은 시행령 별표2 제1호에 따른 일반관리(그 관리비에 같은 법 시행령 별표2 제2호부터 제10호까지에 따른 관리비 및 이와 유사한 비용이 포함되어 있는 경우에는 이를 제외한다)
  나. 「공동주택관리법 시행령」 제23조의 규정을 적용받지 아니하는 공동주택 및 노인복지주택의 경우 : 가목에 따른 일반관리비에 상당하는 비용
  (2016.8.11 가목~나목개정)
2. 경비업자가 공동주택 또는 노인복지주택에 공급하거나 관리주체 또는 노인복지주택의 관리·운영자의 위탁을 받아 공동주택 또는 노인복지주택에 공급하는 경비용역(2010.12.30 본호개정)
3. 청소업자가 공동주택 또는 노인복지주택에 공급하거나 관리주체 또는 노인복지주택의 관리·운영자의 위탁을 받아 공동주택 또는 노인복지주택에 공급하는 청소용역(2010.12.30 본호개정)
⑦ 법 제106조제1항제6호에서 "대통령령으로 정하는 정부업무를 대행하는 단체"란 다음 각 호의 어느 하나에 해당하는 자를 말한다.(2010.2.18 본문개정)
1. 「별정우체국법」에 의한 별정우체국(2005.2.19 본호개정)
2. 「우체국창구업무의 위탁에 관한 법률」에 의하여 우체국창구업무를 위탁받은 자(2013.2.15 본호개정)
3. (2000.1.10 삭제)
4. 「한국농어촌공사 및 농지관리기금법」에 따른 한국농어촌공사(2009.6.26 본호개정)
5. 「농업협동조합법」에 의한 조합, 조합공동사업법인 및 중앙회(같은 법에 따라 설립된 농협경제지주회사 및 그 자회사를 포함한다)(2015.2.3 본호개정)
6. 「수산업협동조합법」에 따른 수산업협동조합·중앙회, 조합공동사업법인 및 어촌계(2017.2.7 본호개정)
7. 「엽연초생산협동조합법」에 의한 엽연초생산협동조합 및 중앙회(2005.2.19 본호개정)
8. (2000.1.10 삭제)
9. 「인삼산업법」에 의한 백삼 및 태극삼의 지정검사기관
10. 「한국토지주택공사법」에 따른 한국토지주택공사(2009.9.21 본호개정)
11. 「한국도로공사법」에 의한 한국도로공사
12. 「한국산업인력공단법」에 의한 한국산업인력공단(2005.2.19 11호~12호개정)
13. (2010.2.18 삭제)
14. 「한국조폐공사법」에 의한 한국조폐공사
15. 「산림조합법」에 의한 조합·중앙회 및 산림계(2005.2.19 14호~15호개정)
16. (2000.1.10 삭제)
17. (2002.12.30 삭제)
18. (2000.12.29 삭제)
19. (2010.2.18 삭제)
20. 「농수산물유통 및 가격안정에 관한 법률」에 따라 농수산물도매시장의 개설자로부터 지정을 받은 도매시장법인, 시장도매인, 비상장품목 취급 중도매인 및 대금정산조직(2018.2.13 본호개정)
21. 「지방공기업법」에 의하여 농수산물도매시장사업을 수행하기 위하여 지방자치단체가 설립한 지방공사(2005.2.19 본호개정)
22. 「지방공기업법」 제76조의 규정에 의하여 설립된 지방공단(2005.2.19 본호개정)
22의2. 다음 각 목의 요건을 모두 갖춘 「지방공기업법」 제49조에 따라 설립된 지방공사
  가. 시·군 또는 자치구인 지방자치단체가 설립하였을 것
  나. 제21호에 따른 지방공사를 제외할 경우 해당 지방자치단체가 설립한 유일한 지방공사일 것
  다. 해당 지방자치단체에 제22호에 따른 지방공단이 없을 것
  (2017.2.7 본호신설)
23. 「한국농수산식품유통공사법」에 따른 한국농수산식품유통공사(2012.1.25 본호개정)
24. 「한국해양교통안전공단법」에 따라 설립된 한국해양교통안전공단(2019.6.11 본호개정)
25.~26. (2010.2.18 삭제)
27. 「전파법」 제66조에 따른 한국방송통신전파진흥원(2010.12.31 본호개정)
28. 「한국산업안전보건공단법」에 따른 한국산업안전보건공단(2009.1.14 본호개정)
29.~30. (2003.12.30 삭제)
31. (2000.1.10 삭제)
32. 「집행관법」에 의하여 집행관의 업무를 수행하는 자
33. 「공증인법」에 의한 공증인의 업무를 수행하는 자(2005.2.19 32호~33호개정)
34. (2003.12.30 삭제)
35. (2006.2.9 삭제)
36. 「상공회의소법」에 따른 대한상공회의소, 「원자력안전기술원법」에 따른 한국원자력기술원, 「영화 및 비디오물의 진흥에 관한 법률」에 따른 영화진흥위원회, 「문화산업진흥 기본법」에 따른 한국콘텐츠진흥원 및 「한국광해광업공단법」에 따른 한국광해광업공단(2021.8.31 본호개정)
37. 「한국수자원공사법」에 의한 한국수자원공사(2005.2.19 본호개정)
38. (2009.3.25 삭제)
39. 「항만공사법」 제4조제2항의 규정에 의하여 설립된 항만공사(2005.2.19 본호개정)
40. 「사회기반시설에 대한 민간투자법」 제2조제10호의 규정에 의한 공공부문중 도로의 건설이나 운영에 대한 전문성을 보유한 법인과 장기적 투자자금을 제공하는 재무적 투자자가 각각 100분의 40 이상을 공동으로 출자하여 설립된 동조제7호의 사업시행자(2005.2.19 본호신설)
41. 「중소기업협동조합법」에 따른 중소기업중앙회(2007.2.28 본호신설)
42. (2012.2.2 삭제)
43. 「국세징수법」 제12조제1항제3호 각 목 외의 부분에 따른 국세납부대행기관(2021.2.17 본호개정)
44. 「국제경기대회 지원법」에 따라 설립된 조직위원회로서 기획재정부장관이 효율적인 준비와 운영을 위하여 필요하다고 인정하여 고시하는 조직위원회(2017.2.7 본호신설)
45. (2018.2.13 삭제)
46. 「건설산업기본법」 제50조에 따라 설립된 건설사업자단체인 대한건설협회(2020.2.18 본호개정)
47. 「한국환경공단법」에 따른 한국환경공단
48. 「도로교통법」 제120조에 따른 도로교통공단(2010.12.30 47호~48호신설)
49. 「지방회계법 시행령」 제62조제3호에 해당하는 자(2016.11.29 본호개정)
50. (2013.2.15 삭제)

51. (2014.2.21 삭제)
52. 「2018 평창 동계올림픽대회 및 동계패럴림픽대회 지원 등에 관한 특별법」 제5조에 따른 2018 평창 동계올림픽대회 및 동계패럴림픽대회 조직위원회 (2016.8.29 본호개정)
53. 「포뮬러원 국제자동차경주대회 지원법」 제4조에 따른 포뮬러원국제자동차경주대회조직위원회 (2013.2.15 본호신설)
54. 「2015세계물포럼 지원 특별법」 제3조에 따른 2015세계물포럼조직위원회
55. 「2015경북문경세계군인체육대회 지원법」 제3조에 따른 2015경북문경세계군인체육대회조직위원회
56. 「수입인지에 관한 법률」 제9조제2항에 따라 전자수입인지의 관리와 판매계약의 체결 등에 관한 업무를 위탁받은 전문기관 (2014.2.21 54호~56호신설)
57. 「산업재해보상보험법」 제10조에 따른 근로복지공단 (2018.2.13 본호신설)
58. 「수산자원관리법」 제55조의2에 따른 한국수산자원공단(2021.2.17 본호신설)
59. 「어촌·어항법」 제57조에 따른 한국어촌어항공단 (2021.2.17 본호신설)
60. 「중소기업진흥에 관한 법률 시행령」 제71조제1항에 따른 중소기업유통센터(2023.2.28 본호신설)
61. 「해양환경관리법」 제96조에 따른 해양환경공단 (2023.2.28 본호신설)

⑧ 법 제106조제1항제6호에서 "대통령령으로 정하는 것"이란 제7항 각호의 1에 해당하는 자가 그 고유의 목적사업으로서 기획재정부령이 정하는 사업을 위하여 공급하는 재화 또는 용역을 말한다. 다만, 다음 각 호의 어느 하나에 해당하는 사업을 제외하며, 제7호의 규정은 「부가가치세법 시행령」 제45조제1호에도 불구하고 적용한다.(2013.6.28 단서개정)
1. 소매업·음식점업·숙박업·욕탕업 및 예식장업
2. 「부가가치세법 시행령」 제3조제2항에 규정된 사업 (2013.6.28 본호개정)
3. 부동산임대업
4. 골프장·스키장 및 기타 운동시설 운영업
5. 수상오락서비스업
6. 유원지·테마파크운영업
7. 주차장운영업 및 자동차견인업 (2006.2.9 본항개정)
⑨ 법 제106조제1항제8호에서 "대통령령으로 정하는 것"이란 「대학설립·운영 규정」 제4조제1항에 따른 별표2 교사시설 중 교육기본시설, 지원시설, 연구시설을 말한다.(2013.2.15 본항신설)
⑩~⑪ (2000.12.29 삭제)
⑫ 법 제105조제1항제1호부터 제3호까지, 제3조의2, 제4호 및 법 제106조제1항제1호·제4호의 규정이 적용되는 경우에는 「부가가치세법」에 의하여 예정신고·확정신고 또는 영세율등조기환급신고를 하는 때에 당해 신고서에 다음의 서류를 첨부하여 제출하여야 한다. (2008.2.22 본문개정)
1. 법 제105조제1항제1호부터 제3호까지 및 제3조의2의 경우에는 공급받는 기관의 장이 발행하는 납품증명서 또는 용역공급사실을 증명하는 서류(2008.2.22 본호개정)
2. 법 제105조제1항제4호의 경우에는 기획재정부령이 정하는 월별판매액합계표(2008.2.29 본호개정)
3. 법 제106조제1항제1호의 경우에는 기획재정부령이 정하는 면세공급증명서(2008.2.29 본호개정)
4. (2000.12.29 삭제)
⑬ 법 제106조제1항제2호의 규정에 의하여 부가가치세가 면세되는 위탁급식의 방법으로 음식용역을 공급하

는 학교급식공급업자는 「소득세법」 제78조의 규정에 의한 사업장현황신고(부가가치세 과세사업을 겸영하는 학교급식공급업자인 경우에는 「부가가치세법」 제48조 및 제49조에 따른 부가가치세 예정신고 및 확정신고)를 할 때에 위탁급식을 공급받는 학교의 장이 확인한 위탁급식공급가액증명서를 사업장 관할세무서장에게 제출하여야 한다.(2013.6.28 본항개정)
⑭ 법 제106조제1항제10호에서 "대통령령으로 정하는 것"이란 「관세법」 제91조제4호의 규정에 의한 물품 중 다음 각 호의 것을 말한다.(2014.2.21 본문개정)
1. 세레자임 등 고셔병환자가 사용할 치료제 및 로렌조오일 등 부신이영양증환자가 사용할 치료제
2. 혈우병으로 인한 심신장애인이 사용할 열처리된 혈액응고인자농축제(2023.2.28 본호개정)
3. 근육이양증환자의 치료에 사용할 치료제(2017.2.7 본호개정)
4. 윌슨병환자의 치료에 사용할 치료제(2009.9.21 본호신설)
5. 후천성면역결핍증으로 인한 심신장애인이 사용할 치료제(2023.2.28 본호개정)
6. 장애인의 음식물섭취에 사용할 삼킴장애제거제
7. 장기이식 후 면역억제제의 합병증으로 생긴 림파구증식증 환자의 치료에 사용할 치료제
8. 니티시논 등 타이로신혈증환자가 사용할 치료제 (2009.9.21 6호~8호신설)
9. (2014.2.21 삭제)
10. (2020.2.11 삭제)
11. 발작성 야간 헤모글로빈뇨증, 비정형 용혈성 요독증후군, 전신 중증 근무력증 및 시신경 척수염 범주질환 환자의 치료에 사용할 치료제(2022.2.15 본호개정)
12. 신경섬유종증 1형 환자의 치료에 사용할 치료제 (2023.2.28 본호개정)
(1999.10.30 본항신설)
⑮ 법 제106조제1항제12호에서 "대통령령으로 정하는 것"이란 「산림자원의 조성 및 관리에 관한 법률」 제2조제7호에 따른 임산물 중 목재펠릿을 말한다. (2018.2.13 본항신설)
⑯ 법 제106조제1항제12호에 해당하는 재화를 공급하는 사업자는 기획재정부령으로 정하는 매출대장을 작성하여 사업장에 갖추어 두어야 한다. 이 경우 매출대장을 정보처리장치, 전산테이프 또는 디스켓 등의 전자적 형태로 작성할 수 있다.(2018.2.13 본항신설)
⑰ 법 제106조제2항제9호에서 "대통령령으로 정하는 것"이란 「농·축산·임·어업용 기자재 및 석유류에 대한 부가가치세 영세율 및 면세적용 등에 관한 특례규정」 제3조제3항 내지 제6항에 규정된 농업용 기자재, 축산업용 기자재, 임업용 기자재 및 친환경농업용 기자재로서 「농업협동조합법」에 의하여 설립된 각 조합으로부터 기획재정부령이 정하는 바에 따라 농민임을 확인받은 자가 수입하는 것과 동규정 제3조제7항의 규정에 의한 어업용 기자재로서 「수산업협동조합법」에 의하여 설립된 각 조합으로부터 기획재정부령이 정하는 바에 따라 어민임을 확인받은 자가 수입하는 것을 말한다.(2010.2.18 본항개정)
제106조의2 (2001.12.31 삭제)
제106조의3【금지금거래에 대한 부가가치세 과세특례】① 법 제106조의3제1항 각 호 외의 부분에서 "대통령령으로 정하는 형태·순도 등을 갖춘 지금"이란 금괴(덩어리)·골드바 등 원재료 상태로서 순도가 1000분의 995 이상인 것을 말한다.(2009.2.4 본항개정)
② 법 제106조의3제1항제1호에서 "대통령령으로 정하는 금지금도매업자 및 금지금제련업자"란 다음 각호의 1에 해당하는 자(이하 이 조·제106조의4 및 제106조의5에서 "금지금도매업자등"이라 한다)를 말한다. 다

만, 금세공업자로서 금지금도매업을 겸영하는 자 및 제106조의4제7항의 규정에 의하여 면세금지금의 거래승인이 철회된 날부터 2년이 경과되지 아니한 자는 제외한다.(2010.2.18 본문개정)
1. 금지금도매업자 : 금지금도매업을 영위하는 자로서 다음 각목의 요건을 모두 갖춘 자(이하 이 조에서 "면세금지금도매업자"라 한다)
   가. 사업개시일부터 1년 이상 금지금도매업을 영위하고 있을 것
   나. 금지금도매에 의한 매출액이 기획재정부령이 정하는 금액 이상일 것(2008.2.29 본목개정)
   다. 사업자, 사업자의 대표자 또는 임원이 최근 2년 이내에 국세를 3회 이상 체납하거나 5년 이내에 결손처분한 사실이 없을 것(2004.10.5 본목개정)
2. 금지금제련업자 : 귀금속·비철금속광석·괴 및 스크랩 등을 제련하거나 정련하여 금지금을 제조하는 업을 영위하는 자
③ 법 제106조의3제1항제1호 및 동조제2항에서 "대통령령이 정하는 자"라 함은 국세청장이 정하는 전산시스템을 갖춘 자로서 다음 각 호의 어느 하나에 해당하는 자를 말하되, 「외국환거래법」 제9조의 규정에 의한 외국환중개업무의 인가를 받은 자중 금지금중개를 하는 자로서 기획재정부령으로 정하는 요건을 갖춘 자(이하 이 조 및 제106조의4에서 "면세금지금중개업자"라 한다)는 제1호 내지 제3호의 규정에 의한 면세금지금거래추천자 및 면세금지금수입추천자로 본다.(2009.2.4 본문개정)
1. 법 제106조의3제1항제1호 또는 제4호에 따른 면세금지금거래추천자(이하 이 조·제106조의4 및 제106조의5에서 "면세금지금거래추천자"라 한다) : 「상공회의소법」에 의한 대한상공회의소 및 「중소기업협동조합법」에 의하여 설립된 한국귀금속가공협동조합연합회(2008.2.22 본호개정)
2. 법 제106조의3제1항제2호에 따른 면세금지금거래추천자 : 제5항제1호, 제3호부터 제8호까지에서 규정한 금융기관이 면세금지금을 구입하고자 하는 경우에는 「민법」 제32조의 규정에 의하여 설립된 사단법인 전국은행연합회, 제5항제2호에 따른 금융투자업자가 금지금 장내파생상품거래용으로 면세금지금을 구입하고자 하는 경우에는 「자본시장과 금융투자업에 관한 법률」에 따른 거래소(2013.8.27 본호개정)
3. 법 제106조의3제2항에 따른 면세금지금수입추천자(이하 이 조·제106조의4 및 제106조의5에서 "면세금지금수입추천자"라 한다) : 다음 각 목의 어느 하나에 해당하는 자(거래목적이 혼재되어 수입하는 경우에는 가목부터 다목까지의 면세금지금수입추천자중, 면세금지금을 수입하고자 하는 자가 이를 선택할 수 있다)(2009.2.4 본문개정)
   가. 법 제106조의3제1항제1호의 규정에 의한 거래목적으로 수입하는 경우에는 「상공회의소법」에 의한 대한상공회의소 및 「중소기업협동조합법」에 의하여 설립된 한국귀금속가공협동조합연합회(2005.2.19 본호개정)
   나. 법 제106조의3제1항제2호 및 제4호에 따른 거래목적으로 수입하는 경우에는 「민법」 제32조의 규정에 의하여 설립된 사단법인 전국은행연합회(2008.2.22 본호개정)
   다. 법 제106조의3제1항제3호에 따른 거래목적으로 수입하는 경우에는 「자본시장과 금융투자업에 관한 법률」에 따른 거래소(2013.8.27 본호개정)
④ 법 제106조의3제1항제1호에서 "대통령령으로 정하는 금세공업자 등"이란 다음 각호의 1에 해당하는 자를 말한다. 다만, 제106조의4제7항의 규정에 의하여 면세금지금의 거래승인이 철회된 날부터 2년이 경과되지

아니한 자를 제외한다.(2010.2.18 본문개정)
1. 면세금지금도매업자
2. 금지금을 귀금속제품의 원재료 등으로 사용하는 귀금속의 제조업자로서 당해 사업자, 당해 사업자의 대표자 또는 임원이 최근 1년 이내에 국세를 3회 이상 체납하거나 5년 이내에 결손처분한 사실이 없는 자(2004.10.5 본호개정)
3. 귀금속제품을 직접 제조하지 아니하고 다른 귀금속제조업체에게 귀금속제품의 제조를 위탁하고 당해 귀금속제품을 판매하는 업을 영위하는 부가가치세 일반과세자로서 당해 사업자, 당해 사업자의 대표자 또는 임원이 최근 1년 이내에 국세를 3회 이상 체납하거나 5년 이내에 결손처분한 사실이 없는 자(2004.10.5 본호개정)
⑤ 법 제106조의3제1항제2호에서 "대통령령으로 정하는 금융기관"이란 다음 각 호의 어느 하나에 해당하는 자를 말한다.(2010.2.18 본문개정)
1. 「한국은행법」에 의한 한국은행(2005.2.19 본호개정)
2. 「자본시장과 금융투자업에 관한 법률」에 따른 금융투자업자(이하 이 조에서 "금융투자업자"라 한다)(2009.2.4 본호개정)
3. 「은행법」에 의한 은행
4. 「중소기업은행법」에 의한 중소기업은행
5. 「한국산업은행법」에 의한 한국산업은행
6. 「한국수출입은행법」에 의한 한국수출입은행(2005.2.19 제3호~제6호개정)
7. 「농업협동조합법」에 의한 농협은행(2012.2.2 본호개정)
8. 「수산업협동조합법」에 의한 수산업협동조합중앙회(2005.2.19 본호개정)
⑥ 법 제106조의3제4항 각 호 외의 부분에서 "대통령령으로 정하는 부가가치세 징수의무자"란 다음 각 호의 어느 하나에 해당하는 자를 말한다.(2009.2.4 본문개정)
1. 제5항 각호의 금융기관(이하 이 조·제106조의4 및 제106조의5에서 "금융기관"이라 한다)이 금지금소비대차에 의하여 공급하는 금지금의 경우 : 당해 금융기관
2. 금지금 장내파생상품거래에 의하여 제4항 각 호의 면세금지금도매업자 등(이하 이 조·제106조의4 및 제106조의5에서 "금세공업자등"이라 하며, 이 항에서는 금융기관을 포함한다)외의 자에게 금지금의 실물을 인도하는 경우 : 당해 금지금을 인도하거나 위탁받아 중개·주선 또는 대리하는 금융투자업자(2009.2.4 본호개정)
⑦ 법 제106조의3제4항 각 호 외의 부분에서 "대통령령으로 정하는 공급시기"란 다음 각 호의 어느 하나에 해당하는 때를 말한다.(2009.2.4 본문개정)
1. 금지금소비대차의 경우 : 상환받기로 한 때
2. 금지금 장내파생상품거래의 경우 : 금지금의 실물을 인도한 때(2009.2.4 본호개정)
⑧ 법 제106조의3제4항 각 호 외의 부분에서 "대통령령으로 정하는 부가가치세 징수대상자"란 다음 각 호의 어느 하나에 해당하는 자(이하 이 조에서 "부가가치세징수대상자"라 한다)를 말한다.(2009.2.4 본문개정)
1. 금융기관으로부터 금지금소비대차에 의하여 금지금을 공급받고 상환하지 아니한 자
2. 금지금 장내파생상품거래의 경우에는 금지금의 실물을 인수한 금세공업자등(금융기관을 포함한다)외의 자(2009.2.4 본호개정)
⑨ 법 제106조의3제4항의 규정에 의하여 부가가치세를 징수한 부가가치세 징수의무자(이하 이 조에서 "부가가치세 징수의무자"라 한다)는 징수한 부가가치세를 그 징수일이 속하는 달의 다음달 말일까지 다음 각호의 사항을 기재한 기획재정부령이 정하는 금지금부가

가치세납부신고서와 함께 부가가치세 징수의무자의 사업장 관할세무서장에게 납부하거나 「국세징수법」에 의한 납부서에 금지금부가가치세납부신고서를 첨부하여 한국은행 또는 체신관서에 납부하여야 한다.(2008.2.29 본문개정)
1. 금지금을 공급받은 자의 성명(사업자인 경우는 상호), 주소(사업자의 경우는 사업장 주소), 주민등록번호(사업자인 경우는 사업자등록번호)
2. 징수납부하는 사업자의 인적사항
3. 공급가액·부가가치세액 및 공급량
4. 그 밖의 참고사항
⑩ 법 제106조의3제5항의 규정에 의하여 부가가치세를 징수한 부가가치세 징수의무자는 부가가치세를 징수하는 때에 다음 각호의 사항을 기재한 기획재정부령이 정하는 금지금부가가치세징수영수증을 제8항의 규정에 의하여 부가가치세 징수대상자에게 교부하여야 한다.(2008.2.29 본문개정)
1. 금지금을 공급받은 자의 성명(사업자인 경우는 상호), 주소(사업자의 경우는 사업장 주소), 주민등록번호(사업자인 경우는 사업자등록번호)
2. 징수납부하는 사업자의 인적사항
3. 공급가액·부가가치세액 및 공급량
4. 그 밖의 참고사항
⑪ 법 제106조의3제6항 단서의 규정에 의하여 부가가치세를 징수하지 아니하는 경우는 금지금이 법 제106조의3제1항 각호의 규정에 의하여 공급되는 경우를 말한다.
⑫ 법 제106조의3제7항에 따라 면세로 금지금을 공급하거나 수입한 자, 면세금지금거래추천자, 면세금지금수입추천자 및 금융기관은 다음 각 호의 어느 하나에 해당하는 사항을 기재한 기획재정부령으로 정하는 면세금지금거래(수입)사실명세서 및 금지금위탁거래사실명세서를 매분기 마지막 달의 다음 달 말일까지, 면세금지금추천사실명세서는 추천일이 속하는 달의 다음 달 5일까지 해당 사업장의 관할세무서장에게 각각 제출하여야 한다. 이 경우 면세금지금거래(수입)사실명세서 등은 국세청장이 정하는 바에 따라 전산처리된 테이프 또는 디스켓·디스크로 제출하여야 한다. (2009.2.4 본문개정)
1. 면세금지금을 공급하거나 수입한 자가 제출하는 면세금지금거래(수입)사실명세서의 경우에는 다음 각목의 사항
   가. 면세금지금을 공급받은 자의 상호, 사업장 주소, 사업자등록번호
   나. 면세금지금공급자 및 수입자의 인적사항
   다. 공급가액·공급량 또는 수입가액·수입량
   라. 그 밖의 참고사항
2. 금융투자업자가 금지금 장내파생상품거래를 위탁받아 그 위탁의 중개·주선 또는 대리한 분에 대하여 제출하는 금지금위탁거래사실명세서의 경우 다음 각 목의 사항(2009.2.4 본문개정)
   가. 금지금을 공급받은 자의 인적사항
   나. 금지금위탁자의 인적사항
   다. 공급가액·부가가치세액 및 공급량
   라. 그 밖의 참고사항
3. 면세금지금거래추천자 및 면세금지금수입추천자가 제출하는 면세금지금추천사실명세서의 경우에는 다음 각목의 사항
   가. 면세금지금을 추천받은 자의 인적사항
   나. 면세금지금을 추천받은 거래상대방의 인적사항
   다. 공급가액 및 면세추천량
   라. 그 밖의 참고사항
⑬ 법 제106조의3제7항의 규정에 의한 면세금지금의 거래 및 추천사실에 대한 장부의 기록·보관의무자는 당해 면세금지금에 관한 모든 거래사실 등이 객관적으로 파악될 수 있도록 장부에 기록·보관하여야 한다. 이 경우 전산처리된 테이프 또는 디스켓으로 보관하는 때에도 장부를 기록·보관한 것으로 본다.
⑭ 법 제106조의3제10항에서 규정하는 "대통령령으로 정하는 사유"란 부가가치세 징수대상자가 다음 각호의 1에 해당하는 경우를 말한다.(2010.2.18 본문개정)
1. 「채무자 회생 및 파산에 관한 법률」에 의한 회생계획 인가의 결정에 따라 회수불능으로 확정된 경우 (2006.3.29 본호개정)
2. 파산, 강제집행, 형의 집행, 사업의 폐지, 사망, 실종, 행방불명 등으로 회수불능에 해당하는 경우
(2002.12.30 본조신설)

제106조의4【금지금거래에 대한 승인·변경 및 철회 등】
① 제106조의3제2항의 규정에 의한 금지금도매업자등이 면세금지금의 거래를 하고자 하는 경우에는 그 면세금지금을 최초로 거래하고자 하는 달의 전달 10일까지 다음 각호의 사항을 기재한 기획재정부령이 정하는 면세금지금거래승인신청서를 당해 사업장의 관할세무서장에게 제출하여 승인을 얻어야 한다.(2008.2.29 본문개정)
1. 사업자의 인적사항
2. 면세금지금 거래승인 신청사유
3. 월평균 면세금지금 소요량. 다만, 제106조의3제2항제2호에 의한 금지금제련업자의 경우에는 기재하지 아니한다.(2005.2.19 본호신설)
4. 그 밖의 참고사항
② 제106조의3제3항의 규정에 의하여 면세금지금 거래추천 또는 수입추천을 하고자 하는 자는 당해 면세금지금을 거래추천 또는 수입추천하고자 하는 달의 전달 10일까지 다음 각호의 사항을 기재한 기획재정부령이 정하는 면세금지금거래(수입)추천승인신청서를 국세청장에게 제출하여 그 승인을 얻어야 한다.(2008.2.29 본문개정)
1. 면세금지금거래(수입)추천자의 인적사항
2. 면세금지금거래(수입)추천 신청사유
3. 그 밖의 참고사항
③ 제106조의3제3항 각호외의 부분의 규정에 의한 면세금지금중개업자가 중개하는 금지금의 거래가 법 제106조의3제1항 및 동조제2항에 해당하는 경우에는 부가가치세가 면제되는 금지금의 거래 및 수입으로 본다.
④ 제106조의3제4항의 규정에 의한 금세공업자등이 면세금지금을 공급받고자 하는 경우에는 그 면세금지금을 최초로 공급받고자 하는 달의 전달 10일까지 다음 각호의 사항을 기재한 기획재정부령이 정하는 면세금지금거래승인신청서를 당해 사업장의 관할세무서장에게 제출하여 승인을 얻어야 한다.(2008.2.29 본문개정)
1. 사업자의 인적사항
2. 면세금지금 거래승인 신청사유
3. 면세금지금 거래(수입) 추천기관
4. 월평균 면세금지금 소요량. 다만, 제106조의3제4항제1호에 의한 면세금지금도매업자가 제1항의 규정에 의하여 제출한 경우를 제외한다.(2005.2.19 본호개정)
5. 그 밖의 참고사항(2003.12.30 본호신설)
⑤ 제1항 및 제4항의 규정을 적용함에 있어서 승인을 얻은 월평균 면세금지금 소요량의 증감이 예상되는 경우에는 금지금도매업자등 및 금세공업자등은 그 소요량을 변경하고자 하는 달의 전달 10일까지 당해 사업장의 관할세무서장에게 기획재정부령이 정하는 면세금지금거래승인변경신고서를 제출하여야 한다.
(2008.2.29 본항개정)
⑥ 제106조의3제2항제1호 및 동조제4항의 규정을 적용함에 있어서 사업자의 대표자가 변경되는 경우에는 금지금도매업자 및 금세공업자등은 당해 사업장의 관할세무서장에게 기획재정부령이 정하는 면세금지금거래승인변경신고서를 제출하여야 한다.(2008.2.29 본항개정)

⑦ 사업장의 관할세무서장은 금지금도매업자등 및 금세공업자등이 다음 각호의 어느 하나에 해당하는 경우에는 면세금지금을 공급하거나 공급받을 수 있는 승인을 철회할 수 있다.
1. 금지금도매업자등 및 금세공업자등(당해 사업자의 대표자 및 임원을 포함한다)이 체납 또는 결손처분 등을 받은 경우
2. 금지금도매업자등 및 금세공업자등이 당초 승인을 얻은 제1항제3호 및 제4항제4호에 의한 월평균 면세금지금 소요량의 100분의 110을 초과하여 매입한 경우
3. 금지금도매업자등 및 금세공업자등이 면세금지금을 법 제106조의3제1항제1호부터 제4호까지에 규정되지 아니한 방법으로 분기별 100킬로그램을 초과하여 공급한 경우(2008.2.22 본호개정)
4. 「조세범처벌법」 제9조·제11조의2·제12조의3 및 제13조의 규정에 의한 범칙행위로 인하여 고발된 경우
5. 그 밖에 금지금의 수입이 전달 또는 전분기에 비하여 현저히 증가하였거나 증가할 우려가 있어 면세금지금의 부정유통을 사전에 차단하기 위하여 거래유형을 미리 통제할 필요가 있다고 판단하여 국세청장이 정하여 고시하는 것에 해당하는 경우
(2005.2.19 본항개정)
⑧ 국세청장은 면세금지금 거래추천자 또는 수입추천자가 다음 각호의 어느 하나에 해당하여 면세금지금의 거래추천 또는 수입추천을 하는 것이 적당하지 아니하다고 인정되는 경우에는 면세금지금을 거래추천 또는 수입추천할 수 있는 승인을 철회할 수 있다.
1. 면세금지금추천업무 및 이에 관한 보고업무를 안정적으로 수행할 수 있는 충분한 전산설비 등을 갖추지 못한 경우
2. 제106조의8제2항의 규정에 의한 납세담보제공확인서를 제출하지 아니한 자에 대하여 거래추천 또는 수입추천을 한 경우
3. 면세금지금의 거래정상화를 위하여 유통단계 및 추천량을 조정할 필요가 있다고 판단하여 기획재정부령이 정하는 사항을 위반한 경우(2008.2.29 본호개정)
(2005.2.19 본항신설)
⑨ 금세공업자등이 면세금지금거래추천자 및 면세금지금수입추천자의 추천을 받아 면세금지금을 공급받거나 수입하고자 하는 경우에는 최초로 추천받은 기관이 면세금지금거래추천자 및 면세금지금수입추천자가 되며, 면세금지금거래추천자 및 면세금지금수입추천자를 변경하고자 하는 경우에는 기획재정부령이 정하는 면세금지금거래추천자변경신고서 및 면세금지금수입추천자변경신고서를 변경하고자 하는 달의 전달 10일까지 당해 사업장의 관할세무서장에게 제출하여 그 승인을 얻어야 한다.(2008.2.29 본항개정)
(2002.12.30 본조신설)
제106조의5【금지금거래에 대한 세금계산서 교부 및 신고방법 등】① 금융기관외의 사업자가 법 제106조의3 제1항의 규정에 의하여 면세금지금을 공급하고 세금계산서를 교부하는 때에는 세금계산서의 부가가치세액란은 기재하지 아니하며, 「부가가치세법」 제48조 및 제49조에 따라 부가가치세를 신고납부하는 때에는 영세율이 적용되는 재화 또는 용역의 거래를 준용한다.
(2013.6.28 본항개정)
② 관할세관장은 법 제106조의3제2항의 규정에 의하여 수입되는 금지금에 대하여 제1항의 규정을 준용하여 수입세금계산서를 교부하여야 한다.(2005.2.19 본항신설)
③ 금융기관이 금지금적립계좌 등 금지금관련 저축에 의하여 금지금을 거래하는 경우에는 「부가가치세법」 제15조부터 제17조까지의 규정에도 불구하고 금지금의 예금자가 금지금을 현물로 인출하는 때를 당해 금지금

의 공급시기로 보아 부가가치세를 과세한다.
(2013.6.28 본항개정)
④ 법 제106조의3제10항의 규정에 의하여 금융기관이 금지금 소비대차에 의하여 공급한 금지금을 이 영 제106조의3제14항의 사유로 회수할 수 없는 경우에는 그 사유가 발생하는 때에 기획재정부령이 정하는 금지금부가가치세환급신고서를 당해 사업장의 관할세무서장에게 제출하고, 관할세무서장은 환급신고를 받은 날부터 30일 이내에 당해 금융기관에게 환급하여야 한다.
(2008.2.29 본항개정)
⑤ 법 제106조의3을 적용함에 있어서 국세청장은 금지금도매업자등, 면세금지금거래추천자, 면세금지금수입추천자, 금세공업자등 및 금융기관 등에 대한 이 영 제106조의4제1항의 규정에 의한 면세금지금거래승인자료 등을 면세금지금거래추천자 등에게 통지하여야 한다.
(2002.12.30 본조신설)
제106조의6【납세담보대상사업자】법 제106조의3제11항에서 "대통령령으로 정하는 금지금도매업자등 및 금세공업자등"이란 제106조의3제2항제1호 및 같은 조 제4항 각 호에 따른 자 중에서 다음 각 호의 어느 하나에 해당하는 사업자를 제외한 사업자로서 관할세무서장이 납세담보를 제공하도록 지정한 자(이하 "납세담보대상사업자"라 한다)를 말한다.(2021.1.5 본문개정)
1. 국세청장이 정하는 모범성실납세자
2. 사업개시일부터 2년 이상 금지금도매업을 영위하고 있는 자로서 해당 사업자 및 해당 사업자의 대표자 또는 임원이 최근 2년 이내에 국세를 체납하거나 5년 이내에 결손처분한 사실이 없으며, 거래규모 및 신고상황 등을 고려할 때 담보의 제공이 필요하지 않다고 관할세무서장이 인정하는 자(2021.1.5 본호개정)
3. 제106조의3제4항제2호 및 제3호에 따른 사업자 및 해당 사업자의 대표자 또는 임원이 최근 1년 이내에 국세를 체납하거나 5년 이내에 결손처분한 사실이 없으며, 거래규모 및 신고상황 등을 고려할 때 담보의 제공이 필요하지 않다고 관할세무서장이 인정하는 자(2021.1.5 본호개정)
4. 그 밖에 제1호부터 제3호까지에서 규정한 자에 준하는 자로서 사업영위기간, 신고·납부현황 및 거래규모·내역 등을 고려할 때 담보의 제공이 필요하지 않다고 관할세무서장이 인정하는 자(2021.1.5 본호개정)
(2005.2.19 본조개정)
제106조의7【납세담보 금액 및 납세담보 기간】① 납세담보 금액은 다음 산식에 의하여 계산한 금액상당액으로 한다.
납세담보금액 = 월평균 면세금지금 소요량 × 기준가격 × 11/100 × 120/100(현금, 납세보험증권의 경우 110/100)
② 납세담보 기간은 거래일이 속하는 달의 1일부터 부가가치세 예정신고기한 또는 확정신고기한까지 지정할 수 있다.
③ 제1항의 규정에 의하여 납세담보의 가액을 산정하기 위한 면세금지금의 기준가격은 국세청장이 정하는 방법에 의한다.
(2005.2.19 본조신설)
제106조의8【납세담보제공시기 및 절차 등】① 관할세무서장은 납세담보대상사업자에 대하여 제106조의7의 규정에 의한 납세담보금액 및 기간을 정하여 납세담보를 받고자 하는 달의 전달 20일까지 그 내용을 통지하여야 한다.
② 납세담보대상사업자는 납세담보제공을 통지받은 달의 말일까지 납세담보를 제공하여야 하고, 관할세무서장은 납세담보를 제공받은 경우 지체없이 담보내용의 사실여부를 확인하여 기획재정부령이 정하는 납세담보제공확인서(이하 "납세담보제공확인서"라 한다)를 발급하여야 한다.(2008.2.29 본항개정)

③ 납세담보대상사업자는 관할세무서장이 발급하는 납세담보제공확인서를 면세금지금 거래추천자 및 수입추천자에게 제출하여야 한다.
④ 면세금지금 거래추천자 및 수입추천자는 제3항에 의한 납세담보제공확인서를 제출하지 아니한 자에 대하여는 면세금지금의 거래추천 또는 수입추천을 할 수 없다.
⑤ 관할세무서장은 납세담보대상사업자가 직전월에 제4항의 규정에 의하여 거래추천 또는 수입추천을 받은 면세금지금을 법 제106조의3제1항제1호부터 제4호까지에 규정된 방법으로 공급한 것이 확인되는 경우에는 지체없이 담보해제의 절차를 밟아야 한다. (2008.2.22 본항개정)
⑥ 제106조의3 내지 제106조의8의 규정을 적용함에 있어서 면세금지금의 공급절차·거래유형조정 및 면세방법에 대하여는 이 영에서 정한 것을 제외하고는 기획재정부령이 정하는 바에 의한다.(2008.2.29 본항개정) (2005.2.19 본조신설)

제106조의9【금관련 제품에 대한 부가가치세 매입자 납부 특례】

① 법 제106조의4제1항제1호에서 "대통령령으로 정하는 형태·순도 등을 갖춘 지금"이란 금괴(덩어리)·골드바 등 원재료 상태로서 순도가 1천분의 995 이상인 금(이하 이 조에서 "금지금"이라 한다)을 말하고, 같은 항 제2호에서 "대통령령으로 정하는 형태·순도 등을 갖춘 금제품"이란 소비자가 구입한 사실이 있는 반지 등 제품 상태인 것으로서 순도가 1천분의 585 이상인 금을 말하며, 같은 항 제3호에서 "대통령령으로 정하는 금 관련 웨이스트와 스크랩"이란 금 함유량이 10만분의 1 이상인 웨이스트와 스크랩을 말한다. (2015.2.3 본항개정)
② 법 제106조의4제1항에 따른 금거래계좌는 다음 각 호의 요건을 모두 갖춘 것을 말한다.
1.「금융실명거래 및 비밀보장에 관한 법률」제2조제1호 각 목의 어느 하나에 해당하는 금융기관 중 부가가치세 매입자납부 특례제도를 안정적으로 운영할 수 있다고 인정되어 국세청장이 지정한 금융기관(이하 이 조에서 "금융기관"이라 한다)에 개설한 계좌일 것
2. (2009.2.4 삭제)
3. 개설되는 계좌의 명의인 표시에 사업자의 상호가 함께 기재될 것(상호가 있는 경우에 한한다)
4. 개설되는 계좌의 표지에 "금거래계좌"라는 문구가 표시될 것
③ 사업자는 1개의 거래계좌를 2개 이상의 사업장에 대한 거래계좌로 사용할 수 있으며, 사업장별로 2개 이상의 금거래계좌를 개설할 수 있다.(2018.2.13 본항개정)
④ 금거래계좌를 이용하여 대금을 결제한 경우에는「소득세법」제160조의5에 따라 사업용계좌를 사용한 것으로 본다.
⑤ 법 제106조의4제3항 각 호 외의 부분 본문에서 "대통령령으로 정하는 자"란 입금된 부가가치세액의 환급 및 국고에의 입금 등 부가가치세 매입자납부 특례제도를 안정적으로 운영할 수 있다고 인정되어 국세청장이 지정한 자를 말한다.(2009.2.4 본항개정)
⑥ 법 제106조의4제3항 각 호 외의 부분 단서에서 "기업구매자금대출 등 대통령령으로 정하는 방법"이란 다음 각 호의 어느 하나에 해당하는 것을 말한다.
1. 법 제7조의2에 따른 환어음·판매대금추심의뢰서, 기업구매전용카드, 외상매출채권담보대출제도, 구매론제도 및 네트워크론제도
2.「전자금융거래법」제2조에 따른 전자채권
3. 외국환은행을 통하여 외화로 대금을 지급하는 거래
4.「민법」에 따른 공탁(2019.2.12 본호신설)
(2017.2.7 본항개정)
⑦ 법 제106조의4제4항에서 "대통령령으로 정하는 방법"이란 수입자가 금지금을 별도로 수입신고하고 그

금지금에 대한 부가가치세를 법 제106조의4제3항에 따라 입금하는 방법에 의한다.(2009.2.4 본항신설)
⑧ 법 제106조의4제8항에서 "대통령령으로 정하는 이자율"이란 제11조의2제9항제2호에 따른 율을 말한다. (2022.2.15 본항개정)
⑨ 법 제106조의4제10항 각 호 외의 부분 본문에서 "대통령령으로 정하는 비율"이란 100분의 70을 말한다. (2009.2.4 본항개정)
⑩ 법 제106조의4제10항제1호에서 "대통령령으로 정하는 금액"이란 500만원을 말한다.(2009.2.4 본항개정)
⑪ 법 제106조의4제10항에 따라 환급을 보류할 수 있는 기간은 해당 예정신고기한 또는 확정신고기한의 다음 날부터 6개월 이내로 한다.(2009.2.4 본항개정)
⑫ 법 제106조의4제10항제2호에서 "대통령령으로 정하는 경우"란 금사업자, 금사업자의 대표자 또는 임원이 다음 각 호의 요건을 모두 갖춘 경우를 말한다. (2009.2.4 본항개정)
1. 해당 신고납부기한 종료일 현재 최근 3년간 조세범으로 처벌받은 사실이 없을 것
2. 해당 신고납부기한 종료일 현재 최근 1년간 국세를 체납한 사실이 없을 것
3. 해당 신고납부기한 종료일 현재 최근 3년간 결손처분을 받은 사실이 없을 것
4. 해당 신고납부기한 종료일 현재 최근 1년간 금거래계좌를 이용하지 아니하고 금관련 제품의 거래를 한 사실이 없을 것
5. 그 밖에 부가가치세 신고·납부 현황 등을 고려할 때 조세포탈의 우려가 없다고 국세청장이 인정하는 경우
⑬ 제5항에 따라 국세청장이 지정한 자에게 입금된 부가가치세액의 관리는 국세청장이 정하는 바에 따른다.
⑭ 금거래계좌, 부가가치세액의 입금 및 입금된 부가가치세액의 처리 등 부가가치세 매입자납부 특례제도의 시행에 필요한 세부사항은 기획재정부령으로 정한다. (2008.2.29 본항개정)
(2008.2.22 본조신설)

제106조의10 (2014.2.21 삭제)

제106조의11【금지금 등의 거래내역 제출】

① 법 제106조의6제1항에서 "대통령령으로 정하는 금지금제련업자"란 귀금속·비철금속광석·괴 및 스크랩 등을 제련하여 금지금을 제조하는 업을 영위하는 자를 말한다.
② 법 제106조의6제1항에서 "대통령령으로 정하는 금지금의 제조반출내역"이란 금지금제련업자가 제조한 금지금을 공급한 명세서로서 기획재정부령으로 정하는 제조반출명세서에 기재된 것을 말한다.(2008.2.29 본항개정)
③ 법 제106조의6제2항에서 "대통령령으로 정하는 금관련 제품"이란「관세법」별표 관세율표 번호 제7108.12호 또는 제7108.13호(선으로 된 것은 제외한다)의 금을 말한다.
(2008.2.22 본조신설)

제106조의12【일반택시 운송사업자의 부가가치세 납부세액 경감】

① 법 제106조의7제4항에서 "대통령령으로 정하는 단체"란「택시운송사업의 발전에 관한 법률 시행령」제20조에 따라 설립된 기금관리기관을 말한다.
② 법 제106조의7제6항에 따라 미지급통보를 하는 경우에는 기획재정부령으로 정하는 서류를 첨부하여야 한다.
③ 법 제106조의7제7항제1호가목 및 같은 항 제2호나목에서 "대통령령으로 정하는 이자율"이란 각각 제11조의2제9항제2호에 따른 율을 말한다.(2022.2.15 본항개정)
④ 국세청장 또는 일반택시 운송사업자 관할 세무서장은 법 제106조의7제7항에 따라 추징한 미지급경감액에 상당액을 법 제106조의7제8항에 따라 일반택시 운수종사자에게 지급하는 경우에 미지급 사실, 지급절차 등에 대하여 일반택시 운수종사자에게 통보한 후 미지급통보일부터 3개월 이내에 운수종사자에게 지급하여야 한다.

다만, 일반택시 운수종사자에 대한 정보가 분명하지 아니한 경우에는 추정된 미지급경감세액은 국고로 귀속시킬 수 있다.

⑤ 제4항에 따른 절차에 필요한 사항은 국세청장이 정한다.(2020.2.11 본항개정)

(2018.2.13 본문신설)

제106조의13【스크랩등에 대한 부가가치세 매입자 납부특례】 ① 법 제106조의9제1항에 따른 스크랩등거래계좌는 다음 각 호의 요건을 모두 갖춘 계좌를 말한다.(2016.2.5 본문개정)

1. 「금융실명거래 및 비밀보장에 관한 법률」 제2조제1호 각 목의 어느 하나에 해당하는 금융기관등 가운데 부가가치세액의 환급 및 국고에의 입금 등 부가가치세 매입자 납부특례제도를 안정적으로 운영할 수 있다고 인정되어 국세청장이 지정한 금융회사등에 개설한 계좌일 것(2016.2.5 본호개정)

2. 개설되는 계좌의 명의인 표시에 사업자의 상호가 함께 기재될 것(상호가 있는 경우로 한정한다)

3. 개설되는 계좌의 표지에 "스크랩등거래계좌"라는 문구가 표시될 것(2016.2.5 본호개정)

② 사업자는 1개의 거래계좌를 2개 이상의 사업장에 대한 거래계좌로 사용할 수 있으며, 사업장별로 2개 이상의 스크랩등거래계좌를 개설할 수 있다.(2018.2.13 본항개정)

③ 스크랩등거래계좌를 이용하여 대금을 결제한 경우에는 「소득세법」 제160조의5에 따라 사업용계좌를 사용한 것으로 본다.(2016.2.5 본항개정)

④ 법 제106조의9제3항 각 호 외의 부분 본문에서 "대통령령으로 정하는 자"란 입금된 부가가치세액의 환급 및 국고에의 입금 등 부가가치세 매입자 납부특례제도를 안정적으로 운영할 수 있다고 인정되어 국세청장이 지정한 자를 말한다.(2016.2.5 본항개정)

⑤ 법 제106조의9제3항 각 호 외의 부분 단서에서 "기업구매자금대출 등 대통령령으로 정하는 방법"이란 다음 각 호의 어느 하나에 해당하는 것을 말한다.

1. 법 제7조의2에 따른 환어음·판매대금추심의뢰서, 기업구매전용카드, 외상매출채권담보대출제도, 구매론제도 및 네트워크론제도

2. 「전자금융거래법」 제2조에 따른 전자채권

3. 외국환은행을 통하여 외화로 대금을 지급하는 거래

4. 「민법」에 따른 공탁(2019.2.12 본호신설)

(2017.2.7 본항개정)

⑥ 법 제106조의9제4항에서 "대통령령으로 정하는 방법"이란 수입자가 스크랩등을 별도로 수입신고하고 그 스크랩등에 대한 부가가치세를 법 제106조의9제3항에 따라 같은 항 제2호의 금액만 입금하는 방법을 말한다.(2016.2.5 본항개정)

⑦ 법 제106조의9제7항에서 "대통령령으로 정하는 이자율"이란 제11조제2제9항제2호에 따른 율을 말한다.(2022.2.15 본항개정)

⑧ 법 제106조의9제8항 각 호 외의 부분 본문에서 "대통령령으로 정하는 비율"이란 100분의 70을 말한다.

⑨ 법 제106조의9제9항에 따라 환급을 보류할 수 있는 기간은 해당 예정신고기한 또는 확정신고기한의 다음 날부터 6개월 이내로 한다.

⑩ 법 제106조의9제9항제1호에서 "대통령령으로 정하는 금액"이란 500만원을 말한다.

⑪ 법 제106조의9제9항제2호에서 "대통령령으로 정하는 경우"란 스크랩등사업자, 스크랩등사업자의 대표자 또는 임원이 다음 각 호의 요건을 모두 갖춘 경우를 말한다.(2016.2.5 본문개정)

1. 해당 신고납부기한 종료일 현재 최근 3년간 조세범으로 처벌받은 사실이 없을 것

2. 해당 신고납부기한 종료일 현재 최근 1년간 국세를 체납한 사실이 없을 것

3. 해당 신고납부기한 종료일 현재 최근 3년간 결손처분을 받은 사실이 없을 것

4. 해당 신고납부기한 종료일 현재 최근 1년간 스크랩등거래계좌를 이용하지 아니하고 스크랩등의 거래를 한 사실이 없을 것(2016.2.5 본호개정)

5. 그 밖에 부가가치세 신고·납부 현황 등을 고려할 때 조세포탈의 우려가 없다고 국세청장이 인정하는 경우에 해당할 것

⑫ 제4항에 따라 국세청장이 지정한 자에게 입금된 부가가치세액의 관리는 국세청장이 정하는 바에 따른다.

⑬ 스크랩등거래계좌, 부가가치세액의 입금과 입금된 부가가치세액의 처리 등 부가가치세 매입자 납부특례제도의 시행에 필요한 세부적인 사항은 기획재정부령으로 정한다.(2016.2.5 본항개정)

(2016.2.5 본조제목개정)

(2013.11.29 본조신설)

제106조의14【신용카드 등 결제금액에 대한 부가가치세 대리납부 등】 ① 법 제106조의10제1항에서 "대통령령으로 정하는 신용카드업자"란 「여신전문금융업법」 제2조제2호의2에 따른 신용카드업자로서 부가가치세 대리납부를 안정적으로 운영할 수 있다고 인정되어 국세청장이 지정한 자(이하 이 조에서 "신용카드업자"라 한다)를 말한다.

② 법 제106조의10제1항에서 "대통령령으로 정하는 사업자"란 부가가치세가 과세되는 재화와 용역을 공급하는 사업자로서 다음 각 호의 업종을 영위하는 사업자(이하 이 조에서 "특례사업자"라 한다)를 말한다. 다만, 「부가가치세법」 제61조에 따른 간이과세자는 제외한다.

1. 일반유흥 주점업(「식품위생법 시행령」 제21조제8호 다목에 따른 단란주점영업을 포함한다)

2. 무도유흥 주점업

③ 법 제106조의10제1항에서 "대통령령으로 정하는 대리납부신고서"란 다음 각 호의 사항을 포함한 것으로서 기획재정부령으로 정하는 대리납부신고서를 말한다.

1. 신용카드업자의 인적사항

2. 특례사업자의 인적사항

3. 대리납부와 관련된 공급가액

4. 대리납부한 부가가치세액

5. 그 밖의 참고 사항

④ 법 제106조의10제4항 전단에서 "대통령령으로 정하는 이자율"이란 100분의 1을 말한다.

⑤ 관할 세무서장은 사업자가 법 제106조의10에 따라 대리납부의 적용대상이 되는 특례사업자에 해당하는 경우에는 해당 규정을 적용하여야 하는 과세기간이 시작되기 1개월 전까지 그 사실을 해당 사업자에게 통지하여야 한다. 이 경우 법 제106조의10이 적용되어야 하는 과세기간이 시작되기 1개월 전까지 해당 사업자가 통지를 받지 못한 경우에는 통지서를 수령한 날이 속하는 달의 다음 달 1일부터 같은 조를 적용한다.

⑥ 관할 세무서장은 신규로 사업을 시작하는 자가 법 제106조의10의 적용대상에 해당하는 경우에는 「부가가치세법」 제8조제6항에 따라 사업자등록증을 발급할 때 그 사실을 통지하여야 한다. 이 경우 해당 사업자의 최초 과세기간부터 법 제106조의10을 적용한다.

(2021.2.17 전단개정)

(2018.2.13 본조신설)

제107조【외국사업자에 대한 부가가치세의 환급】 ① 법 제107조제6항제3호에서 "대통령령으로 정하는 재화 또는 용역"이란 다음 각 호의 어느 하나에 해당하는 것을 말한다.(2010.2.18 본문개정)

1. 전력·통신용역

2. 부동산임대용역

3. 외국사업자의 국내사무소의 운영 및 유지에 필요한 재화 또는 용역으로서 기획재정부령이 정하는 것(2008.2.29 본호개정)

② 법 제107조제6항에 따라 부가가치세를 환급받고자 하는 외국사업자는 매년 1월 1일부터 12월 31일까지 공급받은 재화 또는 용역에 대한 부가가치세를 다음해 6월 30일까지 다음 각호의 서류를 첨부하여 국세청장이 지정하는 지방국세청장(이하 이 조에서 "지방국세청장"이라 한다)에게 직접 또는 국세청장이 지정하는 대리인을 통하여 신청하여야 한다.(2008.2.22 본문개정)
1. 사업자증명원(영문표기 또는 한글표기에 한한다) 1부
2. 거래내역서 1부
3. 세금계산서 원본('부가가치세법」 제46조제3항에 따라 신용카드매출전표 등에 공급받는 자와 부가가치세액을 별도로 기재하고 확인한 것을 포함한다) (2013.6.28 본호개정)
4. 대리인을 통하여 신청하는 경우 그 위임장
③ 제2항의 규정에 의하여 환급신청을 받은 지방국세청장이 신청일이 속하는 연도의 12월 31일까지 거래내역을 확인한 후 당해 거래와 관련된 부가가치세를 외국사업자에게 환급하여야 한다.
④ 외국사업자가 제3항의 규정에 의한 환급일 이후 6월 이내에 제2항제3호의 규정에 의한 세금계산서 원본의 반환을 신청한 때에는 지방국세청장은 이를 반환하여야 한다.(2000.1.10 본항신설)
⑤ 법 제107조제6항 각 호 외의 부분 단서에서 "대통령령으로 정하는 금액"이란 30만원을 말한다.
(2010.2.18 본항개정)
⑥ 외국사업자에 대한 부가가치세의 환급에 관하여 기타 필요한 사항은 기획재정부령으로 정한다.
(2008.2.29 본항개정)
⑦ 법 제107조제항 각 호 외의 부분 본문에서 "대통령령으로 정하는 재화 또는 용역"이란 다음 각 호의 어느 하나에 해당하는 것을 말한다. 다만, 「부가가치세법」 제39조제1항제2호 및 제4호부터 제7호까지의 규정에 따라 매입세액이 공제되지 아니하는 것은 제외한다.
1. 대회의 방송중계를 위한 시설의 공사·설치 및 해체와 관련된 재화 또는 용역
2. 방송용 카메라·케이블·차량 등 방송중계 장비
3. 방송·통신 장비 및 차량의 임대·유지·보수용역
4. 방송중계와 관련한 자문·운송·경비용역
5. 그 밖에 이와 유사한 것으로서 대회의 방송중계와 관련된 재화 또는 용역
(2017.2.7 본항신설)
⑧ 법 제107조제9항제4호에서 "대통령령으로 정하는 외국법인"이란 제104조의25제1호부터 제5호까지의 규정에 따른 법인을 말한다.(2017.2.7 본항신설)

제108조【외교관 등에 대한 부가가치세의 환급】① 법 제107조제7항에서 "대통령령으로 정하는 자"란 우리나라에 상주하는 외교공관, 영사기관(명예영사관원을 장으로 하는 영사기관은 제외한다), 국제연합과 이에 준하는 국제기구(우리나라가 당사국인 조약과 그 밖의 국내 법령에 따라 특권과 면제를 부여받을 수 있는 경우만 해당한다)의 소속 직원으로 해당 국가로부터 공무원 신분을 부여받은 자 또는 외교부장관으로부터 이에 준하는 신분임을 확인받은 자 중 내국인이 아닌 자(이하 이 조에서 "외교관등"이라 한다)를 말한다.
(2013.2.23 본항개정)
② 법 제107조제7항에서 "대통령령으로 정하는 면세점"이란 국세청장이 정하는 바에 따라 관할세무서장의 지정을 받은 사업장('개별소비세법 시행령」 제28조의 규정에 의하여 지정을 받은 판매장을 포함하며, 이하 이 조에서 "외교관면세점"이라 한다)을 말한다.
(2010.12.30 본항개정)
③ 재화 또는 용역을 공급받은 외교관등이 그 재화 또는 용역과 관련된 부가가치세를 환급받으려는 경우에는 기획재정부령으로 정하는 환급신청서와 함께 외교

관면세점에서 발급받은 영수증 1매를 외교부장관에게 제출하여야 한다.(2013.3.23 본항개정)
④ 외교부장관은 외교관등이 제출한 환급신청서의 내용을 확인하고 법 제107조제7항에 따른 금액을 한도로 하여 영수증에 기재된 부가가치세액을 지급할 것을 국세청장에게 요청할 수 있다.(2013.3.23 본항개정)
⑤ 제4항에 따라 외교부장관의 지급 요청을 받은 국세청장은 관할 세무서장에게 해당 금액의 지급을 명할 수 있고, 관할 세무서장은 해당 금액을 외교부장관에게 지급하여야 하며, 외교부장관은 관할 세무서장으로부터 지급받은 금액을 외교관등에게 지급할 수 있다.
(2013.3.23 본항개정)
⑥ 외교관등에 대한 부가가치세 환급에 관하여 기타 필요한 사항은 기획재정부령으로 정한다.(2008.2.29 본항개정)

제109조【외국사업자 등에 대한 간접세 특례의 상호주의 적용】 법 제107조제8항에서 "동일하게 환급하는 경우"란 해당 외국의 조세로서 우리나라의 부가가치세 또는 이와 유사한 조세를 환급하는 경우와 그 외국에 우리나라의 부가가치세 또는 이와 유사한 조세가 없는 경우로 한다.(2009.2.4 본조개정)

제109조의2【외국인관광객 등에 대한 부가가치세의 특례】① 법 제107조의2제1항에 따른 외국인관광객 등이란 「외국인관광객 등에 대한 부가가치세 및 개별소비세 특례 규정」 제2조제1항에 따른 외국인관광객(이하 이 조에서 "외국인관광객 등"이라 한다)을 말한다.
② 법 제107조의2제1항에서 "대통령령으로 정하는 요건을 갖춘 관광호텔"이란 다음 각 호의 요건을 모두 갖춘 호텔로서 문화체육관광부장관이 정하여 고시한 호텔(이하 이 조에서 "특례적용관광호텔"이라 한다)을 말한다.
1. 「관광진흥법 시행령」 제2조제1항제2호가목에 따른 관광호텔
2. 해당 호텔의 외국인관광객 등에 대한 숙박용역의 객실 종류별 공급가액 평균을 해당 호텔의 전년 또는 전전 연도(2022년에 숙박용역을 공급하는 경우에는 직전 4개 연도 중 1개 연도)의 같은 기간별 외국인관광객 등에 대한 숙박용역의 객실 종류별 공급가액 평균의 100분의 110보다 높게 공급하지 아니하는 호텔
(2022.2.15 본호개정)
③ 특례적용관광호텔 사업자는 외국인관광객 등에게 숙박용역을 공급한 때에는 숙박용역을 공급받은 외국인관광객 등에게 그 숙박용역 공급 사실을 증명하는 서류(이하 이 조에서 "숙박용역공급확인서"라 한다) 2부를 교부하여야 한다. 다만, 특례적용관광호텔 사업자가 외국인관광객 등이 숙박용역을 공급받은 때에 부담한 부가가치세액을 환급하는 사업을 영위하는 자(「외국인관광객 등에 대한 부가가치세 및 개별소비세 특례규정」 제5조의2를 준용하여 지정한 자를 말하며, 이하 이 조에서 "환급창구운영사업자"라 한다)에게 정보통신망을 이용하여 전자적 방식의 숙박용역공급확인서를 전송한 경우에는 숙박용역공급확인서를 교부하지 아니할 수 있다.
④ 외국인관광객 등은 특례적용관광호텔에서 숙박용역을 공급받은 해당 숙박용역에 따른 부가가치세액을 환급창구운영사업자로부터 환급받을 수 있다. 이 경우 환급창구운영사업자의 부가가치세액의 환급에 관하여는 「외국인관광객 등에 대한 부가가치세 및 개별소비세 특례규정」 제6조제2항·제3항 및 제10조의2를 준용하되, "면세물품을 구입하는 경우" 또는 "면세물품을 구입한 때"는 "숙박용역을 공급받은 때"로 본다.
(2018.2.13 후단개정)
⑤ 제4항에 따라 외국인관광객 등에게 부가가치세액을 환급한 환급창구운영사업자는 그 환급 사실을 증명하는 서류(이하 이 조에서 "환급증명서"라 한다)를 특례적용관광호텔 사업자에게 송부하여야 한다.

⑥ 특례적용관광호텔 사업자는 외국인관광객 등이 숙박용역을 공급받은 날부터 3개월 이내에 부가가치세액을 환급받은 사실이 확인되는 경우에는 해당 부가가치세액을 공제받을 수 있다.

⑦ 특례적용관광호텔 사업자가 제6항에 따라 부가가치세액을 공제받으려는 경우에는 환급증명서를 송부받은 날이 속하는 과세기간의 과세표준과 납부세액 또는 환급세액을 관할 세무서장에게 신고할 때에 기획재정부령으로 정하는 외국인관광객 숙박용역 환급실적명세서를 첨부하여 제출해야 한다. (2020.2.11 본항개정)

⑧ 제6항 및 제7항에도 불구하고 다음 각 호의 어느 하나에 해당하는 경우에는 특례적용관광호텔 사업자가 납부할 부가가치세액에서 제4항에 따라 외국인관광객 등이 환급받은 해당 부가가치세액을 공제하지 아니한다.
1. 숙박용역의 공급가액에 관한 제2항제2호의 요건을 갖추지 못한 경우
2. 숙박용역공급확인서를 허위로 적어 교부한 경우

⑨ 법 제107조의2제2항에서 "특례적용관광호텔 등 대통령령으로 정하는 자"란 해당 외국인관광객 등에게 숙박용역을 공급한 특례적용관광호텔 사업자를 말한다.

⑩ 법 제107조의2제4항에 따라 부가가치세액을 징수할 경우 그 세액의 결정과 징수 등에 관하여는 「부가가치세법」 제57조, 제58조 및 제60조를 따른다.

⑪ 문화체육관광부장관은 환급대상 숙박용역에 대한 부가가치세액 환급을 위하여 필요한 경우 「출입국관리법」 제28조에 따른 외국인관광객의 출국기록을 법무부장관에게 요청할 수 있다. 이 경우 요청을 받은 법무부장관은 정당한 사유가 없으면 이에 따라야 한다. (2018.2.13 본항신설)

⑫ 제1항부터 제11항까지에서 규정한 사항 외에 특례적용관광호텔의 선정과 환급창구운영사업자의 환급 관련 절차 등에 관하여 필요한 사항은 문화체육관광부장관이 기획재정부장관과 협의하여 고시한다. (2018.2.13 본항개정)
(2014.2.21 본조신설)

제109조의3【외국인관광객 미용성형 의료용역에 대한 부가가치세 환급 특례】 ① 법 제107조의3제1항에서 "대통령령으로 정하는 외국인관광객"이란 「외국인관광객 등에 대한 부가가치세 및 개별소비세 특례규정」 제2조제1항에 따른 외국인관광객(이하 이 조에서 "외국인관광객"이라 한다)을 말한다.

② 법 제107조의3제2항에서 "대통령령으로 정하는 의료용역"이란 다음 각 호의 어느 하나에 해당하는 경우로서 법 제107조의3제1항에 따른 특례적용의료기관(이하 이 조에서 "특례적용의료기관"이라 한다)에서 공급받은 의료용역 중 「부가가치세법 시행령」 제35조제1호 각 목 외의 부분 단서에 따라 부가가치세가 면제되지 아니하는 의료용역(이하 이 조에서 "환급대상 의료용역"이라 한다)을 말한다.
1. 「의료 해외진출 및 외국인환자 유치 지원에 관한 법률」 제6조제1항에 따라 등록한 의료기관 또는 같은 조 제2항에 따라 등록한 외국인환자 유치업자가 직접 외국인 관광객을 유치한 경우(2016.6.21 본호개정)
2. 외국인관광객이 직접 특례적용의료기관에 방문한 경우

③ 법 제107조의3제2항에 따른 환급창구운영사업자(이하 이 조에서 "환급창구운영사업자"라 한다)의 요건 및 지정 절차에 관하여는 「외국인관광객 등에 대한 부가가치세 및 개별소비세 특례규정」 제5조의2를 준용한다. 이 경우 "면세물품을 구입한 때"는 "환급대상 의료용역을 공급받은 때"로 본다.

④ 법 제107조의3제3항에 따라 환급청구를 받은 환급창구운영사업자의 부가가치세의 환급에 관하여는 「외국인관광객 등에 대한 부가가치세 및 개별소비세 특례규정」 제10조의2를 준용한다. 이 경우 "출국항 관할세관

장이 확인한 판매확인서"는 "의료용역공급확인서"로, "면세물품을 구입한 때"는 "환급대상 의료용역을 공급받은 때"로, "면세판매자"는 "특례적용의료기관"으로 본다.

⑤ 환급창구운영사업자는 제4항에 따라 외국인관광객이 환급대상 의료용역을 공급받은 때 부담한 부가가치세액(이하 이 조에서 "환급대상 부가가치세액"이라 한다)을 외국인관광객에게 환급 또는 송금한 경우에는 「외국인관광객 등에 대한 부가가치세 및 개별소비세 특례규정」 제10조의3에 따른 환급 또는 송금한 사실을 증명하는 서류(이하 이 조에서 "환급·송금증명서"라 한다)를 특례적용의료기관에 송부하여야 한다.

⑥ 환급창구운영사업자는 외국인관광객에게 환급대상 부가가치세액을 환급 또는 송금한 날이 속하는 분기의 종료일의 다음 달 20일까지 국세청장과 보건복지부장관에게 환급 또는 송금 내역을 각각 제출하여야 한다.

⑦ 제5항에 따른 환급·송금증명서를 송부받은 특례적용의료기관의 사업자는 환급대상 부가가치세액을 환급창구운영사업자에게 지급하여야 한다.

⑧ 특례적용의료기관 사업자는 제5항에 따른 환급·송금증명서를 송부받은 날이 속하는 과세기간의 과세표준과 납부세액 또는 환급세액을 신고하는 때에 환급대상 부가가치세액을 공제받을 수 있다.

⑨ 특례적용의료기관은 제8항에 따라 환급대상 부가가치세액을 공제받으려는 경우에는 환급·송금증명서를 송부받은 날이 속하는 과세기간의 과세표준과 납부세액 또는 환급세액을 관할 세무서장에게 신고할 때에 기획재정부령으로 정하는 외국인관광객 미용성형 의료용역 환급실적명세서를 첨부하여 제출해야 한다. (2020.2.11 본항개정)

⑩ 세무서장은 특례적용의료기관의 사업자가 정당한 사유없이 환급창구운영사업자에게 환급대상 부가가치세액을 지급하지 아니한 경우에는 제8항에 따라 공제받은 환급대상 부가가치세액을 납부세액에 가산하거나 환급세액에서 공제하여야 한다.

⑪ 특례적용의료기관의 사업자가 환급대상 의료용역을 공급한 날부터 3개월이 되는 날이 속하는 달의 다음 달 20일까지 제5항에 따른 환급·송금증명서를 송부받지 못한 경우에는 환급대상 부가가치세액 공제를 적용하지 아니한다.

⑫ 법 제107조의3제4항에서 "대통령령으로 정하는 사유"란 다음 각 호의 어느 하나에 해당하는 경우를 말한다.
1. 특례적용의료기관이 사실과 다른 법 제107조의3제2항에 따른 의료용역공급확인서(이하 이 조에서 "의료용역공급확인서"라 한다)를 교부 또는 전송하여 외국인관광객이 부가가치세액을 환급받은 경우(2020.2.11 본호개정)
2. 환급대상 의료용역에 해당하지 아니함에도 불구하고 특례적용의료기관이 의료용역공급확인서를 교부 또는 전송하여 외국인관광객이 부가가치세액을 환급받은 경우

⑬ 제1항부터 제12항까지에서 규정한 사항 외에 특례적용의료기관의 선정과 환급창구운영사업자의 환급 관련 절차 등에 관하여 필요한 사항은 보건복지부장관이 기획재정부장관과 협의하여 고시한다.
(2016.2.5 본조신설)

제110조【재활용폐자원 등에 대한 부가가치세매입세액공제 특례】 ① 법 제108조제1항에서 "대통령령으로 정하는 자"란 부가가치세 과세사업을 영위하지 아니하는 자(면세사업과 과세사업을 겸영하는 경우를 포함한다)와 「부가가치세법」 제36조의2제1항 또는 제2항에 따라 영수증 발급에 관한 규정이 적용되는 기간에 재화 또는 용역을 공급하는 간이과세자를 말한다. (2021.2.17 본항개정)

② (2006.2.9 삭제)

③ 법 제108조의 규정에 의하여 매입세액공제를 받을 수 있는 사업자의 범위는 다음과 같다.
1. 「폐기물관리법」에 의하여 폐기물중간처리업허가를

받은 자(폐기물을 재활용하는 경우에 한한다) 또는 폐기물재활용신고를 한 자(2005.2.19 본호개정)
2. 「자동차관리법」에 따라 자동차매매업등록을 한 자(2010.2.18 본호개정)
3. 「한국환경공단법」에 따른 한국환경공단(2009.12.24 본호개정)
4. 제4항제2호의 중고자동차를 수출하는 자(2010.2.18 본호개정)
5. 기타 재활용폐자원을 수집하는 사업자로서 기획재정부령이 정하는 자(2008.2.29 본호개정)
④ 법 제108조의 규정에 따라 매입세액공제를 받을 수 있는 재활용폐자원 및 중고자동차(이하 이 조에서 "재활용폐자원등"이라 한다)의 범위는 다음과 같다.(2010.2.18 본문개정)
1. 재활용폐자원
　가. 고철
　나. 폐지
　다. 폐유리
　라. 폐합성수지
　마. 폐합성고무
　바. 폐금속캔
　사. 폐건전지
　아. 폐비철금속류
　자. 폐타이어
　차. 폐섬유
　카. 폐유
2. 「자동차관리법」에 따른 자동차 중 중고자동차. 다만, 다음 각 목의 자동차는 제외한다.
　가. 수출되는 중고자동차로서 「자동차등록령」 제8조에 따른 자동차등록원부에 기재된 제작연월일부터 같은 영 제32조에 따른 수출이행여부신고서에 기재된 수출신고수리일까지의 기간이 1년 미만인 자동차
　나. 제1항에 따른 자가 해당 자동차 구입과 관련하여 「부가가치세법」 제38조에 따라 매입세액공제를 받은 후 중고자동차를 수집하는 사업자에게 매각한 자동차(제1항에 따른 자를 대신하여 그 밖의 다른 관계인이 해당 자동차 구입과 관련하여 매입세액공제를 받은 경우를 포함한다). 다만, 「부가가치세법」 제63조제3항에 따라 간이과세자가 매입세액을 공제받은 경우는 제외한다.(2014.2.21 본호개정)
(2006.2.9 본항개정)
⑤ 법 제108조의 규정에 의한 매입세액공제를 받고자 하는 자는 「부가가치세법」 제48조 또는 제49조에 따른 신고시 기획재정부령이 정하는 재활용폐자원등의 매입세액공제신고서에 「소득세법」 제163조 또는 「법인세법」 제121조의 규정에 의한 매입처별계산서합계표 또는 영수증을 첨부하여 제출(국세정보통신망에 의한 제출을 포함한다)하여야 한다. 이 경우 재활용폐자원등의 매입세액공제신고서에 다음 각호의 사항이 기재되어 있지 아니하거나 그 거래내용이 사실과 다른 경우에는 매입세액을 공제하지 아니한다.(2013.6.28 전단개정)
1. 공급자의 등록번호(개인의 경우에는 주민등록번호)와 명칭 및 대표자의 성명(개인의 경우에는 그의 성명)
2. 취득가액
3. (2003.12.30 삭제)
⑥ 제5항에 따른 매입세액의 공제에 관하여는 「부가가치세법 시행령」 제74조를 준용한다.(2017.2.7 본항개정)
제110조의2【스크랩등사업자의 스크랩등에 대한 부가가치세 매입세액 공제특례】 ① 법 제108조의2제1항에서 "대통령령으로 정하는 기간"이란 「부가가치세법」 제48조제1항에 따른 예정신고기간을 말한다.
② 법 제108조의2제1항에 따라 사업장 관할 세무서장에게 신고한 사업자의 스크랩등 관련 매입세액 공제특례

가 적용되는 매입세액은 법 제106조의9제3항에 따라 매입자가 입금한 부가가치세액(매출세액)의 범위에서 공제하거나 환급받을 수 있다.(2016.2.5 본항개정)
③ 법 제108조의2제1항에 따라 공제·환급을 받은 세액이 부가가치세 확정신고를 할 때에 법 제108조제1항 및 제2항에 따라 환급·공제받아야 하는 세액을 초과하는 경우 그 초과하는 금액을 납부하여야 할 부가가치세액에 가산하거나 환급받을 세액에서 차감한다.
④ 법 제108조의2제1항에 따라 스크랩등사업자가 사업장 관할세무서장에게 신고하는 경우에는 제110조제5항 및 제6항의 규정을 준용한다. 이 경우 제110조제5항 및 제6항 중 "재활용폐자원 등"은 "스크랩등"으로 본다.(2016.2.5 본항개정)
(2016.2.5 본조제목개정)
(2013.11.29 본조신설)
제110조의3【소규모 개인사업자에 대한 부가가치세 감면】 ① 법 제108조의4제1항제3호에서 "대통령령으로 정하는 감면배제 사업"이란 다음 각 호의 사업(이하 "감면배제사업"이라 한다)을 말한다.
1. 부동산 임대 및 공급업
2. 「개별소비세법」 제1조제4항에 해당하는 과세유흥장소를 경영하는 사업
② 법 제108조의4제3항 계산식에서 "같은 법 제46조에 따른 신용카드 등의 사용에 따른 세액공제 등 대통령령으로 정하는 공제세액"이란 다음 각 호의 어느 하나에 해당하는 세액을 말한다.
1. 「부가가치세법」 제46조제1항에 따른 신용카드 등의 사용에 따른 공제세액
2. 법 제104조의8제2항에 따른 전자신고에 대한 공제세액
3. 법 제106조의7제1항에 따른 일반택시 운송사업자에 대한 경감세액
4. 법 제126조의3제1항에 따른 현금영수증사업자 및 현금영수증가맹점에 대한 공제세액
③ 법 제108조의4제3항 계산식에서 "대통령령으로 정하는 업종별 부가가치율"이란 다음 표의 구분에 따른 부가가치율을 말한다.

구　분	부가가치율
1. 전기·가스·증기 및 수도 사업	5퍼센트
2. 소매업, 도매업 및 음식점업	10퍼센트
3. 농·임업 및 어업, 제조업, 숙박업, 운수업 및 정보통신업	20퍼센트
4. 건설업, 광업, 창고업, 금융 및 보험업, 그 밖의 서비스업	30퍼센트

④ 법 제108조의4제3항을 적용할 때 「부가가치세법」 제48조에 따라 예정신고를 한 경우에는 예정신고한 과세표준, 납부세액 또는 환급세액 및 공제세액을 포함하여 감면세액을 계산한다.
⑤ 사업자가 감면배제사업과 감면배제사업 외의 사업(이하 이 조 및 제110조의4에서 "감면대상사업"이라 한다)을 함께 경영하는 경우 법 제108조의4제3항에 따른 감면세액은 다음 계산식에 따라 안분하여 계산한다.

$$감면세액 = \left(A \times \frac{B}{C} \right) - D$$

A : 「부가가치세법」 제37조제2항에 따른 납부세액에서 제2항에 따른 공제세액을 뺀 금액
B : 감면대상사업의 공급가액의 합계액
C : 총 공급가액의 합계액
D : 감면대상사업에 대한 간이과세방식 세액

⑥ 사업자가 둘 이상의 서로 다른 감면대상사업을 경영하는 경우 법 제108조의4제3항 계산식에 따른 간이과세방식 세액은 제3항에 따른 사업 종류별로 구분하여 계산한 금액의 합계액으로 한다.

⑦ 법 제108조의4제4항에 따라 감면을 신청하려는 사업자는 기획재정부령으로 정하는 바에 따라 부가가치세 신고서와 함께 소규모 개인사업자 부가가치세 감면신청서를 납세지 관할 세무서장에게 제출해야 한다.
(2020.4.14 본조신설)

제110조의4 【간이과세자에 대한 부가가치세 납부의무 면제세액 계산방법】 법 제108조의5제1항의 사업자가 감면배제사업을 함께 경영하는 경우 같은 조 제2항에 따라 납부의무를 면제하는 세액은 다음 계산식에 따라 안분하여 계산한다.

$$\text{납부의무 면제세액} = A \times \frac{B}{C}$$

A : 「부가가치세법」 제63조제2항에 따른 납부세액(이하 이 조에서 "납부세액"이라 한다)에서 같은 조 제3항, 같은 법 제65조 및 그 밖에 이 법 및 다른 법률에서 정하는 공제세액을 차감한 금액
B : 감면대상사업에 대한 납부세액의 합계액
C : 총 납부세액의 합계액

(2020.4.14 본조신설)

제111조 【노후자동차 교체에 대한 개별소비세 등 감면】 ① 법 제109조의2에 따라 개별소비세를 감면받으려는 신차구입자는 「개별소비세법」 제3조에 따른 납세의무자(이하 이 조에서 "납세의무자"라 한다)에게 감면신청을 해야 하며, 신차(법 제109조의2제1항 전단에 따른 신차를 말한다. 이하 이 조에서 같다)의 세금계산서 교부일부터 2개월이 되는 날이 속하는 달의 말일까지 기획재정부령으로 정하는 노후자동차교체감면신청서와 노후자동차(법 제109조의2제1항 전단에 따른 노후자동차를 말한다. 이하 이 조에서 같다) 및 신차의 자동차등록원부, 주민등록증 사본(사업자인 경우에는 사업자등록증 사본) 등 기획재정부령으로 정하는 증명자료를 납세의무자에게 제출해야 한다.(2020.2.11 본항개정)
② 납세의무자는 제1항에 따라 신차구입자로부터 감면신청을 받은 경우에는 노후자동차의 자동차등록원부의 차대번호, 차량번호, 최초등록일 및 2019년 6월 30일 현재 신차구입자의 노후자동차 소유 여부등을 확인하여 「민법」 제32조에 따라 설립된 사단법인으로서 정관에 따라 자동차산업의 발전 방향에 관한 조사·연구사업을 하는 법인 중 기획재정부장관이 정하여 고시하는 법인이 노후자동차 교체를 위하여 운영하는 시스템(이하 "노후자동차교체확인시스템"이라 한다)에 등록해야 한다.(2020.2.11 본항개정)
③ 납세의무자는 신차구입자로부터 감면신청을 받은 경우에는 법 제109조의2제1항 및 제2항에 따라 감면받은 세액을 적용하여 신차를 판매하고 세금계산서에 "노후자동차교체용"이라고 표시하며 기획재정부령으로 정하는 노후자동차교체용차량확인서(개별소비세를 납부하는 경우에 한정한다)를 세금계산서와 함께 신차구입자에게 교부해야 한다.(2020.2.11 본항개정)
④ 납세의무자는 제1항에 따라 신차구입자로부터 자료를 제출받아 법 제109조의2제1항의 요건을 충족하는지 여부를 확인하고 해당 자료(이하 이 항에서 "수동서식"이라 한다) 및 수동서식을 디스켓·디스크 등 전자적 형태로 변환한 자료를 신차의 세금계산서 교부일부터 2개월이 되는 날이 속하는 달의 말일의 다음 달 25일까지 관할세무서장 및 통관지 세관장에게 제출해야 한다. 다만, 수동서식은 신차를 판매한 장소를 관할하는 세무서장 및 세관장에게 제출할 수 있다.
⑤ (2017.1.10 삭제)
⑥ 제1항에 따라 감면신청을 한 신차구입자가 이미 개별소비세 및 교육세가 납부된 승용자동차를 구입하는 경우에는 납세의무자 또는 신차구입자에게 해당 승용자동차를 판매한자는 이미 납부한 개별소비세 및 교육

세와 법 제109조의2제1항 및 제2항에 따라 계산된 개별소비세 및 교육세와의 차액(이하 이 조에서 "차액"이라 한다)에 대하여 기획재정부령으로 정하는 노후자동차교체환급(공제)신청서를 신차의 세금계산서 교부일이 속하는 달의 다음 달 25일(국내에서 제조되어 반출된 경우에는 매 분기의 다음 달 25일)까지 해당 신차의 개별소비세 및 교육세를 징수한 세무서장 및 세관장에게 제출하여 차액을 환급·공제받아야 한다.
(2020.2.11 본항개정)
⑦ 법 제109조의2제3항 각 호 외의 부문 단서에서 "대통령령으로 정하는 사유에 해당하는 경우"란 다음 각 호의 어느 하나에 해당하는 경우를 말한다.
(2017.5.8 본문개정)
1. 노후자동차의 말소등록일 전후 2개월 이내에 신차를 본인의 명의로 신규등록하지 않은 경우(2020.2.11 본호개정)
2. 노후자동차 1대당 2대 이상의 신차에 대하여 감면을 받은 경우로서 제2항에 따른 노후자동차교체확인시스템에 최초로 등록한 해당 신차 1대에 대한 감면세액 및 가산세의 경우(2020.2.11 본호개정)
3. 신차의 신규등록일 후 2개월 이내에 노후자동차를 말소등록하지 않은 경우(2020.2.11 본호개정)
4. 그 밖에 자동차등록원부 위조 등 신차구입자가 법 제109조의2제1항의 요건을 충족하는지 여부를 납세의무자가 확인하기 어렵다고 인정되는 경우
(2017.5.8 본호개정)
⑧ 법 제109조의2제4항에서 "대통령령으로 정하는 불가피한 사유"란 다음 각 호의 어느 하나에 해당하는 경우를 말한다.(2017.5.8 본문개정)
1. 신차의 신규등록일부터 2개월 이내에 신차구입자가 사망하거나 천재지변이 발생하여 노후자동차를 폐차 또는 수출하지 못한 경우(2020.2.11 본호개정)
2. 신차의 신규등록일부터 2개월 이내에 「자동차관리법」 제13조제1항제1호에 따라 자동차해체재활용업자(「자동차관리법」 제53조에 따라 자동차해체재활용업을 등록한 자를 말한다)에게 노후자동차의 폐차를 요청하였으나 폐차 절차의 지연 등으로 해당 노후자동차가 신차의 신규등록일부터 2개월 후에 말소등록된 경우(2020.2.11 본호개정)
3. 천재지변이나 「재난 및 안전관리 기본법」 제3조제1호의 재난으로 공장가동이 중단되는 등의 사유로 생산 또는 수입이 지연되어 신차가 노후자동차의 말소등록일부터 2개월 후에 신규등록된 경우(2020.4.14 본호신설)
⑨ 국세청장 및 관세청장은 신차구입자가 법 제109조의2에 따른 요건을 충족하는지 여부를 확인하기 위하여 국토교통부장관에게 「자동차관리법」 제5조에 따른 자동차등록원부 자료의 제공을 요청하고, 국토교통부장관은 해당 자료를 국세청장 및 관세청장에게 제공하여야 한다.(2013.3.23 본항개정)
⑩ 법 제109조의2제3항에 따라 감면세액을 추징한 경우 해당 세무서장 및 세관장은 추징자료를 추징일이 속하는 달의 다음 달 말일까지 신차구입자의 취득세 납세지를 관할하는 시장(특별자치시장과 「제주특별자치도 설치 및 국제자유도시 조성을 위한 특별법」 제11조제2항에 따른 행정시장을 포함한다)·군수·구청장(자치구의 구청장을 말한다)에게 통보하여야 한다.
(2017.1.10 본항개정)
(2020.2.11 본조제목개정)
(2009.6.19 본조신설)

제111조의2 【여수세계박람회 참가자의 범위 등】 ① 법 제109조의3제1항에서 "대통령령으로 정하는 박람회 참가자"란 다음 각 호의 어느 하나에 해당하는 자를 말한다.

1. 2012여수세계박람회조직위원회(이하 이 조에서 "조직위원회"라 한다)와 박람회 참가계약(위락시설의 제작, 건설 또는 운용에 대한 참가계약 및 상업시설의 운영에 대한 참가계약은 제외한다)을 체결한 자
2. 제1호에 따른 참가자 또는 조직위원회와 「2012여수세계박람회 지원특별법」 제2조제2호에 따른 박람회 직접시설의 제작·건설에 관하여 도급계약을 체결한 자
② 법 제109조의3제2항에서 "대통령령으로 정하는 박람회장 관리주체"란 다음 각 호의 어느 하나에 해당하는 자를 말한다.
1. 조직위원회
2. 조직위원회가 해산된 후 그 박람회장 관련 사업 및 자산을 관리하기 위한 법인이 설립되는 경우에는 그 법인
(2010.2.18 본조신설)

제112조【외국인에 대한 개별소비세의 면제】① 법 제110조제1항에서 "대통령령이 정하는 외교관"이란 「개별소비세법 시행령」 제25조제2항에 규정된 자를 말한다.(2010.2.18 본항개정)
② 법 제110조제2항의 규정에 의한 승인신청에 관하여는 「개별소비세법 시행령」 제23조 또는 동시행령 제30조의 규정을 준용한다.
(2007.12.31 본조개정)

제112조의2【자동차 연료에 대한 교통·에너지·환경세 및 개별소비세의 환급】① 법 제111조의2제1항에서 "승용자동차, 승합자동차, 화물자동차 또는 이륜자동차로서 배기량 1,000시시 미만 등 대통령령으로 정하는 기준 이하인 자동차"란 배기량이 1,000시시 미만인 승용자동차 또는 승합자동차로서 길이 3.6미터, 너비 1.6미터, 높이 2.0미터 이하인 승용자동차 또는 승합자동차(이하 이 조에서 "환급대상자동차"라 한다)를 말한다.(2023.2.28 본항개정)
② 법 제111조의2제1항에서 "자동차 소유 대수 등 대통령령으로 정하는 요건을 충족하는 자"란 다음 각 호의 요건을 모두 충족하는 자를 말한다.
1. 해당 환급대상자동차 소유자 및 그의 주민등록표상 동거가족이 소유한 승용자동차 수의 합계 또는 승합자동차 수의 합계가 각각 1대일 것
2. 「에너지 및 자원사업 특별회계법 시행령」 제3조제1항제10호의2의 석유가격구조개편에 따른 지원사업의 수혜대상자인 장애인이나 국가유공자가 아닐 것
(2023.2.28 본항신설)
③ 법 제111조의2제3항에 따른 연간 환급 한도액은 30만원으로 한다. 이 경우 법 제111조의2제1항에 따른 연간 환급 한도액의 산정은 2022년 1월 1일부터 2022년 12월 31일까지의 기간 및 2023년 1월 1일부터 2023년 12월 31일까지의 기간을 각각 기준으로 한다.(2022.2.15 본항개정)
④ 국세청장은 법 제111조의2제4항에 따라 환급을 위한 유류구매카드(이하 이 조에서 "환급용 유류구매카드"라 한다)를 발급할 「여신전문금융업법」 제2조제2호의2에 따른 신용카드업자(이하 이 조에서 "신용카드업자"라 한다)를 지정한다. 이 경우 국세청장은 신용카드업자를 지정함에 있어 환급용 유류구매카드에 대하여 연회비를 받지 아니할 것을 조건으로 할 수 있다.
⑤ 법 제111조의2제1항 및 제3항에 따라 교통·에너지·환경세 및 개별소비세를 환급받으려는 자(이하 이 조에서 "환급대상자"라 한다)는 신용카드업자에게 환급용 유류구매카드의 발급을 신청하여야 한다.(2010.2.18 본항개정)
⑥ 법 제111조의2제1항에 따른 환급을 위한 환급대상자 적격여부를 확인하기 위하여 법 제111조의2제11항에 따라 국세청장은 국가보훈처장 및 환급대상자의 주소지 관할 특별자치도지사·시장·군수·구청장(구청

장은 자치구의 구청장을 말한다. 이하 이 조에서 "관할관청"이라 한다)에게 주민등록 전산정보자료, 「자동차관리법」 제69조제2항에 따른 자동차 등록 전산자료, 「에너지 및 자원사업 특별회계법 시행령」 제3조제1항제10호의2에 따른 지원사업의 수혜대상자인 국가유공자 및 장애인 명부 등 환급대상자 적격 여부 확인에 필요한 정보를 제5항에 따른 신청을 받은 신용카드업자에게 제공할 것을 요청할 수 있으며 요청을 받은 국가보훈부장관 및 관할관청은 즉시 관련 정보를 제공하여야 한다. 이 경우 관할관청은 환급대상자 해당 여부만을 전자적 방법으로 제공한다.(2023.4.11 전단개정)
⑦ (2010.2.18 삭제)
⑧ 제6항에 따른 정보에 변경이 있는 경우 정보제공의 요청 및 제공에 관하여는 제6항을 준용한다.
(2010.2.18 본항개정)
⑨ 신용카드업자는 제6항에 따라 제공받은 정보를 바탕으로 환급대상자 적격 여부를 판단한 후 신청을 받은 날부터 15일 이내에 신청인에게 환급용 유류구매카드를 발급하거나 발급대상이 아님을 통지하여야 한다.
⑩ (2010.2.18 삭제)
⑪ 법 제111조의2제5항에 따라 환급세액을 환급받거나 납부할 세액에서 공제받으려는 신용카드업자는 매월 환급대상자가 환급용 유류구매카드를 통하여 구입한 환급대상 유류의 수량(기획재정부령으로 정하는 계산방법에 따라 산출한 것) 및 환급세액 등을 적은 신청서 및 증거서류를 다음 달 10일까지 관할 세무서장에게 제출하여야 한다. 이 경우 신청서 및 증거서류는 기획재정부령으로 정한다.
⑫ 제11항에 따라 신청을 받은 세무서장은 그 달 말일까지 신용카드업자에게 환급세액을 환급하거나 납부할 세액에서 공제한다.
⑬ 국세청장 및 신용카드업자는 다음 각 호의 어느 하나에 해당되는 경우 즉시 서로 통보하여야 하고, 신용카드업자는 지체 없이 해당자의 환급용 유류구매카드의 기능을 정지하여야 한다.
1. 환급용 유류구매카드를 발급받은 자가 환급대상자에 해당되지 아니하게 된 경우
2. 환급대상자가 법 제111조의2제8항에 따라 환급대상자에서 제외된 경우
3. 법 제111조의2제10항제1호 또는 제2호에 해당되는 경우
⑭ 국토교통부장관은 제6항 및 제8항(제6항을 준용하는 경우에 한정한다)에 따른 업무를 위하여 「자동차관리법」 제69조제2항에 따른 자동차 등록 전산자료를 관할관청에 제공하여야 한다.(2013.3.23 본항개정)
⑮ 신용카드업자는 환급대상자에게 환급용 유류구매카드를 발급할 때 부당하게 발급받거나 부정사용할 경우 받을 수 있는 불이익에 대하여 상세히 설명하여야 한다.
⑯ 환급용 유류구매카드의 신청 및 발급과 관련하여 이 영에서 정하고 있지 아니한 사항은 「여신전문금융업법」에 따른 신용카드 및 직불카드의 신청 및 발급의 예에 따른다.
(2023.2.28 본조제목개정)
(2008.10.7 본조개정)

제112조의3【택시연료에 대한 개별소비세 등의 감면】① 법 제111조의3제1항에 따라 개별소비세 및 교육세를 감면받으려는 일반택시운송사업자 및 개인택시운송사업자(이하 이 조에서 "택시운송사업자"라 한다)는 같은 조 제2항에서 국세청장이 지정하는 「여신전문금융업법」 제2조제2호의2에 따른 신용카드업자(이하 이 조에서 "신용카드업자"라 한다)에게 면세를 위한 유류구매카드(이하 이 조에서 "택시면세유류구매카드"라 한다)의 발급을 신청하여야 한다.(2010.12.30 본항개정)
② 제1항에 따른 신청을 받은 신용카드업자는 신청을

조세특례제한법 시행령/租稅·通則　　379

받은 날부터 15일 이내에 신청한 택시운송사업자가 면허를 받은 특별시장·광역시장·도지사(도지사의 권한이 시장·군수에게 위임된 경우에는 시장·군수를 말한다)·특별자치도지사(이하 이 조에서 "관할관청"이라 한다)에게 택시운송사업자 적격 여부를 확인한 후 택시면세유류구매카드를 발급하거나 발급대상이 아님을 통지하여야 한다.

③ 법 제111조의3제3항에 따라 환급세액을 환급받거나 납부할 세액에서 공제받으려는 신용카드업자는 매월 택시운송사업자가 택시면세유류구매카드를 통하여 구입한 감면대상 부탄의 수량(기획재정부령으로 정하는 계산방법에 따라 산출한다) 및 환급세액 등을 적은 신청서 및 증거서류를 다음 달 10일까지 관할 세무서장에게 제출하여야 한다. 이 경우 신청서 및 증거서류는 기획재정부령으로 정한다.(2010.12.30 전단개정)

④ 제3항에 따라 신청을 받은 세무서장은 그 달 말일까지 신용카드업자에게 감면세액을 환급하거나 납부할 세액에서 공제한다.(2010.12.30 본항개정)

⑤ 관할관청, 국세청장 및 신용카드업자는 다음 각 호의 어느 하나에 해당하는 경우 서로 통보하여야 하고, 신용카드업자는 지체 없이 해당자의 택시면세유류구매카드의 기능을 정지하여야 한다.
1. 택시운송사업자가 폐업 또는 면허양도 등으로 더 이상 택시운송사업자에 해당되지 아니하게 된 경우
2. 택시운송사업자가 법 제111조의3제6항에 따라 택시면세유류구매카드 발급대상자에서 제외된 경우
3. 법 제111조의3제8항제1호 또는 제2호에 해당되는 경우

⑥ 신용카드업자는 택시운송사업자에게 택시면세유류구매카드를 발급할 때 부당하게 발급받거나 부정사용할 수 받을 수 있는 불이익에 대하여 상세히 설명하여야 한다.

⑦ 택시면세유류구매카드의 신청 및 발급과 관련하여 이 영에서 정하고 있지 아니한 사항은 「여신전문금융업법」에 따른 신용카드 및 직불카드의 신청 및 발급의 예에 의한다.
(2010.12.30 본조제목개정)
(2008.4.30 본조신설)

제112조의4【외교관용 등 자동차 연료에 대한 개별소비세 등의 환급 특례】

① 법 제111조의4제1항에서 "대통령령으로 정하는 주한외교공관, 주한외교관 등"이란 다음 각 호의 어느 하나에 해당하는 자를 말한다. 이 경우 「개별소비세법」 제16조제5항 또는 「교통·에너지·환경세법」 제14조제3항 및 「부가가치세법」 제25조를 준용한다.(2013.6.28 후단개정)
1. 우리나라에 상주하는 외교공관, 영사기관(명예영사 관원을 장으로 하는 영사기관은 제외한다), 국제연합과 이에 준하는 국제기구(우리나라가 당사국인 조약과 그 밖의 국내 법령에 따라 특권과 면제를 부여받을 수 있는 경우만 해당한다)
2. 제1호에 따른 기관의 소속 직원으로서 해당 국가로부터 공무원 신분을 부여받은 자 또는 외교부장관으로부터 이에 준하는 신분임을 확인받은 자 중 대한민국인이 아닌 자(2013.3.23 본호개정)

② 국세청장은 법 제111조의4제2항에 따라 환급을 위한 유류구매카드(이하 이 조에서 "유류구매카드"라 한다)를 발급할 「여신전문금융업법」 제2조제2호의2에 따른 신용카드업자(이하 이 조에서 "신용카드업자"라 한다)를 지정한다. 이 경우 국세청장은 신용카드업자를 지정할 때 유류구매카드에 대하여 연회비를 받지 아니할 것을 조건으로 할 수 있다.

③ 법 제111조의4제1항에 따른 환급을 받으려는 자(이하 이 조에서 "환급대상자"라 한다)는 외교부장관이 환급대상자에 해당됨을 확인하는 서류를 첨부하여 신

카드업자에게 유류구매카드의 발급을 신청하여야 한다.(2013.3.23 본항개정)

④ 신용카드업자는 제3항에 따른 신청을 받은 경우 그 신청을 받은 날로부터 15일 이내에 신청인에게 유류구매카드를 발급하여야 한다.

⑤ 법 제111조의4제1항에 따라 환급세액을 환급받거나 납부할 세액에서 공제받으려는 신용카드업자는 매월 환급대상자가 유류구매카드를 통하여 구입한 환급대상 석유류의 종류, 수량(기획재정부령으로 정하는 계산방법에 따라 산출한다) 및 환급세액 등을 적은 신청서 및 증거서류를 다음 달 10일까지 관할 세무서장에게 제출하여야 한다. 이 경우 신청서 및 증거서류는 기획재정부령으로 정한다.

⑥ 제5항에 따라 신청을 받은 세무서장은 그 달 말일까지 신용카드업자에게 환급세액을 환급하거나 납부할 세액에서 공제한다.

⑦ 세무서장이 제6항에 따른 환급 또는 공제를 한 경우에는 기획재정부령으로 정하는 자료를 환급일의 다음 달 10일까지 울산광역시장에게 통보하여야 하고, 울산광역시장은 제5항에 따라 환급신청을 한 날의 다음 달 20일까지 자동차 주행에 대한 자동차세액을 신용카드업자에게 환급하여야 한다.

⑧ 법 제111조의4제3항에 따른 환급세액은 같은 항 각 호의 어느 하나에 해당하는 자의 주소지 관할 세무서장이 징수한다. 다만, 자동차 주행에 대한 자동차세의 환급세액은 울산광역시장이 징수한다.

⑨ 외교부장관, 국세청장, 울산광역시장 및 신용카드업자는 다음 각 호의 어느 하나에 해당되는 경우 즉시 서로 통보하여야 하고, 제1호 또는 제2호에 해당되는 경우 신용카드업자는 유류구매카드의 기능을 정지하여야 한다.(2013.3.23 본문개정)
1. 유류구매카드를 발급받은 자가 환급대상자에 해당되지 아니하게 된 경우
2. 환급대상자가 아닌 자가 유류구매카드를 발급받거나 양수하여 사용한 경우
3. 환급대상자가 유류구매카드로 구입한 유류를 해당 자동차 연료 외의 용도로 사용하는 경우

⑩ 신용카드업자는 환급대상자에게 유류구매카드를 발급할 때 부당하게 발급받거나 부정사용할 경우 받을 수 있는 불이익에 대하여 상세히 설명하여야 한다.

⑪ 유류구매카드의 신청 및 발급과 관련하여 이 영에서 정하고 있지 아니한 사항은 「여신전문금융업법」에 따른 신용카드 및 직불카드의 신청 및 발급의 예에 따른다.

⑫ 국세청장은 외교부장관과 협의하여 유류구매카드의 사용 등과 관련하여 필요한 사항을 정할 수 있다.(2013.3.23 본항개정)
(2013.2.15 본조신설)

제112조의5【외교관 면세 차량 양도 등에 관한 개별소비세 징수 면제 사유】

법 제113조제1항 단서에서 "외교관이 이임(移任)하는 등 대통령령으로 정하는 부득이한 사유가 있는 경우"란 다음 각 호의 어느 하나에 해당하는 경우를 말한다.
1. 법 제110조제1항에 따른 외교관(이하 "외교관"이라 한다)이 본국이나 제3국으로 이임하는 경우
2. 외교관의 직무가 종료되거나 직위를 상실한 경우
3. 외교관이 사망한 경우
(2015.2.3 본조신설)

제112조의6【면세유등의 관리를 위한 자료제출 기관 및 자료의 종류 등】

① 법 제113조의2제2항 전단에서 "대통령령으로 정하는 기관이나 단체 등"이란 다음 각 호의 어느 하나에 해당하는 기관 또는 단체 등을 말한다.
1. 「국가재정법」 제6조에 따른 중앙관서(중앙관서의 업무를 위임받거나 위탁받은 기관을 포함한다)
2. 「농업협동조합법」에 따른 농업협동조합 및 중앙회

3. 「산림조합법」에 따른 산림조합 및 중앙회
4. 「수산업협동조합법」에 따른 수산업협동조합 및 중앙회
5. 「한국해운조합법」에 따른 한국해운조합
6. 「개별소비세법」 또는 「교통·에너지·환경세법」에 따라 석유류에 대해 면세를 받거나 세액의 환급 또는 공제를 받는 자
② 법 제113조의2제2항 전단에서 "대통령령으로 정하는 정보 또는 자료"란 다음 각 호의 어느 하나에 해당하는 정보 또는 자료를 말한다.
1. 법 제106조의2제4항에 따른 면세석유류 구입카드 또는 출고지시서의 발급내역 및 거래내역
2. 「농·축산·임·어업용 기자재 및 석유류에 대한 부가가치세 영세율 및 면세 적용 등에 관한 특례규정」 제22조에 따른 면세석유류공급증명서의 발급내역
3. 「개별소비세법 시행령」 제20조제3항제3호, 제34조제4항제4호 및 「교통·에너지·환경세법 시행령」 제17조제3항제2호, 제24조제2항제2호에 따른 납품(사실)증명서 발급내역(2022.2.15 본호개정)
4. 「수출용 원재료에 대한 관세 등 환급에 관한 특례법」 제4조제4호에 따른 외국항행선박·원양어업선박에 사용되는 석유류에 대한 적재확인서 발급내역
5. 법 제113조의2제1항에 해당하는 석유류(이하 이 조에서 "면세유등"이라 한다)를 부정한 방법으로 공급받거나 해당 용도 외의 다른 용도로 사용·반출 또는 판매한 사실 또는 적발·단속내역
6. 그 밖에 법 제113조의2제1항에 따른 전산시스템의 구축 및 운영을 위하여 필요하다고 인정되어 국세청장이 정하는 면세유등의 거래내역
③ 자료의 제출을 요구받은 기관이나 단체의 장은 분기별 자료를 그 분기의 다음 달 말일까지 국세청장에게 국세정보통신망을 통하여 제출하여야 한다. 다만, 관련 자료의 생산빈도와 활용시기 등을 고려하여 국세청장은 자료의 제출시기를 달리 정할 수 있다.
④ 자료의 제출서식, 제출절차 등 그 밖에 필요한 세부사항은 국세청장이 정한다.
(2013.2.15 본조신설)

제112조의7【연안화물선용 경유에 대한 교통·에너지·환경세 감면】 ① 「교통·에너지·환경세법」 제3조에 따른 납세의무자(이하 이 조에서 "납세의무자"라 한다)가 법 제111조의5제2항에 따라 교통·에너지·환경세의 감면세액을 환급받거나 납부 또는 징수할 세액에서 공제 받으려면 「한국해운조합법」에 따른 한국해운조합(이하 이 조에서 "한국해운조합"이라 한다)에 매월 공급한 경유의 수량과 유류공급명세 및 환급세액 등이 기재된 기획재정부령으로 정하는 신청서를 다음 달 10일까지 관할 세무서장에게 제출해야 한다.
② 제1항에 따라 환급 신청을 받은 세무서장은 그 달의 25일까지 납세의무자에게 교통·에너지·환경세 및 그에 따른 교육세의 감면세액을 환급해야 한다.
③ 세무서장이 제2항에 따라 납세의무자에게 감면세액을 환급한 경우에는 자동차 주행에 대한 자동차세 감면세액의 환급을 위하여 기획재정부령으로 정하는 자료를 환급일이 속하는 달의 다음 달 10일까지 울산광역시장에게 통보해야 한다.
④ 제3항에 따라 통보를 받은 울산광역시장은 제1항에 따라 환급신청한 날이 속하는 달의 다음 달 20일까지 자동차 주행에 대한 자동차세의 감면세액을 납세의무자에게 환급해야 한다.
⑤ 법 제111조의5제3항 및 제4항에 따른 감면세액 및 가산금(이하 "감면세액등"이라 한다)는 다음 각 호의 구분에 따라 추징한다.
1. 해당 경유에 대한 교통·에너지·환경세 및 그에 따른 교육세의 감면세액등 : 관할 세무서장이 국세징수의 예에 따라 추징

2. 해당 경유에 대한 자동차세의 감면세액등 : 「지방세법」 제137조제1항에 따른 자동차세의 특별징수의무자(이하 "자동차세특별징수의무자"라 한다)가 지방세징수의 예에 따라 추징
⑥ 한국해운조합은 법 제111조의5제1항 또는 제2항에 따라 감면, 환급 또는 공제받은 경유가 「해운법」 제24조제1항에 따른 내항 화물운송사업 외의 용도로 사용된 사실을 알게 되었을 경우 공급을 즉시 중지하거나 해당 경유의 사용을 즉시 중지하도록 요구하고, 지체 없이 그 사실을 관할 지방해양수산청장과 관할 세무서장 및 자동차세특별징수의무자에게 통보해야 한다.
⑦ 한국해운조합은 감면, 환급 또는 공제받은 경유의 직전 월 공급량을 매월 10일까지 해양수산부장관에게 보고해야 한다.
⑧ 한국해운조합은 감면, 환급 또는 공제받은 경유의 직전 연도 공급량 등 기획재정부령으로 정하는 명세서를 매년 3월 31일까지 국세청장에게 제출해야 한다.
⑨ 제1항부터 제8항까지에서 규정한 사항 외에 감면, 환급 또는 공제받은 경유의 적정한 공급 및 관리에 필요한 사항은 해양수산부장관이 기획재정부장관과 협의하여 조정할 수 있다.
(2021.2.17 본조신설)

제113조【군인 등에게 판매하는 물품에 대한 주세의 면제】 ① 법 제114조제1항에서 "대통령령으로 정하는 군인·군무원과 태극·을지무공훈장수훈자"란 다음의 자를 말한다.(2010.2.18 본문개정)
1. 군인·군무원은 「군인사법」 또는 「군무원인사법」에 규정하는 자와 「병역법」에 의하여 입영군사교육을 받는 병역준비역의 군간부후보생 및 병력동원훈련소집 또는 군사교육소집 중에 있는 자(2016.11.29 본호개정)
2. 태극·을지무공훈장수훈자는 태극무공훈장 또는 을지무공훈장을 받은 자로서 「국가유공자 등 예우 및 지원에 관한 법률」 제14조에 따라 생활조정수당을 지급받는 자(2020.2.11 본호개정)
② 법 제114조에 따라 주세가 면제되는 물품은 다음의 것으로 한다. 이 경우 「군인사법」에 의한 병(지원에 의하지 않고 임용된 하사를 포함한다)·사관생도·사관후보생 및 부사관후보생과 「병역법」에 의하여 입영군사교육을 받는 병역준비역의 군간부후보생 및 병력동원훈련소집 또는 군사교육소집 중에 있는 자에 대해서는 제3호의 물품으로서 영내에서 마실 수 있는 것으로 한정한다.(2021.1.5 본문개정)
1.~2. (2006.2.9 삭제)
3. 주류
4.~14. (2000.1.10 삭제)
(2000.1.10 본항개정)
③ 법 제114조에 따른 주세의 면제에 관하여는 「주세법 시행령」 제20조를 준용한다. 이 경우, 매점 또는 인도장소에서 품질불량으로 제조장에 반송하거나 재해 또는 그 밖의 부득이한 사유로 멸실된 것으로서 관할세무서장의 확인을 받은 것에 대해서는 그에 상당하는 수량에 대한 주세를 면제받아 다시 반출할 수 있다.
(2021.2.17 본항개정)
④ 법 제114조제1항의 규정에 의하여 주세가 면제된 물품에 대하여 다음의 사유가 있는 때에는 당해 각호에 규정된 자로부터 그 면세된 주세를 징수한다.
(2006.2.9 본문개정)
1. 면세대상자외의 자에게 판매하거나 인도한 때(면세대상자의 가족임이 증명될 수 있는 자에게 인도하는 경우를 제외한다)에는 그 판매자 또는 인도자
2. 면세대상자가 구입한 면세물품을 국방부장관이 정하는 기간내에 양도한 때에는 그 양도자
3. 법 제114조제2항의 규정에 의한 면세한도량을 초과한 수량을 계약하여 면세반출한 때에는 그 구매계약자

4. 면세물품납품계약상의 수량을 초과하여 면세반출한 때에는 그 반출자
5. 국세청장이 정하는 면세물품의 인도장소외의 장소에서 면세물품을 인도한 때에는 그 인도자
⑤ 국방부장관은 면세물품납품계약을 체결한 때 또는 제4항 각호의 1에 해당하는 사유가 발생한 때에는 그 내용을 지체없이 국세청장에게 통지하여야 한다.
⑥ (2006.2.9 삭제)
⑦ 국세청장은 법 제114조제5항의 규정에 의한 면세사무의 처리절차 및 단속상 필요한 조건을 정할 수 있다. (2006.2.9 본조제목개정)

제113조의2【주세의 면제】 법 제115조제1항제2호가목에서 "대통령령으로 정하는 소규모 주류 제조장"이란 「주류 면허 등에 관한 법률 시행령」 제2조제3항에 따른 소규모주류제조자가 운영하는 제조장으로서 같은 영 별표1 제4호에 따른 시설기준을 갖춘 주류 제조장을 말한다.(2021.2.17 본조신설)

제114조【인지세의 면제】 법 제116조제1항제19호에서 "대통령령으로 정하는 금융기관"이란 「금융실명거래 및 비밀보장에 관한 법률」 제2조제1호의 규정에 의한 금융기관을 말한다.(2010.2.18 본조개정)

제115조【증권거래세의 면제】 ① 법 제117조제1항제2호의5 본문 및 같은 항 제3호에서 "대통령령으로 정하는 자"란 각각 법률 제11845호 자본시장과 금융투자업에 관한 법률 일부개정법률 부칙 제15조제1항에 따라 거래소허가를 받은 것으로 보는 한국거래소(이하 이 조에서 "한국거래소"라 한다)와 「자본시장과 금융투자업에 관한 법률」 제393조제1항에 따른 증권시장업무규정(이하 이 조에서 "증권시장업무규정"이라 한다) 및 같은 조 제2항에 따른 파생상품시장업무규정(이하 이 조에서 "파생상품시장업무규정"이라 한다)에 따라 시장조성계약(이하 이 조에서 "시장조성계약"이라 한다)을 체결한 같은 법 제8조제2항에 따른 투자매매업자로서 기획재정부령으로 정하는 요건을 충족하는 자(이하 이 조에서 "시장조성자"라 한다)를 말한다.(2016.2.5 본항개정)
② 법 제117조제1항제2호의5 본문에서 "대통령령으로 정하는 바에 따라 양도하는 경우"란 파생상품시장업무규정에 따른 주식선물과 주식옵션(이하 이 조에서 "주식파생상품"이라 한다) 또는 주가지수선물 및 주가지수옵션(이하 이 조에서 "주가지수파생상품"이라 한다)으로서 시장조성계약의 대상이 되는 주식파생상품의 기초자산이거나 주가지수파생상품의 기초자산인 주가지수를 구성하는 주권(이하 이 조에서 "위험회피거래 대상주권"이라 한다)만을 거래하는 계좌를 통하여 양도하는 경우를 말한다.(2016.2.5 본항개정)
③ 법 제117조제1항제2호의5 각 목 외의 부분 본문에서 "거래대금, 시가총액, 회전율 등을 고려하여 대통령령으로 정하는 파생상품"이란 다음 각 호에 해당하는 파생상품을 제외한 파생상품을 말한다.
1. 제2항에 따른 주식선물 또는 주가지수선물의 경우 : 「자본시장과 금융투자업에 관한 법률」 제8조의2제4항제2호에 따른 파생상품시장(이하 이 조에서 "파생상품시장"이라 한다)에서 제1항에 따른 시장조성계약을 체결하려고 시장조성을 하려는 과세연도의 직전 연도 9월 30일부터 이전 1년간의 기간(이하 이 조에서 "유동성평가기간"이라 한다) 중의 거래대금 및 거래대금의 비중이 다음 각 목의 어느 하나에 해당하는 파생상품. 다만, 주식선물상품의 경우 기초자산주식별로 하나의 상품으로 본다.
  가. 주식선물 및 주가지수선물 총거래대금 대비 해당 파생상품 거래대금의 비중이 기획재정부령으로 정하는 비율 이상인 파생상품
  나. 거래대금이 기획재정부령으로 정하는 금액 이상인 파생상품

2. 제2항에 따른 주식옵션 및 주가지수옵션의 경우 : 파생상품시장에서 유동성평가기간 중의 거래대금 및 거래대금의 비중이 다음 각 목의 어느 하나에 해당하는 파생상품. 다만, 주식옵션상품의 경우 기초자산 주식별로 하나의 상품으로 본다.
  가. 주식옵션 및 주가지수옵션 총거래대금 대비 해당 파생상품 거래대금의 비중이 기획재정부령으로 정하는 비율 이상인 파생상품
  나. 거래대금이 기획재정부령으로 정하는 금액 이상인 파생상품
(2021.2.17 본항신설)
④ 법 제117조제1항제2호의5 각 목 외의 부분 단서에서 "파생상품의 가격변동으로 인한 위험을 회피하기 위하여 양도하는 등 대통령령으로 정하는 경우"란 시장조성계약에 따라 해당 주식파생상품 및 주가지수파생상품을 거래하는 과정에서 발생하는 주식파생상품 및 주가지수파생상품의 가격변동 위험을 회피하기 위하여 그 위험회피거래 대상주권을 기획재정부령으로 정하는 바에 따라 양도하는 것을 말한다. 이 경우 한국거래소는 주식파생상품 및 주가지수파생상품의 거래량에 대응하는 위험회피거래 대상주권의 거래량을 산출할 수 있는 기획재정부령으로 정하는 비율을 시장조성자에게 매 거래일마다 기획재정부령으로 정하는 바에 따라 통보해야 한다.(2021.2.17 본항개정)
⑤ 법 제117조제1항제3호에서 "거래대금, 시가총액, 회전율 등을 고려하여 대통령령으로 정하는 주권"이란 다음 각 호에 해당하는 주권을 제외한 주권을 말한다.
1. 유동성평가기간 종료일 현재 시가총액이 기획재정부령으로 정하는 금액 이상인 주권
2. 유동성평가기간 중 기획재정부령으로 정하는 회전율(이하 이 조에서 "회전율"이라 한다)이 기획재정부령으로 정하는 비율 이상인 주권
(2021.2.17 본항신설)
⑥ 한국거래소는 제3항에 따른 파생상품별 거래대금과 거래대금비중 및 제5항에 따른 주권별 시가총액과 회전율을 시장조성계약을 체결하여 시장조성하려는 과세연도 1월 10일까지 기획재정부장관 및 국세청장에게 통보해야 한다.(2021.2.17 본항신설)
⑦ 시장조성자는 제4항에 따라 위험회피거래 대상주권을 양도하는 경우 기획재정부령으로 정하는 위험회피거래신고서(이하 이 조에서 "위험회피거래신고서"라 한다)를 「자본시장과 금융투자업에 관한 법률」 제294조에 따라 설립된 한국예탁결제원(이하 이 조에서 "한국예탁결제원"이라 한다)에 제출해야 한다.(2021.2.17 본항개정)
⑧ 법 제117조제1항제3호에서 "대통령령으로 정하는 바에 따라 양도하는 경우"란 증권시장업무규정에 따른 주권으로서 시장조성계약의 대상이 되는 주권만을 거래하는 계좌를 통하여 기획재정부령으로 정하는 바에 따라 양도하는 것을 말한다.(2016.2.5 본항신설)
⑨ 한국거래소는 시장조성 대상 주권의 거래내역 중 제8항에 따른 증권거래세 면제대상 거래를 확인하여 시장조성자 및 한국예탁결제원에 매 거래일마다 기획재정부령으로 정하는 바에 따라 통보해야 한다.
⑩ 시장조성자는 제8항에 따라 주권을 양도하는 경우 기획재정부령으로 정하는 시장조성거래신고서(이하 이 조에서 "시장조성거래신고서"라 한다)를 한국예탁결제원에 제출해야 한다.(2021.2.17 본항개정)
⑪ 법 제117조제1항제5호에서 "대통령령으로 정하는 파생상품"이란 다음 각 호의 어느 하나에 해당하는 것(이하 이 조에서 "차익거래대상선물"이라 한다)을 말한다.
1. 주식선물
2. 코스피200선물 및 미니코스피200선물
3. 코스닥150선물

4. 제1호부터 제3호까지의 선물과 기초자산이 동일한 옵션을 결합한 것으로서 기획재정부령으로 정하는 합성선물
(2017.2.7 본항신설)

⑫ 「우정사업 운영에 관한 특례법」 제2조제2호에 따른 우정사업총괄기관(이하 이 조에서 "우정사업총괄기관"이라 한다) 또는 「국가재정법」 별표2에 규정된 법률에 따라 설립된 기금을 관리·운영하는 법인(이하 이 조에서 "기금관리주체"라 한다)은 법 제117조제1항제5호를 적용받기 위해서는 「자본시장과 금융투자업에 관한 법률」 제8조제1항에 따른 금융투자업자(이하 이 조에서 "금융투자업자"라 한다)를 통하여 기획재정부령으로 정하는 차익거래 전용 계좌(이하 이 조에서 "차익거래전용계좌"라 한다)를 개설하여야 한다.(2019.2.12 본항개정)

⑬ 법 제117조제1항제5호에서 "대통령령으로 정하는 바에 따라 양도하는 경우"란 다음 각 호의 요건을 모두 갖추어 양도하는 경우를 말한다. 다만, 제4호의 요건을 충족하지 못한 경우 같은 호의 비율을 충족하는 주권의 매도까지는 해당 요건을 갖춘 것으로 본다.

1. 우정사업총괄기관 또는 기금관리주체가 차익거래 전용계좌를 통하여 주권을 양도할 것(2019.2.12 본호개정)

2. 주권을 매수하는 경우 해당 매수계약과 차익거래 대상 선물의 매도계약이 같은 거래일에 이루어질 것

3. 주권을 매도하는 경우 해당 매도계약과 차익거래 대상 선물의 매수계약(매도계약의 최종거래일 만기결제를 포함한다)이 같은 거래일에 이루어질 것

4. 제1호에 따라 매도하는 주권의 양도금액이 제3호에 따른 차익거래 대상 선물의 매수계약 체결금액(매도계약의 최종거래일 만기결제 금액을 포함한다)의 100분의 103 이내일 것

5. 제11항 각 호의 차익거래 대상 선물(기초자산이 개별주식인 선물은 제외한다)을 매수하고 주권을 매도하는 경우 주권의 종목별 시가총액비중(해당 종목이 차익거래 대상 선물의 기초자산인 지수에서 차지하는 시가총액비중을 한도로 한다)의 합이 100분의 95 이상일 것(2021.2.17 본호개정)
(2017.2.7 본항신설)

⑭ 제13항제2호를 적용할 때 주권을 매수했으나 차익거래 대상 선물의 매도계약이 체결되지 않은 경우에는 우정사업총괄기관 또는 기금관리주체는 해당 주권을 그 매수일까지 다른 계좌로 이체해야 한다. 다만, 차익거래 대상 선물의 기초자산인 주가지수 구성종목이 변경되어 이를 반영하기 위하여 주권을 매수하는 경우는 제외한다.(2021.2.17 본문개정)

⑮ 한국거래소는 우정사업총괄기관 또는 기금관리주체의 거래내역 중 제13항 각 호의 요건(같은 항 제2호의 요건은 제외한다)을 갖춘 거래를 확인하여 차익거래전용계좌가 개설된 금융투자업자 및 한국예탁결제원에 거래일마다 기획재정부령으로 정하는 방법에 따라 통보해야 한다.(2019.2.12 본항개정)

⑯ 우정사업총괄기관 또는 기금관리주체는 제13항에 따라 주권을 양도하는 경우 기획재정부령으로 정하는 차익거래신고서(이하 이 조에서 "차익거래신고서"라 한다)를 금융투자업자를 통하여 한국예탁결제원에 제출해야 한다.(2021.2.17 본항개정)

⑰ 법 제117조제1항제23호에서 "대통령령으로 정하는 기업"이란 다음 각 호의 어느 하나에 해당하는 기업을 말한다.

1. 「기업구조조정 촉진법」 제2조제5호에 따른 부실징후기업

2. 「채무자 회생 및 파산에 관한 법률」 제34조 또는 제35조에 따라 법원에 회생절차개시를 신청한 기업

3. 「채무자 회생 및 파산에 관한 법률」 제294조 또는 제295조에 따라 법원에 파산을 신청한 기업

4. 「자본시장과 금융투자업에 관한 법률」 제249조의22제1항제5호에 따른 구조조정 또는 재무구조개선 등을 하려는 기업(2015.10.23 본호개정)
(2015.2.3 본항신설)

⑱ 법 제117조제1항을 적용받으려는 자는 증권거래세 과세표준신고서와 함께 기획재정부령으로 정하는 세액면제신청서를 납세지 관할 세무서장에게 제출하여야 한다. 이 경우 법 제117조제1항제2호의5를 적용받으려는 자는 시장조성자로서 제출받은 위험회피거래신고서를 함께 제출하여야 하고, 같은 항 제3호를 적용받으려는 자는 시장조성자로부터 제출받은 시장조성거래신고서를 함께 제출하여야 하며, 같은 항 제5호를 적용받으려는 자는 우정사업총괄기관 또는 기금관리주체로부터 제출받은 차익거래신고서를 함께 제출하여야 한다.(2019.2.12 후단개정)

⑲ 제13항제4호에 따른 매수계약 체결금액 및 같은 항 제5호에 따른 시가총액비중의 계산 방법 및 그 밖에 필요한 사항은 기획재정부령으로 정한다.(2021.2.17 본항개정)

제115조의2 (2021.2.17 삭제)

제115조의3 【국내복귀기업에 대한 관세감면 기준 등】

① 법 제118조의2제1항 각 호 외의 부분에서 "대통령령으로 정하는 자본재"란 다음 각 호의 요건을 모두 충족하는 물품을 말한다.

1. 법 제118조의2제1항에 따라 관세를 감면받으려는 자가 창업하거나 사업을 신설 또는 증설하는 국내 사업장에서 직접 사용하기 위해 필요한 자본재(「외국인투자 촉진법」 제2조제1항제9호에 따른 "자본재"를 말한다. 이하 이 조에서 같다)로서 산업통상자원부장관이 확인한 물품(2013.3.23 본호개정)

2. 법 제118조의2제1항에 따라 관세를 감면받으려는 자가 산업통상자원부장관으로부터 「해외진출기업의 국내복귀 지원에 관한 법률」 제7조에 따라 지원대상 국내복귀기업으로 선정된 날부터 5년(공장설립 승인의 지연이나 그 밖의 부득이한 사유가 있다고 산업통상자원부장관이 확인한 경우에는 6년) 이내에 「관세법」에 따라 수입신고한 자본재(2014.2.21 본호개정)

② (2019.2.12 삭제)

③ 법 제118조의2제3항에 따라 감면받은 관세를 납부할 때에는 다음 각 호의 구분에 따른다.

1. 법 제118조의2제3항제1호의 경우 : 폐업일 등 계속하여 사업을 운영할 수 없게 된 날로부터 소급하여 3년 이내에 법 제118조의2제1항에 따라 감면받은 관세

2. 법 제118조의2제3항제2호의 경우 : 법 제118조의2제1항에 따라 감면받은 관세

3. 법 제118조의2제3항제3호의 경우 : 해당 자본재에 대하여 감면받은 관세

④ 법 제118조의2제3항제2호에서 "대통령령으로 정하는 바"란 다음 각 호를 말한다.

1. 법 제118조의2제3항제1호 외의 사유로 산업통상자원부장관이 지원대상 국내복귀기업 선정을 취소한 경우(2014.2.21 본호개정)

2. 법 제118조의2제1항에 따라 관세를 감면받은 자 중 법 제104조의24제1항제1호에 따라 사업장을 국내로 이전하는 자가 제104조의21제1항제1호 또는 제2호의 요건을 갖추지 못한 경우

3. 법 제118조의2제1항 각 호의 요건을 갖추지 못한 경우(2014.2.21 본호개정)

⑤ 제3항 각 호에 따른 추징세액의 계산은 「관세법」 제100조제2항을 준용한다.

⑥ 법 제118조의2제4항에 따른 감면신청은 「관세법 시행령」 제112조를 준용하고, 그 밖에 필요한 서류 및 기재사항 등은 기획재정부령으로 정한다.

⑦ 산업통상자원부장관은 「해외진출기업의 국내복귀 지원에 관한 법률」 제7조에 따라 선정한 지원대상 국내

복귀기업에 대하여 같은 법 제8조에 따라 그 선정을 취소한 경우에는 그 사실을 관세청장에게 즉시 알려야 한다.(2014.2.21 본항개정)
(2013.2.15 본조신설)

제4장 지방세

제116조 (2015.2.3 삭제)

제5장 외국인투자 등에 대한 조세특례
(1999.5.24 본장신설)

제116조의2【조세감면의 기준 등】
① 법 제121조의2제1항제1호에 따라 법인세·소득세·취득세 및 재산세를 감면하는 외국인투자자는 다음 각 호의 요건을 모두 갖추어야 한다.
1. 제2항의 기술을 수반하는 사업을 영위하기 위하여 공장시설(한국표준산업분류에 따른 제조업 외의 사업의 경우에는 사업장을 말한다. 이하 이 장에서 같다)을 설치 또는 운영할 것
2. 외국인투자금액이 신성장동력산업의 특성 등을 고려하여 기획재정부령으로 정하는 금액 이상일 것
(2017.2.7 본항개정)
② 법 제121조의2제1항제1호에서 "대통령령으로 정하는 기술"이란 별표7에 따른 신성장·원천기술 및 이와 직접 관련된 소재, 생산공정 등에 관한 기술로서 기획재정부령으로 정하는 기술(이하 이 장에서 "신성장동력산업기술"이라 한다)을 말한다.(2020.2.11 본항개정)
③ 법 제121조의2제1항제2호에 따라 법인세·소득세·취득세 및 재산세를 감면하는 외국인투자자는 「외국인투자촉진법」 제18조제1항제2호에 따른 외국인투자지역안에서 새로이 시설을 설치하는 것으로서 다음 각 호의 어느 하나에 해당하는 것으로 한다.(2015.2.3 본문개정)
1. 외국인투자금액이 미화 3천만불 이상으로서 다음 각 목의 어느 하나에 해당하는 사업을 영위하기 위한 시설을 새로 설치하는 경우(2013.2.15 본문개정)
   가. 제조업
   나. 컴퓨터프로그래밍, 시스템통합 및 관리업
   (2013.2.15 가목~나목신설)
   다. 자료처리·호스팅(서버 대여, 운영 등의 서비스를 말한다) 및 관련 서비스업(2021.1.5 본목개정)
2. 외국인투자금액이 미화 2천만불 이상으로서 다음 각 목의 어느 하나에 해당하는 사업을 영위하기 위한 시설을 새로 설치하는 경우(2008.2.22 본문개정)
   가. 「관광진흥법 시행령」 제2조제1항제2호가목부터 다목까지의 규정에 따른 관광호텔업, 수상관광호텔업 및 한국전통호텔업(2008.2.22 본목개정)
   나. 「관광진흥법 시행령」 제2조제1항제3호가목 및 나목에 따른 전문휴양업, 종합휴양업 및 같은 항 제5호가목에 따른 종합유원시설업(2008.2.22 본목개정)
   다. 「국제회의산업 육성에 관한 법률」 제2조제3호의 규정에 의한 국제회의시설(2005.2.19 본목개정)
   라. 「관광진흥법」 제3조제1항제2호나목에 따른 휴양콘도미니엄업(2010.2.18 본목신설)
   마. 「청소년활동진흥법」 제10조제1호에 따른 청소년수련시설(2010.2.18 본목신설)
3. 외국인투자금액이 미화 1천만불 이상으로서 다음 각 목의 1에 해당하는 사업을 영위하기 위한 시설을 새로이 설치하는 경우(2003.12.30 본문개정)
   가. 「물류시설의 개발 및 운영에 관한 법률」 제2조제4호에 따른 복합물류터미널사업(2009.2.4 본목개정)
   나. 「유통산업발전법」 제2조제15호의 규정에 의한 공동집배송센터를 조성하여 운영하는 사업
   (2005.2.19 본목개정)

다. 「항만법」 제2조제5호의 규정에 의한 항만시설을 운영하는 사업과 동조제7호의 규정에 의한 항만배후단지에서 영위하는 물류산업(2009.12.14 본목개정)
라. 「공항시설법」 제2조제7호에 따른 공항시설을 운영하는 사업 및 같은 조 제4호에 따른 공항구역내에서 영위하는 물류산업(2017.3.29 본목개정)
마. 「사회기반시설에 대한 민간투자법」 제2조제5호의 규정에 의한 민간투자사업중 동법 제2조제3호의 규정에 의한 귀속시설을 조성하는 사업(2005.3.8 본목개정)
4. 법 제121조의2제1항제1호에 따른 사업(이하 이 호에서 "사업"이라 한다)을 위한 연구개발활동을 수행하기 위하여 연구시설을 새로이 설치하거나 증설하는 경우로서 다음 각목의 요건을 갖춘 경우(2017.2.7 본문개정)
   가. 외국인투자금액이 미합중국 화폐 2백만불 이상일 것(2008.2.22 본목개정)
   나. 사업과 관련된 분야의 석사 이상의 학위를 가진 자로서 3년 이상 연구경력을 가진 연구전담인력의 상시 고용규모가 10인 이상일 것(2003.12.30 본목개정)
5. 「외국인투자촉진법」 제18조제1항제2호의 규정에 의한 동일한 외국인투자지역에 입주하는 2 이상의 외국인투자기업이 영위하는 사업으로서 다음 각목의 요건을 갖춘 경우(2005.2.19 본목개정)
   가. 외국인투자금액의 합계액이 미화 3천만불 이상일 것
   나. 제1호 내지 제4호에서 규정하는 사업을 영위하기 위한 시설을 새로이 설치하는 경우일 것
   (2003.12.30 본호신설)
④ 법률 제5982호 정부조직법중개정법률 부칙 제5조제3항의 규정에 의하여 외국인투자지역으로 보는 종전의 수출자유지역은 「외국인투자촉진법」 제18조제1항제2호의 규정에 의한 외국인투자지역으로 하며, 이 지역에서 공장시설을 설치하는 경우에는 제3항의 규정에 불구하고 법 제121조의2 내지 법 제121조의7의 규정을 적용한다.(2005.2.19 본항개정)
⑤ 법 제121조의2제1항제2호의2 또는 같은 항 제2호의8에 따라 법인세·소득세·취득세 및 재산세를 감면하는 외국인투자자는 「경제자유구역의 지정 및 운영에 관한 특별법」 제2조제1호에 따른 경제자유구역 또는 「새만금사업 추진 및 지원에 관한 특별법」 제2조에 따라 지정되는 새만금사업지역(이하 이 장에서 "새만금사업지역"이라 한다) 안에서 새로 시설을 설치하는 것으로서 다음 각 호의 어느 하나에 해당하는 것으로 한다.
(2015.2.3 본문개정)
1. 외국인투자금액이 미화 1천만불 이상으로서 제조업을 영위하기 위하여 새로 공장시설을 설치하는 경우
2. 외국인투자금액이 미화 1천만불 이상으로서 제3항제2호 각 목의 어느 하나에 해당하는 사업을 영위하기 위한 시설을 새로 설치하는 경우
3. 외국인투자금액이 미화 5백만불 이상으로서 제3항제3호 가목부터 라목까지의 어느 하나에 해당하는 사업을 영위하기 위한 시설을 새로 설치하는 경우
4. 외국인투자금액이 미화 5백만불 이상으로서 「경제자유구역의 지정 및 운영에 관한 특별법」 제23조제1항 또는 「새만금사업 추진 및 지원에 관한 특별법」 제62조제1항의 규정에 따라 새로 의료기관을 개설하는 경우(2014.9.11 1호~4호개정)
5. 법 제121조의2제1항제1호에 따른 사업(이하 이 호에서 "사업"이라 한다)을 위한 연구개발 활동을 수행하기 위하여 연구시설을 새로 설치하거나 증설하는 경우로서 다음 각 목의 요건을 모두 갖춘 경우(2017.2.7 본문개정)

가. 외국인투자금액이 미합중국 화폐 1백만불 이상
일 것
나. 사업과 관련된 분야의 석사 이상의 학위가 있는
자로서 3년 이상 연구경력이 있는 자를 상시 10인
이상 고용할 것
(2008.2.22 본호신설)
6. 외국인투자금액이 미화 1천만불 이상으로서 다음 각
목의 어느 하나에 해당하는 사업을 영위하기 위하여
시설을 새로 설치하는 경우
가. 엔지니어링사업
나. 전기통신업
다. 컴퓨터프로그래밍·시스템 통합 및 관리업
라. 정보서비스업
마. 그 밖의 과학기술서비스업
바. 영화·비디오물 및 방송프로그램 제작업, 영화·비
디오물 및 방송프로그램 제작 관련 서비스업, 녹음
시설 운영업, 음악 및 기타 오디오물 출판업
사. 게임 소프트웨어 개발 및 공급업
아. 공연시설 운영업, 공연단체, 기타 창작 및 예술 관
련 서비스업
(2012.2.2 본호신설)
⑥ 법 제121조의2제1항제2호의3 또는 같은 항 제2호의4
에 따라 법인세·소득세·취득세 및 재산세를 감면하
는 외국인투자는 「경제자유구역의 지정 및 운영에 관한
특별법」 제6조에 따른 경제자유구역개발계획에 따라
경제자유구역을 개발하거나 「새만금사업 추진 및 지원
에 관한 특별법」 제6조에 따른 기본계획에 따라 새만금
사업지역을 개발하기 위하여 기획·금융·설계·건축·
마케팅·임대·분양 등을 일괄적으로 수행하는 개발사
업으로서 다음 각 호의 어느 하나에 해당하는 것으로
한다.(2015.2.3 본문개정)
1. 외국인투자금액이 미화 3천만불 이상인 경우
2. 외국인투자비율이 100분의 50 이상으로서 해당 경제
자유구역 또는 새만금사업지역의 총개발사업비가 미
화 5억불 이상인 경우(2014.9.11 본호개정)
(2003.12.30 본항신설)
⑦ 법 제121조의2제1항제2호의4의 규정에 의하여 법인
세·소득세·취득세 및 재산세를 감면하는 외국인투자
는 「제주특별자치도 설치 및 국제자유도시 조성을 위
한 특별법」 제162조에 따른 제주투자진흥지구를 개발하
기 위하여 기획·금융·설계·건축·마케팅·임대·분
양 등을 일괄적으로 수행하는 개발사업으로서 다음 각
호의 1에 해당하는 것으로 한다.(2016.1.22 본문개정)
1. 외국인투자금액이 미화 1천만불 이상인 경우
2. 외국인투자비율이 100분의 50 이상으로서 당해 제주
투자진흥지구의 총개발사업비가 미화 1억불 이상인
경우
(2003.12.30 본항신설)
⑧ 제6항의 경제자유구역개발사업시행자, 새만금사업지
역개발사업시행자, 제7항의 제주투자진흥지구개발사업
시행자 또는 제18항의 기업도시개발사업시행자가 각각
법 제121조의2제2항에 따른 감면대상이 되는 사업을
영위함으로써 발생한 소득은 제1호의 금액에 제3호의
금액 중 제2호의 금액이 차지하는 비율을 곱하여 산출
한 금액으로 한다.
1. 해당 과세연도에 경제자유구역·새만금사업지역·제
주투자진흥지구 또는 기업도시개발구역의 개발사업
을 영위함으로써 발생한 총소득
2. 해당 과세연도에 외국인(외국인투자기업을 포함한
다)에게 경제자유구역·새만금사업지역·제주투자진
흥지구 또는 기업도시개발구역내의 시설물(개발사업
으로 새로 설치한 시설물을 말하며, 해당 시설물과 함
께 거래되는 기획재정부령으로 정하는 부수토지를 포
함한다. 이하 이 항에서 같다)을 양도함으로써 받은

수입금액과 임대함으로써 받은 임대료수입액의 합
계액
3. 해당 과세연도에 경제자유구역·새만금사업지역·제
주투자진흥지구 또는 기업도시개발구역내의 시설물
을 양도함으로써 받은 수입금액과 임대함으로써 받은
임대료수입액의 합계액
(2014.2.21 본항개정)
⑨ 법 제121조의2제1항제3호에서 "대통령령으로 정하
는 사업"이란 다음 각호의 1에 해당하는 사업을 말한
다.(2010.2.18 본문개정)
1. 「자유무역지역의 지정 및 운영에 관한 법률」 제10조
제1항제2호에 따른 입주기업체의 사업(제조업으로 한
정한다)
2. 「자유무역지역의 지정 및 운영에 관한 법률」 제10조
제1항제5호에 따른 입주기업체의 사업
(2012.2.2 1호~2호개정)
⑩ 법 제121조의2제1항제3호의 규정에 의하여 법인
세·소득세·취득세 및 재산세를 감면하는 외국인투자
는 다음 각호의 기준에 해당하는 공장시설을 새로이
설치하는 경우로 한다.(2010.12.30 본문개정)
1. 제9항제1호의 규정에 의한 사업 : 외국인투자금액이
미화 1천만불 이상일 것(2004.6.22 본호개정)
2. 제9항제2호의 규정에 의한 사업 : 외국인투자금액이
미화 5백만불 이상일 것(2004.6.22 본호개정)
⑪ 법 제121조의2제11항을 적용할 때 조세감면대상으로
보지 아니하는 주식등 소유비율 상당액 또는 대여금 상
당액은 다음 각 호에 따라 계산한 금액을 말한다.
1. 법 제121조의2제11항제1호에 해당하는 경우 외국법
인등의 외국인투자금액에 해당 외국법인등의 주식등
을 대한민국국민등이 직접 또는 간접으로 소유하는
비율(그 비율이 100분의 5 미만인 경우에는 100분의 5
로 한다)을 곱하여 계산한 금액. 이 경우 주식등의 직
접 또는 간접 소유비율은 법 제121조의2부터 제121조
의4까지에 따라 조세감면 또는 조세면제의 대상이 되
는 해당 조세의 납세의무 성립일을 기준으로 산출한다.
(2016.2.5 전단개정)
2. 법 제121조의2제11항제2호에 해당하는 경우 외국인
투자금액 중 같은 호 각 목의 어느 하나에 해당하는
자가 외국투자가에게 대여한 금액 상당액(2016.2.5 본
호개정)
(2013.2.15 본항개정)
⑫ 제11항제1호의 규정을 적용함에 있어서 주식등의 간
접소유비율은 다음 각호의 구분에 따라 계산한다.
(2013.2.15 본문개정)
1. 대한민국국민등이 외국법인등의 주주 또는 출자자인
법인(이하 이 조에서 "주주법인"이라 한다)의 의결권
있는 주식의 100분의 50 이상을 소유하고 있는 경우에
는 주주법인이 소유하고 있는 당해 외국법인등의 의
결권있는 주식이 그 외국법인등이 발행한 의결권있는
주식의 총수에서 차지하는 비율(이하 이 조에서 "주주
법인의 주식소유비율"이라 한다)을 대한민국국민등의
당해 외국법인등에 대한 간접소유비율로 한다.
2. 대한민국국민등이 외국법인등의 주주법인의 의결권
있는 주식의 100분의 50 미만을 소유하고 있는 경우
에는 그 소유비율에 주주법인의 주식소유비율을 곱
한 비율을 대한민국국민등의 당해 외국법인등에 대
한 간접소유비율로 한다.
3. 제1호 및 제2호를 적용함에 있어서 주주법인이 둘
이상인 경우에는 제1호 및 제2호의 규정에 의하여 각
주주법인별로 계산한 비율을 합계한 비율을 대한민
국국민등의 당해 외국법인등에 대한 간접소유비율로
한다.
4. 제1호 내지 제3호의 계산방법은 외국법인등의 주주
법인과 대한민국국민등 사이에 하나 이상의 법인이

개재되어 있고 이들 법인이 주식소유관계를 통하여 연결되어 있는 경우에 이를 준용한다.
(2000.12.29 본항신설)
⑬ 법 제121조의2제11항제3호에서 "대통령령으로 정하는 국가 또는 지역"이란 별표13에 따른 국가 또는 지역을 말한다.(2014.2.21 본항개정)
⑭ 법 제121조의2제2항 각 호 외의 부분 후단에서 "대통령령으로 정하는 바에 따라 계산한 외국인투자비율"이란 「외국인투자 촉진법」 제5조제3항에 따른 외국인투자비율을 말한다. 다만, 외국인투자가가 회사정리계획인가를 받은 내국법인의 채권금융기관이 회사정리계획에 따라 출자하여 새로이 설립한 내국법인(이하 이 항에서 "신설법인"이라 한다)에 대하여 2002년 12월 31일까지 외국인투자를 개시하여 동 기한까지 출자목적물의 납입을 완료하는 경우로서 당해 신설법인의 부채가 출자전환(2002년 12월 31일까지 출자전환되는 분에 한한다)됨으로써 우선주가 발행되는 때에는 다음 각호의 비율 중 높은 비율을 그 신설법인의 외국인투자비율로 한다.
1. 우선주를 포함하여 「외국인투자 촉진법」 제5조제3항에 따라 계산한 외국인투자비율
2. 우선주를 제외하고 「외국인투자 촉진법」 제5조제3항에 따라 계산한 외국인투자비율
(2017.2.7 본항개정)
⑮ 법 제121조의2제12항 각 호 외의 부분 본문에서 "사업의 양수 등 대통령령으로 정하는 방식에 해당하는 외국인투자"란 그 사업에 관한 권리와 의무를 포괄적 또는 부분적으로 승계하는 것을 말한다.(2022.2.15 본항개정)
⑯ 법 제121조의2제1항제2호의5의 규정에 의하여 법인세·소득세·취득세 및 재산세를 감면하는 외국인투자는 「외국인투자촉진법」 제18조제1항제1호의 규정에 의한 외국인투자지역 안에서 새로이 시설을 설치하는 것으로서 다음 각호의 어느 하나에 해당하는 것으로 한다.(2010.12.30 본문개정)
1. 외국인투자금액이 미화 1천만불 이상으로서 제조업을 영위하기 위하여 새로이 공장시설을 설치하는 경우
2. 외국인투자금액이 미화 5백만불 이상으로서 제3항제3호가목 내지 다목의 어느 하나에 해당하는 사업을 영위하기 위한 시설을 새로이 설치하는 경우
(2005.2.19 본항신설)
⑰ 법 제121조의2제1항제2호의6에 따라 법인세·소득세·취득세 및 재산세를 감면하는 외국인투자는 투자금액이 미화 1천만불 이상(제2호의 경우에는 미화 2백만불 이상이며, 제3호의 경우에는 미화 5백만불 이상을 말한다)으로서 「기업도시개발특별법」 제2조제2호에 따른 기업도시개발구역(이 조에서 "기업도시개발구역"이라 한다) 안에서 다음 각 호의 어느 하나에 해당하는 사업을 영위하기 위하여 시설을 새로이 설치하는 경우를 말하며, 법 제121조의2제2항에 따른 감면대상이 되는 사업을 영위함으로써 발생한 소득은 기업도시개발구역 안에 설치된 시설로부터 직접 발생한 소득에 한한다.(2012.2.2 본문개정)
1. 제조업
2. 연구개발업
3. 제3항제3호가목부터 다목까지에 해당하는 사업
4. 제5항제6호 각 목의 어느 하나에 해당하는 사업
(2012.2.2 2호~4호개정)
5. 제116조의15제1항제1호가목부터 마목까지 및 같은 항 제2호나목부터 마목까지에 해당하는 사업
(2018.2.13 본호개정)
6.~10. (2012.2.2 삭제)
(2009.2.4 본항개정)
⑱ 법 제121조의2제1항제2호의7의 규정에 의하여 법인

세·소득세·취득세 및 재산세를 감면하는 외국인투자는 「기업도시개발특별법」 제11조의 규정에 의한 기업도시개발계획에 따라 기업도시개발구역을 개발하기 위한 개발사업으로서 다음 각호의 어느 하나에 해당하는 것을 말한다.(2010.12.30 본문개정)
1. 외국인투자금액이 미화 3천만불 이상인 경우
2. 외국인투자비율이 100분의 50 이상으로서 당해 기업도시개발구역의 총개발사업비가 미화 5억불 이상인 경우
(2005.2.19 본항신설)
⑲ 법 제121조의2제1항제2호가목 또는 같은 항 제2호나목에 따라 법인세·소득세·취득세 및 재산세를 감면하는 외국인투자는 「경제자유구역의 지정 및 운영에 관한 특별법」 제2조제1호에 따른 경제자유구역 또는 새만금사업지역 안에서 새로 시설을 설치하는 것으로서 제3항제1호, 제2호, 제3호가목부터 라목까지 및 제4호 중 어느 하나에 해당하는 것으로 한다.(2015.2.3 본항개정)
⑳ 법 제121조의2제1항제2호다목에 따라 법인세·소득세·취득세 및 재산세를 감면하는 외국인투자는 「제주특별자치도 설치 및 국제자유도시 조성을 위한 특별법」 제161조에 따라 지정된 제주첨단과학기술단지 안에서 새로 시설을 설치하는 것으로서 제3항제1호, 제2호, 제3호가목부터 라목까지 및 제4호 중 어느 하나에 해당하면서 제116조의14제1항 각 호의 어느 하나에 해당하는 것으로 한다.(2016.1.22 본항개정)
㉑ 법 제121조의2제1항제2호라목에 따라 법인세·소득세·취득세 및 재산세를 감면하는 외국인투자는 「제주특별자치도 설치 및 국제자유도시 조성을 위한 특별법」 제162조에 따라 지정되는 제주투자진흥지구 안에서 새로 시설을 설치하는 것으로서 제3항제1호, 제2호, 제3호가목부터 라목까지 및 제4호 중 어느 하나에 해당하면서 제116조의15제1항 각 호의 어느 하나에 해당하는 것으로 한다.(2016.1.22 본항개정)
㉒ 법 제121조의2제14항제1호가목에서 "대통령령으로 정하는 외국인투자누계액"이란 「외국인투자촉진법」 제2조제1항제4호에 따른 외국인투자(법 제121조의2제9항·제11항 및 「외국인투자촉진법」 제2조제1항4호나목에 따른 외국인투자는 제외한다)로서 법 제121조의2제8항에 따른 감면결정을 받아 법 제121조의2제2항 및 제12항제1호에 따른 감면기간 중 해당 과세연도 종료일까지 해당 외국인투자기업에 납입된 자본금(기업회계기준에 따른 주식발행초과금 및 감자차익을 가산하고 주식할인발행차금 및 감자차손을 차감한 금액을 말한다. 이하 "외국인투자누계액"이라 한다)을 말한다.(2012.2.2 본항개정)
㉓ 법 제121조의2제16항에 따라 납부하여야 할 소득세액 또는 법인세액은 다음의 계산식에 따라 계산한 금액(그 수가 음수이면 영으로 보고, 감면받은 과세연도 종료일 이후 2개 과세연도 연속으로 상시근로자 수가 감소한 경우에는 두 번째 과세연도에는 첫 번째 과세연도에 납부한 금액을 뺀 금액을 말한다)으로 하며, 이를 상시근로자 수가 감소된 과세연도의 과세표준을 신고할 때 소득세 또는 법인세로 납부하여야 한다.

해당 기업의 상시근로자 수가 감소된 과세연도의 직전 2년 이내의 과세연도에 법 제121조의2제14항제2호에 따라 감면받은 세액의 합계액 - (상시근로자 수가 감소된 과세연도의 해당 외국인투자기업의 상시근로자 수 × 1천만원)

(2010.12.30 본항신설)
㉔ 법 제121조의2제17항에 따른 상시근로자의 범위 및 상시근로자 수의 계산방법에 관하여는 제23조제5항, 제7항, 제8항 및 제10항부터 제12항까지의 규정을 준용한다.(2015.2.3 본항개정)
㉕ 법 제121조의2제2항 각 호 외의 부분 전단에서 "대통

령령으로 정하는 소득"이란 법 제121조의2제1항제1호에 따른 사업을 함으로써 발생한 소득(이하 이 항에서 "감면대상소득"이라 한다)을 말한다. 다만, 법 제121조의2제2항과 같은 조 제1항제1호에 따른 감면기간 중 감면대상소득이 감면대상소득과 감면대상 사업과 직접 관련된 사업을 함으로써 발생한 소득의 합의 100분의 80 이상인 경우에는 해당 과세연도의 감면대상소득과 감면대상 사업과 직접 관련된 사업을 함으로써 발생한 소득의 합을 감면대상소득으로 본다.(2017.2.7 본항신설)

제116조의3【법인세 등의 감면결정】 ① 기획재정부장관은 법 제121조의2제6항의 규정에 의한 조세감면신청 또는 조세감면내용의 변경신청이 있는 때에는 당해 신청이 제116조의2의 규정에 의한 조세감면기준에 해당되는지의 여부 등을 검토하여 20일 이내에 감면여부 또는 감면내용의 변경여부를 결정하고 이를 신청인에게 통지하여야 한다.(2008.2.29 본항개정)

② 제1항에 불구하고 기획재정부장관이 법 제121조의2제1항제1호의 사업에 대하여 법 제121조의2제6항에 따른 신청을 받아 비감면대상사업으로 결정하려는 때에는 해당 신청일부터 20일 이내에 기획재정부령이 정하는 바에 따라 결정예고통지를 하여야 한다.(2008.2.29 본항개정)

③ 제2항에 따른 결정예고통지를 받은 자는 기획재정부장관에게 그 통지를 받은 날부터 20일 이내에 통지내용에 대한 적정성 여부에 대한 심사를 소명자료를 첨부하여 서면으로 신청할 수 있다.(2008.2.29 본항개정)

④ 기획재정부장관은 제3항에 따른 요청을 받은 날부터 20일 이내에 감면여부 또는 감면내용의 변경여부를 결정하고 그 결과를 신청인에게 통지하여야 한다.(2008.2.29 본항개정)

⑤ 기획재정부장관은 제1항·제2항 또는 제4항의 규정에 의하여 감면여부 또는 감면내용의 변경여부를 결정하는 경우 부득이하게 장기간이 소요된다고 인정되는 때에는 20일의 범위내에서 그 처리기간을 연장할 수 있다. 이 경우에는 그 사유 및 처리기간을 신청인에게 통지하여야 한다.(2008.2.29 전단개정)

⑥ 기획재정부장관은 제1항 또는 제4항에 따라 조세감면 또는 조세감면내용의 변경을 결정한 때에는 그 사실을 행정안전부장관·국세청장·관세청장 및 해당 공장시설을 관할하는 지방자치단체의 장에게 통보해야 한다.(2020.2.11 본항개정)

⑦ 제1항 내지 제6항의 규정은 법 제121조의2제7항의 규정에 의한 조세감면대상 해당여부의 사전확인신청에 관하여 이를 준용한다.(2007.2.28 본항개정)

제116조의4【사업개시의 신고 등】 ① 사업개시일(「부가가치세법」 제8조제1항에 따른 사업개시일을 말한다. 이하 이 장에서 같다) 이전에 법 제121조의2제8항의 규정에 의한 조세감면결정을 받은 외국인투자기업은 사업개시일부터 20일 이내에 그 사업장을 관할하는 세무서장에게 사업개시의 신고를 하여야 한다.(2013.6.28 본항개정)

② 제1항의 규정에 의한 신고를 받은 세무서장은 당해 외국인투자기업의 사업개시일의 적정여부를 확인하여야 한다.

③ 사업개시일 이전에 조세감면결정을 받고 제1항의 규정에 의한 신고를 하지 아니한 외국인투자기업 또는 사업개시일후에 조세감면결정을 받은 외국인투자기업의 사업개시일은 그 사업장을 관할하는 세무서장이 이를 조사·확인한다.

④ 세무서장은 제2항 및 제3항의 규정에 의하여 외국인투자기업의 사업개시일을 확인한 때에는 지체없이 이를 당해 외국인투자기업 및 그 사업장을 관할하는 지방자치단체의 장에게 통보하여야 한다.

⑤ 법 제121조의2제1항제1호에 따라 조세감면결정을 받은 외국인투자기업은 감면받은 과세연도의 과세표준

을 신고할 때 그 사업장을 관할하는 세무서장에게 기획재정부령으로 정하는 투자명세서를 제출하여야 한다.(2014.2.21 본항신설)

제116조의5【관세 등의 면제】 ① 법 제121조의3제1항에 따라 관세·개별소비세 및 부가가치세가 감면되는 자본재는 법 제121조의2에 따라 법인세, 소득세, 취득세 또는 재산세가 감면되거나 「지방세특례제한법」 제78조의3에 따라 취득세 또는 재산세가 감면되는 사업에 직접 사용되는 것으로서 「외국인투자촉진법」 제5조의 규정에 의한 신고를 한 날부터 5년(공장설립승인의 지연 그 밖의 부득이한 사유로 인하여 위 기간 이내에 수입신고를 완료할 수 없는 경우로서 그 기간이 종료되기 전에 기획재정부장관에게 연장신청하여 승인을 받은 경우에는 6년) 이내에 「관세법」에 따른 수입신고가 완료되는 것으로 한다.(2020.2.11 본항개정)

② 법 제121조의3제2항에서 "대통령령으로 정하는 자본재"란 법 제121조의3제1항 각 호의 어느 하나에 해당하는 자본재 중 법 제121조의2에 따라 법인세, 소득세, 취득세 또는 재산세가 감면되거나 「지방세특례제한법」 제78조의3에 따라 취득세 또는 재산세가 감면되는 사업에 직접 사용되는 것으로서 「외국인투자촉진법」 제5조에 따른 신고를 한 날부터 5년(공장설립 승인의 지연 및 그 밖의 부득이한 사유로 인하여 같은 기간 이내에 수입신고를 완료할 수 없는 경우로서 그 기간이 종료되기 전에 기획재정부장관에게 연장신청하여 승인을 받은 경우에는 6년으로 한다) 이내에 「관세법」에 따른 수입신고가 완료된 것을 말한다.(2020.2.11 본항개정)

③ 법 제121조의3제1항제1호에 따라 관세·개별소비세 및 부가가치세가 면제되는 자본재는 외국인투자기업이 외국투자가로부터 출자받은 대외지급수단 또는 대내지급수단의 범위에서 도입하는 자본재로 한다.(2009.2.4 본항신설)

④ 법 제121조의3제1항제1호에 따른 관세·개별소비세 및 부가가치세 면제 한도는 외국인투자기업이 법 제121조의2제8항에 따른 감면대상 해당여부 결정 이후 면제대상 자본재를 최초로 도입하는 때에 선택하는 통화(이하 이 조에서 "기준통화"라 한다)를 기준으로 산정한다. 이 경우 외국인투자기업이 기준통화와 다른 통화로 자본재를 도입하는 경우 관세·개별소비세 및 부가가치세 면제 한도는 그 자본재의 가액은 면제대상 자본재 도입시 「관세법」 제18조에 따라 관세청장이 정하는 환율을 이용하여 기준통화와 자본재 도입대가 지급 통화 간 환율을 산정하여 이에 따라 기준통화로 환산한 금액으로 한다.(2009.2.4 본항신설)

제116조의6【증자의 조세감면】 ① 기획재정부장관이 법 제121조의4제1항의 규정에 의하여 증자분에 대한 조세감면여부를 결정함에 있어서 당해 외국인투자기업이 유상감자(주식 또는 출자지분의 유상소각, 자본감소액의 반환 등에 의하여 실질적으로 자산이 감소되는 경우를 말한다)를 한 후 5년 이내에 증자하는 조세감면신청을 하는 경우에는 그 감자전보다 순증가하는 부분에 대한 외국인투자비율에 한하여 감면결정을 하여야 한다.(2008.2.29 본항개정)

② 법 제121조의4제1항 단서에서 "대통령령으로 정하는 기준"이란 법 제121조의2의 규정에 의하여 조세감면을 받고 있는 사업을 위하여 증액투자하는 것을 말한다.(2010.2.18 본항개정)

③ 법 제121조의4제1항에 따라 증자분에 대한 조세감면결정을 받은 외국인투자기업이 해당 증자 후 7년 내에 유상감자를 하는 경우에 감면세액 계산에 관하여는 해당 유상감자에 따른 직전의 증자(「외국인투자 촉진법」 제5조제2항제2호에 따른 준비금·재평가적립금 및 그 밖의 다른 법령에 따른 적립금의 자본전입으로 인하여 주식이 발행되는 형태의 증자를 제외한다)부터 역순으로 감자한 것으로 본다.(2017.2.7 본항개정)

④ 법 제121조의4제4항에서 "대통령령으로 정하는 사유"란 다음 각 호의 요건을 모두 충족하는 경우를 말한다.
1. 외국인투자기업이 증자 전에 법 제121조의2제1항 각 호에 따른 사업(이하 이 조에서 "증자전감면사업"이라 한다)에 대한 감면을 받고 그 감면기간이 종료된 경우로서 법 제121조의4제1항에 따라 증자를 통하여 법 제121조의2제1항 각 호에 따른 사업(이하 이 조에서 "증자분감면사업"이라 한다)에 대한 감면결정을 받았을 것(2014.2.21 본항개정)
2. 법 제121조의2에 따른 감면기간이 종료된 증자전감면사업의 사업용 고정자산을 증자분감면사업에 계속 사용하는 경우로서 자본증가에 관한 변경등기를 한 날 현재 증자분감면사업에 계속 사용되는 감면기간이 종료된 증자전감면사업의 사업용 고정자산의 가액이 증자분감면사업의 사업용 고정자산의 총가액에서 차지하는 비율이 100분의 30 이상일 것(2014.2.21 본항개정)
(2012.2.2 본항신설)
⑤ 법 제121조의4제1항에 따라 증자분에 대하여 조세감면을 적용하는 경우에 제116조의2제14항의 외국인투자비율을 계산할 때 법 제143조에 따라 해당 증자분 감면대상 사업을 그 밖의 사업과 구분경리하여 해당 증자분 감면대상 사업을 기준으로 외국인투자비율을 계산한다.
(2014.2.21 본항개정)
⑥ 법 제121조의4제1항에 따라 증자분에 대하여 조세감면을 적용할 때 제116조의2제22항에 따른 외국인투자누계액은 당초 감면대상 사업에 대한 외국인투자누계액과 해당 증자분 감면대상사업에 대한 외국인투자누계액으로 각각 구분하여 계산한다. 다만, 감면결정을 받았으나 감면기간이 종료되어 0퍼센트의 감면율이 적용되는 외국인투자누계액은 제외한다.(2014.2.21 본문개정)
1.~2. (2014.2.21 삭제)
⑦ 법 제121조의4제1항에 따라 증자분에 대하여 조세감면을 적용하는 경우 제116조의2제24항에 따른 상시근로자 수는 당초 감면대상 사업장의 상시근로자 수와 해당 증자분 감면대상 사업장의 상시근로자 수로 각각 구분하여 계산한다. 다만, 감면결정을 받았으나 감면기간이 종료되어 0퍼센트의 감면율이 적용되는 사업장의 상시근로자 수는 제외한다.(2014.2.21 본문개정)
1.~2. (2014.2.21 삭제)

제116조의7【법인세 등의 추징】 ① 법 제121조의5제1항에서 "대통령령으로 정하는 바에 따라 계산한 세액"이란 다음 각 호의 세액을 말한다.(2010.2.18 본문개정)
1. 법 제121조의5제1항제1호 및 제5호의 경우 : 말소일 또는 폐업일부터 소급하여 5년 이내에 감면된 세액(2006.2.9 본호개정)
2. 법 제121조의5제1항제2호의 경우 : 조세감면기준(제116조의2제1항, 제3항, 제5항부터 제7항까지, 제9항, 제10항 및 제16항부터 제21항까지에 규정되어 있는 조세감면대상이 되는 사업요건, 최소 외국인투자금액요건, 상시고용인원요건 등을 말한다)에 해당하지 아니하게 된 날부터 소급하여 5년 이내에 감면된 세액(2013.2.15 본호개정)
3. 법 제121조의5제1항제3호의 경우 : 시정명령기간 만료일부터 소급하여 5년 이내에 감면된 세액(2006.2.9 본호개정)
4. 법 제121조의5제1항제4호의 경우 : 주식등의 양도일부터 소급하여 5년 이내에 감면된 세액에 감면 당시의 외국투자가 소유의 주식등에 대한 양도주식등의 비율을 곱하여 산출한 세액(법 제121조의2제2항 또는 제12항에 따른 감면 중에 주식등을 양도하는 경우에 한정한다)(2013.2.15 본호개정)
5. 법 제121조의5제1항제6호의 경우 : 외국인투자신고 후 5년(고용과 관련된 조세감면기준에 미달하는 경우에는 3년)이 경과한 날부터 소급하여 5년(고용과 관

련된 조세감면기준에 미달하는 경우에는 3년) 이내에 감면된 세액(2010.2.18 본호개정)
② (2013.2.15 삭제)
③ 법 제121조의5제1항에서 "대통령령으로 정하는 바에 따라 계산한 이자상당가산액"이란 제1항의 규정에 따른 감면세액에 제1호의 규정에 따른 기간과 제2호의 규정에 따른 율을 곱하여 계산한 금액으로 한다.
(2010.2.18 본문개정)
1. 감면받은 과세연도의 과세표준신고일의 다음날부터 법 제121조의5의 사유가 발생한 날이 속하는 과세연도의 과세표준 신고일까지의 기간
2. 제11조의2제9항제2호에 따른 율(2022.2.15 본호개정)
(2006.2.9 본항신설)
④ 제1항 각 호에 따른 세액은 해당 기준일부터 소급하여 5년이 되는 날이 속하는 과세연도 및 그 이후의 과세연도의 소득에 대하여 감면된 세액을 말한다.
(2013.2.15 본항신설)
⑤ 법 제121조의5제1항 각 호의 사유가 동시에 발생하는 경우 제1항 각 호의 세액이 큰 사유를 적용하고 순차적으로 발생하는 경우에는 감면받은 세액의 범위에서 발생순서에 따라 먼저 발생한 사유부터 순차적으로 적용한다.(2013.2.15 본항신설)

제116조의8【관세 등의 추징】 ① 법 제121조의5제2항에 따른 관세·개별소비세 및 부가가치세의 추징은 다음 각 호의 기준에 의한다.(2009.2.4 본문개정)
1. 법 제121조의5제2항제1호 및 제4호의 경우 : 말소일 또는 폐업일부터 소급하여 3년(개별소비세 및 부가가치세의 경우에는 5년) 이내에 감면된 세액 추징
2. 법 제121조의5제2항제2호의 경우 : 「관세법」에 의한 수입신고수리일부터 3년(개별소비세 및 부가가치세의 경우에는 5년) 이내에 신고된 목적외에 사용하거나 처분하는 자본재에 대하여 감면된 세액 추징(2007.12.31 1호~2호개정)
3. 법 제121조의5제2항제3호의 경우 : 외국투자가가 관세 등의 면제일부터 3년 이내에 법에 의하여 소유하는 주식등을 양도하는 경우 외국투자가의 주식등의 양도 후 잔여 출자금액 범위를 초과하는 자본재에 대하여 감면된 세액추징(주식양도일에 가까운 날 감면받은 세액부터 추징한다)(2013.2.15 본호개정)
4. 법 제121조의5제2항제5호의 경우 : 외국인투자신고 후 5년(고용과 관련된 조세감면기준을 미달하는 경우에는 3년)이 경과한 날부터 소급하여 5년(고용과 관련된 조세감면기준을 미달하는 경우에는 3년) 이내에 감면된 세액 추징(2010.2.18 본호개정)
② 제1항에 따른 추징관세액의 계산에 관하여는 「관세법」 제100조제2항을 준용한다.(2013.2.15 본항개정)
③ (2013.2.15 삭제)

제116조의9【취득세 등의 추징】 ① 법 제121조의5제3항의 규정에 의한 취득세 및 재산세의 추징은 다음 각 호의 기준에 의한다.
1. 법 제121조의5제3항제1호 및 제2호의 경우 : 주식등의 비율의 미달일 또는 양도일부터 소급하여 5년 이내에 감면된 취득세 및 재산세의 세액에 그 미달비율 또는 양도비율을 곱하여 산출한 세액을 각각 추징
2. 법 제121조의5제3항제3호 및 제4호의 경우 : 제116조의7제1항제1호의 규정을 준용하여 감면된 취득세 및 재산세를 각각 추징
3. 법 제121조의5제3항제5호의 경우 : 외국인투자신고 후 5년(고용과 관련된 조세감면기준에 미달하는 경우에는 3년)이 경과한 날부터 소급하여 5년(고용과 관련된 조세감면기준에 미달하는 경우에는 3년) 이내에 감면된 취득세 및 재산세를 각각 추징
(2010.12.30 본항개정)

② 법 제121조의5제3항 각 호의 사유가 동시에 발생하거나 순차적으로 발생하는 경우에는 제116조의7제5항을 준용한다.(2013.2.15 본항신설)

제116조의10【조세추징의 면제】 ① 법 제121조의5제5항에 따라 법 제121조의5제5항제1호 또는 제3호부터 제5호까지에 해당되는 경우에는 같은 조 제1항부터 제3항까지에 규정된 조세의 추징을 하지 아니하며, 법 제121조의5제5항제2호에 해당되는 경우에는 같은 조 제2항에 규정된 조세의 추징을 하지 아니한다.(2015.2.3 본항개정)
② 법 제121조의5제5항제5호에서 "대통령령으로 정하는 경우"란 다음 각 호의 어느 하나에 해당하는 경우를 말한다.(2015.2.3 본문개정)
1. 법 제121조의2제1항제1호에 따른 신성장동력산업기술을 수반하는 사업에 투자한 외국투자가가 그 감면사업 또는 소유주식등을 대한민국국민 또는 대한민국법인에게 양도한 경우로서 해당 기업이 그 신성장동력산업기술을 수반하는 사업에서 생산되거나 제공되는 제품 또는 서비스를 국내에서 자체적으로 생산하는데 지장이 없다고 기획재정부장관이 확인하는 경우(2017.2.7 본호개정)
2. 외국투자가가 소유하는 주식등을 다른 법령이나 정부의 시책에 따라 대한민국국민 또는 대한민국법인에게 양도한 경우로서 기획재정부장관이 확인하는 경우(2008.2.29 본호개정)
3. 경제자유구역개발사업시행자가 경제자유구역의 개발사업을 완료한 후 법 제121조의5제1항부터 제3항까지의 규정에 따른 조세의 추징사유가 발생한 경우
4. 제주투자진흥지구개발사업시행자가 제주투자진흥지구의 개발사업을 완료한 후 법 제121조의5제1항부터 제3항까지의 규정에 따른 조세의 추징사유가 발생한 경우
5. 기업도시개발사업시행자가 기업도시개발구역의 개발사업을 완료한 후 법 제121조의5제1항부터 제3항까지의 규정에 따른 조세의 추징사유가 발생한 경우(2014.9.11 3호~5호개정)
6. 새만금사업지역개발사업시행자가 새만금사업지역의 개발사업을 완료한 후 법 제121조의5제1항부터 제3항까지에 따른 조세의 추징사유가 발생한 경우(2015.2.3 본호개정)
7. 외국투자가가 소유하는 주식등을 대한민국 국민 또는 법인에 양도한 후 양도받은 대한민국 국민 또는 법인이 7일 이내에 다른 외국투자가에게 양도한 경우로서 당초 사업을 계속 이행하는 데 지장이 없다고 기획재정부장관이 확인하는 경우(2016.5.10 본호신설)
③ 제2항제1호, 제2호 및 제7호에 따른 확인을 받으려는 자는 감면사유 또는 주식 및 지분의 양도일부터 2개월 이내에 조세추징 면제사유를 증명할 수 있는 서류를 첨부하여 조세추징면제여부 확인신청서를 기획재정부장관에게 제출하여야 한다.(2016.5.10 본항개정)
④ 기획재정부장관은 제3항에 따른 조세추징면제여부 확인신청서를 제출받은 때에는 주무부장관과 협의하여 조세추징면제여부를 확인하고 신청서를 제출받은 날부터 30일 이내에 그 결과를 신청인에게 통지하여야 한다. 다만, 부득이한 사정이 있을 때에는 30일의 범위에서 그 처리기간을 연장할 수 있으며, 이 경우 그 사유와 처리기간을 신청인에게 통지하여야 한다.(2014.9.11 본항개정)
⑤ 기획재정부장관은 제4항에 따라 조세추징면제여부를 확인한 때에는 그 사실을 행정안전부장관·국세청장·관세청장 및 해당 외국인투자기업의 사업장을 관할하는 지방자치단체의 장에게 통보해야 한다.(2020.2.11 본항개정)
(2006.2.9 본조제목개정)

제116조의11【조세추징사유의 통보 등】 ① 기획재정부장관·산업통상자원부장관·세무서장·세관장 및 지방자치단체의 장과 「외국인투자촉진법 시행령」 제40조제2항의 규정에 의하여 산업통상자원부장관의 권한을 위탁받은 대한무역투자진흥공사의 장 및 외국환은행의 장은 법 제121조의5제1항 내지 제3항의 규정에 의한 조세의 추징사유가 발생한 사실을 안 때에는 이를 지체없이 해당 추징권자에게 통보하여야 한다.(2013.3.23 본항개정)
② 산업통상자원부장관·세무서장·세관장 및 지방자치단체의 장과 「외국인투자촉진법 시행령」 제40조제2항에 따라 산업통상자원부장관의 권한을 위탁받은 대한무역투자진흥공사의 장 및 외국환은행의 장은 제1항에 따라 추징사유발생을 통보받거나 법 제121조의5제1항부터 제3항까지의 규정에 따라 조세의 추징을 한 경우에는 그 사실을 지체 없이 기획재정부장관 및 행정안전부장관에게 통보 또는 보고해야 한다.(2020.2.11 본항개정)
③ 법 제121조의5제1항제5호·동조제2항제4호 및 동조제3항제4호의 규정에 의한 외국인투자기업의 폐업일은 「부가가치세법」 제8조제6항 및 제7항에 따른 폐업일과 말소일 중 빠른 날로 한다.(2013.6.28 본항개정)
④ 세무서장은 외국인투자기업의 폐업일을 확인한 때에는 기획재정부장관 및 산업통상자원부장관에게 보고하고, 「외국인투자촉진법 시행령」 제40조제2항의 규정에 의하여 당해 외국인투자기업의 사후관리를 위탁받은 수탁기관의 장과 당해 외국인투자기업의 사업장을 관할하는 세관장 및 지방자치단체의 장에게 이를 지체없이 통보하여야 한다.(2013.3.23 본항개정)
⑤ 법 제121조의5제6항을 적용하는 경우 해당 과세연도 개시일부터 해당 사유가 발생한 날까지의 기간을 포함한 해당 과세연도와 남은 감면기간에 대하여는 법 제121조의2부터 제121조의4까지에 따른 감면을 적용하지 아니하고, 해당 사유가 발생한 날 이후부터 남은 감면기간 동안 법 제121조의2제1항 각 호 외의 부분에 따른 조세감면기준을 충족하거나 「외국인투자 촉진법」 제28조제5항에 따른 시정명령을 이행한 경우에도 또한 같다.(2013.2.15 본항신설)

제116조의12 (2010.2.18 삭제)

제116조의13【권한의 위탁】 ① 기획재정부장관은 법 제121조의2 및 제121조의4에 따른 조세감면신청·감면내용변경신청 또는 사전확인신청의 접수 및 그 감면, 감면내용변경 또는 감면대상 해당 여부 결정을 위한 협의절차에 관한 권한을 「외국인투자 촉진법 시행령」 제40조제2항에 따른 대한무역투자진흥공사의 장 및 외국환은행의 장에게 위탁할 수 있다. 이 경우 기획재정부장관은 위탁할 기관을 정하여 고시하여야 한다.(2016.2.5 전단개정)
② 기획재정부장관은 자유무역지역에서의 외국인투자에 대하여는 법 제121조의2 및 법 제121조의4의 규정에 의한 조세감면신청·감면내용변경신청 또는 사전확인신청의 접수, 조세감면·감면내용변경·감면대상 해당여부의 결정 및 통지에 관한 권한을 관리권자에게 위탁한다.
③ 제1항 및 제2항에 따라 권한을 위탁받은 주무부장관, 관리권자 등은 위탁받은 사무의 처리내용을 기획재정부장관에게 통보하여야 하며, 제1항에 따라 대한무역투자진흥공사 및 외국환은행의 장이 조세감면신청·감면내용변경신청 또는 사전확인신청을 접수한 경우 지체 없이 기획재정부장관에게 송부하여야 한다.(2013.2.15 본항개정)
④ 기획재정부장관은 제1항 및 제2항에 따른 위탁사무의 처리에 관하여 필요한 세부사항을 정할 수 있다.(2013.2.15 본항개정)
(2008.2.29 본조개정)

제5장의2　제주국제자유도시 육성을 위한 조세특례
(2002.4.20 본장신설)

제116조의14【제주첨단과학기술단지 입주기업에 대한 법인세 등의 감면】 ① 법 제121조의8제1항에서 "생물산업·정보통신산업 등 대통령령으로 정하는 사업"이란 다음 각호의 산업을 영위하는 사업을 말한다.(2010.2.18 본문개정)

1. 「생명공학육성법」 제2조제1호에 따른 생명공학과 관련된 산업(종자 및 묘목생산업, 수산물부화 및 수산종자생산업을 포함한다)(2020.11.20 본호개정)
2. 「정보통신산업 진흥법」 제2조제2호에 따른 정보통신산업(2009.8.18 본호개정)
3. 「정보통신망 이용촉진 및 정보보호 등에 관한 법률」 제2조제1항제2호에 따른 정보통신서비스를 제공하는 산업(2012.2.2 본호신설)
4. 「산업발전법」 제5조제1항의 규정에 의하여 산업통상자원부장관이 고시한 첨단기술 및 첨단제품과 관련된 산업(2013.3.23 본호개정)

② 법 제121조의8제2항제1호에서 "대통령령으로 정하는 투자누계액"이란 법 제121조의8제1항에 따라 법인세 또는 소득세를 감면받는 해당 과세연도까지의 기획재정부령으로 정하는 사업용자산에 대한 투자 합계액을 말한다.(2010.12.30 본항신설)

③ 법 제121조의8제4항에 따라 납부해야 할 소득세액 또는 법인세액은 다음의 계산식에 따라 계산한 금액(그 수가 음수이면 영으로 보고, 감면받은 과세연도 종료일 이후 2개 과세연도 연속으로 상시근로자 수가 감소한 경우에는 두 번째 과세연도에는 첫 번째 과세연도에 납부한 금액을 뺀 금액을 말한다)으로 하며, 이를 상시근로자 수가 감소한 과세연도의 과세표준을 신고할 때 소득세 또는 법인세로 납부해야 한다.

> 해당 기업의 상시근로자 수가 감소한 과세연도의 직전 2년 이내의 과세연도에 법 제121조의8제2항제2호를 적용하여 감면받은 세액의 합계액 − [상시근로자 수가 감소한 과세연도의 감면대상사업장의 상시근로자 수 × 1천5백만원(청년 상시근로자 및 법 제121조의8제2항제2호의 서비스업의 경우에는 2천만원으로 한다)]

(2023.2.28 본항개정)

④ 법 제121조의8제2항 및 제4항을 적용할 때 상시근로자 및 청년 상시근로자의 범위, 상시근로자 수 및 청년 상시근로자 수의 계산방법에 관하여는 제11조의2제6항 및 제7항을 준용한다.(2023.2.28 본항개정)

⑤ 법 제121조의8제1항의 규정에 의하여 법인세 또는 소득세를 감면받고자 하는 자는 과세표준신고와 함께 기획재정부령이 정하는 세액감면신청서를 납세지 관할 세무서장에게 제출하여야 한다.(2008.2.29 본항개정)

⑥ 법 제121조의8제2항제2호에서 "대통령령으로 정하는 서비스업"이란 제23조제4항에 따른 서비스업을 말한다.(2019.2.12 본항개정)

⑦ 법 제121조의8제6항 각 호 외의 부분 전단에서 "대통령령으로 정하는 바에 따라 계산한 세액"이란 다음 각 호의 구분에 따른 세액을 말한다.

1. 법 제121조의8제6항제1호에 해당하는 경우 : 폐업일 또는 법인해산일부터 소급하여 3년 이내에 감면된 세액
2. 법 제121조의8제6항제2호에 해당하는 경우 : 이전일부터 소급하여 5년 이내에 감면된 세액

(2022.2.15 본항신설)

제116조의15【제주투자진흥지구 또는 제주자유무역지역 입주기업에 대한 법인세 등의 감면】 ① 법 제121조의9제1항제1호에 따라 법인세 및 소득세를 감면하는 투자는 다음 각 호의 어느 하나에 해당하는 투자를 말한다.

1. 투자금액이 미합중국화폐 2천만달러 이상으로서 다음 각 목의 어느 하나에 해당하는 사업을 경영하기 위한 시설을 새로 설치하는 경우
가. 「관광진흥법 시행령」 제2조제1항제2호에 따른 관광호텔업·수상관광호텔업·한국전통호텔업. 다만, 「관광진흥법」 제3조제1항제5호에 따른 카지노업 및 「관세법」 제196조에 따른 보세판매장을 경영하는 사업은 제외한다.(2021.2.17 본목개정)
나. 「관광진흥법 시행령」 제2조제1항제3호에 따른 전문휴양업·종합휴양업·관광유람선업·관광공연장. 다만, 전문휴양업과 종합휴양업 중 「관광진흥법」 제3조제1항제2호나목에 따른 휴양 콘도미니엄업 및 「체육시설의 설치·이용에 관한 법률」 제10조제1항제1호에 따른 골프장업은 제외한다.(2021.2.17 단서개정)
다. 「관광진흥법 시행령」 제2조제1항제4호에 따른 국제회의시설업
라. 「관광진흥법 시행령」 제2조제1항제5호에 따른 종합유원시설업
마. 「관광진흥법 시행령」 제2조제1항제6호에 따른 관광식당업
바. 「마리나항만의 조성 및 관리 등에 관한 법률」 제2조제5호에 따른 마리나업(2021.2.17 본목신설)
2. 투자금액이 미합중국화폐 500만달러 이상으로서 다음 각 목의 어느 하나에 해당하는 사업을 경영하기 위한 시설을 새로 설치하는 경우
가. 「문화산업진흥 기본법」 제2조제1호에 따른 문화산업
나. 「노인복지법」 제31조에 따른 노인복지시설을 운영하는 사업
다. 「청소년활동 진흥법」 제10조제1호에 따른 청소년수련시설을 운영하는 사업
라. 「궤도운송법」 제2조제7호에 따른 궤도사업
마. 「신에너지 및 재생에너지 개발·이용·보급 촉진법」 제2조제1호 및 제2호에 따른 신에너지·재생에너지를 이용하여 전기를 생산하는 사업
바. 「제주특별자치도 설치 및 국제자유도시 조성을 위한 특별법」 제216조에 따른 자율학교, 같은 법 제217조에 따른 국제고등학교, 같은 법 제220조에 따른 외국교육기관 및 같은 법 제223조에 따른 국제학교
사. 「제주특별자치도 설치 및 국제자유도시 조성을 위한 특별법」 제307조에 따른 외국의료기관과 「의료법」 제33조에 따라 개설된 의료기관(의원, 치과의원, 한의원 및 조산원은 제외한다
아. 「건축법 시행령」 별표1 제10호나목에 따른 교육원(연수원, 그 밖에 이와 비슷한 것을 포함한다)
자. 「산업발전법」 제5조에 따른 첨단기술을 활용한 산업(2022.2.15 본목개정)
차. 「보건의료기술 진흥법」 제2조제1항제1호에 따른 보건의료기술에 관한 연구개발사업과 기술정보 제공, 컨설팅, 시험·분석 등을 통한 보건의료기술에 관한 연구개발을 지원하는 연구개발서비스업
카. 「산업집적활성화 및 공장설립에 관한 법률」에 따른 공장 중 식료품 제조업(동물용 및 식물성 유지 제조업, 곡물 가공품·전분 및 전분제품 제조업, 기타 식품 제조업, 동물용 사료 및 조제식품 제조업은 제외한다)과 음료 제조업(알코올 음료 제조업은 제외한다)(2022.2.15 본목개정)
타. 「화장품법」에 따른 화장품제조업
파. 다음의 어느 하나에 해당하는 사업에 관한 연구개발업
1) 「산업발전법」 제5조에 따른 첨단기술을 활용한 산업
2) 「화장품법」에 따른 화장품제조업

3) 식료품 제조업
4) 음료 제조업
(2022.2.15 타목~파목신설)
(2016.1.22 본항개정)
② 법 제121조의9제1항제2호에 따라 법인세 및 소득세를 감면하는 투자는 다음 각 호의 어느 하나에 해당하는 것으로 한다.
1. 총사업비가 미합중국 화폐 1천만불 이상이고 해당 입주기업의 신규의 상시근로자 수가 100명 이상으로서 「자유무역지역의 지정 및 운영에 관한 법률」 제10조제1항제1호에 해당하는 사업을 영위하기 위한 시설을 새로이 설치하는 경우(2019.2.12 본호개정)
2. 총사업비가 미화 5백만불 이상으로서 「자유무역지역의 지정 및 운영에 관한 법률」 제10조제1항제5호에 해당하는 사업을 영위하기 위한 시설을 새로이 설치하는 경우
(2016.2.5 본항개정)
③ 법 제121조의9제1항제3호에 따라 법인세 및 소득세를 감면하는 투자는 총개발사업비가 1천억원 이상인 경우로 한다.(2016.1.22 본항개정)
④ 법 제121조의9제4항제1호에서 "대통령령으로 정하는 투자누계액"이란 법 제121조의9제2항에 따라 법인세 또는 소득세를 감면받는 해당 과세연도까지의 기획재정부령으로 정하는 사업용자산에 대한 투자 합계액을 말한다.(2010.12.30 본항신설)
⑤ 법 제121조의9제4항제2호에서 "대통령령으로 정하는 서비스업"이란 제23조제4항에 따른 서비스업을 말한다.(2019.2.12 본항개정)
⑥ 법 제121조의9제6항에 따라 납부해야 할 소득세액 또는 법인세액은 다음의 계산식에 따라 계산한 금액(그 수가 음수이면 영으로 보고, 감면받은 과세연도 종료일 이후 2개 과세연도 연속으로 상시근로자 수가 감소한 경우에는 두 번째 과세연도에는 첫 번째 과세연도에 납부한 금액을 뺀 금액을 말한다)으로 하며, 이를 상시근로자 수가 감소한 과세연도의 과세표준을 신고할 때 소득세 또는 법인세로 납부하여야 한다.

> 해당 기업의 상시근로자 수가 감소한 과세연도의 직전 2년 이내의 과세연도에 법 제121조의9제4항제2호를 적용하여 감면받은 세액의 합계액 − 〔상시근로자 수가 감소한 과세연도의 감면대상사업장의 상시근로자 수 × 1천5백만원(청년 상시근로자 및 법 제121조의9제4항제2호의 서비스업의 경우에는 2천만원으로 한다)〕

(2023.2.28 본항개정)
⑦ 법 제121조의9제4항 및 제6항을 적용할 때 상시근로자 및 청년 상시근로자의 범위, 상시근로자 수 및 청년 상시근로자 수의 계산방법에 관하여는 제11조의2제6항 및 제7항을 준용한다.(2023.2.28 본항개정)
⑧ 법 제121조의9제2항의 규정에 의하여 법인세 또는 소득세를 감면받고자 하는 자는 과세표준신고와 함께 기획재정부령이 정하는 세액감면신청서를 납세지 관할 세무서장에게 제출하여야 한다.(2008.2.29 본항개정)

제116조의16【제주첨단과학기술단지 등 입주기업 수입물품에 대한 관세의 면제】 ① 법 제121조의10제1항에서 "대통령령으로 정하는 물품"이란 「관세법」 제90조제1항제4호의 규정에 의하여 관세가 감면되는 물품을 말한다.(2013.2.15 본항개정)
② 법 제121조의10제3항에서 "대통령령으로 정하는 바에 따라 면제된 관세"란 다음 각 호의 구분에 따른 세액을 말한다.
1. 법 제121조의8제6항제1호에 해당하는 경우 : 폐업일 또는 법인해산일부터 소급하여 3년 이내에 감면된 세액
2. 법 제121조의8제6항제2호에 해당하는 경우 : 이전일부터 소급하여 5년 이내에 감면된 세액
(2022.2.15 본항신설)

③ 법 제121조의11제1항에서 "대통령령으로 정하는 물품"이란 「제주특별자치도 설치 및 국제자유도시 조성을 위한 특별법」 제162조에 따라 제주투자진흥지구로 지정된 날부터 3년 이내에 수입신고되는 물품으로서 제주특별자치도지사가 확인한 물품을 말한다.
(2016.1.22 본항개정)

제116조의17【제주투자진흥지구 또는 제주자유무역지역 입주기업에 대한 감면세액의 추징】 ① 법 제121조의12제1항에 따른 법인세·소득세 및 관세의 추징은 다음 각 호의 기준에 따른다.(2016.2.5 본문개정)
1. 법 제121조의12제1항제1호 내지 제3호의 경우 : 지정해제일, 입주허가취소일 또는 폐업일부터 소급하여 3년 이내에 감면된 세액 추징
2. (2016.2.5 삭제)
3. 법 제121조의12제1항제6호의 경우 : 감면받은 세액 전액 추징(2010.12.30 본호신설)
②~③ (2016.2.5 삭제)
④ 「관세법」 제100조제2항의 규정은 제1항제1호의 규정에 의한 추징관세액의 계산에 관하여 이를 준용한다.(2016.2.19 본항개정)

제116조의18【조세추징사유의 통보 등】 ① 산업통상자원부장관·국토교통부장관·세무서장·세관장 및 지방자치단체의 장은 법 제121조의12제1항의 규정에 의한 조세의 추징사유가 발생한 사실을 안 때에는 이를 지체없이 해당 추징권자에게 통보하여야 한다.(2016.1.22 본항개정)
② 세무서장·세관장 및 지방자치단체의 장은 법 제121조의12제1항의 규정에 의하여 조세의 추징을 한 경우에는 그 사실을 지체없이 제주특별자치도지사에게 통보하여야 한다.(2016.1.22 본항개정)
③ 법 제121조의12제1항제3호의 규정에 의한 제주투자진흥지구 또는 제주자유무역지역 입주기업의 폐업일은 「부가가치세법」 제8조제6항에 따라 신고한 폐업일로 한다.(2013.6.28 본항개정)
④ 세무서장은 제주투자진흥지구 또는 제주자유무역지역 입주기업의 폐업일을 확인한 때에는 당해 기업의 사업장을 관할하는 세관장 및 지방자치단체의 장에게 이를 지체없이 통보하여야 한다.(2016.1.22 본항개정)

제116조의19【입국경로에 설치된 보세판매장 등의 물품에 대한 간접세의 특례】 ① 사업자가 제조장에서 제조·가공한 물품(이하 이 조에서 "내국면세물품"이라 한다)을 「관세법」 제196조제1항제1호 단서 또는 같은 조 제2항에 따른 보세판매장(이하 이 조에서 "보세판매장"이라 한다)에 직접 공급한 경우에는 법 제121조의14제3항에 따라 부가가치세 및 주세를 면제(부가가치세의 경우에는 영세율을 적용하는 것을 말한다. 이하 이 조에서 같다)한다.(2021.2.17 본항개정)
② 제1항에 따라 부가가치세를 면제받으려는 자는 「부가가치세법」 제48조 및 제49조에 따라 부가가치세 과세표준과 납부세액 또는 환급세액을 신고하는 때에 국세청장이 정하는 보세판매장 공급실적 명세서에 해당 신고기간의 내국면세물품 공급실적을 기록·작성하여 「관세법」 제176조의2제1항 단서에 따라 특허를 받은 자(이하 이 조에서 "보세판매장 운영자"라 한다)의 확인을 받아 사업장 관할 세무서장에게 제출해야 한다.
③ 제1항에 따라 주세를 면제받으려는 자는 「주세법 시행령」 제20조제1항 및 제2항을 준용하여 해당 주류의 면세승인신청서를 관할 세무서장에게 제출해야 한다.(2021.2.17 본항개정)
④ 보세판매장 운영자는 제1항에 따라 부가가치세 및 주세가 면제된 주류를 보세판매장에 반입한 때에는 반입한 날부터 5일 이내에 국세청장이 정하는 보세판매장 주류반입신고서를 관할 세무서장에게 제출해야 한다.
⑤ 법 제121조의14제1항 및 제2항에 따라 부가가치세 및 주세를 면제받는 물품이 다음 각 호의 어느 하나에

해당하는 경우에는 관할 세무서장이 감면받거나 환급받은 부가가치세 및 주세를 그 행위를 한 자로부터 징수해야 한다.
1. 보세판매장에서 타인의 명의로 물품을 구입하는 경우
2. 보세판매장 운영자가 물품을 부정유통하는 경우
3. 국내 입국자가 구입한 물품을 타인에게 판매하는 경우
4. 국내 입국자로부터 물품을 구입하는 경우(물품을 판매한 제3호의 국내 입국자가 외국에 거주하는 외국인인 경우에 한정한다
(2021.2.17 본항개정)
(2021.2.17 본조제목개정)
(2019.2.12 본조신설)

제116조의20 (2016.2.5 삭제)

제5장의3 기업도시 개발과 지역개발사업 구역 등 지원을 위한 조세특례
(2015.2.3 본장제목개정)

제116조의21【기업도시개발구역 등의 창업기업 등에 대한 법인세 등의 감면】① 법 제121조의17제1항제1호·제3호·제5호 및 제8호에 따라 법인세 또는 소득세를 감면하는 투자는 제1호의 투자금액 기준 및 상시근로자 수 기준을 충족하는 경우로서 제2호 각 목의 지역 안에서 제116조의2제17항 각 호의 사업을 영위하기 위하여 시설을 새로 설치하는 경우를 말한다.
1. 투자금액 기준 및 상시근로자 수 기준
  가. 제116조의2제17항제1호, 제4호 및 제5호에 해당하는 사업 : 투자금액이 20억원 이상이고, 상시근로자 수가 30명 이상일 것
  나. 제116조의2제17항제2호에 해당하는 사업 : 투자금액이 5억원 이상이고, 상시근로자 수가 10명 이상일 것
  다. 제116조의2제17항제3호에 해당하는 사업 : 투자금액이 10억원 이상이고, 상시근로자 수가 15명 이상일 것
2. 투자 지역
  가. 「기업도시개발특별법」 제2조제2호에 따른 기업도시개발구역(이하 이 조에서 "기업도시개발구역"이라 한다)
  나. 「지역 개발 및 지원에 관한 법률」 제11조에 따라 지정된 지역개발사업구역(같은 법 제7조제1항제1호에 해당하는 지역개발사업으로 한정한다. 이하 이 조에서 "지역개발사업구역"이라 한다) 또는 같은 법 제67조에 따른 지역활성화지역(이하 이 조에서 "지역활성화지역"이라 한다)
  다. 「지역 개발 및 지원에 관한 법률」 제2조제5호에 따른 낙후지역 내의 지역으로서 「주한미군 공여구역주변지역 등 지원 특별법」 제11조제5항·제8항 및 같은 법 시행령 제12조에 따라 사업승인 고시된 범위(이하 이 조에서 "공여구역주변지역등사업범위"라 한다)
  라. 「여수세계박람회 기념 및 사후활용에 관한 특별법」 제15조제1항에 따라 지정·고시된 해양박람회특구(이하 이 조에서 "해양박람회특구"라 한다)
  마. 「새만금사업 추진 및 지원에 관한 특별법」 제11조의5에 따라 지정된 새만금투자진흥지구(이하 이 조에서 "새만금투자진흥지구"라 한다)
(2023.2.28 본항개정)
② 법 제121조의17제1항제2호·제4호·제6호 및 제7호에 따라 법인세 또는 소득세를 감면하는 투자는 「기업도시개발 특별법」 제11조에 따른 기업도시개발계획에 따라 기업도시개발구역을 개발하는 사업으로서 총개발사업비가 500억원 이상인 경우를 말한다. (2019.2.12 본문개정)
1. 「지역 개발 및 지원에 관한 법률」 제19조에 따라 지정된 사업시행자가 지역개발사업구역 또는 지역활성

화지역을 개발하기 위한 지역개발사업(2019.2.12 본호신설)
2. 「지역 개발 및 지원에 관한 법률」 제2조제5호에 따른 낙후지역 내에서 「주한미군 공여구역주변지역 등 지원 특별법」 제10조제1항에 따른 사업시행자가 같은 조 제2항에 따라 시행하는 사업(2021.2.17 본호개정)
3. 「여수세계박람회 기념 및 사후활용에 관한 특별법」 제18조제1항에 따른 사업시행자가 해양박람회특구를 개발하기 위한 개발사업(2019.2.12 본호신설)
4. 「새만금사업 추진 및 지원에 관한 특별법」 제8조제1항에 따라 지정된 사업시행자가 하는 새만금사업(2019.2.12 본호신설)
③ 법 제121조의17제1항제1호·제3호·제5호 및 제8호에 해당하는 기업도시개발구역, 지역개발사업구역, 지역활성화지역, 공여구역주변지역등사업범위, 해양박람회특구 및 새만금투자진흥지구에 창업하거나 사업장을 신설하는 기업이 그 구역에 있는 사업장에서 경영하는 사업의 감면대상소득은 제1항에 따른 감면대상사업을 경영하기 위하여 그 구역에 투자한 시설에서 직접 발생한 소득을 말한다.(2023.2.28 본항개정)
④ 법 제121조의17제4항제1호에서 "대통령령으로 정하는 투자누계액"이란 법 제121조의17제2항에 따라 법인세 또는 소득세를 감면받는 해당 과세연도까지의 기획재정부령으로 정하는 사업용자산에 대한 투자 합계액을 말한다.(2010.12.30 본항신설)
⑤ 법 제121조의17제6항에 따라 납부해야 할 소득세액 또는 법인세액은 다음의 계산식에 따라 계산한 금액(그 수가 음수이면 영으로 보고, 감면받은 과세연도 종료일로부터 2개 과세연도 연속으로 상시근로자 수가 감소한 경우에는 두 번째 과세연도에는 첫 번째 과세연도에 납부한 금액을 뺀 금액을 말한다)으로 하며, 이를 상시근로자 수가 감소한 과세연도의 과세표준을 신고할 때 소득세 또는 법인세로 납부해야 한다.

> 해당 기업의 상시근로자 수가 감소한 과세연도의 직전 2년 이내의 과세연도에 법 제121조의17제4항제2호를 적용하여 감면받은 세액의 합계액 - 〔상시근로자 수가 감소한 과세연도의 감면대상사업장의 상시근로자 수 × 1천5백만원(청년 상시근로자와 법 제121조의17제4항제2호의 서비스업의 경우에는 2천만원으로 한다)〕

(2023.2.28 본항개정)
⑥ 법 제121조의17제4항 및 제6항을 적용할 때 상시근로자 및 청년 상시근로자의 범위, 상시근로자 수 및 청년 상시근로자 수의 계산방법에 관하여는 제11조의2제6항 및 제7항을 준용한다.(2023.2.28 본항개정)
⑦ 법 제121조의17제2항의 규정에 의하여 법인세 또는 소득세를 감면받고자 하는 자는 과세표준신고와 함께 기획재정부령이 정하는 세액감면신청서를 납세지 관할 세무서장에게 제출하여야 한다.(2008.2.29 본항개정)
⑧ 법 제121조의17제4항제2호에서 "대통령령으로 정하는 서비스업"이란 제23조제4항에 따른 서비스업을 말한다.(2019.2.12 본항신설)
⑨ 법 제121조의17제1항제3호에서 "대통령령으로 정하는 구역"이란 공여구역주변지역등사업범위를 말한다.(2019.2.12 본항신설)
⑩ 제1항을 적용받는 기업이 같은 항 각 호의 고용인원 기준을 충족하지 못한 과세연도에 대해서는 같은 항의 감면을 적용하지 않는다.(2019.2.12 본항신설)
(2010.2.18 본조제목개정)

제116조의22【기업도시내 골프장에 대한 과세특례에 관한 사후관리】 관광 중심 기업도시(「법률 제13372호 기업도시개발 특별법 일부개정법률」 시행 당시 지정된 종전의 「기업도시개발 특별법」 제2조제1호다목에 따른 관광레저형 기업도시를 포함한다. 이하 이 조에서 같다)를 관할하는 광역시장·시장 또는 군수(광역시 관할 구역에 있는 군의 군수를 제외한다)는 법 제121조의18

제2항의 규정에 의하여 다음 각호의 조치를 하여야 한다.(2015.12.22 본문개정)
1. 관광 중심 기업도시 내에 설치된 골프장의 입장요금에 법 제121조의18제1항의 규정에 의한 조세인하분의 반영여부를 심의하기 위하여 골프장입장요금심의위원회의 설치·운영(2015.12.22 본호개정)
2. 골프장입장요금심의위원회가 골프장 입장요금에 조세인하분이 적정하게 반영되지 아니한 것으로 인정한 경우에는 이에 대한 가격인하 등의 시정권고

제116조의23【감면세액의 추징】 법 제121조의19제1항에 따른 법인세 또는 소득세의 추징은 다음 각 호의 기준에 따른다.(2021.2.17 본문개정)
1. 법 제121조의19제1항제1호·제2호 및 제4호부터 제10호까지의 경우 : 지정해제일, 시행승인 취소일, 폐업일 또는 폐쇄일부터 소급하여 5년 이내에 감면된 세액 추징(2023.2.28 본호개정)
2. 법 제121조의19제1항제3호의 경우 : 감면받은 세액 전액 추징. 이 경우 제116조의21제1항 각 호의 고용인원 기준은 해당 감면대상사업에서 최초로 소득이 발생한 과세연도(사업개시일부터 3년이 되는 날이 속하는 과세연도까지 해당 사업에서 소득이 발생하지 아니한 경우는 3년이 되는 날이 속하는 과세연도) 종료일 이후 2년 이내의 과세연도 종료일까지의 기간 중 하나 이상의 과세연도에 충족해야 한다.(2019.2.12 후단신설)

제116조의24【조세추징 사유의 통보 등】 ① 국토교통부장관 및 지방자치단체의 장은 법 제121조의19제1항의 규정에 의한 조세추징사유가 발생한 사실을 안 때에는 이를 지체없이 관할 세무서장에게 통보하여야 한다.(2013.3.23 본항개정)
② 법 제121조의19제1항제4호·제5호·제6호 및 제8호에 따른 기업도시개발구역, 지역개발사업구역, 지역활성화지역, 해양박람회특구 및 공여구역주변지역등사업 범위에 창업하거나 사업장을 신설한 기업(이하 "창업기업등"이라 한다)의 폐업일 또는 폐쇄일은 「부가가치세법」 제8조제7항에 따라 신고한 폐업일로 한다.(2021.2.17 본항개정)
③ 세무서장은 기업도시개발구역, 지역개발사업구역, 지역활성화지역, 해양박람회특구 및 공여구역주변지역등사업범위 창업기업등의 폐업일 또는 폐쇄일을 확인한 때에는 당해 기업의 사업장을 관할하는 지방자치단체의 장에게 이를 지체 없이 통보해야 한다.(2021.2.17 본항개정)

제5장의4 아시아문화중심도시 지원을 위한 조세특례
(2009.4.21 본장신설)

제116조의25【아시아문화중심도시 투자진흥지구 안 입주기업 등에 대한 법인세 등의 감면】 ① 법 제121조의20제1항에 따라 법인세 및 소득세를 감면하는 투자는 다음 각 호의 어느 하나에 해당하는 투자로 한다.
1. 투자금액이 5억원 이상으로서 다음 각 목의 어느 하나에 해당하는 사업을 영위하기 위한 시설을 새로 설치하는 경우
가. 출판업
나. 영상·오디오 기록물 제작 및 배급업(비디오물 감상실 운영업은 제외한다)
다. 방송업
라. 컴퓨터 프로그래밍, 시스템통합 및 관리업
마. 정보서비스업(뉴스제공업은 제외한다)
바. 광고업
사. 전문디자인업
아. 전시, 컨벤션 및 행사대행업
자. 창작 및 예술관련 서비스업(자영예술가는 제외한다)

2. 투자금액이 30억원 이상으로서 다음 각 목의 어느 하나에 해당하는 사업을 영위하기 위한 시설을 새로 설치하는 경우
가. 「관광진흥법」 제3조제1항에 따른 관광숙박업, 관광객 이용시설업(「체육시설의 설치·이용에 관한 법률」 제10조제1항제1호에 따른 골프장을 설치하여 관광객에게 이용하게 하는 경우는 제외한다), 국제회의업, 유원시설업, 관광 편의시설업을 운영하는 사업
나. 「청소년활동 진흥법」 제10조제1호에 따른 청소년수련시설을 운영하는 사업
다. 「건축법」 별표1 제10호나목에 따른 교육원(연수원, 그 밖에 이와 유사한 것을 포함한다)을 운영하는 사업
(2017.2.7 본항개정)
② 법 제121조의20제4항제1호에서 "대통령령으로 정하는 투자누계액"이란 법 제121조의20제2항에 따라 법인세 또는 소득세를 감면받는 해당 과세연도까지의 기획재정부령으로 정하는 사업용자산에 대한 투자 합계액을 말한다.(2010.12.30 본항신설)
③ 법 제121조의20제4항제2호에서 "대통령령으로 정하는 서비스업"이란 제23조제4항에 따른 서비스업을 말한다.(2019.2.12 본항개정)
④ 법 제121조의20제6항에 따라 납부해야 할 소득세액 또는 법인세액은 다음의 계산식에 따라 계산한 금액(그 수가 음수이면 영으로 보고, 감면받은 과세연도 종료일 이후 2개 과세연도 연속으로 상시근로자 수가 감소한 경우에는 두 번째 과세연도에는 첫 번째 과세연도에 납부한 금액을 뺀 금액을 말한다)으로 하며, 이를 상시근로자 수가 감소한 과세연도의 과세표준을 신고할 때 소득세 또는 법인세로 납부해야 한다.

해당 기업의 상시근로자 수가 감소한 과세연도의 직전 2년 이내의 과세연도에 법 제121조의20제4항제2호를 적용하여 감면받은 세액의 합계액 − 〔상시근로자 수가 감소된 과세연도의 감면대상사업장의 상시근로자 수 × 1천5백만원(청년 상시근로자와 법 제121조의20제4항제2호 서비스업의 경우에는 2천만원으로 한다)〕

(2023.2.28 본항개정)
⑤ 법 제121조의20제4항 및 제6항을 적용할 때 상시근로자 및 청년 상시근로자의 범위, 상시근로자 수 및 청년 상시근로자 수의 계산방법에 관하여는 제11조의2제6항 및 제7항을 준용한다.(2023.2.28 본항개정)
⑥ 법 제121조의20제8항에 따라 추징하는 법인세액 또는 소득세액은 감면받은 세액 전액으로 한다.(2010.12.30 본항개정)
⑦ 법 제121조의20제10항 각 호 외의 부분 전단에서 "대통령령으로 정하는 바에 따라 계산한 세액"이란 다음 각 호의 구분에 따른 세액을 말한다.
1. 법 제121조의20제10항제1호에 해당하는 경우 : 폐업일 또는 법인해산일부터 소급하여 3년 이내에 감면된 세액
2. 법 제121조의20제10항제2호에 해당하는 경우 : 이전일부터 소급하여 5년 이내에 감면된 세액
(2022.2.15 본항신설)
⑧ 법 제121조의20제11항에 따라 법인세 또는 소득세 감면신청을 하려는 자는 과세표준신고와 함께 기획재정부령으로 정하는 세액감면신청서를 납세지 관할세무서장에게 제출하여야 한다.(2010.12.30 본항개정)

제5장의5 금융중심지의 조성과 발전을 위한 조세특례
(2010.12.30 본장신설)

제116조의26【금융중심지 창업기업 등에 대한 법인세 등의 감면】 ① 법 제121조의21제1항에 따른 "대통

령으로 정하는 기준"이란 해당 기업의 투자금액이 20억원 이상이고 해당 구역의 사업장에서 근무하는 상시근로자 수가 10명 이상인 경우를 말한다.(2019.2.12 본항개정)
② 법 제121조의21제2항에 따른 금융중심지 구역 안 사업장의 감면대상사업에서 발생한 소득이란 법 제121조의21제1항에 따른 감면대상사업을 경영하기 위하여 그 구역에 투자한 사업장에서 직접 발생한 소득을 말한다.
③ 법 제121조의21제4항제1호에서 "대통령령으로 정하는 투자누계액"이란 법 제121조의21제2항에 따라 법인세 또는 소득세를 감면받는 해당 과세연도까지의 기획재정부령으로 정하는 사업용자산에 대한 투자 합계액을 말한다.
④ 법 제121조의21제4항제2호에서 "대통령령으로 정하는 서비스업"이란 제23조제4항에 따른 서비스업을 말한다.(2019.2.12 본항개정)
⑤ 법 제121조의21제6항에 따라 납부해야 할 소득세액 또는 법인세액은 다음의 계산식에 따라 계산한 금액(그 수가 음수이면 영으로 보고, 감면받은 과세연도 종료일 이후 2개 과세연도 연속으로 상시근로자 수가 감소한 경우에는 두 번째 과세연도에는 첫 번째 과세연도에 납부한 금액을 뺀 금액을 말한다)으로 하며, 이를 상시근로자 수가 감소한 과세연도의 과세표준을 신고할 때 소득세 또는 법인세로 납부해야 한다.

> 해당 기업의 상시근로자 수가 감소한 과세연도의 직전 2년 이내의 과세연도에 법 제121조의21제4항제2호를 적용하여 감면받은 세액의 합계액 − 〔상시근로자 수가 감소한 과세연도의 감면대상사업장의 상시근로자 수 × 1천5백만원(청년 상시근로자와 법 제121조의21제4항제2호의 서비스업의 경우에는 2천만원으로 한다)〕

(2023.2.28 본항개정)
⑥ 법 제121조의21제4항 및 제6항을 적용할 때 상시근로자 및 청년 상시근로자의 범위, 상시근로자 수 및 청년 상시근로자 수의 계산방법에 관하여는 제11조의2제6항 및 제7항을 준용한다.(2023.2.28 본항개정)
⑦ 법 제121조의21제8항에 따라 추징하는 법인세액 또는 소득세액은 감면받은 세액 전액으로 한다.
⑧ 금융위원회, 국토교통부장관 및 지방자치단체의 장은 법 제121조의21제8항에 따른 추징사유가 발생한 사실을 알았을 때에는 이를 지체 없이 관할 세무서장에게 통보하여야 한다.(2013.3.23 본항개정)
⑨ 세무서장은 금융중심지 창업기업 등의 폐업일 또는 폐쇄일을 확인하였을 때에는 해당 기업의 사업장을 관할하는 지방자치단체의 장에게 이를 지체 없이 통보하여야 한다.
⑩ 법 제121조의21제10항 각 호 외의 부분 전단에서 "대통령령으로 정하는 바에 따라 계산한 세액"이란 다음 각 호의 구분에 따른 세액을 말한다.
1. 법 제121조의21제10항제1호에 해당하는 경우 : 폐업일 또는 법인해산일부터 소급하여 3년 이내에 감면된 세액
2. 법 제121조의21제10항제2호에 해당하는 경우 : 이전일부터 소급하여 5년 이내에 감면된 세액
(2022.2.15 본항신설)
⑪ 법 제121조의21제11항에 따라 법인세 또는 소득세 감면신청을 하려는 자는 과세표준신고와 함께 기획재정부령으로 정하는 세액감면신청서를 납세지 관할 세무서장에게 제출하여야 한다.(2022.2.15 본항개정)

제5장의6 첨단의료복합단지 및 국가식품 클러스터 지원을 위한 조세특례
(2020.2.11 본장제목개정)

제116조의27 【첨단의료복합단지 및 국가식품클러스터 입주기업에 대한 법인세 등의 감면】 ① 법 제121조

의22제1항제1호에서 "대통령령으로 정하는 사업"이란 「보건의료기술 진흥법」 제2조제1항제1호에 따른 보건의료기술과 관련된 사업을 말한다.(2020.2.11 본항개정)
② 법 제121조의22제1항제2호에서 "대통령령으로 정하는 사업"이란 「농업·농촌·식품산업 기본법」 제3조제8호에 따른 식품산업과 그에 관련된 사업을 말한다.(2020.2.11 본항신설)
③ 법 제121조의22제3항제1호에서 "대통령령으로 정하는 투자누계액"이란 법 제121조의22제2항에 따라 소득세 또는 법인세를 감면받는 해당 과세연도까지의 기획재정부령으로 정하는 사업용자산에 대한 투자합계액을 말한다.
④ 법 제121조의22제3항제2호에서 "대통령령으로 정하는 서비스업"이란 제23조제4항에 따른 서비스업을 말한다.(2019.2.12 본항개정)
⑤ 법 제121조의22제5항에 따라 납부해야 할 소득세액 또는 법인세액은 다음 계산식에 따라 계산한 금액〔그 수가 음수(陰數)인 경우에는 영으로 보고, 감면받은 과세연도 종료일 이후 3개 과세연도 연속으로 상시근로자 수가 감소한 경우에는 세 번째 과세연도에는 첫 번째 과세연도와 두 번째 과세연도에 납부한 금액의 합을 뺀 금액을 말하고, 2개 과세연도 연속으로 상시근로자 수가 감소한 경우에는 두 번째 과세연도에는 첫 번째 과세연도에 납부한 금액을 뺀 금액을 말한다〕으로 하며, 이를 상시근로자 수가 감소한 과세연도의 과세표준을 신고할 때 소득세 또는 법인세로 납부해야 한다.

> 해당 기업의 상시근로자 수가 감소한 과세연도의 직전 3년 동안의 과세연도에 법 제121조의22제3항제2호를 적용하여 감면받은 세액의 합계액 − 〔상시근로자 수가 감소한 과세연도의 감면대상사업장의 상시근로자 수 × 1천5백만원(청년 상시근로자와 법 제121조의22제3항제2호의 서비스업의 경우에는 2천만원으로 한다)〕

(2023.2.28 본항개정)
⑥ 법 제121조의22제3항 및 제5항을 적용할 때 상시근로자 및 청년 상시근로자의 범위, 상시근로자 수 및 청년 상시근로자 수의 계산방법에 관하여는 제11조의2제6항 및 제7항을 준용한다.(2023.2.28 본항개정)
⑦ 법 제121조의22제7항 각 호 외의 부분 전단에서 "대통령령으로 정하는 바에 따라 계산한 세액"이란 다음 각 호의 구분에 따른 세액을 말한다.
1. 법 제121조의22제7항제1호에 해당하는 경우 : 폐업일 또는 법인해산일부터 소급하여 3년 이내에 감면된 세액
2. 법 제121조의22제7항제2호에 해당하는 경우 : 이전일부터 소급하여 5년 이내에 감면된 세액
(2022.2.15 본항신설)
⑧ 법 제121조의22제8항에 따라 소득세 또는 법인세를 감면받으려는 자는 과세표준신고와 함께 기획재정부령으로 정하는 세액감면신청서를 납세지 관할 세무서장에게 제출하여야 한다.(2022.2.15 본항개정)
(2020.2.11 본조제목개정)

제5장의7 농업협동조합중앙회 구조개편을 위한 조세특례

제116조의28 【농업협동조합중앙회의 분할 등에 대한 과세특례】 ① 법 제121조의23제4항에서 「농업협동조합법」에 따른 농업협동조합중앙회(이하 이 조에서 "농업협동조합중앙회"라 한다)가 법 제121조의23제3항에 따라 농협경제지주회사와 「상법」 제360조의2에 따른 주식의 포괄적 교환을 하는 경우에 다시 과세를 이연받는 금액은 법 제121조의23제1항에 따른 분할로 취득한 주식에 계상된 압축기장충당금에 상당하는 금액으로 한다.

② 법 제121조의23제5항에서 "대통령령으로 정하는 사업"이란 다음 각 호의 사업을 말한다.
1. 「농업협동조합법」 제134조제1항제2호나목·다목 및 같은 항 제3호나목의 사업 중 지원 및 지도 사업
2. 「농업협동조합법」 제161조의4제1항제6호에 따른 경제사업 활성화에 필요한 자금지원 사업(2017.6.27 본호개정)
3. 「농업협동조합법 시행령」 별표4 제3호에 따른 사업 중 지원 및 지도 사업
③ 법 제121조의23제7항에서 "「농업협동조합법」 제68조에 따라 회원에게 배당하는 금액 등 대통령령으로 정하는 금액"이란 다음 각 호의 금액을 합한 금액을 말한다.(2021.2.17 본문개정)
1. 농업협동조합중앙회가 「농업협동조합법」 제161조에 따라 같은 법 제68조를 준용하여 해당 사업연도의 다음 사업연도에 회원에게 배당하는 금액
2. 2012년 3월 2일 이후 개시하는 사업연도부터 해당 사업연도까지 「농업협동조합법」 제161조에 따라 같은 법 제68조를 준용하여 회원에게 배당하는 금액의 합계액에서 2012년 3월 2일이 속하는 사업연도부터 해당 사업연도의 직전 사업연도까지 법 제121조의23제6항에 따라 고유목적사업준비금으로 세무조정계산서에 계상된 금액의 합계액을 뺀 금액(그 수가 음수이면 영으로 본다)
(2015.2.3 본조개정)

제5장의8 수산업협동조합중앙회 구조개편을 위한 조세특례
(2016.12.1 본장신설)

제116조의29【수산업협동조합중앙회의 분할 등에 대한 과세특례】
① 법 제121조의25제1항을 적용할 때 「법인세법」 제47조제1항의 요건을 갖춘 분할로 보는 경우는 「수산업협동조합법」에 따른 수산업협동조합중앙회(이하 이 조에서 "수산업협동조합중앙회"라 한다)가 「수산업협동조합법」 제141조의4제1항에 따라 신용사업을 분리하여 수협은행을 설립하는 경우로 한다.
② 법 제121조의25제2항 및 같은 조 제5항제2호에서 "대통령령으로 정하는 자금"이란 각각 「예금자보호법」 제3조에 따른 예금보험공사가 「수산업협동조합법」 제153조에 따라 수산업협동조합중앙회에 출자한 자금을 말한다.
③ 법 제121조의25제3항에서 "대통령령으로 정하는 사업"이란 다음 각 호의 사업을 말한다.
1. 「수산업협동조합법」 제2조제4호에 따른 조합(이하 "조합"이라 한다)이 같은 법 제141조의9제1항제4호에 따라 수협은행에 위탁하는 사업
2. 「수산업협동조합법」 제141조의9제1항제7호의 사업 중 조합의 전산시스템 위탁운영 및 관리에 관한 사업
④ 법 제121조의25제4항에 따라 수산업협동조합의 명칭을 사용하는 법인은 「수산업협동조합법」 제162조의2제1항에 따라 수산업협동조합의 명칭을 사용하는 법인으로 한다.
⑤ 법 제121조의25제5항제1호에서 "대통령령으로 정하는 금액"이란 수산업협동조합중앙회가 「수산업협동조합법」 제168조에는 같은 법 제71조를 준용하여 해당 사업연도의 다음 사업연도에 회원에게 배당하는 금액을 말한다.
⑥ 법 제121조의25제6항에 따라 「법인세법」 제52조를 적용하지 아니하는 명칭사용료는 「수산업협동조합법」 제162조의2제1항에 따라 수산업협동조합의 명칭을 사용하는 법인이 지출하는 명칭사용료를 말한다.
⑦ 법 제121조의25제7항에 따라 부가가치세를 면제하는 명칭사용용역은 수산업협동조합중앙회가 「수산업협동조합법」 제162조의2제1항에 따라 수산업협동조합의

명칭을 사용할 수 있도록 하는 것으로 한다.
⑧ 법 제121조의25제8항제1호에 따라 부가가치세가 면제되는 전산용역은 다음 각 호의 어느 하나에 해당하는 용역으로 한다.
1. 수협은행이 「수산업협동조합법」 제141조의9제1항제4호에 따라 수산업협동조합중앙회로부터 위탁받은 같은 법 제138조제1항제1호라목의 정보망 구축을 위하여 공급하는 용역
2. 수협은행이 「수산업협동조합법」 제141조의9제1항제7호에 따라 조합에 공급하는 전산시스템의 위탁운영 및 관리에 대한 용역
⑨ 법 제121조의25제8항제2호에 따라 부가가치세를 면제하는 전산용역은 수협은행이 「수산업협동조합법」 제141조의9제1항제7호에 따라 수산업협동조합중앙회에 공급하는 전산시스템의 위탁운영 및 관리에 대한 용역으로 한다.

제5장의9 사업재편계획을 위한 조세특례
(2016.5.10 본장신설)

제116조의30【내국법인의 금융채무 상환 및 투자를 위한 자산매각에 대한 과세특례】
① 법 제121조의26제1항 각 호 외의 부분에서 "대통령령으로 정하는 사업재편계획"이란 「기업 활력 제고를 위한 특별법」 제9조제2항 각 호에 다음 각 호의 내용이 포함되어 있는 것으로서 같은 법 제10조에 따라 주무부처의 장(이하 이 조에서 "사업재편계획승인권자"라 한다)이 승인한 계획(이하 이 조에서 "사업재편계획"이라 한다)을 말한다.
(2022.2.15 본문개정)
1. 자산의 양도를 통하여 상환할 제8항 각 호의 금액(이하 이 조에서 "금융채권자채무"라 한다) 총액 및 내용(2022.2.15 본호개정)
2. 자산의 양도를 통하여 투자(법 제121조의26제1항제2호에 따른 투자를 말하며, 이하 이 조에서 같다)할 자산 총액 및 내용(2022.2.15 본호개정)
3. 제1호에 따른 금융채권자채무 상환계획 또는 제2호에 따른 투자계획(2022.2.15 본호신설)
4. 양도할 자산의 내용 및 양도계획
② 법 제121조의26제1항 각 호 외의 부분에서 "대통령령으로 정하는 금액"으로서 "대통령령으로 정하는 결손금을 초과하는 금액"이란 다음의 계산식에 따라 계산한 금액(이하 이 조에서 "양도차익상당액"이라 한다)을 말한다.

$$양도차익상당액 = (A - B) \times \frac{(D + E)}{C}$$

A : 법 제121조의26제1항에 따른 양도차익
B : 자산양도일이 속하는 사업연도의 직전 사업연도 종료일 현재 「법인세법」 제13조제1항제1호에 따른 결손금(이하 이 조에서 "이월결손금"이라 한다). 이 경우 해당 내국법인이 무상으로 받은 자산의 가액이나 채무의 면제 또는 소멸로 인한 부채의 감소액으로 먼저 이월결손금을 보전하는 경우에는 이월결손금에서 그 보전액을 뺀 금액으로 한다.
C : 법 제121조의26제1항에 따라 양도한 자산의 양도가액(이하 이 조에서 "양도가액"이라 한다)
D : 양도가액 중 기획재정부령으로 정하는 채무상환 및 투자(계획)명세서에 기재된 계획채무상환액(이하 이 조에서 "계획채무상환액"이라 한다)
E : 양도차익 중 기획재정부령으로 정하는 채무상환 및 투자(계획)명세서에 기재된 계획투자금액(이하 이 조에서 "계획투자금액"이라 한다)
(2022.2.15 본항신설)
③ 법 제121조의26제1항제1호에서 "대통령령으로 정하는 날"이란 각 회의 할부금(계약금은 첫 회의 할부금에

포함되는 것으로 한다)을 받은 날을 말한다.(2022.2.15 본항개정)

④ 법 제121조의26제1항제1호에서 "대통령령으로 정하는 부득이한 사유"란「기업구조조정 촉진법」제2조제2호에 따른 금융채권자(이하 이 조에서 "금융채권자"라 한다)가 금융채권자채무를 상환한 금액(이하 이 조에서 채무상환액"이라 한다)을 수령할 수 없는 사정이 있어서 상환이 불가능한 경우를 말한다.(2022.2.15 본항개정)

⑤ 법 제121조의26제1항제1호에서 "대통령령으로 정하는 기한"이란 다음 각 호의 어느 하나에 해당하는 날까지의 기한을 말한다.(2022.2.15 본문개정)

1. 제4항에 해당하는 사유가 있는 경우로서 그 사유가 종료된 날이 자산을 양도한 날(이하 이 조에서 "자산양도일"이라 한다)부터 3개월이 되는 날보다 나중에 오는 경우에는 그 사유가 종료된 날의 다음 날 (2022.2.15 본호개정)

2. 제1호 외의 경우에는 자산양도일부터 3개월이 되는 날

⑥ 법 제121조의26제1항제2호에서 "대통령령으로 정하는 기한"이란 자산양도일부터 1년이 되는 날을 말한다. (2022.2.15 본항개정)

⑦ 법 제121조의26제1항 및 제2항을 적용할 때 자산양도일에 관하여는「소득세법 시행령」제162조를 준용한다. 다만, 장기할부조건의 양도의 경우에는 제3항에 따른 날로 한다.(2022.2.15 단서개정)

⑧ 법 제121조의26제1항 및 제2항을 적용할 때 채무의 범위는 사업재편계획에 채무의 내용 및 자산의 양도를 통한 채무의 상환계획이 명시되어 있는 것으로서 다음 각 호의 금액으로 한다.(2022.2.15 본문개정)

1. 금융채권자로부터 사업과 관련하여 차입한 차입금 (2018.2.13 본호개정)

2. 제1호에 따른 차입금에 대한 이자

3. 해당 내국법인이 자금조달의 목적으로 발행한 회사채로서 금융채권자가 매입하거나 보증한 금액

4. 해당 내국법인이 자금조달의 목적으로 발행한 기업어음으로서 금융채권자가 매입한 금액

(2018.2.13 3호~4호개정)

⑨ 법 제121조의26제2항 각 호 외의 부분 전단에 따라 익금에 산입하지 아니한 금액을 익금에 산입하는 경우에는 다음 각 호의 구분에 따라 계산한 금액을 익금에 산입한다.

1. 법 제121조의26제2항제1호에 해당하는 경우 : 다음의 계산식에 따라 계산한 금액

$$\text{익금에 산입하는 금액} = \left[A \times \frac{B}{(B+C)} \times \frac{(B-D)}{B}\right] + \left[A \times \frac{C}{(B+C)} \times \frac{(C-E)}{C}\right]$$

A : 양도차익상당액
B : 계획채무상환액
C : 계획투자금액
D : 양도가액 중 실제 채무상환액
E : 양도가액 중 실제 투자금액

2. 법 제121조의26제2항제2호에 해당하는 경우 : 다음의 계산식에 따라 계산한 금액

$$\text{익금에 산입하는} = A \times \frac{B}{(B+C)} \times \frac{D}{B} \times E$$

A : 양도차익상당액
B : 계획채무상환액
C : 계획투자금액
D : 양도가액 중 실제 채무상환액
E : 부채비율에서 기준부채비율을 뺀 비율이 기준부채비율에서 차지하는 비율(이 비율이 1을 초과하는 경우에는 1로 본다)

3. 법 제121조의26제2항제3호에 해당하는 경우 : 다음의 계산식에 따라 계산한 금액

$$\text{익금에 산입하는 금액} = A \times \frac{C}{(B+C)} \times \frac{D}{C} \times \frac{E}{D}$$

A : 양도차익상당액
B : 계획채무상환액
C : 계획투자금액
D : 양도가액 중 실제 투자금액
E : 법 제121조의26제2항제3호에 따라 처분한 자산의 취득가액

(2022.2.15 본호신설)

4. 법 제121조의26제2항제4호 또는 제5호에 해당하는 경우 : 양도차익상당액 중 익금에 산입하지 않은 금액 전액

(2022.2.15 본항개정)

⑩ 법 제121조의26제2항 각 호 외의 부분 후단에 따라 법인세에 가산하여 납부하여야 하는 이자상당가산액은 각각 자산양도일이 속하는 사업연도에 제9항 각 호에 따른 금액을 익금에 산입하지 않아 발생한 법인세액의 차액에 제1호에 따른 기간과 제2호에 따른 율을 곱하여 계산한 금액을 말한다.(2022.2.15 본문개정)

1. 자산양도일이 속하는 사업연도 종료일의 다음 날부터 제9항 각 호에 따른 금액을 익금에 산입하는 사업연도의 종료일까지의 기간

2. 제11조의2제9항제2호에 따른 율(2022.2.15 본호개정)

⑪ 제9항(같은 항 제4호는 제외한다. 이하 이 항에서 같다)과 제10항을 적용할 때 제9항에 따른 금액을 익금에 산입하기 전에 법 제121조의26제1항에 따라 익금에 산입하지 않은 금액의 일부 또는 전부로서 그 이후 익금에 산입한 금액(이하 이 조에서 "기익금산입액"이라 한다)이 있으면 먼저 익금에 산입한 순서대로 기익금산입액을 제9항에 따른 익금산입액으로 보며 익금에 산입한 사업연도까지의 기간을 기준으로 제10항에 따른 이자상당가산액을 계산한다.(2022.2.15 본항개정)

⑫ 법 제121조의26제2항제2호 및 제3호를 적용할 때 자산양도일부터 해당 사업연도 종료일까지의 기간을 1년으로 보아 제9항 각 호에 따른 기간을 계산한다.

(2022.2.15 본항개정)

⑬ 법 제121조의26제2항제2호를 적용할 때 부채비율은 각 사업연도 종료일 현재 기획재정부령으로 정하는 부채(자산양도일과 채무상환일이 서로 다른 사업연도에 속하는 경우로서 자산양도일이 속하는 사업연도의 부채비율을 산정하는 경우에는 채무상환 예정가액을 뺀 금액으로 한다. 이하 이 조에서 "부채"라 한다)를 재무상태표의 자기자본(기획재정부령으로 정하는 바에 따라 계산한 금액으로 하며, 자기자본이 납입자본금보다 적은 경우에는 기획재정부령으로 정하는 바에 따라 계산한 납입자본금을 말한다. 이하 이 조에서 "자기자본"이라 한다)으로 나누어 계산한다. 이 경우 외화표시자산 및 부채에 대해서는 기획재정부령으로 정하는 바에 따라 평가한 금액으로 한다.(2021.1.5 전단개정)

⑭ 법 제121조의26제2항제2호를 적용할 때 기준부채비율은 제1호의 비율에서 제2호의 비율을 뺀 비율로 한다. 이 경우 외화표시자산 및 부채에 대해서는 기획재정부령으로 정하는 바에 따라 평가한 금액으로 한다.

1. 사업재편계획이 최초로 승인된 날이 속하는 사업연도의 직전 사업연도 종료일(이하 이 조에서 "기준부채비율산정기준일"이라 한다) 현재의 부채를 기준부채비율산정기준일 현재의 자기자본으로 나누어 계산한 비율. 이 경우 기준부채비율산정기준일 이후 사업재편계획이 최초로 승인된 날의 전날까지의 기간 중 어느 한 날을 기준으로 사업재편계획의 수립을 위하여 평가한 부채 및 자기자본으로서 사업재편계획승인권자

가 확인한 경우에는 그 부채 및 자기자본을 사용하여 계산할 수 있다.
2. 채무상환액(자산양도일과 채무상환일이 서로 다른 사업연도에 속하는 경우로서 자산양도일이 속하는 사업연도의 기준부채비율을 산정하는 경우에는 계획채무상환액으로 한다)을 제1호에 따른 자기자본으로 나누어 계산한 비율(2022.2.15 본호개정)
⑮ 법 제121조의26제2항제2호에서 "대통령령으로 정하는 바에 따라 둘 이상의 내국법인이 공동으로 수립한 사업재편계획"이란 사업재편계획 중 「기업 활력 제고를 위한 특별법」 제9조제4항에 따라 둘 이상의 기업이 공동으로 신청하여 사업재편계획승인권자가 승인한 계획을 말한다. 다만, 특수관계인인 법인 간에 공동으로 신청한 경우는 제외한다.(2022.2.15 본항신설)
⑯ 법 제121조의26제2항제4호 본문에서 "합병법인 등 대통령령으로 정하는 법인"이란 사업재편계획에 따라 합병·분할 등 「기업 활력 제고를 위한 특별법」 제2조제2호가목의 방식에 따라 해당 사업을 승계하는 법인을 말한다.(2022.2.15 본항개정)
⑰ 법 제121조의26제2항제4호 단서에서 "파산 등 대통령령으로 정하는 부득이한 사유"란 다음 각 호의 어느 하나에 해당하는 경우를 말한다.(2022.2.15 본문개정)
1. 파산선고를 받은 경우
2. 천재지변이나 그 밖에 이에 준하는 사유로 폐업한 경우(2022.2.15 본호개정)
⑱ 법 제121조의26제2항제5호에서 "대통령령으로 정하는 사유"란 「기업 활력 제고를 위한 특별법」 제13조제1항에 따라 사업재편계획의 승인이 취소된 경우를 말한다.(2022.2.15 본항개정)
⑲ 사업재편계획을 승인받은 내국법인(이하 이 조에서 "사업재편계획 승인내국법인"이라 한다)은 사업재편계획승인권자의 확인을 받아 기획재정부령으로 정하는 사업재편계획서 및 사업재편계획이행보고서를 다음 각 호의 구분에 따른 기한까지 납세지 관할 세무서장에게 제출하여야 한다.
1. 사업재편계획서 : 사업재편계획 승인내국법인의 사업재편계획 승인일이 속하는 사업연도 종료일
2. 사업재편계획이행보고서 : 다음 각 목에 해당하는 사업연도의 과세표준 신고기한
가. 자산양도일이 속하는 사업연도
나. 금융채권자채무를 상환한 날(이하 이 조에서 "채무상환일"이라 한다) 또는 사업재편계획에 따른 투자로 자산을 취득한 날(이하 이 조에서 "투자실행일"이라 한다)이 속하는 사업연도(자산양도일과 채무상환일 또는 투자실행일이 서로 다른 사업연도에 속하는 경우로 한정한다)(2022.2.15 본목개정)
다. 채무상환일이 속하는 사업연도의 다음 3개 사업연도
라. 투자실행일이 속하는 사업연도의 다음 4개 사업연도(2022.2.15 본목신설)
⑳ 법 제121조의26제1항을 적용받으려는 내국법인은 자산양도일이 속하는 사업연도의 과세표준신고시고를 할 때 기획재정부령으로 정하는 양도차익명세서, 분할익금산입조정명세서와 채무상환 및 투자(계획)명세서를 납세지 관할 세무서장에게 제출해야 한다. 다만, 자산양도일과 채무상환일 또는 투자실행일이 서로 다른 사업연도에 속하는 경우에는 채무상환일 또는 투자실행일이 속하는 사업연도의 과세표준 신고시에 채무상환 및 투자(계획)명세서를 함께 제출해야 한다.(2022.2.15 본항개정)
(2022.2.15 본조제목개정)

제116조의31【채무의 인수·변제에 대한 과세특례】
① 법 제121조의27제1항에 따른 인수·변제(이하 이 조에서 "채무인수·변제"라 한다)는 같은 조 제1항에 따른 주주등(이하 이 조에서 "주주등"이라 한다)이 단독

또는 공동으로 하나의 계약에 따라 일시에 인수·변제하는 것에 한정한다.
② 법 제121조의27제1항부터 제5항까지의 규정을 적용할 때 채무의 범위는 제3항에 따른 사업재편계획에 채무의 내용 및 주주등의 채무인수·변제 계획이 명시되어 있는 것으로서 제116조의30제8항 각 호의 금액(이하 이 조에서 "금융채권자채무"라 한다)으로 한다.(2018.2.13 본항개정)
③ 법 제121조의27제1항에서 "대통령령으로 정하는 사업재편계획"이란 「기업 활력 제고를 위한 특별법」 제9조제2항 각 호에 다음 각 호의 내용이 포함되어 있는 것으로서 같은 법 제10조에 따라 주무부처의 장(이하 이 조에서 "사업재편계획승인권자"라 한다)이 승인한 계획(이하 이 조에서 "사업재편계획"이라 한다)을 말한다.
1. 주주등이 인수·변제할 금융채권자채무의 총액 및 내용(2018.2.13 본호개정)
2. 주주등의 채무인수·변제 계획
3. 법 제121조의27제1항 및 이 조 제4항제1호·제2호에 해당하는 자(이하 이 조에서 "지배주주등"이라 한다)의 소유 주식 또는 출자지분 양도 계획
④ 법 제121조의27제1항에 따른 지배주주·출자자 및 그 특수관계인은 다음 각 호의 어느 하나에 해당하는 자로 한다.
1. 「법인세법 시행령」 제43조제7항에 따른 지배주주등
2. 「법인세법 시행령」 제43조제8항에 따른 특수관계에 있는 자
⑤ 법 제121조의27제1항 및 같은 조 제3항제3호에서 "대통령령으로 정하는 특수관계인"이란 각각 해당 내국법인 또는 지배주주등과 「법인세법 시행령」 제2조제5항 각 호의 어느 하나에 해당하는 관계에 있는 자를 말한다.(2019.2.12 본항개정)
⑥ 법 제121조의27제1항에서 "대통령령으로 정하는 금액"이란 법 제121조의27제2항에 따른 양도대상법인(이하 이 조에서 "양도대상법인"이라 한다)의 금융채권자채무 중 해당 주주등이 같은 조 제1항에 따라 인수·변제한 금액(이하 이 조에서 "채무인수·변제액"이라 한다)을 말한다.(2018.2.13 본항개정)
⑦ 법 제121조의27제2항에서 "대통령령으로 정하는 결손금을 초과하는 금액"이란 채무인수·변제를 받은 금액에서 「법인세법 시행령」 제16조제1항에 따른 결손금(이하 이 조에서 "이월결손금"이라 한다)을 뺀 금액(이하 이 조에서 "채무감소액"이라 한다)을 말한다. 이 경우 양도대상법인이 무상으로 받은 자산의 가액과 채무의 면제 또는 소멸로 인한 부채의 감소액(채무인수·변제를 받은 금액은 제외한다)으로 먼저 이월결손금을 보전하는 경우에는 이월결손금에서 그 보전액을 제외한 잔액을 뺀 금액을 말한다.(2019.2.12 전단개정)
⑧ 법 제121조의27제3항 각 호 외의 부분 전단에 따라 양도대상법인이 익금에 산입하지 아니한 금액을 익금에 산입하는 경우에는 다음 각 호의 구분에 따라 계산한 금액을 익금에 산입하는 방법에 따른다.
1. 법 제121조의27제3항제1호에 해당하는 경우 : 다음의 산식에 따라 계산한 금액
채무감소액 × 부채비율에서 기준부채비율을 뺀 비율이 기준부채비율에서 차지하는 비율(이 비율이 1을 초과하는 경우에는 1로 본다)
2. 법 제121조의27제3항제2호부터 제4호까지의 규정 중 어느 하나에 해당하는 경우 : 채무감소액 중 익금에 산입하지 아니한 금액 전액
⑨ 법 제121조의27제3항 각 호 외의 부분 후단에 따라 법인세에 가산하여 납부하여야 할 세액은 다음 각 호의 방법에 따라 계산한다.
1. 법 제121조의27제3항제1호에 해당하는 경우 : 다음의 산식에 따라 계산한 금액

채무인수·변제액을 손금에 산입한 사업연도에 채무인수·변제액을 손금에 산입함에 따라 발생한 법인세액 차액 × 부채비율에서 기준부채비율을 뺀 비율이 기준부채비율에서 차지하는 비율(이 비율이 1을 초과하는 경우에는 1로 본다)

2. 법 제121조의27제3항제2호부터 제4호까지의 규정 중 어느 하나에 해당하는 경우 : 채무인수·변제액을 손금에 산입한 사업연도에 채무인수·변제액을 손금에 산입함에 따라 발생한 법인세 차액

⑩ 법 제121조의27제3항 각 호 외의 부분 후단에 따라 법인세에 가산하여 납부하여야 하는 이자상당가산액은 다음 각 호의 금액을 합산한 금액으로 한다.

1. 채무인수·변제를 받은 사업연도에 제8항에 따라 익금에 산입하여야 할 금액을 익금에 산입하지 아니함에 따라 발생한 법인세액의 차액에 가목에 따른 기간과 나목에 따른 율을 곱하여 계산한 금액
  가. 채무인수·변제를 받은 날이 속하는 사업연도의 종료일의 다음 날부터 제8항에 따라 익금에 산입하여야 할 금액을 익금에 산입하는 사업연도의 종료일까지의 기간
  나. 제11조의2제9항제2호에 따른 율 (2022.2.15 본목개정)

2. 제9항에 따라 납부하여야 할 세액에 가목에 따른 기간과 나목에 따른 율을 곱하여 계산한 금액
  가. 채무인수·변제를 한 날이 속하는 사업연도의 종료일의 다음 날부터 제9항에 따라 납부하여야 할 세액을 납부하는 사업연도의 종료일까지의 기간
  나. 제11조의2제9항제2호에 따른 율 (2022.2.15 본목개정)

⑪ 법 제121조의27제3항제1호를 적용할 때 채무인수·변제를 한 날부터 해당 사업연도 종료일까지의 기간을 1년으로 보아 3년의 기간을 계산한다.

⑫ 법 제121조의27제3항제1호에 따른 부채비율 및 기준부채비율의 산정에 관하여는 제116조의30제13항 및 제14항을 준용한다. 이 경우 "채무상환액"은 "채무인수·변제를 받은 금액의 합계"로 한다. (2016.12.1 전단개정)

⑬ 법 제121조의27제3항제2호 본문에서 "합병법인 등 대통령령으로 정하는 법인"이란 사업재편계획에 따라 합병·분할 등 「기업 활력 제고를 위한 특별법」 제2조제2호가목의 방식에 따라 해당 사업을 승계하는 법인을 말한다.

⑭ 법 제121조의27제3항제2호 단서에서 "파산 등 대통령령으로 정하는 부득이한 사유"란 다음 각 호의 어느 하나에 해당하는 경우를 말한다.
1. 파산선고를 받은 경우
2. 천재지변이나 그 밖에 이에 준하는 사유로 사업을 폐지한 경우

⑮ 법 제121조의27제3항제4호에서 "대통령령으로 정하는 사유"란 「기업 활력 제고를 위한 특별법」 제13조제1항에 따라 사업재편계획의 승인이 취소된 경우를 말한다.

⑯ 법 제121조의27제4항에 따른 법인의 양도·양수의 경우 양도대상법인의 자산부족액은 해당 주식양도계약에 자산의 실제조사에 대한 내용이 포함되어 있는 경우로서 주식양도일 현재의 자산부족액을 양도대상법인이 「금융위원회의 설치 등에 관한 법률」 제19조에 따라 설립된 증권선물위원회에 요청하여 지명을 받은 회계법인으로부터 확인받아 수정하여 회계처리한 것에 한정한다. (2021.1.5 본항개정)

⑰ 법 제121조의27제5항 단서에서 "대통령령으로 정하는 특수관계인"이란 채무인수·변제를 한 주주등과 「상속세 및 증여세법 시행령」 제2조의2제1항 각 호의 어느 하나에 해당하는 관계에 있는 자를 말한다.

⑱ 사업재편계획을 승인받은 내국법인(이하 이 조에서 "사업재편계획 승인내국법인"이라 한다)은 사업재편계획승인권자의 확인을 받아 기획재정부령으로 정하는 사업재편계획서 및 사업재편계획이행보고서를 다음 각 호의 구분에 따른 기한까지 납세지 관할 세무서장에게 제출하여야 한다.

1. 사업재편계획서 : 사업재편계획 승인내국법인의 사업재편계획 승인일이 속하는 사업연도 종료일
2. 사업재편계획이행보고서 : 다음 각 목에 해당하는 사업연도의 과세표준 신고기한 종료일
  가. 채무인수·변제를 한 날이 속하는 사업연도
  나. 법 제121조의27제1항에 따라 주식 등을 양도한 날이 속하는 사업연도(가목의 사업연도와 다른 경우에 한정한다)
  다. 법 제121조의27제1항에 따라 주식 등을 양도한 날이 속하는 사업연도의 다음 3개 사업연도

⑲ 법 제121조의27제1항을 적용받으려는 주주등은 채무인수·변제를 한 날이 속하는 사업연도의 과세표준 신고를 할 때 기획재정부령으로 정하는 법인양도·양수계획서, 채무인수·변제명세서 및 세액감면신청서를 납세지 관할 세무서장에게 제출하여야 한다.

⑳ 법 제121조의27제2항을 적용받으려는 내국법인은 채무인수·변제를 받은 날이 속하는 사업연도의 과세표준 신고를 할 때 기획재정부령으로 정하는 법인양도·양수계획서, 채무인수·변제명세서 및 분할익금산입조정명세서를 납세지 관할 세무서장에게 제출하여야 한다.

제116조의32 【주주등의 자산양도에 관한 법인세 등 과세특례】 ① 법 제121조의28제1항에 따른 증여는 같은 항 각 호 외의 부분에 따른 주주 또는 출자자(이하 이 조에서 "주주등"이라 한다)가 단독 또는 공동으로 하나의 계약에 의하여 일시에 증여하는 것에 한정한다.

② 법 제121조의28제1항 각 호 외의 부분에서 "대통령령으로 정하는 결손금을 초과하는 금액"이란 법 제121조의28제1항에 따라 증여받은 자산가액에서 「법인세법 시행령」 제16조제1항에 따른 결손금(이하 이 조에서 "이월결손금"이라 한다)을 뺀 금액(이하 이 조에서 "자산수증익"이라 한다)을 말한다. 이 경우 해당 내국법인이 무상으로 받은 자산의 가액과 채무의 면제 또는 소멸로 인한 부채의 감소액(법 제121조의28제1항에 따라 증여받은 자산가액은 제외한다)으로 먼저 이월결손금을 보전하는 경우에는 이월결손금에서 그 보전액을 제외한 잔액을 뺀 금액을 말한다. (2019.2.12 전단개정)

③ 법 제121조의28제1항제1호에서 "대통령령으로 정하는 사업재편계획"이란 「기업 활력 제고를 위한 특별법」 제3조제2항 각 호에 다음 각 호의 내용이 포함되어 있는 것으로서 같은 법 제10조에 따라 주무부처의 장(이하 이 조에서 "사업재편계획승인권자"라 한다)이 승인한 계획(이하 이 조에서 "사업재편계획"이라 한다)을 말한다.

1. 주주등의 자산양도 또는 자산증여 계획
2. 제1호에 따른 자산양도 또는 자산증여를 통하여 상환할 채무의 총액 및 내용
3. 제2호에 따른 채무의 상환계획

④ 법 제121조의28제1항제2호에서 "대통령령으로 정하는 기한"이란 각각 다음 각 호의 어느 하나에 해당하는 날까지의 기한을 말한다.

1. 제7항에 해당하는 사유가 있는 경우로서 그 사유가 종료된 날이 금전을 받은 날 또는 자산을 양도한 날(이하 이 조에서 "자산양도일"이라 한다)부터 3개월이 되는 날보다 나중에 오는 경우에는 그 사유가 종료된 날의 다음 날
2. 제1호 외의 경우에는 금전을 받은 날 또는 자산양도일부터 3개월이 되는 날

⑤ 법 제121조의28제1항제2호에서 "대통령령으로 정하는 날"이란 각 회의 할부금(계약금은 첫 회의 할부금에 포함되는 것으로 한다)을 받은 날을 말한다.

⑥ 법 제121조의28제1항제2호에서 "대통령령으로 정하는 금융채권자"란 「기업구조조정 촉진법」 제2조제2호에 따른 금융채권자(이하 이 조에서 "금융채권자"라 한다)를 말한다.(2018.2.13 본항개정)
⑦ 법 제121조의28제1항제2호에서 "대통령령으로 정하는 부득이한 사유"란 금융채권자가 채무상환액을 수령할 수 없는 사정이 있어서 상환이 불가능한 경우를 말한다.(2018.2.13 본항개정)
⑧ 법 제121조의28제1항제2호에 따라 상환하는 채무는 사업재편계획에 채무의 내용 및 주주등의 자산 증여를 통한 상환계획이 명시되어 있는 것으로서 제116조의30 제8항 각 호의 금액을 말한다.(2018.2.13 본항개정)
⑨ 법 제121조의28제2항에서 "대통령령으로 정하는 금액"이란 주주등이 증여한 자산의 장부가액(이하 이 조에서 "자산증여액"이라 한다)을 말한다.
⑩ 법 제121조의28제1항 및 제2항을 적용할 때 자산의 양도시기에 대해서는 「소득세법 시행령」 제162조를 준용한다. 다만, 장기할부조건의 양도의 경우에는 제5항에 따른 날로 한다.
⑪ 법 제121조의28제3항 각 호 외의 부분에서 "대통령령으로 정하는 증여금액에 상당하는 금액"이란 다음의 산식에 따라 계산한 금액(이하 이 조에서 "양도차익상당액"이라 한다)을 말한다.
법 제121조의28제3항에 따라 양도한 자산의 양도차익 × 〔해당 자산의 양도가액 중 법 제121조의28제1항에 따라 증여한 금액 / (해당 자산의 양도가액 − 법 제121조의28 제3항에 따라 양도한 자산의 양도차익에 대하여 해당 법인이 「농어촌특별세법」에 따라 납부한 농어촌특별세액)〕
⑫ 법 제121조의28제4항 각 호 외의 부분 전단에 따라 자산을 증여받은 법인이 익금에 산입하지 아니한 금액을 익금에 산입하는 경우에는 다음 각 호의 구분에 따라 계산한 금액을 익금에 산입하는 방법에 따른다.
1. 법 제121조의28제4항제1호에 해당하는 경우 : 다음의 산식에 따라 계산한 금액
자산수증익 × 〔법 제121조의28제1항에 따라 증여받은 자산의 가액(금전이 아닌 자산의 경우에는 양도가액을 말한다. 이하 이 조에서 "양수자산가액"이라 한다) − 양수자산가액 중 채무상환에 사용한 금액) / 양수자산가액
2. 법 제121조의28제4항제2호에 해당하는 경우 : 다음의 산식에 따라 계산한 금액
자산수증익 × 부채비율에서 기준부채비율을 뺀 비율이 기준부채비율에서 차지하는 비율(이 비율이 1을 초과하는 경우에는 1로 본다)
3. 법 제121조의28제4항제3호 또는 제4호에 해당하는 경우 : 자산수증익 중 익금에 산입하지 아니한 금액 전액
⑬ 법 제121조의28제2항에 따라 주주등이 감면받은 세액으로서 같은 조 제4항 각 호 외의 부분 후단에 따라 법인세에 가산하여 납부하여야 하는 세액은 다음 각 호의 구분에 따른 방법에 따라 계산한다.
1. 법 제121조의28제4항제1호에 해당하는 경우 : 주주등이 자산증여액을 손금에 산입한 사업연도에 다음의 산식에 따라 계산한 금액을 손금에 산입함에 따라 발생한 법인세액의 차액
자산증여액 × (양수자산가액 − 양수자산가액 중 채무상환에 사용한 금액) / 양수자산가액
2. 법 제121조의28제4항제2호에 해당하는 경우 : 다음의 산식에 따라 계산한 금액
자산증여액을 손금에 산입한 사업연도에 자산증여액을 손금에 산입함에 따라 발생한 법인세액의 차액 × 부채비율에서 기준부채비율을 뺀 비율이 기준부채비율에서 차지하는 비율(이 비율이 1을 초과하는 경우에는 1로 본다)
3. 법 제121조의28제4항제3호 또는 제4호에 해당하는 경우 : 자산증여액을 손금에 산입한 사업연도에 자산증여액을 손금에 산입함에 따라 발생한 법인세액의 차액

⑭ 법 제121조의28제3항에 따라 주주등이 감면받은 세액으로서 같은 조 제4항 각 호 외의 부분 후단에 따라 법인세에 가산하여 납부하여야 하는 세액은 다음 각 호의 구분에 따른 방법에 따라 계산한다.
1. 주주등이 거주자인 경우 : 다음 각 목의 구분에 따라 계산한 금액
가. 법 제121조의28제4항제1호에 해당하는 경우 : 양도차익상당액에 대한 양도소득세를 납부하지 아니한 과세기간에 다음의 산식에 따라 계산한 금액을 양도차익상당액 산정 시 포함함에 따른 양도소득세액의 차액
양도차익상당액 × (양수자산가액 − 양수자산가액 중 채무상환에 사용한 금액) / 양수자산가액
나. 법 제121조의28제4항제2호에 해당하는 경우 : 다음의 산식에 따라 계산한 금액
양도차익상당액에 대하여 납부하지 아니한 양도소득세 × 부채비율에서 기준부채비율을 뺀 비율이 기준부채비율에서 차지하는 비율(이 비율이 1을 초과하는 경우에는 1로 본다)
다. 법 제121조의28제4항제3호 또는 제4호에 해당하는 경우 : 양도차익상당액에 대하여 납부하지 아니한 양도소득세 전액
2. 주주등이 내국법인인 경우 : 다음 각 목에 따라 계산한 금액
가. 법 제121조의28제4항제1호에 해당하는 경우 : 양도차익상당액을 익금에 산입하지 아니한 사업연도에 다음의 산식에 따라 계산한 금액을 익금에 산입하지 아니함에 따라 발생한 법인세액의 차액
양도차익상당액 × (양수자산가액 − 양수자산가액 중 채무상환에 사용한 금액) / 양수자산가액
나. 법 제121조의28제4항제2호에 해당하는 경우 : 다음의 산식에 따라 계산한 금액
양도차익상당액을 익금에 산입하지 아니한 사업연도에 양도차익상당액을 익금에 산입하지 아니함에 따라 발생한 법인세액의 차액 × 부채비율에서 기준부채비율을 뺀 비율이 기준부채비율에서 차지하는 비율(이 비율이 1을 초과하는 경우에는 1로 본다)
다. 법 제121조의28제4항제3호 또는 제4호에 해당하는 경우 : 양도차익상당액을 익금에 산입하지 아니한 사업연도에 양도차익상당액을 익금에 산입하지 아니함에 따라 발생한 법인세액의 차액
⑮ 법 제121조의28제4항 각 호 외의 부분 후단에 따라 법인세에 가산하여 납부하여야 하는 이자상당가산액은 다음 각 호의 금액을 합산하여 계산한다.
1. 법 제121조의28제1항에 따라 자산을 증여받은 날(이하 이 조에서 "자산증여일"이라 한다)이 속하는 사업연도에 제12항에 따른 금액을 익금에 산입하지 아니함에 따라 발생한 법인세액의 차액에 가목에 따른 기간과 나목에 따른 율을 곱하여 계산한 금액
가. 자산증여일이 속하는 사업연도 종료일의 다음 날부터 제12항에 따른 금액을 익금에 산입하는 사업연도의 종료일까지의 기간
나. 제11조의2제9항제2호에 따른 율(2022.2.15 본목개정)
2. 제13항 및 제14항에 따른 세액에 가목에 따른 기간과 나목에 따른 율을 곱하여 계산한 금액
가. 제13항 및 제14항에 따른 세액을 납부하지 아니한 사업연도 종료일의 다음 날부터 제13항 및 제14항에 따른 세액을 납부하는 사업연도의 종료일까지의 기간
나. 제11조의2제9항제2호에 따른 율(2022.2.15 본목개정)
⑯ 법 제121조의28제4항제2호를 적용할 때 사업연도 중에 채무를 상환한 경우에는 채무를 상환한 날(이하 이 조에서 "채무상환일"이라 한다)부터 해당 사업연도 종료일까지의 기간을 1년으로 보아 3년의 기간을 계산한다.

⑰ 법 제121조의28제4항제2호에 따른 부채비율 및 기준부채비율의 산정에 관하여는 제116조의30제13항 및 제14항을 준용한다. 이 경우 "채무상환액"은 "양수자산가액 중 채무상환에 사용한 금액"으로 본다.(2016.12.1 전단개정)

⑱ 법 제121조의28제4항제3호 본문에서 "합병법인 등 대통령령으로 정하는 법인"이란 사업재편계획에 따라 합병·분할 등 「기업 활력 제고를 위한 특별법」 제2조제2호가목의 방식에 따라 해당 사업을 승계하는 법인을 말한다.

⑲ 법 제121조의28제4항제3호 단서에서 "파산 등 대통령령으로 정하는 부득이한 사유"란 다음 각 호의 어느 하나에 해당하는 경우를 말한다.

1. 파산선고를 받은 경우
2. 천재지변이나 그 밖에 이에 준하는 사유로 사업을 폐지한 경우

⑳ 법 제121조의28제4항제4호에서 "대통령령으로 정하는 사유"란 「기업 활력 제고를 위한 특별법」 제13조제1항에 따라 사업재편계획의 승인이 취소된 경우를 말한다.

㉑ 제12항(같은 항 제3호는 제외한다. 이하 이 항에서 같다) 및 제15항제1호를 적용할 때 제12항에 따른 금액을 익금에 산입하기 이전에 법 제121조의28제1항에 따라 익금에 산입하지 아니한 금액의 일부 또는 전부로서 그 이후 익금에 산입한 금액(이하 이 조에서 "기익금산입액"이라 한다)이 있으면 먼저 익금에 산입한 순서대로 기익금산입액을 제12항에 따른 익금산입액으로 보며, 기익금산입액을 익금에 산입한 사업연도까지의 기간을 기준으로 제15항제1호에 따른 이자상당가산액을 계산한다.

㉒ 법 제121조의28제5항 단서에서 "대통령령으로 정하는 특수관계인"이란 자산을 증여한 주주등과 「상속세 및 증여세법 시행령」 제2조의2제1항 각 호의 어느 하나에 해당하는 관계에 있는 자를 말한다.

㉓ 사업재편계획을 승인받은 내국법인(이하 이 조에서 "사업재편계획 승인내국법인"이라 한다)은 사업재편계획승인권자의 확인을 받아 기획재정부령으로 정하는 사업재편계획서 및 사업재편계획이행보고서를 다음 각 호의 구분에 따른 기한까지 납세지 관할 세무서장에게 제출하여야 한다.

1. 사업재편계획서 : 사업재편계획 승인내국법인의 사업재편계획 승인일이 속하는 사업연도 종료일
2. 사업재편계획이행보고서 : 다음 각 목에 해당하는 사업연도의 과세표준 신고기한 종료일
   가. 자산증여일이 속하는 사업연도
   나. 채무상환일이 속하는 사업연도(자산증여일과 채무상환일이 서로 다른 사업연도에 속하는 경우에 한정한다)
   다. 채무상환일이 속하는 사업연도의 다음 3개 사업연도

㉔ 법 제121조의28제1항을 적용받으려는 내국법인은 자산증여일이 속하는 사업연도의 과세표준신고를 할 때 기획재정부령으로 정하는 수증자산명세서, 채무상환(예정)명세서 및 분할익금산입조정명세서를 납세지 관할 세무서장에게 제출하여야 한다. 다만, 자산증여일과 채무상환일이 서로 다른 사업연도에 속하는 경우에는 채무상환일이 속하는 사업연도의 과세표준 신고시에 채무상환명세서를 함께 제출하여야 한다.

㉕ 법 제121조의28제2항을 적용받으려는 주주등은 자산증여일이 속하는 사업연도의 과세표준신고를 할 때 자산증여계약서, 기획재정부령으로 정하는 채무상환(예정)명세서 및 세액감면신청서를 납세지 관할 세무서장에게 제출하여야 한다.

㉖ 법 제121조의28제3항을 적용받으려는 주주등은 같은 항에 따라 자산양도일이 속하는 과세연도의 과세표준신고를 할 때 자산매매계약서, 증여계약서, 기획재정부령으로 정하는 채무상환(예정)명세서 및 세액감면신청서를 납세지 관할 세무서장에게 제출하여야 한다.

제116조의33【사업재편계획에 따른 기업의 채무면제익에 대한 과세특례】 ① 법 제121조의29제1항에서 "대통령령으로 정하는 사업재편계획"이란 「기업 활력 제고를 위한 특별법」 제9조제2항 각 호에 채무면제의 내용이 포함되어 있는 것으로서 같은 법 제10조에 따라 주무부처의 장(이하 이 조에서 "사업재편계획승인권자"라 한다)이 승인한 계획(이하 이 조에서 "사업재편계획"이라 한다)을 말한다.

② 법 제121조의29제1항에서 "대통령령으로 정하는 결손금을 초과하는 금액"이란 법 제121조의29제1항에 따라 금융채권자로부터 면제받은 채무에 상당하는 금액에서 「법인세법 시행령」 제16조제1항에 따른 결손금(이하 이 조에서 "이월결손금"이라 한다)을 뺀 금액(이하 이 조에서 "채무감소액"이라 한다)을 말한다. 이 경우 해당 법인이 무상으로 받은 자산의 가액과 채무의 면제 또는 소멸로 인한 부채의 감소액(법 제121조의29제1항에 따라 금융채권자로부터 면제받은 채무에 상당하는 금액은 제외한다)으로 먼저 이월결손금을 보전하는 경우에는 이월결손금에서 그 보전액을 제외한 잔액을 뺀 금액을 말한다.(2019.2.12 전단개정)

③ 법 제121조의29제2항 각 호 외의 부분 후단에 따라 법인세에 가산하여 납부하여야 하는 이자상당가산액은 채무면제를 받은 날이 속하는 사업연도에 법 제121조의29제2항에 따라 익금에 산입하여야 할 금액을 익금에 산입하지 아니함에 따라 발생한 법인세액의 차액에 제1호에 따른 기간과 제2호에 따른 율을 곱하여 계산한 금액으로 한다.

1. 채무면제를 받은 날이 속하는 사업연도 종료일의 다음 날부터 법 제121조의29제2항에 따라 익금에 산입하여야 할 금액을 익금에 산입하는 사업연도 종료일까지의 기간
2. 제11조의2제9항제2호에 따른 율(2022.2.15 본호개정)

④ 법 제121조의29제2항제1호 본문에서 "합병법인 등 대통령령으로 정하는 법인"이란 사업재편계획에 따라 합병·분할 등 「기업 활력 제고를 위한 특별법」 제2조제2호가목의 방식에 따라 해당 사업을 승계하는 법인을 말한다.

⑤ 법 제121조의29제2항제1호 단서에서 "파산 등 대통령령으로 정하는 부득이한 사유"란 다음 각 호의 어느 하나에 해당하는 경우를 말한다.

1. 파산선고를 받은 경우
2. 천재지변이나 그 밖에 이에 준하는 사유로 사업을 폐지한 경우

⑥ 법 제121조의29제2항제2호에서 "대통령령으로 정하는 사유"란 「기업 활력 제고를 위한 특별법」 제13조제1항에 따라 사업재편계획의 승인이 취소된 경우를 말한다.

⑦ 사업재편계획을 승인받은 내국법인(이하 이 조에서 "사업재편계획 승인내국법인"이라 한다)은 사업재편계획승인권자의 확인을 받아 기획재정부령으로 정하는 사업재편계획서 및 사업재편계획이행보고서를 다음 각 호의 구분에 따른 기한까지 납세지 관할 세무서장에게 제출하여야 한다.

1. 사업재편계획서 : 사업재편계획 승인내국법인의 사업재편계획 승인일이 속하는 사업연도 종료일
2. 사업재편계획이행보고서 : 채무를 면제받은 날이 속하는 사업연도의 과세표준 신고기한 종료일

⑧ 법 제121조의29제1항 및 제3항을 적용받으려는 내국법인 및 금융채권자는 각각 채무면제일이 속하는 사업연도의 과세표준신고를 할 때 기획재정부령으로 정하

는 채무면제명세서를 채무를 면제받은 법인별로 작성하여 납세지 관할 세무서장에게 제출하여야 한다. (2018.2.13 본항개정)

제116조의34【기업 간 주식등의 교환에 대한 과세특례】 ① 법 제121조의30제1항 각 호 외의 부분에 따른 지배주주·출자자 및 그 특수관계인은 다음 각 호의 어느 하나에 해당하는 자로 한다.
1. 「법인세법 시행령」 제43조제7항에 따른 지배주주등
2. 「법인세법 시행령」 제43조제8항에 따른 특수관계에 있는 자
② 법 제121조의30제1항 각 호 외의 부분에서 "대통령령으로 정하는 사업재편계획"이란 「기업 활력 제고를 위한 특별법」 제9조제2항 각 호에 법 제121조의30제1항 각 호 외의 부분 및 이 조 제1항 각 호에 해당하는 자(이하 이 조에서 "지배주주등"이라 한다)가 보유한 주식 또는 출자지분(이하 이 조에서 "주식등"이라 한다)의 양도·양수계획이 포함되어 있는 것으로서 같은 법 제10조에 따라 주무부처의 장(이하 이 조에서 "사업재편계획승인권자"라 한다)이 승인한 계획(이하 이 조에서 "사업재편계획"이라 한다)를 말한다.
③ 법 제121조의30제1항 각 호 외의 부분에서 "대통령령으로 정하는 특수관계인"이란 같은 항에 따른 교환대상법인(이하 이 조에서 "교환대상법인"이라 한다)과 「법인세법 시행령」 제2조제5항제1호부터 제6호까지의 규정 중 어느 하나에 해당하는 관계에 있는 자[동일한 기업집단(「독점규제 및 공정거래에 관한 법률」에 따른 기업집단을 말한다)에 소속된 다른 계열회사는 제외한다]를 말한다.(2022.2.15 본항개정)
④ 법 제121조의30제1항에 따른 주식등의 양도·양수는 교환대상법인의 주식등을 양도한 지배주주등 간의 해당 법인 주식등의 보유비율에 따라 같은 항 각 호 외의 부분에 따른 교환양수법인(이하 이 조에서 "교환양수법인"이라 한다)의 주식등이 배분되어야 한다.
⑤ 법 제121조의30제1항에 따라 양도소득세 또는 법인세에 대한 과세의 이연을 받으려는 경우에는 다음 각 호의 구분에 의한 방법에 따른다.
1. 지배주주등이 거주자인 경우 : 법 제121조의30제1항에 따라 주식등을 양도할 때 양도소득세를 납부하지 아니하고 양수한 교환양수법인의 주식등을 처분할 때에 다음의 계산식에 따라 산출한 금액을 취득가액으로 보아 양도소득세를 납부하는 방법

법 제121조의30제1항에 따라 양수한 교환양수법인의 주식등 중 양도한 주식등의 취득가액 = 〔법 제121조의30제1항에 따라 주식등을 양도할 때 발생한 소득(「소득세법」 제94조제1항제3호에 따른 소득을 말한다. 이하 이 조에서 "과세이연소득"이라 한다) × 양도한 교환양수법인의 주식등의 수 / 양수한 교환양수법인의 주식등의 수》
2. 지배주주등이 내국법인인 경우 : 다음 각 목의 방법에 따라 과세를 이연받는 방법
가. 법 제121조의30제1항에 따라 주식등을 양도함에 따라 발생한 양도차익은 주식등의 양도 당시의 시가(「법인세법」 제52조제2항에 따른 시가를 말한다)에서 양도일 전일의 장부가액을 뺀 금액(양수한 교환양수법인의 주식등의 가액을 한도로 한다. 이하 이 조에서 "과세이연금액"이라 한다)으로 하되, 그 금액은 양수한 교환양수법인의 주식등의 압축기장충당금으로 계상하여야 한다.
나. 가목에 따라 계상한 압축기장충당금은 양수한 교환양수법인의 주식등을 양도, 상속 또는 증여(법 제121조의30제1항에 따라 양수한 주식등 외에 다른 방법으로 취득한 주식등이 있으면 같은 항에 따라 양수한 주식등을 먼저 양도, 상속 또는 증여한 것으로 본다. 이하 이 조에서 "처분"이라 한다)하는 사업연도에 이를 익금에 산입하되, 일부 주식등을 처분하

는 경우에는 다음의 산식에 따라 계산한 금액을 익금에 산입한다.

가목에 따른 압축기장충당금 × 양수한 교환양수법인의 주식등 중 처분한 주식등의 수 / 양수한 교환양수법인의 주식등의 수
⑥ 법 제121조의30제2항에 따른 자산부족액은 교환대상법인과 교환양수법인의 기업교환계약에 자산의 실제 조사에 대한 내용이 포함되어 있는 경우로서 주식등을 양도·양수한 날 현재의 자산부족액을 교환대상법인이 「금융위원회의 설치 등에 관한 법률」 제19조에 따라 설립된 증권선물위원회에 요청하여 지명을 받은 회계법인으로부터 확인을 받아 수정하여 회계처리한 것에 한정한다.(2021.1.5 본항개정)
⑦ 법 제121조의30제3항 각 호 외의 부분 후단에 따라 양도소득세 또는 법인세에 가산하여 납부하여야 하는 이자상당가산액은 다음 각 호의 구분에 따라 계산한 금액을 말한다.(2018.2.13 본문개정)
1. 지배주주등이 거주자인 경우 : 법 제121조의30제1항에 따라 주식등을 양도할 때 납부하지 아니한 양도소득세액에 가목에 따른 기간과 나목에 따른 율을 곱하여 계산한 금액
가. 법 제121조의30제1항에 따라 주식등을 양도할 때 과세이연소득에 대한 당초 양도소득세 예정신고 납부기한의 다음 날부터 같은 조 제3항 각 호에 따른 세액의 납부일까지의 기간(2018.2.13 본목개정)
나. 제11조의2제9항제2호에 따른 율(2022.2.15 본목개정)
2. 지배주주등이 내국법인인 경우 : 과세이연금액을 익금에 산입하지 아니한 사업연도에 과세이연금액을 익금에 산입하지 아니함에 따라 발생한 법인세의 차액에 가목에 따른 기간과 나목에 따른 율을 곱하여 계산한 금액
가. 과세이연금액을 익금에 산입하지 아니한 사업연도 종료일의 다음 날부터 법 제121조의30제3항 각 호의 사유가 발생하여 과세이연금액을 익금에 산입하는 사업연도의 종료일까지의 기간
나. 제11조의2제9항제2호에 따른 율(2022.2.15 본목개정)
⑧ 법 제121조의30제3항제1호에 따른 업종의 분류는 한국표준산업분류의 소분류에 따른다.
⑨ 법 제121조의30제3항제3호에서 "대통령령으로 정하는 사유"란 「기업 활력 제고를 위한 특별법」 제13조제1항에 따라 사업재편계획의 승인이 취소된 경우를 말한다.
⑩ 법 제121조의30제4항에 따라 과세를 이연받을 수 있는 금액은 같은 조 제1항에 따라 양수한 교환양수법인의 주식등의 가액에 상당하는 금액의 범위에서 현물출자 또는 물적분할 당시 과세를 이연받은 금액으로 하되, 그 금액은 교환양수법인의 주식등의 압축기장충당금으로 계상하고 제5항제2호나목을 준용하여 익금에 산입한다.
⑪ 사업재편계획을 승인받은 내국법인(이하 이 조에서 "사업재편계획 승인내국법인"이라 한다)은 사업재편계획승인권자의 확인을 받아 기획재정부령으로 정하는 사업재편계획서 및 사업재편계획이행보고서를 다음 각 호의 구분에 따른 기한까지 납세지 관할 세무서장에게 제출하여야 한다.
1. 사업재편계획서 : 사업재편계획 승인내국법인의 사업재편계획 승인일이 속하는 사업연도 종료일
2. 사업재편계획이행보고서 : 다음 각 목에 해당하는 사업연도의 과세표준 신고기한 종료일
가. 법 제121조의30제1항에 따라 주식등을 양도·양수한 날이 속하는 사업연도
나. 법 제121조의30제1항에 따라 주식등을 양도·양수한 날이 속하는 사업연도의 다음 3개 사업연도

⑫ 법 제121조의30제1항·제2항 및 제4항을 적용받으려는 지배주주등은 같은 항에 따라 주식등을 양도·양수한 날이 속하는 과세연도의 과세표준신고를 할 때 기업교환계약서, 기획재정부령으로 정하는 주식등 양도·양수명세서, 과세이연신청서를 납세지 관할 세무서장에게 제출하여야 한다.

제116조의35【합병에 따른 중복자산의 양도에 대한 과세특례】 ① 법 제121조의31제1항 전단에서 "대통령령으로 정하는 사업재편계획"이란 「기업 활력 제고를 위한 특별법」 제9조제2항 각 호에 이 조 제2항의 합병당사법인 간의 합병계획이 포함되어 있는 것으로서 같은 법 제10조에 따라 주무부처의 장(이하 이 조에서 "사업재편계획승인권자"라 한다)이 승인한 계획(이하 이 조에서 "사업재편계획"이라 한다)을 말한다.
② 법 제121조의31제1항 전단에 따른 중복자산의 범위는 합병당사법인(분할합병의 경우를 포함한다)의 사업에 직접 사용되던 자산으로서 그 용도가 동일하거나 유사한 사업용유형고정자산으로 한다.
③ 제2항에 따른 중복자산은 「법인세법 시행령」 제80조의2제7항 및 제80조의4제8항을 적용할 때 피합병법인으로부터 승계한 고정자산에서 제외한다.(2020.2.11 본항개정)
④ 법 제121조의31제1항 전단에 따라 익금에 산입하지 아니하는 금액은 제1호 및 제2호에 따른 금액을 합한 금액으로 한다.(2017.2.7 본문개정)
1. 중복자산의 양도가액에서 장부가액과 중복자산의 양도일이 속하는 사업연도의 직전사업연도 종료일 현재 「법인세법」 제13조제1항제1호에 따른 결손금(이하 이 조에서 "이월결손금"이라 한다)의 합계액을 차감한 금액. 이 경우 해당 내국법인이 무상으로 받은 자산의 가액이나 채무의 면제 또는 소멸로 인한 부채의 감소액으로 먼저 이월결손금을 보전하는 경우에는 이월결손금에서 그 보전액을 뺀 금액으로 한다.(2019.2.12 전단개정)
2. 피합병법인으로부터 승계받은 중복자산의 경우 해당 자산에 대한 합병평가차익상당액 및 분할평가차익상당액
3. (2017.2.7 삭제)
⑤ (2017.2.7 삭제)
⑥ 법 제121조의31제2항 각 호 외의 부분 전단에 따라 익금에 산입하는 금액은 법 제121조의31제1항 전단에 따라 양도차익을 익금에 산입하지 아니한 경우에는 익금에 산입하지 아니한 금액 전액을 말한다. (2017.2.7 본문개정)
1.~2. (2017.2.7 삭제)
⑦ 법 제121조의31제2항 각 호 외의 부분 후단에 따라 법인세에 가산하여 납부하여야 하는 이자상당가산액은 양도차익을 익금에 산입하지 아니한 사업연도에 제6항에 따른 금액을 익금에 산입하지 아니함에 따라 발생한 법인세액의 차액에 제1호에 따른 기간과 제2호에 따른 율을 곱하여 계산한 금액으로 한다.(2017.2.7 본문개정)
1. 양도차익을 익금에 산입하지 아니한 사업연도 종료일의 다음 날부터 제6항에 따른 금액을 익금에 산입하는 사업연도의 종료일까지의 기간(2017.2.7 본호개정)
2. 제11조의2제9항제2호에 따른 율(2022.2.15 본호개정)
⑧ 법 제121조의31제2항제3호에서 "대통령령으로 정하는 사유"란 「기업 활력 제고를 위한 특별법」 제13조제1항에 따라 사업재편계획의 승인이 취소된 경우를 말한다.
⑨ 사업재편계획을 승인받은 내국법인(이하 이 조에서 "사업재편계획 승인내국법인"이라 한다)은 사업재편계획승인권자의 확인을 받아 기획재정부령으로 정하는 사업재편계획서 및 사업재편계획이행보고서를 다음 각 호의 구분에 따른 기한까지 납세지 관할 세무서장에게 제출하여야 한다.

1. 사업재편계획서 : 사업재편계획 승인내국법인의 사업재편계획 승인일이 속하는 사업연도 종료일
2. 사업재편계획이행보고서 : 다음 각 목에 해당하는 사업연도의 과세표준 신고기한 종료일
   가. 합병등기일이 속하는 사업연도
   나. 합병등기일이 속하는 사업연도의 다음 3개 사업연도
⑩ 법 제121조의31제1항을 적용받으려는 내국법인은 중복자산 양도일이 속하는 사업연도의 과세표준신고를 할 때 기획재정부령으로 정하는 양도차익명세 및 분할익금산입조정명세서를 납세지 관할 세무서장에게 제출하여야 한다.(2017.2.7 본항개정)

제6장 기타 조세특례

제1절 과세표준 양성화를 위한 조세특례

제117조 (2010.12.30 삭제)
제117조의2 (2008.2.22 삭제)
제117조의3【성실사업자에 대한 의료비등 공제】 ① (2012.2.2 삭제)
② (2010.2.18 삭제)
③ (2020.2.11 삭제)
④ 법 제122조의3제1항제4호에서 "대통령령으로 정하는 요건"이란 다음 각 호의 요건에 모두 해당하는 경우를 말한다.(2013.11.29 본문개정)
1. 해당 과세기간의 법정신고 납부기한 종료일 현재 국세의 체납사실이 없을 것
2. 해당 과세기간의 법정신고 납부기한 종료일 현재 최근 3년간 조세범으로 처벌받은 사실이 없을 것
3. 「부가가치세법」 및 「소득세법」에 따른 사업자가 해당 과세기간의 법정신고 납부기한 종료일 현재 최근 3년간 다음 각 목의 어느 하나에 해당하지 아니할 것
   가. 세금계산서를 교부하지 아니하거나 허위기재하여 교부한 경우
   나. 매출처별세금계산서합계표를 허위기재하여 제출한 경우
   다. 세금계산서를 교부받지 아니하거나 허위기재의 세금계산서를 교부받은 때 또는 허위기재한 매입처별세금계산서합계표를 제출한 경우
   라. 재화 및 용역을 공급하지 아니하고 세금계산서 또는 계산서를 교부하거나 교부받은 경우
   마. 재화 및 용역을 공급하지 아니하고 매출·매입처별세금계산서합계표 또는 매출·매입처별계산서합계표를 허위기재하여 제출한 경우
4. 해당 과세기간의 개시일 현재 직전 3개 과세기간에 대한 세무조사 결과 과소신고한 소득금액이 경정된 해당 과세기간 소득금액의 100분의 10 미만일 것
⑤ 법 제122조의3제2항 전단에 따라 의료비 공제금액을 계산할 때 「소득세법」 제118조의5제1항제7호의 "총급여액 7천만원"은 "사업소득금액 6천만원"으로 본다.(2019.2.12 본항신설)
⑥ 성실사업자에 대한 의료비등 공제에 대하여 그 밖에 필요한 사항은 기획재정부령으로 정한다.
(2008.2.29 본항개정)
(2010.2.18 본조제목개정)
(2008.2.22 본조신설)
제117조의4【구리 스크랩등사업자의 수입금액의 증가 등에 대한 세액공제】 ① 법 제122조의4제1항제1호는 세액공제를 받으려는 과세연도의 직전 과세연도 종료일부터 소급하여 1년 이상 계속하여 해당 사업을 영위한 자에 한정하여 적용한다.
② 법 제122조의4제1항제1호를 적용할 때 직전 과세연도의 매입자 납부특례 적용 개월수가 사업자의 과세연도보다 짧을 경우에는 직전 과세연도의 매입자납부 익

금 및 손금을 합친 금액은 매입자납부 익금 및 손금을 합친 금액에 사업자의 과세연도 개월수를 곱한 금액을 납부특례 적용 개월수로 나눈 금액으로 한다. 이 경우 개월수는 역(曆)에 따라 계산하되 1개월 미만의 일수는 1개월로 한다.(2016.2.5 본항신설)
③ 법 제122조의4제1항에 따른 매입자납부 익금 및 손금의 합계액이 변경되거나 해당 과세연도의 과세표준과 세액이 경정되어 세액공제액이 감소되는 경우에는 같은 항에 따라 소득세 또는 법인세에서 공제금액을 다시 계산한다.
④ 법 제122조의4제1항에 따른 세액공제를 받으려는 자는 종합소득 과세표준확정신고 또는 법인세 과세표준신고와 함께 기획재정부령으로 정하는 수입금가 등 세액공제신청서와 매입자납부 익금 및 손금명세서를 납세지 관할 세무서장에게 제출하여야 한다.
(2013.11.29 본조신설)
제118조 (2002.12.30 삭제)
제119조 (2000.12.29 삭제)
제120조 (2002.12.30 삭제)
제121조 (2000.12.29 삭제)
제121조의2【신용카드 등 사용금액에 대한 소득공제】① 법 제126조의2제1항제4호에서 "대통령령으로 정하는 바에 따라 실지명의가 확인되는 것"이란 다음 각호의 어느 하나에 해당하는 것을 말한다.
(2010.2.18 본문개정)
1. 신청에 의하여 발급받은 선불카드ㆍ전자화폐ㆍ선불전자지급수단으로 사용자 명의가 확인되는 것
2. 무기명선불카드ㆍ무기명선불전자지급수단ㆍ무기명전자화폐(이하 이 항에서 "무기명선불카드등"이라 한다)의 경우에는 다음 각 목의 어느 하나에 해당하는 것
  가. 실제사용자가 최초로 사용하기 전에 해당 무기명선불카드등을 발행한 신용카드업자, 전자금융거래업자 및 금융기관에 주민등록번호 또는 무기명선불카드등을 등록하여 사용자 인증을 받은 것
  나. 실제사용자가 최초로 사용하기 전에 금융기관에 개설한 실제사용자 본인의 예금계좌와 연결한 것
  (2022.2.15 본호개정)
(2008.2.22 본항개정)
② 법 제126조의2제2항제1호에서 "대통령령으로 정하는 법인 또는 사업자"란 다음 각 호의 법인 또는 사업자를 말한다.
1. 「유통산업발전법」 제2조제4호에 따른 준대규모점포
2. 「부가가치세법」 제8조제3항에 따른 사업자 단위 과세 사업자로서 전통시장 구역 안의 사업장과 전통시장 구역 밖의 사업장의 제5항에 따른 신용카드 사용금액이 구분되지 아니하는 사업자
(2017.2.7 본항개정)
③ 법 제126조의2제3항에서 "대통령령으로 정하는 자"란 다음 각 호의 어느 하나에 해당하는 자를 말한다. 이 경우 제2호에 규정된 생계를 같이 하는 직계존비속은 주민등록표상의 동거가족으로서 해당 거주자의 주소 또는 거소에서 현실적으로 생계를 같이 하는 자(직계비속의 경우는 그러하지 아니하며, 「소득세법」 제53조제2항 및 제3항에 해당하는 경우에는 생계를 같이 하는 자로 본다)로 하며, 생계를 같이 하는지 여부의 판정은 해당 연도의 과세기간 종료일(과세기간 종료일전에 사망한 자인 경우에는 사망일 전일을 말한다) 현재의 상황에 의한다.(2010.2.18 전단개정)
1. 거주자의 배우자로서 연간소득금액의 합계액이 100만원 이하인 자(총급여액 500만원 이하의 근로소득만 있는 배우자를 포함한다)(2016.2.5 본호개정)
2. 거주자와 생계를 같이 하는 직계존비속[배우자의 직계존속과 「소득세법 시행령」 제106조제7항에 따른 동

거입양자를 포함하되, 다른 거주자의 기본공제를 적용받은 자는 제외한다(이하 이 호에서 "직계존비속"이라 한다)]으로서 연간소득금액의 합계액이 100만원 이하인 자(총급여액 500만원 이하의 근로소득만 있는 직계존비속을 포함한다)(2016.2.5 본호개정)
④ 법 제126조의2제4항제2호에서 "대통령령으로 정하는 신용카드, 직불카드, 직불전자지급수단, 기명식선불카드, 기명식선불전자지급수단, 기명식전자화폐 또는 현금영수증의 비정상적인 사용행위"란 다음 각호의 1에 해당하는 행위를 말한다.
1. 물품 또는 용역의 거래없이 이를 가장하거나 실제 매출금액을 초과하여 신용카드, 직불카드, 직불전자지급수단, 기명식선불카드, 기명식선불전자지급수단, 기명식전자화폐 또는 현금영수증(이하 이 조에서 "신용카드등"이라 한다)으로 거래를 하는 행위
2. 신용카드 등을 사용하여 대가를 지급하는 자가 다른 신용카드등 가맹점 명의로 거래가 이루어지는 것을 알고도 신용카드 등에 의한 거래를 하는 행위. 이 경우 상호가 실제와 달리 기재된 매출전표 등을 교부받은 때에는 그 사실을 알고 거래한 것으로 본다.
(2010.2.18 본항개정)
⑤ 법 제126조의2제5항에서 "대통령령으로 정하는 사유"란 원천징수의무자가 제8항을 교부에 의한 단독자소득공제신고서 및 신용카드소득공제신청서에 기재된 법 제126조의2제1항에 따른 신용카드등사용금액(이하 이 조에서 "신용카드등사용금액"이라 한다)에 대한 소득공제금액에 제6항 각 호에 해당하는 금액 또는 법 제126조의2제4항 각호에 해당하는 금액이 포함되어 있음을 근로소득세액의 연말정산시까지 확인할 수 없는 경우를 말한다.(2010.2.18 본항개정)
⑥ 법 제126조의2를 적용할 때 신용카드등사용금액은 국세청장이 정하는 기간의 신용카드등사용금액을 합계하되, 다음 각 호의 어느 하나에 해당하는 금액은 포함하지 아니하는 것으로 한다.(2014.2.21 본문개정)
1. 「국민건강보험법」, 「노인장기요양보험법」 및 「고용보험법」에 따라 부담하는 보험료나 「국민연금법」에 의한 연금보험료, 「소득세법 시행령」 제25조제2항의 규정에 의한 보험계약의 보험료 또는 공제료(2009.2.4 본호개정)
2. 「유아교육법」, 「초ㆍ중등교육법」, 「고등교육법」 또는 특별법에 의한 학교(대학원을 포함한다) 및 「영유아보육법」에 의한 어린이집에 납부하는 수업료ㆍ입학금ㆍ보육비용 기타 공납금(2011.12.8 본호개정)
3. 정부 또는 지방자치단체에 납부하는 국세ㆍ지방세, 전기료ㆍ수도료ㆍ가스료ㆍ전화료(정보사용료ㆍ인터넷이용료 등을 포함한다)ㆍ아파트관리비ㆍ텔레비전시청료(「종합유선방송법」에 따른 종합유선방송의 이용료를 포함한다) 및 도로통행료(2012.2.2 본호개정)
4. 상품권 등 유가증권 구입비(2002.12.30 본호신설)
5. 리스료(「여객자동차 운수사업법」에 의한 자동차대여사업의 자동차대여료를 포함한다)(2005.2.19 본호개정)
6. (2008.12.31 삭제)
7. 「지방세법」에 의하여 취득세 또는 등록에 대한 등록면허세가 부과되는 재산(제14항에 따른 중고자동차는 제외한다)의 구입비용(2019.2.12 본호개정)
8. 「부가가치세법 시행령」 제46조제1호 및 제3호에 해당하는 업종 외의 업무를 수행하는 국가ㆍ지방자치단체 또는 지방자치단체조합(「의료법」에 따른 의료기관, 「지역보건법」에 따른 보건소 및 법 제126조의2제2항제3호가목 및 나목에 따른 문화체육관광부장관이 지정하는 법인 또는 사업자는 제외한다)에 지급하는 사용료ㆍ수수료 등의 대가(2020.2.11 본호개정)

9. 차입금 이자상환액, 증권거래수수료 등 금융·보험 용역과 관련한 지급액, 수수료, 보증료 및 이와 비슷한 대가(2008.2.22 본호신설)
10. 「정치자금법」에 따라 정당(후원회 및 각 급 선거관리위원회를 포함한다)에 신용카드, 직불카드, 기명식선불카드, 직불전자지급수단, 기명식선불전자지급수단 또는 기명식전자화폐로 결제하여 기부하는 정치자금(법 제76조에 따라 세액공제를 적용받은 경우에 한한다)(2014.2.21 본호개정)
11. 법 제95조의2에 따라 세액공제를 적용받은 월세액(2015.2.3 본호개정)
12. 「관세법」 제196조에 따른 보세판매장, 법 제121조의13에 따른 지정면세점, 선박 및 항공기에서 판매하는 면세물품의 구입비용(2019.2.12 본호신설)
13. 그 밖에 제1호부터 제12호까지의 규정과 비슷한 것으로서 기획재정부령으로 정하는 것(2019.2.12 본호개정)

⑦ 「여신전문금융업법」에 의한 신용카드업자(직불카드업자 및 기명식선불카드업자를 포함한다), 「전자금융거래법」에 따른 금융기관 및 전자금융업자(이하 이 조에서 "신용카드등사용자"라 한다)는 신용카드회원·직불카드회원·기명식선불카드회원·직불전자지급수단이용자·기명식선불전자지급수단이용자·기명식전자화폐이용자(이하 이 항에서 "신용카드회원등"이라 한다)가 신용카드등사용금액의 합계액 및 소득공제 대상금액이 기재된 확인서(이하 이 조에서 "신용카드등사용금액확인서"라 한다)의 발급을 요청하는 경우에는 지체없이 이를 발급하여야 한다. 다만, 신용카드업자등은 신용카드회원등의 편의를 위하여 신용카드등사용금액확인서의 발급요청이 없는 경우에도 이를 발급·통지할 수 있다.(2010.2.18 본항개정)
⑧ 신용카드등사용에 대한 소득공제를 적용받고자 하는 자는 소득공제금액을 「소득세법」 제140조제1항의 규정에 의한 근로소득자소득공제신고서에 기재하고, 근로소득자소득공제신고서를 원천징수의무자에게 제출하는 때에 기획재정부령으로 정하는 신용카드등소득공제신청서와 신용카드등사용금액확인서를 함께 제출하여야 한다. 다만, 신용카드등사용금액확인서에 법 제126조의2제2항제1호부터 제3호까지의 규정에 따른 전통시장사용분, 대중교통이용분, 도서등사용분이 누락된 경우 영수증, 승차권, 입장권 등 전통시장사용분, 대중교통이용분, 도서등사용분임을 증명할 수 있는 자료를 제출함으로써 신용카드등사용금액에 대한 소득공제를 신청할 수 있다.(2023.2.28 단서개정)
⑨ 제8항을 적용할 때 기획재정부령으로 정하는 매출액 기준 이하의 사업자(도서 또는 신문을 취급하는 사업자의 경우 해당 매출액이 전체 매출액의 100분의 90 이상인 경우에 한정한다)로부터 발급받은 영수증 등에 대해서는 도서등사용분과 그 밖의 사용분이 명확하게 구분되지 않는 경우에도 그 전체를 도서등사용분으로 본다.(2023.2.28 본항개정)
⑩ 국세청장은 제4항의 규정에 의한 비정상적인 신용카드사용행위가 있음을 안 경우에는 해당 신용카드업자등에게 그 사실을 7일 이내에 통보하여야 한다.(2010.2.18 본항개정)
⑪ 신용카드업자등은 제4항의 규정에 의한 비정상적인 신용카드사용행위가 있음을 안 경우에는 해당 신용카드회원등에게 그 사실을 안 날부터 30일 이내에 그 거래내역을 통보하여야 하며, 당해 거래의 신용카드등사용금액확인서를 발급하는 때에 동 금액을 소득공제 대상 신용카드등사용금액에서 제외하여야 한다. 다만, 신용카드등사용금액확인서의 발급후에 비정상적인 신용카드사용행위가 있음을 안 경우에는 당해 금액을 다음 과세연도의 소득공제대상 신용카드등사용금액에서 제외하여야 한다.(2010.2.18 본문개정)
⑫ 제8항의 규정을 적용함에 있어서 「소득세법 시행령」 제216조의3의 규정에 따라 소득공제증빙서류가 국세청장에게 제출되는 경우에는 신용카드사용금액확인서를 대신하여 기획재정부령이 정하는 서류를 제출할 수 있다.(2008.2.29 본항개정)
⑬ 국세청장은 신용카드등소득공제금액을 계산하기 위하여 문화체육관광부장관, 국토교통부장관, 중소벤처기업부장관 등 관계 행정기관 및 지방자치단체 등으로 하여금 전통시장 구역 내의 법인 또는 사업자 현황, 대중교통 운영자 현황, 도서·신문·공연·박물관·미술관·영화상영관 사업자 현황 등 필요한 자료를 국세청장 또는 신용카드업자에게 제공할 것을 요청할 수 있다. 이 경우 요청을 받은 관계 행정기관 등은 정당한 사유가 없으면 이에 따라야 한다.(2023.2.28 본항개정)
⑭ 법 제126조의2제4항 각 호 외의 부분 단서에서 "대통령령으로 정하는 중고자동차"란 「자동차관리법」에 따른 자동차 중 중고자동차를 말한다.(2017.2.7 본항신설)
⑮ 법 제126조의2제4항 각 호 외의 부분 단서에서 "대통령령으로 정하는 금액"이란 중고자동차 구입금액의 100분의 10을 말한다.(2017.2.7 본항신설)
(2002.12.30 본조제목개정)

제121조의3【현금영수증사업자 및 현금영수증가맹점에 대한 과세특례】 ① 사업자가 국세청장에게 법 제126조의3제1항에 따른 현금영수증사업자에 대한 승인을 신청한 경우 국세청장은 현금영수증 결제를 승인하고 전송할 수 있는 시스템의 구비 여부 등을 확인하여 현금영수증관련 업무에 지장이 없을 경우 현금영수증사업자로 승인하여야 한다.(2009.2.4 본항개정)
② 제1항에 따른 현금영수증사업자 승인신청을 할 경우에는 국세청장이 정하는 현금영수증사업 승인신청서에 사업계획서, 현금영수증 발급장치 개발계획서, 신용카드단말기 보급계획서 등 국세청장이 고시하는 첨부서류를 국세청장에게 제출하여야 한다.(2009.2.4 본항개정)
③ 현금영수증의 발급방법·기재내용·양식 및 현금영수증 결제내역의 보관·제출 등 현금영수증제도의 원활한 운영을 위하여 필요한 사항은 국세청장이 정한다.(2009.2.4 본항개정)
④ 제3항을 위반하는 경우 국세청장은 제1항에 따른 현금영수증사업자의 승인을 철회할 수 있다.(2013.2.15 본항신설)
⑤∼⑥ (2018.2.13 삭제)
⑦ 법 제126조의3제1항에서 "현금영수증 결제건수"란 법 제126조의3제1항에 따른 현금영수증가맹점(이하 이 조에서 "현금영수증가맹점"이라 한다)이 현금영수증발급장치에 의하여 현금영수증을 발급하고 결제한 건수로서 현금영수증사업자를 통하여 법 제126조의3제3항에 따라 국세청장에게 전송한 건수를 말한다.(2013.2.15 본항개정)
⑧ 법 제126조의3제1항에서 "대통령령으로 정하는 금액"이란 현금영수증 결제건수 당 12원을 기준으로 100분의 30에 해당하는 금액을 가감한 범위에서 원가변동 요인 등을 고려하여 국세청장이 정한 금액을 말한다.(2018.2.13 본항개정)
⑨ 법 제126조의3의 규정에 의한 세제지원을 받고자 하는 현금영수증사업자는 기획재정부령이 정하는 현금영수증사업자부가가치세액공제신청서를 국세청장에게 제출하여야 한다.(2008.2.29 본항개정)
⑩ 법 제126조의3제2항 전단에서 "대통령령으로 정하는 금액"이란 20원을 말한다.(2008.2.22 본항신설)
⑪ 현금영수증가맹점은 거래금액에 대하여는 법 제126조의3제4항의 규정에 의하여 현금영수증을 발급하여야 한다.(2013.2.15 본항개정)

⑫「부가가치세법 시행령」제14조제1항제11호에 따른 통신판매업자가「전기통신사업법」제5조에 따른 부가통신사업을 영위하는 사업자(이하 "부가통신사업자"라 한다)가 운영하는「전자상거래 등에서의 소비자보호에 관한 법률」제2조제4호에 따른 사이버몰을 이용하여 재화 또는 용역을 공급하고 그 대가를 부가통신사업자를 통하여 받는 경우에는 부가통신사업자가 해당 통신판매업자의 명의로 현금영수증을 발급할 수 있다. (2015.2.3 본항개정)
⑬ 제11항에 따라 현금영수증을 발급받은 자에 대한 현금영수증 사용금액의 합계액 및 소득공제대상금액의 통보 등에 관한 사항은 국세청장이 정하는 바에 따른다. (2020.2.11 본항개정)
(2008.2.22 본조제목개정)

제121조의4 (2017.2.7 삭제)
제121조의5【현금거래의 확인】① 법 제126조의5제1항 전단에서 "대통령령으로 정하는 사업자"란 법 제126조의2에 따라 사용금액에 대하여 소득공제를 받을 수 있는 재화나 용역을 제공하는 사업자를 말한다. (2010.2.18 본항개정)
② 법 제126조의5제1항에 따라 현금거래 사실의 확인을 신청하려는 자는 거래일부터 3년 이내에 기획재정부령으로 정하는 현금거래확인신청서에 거래사실을 객관적으로 입증할 수 있는 거래증빙을 첨부하여 세무서장·지방국세청장 또는 국세청장에게 제출하여야 한다. (2013.2.15 본항개정)
③ 제2항에 따른 현금거래확인신청서를 접수받은 세무서장·지방국세청장 또는 국세청장은 거래사실의 확인이 요청된 재화 또는 용역을 공급한 자(이하 이 조에서 "공급자"라 한다)의 관할세무서장에게 해당 현금거래확인신청서 및 거래증빙을 송부하여야 한다.
④ 제3항에 따라 신청서를 송부받은 공급자의 관할세무서장은 신청인의 신청내용, 제출한 증빙자료를 검토하여 거래사실여부를 확인하여야 한다. 이 경우 거래사실의 존재 및 그 내용에 대한 입증책임은 신청인에게 있다.
⑤ 공급자의 관할세무서장은 신청일의 다음달 말일까지 국세청장이 정하는 바에 따라 현금거래 사실여부를 확인하고 그 사실을 신청인에게 통지하여야 한다. 다만, 사업자의 일시 부재 등 기획재정부령이 정하는 불가피한 사유가 있는 경우에는 거래사실 확인기간을 20일 이내의 범위에서 연장할 수 있다.(2008.2.29 단서개정)
⑥ 제5항에 따라 현금거래 사실이 확인된 경우 현금영수증가맹점 가입 여부에 관계없이 신청인이「조세특례제한법」제126조의3제4항에 따른 현금영수증을 교부받은 것으로 본다.(2008.2.22 본항개정)
⑦ 사업자가「부가가치세법」제55조에 따라 제출한 현금매출명세서에 기재된 수입금액 중 기획재정부령으로 정한 현금거래수입금액을 납세지 관할 세무서장이 부가가치세 예정신고기한 또는 확정신고기한의 종료일의 다음 달 말일까지 국세청 현금영수증시스템에 입력한 경우 그 거래에 대하여는 법 제126조의5제1항에 따라 확인을 받은 현금영수증을 교부받은 것으로 본다. (2013.6.28 본항개정)
⑧ 사업자로부터 재화 또는 용역을 공급받은 자가 제7항의 현금영수증시스템 입력기한의 다음 날부터 입력내용을 조회한 결과 현금거래수입금액 명세가 누락되거나 수입금액이 실제보다 적게 입력된 것을 안 때에는 거래일로부터 3년 이내에 제2항을 준용하여 현금거래 사실의 확인을 신청할 수 있다.(2013.2.15 본문개정)
1.~2. (2013.2.15 삭제)
⑨ 제8항에 따른 신청 및 그 거래사실 확인 등의 절차에 관하여는 제3항부터 제6항까지의 규정을 준용한다. (2008.2.22 본항신설)
(2007.2.28 본조신설)

제121조의6【성실신고 확인비용에 대한 세액공제】① 법 제126조의6제1항 단서에 따른 공제세액의 한도는 다음 각 호의 구분에 따른다.(2018.2.13 본문개정)
1.「소득세법」제70조의2제1항에 따른 성실신고확인대상사업자의 경우 : 120만원(2018.2.13 본호신설)
2.「법인세법」제60조의2제1항에 따른 성실신고확인대상 내국법인의 경우 : 150만원(2018.2.13 본호신설)
② 법 제126조의6제1항을 적용 받으려는 자는「소득세법」제70조의2제1항 또는「법인세법」제60조의2제1항에 따른 성실신고확인서를 제출할 때 기획재정부령으로 정하는 성실신고 확인비용세액공제신청서를 납세지 관할 세무서장에게 제출하여야 한다.(2023.2.28 본항개정)

제121조의7【금 현물시장에서 거래되는 금지금에 대한 과세특례】① 법 제126조의7제1항 각 호 외의 부분에서 "대통령령으로 정하는 금지금"이란 금괴(덩어리)·골드바 등 원재료 상태로서 순도가 1만분의 9999 이상인 금(이하 이 조에서 "금지금"이라 한다)을 말한다.
② 법 제126조의7제1항제1호에서 "대통령령으로 정하는 사업자"란 금지금을 공급하거나 수입하려는 사업자로서「자본시장과 금융투자업에 관한 법률」제373조의2제1항에 따라 허가를 받은 한국거래소(이하 이 조에서 "한국거래소"라 한다)의 약관으로 정하는 자(이하 이 조에서 "금지금공급사업자"라 한다)를 말한다.
③ 법 제126조의7제1항제1호에서 "대통령령으로 정하는 보관기관"이란 금지금의 보관·인출과 관련된 업무를 수행하는 자로서 한국거래소의 약관으로 정하는 자(이하 이 조에서 "보관기관"이라 한다)를 말한다.
④ 법 제126조의7제1항제1호에서 "대통령령으로 정하는 금 현물시장"이란 보관기관에 임치된 금지금을 매매거래하기 위하여 금융위원회의 승인을 받아 한국거래소가 개설한 시장(이하 이 조에서 "금 현물시장"이라 한다)을 말한다.
⑤ 법 제106조의4제1항에 따른 금거래계좌(이하 이 조에서 "금거래계좌"라 한다)를 사용하여 금지금을 매매거래한 경우에는 결제 방식, 납부세액의 계산과 금거래계좌 미사용에 대한 가산세 등에 관하여는 법 제106조의4를 준용하고, 그 밖에 부가가치세 신고·납부와 관련한 절차 및 서식 등 필요한 사항은 기획재정부령으로 정한다.
⑥ 제106조의9제5항에 따른 국세청장이 지정한 자는 법 제106조의4제3항에 따라 매입자가 입금한 부가가치세액의 범위에서 다음 각 호의 어느 하나에 해당하는 부가가치세액을 국세청장이 정하는 바에 따라 금지금공급사업자에게 환급할 수 있다.
1. 법 제126조의7제2항에 따라 금지금공급사업자가 공제받는 매입세액으로서 금거래계좌를 사용하여 입금한 부가가치세액
2. 법 제126조의7제2항에 따라 금지금공급사업자가 공제받는 매입세액으로서 금지금을 수입할 때 세관에 납부한 부가가치세액
⑦ 법 제126조의7제3항에 따라 금지금공급사업자는 금 현물시장에서 매매거래 후 결제가 완료되는 때에 보관기관을 공급받는 자로 하여「부가가치세법」제32조에 따른 세금계산서를 발급하여야 한다. 이 경우 공급가액은 결제가 완료된 매매가액으로 하고, 부가가치세액은 영(零)으로 한다.
⑧ 제7항에도 불구하고 금지금공급사업자는「부가가치세법」제34조제3항제1호에 따라 1역월(歷月)의 공급가액을 합계하여 세금계산서를 발급할 수 있다.
⑨ 법 제126조의7제4항에서 "대통령령으로 정하는 공급가액"이란「소득세법 시행령」제92조제2항제5호에 따른 이동평균법을 준용하여 산출한 평균단가에 인출하는 금지금의 수량을 곱한 금액을 말한다.

⑩ 법 제126조의7제4항에 따라 보관기관으로부터 금지금을 인출하는 경우에는 보관기관에 금지금의 인출을 신청하는 때에 재화를 공급한 것으로 본다. 다만, 금 현물시장에서 자기 외의 자로부터 금지금 매매거래를 위탁받아 그 위탁의 중개를 할 수 있는 자격을 한국거래소로부터 부여받은 자(이하 이 조에서 "금지금중개회원"이라 한다)가 위탁자의 요구에 따라 금지금을 인출하는 경우에는 위탁자가 금지금중개회원에게 금지금의 인출을 요구하는 때에 재화를 공급한 것으로 본다.
⑪ 법 제126조의7제4항에 따라 보관기관으로부터 금지금을 인출하는 경우에는 보관기관은 직접 금지금을 인출하는 자로부터 부가가치세액을 거래징수하여 납부하여야 한다. 다만, 금지금중개회원이 위탁자의 요구에 따라 금지금을 인출하는 경우에는 금지금중개회원이 위탁자로부터 받은 부가가치세액을 보관기관이 거래징수하여 납부하여야 한다.
⑫ 제11항 단서에 따라 금지금중개회원이 위탁자로부터 금지금의 인출을 요구받아 보관기관으로부터 금지금을 인출하는 경우에 금지금중개회원은 공급받는 자의 인적 사항, 금지금의 공급가액과 부가가치세액 등 세금계산서 발급에 필요한 자료를 보관기관에 제공하여야 한다.
⑬ 법 제126조의7제6항에서 "대통령령으로 정하는 범위"란 법 제126조의7제3항부터 제5항까지의 규정에 따라 보관기관이 금거래계좌를 사용하여 금지금의 공급가액 또는 부가가치세액을 결제하거나 결제받는 경우를 말한다.
⑭ 법 제126조의7제8항에 따라 금지금을 보관기관에서 인출하는 경우 금 현물시장 이용금액의 평가에 관하여는 「소득세법 시행령」 제92조제2항제4호에 따른 총평균법을 준용한다.
⑮ 법 제126조의7제8항에서 "대통령령으로 정하는 특수관계"란 「소득세법 시행령」 제98조제1항 및 「법인세법 시행령」 제2조제5항에 따른 특수관계인의 관계를 말한다.(2019.2.12 본항개정)
⑯ 법 제126조의7제9항에서 "대통령령으로 정하는 자"란 한국거래소의 약관에 따라 금지금을 수입하여 금 현물시장에서 매매할 수 있는 자격을 부여받은 자로서 한국거래소의 장의 추천을 받은 자를 말한다.
⑰ 법 제126조의7제9항에 따라 관세를 면제받은 자는 해당 금지금을 수입신고수리일의 다음날(해당일이 「국세기본법」 제5조제1항 각 호의 어느 하나에 해당하는 경우에는 그 다음 날)까지 보관기관에 임치해야 하고, 수입신고수리일부터 3년 이내에 금 현물시장에서 매매거래를 해야 한다.(2023.2.28 본항개정)
⑱ 세관장은 법 제126조의7제9항에 따라 금지금에 대하여 관세를 면제한 경우에는 그 사실을 한국거래소 및 보관기관에 지체 없이 알려야 한다.
⑲ 제18항에 따라 세관장으로부터 관세의 면제사실을 통보받은 한국거래소 및 보관기관은 해당 금지금에 대하여 법 제126조의7제11항에 따라 면제받은 관세를 징수하여야 하는 사유가 발생하는 경우에는 그 사실을 세관장에게 즉시 알려야 한다.
⑳ 법 제126조의7제11항에 따라 면제받은 관세를 징수할 경우 그 금액은 다음 각 호의 구분에 따라 계산한 금액으로 한다. 이 경우 제2호에 따른 경우로서 관세를 면제받은 자로부터 징수할 수 없는 경우에는 양수인(임차인을 포함한다) 또는 인출자로부터 징수한다.
1. 법 제126조의7제10항에 따른 요건을 충족하지 아니한 경우 :

> 법 제126조의7제9항에 따라 면제받은 관세 × 법 제126조의7제10항에 따른 요건을 충족하지 아니한 금지금 ÷ 법 제126조의7제9항에 따라 관세를 면제받은 금지금

2. 관세를 면제받은 금지금을 보관기관에 임치한 후 금 현물시장을 통한 매매거래를 하지 아니하고 양도(임대를 포함한다. 이하 이 항에서 같다)하거나 인출(금지금의 품질검사를 위하여 한국거래소 또는 보관기관의 확인을 받고 인출한 후 재반입하는 경우는 제외한다)하는 경우 :

> 법 제126조의7제9항에 따라 면제받은 관세 × 양도하거나 인출한 금지금 ÷ 법 제126조의7제9항에 따라 관세를 면제받은 금지금

㉑ 법 제126조의7제12항에서 "대통령령으로 정하는 자"란 다음 각 호의 어느 하나에 해당하는 자를 말한다.
1. 한국거래소
2. 보관기관
3. 금 현물시장에서의 거래에 참가할 수 있는 자로서 한국거래소의 약관으로 정하는 자(금지금중개회원을 포함한다)
㉒ 제21항 각 호에 해당하는 자는 다음 각 호의 구분에 따른 사항이 포함된 거래명세 등을 작성하고 보관하여야 한다. 이 경우 정보처리장치, 전산테이프 또는 디스켓 등의 전자적 형태로 보관할 수 있다.
1. 금지금을 보관기관에 임치하는 경우
 가. 금지금의 임치인
 나. 임치일 및 임치된 금지금의 수량
 다. 그 밖에 국세청장이 정하는 사항
2. 금 현물시장에서 금지금을 거래하는 경우
 가. 거래일별 금 현물시장에서 거래된 금지금의 수량·금액·거래일(법 제126조의7제1항제1호의 거래는 구분할 수 있도록 기록한다)
 나. 거래당사자의 인적사항 및 1년간 금지금 거래를 통하여 얻은 수입
 다. 그 밖에 국세청장이 정하는 사항
3. 보관기관으로부터 금지금을 인출하는 경우
 가. 인출하는 자의 인적사항
 나. 인출일
 다. 인출된 금지금의 수량
 라. 그 밖에 국세청장이 정하는 사항
㉓ 법 제126조의7제13항제3호에 따른 면제의 신청절차, 제출서류 등에 관하여는 「관세법 시행령」 제112조를 준용한다.
㉔ 제18항에 따른 면제사실 통보 및 제19항에 따른 징수사유 발생사실 통보와 관련한 절차 및 서식 등 그 밖에 필요한 사항은 관세청장이 정한다.
(2014.2.21 본조신설)

제2절 조세특례제한 등

제122조【과소신고소득금액의 범위】 ① 법 제128조제3항에서 "대통령령으로 정하는 과소신고금액"이란 법인의 경우에는 「국세기본법」 제47조의3제2항제1호에 따른 부정과소신고과세표준을 말하며, 개인의 경우에는 이를 준용하여 계산한 금액을 말한다.(2013.2.15 본항개정)
② 법 제128조제4항제3호 각 목 외의 부분에서 "대통령령으로 정하는 때에 해당하는 경우"란 신용카드가맹점 또는 현금영수증가맹점으로 가입한 사업자 중 신용카드에 의한 거래 또는 현금영수증의 발급을 거부하거나 신용카드매출전표 또는 현금영수증을 사실과 다르게 발급한 것을 이유로 「소득세법」 제162조의2제4항 후단·제162조의3제6항 후단·「법인세법」 제117조제4항 후단 및 제117조의2제5항에 따라 관할세무서장으로부터 신고금액을 통보받은 사업자로서 다음 각 호의 어느 하나에 해당하는 경우를 말한다.(2019.2.12 본문개정)
1. 해당 과세연도(신용카드에 의한 거래 또는 현금영수

증의 발급을 거부하거나 신용카드매출전표 또는 현금영수증을 사실과 다르게 발급한 날이 속하는 해당 과세연도를 말한다. 이하 이 항에서 같다)에 신고금액을 3회 이상 통보받은 경우로서 그 금액의 합계액이 100만원 이상인 경우(2009.2.4 본호개정)
2. 해당 과세연도에 신고금액을 5회 이상 통보받은 경우 (2007.2.28 본항신설)

제123조【투자세액공제 등의 배제】① 법 제127조제1항제2호에서 "대통령령으로 정하는 바에 따라 계산한 국가등이 지급하는 이자비용에 상당하는 금액"이란 법 제127조제1항제1호 각 목의 어느 하나에 해당하는 국가등이 지급했거나 지급하기로 약정한 이자비용의 합계액을 말한다.(2021.2.17 본항개정)
② 법 제127조제1항제3호에서 "대통령령으로 정하는 바에 따라 계산한 국가등이 지원하는 이자지원금에 상당하는 금액"이란 다음 계산식에 따라 계산한 금액[해당 금액이 음수(陰數)인 경우에는 영으로 본다]을 말한다.

이자지원금 = 융자받은 시점의 「법인세법 시행령」 제89조제3항에 따른 이자율을 적용하여 계산한 원리금 합계액 − 융자받은 시점의 실제 융자받은 이자율을 적용하여 계산한 원리금 합계액

(2014.2.21 본조신설)

제123조의2【저축지원을 위한 조세특례의 제한 절차】① 법 제129조의2제1항에 따른 계좌를 취급하는 「금융실명거래 및 비밀보장에 관한 법률」 제2조제1호에 따른 금융회사등과 다음 각 호의 공제회(이하 이 조에서 "저축취급기관"이라 한다)는 해당 계좌에 가입하거나 계약기간을 연장하려는 자에게 법 제129조의2제1항에 따른 금융소득종합과세 대상자(이하 이 조에서 "금융소득종합과세대상자"라 한다)는 해당 과세특례 적용이 제한되며 비과세 또는 감면받은 세액 상당액이 추징된다는 것을 설명해야 한다.
1. 「군인공제회법」에 따른 군인공제회
2. 「한국교직원공제회법」에 따른 한국교직원공제회
3. 「대한지방행정공제회법」에 따른 대한지방행정공제회
4. 「경찰공제회법」에 따른 경찰공제회
5. 「대한소방공제회법」에 따른 대한소방공제회
6. 「과학기술인공제회법」에 따른 과학기술인공제회
② 국세청장은 금융소득종합과세대상자 확인에 필요한 기획재정부령으로 정하는 사항을 가입일·연장일이 속하는 연도의 다음 연도 4월 30일까지 전국은행연합회에 통지해야 한다. 다만, 「소득세법」 제80조에 따른 결정 또는 경정 등으로 금융소득종합과세대상자 여부가 변경되는 경우에는 가입일·연장일이 속하는 연도의 다음 연도 10월 31일까지 재통지할 수 있다.
③ 저축취급기관은 전국은행연합회를 통해 금융소득종합과세대상자 여부를 확인할 수 있다.
④ 저축취급기관은 금융소득종합과세대상자를 확인한 날부터 14일 이내에 해당 계좌보유자에게 통보해야 한다.
⑤ 제4항에 따른 통보를 받은 자는 기획재정부령으로 정하는 바에 따라 국세청장에게 의견을 제시할 수 있으며, 국세청장은 의견제시를 받은 날부터 14일 이내에 계좌보유자 및 저축취급기관에 수용 여부를 통보해야 한다. (2021.2.17 본조신설)

제124조【수도권과밀억제권역 안의 투자에 대한 조세감면배제 등】① 법 제130조제1항 본문에서 "대통령령이 정하는 증설투자"라 함은 다음 각 호의 구분에 따른 투자를 말한다.
1. 기획재정부령으로 정하는 공장인 사업장의 경우 : 사업용고정자산을 새로 설치함으로써 기획재정부령으로 정하는 바에 따라 해당 공장의 연면적이 증가되는 투자

2. 제1호의 공장 외의 사업장인 경우 : 사업용고정자산을 새로 설치함으로써 기획재정부령으로 정하는 바에 따라 사업용고정자산의 수량 또는 해당 사업장의 연면적이 증가되는 투자
(2020.4.14 본항개정)
② 법 제130조제1항 단서에서 "대통령령으로 정하는 산업단지 또는 공업지역"이란 수도권과밀억제권역안에 소재하는 다음 각 호의 1에 해당하는 산업단지 또는 공업지역을 말한다.(2010.2.18 본문개정)
1. 「산업입지 및 개발에 관한 법률」에 의한 산업단지 (2005.2.19 본호개정)
2. 「국토의 계획 및 이용에 관한 법률」 제36조제1항제1호의 규정에 의한 공업지역 및 동법 제51조제3항의 지구단위계획구역중 산업시설의 입지로 이용되는 구역(2012.4.10 본호개정)
③ 법 제130조제1항 단서 및 제2항 단서에서 "대통령령으로 정하는 사업용 고정자산"이란 각각 다음 각 호의 자산을 말한다.
1. 디지털방송을 위한 프로그램의 제작·편집·송신 등에 사용하기 위하여 취득하는 방송장비
2. 「전기통신사업 회계정리 및 보고에 관한 규정」 제8조에 따른 전기통신설비 중 같은 조 제1호부터 제3호까지 및 제5호에 따른 교환설비, 전송설비, 선로설비 및 정보처리설비
3. 제21조제3항제1호에 해당하는 자산
4. 그 밖에 기획재정부령으로 정하는 사업용 고정자산 (2021.2.17 본항개정)
④ (2021.2.17 삭제)
(2021.2.17 본조제목개정)

제125조 (2001.12.31 삭제)

제126조【최저한세액에 미달하는 세액에 대한 감면 등의 배제】① 법 제132조제1항 각 호 외의 부분 및 같은 조 제2항 각 호 외의 부분에서 "대통령령으로 정하는 추징세액"이란 각각 다음 각 호의 것을 말한다. (2016.2.5 본문개정)
1. 법에 의하여 각종 준비금 등을 익금산입하는 경우와 감면세액을 추징하는 경우(소득세 또는 법인세에 가산하여 자진납부하거나 부과징수하는 경우를 포함한다)에 있어서의 이자상당가산액(2002.12.30 본호개정)
2. 법 또는 「법인세법」에 의하여 소득세 또는 법인세의 감면세액을 추징하는 경우 당해 사업연도에 소득세 또는 법인세에 가산하여 자진납부하거나 부과징수하는 세액(2005.2.19 본호개정)
② 법 제132조제1항 각 호 외의 부분에서 "대통령령으로 정하는 세액공제등"이란 법인세 감면중 같은 항 제3호 및 제4호에 열거되지 아니한 세액공제·세액면제 및 감면을 말하며, 같은 항 각 호 외의 부분에서 "대통령령으로 정하는 바에 따라 최초로 중소기업에 해당하지 아니하게 된 경우"란 제2조제2항 각 호 외의 부분 본문 및 같은 조 제5항에 따라 중소기업에 해당하지 아니하게 된 사유가 발생한 날이 속하는 과세연도와 그 다음 3개 과세연도가 경과한 경우를 말한다.(2010.12.30 본항개정)
③ (2012.2.2 삭제)
④ 법 제132조제2항 각 호 외의 부분에서 "대통령령으로 정하는 세액공제등"이란 소득세의 감면중 동조동항 제3호 및 제4호에 열거되지 아니한 세액공제·세액면제 및 감면을 말한다.(2009.2.4 본항개정)
⑤ 납세의무자가 신고(「국세기본법」에 의한 수정신고 및 경정 등의 청구를 포함한다)한 소득세액 또는 법인세액이 법 제132조에 따라 계산한 세액에 미달하여 소득세 또는 법인세를 경정하는 경우에는 다음 각 호의 순서(같은 호 안에서는 법 제132조제1항 및 제2항 각 호에 열거된 조문순서를 따른다)에 따라 다음 각 호의 감

면을 배제하여 세액을 계산한다.(2014.2.21 본문개정)
1. (2014.2.21 삭제)
2. (2020.2.11 삭제)
2의2. 법 제132조제1항제2호 및 같은 조 제2항제2호에 따른 손금산입 및 익금불산입(2014.2.21 본호개정)
3. 법 제132조제1항제3호 및 동조제2항제3호의 규정에 의한 세액공제. 이 경우 동일 조문에 의한 감면세액중 이월된 공제세액이 있는 경우에는 나중에 발생한 것부터 적용배제한다.
4. 법 제132조제1항제4호 및 동조제2항제4호의 규정에 의한 법인세 또는 소득세의 면제 및 감면
5. 법 제132조제1항제2호 및 동조제2항제2호의 규정에 의한 소득공제 및 비과세
(2010.2.18 본조제목개정)

제127조 (2006.2.9 삭제)
제128조 (2001.12.31 삭제)
제129조 (2006.2.9 삭제)
제130조【기업업무추진비의 손금불산입특례】 ① (2001.12.31 삭제)
② (2006.2.9 삭제)
③ 법 제136조제2항제2호에서 "대통령령으로 정하는 정부출자기관"이란 정부가 100분의 20 이상을 출자한 법인을 말한다. 다만,「공공기관 운영에 관한 법률」제5조에 따른 공기업·준정부기관이 아닌 상장법인은 제외한다.(2010.2.18 본문개정)
④ 법 제136조제2항제3호에서 "대통령령으로 정하는 법인"이란 같은 항 제2호의 법인이 최대주주로서 출자한 법인을 말한다.(2010.2.18 본항개정)
⑤ 법 제136조제3항에서 "대통령령으로 정하는 문화비"란 국내 문화관련 지출로서 다음 각 호의 용도로 지출한 비용을 말한다.(2019.2.12 단서삭제)
1.「문화예술진흥법」제2조에 따른 문화예술의 공연이나 전시회 또는「박물관 및 미술관 진흥법」에 따른 박물관의 입장권 구입
2.「국민체육진흥법」제2조에 따른 체육활동의 관람을 위한 입장권의 구입
3.「영화 및 비디오물의 진흥에 관한 법률」제2조에 따른 비디오물의 구입
4.「음악산업진흥에 관한 법률」제2조에 따른 음반 및 음악영상물의 구입
5.「출판문화산업 진흥법」제2조제3호에 따른 간행물의 구입(2014.2.21 본호개정)
6.「관광진흥법」제48조의2제3항에 따라 문화체육관광부장관이 지정한 문화관광축제의 관람 또는 체험을 위한 입장권·이용권의 구입(2010.2.18 본호신설)
7.「관광진흥법 시행령」제2조제1항제3호마목에 따른 관광공연장 입장권의 구입(2019.2.12 본호개정)
8. 기획재정부령으로 정하는 박람회의 입장권 구입(2010.2.18 본호신설)
9.「문화재보호법」제2조제3항에 따른 지정문화재 및 같은 조 제4항제1호에 따른 국가등록문화재의 관람을 위한 입장권의 구입(2020.5.26 본호개정)
10.「문화예술진흥법」제2조에 따른 문화예술 관련 강연의 입장권 구입 또는 초빙강사에 대한 강연료 등(2015.2.3 본호신설)
11. 자체시설 또는 외부임대시설을 활용하여 해당 내국인이 직접 개최하는 공연 등 문화예술행사비(2016.2.5 본호신설)
12. 문화체육관광부의 후원을 받아 진행하는 문화예술, 체육행사에 지출하는 경비(2016.2.5 본호신설)
13. 미술품의 구입(취득가액이 거래단위별로 1백만원 이하인 것으로 한정한다)(2019.2.12 본호신설)
14.「관광진흥법」제5조제2항에 따라 같은 법 시행령 제2조제1항제5호가목 또는 나목에 따른 종합유원시설업

또는 일반유원시설업의 허가를 받은 자가 설치한 유기시설 또는 유기기구의 이용을 위한 입장권·이용권의 구입(2023.6.7 본호신설)
15.「수목원·정원의 조성 및 진흥에 관한 법률」제2조제1호 및 제1호의2에 따른 수목원 및 정원의 입장권 구입(2023.6.7 본호신설)
16.「궤도운송법」제2조제3호에 따른 궤도시설의 이용권 구입(2023.6.7 본호신설)
(2007.8.6 본항신설)
⑥ 법 제136조제3항에서 "대통령령으로 정하는 내국법인"이란「법인세법 시행령」제42조제2항에 따른 내국법인을 말한다.(2019.2.12 본항개정)
(2023.2.28 본조제목개정)
제131조 (2006.2.9 삭제)
제132조【임대보증금 등의 간주익금】 ① 법 제138조제1항에서 "대통령령으로 정하는 기준"이란 차입금이 자기자본(다음 각 호의 금액 중 큰 금액을 말한다)의 2배에 상당하는 금액을 말한다. 이 경우 차입금과 자기자본은 적수(積數)로 계산하되, 사업연도 중 합병·분할하거나 증자·감자 등에 따라 자기자본의 변동이 있는 경우에는 해당 사업연도 개시일부터 자기자본의 변동일 전일까지의 기간(해당 기간에 해당하는 자기자본은 제1호의 규정에 따른 금액에서 증가액 또는 감자액을 차감 또는 가산하여 계산할 수 있다)과 그 변동일부터 해당 사업연도종료일까지의 기간으로 각각 나누어 계산한 자기자본의 적수를 합한 금액을 자기자본의 적수로 한다.(2021.1.5 후단개정)
1. 해당 사업연도종료일 현재 재무상태표상의 자산의 합계액에서 부채(충당금을 포함하며, 미지급법인세를 제외한다)의 합계액을 공제한 금액(2021.1.5 본호개정)
2. 당해 사업연도종료일 현재의 납입자본금(자본금에 주식발행액면초과액 및 감자차익을 가산하고, 주식할인발행차금 및 감자차손을 차감한 금액으로 한다)(2006.2.9 본항신설)
② 제1항에서 차입금은「법인세법 시행령」제53조제4항의 규정에 따라 제외되는 차입금 및 동법 시행령 제55조의 규정에 따라 지급이자가 이미 손금불산입된 차입금과「주택도시기금법」에 따른 주택도시기금으로부터 차입한 금액을 제외한다.(2015.6.30 본항개정)
③ 법 제138조제1항에서 "부동산임대업을 주업으로 하는 법인"이라 함은 당해 법인의 사업연도종료일 현재 자산총액중 임대사업에 사용된 자산가액이 100분의 50 이상인 법인을 말한다. 이 경우 자산가액의 계산은「소득세법」제99조의 규정에 의하며, 자산의 일부를 임대사업에 사용할 경우 임대사업에 사용되는 자산가액은 기획재정부령이 정하는 바에 의하여 계산한다.(2008.2.29 후단개정)
④ 법 제138조제1항에서 "대통령령으로 정하는 주택"이란 주택과 그 부속토지로서 다음 각 호의 면적 중 넓은 면적 이내의 토지를 말한다.(2010.2.18 본문개정)
1. 주택의 연면적(지하층의 면적, 지상층의 주차장으로 사용되는 면적 및「주택건설기준 등에 관한 규정」제2조제3호의 규정에 따른 주민공동시설의 면적을 제외한다)
2. 건물이 정착된 면적에 5배(도시지역 밖의 토지의 경우에는 10배를 말한다)를 곱하여 산정한 면적(2006.2.9 본항신설)
⑤ 법 제138조제1항의 규정에 의하여 익금에 가산할 금액은 다음의 산식에 의하여 계산한다. 이 경우 익금에 가산할 금액이 영보다 적은 때에는 이를 없는 것으로 보며, 적수의 계산은 매월말 현재의 잔액에 경과일수를 곱하여 계산할 수 있다.

익금에 가산할 금액 = [(당해 사업연도의 보증금등의 적수 - 임대용부동산의 건설비상당액의 적수) × {1/365 (윤년인 경우에는 366으로 한다)}] × 정기예금이자율 - 당해 사업연도의 임대사업부분에서 발생한 수입이자와 할인료·배당금·신주인수권처분익 및 유가증권처분익의 합계액
(2010.12.30 본항개정)
⑥ 제5항의 "임대용부동산의 건설비상당액"이라 함은 다음 각호의 1에 해당하는 금액을 말한다.
(2006.2.9 본문개정)
1. 지하도를 건설하여 「국유재산법」 기타 법령에 의하여 국가 또는 지방자치단체에 기부채납하고 지하도로 점용허가(1차 무상점유기간에 한한다)를 받아 이를 임대하는 경우에는 기획재정부령이 정하는 지하도 건설비상당액(2008.2.29 본호개정)
2. 제1호외의 임대용부동산에 있어서는 기획재정부령이 정하는 당해 임대용부동산의 건설비상당액(토지가액을 제외한다)(2008.2.29 본호개정)

제133조 (2009.2.4 삭제)

제133조의2 【해저광물자원개발을 위한 과세특례】 법 제140조에 따라 조세를 면제받으려는 자는 기획재정부령으로 정하는 바에 따라 산업통상자원부장관의 확인을 받아 관할세무서장·세관장 또는 지방자치단체의 장에게 신청하여야 한다.(2014.2.21 본조개정)

제134조 【실명등기한 부동산의 범위 등】 ① 법 제141조제1항 본문에서 "실명등기를 한 부동산이 1건"이라 함은 「부동산실권리자 명의등기에 관한 법률」(1995년 12월 30일 법률 제4944호로 개정된 것을 말한다. 이하 같다) 시행전에 명의신탁자명의로 등기한 부동산이 1필지(서로 인접한 수필지의 토지를 포함한다) 또는 1동의 건물(당해 건물의 부속건물 및 건물에 부수되는 토지를 포함하고, 「주택법」에 의한 공동주택의 경우에는 1세대의 구분건물 및 그 부수토지로 한다)로서 이를 실명등기한 경우를 말한다.
② 법 제141조제1항 본문의 규정에 의한 부동산가액은 「부동산실권리자 명의등기에 관한 법률」 시행일 현재 다음 각호의 방법에 의하여 평가한 금액으로 한다.
1. 소유권의 경우에는 「소득세법」 제99조의 규정에 의한 기준시가
2. 소유권외의 물권의 경우에는 「상속세 및 증여세법 시행령」 제51조 및 제63조에서 정하는 평가방법
(2013.2.19 본조개정)

제134조의2 【비거주자등의 보세구역 물류시설의 재고자산 판매이익에 대한 과세특례 적용 절차】 ① 법 제141조의2에 따라 소득세 또는 법인세의 원천징수를 면제받으려는 비거주자등은 기획재정부령으로 정하는 원천징수면제신청서에 같은 조에 따른 물류시설(이하 이 조에서 "물류시설"이라 한다)의 재고자산 입·출고내역을 첨부하여 매분기 종료일의 다음달 말일까지 물류시설을 운영하는 자의 납세지 관할세무서장에게 제출하여야 한다.
② 제1항에 따른 소득세 또는 법인세의 원천징수 면제신청서는 물류시설을 운영하는 자가 제출할 수 있다.
(2009.2.4 본조신설)

제7장 보 칙

제135조 【조세특례의 사전·사후관리】 ① 법 제142조제3항에서 "대통령령으로 정하는 조세특례사항"이란 다음 각호의 어느 하나에 해당하는 사항을 말한다.
1. 해당 과세연도에 적용기한이 종료되는 조세특례사항
2. 시행 후 2년이 지나지 아니한 조세특례사항
3. 기존의 조세특례사항 중 그 범위를 확대하려는 사항
4. 법 제142조제1항에 따른 기본계획에 재검토가 필요

한 사항으로 열거된 조세특례사항
(2014.9.11 본항개정)
② 기획재정부장관은 법 제142조제4항 본문에 따라 다음 각호의 어느 하나에 해당하는 조세특례에 대해서는 종합적인 평가를 실시할 수 있다.(2014.9.11 본문개정)
1. 분야별로 일괄하여 평가가 필요한 사항
2. 향후 지속적 감면액 증가가 예상되어 객관적 검증을 통해 조세지출 효율화가 필요한 사항
3. 그 밖에 기획재정부장관이 심층적인 분석·평가가 필요하다고 인정하는 사항
(2013.2.15 본항신설)
③ 법 제142조제4항 단서에서 "지원대상의 소멸로 조세특례의 폐지가 명백한 사항 등 대통령령으로 정하는 사항"이란 다음 각호의 어느 하나에 해당하는 사항을 말한다.
1. 지원대상의 소멸로 조세특례의 폐지가 명백한 사항
2. 남북교류협력에 관계되거나 국가 간 협약·조약에 따라 추진하는 사항
3. 최근 2년 이내에 법 제142조제4항에 따른 평가를 거친 사항으로서 기획재정부장관이 그 규모와 적용대상 등 기존 조세특례의 내용에 중요한 변화가 없는 것으로 인정하는 사항(2020.2.11 본호개정)
(2014.9.11 본항신설)
④ 법 제142조제4항 단서에서 "대통령령으로 정하는 일정금액"이란 300억원을 말한다.(2014.9.11 본항신설)
⑤ 법 제142조제4항 단서에서 "목표달성도, 경제적 효과, 소득재분배효과, 재정에 미치는 영향 등 대통령령으로 정하는 내용"이란 다음 각호의 내용을 말한다.
1. 목표 달성도, 경제적 효과, 소득재분배 효과 및 재정에 미치는 영향 등 조세특례의 효과성에 대한 분석
2. 정책 목적과 대상 및 수단의 적절성 등 조세특례의 타당성에 대한 분석
3. 조세특례의 성과를 저해하는 원인과 그 개선방안에 대한 분석
(2014.9.11 본항신설)
⑥ 법 제142조제5항을 적용할 때에는 기존 조세특례의 내용을 변경하는 법률안을 제출하는 경우로서 기존 조세특례 금액에 추가되는 연간 조세특례 금액이 300억원 이상인 경우를 포함한다.(2020.2.11 본항개정)
⑦ (2020.2.11 삭제)
⑧ 법 제142조제5항에서 "조세특례의 필요성 및 적시성, 기대효과, 예상되는 문제점 등 대통령령으로 정하는 내용"이란 다음 각호의 내용을 말한다.
1. 조세특례의 필요성 및 적시성, 기대효과, 예상되는 문제점 및 지원방법 등 정책적 타당성
2. 고용·투자 등 경제 분야에 미치는 영향
3. 가구·기업·지역 등 사회 각 분야의 소득재분배에 미치는 영향
(2014.9.11 본항신설)
⑨ 특례세율의 변경과 적용대상의 추가 등 기존 조세특례의 내용을 변경하는 법률안은 법 제142조제5항에 따른 조세특례를 신규로 도입하는 법률안으로 본다. 다만, 조세특례의 적용기한을 단순히 연장하는 경우는 조세특례를 신규로 도입하는 법률안으로 보지 아니한다.
(2014.9.11 본항신설)
⑩ 법 제142조제7항에 따라 의견 또는 자료의 제출을 요청받은 관계 행정기관의 장 등은 제출기한이 따로 명시되지 아니한 경우에는 그 요청을 받은 날부터 10일 이내에 해당 의견 또는 자료를 제출하여야 한다. 다만, 그 요청을 받은 날부터 10일 이내에 제출하기 어려운 경우에는 기획재정부장관과 협의하여 그 기한을 연장할 수 있으며, 해당 자료가 보관·관리되지 아니하거나 생산할 수 없는 것인 경우에는 그 사유와 향후 관리계획을 기획재정부장관에게 통보하여야 한다.(2014.9.11 본항신설)
(2013.2.15 본조제목개정)

제135조의2【조세특례 평가 등에 대한 전문적인 조사·연구기관의 지정】 기획재정부장관은 법 제142조제6항에 따라 다음 각 호의 어느 하나에 해당하는 기관을 전문적인 조사·연구를 수행할 기관으로 지정할 수 있다.
1. 「정부출연연구기관 등의 설립·운영 및 육성에 관한 법률」에 따라 설립된 한국조세재정연구원
2. 「정부출연연구기관 등의 설립·운영 및 육성에 관한 법률」에 따라 설립된 한국개발연구원
3. 그 밖에 조세특례의 평가 등과 관련하여 기획재정부장관이 전문 인력과 조사·연구 능력 등을 갖춘 것으로 인정하는 기관
(2014.9.11 본조신설)

제135조의3【조세지출예산서의 작성】 ① 법 제142조의2제1항에 따른 조세지출(이하 "조세지출"이라 한다)에는 조세특례 중 특정 산업 또는 경제활동에 대한 지원 여부, 조세특례의 폐지가능성 등을 고려하여 기획재정부장관이 법 제142조의2제1항에 따른 조세지출예산서(이하 "조세지출예산서"라 한다)에 포함할 필요가 있다고 인정하는 사항을 포함한다.
② 기획재정부장관은 법 제142조의2제1항에 따라 조세지출예산서를 작성할 때에는 다음 각 호의 내용을 포함하여 작성해야 한다.(2021.2.17 본문개정)
1. 세출예산 항목별로 집계한 기능별 분석
2. 세목(稅目)별로 집계한 세목별 분석
3. 조세특례의 감면방법별 분석
4. 법 제142조제5항 각 호의 어느 해당하여 조세특례에 대한 평가를 실시하지 않은 경우 해당 조세특례의 내용과 평가를 실시하지 않은 사유(2021.2.17 본호신설)
③ 법 제142조의2제2항에서 "대통령령으로 정하는 자"란 다음 각 호의 자를 말한다.
1. 국세청장
2. 관세청장
3. 그 밖에 조세지출과 관련된 중앙행정기관의 장
④ 법 제142조의2제2항에 따라 자료제출을 요청받은 관계 중앙행정기관의 장 등의 자료제출에 관하여는 제135조제10항을 준용한다. 이 경우 "관계 행정기관의 장 등"은 "관계 중앙행정기관의 장 등"으로 본다.
(2014.9.11 본항신설)
(2013.2.15 본조신설)

제136조【구분경리】 ① 법 제143조의 규정에 의한 구분경리에 관하여는 「법인세법」 제113조의 규정을 준용한다.
② 법 제143조의 규정에 의한 감면사업의 사업별 소득금액은 「소득세법」 제19조의 규정을 준용하여 계산한다.
(2005.2.19 본조개정)

제136조의2【세액공제액의 이월공제】 ① 법 제144조제3항제1호에 따른 산업수요맞춤형고등학교등의 졸업생 수는 근로계약 체결일 현재 산업수요맞춤형고등학교등을 졸업한 날부터 2년 이상 경과하지 아니한 상시근로자 수(이월공제받는 과세연도의 상시근로자 수에서 법 제144조제3항제3호 각 목의 수 중 큰 수를 뺀 수를 한도로 한다)로 한다.
② 법 제144조제3항제2호에 따른 청년근로자 수는 제23조제8항제1호에 해당하는 상시근로자 수(이월공제받는 과세연도의 상시근로자 수에서 법 제144조제3항제3호 각 목의 수 중 큰 수 및 제1항에 따른 산업수요맞춤형고등학교등의 졸업생 수를 뺀 수를 한도로 한다)로 한다.(2015.2.3 본항개정)
③ 법 제144조제3항제2호에 따른 장애인근로자 수는 제23조제8항제2호에 해당하는 상시근로자 수(이월공제받는 과세연도의 상시근로자 수에서 법 제144조제3항제3호 각 목의 수 중 큰 수, 제1항에 따른 산업수요맞춤형고등학교등의 졸업생 수 및 제2항에 따른 청년근로자 수를 뺀 수를 한도로 한다)로 한다.(2015.2.3 본항개정)

④ 법 제144조제3항제2호에 따른 60세 이상인 근로자 수는 제23조제8항제3호에 해당하는 상시근로자 수(이월공제받는 과세연도의 상시근로자 수에서 법 제144조제3항제3호 각 목의 수 중 큰 수, 제1항에 따른 산업수요맞춤형고등학교등의 졸업생 수, 제2항에 따른 청년근로자 수와 제3항에 따른 장애인근로자 수를 뺀 수를 한도로 한다)로 한다.(2015.2.3 본항개정)
⑤ 제1항부터 제4항까지의 규정에 따른 상시근로자의 범위 및 상시근로자 수의 계산방법은 제23조제10항부터 제13항까지의 규정을 준용한다.(2015.2.3 본항개정)
(2012.2.2 본조개정)

제137조【감면세액의 추징】 ① 법 제146조에서 "대통령령으로 정하는 경우"란 다음 각 호의 어느 하나에 해당하는 경우를 말한다.(2010.2.18 본문개정)
1. 현물출자, 합병, 분할, 분할합병, 법인세법 제50조의 적용을 받는 교환, 통합, 사업전환 또는 사업의 승계로 인하여 당해 자산의 소유권이 이전되는 경우
2. 내용연수가 경과된 자산을 처분하는 경우
3. 국가·지방자치단체 또는 「법인세법 시행령」 제39조제1항제1호나목에 따른 학교 등에 기부하고 그 자산을 사용하는 경우(2019.2.12 본호개정)
② 법 제146조의 규정에 의한 이자상당가산액은 공제받은 세액에 제1호의 기간 및 제2호의 율을 곱하여 계산한 금액으로 한다.
1. 공제받은 과세연도의 과세표준신고일의 다음날부터 법 제146조의 사유가 발생한 날이 속하는 과세연도의 과세표준신고일까지의 기간
2. 제11조의2제9항제2호에 따른 율(2022.2.15 본호개정)
③ 법 제146조에서 "대통령령으로 정하는 건물과 구축물"이란 제21조제3항 각 호의 어느 하나에 해당하는 자산으로서 기획재정부령으로 정하는 건물 또는 구축물을 말한다.(2021.2.17 본항개정)
(2002.12.30 본조개정)

제137조의2【이자·배당소득 비과세·감면세액의 추징】 ① 법 제146조의2제1항에 따른 원천징수의무자(이하 이 조에서 "원천징수의무자"라 한다)는 가입자가 과세특례 적용 요건을 갖추지 못한 것이 확인된 날(이하 이 조에서 "부적격판정일"이라 한다)에 계약기간이 만료된 것으로 보아 비과세 또는 감면받은 세액 상당액을 추징해야 한다.
② 제1항에도 불구하고 원천징수의무자는 다음 각 호의 어느 하나에 해당하는 이자소득 또는 배당소득에 대해서는 비과세 또는 감면받은 세액 상당액을 추징하지 않는다.
1. 부적격판정일 전 계좌를 해지하여 지급한 소득
2. 계좌 해지를 위해 자산을 환매·매도하여 계약기간 만료일부터 기획재정부령으로 정하는 날까지 지급하는 소득
3. 계약기간 연장일부터 부적격판정일까지 발생한 소득. 다만, 가입일부터 최초 계약기간 만료일까지 발생한 소득과 계약기간 연장일부터 부적격판정일까지 발생한 소득을 구분할 수 있는 경우 등 기획재정부령으로 정하는 경우는 제외한다.
③ 제2항에도 불구하고 법 제87조제3항에 따른 청년우대형주택청약종합저축의 원천징수의무자는 가입자가 해당 저축을 해지하는 시점까지 주택을 소유하지 않은 세대의 세대주에 해당하는지를 국토교통부장관으로부터 통보받지 못한 경우와 법 제87조제10항제3호에 따라 같은 조 제3항제1호 각 목의 요건을 갖추었는지를 국세청장으로부터 통보받지 못한 경우에는 해지 시점에 이자소득에 대해 비과세된 세액 상당액을 추징해야 한다. 다만, 다음 각 호의 요건을 모두 충족하는 경우에는 추징된 금액을 환급한다.
1. 해당 저축을 해지한 후 1개월 이내에 기획재정부령으로 정하는 환급신청서를 원천징수의무자에게 제출할 것

2. 원천징수의무자가 법 제87조제3항제1호의 요건을 갖춘 것으로 확인될 것
(2021.2.17 본조신설)
제138조【기업공개시 자산재평가에 관한 특례】 법률 제4285호 조세감면규제법중개정법률 부칙 제23조제1항에서 "대통령령이 정하는 기간"이라 함은 2003년 12월 31일까지의 기간을 말한다.(2001.12.31 본조개정)

부 칙 (2018.2.13)

제1조【시행일】 이 영은 공포한 날부터 시행한다. 다만, 제121조의3제8항의 개정규정은 2018년 4월 1일부터 시행하고, 제71조제7항제3호, 제104조의5제5항 및 제106조의14제1항부터 제4항까지의 개정규정은 2019년 1월 1일부터 시행한다.
제2조【일반적 적용례】 ① 이 영 중 소득세(양도소득세는 제외한다) 및 법인세에 관한 개정규정은 법률 제15227호 조세특례제한법 일부개정법률 시행 이후 개시하는 과세연도 분부터 적용한다.
② 이 영 중 부가가치세에 관한 개정규정은 이 영 시행 이후 재화나 용역을 공급하거나 공급받는 분 또는 재화를 수입신고하는 경우부터 적용한다.
③ 이 영 중 양도소득세에 관한 개정규정은 이 영 시행 이후 양도하는 분부터 적용한다.
④ 이 영 중 상속세 및 증여세에 관한 개정규정은 이 영 시행 이후 상속이 개시되거나 증여받는 경우부터 적용한다.
제3조【중소기업창업투자조합 출자 등에 대한 소득공제에 관한 적용례】 ① 제14조제1항 및 제2항의 개정규정은 이 영 시행 이후 설정된 벤처기업투자신탁에 투자하는 분부터 적용한다.
② 제14조제3항의 개정규정은 법률 제15227호 조세특례제한법 일부개정법률 시행 이후 출자 또는 투자하는 분부터 적용한다.
제4조【가업의 승계에 대한 증여세 과세특례에 관한 적용례】 제27조의6제6항제2호의 개정규정은 이 영 시행 이후 출자전환을 하는 경우부터 적용한다.
제5조【사업전환 무역조정지원기업에 대한 과세특례에 관한 적용례】 제30조제9항제2호가목의 개정규정은 이 영 시행 이후 법 제33조제1항에 따른 사업전환을 하지 아니하거나 전환사업을 폐업 또는 해산하는 경우부터 적용한다.
제6조【내국법인의 금융채무 상환을 위한 자산매각에 대한 과세특례에 관한 적용례】 제34조 및 제116조의30의 개정규정은 이 영 시행 이후 과세표준을 신고하는 경우부터 적용한다.
제7조【채무의 인수·변제에 대한 과세특례에 관한 적용례】 제36조의 개정규정은 이 영 시행 이후 과세표준을 신고하는 경우부터 적용한다.
제8조【주식매각 후 벤처기업 등 재투자에 대한 과세특례에 관한 적용례】 제43조의8제6항의 개정규정은 이 영 시행 이후 설정된 벤처기업투자신탁에 투자하는 경우부터 적용한다.
제9조【기부장려금단체의 취소사유에 관한 적용례】 제71조제7항제3호의 개정규정은 2019년 1월 1일 이후 개시하는 사업연도분부터 적용한다.
제10조【전자신고세액공제에 관한 적용례】 제104조의5제5항의 개정규정은 2019년 1월 1일 이후 세액공제를 신청하는 분부터 적용한다.
제11조【정부업무대행단체에 관한 적용례】 제106조제7항제57호의 개정규정은 이 영 시행 이후 신고하거나 결정·경정하는 분부터 적용한다.
제12조【채무의 인수·변제에 대한 과세특례에 관한 적용례】 제116조의31의 개정규정은 이 영 시행 이후 과세표준을 신고하는 경우부터 적용한다.

제13조【기업 간 주식등의 교환에 대한 과세특례에 관한 적용례】 제116조의34제7항의 개정규정은 이 영 시행 이후 주주등이 법 제121조의30제3항 각 호의 어느 하나에 해당하게 된 경우부터 적용한다.
제14조【현금영수증사업자 및 현금영수증가맹점에 대한 과세특례에 관한 적용례】 제121조의3제8항의 개정규정은 2018년 4월 1일 이후 현금영수증을 발급하는 분부터 적용한다.
제15조【어업용 토지등에 대한 양도소득세의 감면에 관한 특례】 ① 이 영 시행 당시 「국토의 계획 및 이용에 관한 법률」에 따른 주거지역·상업지역 또는 공업지역에 편입된 어업용 토지등에 대해서는 제66조의3제3항제1호 각 목 외의 부분 본문의 개정규정을 적용할 때 이 영 시행일을 「국토의 계획 및 이용에 관한 법률」에 따른 주거지역·상업지역 또는 공업지역에 편입된 날로 본다.
② 이 영 시행 당시 「도시개발법」 또는 그 밖의 법률에 따라 환지처분 이전에 어업용 토지등 외의 토지로 환지예정지 지정을 받은 어업용 토지등에 대해서는 제66조의3제3항제2호의 개정규정을 적용할 때 이 영 시행일을 그 환지 예정지 지정일로 본다.
제16조【자경산지에 대한 양도소득세의 감면에 관한 특례】 ① 이 영 시행 당시 「국토의 계획 및 이용에 관한 법률」에 따른 주거지역·상업지역 또는 공업지역에 편입된 산지에 대해서는 제66조의4제3항제1호 본문의 개정규정을 적용할 때 이 영 시행일을 「국토의 계획 및 이용에 관한 법률」에 따른 주거지역·상업지역 또는 공업지역에 편입된 날로 본다.
② 이 영 시행 당시 「도시개발법」 또는 그 밖의 법률에 따라 환지처분 이전에 산지 외의 토지로 환지 예정지 지정을 받은 산지에 대해서는 제66조의4제3항제2호의 개정규정을 적용할 때 이 영 시행일을 그 환지 예정지 지정일로 본다.
제17조【중소기업창업투자조합 출자 등에 대한 소득공제에 관한 경과조치】 이 영 시행 전에 설정된 벤처기업투자신탁에 대해서는 제14조제1항 및 제2항의 개정규정에도 불구하고 종전의 규정에 따른다.
제18조【사업전환 무역조정지원기업에 대한 과세특례에 관한 경과조치】 이 영 시행 전에 법 제33조제1항에 따른 사업전환을 하지 아니하거나 전환사업을 폐업 또는 해산하는 경우에 대해서는 제30조제9항제2호가목의 개정규정에도 불구하고 종전의 규정에 따른다.
제19조【주식매각 후 벤처기업 등 재투자에 대한 과세특례에 관한 경과조치】 이 영 시행 전에 설정된 벤처기업투자신탁에 투자하는 경우에 대해서는 제43조의8제6항의 개정규정에도 불구하고 종전의 규정에 따른다.
제20조【재기중소기업인의 체납액 등에 대한 과세특례의 요건완화 등에 관한 경과조치】 이 영 시행 전에 유예를 신청한 재기중소기업인에 대해서는 제99조의6의 개정규정에도 불구하고 종전의 규정에 따른다.
제21조【기업 간 주식등의 교환에 대한 과세특례에 관한 경과조치】 이 영 시행 전에 주주등이 법 제121조의30제3항 각 호의 어느 하나에 해당하게 된 경우에 대해서는 제116조의34제7항의 개정규정에도 불구하고 종전의 규정에 따른다.
제22조【현금영수증사업자 및 현금영수증가맹점에 대한 과세특례에 관한 경과조치】 2018년 3월 31일 이전에 현금영수증을 발급한 분에 대해서는 제121조의3제8항의 개정규정에도 불구하고 종전의 규정에 따른다.
제23조【자경농지·축사용지에 대한 양도소득세 5년간 감면한도가 적용되는 사업지역의 범위】 법률 제15227호 조세특례제한법 일부개정법률 부칙 제61조에서 "대통령령으로 정하는 요건을 충족하는 사업지역"이란 해당 공익사업의 시행자가 2017년 12월 31일 현재 전체 사업지역 면적의 2분의 1 이상의 토지를 취득한 사업지역을 말한다.

부 칙 (2018.10.23)

제1조【시행일】이 영은 공포한 날부터 시행한다.
제2조【장기일반민간임대주택등에 대한 양도소득세의 과세특례에 관한 적용례 등】① 제97조의3제3항제4호의 개정규정은 이 영 시행 이후 양도하는 분부터 적용한다.
② 다음 각 호의 어느 하나에 해당하는 경우에는 제97조의3제3항제4호의 개정규정 및 이 조 제1항에도 불구하고 종전의 규정에 따른다.
1. 2018년 9월 13일 이전에 주택(주택을 취득할 수 있는 권리를 포함한다. 이하 이 항에서 같다)을 취득한 경우
2. 2018년 9월 13일 이전에 주택을 취득하기 위하여 매매계약을 체결하고 계약금을 지급한 사실이 증빙서류에 의하여 확인되는 경우

부 칙 (2019.2.12)

제1조【시행일】이 영은 공포한 날부터 시행한다. 다만, 제121조의2제8항·제13항의 개정규정(박물관·미술관 입장료와 관련된 부분에 한정한다)은 2019년 7월 1일부터 시행하고, 제9조제9항부터 제13항까지, 제22조의9제1항 및 별표6의 개정규정은 2020년 1월 1일부터 시행한다.
제2조【일반적 적용례】① 이 영 중 소득세(양도소득세는 제외한다) 및 법인세에 관한 개정규정은 법률 제16009호 조세특례제한법 일부개정법률 시행 이후 개시하는 과세연도 분부터 적용한다.
② 이 영 중 부가가치세에 관한 개정규정은 이 영 시행 이후 재화와 용역을 공급하거나 공급받는 분 또는 재화를 수입신고하는 경우부터 적용한다.
③ 이 영 중 양도소득세에 관한 개정규정은 이 영 시행 이후 양도하는 분부터 적용한다.
제3조【연구 및 인력개발비에 대한 세액공제에 관한 적용례】제9조제9항 및 제10항의 개정규정은 2020년 1월 1일 이후 개시하는 과세연도 분부터 적용한다.
제4조【중소기업창업투자조합 등에의 출자 등에 대한 소득공제에 관한 적용례】① 제14조제1항제3호의 개정규정은 이 영 시행 이후 연말정산하는 분부터 적용한다.
② 제14조제1항제4호의 개정규정은 이 영 시행 이후 설정되는 투자신탁 분부터 적용한다.
③ 제14조제10항의 개정규정은 이 영 시행 이후 추징사유가 발생하는 분부터 적용한다.
④ 제14조제11항의 개정규정은 이 영 시행 이후 법 제16조제2항 단서에 따른 사유가 발생하는 분부터 적용한다.
제5조【중소기업 취업자에 대한 소득세 감면에 관한 적용례】제27조제1항의 개정규정은 이 영 시행 이후 취업하는 분부터 적용한다.
제6조【주식매각 후 벤처기업등 재투자에 대한 과세특례에 관한 적용례】제43조의8제5항의 개정규정은 2019년 1월 1일 이후 매각대상기업의 주식을 양도하는 분부터 적용한다.
제7조【축사용지에 대한 양도소득세의 감면에 관한 적용례】제66조의2제9항의 개정규정은 이 영 시행 이후 결정·경정하는 분부터 적용한다.
제8조【장기주택마련저축의 범위 등에 관한 적용례】제81조제15항의 개정규정은 이 영 시행 이후 가입하는 분부터 적용한다.
제9조【우리사주조합원 등에 대한 과세특례에 관한 적용례】제82조의4제15항의 개정규정은 이 영 시행 이후 제출하는 분부터 적용한다.
제10조【개인종합자산관리계좌에 대한 과세특례에 관한 적용례】제93조의4제7항의 개정규정은 이 영 시행 이후 가입하는 분부터 적용한다.

제11조【장병내일준비적금에 대한 비과세에 관한 적용례】제93조의5제3항의 개정규정은 이 영 시행 이후 가입하는 경우부터 적용한다.
제12조【월세 세액공제에 관한 적용례】제95조제2항제1호의 개정규정은 이 영 시행일이 속하는 과세기간에 지급하는 월세 분부터 적용한다.
제13조【소형주택 임대사업자에 대한 세액감면에 관한 적용례】제96조제2항제3호의 개정규정은 이 영 시행 이후 임대차계약을 갱신하거나 체결하는 분부터 적용한다.
제14조【장기임대주택에 대한 양도소득세의 감면에 관한 적용례】제97조제1항의 개정규정은 이 영 시행 이후 결정·경정하는 분부터 적용한다.
제15조【임대주택 부동산투자회사의 현물출자자에 대한 과세특례 등에 관한 적용례】제97조의6제8항제2호 각 목 외의 부분의 개정규정은 이 영 시행 이후 이자상당액을 납부하는 분부터 적용한다.
제16조【근로장려금 및 자녀장려금에 관한 적용례】① 제100조의4제3항·제8항 및 제100조의14제2항의 개정규정은 이 영 시행 이후 근로장려금 또는 자녀장려금을 신청하는 분부터 적용한다.
② 제100조의4제4항, 제100조의6제4항제2호 및 제100조의7제2항·제3항의 개정규정은 이 영 시행 이후 발생하는 소득에 대해 근로장려금 또는 자녀장려금을 신청하는 분부터 적용한다.
제17조【투자·상생협력 촉진을 위한 과세특례에 관한 적용례】① 제100조의32제4항의 개정규정은 이 영 시행 이후 과세표준을 신고하는 분부터 적용한다.
② 제100조의32제6항제2호의 개정규정은 이 영 시행 이후 주식등을 취득하는 분부터 적용한다.
제18조【전자신고에 대한 세액공제에 관한 적용례】제104조의5제2항의 개정규정은 이 영 시행 이후 소득세를 신고하는 분부터 적용한다.
제19조【경형자동차 연료에 대한 교통·에너지·환경세 및 개별소비세의 환급에 관한 적용례】제112조의2제3항의 개정규정은 법률 제16009호 조세특례제한법 일부개정법률 시행 이후 환급대상자가 환급용 유류구매카드로 구매하는 분부터 적용한다.
제20조【증권거래세의 면제에 관한 적용례】제115조의 개정규정은 2019년 1월 1일 이후 양도하는 분부터 적용한다.
제21조【면세점 구매비용에 대한 신용카드소득공제 제외에 관한 적용례】제121조의2제6항의 개정규정은 이 영 시행 이후 면세점에서 지출하는 분부터 적용한다.
제22조【신용카드등사용금액 소득공제 신청에 관한 적용례】제121조의2제8항의 개정규정은 이 영 시행 이후 연말정산하는 분부터 적용한다. 다만, 박물관·미술관 입장료와 관련된 부분은 2019년 7월 1일 이후 사용에 대해 연말정산하는 분부터 적용한다.
제23조【접대비의 손금불산입특례에 관한 적용례】제130조제5항의 개정규정은 이 영 시행 이후 지출하는 분부터 적용한다.
제24조【연구·인력개발비 세액공제를 적용받는 비용에 관한 특례】별표6에도 불구하고 2020년 1월 1일 전에 개시하는 과세연도 분에 대해서는 별표6의3에 따른다.
제25조【이자율에 관한 경과조치】이 영 시행 이후 납부 또는 부과하는 경우 제8조제3항제3호, 제11조의3제12항제2호, 제11조의4제10항제2호, 제12조의2제3항제2호, 제22조의7제4항제2호, 제22조의9제7항제2호, 제26조의4제15항제2호, 제27조의2제3호, 제27조의6제4항제3호, 제30조제9항제1호나목 및 같은 항 제2호나목, 제30조의2제6항제2호, 제34조제11항제2호, 제35조의3제10항제2호, 제36조제11항제1호나목 및 같은 항 제2호나목, 제37조제19항제1호나목 및 같은 항 제2호나목, 제43조제8항제1호나목 및 같은 항

제2호나목, 제60조의2제15항제2호, 제63조제9항제2호, 제67조제11항제2호, 제71조제6항, 제97조의6제8항제1호나목 및 같은 항 제2호나목, 제97조의8제5항제2호, 제100조의11제2호, 제100조의26제2항, 제100조의32제21항제2호, 제104조의6제3항제2호, 제104조의15제4항제2호, 제104조의18제3항제2호, 제104조의20제6항제2호, 제106조의9제8항, 제106조의13제7항, 제116조의7제3항제2호, 제116조의30제10항제2호, 제116조의31제10항제1호나목 및 같은 항 제2호나목, 제116조의32제15항제1호나목 및 같은 항 제2호나목, 제116조의33제3항제2호, 제116조의34제7항제1호나목 및 같은 항 제2호나목, 제116조의35제7항제2호 및 제137조제2항제2호의 개정규정에도 불구하고 해당 이자상당가산액 또는 이자상당액의 계산의 기준이 되는 기간 중 이 영 시행일 전일까지의 기간에 대한 이자율은 종전의 규정에 따른다.

제26조【주식매각 후 벤처기업등 재투자에 대한 과세특례에 관한 경과조치】 2019년 1월 1일 전에 매각대상 기업의 주식을 양도한 분이 2019년 1월 1일 이후 재투자하는 경우에는 제43조의8제5항의 개정규정에도 불구하고 종전의 규정에 따른다.

제27조【농업회사법인에 대한 세액감면 등에 관한 경과조치】 이 영 시행 전에 신설된 농업회사법인의 경우에는 제65조제2항 각 호 외의 부분의 개정규정에도 불구하고 종전의 규정에 따른다.

제28조【소형주택 임대사업자에 대한 세액감면에 관한 경과조치】 이 영 시행 전에 세액의 감면을 신청한 경우에는 제96조제6항제3호의 개정규정에도 불구하고 종전의 규정에 따른다.

제29조【장기일반민간임대주택에 대한 양도소득세 과세특례에 관한 경과조치】 ① 이 영 시행 전에 「민간임대주택에 관한 특별법」 제5조제3항에 따라 변경 신고한 경우에는 제97조의3제4항의 개정규정에도 불구하고 종전의 규정에 따른다.

② 이 영 시행일 현재 단기민간임대주택을 8년 초과하여 임대한 경우에는 제97조의3제4항의 개정규정에도 불구하고 종전의 규정에 따른다.

제30조【근로장려금 및 자녀장려금에 관한 경과조치】 이 영 시행 전에 근로장려금 또는 자녀장려금을 신청한 분에 대해서는 제100조의6제5항, 별표11 및 별표11의2의 개정규정에도 불구하고 종전의 규정에 따른다.

부 칙 (2020.2.11)

제1조【시행일】 이 영은 공포한 날부터 시행한다. 다만, 제105조제2항, 제109조의2제7항, 제109조의3제9항 및 제12항의 개정규정은 2020년 7월 1일부터 시행하고, 제121조의2의 개정규정(신문 구독료와 관련된 부분에 한정한다)은 2021년 1월 1일부터 시행하며, 제35조의3 및 제35조의4의 개정규정은 2022년 1월 1일부터 시행한다.

제2조【일반적 적용례】 ① 이 영 중 소득세(양도소득세는 제외한다) 및 법인세에 관한 개정규정은 법률 제16835호 조세특례제한법 일부개정법률 시행 이후 개시하는 과세연도분부터 적용한다.

② 이 영 중 부가가치세에 관한 개정규정은 이 영 시행 이후 재화나 용역을 공급하거나 공급받는 분 또는 재화를 수입신고하는 경우부터 적용한다.

③ 이 영 중 양도소득세에 관한 개정규정은 이 영 시행 이후 양도하는 분부터 적용한다.

④ 이 영 중 상속세 및 증여세에 관한 개정규정은 이 영 시행 이후 상속이 개시되거나 증여받는 경우부터 적용한다.

제3조【창업중소기업 등에 대한 세액감면에 관한 적용례】 제5조제7항의 개정규정은 2020년 1월 1일 이후 창업하는 경우부터 적용한다.

제4조【연구 및 인력개발비에 대한 세액공제에 관한 적용례】 제9조제15항 및 제16항의 개정규정은 2020년

1월 1일 이후 같은 조 제15항 각 호의 개정규정의 어느 하나에 해당하게 되는 분부터 적용한다.

제5조【중소기업창업투자조합 등에의 출자 등에 대한 소득공제에 관한 적용례】 제14조제6항제1호의 개정규정은 이 영 시행일이 속하는 과세연도에 출자 또는 투자하는 분부터 적용한다.

제6조【안전시설의 범위에 관한 적용례】 제22조의5제3항의 개정규정은 이 영 시행 이후 투자하는 분부터 적용한다.

제7조【청년고용을 증대시킨 기업에 대한 세액공제의 사후관리에 관한 적용례】 제26조의5제7항의 개정규정은 이 영 시행 이후 과세표준을 신고하는 분부터 적용한다.

제8조【고용을 증대시킨 기업에 대한 세액공제의 사후관리에 관한 적용례】 제26조의7제5항 및 제6항의 개정규정은 이 영 시행 이후 과세표준을 신고하는 분부터 적용한다.

제9조【중소기업 취업자에 대한 소득세 감면에 관한 적용례】 제27조제3항의 개정규정(같은 항 제21호부터 제23호까지의 개정규정은 제외한다)은 이 영 시행 이후 연말정산 또는 종합소득과세표준을 확정신고하는 분부터 적용한다.

제10조【가업의 승계에 대한 증여세 과세특례에 관한 적용례】 제27조의6제6항제2호의 개정규정은 이 영 시행 이후 업종을 변경하는 경우부터 적용한다.

제11조【전략적 제휴를 위한 비상장 주식교환 등에 대한 과세특례에 관한 적용례】 제43조의7제3항의 개정규정은 2019년 1월 1일 이후 제휴법인과의 계약을 통하여 협력관계를 형성한 계획에 대해서도 적용한다.

제12조【자경농지에 대한 양도소득세의 감면에 관한 적용례】 제66조제14항의 개정규정은 이 영 시행일이 속하는 과세기간분부터 적용한다.

제13조【대토보상에 대한 양도소득세 과세특례에 관한 적용례】 제73조제5항 및 제8항의 개정규정은 이 영 시행 이후 현물출자하는 분부터 적용한다.

제14조【소형주택 임대사업자 세액감면의 임대료 증액제한 요건에 관한 적용례】 제96조제2항제3호의 개정규정은 이 영 시행 이후 주택 임대차계약을 갱신하거나 새로 체결하는 분부터 적용하고, 임대보증금과 월임대료 상호 간 전환은 이 영 시행 이후 전환하는 분부터 적용한다.

제15조【장기임대주택에 대한 양도소득세의 감면신청 시 첨부서류 간소화에 관한 적용례】 제97조제4항제3호의 개정규정은 이 영 시행 이후 감면신청하는 분부터 적용한다.

제16조【장기일반민간임대주택등에 대한 양도소득세 과세특례의 임대료 증액제한 등에 관한 적용례】 제97조의3제3항의 개정규정은 이 영 시행 이후 주택 임대차계약을 갱신하거나 새로 체결하는 분부터 적용하고, 임대보증금과 월임대료 상호 간 전환은 이 영 시행 이후 전환하는 분부터 적용한다.

제17조【근로장려세제 및 자녀장려세제에 관한 적용례】 제100조의2제3항, 제100조의4제1항부터 제3항까지, 제100조의5, 제100조의6제2항 및 제4항, 제100조의7제4항 및 제7항, 제100조의9제7항 및 제100조의31제1항의 개정규정은 2020년 5월 이후 근로장려금 또는 자녀장려금을 신청 또는 정산하는 분부터 적용하며, 제100조의9제2항, 별표11 및 별표11의2의 개정규정은 이 영 시행 이후 근로장려금 또는 자녀장려금을 신청하는 분부터 적용한다.

제18조【외국인관광객 부가가치세 환급 특례적용 관광호텔 및 의료기관의 부가가치세 신고에 관한 적용례】 제109조의2제7항 및 제109조의3제9항의 개정규정은 2020년 7월 1일 이후 환급증서 또는 환급·송금증서를 송부받아 부가가치세를 신고하는 분부터 적용한다.

제19조【성실사업자의 의료비 등 세액공제에 관한 적용례】 제117조의3제3항의 개정규정은 이 영 시행 이후

「소득세법」 제70조제1항에 따라 종합소득과세표준을 확정신고하는 분부터 적용한다.

제20조【신용카드등 사용금액에 대한 소득공제에 관한 적용례】 제121조의2제6항 및 제9항(박물관 및 미술관 사용분과 관련된 부분에 한정한다)의 개정규정은 이 영 시행 이후 연말정산 또는 종합소득과세표준을 확정신고하는 분부터 적용한다.

제21조【조세특례의 사전·사후관리에 관한 적용례】 제135조제3항제3호의 개정규정은 이 영 시행일이 속하는 연도에 기획재정부장관이 실시하는 조세특례에 대한 평가분부터 적용한다.

제22조【신성장·원천기술에 관한 적용례】 별표7의 개정규정은 이 영 시행 이후 과세표준을 신고하는 분부터 적용한다.

제23조【시행 예정인 법률의 인용에 따른 특례】 ① 제12조의3제1항 및 제16조제2항의 개정규정 중 "소재·부품·장비산업 경쟁력강화를 위한 특별조치법"은 2020년 3월 31일까지는 "법률 제16859호 소재·부품전문기업 등의 육성에 관한 특별법 전부개정법률"로 본다.
② 제22조의10제2항제1호다목의 개정규정 중 "「애니메이션산업 진흥에 관한 법률」"은 2020년 6월 3일까지는 "법률 제16690호 애니메이션산업 진흥에 관한 법률"로 본다.

제24조【안전시설의 범위에 관한 경과조치】 이 영 시행 전에 투자한 분에 대해서는 제22조의5제3항의 개정규정에도 불구하고 종전의 규정에 따른다.

제25조【청년고용을 증대시킨 기업에 대한 세액공제의 사후관리에 관한 경과조치】 이 영 시행 전에 과세표준을 신고한 경우에는 제26조의5제7항의 개정규정에도 불구하고 종전의 규정에 따른다.

제26조【고용을 증대시킨 기업에 대한 세액공제의 사후관리에 관한 경과조치】 이 영 시행 전에 과세표준을 신고한 경우에는 제26조의7제5항 및 제6항의 개정규정에도 불구하고 종전의 규정에 따른다.

제27조【중소기업의 사회보험료 세액공제에서 제외되는 금액에 관한 경과조치】 법률 제16835호 조세특례제한법 일부개정법률 시행 전 개시한 과세연도분의 경우에는 제27조의4제8항 및 제9항의 개정규정에도 불구하고 종전의 규정에 따른다.

제28조【자경농지에 대한 양도소득세의 감면에 관한 경과조치】 이 영 시행일이 속하는 과세기간 전의 과세기간분에 대해서는 제66조제14항의 개정규정에도 불구하고 종전의 규정에 따른다.

제29조【대토보상에 대한 양도소득세 과세특례에 관한 경과조치】 이 영 시행 전에 현물출자한 분에 대해서는 제73조제5항 및 제8항의 개정규정에도 불구하고 종전의 규정에 따른다.

제30조【전자신고 세액공제의 연간 공제한도에 관한 경과조치】 법률 제16835호 조세특례제한법 일부개정법률 시행 전에 세무사가 본인의 과세표준을 신고한 경우에는 제104조의5제5항의 개정규정에도 불구하고 종전의 규정에 따른다.

제31조【군인 등에게 판매하는 물품에 대한 주세의 면제에 관한 경과조치】 이 영 시행 당시 종전의 제113조제1항제2호에 따라 주세의 면제 대상으로 인정된 자는 제113조제1항제2호의 개정규정에 따른 주세의 면제 대상으로 본다.

제32조【성실사업자의 의료비 등 세액공제에 관한 경과조치】 이 영 시행 전에 「소득세법」 제70조제1항에 따른 신고기한이 경과한 분에 대해서는 제117조의3제3항의 개정규정에도 불구하고 종전의 규정에 따른다.

제33조【신용카드등 사용금액에 대한 소득공제에 관한 경과조치】 제121조의2제6항의 개정규정에도 불구하고 2018년 12월 31일 이전에 사용한 분에 대해서는 종전의 규정에 따른다.

부   칙 (2020.4.14)

제1조【시행일】 이 영은 공포한 날부터 시행한다.
제2조【해외진출기업의 국내복귀에 대한 세액감면에 관한 적용례】 제104조의21제3항 및 제11항의 개정규정은 이 영 시행 이후 국내에서 사업장을 창업하거나 신설 또는 증설하는 경우부터 적용한다.
제3조【노후자동차 교체에 대한 개별소비세 등 감면에 관한 적용례】 제111조제8항제3호의 개정규정은 2020년 1월 1일 이후 제조장에서 반출하거나 수입신고하는 분부터 적용한다.

부   칙 (2020.10.7)

제1조【시행일】 이 영은 공포한 날부터 시행한다.
제2조【장기일반민간임대주택 등에 대한 양도소득세의 과세특례에 관한 적용례】 제97조의3제2항제2호의 개정규정은 2020년 8월 18일 이후 「민간임대주택에 관한 특별법」 제6조제5항에 따라 임대사업자 등록이 말소되는 경우부터 적용한다.
제3조【소형주택 임대사업자에 대한 세액감면에 관한 경과조치】 2020년 7월 10일 이전에 종전의 「민간임대주택에 관한 특별법」(법률 제17482호 민간임대주택에 관한 특별법 일부개정법률로 개정되기 전의 것을 말한다) 제5조제3항에 따라 같은 법 제2조제6호의 단기민간임대주택을 같은 조 제4호에 따른 공공지원민간임대주택 또는 같은 조 제5호에 따른 장기일반민간임대주택으로 변경 신고한 경우에는 제96조제4항의 개정규정에도 불구하고 종전의 규정에 따른다.

부   칙 (2020.11.20)

제1조【시행일】 이 영은 2020년 11월 20일부터 시행한다.(이하 생략)

부   칙 (2020.12.8)

제1조【시행일】 이 영은 2020년 12월 10일부터 시행한다.(이하 생략)

부   칙 (2020.12.29)

제1조【시행일】 이 영은 공포한 날부터 시행한다.
제2조【중소기업 범위 축소에 따른 적용례】 제2조제1항제3호 전단의 개정규정은 다음 각 호의 구분에 따른 과세연도 분부터 적용한다.
1. 「독점규제 및 공정거래에 관한 법률」 제14조제1항에 따른 공시대상기업집단에 속하는 회사 중 상호출자제한기업집단에 속하지 않는 회사와 같은 법 제14조의3에 따라 공시대상기업집단의 소속회사로 편입·통지된 것으로 보는 회사 중 상호출자제한기업집단에 속하지 않는 회사 : 2021년 1월 1일 이후 개시하는 과세연도 분
2. 제2조제1항제3호 전단의 개정규정에 따라 투자 세액공제 대상 중소기업에서 제외되는 회사 중 제1호의 회사를 제외한 회사 : 이 영 시행일이 속하는 과세연도 분

부   칙 (2021.1.5)

이 영은 공포한 날부터 시행한다.(이하 생략)

부   칙 (2021.2.2)

제1조【시행일】 이 영은 2021년 2월 5일부터 시행한다.(이하 생략)

부　칙 (2021.2.17 영31444호)

제1조【시행일】 이 영은 공포한 날부터 시행한다. 다만, 제106조제7항제58호·제59호 및 제115조제3항부터 제19항까지의 개정규정은 2021년 4월 1일부터 시행하고, 제104조의5제7항 및 제110조제1항의 개정규정은 2021년 7월 1일부터 시행하며, 제84조의 개정규정은 2023년 1월 1일부터 시행하고, 별표6 제2호아목의 개정규정은 2021년 6월 23일부터 시행한다.

제2조【일반적 적용례】 ① 이 영 중 소득세(양도소득세는 제외한다) 및 법인세에 관한 개정규정은 법률 제17759호 조세특례제한법 일부개정법률 시행 이후 개시하는 과세연도 분부터도 적용한다.

② 이 영 중 양도소득세 및 증권거래세에 관한 개정규정은 이 영 시행 이후 양도하는 분부터 적용한다.

③ 이 영 중 상속세 및 증여세에 관한 개정규정은 이 영 시행 이후 상속이 개시되거나 증여받는 경우부터 적용한다.

제3조【외국인기술자에 대한 소득세의 감면에 관한 적용례】 제16조제1항제2호의 개정규정은 이 영 시행 이후 외국인기술자가 최초로 국내에서 근로계약을 체결하는 경우부터 적용한다.

제4조【근로소득을 증대시킨 기업에 대한 세액공제의 사후관리에 관한 적용례】 제26조의4제15항의 개정규정은 이 영 시행 전에 정규직 전환 근로자와의 근로관계가 종료되어 이 영 시행 이후 공제받은 세액상당액을 납부하는 경우에 대해서도 적용한다.

제5조【기부장려금에 관한 적용례】 ① 제71조제1항제4호의 개정규정은 2021년 1월 1일 이후 기부금 모금액 및 활용실적을 공개하거나 표준서식에 따라 공시하는 경우부터 적용한다.

② 제71조제7항제1호 및 제3호의 개정규정은 2021년 1월 1일 이후 제71조제1항제5호부터 제7호까지의 요건을 위반하는 경우에 적용한다.

제6조【개인종합자산관리계좌에 대한 과세특례에 관한 적용례】 제93조의4제8항제2호의 개정규정은 2021년 1월 1일 이후 신주인수권증서를 취득하는 분부터 적용한다.

제7조【소형주택 임대사업자에 대한 세액감면에 관한 적용례】 ① 제96조제3항 각 호 외의 부분, 같은 조 제2호 및 같은 조 제6항의 개정규정은 2020년 8월 18일 이후 「민간임대주택에 관한 특별법」 제5조에 따라 등록을 신청하는 민간임대주택부터 적용한다.

② 제96조제3항제1호 단서 및 같은 조 제5항의 개정규정은 이 영 시행 이후 과세표준을 신고하는 분부터 적용한다.

제8조【상가임대료를 인하한 임대사업자에 대한 세액공제 사후관리 등에 관한 적용례】 제96조의3제5항 및 제6항의 개정규정은 2020년 7월 1일 이후에 발생한 임대료를 인하하는 경우부터 적용한다.

제9조【감염병 피해에 따른 특별재난지역의 중소기업에 대한 법인세 등의 감면에 관한 적용례】 제99조의10 제1항제9호의 개정규정은 2020년 6월 30일이 속하는 과세연도의 과세표준을 신고하는 경우부터 적용한다.

제10조【근로장려금 및 자녀장려금에 관한 적용례】 ① 제100조의4제8항제2호의2 단서의 개정규정은 2021년 5월 1일 이후 근로장려금 또는 자녀장려금을 신청 또는 정산하는 경우부터 적용한다.

② 제100조의4제8항제3호의 개정규정은 2022년 5월 1일 이후 근로장려금 또는 자녀장려금을 신청 또는 정산하는 경우부터 적용한다.

③ 제100조의6제2항제5호의 개정규정은 이 영 시행일이 속하는 과세연도에 발생하는 소득분부터 적용한다.

④ 제100조의9제5항 및 별표11의 개정규정은 이 영 시행 이후 근로장려금을 신청하는 경우부터 적용한다.

⑤ 제100조의9제6항의 개정규정은 이 영 시행 이후 압류하는 분부터 적용한다.

⑥ 제100조의9제7항 단서의 개정규정은 이 영 시행 이후 납부고지를 요청하는 경우부터 적용한다.

⑦ 제100조의14제2항제3호의 개정규정은 이 영 시행 이후 자료를 요청하는 경우부터 적용한다.

제11조【정부업무대행단체가 공급하는 재화 또는 용역의 부가가치세 면제에 관한 적용례】 제106조제7항제58호 및 제59호의 개정규정은 2021년 4월 1일 이후 재화 또는 용역을 공급하는 분부터 적용한다.

제12조【제주투자진흥지구 입주기업에 대한 법인세 등의 감면에 관한 적용례】 제116조의15제1항제1호바목의 개정규정은 이 영 시행 이후 제주투자진흥지구에 입주하는 기업부터 적용한다.

제13조【신용카드등 사용금액에 대한 소득공제에 관한 적용례】 제121조의2제9항의 개정규정은 2021년 1월 1일 이후 신문 구독료를 지급하는 분부터 적용한다.

제14조【조세지출예산서의 작성에 관한 적용례】 제135조의3제2항의 개정규정은 이 영 시행 이후 조세지출예산서를 작성하는 분부터 적용한다.

제15조【특정사회기반시설 집합투자기구의 연평균 비율 판정기간에 관한 특례】 이 영 시행 전에 설정·설립 또는 영업인가된 특정사회기반시설 집합투자기구의 경우에는 제24조제4항의 개정규정에도 불구하고 이 영 시행일부터 매 1년 동안의 기간을 연평균 비율 판정기간으로 한다.

제16조【연안화물선용 경유에 대한 교통·에너지·환경세 환급 등에 관한 특례】 「교통·에너지·환경세법」 제3조에 따른 납세의무자가 2021년 1월 1일부터 2021년 3월 31일까지 제111조의5제1항에 따라 한국해운조합에 직접 공급한 경유에 대하여 교통·에너지·환경세를 납부했거나 납부할 세액이 있는 경우로서 제112조의7제1항의 개정규정에 따른 신청서를 2021년 4월 10일까지 관할 세무서장에게 제출하는 경우에는 감면분에 해당하는 세액을 환급받거나 납부 또는 징수할 세액에서 공제받을 수 있다.

제17조【외국인기술자에 대한 소득세의 감면에 관한 경과조치】 이 영 시행 전에 근로계약을 체결한 외국인기술자에 대해서는 제16조제1항제2호의 개정규정에도 불구하고 종전의 규정에 따른다.

제18조【소형주택 임대사업자에 대한 세액감면에 관한 경과조치】 ① 2020년 8월 18일 전에 「민간임대주택에 관한 특별법」 제5조에 따라 등록을 신청한 민간임대주택에 대해서는 제96조제3항 각 호 외의 부분, 같은 항 제2호 및 같은 조 제6항의 개정규정에도 불구하고 종전의 규정에 따른다.

② 이 영 시행 전에 과세표준을 신고한 경우에는 제96조제3항제1호 단서 및 같은 조 제5항의 개정규정에도 불구하고 종전의 규정에 따른다.

제19조【상가임대료를 인하한 임대사업자에 대한 세액공제 사후관리 등에 관한 경과조치】 2020년 6월 30일 이전에 발생한 임대료를 인하한 경우에는 제96조의3제7항의 개정규정에도 불구하고 종전의 규정에 따른다.

제20조【제주투자진흥지구 입주기업에 대한 법인세 등의 감면에 관한 경과조치】 이 영 시행 전에 제주투자진흥지구에 입주한 기업에 대해서는 제116조의15제1항제1호가목 및 나목의 개정규정에도 불구하고 종전의 규정에 따른다.

제21조【다른 법령의 개정】 ①~⑫ ※(해당 법령에 가제정리 하였음)

부　칙 (2021.2.17 영31463호)

제1조【시행일】 이 영은 공포한 날부터 시행한다.(이하 생략)

부 칙 (2021.4.6)

제1조【시행일】이 영은 2021년 4월 6일부터 시행한다.(이하 생략)

부 칙 (2021.5.4)

제1조【시행일】이 영은 공포한 날부터 시행한다. 다만, 제100조의7제3항, 제100조의8제1항제2호 및 제100조의11제1항제1호의 개정규정은 2021년 7월 1일부터 시행한다.
제2조【대토보상권을 부동산 투자회사에 현물 출자할 경우 과세특례 확대에 관한 적용례】제73조제5항의 개정규정은 법률 제18048호 부동산투자회사법 일부개정법률의 시행일 이후 대토보상권을 부동산투자회사에 현물출자하는 경우부터 적용한다.

부 칙 (2021.8.31)

제1조【시행일】이 영은 2021년 9월 10일부터 시행한다.(이하 생략)

부 칙 (2021.10.19)

제1조【시행일】이 영은 2021년 10월 21일부터 시행한다.(이하 생략)

부 칙 (2021.11.9)

제1조【시행일】이 영은 2021년 11월 11일부터 시행한다. 다만, 제96조의3제3항 및 같은 조 제8항제4호의 개정규정은 2022년 1월 1일부터 시행한다.
제2조【상가임대료를 인하한 임대사업자에 대한 세액공제에 관한 적용례】제96조의3제3항제1호나목 및 같은 항 제2호의 개정규정은 2021년 1월 1일 이후 발생한 임대료 수입금액에 대하여 세액공제를 신청하는 경우부터 적용한다.

부 칙 (2022.1.25)

제1조【시행일】이 영은 2022년 1월 28일부터 시행한다.(이하 생략)

부 칙 (2022.2.15 영32413호)

제1조【시행일】이 영은 공포한 날부터 시행한다. 다만, 다음 각 호의 개정규정은 해당 호에서 정한 날부터 시행한다.
1. 제13조제2항, 제14조의4제6항, 제14조의5제7항, 제24조제9항·제11항 각 호 외의 부분·제14항, 제24조의2제2항·제6항, 제35조의2제3항·제4항·제12항, 제35조의3제1항제2호 및 제14항제2호의 계산식, 제37조제15항제1호, 제43조제6항·제8항(같은 항 제1호나목 및 제2호나목은 제외한다), 제43조의2제6항·제8항·제9항, 제43조의3제3항, 제43조의7제8항·제9항·제10항, 제43조의8제5항·제8항부터 제12항까지·제14항, 제81조의4제5항, 제82조의2제5항·제6항, 제83조제11항·제12항, 제92조의13제9항·제10항, 제93조의3제7항·제9항, 제93조의4제8항부터 제12항까지·제14항(같은 항 제2호는 제외한다), 제100조의22, 제116조의32제14항제1호, 제116조의34제5항·제7항(같은 항 제1호나목 및 제2호나목을 제외한다) 및 제137조의2의 개정규정 : 2025년 1월 1일(2022.12.31 본호개정)
2. 제100조의9제2항의 개정규정 : 2022년 8월 1일
3. 제109조의2제2항제2호의 개정규정 : 2022년 4월 1일

제2조【일반적 적용례】① 이 영 중 소득세(양도소득세는 제외한다) 및 법인세에 관한 개정규정은 법률 제18634호 조세특례제한법 일부개정법률 시행 이후 개시하는 과세연도부터 적용한다.
② 이 영 중 부가가치세에 관한 개정규정은 부칙 제1조에 따른 각 해당 규정의 시행일 이후 재화나 용역을 공급하거나 공급받는 경우 또는 재화를 수입신고하는 경우부터 적용한다.
③ 이 영 중 양도소득세에 관한 개정규정은 부칙 제1조에 따른 각 해당 규정의 시행일 이후 양도하는 경우부터 적용한다.
제3조【연구 및 인력개발비 세액공제에 대한 적용례】제9조제12항의 개정규정은 2021년 7월 1일 이후 발생한 국가전략기술연구개발비부터 적용한다.
제4조【지역특구 등 세액감면 사후관리에 따른 납부세액 계산에 관한 적용례】제11조의2제8항, 제61조제7항, 제99조의8제6항, 제116조의14제7항, 제116조의25제7항, 제116조의26제10항 및 제116조의27제7항의 개정규정에 따라 납부세액이 되는 세액은 2022년 1월 1일 이후 개시하는 과세연도로 감면받은 세액부터 적용한다.
제5조【기술혁신형 합병·주식취득에 대한 세액공제에 관한 적용례】제11조의3제1항제4호바목 및 제11조의4제2항제4호바목의 개정규정은 2022년 1월 1일 이후 합병하거나 주식 또는 출자지분을 취득한 경우부터 적용한다.
제6조【벤처기업투자신탁의 투자비율 산정에 관한 적용례】제14조제13항의 개정규정은 이 영 시행 이후 벤처기업투자신탁이 벤처기업 주식 또는 출자지분을 매도하는 경우부터 적용한다.
제7조【성과공유 중소기업의 경영성과급 세액공제에 관한 적용례】제17조제2항의 개정규정은 중소기업이 2022년 1월 1일 이후 지급한 경영성과급부터 적용한다.
제8조【통합투자세액공제에 대한 적용례】① 제21조제3항의 개정규정은 이 영 시행 이후 특허권, 실용신안권 또는 디자인권을 취득하는 경우부터 적용한다.
② 제21조제4항, 제5항, 제10항, 제11항 및 제14항의 개정규정은 2021년 7월 1일 이후 새로 투자한 국가전략기술사업화시설 또는 신성장사업화시설부터 적용한다.
제9조【특정사회기반시설 집합투자기구 및 개인종합자산관리계좌의 계약 해지에 관한 적용례】제24조제11항제2호의 개정규정(제24조의2제4항에 따라 준용되는 경우를 포함한다) 및 제93조의4제14항제2호의 개정규정은 이 영 시행 전에 제81조제6항 각 호의 사유가 발생하여 이 영 시행 이후 계약을 해지하는 경우에도 적용한다.
제10조【개인종합자산관리계좌에 대한 과세특례에 관한 적용례】제93조의4제9항부터 제11항까지의 개정규정은 2025년 1월 1일 전에 가입한 개인종합자산관리계좌를 2025년 1월 1일 이후 해지하는 경우에도 적용한다. (2022.12.31 본조개정)
제11조【장병내일준비적금의 이자소득 비과세에 관한 적용례】제93조의5제1항제5호의 개정규정은 이 영 시행 전에 장병내일준비적금에 가입한 대체복무요원이 이 영 시행일이 속하는 과세기간에 지급받는 이자소득에 대해서도 적용한다.
제12조【상가임대료를 인하한 임대사업자에 대한 세액공제에 관한 적용례】제96조의3제4항제1호의 개정규정은 임대사업자가 2022년 1월 1일 전에 개시한 과세연도에 임대상가건물의 임대차계약을 동일한 임차소상공인과 갱신하거나 재계약한 경우에도 적용한다.
제13조【근로장려금 또는 자녀장려금에 관한 적용례 등】① 제100조의4제1항제4호 및 같은 조 제8항제2호의2의 개정규정은 2022년 5월 1일 이후 근로장려금 또는 자녀장려금을 신청·정산하는 경우부터 적용한다.
② 제100조의7제4항의 개정규정은 이 영 시행 이후 근로장려금을 신청하는 경우부터 적용한다.

③ 2021년 12월 31일이 속하는 과세기간에 대한 근로장려금 또는 자녀장려금 신청자격에 관하여는 제100조의2제4항제2호 및 제100조의3제1항의 개정규정에도 불구하고 종전의 규정에 따른다.

제14조【기관전용 사모집합투자기구 등에 대한 과세특례에 관한 적용례 등】 제100조의17제4항 및 제100조의20제2항의 개정규정은 이 영 시행일 이후 과세표준을 신고하는 경우부터 적용한다.

제15조【해운기업에 대한 법인세 과세표준 계산특례에 관한 적용례】 제104조의7제3항제4호의 개정규정은 이 영 시행 전에 용선(제104조의7제1항에 따라 공동운항에 투입한 선박을 사용하는 경우를 포함한다)한 경우로서 이 영 시행 이후 법인세 과세표준을 신고하는 경우에도 적용한다.

제16조【해외진출기업의 국내복귀에 대한 세액감면에 관한 적용례】 제104조의21제1항제2호 및 같은 조 제3항제2호의 개정규정은 이 영 시행 이후 수도권과밀억제권역 밖의 지역에 창업하거나 사업장을 신설 또는 증설하는 경우부터 적용한다.

제17조【제주투자진흥지구 입주기업에 대한 법인세 등의 감면에 관한 적용례】 제116조의15제1항의 개정규정은 이 영 시행 이후 제주투자진흥지구에 입주하는 기업부터 적용한다.

제18조【제주첨단과학기술단지 입주기업에 대한 관세 등의 추징에 관한 적용례】 제116조의16제2항의 개정규정에 따른 징수의 대상이 되는 관세 면제액은 이 영 시행 이후 면제되는 관세액부터 적용한다.

제19조【무기명선불카드등의 사용금액에 대한 소득공제에 관한 적용례】 제121조의2제1항제2호나목의 개정규정은 이 영 시행 전에 같은 개정규정에 따른 무기명선불카드등을 사용하고 이 영 시행 이후 근로소득세액의 연말정산 또는 종합소득과세표준 확정신고를 하거나 결정 또는 경정하는 경우에도 적용한다.

제20조【신성장 · 원천기술심의위원회의 명칭 변경에 따른 경과조치】 이 영 시행 당시 종전의 제9조제12항에 따라 설치된 신성장 · 원천기술심의위원회는 제9조제15항의 개정규정에 따라 설치된 연구개발세액공제기술심의위원회로 본다.

제21조【이자상당가산액 등에 관한 경과조치】 이 영 시행 전에 발생한 사유로 이 영 시행 이후 세액을 납부 또는 부과하는 경우 이 영 시행일 전일까지의 기간분에 대한 이자상당가산액 또는 이자상당액의 계산에 적용되는 이자율은 제11조의3제12항제2호, 제11조의4제10항제2호, 제12조의2제3항제2호, 제12조의3제6항제2호, 제21조제6항제2호, 제27조의5제7항제3호, 제27조의6제5항제3호, 제30조제9항제1호나목, 같은 항 제2호나목, 제34조제11항제2호, 제36조제11항제1호나목, 같은 항 제2호나목, 제37조제19항제1호나목, 같은 항 제2호나목, 제43조제8항제1호나목, 같은 항 제2호나목, 제60조제7항제2호, 같은 조 제10항제2호, 제63조제9항제2호, 제67조제11항제2호, 제71조제6항, 제97조의6제8항제1호나목, 같은 항 제2호나목, 제97조의8제5항제2호, 제100조의11제2항, 제100조의26제2항, 제100조의21제9항제2호, 제104조의6제3항제2호, 제104조의15제4항제2호, 제104조의18제3항제2호, 제104조의20제7항제2호, 제106조의9제8항, 제106조의12제3항, 제106조의13제7항, 제116조의7제3항제2호, 제116조의30제10항제2호, 제116조의31제10항제1호나목, 같은 항 제2호나목, 제116조의32제15항제1호나목, 같은 항 제2호나목, 제116조의33제8항제2호, 제116조의34제7항제1호나목, 같은 항 제2호나목, 제116조의35제7항제2호 및 제137조제2항제2호의 개정규정에도 불구하고 각각 종전의 규정에 따르고, 이 영 시행 이후의 기간분에 대한 이자상당가산액 또는 이자상당액의 계산에 적용되는 이자율은 각각 같은 개정규정에 따른다.

제22조【외국납부세액공제금액 한도의 계산에 관한 경과조치】 2025년 1월 1일 전에 발생한 소득에 대하여 외국납부세액공제를 하는 경우 외국납부세액공제금액 한도의 계산에 관하여는 제93조의3제7항의 개정규정에도 불구하고 종전의 규정에 따른다.
(2022.12.31 본조개정)

　　　　　부　칙 (2022.2.15 영32416호)

제1조【시행일】 이 영은 공포한 날부터 시행한다.(이하 생략)

　　　　　부　칙 (2022.2.17 영32447호)
　　　　　　　(2022.2.17 영32449호)

제1조【시행일】 이 영은 2022년 2월 18일부터 시행한다.(이하 생략)

　　　　　부　칙 (2022.3.25)

제1조【시행일】 이 영은 2022년 3월 25일부터 시행한다.(이하 생략)

　　　　　부　칙 (2022.5.9)

제1조【시행일】 이 영은 2022년 8월 18일부터 시행한다.(이하 생략)

　　　　　부　칙 (2022.12.31)

이 영은 2023년 1월 1일부터 시행한다.

　　　　　부　칙 (2023.2.28)

제1조【시행일】 이 영은 공포한 날부터 시행한다. 다만, 다음 각 호의 개정규정은 해당 호에서 정한 날부터 시행한다.
1. 제11조의3제8항제1호, 제11조의4제6항제1호 및 제35조의2제6항제1호의 개정규정 : 2023년 3월 1일
2. 제22조의10제2항제3호나목의 개정규정 : 2023년 3월 28일
3. 제69조제3항, 제104조의2 및 제130조의 개정규정 : 2024년 1월 1일
4. 제100조의9제8항 및 제121조의2제13항 전단의 개정규정 : 2023년 7월 1일
5. 제106조제7항제60조 · 제61호 및 제112조의2의 개정규정 : 2023년 4월 1일

제2조【일반적 적용례】 ① 이 영 중 소득세(양도소득세는 제외한다) 및 법인세에 관한 개정규정은 법률 제19199호 조세특례제한법 일부개정법률 시행 이후 개시하는 과세연도부터 적용한다.
② 이 영 중 부가가치세에 관한 개정규정은 부칙 제1조에 따른 각 해당 규정의 시행일 이후 재화나 용역을 공급하거나 공급받는 경우 또는 재화를 수입신고하는 경우부터 적용한다.
③ 이 영 중 양도소득세에 관한 개정규정은 이 영 시행 이후 양도하는 경우부터 적용한다.
④ 이 영 중 상속세 및 증여세에 관한 개정규정은 이 영 시행 이후 상속이 개시되거나 증여받는 경우부터 적용한다.

제3조【청년 상시근로자의 범위 변경에 관한 적용례】 제11조의2제6항제2호의 개정규정(제61조제6항, 제99조의8제5항, 제116조의14제4항, 제116조의15제7항, 제116조의21제6항, 제116조의25제5항, 제116조의26제6항 및 제116조의27제6항에 따라 준용되는 경우를 포함한다)

은 2023년 1월 1일 이후 개시하는 과세연도의 청년 상시근로자 수를 계산하는 경우부터 적용한다.

제4조【통합투자세액공제에 관한 적용례】 제21조제13항 후단의 개정규정은 이 영 시행 이후 과세표준을 신고하는 경우부터 적용한다.

제5조【소기업·소상공인 공제부금에 대한 소득공제 등에 관한 적용례】 제80조의3제5항제5호의 개정규정은 이 영 시행 이후 소기업·소상공인 공제계약을 해지하는 경우부터 적용한다.

제6조【근로장려금 환급·환수에 관한 적용례】 제100조의9제8항의 개정규정은 부칙 제1조제4호에 따른 시행일 이후 근로장려금을 환급 또는 환수하는 경우부터 적용한다.

제7조【투자·상생협력 촉진을 위한 과세특례에 관한 적용례】 ① 제100조의32제4항제1호나목의 개정규정은 2023년 1월 1일 이후 개시하는 사업연도의 기업소득을 계산하는 경우부터 적용한다.
② 제100조의32제4항제2호타목의 개정규정은 이 영 시행 이후 과세표준을 신고하는 경우부터 적용한다.
③ 제100조의32제12항 전단의 개정규정은 2023년 1월 1일 이후 개시하는 사업연도의 미환류소득 또는 초과환류액을 계산하는 경우부터 적용한다.

제8조【용역제공자에 관한 과세자료 제출에 대한 세액공제에 관한 적용례】 제104조의29제1항 후단의 개정규정은 이 영 시행일이 속하는 과세연도에 과세자료를 제출하는 경우부터 적용한다.

제9조【신성장·원천기술 및 국가전략기술 범위 확대에 관한 적용례】 별표7 및 별표7의2의 개정규정은 2023년 1월 1일 이후 발생하는 연구개발비부터 적용한다.

제10조【근로장려금 및 자녀장려금 산정에 관한 적용례】 별표11 및 별표11의2의 개정규정은 2023년 1월 1일 이후 근로장려금 및 자녀장려금을 신청하는 경우(법 제100조의6제9항에 따라 2022년 과세기간의 하반기 소득분에 대하여 같은 조 제7항에 따른 반기 신청을 한 것으로 보는 경우를 포함한다)부터 적용한다.

제11조【연구 및 인력개발비에 대한 세액공제에 관한 경과조치】 이 영 시행 전에 발생한 연구개발비 또는 인력개발비의 세액공제 요건에 관하여는 제9조제1항제2호의 개정규정에도 불구하고 종전의 규정에 따른다.

제12조【가업의 승계에 대한 증여세 과세특례에 관한 경과조치 등】 ① 이 영 시행 전에 가업의 주식 또는 출자지분을 증여받은 경우의 대표이사 취임 기한에 관하여는 제27조의6제1항의 개정규정에도 불구하고 종전의 규정에 따른다.
② 제27조의6제9항제1호 본문의 개정규정은 이 영 시행 이후 상속이 개시되는 경우부터 적용한다.

제13조【농어촌주택등 취득자에 대한 양도소득세 과세특례에 관한 경과조치】 이 영 시행 전에 양도한 주택의 양도소득세 과세특례 요건에 관하여는 제99조의4제3항의 개정규정에도 불구하고 종전의 규정에 따른다.

제14조【해외진출기업의 국내복귀에 대한 세액감면에 관한 경과조치】 이 영 시행 전에 수도권과밀억제권역 밖의 지역에 창업하거나 사업장을 신설 또는 증설한 경우의 세액감면 요건에 관하여는 제104조의21제1항제2호, 같은 조 제3항제2호 및 같은 조 제10항의 개정규정에도 불구하고 종전의 규정에 따른다.

　　　부　칙 (2023.4.11)

제1조【시행일】 이 영은 2023년 6월 5일부터 시행한다.(이하 생략)

　　　부　칙 (2023.6.7)

제1조【시행일】 이 영은 공포한 날부터 시행한다. 다만, 제56조제2항, 제79조의8제1항제2호 본문 및 제79조의10제2항제2호 본문의 개정규정은 2023년 7월 1일부터 시행하고, 제93조의 개정규정은 2023년 6월 12일부터 시행한다.

제2조【접대비의 손금불산입특례에 관한 적용례】 제130조제5항제14호부터 제16호까지의 개정규정은 이 영 시행일이 속하는 과세연도에 지출하는 경우부터 적용한다.

제3조【신성장·원천기술에 관한 경과조치】 2023년 1월 1일 전에 발생한 연구개발비에 관하여는 별표7의 개정규정에도 불구하고 종전의 규정에 따른다.

　　　부　칙 (2023.7.7)

제1조【시행일】 이 영은 2023년 7월 10일부터 시행한다.(이하 생략)

　　　부　칙 (2023.8.29)

제1조【시행일】 이 영은 공포한 날부터 시행한다.
제2조【신성장·원천기술에 관한 적용례 등】 ① 별표7 제7호가목8)의 개정규정 중 국가전략기술에 관한 부분은 2023년 7월 1일 이후 발생한 연구개발비부터 적용한다.
② 2023년 7월 1일 전에 발생한 연구개발비에 관하여는 별표7 제7호가목의 개정규정에도 불구하고 종전의 규정에 따른다.

제3조【국가전략기술에 관한 적용례】 별표7의2 제7호의 개정규정은 2023년 7월 1일 이후 발생한 연구개발비부터 적용한다.

　　　부　칙 (2023.9.26)

제1조【시행일】 이 영은 2023년 9월 29일부터 시행한다.(이하 생략)

　　　부　칙 (2023.12.5)

제1조【시행일】 이 영은 2023년 12월 14일부터 시행한다.(이하 생략)

　　　부　칙 (2023.12.19)

제1조【시행일】 이 영은 2023년 12월 21일부터 시행한다.(이하 생략)

〔별표1〕

무상 기증 시 세액공제를 적용받는 시설·장비
(제7조의2제13항 관련)

(2023.2.28 신설)

구분	시설·장비
1. 전공정 시설·장비	가. 웨이퍼 제작 공정에 사용되는 시설·장비
	나. 산화 공정에 사용되는 시설·장비
	다. 포토 공정에 사용되는 시설·장비
	라. 식각 공정에 사용되는 시설·장비
	마. 이온주입 공정에 사용되는 시설·장비
	바. 증착 공정에 사용되는 시설·장비
	사. 화학기계적 연마 공정에 사용되는 시설·장비
	아. 금속배선, 패키징과 테스트 공정에 사용되는 시설·장비
	자. 계측 공정에 사용되는 시설·장비
	차. 웨이퍼 표면의 불순물을 제거하는 공정에 사용되는 시설·장비

2. 후공정 시설·장비	가. 후면연삭(Back Grinding) 공정에 사용되는 시설·장비 나. 절단(Wafer Dicing) 및 접착(Attach) 공정에 사용되는 시설·장비 다. 와이어본딩(Wire Bonding) 공정에 사용되는 시설·장비 라. 몰딩(Molding) 공정에 사용되는 시설·장비 마. 패키징 및 테스트 공정에 사용되는 시설·장비 바. 계측 공정에 사용되는 시설·장비		

〔별표2〕 (1999.10.30 삭제)

〔별표3〕 (2007.2.28 삭제)

〔별표4〕

기술집약적인 산업의 범위(제16조제1항관련)

(2015.4.20 개정)

업 종	품 목
1. 기계공업	① 광학기기(카메라, 칼라·지능복사기, 현상기, 고분해능 현미경에 한한다) ② 고기능 프레스(400에스·피·엠 이상의 것에 한한다) 및 절삭공구(초경합금·다이아몬드·고속도강·서미트·입방정질화붕소공구에 한한다) ③ 수치제어공작기계 ④ 플라스틱가공기계(자동제어장치부착 사출성형기 및 제어·관리시스템부착 압출기에 한한다) ⑤ 동력발생장치(전자제어식·대체연료·경량화·신소재이용·불꽃점화식·저공해·압축착화식 엔진 및 연료분사장치에 한한다) ⑥ 자동차 및 철도차량(고속전철·전동차 및 자기부상열차에 한한다) ⑦ 산업용 로보트(자유도가 3축 이상인 것에 한한다) ⑧ 건설중장비 유압부품 ⑨ 고성능 제트직기(500알·피·엠 이상의 것에 한한다) ⑩ 컴퓨터자수기(4색 이상의 것에 한한다) 및 방사니어 ⑪ 반도체 제조장비 및 부품 ⑫ 정밀금형(반도체·자동차·항공기 또는 전자기용의 것에 한한다) ⑬ 고성능 옵셋인쇄기(공압식 또는 컴퓨터식의 것에 한한다) ⑭ 유공압기기의 부품(펌프·모터·밸브·실린더에 한한다) ⑮ 레이저 발생장치 및 응용기기 ⑯ 자동차부품(제동장치·현가장치·조향장치·동력전달장치, 자동제어·조절장치, 배기가스저감장치, 주행안전·정보장치에 한한다) ⑰ 냉동공조기기(흡수식·축열식·가변형 및 대체냉매형의 것에 한한다) ⑱ 베어링(직선·로울링베어링 및 자동차용 특수베어링에 한한다) ⑲ 원자력발전소용 핵증기 발생·제어장치, 가스터빈, 스팀터빈 및 발전기용 로터 ⑳ 플라즈마 코팅장치

업 종	품 목
2. 전자공업 　가. 전자기기	① 통신기기(전자교환기, 광통신케이블 및 장치, 반송통신장치, 위성방송 및 통신송수신기에 한한다) ② 컴퓨터(64비트 이상의 것에 한한다) 및 정밀주변기기 ③ 영상·음향·결상기기(디지털방식의 것과 아날로그방식중 프로젝션텔레비전, 평판텔레비전 및 하이-8비디오카메라에 한한다) ④ 전자식 의료기기 ⑤ 자동제어장치 ⑥ 전자식 계측장비
나. 전자부품	① 반도체소자(집적회로·개별소자·화합물반도체에 한한다) ② 전자관(25인치 미만 텔레비전용 브라운관을 제외한다) 및 핵심부품(유리, 편향요크, 새도우마스크 및 전자총에 한한다)과 평판디스플레이 및 전용부품 ③ 광섬유 ④ 광 및 자기록매체(디지털방식 및 디스크형의 것에 한한다) ⑤ 정밀모터 ⑥ 인쇄회로기판 ⑦ 반도체재료 ⑧ 자기헤드 ⑨ 압전필터 및 착화소자 ⑩ 센서 ⑪ 칩부품(표면실장용의 것에 한한다) ⑫ 콘넥터
3. 전기공업	① 전력전자기기(인버터 또는 무정전 전원공급장치에 한한다) ② 송변전설비(345킬로볼트 이상의 변압기·리액터 및 차단기에 한한다) ③ 열처리용 기기(직류아크식·신소재가공용 전기로 및 레이저·플라즈마·초음파·고주파·인버터방식의 용접기에 한한다) ④ 초전도 응용기기(발전기·변압기 및 케이블에 한한다) ⑤ 고성능전지(전기자동차·전자기기용 니켈합금, 리튬·나트륨합금전지에 한한다)
4. 항공공업	항공우주산업개발촉진법에 의한 항공공업
5. 방위산업	「방위사업법」에 의한 방위산업
6. 정밀화학	① 의약 및 농약(원제 및 중간제에 한한다) ② 염료·안료 및 기능성 색소 ③ 전자공업용 약품 및 사진재료 ④ 조합향료 ⑤ 계면활성제 ⑥ 첨가제 ⑦ 촉매 ⑧ 연구·진단용 시약 ⑨ 정밀화학원제(염료·안료·향료·계면활성제·첨가제·접착제의 원제 및 중간제에 한한다) ⑩ 접착제(혐기성, 아미드·아크릴계, 폴리아미드계, 전도성·유연성 순간접착제에 한한다)
7. 신소재산업 　가. 신금속재료 제조업	① 구조재료(초내열합금, 내식성·내마모성·고강도·고절삭성·경량합금재

	료 및 금속분말에 한한다)
	② 기능재료(형상기억·비정질합금에 한한다)
	③ 자성재료(하이-비규소강판·초고투자율재료·초고영구자석재료 및 희토류자석용 재료에 한한다)
	④ 도전재료(초전도재료·무산소동판·전해동박·크림솔더·저항재·흑연전극봉 및 알루미늄박에 한한다)
나. 정밀요업 (화인세라믹스) 제조업	① 전자전기용 세라믹스
	② 기계구조용 세라믹스
	③ 고온내화용 세라믹스
	④ 생화학용 세라믹스
	⑤ 광학용 세라믹스
다. 고기능성 고분자재료 제조업	① 특수기능성 고분자
	② 전기특성 고분자
	③ 고강도 섬유(탄소섬유·아라미드섬유 또는 캐블라섬유에 한한다)
	④ 엔지니어링 플라스틱
	⑤ 의료용 고분자
	⑥ 고분자 분리막
	⑦ 다성분계 고분자소재
	⑧ 고분자원료
8. 생물산업	① 의약품
	② 환경보전제품
	③ 식품재료
	④ 화학물질
9. 정보처리 및 컴퓨터운용관련업 또는 부가통신업	① 컴퓨터설비자문업
	② 소프트웨어의 자문·개발 및 공급업
	③ 자료처리업
	④ 데이타베이스업
	⑤ 부가통신업
10. 석유화학 및 석유정제업	① 고순도 용제
	② 중질유 분해
	③ 탈황
11. 엔지니어링 사업	① 산업시스템관련 엔지니어링 서비스
	② 환경관련 엔지니어링서비스
	③ 토목엔지니어링서비스
	④ 기계관련 엔지니어링서비스
	⑤ 전기·전자 및 통신관련 엔지니어링 서비스
	⑥ 비파괴검사업

비고 : 법 제9조제1항제1호의 규정을 적용함에 있어서 위 표에 규정된 산업중「소재·부품전문기업 등의 육성에 관한 특별조치법」제2조제1호의 규정에 의한 소재·부품을 제조하는 산업 또는〔별표3〕에 규정된 산업과 중복되는 것에 대하여는 하나의 산업에만 해당하는 것으로 한다.

〔별표5〕 (2007.2.28 삭제)

〔별표6〕

연구·인력개발비 세액공제를 적용받는 비용
(제9조제1항 관련)

(2023.2.28 개정)

1. 연구개발
  가. 자체연구개발
    1) 연구개발 또는 문화산업 진흥 등을 위한 기획재정부령으로 정하는 연구소(이하 "전담부서"라 한다)에서 근무하는 직원(연구개발과제를 직접 수행하거나 보조하지 않고 행정 사무를 담당

하는 자는 제외한다) 및 연구개발서비스업에 종사하는 전담요원으로서 기획재정부령으로 정하는 자의 인건비. 다만, 다음의 인건비를 제외한다.
    가)「소득세법」제22조에 따른 퇴직소득에 해당하는 금액
    나)「소득세법」제29조 및「법인세법」제33조에 따른 퇴직급여충당금
    다)「법인세법 시행령」제44조의2제2항에 따른 퇴직연금등의 부담금 및「소득세법 시행령」제40조의2제1항제2호에 따른 퇴직연금계좌에 납부한 부담금
    2) 전담부서등 및 연구개발서비스업자가 연구용으로 사용하는 견본품·부품·원재료와 시약류구입비(시범제작에 소요되는 외주가공비를 포함한다) 및 소프트웨어(「문화산업진흥 기본법」에 따른 문화상품 제작을 목적으로 사용하는 경우에 한정한다)·서체·음원·이미지의 대여·구입비
    3) 전담부서등 및 연구개발서비스업자가 직접 사용하기 위한 연구·시험용 시설(제25조의3제3항제2호가목에 따른 시설을 말한다. 이하 같다)의 임차 또는 나목1)에 따른 기관의 연구·시험용 시설의 이용에 필요한 비용
  나. 위탁 및 공동연구개발
    1) 다음의 기관에 과학기술 및 산업디자인 분야의 연구개발용역을 위탁(재위탁을 포함한다)함에 따른 비용(전사적 기업자원 관리설비, 판매시점 정보관리 시스템 설비 등 기업의 사업운영·관리·지원 활동과 관련된 시스템 개발을 위한 위탁비용은 제외한다. 이하 이 목에서 같다) 및 이들 기관과의 공동연구개발을 수행함에 따른 비용
    가)「고등교육법」에 따른 대학 또는 전문대학
    나) 국공립연구기관
    다) 정부출연연구기관
    라) 국내외의 비영리법인(비영리법인에 부설된 연구기관을 포함한다)
    마)「산업기술혁신 촉진법」제42조에 따른 전문생산기술연구소 등 기업이 설립한 국내외 연구기관
    바) 전담부서등(전담부서등에서 직접 수행한 부분으로 한정한다) 또는 국외기업에 부설된 연구기관
    사) 영리를 목적으로「연구산업진흥법」제2조제1호가목 또는 나목의 산업을 영위하는 기업 또는 영리목적으로 연구·개발을 독립적으로 수행하거나 위탁받아 수행하고 있는 국외 소재 기업
    아)「산업교육진흥 및 산학연협력촉진에 관한 법률」에 따른 산학협력단
    자) 한국표준산업분류표상 기술시험·검사 및 분석업을 영위하는 기업
    차)「산업디자인진흥법」제4조제2항 각 호에 해당하는 기업
    카)「산업기술연구조합 육성법」에 따른 산업기술연구조합
    2)「고등교육법」에 따른 대학 또는 전문대학에 소속된 개인(조교수 이상으로 한정한다)에게 과학기술분야의 연구개발용역을 위탁함에 따른 비용
  다. 해당 기업이 그 종업원 또는 종업원 외의 자에 대한 직무발명 보상금 지급으로 발생한 금액
  라. 기술정보비(기술자문비를 포함한다) 또는 도입기술의 소화개량비로서 기획재정부령으로 정하는 비용
  마. 중소기업이「과학기술분야 정부출연연구기관 등의 설립·운영 및 육성에 관한 법률」에 따라 설립된 한국생산기술연구원과「산업기술혁신 촉진법」에 따라 설립된 전문생산기술연구소의 기술지도 또는「중소기업진흥에 관한 법률」에 따른 기술지도를 받음에 따라 발생한 비용
  바. 중소기업에 대한 공업 및 상품디자인 개발지도를 위하여 발생한 비용
  사. 중소기업이「발명진흥법」에 따라 지정된 산업재산권진단기관의 특허 조사·분석을 받음에 따라 발생한 비용

2. 인력개발
가. 위탁훈련비(전담부서등에서 연구업무에 종사하는 연구요원으로 한정한다)
1) 국내외의 전문연구기관 또는 대학에의 위탁교육훈련비
2) 「국민 평생 직업능력 개발법」에 따른 직업훈련기관에 위탁훈련비
3) 「국민 평생 직업능력 개발법」에 따라 고용노동부장관의 승인을 받아 위탁훈련하는 경우의 위탁훈련비
4) 중소기업이 「중소기업진흥에 관한 법률」에 따른 기술연수를 받기 위하여 발생한 비용
5) 그 밖에 자체기술능력향상을 목적으로 한 국내외 위탁훈련비로서 기획재정부령으로 정하는 것
나. 「국민 평생 직업능력 개발법」 또는 「고용보험법」에 따른 사내직업능력개발훈련 실시 및 직업능력개발훈련 관련사업 실시에 소요되는 비용으로서 기획재정부령으로 정하는 것
다. 중소기업에 대한 인력개발 및 기술지도를 위하여 발생하는 비용으로서 기획재정부령으로 정하는 것
라. 생산성 향상을 위한 인력개발비로서 기획재정부령으로 정하는 비용
마. 기획재정부령으로 정하는 사내기술대학(대학원을 포함한다) 및 사내대학의 운영에 필요한 비용으로서 기획재정부령으로 정하는 것
바. 「산업교육진흥 및 산학협력촉진에 관한 법률 시행령」 제2조제1항제3호 및 제4호에 따른 학교 또는 산업수요 맞춤형 고등학교 등과의 계약을 통해 설치·운영되는 직업교육훈련과정 또는 학과 등의 운영비로 발생한 비용
사. 산업수요 맞춤형 고등학교 등과 기획재정부령으로 정하는 사전 취업계약 또는 채용협약을 맺은 후, 직업교육훈련을 받는 해당 산업수요 맞춤형 고등학교의 재학생에게 해당 훈련기간 중 지급한 훈련수당, 식비, 교재비 또는 실습재료비(생산 또는 제조하는 물품의 제조원가 중 직접 재료비를 구성하지 않는 것만 해당한다)
아. 「산업교육진흥 및 산학연협력촉진에 관한 법률」 제11조의3에 따라 현장실습산업체가 교육부장관이 정하는 표준화된 운영기준을 준수하는 현장실습을 실시하는 산업교육기관 등과 기획재정부령으로 정하는 사전취업약정 등을 체결하고 해당 현장실습 종료 후 현장실습을 이수한 대학생을 채용한 경우 현장실습 기간 중 해당 대학생에게 같은 조 제3항에 따라 지급한 현장실습 지원비(생산 또는 제조하는 물품의 제조원가 중 직접 재료비를 구성하지 않는 것만 해당한다)
자. 「산업교육진흥 및 산학연협력촉진에 관한 법률」 제2조제2호다목에 따른 대학과의 계약을 통해 설치·운영되는 같은 법 제8조제2항에 따른 계약학과등의 운영비로 발생한 비용

〔별표6의2〕

개발사업지구(제68조제4항 관련)

(2019.3.12 개정)

1. 「경제자유구역의 지정 및 운영에 관한 법률」 제4조에 따라 지정된 경제자유구역
2. 「관광진흥법」 제50조에 따라 지정된 관광단지
3. 「공공주택 건설 등에 관한 특별법」 제6조에 따라 지정된 공공주택지구
4. 「기업도시개발특별법」 제5조에 따라 지정된 기업도시개발구역
5. 「농어촌도로정비법」 제8조에 따라 도로사업계획이 승인된 지역
6. 「도시개발법」 제3조에 따라 지정된 도시개발구역
7. 「사회기반시설에 대한 민간투자법」 제15조에 따라 실시계획이 승인된 민간투자사업 예정지역

8. 「산업입지 및 개발에 관한 법률」 제2조제5호에 따른 산업단지
9. 「신항만건설촉진법」 제5조에 따라 지정된 신항만건설 예정지역
10. 「온천법」 제4조에 따라 지정된 온천원보호지구
11. 「유통단지개발촉진법」 제5조에 따라 지정된 유통단지
12. 「자연환경보전법」 제38조에 따라 자연환경보전·이용시설설치계획이 수립된 지역
13. 「전원개발촉진법」 제5조에 따라 전원개발사업 실시계획이 승인된 지역
14. 「주택법」 제16조에 따라 주택건설사업계획이 승인된 지역
15. 「중소기업진흥에 관한 법률」 제31조에 따라 협동화사업을 위한 단지조성사업의 실시계획이 승인된 지역
16. 「지역균형개발 및 지방중소기업 육성에 관한 법률」 제9조에 따른 개발촉진지구, 동법 제26조의3에 따른 특정지역 및 동법 제38조의2에 따른 지역종합개발지구
17. 「철도의 건설 및 철도시설 유지관리에 관한 법률」 제9조에 따라 철도건설사업실시계획이 승인된 지역 및 「역세권의 개발 및 이용에 관한 법률」 제4조에 따라 지정된 역세권개발구역
18. 「화물유통촉진법」 제28조에 따라 화물터미널설치사업의 공사계획이 인가된 지역
19. 그 밖에 농지등의 전용이 수반되는 개발사업지구로서 농지법·초지법·산지관리법 그 밖의 법률의 규정에 의하여 농지등의 전용의 허가·승인·동의를 받았거나 받은 것으로 의제되는 지역

〔별표6의3〕

연구·인력개발비 세액공제를 적용받는 비용

(대통령령 제29527호 조세특례제한법 시행령 일부개정령 부칙 제24조 관련)

(2022.2.17 개정)

1. 연구개발
가. 자체연구개발
1) 연구개발 또는 문화산업 진흥 등을 위한 기획재정부령으로 정하는 연구소 또는 전담부서(이하 "전담부서등"이라 한다)에서 근무하는 직원(다만, 연구개발과제를 직접 수행하거나 보조하지 않고 행정 사무를 담당하는 자는 제외한다) 및 연구개발서비스업에 종사하는 전담요원으로서 기획재정부령으로 정하는 자의 인건비. 다만, 다음의 인건비를 제외한다.
가) 「소득세법」 제22조에 따른 퇴직소득에 해당하는 금액
나) 「소득세법」 제29조 및 「법인세법」 제33조에 따른 퇴직급여충당금
다) 「법인세법 시행령」 제44조의2제2항에 따른 퇴직연금등의 부담금 및 「소득세법 시행령」 제40조의2제1항제2호에 따른 퇴직연금계좌에 납부한 부담금
2) 전담부서등 및 연구개발서비스업자가 연구용으로 사용하는 견본품·부품·원재료와 시약류구입비(시범제작에 소요되는 외주가공비를 포함한다) 및 소프트웨어(「문화산업진흥 기본법」 제2조제2호에 따른 문화상품 제작을 목적으로 사용하는 경우에 한정한다)·서체·음원·이미지의 대여·구입비
3) 전담부서등 및 연구개발서비스업자가 직접 사용하기 위한 연구·시험용 시설(제25조의3제3항제2호가목에 따른 시설을 말한다. 이하 같다)의 임차 또는 나목1)에 규정된 기관의 연구·시험용 시설의 이용에 필요한 비용
나. 위탁 및 공동연구개발
1) 다음의 기관에 과학기술 및 산업디자인 분야의 연구개발용역을 위탁(재위탁을 포함한다)함에 따른 비용(전사적 기업자원 관리설비, 판매시점 정보관리 시스템 설비 등 기업의 사업운영·관리·지원 활동과 관련된 시스템 개발을 위한 위탁비용은 제

외한다. 이하 이 목에서 같다) 및 이들 기관과의 공동연구개발을 수행함에 따른 비용

가) 「고등교육법」에 따른 대학 또는 전문대학
나) 국공립연구기관
다) 정부출연연구기관
라) 국내외의 비영리법인(비영리법인에 부설된 연구기관을 포함한다)
마) 국내외 기업의 연구기관 또는 전담부서등(전담부서등에서 직접 수행한 부분에 한정한다)
바) 「산업기술연구조합 육성법」에 따른 산업기술연구조합
사) 영리를 목적으로 「연구산업진흥법」 제2조제1호가목 또는 나목의 산업을 영위하는 기업
아) 「산업교육진흥 및 산학연협력촉진에 관한 법률」에 따른 산학협력단
자) 한국표준산업분류표상 기술시험·검사 및 분석업을 영위하는 기업
2) 「고등교육법」에 따른 대학 또는 전문대학에 소속된 개인(조교수 이상에 한정한다)에게 과학기술분야의 연구개발용역을 위탁함에 따른 비용
다. 해당 기업이 그 종업원 또는 종업원 외의 자에게 직무발명 보상금으로 지출한 금액
라. 기술정보비(기술자문비를 포함한다) 또는 도입기술의 소화개량비로서 기획재정부령으로 정하는 것
마. 중소기업이 「과학기술분야 정부출연연구기관 등의 설립·운영 및 육성에 관한 법률」에 따라 설립된 한국생산기술연구원과 「산업기술혁신 촉진법」에 따라 설립된 전문생산기술연구소의 기술지도 또는 「중소기업진흥에 관한 법률」에 따른 기술지도를 받고 지출한 비용
바. 고유디자인의 개발을 위한 비용
사. 중소기업에 대한 공업 및 상품디자인 개발지도를 위하여 지출한 비용

2. 인력개발
가. 위탁훈련비(전담부서등에서 연구업무에 종사하는 연구요원에 한정한다)
1) 국내외의 전문연구기관 또는 대학에의 위탁교육훈련비
2) 「국민 평생 직업능력 개발법」에 따른 직업훈련기관에 위탁훈련비
3) 「국민 평생 직업능력 개발법」에 따라 고용노동부장관의 승인을 받아 위탁훈련하는 경우의 위탁훈련비
4) 「중소기업진흥에 관한 법률」에 따른 기술연수를 받기 위하여 중소기업이 지출한 비용
5) 그 밖에 자체기술능력향상을 목적으로 한 국내외 위탁훈련비로서 기획재정부령으로 정하는 것
나. 「국민 평생 직업능력 개발법」 또는 「고용보험법」에 따른 사내직업능력개발훈련 실시 및 직업능력개발훈련 관련사업 실시에 소요되는 비용으로서 기획재정부령으로 정하는 것
다. 중소기업에 대한 인력개발 및 기술지도를 위하여 지출하는 비용으로서 기획재정부령으로 정하는 것
라. 생산성향상을 위한 인력개발비로서 기획재정부령으로 정하는 비용
마. 기획재정부령으로 정하는 사내기술대학(대학원을 포함한다) 및 사내대학의 운영에 필요한 비용으로서 기획재정부령으로 정하는 것

〔별표7〕~〔별표7의2〕 ➡ 「www.hyeonamsa.com」 참조

〔별표8〕 (2017.2.7 삭제)

〔별표9〕~〔별표10〕 (2012.2.2 삭제)

〔별표11〕~〔별표13〕 ➡ 「www.hyeonamsa.com」 참조

〔별표14〕

상가임대료를 인하한 임대사업자에 대한 세액공제를 적용받지 못하는 임차소상공인의 업종

(제96조의3제3항제1호다목 관련)

(2021.11.9 개정)

다음 각 호의 어느 하나에 해당하는 업종 또는 사업
1. 다음 각 목의 구분에 따른 업종

업종분류	분류코드	세액공제 적용배제 업종
가. 제조업	C33402	영상게임기 제조업(도박게임 등 사행행위에 사용되는 영상게임기로 한정한다)
	C33409	기타 오락용품 제조업(도박게임 등 사행행위에 사용되는 오락용품으로 한정한다)
나. 정보통신업	J5821	게임 소프트웨어 개발 및 공급업(도박게임 등 사행행위에 사용되는 게임소프트웨어로 한정한다)
다. 금융 및 보험업	K64	금융업
	K65	보험 및 연금업
	K66	금융 및 보험 관련 서비스업[「전자금융거래법」 제2조제1호에 따른 전자금융업무, 「자본시장과 금융투자업에 관한 법률」 제9조제27항에 따른 온라인소액투자중개 및 「외국환거래법 시행령」 제15조의2제1항에 따른 소액해외송금업무를 업으로 영위하는 업종 중 그 외 기타 금융지원 서비스업(66199)은 제외한다]
라. 부동산업	L68	부동산업[부동산 관리업(6821) 및 부동산 중개 및 대리업(68221)은 제외한다]
마. 공공행정, 국방 및 사회보장 행정	O84	공공행정, 국방 및 사회보장 행정
바. 교육 서비스업	P851	초등 교육기관
	P852	중등 교육기관
	P853	고등 교육기관
	P854	특수학교, 외국인학교 및 대안학교
사. 예술, 스포츠 및 여가관련 서비스업	R9124	사행시설 관리 및 운영업
아. 협회 및 단체, 수리 및 기타 개인 서비스업	S94	협회 및 단체
자. 가구 내 고용활동 및 달리 분류되지 않은 자가소비 생산활동	T97	가구 내 고용활동
	T98	달리 분류되지 않은 자가소비를 위한 가구의 재화 및 서비스 생산활동
차. 국제 및 외국기관	U99	국제 및 외국기관

비고 : 업종분류, 분류코드 및 세액공제 적용배제 업종은 「통계법」 제22조에 따라 통계청장이 고시하는 「한국표준산업분류」에 따른다.

2. 「개별소비세법」 제1조제4항에 따른 과세유흥장소를 경영하는 사업

조세특례제한법 시행규칙

(1999년 4월 26일)
(전개재정경제부령 제76호)

개정
1999. 5.24재정경제부령   87호 <중략>
2007.11.23재정경제부령 584호 2008. 4.29기획재정부령   16호
2008. 4.30기획재정부령   21호 2008.10.15기획재정부령   36호
2008.12.31기획재정부령   48호 2009. 4. 7기획재정부령   70호
2009. 8.28기획재정부령   96호 2010. 4.20기획재정부령 151호
2010. 6. 8기획재정부령 157호 2010. 6.30기획재정부령 160호
2010. 6.30환경부령   374호(소음·진동관리법시규)
2010.12.31기획재정부령 182호 2011. 4.30기획재정부령 204호
2011. 8. 3기획재정부령 225호 2011.12.30기획재정부령 251호
2012. 2.28기획재정부령 264호 2012.10.15기획재정부령 300호
2012.12.31기획재정부령 309호 2013. 2.23기획재정부령 322호
2013. 3.23기획재정부령 342호(직제시규)
2013. 5.14기획재정부령 351호
2013. 6.28기획재정부령 355호(부가세시규)
2013.10.21기획재정부령 373호 2013.12.26기획재정부령 387호
2013.12.30기획재정부령 392호 2014. 2.28기획재정부령 402호
2014. 3.14기획재정부령 406호
2014. 5.26기획재정부령 424호(개인정보보호일부개정령)
2014. 7. 4기획재정부령 428호
2014.11.19기획재정부령 444호(직제시규)
2015. 2.13기획재정부령 460호 2015. 3.13기획재정부령 478호
2015.10.30기획재정부령 506호 2016. 2.25기획재정부령 539호
2016. 3.14기획재정부령 555호 2016. 8. 9기획재정부령 569호
2017. 3.10기획재정부령 606호 2017. 3.17기획재정부령 614호
2017.12.29기획재정부령 649호 2018. 1. 9기획재정부령 653호
2018. 3.21기획재정부령 669호 2019. 3.20기획재정부령 726호
2020. 3.13기획재정부령 776호 2020. 4.21기획재정부령 791호
2020. 6.15기획재정부령 795호 2021. 3.16기획재정부령 831호
2021. 5.13기획재정부령 854호 2021.11. 9기획재정부령 870호
2022. 3.18기획재정부령 904호→시행일 부칙 참조. 2025년 1월
1일 시행하는 부분은 추후 수록
2022.12.31기획재정부령 953호
2023. 3.20기획재정부령 977호→시행일 부칙 참조. 2025년 1월
1일 시행하는 부분은 추후 수록
2023. 6. 7기획재정부령 997호 2023. 6. 9기획재정부령 998호
2023. 8.29기획재정부령1012호 2023.12.29기획재정부령1035호
2024. 1. 5산업통상자원부령544호(소재·부품·장비산업경쟁
력강화및공급망안정화를위한특별조치법시규)

제1조【목적】 이 규칙은 「조세특례제한법」 및 동법 시행령에서 위임된 사항과 그 시행에 관하여 필요한 사항을 규정함을 목적으로 한다.(2005.3.11 본조개정)
제2조【중소기업의 범위】 ① (2017.3.17 삭제)
②~③ (2015.3.13 삭제)
④ 「조세특례제한법 시행령」(이하 "영"이라 한다) 제2조제1항제1호에 따른 매출액은 과세연도 종료일 현재 기업회계기준에 따라 작성한 해당 과세연도 손익계산서상의 매출액으로 한다. 다만, 창업·분할·합병의 경우 그 등기일의 다음 날(창업의 경우에는 창업일)이 속하는 과세연도의 매출액을 연간 매출액으로 환산한 금액을 말한다.(2020.3.13 본문개정)
⑤ 영 제2조제1항 각 호 외의 부분 단서에 따른 자산총액은 과세연도 종료일 현재 기업회계기준에 따라 작성한 재무상태표상의 자산총액으로 한다.(2015.3.13 본항개정)
⑥ (2015.3.13 삭제)
⑦ 영 제2조제4항에 따른 발행주식의 간접소유비율의 계산에 관하여는 「국제조세조정에 관한 법률 시행령」 제2조제3항을 준용한다.(2021.3.16 본항개정)
⑧ 영 제2조제4항에 따른 「중소기업기본법 시행령」 제3조제1항제2호다목에 따른 관계기업에 속하는 기업인지의 판단은 과세연도 종료일 현재를 기준으로 한다.
(2014.3.14 본항신설)
제3조 (2021.3.16 삭제)

제3조의2【금융리스의 범위】 영 제3조에서 "기획재정부령으로 정하는 금융리스"란 다음 각 호의 어느 하나에 해당하는 경우의 자산 대여(이하 "리스"라 한다)를 말한다.
1. 리스기간[계약해지금지조건이 부가된 기간(명시적인 계약해지금지조건은 없으나 실질적으로 계약해지금지조건이 부가된 것으로 볼 수 있는 기간을 포함한다)을 말하며, 기간 종료시점에서 계약해지금지조건이 부가된 갱신계약의 약정이 있는 경우에는 그 약정에 따른 기간을 포함한다. 이하 이 조에서 같다] 종료 시 또는 그 이전에 리스이용자에게 해당 리스의 자산(이하 이 조에서 "리스자산"이라 한다)의 소유권을 무상 또는 당초 계약 시 정한 금액으로 이전할 것을 약정한 경우
2. 리스기간 종료 시 리스자산을 취득가액의 100분의 10 이하의 금액으로 구매할 수 있는 권리가 리스실행일 현재 리스이용자에게 주어진 경우 또는 취득가액의 100분의 10 이하의 금액을 갱신계약의 원금으로 하여 리스계약을 갱신할 수 있는 권리가 리스실행일 현재 리스이용자에게 주어진 경우
3. 리스기간이 「법인세법 시행규칙」 별표5 및 별표6에 규정된 리스자산의 자산별·업종별(리스이용자의 업종에 의한다) 기준내용연수의 100분의 75 이상인 경우
4. 리스실행일 현재 최소리스료를 기업회계기준에 따라 현재가치로 평가한 가액이 해당 리스자산의 장부가액의 100분의 90 이상인 경우
5. 리스자산의 용도가 리스이용자만의 특정 목적에 한정되어 있고, 다른 용도로의 전용(轉用)에 과다한 비용이 발생하여 사실상 전용이 불가능한 경우
(2011.4.7 본조신설)
제4조 (2021.3.16 삭제)
제4조의2【제조업의 범위】 영 제5조제6항에서 "기획재정부령으로 정하는 사업"이란 자기가 제품을 직접 제조하지 아니하고 제조업체(사업장이 국내 또는 「개성공업지구 지원에 관한 법률」 제2조제1호에 따른 개성공업지구에 소재하는 업체에 한정한다)에 의뢰하여 제조하는 사업으로서 그 사업이 다음 각 호의 요건을 충족하는 사업을 말한다.
1. 생산할 제품을 직접 기획(고안·디자인 및 견본제작 등을 말한다)할 것
2. 해당 제품을 자기명의로 제조할 것
3. 해당 제품을 인수하여 자기책임하에 직접 판매할 것
(2017.3.17 본조신설)
제4조의3【창업중소기업 등에 대한 세액감면 적용 시 신성장 서비스업의 범위】 영 제5조제12항제7호에서 "기획재정부령으로 정하는 신성장 서비스업"이란 다음 각 호의 어느 하나에 해당하는 사업을 말한다.
(2020.3.13 본문개정)
1. 「전시산업발전법」 제2조제1호에 따른 전시산업
(2020.3.13 본호개정)
2. 그 밖의 과학기술서비스업
3. 시장조사 및 여론조사업
4. 광고업 중 광고대행업, 옥외 및 전시 광고업
(2018.3.21 본조신설)
제5조【소기업의 매출액】 영 제6조제5항에 따른 매출액은 제2조제4항에 따른 매출액으로 한다.(2017.3.17 본조개정)
제5조의2【무상임대 자산의 범위】 영 제7조의2제6항에서 "기획재정부령으로 정하는 자산"이란 제13조의10 제1항제1호에 해당하는 자산을 말한다.(2021.3.16 본조개정)
제6조 (2017.3.17 삭제)
제7조【연구 및 인력개발비의 범위】 ① 영 별표6 제1호가목1)가)부터 다)까지 외의 부분 본문에서 "기획재

정부령으로 정하는 연구소 또는 전담부서"란 다음 각 호의 어느 하나에 해당하는 연구소 및 전담부서(이하 "전담부서등"이라 한다)를 말하며, 영 별표6 제1호가목 1)가)부터 다)까지 외의 대부분 본문에 따른 연구개발서비스업이란 「연구산업진흥법」에 따른 전문연구사업자가 영위하는 같은 법 제2조제1호가목의 연구산업(이하 이 조에서 "연구개발서비스업"이라 한다)을 말한다. (2022.3.18 본문개정)
1. 「기초연구진흥 및 기술개발지원에 관한 법률」 제14조의2제1항에 따라 과학기술정보통신부장관의 인정을 받은 기업부설연구소 또는 연구개발전담부서 (2019.3.20 본호개정)
2. 「문화산업진흥 기본법」 제17조의3제1항에 따른 기업부설창작연구소 또는 기업창작전담부서(2015.3.13 본호개정)
3. 「산업디자인진흥법」 제9조에 따른 산업디자인전문회사(이하 이 조에서 "산업디자인전문회사"라 한다) (2019.3.20 본호신설)

② 영 제9조제3항제1호가목 본문에서 "기획재정부령으로 정하는 연구소 또는 전담부서"란 전담부서등 및 연구개발서비스업을 영위하는 기업으로서 영 별표7에 따른 신성장·원천기술의 연구개발업무(이하 이 조에서 "신성장·원천기술연구개발업무"라 한다)만을 수행하는 국내 소재 전담부서등 및 연구개발서비스업을 영위하는 기업(이하 이 조에서 "신성장·원천기술연구개발전담부서등"이라 한다)을 말한다. 다만, 일반연구개발을 수행하는 전담부서등 및 연구개발서비스업을 영위하는 기업의 경우에는 다음 각 호의 구분에 따른 조직을 신성장·원천기술연구개발 전담부서등으로 본다.
1. 신성장·원천기술연구개발업무에 관한 별도의 조직을 구분하여 운영하는 경우 : 그 내부 조직
2. 제1호 외의 경우 : 신성장·원천기술연구개발업무 및 일반연구개발을 모두 수행하는 전담부서등 및 연구개발서비스업을 영위하는 기업
(2022.3.18 본항개정)

③ 영 별표6 제1호가목1)가)부터 다)까지 외의 부분 본문에서 "기획재정부령으로 정하는 자"란 전담부서등에서 연구업무에 종사하는 「기초연구진흥 및 기술개발지원에 관한 법률 시행령」에 따른 연구전담요원(산업디자인전문회사의 경우 연구업무에 종사하는 「산업디자인진흥법 시행규칙」 제9조제1항제1호에 따른 전문인력을 말한다. 이하 이 조에서 같다) 및 「기초연구진흥 및 기술개발지원에 관한 법률 시행령」에 따른 연구보조원과 연구개발서비스업에 종사하는 전담요원을 말한다. 다만, 주주인 임원으로서 다음 각 호의 어느 하나에 해당하는 자는 제외한다.
1. 부여받은 주식매수선택권을 모두 행사하는 경우 해당 법인의 총발행주식의 100분의 10을 초과하여 소유하게 되는 자
2. 해당 법인의 주주로서 「법인세법 시행령」 제43조제7항에 따른 지배주주등 및 해당 법인의 총발행주식의 100분의 10을 초과하여 소유하는 주주
3. 제2호에 해당하는 자(법인을 포함한다)의 「소득세법 시행령」 제98조제1항 또는 「법인세법 시행령」 제2조제5항에 따른 특수관계인. 이 경우 「법인세법 시행령」 제2조제5항제7호에 해당하는 자가 해당 법인의 임원인 경우를 제외한다.
(2022.3.18 본항개정)

④ 영 제9조제3항제1호가목 단서에서 "기획재정부령으로 정하는 사람"이란 다음 각 호의 어느 하나에 해당하는 사람을 말한다.(2022.3.18 본문개정)
1. 주주인 임원으로서 제3항 각 호의 어느 하나에 해당하는 사람(2019.3.20 본호신설)

2. 제2항제2호에 해당하는 경우로서 신성장·원천기술연구개발업무와 일반연구개발을 동시에 수행한 사람 (2022.3.18 본호개정)

⑤ 영 별표6 제1호라목에서 "기획재정부령으로 정하는 비용"이란 다음 각 호의 어느 하나에 해당하는 자로부터 산업기술에 관한 자문을 받고 지급하는 기술자문료를 말한다.(2022.3.18 본문개정)
1. 과학기술분야를 연구하는 국·공립연구기관, 정부출연연구기관, 국내외 비영리법인(부설연구기관을 포함한다), 「산업기술혁신 촉진법」 제42조에 따른 전문생산기술연구소 등 기업이 설립한 국내외 연구기관, 전담부서등 또는 국외기업에 부설된 연구기관에서 연구업무에 직접 종사하는 연구원(2020.3.13 본호개정)
2. 「고등교육법」 제2조에 따른 대학(교육대학 및 사범대학을 포함한다) 또는 전문대학에 근무하는 과학기술분야의 교수(조교수 이상인 자에 한한다) (2020.3.13 본호개정)
3. 외국에서 다음 각 목의 어느 하나에 해당하는 산업분야에 5년 이상 종사하였거나 학사학위 이상의 학력을 가지고 해당 분야에 3년 이상 종사한 외국인기술자(2015.3.13 본호개정)
가. 영 별표4의 산업
나. 광업
다. 건설업
라. 영 제5조제6항에 따른 엔지니어링사업 (2015.3.13 가목~라목신설)
마. 영 제5조제7항에 따른 물류산업(2020.3.13 본호개정)
바. 시장조사 및 여론조사업, 경영컨설팅업 및 공공관계 서비스업, 사업시설 유지관리 서비스업, 교육관련 자문 및 평가업, 기타 교육지원 서비스업(교환학생 프로그램 운영 등으로 한정한다), 비금융 지주회사, 기술 시험·검사 및 분석업, 측량업, 제도업, 지질조사 및 탐사업(광물채굴 목적의 조사 및 탐사를 제외한 지질조사 및 탐사활동으로 한정한다), 지도제작업, 전문디자인업, 그 외 기타 분류 안 된 전문·과학 및 기술 서비스업(지도제작, 환경정화 및 복원활동을 제외한 그 외 기타 분류 안 된 전문·과학 및 기술 서비스로 한정한다), 기타 광업 지원 서비스업(채굴목적 광물탐사활동으로 한정한다), 토양 및 지하수 정화업(토양 및 지하수 정화활동으로 한정한다), 기타 환경 정화 및 복원업〔토양 및 지하수 외의 환경정화 활동(선박유출기름 수거운반을 제외한다)으로 한정한다〕(2015.3.13 본목신설)
사. 「연구산업진흥법」 제2조제1호가목 및 나목의 연구산업(2022.3.18 본목개정)
아. 「조세특례제한법」(이하 "법"이라 한다) 제7조제1항제1호허목의 의료업(「국가기술자격법 시행규칙」 별표2의 국제의료관광코디네이터로 한정한다) (2019.3.20 본목개정)

⑥ 영 제9조제3항제2호 및 같은 조 제7항제2호에서 "기획재정부령으로 정하는 기관"이란 다음 각 호의 어느 하나에 해당하는 기관을 말한다. 다만, 제4호부터 제7호까지의 기관에 신성장·원천기술연구개발업무 또는 영 별표7의2에 따른 국가전략기술의 연구개발업무(이하 이 조에서 "국가전략기술연구개발업무"라 한다)를 위탁(재위탁을 포함한다)하는 경우(영 별표7 제7호가목6)부터 8)까지의 규정에 따른 임상1상·임상2상·임상3상 시험 및 영 별표7의2 제3호나목부터 마목까지의 규정에 따른 비임상·임상1상·임상2상·임상3상 시험의 경우는 제외한다)에는 국내에 소재한 기관으로 한정한다. (2022.3.18 본문개정)
1. 「고등교육법」 제2조에 따른 대학 또는 전문대학 (2020.3.13 본호개정)

2. 국공립연구기관
3. 정부출연연구기관
4. 비영리법인(비영리법인에 부설된 연구기관을 포함한다)
5. 「산업기술혁신 촉진법」 제42조에 따른 전문생산기술연구소 등 기업이 설립한 국내외 연구기관(2020.3.13 본호개정)
6. 전담부서등(신성장·원천기술연구개발업무 또는 국가전략기술연구개발업무만을 수행하는 전담부서등에서 직접 수행한 부분에 한정하여 한다) 또는 국외기업에 부설된 연구기관(2022.3.18 본호개정)
7. 「연구산업진흥법」 제2조제1호가목 및 나목의 연구산업을 영위하는 기업 또는 영리목적으로 연구·개발을 독립적으로 수행하거나 위탁받아 수행하고 있는 국외 소재 기업(2022.3.18 본호개정)
8. 내국인이 의결권 있는 발행주식총수의 100분의 50 이상을 직접 소유하거나 100분의 80이상을 직접 또는 간접으로 소유하고 있는 외국법인(외국법인에 부설된 연구기관을 포함한다)(2020.3.13 본호신설)
(2017.3.17 본항신설)
⑦ 제6항제8호에 따른 주식의 간접소유비율의 계산에 관하여는 「국제조세조정에 관한 법률 시행령」 제2조제3항을 준용한다.(2021.3.16 본항개정)
⑧ 영 별표6 제2호가목5)에서 "기획재정부령으로 정하는 것"이란 전담부서등에서 연구업무에 종사하는 「기초연구진흥 및 기술개발지원에 관한 법률 시행령」 제2조제7호에 따른 연구전담요원이 훈련을 목적으로 지출하는 다음 각 호의 어느 하나에 해당하는 비용을 말한다.(2022.3.18 본문개정)
1. 국내외기업(국내기업의 경우에는 전담부서등을 보유한 기업에 한한다)에의 위탁훈련비(2012.2.28 본호개정)
2. 「산업발전법」에 따라 설립된 한국생산성본부에의 위탁훈련비
⑨ 영 별표6 제2호나목에서 "기획재정부령으로 정하는 것"이란 다음 각 호의 어느 하나에 해당하는 비용을 말한다.
1. 사업주가 단독 또는 다른 사업주와 공동으로 「국민 평생 직업능력 개발법」 제2조제1호의 직업능력개발훈련(이하 "직업능력개발훈련"이라 한다)을 실시하는 경우의 실습재료비(해당 기업이 생산 또는 제조하는 물품의 제조원가 중 직접 재료비를 구성하지 않는 것으로 한정한다)
2. 「국민 평생 직업능력 개발법」 제20조제1항제2호에 따른 기술자격검정의 지원을 위한 필요경비
3. (2012.2.28 삭제)
4. 「국민 평생 직업능력 개발법」 제33조제1항에 따른 직업능력개발훈련교사등에게 지급하는 급여
5. 사업주가 단독 또는 다른 사업주와 공동으로 실시하는 직업능력개발훈련으로서 「국민 평생 직업능력 개발법」 제24조에 따라 고용노동부장관의 인정을 받은 직업능력개발훈련과정의 직업능력개발훈련을 받는 훈련생에게 지급하는 훈련수당·식비·훈련교재비 및 직업훈련용품비
(2022.3.18 본항개정)
⑩ 영 별표6 제2호다목에서 "기획재정부령으로 정하는 것"이란 다음 각 호의 어느 하나에 해당하는 비용을 말한다.(2022.3.18 본문개정)
1. 지도요원의 인건비 및 지도관련경비
2. 직업능력개발훈련의 훈련교재비 및 실습재료비
3. 직업능력개발훈련시설의 임차비용
4. 중소기업이 「중소기업 인력지원 특별법」에 따라 중소기업 핵심인력 성과보상기금에 납입하는 비용. 다만 가목에 따른 납입비용은 세액공제 대상에서 제외하고,

나목에 따른 환급받은 금액은 납입비용에서 뺀다.
가. 영 제26조의6제1항 각 호의 어느 하나에 해당하는 사람에 대한 납입비용(2023.6.7 본목개정)
나. 중소기업 핵심인력 성과보상기금에 가입한 이후 5년 이내에 중도해지를 이유로 중소기업이 환급받은 금액(환급받은 금액 중 이전 과세연도에 빼지 못한 금액이 있는 경우에는 해당 금액을 포함한다)(2017.3.17 본호개정)
5. 내국인이 사용하지 아니하는 자기의 특허권 및 실용신안권을 중소기업(「법인세법」 제2조제12호 및 「소득세법」 제41조에 따른 특수관계인이 아닌 경우로 한정한다)에게 무상으로 이전하는 경우 그 특허권 및 실용신안권의 장부상 가액(2022.3.18 본호개정)
6. 「산업발전법」 제19조제1항에 따른 지속가능경영과 관련된 임직원 교육 경비 및 경영수준 진단·컨설팅 비용(2022.3.18 본호신설)
⑪ 영 별표6 제2호라목에서 "기획재정부령으로 정하는 비용"이란 다음 각 호의 어느 하나에 해당하는 비용을 말한다. 다만, 교육훈련시간이 24시간 이상인 교육과정으로 한정한다.(2022.3.18 본문개정)
1. 품질관리·생산관리·설비관리·물류관리·소프트웨어관리·데이터관리·보안관리(이하 이 항에서 "품질관리등"이라 한다)에 관한 회사내 자체교육비로서 제13항 각 호의 비용에 준하는 것(2019.3.20 본호개정)
2. 다음 각 목의 기관에 품질관리 등에 관한 훈련을 위탁하는 경우의 그 위탁훈련비. 다만, 「국민 평생 직업능력 개발법」에 따른 위탁훈련비와 「산업발전법」에 따라 설립된 한국생산성본부에의 위탁훈련비를 제외한다.(2022.3.18 단서개정)
가. 국가전문행정연수원(국제특허연수부에서 훈련받는 경우에 한한다)
나. 「산업표준화법」 제32조에 따라 설립된 한국표준협회(2020.3.13 본목개정)
다. (2010.4.20 삭제)
라. 「산업디자인진흥법」 제11조에 따라 설립된 한국디자인진흥원(2020.3.13 본목개정)
마. 품질관리등에 관한 교육훈련을 목적으로 「민법」 제32조에 따라 설립된 사단법인 한국능률협회
바. 「상공회의소법」에 따라 설립된 부산상공회의소의 연수원
3. 「문화산업진흥 기본법」 제31조에 따라 설립된 한국콘텐츠진흥원에 교육을 위탁하는 경우 그 위탁교육비용(2010.4.20 본호개정)
4. 「항공안전법」에 따른 조종사의 운항자격 정기심사를 받기 위한 위탁교육훈련비용(2020.3.13 본호개정)
5. 해외 호텔 및 해외 음식점에서 조리법을 배우기 위한 위탁교육훈련비용(2009.4.7 본호신설)
⑫ 영 별표6 제2호마목에서 "기획재정부령으로 정하는 사내기술대학(대학원을 포함한다) 및 사내대학"이란 다음 각 호의 어느 하나에 해당하는 것(이하 이 조에서 "사내기술대학등"이라 한다)을 말한다.(2022.3.18 본문개정)
1. 사내기술대학(대학원을 포함한다)의 경우 : 과학기술분야의 교육훈련을 위한 전용교육시설 및 교과과정을 갖춘 사내교육훈련기관으로서 교육부장관이 기획재정부장관과 협의하여 정하는 기준에 해당하는 사내교육훈련기관(2013.3.23 본호개정)
2. 사내대학의 경우 : 「평생교육법」에 따라 설치된 사내대학
⑬ 영 별표6 제2호마목에서 "기획재정부령으로 정하는 것"이란 다음 각 호의 어느 하나에 해당하는 비용을 말한다.(2022.3.18 본문개정)
1. 교육훈련용교재비·실험실습비 및 교육용품비

2. 강사에게 지급하는 강의료(2017.3.17 본호개정)
3. 사내기술대학등에서 직접 사용하기 위한 실험실습용 물품·자재·장비 또는 시설의 임차비
4. 사내기술대학등의 교육훈련생에게 교육훈련기간 중 지급한 교육훈련수당 및 식비
⑭ 영 제9조제7항제1호가목 본문에서 "기획재정부령으로 정하는 연구소 또는 전담부서"란 전담부서등 및 연구개발서비스업을 영위하는 기업을 말한다.(2022.3.18 본항신설)
⑮ 영 제9조제7항제1호가목 단서에서 "기획재정부령으로 정하는 사람"이란 다음 각 호의 어느 하나에 해당하는 사람을 말한다.
1. 주주인 임원으로서 제3항 각 호의 어느 하나에 해당하는 사람
2. 국가전략기술연구개발업무와 신성장·원천기술연구개발업무 또는 일반연구개발업무를 동시에 수행한 사람(2022.3.18 본항신설)
⑯ 내국인은 영 제9조제12항에 따라 신성장·원천기술연구개발비, 국가전략기술연구개발비 및 일반연구·인력개발비에 공통되는 비용(이하 이 항에서 "공통비용"이라 한다)이 있는 경우에는 다음 각 호의 구분에 따라 계산하여 구분경리해야 한다.
1. 인건비 및 위탁·공동연구개발비에 해당하는 공통비용의 경우 : 다음 각목의 구분에 따른다.
가. 일반연구·인력개발비와 신성장·원천기술연구개발비 또는 국가전략기술연구개발비의 공통비용 : 전액 일반연구·인력개발비
나. 신성장·원천기술연구개발비와 국가전략기술연구개발비의 공통비용 : 전액 신성장·원천기술연구개발비
2. 제1호 외의 공통비용의 경우 : 다음 각 목의 구분에 따른다.
가. 신성장·원천기술연구개발비 : 다음의 계산식에 따른 비용

$$제1호\ 외의\ 공통비용 \times \frac{영\ 제9조제3항제1호가목의\ 비용}{영\ 제9조제3항제1호가목의\ 비용\ +\ 같은\ 조\ 제7항제1호가목의\ 비용\ +\ 일반연구·인력개발비\ 중\ 영\ 별표6\ 제1호가목1)에\ 해당하는\ 비용}$$

나. 국가전략기술연구개발비 : 다음의 계산식에 따른 비용

$$제1호\ 외의\ 공통비용 \times \frac{영\ 제9조제7항제1호가목의\ 비용}{영\ 제9조제3항제1호가목의\ 비용\ +\ 같은\ 조\ 제7항제1호가목의\ 비용\ +\ 일반연구·인력개발비\ 중\ 영\ 별표6\ 제1호가목1)에\ 해당하는\ 비용}$$

(2022.3.18 본목신설)
다. 일반연구·인력개발비 : 제1호 외의 공통비용에서 가목 및 나목의 비용을 제외한 비용
(2022.3.18 본항개정)
⑰ 법 제10조제1항을 적용받으려는 내국인은 해당 과세연도에 수행한 연구개발 과제별로 별지 제3호의2서식에 따른 연구개발계획서, 연구개발보고서 및 연구노트를 작성(법 제10조제1항제3호를 적용받는 경우에는 연구개발계획서 및 연구개발보고서만 작성한다)하고 해당 과세연도의 종료일로부터 5년 동안 보관해야 한다.(2019.3.20 본항신설)
⑱ 영 별표6 제2호사목에서 "기획재정부령으로 정하는 사전 취업계약 등"이란 다음 각 호의 어느 하나에 해당하는 계약을 말한다.(2022.3.18 본문개정)
1. 산업수요 맞춤형 고등학교 등 재학생에 대한 고용을 목적으로 해당 학교와 체결하는 「직업교육훈련 촉진법」 제2조제5호나목에 따른 특약으로서 다음 각 목의

요건을 모두 갖춘 특약(이하 이 조에서 "산업체 맞춤형 직업교육훈련계약"이라 한다)
가. 산업수요 맞춤형 고등학교 등에 교육부장관이 정하는 산업체 맞춤형 직업교육훈련과정을 설치할 것
나. 해당 내국인의 생산시설 또는 근무장소에서 산업수요 맞춤형 고등학교 등 재학생에 대하여 교육부장관이 정하는 기간 이상의 현장훈련을 실시할 것
다. 산업체 맞춤형 직업교육훈련과정 이수자에 대한 고용요건 등이 포함될 것
라. 가목부터 다목까지의 요건 등에 관한 사항이 포함된 교육부장관이 정하는 계약서에 따라 산업체 맞춤형 직업교육훈련계약을 체결할 것
2. 산업수요 맞춤형 고등학교 등 재학생에 대한 고용을 목적으로 해당 학교 및 「직업교육훈련 촉진법」 제2조제2호에 따른 직업교육훈련기관과 체결하는 같은 법 제2조제5호나목에 따른 특약으로서 다음 각 목의 요건을 모두 갖춘 특약(이하 이 조에서 "취업인턴 직업교육훈련계약"이라 한다)
가. 산업수요 맞춤형 고등학교 등 또는 직업교육훈련기관에 교육부장관이 정하는 취업인턴 직업교육훈련과정을 설치할 것
나. 해당 내국인의 생산시설 또는 근무장소에서 산업수요 맞춤형 고등학교 등 재학생에 대하여 교육부장관이 정하는 기간 이상의 현장훈련을 실시할 것
다. 취업인턴 직업교육훈련과정 이수자에 대한 고용요건 등이 포함될 것
라. 가목부터 다목까지의 요건 등에 관한 사항이 포함된 교육부장관이 정하는 계약서에 따라 취업인턴 직업교육훈련계약을 체결할 것
(2020.3.13 본항신설)
⑲ 영 별표6 제2호아목에서 "기획재정부령으로 정하는 사전 취업약정 등"이란 다음 각 호의 요건을 모두 갖춘 약정 등을 말한다.
1. 대학교 등에 「산업교육진흥 및 산학연협력촉진에 관한 법률」 제11조의3에 따라 교육부장관이 정하는 표준화된 운영기준(이하 이 조에서 "표준운영기준"이라 한다)을 준수하는 현장실습 과정을 설치할 것
2. 현장실습 산업체의 생산시설 또는 근무장소에서 대학교 재학생에 대하여 「산업교육진흥 및 산학연협력촉진에 관한 법률」 제11조의3에 따라 교육부장관이 정하는 기간 이상의 현장실습을 실시할 것
3. 표준운영기준을 준수하는 현장실습의 이수자에 대한 고용조건 등이 포함될 것
(2021.3.16 본항신설)
(2007.3.30 본조개정)
제7조의2 【현물출자의 범위】 영 제9조제10항 본문에서 "기획재정부령으로 정하는 현물출자"란 사업장별로 그 사업에 관한 권리(미수금에 관한 것을 제외한다)와 의무(미지급금에 관한 것을 제외한다)를 포괄적으로 출자하는 것을 말한다.(2022.3.18 본조개정)
제7조의3 【연구개발 관련 출연금 등】 영 제9조의2제1항제4호에서 "기획재정부령이 정하는 법률"이란 다음 각 호의 어느 하나에 해당하는 법률을 말한다.(2012.2.28 본문개정)
1. 「소재·부품·장비산업 경쟁력 강화 및 공급망 안정화를 위한 특별조치법」(2024.1.5 본호개정)
2. 「연구개발특구의 육성에 관한 특별법」(2013.2.23 본호개정)
3. 「기초연구진흥 및 기술개발 지원에 관한 법률」(2012.2.28 본호개정)
제8조 → 제13조로 이동
제8조의2 【기금운용법인 등의 범위】 영 제12조제2항에서 "기획재정부령으로 정하는 법인"이란 「법인세법 시행규칙」 제56조의2제1항 및 제2항 각 호의 법인을 말한다.(2014.3.14 본조개정)

제8조의3【연구개발특구 등에의 입주기업 등에 대한 법인세 등의 감면 적용 시 사업용자산의 범위】영 제11조의2제3항, 제61조제3항, 제99조의8제2항, 제116조의14제2항, 제116조의15제4항, 제116조의21제4항, 제116조의25제2항, 제116조의26제3항 및 제116조의27제3항에서 "기획재정부령으로 정하는 사업용자산"이란 다음 각 호의 어느 하나에 해당하는 자산을 말한다.(2023.3.20 본문개정)
1. 해당 특구 등에 소재하거나 해당 특구 등에서 해당 사업에 주로 사용하는 사업용 유형자산
2. 해당 특구 등에 소재하거나 해당 특구 등에서 해당 사업에 주로 사용하기 위해 건설 중인 자산
(2020.3.13 1호~2호개정)
3. 「법인세법 시행규칙」 별표3에 따른 무형자산
(2019.3.20 본호개정)
제8조의4【벤처기업 주식매수선택권 조기행사 사유】영 제14조의4제5항제3호에서 "사망, 정년 등 기획재정부령으로 정하는 불가피한 사유"란 주식매수선택권을 부여받은 법 제16조의4제1항 각 호 외의 부분에 따른 벤처기업 임직원이 사망 또는 정년을 초과하거나 그 밖에 자신에게 책임 없는 사유로 퇴임 또는 퇴직하는 경우를 말한다.(2023.3.20 본조개정)
제8조의5【기술혁신형 중소기업의 범위 등】① 영 제11조의3제1항제4호사목 및 영 제11조의4제2항제4호사목에서 "기획재정부령으로 정하는 인증 등"이란 영 제11조의3제1항제4호가목부터 바목까지 및 영 제11조의4제2항제4호가목부터 바목까지와 유사한 경우로서 기획재정부장관이 정하여 고시하는 인증 등을 말한다.
(2022.3.18 본항개정)
② 영 제11조의3제3항제1호에서 "기획재정부령으로 정하는 기술비법 또는 기술"이란 다음 각 호의 어느 하나에 해당하는 기술비법 또는 기술로서 「산업기술혁신 촉진법」 제38조에 따른 한국산업기술진흥원에 등록되어 관리되는 기술비법 또는 기술을 말한다.
1. 피합병법인 또는 피인수법인이 국내에서 자체 연구·개발한 과학기술분야에 속하는 기술비법(공업소유권, 「해외건설 촉진법」에 따른 해외건설 엔지니어링활동 또는 「엔지니어링산업 진흥법」에 따른 엔지니어링활동과 관련된 기술비법은 제외한다)
2. 피합병법인 또는 피인수법인이 국내에서 자체 연구·개발한 「기술의 이전 및 사업화 촉진에 관한 법률」 제2조제1호에 따른 기술
(2017.3.17 본항신설)
(2017.3.17 본조제목개정)
제8조의6【산업재산권 출자주식 전용계좌 요건】① 영 제14조의5제3항에서 "기획재정부령으로 정하는 계좌"란 다음 각 호의 요건을 모두 충족하는 계좌를 말한다.
(2019.3.20 본문개정)
1. 영 제14조의5제1항 각 호에 따른 권리(이하 이 조에서 "산업재산권"이라 한다)를 보유한 자가 본인의 명의로 개설할 것(2019.3.20 본호개정)
2. 「자본시장과 금융투자업에 관한 법률」 제8조제1항에 따른 금융투자업자가 산업재산권을 보유한 자의 다른 매매거래계좌와 구분하여 산업재산권 출자주식 전용계좌의 명칭으로 별도로 개설·관리할 것
3. 산업재산권을 영 제14조의3제3항에 따른 벤처기업등(이하 이 호에서 "벤처기업등"이라 한다)에 출자하고 취득한 벤처기업등의 주식만을 거래할 것(2022.3.18 본호개정)
4. 계좌 개설 이후 1개월 내 주식이 입고되지 아니할 경우에는 해당 계좌를 폐쇄하는 내용으로 사전에 약정할 것
(2016.3.14 본조신설)

제8조의7【기술비법의 범위 등】영 제11조제3항제2호 및 제3호에서 "수입금액 기준 등 기획재정부령으로 정하는 요건을 충족하는 것"이란 다음 각 호의 요건을 모두 충족하는 것을 말한다.
1. 해당 기업이나 해당 기업이 「중소기업기본법 시행령」 제2조제3호에 따른 관계기업에 속하는 경우 해당 관계기업의 직전 5개 과세연도의 매출액(매출액은 영 제2조제4항에 따른 계산방법으로 산출하며, 과세연도가 1년 미만인 과세연도의 매출액은 1년으로 환산한 매출액을 말한다. 이하 이 조에서 같다)의 평균금액이 500억원 이하일 것
2. 해당 기업이 영 제11조제3항 각 호에 해당하는 것을 거래하여 얻은 직전 5개 과세연도의 매출액의 평균금액이 70억원 이하일 것
3. (2022.3.18 삭제)
(2017.3.17 본조신설)
제8조의8【소재·부품·장비의 범위】영 제12조의3제7항에서 "기획재정부령으로 정하는 소재·부품·장비 품목"이란 「소재·부품·장비산업 경쟁력 강화 및 공급망 안정화를 위한 특별조치법」 제12조에 따른 핵심전략기술과 관련된 품목으로서 산업통상자원부장관이 기획재정부장관과 협의하여 고시하는 품목을 말한다.
(2024.1.5 본조개정)
제9조【외국인기술자에 대한 소득세면제 등】① 영 제16조제1항제1호에서 "기획재정부령으로 정하는 엔지니어링기술도입계약"이란 「엔지니어링산업 진흥법」 제2조제5호에 따른 엔지니어링기술의 도입계약(계약금액이 30만달러 이상인 도입계약으로 한정한다)을 말한다.
(2019.3.20 본문개정)
② 영 제16조제1항제2호가목을 적용할 때 자연계·이공계·의학계 분야의 예시는 별표1의2와 같다.
(2021.3.16 본항개정)
③ 영 제16조제1항제2호나목에서 "기획재정부령으로 정하는 국외의 대학 및 연구기관 등"이란 외국의 대학과 그 부설연구소, 국책연구기관 및 기업부설연구소(이하 이 조에서 "국외연구기관등"이라 한다)를 말한다.
(2021.3.16 본항신설)
④ 영 제16조제1항제2호나목을 적용할 때 국외연구기관등에서 연구원(행정 사무만을 담당하는 사람은 제외한다)으로 근무한 기간이 합산하여 같은 목에 따른 기간(학위 취득 기간 및 휴직 등으로 인해 실제로 연구원으로 근무하지 않은 기간을 제외한다) 이상인 경우에는 연구개발 및 기술개발 경험이 있는 것으로 본다.
(2021.3.16 본항신설)
⑤ 영 제16조제1항제2호의 요건에 해당하여 영 제16조제3항에 따른 세액감면신청서를 제출할 때에는 다음 각 호의 내용이 포함된 증명서를 함께 제출해야 한다.
1. 감면신청자의 이름
2. 국외연구기관등의 명칭 및 주소
3. 국외연구기관등에서 근무한 기간, 근무부서, 연구분야 및 해당 부서 책임자의 확인
(2021.3.16 본항신설)
제10조【내국인 우수 인력의 국내복귀에 대한 소득세감면】① 영 제16조의3제1항제1호를 적용할 때 자연계·이공계·의학계 분야의 예시는 별표1의2와 같다.
② 영 제16조의3제1항제3호에서 "기획재정부령으로 정하는 국외의 대학 및 연구기관 등"이란 외국의 대학과 그 부설연구소, 국책연구기관 및 기업부설연구소(이하 이 조에서 "국외연구기관등"이라 한다)를 말한다.
③ 영 제16조의3제1항제3호를 적용할 때 국외연구기관등에서 연구원(행정 사무만을 담당하는 사람은 제외한다)으로 근무한 기간이 합산하여 5년(휴직 등으로 인해 실제로 연구원으로 근무하지 않은 기간을 제외한다) 이상인 경우에는 연구개발 및 기술개발 경험이 있는 것으로 본다.

④ 영 제16조의3제3항에 따른 세액감면신청서를 제출할 때 다음 각 호의 내용이 포함된 증명서를 함께 제출해야 한다.
1. 감면신청자의 이름
2. 국외연구기관등의 명칭 및 주소
3. 국외연구기관등에서 근무한 기간, 근무부서, 연구분야 및 해당 부서 책임자의 확인
(2020.3.13 본조신설)

제11조【외화증권의 범위】① 영 제18조제4항제1호에서 "기획재정부령이 정하는 것"이란 외국환거래에 관하여 기획재정부장관이 정하는 기준에 따라 발행된 외화증권을 말한다.(2010.4.20 본항개정)
② 영 제18조제4항제2호에서 "기획재정부령이 정하는 외국의 유가증권시장"이란 「자본시장과 금융투자업에 관한 법률」에 따른 유가증권시장 또는 코스닥시장과 기능이 유사한 외국의 유가증권시장을 말한다.
(2009.4.7 본항개정)

제12조【사업용자산의 범위 등】① 영 제21조제2항에서 "건축물 등 기획재정부령으로 정하는 자산"이란 별표1의 건축물 등 사업용 유형자산을 말한다.
② 영 제21조제3항제1호에서 "사업용자산으로서 기획재정부령으로 정하는 자산"이란 다음 각 호에 해당하는 시설을 말한다.
1. 연구·시험 및 직업훈련시설 : 제13조의10제1항 및 제2항에 따른 시설
2. 에너지절약 시설 : 다음 각 목의 어느 하나에 해당하는 시설
  가. 「에너지이용 합리화법」 제14조제1항에 따른 에너지절약형 시설투자(에너지절약전문기업이 대가를 분할상환 받은 후 소유권을 이전하는 조건으로 같은 법 제25조에 따라 설치한 경우를 포함한다) 및 에너지절약형 기자재
  나. 「물의 재이용 촉진 및 지원에 관한 법률」 제2조제4호에 따른 중수도
3. 환경보전 시설 : 별표2에 따른 환경보전시설
4. 근로자복지 증진 시설 : 다음 각 목의 어느 하나에 해당하는 시설
  가. 무주택 종업원(출자자인 임원은 제외한다)에게 임대하기 위한 「주택법」에 따른 국민주택 규모의 주택
  나. 종업원용 기숙사
  다. 장애인·노인·임산부 등의 편의 증진을 위한 시설 또는 장애인을 고용하기 위한 시설로서 별표3에 따른 시설
  라. 종업원용 휴게실, 체력단련실, 샤워시설 또는 목욕시설(건물 등의 구조를 변경하여 해당시설을 취득하는 경우를 포함한다)
  마. 종업원의 건강관리를 위해 「의료법」 제35조에 따라 개설한 부속 의료기관
  바. 「영유아보육법」 제10조제4호에 따른 직장어린이집
5. 안전시설 : 별표4에 따른 안전시설
③ 영 제21조제3항제2호에서 "운수업을 경영하는 자가 사업에 직접 사용하는 차량 및 운반구 등 기획재정부령으로 정하는 자산"이란 다음 각 호의 구분에 따른 사업에 직접 사용하는 자산을 말한다.
1. 운수업을 주된 사업으로 하는 중소기업(영 제2조제1항에 따른 중소기업을 말한다. 이하 이 조에서 "중소기업"이라 한다) : 차량 및 운반구(「개별소비세법」 제1조제2항제3호에 따른 자동차로서 자가용인 것을 제외한다)와 선박
2. 어업을 주된 사업으로 하는 중소기업 : 선박
3. 건설업 : 「지방세법 시행규칙」 제3조에 따른 기계장비
4. 도매업·소매업·물류산업 : 별표5에 따른 유통산업합리화시설

5. 「관광진흥법」에 따라 등록한 관광숙박업 및 국제회의기획업 : 건축물과 해당 건축물에 딸린 시설물 중 「지방세법 시행령」 제6조에 따른 시설물
6. 「관광진흥법」에 따라 등록한 전문휴양업 또는 종합휴양업 : 「관광진흥법 시행령」 제2조제1항제3호가목 및 제5호가목에 따른 숙박시설, 전문휴양시설(골프장 시설은 제외한다) 및 종합유원시설업의 시설
7. 중소기업이 해당 업종의 사업에 직접 사용하는 소프트웨어 : 다음 각 목의 어느 하나에 해당하는 것을 제외한 소프트웨어
  가. 인사, 급여, 회계 및 재무 등 지원업무에 사용하는 소프트웨어
  나. 문서, 도표 및 발표용 자료 작성 등 일반 사무에 사용하는 소프트웨어
  다. 컴퓨터 등의 구동을 위한 기본운영체제(Operating System) 소프트웨어
(2021.3.16 본조신설)

제12조의2【신성장·원천기술의 사업화를 위한 시설의 범위 등】① 영 제21조제4항제1호가목에서 "기획재정부령으로 정하는 바에 따라 신성장·원천기술을 사업화하는 시설"이란 별표6에 따른 시설을 말한다.
② 영 제21조제4항제2호에서 "기획재정부령으로 정하는 바에 따라 국가전략기술을 사업화하는 시설"이란 별표6의2에 따른 시설을 말한다.
③ 영 제21조제10항 각 호 외의 부분 단서에서 "기획재정부령으로 정하는 사유"란 해당 시설의 투자완료일부터 투자완료일이 속하는 과세연도의 다음 3개 과세연도의 종료일까지의 기간 중 화재 등으로 해당 시설이 파손되어 가동이 불가능한 경우를 말한다.
④ 영 제21조제14항에 따라 같은 조 제4항제1호가목에 따른 신성장사업화시설(이하 "신성장사업화시설"이라 한다) 또는 같은 항 제2호에 따른 국가전략기술사업화시설(이하 "국가전략기술사업화시설"이라 한다) 중 해당 기술을 사용하여 생산하는 제품 외에 다른 제품의 생산에도 사용되는 시설에 대하여 법 제24조제1항에 따른 세액공제를 적용받으려는 자는 다음 각 호에서 정하는 바에 따라 생산량을 측정·기록하고 제2호의 측정기간 종료일부터 5년 동안 보관해야 한다.
1. 해당 시설을 거쳐 저장·판매가 가능한 형태로 생산된 제품 또는 반제품(그 제품 또는 반제품을 사용하여 생산한 다른 제품 또는 반제품은 제외한다)을 측정 대상으로 할 것
2. 해당 시설의 투자완료일(투자완료일이 2022년 4월 1일 이전인 경우에는 2022년 4월 1일)부터 그 날이 속하는 과세연도의 다음 3개 과세연도의 종료일까지 측정할 것
3. 다음 각 목의 구분에 따른 단위로 측정할 것
  가. 고체류 : 개수
  나. 액체류 및 기체류 : 부피 단위 또는 해당 제품을 담은 동일한 부피의 용기 등의 개수
(2022.3.18 본조개정)

제12조의3【사후관리 대상 건물 또는 구축물의 범위】영 제21조제5항제1호에서 "기획재정부령으로 정하는 건축물 또는 구축물"이란 다음 각 호의 어느 하나에 해당하는 시설을 말한다.
1. 제12조제2항제4호에 따른 근로자복지 증진 시설
2. 제12조제3항제4호에 따른 유통산업합리화시설 중 창고시설 등
3. 제12조제3항제6호에 따른 숙박시설, 전문휴양시설(골프장 시설은 제외한다) 및 종합유원시설업의 시설
(2021.3.16 본조신설)

제13조【신성장사업화시설 또는 국가전략기술사업화시설의 인정 신청】① 영 제21조제13항 후단에 따라 세액공제를 신청하는 자는 투자완료일이 속하는 달의 말

일부터 3개월 이내에 기획재정부장관과 산업통상자원부장관에게 신성장사업화시설 또는 국가전략기술사업화시설의 인정을 신청해야 한다. 다만, 동일한 과세연도에 완료된 둘 이상의 투자에 대하여 각각 영 제21조제13항 후단에 따라 세액공제를 신청하는 경우에는 가장 늦게 완료된 투자의 투자완료일이 속하는 달의 말일부터 3개월 이내에 인정을 신청할 수 있다.

② 제1항에도 불구하고 투자가 2개 이상의 과세연도에 걸쳐 이루어지는 경우로서 그 투자가 이루어지는 과세연도(투자완료일이 속하는 과세연도는 제외한다)에 투자한 금액에 대하여 영 제21조제13항 후단에 따라 세액공제를 신청하는 경우에는 해당 과세연도 종료일부터 3개월 이내에 제1항에 따른 인정을 신청해야 한다. 다만, 다음 각 호의 어느 하나에 해당하는 경우에는 해당 과세연도의 다음 과세연도 종료일(다음 과세연도가 투자완료일이 속하는 과세연도인 경우에는 투자완료일이 속하는 달의 말일)부터 3개월 이내에 인정을 신청할 수 있다.

1. 투자개시일이 속하는 과세연도의 경우
2. 직전 과세연도에 투자한 금액에 대하여 신성장사업화시설 또는 국가전략기술사업화시설의 인정을 받은 경우

(2023.3.20 본조신설)

제13조의2 ~ 제13조의8 (2021.3.16 삭제)

제13조의9【영상콘텐츠 제작비용에 대한 세액공제】 ① 영 제22조의10제1항에서 "기획재정부령으로 정하는 요건을 갖춘 자"란 같은 조 제2항 각 호에 따른 영상콘텐츠(이하 이 조에서 "영상콘텐츠"라 한다)의 실질적인 제작을 담당하는 자로서 다음 각 호의 구분에 따른 요건을 갖춘 자를 말한다.(2023.3.20 본문개정)

1. 영 제22조의10제2항제1호 또는 제3호에 따른 영상콘텐츠를 제작하는 자의 경우 : 다음 각 목의 요건 중 3개 이상의 요건을 갖출 것(2023.3.20 본문개정)
   가. 작가(극본, 시나리오 등을 집필하는 자를 말한다)와의 계약 체결을 담당할 것
   나. 주요 출연자와의 계약 체결을 담당할 것
   다. 주요 스태프(연출, 촬영, 편집, 조명 또는 미술 스태프) 중 2가지 이상 분야의 책임자와의 계약 체결을 담당할 것
   라. 제작비의 집행 및 관리와 관련된 모든 의사 결정을 담당할 것
2. 영 제22조의10제2항제2호에 따른 영상콘텐츠를 제작하는 자의 경우 : 「영화 및 비디오물의 진흥에 관한 법률」 제2조제9호가목에 따른 영화제작업자로서 제1호 각 목의 요건 중 3개 이상의 요건을 갖출 것
   (2023.3.20 본호개정)

②~③ (2020.3.13 삭제)

④ 영 제22조의10제2항제2호에서 "기획재정부령으로 정하는 바에 따라 영화상영관에서 일정기간 이상 연속하여 상영된 것"이란 영화상영관에서 7일 이상 연속하여 상영된 것을 말한다. 다만, 「영화 및 비디오물의 진흥에 관한 법률」 제4조에 따른 영화진흥위원회가 예술영화 및 독립영화로 인정하는 경우에는 1일 이상 상영된 것을 말한다.(2019.3.20 본항개정)

⑤ 제4항에 따른 상영 기간의 확인은 「영화 및 비디오물의 진흥에 관한 법률」 제39조에 따른 영화상영관입장권 통합전산망으로 한다.

⑥ 영 제22조의10제3항 각 호 외의 부분 본문에서 "기획재정부령으로 정하는 비용"이란 다음 각 호의 영상콘텐츠 제작비용을 말한다.(2019.3.20 본항개정)

⑦ 영 제22조의10제3항제2호에서 "광고 또는 홍보비용 등 기획재정부령으로 정하는 비용"이란 다음 각 호의 하나에 해당하는 비용을 말한다.(2022.3.18 본문개정)

1. (2022.3.18 삭제)

2. 광고 및 홍보비용
3. 「소득세법」 제35조 및 「법인세법」 제25조에 따른 기업업무추진비(2023.3.20 본호개정)
4. 다음 각 목의 어느 하나에 해당하는 인건비
   가. 「소득세법」 제22조에 따른 퇴직소득에 해당하는 금액
   나. 「소득세법」 제29조 및 「법인세법」 제33조에 따른 퇴직급여충당금
   다. 「소득세법 시행령」 제40조의2제1항제2호의 퇴직연금계좌에 납부한 부담금 및 「법인세법 시행령」 제44조의2제2항에 따른 퇴직연금등의 부담금
   (2022.3.18 본목개정)
5. 별표8의9 제2호가목에 따른 배우출연료가 가장 많은 배우 5인의 배우출연료 합계액이 제작비용 합계액(제1호에서 제4호까지의 규정에 따른 금액은 제외한다)의 100분의 30을 초과하는 경우 해당 초과 금액

⑧ 영 제22조의10제6항제1호 각 목의 어느 하나에 해당하는 과세연도에 대하여 법 제25조의6제1항에 따라 세액공제를 받으려는 경우에는 다음 각 호의 구분에 따른 영상콘텐츠 제작비용에 대하여 세액공제를 신청할 수 있다.

1. 영 제22조의10제6항제1호가목의 과세연도 : 다음 각 목의 구분에 따른 영상콘텐츠 제작비용
   가. 첫번째 회차가 방송 또는 시청에 제공된 날이 속하는 과세연도 : 해당 과세연도까지 발생한 영상콘텐츠 제작비용
   나. 첫번째 회차가 방송 또는 시청에 제공된 날이 속하는 과세연도 후의 과세연도 : 해당 과세연도까지 발생한 영상콘텐츠 제작비용에서 직전 과세연도까지 발생한 영상콘텐츠 제작비용을 뺀 금액(제7항제5호에 따라 세액공제 대상에서 제외된 제작비용은 빼지 않는다)
2. 영 제22조의10제6항제1호나목의 과세연도 : 전체 영상콘텐츠 제작비용

(2023.3.20 본항개정)

(2017.3.17 본조신설)

제13조의10【설비투자자산의 감가상각비 손금산입 특례】 ① 영 제25조의3제3항제2호가목에서 "기획재정부령으로 정하는 시설"이란 전담부서등, 「국가과학기술경쟁력강화를 위한 이공계지원특별법」 제18조 및 같은 법 시행령 제17조에 따라 과학기술정보통신부장관에게 신고한 연구개발서비스업자 및 「산업기술연구조합 육성법」에 따른 산업기술연구조합에서 직접 사용하기 위한 연구·시험용시설로서 다음 각 호의 어느 하나에 해당하는 것을 말한다. 다만, 운휴 중인 것은 제외한다.

1. 공구 또는 사무기기 및 통신기기, 시계·시험기기 및 계측기기, 광학기기 및 사진제작기기
2. 「법인세법 시행규칙」 별표6의 업종별 자산의 기준내용연수 및 내용연수범위표의 적용을 받는 자산

② 영 제25조의3제3항제2호나목에서 "기획재정부령으로 정하는 시설"이란 「근로자직업능력 개발법」 제2조제3호에 따른 직업능력개발훈련시설(내국인이 영 제2조제1항에 따른 중소기업을 위해 설치하는 직업훈련용 시설을 포함한다)로서 제1항 각 호의 어느 하나에 해당하는 것을 말한다. 다만, 운휴 중인 것은 제외한다.

③ 영 제25조의3제3항제3호가목에서 "기획재정부령으로 정하는 시설"이란 별표7의 에너지절약시설을 말한다.

④ 영 제25조의3제3항제3호다목에서 "기획재정부령으로 정하는 시설"이란 별표7의2의 신에너지 및 재생에너지를 생산하기 위한 시설을 제조하는 시설을 말한다.

⑤ 영 제25조의3제3항제4호가목 및 나목에서 "기획재정부령으로 정하는 시설"이란 별표7의3의 공정개선·자동화·정보화시설 및 첨단기술설비로서 해당 사업에 직접 사용되는 것을 말한다.

(2021.3.16 본조신설)

제14조【고용창출투자세액공제 대상 사업용자산의 범위】 영 제23조제1항에서 "기획재정부령으로 정하는 사업용자산"이란 제3조에 따른 사업용자산과 다음 각 호의 자산을 말한다. 다만, 「관광진흥법」에 따라 등록한 전문휴양업 또는 종합휴양업을 영위하는 자의 경우에는 제5호의 자산에 한정한다.(2009.8.28 본문개정)

1. 건설업을 영위하는 자가 당해 사업에 직접 사용하는 사업용자산으로서 「지방세법 시행규칙」 제3조에 따른 기계장비(2011.4.7 본호개정)

2. 도매업·소매업·물류산업 또는 항공운송업을 영위하는 자가 해당 사업에 직접 사용하는 사업용자산으로서 별표3의 유통산업합리화시설(2014.3.14 본호개정)

3. 「관광진흥법」에 의하여 등록한 관광숙박업 및 국제회의기획업, 「노인복지법」에 의한 노인복지시설을 운영하는 사업을 영위하는 자가 해당 사업에 직접 사용하는 사업용자산으로서 「건축법」에 의한 건축물과 당해 건축물에 부착설치된 시설물중 「지방세법 시행령」 제6조에 따른 시설물(2011.4.7 본호개정)

4. 전기통신업을 영위하는 자가 타인에게 임대 또는 위탁운용하거나 공동으로 사용하기 위하여 취득하는 사업용자산으로서 「전파법 시행령」 제68조 및 제69조에 따른 무선설비(2009.8.28 본호개정)

5. 「관광진흥법」에 따라 등록한 전문휴양업 또는 종합휴양업을 영위하는 자가 해당 사업에 직접 사용하는 사업용자산으로서 「관광진흥법 시행령」 제2조제1항제3호가목 또는 제5호가목에 따른 숙박시설·전문휴양시설(골프장 시설은 제외한다) 또는 종합유원시설업의 시설(2011.4.7 본호개정)

6. 영 제23조제1항 각 호의 사업을 영위하는 자가 취득하거나 투자하는 다음 각 목의 자산으로서 「건축법」에 따른 건축물과 해당 건축물에 부착된 시설물 중 「지방세법 시행령」 제6조에 따른 시설물
   가. 「도서관법」 제31조에 따라 등록한 사립 공공도서관
   나. 「박물관 및 미술관 진흥법」 제16조에 따라 등록한 박물관이나 미술관
   다. 「공연법」 제9조에 따라 등록한 공연장(「영화 및 비디오물의 진흥에 관한 법률」 제36조에 따른 영화상영관은 제외한다)
   라. 「과학관의 설립·운영 및 육성에 관한 법률」 제6조에 따라 등록한 과학관(2014.3.14 본목신설)
   (2013.12.26 본호신설)
   (2011.4.7 본조제목개정)

제14조의2【근로소득을 증대시킨 기업에 대한 세액공제】 ① 영 제26조의4제2항제3호에서 "기획재정부령으로 정하는 해당 기업의 최대주주 또는 최대출자자"란 다음 각 호의 어느 하나에 해당하는 자를 말한다.

1. 해당 법인에 대한 직접보유비율[보유하고 있는 법인의 주식 또는 출자지분(이하 이 조에서 "주식등"이라 한다)을 그 법인의 발행주식총수 또는 출자총액(자기주식과 자기출자지분은 제외한다)으로 나눈 비율을 말한다. 이하 같다]이 가장 높은 자가 개인인 경우에는 그 개인

2. 해당 법인에 대한 직접보유비율이 가장 높은 자가 법인인 경우에는 해당 법인에 대한 직접보유비율과 「국제조세조정에 관한 법률 시행령」 제2조제3항을 준용하여 계산한 간접소유비율을 합하여 계산한 비율이 가장 높은 개인(2021.3.16 본호개정)

② 영 제26조의4제3항에 따라 직전 과세연도의 평균임금 증가율이 음수 또는 직전 3년 평균임금 증가율의 평균(양수인 경우로 한정한다)의 100분의 30 미만인 경우에는 다음 각 호의 계산식에 따라 각각 평균임금, 평균임금 증가율, 직전 3개 과세연도의 평균임금 증가율의 평균(이하 이 조에서 "직전 3년 평균임금 증가율의 평균"이라 한다) 및 법 제29조의4제2항에 따른 직전 3년

평균 초과 임금증가분(이하 이 조에서 "직전 3년 평균 초과 임금증가분"이라 한다)을 계산한다.

1. 평균임금

$$\frac{\text{해당 과세연도 평균임금} + \text{직전 과세연도 평균임금}}{2}$$

2. 평균임금 증가율

$$\frac{\text{제1호에 따른 평균임금} - \text{직전 2년 과세연도 평균임금}}{\text{직전 2년 과세연도 평균임금}}$$

3. 직전 3년 평균임금 증가율의 평균[직전 2년 과세연도 평균임금 증가율 또는 직전 3년 평균임금 증가율이 음수인 경우에는 각각 영(零)으로 보아 계산한다]

$$\frac{\text{직전 2년 과세연도 평균임금 증가율} + \text{직전 3년 평균임금 증가율}}{2}$$

4. 직전 3년 평균 초과 임금증가분

[제1호에 따른 평균임금 − 직전 2년 과세연도 상시근로자의 평균임금 × (1 + 직전 3년 평균임금 증가율의 평균)] × 직전 과세연도 상시근로자 수

③ 영 제26조의4제16항에서 "기획재정부령으로 정하는 비율"이란 1천분의 32를 말한다.(2023.3.20 본항개정)
(2015.3.13 본조신설)

제14조의3【난임시술의 범위】 영 제26조의3제4항제2호에서 "기획재정부령으로 정하는 난임시술"이란 「모자보건법」에 따른 보조생식술을 말한다.(2022.3.18 본조개정)

제14조의4【중소기업 사회보험료 세액공제 적용 시 신성장 서비스업의 범위 등】 ① 영 제27조의4제5항제7호에서 "기획재정부령으로 정하는 신성장 서비스업"이란 제4조의3 각 호의 어느 하나에 해당하는 사업을 말한다.
② 영 제27조의4제13항제2호에 따른 사업소득에 대한 소득세 과세표준의 계산은 다음의 계산식에 따른다.

해당 과세연도의 종합소득 과세표준 × (해당 과세연도의 사업소득금액 / 해당 과세연도의 종합소득금액)
(2022.3.18 본항개정)
(2018.3.21 본조신설)

제14조의5【증여세를 추징하지 아니하는 부득이한 사유】 영 제27조의6제4항제3호에서 "기획재정부령으로 정하는 부득이한 사유"란 수증자가 법률에 따른 병역의무 이행, 질병의 요양, 취학상 형편 등으로 가업에 직접 종사할 수 없는 사유를 말한다. 다만, 증여받은 주식 또는 출자지분을 처분하거나 그 부득이한 사유가 종료된 후 가업에 종사하지 아니하는 경우는 제외한다.
(2020.3.13 본문개정)

제15조【이월과세 적용대상자산의 취득가액】 ① 영 제28조 및 영 제29조에 따른 이월과세를 적용함에 있어서 이월과세적용대상자산의 취득가액은 당해 자산 취득당시의 실지거래가액으로 한다.(2009.4.7 본항개정)
② 제1항의 규정에 의한 취득당시의 실지거래가액이 불분명한 때에는 통합일·법인전환일 또는 현물출자일 현재의 당해 자산에 대하여 다음 각호의 규정을 순차로 적용하여 계산한 금액(「소득세법 시행령」 제176조의2제2항제2호의 규정을 준용하여 환산한 가액)으로 한다.

1. 「감정평가 및 감정평가사에 관한 법률」에 따른 감정평가업자가 감정한 가액이 있는 경우 그 가액. 다만, 증권거래소에 상장되지 아니한 주식등을 제외한다.(2017.3.17 본호개정)

2. 「상속세 및 증여세법」 제38조·동법 제39조 및 동법 제61조 내지 제64조의 규정을 준용하여 평가한 가액(2005.3.11 본항개정)

③ 영 제28조제2항에서 "기획재정부령이 정하는 법인의 업무와 관련이 없는 부동산의 판정기준에 해당되는 자산"이라 함은 「법인세법 시행령」 제49조제1항제1호의

규정에 의한 업무와 관련이 없는 부동산(이하 이 항에서 "업무무관부동산"이라 한다)을 말한다. 이 경우 업무무관부동산에 해당하는지의 여부에 대한 판정은 양도일을 기준으로 한다.(2008.4.29 전단개정)

제16조【특정사회기반시설 집합투자기구 투자대상】
① 영 제24조제2항 각 호 외의 부분에서 "기획재정부령으로 정하는 바에 따라 인정된 사회기반시설 및 부동산"이란 기획재정부장관이 같은 항 제2호의 산업과 관련된 것으로 인정한 사회기반시설 및 부동산을 말한다.(2023.3.20 본항개정)
② 영 제24조제2항제1호다목에서 "기획재정부령으로 정하는 자산"이란 다음 각 호의 어느 하나에 해당하는 자산을 말한다.
1. 「사회기반시설에 대한 민간투자법」 제2조제1호에 따른 사회기반시설에 해당하는 부동산(이하 이 조에서 "사회기반시설부동산"이라 한다)
2. 사회기반시설부동산을 기초자산으로 한 파생상품
3. 「자본시장과 금융투자업에 관한 법률 시행령」 제240조제4항의 방법으로 사회기반시설부동산 및 사회기반시설부동산과 관련된 증권(같은 조 제5항 각 호의 증권을 말한다)에 투자하여 취득한 자산
(2021.3.16 본조신설)
제17조 (2002.3.30 삭제)
제18조【부채의 범위 등】 ① 영 제34조제15항 전단에서 "기획재정부령으로 정하는 부채"란 각 사업연도 종료일 현재 재무상태표상의 부채의 합계액중 타인으로부터 조달한 차입금의 합계액을 말한다. 다만, 「채무자 회생 및 파산에 관한 법률」에 따른 회생계획인가의 결정에 따라 지급이자가 차입금의 원금에 가산된 경우에는 그 지급이자 상당액은 이를 차입금으로 보지 아니한다.(2016.8.9 본문개정)
② 영 제34조제15항 및 같은 조 제16항에 따른 부채비율 및 기준부채비율을 산정함에 있어서 자기자본은 각 사업연도 종료일 또는 같은 조 제16항제1호에 따른 기준부채비율산정기준일(이하 이 조에서 "기준부채비율산정기준일"이라 한다) 현재의 자산총액에서 부채총액(각종 충당금을 포함하며 미지급법인세는 제외한다)을 공제하여 계산한다. 이 경우 자산총액을 산정함에 있어 각 사업연도 종료일 또는 기준부채비율산정기준일 전에 해당 법인의 보유자산에 대하여 「자산재평가법」에 따른 재평가를 한 때에는 같은 법에 따른 재평가차액(재평가세를 공제한 금액을 말한다)을 공제한다.(2016.8.9 본항개정)
③ 영 제34조제15항 및 같은 조 제16항에 따라 부채비율 및 기준부채비율을 산정함에 있어서 납입자본금은 각 사업연도 종료일 또는 기준부채비율산정기준일 현재의 납입자본금을 기준으로 하되, 해당 법인이 각 사업연도 종료일 이전에 무상감자를 한 경우에는 해당 감자액을 납입자본금에 가산한다.(2016.8.9 본항개정)
④ 금융채권자부채를 상환한 후 3년 이내에 결손금의 발생으로 각 사업연도의 자기자본이 직전 사업연도 또는 기준부채비율산정기준일 현재의 자기자본보다 감소한 경우에는 제2항 전단에도 불구하고 직전 사업연도의 자기자본과 기준부채비율산정기준일 현재의 자기자본 중 큰 금액을 기준으로 부채비율을 계산한다.
(2018.3.21 본항개정)
⑤ 금융채권자부채 상환일 전·후에 합병한 경우 기준부채비율을 산정할 때에는 기준부채비율산정기준일 현재 피합병법인(합병으로 인하여 소멸 또는 흡수되는 법인을 말한다) 및 합병법인(합병으로 인하여 신설 또는 존속하는 법인을 말한다)의 재무상태표상의 부채(제1항에 따른 부채를 말한다) 및 자기자본의 합계액을 기준으로 합병법인의 기준부채비율을 계산한다.
(2018.3.21 본항개정)

⑥ 외화표시 자산 및 부채(이하 "외화표시자산등"이라 한다)를 원화로 평가하는 때에는 다음 각 호의 구분에 따른 기준일 현재의 「법인세법 시행령」 제76조제1항에 따른 환율에 의한다.(2016.8.9 본문개정)
1. 영 제34조제15항에 따른 부채비율을 산정하는 경우 : 각 사업연도 종료일. 다만, 가목에 따른 부채비율이 나목에 따른 부채비율보다 낮은 경우에는 가목에 따른 기준일로 한다.
  가. 기준부채비율산정기준일 현재의 통화별 외화표시 자산등의 금액 범위안의 외화표시자산등에 대하여는 기준부채비율산정기준일 현재의 환율로 평가하고, 그 외의 외화표시자산등에 대하여는 각 사업연도 종료일 현재의 환율로 평가한 부채비율
  나. 전체 외화표시자산등을 각 사업연도 종료일의 환율로 평가한 부채비율
(2016.8.9 개정)
2. 영 제34조제16항에 따른 기준부채비율을 산정하는 경우 : 기준부채비율산정기준일(부채상환분에 대하여는 상환한 날)
(2009.8.28 본항개정)
⑦ (2009.8.28 삭제)
제19조【벤처기업 주식교환 등에 대한 세제지원대상임을 확인한 서류】 영 제43조의2제9항에서 "기획재정부령이 정하는 서류로서 세제지원대상임이 확인가능한 서류"라 함은 「벤처기업육성에 관한 특별조치법」 제14조제3항의 규정에 따라 중소벤처기업부장관이 세제지원대상임을 확인한 서류를 말한다.(2021.3.16 본조개정)
제19조의2【물류비용의 범위 등】 ① 영 제43조의4제5항에서 "기획재정부령이 정하는 이자율"이라 함은 「법인세법 시행규칙」 제6조에 따른 이자율을 말한다.(2008.4.29 본항개정)
② 영 제43조의4제6항제2호에서 "기획재정부령이 정하는 물류비용"이라 함은 다음 각 호의 어느 하나에 해당하는 비용을 말한다.(2008.4.29 본항개정)
1. 생산되거나 매입한 물자(포장·수송용 용기, 자재 등을 포함한다. 이하 이 항에서 같다)를 판매창고에 보관하여 소비자에게 인도할 때까지의 물류활동에 따른 비용
2. 소비자에게 판매(위탁판매를 포함한다. 이하 이 항에서 같다)한 물자가 판매계약의 취소 등으로 인하여 소비자로부터 판매자에게 물자가 반품될 때까지의 물류활동에 따른 비용
3. 소비자로부터 재활용가능한 물자를 회수하여 다시 사용이 가능하도록 할 때까지의 물류활동에 따른 비용
4. 소비자로부터 파손 또는 진부화된 물자를 회수하여 폐기할 때까지의 물류활동에 따른 비용
(2007.3.30 본조신설)
제19조의3【전략적 제휴를 위한 비상장 주식교환 등에 대한 세제지원 대상임을 확인한 서류】 영 제43조의7제9항에서 "세제지원대상 여부를 확인할 수 있는 서류로서 기획재정부령으로 정하는 서류"란 「벤처기업육성에 관한 특별조치법」 제14조제3항에 따라 중소벤처기업부장관이 세제지원 대상임을 확인한 서류를 말한다. 다만, 영 제43조의7제1항에 따른 중소기업의 주주 및 「자본시장과 금융투자업에 관한 법률 시행령」 제11조제2항에 따른 코넥스시장에 상장된 벤처기업(「벤처기업육성에 관한 특별조치법」에 따른 벤처기업을 말한다)에 투자한 경우는 제외한다.(2021.3.16 본항개정)
제19조의4【주식매각 후 벤처기업 등 재투자에 대한 세제지원 대상임을 확인한 서류】 영 제43조의8제12항에서 "세제지원대상 여부를 확인할 수 있는 서류로서 기획재정부령으로 정하는 서류"란 다음 각 호의 서류를 말한다.
1. 정관 사본 또는 그 밖에 과세이연 신청을 하려는 자

가 영 제43조의8제1항에 따른 매각대상기업(이하 이 조에서 "매각대상기업"이라 한다)의 창업주 또는 발기인임을 확인할 수 있는 서류
2. 매각대상기업에 대한 「벤처기업육성에 관한 특별조치법」 제25조제2항에 따른 벤처기업확인서
3. 재투자한 법인에 대한 「벤처기업육성에 관한 특별조치법」 제25조제2항에 따른 벤처기업확인서 또는 같은 법 제2조의2제1항제2호다목(3)에 따라 기술성이 우수한 것으로 평가를 받은 것을 확인할 수 있는 서류. 다만, 법 제46조의8제1항제1호다목 및 라목에 해당하는 재투자의 경우로 한정한다.
(2017.3.17 본조제목개정)
(2014.3.14 본조신설)

제20조 【다가구주택의 정의】 영 제51조의2제3항에서 "기획재정부령이 정하는 다가구주택"이라 함은 「건축법 시행령」 별표1 제1호다목에 해당하는 것을 말한다. 이 경우 한 가구가 독립하여 거주할 수 있도록 구획된 부분을 각각 하나의 주택으로 본다.(2008.4.29 전단개정)

제21조 【투자신탁안정기금의 범위】 영 제53조제2호에서 "기획재정부령이 정하는 조합"이라 함은 「증권투자신탁업법」에 의한 위탁회사 및 투자신탁협회 등이 증권투자신탁시장의 안정을 목적으로 공동출자하여 1998년 2월 6일에 설립한 투자신탁안정기금을 말한다.
(2008.4.29 본조개정)

제22조 【자동차정비공장의 범위】 영 제54조제1항에서 "기획재정부령이 정하는 자동차정비공장"이라 함은 「자동차관리법 시행규칙」 제131조의 규정에 의한 자동차종합정비업 또는 소형자동차정비업의 사업장을 말한다.
(2008.4.29 본조개정)

제23조 【공장입지기준면적】 영 제56조제1항·제79조의3제5항·제79조의8제5항·제79조의9제5항 각 호 외의 부분 단서에서 "기획재정부령으로 정하는 공장입지기준면적"이란 다음 각 호의 구분에 따른 면적을 말한다.(2010.4.20 본문개정)
1. 제조공장의 경우에는 「지방세법 시행규칙」 별표3에 따른 공장입지기준면적(2011.4.7 본호개정)
2. 자동차정비공장의 경우에는 건축물의 바닥면적(시설물의 경우에는 그 수평투영면적)에 「지방세법 시행령」 제101조제2항에 따른 용도지역별 적용배율을 곱하여 산정한 면적과 당해 사업의 등록당시의 관계법령에 의한 최소기준면적의 1.5배에 해당하는 면적중 큰 면적(2011.4.7 본호개정)

제23조의2 (2003.3.24 삭제)

제24조 【수도권 밖으로 본사를 이전하는 법인에 대한 세액감면 적용 시 사업용자산의 범위】 ① 영 제60조의2제4항제1호에서 "기획재정부령으로 정하는 사업용자산"이란 다음 각 호의 자산을 말한다.
1. 수도권 밖으로 이전한 본점 또는 주사무소(이하 이 조에서 "이전본사"라 한다)에 소재하거나 이전본사에서 주로 사용하는 사업용 유형자산
2. 이전본사에 소재하거나 이전본사에서 주로 사용하기 위해 건설 중인 자산
② 영 제60조의2제4항제1호에서 "기획재정부령으로 정하는 바에 따라 계산한 금액"이란 제1호의 금액에서 제2호의 금액을 뺀 금액을 말한다.
1. 이전본사의 이전등기일부터 소급하여 2년이 되는 날이 속하는 과세연도부터 법 제63조의2제1항에 따라 법인세를 감면받는 과세연도까지 제1항 각 호의 자산에 투자한 금액의 합계액
2. 제1호에 따른 기간 중 투자한 제1항 각 호의 자산을 처분한 경우(임대한 경우를 포함하며, 영 제137조제1항 각 호의 어느 하나에 해당하는 경우는 제외한다) 해당 자산의 취득 당시 가액
(2022.3.18 본조신설)

제25조 【지방중소기업특별지원지역의 범위】 영 제61조제2항에서 "기획재정부령으로 정하는 지역"이란 「지역중소기업 육성 및 혁신촉진 등에 관한 법률」 제23조에 따른 중소기업특별지원지역 중 다음 각 호의 어느 하나에 해당하는 지역을 말한다.(2022.3.18 본문개정)
1. 나주일반산업단지
2. 김제지평선일반산업단지
3. 장흥바이오식품일반산업단지
4. 북평국가산업단지
5. 북평일반산업단지
6. 나주혁신일반산업단지
(2022.3.18 1호~6호개정)
7. 강진산업단지(2020.3.13 본호개정)
8. 정읍첨단과학산업단지
9. 담양일반산업단지
10. 대마전기자동차산업단지
11. 동함평일반산업단지
12. 세풍일반산업단지(1단계)
(2022.3.18 8호~12호개정)
13. 보령 주포제2농공단지(2022.3.18 본호신설)

제26조 【농업회사법인 법인세 감면 배제 소득 등】 ① 영 제65조제2항에서 "기획재정부령으로 정하는 농업회사법인"이란 출자총액이 80억원을 초과하고 출자총액 중 「농어업경영체 육성 및 지원에 관한 법률」 제2조제1호에 따른 농업인 및 「농업·농촌 및 식품산업 기본법」 제3조제4호에 따른 농업 관련 생산자단체의 출자지분 합계의 비중이 100분의 50 미만인 농업회사법인을 말한다.
② 영 제65조제2항에서 "기획재정부령으로 정하는 업종"이란 도·소매업 및 서비스업(작물재배 관련 서비스업은 제외한다)을 말한다.
(2019.3.20 본조신설)

제27조 【농지의 범위 등】 ① 영 제66조제4항 및 제67조제3항의 규정에 의한 농지는 전·답으로서 지적공부상의 지목에 관계없이 실지로 경작에 사용되는 토지로 하며, 농지경영에 직접 필요한 농막·퇴비사·양수장·지소·농도·수로 등을 포함하는 것으로 한다.
(2005.12.31 본항개정)
② 영 제66조제4항 및 제67조제3항에 따른 농지에 해당하는지 여부의 확인은 다음 각 호의 기준에 따른다.
(2011.8.3 본문개정)
1. 양도자가 8년(「한국농어촌공사 및 농지관리기금법」에 따른 한국농어촌공사, 「농어업경영체 육성 및 지원에 관한 법률」에 따른 영농조합법인 및 농업회사법인에게 양도하는 경우에는 3년, 영 제67조제3항제1호 및 제2호에 따른 종전의 농지를 양도하는 경우에는 4년) 이상 소유한 사실이 다음 각 목의 어느 하나의 방법에 의하여 확인되는 토지일 것. 이 경우 법 제70조의2제1항에 따라 양도소득세를 환급받은 농업인이 환매한 농지등을 다시 양도하는 경우로서 「한국농어촌공사 및 농지관리기금법」 제24조의3제3항에 따른 임차기간 내에 경작한 기간은 해당 농업인이 해당 농지등을 소유한 것으로 본다.(2014.3.14 본문개정)
가. 「전자정부법」 제36조제1항에 따른 행정정보의 공동이용을 통한 등기사항증명서 또는 토지대장 등본의 확인(2017.3.17 본목개정)
나. 가목에 따른 방법으로 확인할 수 없는 경우에는 그 밖의 증빙자료의 확인
2. 양도자가 8년 이상(「한국농어촌공사 및 농지관리기금법」에 따른 한국농어촌공사, 「농어업경영체 육성 및 지원에 관한 법률」에 따른 영농조합법인 및 농업회사법인에게 양도하는 경우에는 3년, 영 제67조제3항제1호 및 제2호에 따른 종전의 농지를 양도하는 경우에는 4년)농지소재지에 거주하면서 자기가 경작한 사

실이 있고 양도일 현재 농지임이 다음 각 목 모두의 방법에 의하여 확인되는 토지일 것(2014.3.14 본문개정)
가. 「전자정부법」 제36조제1항에 따른 행정정보의 공동이용을 통한 주민등록표 초본의 확인. 다만, 신청인이 확인에 동의하지 아니하는 경우에는 그 서류를 제출하게 하여야 한다.(2018.3.21 본문개정)
나. 시·구·읍·면장이 교부 또는 발급하는 농지원부원본과 자경증명의 확인
(2006.7.5 본항개정)
③ 영 제66조제4항제1호가목 및 제67조제8항제1호가목에서 "기획재정부령으로 정하는 규모"란 100만제곱미터로 한다. 다만, 「택지개발촉진법」에 따른 택지개발사업 또는 「주택법」에 따른 대지조성사업의 경우에는 10만제곱미터로 한다.(2018.3.21 본항개정)
④ 영 제66조제4항제1호나목 및 제67조제8항제1호나목에서 "기획재정부령으로 정하는 공공기관"이란 「공공기관의 운영에 관한 법률」에 따라 지정된 공공기관과 「지방공기업법」에 따라 설립된 지방직영기업·지방공사·지방공단을 말한다.(2014.3.14 본항개정)
⑤ 영 제66조제4항제1호나목 및 제67조제8항제1호나목에서 "기획재정부령으로 정하는 부득이한 사유"란 사업 또는 보상을 지연시키는 사유로서 그 책임이 사업시행자에게 있다고 인정되는 사유를 말한다.(2014.3.14 본항개정)
⑥ 영 제66조제7항 단서 및 제67조제7항 단서에 따른 보상가액 산정의 기초가 되는 기준시가는 보상금 산정 당시 해당 토지의 개별공시지가로 한다.(2014.3.14 본항개정)
⑦ 영 제66조제12항제3호에서 "기획재정부령으로 정하는 지역"이란 다음 각 호의 어느 하나에 해당하는 지역을 말한다.
1. 「공공주택 특별법」 제6조에 따라 지정된 공공주택지구(2017.3.17 본호개정)
2. 「도시 및 주거환경정비법」 제16조에 따라 지정·고시된 정비구역(2018.3.21 본호개정)
3. 「신항만건설 촉진법」 제5조에 따라 지정된 신항만건설 예정지역(2018.3.21 본호개정)
4. 「도시개발법」 제3조 및 제9조에 따라 지정·고시된 도시개발구역(2018.3.21 본호개정)
5. 「철도건설법」 제9조에 따라 철도건설사업실시계획 승인을 받은 지역
6. 제1호부터 제5호까지와 유사한 경우로서 다른 법률에 따라 예정지구 또는 실시계획 승인을 받은 지역 등 해당 공익사업으로 인하여 해당 주민이 직접적인 행위제한(건축물의 건축, 토지의 형질변경·분할 등)을 받는 지역(2018.3.21 본호개정)
(2009.4.7 본항신설)

제27조의2【축산용지의 범위 등】 ① 영 제66조의2제3항에 따른 축산용지는 지적공부상의 지목에 관계없이 실지로 가축의 사육에 사용한 축사와 이에 딸린 토지로 한다.
② 영 제66조의2제3항에 따른 축산용지에 해당하는지 여부의 확인은 다음 각 호의 기준에 따른다.
1. 양도자가 8년 이상 소유한 축산용지임이 다음 각 목의 어느 하나의 방법에 의하여 확인될 것
가. 「전자정부법」 제36조제1항에 따른 행정정보의 공동이용을 통한 등기사항증명서 또는 토지대장 등본의 확인(2017.3.17 본목개정)
나. 가목에 따른 방법으로 확인할 수 없는 경우에는 그 밖의 증빙자료의 확인
2. 양도자가 8년 이상 축산용지 소재지에 거주하면서 직접 가축의 사육에 종사한 사실이 있고 양도일 현재 축산용지임이 다음 각 목 모두의 방법에 의하여 확인될 것
가. 「전자정부법」 제36조제1항에 따른 행정정보의 공동이용을 통한 주민등록표 초본의 확인. 다만, 신청

인이 확인에 동의하지 아니하는 경우에는 그 서류를 제출하게 하여야 한다.(2018.3.21 본문개정)
나. 제7항나목의 축산기간 및 폐업 확인서의 확인
③ 영 제66조의2제3항제1호가목에서 "기획재정부령으로 정하는 규모"란 100만제곱미터를 말한다. 다만, 「택지개발촉진법」에 따른 택지개발사업 또는 「주택법」에 따른 대지조성사업의 경우에는 10만제곱미터로 한다.
④ 영 제66조의2제3항제1호나목에서 "기획재정부령으로 정하는 공공기관"이란 「공공기관의 운영에 관한 법률」에 따라 지정된 공공기관과 「지방공기업법」에 따라 설립된 지방직영기업·지방공사·지방공단을 말한다.
⑤ 영 제66조의2제3항제1호나목에서 "기획재정부령으로 정하는 부득이한 사유"란 사업 또는 보상을 지연시키는 사유로서 그 책임이 사업시행자에게 있다고 인정되는 사유를 말한다.
⑥ 영 제66조의2제7항제3호에서 "기획재정부령으로 정하는 지역"이란 다음 각 호의 어느 하나에 해당하는 지역을 말한다.
1. 「공공주택 특별법」 제6조에 따라 지정된 공공주택지구(2017.3.17 본호개정)
2. 「도시 및 주거환경정비법」 제16조에 따라 지정·고시된 정비구역(2018.3.21 본호개정)
3. 「신항만건설 촉진법」 제5조에 따라 지정된 신항만건설 예정지역(2018.3.21 본호개정)
4. 「도시개발법」 제3조 및 제9조에 따라 지정·고시된 도시개발구역(2018.3.21 본호개정)
5. 「철도건설법」 제9조에 따라 철도건설사업실시계획 승인을 받은 지역
6. 제1호부터 제5호까지와 유사한 경우로서 다른 법률에 따라 예정지구 또는 실시계획 승인을 받은 지역 등 해당 공익사업으로 인하여 해당 주민이 직접적인 행위제한(건축물의 건축, 토지의 형질변경·분할 등)을 받는 지역(2018.3.21 본호개정)
⑦ 영 제66조의2제8항에 따른 폐업 여부는 다음 각 목 모두의 방법에 의하여 확인되어야 한다.
가. 「전자정부법」 제36조제1항에 따른 행정정보의 공동이용을 통한 등기사항증명서 또는 토지대장 등본의 확인(2017.3.17 본목개정)
나. 시장·군수·구청장이 발급하는 축산기간 및 폐업 확인서의 확인
⑧ 영 제66조의2제10항 단서에 따른 보상액 산정의 기초가 되는 기준시가는 보상액 산정 당시 해당 토지의 개별공시지가로 한다.
(2011.8.3 본조신설)

제27조의3【어업용 토지등의 범위 등】 ① 영 제66조의3제3항에 따른 어업용 토지등은 지적공부상의 지목에 관계없이 실지로 양식 또는 수산종자생산에 사용한 건물과 토지로 한다.
② 영 제66조의3제3항에 따른 어업용 토지등에 해당하는지 여부의 확인은 다음 각 호의 기준에 따른다.
1. 양도자가 8년 이상 소유한 어업용 토지등임이 다음 각 목의 어느 하나의 방법에 의하여 확인될 것
가. 「전자정부법」 제36조제1항에 따른 행정정보의 공동이용을 통한 등기사항증명서 또는 토지대장 등본의 확인
나. 가목에 따른 방법으로 확인할 수 없는 경우에는 그 밖의 증빙자료의 확인
2. 양도자가 8년 이상 어업용 토지등 소재지에 거주하면서 직접 양식 또는 수산종자생산에 종사한 사실이 있고 양도일 현재 어업용 토지등임이 다음 각 목 모두의 방법에 의하여 확인될 것
가. 「전자정부법」 제36조제1항에 따른 행정정보의 공동이용을 통한 주민등록표 초본의 확인. 다만, 신청

인이 확인에 동의하지 아니하는 경우에는 그 서류를 제출하게 하여야 한다.

나. 시장·군수·구청장이 발급하는 양식 또는 수산종자생산 종사 기간 확인서의 확인

③ 영 제66조의3제3항제1호가목에서 "기획재정부령으로 정하는 규모"란 100만제곱미터를 말한다. 다만, 「택지개발촉진법」에 따른 택지개발사업 또는 「주택법」에 따른 대지조성사업의 경우에는 10만제곱미터로 한다.

④ 영 제66조의3제3항제1호나목에서 "기획재정부령으로 정하는 공공기관"이란 「공공기관의 운영에 관한 법률」에 따라 지정된 공공기관과 「지방공기업법」에 따라 설립된 지방직영기업·지방공사 및 지방공단을 말한다.

⑤ 영 제66조의3제3항제1호나목에서 "기획재정부령으로 정하는 부득이한 사유"란 사업 또는 보상을 지연시키는 사유로서 그 책임이 사업시행자에게 있다고 인정되는 사유를 말한다.

⑥ 영 제66조의3제7항제3호에서 "기획재정부령으로 정하는 지역"이란 다음 각 호의 어느 하나에 해당하는 지역을 말한다.

1. 「공공주택 특별법」 제6조에 따라 지정된 공공주택지구
2. 「도시 및 주거환경정비법」 제16조에 따라 지정·고시된 정비구역
3. 「신항만건설 촉진법」 제5조에 따라 지정된 신항만건설 예정지역
4. 「도시개발법」 제3조 및 제9조에 따라 지정·고시된 도시개발구역
5. 「철도건설법」 제9조에 따라 철도건설사업실시계획 승인을 받은 지역
6. 제1호부터 제5호까지와 유사한 경우로서 다른 법률에 따라 예정지구 또는 실시계획 승인을 받은 지역 해당 공익사업으로 인하여 해당 주민이 직접적인 행위제한(건축물의 건축, 토지의 형질변경·분할 등)을 받는 지역

⑦ 영 제66조의3제8항 후단에 따른 보상액 산정의 기초가 되는 기준시가는 보상액 산정 당시 해당 토지의 개별공시지가로 한다.

(2018.3.21 본조신설)

제27조의4【자경산지의 범위 등】 ① 영 제66조의4제3항에 따른 산지는 지적공부상의 지목에 관계없이 실지로 경작에 사용되는 토지로 한다.

② 영 제66조의4제3항에 따른 산지에 해당하는지 여부의 확인은 다음 각 호의 기준에 따른다.

1. 양도자가 8년 이상 소유한 산지임이 다음 각 목의 어느 하나의 방법에 의하여 확인될 것
   가. 「전자정부법」 제36조제1항에 따른 행정정보의 공동이용을 통한 등기사항증명서 또는 토지대장 등본의 확인
   나. 가목에 따른 방법으로 확인할 수 없는 경우에는 그 밖의 증빙자료의 확인
2. 양도자가 8년 이상 산지 소재지에 거주하면서 직접 경작한 사실이 있고 양도일 현재 산지임이 다음 각 목 모두의 방법에 의하여 확인될 것
   가. 「전자정부법」 제36조제1항에 따른 행정정보의 공동이용을 통한 주민등록표 초본의 확인. 다만, 양도인이 확인에 동의하지 아니하는 경우에는 그 서류를 제출하게 하여야 한다.
   나. 시장·군수·구청장이 발급하는 자경기간 확인서의 확인

③ 영 제66조의4제4항제1호가목에서 "기획재정부령으로 정하는 규모"란 100만제곱미터를 말한다. 다만, 「택지개발촉진법」에 따른 택지개발사업 또는 「주택법」에 따른 대지조성사업의 경우에는 10만제곱미터로 한다.

④ 영 제66조의4제4항제1호나목에서 "기획재정부령으로 정하는 공공기관"이란 「공공기관의 운영에 관한 법

률」에 따라 지정된 공공기관과 「지방공기업법」에 따라 설립된 지방직영기업·지방공사 및 지방공단을 말한다.

⑤ 영 제66조의4제3항제1호나목에서 "기획재정부령으로 정하는 부득이한 사유"란 사업 또는 보상을 지연시키는 사유로서 그 책임이 사업시행자에게 있다고 인정되는 사유를 말한다.

⑥ 영 제66조의3제7항제3호에서 "기획재정부령으로 정하는 지역"이란 다음 각 호의 어느 하나에 해당하는 지역을 말한다.

1. 「공공주택 특별법」 제6조에 따라 지정된 공공주택지구
2. 「도시 및 주거환경정비법」 제16조에 따라 지정·고시된 정비구역
3. 「신항만건설 촉진법」 제5조에 따라 지정된 신항만건설 예정지역
4. 「도시개발법」 제3조 및 제9조에 따라 지정·고시된 도시개발구역
5. 「철도건설법」 제9조에 따라 철도건설사업실시계획 승인을 받은 지역
6. 제1호부터 제5호까지와 유사한 경우로서 다른 법률에 따라 예정지구 또는 실시계획 승인을 받은 지역 해당 공익사업으로 인하여 해당 주민이 직접적인 행위제한(건축물의 건축, 토지의 형질변경·분할 등)을 받는 지역

⑦ 영 제66조의4제8항 후단에 따른 보상액 산정의 기초가 되는 기준시가는 보상액 산정 당시 해당 토지의 개별공시지가로 한다.

(2018.3.21 본조신설)

제28조【농지대토 경작개시기간의 예외 등】 ① 영 제67조제3항제1호·제2호 및 같은 조 제10항제2호에서 "기획재정부령으로 정하는 부득이한 사유"란 각각 다음 각 호의 어느 하나에 해당하는 경우를 말한다.

1. 1년 이상의 치료나 요양을 필요로 하는 질병의 치료를 요양을 위한 경우
2. 「농지법 시행령」 제3조의2에 따른 농지개량을 하기 위하여 휴경하는 경우
3. 자연재해로 인하여 영농이 불가능하게 되어 휴경하는 경우

② 영 제67조제3항제1호·제2호 및 같은 조 제10항제2호에서 "기획재정부령으로 정하는 기간"이란 각각 2년을 말한다.

(2014.3.14 본조신설)

제29조【조합법인 등에 대한 법인세 과세특례】 ① 영 제26조제1항에 의하여 「법인세법」 제26조에 따른 손금불산입액을 계산함에 있어서 같은 법 시행령 제44조의2제4항에 따라 계산한 한도액이 음수인 경우 영으로 한다.

② 영 제69조제1항에 의하여 「법인세법」 제33조에 따른 손금불산입액을 계산함에 있어서 2012년 12월 31일이 속하는 사업연도 종료일 현재 결산상무제표상 퇴직급여충당금의 누적액은 같은 법 시행령 제60조제2항에 따라 손금에 산입한 것으로 보아 같은 조 제3항을 적용한다.

③ 법 제72조제4항에서 "기획재정부령으로 정하는 방법"이란 재무구조개선을 위한 자금을 수산업협동조합중앙회에 예치함에 따라 발생하는 이자 및 그 이자금액의 지출에 관하여 다른 회계와 구분하여 독립적으로 경리하는 것을 말한다.

④ 법 제72조제5항에서 "기획재정부령으로 정하는 방법"이란 계약이전의 이행을 위한 자금을 신용협동조합중앙회 또는 새마을금고중앙회에 예치함에 따라 발생하는 이자 및 그 이자금액의 지출에 관하여 다른 회계와 구분하여 독립적으로 경리하는 것을 말한다.

(2013.2.23 본조개정)

제29조의2【문화예술단체 및 체육단체의 범위】 영 제70조제1항제3호에서 "기획재정부령으로 정하는 법인"이

란 다음 각 호의 어느 하나에 해당하는 법인 또는 단체로서 기획재정부장관이 문화체육관광부장관과 협의하여 고시하는 법인 또는 단체를 말한다.
1. 「문화예술진흥법」 제7조에 따라 지정된 전문예술법인 또는 전문예술단체
2. 「국민체육진흥법」 제33조 또는 제34조에 따른 대한체육회 또는 대한장애인체육회에 가맹된 체육단체 (2023.3.20 본조개정)

제29조의3【고유목적사업준비금의 손금산입 특례를 적용받는 비영리의료법인의 소재 지역의 범위】 영 제70조제5항 각 호 외의 부분에서 "기획재정부령으로 정하는 지역"이란 별표8의6에 따른 지역을 말한다. (2011.4.7 본조신설)

제29조의4【기부장려금단체의 해당 요건충족 여부 보고기한 등】 ① 법 제75조제2항에 따라 지정된 기부장려금단체는 영 제71조제1항 각 호의 요건충족(이하 이 조에서 "해당 요건충족"이라 한다) 여부를 별지 제53조의3서식의 기부장려금단체 해당 요건충족 여부 보고서에 작성하여 다음 각 호의 구분에 따른 기한까지 국세청장에게 보고하여야 한다.(2017.3.17 본문개정)
1. 지정일이 속하는 연도와 그 다음 연도의 해당 요건충족 여부 : 지정일부터 2년이 되는 날이 속하는 연도의 3월 31일
2. 지정일부터 2년이 되는 날이 속하는 연도와 그 다음 연도의 해당 요건충족 여부 : 지정일부터 4년이 되는 날이 속하는 연도의 3월 31일
3. 지정일부터 4년이 되는 날이 속하는 연도와 그 다음 연도의 해당 요건충족 여부 : 지정일부터 6년이 되는 날이 속하는 연도의 3월 31일
② 국세청장은 기부장려금단체가 제1항 각 호의 기한까지 해당 요건충족 여부를 보고하지 아니한 경우에는 제1항 각 호의 기한이 속하는 연도의 5월 31일까지 해당 요건충족 여부를 보고하도록 지체 없이 기부장려금단체에게 요구하여야 한다.
③ 영 제71조제1항제4호 본문에서 "기획재정부령으로 정하는 기부금 모금액 및 활용실적 명세서"란 「소득세법 시행규칙」 제100조제7호에 따른 별지 제6호의2서식 또는 「법인세법 시행규칙」 제18조의2제5항에 따른 별지 제63의2서식을 말한다.(2021.3.16 본항개정)
④ 국세청장은 영 제71조제8항에 따라 기부장려금단체 지정취소를 기획재정부장관에게 요청하는 경우에는 다음 각 호의 사항을 포함한 문서로 하여야 한다. 이 경우 제1항에 따른 기부장려금단체 해당 요건충족 여부 보고서를 첨부하여야 한다.
1. 지정취소 대상 기부금단체명
2. 지정취소 사유
3. 그 밖에 지정취소에 필요한 사항
(2016.2.25 본조신설)

제30조【개발제한구역 지정에 따른 매수대상 토지 등에 대한 양도소득세의 감면】 영 제74조제4항에서 "기획재정부령으로 정하는 취학, 징집, 질병의 요양 그 밖의 부득이한 사유"란 다음 각 호의 어느 하나에 해당하는 경우를 말한다.(2009.8.28 본문개정)
1. 「초·중등교육법」에 따른 학교(유치원·초등학교 및 중학교를 제외한다) 및 「고등교육법」에 의한 학교에의 취학
2. 「병역법」에 따른 징집
3. 1년 이상의 치료나 요양을 필요로 하는 질병의 치료 또는 요양
(2009.4.7 본조신설)

제31조~제32조 (2002.3.30 삭제)

제32조의2【행정중심복합도시·혁신도시 개발예정지구 내 공장의 지방이전에 대한 과세특례 등】 영 제79조의3제5항제2호, 제79조의8제5항제2호, 제79조의9제5항

제2호 및 제79조의10제6항제2호에서 "기획재정부령으로 정하는 부득이한 사유"란 다음 각 호의 어느 하나에 해당하는 경우를 말한다.(2010.4.20 본문개정)
1. 공사의 허가 또는 인가 등이 지연되는 경우
2. 용지의 보상 등에 관한 소송이 진행되는 경우
3. 「신행정수도 후속대책을 위한 연기·공주지역 행정중심복합도시 건설을 위한 특별법」 제19조제4항에 따라 국토교통부장관이 고시하는 행정중심복합도시 건설기본계획에서 기존공장을 이전할 장소의 미확정 등으로 인하여 같은 장소에서 일정기간 영업이 가능하도록 한 경우(2013.3.23 본호개정)
4. 「공공기관 지방이전에 따른 혁신도시 건설 및 지원에 관한 특별법」 제11조제5항에 따라 국토교통부장관이 고시하는 혁신도시 개발계획에서 기존공장을 이전할 장소의 미확정 등으로 인하여 같은 장소에서 일정기간 영업이 가능하도록 한 경우(2013.3.23 본호개정)
5. 「공익사업을 위한 토지 등의 취득 및 보상에 관한 법률」 제78조의2에 따라 사업시행자가 수립한 공장에 대한 이주대책에서 기존공장을 이전할 장소의 미확정 등으로 인하여 같은 장소에서 일정기간 영업이 가능하도록 한 경우(2008.4.29 본호신설)
6. 그 밖에 제1호부터 제5호까지에 준하는 사유가 발생한 경우(2010.4.20 본호개정)
(2010.4.20 본조제목개정)
(2007.3.30 본조신설)

제32조의3【공익사업을 위한 수용 등에 따른 물류시설 이전에 대한 과세특례】 영 제79조의10제1항 각 호 외의 부분에서 "기획재정부령으로 정하는 것"이란 다음 각 호의 구분에 따른 물류시설을 말한다.
1. 물류시설용 건물이 있는 경우 : 물류시설용 건물 및 해당 건물의 바닥면적에 「지방세법 시행령」 제101조제2항에 따른 용도지역별 적용배율을 곱하여 산정한 범위 안의 부수토지(2011.4.7 본호개정)
2. 물류시설용 건물이 없는 경우 : 화물의 운송·보관·하역·조립 및 수선 등에 사용된 토지로서 주무관청으로부터 인가·허가를 받았거나 신고수리된 면적 이내의 토지
(2010.4.20 본조신설)

제33조~제33조의2 (2013.2.23 삭제)

제34조【주택마련저축 소득공제】 ① 법 제87조제2항에 따른 소득공제를 받으려는 자는 소득세과세표준 확정신고나 연말정산신청을 할 때 주택마련저축납입증명서를 주소지 관할세무서장 또는 원천징수의무자에게 제출하여야 한다.
② 제1항에 따른 주택마련저축납입증명서는 연도말 현재의 납입액이 표시되어 있는 주택마련저축통장 사본 또는 「소득세법시행령」 제216조의3에 따라 주택마련저축납입내역을 일괄적으로 적어 국세청장이 발급하는 서류로 갈음한다.
③ 영 제81조제15항제2호에서 "기획재정부령으로 정하는 병역복무기간을 증명하는 서류"란 「병역법 시행규칙」 별지 제5호서식의 병적증명서를 말한다.(2019.3.20 본항신설)
(2010.4.20 본조제목개정)
(2008.4.29 본조신설)

제35조【통보에 대한 의견 제시 등】 법 제87조제9항제1호·제2호 및 제10항제3호에 따라 국세청장으로부터 통보를 받은 저축취급 금융기관은 통보를 받은 날부터 14일 이내에 해당 가입자에게 그 내용을 알려야 하며, 그 통보내용에 이의가 있는 해당 가입자는 해당 저축취급 금융기관에 국세청장에게 통보를 받은 날부터 2개월 이내에 납세지 관할세무서장에게 의견서를 제출하고 그 사실을 해당 저축취급 금융기관에 알려야 한다. 다만, 해당 가입자가 사망, 해외장기출장, 그 밖의

부득이한 사유로 위 기간 내에 의견서를 제출하지 못한 경우에는 그 사유가 끝난 날부터 7일 이내에 의견서를 제출할 수 있다.(2019.3.20 본문개정)

제36조 (2021.3.16 삭제)

제37조~제41조 (2000.3.30 삭제)

제42조 (2014.3.14 삭제)

제42조의2【통보에 대한 의견제시 등】 영 제92조의13제2항, 제93조의2제2항, 제93조의6제3항 또는 제93조의7제5항에 따라 국세청장으로부터 통보를 받은 저축취급기관 또는 「금융실명거래 및 비밀보장에 관한 법률」 제2조제1호에 따른 금융회사등(이하 이 조에서 "금융회사등"이라 한다)은 통보를 받은 날부터 14일 이내에 해당 가입자에게 그 내용을 알려야 하며, 그 통보 내용에 이의가 있는 해당 가입자는 해당 저축취급기관 또는 금융회사등이 국세청장으로부터 통보를 받은 날부터 2개월 이내에 납세지 관할 세무서장에게 의견서를 제출하고 그 사실을 해당 저축취급기관 또는 금융회사등에 알려야 한다. 다만, 해당 가입자가 사망, 해외장기출장, 그 밖의 부득이한 사유로 위 기간 내에 의견서를 제출하지 못한 경우에는 그 사유가 끝난 날부터 7일 이내에 의견서를 제출할 수 있다.(2022.3.18 본조개정)

제42조의3【개인종합자산관리계좌에 대한 과세특례】 ① 영 제93조의4제9항 각 호 외의 부분 본문에서 "기획재정부령으로 정하는 주식"이란 다음 각 호의 어느 하나에 해당하는 주식을 말한다.
1. 「자본시장과 금융투자업에 관한 법률」 제9조제15항제3호에 따른 주권상장법인의 주식. 다만, 「소득세법 시행령」 제157조제4항에 따른 주권상장법인대주주가 보유한 주식은 제외한다.
2. 영 제93조의4제8항제4호에 따른 주식. 다만, 「소득세법 시행령」 제157조제6항에 따른 주권비상장법인의 대주주가 보유한 주식은 제외한다.
(2023.3.20 본항개정)
② 제1항에 따른 주식에서 발생한 양도차손을 계산할 때 같은 종목의 주식을 2회 이상 취득한 경우 그 주식의 취득가액은 「소득세법 시행령」 제93조제2항제3호에 따른 이동평균법에 따라 계산한다.(2021.3.16 본항개정)
③ 영 제93조의4제11항에서 "기획재정부령으로 정하는 주식"이란 「자본시장과 금융투자업에 관한 법률」 제9조제15항제3호에 따른 주권상장법인의 주식을 말한다.
(2021.3.16 본항신설)
④ 신탁업자는 개인종합자산관리계좌를 법 제91조의18제3항제3호 각 목의 재산으로 운용할 수 없는 경우에 한하여 「자본시장과 금융투자업에 관한 법률 시행령」 제106조제5항제3호에 따라 해당 신탁업자의 고유재산을 관리하는 계정에 대한 일시적인 자금의 대여를 통하여 운용할 수 있다.
⑤ 제4항에 따른 운용을 통해 발생한 이자소득은 법 제91조의18제3항제5항에 따른 이자소득등에 포함된다.
(2021.3.16 본항개정)
(2016.3.14 본조신설)

제43조~제43조의2 (2019.3.20 삭제)

제43조의3【소형주택 임대사업자 세액감면 제출서류】 영 제96조제8항제4호에서 "기획재정부령으로 정하는 서류"란 「민간임대주택에 관한 특별법 시행규칙」 제19조제8항에 따른 별지 제23호의2서식을 말한다.
(2020.3.13 본조개정)

제44조【주택임대기간의 계산】 영 제97조제5항제5호에서 "기획재정부령이 정하는 기간"이라 함은 기존 임차인의 퇴거일부터 다음 임차인의 입주일까지의 기간으로서 3월 이내의 기간을 말한다.(2008.4.29 본조개정)

제44조의2【임대주택 부동산투자회사】 영 제97조의6제1항에서 "「부동산투자회사법」 제14조의8제3항제2호의 주택임대사업에 투자하는 부동산투자회사로서 기획재정부령으로 정하는 임대주택 부동산투자회사"란 다음 각 호의 요건을 모두 갖춘 부동산투자회사를 말한다.
1. 보유하고 있는 건축물 연면적의 100분의 70 이상을 「임대주택법」 제2조제2호 또는 제3호에 따른 건설임대주택 또는 매입임대주택(이하 이 조에서 "임대주택"이라 한다)으로 제공할 것
2. 임대주택으로 제공하는 각 주택과 그에 부수되는 토지의 취득 당시 기준시가의 합계액이 6억원 이하일 것
3. 임대주택으로 제공하는 각 주택의 전용면적이 85제곱미터 이하일 것
(2015.10.30 본조신설)

제44조의3【신축주택의 취득자에 대한 양도소득세의 감면】 영 제99조제2항 단서 및 영 제99조의3제4항 단서에서 "기획재정부령이 정하는 사유에 해당하는 주택"이라 함은 「소득세법 시행규칙」 제71조제3항의 규정에 의한 사유로 당해 주택건설업자로부터 다른 주택을 분양받아 취득하는 경우의 주택을 말한다.(2010.4.20 본조개정)

제45조【농어촌주택등 취득자에 대한 양도소득세 과세특례】 ① 영 제99조의4제3항 각 호 외의 부분에서 "기획재정부령으로 정하는 지역"이란 다음 각 호의 지역을 말한다.
1. 경기도 연천군
2. 인천광역시 강화군 및 옹진군
② 영 제99조의4제4항 각 호 외의 부분에서 "기획재정부령으로 정하는 지역"이란 다음 각 호의 기업도시개발구역을 말한다.
1. 영남·해남 관광레저형 기업도시개발구역
2. 태안 관광레저형 기업도시개발구역
(2023.3.20 본조신설)

제45조의2【재기중소기업인의 체납액 등에 대한 과세특례】 ① 영 제99조의6제3항에 따른 문서는 체납액 납부계획서를 말한다.
② 영 제99조의6제8항에 따른 신청서는 납부고지 유예, 지정납부기한·독촉장에서 정하는 기한의 연장(이하 "지정납부기한등연장"이라 한다) 및 압류·매각의 유예 신청서를 말한다.(2021.3.16 본항개정)
③ (2016.3.14 삭제)
(2013.10.21 본조신설)

제45조의3【월 평균 근로소득의 계산】 영 제100조의2제4항제2호에서 "기획재정부령으로 정하는 월 평균 근로소득"이란 거주자가 해당 소득세 과세기간 종료일 현재 계속 근무하는 기업에서 받은 총급여액(「소득세법」 제20조제2항에 따른 총급여액을 말한다. 이하 이 조에서 같다)을 해당 과세기간 중 해당 기업에서 근무한 기간의 개월 수로 나눈 금액을 말한다. 이 경우 15일 미만 근무한 달은 총급여액 및 근무한 기간의 개월 수의 계산에서 제외하되, 해당 과세기간 중 12월부터 근무한 경우에는 15일 미만 근무한 경우에도 1개월로 보아 월 평균 근로소득을 산정한다.(2022.3.18 본조개정)

제45조의4【유가증권 등의 범위 및 가액】 ① 영 제100조의4제3항제6호에서 "기획재정부령으로 정하는 유가증권"이란 다음 각 호의 유가증권을 말한다.
1. 주식 또는 출자지분
2. 다음 각 목의 유가증권
   가. 국채·지방채 또는 특별법에 따라 설립된 법인이 그 특별법에 따라 발행한 채권
   나. 사채(회사채 등 유가증권을 말한다)
   다. 수표 또는 어음
(2022.3.18 본항신설)
② 영 제100조의4제3항제7호에서 "기획재정부령으로 정하는 권리"란 다음 각 호의 권리를 말한다.
1. 「소득세법」 제88조제9호에 따른 조합원입주권
2. 건물이 완성되는 때에 그 건물과 이에 부수되는 토지를 취득할 수 있는 권리(제1호에 따른 조합원입주권은 제외한다)

3. 다음 각 목의 법률에 따른 토지상환채권
　가.「택지개발촉진법」
　나.「도시개발법」
　다.「기업도시개발 특별법」
　라.「신항만건설촉진법」
　마.「혁신도시 조성 및 발전에 관한 특별법」
　바.「한국토지주택공사법」
4.「주택법」제80조에 따른 주택상환사채
(2022.3.18 본항신설)
③ 영 제100조의4제8항제5호에 따른 제1항 각 호의 유가증권에 대한 평가액은 다음 각 호의 가액으로 한다. (2022.3.18 본문개정)
1.「자본시장과 금융투자업에 관한 법률」에 따른 주권상장법인의 주식 : 소유기준일(영 제100조의4제4항에 따른 소유기준일을 말한다. 이하 이 조에서 같다) 현재 법률 제11845호 자본시장과 금융투자업에 관한 법률 일부개정법률 부칙 제15조제1항에 따라 거래소허가를 받은 것으로 보는 한국거래소(이하 "한국거래소"라 한다)의 최종시세가액. 다만, 소유기준일 현재의 최종시세가액이 없는 경우에는 직전 거래일의 최종시세가액으로 한다.(2015.3.13 본문개정)
2. 제1호 외의 주식, 출자지분 및 제1항제2호에 따른 유가증권 : 액면가액(2023.3.20 본호개정)
④ 영 제100조의4제8항제5호에 따른 제2항 각 호의 권리에 대한 평가액은 다음 각 호의 가액으로 한다. (2022.3.18 본문개정)
1. 제2항제2호에 따른 조합원입주권 : 다음 각 목의 구분에 따른 금액(2022.3.18 본문개정)
　가. 소유기준일 현재 청산금을 납부한 경우 :「도시 및 주거환경정비법」제74조에 따른 관리처분계획에 의하여 정하여진 가격에 청산금(납부한 금액에 한한다)을 합한 금액(2020.3.13 본목개정)
　나. 소유기준일 현재 청산금을 지급받은 경우 :「도시 및 주거환경정비법」제74조에 따른 관리처분계획에 의하여 정하여진 가격에 청산금(지급받은 금액에 한한다)을 차감한 금액(2020.3.13 본목개정)
2. 제2항제2호에 따른 권리 : 소유기준일 현재까지 납입한 금액(2022.3.18 본호개정)
3. 제2항제3호 및 제4호에 따른 채권 : 액면가액 (2022.3.18 본호개정)
(2022.3.18 본조제목개정)

제45조의5【사업자 외의 자의 범위 등】 영 제100조의6 제2항제2호에서 "기획재정부령으로 정하는 사업자 외의 자"란 다음 각 호의 어느 하나를 교부 또는 부여받지 아니한 자를 말하고, 같은 항 제4호의 단서에서 "기획재정부령으로 정하는 사업자"라 함은 다음 각 호의 어느 하나를 교부 또는 부여받은 자를 말한다. (2015.3.13 본문개정)
1.「소득세법」제168조제3항,「법인세법」제111조제3항 또는「부가가치세법」제8조제5항에 따른 사업자등록증(2014.3.14 본호개정)
2.「소득세법」제168조제5항에 따른 고유번호
(2013.2.23 본조제목개정)

제45조의6【자료의 제출 등】 ① 영 제100조의7제5항에서 "기획재정부령으로 정하는 자료"란 거주자의 가족관계증명서(법 제100조의3제2항제2호 단서에 따른 대한민국 국적을 가진 자와 혼인한 외국인의 경우는 배우자의 가족관계증명서를 말한다) 및 주민등록표등본과 다음 각 호의 해당 자료를 말한다.(2013.2.23 본문개정)
1. 영 제100조의2제1항에 따른 동거입양자를 부양하는 경우 :「가족관계의 등록 등에 관한 법률」에 따른 입양관계 증명서(2020.3.13 본호개정)
2. 영 제100조의2제2항제1호 및 제3호에 따른 거주자의 손자녀 또는 형제자매를 부양하는 경우 : 부양자녀의

재학증명서 및 교육비납입증명서 등 부양사실을 입증하는 국세청장이 정하는 자료
3. 영 제100조의2제2항제2호에 따른 손자녀 또는 형제자매를 부양하는 경우 : 부양자녀의 재학증명서 및 교육비납입증명서 등 부양사실을 입증하는 국세청장이 정하는 자료와 다음 각 목의 어느 하나에 해당하는 자료
　가.「장애인고용촉진 및 직업재활법 시행령」제4조제2항에 따른 고용노동부장관의 중증장애인 확인서 사본(2021.3.16 본목개정)
　나.「국가유공자등 예우 및 지원에 관한 법률」에 따른 국가유공자증 사본
　다.「5·18민주유공자예우에 관한 법률 시행령」제6조제6항에 따른 5·18민주유공자증 사본 (2010.4.20 본목개정)
4. 영 제100조의2제3항 및 제100조의4제9항에 따른 장애인을 부양하는 경우 : 다음 각 목의 어느 하나에 해당하는 자료(2021.3.16 본문개정)
　가.「장애인고용촉진 및 직업재활법 시행령」제4조제2항에 따른 고용노동부장관의 중증장애인 확인서 사본(2021.3.16 본목개정)
　나.「국가유공자등 예우 및 지원에 관한 법률」에 따른 국가유공자증 사본
　다.「5·18민주유공자예우에 관한 법률 시행령」제6조제6항에 따른 5·18민주유공자증 사본 (2010.4.20 본목개정)
5. 법 제100조의4제2항, 영 제100조의2제3항제2호 및 제100조의4제9항제2호에 따른 일시퇴거의 경우 : 본래 주소지 및 일시 퇴거지의 주민등록표등본과 다음 각 목의 구분에 따른 해당 자료(2021.3.16 본문개정)
　가. 취학을 위하여 일시 퇴거한 경우 : 해당 학교(학원 등을 포함한다)의 장이 발행하는 재학증명서
　나. 질병의 요양을 위하여 일시 퇴거한 경우 : 해당 의료기관의 장이 발행하는 요양증명서
　다. 근무를 위하여 일시 퇴거한 경우 : 해당 근무처의 장이 발행하는 재직증명서
6. 영 제100조의4제3항 각 호에 따른 재산의 경우 : 다음 각 목의 구분에 따른 해당 자료
　가. 영 제100조의4제3항제1호에 따른 토지 및 건축물 : 부동산 등기부 등본이나 토지대장 등본 또는 건축물대장 등본
　나. 영 제100조의4제3항제2호에 따른 승용자동차 : 자동차 등록증 사본
　다. 영 제100조의4제3항제3호에 따른 전세금 : 전세계약서 사본 또는 임대차계약서 사본
　라. 영 제100조의4제3항제4호에 따른 금융재산 : 해당 금융재산의 통장 사본 또는 잔액증명서. 다만, 보통예금, 저축예금 및 자유저축예금 등 요구불예금의 경우에는 해당 소득세 과세기간 종료일이 속하는 연도의 3월 2일부터 6월 1일까지의 기간 동안의 일평균잔액증명서로 한다.(2021.3.16 단서신설)
　마. 영 제100조의4제3항제5호에 따른 회원권 : 회원증 사본
　바. 영 제100조의4제3항제6호에 따른 유가증권 : 주식 또는 국채·지방채 등의 잔고증명서 또는 국채·지방채 등의 사본
　사. 영 제100조의4제3항제7호에 따른 부동산을 취득할 수 있는 권리 : 분양계약서 사본과 분양대금·청산금 등 납입영수증, 토지상환채권 사본 또는 주택상환사채 사본
② 영 제100조의14제1항제13호에서 "기획재정부령으로 정하는 단체 또는 기관"이란 다음 각 호의 어느 하나에 해당하는 단체 또는 기관을 말한다.
1.「주택도시기금법」제26조제1항제2호에 따른 보증업무 관련 자료(2020.3.13 본호개정)

2. 「한국주택금융공사법」에 따라 설립된 한국주택금융
공사
3. 「공공주택특별법」 제4조 제1항에 따른 공공주택사업자
4. (2022.3.18 삭제)
(2017.3.17 본항신설)
③ 영 제100조의14제2항제25호에서 "기획재정부령으로
정하는 자료"란 다음 각 호의 어느 하나에 해당하는 자
료를 말한다.(2019.3.20 본문개정)
1. 「주택도시기금법」 제26조제1항제2호에 따른 보증업
무 관련 자료(2020.3.13 본호개정)
2. 「한국주택금융공사법」 제2조제8호에 따른 신용보증
관련 자료
3. 「공공주택 특별법」 제4조제1항에 따른 공공주택사업
자와 주택임차인이 체결한 임대차계약 관련 자료
(2022.3.18 본호개정)
(2017.3.17 본항신설)
(2017.3.17 본조제목개정)
(2007.3.30 본조신설)

제45조의7 【근로소득 및 사업소득 지급액의 열람】 ①
국세청장은 영 제100조의7제3항에 따른 근로소득 또는
사업소득 지급액을 「국세기본법」 제2조제19호에 따른
국세정보통신망 등에 게시하여 거주자가 열람할 수 있
도록 하여야 한다.(2013.2.23 본항개정)
② 국세정보통신망 등에 의한 열람시기 및 열람방법
등은 국세청장이 정한다.
(2013.2.23 본조제목개정)
(2007.3.30 본조신설)

제45조의8 【준청산소득에 대한 법인세 과세표준 및
세액신고시 첨부서류】 영 제100조의16제7항에서 "기획
재정부령으로 정하는 서류"란 다음 각 호의 서류를 말
한다.
1. 준청산일 현재의 해당 내국법인의 재무상태표
(2013.2.23 본호개정)
2. 준청산일 현재의 해당 내국법인의 자본금과 적립금
조정명세서
(2009.4.7 본조신설)

제45조의9 【투자·상생협력 촉진을 위한 과세특례】 ①
영 제100조의32제3항에서 "기획재정부령으로 정하는 미
환류소득에 대한 법인세 신고서"란 별지 제114호서식을
말한다.
② 영 제100조의32제4항제2호가목에서 "기획재정부령
으로 정하는 법인세액"이란 「법인세법」 제13조에 따른
과세표준에 같은 법 제55조제1항에 따른 세율을 적용하
여 계산한 금액에서 해당 사업연도의 감면세액과 세액
공제액을 차감하고 가산세를 더한 금액을 말한다.
(2022.3.18 본항신설)
③ 영 제100조의32제4항제2호가목에서 "기획재정부령
으로 정하는 법인지방소득세액"이란 「법인세법」 제13
조에 따른 과세표준에 같은 법 제55조제1항에 따른 세
율을 적용하여 계산한 금액의 100분의 10에 해당하는
금액을 말한다.(2022.3.18 본항신설)
④ 영 제100조의32제4항제2호다목에서 "기획재정부령
으로 정하는 금액"이란 「은행법」 등 개별 법령 등이 정
하는 바에 따라 의무적으로 적립해야 하는 금액 한도
이내에서 적립하는 다음 각 호의 어느 하나에 해당하는
금액(해당 사업연도에 손금에 산입하지 않는 금액으로
한정한다)을 말한다.(2021.3.16 본문개정)
1. 「은행법」 등 개별 법령에 따른 해당 사업연도의 이익
준비금(영 제100조의32제4항제2호나목에 따른 이익준
비금으로 적립하는 금액은 제외한다)
2. 금융회사 또는 상호금융조합이 해당 사업연도에 대손충당
금 또는 대손준비금 등으로 의무적으로 적립하는 금액
3. 보험업을 영위하는 법인이 해당 사업연도에 「보험업
법」에 따라 배당보험손실보전준비금과 보증준비금으
로 의무적으로 적립하는 금액

4. 「지방공기업법」 제67조제1항제3호에 따라 지방공사
가 감채적립금으로 의무적으로 적립하는 금액
(2020.3.13 본호신설)
5. 「자본시장과 금융투자업에 관한 법률」에 따른 부동
산신탁업을 경영하는 법인이 같은 법에 따라 해당 사
업연도에 신탁사업적립금으로 의무적으로 적립하는
금액(2021.3.16 본호신설)
⑤ 영 제100조의32제4항제2호타목에서 "기획재정부령으
로 정하는 요건을 충족하는 내국법인"이란 다음 각 호의
요건을 모두 갖춘 내국법인을 말한다.(2023.3.20 본문개정)
1. 해당 내국법인이 보유한 외국법인이 발행한 주식 또
는 출자지분(이하 이 조에서 "주식등"이라 한다) 가액
의 합계액이 해당 내국법인이 보유한 전체 주식등 가
액의 합계액의 100분의 75 이상일 것. 이 경우 주식등
가액의 합계액은 사업연도 종료일 현재 재무상태표상
의 금액을 기준으로 계산한다.(2023.3.20 본호개정)
2. 해당 내국법인이 보유한 외국법인 주식등 가액의 합
계액이 해당 내국법인 자산총액의 100분의 50 이상일
것. 이 경우 외국법인 주식등 가액의 합계액 및 내국
법인 자산총액은 사업연도 종료일 현재 재무상태표상
의 금액을 기준으로 계산한다.
3. 설립일이 속하는 사업연도의 다음 사업연도 개시일
부터 2년 이내에 「자본시장과 금융투자업에 관한 법
률 시행령」 제176조의9제1항에 따른 유가증권시장 또
는 대통령령 제24697호 자본시장과 금융투자업에 관
한 법률 시행령 일부개정령령 부칙 제8조에 따른 코스닥
시장에 해당 내국법인의 주권을 상장할 것. 이 경우
설립일이 속하는 사업연도의 다음 사업연도 개시일부
터 2년이 되는 날까지는 해당 내국법인의 주권을 상장
하지 아니하더라도 다음 각 목의 요건을 모두 갖춘 경
우에는 전단의 요건을 충족한 것으로 본다.
가. 해당 사업연도의 과세표준 신고기한 종료일까지
해당 내국법인의 주권 상장계획을 확인할 수 있는
서류를 납세지 관할 세무서장에게 제출할 것
나. 설립일이 속하는 사업연도의 다음 사업연도 개시
일부터 2년 이내에 주권을 상장하였음을 확인할 수
있는 서류를 주권을 상장한 날이 속하는 사업연도의
과세표준 신고기한 종료일까지 납세지 관할 세무서
장에게 제출할 것
⑥ 영 제100조의32제4항제2호파목에서 "기획재정부령
으로 정하는 금액"이란 다음 각 호의 어느 하나에 해당
하는 금액을 말한다.
1. 「수산업협동조합법」 제141조의4에 따른 수협은행이
같은 법 제167조에 따른 신용사업특별회계에 법률 제
14242호 수산업협동조합법 일부개정법률 부칙 제6조
제4항에 따른 경영정상화계획 등에 관한 약정에 따라
해당 사업연도의 잉여금처분으로 배당하는 금액
2. 「보험업법」 제4조에 따른 보증보험업 허가를 받은 보
험회사가 「공적자금관리 특별법」 제17조에 따른 경영
정상화계획에 관한 약정에 따라 해당 사업연도의 잉
여금처분으로 배당하는 금액
(2020.3.13 본항개정)
⑦ 영 제100조의32제6항제1호 각 목 외의 부분 본문에
서 "기획재정부령으로 정하는 자산"이란 법 제104조의
10제1항제2호에 따른 비해운소득을 재원으로 취득한
자산을 말한다. 이 경우 법 제104조의10제1항제1호에
따른 해운소득과 공통재원으로 취득한 자산의 투자자
계액은 다음 계산식에 따라 계산한 금액으로 한다.

공동재원으로 취득한 자산의 투자합계액	=	해당 자산을 취득하기 위하여 해당 사업연도에 지출한 금액	×	비해운소득과 관련한 해당 사업연도의 각 사업연도의 소득
				해운소득 및 비해운소득과 관련한 해당 사업연도의 전체 각 사업연도의 소득

⑧ 영 제100조의32제6항제1호가목2)에서 "기획재정부령으로 정하는 신축·증축하는 업무용 건축물"이란 공장, 영업장, 사무실 등 해당 법인이 「법인세법 시행규칙」 제26조제2항에 따른 업무에 직접 사용하기 위하여 신축 또는 증축하는 건축물(이하 이 조에서 "업무용신증축건축물"이라 한다)을 말한다. 이 경우 법인이 해당 건축물을 임대하거나 업무의 위탁 등을 통하여 해당 건축물을 실질적으로 사용하지 아니하는 경우에는 업무에 직접 사용하지 아니하는 것으로 보되, 한국표준산업분류표상 부동산업, 건설업 또는 종합소매업을 주된 사업(둘 이상의 서로 다른 사업을 영위하는 경우 해당 사업연도의 부동산업, 건설업 또는 종합소매업의 수입금액의 합계액이 총 수입금액의 100분의 50 이상인 경우를 말한다)으로 하는 법인이 해당 건축물을 임대하는 경우(종합소매업의 경우에는 영업장을 임대하는 것으로 임대료를 매출액과 연계하여 수수하는 경우로 한정한다. 이 조에서 같다)에는 업무에 직접 사용하는 것으로 본다.
⑨ 제7항 및 제8항을 적용할 때 해당 건축물 중 직접 업무에 사용하는 부분과 그러하지 아니한 부분이 함께 있거나 해당 건축물을 공동으로 소유하는 경우 해당 사업연도의 업무용신증축건축물에 대한 투자금액은 다음 계산식에 따른다. 다만, 해당 건축물 중 해당 법인이 직접 업무에 사용하는 부분의 연면적이 해당 건축물의 전체 연면적으로 나누는 비율(이하 이 항에서 "직접업무사용 비율"이라 한다)이 100분의 90 이상인 경우에는 100분의 100으로 보고, 해당 건축물을 공동으로 소유하는 경우에는 직접업무사용 비율은 해당 법인의 지분율을 한도로 한다.

해당 건축물을 신축 또는 증축하기 위하여 해당 법인이 해당 사업연도에 지출한 건축비 × 직접업무사용 비율

(2022.3.18 본문개정)
⑩ 영 제100조의32제9항에 따른 근로소득을 계산하는 경우 해당 사업연도에 우리사주조합에 출연하는 자사주의 장부가액 또는 금품의 합계액을 포함한다. 다만, 영 제26조의4제2항 각 호의 어느 하나에 해당하는 자에게 지급하는 자사주의 장부가액 또는 금품의 합계액은 제외한다.
⑪ 영 제100조의32제10항제2호에서 "기획재정부령으로 정하는 임금지급액의 평균액"이란 제1호의 금액을 제2호의 금액으로 나누어 계산한 금액을 말한다.
1. 해당 사업연도에 최초로 「근로기준법」에 따라 근로계약을 체결한 상시근로자(근로계약을 갱신하는 경우는 제외하며, 이하 이 항에서 "신규 상시근로자"라 한다)에 대한 영 제100조의32제9항에 따른 임금지급액
2. 영 제26조의4제3항의 상시근로자 수 계산방법을 준용하여 계산한 신규 상시근로자 수
⑫ 영 제100조의32제14항제4호 각 목 외의 부분에서 "기획재정부령으로 정하는 바에 따라 중소기업에 대한 보증 또는 대출지원을 목적으로 출연하는 경우"란 영 제2조제1항에 따른 중소기업(이하 이 조에서 "중소기업"이라 한다)으로서 제1호에 해당하는 중소기업에 대한 보증 또는 대출지원을 목적으로 제2호 각 목에 따른 보증기관과 체결하여 같은 목의 해당 출연금으로 출연하는 경우를 말한다.(2019.3.20 본문개정)
1. 다음 각 목의 어느 하나에 해당하는 중소기업
   가. 「소상공인 보호 및 지원에 관한 법률」에 따른 소상공인
   나. 「벤처기업육성에 관한 특별조치법」에 따른 벤처기업 및 신기술창업전문회사
   다. 「기술보증기금법」에 따른 신기술사업자
   라. 설립된 후 7년 이내인 중소기업
   마. 해당 과세연도의 상시근로자 수가 직전 과세연도보다 증가한 중소기업

바. 영 별표7에 따른 신성장·원천기술을 연구하는 중소기업(영 제9조제12항에 따라 신성장·원천기술심의위원회의 심의를 거쳐 기획재정부장관 및 산업통상자원부장관이 신성장·원천기술 연구개발비로 인정한 경우로 한정한다)(2020.3.13 본목개정)
   사. 「중소기업 기술혁신 촉진법」 제15조에 따라 기술혁신형 중소기업으로 선정된 기업
2. 다음 각 목의 어느 하나에 해당하는 출연금
   가. 「신용보증기금법」 제2조제3호에 따른 금융회사등이 같은 법에 따른 신용보증기금에 출연하는 출연금(같은 법 제6조제3항에 따라 출연하여야 하는 금액을 제외한다)
   나. 「기술보증기금법」 제2조제3호에 따른 금융회사가 같은 법에 따른 기술보증기금에 출연하는 출연금(같은 법 제13조제3항에 따라 출연하여야 하는 금액을 제외한다)
   다. 「지역신용보증재단법 시행령」 제3조제5호에 따른 상호저축은행 및 같은 영 제5조의2제1항에 따른 은행등이 「지역신용보증재단법」에 따른 신용보증재단 및 신용보증재단중앙회에 출연하는 출연금(같은 법 제7조제3항에 따라 출연해야 하는 금액을 제외한다)(2021.3.16 본문개정)
⑬ 영 제100조의32제16항에서 "합병을 하거나 사업을 양수하는 등 기획재정부령으로 정하는 경우"란 합병법인 또는 사업양수 법인이 해당 사업연도에 합병 또는 사업양수의 대가로 법 제100조의32제2항제1호에 따른 기업소득의 100분의 50을 초과하는 금액을 금전으로 지급하는 경우를 말한다.
⑭ 영 제100조의32제20항제1호다목에서 "그 밖에 업종 등의 특성을 감안하여 기획재정부령으로 정하는 경우"란 한국표준산업분류표상 해당 자산의 임대업이 주된 사업(둘 이상의 서로 다른 사업을 영위하는 경우 해당 사업연도의 영 제100조의32제6항제1호가목1)에 따른 자산의 임대업의 수입금액이 총 수입금액의 100분의 50 이상인 경우를 말한다)인 법인이 해당 자산을 대여하는 경우를 말한다.
⑮ 영 제100조의32제20항제2호에서 "제6항제1호가목2)에 따른 업무용 건축물에 해당하지 아니하게 되는 등 기획재정부령으로 정하는 경우"란 다음 각 호의 어느 하나에 해당하는 경우를 말한다.
1. 해당 법인이 업무용신증축건축물을 준공 후 2년 이내에 임대하거나 위탁하는 등 업무에 직접 사용하지 아니하는 경우. 다만, 제8항 후단에 따른 한국표준산업분류표상 부동산업, 건설업 또는 종합소매업을 주된 사업으로 하는 법인이 해당 건축물을 임대하는 경우는 제외한다.(2022.3.18 단서개정)
2. 업무용신증축건축물을 준공 전에 처분하거나 준공 후 2년 이내에 처분하는 경우. 다만, 국가·지방자치단체에 기부하고 그 업무용신증축건축물을 사용하는 경우는 제외한다.
3. 업무용신증축건축물의 건설에 착공한 후 천재지변이나 그 밖의 정당한 사유없이 건설을 중단한 경우
⑯ 영 제100조의32제21항에서 "제20항 각 호의 어느 하나에 해당하는 사유가 발생하는 날 등 기획재정부령으로 정하는 날"이란 다음 각 호의 어느 하나에 해당하는 날을 말한다.
1. 영 제100조의32제20항제1호에 따라 자산을 양도하거나 대여한 날
2. 제15항제1호에 따라 업무용신증축건축물을 임대하거나 위탁하는 날 등 업무에 직접 사용하지 아니한 날(2022.3.18 본호개정)
3. 제15항제2호에 따라 업무용신증축건축물을 처분한 날(2022.3.18 본호개정)

4. 제15항제3호에 따라 업무용신증축건축물의 건설을 중단한 날부터 6개월이 되는 날(2022.3.18 본호개정)
⑰ 영 제100조의32제23항에 따라 합병법인 등이 피합병법인 등으로부터 합병등기일 현재의 초과환류액(이하 이 항에서 "미환류소득등"이라 한다)을 승계할 때에는 다음 각 호의 구분에 따른다.
1. 피합병법인이 소멸하는 경우: 피합병법인의 미환류소득등(합병등기일을 사업연도 종료일로 보고 계산한 금액으로서 법 제100조의32제2항제1호나목의 금액은 포함하지 아니하고 계산한 금액을 말한다)을 합병법인의 해당 사업연도말 미환류소득등에 합산
2. 분할법인이 소멸하는 경우: 분할법인의 미환류소득등(분할등기일을 사업연도 종료일로 보고 계산한 금액으로서 법 제100조의32제2항제1호나목의 금액은 포함하지 아니하고 계산한 금액을 말한다)을 분할되는 각 사업부문의 영 제100조의32제1항에 따른 자기자본의 비율에 따라 분할신설법인 또는 분할합병의 상대방 법인의 해당 사업연도말 미환류소득등에 합산
(2018.3.21 본조신설)

제46조【조세회피 우려 사유 등】 ① 영 제100조의17제2항에서 "기획재정부령으로 정한 사유"란 다음 각 호의 어느 하나에 해당하는 경우로서 직전 과세연도의 손익배분비율과 해당 과세연도의 손익배분비율을 달리 적용하는 경우를 말한다.
1. 해당 동업기업 내 어느 하나의 동업자군의 동업자군별 동업기업 소득금액 및 결손금의 합계가 직전 과세연도에는 영(零)보다 크고 해당 과세연도에는 영보다 적은 경우
2. 해당 동업기업 내 어느 하나의 동업자군의 동업자군별 동업기업 소득금액 및 결손금의 합계가 직전 과세연도에는 영보다 적고 해당 과세연도에는 영보다 큰 경우
② 제1항은 제1항의 사유가 발생한 동업자군에 속하는 동업자에 한하여 적용하며, 해당 과세연도중 동업자가 가입하거나 탈퇴하여 변경된 경우에는 변경되지 아니한 동업자에 한하여 적용한다.
(2008.4.29 본조신설)

제46조의2【동업기업 소득계산 및 배분명세 신고 시 첨부서류】 영 제100조의24제3호에서 "기획재정부령으로 정하는 서류"란 다음 각 호의 서류를 말한다.
1. 다음 각 목의 구분에 따른 서류
가. 거주자군 및 「소득세법」 제121조제2항 또는 제5항에 따른 비거주자로 구성된 비거주자군: 다음의 서류 중 해당 거주자군 또는 비거주자군과 관련된 서류
1)「소득세법 시행규칙」 별지 제40호서식(1)의 이자소득명세서, 배당소득명세서, 부동산임대소득·사업소득명세서, 근로소득·연금소득·기타소득명세서
2)「소득세법 시행규칙」 제65조제2항제1호가목·다목 및 같은 항 제2호 각 목의 서류
3)「소득세법 시행규칙」 제102조의 조정계산서 및 관련 서류
4)「소득세법 시행규칙」 별지 제45호서식의 기부금명세서
나. 내국법인군 및 「법인세법」 제97조제1항에 따른 외국법인으로 구성된 외국법인군: 다음의 서류 중 해당 내국법인군 또는 외국법인군과 관련된 서류
1)「법인세법 시행규칙」 제82조제1항제4호부터 제56호까지 및 제60호의 서류
2)「조세특례제한법 시행규칙」 제61조제1항 각 호의 서류
다.「소득세법」 제156조제1항에 따른 비거주자로 구성된 비거주자군 및 「법인세법」 제98조제1항에 따른 외국법인으로 구성된 외국법인군: 다음의 서류 중 해당 비거주자군 또는 외국법인군과 관련된 서류

1)「소득세법 시행규칙」 별지 제23호서식(1)의 이자·배당소득 지급명세서
2)「소득세법 시행규칙」 별지 제23호서식(5)의 비거주자의 사업소득·기타소득 등 지급명세서
3)「소득세법 시행규칙」 별지 제24호서식(7)의 유가증권양도소득 지급명세서
4)「소득세법 시행규칙」 별지 제24호서식(8)의 양도소득 지급명세서
2. 배분한도 초과결손금계산서
3. 수동적동업자 이월결손금계산서
4. 동업기업 세액배분명세서
(2010.4.20 본조신설)

제46조의3【해운기업에 대한 법인세 과세표준 계산 특례】 ① 영 제104조의7제1항 각 호 외의 부분에서 "기획재정부령으로 정하는 공동운항"이란 2개 이상의 해운기업이 각 1척 이상의 선박을 투입하여 공동배선계획에 따라 운항하면서 다른 해운기업이 투입한 선박에 대하여도 상호 일정한 선복을 사용할 수 있도록 계약된 운항형태를 말한다.(2019.3.20 본항개정)
② 영 제104조의7제1항 각호외의 부분에서 "기획재정부령으로 정하는 기준선박"이란 「국제선박등록법」 제4조의 규정에 의하여 등록한 국제선박으로서 다음 각호에 해당하는 선박을 말한다.
1. 해당 기업이 소유한 선박
2. 해당 기업 명의의 국적취득조건부 나용선(裸傭船)
3. 해당 기업이 「여신전문금융업법」 제3조제2항에 따라 시설대여업 등록을 한 자로부터 소유권 이전 연불조건부로 리스한 선박(2010.4.20 본호신설)
(2010.4.20 본항개정)
③ 영 제104조의7제1항의 규정에 의한 연간운항순톤수는 과세표준계산특례 적용신청기한이 속하는 사업연도(영 제104조의7제6항에 따라 해운기업의 법인세 과세표준계산특례 요건명세서를 제출하는 경우에는 당해 요건명세서의 제출기한이 속하는 사업연도)의 직전 사업연도 종료일을 기준으로 산출한다.(2009.4.7 본항개정)
④ 영 제104조의7제2항제2호나목에서 "외항해상운송활동을 위하여 필요한 시설의 임대차와 관련된 활동으로서 기획재정부령이 정하는 활동"이라 함은 외항해상운송활동을 위하여 필요한 컨테이너의 임대차와 관련된 활동을 말한다.(2008.4.29 본항신설)
⑤ 영 제104조의7제2항제2호바목에서 "기획재정부령이 정하는 복합운송활동"이라 함은 선박과 항공기·철도차량 또는 자동차 등 2가지 이상의 운송수단을 이용하는 운송활동을 말한다.(2008.4.29 본항개정)
⑥ 영 제104조의7제2항제2호사목에서 "기획재정부령이 정하는 활동"이란 외항해상운송활동을 위하여 필요한 컨테이너의 매각과 관련된 활동을 말한다.(2017.3.17 본항신설)
⑦ 영 제104조의7제8항제4호 각 목 외의 부분 단서에서 "「법인세법」 제60조제2항제2호에 따른 세무조정계산서 등 기획재정부령으로 정하는 서류"란 특례적용기간에 관하여 작성한 「법인세법」 제60조제2항 각 호의 서류를 말한다.(2009.8.28 본항신설)
⑧ 영 제104조의7제9항에서 "기획재정부령으로 정하는 방법"이란 「법인세법 시행규칙」 제76조제6항을 준용하여 계산하는 방법을 말한다.(2009.8.28 본항개정)

제46조의4【학교에 기부하는 연구 및 인력개발을 위한 시설의 범위】 ① 영 제104조의17제2항에서 "연구·시험용시설로서 기획재정부령으로 정하는 것"이란 연구·시험용시설로서 제13조제1항 각 호의 어느 하나에 해당하는 것을 말한다. 다만, 대상시설이 중고품이거나 기부 이후 운휴 중에 있는 것은 제외한다.
② 영 제104조의17제2항에서 "직업훈련용시설로서 기

획재정부령으로 정하는 것"이란 직업훈련용시설로서 제13조제1항 각 호의 어느 하나에 해당하는 것을 말한다. 다만, 대상시설이 중고품이거나 기부 이후 운휴 중에 있는 것은 제외한다.
(2019.3.20 본조개정)

제47조 【기업의 운동경기부 등 설치·운영에 대한 과세특례】 ① 영 제104조의20제1항 각 호 외의 부분 및 같은 조 제3항 각 호 외의 부분에서 "기획재정부령으로 정하는 종목"이란 각각 별표9 제1호 및 제2호에 따른 종목을 말한다.(2022.3.18 본항신설)
② 영 제104조의20제4항제2호에서 "기획재정부령으로 정하는 비용"이란 다음 각 호의 어느 하나에 해당하는 비용을 말한다.(2022.3.18 본문개정)
1. 선수의 선발 심사 등 운동경기부 또는 이스포츠경기부의 창단을 준비하는 과정에서 드는 비용 (2022.3.18 본호개정)
2. 경기장 및 훈련장 사용료
3. 식비
4. 전지훈련비
5. 훈련시설 보수비
6. 경기용품, 훈련장비, 운동경기복, 약품의 구입비 및 수선비
7. 경기대회 참가비 및 참가를 위한 이동경비
8. 경기대회 참가를 위한 현지 숙식비
9. 선수숙소 및 선수 이동차량에 대한 임차료
10. 그 밖에 운동경기부 또는 이스포츠경기부 운영에 직접 드는 경비(2022.3.18 본호개정)
(2022.3.18 본조제목개정)
(2011.4.7 본조신설)

제47조의2 【실질적 지배의 기준 등】 ① 영 제104조의21제1항 각 호 외의 부분에서 "기획재정부령으로 정하는 바에 따라 실질적으로 지배하는 대한민국 국민(「재외동포의 출입국과 법적 지위에 관한 법률」 제5조에 따른 재외동포체류자격을 부여받은 재외동포를 포함한다) 또는 대한민국 법률에 따라 설립된 법인(「외국인투자 촉진법」 제2조제6호에 따른 외국인투자기업을 포함한다)"이란 「해외진출기업의 국내복귀 지원에 관한 법률 시행령」 제2조의 요건에 해당하는 기업을 말한다.
② 영 제104조의21제5항제1호·제2호 및 같은 조 제6항제1호·제2호의 계산식에서 "환율 등을 고려하여 기획재정부령으로 정하는 바에 따라 환산한 금액"이란 다음 각 호의 구분에 따라 계산한 금액을 말한다.
(2021.3.16 본항개정)
1. 영 제104조의21제5항제1호에 해당하는 경우 : 다음 계산식에 따라 계산한 금액

> 환율 등을 고려하여 기획재정부령으로 정하는 바에 따라 환산한 금액 = A × B
>
> A : 국내로 이전하여 사업을 개시한 날이 속하는 과세연도에 국외에서 경영하던 사업장에서 발생한 현지화로 표시된 매출액을 같은 과세연도의 「법인세법 시행규칙」 제44조의2에 따른 평균환율(이하 이 항에서 "평균환율"이라 한다)을 적용하여 원화로 환산한 금액
> B : 국내로 이전하여 사업을 개시한 날이 속하는 과세연도의 생산자물가지수의 평균값(해당 과세연도의 매월에 「한국은행법」 제86조에 따라 한국은행이 조사·발표하는 생산자물가지수의 합계액을 해당 과세연도의 개월 수로 나눈 것을 말하며, 이하 이 항에서 같다)으로 감면대상 소득이 귀속되는 과세연도의 생산자물가지수의 평균값을 나눈 비율(1보다 작은 경우에는 1로 한다)

(2021.3.16 본호개정)
2. 영 제104조의21제5항제2호에 해당하는 경우 : 다음 계산식에 따라 계산한 금액

> 환율 등을 고려하여 기획재정부령으로 정하는 바에 따라 환산한 금액 = A × B
>
> A : 국외에서 경영하던 사업장에서 그 사업장이 양도·폐쇄한 날이 속하는 과세연도의 직전 과세연도(이하 이 호에서 "직전 과세연도"라 한다)에 발생한 현지화로 표시된 매출액을 직전 과세연도의 평균환율을 적용하여 원화로 환산한 금액
> B : 직전 과세연도의 생산자물가지수의 평균값으로 감면대상 소득이 귀속되는 과세연도의 생산자물가지수의 평균값을 나눈 비율(1보다 작은 경우에는 1로 한다)

3. 영 제104조의21제6항제1호에 해당하는 경우 : 다음 계산식에 따라 계산한 금액

> 환율 등을 고려하여 기획재정부령으로 정하는 바에 따라 환산한 금액 = A × B
>
> A : 국내로 복귀하여 사업을 개시한 날이 속하는 과세연도에 국외에서 경영하던 사업장에서 발생한 현지화로 표시된 매출액을 같은 과세연도의 평균환율을 적용하여 원화로 환산한 금액
> B : 국내로 복귀하여 사업을 개시한 날이 속하는 과세연도의 생산자물가지수의 평균값으로 감면대상 소득이 귀속되는 과세연도의 생산자물가지수의 평균값을 나눈 비율(1보다 작은 경우에는 1로 한다)

(2021.3.16 본호신설)
4. 영 제104조의21제6항제2호에 해당하는 경우 : 다음 계산식에 따라 계산한 금액

> 환율 등을 고려하여 기획재정부령으로 정하는 바에 따라 환산한 금액 = A × B
>
> A : 국외에서 경영하던 사업장에서 축소한 생산량으로서 산업통상자원부장관이 확인한 생산량에 대하여 현지화로 표시된 매출액을 국외에서 경영하던 사업장의 축소를 완료한 날이 속하는 과세연도의 평균환율을 적용하여 원화로 환산한 금액
> B : 국외에서 경영하던 사업장의 축소를 완료한 날이 속하는 과세연도의 생산자물가지수의 평균값으로 감면대상 소득이 귀속되는 과세연도의 생산자물가지수의 평균값을 나눈 비율(1보다 작은 경우에는 1로 한다)

(2021.3.16 본호개정)
③ 영 제104조의21제10항제1호에서 "기획재정부령으로 정하는 바에 따라 해당 사업장의 연면적이 증가하는 경우"란 사업장 부지 안에 있는 건축물 각 층의 바닥면적(식당·휴게실·목욕실·세탁장·의료실·옥외체육시설 및 기숙사 등 종업원의 후생복지증진에 제공되는 시설과 대피소·무기고·탄약고 및 교육시설의 바닥면적은 제외한다)을 합산한 면적이 증가하는 경우를 말한다.
(2023.3.20 본항개정)
④ 영 제104조의21제10항제2호 단서에서 "기획재정부령으로 정하는 공장"이란 「산업집적활성화 및 공장설립에 관한 법률」 제2조제1호에 따른 공장을 말한다.
(2023.3.20 본항개정)
⑤ 영 제104조의21제12항에서 "그 밖에 필요한 서류"란 다음 각 호의 서류를 말한다.(2021.3.16 본문개정)
1. 국외에서 2년 이상 계속하여 사업장을 경영했음을 증명할 수 있는 서류
2. 영 제104조의21제1항제1호 또는 제2호에 해당하는 경우 국외사업장을 양도했거나 폐쇄했음을 증명할 수 있는 서류(국내에서 사업을 개시한 날부터 4년이 지나지 않은 자로서 국외사업장을 양도하거나 폐쇄하지 않은 경우에는 4년이 되는 날)
3. 영 제104조의21제3항제2호에 해당하는 경우 산업통상자원부장관이 확인한 국외에서 경영하던 사업장의 생산량 축소 확인서 사본(2021.3.16 본호개정)
4. 영 제104조의21제10항제2호에 해당하는 경우로서 사업장이 제4항에 따른 공장인 경우 「해외진출기업의 국

내복귀 지원에 관한 법률 시행령」 제6조제2항제2호에 따른 산업통상자원부장관의 고시에 따라 발급받은 유휴면적 현장조사 확인서 사본(2023.3.20 본호신설)
(2020.4.21 본항개정)
(2020.4.21 본조개정)

제47조의3【2018 평창 동계올림픽대회 및 동계패럴림픽대회에 대한 과세특례】 ① 법 제104조의28제3항에서 "기획재정부령으로 정하는 외국법인"이란 국제올림픽위원회와의 계약을 통하여 다음 각 호의 어느 하나에 해당하는 외국법인을 말한다.(2017.3.17 본문개정)
1. 국제올림픽위원회와의 계약을 통하여 국제올림픽위원회의 휘장을 사용하는 경기시간 및 점수 측정업체 또는 경기관리 정보시스템 운영업체
2. 2018 평창 동계올림픽대회 및 동계패럴림픽대회의 지역별 독점방송중계권자
(2017.3.17 1호~2호신설)
② 법 제104조의28제4항에서 "기획재정부령으로 정하는 자"란 다음 각 호의 어느 하나에 해당하는 외국법인의 임직원을 말한다.
1. 국제올림픽위원회가 동계올림픽대회 방송중계에 필요한 시설과 서비스 제공을 위하여 설립한 올림픽방송제작사
2. 2018 평창 동계올림픽대회 및 동계패럴림픽대회의 지역별 독점방송중계권자(2017.3.17 본호개정)
3. 국제올림픽위원회와의 계약을 통하여 국제올림픽위원회의 휘장을 사용하는 경기시간 및 점수 측정업체 또는 경기관리 정보시스템 운영업체
(2017.3.17 본조제목개정)
(2016.3.14 본조신설)

제47조의4【프로젝트금융투자회사에 대한 소득공제】 ① 영 제104조의28제4항제5호 각 목 외의 부분 및 제6항에서 "기획재정부령으로 정하는 서류"란 다음 각 호의 서류를 말한다. 다만, 영 제104조의28제6항에 따른 변경신고의 경우에는 변경된 내용이 있는 서류에 한정한다.
1. 정관
2. 회사의 자산을 운용하는 특정사업의 내용
3. 자금의 조달 및 운영계획
4. 주금의 납입을 증명할 수 있는 서류
5. 자산관리회사 및 자금관리사무수탁회사와 체결한 업무위탁계약서 사본
② 영 제104조의28제4항제5호 또는 제6항에 따라 신고를 받은 납세지 관할 세무서장은 「전자정부법」 제36조제1항에 따른 행정정보의 공동이용을 통해 신고인의 법인 등기사항증명서를 확인해야 한다.
(2021.3.16 본조신설)

제47조의5【부가가치세 영세율의 적용】 ① 영 105조제2항에서 "기획재정부령으로 정하는 것"이란 별표9의2에 따른 장애인용품을 말한다.(2020.3.13 본조신설)

제48조【부가가치세의 면제등】 ① 영 제106조제4항제1호에서 "기획재정부령으로 정하는 다가구주택"이란 「건축법 시행령」 별표1 제1호다목에 해당하는 것을 말한다. 이 경우 한 가구가 독립하여 거주할 수 있도록 구획된 부분을 각각 하나의 주택으로 본다.(2021.3.16 본항신설)
② 영 제106조제8항 각 호 외의 부분 본문에서 "기획재정부령이 정하는 사업"이라 함은 별표10의 정부업무대행단체의 면세사업을 말한다.(2019.3.20 본항개정)
③ (2001.3.28 삭제)
④ 영 제106조제17항의 규정에 의한 농민 또는 어민의 확인은 지역농업협동조합·지역축산업협동조합, 품목별·업종별협동조합 또는 수산업협동조합의 장이 발급하는 농·어민확인서에 의한다.(2018.3.21 본항개정)

제48조의2【면세금지금도매업자의 범위 등】 ① 영 제106조의3제2항제1호나목에서 "기획재정부령이 정하는

금액 이상"이라 함은 법 제106조의3의 규정에 의하여 면세금지금을 거래하고자 하는 날이 속하는 과세기간의 직전 2개의 과세기간의 공급가액을 합계한 금액이 30억원 이상인 경우를 말한다.(2008.4.29 본항개정)
② 영 제106조의3제3항 각 호 외의 부분에서 "기획재정부령으로 정하는 요건을 갖춘 자"라 함은 다음 각 호의 요건을 갖춘 자를 말한다.(2009.4.7 본문개정)
1. 면세금지금중개업무 및 이에 관한 보고업무를 안정적으로 수행할 수 있는 충분한 속도 및 용량의 전산설비를 갖추고 있을 것
2. 면세금지금중개업무에 대한 지식·경험 등 업무수행에 필요한 능력을 가진 전문인력을 갖출 것
(2003.3.24 본조신설)

제48조의3【면세금지금 추천량】 영 제106조의4제8항제3호에서 "기획재정부령이 정하는 사항"이라 함은 다음 각 호의 어느 하나에 해당하는 것을 말한다.
(2008.4.29 본문개정)
1. 면세금지금 거래추천자는 한 사업자에 대하여 국세청장이 1일 100킬로그램 이내의 범위안에서 고시하는 거래추천량을 초과하여 추천하지 아니할 것
2. 면세금지금 수입추천자는 한 사업자에 대하여 국세청장이 1일 300킬로그램 이내의 범위안에서 고시하는 수입추천량을 초과하여 추천하지 아니할 것
(2005.3.11 본조개정)

제48조의4【금 관련 제품에 대한 부가가치세 매입자납부 특례】 ① 영 제106조의9제5항에 따라 국세청장이 지정한 자는 법 제106조의4제3항에 따라 금 관련 제품을 공급받은 금사업자(이하 이 조에서 "금매입사업자"라 한다)가 입금한 부가가치세액(매출세액)의 범위에서 해당 금 관련 제품을 공급한 금사업자(이하 이 조에서 "금공급사업자"라 한다)가 입금한 부가가치세액(매입세액)을 국세청장이 정하는 바에 따라 금공급사업자에게 환급할 수 있다.
② 제1항을 적용할 때 다음 각 호의 어느 하나에 해당하는 금액은 금공급사업자가 입금한 부가가치세액(매입세액)으로 본다.
1. 금공급사업자가 법 제106조의4제1항에 따른 금 관련 제품(이하 이 조에서 "금 관련 제품"이라 한다) 수입업자인 경우로서 그 수입업자가 금 관련 제품을 수입할 때 세관에 납부한 부가가치세액
2. 금공급사업자가 영 제106조의3제2항제2호에 따른 금지금제련업자인 경우로서 금매입사업자가 입금한 부가가치세액(매출세액)에서 그 금지금제련업자가 입금한 부가가치세액(매입세액)을 뺀 금액의 100분의 70에 해당하는 금액
③ 금 관련 제품 수입업자가 제2항제1호에 따른 부가가치세액을 환급받으려면 금 관련 제품 수입업자 부가가치세 환급신청서를 관할세무서장에게 제출해야 한다.
④ 제3항에 따라 환급신청서를 제출받은 관할 세무서장은 부가가치세액의 납부사실이 확인된 경우에는 영 제106조의9제5항에 따라 국세청장이 지정한 자에게 그 사실을 통보해야 한다.
⑤ 영 제106조의9제5항에 따라 국세청장이 지정한 자는 제1항 및 제2항에 따라 환급하고 남은 부가가치세액을 「부가가치세법」 제48조 및 제49조에 따른 예정신고기한 및 확정신고기한까지 국고에 입금해야 한다.
(2023.3.20 본항신설)
(2023.3.20 본조개정)

제48조의5 (2014.3.14 삭제)

제48조의6【스크랩등에 대한 부가가치세 매입자납부특례】 ① 영 제106조의13제4항에 따라 국세청장으로부터 지정받은 자는 법 제106조의9제3항에 따라 매입자가 입금한 부가가치세액(매출세액)의 범위에서 해당 사업자가 입금한 부가가치세액(매입세액)을 국세청장이 정하는 바에 따라 해당 사업자에게 환급할 수 있다.

② 제1항에도 불구하고 스크랩등 수입할 때에 세관에 납부한 부가가치세액은 해당 사업자가 입금한 부가가치세액(매입세액)으로 보아 환급할 수 있다.(2016.3.14 본항개정)

③ 스크랩등 수입업자가 제2항에 따른 수입을 할 때에 세관에 납부한 부가가치세액을 환급받으려면 스크랩등 수입업자 부가가치세 환급신청서를 관할세무서장에게 제출하여야 한다. 다만, 사업자가 스크랩등 수입에 대한 부가가치세를 납부한 사실이 확인되는 경우에는, 환급신청서를 제출하지 아니할 수 있다.(2016.3.14 본항개정)

④ 제3항에 따라 제출받은 관할세무서장은 부가가치세액의 납부 여부를 확인하여 납부한 경우에는 제1항의 국세청장으로부터 지정받은 자에게 그 사실을 통보하여야 한다.

(2016.3.14 본조제목개정)

(2013.12.30 본조신설)

제49조【외국사업자에 대한 부가가치세 환급대상 및 절차】① 영 제107조제1항제3호에서 "기획재정부령이 정하는 것"이라 함은 다음 각호의 것을 말한다. 다만, 「부가가치세법」 제39조제1항제2호부터 제7호까지의 규정에 따라 매입세액이 공제되지 아니하는 것을 제외한다.(2013.6.28 단서개정)

1. 국내사무소용 건물·구축물 및 당해 건물·구축물의 수리용역

2. 사무용 기구·비품 및 당해 기구·비품의 임대용역

② 「부가가치세법」 제8조에 따라 사업등록을 한 사업자(「부가가치세법」 제36조의2제1항 또는 제2항에 따라 영수증 발급에 관한 규정이 적용되는 기간에 재화 또는 용역을 공급하는 간이과세자를 제외한다)가 외국사업자에게 법 제107조제6항 각 호의 재화 또는 용역을 공급하는 때에 해당 외국사업자로부터 세금계산서의 발급을 요구받은 경우에는 이를 발급해야 한다.

(2021.3.16 본항개정)

③ 외국사업자에 대한 부가가치세의 환급절차에 관하여 필요한 사항은 국세청장이 이를 정하여 고시한다.

제49조의2【의료용역공급확인서 등】법 제107조의2제2항에 따른 의료용역공급확인서는 별지 제68호의2서식에 따른다. 다만, 영 제109조의3제2항에 따른 특례적용 의료기관이 같은 조 제3항에 따른 환급창구운영사업자의 가맹점인 경우에는 국세청장이 인정하는 환급전표(정보통신망을 이용하여 전송하는 전자문서를 포함한다)로 갈음할 수 있다.(2016.3.14 본조신설)

제50조【재활용폐자원 등에 대한 부가가치세 매입세액공제 특례】① 영 제110조제3항제5호에서 "기획재정부령이 정하는 자"라 함은 재생재료수집 및 판매를 주된 사업으로 하는 자를 말한다.(2008.4.29 본항개정)

② (2006.4.17 삭제)

제50조의2【증명자료의 제출】영 제111조제1항에서 "노후경유자동차(법 제109조의2제1항 전단에 따른 노후경유자동차를 말한다. 이하 이 조에서 같다) 및 신차의 자동차등록원부, 주민등록증 사본(사업자인 경우에는 사업자등록증 사본) 등 기획재정부령으로 정하는 증명자료"란 다음 각 호의 자료를 말한다.(2017.3.10 본문개정)

1. 노후경유자동차 및 신차의 자동차등록원부(2017.3.10 본호개정)

2. 주민등록증 사본(사업자인 경우에는 사업자등록증 사본). 다만, 운전면허증, 여권, 국내거소신고증, 공무원증으로 주민등록증 사본을 갈음할 수 있다.

3. 노후경유자동차의 자동차등록원부에 적힌 주민등록번호, 사업자등록번호 또는 상호가 신차의 신규등록일 당시 주민등록번호, 사업자등록번호 또는 상호와 다른 경우에는 주민등록표 초본, 「상업등기법」 제15조에 따른 등기사항증명서 등 노후경유자동차와 신차의

등록자가 동일인 또는 동일법인임을 확인할 수 있는 자료(2017.3.10 본호개정)

(2009.8.28 본조신설)

제50조의3【환급대상 유류 등의 수량 계산방법】영 제112조의2제11항, 영 제112조의3제3항 및 제112조의4 제5항에 따른 환급 또는 감면 대상 수량의 산정은 다음 각 호의 산식에 따른다.

1. 영 제112조의2제11항에 따른 유류의 수량 = (환급용 유류구매카드를 통하여 구매한 유류 금액) ÷ (「석유 및 석유대체연료 사업법」 제38조의2제3항 및 같은 법 시행령 제42조의2제5항에 따라 한국석유공사가 조사·공표하는 해당 주유소 또는 충전소 소재 특별시·광역시·특별자치시·도·제주특별자치도의 유류 단위당 주유소 또는 충전소의 평균판매가격)

2. 영 제112조의3제3항에 따른 부탄의 수량 = (택시면세유구매카드를 통하여 구매한 부탄의 금액) ÷ (「석유 및 석유대체연료 사업법」 제38조의2제3항 및 같은 법 시행령 제42조의2제5항에 따라 한국석유공사가 조사·공표하는 해당 충전소 소재 특별시·광역시·특별자치시·도·제주특별자치도의 부탄 단위당 충전소의 평균판매가격)

3. 영 제112조의4제5항에 따른 석유류의 수량 = (유류구매카드를 통하여 구매한 석유류 금액) ÷ (「석유 및 석유대체연료 사업법」 제38조의2제3항 및 같은 법 시행령 제42조의2제5항에 따라 한국석유공사가 조사·공표하는 해당 주유소 또는 충전소 소재 특별시·광역시·특별자치시·도·제주특별자치도의 석유류 단위당 주유소 또는 충전소의 평균판매가격)(2013.2.23 본호신설)

(2013.2.23 본조개정)

제50조의4【관세가 경감되는 물품】① 법 제118조제2항에 따라 관세가 경감되는 물품은 별표13과 같다. 다만, 법 제118조제1항제22호에 따라 관세가 경감되는 물품은 해당 물품의 제조·가공 등에 관한 업무를 관장하는 중앙행정기관의 장 또는 해당 중앙행정기관의 장이 지정하는 자가 추천하는 물품으로 한다.

② 제1항에 따라 관세를 경감하는 물품에 대한 관세경감률은 해당 관세액의 100분의 50(제1항 단서에 따른 물품의 경우 100분의 100)으로 한다.

(2020.3.13 본조개정)

제50조의5【국내복귀기업에 대한 관세 감면신청】영 제115조의3제6항에 따라 관세의 감면신청을 하려는 자는 감면신청서에 다음 각 호의 서류를 첨부하여 세관장에게 제출하여야 한다.(2018.3.21 본문개정)

1. 「해외진출기업의 국내복귀 지원에 관한 법률」 제7조제4항에 따라 산업통상자원부장관이 발급한 지원대상 국내복귀기업 선정확인서 사본 1부(2014.3.14 본호개정)

2. 감면신청 물품이 영 제115조의3제1항에 해당하는 자본재임을 산업통상자원부장관이 확인한 도입물품명세확인서 사본 1부(2018.3.21 본호개정)

3. 기타 관세청장이 필요하다고 고시하는 서류

(2013.2.23 본조신설)

제50조의6【시장조성자에 대한 증권거래세 면제요건 등】① 영 제115조제1항에서 "기획재정부령으로 정하는 요건"이란 다음 각 호의 요건을 말한다.

1. 「자본시장과 금융투자업에 관한 법률」 제387조제2항제1호에 따른 거래소 결제회원일 것

2. 시장조성 업무를 담당하는 자를 소속 임원·직원 중에서 지정할 것

② 영 제115조제3항제1호가목 및 같은 항 제2호가목에서 "기획재정부령으로 정하는 비율"이란 각각 100분의 5를 말한다.(2021.3.16 본항신설)

③ 영 제115조제3항제1호나목 및 같은 항 제2호나목에

서 "기획재정부령으로 정하는 금액"이란 다음 각 호의 구분에 따른 금액을 말한다.
1. 영 제115조제3항제1호나목의 금액 : 300조원
2. 영 제115조제3항제2호나목의 금액 : 9조원
(2021.3.16 본항신설)
④ 영 제115조제4항 후단에서 "기획재정부령으로 정하는 비율"이란 다음 각 호의 수치를 말한다.
(2021.3.16 본문개정)
1. 주가지수선물 및 주가지수옵션(이하 이 조에서 "주가지수파생상품"이라 한다)의 경우 다음 각 목의 수치
가. 주가지수의 변동에 따른 해당 주가지수를 기초자산으로 하는 주가지수파생상품의 가격변동의 비율로서 「자본시장과 금융투자업에 관한 법률」 제393조제2항에 따른 파생상품시장업무규정에 따라 한국거래소가 주가지수파생상품의 종목별로 매 거래일마다 산출하는 수치(이하 이 조에서 "기초자산 환산비율"이라 한다)
나. 주가지수에서 차지하는 개별주식 가치의 비중으로서 한국거래소가 주가지수별로 매 거래일마다 산출하는 수치(이하 이 조에서 "지수반영 시가총액 비중"이라 한다)
2. 주식선물과 주식옵션(이하 이 조에서 "주식파생상품"이라 한다)의 경우 : 주권의 가격변동에 따른 해당 주식파생상품의 가격변동의 비율로서 「자본시장과 금융투자업에 관한 법률」 제393조제2항에 따른 파생상품시장업무규정에 따라 한국거래소가 주식파생상품 종목별로 매 거래일마다 산출하는 수치(이하 이 조에서 "주식거래량 환산 비율"이라 한다)
⑤ 영 제115조제5항제1호에서 "기획재정부령으로 정하는 금액"이란 1조원을 말한다.(2021.3.16 본항신설)
⑥ 영 제115조제5항제2호에서 "기획재정부령으로 정하는 회전율(이하 이 조에서 "회전율"이라 한다)"이란 해당 종목의 매매거래일 기준으로 다음의 계산식에 따라 계산한 율로 한다.

$$회전율 = \frac{거래량(당일\ 정규시장의\ 매매거래시간\ 중\ 개별경쟁매매의\ 방법에\ 의한\ 거래량으로\ 한정)}{상장주식\ 수}$$

(2021.3.16 본항신설)
⑦ 영 제115조제5항제2호에서 "기획재정부령으로 정하는 비율"이란 「증권거래세법 시행령」 제5조제1호에 따른 유가증권시장과 같은 조 제3호가목에 따른 코스닥시장에서 거래되는 주권 중 각 시장별로 회전율이 가장 높은 종목부터 상위 100분의 50에 해당하는 비율을 말한다.(2021.3.16 본항신설)
⑧ 한국거래소는 「전자문서 및 전자거래기본법」에 따른 전자문서를 이용하여 기초자산 환산비율, 지수반영 시가총액 비중 및 주식거래량환산 비율을 영 제115조제1항에 따른 시장조성자 중 「자본시장과 금융투자업에 관한 법률」 제393조제2항에 따른 파생상품시장업무규정에 따라 시장조성 계약을 체결한 시장조성자(이하 이 조에서 "파생상품 시장조성자"라 한다)에게 매 거래일마다 통보해야 한다.(2021.3.16 본항개정)
⑨ 영 제115조제4항 전단 중 주식파생상품의 위험회피거래 대상주권의 양도는 제1호에 따른 거래 방식으로 제2호에 따라 산출된 수량(소수점 이하는 버리며, 이하 이 조에서 "일일면제한도수량"이라 한다)의 범위에서 양도하는 것을 말한다. 이 경우 먼저 거래한 것부터 순차적으로 일일면제한도수량에 포함되는 것으로 한다.(2021.3.16 전단개정)
1. 다음 각 목의 어느 하나에 해당하는 거래
가. 주식선물의 매수계약, 주식 콜옵션의 매수계약 또는 주식 풋옵션의 매도계약을 체결[각 종목의 매수계약과 매도계약별로 미결제약정수량을 소멸시키는

거래(이하 이 조에서 "반대거래"라 한다)는 제외한다]한 후 지체 없이 주권을 양도하는 경우
나. 주식선물의 매도계약, 주식 콜옵션의 매도계약 또는 주식 풋옵션의 매수계약을 체결(반대거래는 제외한다)한 후 지체 없이 주권을 매수하고, 해당 계약이 반대거래되거나 최종거래일이 도래한 때 그 매수한 주권을 양도하는 경우
(2021.3.16 가목~나목개정)
2. 다음 각 목에 따른 수량의 합계
가. 일일 주식선물의 매수량과 주식 콜옵션의 매수량 및 주식 풋옵션의 매도량별로 각각의 주식거래량 환산 비율과 「자본시장과 금융투자업에 관한 법률」 제393조제2항에 따른 파생상품시장업무규정에 따른 거래승수(이하 이 조에서 "거래승수"라 한다)를 곱하여 산출되는 수량의 합계량
나. 주식옵션의 종목별로 전일까지 미결제약정수량에 당일 주식거래량 환산 비율에서 전일 주식거래량 환산 비율을 뺀 값과 거래승수를 곱하여 산출되는 수량의 합계량. 다만, 당일 주식거래량 환산 비율에서 전일 주식거래량 환산 비율을 뺀 값이 영(零)보다 작은 경우는 영으로 한다.
다. 주식선물 · 옵션의 종목별로 최종거래일까지 청산되지 아니한 미결제약정수량에 영에서 최종거래일 주식거래량 환산 비율을 뺀 값과 거래승수를 곱하여 산출되는 수량의 합계량. 다만, 최종거래일 주식거래량 환산 비율이 영보다 큰 경우는 영으로 한다.
⑩ 영 제115조제4항 전단 중 주가지수파생상품의 위험회피거래 대상주권의 양도는 제1호에 따른 거래 방식으로 제2호에 따라 산출된 수량(소수점 이하는 버리며, 이하 이 조에서 "지수상품 일일면제한도수량"이라 한다)의 범위에서 양도하는 것을 말한다. 이 경우 먼저 거래한 것부터 순차적으로 지수상품 일일면제한도수량에 포함되는 것으로 한다.(2021.3.16 전단개정)
1. 다음 각 목의 어느 하나에 해당하는 거래
가. 주가지수선물의 매수계약, 주가지수 콜옵션의 매수계약 또는 주가지수 풋옵션의 매도계약을 체결(반대거래는 제외한다)한 후 지체 없이 해당 종목의 지수를 구성하는 주권을 양도하는 경우
나. 주가지수선물의 매도계약, 주가지수 콜옵션의 매도계약 또는 주가지수 풋옵션의 매수계약을 체결(반대거래는 제외한다)한 후 지체 없이 해당 종목의 지수를 구성하는 주권을 매수하고, 해당 계약이 반대거래되거나 최종거래일이 도래한 때 그 매수한 주권을 양도하는 경우
(2021.3.16 가목~나목개정)
2. 다음 각 목에 따른 수량의 합계
가. 일일 주가지수선물의 매수량과 주가지수 콜옵션의 매수량 및 주가지수 풋옵션의 매도량별로 각각의 기초자산 환산 비율과 거래승수를 곱하여 산출되는 수량에 해당 거래일 주가지수의 종가에 지수를 구성하는 주권별로 지수반영 시가총액 비중을 곱한 후 주권별 종가로 나눈 수치(이하 이 조에서 "지수환산계수"라 한다)를 곱하여 산출되는 수량의 합계량
나. 주가지수옵션의 종목별로 전일까지 미결제약정수량에 당일 기초자산 환산 비율에서 전일 기초자산 환산 비율을 뺀 값과 거래승수를 곱하여 산출되는 수량에 지수를 구성하는 주권별로 지수환산계수를 곱하여 산출되는 수량의 합계량. 다만, 당일 기초자산 환산 비율에서 전일 기초자산 환산 비율을 뺀 값이 영보다 작은 경우는 영으로 한다.
다. 주가지수파생상품의 종목별로 최종거래일까지 청산되지 아니한 미결제약정수량에 영에서 최종거래일 기초자산 환산 비율을 뺀 값과 거래승수를 곱하여 산출되는 수량에 지수를 구성하는 주권별로 지수

환산계수를 곱하여 산출되는 수량의 합계량. 다만, 최종거래일 기초자산 환산 비율이 영보다 큰 경우는 영으로 한다.

⑪ 파생상품 시장조성자는 영 제115조제7항에 따라 위험회피거래신고서를 「자본시장과 금융투자업에 관한 법률」 제294조에 따라 설립된 한국예탁결제원(이하 이 조에서 "한국예탁결제원"이라 한다)에 제출하는 경우 법 제117조제1항제2호의5에 따라 증권거래세를 면제받기 위해 필요한 자료를 다음 각 호의 구분에 따라 작성하여 보관해야 한다.(2021.3.16 본문개정)
1. 주식파생상품에 대한 시장조성자 : 매 거래일의 종목별 주식거래량 환산 비율, 일일면제한도수량, 위험회피거래 대상주권의 매도수량 및 양도가액 등
2. 주가지수파생상품에 대한 시장조성자 : 매 거래일의 종목별 주가지수의 종가, 기초자산 환산비율, 주가지수의 구성 종목별 종가, 지수반영 시가총액 비중, 지수상품 일일면제한도수량, 종목별 주가지수 파생상품 거래내역 및 위험회피거래 대상주권의 매도수량 및 양도가액 등

⑫ 영 제115조제8항에 따른 양도는 「자본시장과 금융투자업에 관한 법률」 제393조제1항에 따른 증권시장업무규정에 따라 시장조성 계약을 체결한 시장조성자(이하 이 조에서 "주식시장조성자"라 한다)가 시장조성계약의 대상이 되는 주권의 호가제출시점의 최우선매수호가 가격보다 높은 가격으로 제출한 매도호가(호가제출시점에서 매수호가가 없는 경우에는 모든 가격으로 제출한 매도호가를 포함한다)로 주권을 양도하는 것을 말한다. 다만, 다음 각 호의 요건을 모두 충족하는 경우에는 호가제출시점의 최우선매수호가 가격보다 낮거나 같은 가격으로 제출한 매도호가로 주권을 양도하는 것[주식시장조성자가 영 제115조제8항에 따른 시장조성계약의 대상이 되는 주권만을 거래하는 계좌에 직전 거래일 장 종료 시점에 보유(장외 거래를 통해 매수하는 주권의 경우에는 해당 주권의 결재일에 보유한 것으로 본다)하고 있는 종목별 수량의 100분의 70을 한도로 한다]을 말한다.(2021.3.16 본문개정)
1. 시장조성계약의 대상이 되는 주권을 기초자산으로 하는 주식선물 또는 주식옵션이 한국거래소에 상장되어 있지 아니할 것
2. 시장조성계약의 대상이 되는 주권의 가격이 「자본시장과 금융투자업에 관한 법률」 제393조제1항에 따른 증권시장업무규정에서 정하는 기준가격 100분의 4를 초과하여 하락할 것

⑬ 한국거래소는 「전자문서 및 전자거래기본법」에 따른 전자문서를 이용하여 제10항의 양도방법에 따른 증권거래세 면제대상 거래내역을 주식시장조성자 및 한국예탁결제원에 매 거래일마다 통보해야 한다.
(2021.3.16 본항개정)

⑭ 주식시장조성자는 영 제115조제10항에 따른 시장조성거래신고서를 한국예탁결제원에 제출하는 경우 매 거래일의 시장조성거래건별 매도수량, 매도금액 등 법 제117조제1항제3호에 따라 증권거래세를 면제받기 위해 필요한 자료를 작성하여 보관해야 한다.
(2021.3.16 본항개정)
(2016.3.14 본조개정)

제50조의7【차익거래에 대한 증권거래세 면제요건 등】
① 영 제115조제11항제4호에서 "기획재정부령으로 정하는 합성선물"이란 결제월 및 행사가격이 동일한 콜옵션 및 풋옵션을 같은 거래일에 거래하여 영 제115조제11항제1호에 따른 선물(이하 이 조에서 "차익거래대상기본선물"이라한다)을 거래하는 것과 유사한 결과를 얻는 것으로서 다음 각 호의 어느 하나에 해당하는 것(이하 이 조에서 "합성선물"이라 한다)을 말한다.(2021.3.16 본문개정)

1. 콜옵션을 매도하고 풋옵션을 매수하는 것
2. 콜옵션을 매수하고 풋옵션을 매도하는 것

② 영 제115조제12항에서 "기획재정부령으로 정하는 차익거래 전용 계좌"란 영 제115조제11항 각 호의 어느 하나에 해당하는 것(이하 이 조에서 "차익거래대상선물"이라 한다)과 차익거래대상선물의 기초자산인 주권(해당 파생상품의 기초자산이 주가지수인 경우 해당 지수를 구성하는 주권을 말한다. 이하 이 조에서 같다)의 가격차이를 이용하여 이익을 얻기 위한 거래(이하 이 조에서 "차익거래"라 한다)만을 위한 계좌로서 「우정사업 운영에 관한 특례법」 제2조제2호에 따른 우정사업총괄기관(이하 이 조에서 "우정사업총괄기관"이라 한다) 또는 「국가재정법」 별표2에 규정된 법률에 따라 설립된 기금을 관리·운영하는 법인(이하 이 조에서 "기금관리주체"라 한다)이 다음 각 호의 요건을 충족하여 한국거래소에 신고한 계좌를 말한다.(2021.3.16 본문개정)
1. 차익거래대상선물의 거래를 위한 파생상품 계좌와 주권의 거래 계좌를 연계하여 함께 신고할 것
2. 차익거래대상기본선물별로 구분하여 신고할 것

③ 영 제115조제13항제4호에 따른 매수계약 체결금액은 다음 각 호의 구분에 따른 금액을 일별로 합산한 금액을 말한다. 이 경우 차익거래대상선물의 기초자산이 주가지수인 경우에는 매수계약 체결금액에 주권의 각 종목이 차익거래대상선물의 기초자산인 주가지수에서 차지하는 시가총액비중(주권 양도일에 최초로 차익거래를 하는 시점의 종목별 가격을 기준으로 산출한 것을 말한다. 이하 이 조에서 "지수구성 시가총액비중"이라 한다)을 곱한 수치를 해당 종목의 매수계약 체결금액으로 한다.(2021.3.16 전단개정)
1. 차익거래대상선물이 합성선물이 아닌 경우 : 다음 각 목의 금액을 합산한 금액
   가. 선물매수 체결가격에 체결수량을 곱한 이후 「자본시장과 금융투자업에 관한 법률」 제393조제2항의 파생상품시장업무규정에 따른 거래승수(이하 이 조에서 "거래승수"라 한다)를 곱한 금액
   나. 선물매도 최종결제가격에 최종결제수량을 곱한 이후 거래승수를 곱한 금액
2. 차익거래대상선물이 합성선물인 경우 : 다음 각 목의 금액을 합산한 금액
   가. 합성선물매수 체결가격(옵션 행사가격에 콜옵션매수가격을 더한 이후 풋옵션매도가격을 뺀 수치)에 체결수량(콜옵션매수수량과 풋옵션매도수량 중 작은 수량을 말한다)을 곱한 이후 거래승수를 곱한 금액
   나. 합성선물매도 권리행사결제기준가격(풋옵션매수 또는 콜옵션매도의 권리행사결제기준가격을 말한다)에 권리행사결제수량(풋옵션매수 또는 콜옵션매도의 권리행사결제수량을 말한다)을 곱한 이후 거래승수를 곱한 금액

④ 영 제115조제13항제5호에 따른 종목별 시가총액비중은 차익거래를 위하여 일별로 매도한 주권의 종목별 양도금액의 합계액을 일별로 매도한 전체 주권의 양도금액의 합계액으로 나눈 수치로 하되 주권의 종목별로 제3항에 따른 지수구성 시가총액비중을 한도로 한다.(2021.3.16 본항개정)
⑤ 제2항부터 제4항까지의 규정은 차익거래를 위하여 운용하는 계약자산별로 구분하여 각각의 차익거래대상기본선물을 기준으로 적용한다.
⑥ 한국거래소는 「전자문서 및 전자거래기본법」에 따른 전자문서를 이용하여 영 제115조제15항에 따른 거래내역을 차익거래 전용계좌가 개설된 금융투자업자 및 한국예탁결제원에 거래일마다 통보해야 한다.
(2021.3.16 본항개정)
⑦ 우정사업총괄기관과 기금관리주체는 영 제115조제16항에 따라 한국예탁결제원에 제출한 차익거래신고서

와 관련하여 차익거래건별 매도수량, 매도금액 등 증권거래세를 면제받기 위하여 필요한 자료를 거래일별로 작성하여 보관해야 한다.(2021.3.16 본항개정)
(2017.3.17 본조신설)

제51조【외국인투자자에 대한 조세감면의 기준 등】 ① 영 제116조의2제1항제2호에서 "기획재정부령으로 정하는 금액"이란 미합중국 화폐 2백만달러를 말한다.
② 영 제116조의2제2항에서 "기획재정부령으로 정하는 기술"이란 별표14에 따른 기술을 말한다.
(2017.3.17 본조신설)

제51조의2【부수토지의 범위 등】 영 제116조의2제8항제2호에서 "해당 시설물과 함께 거래되는 기획재정부령으로 정하는 부수토지"란 해당 시설물의 부수토지로서 시설물이 정착된 면적에 다음 각호의 지역별 배율을 곱하여 산정한 면적 이내의 토지를 말한다.
(2019.3.20 본문개정)
1. 도시지역내의 토지 : 5배
2. 도시지역외의 토지 : 10배
(2004.3.6 본조개정)

제51조의3【조세감면신청 등】 ① 법 제121조의2제6항의 규정에 의하여 조세감면신청 또는 조세감면내용변경신청을 하고자 하는 자는 조세감면신청서 또는 조세감면내용변경신청서 3부에 조세감면신청사유 또는 조세감면내용변경신청사유를 구체적으로 증명하거나 설명하는 서류를 첨부하여 기획재정부장관(영 제116조의13제1항에 따라 기획재정부장관이 위탁한 기관의 장을 포함한다)에게 제출하여야 한다.
② 법 제121조의2제7항의 규정에 의하여 조세감면대상 해당여부에 대한 사전확인신청을 하고자 하는 자는 조세감면대상 해당여부 사전확인신청서 3부에 조세감면대상 해당여부를 증명할 수 있는 서류를 첨부하여 기획재정부장관(영 제116조의13제1항에 따라 기획재정부장관이 위탁한 기관의 장을 포함한다)에게 제출하여야 한다.
(2013.2.23 본조개정)

제51조의4【사업개시의 신고】 영 제116조의4제1항의 규정에 의하여 사업개시의 신고를 하고자 하는 자는 사업개시신고서를 그 사업장을 관할하는 세무서장에게 제출하여야 한다.(1999.5.24 본조신설)

제51조의5【관세 등의 면세신청】 법 제121조의3제3항의 규정에 의하여 관세·개별소비세 및 부가가치세의 면제신청을 하고자 하는 자는 관세·개별소비세·부가가치세 면제신청서에 다음 각 호의 서류를 첨부하여 세관장에게 제출하여야 한다.(2012.2.28 본문개정)
1. 당해 사업이 법 제121조의2제1항의 규정에 의한 법인세 등의 감면대상이 되는 사업임을 증명하는 서류 사본 1부
2. 당해 자본재가 법 제121조의3제1항 각호의 1에 해당하는 것임을 증명하는 서류 사본 1부
3. 「외국인투자촉진법 시행령」 제38조제2항의 규정에 의한 확인을 받은 자본재의 도입물품명세확인서 사본 1부(2005.3.11 본호개정)
(1999.5.24 본조신설)

제51조의6【증자의 조세감면 시 공통익금과 공통손금의 안분기준】 영 제116조의6제5항 및 제6항을 적용할 때 외국인투자기업의 증자분 감면대상 사업이 당초 감면대상 사업과 동일한 사업으로서 동일한 사업장 내에서 같은 공정으로 구성된 경우 등 공통익금과 공통손금을 법 제143조에 따라 구분경리하기 어려운 경우에는 증자 시 새로 취득·설치한 유형고정자산 가액의 비율 및 증자 시 해당 자본금의 비율 등을 고려하여 국세청장이 정하여 고시하는 기준에 따라 공통익금과 공통손금을 안분계산한다.(2015.3.13 본조신설)

제51조의7【제주첨단과학기술단지 입주기업 수입물품 등에 대한 관세의 면제신청】 법 제121조의10 및 제

121조의11에 따라 관세의 면제를 받으려는 자는 「관세법 시행령」 제112조에 따른 관세감면신청서에 다음 각 호의 어느 하나에 해당하는 서류를 첨부하여 세관장에게 제출하여야 한다.(2017.3.17 본문개정)
1. 법 제121조의10에 따라 관세의 면제를 받으려는 경우 해당 기업이 「제주특별자치도 설치 및 국제자유도시 조성을 위한 특별법」 제161조에 따른 제주첨단과학기술단지에 입주한 기업임을 증명하는 서류
(2017.3.17 본문개정)
2. 법 제121조의11에 따라 관세의 면제를 받으려는 경우(2017.3.17 본문개정)
가. 영 제116조의16제2항의 규정에 의하여 제주특별자치도지사가 확인한 서류(2017.3.17 본목개정)
나. 당해 제작이 국내제작이 곤란한 물품임을 당해 물품의 생산을 관장하는 중앙행정기관의 장 또는 중앙행정기관의 장이 지정한 자가 확인한 서류(외국투자가 또는 외국인투자기업이 외국인투자의 목적으로 수입하는 물품인 경우를 제외한다)
(2002.5.17 본조신설)

제51조의8 (2019.3.20 삭제)

제51조의9【농업협동조합중앙회의 고유목적사업준비금 손금산입 한도】 법 제121조의23제6항제2호에서 "기획재정부장관과 농림축산식품부장관이 협의하여 기획재정부령으로 정하는 비율"이란 100분의 100을 말한다.
(2017.3.17 본조개정)

제51조의10【수산업협동조합중앙회의 고유목적사업준비금 손금산입 한도】 법 제121조의25제4항제2호에서 "기획재정부장관과 해양수산부장관이 협의하여 기획재정부령으로 정하는 비율"이란 100분의 100을 말한다.
(2017.3.17 본조신설)

제51조의11【부채의 범위 등】 ① 영 제116조의30제13항 전단에서 "기획재정부령으로 정하는 부채"란 각 사업연도 종료일 현재 재무상태표상의 부채의 합계액 중 타인으로부터 조달한 차입금의 합계액을 말한다. 다만, 다음 각 호의 어느 하나에 해당하는 자산을 신규로 취득하기 위해 증가한 차입금으로서 영 제116조의30제1항에 따른 사업재편계획승인권자의 확인을 받은 것은 제외한다.(2022.3.18 단서개정)
1. 법 제24조제1항제1호에 따른 공제대상 자산
2. 법 제54조제1항에 따른 공장으로서 사업용 공장
3. 제2호에 따른 사업용 공장의 부속토지. 다만, 해당 부속토지가 사업용 공장의 바닥면적의 3배를 초과하는 경우 그 초과하는 부분은 부속토지로 보지 않는다.
(2021.3.16 1호~3호신설)
② 영 제116조의30제13항 및 같은 조 제14항에 따른 부채비율 및 기준부채비율을 계산함에 있어서 자기자본은 각 사업연도 종료일 또는 같은 조 제14항제1호에 따른 기준부채비율산정기준일(이하 이 조에서 "기준부채비율산정기준일"이라 한다) 현재의 자산총액에서 부채총액(각종 충당금을 포함하며 미지급법인세는 제외한다)을 공제하여 계산한다. 이 경우 자산총액을 산정함에 있어 각 사업연도 종료일 또는 기준부채비율산정기준일 전에 해당 법인의 보유자산에 대하여 「자산재평가법」에 따른 재평가를 한 때에는 같은 법에 따른 재평가차액(재평가세를 공제한 금액을 말한다)을 공제한다.
(2017.3.17 전단개정)
③ 제2항 전단에도 불구하고 금융채권자부채를 상환한 후 3년이내에 결손금의 발생으로 각 사업연도의 자기자본이 직전 사업연도 또는 기준부채비율산정기준일 현재의 자기자본보다 감소한 경우에는 직전 사업연도의 자기자본과 기준부채비율산정기준일 현재의 자기자본 중 큰 금액을 기준으로 부채비율을 계산한다.
(2018.3.21 본항개정)
④ 영 제116조의30제13항 및 같은 조 제14항에 따라 부채비율 및 기준부채비율을 산정함에 있어서 납입자본금은

각 사업연도 종료일 또는 기준부채비율산정기준일 현재의 납입자본금을 기준으로 하되, 해당 내국법인이 각 사업연도 종료일 이전에 무상감자를 한 경우에는 해당 감자금액을 납입자본금에 가산한다.(2017.3.17 본항개정)

⑤ 기준부채비율산정기준일 이후 합병한 경우 기준부채비율을 산정할 때에는 기준부채비율산정기준일 현재 피합병법인(합병으로 인하여 소멸 또는 흡수되는 법인을 말한다) 및 합병법인(합병으로 인하여 신설 또는 존속하는 법인을 말한다)의 재무상태표상의 부채(제1항에 따른 부채를 말한다) 및 자기자본을 각각 합하여 합병법인의 기준부채비율을 계산한다.

⑥ 외화표시자산등을 원화로 평가하는 때에는 다음 각 호의 구분에 따른 기준일 현재의 「법인세법 시행령」 제76조제1항에 따른 환율에 의한다.

1. 영 제116조의30제13항에 따른 부채비율을 산정하는 경우 : 각 사업연도 종료일. 다만, 가목에 따른 부채비율이 나목에 따른 부채비율보다 낮은 경우에는 가목에 따른 기준일로 한다.(2017.3.17 본문개정)
   가. 기준부채비율산정기준일 현재의 통화별 외화표시자산등의 금액 범위안의 외화표시자산등에 대하여는 기준부채비율산정기준일 현재의 환율로 평가하고, 그 외의 외화표시자산등에 대하여는 각 사업연도 종료일 현재의 환율로 평가한 부채비율
   나. 전체 외화표시자산등을 각 사업연도 종료일의 환율로 평가한 부채비율

2. 영 제116조의30제14항에 따른 기준부채비율을 산정하는 경우 : 기준부채비율산정기준일(채무상환분에 대하여는 상환한 날)(2017.3.17 본호개정)
(2016.8.9 본조신설)

제52조 (2011.4.7 삭제)

제52조의2【성실사업자에 대한 의료비등 공제】 영 제117조의3제6항에 따른 의료비 및 교육비공제를 받으려는 자는 소득세과세표준확정신고를 할 때 다음 각 호의 서식을 제출하여야 한다.(2019.3.20 본문개정)

1. 의료비공제를 받으려는 경우 「소득세법 시행규칙」 제101조제17호에 따른 서식
2. 교육비공제를 받으려는 경우 「소득세법 시행규칙」 제101조제18호에 따른 서식(2009.8.28 본호개정)
(2008.4.29 본조신설)

제52조의3【신용카드등 사용금액에 대한 소득공제】 ① 영 제121조의2제9항에서 "기획재정부령으로 정하는 매출액"이란 다음 각 호의 구분에 따른 매출액을 말한다.

1. 도서 또는 신문을 취급하는 사업자 : 3억원
2. 공연 관람권 또는 박물관 및 미술관 입장권을 취급하는 사업자 : 7,500만원
(2021.3.16 본항신설)

② 영 제121조의2제12항에서 "기획재정부령으로 정하는 서류"라 함은 「소득세법 시행령」 제216조의3제1항 각 호의 지급명세에 관한 서류로서 소득공제명세서를 일괄적으로 기재하여 국세청장이 발급하는 서류를 말한다.
(2019.3.20 본조개정)

제52조의4【거래신청 확인기간의 연장사유】 영 제121조의5제5항 단서에서 "기획재정부령이 정하는 불가피한 사유가 있는 경우"라 함은 다음 각 호의 어느 하나에 해당하는 경우를 말한다.(2017.3.17 본문개정)

1. 공급자의 부도, 질병, 장기출장 등으로 거래사실 확인이 곤란하여 공급자가 연기를 요청한 경우
2. 세무공무원이 거래사실의 확인을 위하여 2회 이상 공급자를 방문하였으나 폐문·부재 등으로 인하여 공급자를 만나지 못한 경우
(2007.3.30 본조신설)

제52조의5【현금거래의 확인 등】 영 제121조의5제7항에서 "기획재정부령으로 정한 현금거래수입금액"이란 세금계산서, 신용카드매출전표 또는 현금영수증을 받지 아니한 수입금액을 말한다.(2008.4.29 본조신설)

제52조의6【저축지원을 위한 조세특례의 제한 절차】 ① 영 제123조의2제2항에서 "기획재정부령으로 정하는 사항"이란 법 제129조의2에 따른 과세기간별 금융소득 종합과세 대상자의 주민등록번호를 말한다.

② 영 제123조의2제5항에 따라 국세청장에게 의견을 제시하려는 자는 같은 조 제4항에 따라 통보를 받은 날부터 14일 이내에 납세지 관할 세무서장에게 의견서를 제출해야 한다.

③ 제2항에도 불구하고 영 제123조의2제4항에 따른 통보를 받은 자가 사망, 해외 장기출장 또는 그 밖의 부득이한 사유로 제2항에 따른 기간 이내에 의견서를 제출하지 못한 경우에는 그 사유가 끝난 날부터 7일 이내에 의견서를 제출할 수 있다.
(2021.3.16 본조신설)

제53조【증설투자기준 공장의 범위 등】 ① 영 제124조제1항제1호에서 "기획재정부령으로 정하는 공장"이란 「산업집적활성화 및 공장설립에 관한 법률」 제2조제1호에 따른 공장을 말하며, 같은 호에서 "해당 공장의 연면적"이란 공장 부지경계 또는 는 공장부지 안에 있는 건축물 각 층의 바닥면적을 말한다. 다만, 식당·휴게실·목욕실·세탁장·의료실·옥외체육시설 및 기숙사 등 종업원의 후생복지증진에 제공되는 시설의 면적과 대피소·무기고·탄약고 및 교육시설의 면적은 당해 공장의 연면적에 포함하지 않는다.

② 영 제124조제1항제2호에서 사업용고정자산의 수량이 증가하는 경우란 기계장치 등 사업용고정자산을 추가로 설치하는 경우를 말하며, 같은 호에서 해당 사업장의 연면적이란 사업장 부지면적 또는 사업장 부지 안에 있는 건축물 각 층의 바닥면적을 말한다. 다만, 식당·휴게실·목욕실·세탁장·의료실·옥외체육시설 및 기숙사 등 종업원의 후생복지증진에 제공되는 시설의 면적과 대피소·무기고·탄약고 및 교육시설의 면적은 해당 사업장의 연면적에 포함하지 않는다.(2020.4.21 본항신설)

제54조【수도권과밀억제권역 안의 투자에 대한 조세감면 대상 사업용 고정자산의 범위】 영 제124조제3항제4호에서 "그 밖에 기획재정부령으로 정하는 사업용 고정자산"이란 다음 각 호의 어느 하나에 해당하는 사업용 고정자산을 말한다.

1. 제13조의10제3항 및 제4항 중 어느 하나에 해당하는 시설
2. 별표11에 따른 의약품 품질관리 개선시설
(2021.3.16 본조신설)

제55조【사업소득에 대한 세액공제금액의 계산】 영 제126조제4항의 규정에 의한 사업소득에 대한 세액공제액은 다음의 산식에 의하여 계산한다.(2004.3.6 본문개정)

1. 「소득세법」 제57조의 규정에 의한 외국납부세액공제
   가. 「소득세법 시행령」 제117조제1항제1호에 해당하는 경우
      (외국납부세액 또는 외국납부의제세액) × (과세대상국외원천소득중사업소득/과세대상국외원천소득)
   나. 「소득세법 시행령」 제117조제1항제2호에 해당하는 경우
      (외국납부세액 또는 외국납부의제세액) × (국외에서 발생한 과세대상수입금액중 사업소득에 해당되는 수입금액/국외에서 발생한 과세대상 수입금액)
   (2005.3.11 본호개정)

2. 「소득세법」 제58조의 규정에 의한 재해손실세액공제
   가. 「소득세법」 제58조제1항제1호에 해당하는 경우
      종합소득에 대한 미납부세액(가산금포함)×재해상실비율×(당해 미납부세액이 있는 과세연도의 사업소득/당해 미납부세액이 있는 과세연도의 종합소득)

나. 「소득세법」 제58조제1항제2호에 해당하는 경우
[종합소득세 산출세액−(재해손실세액공제액외의 종합소득에 대한 세액공제액+종합소득에 대한 세액감면액)+종합소득에 대한 가산세액]×재해발생률×(재해발생 과세연도의 사업소득금액/재해발생과세연도의 종합소득금액)
(2005.3.11 본호개정)

제56조 (2001.3.28 삭제)

제56조의2 (2006.4.17 삭제)

제57조 【기업업무추진비의 손금불산입 특례에 포함되는 지출의 범위】 영 제130조제3항제8호에서 "기획재정부령으로 정하는 박람회"란 2012년에 개최되는 여수세계박람회를 말한다.
(2023.3.20 본조제목개정)
(2010.4.20 본조신설)

제58조 (2006.4.17 삭제)

제59조 【임대보증금등의 간주익금계산】 ① 영 제132조제3항 후단의 규정에 의한 자산의 일부를 임대사업에 사용할 경우의 임대사업에 사용되는 자산가액은 다음의 산식에 의하여 계산한다.
일부를 임대사업에 사용하고 있는 자산의 가액 × (임대사업에 사용하고 있는 부분의 면적/당해 건물의 연면적)
② 영 제132조제5항 및 제6항의 규정을 적용함에 있어서 건설비상당액은 당해 건축물의 취득가액(자본적 지출액을 포함하고, 재평가차액을 제외한다)으로 하고, 그 적수는 다음 각호의 산식에 의하여 계산한 금액으로 한다. 이 경우 면적의 적수의 계산은 매월말 현재의 잔액에 경과일수를 곱하여 계산할 수 있다.
1. 영 제132조제6항제1호의 경우
지하도의 건설비 적수총계×(임대면적의 적수/임대가능 면적의 적수)
2. 영 제132조제6항제2호의 경우
임대용부동산의 건설비 적수총계×(임대면적의 적수/건물 연면적의 적수)
③ 부동산을 임차하여 전대하는 경우 영 제132조제5항의 산식에 규정된 보증금등의 적수는 전대보증금 등의 적수에서 임차보증금 등의 적수를 차감하여 계산한다. 이 경우 임차보증금 등의 적수가 전대보증금등의 적수를 초과하는 때에는 그 초과하는 부분은 이를 없는 것으로 한다.
④ 영 제132조제5항의 산식에서 "정기예금이자율"이라 함은 「법인세법 시행규칙」 제6조의 규정에 의한 이자율을 말한다.
⑤ 영 제132조제5항의 산식에서 "유가증권처분익"이라 함은 유가증권의 매각익에서 매각손을 차감한 금액을 말한다.
⑥ 영 제132조제5항의 규정을 적용함에 있어서 각 사업연도 중에 임대사업을 개시한 경우에는 임대사업을 개시한 날부터 적수를 계산한다.
⑦ 영 제132조제6항제2호의 규정을 적용함에 있어서 1991년 1월 1일 이후에 개시하는 사업연도 이전에 취득·건설한 임대용 부동산의 건설비상당액은 당해 부동산의 취득가액과 당해 부동산의 연면적에 1990년 12월 31일이 속하는 사업연도 종료일 현재의 단위면적당 임대보증금을 곱하여 계산한 금액중 큰 금액을 말한다. 이 경우 당해 부동산의 취득가액이 확인되지 아니하는 때에는 「소득세법」 제99조의 규정에 의한 기준시가를 그 취득가액으로 한다.
(2007.3.30 본조개정)

제59조의2 【조세면제의 확인신청】 영 제133조의2의 규정에 의하여 조세의 면제확인을 받고자 하는 자는 조세의 면제확인신청서를 산업통상자원부장관에게 제출하여야 한다.(2013.3.23 본조개정)

제59조의3 【감면세액 추징대상 건축물 또는 구축물의 범위】 영 제137조제3항에서 "기획재정부령으로 정하는 건물 또는 구축물"이란 제12조의3 각 호의 어느 하나에 해당하는 시설을 말한다.(2021.3.16 본조신설)

제60조 【이자·배당소득 비과세·감면세액의 추징】 ① 영 제137조의2제2항제2호에서 "기획재정부령으로 정하는 날"이란 30일을 말한다.
② 영 제137조의2제2항제3호 단서에서 "기획재정부령으로 정하는 경우"란 부적격판정일 직전 계약기간 만료일까지 발생한 소득이 원천징수된 경우를 말한다.
(2021.3.16 본조신설)

제61조 【서식 등】 (생략)

부 칙 (2015.3.13)

제1조 【시행일】 이 규칙은 공포한 날부터 시행한다.
제2조 【연구·인력개발비 세액공제 대상 연구소 등의 비용 인정에 관한 적용례 등】 ① 제7조제1항제2호의 개정규정은 이 규칙 시행 이후 기업부설창작연구소 또는 기업창작전담부서로 인정받은 경우부터 적용한다.
② 이 규칙 시행 당시 종전의 제7조제1항제2호에 따라 세액공제를 적용받고 있는 연구소 또는 전담부서의 경우에는 제7조제1항제2호의 개정규정에도 불구하고 종전의 규정을 따른다.
제3조 【핵심인력 성과보상 기금 납입비용에 관한 적용례】 제7조제10항의 개정규정은 이 규칙 시행 이후 소득세 또는 법인세의 과세표준을 신고하는 경우부터 적용한다.
제4조 【지방중소기업특별지원지역의 범위에 관한 적용례 등】 ① 제25조제3호 및 제6호부터 제8호까지의 개정규정은 이 규칙 시행 이후 최초로 입주하는 중소기업부터 적용한다.
② 이 규칙 시행 당시 종전의 제25조제3호에 따라 장흥해당 일반산업단지에 입주한 중소기업에 대해서는 제25조제3호의 개정규정에도 불구하고 종전의 규정에 따른다.
제5조 【유가증권 등의 범위에 관한 적용례】 제45조의3제1항제2호다목의 개정규정은 이 규칙 시행 이후 근로장려금 또는 자녀장려금을 신청하는 경우부터 적용한다.
제6조 【증자의 조세감면시 공통 익금과 손금의 안분기준 적용례】 제51조의6의 개정규정은 이 규칙 시행 이후 소득세 또는 법인세의 과세표준을 신고하는 경우부터 적용한다.
제7조 【부가가치세를 면제받는 정부업무대행단체의 범위에 관한 적용례】 별표10 제5호의 개정규정은 이 규칙 시행 이후 재화 또는 용역을 공급하는 경우부터 적용한다.
제8조 【서식에 관한 적용례】 서식에 관한 개정규정은 이 규칙 시행 이후 신고, 신청, 제출 또는 통지하는 경우부터 적용한다. 다만, 별지 제74호의5서식의 개정규정은 법률 제12853호 조세특례제한법 일부개정법률 시행 이후 제출하는 경우부터 적용한다.
제9조 【서식개정에 관한 경과조치】 서식의 개정으로 인하여 감면 등의 신고 등을 할 수 없는 경우에는 종전의 서식에 따른다.

부 칙 (2016.2.25)

제1조 【시행일】 이 규칙은 공포한 날부터 시행한다.
제2조 【서식에 관한 적용례】 별지 제53조의2서식부터 별지 제53조의5서식까지, 별지 제74호의5서식 및 별지 제74호의6서식의 개정규정은 이 규칙 시행 이후 신청하거나 제출하는 경우부터 적용한다.

부 칙 (2016.3.14)

제1조 【시행일】 이 규칙은 공포한 날부터 시행한다. 다만, 제49조의2의 개정규정은 2016년 4월 1일부터 시행한다.

제2조【증권거래세 면제요건 등에 관한 적용례】제50조의6제2항부터 제9항까지의 개정규정은 이 규칙 시행 이후 주식을 양도하는 경우부터 적용한다.
제3조【서식에 관한 적용례】서식에 관한 개정규정은 이 규칙 시행 이후 신고, 신청, 제출 또는 통지하는 경우부터 적용한다. 다만, 별지 제68호의2서식은 부칙 제1조 단서에 따른 시행일 이후 의료용역을 공급하는 경우부터 적용한다.
제4조【증권거래세 면제요건 등에 관한 경과조치】이 규칙 시행 전에 주식을 양도한 경우에는 제50조의6제2항부터 제9항까지의 개정규정에도 불구하고 종전의 규정에 따른다.
제5조【서식개정에 관한 경과조치】서식에 관한 개정규정으로 인하여 감면 등의 신고, 신청, 제출 또는 통지를 할 수 없는 경우에는 종전의 서식에 따른다.

부   칙 (2017.3.17)

제1조【시행일】이 규칙은 공포한 날부터 시행한다.
제2조【연구 및 인력개발비의 범위에 관한 적용례】제7조제10항제4호의 개정규정은 이 규칙 시행 이후 중소기업이 중소기업 핵심인력 성과보상기금에 납입하거나 중도해지를 이유로 환급받은 경우부터 적용한다.
제3조【감정평가법인 소속이 아닌 감정평가사의 감정가액 인정에 관한 적용례】제15조제2항제1호의 개정규정은 이 규칙 시행 이후 통합, 법인전환 또는 현물출자하는 분부터 적용한다.
제4조【근로장려금 및 자녀장려금의 신청자격 확인을 위한 자료제공에 관한 적용례】제45조의6제2항 및 제3항의 개정규정은 이 규칙 시행일 이후 자료의 제공을 요청하는 경우부터 적용한다.
제5조【해운기업에 대한 법인세 과세표준 계산에 대한 적용례】제46조의3제6항의 개정규정은 이 규칙 시행 이후 과세표준을 신고하는 경우부터 적용한다.
제6조【수산업협동조합중앙회의 고유목적사업준비금 손금산입 한도에 관한 적용례】제51조의10의 개정규정은 이 규칙 시행 이후 과세표준을 신고하는 경우부터 적용한다.
제7조【에너지절약시설 투자에 대한 세액공제에 관한 적용례】별표8의3의 개정규정은 2018년 1월 1일 이후 투자하는 경우부터 적용한다.
제8조【서식에 관한 적용례】서식에 관한 개정규정은 이 규칙 시행 이후 신고, 신청, 제출 또는 통지하는 분부터 적용한다.
제9조【서식개정에 관한 경과조치】서식의 개정에 따라 감면 등의 신고 등을 할 수 없는 경우에는 종전의 서식에 따른다.

부   칙 (2017.12.29)

제1조【시행일】이 규칙은 2018년 1월 1일부터 시행한다.
제2조【관세가 경감되는 신에너지 및 재생에너지의 생산용 기자재 및 이용 기자재에 관한 경과조치】이 규칙 시행 전에 수입신고한 물품에 대해서는 제50조의4제2항 단서 및 별표13의 개정규정에도 불구하고 종전의 규정에 따른다.

부   칙 (2018.3.21)

제1조【시행일】이 규칙은 공포한 날부터 시행한다. 다만, 별표10 제3호, 제5호, 제15호 및 제47호의 개정규정은 2018년 7월 1일부터 시행한다.
제2조【근로소득 증대세제의 적용기준이 되는 중소기업 평균 임금증가율의 상향조정에 관한 적용례】제14조의2제3항의 개정규정은 2018년 1월 1일 이후 개시하는 과세연도 분부터 적용한다.

제3조【중소기업 사회보험료 세액공제 적용시 신성장서비스업의 범위에 관한 적용례】제14조의4제1항의 개정규정은 2018년 1월 1일 이후 개시하는 과세연도 분부터 적용한다.
제4조【지방중소기업특별지원지역의 범위 확대에 관한 적용례】제25조제9호 및 제10호의 개정규정은 이 규칙 시행 이후 입주하는 중소기업부터 적용한다.
제5조【정부업무대행단체의 부가가치세 면제 사업 조정에 관한 적용례】① 별표10 제3호, 제5호, 제6호, 제15호, 제20호, 제37호, 제41호 및 제47호의 개정규정은 이 규칙 시행 이후 재화 또는 용역을 공급하는 경우부터 적용한다.
② 별표10 제57호의 개정규정은 2018년 2월 13일 이후 신고하거나 결정·경정하는 분부터 적용한다.
제6조【서식에 관한 적용례】서식에 관한 개정규정은 이 규칙 시행 이후 신고, 신청, 제출 또는 통지하는 분부터 적용한다.
제7조【서식개정에 관한 경과조치】서식의 개정에 따라 감면 등의 신고 등을 할 수 없는 경우에는 종전의 서식에 따른다.

부   칙 (2019.3.20)

제1조【시행일】이 규칙은 공포한 날부터 시행한다. 다만, 제7조제1항제3호, 같은 조 제3항 각 호 외의 부분 본문, 제13조의8제2항(신성장동력·원천기술심의위원회와 관련된 개정사항에 한정한다), 제45조의9제10항제1호바목, 제61조제1항제2호(영 제9조제10항과 관련된 개정사항에 한정한다)·제4호·제4호의2, 별지 제1호서식(영 제9조제10항과 관련된 개정사항에 한정한다), 별지 제3호서식(1), 별지 제3호서식, 별지 제3호서식 부표(1)(영 제9조제10항과 관련된 개정사항에 한정한다), 별지 제3호서식 부표(2) 및 별지 제3호의2서식의 개정규정은 2020년 1월 1일부터 시행한다.
제2조【일반적 적용례】이 규칙은 이 규칙 시행일이 속하는 과세연도 분부터 적용한다.
제3조【연구·인력개발비 세액공제를 적용받는 비용에 관한 적용례】제7조제1항제3호 및 같은 조 제3항 각 호 외의 부분 본문의 개정규정은 2020년 1월 1일 이후 개시하는 과세연도 분부터 적용한다.
제4조【소형주택 임대사업자 세액감면 제출서류에 관한 적용례】제43조의3의 개정규정은 이 규칙 시행 이후 감면신청을 하는 경우부터 적용한다.
제5조【특정 시설 투자세액공제 대상시설에 관한 적용례】별표2, 별표4, 별표5의2 및 별표8의3의 개정규정은 이 규칙 시행 이후 투자하는 분부터 적용한다.
제6조【신성장동력·원천기술 분야별 대상기술 사업화 시설에 관한 적용례】별표8의8의 개정규정은 2019년 1월 1일 이후 투자하는 분부터 적용한다.
제7조【광주세계수영선수권대회 수입물품 관세 감면 적용례】별표13의 개정규정은 이 규칙 시행 이후 수입신고하는 분부터 적용한다.
제8조【서식에 관한 적용례】서식에 관한 개정규정은 이 규칙 시행 이후 신고, 신청, 제출 또는 통지하는 분부터 적용한다.
제9조【연구·인력개발비 세액공제를 적용받는 비용에 관한 특례】제7조의 개정규정(제1항제3호 및 제3항 각 호 외의 부분 본문 외의 개정사항에 한정한다) 중 영 별표6과 관련되는 사항은 2020년 1월 1일 전에 개시하는 과세연도 분까지는 영 별표6의3과 관련되는 사항으로 본다.
제10조【특정 시설 투자세액공제 대상시설에 관한 경과조치】2020년 1월 1일 전에 종전의 별표4 및 별표8의3의 규정에 해당하는 시설에 투자하는 경우에는 별표4 및 별표8의3의 개정규정 및 부칙 제5조에도 불구하고 종전의 규정에 따른다.

제11조【서식 개정에 관한 경과조치】서식의 개정에 따라 감면 등의 신고 등을 할 수 없는 경우에는 종전의 서식에 따른다.

부 칙 (2020.3.13)

제1조【시행일】이 규칙은 공포한 날부터 시행한다. 다만, 제47조의4, 제61조제1항제69호의4 및 제69호의5, 별표9의2, 별지 제68호의4서식 및 별지 제68호의5서식의 개정규정은 2020년 7월1일부터 시행하고, 제50조의4의 개정규정은 2020년 4월 1일부터 시행한다.
제2조【일반적 적용례】이 규칙은 이 규칙 시행일이 속하는 과세연도 분부터 적용한다.
제3조【의약품 품질관리 개선시설의 범위에 관한 적용례】제13조의7 및 별표8의10의 개정규정은 이 규칙 시행 이후 투자하는 분부터 적용한다.
제4조【근로소득 증대세제의 적용기준이 되는 중소기업 평균 임금증가율의 조정에 관한 적용례】제14조의2 제3항의 개정규정은 2020년 1월 1일 이후 개시하는 과세연도 분부터 적용한다.
제5조【지방중소기업특별지원지역의 범위에 관한 적용례 등】① 제25조제7호, 제11호 및 제12호의 개정규정은 이 규칙 시행 이후 최초로 입주하는 중소기업부터 적용한다.
② 이 규칙 시행 당시 종전의 강진환경 일반산업단지에 입주한 중소기업에 대해서는 제25조제7호의 개정규정에 따른 강진산업단지에 입주한 기업으로 본다.
제6조【근로장려세제 및 자녀장려세제에 관한 적용례】제45조의3제1항의 개정규정은 2020년 5월 1일 이후 근로장려금 또는 자녀장려금을 신청 또는 정산하는 분부터 적용한다.
제7조【투자·상생협력 촉진을 위한 과세특례에 관한 적용례】제45조의9제2항 및 제4항의 개정규정은 이 규칙 시행 이후 신고하는 분부터 적용한다.
제8조【부가가치세 영세율의 적용에 관한 적용례】제47조의4 및 별표9의2의 개정규정은 2020년 7월 1일 이후 재화를 공급하는 분부터 적용한다.
제9조【생산성향상시설의 범위에 관한 적용례】별표2의 개정규정은 대통령령 제30390호 조세특례제한법 시행령 일부개정령 시행 이후 투자하는 분부터 적용한다.
제10조【에너지절약시설의 범위에 관한 적용례】별표8의3의 개정규정은 이 규칙 시행 이후 투자하는 분부터 적용한다.
제11조【신성장·원천기술을 사업화하는 시설에 관한 적용례】별표8의8의 개정규정은 이 규칙 시행 이후 과세준을 신고하는 분부터 적용한다.
제12조【서식에 관한 적용례】서식에 관한 개정규정은 이 규칙 시행 이후 신고, 신청, 제출 또는 통지하는 분부터 적용한다.
제13조【의약품 품질관리 개선시설의 범위에 관한 경과조치】이 규칙 시행 전에 투자한 분에 대해서는 제13조의7 및 별표8의10의 개정규정에도 불구하고 종전의 규정에 따른다.
제14조【부가가치세 영세율의 적용에 관한 경과조치】2020년 7월1일 이전에 재화를 공급한 분에 대해서는 별표9의2의 개정규정에도 불구하고 종전 규정에 따른다.
제15조【다른 법률의 인용에 따른 경과조치】① 제7조의3제1호의 개정규정 중 「소재·부품·장비산업 경쟁력강화를 위한 특별조치법」은 2020년 3월 31일까지는 「소재·부품전문기업 등의 육성에 관한 특별조치법」으로 본다.
② 제8조의8의 개정규정 중 「소재·부품·장비산업 경쟁력강화를 위한 특별조치법」은 2020년 3월 31일까지는 법률 제16859호 소재·부품·장비산업 경쟁력강화를 위한 특별조치법 전부개정법률로 본다.

제16조【서식 개정에 관한 경과조치】서식의 개정에 따라 감면 등의 신고 등을 할 수 없는 경우에는 종전의 서식에 따른다.

부 칙 (2020.4.21)
　　　　(2020.6.15)

제1조【시행일】이 규칙은 공포한 날부터 시행한다.
제2조【서식에 관한 적용례】서식에 관한 개정규정은 이 규칙 시행 이후 제출하는 분부터 적용한다.
제3조【서식 개정에 관한 경과조치】서식의 개정에 따라 감면 등의 신고 등을 할 수 없는 경우에는 종전의 서식에 따른다.

부 칙 (2021.3.16)

제1조【시행일】이 규칙은 공포한 날부터 시행한다. 다만, 제50조의6, 제50조의7, 제61조제1항제71호·제71호의5부터 제71호의7까지·제71호의20 및 별표10 제58호 및 제59호의 개정규정은 2021년 4월 1일부터 시행하고, 제7조제제17항의 개정규정은 2021년 6월 23일부터 시행하며, 제49조제2항의 개정규정은 2021년 7월 1일부터 시행한다.
제2조【일반적 적용례】이 규칙은 이 규칙 시행일이 속하는 과세연도 분부터 적용한다.
제3조【투자·상생협력 촉진을 위한 과세특례에 관한 적용례】제45조의9제10항제2호다목의 개정규정은 이 규칙 시행 이후 과세표준을 신고하는 분부터 적용한다.
제4조【서식에 관한 적용례】서식에 관한 개정규정은 이 규칙 시행 이후 신고, 신청, 제출 또는 통지하는 분부터 적용한다.
제5조【서식 개정에 관한 경과조치】서식의 개정에 따라 감면 등의 신고 등을 할 수 없는 경우에는 종전의 서식에 따른다.

부 칙 (2021.5.13)

제1조【시행일】이 규칙은 공포한 날부터 시행한다.
제2조【서식에 관한 적용례】서식에 관한 개정규정은 이 규칙 시행 이후 신청하는 분부터 적용한다.

부 칙 (2021.11.9)

이 규칙은 2021년 11월 11일부터 시행한다.

부 칙 (2022.3.18)

제1조【시행일】이 규칙은 공포한 날부터 시행한다. 다만, 다음 각 호의 개정규정은 해당 호에서 정한 날부터 시행한다.
1. 제42조의3, 제61조제1항제10호의3, 별지 제6호의6서식, 별지 제6호의11서식, 별지 제6호의15서식 및 별지 제9호의3서식의 개정규정 : 2025년 1월 1일(2022.12.31 본호개정)
2. 별지 제64호의16서식의 개정규정 : 2022년 9월 1일
제2조【중소기업에 대한 인력개발 관련 연구·인력개발비 세액공제에 관한 적용례】제7조제10항제6호의 개정규정은 2022년 1월 1일 이후 개시하는 과세연도부터 적용한다.
제3조【영상콘텐츠 제작비용에 관한 적용례】제13조의9제7항제4호다목의 개정규정은 이 규칙 시행 이후 지출한 부담금부터 적용한다.
제4조【근로소득 증대 세액공제의 기준 완화에 관한 적용례 등】① 제14조의2제3항의 개정규정은 2022년 1월

1일 이후 개시하는 과세연도부터 적용한다.

② 2022년 1월 1일 전에 개시한 과세연도에 관하여는 제14조의2제3항의 개정규정에도 불구하고 종전의 규정에 따른다.

제5조【중소기업특별지원지역의 범위 확대에 관한 적용례】 제25조제13호의 개정규정은 이 규칙 시행 이후 최초로 보령 주포제2농공단지에 입주하는 중소기업부터 적용한다.

제6조【신성장·원천기술을 사업화하는 시설의 범위에 관한 적용례】 별표6의 개정규정은 2022년 1월 1일 이후 개시하는 과세연도부터 적용한다.

제7조【정부업무대행단체의 부가가치세 면제 사업 조정에 관한 적용례】 별표10 제37호의 개정규정은 이 규칙 시행 이후 재화 또는 용역을 공급하는 경우부터 적용한다.

제8조【관세가 경감되는 물품의 변경에 관한 적용례】 별표13의 개정규정은 이 규칙 시행 이후 수입신고하는 경우부터 적용한다.

제9조【서식에 관한 적용례 등】 서식에 관한 개정규정은 이 규칙 시행 이후 신고, 신청, 제출 또는 통지하는 경우부터 적용하되, 종전의 법 또는 영에 따른 감면 등의 신고 등을 할 수 없는 경우에는 종전의 서식에 따른다.

　　부　칙 (2022.12.31)

이 규칙은 2023년 1월 1일부터 시행한다.

　　부　칙 (2023.3.20)

제1조【시행일】 이 규칙은 공포한 날부터 시행한다. 다만, 다음 각 호의 개정규정은 해당 호에서 정한 날부터 시행한다.
1. 제13조의9제7항제3호, 제57조, 제61조제1항제65호의8 및 별지 제64호의8서식의 개정규정 : 2024년 1월 1일
2. 별표10 제60호 및 제61호의 개정규정 : 2023년 4월 1일
3. 기획재정부령 제904호 조세특례제한법 시행규칙 일부개정령 별지 제9호의3서식의 개정규정 : 2025년 1월 1일

제2조【다른 법령의 폐지】 특정사회기반시설 심의위원회의 설치 및 운영에 관한 규칙을 폐지한다.

제3조【신성장사업화시설 또는 국가전략기술사업화시설의 인정 신청에 관한 특례】 2022년 12월 31일이 속하는 과세연도에 이루어진 투자로서 2023년 1월 1일 전에 완료된 투자에 대하여 영 제21조제13항 후단에 따라 세액공제를 신청하는 자는 제13조제1항의 개정규정에도 불구하고 2023년 3월 31일까지 기획재정부장관과 산업통상자원부장관에 신성장사업화시설 또는 국가전략기술사업화시설의 인정을 신청해야 한다.

제4조【근로소득 증대 세액공제에 관한 적용례】 ① 제14조의2제3항의 개정규정은 2023년 1월 1일 이후 개시하는 과세연도부터 적용한다.

② 2023년 1월 1일 전에 개시한 과세연도에 대한 세액공제에 관하여는 제14조의2제3항의 개정규정에도 불구하고 종전의 규정에 따른다.

제5조【개인종합자산관리계좌에서 발생하는 이자소득 등의 합계액의 계산에 관한 적용례】 제42조의3제1항제2호의 개정규정은 2023년 2월 28일 이후 영 제93조의4제8항제4호에 따른 주식에서 발생하는 양도차손부터 적용한다.

제6조【신성장·원천기술 또는 국가전략기술을 사업화하는 시설의 범위 확대에 관한 적용례】 별표6 및 별표6의2의 개정규정은 2023년 1월 1일 이후 개시하는 과세연도부터 적용한다.

제7조【운동경기부 등 설치·운영 시 과세특례 대상 종목에 관한 적용례】 별표9 제1호 및 제2호의 개정규정은 2023년 1월 1일 이후 운동경기부 또는 이스포츠경기부를 설치·운영하는 경우부터 적용한다.

제8조【정부업무대행단체의 부가가치세 면제 사업에 관한 적용례】 별표10 제60호 및 제61호의 개정규정은 부칙 제1조제2호에 따른 시행일 이후 재화 또는 용역을 공급하는 경우부터 적용한다.

제9조【서식에 관한 적용례 등】 서식에 관한 개정규정은 이 규칙 시행 이후 신고, 신청, 제출 또는 통지하는 경우부터 적용하되, 개정 서식으로는 종전의 법 또는 영에 따른 감면 등의 신고 등을 할 수 없는 경우에는 종전의 서식에 따른다.

　　부　칙 (2023.6.7)

제1조【시행일】 이 규칙은 공포한 날부터 시행한다. 다만, 별지 제58호의3서식의 개정규정은 2023년 6월 12일부터 시행한다.

제2조【신성장사업화시설 범위의 변경에 관한 경과조치】 2023년 1월 1일 전에 투자한 시설에 대한 세액공제에 관하여는 별표6의 개정규정에도 불구하고 종전의 규정에 따른다.

　　부　칙 (2023.6.9)

제1조【시행일】 이 규칙은 공포한 날부터 시행한다.

제2조【국가전략기술사업화시설 범위의 변경에 관한 적용례】 별표6의2 제6호나목의 개정규정은 2023년 1월 1일 이후 투자하는 경우부터 적용한다.

　　부　칙 (2023.8.29)

제1조【시행일】 이 규칙은 공포한 날부터 시행한다.

제2조【국가전략기술사업화시설 범위의 확대에 관한 적용례】 별표6의2의 개정규정은 2023년 7월 1일 이후 투자하는 경우부터 적용한다.

제3조【신성장사업화시설 범위의 변경에 관한 경과조치】 2023년 7월 1일 전에 투자한 시설에 대한 세액공제에 관하여는 별표6 제7호가목의 개정규정에도 불구하고 종전의 규정에 따른다.

　　부　칙 (2023.12.29)

제1조【시행일】 이 규칙은 2024년 1월 1일부터 시행한다.

제2조【서식에 관한 적용례 등】 서식에 관한 개정규정은 이 규칙 시행 이후 신청 또는 제출하는 경우부터 적용하되, 개정서식으로는 종전의 법 또는 영에 따른 신청 등을 할 수 없는 경우에는 종전의 서식에 따른다.

　　부　칙 (2024.1.5)

제1조【시행일】 이 규칙은 2023년 12월 14일부터 시행한다.(이하 생략)

〔별표·별지서식〕 ➡ 「www.hyeonamsa.com」 참조

조세범 처벌법

(2010년 1월 1일)
(전부개정법률 제9919호)

개정
2012. 1.26법 11210호
2013. 6. 7법 11873호(부가세)
2014. 1. 1법 12172호
2016. 3. 2법 14049호
2020.12.22법 17651호(국제조세조정에관한법)
2020.12.29법 17758호(국세징수)
2020.12.29법 17761호(주류면허등에관한법)

2013. 1. 1법 11613호
2015.12.29법 13627호
2018.12.31법 16108호

제1조 【목적】 이 법은 세법을 위반한 자에 대한 형벌에 관한 사항을 규정하여 세법의 실효성을 높이고 국민의 건전한 납세의식을 확립함을 목적으로 한다.
(2018.12.31 본조개정)

제2조 【정의】 이 법에서 "조세"란 관세를 제외한 국세를 말한다.

제3조 【조세 포탈 등】 ① 사기나 그 밖의 부정한 행위로써 조세를 포탈하거나 조세의 환급·공제를 받은 자는 2년 이하의 징역 또는 포탈세액, 환급·공제받은 세액(이하 "포탈세액등"이라 한다)의 2배 이하에 상당하는 벌금에 처한다. 다만, 다음 각 호의 어느 하나에 해당하는 경우에는 3년 이하의 징역 또는 포탈세액등의 3배 이하에 상당하는 벌금에 처한다.
1. 포탈세액등이 3억원 이상이고, 그 포탈세액등이 신고·납부하여야 할 세액(납세의무자의 신고에 따라 정부가 부과·징수하는 조세의 경우에는 결정·고지하여야 할 세액을 말한다)의 100분의 30 이상인 경우
2. 포탈세액등이 5억원 이상인 경우
② 제1항의 죄를 범한 자에 대해서는 정상(情狀)에 따라 징역형과 벌금형을 병과할 수 있다.
③ 제1항의 죄를 범한 자가 포탈세액등에 대하여 「국세기본법」 제45조에 따라 법정신고기한이 지난 후 2년 이내에 수정신고를 하거나 같은 법 제45조의3에 따라 법정신고기한이 지난 후 6개월 이내에 기한 후 신고를 하였을 때에는 형을 감경할 수 있다.
④ 제1항의 죄를 상습적으로 범한 자는 형의 2분의 1을 가중한다.
⑤ 제1항에서 규정하는 범칙행위의 기수(旣遂) 시기는 다음의 각 호의 구분에 따른다.
1. 납세의무자의 신고에 의하여 정부가 부과·징수하는 조세 : 해당 세목의 과세표준을 정부가 결정하거나 조사결정한 후 그 납부기한이 지난 때. 다만, 납세의무자가 조세를 포탈할 목적으로 세법에 따른 과세표준을 신고하지 아니함으로써 해당 세목의 과세표준을 정부가 결정하거나 조사결정할 수 없는 경우에는 해당 세목의 과세표준의 신고기한이 지난 때로 한다.
2. 제1호에 해당하지 아니하는 조세 : 그 신고·납부기한이 지난 때
⑥ 제1항에서 "사기나 그 밖의 부정한 행위"란 다음 각 호의 어느 하나에 해당하는 행위로서 조세의 부과와 징수를 불가능하게 하거나 현저히 곤란하게 하는 적극적 행위를 말한다.
1. 이중장부의 작성 등 장부의 거짓 기장
2. 거짓 증빙 또는 거짓 문서의 작성 및 수취
3. 장부와 기록의 파기
4. 재산의 은닉, 소득·수익·행위·거래의 조작 또는 은폐
5. 고의적으로 장부를 작성하지 아니하거나 비치하지 아니하는 행위 또는 계산서, 세금계산서 또는 계산서합계표, 세금계산서합계표의 조작

6. 「조세특례제한법」 제5조의2제1호에 따른 전사적 기업자원 관리설비의 조작 또는 전자세금계산서의 조작(2015.12.29 본호개정)
7. 그 밖에 위계(僞計)에 의한 행위 또는 부정한 행위
[판례] 조세포탈죄에서 '사기 기타 부정한 행위'란, 조세의 포탈을 가능하게 하는 행위로서 사회통념상 부정이라고 인정되는 행위, 즉 조세의 부과와 징수를 불가능하게 하거나 현저히 곤란하게 하는 위계 기타 부정한 적극적 행위를 말한다. 따라서 다른 행위를 수반함이 없이 단순히 세법상의 신고를 하지 아니하거나 허위의 신고를 하는 데 그치는 것은 이에 해당하지 않지만, 과세대상의 미신고나 과소신고와 아울러 수입이나 매출 등을 고의로 장부에 기재하지 않는 행위 등 적극적 은닉의도가 나타나는 사정이 덧붙여진 경우에는 조세의 부과와 징수를 불능 또는 현저히 곤란하게 만든 것으로 인정할 수 있다. 이때 적극적 은닉의도가 객관적으로 드러난 것으로 볼 수 있는지 여부는 수입이나 매출 등을 기재한 기본 장부를 허위로 작성하였는지 여부뿐만 아니라, 당해 조세의 확정방식이 신고납세방식인지 부과과세방식인지, 미신고나 허위신고 등에 이른 경위 및 사실과 상위한 정도, 허위신고의 경우 허위 사항의 구체적 내용 및 사실과 다르게 가장한 방식, 허위 내용의 첨부서류를 제출한 경우에는 그 서류가 과세표준 산정과 관련하여 가지는 기능 등 제반 사정을 종합하여 사회통념상 부정이라고 인정될 수 있는지에 따라 판단하여야 한다.
(대판 2014.2.21, 2013도13829)

제4조 【면세유의 부정 유통】 ① 「조세특례제한법」 제106조의2제1항제1호에 따른 석유류를 같은 호에서 정한 용도 외의 다른 용도로 사용·판매하여 조세를 포탈하거나 조세의 환급·공제를 받은 석유판매업자(같은 조 제2항에 따른 석유판매업자를 말한다)는 3년 이하의 징역 또는 포탈세액등의 5배 이하의 벌금에 처한다.
② 「개별소비세법」 제18조제1항제11호 및 「교통·에너지·환경세법」 제15조제1항제3호에 따른 외국항행선박 또는 원양어업선박에 사용할 목적으로 개별소비세 및 교통·에너지·환경세를 면제받은 석유류를 외국항행선박 또는 원양어업선박 외의 용도로 반출하여 조세를 포탈하거나, 외국항행선박 또는 원양어업선박 외의 용도로 사용된 석유류에 대하여 외국항행선박 또는 원양어업선박에 사용한 것으로 환급·공제받은 자는 3년 이하의 징역 또는 포탈세액등의 5배 이하의 벌금에 처한다.

제4조의2 【면세유류 구입카드등의 부정 발급】 「조세특례제한법」 제106조의2제11항제1호의 행위를 한 자는 3년 이하의 징역 또는 3천만원 이하의 벌금에 처한다.
(2014.1.1 본조신설)

제5조 【가짜석유제품의 제조 또는 판매】 「석유 및 석유대체연료 사업법」 제2조제10호에 따른 가짜석유제품을 제조 또는 판매하여 조세를 포탈한 자는 5년 이하의 징역 또는 포탈한 세액의 5배 이하의 벌금에 처한다.
(2013.1.1 본조개정)

제6조 【무면허 주류의 제조 및 판매】 「주류 면허 등에 관한 법률」에 따른 면허를 받지 아니하고 주류, 밑술·술덧을 제조(개인의 자가소비를 위한 제조는 제외한다)하거나 판매한 자는 3년 이하의 징역 또는 3천만원(해당 주세 상당액의 3배의 금액이 3천만원을 초과할 때에는 그 주세 상당액의 3배의 금액) 이하의 벌금에 처한다. 이 경우 밑술과 술덧은 탁주로 본다.
(2020.12.29 전단개정)

제7조 【체납처분 면탈】 ① 납세의무자 또는 납세의무자의 재산을 점유하는 자가 체납처분의 집행을 면탈하거나 면탈하게 할 목적으로 그 재산을 은닉·탈루하거나 거짓 계약을 하였을 때에는 3년 이하의 징역 또는 3천만원 이하의 벌금에 처한다.
② 「형사소송법」 제130조제1항에 따른 압수물건의 보관자 또는 「국세징수법」 제49조제1항에 따른 압류물건

의 보관자가 그 보관한 물건을 은닉·탈루하거나 손괴 또는 소비하였을 때에도 제1항과 같다.(2020.12.29 본항개정)

③ 제1항과 제2항의 사정을 알고도 제1항과 제2항의 행위를 방조하거나 거짓 계약을 승낙한 자는 2년 이하의 징역 또는 2천만원 이하의 벌금에 처한다.

제8조【장부의 소각·파기 등】 조세를 포탈하기 위한 증거인멸의 목적으로 세법에서 비치하도록 하는 장부 또는 증빙서류(「국세기본법」 제85조의3제3항에 따른 전산조직을 이용하여 작성한 장부 또는 증빙서류를 포함한다)를 해당 국세의 법정신고기한이 지난 날부터 5년 이내에 소각·파기 또는 은닉한 자는 2년 이하의 징역 또는 2천만원 이하의 벌금에 처한다.

제9조【성실신고 방해 행위】 ① 납세의무자를 대리하여 세무신고를 하는 자가 조세의 부과 또는 징수를 면하게 하기 위하여 타인의 조세에 관하여 거짓으로 신고를 하였을 때에는 2년 이하의 징역 또는 2천만원 이하의 벌금에 처한다.

② 납세의무자로 하여금 과세표준의 신고(신고의 수정을 포함한다. 이하 "신고"라 한다)를 하지 아니하게 하거나 거짓으로 신고하게 한 자 또는 조세의 징수나 납부를 하지 않을 것을 선동하거나 교사한 자는 1년 이하의 징역 또는 1천만원 이하의 벌금에 처한다.

[판례] 세무사로부터 명의를 대여받아 납세의무자를 대리하여 세무신고를 하는 자가 이 과정에서 납세의무자에게 조세의 부과 또는 징수를 면하도록 하기 위하여 거짓으로 신고한 경우, 비록 피고인이 관련 법령에 따라 세무 대리를 할 수 있는 자격과 요건을 갖추지는 않았지만, 세무사 명의를 빌려 납세의무자의 세무신고를 대리하면서 조세를 포탈하기 위하여 거짓으로 신고한 사실이 인정되는 이상, 거짓신고행위에 대하여는 이 사건 처벌조항을 적용하여야 한다.(대판 2019.11.14, 2019도9269)

제10조【세금계산서의 발급의무 위반 등】 ① 다음 각 호의 어느 하나에 해당하는 행위를 한 자는 1년 이하의 징역 또는 공급가액에 부가가치세의 세율을 적용하여 계산한 세액의 2배 이하에 상당하는 벌금에 처한다.

1. 「부가가치세법」에 따라 세금계산서(전자세금계산서를 포함한다. 이하 이 조에서 같다)를 발급하여야 할 자가 세금계산서를 발급하지 아니하거나 거짓으로 기재하여 발급한 행위

2. 「소득세법」 또는 「법인세법」에 따라 계산서(전자계산서를 포함한다. 이하 이 조에서 같다)를 발급하여야 할 자가 계산서를 발급하지 아니하거나 거짓으로 기재하여 발급한 행위

3. 「부가가치세법」에 따라 매출처별 세금계산서합계표를 제출하여야 할 자가 매출처별 세금계산서합계표를 거짓으로 기재하여 제출한 행위(2018.12.31 본호신설)

4. 「소득세법」 또는 「법인세법」에 따라 매출처별 계산서합계표를 제출하여야 할 자가 매출처별 계산서합계표를 거짓으로 기재하여 제출한 행위(2018.12.31 본호신설)

(2018.12.31 본항개정)

② 다음 각 호의 어느 하나에 해당하는 행위를 한 자는 1년 이하의 징역 또는 공급가액에 부가가치세의 세율을 적용하여 계산한 세액의 2배 이하에 상당하는 벌금에 처한다.

1. 「부가가치세법」에 따라 세금계산서를 발급받아야 할 자가 통정하여 세금계산서를 발급받지 아니하거나 거짓으로 기재한 세금계산서를 발급받은 행위

2. 「소득세법」 또는 「법인세법」에 따라 계산서를 발급받아야 할 자가 통정하여 계산서를 발급받지 아니하거나 거짓으로 기재한 계산서를 발급받은 행위

3. 「부가가치세법」에 따라 매입처별 세금계산서합계표를 제출하여야 할 자가 통정하여 매입처별 세금계산서합계표를 거짓으로 기재하여 제출한 행위

4. 「소득세법」 또는 「법인세법」에 따라 매입처별 계산서합계표를 제출하여야 할 자가 통정하여 매입처별 계산서합계표를 거짓으로 기재하여 제출한 행위
(2018.12.31 3호~4호신설)

(2018.12.31 본항개정)

③ 재화 또는 용역을 공급하지 아니하거나 공급받지 아니하고 다음 각 호의 어느 하나에 해당하는 행위를 한 자는 3년 이하의 징역 또는 공급가액에 부가가치세의 세율을 적용하여 계산한 세액의 3배 이하에 상당하는 벌금에 처한다.(2018.12.31 본문개정)

1. 「부가가치세법」에 따른 세금계산서를 발급하거나 발급받은 행위

2. 「소득세법」 및 「법인세법」에 따른 계산서를 발급하거나 발급받은 행위

3. 「부가가치세법」에 따른 매출·매입처별 세금계산서합계표를 거짓으로 기재하여 제출한 행위

4. 「소득세법」 및 「법인세법」에 따른 매출·매입처별 계산서합계표를 거짓으로 기재하여 제출한 행위
(2018.12.31 3호~4호개정)

④ 제3항의 행위를 알선하거나 중개한 자도 제3항과 같은 형에 처한다. 이 경우 세무를 대리하는 세무사·공인회계사 및 변호사가 제3항의 행위를 알선하거나 중개한 때에는 「세무사법」 제22조제2항에도 불구하고 해당 형의 2분의 1을 가중한다.

⑤ 제3항의 죄를 범한 자에 대해서는 정상(情狀)에 따라 징역형과 벌금형을 병과할 수 있다.

제11조【명의대여행위 등】 ① 조세의 회피 또는 강제집행의 면탈을 목적으로 타인의 성명을 사용하여 사업자등록을 하거나 타인 명의의 사업자등록을 이용하여 사업을 영위하는 자는 2년 이하의 징역 또는 2천만원 이하의 벌금에 처한다.

② 조세의 회피 또는 강제집행의 면탈을 목적으로 자신의 성명을 사용하여 타인에게 사업자등록을 할 것을 허락하거나 자신 명의의 사업자등록을 타인이 이용하여 사업을 영위하도록 허락한 자는 1년 이하의 징역 또는 1천만원 이하의 벌금에 처한다.

(2015.12.29 본조개정)

제12조【납세증명표지의 불법사용 등】 다음 각 호의 어느 하나에 해당하는 자는 2년 이하의 징역 또는 2천만원 이하의 벌금에 처한다.

1. 「주류 면허 등에 관한 법률」 제22조에 따른 납세증명표지(이하 이 조에서 "납세증명표지"라 한다)를 재사용하거나 정부의 승인을 받지 아니하고 이를 타인에게 양도한 자(2020.12.29 본호개정)

2. 납세증명표지를 위조하거나 변조한 자

3. 위조하거나 변조한 납세증명표지를 소지 또는 사용하거나 타인에게 교부한 자

4. 「인지세법」 제8조제1항 본문에 따라 첨부한 종이문서용 전자수입인지를 재사용한 자(2018.12.31 본호개정)

제13조【원천징수의무자의 처벌】 ① 조세의 원천징수의무자가 정당한 사유 없이 그 세금을 징수하지 아니하였을 때에는 1천만원 이하의 벌금에 처한다.

② 조세의 원천징수의무자가 정당한 사유 없이 징수한 세금을 납부하지 아니하였을 때에는 2년 이하의 징역 또는 2천만원 이하의 벌금에 처한다.

제14조【거짓으로 기재한 근로소득 원천징수영수증의 발급 등】 ① 타인이 근로장려금(「조세특례제한법」 제2장제10절의2에 따른 근로장려금을 말한다)을 거짓으로 신청할 수 있도록 근로를 제공받지 아니하고 다음 각 호의 어느 하나에 해당하는 행위를 한 자는 2년 이하의 징역 또는 그 원천징수영수증 및 지급명세서에 기재된 총급여·총지급액의 100분의 20 이하에 상당하는 벌금에 처한다.(2018.12.31 본문개정)

1. 근로소득 원천징수영수증을 거짓으로 기재하여 타인에게 발급한 행위

2. 근로소득 지급명세서를 거짓으로 기재하여 세무서에 제출한 행위
② 제1항의 행위를 알선하거나 중개한 자도 제1항과 같은 형에 처한다.

제15조【해외금융계좌정보의 비밀유지 의무 등의 위반】 ① 「국제조세조정에 관한 법률」 제38조제2항부터 제4항까지 및 제57조를 위반한 사람은 5년 이하의 징역 또는 3천만원 이하의 벌금에 처한다.(2020.12.22 본항개정)
② 제1항의 죄를 범한 자에 대해서는 정상(情狀)에 따라 징역형과 벌금형을 병과할 수 있다.
(2018.12.31 본조개정)

제16조【해외금융계좌 신고의무 불이행】 ① 「국제조세조정에 관한 법률」 제53조제1항에 따른 계좌신고의무자로서 신고기한 내에 신고하지 아니한 금액이나 과소 신고한 금액(이하 이 항에서 "신고의무 위반금액"이라 한다)이 50억원을 초과하는 경우에는 2년 이하의 징역 또는 신고의무 위반금액의 100분의 13 이상 100분의 20 이하에 상당하는 벌금에 처한다. 다만, 정당한 사유가 있는 경우에는 그러하지 아니하다.(2020.12.22 본문개정)
② 제1항의 죄를 범한 자에 대해서는 정상에 따라 징역형과 벌금형을 병과할 수 있다.
(2018.12.31 본조개정)

제17조 (2018.12.31 삭제)

제18조【양벌 규정】 법인(「국세기본법」 제13조에 따른 법인으로 보는 단체를 포함한다. 이하 같다)의 대표자, 법인 또는 개인의 대리인, 사용인, 그 밖의 종업원이 그 법인 또는 개인의 업무에 관하여 이 법에서 규정하는 범칙행위(「국제조세조정에 관한 법률」 제57조를 위반한 행위는 제외한다)를 하면 그 행위자를 벌할 뿐만 아니라 그 법인 또는 개인에게도 해당 조문의 벌금형을 과(科)한다. 다만, 법인 또는 개인이 그 위반행위를 방지하기 위하여 해당 업무에 관하여 상당한 주의와 감독을 게을리하지 아니한 경우에는 그러하지 아니하다.
(2020.12.22 본문개정)

제19조 (2018.12.31 삭제)

제20조【「형법」 적용의 일부 배제】 제3조부터 제6조까지, 제10조, 제12조부터 제14조까지의 범칙행위를 한 자에 대해서는 「형법」 제38조제1항제2호 중 벌금경합에 관한 제한가중규정을 적용하지 아니한다.

제21조【고발】 이 법에 따른 범칙행위에 대해서는 국세청장, 지방국세청장 또는 세무서장의 고발이 없으면 검사는 공소를 제기할 수 없다.

제22조【공소시효 기간】 제3조부터 제14조까지에 규정된 범칙행위의 공소시효는 7년이 지나면 완성된다. 다만, 제18조에 따른 행위자가 「특정범죄가중처벌 등에 관한 법률」 제8조의 적용을 받는 경우에는 제18조에 따른 법인에 대한 공소시효는 10년이 지나면 완성된다.(2015.12.29 본문개정)

　　부　칙

제1조【시행일】 이 법은 공포한 날부터 시행한다. 다만, 제15조의 개정규정은 2010년 4월 1일부터 시행한다.
제2조【벌칙에 관한 경과조치】 이 법 시행 전의 행위에 대한 벌칙의 적용은 종전의 규정에 따른다.
제3조【공소시효에 관한 경과조치】 이 법 시행 전에 범한 죄의 공소시효에 관하여는 제22조의 개정규정에도 불구하고 종전의 규정에 따른다.
제4조【다른 법률의 개정】 ①~③ ※(해당 법령에 가제정리 하였음)

제5조【다른 법령과의 관계】 이 법 시행 당시 다른 법령에서 종전의 「조세범 처벌법」의 규정을 인용한 경우 이 법 중 그에 해당하는 규정이 있는 때에는 종전의 규정을 갈음하여 이 법의 해당 규정을 인용한 것으로 본다.

　　부　칙 (2012.1.26)

제1조【시행일】 이 법은 공포한 날부터 시행한다.
제2조【금품 수수 및 공여에 관한 적용례】 제16조제5항의 개정규정은 이 법 시행 후 최초로 금품을 공여한 행위부터 적용한다.

　　부　칙 (2014.1.1)

제1조【시행일】 이 법은 2014년 1월 1일부터 시행한다.
제2조【벌칙에 관한 경과조치】 이 법 시행 전의 행위에 대하여 벌칙 규정을 적용할 때에는 종전의 규정에 따른다.
제3조【과태료에 관한 경과조치】 이 법 시행 전의 행위에 대하여 과태료 규정을 적용할 때에는 종전의 규정에 따른다.

　　부　칙 (2015.12.29)

제1조【시행일】 이 법은 공포한 날부터 시행한다.
제2조【공소시효에 관한 경과조치】 이 법 시행 전에 범한 죄의 공소시효에 관하여는 제22조의 개정규정에도 불구하고 종전의 규정에 따른다.

　　부　칙 (2016.3.2)

제1조【시행일】 이 법은 공포한 날부터 시행한다.
제2조【과태료 및 자진 신고 등에 관한 적용례】 제15조제2항의 개정규정은 이 법 시행 후 최초로 재화 또는 용역을 공급하는 분부터 적용한다.

　　부　칙 (2018.12.31)

제1조【시행일】 이 법은 2019년 1월 1일부터 시행한다.
제2조【과태료 및 몰취 등에 관한 경과조치】 이 법 시행 전의 행위에 대하여 과태료, 징계부가금 및 몰취의 규정을 적용할 때에는 종전의 규정에 따른다.
제3조【다른 법률의 개정】 ※(해당 법령에 가제정리 하였음)
제4조【다른 법령과의 관계】 이 법 시행 당시 다른 법령에서 종전의 「조세범 처벌법」의 규정을 인용한 경우 이 법 중 그에 해당하는 규정이 있는 때에는 종전의 규정을 갈음하여 이 법의 해당 규정을 인용한 것으로 본다.

　　부　칙 (2020.12.22)
　　　　 (2020.12.29 법17758호)
　　　　 (2020.12.29 법17761호)

제1조【시행일】 이 법은 2021년 1월 1일부터 시행한다.(이하 생략)

조세범 처벌절차법

(2011년 12월 31일)
(전부개정법률 제11132호)

개정
2016. 3.29법14099호
2018.12.31법16108호(조세범 처벌법)
2023. 1.17법19212호

제1장 총 칙

제1조【목적】 이 법은 조세범칙사건(犯則事件)을 공정하고 효율적으로 처리하기 위하여 조세범칙사건의 조사 및 그 처분에 관한 사항을 정함을 목적으로 한다.

제2조【정의】 이 법에서 사용하는 용어의 뜻은 다음과 같다.

1. "조세범칙행위"란 「조세범 처벌법」 제3조부터 제16조까지의 죄에 해당하는 위반행위를 말한다. (2018.12.31 본호개정)
2. "조세범칙사건"이란 조세범칙행위의 혐의가 있는 사건을 말한다.
3. "조세범칙조사"란 세무공무원이 조세범칙행위 등을 확정하기 위하여 조세범칙사건에 대하여 행하는 조사활동을 말한다.
4. "세무공무원"이란 세무에 종사하는 공무원으로서 다음 각 목의 구분에 따라 지명된 공무원을 말한다.
   가. 지방국세청 소속 공무원의 경우 : 소속 지방국세청장의 제청으로 해당 지방국세청의 소재지를 관할하는 지방검찰청의 검사장이 지명하는 공무원
   나. 세무서 소속 공무원의 경우 : 소속 지방국세청장의 제청으로 해당 세무서의 소재지를 관할하는 지방검찰청의 검사장이 지명하는 공무원

제3조【조세범칙사건의 관할】 ① 조세범칙사건은 해당 조세범칙사건의 납세지를 관할하는 세무서장의 관할로 한다. 다만, 대통령령으로 정하는 중요한 사건의 경우에는 지방국세청장의 관할로 할 수 있다.
② 제1항에서 규정한 사항 외에 조세범칙사건의 관할에 필요한 사항은 국세청장이 정한다.

제4조【조세범칙사건의 인계】 지방국세청 또는 세무서 외의 행정기관과 그 소속 공무원이 입수한 조세범칙사건에 관한 증거 등은 국세청장이나 관할 지방국세청장 또는 세무서장에게 지체 없이 인계하여야 한다.

제5조【조세범칙조사심의위원회】 ① 조세범칙사건에 관한 다음 각 호의 사항을 심의하기 위하여 지방국세청에 조세범칙조사심의위원회(이하 "위원회"라 한다)를 둔다.

1. 「조세범 처벌법」 제3조에 해당하는 조세범칙사건에 대한 조세범칙조사의 실시
1의2. 제13조에 따른 조세범칙처분 없이 조세범칙조사를 종결하려는 경우 그 종결에 관한 사항(2023.1.17 본호신설)
2. 제14조제1항에 따른 조세범칙처분의 결정
3. 조세범칙조사의 기간 연장 및 조사범위 확대
4. 「조세범 처벌법」 제18조에 따른 양벌규정의 적용
5. 그 밖에 조세범칙조사와 관련하여 위원장이 필요하다고 인정하는 사항(2023.1.17 본호신설)
② 위원회는 위원장 1명을 포함하여 20명 이내의 위원으로 구성한다.(2016.3.29 본항개정)
③ 제2항에서 규정한 사항 외에 위원회의 구성 및 운영 등에 필요한 사항은 대통령령으로 정한다.
④ 위원회의 위원 중 공무원이 아닌 사람은 「형법」이나 그 밖의 법률에 따른 벌칙을 적용할 때에는 공무원으로 본다.(2016.3.29 본항신설)

제6조【국가기관에 대한 협조 요청】 ① 국세청장·지방국세청장 또는 세무서장은 조세범칙조사를 실시하기 위하여 필요한 경우에는 다른 국가기관에 협조를 요청할 수 있다.
② 제1항에 따라 협조 요청을 받은 국가기관은 특별한 사유가 없으면 요청에 따라야 한다.

제2장 조세범칙조사

제7조【조세범칙조사 대상의 선정】 ① 지방국세청장 또는 세무서장은 다음 각 호의 어느 하나에 해당하는 경우에는 조세범칙조사를 실시하여야 한다.

1. 조세범칙행위의 혐의가 있는 자(이하 "조세범칙행위 혐의자"라 한다)를 처벌하기 위하여 증거수집 등이 필요한 경우
2. 연간 조세포탈 혐의금액 등이 대통령령으로 정하는 금액 이상인 경우
② 지방국세청장 또는 세무서장은 「조세범 처벌법」 제3조에 해당하는 조세범칙사건에 대하여 조세범칙조사를 실시하려는 경우에는 위원회의 심의를 거쳐야 한다. 다만, 제9조제1항 각 호의 어느 하나에 해당하는 경우에는 지방국세청장은 국세청장의 승인을, 세무서장은 관할 지방국세청장의 승인을 받아 위원회의 심의를 거치지 아니할 수 있다.

제8조【조세범칙행위 혐의자 등에 대한 심문·압수·수색】 세무공무원은 조세범칙조사를 하기 위하여 필요한 경우에는 조세범칙행위 혐의자 또는 참고인을 심문하거나 압수 또는 수색할 수 있다. 이 경우 압수 또는 수색을 할 때에는 대통령령으로 정하는 사람을 참여하게 하여야 한다.

제9조【압수·수색영장】 ① 세무공무원이 제8조에 따라 압수 또는 수색을 할 때에는 근무지 관할 검사에게 신청하여 검사의 청구를 받은 관할 지방법원판사가 발부한 압수·수색영장이 있어야 한다. 다만, 다음 각 호의 어느 하나에 해당하는 경우에는 해당 조세범칙행위 혐의자 및 그 밖에 대통령령으로 정하는 자에게 그 사유를 알리고 영장 없이 압수 또는 수색할 수 있다.

1. 조세범칙행위가 진행 중인 경우
2. 장기 3년 이상의 형에 해당하는 조세범칙행위 혐의자가 도주하거나 증거를 인멸할 우려가 있어 압수·수색영장을 발부받을 시간적 여유가 없는 경우 (2023.1.17 본호개정)
② 제1항 단서에 따라 영장 없이 압수 또는 수색한 경우에는 압수 또는 수색한 때부터 48시간 이내에 관할 지방법원판사에게 압수·수색영장을 청구하여야 한다.
③ 세무공무원은 압수·수색영장을 발부받지 못한 경우에는 즉시 압수한 물건을 압수당한 자에게 반환하여야 한다.
④ 세무공무원은 압수한 물건의 운반 또는 보관이 곤란한 경우에는 압수한 물건을 소유자, 소지자 또는 관공서(이하 "소유자등"이라 한다)로 하여금 보관하게 할 수 있다. 이 경우 소유자등으로부터 보관증을 받고 봉인(封印)이나 그 밖의 방법으로 압수한 물건임을 명백히 하여야 한다.

제10조【「형사소송법」의 준용】 이 법에서 규정한 사항 외에 압수 또는 수색과 압수·수색영장에 관하여는 「형사소송법」 중 압수 또는 수색과 압수·수색영장에 관한 규정을 준용한다.

제11조【심문조서 등의 작성】 세무공무원은 심문하거나 압수 또는 수색을 하였을 때에는 조서에 그 경위(經緯)를 기록하여 심문을 받은 사람 또는 제8조 후단에 따른 참여자에게 확인하게 한 후 그와 함께 서명날인을 하여야 한다. 이 경우 서명날인을 하지 아니하거나 할 수 없을 때에는 그 사유를 조서에 기록하여야 한다.

제12조【보고】세무공무원은 조세범칙조사를 마쳤을 때에는 국세청장·지방국세청장 또는 세무서장에게 보고하여야 한다.

제3장 조세범칙처분

제13조【조세범칙처분의 종류】조세범칙사건에 대한 처분의 종류는 다음 각 호와 같다.
1. 통고처분
2. 고발
3. 무혐의

제14조【조세범칙처분에 대한 위원회 심의】① 지방국세청장 또는 세무서장은 제7조제2항에 따라 위원회의 심의를 거치거나 국세청장 또는 관할 지방국세청장의 승인을 받아 조세범칙조사를 실시한 조세범칙사건에 대하여 조세범칙처분을 하려는 경우에는 위원회의 심의를 거쳐야 한다. 다만, 제9조제1항제2호의 사유가 있는 경우에는 지방국세청장은 국세청장의 승인을, 세무서장은 관할 지방국세청장의 승인을 받아 위원회의 심의를 거치지 아니할 수 있다.
② 지방국세청장 또는 세무서장은 제1항에 따라 위원회에 심의를 요청한 때에는 즉시 그 사실을 제13조 각 호에 따른 처분의 대상 자에게 통지하여야 한다.
③ 제2항에 따른 통지를 받은 자는 대통령령으로 정하는 바에 따라 위원회에 의견을 제출할 수 있다.

제15조【통고처분】① 지방국세청장 또는 세무서장은 조세범칙행위의 확증을 얻었을 때에는 대통령령으로 정하는 바에 따라 그 대상이 되는 자에게 그 이유를 구체적으로 밝히고 다음 각 호에 해당하는 금액이나 물품을 납부할 것을 통고하여야 한다. 다만, 몰수 또는 몰취(沒取)에 해당하는 물품에 대해서는 그 물품을 납부하겠다는 의사표시(이하 "납부신청"이라 한다)를 하도록 통고할 수 있다.
1. 벌금에 해당하는 금액(이하 "벌금상당액"이라 한다)
2. 몰수 또는 몰취에 해당하는 물품
3. 추징금에 해당하는 금액
② 제1항 단서에 따른 통고를 받은 자가 그 통고에 따라 납부신청을 하고 몰수 또는 몰취에 해당하는 물품을 가지고 있는 경우에는 공매나 그 밖에 필요한 처분을 할 때까지 그 물품을 보관하여야 한다.
③ 제1항에 따른 통고를 받은 자가 통고대로 이행하였을 때에는 동일한 사건에 대하여 다시 조세범칙조사를 받거나 처벌받지 아니한다.
④ 제1항에 따른 벌금상당액의 부과기준은 대통령령으로 정한다.
⑤ 제1항에 따른 벌금상당액은 「국세징수법」 제12조제1항 각 호의 방법으로 납부한다.(2023.1.17 본항신설)

제16조【공소시효의 정지】제15조제1항에 따른 통고처분이 있는 경우에는 통고일부터 고발일까지의 기간 동안 공소시효는 정지된다.(2023.1.17 본조개정)

제17조【고발】① 지방국세청장 또는 세무서장은 다음 각 호의 어느 하나에 해당하는 경우에는 통고처분을 거치지 아니하고 그 대상자를 즉시 고발하여야 한다.
1. 정상(情狀)에 따라 징역형에 처할 것으로 판단되는 경우
2. 제15조제1항에 따른 통고대로 이행할 자금이나 납부능력이 없다고 인정되는 경우
3. 거소가 분명하지 아니하거나 서류의 수령을 거부하여 통고처분을 할 수 없는 경우
4. 도주하거나 증거를 인멸할 우려가 있는 경우
② 지방국세청장 또는 세무서장은 제15조제1항에 따라 통고처분을 받은 자가 통고서를 송달받은 날부터 15일 이내에 통고대로 이행하지 아니한 경우에는 고발하여야 한다. 다만, 15일이 지났더라도 고발되기 전에 통고대로 이행하였을 때에는 그러하지 아니 하다.

제18조【압수물건의 인계】① 지방국세청장 또는 세무서장은 제17조에 따라 고발한 경우 압수물건이 있을 때에는 압수목록을 첨부하여 검사에게 인계하여야 한다.
② 지방국세청장 또는 세무서장은 제1항의 압수물건으로서 제9조제4항에 따라 소유자등이 보관하는 것에 대해서는 검사에게 보관증을 인계하고, 소유자등에게 압수물건을 검사에게 인계하였다는 사실을 통지하여야 한다.

제19조【무혐의 통지 및 압수의 해제】지방국세청장 또는 세무서장은 조세범칙조사를 하여 조세범칙행위의 확증을 갖지 못하였을 때에는 그 뜻을 조세범칙행위 혐의자에게 통지하고 물건을 압수하였을 때에는 그 해제를 명하여야 한다.

부 칙

제1조【시행일】이 법은 2012년 7월 1일부터 시행한다.
제2조【조세범칙조사 등에 관한 경과조치】이 법 시행 당시 종전의 예에 따라 구성된 조세범칙조사심의위원회의 심의를 거친 경우에는 이 법에 따른 위원회의 심의를 거친 것으로 본다.
제3조【탈세제보 포상금에 관한 경과조치】이 법 시행 전에 종전의 제16조에 따른 자료를 제공한 자에 대해서는 종전의 제16조에 따라 포상금을 지급한다.
제4조【처분 등에 관한 일반적 경과조치】이 법 시행 당시 종전의 규정에 따른 행정기관의 행위나 행정기관에 대한 행위는 그에 해당하는 이 법에 따른 행정기관의 행위나 행정기관에 대한 행위로 본다.
제5조【다른 법령과의 관계】이 법 시행 당시 다른 법령에서 「조세범 처벌절차법」의 규정을 인용한 경우에 이 법 가운데 그에 해당하는 규정이 있으면 종전의 규정을 갈음하여 이 법의 해당 조항을 인용한 것으로 본다.

부 칙 (2016.3.29)

이 법은 공포한 날부터 시행한다.

부 칙 (2018.12.31)

제1조【시행일】이 법은 2019년 1월 1일부터 시행한다.(이하 생략)

부 칙 (2023.1.17)

제1조【시행일】이 법은 공포한 날부터 시행한다.
제2조【압수·수색영장에 관한 적용례】제9조제1항제2호의 개정규정은 이 법 시행 이후 압수 또는 수색을 하는 경우부터 적용한다.
제3조【공소시효의 정지에 관한 적용례】제16조의 개정규정은 이 법 시행 이후 통고처분을 하는 경우부터 적용한다.

조세범 처벌절차법 시행령

(2012년 2월 2일)
(전부개정 대통령령 제23601호)

개정
2013. 6.28영24638호(부가세시)
2014. 2.21영25203호
2014. 6.30영25435호(장애 인비하용어개선)
2016.12. 5영27652호
2019. 2.12영29539호
2023. 2.28영33277호

제1장 총 칙

제1조【목적】 이 영은 「조세범 처벌절차법」에서 위임된 사항과 그 시행에 필요한 사항을 규정함을 목적으로 한다.

제2조【지방국세청장 관할 조세범칙사건】 ① 「조세범 처벌절차법」(이하 "법"이라 한다) 제3조제1항 단서에서 "대통령령으로 정하는 중요한 사건"이란 다음 각 호의 어느 하나에 해당하는 사건을 말한다.
1. 지방국세청장이 세무조사를 한 조세범칙사건
2. 그 밖에 조세범칙조사 대상자가 경영하는 사업의 종류 및 규모, 조세포탈 혐의금액 등을 고려하여 지방국세청장이 직접 조사할 필요가 있다고 인정하는 사건
② 지방국세청장은 세무서장이 조세범칙조사를 시작한 조세범칙사건에 대하여 제1항제2호에 따라 조세범칙조사를 하려는 경우에는 이를 세무서장과 조세범칙조사 대상자에게 알려야 한다.

제3조【조세범칙조사심의위원회의 구성】 ① 법 제5조에 따른 조세범칙조사심의위원회(이하 "위원회"라 한다)의 위원장(이하 "위원장"이라 한다)은 지방국세청장이 되고, 위원은 다음 각 호의 사람이 된다.
1. 지방국세청 소속 공무원 중에서 위원장이 지명하는 6명 이내의 사람
2. 법률, 회계 또는 세무에 관한 학식과 경험이 풍부한 사람 중에서 위원장이 위촉하는 13명 이내의 사람 (2016.12.5 본호개정)
② 위촉위원의 임기는 2년으로 한다.
③ 위원장은 위촉위원이 금고(禁錮) 이상의 형을 선고받는 등의 사유로 직무수행에 지장이 있다고 인정하는 경우에는 임기 중이라도 위촉을 해제할 수 있다.

제4조【위원회의 운영】 ① 위원장은 위원회의 회의를 소집하고, 그 의장이 된다.
② 위원장이 부득이한 사유로 직무를 수행할 수 없는 경우에는 제3조제1항제1호의 위원 중에서 위원장이 미리 지명한 위원이 그 직무를 대행한다.
③ 위원회의 회의는 위원장과 위원장이 회의마다 지정하는 6명의 위원으로 구성하되, 제3조제1항제2호의 위원이 4명 이상이 되도록 하여야 한다.(2023.2.28 본항개정)
④ 제3항에도 불구하고 「조세범 처벌법」 제3조에 해당하는 조세범칙사건 외의 조세범칙사건에 대한 다음 각 호의 사항에 대해서는 위원장이 회의마다 지정하는 3명의 위원으로 구성한다. 이 경우 위원회의 의장은 위원장이 지정하는 위원이 된다.
1. 조세범칙조사의 기간 연장 및 조사범위 확대
2. 「조세범 처벌법」 제18조에 따른 양벌규정의 적용
⑤ 위원장은 회의를 소집하려는 경우에는 회의 개최 5일 전까지 회의의 일시·장소 및 안건을 제3항 및 제4항에 따라 지정된 위원에게 통지하여야 한다. 다만, 긴급히 개최하여야 하거나 부득이한 사유가 있는 경우에는 회의 개최 전일까지 통지할 수 있다.
⑥ 위원회의 회의는 제3항 및 제4항에 따른 구성원 3분의 2 이상의 출석으로 개의(開議)하고, 출석위원 과반수의 찬성으로 의결한다.

⑦ 위원회의 회의는 공개하지 아니한다. 다만, 위원장이 필요하다고 인정하는 경우에는 공개할 수 있다.
⑧ 제1항부터 제7항까지에서 규정한 사항 외에 위원회의 운영에 필요한 사항은 국세청장이 정한다.

제5조【위원의 제척·회피】 ① 위원회의 위원 중 다음 각 호의 어느 하나에 해당하는 위원은 그 조세범칙사건의 심의·의결에서 제척(除斥)된다.
1. 위원이나 그 배우자 또는 그 배우자였던 사람이 해당 사건의 기초사실이 되는 사건의 당사자이거나 그 사건에 관하여 공동권리자 또는 공동의무자의 관계에 있는 경우
2. 위원이 해당 사건의 기초사실이 되는 사건의 당사자와 친족이거나 친족이었던 경우
3. 위원이 해당 사건의 기초사실이 되는 사건에 관하여 증언이나 감정을 한 경우
4. 위원이 해당 사건의 기초사실이 되는 사건의 당사자의 대리인으로서 관여하거나 관여하였던 경우
② 제1항 각 호의 어느 하나에 해당하는 위원은 스스로 그 조세범칙사건의 심의·의결을 회피(回避)할 수 있다.

제2장 조세범칙조사

제6조【조세범칙조사 대상의 선정】 ① 법 제7조제1항제2호에서 "연간 조세포탈 혐의금액 등이 대통령령으로 정하는 금액 이상인 경우"란 다음 각 호의 어느 하나에 해당하는 경우를 말한다.
1. 연간 조세포탈 혐의금액 또는 연간 조세포탈 혐의비율이 다음 표의 구분에 따른 연간 조세포탈 혐의금액 또는 연간 조세포탈 혐의비율 이상인 경우

연간 신고수입금액	연간 조세포탈 혐의 금액	연간 조세포탈 혐의 비율
가. 100억원 이상	20억원 이상	15% 이상
나. 50억원 이상 100억원 미만	15억원 이상	20% 이상
다. 20억원 이상 50억원 미만	10억원 이상	25% 이상
라. 20억원 미만	5억원 이상	

2. 조세포탈 예상세액이 연간 5억원 이상인 경우
② 제1항제1호를 적용할 때 다음 각 호의 어느 하나에 해당하는 경우에는 연간 신고수입금액을 20억원 미만으로 본다.
1. 「국세기본법」 제2조제15호에 따른 과세표준신고서를 제출하지 아니한 경우(「부가가치세법」 제69조에 따라 납부의무가 면제된 경우는 제외한다)
2. 「부가가치세법」 제8조 또는 「소득세법」 제168조에 따른 등록을 하지 아니한 경우 (2013.6.28 1호∼2호개정)
③ 제1항에 따른 신고수입금액은 개별 세법에 따른 법정신고기한 이내에 신고(「국세기본법」 제2조제15호에 따른 과세표준신고서의 제출을 말한다)하거나 「국세기본법」 제45조의3에 따라 기한 후 신고한 수입금액으로 한다.
④ 제1항에 따른 조세포탈 혐의금액은 「조세범 처벌법」 제3조제6항에 따른 사기나 그 밖의 부정한 행위로써 조세를 포탈하거나 조세의 환급·공제를 받은 혐의가 있는 금액으로 한다.
⑤ 제1항에 따른 조세포탈 혐의비율은 조세포탈 혐의금액을 신고수입금액으로 나눈 비율로 한다.
⑥ 제1항에 따른 조세포탈 예상세액은 조세포탈 혐의금액에 대하여 세법에 따라 산정한 포탈세액(가산세는 제외한다)으로 한다.

⑦ 제2항부터 제6항까지의 규정에 따른 연간 신고수입금액 등의 산정 기준 및 방법은 국세청장이 정하여 고시한다.

제7조【압수·수색의 참여인】 법 제8조 후단에서 "대통령령으로 정하는 사람"이란 다음 각 호의 어느 하나에 해당하는 사람을 말한다.
1. 조세범칙행위 혐의자
2. 조세범칙행위와 관련된 물건의 소유자 또는 소지자
3. 변호사, 세무사 또는 「세무사법」 제20조의2제1항에 따라 등록한 공인회계사로서 조세범칙행위 혐의자의 대리인
4. 제1호 및 제2호에 해당하는 사람의 동거인, 사용인 또는 그 밖의 종업원으로서 사리를 분별할 수 있는 성년인 사람(제1호부터 제3호까지의 규정에 해당하는 사람이 참여할 수 없거나 참여를 거부하는 경우에만 해당한다)
5. 관할 시·군·구의 공무원 또는 경찰공무원(제1호부터 제4호까지의 규정에 해당하는 사람이 참여할 수 없거나 참여를 거부하는 경우에만 해당한다)

제8조【영장에 의하지 아니한 압수·수색】 법 제9조제1항 각 호 외의 부분 단서에서 "대통령령으로 정하는 자"란 제7조제2호부터 제4호까지의 규정에 해당하는 자를 말한다.

제9조【압수물건의 공매】 지방국세청장 또는 세무서장은 「형사소송법」 제132조에 따라 압수물건을 공매하는 경우에는 물건의 품명, 수량, 공매 사유, 공매 장소와 그 일시, 그 밖에 필요한 사항을 공고하여야 한다.

제10조【세무공무원의 압수물건 등 매수 금지】 세무공무원은 압수물건, 몰취물건 또는 몰수물건을 직접 또는 간접으로 매수(買收)할 수 없다.

제3장 조세범칙처분

제11조【조세범칙처분 대상자의 의견 제출】 법 제14조제3항에 따라 위원회에 의견을 제출하려는 자는 서면으로 하여야 한다.

제12조【통고처분】 ① 지방국세청장 또는 세무서장은 법 제15조제1항에 따라 통고처분을 하는 경우 조세범칙조사를 마친 날(위원회의 심의를 거친 조세범칙사건의 경우에는 위원회의 의결이 있은 날을 말한다)부터 10일 이내에 조세범칙행위자 및 「조세범 처벌법」 제18조에 따른 법인 또는 개인별로 통고서를 작성하여 통고하여야 한다.
② 법 제15조제4항에 따른 벌금상당액의 부과기준은 별표와 같다.

제13조【문서의 작성과 송달】 세무공무원은 「형사소송법」에 준하여 문서를 작성하고 직접 또는 등기우편으로 송달하여야 한다.

부 칙

제1조【시행일】 이 영은 2012년 7월 1일부터 시행한다.
제2조【벌금상당액의 부과기준에 관한 적용례】 별표의 개정규정은 이 영 시행 후 최초로 부과하는 통고처분부터 적용한다.
제3조【탈세제보 포상금에 관한 경과조치】 이 영 시행 전에 종전의 법(법률 제11132호로 개정되기 전의 것을 말한다) 제16조에 따른 자료를 제공한 사람에 대한 포상금의 지급은 종전의 제8조에 따른다.
제4조【다른 법령과의 관계】 이 영 시행 당시 다른 법령에서 종전의 「조세범 처벌절차법 시행령」의 규정을 인용한 경우에 이 영 가운데 그에 해당하는 규정이 있으면 종전의 규정을 갈음하여 이 영의 해당 규정을 인용한 것으로 본다.

부 칙 (2013.6.28)

제1조【시행일】 이 영은 2013년 7월 1일부터 시행한다.(이하 생략)

부 칙 (2014.2.21)

이 영은 공포한 날부터 시행한다.

부 칙 (2014.6.30)

제1조【시행일】 이 영은 공포한 날부터 시행한다.(이하 생략)

부 칙 (2016.12.5)
(2019.2.12)
(2023.2.28)

이 영은 공포한 날부터 시행한다.

〔별표〕

벌금상당액 부과기준(제12조제2항 관련)

(2019.2.12 개정)

1. 일반기준
가. 제2호의 개별기준에 따른 조세범칙행위의 위반횟수에 따른 벌금상당액의 부과기준은 해당 조세범칙행위가 있은 날 이전 최근 3년간 같은 조세범칙행위로 통고처분이나 유죄의 확정판결을 받은 경우에 적용한다.
나. 「조세범 처벌법」 제3조에 따른 조세범칙행위를 상습적으로 범한 경우에는 제2호의 개별기준에 따른 벌금상당액의 100분의 50을 가중한다.
다. 「조세범 처벌법」 제3조에 따른 조세범칙행위를 한 자가 세무공무원이 세무조사 또는 조세범칙조사를 시작하기 전에 「국세기본법」 제45조에 따른 수정신고(이하 "수정신고"라 한다)를 하거나 같은 법 제45조의3에 따른 기한 후 신고(이하 "기한 후 신고"라 한다)를 한 경우(추가 납부할 세액을 납부하지 않은 경우는 제외한다)에는 제2호의 개별기준에 따른 벌금상당액을 다음의 기준에 따라 감경한다.
1) 법정신고기한의 다음 날부터 6개월이 되는 날 이전에 수정신고를 하거나 법정신고기한의 다음 날부터 1개월이 되는 날 이전에 기한 후 신고를 한 경우 : 제2호의 개별기준에 따른 벌금상당액의 100분의 50
2) 법정신고기한의 다음 날부터 6개월 초과 1년 이전에 수정신고를 하거나 1개월 초과 6개월 이내에 기한 후 신고를 한 경우 : 제2호의 개별기준에 따른 벌금상당액의 100분의 20
3) 법정신고기한의 다음 날부터 1년 초과 2년 이내에 수정신고를 한 경우 : 제2호의 개별기준에 따른 벌금상당액의 100분의 10
라. 다른 사람의 조세범칙행위를 방조한 자는 조세범칙행위에의 가담 정도에 따라 제2호의 개별기준에 따른 벌금상당액을 감경할 수 있다.
마. 조세범칙행위자가 심신장애로 인하여 사물을 분별하거나 의사를 결정할 능력이 미약한 사람이거나 청각 및 언어 장애인인 경우에는 제2호의 개별기준에 따른 벌금상당액의 100분의 50에 해당하는 금액을 감경한다.
바. 조세범칙행위가 경합하는 경우에는 다음의 기준에 따라 벌금상당액을 산정한다.
1) 「조세범 처벌법」 제7조부터 제9조까지, 제11조, 제15조 및 제16조에 따른 각 조세범칙행위가 경합하는 경우에는 각 조세범칙행위에 대한 벌금상당액 중 가장 무거운 벌금상당액에 그 2분의 1을 가중한다. 다만, 가중하는 경우에도 각 조세범칙행위에 대한 벌금상당액을 합산한 금액을 초과할 수 없다.

2) 「조세범 처벌법」 제3조부터 제6조까지, 제10조 및 제12조부터 제14조까지의 규정에 따른 조세범칙행위가 경합하는 경우에는 각 조세범칙행위에 대한 벌금상당액을 합산한다.

3) 1)에 따른 조세범칙행위와 2)에 따른 조세범칙행위가 경합하는 경우에는 각 조세범칙행위에 대한 벌금상당액을 산정하여 합산한다.

사. 가목부터 바목까지의 규정에 따른 가중·감경사유가 경합하는 경우에는 다음의 순서에 따라 제2호의 개별기준에 따른 벌금상당액을 가중하거나 감경한다.
1) 가목의 위반 횟수에 의한 가중
2) 나목의 상습에 의한 가중
3) 다목의 수정신고에 의한 감경
4) 라목의 가담정도에 의한 감경
5) 마목의 심신미약 등에 의한 감경
6) 바목의 조세범칙행위 경합에 의한 가중

아. 가목부터 사목까지의 규정에 따라 벌금상당액을 산정한 결과 10원 미만의 끝수가 있으면 이를 버린다.

자. 가목부터 사목까지의 규정에 따라 산정된 벌금상당액이 「조세범 처벌법」에 따라 산정된 벌금액의 상한을 초과하는 경우에는 같은 법에 따라 산정된 벌금액의 상한을 벌금상당액으로 본다.

2. 개별기준

조세범칙행위	벌금상당액		
	1차 위반	2차 위반	3차 이상 위반
가. 「조세범 처벌법」 제3조제1항의 조세범칙행위를 한 경우			
1) 「조세범 처벌법」 제3조제1항 본문에 해당하는 경우	포탈세액 또는 환급·공제받은 세액의 0.5배의 금액	포탈세액 또는 환급·공제받은 세액의 1배의 금액	포탈세액 또는 환급·공제받은 세액의 2배의 금액
2) 「조세범 처벌법」 제3조제1항 단서에 해당하는 경우	포탈세액 또는 환급·공제받은 세액의 0.5배의 금액	포탈세액 또는 환급·공제받은 세액의 2배의 금액	포탈세액 또는 환급·공제받은 세액의 3배의 금액
나. 「조세범 처벌법」 제4조제1항의 조세범칙행위를 한 경우			
1) 연간 포탈세액 또는 환급·공제받은 세액이 1억원 이하인 경우	포탈세액 또는 환급·공제받은 세액	포탈세액 또는 환급·공제받은 세액의 2배	포탈세액 또는 환급·공제받은 세액의 2배
2) 연간 포탈세액 또는 환급·공제받은 세액이 1억원 초과인 경우	1억원 + (1억원 초과 포탈세액 또는 환급·공제받은 세액 × 3)]	[1억원 + (1억원 초과 포탈세액 또는 환급·공제받은 세액 × 3)]×2	[1억원 + (1억원 초과 포탈세액 또는 환급·공제받은 세액 × 3)]×2
다. 「조세범 처벌법」 제4조제2항의 조세범칙행위를 한 경우			
1) 연간 포탈세액 또는 환급·공제받은 세액이 1억원 이하인 경우	포탈세액 또는 환급·공제받은 세액	포탈세액 또는 환급·공제받은 세액의 2배	포탈세액 또는 환급·공제받은 세액의 2배
2) 연간 포탈세액 또는 환급·공제받은 세액이 1억원 초과인 경우	1억원 + (1억원 초과 포탈세액 또는 환급·공제받은 세액 × 3)	[1억원 + (1억원 초과 포탈세액 또는 환급·공제받은 세액 × 3)]×2	[1억원 + (1억원 초과 포탈세액 또는 환급·공제받은 세액 × 3)]×2
라. 「조세범 처벌법」 제4조의2의 조세범칙행위를 한 경우	500만원	1천만원	3천만원
마. 「조세범 처벌법」 제5조의 조세범칙행위를 한 경우	포탈세액의 1배의 금액	포탈세액의 3배의 금액	포탈세액의 5배의 금액
바. 「조세범 처벌법」 제6조의 조세범칙행위를 한 경우	비고 제1호에 따른 금액	비고 제1호에 따른 금액의 2배의 금액	비고 제1호에 따른 금액의 2배의 금액
사. 「조세범 처벌법」 제7조제1항 또는 제2항의 조세범칙행위를 한 경우	체납액. 다만, 재산가액(「상속세 및 증여세법」 제60조부터 제66조까지의 규정에 따라 평가한 가액)이 체납액보다 적은 경우에는 그 재산가액을 벌금상당액으로 하되, 벌금상당액이 3천만원을 초과하는 경우에는 3천만원을 벌금상당액으로 한다.	체납액의 2배에 해당하는 금액. 다만, 재산가액(「상속세 및 증여세법」 제60조부터 제66조까지의 규정에 따라 평가한 가액)이 체납액보다 적은 경우에는 그 재산가액을 벌금상당액으로 하되, 벌금상당액이 3천만원을 초과하는 경우에는 3천만원을 벌금상당액으로 한다.	체납액의 2배에 해당하는 금액. 다만, 재산가액(「상속세 및 증여세법」 제60조부터 제66조까지의 규정에 따라 평가한 가액)이 체납액보다 적은 경우에는 그 재산가액을 벌금상당액으로 하되, 벌금상당액이 3천만원을 초과하는 경우에는 3천만원을 벌금상당액으로 한다.
아. 「조세범 처벌법」 제7조제3항의 조세범칙행위를 한 경우	사목의 1차 위반에 따른 금액의 3분의 2에 해당하는 금액. 다만, 그 금액이 2천만원을 초과하는 경우에는 2천만원을 벌금상당액으로 한다.	사목의 1차 위반에 따른 금액의 3분의 4에 해당하는 금액. 다만, 그 금액이 2천만원을 초과하는 경우에는 2천만원을 벌금상당액으로 한다.	사목의 1차 위반에 따른 금액의 3분의 4에 해당하는 금액. 다만, 그 금액이 2천만원을 초과하는 경우에는 2천만원을 벌금상당액으로 한다.
자. 「조세범 처벌법」 제8조의 조세범칙행위를 한 경우	소각·파기하거나 은닉한 장부의 연도 및 그 직전 연도의 부가가치세 과세표준금액 또는 이에 준하는 금액의 1년간 평균액의 100분의 10에 해당하는 금액. 다만, 그 금액이 500	소각·파기하거나 은닉한 장부의 연도 및 그 직전 연도의 부가가치세 과세표준금액 또는 이에 준하는 금액의 1년간 평균액의 100분의 20에 해당하는 금액. 다만, 그 금액이 500	소각·파기하거나 은닉한 장부의 연도 및 그 직전 연도의 부가가치세 과세표준금액 또는 이에 준하는 금액의 1년간 평균액의 100분의 20에 해당하는 금액. 다만, 그 금액이 500

구분			
	만원 미만인 경우에는 500만원을 벌금상당액으로 하고, 2천만원을 초과하는 경우에는 2천만원을 벌금상당액으로 한다.	만원 미만인 경우에는 500만원을 벌금상당액으로 하고, 2천만원을 초과하는 경우에는 2천만원을 벌금상당액으로 한다.	만원 미만인 경우에는 500만원을 벌금상당액으로 하고, 2천만원을 초과하는 경우에는 2천만원을 벌금상당액으로 한다.
차. 「조세범 처벌법」 제9조제1항의 조세범칙행위를 한 경우	1천만원	2천만원	2천만원
카. 「조세범 처벌법」 제9조제2항의 조세범칙행위를 한 경우	500만원	1천만원	1천만원
타. 「조세범 처벌법」 제10조제1항의 조세범칙행위를 한 경우	공급가액에 부가가치세의 세율을 적용하여 산출한 세액의 0.5배의 금액	공급가액에 부가가치세의 세율을 적용하여 산출한 세액의 1배의 금액	공급가액에 부가가치세의 세율을 적용하여 산출한 세액의 2배의 금액
파. 「조세범 처벌법」 제10조제2항의 조세범칙행위를 한 경우	공급가액에 부가가치세의 세율을 적용하여 계산한 세액의 0.5배의 금액	공급가액에 부가가치세의 세율을 적용하여 계산한 세액의 1배의 금액	공급가액에 부가가치세의 세율을 적용하여 계산한 세액의 2배의 금액
하. 「조세범 처벌법」 제10조제3항의 조세범칙행위를 한 경우	공급가액에 부가가치세의 세율을 적용하여 계산한 세액의 1배의 금액	공급가액에 부가가치세의 세율을 적용하여 계산한 세액의 2배의 금액	공급가액에 부가가치세의 세율을 적용하여 계산한 세액의 3배의 금액
거. 「조세범 처벌법」 제10조제4항의 조세범칙행위를 한 경우	하목의 1차 위반에 따른 금액. 다만, 세무를 대리하는 세무사·공인회계사 또는 변호사가 「조세범 처벌법」 제10조제3항의 행위를 알선하거나 중개한 경우에는 하목의 1차 위반에 따른 금액의 1.5배에 해당하는 금액을 벌금상당액으로 한다.	하목의 1차 위반에 따른 금액의 2배에 해당하는 금액. 다만, 세무를 대리하는 세무사·공인회계사 또는 변호사가 「조세범 처벌법」 제10조제3항의 행위를 알선하거나 중개한 경우에는 하목의 1차 위반에 따른 금액의 3배에 해당하는 금액을 벌금상당액으로 한다.	하목의 1차 위반에 따른 금액의 3배에 해당하는 금액. 다만, 세무를 대리하는 세무사·공인회계사 또는 변호사가 「조세범 처벌법」 제10조제3항의 행위를 알선하거나 중개한 경우에는 하목의 1차 위반에 따른 금액의 4.5배에 해당하는 금액을 벌금상당액으로 한다.
너. 「조세범 처벌법」 제11조제1항의 조세범칙행위를 한 경우	조세를 회피하거나 강제집행을 면탈한 세액의 0.5배의 금액. 다만, 그 금액이 50만원 미만이거나 조세를 회피하거나 강제집행을 면탈한 세액이 없는 경우에는 50만원을 벌금상당액으로 하고, 2천만원을 초과하는 경우에는 2천만원을 벌금상당액으로 한다.	조세를 회피하거나 강제집행을 면탈한 세액. 다만, 그 금액이 50만원 미만이거나 조세를 회피하거나 강제집행을 면탈한 세액이 없는 경우에는 50만원을 벌금상당액으로 하고, 2천만원을 초과하는 경우에는 2천만원을 벌금상당액으로 한다.	조세를 회피하거나 강제집행을 면탈한 세액. 다만, 그 금액이 50만원 미만이거나 조세를 회피하거나 강제집행을 면탈한 세액이 없는 경우에는 50만원을 벌금상당액으로 하고, 2천만원을 초과하는 경우에는 2천만원을 벌금상당액으로 한다.
더. 「조세범 처벌법」 제11조제2항의 조세범칙행위를 한 경우	너목의 1차 위반에 따른 벌금상당액의 2분의 1에 해당하는 금액. 다만, 그 금액이 50만원 미만이거나 조세를 회피하거나 강제집행을 면탈한 세액이 없는 경우에는 50만원을 벌금상당액으로 하고, 1천만원을 초과하는 경우에는 1천만원을 벌금상당액으로 한다.	너목의 1차 위반에 따른 벌금상당액. 다만, 그 금액이 50만원 미만이거나 조세를 회피하거나 강제집행을 면탈한 세액이 없는 경우에는 50만원을 벌금상당액으로 하고, 1천만원을 초과하는 경우에는 1천만원을 벌금상당액으로 한다.	너목의 1차 위반에 따른 벌금상당액. 다만, 그 금액이 50만원 미만이거나 조세를 회피하거나 강제집행을 면탈한 세액이 없는 경우에는 50만원을 벌금상당액으로 하고, 1천만원을 초과하는 경우에는 1천만원을 벌금상당액으로 한다.
러. 「조세범 처벌법」 제12조제1호부터 제3호까지의 어느 하나에 해당하는 조세범칙행위를 한 경우	2천만원	2천만원	2천만원
머. 「조세범 처벌법」 제12조제4호의 조세범칙행위를 한 경우	재사용한 인지세액의 5배와 100만원 중 큰 금액. 다만, 그 금액이 2천만원을 초과하는 경우에는 2천만원을 벌금상당액으로 한다.	재사용한 인지세액의 10배와 200만원 중 큰 금액. 다만, 그 금액이 2천만원을 초과하는 경우에는 2천만원을 벌금상당액으로 한다.	재사용한 인지세액의 10배와 200만원 중 큰 금액. 다만, 그 금액이 2천만원을 초과하는 경우에는 2천만원을 벌금상당액으로 한다.
버. 「조세범 처벌법」 제13조제1항의 조세범칙행위를 한 경우	징수하지 않은 세액. 다만, 그 금액이 50만원 미만인 경우에는 50만원, 1천만원을 초과하는 경우에는 1천만원을 벌금상당	징수하지 않은 세액의 2배에 해당하는 금액. 다만, 그 금액이 50만원 미만인 경우에는 50만원, 1천만원을 초과하는 경우	징수하지 않은 세액의 2배에 해당하는 금액. 다만, 그 금액이 50만원 미만인 경우에는 50만원, 1천만원을 초과하는 경우

구분			
	당액으로 한다.	에는 1천만원을 벌금상당액으로 한다.	에는 1천만원을 벌금상당액으로 한다.
서. 「조세범 처벌법」 제13조제2항의 조세범칙행위를 한 경우	납부하지 않은 세액. 다만, 그 금액이 100만원 미만인 경우에는 100만원, 2천만원을 초과하는 경우에는 2천만원을 벌금상당액으로 한다.	납부하지 않은 세액의 2배에 해당하는 금액. 다만, 그 금액이 100만원 미만인 경우에는 100만원, 2천만원을 초과하는 경우에는 2천만원을 벌금상당액으로 한다.	납부하지 않은 세액의 2배에 해당하는 금액. 다만, 그 금액이 100만원 미만인 경우에는 100만원, 2천만원을 초과하는 경우에는 2천만원을 벌금상당액으로 한다.
어. 「조세범 처벌법」 제14조제1항 또는 제2항의 조세범칙행위를 한 경우	근로소득원천징수영수증 및 지급명세서에 적힌 총급여·총지급액의 100분의 10에 상당하는 금액	근로소득원천징수영수증 및 지급명세서에 적힌 총급여·총지급액의 100분의 20에 상당하는 금액	근로소득원천징수영수증 및 지급명세서에 적힌 총급여·총지급액의 100분의 20에 상당하는 금액
저. 「조세범 처벌법」 제15조제1항의 조세범칙행위를 한 경우	1천만원	2천만원	3천만원
처. 「조세범 처벌법」 제16조제1항의 조세범칙행위를 한 경우	신고의무 위반금액의 100분의 13	신고의무 위반금액의 100분의 16	신고의무 위반금액의 100분의 20

비고
1. 위 제2호바목에 따른 벌금상당액은 다음 각 목의 구분에 따른다. 다만, 주세상당액의 3배의 금액이 3천만원을 초과하는 경우에는 그 3배의 금액을 벌금상당액으로 한다.
가. 주류·밑술·술덧을 무면허로 제조한 경우 및 무면허로 제조된 주류를 도매행위를 한 경우

주류별 / 제조하거나 판매한 양	탁주	위스키 및 브랜디	그 밖의 주류
50ℓ 이하	50만원	200만원	100만원
50ℓ 초과 100ℓ 이하	100만원	300만원	200만원
100ℓ 초과 500ℓ 이하	200만원	700만원	400만원
500ℓ 초과 1,000ℓ 이하	300만원	1천만원	600만원
1,000ℓ 초과 3,000ℓ 이하	500만원	2천만원	1천만원
3,000ℓ 초과 5,000ℓ 이하	1천만원	3천만원	2천만원
5,000ℓ 초과 10,000ℓ 이하	2천만원	3천만원	3천만원
10,000ℓ 초과	3천만원	3천만원	3천만원

나. 주류제조면허자가 제조한 주류를 매입하여 주류도매면허 없이 도매행위를 한 경우 : 가목에 따른 금액의 100분의 50에 상당하는 금액
다. 주류소매허가(의제판매면허를 포함한다)를 받지 않고 소매행위를 한 경우 : 가목에 따른 금액의 100분의 30에 상당하는 금액
2. 주류제조자가 직매장, 하치장, 그 밖의 명칭으로 직접 경영·관리하는 주류판매자에 대해서는 주류제조자에 대한 벌금상당액의 부과기준을 적용한다.

과세자료의 제출 및 관리에 관한 법률(약칭 : 과세자료법)

(1999년 12월 31일
법 률 제6074호)

개정
2006.10. 4법 8050호(국가재정법)
2008. 2.29법 8852호(정부조직)
2008. 2.29법 8863호(금융위원회의설치등에관한법)
2008. 3.14법 8885호   2008.12.26법 9260호
2010. 1. 1법 9911호(국세)
2011. 7.14법10815호
2011. 7.14법10854호(금융실명)
2014. 1. 1법12158호   2020.12.22법 17648호

제1조 【목적】 이 법은 과세자료(課稅資料)의 제출·관리 및 활용에 관한 사항을 규정하여 근거과세(根據課稅)와 공평과세(公平課稅)를 실현하고 세무행정의 과학화와 성실한 납세 풍토를 조성하는 것을 목적으로 한다.(2008.3.14 본조개정)

제2조 【정의】 이 법에서 사용하는 용어의 뜻은 다음과 같다.
1. "국세"란 「국세기본법」 제2조제1호에 따른 국세를 말한다.
2. "과세자료"란 제4조에 따른 과세자료제출기관이 직무상 작성 또는 취득하여 관리하는 자료로서 국세의 부과·징수와 납세의 관리에 필요한 자료를 말한다.(2008.3.14 본조개정)

제3조 【다른 법률과의 관계】 과세자료의 제출과 관리에 관하여는 다른 법률에 특별한 규정이 있는 경우 외에는 이 법에 따른다.(2008.3.14 본조개정)

제4조 【과세자료제출기관의 범위】 과세자료를 제출하여야 하는 기관 등(이하 "과세자료제출기관"이라 한다)은 다음 각 호와 같다.
1. 「국가재정법」 제6조에 따른 중앙관서(중앙관서의 업무를 위임받거나 위탁받은 기관을 포함한다. 이하 같다)와 그 하급행정기관 및 보조기관
2. 지방자치단체(지방자치단체의 업무를 위임받거나 위탁받은 기관과 지방자치단체조합을 포함한다. 이하 같다)
3. 「금융위원회의 설치 등에 관한 법률」 제24조에 따른 금융감독원 및 「금융실명거래 및 비밀보장에 관한 법률」 제2조제1호에 따른 금융회사등(2011.7.14 본호개정)
4. 공공기관 및 정부의 출연·보조를 받는 기관이나 단체
5. 「지방공기업법」에 따른 지방공사·지방공단 및 지방자치단체의 출연·보조를 받는 기관이나 단체
6. 「민법」 외의 다른 법률에 따라 설립되거나 국가 또는 지방자치단체의 지원을 받는 기관이나 단체로서 이들의 업무에 관하여 제1호나 제2호에 따른 기관으로부터 감독 또는 감사·검사를 받는 기관이나 단체, 그 밖에 공익 목적으로 설립된 기관이나 단체 중 대통령령으로 정하는 기관이나 단체(2008.3.14 본조개정)

제5조 【과세자료의 범위】 ① 과세자료제출기관이 제출하여야 하는 과세자료는 다음 각 호의 어느 하나에 해당하는 자료로서 국세의 부과·징수와 납세의 관리에 직접적으로 필요한 자료로 한다.
1. 법률에 따라 인가·허가·특허·등기·등록·신고 등을 하거나 받는 경우 그에 관한 자료
2. 법률에 따라 실시하는 조사·검사 등의 결과에 관한 자료
3. 법률에 따라 보고받은 영업·판매·생산·공사 등의 실적에 관한 자료
4. 「부가가치세법」과 「소득세법」 또는 「법인세법」에 따라 교부하거나 교부받은 세금계산서 및 계산서의 합계표

5. 과세자료제출기관이 지급하는 각종 보조금·보험급여·공제금 등의 지급 현황(「보조금 관리에 관한 법률」에 따라 교부한 보조금으로서 같은 법 제26조의2에 따른 보조금통합관리망으로 관리 중인 보조금의 경우에는 보조금통합관리망에 따른 교부 현황을 말한다) 및 제4조제6호에 따른 기관이나 단체의 회원·사업자 등의 사업실적에 관한 자료(2020.12.22 본호개정)
6. 제4조제1호에 따른 중앙관서 중 중앙행정기관 외의 기관이 보유하고 있는 자료로서 국세청장이 납세관리에 필요한 최소한의 범위에서 해당 기관의 장과 미리 협의하여 정하는 자료
② 제1항에 따른 과세자료의 구체적인 범위는 과세자료제출기관별로 대통령령으로 정한다.
(2008.3.14 본조개정)

제6조【금융거래에 관한 과세자료의 제출】 ① 국세청장(지방국세청장을 포함한다. 이하 이 조에서 같다)은 명백한 조세탈루(租稅脫漏) 혐의를 확인하기 위하여 필요한 경우로서 금융거래 관련 정보나 자료(이하 "금융거래정보"라 한다)에 의하지 아니하고는 조세탈루 사실을 확인할 수 없다고 인정되면 다른 법률의 규정에도 불구하고 「금융실명거래 및 비밀보장에 관한 법률」 제2조제1호에 따른 금융회사등(이하 이 조에서 "금융회사등"이라 한다)의 장에게 조세탈루의 혐의가 있다고 인정되는 자(법인을 포함한다)의 금융거래정보의 제출을 요구할 수 있다. 이 경우 그 목적에 필요한 최소한의 범위에서 금융거래정보의 제출을 요구하여야 한다.(2011.7.14 전단개정)
② 제1항에 따라 금융거래정보의 제출을 요구받은 금융회사등의 장은 지체 없이 그 요구받은 자료를 국세청장에게 제출하여야 한다.(2011.7.14 본항개정)
③ 국세청장이 제1항에 따라 금융거래정보의 제출을 요구할 때에는 다음 각 호의 사항을 적은 문서에 의하여야 한다.
1. 거래자의 인적사항
2. 사용목적
3. 요구하는 금융거래정보의 내용
④ 금융위원회는 「자본시장과 금융투자업에 관한 법률」 제4편에 따른 불공정거래에 대하여 같은 법 제426조제1항에 따라 조사한 결과 같은 조 제5항에 따른 조치(대통령령으로 정하는 경미한 조치는 제외한다)를 한 경우에는 「금융실명거래 및 비밀보장에 관한 법률」 제4조제1항에도 불구하고 금융거래정보가 포함된 불공정거래 조사 자료(조사 대상자의 인적 사항과 사실관계에 관한 자료로 한정한다)를 제5조제1항제2호에 따른 자료로서 국세청장에게 제출할 수 있다.(2014.1.1 본항신설)
(2008.3.14 본조개정)

제7조【과세자료의 제출방법 등】 ① 과세자료제출기관의 장은 분기별로 분기만료일이 속하는 달의 다음 달 말일까지 대통령령으로 정하는 바에 따라 세무서·지방국세청 또는 국세청(이하 "세무관서"라 한다)에 과세자료를 제출하여야 한다. 다만, 과세자료의 발생빈도와 활용시기 등을 고려하여 대통령령으로 그 과세자료의 제출시기를 달리 정할 수 있다.
② 제1항에 따라 과세자료제출기관의 장이 과세자료를 제출하는 경우에는 그 기관이 접수하거나 작성한 과세자료의 목록을 함께 제출하여야 한다.
③ 제2항에 따라 과세자료의 목록을 제출받은 세무관서의 장은 이를 확인한 후 제출받은 과세자료에 누락이 있거나 보완이 필요하다고 인정하면 그 과세자료를 제출한 기관에 대하여 과세자료를 추가하거나 보완하여 제출할 것을 요구할 수 있다.
④ 과세자료의 제출서식 등 과세자료의 제출방법에 관하여 그 밖에 필요한 사항은 기획재정부령으로 정한다.
(2008.3.14 본조개정)

제8조【과세자료의 수집에 관한 협조 요청】 세무관서의 장은 제5조에 따른 과세자료 외의 자료로서 과세자료로 활용할 가치가 있다고 인정되는 자료가 있으면 해당 자료를 보유하고 있는 과세자료제출기관의 장에게 그 자료의 수집에 협조하여 줄 것을 요청할 수 있다.(2008.12.26 본조개정)

제9조【과세자료의 관리 및 활용 등】 ① 국세청장은 이 법에 따라 제출받은 과세자료의 효율적인 관리와 활용을 위한 전산관리체계를 구축하는 등 필요한 조치를 마련하여야 한다.
② 국세청장은 이 법에 따른 과세자료의 제출·관리 및 활용 상황을 수시로 점검하여야 한다.
③ 제1항과 제2항에 따른 과세자료의 관리·활용 및 점검에 필요한 사항은 기획재정부령으로 정한다.
(2008.3.14 본조개정)

제10조【과세자료제출기관의 책임 등】 ① 과세자료제출기관의 장은 그 소속 공무원이나 임직원이 이 법에 따른 과세자료의 제출의무를 성실하게 이행하는지를 수시로 점검하여야 한다.
② 국세청장은 과세자료제출기관 또는 그 소속 공무원이나 임직원이 이 법에 따른 과세자료의 제출의무를 성실하게 이행하지 아니하면 그 기관을 감독 또는 감사·검사하는 기관(이하 "감독기관등"이라 한다)의 장에게 그 사실을 통보하여야 한다.(2008.12.26 본항개정)
(2008.3.14 본조개정)

제11조【비밀유지 의무】 ① 세무관서의 소속 공무원은 이 법에 따라 제출받은 과세자료(제6조에 따라 제출받은 금융거래정보 및 제8조에 따라 수집한 자료를 포함한다)를 타인에게 제공하거나 누설하거나 목적 외의 용도로 사용하여서는 아니 된다. 다만, 「국세기본법」 제81조의13제1항 단서 및 같은 조 제2항에 따라 제공하는 경우에는 그러하지 아니하다.(2010.1.1 단서개정)
② 세무관서의 소속 공무원은 제1항을 위반하는 과세자료의 제공을 요구받으면 이를 거부하여야 한다.
③ 제1항 단서에 따라 과세자료를 제공받은 자는 이를 타인에게 제공하거나 누설하거나 그 목적 외의 용도로 사용하여서는 아니 된다.
(2008.3.14 본조개정)

제12조 (2008.12.26 삭제)

제13조【벌칙】 제11조제1항 또는 제3항을 위반하여 금융거래정보를 타인에게 제공하거나 누설하거나 목적 외의 용도로 사용한 자는 5년 이하의 징역 또는 3천만원 이하의 벌금에 처한다.(2008.3.14 본조개정)

제14조【벌칙】 제11조제1항 또는 제3항을 위반하여 과세자료(금융거래정보는 제외한다)를 타인에게 제공하거나 누설하거나 목적 외의 용도로 사용한 자는 3년 이하의 징역 또는 1천만원 이하의 벌금에 처한다.(2008.3.14 본조개정)

제15조【징역과 벌금의 병과】 제13조와 제14조에 따른 징역과 벌금은 병과(倂科)할 수 있다.(2008.3.14 본조개정)

부 칙 (2014.1.1)

제1조【시행일】 이 법은 2014년 1월 1일부터 시행한다.
제2조【불공정거래 조사 자료의 제출에 관한 적용례】 제6조제4항의 개정규정은 이 법 시행 후 금융위원회가 「자본시장과 금융투자업에 관한 법률」 제426조제5항에 따른 조치를 한 경우부터 적용한다.

부 칙 (2020.12.22)

제1조【시행일】 이 법은 2021년 1월 1일부터 시행한다.
제2조【보조금통합관리망으로 관리하는 보조금의 교부 현황 자료 제출에 관한 적용례】 제5조제1항제5호의 개정규정은 이 법 시행 이후 과세자료제출기관의 장이 제7조제1항에 따라 보조금 교부 현황 자료를 세무관서에 제출하는 경우부터 적용한다.

과세자료의 제출 및 관리에 관한 법률 시행령

（2000년 6월 27일）
（대통령령 제16860호）

개정
2000.12.29영 17048호（관세시）   <중략>
2015. 7.24영 26438호（액화석유가스의 안전 관리 및 사업법시）
2016. 2. 5영 26955호
2018. 2. 9영 28628호（도시 및 주거 환경정비법시）
2018. 2.13영 28648호
2018.10.30영 29269호（주식회사 등의 외부감사에 관한법시）
2019. 2.12영 29541호   2020. 2.11영 30408호
2020. 4.28영 30640호（농업 · 농촌공익기능증진직접지불제도운
영에 관한법시）
2020.12.31영 31349호（자치경찰조직운영）
2021. 2.17영 31460호
2021.12.28영 32274호（독점시）
2022. 2.15영 32428호
2023. 1.10영 33225호（수산시）
2023. 2.28영 33274호
2023. 4. 5영 33377호（직제）
2023. 6. 7영 33517호（수상레저기구의 등록 및 검사에 관한법시）

제1조【목적】 이 영은 「과세자료의 제출 및 관리에 관한 법률」에서 위임된 사항과 그 시행에 필요한 사항을 규정함을 목적으로 한다.(2013.2.15 본조개정)
제2조【과세자료제출기관의 범위】 「과세자료의 제출 및 관리에 관한 법률」(이하 "법"이라 한다) 제4조제6호에서 "대통령령으로 정하는 기관이나 단체"란 다음 각 호의 어느 하나에 해당하는 기관이나 단체를 말한다.
1. 「국민건강보험법」에 따른 국민건강보험공단
2. 「산업재해보상보험법」에 따른 근로복지공단
3. 「영화 및 비디오물의 진흥에 관한 법률」에 따른 영상물등급위원회 및 「게임산업 진흥에 관한 법률」에 따른 게임물관리위원회(2013.11.20 본호개정)
4. 「여신전문금융업법」에 따른 여신전문금융업협회
5. 「여객자동차 운수사업법」 제59조에 따라 설립된 연합회
6. 「화물자동차 운수사업법」 제50조에 따라 설립된 연합회
7. 「변호사법」에 따른 지방변호사회
8. 「법무사법」에 따른 지방법무사회
9. 「관세사법」에 따른 관세사회
10. 「공인회계사법」에 따른 한국공인회계사회
11. 「세무사법」에 따른 한국세무사회
12. 「민법」 제32조에 따라 설립되어 금융결제업무를 수행하는 법인 중 국세청장이 지정하여 고시하는 법인
13. 「자본시장과 금융투자업에 관한 법률」에 따른 한국금융투자협회
14. 「자본시장과 금융투자업에 관한 법률」에 따른 한국예탁결제원
15. 「한국국제협력단법」에 따른 한국국제협력단
16. 「한국국제보건의료재단법」에 따른 한국국제보건의료재단
17. 「대한적십자사 조직법」에 따른 대한적십자사
(2018.2.13 14호~17호신설)
(2013.2.15 본조개정)
제3조【과세자료의 범위 및 제출시기】 법 제4조에 따른 과세자료제출기관(이하 "과세자료제출기관"이라 한다)이 법 제5조에 따라 제출하여야 하는 과세자료의 범위와 법 제7조제1항에 따라 과세자료를 제출받을 세무서 및 그 제출시기는 별표와 같다.(2013.2.15 본조개정)
제4조【금융거래에 관한 과세자료의 제출】 ① 국세청장 또는 지방국세청장은 법 제6조제1항에 따라 「금융실

명거래 및 비밀보장에 관한 법률」 제2조제1호에 따른 금융회사 등(이하 "금융회사 등"이라 한다)의 장에게 조세탈루 혐의가 있다고 인정되는 자(법인을 포함한다)의 금융거래정보를 요구할 때에는 조세탈루 혐의를 확인할 필요가 있는 거래기간 등을 분명하게 적어야 한다.
② 법 제6조제2항에 따라 금융거래정보를 제출하는 금융회사 등의 장은 그 제출일부터 10일 이내에 국세청장 또는 지방국세청장에게 제출한 금융거래정보의 주요내용 및 제출일자를 거래자에게 서면으로 통보하여야 한다.
③ 국세청장 또는 지방국세청장은 다음 각 호의 어느 하나에 해당하는 경우에는 금융거래정보를 제출하는 금융회사 등의 장에게 6개월 이내의 기간 동안 제2항에 따른 통보를 유예하여 줄 것을 서면으로 요청할 수 있으며, 통보에 대한 유예를 요청받은 금융회사 등의 장은 정당한 사유가 없으면 그 요청에 따라야 한다.
1. 금융거래정보제출사실을 통보함으로 인하여 조세탈루 혐의를 확인하는 데에 필요한 증거를 인멸할 우려가 있는 경우
2. 금융거래정보제출사실을 통보함으로 인하여 질문 · 조사 등 국세행정절차의 진행을 방해하거나 이를 지나치게 지연시킬 우려가 있는 경우
④ 법 제6조제2항에 따라 금융거래정보를 제출한 금융회사 등의 장은 그 내용을 문서로 기록하여야 한다.
⑤ 제4항에 따른 기록은 금융거래정보를 제출한 날부터 3년간 보관하여야 한다.
⑥ 법 제6조제4항에서 "대통령령으로 정하는 경미한 조치"란 「자본시장과 금융투자업에 관한 법률 시행령」 제376조제1항제11호가목에 따른 경고 또는 같은 호 나목에 따른 주의를 말한다.(2014.2.21 본항신설)
(2013.2.15 본조개정)
제5조【과세자료의 추가 · 보완】 과세자료제출기관은 법 제7조제3항에 따라 세무서장 · 지방국세청장 또는 국세청장으로부터 과세자료의 추가 또는 보완을 요구받은 경우에는 정당한 사유가 없으면 그 요구를 받은 날부터 15일 이내에 그 요구에 따라야 한다.(2013.2.15 본조개정)
제6조【민감정보 및 고유식별정보의 처리】 ① 「국세기본법」 제2조제17호에 따른 세무공무원은 법 및 이 영에 따른 과세자료의 제출 및 관리에 관한 사무를 수행하기 위하여 불가피한 경우 법 제6조부터 제8조까지의 규정에 따라 제출받은 「개인정보 보호법」 제23조에 따른 건강에 관한 정보나 같은 법 시행령 제19조에 따른 주민등록번호, 여권번호, 운전면허의 면허번호 또는 외국인등록번호가 포함된 자료를 처리할 수 있다.
② 과세자료제출기관의 장은 법 제6조부터 제8조까지의 규정에 따라 과세자료를 제출하기 위하여 불가피한 경우 제1항에 따른 개인정보가 포함된 자료를 처리할 수 있다.
(2012.1.6 본조신설)
제7조 (2009.2.4 삭제)

부 칙 (2015.2.3)

제1조【시행일】 이 영은 공포한 날부터 시행한다. 다만, 별표 제101호의 개정규정은 2015년 7월 1일부터 시행한다.
제2조【과세자료 제출에 관한 적용례】 별표의 개정규정은 이 영 시행 이후 과세자료제출기관이 제출하는 과세자료분부터 적용한다.
제3조【운송사업자 유류보조금 지급자료 제출에 관한 특례】 국토교통부가 운송사업자 유류보조금 지급자료를 2015년 1월 31일까지 제출하는 경우 별표 제31호의 개정규정 및 같은 표 비고 제15호에도 불구하고 2014년 7월 1일부터 2014년 12월 31일까지의 과세자료분을 제출하여야 한다.

부　칙 (2018.2.13)

제1조【시행일】이 영은 2018년 3월 1일부터 시행한다.
제2조【과세자료 제출에 관한 적용례】별표의 개정규정은 2018년 3월 1일 이후 과세자료제출기관이 제출하는 과세자료분부터 적용한다.
제3조【석유수급상황 및 거래상황기록에 관한 자료 제출에 관한 특례】별표 제48호의 개정규정에 따라 석유수급상황 및 거래상황기록에 관한 자료를 2018년 3월 31일까지 제출하는 경우에는 같은 표 비고 제3호에도 불구하고 2017년 7월 1일부터 2018년 2월 28일까지의 과세자료분을 제출하여야 한다.
제4조【내국신용장 또는 구매확인서 제출에 관한 특례】별표 제83호의 개정규정에 따라 내국신용장 또는 구매확인서를 2018년 3월 1일에 제출하는 경우에는 2018년 2월 21일부터 2018년 3월 1일까지의 과세자료분을 제출하여야 한다.

부　칙 (2018.10.30)

제1조【시행일】이 영은 2018년 11월 1일부터 시행한다.(이하 생략)

부　칙 (2019.2.12)

제1조【시행일】이 영은 공포한 날부터 시행한다. 다만, 별표 제101호의 개정규정은 2019년 7월 1일부터 시행한다.
제2조【과세자료 제출에 관한 적용례】별표의 개정규정은 이 영 시행 이후 과세자료제출기관이 제출하는 과세자료분부터 적용한다.

부　칙 (2020.2.11)

제1조【시행일】이 영은 공포한 날부터 시행한다.
제2조【과세자료 제출에 관한 적용례】별표 제65호, 제98호 및 제114호부터 제119호까지의 개정규정은 이 영 시행 이후 과세자료제출기관이 제출하는 과세자료분부터 적용한다.

부　칙 (2020.4.28)

제1조【시행일】이 영은 2020년 5월 1일부터 시행한다.(이하 생략)

부　칙 (2020.12.31)

제1조【시행일】이 영은 2021년 1월 1일부터 시행한다.(이하 생략)

부　칙 (2021.2.17)

제1조【시행일】이 영은 공포한 날부터 시행한다.
제2조【과세자료 제출에 관한 적용례】① 별표 제4호·제118호 및 제120호부터 제123호까지의 개정규정은 이 영 시행 이후 과세자료제출기관이 제출하는 과세자료분부터 적용한다. 다만, 별표 제4호의 개정규정 중 법 제4조제2호에 따른 기관의 보조금 교부 현황 자료에 대해서는 2023년도의 과세자료분부터 적용한다.
제3조【신용카드 이용대금 결재명세서 등의 제출시기에 관한 특례】① 「여신전문금융업법」에 따라 설립된 여신전문금융업협회가 같은 법 제64조제6호에 따른 업무에 관한 자료로서 2021년 1월 1일부터 1월 31일까지의 과세자료분을 제출하는 경우에는 별표 제65호의 개정규정 및 별표 비고 제2호에도 불구하고 그 제출시기를 2021년 3월 15일로 한다.
② 국민건강보험공단이 「국민건강보험법」 제44조제2항에 따라 가입자나 피부양자에게 지급한 금액에 관한 자료로서 2020년도의 과세자료분을 제출하는 경우에는 별표 제94호 및 같은 표 비고 제3호의2의 개정규정에도 불구하고 그 제출시기를 2021년 3월 31일까지로 한다.
제4조【일용근로자에 대한 근로내용 확인신고 자료의 제출시기에 관한 경과조치】고용노동부가 2020년 10월부터 12월까지의 일용근로자에 대한 근로내용 확인신고 자료를 제출하는 경우에는 별표 제12호의 개정규정에도 불구하고 종전의 별표 제12호 및 비고 제18호에 따른다.

부　칙 (2021.12.28)

제1조【시행일】이 영은 2021년 12월 30일부터 시행한다.(이하 생략)

부　칙 (2022.2.15)

제1조【시행일】이 영은 공포한 날부터 시행한다.
제2조【과세자료 제출에 관한 적용례】별표 제12호, 제92호 및 제124호부터 제126호까지의 개정규정은 이 영 시행 이후 과세자료제출기관이 제출하는 과세자료분부터 적용한다.

부　칙 (2023.1.10)

제1조【시행일】이 영은 2023년 1월 12일부터 시행한다.(이하 생략)

부　칙 (2023.2.28)

제1조【시행일】이 영은 공포한 날부터 시행한다.
제2조【과세자료 제출에 관한 적용례】별표 제4호 및 제127호의 개정규정은 이 영 시행 이후 과세자료제출기관이 제출하는 과세자료분부터 적용한다.

부　칙 (2023.4.5)

제1조【시행일】이 영은 2023년 6월 5일부터 시행한다.(이하 생략)

부　칙 (2023.6.7)

제1조【시행일】이 영은 2023년 6월 11일부터 시행한다.(이하 생략)

〔별표〕 ➡ 「www.hyeonamsa.com」 참조

세무사법

(1961년 9월 9일)
(법률 제712호)

개정
1972.12. 8법 2358호   1978.12. 5법 3105호
1981. 4.13법 3441호(인허가등의정비를위한행정서사법등의
　일부개정법)
1989.12.30법 4166호   1995.12. 6법 4983호
1999. 2. 5법 5815호(독점)
1999.12.31법 6080호   2002.12.30법 6837호
2003.12.31법 7032호
2005. 1.14법 7335호(부동산가격공시감정평가)
2005. 3.31법 7428호(채무자회생파산)
2005.12.29법 7796호(국가공무원)
2006. 3.24법 7878호
2008. 2.29법 8852호(정부조직)
2008. 3.28법 9045호(개발이익환수에관한법)
2009. 1.30법 9415호   2011. 5. 2법10624호
2011. 6.30법10805호   2011. 7.25법10899호
2012. 1.26법11209호   2013. 1. 1법11610호
2015.12.29법13624호
2016. 1.19법13796호(부동산가격공시에관한법)
2016. 3. 2법14045호
2017.12.19법15222호(법인세법)
2017.12.19법15288호   2018.12.31법16103호
2020. 6. 9법17339호(법률용어정비)
2021.11.23법18521호

第1章 總 則
(2009.1.30 본장개정)

제1조【목적】 이 법은 세무사제도를 확립하여 세무행정의 원활한 수행과 납세의무의 적정한 이행을 도모함을 목적으로 한다.
제1조의2【세무사의 사명】 세무사는 공공성을 지닌 세무전문가로서 납세자의 권익을 보호하고 납세의무를 성실하게 이행하게 하는 데에 이바지하는 것을 사명으로 한다.
제2조【세무사의 직무】 세무사는 납세자 등의 위임을 받아 다음 각 호의 행위 또는 업무(이하 "세무대리"라 한다)를 수행하는 것을 그 직무로 한다.
1. 조세에 관한 신고·신청·청구(과세전적부심사청구, 이의신청, 심사청구 및 심판청구를 포함한다) 등의 대리(「개발이익환수에 관한 법률」에 따른 개발부담금에 대한 행정심판청구의 대리를 포함한다)
2. 세무조정계산서와 그 밖의 세무 관련 서류의 작성
3. 조세에 관한 신고를 위한 장부 작성의 대행
4. 조세에 관한 상담 또는 자문
5. 세무관서의 조사 또는 처분 등과 관련된 납세자의 견진술의 대리
6. 「부동산 가격공시에 관한 법률」에 따른 개별공시지가 및 단독주택가격·공동주택가격의 공시에 관한 이의신청의 대리(2016.1.19 본호개정)
7. 해당 세무사가 작성한 조세에 관한 신고서류의 확인. 다만, 신고서류를 납세자가 직접 작성하였거나 신고서류를 작성한 세무사가 휴업하거나 폐업하여 이를 확인할 수 없으면 그 납세자의 세무 조정이나 장부 작성의 대행 또는 자문 업무를 수행하고 있는 세무사가 확인할 수 있다.
8. 「소득세법」 또는 「법인세법」에 따른 성실신고에 관한 확인(2017.12.19 본호개정)
9. 그 밖에 제1호부터 제8호까지의 행위 또는 업무에 딸린 업무(2011.5.2 본호개정)
제2조의2【세무대리의 소개·알선 금지】 누구든지 세무사나 그 사무직원, 세무법인이나 그 사원·직원에게

제2조의 세무대리를 소개·알선하고 그 대가를 받거나 요구하여서는 아니 된다.(2021.11.23 본조신설)
제3조【세무사의 자격】 다음 각 호의 어느 하나에 해당하는 사람은 세무사의 자격이 있다.(2020.6.9 본문개정)
1. 제5조의 세무사 자격시험에 합격한 사람(2020.6.9 본호개정)
2. (2012.1.26 삭제)
3. (2017.12.26 삭제)
제3조의2【세무사자격심의위원회】 ① 세무사 자격의 취득과 관련한 다음 각 호의 사항을 심의하기 위하여 국세청에 세무사자격심의위원회를 둘 수 있다.
1. 세무사 자격시험 과목 등 시험에 관한 사항
2. 시험 선발 인원의 결정
3. 시험의 일부 면제 대상자의 요건
4. 그 밖에 세무사 자격 취득과 관련한 중요 사항
② 세무사자격심의위원회의 구성과 운영 등에 필요한 사항은 대통령령으로 정한다.
제4조【세무사의 결격사유】 다음 각 호의 어느 하나에 해당하는 사람은 제6조에 따른 등록을 할 수 없다.(2020.6.9 본문개정)
1. 미성년자
2. 피성년후견인 및 피한정후견인(2016.3.2 본호개정)
3. 파산선고를 받고 복권(復權)되지 아니한 사람
4. 탄핵이나 징계처분으로 그 직에서 파면되거나 해임된 사람으로서 3년이 지나지 아니한 사람
5. 이 법, 「공인회계사법」 또는 「변호사법」에 따른 징계로 제명되거나 등록취소를 당한 사람으로서 3년(이 법 제12조의4를 위반하여 제7조제1호에 따른 등록취소를 당한 사람은 5년)이 지나지 아니한 사람과 정직(停職)된 사람으로서 그 정직기간 중에 있는 사람
6. 제17조제3항에 따른 등록거부 기간 중에 있는 사람
7. 금고 이상의 실형을 선고받고 그 집행이 끝나거나 (집행이 끝난 것으로 보는 경우를 포함한다) 집행이 면제된 날부터 3년이 지나지 아니한 사람
8. 금고 이상의 형의 집행유예를 선고받고 그 유예기간이 끝난 날부터 1년이 지나지 아니한 사람
9. 금고 이상의 형의 선고유예를 받고 그 유예기간 중에 있는 사람
10. 이 법과 「조세범처벌법」에 따른 벌금의 형을 받은 사람으로서 그 형의 집행이 끝나거나 집행을 받지 아니하기로 확정된 후 3년이 지나지 아니한 사람 또는 「조세범처벌절차법」에 따른 통고처분을 받은 사람으로서 그 통고대로 이행된 후 3년이 지나지 아니한 사람
(2020.6.9 3호~10호개정)

第2章 試 驗
(2009.1.30 본장개정)

제5조【세무사 자격시험】 ① 세무사 자격시험은 기획재정부장관이 실시하는 제1차 시험과 제2차 시험으로 한다.
② 세무사 자격시험의 최종 합격 발표일을 기준으로 제4조제2호부터 제10호까지의 어느 하나에 해당하면 시험에 응시할 수 없다.(2018.12.31 본항개정)
③ 제1항에 따른 세무사 자격시험의 과목과 그 밖에 시험에 필요한 사항은 대통령령으로 정한다.
제5조의2【시험의 일부 면제】 다음 각 호의 어느 하나에 해당하는 사람은 제1차 시험을 면제한다.
1. 국세(관세는 제외한다. 이하 같다)에 관한 행정사무에 종사한 경력이 10년 이상인 사람
2. 지방세에 관한 행정사무에 종사한 경력이 10년 이상인 사람으로서 5급 이상 공무원 또는 고위공무원단에

속하는 일반직공무원으로 5년 이상 종사한 경력이 있는 사람
3. 지방세에 관한 행정사무에 종사한 경력이 20년 이상인 사람
4. 대위 이상의 재정병과(財政兵科) 장교로서 10년 이상 군의 재정 업무를 담당한 경력이 있는 사람 (2021.11.23 본호개정)
② 다음 각 호의 어느 하나에 해당하는 사람은 제1차 시험의 모든 과목과 제2차 시험 과목 수의 2분의 1을 넘지 아니하는 범위에서 대통령령으로 정하는 일부 과목을 면제한다.
1. 국세에 관한 행정사무에 종사한 경력이 10년 이상인 사람으로서 5급 이상 공무원 또는 고위공무원단에 속하는 일반직공무원으로 5년 이상 종사한 경력이 있는 사람
2. 국세에 관한 행정사무에 종사한 경력이 20년 이상인 사람
③ 다음 각 호의 어느 하나에 해당하는 사람에게는 제1항과 제2항을 적용하지 아니한다.
1. 탄핵이나 징계처분에 따라 그 직에서 파면되거나 해임된 사람
2. 강등 또는 정직처분을 받은 후 2년이 지나지 아니한 사람
④ 제1차 시험에 합격한 사람은 다음 회의 시험에서만 제1차 시험을 면제한다.
(2020.6.9 본조개정)
제5조의3 【부정행위자에 대한 제재】 기획재정부장관은 다음 각 호의 어느 하나에 해당하는 사람에 대하여는 해당 시험을 정지시키거나 무효로 하고, 그 처분이 있는 날부터 5년간 시험응시자격을 정지한다.
1. 부정한 방법으로 시험에 응시한 사람
2. 시험에서 부정한 행위를 한 사람
(2011.7.25 본조신설)

제3장 등 록
(2009.1.30 본장개정)

제6조 【등록】 ① 제5조의 세무사 자격시험에 합격하여 세무사 자격이 있는 사람이 세무대리를 시작하려면 기획재정부에 비치하는 세무사등록부에 성명, 사무소명 및 해당 사무소 소재지, 「국세기본법」 제2조제17호에 따른 세무공무원으로 근무하다가 퇴직한 사람(이하 "공직퇴임세무사"라 한다)인지 여부, 자격증번호 등 대통령령으로 정하는 사항을 등록하여야 한다.
(2021.11.23 본항개정)
② 제1항에 따른 등록은 대통령령으로 정하는 바에 따라 갱신할 수 있다. 이 경우 갱신기간은 3년 이상으로 한다.
③ 기획재정부장관은 제1항에 따라 등록을 신청한 자가 다음 각 호의 어느 하나에 해당하는 경우에는 그 등록을 거부하여야 한다.
1. 제4조 각 호의 결격사유 중 어느 하나에 해당하는 경우
2. 제12조의6제1항에 따른 실무교육을 받지 아니한 경우(2016.3.2 본호개정)
3. 제16조를 위반하여 공무원을 겸하거나 영리 업무에 종사하는 경우
④ 기획재정부장관은 제3항에 따라 등록을 거부하는 경우에는 등록신청을 받은 날부터 30일 이내에 신청인에게 그 사유를 알려야 한다.
⑤ 제1항에 따라 등록한 세무사는 개업·휴업·폐업하거나 사무소를 설치·이전 또는 폐지하는 등 등록사항이

변경된 경우에는 대통령령으로 정하는 바에 따라 기획재정부장관에게 신고하여야 한다.(2021.11.23 본항개정)
제7조 【등록의 취소】 기획재정부장관은 세무사가 다음 각 호의 어느 하나에 해당하는 경우에는 그 등록을 취소한다.
1. 제17조제1항 및 제2항제1호에 따라 징계처분을 받은 경우
2. 제4조 각 호의 결격사유 중 어느 하나에 해당하게 된 경우
3. 해당 세무사가 등록취소를 청구한 경우
4. 해당 세무사가 폐업한 경우(2015.12.29 본호개정)
5. 「공인회계사법」이나 「변호사법」에 따라 등록이 취소된 경우
6. 사망한 경우
제8조 【등록 또는 등록취소의 통지】 기획재정부장관은 제6조에 따라 등록을 하거나 제7조에 따라 등록을 취소한 경우에는 그 세무사 자격이 있는 사람이 가입한 한국세무사회·한국공인회계사회 또는 대한변호사협회(이하 "소속협회"라 한다)에 알려야 한다.
(2020.6.9 본조개정)

제4장 세무사의 권리·의무
(2009.1.30 본장개정)

제9조 【기명날인】 제6조에 따라 등록을 한 사람이 납세자 등을 대리하여 조세에 관한 신고서·신청서·청구서, 그 밖의 서류를 작성하여 관계 기관에 제출할 때에는 그 서류에 기명날인하여야 한다.(2020.6.9 본조개정)
제10조 【조사 통지】 세무공무원은 제9조에 따라 제출된 신고서·신청서·청구서를 조사할 필요가 있다고 인정되면 해당 세무사에게 조사할 일시와 장소를 알려야 한다.
제11조 【비밀 엄수】 세무사와 세무사였던 사람 또는 그 사무직원과 사무직원이었던 사람은 다른 법령에 특별한 규정이 없으면 직무상 알게 된 비밀을 누설하여서는 아니 된다.(2020.6.9 본조개정)
제12조 【성실의무】 ① 세무사는 그 직무를 성실히 수행하여 품위를 유지하여야 한다.
② 세무사는 고의로 진실을 숨기거나 거짓 진술을 하지 못한다.
제12조의2 【탈세 상담 등의 금지】 세무사나 그 사무직원은 납세자가 사기나 그 밖의 부정한 방법으로 조세를 포탈(逋脫)하거나 환급 또는 공제받도록 하는 일에 가담하거나 방조하여서는 아니 되며, 이를 상담하거나 그 밖에 이와 비슷한 행위를 하여서는 아니 된다.
제12조의3 【명의 대여 등의 금지】 ① 세무사는 다른 사람에게 자기의 성명이나 상호를 사용하여 세무대리를 하도록 하거나 그 자격증이나 등록증을 빌려주어서는 아니 된다.
② 누구든지 세무사로부터 성명 또는 상호를 빌려 세무대리를 하거나 그 자격증 또는 등록증을 빌려서는 아니 된다.(2021.11.23 본항신설)
③ 누구든지 제1항 및 제2항에서 금지된 행위를 알선하여서는 아니 된다.(2021.11.23 본항신설)
제12조의4 【금품 제공 등의 금지】 세무사는 다음 각 호의 행위를 하여서는 아니 된다.
1. 공무원에게 금품이나 향응을 제공하는 행위 또는 그 제공을 약속하는 행위
2. 제1호의 행위를 알선하는 행위
(2016.3.2 본조신설)
제12조의5 【사무직원】 ① 세무사는 직무의 적정한 수행을 보조하기 위하여 사무직원을 둘 수 있다.

② 세무사는 직무를 적정하게 수행하기 위하여 제1항에 따른 사무직원을 지도하고 감독할 책임이 있다.
③ 사무직원의 자격·인원·연수 등에 필요한 사항은 기획재정부령으로 정할 수 있다.

제12조의6【세무사의 교육】 ① 세무사 자격이 있는 사람이 세무대리를 시작하려면 제6조에 따른 등록을 하기 전에 기획재정부령으로 정하는 바에 따라 6개월 이상의 실무교육을 받아야 한다. 다만, 제5조의2제1항 또는 같은 조 제2항에 따라 시험의 일부를 면제받는 사람이 세무사 자격시험에 합격한 경우에는 1개월 이상의 실무교육을 받아야 한다.(2020.6.9 본항개정)
② 제6조제1항에 따라 등록한 세무사는 전문성과 윤리의식을 높이기 위하여 매년 8시간 이상의 보수교육을 받아야 한다. 다만, 질병·휴업 등으로 보수교육을 받기에 적당하지 아니한 경우 등 대통령령으로 정하는 사유에 해당하는 경우에는 그러하지 아니하다.
(2013.1.1 본항신설)
③ 제1항 및 제2항에 따른 교육의 과목·장소·시기 및 이수 방법 등에 필요한 사항은 기획재정부령으로 정한다.
(2013.1.1 본조개정)

제13조【사무소의 설치】 ① 세무사는 세무대리를 하기 위하여 1개의 사무소만을 설치할 수 있다.
② 세무사가 공인회계사·변호사·법무사·변리사·관세사·감정평가사·공인노무사·공인중개사·경영지도사·기술지도사·행정사, 그 밖에 이와 비슷한 자격자로서 대통령령으로 정하는 자격자의 업무에 동시에 종사하는 경우에는 세무대리만을 위하여 따로 사무소를 설치할 수 없다.
③ (2015.12.29 삭제)

제13조의2 (2002.12.30 삭제)

제14조【업무실적 보고】 ① 세무사(법인 및 단체 소속 세무사를 포함한다)는 전년도에 처리한 업무실적 내역서를 작성 및 보관하고 이를 매년 7월 31일까지 한국세무사회(법률 제7032호 세무사법중개정법률 부칙 제2조제1항에 따라 세무사의 등록을 할 수 있는 공인회계사는 한국공인회계사회)에 제출하여야 한다. 이 경우 업무실적 내역서는 신고·신청대리, 청구대리, 세무조사대리, 자문·고문, 세무조정 등 업무 성격에 따라 구분하여 작성하되 수임액, 수임건수, 공직퇴임세무사인지 여부, 그 밖에 대통령령으로 정하는 사항이 포함되어야 한다.(2021.11.23 전단개정)
② 제1항에 따른 업무실적 내역서의 작성 및 보고, 보관 방법, 보존기간, 그 밖에 필요한 사항은 대통령령으로 정한다.
(2018.12.31 본조신설)

제14조의2【연고 관계 등의 선전금지】 세무사나 그 사무직원은 세무대리의 수임을 위하여 세무공무원과의 연고(緣故) 등 사적인 관계를 드러내며 영향력을 미칠 수 있는 것으로 선전해서는 아니 된다.(2018.12.31 본조신설)

제14조의3【수임제한 등】 ① 5급 이상(정무직 및 고위공무원단을 포함하며,「국가공무원법」제40조의4제1항제4호에 따라 특별승진임용 후 같은 법 제74조의2에 따라 명예퇴직한 사람의 경우 특별승진임용 전 직급이 5급 이상인 경우를 말한다) 또는 이에 상당하는 직급의 공무원으로 근무하다가 퇴직한 후 세무사 개업을 한 세무사(이하 "수임제한대상 공직퇴임세무사"라 한다)는 퇴직 1년 전부터 퇴직한 날까지 근무한 기획재정부, 국세청, 조세심판원 등의 국가기관이 처리하는 사무와 관련된 세무대리를 퇴직한 날부터 1년 동안 수임할 수 없다. 다만,「국세기본법」제59조의2에 따른 국선대리인의 세무대리 등 공익목적의 수임과 세무대리 당사자가「민

법」제767조에 따른 친족인 경우의 수임은 그러하지 아니하다.
② 제1항의 수임할 수 없는 경우에는 다음 각 호의 경우를 포함한다.
1. 수임제한대상 공직퇴임세무사가 세무법인 등의 담당 세무사로 지정되는 경우
2. 수임제한대상 공직퇴임세무사가 다른 세무사 또는 세무법인 등으로부터 명의를 빌려 세무대리를 실질적으로 수행하는 등 사실상 수임하는 경우
3. 세무법인 등의 경우 조세에 관한 신고서류 등에는 수임제한대상 공직퇴임세무사가 담당 세무사로 표시되어 있지 아니하나 실질적으로는 세무대리 수행에 관여하여 수임료를 받는 경우
③ 제1항의 국가기관의 범위, 국가기관이 처리하는 사무의 범위, 공익목적 수임의 범위 및 그 밖에 필요한 사항은 대통령령으로 정한다.
(2021.11.23 본조신설)

제15조【계쟁권리의 양수 금지】 세무사는 계쟁권리(係爭權利)를 양수(讓受)할 수 없다.

제16조【공무원 겸임 또는 영리 업무 종사의 금지】 ① 세무사는 공무원을 겸할 수 없다. 다만, 다음 각 호의 어느 하나에 해당하는 경우에는 그러하지 아니하다.
1. 국회의원이나 지방의회의원이 되는 경우
2. 상시 근무를 할 필요가 없는 공무원이 되는 경우
3. 국가·지방자치단체와 그 밖의 공공기관(이하 "공공기관"이라 한다)에서 위촉한 업무를 수행하는 경우
② 세무사는 다음 각 호의 어느 하나에 해당하는 업무 외에는 영리를 목적으로 업무를 경영하는 자의 사용인이 되거나 영리를 목적으로 하는 법인의 업무집행사원·임원 또는 사용인이 될 수 없다.
1. 학교·학원 등 교육 분야 출강(전임인 경우는 제외한다)
2. 영리법인의 비상근 임원
③ 세무사가 휴업하면 제1항과 제2항을 적용하지 아니한다.

제16조의2【손해배상책임의 보장】 세무사(세무법인에 소속된 세무사는 제외한다)는 직무를 수행하면서 고의나 과실로 위임인에게 손해를 입힌 경우 그 손해에 대한 배상책임을 보장하기 위하여 대통령령으로 정하는 바에 따라 보험에 가입하는 등 필요한 조치를 하여야 한다.

제4장의2　세무법인
(2009.1.30 본장개정)

제16조의3【설립】 ① 세무사는 그 직무를 조직적이고 전문적으로 수행하기 위하여 세무법인을 설립할 수 있다.
② 세무법인의 정관에는 다음 각 호의 사항을 적어야 한다.
1. 목적
2. 명칭
3. 주사무소와 분사무소(分事務所)의 소재지
4. 사원 및 이사의 성명·주민등록번호(외국세무자문사인 사원은 외국인등록번호) 및 주소(2016.3.2 본호개정)
5. 출자 1계좌의 금액(2020.6.9 본호개정)
6. 각 사원의 출자계좌 수(2020.6.9 본호개정)
7. 자본금 총액
8. 결손금 보전(補塡)에 관한 사항
9. 사원총회에 관한 사항
10. 대표이사에 관한 사항

11. 업무에 관한 사항
12. 존립 시기나 해산 사유를 정한 경우에는 그 시기와 사유

제16조의4【세무법인의 등록】 ① 세무법인이 그 직무를 수행하려면 대통령령으로 정하는 바에 따라 기획재정부장관에게 등록하여야 한다.
② 제1항에 따른 등록을 하려는 세무법인은 다음 각 호의 요건을 갖추어야 한다.
1. 제16조의5에 따라 사원과 이사 등을 둘 것
2. 제16조의6제1항에 따라 자본금이 2억원 이상일 것
3. 등록신청 서류의 내용이 이 법 또는 이 법에 따른 명령에 위반되지 아니할 것
4. 등록신청 서류에 거짓으로 적은 사항이 없을 것
③ 기획재정부장관은 등록신청을 한 자가 제2항에 따른 요건을 갖추지 아니하면 등록을 거부할 수 있으며, 등록신청 서류에 갖추지 못한 사항이 있는 경우에는 기간을 정하여 보완을 요청할 수 있다.
④ 제1항에 따른 세무법인 등록의 절차와 구비서류 등에 필요한 사항은 대통령령으로 정한다.

제16조의5【사원 및 이사 등】 ① 세무법인의 사원은 세무사(해당 세무법인에 고용된 외국세무자문사를 포함한다)이어야 하며, 그 수는 3명 이상이어야 한다. (2016.3.2 본항개정)
② 세무법인은 3명 이상의 이사를 두어야 한다. 이 경우 다음 각 호의 어느 하나에 해당하는 사람은 이사가 될 수 없다.(2020.6.9 후단개정)
1. 사원이 아닌 사람(2020.6.9 본호개정)
2. 제17조에 따라 직무정지 명령을 받은 후 그 직무정지 기간 중에 있는 사람(2020.6.9 본호개정)
3. 제16조의15제1항에 따라 등록이 취소되거나 업무가 정지된 세무법인의 이사였던 사람(등록취소나 업무정지의 사유가 발생한 때의 이사이었던 사람으로 한정한다)으로서 등록취소 후 3년이 지나지 아니하거나 업무정지 기간 중에 있는 사람(2020.6.9 본호개정)
4. 제19조의2제1호에 따른 외국세무자문사(2016.3.2 본호신설)
③ 세무법인은 이사와 직원 중 5명 이상이 세무사이어야 한다.
④ 제3항에 따른 세무사 중 이사가 아닌 세무사(이하 "소속세무사"라 한다)는 제17조에 따라 직무정지 명령을 받은 후 그 직무정지 기간 중에 있지 아니한 사람이어야 한다.(2020.6.9 본항개정)
⑤ 세무법인은 대통령령으로 정하는 바에 따라 대표이사를 두어야 한다.
⑥ 세무법인의 사원이 다음 각 호의 어느 하나에 해당하게 되면 당연히 그 법인에서 탈퇴된다.
1. 제7조에 따라 등록이 취소된 경우
2. 정관으로 정한 사유가 발생한 경우
3. 사원총회의 결의가 있는 경우

제16조의6【자본금 등】 ① 세무법인의 자본금은 2억원 이상이어야 한다.
② 세무법인은 직전 사업연도 말 재무상태표의 자산총액에서 부채총액을 뺀 금액이 제1항의 자본금에 미달하면 미달한 금액을 매 사업연도가 끝난 후 6개월 이내에 사원의 증여로 보전하거나 증자(增資)하여야 한다. (2021.11.23 본항개정)
③ 제2항에 따라 증여한 경우에는 이를 특별이익으로 계상(計上)한다.
④ 기획재정부장관은 세무법인이 제2항에 따른 보전이나 증자를 하지 아니한 경우에는 기간을 정하여 미달한 금액을 보전하거나 증자할 것을 명할 수 있다.

제16조의7【손해배상준비금 등】 ① 세무법인은 그 직무를 수행하다가 위임인에게 손해를 입힌 경우 그 손해에 대한 배상책임을 보장하기 위하여 대통령령으로 정하는 바에 따라 사업연도마다 손해배상준비금을 적립하거나 손해배상책임보험에 가입하여야 한다.
② 제1항에 따른 손해배상준비금 또는 손해배상책임보험은 기획재정부장관의 승인 없이는 손해배상 외의 다른 용도로 사용하여서는 아니 되며 그 보험계약을 해제하거나 해지하여서는 아니 된다.

제16조의8【다른 법인에의 출자 제한 등】 ① 세무법인은 자기자본에 대통령령으로 정하는 비율을 곱한 금액을 초과하여 다른 법인에 출자하거나 다른 사람을 위한 채무보증을 하여서는 아니 된다.
② 제1항의 자기자본은 직전 사업연도 말 재무상태표의 자산총액에서 부채총액(손해배상준비금은 제외한다)을 뺀 금액을 말한다.(2021.11.23 본항개정)

제16조의9【명칭】 ① 세무법인은 그 명칭에 세무법인이라는 문자를 사용하여야 한다.
② 제16조의4제1항에 따라 등록된 세무법인이 아닌 자는 세무법인이나 이와 비슷한 명칭을 사용하지 못한다.

제16조의10【사무소】 ① 세무법인은 대통령령으로 정하는 바에 따라 주사무소 외에 분사무소를 둘 수 있다.
② 세무법인의 이사와 소속세무사는 소속된 세무법인 외에 따로 사무소를 둘 수 없다.

제16조의11【업무 수행의 방법】 ① 세무법인은 법인의 명의로 업무를 수행하며, 업무를 수행할 때에는 그 업무를 담당할 세무사를 지정하여야 한다. 다만, 소속세무사를 지정하는 경우에는 그 소속세무사와 함께 이사를 공동으로 지정하여야 한다.
② 제1항에 따라 지정된 이사 또는 소속세무사는 지정된 업무를 수행할 때 각자 그 세무법인을 대표한다.
③ 세무법인이 그 업무에 관하여 작성하는 문서에는 법인의 명의를 표시하고, 그 업무를 담당하는 세무사가 기명날인하여야 한다.

제16조의12【경업의 금지】 ① 세무법인의 이사 또는 소속세무사는 자기나 제3자를 위하여 그 세무법인의 업무 범위에 속하는 업무를 수행하거나 다른 세무법인의 이사 또는 소속세무사가 되어서는 아니 된다.
② 세무법인의 이사 또는 소속세무사이었던 사람은 그 세무법인에 소속된 기간 중에 그 세무법인이 수행하거나 수행을 승낙한 업무에 관하여는 퇴직 후 세무사의 업무를 수행할 수 없다. 다만, 그 세무법인이 동의하면 그러하지 아니하다.(2020.6.9 본문개정)

제16조의13【해산】 ① 세무법인은 다음 각 호의 어느 하나에 해당하는 사유로 해산된다.
1. 정관에서 정한 사유의 발생
2. 사원총회의 결의
3. 합병
4. 등록취소
5. 파산
6. 법원의 명령 또는 판결
② 세무법인은 제1항 각 호(제4호의 등록취소는 제외한다)의 해산 사유가 발생한 때에는 그 사실을 기획재정부장관에게 알려야 한다.
③ 세무법인은 제1항 각 호(제3호의 합병은 제외한다)의 해산 사유로 해산하는 경우 제16조의7제1항에 따라 적립한 손해배상준비금의 금액(해산 직전 사업연도 말 재무상태표상의 금액을 말한다)에 해당하는 금액을 제18조에 따라 설립된 한국세무사회에 따로 예치하여야 한다.(2021.11.23 본항개정)
④ 제3항에 따른 예치금의 관리와 운영에 필요한 사항은 대통령령으로 정한다.

제16조의14【정관 변경의 신고】 세무법인은 제16조의3제2항에 따른 정관의 기재 사항 중 다음 각 호의 사

항을 변경하면 지체 없이 기획재정부장관에게 신고하여야 한다.
1. 목적
2. 명칭
3. 주사무소와 분사무소의 소재지
4. 사원 및 이사의 성명과 주민등록번호(외국세무자문사인 사원은 외국인등록번호)(2016.3.2 본호개정)
5. 자본금 총액(자본금이 감소한 경우만을 말한다)
6. 대표이사에 관한 사항
7. 업무에 관한 사항

제16조의15【등록취소 등】 ① 기획재정부장관은 세무법인이 다음 각 호의 어느 하나에 해당하는 경우에는 그 등록을 취소하거나 1년 이내의 기간을 정하여 세무대리의 전부 또는 일부의 업무정지를 명할 수 있다. 다만, 제1호부터 제3호까지의 어느 하나에 해당하는 경우에는 그 등록을 취소하여야 한다.
1. 거짓이나 그 밖의 부정한 방법으로 제16조의4제1항에 따른 등록을 한 경우
2. 제16조의5제1항부터 제3항까지 또는 제16조의6제1항에 따른 요건을 충족하지 못하게 된 세무법인이 6개월 이내에 이를 보완하지 아니한 경우
3. 업무정지 명령을 위반하여 업무를 수행한 경우
4. 제16조의6제4항에 따른 기획재정부장관의 보전명령 또는 증자명령을 이행하지 아니한 경우
5. 제16조의5제4항·제5항, 제16조의7, 제16조의8, 제16조의9제1항, 제16조의11 또는 제16조의14를 위반하거나 제16조의16제1항에 따라 준용되는 제11조, 제12조, 제12조의2부터 제12조의5까지, 제15조 및 제19조의14를 위반한 경우(2016.3.2 본호개정)
② 기획재정부장관은 제1항에 따라 세무법인의 등록을 취소하려면 청문을 실시하여야 한다.
③ 기획재정부장관은 제1항에 따라 세무법인의 등록을 취소하거나 업무정지를 명한 때에는 지체 없이 그 사유를 구체적으로 밝혀 그 세무법인, 한국세무사회 및 국세청장에게 각각 통보하고 그 내용을 관보 또는 인터넷 홈페이지에 공고하여야 한다.(2021.11.23 본항신설)
④ 한국세무사회는 제3항에 따라 통보를 받은 경우 그 내용을 인터넷 홈페이지에 3개월 이상 게재하는 방법으로 공개하여야 한다.(2021.11.23 본항신설)
⑤ 제3항에 따른 통보·공고 및 제4항에 따른 공개에 필요한 사항은 대통령령으로 정한다.(2021.11.23 본항신설)

제16조의16【세무법인에 관한 준용】 ① 세무법인에 관하여는 제10조부터 제12조까지, 제12조의2부터 제12조의5까지, 제14조의2, 제15조 및 제17조제4항(세무법인이 제16조의15제1항제1호에 해당하는 경우는 제외한다)을 준용한다. 이 경우 "세무사"는 "세무법인"으로 보고, 제17조제4항 중 "징계"는 "등록취소 및 업무정지"로 본다.(2018.12.31 전단개정)
② 세무법인에 관하여 이 법에 규정되지 아니한 사항은 「상법」 중 유한회사에 관한 규정을 준용한다.

제5장 징 계
(2009.1.30 본장개정)

제17조【징계】 ① 기획재정부장관은 세무사가 다음 각 호의 어느 하나에 해당하면 세무사징계위원회의 의결에 따라 제2항에서 정하는 징계를 명할 수 있다.
1. 이 법을 위반한 경우
2. 한국세무사회의 회칙을 위반한 경우(2013.1.1 본호개정)
② 세무사에 대한 징계의 종류는 다음 각 호와 같다.

1. 등록취소
2. 2년 이내의 직무정지
3. 1천만원 이하의 과태료
4. 견책(譴責)
③ 기획재정부장관은 세무사징계위원회에 징계 요구된 세무사가 제7조제3호 및 제4호에 따라 등록이 취소된 경우에는 세무사징계위원회의 의결에 따라 5년 이내의 기간을 정하여 제6조에 따른 등록을 거부할 수 있다.
④ 해당 징계 사유가 발생한 날부터 3년이 지난 때에는 제1항부터 제3항까지의 규정에 따른 징계를 할 수 없다.
⑤ 기획재정부장관은 세무사가 제2항제3호에 따른 과태료를 납부기한까지 내지 아니하면 국세 체납처분의 예에 따라 징수할 수 있다.
⑥ 기획재정부장관은 제1항에 따라 징계를 명하는 경우 징계사유, 징계내용, 공직퇴임세무사인지 여부, 그 밖에 대통령령으로 정하는 사항을 포함한 징계결과를 기록·관리하여야 한다.(2018.12.31 본항신설)
⑦ 기획재정부장관은 제1항에 따라 세무사에 대한 징계를 명한 때에는 지체 없이 그 사유를 구체적으로 밝혀 그 세무사, 소속협회 및 국세청장에게 각각 통보하고 그 내용을 관보 또는 인터넷 홈페이지에 공고하여야 한다.(2021.11.23 본항신설)
⑧ 소속협회는 제7항에 따라 통보를 받은 경우 그 내용을 해당 협회가 운영하는 인터넷 홈페이지에 3개월 이상 게재하는 방법으로 공개하여야 한다.(2021.11.23 본항신설)
⑨ 세무사징계위원회의 구성·운영, 제7항에 따른 통보·공고 및 제8항에 따른 공개 등에 필요한 사항은 대통령령으로 정한다.(2021.11.23 본항개정)

제6장 한국세무사회
(2013.1.1 본장제목개정)

제18조【설립과 감독】 ① 세무사의 품위 향상과 직무의 개선·발전을 도모하고, 세무사에 대한 지도 및 감독에 관한 사무를 하도록 하기 위하여 한국세무사회를 둔다.
② 한국세무사회는 법인으로 하며, 세무사는 그 회원이 되어야 한다.
③ 한국세무사회는 회칙을 정하여 기획재정부장관의 인가를 받아 설립하여야 한다.
④ 한국세무사회의 회칙을 개정하려는 경우에는 대통령령으로 정하는 바에 따라 기획재정부장관의 승인을 받아야 한다.
⑤ 한국세무사회의 설립 및 운영 등에 필요한 사항과 한국세무사회의 회칙에 포함할 사항은 대통령령으로 정한다.
(2013.1.1 본조개정)

제18조의2【회원에 대한 연수 등】 ① 한국세무사회는 다음 각 호의 사람에게 연수를 실시하고 회원의 자체적인 연수활동을 지도·감독한다.(2020.6.9 본문개정)
1. 회원
2. 제12조의5에 따른 사무직원 등(2016.3.2 본호개정)
② 제1항에 따른 연수를 실시하기 위하여 한국세무사회에 세무연수원을 둔다.(2013.1.1 본항개정)
③ 제1항에 따른 연수와 감독에 필요한 사항은 한국세무사회가 기획재정부장관의 승인을 받아 정한다.
(2013.1.1 본항개정)
(2009.1.30 본조개정)

제18조의3【업무의 위촉 등】 ① 공공기관은 제2조에 따른 세무사의 직무에 속한 사항에 관하여 한국세무사회에 업무를 위촉하거나 자문할 수 있다.

② 한국세무사회는 제1항에 따라 위촉 또는 자문을 받은 경우 그 업무를 회원으로 하여금 수행하게 할 수 있다.
(2013.1.1 본조개정)

제18조의4【국선대리 협력의무 등】 한국세무사회는 「국세기본법」제59조의2에 따른 국선대리인의 세무대리 활동을 지원하는 등 국선대리인 제도의 효율적인 운영에 적극 협력하여야 한다.(2018.12.31 본조신설)

제19조【회원의 제명】 한국세무사회는 세무사의 품위를 떨어뜨리는 회원이나 한국세무사회의 회칙을 위반하는 회원이 있으면 기획재정부장관의 승인을 받아 제명할 수 있다.(2013.1.1 본조개정)

제6장의2   외국세무자문사 및 외국세무법인
(2011.6.30 본장신설)

제19조의2【정의】 이 장에서 사용하는 용어의 뜻은 다음과 같다.
1. "외국세무자문사"란 원자격국의 세무전문가로서 제19조의3에 따라 기획재정부장관으로부터 외국세무자문사 자격승인을 받은 사람을 말한다.
2. "개인 외국세무자문사무소"란 외국세무자문사가 국내에서 제19조의7에 따른 업무를 수행하기 위하여 개설하는 사무소를 말한다.
3. "외국세무법인"이란 대한민국 외의 국가에서 그 나라의 법령에 따라 설립되고 그 본점 사무소가 그 나라에 있는 세무법인 또는 이에 준하는 단체를 말한다.
4. "법인 외국세무자문사무소"란 외국세무법인이 국내에서 제19조의7에 따른 업무를 수행하기 위하여 개설하는 사무소를 말한다.
5. "조약등"이란 자유무역협정이나 그 밖에 대한민국이 외국(국가연합, 경제공동체 등 국가의 연합체를 포함한다)과 각 당사국에서의 제19조의7에 따른 외국세무업무에 관한 협약을 체결하고 효력이 발생한 모든 합의를 말한다.
6. "원자격국"(原資格國)이란 조약등의 당사국으로서 외국세무자문사가 세무전문가의 자격을 취득한 대통령령으로 정하는 국가를 말한다. 다만, 한 국가 내에서 지역적으로 한정된 자격을 부여하는 여러 개의 주·성(省)·자치구 등이 있는 경우에는 그 국가의 법률에 따라 그 자격이 통용되는 주·성·자치구 등의 전부를 원자격국으로 본다.

제19조의3【외국세무자문사 자격승인】 ① 원자격국의 세무전문가로서 외국세무자문사가 되려는 사람은 기획재정부장관으로부터 외국세무자문사의 자격승인을 받아야 한다.
② 제1항에 따라 외국세무자문사의 자격승인을 받으려는 사람(이하 "자격승인 신청인"이라 한다)은 기획재정부장관에게 다음 각 호의 서류를 첨부한 신청서를 제출하여야 한다.
1. 원자격국에서 세무전문가의 자격을 취득하였음을 증명하는 서류
2. 원자격국에서 3년 이상 세무전문가의 업무에 종사한 경력이 있는 사람임을 증명하는 서류(2020.6.9 본호개정)
3. 제4조에 따른 세무사의 결격사유가 없으며, 성실하고 적정하게 직무를 수행할 의사와 능력이 있음을 서약하는 서류
4. 대한민국에 서류 등을 송달받을 장소가 있음을 증명하는 서류
③ 제2항에 따른 첨부서류는 원본 또는 인증된 사본이어야 하고, 한글로 작성되지 아니한 경우에는 공증된 한글 번역본을 첨부하여야 한다.

④ 원자격국의 세무전문가의 구체적 범위는 대통령령으로 정한다.
⑤ 자격승인 신청서의 작성 및 제출에 관한 사항은 기획재정부령으로 정한다.

제19조의4【외국세무자문사 자격증 교부 등】 ① 기획재정부장관은 자격승인 신청인이 제19조의3에 따른 서류를 제출하면 서류의 내용을 확인하여 이상이 없는 경우 자격승인 신청인에게 외국세무자문사 자격증을 교부한다.
② 기획재정부장관은 자격승인 신청인의 자격승인을 거절하는 경우에는 지체 없이 그 취지와 사유를 자격승인 신청인에게 알려야 한다.

제19조의5【외국세무자문사의 등록】 ① 외국세무자문사가 제19조의7에 따른 업무를 수행하려면 기획재정부에 비치하는 외국세무자문사등록부에 등록하여야 한다.
② 제1항에 따라 등록한 외국세무자문사는 그 등록사항이 변경된 경우에는 대통령령으로 정하는 바에 따라 기획재정부장관에게 신고하여야 한다.(2013.1.1 본항신설)
③ 제1항에 따른 등록의 절차, 첨부서류 등에 필요한 사항은 대통령령으로 정한다.

제19조의6【외국세무자문사의 등록취소】 ① 기획재정부장관은 외국세무자문사가 다음 각 호의 어느 하나에 해당하는 경우에는 그 등록을 취소하여야 한다.
1. 원자격국에서 세무전문가로서 유효한 자격을 상실하거나 그 자격이 정지된 경우
2. 제4조의 결격사유에 해당하는 경우(원자격국의 법령에 따라 제4조의 결격사유에 해당하는 경우를 포함한다)
3. 등록신청서의 기재 내용 또는 그 첨부서류의 중요한 부분이 거짓인 경우
4. 폐업신고를 한 경우
5. 사망한 경우
② 기획재정부장관은 제1항에 따라 등록을 취소한 경우에는 그 사유를 명시하여 외국세무자문사에게 알려야 한다.

제19조의7【업무범위】 외국세무자문사는 납세자 등의 위임을 받아 다음 각 호의 업무를 수행한다.
1. 원자격국의 조세법령과 조세제도에 관한 상담 또는 자문
2. 대통령령으로 정하는 국제조세에 관한 상담 또는 자문

제19조의8【외국세무자문사의 업무수행 방식】 제19조의5에 따라 등록을 마친 외국세무자문사는 다음 각 호의 어느 하나의 방식으로만 제19조의7에 따른 업무를 수행할 수 있다.
1. 1개의 개인 외국세무자문사무소를 개설하여 업무를 수행
2. 개인 외국세무자문사무소의 외국세무자문사로 고용되어 업무를 수행
3. 법인 외국세무자문사무소에 소속되거나 고용되어 업무를 수행
4. 제16조의3에 따라 설립된 세무법인의 외국세무자문사로 고용되어 업무를 수행

제19조의9【법인 외국세무자문사무소의 등록 등】 ① 외국세무법인이 법인 외국세무자문사무소를 개설하여 제19조의7에 따른 업무를 수행하려면 대통령령으로 정하는 바에 따라 기획재정부장관에게 등록하여야 한다.
② 제1항에 따라 등록한 외국세무법인은 그 등록사항이 변경된 경우에는 대통령령으로 정하는 바에 따라 기획재정부장관에게 신고하여야 한다.(2013.1.1 본항신설)
③ 제1항에 따른 등록요건, 첨부서류 및 등록절차 등에 필요한 사항은 대통령령으로 정한다.

제19조의10 【법인 외국세무자문사무소의 등록취소】 기획재정부장관은 제19조의9에 따라 등록한 법인 외국세무자문사무소가 다음 각 호의 어느 하나에 해당하는 경우에는 그 등록을 취소하거나 1년 이내의 기간을 정하여 업무의 전부 또는 일부정지를 명할 수 있다. 다만, 제1호 또는 제2호에 해당하는 경우에는 그 등록을 취소하여야 한다.
1. 원자격국에서 외국세무법인의 등록이 취소되거나 업무정지처분을 받은 경우
2. 등록신청서 또는 그 첨부서류의 중요한 부분이 거짓인 경우
3. 제19조의7, 제19조의11제3항, 제19조의12, 제19조의13, 제19조의15에 따라 준용되는 제12조, 제12조의2부터 제12조의5까지, 제15조, 제16조의7 및 제16조의11을 위반한 경우(2016.3.2 본호개정)
제19조의11 【자격의 표시】 ① 외국세무자문사는 직무를 수행하면서 본인을 표시하고자 하여야 한다. 이 경우 외국세무자문사는 원자격국 표시 다음에 세무자문사라고 하여야 한다. 다만, 그 외국세무자문사의 원자격국이 주, 성, 자치구 등 한 국가 내에 한정된 지역인 경우 그 지역이 소속된 국가의 명칭 다음에 세무자문사라고 표시할 수 있다.
② 개인 외국세무자문사무소는 원자격국, 외국세무자문사의 성명 순으로 표시한 다음에 세무자문사무소라고 하여야 하고, 법인 외국세무자문사무소는 원자격국, 본점 사무소의 명칭 순으로 표시한 다음에 세무자문사무소라고 한다.
③ 제2항에 따른 세무자문사무소는 일반인이 쉽게 알아볼 수 있도록 사무소 안팎의 적절한 장소에 개인 또는 법인 소속 외국세무자문사의 원자격국을 공시하여야 한다.
제19조의12 【외국세무자문사 등의 의무】 ① 외국세무자문사와 외국세무자문사이었던 사람 또는 그 사무직원과 사무직원이었던 사람은 다른 법령에 특별한 규정이 없으면 직무상 알게 된 비밀을 누설하여서는 아니 된다.(2020.6.9 본항개정)
② 외국세무자문사는 다음 각 호의 경우를 제외하고는 1년에 180일 이상 대한민국에 체류하여야 한다. 다만, 외국세무자문사가 본인 또는 친족의 질병·부상이나 그 밖의 부득이한 사유로 외국에 체류한 기간은 대한민국에 체류한 기간으로 본다.(2020.6.9 단서개정)
1. 개인 외국세무자문사무소에 고용된 경우
2. 법인 외국세무자문사무소에 고용된 경우
3. 제16조의3에 따라 설립된 세무법인에 고용된 경우
③ 외국세무자문사 및 법인 외국세무자문사무소는 원자격국에서 세무전문가의 자격이 취소되거나 외국세무법인의 등록이 취소된 경우 또는 업무정지처분을 받은 경우에는 지체 없이 기획재정부장관에게 신고하여야 한다.
④ 외국세무자문사 및 법인 외국세무자문사무소는 개업·휴업·폐업하거나 사무소를 설치·이전·폐지하는 때에는 지체 없이 기획재정부장관에게 신고하여야 한다.
제19조의13 【고용·동업 등의 금지】 ① 외국세무자문사 및 법인 외국세무자문사무소는 제6조제1항에 따라 등록한 세무사를 고용할 수 없다.
② 외국세무자문사 및 법인 외국세무자문사무소는 세무사 또는 세무법인과 제19조의7에 따른 업무를 공동으로 수임하거나 처리할 수 없고, 그로부터 얻은 보수 또는 수익을 분배하여서는 아니 된다.
제19조의14 【외국세무자문사의 세무법인에 대한 출자】 외국세무자문사는 제16조의3에 따라 설립된 세무법인에 해당 세무법인의 의결권 있는 출자지분 또는 자본금 총액의 100분의 50 미만의 범위에서 출자할 수 있

다. 이 경우 외국세무자문사 1명당 출자금은 해당 세무법인의 의결권 있는 출자지분 또는 자본금 총액의 100분의 10 미만이어야 한다.(2016.3.2 본조신설)
제19조의15 【준용규정】 외국세무자문사 또는 법인 외국세무자문사무소에 관하여는 제6조제2항, 같은 조 제3항제1호, 같은 조 제4항, 제12조, 제12조의2부터 제12조의5까지, 제13조제1항, 제14조, 제14조의2, 제15조, 제16조의2, 제16조의4제2항제2호 및 제3호, 제16조의4제3항, 제16조의7, 제16조의10, 제16조의11, 제16조의13, 제16조의15제2항부터 제5항까지, 제17조, 제18조제2항, 제19조, 제20조 및 제24조를 준용한다.(2021.11.23 본조개정)

제7장 보 칙
(2009.1.30 본장개정)

제20조 【업무의 제한 등】 ① 제6조에 따른 등록을 한 사람이 아니면 세무대리를 할 수 없다. 다만, 「변호사법」 제3조에 따라 변호사의 직무로서 행하는 경우와 제20조의2제1항에 따라 등록한 경우에는 그러하지 아니하다.(2021.11.23 본문개정)
② 제6조에 따라 등록을 한 자 외에는 세무사나 이와 비슷한 명칭을 사용할 수 없다.
③ 제1항에 따라 세무대리를 할 수 없는 자는 세무대리업무를 취급한다는 뜻을 표시하거나 광고를 하여서는 아니 된다. 다만, 다른 법률에서 정한 자의 업무범위에 포함된 경우에는 그러하지 아니하다.
제20조의2 【세무대리업무 등록】 ① 다음 각 호의 어느 하나에 해당하는 사람이 세무대리를 시작하려면 기획재정부에 비치하는 다음 각 호의 구분에 따른 세무대리업무등록부에 등록하여야 한다.
1. 「공인회계사법」에 따라 등록한 공인회계사(법률 제7032호 세무사법중개정법률 부칙 제2조제1항에 따라 세무사등록부에 등록을 할 수 있는 공인회계사는 제외한다) : 공인회계사 세무대리업무등록부
2. 법률 제15288호 세무사법 일부개정법률 부칙 제2조에 따라 세무사의 자격이 있는 것으로 보는 변호사로서 「변호사법」에 따라 등록한 변호사(법률 제7032호 세무사법중개정법률 부칙 제2조제1항에 따라 세무사등록부에 등록을 할 수 있는 변호사는 제외한다) : 변호사 세무대리업무등록부
② 제1항제2호에 해당하는 변호사의 직무는 세무대리 중 제2조제1호·제2호, 제4호부터 제7호까지의 행위 또는 업무와 이에 딸린 업무만을 수행하는 것으로 한다.
③ 제1항제2호에 해당하는 변호사가 세무대리업무등록부에 등록하기 위해서는 1개월 이상의 실무교육을 받아야 한다.
④ 제3항에 따른 실무교육의 과목, 장소, 시기, 방법 및 절차와 그 밖에 필요한 사항은 대통령령으로 정한다.
⑤ 제1항에 따라 세무대리를 하는 사람에 대해서는 제1조의2, 제2조의2, 제4조, 제9조부터 제12조까지, 제12조의2부터 제12조의5까지, 제13조, 제14조(변호사는 준용 대상에서 제외한다), 제14조의2, 제14조의3, 제15조, 제16조, 제16조의2, 제17조(같은 조 제1항제2호는 제외한다) 및 제8장을 준용한다. 이 경우 "세무사"는 "공인회계사 또는 변호사"로, "한국세무사회"는 "한국공인회계사회"로, "제6조"는 "제20조의2제1항"으로 각각 본다.
⑥ 제1항의 등록에 관하여는 제6조부터 제8조까지의 규정을 준용한다. 이 경우 제6조제3항제2호 중 "제12조의6제1항에 따른 실무교육을 받지 아니한 경우"는 "제20조의2제3항에 따른 실무교육을 받지 아니한 경우"로 본다.(2021.11.23 본조개정)

제20조의3 【권한의 위임 및 업무의 위탁】 ① 이 법에 따른 기획재정부장관의 권한은 그 일부를 대통령령으로 정하는 바에 따라 국세청장에게 위임할 수 있다.
② 제5조에 따른 세무사 자격시험에 관한 기획재정부장관의 업무는 대통령령으로 정하는 바에 따라 자격검정 등을 목적으로 설립된 법인에 위탁할 수 있다.
③ 제6조부터 제8조까지의 규정에 따른 세무사등록에 관한 기획재정부장관의 업무 중 다음 각 호에 해당하는 사람의 세무사등록에 관한 업무는 대통령령으로 정하는 바에 따라 한국세무사회에 위탁할 수 있다.
1. 제5조에 따른 세무사 자격시험에 합격하여 세무사의 자격이 있는 사람
2. 법률 제2358호 稅務士法中改正法律 부칙 제2항에 따라 세무사의 자격이 있는 사람
3. 법률 제6080호 稅務士法中改正法律 부칙 제3항(법률 제6837호 稅務士法中改正法律에 따라 개정된 것을 말한다)에 따라 세무사의 자격이 있는 사람
(2020.6.9 본항개정)
(2011.5.2 본조제목개정)
제21조 【규제의 재검토】 기획재정부장관은 다음 각 호의 사항에 대하여 다음 각 호의 기준일을 기준으로 3년마다(매 3년이 되는 해의 기준일과 같은 날 전까지를 말한다) 그 타당성을 검토하여 개선 등의 조치를 하여야 한다.
1. 제16조의3제2항에 따른 세무법인의 정관에 적어야 하는 사항 : 2016년 1월 1일
2. 제16조의4에 따른 세무법인의 등록, 등록 요건과 등록 거부에 관한 사항 : 2016년 1월 1일
3. 제16조의13에 따른 세무법인의 해산 사유, 해산 사유가 발생한 사실의 통지와 손해배상준비금의 예치에 관한 사항 : 2016년 1월 1일
4. 제16조의14에 따른 세무법인이 신고하여야 하는 정관 변경 사항 : 2016년 1월 1일
(2015.12.29 본조신설)
제21조의2 【벌칙 적용에서 공무원 의제】 세무사징계위원회의 위원 중 공무원이 아닌 위원은 「형법」 제129조부터 제132조까지의 규정을 적용할 때에는 공무원으로 본다.(2016.3.2 본조신설)

제8장 벌 칙
(2009.1.30 본장개정)

제22조 【벌칙】 ① 다음 각 호의 어느 하나에 해당하는 자는 3년 이하의 징역 또는 3천만원 이하의 벌금에 처한다.
1. 세무사 자격이 없으면서 세무대리를 한 자
2. 제11조(제16조의16제1항에서 준용하는 경우를 포함한다) 및 제19조의12제1항을 위반하여 직무상 알게 된 비밀을 누설한 자(2011.6.30 본호개정)
② 세무사로서 「조세범처벌법」에 규정된 범죄와 「형법」 중 공무원의 직무에 관한 죄를 교사(敎唆)한 자는 그에 대하여 적용할 해당 조문의 형기(刑期) 또는 벌금의 3분의 1까지 가중하여 벌한다.
제22조의2 【벌칙】 다음 각 호의 어느 하나에 해당하는 자는 1년 이하의 징역 또는 1천만원 이하의 벌금에 처한다.
1. 제2조의2(제20조의2제5항에서 준용하는 경우를 포함한다)를 위반하여 세무대리를 소개·알선하고 그 대가를 받거나 요구한 자(2021.11.23 본호신설)
2. 이 법에 따라 세무대리를 할 수 있는 자로서 제6조 또는 제20조의2제1항을 위반하여 등록을 하지 아니하고 세무대리를 수행한 자

3. 제12조의3제1항(제16조의16제1항 및 제19조의15에서 준용하는 경우를 포함한다)을 위반하여 명의 등을 빌려준 자(2021.11.23 본호개정)
4. 제12조의3제2항(제16조의16제1항 및 제19조의15에서 준용하는 경우를 포함한다)을 위반하여 명의 등을 빌린 자(2021.11.23 본호신설)
5. 제12조의3제3항(제16조의16제1항 및 제19조의15에서 준용하는 경우를 포함한다)을 위반하여 명의 대여 등을 알선한 자(2021.11.23 본호신설)
6. 제14조의3(제20조의2제5항에서 준용하는 경우를 포함한다)을 위반하여 수임을 한 자(2021.11.23 본호신설)
7. 제16조의9제2항이나 제20조제2항(제19조의15에서 준용하는 경우를 포함한다)을 위반하여 등록을 하지 아니하고 세무법인 또는 세무사나 이와 비슷한 명칭을 사용한 자(2016.3.2 본호개정)
8. 제17조(제19조의15에서 준용하는 경우를 포함한다)에 따른 직무정지 명령이나 등록거부를 받은 자로서 그 직무정지 기간이나 등록거부 기간 중에 세무대리를 수행한 자(2016.3.2 본호개정)
9. 원자력계의 세무전문가로서 제19조의3에 따른 자격승인을 받지 아니하거나 제19조의5에 따른 등록을 하지 아니하고 제19조의7에 따른 업무를 수행한 자(2011.6.30 본호신설)
10. 제20조제3항(제19조의15에서 준용하는 경우를 포함한다)을 위반하여 표시하거나 광고한 자(2021.11.23 본호신설)
11. 제20조의2제2항을 위반하여 제2조제3호 또는 제8호의 행위 또는 업무를 수행한 자(2021.11.23 본호신설)
제23조 【벌칙】 다음 각 호의 어느 하나에 해당하는 자는 200만원 이하의 벌금에 처한다.
1. 사무소 설치에 관한 사항을 위반하는 등 제13조(제19조의15에서 준용하는 경우를 포함한다)를 위반한 자(2016.3.2 본호개정)
2. 제15조(제16조의16제1항 및 제19조의15에서 준용하는 경우를 포함한다)를 위반하여 계쟁권리를 양수한 자(2016.3.2 본호개정)
3. 제16조를 위반하여 공무원을 겸하거나 영리 업무에 종사한 자
4. 제16조의12를 위반하여 경업(競業)을 한 자
5. (2021.11.23 삭제)
제24조 【양벌규정】 세무법인의 사원 또는 소속세무사나 그 밖의 종업원이 그 세무법인의 업무에 관하여 제22조, 제22조의2제3호·제7조 또는 제23조제2호의 어느 하나에 해당하는 위반행위를 하면 그 행위자를 벌하는 외에 그 세무법인에도 해당 조문의 벌금형을 과(科)한다. 다만, 세무법인이 그 위반행위를 방지하기 위하여 해당 업무에 관하여 상당한 주의와 감독을 게을리하지 아니한 경우에는 그러하지 아니하다.
(2021.11.23 본문개정)
제25조 【몰수·추징】 제12조의3(제16조의16제1항 및 제19조의15에서 준용하는 경우를 포함한다)을 위반하여 명의 등을 빌려준 자 또는 그 사정을 아는 제3자가 받은 금품이나 그 밖의 이익은 몰수한다. 다만, 이를 몰수할 수 없을 때에는 그 가액을 추징한다.(2021.11.23 본조신설)

부 칙 (2016.3.2)

제1조 【시행일】 이 법은 공포한 날부터 시행한다.
제2조 【세무사의 결격사유에 관한 적용례】 제4조제5호의 개정규정은 이법 시행 후 등록취소를 당한 경우부터 적용한다.

제3조【금치산자 등에 대한 경과조치】제4조제2호의 개정규정에 따른 피성년후견인 또는 피한정후견인에는 법률 제10429호 민법 일부개정법률 부칙 제2조에 따라 금치산 또는 한정치산 선고의 효력이 유지되는 사람을 포함하는 것으로 본다.

부 칙 (2017.12.26)

제1조【시행일】이 법은 2018년 1월 1일부터 시행한다.
제2조【변호사의 세무사 자격에 관한 경과조치】이 법 시행 당시 종전의 제3조제3호에 따라 세무사의 자격이 있던 사람은 제3조제3호의 개정규정에도 불구하고 세무사 자격이 있는 것으로 본다.
제3조【시험의 일부 면제에 관한 적용례】제5조의2제3항의 개정규정은 이 법 시행 후 최초로 강등 또는 정직에 해당하는 징계처분을 받은 자부터 적용한다.

부 칙 (2018.12.31)

제1조【시행일】이 법은 2019년 1월 1일부터 시행한다. 다만, 제14조의 개정규정은 2019년 7월 1일부터 시행한다.
제2조【업무실적 보고에 관한 적용례】제14조의 개정규정은 같은 개정규정 시행 후 최초로 처리한 업무실적분부터 적용한다.

부 칙 (2020.6.9)

이 법은 공포한 날부터 시행한다.(이하 생략)

부 칙 (2021.11.23)

제1조【시행일】이 법은 공포한 날부터 시행한다. 다만, 제14조의3, 제20조의2제5항(제14조의3에 관한 부분에 한정한다) 및 제22조의2제6호의 개정규정은 공포 후 1년이 경과한 날부터 시행한다.
제2조【수임제한 등에 관한 적용례】제14조의3의 개정규정은 같은 개정규정 시행 이후 세무대리를 수임하는 경우부터 적용한다.
제3조【세무사 등록 등에 관한 경과조치】① 이 법 시행 당시 종전의 규정에 따라 세무사 등록(등록을 갱신한 경우를 포함한다) 또는 세무대리업무 등록(등록을 갱신한 경우를 포함한다)을 한 자는 제6조 또는 제20조의2의 개정규정에 따라 세무사 등록 또는 세무대리업무 등록을 한 것으로 본다.
② 세무사 자격이 있는 자가 세무사 등록 또는 세무대리업무 등록을 하지 아니하고 2020년 1월 1일부터 이 법 시행 전까지 수임계약을 체결하여 처리하는 세무대리에 대해서는 제6조, 제20조제1항 및 제20조의2(같은 조 제5항은 제외한다)의 개정규정을 적용하지 아니한다.
제4조【다른 법률의 개정】①~⑤ ※(해당 법령에 가제정리 하였음)

세무사법 시행령

(1970년 5월 8일)
대통령령 제4983호

개정
1973. 1.20영 6470호   <중략>
2000. 8. 5영16937호
2002.12.30영17834호   2002. 5. 6영17594호
2005. 7.27영18971호(변호사시)   2004. 4. 6영18357호
2006. 6.12영19513호(고위공무원단인사규정)
2007. 2.28영19894호
2007.12.31영20516호(개별소비세법시)
2008. 2.29영20720호(직제)
2009. 2. 4영21208호   2010. 6. 8영22186호
2010.11.15영22493호(은행법시)
2011. 3.29영22777호   2011. 6.30영22998호
2011. 9.16영23141호   2012. 2. 2영23604호
2012. 5. 1영23759호(수험생편의제공일부개정령)
2013. 6.28영24638호(부가세시)
2014. 2.21영25204호
2015.12.31영26844호(행정기관책임성강화)
2016. 6.30영27299호(행정규제정비일부개정령)
2017. 3.27영27959호(지방세징수법시)
2017. 3.27영27960호(주민등록번호처리제한일부개정령)
2018. 3. 6영28688호
2018. 7. 3영29029호(영어능력검정시험제도변경일부개정령)
2019. 2.12영29542호
2021. 1. 5영31380호(법령용어정비)
2022.10.13영32952호   2023. 6.27영33564호

제1장 총 칙
(2011.9.16 본장개정)

제1조【목적】이 영은 「세무사법」에서 위임된 사항과 그 시행에 필요한 사항을 규정함을 목적으로 한다.
제1조의2【세무사자격심의위원회의 구성 등】① 「세무사법」(이하 "법"이라 한다) 제3조의2제1항에 따른 세무사자격심의위원회(이하 "위원회"라 한다)는 위원장·부위원장 각 1명을 포함한 12명의 위원으로 구성한다.
② 위원회의 위원장은 국세청장이 되고, 부위원장은 국세청차장이 되며, 위원은 다음 각 호의 사람이 된다.
1. 기획재정부의 3급 공무원 또는 고위공무원단에 속하는 일반직공무원 중에서 국세청장의 요청에 따라 기획재정부장관이 지명하는 사람 1명
2. 국세청의 3급 공무원 또는 고위공무원단에 속하는 일반직공무원 중에서 국세청장이 지명하는 사람 3명
3. 다음 각 목의 어느 하나에 해당하는 사람 중에서 위원장이 위촉하는 사람 6명
가. 한국세무사회의 장이 추천하는 세무사
(2014.2.21 본목개정)
나. 대학교수 등으로서 조세제도에 관한 학식과 경험이 풍부한 사람
다. 시민단체(「비영리민간단체 지원법」 제2조에 따른 비영리민간단체를 말한다)가 추천하는 사람
③ 제2항제3호에 해당하는 위원의 임기는 2년으로 한다.
④ 제2항제1호 및 제2호에 따라 위원을 지명한 자는 해당 위원이 다음 각 호의 어느 하나에 해당하는 경우에는 그 지명을 철회할 수 있다.
1. 심신장애로 인해 직무를 수행할 수 없게 된 경우
2. 직무와 관련된 비위사실이 있는 경우
3. 직무태만, 품위손상이나 그 밖의 사유로 위원으로 적합하지 않다고 인정되는 경우
4. 위원 스스로 직무를 수행하는 것이 곤란하다고 의사를 밝히는 경우
(2019.2.12 본항신설)

⑤ 위원장은 제2항제3호 각 목에 따른 위원이 제4항 각 호의 어느 하나에 해당하는 경우에는 해당 위원을 해촉(解囑)할 수 있다.(2019.2.12 본항신설)
(2019.2.12 본조제목개정)

제1조의3 【세무사자격심의위원회의 회의】 ① 위원회의 위원장은 위원회 회의의 의장이 된다.
② 위원회의 위원장이 부득이한 사유로 직무를 수행하지 못하는 경우에는 위원회의 부위원장이 그 직무를 대행한다.
③ 위원회의 회의는 재적위원 3분의 2 이상의 출석으로 개의(開議)하고 출석위원 과반수의 찬성으로 의결한다.

제1장의2 시   험
(2011.9.16 본장제목삽입)

제1조의4 【시험의 방법 및 과목】 ① 법 제5조에 따른 세무사 자격시험(이하 "시험"이라 한다)의 제1차 시험은 객관식 필기시험으로 하고, 제2차 시험은 주관식 필기시험으로 한다.
② 제1차 시험 과목은 별표1과 같고, 제2차 시험 과목은 별표2와 같다.
③ 제2항에 따른 제1차 시험 과목 중 영어 과목은 제1차 시험 응시원서 접수마감일부터 역산(逆算)하여 5년이 되는 해의 1월 1일 이후에 실시된 다른 시험기관의 영어시험(이하 이 조에서 "영어시험"이라 한다)에서 취득한 성적(제1차 시험일 전까지 발표되는 성적으로서 제4조제2항에 따른 공고에서 정하는 방법에 따라 확인된 성적으로 한정한다)으로 시험을 대체한다.(2023.6.27 본항개정)
④ 영어시험의 종류와 합격에 필요한 점수는 별표3과 같다.
⑤ (2022.10.13 삭제)
(2011.9.16 본조개정)

제1조의5 【시험의 일부 면제 등】 ① (2008.8.5 삭제)
② 법 제5조의2제2항 각 호 외의 부분에서 "대통령령으로 정하는 일부 과목"이란 별표2에 따른 시험 과목 중 세법학 1부와 세법학 2부를 말한다.
③ 법 제5조의2제1항 및 제2항에 따라 시험의 일부를 면제받으려는 사람은 기획재정부령으로 정하는 경력증명서(이하 "경력증명서"라 한다) 및 공무원 인사기록카드 사본을 응시원서에 첨부하여야 한다. 다만, 최근 5년 내에 경력증명서 및 공무원 인사기록카드 사본을 응시원서에 첨부하여 제출한 후 변경된 사항이 없는 경우에는 해당 서류를 첨부하지 아니할 수 있다.
④ 제3항에 따른 경력증명서 및 공무원 인사기록카드 사본은 시험에 응시하려는 사람의 신청에 따라 그가 소속하고 있거나 퇴직 당시에 소속한 기관의 장이 발급한다.
⑤ 제3항에 따라 제출된 서류는 반환하지 아니한다.
(2011.9.16 본조개정)

제1조의6 【시험 일부 면제자의 경력 산정 기준】 법 제5조의2제1항 및 제2항을 적용할 때 경력 산정은 해당 시험의 응시원서 접수 마감일을 기준으로 한다.
(2011.9.16 본조개정)

제2조 【제2차 시험 최소 합격인원의 결정】 기획재정부장관은 세무사의 수급상황 등을 고려하여 위원회의 심의를 거쳐 제2차 시험의 최소 합격인원(제8조제2항제2호에 따른 합격인원은 제외한다)을 정할 수 있다.
(2022.10.13 본조개정)

제3조 (2000.8.5 삭제)

제4조 【시험의 시행 및 공고】 ① 시험은 매년 1회 이상 시행한다.

② 기획재정부장관은 다음 각 호의 사항을 시험 시행 90일 전까지 공고한다.
1. 시험의 일시·장소·방법
2. 제1조의4제3항에 따른 영어시험 성적의 제출에 관한 사항
3. 제2조에 따른 제2차 시험의 최소 합격인원
4. 제6조제2항에 따른 응시수수료의 반환절차 및 반환 방법에 관한 사항(2023.6.27 본호신설)
5. 그 밖에 시험의 시행에 필요한 사항
(2022.10.13 본항개정)
(2011.9.16 본조개정)

제5조 【응시원서】 제1차 시험 또는 제2차 시험에 응시하려는 사람은 응시원서 1부를 기획재정부장관에게 각각 제출하여야 한다.(2023.6.27 본조개정)

제6조 【수수료】 ① 제1차 시험 또는 제2차 시험에 응시하려는 사람은 기획재정부령으로 정하는 금액의 응시수수료를 각각 내야 한다.(2023.6.27 본항개정)
② 기획재정부장관은 제1항에 따라 응시수수료를 낸 사람이 다음 각 호의 어느 하나에 해당하는 경우에는 해당 금액을 돌려주어야 한다.
1. 응시수수료를 과오납한 경우 : 과오납한 응시수수료 전액
2. 시험 시행기관의 귀책사유로 시험에 응시하지 못한 경우 : 낸 응시수수료 전액
3. 응시원서 접수기간에 접수를 취소하는 경우 : 낸 응시수수료 전액
4. 응시원서 접수 마감일의 다음 날부터 시험 시행 20일 전까지 접수를 취소하는 경우 : 낸 수수료의 100분의 60에 해당하는 금액(2023.6.27 본호개정)
5. 시험 시행 19일 전부터 시험 시행 10일 전까지 접수를 취소하는 경우 : 낸 응시수수료의 100분의 50에 해당하는 금액(2023.6.27 본호개정)
(2011.9.16 본조개정)

제7조 (2000.8.5 삭제)

제8조 【합격자 결정】 ① 제1차 시험에서는 영어 과목을 제외한 나머지 과목에서 과목당 100점을 만점으로 하여 각 과목의 점수가 40점 이상이고, 전 과목 평균점수가 60점 이상인 사람을 합격자로 결정한다.
② 제2차 시험에서는 과목당 100점을 만점으로 하여 각 과목의 점수가 40점 이상인 사람으로서 다음 각 호에 해당하는 사람을 합격자로 결정한다.
1. 제2차 시험의 전 과목을 응시한 경우 : 다음 각 목에 해당하는 사람
가. 전 과목의 평균점수가 60점 이상인 사람
나. 가목에 해당하는 사람이 제2조에 따른 최소 합격인원에 미달하는 경우에는 그 미달하는 범위에서 순차적으로 전 과목의 평균점수가 다른 사람보다 높은 사람. 이 경우 동점(소수점 이하 둘째자리까지 계산한 점수를 말한다)으로 인하여 최소 합격인원을 초과하는 경우에는 그 동점자 모두를 합격자로 결정한다.
2. 법 제5조의2제2항에 따라 제2차 시험 일부 과목을 면제받은 경우 : 다음 각 목에 해당하는 사람
가. 제1호가목에 해당하는 사람이 제2조에 따른 최소 합격인원 이상인 경우 : 응시한 과목 전체의 평균점수가 60점 이상인 사람
나. 제1호가목에 해당하는 사람이 제2조에 따른 최소 합격인원 미만인 경우 : 응시한 과목 전체의 평균점수가 다음 계산식에 따라 계산한 점수 이상인 사람. 이 경우 평균점수는 소수점 이하 둘째자리까지 계산한다.

제1호나목에 따른 합격자중 최종 순위자의 제2차 시험 전 과목 평균 점수	×	제2차 시험 전 과목 응시자의 별표2에 따른 회계학 1부·2부 과목의 평균점수
		제2차 시험 전 과목 응시자의 전 과목 평균점수

(2022.10.13 본항개정)

③ (2022.10.13 삭제)

(2011.9.16 본조개정)

제9조【합격자의 공고 및 통지】 기획재정부장관은 시험의 합격자가 결정되었을 때에는 이를 관보에 공고하고 합격자에게 통지하여야 한다.(2011.9.16 본조개정)

제10조 (2011.9.16 삭제)

제11조【자격증의 교부】 ① 기획재정부장관은 법 제3조에 따라 세무사의 자격을 가진 사람에게 세무사 자격증을 교부한다.

② 제1항에 따라 세무사 자격증을 교부받으려는 사람은 기획재정부령으로 정하는 바에 따라 자격증 교부신청서에 그 자격을 증명하는 서류를 첨부하여 기획재정부장관에게 제출하여야 한다.

(2011.9.16 본조개정)

제2장 등 록
(2011.9.16 본장개정)

제12조【등록】 ① 법 제6조제1항에서 "성명, 사무소명 및 해당 사무소 소재지, 「국세기본법」 제2조제17호에 따른 세무공무원 직에 있다가 퇴직한 자(이하 "공직퇴임세무사"라 한다)인지 여부, 자격증번호 등 대통령령으로 정하는 사항"이란 다음 각 호의 사항을 말한다.

1. 세무사의 성명 및 생년월일
2. 사무소명 및 사무소 소재지
3. 자격증번호
4. 시험 합격연도
5. 「국세기본법」 제2조제17호에 따른 세무공무원이었던 사람인지 여부

(2019.2.12 본항신설)

② 법 제6조제1항에 따라 세무사등록부에 등록하려는 사람은 기획재정부령으로 정하는 바에 따라 제1항 각 호의 사항이 포함된 등록신청서를 기획재정부장관에게 제출하여야 한다.(2019.2.12 본항개정)

③ 기획재정부장관은 제2항에 따른 등록신청을 받았을 때에는 법 제6조제3항 각 호의 어느 하나에 해당하는 경우를 제외하고는 지체 없이 세무사등록부에 등록하여야 한다.(2019.2.12 본항개정)

④ 기획재정부장관은 세무사등록부에 등록된 사람에게는 세무사등록증을 교부한다.

제12조의2【등록 갱신】 ① 법 제6조제2항에 따라 등록을 갱신하려는 사람은 등록 유효기간 만료 전 30일까지 세무사등록 갱신신청서에 세무사등록증 및 기획재정부령으로 정하는 서류를 첨부하여 기획재정부장관에게 제출하여야 한다.

② 기획재정부장관은 제1항에 따른 등록 갱신의 신청을 받았을 때에는 법 제6조제3항 각 호의 어느 하나에 해당하는 경우를 제외하고는 세무사등록부에 적고 세무사등록증을 갱신하여 교부한다.

③ 법 제6조제2항 후단에 따른 등록 갱신기간은 5년으로 로 한다.

제13조【세무사등록부】 ① 세무사등록부에는 다음 각 호의 사항을 적어야 한다.

1. 제12조제1항 각 호의 사항
2. 개업·휴업·폐업 및 등록취소에 관한 사항
3. 징계에 관한 사항

4. 그 밖에 기획재정부령으로 정하는 사항

② 세무사등록부는 기획재정부령으로 정한다.

(2019.2.12 본조개정)

제14조【등록사항 변경의 신고】 세무사는 법 제6조제5항에 따라 등록사항이 변경되었을 때에는 지체 없이 한국세무사회(「공인회계사법」 또는 「변호사법」에 따라 등록을 한 공인회계사 또는 변호사의 경우에는 그가 소속된 한국공인회계사회 또는 대한변호사협회를 말하며, 이하 "소속협회"라 한다)를 거쳐 기획재정부장관에게 신고하여야 한다.(2022.10.13 본조개정)

제2장의2 세무사의 권리·의무
(2019.2.12 본장신설)

제14조의2【업무실적 보고】 ① 법 제14조제1항에 따른 업무실적 내역서는 기획재정부령으로 정한다.

② 세무사는 제1항에 따른 업무실적 내역서를 법 제14조제1항에 따라 그 제출기한이 지난 날부터 5년간 사무소에 보관해야 한다. 다만, 「전자문서 및 전자거래 기본법」에 따라 전자문서로 작성한 경우에는 같은 법에 따라 보관할 수 있다.

제14조의3【수임제한 등이 적용되는 국가기관의 범위】 ① 법 제14조의3제1항 본문에 따라 수임제한이 적용되는 국가기관은 해당 세무사가 퇴직 1년 전부터 퇴직한 날까지 「국가공무원법」에 따른 국가공무원으로 근무한 모든 국가기관으로 한다.

② 다음 각 호의 각 국가기관은 이를 별도의 국가기관으로 보아 법 제14조의3제1항 본문을 적용한다.

1. 「정부조직법」 및 그 밖의 다른 법률에 따른 각 중앙행정기관
2. 제1호에 따른 중앙행정기관에 그 소속의 행정기관이 있는 경우에는 각각의 행정기관. 다만, 「국세청과 그 소속기관 직제」 제36조에 따라 세무서장 소속으로 지서를 두는 경우 그 세무서 및 소속 지서는 동일한 국가기관으로 본다.
3. 「법원조직법」 제3조에 따른 대법원, 고등법원, 특허법원, 지방법원, 가정법원, 행정법원, 회생법원, 지방법원 지원, 가정법원 지원, 가정지원, 시·군법원 및 「법원조직법」 제27조제4항에 따라 관할구역의 지방법원 소재지에서 사무를 처리하는 고등법원의 부. 다만, 「법원조직법」 제3조제2항 단서에 따라 지방법원 및 가정법원의 지원 2개를 합하여 1개의 지원으로 하는 경우 그 지방법원 및 가정법원의 지원은 동일한 국가기관으로 본다.
4. 「검찰청법」 제3조에 따른 대검찰청, 고등검찰청, 지방검찰청, 지방검찰청 지청 및 같은 법 제19조제2항에 따라 관할구역의 지방검찰청 소재지에서 사무를 처리하는 고등검찰청의 지부
5. 「군사법원법」 제6조제1항에 따른 지역군사법원
6. 「군사법원법」 제36조제2항에 따른 고등검찰부 및 보통검찰부
7. 「국가경찰과 자치경찰의 조직 및 운영에 관한 법률」 제12조 및 제13조에 따른 경찰청, 시·도경찰청 및 경찰서

③ 다음 각 호의 기관은 법 제14조의3제1항 본문을 적용할 때 수임제한이 적용되는 국가기관으로 보지 않는다.

1. 파견, 직무대리, 교육훈련, 휴직, 출산휴가 또는 징계 등으로 실제로 근무하지 않은 국가기관
2. 겸임발령 등으로 둘 이상의 기관에 소속된 경우 실제로 근무하지 않은 국가기관

3. 소속된 국가기관에서의 근무기간이 파견, 직무대리, 겸임발령 등으로 1개월 이하인 국가기관
(2022.10.13 본조신설)

제14조의4【수임제한이 적용되는 국가기관이 처리하는 사무의 범위】 법 제14조의3제1항 본문에 따른 국가기관이 처리하는 사무는 다음 각 호의 사무로 한다.
1. 조세에 관한 사무로서「국세기본법」제55조제1항에 따른 처분(같은 항 각 호의 처분을 포함한다) 및 그 처분에 대한 불복과 관련된 사무
2. 조세에 관한 사무로서「지방세기본법」제89조제1항에 따른 처분(같은 조 제2항제1호 단서 및 같은 항 제3호의 처분을 포함한다)에 대한 불복(심사청구 및 심판청구로 한정한다)과 관련된 사무
3. 조세에 관한 다음 각 목의 법률 및 그 시행을 위한 대통령령·부령·행정규칙에 대한 해석 사무
  가.「국세기본법」과 같은 법 제2조제2호에 따른 세법
  나.「지방세기본법」과 같은 법 제2조제1항제4호에 따른 지방세관계법
4.「개발이익 환수에 관한 법률」제26조에 따른 개발부담금에 관한 행정심판 관련 사무
5.「부동산 가격공시에 관한 법률」제18조제8항에 따라 준용되는 같은 법 제7조에 따른 공동주택가격의 공시에 대한 이의신청 관련 사무
6. 국가기관이 조세의 부과·징수 등을 위해 행하는 질문·검사·조사 사무
(2022.10.13 본조신설)

제14조의5【수임제한 등이 적용되지 않는 공익목적 수임의 범위】 법 제14조의3제1항 단서에 따른 공익목적의 수임은 다음 각 호의 어느 하나에 해당하는 세무대리의 수임으로 한다.
1.「국세기본법」제59조의2에 따른 국선대리인으로서의 세무대리
2. 무상 공익활동으로서 한국세무사회가 지정하는 세무대리
3. 제1호 및 제2호에 준하는 것으로서 기획재정부장관이 지정하는 세무대리
(2022.10.13 본조신설)

제2장의3 세무법인
(2011.9.16 본장개정)

제14조의6【세무법인의 등록】 ① 법 제16조의4제1항에 따라 세무법인의 등록을 하려는 자는 기획재정부령으로 정하는 세무법인 등록신청서에 다음 각 호의 서류를 첨부하여 기획재정부장관에게 제출하여야 한다.
1. 정관
2. 대표이사의 이력서
3. 이사 및 법 제16조의5제4항에 따른 소속세무사(이하 "소속세무사"라 한다)의 등록번호 및 등록일이 적힌 서류
4. 자본금의 납입을 증명하는 서류(현금출자의 경우「은행법」에 따른 은행이 발행한 자본금 납입증명서, 현물출자의 경우 그 이행을 증명하는 서류 및 공인된 감정기관의 감정평가서)
5. 주사무소와 분사무소(분사무소를 두는 경우만 해당한다)의 설치 예정지가 적힌 서류
② 기획재정부장관은 제1항에 따른 등록신청을 받았을 때에는 법 제16조의4제3항에 따라 등록을 거부하는 경우를 제외하고 기획재정부령으로 정하는 세무법인등록부에 등록하여야 한다.
③ 기획재정부장관은 제2항에 따라 세무법인등록부에

등록된 자에게 기획재정부령으로 정하는 세무법인등록증을 교부하여야 한다.

제14조의7【세무법인의 대표이사】 법 제16조의5제5항에 따라 세무법인에는 3명 이내의 대표이사를 두어야 한다.

제14조의8【손해배상준비금의 적립 등】 ① 세무법인은 법 제16조의7제1항에 따라 해당 사업연도 총매출액의 100분의 2에 해당하는 금액을 사업연도마다 손해배상준비금으로 적립하거나, 해당 세무법인에 대한 보상한도가 제1호의 금액에서 제2호의 금액을 뺀 금액 이상인 손해배상책임보험에 가입하여야 한다.
1. 해당 세무법인에 소속된 세무사의 수에 3천만원을 곱하여 산출한 금액
2. 해당 세무법인이 손해배상준비금으로 적립한 금액
② 세무법인은 제1항에 따른 손해배상준비금을 직전 2개 사업연도 및 해당 사업연도 총 매출액 평균의 100분의 10에 해당하는 금액이 될 때까지 적립하여야 한다.
③ 세무법인은 손해배상준비금의 사용으로 이사 또는 소속세무사를 포함한 직원에게 구상권을 행사한 경우 그 구상한 금액을 손해배상준비금에 계상(計上)하여야 한다.
④ 세무법인은 제1항에 따라 손해배상책임보험에 가입한 경우에는 증명서류를 갖추어 한국세무사회의 장에게 그 사실을 알려야 한다.(2014.2.21 본항개정)

제14조의9【다른 법인에의 출자 제한 등】 법 제16조의8제1항에 따라 세무법인이 다른 법인에 출자하거나 다른 사람을 위하여 채무를 보증한 금액의 합계액은 법 제16조의8제1항에 따른 자기자본(이하 이 조에서 "자기자본"이라 한다)의 100분의 25(다른 사람을 위한 채무보증액은 자기자본의 100분의 10)에 해당하는 금액을 초과해서는 아니 된다. 다만, 자기자본에서 손해배상준비금을 뺀 금액이 2억원을 초과하는 경우에는 그 초과금액의 100분의 50에 해당하는 금액의 범위에서 다른 법인에 출자할 수 있다.

제14조의10【분사무소】 법 제16조의10제1항에 따라 분사무소를 설치하는 세무법인은 분사무소마다 1명 이상의 이사인 세무사가 상근(常勤)하도록 하여야 한다.

제14조의11【예치금의 관리·운용】 ① 세무법인이 법 제16조의13제3항에 따라 한국세무사회에 손해배상준비금에 해당하는 금액(이하 이 조에서 "예치금"이라 한다)을 예치하는 경우에는 돌려받을 자(이하 이 조에서 "예치자"라 한다)를 지정하고 예치금임을 명시하여 예치하여야 한다.(2014.2.21 본항개정)
② 제1항에 따라 예치금을 예치하는 경우 예치자는 해산 당시의 각 사원으로 하며, 예치자별 예치금은 해산 당시 각 사원의 출자비율에 비례하여 각각 계산한다.
③ 한국세무사회는 예치금을 한국세무사회의 다른 재산과 구분하여 경리하고, 예치자별로 구분하여야 한다.(2014.2.21 본항개정)
④ 한국세무사회는 해산한 세무법인으로부터 손해를 입은 자가 손해배상의 확정판결이나 재판상 화해의 사유로 그 증명서류를 첨부하여 예치금 지급을 신청하는 경우 신청일부터 1개월 이내에 예치금의 한도에서 지급하여야 한다.(2014.2.21 본항개정)
⑤ 한국세무사회는 예치금을「은행법」에 따른 은행 등에 예탁하거나 국채, 공채 및 원리금 지급이 보증된 사채를 매입하는 방법 등으로 운용하여야 한다.(2014.2.21 본항개정)
⑥ 한국세무사회는 예치금의 실질잔액을 예치일부터 3년이 지난 날(이하 이 조에서 "반환일"이라 한다) 이후 예치자에게 돌려주어야 한다. 다만, 반환일 현재 손해배

상책임과 관련한 소송이 진행 중인 경우에는 해당 소송의 확정판결 또는 재판상 화해에 의한 예치금의 지급이 종료된 날 이후에 예치금의 실질잔액을 돌려주어야 한다.(2014.2.21 본문개정)

⑦ 제1항부터 제6항까지에서 규정한 사항 외에 예치금의 관리·운용에 필요한 사항은 한국세무사회가 정한다. (2014.2.21 본항개정)

제14조의12【세무법인 등록취소 등의 통보·공고 등】
① 기획재정부장관은 법 제16조의15제1항에 따라 등록취소 또는 업무정지를 명한 때에는 같은 조 제3항에 따라 다음 각 호의 사항을 해당 세무법인, 한국세무사회 및 국세청장에게 각각 통보해야 한다.
1. 등록취소 또는 업무정지 대상 세무법인의 명칭 및 주소
2. 등록취소 또는 업무정지의 내용 및 사유
3. 등록취소의 효력 발생일 또는 업무정지의 기간

② 기획재정부장관은 제1항에 따른 통보를 한 날부터 2주 이내에 그 내용을 관보 또는 인터넷 홈페이지에 공고해야 한다.

③ 한국세무사회는 법 제16조의15제4항에 따라 제1항에 따른 통보를 받은 날부터 2주 이내에 그 내용을 한국세무사회가 운영하는 인터넷 홈페이지에 다음 각 호의 구분에 따른 기간 동안 게재해야 한다. 이 경우 게재 기간의 계산은 「행정기본법」 제6조제2항 본문에 따른다.
1. 등록취소 : 3년
2. 업무정지 : 해당 업무정지 기간(업무정지 기간이 6개월 미만인 경우에는 6개월을 말한다)
(2022.10.13 본조신설)

제3장 세무사징계위원회
(2011.9.16 본장개정)

제15조【세무사징계위원회의 설치】 법 제17조에 따른 세무사의 징계에 관한 사항을 관장하게 하기 위하여 기획재정부에 세무사징계위원회(이하 "징계위원회"라 한다)를 둔다.

제16조【징계위원회의 구성】 ① 징계위원회는 위원장 및 부위원장 각 1명을 포함한 18명 이내의 위원으로 구성한다.(2022.10.13 본항개정)

② 징계위원회의 위원장은 내국세에 관한 업무를 관장하는 기획재정부의 고위공무원단에 속하는 일반직공무원 또는 별정직공무원 중에서, 부위원장은 기획재정부의 3급 공무원 또는 고위공무원단에 속하는 일반직공무원 중에서 기획재정부장관이 지명하는 사람이 된다.

③ 징계위원회의 위원은 다음 각 호의 사람으로 한다.
1. 법제처의 3급 공무원 또는 고위공무원단에 속하는 일반직공무원 중에서 기획재정부장관의 요청에 따라 법제처장이 지명하는 사람 1명
2. (2012.2.2 삭제)
3. 국세청의 3급 공무원 또는 고위공무원단에 속하는 일반직공무원 중에서 기획재정부장관의 요청에 따라 국세청장이 지명하는 사람 2명
4. 한국세무사회의 장이 지명하는 세무사 1명 (2014.2.21 본호개정)
5. 한국공인회계사회의 장이 지명하는 공인회계사 1명
6. 대한변호사협회의 장이 지명하는 변호사 1명 (2018.3.6 5호~6호개정)
7. 조세제도에 관한 학식과 경험이 풍부한 사람 중에서 기획재정부장관이 위촉하는 사람 10명(2022.10.13 본호개정)

④ 제3항제4호부터 제7호까지의 규정에 따른 위원의 임기는 2년으로 하되, 1차에 한하여 연임할 수 있다. (2018.3.6 본항개정)

제16조의2【위원의 해촉 등】 ① 제16조제3항제1호 및 제3호부터 제6호까지의 규정에 따라 위원을 지명한 자는 위원이 다음 각 호의 어느 하나에 해당하는 경우에는 그 지명을 철회할 수 있다.
1. 제1조의2제4항 각 호의 어느 하나에 해당하는 경우
2. 제21조의2제1항 각 호의 어느 하나에 해당하는데도 회피하지 않은 경우
(2019.2.12 1호~2호개정)

② 기획재정부장관은 제16조제3항제7호에 따른 위원이 제1항 각 호의 어느 하나에 해당하는 경우에는 해당 위원을 해촉할 수 있다.(2019.2.12 본항개정)

제17조【징계의 요구】 ① 기획재정부장관 또는 국세청장과 한국세무사회의 장, 한국공인회계사회의 장, 대한변호사협회의 장(이하 "소속협장"이라 한다)은 세무사에게 징계사유가 있다고 인정하는 경우에는 증거서류를 첨부하여 징계위원회에 해당 세무사의 징계를 요구할 수 있다. 이 경우 소속협장은 그 협회에 소속된 세무사에 대해서만 징계를 요구할 수 있다. (2018.3.6 전단개정)

② 제1항에 따라 징계를 요구하는 자가 징계위원회에 징계의 요구를 할 때에는 세무사 징계요구서 사본을 해당 세무사에게 보내야 한다.

제18조【징계 의결 기한 등】 ① 징계위원회는 징계 요구를 받은 날부터 120일 이내에 징계에 관한 의결을 하여야 한다. 다만, 부득이한 사유가 있는 경우에는 징계위원회의 의결로 60일의 범위에서 그 기간을 연장할 수 있다.

② 징계위원회는 징계 요구의 내용을 보정(補正)할 필요가 있다고 인정하는 경우에는 상당한 기간을 정하여 징계를 요구한 국세청장 또는 소속협장에게 보정을 요구할 수 있다.

③ 제2항에 따른 보정기간은 제1항에 따른 징계 의결 기한에 산입(算入)하지 아니한다.

④ 징계위원회의 위원장은 징계위원회를 소집하는 경우에는 그 소집일 7일 전까지 소집일시 등을 각 위원과 해당 세무사에게 통지하여야 한다.

제19조【의견의 진술 또는 심사자료의 제출】 징계위원회는 심사에 필요하다고 인정할 때에는 당사자·관계인 또는 관계기관에 의견의 진술 또는 심사자료의 제출을 요구할 수 있다.

제20조 (1990.5.7 삭제)

제21조【징계위원회의 회의】 ① 징계위원회의 회의는 다음 각 호의 위원으로 구성한다.
1. 제16조제2항에 따른 징계위원회의 위원장과 부위원장
2. 제16조제3항제1호 및 제3호부터 제6호까지의 규정에 따른 위원
3. 제16조제3항제7호에 따른 위원 중 징계위원회의 위원장이 회의마다 지정하는 5명의 위원
(2022.10.13 본항신설)

② 징계위원회의 위원장은 징계위원회 회의의 의장이 된다.

③ 징계위원회의 위원장이 부득이한 사유로 직무를 수행하지 못하는 경우에는 징계위원회의 부위원장이 그 직무를 대행한다.

④ 징계위원회의 회의는 제1항 각 호에 따른 위원 과반수의 출석으로 개의하고, 출석위원 과반수의 찬성으로 의결한다.(2022.10.13 본항개정)

제21조의2 【위원의 제척·기피·회피】 ① 징계위원회의 위원은 다음 각 호의 어느 하나에 해당하는 경우에는 해당 징계에 관한 심의·의결에서 제척(除斥)된다.
1. 위원 본인이 징계의결 대상 세무사인 경우
2. 위원이 징계의결 대상 세무사와 친족(배우자(사실상 혼인관계에 있는 자를 포함한다), 6촌 이내의 혈족 또는 4촌 이내의 인척을 말한다. 이하 이 호에서 같다]이거나 친족이었던 경우
3. 징계의결 대상 세무사가 위원이 속한 법인이나 사무소에 소속된 사람인 경우
② 징계의결 대상 세무사는 징계위원회의 위원에게 공정한 심의·의결을 기대하기 어려운 특별한 사정이 있으면 기피(忌避)하려는 해당 위원의 성명, 기피사유를 기재한 서면으로 징계위원회에 기피신청을 할 수 있다. 이 경우 징계위원회는 의결로 해당 위원의 기피 여부를 결정하여야 한다.
③ 위원이 제1항 또는 제2항의 사유에 해당하는 경우에는 스스로 징계 안건의 심의·의결을 회피(回避)할 수 있다.
(2012.2.2 본조신설)
제22조 【징계 의결의 통보·공고 등】 ① 기획재정부장관은 법 제17조제1항에 따라 징계를 명한 때에는 같은 조 제7항에 따라 다음 각 호의 사항을 해당 세무사, 소속협회 및 국세청장에게 각각 통보해야 한다.
1. 징계 대상 세무사의 성명·등록번호
2. 징계 대상 세무사가 소속된 법인·사무소 등의 명칭 및 주소
3. 징계의 내용 및 사유
4. 징계의 효력 발생일. 이 경우 징계의 종류가 직무정지인 경우에는 그 정지기간을 말한다.
② 기획재정부장관은 제1항에 따른 통보를 한 날부터 2주 이내에 그 내용을 관보 또는 인터넷 홈페이지에 공고해야 한다.
③ 소속협회는 법 제17조제8항에 따라 제1항에 따른 통보를 받은 날부터 2주 이내에 그 내용을 해당 협회가 운영하는 인터넷 홈페이지에 다음 각 호의 구분에 따른 기간 동안 게재해야 한다. 이 경우 게재 기간의 계산은 「행정기본법」 제6조제2항 본문에 따른다.
1. 등록취소 : 3년
2. 직무정지 : 해당 직무정지 기간(직무정지 기간이 6개월 미만인 경우에는 6개월을 말한다)
3. 과태료 : 6개월
4. 견책 : 3개월
(2022.10.13 본조개정)

제4장 한국세무사회
(2014.2.21 본장제목개정)

제23조 (2016.6.30 삭제)
제24조 【회칙】 한국세무사회의 회칙에는 다음 각 호의 사항이 포함되어야 한다.(2014.2.21 본문개정)
1. 한국세무사회의 명칭 및 그 소재지(2014.2.21 본호개정)
2. 회장, 부회장, 그 밖의 임원의 선임(選任) 및 직무에 관한 규정
3. 가입 및 탈퇴에 관한 규정(2021.1.5 본호개정)
4. 회의에 관한 규정
5. 회원의 직무에 관한 규정
6. 건의 및 응답에 관한 규정
7. 징계에 관한 규정
8. 회비에 관한 규정
9. 회계 및 자산에 관한 규정
10. 공제사업 등 손해배상책임의 보장에 관한 규정
(2011.9.16 본조개정)

제25조 【회칙 개정의 승인】 한국세무사회 회칙을 개정하려는 경우에는 총회의 의결을 거친 후 기획재정부장관의 승인을 받아야 한다.(2014.2.21 본조개정)
제26조 【임원】 한국세무사회에 임원으로 회장 1명, 부회장 및 그 밖의 임원 몇 명을 둔다.(2014.2.21 본조개정)
제27조 【정기총회와 임시총회】 ① 한국세무사회는 매년 정기총회를 열고, 필요하다고 인정할 때에는 임시총회를 열 수 있다.(2014.2.21 본항개정)
② 임시총회는 회장 단독으로 또는 회칙에서 정한 수 이상의 회원의 청구에 따라 회장이 소집한다.
(2011.9.16 본조개정)
제28조 【총회의 개최 장소와 의제 등의 보고】 한국세무사회는 총회의 일시·장소와 의제를 미리 기획재정부장관에게 보고하여야 한다. 다만, 기획재정부장관이 인정하는 경우에는 그 보고를 생략할 수 있다.
(2016.6.30 단서신설)
제29조 (2000.8.5 삭제)
제30조 【감독】 기획재정부장관은 필요하다고 인정할 때에는 한국세무사회에 대하여 보고서의 제출을 요구하거나, 소속 공무원으로 하여금 한국세무사회의 업무 등에 관한 검사를 하게 할 수 있다.(2014.2.21 본조개정)

제4장의2 외국세무자문사 및 외국세무법인
(2011.6.30 본장신설)

제30조의2 【원자격국】 법 제19조의2제6호 본문에서 "대통령령으로 정하는 국가"란 대한민국과 법 제19조의7에 따른 외국세무업무에 관한 자유무역협정을 체결한 국가(국가연합, 경제공동체 등 국가의 연합체를 포함한다)를 말한다.
제30조의3 【세무전문가의 범위】 법 제19조의3제4항에 따른 원자격국의 세무전문가는 원자격국의 법령에 따라 법 제2조에 따른 업무와 상응하는 업무를 수행할 수 있는 자격을 가진 사람으로 등록된 사람으로 한다.
제30조의4 【외국세무자문사의 등록】 ① 법 제19조의5제1항에 따라 외국세무자문사등록부에 등록하려는 사람은 등록신청서에 이력서 등 기획재정부령으로 정하는 서류를 첨부하여 기획재정부장관에게 제출하여야 한다.
② 기획재정부장관은 제1항에 따른 등록신청이 있는 경우에는 법 제19조의6제1항 각 호의 어느 하나에 해당하는 경우를 제외하고는 지체 없이 외국세무자문사등록부에 등록하여야 한다.
③ 기획재정부장관은 제2항에 따라 외국세무자문사등록부에 등록된 사람에게 기획재정부령으로 정하는 외국세무자문사등록증을 발급하여야 한다.
제30조의5 【외국세무자문사의 등록갱신】 ① 법 제19조의14에서 준용하는 법 제6조제2항에 따라 등록을 갱신하려는 사람은 등록유효기간 만료 전 30일까지 외국세무자문사등록신청서에 외국세무자문사등록증 등 기획재정부령으로 정하는 서류를 첨부하여 기획재정부장관에게 제출하여야 한다.
② 기획재정부장관은 제1항에 따른 등록갱신의 신청이 있는 경우에는 법 제19조의6제1항 각 호의 어느 하나에 해당하는 경우를 제외하고는 외국세무자문사등록부에 적고 외국세무자문사등록증을 갱신하여 발급한다.
③ 법 제19조의14에서 준용하는 법 제6조제2항에 따른 등록갱신기간은 5년으로 한다.
제30조의6 【외국세무자문사등록부】 법 제19조의5제1항에 따른 외국세무자문사등록부에는 외국세무자문사의 성명, 생년월일, 사무소의 소재지, 원자격국 및 그 밖에 기획재정부령으로 정하는 사항을 적어야 한다.

제30조의7【등록사항 변경의 신고】외국세무자문사는 제30조의4에 따른 등록사항에 변경이 있을 때에는 지체 없이 한국세무사회를 거쳐 기획재정부장관에게 신고하여야 한다.(2014.2.21 본조개정)
제30조의8【업무범위】법 제19조의7제2호에서 "대통령령으로 정하는 국제조세에 관한 상담 또는 자문"이란 「국제조세조정에 관한 법률」 제2조제1항제1호에 따른 국제거래로 인하여 발생하는 조세와 관련된 사항에 관한 상담 또는 자문으로서 다음 각 호의 어느 하나에 해당하는 것을 말한다.
1. 이중과세를 방지하기 위하여 체결하는 조세조약에 관한 상담 또는 자문
2. 원자격국과 관련된 조세회피 및 탈세를 규제하기 위한 이전가격세제, 과소자본세제, 조세피난처세제, 조세조약을 이용한 조세회피 방지세제 및 이와 관련된 국가간 조세행정 협조에 관한 상담 또는 자문
3. 국가간 조세정보 교환협정에 따른 협조에 관한 상담 또는 자문
제30조의9【법인 외국세무자문사무소의 등록요건】법 제19조의9제1항에 따른 등록을 하려는 법인 외국세무자문사무소는 다음 각 호의 요건을 모두 갖추어야 한다.
1. 외국세무법인의 결정으로 대한민국에 법인 외국세무자문사무소를 설치할 것
2. 5명 이상의 외국세무자문사를 두되, 그 중 3명 이상은 외국세무법인 소속일 것
3. 제2호에 따른 외국세무자문사는 법 제19조의14에 따라 준용되는 법 제17조에 따라 직무정지 명령을 받은 후 그 직무정지 기간 중에 있지 아니할 것
4. 3명 이내의 대표자를 둘 것
5. 법 제19조의10 각 호의 어느 하나에 해당하지 아니할 것
제30조의10【법인 외국세무자문사무소의 등록절차】① 법 제19조의9제1항에 따라 법인 외국세무자문사무소를 등록하려는 외국세무법인은 기획재정부령으로 정하는 등록신청서에 다음 각 호의 서류를 첨부하여 기획재정부장관에게 제출하여야 한다.
1. 외국세무법인의 정관
2. 법인 외국세무자문사무소 대표자의 이력서
3. 외국세무자문사의 등록번호 및 등록일자를 적은 서류
4. 제30조의9 각 호의 요건을 갖추었음을 증명하는 서류
5. 그 밖에 등록에 필요한 서류로서 기획재정부령으로 정하는 서류
② 기획재정부장관은 제1항에 따른 등록신청이 있는 경우에는 법 제19조의10 각 호의 어느 하나에 해당하거나 제30조의9 각 호의 요건을 갖추지 못한 경우를 제외하고는 지체 없이 법인 외국세무자문사무소등록부에 등록하여야 한다.
③ 기획재정부장관은 제2항에 따라 법인 외국세무자문사무소등록부에 등록된 자에게 기획재정부령으로 정하는 법인 외국세무자문사무소등록증을 발급하여야 한다.
제30조의11【등록사항 변경의 신고】법인 외국세무자문사무소를 등록한 자는 제30조의10에 따른 등록사항에 변경이 있을 때에는 지체 없이 한국세무사회를 거쳐 기획재정부장관에게 신고하여야 한다.
(2014.2.21 본조개정)

제5장 보 칙
(2011.9.16 본장개정)

제31조【기명날인】세무사는 법 제9조에 따라 기명날인할 때에는 세무사임을 명확하게 적어야 한다.

제32조 (1990.5.7 삭제)
제32조의2~제32조의5 (2002.12.30 삭제)
제33조 (2016.6.30 삭제)
제33조의2 → 제35조로 이동
제33조의3 (2000.8.5 삭제)
제33조의4【손해배상책임의 보장】① 법 제6조에 따라 등록한 세무사(「공인회계사법」 제7조에 따라 등록한 공인회계사는 제외한다)는 등록 후 15일 이내에 다음 각 호의 어느 하나에 해당하는 방법으로 세무사 1명당 3천만원 이상에 상당하는 손해배상책임 보장조치를 하고, 그 증명서류를 갖추어 한국세무사회의 장에게 신고하여야 한다.(2014.2.21 본문개정)
1. 보험에의 가입
2. 한국세무사회가 법 제16조의2에 따른 손해배상책임을 보장하기 위하여 운영하는 공제사업에의 가입 (2014.2.21 본호개정)
3. 세무사사무소 소재지를 관할하는 공탁기관에의 현금 또는 국채·공채의 공탁
② 제1항에 따라 손해배상책임 보장조치를 한 세무사가 다음 각 호의 사유로 다시 보증을 설정하려는 경우에는 해당 호에 규정된 날까지 다시 보증을 설정하고 그 증명서류를 갖추어 한국세무사회의 장에게 신고하여야 한다.(2014.2.21 본항개정)
1. 보증기간이 만료되는 경우 : 해당 보증기간 만료일까지
2. 손해배상을 한 경우 : 손해배상을 한 날부터 15일 이내
③ 한국세무사회는 제1항제2호에 따른 공제사업을 하려는 경우에는 공제규정을 정하여 기획재정부장관의 승인을 받아야 한다. 공제규정을 변경하려는 경우에도 또한 같다.(2014.2.21 전단개정)
④ 제1항부터 제3항까지에서 규정한 사항 외에 손해배상책임의 보장에 필요한 사항은 기획재정부령으로 정한다.
제33조의5【세무대리업무등록 등】법 제20조의2제1항에 따른 세무대리업무등록, 세무대리업무등록 갱신 및 등록사항 변경신고 등에 대해서는 제12조, 제12조의2, 제13조 및 제14조를 준용한다. 이 경우 "세무사등록부"는 "세무대리업무등록부"로, "세무사등록 갱신신청서"는 "세무대리업무등록 갱신신청서"로, "세무사등록증"은 "세무대리업무등록증"으로, "세무사"는 "공인회계사 또는 변호사"로 본다.(2022.10.13 후단개정)
제33조의6【변호사의 실무교육】① 법 제20조의2제3항에 따른 실무교육(이하 "변호사실무교육"이라 한다)은 대한변호사협회에서 실시한다.
② 변호사실무교육의 과목은 세법, 회계, 세무조정, 그 밖에 세무대리에 필요한 과목으로 하며, 그 세부내용은 대한변호사협회의 장이 국세청장의 승인을 받아 정한다.
③ 변호사실무교육은 연 1회 이상 실시하며, 그 시기와 장소는 대한변호사협회의 장이 국세청장의 승인을 받아 정한다. 다만, 실무교육 신청자가 10명 미만인 경우에는 그 실시 시기를 다음 해로 연기할 수 있다.
④ 변호사실무교육 기간은 1개월로 한다.
⑤ 대한변호사협회의 장은 변호사실무교육 실시 30일 전까지 그 사실을 일간신문 및 대한변호사협회 홈페이지에 공고하여야 한다.
⑥ 변호사실무교육을 받으려는 사람은 교육 실시 10일 전까지 대한변호사협회의 장에게 신청해야 한다.
⑦ 대한변호사협회의 장은 변호사실무교육 종료 후 지체 없이 교육수료자 명단을 국세청장에게 제출해야 한다. (2022.10.13 본조신설)
제34조【수당 지급】위원회 및 징계위원회에 출석한 위원과 세무사 자격시험의 출제위원, 채점위원 및 시험감독관에게는 예산의 범위에서 수당을 지급할 수 있다.

제34조의2 【위임 및 위탁】 ① 법 제20조의3제1항에 따라 다음 각 호의 사항에 관한 기획재정부장관의 권한은 국세청장에게 위임한다. 다만, 법 제20조의3제3항 각 호에 해당하는 자에 대한 제2호 및 제3호의 권한은 제외한다.(2014.2.21 단서개정)

1. 법 제5조의3에 따른 시험의 무효 및 시험응시자격 정지
2. 법 제7조에 따른 등록의 취소
3. 법 제8조에 따른 등록 또는 등록취소의 통지(법 제17조제2항제1호에 따른 등록취소의 통지는 제외한다)
4. 법 제13조제3항에 따른 신고의 접수
5. 법 제16조의6제4항에 따른 세무법인에 대한 보전명령 및 증자명령
6. 법 제16조의7제2항에 따른 손해배상준비금의 용도 외 사용 승인
7. 법 제16조의13제2항에 따른 세무법인 해산 사유 통보서의 접수
8. 법 제16조의14에 따른 세무법인 정관변경 신고서의 접수
9. 법 제17조제5항에 따른 과태료의 징수
10. 법 제18조의2제3항에 따른 회원에 대한 연수 및 감독에 필요한 사항의 승인
11. 제2조에 따른 제2차 시험 최소 합격인원의 결정
12. 제8조제2항 및 제3항에 따른 합격자의 결정
13. 제11조제2항에 따른 자격증 교부신청서의 접수
14. 제12조에 따른 등록신청서의 접수, 등록 및 등록증의 교부
15. 제12조의2에 따른 세무사등록 갱신신청서의 접수, 갱신 및 등록증의 교부
16. 제14조에 따른 등록사항 변경신고서의 접수
17. 제14조의6에 따른 세무법인 등록신청서의 접수, 등록 및 등록증의 교부(2023.6.27 본호개정)
18. 법 제19조의3에 따른 외국세무자문사 자격승인 신청서의 접수 및 자격승인
19. 법 제19조의4에 따른 외국세무자문사 자격증의 교부
20. 법 제19조의5 및 제19조의6에 따른 외국세무자문사의 등록 및 등록의 취소
21. 법 제19조의9 및 제19조의10에 따른 법인 외국세무자문사무소의 등록 및 등록의 취소
22. 법 제19조의12제3항 및 제4항에 따른 신고의 접수
23. 제33조의5에 따른 세무대리업무등록, 세무대리업무 등록 갱신, 등록사항 변경신고 및 등록증의 교부 등에 관한 사항

② 법 제20조의3제2항에 따라 기획재정부장관의 업무 중 세무사 자격시험의 시행에 관한 별표4의 업무는 「한국산업인력공단법」에 따른 한국산업인력공단의 이사장에게 위탁한다.
③ 기획재정부장관은 법 제20조의3제3항에 따라 같은 항 각 호에 해당하는 자에 대한 법 제6조부터 제8조까지의 규정에 따른 세무사등록에 관한 업무를 한국세무사회에 위탁한다.(2014.2.21 본항개정)

제34조의3 【고유식별정보의 처리】 기획재정부장관(제34조의2에 따라 기획재정부장관의 권한을 위임·위탁받은 자를 포함한다)은 다음 각 호의 사무를 수행하기 위하여 불가피한 경우 「개인정보 보호법 시행령」 제19조에 따른 주민등록번호 또는 여권번호가 포함된 자료를 처리할 수 있다.

1. 법 제3조에 따른 세무사의 자격에 관한 사무
2. 법 제5조에 따른 세무사 자격시험에 관한 사무
3. 법 제5조의2에 따른 시험의 일부 면제에 관한 사무
4. 법 제6조에 따른 세무사 등록 등에 관한 사무
5. 법 제20조의2에 따른 세무대리업무 등록에 관한 사무
(2017.3.27 본조신설)

제35조 【세무대리업무의 전업】 ① 법률 제7032호 세무사법중개정법률 부칙 제2조제2항 단서에서 "대통령령이 정하는 기준에 의하여 전업으로 하는 경우"란 다음 각 호의 경우를 말한다.

1. 공인회계사 또는 변호사가 전년도 12월 31일부터 소급하여 1년간(신규로 공인회계사 또는 변호사의 직무를 개시한 경우에는 그 직무개시일이 속하는 해의 다음 해 1월 1일부터 1년간) 세무대리업무만을 한 경우
2. 전년도 12월 31일부터 소급하여 2년간(신규로 공인회계사 또는 변호사의 직무를 개시한 경우에는 그 직무개시일이 속하는 해의 다음 해 1월 1일부터 2년간)의 공인회계사 또는 변호사의 직무로 인한 수입금액과 세무대리업무로 인한 수입금액의 합계액 중 세무대리업무로 인한 수입금액이 차지하는 비율이 100분의 90 이상인 경우

② 「공인회계사법」에 따라 설립된 회계법인에 소속된 공인회계사 또는 「변호사법」에 따라 설립된 법무법인·법무법인(유한)·법무조합 및 공증인가합동법률사무소에 소속된 변호사가 그 회계법인·법무법인·법무법인(유한)·법무조합 또는 공증인가합동법률사무소에서 세무대리업무를 주로 또는 전담하여 수행하는 경우에는 제1항에 따른 세무대리업무의 전업의 경우로 보지 아니한다.
③ 법률 제7032호 세무사법중개정법률 부칙 제2조제2항 단서가 적용되거나 적용되지 아니하게 되는 기간은 「부가가치세법」 제49조에 따라 공인회계사 또는 변호사가 제2기분 과세표준을 확정신고하여야 할 날이 속하는 해의 4월 1일부터 1년으로 한다.
(2013.6.28 본항개정)

부 칙 (2018.3.6)

제1조 【시행일】 이 영은 공포한 날부터 시행한다.
제2조 【징계위원회의 구성에 관한 적용례】 ① 제16조제3항제5호부터 제7호까지의 개정규정은 이 영 시행 이후 개최하는 징계위원회부터 적용한다.
② 제16조제4항의 개정규정에 따른 징계위원회 위원의 연임 제한은 이 영 시행 이후 위원을 위촉하는 경우부터 적용한다. 이 경우 연임 횟수는 이 영 시행 전에 위원으로 위촉되어 개시된 임기를 제외하고 계산한다.
제3조 【징계의 요구에 관한 적용례】 제17조제1항의 개정규정은 이 영 시행 이후 징계를 요구하는 경우부터 적용한다.

부 칙 (2019.2.12)

이 영은 공포한 날부터 시행한다. 다만, 제14조의2의 개정규정은 2019년 7월 1일부터 시행한다.

부 칙 (2021.1.5)

이 영은 공포한 날부터 시행한다.(이하 생략)

부 칙 (2022.10.13)

제1조 【시행일】 이 영은 공포한 날부터 시행한다. 다만, 제14조의3부터 제14조의5까지의 개정규정은 2022년 11월 24일부터 시행한다.
제2조 【변호사실무교육의 공고 및 신청에 관한 특례】 ① 이 영 시행 이후 2022년에 실시하는 변호사실무교육

의 공고는 제33조의6제5항의 개정규정에도 불구하고 해당 교육 실시 10일 전까지 할 수 있다.
② 제1항에 따른 변호사실무교육을 받으려는 사람은 제33조의6제6항의 개정규정에도 불구하고 해당 교육 실시 5일 전까지 신청할 수 있다.

　　　부　칙 (2023.6.27)

제1조【시행일】 이 영은 2024년 1월 1일부터 시행한다.
제2조【영어과목을 대체하는 영어시험 성적에 관한 적용례】 제1조의4제3항의 개정규정은 토익 등 영어시험의 시행기관에서 정한 영어시험 성적의 유효기간이 이 영 시행 이후 만료하는 성적으로서 이 영 시행 전에 제4조제2항에 따른 공고에서 정하는 방법에 따라 확인된 성적부터 적용한다.

〔별표1〕

제1차 시험 과목(제1조의4제2항 관련)

(2014.2.21 개정)

과 목	출 제 범 위
1. 재정학	
2. 회계학개론	
3. 세법학개론	가.「국세기본법」 나.「국세징수법」 다.「조세범처벌법」 라.「소득세법」 마.「법인세법」 바.「부가가치세법」 사.「국제조세조정에 관한 법률」
4. (2014.2.21 삭제)	
5. 상법·민법·행정소송법 중 택 1	가.「상법」(회사편) 나.「민법」(총칙) 다.「행정소송법」,「민사소송법」준용규정 포함)
6. 영어	

〔별표2〕

제2차 시험 과목(제1조의4제2항 관련)

(2017.3.27 개정)

과 목	출 제 범 위
1. 세법학 1부	가.「국세기본법」 나.「소득세법」 다.「법인세법」 라.「상속세 및 증여세법」
2. 세법학 2부	가.「부가가치세법」 나.「개별소비세법」 다.「지방세법」·「지방세기본법」·「지방세징수법」및「지방세특례제한법」중 취득세·재산세 및 등록에 대한 등록면허세 라.「조세특례제한법」
3. 회계학 1부	가. 재무회계 나. 원가관리회계
4. 회계학 2부	세무회계

〔별표3〕

영어시험의 종류 및 합격에 필요한 점수

(제1조의4제4항 관련)

(2023.6.27 개정)

구 분	시험의 내용	합격에 필요한 점수	
		일반 응시자	청각장애 응시자
토플 (TOEFL)	아메리카합중국 이.티.에스.(ETS : Educational Testing Service)에서 시행하는 시험(Test of English as a Foreign Language)으로서 그 실시방식에 따라 PBT(Paper Based Test)와 IBT(Internet Based Test)로 구분한다.	PBT : 530점 이상 IBT : 71점 이상	PBT : 352점 이상 IBT : 35점 이상
토익 (TOEIC)	아메리카합중국 이.티.에스.(E.T.S. : Educational Testing Service)에서 시행하는 시험(Test of English for International Communication)을 말한다.	700점 이상	350점 이상
텝스 (TEPS)	서울대학교 영어능력검정시험(Test of English Proficiency developed by Seoul National University)을 말한다.	340점 이상	204점 이상
지텔프 (G-TELP)	아메리카합중국 국제테스트 연구원(ITSC : International Testing Services Center)에서 시행하는 시험(General Test of English Language Proficiency) 중 레벨(Level) 2 시험을 말한다.	65점 이상	43점 이상
플렉스 (FLEX)	한국외국어대학교 어학능력검정시험(Foreign Language Examination)을 말한다.	625점 이상	375점 이상

비고
1. 이 표에서 "청각장애 응시자"란 「장애인복지법 시행령」 제2조제2항에 따른 장애의 정도가 심한 청각장애(두 귀의 청력을 각각 80데시벨 이상 잃은 경우를 말한다. 이하 같다)가 있는 응시자를 말한다.
2. 청각장애 응시자의 합격에 필요한 점수는 해당 영어시험에서 듣기 부분을 제외한 나머지 부분에서 취득한 점수를 말한다.
3. 청각장애 응시자의 합격에 필요한 점수를 적용받으려는 사람은 해당 영어시험의 원서접수 마감일까지 장애의 정도가 심한 청각장애가 있어 「장애인복지법」 제32조에 따라 장애인으로 유효하게 등록되어 있어야 하며, 세무사 제1차 시험 응시원서 접수 마감일부터 4일 이내에 같은 조 제1항에 따른 장애인등록증의 사본을 세무사 자격시험 시행기관에 제출해야 한다.

한국산업인력공단 이사장에게 위탁하는 업무의 범위

(제34조의2제2항 관련)

(2011.9.16 개정)

업 무 범 위	세 부 업 무
1. 제4조에 따른 시험의 시행 및 공고에 관한 업무	시험 시행계획 공고, 시험출제위원 위촉·관리, 시험문제 출제·선정·편집·인쇄, 시험장소 선정, 답안지 및 시험문제지 운송·인계, 시험 시행(감독자 선정 및 감독), 시험일부 면제대상자 해당여부 판단, 시험채점, 이의신청 접수 및 정답 확정 발표 등
2. 제5조에 따른 응시원서에 관한 업무	응시원서 교부 및 접수 등
3. 제6조에 따른 응시수수료 수납에 관한 업무	응시수수료 수납 및 환불 등
4. 제8조제1항에 따른 제1차 시험 합격자 결정에 관한 업무	제1차 시험 합격자 결정 등
5. 제9조에 따른 합격자 공고 및 통지에 관한 업무	합격예정자 명부작성, 합격통지, 합격자 발표(공고), 자격증 신청안내 등
6. 법 제5조의3에 따른 부정행위자에 대한 제재에 관한 업무	해당 시험의 정지

세무사법 시행규칙

(1990년 5월 31일)
(전개재무부령 제1826호)

개정
1994. 3.25재무부령 1969호 1998. 2. 2총리령 681호
2000. 2.26재정경제부령 123호 2000. 8.30재정경제부령 163호
2003. 3. 5재정경제부령 303호 2004. 4.10재정경제부령 378호
2005. 2.21재정경제부령 415호
2006. 7. 5재정경제부령 512호(행정정보이용감축개정령)
2009. 4.21기획재정부령 73호 2010. 7.23기획재정부령 162호
2011. 6.30기획재정부령 220호 2012. 3. 9기획재정부령 275호
2013.12.27기획재정부령 388호(행정 규제 재 검 토에 따른일부개정령)
2016. 3. 9기획재정부령 550호 2017. 3.10기획재정부령 602호
2019. 3.20기획재정부령 720호 2020. 4. 7기획재정부령 788호
2021.10.28기획재정부령 867호(법령용어정비)
2023. 7. 4기획재정부령1005호

제1조【목적】 이 규칙은「세무사법」및 동법 시행령에서 위임된 사항과 그 시행에 관하여 필요한 사항을 규정함을 목적으로 한다.(2005.2.21 본조개정)

제2조【세무사자격심의위원회의 회의】 ①「세무사법」(이하 "법"이라 한다) 제3조의2제1항의 규정에 의한 세무사자격심의위원회는 회의를 개최한 때에는 의사록을 작성하여야 한다.(2005.2.21 본항개정)

② 제1항에 따른 의사록은 국세청장이 국세청 소속공무원중에서 임명하는 간사가 이를 작성하며, 다음 각 호의 사항을 기재해야 한다.(2021.10.28 본문개정)

1. 회의의 일시 및 장소
2. 출석위원의 성명
3. 회의에 부치는 사항(2021.10.28 본호개정)
4. 의결사항

제2조의2【경력증명서의 발급신청】「세무사법 시행령」(이하 "영"이라 한다) 제1조의5제4항의 규정에 의한 경력증명서의 발급신청은 별지 제1호서식에 의한다.(2005.2.21 본조개정)

제3조【응시원서】 ① 법 제5조에 따른 세무사자격시험(이하 "시험"이라 한다)에 응시하려는 자는 별지 제2호서식의 응시원서를 영 제34조의2제2항에 따라 시험의 시행에 관한 업무를 위탁받은 기관의 장(이하 "시험시행기관장"이라 한다)에게 제출(정보통신망에 의한 제출을 포함한다)하여야 한다.(2017.3.10 본항개정)

② 제1항의 규정에 의하여 제출된 서류는 이를 반환하지 아니한다.

제4조【응시수수료】 영 제6조제1항에서 "기획재정부령으로 정하는 금액"이란 다음 각 호의 구분에 따른 금액을 말한다.(2023.7.4 본문개정)

1. 제1차 시험 : 3만원(2023.7.4 본호신설)
2. 제2차 시험 : 3만원(2023.7.4 본호신설)

제5조【응시원서의 접수】 ① 시험시행기관장은 제3조에 따라 응시원서를 접수하면 별지 제2호서식 하단의 세무사자격시험응시표를 교부하여야 한다.

② (2009.4.21 삭제)

③ 시험시행기관장은 별지 제4호서식의 세무사자격시험응시자명부를 작성하여야 한다.(2009.4.21 본조개정)

제6조【합격자명부 등】 ① 시험시행기관장은 별지 제5호서식의 세무사자격시험합격자명부를 작성하여 합격발표일 7일전까지 기획재정부장관과 국세청장에게 제출하여야 한다.

② 시험시행기관장은 시험의 합격자에게 별지 제6호서식의 세무사자격시험합격통지서를 교부하고, 그 사실을 제1항에 따라 제출하는 세무사자격시험합격자명부에 적어야 한다.(2009.4.21 본조개정)

제7조【세무사자격증의 교부】① 영 제11조제2항의 규정에 의하여 세무사자격증을 교부받고자 하는 자는 별지 제7호서식의 세무사자격증교부신청서에 다음 각 호에 따른 서류를 첨부하여 국세청장에게 제출하여야 한다.(2000.8.30 본문개정)
1. (1994.3.25 삭제)
2. (2000.8.30 삭제)
3. 공인회계사
　합격증사본 또는 공인회계사등록증 사본 1부
4. 변호사
　변호사등록증명서 1부
(1994.3.25 본항개정)
② 기획재정부장관은 제1항에 따라 세무사자격증의 교부신청을 한 자가 세무사의 자격이 있다고 확인될 때에는 별지 제8호서식의 세무사자격증을 교부하여야 하며, 그 사실을 별지 제9호서식의 세무사자격증교부대장에 적어야 한다.(2009.4.21 본항개정)
제8조【세무사등록】① 영 제12조제2항에 따라 세무사등록을 하려는 사람은 별지 제10호서식의 세무사등록신청서에 다음 각 호의 서류를 첨부하여 한국세무사회의 장에게 제출하여야 한다.(2019.3.20 본문개정)
1. (1994.3.25 삭제)
2. 이력서 1부
3. 실무교육수료증명서 1부(법 제12조의6제1항에 해당되는 사람 및 법률 제7032호 세무사법중개정법률 부칙 제4조의 적용을 받는 사람만 해당한다)(2019.3.20 본호개정)
4. 사진(3.5cm × 4.5cm) 2장(2017.3.10 본호개정)
② 영 제12조제4항 및 제12조의2제2항에 따른 세무사등록증은 별지 제11호서식과 같다.(2019.3.20 본항개정)
제9조【세무사등록의 갱신】① 영 제12조의2제1항에 따라 세무사등록을 갱신하려는 사람은 별지 제12호서식의 세무사등록갱신신청서에 다음 각 호의 서류를 첨부하여 한국세무사회의 장에게 제출하여야 한다.(2017.3.10 본문개정)
1. 세무사등록증
2. (1994.3.25 삭제)
3. 소속협회 회원증명서 1부
4. 사진(3.5cm × 4.5cm) 1장(2017.3.10 본호개정)
제10조【세무사등록부】① 영 제13조제1항제4호에서 "기획재정부령으로 정하는 사항"이란 다음 각 호와 같다.
1. 자격사유 및 자격증 발급일자
2. 학력 및 경력
3. 등록일 및 갱신등록일
4. 그 밖의 사항
② 영 제13조제2항에 따른 세무사등록부는 별지 제13호서식과 같다.
(2019.3.20 본조개정)
제11조【등록사항변경신고】영 제14조의 규정에 의한 세무사등록사항변경신고는 별지 제14호서식의 신고서에 의한다.
제12조【세무사의 실무교육】① 법 제12조의6제1항에 따른 실무교육(이하 "실무교육"이라 한다)은 한국세무사회에서 실시한다.(2017.3.10 본항개정)
② 실무교육의 기간은 6월로 한다. 다만, 법 제5조의2의 규정에 의하여 세무사자격시험에 합격한 자와 법률 제7032호 세무사법중개정법률 부칙 제4조의 적용을 받는 자에 대하여는 그 실무교육기간을 1월로 한다.
③ 실무교육의 횟수·시기·내용 등은 한국세무사회의 장이 국세청장의 승인을 얻어 정한다.
(2017.3.10 본항개정)
④ 한국세무사회의 장은 실무교육실시 30일전까지 그 사실을 일간신문에 공고하여야 한다. 다만, 제2항 단서에 해당하는 자에 대하여는 1년간의 실무교육 실시계획을 한국세무사회의 홈페이지에 게시하는 것으로 공고에 갈음할 수 있다.(2017.3.10 본항개정)
⑤ 실무교육을 받고자 하는 자는 교육실시 10일전까지 한국세무사회의 장에게 신청하여야 한다.(2017.3.10 본항개정)
⑥ 제2항 단서의 규정을 적용받는 실무교육의 신청자가 30인 미만인 경우에는 그 실무교육의 실시시기를 다음 분기 또는 반기까지 연기할 수 있다.
⑦ 한국세무사회의 장은 실무교육 종료후 지체없이 실무교육수료자 명단을 국세청장에게 제출하여야 한다.(2017.3.10 본항개정)
(2004.4.10 본조개정)
제13조【업무실적 내역서】영 제14조의2제1항에 따른 업무실적 내역서는 별지 제14호의2서식과 같다.
(2019.3.20 본조신설)
제13조의2【세무법인등록신청서】영 제14조의3제1항에 따른 세무법인등록신청서는 별지 제14호의3서식과 같다.(2019.3.20 본조개정)
제13조의3【세무법인등록부 등】① 영 제14조의3제2항에 따른 세무법인등록부는 별지 제14호의4서식과 같다.
② 영 제14조의3제3항에 따른 세무법인등록증은 별지 제14호의5서식과 같다.
(2019.3.20 본조개정)
제13조의4【세무법인 해산사유의 통보】법 제16조의13제2항의 규정에 의하여 세무법인이 해산사유 발생사실을 통보하고자 하는 경우에는 별지 제14호의6서식의 통보서에 다음 각호의 서류를 첨부하여 국세청장에게 제출하여야 한다.(2019.3.20 본문개정)
1. 사원총회의사록 사본 1부
2. 법 제16조의13제3항에 따라 한국세무사회에 손해배상준비금을 예치한 사실을 증명하는 서류 1부(합병의 사유로 해산하는 경우를 제외한다)(2017.3.10 본호개정)
(2003.3.5 본조신설)
제13조의5【세무법인의 정관변경신고】법 제16조의14에 따라 세무법인이 정관변경을 신고하려는 경우에는 별지 제14호의7서식의 신고서에 다음 각 호의 서류를 첨부하여 국세청장에게 제출하여야 한다. 이 경우 국세청장은「전자정부법」제36조제1항에 따른 행정정보의 공동이용을 통하여 신고법인의 법인 등기사항증명서를 확인하여야 한다.(2019.3.20 전단개정)
1. 신·구정관 각 1부
2. (2006.7.5 삭제)
3. 사원총회의사록 사본 1부
(2003.3.5 본조신설)
제14조【징계요구】기획재정부장관 또는 국세청장(지방국세청장을 포함한다)과 한국세무사회의 장, 한국공인회계사회의 장, 대한변호사협회의 장은 영 제17조에 따라 세무사의 징계를 요구할 때에는 별지 제15호서식의 세무사징계요구서에 증거서류를 첨부하여 영 제15조에 따른 세무사징계위원회(이하 "징계위원회"라 한다)에 제출하여야 한다.(2017.3.10 본조개정)
제15조 (2012.3.9 삭제)
제16조【징계의결의 통보】영 제22조의 규정에 의한 징계의결의 통보는 별지 제16호서식의 통지서에 의한다.
제17조【외국세무자문사 자격승인 신청서 등】① 법 제19조의3에 따라 외국세무자문사의 자격승인을 받으려는 사람은 별지 제16호의2서식의 자격승인 신청서에 법 제19조의3제2항 각 호에 따른 서류를 첨부하여 국세청장에게 제출하여야 한다.

② 법 제19조의3제2항제3호에 따른 서약서는 별지 제16호의3서식과 같다.
(2011.6.30 본조신설)

제17조의2【외국세무자문사 자격증 등】 ① 법 제19조의4제1항에 따른 외국세무자문사 자격증은 별지 제16호의4서식과 같다.
② 국세청장은 법 제19조의4제1항에 따라 외국세무자문사 자격증을 발급한 때에는 그 사실을 별지 제16호의5서식의 외국세무자문사 자격증 발급대장에 적어야 한다.
(2011.6.30 본조신설)

제17조의3【외국세무자문사의 등록】 ① 영 제30조의4제1항에 따라 외국세무자문사의 등록을 하려는 사람은 별지 제16호의6서식의 외국세무자문사 등록신청서에 다음 각 호의 서류를 첨부하여 국세청장에게 제출하여야 한다.
1. 이력서 1부
2. 사진(3.5cm × 4.5cm) 2장(2017.3.10 본호개정)
② 영 제30조의4제3항에 따른 외국세무자문사등록증은 별지 제16호의7서식과 같다.
(2011.6.30 본조신설)

제17조의4【외국세무자문사등록의 갱신】 영 제30조의5제1항에 따라 외국세무자문사등록을 갱신하려는 사람은 별지 제16호의8서식의 외국세무자문사 등록갱신신청서에 다음 각 호의 서류를 첨부하여 국세청장에게 제출하여야 한다.
1. 외국세무자문사등록증
2. 소속협회 회원증명서 1부
3. 사진(3.5cm × 4.5cm) 2장(2017.3.10 본호개정)
(2011.6.30 본조신설)

제17조의5【외국세무자문사등록부】 영 제30조의6에 따른 외국세무자문사등록부는 별지 제16호의9서식과 같다(2011.6.30 본조신설)

제17조의6【외국세무자문사의 등록사항 변경신고】 영 제30조의7에 따른 외국세무자문사 등록사항 변경신고를 하려는 사람은 별지 제16호의10서식의 등록사항 변경신고서를 국세청장에게 제출하여야 한다.
(2011.6.30 본조신설)

제17조의7【법인 외국세무자문사무소 등록신청】 ① 영 제30조의10제1항에 따른 등록신청서는 별지 제16호의11서식과 같다.
② 영 제30조의10제1항제5호에서 "기획재정부령으로 정하는 서류"란 사무소의 설치예정지가 적힌 서류 1부를 말한다.
(2011.6.30 본조신설)

제17조의8【법인 외국세무자문사무소등록부 등】 ① 영 제30조의10제2항에 따른 법인 외국세무자문사무소등록부는 별지 제16호의12서식과 같다.
② 영 제30조의10제3항에 따른 법인 외국세무자문사무소등록증은 별지 제16호의13서식과 같다.
(2011.6.30 본조신설)

제17조의9【법인 외국세무자문사무소의 등록사항 변경신고】 영 제30조의11에 따라 법인 외국세무자문사무소 등록사항 변경신고를 하려는 자는 별지 제16호의14서식의 등록사항 변경신고서를 국세청장에게 제출하여야 한다.(2011.6.30 본조신설)

제18조 (2017.3.10 삭제)

제19조【세무대리업무등록 등】 ① 영 제33조의5에 따라 세무대리업무등록 등을 하려는 사람에 대하여는 제8조부터 제11조까지의 규정을 준용한다. 이 경우 "세무사등록"은 "세무대리업무등록"으로, "세무사등록신청서"는 "세무대리업무등록신청서"로, "한국세무사회의 장"은 "국세청장"으로, "세무사등록갱신신청서"는 "세무대리업무등록갱신신청서"로, "세무사등록부"는 "세무대리업무등록부"로, "세무사등록사항변경신고"는 "세무대리업무등록사항변경신고"로 본다.(2017.3.10 후단개정)
② 영 제33조의5의 규정에 의한 세무대리업무등록증은 별지 제18호서식과 같다.
(2004.4.10 본조신설)

제20조 (2020.4.7 삭제)

附　則 (2004.4.10)

① **【시행일】** 이 규칙은 공포한 날부터 시행한다.
② **【합격증서에 관한 경과조치】** 이 규칙 시행 당시 종전의 규정에 의하여 재정경제부장관으로부터 교부받은 세무사자격시험합격증서는 제6조의 개정규정에 의하여 세무사자격심의위원회의 위원장으로부터 교부받은 세무사자격시험합격통지서로 본다.
③ **【세무사자격시험 면제자의 실무교육에 관한 경과조치】** 이 규칙 시행전에 세무사회의 장이 종전의 제12조제2항 및 제4항 내지 제6항의 규정을 준용하여 실시한 실무교육을 법 제5조의2의 규정에 의하여 세무사자격시험에 합격한 자와 법률 제7032호 세무사법중개정법률 부칙 제4조의 적용을 받는 자가 받은 경우에는 제12조의 개정규정에 의한 실무교육을 받은 것으로 본다.

附　則 (2011.6.30)

이 규칙은 「대한민국과 유럽연합 및 그 회원국 간의 자유무역협정」이 발효하는 날부터 시행한다.<2011.7.1 발효> 다만, 제8조제1항, 제9조, 제19조제1항, 별지 제10호서식부터 별지 제12호서식까지 및 별지 제14호서식의 개정규정은 2011년 8월 3일부터 시행한다.

附　則 (2016.3.9)
　　　 (2017.3.10)

이 규칙은 공포한 날부터 시행한다.

附　則 (2019.3.20)

이 규칙은 공포한 날부터 시행한다. 다만, 제13조 및 별지 제14호의2서식의 개정규정은 2019년 7월 1일부터 시행한다.

附　則 (2020.4.7)
　　　 (2021.10.28)

이 규칙은 공포한 날부터 시행한다.

附　則 (2023.7.4)

이 규칙은 2024년 1월 1일부터 시행한다.

〔별표〕(2000.2.26 삭제)

〔별지서식〕 ➡「www.hyeonamsa.com」참조

소득세법

(1994년 12월 22일)
(전개법률 제4803호)

개정
1995.12.29법 5031호 　　　　　　〈중략〉
2009. 1.30법 9346호(교통·에너지·환경세법폐지법)→2025년
　1월 1일 시행이므로 추후 수록　　〈중략〉
2014.12.23법 12852호
2015. 1. 6법 12989호(주택도시기금법)
2015. 3.10법 13206호　　　　　　2015. 5.13법 13282호
2015. 7.24법 13426호(제주자치법)
2015.12.15법 13558호
2016. 1.19법 13796호(부동산가격공시에관한법)
2016. 1.19법 13797호(부동산거래신고등에관한법)
2016.12.20법 14389호
2016.12.27법 14474호(지방세기본법)
2017. 2. 8법 14569호(빈집및소규모주택정비에관한특례법)
2017.12.19법 15225호
2018. 3.20법 15522호(공무원재해보상법)
2018.12.31법 16104호
2019. 8.27법 16568호(양식산업발전법)
2019.12.10법 16761호(군인재해보상법)
2019.12.31법 16834호
2020. 6. 9법 17339호(법률용어정비)
2020. 8.18법 17477호
2020.12.29법 17757호→시행일 부칙 참조. 2025년 1월 1일
　시행하는 부분은 추후 수록
2020.12.29법 17758호(국세징수)
2021. 3.16법 17925호→2021년 7월 1일 시행하는 부분은 가
　제 수록 하였고 2025년 1월 1일 시행하는 부분은 추후 수록
2021. 8.10법 18370호
2021. 8.17법 18425호(국민평생직업능력개발법)
2021.11.23법 18521호(세무사법)
2021.12. 8법 18578호→시행일 부칙 참조. 2025년 1월 1일 시
　행하는 부분은 추후 수록
2022. 8.12법 18975호
2022.12.31법 19196호→시행일 부칙 참조. 2025년 1월 1일
　시행하는 부분은 추후 수록
2023. 7.18법 19563호(가상자산이용자보호등에관한법)→2025년 1
　월 1일 시행이므로 추후 수록
2023. 8. 8법 19590호(문화유산)
2023.12.31법 19933호→시행일 부칙 참조. 2025년 1월 1일 시
　행하는 부분은 추후 수록

제1장　총　칙
(2009.12.31 본장개정)

제1조【목적】 이 법은 개인의 소득에 대하여 소득의 성격과 납세자의 부담능력 등에 따라 적정하게 과세함으로써 조세부담의 형평을 도모하고 재정수입의 원활한 조달에 이바지함을 목적으로 한다.(2009.12.31 본조신설)

제1조의2【정의】 ① 이 법에서 사용하는 용어의 뜻은 다음과 같다.
1. "거주자"란 국내에 주소를 두거나 183일 이상의 거소(居所)를 둔 개인을 말한다.(2014.12.23 본호개정)
2. "비거주자"란 거주자가 아닌 개인을 말한다.
3. "내국법인"이란 「법인세법」 제2조제1호에 따른 내국법인을 말한다.(2018.12.31 본호개정)
4. "외국법인"이란 「법인세법」 제2조제3호에 따른 외국법인을 말한다.(2018.12.31 본호개정)
5. "사업자"란 사업소득이 있는 거주자를 말한다.
② 제1항에 따른 주소·거소와 거주자·비거주자의 구분은 대통령령으로 정한다.
(2009.12.31 본조신설)

제2조【납세의무】 ① 다음 각 호의 어느 하나에 해당하는 개인은 이 법에 따라 각자의 소득에 대한 소득세를 납부할 의무를 진다.

1. 거주자
2. 비거주자로서 국내원천소득(國內源泉所得)이 있는 개인
② 다음 각 호의 어느 하나에 해당하는 자는 이 법에 따라 원천징수한 소득세를 납부할 의무를 진다.
1. 거주자
2. 비거주자
3. 내국법인
4. 외국법인의 국내지점 또는 국내영업소(출장소, 그 밖에 이에 준하는 것을 포함한다. 이하 같다)
5. 그 밖에 이 법에서 정하는 원천징수의무자
③「국세기본법」제13조제1항에 따른 법인 아닌 단체 중 같은 조 제4항에 따른 법인으로 보는 단체(이하 "법인으로 보는 단체"라 한다) 외의 법인 아닌 단체는 국내에 주사무소 또는 사업의 실질적 관리장소를 둔 경우에는 1거주자로, 그 밖의 경우에는 1비거주자로 보아 이 법을 적용한다. 다만, 다음 각 호의 어느 하나에 해당하는 경우에는 소득구분에 따라 해당 단체의 각 구성원별로 이 법 또는「법인세법」에 따라 소득에 대한 소득세 또는 법인세[해당 구성원이「법인세법」에 따른 법인(법인으로 보는 단체를 포함한다)인 경우로 한정한다. 이하 이 조에서 같다]를 납부할 의무를 진다. (2018.12.31 본문개정)
1. 구성원 간 이익의 분배비율이 정하여져 있고 해당 구성원별로 이익의 분배비율이 확인되는 경우
2. 구성원 간 이익의 분배비율이 정하여져 있지 아니하나 사실상 구성원별로 이익이 분배되는 것으로 확인되는 경우
(2018.12.31 1호~2호신설)
④ 제3항에도 불구하고 해당 단체의 전체 구성원 중 일부 구성원의 분배비율만 확인되거나 일부 구성원에게만 이익이 분배되는 것으로 확인되는 경우에는 다음 각 호의 구분에 따라 소득세 또는 법인세를 납부할 의무를 진다.
1. 확인되는 부분 : 해당 구성원별로 소득세 또는 법인세에 대한 납세의무 부담
2. 확인되지 아니하는 부분 : 해당 단체를 1거주자 또는 1비거주자로 보아 소득세에 대한 납세의무 부담
(2018.12.31 본항신설)
⑤ 제3항 및 제4항에도 불구하고 법인으로 보는 단체 외의 법인 아닌 단체에 해당하는 국외투자기구(투자권유를 하여 모은 금전 등을 가지고 재산적 가치가 있는 투자대상자산을 취득, 처분하거나 그 밖의 방법으로 운용하고 그 결과를 투자자에게 배분하여 귀속시키는 투자행위를 하는 기구로서 국외에서 설립된 기구를 말한다. 이하 같다)를 제119조의2제1항제2호에 따라 국내원천소득의 실질귀속자로 보는 경우 그 국외투자기구는 1비거주자로서 소득세를 납부할 의무를 진다.
(2018.12.31 본항신설)

제2조의2【납세의무의 범위】① 제43조에 따라 공동사업에 관한 소득금액을 계산하는 경우에는 해당 공동사업자별로 납세의무를 진다. 다만, 제43조제3항에 따른 주된 공동사업자(이하 이 항에서 "주된 공동사업자"라 한다)에게 합산과세되는 경우 그 합산과세되는 소득금액에 대해서는 주된 공동사업자의 특수관계인은 같은 조 제2항에 따른 손익분배비율에 해당하는 그의 소득금액을 한도로 주된 공동사업자와 연대하여 납세의무를 진다.(2013.1.1 본문개정)
② 제44조에 따라 피상속인의 소득금액에 대해서 과세하는 경우에는 그 상속인이 납세의무를 진다.
③ 제101조제2항에 따라 증여자가 자산을 직접 양도한 것으로 보는 경우 그 양도소득에 대해서는 증여자와 증여받은 자가 연대하여 납세의무를 진다.
④ 제127조에 따라 원천징수되는 소득으로서 제14조제3항 또는 다른 법률에 따라 제14조제2항에 따른 종합소

과세표준에 합산되지 아니하는 소득이 있는 자는 그 원천징수되는 소득세에 대해서 납세의무를 진다.
⑤ 공동으로 소유한 자산에 대한 양도소득금액을 계산하는 경우에는 해당 자산을 공동으로 소유하는 각 거주자가 납세의무를 진다.(2017.12.19 본항신설)
제2조의3【신탁재산 귀속 소득에 대한 납세의무의 범위】① 신탁재산에 귀속되는 소득은 그 신탁의 이익을 받을 수익자(수익자가 사망하는 경우에는 그 상속인)에게 귀속되는 것으로 본다.
② 제1항에도 불구하고 위탁자가 신탁재산을 실질적으로 통제하는 등 대통령령으로 정하는 요건을 충족하는 신탁의 경우에는 그 신탁재산에 귀속되는 소득은 위탁자에게 귀속되는 것으로 본다.(2023.12.31 본항개정)
제3조【과세소득의 범위】① 거주자에게는 이 법에서 규정하는 모든 소득에 대해서 과세한다. 다만, 해당 과세기간 종료일 10년 전부터 국내에 주소나 거소를 둔 기간의 합계가 5년 이하인 외국인 거주자에게는 과세대상 소득 중 국외에서 발생한 소득의 경우 국내에서 지급되거나 국내로 송금된 소득에 대해서만 과세한다.
② 비거주자에게는 제119조에 따른 국내원천소득에 대해서만 과세한다.
③ 제1항 및 제2항을 적용하는 경우「조세특례제한법」제100조의14제2호의 동업자에게는 같은 법 제100조의18제1항에 따라 배분받은 소득 및 같은 법 제100조의22제1항에 따라 분배받은 자산의 시가 중 분배일의 지분가액을 초과하여 발생하는 소득에 대하여 과세한다.
제4조【소득의 구분】① 거주자의 소득은 다음 각 호와 같이 구분한다.
1. 종합소득
이 법에 따라 과세되는 모든 소득에서 제2호 및 제3호에 따른 소득을 제외한 소득으로서 다음 각 목의 소득을 합산한 것
가. 이자소득
나. 배당소득
다. 사업소득
라. 근로소득
마. 연금소득
바. 기타소득
2. 퇴직소득(2013.1.1 본호개정)
3. 양도소득(2013.1.1 본호개정)
② 제1항에 따른 소득을 구분할 때 다음 각 호의 신탁을 제외한 신탁의 이익은「신탁법」제2조에 따라 수탁자에게 이전되거나 그 밖에 처분된 재산권에서 발생하는 소득의 내용별로 구분한다.(2020.12.29 본문개정)
1. 「법인세법」제5조제2항에 따라 신탁재산에 귀속되는 소득에 대하여 그 신탁의 수탁자가 법인세를 납부하는 신탁(2020.12.29 본호신설)
2. 「자본시장과 금융투자업에 관한 법률」제9조제18항제1호에 따른 투자신탁. 다만, 2024년 12월 31일까지는 이 법 제17조제1항제5호에 따른 집합투자기구로 한정한다.(2022.12.31 단서개정)
3. 「자본시장과 금융투자업에 관한 법률」제251조제1항에 따른 집합투자업겸영보험회사의 특별계정(2020.12.29 본호신설)
③ 비거주자의 소득은 제119조에 따라 구분한다.
제5조【과세기간】① 소득세의 과세기간은 1월 1일부터 12월 31일까지 1년으로 한다.
② 거주자가 사망한 경우의 과세기간은 1월 1일부터 사망한 날까지로 한다.
③ 거주자가 주소 또는 거소를 국외로 이전(이하 "출국"이라 한다)하여 비거주자가 되는 경우의 과세기간은 1월 1일부터 출국한 날까지로 한다.
제6조【납세지】① 거주자의 소득세 납세지는 그 주소지로 한다. 다만, 주소지가 없는 경우에는 그 거소지로 한다.

② 비거주자의 소득세 납세지는 제120조에 따른 국내사업장(이하 "국내사업장"이라 한다)의 소재지로 한다. 다만, 국내사업장이 둘 이상 있는 경우에는 주된 국내사업장의 소재지로 하고, 국내사업장이 없는 경우에는 국내원천소득이 발생하는 장소로 한다.(2013.1.1 본항개정)
③ 납세지가 불분명한 경우에는 대통령령으로 정하는 바에 따라 납세지를 결정한다.

제7조【원천징수 등의 경우의 납세지】 ① 원천징수하는 소득세의 납세지는 다음 각 호에 따른다.
1. 원천징수하는 자가 거주자인 경우 : 그 거주자의 주된 사업장 소재지. 다만, 주된 사업장 외의 사업장에서 원천징수를 하는 경우에는 그 사업장의 소재지, 사업장이 없는 경우에는 그 거주자의 주소지 또는 거소지로 한다.
2. 원천징수하는 자가 비거주자인 경우 : 그 비거주자의 주된 국내사업장 소재지. 다만, 주된 국내사업장 외의 국내사업장에서 원천징수를 하는 경우에는 그 국내사업장의 소재지, 국내사업장이 없는 경우에는 그 비거주자의 거류지(居留地) 또는 체류지로 한다.
3. 원천징수하는 자가 법인인 경우 : 그 법인의 본점 또는 주사무소의 소재지.
4. 원천징수하는 자가 법인인 경우로서 그 법인의 지점, 영업소, 그 밖의 사업장이 독립채산제(獨立採算制)에 따라 독자적으로 회계사무를 처리하는 경우 : 제3호에도 불구하고 그 사업장의 소재지(그 사업장의 소재지가 국외에 있는 경우는 제외한다). 다만, 대통령령으로 정하는 경우에는 그 법인의 본점 또는 주사무소의 소재지를 소득세 원천징수세액의 납세지로 할 수 있다.
5. 제156조, 제156조의3부터 제156조의6까지 및 제156조의9에 따른 원천징수의무자가 제1호부터 제4호까지의 규정에서 정하는 납세지를 가지지 아니한 경우 : 대통령령으로 정하는 장소(2023.12.31 본호개정)
② 납세조합이 제150조에 따라 징수하는 소득세의 납세지는 그 납세조합의 소재지로 한다.

제8조【상속 등의 경우의 납세지】 ① 거주자 또는 비거주자가 사망하여 그 상속인이 피상속인에 대한 소득세의 납세의무자가 된 경우 그 소득세의 납세지는 그 피상속인·상속인 또는 납세관리인의 주소지나 거소지 중 상속인 또는 납세관리인이 대통령령으로 정하는 바에 따라 그 관할 세무서장에게 납세지로서 신고하는 장소로 한다.
② 비거주자가 납세관리인을 둔 경우 그 비거주자의 소득세 납세지는 국내사업장의 소재지 또는 그 납세관리인의 주소지나 거소지 중 납세관리인이 대통령령으로 정하는 바에 따라 그 관할 세무서장에게 납세지로서 신고하는 장소로 한다.
③ 제1항 또는 제2항에 따른 신고가 있는 때에는 그때부터 그 신고한 장소를 거주자 또는 비거주자의 소득세 납세지로 한다.
④ 제1항이나 제2항에 따른 신고가 없는 경우의 거주자 또는 비거주자의 소득세 납세지는 제6조와 제7조에 따른다.
⑤ 국내에 주소가 없는 공무원 등 대통령령으로 정하는 사람의 소득세 납세지는 대통령령으로 정하는 장소로 한다.(2019.12.31 본항개정)

제9조【납세지의 지정】 ① 국세청장 또는 관할 지방국세청장은 다음 각 호의 어느 하나에 해당하는 경우에는 제6조부터 제8조까지의 규정에도 불구하고 대통령령으로 정하는 바에 따라 납세지를 따로 지정할 수 있다.
1. 사업소득이 있는 거주자가 사업장 소재지를 납세지로 신청한 경우
2. 제1호 외의 거주자 또는 비거주자로서 제6조부터 제8조까지의 규정에 따른 납세지가 납세의무자의 소득

상황으로 보아 부적당하거나 납세의무를 이행하기에 불편하다고 인정되는 경우
② 제1항에 따라 납세지를 지정하거나 같은 항 제1호의 신청이 있는 경우로서 사업장 소재지를 납세지로 지정하는 것이 세무관리상 부적절하다고 인정되어 그 신청대로 납세지 지정을 하지 아니한 경우에는 국세청장 또는 관할 지방국세청장은 그 뜻을 납세의무자 또는 그 상속인, 납세관리인이나 납세조합에 서면으로 각각 통지하여야 한다.
③ 제1항에서 규정한 납세지의 지정 사유가 소멸한 경우 국세청장 또는 관할 지방국세청장은 납세지의 지정을 취소하여야 한다.
④ 제1항에 따른 납세지의 지정이 취소된 경우에도 그 취소 전에 한 소득세에 관한 신고, 신청, 청구, 납부, 그 밖의 행위의 효력에는 영향을 미치지 아니한다.

제10조【납세지의 변경신고】 거주자나 비거주자는 제6조부터 제9조까지의 규정에 따른 납세지가 변경된 경우 변경된 날부터 15일 이내에 대통령령으로 정하는 바에 따라 그 변경 후의 납세지 관할 세무서장에게 신고하여야 한다.

제11조【과세 관할】 소득세는 제6조부터 제10조까지의 규정에 따른 납세지를 관할하는 세무서장 또는 지방국세청장이 과세한다.

제2장 거주자의 종합소득 및 퇴직소득에 대한 납세의무
(2009.12.31 본장제목개정)

제1절 비과세
(2009.12.31 본절개정)

제12조【비과세소득】 다음 각 호의 소득에 대해서는 소득세를 과세하지 아니한다.
1. 「공익신탁법」에 따른 공익신탁의 이익(2014.3.18 본호개정)
2. 사업소득 중 다음 각 목의 어느 하나에 해당하는 소득
  가. 논·밭을 작물 생산에 이용하게 함으로써 발생하는 소득
  나. 1개의 주택을 소유하는 자의 주택임대소득(제99조에 따른 기준시가가 12억원을 초과하는 주택 및 국외에 소재하는 주택의 임대소득은 제외한다) 또는 해당 과세기간에 대통령령으로 정하는 총수입금액의 합계액이 2천만원 이하인 자의 주택임대소득(2018년 12월 31일 이전에 끝나는 과세기간까지 발생하는 소득으로 한정한다). 이 경우 주택 수의 계산 및 주택임대소득의 산정 등 필요한 사항은 대통령령으로 정한다.(2022.12.31 전단개정)
  다. 대통령령으로 정하는 농어가부업소득(2018.12.31 본목개정)
  라. 대통령령으로 정하는 전통주의 제조에서 발생하는 소득
  마. 조림기간 5년 이상인 임지(林地)의 임목(林木)의 벌채 또는 양도로 발생하는 소득으로서 연 600만원 이하의 금액. 이 경우 조림기간 및 세액의 계산 등 필요한 사항은 대통령령으로 정한다.
  바. 대통령령으로 정하는 작물재배업에서 발생하는 소득(2014.1.1 본목신설)
  사. 대통령령으로 정하는 어로어업 또는 양식어업에서 발생하는 소득(2023.12.31 본목개정)
3. 근로소득과 퇴직소득 중 다음 각 목의 어느 하나에 해당하는 소득
  가. 대통령령으로 정하는 복무 중인 병(兵)이 받는 급여

直接税

나. 법률에 따라 동원된 사람이 그 동원 직장에서 받는 급여

다. 「산업재해보상보험법」에 따라 수급권자가 받는 요양급여, 휴업급여, 장해급여, 간병급여, 유족급여, 유족특별급여, 장해특별급여, 장의비 또는 근로의 제공으로 인한 부상·질병·사망과 관련하여 근로자나 그 유족이 받는 배상·보상 또는 위자(慰藉)의 성질이 있는 급여

라. 「근로기준법」 또는 「선원법」에 따라 근로자·선원 및 그 유족이 받는 요양보상금, 휴업보상금, 상병보상금(傷病補償金), 일시보상금, 장해보상금, 유족보상금, 행방불명보상금, 소지품 유실보상금, 장의비 및 장제비

마. 「고용보험법」에 따라 받는 실업급여, 육아휴직 급여, 육아기 근로시간 단축 급여, 출산전후휴가 급여 등, 「제대군인 지원에 관한 법률」에 따라 받는 전직지원금, 「국가공무원법」·「지방공무원법」에 따른 공무원 또는 「사립학교교직원 연금법」·「별정우체국법」을 적용받는 사람이 관련 법령에 따라 받는 육아휴직수당(「사립학교법」 제70조의2에 따라 임명된 사무직원이 학교의 정관 또는 규칙에 따라 지급받는 육아휴직수당으로서 대통령령으로 정하는 금액 이하의 것을 포함한다) (2023.12.31 본목개정)

바. 「국민연금법」에 따라 받는 반환일시금(사망으로 받는 것만 해당한다) 및 사망일시금

사. 「공무원연금법」, 「공무원 재해보상법」, 「군인연금법」, 「군인 재해보상법」, 「사립학교교직원 연금법」 또는 「별정우체국법」에 따라 받는 공무상요양비·요양급여·장해일시금·비공무상 장해일시금·비직무상 장해일시금·장애보상금·사망조위금·사망보상금·유족일시금·퇴직유족일시금·유족연금일시금·퇴직유족연금일시금·퇴역유족연금일시금·순직유족연금일시금·유족연금부가금·퇴직유족연금부가금·퇴역유족연금부가금·유족연금특별부가금·퇴직유족연금특별부가금·퇴역유족연금특별부가금·순직유족보상금·직무상유족보상금·위험직무순직유족보상금·재해부조금·재난부조금 또는 신체·정신상의 장해·질병으로 인한 휴직기간에 받는 급여 (2019.12.10 본목개정)

아. 대통령령으로 정하는 학자금

자. 대통령령으로 정하는 실비변상적(實費辨償的) 성질의 급여

차. 외국정부(외국의 지방자치단체와 연방국가인 외국의 지방정부를 포함한다. 이하 같다) 또는 대통령령으로 정하는 국제기관에서 근무하는 사람으로서 대통령령으로 정하는 사람이 받는 급여. 다만, 그 외국정부가 그 나라에서 근무하는 우리나라 공무원의 급여에 대하여 소득세를 과세하지 아니하는 경우만 해당한다.

카. 「국가유공자 등 예우 및 지원에 관한 법률」 또는 「보훈보상대상자 지원에 관한 법률」에 따라 받는 보훈급여금·학습보조비 (2011.9.15 본목개정)

타. 「전직대통령 예우에 관한 법률」에 따라 받는 연금

파. 작전임무를 수행하기 위하여 외국에 주둔 중인 군인·군무원이 받는 급여

하. 종군한 군인·군무원이 전사(전상으로 인한 사망을 포함한다. 이하 같다)한 경우 그 전사한 날이 속하는 과세기간의 급여

거. 「남북교류협력에 관한 법률」에 따른 북한지역에서 근로를 제공하고 받는 대통령령으로 정하는 급여

너. 「국민건강보험법」, 「고용보험법」 또는 「노인장기요양보험법」에 따라 국가, 지방자치단체 또는 사용자가 부담하는 보험료 (2013.1.1 본목개정)

더. 생산직 및 그 관련 직에 종사하는 근로자로서 급여 수준 및 직종 등을 고려하여 대통령령으로 정하는 근로자가 대통령령으로 정하는 연장근로·야간근로 또는 휴일근로를 하여 받는 급여

러. 근로자가 사내급식이나 이와 유사한 방법으로 제공받는 식사 기타 음식물 또는 근로자(식사 기타 음식물을 제공받지 아니하는 자에 한정한다)가 받는 월 20만원 이하의 식사대 (2022.8.12 본목개정)

머. 근로자 또는 그 배우자의 출산이나 6세 이하(해당 과세기간 개시일을 기준으로 판단한다) 자녀의 보육과 관련하여 사용자로부터 받는 급여로서 월 20만원 이내의 금액 (2023.12.31 본목개정)

버. 「국군포로의 송환 및 대우 등에 관한 법률」에 따른 국군포로가 받는 보수 및 퇴직일시금

서. 「교육기본법」 제28조제1항에 따라 받는 장학금 중 대학생이 근로를 대가로 지급받는 장학금(「고등교육법」 제2조제1호부터 제4호까지의 규정에 따른 대학에 재학하는 대학생에 한정한다) (2020.6.9 본목개정)

어. 「발명진흥법」 제2조제2호에 따른 직무발명으로 받는 다음의 보상금(이하 "직무발명보상금"이라 한다)으로서 대통령령으로 정하는 금액

1) 「발명진흥법」 제2조제2호에 따른 종업원등(이하 이 조, 제20조 및 제21조에서 "종업원등"이라 한다)이 같은 호에 따른 사용자등(이하 이 조에서 "사용자등"이라 한다)으로부터 받는 보상금. 다만, 보상금을 지급한 사용자등과 대통령령으로 정하는 특수관계에 있는 자가 받는 보상금은 제외한다. (2023.12.31 개정)

2) 대학의 교직원 또는 대학과 고용관계가 있는 학생이 소속 대학에 설치된 「산업교육진흥 및 산학연협력촉진에 관한 법률」 제25조에 따른 산학협력단(이하 이 조에서 "산학협력단"이라 한다)으로부터 같은 법 제32조제1항제4호에 따라 받는 보상금 (2018.12.31 개정)

(2016.12.20 본목신설)

저. 대통령령으로 정하는 복리후생적 성질의 급여 (2020.12.29 본목신설)

4. 연금소득 중 다음 각 목의 어느 하나에 해당하는 소득

가. 「국민연금법」, 「공무원연금법」 또는 「공무원 재해보상법」, 「군인연금법」 또는 「군인 재해보상법」, 「사립학교교직원 연금법」, 「별정우체국법」 또는 「국민연금과 직역연금의 연계에 관한 법률」(이하 "공적연금 관련법"이라 한다)에 따라 받는 유족연금·퇴직유족연금·퇴역유족연금·장해유족연금·상이유족연금·순직유족연금·직무상유족연금·위험직무순직유족연금, 장애연금, 장해연금·비공무상 장해연금·비직무상 장해연금, 상이연금(傷痍年金), 연계노령유족연금 또는 연계퇴직유족연금 (2019.12.10 본목개정)

나. (2013.1.1 삭제)

다. 「산업재해보상보험법」에 따라 받는 각종 연금

라. 「국군포로의 송환 및 대우 등에 관한 법률」에 따른 국군포로가 받는 연금

마. (2013.1.1 삭제)

5. 기타소득 중 다음 각 목의 어느 하나에 해당하는 소득

가. 「국가유공자 등 예우 및 지원에 관한 법률」 또는 「보훈보상대상자 지원에 관한 법률」에 따라 받는 보훈급여금·학습보조비 및 「북한이탈주민의 보호 및 정착지원에 관한 법률」에 따라 받는 정착금·보로금(報勞金)과 그 밖의 금품 (2011.9.15 본목개정)

나. 「국가보안법」에 따라 받는 상금과 보로금

다. 「상훈법」에 따른 훈장과 관련하여 받는 부상(副賞)이나 그 밖에 대통령령으로 정하는 상금과 부상
라. 종업원등 또는 대학의 교직원이 퇴직한 후에 사용자등으로부터 지급받거나 대학의 학생이 소속 대학에 설치된 산학협력단으로부터 받는 직무발명보상금으로서 대통령령으로 정하는 금액. 다만, 직무발명보상금을 지급한 사용자등 또는 산학협력단과 대통령령으로 정하는 특수관계에 있는 자가 받는 직무발명보상금은 제외한다. (2023.12.31 본목개정)
마. 「국군포로의 송환 및 대우 등에 관한 법률」에 따라 국군포로가 받는 위로지원금과 그 밖의 금품 (2013.3.22 본목개정)
바. 「문화유산의 보존 및 활용에 관한 법률」에 따라 국가지정문화유산으로 지정된 서화·골동품의 양도로 발생하는 소득(2023.8.8 본목개정)
사. 서화·골동품을 박물관 또는 미술관에 양도함으로써 발생하는 소득
아. 제21조제1항제26호에 따른 종교인소득 중 다음의 어느 하나에 해당하는 소득
　1) 「통계법」 제22조에 따라 통계청장이 고시하는 한국표준직업분류에 따른 종교관련종사자(이하 "종교관련종사자"라 한다)가 받는 대통령령으로 정하는 학자금
　2) 종교관련종사자가 받는 대통령령으로 정하는 식사 또는 식사대
　3) 종교관련종사자가 받는 대통령령으로 정하는 실비변상적 성질의 지급액
　4) 종교관련종사자 또는 그 배우자의 출산이나 6세 이하(해당 과세기간 개시일을 기준으로 판단한다) 자녀의 보육과 관련하여 종교단체로부터 받는 금액으로서 월 20만원 이내의 금액(2023.12.31 개정)
　5) 종교관련종사자가 기획재정부령으로 정하는 사택을 제공받아 얻는 이익
　(2015.12.15 본목신설)
자. 법령·조례에 따른 위원회 등의 보수를 받지 아니하는 위원(학술원 및 예술원의 회원을 포함한다) 등이 받는 수당(2020.12.29 본목신설)
제13조 (2009.12.31 삭제)

제2절 과세표준과 세액의 계산
　(2009.12.31 본절제목개정)

제1관 세액계산 통칙
　(2009.12.31 본관개정)

제14조 【과세표준의 계산】 ① 거주자의 종합소득 및 퇴직소득에 대한 과세표준은 각각 구분하여 계산한다.
② 종합소득에 대한 과세표준(이하 "종합소득과세표준"이라 한다)은 제16조, 제17조, 제19조, 제20조, 제20조의3, 제21조, 제24조부터 제26조까지, 제27조부터 제29조까지, 제31조부터 제35조까지, 제37조, 제39조, 제41조부터 제46조까지, 제46조의2, 제47조 및 제47조의2에 따라 계산한 이자소득금액, 배당소득금액, 사업소득금액, 근로소득금액, 연금소득금액 및 기타소득금액의 합계액(이하 "종합소득금액"이라 한다)에서 제50조, 제51조, 제51조의3, 제51조의4 및 제52조에 따른 공제(이하 "종합소득공제"라 한다)를 적용한 금액으로 한다.(2014.1.1 본항개정)
③ 다음 각 호의 어느 하나에 해당하는 소득의 금액은 종합소득과세표준을 계산할 때 합산하지 아니한다.
1. 「조세특례제한법」 또는 이 법 제12조에 따라 과세되지 아니하는 소득
2. 대통령령으로 정하는 일용근로자(이하 "일용근로자"라 한다)의 근로소득

3. 제129조제2항의 세율에 따라 원천징수하는 이자소득 및 배당소득과 제16조제1항제10호에 따른 직장공제회 초과반환금(2017.12.19 본호개정)
4. 법인으로 보는 단체 외의 단체 중 수익을 구성원에게 배분하지 아니하는 단체로서 단체명을 표기하여 금융거래를 하는 단체가 「금융실명거래 및 비밀보장에 관한 법률」 제2조제1호 각 목의 어느 하나에 해당하는 금융회사등(이하 "금융회사등"이라 한다)으로부터 받는 이자소득 및 배당소득(2011.7.14 본호개정)
5. 「조세특례제한법」에 따라 분리과세되는 소득
6. 제3호부터 제5호까지의 규정 외의 이자소득과 배당소득(제17조제1항제8호에 따른 배당소득은 제외한다)으로서 그 소득의 합계액이 2천만원(이하 "이자소득등의 종합과세기준금액"이라 한다) 이하이면서 제127조에 따라 원천징수된 소득(2013.1.1 본호개정)
7. 해당 과세기간에 대통령령으로 정하는 총수입금액의 합계액이 2천만원 이하인 자의 주택임대소득(이하 "분리과세 주택임대소득"이라 한다). 이 경우 주택임대소득의 산정 등에 필요한 사항은 대통령령으로 정한다. (2014.12.23 본호신설)
8. 다음 각 목에 해당하는 기타소득(이하 "분리과세기타소득"이라 한다)
　가. 제21조제1항제1호부터 제8호까지, 제8호의2, 제9호부터 제20호까지, 제22호, 제22호의2 및 제26호에 따른 기타소득(라목 및 마목의 소득은 제외한다)으로서 제3항에 따른 기타소득금액이 300만원 이하이면서 제127조에 따라 원천징수(제127조제1항제6호나목에 해당하여 원천징수되지 아니하는 경우를 포함한다)된 소득. 다만, 해당 소득이 있는 거주자가 종합소득과세표준을 계산할 때 그 소득을 합산하려는 경우 그 소득은 분리과세기타소득에서 제외한다.(2020.12.29 본문개정)
　나. 제21조제1항제21호에 따른 연금외수령한 기타소득(2014.12.23 본목개정)
　다. 제21조제1항제27호 및 같은 조 제2항에 따른 기타소득(2020.12.29 본목개정 : 제21조제1항제27호에 관한 부분은 2025.1.1 시행)
　라. 제21조제1항제2호에 따른 기타소득 중 「복권 및 복권기금법」 제2조에 따른 복권 당첨금
　마. 그 밖에 제21조제1항에 따른 기타소득 중 라목과 유사한 소득으로서 대통령령으로 정하는 기타소득(2013.1.1 본호개정)
9. 제20조의3제1항제2호 및 제3호에 따른 연금소득 중 다음 각 목에 해당하는 연금소득(다목의 소득이 있는 거주자가 종합소득 과세표준을 계산할 때 이를 합산하려는 경우는 제외하며, 이하 "분리과세연금소득"이라 한다)(2014.12.23 본문개정)
　가. 제20조의3제1항제2호가목에 따라 퇴직소득을 연금수령하는 연금소득(2014.12.23 본목신설)
　나. 제20조의3제1항제2호나목 및 다목의 금액을 의료 목적, 천재지변이나 그 밖에 부득이한 사유 등 대통령령으로 정하는 요건을 갖추어 인출하는 연금소득 (2014.12.23 본목신설)
　다. 가목 및 나목 외의 연금소득의 합계액이 연 1천500만원 이하인 경우 그 연금소득(2023.12.31 본목개정)
10. (2013.1.1 삭제)
④ 제3항제6호에 따른 이자소득등의 종합과세기준금액을 계산할 때 배당소득에는 제17조제3항 각 호 외의 부분 단서에 따라 더하는 금액을 포함하지 아니한다.
⑤ 제3항제3호부터 제6호까지의 규정에 해당되는 소득 중 이자소득은 "분리과세이자소득"이라 하고, 배당소득은 "분리과세배당소득"이라 한다.
⑥ 퇴직소득에 대한 과세표준(이하 "퇴직소득과세표

준"이라 한다)은 제22조에 따른 퇴직소득금액에 제48조에 따른 퇴직소득공제를 적용한 금액으로 한다.

제15조【세액 계산의 순서】 거주자의 종합소득 및 퇴직소득에 대한 소득세는 이 법에 특별한 규정이 있는 경우를 제외하고는 다음 각 호에 따라 계산한다.
1. 제14조에 따라 계산한 각 과세표준에 제55조제1항에 따른 세율(이하 "기본세율"이라 한다)을 적용하여 제55조에 따른 종합소득 산출세액과 퇴직소득 산출세액을 각각 계산한다.
2. 제1호에 따라 계산한 각 산출세액에서 제56조, 제56조의2, 제57조부터 제59조까지 및 제59조의2부터 제59조의4까지의 규정에 따른 세액공제를 적용하여 종합소득 결정세액과 퇴직소득 결정세액을 각각 계산한다. 이 경우 제56조에 따른 배당세액공제가 있을 때에는 산출세액에서 배당세액공제를 한 금액과 제62조제2호에 따른 금액을 비교하여 큰 금액에서 제56조의2, 제57조부터 제59조까지 및 제59조의2부터 제59조의4까지의 규정에 따른 세액공제를 한 금액을 세액으로 하고, 제59조의5에 따라 감면되는 세액이 있을 때에는 이를 공제하여 결정세액을 각각 계산한다.(2014.1.1 본호개정)
3. 제2호에 따라 계산한 결정세액에 제81조 및 제81조의2부터 제81조의13까지의 규정과 「국세기본법」 제47조의2부터 제47조의4까지의 규정에 따라 가산세를 더하여 종합소득 총결정세액과 퇴직소득 총결정세액을 각각 계산한다.(2019.12.31 본호개정)

제2관 소득의 종류와 금액
(2009.12.31 본관개정)

제16조【이자소득】 ① 이자소득은 해당 과세기간에 발생한 다음 각 호의 소득으로 한다.
1. 국가나 지방자치단체가 발행한 채권 또는 증권의 이자와 할인액
2. 내국법인이 발행한 채권 또는 증권의 이자와 할인액
3. 국내에서 받는 예금(적금·부금·예탁금 및 우편대체를 포함한다. 이하 같다)의 이자
4. 「상호저축은행법」에 따른 신용계(信用契) 또는 신용부금으로 인한 이익(2010.3.22 본호개정)
5. 외국법인의 국내지점 또는 국내영업소에서 발행한 채권 또는 증권의 이자와 할인액
6. 외국법인이 발행한 채권 또는 증권의 이자와 할인액
7. 국외에서 받는 예금의 이자
8. 대통령령으로 정하는 채권 또는 증권의 환매조건부 매매차익
9. 대통령령으로 정하는 저축성보험의 보험차익. 다만, 다음 각 목의 어느 하나에 해당하는 보험의 보험차익은 제외한다.
　가. 최초로 보험료를 납입한 날부터 만기일 또는 중도해지일까지의 기간이 10년 이상으로서 대통령령으로 정하는 요건을 갖춘 보험
　나. 대통령령으로 정하는 요건을 갖춘 종신형 연금보험
(2016.12.20 본호개정)
10. 대통령령으로 정하는 직장공제회 초과반환금
11. 비영업대금(非營業貸金)의 이익
12. 제1호부터 제11호까지의 소득과 유사한 소득으로서 금전 사용에 따른 대가로서의 성격이 있는 것
13. 제1호부터 제12호까지의 규정 중 어느 하나에 해당하는 소득을 발생시키는 거래 또는 행위와 「자본시장과 금융투자업에 관한 법률」 제5조에 따른 파생상품(이하 "파생상품"이라 한다)이 대통령령으로 정하는 바에 따라 결합된 경우 해당 파생상품의 거래 또는 행위로부터의 이익(2012.1.1 본호신설)

② 이자소득금액은 해당 과세기간의 총수입금액으로 한다.
③ 제1항 각 호에 따른 이자소득 및 제2항에 따른 이자소득금액의 범위에 관하여 필요한 사항은 대통령령으로 정한다.

제17조【배당소득】 ① 배당소득은 해당 과세기간에 발생한 다음 각 호의 소득으로 한다.
1. 내국법인으로부터 받는 이익이나 잉여금의 배당 또는 분배금(2012.1.1 본호개정)
2. 법인으로 보는 단체로부터 받는 배당금 또는 분배금
2의2. 「법인세법」 제5조제2항에 따라 내국법인으로 보는 신탁재산(이하 "법인과세 신탁재산"이라 한다)으로부터 받는 배당금 또는 분배금(2020.12.29 본호신설)
3. 의제배당(擬制配當)
4. 「법인세법」에 따라 배당으로 처분된 금액
5. 국내 또는 국외에서 받는 대통령령으로 정하는 집합투자기구로부터의 이익
5의2. 국내 또는 국외에서 받는 대통령령으로 정하는 파생결합증권 또는 파생결합사채로부터의 이익(2017.12.19 본호신설)
6. 외국법인으로부터 받는 이익이나 잉여금의 배당 또는 분배금(2012.1.1 본호개정)
7. 「국제조세조정에 관한 법률」 제27조에 따라 배당받은 것으로 간주된 금액(2020.12.29 본호개정)
8. 제43조에 따른 공동사업에서 발생한 소득금액 중 같은 조 제1항에 따른 출자공동사업자의 손익분배비율에 해당하는 금액
9. 제1호부터 제5호까지, 제5호의2, 제6호 및 제7호에 따른 소득과 유사한 소득으로서 수익분배의 성격이 있는 것(2017.12.19 본호개정)
10. 제1호부터 제5호까지, 제5호의2 및 제6호부터 제9호까지의 규정 중 어느 하나에 해당하는 소득을 발생시키는 거래 또는 행위와 파생상품이 대통령령으로 정하는 바에 따라 결합된 경우 해당 파생상품의 거래 또는 행위로부터의 이익(2017.12.19 본호개정)

② 제1항제3호에 따른 의제배당이란 다음 각 호의 금액을 말하며, 이를 해당 주주, 사원, 그 밖의 출자자에게 배당한 것으로 본다.
1. 주식의 소각이나 자본의 감소로 인하여 주주가 취득하는 금전, 그 밖의 재산의 가액(價額) 또는 퇴사·탈퇴나 출자의 감소로 인하여 사원이나 출자자가 취득하는 금전, 그 밖의 재산의 가액이 주주·사원이나 출자자가 그 주식 또는 출자를 취득하기 위하여 사용한 금액을 초과하는 금액
2. 법인의 잉여금의 전부 또는 일부를 자본 또는 출자의 금액에 전입함으로써 취득하는 주식 또는 출자의 가액. 다만, 다음 각 목의 어느 하나에 해당하는 금액을 자본에 전입하는 경우는 제외한다.
　가. 「상법」 제459조제1항에 따른 자본준비금으로서 대통령령으로 정하는 것(2012.1.1 본목개정)
　나. 「자산재평가법」에 따른 재평가적립금(같은 법 제13조제1항제1호에 따른 토지의 재평가차액에 상당하는 금액은 제외한다)
3. 해산한 법인(법인으로 보는 단체를 포함한다)의 주주·사원·출자자 또는 구성원이 그 법인의 해산으로 인한 잔여재산의 분배로 취득하는 금전이나 그 밖의 재산의 가액이 해당 주식·출자 또는 자본을 취득하기 위하여 사용한 금액을 초과하는 금액. 다만, 내국법인이 조직변경하는 경우로서 다음 각 목의 어느 하나에 해당하는 경우는 제외한다.
　가. 「상법」에 따라 조직변경하는 경우
　나. 특별법에 따라 설립된 법인이 해당 특별법의 개정 또는 폐지에 따라 「상법」에 따른 회사로 조직변경하는 경우

다. 그 밖의 법률에 따라 내국법인이 조직변경하는 경우로서 대통령령으로 정하는 경우
4. 합병으로 소멸한 법인의 주주·사원 또는 출자자가 합병 후 존속하는 법인 또는 합병으로 설립된 법인으로부터 그 합병으로 취득하는 주식 또는 출자의 가액과 금전의 합계액이 그 합병으로 소멸한 법인의 주식 또는 출자를 취득하기 위하여 사용한 금액을 초과하는 금액
5. 법인이 자기주식 또는 자기출자지분을 보유한 상태에서 제2호 각 목에 따른 자본전입을 함에 따라 그 법인 외의 주주 등의 지분비율이 증가한 경우 증가한 지분비율에 상당하는 주식 등의 가액
6. 법인이 분할하는 경우 분할되는 법인(이하 "분할법인"이라 한다) 또는 소멸한 분할합병의 상대방 법인의 주주가 분할로 설립되는 법인 또는 분할합병의 상대방 법인으로부터 분할로 취득하는 주식의 가액과 금전, 그 밖의 재산가액의 합계액(이하 "분할대가"라 한다)이 그 분할법인 또는 소멸한 분할합병의 상대방 법인의 주식(분할법인이 존속하는 경우에는 소각 등으로 감소된 주식에 한정하여 한다)을 취득하기 위하여 사용한 금액을 초과하는 금액
③ 배당소득금액은 해당 과세기간의 총수입금액으로 한다. 다만, 제1항제1호, 제2호, 제3호 및 제4호에 따른 배당소득 중 다음 각 호의 어느 하나에 해당하는 배당을 제외한 분(分)과 제1항제5호에 따른 배당소득 중 대통령령으로 정하는 배당소득에 대해서는 해당 과세기간의 총수입금액에 그 배당소득의 100분의 10에 해당하는 금액을 더한 금액으로 한다.(2023.12.31 단서개정)
1. 제2항제2호가목에 따른 자기주식 또는 자기출자지분의 소각이익의 자본전입으로 인한 의제배당
2. 제2항제2호나목에 따른 토지의 재평가차익의 자본전입으로 인한 의제배당
3. 제2항제5호에 따른 의제배당
4. 「조세특례제한법」 제132조에 따른 최저한세액(最低限稅額)이 적용되지 아니하는 법인세의 비과세·면제·감면 또는 소득공제(「조세특례제한법」 외의 법률에 따른 비과세·면제·감면 또는 소득공제를 포함한다)를 받은 법인 중 대통령령으로 정하는 법인으로부터 받은 배당소득이 있는 경우에는 그 배당소득의 금액에 대통령령으로 정하는 율을 곱하여 산출한 금액
④ 제2항제1호·제3호·제4호 및 제6호를 적용할 때 주식 또는 출자를 취득하기 위하여 사용한 금액이 불분명한 경우에는 그 주식 또는 출자의 액면가액(무액면주식의 경우에는 해당 주식의 취득일 당시 해당 주식을 발행한 법인의 자본금을 발행주식총수로 나누어 계산한 금액을 말한다. 이하 같다) 또는 출자금액을 그 주식 또는 출자의 취득에 사용한 금액으로 본다.(2012.1.1 본항개정)
⑤ 제2항을 적용할 때 주식 및 출자지분의 가액 평가 등에 필요한 사항은 대통령령으로 정한다.
⑥ 제1항 각 호에 따른 배당소득 및 제3항에 따른 배당소득금액의 범위에 관하여 필요한 사항은 대통령령으로 정한다.

제18조 (2009.12.31 삭제)

제19조【사업소득】 ① 사업소득은 해당 과세기간에 발생하는 다음 각 호의 소득으로 한다. 다만, 제21조제1항제8호의2에 따른 기타소득으로 원천징수하거나 과세표준확정신고를 한 경우에는 그러하지 아니하다.(2018.12.31 단서신설)
1. 농업(작물재배업 중 곡물 및 기타 식량작물 재배업은 제외한다. 이하 같다)·임업 및 어업에서 발생하는 소득(2014.1.1 본호개정)
2. 광업에서 발생하는 소득
3. 제조업에서 발생하는 소득

4. 전기, 가스, 증기 및 공기조절공급업에서 발생하는 소득(2018.12.31 본호개정)
5. 수도, 하수 및 폐기물 처리, 원료 재생업에서 발생하는 소득(2018.12.31 본호개정)
6. 건설업에서 발생하는 소득
7. 도매 및 소매업에서 발생하는 소득
8. 운수 및 창고업에서 발생하는 소득(2018.12.31 본호개정)
9. 숙박 및 음식점업에서 발생하는 소득
10. 정보통신업에서 발생하는 소득(2018.12.31 본호개정)
11. 금융 및 보험업에서 발생하는 소득
12. 부동산업에서 발생하는 소득. 다만, 「공익사업을 위한 토지 등의 취득 및 보상에 관한 법률」 제4조에 따른 공익사업과 관련하여 지역권·지상권(지하 또는 공중에 설정된 권리를 포함한다)을 설정하거나 대여함으로써 발생하는 소득은 제외한다.(2018.12.31 본문개정)
13. 전문, 과학 및 기술서비스업(대통령령으로 정하는 연구개발업은 제외한다)에서 발생하는 소득(2018.12.31 본호개정)
14. 사업시설관리, 사업 지원 및 임대 서비스업에서 발생하는 소득(2018.12.31 본호개정)
15. 교육서비스업(대통령령으로 정하는 교육기관은 제외한다)에서 발생하는 소득(2018.12.31 본호개정)
16. 보건업 및 사회복지서비스업(대통령령으로 정하는 사회복지사업은 제외한다)에서 발생하는 소득(2018.12.31 본호개정)
17. 예술, 스포츠 및 여가 관련 서비스업에서 발생하는 소득
18. 협회 및 단체(대통령령으로 정하는 협회 및 단체는 제외한다), 수리 및 기타 개인서비스업에서 발생하는 소득(2018.12.31 본호개정)
19. 가구내 고용활동에서 발생하는 소득
20. 제160조제3항에 따른 복식부기의무자가 차량 및 운반구 등 대통령령으로 정하는 사업용 유형자산을 양도함으로써 발생하는 소득. 다만, 제94조제1항제1호에 따른 양도소득에 해당하는 경우는 제외한다.(2019.12.31 본문개정)
21. 제1호부터 제20호까지의 규정에 따른 소득과 유사한 소득으로서 영리를 목적으로 자기의 계산과 책임하에 계속적·반복적으로 행하는 활동을 통하여 얻는 소득(2017.12.19 본호개정)
② 사업소득금액은 해당 과세기간의 총수입금액에서 이에 사용된 필요경비를 공제한 금액으로 하며, 필요경비가 총수입금액을 초과하는 경우 그 초과하는 금액을 "결손금"이라 한다.
③ 제1항 각 호에 따른 사업의 범위에 관하여는 이 법에 특별한 규정이 있는 경우 외에는 「통계법」 제22조에 따라 통계청장이 고시하는 한국표준산업분류에 따르고, 그 밖의 사업소득의 범위에 관하여 필요한 사항은 대통령령으로 정한다.

|판례| 부동산의 양도로 인한 소득이 소득세법상의 사업소득인지 혹은 양도소득인지의 여부의 판단 기준 : 부동산의 양도로 인한 소득이 소득세법상 사업소득인지 혹은 양도소득인지는 양도인의 부동산 취득 및 보유현황, 조성의 유무, 양도의 규모, 횟수, 태양, 상대방 등에 비추어 그 양도가 수익을 목적으로 하고 있는지 여부와 사업활동으로 볼 수 있을 정도의 계속성과 반복성이 있는지 등을 고려하여 사회통념에 따라 판단하여야 하고, 그 판단을 할 때에 있어서는 단지 당해 양도 부동산에 대한 것뿐만 아니라, 양도인이 보유하는 부동산 전반에 걸쳐 당해 양도가 행하여진 시기의 전후를 통한 모든 사정을 참작하여야 한다. (대판 2010.7.22, 2008두21768)

제20조【근로소득】 ① 근로소득은 해당 과세기간에 발생한 다음 각 호의 소득으로 한다.
1. 근로를 제공함으로써 받는 봉급·급료·보수·세

비·임금·상여·수당과 이와 유사한 성질의 급여
2. 법인의 주주총회·사원총회 또는 이에 준하는 의결기관의 결의에 따라 상여로 받는 소득
3. 「법인세법」에 따라 상여로 처분된 금액
4. 퇴직함으로써 받는 소득으로서 퇴직소득에 속하지 아니하는 소득
5. 종업원등 또는 대학의 교직원이 지급받는 직무발명보상금(제21조제1항제22호의2에 따른 직무발명보상금은 제외한다)(2016.12.20 본호신설)
② 근로소득금액은 제1항 각 호의 소득의 금액의 합계액(비과세소득의 금액은 제외하며, 이하 "총급여액"이라 한다)에서 제47조에 따른 근로소득공제를 적용한 금액으로 한다.
③ 근로소득의 범위에 관하여 필요한 사항은 대통령령으로 정한다.
제20조의2 (2006.12.30 삭제)
제20조의3【연금소득】① 연금소득은 해당 과세기간에 발생한 다음 각 호의 소득으로 한다.
1. 공적연금 관련법에 따라 받는 각종 연금(이하 "공적연금소득"이라 한다)
2. 다음 각 목에 해당하는 금액을 그 소득의 성격에도 불구하고 연금계좌["연금저축"의 명칭으로 설정하는 대통령령으로 정하는 계좌(이하 "연금저축계좌"라 한다) 또는 퇴직연금을 지급받기 위하여 설정하는 대통령령으로 정하는 계좌(이하 "퇴직연금계좌"라 한다)를 말한다. 이하 같다]에서 대통령령으로 정하는 연금형태 등으로 인출(이하 "연금수령"이라 하며, 연금수령 외의 인출은 "연금외수령"이라 한다)하는 경우의 그 연금(2014.12.23 본문개정)
   가. 제146조제2항에 따라 원천징수되지 아니한 퇴직소득
   나. 제59조의3에 따라 세액공제를 받은 연금계좌 납입액(2023.12.31 본목개정)
   다. 연금계좌의 운용실적에 따라 증가된 금액
   라. 그 밖에 연금계좌에 이체 또는 입금되어 해당 금액에 대한 소득세가 이연(移延)된 소득으로서 대통령령으로 정하는 소득
3. 제2호에 따른 소득과 유사하고 연금 형태로 받는 것으로서 대통령령으로 정하는 소득
(2013.1.1 본항개정)
② 공적연금소득은 2002년 1월 1일 이후에 납입된 연금 기여금 및 사용자 부담금(국가 또는 지방자치단체의 부담금을 포함한다. 이하 같다)을 기초로 하거나 2002년 1월 1일 이후 근로의 제공을 기초로 하여 받는 연금소득으로 한다.(2013.1.1 본항개정)
③ 연금소득금액은 제1항 각 호에 따른 소득의 금액의 합계액(제2항에 따라 연금소득에서 제외되는 소득과 비과세소득의 금액은 제외하며, 이하 "총연금액"이라 한다)에서 제47조의2에 따른 연금소득공제를 적용한 금액으로 한다.
④ 연금소득의 범위 및 계산방법과 그 밖에 필요한 사항은 대통령령으로 정한다.
제21조【기타소득】① 기타소득은 이자소득·배당소득·사업소득·근로소득·연금소득·퇴직소득 및 양도소득 외의 소득으로서 다음 각 호에서 규정하는 것으로 한다.
1. 상금, 현상금, 포상금, 보로금 또는 이에 준하는 금품
2. 복권, 경품권, 그 밖의 추첨권에 당첨되어 받는 금품
3. 「사행행위 등 규제 및 처벌특례법」에서 규정하는 행위(적법 또는 불법 여부는 고려하지 아니한다)에 참가하여 얻은 재산상의 이익(2012.1.1 본호개정)
4. 「한국마사회법」에 따른 승마투표권, 「경륜·경정법」에 따른 승자투표권, 「전통소싸움경기에 관한 법률」

에 따른 소싸움경기투표권 및 「국민체육진흥법」에 따른 체육진흥투표권의 구매자가 받는 환급금(발생원인이 되는 행위의 적법 또는 불법 여부는 고려하지 아니한다)(2012.1.1 본호개정)
5. 저작자 또는 실연자(實演者)·음반제작자·방송사업자 외의 자가 저작권 또는 저작인접권의 양도 또는 사용의 대가로 받는 금품
6. 다음 각 목의 자산 또는 권리의 양도·대여 또는 사용의 대가로 받는 금품
   가. 영화필름
   나. 라디오·텔레비전방송용 테이프 또는 필름
   다. 그 밖에 가목 및 나목과 유사한 것으로서 대통령령으로 정하는 것
7. 광업권·어업권·양식업권·산업재산권·산업정보, 산업상 비밀, 상표권·영업권(대통령령으로 정하는 점포 임차권을 포함한다), 토사석(土砂石)의 채취허가에 따른 권리, 지하수의 개발·이용권, 그 밖에 이와 유사한 자산이나 권리를 양도하거나 대여하고 그 대가로 받는 금품(2019.8.27 본호개정)
8. 물품(유가증권을 포함한다) 또는 장소를 일시적으로 대여하고 사용료로서 받는 금품(2010.12.27 본호개정)
8의2. 「전자상거래 등에서의 소비자보호에 관한 법률」에 따라 통신판매중개를 하는 자를 통하여 물품 또는 장소를 대여하고 대통령령으로 정하는 규모 이하의 사용료로서 받은 금품(2018.12.31 본호신설)
9. 「공익사업을 위한 토지 등의 취득 및 보상에 관한 법률」 제4조에 따른 공익사업과 관련하여 지역권·지상권(지하 또는 공중에 설정된 권리를 포함한다)을 설정하거나 대여함으로써 발생하는 소득
(2017.12.19 본호개정)
10. 계약의 위약 또는 해약으로 인하여 받는 소득으로서 다음 각 목의 어느 하나에 해당하는 것
(2014.12.23 본문개정)
    가. 위약금
    나. 배상금
    다. 부당이득 반환 시 지급받는 이자
(2014.12.23 가목~다목신설)
11. 유실물의 습득 또는 매장물의 발견으로 인하여 보상금을 받거나 새로 소유권을 취득하는 경우 그 보상금 또는 자산
12. 소유자가 없는 물건의 점유로 소유권을 취득하는 자산
13. 거주자·비거주자 또는 법인의 대통령령으로 정하는 특수관계인이 그 특수관계로 인하여 그 거주자·비거주자 또는 법인으로부터 받는 경제적 이익으로서 급여·배당 또는 증여로 보지 아니하는 금품
(2012.1.1 본호개정)
14. 슬롯머신(비디오게임을 포함한다) 및 투전기(投錢機), 그 밖에 이와 유사한 기구(이하 "슬롯머신등"이라 한다)를 이용하는 행위에 참가하여 받는 당첨금품·배당금품 또는 이에 준하는 금품(이하 "당첨금품등"이라 한다)
15. 문예·학술·미술·음악 또는 사진에 속하는 창작품[「신문 등의 진흥에 관한 법률」에 따른 신문 및 「잡지 등 정기간행물의 진흥에 관한 법률」에 따른 정기간행물에 게재하는 삽화 및 만화와 우리나라의 창작품 또는 고전을 외국어로 번역하거나 국역하는 것을 포함한다]에 대한 원작자로서 받는 소득으로서 다음 각 목의 어느 하나에 해당하는 것
    가. 원고료
    나. 저작권사용료인 인세(印稅)

直接稅

다. 미술·음악 또는 사진에 속하는 창작품에 대하여 받는 대가
16. 재산권에 관한 알선 수수료
17. 사례금
18. 대통령령으로 정하는 소기업·소상공인 공제부금의 해지일시금
19. 다음 각 목의 어느 하나에 해당하는 인적용역(제15호부터 제17호까지의 규정을 적용받는 용역은 제외한다)을 일시적으로 제공하고 받는 대가
    가. 고용관계 없이 다수인에게 강연을 하고 강연료 등 대가를 받는 용역
    나. 라디오·텔레비전방송 등을 통하여 해설·계몽 또는 연기의 심사 등을 하고 보수 또는 이와 유사한 성질의 대가를 받는 용역
    다. 변호사, 공인회계사, 세무사, 건축사, 측량사, 변리사, 그 밖에 전문적 지식 또는 특별한 기능을 가진 자가 그 지식 또는 기능을 활용하여 보수 또는 그 밖의 대가를 받고 제공하는 용역
    라. 그 밖에 고용관계 없이 수당 또는 이와 유사한 성질의 대가를 받고 제공하는 용역
20. 「법인세법」 제67조에 따라 기타소득으로 처분된 소득
21. 제20조의3제1항제2호나목 및 다목의 금액을 그 소득의 성격에도 불구하고 연금외수령한 소득
    (2013.1.1 본호개정)
22. 퇴직 전에 부여받은 주식매수선택권을 퇴직 후에 행사하거나 고용관계 없이 주식매수선택권을 부여받아 이를 행사함으로써 얻는 이익
22의2. 종업원등 또는 대학의 교직원이 퇴직한 후에 지급받는 직무발명보상금(2016.12.20 본호신설)
23. 뇌물
24. 알선수재 및 배임수재에 의하여 받는 금품
25. (2020.12.29 삭제)
26. 종교관련종사자가 종교의식을 집행하는 등 종교관련종사자로서의 활동과 관련하여 대통령령으로 정하는 종교단체로부터 받은 소득(이하 "종교인소득"이라 한다)(2015.12.15 본호신설)
② 제1항 및 제19조제1항제21호에도 불구하고 대통령령으로 정하는 서화(書畵)·골동품의 양도로 발생하는 소득(사업장을 갖추는 등 대통령령으로 정하는 경우에 발생하는 소득은 제외한다)은 기타소득으로 한다.
(2020.12.29 본항신설)
③ 기타소득금액은 해당 과세기간의 총수입금액에서 이에 사용된 필요경비를 공제한 금액으로 한다.
④ 제1항제26호에 따른 종교인소득에 대하여 제20조제1항에 따른 근로소득으로 원천징수하거나 과세표준확정신고를 한 경우에는 해당 소득을 근로소득으로 본다.
(2015.12.15 본항신설)
⑤ 기타소득의 구체적 범위 및 계산방법과 그 밖에 필요한 사항은 대통령령으로 정한다.
제22조【퇴직소득】① 퇴직소득은 해당 과세기간에 발생한 다음 각 호의 소득으로 한다.
1. 공적연금 관련법에 따라 받는 일시금
2. 사용자 부담금을 기초로 하여 현실적인 퇴직을 원인으로 지급받는 소득
3. 그 밖에 제1호 및 제2호와 유사한 소득으로서 대통령령으로 정하는 소득
(2013.1.1 본항개정)
② 제1항제1호에 따른 퇴직소득은 2002년 1월 1일 이후에 납입된 연금 기여금 및 사용자 부담금을 기초로 하거나 2002년 1월 1일 이후 근로의 제공을 기초로 하여 받은 일시금으로 한다.(2013.1.1 본항개정)

③ 퇴직소득금액은 제1항 각 호에 따른 소득의 금액의 합계액(비과세소득의 금액은 제외한다)으로 한다. 다만, 대통령령으로 정하는 임원의 퇴직소득금액(제1항제1호의 금액은 제외하며, 2011년 12월 31일에 퇴직하였다고 가정할 때 지급받을 대통령령으로 정하는 퇴직소득금액이 있는 경우에는 그 금액을 뺀 금액을 말한다)이 다음 계산식에 따라 계산한 금액을 초과하는 경우에는 제1항에도 불구하고 그 초과하는 금액은 근로소득으로 본다.

2019년 12월 31일부터 소급하여 3년(2012년 1월 1일부터 2019년 12월 31일까지의 근무기간이 3년 미만인 경우에는 해당 근무기간으로 한다) 동안 지급받은 총급여의 연평균환산액 ×

$$\frac{1}{10} \times \frac{2012년\ 1월\ 1일부터\ 2019년\ 12월\ 31일까지의\ 근무기간}{12} \times 3\ +$$

퇴직한 날부터 소급하여 3년(2020년 1월 1일부터 퇴직한 날까지의 근무기간이 3년 미만인 경우에는 해당 근무기간으로 한다) 동안 지급받은 총급여의 연평균환산액 ×

$$\frac{1}{10} \times \frac{2020년\ 1월\ 1일\ 이후의\ 근무기간}{12} \times 2$$

(2019.12.31 본항개정)
④ 제3항 단서와 그 계산식을 적용할 때 근무기간과 총급여는 다음 각 호의 방법으로 산정한다.
1. 근무기간 : 개월 수로 계산한다. 이 경우 1개월 미만의 기간이 있는 경우에는 이를 1개월로 본다.
2. 총급여 : 봉급·상여 등 제20조제1항제1호 및 제2호에 따른 근로소득(제12조에 따른 비과세소득은 제외한다)을 합산한다.
(2014.12.23 본항개정)
⑤ (2013.1.1 삭제)
⑥ 퇴직소득의 범위 및 계산방법과 그 밖에 필요한 사항은 대통령령으로 정한다.
제23조 (2006.12.30 삭제)

제3절 소득금액의 계산
    (2009.12.31 본절제목개정)

제1관 총수입금액
    (2009.12.31 본관개정)

제24조【총수입금액의 계산】① 거주자의 각 소득에 대한 총수입금액(총급여액과 총연금액을 포함한다. 이하 같다)은 해당 과세기간에 수입하였거나 수입할 금액의 합계액으로 한다.
② 제1항의 경우 금전 외의 것을 수입할 때에는 그 수입금액을 그 거래 당시의 가액에 의하여 계산한다.
③ 총수입금액을 계산할 때 수입하였거나 수입할 금액의 범위와 계산에 관하여 필요한 사항은 대통령령으로 정한다.
제25조【총수입금액 계산의 특례】① 거주자가 부동산 또는 그 부동산상의 권리 등을 대여하고 보증금·전세금 또는 이와 유사한 성질의 금액(이하 이 항에서 "보증금 등"이라 한다)을 받은 경우에는 대통령령으로 정하는 바에 따라 계산한 금액을 사업소득금액을 계산할 때에 총수입금액에 산입(算入)한다. 다만, 주택[주거의 용도로만 쓰이는 면적이 1호(戶) 또는 1세대당 40제곱미터 이하인 주택으로서 해당 과세기간의 기준시가가 2억원 이하인 주택은 2026년 12월 31일까지는 주택 수에 포함하지 아니한다]을 대여하고 보증금등을 받은 경우에는 다음 각 호의 어느 하나에 해당하는 경우를 말하며,

주택 수의 계산 그밖에 필요한 사항은 대통령령으로 정한다.(2023.12.31 단서개정)
1. 3주택 이상을 소유하고 해당 주택의 보증금등의 합계액이 3억원을 초과하는 경우(2023.12.31 본호신설)
2. 2주택(해당 과세기간의 기준시가가 12억원 이하인 주택은 주택 수에 포함하지 아니한다)을 소유하고 해당 주택의 보증금등의 합계액이 3억원 이상의 금액으로서 대통령령으로 정하는 금액을 초과하는 경우(2023.12.31 본호신설 : 2026.1.1 시행)
② 거주자가 재고자산(在庫資産) 또는 임목을 가사용으로 소비하거나 종업원 또는 타인에게 지급한 경우에도 이를 소비하거나 지급하였을 때의 가액에 해당하는 금액은 그 소비하거나 지급한 날이 속하는 과세기간의 사업소득금액 또는 기타소득금액을 계산할 때 총수입금액에 산입한다.
③ (2017.12.19 삭제)

제26조【총수입금액 불산입】① 거주자가 소득세 또는 개인지방소득세를 환급받았거나 환급받을 금액 중 다른 세액에 충당한 금액은 해당 과세기간의 소득금액을 계산할 때 총수입금액에 산입하지 아니한다.(2014.1.1 본항개정)
② 거주자가 무상(無償)으로 받은 자산의 가액(제160조에 따른 복식부기의무자가 제32조에 따른 국고보조금 등 국가, 지방자치단체 또는 공공기관으로부터 무상으로 지급받은 대통령령으로 정하는 금액은 제외한다)과 채무의 면제 또는 소멸로 인한 부채의 감소액 중 제45조제3항에 따른 이월결손금의 보전(補塡)에 충당된 금액은 해당 과세기간의 소득금액을 계산할 때 총수입금액에 산입하지 아니한다.(2019.12.31 본항개정)
③ 거주자의 사업소득금액을 계산할 때 이전 과세기간으로부터 이월된 소득금액은 해당 과세기간의 소득금액을 계산할 때 총수입금액에 산입하지 아니한다.
④ 농업, 임업, 어업, 광업 또는 제조업을 경영하는 거주자가 자기가 채굴, 포획, 양식, 수확 또는 채취한 농산물, 포획물, 축산물, 임산물, 수산물, 광산물, 토사석이나 자기가 생산한 제품을 자기가 생산하는 다른 제품의 원재료 또는 제조용 연료로 사용한 경우 그 사용된 부분에 상당하는 금액은 해당 과세기간의 소득금액을 계산할 때 총수입금액에 산입하지 아니한다.
⑤ 건설업을 경영하는 거주자가 자기가 생산한 물품을 자기가 도급받은 건설공사의 자재로 사용한 경우 그 사용된 부분에 상당하는 금액은 해당 과세기간의 소득금액을 계산할 때 총수입금액에 산입하지 아니한다.
⑥ 전기·가스·증기 및 수도사업을 경영하는 거주자가 자기가 생산한 전력·가스·증기 또는 수돗물을 자기가 경영하는 다른 사업의 동력·연료 또는 용수로 사용한 경우 그 사용한 부분에 상당하는 금액은 해당 과세기간의 소득금액을 계산할 때 총수입금액에 산입하지 아니한다.
⑦ 개별소비세 및 주세의 납세의무자인 거주자가 자기의 총수입금액으로 수입하였거나 수입할 금액에 따라 납부하였거나 납부할 개별소비세 및 주세는 해당 과세기간의 소득금액을 계산할 때 총수입금액에 산입하지 아니한다. 다만, 원재료, 연료, 그 밖의 물품을 매입·수입 또는 사용함에 따라 부담하는 세액은 그러하지 아니하다.
⑧ 「국세기본법」 제52조에 따른 국세환급가산금, 「지방세기본법」 제62조에 따른 지방세환급가산금, 그 밖의 과오납금(過誤納金)의 환급금에 대한 이자는 해당 과세기간의 소득금액을 계산할 때 총수입금액에 산입하지 아니한다.(2016.12.27 본항개정)
⑨ 부가가치세의 매출세액은 해당 과세기간의 소득금액을 계산할 때 총수입금액에 산입하지 아니한다.

⑩ 「조세특례제한법」 제106조의2제2항에 따라 석유판매업자가 환급받은 세액은 해당 과세기간의 소득금액을 계산할 때 총수입금액에 산입하지 아니한다.

제2관 필요경비
(2009.12.31 본관개정)

제27조【사업소득의 필요경비의 계산】① 사업소득금액을 계산할 때 필요경비에 산입할 금액은 해당 과세기간의 총수입금액에 대응하는 비용으로서 일반적으로 용인되는 통상적인 것의 합계액으로 한다.(2010.12.27 본항개정)
② 해당 과세기간 전의 총수입금액에 대응하는 비용으로서 그 과세기간에 확정된 것에 대해서는 그 과세기간 전에 필요경비로 계상하지 아니한 것만 그 과세기간의 필요경비로 본다.
③ 필요경비의 계산에 필요한 사항은 대통령령으로 정한다.
(2010.12.27 본조제목개정)

제28조【대손충당금의 필요경비 계산】① 사업자가 외상매출금, 미수금, 그 밖에 이에 준하는 채권에 대한 대손충당금을 필요경비로 계상한 경우에는 대통령령으로 정하는 범위에서 이를 해당 과세기간의 소득금액을 계산할 때 필요경비에 산입한다.
② 제1항에 따라 필요경비에 산입한 대손충당금의 잔액은 다음 과세기간의 소득금액을 계산할 때 총수입금액에 산입한다.
③ 대손충당금의 처리에 필요한 사항은 대통령령으로 정한다.

제29조【퇴직급여충당금의 필요경비 계산】① 사업자가 종업원의 퇴직급여에 충당하기 위하여 퇴직급여충당금을 필요경비로 계상한 경우에는 대통령령으로 정하는 범위에서 이를 해당 과세기간의 소득금액을 계산할 때 필요경비에 산입한다.
② 퇴직급여충당금의 처리에 필요한 사항은 대통령령으로 정한다.

제30조 (1998.4.10 삭제)

제31조【보험차익으로 취득한 자산가액의 필요경비 계산】① 사업자가 유형자산의 멸실 또는 파손으로 인하여 보험금을 지급받아 그 멸실한 유형자산을 대체하여 같은 종류의 자산을 취득하거나 대체 취득한 자산 또는 그 파손된 유형자산을 개량한 경우에는 해당 자산의 가액 중 그 자산의 취득 또는 개량에 사용된 보험차익 상당액으로서 대통령령으로 정하는 바에 따라 보험금을 받은 날이 속하는 과세기간의 소득금액을 계산할 때 필요경비에 산입할 수 있다.(2019.12.31 본항개정)
② 보험금을 받은 날이 속하는 과세기간에 제1항에 따라 해당 자산을 취득하거나 개량할 수 없는 경우에는 그 과세기간의 다음 과세기간 개시일부터 2년 이내에 그 자산을 취득 또는 개량하는 경우에는 제1항을 준용한다.
③ 제2항에 따라 보험차익 상당액을 필요경비에 산입하려는 자는 그 받은 보험금의 사용계획서를 대통령령으로 정하는 바에 따라 납세지 관할 세무서장에게 제출하여야 한다.(2019.12.31 본항개정)
④ 제2항에 따라 보험차익 상당액을 필요경비에 산입한 자가 다음 각 호의 어느 하나에 해당하면 그 보험차익 상당액을 해당 사유가 발생한 과세기간의 총수입금액에 산입한다.(2019.12.31 본문개정)
1. 보험차익 상당액을 제1항의 자산의 취득 또는 개량을 위하여 그 기한까지 사용하지 아니한 경우(2019.12.31 본호개정)
2. 제2항의 기간에 해당 사업을 폐업한 경우(2019.12.31 본조제목개정)

제32조【국고보조금으로 취득한 사업용 자산가액의 필요경비 계산】 ① 사업자가 사업용 자산을 취득하거나 개량할 목적으로 「보조금 관리에 관한 법률」에 따른 보조금(이하 "국고보조금"이라 한다)을 받아 그 목적에 지출한 경우 또는 사업용 자산을 취득하거나 개량하고 이에 대한 국고보조금을 사후에 지급받은 경우에는 해당 사업용 자산의 취득 또는 개량에 사용된 국고보조금에 상당하는 금액은 대통령령으로 정하는 바에 따라 그 국고보조금을 받은 날이 속하는 과세기간의 소득금액을 계산할 때 필요경비에 산입할 수 있다. (2011.7.25 본항개정)
② 국고보조금을 받은 날이 속하는 과세기간에 제1항의 사업용 자산을 취득하거나 개량할 수 없는 경우에는 그 과세기간의 다음 과세기간 종료일까지 이를 취득하거나 개량하는 것만 제1항을 준용한다. 이 경우 공사의 허가나 인가의 지연 등 대통령령으로 정하는 부득이한 사유로 국고보조금을 기한까지 사용하지 못한 경우에는 해당 사유가 없어진 날이 속하는 과세기간의 종료일을 그 기한으로 한다.
③ 제2항에 따라 국고보조금을 필요경비에 산입하려는 자는 그 국고보조금의 사용계획서를 대통령령으로 정하는 바에 따라 납세지 관할 세무서장에게 제출하여야 한다.
④ 제1항이나 제2항에 따라 국고보조금을 필요경비에 산입한 자가 다음 각 호의 어느 하나에 해당하면 그 국고보조금 상당액을 해당 사유가 발생한 과세기간의 총수입금액에 산입한다.
1. 국고보조금을 제1항의 사업용 자산의 취득 또는 개량을 위하여 그 기한까지 사용하지 아니한 경우
2. 제2항의 기한까지 해당 사업을 폐업한 경우

제33조【필요경비 불산입】 ① 거주자가 해당 과세기간에 지급하였거나 지급할 금액 중 다음 각 호에 해당하는 것은 사업소득금액을 계산할 때 필요경비에 산입하지 아니한다. (2010.12.27 본문개정)
1. 소득세(제57조에 따라 세액공제를 적용하는 경우의 외국소득세액을 포함한다)와 개인지방소득세 (2020.12.29 본호개정)
2. 벌금·과료(통고처분에 따른 벌금 또는 과료에 해당하는 금액을 포함한다)와 과태료
3. 「국세징수법」이나 그 밖에 조세에 관한 법률에 따른 가산금과 강제징수비(2020.12.29 본호개정)
4. 조세에 관한 법률에 따른 징수의무의 불이행으로 인하여 납부하였거나 납부할 세액(가산세액을 포함한다)
5. 대통령령으로 정하는 가사(家事)의 경비와 이에 관련되는 경비
6. 각 과세기간에 계상한 감가상각자산의 감가상각비로서 대통령령으로 정하는 바에 따라 계산한 금액을 초과하는 금액
7. 제39조제3항 단서 및 같은 조 제4항 각 호에 따른 자산을 제외한 자산의 평가차손
8. 반출하였으나 판매하지 아니한 제품에 대한 개별소비세 또는 주세의 미납액. 다만, 제품가액에 그 세액상당액을 더한 경우는 제외한다.
9. 부가가치세의 매입세액. 다만, 부가가치세가 면제되거나 그 밖에 대통령령으로 정하는 경우의 세액과 부가가치세 간이과세자가 납부한 부가가치세액은 제외한다.
10. 차입금 중 대통령령으로 정하는 건설자금에 충당한 금액의 이자
11. 대통령령으로 정하는 채권자가 불분명한 차입금의 이자(2018.12.31 본호개정)
12. 법령에 따라 의무적으로 납부하는 것이 아닌 공과금이나 법령에 따른 의무의 불이행 또는 금지·제한 등의 위반에 대한 제재로서 부과되는 공과금

13. 각 과세기간에 지출한 경비 중 대통령령으로 정하는 바에 따라 직접 그 업무와 관련이 없다고 인정되는 금액
14. 선급비용(先給費用)
15. 업무와 관련하여 고의 또는 중대한 과실로 타인의 권리를 침해한 경우에 지급되는 손해배상금
② 제1항제5호·제10호·제11호 및 제13호가 동시에 적용되는 경우에는 대통령령으로 정하는 순서에 따라 적용한다.
③ 제1항에 따른 필요경비 불산입에 관하여 필요한 사항은 대통령령으로 정한다.

제33조의2【업무용승용차 관련 비용 등의 필요경비 불산입 특례】 ① 제160조제3항에 따른 복식부기의무자가 해당 과세기간에 업무에 사용한 「개별소비세법」 제1조제2항제3호에 해당하는 승용자동차(운수업, 자동차판매업 등에서 사업에 직접 사용하는 승용자동차로서 대통령령으로 정하는 것은 제외하며, 이하 이 조 및 제81조의14에서 "업무용승용차"라 한다)를 취득하거나 임차하여 해당 과세기간에 필요경비로 계상하거나 지출한 감가상각비, 임차료, 유류비 등 대통령령으로 정하는 비용(이하 이 조 및 제81조의14에서 "업무용승용차 관련 비용"이라 한다) 중 대통령령으로 정하는 업무용 사용금액(이하 이 조에서 "업무사용금액"이라 한다)에 해당하지 아니하는 금액은 해당 과세기간의 사업소득금액을 계산할 때 필요경비에 산입하지 아니한다. (2021.12.8 본항개정)
② 제1항을 적용할 때 업무사용금액 중 다음 각 호의 구분에 해당하는 비용이 해당 과세기간에 각각 800만원(해당 과세기간이 1년 미만이거나 과세기간 중 일부 기간 동안 보유하거나 임차한 경우에는 800만원에 해당 보유기간 또는 임차기간 월수를 곱하고 이를 12로 나누어 산출한 금액을 말한다)을 초과하는 경우 그 초과하는 금액(이하 이 조에서 "감가상각비 한도초과액"이라 한다)은 해당 과세기간의 필요경비에 산입하지 아니하고 대통령령으로 정하는 방법에 따라 이월하여 필요경비에 산입한다.(2017.12.19 본항개정)
1. 업무용승용차별 해당 과세기간의 감가상각비
2. 업무용승용차별 연간 임차료 중 대통령령으로 정하는 감가상각비 상당액
③ 제160조제3항에 따른 복식부기의무자가 업무용승용차를 처분하여 발생하는 손실로서 업무용승용차별로 8백만원을 초과하는 금액은 대통령령으로 정하는 이월 등의 방법에 따라 필요경비에 산입한다.
④ 제1항부터 제3항까지에 따라 업무용승용차 관련 비용 등을 필요경비에 산입한 제160조제3항에 따른 복식부기의무자는 대통령령으로 정하는 바에 따라 업무용승용차 관련 비용 등에 관한 명세서를 납세지 관할세무서장에게 제출하여야 한다.
⑤ 업무사용금액의 계산방법, 감가상각비 한도초과액 이월방법과 그 밖에 필요한 사항은 대통령령으로 정한다. (2015.12.15 본조신설)

제34조【기부금의 필요경비 불산입】 ① 이 조에서 "기부금"이란 사업자가 사업과 직접적인 관계없이 무상으로 지출하는 금액(대통령령으로 정하는 거래를 통하여 실질적으로 증여한 것으로 인정되는 금액을 포함한다)을 말한다.(2018.12.31 본항신설)
② 사업자가 해당 과세기간에 지출한 기부금 및 제5항에 따라 이월된 기부금 중 제1호에 따른 특례기부금은 제2호에 따라 산출한 필요경비 산입한도액 내에서 해당 과세기간의 사업소득금액을 계산할 때 필요경비에 산입하고, 필요경비 산입한도액을 초과하는 금액은 필요경비에 산입하지 아니한다.(2022.12.31 본문개정)
1. 특례기부금 : 다음 각 목의 어느 하나에 해당하는 기부금(2022.12.31 본문개정)

가. 「법인세법」 제24조제2항제1호에 따른 기부금
나. 「재난 및 안전관리 기본법」에 따른 특별재난지역을 복구하기 위하여 자원봉사를 한 경우 그 용역의 가액. 이 경우 용역의 가액산정방법 등에 관하여 필요한 사항은 대통령령으로 정한다.
2. 필요경비 산입한도액 : 다음 계산식에 따라 계산한 금액

> 필요경비 산입한도액 = A - B
> A : 기부금을 필요경비에 산입하기 전의 해당 과세기간의 소득금액(이하 이 조에서 "기준소득금액"이라 한다)
> B : 제45조에 따른 이월결손금(이하 이 조에서 "이월결손금"이라 한다)

(2020.12.29 본항개정)
③ 사업자가 해당 과세기간에 지출한 기부금 및 제5항에 따라 이월된 기부금 중 제1호에 따른 일반기부금은 제2호에 따라 산출한 필요경비 산입한도액 내에서 해당 과세기간의 사업소득금액을 계산할 때 필요경비에 산입하고, 필요경비 산입한도액을 초과하는 금액은 필요경비에 산입하지 아니한다.(2022.12.31 본문개정)
1. 일반기부금 : 사회복지·문화·예술·교육·종교·자선·학술 등 공익성을 고려하여 대통령령으로 정하는 기부금(제2항제1호에 따른 기부금은 제외한다)
(2022.12.31 본호개정)
2. 필요경비 산입한도액 : 다음 각 목의 구분에 따라 계산한 금액
가. 종교단체에 기부한 금액이 있는 경우

> 필요경비 산입한도액 =
> 〔(A - (B + C)) × 100분의 10〕 + 〔(A - (B + C)) × 100분의 20과 종교단체 외에 기부한 금액 중 적은 금액〕
> A : 기준소득금액
> B : 제2항에 따라 필요경비에 산입하는 기부금
> C : 이월결손금

나. 종교단체에 기부한 금액이 없는 경우

> 필요경비 산입한도액 =
> 〔A - (B + C)〕 × 100분의 30
> A : 기준소득금액
> B : 제2항에 따라 필요경비에 산입하는 기부금
> C : 이월결손금

(2020.12.29 본항개정)
④ 제2항제1호 및 제3항제1호 외의 기부금은 해당 과세기간의 사업소득금액을 계산할 때 필요경비에 산입하지 아니한다.(2020.12.29 본항개정)
⑤ 사업자가 해당 과세기간에 지출하는 기부금 중 제2항제2호 및 제3항제2호에 따른 필요경비 산입한도액을 초과하여 필요경비에 산입하지 아니한 특례기부금 및 일반기부금의 금액(제59조의4제4항에 따라 종합소득세 신고 시 세액공제를 적용받은 기부금의 금액은 제외한다)은 대통령령으로 정하는 바에 따라 해당 과세기간의 다음 과세기간 개시일부터 10년 이내에 끝나는 각 과세기간에 이월하여 필요경비에 산입할 수 있다.
(2022.12.31 본항개정)
⑥ 제2항 및 제3항을 적용할 때 제50조제1항제2호 및 제3호에 해당하는 사람(나이의 제한을 받지 아니하며, 다른 거주자의 기본공제를 적용받은 사람은 제외한다)이 지급한 기부금은 해당 사업자의 기부금에 포함한다.
(2020.12.29 본항개정)
⑦ 제1항부터 제6항까지에서 규정한 사항 외에 기부금의 계산, 제출서류, 기부금을 받는 단체의 관리 등 기부금의 필요경비 불산입에 관하여 필요한 사항은 대통령령으로 정한다.(2020.12.29 본항개정)

제35조 【기업업무추진비의 필요경비 불산입】 ① 이 조에서 "기업업무추진비"란 접대, 교제, 사례 또는 그 밖에 어떠한 명목이든 상관없이 이와 유사한 목적으로 지출한 비용으로서 사업자가 직접적 또는 간접적으로 업무와 관련이 있는 자와 업무를 원활하게 진행하기 위하여 지출한 금액(사업자가 종업원이 조직한 조합 또는 단체에 지출한 복지시설비 중 대통령령으로 정하는 것을 포함한다)을 말한다.(2022.12.31 본항개정)
② 사업자가 한 차례의 접대에 지출한 기업업무추진비 중 대통령령으로 정하는 금액을 초과하는 기업업무추진비로서 다음 각 호의 어느 하나에 해당하지 아니하는 것은 각 과세기간의 소득금액을 계산할 때 필요경비에 산입하지 아니한다. 다만, 지출사실이 객관적으로 명백한 경우로서 다음 각 호의 어느 하나에 해당하는 기업업무추진비라는 증거자료를 구비하기 어려운 국외지역에서의 지출 및 농어민에 대한 지출로서 대통령령으로 정하는 지출은 그러하지 아니하다.(2022.12.31 본문개정)
1. 다음 각 목의 어느 하나에 해당하는 것(이하 이 조에서 "신용카드등"이라 한다)을 사용하여 지출하는 기업업무추진비(2022.12.31 본문개정)
가. 「여신전문금융업법」에 따른 신용카드(신용카드와 유사한 것으로서 대통령령으로 정하는 것을 포함한다. 이하 같다)
나. 제160조의2제2항제4호에 따른 현금영수증
2. 제163조 및 「법인세법」 제121조에 따른 계산서 또는 「부가가치세법」 제32조 및 제35조에 따른 세금계산서를 발급받아 지출하는 기업업무추진비(2022.12.31 본호개정)
3. 제163조의3에 따른 매입자발행계산서 및 「부가가치세법」 제34조의2제2항에 따른 매입자발행세금계산서를 발행하여 지출하는 기업업무추진비(2022.12.31 본호개정)
4. 대통령령으로 정하는 원천징수영수증을 발행하여 지출하는 기업업무추진비(2022.12.31 본호개정)
③ 사업자가 해당 과세기간에 지출한 기업업무추진비(제2항에 따라 필요경비에 산입하지 아니하는 금액은 제외한다)로서 다음 각 호의 금액의 합계액을 초과하는 금액은 그 과세기간의 소득금액을 계산할 때 필요경비에 산입하지 아니한다.(2022.12.31 본문개정)
1. 기본한도 : 다음 계산식에 따라 계산한 금액

> 기본한도금액 = A × B × $\frac{1}{12}$
> A : 1천200만원(「조세특례제한법」 제6조제1항에 따른 중소기업의 경우에는 3천600만원)
> B : 해당 과세기간의 개월 수〔개월 수는 역(曆)에 따라 계산하되, 1개월 미만의 일수는 1개월로 한다〕

(2020.12.29 본호개정)
2. 수입금액별 한도 : 해당 사업에 대한 해당 과세기간의 수입금액(대통령령으로 정하는 수입금액만 해당한다) 합계액에 다음 표에 규정된 적용률을 적용하여 산출한 금액. 다만, 대통령령으로 정하는 특수관계인과의 거래에서 발생한 수입금액에 대해서는 다음 표에 규정된 적용률을 적용하여 산출한 금액의 100분의 10에 해당하는 금액으로 한다.

수입금액	적용률
가. 100억원 이하	1만분의 30
나. 100억원 초과 500억원 이하	3천만원 + 〔(수입금액 - 100억원) × 1만분의 20〕
다. 500억원 초과	1억1천만원 + 〔(수입금액 - 500억원) × 1만분의 3〕

(2019.12.31 본호개정)

④ 제2항제1호를 적용할 때 재화 또는 용역을 공급하는 신용카드등의 가맹점이 아닌 다른 가맹점의 명의로 작성된 매출전표 등을 발급받은 경우에는 그 지출금액은 제2항제1호에 따른 기업업무추진비로 보지 아니한다.(2022.12.31 본항개정)
⑤ 기업업무추진비의 범위 및 계산, 지출증명 보관 등에 필요한 사항은 대통령령으로 정한다.(2022.12.31 본항개정)
(2022.12.31 본조제목개정)
제36조 (1998.12.28 삭제)
제37조【기타소득의 필요경비 계산】 ① 기타소득금액을 계산할 때 필요경비에 산입할 금액은 다음 각 호에 따른다.
1. 제21조제1항제4호에 따른 승마투표권, 승자투표권, 소싸움경기투표권, 체육진흥투표권의 구매자가 받는 환급금에 대하여는 그 구매자가 구입한 적중된 투표권의 단위투표금액을 필요경비로 한다.
2. 제21조제1항제14호의 당첨금품등에 대하여는 그 당첨금품등의 당첨 당시에 슬롯머신등에 투입한 금액을 필요경비로 한다.
② 다음 각 호의 경우 외에는 해당 과세기간의 총수입금액에 대응하는 비용으로서 일반적으로 용인되는 통상적인 것의 합계액을 필요경비에 산입한다.
1. 제1항이 적용되는 경우
2. 광업권의 양도대가로 받는 금품의 필요경비 계산 등 대통령령으로 정하는 경우
③ 해당 과세기간 전의 총수입금액에 대응하는 비용으로서 그 과세기간에 확정된 것에 대하여는 그 과세기간 전에 필요경비로 계상하지 아니한 것만 그 과세기간의 필요경비로 본다.
④ 기타소득금액을 계산할 때 필요경비에 산입하지 아니하는 금액에 관하여는 제33조를 준용한다.
(2010.12.27 본조개정)
제38조 (2006.12.30 삭제)

제3관 귀속연도 및 취득가액 등
(2009.12.31 본관제목삽입)

제39조【총수입금액 및 필요경비의 귀속연도 등】 ① 거주자의 각 과세기간 총수입금액 및 필요경비의 귀속연도는 총수입금액과 필요경비가 확정된 날이 속하는 과세기간으로 한다.
② 거주자가 매입·제작 등으로 취득한 자산의 취득가액은 그 자산의 매입가액이나 제작원가에 부대비용을 더한 금액으로 한다.
③ 거주자가 보유하는 자산 및 부채의 장부가액을 증액 또는 감액(감가상각은 제외한다. 이하 이 조에서 "평가"라 한다)한 경우 그 평가일이 속하는 과세기간 및 그 후의 과세기간의 소득금액을 계산할 때 해당 자산 및 부채의 장부가액은 평가하기 전의 가액으로 한다. 다만, 재고자산과 대통령령으로 정하는 유가증권은 각 자산별로 대통령령으로 정하는 방법에 따라 평가한 가액을 장부가액으로 한다.(2018.12.31 단서개정)
④ 제3항에도 불구하고 다음 각 호의 어느 하나에 해당하는 자산은 대통령령으로 정하는 방법에 따라 그 장부가액을 감액할 수 있다.(2019.12.31 본문개정)
1. 파손·부패 등으로 정상가격에 판매할 수 없는 재고자산
2. 천재지변이나 그 밖에 대통령령으로 정하는 사유로 파손 또는 멸실된 유형자산(2019.12.31 본호개정)
⑤ 거주자가 각 과세기간의 소득금액을 계산할 때 총수입금액 및 필요경비의 귀속연도와 자산·부채의 취득 및 평가에 대하여 일반적으로 공정·타당하다고 인

정되는 기업회계의 기준을 적용하거나 관행을 계속 적용하여 온 경우에는 이 법 및 「조세특례제한법」에서 달리 규정하고 있는 경우 외에는 그 기업회계의 기준 또는 관행에 따른다.
⑥ 제1항의 총수입금액과 필요경비의 귀속연도, 제2항에 따른 취득가액의 계산, 제3항 및 제4항에 따른 자산·부채의 평가에 관하여 필요한 사항은 대통령령으로 정한다.
(2009.12.31 본조개정)
판례 선이자를 공제하고 금전을 대여한 후 이자소득에 대한 과세표준확정신고 또는 과세표준과 세액의 결정·경정 전에 그 원리금 채권을 회수할 수 없는 일정한 회수불능사유가 발생하여 그때까지 회수한 전체 금액이 원금에 미달하는 경우, 그와 같은 회수불능사유가 발생하기 전의 과세연도에 실제로 회수한 이자소득이 있다고 하더라도 이는 이자소득세의 과세대상이 될 수 없다.
(대판 2012.6.28, 2010두9433)
제40조 (2009.12.31 삭제)

제4관 소득금액 계산의 특례
(2009.12.31 본관개정)

제41조【부당행위계산】 ① 납세지 관할 세무서장 또는 지방국세청장은 배당소득(제17조제1항제8호에 따른 배당소득만 해당한다), 사업소득 또는 기타소득이 있는 거주자의 행위 또는 계산이 그 거주자와 특수관계인과의 거래로 인하여 그 소득에 대한 조세 부담을 부당하게 감소시킨 것으로 인정되는 경우에는 그 거주자의 행위 또는 계산과 관계없이 해당 과세기간의 소득금액을 계산할 수 있다.
② 제1항에 따른 특수관계인의 범위와 그 밖에 부당행위계산에 관하여 필요한 사항은 대통령령으로 정한다.
(2012.1.1 본조개정)
제42조【비거주자 등과의 거래에 대한 소득금액 계산의 특례】 ① 우리나라가 조세의 이중과세 방지를 위하여 체결한 조약(이하 "조세조약"이라 한다)의 상대국과 그 조세조약의 상호 합의 규정에 따라 거주자가 국외에 있는 비거주자 또는 외국법인과 거래한 그 금액에 대하여 권한 있는 당국 간에 합의를 하는 경우에는 그 합의에 따라 납세지 관할 세무서장 또는 지방국세청장은 그 거주자의 각 과세기간의 소득금액을 조정하여 계산할 수 있다.
② 제1항에 따른 거주자의 소득금액 조정의 신청에 관한 사항과 그 밖에 조정에 필요한 사항은 대통령령으로 정한다.
제43조【공동사업에 대한 소득금액 계산의 특례】 ① 사업소득이 발생하는 사업을 공동으로 경영하고 그 손익을 분배하는 공동사업[경영에 참여하지 아니하고 출자만 하는 대통령령으로 정하는 출자공동사업자(이하 "출자공동사업자"라 한다)가 있는 공동사업을 포함한다]의 경우에는 해당 사업을 경영하는 장소(이하 "공동사업장"이라 한다)를 1거주자로 보아 공동사업장별로 그 소득금액을 계산한다.
② 제1항에 따라 공동사업에서 발생한 소득금액은 해당 공동사업을 경영하는 각 거주자(출자공동사업자를 포함한다. 이하 "공동사업자"라 한다) 간에 약정된 손익분배비율(약정된 손익분배비율이 없는 경우에는 지분비율을 말한다. 이하 "손익분배비율"이라 한다)에 의하여 분배되었거나 분배될 소득금액에 따라 각 공동사업자별로 분배한다.
③ 거주자 1인과 그의 대통령령으로 정하는 특수관계인이 공동사업자에 포함되어 있는 경우로서 손익분배

비율을 거짓으로 정하는 등 대통령령으로 정하는 사유가 있는 경우에는 제2항에도 불구하고 그 특수관계인의 소득금액은 그 손익분배비율이 큰 공동사업자(손익분배비율이 같은 경우에는 대통령령으로 정하는 자로 한다. 이하 "주된 공동사업자"라 한다)의 소득금액으로 본다.(2012.1.1 본항개정)

제44조【상속의 경우의 소득금액의 구분 계산】 ① 피상속인의 소득금액에 대한 소득세로서 상속인에게 과세할 것과 상속인의 소득금액에 대한 소득세는 구분하여 계산하여야 한다.

② 연금계좌의 가입자가 사망하였으나 그 배우자가 연금외수령 없이 해당 연금계좌를 상속으로 승계하는 경우에는 제1항에도 불구하고 해당 연금계좌에 있는 피상속인의 소득금액은 상속인의 소득금액으로 보아 소득세를 계산한다.(2013.1.1 본항신설)

③ 제2항에 따른 연금계좌의 승계방법 및 절차 등에 관하여 필요한 사항은 대통령령으로 정한다.(2013.1.1 본항신설)

제45조【결손금 및 이월결손금의 공제】 ① 사업자가 비치·기록한 장부에 의하여 해당 과세기간의 사업소득금액을 계산할 때 발생한 결손금은 그 과세기간의 종합소득과세표준을 계산할 때 근로소득금액·연금소득금액·기타소득금액·이자소득금액·배당소득금액에서 순서대로 공제한다.

② 제1항에도 불구하고 다음 각 호의 어느 하나에 해당하는 사업(이하 "부동산임대업"이라 한다)에서 발생한 결손금은 종합소득 과세표준을 계산할 때 공제하지 아니한다. 다만, 주거용 건물 임대업의 경우에는 그러하지 아니하다.(2014.12.23 단서신설)

1. 부동산 또는 부동산상의 권리를 대여하는 사업
   (2017.12.19 단서삭제)
2. 공장재단 또는 광업재단을 대여하는 사업
3. 채굴에 관한 권리를 대여하는 사업으로서 대통령령으로 정하는 사업

③ 부동산임대업에서 발생한 결손금과 제1항 및 제2항 단서에 따라 공제하고 남은 결손금(이하 "이월결손금"이라 한다)은 해당 이월결손금이 발생한 과세기간의 종료일부터 15년 이내에 끝나는 과세기간의 소득금액을 계산할 때 먼저 발생한 과세기간의 이월결손금부터 순서대로 다음 각 호의 구분에 따라 공제한다. 다만, 「국세기본법」 제26조의2에 따른 국세부과의 제척기간이 지난 후에 그 제척기간 이전 과세기간의 이월결손금이 확인된 경우 그 이월결손금은 공제하지 아니한다.(2020.12.29 본문개정)

1. 제1항 및 제2항 단서에 따라 공제하고 남은 이월결손금은 사업소득금액, 근로소득금액, 연금소득금액, 기타소득금액, 이자소득금액 및 배당소득금액에서 순서대로 공제한다.(2014.12.23 본호개정)
2. 부동산임대업에서 발생한 이월결손금은 부동산임대업의 소득금액에서 공제한다.

④ 제3항은 해당 과세기간의 소득금액에 대해서 추계신고(제160조 및 제161조에 따라 비치·기록한 장부와 증명서류에 의하지 아니한 신고를 말한다. 이하 같다)를 하거나 제80조제3항 단서에 따라 추계조사결정하는 경우에는 적용하지 아니한다. 다만, 천재지변이나 그 밖의 불가항력으로 장부나 그 밖의 증명서류가 멸실되어 추계신고를 하거나 추계조사결정을 하는 경우에는 그러하지 아니하다.

⑤ 제1항과 제3항에 따라 결손금 및 이월결손금을 공제할 때 제62조에 따라 세율 계산상 제14조에 따라 종합과세되는 배당소득 또는 이자소득이 있으면 그 배당소득 또는 이자소득 중 원천징수세율을 적용받는 부분은 결손금 또는 이월결손금의 공제대상에서 제외하며, 그 배당소득 또는 이자소득 중 기본세율

을 적용받는 부분에 대해서는 사업자가 그 소득금액의 범위에서 공제 여부 및 공제금액을 결정할 수 있다.

⑥ 제1항과 제2항에 따라 결손금 및 이월결손금을 공제할 때 해당 과세기간에 결손금이 발생하고 이월결손금이 있는 경우에는 그 과세기간의 결손금을 먼저 소득금액에서 공제한다.

제46조【채권 등에 대한 소득금액의 계산 특례】 ① 거주자가 제16조제1항제1호·제2호·제2호의2·제5호 및 제6호에 해당하는 채권 또는 증권과 타인에게 양도가 가능한 증권으로서 대통령령으로 정하는 것(이하 이 조, 제133조의2 및 제156조의3에서 "채권등"이라 한다)의 발행법인으로부터 해당 채권등에서 발생하는 이자 또는 할인액(이하 이 조, 제133조의2 및 제156조의3에서 "이자등"이라 한다)을 지급[전환사채의 주식전환, 교환사채의 주식교환 및 신주인수권부사채의 신주인수권행사(신주 발행대금을 해당 신주인수권부사채로 납입하는 경우만 해당한다) 및 「자본시장과 금융투자업에 관한 법률」 제4조제7항제3호·제3호의2 및 제3호의3에 해당하는 채권등이 주식으로 전환·상환되는 경우를 포함한다. 이하 같다]받거나 해당 채권등을 매도(증여·변제 및 출자 등으로 채권등의 소유권 또는 이자소득의 수급권에 변동이 있는 경우와 매도를 위탁하거나 중개 또는 알선시키는 경우를 포함하되, 환매조건부채권매매거래 등 대통령령으로 정하는 경우는 제외한다. 이하 제133조의2에서 같다)하는 경우에는 거주자에게 그 보유기간별로 귀속되는 이자등 상당액을 해당 거주자의 제16조에 따른 이자소득으로 보아 소득금액을 계산한다.(2020.12.29 본항개정 : 제16조 제1항제2호의2에 관한 부분은 2025.1.1 시행)

② 제1항을 적용할 때 해당 거주자가 해당 채권등을 보유한 기간을 대통령령으로 정하는 바에 따라 입증하지 못하는 경우에는 제133조의2제1항에 따른 원천징수기간의 이자등 상당액이 해당 거주자에게 귀속되는 것으로 보아 소득금액을 계산한다.(2010.12.27 본항개정)

③ 제1항 및 제2항에 따른 이자등 상당액의 계산방법과 그 밖에 필요한 사항은 대통령령으로 정한다.

제46조의2【중도 해지로 인한 이자소득금액 계산의 특례】 종합소득과세표준 확정신고 후 예금 또는 신탁계약의 중도 해지로 이미 지난 과세기간에 속하는 이자소득금액이 감액된 경우 그 중도 해지일이 속하는 과세기간의 종합소득금액에 포함된 이자소득금액에서 그 감액된 이자소득금액을 뺄 수 있다. 다만, 「국세기본법」 제45조의2에 따라 과세표준 및 세액의 경정(更正)을 청구한 경우에는 그러하지 아니하다.

제5관 근로소득공제·연금소득공제 및 퇴직소득공제
(2009.12.31 본관개정)

제47조【근로소득공제】 ① 근로소득이 있는 거주자에 대해서는 해당 과세기간에 받는 총급여액에서 다음의 금액을 공제한다. 다만, 공제액이 2천만원을 초과하는 경우에는 2천만원을 공제한다.

총급여액	공제액
500만원 이하	총 급여액의 100분의 70
500만원 초과 1천 500만원 이하	350만원 + (500만원을 초과하는 금액의 100분의 40)
1천 500만원 초과 4천 500만원 이하	750만원 + (1천 500만원을 초과하는 금액의 100분의 15)
4천 500만원 초과 1억원 이하	1천 200만원 + (4천 500만원을 초과하는 금액의 100분의 5)
1억원 초과	1천 475만원 + (1억원을 초과하는 금액의 100분의 2)

(2019.12.31 단서신설)

② 일용근로자에 대한 공제액은 제1항에도 불구하고 1일 15만원으로 한다.(2018.12.31 본항개정)
③ 근로소득이 있는 거주자의 해당 과세기간의 총급여액이 제1항 또는 제2항의 공제액에 미달하는 경우에는 그 총급여액을 공제액으로 한다.
④ 제1항부터 제3항까지의 규정에 따른 공제를 "근로소득공제"라 한다.
⑤ 제1항의 경우에 2인 이상으로부터 근로소득을 받는 사람(일용근로자는 제외한다)에 대하여는 그 근로소득의 합계액을 총급여액으로 하여 제1항에 따라 계산한 근로소득공제액을 총급여액에서 공제한다.
(2010.12.27 본항개정)
⑥ (2010.12.27 삭제)

제47조의2【연금소득공제】 ① 연금소득이 있는 거주자에 대해서는 해당 과세기간에 받은 총연금액(분리과세연금소득은 제외하며, 이하 이 항에서 같다)에서 다음 표에 규정된 금액을 공제한다. 다만, 공제액이 900만원을 초과하는 경우에는 900만원을 공제한다.

총연금액	공제액
350만원 이하	총연금액
350만원 초과 700만원 이하	350만원 + (350만원을 초과하는 금액의 100분의 40)
700만원 초과 1400만원 이하	490만원 + (700만원을 초과하는 금액의 100분의 20)
1400만원 초과	630만원 + (1400만원을 초과하는 금액의 100분의 10)

(2013.1.1 본문개정)
② 제1항에 따른 공제를 "연금소득공제"라 한다.

제48조【퇴직소득공제】 ① 퇴직소득이 있는 거주자에 대해서는 해당 과세기간의 퇴직소득금액에서 제1호의 구분에 따른 금액을 공제하고, 그 금액을 근속연수(1년 미만의 기간이 있는 경우에는 이를 1년으로 보며, 제22조제1항제1호의 경우에는 대통령령으로 정하는 방법에 따라 계산한 연수를 말한다. 이하 같다)로 나누고 12를 곱한 후의 금액(이하 이 항에서 "환산급여"라 한다)에서 제2호의 구분에 따른 금액을 공제한다.
1. 근속연수에 따라 정한 다음의 금액

근속연수	공제액
5년 이하	100만원 × 근속연수
5년 초과 10년 이하	500만원 + 200만원 × (근속연수 − 5년)
10년 초과 20년 이하	1천500만원 + 250만원 × (근속연수 − 10년)
20년 초과	4천만원 + 300만원 × (근속연수 − 20년)

(2022.12.31 본호개정)
2. 환산급여에 따라 정한 다음의 금액

환산급여	공제액
8백만원 이하	환산급여의 100퍼센트
8백만원 초과 7천만원 이하	8백만원 + (8백만원 초과분의 60퍼센트)
7천만원 초과 1억원 이하	4천520만원 + (7천만원 초과분의 55퍼센트)
1억원 초과 3억원 이하	6천170만원 + (1억원 초과분의 45퍼센트)
3억원 초과	1억5천170만원 + (3억원 초과분의 35퍼센트)

(2014.12.23 본항개정)
② 해당 과세기간의 퇴직소득금액이 제1항제1호에 따른 공제금액에 미달하는 경우에는 그 퇴직소득금액을 공제액으로 한다.(2014.12.23 본항개정)

③ 제1항과 제2항에 따른 공제를 "퇴직소득공제"라 한다.
④ 퇴직소득공제의 계산 방법에 관하여 필요한 사항은 대통령령으로 정한다.(2013.1.1 본항개정)
⑤ (2013.1.1 삭제)
제49조 (2006.12.30 삭제)

제6관 종합소득공제
(2009.12.31 본관개정)

제50조【기본공제】 ① 종합소득이 있는 거주자(자연인만 해당한다)에 대해서는 다음 각 호의 어느 하나에 해당하는 사람의 수에 1명당 연 150만원을 곱하여 계산한 금액을 그 거주자의 해당 과세기간의 종합소득금액에서 공제한다.
1. 해당 거주자
2. 거주자의 배우자로서 해당 과세기간의 소득금액이 없거나 해당 과세기간의 소득금액 합계액이 100만원 이하인 사람(총급여액 500만원 이하의 근로소득만 있는 배우자를 포함한다)(2015.12.15 본호개정)
3. 거주자(그 배우자를 포함한다. 이하 이 호에서 같다)와 생계를 같이 하는 다음 각 목의 어느 하나에 해당하는 부양가족(제51조제1항제2호의 장애인에 해당되는 경우에는 나이의 제한을 받지 아니한다)으로서 해당 과세기간의 소득금액 합계액이 100만원 이하인 사람(총급여액 500만원 이하의 근로소득만 있는 부양가족을 포함한다)(2015.12.15 본문개정)
  가. 거주자의 직계존속(직계존속이 재혼한 경우에는 그 배우자로서 대통령령으로 정하는 사람을 포함한다)으로서 60세 이상인 사람
  나. 거주자의 직계비속으로서 대통령령으로 정하는 사람과 대통령령으로 정하는 동거 입양자(이하 "입양자"라 한다)로서 20세 이하인 사람. 이 경우 해당 직계비속 또는 입양자와 그 배우자가 모두 제51조제1항제2호에 따른 장애인에 해당하는 경우에는 그 배우자를 포함한다.
  다. 거주자의 형제자매로서 20세 이하 또는 60세 이상인 사람
  라. 「국민기초생활 보장법」에 따른 수급권자 중 대통령령으로 정하는 사람
  마. 「아동복지법」에 따른 가정위탁을 받아 양육하는 아동으로서 대통령령으로 정하는 사람(이하 "위탁아동"이라 한다)
② 제1항에 따른 공제를 "기본공제"라 한다.
③ 거주자의 배우자 또는 부양가족이 다른 거주자의 부양가족에 해당되는 경우에는 대통령령으로 정하는 바에 따라 이를 어느 한 거주자의 종합소득금액에서 공제한다.

제51조【추가공제】 ① 제50조에 따른 기본공제대상이 되는 사람(이하 "기본공제대상자"라 한다)이 다음 각 호의 어느 하나에 해당하는 경우에는 거주자의 해당 과세기간 종합소득금액에서 기본공제 외에 각 호별로 정해진 금액을 추가로 공제한다. 다만, 제3호와 제6호에 모두 해당되는 경우에는 제6호를 적용한다.
(2013.1.1 단서신설)
1. 70세 이상인 사람(이하 "경로우대자"라 한다)의 경우 1명당 연 100만원
2. 대통령령으로 정하는 장애인(이하 "장애인"이라 한다)인 경우 1명당 연 200만원
3. 해당 거주자(해당 과세기간에 종합소득과세표준을 계산할 때 합산하는 종합소득금액이 3천만원 이하인 거주자로 한정한다)가 배우자가 없는 여성으로서 제50조제1항제3호에 따른 부양가족이 있는 세대주이거나 배우자가 있는 여성인 경우 연 50만원(2014.1.1 본호개정)
4.~5. (2014.1.1 삭제)

直接稅

6. 해당 거주자가 배우자가 없는 사람으로서 기본공제 대상자인 직계비속 또는 입양자가 있는 경우 연 100만원(2013.1.1 본호신설)

② 제1항에 따른 공제를 "추가공제"라 한다.

③ 기본공제와 추가공제를 "인적공제"라 한다. (2014.1.1 본항신설)

④ 인적공제의 합계액이 종합소득금액을 초과하는 경우 그 초과하는 공제액은 없는 것으로 한다. (2014.1.1 본항신설)

제51조의2 (2014.1.1 삭제)

제51조의3【연금보험료공제】 ① 종합소득이 있는 거주자가 공적연금 관련법에 따른 기여금 또는 개인부담금(이하 "연금보험료"라 한다)을 납입한 경우에는 해당 과세기간의 종합소득금액에서 그 과세기간에 납입한 연금보험료를 공제한다.(2014.1.1 본문개정)

1.~2. (2014.1.1 삭제)

② 제1항에 따른 공제를 "연금보험료공제"라 한다.

③ 다음 각 호에 해당하는 공제를 모두 합한 금액이 종합소득금액을 초과하는 경우 그 초과하는 금액을 한도로 연금보험료공제를 받지 아니한 것으로 본다.

1. 제51조제3항에 따른 인적공제
2. 이 조에 따른 연금보험료공제
3. 제51조의4에 따른 주택담보노후연금 이자비용공제
4. 제52조에 따른 특별소득공제
5. 「조세특례제한법」에 따른 소득공제

(2014.12.23 본항개정)

④ (2006.12.30 삭제)

⑤ (2014.1.1 삭제)

제51조의4【주택담보노후연금 이자비용공제】 ① 연금소득이 있는 거주자가 대통령령으로 정하는 요건에 해당하는 주택담보노후연금을 받은 경우에는 그 받은 연금에 대해서 해당 과세기간에 발생한 이자비용 상당액을 해당 과세기간 연금소득금액에서 공제(이하 "주택담보노후연금 이자비용공제"라 한다)한다. 이 경우 공제할 이자 상당액이 200만원을 초과하는 경우에는 200만원을 공제하고, 연금소득금액을 초과하는 경우 그 초과금액은 없는 것으로 한다.

② 주택담보노후연금 이자비용공제는 해당 거주자가 신청한 경우에 적용한다.

③ 주택담보노후연금 이자비용공제의 신청, 이자 상당액의 확인방법, 그 밖에 필요한 사항은 대통령령으로 정한다.

제52조【특별소득공제】 ① 근로소득이 있는 거주자(일용근로자는 제외한다. 이하 이 조에서 같다)가 해당 과세기간에 「국민건강보험법」,「고용보험법」 또는 「노인장기요양보험법」에 따라 근로자가 부담하는 보험료를 지급한 경우 그 금액을 해당 과세기간의 근로소득금액에서 공제한다.(2014.1.1 본문개정)

1.~2. (2014.1.1 삭제)

②~③ (2014.1.1 삭제)

④ 과세기간 종료일 현재 주택을 소유하지 아니한 대통령령으로 정하는 세대(이하 이 항 및 제5항에서 "세대"라 한다)의 세대주(세대주가 이 항, 제5항 및 「조세특례제한법」 제87조제2항에 따른 공제를 받지 아니하는 경우에는 세대의 구성원을 말하며, 대통령령으로 정하는 외국인을 포함한다)로서 근로소득이 있는 거주자가 대통령령으로 정하는 일정 규모 이하의 주택(주거에 사용하는 오피스텔과 주택 및 오피스텔에 딸린 토지를 포함하며, 그 딸린 토지가 건물이 정착된 면적에 지역별로 대통령령으로 정하는 배율을 곱하여 산정한 면적을 초과하는 경우 해당 주택 및 오피스텔은 제외한다)을 임차하기 위하여 대통령령으로 정하는 주택임차자금 차입금의 원리금 상환액을 지급하는 경우에는 그 금액의 100분의 40에 해당하는 금액을 해당 과세기간의 근로소득금액에서 공제한다. 다만, 그 공제하는

금액과 「조세특례제한법」 제87조제2항에 따른 금액의 합계액이 연 400만원을 초과하는 경우 그 초과하는 금액(이하 이 항에서 "한도초과금액"이라 한다)은 없는 것으로 한다.(2022.12.31 본문개정)

1.~2. (2014.12.23 삭제)

⑤ 근로소득이 있는 거주자로서 주택을 소유하지 아니하거나 1주택을 보유한 세대의 세대주(세대주가 이 항, 제4항 및 「조세특례제한법」 제87조제2항에 따른 공제를 받지 아니하는 경우에는 세대의 구성원 중 근로소득이 있는 자를 말하며, 대통령령으로 정하는 외국인을 포함한다)가 취득 당시 제99조제1항에 따른 주택의 기준시가가 6억원 이하인 주택을 취득하기 위하여 그 주택에 저당권을 설정하고 금융회사등 또는 「주택도시기금법」에 따른 주택도시기금으로부터 차입한 대통령령으로 정하는 장기주택저당차입금(주택을 취득함으로써 승계받은 장기주택저당차입금을 포함하며, 이하 이 항 및 제6항에서 "장기주택저당차입금"이라 한다)의 이자를 지급하였을 때에는 해당 과세기간에 지급한 이자 상환액을 다음 각 호의 기준에 따라 그 과세기간의 근로소득금액에서 공제한다. 다만, 그 공제하는 금액과 제4항 및 「조세특례제한법」 제87조제2항에 따른 주택청약종합저축 등에 대한 소득공제 금액의 합계액이 연 800만원(차입금의 상환기간이 15년 이상인 장기주택저당차입금에 대하여 적용하며, 이하 이 항 및 제6항에서 "공제한도"라 한다)을 초과하는 경우 그 초과하는 금액은 없는 것으로 한다.(2023.12.31 본문개정)

1. 세대주 여부의 판정은 과세기간 종료일 현재의 상황에 따른다.
2. 세대 구성원이 보유한 주택을 포함하여 과세기간 종료일 현재 2주택 이상을 보유한 경우에는 적용하지 아니한다.(2014.1.1 본호개정)
3. 세대주에 대해서는 실제 거주 여부와 관계없이 적용하고, 세대주가 아닌 거주자에 대해서는 실제 거주하는 경우만 적용한다.
4. 무주택자인 세대주가 「주택법」에 따른 사업계획의 승인을 받아 건설되는 주택(「주택법」에 따른 사업조합 및 「도시 및 주거환경정비법」에 따른 정비사업조합의 조합원이 취득하는 주택 또는 그 조합을 통하여 취득하는 주택을 포함한다. 이하 이 호에서 같다)을 취득할 수 있는 권리(이하 이 호에서 "주택분양권"이라 한다)로서 대통령령으로 정하는 가격이 6억원 이하인 권리를 취득하기 위하여 그 주택의 완공 시 장기주택저당차입금으로 전환할 것을 조건으로 금융회사 등 또는 「주택도시기금법」에 따른 주택도시기금으로부터 차입(그 주택의 완공 전에 해당 차입금의 차입조건을 그 주택 완공 시 장기주택저당차입금으로 전환할 것을 조건으로 변경하는 경우를 포함한다)한 경우에는 그 차입일(차입조건을 새로 변경한 경우에는 그 변경일을 말한다)부터 그 주택의 소유권보존등기일까지 그 차입금을 장기주택저당차입금으로 본다. 다만, 거주자가 주택분양권을 둘 이상 보유하게 된 경우에는 그 보유기간이 속하는 과세기간에는 적용하지 아니한다.(2023.12.31 본문개정)
5. 주택에 대한 「부동산 가격공시에 관한 법률」에 따른 개별주택가격 및 공동주택가격이 공시되기 전에 차입한 경우에는 차입일 이후 같은 법에 따라 최초로 공시된 가격을 해당 주택의 기준시가로 본다.(2016.1.19 본호개정)

⑥ 제5항 단서에도 불구하고 장기주택저당차입금이 다음 각 호의 어느 하나에 해당하는 경우에는 연 800만원 대신 그 해당 각 호의 금액을 공제한도로 하여 제5항 본문을 적용한다.

1. 차입금의 상환기간이 15년 이상인 장기주택저당차입금의 이자를 대통령령으로 정하는 고정금리 방식

(이하 이 항에서 "고정금리"라 한다)으로 지급하고, 그 차입금을 대통령령으로 정하는 비거치식 분할상환 방식(이하 이 항에서 "비거치식 분할상환"이라 한다)으로 상환하는 경우 : 2천만원
2. 차입금의 상환기간이 15년 이상인 장기주택저당차입금의 이자를 고정금리로 지급하거나 그 차입금을 비거치식 분할상환으로 상환하는 경우 : 1천800만원
3. 차입금의 상환기간이 10년 이상인 장기주택저당차입금의 이자를 고정금리로 지급하거나 그 차입금을 비거치식 분할상환으로 상환하는 경우 : 600만원
(2023.12.31 본항개정)
⑦ (2014.1.1 삭제)
⑧ 제1항·제4항 및 제5항에 따른 공제는 해당 거주자가 대통령령으로 정하는 바에 따라 신청한 경우에 적용하며, 공제액이 그 거주자의 해당 과세기간의 합산과세되는 종합소득금액을 초과하는 경우 그 초과하는 금액은 없는 것으로 한다.(2014.1.1 본문개정)
1.~2. (2014.1.1 삭제)
⑨ (2014.1.1 삭제)
⑩ 제1항·제4항·제5항 및 제8항에 따른 공제를 "특별소득공제"라 한다.(2014.1.1 본항개정)
⑪ 특별소득공제에 관하여 그 밖에 필요한 사항은 대통령령으로 정한다.(2014.1.1 본항개정)
(2014.1.1 본조제목개정)
제53조【생계를 같이 하는 부양가족의 범위와 그 판정기】 ① 제50조에 규정된 생계를 같이 하는 부양가족은 주민등록표의 동거가족으로서 해당 거주자의 주소 또는 거소에서 현실적으로 생계를 같이 하는 사람으로 한다. 다만, 직계비속·입양자의 경우에는 그러하지 아니하다.
② 거주자 또는 동거가족(직계비속·입양자는 제외한다)이 취학·질병의 요양, 근무상 또는 사업상의 형편 등으로 본래의 주소 또는 거소에서 일시 퇴거한 경우에도 대통령령으로 정하는 사유에 해당할 때에는 제1항의 생계를 같이 하는 사람으로 본다.
③ 거주자의 부양가족 중 거주자(그 배우자를 포함한다)의 직계존속이 주거 형편에 따라 별거하고 있는 경우에는 제1항에도 불구하고 제50조에서 규정하는 생계를 같이 하는 사람으로 본다.
④ 제50조, 제51조 및 제59조의2에 따른 공제대상 배우자, 공제대상 부양가족, 공제대상 장애인 또는 공제대상 경로우대자에 해당하는지 여부의 판정은 해당 과세기간의 과세기간 종료일 현재의 상황에 따른다. 다만, 과세기간 종료일 전에 사망한 사람 또는 장애가 치유된 사람에 대해서는 사망일 전날 또는 치유일 전날의 상황에 따른다.(2014.1.1 본문개정)
⑤ 제50조제1항제3호 및 제59조의2에 따라 적용대상 나이가 정해진 경우에는 제4항 본문에도 불구하고 해당 과세기간의 과세기간 중에 해당 나이에 해당되는 날이 있는 경우에 공제대상자로 본다.(2014.1.1 본항개정)
제54조【종합소득공제 등의 배제】 ① 분리과세이자소득, 분리과세배당소득, 분리과세연금소득과 분리과세기타소득만이 있는 자에 대해서는 종합소득공제를 적용하지 아니한다.(2013.1.1 본항개정)
② 제70조제1항, 제70조의2제2항 또는 제74조에 따라 과세표준확정신고를 하여야 할 자가 제70조제4항제1호에 따른 서류를 제출하지 아니한 경우에는 기본공제 중 거주자 본인에 대한 분(分)과 제59조의4제9항에 따른 표준세액공제만을 공제한다. 다만, 과세표준확정신고 여부와 관계없이 그 서류를 나중에 제출한 경우에는 그러하지 아니하다.(2014.1.1 본문개정)
③ 제82조에 따른 수시부과 결정의 경우에는 기본공제 중 거주자 본인에 대한 분(分)만을 공제한다.
(2014.1.1 본조제목개정)

제54조의2【공동사업에 대한 소득공제 등 특례】 제51조의3 또는 「조세특례제한법」에 따른 소득공제를 적용하거나 제59조의3에 따른 세액공제를 적용하는 경우 제43조제3항에 따라 소득금액이 주된 공동사업자의 소득금액에 합산과세되는 특수관계인이 지출·납입·투자·출자 등을 한 금액이 있으면 주된 공동사업자의 소득에 합산과세되는 소득금액의 한도에서 주된 공동사업자가 지출·납입·투자·출자 등을 한 금액으로 보아 주된 공동사업자의 합산과세되는 종합소득금액 또는 종합소득산출세액을 계산할 때에 소득공제 또는 세액공제를 받을 수 있다.(2014.1.1 본조개정)

제4절 세액의 계산
(2009.12.31 본절제목개정)

제1관 세 율

제55조【세율】 ① 거주자의 종합소득에 대한 소득세는 해당 연도의 종합소득과세표준에 다음의 세율을 적용하여 계산한 금액(이하 "종합소득산출세액"이라 한다)을 그 세액으로 한다.

종합소득과세표준	세 율
1,400만원 이하	과세표준의 6퍼센트
1,400만원 초과 5,000만원 이하	84만원 + (1,400만원을 초과하는 금액의 15퍼센트)
5,000만원 초과 8,800만원 이하	624만원 + (5,000만원을 초과하는 금액의 24퍼센트)
8,800만원 초과 1억5천만원 이하	1,536만원 + (8,800만원을 초과하는 금액의 35퍼센트)
1억5천만원 초과 3억원 이하	3,706만원 + (1억5천만원을 초과하는 금액의 38퍼센트)
3억원 초과 5억원 이하	9,406만원 + (3억원을 초과하는 금액의 40퍼센트)
5억원 초과 10억원 이하	1억7,406만원 + (5억원을 초과하는 금액의 42퍼센트)
10억원 초과	3억8,406만원 + (10억원을 초과하는 금액의 45퍼센트)

(2022.12.31 본항개정)
② 거주자의 퇴직소득에 대한 소득세는 다음 각 호의 순서에 따라 계산한 금액(이하 "퇴직소득 산출세액"이라 한다)으로 한다.
1. 해당 과세기간의 퇴직소득과세표준에 제1항의 세율을 적용하여 계산한 금액(2014.12.23 본호개정)
2. 제1호의 금액을 12로 나눈 금액에 근속연수를 곱한 금액(2014.12.23 본호개정)
3. (2014.12.23 삭제)
(2013.1.1 본항개정)

제2관 세액공제
(2009.12.31 본관개정)

제56조【배당세액공제】 ① 거주자의 종합소득금액에 제17조제3항 각 호 외의 부분 단서가 적용되는 배당소득금액이 합산되어 있는 경우에는 같은 항 각 호 외의 부분 단서에 따라 해당 과세기간의 총수입금액에 더한 금액에 해당하는 금액을 종합소득 산출세액에서 공제한다.
② 제1항에 따른 공제를 "배당세액공제"라 한다.
③ (2003.12.30 삭제)
④ 제1항을 적용할 때 배당세액공제의 대상이 되는 배당소득금액은 제14조제2항의 종합소득과세표준에 포함된 배당소득금액으로서 이자소득등의 종합과세기준금액을 초과하는 것으로 한다.

⑤ (2006.12.30 삭제)

⑥ 배당세액공제액의 계산 등에 필요한 사항은 대통령령으로 정한다.

제56조의2【기장세액공제】 ① 제160조제3항에 따른 간편장부대상자가 제70조 또는 제74조에 따른 과세표준확정신고를 할 때 복식부기에 따라 기장(記帳)하여 소득금액을 계산하고 제70조제4항제3호에 따른 서류를 제출하는 경우에는 해당 장부에 의하여 계산한 사업소득금액이 종합소득금액에서 차지하는 비율을 종합소득 산출세액에 곱하여 계산한 금액의 100분의 20에 해당하는 금액을 종합소득 산출세액에서 공제한다. 다만, 공제세액이 100만원을 초과하는 경우에는 100만원을 공제한다.

② 다음 각 호의 어느 하나에 해당하는 경우에는 제1항에 따른 공제[이하 "기장세액공제"(記帳稅額控除)라 한다]를 적용하지 아니한다.

1. 비치·기록한 장부에 의하여 신고하여야 할 소득금액의 100분의 20 이상을 누락하여 신고한 경우

2. 기장세액공제와 관련된 장부 및 증명서류를 해당 과세표준확정신고기간 종료일부터 5년간 보관하지 아니한 경우. 다만, 천재지변 등 대통령령으로 정하는 부득이한 사유에 해당하는 경우에는 그러하지 아니하다.

③ 기장세액공제에 관하여 필요한 사항은 대통령령으로 정한다.

제56조의3【전자계산서 발급 전송에 대한 세액공제】 ① 총수입금액 등을 고려하여 대통령령으로 정하는 사업자가 제163조제1항 후단에 따른 전자계산서를 2024년 12월 31일까지 발급(제163조제8항에 따라 전자계산서 발급명세를 국세청장에게 전송하는 경우로 한정한다)하는 경우에는 전자계산서 발급 건수 등을 고려하여 대통령령으로 정하는 금액을 해당 과세기간의 사업소득에 대한 종합소득산출세액에서 공제할 수 있다. 이 경우 공제한도는 연간 100만원으로 한다.(2021.12.8 본항개정)

② 제1항에 따른 세액공제를 적용받으려는 사업자는 제70조 또는 제74조에 따른 과세표준확정신고를 할 때 기획재정부령으로 정하는 전자계산서 발급 세액공제신고서를 납세지 관할 세무서장에게 제출하여야 한다.
(2014.12.23 본조신설)

제57조【외국납부세액공제】 ① 거주자의 종합소득금액 또는 퇴직소득금액에 국외원천소득이 합산되어 있는 경우로서 그 국외원천소득에 대하여 외국에서 대통령령으로 정하는 외국소득세액(이하 이 조에서 "외국소득세액"이라 한다)을 납부하였거나 납부할 것이 있을 때에는 다음 계산식에 따라 계산한 금액(이하 이 조에서 "공제한도금액"이라 한다) 내에서 외국소득세액을 해당 과세기간의 종합소득산출세액 또는 퇴직소득산출세액에서 공제할 수 있다.

$$공제한도금액 = A \times \frac{B}{C}$$

A : 제55조에 따라 계산한 해당 과세기간의 종합소득산출세액 또는 퇴직소득 산출세액
B : 국외원천소득('조세특례제한법」이나 그 밖의 법률에 따라 세액감면 또는 면제를 적용받는 경우에는 세액감면 또는 면제 대상 외국소득에 세액감면 또는 면제 비율을 곱한 금액은 제외한다)
C : 해당 과세기간의 종합소득금액 또는 퇴직소득금액

(2020.12.29 본항개정)

② 제1항(외국소득세액을 종합소득산출세액에서 공제하는 경우만 해당한다)을 적용할 때 외국정부에 납부하였거나 납부할 외국소득세액이 해당 과세기간의 공제한도금액을 초과하는 경우 그 초과하는 금액은 해당 과세기간의 다음 과세기간 개시일부터 10년 이내에 끝나는 과세기간(이하 이 조에서 "이월공제기간"이라 한다)으로 이월하여 그 이월된 과세기간의 공제한도금액 내에서 공제받을 수 있다. 다만, 외국정부에 납부하였거나 납부할 외국소득세액을 이월공제기간 내에 공제받지 못한 경우 그 공제받지 못한 외국소득세액은 제33조제1항제1호에도 불구하고 이월공제기간의 종료일 다음 날이 속하는 과세기간의 소득금액을 계산할 때 필요경비에 산입할 수 있다.(2022.12.31 본문개정)

③ 국외원천소득이 있는 거주자가 조세조약의 상대국에서 그 국외원천소득에 대하여 외국소득세를 감면받은 세액의 상당액은 그 조세조약에서 정하는 범위에서 제1항에 따른 세액공제의 대상이 되는 외국소득세액으로 본다.(2020.12.29 본항개정)

④ 거주자의 종합소득금액 또는 퇴직소득금액에 외국법인으로부터 받는 이익의 배당이나 잉여금의 분배액(이하 이 항에서 "수입배당금액"이라 한다)이 포함되어 있는 경우로서 그 외국법인의 소득에 대하여 해당 외국법인이 아니라 출자자인 거주자가 직접 납세의무를 부담하는 등 대통령령으로 정하는 요건을 갖춘 경우에는 그 외국법인의 소득에 대하여 출자자인 거주자에게 부과된 외국소득세액 중 해당 수입배당금액에 대응하는 것으로서 대통령령으로 정하는 바에 따라 계산한 금액은 제1항에 따른 세액공제의 대상이 되는 외국소득세액으로 본다.(2020.12.29 본항개정)

⑤ 제1항부터 제4항까지의 규정에 따른 국외원천소득의 계산방법, 세액공제 또는 필요경비산입에 필요한 사항은 대통령령으로 정한다.(2013.1.1 본항개정)

제58조【재해손실세액공제】 ① 사업자가 해당 과세기간에 천재지변이나 그 밖의 재해(이하 "재해"라 한다)로 대통령령으로 정하는 자산총액(이하 이 항에서 "자산총액"이라 한다)의 100분의 20 이상에 해당하는 자산을 상실하여 납세가 곤란하다고 인정되는 경우에는 다음 각 호의 소득세액(사업소득에 대한 소득세액을 말한다. 이하 이 조에서 같다)에 그 상실된 가액이 상실 전의 자산총액에서 차지하는 비율(이하 이 조에서 "자산상실비율"이라 한다)을 곱하여 계산한 금액(상실된 자산의 가액을 한도로 한다)을 그 세액에서 공제한다. 이 경우 자산의 가액에는 토지의 가액을 포함하지 아니한다.

1. 재해 발생일 현재 부과되지 아니한 소득세와 부과된 소득세로서 미납된 소득세(2020.12.29 본호개정)

2. 재해 발생일이 속하는 과세기간의 소득에 대한 소득세액

② 제1항의 경우에 제56조·제56조의2 및 제57조에 따라 공제할 세액이 있을 때에는 이를 공제한 후의 세액을 소득세액으로 하여 제1항을 적용한다.

③ 제1항에 따른 공제를 "재해손실세액공제"라 한다.

④ 재해손실세액공제를 적용받으려는 자는 대통령령으로 정하는 바에 따라 관할 세무서장에게 신청할 수 있다.

⑤ 관할 세무서장이 제4항의 신청을 받았을 때에는 그 공제할 세액을 결정하여 신청인에게 알려야 한다.

⑥ 제4항의 신청이 없는 경우에도 제1항을 적용한다.

⑦ 집단적으로 재해가 발생한 경우에는 대통령령으로 정하는 바에 따라 관할 세무서장이 조사결정한 자산상실비율에 따라 제1항을 적용한다.

⑧ 재해손실세액공제에 관하여 필요한 사항은 대통령령으로 정한다.

제59조【근로소득세액공제】 ① 근로소득이 있는 거주자에 대해서는 그 근로소득에 대한 종합소득산출세액에서 다음의 금액을 공제한다.

근로소득에 대한 종합소득 산출세액	공제액
130만원 이하	산출세액의 100분의 55
130만원 초과	71만원 5천원 + (130만원을 초과하는 금액의 100분의 30)

(2015.5.13 본항개정)
② 제1항에도 불구하고 공제세액이 다음 각 호의 구분에 따른 금액을 초과하는 경우에 그 초과하는 금액은 없는 것으로 한다.
1. 총급여액이 3천 300만원 이하인 경우 : 74만원 (2015.5.13 본호개정)
2. 총급여액이 3천 300만원 초과 7천만원 이하인 경우 : 74만원 - 〔(총급여액 - 3천 300만원) × 8/1000〕. 다만, 위 금액이 66만원보다 적은 경우에는 66만원으로 한다.(2015.5.13 본호개정)
3. 총급여액이 7천만원 초과 1억2천만원 이하인 경우 : 66만원 - 〔(총급여액 - 7천만원) × 1/2〕. 다만, 위 금액이 50만원보다 적은 경우에는 50만원으로 한다.(2022.12.31 본문개정)
4. 총급여액이 1억2천만원을 초과하는 경우 : 50만원 - 〔(총급여액 - 1억2천만원) × 1/2〕. 다만, 위 금액이 20만원보다 적은 경우에는 20만원으로 한다.(2022.12.31 본호신설)
(2014.1.1 본항신설)
③ 일용근로자의 근로소득에 대해서 제134조제3항에 따른 원천징수를 하는 경우에는 해당 근로소득에 대한 산출세액의 100분의 55에 해당하는 금액을 그 산출세액에서 공제한다.
(2012.1.1 본조개정)

제59조의2【자녀세액공제】 ① 종합소득이 있는 거주자의 기본공제대상자에 해당하는 자녀(입양자 및 위탁아동을 포함하며, 이하 이 조에서 "공제대상자녀"라 한다) 및 손자녀로서 8세 이상의 사람에 대해서는 다음 각 호의 구분에 따른 금액을 종합소득산출세액에서 공제한다.(2023.12.31 본문개정)
1. 1명인 경우 : 연 15만원
2. 2명인 경우 : 연 35만원(2023.12.31 본호개정)
3. 3명 이상인 경우 : 연 35만원과 2명을 초과하는 1명당 연 30만원을 합한 금액(2023.12.31 본호개정)
② (2017.12.19 삭제)
③ 해당 과세기간에 출산하거나 입양 신고한 공제대상자녀가 있는 경우 다음 각 호의 구분에 따른 금액을 종합소득산출세액에서 공제한다.(2016.12.20 본문개정)
1. 출산하거나 입양 신고한 공제대상자녀가 첫째인 경우 : 연 30만원(2016.12.20 본호신설)
2. 출산하거나 입양 신고한 공제대상자녀가 둘째인 경우 : 연 50만원(2016.12.20 본호신설)
3. 출산하거나 입양 신고한 공제대상자녀가 셋째 이상인 경우 : 연 70만원(2016.12.20 본호신설)
④ 제1항 및 제3항에 따른 공제를 "자녀세액공제"라 한다.(2017.12.19 본항개정)
(2014.1.1 본조신설)

제59조의3【연금계좌세액공제】 ① 종합소득이 있는 거주자가 연금계좌에 납입한 금액 중 다음 각 호에 해당하는 금액을 제외한 금액(이하 "연금계좌 납입액"이라 한다)의 100분의 12〔해당 과세기간에 종합소득과세표준을 계산할 때 합산하는 종합소득금액이 4천 500만원 이하(근로소득만 있는 경우에는 총급여액 5천 500만원 이하)인 거주자에 대해서는 100분의 15〕에 해당하는 금액을 해당 과세기간의 종합소득산출세액에서 공제한다. 다만, 연금계좌 중 연금저축계좌에 납입한 금액이 연 600만원을 초과하는 경우에는 그 초과하는 금액은 없는

것으로 하고, 연금저축계좌에 납입한 금액 중 600만원 이내의 금액과 퇴직연금계좌에 납입한 금액을 합한 금액이 연 900만원을 초과하는 경우에는 그 초과하는 금액은 없는 것으로 한다.(2022.12.31 본문개정)
1. 제146조제2항에 따라 원천징수되지 아니한 퇴직소득 등 과세가 이연된 소득
2. 연금계좌에서 다른 연금계좌로 계약을 이전함으로써 납입되는 금액
② 제1항에 따른 공제를 "연금계좌세액공제"라 한다.
③ 「조세특례제한법」 제91조의18에 따른 개인종합자산관리계좌의 계약기간이 만료되고 해당 계좌 잔액의 전부 또는 일부를 대통령령으로 정하는 방법으로 연금계좌로 납입한 경우 그 납입한 금액(이하 이 조에서 "전환금액"이라 한다)을 납입한 날이 속하는 과세기간의 연금계좌 납입액에 포함한다.(2019.12.31 본항신설)
④ 전환금액이 있는 경우에는 제1항 각 호 외의 부분 단서에도 불구하고 같은 항을 적용할 때 전환금액의 100분의 10 또는 300만원(직전 과세기간과 해당 과세기간에 걸쳐 납입한 경우에는 300만원에서 직전 과세기간에 적용된 금액을 차감한 금액으로 한다) 중 적은 금액과 제1항 각 호 외의 부분 단서에 따라 연금계좌에 납입한 금액으로 하는 금액을 합한 금액을 초과하는 금액은 없는 것으로 한다.(2019.12.31 본항신설)
⑤ 제1항부터 제4항까지의 규정에 따른 연금계좌세액공제의 계산방법, 신청 절차 등에 관하여 필요한 사항은 대통령령으로 정한다.(2019.12.31 본항개정)
(2014.1.1 본조신설)

제59조의4【특별세액공제】 ① 근로소득이 있는 거주자(일용근로자는 제외한다. 이하 이 조에서 같다)가 해당 과세기간에 만기에 환급되는 금액이 납입보험료를 초과하지 아니하는 보험의 보험계약에 따라 지급하는 다음 각 호의 보험료를 지급한 경우 그 금액의 100분의 12(제1호의 경우에는 100분의 15)에 해당하는 금액을 해당 과세기간의 종합소득산출세액에서 공제한다. 다만, 다음 각 호의 보험료별로 그 합계액이 각각 연 100만원을 초과하는 경우 그 초과하는 금액은 각각 없는 것으로 한다.(2015.5.13 본문개정)
1. 기본공제대상자 중 장애인을 피보험자 또는 수익자로 하는 장애인전용보험으로서 대통령령으로 정하는 장애인전용보장성보험료
2. 기본공제대상자를 피보험자로 하는 대통령령으로 정하는 보험료(제1호에 따른 장애인전용보장성보험료는 제외한다)
② 근로소득이 있는 거주자가 기본공제대상자(나이 및 소득의 제한을 받지 아니한다)를 위하여 해당 과세기간에 대통령령으로 정하는 의료비를 지급한 경우 다음 각 호의 금액의 100분의 15(제3호의 경우에는 100분의 20, 제4호의 경우에는 100분의 30)에 해당하는 금액을 해당 과세기간의 종합소득산출세액에서 공제한다.(2021.12.8 본문개정)
1. 기본공제대상자를 위하여 지급한 의료비(제2호부터 제4호까지의 의료비는 제외한다)로서 총급여액에 100분의 3을 곱하여 계산한 금액을 초과하는 금액. 다만, 그 금액이 연 700만원을 초과하는 경우에는 연 700만원으로 한다.(2021.12.8 본문개정)
2. 다음 각 목의 어느 하나에 해당하는 사람을 위하여 지급한 의료비. 다만, 제1호의 의료비가 총급여액에 100분의 3을 곱하여 계산한 금액에 미달하는 경우에는 그 미달하는 금액을 뺀다.(2017.12.19 본문개정)
가. 해당 거주자(2017.12.19 본목신설)
나. 과세기간 개시일 현재 6세 이하인 사람(2023.12.31 본목신설)
다. 과세기간 종료일 현재 65세 이상인 사람
라. 장애인

마. 대통령령으로 정하는 중증질환자, 희귀난치성질
환자 또는 결핵환자
(2017.12.19 다목~마목신설)
3. 대통령령으로 정하는 미숙아 및 선천성이상아를 위
하여 지급한 의료비. 다만, 제1호 또는 제2호의 의료비
합계액이 총급여액에 100분의 3을 곱하여 계산한 금
액에 미달하는 경우에는 그 미달하는 금액을 뺀다.
(2021.12.8 본문개정)
4. 대통령령으로 정하는 난임시술(이하 이 호에서 "난
임시술"이라 한다)을 위하여 지출한 비용(난임시술과
관련하여 처방을 받은 「약사법」 제2조에 따른 의약품
구입비용을 포함한다). 다만, 제1호부터 제3호까지의
의료비 합계액이 총급여액에 100분의 3을 곱하여 계
산한 금액에 미달하는 경우에는 그 미달하는 금액을
뺀다.(2021.12.8 본호신설)
③ 근로소득이 있는 거주자가 그 거주자와 기본공제대
상자(나이의 제한을 받지 아니하되, 제3호나목의 기관에
대해서는 과세기간 종료일 현재 18세 미만인 사람만 해
당한다)를 위하여 해당 과세기간에 대통령령으로 정하
는 교육비를 지급한 경우 다음 각 호의 금액의 100분의
15에 해당하는 금액을 해당 과세기간의 종합소득 산출
세액에서 공제한다. 다만, 소득세 또는 증여세가 비과세
되는 대통령령으로 정하는 교육비는 공제하지 아니한다.
1. 기본공제대상자인 배우자·직계비속·형제자매·입
양자 및 위탁아동(이하 이 호에서 "직계비속등"이라
한다)을 위하여 지급한 다음 각 목의 교육비를 합산한
금액. 다만, 대학원에 지급하거나 직계비속등이 제2호
라목에 따른 학자금 대출을 받아 지급하는 교육비는
제외하며, 대학생인 경우에는 1명당 연 900만원, 초등
학교 취학 전 아동과 초·중·고등학생인 경우에는 1
명당 연 300만원을 한도로 한다.(2016.12.20 본문개정)
가. 「유아교육법」, 「초·중등교육법」, 「고등교육법」
및 특별법에 따른 학교에 지급하거나 「고등교육법」
제34조제3항의 시험 응시를 위하여 지급한 교육비
(2022.12.31 본문개정)
나. 다음의 평생교육시설 또는 과정을 위하여 지급한
교육비
1) 「평생교육법」 제31조제2항에 따라 고등학교졸업
이하의 학력이 인정되는 학교형태의 평생교육시
설, 같은 조 제4항에 따라 전공대학의 명칭을 사용
할 수 있는 평생교육시설(이하 "전공대학"이라 한
다)과 같은 법 제33조에 따른 원격대학 형태의 평
생교육시설(이하 "원격대학"이라 한다)
2) 「학점인정 등에 관한 법률」 제3조 및 「독학에 의
한 학위취득에 관한 법률」 제5조제1항에 따른 과
정중 중 대통령령으로 정하는 교육과정(이하 각각의
교육과정을 이 항에서 "학위취득과정"이라 한다)
(2014.12.23 본목개정)
다. 대통령령으로 정하는 국외교육기관(국외교육기관
의 학생을 위하여 교육비를 지급하는 거주자가 국
내에서 근무하는 경우에는 대통령령으로 정하는 학
생만 해당한다)에 지급한 교육비
라. 초등학교 취학 전 아동을 위하여 「영유아보육법」
에 따른 어린이집, 「학원의 설립·운영 및 과외교습
에 관한 법률」에 따른 학원 또는 대통령령으로 정하
는 체육시설에 지급한 교육비(학원 및 체육시설에
지급하는 경우에는 대통령령으로 정하는 금액만 해당한다)
액만 해당한다)
2. 해당 거주자를 위하여 지급한 다음 각 목의 교육비
를 합산한 금액
가. 제1호가목부터 다목까지의 규정에 해당하는 교육비
나. 대학(전공대학, 원격대학 및 학위취득과정을 포함
한다) 또는 대학원의 1학기 이상에 해당하는 교육과
정과 「고등교육법」 제36조에 따른 시간제 과정에
지급하는 교육비

다. 「국민 평생 직업능력 개발법」 제2조에 따른 직업
능력개발훈련시설에서 실시하는 직업능력개발훈련을
위하여 지급한 수강료. 다만, 대통령령으로 정하는
지원금 등을 받은 경우에는 이를 뺀 금액으로 한다.
(2021.8.17 본문개정)
라. 대통령령으로 정하는 학자금 대출의 원리금 상환
에 지출한 교육비. 다만, 대출금의 상환 연체로 인하
여 추가로 지급하는 금액 등 대통령령으로 정하는
지급액은 제외한다.(2016.12.20 본목신설)
3. 기본공제대상자인 장애인(소득의 제한을 받지 아니
한다)을 위하여 다음 각 목의 어느 하나에 해당하는
자에게 지급하는 대통령령으로 정하는 특수교육비
가. 대통령령으로 정하는 사회복지시설 및 비영리법인
나. 장애인의 기능향상과 행동발달을 위한 발달재활
서비스를 제공하는 대통령령으로 정하는 기관
다. 가목의 시설 또는 법인과 유사한 것으로서 외국에
있는 시설 또는 법인
④ 거주자(사업소득만 있는 자는 제외하되, 제73조제1
항제4호에 따른 자 등 대통령령으로 정하는 자는 포함
한다)가 해당 과세기간에 지급한 기부금〔제50조제1항
제2호 및 제3호에 해당하는 사람(나이의 제한을 받지
아니하며, 다른 거주자의 기본공제를 적용받은 사람은
제외한다)이 지급한 기부금을 포함한다〕이 있는 경우
다음 각 호의 기부금을 합한 금액에서 사업소득금액을
계산할 때 필요경비에 산입한 기부금을 뺀 금액의 100
분의 15(해당 금액이 1천만원을 초과하는 경우 그 초과
분에 대해서는 100분의 30)에 해당하는 금액(이하 제61
조제2항에서 "기부금 세액공제액"이라 한다)을 해당
과세기간의 합산과세되는 종합소득산출세액(필요경비
에 산입한 기부금이 있는 경우 사업소득에 대한 산출
세액은 제외한다)에서 공제한다. 이 경우 제1호의 기부
금과 제2호의 기부금이 함께 있으면 제1호의 기부금을
먼저 공제하되, 2013년 12월 31일 이전에 지급한 기부
금을 2014년 1월 1일 이후에 개시하는 과세기간에 이
월하여 소득공제하는 경우에는 해당 과세기간에 지급
한 기부금보다 먼저 공제한다.(2018.12.31 전단개정)
1. 제34조제2항제1호의 특례기부금(2022.12.31 본호개
정)
2. 제34조제3항제1호의 일반기부금. 이 경우 한도액은
다음 각 목의 구분에 따른다.(2022.12.31 전단개정)
가. 종교단체에 기부한 금액이 있는 경우
한도액 = 〔종합소득금액(제62조에 따른 원천징수세율
을 적용받는 이자소득 및 배당소득은 제외한다)에서 제
1호에 따른 기부금을 뺀 금액을 말하며, 이하 이 항에서
"소득금액"이라 한다〕 × 100분의 10 + 〔소득금액의 100
분의 20과 종교단체 외에 기부한 금액 중 적은 금액〕
(2020.12.29 본목개정)
나. 가목 외의 경우
한도액 = 소득금액의 100분의 30
⑤ 제1항부터 제3항까지의 규정을 적용할 때 과세기간
종료일 이전에 혼인·이혼·별거·취업 등의 사유로
기본공제대상자에 해당되지 아니하게 된 종전의 배
우자·부양가족·장애인 또는 과세기간 종료일 현재
65세 이상인 사람을 위하여 이미 지급한 금액이 있는
경우에는 그 사유가 발생한 날까지 지급한 금액에 제1
항부터 제3항까지의 규정에 따른 율을 적용한 금액을
해당 과세기간의 종합소득산출세액에서 공제한다.
⑥ 제1항부터 제4항까지의 규정에 따른 공제는 해당
거주자가 대통령령으로 정하는 바에 따라 신청한 경우
에 적용한다.
⑦ 국세청장은 제3항제2호라목에 따른 교육비가 세액
공제 대상에 해당하는지 여부를 확인하기 위하여 「한
국장학재단 설립 등에 관한 법률」 제6조에 따른 한국

장학재단 등 학자금 대출·상환업무를 수행하는 대통령령으로 정하는 기관(이하 이 항에서 "한국장학재단 등"이라 한다)에 학자금대출 및 원리금 상환내역 등 대통령령으로 정하는 자료의 제공을 요청할 수 있다. 이 경우 요청을 받은 한국장학재단등은 특별한 사유가 없으면 그 요청에 따라야 한다.(2016.12.20 본항신설)
⑧ 제4항에도 불구하고 2024년 1월 1일부터 2024년 12월 31일까지 지급한 기부금을 해당 과세기간의 합산과세되는 종합소득산출세액(필요경비에 산입한 기부금이 있는 경우 사업소득에 대한 산출세액은 제외한다)에서 공제하는 경우에는 같은 항에 따른 세액공제액 외에 같은 항 각 호의 기부금을 합한 금액에서 사업소득금액을 계산할 때 필요경비에 산입한 기부금을 뺀 금액이 3천만원을 초과하는 경우 그 초과분에 대해서는 100분의 10에 해당하는 금액을 추가로 공제한다. (2023.12.31 본항개정)
⑨ 거주자가 다음 각 호의 어느 하나에 해당하는 경우 다음 각 호의 구분에 따른 금액을 종합소득산출세액에서 공제(이하 "표준세액공제"라 한다)한다.
1. 근로소득이 있는 거주자로서 제6항, 제52조제8항 및 「조세특례제한법」 제95조의2제2항에 따른 소득공제나 세액공제 신청을 하지 아니한 경우 : 연 13만원
2. 종합소득이 있는 거주자(근로소득이 있는 자는 제외한다)로서 「조세특례제한법」 제122조의3에 따른 세액공제 신청을 하지 아니한 경우 : 다음 각 목의 구분에 따른 금액
  가. 제160조의5제3항에 따른 사업용계좌의 신고 등 대통령령으로 정하는 요건에 해당하는 사업자(이하 "성실사업자"라 한다)의 경우 : 연 12만원
  나. 가목 외의 경우 : 연 7만원
(2020.12.29 본항개정)
⑩ 제1항부터 제9항까지의 규정에 따른 공제를 "특별세액공제"라 한다.
⑪ 특별세액공제에 관하여 그밖에 필요한 사항은 대통령령으로 정한다.
(2014.1.1 본조신설)
제59조의5【세액의 감면】
① 종합소득금액 중 다음 각 호의 어느 하나의 소득이 있을 때에는 종합소득 산출세액에서 그 세액에 해당 근로소득금액 또는 사업소득금액이 종합소득금액에서 차지하는 비율을 곱하여 계산한 금액 상당액을 감면한다.
1. 정부 간의 협약에 따라 우리나라에 파견된 외국인이 그 양쪽 또는 한쪽 당사국의 정부로부터 받는 급여
2. 거주자 중 대한민국의 국적을 가지지 아니한 자가 대통령령으로 정하는 선박과 항공기의 외국항행사업으로부터 얻는 소득. 다만, 그 거주자의 국적국(國籍國)에서 대한민국 국민이 운용하는 선박과 항공기에 대해서도 동일한 면제를 하는 경우만 해당한다. (2013.1.1 본호개정)
② 이 법 외의 법률에 따라 소득세가 감면되는 경우에도 그 법률에 특별한 규정이 있는 경우 외에는 제1항을 준용하여 계산한 소득세를 감면한다.
(2009.12.31 본조신설)
제60조【세액감면 및 세액공제 시 적용순위 등】
① 조세에 관한 법률을 적용할 때 소득세의 감면에 관한 규정과 세액공제에 관한 규정이 동시에 적용되는 경우 그 적용순위는 다음 각 호의 순서로 한다.
1. 해당 과세기간의 소득에 대한 소득세의 감면
2. 이월공제가 인정되지 아니하는 세액공제
3. 이월공제가 인정되는 세액공제. 이 경우 해당 과세기간 중에 발생한 세액공제액과 이전 과세기간에서 이월된 미공제액이 함께 있을 때에는 이월된 미공제액을 먼저 공제한다.

② ~ ③ (2014.12.23 삭제)
제61조【세액감면액 및 세액공제액의 산출세액 초과 시의 적용방법 등】
① 제59조의4제1항부터 제3항까지 및 「조세특례제한법」 제95조의2의 규정에 따른 세액공제액의 합계액이 그 거주자의 해당 과세기간의 대통령령으로 정하는 근로소득에 대한 종합소득산출세액을 초과하는 경우 그 초과하는 금액은 없는 것으로 한다.
② 제59조의2에 따른 자녀세액공제액, 제59조의3에 따른 연금계좌세액공제액, 제59조의4에 따른 특별세액공제액, 「조세특례제한법」 제76조 및 같은 법 제88조의4제13항에 따른 세액공제액의 합계액이 그 거주자의 해당 과세기간의 합산과세되는 종합소득산출세액(제62조에 따라 원천징수세율을 적용받는 이자소득 및 배당소득에 대한 대통령령으로 정하는 산출세액은 제외하며, 이하 이 조에서 "공제기준산출세액"이라 한다)을 초과하는 경우 그 초과하는 금액은 없는 것으로 한다. 다만, 그 초과한 금액에 기부금 세액공제액이 포함되어 있는 경우 해당 기부금과 제59조의4제4항제2호에 따라 한도액을 초과하여 공제받지 못한 기부금은 해당 과세기간의 다음 과세기간의 개시일부터 10년 이내에 끝나는 각 과세기간에 이월하여 제59조의4제4항에 따른 율을 적용한 기부금 세액공제액을 계산한 그 금액을 공제기준산출세액에서 공제한다.(2020.12.29 단서개정)
③ 이 법 또는 「조세특례제한법」에 따른 감면액 및 세액공제액의 합계액이 해당 과세기간의 합산과세되는 종합소득산출세액을 초과하는 경우 그 초과하는 금액은 없는 것으로 보고, 그 초과하는 금액을 한도로 연금계좌세액공제를 받지 아니한 것으로 본다. 다만, 제58조에 따른 재해손실세액공제액이 종합소득산출세액에서 다른 세액감면액 및 세액공제액을 뺀 후 가산세를 더한 금액을 초과하는 경우 그 초과하는 금액은 없는 것으로 본다.
(2014.12.23 본조신설)

제5절 세액 계산의 특례
(2009.12.31 본절개정)

제62조【이자소득 등에 대한 종합과세 시 세액 계산의 특례】
거주자의 종합소득과세표준에 포함된 이자소득과 배당소득(이하 이 조에서 "이자소득등"이라 한다)이 이자소득등의 종합과세기준금액(이하 이 조에서 "종합과세기준금액"이라 한다)을 초과하는 경우에는 그 거주자의 종합소득 산출세액은 다음 각 호의 금액 중 큰 금액으로 하고, 종합과세기준금액을 초과하지 아니하는 경우에는 제2호의 금액으로 한다. 이 경우 제17조제1항제8호에 따른 배당소득이 있을 때에는 그 배당소득금액은 이자소득등으로 보지 아니한다.
(2016.12.20 전단개정)
1. 다음 각 목의 세액을 더한 금액
  가. 이자소득등의 금액 중 종합과세기준금액을 초과하는 금액과 이자소득등을 제외한 다른 종합소득금액을 더한 금액에 대한 산출세액
  나. 종합과세기준금액에 제129조제1항제1호라목의 세율을 적용하여 계산한 세액(2018.12.31 단서삭제)
2. 다음 각 목의 세액을 더한 금액(2014.12.23 본문개정)
  가. 이자소득등에 대하여 제129조제1항제1호 및 제2호의 세율을 적용하여 계산한 세액. 다만, 다음의 어느 하나에 해당하는 소득에 대해서는 그 구분에 따른 세율을 적용한다.
    1) (2018.12.31 삭제)
    2) 제127조에 따라 원천징수되지 아니하는 이자소득등 중 제16조제1항제11호의 소득 : 제129조제1항제1호나목의 세율

3) 제127조에 따라 원천징수되지 아니하는 이자소 득등 중 제16조제1항제11호의 소득을 제외한 이자 소득등 : 제129조제1항제1호라목의 세율 (2016.12.20 본목개정)

나. 이자소득등을 제외한 다른 종합소득금액에 대한 산출세액. 다만, 그 세액이 제17조제1항제8호에 따른 배당소득에 대하여 제129조제1항제1호라목의 세율을 적용하여 계산한 세액과 이자소득등 및 제17조제1항제8호에 따른 배당소득을 제외한 다른 종합소득금액에 대한 산출세액을 합산한 금액(이하 이 목에서 "종합소득 비교세액"이라 한다)에 미달하는 경우 종합소득 비교세액

제63조【직장공제회 초과반환금에 대한 세액 계산의 특례】 ① 제16조제1항제10호에 따른 직장공제회 초과반환금(이하 이 조에서 "직장공제회 초과반환금"이라 한다)에 대해서는 그 금액에서 다음 각 호의 금액을 순서대로 공제한 금액을 납입연수(1년 미만인 경우에는 1년으로 한다. 이하 같다)로 나눈 금액에 기본세율을 적용하여 계산한 세액에 납입연수를 곱한 금액을 그 산출세액으로 한다.
1. 직장공제회 초과반환금의 100분의 40에 해당하는 금액(2010.12.27 본호개정)
2. 납입연수에 따라 정한 다음의 금액

<납입연수>	<공제액>
5년 이하	30만원 × 납입연수
5년 초과 10년 이하	150만원 + 50만원 × (납입연수 − 5년)
10년 초과 20년 이하	400만원 + 80만원 × (납입연수 − 10년)
20년 초과	1천200만원 + 120만원 × (납입연수 − 20)

② 직장공제회 초과반환금을 분할하여 지급받는 경우 세액의 계산 방법 등 필요한 사항은 대통령령으로 정한다.(2014.12.23 본항신설)

제64조【부동산매매업자에 대한 세액 계산의 특례】 ① 대통령령으로 정하는 부동산매매업(이하 "부동산매매업"이라 한다)을 경영하는 거주자(이하 "부동산매매업자"라 한다)로서 종합소득금액에 제104조제1항제1호(분양권에 한정한다)·제8호·제10호 또는 같은 조 제7항 각 호의 어느 하나에 해당하는 자산의 매매차익(이하 이 조에서 "주택등매매차익"이라 한다)이 있는 자의 종합소득 산출세액은 다음 각 호의 세액 중 많은 것으로 한다.(2020.12.29 본문개정)
1. 종합소득 산출세액
2. 다음 각 목에 따른 세액의 합계액
  가. 주택등매매차익에 제104조에 따른 세율을 적용하여 산출한 세액의 합계액
  나. 종합소득과세표준에서 주택등매매차익의 해당 과세기간 합계액을 공제한 금액을 과세표준으로 하고 이에 제55조에 따른 세율을 적용하여 산출한 세액
② 부동산매매업자에 대한 주택등매매차익의 계산과 그 밖에 종합소득 산출세액의 계산에 필요한 사항은 대통령령으로 정한다.

제64조의2【주택임대소득에 대한 세액 계산의 특례】 ① 분리과세 주택임대소득이 있는 거주자의 종합소득 결정세액은 다음 각 호의 세액 중 하나를 선택하여 적용한다.
1. 제14조제3항제7호를 적용하기 전의 종합소득 결정세액
2. 다음 각 목의 세액을 더한 금액
  가. 분리과세 주택임대소득에 대한 사업소득금액에 100분의 14를 곱하여 산출한 금액. 다만, 「조세특례제한법」 제96조제1항에 해당하는 거주자가 같은 항

에 따른 임대주택을 임대하는 경우에는 해당 임대사업에서 발생한 분리과세 주택임대소득에 대한 사업소득금액에 100분의 14를 곱하여 산출한 금액에서 같은 항에 따라 감면받는 세액을 차감한 금액으로 한다.
  나. 가목 외의 종합소득 결정세액
② 제1항제2호가목에 따른 분리과세 주택임대소득에 대한 사업소득금액은 총수입금액에서 필요경비(총수입금액의 100분의 50으로 한다)를 차감한 금액으로 하되, 분리과세 주택임대소득을 제외한 해당 과세기간의 종합소득금액이 2천만원 이하인 경우에는 추가로 200만원을 차감한 금액으로 한다. 다만, 대통령령으로 정하는 임대주택(이하 이 조에서 "임대주택"이라 한다)을 임대하는 경우에는 해당 임대사업에서 발생한 사업소득금액은 총수입금액에서 필요경비(총수입금액의 100분의 60으로 한다)를 차감한 금액으로 하되, 분리과세 주택임대소득을 제외한 해당 과세기간의 종합소득금액이 2천만원 이하인 경우에는 추가로 400만원을 차감한 금액으로 한다.
③ 다음 각 호의 어느 하나에 해당하는 경우에는 그 사유가 발생한 날이 속하는 과세연도의 과세표준신고를 할 때 다음 각 호의 구분에 따른 금액을 소득세로 납부하여야 한다. 다만, 「민간임대주택에 관한 특별법」 제6조제1항제11호에 해당하여 등록이 말소되는 경우 등 대통령령으로 정하는 경우에는 그러하지 아니하다.
1. 제1항제2호가목 단서에 따라 세액을 감면받은 사업자가 해당 임대주택을 4년(「민간임대주택에 관한 특별법」 제2조제4호에 따른 공공지원민간임대주택 또는 같은 법 제2조제5호에 따른 장기일반민간임대주택의 경우에는 10년) 이상 임대하지 아니하는 경우 : 제1항제2호가목 단서에 따라 감면받은 세액
2. 제2항 단서를 적용하여 세액을 계산한 사업자가 해당 임대주택을 10년 이상 임대하지 아니하는 경우 : 제2항 단서를 적용하지 아니하고 계산한 세액과 당초 신고한 세액과의 차액
(2020.12.29 본항개정)
④ 제3항 각 호에 따라 소득세를 납부하는 경우에는 「조세특례제한법」 제63조제3항의 이자 상당 가산액에 관한 규정을 준용한다. 다만, 대통령령으로 정하는 부득이한 사유가 있는 경우에는 그러하지 아니하다.
(2023.12.31 본문개정)
⑤ 분리과세 주택임대소득에 대한 종합소득 결정세액의 계산 및 임대주택 유형에 따른 사업소득금액의 산출방법 등에 필요한 사항은 대통령령으로 정한다.
(2018.12.31 본조개정)

제64조의3【분리과세기타소득에 대한 세액 계산의 특례】 제14조에 따라 종합소득과세표준을 계산할 때 제127조제1항제6호나목의 소득을 합산하지 아니하는 경우 그 합산하지 아니하는 기타소득에 대한 결정세액은 해당 기타소득금액에 제129조제1항제6호라목의 세율을 적용하여 계산한 금액으로 한다.(2019.12.31 본조신설)

제64조의4【연금소득에 대한 세액 계산의 특례】 제20조의3제1항제2호 및 제3호에 따른 연금소득 중 분리과세연금소득 외의 연금소득이 있는 거주자의 종합소득 결정세액은 다음 각 호의 세액 중 하나를 선택하여 적용한다.
1. 종합소득 결정세액
2. 다음 각 목의 세액을 더한 금액
  가. 제20조의3제1항제2호 및 제3호에 따른 연금소득 중 분리과세연금소득 외의 연금소득에 100분의 15를 곱하여 산출한 금액
  나. 가목 외의 종합소득 결정세액
(2022.12.31 본조신설)

제6절 중간예납·예정신고 및 세액 납부
(2009.12.31 본절개정)

제1관 중간예납

제65조【중간예납】 ① 납세지 관할 세무서장은 종합소득이 있는 거주자(대통령령으로 정하는 소득만이 있는 자와 해당 과세기간의 개시일 현재 사업자가 아닌 자로서 그 과세기간 중 신규로 사업을 시작한 자는 제외한다. 이하 이 조에서 같다)에 대하여 1월 1일부터 6월 30일까지의 기간을 중간예납기간으로 하여 직전 과세기간의 종합소득에 대한 소득세로서 납부하였거나 납부하여야 할 세액(이하 "중간예납기준액"이라 한다)의 2분의 1에 해당하는 금액(이하 "중간예납세액"이라 하고, 1천원 미만의 단수가 있을 때에는 그 단수금액은 버린다)을 납부하여야 할 세액으로 결정하여 11월 30일까지 그 세액을 징수하여야 한다. 이 경우 납세지 관할 세무서장은 중간예납세액을 납부하여야 할 거주자에게 11월 1일부터 11월 15일까지의 기간에 중간예납세액의 납부고지서를 발급하여야 한다.(2020.12.29 후단개정)

② 제1항에 따라 고지된 중간예납세액을 납부하여야 할 거주자가 11월 30일까지 그 세액의 전부 또는 일부를 납부하지 아니한 경우에는 납부하지 아니한 세액 중 제77조에 따라 분할납부할 수 있는 세액에 대해서는 납부의 고지가 없었던 것으로 보며, 납세지 관할 세무서장은 해당 과세기간의 다음 연도 1월 1일부터 1월 15일까지의 기간에 그 분할납부할 수 있는 세액을 납부할 세액으로 하는 납부고지서를 발급하여야 한다. (2020.12.29 본항개정)

③ 종합소득이 있는 거주자가 중간예납기간의 종료일 현재 그 중간예납기간 종료일까지의 종합소득금액에 대한 소득세(이하 "중간예납추계액"이라 한다)이 중간예납기준액의 100분의 30에 미달하는 경우에는 11월 1일부터 11월 30일까지의 기간에 대통령령으로 정하는 바에 따라 중간예납추계액을 중간예납세액으로 하여 납세지 관할 세무서장에게 신고할 수 있다.

④ 제3항에 따라 종합소득이 있는 거주자가 신고를 한 경우에는 제1항에 따른 중간예납세액의 결정은 없었던 것으로 본다.

⑤ 중간예납기준액이 없는 거주자 중 제160조제3항에 따른 복식부기의무자가 해당 과세기간의 중간예납기간 중 사업소득이 있는 경우에는 11월 1일부터 11월 30일까지의 기간에 대통령령으로 정하는 바에 따라 중간예납추계액을 중간예납세액으로 하여 납세지 관할 세무서장에게 신고하여야 한다.(2018.12.31 본항개정)

⑥ 제3항이나 제5항에 따라 신고한 거주자는 신고와 함께 그 중간예납세액을 11월 30일까지 납세지 관할 세무서, 한국은행(그 대리점을 포함한다. 이하 같다) 또는 체신관서에 납부하여야 한다.

⑦ 제1항에 따른 중간예납기준액은 다음 각 호의 세액의 합계액에서 제85조에 따른 환급세액(「국세기본법」 제45조의2에 따라 경정청구에 의한 결정이 있는 경우에는 그 내용이 반영된 금액을 포함한다)을 공제한 금액으로 한다.

1. 직전 과세기간의 중간예납세액
2. 제76조에 따른 확정신고납부세액
3. 제85조에 따른 추가납부세액(가산세액을 포함한다)
4. 「국세기본법」 제45조의3에 따른 기한후신고납부세액(가산세액을 포함한다) 및 같은 법 제46조에 따른 추가자진납부세액(가산세액을 포함한다)

⑧ 제3항에 따른 중간예납추계액은 다음 각 호의 계산식 순서에 따라 계산한다.

1. 종합소득과세표준 = (중간예납기간의 종합소득금액 × 2) - 이월결손금 - 종합소득공제
2. 종합소득 산출세액 = 종합소득 과세표준 × 기본세율
3.

$$중간예납추계액 = \left(\frac{종합소득산출세액}{2}\right) - (중간예납기간 종료일까지의 종합소득에 대한 감면세액·세액공제액, 토지등 매매차익 예정신고 산출세액, 수시부과세액 및 원천징수세액)$$

⑨ 납세지 관할 세무서장은 제3항 또는 제5항에 따라 신고를 한 자의 신고 내용에 탈루 또는 오류가 있거나, 제5항에 따라 신고를 하여야 할 자가 신고를 하지 아니한 경우에는 중간예납세액을 경정하거나 결정할 수 있다. 이 경우 경정하거나 결정할 세액은 제8항에 따른 중간예납추계액의 계산방법을 준용하여 산출한 금액으로 한다.

⑩ 제69조에 따라 부동산매매업자가 중간예납기간 중에 매도한 토지 또는 건물에 대하여 토지등 매매차익 예정신고·납부를 한 경우에는 제1항에 따른 중간예납기준액의 2분의 1에 해당하는 금액에서 그 신고·납부한 금액을 뺀 금액을 중간예납세액으로 한다. 이 경우 토지등 매매차익예정신고·납부세액이 중간예납기준액의 2분의 1을 초과하는 경우에는 중간예납세액이 없는 것으로 한다.

⑪ 납세지 관할 세무서장은 내우외환 등의 사유로 긴급한 재정상의 수요가 있다고 국세청장이 인정할 때에는 제1항부터 제5항까지의 규정에 불구하고 대통령령으로 정하는 바에 따라 다음 각 호의 금액을 초과하지 아니하는 범위에서 해당 과세기간의 중간예납세액을 결정할 수 있다.

1. 제1항에 따라 중간예납을 하는 경우에는 중간예납기준액
2. 제3항 및 제5항에 따라 중간예납을 하는 경우에는 제8항에 따른 중간예납추계액에 2를 곱한 금액

제66조~제67조 (2000.12.29 삭제)

제68조【납세조합원의 중간예납 특례】 납세조합이 중간예납기간 중 제150조에 따라 그 조합원의 해당 소득에 대한 소득세를 매월 징수하여 납부한 경우에는 그 소득에 대한 중간예납을 하지 아니한다.

제2관 토지 등 매매차익 예정신고와 납부

제69조【부동산매매업자의 토지등 매매차익예정신고와 납부】 ① 부동산매매업자는 토지 또는 건물(이하 "토지등"이라 한다)의 매매차익과 그 세액을 매매일이 속하는 달의 말일부터 2개월이 되는 날까지 대통령령으로 정하는 바에 따라 납세지 관할 세무서장에게 신고하여야 한다. 토지등의 매매차익이 없거나 매매차손이 발생하였을 때에도 또한 같다.

② 제1항에 따른 신고를 "토지등 매매차익예정신고"라 한다.

③ 부동산매매업자의 토지등의 매매차익에 대한 산출세액은 그 매매가액에서 제97조를 준용하여 계산한 필요경비를 공제한 금액에 제104조에서 규정하는 세율을 곱하여 계산한 금액으로 한다. 다만, 토지등의 보유기간이 2년 미만인 경우에는 제104조제1항제2호 및 제3호에도 불구하고 같은 항 제1호에 따른 세율을 곱하여 계산한 금액으로 한다.(2014.1.1 본문개정)

④ 부동산매매업자는 제3항에 따른 산출세액을 제1항에 따른 매매차익예정신고 기한까지 대통령령으로 정하는 바에 따라 납세지 관할 세무서, 한국은행 또는 체신관서에 납부하여야 한다.(2013.1.1 본항신설)

⑤ 토지등의 매매차익에 대한 산출세액의 계산, 결정·

경정 및 환산취득가액(실지거래가액·매매사례가액 또는 감정가액을 대통령령으로 정하는 방법에 따라 환산한 가액을 말한다. 이하 제97조제1항·제2항, 제100조제1항, 제114조제7항 및 제114조의2에서 같다) 적용에 따른 가산세에 관하여는 제107조제2항, 제114조 및 제114조의2를 준용한다.(2020.12.29 본항개정)
⑥ 토지등의 매매차익과 그 세액의 계산 등에 관하여 필요한 사항은 대통령령으로 정한다.(2013.1.1 본항개정)

제7절 과세표준의 확정신고와 납부
(2009.12.31 본절개정)

제70조 【종합소득과세표준 확정신고】 ① 해당 과세기간의 종합소득금액이 있는 거주자(종합소득과세표준이 없거나 결손금이 있는 거주자를 포함한다)는 그 종합소득 과세표준을 그 과세기간의 다음 연도 5월 1일부터 5월 31일까지 대통령령으로 정하는 바에 따라 납세지 관할 세무서장에게 신고하여야 한다. (2010.12.27 본항개정)
② 해당 과세기간에 분리과세 주택임대소득 및 제127조제1항제6호나목의 소득이 있는 경우에도 제1항을 적용한다.(2019.12.31 본항개정)
③ 제1항에 따른 신고를 "종합소득 과세표준확정신고"라 한다.
④ 종합소득 과세표준확정신고를 할 때에는 그 신고서에 다음 각 호의 서류를 첨부하여 납세지 관할 세무서장에게 제출하여야 한다. 이 경우 제160조제3항에 따른 복식부기의무자가 제3호에 따른 서류를 제출하지 아니한 경우에는 종합소득 과세표준확정신고를 하지 아니한 것으로 본다.
1. 인적공제, 연금보험료공제, 주택담보노후연금 이자비용공제, 특별소득공제, 자녀세액공제, 연금계좌세액공제 및 특별세액공제 대상임을 증명하는 서류로서 대통령령으로 정하는 것(2014.1.1 본호개정)
2. 종합소득금액 계산의 기초가 된 총수입금액과 필요경비의 계산에 필요한 서류로서 대통령령으로 정하는 것
3. 사업소득금액을 제160조 및 제161조에 따라 비치·기록된 장부와 증명서류에 의하여 계산한 경우에는 기업회계기준을 준용하여 작성한 재무상태표·손익계산서와 그 부속서류, 합계잔액시산표(合計殘額試算表) 및 대통령령으로 정하는 바에 따라 작성한 조정계산서. 다만, 제160조제2항에 따라 기장(記帳)을 한 사업자의 경우에는 기획재정부령으로 정하는 간편장부소득금액 계산서(2012.1.1 단서개정)
4. 제28조부터 제32조까지의 규정에 따라 필요경비를 산입한 경우에는 그 명세서
5. 사업자(대통령령으로 정하는 소규모사업자는 제외한다)가 사업과 관련하여 다른 사업자(법인을 포함한다)로부터 재화 또는 용역을 공급받고 제160조의2제2항 각 호의 어느 하나에 해당하는 증명서류 외의 것으로 증명을 받은 경우에는 대통령령으로 정하는 영수증 수취명세서(이하 "영수증 수취명세서"라 한다)
6. 사업소득금액을 제160조 및 제161조에 따라 비치·기록한 장부와 증명서류에 의하여 계산하지 아니한 경우에는 기획재정부령으로 정하는 추계소득금액 계산서(2012.1.1 본호개정)
⑤ 납세지 관할 세무서장은 제4항에 따라 제출된 신고서나 그 밖의 서류에 미비한 사항 또는 오류가 있을 때에는 그 보정을 요구할 수 있다.
⑥ 소득금액의 계산을 위한 세무조정을 정확하게 하기 위하여 필요하다고 인정하여 제160조제3항에 따른 복식부기의무자로서 대통령령으로 정하는 사업자의 경우 제4항제3호에 따른 조정계산서는 다음 각 호의 어느 하나에 해당하는 자로서 대통령령으로 정하는 조정반

에 소속된 자가 작성하여야 한다.
1. 「세무사법」에 따른 세무사등록부에 등록한 세무사
2. 「세무사법」에 따른 세무사등록부 또는 공인회계사 세무대리업무등록부에 등록한 공인회계사
3. 「세무사법」에 따른 세무사등록부 또는 변호사 세무대리업무등록부에 등록한 변호사
(2021.11.23 2호~3호개정)
(2015.12.15 본항신설)

제70조의2 【성실신고확인서 제출】 ① 성실한 납세를 위하여 필요하다고 인정되어 수입금액이 업종별로 대통령령으로 정하는 일정 규모 이상의 사업자(이하 "성실신고확인대상사업자"라 한다)는 제70조에 따른 종합소득과세표준 확정신고를 할 때에 같은 조 제4항 각 호의 서류에 더하여 제160조 및 제161조에 따라 비치·기록된 장부와 증명서류에 의하여 계산한 사업소득금액의 적정성을 세무사 등 대통령령으로 정하는 자가 대통령령으로 정하는 바에 따라 확인하고 작성한 확인서(이하 "성실신고확인서"라 한다)를 납세지 관할 세무서장에게 제출하여야 한다.
② 제1항에 따라 성실신고확인대상사업자가 성실신고확인서를 제출하는 경우에는 제70조제1항에도 불구하고 종합소득과세표준 확정신고를 그 과세기간의 다음 연도 5월 1일부터 6월 30일까지 하여야 한다. (2013.1.1 본항개정)
③ 납세지 관할 세무서장은 제1항에 따라 제출된 성실신고확인서에 미비한 사항 또는 오류가 있을 때에는 그 보정을 요구할 수 있다.
(2011.5.2 본조신설)

제71조 【퇴직소득과세표준 확정신고】 ① 해당 과세기간의 퇴직소득금액이 있는 거주자는 그 퇴직소득과세표준을 그 과세기간의 다음 연도 5월 1일부터 5월 31일까지 대통령령으로 정하는 바에 따라 납세지 관할 세무서장에게 신고하여야 한다.
② 제1항은 해당 과세기간의 퇴직소득 과세표준이 없을 때에도 적용한다. 다만, 제146조부터 제148조까지의 규정에 따라 소득세를 납부한 자에 대해서는 그러하지 아니하다.
③ 제1항에 따른 신고를 "퇴직소득 과세표준확정신고"라 한다.

제72조 (2006.12.30 삭제)

제73조 【과세표준확정신고의 예외】 ① 다음 각 호의 어느 하나에 해당하는 거주자는 제70조 및 제71조에도 불구하고 해당 소득에 대하여 과세표준확정신고를 하지 아니할 수 있다.
1. 근로소득만 있는 자
2. 퇴직소득만 있는 자
3. 공적연금소득만 있는 자(2013.1.1 본호개정)
4. 제127조에 따라 원천징수되는 사업소득으로서 대통령령으로 정하는 사업소득만 있는 자
4의2. 제127조제1항제6호에 따라 원천징수되는 기타소득으로서 종교인소득만 있는 자(2015.12.15 본호신설)
5. 제1호 및 제2호의 소득만 있는 자
6. 제2호 및 제3호의 소득만 있는 자
7. 제2호 및 제4호의 소득만 있는 자
7의2. 제2호 및 제4호의2의 소득만 있는 자(2015.12.15 본호신설)
8. 분리과세이자소득, 분리과세배당소득, 분리과세연금소득 및 분리과세기타소득(제127조에 따라 원천징수되지 아니하는 소득은 제외한다. 이하 이 항에서 같다)만 있는 자(2019.12.31 본호개정)
9. 제1호부터 제4호까지, 제4호의2, 제5호부터 제7호까지 및 제7호의2에 해당하는 사람으로서 분리과세이자소득, 분리과세배당소득, 분리과세연금소득 및 분리과세기타소득이 있는 자(2015.12.15 본호개정)

② 2명 이상으로부터 받는 다음 각 호의 어느 하나에 해당하는 소득이 있는 자(일용근로자는 제외한다)에 대해서는 제1항을 적용하지 아니한다. 다만, 제137조의2, 제138조, 제144조의2제5항 또는 제145조의3에 따른 연말정산 및 제148조제1항에 따라 소득세를 납부함으로써 제76조제2항에 따른 확정신고납부를 할 세액이 없는 자에 대하여는 그러하지 아니하다.(2015.12.15 본문개정)
1. 근로소득(2015.12.15 본호신설)
2. 공적연금소득(2015.12.15 본호신설)
3. 퇴직소득(2015.12.15 본호신설)
4. 종교인소득(2015.12.15 본호신설)
5. 제1항제4호에 따른 소득(2015.12.15 본호신설)
③ 제127조제1항제4호 각 목의 근로소득 또는 같은 항 제7호 단서에 해당하는 퇴직소득이 있는 자에게는 제1항을 적용하지 아니한다. 다만, 제152조제2항에 따라 제137조, 제137조의2 및 제138조의 예에 따른 원천징수에 의하여 소득세를 납부한 자에 대해서는 그러하지 아니하다.(2013.1.1 단서개정)
④ 제2항 각 호에 해당하는 소득(근로소득 중 일용근로소득은 제외한다)이 있는 자에 대하여 제127조에 따른 원천징수의무를 부담하는 자가 제137조, 제137조의2, 제138조, 제143조의4, 제144조의2, 제145조의3 또는 제146조에 따라 소득세를 원천징수하지 아니한 때에는 제1항을 적용하지 아니한다.(2015.12.15 본항개정)
⑤ 제82조에 따른 수시부과 후 추가로 발생한 소득이 없을 경우에는 과세표준확정신고를 하지 아니할 수 있다.
제74조【과세표준확정신고의 특례】 ① 거주자가 사망한 경우 그 상속인은 그 상속 개시일이 속하는 달의 말일부터 6개월이 되는 날(이 기간 중 상속인이 출국하는 경우에는 출국일 전날)까지 사망일이 속하는 과세기간에 대한 그 거주자의 과세표준을 대통령령으로 정하는 바에 따라 신고하여야 한다. 다만, 제44조제2항에 따라 상속인이 승계한 연금계좌의 소득금액에 대해서는 그러하지 아니하다.(2013.1.1 단서신설)
② 1월 1일과 5월 31일 사이에 사망한 거주자가 사망일이 속하는 과세기간의 직전 과세기간에 대한 과세표준확정신고를 하지 아니하고 사망한 경우에는 제1항을 준용한다.
③ 제1항과 제2항은 해당 상속인이 과세표준확정신고를 정해진 기간에 하지 아니하고 사망한 경우에 준용한다.
④ 과세표준확정신고를 하여야 할 거주자가 출국하는 경우에는 출국일이 속하는 과세기간의 과세표준을 출국일 전날까지 신고하여야 한다.
⑤ 거주자가 1월 1일과 5월 31일 사이에 출국하는 경우 출국일이 속하는 과세기간의 직전 과세기간에 대한 과세표준확정신고에 관하여는 제4항을 준용한다.
⑥ 제1항부터 제5항까지의 규정에 따른 과세표준확정신고의 특례에 관하여는 제70조제4항 및 제5항을 준용한다.
제75조【세액감면 신청】 ① 제59조의5제1항에 따라 소득세를 감면받으려는 거주자는 제69조, 제70조, 제70조의2 또는 제74조에 따른 신고와 함께 대통령령으로 정하는 바에 따라 납세지 관할 세무서장에게 신청하여야 한다.
② 제59조의5제1항제1호에 따라 근로소득에 대한 감면을 받으려는 자는 대통령령으로 정하는 바에 따라 관할 세무서장에게 신청하여야 한다.
(2014.1.1 본조개정)
제76조【확정신고납부】 ① 거주자는 해당 과세기간의 과세표준에 대한 종합소득 산출세액 또는 퇴직소득 산출세액에서 감면세액과 세액공제액을 공제한 금액을 제70조, 제70조의2, 제71조 및 제74조에 따른 과세표준확정신고기한까지 대통령령으로 정하는 바에 따라 납세지 관할 세무서, 한국은행 또는 체신관서에 납부하여

야 한다.(2013.1.1 본항개정)
② 제1항에 따른 납부를 이 장에서 "확정신고납부"라 한다.(2020.12.29 본항개정)
③ 확정신고납부를 할 때에는 다음 각 호의 세액을 공제하여 납부한다.
1. 제65조에 따른 중간예납세액
2. 제69조에 따른 토지등 매매차익예정신고 산출세액 또는 그 결정·경정한 세액
3. 제82조에 따른 수시부과세액
4. 제127조에 따른 원천징수세액(제133조의2제1항에 따른 채권등의 이자등 상당액에 대한 원천징수세액은 제46조제1항에 따른 해당 거주자의 보유기간의 이자등 상당액에 대한 세액으로 한정한다)(2010.12.27 본호개정)
5. 제150조에 따른 납세조합의 징수세액과 그 공제액
제77조【분할납부】 거주자로서 제65조·제69조 또는 제76조에 따라 납부할 세액이 각각 1천만원을 초과하는 자는 대통령령으로 정하는 바에 따라 그 납부할 세액의 일부를 납부기한이 지난 후 2개월 이내에 분할납부할 수 있다.

제8절 사업장 현황신고와 확인
(2009.12.31 본절개정)

제78조【사업장 현황신고】 ① 사업자(해당 과세기간 중 사업을 폐업 또는 휴업한 사업자를 포함한다)는 대통령령으로 정하는 바에 따라 해당 사업장의 현황을 해당 과세기간의 다음 연도 2월 10일까지 사업장 소재지 관할 세무서장에게 신고(이하 "사업장 현황신고"라 한다)하여야 한다. 다만, 다음 각 호의 어느 하나에 해당하는 경우에는 사업장 현황신고를 한 것으로 본다.(2014.12.23 단서개정)
1. 사업자가 사망하거나 출국함에 따라 제74조가 적용되는 경우
2. 「부가가치세법」 제2조제3호에 따른 사업자가 같은 법 제48조·제49조·제66조 또는 제67조에 따라 신고한 경우. 다만, 사업자가 「부가가치세법」상 과세사업과 면세사업등을 겸영(兼營)하여 면세사업 수입금액 등을 신고하는 경우에는 그 면세사업등에 대하여 사업장 현황신고를 한 것으로 본다.(2014.12.23 단서신설)
② 제1항에 따라 사업장 현황신고를 하여야 하는 사업자는 다음 각 호의 사항이 포함된 신고서를 제출하여야 한다.
1. 사업자 인적 사항
2. 업종별 수입금액 명세
3. (2018.12.31 삭제)
4. 그 밖에 대통령령으로 정하는 사항
③ 제1항에도 불구하고 납세조합에 가입하여 수입금액을 신고하는 자 등 대통령령으로 정하는 사업자는 사업장 현황신고를 하지 아니할 수 있다.(2018.12.31 본항신설)
제79조【사업장 현황의 조사·확인】 제78조에 따른 사업장 현황신고를 받은 사업장 소재지 관할 세무서장 또는 지방국세청장은 대통령령으로 정하는 바에 따라 그 사업장의 현황을 조사·확인하거나 이에 관한 장부·서류·물건 등의 제출 또는 그 밖에 필요한 사항을 명할 수 있다.

제9절 결정·경정과 징수 및 환급
(2009.12.31 본절개정)

제1관 과세표준의 결정 및 경정

제80조【결정과 경정】 ① 납세지 관할 세무서장 또는 지방국세청장은 제70조, 제70조의2, 제71조 및 제74조

에 따른 과세표준확정신고를 하여야 할 자가 그 신고를 하지 아니한 경우에는 해당 거주자의 해당 과세기간 과세표준과 세액을 결정한다.(2013.1.1 본항개정)
② 납세지 관할 세무서장 또는 지방국세청장은 제70조, 제70조의2, 제71조 및 제74조에 따른 과세표준확정신고를 한 자(제2호 및 제3호의 경우에는 제73조에 따라 과세표준확정신고를 하지 아니한 자를 포함한다)가 다음 각 호의 어느 하나에 해당하는 경우에는 해당 과세기간의 과세표준과 세액을 경정한다.(2013.1.1 본문개정)
1. 신고 내용에 탈루 또는 오류가 있는 경우
2. 제137조, 제137조의2, 제138조, 제143조의4, 제144조의2, 제145조의3 또는 제146조에 따라 소득세를 원천징수한 내용에 탈루 또는 오류가 있는 경우로서 원천징수의무자의 폐업·행방불명 등으로 원천징수의무자로부터 징수하기 어렵거나 근로소득자의 퇴사로 원천징수의무자의 원천징수 이행이 어렵다고 인정되는 경우(2015.12.15 본호개정)
3. 제140조에 따른 근로소득자 소득·세액 공제신고서를 제출한 자가 사실과 다르게 기재된 영수증을 받는 등 대통령령으로 정하는 부당한 방법으로 종합소득공제 및 세액공제를 받은 경우로서 원천징수의무자가 부당공제 여부를 확인하기 어렵다고 인정되는 경우(2014.1.1 본호개정)
4. 제163조제5항에 따른 매출·매입처별 계산서합계표 또는 제164조·제164조의2에 따른 지급명세서의 전부 또는 그 일부를 제출하지 아니한 경우
5. 다음 각 목의 어느 하나에 해당하는 경우로서 시설규모나 영업 상황으로 보아 신고 내용이 불성실하다고 판단되는 경우
  가. 제160조의5제1항에 따라 사업용계좌를 이용하여야 할 사업자가 이를 이행하지 아니한 경우
  나. 제160조의5제3항에 따라 사업용계좌를 신고하여야 할 사업자가 이를 이행하지 아니한 경우
  (2010.12.27 본목개정)
  다. 제162조의2제1항에 따른 신용카드가맹점 가입 요건에 해당하는 사업자가 정당한 사유 없이 「여신전문금융업법」에 따른 신용카드가맹점으로 가입하지 아니한 경우
  라. 제162조의2제2항에 따른 신용카드가맹점 가입 요건에 해당하여 가맹된 신용카드가맹점이 정당한 사유 없이 같은 조 제2항을 위반하여 신용카드에 의한 거래를 거부하거나 신용카드매출전표를 사실과 다르게 발급한 경우
  마. 제162조의3제1항에 따른 요건에 해당하는 사업자가 정당한 사유 없이 현금영수증가맹점으로 가입하지 아니한 경우
  바. 제162조의3제1항에 따라 현금영수증가맹점으로 가입한 사업자가 정당한 사유 없이 같은 조 제3항 또는 제4항을 위반하여 현금영수증을 발급하지 아니하거나 사실과 다르게 발급한 경우
③ 납세지 관할 세무서장 또는 지방국세청장은 제1항과 제2항에 따라 해당 과세기간의 과세표준과 세액을 결정 또는 경정하는 경우에는 장부나 그 밖의 증명서류를 근거로 하여야 한다. 다만, 대통령령으로 정하는 사유로 장부나 그 밖의 증명서류에 의하여 소득금액을 계산할 수 없는 경우에는 대통령령으로 정하는 바에 따라 소득금액을 추계조사결정할 수 있다.
④ 납세지 관할 세무서장 또는 지방국세청장은 과세표준과 세액을 결정 또는 경정한 후 그 결정 또는 경정에 탈루 또는 오류가 있는 것이 발견된 경우에는 즉시 그 과세표준과 세액을 다시 경정한다.
제81조【영수증 수취명세서 제출·작성 불성실 가산세】① 사업자(대통령령으로 정하는 소규모사업자 및

대통령령으로 정하는 바에 따라 소득금액이 추계되는 자는 제외한다)가 다음 각 호의 어느 하나에 해당하는 경우에는 그 제출하지 아니한 분의 지급금액 또는 불분명한 분의 지급금액의 100분의 1을 가산세로 해당 과세기간의 종합소득 결정세액에 더하여 납부하여야 한다.
1. 영수증 수취명세서를 과세표준확정신고기한까지 제출하지 아니한 경우
2. 제출한 영수증 수취명세서가 불분명하다고 인정되는 경우로서 대통령령으로 정하는 경우
② 제1항에 따른 가산세는 종합소득산출세액이 없는 경우에도 적용한다.
(2019.12.31 본조개정)
제81조의2【성실신고확인서 제출 불성실 가산세】① 성실신고확인대상사업자가 제70조의2제2항에 따라 그 과세기간의 다음 연도 6월 30일까지 성실신고확인서를 납세지 관할 세무서장에게 제출하지 아니한 경우에는 다음 각 호의 금액 중 큰 금액을 가산세로 해당 과세기간의 종합소득 결정세액에 더하여 납부하여야 한다.
1. 다음 계산식에 따라 계산한 금액(사업소득금액이 종합소득금액에서 차지하는 비율이 1보다 큰 경우에는 1로, 0보다 작은 경우에는 0으로 한다)

$$\text{가산세} = A \times \frac{B}{C} \times 100\text{분의 }5$$

A : 종합소득산출세액
B : 사업소득금액
C : 종합소득금액

2. 해당 과세기간 사업소득의 총수입금액에 1만분의 2를 곱한 금액
(2021.12.8 본항개정)
② 제1항을 적용할 때 제80조에 따른 경정으로 종합소득산출세액이 0보다 크게 된 경우에는 경정된 종합소득산출세액을 기준으로 가산세를 계산한다.
③ 제1항에 따른 가산세는 종합소득산출세액이 없는 경우에도 적용한다.(2021.12.8 본항신설)
(2019.12.31 본조신설)
제81조의3【사업장 현황신고 불성실 가산세】① 사업자(주로 사업자가 아닌 소비자에게 재화 또는 용역을 공급하는 사업자로서 대통령령으로 정하는 사업자만 해당한다)가 다음 각 호의 어느 하나에 해당하는 경우에는 그 신고하지 아니한 수입금액 또는 미달하게 신고한 수입금액의 1천분의 5를 가산세로 해당 과세기간의 종합소득 결정세액에 더하여 납부하여야 한다.
1. 사업장 현황신고를 하지 아니한 경우
2. 제78조제2항에 따라 신고하여야 할 수입금액(같은 조 제1항제2호 단서에 따라 사업장 현황신고를 한 것으로 보는 경우에는 면세사업등 수입금액)보다 미달하게 신고한 경우
② 제1항에 따른 가산세는 종합소득산출세액이 없는 경우에도 적용한다.
(2019.12.31 본조신설)
제81조의4【공동사업장 등록·신고 불성실 가산세】
① 공동사업장에 관한 사업자등록 및 신고와 관련하여 다음 각 호의 어느 하나에 해당하는 경우에는 다음 각 호의 구분에 따른 금액을 가산세로 해당 과세기간의 종합소득 결정세액에 더하여 납부하여야 한다.
1. 공동사업자가 제87조제3항에 따라 사업자등록을 하지 아니하거나 공동사업자가 아닌 자가 공동사업자로 거짓으로 등록한 경우 : 등록하지 아니하거나 거짓 등록에 해당하는 각 과세기간 총수입금액의 1천분의 5
2. 공동사업자가 제87조제4항 또는 제5항에 따라 신고

하여야 할 내용을 신고하지 아니하거나 거짓으로 신고한 경우로서 대통령령으로 정하는 경우 : 신고하지 아니하거나 거짓 신고에 해당하는 각 과세기간 총수입금액의 1천분의 1

② 제1항에 따른 가산세는 종합소득산출세액이 없는 경우에도 적용한다.

(2019.12.31 본조신설)

제81조의5【장부의 기록·보관 불성실 가산세】 사업자(대통령령으로 정하는 소규모사업자는 제외한다)가 제160조 또는 제161조에 따른 장부를 비치·기록하지 아니하였거나 비치·기록한 장부에 따른 소득금액이 기장하여야 할 금액에 미달한 경우에는 다음 계산식에 따라 계산한 금액을 가산세로 해당 과세기간의 종합소득 결정세액에 더하여 납부하여야 한다. 이 경우 기장하지 아니한 소득금액 또는 기장하여야 할 금액에 미달한 소득금액이 종합소득금액에서 차지하는 비율이 1보다 큰 경우에는 1로, 0보다 작은 경우에는 0으로 한다.

$$가산세 = A \times \frac{B}{C} \times 100분의 20$$

A : 종합소득산출세액
B : 기장하지 아니한 소득금액 또는 기장하여야 할 금액에 미달한 소득금액
C : 종합소득금액

(2019.12.31 본조신설)

제81조의6【증명서류 수취 불성실 가산세】 ① 사업자(대통령령으로 정하는 소규모사업자 및 대통령령으로 정하는 바에 따라 소득금액이 추계되는 자는 제외한다)가 사업과 관련하여 다른 사업자(법인을 포함한다)로부터 재화 또는 용역을 공급받고 제160조의2제2항 각 호의 어느 하나에 따른 증명서류를 받지 아니하거나 사실과 다른 증명서류를 받은 경우에는 그 받지 아니하거나 사실과 다르게 받은 금액으로 필요경비에 산입하는 것이 인정되는 금액(건별로 받아야 할 금액과의 차액을 말한다)의 100분의 2를 가산세로 해당 과세기간의 종합소득 결정세액에 더하여 납부하여야 한다. 다만, 제160조의2제2항 각 호 외의 부분 단서가 적용되는 부분은 그러하지 아니하다.

② 제1항에 따른 가산세는 종합소득산출세액이 없는 경우에도 적용한다.

(2019.12.31 본조신설)

제81조의7【기부금영수증 발급·작성·보관 불성실 가산세】 ① 제34조 및 「법인세법」 제24조에 따라 기부금을 필요경비 또는 손금에 산입하거나, 제59조의4제4항에 따라 기부금세액공제를 받기 위하여 필요한 기부금영수증[「법인세법」 제75조의4제2항에 따른 전자기부금영수증(이하 "전자기부금영수증"이라 한다)을 포함한다. 이하 "기부금영수증"이라 한다]을 발급하는 거주자 또는 비거주자가 다음 각 호의 어느 하나에 해당하는 경우에는 다음 각 호의 구분에 따른 금액을 가산세로 해당 과세기간의 종합소득 결정세액에 더하여 납부하여야 한다.(2020.12.29 본문개정)

1. 기부금영수증을 사실과 다르게 적어 발급(기부금액 또는 기부자의 인적사항 등 주요 사항을 적지 아니하고 발급하는 경우를 포함한다. 이하 이 호에서 같다)한 경우
   가. 기부금액을 사실과 다르게 적어 발급한 경우 : 사실과 다르게 발급한 금액(기부금영수증에 실제 적힌 금액(기부금영수증에 금액이 적혀 있지 아니한 경우에는 기부금영수증을 발급하는 자가 기부금을 필요경비에 산입하거나 기부금세액공제를 받은 해

당 금액으로 한다)과 건별로 발급하여야 할 금액과의 차액을 말한다)의 100분의 5
   나. 기부자의 인적사항 등을 사실과 다르게 적어 발급하는 등 가목 외의 경우 : 기부금영수증에 적힌 금액의 100분의 5
2. 기부자별 발급명세를 제160조의3제1항에 따라 작성·보관하지 아니한 경우 : 그 작성·보관하지 아니한 금액의 1천분의 2

② 「상속세 및 증여세법」 제78조제3항에 따라 보고서 제출의무를 이행하지 아니하거나 같은 조 제5항제2호에 따라 출연받은 재산에 대한 장부의 작성·비치의무를 이행하지 아니하여 가산세가 부과되는 경우에는 제1항제2호의 가산세를 적용하지 아니한다.

③ 제1항에 따른 가산세는 종합소득산출세액이 없는 경우에도 적용한다.

(2019.12.31 본조신설)

제81조의8【사업용계좌 신고·사용 불성실 가산세】 ① 사업자가 다음 각 호의 어느 하나에 해당하는 경우에는 다음 각 호의 구분에 따른 금액을 가산세로 해당 과세기간의 종합소득 결정세액에 더하여 납부하여야 한다.

1. 제160조의5제1항 각 호의 어느 하나에 해당하는 경우로서 사업용계좌를 사용하지 아니한 경우 : 사업용계좌를 사용하지 아니한 금액의 1천분의 2
2. 제160조의5제3항에 따라 사업용계좌를 신고하지 아니한 경우(사업장별 신고를 하지 아니하고 이미 신고한 다른 사업장의 사업용계좌를 사용한 경우는 제외한다) : 다음 각 목의 금액 중 큰 금액
   가. 다음 계산식에 따라 계산한 금액

$$가산세 = A \times \frac{B}{C} \times 1천분의 2$$

A : 해당 과세기간의 수입금액
B : 미신고기간(과세기간 중 사업용계좌를 신고하지 아니한 기간으로서 신고기한의 다음 날부터 신고일 전날까지의 일수를 말하며, 미신고기간이 2개 이상의 과세기간에 걸쳐 있는 경우 각 과세기간별로 미신고기간을 적용한다)
C : 365(윤년에는 366으로 한다)

   나. 제160조의5제1항 각 호에 따른 거래금액의 합계액의 1천분의 2

② 제1항에 따른 가산세는 종합소득산출세액이 없는 경우에도 적용한다.

(2019.12.31 본조신설)

제81조의9【신용카드 및 현금영수증 발급 불성실 가산세】 ① 제162조의2제2항에 따른 신용카드가맹점이 신용카드에 의한 거래를 거부하거나 신용카드매출전표를 사실과 다르게 발급하여 같은 조 제4항 후단에 따라 납세지 관할 세무서장으로부터 통보받은 경우에는 통보받은 건별 거부 금액 또는 신용카드매출전표를 사실과 다르게 발급한 금액(건별로 발급하여야 할 금액과의 차액을 말한다)의 100분의 5(건별로 계산한 금액이 5천원 미만이면 5천원으로 한다)를 가산세로 해당 과세기간의 종합소득 결정세액에 더하여 납부하여야 한다.

② 사업자가 다음 각 호의 어느 하나에 해당하는 경우에는 다음 각 호의 구분에 따른 금액을 가산세로 해당 과세기간의 종합소득 결정세액에 더하여 납부하여야 한다.

1. 제162조의3제1항을 위반하여 현금영수증가맹점으로 가입하지 아니하거나 그 가입기한이 지나서 가입한 경우 : 다음 계산식에 따라 계산한 금액

$$가산세 = A \times \frac{B}{C} \times 100분의 1$$

A : 해당 과세기간의 수입금액(현금영수증가맹점 가입 대상인 업종의 수입금액만 해당하며, 제163조에 따른 계산서 및 「부가가치세법」 제32조에 따른 세금계산서 발급분 등 대통령령으로 정하는 수입금액은 제외한다)
B : 미가입기간(제162조의3제1항에 따른 가입기한의 다음 날부터 가입일 전날까지의 일수를 말하며, 미가입기간이 2개 이상의 과세기간에 걸쳐 있으면 각 과세기간별로 미가입기간을 적용한다)
C : 365(윤년에는 366으로 한다)

2. 제162조의3제3항을 위반하여 현금영수증 발급을 거부하거나 사실과 다르게 발급하여 같은 조 제6항 후단에 따라 납세지 관할 세무서장으로부터 신고금액을 통보받은 경우(현금영수증의 발급대상 금액이 건당 5천원 이상인 경우만 해당하며, 통보받은 건별 발급 거부 금액 또는 사실과 다르게 발급한 금액이 5천원 미만이면 5천원으로 한다)의 100분의 5(건별로 계산한 금액이 5천원 미만이면 5천원으로 한다)

3. 제162조의3제4항을 위반하여 현금영수증을 발급하지 아니한 경우("국민건강보험법"에 따른 보험급여의 대상인 경우 등 대통령령으로 정하는 경우는 제외한다) : 미발급금액의 100분의 20(착오나 누락으로 인하여 거래대금을 받은 날부터 10일 이내에 관할 세무서에 자진 신고하거나 현금영수증을 자진 발급한 경우에는 100분의 10으로 한다) (2021.12.8 본호개정)

③ 제1항 및 제2항에 따른 가산세는 종합소득산출세액이 없는 경우에도 적용한다.
(2019.12.31 본조신설)

제81조의10【계산서 등 제출 불성실 가산세】 ① 사업자(대통령령으로 정하는 소규모사업자는 제외한다)가 다음 각 호의 어느 하나에 해당하는 경우에는 다음 각 호의 구분에 따른 금액을 가산세로 해당 과세기간의 종합소득 결정세액에 더하여 납부하여야 한다.

1. 제163조제1항 또는 제2항에 따라 발급한 계산서(같은 조 제1항 후단에 따른 전자계산서를 포함한다. 이하 이 조에서 같다)에 대통령령으로 정하는 기재 사항의 전부 또는 일부가 기재되지 아니하거나 사실과 다르게 기재된 경우(제2호가 적용되는 분은 제외한다) : 공급가액의 100분의 1

2. 제163조제5항에 따른 매출 · 매입처별 계산서합계표(이하 이 호에서 "계산서합계표"라 한다)의 제출과 관련하여 다음 각 목의 어느 하나에 해당하는 경우(제4호가 적용되는 분의 매출가액 또는 매입가액은 제외한다) : 다음 각 목의 구분에 따른 금액
   가. 계산서합계표를 제163조제5항에 따라 제출하지 아니한 경우 : 공급가액의 1천분의 5(제출기한이 지난 후 1개월 이내에 제출하는 경우에는 공급가액의 1천분의 3으로 한다)
   나. 제출한 계산서합계표에 대통령령으로 정하는 기재하여야 할 사항의 전부 또는 일부가 기재되지 아니하거나 사실과 다르게 기재된 경우(계산서합계표의 기재 사항이 착오로 기재된 경우로서 대통령령으로 정하는 바에 따라 거래사실이 확인되는 분의 매출가액 또는 매입가액은 제외한다) : 공급가액의 1천분의 5

3. 「부가가치세법」 제54조에 따른 매입처별 세금계산서합계표(이하 "매입처별 세금계산서합계표"라 한다)의 제출과 관련하여 다음 각 목의 어느 하나에 해당하는 경우(제4호가 적용되는 분의 매입가액은 제외한다) : 다음 각 목의 구분에 따른 금액
   가. 매입처별 세금계산서합계표를 제163조의2제1항에 따라 제출하지 아니한 경우 : 공급가액의 1천분의 5(제출기한이 지난 후 1개월 이내에 제출하는 경우에는 공급가액의 1천분의 3으로 한다)
   나. 매입처별 세금계산서합계표를 제출한 경우로서 그 매입처별 세금계산서합계표에 기재하여야 할 사항의 전부 또는 일부가 기재되지 아니하거나 사실과 다르게 기재된 경우(매입처별 세금계산서합계표의 기재사항이 착오로 기재된 경우로서 대통령령으로 정하는 바에 따라 거래사실이 확인되는 분의 매입가액은 제외한다) : 공급가액의 1천분의 5

4. 다음 각 목의 어느 하나에 해당하는 경우 : 공급가액의 100분의 2(가목을 적용할 때 제163조제1항에 따라 전자계산서를 발급하여야 하는 자가 전자계산서 외의 계산서를 발급한 경우와 같은 조 제7항에 따른 계산서의 발급시기가 지난 후 해당 재화 또는 용역의 공급시기가 속하는 과세기간의 다음 연도 1월 25일까지 같은 조 제1항 또는 제2항에 따른 계산서를 발급한 경우에는 100분의 1로 한다)
   가. 제163조제1항 또는 제2항에 따른 계산서를 같은 조 제7항에 따른 발급시기에 발급하지 아니한 경우
   나. 재화 또는 용역을 공급하지 아니하고 제163조제1항 또는 제2항에 따른 계산서, 제160조의2제2항제3호에 따른 신용카드매출전표 또는 같은 항 제4호에 따른 현금영수증(이하 이 호에서 "계산서등"이라 한다)을 발급한 경우
   다. 재화 또는 용역을 공급받지 아니하고 계산서등을 발급받은 경우
   라. 재화 또는 용역을 공급하고 실제로 재화 또는 용역을 공급하는 자가 아닌 자의 명의로 계산서등을 발급한 경우
   마. 재화 또는 용역을 공급받고 실제로 재화 또는 용역을 공급하는 자가 아닌 자의 명의로 계산서등을 발급받은 경우

5. 제163조제8항에 따른 기한이 지난 후 재화 또는 용역의 공급시기가 속하는 과세기간 말의 다음 달 25일까지 국세청장에게 전자계산서 발급명세를 전송하는 경우(제4호가 적용되는 분은 제외한다) : 공급가액의 1천분의 3(제163조제1항제1호에 따른 사업자가 2016년 12월 31일 이전에 재화 또는 용역을 공급한 분과 같은 항 제2호에 따른 사업자가 2018년 12월 31일 이전에 재화 또는 용역을 공급한 분에 대해서는 각각 1천분의 1로 한다)

6. 제163조제8항에 따른 기한이 지난 후 재화 또는 용역의 공급시기가 속하는 과세기간 말의 다음 달 25일까지 국세청장에게 전자계산서 발급명세를 전송하지 아니한 경우(제4호가 적용되는 분은 제외한다) : 공급가액의 1천분의 5(제163조제1항제1호에 따른 사업자가 2016년 12월 31일 이전에 재화 또는 용역을 공급한 분과 같은 항 제2호에 따른 사업자가 2018년 12월 31일 이전에 재화 또는 용역을 공급한 분에 대해서는 각각 1천분의 3으로 한다)

② 사업자가 아닌 자가 재화 또는 용역을 공급하지 아니하고 계산서를 발급하거나 재화 또는 용역을 공급받지 아니하고 계산서를 발급받은 경우 그 계산서를 발급하거나 발급받은 자를 사업자로 보고 그 계산서에 적힌 공급가액의 100분의 2를 그 계산서를 발급하거나 발급받은 자에게 사업자등록증을 발급한 세무서장이 가산세로 징수한다. 이 경우 그 계산서를 발급하거나 발급받은 자의 사업소득에 대한 제15조에 따른 종합소득산출세액은 0으로 본다.

③ 제1항 및 제2항의 가산세는 종합소득산출세액이 없는 경우에도 적용한다.

④ 제1항 및 제2항의 가산세는 다음 각 호의 구분에 따라 가산세가 부과되는 부분에 대해서는 적용하지 아니한다.

1. 제1항의 가산세를 적용하지 아니하는 경우 : 제81조의6 또는 「부가가치세법」 제60조제2항·제3항·제5항·제6항에 따라 가산세가 부과되는 부분
2. 제2항의 가산세를 적용하지 아니하는 경우 : 「부가가치세법」 제60조제4항에 따라 가산세가 부과되는 부분
(2019.12.31 본조신설)

제81조의11【지급명세서 등 제출 불성실 가산세】 ① 제164조·제164조의2 또는 「법인세법」 제120조·제120조의2에 따른 지급명세서(이하 이 조에서 "지급명세서"라 한다)나 이 법 제164조의3에 따른 간이지급명세서(이하 이 조에서 "간이지급명세서"라 한다)를 제출하여야 할 자가 다음 각 호의 어느 하나에 해당하는 경우에는 각 호에서 정하는 금액을 가산세로 해당 과세기간의 종합소득 결정세액에 더하여 납부하여야 한다. 다만, 「조세특례제한법」 제90조의2에 따라 가산세가 부과되는 분에 대해서는 그러하지 아니하다.(2022.12.31 본문개정)
1. 지급명세서 또는 간이지급명세서(이하 이 조에서 "지급명세서등"이라 한다)를 기한까지 제출하지 아니한 경우 : 다음 각 목의 구분에 따른 금액
  가. 지급명세서의 경우 : 제출하지 아니한 분의 지급금액의 100분의 1(제출기한이 지난 후 3개월 이내에 제출하는 경우에는 지급금액의 1천분의 5로 한다. 다만, 제164조제1항 각 호 외의 부분 단서에 따른 일용근로자의 근로소득(이하 이 조에서 "일용근로소득"이라 한다)에 대한 지급명세서의 경우에는 제출하지 아니한 분의 지급금액의 1만분의 25(제출기한이 지난 후 1개월 이내에 제출하는 경우에는 지급금액의 10만분의 125)로 한다.
  나. 간이지급명세서의 경우 : 제출하지 아니한 분의 지급금액의 1만분의 25(제출기한이 지난 후 1개월 이내에 제출하는 경우에는 지급금액의 10만분의 125로 한다)(2022.12.31 본목개정 : 제164조의3제1항제1호의 소득에 대한 간이지급명세서를 제출하지 아니한 경우는 2026.1.1 시행)
2. 제출된 지급명세서등이 대통령령으로 정하는 불분명한 경우에 해당하거나 제출된 지급명세서등에 기재된 지급금액이 사실과 다른 경우 : 다음 각 목의 구분에 따른 금액
  가. 지급명세서의 경우 : 불분명하거나 사실과 다른 분의 지급금액의 100분의 1. 다만, 일용근로소득에 대한 지급명세서의 경우에는 불분명하거나 사실과 다른 분의 지급금액의 1만분의 25로 한다.
  나. 간이지급명세서의 경우 : 불분명하거나 사실과 다른 분의 지급금액의 1만분의 25
(2021.3.16 본항개정)
② 제1항제1호에도 불구하고 제128조제2항에 따라 원천징수세액을 반기별로 납부하는 원천징수의무자가 2021년 7월 1일부터 2022년 6월 30일까지 일용근로소득 또는 제164조의3제1항제2호의 소득을 지급하는 경우로서 다음 각 호의 어느 하나에 해당하는 경우에는 제1항제1호의 가산세는 부과하지 아니한다.
1. 일용근로소득에 대한 지급명세서를 그 소득 지급일(제135조를 적용받는 소득에 대해서는 해당 소득에 대한 과세기간 종료일을 말한다)이 속하는 분기의 마지막 달의 다음 달 말일(휴업, 폐업 또는 해산한 경우에는 휴업일, 폐업일 또는 해산일이 속하는 분기의 마지막 달의 다음 달 말일)까지 제출하는 경우
2. 제164조의3제1항제2호의 소득에 대한 간이지급명세서를 그 소득 지급일(제144조의5를 적용받는 소득에 대해서는 해당 소득에 대한 과세기간 종료일을 말한다)이 속하는 반기의 마지막 달의 다음 달 말일(휴업,

폐업 또는 해산한 경우에는 휴업일, 폐업일 또는 해산일이 속하는 반기의 마지막 달의 다음 달 말일)까지 제출하는 경우
(2021.3.16 본항신설)
③ 제1항제1호나목에도 불구하고 다음 각 호에 해당하는 경우에는 제1항제1호나목의 가산세는 부과하지 아니한다.
1. 2026년 1월 1일부터 2026년 12월 31일(제128조제2항에 따라 원천징수세액을 반기별로 납부하는 원천징수의무자의 경우에는 2027년 12월 31일)까지 제164조의3제1항제1호의 소득을 지급하는 경우로서 해당 소득에 대한 간이지급명세서를 그 소득 지급일(제135조를 적용받는 소득에 대해서는 해당 소득에 대한 과세연도 종료일을 말한다)이 속하는 반기의 마지막 달의 다음 달 말일(휴업, 폐업 또는 해산한 경우에는 휴업일, 폐업일 또는 해산일이 속하는 반기의 마지막 달의 다음 달 말일)까지 제출하는 경우 (2023.12.31 본호개정 : 2026.1.1 시행)
2. 2024년 1월 1일부터 2024년 12월 31일까지 제164조의3제1항제3호의 소득을 지급하는 경우로서 해당 소득에 대한 지급명세서를 그 소득 지급일이 속하는 과세연도의 다음 연도의 2월 말일(휴업, 폐업 또는 해산한 경우에는 휴업일, 폐업 또는 해산일이 속하는 달의 다음다음 달 말일)까지 제출하는 경우
(2022.12.31 본항신설)
④ 제1항제2호에도 불구하고 일용근로소득 또는 제164조의3제1항 각 호의 소득에 대하여 제출된 지급명세서등에 기재된 각각의 총지급금액에서 제1항제2호 각 목 외의 부분에 해당하는 분의 지급금액이 차지하는 비율이 대통령령으로 정하는 비율 이하인 경우에는 제1항제2호의 가산세는 부과하지 아니한다.(2022.12.31 본항개정 : 제164조의3제1항제1호의 소득에 관한 부분은 2026.1.1 시행)
⑤ 제1항을 적용할 때 제164조의3제1항제2호(제73조제1항제4호에 따라 대통령령으로 정하는 사업소득은 제외한다) 또는 제3호의 소득에 대한 지급명세서등의 제출의무가 있는 자에 대하여 제1항제1호가목의 가산세가 부과되는 부분에 대해서는 같은 호 나목의 가산세를 부과하지 아니하며, 제1항제2호가목의 가산세가 부과되는 부분에 대해서는 같은 호 나목의 가산세를 부과하지 아니한다.(2022.12.31 본항신설)
⑥ 제1항에 따른 가산세는 종합소득산출세액이 없는 경우에도 적용한다.
(2021.3.16 본조제목개정)
(2019.12.31 본조신설)

제81조의12【주택임대사업자 미등록 가산세】 ① 주택임대소득이 있는 사업자가 제168조제1항 및 제3항에 따라 「부가가치세법」 제8조제1항 본문에 따른 기한까지 등록을 신청하지 아니한 경우에는 사업 개시일부터 등록을 신청한 날의 직전일까지의 주택임대수입금액의 1천분의 2를 가산세로 해당 과세기간의 종합소득 결정세액에 더하여 납부하여야 한다.
② 제1항에 따른 가산세는 종합소득산출세액이 없는 경우에도 적용한다.
(2019.12.31 본조신설)

제81조의13【특정외국법인의 유보소득 계산 명세서 제출 불성실 가산세】 ① 「국제조세조정에 관한 법률」 제34조제3항에 따른 특정외국법인의 유보소득 계산 명세서(이하 이 항에서 "명세서"라 한다)를 같은 조에 따라 제출하여야 하는 거주자가 다음 각 호의 어느 하나에 해당하는 경우에는 해당 특정외국법인의 배당 가능한 유보소득금액의 1천분의 5를 가산세로 해당 과세기

간의 종합소득 결정세액에 더하여 납부하여야 한다.
(2020.12.29 본문개정)
1. 제출기한까지 명세서를 제출하지 아니한 경우
2. 제출한 명세서의 전부 또는 일부를 적지 아니하는 등 제출한 명세서가 대통령령으로 정하는 불분명한 경우에 해당하는 경우
② 제1항에 따른 가산세는 종합소득산출세액이 없는 경우에도 적용한다.
(2019.12.31 본조신설)

제81조의14【업무용승용차 관련 비용 명세서 제출 불성실 가산세】
① 제33조의2제1항부터 제3항까지의 규정에 따라 업무용승용차 관련 비용 등을 필요경비에 산입한 복식부기의무자가 같은 조 제4항에 따른 업무용승용차 관련 비용 등에 관한 명세서(이하 이 항에서 "명세서"라 한다)를 제출하지 아니하거나 사실과 다르게 제출한 경우에는 다음 각 호의 구분에 따른 금액을 가산세로 해당 과세기간의 종합소득 결정세액에 더하여 납부하여야 한다.
1. 명세서를 제출하지 아니한 경우 : 해당 복식부기의무자가 제70조 및 제70조의2에 따른 신고를 할 때 업무용승용차 관련 비용 등으로 필요경비에 산입한 금액의 100분의 1
2. 명세서를 사실과 다르게 제출한 경우 : 해당 복식부기의무자가 제70조 및 제70조의2에 따른 신고를 할 때 업무용승용차 관련 비용 등으로 필요경비에 산입한 금액 중 해당 명세서에 사실과 다르게 적은 금액의 100분의 1
② 제1항에 따른 가산세는 종합소득산출세액이 없는 경우에도 적용한다.
(2021.12.8 본조신설)

제82조【수시부과 결정】
① 납세지 관할 세무서장 또는 지방국세청장은 거주자가 과세기간 중에 다음 각 호의 어느 하나에 해당하면 그 거주자에 대한 소득세를 부과(이하 "수시부과"라 한다)할 수 있다.
1. 사업부진이나 그 밖의 사유로 장기간 휴업 또는 폐업 상태에 있는 때로서 소득세를 포탈(逋脫)할 우려가 있다고 인정되는 경우
2. 그 밖에 조세를 포탈할 우려가 있다고 인정되는 상당한 이유가 있는 경우
② 제1항은 해당 과세기간의 사업 개시일부터 제1항 각 호의 사유가 발생한 날까지를 수시부과기간으로 하여 적용한다. 이 경우 제1항 각 호의 사유가 제70조 또는 제70조의2에 따른 확정신고기한 이전에 발생한 경우로서 납세자가 직전 과세기간에 대하여 과세표준확정신고를 하지 아니한 경우에는 직전 과세기간을 수시부과기간에 포함한다.(2013.1.1 후단개정)
③ 제1항과 제2항에 따라 수시부과한 경우 해당 세액 및 수입금액에 대해서는 「국세기본법」 제47조의2 및 제47조의3을 적용하지 아니한다.
④ 관할세무서장 또는 지방국세청장은 주소·거소 또는 사업장의 이동이 빈번하다고 인정되는 지역의 납세의무가 있는 자에 대해서는 제1항과 제2항을 준용하여 대통령령으로 정하는 바에 따라 수시부과할 수 있다.
⑤ 수시부과 절차와 그 밖에 필요한 사항은 대통령령으로 정한다.

제83조【과세표준과 세액의 통지】
납세지 관할 세무서장 또는 지방국세청장은 제80조에 따라 거주자의 과세표준과 세액을 결정 또는 경정한 경우에는 그 내용을 해당 거주자 또는 상속인에게 대통령령으로 정하는 바에 따라 서면으로 통지하여야 한다. 다만, 제42조에 따라 과세표준과 세액의 결정 또는 경정을 한 경우에는 지체 없이 통지하여야 한다.

제84조【기타소득의 과세최저한】
기타소득이 다음 각 호의 어느 하나에 해당하면 그 소득에 대한 소득세를 과세하지 아니한다.

1. 제21조제1항제4호에 따른 환급금으로서 건별로 승마투표권, 승차투표권, 소싸움경기투표권, 체육진흥투표권의 권면에 표시된 금액의 합계액이 10만원 이하이고 다음 각 목의 어느 하나에 해당하는 경우
가. 적중한 개별투표당 환급금이 10만원 이하인 경우
나. 단위투표금액당 환급금이 단위투표금액의 100배 이하이면서 적중한 개별투표당 환급금이 200만원 이하인 경우
(2015.12.15 본호개정)
2. 제14조제3항제8호라목에 따른 복권 당첨금(복권당첨금을 복권 및 복권 기금법령에 따라 분할하여 지급받는 경우에는 분할하여 지급받는 금액의 합계액을 말한다) 또는 제21조제1항제14호에 따른 당첨금품등이 건별로 200만원 이하인 경우(2022.12.31 본호개정)
3. 그 밖의 기타소득금액(제21조제1항제21호의 기타소득금액은 제외한다)이 건별로 5만원 이하인 경우
(2014.12.23 본호개정)

제2관 세액의 징수와 환급

제85조【징수와 환급】
① 납세지 관할 세무서장은 거주자가 다음 각 호의 어느 하나에 해당하면 그 미납된 부분의 소득세를 「국세징수법」에 따라 징수한다.
(2013.1.1 본문개정)
1. 제65조제6항에 따라 중간예납세액을 신고·납부하여야 할 자가 그 세액의 전부 또는 일부를 납부하지 아니한 경우
2. 제76조에 따라 해당 과세기간의 소득세로 납부하여야 할 세액의 전부 또는 일부를 납부하지 아니한 경우
② 납세지 관할 세무서장은 제76조에 따라 징수하거나 납부된 거주자의 해당 과세기간 소득세액이 제80조에 따라 납세지 관할 세무서장 또는 지방국세청장이 결정 또는 경정한 소득세액에 미달할 때에는 그 미달하는 세액을 징수한다. 제65조에 따른 중간예납세액의 경우에도 또한 같다.
③ 납세지 관할 세무서장은 원천징수의무자가 징수하였거나 징수하여야 할 세액을 그 기한까지 납부하지 아니하였거나 미달하게 납부한 경우에는 그 징수하여야 할 세액에 「국세기본법」 제47조의5제1항에 따른 가산세액을 더한 금액을 그 세액으로 하여 그 원천징수의무자로부터 징수하여야 한다. 다만, 원천징수의무자가 원천징수를 하지 아니한 경우로서 다음 각 호의 어느 하나에 해당하는 경우에는 「국세기본법」 제47조의5제1항에 따른 가산세액만을 징수한다.(2013.1.1 본문개정)
1. 납세의무자가 신고·납부한 과세표준금액에 원천징수하지 아니한 원천징수대상 소득금액이 이미 산입된 경우
2. 원천징수하지 아니한 원천징수대상 소득금액에 대해서 납세의무자의 관할 세무서장이 제80조 및 제114조에 따라 그 납세의무자에게 직접 소득세를 부과·징수하는 경우
④ 납세지 관할 세무서장은 제65조·제69조·제82조·제127조 및 제150조에 따라 중간예납, 토지등 매매차익 예정신고납부, 수시부과 및 원천징수한 세액이 제15조제3호에 따른 종합소득 총결정세액과 퇴직소득 총결정세액의 합계액을 각각 초과하는 경우에는 그 초과하는 세액은 환급하거나 다른 국세 및 강제징수비에 충당하여야 한다.(2020.12.29 본항개정)
⑤ 납세조합 관할 세무서장은 납세조합이 그 조합원에 대한 해당 소득세를 매월 징수하여 기한까지 납부하지 아니하였거나 미달하게 납부하였을 때에는 그 징수하여야 할 세액에 「국세기본법」 제47조의5제1항에 따른 가산세를 더한 금액을 세액으로 하여 납세조합으로부터 징수하여야 한다.(2012.1.1 본항신설)

제85조의2 【중소기업의 결손금소급공제에 따른 환급】
① 「조세특례제한법」 제6조제1항에 따른 중소기업을 경영하는 거주자가 그 중소기업의 사업소득금액을 계산할 때 제45조제3항에서 규정하는 해당 과세기간의 이월결손금(부동산임대업에서 발생한 이월결손금은 제외한다. 이하 이 조에서 같다)이 발생한 경우에는 직전 과세기간의 그 중소기업의 사업소득에 부과된 종합소득 결정세액을 한도로 하여 대통령령으로 정하는 바에 따라 계산한 금액(이하 "결손금 소급공제세액"이라 한다)을 환급신청할 수 있다. 이 경우 소급공제한 이월결손금에 대해서 제45조제3항을 적용할 때에는 그 이월결손금을 공제받은 금액으로 본다.(2020.12.29 전단개정)
② 결손금 소급공제세액을 환급받으려는 자는 제70조, 제70조의2 또는 제74조에 따른 과세표준확정신고기한까지 대통령령으로 정하는 바에 따라 납세지 관할 세무서장에게 환급을 신청하여야 한다.(2013.1.1 본항개정)
③ 납세지 관할 세무서장이 제2항에 따라 소득세의 환급신청을 받은 경우에는 지체 없이 환급세액을 결정하여 「국세기본법」 제51조 및 제52조에 따라 환급하여야 한다.
④ 제1항부터 제3항까지의 규정은 해당 거주자가 제70조, 제70조의2 또는 제74조에 따른 신고기한까지 결손금이 발생한 과세기간과 그 직전 과세기간의 소득에 대한 과세표준 및 세액을 각각 신고한 경우에만 적용한다.(2013.1.1 본항개정)
⑤ 납세지 관할 세무서장은 제3항에 따라 소득세를 환급받은 자가 다음 각 호의 어느 하나에 해당하는 경우에는 그 환급세액(제1호 및 제2호의 경우에는 과다하게 환급된 세액 상당액을 말한다)과 그에 대한 이자상당액을 대통령령으로 정하는 바에 따라 그 이월결손금이 발생한 과세기간의 소득세로서 징수한다.(2019.12.31 본문개정)
1. 결손금이 발생한 과세기간에 대한 소득세의 과세표준과 세액을 경정함으로써 이월결손금이 감소된 경우
2. 결손금이 발생한 과세기간의 직전 과세기간에 대한 종합소득과세표준과 세액을 경정함으로써 환급세액이 감소된 경우(2013.1.1 본호신설)
3. 제1항에 따른 중소기업 요건을 갖추지 아니하고 환급을 받은 경우
(2012.1.1 본항개정)
⑥ 결손금의 소급공제에 의한 환급세액의 계산 및 신청 절차와 그 밖에 필요한 사항은 대통령령으로 정한다.(2019.12.31 본조제목개정)

제86조 【소액 부징수】 다음 각 호의 어느 하나에 해당하는 경우에는 해당 소득세를 징수하지 아니한다.
1. 제127조제1항 각 호의 소득(같은 항 제1호의 이자소득과 같은 항 제3호의 원천징수대상 사업소득 중 대통령령으로 정하는 사업소득은 제외한다)에 대한 원천징수세액이 1천원 미만인 경우(2023.12.31 본호개정)
2. 제150조에 따른 납세조합의 징수세액이 1천원 미만인 경우
3. (2013.1.1 삭제)
4. 제65조에 따른 중간예납세액이 50만원 미만인 경우(2021.12.8 본호개정)
(2014.1.1 본조제목개정)

제10절 공동사업장에 대한 특례
(2009.12.31 본절개정)

제87조 【공동사업장에 대한 특례】 ① 공동사업장에서 발생한 소득금액에 대하여 원천징수된 세액은 각 공동사업자의 손익분배비율에 따라 배분한다.
② 제81조, 제81조의3, 제81조의4, 제81조의6 및 제81조

의8부터 제81조의11까지의 규정과 「국세기본법」 제47조의5에 따른 가산세로서 공동사업장에 관련되는 세액은 각 공동사업자의 손익분배비율에 따라 배분한다.(2019.12.31 본항개정)
③ 공동사업장에 대해서는 그 공동사업장을 1사업자로 보아 제160조제1항 및 제168조를 적용한다.
④ 공동사업자가 그 공동사업장에 관한 제168조제1항 및 제2항에 따른 사업자등록을 할 때에는 대통령령으로 정하는 바에 따라 공동사업자(출자공동사업자 해당 여부에 관한 사항을 포함한다), 약정한 손익분배비율, 대표공동사업자, 지분ㆍ출자명세, 그 밖에 필요한 사항을 사업장 소재지 관할 세무서장에게 신고하여야 한다.
⑤ 제4항에 따라 신고한 내용에 변동사항이 발생한 경우 대표공동사업자는 대통령령으로 정하는 바에 따라 그 변동 내용을 해당 사업장 소재지 관할 세무서장에게 신고하여야 한다.
⑥ 공동사업장에 대한 소득금액의 신고, 결정, 경정 또는 조사 등에 필요한 사항은 대통령령으로 정한다.

제2장의2 성실중소사업자의 종합소득에 대한 납세의무

제87조의2~제87조의7 (2010.12.27 삭제)

제3장 거주자의 양도소득에 대한 납세의무
(2009.12.31 본장개정)

제1절 양도의 정의

제88조 【정의】 이 장에서 사용하는 용어의 뜻은 다음과 같다.
1. "양도"란 자산에 대한 등기 또는 등록과 관계없이 매도, 교환, 법인에 대한 현물출자 등을 통하여 그 자산을 유상으로 사실상 이전하는 것을 말한다. 이 경우 대통령령으로 정하는 부담부증여 시 수증자가 부담하는 채무액에 해당하는 부분은 양도로 보며, 다음 각 목의 어느 하나에 해당하는 경우에는 양도로 보지 아니한다.(2020.12.29 본문개정)
가. 「도시개발법」이나 그 밖의 법률에 따른 환지처분으로 지목 또는 지번이 변경되거나 보류지(保留地)로 충당되는 경우
나. 토지의 경계를 변경하기 위하여 「공간정보의 구축 및 관리 등에 관한 법률」 제79조에 따른 토지의 분할 등 대통령령으로 정하는 방법과 절차로 하는 토지 교환의 경우
다. 위탁자와 수탁자 간 신임관계에 기하여 위탁자의 자산에 신탁이 설정되고 그 신탁재산의 소유권이 수탁자에게 이전된 경우로서 위탁자가 신탁 설정을 해지하거나 신탁의 수익자를 변경할 수 있는 등 신탁재산을 실질적으로 지배하고 통제하는 것으로 볼 수 있는 경우(2020.12.29 본목신설)
2. "주식등"이란 주식 또는 출자지분을 말하며, 신주인수권과 대통령령으로 정하는 증권예탁증권을 포함한다.
3. "주권상장법인"이란 「자본시장과 금융투자업에 관한 법률」 제9조제15항제3호에 따른 주권상장법인을 말한다.
4. "주권비상장법인"이란 제3호에 따른 주권상장법인이 아닌 법인을 말한다.
5. "실지거래가액"이란 자산의 양도 또는 취득 당시에 양도자와 양수자가 실제로 거래한 가액으로서 해당 자산의 양도 또는 취득과 대가관계에 있는 금전과 그 밖의 재산가액을 말한다.

6. "1세대"란 거주자 및 그 배우자(법률상 이혼을 하였으나 생계를 같이 하는 등 사실상 이혼한 것으로 보기 어려운 관계에 있는 사람을 포함한다. 이하 이 호에서 같다)가 그들과 같은 주소 또는 거소에서 생계를 같이 하는 자[거주자 및 그 배우자의 직계존비속(그 배우자를 포함한다) 및 형제자매를 말하며, 취학, 질병의 요양, 근무상 또는 사업상의 형편으로 본래의 주소 또는 거소에서 일시 퇴거한 사람을 포함한다]와 함께 구성하는 가족단위를 말한다. 다만, 대통령령으로 정하는 경우에는 배우자가 없어도 1세대로 본다. (2018.12.31 본문개정)
7. "주택"이란 허가 여부나 공부(公簿)상의 용도구분과 관계없이 세대의 구성원이 독립된 주거생활을 할 수 있는 구조로서 대통령령으로 정하는 구조를 갖추어 사실상 주거용으로 사용하는 건물을 말한다. 이 경우 그 용도가 분명하지 아니하면 공부상의 용도에 따른다. (2023.12.31 전단개정)
8. "농지"란 논밭이나 과수원으로서 지적공부(地籍公簿)의 지목과 관계없이 실제로 경작에 사용되는 토지를 말한다. 이 경우 농지의 경영에 직접 필요한 농막, 퇴비사, 양수장, 지소(池沼), 농도(農道) 및 수로(水路) 등에 사용되는 토지를 말한다.
9. "조합원입주권"이란 「도시 및 주거환경정비법」 제74조에 따른 관리처분계획의 인가 및 「빈집 및 소규모주택 정비에 관한 특례법」 제29조에 따른 사업시행계획인가로 인하여 취득한 입주자로 선정된 지위를 말한다. 이 경우 「도시 및 주거환경정비법」에 따른 재건축사업 또는 재개발사업, 「빈집 및 소규모주택 정비에 관한 특례법」에 따른 자율주택정비사업, 가로주택정비사업, 소규모재건축사업 또는 소규모재개발사업을 시행하는 정비사업조합의 조합원(같은 법 제22조에 따라 주민합의체를 구성하는 경우에는 같은 법 제2조제6호의 토지등소유자를 말한다)으로서 취득한 것(그 조합원으로부터 취득한 것을 포함한다)으로 한정하며, 이에 딸린 토지를 포함한다.(2021.12.8 후단개정)
10. "분양권"이란 「주택법」 등 대통령령으로 정하는 법률에 따른 주택에 대한 공급계약을 통하여 주택을 공급받는 자로 선정된 지위(해당 지위를 매매 또는 증여의 방법으로 취득한 것을 포함한다)를 말한다. (2020.8.18 본호신설)
(2016.12.20 본조개정)

제2절 양도소득에 대한 비과세 및 감면

제89조 【비과세 양도소득】 ① 다음 각 호의 소득에 대해서는 양도소득에 대한 소득세(이하 "양도소득세"라 한다)를 과세하지 아니한다.
1. 파산선고에 의한 처분으로 발생하는 소득
2. 대통령령으로 정하는 경우에 해당하는 농지의 교환 또는 분합(分合)으로 발생하는 소득
3. 다음 각 목의 어느 하나에 해당하는 주택(주택 및 이에 딸린 토지의 양도 당시 실지거래가액의 합계액이 12억원을 초과하는 고가주택은 제외한다)과 이에 딸린 토지로서 건물이 정착된 면적에 지역별로 대통령령으로 정하는 배율을 곱하여 산정한 면적 이내의 토지(이하 이 조에서 "주택부수토지"라 한다)의 양도로 발생하는 소득(2021.12.8 본문개정)
   가. 1세대가 1주택을 보유하는 경우로서 대통령령으로 정하는 요건을 충족하는 주택(2016.12.20 본목개정)
   나. 1세대가 1주택을 양도하기 전에 다른 주택을 대체 취득하거나 상속, 동거봉양, 혼인 등으로 인하여 2주택 이상을 보유하는 경우로서 대통령령으로 정하는 주택(2014.1.1 본목신설)

4. 조합원입주권을 1개 보유한 1세대[「도시 및 주거환경정비법」 제74조에 따른 관리처분계획의 인가일 및 「빈집 및 소규모주택 정비에 관한 특례법」 제29조에 따른 사업시행계획인가일(인가일 전에 기존주택이 철거되는 때에는 기존주택의 철거일) 현재 제3호가목에 해당하는 기존주택을 소유하는 세대]가 다음 각 목의 어느 하나의 요건을 충족하여 양도하는 경우 해당 조합원입주권을 양도하여 발생하는 소득. 다만, 해당 조합원입주권의 양도 당시 실지거래가액이 12억원을 초과하는 경우에는 양도소득세를 과세한다.
   가. 양도일 현재 다른 주택 또는 분양권을 보유하지 아니할 것
   나. 양도일 현재 1조합원입주권 외에 1주택을 보유한 경우(분양권을 보유하지 아니하는 경우로 한정한다)로서 해당 1주택을 취득한 날부터 3년 이내에 해당 조합원입주권을 양도할 것(3년 이내에 양도하지 못하는 경우로서 대통령령으로 정하는 사유에 해당하는 경우를 포함한다)
(2021.12.8 본호개정)
5. 「지적재조사에 관한 특별법」 제18조에 따른 경계의 확정으로 지적공부상의 면적이 감소되어 같은 법 제20조에 따라 지급받는 조정금(2018.12.31 본호신설)
② 1세대가 주택(주택부수토지를 포함한다. 이하 이 조에서 같다)과 조합원입주권 또는 분양권을 보유하다가 그 주택을 양도하는 경우에는 제1항에도 불구하고 같은 항 제3호를 적용하지 아니한다. 다만, 「도시 및 주거환경정비법」에 따른 재건축사업 또는 재개발사업, 「빈집 및 소규모주택 정비에 관한 특례법」에 따른 자율주택정비사업, 가로주택정비사업, 소규모재건축사업 또는 소규모재개발사업의 시행기간 중 거주를 위하여 주택을 취득하는 경우나 그 밖의 부득이한 사유로서 대통령령으로 정하는 경우에는 그러하지 아니하다.
(2021.12.8 단서개정)
③ 실지거래가액의 계산 및 그 밖에 필요한 사항은 대통령령으로 정한다.(2021.12.8 본항신설)

제90조 【양도소득세액의 감면】 ① 제95조에 따른 양도소득금액에 이 법 또는 다른 조세에 관한 법률에 따른 감면대상 양도소득금액이 있을 때에는 다음 계산식에 따라 계산한 양도소득세 감면액을 양도소득 산출세액에서 감면한다.

$$\text{양도소득세 감면액} = A \times \frac{(B - C)}{D} \times E$$

A : 제104조에 따른 양도소득 산출세액
B : 감면대상 양도소득금액
C : 제103조제2항에 따른 양도소득 기본공제
D : 제92조에 따른 양도소득 과세표준
E : 이 법 또는 다른 조세에 관한 법률에서 정한 감면율
(2016.12.20 본항개정)
② 제1항에도 불구하고 「조세특례제한법」에서 양도소득세의 감면을 양도소득금액에서 감면대상 양도소득금액을 차감하는 방식으로 규정하는 경우에는 제95조에 따른 양도소득금액에서 감면대상 양도소득금액을 차감한 후 양도소득과세표준을 계산하는 방식으로 양도소득세를 감면한다.(2013.1.1 본항신설)

제91조 【양도소득세 비과세 또는 감면의 배제 등】 ① 제104조제3항에서 규정하는 미등기양도자산에 대하여는 이 법 또는 이 법 외의 법률 중 양도소득에 대한 소득세의 비과세에 관한 규정을 적용하지 아니한다.
② 제94조제1항제1호 및 제2호의 자산을 매매하는 거래당사자가 매매계약서의 거래가액을 실지거래가액과 다르게 적은 경우에는 해당 자산에 대하여 이 법 또는 이 법 외의 법률에 따른 양도소득세의 비과세 또는 감면에 관한 규정을 적용할 때 비과세 또는 감면받았거나 받을 세액에서 다음 각 호의 구분에 따른 금액을 뺀다.

1. 이 법 또는 이 법 외의 법률에 따라 양도소득세의 비과세에 관한 규정을 적용받을 경우 : 비과세에 관한 규정을 적용하지 아니하였을 경우의 제104조제1항에 따른 양도소득 산출세액과 매매계약서의 거래가액과 실지거래가액과의 차액 중 적은 금액
2. 이 법 또는 이 법 외의 법률에 따라 양도소득세의 감면에 관한 규정을 적용받았거나 받을 경우 : 감면에 관한 규정을 적용받았거나 받을 경우의 해당 감면세액과 매매계약서의 거래가액과 실지거래가액과의 차액 중 적은 금액
(2010.12.27 본조개정)

제3절 양도소득과세표준과 세액의 계산

제92조【양도소득과세표준과 세액의 계산】 ① 거주자의 양도소득에 대한 과세표준(이하 "양도소득과세표준"이라 한다)은 종합소득 및 퇴직소득에 대한 과세표준과 구분하여 계산한다.
② 양도소득과세표준은 다음 각 호의 순서에 따라 계산한다.
1. 양도차익 : 제94조에 따른 양도소득의 총수입금액(이하 "양도가액"이라 한다)에서 제97조에 따른 필요경비를 공제하여 계산
2. 양도소득금액 : 제1호의 양도차익(이하 "양도차익"이라 한다)에서 제95조에 따른 장기보유 특별공제액을 공제하여 계산
3. 양도소득과세표준 : 제2호의 양도소득금액에서 제103조에 따른 양도소득 기본공제액을 공제하여 계산
③ 양도소득세액은 이 법에 특별한 규정이 있는 경우를 제외하고는 다음 각 호의 순서에 따라 계산한다.
1. 양도소득 산출세액 : 제2항에 따라 계산한 양도소득과세표준에 제104조에 따른 세율을 적용하여 계산
2. 양도소득 결정세액 : 제1호의 양도소득 산출세액에서 제90조에 따라 감면되는 세액이 있을 때에는 이를 공제하여 계산
3. 양도소득 총결정세액 : 제2호의 양도소득 결정세액에 제114조의2, 제115조 및 「국세기본법」 제47조의2부터 제47조의4까지에 따른 가산세를 더하여 계산
(2023.12.31 본조개정)
제93조 (2023.12.31 삭제)

제4절 양도소득금액의 계산

제94조【양도소득의 범위】 ① 양도소득은 해당 과세기간에 발생한 다음 각 호의 소득으로 한다.
1. 토지(「공간정보의 구축 및 관리 등에 관한 법률」에 따라 지적공부(地籍公簿)에 등록하여야 할 지목에 해당하는 것을 말한다) 또는 건물(건물에 부속된 시설물과 구축물을 포함한다)의 양도로 발생하는 소득 (2014.6.3 본호개정)
2. 다음 각 목의 어느 하나에 해당하는 부동산에 관한 권리의 양도로 발생하는 소득
   가. 부동산을 취득할 수 있는 권리(건물이 완성되는 때에 그 건물과 이에 딸린 토지를 취득할 수 있는 권리를 포함한다)
   나. 지상권
   다. 전세권과 등기된 부동산임차권
3. 다음 각 목의 어느 하나에 해당하는 주식등의 양도로 발생하는 소득
   가. 주권상장법인의 주식등으로서 다음의 어느 하나에 해당하는 주식등
   1) 소유주식의 비율·시가총액 등을 고려하여 대통령령으로 정하는 주권상장법인의 대주주가 양도하는 주식등

2) 1)에 따른 대주주에 해당하지 아니하는 자가 「자본시장과 금융투자업에 관한 법률」에 따른 증권시장(이하 "증권시장"이라 한다)에서의 거래에 의하지 아니하고 양도하는 주식등. 다만, 「상법」 제360조의2 및 제360조의15에 따른 주식의 포괄적 교환·이전 또는 같은 법 제360조의5 및 제360조의22에 따른 주식의 포괄적 교환·이전에 대한 주식매수청구권 행사로 양도하는 주식등은 제외한다. (2017.12.19 단서신설)
   나. 주권비상장법인의 주식등. 다만, 소유주식의 비율·시가총액 등을 고려하여 대통령령으로 정하는 주권비상장법인의 대주주에 해당하지 아니하는 자가 「자본시장과 금융투자업에 관한 법률」 제283조에 따라 설립된 한국금융투자협회가 행하는 같은 법 제286조제1항제5호에 따른 장외매매거래에 의하여 양도하는 중소기업(이하 이 장에서 "중소기업"이라 한다) 및 대통령령으로 정하는 중견기업의 주식등은 제외한다. (2017.12.19 단서신설)
   다. 외국법인이 발행하였거나 외국에 있는 시장에 상장된 주식등으로서 대통령령으로 정하는 것 (2019.12.31 본목신설)
(2016.12.20 본호개정)
4. 다음 각 목의 어느 하나에 해당하는 자산(이하 이 장에서 "기타자산"이라 한다)의 양도로 발생하는 소득
   가. 사업에 사용하는 제1호 및 제2호의 자산과 함께 양도하는 영업권(영업권을 별도로 평가하지 아니하였으나 사회통념상 자산에 포함되어 함께 양도된 것으로 인정되는 영업권과 행정관청으로부터 인가·허가·면허 등을 받음으로써 얻는 경제적 이익을 포함한다)(2019.12.31 본목개정)
   나. 이용권·회원권, 그 밖에 그 명칭과 관계없이 시설물을 배타적으로 이용하거나 일반이용자보다 유리한 조건으로 이용할 수 있도록 약정한 단체의 구성원이 된 자에게 부여되는 시설물 이용권(법인의 주식등을 소유하는 것만으로 시설물을 배타적으로 이용하거나 일반이용자보다 유리한 조건으로 시설물 이용권을 부여받게 되는 경우 그 주식등을 포함한다)
   다. 법인의 자산총액 중 다음의 합계액이 차지하는 비율이 100분의 50 이상인 법인의 과점주주(소유 주식등의 비율을 고려하여 대통령령으로 정하는 주주를 말하며, 이하 이 장에서 "과점주주"라 한다)가 그 법인의 주식등의 100분의 50 이상을 해당 과점주주 외의 자에게 양도하는 경우(과점주주가 다른 과점주주에게 양도한 후 양수한 과점주주가 과점주주 외의 자에게 다시 양도하는 경우로서 대통령령으로 정하는 경우를 포함한다)에 해당 주식등 (2018.12.31 본문개정)
   1) 제1호 및 제2호에 따른 자산(이하 이 조에서 "부동산등"이라 한다)의 가액
   2) 해당 법인이 직접 또는 간접으로 보유한 다른 법인의 주식가액에 그 다른 법인의 부동산등 보유비율을 곱하여 산출한 가액. 이 경우 다른 법인의 범위 및 부동산등 보유비율의 계산방법 등은 대통령령으로 정한다.(2019.12.31 전단개정)
(2016.12.20 본목개정)
   라. 대통령령으로 정하는 사업을 하는 법인으로서 자산총액 중 다목1) 및 2)의 합계액이 차지하는 비율이 100분의 80 이상인 법인의 주식등(2016.12.20 본목신설)
   마. 제1호의 자산과 함께 양도하는 「개발제한구역의 지정 및 관리에 관한 특별조치법」 제12조제1항제2호 및 제3호의2에 따른 이축을 할 수 있는 권리(이

하 "이축권"이라 한다). 다만, 해당 이축권 가액을 대통령령으로 정하는 방법에 따라 별도로 평가하여 신고하는 경우는 제외한다.(2019.12.31 본목신설)
5. 대통령령으로 정하는 파생상품등의 거래 또는 행위로 발생하는 소득(제16조제1항제13호 및 제17조제1항제10호에 따른 파생상품의 거래 또는 행위로부터의 이익은 제외한다)(2014.12.23 본호신설)
6. 신탁의 이익을 받을 권리(「자본시장과 금융투자업에 관한 법률」 제110조에 따른 수익증권 및 같은 법 제189조에 따른 투자신탁의 수익권 등 대통령령으로 정하는 수익권은 제외하며, 이하 "신탁 수익권"이라 한다)의 양도로 발생하는 소득. 다만, 신탁 수익권의 양도를 통하여 신탁재산에 대한 지배·통제권이 사실상 이전되는 경우는 신탁재산 자체의 양도로 본다.(2020.12.29 본호신설)
② 제1항제3호 및 제4호에 모두 해당되는 경우에는 제4호를 적용한다.

제95조【양도소득금액과 장기보유 특별공제액】 ① 양도소득금액은 양도차익에서 장기보유 특별공제액을 공제한 금액으로 한다.(2023.12.31 본항개정)
② 제1항에서 "장기보유 특별공제액"이란 제93조제1항제1호에 따른 자산(제104조제3항에 따른 미등기양도자산과 같은 조 제7항 각 호에 따른 자산은 제외한다)으로서 보유기간이 3년 이상인 것 및 제94조제1항제2호가목에 따른 자산 중 조합원입주권(조합원으로부터 취득한 것은 제외한다)에 대하여 그 자산의 양도차익(조합원입주권을 양도하는 경우에는 「도시 및 주거환경정비법」 제74조에 따른 관리처분계획 인가 및 「빈집 및 소규모주택 정비에 관한 특례법」 제29조에 따른 사업시행계획인가 전 토지분 또는 건물분의 양도차익으로 한정한다)에 다음 표1에 따른 보유기간별 공제율을 곱하여 계산한 금액을 말한다. 다만, 대통령령으로 정하는 1세대 1주택(이에 딸린 토지를 포함한다)에 해당하는 자산의 경우에는 그 자산의 양도차익에 다음 표2에 따른 보유기간별 공제율을 곱하여 계산한 금액과 같은 표에 따른 거주기간별 공제율을 곱하여 계산한 금액을 합산한 것을 말한다.

표1

보유기간	공제율
3년 이상 4년 미만	100분의 6
4년 이상 5년 미만	100분의 8
5년 이상 6년 미만	100분의 10
6년 이상 7년 미만	100분의 12
7년 이상 8년 미만	100분의 14
8년 이상 9년 미만	100분의 16
9년 이상 10년 미만	100분의 18
10년 이상 11년 미만	100분의 20
11년 이상 12년 미만	100분의 22
12년 이상 13년 미만	100분의 24
13년 이상 14년 미만	100분의 26
14년 이상 15년 미만	100분의 28
15년 이상	100분의 30

표2

보유기간	공제율	거주기간	공제율
3년 이상 4년 미만	100분의 12	2년 이상 3년 미만 (보유기간 3년 이상에 한정함)	100분의 8
		3년 이상 4년 미만	100분의 12
4년 이상 5년 미만	100분의 16	4년 이상 5년 미만	100분의 16
5년 이상 6년 미만	100분의 20	5년 이상 6년 미만	100분의 20
6년 이상 7년 미만	100분의 24	6년 이상 7년 미만	100분의 24
7년 이상 8년 미만	100분의 28	7년 이상 8년 미만	100분의 28
8년 이상 9년 미만	100분의 32	8년 이상 9년 미만	100분의 32
9년 이상 10년 미만	100분의 36	9년 이상 10년 미만	100분의 36
10년 이상	100분의 40	10년 이상	100분의 40

(2023.12.31 단서개정)
③ 제89조제1항제3호에 따라 양도소득의 비과세대상에서 제외되는 고가주택(이에 딸린 토지를 포함한다) 및 같은 항 제4호 각 목 외의 부분 단서에 따라 양도소득의 비과세대상에서 제외되는 조합원입주권에 해당하는 자산의 양도차익 및 장기보유 특별공제액은 제1항에도 불구하고 대통령령으로 정하는 바에 따라 계산한 금액으로 한다.(2019.12.31 본항개정)
④ 제2항에서 규정하는 자산의 보유기간은 그 자산의 취득일부터 양도일까지로 한다. 다만, 제97조의2제1항의 경우에는 증여한 배우자 또는 직계존비속이 해당 자산을 취득한 날부터 기산(起算)하고, 같은 조 제4항제1호에 따른 가업상속공제가 적용된 비율에 해당하는 자산의 경우에는 피상속인이 해당 자산을 취득한 날부터 기산한다.(2016.12.20 단서개정)
⑤ 양도소득금액의 계산에 필요한 사항은 대통령령으로 정한다.

[판례] 양도소득금액의 계산을 위한 양도가액은 양도재산의 객관적인 가액을 가리키는 것이 아니고, 구체적인 경우에 현실의 수입금액을 가리키는 것이다. 따라서 주식을 매매계약에 의하여 양도한 경우 당초 약정된 매매대금을 어떤 사정으로 일부 감액하기로 하였다면, 양도재산인 주식의 양도로 발생하는 양도소득의 총수입금액, 즉 양도가액은 당초의 약정대금이 아니라 감액된 대금으로 보아야 한다.(대판 2018.6.15, 2015두36003)

제96조【양도가액】 ① 제94조제1항 각 호에 따른 자산의 양도가액은 그 자산의 양도 당시의 양도자와 양수자 간에 실지거래가액에 따른다.
② (2016.12.20 삭제)
③ 제1항을 적용할 때 거주자가 제94조제1항 각 호의 자산을 양도하는 경우로서 다음 각 호의 어느 하나에 해당하는 경우에는 그 가액을 해당 자산의 양도 당시의 실지거래가액으로 본다.
1. 「법인세법」 제2조제12호에 따른 특수관계인에 해당하는 법인(외국법인을 포함하며, 이하 이 항에서 "특수관계법인"이라 한다)에 양도한 경우로서 같은 법 제67조에 따라 해당 거주자의 상여·배당 등으로 처분된 금액이 있는 경우에는 같은 법 제52조에 따른 시가(2018.12.31 본호개정)
2. 특수관계법인 외의 자에게 자산을 시가보다 높은 가격으로 양도한 경우로서 「상속세 및 증여세법」 제35조에 따라 해당 거주자의 증여재산가액으로 하는 금액이 있는 경우에는 그 양도가액에서 증여재산가액을 뺀 금액
④ (2016.12.20 삭제)
(2016.12.20 본조개정)

제97조【양도소득의 필요경비 계산】 ① 거주자의 양도차익을 계산할 때 양도가액에서 공제할 필요경비는 다음 각 호에서 규정하는 것으로 한다.
1. 취득가액(「지적재조사에 관한 특별법」 제18조에 따

른 경계의 확정으로 지적공부상의 면적이 증가되어 같은 법 제20조에 따라 징수한 조정금은 제외한다). 다만, 가목의 실지거래가액을 확인할 수 없는 경우에 한정하여 나목의 금액을 적용한다.(2020.6.9 단서개정)
가. 제94조제1항 각 호의 자산 취득에 든 실지거래가액(2016.12.20 단서삭제)
나. 대통령령으로 정하는 매매사례가액, 감정가액 또는 환산취득가액을 순차적으로 적용한 금액(2019.12.31 본목개정)
2. 자본적지출액 등으로서 대통령령으로 정하는 것
3. 양도비 등으로서 대통령령으로 정하는 것
② 제1항에 따른 양도소득의 필요경비는 다음 각 호에 따라 계산한다.(2010.12.27 본문개정)
1. 취득가액을 실지거래가액에 의하는 경우의 필요경비는 다음 각 목의 금액에 제1항제2호 및 제3호의 금액을 더한 금액으로 한다.(2010.12.27 본문개정)
가. 제1항제1호가목에 따르는 경우에는 해당 실지거래가액(2017.12.19 본목개정)
나. 제1항제1호나목 및 제114조제7항에 따라 환산취득가액에 의하여 취득 당시의 실지거래가액을 계산하는 경우로서 법률 제4803호 소득세법개정법률 부칙 제8조에 따라 취득한 것으로 보는 날(이하 이 목에서 "의제취득일"이라 한다) 전에 취득한 자산(상속 또는 증여받은 자산을 포함한다)의 취득가액을 취득 당시의 실지거래가액과 그 가액에 취득일부터 의제취득일의 전날까지의 보유기간의 생산자물가상승률을 곱하여 계산한 금액을 합산한 가액으로 하는 경우에는 그 합산한 가액(2019.12.31 본목개정)
다. 제7항 각 호 외의 부분 본문에 의하는 경우에는 해당 실지거래가액
2. 그 밖의 경우의 필요경비는 제1항제1호나목(제1호나목이 적용되는 경우는 제외한다), 제7항(제1호다목이 적용되는 경우는 제외한다) 또는 제114조제7항(제1호나목이 적용되는 경우는 제외한다)의 금액에 자산별로 대통령령으로 정하는 금액을 더한 금액. 다만, 제1항제1호나목에 따라 취득가액을 환산취득가액으로 하는 경우로서 가목의 금액이 나목의 금액보다 적은 경우에는 나목의 금액을 필요경비로 할 수 있다.(2019.12.31 단서개정)
가. 제1항제1호나목에 따른 환산취득가액과 본문 중 대통령령으로 정하는 금액의 합계액(2019.12.31 본목개정)
나. 제1항제2호 및 제3호에 따른 금액의 합계액(2010.12.27 본목신설)
③ 제2항에 따라 필요경비를 계산할 때 양도자산 보유기간에 그 자산에 대한 감가상각비로서 각 과세기간의 사업소득금액을 계산하는 경우 필요경비에 산입하였거나 산입할 금액이 있을 때에는 이를 제1항의 금액에서 공제한 금액을 그 취득가액으로 한다.(2010.12.27 본항개정)
④ (2014.1.1 삭제)
⑤ 취득에 든 실지거래가액의 범위 등 필요경비의 계산에 필요한 사항은 대통령령으로 정한다.(2014.1.1 본항개정)
⑥ (2014.1.1 삭제)
⑦ 제1항제1호가목을 적용할 때 제94조제1항제1호 및 제2호에 따른 자산을 양도한 거주자가 그 자산 취득 당시 대통령령으로 정하는 방법으로 실지거래가액을 확인한 사실이 있는 경우에는 이를 그 거주자의 취득 당시 실지거래가액으로 본다. 다만, 다음 각 호의 어느 하나에 해당하는 경우에는 그러하지 아니하다.(2017.12.19 본항개정)
1. 해당 자산에 대한 전 소유자의 양도가액이 제114조에 따라 경정되는 경우

2. 전 소유자의 해당 자산에 대한 양도소득세가 비과세되는 경우로서 실지거래가액보다 높은 가액으로 거래한 것으로 확인한 경우
제97조의2【양도소득의 필요경비 계산 특례】① 거주자가 양도일부터 소급하여 10년 이내에 그 배우자(양도 당시 혼인관계가 소멸된 경우를 포함하되, 사망으로 혼인관계가 소멸된 경우는 제외한다. 이하 이 항에서 같다) 또는 직계존비속으로부터 증여받은 제94조제1항제1호에 따른 자산이나 그 밖에 대통령령으로 정하는 자산의 양도차익을 계산할 때 양도가액에서 공제할 필요경비는 제97조제2항에 따르되, 다음 각 호의 기준을 적용한다.
1. 취득가액은 거주자의 배우자 또는 직계존비속이 해당 자산을 취득할 당시의 제97조제1항제1호에 따른 금액으로 한다.
2. 제97조제1항제2호에 따른 필요경비에는 거주자의 배우자 또는 직계존비속이 해당 자산에 대하여 지출한 같은 호에 따른 금액을 포함한다.
3. 거주자가 해당 자산에 대하여 납부하였거나 납부할 증여세 상당액이 있는 경우 필요경비에 산입한다.(2023.12.31 본항개정)
② 다음 각 호의 어느 하나에 해당하는 경우에는 제1항을 적용하지 아니한다.
1. 사업인정고시일부터 소급하여 2년 이전에 증여받은 경우로서 「공익사업을 위한 토지 등의 취득 및 보상에 관한 법률」이나 그 밖의 법률에 따라 협의매수 또는 수용된 경우
2. 제1항을 적용할 경우 제89조제1항제3호 각 목의 주택[같은 호에 따라 양도소득의 비과세대상에서 제외되는 고가주택(이에 딸린 토지를 포함한다)을 포함한다]의 양도에 해당하게 되는 경우(2015.12.15 본호개정)
3. 제1항을 적용하여 계산한 양도소득 결정세액이 제1항을 적용하지 아니하고 계산한 양도소득 결정세액보다 적은 경우(2016.12.20 본호신설)
③ 제1항에서 규정하는 연수는 등기부에 기재된 소유기간에 따른다.
④ 「상속세 및 증여세법」 제18조의2제1항에 따른 공제(이하 이 항에서 "가업상속공제"라 한다)가 적용된 자산의 양도차익을 계산할 때 양도가액에서 공제할 필요경비는 제97조제2항에 따른다. 다만, 취득가액은 다음 각 호의 금액을 합한 금액으로 한다.(2022.12.31 본문개정)
1. 피상속인의 취득가액(제97조제1항제1호에 따른 금액) × 해당 자산가액 중 가업상속공제가 적용된 비율(이하 이 조에서 "가업상속공제적용률"이라 한다)(2017.12.19 본호개정)
2. 상속개시일 현재 해당 자산가액 × (1 - 가업상속공제적용률)
⑤ 제1항부터 제4항까지의 규정을 적용할 때 증여세 상당액의 계산과 가업상속공제적용률의 계산방법 등 필요경비의 계산에 필요한 사항은 대통령령으로 정한다.(2014.1.1 본조신설)
제98조【양도 또는 취득의 시기】자산의 양도차익을 계산할 때 그 취득시기 및 양도시기는 대금을 청산한 날이 분명하지 아니한 경우 등 대통령령으로 정하는 경우를 제외하고는 해당 자산의 대금을 청산한 날로 한다. 이 경우 자산의 대금에는 해당 자산의 양도에 대한 양도소득세 및 양도소득세의 부가세액을 양수자가 부담하기로 약정한 경우에는 해당 양도소득세 및 양도소득세의 부가세액은 제외한다.(2010.12.27 본조개정)
제99조【기준시가의 산정】① 제100조 및 제114조제7항에 따른 기준시가는 다음 각 호에서 정하는 바에 따른다.(2016.12.20 본문개정)

1. 제94조제1항제1호에 따른 토지 또는 건물

가. 토지
「부동산 가격공시에 관한 법률」에 따른 개별공시지가(이하 "개별공시지가"라 한다). 다만, 개별공시지가가 없는 토지의 가액은 납세지 관할 세무서장이 인근 유사토지의 개별공시지가를 고려하여 대통령령으로 정하는 방법에 따라 평가한 금액으로 하고, 지가(地價)가 급등하는 지역으로서 대통령령으로 정하는 지역의 경우에는 배율방법에 따라 평가한 가액으로 한다.
(2016.1.19 본문개정)

나. 건물
건물(다목 및 라목에 해당하는 건물은 제외한다)의 신축가격, 구조, 용도, 위치, 신축연도 등을 고려하여 매년 1회 이상 국세청장이 산정·고시하는 가액

다. 오피스텔 및 상업용 건물
건물에 딸린 토지를 공유로 하고 건물을 구분소유하는 것으로서 건물의 용도·면적 및 구분소유하는 건물의 수(數) 등을 고려하여 대통령령으로 정하는 오피스텔(이에 딸린 토지를 포함한다) 및 상업용 건물(이에 딸린 토지를 포함한다)에 대해서는 건물의 종류, 규모, 거래상황, 위치 등을 고려하여 매년 1회 이상 국세청장이 토지와 건물에 대하여 일괄하여 산정·고시하는 가액
(2019.12.31 본목개정)

라. 주택
「부동산 가격공시에 관한 법률」에 따른 개별주택가격 및 공동주택가격. 다만, 공동주택가격의 경우에 같은 법 제18조제1항 단서에 따라 국세청장이 결정·고시한 공동주택가격이 있는 경우에는 그 가격에 따르고, 개별주택가격 및 공동주택가격이 없는 주택의 가격은 납세지 관할 세무서장이 인근 유사주택의 개별주택가격 및 공동주택가격을 고려하여 대통령령으로 정하는 방법에 따라 평가한 금액으로 한다.
(2019.12.31 단서개정)

2. 제94조제1항제2호에 따른 부동산에 관한 권리

가. 부동산을 취득할 수 있는 권리
양도자산의 종류, 규모, 거래상황 등을 고려하여 대통령령으로 정하는 방법에 따라 평가한 가액

나. 지상권·전세권 및 등기된 부동산임차권
권리의 남은 기간, 성질, 내용 및 거래상황 등을 고려하여 대통령령으로 정하는 방법에 따라 평가한 가액

3. 제94조제1항제3호가목에 따른 주식등(대통령령으로 정하는 주권상장법인의 주식등은 대통령령으로 정하는 것만 해당한다) : 「상속세 및 증여세법」 제63조제1항제1호가목을 준용하여 평가한 가액. 이 경우 가목 중 "평가기준일 이전·이후 각 2개월"은 "양도일·취득일 이전 1개월"로 본다.(2017.12.19 전단개정)

4. 제3호에 따른 대통령령으로 정하는 주권상장법인의 주식등 중 제3호에 해당하지 아니하는 것과 제94조제1항제3호나목에 따른 주식등
「상속세 및 증여세법」 제63조제1항제1호나목을 준용하여 평가한 가액. 이 경우 평가기준시기 및 평가액은 대통령령으로 정하는 바에 따르되, 장부 분실 등으로 취득당시의 기준시가를 확인할 수 없는 경우에는 액면가액을 취득 당시의 기준시가로 한다.
(2017.12.19 전단개정)

5. 제94조제1항제3호에 따른 신주인수권
양도자산의 종류, 규모, 거래상황 등을 고려하여 대통령령으로 정하는 방법에 따라 평가한 가액

6. 제94조제1항제4호에 따른 기타자산
양도자산의 종류, 규모, 거래상황 등을 고려하여 대통령령으로 정하는 방법에 따라 평가한 가액

7. 제94조제1항제5호에 따른 파생상품등
파생상품등의 종류, 규모, 거래상황 등을 고려하여 대통령령으로 정하는 방법에 따라 평가한 가액
(2014.12.23 본호신설)

8. 제94조제1항제6호에 따른 신탁 수익권 : 「상속세 및 증여세법」 제65조제1항을 준용하여 평가한 가액. 이 경우 평가기준시기 및 평가액은 대통령령으로 정하는 바에 따른다.(2020.12.29 본호신설)

② 제1항제1호가목 단서에서 "배율방법"이란 양도·취득 당시의 개별공시지가에 대통령령으로 정하는 배율을 곱하여 계산한 금액에 따라 평가하는 방법을 말한다.

③ 다음 각 호의 기준시가 산정에 필요한 사항은 건물의 종류, 거래상황, 기준시가 고시여부 등을 고려하여 대통령령으로 정한다. (2019.12.31 본문개정)

1. 제1항에 따라 산정한 양도 당시의 기준시가와 취득 당시의 기준시가가 같은 경우 양도 당시의 기준시가

2. 「부동산 가격공시에 관한 법률」에 따라 개별공시지가, 개별주택가격 또는 공동주택가격이 공시 또는 고시되기 전에 취득한 토지 및 주택의 취득 당시의 기준시가(2016.1.19 본호개정)

3. 제1항제1호나목에 따른 기준시가가 고시되기 전에 취득한 건물의 취득 당시의 기준시가

4. 제1항제1호다목 또는 같은 호 라목 단서에 따른 기준시가가 고시되기 전에 취득한 오피스텔(이에 딸린 토지를 포함한다), 상업용 건물(이에 딸린 토지를 포함한다) 또는 공동주택의 취득 당시의 기준시가
(2019.12.31 본호신설)

④ 제1항제1호다목에 따라 국세청장이 기준시가를 산정하였을 때에는 이를 고시하기 전에 인터넷을 통한 게시 등 기획재정부령으로 정하는 방법에 따라 공고하여 20일 이상 소유자나 그 밖의 이해관계인의 의견을 들어야 한다.

⑤ 국세청장은 제4항에 따라 소유자나 그 밖의 이해관계인으로부터 의견을 제출받았을 때에는 의견 제출기간이 끝난 날부터 30일 이내에 그 처리 결과를 알려야 한다.

⑥ 제4항에 따른 공고에는 기준시가 열람부의 열람 장소, 의견 제출기간 등 대통령령으로 정하는 사항이 포함되어야 한다.

제99조의2【기준시가의 재산정 및 고시 신청】① 제99조제1항제1호다목에 따라 고시한 기준시가에 이의가 있는 소유자나 그 밖의 이해관계인은 기준시가 고시일부터 30일 이내에 서면으로 국세청장에게 재산정 및 고시를 신청할 수 있다.

② 국세청장은 제1항에 따른 신청기간이 끝난 날부터 30일 이내에 그 처리 결과를 신청인에게 서면으로 알려야 한다. 이 경우 국세청장은 신청 내용이 타당하다고 인정될 때에는 제99조제1항제1호다목에 따라 기준시가를 다시 산정하여 고시하여야 한다.

③ 국세청장은 기준시가 산정·고시가 잘못되었거나 오기 또는 그 밖에 대통령령으로 정하는 명백한 오류를 발견한 경우에는 지체 없이 다시 산정하여 고시하여야 한다.

④ 재산정, 고시 신청 및 처리 절차 등에 관하여 필요한 사항은 대통령령으로 정한다.

제100조【양도차익의 산정】① 양도차익을 계산할 때 양도가액을 실지거래가액(제96조제3항에 따른 가액 및 제114조제7항에 따라 매매사례가액·감정가액이 적용되는 경우 그 매매사례가액·감정가액을 포함한다)에 따를 때에는 취득가액도 실지거래가액(제97조제7항에 따른 가액 및 제114조제7항에 따라 매매사례가액·감정가액·환산취득가액이 적용되는 경우 그 매매사례가액·감정가액·환산취득가액 등을 포함한다)에 따르고, 양도가액을 기준시가에 따를 때에는 취득가액도 기준시가에 따른다.(2019.12.31 본항개정)

② 제1항을 적용할 때 양도가액 또는 취득가액을 실지거래가액에 따라 산정하는 경우로서 토지와 건물 등을 함께 취득하거나 양도한 경우에는 이를 각각 구분하여

기장하되 토지와 건물 등의 가액 구분이 불분명할 때에는 취득 또는 양도 당시의 기준시가 등을 고려하여 대통령령으로 정하는 바에 따라 안분계산(按分計算)한다. 이 경우 공통되는 취득가액과 양도비용은 해당 자산의 가액에 비례하여 안분계산한다.

③ 제2항을 적용할 때 토지와 건물 등을 함께 취득하거나 양도한 경우로서 그 토지와 건물 등을 구분 기장한 가액이 같은 항에 따라 안분계산한 가액과 100분의 30 이상 차이가 있는 경우에는 토지와 건물 등의 가액 구분이 불분명한 때로 본다.(2015.12.15 본항신설)

④ 양도차익을 산정하는 데에 필요한 사항은 대통령령으로 정한다.

제101조【양도소득의 부당행위계산】 ① 납세지 관할 세무서장 또는 지방국세청장은 양도소득이 있는 거주자의 행위 또는 계산이 그 거주자의 특수관계인과의 거래로 인하여 그 소득에 대한 조세 부담을 부당하게 감소시킨 것으로 인정되는 경우에는 그 거주자의 행위 또는 계산과 관계없이 해당 과세기간의 소득금액을 계산할 수 있다.(2012.1.1 본항개정)

② 거주자가 제1항에서 규정하는 특수관계인(제97조의2 제1항을 적용받는 배우자 및 직계존비속의 경우는 제외한다)에게 자산을 증여한 후 그 자산을 증여받은 자가 그 증여일부터 10년 이내에 다시 타인에게 양도한 경우로서 제1호에 따른 세액이 제2호에 따른 세액보다 적은 경우에는 증여자가 그 자산을 직접 양도한 것으로 본다. 다만, 양도소득이 해당 수증자에게 실질적으로 귀속된 경우에는 그러하지 아니하다.(2022.12.31 본문개정)

1. 증여받은 자의 증여세(「상속세 및 증여세법」에 따른 산출세액에서 공제·감면세액을 뺀 세액을 말한다)와 양도소득세(이 법에 따른 산출세액에서 공제·감면세액을 뺀 결정세액을 말한다. 이하 제2호에서 같다)를 합한 세액

2. 증여자가 직접 양도하는 경우로 보아 계산한 양도소득세

③ 제2항에 따라 증여자에게 양도소득세가 과세되는 경우에는 당초 증여받은 자산에 대해서는 「상속세 및 증여세법」의 규정에도 불구하고 증여세를 부과하지 아니한다.

④ 제2항에 따른 연수의 계산에 관하여는 제97조의2 제3항을 준용한다.(2014.1.1 본항개정)

⑤ 제1항에 따른 특수관계인의 범위와 그 밖에 부당행위계산에 필요한 사항은 대통령령으로 정한다.
(2012.1.1 본항개정)

[판례] 법 시행령 제167조제4항에서 부당행위계산 부인 대상인 저가양도의 기준으로 규정하고 있는 '시가'는 원칙적으로 정상적인 거래에 의하여 형성된 객관적인 교환가격을 의미하지만, 이는 객관적이고 합리적인 방법으로 평가한 가액도 포함하는 개념으로서 공신력 있는 감정기관의 감정가격도 시가로 볼 수 있고, 그 가액이 소급감정에 의한 것이라 하여도 달라지지 않는다.
(대판 2012.6.14, 2010두28328)

제102조【양도소득금액의 구분 계산 등】 ① 양도소득금액은 다음 각 호의 소득별로 구분하여 계산한다. 이 경우 소득금액을 계산할 때 발생하는 결손금은 다른 호의 소득금액과 합산하지 아니한다.

1. 제94조제1항제1호·제2호 및 제4호에 따른 소득
2. 제94조제1항제3호에 따른 소득
3. 제94조제1항제5호에 따른 소득(2014.12.23 본호신설)
4. 제94조제1항제6호에 따른 소득(2020.12.29 본호신설)

② 제1항에 따라 양도소득금액을 계산할 때 양도차손이 발생한 자산이 있는 경우에는 제1항 각 호별로 해당 자산 외의 다른 자산에서 발생한 양도소득금액에서 그 양도차손을 공제한다. 이 경우 공제방법은 양도소득금액의 세율 등을 고려하여 대통령령으로 정한다.

제5절 양도소득 기본공제

제103조【양도소득 기본공제】 ① 양도소득이 있는 거주자에 대해서는 다음 각 호의 소득별로 해당 과세기간의 양도소득금액에서 각각 연 250만원을 공제한다.

1. 제94조제1항제1호·제2호 및 제4호에 따른 소득. 다만, 제104조제3항에 따른 미등기양도자산의 양도소득금액에 대해서는 그러하지 아니하다.
2. 제94조제1항제3호에 따른 소득
3. 제94조제1항제5호에 따른 소득(2014.12.23 본호신설)
4. 제94조제1항제6호에 따른 소득(2020.12.29 본호신설)

② 제1항을 적용할 때 제95조에 따른 양도소득금액에 이 법 또는 「조세특례제한법」이나 그 밖의 법률에 따른 감면소득금액이 있는 경우에는 그 감면소득금액 외의 양도소득금액에서 먼저 공제하고, 감면소득금액 외의 양도소득금액 중에서는 해당 과세기간에 먼저 양도한 자산의 양도소득금액에서부터 순서대로 공제한다.

③ 제1항에 따른 공제를 "양도소득 기본공제"라 한다.

제6절 양도소득에 대한 세액의 계산

제104조【양도소득세의 세율】 ① 거주자의 양도소득세는 해당 과세기간의 양도소득과세표준에 다음 각 호의 세율을 적용하여 계산한 금액(이하 "양도소득 산출세액"이라 한다)을 그 세액으로 한다. 이 경우 하나의 자산이 다음 각 호에 따른 세율 중 둘 이상에 해당할 때에는 해당 세율을 적용하여 계산한 양도소득 산출세액 중 큰 것을 그 세액으로 한다.(2016.12.20 후단개정)

1. 제94조제1항제1호·제2호 및 제4호에 따른 자산 제55조제1항에 따른 세율(분양권의 경우에는 양도소득 과세표준의 100분의 60)

2. 제94조제1항제1호 및 제2호에서 규정하는 자산으로서 그 보유기간이 1년 이상 2년 미만인 것 양도소득 과세표준의 100분의 40[주택(이에 딸린 토지로서 대통령령으로 정하는 토지를 포함한다. 이하 이 항에서 같다), 조합원입주권 및 분양권의 경우에는 100분의 60]

3. 제94조제1항제1호 및 제2호에 따른 자산으로서 그 보유기간이 1년 미만인 것 양도소득 과세표준의 100분의 50(주택, 조합원입주권 및 분양권의 경우에는 100분의 70)
(2020.8.18 1호~3호개정)

4. (2020.8.18 삭제)
5.~7. (2014.1.1 삭제)
8. 제104조의3에 따른 비사업용 토지

양도소득과세표준	세 율
1,400만원 이하	16퍼센트
1,400만원 초과 5,000만원 이하	224만원 + (1,400만원 초과액 × 25퍼센트)
5,000만원 초과 8,800만원 이하	1,124만원 + (5,000만원 초과액 × 34퍼센트)
8,800만원 초과 1억5천만원 이하	2,416만원 + (8,800만원 초과액 × 45퍼센트)
1억5천만원 초과 3억원 이하	5,206만원 + (1억5천만원 초과액 × 48퍼센트)
3억원 초과 5억원 이하	1억2,406만원 + (3억원 초과액 × 50퍼센트)
5억원 초과 10억원 이하	2억2,406만원 + (5억원 초과액 × 52퍼센트)
10억원 초과	4억8,406만원 + (10억원 초과액 × 55퍼센트)

(2022.12.31 본호개정)

9. 제94조제1항제4호다목 및 라목에 따른 자산 중 제104조의3에 따른 비사업용 토지의 보유 현황을 고려하여 대통령령으로 정하는 자산

양도소득과세표준	세 율
1,400만원 이하	16퍼센트
1,400만원 초과 5,000만원 이하	224만원 + (1,400만원 초과액 × 25퍼센트)
5,000만원 초과 8,800만원 이하	1,124만원 + (5,000만원 초과액 × 34퍼센트)
8,800만원 초과 1억5천만원 이하	2,416만원 + (8,800만원 초과액 × 45퍼센트)
1억5천만원 초과 3억원 이하	5,206만원 + (1억5천만원 초과액 × 48퍼센트)
3억원 초과 5억원 이하	1억2,406만원 + (3억원 초과액 × 50퍼센트)
5억원 초과 10억원 이하	2억2,406만원 + (5억원 초과액 × 52퍼센트)
10억원 초과	4억8,406만원 + (10억원 초과액 × 55퍼센트)

(2022.12.31 본호개정)
10. 미등기양도자산
양도소득 과세표준의 100분의 70
11. 제94조제1항제3호가목 및 나목에 따른 자산
(2019.12.31 본문개정)
가. 소유주식의 비율·시가총액 등을 고려하여 대통령령으로 정하는 대주주(이하 이 장에서 "대주주"라 한다)가 양도하는 주식등
1) 1년 미만 보유한 주식등으로서 중소기업 외의 법인의 주식등 : 양도소득 과세표준의 100분의 30
2) 1)에 해당하지 아니하는 주식등

양도소득과세표준	세율
3억원 이하	20퍼센트
3억원 초과	6천만원 + (3억원 초과액 × 25퍼센트)

나. 대주주가 아닌 자가 양도하는 주식등
1) 중소기업의 주식등 : 양도소득 과세표준의 100분의 10
2) 1)에 해당하지 아니하는 주식등 : 양도소득 과세표준의 100분의 20
(2017.12.19 본호개정)
12. 제94조제1항제3호다목에 따른 자산
가. 중소기업의 주식등
양도소득 과세표준의 100분의 10
나. 그 밖의 주식등
양도소득 과세표준의 100분의 20
(2019.12.31 본호신설)
13. 제94조제1항제5호에 따른 파생상품등
양도소득 과세표준의 100분의 20
(2014.12.23 본호신설)
14. 제94조제1항제6호에 따른 신탁 수익권

양도소득과세표준	세 율
3억원 이하	20퍼센트
3억원 초과	6천만원 + (3억원 초과액 × 25퍼센트)

(2020.12.29 본호신설)
② 제1항제2호·제3호 및 제11호가목의 보유기간은 해당 자산의 취득일부터 양도일까지로 한다. 다만, 다음 각 호의 어느 하나에 해당하는 경우에는 각각 그 정한 날을 그 자산의 취득일로 본다.(2017.12.19 본문개정)
1. 상속받은 자산은 피상속인이 그 자산을 취득한 날
2. 제97조의2제1항에 해당하는 자산은 증여자가 그 자산을 취득한 날(2014.1.1 본호개정)

3. 법인의 합병·분할〔물적분할(物的分割)은 제외한다〕로 인하여 합병법인, 분할신설법인 또는 분할·합병의 상대방 법인으로부터 새로 주식등을 취득한 경우에는 피합병법인, 분할법인 또는 소멸한 분할·합병의 상대방 법인의 주식등을 취득한 날
③ 제1항제10호에서 "미등기양도자산"이란 제94조제1항제1호 및 제2호에서 규정하는 자산을 취득한 자가 그 자산 취득에 관한 등기를 하지 아니하고 양도하는 것을 말한다. 다만, 대통령령으로 정하는 자산은 제외한다.
④ 다음 각 호의 어느 하나에 해당하는 부동산을 양도하는 경우 제55조제1항〔제3호(같은 호 단서에 해당하는 경우를 포함한다)의 경우에는 제1항제8호〕에 따른 세율에 100분의 10을 더한 세율을 적용한다. 이 경우 해당 부동산 보유기간이 2년 미만인 경우에는 제55조제1항〔제3호(같은 호 단서에 해당하는 경우를 포함한다)의 경우에는 제1항제8호〕에 따른 세율에 100분의 10을 더한 세율을 적용하여 계산한 양도소득 산출세액과 제1항제2호 또는 제3호의 세율을 적용하여 계산한 양도소득 산출세액 중 큰 세액을 양도소득 산출세액으로 한다.(2019.12.31 본문개정)
1.~2. (2017.12.19 삭제)
3. 제104조의2제2항에 따른 지정지역에 있는 부동산으로서 제104조의3에 따른 비사업용 토지. 다만, 지정지역의 공고가 있는 날 이전에 토지를 양도하기 위하여 매매계약을 체결하고 계약금을 지급받은 사실이 증빙서류에 의하여 확인되는 경우는 제외한다.
(2019.12.31 단서신설)
4. 그 밖에 부동산 가격이 급등하였거나 급등할 우려가 있어 부동산 가격의 안정을 위하여 필요한 경우에 대통령령으로 정하는 부동산
⑤ 해당 과세기간에 제94조제1항제1호·제2호 및 제4호에서 규정한 자산을 둘 이상 양도하는 경우 양도소득 산출세액은 다음 각 호의 금액 중 큰 것(이 법 또는 다른 조세에 관한 법률에 따른 양도소득세 감면액이 있는 경우에는 해당 감면세액을 차감한 세액이 더 큰 경우의 산출세액을 말한다)으로 한다. 이 경우 제2호의 금액을 계산할 때 제1항제8호 및 제9호의 자산은 동일한 자산으로 보고, 한 필지의 토지가 제104조의3에 따른 비사업용 토지와 그 외의 토지로 구분되는 경우에는 각각을 별개의 자산으로 보아 양도소득 산출세액을 계산한다.(2019.12.31 전단개정)
1. 해당 과세기간의 양도소득과세표준 합계액에 대하여 제55조제1항에 따른 세율을 적용하여 계산한 양도소득 산출세액
2. 제1항부터 제4항까지 및 제7항의 규정에 따라 계산한 자산별 양도소득 산출세액 합계액. 다만, 둘 이상의 자산에 대하여 제1항 각 호, 제4항 각 호 및 제7항 각 호에 따른 세율 중 동일한 호의 세율이 적용되고, 그 적용세율이 둘 이상인 경우 해당 자산에 대해서는 각 자산의 양도소득과세표준을 합산한 것에 대하여 제1항 또는 제4항 또는 제7항의 각 해당 호별 세율을 적용하여 산출한 세액 중 산출세액의 합계액으로 한다.(2018.12.31 단서신설)
(2014.12.23 본항신설)
⑥ 제1항제13호에 따른 세율은 자본시장 육성 등을 위하여 필요한 경우 그 세율의 100분의 75의 범위에서 대통령령으로 정하는 바에 따라 인하할 수 있다.
(2019.12.31 본항개정)
⑦ 다음 각 호의 어느 하나에 해당하는 주택(이에 딸린 토지를 포함한다. 이하 이 항에서 같다)을 양도하는 경우 제55조제1항에 따른 세율에 100분의 20(제3호 및 제4호의 경우 100분의 30)을 더한 세율을 적용한다. 이 경우 해당 주택 보유기간이 2년 미만인 경우에는 제55

조제1항에 따른 세율에 100분의 20(제3호 및 제4호의 경우 100분의 30)을 더한 세율을 적용하여 계산한 양도소득 산출세액과 제1항제2호 또는 제3호의 세율을 적용하여 계산한 양도소득 산출세액 중 큰 세액을 양도소득 산출세액으로 한다.(2020.8.18 본문개정)

1. 「주택법」 제63조의2제1항제1호에 따른 조정대상지역(이하 이 조에서 "조정대상지역"이라 한다)에 있는 주택으로서 대통령령으로 정하는 1세대 2주택에 해당하는 주택(2020.8.18 본호개정)
2. 조정대상지역에 있는 주택으로서 1세대가 1주택과 조합원입주권 또는 분양권을 1개 보유한 경우의 해당 주택. 다만, 대통령령으로 정하는 장기임대주택 등은 제외한다.(2020.8.18 본호개정)
3. 조정대상지역에 있는 주택으로서 대통령령으로 정하는 1세대 3주택 이상에 해당하는 주택
4. 조정대상지역에 있는 주택으로서 1세대가 주택과 조합원입주권 또는 분양권을 보유한 경우로서 그 수의 합이 3 이상인 경우 해당 주택. 다만, 대통령령으로 정하는 장기임대주택 등은 제외한다.(2020.8.18 본문개정)
(2017.12.19 본항신설)

⑧ 그 밖에 양도소득 산출세액의 계산에 필요한 사항은 대통령령으로 정한다.

제104조의2【지정지역의 운영】 ① 기획재정부장관은 해당 지역의 부동산 가격 상승률이 전국 소비자물가 상승률보다 높은 지역으로서 전국 부동산 가격 상승률 등을 고려할 때 그 지역의 부동산 가격이 급등하였거나 급등할 우려가 있는 경우에는 대통령령으로 정하는 기준 및 방법에 따라 그 지역을 지정지역으로 지정할 수 있다.
② 제104조제4항제3호에서 "지정지역에 있는 부동산"이란 제1항에 따른 지정지역에 있는 부동산 중 대통령령으로 정하는 부동산을 말한다.(2017.12.19 본항개정)
③ 제1항에 따른 지정지역의 지정과 해제, 그 밖에 필요한 사항을 심의하기 위하여 기획재정부에 부동산 가격안정 심의위원회를 둔다.
④ 제1항에 따른 지정지역 해제의 기준 및 방법과 부동산 가격안정 심의위원회의 구성 및 운용 등에 필요한 사항은 대통령령으로 정한다.

제104조의3【비사업용 토지의 범위】 ① 제104조제1항제8호에서 "비사업용 토지"란 해당 토지를 소유하는 기간 중 대통령령으로 정하는 기간 동안 다음 각 호의 어느 하나에 해당하는 토지를 말한다.(2016.12.20 본문개정)
1. 농지로서 다음 각 목의 어느 하나에 해당하는 것(2016.12.20 본문개정)
   가. 대통령령으로 정하는 바에 따라 소유자가 농지 소재지에 거주하지 아니하거나 자기가 경작하지 아니하는 농지. 다만, 「농지법」이나 그 밖의 법률에 따라 소유할 수 있는 농지로서 대통령령으로 정하는 경우는 제외한다.
   나. 특별시·광역시(광역시에 있는 군은 제외한다. 이하 이 항에서 같다)·특별자치시(특별자치시에 있는 읍·면지역은 제외한다. 이하 이 항에서 같다)·특별자치도(「제주특별자치도 설치 및 국제자유도시 조성을 위한 특별법」 제10조제2항에 따라 설치된 행정시의 읍·면지역은 제외한다. 이하 이 항에서 같다) 및 시지역(「지방자치법」 제3조제4항에 따른 도농 복합형태인 시의 읍·면지역은 제외한다. 이하 이 항에서 같다) 중 「국토의 계획 및 이용에 관한 법률」에 따른 도시지역(대통령령으로 정하는 지역은 제외한다. 이하 이 호에서 같다)에 있는 농지. 다만, 대통령령으로 정하는 바에 따라 소유자가 농지 소재지에 거주하며 스스로 경작하던 농지로서 특별시·광역시·특별자치시·특별자치도 및 시지역의 도시지역에 편입된

날부터 대통령령으로 정하는 기간이 지나지 아니한 농지는 제외한다.(2015.7.24 본문개정)
2. 임야. 다만, 다음 각 목의 어느 하나에 해당하는 것은 제외한다.
   가. 「산림자원의 조성 및 관리에 관한 법률」에 따라 지정된 산림유전자원보호림, 보안림(保安林), 채종림(採種林), 시험림(試驗林), 그 밖에 공익을 위하여 필요하거나 산림의 보호·육성을 위하여 필요한 임야로서 대통령령으로 정하는 것
   나. 대통령령으로 정하는 바에 따라 임야 소재지에 거주하는 자가 소유한 임야
   다. 토지의 소유자, 소재지, 이용 상황, 보유기간 및 면적 등을 고려하여 거주 또는 사업과 직접 관련이 있다고 인정할 만한 상당한 이유가 있는 임야로서 대통령령으로 정하는 것
3. 목장용지로서 다음 각 목의 어느 하나에 해당하는 것. 다만, 토지의 소유자, 소재지, 이용 상황, 보유기간 및 면적 등을 고려하여 거주 또는 사업과 직접 관련이 있다고 인정할 만한 상당한 이유가 있는 목장용지로서 대통령령으로 정하는 것은 제외한다.
   가. 축산업을 경영하는 자가 소유하는 목장용지로서 대통령령으로 정하는 축산용 토지의 기준면적을 초과하거나 특별시·광역시·특별자치시·특별자치도 및 시지역의 도시지역(대통령령으로 정하는 지역은 제외한다. 이하 이 호에서 같다)에 있는 것(도시지역에 편입된 날부터 대통령령으로 정하는 기간이 지나지 아니한 경우는 제외한다).(2013.1.1 본목개정)
   나. 축산업을 경영하지 아니하는 자가 소유하는 토지
4. 농지, 임야 및 목장용지 외의 토지 중 다음 각 목을 제외한 토지
   가. 「지방세법」 또는 관계 법률에 따라 재산세가 비과세되거나 면제되는 토지
   나. 「지방세법」 제106조제1항제2호 및 제3호에 따른 재산세 별도합산과세대상 또는 분리과세대상이 되는 토지(2010.3.31 본목개정)
   다. 토지의 이용 상황, 관계 법률의 의무 이행 여부 및 수입금액 등을 고려하여 거주 또는 사업과 직접 관련이 있다고 인정할 만한 상당한 이유가 있는 토지로서 대통령령으로 정하는 것
5. 「지방세법」 제106조제2항에 따른 주택부속토지 중 주택이 정착된 면적에 지역별로 대통령령으로 정하는 배율을 곱하여 산정한 면적을 초과하는 토지(2010.3.31 본호개정)
6. 주거용 건축물로서 상시주거용으로 사용하지 아니하고 휴양, 피서, 위락 등의 용도로 사용하는 건축물(이하 이 호에서 "별장"이라 한다)의 부속토지. 다만, 「지방자치법」 제3조제3항 및 제4항에 따른 읍 또는 면에 소재하고 대통령령으로 정하는 범위와 기준에 해당하는 농어촌주택의 부속토지는 제외하며, 별장에 부속된 토지의 경계가 명확하지 아니한 경우에는 그 건축물 바닥면적의 10배에 해당하는 토지를 부속토지로 본다.(2014.12.23 본호개정)
7. 그 밖에 제1호부터 제6호까지와 유사한 토지로서 거주자의 거주 또는 사업과 직접 관련이 없다고 인정할 만한 상당한 이유가 있는 대통령령으로 정하는 토지
② 제1항을 적용할 때 토지 취득 후 법률에 따른 사용금지나 그 밖에 대통령령으로 정하는 부득이한 사유가 있어 그 토지가 제1항 각 호의 어느 하나에 해당하는 경우에는 대통령령으로 정하는 바에 따라 그 토지를 비사업용 토지로 보지 아니할 수 있다.
③ 제1항과 제2항을 적용할 때 농지·임야·목장용지의 범위 등에 관하여 필요한 사항은 대통령령으로 정한다.

제7절 양도소득과세표준의 예정신고와 납부

제105조【양도소득과세표준 예정신고】 ① 제94조제1 항 각 호(같은 항 제3호다목 및 같은 항 제5호는 제외한다)에서 규정하는 자산을 양도한 거주자는 제92조제2항에 따라 계산한 양도소득과세표준을 다음 각 호의 구분에 따른 기간에 대통령령으로 정하는 바에 따라 납세지 관할 세무서장에게 신고하여야 한다. (2019.12.31 본문개정)

1. 제94조제1항제1호·제2호·제4호 및 제6호에 따른 자산을 양도한 경우에는 그 양도일이 속하는 달의 말일부터 2개월. 다만, 「부동산 거래신고 등에 관한 법률」 제10조제1항에 따른 토지거래계약에 관한 허가구역에 있는 토지를 양도할 때 토지거래계약허가를 받기 전에 대금을 청산한 경우에는 그 허가일(토지거래계약허가를 받기 전에 허가구역의 지정이 해제된 경우에는 그 해제일을 말한다)이 속하는 달의 말일부터 2개월로 한다.(2020.12.29 본문개정)
2. 제94조제1항제3호가목 및 나목에 따른 자산을 양도한 경우에는 그 양도일이 속하는 반기(半期)의 말일부터 2개월(2019.12.31 본호개정)
3. 제1호 및 제2호에도 불구하고 제88조제1호 각 목 외의 부분 후단에 따른 부담부증여의 채무액에 해당하는 부분으로서 양도로 보는 경우에는 그 양도일이 속하는 달의 말일부터 3개월(2016.12.20 본호신설)
② 제1항에 따른 양도소득 과세표준의 신고를 예정신고라 한다.
③ 제1항은 양도차익이 없거나 양도차손이 발생한 경우에도 적용한다.

제106조【예정신고납부】 ① 거주자가 예정신고를 할 때에는 제107조에 따라 계산한 산출세액에서 「조세특례제한법」이나 그 밖의 법률에 따른 감면세액을 뺀 세액을 대통령령으로 정하는 바에 따라 납세지 관할 세무서, 한국은행 또는 체신관서에 납부하여야 한다.
② 제1항에 따른 납부를 이 장에서 "예정신고납부"라 한다.(2020.12.29 본항개정)
③ 예정신고납부를 하는 경우 제82조 및 제118조에 따른 수시부과세액이 있을 때에는 이를 공제하여 납부한다.

제107조【예정신고 산출세액의 계산】 ① 거주자가 예정신고를 할 때 예정신고 산출세액은 다음 계산식에 따라 계산한다.

예정신고 산출세액 = (A − B − C) × D
A : 양도차익
B : 장기보유 특별공제
C : 양도소득 기본공제
D : 제104조제1항에 따른 세율

② 해당 과세기간에 누진세율 적용대상 자산에 대한 예정신고를 2회 이상 하는 경우로서 거주자가 이미 신고한 양도소득금액과 합산하여 신고하려는 경우에는 다음 각 호의 구분에 따른 금액을 제2회 이후 신고하는 예정신고 산출세액으로 한다.

1. 제104조제1항제1호에 따른 세율 적용대상 자산의 경우 : 다음의 계산식에 따른 금액

예정신고 산출세액 = [(A + B − C) × D] − E
A : 이미 신고한 자산의 양도소득금액
B : 2회 이후 신고하는 자산의 양도소득금액
C : 양도소득 기본공제
D : 제104조제1항제1호에 따른 세율
E : 이미 신고한 예정신고 산출세액

2. 제104조제1항제8호 또는 제9호에 따른 세율 적용대상 자산의 경우 : 다음의 계산식에 따른 금액

예정신고 산출세액 = [(A + B − C) × D] − E
A : 이미 신고한 자산의 양도소득금액
B : 2회 이후 신고하는 자산의 양도소득금액
C : 양도소득 기본공제
D : 제104조제1항제8호 또는 제9호에 따른 세율
E : 이미 신고한 예정신고 산출세액

3. 제104조제1항제11호가목2)에 따른 세율 적용대상 자산의 경우 : 다음의 계산식에 따른 금액

예정신고 산출세액 = [(A + B − C) × D] − E
A : 이미 신고한 자산의 양도소득금액
B : 2회 이후 신고하는 자산의 양도소득금액
C : 양도소득 기본공제
D : 제104조제1항제11호가목2)에 따른 세율
E : 이미 신고한 예정신고 산출세액

(2017.12.19 본호신설)

4. 제104조제1항제14호에 따른 세율 적용대상 자산의 경우 : 다음의 계산식에 따른 금액

예정신고 산출세액 = [(A + B − C) × D] − E
A : 이미 신고한 자산의 양도소득금액
B : 2회 이후 신고하는 자산의 양도소득금액
C : 양도소득 기본공제
D : 제104조제1항제14호에 따른 세율
E : 이미 신고한 예정신고 산출세액

(2020.12.29 본호신설)
(2016.12.20 본조개정)

제108조【재외국민과 외국인의 부동산등양도신고확인서의 제출】 「재외동포의 출입국과 법적지위에 관한 법률」 제2조제1호에 따른 재외국민과 「출입국관리법」 제2조제2호에 따른 외국인이 제94조제1항제1호의 자산을 양도하고 그 소유권을 이전하기 위하여 등기관서의 장에게 등기를 신청할 때에는 대통령령으로 정하는 바에 따라 부동산등양도신고확인서를 제출하여야 한다. (2019.12.31 본조신설)

제109조 (1999.12.28 삭제)

제8절 양도소득과세표준의 확정신고와 납부

제110조【양도소득과세표준 확정신고】 ① 해당 과세기간의 양도소득금액이 있는 거주자는 그 양도소득 과세표준을 그 과세기간의 다음 연도 5월 1일부터 5월 31일까지[제105조제1항제1호 단서에 해당하는 경우에는 토지거래계약에 관한 허가일(토지거래계약허가를 받기 전에 허가구역의 지정이 해제된 경우에는 그 해제일을 말한다)이 속하는 과세기간의 다음 연도 5월 1일부터 5월 31일까지] 대통령령으로 정하는 바에 따라 납세지 관할 세무서장에게 신고하여야 한다. (2017.12.19 본항개정)
② 제1항은 해당 과세기간의 과세표준이 없거나 결손금액이 있는 경우에도 적용한다.
③ 제1항에 따른 양도소득 과세표준의 신고를 확정신고라 한다.
④ 예정신고를 한 자는 제1항에도 불구하고 해당 소득에 대한 확정신고를 하지 아니할 수 있다. 다만, 해당 과세기간에 누진세율 적용대상 자산에 대한 예정신고를 2회 이상 하는 경우 등으로서 대통령령으로 정하는 경우에는 그러하지 아니하다.
⑤ 확정신고를 하는 경우 그 신고서에 양도소득금액 계산의 기초가 된 양도가액과 필요경비 계산에 필요한 서류로서 대통령령으로 정하는 것을 납세지 관할 세무서장에게 제출하여야 한다.

⑥ 납세지 관할 세무서장은 제5항에 따라 제출된 신고서나 그 밖의 서류에 미비한 사항 또는 오류가 있는 경우에는 그 보정을 요구할 수 있다.

제111조【확정신고납부】① 거주자는 해당 과세기간의 과세표준에 대한 양도소득 산출세액에서 감면세액과 세액공제액을 공제한 금액을 제110조제1항(제118조에 따라 준용되는 제74조제1항부터 제4항까지의 규정을 포함한다)에 따른 확정신고기한까지 대통령령으로 정하는 바에 따라 납세지 관할 세무서, 한국은행 또는 체신관서에 납부하여야 한다.
② 제1항에 따른 납부를 이 장에서 "확정신고납부"라 한다.(2020.12.29 본항개정)
③ 확정신고납부를 하는 경우 제107조에 따른 예정신고 산출세액, 제114조에 따라 결정·경정한 세액 또는 제82조·제118조에 따른 수시부과세액이 있을 때에는 이를 공제하여 납부한다.

제112조【양도소득세의 분할납부】거주자로서 제106조 또는 제111조에 따라 납부할 세액이 각각 1천만원을 초과하는 자는 대통령령으로 정하는 바에 따라 그 납부할 세액의 일부를 납부기한이 지난 후 2개월 이내에 분할납부할 수 있다.

제112조의2 (2015.12.15 삭제)

제9절 양도소득에 대한 결정·경정과 징수 및 환급

제113조 (1999.12.28 삭제)
제114조【양도소득과세표준과 세액의 결정·경정 및 통지】① 납세지 관할 세무서장 또는 지방국세청장은 제105조에 따라 예정신고를 하여야 할 자 또는 제110조에 따라 확정신고를 하여야 할 자가 그 신고를 하지 아니한 경우에는 해당 거주자의 양도소득과세표준과 세액을 결정한다.
② 납세지 관할 세무서장 또는 지방국세청장은 제105조에 따라 예정신고를 한 자 또는 제110조에 따라 확정신고를 한 자의 신고 내용에 탈루 또는 오류가 있는 경우에는 양도소득과세표준과 세액을 경정한다.
③ 납세지 관할 세무서장 또는 지방국세청장은 양도소득 과세표준과 세액을 결정 또는 경정한 후 그 결정 또는 경정에 탈루 또는 오류가 있는 것이 발견된 경우에는 즉시 다시 경정한다.
④ 납세지 관할 세무서장 또는 지방국세청장은 제1항부터 제3항까지의 규정에 따라 양도소득 과세표준과 세액을 결정 또는 경정하는 경우에는 제96조, 제97조 및 제97조의2에 따른 가액에 따라야 한다.(2014.1.1 본항개정)
⑤ 제94조제1항제1호에 따른 자산의 양도로 양도가액 및 취득가액을 실지거래가액으로 양도소득 과세표준 예정신고 또는 확정신고를 하여야 할 자(이하 이 항에서 "신고의무자"라 한다)가 그 신고를 하지 아니한 경우로서 양도소득 과세표준과 세액 또는 신고의무자의 실지거래가액 소명(疏明) 여부 등을 고려하여 대통령령으로 정하는 경우에 해당할 때에는 납세지 관할 세무서장 또는 지방국세청장은 제4항에도 불구하고 「부동산등기법」 제68조에 따라 등기부에 기재된 거래가액(이하 이 항에서 "등기부 기재가액"이라 한다)을 실지거래가액으로 추정하여 양도소득 과세표준과 세액을 결정할 수 있다. 다만, 납세지 관할 세무서장 또는 지방국세청장이 등기부 기재가액이 실지거래가액과 차이가 있음을 확인한 경우에는 그러하지 아니하다.
(2012.1.1 본문개정)
⑥ 제4항을 적용할 때 양도가액 및 취득가액을 실지거래가액에 따라 양도소득 과세표준 예정신고 또는 확정신고를 한 경우로서 그 신고가액이 사실과 달라 납세

지 관할 세무서장 또는 지방국세청장이 실지거래가액을 확인한 경우에는 그 확인된 가액을 양도가액 또는 취득가액으로 하여 양도소득 과세표준과 세액을 경정한다.
⑦ 제4항부터 제6항까지의 규정을 적용할 때 양도가액 또는 취득가액을 실지거래가액에 따라 정하는 경우로서 대통령령으로 정하는 사유로 장부나 그 밖의 증명서류에 의하여 해당 자산의 양도 당시 또는 취득 당시의 실지거래가액을 인정 또는 확인할 수 없는 경우에는 대통령령으로 정하는 바에 따라 양도가액 또는 취득가액을 매매사례가액, 감정가액, 환산취득가액 또는 기준시가 등에 따라 추계조사하여 결정 또는 경정할 수 있다.(2020.12.29 본항개정)
⑧ 납세지 관할 세무서장 또는 지방국세청장은 제1항부터 제7항까지의 규정에 따라 거주자의 양도소득 과세표준과 세액을 결정 또는 경정하였을 때에는 이를 그 거주자에게 대통령령으로 정하는 바에 따라 서면으로 알려야 한다.
⑨ 납세지 관할 세무서장 또는 지방국세청장은 제1항부터 제3항까지의 규정을 적용하여 제94조제1항제3호 및 제4호에 따른 주식등의 양도차익에 대한 신고 내용의 탈루 또는 오류, 그 밖에 거래명세의 적정성을 확인할 필요가 있는 경우에는 「금융실명거래 및 비밀보장에 관한 법률」 등 다른 법률의 규정에도 불구하고 대통령령으로 정하는 바에 따라 「자본시장과 금융투자업에 관한 법률」에 따른 투자매매업자 또는 투자중개업자 및 그 주식등의 주권 또는 출자증권을 발행한 법인에 이를 조회할 수 있다.

제114조의2【감정가액 또는 환산취득가액 적용에 따른 가산세】① 거주자가 건물을 신축 또는 증축(증축의 경우 바닥면적 합계가 85제곱미터를 초과하는 경우로 한정한다)하고 그 건물의 취득일 또는 증축일부터 5년 이내에 해당 건물을 양도하는 경우로서 제97조제1항제1호나목에 따른 감정가액 또는 환산취득가액을 그 취득가액으로 하는 경우에는 해당 건물의 감정가액(증축의 경우 증축한 부분에 한정한다) 또는 환산취득가액(증축의 경우 증축한 부분에 한정한다)의 100분의 5에 해당하는 금액을 제92조제3항제2호에 따른 양도소득 결정세액에 더한다.
② 제1항은 제92조제3항제1호에 따른 양도소득 산출세액이 없는 경우에도 적용한다.
(2023.12.31 본조개정)

제115조【주식등에 대한 장부의 비치·기록의무 및 기장 불성실가산세】① 법인(중소기업을 포함한다)의 대주주가 양도하는 주식등에 대하여는 대통령령으로 정하는 바에 따라 종목별로 구분하여 거래일자별 거래명세 등을 장부에 기록·관리하여야 하며 그 증명서류 등을 갖추어 두어야 한다. 다만, 「자본시장과 금융투자업에 관한 법률」에 따른 투자매매업자 또는 투자중개업자가 발행한 거래명세서를 갖추어 둔 경우에는 장부를 비치·기록한 것으로 본다.
② 제1항에 따라 법인의 대주주가 양도하는 주식등에 대하여 거래명세 등을 기장하지 아니하였거나 누락하였을 때에는 기장을 하지 아니한 소득금액 또는 누락한 소득금액이 양도소득금액에서 차지하는 비율을 산출세액에 곱하여 계산한 금액의 100분의 10에 해당하는 금액(이하 이 조에서 "기장 불성실가산세"라 한다)을 산출세액에 더한다. 다만, 산출세액이 없을 때에는 그 거래금액의 1만분의 7에 해당하는 금액을 기장 불성실가산세로 한다.
(2010.12.27 본조개정)

제115조의2【신탁 수익자명부 변동상황명세서의 제출】신탁의 수탁자는 제94조제1항제6호에 따른 신탁 수익권에 대하여 신탁이 설정된 경우와 수익권의 양도

등으로 인하여 신탁 수익자의 변동사항이 있는 경우 대통령령으로 정하는 바에 따라 수익자명부 변동상황명세서를 작성·보관하여야 하며, 신탁 설정 또는 수익자 변동이 발생한 과세기간의 다음 연도 5월 1일부터 5월 31일(법인과세 신탁재산의 수탁자의 경우에는 「법인세법」 제60조에 따른 신고기한을 말한다)까지 수익자명부 변동상황명세서를 납세지 관할 세무서장에게 제출하여야 한다.(2020.12.29 본조신설)

제116조【양도소득세의 징수】 ① 납세지 관할 세무서장은 거주자가 제111조에 따라 해당 과세기간의 양도소득세로 납부하여야 할 세액의 전부 또는 일부를 납부하지 아니한 경우에는 그 미납된 부분의 양도소득세액을 「국세징수법」에 따라 징수한다. 제106조에 따른 예정신고납부세액의 경우에도 또한 같다.(2013.1.1 전단개정)
② 납세지 관할 세무서장은 제114조에 따라 양도소득 과세표준과 세액을 결정 또는 경정한 경우 제92조제3항제3호에 따른 양도소득 총결정세액이 다음 각 호의 금액의 합계액을 초과할 때에는 그 초과하는 세액(이하 "추가납부세액"이라 한다)을 해당 거주자에게 알린 날부터 30일 이내에 징수한다.(2023.12.31 본문개정)
1. 제106조에 따른 예정신고납부세액과 제111조에 따른 확정신고납부세액
2. 제1항에 따라 징수하는 세액
3. 제82조 및 제118조에 따른 수시부과세액
4. 제156조제1항제5호에 따라 원천징수한 세액
(2018.12.31 본호개정)

제117조【양도소득세의 환급】 납세지 관할 세무서장은 과세기간별로 제116조제2항 각 호의 금액의 합계액이 제92조제3항제3호에 따른 양도소득 총결정세액을 초과할 때에는 그 초과하는 세액을 환급하거나 다른 국세 및 강제징수비에 충당하여야 한다.(2023.12.31 본조개정)

제118조【준용규정】 ① 양도소득세에 대해서는 제24조·제27조·제33조·제39조·제43조·제44조·제46조·제74조·제75조 및 제82조를 준용한다.
② 다음 각 호의 소득에 대한 양도소득세액의 계산에 관하여는 제118조의2부터 제118조의4까지 및 제118조의6을 준용한다.(2019.12.31 본문개정)
1. 제94조제1항제3호다목의 양도로 발생하는 소득
2. 제94조제1항제5호의 소득 중 「자본시장과 금융투자업에 관한 법률」 제5조제2항제2호에 따른 해외 파생상품시장에서 거래되는 파생상품의 양도로 발생하는 소득
(2019.12.31 1호~2호신설)

제10절 국외자산 양도에 대한 양도소득세

제118조의2【국외자산 양도소득의 범위】 거주자(해당 자산의 양도일까지 계속 5년 이상 국내에 주소 또는 거소를 둔 자만 해당한다)의 국외에 있는 자산의 양도에 대한 양도소득은 해당 과세기간에 국외에 있는 자산을 양도함으로써 발생하는 다음 각 호의 소득으로 한다. 다만, 다음 각 호에 따른 소득에서 국외에서 외화를 차입하여 취득한 자산을 양도하여 발생하는 소득으로서 환율변동으로 인하여 외화차입금으로부터 발생하는 환차익을 포함하고 있는 경우에는 해당 환차익을 양도소득의 범위에서 제외한다.(2015.12.15 단서신설)
1. 토지 또는 건물의 양도로 발생하는 소득
2. 다음 각 목의 어느 하나에 해당하는 부동산에 관한 권리의 양도로 발생하는 소득
  가. 부동산을 취득할 수 있는 권리(건물이 완성되는 때에 그 건물과 이에 딸린 토지를 취득할 수 있는 권리를 포함한다)
  나. 지상권

다. 전세권과 부동산임차권
(2016.12.20 본호개정)
3. (2019.12.31 삭제)
4. (2017.12.19 삭제)
5. 그 밖에 제94조제1항제4호에 따른 기타자산 등 대통령령으로 정하는 자산의 양도로 발생하는 소득
(2015.12.15 본호개정)
(2019.12.31 본조제목개정)

제118조의3【국외자산의 양도가액】 ① 제118조의2에 따른 자산(이하 이 절에서 "국외자산"이라 한다)의 양도가액은 그 자산의 양도 당시의 실지거래가액으로 한다. 다만, 양도 당시의 실지거래가액을 확인할 수 없는 경우에는 양도자산이 소재하는 국가의 양도 당시 현황을 반영한 시가에 따르되, 시가를 산정하기 어려울 때에는 그 자산의 종류, 규모, 거래상황 등을 고려하여 대통령령으로 정하는 방법에 따른다.
② 제1항에 따른 시가의 산정에 관한 사항과 그 밖에 필요한 사항은 대통령령으로 정한다.
(2019.12.31 본조제목개정)

제118조의4【국외자산 양도소득의 필요경비 계산】 ① 국외자산의 양도에 대한 양도차익을 계산할 때 양도가액에서 공제하는 필요경비는 다음 각 호의 금액을 합한 것으로 한다.
1. 취득가액
  해당 자산의 취득에 든 실지거래가액. 다만, 취득 당시의 실지거래가액을 확인할 수 없는 경우에는 자산이 소재하는 국가의 취득 당시의 현황을 반영한 시가에 따르되, 시가를 산정하기 어려울 때에는 그 자산의 종류, 규모, 거래상황 등을 고려하여 대통령령으로 정하는 방법에 따라 취득가액을 산정한다.
2. 대통령령으로 정하는 자본적지출액
3. 대통령령으로 정하는 양도비
② 제1항에 따른 양도차익의 외화 환산, 취득에 드는 실지거래가액, 시가의 산정 등 필요경비의 계산에 필요한 사항은 대통령령으로 정한다.
(2019.12.31 본조제목개정)

제118조의5【국외자산 양도소득세의 세율】 ① 국외자산의 양도소득에 대한 소득세는 해당 과세기간의 양도소득과세표준에 제55조제1항에 따른 세율을 적용하여 계산한 금액을 그 세액으로 한다.
1.~2. (2019.12.31 삭제)
3. (2017.12.19 삭제)
② 제1항에 따른 세율의 조정에 관하여는 제104조제4항을 준용한다.
(2019.12.31 본조개정)

제118조의6【국외자산 양도소득에 대한 외국납부세액의 공제】 ① 국외자산의 양도소득에 대하여 해당 외국에서 과세를 하는 경우로서 그 양도소득에 대하여 대통령령으로 정하는 국외자산 양도소득에 대한 세액(이하 이 항에서 "국외자산 양도소득세액"이라 한다)을 납부하였거나 납부할 것이 있을 때에는 다음 각 호의 방법 중 하나를 선택하여 적용할 수 있다.
1. 외국납부세액의 세액공제방법 : 다음 계산식에 따라 계산한 금액을 한도로 국외자산 양도소득세액을 해당 과세기간의 양도소득 산출세액에서 공제하는 방법

$$\text{공제한도금액} = A \times \frac{B}{C}$$

A : 제118조의5에 따라 계산한 해당 과세기간의 국외자산에 대한 양도소득 산출세액
B : 해당 국외자산 양도소득금액
C : 해당 과세기간의 국외자산에 대한 양도소득금액

2. 외국납부세액의 필요경비 산입방법 : 국외자산 양도소득에 대하여 납부하였거나 납부할 국외자산 양도소

득세액을 해당 과세기간의 필요경비에 산입하는 방법 (2019.12.31 본항개정)
② 제1항의 세액공제 및 필요경비산입에 필요한 사항은 대통령령으로 정한다.
(2019.12.31 본조제목개정)

제118조의7【국외자산 양도소득 기본공제】 ① 국외자산의 양도에 대한 양도소득이 있는 거주자에 대해서는 해당 과세기간의 양도소득금액에서 연 250만원을 공제한다.(2019.12.31 본문개정)
1.~2. (2019.12.31 삭제)
3. (2017.12.19 삭제)
② 제1항을 적용할 때 해당 과세기간의 양도소득금액에 이 법 또는 「조세특례제한법」이나 그 밖의 법률에 따른 감면소득금액이 있는 경우에는 감면소득금액 외의 양도소득금액에서 먼저 공제하고, 감면소득금액 외의 양도소득금액 중에서는 해당 과세기간에 먼저 양도하는 자산의 양도소득금액에서부터 순서대로 공제한다.(2019.12.31 본조제목개정)

제118조의8【국외자산 양도에 대한 준용규정】 국외자산의 양도에 대한 양도소득세의 과세에 관하여는 제89조, 제90조, 제92조, 제95조, 제97조제3항, 제98조, 제100조, 제101조, 제105조부터 제107조까지, 제110조부터 제112조까지, 제114조, 제114조의2 및 제115조부터 제118조까지의 규정을 준용한다. 다만, 제95조에 따른 장기보유 특별공제액은 공제하지 아니한다.(2023.12.31 본조개정)

제11절 거주자의 출국 시 국내 주식 등에 대한 과세 특례
(2016.12.20 본절신설)

제118조의9【거주자의 출국 시 납세의무】 ① 다음 각 호의 요건을 모두 갖추어 출국하는 거주자(이하 "국외전출자"라 한다)는 제88조제1호에도 불구하고 출국 당시 소유한 제94조제1항제3호가목 및 나목, 같은 항 제4호다목 및 라목에 해당하는 주식등을 출국일에 양도한 것으로 보아 양도소득에 대하여 소득세를 납부할 의무가 있다.(2019.12.31 본문개정)
1. 출국일 10년 전부터 출국일까지의 기간 중 국내에 주소나 거소를 둔 기간의 합계가 5년 이상일 것
2. 출국일이 속하는 연도의 직전 연도 종료일 현재 소유하고 있는 주식등의 비율·시가총액 등을 고려하여 대통령령으로 정하는 대주주에 해당할 것
② (2018.12.31 삭제)
③ 국외전출자의 범위 및 그 밖에 필요한 사항은 대통령령으로 정한다.

제118조의10【국외전출자 국내주식등에 대한 과세표준의 계산】 ① 제118조의9제1항에 따른 주식등(이하 "국외전출자 국내주식등"이라 한다)의 양도가액은 출국일 당시의 시가로 한다. 다만, 시가를 산정하기 어려울 때에는 그 규모 및 거래상황 등을 고려하여 대통령령으로 정하는 방법에 따른다.
② 제1항에 따른 양도가액에서 공제할 필요경비는 제97조에 따라 계산한다.
③ 양도소득금액은 제1항에 따른 양도가액에서 제2항에 따른 필요경비를 공제한 금액으로 한다.
(2018.12.31 본항개정)
④ 양도소득과세표준은 제3항에 따른 양도소득금액에서 연 250만원을 공제한 금액으로 한다.
⑤ 제4항에 따른 양도소득과세표준은 종합소득, 퇴직소득 및 제92조제2항에 따른 양도소득과세표준과 구분하여 계산한다.
⑥ 제1항에 따른 시가의 산정 및 그 밖에 필요한 사항은 대통령령으로 정한다.
(2019.12.31 본조제목개정)

제118조의11【국외전출자 국내주식등에 대한 세율과 산출세액】 국외전출자의 양도소득세는 제118조의10제4항에 따른 양도소득과세표준에 다음의 계산식에 따라 계산한 금액을 그 세액(이하 이 절에서 "산출세액"이라 한다)으로 한다.

양도소득 과세표준	세 율
3억원 이하	20퍼센트
3억원 초과	6천만원 + (3억원 초과액 × 25퍼센트)

(2019.12.31 본조제목개정)
(2018.12.31 본조개정)

제118조의12【조정공제】 ① 국외전출자가 출국한 후 국외전출자 국내주식등을 실제 양도한 경우로서 실제 양도가액이 제118조의10제1항에 따른 양도가액보다 낮은 때에는 다음의 계산식에 따라 계산한 세액(이하 이 절에서 "조정공제액"이라 한다)을 산출세액에서 공제한다.
〔제118조의10제1항에 따른 양도가액 – 실제 양도가액〕× 제118조의11에 따른 세율
② 제1항에 따른 공제에 필요한 사항은 대통령령으로 정한다.

제118조의13【국외전출자 국내주식등에 대한 외국납부세액의 공제】 ① 국외전출자가 출국한 후 국외전출자 국내주식등을 실제로 양도하여 해당 자산의 양도소득에 대하여 외국정부(지방자치단체를 포함한다. 이하 같다)에 세액을 납부하였거나 납부할 것이 있는 때에는 산출세액에서 조정공제액을 공제한 금액을 한도로 다음의 계산식에 따라 계산한 외국납부세액을 산출세액에서 공제한다.
해당 자산의 양도소득에 대하여 외국정부에 납부한 세액 × 〔제118조의10제1항에 따른 양도가액(제118조의12제1항에 해당하는 경우에는 실제 양도가액) – 제118조의10제2항에 따른 필요경비〕÷ (실제 양도가액 – 제118조의10제2항에 따른 필요경비)
② 다음 각 호의 어느 하나에 해당하는 경우에는 제1항에 따른 공제를 적용하지 아니한다.
1. 외국정부가 산출세액에 대하여 외국납부세액공제를 허용하는 경우
2. 외국정부가 국외전출자 국내주식등의 취득가액을 제118조의10제1항에 따른 양도가액으로 조정하여 주는 경우
③ 제1항에 따른 공제에 필요한 사항은 대통령령으로 정한다.
(2019.12.31 본조제목개정)

제118조의14【비거주자의 국내원천소득 세액공제】 ① 국외전출자가 출국한 후 국외전출자 국내주식등을 실제로 양도하여 제119조제11호에 따른 비거주자의 국내원천소득으로 국내에서 과세되는 경우에는 산출세액에서 조정공제액을 공제한 금액을 한도로 제156조제1항제7호에 따른 금액을 산출세액에서 공제한다.
(2018.12.31 본항개정)
② 제1항에 따른 공제를 하는 경우에는 제118조의13제1항에 따른 외국납부세액의 공제를 적용하지 아니한다.
③ 제1항에 따른 공제에 필요한 사항은 대통령령으로 정한다.

제118조의15【국외전출자 국내주식등에 대한 신고·납부 및 가산세 등】 ① 국외전출자는 국외전출자 국내주식등의 양도소득에 대한 납세관리인과 국외전출자 국내주식등의 보유현황을 출국일 전날까지 납세지 관할 세무서장에게 신고하여야 한다. 이 경우 국외전출자 국내주식등의 보유현황은 신고일의 전날을 기준으로 작성한다.(2018.12.31 본항개정)

② 국외전출자는 제118조의10제4항에 따른 양도소득과 세표준을 출국일이 속하는 달의 말일부터 3개월 이내 (제1항에 따른 납세관리인을 신고한 경우에는 제110조 제1항에 따른 양도소득과세표준 확정신고 기간 내)에 대통령령으로 정하는 바에 따라 납세지 관할 세무서장 에게 신고하여야 한다.(2018.12.31 본항개정)

③ 국외전출자가 제2항에 따라 양도소득과세표준을 신 고할 때에는 산출세액에서 이 법 또는 다른 조세에 관 한 법률에 따른 감면세액과 세액공제액을 공제한 금액 을 대통령령으로 정하는 바에 따라 납세지 관할 세무 서, 한국은행 또는 체신관서에 납부하여야 한다.

④ 국외전출자가 제1항에 따라 출국일 전날까지 국외 전출자 국내주식등의 보유현황을 신고하지 아니하거나 누락하여 신고한 경우에는 다음 각 호의 구분에 따른 금액의 100분의 2에 상당하는 금액을 산출세액에 더한 다.

1. 출국일 전날까지 국외전출자 국내주식등의 보유현 황을 신고하지 아니한 경우 : 출국일 전날의 국외전 출자 국내주식등의 액면금액(무액면주식인 경우에는 그 주식을 발행한 법인의 자본금을 발행주식총수로 나누어 계산한 금액을 말한다. 이하 이 조에서 같다) 또는 출자가액

2. 국내주식등의 보유현황을 누락하여 신고한 경우 : 신고일의 전날을 기준으로 신고를 누락한 국외전출 자 국내주식등의 액면금액 또는 출자가액 (2018.12.31 본항개정)

⑤ 제118조의12제1항에 따른 조정공제, 제118조의13제 1항에 따른 외국납부세액공제 및 제118조의14제1항에 따른 비거주자의 국내원천소득 세액공제를 적용받으려 는 자는 국외전출자 국내주식등을 실제 양도한 날부터 2년 이내에 대통령령으로 정하는 바에 따라 납세지 관 할 세무서장에게 경정을 청구할 수 있다.(2018.12.31 본 항신설)

⑥ 제1항부터 제5항까지에서 규정한 사항 외에 국외전 출자 국내주식등에 대한 양도소득세의 신고 및 납부 등에 필요한 사항은 대통령령으로 정한다.(2018.12.31 본항개정)
(2019.12.31 본조제목개정)

제118조의16【납부유예】 ① 국외전출자는 납세담보 를 제공하거나 납세관리인을 두는 등 대통령령으로 정 하는 요건을 충족하는 경우에는 제118조의15제3항에도 불구하고 출국일부터 국외전출자 국내주식등을 실제로 양도할 때까지 납세지 관할 세무서장에게 양도소득세 납부의 유예를 신청하여 납부를 유예받을 수 있다.

② 제1항에 따라 납부를 유예받은 국외전출자는 출국 일부터 5년(국외전출자의 국외유학 등 대통령령으로 정하는 사유에 해당하는 경우에는 10년으로 한다. 이하 이 절에서 같다) 이내에 국외전출자 국내주식등을 양 도하지 아니한 경우에는 출국일부터 5년이 되는 날이 속하는 달의 말일부터 3개월 이내에 국외전출자 국내 주식등에 대한 양도소득세를 납부하여야 한다.

③ 제1항에 따라 납부유예를 받은 국외전출자는 국외 전출자 국내주식등을 실제 양도한 경우 양도일이 속하 는 달의 말일부터 3개월 이내에 국외전출자 국내주식 등에 대한 양도소득세를 납부하여야 한다. (2017.12.19 본항신설)

④ 제1항에 따라 납부를 유예받은 국외전출자는 제2항 및 제3항에 따라 국외전출자 국내주식등에 대한 양도 소득세를 납부할 때 대통령령으로 정하는 바에 따라 납부유예를 받은 기간에 대한 이자상당액을 가산하여 납부하여야 한다.(2017.12.19 본항개정)

⑤ 국외전출자 국내주식등에 대한 양도소득세의 납부유 예에 필요한 사항은 대통령령으로 정한다.

제118조의17【재전입 등에 따른 환급 등】 ① 국외전 출자(제3호의 경우에는 상속인을 말한다)는 다음 각 호 의 어느 하나에 해당하는 사유가 발생한 경우 그 사유 가 발생한 날부터 1년 이내에 납세지 관할 세무서장에 게 제118조의15에 따라 납부한 세액의 환급을 신청하 거나 제118조의16에 따라 납부유예 중인 세액의 취소 를 신청하여야 한다.

1. 국외전출자가 출국일부터 5년 이내에 국외전출자 국 내주식등을 양도하지 아니하고 국내에 다시 입국하 여 거주자가 되는 경우(2017.12.19 본호개정)

2. 국외전출자가 출국일부터 5년 이내에 국외전출자 국 내주식등을 거주자에게 증여한 경우

3. 국외전출자의 상속인이 국외전출자의 출국일부터 5 년 이내에 국외전출자 국내주식등을 상속받은 경우

② 납세지 관할 세무서장은 제1항에 따른 신청을 받은 경우 지체 없이 국외전출자가 납부한 세액을 환급하거 나 납부유예 중인 세액을 취소하여야 한다.

③ 제1항에 해당하여 국외전출자가 납부한 세액을 환 급하는 경우 제118조의15제4항에 따라 산출세액에 더 하여진 금액은 환급하지 아니한다.(2021.12.8 본항신설)

④ 제1항제2호 또는 제3호에 해당하여 국외전출자가 납부한 세액을 환급하는 경우에는 「국세기본법」 제52 조에도 불구하고 국세환급금에 국세환급가산금을 가산 하지 아니한다.

제118조의18【국외전출자 국내주식등에 대한 준용 규정 등】 ① 국외전출자 국내주식등에 대한 양도소득 세에 관하여는 제90조, 제92조제3항, 제102조제2항, 제 114조, 제116조 및 제117조의 규정을 준용한다. (2023.12.31 본항개정)

② 국외전출자 국내주식등에 대한 양도소득세의 부과 와 그 밖에 필요한 사항은 대통령령으로 정한다. (2018.12.31 본항개정)
(2019.12.31 본조제목개정)

제4장 비거주자의 납세의무
(2009.12.31 본장개정)

제1절 비거주자에 대한 세액 계산 통칙

제119조【비거주자의 국내원천소득】 비거주자의 국내 원천소득은 다음 각 호와 같이 구분한다.

1. 국내원천 이자소득 : 다음 각 목의 어느 하나에 해당 하는 소득으로서 제16조제1항에서 규정하는 이자(같 은 항 제7호의 소득은 제외한다). 다만, 거주자 또는 내국법인의 국외사업장을 위하여 그 국외사업장이 직접 차용한 차입금의 이자는 제외한다. (2018.12.31 본문개정)

가. 국가, 지방자치단체(지방자치단체조합을 포함한 다. 이하 제156조제1항제1호가목에서 같다), 거주자, 내국법인, 「법인세법」 제94조에서 규정하는 외국법 인의 국내사업장 또는 제120조에서 규정하는 비거 주자의 국내사업장으로부터 받는 소득 (2018.12.31 본목개정)

나. 외국법인 또는 비거주자로부터 받는 소득으로서 그 소득을 지급하는 외국법인 또는 비거주자의 국내사업 장과 실질적으로 관련하여 그 국내사업장의 소득금액 을 계산할 때 손금 또는 필요경비에 산입되는 것

2. 국내원천 배당소득 : 내국법인 또는 법인으로 보는 단체나 그 밖의 국내에 소재하는 자로부터 받는 다음 각 목의 소득(2020.12.29 본문개정)

가. 제16조제1항제2호의2에 따른 파생결합사채로부 터의 이익<2025.1.1 시행>

나. 제17조제1항에 따른 배당소득(같은 항 제6호에 따른 소득은 제외한다)
(2020.12.29 가목~나목신설)
다. 제87조의6제1항제4호에 따른 집합투자증권의 환매등으로 발생한 이익 중 대통령령으로 정하는 이익(2022.12.31 본목개정)
라. 제87조의6제1항제5호에 따른 파생결합증권으로부터의 이익 중 대통령령으로 정하는 이익
<2025.1.1 시행>
마. 「국제조세조정에 관한 법률」 제13조 또는 제22조에 따라 배당으로 처분된 금액
(2020.12.29 라목~마목신설)
3. 국내원천 부동산소득 : 국내에 있는 부동산 또는 부동산상의 권리와 국내에서 취득한 광업권, 조광권, 지하수의 개발·이용권, 어업권, 토사석 채취에 관한 권리의 양도·임대, 그 밖에 운영으로 인하여 발생하는 소득. 다만, 제9호에 따른 국내원천 부동산등양도소득은 제외한다.(2018.12.31 본호개정)
4. 국내원천 선박등임대소득 : 거주자·내국법인 또는 「법인세법」 제94조에서 규정하는 외국법인의 국내사업장이나 제120조에서 규정하는 비거주자의 국내사업장에 선박, 항공기, 등록된 자동차·건설기계 또는 산업상·상업상·과학상의 기계·설비·장치, 그 밖에 대통령령으로 정하는 용구를 임대함으로써 발생하는 소득.(2018.12.31 본호개정)
5. 국내원천 사업소득 : 비거주자가 경영하는 사업에서 발생하는 소득(조세조약에 따라 국내원천사업소득으로 과세할 수 있는 소득을 포함한다)으로서 대통령령으로 정하는 소득. 다만, 제6호에 따른 국내원천 인적용역소득은 제외한다.(2018.12.31 본호개정)
6. 국내원천 인적용역소득 : 국내에서 대통령령으로 정하는 인적용역을 제공함으로써 발생하는 소득(국외에서 제공하는 인적용역 중 대통령령으로 정하는 용역을 제공함으로써 발생하는 소득이 조세조약에 따라 국내에서 발생하는 것으로 간주되는 경우 그 소득을 포함한다). 이 경우 그 인적용역을 제공받는 자가 인적용역 제공과 관련하여 항공료 등 대통령령으로 정하는 비용을 부담하는 경우에는 그 비용을 제외한 금액을 말한다.(2018.12.31 전단개정)
7. 국내원천 근로소득 : 국내에서 제공하는 근로와 대통령령으로 정하는 근로의 대가로서 받는 소득(2018.12.31 본호개정)
8. 국내원천 퇴직소득 : 국내에서 제공하는 근로의 대가로 받는 퇴직소득(2018.12.31 본호개정)
8의2. 국내원천 연금소득 : 국내에서 지급받는 제20조의3제1항 각 호에 따른 연금소득(2018.12.31 본호개정)
9. 국내원천 부동산등양도소득 : 국내에 있는 다음 각 목의 어느 하나에 해당하는 자산·권리를 양도함으로써 발생하는 소득(2018.12.31 본문개정)
가. 제94조제1항제1호·제2호 및 같은 항 제4호가목·나목에 따른 자산 또는 권리
나. 내국법인의 주식 또는 출자지분(주식·출자지분을 기초로 하여 발행한 예탁증서 및 신주인수권을 포함한다. 이하 이 장에서 같다) 중 양도일이 속하는 사업연도 개시일 현재 그 법인의 자산총액 중 다음의 가액의 합계액이 100분의 50 이상인 법인의 주식 또는 출자지분(이하 이 조에서 "부동산주식등"이라 한다)로서 증권시장에 상장되지 아니한 주식 또는 출자지분. 이 경우 조세조약의 해석·적용과 관련하여 그 조세조약 상대국과 상호합의에 따라 우리나라에 과세권한이 있는 것으로 인정되는 부동산주식등도 전단의 부동산주식등에 포함한다.
(2019.12.31 본문개정)

1) 제94조제1항제1호 및 제2호의 자산가액
2) 내국법인이 보유한 다른 부동산 과다보유 법인의 주식가액에 그 다른 법인의 부동산 보유비율을 곱하여 산출한 가액. 이 경우 부동산 과다보유 법인의 판정 및 부동산 보유비율의 계산방법은 대통령령으로 정한다.
(2015.12.15 1)~2)신설)
10. 국내원천 사용료소득 : 다음 각 목의 어느 하나에 해당하는 권리·자산 또는 정보(이하 이 호에서 "권리등"이라 한다)를 국내에서 사용하거나 그 대가를 국내에서 지급하는 경우의 그 대가 및 그 권리등의 양도로 발생하는 소득. 이 경우 제4호에 따른 산업상·상업상·과학상의 기계·설비·장치 등을 임대함으로써 발생하는 소득을 조세조약에서 사용료소득으로 구분하는 경우 그 사용대가를 포함한다.(2020.12.29 후단신설)
가. 학술 또는 예술과 관련된 저작물(영화필름을 포함한다)의 저작권, 특허권, 상표권, 디자인, 모형, 도면, 비밀의 공식(公式) 또는 공정(工程), 라디오·텔레비전방송용 필름·테이프, 그 밖에 이와 유사한 자산이나 권리
나. 산업·상업 또는 과학과 관련된 지식·경험에 관한 정보 또는 노하우
다. 사용지(使用地)를 기준으로 국내원천소득 해당 여부를 규정하는 조세조약(이하 이 조에서 "사용지기준 조세조약"이라 한다)에서 사용료의 정의에 포함되는 그 밖에 이와 유사한 재산 또는 권리(특허권, 실용신안권, 상표권, 디자인권 등 등록이 필요한 권리(이하 이 조에서 "특허권등"이라 한다)가 국내에서 등록되지 아니하였으나 그에 포함된 제조방법·기술·정보 등이 국내에서의 제조·생산과 관련되는 등 국내에서 사실상 실시되거나 사용되는 것을 말한다)(2019.10.12.31 본목신설)
11. 국내원천 유가증권양도소득 : 다음 각 목의 어느 하나에 해당하는 주식·출자지분(증권시장에 상장된 부동산주식등을 포함한다) 또는 그 밖의 유가증권(「자본시장과 금융투자업에 관한 법률」 제4조에 따른 증권을 포함한다. 이하 같다)의 양도로 발생하는 소득으로서 대통령령으로 정하는 소득(2018.12.31 본문개정)
가. 내국법인이 발행한 주식 또는 출자지분과 그 밖의 유가증권
나. 외국법인이 발행한 주식 또는 출자지분(증권시장에 상장된 것만 해당)(2018.12.31 본목개정)
다. 외국법인의 국내사업장이 발행한 그 밖의 유가증권(2018.12.31 본목신설)
12. 국내원천 기타소득 : 제1호부터 제8호까지, 제8호의2, 제9호부터 제11호까지의 규정에 따른 소득 외의 소득으로서 다음 각 목의 어느 하나에 해당하는 소득(2018.12.31 본문개정)
가. 국내에 있는 부동산 및 그 밖의 자산 또는 국내에서 경영하는 사업과 관련하여 받은 보험금, 보상금 또는 손해배상금
나. 국내에서 지급하는 위약금 또는 배상금으로서 대통령령으로 정하는 소득
다. 국내에서 지급하는 상금, 현상금, 포상금이나 그 밖에 이에 준하는 소득. 다만, 제12조제5호다목에서 규정하는 상금·부상은 제외한다.
라. 국내에서 발견된 매장물로 인한 소득
마. 국내법에 따른 면허·허가 또는 그 밖에 이와 유사한 처분에 따라 설정된 권리와 그 밖에 부동산 외의 국내자산을 양도함으로써 생기는 소득
바. 국내에서 발행된 복권, 경품권 또는 그 밖의 추첨권에 당첨되어 받는 당첨금품과 승마투표권, 승자투표권, 소싸움경기투표권, 체육진흥투표권의 구매자가 받는 환급금

사. 슬롯머신등을 이용하는 행위에 참가하여 받는 당첨금품등
아. 「법인세법」 제67조에 따라 기타소득으로 처분된 금액(2010.12.27 본목개정)
자. 대통령령으로 정하는 특수관계에 있는 비거주자(이하 제156조에서 "국외특수관계인"이라 한다)가 보유하고 있는 내국법인의 주식 또는 출자지분이 대통령령으로 정하는 자본거래로 인하여 그 가치가 증가함으로써 발생하는 소득(2012.1.1 본목개정)
차. 국내의 연금계좌에서 연금외수령하는 금액으로서 제21조제1항제21호의 소득(2013.1.1 본목신설)
카. 사용지 기준 조세조약 상대국의 거주자가 소유한 특허권등으로서 국내에서 등록되지 아니하고 국외에서 등록된 특허권등을 침해하여 발생하는 손해에 대하여 국내에서 지급하는 손해배상금·보상금·화해금·일실이익 또는 그 밖에 이와 유사한 소득. 이 경우 해당 특허권등에 포함된 제조방법·기술·정보 등이 국내에서의 제조·생산과 관련되는 등 국내에서 사실상 실시되거나 사용되는 것과 관련되어 지급하는 소득으로 한정한다.(2019.12.31 본목신설)
타. 가목부터 카목까지의 규정 외에 국내에서 하는 사업이나 국내에서 제공하는 인적용역 또는 국내에 있는 자산과 관련하여 받은 경제적 이익으로 인한 소득(국가 또는 특별한 법률에 따라 설립된 금융회사등이 발행한 외화표시채권의 상환에 따라 받은 금액이 그 외화표시채권의 발행가액을 초과하는 경우에는 그 차액을 포함하지 아니한다) 또는 이와 유사한 소득으로서 대통령령으로 정하는 소득(2019.12.31 본목신설)

제119조의2 【국외투자기구에 대한 실질귀속자 특례】 ① 비거주자가 국외투자기구를 통하여 제119조에 따른 국내원천소득을 지급받는 경우에는 그 국외투자기구를 통하여 국내원천소득을 지급받는 비거주자를 국내원천소득의 실질귀속자(그 국내원천소득과 관련하여 법적 또는 경제적 위험을 부담하고 그 소득을 처분할 수 있는 권리를 가지는 등 해당 소득에 대한 소유권을 실질적으로 보유하고 있는 자를 말한다. 이하 같다)로 본다. 다만, 국외투자기구가 다음 각 호의 어느 하나에 해당하는 경우(제2조제3항에 따른 법인으로 보는 단체 외의 법인 아닌 단체인 국외투자기구는 이 항 제2호 또는 제3호에 해당하는 경우로 한정한다)에는 그 국외투자기구를 국내원천소득의 실질귀속자로 본다.
1. 다음 각 목의 요건을 모두 갖추고 있는 경우
가. 조세조약에 따라 그 설립된 국가에서 납세의무를 부담하는 자에 해당할 것
나. 국내원천소득에 대하여 조세조약이 정하는 비과세·면제 또는 제한세율(조세조약에 따라 체약상대국의 거주자 또는 법인에 과세할 수 있는 최고세율을 말한다. 이하 같다)을 적용받을 수 있는 요건을 갖추고 있을 것
(2021.12.8 본호개정)
2. 제1호에 해당하지 아니하는 국외투자기구가 조세조약에서 국내원천소득의 수익적 소유자로 취급되는 것으로 규정되고 국내원천소득에 대하여 조세조약이 정하는 비과세·면제 또는 제한세율을 적용받을 수 있는 요건을 갖추고 있는 경우(2021.12.8 본호개정)
3. 제1호 또는 제2호에 해당하지 아니하는 국외투자기구가 그 국외투자기구에 투자한 투자자를 입증하지 못하는 경우(투자자가 둘 이상인 경우로서 투자자 중 일부만 입증하는 경우에는 입증하지 못하는 부분으로 한정한다)
② 제1항제3호에 해당하여 국외투자기구를 국내원천소득의 실질귀속자로 보는 경우에는 그 국외투자기구에

대하여 조세조약에 따른 비과세·면제 및 제한세율을 적용하지 아니한다.(2021.12.8 본항개정)
(2018.12.31 본조신설)

제119조의3 【비거주자의 국채등 이자·양도소득에 대한 과세특례 등】 ① 제156조제1항에 따른 원천징수의 대상이 되는 비거주자의 소득 중 다음 각 호의 소득에 대해서는 제3조제2항에도 불구하고 소득세를 과세하지 아니한다.
1. 제119조제1호의 국내원천 이자소득 중 「국채법」 제5조제1항에 따라 발행하는 국채, 「한국은행 통화안정증권법」에 따른 통화안정증권 및 대통령령으로 정하는 채권(이하 이 조에서 "국채등"이라 한다)에서 발생하는 소득
2. 제119조제11호의 국내원천 유가증권양도소득 중 국채등의 양도로 발생하는 소득
② 제1항에 따라 소득세를 과세하지 아니하는 국채등에는 대통령령으로 정하는 요건을 갖추어 국세청장의 승인을 받은 외국금융회사 등(이하 "적격외국금융회사등"이라 한다)을 통하여 취득·보유·양도하는 국채등을 포함한다. 이 경우 적격외국금융회사등의 준수사항, 승인 및 승인 취소의 기준·절차 등에 관하여 필요한 사항은 대통령령으로 정한다.
③ 제1항에 따른 비과세를 적용받으려는 비거주자 또는 적격외국금융회사등은 대통령령으로 정하는 바에 따라 납세지 관할 세무서장에게 비과세 적용 신청을 하여야 한다.
④ 다음 각 호의 어느 하나에 해당하는 국외투자기구에 투자한 투자자 중 거주자가 포함되어 있는 경우 해당 거주자의 제1항 각 호의 소득에 대해서는 제127조를 적용하지 아니하며, 해당 거주자가 대통령령으로 정하는 바에 따라 직접 신고·납부하여야 한다.
1. 「자본시장과 금융투자업에 관한 법률」에 따른 집합투자기구와 유사한 국외투자기구로서 설립된 국의 법령 등에 따라 공모(公募) 투자기구로 인정되는 국외투자기구
2. 제1호에 준하는 것으로서 대통령령으로 정하는 요건을 갖춘 국외투자기구
(2022.12.31 본조신설)

제120조 【비거주자의 국내사업장】 ① 비거주자가 국내에 사업의 전부 또는 일부를 수행하는 고정된 장소를 가지고 있는 경우에는 국내사업장이 있는 것으로 한다.(2013.1.1 본항개정)
② 제1항에서 규정하는 국내사업장에는 다음 각 호의 어느 하나에 해당하는 장소를 포함하는 것으로 한다.
1. 지점, 사무소 또는 영업소
2. 상점이나 그 밖의 고정된 판매장소
3. 작업장, 공장 또는 창고
4. 6개월을 초과하여 존속하는 건축 장소, 건설·조립·설치공사의 현장 또는 이와 관련된 감독을 하는 장소
5. 고용인을 통하여 용역을 제공하는 장소로서 다음 각 목의 어느 하나에 해당하는 장소
가. 용역이 계속 제공되는 12개월 중 합계 6개월을 초과하는 기간 동안 용역이 수행되는 장소
나. 용역이 계속 제공되는 12개월 중 합계 6개월을 초과하지 아니하는 경우로서 유사한 종류의 용역이 2년 이상 계속적·반복적으로 수행되는 장소
6. 광산·채석장 또는 해저천연자원이나 그 밖의 천연자원의 탐사 장소 및 채취 장소[국제법에 따라 우리나라가 영해 밖에서 주권을 행사하는 지역으로서 우리나라의 연안에 인접한 해저지역의 해상과 하층토(下層土)에 있는 것을 포함한다]
③ 비거주자가 제1항에 따른 고정된 장소를 가지고 있지 아니한 경우에도 다음 각 호의 어느 하나에 해당하

는 자 또는 이에 준하는 자로서 대통령령으로 정하는 자를 두고 사업을 경영하는 경우에는 그 자의 사업장 소재지(사업장이 없는 경우에는 주소지, 주소지가 없는 경우에는 거소지로 한다)에 국내사업장을 둔 것으로 본다.(2018.12.31 본문개정)
1. 국내에서 그 비거주자를 위하여 다음 각 목의 어느 하나에 해당하는 계약(이하 이 항에서 "비거주자 명의 계약등"이라 한다)을 체결할 권한을 가지고 그 권한을 반복적으로 행사하는 자
　가. 비거주자 명의의 계약
　나. 비거주자가 소유하는 자산의 소유권 이전 또는 소유권이나 사용권을 갖는 자산의 사용권 허락을 위한 계약
　다. 비거주자의 용역제공을 위한 계약
2. 국내에서 그 비거주자를 위하여 비거주자 명의 계약 등을 체결할 권한을 가지고 있지 아니하더라도 계약을 체결하는 과정에서 중요한 역할(비거주자가 계약의 중요사항을 변경하지 아니하고 계약을 체결하는 경우로 한정한다)을 반복적으로 수행하는 자
(2018.12.31 1호~2호신설)
④ 다음 각 호의 장소(이하 이 조에서 "특정 활동 장소"라 한다)가 비거주자의 사업 수행상 예비적 또는 보조적인 성격을 가진 활동을 하기 위하여 사용되는 경우에는 제1항에 따른 국내사업장에 포함되지 아니한다.
(2019.12.31 본문개정)
1. 비거주자가 단순히 자산의 구입만을 위하여 사용하는 일정한 장소
2. 비거주자가 판매를 목적으로 하지 아니하는 자산의 저장 또는 보관만을 위하여 사용하는 일정한 장소
3. 비거주자가 광고·선전·정보의 수집·제공 및 시장조사를 하거나 그 밖에 이와 유사한 활동만을 위하여 사용하는 일정한 장소(2018.12.31 본호개정)
4. 비거주자가 자기의 자산을 타인으로 하여금 가공만 하게 하기 위하여 사용하는 일정한 장소
⑤ 제4항에도 불구하고 특정 활동 장소가 다음 각 호의 어느 하나에 해당하는 경우에는 제1항에 따른 국내사업장에 포함한다.
1. 비거주자 또는 대통령령으로 정하는 특수관계인(이하 이 항에서 "특수관계인"이라 한다)이 특정 활동 장소와 같은 장소 또는 국내의 다른 장소에서 사업을 수행하고 다음 각 목의 요건을 모두 충족하는 경우
　가. 특정 활동 장소와 같은 장소 또는 국내의 다른 장소에 해당 비거주자 또는 특수관계인의 국내사업장이 존재할 것
　나. 특정 활동 장소에서 수행하는 활동과 가목의 국내사업장에서 수행하는 활동이 상호 보완적일 것
2. 비거주자 또는 특수관계인이 특정 활동 장소와 같은 장소 또는 국내의 다른 장소에서 상호 보완적인 활동을 수행하고 각각의 활동을 결합한 전체적인 활동이 비거주자 또는 특수관계인의 사업 활동에 비추어 예비적 또는 보조적인 성격을 가진 활동에 해당하지 아니하는 경우(2019.12.31 본호개정)
(2018.12.31 본항신설)
제121조 【비거주자에 대한 과세방법】 ① 비거주자에 대하여 과세하는 소득세는 해당 국내원천소득을 종합하여 과세하는 경우와 분류하여 과세하는 경우 및 그 국내원천소득을 분리하여 과세하는 경우로 구분하여 계산한다.
② 국내사업장이 있는 비거주자와 제119조제3호에 따른 국내원천 부동산소득이 있는 비거주자에 대해서는 제119조제1호부터 제7호까지, 제8호의2 및 제10호부터 제12호까지의 소득(제156조제1항 및 제156조의3부터 제156조의6까지의 규정에 따라 원천징수되는 소득은 제외한다)을 종합하여 과세하고, 제119조제8호에 따른

국내원천 퇴직소득 및 같은 조 제9호에 따른 국내원천 부동산등양도소득이 있는 비거주자에 대해서는 거주자와 같은 방법으로 분류하여 과세한다. 다만, 제119조제9호에 따른 국내원천 부동산등양도소득이 있는 비거주자로서 대통령령으로 정하는 비거주자에게 과세할 경우에 제89조제1항제3호·제4호 및 제95조제2항 표 외의 부분 단서는 적용하지 아니한다.(2019.12.31 단서개정)
③ 국내사업장이 없는 비거주자에 대해서는 제119조 각 호(제8호 및 제9호는 제외한다)의 소득별로 분리하여 과세한다.
④ 국내사업장이 있는 비거주자의 국내원천소득으로서 제156조제1항 및 제156조의3부터 제156조의6까지의 규정에 따라 원천징수되는 소득에 대해서는 제119조 각 호(제8호 및 제9호는 제외한다)의 소득별로 분리하여 과세한다.
⑤ 제3항 및 제4항에 따라 과세되는 경우로서 원천징수되는 소득 중 제119조제6호에 따른 국내원천 인적용역소득이 있는 비거주자가 제70조를 준용하여 종합소득과세표준 확정신고를 하는 경우에는 제119조 각 호(제8호 및 제9호는 제외한다)의 소득에 대하여 종합하여 과세할 수 있다.(2018.12.31 본항개정)
⑥ 국내사업장이 있는 비거주자가 공동으로 사업을 경영하고 그 손익을 분배하는 공동사업의 경우 원천징수된 세액의 배분 등에 관하여는 제87조를 준용한다.
(2013.1.1 본항신설)
(2013.1.1 본조개정)

제2절　비거주자에 대한 종합과세

제122조 【비거주자 종합과세 시 과세표준과 세액의 계산】 ① 제121조제2항 또는 제5항에서 규정하는 비거주자의 소득에 대한 소득세의 과세표준과 세액의 계산에 관하여는 이 법 중 거주자에 대한 소득세의 과세표준과 세액의 계산에 관한 규정을 준용한다. 다만, 제51조제3항에 따른 인적공제 중 비거주자 본인 외의 자에 대한 공제와 제52조에 따른 특별소득공제, 제59조의2에 따른 자녀세액공제 및 제59조의4에 따른 특별세액공제는 하지 아니한다.(2014.1.1 단서개정)
② 제1항을 적용할 때 필요경비의 계산, 이자소득 또는 배당소득의 계산 등 종합과세 시 과세표준과 세액의 계산 방법에 필요한 사항은 대통령령으로 정한다.
(2018.12.31 본항신설)
제123조 (2013.1.1 삭제)
제124조 【비거주자의 신고와 납부】 ① 제122조에 따라 소득세의 과세표준과 세액을 계산하는 비거주자의 신고와 납부(중간예납을 포함한다)에 관하여는 이 법 중 거주자의 신고와 납부에 관한 규정을 준용한다. 다만, 제76조를 준용할 때 제122조에 따른 비거주자의 과세표준에 제156조제7항에 따라 원천징수된 소득의 금액이 포함되어 있는 경우에는 그 원천징수세액은 제76조제3항제4호에 따라 공제되는 세액으로 본다.
(2013.1.1 단서개정)
② 법인으로 보는 단체 외의 법인 아닌 단체 중 제2조제3항 각 호 외의 부분 단서 및 같은 조 제4항제1호에 따라 단체의 구성원별로 납세의무를 부담하는 단체의 비거주자인 구성원(이하 이 항에서 "비거주자구성원"이라 한다)이 국내원천소득(비거주자구성원의 국내원천소득이 해당 단체의 구성원으로서 얻은 소득만 있는 경우로 한정한다)에 대하여 제121조제5항에 따라 과세표준확정신고를 하는 경우로서 다음 각 호의 요건을 모두 갖춘 경우에는 해당 단체의 거주자인 구성원 1인(이하 이 항에서 "대표신고자"라 한다)이 제1호에 따라 동의한 비거주자구성원을 대신하여 대통령령으로 정하는 바에 따라 비거주자구성원의 종합소

득과세표준을 일괄 신고할 수 있다.
1. 비거주자구성원의 전부 또는 일부가 대표신고자가 자신의 종합소득과세표준을 대신 신고하는 것에 동의할 것
2. 비거주자구성원이 자신이 거주자인 국가에서 부여한 「국제조세조정에 관한 법률」 제36조제7항에 따른 납세자번호를 대표신고자에게 제출할 것
(2021.12.8 본항신설)

제125조【비거주자에 대한 과세표준 및 세액의 결정과 징수】 비거주자의 국내원천소득을 종합하여 과세하는 경우에 이에 관한 결정 및 경정과 징수 및 환급에 관하여는 이 법 중 거주자에 대한 소득세의 결정 및 경정과 징수 및 환급에 관한 규정을 준용한다. 이 경우 제76조를 준용할 때 제122조에 따른 비거주자의 과세표준에 제156조제7항에 따라 원천징수된 소득의 금액이 포함되어 있는 경우에는 그 원천징수세액은 제76조제3항제4호에 따라 공제되는 세액으로 본다.(2013.1.1 단서개정)

제3절 비거주자에 대한 분리과세

제126조【비거주자 분리과세 시 과세표준과 세액의 계산 등】 ① 제121조제3항 및 제4항에 따른 비거주자의 국내원천소득(제119조제7호에 따른 국내원천 근로소득 및 같은 조 제8호의2에 따른 국내원천 연금소득은 제외한다)에 대한 과세표준은 그 지급받는 해당 국내원천소득별 수입금액으로 한다. 다만, 다음 각 호의 소득에 대한 과세표준의 계산은 같은 호에서 정하는 바에 따라 그 수입금액에서 필요경비 등을 공제한 금액으로 할 수 있다.
1. 제119조제11호에 따른 국내원천 유가증권양도소득에 대해서는 그 수입금액에서 대통령령으로 정하는 바에 따라 확인된 해당 유가증권의 취득가액 및 양도비용을 공제하여 계산한 금액
2. 제119조제12호에 따른 국내원천 기타소득 중 대통령령으로 정하는 상금·부상 등에 대해서는 그 수입금액에서 대통령령으로 정하는 금액을 공제하여 계산한 금액
(2018.12.31 본항개정)
② 제1항의 국내원천소득에 대한 세액은 같은 항에서 규정하는 과세표준에 제156조제1항 각 호의 세율을 곱하여 계산한 금액으로 한다.
③ 제121조제3항 또는 제4항의 적용을 받는 비거주자가 제59조의5제1항 각 호에서 규정하는 소득이 있는 경우에는 감면의 신청이 없을 때에도 그 소득에 대한 소득세를 감면한다.(2014.1.1 본항개정)
④ 제156조 및 제156조의3부터 제156조의6까지의 규정에 따른 원천징수에 대하여는 제85조제3항 및 제86조제1호를 준용한다.(2013.1.1 본항신설)
⑤ 제121조제3항 또는 제4항의 적용을 받는 비거주자의 국내원천소득 중 제119조제7호에 따른 국내원천 근로소득 및 같은 조 제8호의2에 따른 국내원천 연금소득의 과세표준과 세액의 계산, 신고와 납부, 결정·경정 및 징수와 환급에 대해서는 이 법 중 거주자에 대한 소득세의 과세표준과 세액의 계산 등에 관한 규정을 준용한다. 다만, 제51조제3항에 따른 인적공제 중 비거주자 본인 외의 자에 대한 공제와 제52조에 따른 특별소득공제, 제59조의2에 따른 자녀세액공제 및 제59조의4에 따른 특별세액공제는 하지 아니하며, 제156조의5에 따른 원천징수에 의하여 소득세를 납부한 비거주자에 대해서는 제73조제1항을 준용한다.(2018.12.31 본문개정)
⑥ 국내사업장이 없는 비거주자로서 제119조제11호에 따른 국내원천 유가증권양도소득이 다음 각 호의 요건을 모두 갖춘 경우에는 제1항에도 불구하고 대통령령

으로 정하는 정상가격(이하 이 항에서 "정상가격"이라 한다)을 그 수입금액으로 한다.
1. 국내사업장이 없는 비거주자와 대통령령으로 정하는 특수관계가 있는 비거주자(외국법인을 포함한다) 간의 거래일 것
2. 제1호의 거래에 의한 거래가격이 정상가격에 미달하는 경우로서 대통령령으로 정하는 경우일 것
(2018.12.31 본항개정)
(2013.1.1 본조제목개정)

제126조의2【비거주자의 유가증권 양도소득에 대한 신고·납부 등의 특례】 ① 국내사업장이 없는 비거주자가 동일한 내국법인의 주식 또는 출자지분을 같은 사업과세기간(해당 주식 또는 출자지분을 발행한 내국법인의 사업과세기간을 말한다)에 2회 이상 양도함으로써 조세조약에서 정한 과세요건을 충족하게 된 경우에는 양도 당시 원천징수되지 아니한 소득에 대한 원천징수세액 상당액을 양도일이 속하는 사업연도의 종료일부터 3개월 이내에 대통령령으로 정하는 바에 따라 납세지 관할 세무서장에게 신고·납부하여야 한다.
② 국내사업장이 있는 비거주자의 양도 당시 원천징수되지 아니한 소득으로서 그 국내사업장과 실질적으로 관련되지 아니하거나 그 국내사업장에 귀속되지 아니한 소득에 대해서도 제1항을 준용한다.
③ 국내사업장이 없는 비거주자가 대통령령으로 정하는 주식·출자지분이나 그 밖의 유가증권(이하 이 항에서 "주식등"이라 한다)을 국내사업장이 없는 비거주자 또는 외국법인에 양도하는 경우에는 그 양도로 발생하는 소득금액에 제156조제1항제7호의 비율을 곱한 금액을 지급받은 날이 속하는 달의 다음다음 달 10일까지 대통령령으로 정하는 바에 따라 납세지 관할 세무서장에게 신고·납부하여야 한다. 다만, 주식등의 양도에 따른 소득을 지급하는 자가 제156조에 따라 해당 비거주자의 주식등 국내원천소득에 대한 소득세를 원천징수하여 납부한 경우에는 그러하지 아니하다.
(2018.12.31 본문개정)
④ 납세지 관할 세무서장은 비거주자가 제1항부터 제3항까지의 규정에 따른 신고·납부를 하지 아니하거나 신고하여야 할 과세표준에 미달하게 신고한 경우 또는 납부하여야 할 세액에 미달하게 납부한 경우에는 제80조를 준용하여 징수하여야 한다.

제5장 원천징수
(2009.12.31 본장개정)

제1절 원천징수

제1관 원천징수의무자와 징수·납부

제127조【원천징수의무】 ① 국내에서 거주자나 비거주자에게 다음 각 호의 어느 하나에 해당하는 소득을 지급하는 자(제3호의 소득을 지급하는 자의 경우에는 사업자 등 대통령령으로 정하는 자로 한정한다)는 이 절의 규정에 따라 그 거주자나 비거주자에 대한 소득세를 원천징수하여야 한다.(2010.12.27 본문개정)
1. 이자소득
2. 배당소득
3. 대통령령으로 정하는 사업소득(이하 "원천징수대상 사업소득"이라 한다)
4. 근로소득. 다만, 다음 각 목의 어느 하나에 해당하는 소득은 제외한다.
  가. 외국기관 또는 우리나라에 주둔하는 국제연합군(미군은 제외한다)으로부터 받는 근로소득
  나. 국외에 있는 비거주자 또는 외국법인(국내지점 또는 국내영업소는 제외한다)으로부터 받는 근로소

득. 다만, 다음의 어느 하나에 해당하는 소득은 제외한다.(2015.12.15 단서개정)

1) 제120조제1항 및 제2항에 따른 비거주자의 국내사업장과 「법인세법」 제94조제1항 및 제2항에 따른 외국법인의 국내사업장의 국내원천소득금액을 계산할 때 필요경비 또는 손금으로 계상되는 소득(2015.12.15 신설)

2) 국외에 있는 외국법인(국내지점 또는 국내영업소는 제외한다)으로부터 받는 근로소득 중 제156조의7에 따라 소득세가 원천징수되는 파견근로자의 소득(2015.12.15 신설)

5. 연금소득

6. 기타소득. 다만, 다음 각 목의 어느 하나에 해당하는 소득은 제외한다.
  가. 제8호에 따른 소득
  나. 제21조제1항제10호에 따른 위약금·배상금(계약금이 위약금·배상금으로 대체되는 경우만 해당한다)
  다. 제21조제1항제23호 또는 제24호에 따른 소득

7. 퇴직소득. 다만, 제4호 각 목의 어느 하나에 해당하는 근로소득이 있는 사람이 퇴직함으로써 받는 소득은 제외한다.

8. 대통령령으로 정하는 봉사료

② 제1항에 따른 원천징수를 하여야 할 자(제1항제3호에 따른 소득의 경우에는 사업자 등 대통령령으로 정하는 자로 한정한다)를 대리하거나 그 위임을 받은 자의 행위는 수권(授權)의 범위에서 본인 또는 위임인의 행위로 보아 제1항을 적용한다.
(2010.12.27 본항개정)

③ 금융회사등이 내국인이 발행한 어음, 채무증서, 주식 또는 집합투자증권(이하 이 조에서 "어음등"이라 한다)을 인수·매매·중개 또는 대리하는 경우에는 그 금융회사등과 해당 어음등을 발행한 자 간에 대리 또는 위임의 관계가 있는 것으로 보아 제2항을 적용한다.
(2010.12.27 본항개정)

④ 「자본시장과 금융투자업에 관한 법률」에 따른 신탁업자가 신탁재산을 운용하거나 보관·관리하는 경우에는 해당 신탁업자와 해당 신탁재산에 귀속되는 소득을 지급하는 자 간에 원천징수의무의 대리 또는 위임의 관계가 있는 것으로 보아 제2항을 적용한다.
(2010.12.27 본항개정)

⑤ 외국법인이 발행한 채권 또는 증권에서 발생하는 제1항제1호 및 제2호의 소득을 거주자에게 지급하는 경우에는 국내에서 그 지급을 대리하거나 그 지급 권한을 위임 또는 위탁받은 자가 그 소득에 대한 소득세를 원천징수하여야 한다.(2010.12.27 본항개정)

⑥ 사업자(법인을 포함한다. 이하 이 항에서 같다)가 음식·숙박용역이나 서비스용역을 공급하고 그 대가를 받을 때 제1항제8호에 따른 봉사료를 함께 받아 해당 소득자에게 지급하는 경우에는 그 사업자가 그 봉사료에 대한 소득세를 원천징수하여야 한다.(2010.12.27 본항개정)

⑦ 제1항부터 제6항까지의 규정에 따라 원천징수를 하여야 할 자를 "원천징수의무자"라 한다.(2010.12.27 본항개정)

⑧ 원천징수의무자의 범위 등 그 밖에 필요한 사항은 대통령령으로 정한다.(2013.1.1 본항신설)

제128조【원천징수세액의 납부】
① 원천징수의무자는 원천징수한 소득세를 그 징수일이 속하는 달의 다음 달 10일까지 대통령령으로 정하는 바에 따라 원천징수 관할 세무서, 한국은행 또는 체신관서에 납부하여야 한다.(2010.12.27 단서삭제)

② 상시고용인원 수 및 업종 등을 고려하여 대통령령으로 정하는 원천징수의무자는 제1항에도 불구하고 다음 각 호의 원천징수세액 외의 원천징수세액을 그 징수일이 속하는 반기(半期)의 마지막 달의 다음 달 10일까지 납부할 수 있다.

1. 「법인세법」 제67조에 따라 처분된 상여·배당 및 기타소득에 대한 원천징수세액
2. 「국제조세조정에 관한 법률」 제13조 또는 제22조에 따라 처분된 배당소득에 대한 원천징수세액 (2020.12.29 본호개정)
3. 제156조의5제1항 및 제2항에 따른 원천징수세액

제128조의2【원천징수 납부지연가산세 특례】
원천징수의무자 또는 제156조 및 제156조의3부터 제156조의6까지의 규정에 따라 원천징수하여야 할 자가 국가·지방자치단체 또는 지방자치단체조합(이하 이 조에서 "국가등"이라 한다)인 경우로서 국가등으로부터 근로소득을 받는 사람이 제140조제1항에 따른 근로소득자 소득·세액 공제신고서를 사실과 다르게 기재하여 부당하게 소득공제 또는 세액공제를 받아 국가등이 원천징수하여야 할 세액을 정해진 기간에 납부하지 아니하거나 미달하게 납부한 경우에는 국가등은 징수하여야 할 세액에 「국세기본법」 제47조의5제1항에 따른 가산세를 더한 금액을 그 근로소득자로부터 징수하여 납부하여야 한다.
(2020.12.29 본조제목개정)
(2014.1.1 본조개정)

제129조【원천징수세율】
① 원천징수의무자가 제127조제1항 각 호에 따른 소득을 지급하여 소득세를 원천징수할 때 적용하는 세율(이하 "원천징수세율"이라 한다)은 다음 각 호의 구분에 따른다.

1. 이자소득에 대해서는 다음에 규정하는 세율
  가. (2017.12.19 삭제)
  나. 비영업대금의 이익에 대해서는 100분의 25. 다만, 「온라인투자연계금융업 및 이용자 보호에 관한 법률」에 따라 금융위원회에 등록한 온라인투자연계금융업자를 통하여 지급받는 이자소득에 대해서는 100분의 14로 한다.(2020.12.29 단서개정)
  다. 제16조제1항제10호에 따른 직장공제회 초과반환금에 대해서는 기본세율
  라. 그 밖의 이자소득에 대해서는 100분의 14

2. 배당소득에 대해서는 다음에 규정하는 세율
  가. 제17조제1항제8호에 따른 출자공동사업자의 배당소득에 대해서는 100분의 25
  나. 그 밖의 배당소득에 대해서는 100분의 14

3. 원천징수대상 사업소득에 대해서는 100분의 3. 다만, 외국인 직업운동가가 한국표준산업분류에 따른 스포츠 클럽 운영업 중 프로스포츠구단과의 계약(계약기간이 3년 이하인 경우로 한정한다)에 따라 용역을 제공하고 받는 소득에 대해서는 100분의 20으로 한다.(2018.12.31 본호개정)

4. 근로소득에 대해서는 기본세율. 다만, 일용근로자의 근로소득에 대해서는 100분의 6으로 한다.
(2010.12.27 본호개정)

5. 공적연금소득에 대해서는 기본세율(2013.1.1 본호개정)

5의2. 제20조의3제1항제2호나목 및 다목에 따른 연금계좌 납입액이나 운용실적에 따라 증가된 금액을 연금수령한 연금소득에 대해서는 다음 각 목의 구분에 따른 세율. 이 경우 각 목의 요건을 동시에 충족하는 때에는 낮은 세율을 적용한다.(2014.12.23 전단개정)
  가. 연금소득자의 나이에 따른 다음의 세율

나이(연금수령일 현재)		세율
	70세 미만	100분의 5
70세 이상	80세 미만	100분의 4
80세 이상		100분의 3

(2014.12.23 본목개정)

나. (2014.12.23 삭제)

다. 사망할 때까지 연금수령하는 대통령령으로 정하는 종신계약에 따라 받는 연금소득에 대해서는 100분의 4

(2013.1.1 본호신설)

5의3. 제20조의3제1항제2호가목에 따라 퇴직소득을 연금수령하는 연금소득에 대해서는 다음 각 목의 구분에 따른 세율. 이 경우 연금 실제 수령연차 및 연금외 수령 원천징수세율의 구체적인 내용은 대통령령으로 정한다.

가. 연금 실제 수령연차가 10년 이하인 경우 : 연금외수령 원천징수세율의 100분의 70

나. 연금 실제 수령연차가 10년을 초과하는 경우 : 연금외수령 원천징수세율의 100분의 60

(2019.12.31 본호개정)

6. 기타소득에 대해서는 다음에 규정하는 세율. 다만, 제8호를 적용받는 경우는 제외한다.(2014.1.1 본문개정)

가. 제14조제3항제8호라목 및 마목에 해당하는 소득금액이 3억원을 초과하는 경우 그 초과하는 분에 대해서는 100분의 30(2014.12.23 본목개정)

나. 제21조제1항제18호 및 제21호에 따른 기타소득에 대해서는 100분의 15(2017.12.19 본목개정)

다. (2014.12.23 삭제)

라. 그 밖의 기타소득에 대해서는 100분의 20

(2013.1.1 본목신설)

7. 퇴직소득에 대해서는 기본세율

8. 대통령령으로 정하는 봉사료에 대해서는 100분의 5

② 제1항에도 불구하고 다음 각 호의 이자소득 및 배당소득에 대해서는 다음 각 호에서 정하는 세율을 원천징수세율로 한다.

1. 「민사집행법」 제113조 및 같은 법 제142조에 따라 법원에 납부한 보증금 및 경락대금에서 발생하는 이자소득에 대해서는 100분의 14

2. 대통령령으로 정하는 실지명의가 확인되지 아니하는 소득에 대해서는 100분의 45. 다만, 「금융실명거래 및 비밀보장에 관한 법률」 제5조가 적용되는 경우에는 같은 조에서 정한 세율로 한다.(2022.12.31 본문개정)

③ 매월분의 근로소득과 공적연금소득에 대한 원천징수세율을 적용할 때에는 제1항제4호 및 제5호에도 불구하고 대통령령으로 정하는 근로소득 간이세액표(이하 "근로소득 간이세액표"라 한다) 및 연금소득 간이세액표(이하 "연금소득 간이세액표"라 한다)를 적용한다.

(2013.1.1 본항개정)

④ 제1항에 따라 원천징수세액을 계산할 때 제127조제1항제1호 및 제2호의 소득에 대해서 외국에서 대통령령으로 정하는 외국소득세액을 납부한 경우에는 제1항에 따라 계산한 원천징수세액에서 그 외국소득세액을 뺀 금액을 원천징수세액으로 한다. 이 경우 외국소득세액이 제1항에 따라 계산한 원천징수세액을 초과할 때에는 그 초과하는 금액은 없는 것으로 한다.

제2관 이자소득 또는 배당소득에 대한 원천징수
(2010.12.27 본관제목개정)

제130조 【이자소득 또는 배당소득에 대한 원천징수시기 및 방법】 원천징수의무자가 이자소득 또는 배당소득을 지급할 때에는 그 지급금액에 원천징수세율을 적용하여 계산한 소득세를 원천징수한다.

(2010.12.27 본조제목개정)

제131조 【이자소득 또는 배당소득 원천징수시기에 대한 특례】 ① 법인이 이익 또는 잉여금의 처분에 따른 배당 또는 분배금을 그 처분을 결정한 날부터 3개월이 되는 날까지 지급하지 아니한 경우에는 그 3개월이 되는 날에 그 배당소득을 지급한 것으로 보아 소득세

를 원천징수한다. 다만, 11월 1일부터 12월 31일까지의 사이에 결정된 처분에 따라 다음 연도 2월 말일까지 배당소득을 지급하지 아니한 경우에는 그 처분을 결정한 날이 속하는 과세기간의 다음 연도 2월 말일에 그 배당소득을 지급한 것으로 보아 소득세를 원천징수한다.

② 「법인세법」 제67조에 따라 처분되는 배당에 대하여는 다음 각 호의 어느 하나에 해당하는 날에 그 배당소득을 지급한 것으로 보아 소득세를 원천징수한다.

1. 법인세 과세표준을 결정 또는 경정하는 경우 : 대통령령으로 정하는 소득금액변동통지서를 받은 날

2. 법인세 과세표준을 신고하는 경우 : 그 신고일 또는 수정신고일

③ 제1항 및 제2항 외에 이자소득 또는 배당소득을 지급하는 때와 다른 때에 그 소득을 지급한 것으로 보아 소득세를 원천징수하는 경우에 관하여는 대통령령으로 정한다.

(2010.12.27 본조개정)

제132조 (2010.12.27 삭제)

제133조 【이자소득등에 대한 원천징수영수증의 발급】 ① 국내에서 이자소득 또는 배당소득을 지급하는 원천징수의무자는 이를 지급할 때 소득을 받는 자에게 그 이자소득 또는 배당소득의 금액과 그 밖에 필요한 사항을 적은 기획재정부령으로 정하는 원천징수영수증을 발급하여야 한다. 다만, 원천징수의무자가 지급한 날이 속하는 과세기간의 다음 연도 3월 31일까지 이자소득 또는 배당소득을 받는 자에게 그 이자소득 또는 배당소득의 금액과 그 밖에 필요한 사항을 대통령령으로 정하는 바에 따라 통지하는 경우에는 해당 원천징수영수증을 발급한 것으로 본다.(2020.6.9 단서개정)

② 제1항에 따른 원천징수의무자는 이자소득 또는 배당소득의 지급금액이 대통령령으로 정하는 금액 이하인 경우에는 제1항에 따른 원천징수영수증을 발급하지 아니할 수 있다. 다만, 제133조의2제1항에 따라 원천징수영수증을 발급하는 경우와 이자소득 또는 배당소득을 받는 자가 원천징수영수증의 발급을 요구하는 경우에는 제1항에 따라 원천징수영수증을 발급하거나 통지하여야 한다.

제133조의2 【채권 등에 대한 원천징수 특례】 ① 거주자 또는 비거주자가 채권등의 발행법인으로부터 이자등을 지급받거나 해당 채권등을 발행법인 또는 대통령령으로 정하는 법인(이하 이 항에서 "발행법인등"이라 한다)에게 매도하는 경우 그 채권등의 발행일 또는 직전 원천징수일을 시기(始期)로 하고, 이자등의 지급일 등 또는 채권등의 매도일 등을 종기(終期)로 하여 대통령령으로 정하는 기간계산방법에 따른 원천징수기간의 이자등 상당액을 제16조에 따른 이자소득으로 보고, 해당 채권등의 발행법인등을 원천징수의무자로 보아, 이자등의 지급일 등 또는 채권등의 매도일 등 해당 대통령령으로 정하는 날을 원천징수 하는 때로 하여 제127조부터 제133조까지, 제164조 및 제164조의2의 규정을 적용한다.(2013.1.1 본항개정)

② 제1항에 따른 이자등 상당액의 계산방법과 제46조제1항에 따른 환매조건부채권매거래 등의 경우의 원천징수에 관하여 필요한 사항은 대통령령으로 정한다.

(2009.12.31 본조신설)

제3관 근로소득에 대한 원천징수

제134조 【근로소득에 대한 원천징수시기 및 방법】 ① 원천징수의무자가 매월분의 근로소득을 지급할 때에는 근로소득 간이세액표에 따라 소득세를 원천징수한다.

② 원천징수의무자는 다음 각 호의 어느 하나에 해당할 때에는 제137조, 제137조의2 또는 제138조에 따라 소득세를 원천징수하며, 제1호의 경우 다음 연도 2월분

의 근로소득에 대해서는 제1항에서 규정하는 바에 따라 소득세를 원천징수한다.(2010.12.27 본문개정)
1. 해당 과세기간의 다음 연도 2월분 근로소득을 지급할 때(2월분의 근로소득을 2월 말일까지 지급하지 아니하거나 2월분의 근로소득이 없는 경우에는 2월 말일로 한다. 이하 같다)
2. 퇴직자가 퇴직하는 달의 근로소득을 지급할 때
③ 원천징수의무자가 일용근로자의 근로소득을 지급할 때에는 그 근로소득에 근로소득공제를 적용한 금액에 원천징수세율을 적용하여 계산한 산출세액에서 근로소득세액공제를 적용한 소득세를 원천징수한다.
④ (2010.12.27 삭제)
⑤ 근로소득자의 근무지가 변경됨에 따라 월급여액(月給與額)이 같은 고용주에 의하여 분할지급되는 경우의 소득세는 변경된 근무지에서 그 월급여액 전액에 대하여 제1항부터 제3항까지의 규정을 적용하여 원천징수하여야 한다.(2010.12.27 본항개정)
(2010.12.27 본조제목개정)

제135조【근로소득 원천징수시기에 대한 특례】 ① 근로소득을 지급하여야 할 원천징수의무자가 1월부터 11월까지의 근로소득을 해당 과세기간의 12월 31일까지 지급하지 아니한 경우에는 그 근로소득을 12월 31일에 지급한 것으로 보아 소득세를 원천징수한다.
② 원천징수의무자가 12월분의 근로소득을 다음 연도 2월 말일까지 지급하지 아니한 경우에는 그 근로소득을 다음 연도 2월 말일에 지급한 것으로 보아 소득세를 원천징수한다.
③ 법인이 이익 또는 잉여금의 처분에 따라 지급하여야 할 상여를 그 처분을 결정한 날부터 3개월이 되는 날까지 지급하지 아니한 경우에는 그 3개월이 되는 날에 그 상여를 지급한 것으로 보아 소득세를 원천징수한다. 다만, 그 처분이 11월 1일부터 12월 31일까지의 사이에 결정된 경우에 다음 연도 2월 말일까지 그 상여를 지급하지 아니한 경우에는 그 상여를 다음 연도 2월 말일에 지급한 것으로 보아 소득세를 원천징수한다.
④ 「법인세법」 제67조에 따라 처분되는 상여에 대한 소득세의 원천징수시기에 관하여는 제131조제2항을 준용한다.
(2010.12.27 본조개정)

제136조【상여 등에 대한 징수세액】 ① 원천징수의무자가 근로소득에 해당하는 상여 또는 상여의 성질이 있는 급여(이하 "상여등"이라 한다)를 지급할 때에 원천징수하는 소득세는 다음 각 호의 구분에 따라 계산한다. 종합소득공제를 적용함으로써 근로소득에 대한 소득세가 과세되지 아니한 사람이 받는 상여등에 대해서도 또한 같다.
1. 지급대상기간이 있는 상여등
 그 상여등의 금액을 지급대상기간의 월수로 나누어 계산한 금액과 그 지급대상기간의 상여등 외의 월평균 급여액을 합산한 금액에 대하여 간이세액표에 따라 계산한 금액을 지급대상기간의 월수로 곱하여 계산한 금액에서 그 지급대상기간의 근로소득에 대해서 이미 원천징수하여 납부한 세액(가산세액은 제외한다)을 공제한 것을 그 세액으로 한다.
2. 지급대상기간이 없는 상여등
 그 상여등을 받은 과세기간의 1월 1일부터 그 상여등의 지급일이 속하는 달까지를 지급대상기간으로 하여 제1호에 따라 계산한 것을 그 세액으로 한다. 이 경우 그 과세기간에 2회 이상의 상여등을 받았을 때에는 직전에 상여등을 받은 날이 속하는 달의 다음 달부터 그 후에 상여등을 받은 날이 속하는 달까지를 지급대상기간으로 하여 세액을 계산한다.
3. 제1호와 제2호를 계산할 때 지급대상기간이 1년을 초과하는 경우에는 1년으로 보고 1개월 미만의 끝수가 있는 경우에는 1개월로 본다.

② 원천징수의무자가 잉여금 처분에 따른 상여등을 지급할 때에 원천징수하는 소득세는 대통령령으로 정하는 바에 따라 계산한다.
③ 상여등에 대한 징수세액을 계산할 때 지급대상기간의 적용방법과 그 밖에 필요한 사항은 대통령령으로 정한다.

제137조【근로소득세액의 연말정산】 ① 원천징수의무자는 해당 과세기간의 다음 연도 2월분의 근로소득 또는 퇴직자의 퇴직하는 달의 근로소득을 지급할 때에는 다음 각 호의 순서에 따라 계산한 소득세(이하 이 조에서 "추가 납부세액"이라 한다)를 원천징수한다.
(2015.3.10 본문개정)
1. 근로소득자의 해당 과세기간(퇴직자의 경우 퇴직하는 날까지의 기간을 말한다. 이하 이 조에서 같다)의 근로소득금액에 그 근로소득자가 제140조에 따라 신고한 내용에 따라 종합소득공제를 적용하여 종합소득과세표준을 계산
2. 제1호의 종합소득과세표준에 기본세율을 적용하여 종합소득산출세액을 계산
3. 제2호의 종합소득산출세액에서 해당 과세기간에 제134조제1항에 따라 원천징수한 세액, 외국납부세액공제, 근로소득세액공제, 자녀세액공제, 연금계좌세액공제 및 특별세액공제에 따른 공제세액을 공제하여 소득세를 계산(2014.1.1 본호개정)
② 제1항제3호에서 해당 과세기간에 제134조제1항에 따라 원천징수한 세액, 외국납부세액공제, 근로소득세액공제, 자녀세액공제, 연금계좌세액공제 및 특별세액공제에 따른 공제세액의 합계액이 종합소득산출세액을 초과하는 경우에는 그 초과액을 그 근로소득자에게 대통령령으로 정하는 바에 따라 환급하여야 한다.
(2014.1.1 본항개정)
③ 원천징수의무자가 제140조에 따른 신고를 하지 아니한 근로소득자에 대하여 제1항을 적용하여 추가 납부세액을 원천징수할 때에는 기본공제 중 그 근로소득자 본인에 대한 분과 표준세액공제만을 적용한다.
(2015.3.10 본항개정)
④ 제1항에도 불구하고 추가 납부세액이 10만원을 초과하는 경우 원천징수의무자는 해당 과세기간의 다음 연도 2월분부터 4월분의 근로소득을 지급할 때까지 추가 납부세액을 나누어 원천징수할 수 있다.
(2015.3.10 본항신설)
(2010.12.27 본조개정)

제137조의2【2인 이상으로부터 근로소득을 받는 사람에 대한 근로소득세액의 연말정산】 ① 2인 이상으로부터 근로소득을 받는 사람(일용근로자는 제외한다)이 대통령령으로 정하는 바에 따라 주된 근무지와 종된 근무지를 정하고 종된 근무지의 원천징수의무자로부터 제143조제2항에 따른 근로소득 원천징수영수증을 발급받아 해당 과세기간의 다음 연도 2월분의 근로소득을 받기 전에 주된 근무지의 원천징수의무자에게 제출하는 경우 주된 근무지의 원천징수의무자는 주된 근무지의 근로소득과 종된 근무지의 근로소득을 더한 금액에 대하여 제137조에 따라 소득세를 원천징수한다.
② 제1항에 따라 근로소득 원천징수영수증을 발급하는 종된 근무지의 원천징수의무자는 해당 근무지에서 지급하는 해당 과세기간의 근로소득금액에 기본세율을 적용하여 계산한 종합소득산출세액에서 제134조제1항에 따라 원천징수한 세액을 공제한 금액을 원천징수한다.
③ 제150조제3항에 따라 납세조합에 의하여 소득세가 징수된 제127조제1항제4호 각 목의 근로소득과 다른 근로소득이 함께 있는 사람(일용근로자는 제외한다)에 대한 근로소득세액의 연말정산에 관하여는 제1항 및 제2항을 준용한다.
(2010.12.27 본조신설)

제138조【재취직자에 대한 근로소득세액의 연말정산】
① 해당 과세기간 중도에 퇴직하고 새로운 근무지에 취직한 근로소득자가 종전 근무지에서 해당 과세기간의 1월부터 퇴직한 날이 속하는 달까지 받은 근로소득을 포함하여 제140조제1항에 따라 근로소득자 소득·세액 공제신고서를 제출하는 경우 원천징수의무자는 그 근로소득자가 종전 근무지에서 받은 근로소득과 새로운 근무지에서 받은 근로소득을 더한 금액에 대하여 제137조에 따라 소득세를 원천징수한다.(2014.1.1 본항개정)
② 해당 과세기간 중도에 퇴직한 근로소득자로서 제137조에 따라 소득세를 납부한 후 다시 취직하고 그 과세기간의 중도에 또다시 퇴직한 자에 대한 소득세의 원천징수에 관하여는 제1항을 준용한다.

제139조【징수 부족액의 이월징수】 제137조, 제137조의2 또는 제138조에 따라 원천징수를 하는 경우 징수하여야 할 소득세가 지급할 근로소득의 금액을 초과할 경우(그 다음 달에 지급할 근로소득이 없는 경우는 제외한다)에는 그 초과하는 세액은 그 다음 달의 근로소득을 지급할 때에 징수한다.(2010.12.27 본조개정)

제140조【근로소득자의 소득공제 등 신고】 ① 제137조에 따라 연말정산을 할 때 해당 근로소득자가 종합소득공제 및 세액공제를 적용받으려는 경우에는 해당 과세기간의 다음 연도 2월분의 근로소득을 받기 전(퇴직한 경우에는 퇴직한 날이 속하는 달의 근로소득을 받기 전)에 해당 근로소득자에게 해당 공제 사유를 표시하는 신고서(이하 "근로소득자 소득·세액 공제신고서"라 한다)를 대통령령으로 정하는 바에 따라 제출하여야 한다.(2014.1.1 본항개정)
② 근로소득자 소득·세액 공제신고서를 받은 주된 근무지의 원천징수의무자는 그 신고 사항을 대통령령으로 정하는 바에 따라 원천징수 관할 세무서장에게 신고하고 종된 근무지의 원천징수의무자에게 통보하여야 한다.(2014.1.1 본항개정)
③ 일용근로자에 대해서는 제1항과 제2항을 적용하지 아니한다.
④ (2010.12.27 삭제)
(2014.1.1 본조제목개정)

제141조~제142조 (2010.12.27 삭제)

제143조【근로소득에 대한 원천징수영수증의 발급】
① 근로소득을 지급하는 원천징수의무자는 해당 과세기간의 다음 연도 2월 말일까지 그 근로소득의 금액과 그 밖에 필요한 사항을 적은 기획재정부령으로 정하는 원천징수영수증을 근로소득자에게 발급하여야 한다. 다만, 해당 과세기간 중도에 퇴직한 사람에게는 퇴직한 날이 속하는 달의 근로소득의 지급일이 속하는 달의 다음 달 말일까지 발급하여야 하며, 일용근로자에 대하여는 근로소득의 지급일이 속하는 달의 다음 달 말일까지 발급하여야 한다.(2022.12.31 단서개정)
② 제1항에도 불구하고 2인 이상으로부터 근로소득을 받는 사람(일용근로자는 제외한다)이 제137조의2에 따른 연말정산을 적용받기 위하여 제1항에 따른 원천징수영수증의 발급을 종된 근무지의 원천징수의무자에게 요청한 경우 그 종된 근무지의 원천징수의무자는 이를 지체 없이 발급하여야 한다.
(2010.12.27 본조개정)

제3관의2 연금소득에 대한 원천징수

제143조의2【연금소득에 대한 원천징수시기 및 방법】
① 원천징수의무자가 공적연금소득을 지급할 때에는 연금소득 간이세액표에 따라 소득세를 원천징수한다.
② 원천징수의무자가 제20조의3제1항제2호 및 제3호의 연금소득을 지급할 때에는 그 지급금액에 제129조제1항제5호의2에 따른 원천징수세율을 적용하여 계산한 소득세를 원천징수한다.

③ 원천징수의무자가 해당 과세기간의 다음 연도 1월분 공적연금소득을 지급할 때에는 제143조의4에 따라 소득세를 원천징수한다. 이 경우 다음 연도 1월분의 공적연금소득에 대해서는 제1항에 따라 소득세를 원천징수한다.(2013.1.1 본항개정)

제143조의3 (2001.12.31 삭제)

제143조의4【공적연금소득세액의 연말정산】 ① 공적연금소득에 대한 원천징수의무자는 해당 과세기간의 다음 연도 1월분의 공적연금소득을 지급할 때에는 연금소득자의 해당 과세기간 연금소득금액에 그 연금소득자가 제143조의6에 따라 신고한 내용에 따라 인적공제를 적용한 금액을 종합소득과세표준으로 하고, 그 금액에 기본세율을 적용하여 종합소득산출세액을 계산한 후 그 세액에서 자녀세액공제와 표준세액공제를 적용한 세액과 그 과세기간에 이미 원천징수하여 납부한 소득세를 공제하고 남은 금액을 원천징수한다.(2014.1.1 본항개정)
② 제1항의 경우 해당 과세기간에 이미 원천징수하여 납부한 소득세, 자녀세액공제 및 표준세액공제에 따른 공제세액의 합계액이 해당 종합소득산출세액을 초과할 때에는 그 초과액은 해당 연금소득자에게 대통령령으로 정하는 바에 따라 환급하여야 한다.(2014.1.1 본항개정)
③ 원천징수의무자가 제143조의6에 따른 신고를 하지 아니한 연금소득자에 대해서 제1항을 적용하여 소득세를 원천징수할 때에는 그 연금소득자 본인에 대한 기본공제와 표준세액공제만을 적용한다.(2014.1.1 본항개정)
④ 공적연금소득을 받는 사람이 해당 과세기간 중에 사망한 경우 원천징수의무자는 그 사망일이 속하는 달의 다음다음 달 말일까지 제1항부터 제3항까지의 규정을 준용하여 그 사망자의 공적연금소득에 대한 연말정산을 하여야 한다.(2013.1.1 본항개정)
⑤ (2013.1.1 삭제)
(2013.1.1 본조제목개정)

제143조의5【징수 부족액의 이월징수】 제143조의4에 따른 원천징수를 하는 경우 징수하여야 할 소득세가 지급할 공적연금소득을 초과할 때에는 그 초과하는 세액은 그 다음 달의 공적연금소득을 지급할 때에 징수한다.(2013.1.1 본조개정)

제143조의6【연금소득자의 소득공제 등 신고】 ① 공적연금소득을 지급받으려는 사람은 공적연금소득을 최초로 지급받기 전에 기획재정부령으로 정하는 연금소득자 소득·세액 공제신고서(이하 "연금소득자 소득·세액 공제신고서"라 한다)를 원천징수의무자에게 제출하여야 한다.
② 공적연금소득을 받는 사람이 자신의 배우자 또는 부양가족에 대한 인적공제와 자녀세액공제를 적용받으려는 경우에는 해당 연도 12월 31일까지 원천징수의무자에게 연금소득자 소득·세액 공제신고서를 대통령령으로 정하는 바에 따라 제출하여야 한다. 다만, 해당 과세기간에 제1항에 따라 연금소득자 소득·세액 공제신고서를 제출한 경우로서 공제대상 배우자 또는 부양가족이 변동되지 아니한 경우에는 연금소득자 소득·세액 공제신고서를 제출하지 아니할 수 있으며, 연금소득자가 해당 과세기간에 사망한 경우에는 상속인이 그 사망일이 속하는 달의 다음 달 말일까지 연금소득자 소득·세액 공제신고서를 제출하여야 한다.
③ 연금소득자 소득·세액 공제신고서를 받은 원천징수의무자는 그 신고 사항을 대통령령으로 정하는 바에 따라 원천징수 관할 세무서장에게 신고하여야 한다.
④ (2010.12.27 삭제)
(2014.1.1 본조개정)

제143조의7【연금소득에 대한 원천징수영수증의 발급】 원천징수의무자는 연금소득을 지급할 때 그 연금소득의 금액과 그 밖에 필요한 사항을 적은 기획재정

부령으로 정하는 원천징수영수증을 연금소득자에게 발급하여야 한다. 다만, 원천징수의무자가 연금소득을 지급한 날이 속하는 과세기간의 다음 연도 2월 말일(해당 과세기간 중도에 사망한 사람에 대해서는 그 사망일이 속하는 달의 다음다음 달 말일)까지 연금소득을 받는 자에게 그 연금소득의 금액과 그 밖에 필요한 사항을 대통령령으로 정하는 내용과 방법에 따라 통지하는 경우에는 해당 원천징수영수증을 발급한 것으로 본다.
(2014.12.23 본문개정)
1.~2. (2014.12.23 삭제)

제4관 사업소득에 대한 원천징수

제144조【사업소득에 대한 원천징수시기와 방법 및 원천징수영수증의 발급】 ① 원천징수의무자가 원천징수 대상 사업소득을 지급할 때에는 그 지급금액에 원천징수세율을 적용하여 계산한 소득세를 원천징수하고, 그 사업소득의 금액과 그 밖에 필요한 사항을 적은 기획재정부령으로 정하는 원천징수영수증을 사업소득자에게 발급하여야 한다.(2010.12.27 본항개정)
② 원천징수의무자가 대통령령으로 정하는 봉사료를 지급할 때에는 제1항을 준용한다.
(2010.12.27 본조제목개정)
제144조의2【과세표준확정신고 예외 사업소득세액의 연말정산】 ① 제73조제1항제4호에 따른 사업소득(이하 "연말정산 사업소득"이라 한다)을 지급하는 원천징수의무자는 해당 과세기간의 다음 연도 2월분의 사업소득을 지급할 때(2월분의 사업소득을 2월 말일까지 지급하지 아니하거나 2월분의 사업소득이 없는 경우에는 2월 말일로 한다. 이하 이 조에서 같다) 또는 해당 사업자와의 거래계약을 해지하는 달의 사업소득을 지급할 때에 해당 과세기간의 사업소득금액에 대통령령으로 정하는 율을 곱하여 계산한 금액에 그 사업자가 제144조의3에 따라 신고한 내용에 따라 종합소득공제를 적용한 금액을 종합소득과세표준으로 하여 종합소득산출세액을 계산하고, 그 산출세액에서 이 법 및 「조세특례제한법」에 따른 세액공제를 적용한 후 해당 과세기간에 이미 원천징수하여 납부한 소득세를 공제하고 남은 금액을 원천징수한다.(2010.12.27 본항개정)
② 제1항의 경우 징수하여야 할 소득세가 지급할 사업소득의 금액을 초과할 때(그 다음 달에 지급할 사업소득이 없는 경우는 제외한다)에는 그 초과하는 세액은 그 다음 달의 사업소득을 지급할 때에 징수한다.
(2010.12.27 본항개정)
③ 제1항의 경우 해당 과세기간에 이미 원천징수하여 납부한 소득세가 해당 종합소득 산출세액에서 세액공제를 한 금액을 초과할 때에는 그 초과액은 해당 사업자에게 대통령령으로 정하는 바에 따라 환급하여야 한다.
④ 원천징수의무자가 제144조의3에 따른 신고를 하지 아니한 사업자에 대해서 제1항을 적용하여 원천징수할 때에는 기본공제 중 그 사업자 본인에 대한 분과 표준세액공제만을 적용한다.(2014.1.1 본항개정)
⑤ 2인 이상으로부터 연말정산 사업소득을 지급받는 자와 해당 과세기간의 중도에 새로운 계약체결에 따라 연말정산 사업소득을 지급받는 자에 대한 사업소득세액의 연말정산에 관하여는 제137조의2 및 제138조를 준용한다.(2010.12.27 본항신설)
제144조의3【연말정산 사업소득자의 소득공제 등 신고】 제144조의2에 따라 연말정산을 할 때 해당 사업자가 종합소득공제, 자녀세액공제, 연금계좌세액공제 및 특별세액공제를 적용받으려는 해당 과세기간의 다음 연도 2월분의 사업소득을 받기 전(해당 원천징수의무자와의 거래계약을 해지한 경우에는 해지한 달의 사업소득을 받기 전을 말한다)에 원천징수의무자에

게 대통령령으로 정하는 바에 따라 연말정산 사업소득자 소득·세액 공제신고서를 제출하여야 한다.
(2014.1.1 본조개정)
제144조의4【연말정산 사업소득에 대한 원천징수영수증의 발급】 연말정산 사업소득을 지급하는 원천징수의무자는 연말정산이 속하는 달의 다음 달 말일까지 그 사업소득의 금액과 그 밖에 필요한 사항을 적은 기획재정부령으로 정하는 원천징수영수증을 해당 사업자에게 발급하여야 한다.(2010.12.27 본조개정)
제144조의5【연말정산 사업소득의 원천징수시기에 대한 특례】 ① 연말정산 사업소득을 지급하여야 할 원천징수의무자가 1월부터 11월까지의 사업소득을 해당 과세기간의 12월 31일까지 지급하지 아니한 경우에는 12월 31일에 그 사업소득을 지급한 것으로 보아 소득세를 원천징수한다.
② 원천징수의무자가 12월분의 연말정산 사업소득을 다음 연도 2월 말일까지 지급하지 아니한 경우에는 다음 연도 2월 말일에 그 사업소득을 지급한 것으로 보아 소득세를 원천징수한다.
(2010.12.27 본조신설)

제5관 기타소득에 대한 원천징수

제145조【기타소득에 대한 원천징수시기와 방법 및 원천징수영수증의 발급】 ① 원천징수의무자가 기타소득을 지급할 때에는 그 기타소득금액에 원천징수세율을 적용하여 계산한 소득세를 원천징수한다.
② 기타소득을 지급하는 원천징수의무자는 이를 지급할 때에 그 기타소득의 금액과 그 밖에 필요한 사항을 적은 기획재정부령으로 정하는 원천징수영수증을 그 소득을 받는 사람에게 발급하여야 한다. 다만, 제21조제1항제15가목 및 제19호가목·나목에 해당하는 기타소득으로서 대통령령으로 정하는 금액 이하를 지급할 때에는 지급받는 자가 원천징수영수증의 발급을 요구하는 경우 외에는 발급하지 아니할 수 있다.
(2010.12.27 본문개정)
(2010.12.27 본조제목개정)
제145조의2【기타소득 원천징수시기에 대한 특례】 「법인세법」 제67조에 따라 처분되는 기타소득에 대한 소득세의 원천징수시기에 관하여는 제131조제2항을 준용한다.(2010.12.27 본조신설)
제145조의3【종교인소득에 대한 연말정산 등】 ① 종교인소득을 지급하고 그 소득세를 원천징수하는 자는 해당 과세기간의 다음 연도 2월분의 종교인소득을 지급할 때(2월분의 종교인소득을 2월 말일까지 지급하지 아니하거나 2월분의 종교인소득이 없는 경우에는 2월 말일로 한다. 이하 이 조에서 같다) 또는 해당 종교관련종사자와의 소속관계가 종료되는 달의 종교인소득을 지급할 때 해당 과세기간의 종교인소득에 대하여 대통령령으로 정하는 방법에 따라 계산한 금액을 원천징수한다.
② 종교인소득에 대한 제1항에 따른 연말정산, 소득공제 등의 신고, 원천징수영수증의 발급 또는 원천징수시기에 관하여는 제144조의2(같은 조 제1항은 제외한다)부터 제144조의5까지의 규정을 준용한다. 이 경우 "사업소득"은 "종교인소득"으로, "사업자" 또는 "사업소득자"는 "종교관련종사자"로, "거래계약"은 "소속관계"로, "해지"는 "종료"로 본다.
(2015.12.15 본조신설)

제6관 퇴직소득에 대한 원천징수

제146조【퇴직소득에 대한 원천징수시기와 방법 및 원천징수영수증의 발급 등】 ① 원천징수의무자가 퇴직

소득을 지급할 때에는 그 퇴직소득과세표준에 원천징수세율을 적용하여 계산한 소득세를 징수한다.

② 거주자의 퇴직소득이 다음 각 호의 어느 하나에 해당하는 경우에는 제1항에도 불구하고 해당 퇴직소득에 대한 소득세를 연금외수령하기 전까지 원천징수하지 아니한다. 이 경우 제1항에 따라 소득세가 이미 원천징수된 경우 해당 거주자는 원천징수세액에 대한 환급을 신청할 수 있다.

1. 퇴직일 현재 연금계좌에 있거나 연금계좌로 지급되는 경우

2. 퇴직하여 지급받은 날부터 60일 이내에 연금계좌에 입금되는 경우(2014.1.1 본호개정)

③ 퇴직소득을 지급하는 자는 그 지급일이 속하는 달의 다음 달 말일까지 그 퇴직소득의 금액과 그 밖에 필요한 사항을 적은 기획재정부령으로 정하는 원천징수영수증을 퇴직소득을 지급받는 사람에게 발급하여야 한다. 다만, 제2항에 따라 퇴직소득에 대한 소득세를 원천징수하지 아니한 때에는 그 사유를 함께 적어 발급하여야 한다.

④ 퇴직소득의 원천징수 방법과 환급절차 등에 관하여 필요한 사항은 대통령령으로 정한다.
(2013.1.1 본조개정)

제146조의2【소득이연퇴직소득의 소득발생과 소득세의 징수이연 특례】 ① 2012년 12월 31일 이전에 퇴직하여 지급받은 퇴직소득을 퇴직연금계좌에 이체 또는 입금함에 따라 그 퇴직연금계좌에서 가입자가 실제로 지급받을 때까지 소득이 발생하지 아니한 것으로 보는 금액(운용실적에 따라 추가로 지급받는 경우 그 금액을 포함하며, 이하 "소득이연퇴직소득"이라 한다)이 2014년 12월 31일에 퇴직연금계좌에 있는 경우 2014년 12월 31일에 해당 소득이연퇴직소득 전액을 퇴직소득으로 지급받아 즉시 해당 퇴직연금계좌에 다시 납입한 것으로 본다.

② 제1항에 따라 지급받아 다시 납입한 것으로 보는 퇴직소득에 대한 소득세는 제146조제2항 전단에 따라 원천징수되지 아니한 것으로 본다.
(2014.12.23 본조신설)

제147조【퇴직소득 원천징수시기에 대한 특례】 ① 퇴직소득을 지급하여야 할 원천징수의무자가 1월부터 11월까지의 사이에 퇴직한 사람의 퇴직소득을 해당 과세기간의 12월 31일까지 지급하지 아니한 경우에는 그 퇴직소득을 12월 31일에 지급한 것으로 보아 소득세를 원천징수한다.(2010.12.27 본항개정)

② 원천징수의무자가 12월에 퇴직한 사람의 퇴직소득을 다음 연도 2월 말일까지 지급하지 아니한 경우에는 그 퇴직소득을 다음 연도 2월 말일에 지급한 것으로 보아 소득세를 원천징수한다.(2010.12.27 본항개정)

③ (2013.1.1 삭제)

④ 제22조제1항제1호에 따른 퇴직소득에 대해서는 제1항 및 제2항을 적용하지 아니한다.(2013.1.1 본항개정)
(2010.12.27 본조제목개정)

제148조【퇴직소득에 대한 세액정산 등】 ① 퇴직자가 퇴직소득을 지급받을 때 이미 지급받은 다음 각 호의 퇴직소득에 대한 원천징수영수증을 원천징수의무자에게 제출하는 경우 원천징수의무자는 퇴직자에게 이미 지급된 퇴직소득과 자기가 지급할 퇴직소득을 합계한 금액에 대하여 정산한 소득세를 원천징수하여야 한다.

1. 해당 과세기간에 이미 지급받은 퇴직소득

2. 대통령령으로 정하는 근로계약에서 이미 지급받은 퇴직소득

② 2012년 12월 31일 이전에 퇴직하여 지급받은 퇴직소득을 퇴직연금계좌에 이체 또는 입금하여 퇴직일에 퇴직소득이 발생하지 아니한 경우 제146조의2에도 불구하고 해당 퇴직일에 해당 퇴직소득이 발생하였다고

보아 해당 퇴직소득을 제1항제2호의 이미 지급받은 퇴직소득으로 보고 제1항을 적용할 수 있다.
(2014.12.23 본항신설)

③ 퇴직소득세액의 정산 방법 및 절차 등에 관하여 필요한 사항은 대통령령으로 정한다.
(2014.12.23 본조제목개정)
(2013.1.1 본조개정)

제2절 납세조합의 원천징수

제149조【납세조합의 조직】 다음 각 호의 어느 하나에 해당하는 거주자는 대통령령으로 정하는 바에 따라 납세조합을 조직할 수 있다.

1. 제127조제1항제4호 각 목의 어느 하나에 해당하는 근로소득이 있는 자

2. 대통령령으로 정하는 사업자

제150조【납세조합의 징수의무】 ① 제149조에 따른 납세조합은 그 조합원의 제127조제1항제4호 각 목의 어느 하나에 해당하는 근로소득 또는 사업소득에 대한 소득세를 매월 징수하여야 한다.

② 제149조제2호에 따른 사업자가 조직한 납세조합이 2024년 12월 31일 이전에 그 조합원에 대한 매월분의 소득세를 제1항에 따라 징수할 때에는 그 세액의 100분의 5에 해당하는 금액을 공제하고 징수한다.
(2021.12.8 본항개정)

③ 제149조제1호에 따른 자가 조직한 납세조합이 2024년 12월 31일 이전에 그 조합원에 대한 매월분의 소득세를 제1항에 따라 징수할 때에는 그 세액의 100분의 5에 해당하는 금액을 공제하고 징수한다. 다만, 제149조제1호에 따른 자가 제70조에 따라 종합소득 과세표준 확정신고를 하거나 제137조, 제137조의2 및 제138조의 예에 따라 연말정산을 하는 경우에는 해당 납세조합에 의하여 원천징수된 근로소득에 대한 종합소득산출세액의 100분의 5에 해당하는 금액을 공제한 것을 세액으로 납부하거나 징수한다.(2021.12.8 본문개정)

④ 제2항 또는 제3항에 따라 공제하는 금액은 연 100만원(해당 과세기간이 1년 미만이거나 해당 과세기간의 근로제공기간이 1년 미만인 경우에는 100만원에 해당 과세기간의 월수 또는 근로제공 월수를 곱하고 이를 12로 나누어 산출한 금액을 말한다)을 한도로 한다.
(2021.12.8 본항신설)

⑤ 제2항과 제3항에 따른 공제를 "납세조합공제"라 한다.

⑥ 제1항에 따른 소득세의 징수에 관하여 필요한 사항은 대통령령으로 정한다.

제151조【납세조합 징수세액의 납부】 납세조합은 제150조에 따라 징수한 매월분의 소득세를 징수일이 속하는 달의 다음 달 10일까지 대통령령으로 정하는 바에 따라 납세조합 관할 세무서, 한국은행 또는 체신관서에 납부하여야 한다.

제152조【납세조합의 징수방법】 ① 제150조제2항에 따른 납세조합은 같은 조 제1항에 따라 소득세를 징수할 때 대통령령으로 정하는 바에 따라 계산한 각 조합원의 매월분 소득에 12를 곱한 금액에 종합소득공제를 적용한 금액에 기본세율을 적용하여 계산한 세액의 12분의 1을 매월분의 소득세로 하여 세액공제와 납세조합공제를 적용한 금액을 징수한다. 이 경우에 1개월 미만의 끝수가 있을 때에는 1개월로 본다.

② 제150조제3항에 따른 납세조합은 같은 조 제1항에 따라 소득세를 징수할 때 그 조합원의 매월분의 소득에 대해서는 제127조에 따른 근로소득에 대한 원천징수의 예에 따르되, 제134조에 따른 근로소득 간이세액표에 따라 계산한 소득세에서 납세조합공제를 적용한 금액을 징수한다.

제153조【납세조합의 납세관리】 ① 납세조합은 그 조합원의 소득세에 관한 신고·납부 및 환급에 관한 사항을 관리하는 납세관리인이 될 수 있다.
② 제1항에 따라 납세조합이 그 조합원의 납세관리인이 되려는 경우에는 대통령령으로 정하는 바에 따라 납세조합 관할 세무서장에게 신고하여야 한다.

제3절 원천징수의 특례

제154조【원천징수의 면제】 원천징수의무자가 제127조제1항 각 호의 소득으로서 소득세가 과세되지 아니하거나 면제되는 소득을 지급할 때에는 소득세를 원천징수하지 아니한다.

제155조【원천징수의 배제】 제127조제1항 각 호의 소득으로서 발생 후 지급되지 아니함으로써 소득세가 원천징수되지 아니한 소득이 종합소득에 합산되어 종합소득에 대한 소득세가 과세된 경우에 그 소득을 지급할 때에는 소득세를 원천징수하지 아니한다.

제155조의2【특정금전신탁 등의 원천징수의 특례】 제4조제2항 각 호를 제외한 신탁의 경우에는 다음 각 호에 따라 해당 소득에 대한 소득세를 원천징수하여야 한다.
1. 제130조에도 불구하고 제127조제2항에 따라 원천징수를 대리하거나 위임을 받은 자가 제127조제1항제1호 및 제2호의 소득이 신탁에 귀속된 날부터 3개월 이내의 특정일(동일 귀속연도 이내로 한정한다)에 소득세를 원천징수할 것
2. 제127조제7항에 따라 원천징수를 대리하거나 위임을 받은 금융회사등이 제127조제1항제9호의 소득에 대하여 원천징수할 때에는 제148조의2 및 제148조의3을 준용하여 징수할 것(2021.12.8 본호개정 : 2025.1.1 시행)

(2020.12.29 본조개정)

제155조의3【집합투자기구의 원천징수 특례】 제127조제1항 각 호에 따른 소득금액이 「자본시장과 금융투자업에 관한 법률」에 따른 집합투자재산에 귀속되는 시점에는 그 소득금액이 지급된 것으로 보지 아니한다.

제155조의4【상여처분의 원천징수 특례】 ① 법인이 「채무자 회생 및 파산에 관한 법률」에 따른 회생절차에 따라 특수관계인이 아닌 다른 법인에 합병되는 등 지배주주가 변경(이하 이 조에서 "인수"라 한다)된 이후 회생절차 개시 전에 발생한 사유로 흡수 인수된 법인의 대표자 등에 대하여 「법인세법」 제67조에 따라 상여로 처분되는 대통령령으로 정하는 소득에 대해서는 제127조에도 불구하고 소득세를 원천징수하지 아니한다.
② 상여처분의 원천징수 특례에 관하여 그 밖에 필요한 사항은 대통령령으로 정한다.
(2014.1.1 본조신설)

제155조의5【서화·골동품 양도로 발생하는 소득의 원천징수 특례】 제21조제2항에 따른 서화·골동품의 양도로 발생하는 소득에 대하여 원천징수의무자가 대통령령으로 정하는 사유로 제127조제1항에 따른 원천징수를 하기 곤란하여 원천징수를 하지 못하는 경우에는 서화·골동품의 양도로 발생하는 소득을 지급받는 자를 제127조제1항에 따른 원천징수의무자로 보아 이 법을 적용한다.(2020.12.29 본조개정)

제155조의6【종교인소득에 대한 원천징수 예외】 종교인소득(제21조제4항에 해당하는 경우를 포함한다)을 지급하는 자는 제127조, 제134조부터 제143조, 제145조 및 제145조의3에 따른 소득세의 원천징수를 하지 아니할 수 있다. 이 경우 종교인소득을 지급받은 자는 제70조에 따라 종합소득과세표준을 신고하여야 한다.
(2020.12.29 전단개정)

제155조의7【비실명자산소득에 대한 원천징수 특례】 ① 제127조에 따른 원천징수의무자가 「금융실명거래 및 비밀보장에 관한 법률」 제5조에 따른 차등과세가 적용되는 이자 및 배당소득에 대하여 고의 또는 중대한 과실 없이 같은 조에서 정한 세율이 아닌 제129조제1항제1호라목 또는 같은 항 제2호나목에 따른 세율로 원천징수한 경우에는 해당 계좌의 실질 소유자가 제127조제1항에도 불구하고 소득세 원천징수 부족액(「국세기본법」 제47조의5제1항에 따른 가산세를 포함한다. 이하 이 조에서 같다)을 납부하여야 한다.
② 제1항에 따른 소득세 원천징수 부족액에 관하여는 해당 계좌의 실질 소유자를 원천징수의무자로 본다.
(2018.12.31 본조신설)

제156조【비거주자의 국내원천소득에 대한 원천징수의 특례】 ① 제119조제1호·제2호 및 제4호부터 제6호까지 및 제9호부터 제12호까지의 규정에 따른 국내원천소득으로서 국내사업장과 실질적으로 관련되지 아니하거나 그 국내사업장에 귀속되지 아니한 소득의 금액(국내사업장이 없는 비거주자에게 지급하는 금액을 포함한다)을 비거주자에게 지급하는 자(제119조제9호에 따른 국내원천 부동산양도소득을 지급하는 거주자 및 비거주자는 제외한다)는 제127조에도 불구하고 그 소득을 지급할 때에 다음 각 호의 금액을 그 비거주자의 국내원천소득에 대한 소득세로서 원천징수하여 그 원천징수한 날이 속하는 달의 다음 달 10일까지 대통령령으로 정하는 바에 따라 원천징수 관할 세무서, 한국은행 또는 체신관서에 납부하여야 한다.
1. 제119조제1호에 따른 국내원천 이자소득 : 다음 각 목의 구분에 따른 금액
   가. 국가·지방자치단체 및 내국법인이 발행하는 채권에서 발생하는 이자소득 : 지급금액의 100분의 14
   나. 가목 외의 이자소득 : 지급금액의 100분의 20
2. 제119조제2호에 따른 국내원천 배당소득 : 지급금액의 100분의 20
3. 제119조제4호에 따른 국내원천 선박등임대소득 및 같은 조 제5호(조세조약에 따라 국내원천 사업소득으로 과세할 수 있는 소득은 제외한다)에 따른 국내원천 사업소득 : 지급금액의 100분의 2
4. 제119조제6호에 따른 국내원천 인적용역소득 : 지급금액의 100분의 20. 다만, 국외에서 제공하는 인적용역 중 대통령령으로 정하는 용역을 제공함으로써 발생하는 소득이 조세조약에 따라 국내에서 발생하는 것으로 보는 소득에 대해서는 그 지급금액의 100분의 3으로 한다.
5. 제119조제9호에 따른 국내원천 부동산등양도소득 : 지급금액의 100분의 10. 다만, 양도한 자산의 취득가액 및 양도비용이 확인되는 경우에는 그 지급금액의 100분의 10에 해당하는 금액과 그 자산의 양도차익의 100분의 20에 해당하는 금액 중 적은 금액으로 한다.
6. 제119조제10호에 따른 국내원천 사용료소득 : 지급금액의 100분의 20
7. 제119조제11호에 따른 국내원천 유가증권양도소득 : 지급금액(제126조제6항에 해당하는 경우에는 같은 항의 정상가격을 말한다. 이하 이 호에서 같다)의 100분의 10. 다만, 제126조제1항제1호에 따라 해당 유가증권의 취득가액 및 양도비용이 확인되는 경우에는 그 지급금액의 100분의 10에 해당하는 금액과 같은 호에 따라 계산한 금액의 100분의 20에 해당하는 금액 중 적은 금액으로 한다.
8. 제119조제12호에 따른 국내원천 기타소득 : 지급금액(제126조제1항제2호에 따른 상금·부상 등에 대해서는 같은 조에 따라 계산한 금액으로 한다)의 100분의 20. 다만, 같은 호 카목의 소득에 대해서는 그 지급금액의 100분의 15로 한다.(2019.12.31 본호개정)
(2018.12.31 본항개정)

② (2022.12.31 삭제)
③ 제1항에서 규정하는 국내원천소득이 국외에서 지급되는 경우에 그 지급자가 국내에 주소, 거소, 본점, 주사무소 또는 국내사업장(「법인세법」 제94조에 규정된 국내사업장을 포함한다)을 둔 경우에는 그 지급자가 해당 국내원천소득을 국내에서 지급하는 것으로 보고 제1항을 적용한다.
④ 국내사업장이 없는 비거주자에게 외국차관자금으로 제119조제1호·제5호·제6호 및 제10호의 국내원천소득을 지급하는 자는 해당 계약조건에 따라 그 소득을 자기가 직접 지급하지 아니하는 경우에도 그 계약상의 지급 조건에 따라 그 소득이 지급될 때마다 제1항에 따른 원천징수를 하여야 한다.(2013.1.1 본항개정)
⑤ 외국을 항행하는 선박이나 항공기를 운영하는 비거주자의 국내대리점으로서 제120조제3항에 해당하지 아니하는 자가 그 비거주자에게 그 선박이나 항공기가 외국을 항행하여 생기는 소득을 지급할 때에는 제1항에 따라 비거주자의 국내원천소득의 금액에 대하여 원천징수를 하여야 한다.
⑥ 제119조제11호에 따른 유가증권을 「자본시장과 금융투자업에 관한 법률」에 따른 투자매매업자 또는 투자중개업자를 통하여 양도하는 경우에는 그 투자매매업자 또는 투자중개업자가 제1항에 따른 원천징수를 하여야 한다. 다만, 「자본시장과 금융투자업에 관한 법률」에 따라 주식을 상장하는 경우로서 이미 발행된 주식을 양도하는 경우에는 그 주식을 발행한 법인이 원천징수하여야 한다.
⑦ 건축·건설, 기계장치 등의 설치·조립, 그 밖의 작업이나 그 작업의 지휘·감독 등에 관한 용역의 제공으로 발생하는 국내원천소득 또는 제119조제6호에 따라 인적용역을 제공함에 따른 국내원천소득(조세조약에서 사업소득으로 구분하는 경우를 포함한다)을 비거주자에게 지급하는 자는 비거주자가 국내사업장을 가지고 있는 경우에도 제1항에 따른 원천징수를 하여야 한다. 다만, 그 비거주자가 제168조에 따라 사업자등록을 한 경우는 제외한다.(2014.1.1 본문개정)
⑧ 제119조제12호바목(승마투표권, 승자투표권, 소싸움경기투표권, 체육진흥투표권의 환급금만 해당한다) 및 사목의 소득에 대하여 제1항을 적용할 때에는 제84조를 준용한다.
⑨ 비거주자가 「민사집행법」에 따른 경매 또는 「국세징수법」에 따른 공매로 인하여 제119조에 따른 국내원천소득을 지급받는 경우에는 해당 경매대금을 배당하거나 공매대금을 배분하는 자가 해당 비거주자에게 실제로 지급하는 금액의 범위에서 제1항에 따라 원천징수를 하여야 한다.(2014.1.1 본항개정)
⑩ 제1항부터 제9항까지의 규정에 따른 원천징수의무자를 대리하거나 그 위임을 받은 자의 행위는 수권(授權) 또는 위임의 범위에서 본인 또는 위임인의 행위로 보아 제1항부터 제9항까지의 규정을 적용한다.(2010.12.27 본항신설)
⑪ 금융회사등이 내국인이 발행한 어음, 채무증서, 주식 또는 집합투자증권을 인수·매매·중개 또는 대리하는 경우에는 그 금융회사등과 해당 내국인 간에 대리 또는 위임의 관계가 있는 것으로 보아 제10항을 적용한다.(2010.12.27 본항신설)
⑫ 제1항부터 제11항까지의 규정에 따른 원천징수의무자는 원천징수를 할 때에 그 국내원천소득의 금액과 그 밖에 필요한 사항을 적은 기획재정부령으로 정하는 원천징수영수증을 그 국내원천소득을 받는 자에게 발급하여야 한다.(2010.12.27 본항개정)
⑬ 제119조제12호자목에 따른 국내원천소득은 주식 또는 출자지분을 발행한 내국법인이 그 주식 또는 출자지분을 보유하고 있는 국외특수관계인으로부터 대통령

령으로 정하는 시기에 원천징수를 하여야 한다.(2012.1.1 본항개정)
⑭ 제13항에 따른 원천징수의 구체적인 방법에 관하여는 대통령령으로 정한다.
⑮ 제1항을 적용할 때 제119조제9호에 따른 국내원천부동산등양도소득이 있는 비거주자가 대통령령으로 정하는 바에 따라 그 소득에 대한 소득세를 미리 납부하였거나 그 소득이 비과세 또는 과세미달되는 것임을 증명하는 경우에는 그 소득에 대하여 소득세를 원천징수하지 아니한다.(2018.12.31 본항개정)

제156조의2 【비거주자에 대한 조세조약상 비과세 또는 면제 적용 신청】 ① 제119조에 따른 국내원천소득(같은 조 제5호에 따른 국내원천 사업소득 및 같은 조 제6호에 따른 국내원천 인적용역소득은 제외한다)의 실질귀속자인 비거주자가 조세조약에 따라 비과세 또는 면제를 적용받으려는 경우에는 대통령령으로 정하는 바에 따라 비과세·면제신청서 및 국내원천소득의 실질귀속자임을 증명하는 서류(이하 이 조에서 "신청서등"이라 한다)를 국내원천소득을 지급하는 자(이하 이 조에서 "소득지급자"라 한다)에게 제출하고, 해당 소득지급자는 그 신청서등을 납세지 관할 세무서장에게 제출하여야 한다.(2022.12.31 본항개정)
② 제1항을 적용할 때 해당 국내원천소득이 국외투자기구를 통하여 지급되는 경우에는 그 국외투자기구가 대통령령으로 정하는 바에 따라 실질귀속자로부터 신청서등을 제출받아 이를 그 명세가 포함된 국외투자기구 신고서와 함께 소득지급자에게 제출하고 해당 소득지급자는 그 신고서와 신청서등을 납세지 관할 세무서장에게 제출하여야 한다.(2022.12.31 본항개정)
③ 제1항 또는 제2항에 따라 실질귀속자 또는 국외투자기구로부터 신청서등을 제출받은 소득지급자는 제출된 신청서등에 누락된 사항이나 미비한 사항이 있으면 보완을 요구할 수 있으며, 실질귀속자 또는 국외투자기구로부터 신청서등 또는 국외투자기구 신고서를 제출받지 못하거나 제출된 서류를 통해서는 실질귀속자를 파악할 수 없는 등 대통령령으로 정하는 사유에 해당하는 경우에는 비과세 또는 면제를 적용하지 아니하고 제156조제1항 각 호의 금액을 원천징수하여야 한다.(2022.12.31 본항개정)
④ 제1항 또는 제2항에 따라 신청서등을 제출받은 납세지 관할 세무서장은 비과세 또는 면제요건 충족 여부를 검토한 결과 비과세·면제 요건이 충족되지 아니하거나 해당 신청서의 내용이 사실과 다르다고 인정되는 경우에는 제126조제4항에 따라 준용되는 제85조제3항에 따라 같은 규정에 따른 세액을 소득지급자로부터 징수하여야 한다. 이 경우 신청서등에 기재된 내용만으로는 비과세·면제 요건의 충족 여부를 판단할 수 없는 경우에는 상당한 기한을 정하여 소득지급자에게 관련 서류의 보완을 요구할 수 있다.(2022.12.31 본항신설)
⑤ 제3항에 따라 비과세 또는 면제를 적용받지 못한 실질귀속자가 비과세 또는 면제를 적용받으려는 경우에는 실질귀속자 또는 소득지급자가 제3항에 따라 세액이 원천징수된 날이 속하는 달의 다음 달 11일부터 5년 이내에 대통령령으로 정하는 바에 따라 소득지급자의 납세지 관할 세무서장에게 경정을 청구할 수 있다. 다만, 「국세기본법」 제45조의2제2항 각 호의 어느 하나에 해당하는 사유가 발생하였을 때에는 본문에도 불구하고 그 사유가 발생한 것을 안 날부터 3개월 이내에 경정을 청구할 수 있다.(2023.12.31 본문개정)
⑥ 제5항에 따라 경정을 청구받은 세무서장은 청구를 받은 날부터 6개월 이내에 과세표준과 세액을 경정하거나 경정하여야 할 이유가 없다는 뜻을 청구인에게 알려야 한다.(2022.12.31 본항개정)
⑦ 제1항부터 제6항까지에서 규정된 사항 외에 신청서

등 및 국외투자기구 신고서 등 관련 서류의 제출 방법·절차, 제출된 서류의 보관의무와 경정청구의 방법·절차 등 비과세·면제의 적용에 필요한 사항은 대통령령으로 정한다.(2022.12.31 본항개정)

제156조의3【비거주자의 채권등에 대한 원천징수의 특례】 제156조제1항을 적용받는 비거주자에게 채권등의 이자등을 지급하는 자 또는 해당 비거주자로부터 채권등을 매수(증여·변제 및 출자 등으로 채권등의 소유권 또는 이자소득의 수급권의 변동이 있는 경우와 매도를 위탁받거나 중개·알선하는 경우를 포함하되, 환매조건부채권매매거래 등 대통령령으로 정하는 경우는 제외한다)하는 자는 그 비거주자의 보유기간을 고려하여 대통령령으로 정하는 바에 따라 원천징수를 하여야 한다.(2013.1.1 본조개정)

제156조의4【특정지역 비거주자에 대한 원천징수 절차 특례】 제156조, 제156조의3 및 제156조의6에 따른 원천징수의무자는 기획재정부장관이 고시하는 국가 또는 지역에 소재하는 비거주자의 국내원천소득 중 제119조제1호, 제2호, 같은 조 제9호나목, 같은 조 제10호 또는 제11호에 따른 소득에 대하여 소득세로서 원천징수하는 경우에는 제156조의2 및 조세조약에 따른 비과세·면제 또는 제한세율에 관한 규정에도 불구하고 제156조제1항 각 호에 따른 세율을 우선 적용하여 원천징수하여야 한다. 다만, 대통령령으로 정하는 바에 따라 조세조약에 따른 비과세·면제 또는 제한세율에 관한 규정을 적용받을 수 있음을 국세청장이 사전 승인하는 경우에는 그러하지 아니하다.(2012.1.1 본문개정)
② 제1항에서 규정한 국내원천소득을 실질적으로 귀속받는 자(그 대리인 또는 「국세기본법」 제82조에 따른 납세관리인을 포함한다)가 그 소득에 대하여 조세조약에 따른 비과세·면제 또는 제한세율에 관한 규정을 적용받으려는 경우에는 제1항에 따라 세액이 원천징수된 날이 속하는 달의 다음 달 11일부터 5년 이내에 대통령령으로 정하는 바에 따라 원천징수의무자의 납세지 관할 세무서장에게 경정을 청구할 수 있다. 다만, 「국세기본법」 제45조의2제2항 각 호의 어느 하나에 해당하는 사유가 발생하였을 때에는 본문에도 불구하고 그 사유가 발생한 것을 안 날부터 3개월 이내에 경정을 청구할 수 있다.(2023.12.31 본문개정)
③ 제2항에 따른 경정의 청구를 받은 세무서장은 그 청구를 받은 날부터 6개월 이내에 과세표준과 세액을 경정하거나 경정하여야 할 이유가 없다는 뜻을 그 청구를 한 자에게 알려주어야 한다.
(2018.12.31 본조제목개정)

제156조의5【비거주 연예인 등의 용역 제공과 관련된 원천징수 절차 특례】 ① 비거주자인 연예인 또는 운동가 등 대통령령으로 정하는 자(이하 이 조에서 "비거주 연예인등"이라 한다)가 국내에서 제공한 용역(제119조제6호 및 제12호를 포함한다. 이하 이 조에서 같다)과 관련하여 지급받는 보수 또는 대가에 대해서 조세조약에 따라 국내사업장이 없거나 국내사업장에 귀속되지 아니하는 등의 이유로 과세되지 아니하는 외국법인(이하 이 조에서 "비과세 외국연예등법인"이라 한다)에 비거주 연예인등이 국내에서 제공한 용역과 관련하여 보수 또는 대가를 지급하는 자는 조세조약에도 불구하고 그 지급하는 금액의 100분의 20의 금액을 원천징수하여 그 원천징수한 날이 속하는 달의 다음 달 10일까지 대통령령으로 정하는 바에 따라 원천징수 관할 세무서, 한국은행 또는 체신관서에 납부하여야 한다.(2018.12.31 본항개정)
② 제156조제1항에도 불구하고 비과세 외국연예등법인은 비거주 연예인등의 용역 제공과 관련하여 보수 또는 대가를 지급할 때 그 지급금액의 100분의 20의 금액을 지급받는 자의 국내원천소득에 대한 소득세로서 원천

징수하여 그 원천징수한 날이 속하는 달의 다음 달 10일까지 대통령령으로 정하는 바에 따라 원천징수 관할 세무서, 한국은행 또는 체신관서에 납부하여야 한다. 이 경우 비거주 연예인등이 국내에서 제공한 용역과 관련하여 비과세 외국연예등법인에 대가를 지급하는 자가 제1항에 따라 원천징수하여 납부한 경우에는 그 납부한 금액의 범위에서 그 소득세를 납부한 것으로 본다.
③ 제1항에 따라 원천징수하여 납부한 금액이 제2항에 따라 원천징수하여 납부한 금액보다 큰 경우 그 차액에 대하여 비과세 외국연예등법인은 대통령령으로 정하는 바에 따라 관할 세무서장에게 환급을 신청할 수 있다.

제156조의6【비거주자에 대한 조세조약상 제한세율 적용을 위한 원천징수 절차 특례】 ① 제119조에 따른 국내원천소득의 실질귀속자인 비거주자가 조세조약에 따른 제한세율을 적용받으려는 경우에는 대통령령으로 정하는 바에 따라 제한세율 적용신청서 및 국내원천소득의 실질귀속자임을 증명하는 서류(이하 이 조에서 "신청서등"이라 한다)를 제156조제1항에 따른 원천징수의무자(이하 이 조에서 "원천징수의무자"라 한다)에게 제출하여야 한다.(2022.12.31 본항개정)
② 제1항을 적용할 때 해당 국내원천소득이 국외투자기구를 통하여 지급되는 경우에는 그 국외투자기구가 대통령령으로 정하는 바에 따라 실질귀속자로부터 신청서등을 제출받아 이를 그 명세가 포함된 국외투자기구 신고서와 함께 원천징수의무자에게 제출하여야 한다.(2022.12.31 본항개정)
③ 제1항 또는 제2항에 따라 실질귀속자 또는 국외투자기구로부터 신청서등을 제출받은 원천징수의무자는 제출된 신청서등에 누락된 사항이나 미비한 사항이 있으면 보완을 요구할 수 있으며, 실질귀속자 또는 국외투자기구로부터 신청서등 또는 국외투자기구 신고서를 제출받지 못하거나 제출된 서류를 통해서는 실질귀속자를 파악할 수 없는 등 대통령령으로 정하는 사유에 해당하는 경우에는 제한세율을 적용하지 아니하고 제156조제1항 각 호의 금액을 원천징수하여야 한다.(2022.12.31 본항개정)
④ 제1항 및 제2항에 따라 적용받은 제한세율에 오류가 있거나 제3항에 따라 제한세율을 적용받지 못한 실질귀속자가 제한세율을 적용받으려는 경우에는 실질귀속자 또는 원천징수의무자가 제3항에 따라 세액이 원천징수된 날이 속하는 달의 다음 달 11일부터 5년 이내에 대통령령으로 정하는 바에 따라 원천징수의무자의 납세지 관할 세무서장에게 경정을 청구할 수 있다. 다만, 「국세기본법」 제45조의2제2항 각 호의 어느 하나에 해당하는 사유가 발생하였을 때에는 본문에도 불구하고 그 사유가 발생한 것을 안 날부터 3개월 이내에 경정을 청구할 수 있다.(2023.12.31 본문개정)
⑤ 제4항에 따라 경정을 청구받은 세무서장은 청구를 받은 날부터 6개월 이내에 과세표준과 세액을 경정하거나 경정하여야 할 이유가 없다는 뜻을 청구인에게 알려야 한다.
⑥ 제1항부터 제5항까지에서 규정된 사항 외에 신청서등 및 국외투자기구 신고서 등 관련 서류의 제출 방법·절차, 제출된 서류의 보관의무, 경정청구 방법·절차 등 비과세·면제의 적용에 필요한 사항은 대통령령으로 정한다.(2022.12.31 본항개정)
(2012.1.1 본조신설)

제156조의7【외국법인 소속 파견근로자의 소득에 대한 원천징수 특례】 ① 내국법인과 체결한 근로자파견계약에 따라 근로자를 파견하는 국외에 있는 외국법인(국내지점 또는 국내영업소는 제외하며, 이하 이 조에서 "파견외국법인"이라 한다)의 소속 근로자(이하 이 조에서 "파견근로자"라 한다)를 사용하는 내국법인(이하 "사용내국법인"이라 한다)은 제134조제1항에도 불구하고

파견근로자가 국내에서 제공한 근로의 대가를 파견외국법인에 지급하는 때에 그 지급하는 금액(파견근로자가 파견외국법인으로부터 지급받는 금액을 대통령령으로 정하는 바에 따라 사용내국법인이 확인한 경우에는 그 확인된 금액을 말한다)에 「조세특례제한법」 제18조의2제2항에 따른 세율을 적용하여 계산한 금액을 소득세로 원천징수하여 그 원천징수하는 날이 속하는 달의 다음 달 10일까지 대통령령으로 정하는 바에 따라 원천징수 관할 세무서, 한국은행 또는 체신관서에 납부하여야 한다.(2021.12.8 본항개정)
② 파견외국법인은 제1항에 따른 파견근로자에게 해당 과세기간의 다음 연도 2월분의 근로소득을 지급할 때에 제137조에 따라 해당 과세기간의 근로소득에 대한 소득세를 원천징수하여야 한다. 이 경우 파견근로자에 대한 해당 과세기간의 과세표준과 세액의 계산, 과세표준 확정신고와 납부, 결정·경정 및 징수·환급에 대해서는 이 법에 따른 거주자 및 비거주자에 대한 관련 규정을 준용한다.
③ 제2항을 적용할 때 사용내국법인은 파견외국법인을 대리하여 원천징수할 수 있다.
④ 제1항부터 제3항까지를 적용할 때 파견근로자에 대하여 원천징수할 소득세의 대하여 사용내국법인 및 파견근로자의 범위, 원천징수·환급신청 등과 관련 서류의 제출 방법 및 절차 등에 관하여 필요한 사항은 대통령령으로 정한다.
(2015.12.15 본조신설)

제156조의8【이자·배당 및 사용료에 대한 세율의 적용 특례】① 조세조약의 규정상 비거주자의 국내원천소득 중 이자, 배당 또는 사용료소득에 대해서는 제한세율과 다음 각 호의 어느 하나에 규정된 세율 중 낮은 세율을 적용한다.
1. 조세조약의 대상 조세에 지방소득세가 포함되지 아니하는 경우에는 제156조제1항제1호, 제2호 및 제6호에서 규정하는 세율
2. 조세조약의 대상 조세에 지방소득세가 포함되는 경우에는 제156조제1항제1호, 제2호 및 제6호에서 규정하는 세율에 「지방세법」 제103조의18제1항의 원천징수하는 소득세의 100분의 10을 반영한 세율
② 제1항에도 불구하고 제156조의4제1항에 해당하는 경우에는 제156조의4제1항에 따라 원천징수한다. 이 경우 제156조의4제3항에 따라 과세표준과 세액을 경정하는 경우에는 제한세율과 제1항 각 호의 어느 하나에 규정된 세율 중 낮은 세율을 적용한다.
(2020.12.29 본조신설)

제156조의9【외국인 통합계좌를 통하여 지급받는 국내원천소득에 대한 원천징수 특례】① 비거주자가 외국인 통합계좌(「자본시장과 금융투자업에 관한 법률」 제12조제2항제1호나목에 따른 외국 금융투자업자가 다른 외국 투자자의 주식 매매거래를 일괄하여 주문·결제하기 위하여 자기 명의로 개설한 계좌를 말한다. 이하 같다)를 통하여 제119조에 따른 국내원천소득을 지급받는 경우 해당 국내원천소득을 외국인 통합계좌를 통하여 지급하는 자는 외국인 통합계좌의 명의인에게 그 소득금액을 지급할 때 제156조제1항 각 호에 따른 금액을 소득세로 원천징수하여야 한다.
② 제1항에 따라 소득을 지급받은 비거주자는 조세조약상 비과세·면제 및 제한세율을 적용받으려는 경우에는 납세지 관할 세무서장에게 경정을 청구할 수 있다.
③ 비거주자가 제2항에 따라 경정을 청구하는 경우 경정청구의 기한 및 방법·절차 등에 관하여는 제156조의2제5항부터 제7항까지 및 제156조의6제4항부터 제6항까지를 준용한다. 이 경우 제156조의2제5항 본문 중 "실질귀속자" 및 "실질귀속자 또는 소득지급자"와

제156조의6제4항 본문 중 "실질귀속자" 및 "실질귀속자 또는 원천징수의무자"는 각각 "비거주자"로 본다.
(2023.12.31 본조신설)

제157조【원천징수의 승계】① 법인이 해산한 경우에 원천징수를 하여야 할 소득세를 징수하지 아니하였거나 징수한 소득세를 납부하지 아니하고 잔여재산을 분배하였을 때에는 청산인은 그 분배액을 한도로 하여 분배를 받은 자와 연대하여 납세의무를 진다.
② 법인이 합병한 경우에 합병 후 존속하는 법인이나 합병으로 설립된 법인은, 합병으로 소멸된 법인이 원천징수를 하여야 할 소득세를 납부하지 아니하면 그 소득세에 대한 납세의무를 진다.

제4절 원천징수납부 불성실가산세

제158조~제159조 (2012.1.1 삭제)

제6장 보 칙
(2009.12.31 본장개정)

제160조【장부의 비치·기록】① 사업자(국내사업장이 있거나 제119조제3호에 따른 소득이 있는 비거주자를 포함한다. 이하 같다)는 소득금액을 계산할 수 있도록 증명서류 등을 갖춰 놓고 그 사업에 관한 모든 거래사실이 객관적으로 파악될 수 있도록 복식부기에 따라 장부에 기록·관리하여야 한다.(2013.1.1 본항개정)
② 업종·규모 등을 고려하여 대통령령으로 정하는 업종별 일정 규모 미만의 사업자가 대통령령으로 정하는 간편장부(이하 "간편장부"라 한다)를 갖춰 놓고 그 사업에 관한 거래 사실을 성실히 기재한 경우에는 제1항의 장부를 비치·기록한 것으로 본다.
③ 제2항에 따른 대통령령으로 정하는 업종별 일정 규모 미만의 사업자는 "간편장부대상자"라 하고, 간편장부대상자 외의 사업자는 "복식부기의무자"라 한다.
④ 제1항이나 제2항의 경우에 사업소득에 부동산임대업에서 발생한 소득이 포함되어 있는 사업자는 그 소득별로 구분하여 회계처리하여야 한다. 이 경우에는 소득별로 구분할 수 없는 공통수입금액과 그 공통수입금액에 대응하는 공통경비는 각 총수입금액에 비례하여 그 금액을 나누어 장부에 기록한다.
⑤ 둘 이상의 사업장을 가진 사업자가 이 법 또는 「조세특례제한법」에 따라 사업장별로 감면을 달리 적용받는 경우에는 사업장별 거래 내용이 구분될 수 있도록 장부에 기록하여야 한다.(2010.12.27 본항개정)
⑥ (2010.12.27 삭제)
⑦ 제1항부터 제5항까지의 규정에 따른 장부·증명서류의 기록·비치에 필요한 사항은 대통령령으로 정한다.

제160조의2【경비 등의 지출증명 수취 및 보관】① 거주자 또는 제121조제2항 및 제5항에 따른 비거주자가 사업소득금액 또는 기타소득금액을 계산할 때 제27조 또는 제37조에 따라 필요경비를 계산하려는 경우에는 그 비용의 지출에 대한 증명서류를 받아 이를 확정신고기간 종료일부터 5년간 보관하여야 한다. 다만, 각 과세기간의 개시일 5년 전에 발생한 결손금을 공제받은 자는 해당 결손금이 발생한 과세기간의 증명서류를 공제받은 과세기간의 다음다음 연도 5월 31일까지 보관하여야 한다.(2013.1.1 본문개정)
② 제1항의 경우 사업소득이 있는 자가 사업과 관련하여 사업자(법인을 포함한다)로부터 재화 또는 용역을 공급받고 그 대가를 지출하는 경우에는 다음 각 호의 어느 하나에 해당하는 증명서류를 받아야 한다. 다만, 대통령령으로 정하는 경우에는 그러하지 아니하다.

1. 제163조 및 「법인세법」 제121조에 따른 계산서
2. 「부가가치세법」 제32조에 따른 세금계산서 (2013.6.7 본호개정)
3. 「여신전문금융업법」에 따른 신용카드매출전표(신용카드와 유사한 것으로서 대통령령으로 정하는 것을 사용하여 거래하는 경우 그 증명서류를 포함한다)
4. 제162조의3제1항에 따라 현금영수증가맹점으로 가입한 사업자가 재화나 용역을 공급하고 그 대금을 현금으로 받은 경우 그 재화나 용역을 공급받는 자에게 현금영수증 발급장치에 의하여 발급하는 것으로서 거래일시·금액 등 결제내역이 기재된 영수증(이하 "현금영수증"이라 한다)
③ 제2항을 적용할 때 사업자가 다음 각 호에 해당하는 경우에는 같은 항에 따른 증명서류의 수취·보관의무를 이행한 것으로 본다.
1. 제2항제1호의 계산서를 발급받지 못하여 제163조의3에 따른 매입자발행계산서를 발행하여 보관한 경우
2. 제2항제2호의 세금계산서를 발급받지 못하여 「부가가치세법」 제34조의2제2항에 따른 매입자발행세금계산서를 발행하여 보관한 경우 (2022.12.31 본항개정)
④ 제1항부터 제3항까지의 규정을 적용할 때 비용 지출에 대한 증명서류의 수취·보관에 관한 사항과 그 밖에 필요한 사항은 대통령령으로 정한다.

제160조의3 【기부금영수증 발급명세의 작성·보관의무 등】 ① 기부금영수증을 발급하는 거주자 또는 비거주자(이하 이 조에서 "기부금 영수증을 발급하는 자"라 한다)는 대통령령으로 정하는 기부자별 발급명세를 작성하여 발급한 날부터 5년간 보관하여야 한다. 다만, 전자기부금영수증을 발급한 경우에는 그러하지 아니하다.
② 기부금영수증을 발급하는 자는 제1항에 따라 보관하고 있는 기부자별 발급명세를 국세청장, 지방국세청장 또는 관할 세무서장이 요청하는 경우 제출하여야 한다. 다만, 전자기부금영수증을 발급한 경우에는 그러하지 아니하다.
③ 기부금영수증을 발급하는 자는 해당 과세기간의 기부금영수증 총 발급 건수 및 금액 등을 기재한 기부금영수증 발급합계표를 해당 과세기간의 다음 연도 6월 30일까지 제168조제5항에 따른 관할 세무서장에게 제출하여야 한다. 다만, 전자기부금영수증을 발급한 경우에는 그러하지 아니하다.(2023.12.31 본문개정) (2020.12.29 본조개정)

제160조의4 【금융회사등의 증명서 발급명세의 작성·보관의무 등】 ① 금융회사등은 이 법 또는 「조세특례제한법」에 따른 소득공제에 필요한 증명서류를 발급하는 경우 대통령령으로 정하는 개인별 발급명세를 작성하여 발급한 날부터 5년간 보관하여야 한다.
② 금융회사등은 제1항에 따라 보관하고 있는 개인별 발급명세를 국세청장이 요청하는 경우 제출하여야 한다. (2013.1.1 본조개정)

제160조의5 【사업용계좌의 신고·사용의무 등】 ① 복식부기의무자는 사업과 관련하여 재화 또는 용역을 공급받거나 공급하는 거래의 경우로서 다음 각 호의 어느 하나에 해당하는 때에는 대통령령으로 정하는 사업용계좌(이하 "사업용계좌"라 한다)를 사용하여야 한다.
1. 거래의 대금을 금융회사등을 통하여 결제하거나 결제받는 경우
2. 인건비 및 임차료를 지급하거나 지급받는 경우. 다만, 인건비를 지급하거나 지급받는 거래 중에서 거래 상대방의 사정으로 사업용계좌를 사용하기 어려운 것으로서 대통령령으로 정하는 거래는 제외한다.
② (2008.12.26 삭제)

③ 복식부기의무자는 복식부기의무자에 해당하는 과세기간의 개시일(사업 개시와 동시에 복식부기의무자에 해당되는 경우에는 다음 과세기간 개시일)부터 6개월 이내에 사업용계좌를 해당 사업자의 사업장 관할 세무서장 또는 납세지 관할 세무서장에게 신고하여야 한다. 다만, 사업용계좌가 이미 신고되어 있는 경우에는 그러하지 아니하다.(2014.12.23 본문개정)
④ 복식부기의무자는 사업용계좌를 변경하거나 추가하는 경우 제70조 및 제70조의2에 따른 확정신고기한까지 이를 신고하여야 한다.(2013.1.1 본문개정)
1.~2. (2012.1.1 삭제)
⑤ 사업용계좌의 신고·변경·추가와 그 신고방법, 사업용계좌를 사용하여야 하는 거래의 범위 및 명세서 작성 등에 필요한 사항은 대통령령으로 정한다. (2010.12.27 본항개정) (2010.12.27 본조제목개정)

제161조 【구분 기장】 제59조의5제1항제2호에 따라 소득세를 감면받으려는 자는 그 감면소득과 그 밖의 소득을 구분하여 장부에 기록하여야 한다.(2014.1.1 본조개정)

제162조 【금전등록기의 설치·사용】 ① 사업자로서 대통령령으로 정하는 자가 금전등록기를 설치·사용한 경우에 총수입금액은 제24조제1항에도 불구하고 해당 과세기간에 수입한 금액의 합계액에 따라 계산할 수 있다.
② 금전등록기의 설치·사용에 필요한 사항은 대통령령으로 정한다.

제162조의2 【신용카드가맹점 가입·발급의무 등】 ① 국세청장은 주로 사업자가 아닌 소비자에게 재화 또는 용역을 공급하는 사업자로서 업종·규모 등을 고려하여 대통령령으로 정하는 요건에 해당하는 사업자에 대해서 납세관리를 위하여 필요하다고 인정되는 경우 「여신전문금융업법」 제2조에 따른 신용카드가맹점으로 가입하도록 지도할 수 있다.
② 신용카드가맹점(제1항에 따른 요건에 해당하여 가맹한 사업자를 말한다. 이하 이 조에서 같다)은 사업과 관련하여 재화 또는 용역을 공급하고 그 상대방이 그 대금을 제35조제2항제1호가목에 따른 신용카드로 결제하려는 경우 이를 거부하거나 제160조의2제2항제3호에 따른 신용카드매출전표(이하 이 조에서 "신용카드매출전표"라 한다)를 사실과 다르게 발급해서는 아니 된다. 다만, 「유통산업발전법」 제2조제3호에 따른 대규모점포나 「체육시설의 설치·이용에 관한 법률」 제2조제1호에 따른 체육시설(이하 이 항에서 "대규모점포등"이라 한다)을 운영하는 자가 해당 대규모점포등 내의 다른 사업자의 매출액을 합산하여 신용카드매출전표를 발급하는 경우(대규모점포등을 운영하는 자가 「유통산업발전법」 제2조제12호에 따른 판매시점정보관리시스템의 설비를 운용하는 경우로서 사업자 간 사전 약정을 맺은 경우만 해당한다)에는 신용카드매출전표를 사실과 다르게 발급한 것으로 보지 아니한다. (2016.12.20 단서개정)
③ 신용카드가맹점으로부터 신용카드에 의한 거래를 거부당하거나 사실과 다른 신용카드매출전표를 받은 자는 그 거래 내용을 국세청장·지방국세청장 또는 세무서장에게 신고할 수 있다.
④ 제3항에 따라 신고를 받은 국세청장·지방국세청장 또는 세무서장은 신용카드가맹점의 납세지 관할 세무서장에게 이를 통보하여야 한다. 이 경우 납세지 관할 세무서장은 해당 과세기간의 신고금액을 해당 신용카드가맹점에 통보하여야 한다.
⑤ 국세청장은 신용카드에 의한 거래를 거부하거나 신용카드매출전표를 사실과 다르게 발급한 신용카드가맹점에 대해서 그 시정에 필요한 사항을 명할 수 있다.

⑥ 신용카드가맹점 가입을 위한 행정지도, 신용카드에 의한 거래거부 및 사실과 다른 신용카드매출전표 발급의 신고·통보방법, 그 밖에 필요한 사항은 대통령령으로 정한다.

제162조의3【현금영수증가맹점 가입·발급의무 등】① 주로 사업자가 아닌 소비자에게 재화 또는 용역을 공급하는 사업자로서 업종·규모 등을 고려하여 대통령령으로 정하는 요건에 해당하는 사업자는 그 요건에 해당하는 날부터 60일(수입금액 등 대통령령으로 정하는 요건에 해당하는 사업자의 경우 그 요건에 해당하는 날이 속하는 달의 말일부터 3개월) 이내에 신용카드 단말기 등에 현금영수증 발급장치를 설치함으로써 현금영수증가맹점으로 가입하여야 한다.(2019.12.31 본항개정)
② 제1항에 따라 현금영수증가맹점으로 가입한 사업자는 국세청장이 정하는 바에 따라 현금영수증가맹점을 나타내는 표지를 게시하여야 한다.
③ 현금영수증가맹점으로 가입한 사업자는 사업과 관련하여 재화 또는 용역을 공급하고 그 상대방이 대금을 현금으로 지급한 후 현금영수증의 발급을 요청하는 경우에는 그 발급을 거부하거나 사실과 다르게 발급해서는 아니 된다.
④ 제1항에 따라 현금영수증가맹점으로 가입하여야 하는 사업자 중 대통령령으로 정하는 업종을 영위하는 사업자는 건당 거래금액(부가가치세액을 포함한다)이 10만원 이상인 재화 또는 용역을 공급하고 그 대금을 현금으로 받은 경우에는 제3항에 불구하고 상대방이 현금영수증 발급을 요청하지 아니하더라도 대통령령으로 정하는 바에 따라 현금영수증을 발급하여야 한다. 다만, 제168조, 「법인세법」 제111조 또는 「부가가치세법」 제8조에 따라 사업자등록을 한 자에게 재화 또는 용역을 공급하고 제163조, 「법인세법」 제121조 또는 「부가가치세법」 제32조에 따라 계산서 또는 세금계산서를 교부한 경우에는 현금영수증을 발급하지 아니할 수 있다.(2014.1.1 본문개정)
⑤ 제3항에 따라 현금영수증가맹점으로 가입한 사업자 또는 제4항에 따라 현금영수증을 발급하여야 하는 사업자가 현금영수증을 발급하지 아니하거나 사실과 다른 현금영수증을 발급한 때에는 그 상대방은 그 현금거래 내용을 국세청장·지방국세청장 또는 세무서장에게 신고할 수 있다.(2017.12.19 본항개정)
⑥ 제5항에 따라 신고를 받은 국세청장·지방국세청장 또는 세무서장은 해당 사업자의 납세지 관할 세무서장에게 이를 통보하여야 한다. 이 경우 납세지 관할 세무서장은 해당 과세기간의 신고금액을 해당 사업자에게 통보하여야 한다.
⑦ 현금영수증가맹점으로 가입한 사업자는 그로부터 재화 또는 용역을 공급받는 상대방이 현금영수증의 발급을 요청하지 아니하는 경우에도 대통령령으로 정하는 바에 따라 현금영수증을 발급할 수 있다.(2012.1.1 본항신설)
⑧ 국세청장은 현금영수증가맹점으로 가입한 사업자에게 현금영수증 발급 요령, 현금영수증가맹점 표지 게시 방법 등 현금영수증가맹점으로 가입한 사업자가 준수하여야 할 사항과 관련하여 필요한 명령을 할 수 있다.(2012.1.1 본항개정)
⑨ 현금영수증가맹점 가입 및 탈퇴, 발급대상 금액, 현금영수증의 미발급 및 사실과 다른 발급의 신고·통보방법, 그 밖에 필요한 사항은 대통령령으로 정한다.

제163조【계산서의 작성·발급 등】① 제168조에 따라 사업자등록을 한 사업자가 재화 또는 용역을 공급하는 경우에는 대통령령으로 정하는 바에 따라 계산서 또는 영수증(이하 "계산서등"이라 한다)을 작성하여 재화 또는 용역을 공급받는 자에게 발급하여야 한다. 이 경우 다음 각 호의 어느 하나에 해당하는 사업자가 계산서를 발급할 때에는 대통령령으로 정하는 전자적 방법으로 작성한 계산서(이 법에서 "전자계산서"라 한다)를 발급하여야 한다.(2014.12.23 후단신설)
1. 「부가가치세법」 제32조제2항에 따른 전자세금계산서를 발급하여야 하는 사업자(2014.12.23 본호신설)
2. 제1호 외의 사업자로서 총수입금액 등을 고려하여 대통령령으로 정하는 사업자(2014.12.23 본호신설)
② 「부가가치세법」 제26조제1항제1호에 따라 부가가치세가 면제되는 농산물·축산물·수산물·임산물의 위탁판매의 경우나 대리인에 의한 판매의 경우에는 수탁자 또는 대리인이 재화를 공급한 것으로 보아 계산서 등을 작성하여 해당 재화를 공급받는 자에게 발급하여야 한다. 다만, 제1항에 따라 대통령령으로 정하는 바에 따라 계산서등을 발급하는 경우에는 그러하지 아니하다.(2013.6.7 본문개정)
③ 수입하는 재화에 대해서는 세관장이 대통령령으로 정하는 바에 따라 계산서를 수입자에게 발급하여야 한다.
④ 부동산을 매각하는 경우 등 계산서등을 발급하는 것이 적합하지 아니하다고 인정되어 대통령령으로 정하는 경우에는 제1항부터 제3항까지의 규정을 적용하지 아니한다.
⑤ 사업자는 제1항부터 제3항까지의 규정에 따라 발급하였거나 발급받은 계산서의 매출·매입처별 합계표(이하 "매출·매입처별 계산서합계표"라 한다)를 대통령령으로 정하는 기한까지 사업장 소재지 관할 세무서장에게 제출하여야 한다. 다만, 다음 각 호의 어느 하나에 해당하는 계산서의 합계표는 제출하지 아니할 수 있다.(2014.12.23 단서개정)
1. 제3항에 따라 계산서를 발급받은 수입자는 그 계산서의 매입처별 합계표
2. 전자계산서를 발급하거나 발급받고 전자계산서 발급명세를 제8항 및 제9항에 따라 국세청장에게 전송한 경우에는 매출·매입처별 계산서합계표(2014.12.23 1호~2호신설)
⑥ 「부가가치세법」에 따라 세금계산서 또는 영수증을 작성·발급하였거나 매출·매입처별 세금계산서합계표를 제출한 분에 대해서는 제1항부터 제3항까지 및 제5항에 따라 계산서등을 작성·발급하였거나 매출·매입처별 계산서합계표를 제출한 것으로 본다.
⑦ 계산서등의 작성·발급 및 매출·매입처별 계산서합계표의 제출에 필요한 사항은 대통령령으로 정한다.
⑧ 제1항 후단에 따라 전자계산서를 발급하였을 때에는 대통령령으로 정하는 기한까지 대통령령으로 정하는 전자계산서 발급명세를 국세청장에게 전송하여야 한다.(2014.12.23 본항신설)
⑨ 전자계산서를 발급하여야 하는 사업자가 아닌 사업자도 제1항 후단에 따라 전자계산서를 발급하고, 제8항에 따라 전자계산서 발급명세를 국세청장에게 전송할 수 있다.(2014.12.23 본항신설)

제163조의2【매입처별 세금계산서합계표의 제출】① 제78조제1항에 따라 사업장 현황신고를 하여야 하는 사업자 또는 제78조제1항제1호에 따라 제74조가 적용되는 경우의 그 상속인이나 출국하는 거주자 또는 제121조제2항 및 제5항에 따른 비거주자는 제78조제1항에 따라 사업장 현황신고를 하여야 하는 사업자 또는 제78조제1항제1호에 따른 사업자가 재화 또는 용역을 공급받고 「부가가치세법」 제32조제1항·제7항 및 제35조제1항에 따라 세금계산서를 발급받은 경우에는 제78조에 따른 사업장 현황신고기한(제78조제1항제1호에 따라 제74조가 적용되는 경우에는 같은 조에 따른 과세표준확정신고기한을 말한다)까지 매입처별 세금계산서합계표를 사업장 소재지 관할 세무서장에게 제출하

여야 한다. 다만, 「부가가치세법」 제54조제5항에 따라 제출한 경우에는 그러하지 아니하다.(2013.6.7 본항개정)
② 매입처별 세금계산서합계표의 제출 등에 필요한 사항은 대통령령으로 정한다.
제163조의3【매입자발행계산서】 ① 제163조 또는 「법인세법」 제121조에도 불구하고 제168조에 따라 사업자등록을 한 사업자 또는 법인으로부터 재화 또는 용역을 공급받은 거주자가 사업자의 부도·폐업, 공급 계약의 해제·변경 또는 그 밖에 대통령령으로 정하는 사유로 계산서를 발급받지 못한 경우 납세지 관할 세무서장의 확인을 받아 계산서(이하 "매입자발행계산서"라 한다)를 발행할 수 있다.
② 매입자발행계산서의 발급 대상·방법, 그 밖에 필요한 사항은 대통령령으로 정한다.
(2022.12.31 본조신설)
제164조【지급명세서의 제출】 ① 제2조에 따라 소득세 납세의무가 있는 개인에게 다음 각 호의 어느 하나에 해당하는 소득을 국내에서 지급하는 자(법인, 제127조제5항에 따라 소득의 지급을 대리하거나 그 지급 권한을 위임 또는 위탁받은 자 및 제150조에 따른 납세조합, 제7조 또는 「법인세법」 제9조에 따라 원천징수세액의 납세지를 본점 또는 주사무소의 소재지로 하는 자와 「부가가치세법」 제8조제3항 후단에 따른 사업자 단위 과세 사업자를 포함한다)는 지급명세서를 그 지급일(제131조, 제135조, 제144조의5 또는 제147조를 적용받는 소득에 대해서는 해당 소득에 대한 과세기간 종료일을 말한다. 이하 이 항에서 같다)이 속하는 과세기간의 다음 연도 2월 말일(제3호에 따른 사업소득과 제4호에 따른 근로소득 또는 퇴직소득, 제6호에 따른 기타소득 중 종교인소득 및 제7호에 따른 봉사료의 경우에는 다음 연도 3월 10일, 휴업, 폐업 또는 해산한 경우에는 휴업일, 폐업일 또는 해산일이 속하는 달의 다음다음 달 말일)까지 원천징수 관할 세무서장, 지방국세청장 또는 국세청장에게 제출하여야 한다. 다만, 제4호의 근로소득 중 대통령령으로 정하는 일용근로자의 근로소득의 경우에는 그 지급일이 속하는 달의 다음 달 말일(휴업, 폐업 또는 해산한 경우에는 휴업일, 폐업일 또는 해산일이 속하는 달의 다음 달 말일)까지 지급명세서를 제출하여야 한다.(2021.3.16 단서개정)
1. 이자소득
2. 배당소득
3. 원천징수대상 사업소득
4. 근로소득 또는 퇴직소득
5. 연금소득
6. 기타소득(제7호에 따른 봉사료는 제외한다)
7. 대통령령으로 정하는 봉사료
8. 대통령령으로 정하는 장기저축성보험의 보험차익
② 제1항 각 호의 소득 중 대통령령으로 정하는 소득에 대해서는 제1항을 적용하지 아니할 수 있다.
③ 제1항에 따라 지급명세서를 제출하여야 하는 자는 지급명세서의 기재 사항을 「국세기본법」 제2조제18호에 따른 정보통신망에 의하거나 디스켓 등 전자적 정보저장매체로 제출하여야 한다. 이 경우 제1항 각 호의 소득 중 대통령령으로 정하는 소득을 지급하는 자는 「조세특례제한법」 제126조의3에 따른 현금영수증 발급장치 등 대통령령으로 정하는 방법을 통하여 제출할 수 있다.
④ 국세청장은 제3항에도 불구하고 대통령령으로 정하는 바에 따라 일정 업종 또는 일정 규모 이하에 해당되는 자에게는 지급명세서를 문서로 제출하게 할 수 있다.
⑤ 원천징수의무자가 원천징수를 하여 대통령령으로 정하는 바에 따라 제출한 원천징수 관련 서류 중 지급명세서에 해당하는 것이 있으면 그 제출한 부분에 대하여 지급명세서를 제출한 것으로 본다.

⑥ 제163조제5항에 따라 사업장 소재지 관할 세무서장에게 제출한 매출·매입처별 계산서합계표(제163조제8항 또는 제9항에 따라 전자계산서 발급명세를 국세청장에게 전송한 경우를 포함한다)와 「부가가치세법」에 따라 사업장 소재지 관할 세무서장에게 제출한 매출·매입처별 세금계산서합계표(「부가가치세법」 제32조제3항 또는 제5항에 따라 전자세금계산서 발급명세를 국세청장에게 전송한 경우를 포함한다) 중 지급명세서에 해당하는 것이 있으면 그 제출한 부분에 대하여 지급명세서를 제출한 것으로 본다.(2017.12.19 본항개정)
⑦ 제164조의3제1항제2호(제73조제1항제4호에 따라 대통령령으로 정하는 사업소득은 제외한다) 또는 제3호의 소득에 대한 간이지급명세서를 제출한 경우에는 그 제출한 부분에 대하여 지급명세서를 제출한 것으로 본다.(2022.12.31 본항신설)
⑧ 원천징수 관할 세무서장, 지방국세청장 또는 국세청장은 필요하다고 인정할 때에는 지급명세서의 제출을 요구할 수 있다.
⑨ 제1항에 따른 지급자를 대리하거나 그 위임을 받은 자의 행위는 수권 또는 위임의 범위에서 본인 또는 위임인의 행위로 보고 제1항을 적용한다.
⑩ 국세청장은 제1항제6호에 따른 기타소득 중 대통령령으로 정하는 기타소득에 대한 지급명세서를 받은 경우에는 대통령령으로 정하는 바에 따라 「국세기본법」 제2조제19호에 따른 국세정보통신망을 이용하여 그 명세서를 해당 기타소득의 납세의무자에게 제공하여야 한다.
⑪ 제1항부터 제10항까지의 규정에 따른 지급명세서의 제출에 필요한 사항은 대통령령으로 정한다.
(2022.12.31 본항개정)
제164조의2【비거주자의 국내원천소득 등에 대한 지급명세서 제출의무 특례】 ① 제119조에 따른 국내원천소득을 비거주자에게 지급하는 자(「자본시장과 금융투자업에 관한 법률」에 따라 주식을 상장하는 경우로서 상장 전 이미 발행된 주식을 양도하는 경우에는 그 주식을 발행한 법인을 말한다)는 지급명세서를 납세지 관할 세무서장에게 그 지급일이 속하는 과세기간의 다음 연도 2월 말일(제119조제7호 또는 제8호에 따른 소득의 경우에는 다음 연도 3월 10일, 휴업 또는 폐업한 경우에는 휴업일 또는 폐업일이 속하는 달의 다음다음 달 말일)까지 이를 제출하여야 한다. 다만, 제156조의2에 따라 비과세·면제대상임이 확인되는 소득 등 대통령령으로 정하는 소득을 지급하는 경우에는 그러하지 아니한다.(2020.12.29 본문개정)
② 제1항에 따른 지급명세서의 제출에 관하여는 제164조를 준용한다.
제164조의3【간이지급명세서의 제출】 ① 제2조에 따라 소득세 납세의무가 있는 개인에게 다음 각 호의 어느 하나에 해당하는 소득을 국내에서 지급하는 자(법인, 제127조제5항에 따라 소득의 지급을 대리하거나 그 지급 권한을 위임 또는 위탁받은 자 및 제150조에 따른 납세조합, 제7조 또는 「법인세법」 제9조에 따라 원천징수세액의 납세지를 본점 또는 주사무소의 소재지로 하는 자와 「부가가치세법」 제8조제3항 후단에 따른 사업자 단위 과세 사업자를 포함하고, 휴업, 폐업 또는 해산을 이유로 간이지급명세서 제출기한까지 지급명세서를 제출한 자는 제외한다)는 대통령령으로 정하는 바에 따라 간이지급명세서를 그 소득 지급일(제135조 또는 제144조의5를 적용받는 소득에 대해서는 해당 소득에 대한 과세기간 종료일을 말한다)이 속하는 달의 다음 달 말일(휴업, 폐업 또는 해산한 경우에는 휴업일, 폐업일 또는 해산일이 속하는 달의 다음 달 말일)까지 원천징수 관할 세무서장, 지방국세청장 또는 국세청장에게 제출하여야 한다.

1. 일용근로자가 아닌 근로자에게 지급하는 근로소득
2. 원천징수대상 사업소득
3. 제21조제1항제19호에 해당하는 기타소득(2022.12.31 본호신설)
(2022.12.31 본항개정)

제164조의3【간이지급명세서의 제출】

① 제2조에 따라 소득세 납세의무가 있는 개인에게 다음 각 호의 어느 하나에 해당하는 소득을 국내에서 지급하는 자(법인, 제127조제5항에 따라 소득의 지급을 대리하거나 그 지급 권한을 위임 또는 위탁받은 자 및 제150조에 따른 납세조합, 제7조 또는 「법인세법」 제9조에 따라 원천징수세액의 납세지를 본점 또는 주사무소의 소재지로 하는 자와 「부가가치세법」 제8조제3항 후단에 따른 사업자 단위 과세 사업자를 포함하며, 휴업, 폐업 또는 해산을 이유로 간이지급명세서 제출기한까지 지급명세서를 제출한 자는 제외한다)는 대통령령으로 정하는 바에 따라 간이지급명세서를 그 소득 지급일(제135조 또는 제144조의5를 적용받는 소득에 대해서는 해당 소득에 대한 과세기간 종료일을 말한다)이 속하는 달의 다음 달 말일(휴업, 폐업 또는 해산한 경우에는 휴업일, 폐업일 또는 해산일이 속하는 달의 다음 달 말일)까지 원천징수 관할 세무서장, 지방국세청장 또는 국세청장에게 제출하여야 한다.
1. 일용근로자가 아닌 근로자에게 지급하는 근로소득
2. 원천징수대상 사업소득
3. 제21조제1항제19호에 해당하는 기타소득
 (2022.12.31 본호신설)
(2022.12.31 본항개정 : "제1호의 개정부분"은 2026.1.1 시행)

② 제1항에 따라 간이지급명세서를 제출하여야 하는 자는 간이지급명세서의 기재 사항을 「국세기본법」 제2조제18호에 따른 정보통신망을 통하여 제출하거나 디스켓 등 전자정보저장매체로 제출하여야 한다. 이 경우 제1항 각 호의 소득 중 대통령령으로 정하는 소득을 지급하는 자는 「조세특례제한법」 제126조의3에 따른 현금영수증 발급장치 등 대통령령으로 정하는 방법을 통하여 제출할 수 있다.
③ 국세청장은 제2항에도 불구하고 대통령령으로 정하는 바에 따라 일정 업종 또는 일정 규모 이하에 해당되는 자에게는 간이지급명세서를 문서로 제출하게 할 수 있다.
④ 원천징수 관할 세무서장, 지방국세청장 또는 국세청장은 필요하다고 인정할 때에는 간이지급명세서의 제출을 요구할 수 있다.
⑤ 제1항부터 제4항까지의 규정에 따른 간이지급명세서의 제출에 필요한 사항은 대통령령으로 정한다.
(2021.3.16 본조개정)

제164조의4【가상자산 거래내역 등의 제출】

「특정 금융거래정보의 보고 및 이용 등에 관한 법률」 제7조에 따라 신고가 수리된 가상자산사업자는 가상자산 거래내역 등 소득세 부과에 필요한 자료를 대통령령으로 정하는 바에 따라 거래가 발생한 날이 속하는 분기의 종료일의 다음다음 달 말일까지 납세지 관할 세무서장에게 제출하여야 한다.(2020.12.29 본조신설 : 2025.1.1 시행)

제164조의5【국외 주식매수선택권등 거래명세서의 제출】

① 내국법인 또는 「법인세법」 제94조에 따른 외국법인의 국내사업장을 둔 외국법인은 제1호의 자에게 제2호의 사유가 발생하면 그 사유가 발생한 과세기간의 다음 연도 3월 10일(휴업, 폐업 또는 해산한 경우에는 휴업일, 폐업일 또는 해산일이 속하는 달의 다음다음 달 말일)까지 제3호의 서류를 납세지 관할 세무서장에게 제출하여야 한다.

1. 해당 내국법인 또는 외국법인의 국내사업장에 종사하는 다음 각 목에 해당하는 임원 또는 종업원(임원 또는 종업원이었던 자를 포함하며, 이하 이 조에서 "임원등"이라 한다)
 가. 거주자
 나. 비거주자〔제2호가목의 주식매수선택권 또는 같은 호 나목의 주식기준보상(이하 이 조에서 "주식매수선택권등"이라 한다)으로부터 발생한 대가의 전부 또는 일부가 제119조에 따른 국내원천소득에 해당하는 사람으로 한정한다)
2. 임원등이 다음 각 목의 어느 하나에 해당하게 된 경우
 가. 대통령령으로 정하는 국외 지배주주인 외국법인으로부터 부여받은 주식매수선택권(이와 유사한 것으로서 주식을 미리 정한 가액으로 인수 또는 매수할 수 있는 권리를 포함한다)을 행사한 경우
 나. 가목의 외국법인으로부터 주식기준보상(주식이나 주식가치에 상당하는 금전으로 지급받는 상여금으로서 대통령령으로 정하는 것을 말한다)을 지급받은 경우
3. 임원등의 인적사항과 주식매수선택권등의 부여·행사 또는 지급 내역 등을 적은 기획재정부령으로 정하는 주식매수선택권등 거래명세서
② 납세지 관할 세무서장은 내국법인 또는 국내사업장을 둔 외국법인이 제1항제3호의 주식매수선택권등 거래명세서를 제출하지 아니하거나 거짓으로 제출한 경우 해당 서류의 제출이나 보완을 요구할 수 있다.
③ 제2항에 따라 주식매수선택권등 거래명세서의 제출 또는 보완을 요구받은 자는 그 요구를 받은 날부터 60일 이내에 해당 서류를 제출하여야 한다.
(2023.12.31 본조신설)

제165조【소득공제 및 세액공제 증명서류의 제출 및 행정지도】

① 이 법 또는 「조세특례제한법」에 따른 소득공제 및 세액공제 중 대통령령으로 정하는 소득공제 및 세액공제를 받기 위하여 필요한 증명서류(이하 "소득공제 및 세액공제 증명서류"라 한다)를 발급하는 자(보험·공제 계약에 따라 실제 부담한 의료비를 실손의료보험금으로 지급한 경우에는 그 실손의료보험금을 지급한 보험회사 등 대통령령으로 정하는 자를 포함한다)는 정보통신망의 활용 등 대통령령으로 정하는 바에 따라 국세청장에게 소득공제 및 세액공제 증명서류를 제출하여야 한다. 다만, 소득공제 및 세액공제 증명서류를 발급받는 자가 서류 제출을 거부하는 등 대통령령으로 정하는 경우에는 그러하지 아니하다.
(2020.12.29 본문개정)
② 제1항에 따라 소득공제 및 세액공제 증명서류를 받은 자는 이를 타인에게 제공하거나, 과세목적 외의 용도로 사용하거나, 그 내용을 누설해서는 아니 된다.
(2014.1.1 본항개정)
③ 제1항에 따라 소득공제 및 세액공제 증명서류를 받아 그 내용을 알게 된 자 중 공무원이 아닌 자는 「형법」이나 그 밖의 법률에 따른 벌칙을 적용할 때 공무원으로 본다.(2014.1.1 본항개정)
④ 국세청장은 소득공제 및 세액공제 증명서류를 발급하는 자에 대해서 그 서류를 국세청장에게 제출하도록 지도할 수 있다.(2014.1.1 본항개정)
⑤ 제4항에 따른 지도에 필요한 사항은 대통령령으로 정한다.
⑥ 국세청장은 기본공제대상자로부터 소득공제 및 세액공제 증명서류의 정보 제공에 대해서 서면 등 대통령령으로 정하는 방법으로 동의를 받은 경우 제50조제1항에 따른 종합소득이 있는 거주자에게 그 부양가족에 대한 해당 정보를 제공할 수 있다.(2014.1.1 본항개정)
(2014.1.1 본조제목개정)

제165조의2 (2020.12.29 삭제)

제165조의3 (2018.12.31 삭제)

제165조의4 (2020.12.29 삭제)

제166조【주민등록 전산정보자료 등의 이용】소득세의 과세업무 및 징수업무의 원활한 수행을 위하여 「주민등록법」에 따른 주민등록 전산정보자료 및 「가족관계의 등록 등에 관한 법률」에 따른 등록전산정보자료의 이용에 필요한 사항은 대통령령으로 정한다.
(2010.12.27 본조개정)

제167조【주민등록표 등본 등의 제출】① 납세지 관할 세무서장은 거주자가 과세표준확정신고를 한 경우에는 주민등록표 등본(주민등록표 등본에 의하여 가족관계가 확인되지 아니하는 경우에는 가족관계 기록 사항에 관한 증명서를 말하며, 이하 "주민등록표 등본등"이라 한다)에 의하여 배우자, 공제대상 부양가족, 공제대상 장애인 또는 공제대상 경로우대자에 해당하는지를 전산으로 확인하여야 한다. 다만, 납세지 관할 세무서장의 전산 확인에 동의하지 아니하는 거주자는 과세표준확정신고서에 주민등록표 등본등을 첨부하여 제출하되, 이전에 주민등록표 등본등을 제출한 경우로서 공제대상 배우자, 공제대상 부양가족, 공제대상 장애인 또는 공제대상 경로우대자가 변동되지 아니한 경우에는 주민등록표 등본등을 제출하지 아니한다.
② 비거주자가 과세표준확정신고를 할 때에는 대통령령으로 정하는 바에 따라 그 외국인등록표 등본 또는 이에 준하는 서류를 납세지 관할 세무서장에게 제출하여야 한다.

제168조【사업자등록 및 고유번호의 부여】① 새로 사업을 시작하는 사업자는 대통령령으로 정하는 바에 따라 사업장 소재지 관할 세무서장에게 등록하여야 한다.(2018.12.31 본항개정)
② 「부가가치세법」에 따라 사업자등록을 한 사업자는 해당 사업에 관하여 제1항에 따른 등록을 한 것으로 본다.
③ 이 법에 따라 사업자등록을 하는 사업자에 대해서는 「부가가치세법」 제8조를 준용한다.(2013.6.7 본항개정)
④ (1996.12.30 삭제)
⑤ 사업장 소재지나 법인으로 보는 단체 외의 사단·재단 또는 그 밖의 단체의 소재지 관할 세무서장은 다음 각 호의 어느 하나에 해당하는 자에게 대통령령으로 정하는 바에 따라 고유번호를 매길 수 있다.
1. 종합소득이 있는 자로서 사업자가 아닌 자
2. 「비영리민간단체 지원법」에 따라 등록된 단체 등 과세자료의 효율적 처리 및 소득공제 사후 검증 등을 위하여 필요하다고 인정되는 자

제169조【교부금의 지급】국세청장은 제150조에 따라 소득세를 징수하여 납부한 자에게 대통령령으로 정하는 바에 따라 교부금을 지급하여야 한다.

제170조【질문·조사】① 소득세에 관한 사무에 종사하는 공무원은 그 직무 수행을 위하여 필요한 경우에는 다음 각 호의 어느 하나에 해당하는 자에게 질문을 하거나 해당 장부·서류 또는 그 밖의 물건을 조사하거나 그 제출을 명할 수 있다. 다만, 제21조제1항제26호에 따른 종교인소득(제21조제4항에 해당하는 경우를 포함한다)에 대해서는 종교단체의 장부·서류 또는 그 밖의 물건 중에서 종교인소득과 관련된 부분에 한정하여 조사하거나 그 제출을 명할 수 있다.
(2020.12.29 단서개정)
1. 납세의무자 또는 납세의무가 있다고 인정되는 자
2. 원천징수의무자
3. 납세조합
4. 지급명세서 제출의무자
5. 제156조 및 제156조의3부터 제156조의6까지의 규정에 따른 원천징수의무자(2012.1.1 본호개정)

6. 「국세기본법」 제82조에 따른 납세관리인
7. 제1호에서 규정하는 자와 거래가 있다고 인정되는 자
8. 납세의무자가 조직한 동업조합과 이에 준하는 단체
9. 기부금영수증을 발급하는 자
② 제1항을 적용하는 경우 소득세에 관한 사무에 종사하는 공무원은 직무를 위하여 필요한 범위 외에 다른 목적 등을 위하여 그 권한을 남용해서는 아니 된다.
(2020.6.9 본항개정)

제171조【자문】세무서장·지방국세청장 또는 국세청장은 소득세에 관한 신고·결정·경정 또는 조사를 할 때 필요하면 사업자로 조직된 동업조합과 이에 준하는 단체 또는 해당 사업에 관한 사정에 정통(精通)한 자에게 소득세에 관한 사항을 자문할 수 있다.

제172조【매각·등기·등록관계 서류 등의 열람 등】관할 세무서장, 관할 지방국세청장 또는 그 위임을 받은 세무공무원이 개인의 재산 상태와 소득을 파악하기 위하여 다음 각 호의 자료에 대한 관계 서류의 열람 또는 복사를 요청하는 경우 관계기관은 정당한 사유가 없으면 이에 따라야 한다.
1. 주택, 토지, 공장재단, 광업재단, 선박, 항공기, 건설기계 및 자동차 등의 매각·등기·등록자료
2. 「국민기초생활 보장법」에 따른 수급자 등의 소득·재산 및 급여 자료
3. 「국민연금법」에 따른 가입자 등의 소득·재산 및 급여 자료
4. 「국민건강보험법」에 따른 가입자 등의 소득·재산 및 요양급여비용 자료
5. 「고용보험법」에 따른 피보험자 등의 임금 및 급여 자료
6. 「산업재해보상보험법」에 따른 수급권자 등의 임금 및 급여 자료
7. 제1호부터 제6호까지의 자료와 유사한 것으로서 대통령령으로 정하는 자료

제173조【용역제공자에 관한 과세자료의 제출】① 제2조에 따라 소득세 납세의무가 있는 개인으로서 한국표준산업분류에 따른 대리운전, 소포배달 등 대통령령으로 정하는 용역을 제공하는 자(이하 이 항에서 "용역제공자"라 한다)에게 용역 제공과 관련된 사업장을 제공하는 자 등 대통령령으로 정하는 자는 용역제공자에 관한 과세자료를 수입금액 또는 소득금액이 발생하는 달의 다음 달 말일까지 사업장 소재지 관할 세무서장, 지방국세청장 또는 국세청장에게 제출하여야 한다.
② 국세청장은 제1항에 따라 과세자료를 제출하여야 할 자가 과세자료를 제출하지 아니하거나 사실과 다르게 제출한 경우 그 시정에 필요한 사항을 명할 수 있다.
③ 국가 및 지방자치단체는 제1항에 따라 과세자료를 제출하여야 할 자가 과세자료를 성실하게 제출하는 경우 필요한 행정적·재정적 지원을 할 수 있다.
(2021.8.10 본항신설)
④ 제1항에 따른 과세자료의 작성방법 및 제3항에 따른 행정적·재정적 지원 등에 관하여 필요한 사항은 대통령령으로 정한다.
(2021.8.10 본조개정)

제174조【손해보험금 지급자료 제출】「보험업법」에 따른 손해보험회사(이하 이 조에서 "손해보험회사"라 한다)는 소송 결과에 따라 보험금을 지급한 경우에는 대통령령으로 정하는 바에 따라 손해보험금 지급자료를 지급일이 속하는 과세기간의 다음 연도 2월 말일까지 손해보험회사의 관할 세무서장에게 제출하여야 한다.

제174조의2【파생상품 또는 주식의 거래내역 등 제출】「자본시장과 금융투자업에 관한 법률」 제8조제1항에 따른 금융투자업자는 다음 각 호의 어느 하나에 해당하는 자료를 대통령령으로 정하는 바에 따라 거래

또는 행위가 발생한 날이 속하는 분기의 종료일의 다음 달 말일까지 관할세무서장에게 제출하여야 한다. 다만, 제3호에 해당하는 자료는 국세청장이 요청한 날이 속하는 달의 말일부터 2개월이 되는 날까지 국세청장에게 제출하여야 한다.(2017.12.19 단서신설)
1. 파생상품등의 거래내역 등 양도소득세 부과에 필요한 자료(2015.12.15 본호신설)
2. 「자본시장과 금융투자업에 관한 법률」 제286조에 따른 장외매매거래의 방법으로 주식의 매매를 중개하는 경우 그 거래내역 등 양도소득세 부과에 필요한 자료(2015.12.15 본호신설)
3. 양도소득세의 부과에 필요한 제94조제1항제3호가목1)에 해당하는 주식등의 거래내역 등으로서 대통령령으로 정하는 바에 따라 국세청장이 요청하는 자료(2017.12.19 본호신설)

제174조의3 (2020.12.29 삭제)

제175조【표본조사 등】 ① 납세지 관할 세무서장 또는 지방국세청장은 제34조에 따라 기부금을 필요경비에 산입하거나 제59조의4제4항에 따라 기부금세액공제를 받은 거주자 또는 제121조제2항 및 제5항에 따른 비거주자 중 대통령령으로 정하는 자(이하 이 조에서 "기부금공제자"라 한다)에 대해서 필요경비산입 또는 세액공제의 적정성을 검증하기 위하여 해당 과세기간 종료일부터 2년 이내에 표본조사를 하여야 한다.(2014.1.1 본항개정)
② 표본조사는 기부금공제자 중 대통령령으로 정하는 비율에 해당하는 인원에 대하여 실시한다.
③ 표본조사의 방법 및 절차 등에 관하여 필요한 사항은 대통령령으로 정한다.

제7장 벌 칙
(2018.12.31 본장신설)

제176조 (2020.12.29 삭제)

제177조【명령사항 위반에 대한 과태료】 관할 세무서장은 다음 각 호의 어느 하나에 해당하는 명령사항을 위반한 사업자(제3호의 경우에는 법인을 포함한다)에게 2천만원 이하의 과태료를 부과·징수한다.(2021.12.8 본문개정)
1. 제162조의2제5항에 따른 신용카드가맹점에 대한 명령
2. 제162조의3제8항에 따른 현금영수증가맹점에 대한 명령
3. 제173조제2항에 따른 과세자료를 제출하여야 할 자에 대한 명령(2021.8.10 본호신설)

부 칙 (2017.12.19)

제1조【시행일】 이 법은 2018년 1월 1일부터 시행한다. 다만, 다음 각 호의 개정규정은 각 호의 구분에 따른 날부터 시행한다.
1. 제64조제1항(제104조제7항 각 호의 어느 하나에 해당하는 세율을 적용받는 자산에 한정한다), 제95조제2항 각 표 외의 부분 본문, 제104조제4항제1호 및 제2호, 같은 조 제5항제2호, 같은 조 제7항·제8항 및 제104조의2제2항의 개정규정 : 2018년 4월 1일
2. 제156조의7제2항의 개정규정 : 2018년 7월 1일
3. 제59조의2제1항 및 제95조제2항 표1의 개정규정 : 2019년 1월 1일(2018.12.31 본호개정)
4. 제104조제1항제11호가목2)(제94조제1항제3호나목에 따른 중소기업의 주식등에 한정한다)의 개정규정 : 2020년 1월 1일부터(2018.12.31 본호신설)

제2조【일반적 적용례】 ① 이 법은 이 법 시행 이후 발생하는 소득분부터 적용한다.

② 이 법 중 양도소득에 관한 개정규정은 이 법 시행 이후 양도하는 자산으로부터 발생하는 소득분부터 적용한다.

제3조【배당소득의 범위에 관한 적용례】 제17조제1항제5호의2의 개정규정은 이 법 시행 이후 지급받는 분부터 적용한다.

제4조【업무용승용차 관련 비용 등의 필요경비 불산입 특례에 관한 적용례】 제33조의2제2항의 개정규정은 이 법 시행 이후 종합소득과세표준을 확정신고하는 분부터 적용한다.

제5조【특별세액공제에 관한 적용례】 제59조의4제2항제2호의 개정규정은 이 법 시행 이후 의료비를 지출하는 경우부터 적용한다.

제6조【계산서 및 영수증에 관련된 가산세에 관한 적용례】 제81조제3항제4호의 개정규정은 이 법 시행 이후 공급하는 재화 또는 용역에 대하여 계산서를 발급하거나 신용카드매출전표 또는 현금영수증을 발급 또는 수취하는 분부터 적용한다.

제7조【토지거래허가구역 내 토지의 거래 시 양도소득세 신고기한에 관한 적용례】 제105조제1항제1호 단서 및 제110조제1항의 개정규정은 이 법 시행 이후 토지거래허가구역의 지정이 해제되는 경우부터 적용한다.

제8조【국외 파생상품등의 양도소득의 범위 등에 관한 적용례】 제118조제2항, 제118조의2제4호, 제118조의5제1항제3호, 같은 조 제2항, 제118조의7제1항제3호 및 제118조의8 본문의 개정규정은 이 법 시행 이후 확정신고하는 분부터 적용한다.

제9조【국외전출자의 납부유예에 관한 적용례】 제118조의16제3항·제4항 및 제118조의17제1항제1호의 개정규정은 이 법 시행 이후 거주자가 출국하는 경우부터 적용한다.

제10조【원천징수세율에 관한 적용례】 ① 제129조제1항제6호나목의 개정규정은 이 법 시행 이후 공제계약이 해지되는 경우부터 적용한다.
② 제129조제2항제2호의 개정규정은 이 법 시행 이후 원천징수의무자가 소득을 지급하는 분부터 적용한다.

제11조【외국법인 소속 파견근로자의 소득에 대한 원천징수의 특례에 관한 적용례】 제156조의7제1항의 개정규정은 2018년 7월 1일 이후 사용내국법인이 파견외국법인에 지급하는 분부터 적용한다.

제12조【지급명세서의 제출에 관한 적용례】 제164조제6항의 개정규정은 이 법 시행 이후 전자계산서 발급명세 또는 전자세금계산서 발급명세를 전송하는 분부터 적용한다.

제13조【해외현지법인 등에 대한 자료제출에 관한 적용례】 제165조의2제1항의 개정규정은 이 법 시행 이후 과세표준을 신고하는 경우부터 적용한다.

제14조【원천징수세율에 관한 경과조치】 이 법 시행 전에 발행된 장기채권의 이자와 할인액에 대해서는 제14조제3항제3호 및 제129조제1항제1호가목의 개정규정에도 불구하고 종전의 규정에 따른다.

부 칙 (2018.12.31)

제1조【시행일】 이 법은 2019년 1월 1일부터 시행한다. 다만, 제2조, 제81조제15항, 제118조의11(제94조제1항제3호나목에 따른 중소기업의 주식등에 한정한다), 제119조의2, 제129조제1항제1호나목, 제156조의2제2항, 제156조의6제2항, 제165조의3제2항·제3항(같은 조 제2항 관련 부분만 해당한다) 및 제176조제2항의 개정규정은 2020년 1월 1일부터 시행한다.

제2조【일반적 적용례】 ① 이 법은 이 법 시행 이후 발생하는 소득분부터 적용한다.

② 이 법 중 양도소득세에 관한 개정규정은 이 법 시행 후 양도하는 분부터 적용한다.

제3조【기부금 이월공제 등에 관한 적용례】 제34조제4항 및 제61조제2항의 개정규정은 이 법 시행 이후 과세표준을 신고하거나 연말정산하는 분부터 적용하며, 2013년 1월 1일 이후 지출한 기부금에 대해서도 적용한다.

제4조【접대비의 필요경비 불산입에 관한 적용례】 제35조제3항제1호의 개정규정은 이 법 시행 이후 지출하는 분부터 적용한다.

제5조【장기주택저당차입금 이자 지급액 소득공제에 관한 적용례】 제52조제5항의 개정규정은 이 법 시행 이후 장기주택저당차입금을 차입하는 분부터 적용한다.

제6조【중간예납 신고에 관한 적용례】 제65조제5항의 개정규정은 이 법 시행 이후 신고하는 분부터 적용한다.

제7조【사업장 현황신고에 관한 적용례】 제78조제2항제3호의 개정규정은 이 법 시행 이후 신고하는 분부터 적용한다.

제8조【가산세에 관한 적용례】 ① 제81조제1항의 개정규정은 이 법 시행 이후 제164조의3의 개정규정에 따라 근로소득간이지급명세서를 제출하여야 하거나 제출하는 분부터 적용한다.
② 제81조제3항제5호 및 제6호의 개정규정은 이 법 시행 이후 재화 또는 용역을 공급하는 분부터 적용한다.
③ 제81조제9항 단서의 개정규정은 이 법 시행 이후 신고, 결정 또는 경정하는 분부터 적용한다.
④ 제81조제11항제1호의 개정규정은 이 법 시행 이후 제162조의3제1항의 요건에 해당하게 된 경우부터 적용한다.
⑤ 제81조제11항제2호 및 제3호의 개정규정은 이 법 시행 이후 현금영수증 발급의무를 위반하는 분부터 적용한다.
⑥ 제81조제15항의 개정규정은 2020년 1월 1일 이후 주택임대사업을 시작하는 사업자부터 적용한다. 이 경우 2019년 12월 31일 이전에 주택임대사업을 개시한 경우에는 2020년 1월 1일을 사업개시일로 보아 제81조제15항의 개정규정을 적용한다.

제9조【지적공부상의 면적이 감소하여 조정금을 지급받은 경우에 관한 적용례】 제89조제1항제5호의 개정규정은 2012년 3월 17일 이후 발생한 분부터 적용한다.

제10조【기타자산 주식 양도 시 누진세율 적용범위 확대에 관한 적용례】 제94조제1항제4호다목의 개정규정은 이 법 시행 이후 과점주주 간 양도하는 분부터 적용한다.

제11조【지적공부상의 면적이 증가하여 징수한 조정금을 취득가액에서 제외하는 것에 관한 적용례】 제97조제1항제1호의 개정규정은 이 법 시행 이후 양도하는 분부터 적용한다.

제12조【조정대상 지역 내 주택의 입주자로 선정된 지위 양도 시 양도소득세 중과 적용배제에 관한 적용례】 제104조제1항제4호의 개정규정은 2018년 8월 28일 이후에 양도하는 분부터 적용한다.

제13조【거주자의 출국 시 국내주식등에 대한 양도소득세 특례에 관한 적용례】 ① 제118조의9제1항, 제118조의11, 제118조의15제1항·제2항 및 제4항의 개정규정은 이 법 시행 이후 거주자가 출국하는 경우부터 적용한다.
② 제118조의15제5항의 개정규정은 이 법 시행 이후 국외전출자 국내주식등을 양도하는 분부터 적용한다.

제14조【원천징수 세율에 관한 적용례】 ① 제129조제1항제1호나목의 개정규정은 2020년 1월 1일 이후 소득을 지급하는 분부터 적용한다.
② 제129조제1항제3호 및 제2항제2호의 개정규정은 이 법 시행 이후 소득을 지급하는 분부터 적용한다.

제15조【납세조합의 조합원에 대한 소득세 징수에 관한 적용례】 제150조제2항 및 제3항의 개정규정은 이 법 시행 이후 납세조합의 조합원에 대한 소득세를 징수하는 분부터 적용한다.

제16조【비실명자산소득에 대한 원천징수 특례에 관한 적용례】 제155조의7의 개정규정은 이 법 시행 이후 소득을 지급하는 분부터 적용한다.

제17조【해외현지법인 등에 대한 자료제출 의무 등에 관한 적용례】 ① 제165조의2제1항 및 제4항의 개정규정은 2019년 1월 1일 이후 개시하는 과세기간에 대한 자료를 제출하는 분부터 적용한다.
② 제165조의4의 개정규정은 거주자가 2019년 1월 1일 이후 해외부동산등을 취득하거나 해외직접투자를 받은 법인의 주식 또는 출자지분을 취득한 경우로서 2019년 1월 1일 이후 개시하는 과세기간에 대한 자료 제출 의무를 불이행하는 분부터 적용한다.
③ 제176조제1항 및 제3항의 개정규정은 2019년 1월 1일 이후 개시하는 과세기간에 대한 자료제출 의무를 불이행하는 분부터 적용한다.
④ 제176조제2항의 개정규정은 2020년 1월 1일 이후 개시하는 과세기간에 대한 자료제출 의무를 불이행하는 분부터 적용한다.

제18조【실손의료보험금 지급자료 제출에 관한 적용례】 제174조의3의 개정규정은 이 법 시행 이후 실손의료보험금을 지급하는 분부터 적용한다.

제19조【해외부동산등에 대한 자료제출 의무 불이행 과태료에 관한 특례】 제165조의2제1항의 개정규정(해외부동산등의 물건별 처분가액이 2억원 이상인 거주자에 대한 자료제출 의무를 부여한 부분으로 한정한다)에도 불구하고 2019년 1월 1일부터 2019년 12월 31일까지의 기간 동안 해외부동산등을 처분한 거주자에 대해서는 제165조의3제2항(법률 제16104호로 개정되기 전의 것을 말한다)에 따른 과태료를 부과하지 아니한다. (2019.12.31 본조개정)

제20조【주택임대사업자 사업자등록에 관한 특례】 이 법 시행 전에 주택임대사업을 개시하였으나 제12조제2호나목에 따른 해당 과세기간에 대통령령으로 정하는 총수입금액의 합계액이 2천만원 이하인 자(종전의 제168조에 따라 사업자등록을 한 자는 제외한다)는 2019년 12월 31일까지 제168조제1항의 개정규정에 따라 사업자등록을 하여야 한다.

제21조【현금영수증가맹점 미가입 가산세에 관한 경과조치】 이 법 시행 전에 제162조의3제1항의 요건에 해당하게 된 사업자에 대해서는 제81조제11항제1호의 개정규정에도 불구하고 종전의 규정에 따른다.

제22조【해외부동산등에 대한 자료제출 의무 불이행 과태료에 관한 경과조치】 제165조의2제1항 및 제176조제2항의 개정규정에도 불구하고 2019년 1월 1일 이후 개시하는 과세기간 전의 과세기간(이하 이 조에서 "종전 과세기간"이라 한다)에 취득한 해외부동산등에 대해서는 종전의 제165조의2제1항 및 종전의 제165조의3제2항에 따른다. 이 경우 종전의 제165조의2제1항에 따라 제출하여야 하는 자료는 종전 과세기간 분에 해당하는 자료로 한정한다.

　　　부　칙 (2019.12.31)

제1조【시행일】 이 법은 2020년 1월 1일부터 시행한다. 다만, 제94조제1항제4호다목 및 제108조의 개정규정은 2020년 7월 1일부터 시행한다.

제2조【일반적 적용례】 ① 이 법은 이 법 시행 이후 발생하는 소득분부터 적용한다.
② 이 법 중 양도소득세에 관한 개정규정은 이 법 시행 이후 양도하는 분부터 적용한다.

제3조【임원의 퇴직소득금액 한도에 관한 적용례】제22조제3항의 개정규정은 이 법 시행 이후 퇴직하여 지급받는 소득분부터 적용한다.

제4조【접대비의 필요경비 불산입에 관한 적용례】제35조제3항의 개정규정은 이 법 시행 이후 지출하는 분부터 적용한다.

제5조【연금계좌세액공제에 관한 적용례】제59조의3 제3항부터 제5항까지의 개정규정은 이 법 시행 이후 연금계좌에 납입하는 분부터 적용한다.

제6조【기부금영수증 발급ㆍ작성ㆍ보관 불성실 가산세에 관한 적용례】제81조의7제1항의 개정규정은 이 법 시행일이 속하는 과세기간에 기부금영수증을 발급하는 분부터 적용한다.

제7조【계산서 등 제출 불성실 가산세에 관한 적용례】① 제81조의10제1항 각 호 외의 부분의 개정규정은 제160조제3항에 따른 복식부기의무자가 아닌 사업자의 경우 2021년 1월 1일 이후 재화나 용역을 공급하는 분 및 재화나 용역을 공급하지 아니하고 계산서등을 발급하거나 재화나 용역을 공급받지 아니하고 계산서등을 발급받는 분부터 적용한다.

② 제81조의10제1항제5호 및 제6호의 개정규정은 이 법 시행일이 속하는 과세기간의 직전 과세기간에 재화 또는 용역을 공급하고 제163조제8항에 따라 전자계산서 발급명세를 전송하여야 하는 경우에도 적용한다.

③ 제81조의10제2항 및 같은 조 제4항제2호의 개정규정은 같은 조 제2항의 개정규정을 적용받는 자가 2021년 1월 1일 이후 재화나 용역을 공급하거나 계산서를 발급하거나 재화나 용역을 공급받지 아니하고 계산서를 발급받는 분부터 적용한다.

제8조【지정지역 공고일 이전 양도한 토지에 대한 양도소득세 중과 배제에 관한 적용례】제104조제4항의 개정규정은 이 법 시행 이후 토지를 양도하기 위하여 매매계약을 체결하고 계약금을 지급하는 분부터 적용한다.

제9조【재외국민과 외국인의 부동산등양도신고확인서의 제출에 관한 적용례】제108조의 개정규정은 부칙 제1조 단서에 따른 시행일 이후 부동산의 소유권을 이전하기 위하여 등기관서의 장에게 소유권 이전 등기를 신청하는 분부터 적용한다.

제10조【비거주자의 국내원천소득에 관한 적용례】제119조제10호 및 같은 조 제12호카목ㆍ타목의 개정규정은 이 법 시행 이후 지급하는 소득분부터 적용한다.

제11조【비거주자의 국내원천소득에 대한 원천징수의 특례에 관한 적용례】제156조제1항제8호의 개정규정은 이 법 시행 이후 지급하는 소득분부터 적용한다.

제12조【원천징수대상 비거주자의 경정청구에 관한 적용례】제156조의2제4항, 제156조의4제2항 및 제156조의6제4항의 개정규정은 이 법 시행 이후 지급하는 소득분부터 적용한다.

제13조【지급명세서ㆍ근로소득간이지급명세서의 제출에 관한 적용례】① 제164조제1항 각 호 외의 부분 단서의 개정규정은 이 법 시행 전에 일용근로자의 근로소득을 지급하거나 휴업, 폐업 또는 해산한 경우로서 이 법 시행 이후 지급명세서를 제출하여야 하는 경우에도 적용한다.

② 제164조의3제1항 각 호 외의 부분의 개정규정은 이 법 시행 전에 종전의 같은 항 각 호의 어느 하나에 해당하는 소득을 지급하거나 휴업, 폐업 또는 해산한 경우로서 이 법 시행 이후 근로소득간이지급명세서를 제출하여야 하는 경우에도 적용한다.

제14조【임원의 퇴직소득금액 한도에 관한 경과조치】이 법 시행 전에 퇴직한 자의 퇴직소득이 이 법 시행 이후 지급되는 경우 해당 퇴직소득에 대해서는 제22조제3항의 개정규정에도 불구하고 종전의 규정에 따른다.

제15조【총수입금액 불산입에 관한 경과조치】2010년 1월 1일 전에 개시한 과세기간에 발생한 결손금에 대해서는 제26조제2항의 개정규정에도 불구하고 종전의 규정에 따른다.

제16조【기부금영수증 발급ㆍ작성ㆍ보관 불성실 가산세에 관한 경과조치】이 법 시행 전에 발급된 기부금영수증에 대해서는 제81조의7제1항의 개정규정에도 불구하고 종전의 규정에 따른다.

제17조【계산서 등 제출 불성실 가산세에 관한 경과조치】이 법 시행 전에 재화 또는 용역을 공급하고 제163조제8항에 따라 전자계산서 발급명세를 국세청장에게 전송하여야 하는 경우(부칙 제7조제2항에 해당하는 경우는 제외한다)에는 제81조의10제1항제5호 및 제6호의 개정규정에도 불구하고 종전의 규정에 따른다.

제18조【국외 주식등의 양도소득의 범위에 관한 경과조치】이 법 시행 전에 국외자산 중 주식등을 양도한 경우에는 제94조제1항제3호, 제104조제1항ㆍ제6항, 제105조제1항, 제118조제2항제1호, 제118조의2제3호, 제118조의5, 제118조의7 및 제118조의8의 개정규정에도 불구하고 종전의 규정에 따른다.

제19조【이축권을 부동산과 함께 양도하는 경우에 관한 경과조치】이 법 시행 이전에 매매계약을 체결하고 계약금을 지급받은 사실이 증빙서류에 의하여 확인되는 경우에는 제94조제1항제4호마목의 개정규정에도 불구하고 종전의 규정에 따른다.

제20조【감정가액 또는 환산취득가액 적용에 따른 가산세에 관한 경과조치】이 법 시행 이전에 매매계약을 체결하고 계약금을 지급받은 사실이 증빙서류에 의하여 확인되는 경우에는 제114조의2제1항의 개정규정에도 불구하고 종전의 규정에 따른다.

제21조【비거주자의 국내원천소득에 관한 경과조치】이 법 시행 전에 지급한 소득분에 대해서는 제119조제10호 및 같은 조 제12호카목ㆍ타목의 개정규정에도 불구하고 종전의 규정에 따른다.

제22조【원천징수세율에 관한 경과조치】이 법 시행 전에 연금을 지급받은 분에 대해서는 제129조제1항제5호의3의 개정규정에도 불구하고 종전의 규정에 따른다.

제23조【현금영수증가맹점 가입기준에 관한 경과조치】이 법 시행 전에 현금영수증가맹점 가입요건에 해당하는 사업자의 경우에는 제162조의3제1항의 개정규정에도 불구하고 종전의 규정에 따른다.

　　부　　칙 (2020.6.9)

이 법은 공포한 날부터 시행한다.(이하 생략)

　　부　　칙 (2020.8.18)

제1조【시행일】이 법은 2021년 1월 1일부터 시행한다. 다만, 제104조제1항제1호부터 제4호까지 및 같은 조 제7항 각 호 외의 부분의 개정규정은 2021년 6월 1일부터 시행한다.

제2조【일반적 적용례】이 법 중 양도소득세에 관한 개정규정은 이 법 시행 이후 양도하는 분부터 적용한다.

제3조【양도소득세의 세율에 관한 적용례】제104조제1항제1호부터 제4호까지 및 같은 조 제7항 각 호 외의 부분의 개정규정은 2021년 6월 1일 이후 양도하는 분부터 적용한다.

제4조【주택과 조합원입주권 또는 분양권을 보유한 자의 1세대 1주택 양도소득세 비과세 및 조정대상지역 내 주택에 대한 양도소득세의 세율에 관한 적용례】제89조제2항 본문, 제104조제7항제2호 및 제4호의 개정규정은 2021년 1월 1일 이후 공급계약, 매매 또는 증여 등의 방법으로 취득한 분양권부터 적용한다.

부 칙 (2020.12.29 법17757호)

제1조【시행일】이 법은 2021년 1월 1일부터 시행한다. 다만, 다음 각 호의 개정규정은 각 호의 구분에 따른 날부터 시행한다.

1. 제4조제1항제1호·제2호의2, 제16조제1항제2호의2·제12호·제13호, 제17조제1항제5호·제5호의2·제9호·제10호, 제21조제1항 각 호 외의 부분, 제46조제1항(제16조제1항제2호의2에 관한 부분에 한정한다), 제87조의2부터 제87조의27까지, 제88조제2호부터 제4호까지, 제92조제1항, 제93조제3호, 제94조제1항제3호·제5호까지 및 제7호, 제102조제1항제2호·제3호, 제103조제1항제2호·제3호, 제104조제1항제11호부터 제13호까지, 제104조제1항 각 호 외의 부분과 같은 항 제2호, 제107조제2항제3호, 제114조제9항, 제115조, 제118조, 제118조의8, 제118조의9부터 제118조의18까지, 제119조제1호 및 제2호가목·다목·라목, 제126조의3부터 제126조의12까지, 제127조제1항 각 호 외의 부분 및 같은 항 제9호, 제127조제7항·제8항, 제128조제1항 각 호 외의 부분, 제129조제1항제9호, 제148조의2, 제148조의3, 제155조의2제2호, 제164조제1항 및 제174조의2의 개정규정 : 2025년 1월 1일(2022.12.31 본호개정)
2. 제14조제3항제8호다목(제21조제1항제27호에 관한 부분에 한정한다), 제21조제1항제27호, 제64조의3제2항, 제70조제2항, 제84조제3호·제4호, 제119조제12호타목·파목, 제126조제1항제3호, 제127조제1항제6호다목, 제156조제1항제8호, 제156조제12항·제16항·제17항 및 제164조의4의 개정규정 : 2025년 1월 1일(2022.12.31 본호개정)
3. 제64조제1항 각 호 외의 부분의 개정규정 : 2021년 6월 1일
4. 제81조의7제1항 및 제160조의3의 개정규정 : 2021년 7월 1일

제2조【일반적 적용례】① 이 법은 이 법 시행 이후 발생하는 소득분부터 적용한다.
② 제1항에도 불구하고 이 법 중 양도소득세에 관한 개정규정은 이 법 시행 이후 양도하는 분부터 적용한다.

제3조【신탁소득에 관한 적용례】제2조의3, 제4조제2항제1호 및 제17조제1항제2호의2의 개정규정은 이 법 시행 이후 신탁계약을 체결하는 분부터 적용한다.

제4조【금융투자소득 등에 관한 적용례】제4조제1항제2호의2, 제16조제1항제2호의2·제12호·제13호, 제17조제1항제5호 단서, 제21조제1항 각 호 외의 부분, 제87조의2부터 제87조의27까지, 제127조제1항 각 호 외의 부분 및 같은 항 제9호, 제127조제7항·제8항, 제128조제1항 각 호 외의 부분, 제129조제1항제9호, 제148조의2, 제148조의3 및 제155조의2제2호의 개정규정은 2025년 1월 1일 이후 발생하는 소득분부터 적용한다.(2022.12.31 본조개정)

제5조【가상자산 과세에 관한 적용례】① 제14조제3항제8호다목(제21조제1항제27호에 관한 부분에 한정한다), 제21조제1항제27호, 제64조의3제2항, 제70조제2항, 제84조제3호 및 제164조의4의 개정규정은 2025년 1월 1일 이후 가상자산을 양도·대여하는 분부터 적용한다.
② 제127조제1항제6호다목의 개정규정은 2025년 1월 1일 이후 발생하는 가상자산소득분부터 적용한다.
(2022.12.31 본조개정)

제6조【서화·골동품 양도로 발생하는 소득에 관한 적용례】제21조제2항 및 제155조의5의 개정규정은 이 법 시행 이후 양도하는 분부터 적용한다.

제7조【이월결손금 공제에 관한 적용례】제45조제3항 각 호 외의 부분 본문의 개정규정은 2020년 1월 1일 이후 개시한 과세기간에 발생한 결손금부터 적용한다.

제8조【채권 등에 대한 소득금액의 계산 특례에 관한 적용례】제46조제1항의 개정규정(제16조제1항제2호의2에 관한 부분에 한정한다)은 2025년 1월 1일 이후 채권 등에서 이자등을 지급받거나 채권등을 매도하는 분부터 적용한다.(2022.12.31 본조개정)

제9조【주택임차자금 차입금 소득공제에 관한 적용례】제52조제4항의 개정규정은 이 법 시행 이후 원리금 상환액을 지급하는 분부터 적용한다.

제10조【장기주택저당차입금 이자 지급액 소득공제에 관한 적용례】① 제52조제5항 각 호 외의 부분 본문의 개정규정은 이 법 시행 이후 장기주택저당차입금의 이자를 지급하는 분부터 적용한다.
② 제52조제5항제4호 본문의 개정규정은 이 법 시행 이후 차입하는 분부터 적용한다.

제11조【외국납부세액공제에 관한 적용례】외국정부에 납부하였거나 납부할 외국소득세액이 공제한도를 초과하여 이 법 시행 이후 개시하는 과세기간 직전까지 공제되지 아니하고 남아있는 금액에 대해서는 이 법 시행 이후 개시하는 과세기간의 해당 과세표준 및 세액을 계산할 때 제57조제2항의 개정규정을 적용한다.

제12조【부동산매매업자 세액계산 특례에 관한 적용례】제64조제1항 각 호 외의 부분의 개정규정은 2021년 6월 1일 이후 양도하는 분부터 적용한다.

제13조【주택임대소득에 대한 세액 계산의 특례에 관한 적용례】① 제64조의2제3항 각 호 외의 부분 단서의 개정규정은 2020년 8월 18일 이후 등록이 말소되는 분부터 적용한다.
② 제64조의2제3항제1호 및 제2호의 개정규정은 2020년 8월 18일 이후 「민간임대주택에 관한 특별법」 제5조에 따라 등록을 신청하는 민간임대주택부터 적용한다.

제14조【기부금영수증 발급명세의 작성·보관 의무 등에 관한 적용례】제81조의7제1항 및 제160조의3의 개정규정은 2021년 7월 1일 이후 전자기부금영수증을 발급하는 분부터 적용한다.

제15조【근로소득간이지급명세서 제출 불성실 가산세에 관한 적용례】제81조의11의 개정규정은 이 법 시행 이후 신고, 결정 또는 경정하는 분부터 적용한다.

제16조【주식 등의 양도소득에 관한 적용례】제88조제2호 및 제92조제1항의 개정규정은 2025년 1월 1일 이후 양도하는 분부터 적용한다.(2022.12.31 본조개정)

제17조【신탁 수익권의 양도소득에 관한 적용례】제94조제1항제6호, 제99조제1항제4호, 제102조제1항제4호, 제103조제1항제4호, 제104조제1항제14호, 제105조제1항제1호 및 제107조제2항제4호의 개정규정은 이 법 시행 이후 신탁 수익권을 양도하는 분부터 적용한다.

제18조【신탁 수익자명부 변동상황명세서의 제출에 관한 적용례】제115조의2의 개정규정은 이 법 시행 이후 신탁을 설정하거나 수익자 변동이 발생되는 경우부터 적용한다.

제19조【국외전출세에 관한 적용례】제126조의3부터 제126조의12까지의 개정규정은 2025년 1월 1일 이후 거주자가 출국하는 분부터 적용한다.(2022.12.31 본조개정)

제20조【비거주자의 국내원천소득에 관한 적용례】① 제119조제1호 및 같은 조 제2호가목·다목·라목의 개정규정은 2025년 1월 1일 이후 발생하는 소득분부터 적용한다.
② 제119조제12호타목 및 제126조제1항제3호의 개정규정은 2025년 1월 1일 이후 가상자산을 양도·대여·인출하는 분부터 적용한다.
(2022.12.31 본조개정)

소득세법/直接稅 667

제21조【이자·배당 및 사용료에 대한 세율의 적용 특례에 관한 적용례】제119조제10호 각 목 외의 부분 후단 및 제156조의8의 개정규정(산업상·상업상·과학상의 기계·설비·장치 등을 임대함으로써 발생하는 소득이 조세조약에서 사용료소득으로 구분되어 그 사용대가가 사용료소득에 포함되는 것에 관한 부분에 한정한다)은 2013년 1월 1일 이후 지급하는 소득분부터 적용한다.

제22조【비거주자의 국내원천소득에 대한 원천징수의 특례에 관한 적용례】제156조제1항제8호나목 및 같은 조 제12항·제16항·제17항의 개정규정은 2025년 1월 1일 이후 발생하는 가상자산소득분부터 적용한다. (2022.12.31 본조개정)

제23조【지급명세서 제출에 관한 적용례】제164조제1항의 개정규정은 2025년 1월 1일 이후 소득을 지급하는 분부터 적용한다.(2022.12.31 본조개정)

제24조【비거주자의 국내원천소득에 대한 지급명세서 제출의무에 관한 적용례】제164조의2제1항의 개정규정은 이 법 시행 이후 양도대가를 지급하는 분부터 적용한다.

제25조【실손의료보험금 지급자료 제출에 관한 적용례】제165조제1항 본문의 개정규정은 이 법 시행 전의 과세기간에 대한 실손의료보험금 지급자료를 이 법 시행 이후 제출하는 경우에도 적용한다.

제26조【금융투자상품의 거래내역 보관 및 제출에 관한 적용례】제174조의2의 개정규정은 2025년 1월 1일 이후 거래 또는 행위가 발생하는 분부터 적용한다. (2022.12.31 본조개정)

제27조【신탁소득에 관한 경과조치】이 법 시행 전에 신탁계약을 체결한 분에 대해서는 제2조의2제6항의 개정규정에도 불구하고 종전의 규정에 따른다.

제28조【서화·골동품 양도로 발생하는 소득에 관한 경과조치】이 법 시행 전에 양도한 분에 대해서는 제14조제3항제8호다목(제21조제2항에 관한 부분에 한정한다), 제21조제1항제25호 및 제155조의5의 개정규정에도 불구하고 종전의 규정에 따른다.

제29조【금융투자소득 등에 관한 경과조치】2025년 1월 1일 전에 발생한 소득분에 대해서는 제17조제1항제5호 단서와 같은 항 제5호의2·제9호·제10호의 개정규정에도 불구하고 종전의 규정에 따른다.(2022.12.31 본조개정)

제30조【이월결손금 공제에 관한 경과조치】2020년 1월 1일 전에 개시한 과세기간에 발생한 결손금은 제45조제3항 각 호 외의 부분의 개정규정에도 불구하고 종전의 규정에 따른다.

제31조【채권 등에 대한 소득금액의 계산 특례에 관한 경과조치】2025년 1월 1일 전에 채권등에서 이자등을 지급받거나 매도한 분에 대해서는 제46조제1항의 개정규정(제16조제1항제2호의2에 관한 부분에 한정한다)에도 불구하고 종전의 규정에 따른다.(2022.12.31 본조개정)

제32조【장기주택저당차입금 이자 지급액 소득공제에 관한 경과조치】이 법 시행 전에 차입한 분에 대해서는 제52조제5항제4호 본문의 개정규정에도 불구하고 종전의 규정에 따른다.

제33조【종합소득에 대한 소득세의 세율에 관한 경과조치】이 법 시행 전에 발생한 소득분에 대해서는 제55조제1항의 개정규정에도 불구하고 종전의 규정에 따른다.

제34조【외국납부세액공제에 관한 경과조치】이 법 시행 전의 과세기간 분에 대해서는 제57조의 개정규정(필요경비산입방법을 삭제하는 것과 관련된 부분에 한정한다)에도 불구하고 종전의 규정에 따른다.

제35조【가산금에 대한 용어 정비에 관한 경과조치】2020년 1월 1일 전에 납세의무가 성립된 분에 대해서는 제58조제1항제1호, 제85조제4항 및 제117조의 개정규정에도 불구하고 종전의 규정에 따른다.

제36조【주택임대소득에 대한 세액 계산의 특례에 관한 경과조치】2020년 8월 18일 전에「민간임대주택에 관한 특별법」제5조에 따라 등록을 신청한 민간임대주택의 경우에는 제64조의2제3항제1호 및 제2호의 개정규정에도 불구하고 종전의 규정에 따른다.

제37조【주식 및 파생상품 등의 양도소득에 관한 경과조치】2025년 1월 1일 전에 양도한 분에 대해서는 제88조제2호부터 제4호까지, 제93조제3호, 제94조제1항제3호·제5호, 제94조제2항, 제99조제1항제3호부터 제5호까지 및 제7호, 제102조제1항제2호·제3호, 제103조제1항제2호·제3호, 제104조제1항제11호부터 제13호까지, 제104조제2항·제6항, 제105조제1항 각 호 외의 부분 및 같은 항 제1호·제3호, 제107조제2항제3호, 제114조제3항, 제115조, 제118조 및 제118조의8의 개정규정에도 불구하고 종전의 규정에 따른다.(2022.12.31 본조개정)

제38조【양도소득세의 세율에 관한 경과조치】이 법 시행 전에 양도한 분에 대해서는 제104조제1항제8호 및 제9호의 개정규정에도 불구하고 종전의 규정에 따른다.

제39조【국외전출세에 관한 경과조치】2025년 1월 1일 전에 거주자가 출국한 분에 대해서는 제118조의9부터 제118조의18까지의 개정규정에도 불구하고 종전의 규정에 따른다.(2022.12.31 본조개정)

제40조【금융투자상품의 거래내역 보관 및 제출에 관한 경과조치】2025년 1월 1일 전에 거래 또는 행위가 발생한 분에 대해서는 제174조의2의 개정규정에도 불구하고 종전의 규정에 따른다.(2022.12.31 본조개정)

제41조【해외현지법인 등의 자료제출 의무 불이행 등에 대한 과태료에 관한 경과조치】이 법 시행 전의 의무를 위반한 행위에 대하여 과태료 규정을 적용할 때에는 제176조의 개정규정에도 불구하고 종전의 규정에 따른다.

제42조【다른 법률의 개정】※(해당 법령에 가제정리 하였음)

부 칙 (2020.12.29 법17758호)

제1조【시행일】이 법은 2021년 1월 1일부터 시행한다.(이하 생략)

부 칙 (2021.3.16)

제1조【시행일】이 법은 2021년 7월 1일부터 시행한다. 다만, 법률 제17757호 소득세법 일부개정법률 제164조제1항 각 호 외의 부분 단서의 개정규정은 2025년 1월 1일부터 시행한다.(2022.12.31 단서개정)

제2조【지급명세서 등 제출 불성실 가산세에 관한 적용례】제81조의11제1항부터 제3항까지의 개정규정은 이 법 시행 이후 지급하는 소득에 대하여 제164조제1항 각 호 외의 부분 단서 또는 제164조의3제1항제2호의 개정규정에 따라 지급명세서 또는 간이지급명세서를 제출하여야 하거나 제출하는 경우부터 적용한다.

제3조【지급명세서·간이지급명세서의 제출에 관한 적용례】제164조제1항 각 호 외의 부분 단서 및 제164조의3제1항제2호의 개정규정은 이 법 시행 이후 지급하는 소득분부터 적용한다.

제4조【지급명세서 등 제출 불성실 가산세에 관한 경과조치】이 법 시행 전에 종전의 제81조의11제1항에 따라 부과하였거나 부과하여야 할 가산세에 대해서는

제81조의11제1항의 개정규정에도 불구하고 종전의 규정에 따른다.

제5조【지급명세서·간이지급명세서의 제출에 관한 경과조치】 이 법 시행 전에 지급한 소득분에 대해서는 제164조제1항 각 호 외의 부분 단서 및 제164조의3제1항제2호의 개정규정에도 불구하고 종전의 규정에 따른다.

　　부　칙 (2021.8.10)

제1조【시행일】 이 법은 공포 후 3개월이 경과한 날부터 시행한다. 다만, 제173조제2항 및 제177조제3호의 개정규정은 2022년 1월 1일부터 시행한다.

제2조【용역제공자에 관한 과세자료의 제출에 관한 적용례】 ① 제173조제1항의 개정규정은 이 법 시행 이후 수입금액 또는 소득금액이 발생하는 경우부터 적용한다.

② 제173조제2항의 개정규정은 이 법 시행 이후 수입금액 또는 소득금액이 발생하는 용역에 대한 과세자료를 제출하여야 하거나 제출하는 경우부터 적용한다.

제3조【명령사항 위반에 대한 과태료에 관한 적용례】 제177조제3호의 개정규정은 이 법 시행 이후 제173조제2항에 따른 명령사항을 위반하는 경우부터 적용한다.

제4조【용역제공자에 관한 과세자료의 제출에 관한 경과조치】 이 법 시행 전에 수입금액 또는 소득금액이 발생하는 용역에 대해서는 제173조제1항의 개정규정에도 불구하고 종전의 규정에 따른다.

　　부　칙 (2021.8.17)

제1조【시행일】 이 법은 공포 후 6개월이 경과한 날부터 시행한다.(이하 생략)

　　부　칙 (2021.11.23)

제1조【시행일】 이 법은 공포한 날부터 시행한다.(이하 생략)

　　부　칙 (2021.12.8)

제1조【시행일】 이 법은 2022년 1월 1일부터 시행한다. 다만, 다음 각 호의 개정규정은 각 호의 구분에 따른 날부터 시행한다.
1. 제129조제4항·제5항의 개정규정, 법률 제17757호 소득세법 일부개정법률 제87조의4제2항부터 제4항까지, 제87조의23제3항, 제87조의27제1항, 제88조제2호, 제126조의11제3항·제4항, 제155조의2제2호 및 제174조의2의 개정규정 : 2025년 1월 1일(2022.12.31 본호개정)
2. 제56조의3제1항의 개정규정 : 2022년 7월 1일
3. 제89조제1항제3호 및 같은 항 제4호 각 목 외의 부분 단서의 개정규정 : 공포한 날

제2조【전자계산서 발급에 대한 세액공제에 관한 적용례】 제56조의3제1항의 개정규정은 2022년 7월 1일 이후 공급하는 재화 또는 용역에 대한 전자계산서를 발급하는 경우부터 적용한다.

제3조【의료비의 특별세액공제에 관한 적용례】 제59조의4제2항의 개정규정은 이 법 시행 이후 의료비를 지출하는 경우부터 적용한다.

제4조【기부금의 특별세액공제에 관한 적용례】 제59조의4제8항의 개정규정은 이 법 시행 이후 과세표준을 신고하거나 소득세를 결정하거나 연말정산하는 분부터 적용한다.

제5조【업무용승용차 관련 비용 명세서 제출 불성실 가산세에 관한 적용례】 제81조의14의 개정규정은 이 법 시행일이 속하는 과세기간에 업무용승용차 관련 비용 등을 필요경비에 산입하는 경우부터 적용한다.

제6조【금융투자소득에 관한 적용례 등】 ① 법률 제17757호 소득세법 일부개정법률 제87조의4제2항제1호나목 및 같은 조 제3항, 제87조의23제3항, 제87조의27제1항 및 제155조의2제2호의 개정규정은 2025년 1월 1일 이후 발생하는 소득분부터 적용한다.

② 법률 제17757호 소득세법 일부개정법률 제88조제2호의 개정규정은 2025년 1월 1일 이후 양도하는 경우부터 적용한다.

③ 법률 제17757호 소득세법 일부개정법률 제174조의2제1항(거래내역 등의 자료에 관한 부분으로 한정한다)의 개정규정은 2025년 1월 1일 이후 발생하는 거래 또는 행위부터 적용한다.

④ 법률 제17757호 소득세법 일부개정법률 제174조의2제1항(보유내역 자료에 관한 부분으로 한정한다)의 개정규정은 2025년 1월 1일 이후 자료 제출기한이 도래하는 경우부터 적용한다.

⑤ 2025년 1월 1일 전에 발생한 거래 또는 행위에 대하여 거래·행위 내역을 제출하는 경우에는 법률 제17757호 소득세법 일부개정법률 제174조의2의 개정규정에도 불구하고 종전의 규정(법률 제17757호 소득세법 일부개정법률로 개정되기 전의 것을 말한다)에 따른다. (2022.12.31 본조개정)

제7조【비과세 양도소득 등에 관한 적용례 등】 ① 제88조제9호 후단 및 제89조제2항 단서의 개정규정은 이 법 시행 이후 취득하는 조합원입주권부터 적용한다.

② 이 법 시행 전에 취득한 종전의 제88조제9호에 따른 조합원입주권의 양도소득 비과세 요건에 관하여는 제89조제1항제4호가목 및 나목의 개정규정에도 불구하고 종전의 규정에 따른다.

③ 이 법 시행 이후 취득하는 조합원입주권의 양도소득 비과세 요건과 관련하여 제89조제1항제4호가목 및 나목의 개정규정을 적용하는 경우 2022년 1월 1일 이후에 취득한 분양권을 대상으로 한다.

④ 제89조제1항제3호의 개정규정은 같은 개정규정의 시행일 이후 양도하는 주택부터 적용한다.

⑤ 제89조제1항제4호 각 목 외의 부분 단서의 개정규정은 같은 개정규정의 시행일 이후 양도하는 조합원입주권부터 적용한다.

제8조【비거주자의 종합소득 과세표준확정신고에 관한 적용례】 제124조제2항의 개정규정은 이 법 시행 이후 종합소득 과세표준확정신고를 하는 경우부터 적용한다.

제9조【원천징수세율에 관한 적용례】 제129조제4항 및 제5항의 개정규정은 2025년 1월 1일 이후 발생하여 지급하는 소득에 대하여 원천징수세액을 계산하는 경우부터 적용한다. (2022.12.31 본조개정)

제10조【납세조합공제 한도에 관한 적용례】 제150조제4항의 개정규정은 이 법 시행 이후 발생하는 소득에 대하여 소득세에서 공제되는 금액을 계산하는 경우부터 적용한다.

제11조【성실신고확인서 제출 불성실 가산세에 관한 경과조치】 이 법 시행 전의 과세기간에 대한 성실신고확인서 제출 불성실 가산세를 납부하는 경우의 가산세에 관하여는 제81조의2제1항 및 제3항의 개정규정에도 불구하고 종전의 규정에 따른다.

제12조【현금영수증 발급 불성실 가산세에 관한 경과조치】 이 법 시행 전에 세무서에 자진 신고하거나 현금영수증을 자진 발급한 경우에 대해서는 제81조의9제2항제3호의 개정규정에도 불구하고 종전의 규정에 따른다.

제13조【실질귀속자로 보는 국외투자기구의 요건 변경에 따른 경과조치】 이 법 시행 전에 지급받은 국내

원천소득에 대한 실질귀속자 판단에 관하여는 제119조의2제1항제1호 및 제2호의 개정규정에도 불구하고 종전의 규정에 따른다.

부　칙 (2022.8.12)

제1조【시행일】 이 법은 2023년 1월 1일부터 시행한다.
제2조【비과세소득에 관한 적용례】 제12조제3호러목의 개정규정은 이 법 시행 이후 받는 식사 기타 음식물 또는 식사대부터 적용한다.

부　칙 (2022.12.31)

제1조【시행일】 이 법은 2023년 1월 1일부터 시행한다. 다만, 다음 각 호의 개정규정은 해당 호에서 정한 날부터 시행한다.
1. 법률 제17757호 소득세법 일부개정법률 제17조제1항제5호, 제37조제5항, 제87조의2제3호, 제87조의6제1항제4호, 제87조의12제4항, 제87조의13제3항, 제87조의14조제1항·제3항, 제87조의18제1항제1호다목·라목, 제87조의21제1항제3호 및 같은 조 제2항, 제87조의27제2항, 제119조제2호다목, 제128조제1항 및 제148조의2제2항의 개정규정 : 2025년 1월 1일
2. 제15조제2호, 제33조제1항제1호, 제57조의2, 제58조제2항의 개정규정, 법률 제17757호 소득세법 일부개정법률 제87조의27제1항의 개정규정, 법률 제18578호 소득세법 일부개정법률 제129조제4항부터 제8항까지의 개정규정 : 2025년 1월 1일
3. 제35조제1항부터 제5항까지(같은 조 제2항제3호 중 "매입자발행계산서"의 개정부분은 제외한다), 제81조의11제1항제1호나목(제164조의3제1항제1호의 소득에 대한 간이지급명세서를 제출하지 아니한 경우는 제외한다), 같은 조 제3항제2호, 같은 조 제4항(제164조의3제1항제1호의 소득에 관한 부분은 제외한다), 같은 조 제5항의 개정규정 중 제164조의3제1항제3호의 소득에 대한 개정부분, 제164조제7항의 개정규정 중 "제3호의 소득"의 개정부분, 제164조의3제1항의 개정규정("제1호의 소득"의 개정부분은 제외한다) : 2024년 1월 1일(2023.12.31 본호개정)
4. 제35조제2항제3호의 개정규정 중 "매입자발행계산서"의 개정부분, 제160조의2제3항 및 제163조의3의 개정규정 : 2023년 7월 1일
5. 제81조의11제1항제1호나목(제164조의3제1항제1호의 소득에 대한 간이지급명세서를 제출하지 아니한 경우로 한정한다), 같은 조 제3항제1호, 같은 조 제4항(제164조의3제1항제1호의 소득에 관한 부분으로 한정한다), 제164조의3제1항 중 "제1호의 소득"의 개정부분 : 2026년 1월 1일(2023.12.31 본호신설)
제2조【일반적 적용례】 이 법은 부칙 제1조에 따른 각 해당 규정의 시행일 이후 소득이 발생하는 경우부터 적용한다.
제3조【특별소득공제에 관한 적용례 등】 제52조제4항 단서의 개정규정은 2022년 과세기간의 근로소득에 대하여 이 법 시행 이후 종합소득과세표준을 신고하거나 소득세를 결정하거나 연말정산하는 경우부터 적용한다.
제4조【간접투자회사등으로부터 지급받은 소득에 대한 외국납부세액공제 특례 등에 관한 적용례】 제57조의2(법률 제17757호 소득세법 일부개정법률 제87조의27제1항의 개정규정에 따라 준용되는 경우를 포함한다), 법률 제18578호 소득세법 일부개정법률 제129조제4항부터 제8항까지의 개정규정은 2025년 1월 1일 이후 지급받는 소득에 대하여 과세표준을 신고하거나 원천

징수하는 경우부터 적용한다.
제5조【교육비의 특별세액공제에 관한 적용례】 제59조의4제3항제1호가목의 개정규정은 이 법 시행 이후 교육비를 지급하는 경우부터 적용한다.
제6조【지급명세서등 제출 및 불성실 가산세에 관한 적용례 등】 ① 제81조의11제1항제1호나목(제164조의3제1항제1호의 소득에 대한 간이지급명세서를 제출하지 아니한 경우는 제외한다), 같은 조 제3항제2호, 같은 조 제4항(제164조의3제1항제1호의 소득에 관한 부분은 제외한다), 같은 조 제5항(제164조의3제1항제3호의 소득에 관한 부분으로 한정한다), 제164조제7항(제164조의3제1항제3호의 소득에 관한 부분으로 한정한다) 및 제164조의3제1항("제1호의 소득"의 개정부분은 제외한다)의 개정규정은 2024년 1월 1일 이후 지급하는 소득에 대하여 지급명세서등을 제출하여야 하거나 제출하는 경우부터 적용한다.(2023.12.31 본항개정)
② 제81조의11제1항제1호나목(제164조의3제1항제1호의 소득에 대한 간이지급명세서를 제출하지 아니한 경우로 한정한다), 같은 조 제3항제1호, 같은 조 제4항(제164조의3제1항제1호의 소득에 관한 부분으로 한정한다) 및 제164조의3제1항("제1호의 소득"의 개정부분으로 한정한다)의 개정규정은 2026년 1월 1일 이후 지급하는 소득에 대하여 지급명세서등을 제출하여야 하거나 제출하는 경우부터 적용한다.(2023.12.31 본항신설)
③ 제81조의11제5항 및 제164조제7항의 개정규정(각각 제164조의3제1항제2호의 소득에 관한 부분으로 한정한다)은 2023년 1월 1일 이후 지급하는 소득에 대하여 지급명세서등을 제출하여야 하거나 제출하는 경우부터 적용한다.
④ 2026년 1월 1일 전에 지급한 제164조의3제1항제1호의 소득에 대한 간이지급명세서의 지연 제출에 따른 가산세에 관하여는 제81조의11제1항제1호나목 및 같은 조 제4항의 개정규정에도 불구하고 종전의 규정에 따른다.(2023.12.31 본항개정)
⑤ 2026년 1월 1일 전에 지급한 제164조의3제1항제1호의 소득에 대한 간이지급명세서의 제출 기한에 관하여는 제164조의3제1항 각 호 외의 부분 및 같은 항 제1호의 개정규정에도 불구하고 종전의 규정에 따른다.
(2023.12.31 본항개정)
제7조【복권 당첨금 과세최저한에 관한 적용례】 제84조제2호의 개정규정은 이 법 시행 이후 복권 당첨금을 지급받는 경우부터 적용한다.
제8조【비거주자의 국채등 이자·양도소득에 대한 과세특례 등에 관한 적용례】 제119조의3의 개정규정은 이 법 시행 이후 이자를 지급하거나 국채등을 양도하는 경우부터 적용한다.
제9조【비거주자의 국내원천소득 비과세등의 신청에 관한 적용례】 제156조의2 및 제156조의6의 개정규정은 2023년 1월 1일 이후 비과세, 면제 또는 제한세율 적용을 신청하는 경우부터 적용한다.
제10조【매입자발행계산서 발급에 관한 적용례】 제163조의3의 개정규정은 2023년 7월 1일 이후 재화 또는 용역을 공급받는 경우부터 적용한다.
제11조【주택임대소득 비과세기준 변경에 관한 경과조치】 이 법 시행 전에 발생한 주택임대소득의 비과세기준에 관하여는 제12조제2호나목의 개정규정에도 불구하고 종전의 규정에 따른다.
제12조【접대비의 명칭변경에 관한 경과조치】 2024년 1월 1일 전에 지출한 접대비는 제35조의 개정규정에 따른 기업업무추진비로 본다.

제13조【퇴직소득공제에 관한 경과조치】이 법 시행 전에 퇴직한 거주자의 퇴직소득에 대한 근속연수에 따른 공제에 관하여는 제48조제1항제1호의 개정규정에 불구하고 종전의 규정에 따른다.

제14조【종합소득세의 세율에 관한 경과조치】이 법 시행 전에 개시한 과세기간에 대한 소득세의 계산(제55조제2항, 제64조제1항제2호나목, 제104조제1항제1호, 같은 조 제4항, 같은 조 제5항제1호, 같은 조 제7항 및 제118조의5에 따라 종합소득세율이 적용되는 경우를 포함한다)에 적용되는 세율에 관하여는 제55조제1항의 개정규정에도 불구하고 종전의 규정에 따른다.

제15조【근로소득세액공제에 관한 경과조치】이 법 시행 전에 개시한 과세기간의 종합소득산출세액에 대한 근로소득세액공제의 한도에 관하여는 제59조제2항의 개정규정에도 불구하고 종전의 규정에 따른다.

제16조【자녀세액공제에 관한 경과조치】이 법 시행 전에 개시한 과세기간의 종합소득산출세액에 대한 자녀세액공제의 연령기준에 관하여는 제59조의2제1항의 개정규정에도 불구하고 종전의 규정에 따른다.

제17조【연금계좌세액공제에 관한 경과조치】이 법 시행 전에 개시한 과세기간의 종합소득산출세액에 대한 연금계좌세액공제의 기준에 관하여는 제59조의3제1항의 개정규정에도 불구하고 종전의 규정에 따른다.

제18조【양도소득의 필요경비 계산 및 부당행위계산에 관한 경과조치】이 법 시행 전에 증여받은 자산을 이 법 시행 이후 양도하는 경우의 필요경비 계산 및 부당행위계산에 관하여는 제97조의2제1항 전단 및 제101조제2항 각 호 외의 부분 본문의 개정규정(법률 제17757호 소득세법 일부개정법률 제87조의27제2항의 개정규정에 따라 준용되는 경우를 포함한다)에도 불구하고 종전의 규정에 따른다.

제19조【양도소득세 세율에 관한 경과조치】이 법 시행 전에 양도한 경우의 양도소득세 세율에 관하여는 제104조제1항제8호 및 제9호의 개정규정에도 불구하고 종전의 규정에 따른다.

제20조【원천징수세율에 관한 경과조치】이 법 시행 전에 지급한 이자소득 및 배당소득으로서 실지명의가 확인되지 아니한 소득에 대한 원천징수세율에 관하여는 제129조제2항제2호의 개정규정에도 불구하고 종전의 규정에 따른다.

제21조【근로소득에 대한 원천징수영수증의 발급 시기에 관한 경과조치】이 법 시행 전에 지급한 근로소득에 대한 원천징수영수증의 발급 시기에 관하여는 제143조제1항 단서의 개정규정에도 불구하고 종전의 규정에 따른다.

제22조【비거주자 국내원천소득에 대한 원천징수의 특례에 관한 경과조치】이 법 시행 전에 이자를 지급하거나 국채등을 양도한 경우에는 제156조제2항의 개정규정에도 불구하고 종전의 규정에 따른다.

제23조【다른 법률의 개정】※(해당 법령에 가제정리 하였음)

　　부　칙 (2023.8.8)

제1조【시행일】이 법은 2024년 5월 17일부터 시행한다.(이하 생략)

　　부　칙 (2023.12.31)

제1조【시행일】이 법은 2024년 1월 1일부터 시행한다. 다만, 다음 각 호의 개정규정은 해당 호에서 정하는 날부터 시행한다.

1. 제25조제1항제2호의 개정규정 : 2026년 1월 1일
2. 제86조제1호의 개정규정 : 2024년 7월 1일
3. 제95조제5항 및 제6항의 개정규정 : 2025년 1월 1일

제2조【비과세소득에 관한 적용례 등】① 제12조제2호사목의 개정규정은 이 법 시행 이후 발생하는 소득분부터 적용한다.

② 제12조제3호마목, 같은 호 어목1) 단서 및 같은 조 제5호라목 단서의 개정규정은 이 법 시행 이후 소득을 지급받는 경우부터 적용한다.

③ 이 법 시행 전에 지급받은 출산·보육과 관련한 소득의 비과세 한도에 관하여는 제12조제3호머목 및 같은 조 제5호아목4)의 개정규정에도 불구하고 종전의 규정에 따른다.

제3조【자녀세액공제에 관한 적용례】① 제59조의2제1항 각 호 외의 부분의 개정규정은 이 법 시행 이후 종합소득과세표준을 신고하거나 소득세를 결정하거나 연말정산하는 경우부터 적용한다.

② 제59조의2제1항제2호 및 제3호의 개정규정은 이 법 시행일이 속하는 과세기간분부터 적용한다.

제4조【의료비 세액공제에 관한 적용례】제59조의4제2항제2호나목의 개정규정은 이 법 시행 이후 의료비를 지급하는 경우부터 적용한다.

제5조【이자 상당 가산액의 계산에 관한 적용례】제64조의2제4항 본문의 개정규정은 이 법 시행 이후의 기간에 대하여 이자 상당 가산액을 계산하는 경우부터 적용한다.

제6조【소액 부징수의 예외에 관한 적용례】제86조제1호의 개정규정은 2024년 7월 1일 이후 지급하는 소득에 대하여 원천징수하는 경우부터 적용한다.

제7조【장기보유 특별공제액의 계산에 관한 적용례】제95조제5항 및 제6항의 개정규정은 2025년 1월 1일 이후 자산을 양도하는 경우부터 적용한다.

제8조【양도소득의 필요경비 계산 특례에 관한 적용례】제97조의2제1항의 개정규정은 이 법 시행 이후 자산을 양도하는 경우부터 적용한다.

제9조【조세조약상 비과세·면제 또는 제한세율의 적용을 위한 경정청구기간에 관한 적용례】제156조의2제5항 본문, 제156조의4제2항 본문 및 제156조의6제4항 본문의 개정규정은 이 법 시행 당시 각각 같은 개정규정에 따른 경정청구기간이 만료되지 아니한 경우에도 적용한다.

제10조【외국인 통합계좌 원천징수 특례에 관한 적용례】제156조의9의 개정규정은 이 법 시행 이후 외국인 통합계좌의 명의인에게 국내원천소득을 지급하는 경우부터 적용한다.

제11조【국외 주식매수선택권등 거래명세서 제출에 관한 적용례】제164조의5의 개정규정은 이 법 시행 이후 임원등이 주식매수선택권을 행사하거나 주식기준보상을 지급받는 경우부터 적용한다.

제12조【신탁소득에 대한 소득세 과세에 관한 경과조치】이 법 시행 전에 신탁재산에 귀속된 소득에 대해서는 제2조의3제2항의 개정규정에도 불구하고 종전의 규정에 따른다.

제13조【분리과세 기준금액 상향에 관한 경과조치】이 법 시행 전에 지급받은 연금소득의 분리과세 기준금액에 관하여는 제14조제3항제9호다목의 개정규정에도 불구하고 종전의 규정에 따른다.

제14조【배당가산율 인하에 관한 경과조치】이 법 시행 전에 지급받은 배당소득의 소득금액 계산에 관하여는 제17조제3항 각 호 외의 부분 단서의 개정규정에도 불구하고 종전의 규정에 따른다.

제15조【주택의 보증금등에 대한 총수입금액 계산의 특례에 관한 경과조치】이 법 시행 전에 개시한 과세

기간의 총수입금액 계산에 관하여는 제25조제1항제2호의 개정규정에도 불구하고 종전의 규정에 따른다.

제16조【장기주택저당차입금 이자 상환액의 소득공제에 관한 경과조치 등】 ① 이 법 시행 전에 취득한 주택 및 주택분양권에 대한 장기주택저당차입금 이자 상환액의 소득공제 대상 주택 및 주택분양권의 범위에 관하여는 제52조제5항 각 호 외의 부분 본문 및 같은 항 제4호 본문의 개정규정에도 불구하고 종전의 규정에 따른다.

② 이 법 시행 전에 차입한 장기주택저당차입금의 이자 상환액에 대한 소득공제 한도에 관하여는 다음 각 호의 구분에 따른다.

1. 이 법 시행 전에 지급한 이자 상환액의 경우 : 제52조제5항 각 호 외의 부분 단서 및 같은 조 제6항의 개정규정에도 불구하고 종전의 규정에 따른다.

2. 이 법 시행 이후 지급하는 이자 상환액의 경우 : 제52조제5항 각 호 외의 부분 단서 및 같은 조 제6항의 개정규정을 적용한다. 다만, 2012년 1월 1일 전에 차입한 장기주택저당차입금의 이자 상환액에 대하여 제52조제5항 각 호 외의 부분 단서 및 같은 조 제6항의 개정규정을 적용하는 것이 법률 제11146호 소득세법 일부개정법률 부칙 제17조에 따라 종전의 제52조제5항 각 호 외의 부분 단서를 적용하는 것보다 납세자에게 불리하게 되는 경우에는 같은 종전의 규정에 따른다.

소득세법 시행령

(1994년 12월 31일
전개대통령령 제14467호)

개정
1995. 6.30영14682호   <중략>
2016.12. 5영27653호
2017. 1.17영27793호(부동산거래신고등에관한법시)
2017. 2. 3영27829호
2017. 3.29영27972호(공항시설법시)
2017. 7.26영28211호(직제)
2017. 9.19영28293호
2017.11.21영28440호(전문의의수련및자격인정등에관한규정)
2017.12.29영28511호
2018. 2. 9영28627호(빈집및소규모주택정비에관한특례법시)
2018. 2.13영28637호
2018. 6. 5영28946호(일본식용어정비)
2018. 7.16영29045호(민간임대주택에관한특별법시)
2018.10.23영29242호   2019. 2.12영29523호
2019. 6.25영29892호(주식·사채등의전자등록에관한법시)
2019.12.31영30285호(문화재시)
2020. 2.11영30395호
2020. 2.18영30423호(건설산업시)
2020. 5.26영30704호(문화재시)
2020. 8.26영30977호(양식산업발전법시)
2020.10. 7영31083호
2020.10. 8영31101호(부동산가격공시에관한법시)
2020.12. 8영31222호(전자서명법시)
2021. 1. 5영31380호(법령용어정비)
2021. 2.17영31442호→시행일 부칙 참조. 2025년 1월 1일 시행하는 부분은 추후 수록
2021. 2.19영31472호(수산식품산업의육성및지원에관한법시)
2021. 5. 4영31659호
2021. 6. 8영31740호(국가균형발전특별법시)
2021.11. 9영32104호
2022. 2.15영32352호(감정평가감정평가사시)
2022. 2.15영32420호→시행일 부칙 참조. 2025년 1월 1일 시행하는 부분은 추후 수록
2022. 2.17영32447호(국민평생직업능력개발시)
2022. 2.17영32449호(한국자산관리공사설립등에관한법시)
2022. 3. 8영32516호→2025년 1월 1일 시행이므로 추후 수록
2022. 5.31영32654호   2022. 8. 2영32830호
2022.10. 4영32931호(행정기관정비일부개정령)
2022.10.27영32964호
2022.12.31영33207호→2023년 1월 1일 시행하는 부분은 가제 수록 하였고 2025년 1월 1일 시행하는 부분은 추후 수록
2023. 2.28영33267호→시행일 부칙 참조. 2025년 1월 1일 시행하는 부분은 추후 수록
2023. 4.11영33382호(직제)
2023. 7. 7영33621호(지방자치분권및지역균형발전에관한특별법)
2023. 9.26법33736호
2023. 9.26법33764호(민간임대주택에관한특별법시)
2023.12.28법34061호

제1장 총 칙

제1조【목적】 이 영은 「소득세법」에서 위임된 사항과 그 시행에 필요한 사항을 규정함을 목적으로 한다. (2010.2.18 본조개정)

제2조【주소와 거소의 판정】 ① 「소득세법」(이하 "법"이라 한다) 제1조의2에 따른 주소는 국내에서 생계를 같이 하는 가족 및 국내에 소재하는 자산의 유무 등 생활관계의 객관적 사실에 따라 판정한다.(2010.2.18 본항개정)

② 법 제1조의2에 따른 거소는 주소지 외의 장소 중 상당기간에 걸쳐 거주하는 장소로서 주소와 같이 밀접한 일반적 생활관계가 형성되지 아니한 장소로 한다. (2010.2.18 본항개정)

③ 국내에 거주하는 개인이 다음 각 호의 어느 하나에 해당하는 경우에는 국내에 주소를 가진 것으로 본다.

1. 계속하여 183일 이상 국내에 거주할 것을 통상 필요로 하는 직업을 가진 때
2. 국내에 생계를 같이하는 가족이 있고, 그 직업 및 자산상태에 비추어 계속하여 183일 이상 국내에 거주할 것으로 인정되는 때
(2015.2.3 본항개정)
④ 국외에 거주 또는 근무하는 자가 외국국적을 가졌거나 외국법령에 의하여 그 외국의 영주권을 얻은 자로서 국내에 생계를 같이하는 가족이 없고 그 직업 및 자산상태에 비추어 다시 입국하여 주로 국내에 거주하리라고 인정되지 아니하는 때에는 국내에 주소가 없는 것으로 본다.(2015.2.3 본문개정)
1.~2. (2015.2.3 삭제)
⑤ 외국을 항행하는 선박 또는 항공기의 승무원의 경우 그 승무원과 생계를 같이하는 가족이 거주하는 장소 또는 그 승무원이 근무기간외의 기간중 통상 체재하는 장소가 국내에 있는 때에는 당해 승무원의 주소는 국내에 있는 것으로 보고, 그 장소가 국외에 있는 때에는 당해 승무원의 주소가 국외에 있는 것으로 본다.

제2조의2【거주자 또는 비거주자가 되는 시기】 ① 비거주자가 거주자로 되는 시기는 다음 각 호의 시기로 한다.
1. 국내에 주소를 둔 날
2. 제2조제3항 및 제5항에 따라 국내에 주소를 가지거나 국내에 주소가 있는 것으로 보는 사유가 발생한 날
3. 국내에 주소를 둔 기간이 183일이 되는 날
(2015.2.3 본호개정)
② 거주자가 비거주자로 되는 시기는 다음 각 호의 시기로 한다.
1. 거주자가 주소 또는 거소의 국외 이전을 위하여 출국하는 날의 다음 날
2. 제2조제4항 및 제5항에 따라 국내에 주소가 없거나 국외에 주소가 있는 것으로 보는 사유가 발생한 날의 다음 날
(2009.2.4 본조신설)

제3조【해외현지법인등의 임직원 등에 대한 거주자 판정】 거주자나 내국법인의 국외사업장 또는 해외현지법인(내국법인이 발행주식총수 또는 출자지분의 100분의 100을 직접 또는 간접 출자한 경우에 한정한다) 등에 파견된 임원 또는 직원이나 국외에서 근무하는 공무원은 거주자로 본다.(2015.2.3 본조개정)

제3조의2 (2019.2.12 삭제)

제4조【거주기간의 계산】 ① 국내에 거소를 둔 기간은 입국하는 날의 다음날부터 출국하는 날까지로 한다.
② 국내에 거소를 두고 있던 개인이 출국 후 다시 입국한 경우에 생계를 같이하는 가족의 거주지나 자산소재지등에 비추어 그 출국목적이 관광, 질병의 치료 등으로서 명백하게 일시적인 것으로 인정되는 때에는 그 출국한 기간도 국내에 거소를 둔 기간으로 본다.
(2015.2.3 본항개정)
③ 국내에 거소를 둔 기간이 1과세기간 동안 183일 이상인 경우에는 국내에 183일 이상 거소를 둔 것으로 본다.(2018.2.13 본항개정)
④ 「재외동포의 출입국과 법적 지위에 관한 법률」 제2조에 따른 재외동포가 입국한 경우 생계를 같이 하는 가족의 거주지나 자산소재지등에 비추어 그 입국목적이 관광, 질병의 치료 등 기획재정부령으로 정하는 사유에 해당하여 그 입국한 기간이 명백하게 일시적인 것으로 기획재정부령으로 정하는 방법에 따라 인정되는 때에는 해당 기간은 국내에 거소를 둔 기간으로 보지 아니한다.(2016.2.17 본항신설)

제4조의2【신탁소득금액의 계산】 ① 신탁업을 경영하는 자는 각 과세기간의 소득금액을 계산할 때 신탁

재산에 귀속되는 소득과 그 밖의 소득을 구분하여 경리하여야 한다.
② 법 제2조의3제2항에 따른 수익자의 특정 여부 또는 존재 여부는 신탁재산과 관련되는 수입 및 지출이 있는 때의 상황에 따른다.(2021.2.17 본항개정)
③ 「자본시장과 금융투자업에 관한 법률 시행령」 제103조제1호에 따른 특정금전신탁으로서 법 제4조제2항을 적용받는 신탁은 제26조의2제6항을 준용하여 신탁의 이익을 계산한다.(2010.2.18 본항신설)
④ 법 제2조의3제2항에서 "대통령령으로 정하는 요건을 충족하는 신탁"이란 다음 각 호의 어느 하나에 해당하는 신탁을 말한다.(2023.2.28 본문개정)
1. 위탁자가 신탁을 해지할 수 있는 권리, 수익자를 지정하거나 변경할 수 있는 권리, 신탁 종료 후 잔여재산을 귀속 받을 권리를 보유하는 등 신탁재산을 실질적으로 지배·통제할 것
2. 신탁재산 원본을 받을 권리에 대한 수익자는 위탁자로, 수익을 받을 권리에 대한 수익자는 그 배우자 또는 같은 주소 또는 거소에서 생계를 같이 하는 직계존비속(배우자의 직계존비속을 포함한다)으로 설정했을 것
(2021.2.17 본항신설)
(2010.2.18 본조개정)

제5조【납세지의 결정과 신고】 ① 납세지가 불분명한 경우의 법 제6조제3항의 규정에 의한 납세지의 결정은 다음 각 호에 의한다.(2007.2.28 본문개정)
1. 주소지가 2 이상인 때에는 「주민등록법」에 의하여 등록된 곳을 납세지로 하고, 거소지가 2 이상인 때에는 생활관계가 보다 밀접한 곳을 납세지로 한다.
(2005.2.19 본호개정)
2. 국내에 2 이상의 사업장이 있는 비거주자의 경우 그 주된 사업장을 판단하기가 곤란한 때에는 당해 비거주자가 제5항의 규정에 준하여 납세지로 신고한 장소를 납세지로 한다.
3. 법 제120조에 따른 국내사업장(이하 "국내사업장"이라 한다)이 없는 비거주자에게 국내의 2이상의 장소에서 법 제119조제3호에 따른 국내원천 부동산소득 또는 같은 조 제9호에 따른 국내원천 부동산등양도소득이 발생하는 경우에는 그 국내원천소득이 발생하는 장소 중에서 해당 비거주자가 제5항의 규정에 준하여 납세지로 신고한 장소를 납세지로 한다.
(2019.2.12 본호개정)
4. 비거주자가 제2호 또는 제3호의 규정에 의한 신고를 하지 아니하는 경우에는 소득상황 및 세무관리의 적정성 등을 참작하여 국세청장 또는 관할지방국세청장이 지정하는 장소를 납세지로 한다.
② 국세청장 또는 관할지방국세청장은 제1항제4호의 규정에 의하여 납세지를 지정한 때에는 당해 과세기간의 과세표준확정신고 또는 납부기간 개시일전(중간예납 또는 수시부과의 사유가 있는 때에는 그 납기개시 15일전)에 서면으로 통지하여야 한다.
③ 법 제7조제1항제4호 단서에서 "대통령령으로 정하는 경우"란 법인이 다음 각 호의 어느 하나에 해당하는 경우를 말한다.(2010.2.18 본문개정)
1. 법인이 지점, 영업소 또는 그 밖의 사업장에서 지급하는 소득에 대한 원천징수세액을 본점 또는 주사무소에서 전자적 방법 등을 통해 일괄계산하는 경우로서 본점 또는 주사무소의 관할 세무서장에게 신고한 경우(2020.2.11 본호개정)
2. 「부가가치세법」 제8조제3항 및 제4항에 따라 사업자단위로 등록한 경우(2013.6.28 본호개정)
④ 법 제7조제1항제5호에서 "대통령령으로 정하는 장소"란 다음 각 호의 장소를 말한다.(2010.2.18 본문개정)

소득세법 시행령/**直接稅** **673**

1. 법 제119조제9호나목에 따른 국내원천 부동산등양도소득 및 이 영 제179조제11항 각 호의 어느 하나에 해당하는 소득이 있는 경우에는 해당 규정에 따른 유가증권을 발행한 내국법인 또는 「법인세법」 제94조에 따른 외국법인의 국내사업장(이하 제207조제1항, 제207조의2제6항에서 "외국법인의 국내사업장"이라 한다)의 소재지(2019.2.12 본호개정)
2. 제1호외의 경우에는 국세청장이 지정하는 장소
⑤ 법 제8조제1항 및 제2항의 규정에 의하여 납세지의 신고를 하고자 하는 자는 기획재정부령이 정하는 납세지신고서를 납세지 관할세무서장에게 제출(국세정보통신망에 의한 제출을 포함한다)하여야 한다.(2008.2.29 본항개정)
⑥ 법 제8조제5항에서 "공무원 등 대통령령으로 정하는 사람"이란 공무원 또는 제3조에 따라 거주자로 보는 사람을 말한다. 이 경우 납세지는 그 가족의 생활근거지 또는 소속기관의 소재지로 한다.(2020.2.11 본항개정)
제6조【납세지의 지정과 통지】① 법 제9조제1항제1호에 따른 납세지 지정신청을 하려는 자는 해당 과세기간의 10월 1일부터 12월 31일까지 기획재정부령으로 정하는 납세지지정신청서를 사업장 관할세무서장에게 제출(국세정보통신망에 의한 제출을 포함한다)하여야 한다.(2010.2.18 본항개정)
② 제1항의 규정에 의한 납세지 지정신청이 있는 경우 관할지방국세청장(새로 지정할 납세지와 종전의 납세지의 관할지방국세청장이 다를 때에는 국세청장)은 기획재정부령이 정하는 경우를 제외하고는 사업장을 납세지로 지정하여야 하며 다음 연도 2월 말일까지 그 지정여부를 서면으로 통지하여야 한다.(2008.2.29 본항개정)
③ 국세청장 또는 지방국세청장은 법 제9조제1항제2호의 규정에 의하여 납세지를 지정한 때에는 당해 과세기간의 과세표준확정신고 또는 납부기간 개시일전에 이를 서면으로 통지하여야 한다. 다만, 중간예납 또는 수시부과의 사유가 있는 때에는 그 납기개시 15일전에 통지하여야 한다.
④ 제2항의 기한내에 통지를 하지 아니한 때에는 지정신청한 납세지를 납세지로 한다.(1995.12.30 본항신설)
제7조【납세지 변경신고】① 법 제10조의 규정에 의하여 납세지의 변경신고를 하고자 하는 자는 기획재정부령이 정하는 납세지변경신고서를 그 변경후의 납세지 관할세무서장에게 제출(국세정보통신망에 의한 제출을 포함한다)하여야 한다.(2008.2.29 본항개정)
② 납세자의 주소지가 변경됨에 따라 「부가가치세법 시행령」 제14조에 따른 사업자등록정정을 한 경우에는 제1항의 규정에 의한 납세지의 변경신고를 한 것으로 본다.(2013.6.28 본항개정)
제8조【직무권한의 준용규정】 법 제11조의 규정에 의하여 지방국세청장이 과세표준과 세액을 결정 또는 경정하는 경우에는 세무서장의 직무권한에 관한 규정을 준용한다.

제2장 거주자의 종합소득 및 퇴직소득에 대한 납세의무
     (2007.2.28 본장제목개정)

제1절 비과세
     (2010.2.18 본절제목개정)

제8조의2【비과세 주택임대소득】① 법 제12조제2호 나목에 따른 주택에는 주택부수토지가 포함된다. (2010.12.30 본항개정)
② 제1항에서 "주택"이란 상시 주거용(사업을 위한 주거용의 경우는 제외한다)으로 사용하는 건물을 말하고, "주택부수토지"란 주택에 딸린 토지로서 다음 각 호의 어느 하나에 해당하는 면적 중 넓은 면적 이내의 토지를 말한다.
1. 건물의 연면적(지하층의 면적, 지상층의 주차용으로 사용되는 면적, 「건축법 시행령」 제34조제3항에 따른 피난안전구역의 면적 및 「주택건설기준 등에 관한 규정」 제2조제3호에 따른 주민공동시설의 면적은 제외한다)
2. 건물이 정착된 면적에 5배(「국토의 계획 및 이용에 관한 법률」 제6조제1호에 따른 도시지역 밖의 토지의 경우에는 10배)를 곱하여 산정한 면적 (2010.2.18 본항신설)
③ 법 제12조제2호나목을 적용할 때 주택 수는 다음 각 호에 따라 계산한다.(2010.12.30 본문개정)
1. 다가구주택은 1개의 주택으로 보되, 구분등기된 경우에는 각각을 1개의 주택으로 계산
2. 공동소유하는 주택은 지분이 가장 큰 사람의 소유로 계산(지분이 가장 큰 사람이 2명 이상인 경우로서 그들이 합의하여 그들 중 1명을 해당 주택 임대수입의 귀속자로 정한 경우에는 그의 소유로 계산한다). 다만, 다음 각 목의 어느 하나에 해당하는 사람은 본문에 따라 공동소유의 주택을 소유하는 것으로 계산되지 않는 경우라도 그의 소유로 계산한다.
가. 해당 공동소유하는 주택을 임대해 얻은 수입금액을 기획재정부령으로 정하는 방법에 따라 계산한 금액이 연간 6백만원 이상인 사람
나. 해당 공동소유하는 주택의 기준시가가 12억원을 초과하는 경우로서 그 주택의 지분을 100분의 30 초과 보유하는 사람(2023.2.28 본목개정)
(2020.2.11 본호개정)
3. 임차 또는 전세받은 주택을 전대하거나 전전세하는 경우에는 당해 임차 또는 전세받은 주택을 임차인 또는 전세받은 자의 주택으로 계산
4. 본인과 배우자가 각각 주택을 소유하는 경우에는 이를 합산. 다만, 제2호에 따라 공동소유의 주택 하나에 대해 본인과 배우자가 각각 소유하는 주택으로 계산되는 경우에는 다음 각 목에 따라 본인과 배우자 중 1명이 소유하는 주택으로 보아 합산한다.
가. 본인과 배우자 중 지분이 더 큰 사람의 소유로 계산
나. 본인과 배우자의 지분이 같은 경우로서 그들 중 1명을 해당 주택 임대수입의 귀속자로 합의해 정하는 경우에는 그의 소유로 계산
(2020.2.11 본호개정)
④ 제2항을 적용할 때 주택과 부가가치세가 과세되는 사업용 건물(이하 이 조에서 "사업용건물"이라 한다)이 함께 설치되어 있는 경우 그 주택과 주택부수토지의 범위는 다음 각 호의 구분에 따른다. 이 경우 주택과 주택부수토지를 2인 이상의 임차인에게 임대한 경우에는 각 임차인의 주택 부분의 면적(사업을 위한 거주용은 제외한다)과 사업용건물 부분의 면적을 계산하여 각각 적용한다.
1. 주택 부분의 면적이 사업용건물 부분의 면적보다 큰 때에는 그 전부를 주택으로 본다. 이 경우 해당 주택의 주택부수토지의 범위는 제2항과 같다.
2. 주택 부분의 면적이 사업용건물 부분의 면적과 같거나 그 보다 작은 때에는 주택 부분 외의 사업용건물 부분은 주택으로 보지 아니한다. 이 경우 해당 주택의 주택부수토지의 면적은 총토지면적에 주택 부분의 면적이 총건물면적에서 차지하는 비율을 곱하여 계산하며, 그 범위는 제2항과 같다. (2010.2.18 본항신설)
⑤ 법 제12조제2호나목 전단에 따른 "기준시가가 12억원을 초과하는 주택"은 과세기간 종료일 또는 해당 주

택의 양도일을 기준으로 판단한다.(2023.2.28 본항개정)
⑥ 법 제12조제2호나목 전단에서 "대통령령으로 정하는 총수입금액의 합계액"이란 주거용 건물 임대업에서 발생한 수입금액(이하 이 항 및 제122조의2에서 "주택임대수입금액"이라 한다)의 합계액을 말한다. 이 경우 사업자가 법 제43조제2항에 따른 공동사업자인 경우에는 공동사업장에서 발생한 주택임대수입금액의 합계액을 같은 항에 따른 손익분배비율에 의해 공동사업자에게 분배하여 각 사업자의 주택임대수입금액에 합산한다.(2019.2.12 본항개정)
⑦ 제1항부터 제6항까지의 규정에 따른 사항 외에 주택임대소득의 산정에 필요한 사항은 기획재정부령으로 정한다.(2015.2.3 본항신설)
(1999.12.31 본조신설)

제9조【농어가부업소득의 범위】 ① 법 제12조제2호목에서 "대통령령으로 정하는 농어가부업소득"이란 농·어민이 부업으로 경영하는 축산·고공품(藁工品)제조·민박·음식물판매·특산물제조·전통차제조·양어 및 그 밖에 이와 유사한 활동에서 발생한 소득 중 다음 각 호의 소득을 말한다.(2020.2.11 본항개정)
1. 별표1의 농가부업규모의 축산에서 발생하는 소득
2. 제1호 외의 소득으로서 소득금액의 합계액이 연 3천만원 이하인 소득(2016.2.17 본호개정)
② 제1항 각호외의 부분에서 "민박"이라 함은 「농어촌정비법」에 따른 농어촌민박사업을 말한다.(2006.2.9 본항개정)
③ 제1항 각 호 외의 부분에서 "특산물"이란 「식품산업진흥법」에 따른 전통식품, 「수산식품산업의 육성 및 지원에 관한 법률」에 따른 수산전통식품 및 「농수산물 품질관리법」에 따른 수산특산물을 말한다.(2021.2.19 본항개정)
④ 제1항 각 호 외의 부분에서 "전통차"란 「식품산업진흥법」 제22조에 따라 농림축산식품부장관이 인증한 차를 말한다.(2013.3.23 본항개정)
⑤ 제1항 각 호 외의 부분에서 "양어"란 통계청장이 고시하는 한국표준산업분류(이하 "한국표준산업분류"라 한다)에 따른 어업 중 양식어업을 말한다.(2020.2.11 본항개정)
⑥ 제1항을 적용할 때 농어가부업소득의 계산에 필요한 사항은 기획재정부령으로 정한다.(2019.2.12 본항개정)
(2019.2.12 본조제목개정)

제9조의2【전통주의 제조에서 발생하는 소득의 범위】
법 제12조제2호라목에서 "대통령령으로 정하는 전통주의 제조에서 발생하는 소득"이란 다음 각 호의 어느 하나에 해당하는 주류를 「수도권정비계획법」 제2조제1호에 따른 수도권(이하 "수도권"이라 한다) 밖의 읍·면지역에서 제조함으로써 발생하는 소득으로서 소득금액의 합계액이 연 1천 200만원 이하인 것을 말한다.(2010.2.18 본문개정)
1. 「주세법」 제2조제8호에 따른 전통주(2021.2.17 본호개정)
2. 관광진흥을 위하여 국토교통부장관이 추천하여 기획재정부령이 정하는 절차를 거친 주류(1991년 6월 30일 이전에 추천한 것에 한한다)(2013.3.23 본호개정)
3. 종전의 「제주도개발특별법」에 의하여 제주도지사가 국세청장과 협의하여 제조허가를 한 주류(1999년 2월 5일 이전에 허가한 것에 한한다)(2005.2.19 본호개정)

제9조의3【비과세되는 임목의 벌채 등 소득의 범위】 ① 법 제12조제2호마목을 적용하는 경우 조림기간은 다음 각 호에 의하여 계산한다.(2010.2.18 본문개정)
1. 자기가 조림한 임목(林木)에 대하여는 그 식림(植林)을 완료한 날부터 벌채 또는 양도한 날까지의 기간
2. 도급(都給)에 의하여 식림한 임목에 대하여는 그 임목을 인도받은 날부터 벌채 또는 양도한 날까지의 기간
3. 다른 사람이 조림한 임목을 매입한 경우에는 그 매

입한 날부터 벌채 또는 양도한 날까지의 기간
4. 증여받은 임목에 대하여는 증여를 받은 날부터 벌채 또는 양도한 날까지의 기간
5. 상속받은 임목에 대하여는 피상속인의 제1호 내지 제4호에 따른 조림기간의 조림개시일부터 상속인이 벌채 또는 양도한 날까지의 기간
6. 분수계약(分收契約): 산지의 소유자, 비용부담자 및 조림을 하는 자가 당사자가 되어 조림을 하고, 그 조림된 산림의 벌채 또는 양도에 의한 수익을 일정률에 따라 나누기로 하는 계약을 말한다. 이하 이 조 및 제51조제9항에서 같다)에 의한 권리를 취득한 경우에는 그 권리의 취득일부터 양도일까지의 기간
② 법 제12조제2호마목 전단에서 "임지(林地)의 임목(林木)의 벌채 또는 양도로 발생하는 소득으로서 연 600만원 이하의 금액"이란 제51조제8항·제9항 및 제55조에 따라 계산한 소득금액으로서 연 600만원 이하의 금액을 말한다.(2010.2.18 본항개정)
③ 제1항제1호 및 제2호의 경우에 식림을 완료한 날 또는 인도를 받은 날은 그 식림을 한 산림의 임분(林分: 임상(林相)이 동일하고 주위의 것과 구분할 수 있는 산림경영상의 단위가 되는 임목의 집단을 말한다)단위로 적용한다.
(2007.2.28 본조신설)

제9조의4【비과세되는 작물재배업의 범위】 ① 법 제12조제2호바목에서 "대통령령으로 정하는 작물재배업에서 발생하는 소득"이란 작물재배업에서 발생하는 소득으로서 해당 과세기간의 수입금액의 합계액이 10억원 이하인 것을 말한다.
② 제1항을 적용할 때 작물재배업에서 발생하는 소득의 계산에 필요한 사항은 기획재정부령으로 정한다.
(2014.2.21 본조신설)

제9조의5【비과세되는 어로어업의 범위】 ① 법 제12조제2호사목에서 "대통령령으로 정하는 어로어업에서 발생하는 소득"이란 한국표준산업분류에 따른 연근해어업과 내수면어업에서 발생하는 소득으로서 해당 과세기간의 소득금액의 합계액이 5천만원 이하인 소득을 말한다.
② 제1항에 따른 어로어업에서 발생하는 소득의 계산에 필요한 사항은 기획재정부령으로 정한다.
(2020.2.11 본조신설)

제10조【복무 중인 병의 범위】 법 제12조제3호가목에서 "대통령령으로 정하는 복무 중인 병(兵)"이란 병역의무의 수행을 위하여 징집·소집되거나 지원하여 복무 중인 사람으로서 병장 이하의 현역병(지원하지 아니하고 임용된 하사를 포함한다), 의무경찰 그 밖에 이에 준하는 사람을 말한다.(2016.11.29 본조개정)

제11조【학자금의 범위】 법 제12조제3호아목에서 "대통령령으로 정하는 학자금"이란 「초·중등교육법」 및 「고등교육법」에 따른 학교(외국에 있는 이와 유사한 교육기관을 포함한다)와 「국민 평생 직업능력 개발법」에 따른 직업능력개발훈련시설의 입학금·수업료·수강료, 그 밖의 공납금중 다음 각 호의 요건을 갖춘 학자금(해당 과세기간에 납입할 금액을 한도로 한다)을 말한다.(2022.2.17 본문개정)
1. 당해 근로자가 종사하는 사업체의 업무와 관련있는 교육·훈련을 위하여 받는 것일 것
2. 당해 근로자가 종사하는 사업체의 규칙 등에 의하여 정하여진 지급기준에 따라 받는 것일 것
3. 교육·훈련기간이 6월 이상인 경우 교육·훈련후 당해 교육기간을 초과하여 근무하지 아니하는 때에는 지급받은 금액을 반납할 것을 조건으로 하여 받는 것일 것

제12조【실비변상적 급여의 범위】 법 제12조제3호자목에서 "대통령령으로 정하는 실비변상적(實費辨償的)

성질의 급여"란 다음 각 호의 것을 말한다.
(2010.2.18 본문개정)
1. (2021.2.17 삭제)
2. 「선원법」에 의하여 받는 식료(2005.2.19 본호개정)
3. 일직료·숙직료 또는 여비로서 실비변상정도의 금액(종업원이 소유하거나 본인 명의로 임차한 차량을 종업원이 직접 운전하여 사용자의 업무수행에 이용하고 시내출장 등에 소요된 실제여비를 받는 대신에 그 소요경비를 해당 사업체의 규칙 등으로 정하여진 지급기준에 따라 받는 금액 중 월 20만원 이내의 금액을 포함한다)(2022.2.15 본호개정)
4. 법령·조례에 의하여 제복을 착용하여야 하는 자가 받는 제복·제모 및 제화
5.~7. (2000.12.29 삭제)
8. 병원·시험실·금융회사 등·공장·광산에서 근무하는 사람 또는 특수한 작업이나 역무에 종사하는 사람이 받는 작업복이나 그 직장에서만 착용하는 피복(被服)(2010.2.18 본호개정)
9. 특수분야에 종사하는 군인이 받는 낙하산강하위험수당·수중파괴작업위험수당·잠수부위험수당·조전압위험수당·폭발물위험수당·항공수당(기획재정부령으로 정하는 유지비행훈련수당을 포함한다)·비무장지대근무수당·전방초소근무수당·함정근무수당(기획재정부령으로 정하는 유지항해훈련수당을 포함한다) 및 수륙양용궤도차량승무수당, 특수분야에 종사하는 경찰공무원이 받는 경찰특수전술업무수당과 경호공무원이 받는 경호수당(2020.2.11 본호개정)
10. 「선원법」의 규정에 의한 선원으로서 기획재정부령이 정하는 자(제16조 및 제17조의 규정을 적용받는 자를 제외한다)가 받는 월 20만원 이내의 승선수당, 경찰공무원이 받는 함정근무수당·항공수당 및 소방공무원이 받는 함정근무수당·항공수당·화재진화수당(2008.2.29 본호개정)
11. 광산근로자가 받는 입갱수당 및 발파수당
12. 다음 각 목의 어느 하나에 해당하는 자가 받는 연구보조비 또는 연구활동비 중 월 20만원 이내의 금액
  가. 「유아교육법」, 「초·중등교육법」 및 「고등교육법」에 따른 학교 및 이에 준하는 학교(특별법에 따른 교육기관을 포함한다)의 교원
  나. 「특정연구기관육성법」의 적용을 받는 연구기관, 특별법에 따라 설립된 정부출연연구기관, 「지방자치단체출연 연구원의 설립 및 운영에 관한 법률」에 따라 설립된 지방자치단체출연연구원에서 연구활동에 직접 종사하는 자(대학교원에 준하는 자격을 가진 자에 한한다) 및 직접적으로 연구활동을 지원하는 자로서 기획재정부령으로 정하는 자(2008.2.29 본목개정)
  다. 「기초연구진흥 및 기술개발지원에 관한 법률 시행령」 제16조의2제1항제1호 또는 제3호의 기준을 충족하여 「기초연구진흥 및 기술개발지원에 관한 법률」 제14조의2제1항에 따라 인정받은 중소기업 또는 벤처기업의 기업부설연구소와 같은 항에 따라 설치하는 연구개발전담부서(중소기업 또는 벤처기업에 설치하는 것으로 한정한다)에서 연구활동에 직접 종사하는 자(2016.9.22 본목개정)
  (2007.2.28 본호개정)
13. 국가 또는 지방자치단체가 지급하는 다음 각 목의 어느 하나에 해당하는 것
  가. 「영유아보육법 시행령」 제24조제1항제7호에 따른 비용 중 보육교사의 처우개선을 위하여 지급하는 근무환경개선비
  나. 「유아교육법 시행령」 제32조제1항제2호에 따른 사립유치원 수석교사·교사의 인건비
  다. 전문과목별 전문의의 수급 균형을 유도하기 위하

여 전공의(專攻醫)에게 지급하는 수련보조수당
(2012.2.2 본호신설)
14. 「방송법」에 따른 방송, 「뉴스통신진흥에 관한 법률」에 따른 뉴스통신, 「신문 등의 진흥에 관한 법률」에 따른 신문(일반일간신문, 특수일간신문 및 인터넷신문을 말하며, 해당 신문을 경영하는 기업이 직접 발행하는 「잡지 등 정기간행물의 진흥에 관한 법률」에 따른 정기간행물을 포함한다)을 경영하는 언론기업 및 「방송법」에 따른 방송채널사용사업에 종사하는 기자(해당 언론기업 및 「방송법」에 따른 방송채널사용사업에 상시 고용되어 취재활동을 하는 논설위원 및 만화가를 포함한다)가 취재활동과 관련하여 받는 취재수당중 월 20만원이내의 금액. 이 경우 취재수당을 급여에 포함하여 받는 경우에는 월 20만원에 상당하는 금액을 취재수당으로 본다.(2010.1.27 전단개정)
15. 근로자가 기획재정부령이 정하는 벽지에 근무함으로 인하여 받는 월 20만원 이내의 벽지수당(2008.2.29 본호개정)
16. 근로자가 천재·지변 기타 재해로 인하여 받는 급여
17. 수도권 외의 지역으로 이전하는 「지방자치분권 및 지역균형발전에 관한 특별법」 제2조제14호에 따른 공공기관의 소속 공무원이나 직원에게 한시적으로 지급하는 월 20만원 이내의 이전지원금(2023.7.7 본호개정)
18. 종교관련종사자가 소속 종교단체의 규약 또는 소속 종교단체의 의결기구의 의결·승인 등을 통하여 결정된 지급 기준에 따라 종교 활동을 위하여 통상적으로 사용할 목적으로 지급받은 금액 및 물품(2017.12.29 본호신설)

제13조 (2006.2.9 삭제)
제14조【국제기관 등의 범위】 ① 법 제12조제3호차목 본문에서 "대통령령으로 정하는 국제기관"이란 국제연합과 그 소속기구의 기관을 말한다.
② 법 제12조제3호차목 본문에서 "대통령령으로 정하는 사람이 받는 급여"란 외국정부 또는 국제기관에 근무하는 사람 중 대한민국국민이 아닌 사람이 그 직무수행의 대가로 받는 급여를 말한다.
(2010.2.18 본조개정)
제15조【외국에 주둔 중인 군인·군무원이 받는 급여의 범위 등】 법 제12조제3호파목에 따른 군인·군무원이 받는 급여에는 미리 받은 급여(업무수행기간 후의 기간에 해당하는 급여를 포함한다)를 포함하는 것으로 한다. 다만, 외국에 주둔 중인 군인·군무원이 징계 등의 사유로 해당 외국에서의 업무수행에 부적합하다고 인정되어 소환된 경우 그 잔여기간에 해당하는 급여는 그러하지 아니하다.(2010.2.18 본조개정)
제16조【국외근로자의 비과세급여의 범위】 ① 법 제12조제3호거목에서 "대통령령으로 정하는 급여"란 다음 각 호의 것을 말한다.
1. 국외 또는 「남북교류협력에 관한 법률」에 따른 북한지역(이하 이 조에서 "국외등"이라 한다)에서 근로를 제공(원양어업 선박 또는 국외등을 항행하는 선박이나 항공기에 근로를 제공하는 것을 포함한다)하고 받는 보수 중 월 100만원(원양어업 선박, 국외등을 항행하는 선박 또는 국외등의 건설현장 등에서 근로(설계 및 감리 업무를 포함한다)를 제공하고 받는 보수의 경우에는 월 300만원) 이내의 금액(2019.2.12 본호개정)
2. 공무원(「외무공무원법」 제32조에 따른 재외공관 행정직원을 포함한다)·「대한무역투자진흥공사법」에 따른 대한무역투자진흥공사, 「한국관광공사법」에 따른 한국관광공사, 「한국국제협력단법」에 따른 한국국제협력단 및 「한국국제보건의료재단법」에 따른 한국국제보건의료재단의 종사자가 국외등에서 근무하고 받는 수당 중 해당 근로자가 국내에서 근무할 경우에

지급받을 금액상당액을 초과하여 받는 금액 중 실비변상적 성격의 급여로서 외교부장관이 기획재정부장관과 협의하여 고시하는 금액(2019.2.12 본항개정)
(2010.2.18 본항개정)
② 제1항의 규정에 의한 급여에는 그 근로의 대가를 국내에서 받는 경우를 포함한다.
③ 제1항제1호의 규정에 의한 원양어업선박 또는 국외등을 항행하는 선박이나 항공기에서 근로를 제공하고 보수를 받는 자의 급여는 원양어업선박에 승선하는 승무원이 원양어업에 종사함으로써 받는 급여와 국외등을 항행하는 선박 또는 항공기의 승무원이 국외등을 항행하는 기간의 근로에 대하여 받는 급여에 한한다. (2000.12.29 본항개정)
④ 제1항제1호에 따른 원양어업선박, 국외등의 건설현장 등과 제3항에 따른 승무원의 범위는 기획재정부령으로 정한다.(2010.2.18 본항개정)

제17조【생산직근로자가 받는 야간근로수당 등의 범위】 ① 법 제12조제3호더목에서 "대통령령으로 정하는 근로자"란 월정액급여 210만원 이하로서 직전 과세기간의 법 제20조제2항에 따른 총급여액이 3천만원 이하인 근로자(일용근로자를 포함한다)로서 다음 각 호의 어느 하나에 해당하는 사람을 말한다. 이 경우 월정액급여는 매월 직종별로 받는 봉급·급료·보수·임금·수당, 그 밖에 이와 유사한 성질의 급여(해당 과세기간 중에 받는 상여 등 부정기적인 급여와 제12조에 따른 실비변상적 성질의 급여 및 제17조의4에 따른 복리후생적 성질의 급여는 제외한다)의 총액에서 「근로기준법」에 따른 연장근로·야간근로 또는 휴일근로를 하여 통상임금에 더하여 받는 급여 및 「선원법」에 따라 받는 생산수당(비율급으로 받는 경우에는 월 고정급을 초과하는 비율급을 말한다)을 뺀 급여를 말한다.
(2021.2.17 후단개정)
1. 공장 또는 광산에서 근로를 제공하는 자로서 통계청장이 고시하는 한국표준직업분류에 의한 생산 및 관련종사자중 기획재정부령이 정하는 자
2. 어업을 영위하는 자에게 고용되어 근로를 제공하는 자로서 기획재정부령이 정하는 자
(2008.2.29 1호~2호개정)
3. 통계청장이 고시하는 한국표준직업분류에 따른 운전 및 운송 관련직 종사자, 돌봄·미용·여가 및 관광·숙박시설·조리 및 음식 관련 서비스직 종사자, 매장 판매 종사자, 상품 대여 종사자, 통신 관련 판매직 종사자, 운송·청소·경비·가사·음식·판매·농림·어업·계기·자판기·주차관리 및 기타 서비스 관련 단순 노무직 종사자 중 기획재정부령으로 정하는 자 (2021.2.17 본호개정)
4. (2021.2.17 삭제)
② 법 제12조제3호더목에서 "대통령령으로 정하는 연장근로·야간근로 또는 휴일근로를 하여 받는 급여"란 다음 각 호의 어느 하나에 해당하는 금액을 말한다. (2010.2.18 본항개정)
1. 「근로기준법」에 따른 연장근로·야간근로 또는 휴일근로를 하여 통상임금에 더하여 받는 급여 중 연 240만원 이하의 금액(광산근로자 및 일용근로자의 경우에는 해당 급여총액)(2010.2.18 본항개정)
2. 제1항제2호에 규정하는 근로자가 「선원법」에 의하여 받는 생산수당(비율급으로 받는 경우에는 월 고정급을 초과하는 비율급)중 연 240만원 이내의 금액(2005.2.19 본호개정)
③ 제1항제2호에 따른 어업의 범위는 한국표준산업분류에 따른다.(2012.2.2 본항개정)
④ (2010.2.18 삭제)
제17조의2 (2023.2.28 삭제)

제17조의3【비과세되는 직무발명보상금의 범위】 법 제12조제3호어목1)·2) 외의 부분에서 "대통령령으로 정하는 금액"이란 연 500만원 이하의 금액을 말한다. (2019.2.12 본조개정)
제17조의4【복리후생적 급여의 범위】 법 제12조제3호저목에서 "대통령령으로 정하는 복리후생적 성질의 급여"란 다음 각 호의 것을 말한다.
1. 다음 각 목의 어느 하나에 해당하는 사람이 기획재정부령으로 정하는 사택을 제공받음으로써 얻는 이익
　가. 주주 또는 출자자가 아닌 임원
　나. 기획재정부령으로 정하는 소액주주인 임원
　다. 임원이 아닌 종업원(비영리법인 또는 개인의 종업원을 포함한다)
　라. 국가 또는 지방자치단체로부터 근로소득을 지급받는 사람
2. 「조세특례제한법 시행령」 제2조에 따른 중소기업의 종업원이 주택(주택에 부수된 토지를 포함한다)의 구입·임차에 소요되는 자금을 저리 또는 무상으로 대여 받음으로써 얻는 이익
3. 종업원이 계약자이거나 종업원 또는 그 배우자 및 그 밖의 가족을 수익자로 하는 보험·신탁 또는 공제와 관련하여 사용자가 부담하는 보험료·신탁부금 또는 공제부금(이하 이 호에서 "보험료등"이라 한다) 중 다음 각 목의 보험료등
　가. 종업원의 사망·상해 또는 질병을 보험금의 지급사유로 하고 종업원을 피보험자와 수익자로 하는 보험으로서 만기에 납입보험료를 환급하지 않는 보험(이하 "단체순수보장성보험"이라 한다)과 만기에 납입보험료를 초과하지 않는 범위에서 환급하는 보험(이하 "단체환급부보장성보험"이라 한다)의 보험료 중 연 70만원 이하의 금액
　나. 임직원의 고의(중과실을 포함한다) 외의 업무상 행위로 인한 손해의 배상청구를 보험금의 지급사유로 하고 임직원을 피보험자로 하는 보험의 보험료
4. 공무원이 국가 또는 지방자치단체로부터 공무 수행과 관련하여 받는 상금과 부상 중 연 240만원 이내의 금액
(2021.2.17 본조신설)
제18조【비과세되는 기타소득의 범위】 ① 법 제12조제5호다목에서 "대통령령으로 정하는 상금과 부상"이란 다음 각 호의 어느 하나에 해당하는 것을 말한다. (2010.2.18 본문개정)
1. 「대한민국학술원법」에 의한 학술원상 또는 「대한민국예술원법」에 의한 예술원상의 수상자가 받는 상금과 부상(2005.2.19 본호개정)
2. 노벨상 또는 외국정부·국제기관·국제단체 기타 외국의 단체나 기금으로부터 받는 상의 수상자가 받는 상금과 부상
3. 「문화예술진흥법」에 따른 대한민국 문화예술상과 같은 법에 따른 한국문화예술위원회가 문화예술진흥기금으로 수여하는 상의 수상자가 받는 상금과 부상 (2010.2.18 본호개정)
4. 대한민국 미술대전의 수상작품에 대하여 수상자가 받는 상금과 부상(2010.2.18 본호개정)
5. 「국민체육진흥법」에 의한 체육상의 수상자가 받는 상금과 부상(2005.2.19 본호개정)
6. 과학기술정보통신부가 개최하는 과학전람회의 수상작품에 대하여 수상자가 받는 상금과 부상 (2017.7.26 본호개정)
7. 특별법에 의하여 설립된 법인이 관계중앙행정기관의 장의 승인을 얻어 수여하는 상의 수상자가 받는 상금과 부상

8. 「품질경영 및 공산품안전관리법」에 의하여 품질명장으로 선정된 자(분임을 포함한다)가 받는 상금과 부상(2007.2.28 본호개정)
9. 직장새마을운동·산업재해예방운동 등 정부시책의 추진실적에 따라 중앙행정기관장 이상의 표창을 받은 종업원이나 관계중앙행정기관의 장이 인정하는 국내외 기능경기대회에 입상한 종업원이 그 표창 또는 입상과 관련하여 사용자로부터 받는 상금중 1인당 15만원 이내의 금액
10. 「국민 제안 규정」 또는 「공무원 제안 규정」에 따라 채택된 제안의 제안자가 받는 부상(2021.2.17 본호개정)
11. 「국세기본법」 제84조의2에 따른 포상금 등 법규의 준수 및 사회질서의 유지를 위하여 신고 또는 고발한 사람이 관련 법령에서 정하는 바에 따라 국가 또는 지방자치단체로부터 받는 포상금 또는 보상금 (2012.2.2 본호개정)
12. 경찰청장이 정하는 바에 따라 범죄 신고자가 받는 보상금(2010.2.18 본호신설)
13. 제1호부터 제12호까지의 규정에 따른 상금과 부상 외에 국가 또는 지방자치단체로부터 받는 상금과 부상(제38조제1항제20호에 따른 상금과 부상은 제외한다)(2021.2.17 본호개정)
② 법 제12조제5호라목에서 "대통령령으로 정하는 금액"이란 연 500만원(해당 과세기간에 법 제12조제3호어목에 따라 비과세되는 금액이 있는 경우에는 500만원에서 해당 금액을 차감한 금액으로 한다) 이하의 금액을 말한다.(2019.2.12 본항개정)
제19조【비과세되는 종교인소득의 범위】 ① 법 제12조제5호아목1)에서 "대통령령으로 정하는 학자금"이란 법 제12조제5호아목1)의 종교관련종사자(이하 "종교관련종사자"라 한다)가 소속된 종교단체의 종교관련종사자로서의 활동과 관련있는 교육·훈련을 위하여 받는 다음 각 호의 어느 하나에 해당하는 학교 또는 시설의 입학금·수업료·수강료, 그 밖의 공납금을 말한다.
1. 「초·중등교육법」 제2조에 따른 학교(외국에 있는 이와 유사한 교육기관을 포함한다)
2. 「고등교육법」 제2조에 따른 학교(외국에 있는 이와 유사한 교육기관을 포함한다)
3. 「평생교육법」 제5장에 따른 평생교육시설
② 법 제12조제5호아목2)에서 "대통령령으로 정하는 식사 또는 식사대"란 다음 각 호의 어느 하나에 해당하는 것을 말한다.
1. 소속 종교단체가 종교관련종사자에게 제공하는 식사나 그 밖의 음식물
2. 제1호에서 규정하는 식사나 그 밖의 음식물을 제공받지 아니하는 종교관련종사자가 소속 종교단체로부터 받는 월 20만원 이하의 식사대(2023.2.28 본호개정)
③ 법 제12조제5호아목3)에서 "대통령령으로 정하는 실비변상적 성질의 지급액"이란 다음 각 호의 것을 말한다.
1. 일직료·숙직료 및 그 밖에 이와 유사한 성격의 급여
2. 여비로서 실비변상 정도의 금액(종교관련종사자가 본인 소유의 차량을 직접 운전하여 소속 종교단체의 종교관련종사자로서의 활동에 이용하고 소요된 실제 여비 대신에 해당 종교단체의 규칙 등에 정하여진 지급기준에 따라 받는 금액 중 월 20만원 이내의 금액을 포함한다)
3. 제12조제18호에 따른 금액 및 물품(2017.12.29 본호개정)
4. 종교관련종사자가 천재·지변이나 그 밖의 재해로 인하여 받는 지급액
(2016.2.17 본조신설)

제2절 과세표준과 세액의 계산

제20조【일용근로자의 범위 및 주택임대소득의 산정 등】 ① 법 제14조제3항제2호에서 "대통령령으로 정하는 일용근로자"란 근로를 제공한 날 또는 시간에 따라 근로대가를 계산하거나 근로를 제공한 날 또는 시간의 근로성과에 따라 급여를 계산하여 받는 사람으로서 다음 각 호에 규정된 사람을 말한다.(2010.2.18 본문개정)
1. 건설공사에 종사하는 자로서 다음 각목의 자를 제외한 자
  가. 동일한 고용주에게 계속하여 1년 이상 고용된 자
  나. 다음의 업무에 종사하기 위하여 통상 동일한 고용주에게 계속하여 고용되는 자
  (1) 작업준비를 하고 노무에 종사하는 자를 직접 지휘·감독하는 업무
  (2) 작업현장에서 필요한 기술적인 업무, 사무·타자·취사·경비 등의 업무
  (3) 건설기계의 운전 또는 정비업무
2. 하역작업에 종사하는 자(항만근로자를 포함한다)로서 다음 각목의 자를 제외한 자
  가. 통상 근로를 제공한 날에 근로대가를 받지 아니하고 정기적으로 근로대가를 받는 자
  나. 다음의 업무에 종사하기 위하여 통상 동일한 고용주에게 계속하여 고용되는 자
  (1) 작업준비를 하고 노무에 종사하는 자를 직접 지휘·감독하는 업무
  (2) 주된 기계의 운전 또는 정비업무
3. 제1호 또는 제2호외의 업무에 종사하는 자로서 근로계약에 따라 동일한 고용주에게 3월이상 계속하여 고용되어 있지 아니한 자
② 법 제14조제3항제7호에서 "대통령령으로 정하는 총수입금액의 합계액"이란 제8조의2제6항에 따른 총수입금액의 합계액을 말한다.(2015.2.3 본항신설)
③ 법 제14조제3항제7호에 따른 주택임대소득의 산정 등에 관하여는 제8조의2제1항부터 제4항까지의 규정을 준용한다.(2015.2.3 본항신설)
(2015.2.3 본조제목개정)
제20조의2【의료 목적 또는 부득이한 인출의 요건 등】 ① 법 제14조제3항제9호나목에서 "의료목적, 천재지변이나 그 밖에 부득이한 사유 등 대통령령으로 정하는 요건을 갖추어 인출하는 연금소득"이란 다음 각 호의 어느 하나에 해당하는 법 제20조의3제1항제2호에 따른 연금계좌(이하 "연금계좌"라 한다)에서 인출하는 금액을 말한다.
1. 다음 각 목의 어느 하나에 해당하는 사유가 발생하여 연금계좌에서 인출하려는 사람이 해당 사유가 확인된 날부터 6개월 이내에 그 사유를 확인할 수 있는 서류를 갖추어 연금계좌를 취급하는 금융회사 등(이하 "연금계좌취급자"라 한다)에게 제출하는 경우
  가. 천재지변
  나. 연금계좌 가입자의 사망 또는 「해외이주법」에 따른 해외이주(2023.2.28 본목개정)
  다. 연금계좌 가입자 또는 그 부양가족[법 제50조에 따른 기본공제대상이 되는 사람(소득의 제한은 받지 아니한다)으로 한정한다]이 질병·부상에 따라 3개월 이상의 요양이 필요한 경우
  라. 연금계좌 가입자가 「재난 및 안전관리 기본법」 제66조제1항제2호의 재난으로 15일 이상의 입원 치료가 필요한 피해를 입은 경우(2022.2.15 본목신설)
  마. 연금계좌 가입자가 「채무자 회생 및 파산에 관한 법률」에 따른 파산의 선고 또는 개인회생절차개시의 결정을 받은 경우

바. 연금계좌취급자의 영업정지, 영업 인·허가의 취소, 해산결의 또는 파산선고
2. 제40조의2제3항제1호 및 제2호를 충족한 연금계좌 가입자가 제118조의5제1항 및 제2항에 한정한 의료비(본인을 위한 의료비에 한정한다)를 연금계좌에서 인출하기 위하여 해당 의료비를 지급한 날부터 6개월 이내에 기획재정부령으로 정하는 증명서류를 연금계좌취급자에게 제출하는 경우
② 제1항제1호다목 및 라목에 따라 인출하는 금액은 제118조의5제1항 및 제2항에 따른 의료비, 간병인 비용, 보건복지부 장관이 고시하는 최저생계비 등을 고려하여 기획재정부령으로 정하는 금액 이내의 금액으로 한정한다.(2022.2.15 본항개정)
③ 제1항제2호에 따라 의료비를 인출하는 경우에는 1명당 하나의 연금계좌만 의료비연금계좌로 지정(해당 연금계좌의 연금계좌취급자가 지정에 동의하는 경우에 한정한다)하여 인출할 수 있다.
④ 연금계좌취급자는 제1항제1호 및 제2호에 따라 제출받은 증명서류를 해당 인출에 대한 원천징수세액 납부기한의 다음 날부터 5년간 보관하여야 한다.
⑤ 제1항부터 제4항까지의 규정에서 정한 사항 외에 연금계좌 인출의 절차 등에 필요한 사항은 기획재정부령으로 정한다.
(2015.2.3 본조개정)
제21조【복권당첨소득과 유사한 분리과세대상소득의 범위】 법 제14조제3항제8호마목에서 "대통령령으로 정하는 기타소득"이란 다음 각 호의 어느 하나에 해당하는 소득을 말한다.(2015.2.3 본문개정)
1. (2013.2.15 삭제)
2. 법 제21조제1항제4호에 따른 환급금
3. 법 제21조제1항제14호에 따른 당첨금품등
4. (2012.2.2 삭제)
5. 제2호 및 제3호의 소득과 유사한 소득으로서 기획재정부령으로 정하는 소득(2013.2.15 본호개정)
(2013.2.15 본조제목개정)
(2009.2.4 본조신설)
제22조 (2003.12.30 삭제)
제22조의2【국채 등의 이자소득】 ① 국가가 발행한 채권이 원금과 이자가 분리되는 경우에는 원금에 해당하는 채권 및 이자에 해당하는 채권의 할인액은 이를 법 제16조제1항제1호의 규정에 따른 채권의 할인액으로 본다.
② 다음 각 호의 채권을 공개시장에서 통합발행(일정 기간 동안 추가하여 발행할 채권의 표면금리와 만기 등 발행조건을 통일하여 발행하는 것을 말한다)하는 경우 해당 채권의 매각가액과 액면가액과의 차액은 법 제16조제1항제1호 또는 제2호에 따른 이자 및 할인액에 포함되지 아니하는 것으로 한다.(2010.2.18 본문개정)
1. (2014.12.30 본호개정)
2. 「한국산업은행법」 제23조에 따른 산업금융채권(2014.12.30 본호개정)
3. 「예금자보호법」 제26조의2 및 동법 제26조의3의 규정에 따른 예금보험기금채권과 예금보험기금채권상환기금채권
4. 「한국은행법」 제69조에 따른 한국은행통화안정증권(2008.2.22 본호신설)
③ 국가가 발행한 채권으로서 그 원금이 물가에 연동되는 채권(이하 "물가연동국고채"라 한다)의 경우 해당 채권의 원금증가분은 법 제16조제1항제1호에 따른 이자 및 할인액에 포함된다.(2016.2.17 본항개정)
(2006.2.9 본조신설)
제23조 (2010.2.18 삭제)
제24조【환매조건부매매차익】 법 제16조제1항제8호에서 "대통령령으로 정하는 채권 또는 증권의 환매조건부 매매차익"이란 금융회사 등(「금융실명거래 및 비밀보장에 관한 법률」 제2조제1호 각 목의 어느 하나에 해당하는 금융회사등과 「법인세법 시행령」 제111조제1항 각 호의 어느 하나에 해당하는 법인을 말한다. 이하 같다)이 환매기간에 따른 사전약정이율을 적용하여 환매수 또는 환매도하는 조건으로 매매하는 채권 또는 증권의 매매차익을 말한다.(2019.2.12 본조개정)
제25조【저축성보험의 보험차익】 ① 법 제16조제1항제9호 각 목 외의 부분 본문에서 "대통령령으로 정하는 저축성보험의 보험차익"이란 보험계약에 따라 만기 또는 보험의 계약기간 중에 받는 보험금·공제금 또는 계약기간 중도에 해당 보험계약이 해지됨에 따라 받는 환급금(피보험자의 사망·질병·부상 그 밖의 신체상의 상해로 인하여 받거나 자산의 멸실 또는 손괴로 인하여 받는 것이 아닌 것으로 한정하며, 이하 이 조에서 "보험금"이라 한다)에서 납입보험료 또는 납입공제료(이하 이 조에서 "보험료"라 한다)를 뺀 금액을 말한다.(2018.2.13 본항개정)
② 제1항에서 "보험계약"이란 다음 각 호의 어느 하나에 해당하는 것을 말한다.(2013.2.15 본항개정)
1. 「보험업법」에 따른 생명보험계약 또는 손해보험계약(2013.2.15 본호개정)
2. 다음 각 목의 어느 하나에 해당되는 기관이 해당 법률에 의하여 영위하는 생명공제계약 또는 손해공제계약(2013.2.15 본호개정)
   가. (2013.2.15 삭제)
   나. 「수산업협동조합법」에 의한 수산업협동조합중앙회 및 조합(2005.2.19 본목개정)
   다. (1999.12.31 삭제)
   라. 「신용협동조합법」에 의한 신용협동조합중앙회(2005.2.19 본목개정)
   마. 「새마을금고법」에 따른 새마을금고중앙회(2013.6.11 본목개정)
3. 「우체국예금·보험에 관한 법률」에 의한 우체국보험계약(2005.2.19 본호개정)
③ 법 제16조제1항제9호가목에서 "대통령령으로 정하는 요건을 갖춘 보험"이란 보험계약 체결시점부터 다음 각 호의 어느 하나에 해당하는 보험을 말한다.
1. 계약자 1명당 납입할 보험료 합계액〔계약자가 가입한 모든 저축성보험계약(제2호에 따른 저축성보험 및 제4항에 따른 종신형 연금보험은 제외한다)의 보험료 합계액을 말한다〕이 다음 각 목의 구분에 따른 금액 이하인 저축성보험. 다만, 최초로 보험료를 납입한 날(이하 이 조에서 "최초납입일"이라 한다)부터 만기일 또는 중도해지일까지의 기간은 10년 이상이지만 납입한 보험료를 최초납입일부터 10년이 경과하기 전에 확정된 기간 동안 연금형태로 분할하여 지급받는 경우는 제외한다.
   가. 2017년 3월 31일까지 체결하는 보험계약의 경우 : 2억원
   나. 2017년 4월 1일부터 체결하는 보험계약의 경우 : 1억원
2. 다음 각 목의 요건을 모두 갖춘 월적립식 저축성보험
   가. 최초납입일부터 납입기간이 5년 이상인 월적립식 보험계약일 것
   나. 최초납입일부터 매월 납입하는 기본보험료가 균등(최초 계약한 기본보험료의 1배 이내로 기본보험료를 증액하는 경우를 포함한다)하고, 기본보험료의 선납기간이 6개월 이내일 것
   다. 계약자 1명당 매월 납입하는 보험료 합계액〔계약자가 가입한 모든 월적립식 보험계약(만기에 환급되는 금액이 납입보험료를 초과하지 아니하는 보험계약으로서 기획재정부령으로 정하는 것은 제외한다)의 기본보험료, 추가로 납입하는 보험료 등 월별

로 납입하는 보험료를 기획재정부령으로 정하는 방식에 따라 계산한 합계액을 말한다)이 150만원 이하일 것(2017년 4월 1일부터 체결하는 보험계약으로 한정한다)
(2017.2.3 본항신설)
④ 법 제16조제1항제9호나목에서 "대통령령으로 정하는 요건을 갖춘 종신형 연금보험"이란 보험계약 체결 시점부터 다음 각 호의 요건을 모두 갖춘 종신형 연금보험을 말한다.
1. 계약자가 보험료 납입 계약기간 만료 후 55세 이후부터 사망시까지 보험금·수익 등을 연금으로 지급받을 것
2. 연금 외의 형태로 보험금·수익 등을 지급하지 아니할 것
3. 사망시「통계법」제18조에 따라 통계청장이 승인하여 고시하는 통계표에 따른 성별·연령별 기대여명연수(소수점 이하는 버리며, 이하 이 조에서 "기대여명연수"라 한다) 이내에서 보험금·수익 등을 연금으로 지급하기로 보증한 기간(이하 이 조에서 "보증기간"이라 한다)이 설정된 경우로서 계약자가 해당 보증기간 이내에 사망한 경우에는 해당 보증기간의 종료시를 말한다) 보험계약 및 연금재원이 소멸할 것
4. 계약자와 피보험자 및 수익자가 동일하고 최초 연금지급개시 이후 사망일 전에 중도해지할 수 없을 것
5. 매년 수령하는 연금액[연금수령 개시 이후 금리변동에 따라 변동된 금액과 이연(移延)하여 수령하는 연금액은 포함하지 아니한다]이 다음의 계산식에 따라 계산한 금액을 초과하지 아니할 것

$$\frac{\text{연금수령 개시일 현재 연금계좌 평가액}}{\text{연금수령 개시일 현재 기대여명연수}} \times 3$$

(2017.2.3 본항신설)
⑤ 제3항 및 제4항의 보험계약을 체결한 후 해당 요건을 충족하지 못하게 된 경우에는 그 보험계약은 제3항 및 제4항의 보험계약에서 제외한다. 다만, 제3항제2호에 해당하는 보험계약이 그 보험계약을 체결한 후 해당 요건을 충족하지 못하게 된 경우라도 제3항제1호의 요건을 충족하는 경우 그 보험계약은 제3항제1호의 보험계약에 해당하는 것으로 보며, 제4항에 해당하는 보험계약이 그 보험계약을 체결한 후 해당 요건을 충족하지 못하게 된 경우라도 제3항 각 호의 어느 하나에 해당하는 요건을 갖춘 경우 그 보험계약은 제3항 각 호의 보험계약에 해당하는 것으로 본다.(2017.2.3 본항신설)
⑥ 제3항제1호 및 제2호의 보험계약과 2013년 2월 15일 전에 체결된 보험계약(대통령령 제24356호 소득세법 시행령 일부개정령 부칙 제35조에 따라 종전의 제25조제1항을 적용하는 보험계약을 말하며, 이하 이 항에서 "종전의 보험계약"이라 한다)에 대하여 다음 각 호의 어느 하나에 해당하는 변경(종전의 보험계약에 대해서는 제3호의 변경으로 한정한다)이 있는 때에는 그 변경일을 해당 보험계약의 최초납입일로 한다. 다만, 제3항제2호의 보험계약에 대하여 제1호 또는 제2호에 해당하는 변경이 있을 때에는 계약변경일까지의 보험료 납입기간은 제3항제2호가목에 따른 납입기간에 포함하고, 계약변경 이후에 납입한 보험료는 계약변경 이후에도 제3항제2호나목의 요건을 충족한 것으로 본다.
(2017.2.3 본문개정)
1. 계약자 명의가 변경(사망에 의한 변경은 제외한다)되는 경우
2. 보장성보험을 저축성보험으로 변경하는 경우
3. 최초 계약한 기본보험료의 1배를 초과하여 기본보험료를 증액하는 경우
(2013.2.15 본항신설)
⑦ 제6항에 따라 보험계약을 변경하는 경우 제3항제1호 및 같은 항 제2호다목에 따른 보험료 합계액의 계산

방식은 기획재정부령으로 정한다.(2017.2.3 본항신설)
⑧ 제1항의 규정에 의한 보험료를 계산함에 있어서 보험계약기간 중에 보험계약에 의하여 받은 배당금 기타 이와 유사한 금액(이하 이 항에서 "배당금등"이라 한다)은 이를 납입보험료에서 차감하되, 그 배당금등으로 납입할 보험료를 상계한 경우에는 배당금등을 받아 보험료를 납입한 것으로 본다.

제26조【이자소득의 범위】 ① 법 제16조제1항제10호에서 "대통령령으로 정하는 직장공제회"란「민법」제32조 또는 그 밖의 법률에 따라 설립된 공제회·공제조합(이와 유사한 단체를 포함한다)으로서 동일직장이나 직종에 종사하는 근로자들의 생활안정, 복리증진 또는 상호부조 등을 목적으로 구성된 단체를 말한다.
(2012.2.2 본항개정)
② 법 제16조제1항제10호에 따른 초과반환금은 근로자가 퇴직하거나 탈퇴하여 그 규약에 따라 직장공제회로부터 받는 반환금에서 납입공제료를 뺀 금액(이하 "납입금 초과이익"이라 한다)과 반환금을 분할하여 지급하는 경우 그 지급하는 기간 동안 추가로 발생하는 이익(이하 "반환금 추가이익"이라 한다)으로 한다.
(2015.2.3 본항개정)
③ 법 제16조제1항제11호에 따른 비영업대금(非營業貸金)의 이익은 금전의 대여를 사업목적으로 하지 아니하는 자가 일시적·우발적으로 금전을 대여함에 따라 지급받는 이자 또는 수수료 등으로 한다.(2010.2.18 본항신설)
④ 거주자가 일정기간 후에 같은 종류로서 같은 양의 채권을 반환받는 조건으로 채권을 대여하고 해당 채권의 차입자로부터 지급받는 해당 채권에서 발생하는 이자에 상당하는 금액은 법 제16조제1항제12호에 따른 이자소득에 포함된다.(2010.12.30 본항신설)
⑤ 법 제16조제1항제13호에서 "대통령령으로 정하는 바에 따라 결합된 경우"란 개인이 이자소득이 발생하는 상품(이하 이 항에서 "이자부상품"이라 한다)과「자본시장과 금융투자업에 관한 법률」제5조에 따른 파생상품(이하 "파생상품"이라 한다)을 함께 거래하는 경우로서 다음 각 호의 어느 하나에 해당하는 경우를 말한다.
1. 다음 각 목의 요건을 모두 갖추어 실질상 하나의 상품과 같이 운영되는 경우
가. 금융회사 등이 직접 개발·판매한 이자부상품의 거래와 해당 금융회사 등의 파생상품 계약이 해당 금융회사 등을 통하여 이루어질 것
나. 파생상품이 이자부상품의 원금 및 이자소득의 전부 또는 일부(이하 이 항에서 "이자소득등"이라 한다)나 이자소득등의 가격·이자율·지표·단위 또는 이를 기초로 하는 지수 등에 따라 산출된 금전이나 그 밖의 재산적 가치가 있는 것을 거래하는 계약일 것
다. 가목에 따른 금융회사 등이 이자부상품의 이자소득등과 파생상품으로부터 이익을 지급할 것
2. 다음 각 목의 요건을 모두 갖추어 장래의 특정 시점에 금융회사 등이 지급하는 파생상품(「자본시장과 금융투자업에 관한 법률」제166조의2제1항제1호에 해당하는 경우)으로부터의 이익이 확정되는 경우
가. 금융회사 등이 취급하는 이자부상품의 거래와 해당 금융회사 등의 파생상품의 계약이 해당 금융회사 등을 통하여 이루어질 것(이자부상품의 거래와 파생상품의 계약이 2 이상의 금융회사 등을 통하여 별도로 이루어지더라도 파생상품의 계약을 이행하기 위하여 이자부상품을 질권으로 설정하거나「자본시장과 금융투자업에 관한 법률 시행령」제103조에 따른 금전신탁을 통하여 이루어지는 경우를 포함한다)
나. 파생상품이 이자부상품의 이자소득등이나 이자소득등의 가격·이자율·지표·단위 또는 이를 기초로

하는 지수 등에 따라 산출된 금전이나 그 밖의 재산적 가치가 있는 것을 거래하는 계약일 것

다. 파생상품으로부터의 확정적인 이익이 이자부상품의 이자소득보다 클 것

(2017.2.3 본항개정)

(2010.12.30 본조제목개정)

제26조의2【집합투자기구의 범위 등】① 법 제17조제1항제5호에서 "대통령령으로 정하는 집합투자기구"란 다음 각 호의 요건을 모두 갖춘 집합투자기구를 말한다.

1. 「자본시장과 금융투자업에 관한 법률」에 따른 집합투자기구(같은 법 제251조에 따른 보험회사의 특별계정은 제외하되, 금전의 신탁으로서 원본을 보전하는 것을 포함한다. 이하 "집합투자기구"라 한다)일 것

2. 해당 집합투자기구의 설정일부터 매년 1회 이상 결산·분배할 것. 다만, 다음 각 목의 어느 하나에 해당하는 이익금은 분배를 유보할 수 있으며, 「자본시장과 금융투자업에 관한 법률」 제242조에 따른 이익금이 0보다 적은 경우에도 분배를 유보할 수 있다(같은 법 제9조제22항에 따른 집합투자규약에서 정하는 경우에 한정한다.

가. 「자본시장과 금융투자업에 관한 법률」 제234조에 따른 상장지수집합투자기구가 지수 구성종목을 교체하거나 파생상품에 투자함에 따라 계산되는 이익

나. 「자본시장과 금융투자업에 관한 법률」 제238조에 따라 평가된 집합투자재산의 평가이익

다. 「자본시장과 금융투자업에 관한 법률」 제240조 제1항의 회계처리기준에 따른 집합투자재산의 매매이익(2016.2.17 본목신설)

3. 금전으로 위탁받아 금전으로 환급할 것(금전 외의 자산으로 위탁받아 환급하는 경우로서 해당 위탁가액과 환급가액이 모두 금전으로 표시된 것을 포함한다)

② 제1항을 적용할 때 국외에서 설정된 집합투자기구는 제1항 각 호의 요건을 갖추지 아니하는 경우에도 제1항에 따른 집합투자기구로 본다.(2013.2.15 본항개정)

③ 집합투자기구가 제1항 각 호의 요건을 갖추지 아니하는 경우에는 다음 각 호의 구분에 따라 과세한다.

1. 「자본시장과 금융투자업에 관한 법률」 제9조제18항에 따른 투자신탁·투자조합·투자익명조합으로부터의 이익은 법 제4조제2항에 따른 집합투자기구 외의 신탁의 이익으로 보아 과세한다.

2. 「자본시장과 금융투자업에 관한 법률」 제9조제18항에 따른 투자회사·투자유한회사·투자합자회사 및 같은 조 제19항제1호에 따른 경영참여형 사모집합투자기구(「조세특례제한법」 제100조의15에 따른 동업기업과세특례를 적용받지 않는 경우에 한정한다)로부터의 이익은 법 제17조제1항의 배당 및 분배금으로 보아 과세한다.(2015.10.23 본호개정)

④ 제1항에 따른 집합투자기구로부터의 이익(이하 "집합투자기구로부터의 이익"이라 한다)에는 집합투자기구가 제1호 각 목의 방법으로 취득한 제2호 각 목의 증권(제1호다목의 방법으로는 제2호나목의 증권을 취득하는 경우에 한정한다) 또는 장내파생상품증권(「자본시장과 금융투자업에 관한 법률」에 따른 장내파생상품을 말한다. 이하 같다)의 거래나 평가로 발생한 손익을 포함하지 않는다. 다만, 비거주자 또는 외국법인이 「자본시장과 금융투자업에 관한 법률」 제9조제19항제2호에 따른 일반 사모집합투자기구나 「조세특례제한법」 제100조의15에 따른 동업기업과세특례를 적용받지 않는 기관전용 사모집합투자기구를 통하여 취득한 주식 또는 출자증권[「자본시장과 금융투자업에 관한 법률」 제8조의2제4항제1호에 따른 증권시장(이하 "증권시장"이라 한다)에 상장된 주식 또는 출자증권으로서 양도일

이 속하는 연도와 그 직전 5년의 기간 중 그 주식 또는 출자증권을 발행한 법인의 발행주식 총수 또는 출자총액의 100분의 25 이상을 소유한 경우로 한정한다]의 거래로 발생한 손익은 집합투자기구로부터의 이익에 포함한다.

1. 취득 방법 :

가. 집합투자기구가 직접 취득

나. 집합투자기구가 「자본시장과 금융투자업에 관한 법률」 제9조제21항에 따른 집합투자증권에 투자(제26조의3제1항제2호 본문에 따른 상장지수증권에 투자한 경우에는 그 상장지수증권의 지수를 구성하는 기초자산에 해당하는 증권에 투자하는 것을 말한다)하여 취득

다. 집합투자기구가 「벤처투자 촉진에 관한 법률」에 따른 벤처투자조합 또는 「여신전문금융업법」에 따른 신기술사업투자조합의 출자지분에 투자하여 취득

2. 취득 대상 :

가. 증권시장에 상장된 증권(다음의 것은 제외한다. 이하 이 항에서 같다)

1) 법 제46조제1항에 따른 채권등

2) 외국 법령에 따라 설립된 외국 집합투자기구의 주식 또는 수익증권

나. 「벤처기업육성에 관한 특별조치법」에 따른 벤처기업의 주식 또는 출자지분

다. 가목의 증권을 대상으로 하는 장내파생상품증권(2023.2.28 본항개정)

⑤ 「자본시장과 금융투자업에 관한 법률」 제9조제21항에 따른 집합투자증권 및 같은 법 제279조제1항에 따른 외국 집합투자증권(다음 각 호의 어느 하나에 해당하는 것은 제외한다)을 계좌간 이체, 계좌의 명의변경, 집합투자증권의 실물양도의 방법으로 거래하여 발생한 이익은 집합투자기구로부터의 이익에 해당한다.

1. 법 제94조제1항제3호의 주식 또는 출자지분

2. (2020.2.11 삭제)

3. 「자본시장과 금융투자업에 관한 법률」 제234조에 따른 상장지수집합투자기구로서 증권시장에서 거래되는 주식의 가격만을 기반으로 하는 지수의 변화를 그대로 추적하는 것을 목적으로 하는 집합투자증권

4. 증권시장에 상장된 「자본시장과 금융투자업에 관한 법률」 제9조제18항제2호에 따른 집합투자기구(이전 사업연도에 「법인세법」 제51조의2제1항에 따른 배당가능이익 전체를 1회 이상 배당하지 아니한 것은 제외한다)의 집합투자증권

(2010.12.30 본항개정)

⑥ 집합투자기구로부터의 이익은 「자본시장과 금융투자업에 관한 법률」에 따른 각종 보수·수수료 등을 뺀 금액으로 한다.

⑦ (2013.2.15 삭제)

⑧ 「자본시장과 금융투자업에 관한 법률」 제9조제19항에 따른 사모집합투자기구로서 다음 각 호의 요건을 모두 갖춘 집합투자기구에 대해서는 제1항 각 호의 요건을 모두 충족하는 경우에도 법 제17조에 따른 집합투자기구로 보지 아니하며 법 제4조제2항을 적용한다.

1. 투자자가 거주자(비거주자와 국내사업장이 없는 외국법인을 포함한다. 이하 이 조에서 같다) 1인이거나 거주자 1인 및 그 거주자의 「국세기본법 시행령」 제1조의2제1항부터 제3항까지의 규정에 따른 특수관계인(투자자가 비거주자 또는 국내사업장이 없는 외국법인인 경우에는 다음 각 목의 어느 하나에 해당하는 관계에 있는 자를 말한다)으로 구성된 경우(2012.2.2 본문개정)

가. 비거주자와 그의 배우자·직계혈족 및 형제자매인 관계

나. 일방이 타방의 의결권 있는 주식의 100분의 50 이상을 직접 또는 간접으로 소유하고 있는 관계

다. 제3자가 일방 또는 타방의 의결권 있는 주식의 100분의 50 이상을 직접 또는 간접으로 각각 소유하고 있는 경우 그 일방과 타방 간의 관계

2. 투자자가 사실상 자산운용에 관한 의사결정을 하는 경우

⑨ 제8항제1호나목 및 다목에 따른 주식의 간접소유비율의 계산에 관하여는「국제조세조정에 관한 법률 시행령」제2조제3항을 준용한다.(2021.2.17 본항개정)

⑩ 집합투자기구로부터의 이익에 대한 과세표준 계산방식 등은 기획재정부령으로 정한다.
(2010.2.18 본조개정)

제26조의3【배당소득의 범위】① 법 제17조제1항제5호의2에서 "대통령령으로 정하는 파생결합증권 또는 파생결합사채로부터의 이익"이란 다음 각 호의 어느 하나에 해당하는 이익을 말한다.

1.「자본시장과 금융투자업에 관한 법률」제4조제7항에 따른 파생결합증권(이하 "파생결합증권"이라 한다)으로부터 발생한 이익. 다만, 당사자 일방의 의사표시에 따라 증권시장 또는 이와 유사한 시장으로서 외국에 있는 시장에서 매매거래되는 특정 주권의 가격이나 주가지수 수치의 변동과 연계하여 미리 정해진 방법에 따라 주권의 매매나 금전을 수수하는 거래를 성립시킬 수 있는 권리를 표시하는 증권 또는 증서로부터 발생한 이익은 제외한다.

2. 파생결합증권 중「자본시장과 금융투자업에 관한 법률」제4조제10항에 따른 기초자산의 가격·이자율·지표·단위 또는 이를 기초로 하는 지수 등의 변동과 연계하여 미리 정해진 방법에 따라 이익을 얻거나 손실을 회피하기 위한 계약상의 권리를 나타내는 것으로서 증권시장에 상장되어 거래되는 증권 또는 증서(이하 "상장지수증권"이라 한다)를 계좌 간 이체, 계좌의 명의변경, 상장지수증권의 실물양도의 방법으로 거래하여 발생한 이익. 다만, 증권시장에서 거래되는 주식의 가격만을 기반으로 하는 지수의 변화를 그대로 추적하는 것을 목적으로 하는 상장지수증권을 계좌 간 이체, 계좌의 명의변경 및 상장지수증권의 실물양도의 방법으로 거래하여 발생한 이익은 제외한다.

3.「상법」제469조제2항제3호에 따른 사채로부터 발생한 이익

(2018.2.13 본항개정)

② (2018.2.13 삭제)

③ 상장지수증권으로부터의 이익은「자본시장과 금융투자업에 관한 법률」에 따른 각종 보수·수수료 등을 뺀 금액으로 하며, 상장지수증권으로부터의 이익에 대한 과세표준 계산방식 등은 기획재정부령으로 정한다.
(2015.2.3 본항개정)

④ 거주자가 일정기간 후에 같은 종류로서 같은 양의 주식을 반환받는 조건으로 주식을 대여하고 해당 주식의 차입자로부터 지급받는 해당 주식에서 발생하는 배당에 상당하는 금액은 법 제17조제1항제9호에 따른 배당소득에 포함된다.(2010.12.30 본항신설)

⑤ 법 제17조제1항제10호에서 "대통령령으로 정하는 바에 따라 결합된 경우"란 개인이 배당소득이 발생하는 상품(이하 이 항에서 "배당부상품"이라 한다)과 파생상품을 함께 거래하는 경우로서 다음 각 호의 어느 하나에 해당하는 경우를 말한다.

1. 다음 각 목의 요건을 모두 갖추어 실질상 하나의 상품과 같이 운영되는 경우

가. 금융회사 등이 직접 개발·판매한 배당부상품의 거래와 해당 금융회사 등의 파생상품의 계약이 해당 금융회사 등을 통하여 이루어질 것

나. 파생상품이 배당부상품의 원금 및 배당소득의 전부 또는 일부(이하 이 항에서 "배당소득등"이라 한

다)나 배당소득등의 가격·이자율·지표·단위 또는 이를 기초로 하는 지수 등에 따라 산출된 금전이나 그 밖의 재산적 가치가 있는 것을 거래하는 계약일 것

다. 가목에 따른 금융회사 등이 배당부상품의 배당소득등과 파생상품으로부터 이익을 지급할 것

2. 다음 각 목의 요건을 모두 갖추어 장래의 특정 시점에 금융회사 등이 지급하는 파생상품(「자본시장과 금융투자업에 관한 법률」제166조의2제1항제1호에 해당하는 경우에 한정한다)으로부터의 이익이 확정되는 경우

가. 금융회사 등이 취급한 배당부상품의 거래와 해당 금융회사 등의 파생상품의 계약이 해당 금융회사 등을 통하여 이루어질 것(배당부상품의 거래와 파생상품의 계약이 2 이상의 금융회사 등을 통하여 별도로 이루어지더라도 파생상품의 계약을 이행하기 위하여 배당부상품을 질권으로 설정하거나「자본시장과 금융투자업에 관한 법률 시행령」제103조에 따른 금전신탁을 통하여 이루어지는 경우를 포함한다)

나. 파생상품이 배당부상품의 배당소득등이나 배당소득등의 가격·이자율·지표·단위 또는 이를 기초로 하는 지수 등에 따라 산출된 금전이나 그 밖의 재산적 가치가 있는 것을 거래하는 계약일 것

다. 파생상품으로부터의 확정적인 이익이 배당부상품의 배당소득보다 클 것

(2017.2.3 본항개정)

⑥「상법」제461조의2에 따라 자본준비금을 감액하여 받은 배당(법 제17조제2항제2호 각 목에 해당하지 아니하는 자본준비금을 감액하여 받은 배당은 제외한다)은 법 제17조제1항에 따른 배당소득에 포함하지 아니한다.(2014.2.21 본항신설)

제27조【의제배당의 계산】① 법 제17조제2항 각 호의 의제배당에 있어서 금전 외의 재산의 가액은 다음 각 호의 구분에 따라 계산한 금액에 따른다.
(2016.2.17 본문개정)

1. 취득한 재산이 주식 또는 출자지분(이하 이 조에서 "주식등"이라 한다)인 경우에는 다음 각 목의 어느 하나에 해당하는 금액(2010.6.8 본문개정)

가. 법 제17조제2항제2호 및 제5호의 규정에 의한 주식등의 경우에는 액면가액 또는 출자금액
(2000.12.29 본목개정)

나. 법 제17조제2항제4호 또는 제6호에 따른 주식등으로서「법인세법」제44조제2항제1호 및 제2호(주식등의 보유와 관련된 부분은 제외한다) 또는 같은 법 제46조제2항제1호 및 제2호(주식등의 보유와 관련된 부분은 제외한다)의 요건을 갖추거나 같은 법 제44조제3항에 해당하는 경우에는 피합병법인, 분할법인 또는 소멸한 분할합병의 상대방법인(이하 이 목에서 "피합병법인등"이라 한다)의 주식등의 취득가액. 다만, 합병 또는 분할로 법 제17조제2항제4호 또는 제6호에 따른 주식등과 금전, 그 밖의 재산을 함께 받은 경우로서 해당 주식등의 시가가 피합병법인등의 주식등의 취득가액보다 작은 경우에는 시가로 한다.(2016.2.17 본목개정)

다.「상법」제462조의2의 규정에 의한 주식배당의 경우에는 발행금액(2005.2.19 본목개정)

라. 가목부터 다목까지의 규정에 해당하지 아니하는 주식등의 경우에는 취득 당시의 시가(2010.6.8 본목신설)

2. 제1호 외의 경우에는 그 재산의 취득 당시의 시가
(2010.6.8 본호개정)

② 법 제17조제2항제2호 단서의 규정에 의하여 주식등을 취득하는 경우 신·구주식등의 1주 또는 1좌당 장부가액은 다음에 의한다.

1주 또는 1좌당 장부가액 = 구주식등 1주 또는 1좌당 장
부가액/(1 + 구주식등 1주 또는 1좌당 신주등 배정수)

③ 법 제17조제2항제1호의 규정에 의한 자본의 감소
또는 주식의 소각(출자의 감소 또는 출자지분의 소각
을 포함한다. 이하 이 항에서 "주식소각등"이라 한다)
에 의한 의제배당 총수입금액을 계산함에 있어서 의제
배당일부터 역산하여 2년이내에 자본준비금의 자본전
입에 따라 취득한 주식등으로서 법 제17조제2항제2호
단서의 규정에 의하여 의제배당으로 보지 아니하는 것
(「법인세법」 제17조제1항제1호 본문에 따른 주식발행
액면초과액의 자본전입에 따라 발행된 주식을 제외하
며, 이하 이 항에서 "단기소각주식등"이라 한다)이 있
는 경우에는 단기소각주식등이 먼저 감소 또는 소각된
것으로 보며, 당해 단기소각주식등의 취득가액은 제2
항의 규정에 불구하고 이를 없는 것으로 본다. 이 경우
단기소각주식등을 취득한 후 의제배당일까지의 기간중
에 주식등의 일부를 양도하는 경우에는 단기소각주식
등과 다른 주식 등을 각 주식 등의 수에 비례하여 양도
되는 것으로 보아 계산하며, 주식소각등이 있은 이후의
1주 또는 1좌당 장부가액은 다음의 산식에 의한다.

1주 또는 1좌당 장부가액 = 주식소각등이 있은 이후의
취득가액합계 / 주식소각등이 있은 이후의 주식등 수의
합계
(2013.2.15 전단개정)
④ 법 제17조제2항제2호가목에서 "대통령령으로 정하
는 것"이란 「법인세법」 제17조제1항 각 호에 해당하는
금액을 말한다. 다만, 「법인세법 시행령」 제12조제1항
각 호의 어느 하나에 해당하는 금액은 제외한다.
(2012.4.13 본항개정)
⑤ 법 제17조제2항제2호나목의 규정을 적용함에 있어
서 재평가적립금의 일부를 자본금 또는 출자금에 전입
하는 경우 「자산재평가법」 제13조제1항제1호의 규정에
의한 토지의 재평가차액에 상당하는 금액은 다음 산식
에 의하여 계산한다.

당해 자본금 또는 출자금에 전입된 재평가적립금 × 「자
산재평가법」 제13조제1항제1호의 규정에 의한 재평가차
액 ÷ 자산재평가차액)
(2005.2.19 본항개정)
⑥ 제1항제1호가목 및 나목의 경우 무액면주식의 가액
은 법인의 자본금에 전입한 금액을 자본금 전입에 따
라 신규로 발행한 주식 수로 나누어 계산한 금액으로
한다.(2014.2.21 본항개정)
⑦ 법 제17조제2항제2호·제3호·제4호 및 제6호에 따
라 해당 주식을 취득하기 위하여 소요된 금액을 계산
할 때에 주주가 소유주식의 비율 등을 고려하여 기획
재정부령으로 정하는 소액주주에 해당하고, 해당 주식
을 보유한 주주의 수가 다수이거나 해당 주식의 빈번
한 거래 등에 따라 해당 주식을 취득하기 위하여 소요된
금액의 계산이 불분명한 경우에는 액면가액을 해당 주
식의 취득에 소요된 금액으로 본다. 다만, 제3항이 적용
되는 경우 및 해당 주주가 액면가액이 아닌 다른 가액을
입증하는 경우에는 그렇지 않다.(2021.2.17 본항개정)
(2010.2.18 본조제목개정)
(1998.12.31 본조개정)
제27조의2 【법인의 조직변경의 범위】 법 제17조제2
항제3호다목에서 "대통령령으로 정하는 경우"란 「법인
세법 시행령」 제120조의26 각 호의 어느 하나에 해당하
는 경우를 말한다.(2015.2.3 본문개정)
1.~3. (2015.2.3 삭제)
제27조의3 【법인세의 면제 등을 받는 법인 등】 ① 법
제17조제3항제4호에서 "대통령령으로 정하는 법인"이
란 다음 각 호의 어느 하나에 해당하는 법인을 말한다.
(2010.2.18 본문개정)

1. 「법인세법」 제51조의2, 「조세특례제한법」 제100조의
16 또는 제104조의31을 적용받는 법인(2021.2.17 본호
개정)
2. 「조세특례제한법」 제63조의2·제121조의2·제121조
의4·제121조의8 또는 제121조의9의 규정을 적용받
는 법인(2007.2.28 본호개정)
② 법 제17조제3항제4호에서 "대통령령으로 정하는 율"
이란 다음 각 호의 비율을 말한다.(2010.2.18 본문개정)
1. 제1항제1호에 해당하는 법인의 경우에는 100분의
100
2. 제1항제2호에 해당하는 법인의 경우에는 다음의 산
식에 의한 비율(제1항제2호의 규정을 적용받는 사업
연도가 1개 사업연도인 경우에는 당해 사업연도의 소
득금액을 기준으로 계산하며, 당해 비율이 100분의
100을 초과하는 경우에는 100분의 100으로 한다)

$$\frac{직전\ 2개\ 사업연도의\ 감면대상소득금액의\ 합계액}{직전\ 2개\ 사업연도의\ 총소득금액의\ 합계액} \times 감면비율$$

③ 법 제17조제3항 각 호 외의 부분에서 "대통령령으로
정하는 배당소득"이란 「자본시장과 금융투자업에 관한
법률」 제9조제19항제1호에 따른 기관전용 사모집합투
자기구(제1항제1호에 해당하지 않는 회사만 해당된다)
로부터 받는 배당소득을 말한다.(2022.2.15 본항개정)
(1999.12.31 본조개정)
제28조~제30조 (2010.2.18 삭제)
제31조 【제조업의 범위】 법 제19조에 따른 사업소득
에 관한 규정을 적용할 때 자기가 제품을 직접 제조하
지 아니하고 제조업체에 의뢰하여 제조하는 경우로서
다음 각 호의 요건을 모두 충족하는 경우에는 법 제19
조제1항제3호에 따른 제조업으로 본다.
1. 생산할 제품을 직접 기획(고안 및 디자인, 견본제작
등)을 포함할 것
2. 그 제품을 자기명의로 제조할 것
3. 그 제품을 인수하여 자기 책임하에 직접 판매할 것
(2010.2.18 본조개정)
제32조 (2018.2.13 삭제)
제33조 【연구개발업의 범위】 법 제19조제1항제13호에
서 "대통령령으로 정하는 연구개발업"이란 계약 등에
따라 그 대가를 받고 연구 또는 개발용역을 제공하는
것을 제외한 연구개발업을 말한다.(2010.2.18 본조개정)
제34조 (2010.2.18 삭제)
제35조 【교육기관의 범위】 법 제19조제1항제15호에
서 "대통령령으로 정하는 교육기관"이란 「유아교육법」
에 따른 유치원, 「초·중등교육법」 및 「고등교육법」에
따른 학교와 이와 유사한 것으로서 기획재정부령으로
정하는 것을 말한다.(2010.2.18 본조개정)
제36조 【사회복지사업의 범위】 법 제19조제1항제16호
에서 "대통령령으로 정하는 사회복지사업"이란 「사회복
지사업법」 제2조제1호에 따른 사회복지사업 및 「노인
장기요양보험법」 제2조제3호에 따른 장기요양사업을
말한다.(2013.2.15 본조개정)
**제37조 【예술, 스포츠 및 여가 관련 서비스업, 협회 및
단체, 수리 및 기타 개인서비스업의 범위】** ① 연예인
및 직업운동선수 등이 사업활동과 관련하여 받는 전속
계약금은 사업소득으로 한다.
② 법 제19조제1항제18호에서 "대통령령으로 정하는
협회 및 단체"란 한국표준산업분류의 중분류에 따른
협회 및 단체를 말한다. 다만, 해당 협회 및 단체가 특
정사업을 경영하는 경우에는 그 사업의 내용에 따라
분류한다.
③ 법 제19조제1항제18호의 수리 및 기타 개인서비스
업은 「부가가치세법 시행령」 제42조제1호에 따른 인적
용역을 포함한다.(2013.6.28 본항개정)
(2010.2.18 본조개정)

제37조의2【사업용 유형자산의 범위】 법 제19조제1항제20호 본문에서 "차량 및 운반구 등 대통령령으로 정하는 사업용 유형자산"이란 제62조제2항제1호에 따른 유형자산(이하 "사업용 유형자산"이라 한다)을 말한다. 다만, 「건설기계관리법 시행령」 별표1에 따른 건설기계는 2018년 1월 1일 이후 취득한 경우로 한정한다. (2020.2.11 본조개정)

제38조【근로소득의 범위】 ① 법 제20조에 따른 근로소득에는 다음 각 호의 소득이 포함되는 것으로 한다. (2010.2.18 본문개정)

1. 기밀비(판공비를 포함한다. 이하 같다)·교제비 기타 이와 유사한 명목으로 받는 것으로서 업무를 위하여 사용된 것이 분명하지 아니한 급여

2. 종업원이 받는 공로금·위로금·개업축하금·학자금·장학금(종업원의 수학 중인 자녀가 사용자로부터 받는 학자금·장학금을 포함한다) 기타 이와 유사한 성질의 급여

3. 근로수당·가족수당·전시수당·물가수당·출납수당·직무수당 기타 이와 유사한 성질의 급여

4. 보험회사, 「자본시장과 금융투자업에 관한 법률」에 따른 투자매매업자 또는 투자중개업자 등의 종업원이 받는 집금(集金)수당과 보험가입자의 모집, 증권매매의 권유 또는 저축을 권장하여 받는 대가, 그 밖에 이와 유사한 성질의 급여(2010.2.18 본호개정)

5. 급식수당·주택수당·피복수당 기타 이와 유사한 성질의 급여

6. 주택을 제공받음으로써 얻는 이익(2021.2.17 본호개정)

7. 종업원이 주택(주택에 부수된 토지를 포함한다)의 구입·임차에 소요되는 자금을 저리 또는 무상으로 대여받음으로써 얻는 이익(2021.2.17 단서삭제)

8. 기술수당·보건수당 및 연구수당, 그 밖에 이와 유사한 성질의 급여(2007.2.28 본호개정)

9. 시간외근무수당·통근수당·개근수당·특별공로금 기타 이와 유사한 성질의 급여

10. 여비의 명목으로 받는 연액 또는 월액의 급여

11. 벽지수당·해외근무수당 기타 이와 유사한 성질의 급여

12. 종업원이 계약자이거나 종업원 또는 그 배우자 및 그 밖의 가족을 수익자로 하는 보험·신탁 또는 공제와 관련하여 사용자가 부담하는 보험료·신탁부금 또는 공제부금(2021.2.17 본문개정)
  가. (2000.12.29 삭제)
  나. (2021.2.17 삭제)
  다.~라. (2013.2.15 삭제)
  마. (2021.2.17 삭제)
  바. (2009.2.4 삭제)

13. 「법인세법 시행령」 제44조제4항에 따라 손금에 산입되지 아니하고 지급받는 퇴직급여(2013.2.15 본호개정)

14. 휴가비 기타 이와 유사한 성질의 급여

15. (2013.2.15 삭제)

16. 계약기간 만료전 또는 만기에 종업원에게 귀속되는 단체환급부보장성보험의 환급금(2001.12.31 본호신설)

17. 법인의 임원 또는 종업원이 해당 법인 또는 해당 법인과 「법인세법 시행령」 제2조제5항에 따른 특수관계에 있는 법인(이하 이 호에서 "해당 법인등"이라 한다)으로부터 부여받은 주식매수선택권을 해당 법인등에서 근무하는 기간 중 행사함으로써 얻은 이익(주식매수선택권 행사 당시의 시가와 실제 매수가액과의 차액을 말하며, 주식에는 신주인수권을 포함한다)(2019.2.12 본호개정)

18. (2008.2.22 삭제)

19. 「공무원 수당 등에 관한 규정」, 「지방공무원 수당 등에 관한 규정」, 「검사의 보수에 관한 법률 시행령」, 대법원규칙, 헌법재판소규칙 등에 따라 공무원에게 지급되는 직급보조비(2014.2.21 본호신설)

20. 공무원이 국가 또는 지방자치단체로부터 공무 수행과 관련하여 받는 상금과 부상(2021.2.17 본호신설)

② 제1항을 적용할 때 퇴직급여로 지급되기 위하여 적립(근로자가 적립금액 등을 선택할 수 없는 것으로서 기획재정부령으로 정하는 방법에 따라 적립되는 경우에 한정한다)되는 급여는 근로소득에 포함하지 아니한다.(2015.2.3 본항개정)

③~④ (2021.2.17 삭제)

제39조 (2010.2.18 삭제)

제40조【공적연금소득의 계산】 ① 법 제20조의3제1항제1호에 따른 공적연금소득(이하 "공적연금소득"이라 한다)은 해당 과세기간에 수령한 공적연금에 대하여 공적연금의 지급자별로 2002년 1월 1일(이하 이 조와 제42조의2제1항에서 "과세기준일"이라 한다)을 기준으로 다음 각 호의 계산식에 따라 계산한 금액(이하 이 조에서 "과세기준금액"이라 한다)으로 한다.

1. 공적연금소득 중 「국민연금법」에 따른 연금소득과 「국민연금과 직역연금의 연계에 관한 법률」에 따른 연계노령연금

$$\text{과세기간 연금수령액} \times \frac{\text{과세기준일 이후 납입기간의 환산소득 누계액}}{\text{총 납입기간의 환산소득 누계액}}$$

2. 그 밖의 공적연금소득

$$\text{과세기간 연금수령액} \times \frac{\text{과세기준일 이후 기여금 납입월수}}{\text{총 기여금 납입월수}}$$

② 법 제22조제1항제1호에 따른 일시금(퇴직소득세가 과세되었거나 비과세 소득인 경우만 해당한다)을 반납하고 법 제12조제4호가목에 따른 공적연금 관련법(이하 "공적연금 관련법"이라 한다)에 따라 재직기간, 복무기간 또는 가입기간을 합산한 경우에는 제1항 각 호를 적용할 때 재임용일 또는 재가입일을 과세기준일로 보아 계산한다.(2014.2.21 본항신설)

③ 제1항에도 불구하고 과세기준일(제2항에 따라 재임용일 또는 재가입일을 과세기준일로 보아 계산한 경우에는 재임용일 또는 재가입일) 이후에 법 제51조의3에 따른 연금보험료공제를 받지 않고 납입한 기여금 또는 개인부담금(제201조의10에 따라 확인되는 금액만 해당하며, 이하 "과세제외기여금등"이라 한다)이 있는 경우에는 과세기준금액에서 과세제외기여금등을 뺀 금액을 공적연금소득으로 한다. 이 경우 과세제외기여금등이 해당 과세기간의 과세기준금액을 초과하는 경우 그 초과하는 금액은 그 다음 과세기간부터 과세기준금액에서 뺀다.(2014.2.21 전단개정)

④ 공적연금소득을 지급하는 자가 연금소득의 일부 또는 전부를 지연하여 지급하면서 지연지급에 따른 이자를 함께 지급하는 경우 해당 이자는 공적연금소득으로 본다.

⑤ 제1항제1호의 계산식에서 "환산소득"이란 「국민연금법」 제51조제1항제2호에 따라 가입자의 가입기간 중 매년의 기준소득월액을 보건복지부장관이 고시하는 연도별 재평가율에 따라 연금수급 개시 전년도의 현재가치로 환산한 금액을 말한다.
(2013.2.15 본조신설)

제40조의2【연금계좌 등】 ① 법 제20조의3제1항제2호 각 목 외의 부분에서 "연금저축"의 명칭으로 설정하는 대통령령으로 정하는 계좌"란 제1호에 해당하는 계좌를 말하고, "퇴직연금을 지급받기 위하여 설정하는 대통령령으로 정하는 계좌"란 제2호에 해당하는 계좌를 말한다.(2015.2.3 본문개정)

1. 다음 각 목의 어느 하나에 해당하는 금융회사 등과 체결한 계약에 따라 "연금저축"이라는 명칭으로 설정하는 계좌(이하 "연금저축계좌"라 한다)
   가. 「자본시장과 금융투자업에 관한 법률」 제12조에 따라 인가를 받은 신탁업자와 체결하는 신탁계약
   나. 「자본시장과 금융투자업에 관한 법률」 제12조에 따라 인가를 받은 투자중개업자와 체결하는 집합투자증권 중개계약
   다. 제25조제2항에 따른 보험계약을 취급하는 기관과 체결하는 보험계약
2. 퇴직연금을 지급받기 위하여 가입하여 설정하는 다음 각 목의 어느 하나에 해당하는 계좌(이하 "퇴직연금계좌"라 한다)
   가. 「근로자퇴직급여 보장법」 제2조제9호의 확정기여형퇴직연금제도에 따라 설정하는 계좌
   나. 「근로자퇴직급여 보장법」 제2조제10호의 개인형퇴직연금제도에 따라 설정하는 계좌
   다. 「근로자퇴직급여 보장법」에 따른 중소기업퇴직연금기금제도에 따라 설정하는 계좌(2022.2.15 본목신설)
   라. 「과학기술인공제회법」 제16조제1항에 따른 퇴직연금급여를 지급받기 위하여 설정하는 계좌
② 연금계좌의 가입자가 다음 각 호의 요건을 모두 갖춘 경우 법 제59조의3제1항에 따른 연금계좌 납입액(제118조의3에 따라 연금계좌에 납입한 것으로 보는 금액을 포함하며, 이하 "연금보험료"라 한다)으로 볼 수 있다.(2020.2.11 본문개정)
1. 다음 각 목의 금액을 합한 금액 이내(연금계좌가 2개 이상인 경우에는 그 합계액을 말한다)의 금액을 납입할 것. 이 경우 해당 과세기간 이전의 연금보험료는 납입할 수 없으나, 보험계약의 경우에는 최종납입일이 속하는 달의 말일부터 3년 2개월이 경과하기 전에는 그 동안의 연금보험료를 납입할 수 있다.(2020.2.11 전단개정)
   가. 연간 1천800만원(2020.2.11 본목신설)
   나. 법 제59조의3제3항에 따른 전환금액[「조세특례제한법」 제91조의18에 따른 개인종합자산관리계좌(이하 "개인종합자산관리계좌"라 한다)의 계약기간 만료일 기준 잔액을 한도로 개인종합자산관리계좌에서 연금계좌로 납입한 금액을 말한다. 다만, 직전 과세기간과 해당 과세기간에 걸쳐 납입한 경우에는 개인종합자산관리계좌의 계약기간 만료일 기준 잔액에서 직전 과세기간에 납입한 금액을 차감한 금액을 한도로 개인종합자산관리계좌에서 연금계좌로 납입한 금액을 말한다](2020.2.11 본목신설)
   다. 국내에 소유한 주택(이하 이 조에서 "연금주택"이라 한다)을 양도하고 이를 대체하여 다른 주택(이하 이 조에서 "축소주택"이라 한다)을 취득하거나 취득하지 않은 거주자로서 다음의 요건을 모두 충족하는 거주자가 연금주택 양도가액에서 축소주택 취득가액(취득하지 않은 경우에는 0으로 한다)을 뺀 금액(해당 금액이 0보다 작은 경우에는 0으로 하며, 이하 이 조에서 "주택차액"이라 한다) 중 연금계좌로 납입하는 금액. 이 경우 거주자가 연금계좌로 납입하는 주택차액의 총 누적 금액은 1억원을 한도로 한다.
      1) 연금주택 양도일 현재 거주자 또는 그 배우자가 60세 이상일 것
      2) 연금주택 양도일 현재 거주자 및 그 배우자가 국내에 소유한 주택을 합산했을 때 연금주택 1주택만 소유하고 있을 것. 다만, 연금주택을 양도하기 전에 축소주택을 취득한 경우로서 축소주택을 취득한 날부터 6개월 이내에 연금주택을 양도한 경우에는 연금주택 양도일 현재 연금주택 1주택만 소유하고 있는 것으로 본다.
      3) 연금주택 양도일 현재 연금주택의 법 제99조에 따른 기준시가가 12억원 이하일 것
      4) 축소주택의 취득가액이 연금주택의 양도가액 미만일 것(축소주택을 취득한 경우에만 해당한다)
      5) 연금주택 양도일부터 6개월 이내에 주택차액을 연금주택 소유자의 연금계좌로 납입할 것
   (2023.2.28 본목신설)
2. 연금수령 개시를 신청한 날(연금수령 개시일을 사전에 약정한 경우에는 약정에 따른 개시일을 말한다) 이후에는 연금보험료를 납입하지 않을 것(2015.2.3 본호개정)
③ 법 제20조의3제1항제2호 각 목 외의 부분에서 "대통령령으로 정하는 요건"이란 연금계좌에서 다음 각 호의 요건을 모두 갖추어 인출하거나 제20조의2제1항에 따라 인출(이하 "연금수령"이라 하며, 연금수령 외의 인출은 "연금외수령"이라 한다)하는 것을 말한다. 다만, 법 제20조의3제1항제2호가목의 퇴직소득을 제20조의2제1항제1호나목에 따른 해외이주에 해당하는 사유로 인출하는 경우에는 해당 퇴직소득을 연금계좌에 입금한 날부터 3년 이후 해외이주하는 경우에 한정하여 연금수령으로 본다.(2017.2.3 단서신설)
1. 가입자가 55세 이후 연금계좌취급자에게 연금수령 개시를 신청한 후 인출할 것
2. 연금계좌의 가입일부터 5년이 경과된 후에 인출할 것. 다만, 법 제20조의3제1항제2호가목에 따른 금액(퇴직소득이 연금계좌에서 직접 인출되는 경우를 포함하며, 이하 "이연퇴직소득"이라 한다)이 연금계좌에 있는 경우에는 그러하지 아니한다.
3. 과세기간 개시일(연금수령 개시를 신청한 날이 속하는 과세기간에는 연금수령 개시를 신청한 날로 한다) 현재 다음의 계산식에 따라 계산된 금액(이하 "연금수령한도"라 한다) 이내에서 인출할 것. 이 경우 제20조의2제1항에 따라 인출한 금액은 인출한 금액에 포함하지 아니한다.

$$\frac{\text{연금계좌의 평가액}}{(11 - \text{연금수령연차})} \times \frac{120}{100}$$

(2015.2.3 후단개정)
④ 제3항제3호의 계산식에서 "연금수령연차"란 최초로 연금수령할 수 있는 날이 속하는 과세기간을 기산연차로 하여 그 다음 과세기간을 누적 합산한 연차를 말하며, 연금수령연차가 11년 이상인 경우에는 그 계산식을 적용하지 아니한다. 다만, 다음 각 호의 어느 하나에 해당하는 경우의 기산연차는 다음 각 호에 따른다.
1. 2013년 3월 1일 전에 가입한 연금계좌[2013년 3월 1일 전에 「근로자퇴직급여 보장법」 제2조제8호에 따른 확정급여형퇴직연금제도(이하 "확정급여형퇴직연금제도"라 한다)에 가입한 사람이 퇴직하여 퇴직소득 전액이 새로 설정된 연금계좌로 이체되는 경우를 포함한다]의 경우 : 6년차
2. 법 제44조제2항에 따라 연금계좌를 승계한 경우 : 사망일 당시 피상속인의 연금수령연차
⑤ 연금계좌에서 연금수령한도를 초과하여 인출하는 금액은 연금외수령하는 것으로 본다.
⑥ 연금계좌 가입자가 연금수령개시 또는 연금계좌의 해지를 신청하는 경우 연금계좌취급자는 기획재정부령으로 정하는 연금수령개시 및 해지명세서를 다음 달 10일까지 관할 세무서장에게 제출하여야 한다.(2015.2.3 본항개정)
⑦ 거주자는 주택차액을 연금계좌에 납입하려는 경우 기획재정부령으로 정하는 신청서에 다음 각 호의 서류를 첨부하여 연금계좌취급자에게 제출해야 한다.
1. 연금주택 매매계약서

2. 축소주택 매매계약서(축소주택을 매입한 경우만 해당한다)
3. 그 밖에 기획재정부령으로 정하는 서류
(2023.2.28 본항신설)
⑧ 거주자가 주택차액을 연금계좌에 납입한 후 다음 각 호의 어느 하나에 해당하게 된 경우에는 그 납입일부터 연금계좌에 납입한 금액 전액을 연금보험료로 보지 않는다.
1. 주택차액을 연금계좌에 납입할 당시 제2항제1호다목의 요건을 충족하지 못한 사실이 확인된 경우
2. 주택차액을 연금계좌에 납입한 날부터 5년 이내에 주택을 새로 취득한 경우로서 연금주택의 양도가액에서 새로 취득한 주택의 취득가액을 뺀 금액이 연금계좌에 납입한 금액보다 작은 경우
(2023.2.28 본항신설)
⑨ 국세청장은 주택차액을 연금계좌에 납입한 거주자가 제8항 각 호에 해당하는지 여부를 확인한 후 그에 해당하는 사람이 있으면 그 사실을 매년 2월 말일까지 해당 연금계좌취급자에게 통보해야 하고, 연금계좌취급자는 이를 해당 거주자에게 통보해야 한다.
(2023.2.28 본항신설)
⑩ 연금계좌취급자는 제9항에 따른 통보를 받은 경우 제8항에 따라 연금보험료로 보지 않는 주택차액 연금계좌 납입금과 관련하여 그 운용실적에 따라 증가된 금액(이하 이 항에서 "운용수익"이라 한다)에 대해 연금보험료로 보지 않았더라면 원천징수했어야 할 세액(이미 원천징수한 세액이 있는 경우에는 이를 공제한 금액을 말한다)을 즉시 징수한 후 그 징수일이 속하는 달의 다음 달 10일까지 원천징수 관할 세무서장에게 납부해야 하고, 해당 연금계좌에 남아 있는 주택차액 납입금과 운용수익 잔액을 거주자에게 반환해야 한다. 이 경우 반환받은 운용수익은 그 원천징수일이 속하는 과세기간의 종합소득과세표준을 계산할 때 법 제14조에 따라 합산한다.(2023.2.28 본항신설)
⑪ 1주택을 둘 이상의 거주자가 공동으로 소유하고 있는 경우에는 지분비율만큼 각각 1주택을 소유한 것으로 보아 제2항제1호다목과 제7항부터 제10항까지의 규정을 적용한다. 다만, 1주택을 거주자와 그 배우자가 공동으로 소유하고 있는 경우에는 함께 1주택을 소유한 것으로 보아 제2항제1호다목2)를 적용한다.
(2023.2.28 본항신설)
⑫ 제11항을 적용할 때 제2항제1호다목3)에 따른 기준시가는 주택의 소유 지분에도 불구하고 해당 주택 전체에 대한 기준시가를 말하며, 주택의 소유 지분을 양도하거나 취득하는 경우 같은 목 4)에 따른 양도가액 및 취득가액은 해당 주택 전체를 기준으로 한 가액으로서 기획재정부령으로 정하는 바에 따라 계산한 가액으로 한다.(2023.2.28 본항신설)
(2013.2.15 본조신설)
제40조의3【연금계좌의 인출순서 등】① 연금계좌에서 일부 금액이 인출되는 경우에는 다음 각 호의 금액이 순서에 따라 인출되는 것으로 본다.
1. 법 제20조의3제1항제2호 각 목에 해당하지 아니하는 금액(이하 "과세제외금액"이라 한다)
2. 이연퇴직소득
3. 법 제20조의3제1항제2호나목부터 라목까지의 규정에 따른 금액(2014.2.21 본호개정)
② 과세제외금액은 다음 각 호의 순서에 따라 인출되는 것으로 본다. 다만, 제4호는 제201조의10에 따라 확인되는 금액만 해당하며, 인출되는 날부터 과세제외금액으로 본다.(2022.2.15 본항개정)
1. 인출된 날이 속하는 과세기간에 해당 연금계좌에 납입한 연금보험료(제2호에 해당하는 금액은 제외한다)
(2022.2.15 본호개정)

2. 인출된 날이 속하는 과세기간에 해당 연금계좌에 납입한 법 제59조의3제3항에 따른 전환금액
(2022.2.15 본호신설)
3. 해당 연금계좌만 있다고 가정할 때 해당 연금계좌에 납입된 연금보험료로서 법 제59조의3제1항 단서에 따른 연금계좌세액공제의 한도액(이하 이 조에서 "연금계좌세액공제 한도액"이라 한다)을 초과하는 금액이 있는 경우 그 초과하는 금액(2014.2.21 본호개정)
4. 제1호부터 제3호까지에서 정한 금액 외에 해당 연금계좌에 납입한 연금보험료 중 연금계좌세액공제를 받지 아니한 금액(2022.2.15 본호개정)
③ 인출된 금액이 연금수령한도를 초과하는 경우에는 연금수령분이 먼저 인출되고 그 다음으로 연금외수령분이 인출되는 것으로 본다.
④ 연금보험료 중 연금계좌세액공제 한도액 이내의 연금보험료는 납입일이 속하는 과세기간의 다음 과세기간 개시일(납입일이 속하는 과세기간에 연금수령 개시를 신청한 날이 속하는 경우에는 연금수령 개시를 신청한 날)부터 제1항제3호 중 법 제20조의3제1항제2호나목에 따른 세액공제를 받은 금액으로 본다.(2014.2.21 본항신설)
⑤ 연금계좌의 운용에 따라 연금계좌에 있는 금액이 원금에 미달하는 경우 연금계좌에 있는 금액은 원금이 제1항에 따른 인출순서와 반대의 순서로 차감된 후의 금액으로 본다.(2015.2.3 본항신설)
(2013.2.15 본조개정)
제40조의4【연금계좌의 이체】① 연금계좌에 있는 금액이 연금수령이 개시되기 전의 다른 연금계좌로 이체되는 경우에는 이를 인출로 보지 아니한다. 다만, 다음 각 호의 어느 하나에 해당하는 경우에는 그러하지 아니하다.(2016.2.17 본문개정)
1. 연금저축계좌와 퇴직연금계좌 상호 간에 이체되는 경우
2. 2013년 3월 1일 이후에 가입한 연금계좌에 있는 금액이 2013년 3월 1일 전에 가입한 연금계좌로 이체되는 경우
3. 퇴직연금계좌에 있는 일부 금액이 이체되는 경우
② 제1항 단서 및 같은 항 제1호에도 불구하고 다음 각 호의 어느 하나에 해당하는 경우에는 인출로 보지 아니한다.
1. 제40조의2제3항제1호 및 제2호의 요건을 갖춘 연금저축계좌의 가입자가 제40조의2제1항제2호나목에 해당하는 퇴직연금계좌로 전액을 이체(연금수령이 개시된 경우를 포함한다)하는 경우
2. 제40조의2제3항제1호 및 제2호의 요건을 갖춘 퇴직연금계좌(제40조의2제1항제2호나목에 해당하는 경우에 한정한다)의 가입자가 연금저축계좌로 전액을 이체(연금수령이 개시된 경우를 포함한다)하는 경우
(2016.2.17 본항신설)
③ 제1항을 적용할 때 일부 금액이 이체(제1항제3호의 경우를 제외한다)되는 경우에는 제40조의3제1항 각 호의 순서에 따라 이체되는 것으로 본다.
④ 제1항 및 제2항을 적용할 때 연금계좌의 가입일 등은 이체받은 연금계좌를 기준으로 한 영의 적용한다. 다만, 연금계좌가 새로 설정되어 전액이 이체되는 경우에는 이체되기 전의 연금계좌를 기준으로 할 수 있다.(2016.2.17 본문개정)
⑤ 연금계좌의 이체에 따라 연금계좌취급자가 변경되는 경우에는 이체하는 연금계좌취급자가 이체와 함께 기획재정부령으로 정하는 연금계좌이체명세서를 이체받는 연금계좌취급자에게 통보하여야 한다.
(2013.2.15 본조신설)
제41조【기타소득의 범위 등】① 법 제21조제1항제5호에서 "저작자 또는 실연자·음반제작자·방송사업

자외의 자가 저작권 또는 저작인접권의 양도 또는 사용의 대가로 받는 금품"이라 함은 「저작권법」에 의한 저작권 또는 저작인접권을 상속·증여 또는 양도받은 자가 그 저작권 또는 저작인접권을 타인에게 양도하거나 사용하게 하고 받는 대가를 말한다.(2005.2.19 본항개정)
② 법 제21조제1항제7호에 따른 "상표권"은 「상표법」에 따른 상표, 서비스표, 단체표장, 지리적 표시, 동음이의어 지리적 표시, 지리적 표시 단체표장, 등록상표 및 업무표장에 관한 권리를 말한다.(2017.2.28 본항신설)
③ 법 제21조제1항제7호에 따른 영업권에는 행정관청으로부터 인가·허가·면허 등을 받음으로써 얻는 경제적 이익을 포함하되, 법 제94조제1항제1호 및 제2호의 자산과 함께 양도되는 영업권은 포함되지 않는다.(2020.2.11 본항개정)
④ 법 제21조제1항제7호에서 "대통령령으로 정하는 점포 임차권"이란 거주자가 사업소득(기획재정부령으로 정하는 사업소득을 제외한다)이 발생하는 점포를 임차하여 점포 임차인으로서의 지위를 양도함으로써 얻는 경제적 이익(점포임차권과 함께 양도되는 다른 영업권을 포함한다)을 말한다.(2010.2.18 본항개정)
⑤ 법 제21조제1항제7호에 따른 토사석의 채취허가에 따른 권리에는 법 제94조제1항제1호에 따른 토지와 함께 양도하는 토사석의 채취허가에 따른 권리를 포함한다.(2007.2.28 본항신설)
⑥ 법 제21조제1항제7호에 따른 지하수개발·이용권에는 법 제94조제1항제1호에 따른 토지 등과 함께 양도하는 지하수개발·이용권을 포함한다.(2007.2.28 본항신설)
⑦ 법 제21조제1항제8호의2에서 "대통령령으로 정하는 규모"란 연간 수입금액 500만원을 말한다.(2019.2.12 본항신설)
⑧ 법 제21조제1항제10호에서 "위약금과 배상금"이란 재산권에 관한 계약의 위약 또는 해약으로 받는 손해배상(보험금을 지급할 사유가 발생하였음에도 불구하고 보험금 지급이 지체됨에 따라 받는 손해배상을 포함한다)으로서 그 명목여하에 불구하고 본래의 계약의 내용이 되는 지급 자체에 대한 손해를 넘는 손해에 대하여 배상하는 금전 또는 그 밖의 물품의 가액을 말한다. 이 경우 계약의 위약 또는 해약으로 반환받은 금전 등의 가액이 계약에 따라 당초 지급한 총금액을 넘지 아니하는 경우에는 지급 자체에 대한 손해를 넘는 금전 등의 가액으로 보지 아니한다.(2010.2.18 본항개정)
⑨ 법 제21조제1항제13호에서 "대통령령으로 정하는 특수관계인"이란 다음 각 호의 어느 하나에 해당하는 특수관계인을 말한다.
1. 해당 거주자의 제98조제1항에 따른 특수관계인
2. 해당 비거주자의 「국제조세조정에 관한 법률 시행령」 제2조제2항에 따른 특수관계인(2021.2.17 본호개정)
3. 해당 법인의 「법인세법 시행령」 제2조제5항에 따른 특수관계인(2019.2.12 본호개정)
(2012.2.2 본항개정)
⑩ 법 제21조제1항제13호에 따른 경제적 이익은 다음 각 호에 해당하는 이익으로 한다.
1. 「법인세법」에 따라 법인의 소득금액을 법인이 신고하거나 세무서장이 결정·경정할 때 처분되는 배당·상여 외에 법인의 자산 또는 개인의 사업용으로 제공되어 소득발생의 원천이 되는 자산(이하 "사업용자산"이라 한다)을 무상 또는 저가로 이용함으로 인하여 개인이 받는 이익으로서 그 자산의 무상 또는 저가 이용으로 인하여 통상 지급하여야 할 사용료 또는 그 밖에 이용의 대가(통상 지급하여야 할 금액보다 저가로 그 대가를 지급한 금액이 있는 경우에는 이를 공제한 금액)
2. 「노동조합 및 노동관계 조정법」 제24조제2항 및 제4항을 위반하여 지급받는 급여(2010.12.30 본항개정)
⑪ (2016.2.17 삭제)
⑫ 법 제21조제1항제18호에서 "대통령령으로 정하는 소기업·소상공인 공제부금의 해지일시금"이란 「조세특례제한법」 제86조의3제4항에 따른 기타소득을 말한다.(2010.2.18 본항신설)
⑬ 법 제21조제1항제19호다목에 따른 용역에는 대학이 자체 연구관리비 규정에 따라 대학에서 연구비를 관리하는 경우에 교수가 제공하는 연구용역이 포함된다.(2010.12.30 본항신설)
⑭ 법 제21조제2항에서 "대통령령으로 정하는 서화(書畵)·골동품"이란 다음 각 호의 어느 하나에 해당하는 것으로서 개당·점당 또는 조(2개 이상이 함께 사용되는 물품으로서 통상 짝을 이루어 거래되는 것을 말한다)당 양도가액이 6천만원 이상인 것을 말한다. 다만, 양도일 현재 생존해 있는 국내 원작자의 작품은 제외한다.(2021.2.17 본문개정)
1. 서화·골동품 중 다음 각 목의 어느 하나에 해당하는 것
   가. 회화, 데생, 파스텔[손으로 그린 것에 한정하며, 도안과 장식한 가공품은 제외한다] 및 콜라주와 이와 유사한 장식판
   나. 오리지널 판화·인쇄화 및 석판화
   다. 골동품(제작 후 100년을 넘은 것에 한정한다)
2. 제1호의 서화·골동품 외에 역사상·예술상 가치가 있는 서화·골동품으로서 기획재정부장관이 문화체육관광부장관과 협의하여 기획재정부령으로 정하는 것(2009.2.4 본항신설)
⑮ 법 제21조제1항제26호에서 "대통령령으로 정하는 종교단체"란 다음 각 호의 어느 하나에 해당하는 자 중 종교의 보급이나 교화를 목적으로 설립된 단체(그 소속 단체를 포함한다)로서 해당 종교관련종사자가 소속된 단체(이하 "종교단체"라 한다)를 말한다.
1. 「민법」 제32조에 따라 설립된 비영리법인
2. 「국세기본법」 제13조에 따른 법인으로 보는 단체
3. 「부동산등기법」 제49조제1항제3호에 따라 부동산등기용등록번호를 부여받은 법인 아닌 사단·재단(2017.12.29 본항신설)
⑯ 종교단체는 소속 종교관련종사자에게 지급한 금액 및 물품(법 제12조제3호 및 같은 조 제5호아목에 따른 금액 및 물품을 포함한다. 이하 같다)과 그 밖에 종교활동과 관련하여 지출한 비용을 구분하여 기록·관리한다.(2017.12.29 본항신설)
⑰ 법 제21조제1항제26호의 소득에는 종교관련종사자가 그 활동과 관련하여 현실적인 퇴직 이후에 종교단체로부터 정기적 또는 부정기적으로 지급받는 소득으로서 제42조의2제4항제4호에 따라 현실적인 퇴직을 원인으로 종교단체로부터 지급받는 소득에 해당하지 아니하는 소득을 포함한다.(2016.2.17 본항신설)
⑱ 법 제21조제2항에서 "사업장을 갖추는 등 대통령령으로 정하는 경우"란 다음 각 호의 어느 하나에 해당하는 경우를 말한다.
1. 서화·골동품의 거래를 위하여 사업장 등 물적시설(인터넷 등 정보통신망을 이용하여 서화·골동품을 거래할 수 있도록 설정된 가상의 사업장을 포함한다)을 갖춘 경우
2. 서화·골동품을 거래하기 위한 목적으로 사업자등록을 한 경우
(2021.2.17 본항신설)
(2007.2.28 본조제목개정)
제42조 (2015.2.3 삭제)
제42조의2 【퇴직소득의 범위】 ① 법 제22조제1항제1호에 따른 일시금은 다음 각 호의 금액(이하 이 조에서 "과세기준금액"이라 한다)으로 한다.

1. 「국민연금법」 또는 「국민연금과 직역연금의 연계에 관한 법률」에 따른 반환일시금은 다음 각 목의 금액 중 적은 금액
   가. 과세기준일 이후 납입한 기여금 또는 개인부담금 (사용자부담금분을 포함한다. 이하 이 항에서 같다)의 누계액과 이에 대한 이자 및 가산이자
   나. 실제 지급받은 일시금에서 과세기준일 이전에 납입한 기여금 또는 개인부담금을 뺀 금액
2. 제1호 외의 일시금은 다음 계산식에 따라 계산한 금액

일시금 수령액	×	과세기준일 이후 기여금 납입월수
과세기간		총 기여금 납입월수

(2014.2.21 본항개정)
② 제40조제2항에 따라 재직기간, 복무기간 또는 가입기간을 합산한 경우에는 제1항 각 호를 적용할 때 재임용일 또는 재가입일을 과세기준일로 보아 계산한다.
(2014.2.21 본항신설)
③ 제1항에도 불구하고 과세제외기여금등이 있는 경우에는 과세기준일의 이후 과세제외기여금등을 뺀 금액을 법 제22조제1항제1호에 따른 일시금으로 한다.
(2014.2.21 본항신설)
④ 법 제22조제1항제3호에서 "대통령령으로 정하는 소득"이란 다음 각 호의 어느 하나에 해당하는 금액을 말한다.
1. 법 제22조제1항제1호의 소득을 지급하는 자가 퇴직소득의 일부 또는 전부를 지연하여 지급하면서 지연지급에 대한 이자를 함께 지급하는 경우 해당 이자
2. 「과학기술인공제회법」 제16조제1항제3호에 따라 지급받는 과학기술발전장려금
3. 「건설근로자의 고용개선 등에 관한 법률」 제14조에 따라 지급받는 퇴직공제금
4. 종교관련종사자가 현실적인 퇴직을 원인으로 종교단체로부터 지급받는 소득(2016.2.17 본호신설)
⑤ 법 제22조제3항 계산식 외의 부분 단서에서 "대통령령으로 정하는 임원"이란 「법인세법 시행령」 제40조제1항 각 호의 어느 하나의 직무에 종사하는 사람을 말한다.(2019.2.12 본항개정)
⑥ 법 제22조제3항 계산식 외의 부분 단서에서 "2011년 12월 31일에 퇴직하였다고 가정할 때 지급받을 대통령령으로 정하는 퇴직소득금액"이란 퇴직소득금액에 2011년 12월 31일 이전 근무기간(개월 수로 계산하며, 1개월 미만의 기간이 있는 경우에는 1개월로 본다)을 전체 근무기간으로 나눈 비율을 곱한 금액(2011년 12월 31일에 정관 또는 정관의 위임에 따른 임원 퇴직급여지급규정이 있는 법인의 임원이 2011년 12월 31일에 퇴직한다고 가정할 때 해당 규정에 따라 지급받을 퇴직소득금액을 적용하기로 선택한 경우에는 해당 퇴직소득금액)을 말한다.(2015.2.3 본항신설)
⑦ 법 제22조제4항제2호에 따른 총급여에는 근무기간 중 해외현지법인에 파견되어 국외에서 지급받는 급여를 포함한다. 다만, 정관 또는 정관의 위임에 따른 임원의 급여지급 규정이 있는 법인의 주거보조비, 교육비보조, 특수지수당, 의료보험료, 해외체재비, 자동차임차료 및 실의료비 및 이와 유사한 급여로서 해당 임원이 국내에서 근무할 경우 국내에서 지급받는 금액을 초과해 받는 금액은 제외한다.(2020.2.11 본항신설)
(2013.2.15 본조개정)

제43조【퇴직판정의 특례】 ① 법 제22조제1항제2호를 적용할 때 다음 각 호의 어느 하나에 해당하는 사유가 발생했으나 퇴직급여를 실제로 받지 않은 경우는 퇴직으로 보지 않을 수 있다.(2020.2.11 본문개정)
1. 종업원이 임원이 된 경우
2. 합병·분할 등 조직변경, 사업양도, 직·간접으로 출자관계에 있는 법인으로의 전출 또는 동일한 사업자가 경영하는 다른 사업장으로의 전출이 이루어진 경우(2015.2.3 본호개정)
3. 법인의 상근임원이 비상근임원이 된 경우
4. 비정규직 근로자(「기간제 및 단시간근로자 보호 등에 관한 법률」에 따른 기간제근로자 또는 단시간근로자를 말한다)가 정규직 근로자(「근로기준법」에 따라 근로계약을 체결한 근로자로서 비정규직 근로자가 아닌 근로자를 말한다)로 전환된 경우(2020.2.11 본호신설)
② 계속근로기간 중에 다음 각 호의 어느 하나에 해당하는 사유로 퇴직급여를 미리 지급받은 경우(임원인 근로소득자를 포함하며, 이하 "퇴직소득중간지급"이라 한다)에는 그 지급받은 날에 퇴직한 것으로 본다.
1. 「근로자퇴직급여 보장법 시행령」 제3조제1항 각 호의 어느 하나에 해당하는 경우
2. (2015.2.3 삭제)
3. 「근로자퇴직급여 보장법」 제38조에 따라 퇴직연금제도가 폐지되는 경우
(2013.2.15 본조개정)
제44조 (2007.2.28 삭제)

제3절　총수입금액의 수입시기

제45조【이자소득의 수입시기】 이자소득의 수입시기는 다음 각 호에 따른 날로 한다.(2010.2.18 본문개정)
1. 법 제16조제1항제12호 및 제13호에 따른 이자와 할인액
약정에 따른 상환일. 다만, 기일 전에 상환하는 때에는 그 상환일
(2012.2.2 본호개정)
2. 법 제46조제1항의 규정에 의한 채권등으로서 무기명인 것의 이자와 할인액
그 지급을 받은 날
(2003.12.30 본호개정)
3. 법 제46조제1항의 규정에 의한 채권등으로서 기명인 것의 이자와 할인액
약정에 의한 지급일
(2003.12.30 본호개정)
4. 보통예금·정기예금·적금 또는 부금의 이자
가. 실제로 이자를 지급받는 날(1995.12.30 본목개정)
나. 원본에 전입하는 뜻의 특약이 있는 이자는 그 특약에 의하여 원본에 전입된 날.(2013.2.15 단서삭제)
다. 해약으로 인하여 지급되는 이자는 그 해약일
라. 계약기간을 연장하는 경우에는 그 연장하는 날(1995.12.30 본목신설)
마. 정기예금연결정기적금의 경우 정기예금의 이자는 정기예금 또는 정기적금이 해약되거나 정기적금의 저축기간이 만료되는 날(2001.12.31 본목신설)
5. 통지예금의 이자
인출일
6. (2007.2.28 삭제)
7. 채권 또는 증권의 환매조건부 매매차익
약정에 의한 당해 채권 또는 증권의 환매수일 또는 환매도일. 다만, 기일전에 환매수 또는 환매도하는 경우에는 그 환매수일 또는 환매도일로 한다.
8. 저축성보험의 보험차익
보험금 또는 환급금의 지급일. 다만, 기일전에 해지하는 경우에는 그 해지일로 한다.
(1995.12.30 본호개정)
9. 직장공제회 초과반환금 : 약정에 따른 납입금 초과이익 및 반환금 추가이익의 지급일. 다만, 반환금을 분할하여 지급하는 경우 원본에 전입하는 뜻의 특약이 있는 납입금 초과이익은 특약에 따라 원본에 전입된 날로 한다.(2015.2.3 본호개정)

9의2. 비영업대금의 이익
　약정에 의한 이자지급일. 다만, 이자지급일의 약정이
　없거나 약정에 의한 이자지급일전에 이자를 지급받는
　경우 또는 제51조제7항의 규정에 의하여 총수입금액
　계산에서 제외하였던 이자를 지급받는 경우에는 그
　이자지급일로 한다.
　(1998.12.31 본호개정)
10. 제193조의2에 따른 채권등의 보유기간이자등상당액
　해당 채권등의 매도일 또는 이자등의 지급일
　(2010.2.18 본호개정)
11. 제1호 내지 제10호의 이자소득이 발생하는 상속재
　산이 상속되거나 증여되는 경우
　상속개시일 또는 증여일
　(1995.12.30 본호신설)
제46조【배당소득의 수입시기】 배당소득의 수입시기
는 다음 각 호에 따른 날로 한다.(2010.2.18 본문개정)
1. 무기명주식의 이익이나 배당
　그 지급을 받는 날
　(1996.12.31 본호개정)
2. 잉여금의 처분에 의한 배당
　당해 법인의 잉여금처분결의일
3. (2013.2.15 삭제)
3의2. 법 제17조제1항제8호에 따른 출자공동사업자의
　배당
　과세기간 종료일
　(2010.2.18 본호개정)
3의3. 법 제17조제1항제9호 및 제10호에 따른 배당 또
　는 분배금
　그 지급을 받은 날
　(2012.2.2 본호개정)
4. 법 제17조제2항제1호·제2호 및 제5호의 의제배당
　주식의 소각, 자본의 감소 또는 자본에의 전입을 결정
　한 날(이사회의 결의에 의하는 경우에는 「상법」 제
　461조제3항의 규정에 의하여 정한 날을 말한다)이나
　퇴사 또는 탈퇴한 날
　(2005.2.19 본호개정)
5. 법 제17조제2항제3호·제4호 및 제6호의 의제배당
　(1998.12.31 본문개정)
　가. 법인이 해산으로 인하여 소멸한 경우에는 잔여재
　　산의 가액이 확정된 날
　나. 법인이 합병으로 인하여 소멸한 경우에는 그 합병
　　등기를 한 날
　다. 법인이 분할 또는 분할합병으로 인하여 소멸 또는
　　존속하는 경우에는 그 분할등기 또는 분할합병등기
　　를 한 날(1998.12.31 본목신설)
6. 「법인세법」에 의하여 처분된 배당
　당해 법인의 당해 사업연도의 결산확정일
7. 집합투자기구로부터의 이익
　집합투자기구로부터의 이익을 지급받은 날. 다만, 원
　본에 전입하는 뜻의 특약이 있는 분배금은 그 특약에
　따라 원본에 전입되는 날로 한다.
　(2010.2.18 단서개정)
8. 파생결합증권 또는 파생결합사채로부터의 이익 : 그
　이익을 지급받은 날. 다만, 원본에 전입하는 뜻의 특
　약이 있는 분배금은 그 특약에 따라 원본에 전입되는
　날로 한다.(2018.2.13 본호신설)
제47조 (2010.2.18 삭제)
제48조【사업소득의 수입시기】 사업소득의 수입시기는
다음 각 호에 따른 날로 한다.(2010.2.18 본문개정)
1. 상품(건물건설업과 부동산 개발 및 공급업의 경우의
　부동산을 제외한다)·제품 또는 그 밖의 생산품(이하
　"상품등"이라 한다)의 판매
　그 상품등을 인도한 날
　(2010.2.18 본호개정)

2. 상품등의 시용판매
　상대방이 구입의 의사를 표시한 날. 다만, 일정기간내
　에 반송하거나 거절의 의사를 표시하지 아니하는 한
　특약 또는 관습에 의하여 그 판매가 확정되는 경우에
　는 그 기간의 만료일로 한다.
3. 상품등의 위탁판매
　수탁자가 그 위탁품을 판매하는 날
4. 기획재정부령이 정하는 장기할부조건에 의한 상품
　등의 판매
　그 상품등을 인도한 날. 다만, 그 장기할부조건에 따
　라 수입하였거나 수입하기로 약정한 날이 속하는 과
　세기간에 당해 수입금액과 이에 대응하는 필요경비
　를 계상한 경우에는 그 장기할부조건에 따라 수입하
　였거나 수입하기로 약정된 날. 이 경우 인도일 이전에
　수입하였거나 수입할 금액은 인도일에 수입한 것으
　로 보며, 장기할부기간중에 폐업한 경우 그 폐업일 현
　재 총수입금액에 산입하지 아니한 금액과 이에 상응
　하는 비용은 폐업일이 속하는 과세기간의 총수입금
　액과 필요경비에 이를 산입한다.
　(2008.2.29 본호개정)
5. 건설·제조 기타 용역(도급공사 및 예약매출을 포함
　하며, 이하 이 호에서 "건설등"이라 한다)의 제공
　용역의 제공을 완료한 날(목적물을 인도하는 경우에
　는 목적물을 인도한 날). 다만, 계약기간이 1년 이상
　인 경우로서 기획재정부령이 정하는 경우에는 기획
　재정부령이 정하는 작업진행률(이하 "작업진행률"이
　라 한다)을 기준으로 하여야 하며, 계약기간이 1년 미
　만인 경우로서 기획재정부령이 정하는 경우에는 작
　업진행률을 기준으로 할 수 있다.
　(2008.2.29 단서개정)
6. (1998.12.31 삭제)
7. 무인판매기에 의한 판매
　당해 사업자가 무인판매기에서 현금을 인출하는 때
8. 인적용역의 제공
　용역대가를 지급받기로 한 날 또는 용역의 제공을 완
　료한 날 중 빠른 날. 다만, 연예인 및 직업운동선수 등
　이 계약기간 1년을 초과하는 일신전속계약에 대한 대
　가를 일시에 받는 경우에는 계약기간에 따라 해당 대
　가를 균등하게 안분한 금액을 각 과세기간 종료일에
　수입한 것으로 하며, 월수의 계산은 해당 계약기간의
　개시일이 속하는 달이 1개월 미만인 경우에는 1개월
　로 하고 해당 계약기간의 종료일이 속하는 달이 1개
　월 미만인 경우에는 이를 산입하지 아니한다.
　(2009.2.4 단서개정)
9. (1998.12.31 삭제)
10. 어음의 할인
　그 어음의 만기일. 다만, 만기 전에 그 어음을 양도하
　는 때에는 그 양도일로 한다.
10의2. 제4호의 규정에 의한 장기할부조건 등에 의하여
　자산을 판매하거나 양도함으로써 발생한 채권에 대
　하여 기업회계기준이 정하는 바에 따라 현재가치로
　평가하여 현재가치할인차금을 계상한 경우 당해 현
　재가치할인차금상당액은 그 계상한 과세기간의 총수
　입금액에 산입하지 아니하며, 당해 채권의 회수기간
　동안 기업회계기준이 정하는 바에 따라 환입하였거
　나 환입할 금액은 이를 각 과세기간의 총수입금액에
　산입한다.(1998.12.31 본호신설)
10의3. 한국표준산업분류상의 금융보험업에서 발생하
　는 이자 및 할인액
　실제로 수입된 날
　(2003.12.30 본호신설)
10의4. 자산을 임대하거나 지역권·지상권을 설정하여
　발생하는 소득의 경우에는 다음 각 목의 구분에 따른
　날(2018.2.13 본문개정)

가. 계약 또는 관습에 따라 지급일이 정해진 것
그 정해진 날
나. 계약 또는 관습에 따라 지급일이 정해지지 아니한 것
그 지급을 받은 날
다. 임대차계약 및 지역권·지상권 설정에 관한 쟁송(미지급임대료 및 미지급 지역권·지상권의 설정대가의 청구에 관한 쟁송은 제외한다)에 대한 판결·화해로 소유자 인식 받게 되어 있는 이미 지난 기간에 대응하는 임대료상당액(지연이자와 그 밖의 손해배상금을 포함한다)
판결·화해 등이 있은 날. 다만, 임대료에 관한 쟁송의 경우에 그 임대료를 변제하기 위하여 공탁된 금액에 대해서는 가목에 따른 날로 한다.
(2018.2.13 본문개정)
11. 제1호부터 제10호까지 및 제10호의2부터 제10호의4까지에 해당하지 아니하는 자산의 매매
대금을 청산한 날. 다만, 대금을 청산하기 전에 소유권 등의 이전에 관한 등기 또는 등록을 하거나 해당 자산을 사용수익하는 경우에는 그 등기·등록일 또는 사용수익일로 한다.
(2010.2.18 본호개정)

제49조【근로소득의 수입시기】 ① 근로소득의 수입시기는 다음 각 호에 따른 날로 한다.(2010.2.18 본문개정)
1. 급여
근로를 제공한 날
2. 잉여금처분에 의한 상여
당해 법인의 잉여금처분결의일
3. 해당 사업연도의 소득금액을 법인이 신고하거나 세무서장이 결정·경정함에 따라 발생한 그 법인의 임원 또는 주주·사원, 그 밖의 출자자에 대한 상여
해당 사업연도 중의 근로를 제공한 날. 이 경우 월평균금액을 계산한 것이 2년도에 걸친 때에는 각각 해당 사업연도 중 근로를 제공한 날로 한다.
(2010.2.18 본호개정)
4. 법 제22조제3항 계산식 외의 부분 단서에 따른 초과금액
지급받거나 지급받기로 한 날
(2013.2.15 본호개정)
② 도급 기타 이와 유사한 계약에 의하여 급여를 받는 경우에 당해 과세기간의 과세표준확정신고기간 개시일 전에 당해 급여가 확정되지 아니한 때에는 제1항제1호의 규정에 불구하고 그 확정된 날에 수입한 것으로 본다. 다만, 그 확정된 날 전에 실제로 받은 금액은 그 받은 날로 한다.

제50조【기타소득 등의 수입시기】 ① 기타소득의 수입시기는 다음 각 호에 따른 날로 한다.(2010.2.18 본문개정)
1. 법 제21조제1항제7호에 따른 기타소득(자산 또는 권리를 대여한 경우의 기타소득은 제외한다)
그 대금을 청산한 날, 자산을 인도한 날 또는 사용·수익일 중 빠른 날. 다만, 대금을 청산하기 전에 자산을 인도 또는 사용·수익하였으나 대금이 확정되지 아니한 경우에는 그 대금 지급일로 한다.
(2008.2.22 본호개정)
1의2. 법 제21조제1항제10호에 따른 소득 중 계약금이 위약금·배상금으로 대체되는 경우의 기타소득
계약의 위약 또는 해약이 확정된 날
(2012.2.2 본호신설)
2. 법 제21조제1항제20호에 따른 기타소득
그 법인의 해당 사업연도의 결산확정일
(2007.2.28 본호신설)
3. 법 제21조제1항제21호에 따른 기타소득
연금외수령한 날
(2013.2.15 본호개정)

4. 그 밖의 기타소득
그 지급을 받은 날
(2013.2.15 본호신설)
② 퇴직소득의 수입시기는 퇴직한 날로 한다. 다만, 법 제22조제1항제1호 중 「국민연금법」에 따른 일시금과 제42조의2제4항제3호에 따른 퇴직공제금의 경우에는 소득을 지급받는 날(분할하여 지급받는 경우에는 최초로 지급받는 날)로 한다.(2015.2.3 단서개정)
③~④ (2007.2.28 삭제)
⑤ 연금소득의 수입시기는 다음 각 호의 구분에 따른 날로 한다.
1. 공적연금소득 : 공적연금 관련법에 따라 연금을 지급받기로 한 날(2014.2.21 본호개정)
2. 법 제20조의3제1항제2호에 따른 연금소득 : 연금수령한 날
3. 그 밖의 연금소득 : 해당 연금을 지급받은 날
(2013.2.15 본항개정)
(2007.2.28 본조제목개정)

제50조의2【동업기업으로부터의 소득의 수입시기】 ① 「조세특례제한법」 제100조의18제1항에 따라 배분받은 소득은 해당 동업기업의 과세연도의 종료일을 수입시기로 한다.
② 「조세특례제한법」 제100조의22제1항에 따라 분배받은 자산의 시가 중 분배일의 지분가액을 초과하여 발생하는 소득은 분배일을 수입시기로 한다.
(2009.2.4 본조신설)

제4절 소득금액의 계산

제51조【총수입금액의 계산】 ①~② (2010.2.18 삭제)
③ 사업소득에 대한 총수입금액의 계산은 다음 각 호에 따라 계산한다.(2010.2.18 본문개정)
1. 부동산을 임대하거나 지역권·지상권을 설정 또는 대여하고 받은 선세금(先貰金)에 대한 총수입금액은 그 선세금을 계약기간의 월수로 나눈 금액의 각 과세기간의 합계액으로 한다. 이 경우 월수의 계산은 기획재정부령으로 정하는 바에 따른다.(2018.2.13 전단개정)
1의2. 환입된 물품의 가액과 매출에누리는 해당 과세기간의 총수입금액에 산입하지 아니한다. 다만, 거래수량 또는 거래금액에 따라 상대편에게 지급하는 장려금과 그 밖에 이와 유사한 성질의 금액과 대손금은 총수입금액에서 빼지 아니한다.(2010.2.18 본호개정)
1의3. 외상매출금을 결제하는 경우의 매출할인금액은 거래상대방과의 약정에 의한 지급기일(지급기일이 정하여져 있지 아니한 경우에는 지급한 날이 속하는 과세기간의 총수입금액 계산에 있어서 이를 차감한다.
(1998.12.31 본호신설)
2. 거래상대방으로부터 받는 장려금 기타 이와 유사한 성질의 금액은 총수입금액에 이를 산입한다.
(1999.12.31 본호개정)
3. 관세환급금 등 필요경비로 지출된 세액이 환입되었거나 환입될 경우에 그 금액은 총수입금액에 이를 산입한다.
4. 사업과 관련하여 무상으로 받은 자산의 가액과 채무의 면제 또는 소멸로 인하여 발생하는 부채의 감소액은 총수입금액에 이를 산입한다. 다만, 법 제26조제2항의 경우에는 그러하지 아니하다.
4의2. 다음 각 목의 어느 하나에 해당되는 이익, 분배금 또는 보험차익은 그 소득의 성격에도 불구하고 총수입금액에 산입한다.(2013.2.15 본문개정)
가.~나. (2013.2.15 삭제)
다. 확정급여형퇴직연금제도의 보험차익과 신탁계약의 이익 또는 분배금(2013.2.15 본목개정)

라. 사업과 관련하여 해당 사업용 자산의 손실로 취득하는 보험차익(2012.2.2 본목개정)
5. 제1호, 제1호의2, 제1호의3, 제2호부터 제4호까지 및 제4호의2 외의 사업과 관련된 수입금액으로서 해당 사업자에게 귀속되었거나 귀속될 금액은 총수입금액에 산입한다.(2010.2.18 본호개정)
④ (2010.2.18 삭제)
⑤ 법 제24조제2항을 적용함에 있어서 금전외의 것에 대한 수입금액의 계산은 다음 각호에 의한다.
1. 제조업자·생산업자 또는 판매업자로부터 그 제조·생산 또는 판매하는 물품을 인도받은 때에는 그 제조업자·생산업자 또는 판매업자의 판매가액(1998.12.31 본호개정)
2. 제조업자·생산업자 또는 판매업자가 아닌 자로부터 물품을 인도받은 때에는 시가(2008.2.22 본호개정)
3. 법인으로부터 이익배당으로 받은 주식은 그 액면가액
4. 주식의 발행법인으로부터 신주인수권을 받은 때(주주로서 받은 경우를 제외한다)에는 신주인수권에 의하여 납입할 신주가액에서 당해 신주의 발행가액을 공제한 금액
5. 제1호 내지 제4호외의 경우에는 기획재정부령이 정하는 시가(2008.2.29 본호개정)
⑥ 제5항제4호의 규정에 의한 신주가액이 그 납입한 날의 다음날 이후 1월내에 하락한 때에는 그 최저가액을 신주가액으로 한다.
⑦ 법 제16조제1항제11호에 따른 비영업대금의 이익의 총수입금액을 계산할 때 해당 과세기간에 발생한 비영업대금의 이익에 대하여 법 제70조에 따른 과세표준확정신고 전에 해당 비영업대금이 「법인세법 시행령」 제19조의2제1항제8호에 따른 채권에 해당하여 채무자 또는 제3자로부터 원금 및 이자의 전부 또는 일부를 회수할 수 없는 경우에는 회수한 금액에서 원금을 먼저 차감하여 계산한다. 이 경우 회수한 금액이 원금에 미달하는 때에는 총수입금액은 이를 없는 것으로 한다.(2014.2.21 전단개정)
⑧ 임지의 임목을 벌채 또는 양도하는 사업의 수입금액을 계산하는 경우 임목을 임지(林地)와 함께 양도한 경우에 그 임지의 양도로 발생하는 소득은 총수입금액 계산시 산입하지 아니한다. 이 경우 임목과 임지의 취득가액 또는 양도가액을 구분할 수 없는 때에는 다음 각 호의 기준에 따라 취득가액 또는 양도가액을 계산한다.
1. 임목에 대하여는 「지방세법 시행령」 제4조제1항제5호에 따른 시가표준액
2. 임지에 대하여는 총취득가액 또는 총양도가액에서 제1호에 따라 계산한 임목의 취득가액 또는 양도가액을 뺀 금액. 이 경우 빼고 남은 금액이 없는 때에는 임지의 취득가액 또는 양도가액은 없는 것으로 본다.
(2013.2.15 1호~2호개정)
(2007.2.28 본항신설)
⑨ 산림의 분수계약에 의한 권리를 양도함으로써 얻는 수입금액과 분수계약의 당사자가 해당 계약의 목적이 된 산림의 벌채 또는 양도에 의한 수입금액을 해당 계약에 의한 분수율에 따라 수입하는 금액은 임지의 임목을 벌채 또는 양도하는 사업의 총수입금액에 산입한다.(2007.2.28 본항신설)
제52조 (2007.2.28 삭제)
제53조 【총수입금액계산의 특례】 ①~② (2010.2.18 삭제)
③ 법 제25조제1항 본문에 따라 총수입금액에 산입할 금액은 다음 각 호의 구분에 따라 계산한다. 이 경우 총수입금액에 산입할 금액이 영보다 적은 때에는 없는 것으로 보며, 적수의 계산은 매월 말 현재의 법 제25조제1항 본문에 따른 보증금등(이하 이 조에서 "보증금

등"이라 한다)의 잔액에 경과일수를 곱하여 계산할 수 있다.
1. 주택과 주택부수토지를 임대하는 경우(주택부수토지만 임대하는 경우는 제외한다)
총수입금액에 산입할 금액 = {해당 과세기간의 보증금 등 - 3억원(보증금등을 받은 주택이 2주택 이상인 경우에는 보증금등의 적수가 가장 큰 주택의 보증금등부터 순서대로 뺀다)} × 60/100 × 1/365(윤년의 경우에는 366) × 금융회사 등의 정기예금이자율을 고려하여 기획재정부령으로 정하는 이자율(이하 이 조에서 "정기예금이자율"이라 한다) - 해당 과세기간의 해당 임대사업부분에서 발생한 수입이자와 할인료 및 배당금의 합계액
2. 제1호 외의 경우
총수입금액에 산입할 금액 = (해당 과세기간의 보증금 등의 적수 - 임대용부동산의 건설비 상당액의 적수) × 1/365(윤년의 경우에는 366) × 정기예금이자율 - 해당 과세기간의 해당 임대사업부분에서 발생한 수입이자와 할인료 및 배당금의 합계액
(2010.2.18 본항개정)
④ 법 제45조제4항 본문에 따라 소득금액을 추계신고하거나 법 제80조제3항 단서에 따라 소득금액을 추계조사결정하는 경우에는 제3항에도 불구하고 다음 각 호의 구분에 따라 계산한 금액을 총수입금액에 산입한다.
1. 주택과 주택부수토지를 임대하는 경우(주택부수토지만 임대하는 경우는 제외한다)
총수입금액에 산입할 금액 = {해당 과세기간의 보증금 등 - 3억원(보증금등을 받은 주택이 2주택 이상인 경우에는 보증금등의 적수가 가장 큰 주택의 보증금등부터 순서대로 뺀다)}의 적수 × 60/100 × 1/365(윤년의 경우에는 366) × 정기예금이자율
2. 제1호 외의 경우
총수입금액에 산입할 금액 = 해당 과세기간의 보증금 등의 적수 × 1/365(윤년의 경우에는 366) × 정기예금이자율
(2010.2.18 본항개정)
⑤ 제3항에서 "임대용부동산의 건설비 상당액"이라 함은 다음 각 호의 어느 하나에 해당하는 금액을 말한다.(2008.2.22 본문개정)
1. 지하도를 건설하여 「국유재산법」 기타 법령에 의하여 국가 또는 지방자치단체에 기부채납하고 지하도로점용허가(1차 무상점용허가기간에 한한다)를 받아 이를 임대하는 경우에는 기획재정부령이 정하는 지하도 건설비 상당액(2008.2.29 본호개정)
2. 제1호외의 임대용부동산의 경우에는 기획재정부령이 정하는 당해 임대용부동산의 건설비 상당액(토지가액을 제외한다)(2008.2.29 본호개정)
⑥ 제3항의 규정에 의한 임대사업부분에서 발생한 수입이자·할인료 및 배당금은 비치·기장한 장부나 증빙서류에 의하여 당해 임대보증금 등으로 취득한 것이 확인되는 금융자산으로부터 발생한 것에 한한다.(2001.12.31 본항개정)
⑦ 제3항 및 제4항의 계산식을 적용할 때 부동산을 전전세(轉傳貰) 또는 전대(轉貸)하는 경우 해당 부동산의 보증금등에 산입할 금액은 다음 계산식에 따라 계산한 금액으로 한다.
보증금등에 산입할 금액 = 〔전전세 또는 전대하고 받은 보증금등의 적수 - {전세 또는 임차받기 위하여 지급한 보증금등의 적수 × 전전세 또는 전대한 부분의 면적이 전세 또는 임차받은 부동산의 면적에서 차지하는 비율(사업시설을 포함하는 전전세 또는 전대한 경우 그 가액의 비율)}〕 × 1/365(윤년의 경우에는 366)
(2013.2.15 본항개정)
⑧ 법 제25조제1항 단서를 적용할 때 주택과 주택부수토지 및 주택 수의 계산 등에 관하여는 제8조의2제2항부터 제4항까지의 규정을 준용한다.(2010.2.18 본항신설)
⑨ 법 제25조제2항에 따른 소비하거나 지급하였을 때

의 가액의 계산에 관하여는 제51조제5항을 준용한다.
(2010.2.18 본항개정)

제54조【총수입금액 불산입】 ① 법 제26조제2항에서 "대통령령으로 정하는 금액"이란 「법인세법 시행령」 제64조제2항 전단에 따른 국고보조금등에 상당하는 금액을 말한다.(2020.2.11 본항신설)
② 법 제26조제3항에서 "이전 과세기간으로부터 이월된 소득금액"이란 각 과세기간의 소득으로 이미 과세된 소득을 다시 해당 과세기간의 소득에 산입한 금액을 말한다.
(2010.2.18 본조개정)

제55조【사업소득의 필요경비의 계산】 ① 사업소득의 각 과세기간의 총수입금액에 대응하는 필요경비는 법 및 이 영에서 달리 정하는 것 외에는 다음 각 호에 규정한 것으로 한다.(2010.2.18 본문개정)
1. 판매한 상품 또는 제품에 대한 원료의 매입가격(매입에누리 및 매입할인금액을 제외한다)과 그 부대비용. 이 경우 사업용외의 목적으로 매입한 것을 사업용으로 사용한 것에 대하여는 당해 사업자가 당초에 매입한 때의 매입가액과 그 부대비용으로 한다.
(1998.12.31 본호개정)
1의2. 판매한 상품 또는 제품의 보관료, 포장비, 운반비, 판매장려금 및 판매수당 등 판매와 관련한 부대비용(판매장려금 및 판매수당의 경우 사전약정 없이 지급하는 경우를 포함한다)(2009.2.4 본호신설)
2. 부동산의 양도 당시의 장부가액(건물건설업과 부동산 개발 및 공급업의 경우만 해당한다). 이 경우 사업용 외의 목적으로 취득한 부동산을 사업용으로 사용한 것에 대해서는 해당 사업자가 당초에 취득한 때의 제89조를 준용하여 계산한 취득가액을 그 장부가액으로 한다.(2010.2.18 본호개정)
3. 임업의 경비(2007.2.28 본문개정)
   가. 종묘 및 비료의 매입비
   나. 식림비
   다. 관리비
   라. 벌채비
   마. 설비비
   바. 개량비
   사. 임목의 매도경비
4. 양잠업의 경비
   가. 매입비
   나. 사양비
   다. 관리비
   라. 설비비
   마. 개량비
   바. 매도경비
5. 가축 및 가금비
   가. 종란비
   나. 출산비
   다. 사양비
   라. 설비비
   마. 개량비
   바. 매도경비
6. 종업원의 급여
7. 사업용자산에 대한 비용
   가. 사업용자산(그 사업에 속하는 일부 유휴시설을 포함한다)의 현상유지를 위한 수선비
   나. 관리비와 유지비
   다. 사업용자산에 대한 임차료
   라. 사업용 자산의 손해보험료(2010.2.18 본목신설)
7의2. 법 제160조제3항에 따른 복식부기의무자(이하 "복식부기의무자"라 한다)가 사업용 유형자산의 양도가액을 총수입금액에 산입한 경우 해당 사업용 유형자산의 양도 당시 장부가액(법 제33조의2제1항에 따른

감가상각비 중 업무사용금액에 해당하지 않는 금액이 있는 경우에는 그 금액을 차감한 금액을 말한다)
(2020.2.11 본호개정)
8. 사업과 관련이 있는 제세공과금(법 제57조제1항에 따른 세액공제를 적용하지 않는 경우의 외국소득세액을 포함한다)(2021.2.17 본호개정)
9. 다음 각 목의 어느 하나에 해당하는 기금에 출연하는 금품
   가. 해당 사업자가 설립한 「근로복지기본법」 제50조에 따른 사내근로복지기금
   나. 해당 사업자와 다른 사업자 간에 공동으로 설립한 「근로복지기본법」 제86조의2에 따른 공동근로복지기금
   다. 해당 사업자의 「조세특례제한법」 제8조의3제1항제1호에 따른 협력중소기업이 설립한 「근로복지기본법」 제50조에 따른 사내근로복지기금
   라. 해당 사업자의 「조세특례제한법」 제8조의3제1항제1호에 따른 협력중소기업 간에 공동으로 설립한 「근로복지기본법」 제86조의2에 따른 공동근로복지기금
(2021.2.17 본호신설)
10. 「건설근로자의 고용개선 등에 관한 법률」에 따라 공제계약사업주가 건설근로자퇴직공제회에 납부한 공제부금(2013.2.15 본호개정)
10의2. 「근로자퇴직급여 보장법」에 따라 사용자가 부담하는 부담금(2006.2.9 본호신설)
10의3. 「중소기업 인력지원 특별법」 제35조의3제1호에 따른 중소기업이 부담하는 기여금(2014.2.21 본호신설)
11. 「국민건강보험법」, 「고용보험법」 및 「노인장기요양보험법」에 의하여 사용자로서 부담하는 보험료 또는 부담금(2008.2.22 본호개정)
11의2. 「국민건강보험법」 및 「노인장기요양보험법」에 의한 직장가입자로서 부담하는 사용자 본인의 보험료(2008.2.22 본호개정)
11의3. 「국민건강보험법」 및 「노인장기요양보험법」에 따른 지역가입자로서 부담하는 보험료(2009.2.4 본호신설)
12. 단체순수보장성보험 및 단체환급부보장성보험의 보험료(2001.12.31 본호개정)
13. 총수입금액을 얻기 위하여 직접 사용된 부채에 대한 지급이자
14. 사업용 유형자산 및 무형자산의 감가상각비(2020.2.11 본호개정)
15. 자산의 평가차손
16. 대손금(부가가치세 매출세액의 미수금으로서 회수할 수 없는 것 중 「부가가치세법」 제45조에 따른 대손세액공제를 받지 아니한 것을 포함한다)(2013.6.28 본호개정)
17. 거래수량 또는 거래금액에 따라 상대편에게 지급하는 장려금 기타 이와 유사한 성질의 금액(1998.12.31 본호개정)
18. 매입한 상품·제품·부동산 및 산림 중 재해로 인하여 멸실된 것의 원가를 그 재해가 발생한 과세기간의 소득금액을 계산할 때 필요경비에 산입한 경우의 그 원가(2010.2.18 본호개정)
19. 종업원을 위하여 직장체육비·직장문화비·가족계획사업지원비·직원회식비 등으로 지출한 금액(2017.2.3 본호개정)
20. 보건복지부장관이 정하는 무료진료권에 의하여 행한 무료진료의 가액(2010.3.15 본호개정)
21. 업무와 관련이 있는 해외시찰·훈련비
22. 「초·중등교육법」에 의하여 설치된 근로청소년을 위한 특별학급 또는 산업체부설 중·고등학교의 운영비(2005.2.19 본호개정)

23. 「영유아보육법」에 의하여 설치된 직장어린이집의 운영비(2011.12.8 본호개정)
24. 광물의 탐광을 위한 지질조사·시추 또는 갱도의 굴진을 위하여 지출한 비용과 그 개발비
24의2. (2008.2.22 삭제)
25. 광고·선전을 목적으로 견본품·달력·수첩·컵·부채 기타 이와 유사한 물품을 불특정다수인에게 기증하기 위하여 지출한 비용[특정인에게 기증한 물품(개당 3만원 이하의 물품은 제외한다)의 경우에는 연간 5만원 이내의 금액으로 한정한다](2021.2.17 본호개정)
26. 영업자가 조직한 단체로서 법인이거나 주무관청에 등록된 조합 또는 협회에 지급하는 회비
(1997.12.31 본호신설)
27. 종업원의 사망 이후 유족에게 학자금 등 일시적으로 지급하는 금액으로서 기획재정부령으로 정하는 요건을 충족하는 것(2015.2.3 본호개정)
28. 제1호부터 제27호까지의 경비와 유사한 성질의 것으로서 해당 총수입금액에 대응하는 경비
(2015.2.3 본호신설)
② 제1항제16호에 따른 대손금은 「법인세법 시행령」 제19조의2제1항제1호부터 제5호까지, 제5호의2, 제6호부터 제9호까지, 제9호의2, 제10호 및 제11호의 어느 하나에 해당하는 것으로 한다.(2022.2.15 본항개정)
③ 제1항제10호의2에 따라 필요경비에 산입할 부담금 중 사업자가 퇴직연금계좌에 납부한 전액 필요경비에 산입하고, 확정급여형퇴직연금제도에 납부한 부담금은 제57조제2항에 따른 추계액에서 다음 각 호의 금액을 순서에 따라 공제한 금액을 한도로 하며, 둘 이상의 부담금이 있는 경우에는 먼저 계약이 체결된 퇴직연금의 부담금부터 필요경비에 산입한다.
(2013.2.15 본문개정)
1. 해당 과세기간 종료일 현재의 퇴직급여충당금
2. 직전 과세기간 종료일까지 지급한 부담금
(2013.2.15 1호~2호신설)
④ 제1항제10호의2에 따라 부담금을 필요경비에 산입한 사업자는 과세표준확정신고서에 기획재정부령으로 정하는 퇴직연금부담금조정명세서를 첨부하여 납세지 관할 세무서장에게 제출하여야 한다.(2010.12.30 본항개정)
⑤ 제3항에 따른 부담금을 필요경비에 산입한 사업자가 다음 각 호의 어느 하나에 해당하는 경우에는 해당 각 호에서 규정하는 금액을 그 사유가 발생한 과세기간의 소득금액계산에 있어서 총수입금액에 산입한다.
1. (2013.2.15 삭제)
2. 보험계약 또는 신탁계약이 해지되는 경우 : 사업자에게 귀속되는 금액
3. (2013.2.15 삭제)
4. 「근로자퇴직급여 보장법 시행령」 제24조 각 호에 따라 급여 또는 적립금이 사용자에게 귀속되는 경우 : 당해 적립금
(2013.2.15 본항개정)
⑥ 「식품등 기부 활성화에 관한 법률」 제2조제1호 및 제2호의2에 따른 식품 및 생활용품(이하 이 조에서 "식품등"이라 한다)의 제조업·도매업 또는 소매업을 경영하는 거주자가 해당 사업에서 발생한 잉여 식품등을 같은 법 제2조제5호에 따른 사업자 또는 그 사업자가 지정하는 자에게 무상으로 기증하는 경우 그 기증한 식품등의 장부가액을 필요경비에 산입한다. 이 경우 그 금액은 법 제34조제1항에 따른 기부금에 포함하지 아니한다.(2019.2.12 후단개정)
⑦ 제2항에 따른 대손금은 「법인세법 시행령」 제19조의2제3항 각 호의 어느 하나의 날이 속하는 과세기간의 필요경비로 한다.(2010.12.30 본항신설)
(2010.2.18 본조제목개정)

제56조【대손충당금의 필요경비계산】 ① 법 제28조제1항에 따라 필요경비에 산입하는 대손충당금은 해당 과세기간 종료일 현재의 외상매출금·미수금, 그 밖에 사업과 관련된 채권의 합계액(이하 이 조에서 "채권잔액"이라 한다)의 100분의 1에 상당하는 금액과 채권잔액에 대손실적률을 곱하여 계산한 금액 중 큰 금액으로 한다.(2010.2.18 본항개정)
② 제1항의 규정에 의한 채권잔액은 다음 각호의 1에 해당하는 것으로 한다.(1998.12.31 본항개정)
1. 상품·제품의 판매가액의 미수액과 가공료·용역대가의 미수액
2. 정상적인 사업거래에서 발생하는 채권액 및 부가가치세매출세액의 미수금과 기타 기획재정부령이 정하는 것(2008.2.29 본항개정)
③ 제1항의 규정에 의한 대손실적률은 다음의 산식에 의하여 계산한 비율로 한다.

$$대손실적률 = \frac{당해 \ 과세기간의 \ 대손금}{직전 \ 과세기간 \ 종료일 \ 현재의 \ 채권잔액}$$

(1998.12.31 본항신설)
④ 법 제28조제2항에 따라 다음 과세기간의 소득금액을 계산할 때 총수입금액에 산입하는 대손충당금의 잔액은 각 과세기간에서 발생한 대손금과 상계하고 남은 금액으로 한다.(2010.2.18 본항개정)
⑤ 제55조제1항제16호에 따라 필요경비에 산입한 대손금 또는 대손충당금과 상계한 대손금중 회수된 금액은 그 회수한 날이 속하는 과세기간의 총수입금액에 산입한다.(2010.2.18 본항개정)
⑥ 법 제28조를 적용받으려는 사업자는 과세표준확정신고서에 기획재정부령으로 정하는 대손충당금 및 대손금 조정명세서를 첨부하여 납세지 관할세무서장에게 제출하여야 한다.(2010.2.18 본항개정)
⑦ 제1항 내지 제6항외에 대손충당금의 계산에 관하여 필요한 사항은 기획재정부령이 정하는 바에 의한다.(2008.2.29 본항개정)

제57조【퇴직급여충당금의 필요경비계산】 ① 법 제29조에 따라 필요경비에 산입하는 퇴직급여충당금은 퇴직급여의 지급대상이 되는 종업원(퇴직연금계좌에 가입한 사람은 제외한다. 이하 이 조에서 같다)에게 해당 과세기간에 지급한 총급여액의 100분의 5에 상당하는 금액을 한도로 한다.(2013.2.15 본항개정)
② 제1항에 따라 필요경비에 산입하는 퇴직급여충당금의 누적액은 해당 과세기간 종료일 현재 재직하는 종업원이 모두 퇴직할 경우에 퇴직급여로 지급하여야 할 금액의 추계액에 다음 각 호의 비율을 곱한 금액을 한도로 한다.(2010.12.30 본항개정)
1. 과세기간이 2010년 1월 1일부터 2010년 12월 31일까지인 경우 : 100분의 30(2010.12.30 본호신설)
2. 과세기간이 2011년 1월 1일부터 2011년 12월 31일까지인 경우 : 100분의 25(2010.12.30 본호신설)
3. 과세기간이 2012년 1월 1일부터 2012년 12월 31일까지인 경우 : 100분의 20(2010.12.30 본호신설)
4. 과세기간이 2013년 1월 1일부터 2013년 12월 31일까지인 경우 : 100분의 15(2010.12.30 본호신설)
5. 과세기간이 2014년 1월 1일부터 2014년 12월 31일까지인 경우 : 100분의 10(2010.12.30 본호신설)
6. 과세기간이 2015년 1월 1일부터 2016년 6월 30일까지인 경우 : 100분의 5(2016.2.17 본호개정)
7. 과세기간이 2016년 1월 1일 이후인 경우 : 100분의 0 (2010.12.30 본호신설)
③ (2013.2.15 삭제)
④ 퇴직급여충당금을 필요경비로 계상한 사업자가 종업원에게 퇴직금을 지급하는 때에는 퇴직급여충당금과 먼저 상계하여야 한다.

⑤ 제2항 각 호의 한도 내에서 필요경비에 산입한 퇴직급여충당금의 누적액에서 퇴직급여충당금을 필요경비에 산입한 과세기간의 다음 과세기간 중 종업원에게 지급한 퇴직금을 뺀 금액이 제2항에 따른 추계액에 같은 항 각 호의 비율을 곱한 금액을 초과하더라도 그 초과한 금액은 총수입금액으로 환입하지 아니한다. (2010.12.30 본항신설)
⑥ 법 제29조의 규정의 적용을 받고자 하는 사업자는 과세표준확정신고서에 기획재정부령이 정하는 퇴직급여충당금명세서를 첨부하여 납세지 관할세무서장에게 제출하여야 한다.(2008.2.29 본항개정)
제58조 (1998.12.31 삭제)
제59조【유형자산의 취득에 소요된 보험차익 상당액의 필요경비계산】 ① 법 제31조제1항에 따라 필요경비에 산입한 보험차익 상당액은 일시상각충당금으로 계상해야 한다.(2020.2.11 본항개정)
② 법 제31조제1항에서 "같은 종류의 자산"이란 그 용도 또는 목적이 멸실된 유형자산과 같은 것을 말한다. (2020.2.11 본항개정)
③ 보험차익 상당액으로 취득한 유형자산의 감가상각비는 제1항에 따른 일시상각충당금의 범위에서 일시상각충당금과 상계해야 한다. 다만, 해당 자산을 처분하는 경우에는 상계하고 남은 잔액을 그 처분한 날이 속하는 과세기간의 총수입금액에 산입한다.(2020.2.11 본문개정)
④ 법 제31조제2항의 규정을 적용받고자 하는 사업자는 과세표준확정신고서에 기획재정부령이 정하는 보험금사용계획서를 첨부하여 납세지 관할세무서장에게 제출하여야 한다.(2008.2.29 본항개정)
(2020.2.11 본조제목개정)
제60조【사업용 자산의 취득에 소요된 국고보조금의 필요경비계산】 ① 법 제32조제1항에 따라 필요경비에 산입하는 금액은 지급받은 국고보조금 중 사업용 자산의 취득 또는 개량에 소요된 금액으로 하되, 그 금액은 다음의 구분에 따라 일시상각충당금 또는 압축기장충당금으로 계상해야 한다.(2020.2.11 본문개정)
1. 감가상각자산은 일시상각충당금
2. 기타의 자산은 압축기장충당금
② 국고보조금으로 취득한 사업용 자산의 감가상각비는 제1항에 따른 일시상각충당금의 범위에서 일시상각충당금과 상계해야 한다. 다만, 해당 자산을 처분하는 경우에는 상계하고 남은 잔액을 그 처분한 날이 속하는 과세기간의 총수입금액에 산입한다.(2020.2.11 본문개정)
③ 법 제32조제2항의 규정을 적용받고자 하는 사업자는 과세표준확정신고서에 기획재정부령이 정하는 국고보조금사용계획서를 첨부하여 납세지 관할 세무서장에게 제출하여야 한다.(2008.2.29 본항개정)
④ 법 제32조제2항 후단에서 "대통령령으로 정하는 부득이한 사유"란 다음 각 호의 어느 하나에 해당하는 경우를 말한다.
1. 공사의 허가 또는 인가 등이 지연되는 경우
2. 공사를 시행할 장소의 미확정 등으로 공사기간이 연장되는 경우
3. 용지의 보상 등에 관한 소송이 진행되는 경우
4. 그 밖에 제1호부터 제3호까지의 규정에 준하는 사유가 발생한 경우
(2008.2.22 본항신설)
(2020.2.11 본조제목개정)
제61조【가사관련비 등】 ① 법 제33조제1항제5호에서 "대통령령으로 정하는 가사(家事)의 경비와 이에 관련되는 경비"란 다음 각 호의 어느 하나에 해당하는 것을 말한다.(2010.2.18 본문개정)
1. 사업자가 가사와 관련하여 지출하였음이 확인되는

경비. 이 경우 제98조제2항제2호 단서에 해당하는 주택에 관련된 경비는 가사와 관련하여 지출된 경비로 본다.(1999.12.31 후단신설)
2. 사업용 자산의 합계액이 부채의 합계액에 미달하는 경우에 그 미달하는 금액에 상당하는 부채의 지급이자로서 기획재정부령이 정하는 바에 따라 계산한 금액(2008.2.29 본호개정)
② (2010.2.18 삭제)
제62조【감가상각액의 필요경비계산】 ① 법 제33조제1항제6호에 따른 감가상각비(이하 "상각액"이라 한다)는 사업용 유형자산 및 무형자산(투자자산을 제외하며, 이하 "감가상각자산"이라 한다)의 상각액을 필요경비로 계상한 경우에 각 과세기간마다 감가상각자산별로 관할세무서장에게 신고한 방법에 따라 계산한 금액(이하 "상각범위액"이라 한다)을 한도로 하여 이를 소득금액을 계산할 때 필요경비로 계상한다. 이 경우 해당 과세기간 중에 사업을 개시하거나 폐업한 경우 또는 해당 과세기간 중에 감가상각자산을 취득 또는 양도한 경우에는 상각범위액에 해당 과세기간 중에 사업에 사용한 월수를 곱한 금액을 12로 나누어 계산한 금액을 상각범위액으로 하며, 월수의 계산은 역에 따라 계산하되 1월 미만의 일수는 1월로 한다.(2020.2.11 본항개정)
② 제1항에서 "감가상각자산"이란 해당 사업에 직접 사용하는 다음 각 호의 어느 하나에 해당하는 자산(시간의 경과에 따라 그 가치가 감소되지 아니하는 것을 제외한다.(2020.2.11 본문개정)
1. 다음 각 목의 어느 하나에 해당하는 유형자산 (2020.2.11 본문개정)
가. 건물(부속설비를 포함한다) 및 구축물(이하 "건축물"이라 한다)
나. 차량 및 운반구, 공구, 기구 및 비품
다. 선박 및 항공기
라. 기계 및 장치
마. 동물과 식물
바. 가목부터 마목까지의 규정과 유사한 유형자산 (2020.2.11 본목개정)
2. 다음 각 목의 어느 하나에 해당하는 무형자산 (2020.2.11 본문개정)
가. 영업권, 디자인권, 실용신안권, 상표권 (2005.6.30 본목개정)
나. 특허권, 어업권, 양식업권, 「해저광물자원 개발법」에 의한 채취권, 유료도로관리권, 수리권, 전기가스공급시설이용권, 공업용수도시설이용권, 수도시설이용권, 열공급시설이용권(2020.8.26 본목개정)
다. 광업권, 전신전화전용시설이용권, 전용측선이용권, 하수종말처리장시설관리권, 수도시설관리권
라. 댐사용권
마. (2002.12.30 삭제)
바. 개발비 : 상업적인 생산 또는 사용전에 재료·장치·제품·공정·시스템 또는 용역을 창출하거나 현저히 개선하기 위한 계획 또는 설계를 위하여 연구결과 또는 관련 지식을 적용하는데 발생하는 비용으로서 당해 사업자가 개발비로 계상한 것(「산업기술연구조합 육성법」에 의한 산업기술연구조합의 조합원이 동 조합에 연구개발 및 연구시설 취득 등을 위하여 지출하는 금액을 포함한다)(2005.2.19 본목개정)
사. 사용수익기부자산가액 : 금전 외의 자산을 기부한 후 그 자산을 사용하거나 그 자산으로부터 수익을 얻는 경우 당해 자산의 장부가액(2002.12.30 본목신설)
아. 주파수이용권 및 공항시설관리권 : 「전파법」 제14조에 따른 주파수이용권 및 「공항시설법」 제26조에 따른 공항시설관리권(2020.2.11 본목개정)

③ 제1항을 적용할 때 장기할부조건 등으로 매입한 유형자산 및 무형자산의 경우 그 대금의 청산 또는 소유권의 이전 여부에 관계없이 이를 감가상각자산에 포함시키며, 「법인세법 시행령」 제24조제5항에 따른 금융리스에 해당하는 자산의 경우에는 리스이용자인 사업자의 감가상각자산에 이를 포함시킨다.(2020.2.11 본항개정)
④ 사업자는 각 과세기간에 해당 감가상각자산의 장부가액을 감액하지 아니하고 감가상각누계액으로 계상하여 그 감가상각비를 필요경비에 산입할 수 있다. 이 경우 감가상각누계액은 개별 자산별로 계상하되, 제73조의2에 따른 감가상각비조정명세서를 작성·보관하고 있는 경우에는 감가상각비 총액을 일괄하여 감가상각누계액으로 계상할 수 있다.(2010.2.18 본항개정)
⑤ 사업자가 각 과세기간에 필요경비로 계상한 감가상각비 중 상각범위액을 초과하는 금액(이하 이 조에서 "상각부인액"이라 한다)은 그 후의 과세기간에 있어서 필요경비로 계상한 감가상각비가 상각범위액에 미달하는 경우에 그 미달하는 금액(이하 이 조에서 "시인부족액"이라 한다)을 한도로 하여 필요경비에 산입한다. 이 경우 사업자가 감가상각비를 필요경비로 계상하지 아니한 경우에도 상각범위액을 한도로 하여 상각부인액을 필요경비로 추인한다.(2010.2.18 본항개정)
⑥ 시인부족액은 그 후의 과세기간의 상각부인액에 충당하지 못한다.
⑦ 제1항 후단의 규정을 적용함에 있어서 감가상각자산의 일부를 양도한 경우 당해 양도자산에 대한 감가상각누계액 및 상각부인액 또는 시인부족액은 당해 감가상각자산 전체의 감가상각누계액 및 상각부인액 또는 시인부족액에 양도부분의 가액이 당해 감가상각자산의 전체가액에서 차지하는 비율을 곱하여 계산한 금액으로 한다. 이 경우 그 가액은 취득당시의 장부가액으로 한다.(2000.12.29 본항개정)
⑧ 사업자가 감가상각자산에 대하여 감가상각과 평가증을 병행하는 경우에는 먼저 감가상각을 한 후 평가증을 한 것으로 보아 상각범위액을 계산한다.(1998.12.31 본조개정)

제63조【내용연수와 상각률】 ① 감가상각자산의 내용연수와 당해 내용연수에 따른 상각률은 다음 각 호의 구분에 따른다.
1. 기획재정부령으로 정하는 시험연구용 자산과 제62조제2항제2호가목부터 라목까지의 규정에 따른 무형자산
   기획재정부령으로 정하는 내용연수와 그에 따른 기획재정부령으로 정하는 상각방법별 상각률(이하 "상각률"이라 한다)
2. 제1호를 적용받는 자산 외의 감가상각자산(제62조제2항제2호바목부터 아목까지의 규정에 따른 무형자산은 제외한다)
   구조 또는 자산별, 업종별로 기획재정부령으로 정하는 기준내용연수(이하 "기준내용연수"라 한다)에 그 기준내용연수의 100분의 25를 가감하여 기획재정부령으로 정하는 내용연수범위(이하 "내용연수범위"라 한다)내에서 사업자가 선택 적용하여 납세지 관할세무서장에게 신고한 내용연수(이하 "신고내용연수"라 한다)와 그에 따른 상각률(제2항 각 호의 신고기한 내에 신고를 하지 않은 경우에는 기준내용연수와 그에 따른 상각률)(2020.2.11 본항개정)
② 제1항 및 제5항에 따른 내용연수의 신고는 기획재정부령으로 정하는 내용연수신고서에 의하여 다음 각 호의 어느 하나에 해당하는 날이 속하는 과세기간의 종합소득세 과세표준확정신고기한까지 납세지 관할세무서장에게 신고(국세정보통신망에 의한 신고를 포함한다)하여야 한다.(2013.11.5 본문개정)

1. 새로 사업을 개시하는 사업자는 그 사업개시일
2. 제1호외의 사업자가 자산별·업종별 구분에 의한 기준내용연수가 다른 감가상각자산을 새로 취득하거나 새로운 업종의 사업을 개시한 경우에는 그 취득일 또는 사업개시일
③ 사업자가 제1항제2호 및 제5항에 따라 자산별·업종별로 적용한 신고내용연수 또는 기준내용연수는 그 후의 과세기간에도 계속하여 적용하여야 한다.(2013.11.5 본항개정)
④ 제1항제2호, 제2항 및 제5항에 따른 내용연수의 신고는 연 단위로 하여야 한다.(2013.11.5 본항개정)
⑤ 제1항제2호에도 불구하고 「조세특례제한법 시행령」 제2조에 따른 중소기업(이하 이 항과 제6항에서 "중소기업"이라 한다)이 다음 각 호의 어느 하나에 해당하는 자산(이하 이 항과 제6항에서 "설비투자자산"이라 한다)을 2014년 10월 1일부터 2016년 6월 30일까지 취득한 경우에는 자산별·업종별 기준내용연수에 그 기준내용연수의 100분의 50을 더하거나 뺀 범위(1년 미만은 없는 것으로 한다)에서 중소기업이 선택 적용하여 납세지 관할 세무서장에 신고할 수 있다. 다만, 중소기업이 해당 과세기간에 취득한 설비투자자산에 대한 취득가액의 합계액이 직전 과세기간에 취득한 설비투자자산에 대한 취득가액의 합계액보다 적은 경우에는 그러하지 아니하다.(2016.2.17 본문개정)
1. 차량 및 운반구. 다만, 운수업에 사용되거나 임대목적으로 임대업에 사용되는 경우로 한정한다.
2. 선박 및 항공기. 다만, 어업 및 운수업에 사용되거나 임대목적으로 임대업에 사용되는 경우로 한정한다.
3. 공구, 기구 및 비품
4. 기계 및 장치
(2013.11.5 신설)
⑥ 제5항을 적용받으려는 중소기업은 기획재정부령으로 정하는 내용연수 특례적용 신청서를 해당 설비투자자산을 취득한 날이 속하는 과세기간의 종합소득 과세표준 확정신고기한까지 납세지 관할 세무서장에게 제출(국세정보통신망에 의한 제출을 포함한다)하여야 한다.(2014.9.26 본항개정)
(1998.12.31 본조개정)

제63조의2【내용연수의 특례 등】 ① 사업자는 다음 각 호의 어느 하나에 해당하는 경우에는 제63조제1항제2호 및 같은 조 제3항에도 불구하고 기준내용연수에 기준내용연수의 100분의 50을 더하거나 뺀 범위내에서 사업장별로 납세지 관할지방국세청장의 승인을 받아 내용연수범위와 다르게 내용연수를 적용하거나 적용하던 내용연수를 변경할 수 있다.(2010.2.18 본문개정)
1. 사업장의 특성으로 자산의 부식·마모 및 훼손의 정도가 현저한 경우(2014.2.21 본호개정)
2. 사업개시 후 3년이 지난 사업자로서 해당 과세기간의 생산설비(건축물을 제외하며, 이하 "생산설비"라 한다)의 기획재정부령으로 정하는 가동률(이하 "가동률"이라 한다)이 직전 3개 과세기간의 평균가동률보다 현저히 증가한 경우(2010.2.18 본호개정)
3. 새로운 생산기술 및 신제품의 개발·보급 등으로 기존 생산설비의 가속상각이 필요한 경우
4. 경제적 여건의 변동으로 조업을 중단하거나 생산설비의 가동률이 감소된 경우
② 사업자가 제1항에 따라 내용연수의 승인 또는 변경승인을 받으려는 때에는 제63조제2항 각 호의 날부터 3개월이 되는 날 또는 그 변경할 내용연수를 적용하려는 최초 과세기간의 종료일 이전 3개월이 되는 날까지 기획재정부령으로 정하는 내용연수(변경)승인신청서를 납세지 관할세무서장을 거쳐 관할지방국세청장에게 제출(국세정보통신망에 의한 제출을 포함한다)하여야 한다. 이 경우 내용연수의 승인·변경승인의 신청은 연단

위로 하여야 한다.(2010.2.18 본항개정)

③ 제2항에 따라 신청서를 접수한 납세지 관할세무서장은 그 신청인에게 신청서의 접수일이 속하는 과세기간 종료일(신청서의 접수일부터 과세기간 종료일까지의 기간이 3개월 미만인 경우에는 신청서의 접수일부터 3개월이 되는 날을 말한다)까지 관할지방국세청장으로부터 통보받은 승인 여부에 관한 사항을 통지하여야 한다.(2010.2.18 본항개정)

④ 제2항의 규정에 의한 신청서접수일이 속하는 과세기간 종료일 이후에 내용연수의 승인 또는 변경승인을 얻은 경우에는 그 승인 또는 변경승인을 얻은 날이 속하는 과세기간부터 승인 또는 변경승인을 얻은 내용연수를 적용한다.

⑤ 제1항의 규정에 의하여 감가상각자산의 내용연수를 변경(재변경을 포함한다)한 사업자가 당해 자산의 내용연수를 다시 변경하고자 하는 경우에는 변경한 내용연수를 최초로 적용한 과세기간 종료일부터 3년이 경과하여야 한다.(2010.2.18 본조제목개정)
(1998.12.31 본조신설)

제63조의3【중고자산의 내용연수】 ① 사업자가 기준내용연수의 일부 또는 전부가 경과한 자산으로서 기획재정부령이 정하는 자산(이하 이 조에서 "중고자산"이라 한다)을 취득한 경우 제63조제1항제2호의 규정에 불구하고 그 자산의 기준내용연수(업종별 자산의 경우에는 취득자의 업종에 적용되는 기준내용연수를 말한다)의 100분의 50에 상당하는 연수와 그 기준내용연수의 범위안에서 사업자가 선택하여 신고한 내용연수를 당해 중고자산의 내용연수로 할 수 있다.(2008.2.29 본항개정)

② 제1항의 규정에 의하여 내용연수를 신고하고자 하는 때에는 제63조제2항의 규정에 의한 내용연수신고서를 중고자산의 취득일이 속하는 과세기간의 종합소득세 과세표준확정신고기한까지 납세지 관할세무서장에게 제출하여야 한다.
(2000.12.29 본조신설)

제64조【감가상각방법의 신고】 ① 개별 감가상각자산에 대한 상각액은 다음 각 호의 구분에 따른 상각방법 중 사업자가 납세지 관할세무서장에게 신고한 상각방법에 따라 계산한다.(2020.2.11 본문개정)
1. 건축물과 무형자산(제3호 및 제6호부터 제8호까지의 규정에 따른 자산은 제외한다) : 정액법(2020.2.11 본호개정)
2. 건축물 외의 유형자산(제4호에 따른 자산은 제외한다) : 정률법 또는 정액법(2020.2.11 본호개정)
3. 광업권(「해저광물자원 개발법」에 의한 채취권을 포함한다), 폐기물매립시설(「폐기물관리법 시행령」 별표3 제4가목에 따른 매립시설을 말한다) : 생산량비례법 또는 정액법(2015.2.3 본호개정)
4. 광업용 유형자산 : 생산량비례법·정률법 또는 정액법(2020.2.11 본호개정)
5. (2002.12.30 삭제)
6. 개발비 : 관련제품의 판매 또는 사용이 가능한 시점부터 20년 이내의 기간내에서 연단위로 신고한 내용연수에 따라 매 사업연도별 경과월수에 비례하여 상각하는 방법(2002.12.30 본호개정)
7. 사용수익기부자산가액 : 당해 자산의 사용수익기간(그 기간에 관한 특약이 없는 경우에는 신고내용연수)에 따라 균등하게 안분한 금액(그 기간 중에 당해 기부자산이 멸실되거나 계약이 해지된 경우에는 그 잔액)을 상각하는 방법(2001.12.31 본호신설)
8. 주파수이용권 및 공항시설관리권 : 주무관청에서 고시하거나 주무관청에 등록한 기간내에서 사용기간에 따라 균등액을 상각하는 방법(2002.12.30 본호신설)

② 사업자가 제1항에 따라 상각방법을 신고하려는 경우에는 같은 항 각 호의 구분에 따른 자산별로 하나의 방법을 선택하여 기획재정부령으로 정하는 감가상각방법신고서를 다음 각 호에 규정된 날이 속하는 과세기간의 과세표준 확정신고기한까지 납세지 관할세무서장에게 제출(국세정보통신망을 통한 제출을 포함한다)해야 한다.(2020.2.11 본문개정)
1. 신규로 사업을 개시한 사업자는 그 사업을 개시한 날
2. 제1호외의 사업자가 제1항 각 호의 구분을 달리하는 감가상각자산을 새로 취득한 경우에는 그 취득한 날 (2020.2.11 본호개정)
(2001.12.31 본항개정)

③ 제1항의 규정에 의하여 신고한 상각방법(상각방법을 신고하지 아니한 경우에는 제4항제1호 내지 제5호에 규정된 상각방법을 말한다)은 그 후의 과세기간에 있어서도 계속하여 이를 적용하여야 한다.
(2001.12.31 본항개정)

④ 제1항의 규정에 의한 신고를 하지 아니한 경우 당해 감가상각자산에 대한 상각범위액은 다음 각 호의 상각방법에 의하여 계산한다.(2002.12.30 본문개정)
1. 제1항제1호의 자산에 대하여는 정액법
2. 제1항제2호의 자산에 대하여는 정률법
3. 제1항제3호 및 제4호의 자산에 대하여는 생산량비례법
4. 제1항제6호의 자산에 대하여는 관련제품의 판매 또는 사용이 가능한 시점부터 5년 동안 매년 균등액을 상각하는 방법(2002.12.30 본호개정)
5. 제1항제7호 및 제8호의 자산에 대하여는 동호의 규정에 의한 방법(2002.12.30 본호개정)
6. (2002.12.30 삭제)
5. 사업자가 제65조제1항의 규정에 의한 변경승인을 얻지 아니하고 그 상각방법을 변경한 경우 상각범위액은 변경하기 전의 상각방법에 의하여 계산한다.
(2002.12.30 본항신설)

제65조【감가상각방법의 변경】 ① 사업자가 다음 각호의 1에 해당하는 경우에는 제64조제3항의 규정에 불구하고 납세지 관할세무서장의 승인을 얻어 그 감가상각방법을 변경할 수 있다.(1998.12.31 본문개정)
1. 상각방법을 달리하는 사업자와 공동으로 사업을 경영하게 된 때
2. 상각방법을 달리하는 다른 사업자의 사업을 인수 또는 승계할 때
3. 「외국인투자촉진법」에 의하여 외국투자가가 지분의 100분의 20 이상을 인수 또는 보유하게 된 때
(2005.2.19 본호개정)
4. 해외시장의 경기변동 또는 경제적 여건의 변동으로 인하여 상각방법을 변경하고자 할 때

② 제1항에 따른 승인을 받으려는 사업자는 그 변경할 상각방법을 적용하려는 최초 과세기간의 종료일까지 기획재정부령으로 정하는 감가상각방법변경신청서를 납세지 관할세무서장에게 제출(국세정보통신망에 의한 제출을 포함한다)하여야 한다.(2015.2.3 본항개정)

③ 제2항의 규정에 의한 신청서를 접수한 납세지 관할세무서장은 신청서접수일이 속하는 과세기간 종료일부터 1개월 이내에 승인여부를 결정하여 통보하여야 한다.(2015.2.3 본항개정)

④ 납세지 관할세무서장이 제1항제4호의 사유로 인하여 상각방법의 변경을 승인하고자 할 때에는 국세청장이 정하는 기준에 따라야 한다.

⑤ 사업자가 제1항의 규정에 의하여 상각방법을 변경하는 경우 상각범위액의 계산에 관하여는 「법인세법 시행령」 제27조제6항의 규정을 준용한다.(2005.2.19 본항개정)

제66조【정률법·정액법 등의 정의】 제64조에서 사용하는 용어의 정의는 다음 각 호와 같다.(2010.2.18 본문개정)

1. "정률법"이란 해당 감가상각자산의 취득가액에서 이미 감가상각비로 필요경비에 산입한 금액[법 제33조의2 제1항에 따른 업무용승용차(이하 "업무용승용차"라 한다)의 감가상각비 중 같은 조 제1항 및 제2항에 따라 필요경비에 산입하지 아니한 금액을 포함한다]을 공제한 잔액에 해당 자산의 내용연수에 따른 상각율을 곱하여 계산한 각 과세기간의 상각범위액이 매년 체감되도록 하는 상각방법을 말한다.(2016.2.17 본호개정)

2. "정액법"이라 함은 당해 감가상각자산의 취득가액(「법인세법 시행령」제72조의 규정을 준용하여 계상한 취득가액을 포함한다. 이하 이 조에서 같다)에 당해 자산의 내용연수에 따른 상각률을 적용하여 계산한 각 과세기간의 상각범위액이 매년 균등하게 되는 상각방법을 말한다.(2005.2.19 본호개정)

3. "생산량비례법"이란 다음 각 목의 어느 하나에 해당하는 금액을 각 과세기간의 상각범위액으로 하는 상각방법을 말한다.(2015.2.3 본호개정)

   가. 해당 감가상각자산의 취득가액을 그 자산이 속하는 광구의 총채굴예정량으로 나누어 계산한 금액에 해당 과세기간 중 그 광구에서 채굴한 양을 곱하여 계산한 금액(2015.2.3 본목신설)

   나. 해당 감가상각자산의 취득가액을 그 자산인 폐기물매립시설의 매립예정량으로 나누어 계산한 금액에 해당 과세기간 중 그 폐기물매립시설에서 매립한 양을 곱하여 계산한 금액(2015.2.3 본목신설)

(1998.12.31 본조제목개정)

제67조【즉시상각의 의제】 ① 사업자가 감가상각자산을 취득하기 위하여 지출한 금액과 감가상각자산에 대한 자본적 지출에 해당하는 금액을 필요경비로 계상한 경우에는 이를 감가상각한 것으로 보아 상각범위액을 계산한다.(1998.12.31 본항개정)

② 제1항에서 "자본적 지출"이란 사업자가 소유하는 감가상각자산의 내용연수를 연장시키거나 해당 자산의 가치를 현실적으로 증가시키기 위해 지출한 수선비를 말하며, 다음 각 호에 해당하는 지출을 포함하는 것으로 한다.(2020.2.11 본문개정)

1. 본래의 용도를 변경하기 위한 개조
2. 엘리베이터 또는 냉난방장치의 설치
3. 빌딩 등의 피난시설 등의 설치
4. 재해 등으로 인하여 건물·기계·설비 등이 멸실 또는 훼손되어 당해 자산의 본래 용도로의 이용가치가 없는 것의 복구
5. 기타 개량·확장·증설 등 제1호 내지 제4호와 유사한 성질의 것

(1998.12.31 본항신설)

③ 사업자가 각 과세기간에 지출한 수선비가 다음 각 호의 어느 하나에 해당하는 경우로서 해당 수선비를 필요경비로 계상한 경우에는 제2항에 따른 자본적 지출에 포함되지 않은 것으로 한다.(2020.2.11 본문개정)

1. 개별 자산별로 수선비로 지출한 금액이 600만원 미만인 경우(2020.2.11 본호개정)
2. 개별 자산별로 수선비로 지출한 금액이 직전 과세기간 종료일 현재의 재무상태표상 자산가액(취득가액에서 감가상각누계액상당액을 차감한 금액을 말한다)의 100분의 5에 미달하는 경우(2013.2.15 본호개정)
3. 3년 미만의 주기적인 수선을 위하여 지출하는 비용의 경우

(1998.12.31 본항신설)

④ 취득가액이 거래단위로 100만원 이하인 감가상각자산은 제62조제1항에도 불구하고 이를 그 사업용으로 제공한 날이 속하는 과세기간의 필요경비에 산입한다. 다만, 다음 각 호의 어느 하나에 해당하는 것은 그러하지 아니하다.(2010.2.18 본문개정)

1. 당해 고유업무의 성질상 대량으로 보유하는 자산
2. 당해 사업의 개시 또는 확장을 위하여 취득한 자산

⑤ 제4항에서 "거래단위"라 함은 취득한 자산을 그 취득자가 독립적으로 당해 사업에 직접 사용할 수 있는 것을 말한다.(1998.12.31 본항개정)

⑥ 당해 각 호의 어느 하나에 해당하는 경우에는 그 자산의 장부가액과 처분가액의 차액을 해당 과세기간의 필요경비에 산입할 수 있다.(2017.2.3 본문개정)

1. 시설의 개체(改替) 또는 기술의 낙후로 생산설비의 일부를 폐기한 경우(2017.2.3 본호신설)
2. 사업의 폐지 또는 사업장의 이전으로 임대차계약에 따라 임차한 사업장의 원상회복을 위하여 시설물을 철거하는 경우(2018.2.13 본호개정)

⑦ 제4항에도 불구하고 다음 각 호의 재산에 대해서는 이를 그 사업에 사용한 날이 속하는 과세기간에 필요경비로 계상한 것에 한정하여 이를 필요경비에 산입한다.(2020.2.11 본문개정)

1. 어업에 사용되는 어구(어선용구를 포함한다)
2. 영화필름, 공구, 가구, 전기기구, 가스기기, 가정용 기구 및 비품, 시계, 시험기기, 측정기기 및 간판(2020.2.11 본호개정)
3. 대여사업용 비디오테이프 및 음악용 콤팩트디스크로서 개별자산의 취득가액이 30만원 미만인 것(1999.12.31 본호신설)
4. 전화기(휴대용 전화기를 포함한다) 및 개인용 컴퓨터(그 주변기기를 포함한다)(2010.12.30 본호신설)

(1995.12.30 본항개정)

제68조【감가상각의 의제】 ① 해당 과세기간의 소득에 대하여 소득세가 면제되거나 감면되는 사업을 경영하는 사업자가 소득세를 면제받거나 감면받은 경우에는 제62조, 제63조, 제63조의2, 제63조의3, 제64조부터 제67조까지, 제70조, 제71조 및 제73조에 따라 감가상각자산에 대한 감가상각비를 계산하여 필요경비로 계상하여야 한다.

② 해당 과세기간의 소득에 대하여 법 제70조제4항제6호에 따른 추계소득금액 계산서를 제출하거나 법 제80조제3항 단서에 따라 소득금액을 추계조사결정하는 경우에는 제62조, 제63조, 제63조의2, 제63조의3, 제64조부터 제67조까지, 제70조, 제71조 및 제73조에 따라 감가상각자산(건축물은 제외한다)에 대한 감가상각비를 계산하여 필요경비로 계상한 것으로 본다.(2019.2.12 본항개정)

③ 제1항에 따라 감가상각자산에 대한 감가상각비를 필요경비로 계상하지 아니한 사업자 또는 제2항에 따라 감가상각자산에 대한 감가상각비를 필요경비로 계상한 것으로 의제받는 사업자는 그 후 과세기간의 상각범위계산의 기초가 될 자산의 가액에서 그 감가상각비에 상당하는 금액을 공제한 잔액을 기초가액으로 하여 상각범위액을 계산한다. 다만, 「자산재평가법」에 따른 재평가를 한 때에는 재평가액을 기초가액으로 하여 상각범위액을 계산한다.(2018.2.13 본항개정)

④ 제2항 및 제3항에 따라 필요경비로 계상한 것으로 보는 금액의 계산 등에 필요한 사항은 기획재정부령으로 정한다.(2019.2.12 본항신설)

(2010.2.18 본조개정)

제69조 (1998.12.31 삭제)

제70조【유휴설비의 감가상각】 상각범위액계산의 기초가 될 유휴설비의 가액에는 사업용 유휴설비의 가액을 포함하며, 건설 중인 자산은 포함하지 아니하는 것으로 한다.(1998.12.31 본조개정)

제71조【잔존가액】 제62조제1항에 따른 상각범위액을 계산할 때 감가상각자산의 잔존가액은 영으로 한다. 다

만, 정률법으로 상각범위액을 계산하는 경우에는 취득가액의 100분의 5에 상당하는 금액을 잔존가액으로 하되, 그 금액은 해당 감가상각자산에 대한 미상각잔액이 최초로 취득가액의 100분의 5 이하가 되는 과세기간의 상각범위액에 더하다.(2010.2.18 본조개정)
제72조 (1998.12.31 삭제)
제73조【평가자산과 양도자산의 상각시부인】① 사업자가 감가상각자산의 평가증을 한 경우에 상각부인액은 평가증의 한도까지 총수입금액에 산입된 것으로 보아 필요경비로 추인하고, 평가증의 한도를 초과하는 것은 이를 그 후의 과세기간에 이월할 상각부인액으로 계산한다. 이 경우 시인부족액은 없는 것으로 본다.
(2010.2.18 본항개정)
② ~ ④ (1998.12.31 삭제)
제73조의2【감가상각비에 관한 명세서의 제출 등】① 사업자가 각 과세기간에 감가상각비를 필요경비로 계상한 경우에는 개별자산별로 구분하여 기획재정부령이 정하는 감가상각비조정명세서를 작성·보관하고, 기획재정부령이 정하는 감가상각비조정명세서합계표와 감가상각비시부인명세서 및 취득·양도자산의 감가상각비조정명세서를 법 제70조의 규정에 의한 신고서에 첨부하여 납세지 관할세무서장에게 제출하여야 한다.
② 감가상각자산의 감가상각비계산에 관하여 필요한 사항은 기획재정부령으로 정한다.
(2008.2.29 본조개정)
제74조【부가가치세 매입세액의 필요경비산입】법 제33조제1항제9호에서 "대통령령으로 정하는 경우의 세액"이란 다음 각 호의 어느 하나에 해당하는 것을 말한다.(2010.2.18 본문개정)
1. 「부가가치세법」 제39조제1항제5호에 따른 매입세액(제67조제2항에 따른 자본적 지출에 해당하는 것은 제외한다)(2013.6.28 본호개정)
1의2. 「부가가치세법」 제39조제1항제6호에 따른 매입세액(2013.6.28 본호개정)
2. 기타 당해 사업자가 부담한 사실이 확인되는 매입세액으로서 기획재정부령이 정하는 것(2008.2.29 본호개정)
제75조【건설자금의 이자계산】① 법 제33조제1항제10호에서 "대통령령으로 정하는 건설자금에 충당한 금액의 이자"란 그 명목여하에 불구하고 해당 사업용 유형자산 및 무형자산의 매입·제작·건설(이하 이 조에서 "건설"이라 한다)에 소요된 차입금(자산의 건설에 소요되었는지의 여부가 분명하지 않은 차입금은 제외한다)에 대한 지급이자 또는 이와 유사한 성질의 지출금을 말한다.(2020.2.11 본항개정)
② 제1항의 규정에 의한 지급이자 또는 지출금은 기획재정부령이 정하는 건설이 준공된 날까지(토지를 매입한 경우에는 그 대금을 완불한 날까지로 하되, 대금을 완불하기 전에 당해 토지를 사업에 제공한 경우에는 그 제공한 날까지로 한다) 이를 자본적지출로 하여 그 원본에 가산한다. 다만, 제1항의 규정에 의한 차입금의 일시예금에서 생기는 수입이자는 원본에 가산하는 자본적지출금액에서 이를 차감한다.(2008.2.29 본문개정)
③ 차입한 건설자금의 일부를 운영자금에 전용한 경우에는 그 부분에 상당하는 지급이자는 이를 필요경비로 한다.
④ 차입한 건설자금의 연체로 발생한 이자를 원본에 더한 경우 그 더한 금액은 해당 과세기간의 자본적지출로 하고 그 원본에 더한 금액에 대한 지급이자는 필요경비로 한다.(2010.2.18 본항개정)
⑤ 건설자금의 명목으로 차입한 것으로서 그 건설이 준공된 후에 남은 차입금에 대한 이자는 각 과세기간의 필요경비로 한다.(2010.2.18 본항개정)
⑥ 제1항부터 제5항까지의 규정에 따른 자본적 지출 또는 필요경비를 계산할 때 법 제33조제1항제11호에 따른 이자는 자본적 지출 또는 필요경비로 계산하지 아니한다.(2010.2.18 본항개정)

제76조【채권자가 불분명한 차입금의 이자】법 제33조제1항제11호에서 "대통령령으로 정하는 채권자가 불분명한 차입금의 이자"란 다음 각 호의 어느 하나에 해당하는 차입금의 이자(알선수수료, 사례금 등 명목 여하에 불구하고 차입금을 차입하고 지급하는 금품을 포함한다)를 말한다. 다만, 지급일 현재 주민등록표등본에 의하여 그 거주사실 등이 확인된 채권자가 차입금을 변제받은 후 소재불명이 된 경우에는 그러하지 아니하다.(2019.2.12 본문개정)
1. 채권자의 소재 및 성명을 확인할 수 없는 차입금
2. 채권자의 능력 및 자산상태로 보아 금전을 대여한 것으로 인정할 수 없는 차입금
3. 채권자와의 금전거래사실 및 거래내용이 불분명한 차입금
제77조 (2000.12.29 삭제)
제78조【업무와 관련없는 지출】법 제33조제1항제13호에서 "직접 그 업무와 관련이 없다고 인정되는 금액"이란 다음 각 호의 어느 하나에 해당하는 것을 말한다.(2010.2.18 본문개정)
1. 사업자가 그 업무와 관련없는 자산을 취득·관리함으로써 발생하는 취득비·유지비·수선비와 이와 관련되는 필요경비
2. 사업자가 그 사업에 직접 사용하지 아니하고 타인(종업원을 제외한다)이 주로 사용하는 토지·건물등의 유지비·수선비·사용료와 이와 관련되는 지출금
3. 사업자가 그 업무와 관련없는 자산을 취득하기 위하여 차입한 금액에 대한 지급이자
4. 사업자가 사업과 관련없이 지출한 기업업무추진비(2023.2.28 본호개정)
4의2. 사업자가 공여한 「형법」에 따른 뇌물 또는 「국제상거래에 있어서 외국공무원에 대한 뇌물방지법」상 뇌물에 해당하는 금전과 금전 외의 자산 및 경제적 이익의 합계액(2007.2.28 본호신설)
4의3. 사업자가 「노동조합 및 노동관계 조정법」 제24조제2항 및 제4항을 위반하여 지급하는 급여(2010.12.30 본호신설)
5. 제1호부터 제4호까지, 제4호의2 및 제4호의3에 준하는 지출금으로서 기획재정부령으로 정하는 것(2010.12.30 본호개정)
제78조의2【지급이자의 필요경비불산입 순서】① 법 제33조제2항의 규정을 적용함에 있어서 지급이자의 필요경비불산입에 관하여 제61조·제75조·제76조 및 제78조의 규정이 동시에 적용되는 경우에는 다음 각호의 순서에 의한다.
1. 제76조의 규정에 의한 채권자가 불분명한 차입금의 이자
2. 제75조제1항의 규정에 의한 건설자금에 충당한 차입금의 이자
3. 제61조제1항제2호의 규정에 의하여 계산한 지급이자
4. 제78조제3호의 규정에 의하여 계산한 지급이자
② 제1항 각호의 규정을 적용함에 있어서 서로 다른 이자율이 적용되는 이자가 함께 있는 경우에는 높은 이자율이 적용되는 것부터 먼저 필요경비에 산입하지 아니한다.
(2000.12.29 본조신설)
제78조의3【업무용승용차 관련비용 등의 필요경비 불산입 특례】① 법 제33조의2제1항에서 "대통령령으로 정하는 것"이란 다음 각 호의 어느 하나에 해당하는 승용자동차를 말한다.
1. 「부가가치세법 시행령」 제19조 각 호에 따른 업종 또는 「여신전문금융업법」 제2조제9호에 해당하는 시설대여업에서 사업상 수익을 얻기 위하여 직접 사용하는 승용자동차
2. 제1호와 유사한 승용자동차로서 기획재정부령으로 정하는 승용자동차

② 법 제33조의2제1항에서 "대통령령으로 정하는 비용"이란 업무용승용차에 대한 감가상각비, 임차료, 유류비, 보험료, 수선비, 자동차세, 통행료 및 금융리스부채에 대한 이자비용 등 업무용승용차의 취득·유지를 위하여 지출한 비용(이하 이 조에서 "업무용승용차 관련비용"이라 한다)을 말한다.

③ 복식부기의무자가 업무용승용차에 대하여 감가상각비를 계산할 때 제63조제1항제2호 및 제64조제1항제2호에도 불구하고 제66조제2호의 정액법을 상각방법으로 하고, 내용연수를 5년으로 하여 계산한 금액을 감가상각비로 하여 필요경비에 산입하여야 한다.

④ 법 제33조의2제1항에서 "대통령령으로 정하는 업무용 사용금액"이란 다음 각 호의 구분에 따른 금액을 말한다.

1. 해당 과세기간의 전체 기간(임차한 승용차의 경우 해당 과세기간 중에 임차한 기간을 말한다) 동안 해당 사업자, 그 직원 등 기획재정부령으로 정하는 사람이 운전하는 경우만 보상하는 자동차보험(이하 "업무전용자동차보험"이라 한다)에 가입한 경우 : 업무용승용차 관련비용에 기획재정부령으로 정하는 운행기록 등(이하 이 조에서 "운행기록등"이라 한다)에 따라 확인되는 총 주행거리 중 업무용 사용거리가 차지하는 비율(이하 이 조에서 "업무사용비율"이라 한다)을 곱한 금액(이하 이 조에서 "업무사용비율금액"이라 한다)

2. 업무전용자동차보험에 가입하지 않은 경우 : 사업자별(공동사업장의 경우는 1사업자로 본다) 업무용승용차 수에 따른 다음 각 목의 금액
   가. 1대 : 업무사용비율금액
   나. 1대 초과분 : 업무사용비율금액의 100분의 0. 다만, 다음의 어느 하나에 해당하는 사업자를 제외한 사업자의 2024년 1월 1일부터 2025년 12월 31일까지 발생한 업무용승용차 관련비용에 대해서는 업무사용비율금액의 100분의 50으로 한다.
      1) 법 제70조의2제1항에 따른 성실신고확인대상사업자(직전 과세기간의 성실신고확인대상사업자를 말한다)
      2) 의료업, 수의업, 약사업 및 「부가가치세법 시행령」 제109조제2항제7호에 따른 사업을 영위하는 사람
(2023.2.28 본항개정)

⑤ 제4항 각 호를 적용할 때 업무전용자동차보험에 가입한 것으로 보는 범위는 다음 각 호의 구분에 따른다.

1. 제4항제1호를 적용할 때 기획재정부령으로 정하는 임차승용차로서 해당 사업자, 그 직원 등 기획재정부령으로 정하는 사람을 운전자로 한정하는 임대차 특약을 체결한 경우에는 업무전용자동차보험에 가입한 것으로 본다.

2. 제4항제2호에도 불구하고 해당 과세기간의 전체 기간(임차한 승용차의 경우 해당 과세기간 중에 임차한 기간을 말한다) 중 일부만 업무전용자동차보험에 가입한 경우에 법 제33조의2제1항에 따른 업무사용금액은 다음의 계산식에 따라 산정한 금액으로 한다.

업무용 승용차 관련 비용	×	업무 사용 비율	×	해당 과세기간에 실제로 업무전용 자동차보험에 가입한 일수
				해당 과세기간에 제4항제1호를 적용받기 위해 업무전용 자동차보험에 의무적으로 가입해야 할 일수

(2020.2.11 본항신설)

⑥ 제4항을 적용받으려는 사업자는 업무용승용차별로 운행기록등을 작성·비치하여야 하며, 납세지 관할 세무서장이 요구할 경우 이를 즉시 제출하여야 한다.

⑦ 제4항을 적용할 때 운행기록등을 작성·비치하지 않은 경우 해당 업무용승용차의 업무사용비율은 제4항에도 불구하고 다음 각 호의 구분에 따른 비율로 한다.

1. 해당 과세기간의 업무용승용차 관련비용이 1천5백만원(해당 과세기간이 1년 미만이거나 과세기간 중 일부 기간 동안 보유 또는 임차한 경우에는 1천5백만원에 해당 보유기간 또는 임차기간에 해당하는 월수를 곱하고 이를 12로 나누어 산출한 금액을 말한다. 이하 이 조에서 같다) 이하인 경우 : 100분의 100

2. 해당 과세기간의 업무용승용차 관련비용이 1천5백만원을 초과하는 경우 : 1천5백만원을 업무용승용차 관련비용으로 나눈 비율
(2020.2.11 본항개정)

⑧ 법 제33조의2제2항 각 호 외의 부분에서 "대통령령으로 정하는 방법"이란 다음 각 호의 구분에 따른 방법에 따라 산정된 금액을 한도로 이월하여 필요경비에 산입하는 것을 말한다.

1. 업무용승용차별 감가상각비 이월액 : 해당 과세기간의 다음 과세기간부터 해당 업무용승용차의 업무사용금액 중 감가상각비가 800만원에 미달하는 경우 그 미달하는 금액을 한도로 추인한다.

2. 업무용승용차별 임차료 중 제9항에 따른 감가상각비상당액 이월액 : 해당 과세기간의 다음 과세기간부터 해당 업무용승용차의 업무사용금액 중 감가상각비상당액이 800만원에 미달하는 경우 그 미달하는 금액을 한도로 필요경비에 산입한다.(2020.2.11 본호개정)

⑨ 법 제33조의2제2항제2호에서 "대통령령으로 정하는 감가상각비 상당액"이란 업무용승용차의 임차료 중 보험료와 자동차세 등을 제외한 금액으로서 기획재정부령으로 정하는 금액을 말한다.

⑩ 법 제33조의2제3항에서 "대통령령으로 정하는 이월 등의 방법"이란 해당 과세기간의 다음 과세기간부터 800만원을 균등하게 필요경비에 산입하되, 남은 금액이 800만원 미만인 과세기간에는 해당 잔액을 모두 필요경비에 산입하는 방법을 말한다.(2020.2.11 본항개정)

⑪ 업무용승용차 관련비용 또는 처분손실을 필요경비에 산입한 복식부기의무자는 법 제70조에 따른 신고를 할 때 또는 법 제70조의2에 따른 성실신고확인서를 제출할 때 기획재정부령으로 정하는 업무용승용차 관련비용 등 명세서를 첨부하여 납세지 관할 세무서장에게 제출하여야 한다.

⑫ 업무용승용차 관련비용 등의 필요경비를 계산할 때 해당 과세기간이 1년 미만이거나 과세기간 중 일부 기간 동안 보유하거나 임차한 경우 월수의 계산은 역에 따라 계산하되, 1월 미만의 일수는 1월로 한다.(2018.2.13 본항신설)

⑬ 제1항부터 제12항까지에서 규정한 사항 외에 업무용 사용의 범위 및 그 밖에 필요한 사항은 기획재정부령으로 정한다.(2020.2.11 본항개정)
(2016.2.17 본조신설)

제79조【기부금의 범위】 ① 법 제34조제1항에서 "대통령령으로 정하는 거래"란 제98조제1항에 따른 특수관계인 외의 자에게 정당한 사유 없이 자산을 정상가액보다 낮은 가액으로 양도하거나 특수관계인 외의 자로부터 정상가액보다 높은 가액으로 매입하는 것을 말한다. 이 경우 정상가액은 시가에 시가의 100분의 30을 더하거나 뺀 범위의 가액으로 한다.(2019.2.12 본항개정)

② 「법인세법」 제24조제2항제1호가목에 따른 기부금에는 개인이 법인 또는 다른 개인에게 자산을 기증하고 수증자가 이를 받은 후 지체없이 다시 국가 또는 지방자치단체에 기증한 금품의 가액을 포함한다.(2021.2.17 본항개정)

③ (2010.12.30 삭제)

④ 법 제34조제5항을 적용할 때 같은 조 제2항제2호 및 제3항제2호에 따른 필요경비 산입한도액의 범위에서 같은 조 제2항제1호에 따른 특례기부금과 같은 조 제3항제1호에 따른 일반기부금을 구분하여 이전 과세기간에 발생하여 이월된 기부금의 금액부터 필요경비에 산입한 다음 해당 과세기간에 발생한 기부금을 필요경비에 산입한다. 이 경우 먼저 발생하여 이월된 기부금의 금액부터 차례대로 필요경비에 산입한다.(2023.2.28 전단개정)

⑤ 사업자가 법 제34조제2항제1호 및 제3항제1호에 따른 기부금을 지출한 때에는 과세표준확정신고서에 기획재정부령이 정하는 기부금명세서를 첨부하여 관할세무서장에게 제출해야 한다.(2021.2.17 본항개정)

제79조의2 (2010.12.30 삭제)

제80조【공익성을 고려하여 정하는 기부금의 범위】
① 법 제34조제3항제1호에서 "대통령령으로 정하는 기부금"이란 다음 각 호의 어느 하나에 해당하는 것을 말한다.(2021.2.17 본문개정)

1. 「법인세법 시행령」 제39조제1항 각 호의 것(2019.2.12 본호개정)

2. 다음 각 목의 어느 하나에 해당하는 회비
  가. 「노동조합 및 노동관계조정법」, 「교원의 노동조합 설립 및 운영 등에 관한 법률」 또는 「공무원의 노동조합 설립 및 운영 등에 관한 법률」에 따라 설립된 단위노동조합 또는 해당 단위노동조합의 규약에서 정하고 있는 산하조직(이하 이 조에서 "단위노동조합등"이라 한다)에 대하여 다음의 요건을 모두 갖춘 단위노동조합등에 가입한 사람(이하 이 조에서 "조합원"이라 한다)이 해당 단위노동조합등에 납부한 조합비
    1) 해당 과세기간에 단위노동조합등의 회계연도 결산결과가 「노동조합 및 노동관계조정법 시행령」 제11조의9제2항부터 제5항까지의 규정 또는 대통령령 제33758호 노동조합 및 노동관계조정법 시행령 일부개정령 부칙 제2조에 따라 공표되었을 것. 이 경우 단위노동조합등의 직전 과세기간 종료일 현재 조합원 수가 1천명 미만인 경우에는 전단의 요건을 갖춘 것으로 본다.
    2) 1)에 따른 단위노동조합등으로부터 해당 단위노동조합등의 조합비를 재원으로 하여 노동조합의 규약에 따라 일정 금액을 교부받은 연합단체인 노동조합이나 다른 단위노동조합등이 있는 경우에는 해당 과세기간에 그 연합단체인 노동조합과 다른 단위노동조합등의 회계연도 결산결과도 「노동조합 및 노동관계조정법 시행령」 제11조의9제2항부터 제5항까지의 규정 또는 대통령령 제33758호 노동조합 및 노동관계조정법 시행령 일부개정령 부칙 제2조에 따라 공표되었을 것. 이 경우 그 교부받은 다른 단위노동조합등의 직전 과세기간 종료일 현재 조합원 수가 1천명 미만인 경우에는 전단의 요건을 갖춘 것으로 본다.
    (2023.9.26 본목개정)
  나. 「교육기본법」 제15조에 따른 교원단체에 가입한 사람이 납부한 회비
  다. 「공무원직장협의회의 설립·운영에 관한 법률」에 따라 설립된 공무원 직장협의회에 가입한 사람이 납부한 회비
  라. (2023.9.26 삭제)
  (2010.2.18 본호개정)

3. 위탁자의 신탁재산이 위탁자의 사망 또는 약정한 신탁계약 기간의 종료로 인하여 「상속세 및 증여세법」 제16조제1항에 따른 공익법인 등에 기부될 것을 조건으로 거주자가 설정한 신탁으로서 다음 각 목의 요건을 모두 갖춘 신탁에 신탁한 금액(2014.2.21 본문개정)

가. 위탁자가 사망하거나 약정한 신탁계약기간이 위탁자의 사망 전에 종료하는 경우 신탁재산이 「상속세 및 증여세법」 제16조제1항에 따른 공익법인 등에 기부될 것을 조건으로 거주자가 설정할 것
나. 신탁설정 후에는 계약을 해지하거나 원금 일부를 반환할 수 없음을 약관에 명시할 것
다. 위탁자와 가목의 공익법인 등 사이에 「국세기본법 시행령」 제20조제13호에 해당하는 특수관계가 없을 것
라. 금전으로 신탁할 것
(2010.12.30 본호신설)

4. (2010.2.18 삭제)

5. 「비영리민간단체 지원법」에 따라 등록된 단체 중 다음 각 목의 요건을 모두 충족한 것으로서 행정안전부장관의 추천을 받아 기획재정부장관이 지정한 단체(이하 이 조에서 "공익단체"라 한다)에 지출하는 기부금. 다만, 공익단체에 지출하는 기부금은 지정일이 속하는 과세기간의 1월 1일부터 3년간(지정받은 기간이 끝난 후 2년 이내에 재지정되는 경우에는 재지정일이 속하는 과세기간의 1월 1일부터 6년간) 지출하는 기부금만 해당한다.(2021.2.17 본문개정)
  가. 해산시 잔여재산을 국가·지방자치단체 또는 유사한 목적을 가진 비영리단체에 귀속하도록 한다는 내용이 정관에 포함되어 있을 것(2014.2.21 본목개정)
  나. 수입 중 개인의 회비·후원금이 차지하는 비율이 기획재정부령으로 정하는 비율을 초과할 것. 이 경우 다음의 수입은 그 비율을 계산할 때 수입에서 제외한다.(2022.2.15 본문개정)
    1) 국가 또는 지방자치단체로부터 받는 보조금
    2) 「상속세 및 증여세법」 제16조제1항에 따른 공익법인등으로부터 지원받는 금액
    (2022.2.15 1)~2) 신설)
  다. 정관의 내용상 수입을 친목 등 회원의 이익이 아닌 공익을 위하여 사용하고 사업의 직접 수혜자가 불특정 다수일 것. 다만, 「상속세 및 증여세법 시행령」 제38조제8항제2호 단서에 해당하는 경우에는 해당 요건을 갖춘 것으로 본다.(2021.2.17 단서신설)
  라. 지정을 받으려는 과세기간의 직전 과세기간 종료일부터 소급하여 1년 이상 비영리민간단체 명의의 통장으로 회비 및 후원금 등의 수입을 관리할 것(2008.2.22 본목신설)
  마. (2021.2.17 삭제)
  바. 기부금 모금액 및 활용실적 공개 등과 관련하여 다음의 요건을 모두 갖추고 있을 것. 다만, 「상속세 및 증여세법」 제50조의3제1항제2호에 따른 사항을 같은 법 시행령 제43조의3제4항에 따른 표준서식에 따라 공시하는 경우에는 기부금 모금액 및 활용실적을 공개한 것으로 본다.
    1) 행정안전부장관의 추천일 현재 인터넷 홈페이지가 개설되어 있을 것
    2) 1)에 따라 개설된 인터넷 홈페이지와 국세청의 인터넷 홈페이지를 통하여 연간 기부금 모금액 및 활용실적을 매년 4월 30일까지 공개한다는 내용이 정관에 포함되어 있을 것
    3) 재지정의 경우에는 매년 4월 30일까지 1)에 따라 개설된 인터넷 홈페이지와 국세청의 인터넷 홈페이지에 연간 기부금 모금액 및 활용실적을 공개했을 것
    (2021.2.17 본목개정)
  사. 지정을 받으려는 과세기간 또는 그 직전 과세기간에 공익단체 또는 그 대표자의 명의로 특정 정당 또는 특정인에 대한 「공직선거법」 제58조제1항에 따른 선거운동을 한 사실이 없을 것(2022.2.15 본목개정)

6. (2010.2.18 삭제)

② 국세청장은 공익단체가 다음 각 호의 어느 하나에 해당하는 경우에는 해당 공익단체에 미리 의견을 제출할 기회를 준 후 기획재정부장관에게 그 지정의 취소를 요청할 수 있다. 이 경우 그 요청을 받은 기획재정부장관은 해당 공익단체의 지정을 취소할 수 있다.(2021.2.17 본문개정)
1. 공익단체가 「상속세 및 증여세법」 제48조제2항, 제3항, 제8항부터 제11항까지, 제78조제5항제3호, 같은 조 제10항 및 제11항에 따라 1천만원 이상의 상속세(그 가산세를 포함한다) 또는 증여세(그 가산세를 포함한다)를 추징당한 경우(2021.2.17 본문개정)
2. 공익단체가 목적 외 사업을 하거나 설립허가의 조건에 위반하는 등 공익목적에 위반한 사실을 주무관청의 장(행정안전부장관을 포함한다)이 국세청장에게 통보한 경우(2021.2.17 본문개정)
3. 「국세기본법」 제85조의5에 따른 불성실기부금수령단체에 해당되어 명단이 공개되는 경우(2008.2.22 본호신설)
4. 제1항제5호 각 목의 요건을 위반하거나 실제 경영하는 사업이 해당 요건과 다른 경우(2014.2.21 본호개정)
5. 공익단체가 해산한 경우(2021.2.17 본호개정)
6. 공익단체의 대표자, 임원, 대리인 또는 그 밖의 종업원이 「기부금품의 모집 및 사용에 관한 법률」을 위반하여 같은 법 제16조에 따라 공익단체 또는 개인에게 징역 또는 벌금형이 확정된 경우(2021.2.17 본호신설)
7. 공익단체가 제3항 후단 및 제5항 후단에 따른 요구에도 불구하고 해당 과세기간의 결산보고서 또는 수입명세서를 제출하지 않은 경우(2022.2.15 본호신설)
③ 공익단체는 해당 과세기간의 결산보고서를 해당 과세기간의 종료일부터 3개월 이내에 행정안전부장관에게 제출해야 한다. 이 경우 공익단체가 그 기한까지 제출하지 않으면 행정안전부장관은 그 공익단체에 기획재정부령으로 정하는 바에 따라 결산보고서를 제출하도록 요구해야 한다.(2022.2.15 본항신설)
④ 행정안전부장관은 제3항에 따라 결산보고서를 제출받은 때에는 다음 각 호의 사항을 공개할 수 있다.(2017.7.26 본문개정)
1. 전체 수입 중 개인의 회비 및 후원금이 차지하는 비율
2. 기부금의 총액 및 건수와 그 사용명세서(2008.2.22 본항신설)
⑤ 공익단체는 기획재정부령으로 정하는 수입명세서를 해당 과세기간의 종료일부터 3개월 이내에 관할 세무서장에게 제출해야 한다. 이 경우 공익단체가 그 기한까지 제출하지 않으면 관할 세무서장은 그 공익단체에 기획재정부령으로 정하는 바에 따라 수입명세서를 제출하도록 요구해야 한다.(2022.2.15 후단신설)
⑥ 제2항에 따라 지정이 취소된 단체에 대하여는 취소된 날부터 3년이 지나야 재지정할 수 있다.(2014.2.21 본항개정)
⑦ 고용노동부장관은 제1항제2호가목1) 및 2)에 따른 결산결과의 공표가 「노동조합 및 노동관계조정법 시행령」 제11조의9제2항부터 제5항까지의 규정 또는 대통령령 제33758호 노동조합 및 노동관계조정법 시행령 일부개정령 부칙 제2조에 따라 이루어졌는지를 확인한 후 매년 12월 31일까지 다음 각 호의 조치를 해야 한다.
1. 해당 확인 결과를 조합원 및 원천징수의무자가 열람할 수 있도록 「노동조합 및 노동관계조정법 시행령」 제11조의9제1항에 따른 공시시스템에 등록
2. 해당 확인 결과를 기획재정부령으로 정하는 바에 따라 국세청장에게 송부(2023.9.26 본항신설)
⑧ 제1항제5호에 따른 공익단체의 지정절차, 같은 호 각 목의 요건 확인방법, 제출서류 및 제2항에 따른 지정 취소 절차 등에 관하여 필요한 사항은 기획재정부령으로 정한다.(2022.2.15 본항개정)
(2021.2.17 본조제목개정)

제81조【기부금과 기업업무추진비등의 계산】 ① 사업자가 법 제34조에 따른 기부금을 가지급금으로 이연계상한 경우에는 이를 그 지출한 과세기간의 기부금으로 본다.(2010.2.18 본항개정)
② 사업자가 법 제34조의 규정에 의한 기부금을 미지급금으로 계상한 경우에는 실제로 이를 지출할 때까지 필요경비에 산입하지 아니한다.
③ 사업자가 법 제34조 및 제35조에 따른 기부금 또는 기업업무추진비등을 금전외의 자산으로 제공한 경우 해당 자산의 가액은 이를 제공한 때의 시가(시가가 장부가액보다 낮은 경우에는 장부가액을 말한다)에 따른다. 다만, 「박물관 및 미술관 진흥법」 제3조에 따른 국립 박물관 및 국립 미술관에 제공하는 기부금에 대해서는 기증유물의 감정평가를 위하여 문화체육관광부에 두는 위원회에서 산정한 금액으로 할 수 있다.(2023.2.28 본항개정)
④ 사업자가 법 제34조에 따른 기부금 및 「조세특례제한법」 제76조 및 제88조의4제13항에 따른 기부금을 지출한 경우에는 다음 각 호의 구분에 따른 금액의 범위에서 해당 기부금을 순서대로 필요경비에 산입한다.(2010.12.30 본문개정)
1. 「조세특례제한법」 제76조에 따른 기부금(이하 이 항에서 "정치자금기부금"이라 한다) 또는 법 제34조제2항제1호에 따른 특례기부금의 경우에는 다음 계산식에 따라 계산한 금액
해당 과세기간의 소득금액(기부금을 필요경비에 산입하기 전의 소득금액을 말한다. 이하 이 항에서 같다) - 이월결손금(법 제45조제3항에 따른 이월결손금의 합계액을 말한다. 이하 이 항에서 같다)
(2023.2.28 본호개정)
2. (2010.12.30 삭제)
2의2. 「조세특례제한법」 제88조의4제13항에 따른 기부금(이하 이 항에서 "우리사주조합기부금"이라 한다)의 경우에는 다음 산식에 따라 계산한 금액
(해당 과세기간의 소득금액 - 이월결손금 - 정치자금기부금 - 법 제34조제2항제1호에 따른 특례기부금) × 30/100
(2023.2.28 본호개정)
3. 법 제34조제3항제1호에 따른 일반기부금의 경우에는 다음 가목 또는 나목의 계산식에 따라 계산한 금액. 이 경우 해당 과세기간의 소득금액에서 이월결손금, 정치자금기부금, 법 제34조제2항제1호에 따른 특례기부금 및 우리사주조합기부금의 합계액(이하 이 호에서 "기부금등합계액"이라 한다)을 공제하는 경우에는 이월결손금, 정치자금기부금, 같은 호에 따른 특례기부금 및 우리사주조합기부금의 순서로 공제한다.(2023.2.28 본호개정)
가. 종교단체에 기부한 금액이 있는 경우
(해당 과세기간의 소득금액 - 기부금등합계액) × 10/100 + 〔(해당 과세기간의 소득금액 - 기부금등합계액) × 20/100과 종교단체 외에 지급한 금액 중 적은 금액〕
나. 가목 외의 경우
(해당 과세기간의 소득금액 - 기부금등합계액) × 30/100
(2010.12.30 본호개정)
⑤ 법 제34조제2항제1호나목에 따른 자원봉사용역(이하 "자원봉사용역"이라 한다)의 가액은 다음 각 호에 따라 계산한 금액의 합계액으로 한다.(2021.2.17 본문개정)
1. 다음 산식에 의하여 계산한 봉사일수에 5만원을 곱한 금액(소수점 이하의 부분은 1일로 보아 계산한다). 이 경우 개인사업자의 경우에는 본인의 봉사분에 한한다.
봉사일수 = 총 봉사시간 ÷ 8시간

2. 당해 자원봉사용역에 부수되어 발생하는 유류비·재료비 등 직접비용
제공할 당시의 시가 또는 장부가액
(2003.12.30 본항신설)
⑥ 법 제34조제2항제1호나목을 적용할 때 해당 자원봉사용역(특별재난지역으로 선포되기 이전에 같은 지역에서 행한 자원봉사용역을 포함한다)은 특별재난지역의 지방자치단체의 장(해당 지방자치단체의 장의 위임을 받은 단체의 장 또는 해당 지방자치단체에 설치된 자원봉사센터의 장을 포함한다)이 기획재정부령으로 정하는 기부금확인서를 발행하여 확인한다.(2021.2.17 본항개정)
⑦ 제80조제1항제3호에 따른 기부금을 필요경비에 산입하거나 해당 기부금에 대하여 기부금세액공제를 받은 자가 사망한 이후 유류분(遺留分) 권리자가 「민법」 제1115조에 따라 신탁재산의 반환을 청구하여 이를 반환받은 경우에는 그 유류분 권리자의 주소지 관할 세무서장은 제1호의 금액에서 제2호에 해당하는 비율을 곱하여 계산한 금액을 유류분 권리자에게서 추징한다.(2014.2.21 본문개정)
1. 유류분 권리자가 유류분을 반환받은 날 현재 「국세기본법」 제26조의2에 따른 국세부과의 제척기간 이내에 해당하는 과세기간에 해당 거주자가 기부금을 필요경비에 산입하거나 기부금세액공제를 받은 금액에 해당하는 소득세액(2014.2.21 본호개정)
2. 유류분 권리자가 반환받은 금액/유류분 권리자가 유류분을 반환받은 시점의 신탁재산가액
(2010.12.30 본항신설)
(2023.2.28 본조제목개정)
제82조 (1998.12.31 삭제)
제83조【기업업무추진비의 범위 등】① 법 제35조제1항에서 "대통령령으로 정하는 것"이란 해당 조합 또는 단체가 법인인 경우 우 그 법인에 지출한 것을 말하며, 해당 조합 또는 단체가 법인이 아닌 경우에는 그 사업자의 소유자산에 대한 지출로 본다.(2019.2.12 본항개정)
② 법 제35조제2항 각 호 외의 부분 본문에서 "대통령령으로 정하는 금액"이란 다음 각 호의 구분에 따른 금액을 말한다.(2010.2.18 본항개정)
1. 경조금의 경우: 20만원(2009.2.4 본호개정)
2. 제1호 외의 경우: 3만원(2021.2.17 본호개정)
③ 법 제35조제2항 각 호 외의 부분 단서에서 "대통령령으로 정하는 지출"이란 다음 각 호의 지출을 말한다.
1. 기업업무추진비가 지출된 국외지역의 장소(그 장소가 소재한 인근 지역 내의 유사한 장소를 포함한다)가 현금 외에 다른 지출수단을 취급하지 않아 법 제35조제2항 각 호의 증명서류를 구비하기 어려운 경우의 해당 국외지역에서의 지출(2023.2.28 본호개정)
2. 농어민(한국표준산업분류에 따른 농업 중 작물재배업·축산업·복합농업, 임업 또는 어업에 종사하는 자를 말하며, 법인은 제외한다)으로부터 직접 재화를 공급받는 경우의 지출로서 그 대가를 「금융실명거래 및 비밀보장에 관한 법률」 제2조제1호에 따른 금융회사등을 통해 지급한 지출(사업자가 법 제70조에 따른 종합소득과세표준 확정신고를 할 때 과세표준확정신고서에 송금사실을 적은 송금명세서를 첨부해 납세지 관할 세무서장에게 제출한 경우에 한정한다)
(2019.2.12 본항신설)
④ 법 제35조제2항제1호가목에서 "대통령령으로 정하는 것"이란 다음 각 호의 어느 하나에 해당하는 것을 말한다.
1. 「여신전문금융업법」에 따른 직불카드
2. 외국에서 발행된 신용카드
3. 「조세특례제한법」 제126조의2제1항제4호에 따른 기명식선불카드, 직불전자지급수단, 기명식선불전자지급수단 또는 기명식전자화폐
(2019.2.12 본항신설)

⑤ 법 제35조제2항제4호에서 "대통령령으로 정하는 원천징수영수증"이란 법 제168조에 따라 사업자등록을 하지 않은 자로부터 용역을 제공받고 법 제144조 또는 제145조에 따라 교부하는 원천징수영수증을 말한다.(2019.2.12 본항신설)
⑥~⑦ (2020.2.11 삭제)
⑧ 법 제35조제3항제2호 표 외의 부분 본문에서 "대통령령으로 정하는 수입금액"이란 기업회계기준에 따라 계산한 매출액을 말한다.(2019.2.12 본항신설)
⑨ 법 제35조제3항제2호 표 외의 부분 단서에서 "대통령령으로 정하는 특수관계인"이란 제98조제1항에 따른 특수관계인을 말한다.(2019.2.12 본항신설)
(2023.2.28 본조제목개정)
제84조 (2019.2.12 삭제)
제85조【2개 이상의 사업장을 가진 사업자의 기업업무추진비 한도액 계산】① 2개 이상의 사업장이 있는 사업자가 법 제160조제5항에 따라 사업장별 거래내용이 구분될 수 있도록 장부에 기록한 경우 당해 과세기간에 각 사업장별로 지출한 기업업무추진비로서 각 사업장별 소득금액 계산시 필요경비에 산입할 수 있는 금액은 다음 각 호의 금액의 합계액(이하 이 조에서 "기업업무추진비한도액"이라 한다)을 한도로 한다.
(2023.2.28 본문개정)
1. 다음 방식에 의하여 계산한 금액

$$\text{법 제35조제3항} \atop \text{제1호의 금액} \times \frac{\text{각 사업장의 당해 과세기간}}{\text{각 사업장의 당해 과세기간}} \atop \text{수입금액 합산액}$$

2. 각 사업장의 당해 과세기간 수입금액 × 법 제35조제3항제2호의 적용률(이하 이 조에서 "적용률"이라 한다)
(2019.2.12 1호~2호개정)
② 제1항제1호를 적용함에 있어서 2개 이상의 사업장 중 당해 과세기간 중에 신규로 사업을 개시하거나 중도에 폐업하는 사업장이 있는 경우에는 당해 과세기간 중 영업월수가 가장 긴 사업장의 월수를 기준으로 법 제35조제3항제1호의 금액을 계산하되, 중소기업의 해당 여부는 주업종(수입금액이 가장 큰 업종을 말한다)에 의하여 판단한다.(2019.2.12 본항개정)
③ 제1항제2호를 적용함에 있어서 적용률은 각 사업장의 당해 과세기간의 수입금액의 합산액에 의하여 결정하며, 각 사업장의 수입금액 합산액이 100억원을 초과하는 경우에는 각 사업장별로 적용률의 우선순위를 임의로 선택할 수 있다.
④ 제1항을 적용할 때 2개 이상의 사업장에서 각 사업장별로 지출한 기업업무추진비가 기업업무추진비한도액에 미달하는 경우와 초과하는 경우가 각각 발생하는 때에는 그 미달하는 금액과 초과하는 금액은 이를 통산하지 아니한다.(2023.2.28 본항개정)
⑤ 2개 이상의 사업장중 일부 사업장의 소득금액에 대하여 추계조사결정 또는 경정을 받은 경우에는 추계조사결정 또는 경정을 받은 사업장은 법 제35조제3항제2호 및 이 조 제1항을 적용할 때 수입금액이 없는 것으로 한다.(2019.2.12 본항개정)
⑥ 제98조제1항에 따른 특수관계인과의 거래에서 발생한 수입금액(이하 이 항에서 "특수관계관련수입금액"이라 한다)이 있는 경우에는 제1항제2호의 금액은 다음의 방법에 의하여 계산한다.
{(총수입금액×적용률)−(특수관계관련수입금액)×적용률}+{(특수관계관련수입금액×적용률)×100분의 10}
(2017.2.3 본항개정)
(2023.2.28 본조제목개정)
(2002.12.30 본조신설)
제86조 (1998.12.31 삭제)

제87조【기타소득의 필요경비계산】 법 제37조제2항 제2호에서 "광업권의 양도대가로 받는 금품의 필요경비 계산 등 대통령령으로 정하는 경우"란 다음 각 호의 어느 하나를 말한다.(2020.2.11 본문개정)
1. 다음 각 목의 어느 하나에 해당하는 기타소득에 대해서는 거주자가 받은 금액의 100분의 80에 상당하는 금액을 필요경비로 한다. 다만, 실제 소요된 필요경비가 100분의 80에 상당하는 금액을 초과하면 그 초과하는 금액도 필요경비에 산입한다.
   가. 법 제21조제1항제1호의 기타소득 중 「공익법인의 설립·운영에 관한 법률」의 적용을 받는 공익법인이 주무관청의 승인을 받아 시상하는 상금 및 부상과 다수가 순위 경쟁하는 대회에서 입상자가 받는 상금 및 부상
   나. (2018.2.13 삭제)
   다. 법 제21조제1항제10호에 따른 위약금과 배상금 중 주택입주 지체상금
   라. (2016.2.17 삭제)
   1의2. 법 제21조제1항제7호·제8호의2·제9호·제15호 및 제19호의 기타소득에 대해서는 거주자가 받은 금액의 100분의 70(2019년 1월 1일이 속하는 과세기간에 발생한 소득분부터는 100분의 60)에 상당하는 금액을 필요경비로 한다. 다만, 실제 소요된 필요경비가 거주자가 받은 금액의 100분의 70(2019년 1월 1일이 속하는 과세기간에 발생한 소득분부터는 100분의 60)에 상당하는 금액을 초과하면 그 초과하는 금액도 필요경비에 산입한다.(2019.2.12 본문개정)
2. 법 제21조제2항의 기타소득에 대해서는 다음 각 목의 구분에 따라 계산한 금액을 필요경비로 한다. 다만, 실제 소요된 필요경비가 다음 각 목의 구분에 따라 계산한 금액을 초과하면 그 초과하는 금액도 필요경비에 산입한다.(2021.2.17 본문개정)
   가. 거주자가 받은 금액이 1억원 이하인 경우 : 받은 금액의 100분의 90
   나. 거주자가 받은 금액이 1억원을 초과하는 경우 : 9천만원 + 거주자가 받은 금액에서 1억원을 뺀 금액의 100분의 80(서화·골동품의 보유기간이 10년 이상인 경우에는 100분의 90)
   (2020.2.11 본호개정)
3. 법 제21조제1항제26호에 따른 종교인소득(이하 "종교인소득"이라 한다)에 대해서는 종교관련종사자가 해당 과세기간에 받은 금액(법 제12조제5호아목에 따른 비과세소득을 제외한다. 이하 이 호에서 같다) 중 다음 표에 따른 금액을 필요경비로 한다. 다만, 실제 소요된 필요경비가 다음 표에 따른 금액을 초과하면 그 초과하는 금액도 필요경비에 산입한다.

종교관련 종사자가 받은 금액	필 요 경 비
2천만원 이하	종교관련종사자가 받은 금액의 100분의 80
2천만원 초과 4천만원 이하	1,600만원+(2천만원을 초과하는 금액의 100분의 50)
4천만원 초과 6천만원 이하	2,600만원+(4천만원을 초과하는 금액의 100분의 30)
6천만원 초과	3,200만원+(6천만원을 초과하는 금액의 100분의 20)

(2016.2.17 본호신설)
(2010.12.30 본조개정)
제88조 (2022.2.15 삭제)
제89조【자산의 취득가액 등】 ① 법 제39조제2항의 규정에 의한 자산의 취득가액은 다음 각 호의 금액에 따른다.

1. 타인으로부터 매입한 자산은 매입가액에 취득세·등록면허세 기타 부대비용을 가산한 금액
2. 자기가 행한 제조·생산 또는 건설 등에 의하여 취득한 자산은 원재료비·노무비·운임·하역비·보험료·수수료·공과금(취득세와 등록면허세를 포함한다)·설치비 기타 부대비용의 합계액
3. 제1호 및 제2호의 자산으로서 그 취득가액이 불분명한 자산과 제1호 및 제2호의 자산 외의 자산은 해당 자산의 취득 당시의 기획재정부령이 정하는 시가에 취득세·등록면허세 기타 부대비용을 가산한 금액 (2015.2.3 본항개정)
② 제1항의 규정에 의한 취득가액은 다음 각호의 금액을 포함하지 아니하는 것으로 한다.(1998.12.31 본문개정)
1. 사업자가 자산을 장기할부조건으로 매입하는 경우에 발생한 채무를 기업회계기준에 따라 현재가치로 평가하여 현재가치할인차금으로 계상한 경우에 있어서의 당해 현재가치할인차금(1998.12.31 본호개정)
2. 기획재정부령이 정하는 연지급수입의 경우에 제1항의 취득가액과 구분하여 지급이자로 계상한 금액 (2008.2.29 본호개정)
3. 제98조제2항제1호의 규정에 의한 시가초과액 (1998.12.31 본호신설)
③ 제1항의 규정을 적용함에 있어서 「자산재평가법」에 의하여 재평가를 한 때에는 그 재평가액을, 자본적지출에 상당한 금액이 있는 때에는 그 금액을 가산한 금액을 취득가액으로 한다.(2005.2.19 본항개정)
④ 「부가가치세법」 제42조에 따라 공제받은 의제매입세액과 「조세특례제한법」 제108조제1항의 규정에 의하여 공제받은 매입세액은 당해 원재료의 매입가액에서 이를 공제한다.(2013.6.28 본항개정)
⑤ 제2항제1호에 따른 현재가치할인차금의 상각액 및 같은 항 제2호에 따른 지급이자에 대하여는 법 제127조, 제156조, 제164조 및 제164조의2를 적용하지 아니한다.(2014.2.21 본항개정)
제90조 (1998.12.31 삭제)
제91조【재고자산 평가방법】 ① 법 제39조의 규정을 적용함에 있어서의 재고자산(유가증권을 제외한다)의 평가방법은 다음 각호의 1에 해당하는 것으로 한다.
1. 원가법
2. 저가법
② 제1항제1호의 원가법을 적용하는 경우에는 다음 각호의 1에 해당하는 평가방법에 의한다.
1. 개별법
2. 선입선출법
3. 후입선출법
4. 총평균법
5. 이동평균법
6. 매출가격환원법(1998.12.31 본호개정)
③ 제1항 및 제2항에 따라 재고자산을 평가하는 경우에는 해당 자산을 다음 각 호의 구분에 따라 종류별·사업장별로 각각 다른 방법으로 평가할 수 있다.(2010.2.18 본문개정)
1. 제품과 상품(건물건설업 또는 부동산 개발 및 공급업을 경영하는 사업자가 매매를 목적으로 소유하는 부동산을 포함한다)(2010.2.18 본호개정)
2. 반제품과 재공품
3. 원재료
4. 저장품
④ (2010.2.18 삭제)
제92조【재고자산 평가방법의 정의】 ① 제91조제1항에서 사용하는 용어의 정의는 다음과 같다.
1. "원가법"이라 함은 제91조제2항 각호의 방법에 의하여 재고자산의 취득가액을 그 자산의 평가액으로 하는 방법을 말한다.

2. "저가법"이란 재고자산을 원가법 또는 기획재정부령으로 정하는 시가법에 따라 평가한 가액 중 낮은 가액을 그 과세기간 종료일 현재의 재고자산의 평가액으로 하는 방법을 말한다.(2010.2.18 본호개정)

② 제91조제2항에서 사용하는 용어의 정의는 다음과 같다.

1. "개별법"이라 함은 재고자산을 개별적으로 각각 취득한 가액에 따라 산출한 것을 그 자산의 평가액으로 하는 방법을 말한다.

2. "선입선출법"이란 먼저 매입한 것부터 순차로 출고된 것으로 보아 해당 과세기간 종료일 현재의 재고자산의 가액을 평가하는 방법을 말한다.

3. "후입선출법"이란 나중에 매입한 것부터 순차로 출고된 것으로 보아 해당 과세기간 종료일 현재의 재고자산의 가액을 평가하는 방법을 말한다.

4. "총평균법"이란 재고자산을 품종별·종목별로 해당 과세기간 개시일 현재의 재고자산에 대한 취득가액의 합계액과 해당 과세기간에 취득한 자산의 취득가액의 합계액의 총액을 그 자산의 총수량으로 나눈 평균단가에 따라 해당 과세기간 종료일 현재의 재고자산의 가액을 평가하는 방법을 말한다.

5. "이동평균법"이란 자산을 취득할 때마다 장부시재금액을 장부시재수량으로 나누는 방법으로 평균단가를 산출하고 그 중 가장 나중에 산출된 평균단가에 따라 해당 과세기간 종료일 현재의 재고자산의 가액을 평가하는 방법을 말한다.

6. "매출가격환원법"이란 해당 과세기간 종료일 현재의 재고자산을 품종별로 해당 과세기간 종료일에 판매할 예정가격에서 판매예정차익금을 공제하여 산출한 가액으로 해당 과세기간 종료일 현재의 재고자산의 가액을 평가하는 방법을 말한다.

(2010.2.18 2호~6호개정)

제93조【매매 또는 단기투자를 목적으로 매입한 유가증권의 평가방법】 ① 법 제39조제3항 단서에서 "대통령령으로 정하는 유가증권"이란 매매 또는 단기투자를 목적으로 매입한 유가증권(「자본시장과 금융투자업에 관한 법률」에 따른 투자매매업자 또는 투자중개업자가 거래소에 예탁한 증권을 포함한다)을 말한다.

② 제1항에 따른 유가증권의 평가방법은 다음 각 호의 방법 중 사업자가 신고한 방법에 따른다.

1. 개별법(채권의 경우에 한정한다)
2. 총평균법
3. 이동평균법

(2019.2.12 본조개정)

제94조【재고자산등의 평가방법의 신고】 ① 사업자는 제91조 및 제93조에 따른 재고자산 및 유가증권의 평가방법(이하 "재고자산등의 평가방법"이라 한다)을 해당 사업을 개시한 날이 속하는 과세기간의 과세표준확정신고기한까지 기획재정부령으로 정하는 재고자산등의 평가방법 신고서에 따라 납세지 관할세무서장에게 신고(국세정보통신망에 의한 신고를 포함한다)하여야 한다.

② 재고자산등의 평가방법을 신고한 자가 그 방법을 변경하려는 때에는 변경할 평가방법을 적용받으려는 최초 과세기간의 종료일 이전 3개월이 되는 날까지 기획재정부령으로 정하는 재고자산등의 평가방법 변경신고서를 납세지 관할세무서장에게 제출하여야 한다.

(2010.2.18 본조개정)

제95조【재고자산등의 평가방법을 신고하지 아니한 경우의 평가방법】 ① 납세지 관할세무서장은 다음 각 호의 1에 해당하는 경우에는 제91조제2항제2호의 선입선출법(유가증권의 경우에는 총평균법, 매매를 목적으로 소유하는 부동산의 경우에는 개별법)에 의하여 재고자산 및 매매 또는 단기투자를 목적으로 매입한 유

가증권을 평가한다. 다만, 신고한 평가방법외의 방법으로 평가하거나 제2호에 해당하는 경우에 신고한 평가방법에 의하여 평가한 가액이 선입선출법에 의하여 평가한 가액보다 큰 때에는 신고한 평가방법에 의한다.

1. 제94조제1항에 규정하는 기한내에 재고자산등의 평가방법을 신고하지 아니하거나 신고한 평가방법에 의하지 아니한 때

2. 제94조제2항에 규정하는 기한내에 재고자산등의 평가방법 변경신고를 하지 아니하고 평가방법을 변경한 때

② 재고자산등의 평가방법을 제94조제1항 및 제2항에 따른 기한이 지난 후에 신고한 때에는 그 신고일이 속하는 과세기간분까지는 제1항을 준용하고 그 후의 과세기간분에 대해서는 그 신고한 평가방법에 따른다.

(2010.2.18 본항개정)

제96조【재고자산 등의 평가차손】 ① 법 제39조제4항 각 호 외의 부분에서 "대통령령으로 정하는 방법"이란 같은 항 각 호에 따른 자산의 장부가액을 그 감액사유가 발생한 과세기간 종료일 현재의 처분가능한 가액으로 감액하고, 그 감액한 금액을 해당 과세기간의 필요경비로 계상하는 방법을 말한다.

② 법 제39조제4항제2호에서 "대통령령으로 정하는 사유"란 다음 각 호의 어느 하나에 해당하는 경우를 말한다.

1. 화재
2. 법령에 따른 수용 등
3. 채굴 불능으로 인한 폐광

③ 법 제39조제4항제2호에 따른 파손 또는 멸실은 해당 유형자산이 그 고유의 목적에 사용할 수 없게 되는 경우를 포함한다.(2020.2.11 본항개정)

(2020.2.11 본조제목개정)

(2010.2.18 본조신설)

제97조【외화자산·부채의 상환손익 등】 ① 법 제39조를 적용할 때 사업자가 상환받거나 상환하는 외화자산·부채의 취득 또는 차입 당시의 원화기장액과 상환받거나 상환하는 원화금액과의 차익 또는 차손은 상환받거나 상환한 날이 속하는 과세기간의 총수입금액 또는 필요경비에 산입한다.

② 외화자산·부채를 평가하여 장부가액을 증액 또는 감액한 사업자는 과세표준확정신고서에 기획재정부령으로 정하는 조정명세서를 첨부하여야 한다.

(2010.2.18 본조개정)

제98조【부당행위계산의 부인】 ① 법 제41조 및 제101조에서 "특수관계인"이란 「국세기본법 시행령」 제1조의2제1항, 제2항 및 같은 조 제3항제1호에 따른 특수관계인을 말한다.(2012.2.2 본항개정)

② 법 제41조에서 조세 부담을 부당하게 감소시킨 것으로 인정되는 경우는 다음 각 호의 어느 하나에 해당하는 경우로 한다. 다만, 제1호부터 제3호까지 및 제5호(제1호부터 제3호까지에 준하는 행위만 해당한다)는 시가와 거래가액의 차액이 3억원 이상이거나 시가의 100분의 5에 상당하는 금액 이상인 경우만 해당한다.

1. 특수관계인으로부터 시가보다 높은 가격으로 자산을 매입하거나 특수관계인에게 시가보다 낮은 가격으로 자산을 양도한 경우

2. 특수관계인에게 금전이나 그 밖의 자산 또는 용역을 무상 또는 낮은 이율 등으로 대부하거나 제공한 경우. 다만, 직계존비속에게 주택을 무상으로 사용하게 하고 직계존비속이 그 주택에 실제 거주하는 경우는 제외한다.

3. 특수관계인으로부터 금전이나 그 밖의 자산 또는 용역을 높은 이율 등으로 차용하거나 제공받는 경우

4. 특수관계인으로부터 무수익자산을 매입하여 그 자산에 대한 비용을 부담하는 경우

5. 그 밖에 특수관계인과의 거래에 따라 해당 과세기간

의 총수입금액 또는 필요경비를 계산할 때 조세의 부담을 부당하게 감소시킨 것으로 인정되는 경우
(2012.2.2 1호～5호개정)
(2010.2.18 본항개정)
③ 제2항제1호의 규정에 의한 시가의 산정에 관하여는 「법인세법 시행령」 제89조제1항 및 제2항의 규정을 준용한다.(2005.2.19 본항개정)
④ 제2항제2호 내지 제5호의 규정에 의한 소득금액의 계산에 관하여는 「법인세법 시행령」 제89조제3항 내지 제5항의 규정을 준용한다.(2005.2.19 본항개정)

제99조【비거주자 등과의 거래에 대한 소득금액계산의 특례】 법 제42조에 따른 소득금액조정의 신청절차 등은 「국제조세조정에 관한 법률 시행령」 제21조를 준용한다.(2021.2.17 본조개정)

제100조【공동사업합산과세 등】 ① 법 제43조제1항에서 "대통령령으로 정하는 출자공동사업자"란 다음 각 호의 어느 하나에 해당하지 아니하는 자로서 공동사업의 경영에 참여하지 아니하고 출자만 하는 자를 말한다.(2010.2.18 본문개정)
1. 공동사업에 성명 또는 상호를 사용하게 한 자
2. 공동사업에서 발생한 채무에 대하여 무한책임을 부담하기로 약정한 자
(2007.2.28 본항신설)
② 법 제43조제3항에서 "대통령령으로 정하는 특수관계인"이란 거주자 1인과 「국세기본법 시행령」 제1조의2 제1항부터 제3항까지의 규정에 따른 관계에 있는 자로서 생계를 같이하는 자를 말한다.(2012.2.2 본항개정)
③ 제2항에 따른 특수관계인에 해당하는지 여부는 해당 과세기간 종료일 현재의 상황에 의한다.
(2012.2.2 본항개정)
④ 법 제43조제3항에서 "손익분배비율을 거짓으로 정하는 등 대통령령으로 정하는 사유"란 다음 각 호의 어느 하나에 해당하는 경우를 말한다.(2021.1.5 본문개정)
1. 법 제43조제2항에 따른 공동사업자(이하 "공동사업자"라 한다)가 법 제70조제4항의 규정에 의하여 제출한 신고서와 첨부서류에 기재한 사업의 종류, 소득금액내역, 지분비율, 약정된 손익분배비율 및 공동사업자간의 관계 등이 사실과 현저하게 다른 경우
2. 공동사업자의 경영참가, 거래관계, 손익분배비율 및 자산·부채 등의 재무상태 등을 고려할 때 조세를 회피하기 위하여 공동으로 사업을 경영하는 것이 확인되는 경우(2021.1.5 본호개정)
(2007.2.28 본항개정)
⑤ 법 제43조제3항에서 "대통령령으로 정하는 자"란 다음 각 호의 순서에 따른 자를 말한다.(2010.2.18 본문개정)
1. 공동사업소득 외의 종합소득금액이 많은 자
2. 공동사업소득 외의 종합소득금액이 같은 경우에는 직전 과세기간의 종합소득금액이 많은 자
(2010.2.18 본호개정)
3. 직전 과세기간의 종합소득금액이 같은 경우에는 해당 사업에 대한 종합소득과세표준을 신고한 자. 다만, 공동사업자 모두가 해당 사업에 대한 종합소득과세표준을 신고하였거나 신고하지 아니한 경우에는 납세지 관할세무서장이 정하는 자로 한다.(2010.2.18 본문개정)
(2007.2.28 본조제목개정)

제100조의2【연금계좌의 승계 등】 ① 법 제44조제2항에 따라 상속인이 연금계좌를 승계하는 경우 해당 연금계좌의 소득금액을 승계하는 날에 그 연금계좌를 개설한 것으로 본다. 다만, 제40조의2제3항제2호의 연금계좌의 가입일은 피상속인의 가입일로 하여 적용한다.
② 법 제44조제2항에 따라 연금계좌를 승계하려는 상속인은 피상속인이 사망한 날이 속하는 달의 말일부터 6개월 이내에 연금계좌취급자에게 승계신청을 하여야

한다. 이 경우 상속인은 피상속인이 사망한 날부터 연금계좌를 승계한 것으로 본다.
③ 제2항 전단에 따른 승계신청을 받은 연금계좌취급자는 사망일부터 승계신청일까지 인출된 금액에 대하여 이를 피상속인이 인출한 소득으로 보아 이미 원천징수된 세액과 상속인이 인출한 금액에 대한 세액과의 차액이 있으면 세액을 정산하여야 한다.
④ 연금계좌의 가입자가 사망하였으나 제2항 전단에 따른 승계신청을 하지 아니한 경우에는 사망일 현재 다음 각 호의 합계액을 인출하였다고 보아 계산한 세액에서 사망일부터 사망확인일(연금계좌취급자가 확인한 날을 말하며, 사망확인일이 승계신청기한 이전인 경우에는 신청기한의 말일로 하고, 상속인이 신청기한이 지나기 전에 인출하는 경우에는 인출하는 날을 말한다. 이하 이 항에서 같다)까지 이미 원천징수된 세액을 뺀 금액을 피상속인의 소득세로 한다.
(2014.2.21 본항개정)
1. 사망일부터 사망확인일까지 인출한 소득
2. 사망확인일 현재 연금계좌에 있는 소득
(2013.2.15 본조신설)

제101조【결손금과 이월결손금의 공제】 ① (2018.2.13 삭제)
② 법 제45조제2항제3호에서 "대통령령으로 정하는 사업"이란 광업권자·조광권자 또는 덕대(이하 이 항에서 "광업권자등"이라 한다)가 채굴 시설과 함께 광산을 대여하는 사업을 말한다. 다만, 광업권자등이 자본적 지출이나 수익적 지출의 일부 또는 전부를 제공하는 것을 조건으로 광업권·조광권 또는 채굴에 관한 권리를 대여하고 덕대 또는 분덕대로부터 분철료를 받는 것은 제외한다.
③ 법 제26조제2항에 따라 충당된 이월결손금은 소득금액에서 공제하는 이월결손금에서 제외한다.
(2010.2.18 본조개정)

제102조【채권등의 범위 등】 ① 법 제46조제1항에서 "대통령령으로 정하는 것"이란 이자 또는 할인액을 발생시키는 증권(다음 각 호의 증권을 포함하는 것으로 하되, 법률에 따라 소득세가 면제된 채권등은 제외한다)을 말한다.(2010.12.30 본문개정)
1. 금융회사 등이 발행한 예금증서 및 이와 유사한 증서. 다만, 기획재정부령으로 정하는 것은 제외한다.
(2010.2.18 본호개정)
2. (2010.12.30 삭제)
3. (2009.2.4 삭제)
4. 어음(금융회사 등이 발행·매출 또는 중개하는 어음을 포함하며, 상업어음은 제외한다)(2010.2.18 본호개정)
② 제1항의 증권이 신탁재산 등에 편입된 경우에도 법 제46조를 적용한다.(2010.2.18 본항개정)
③ 법 제46조제1항에 따른 이자 등 상당액은 제193조의2제3항의 보유기간이자등상당액 중 해당 거주자에게 그 보유기간별로 귀속되는 이자등 상당액을 말한다.(2010.12.30 본항개정)
④ 법 제46조제1항에서 "환매조건부채권매매거래 등 대통령령으로 정하는 경우"란 다음 각 호의 어느 하나에 해당하거나 각 호가 혼합되는 거래를 말한다.
1. 거주자가 일정기간 후에 일정가격으로 환매수할 것을 조건으로 하여 채권등을 매도하는 거래(해당 거래가 연속되는 경우를 포함한다)로서 그 거래에 해당하는 사실이 「자본시장과 금융투자업에 관한 법률」 제294조에 따른 한국예탁결제원의 계좌를 통하여 확인되는 경우
2. 거주자가 일정기간 후에 같은 종류로서 같은 양의 채권을 반환받는 조건으로 채권을 대여하는 거래(해당 거래가 연속되는 경우를 포함한다)로서 그 거래에 해

당하는 사실이 채권대차거래중개기관(「자본시장과 금융투자업에 관한 법률」에 따른 한국예탁결제원, 증권금융회사, 투자매매업자 또는 투자중개업자를 말한다. 이하 같다)이 작성한 거래 원장(전자적 형태의 원장을 포함한다)을 통하여 확인되는 경우 (2016.2.17 본항개정)

⑤ 제4항에 따른 거래의 경우 채권등을 매도 또는 대여한 날부터 환매수 또는 반환받은 날까지의 기간 동안 그 채권등으로부터 발생하는 이자소득에 상당하는 금액은 매도자 또는 대여자(해당 거래가 연속되는 경우나 제4항 각 호의 거래가 혼합되는 경우에는 최초 매도자 또는 최초 대여자를 말한다)에게 귀속되는 것으로 보아 법 제46조 및 제133조의2를 적용한다. (2016.2.17 본항개정)

⑥~⑦ (2010.2.18 삭제)

⑧ 법 제46조제2항에 따른 보유기간 입증방법은 다음 각 호의 방법에 따른다.(2010.2.18 본문개정)

1. 채권등을 금융회사 등에 개설된 계좌에 의하여 거래하는 경우
해당 금융회사 등의 전산처리체계 또는 통장원장으로 확인하는 방법
(2010.2.18 본호개정)

2. 제1호외의 경우
법인으로부터 채권등을 매수한 때에는 당해 법인이 발행하는 기획재정부령이 정하는 채권등매출확인서에 의하며, 개인으로부터 채권등을 매수한 경우에는 「공증인법」의 규정에 의한 공증인이 작성한 공정증서(거래당사자의 성명·주소·주민등록번호·매매일자·채권등의 종류와 발행번호·액면금액을 기재한 것에 한한다)에 의하여 확인하는 방법
(2008.2.29 본호개정)

⑨ (2005.2.19 삭제)

⑩ 법 제46조 및 제133조의2를 적용할 때 금융회사 등의 승낙을 받아 채권등을 매도하는 경우에는 해당 금융회사 등이 매도를 중개한 것으로 본다.(2010.2.18 본항개정)

⑪~⑫ (2005.2.19 삭제)

제102조의2 (2005.2.19 삭제)
제102조의3 (2010.6.8 삭제)
제103조 (2008.2.22 삭제)
제104조【근로소득공제】 ① (2010.2.18 삭제)

② (2010.12.30 삭제)

③ 법 제47조제2항의 규정에 의한 일용근로자에 대한 근로소득공제액은 그 일용근로자가 근로를 제공한 날의 일급여액에서 공제한다.(1998.12.31 본항개정)

제105조【근속연수】 ① 법 제48조제1항 및 법 제55조제2항을 적용하는 근속연수는 근로를 제공하기 시작한 날 또는 퇴직소득중간지급일의 다음 날부터 퇴직하는 날까지로 한다. 다만, 퇴직급여를 산정할 때 근로기간에 포함되지 아니한 기간은 근속연수에서 제외한다. (2018.2.13 본항개정)

② 법 제48조제1항에서 "대통령령으로 정하는 방법에 따라 계산한 연수"란 다음 각 호에 따른 연수를 말한다. 이 경우 납입연수 또는 재직기간이 1년 미만인 경우에는 1년으로 본다.(2018.2.13 전단개정)

1. 「국민연금법」에 의하여 지급받는 일시금의 경우에는 연금보험료 총납입월수를 12로 나누어 계산한 납입연수(2015.2.3 본호개정)

2. 「공무원연금법」·「군인연금법」·「사립학교교직원연금법」 또는 「별정우체국법」에 의하여 지급받는 일시금의 경우에는 각 해당 퇴직급여산정에 적용되는 재직기간(2005.2.19 본호개정)

3. 법 제22조제1항제1호의 퇴직소득 중 「공무원연금법」·「군인연금법」·「사립학교교직원연금법」 또는 「별정우체국법」에 따른 일시금 및 법 제22조제1항제2호

의 퇴직소득을 함께 지급받는 경우에는 각 해당 법률의 퇴직급여산정에 적용되는 재직기간과 실제 재직기간중 긴 기간(2013.2.15 본항개정)

4. 제2호 및 제3호에도 불구하고 제40조제2항에 따라 일시금을 반납하고 재직기간, 복무기간 또는 가입기간을 합산한 후 지급받는 일시금의 경우에는 재임용일 또는 재가입일 이후의 재직기간(2014.2.21 본항개정)

③ 제42조의2제4항제3호에 따른 퇴직공제금의 근속연수는 「건설근로자의 고용개선 등에 관한 법률」 제14조제4항에 따라 계산된 공제부금의 납부월수를 12로 나누어 계산한 납입연수로 한다.(2015.2.3 본항개정)
(2013.2.15 본조제목개정)

제106조【부양가족등의 인적공제】 ① 거주자의 인적공제대상자(이하 "공제대상가족"이라 한다)가 동시에 다른 거주자의 공제대상가족에 해당되는 경우에는 해당 과세기간의 과세표준확정신고서, 법 제140조제1항에 따른 기획재정부령으로 정하는 근로소득자 소득·세액 공제신고서(이하 "근로소득자 소득·세액 공제신고서"라 한다), 법 제143조의6제1항에 따른 연금소득자 소득·세액 공제신고서(이하 "연금소득자 소득공제신고서"라 한다) 또는 제201조의12에 따른 소득·세액 공제신고서에 기재된 바에 따라 그 중 1인의 공제대상가족으로 한다.(2014.2.21 본항개정)

② 둘 이상의 거주자가 제1항에 따른 공제대상가족을 서로 자기의 공제대상가족으로 하여 신고서에 적은 경우 또는 누구의 공제대상가족으로 할 것인가를 알 수 없는 경우에는 다음 각 호의 기준에 따른다.(2010.2.18 본문개정)

1. 거주자의 공제대상배우자가 다른 거주자의 공제대상부양가족에 해당하는 때에는 공제대상배우자로 한다.

2. 거주자의 공제대상부양가족이 다른 거주자의 공제대상부양가족에 해당하는 때에는 직전 과세기간에 부양가족으로 인적공제를 받은 거주자의 공제대상부양가족으로 한다. 다만, 직전 과세기간에 부양가족으로 인적공제를 받은 사실이 없는 때에는 해당 과세기간의 종합소득금액이 가장 많은 거주자의 공제대상부양가족으로 한다.(2010.2.18 본호개정)

3. 거주자의 추가공제대상자가 다른 거주자의 추가공제대상자에 해당하는 때에는 제1호 및 제2호의 규정에 의하여 기본공제를 하는 거주자의 추가공제대상자로 한다.

③ 해당 과세기간의 중도에 사망하였거나 외국에서 영주하기 위하여 출국한 거주자의 공제대상가족으로서 상속인등 다른 거주자의 공제대상가족에 해당하는 사람에 대해서는 피상속인 또는 출국한 거주자의 공제대상가족으로 한다.(2010.2.18 본항개정)

④ 제3항의 경우 피상속인 또는 출국한 거주자에 대한 인적공제액이 소득금액을 초과하는 경우에는 그 초과하는 부분은 상속인 또는 다른 거주자의 해당 과세기간의 소득금액에서 공제할 수 있다.(2010.2.18 본항개정)

⑤ 법 제50조제1항제3호가목에서 "대통령령으로 정하는 사람"이란 다음 각 호의 어느 하나에 해당하는 사람을 말한다.(2020.2.11 본문개정)

1. 거주자의 직계존속과 혼인(사실혼은 제외한다) 중임이 증명되는 사람(2020.2.11 본호신설)

2. 거주자의 직계존속이 사망한 경우에는 해당 직계존속의 사망일 전날을 기준으로 혼인(사실혼은 제외한다) 중에 있었음이 증명되는 사람(2020.2.11 본호신설)

⑥ 법 제50조제1항제3호나목에서 "대통령령으로 정하는 사람"이란 다음 각 호의 어느 하나에 해당하는 사람을 말한다.(2010.2.18 본문개정)

1. 거주자의 직계비속

2. 거주자의 배우자가 재혼한 경우로서 당해 배우자가 종전의 배우자와의 혼인(사실혼은 제외한다) 중에 출산한 자
(2003.12.30 본항신설)

⑦ 법 제50조제1항제3호나목에서 "대통령령으로 정하는 동거 입양자"란 「민법」 또는 「입양특례법」에 따라 입양한 양자 및 사실상 입양상태에 있는 사람으로서 거주자와 생계를 같이 하는 사람을 말한다.(2012.8.3 본항개정)
⑧ 법 제50조제1항제3호라목에서 "대통령령으로 정하는 사람"이란 「국민기초생활 보장법」 제2조제2호의 수급자를 말한다.(2010.2.18 본항개정)
⑨ 법 제50조제1항제3호마목에서 "대통령령으로 정하는 사람"이란 해당 과세기간에 6개월 이상 직접 양육한 위탁아동(「아동복지법」 제16조제4항에 따라 보호기간이 연장된 경우로서 20세 이하인 위탁아동을 포함한다)을 말한다. 다만, 직전 과세기간에 소득공제를 받지 못한 경우에는 해당 위탁아동에 대한 직전 과세기간의 위탁기간을 포함하여 계산한다.(2020.2.11 본항개정)
⑩ 제5항부터 제9항까지의 규정에 해당하는 자에 대하여 종합소득공제를 받고자 하는 경우에는 기획재정부령으로 정하는 서류를 제107조제2항 각호에 정하는 바에 따라 제출하여야 한다.(2009.2.4 본항개정)
제107조 【장애인의 범위】 ① 법 제51조제1항제2호에 따른 장애인은 다음 각 호의 어느 하나에 해당하는 자로 한다.(2018.2.13 본항개정)
1. 「장애인복지법」에 따른 장애인 및 「장애아동 복지지원법」에 따른 장애아동 중 기획재정부령으로 정하는 사람(2018.2.13 본호개정)
2. 「국가유공자 등 예우 및 지원에 관한 법률」에 의한 상이자 및 이와 유사한 사람으로서 근로능력이 없는 사람(2018.2.13 본호개정)
3. (2001.12.31 삭제)
4. 제1호 및 제2호 외에 항시 치료를 요하는 중증환자 (2018.2.13 본호개정)
② 제1항 각 호의 어느 하나에 해당하는 사람이 장애인공제를 받으려는 때에는 기획재정부령으로 정하는 장애인증명서(「국가유공자 등 예우 및 지원에 관한 법률」에 따른 상이자의 증명을 받은 사람 또는 「장애인복지법」에 따른 장애인등록증을 발급받은 사람의 경우에는 해당 증명서 · 장애인등록증의 사본이나 그 밖의 장애사실을 증명하는 서류로 한다)를 다음 각 호의 구분에 따라 제출해야 한다. 다만, 본문에 따른 장애인 증명 관련 서류가 법 제165조제1항 및 이 영 제216조의3제1항에 따라 국세청장에게 제출되는 경우에는 기획재정부령으로 정하는 서류를 제출(국세정보통신망에 의한 제출을 포함한다)할 수 있다.(2022.2.15 본항개정)
1. 과세표준확정신고를 하는 때에는 그 신고서에 첨부하여 납세지 관할세무서장에게 제출한다.
2. 근로소득(법 제127조제1항제4호 각 목의 어느 하나에 해당하는 근로소득은 제외한다)이 있는 사람은 근로소득자 소득 · 세액 공제신고서에 첨부하여 연말정산을 하는 원천징수의무자에게 제출한다.
(2014.2.21 본호개정)
3. 법 제144조의2에 따라 연말정산되는 사업소득이 있는 자는 소득 · 세액 공제신고서에 첨부하여 연말정산을 하는 원천징수의무자에게 제출한다.(2014.2.21 본호개정)
③ 장애인으로서 당해 장애의 상태가 1년 이상 지속될 것으로 예상되는 경우 그 장애기간이 기재된 장애인증명서를 제2항의 규정에 의하여 제출한 때에는 그 장애기간 동안은 이를 다시 제출하지 아니하여도 된다. 다만, 그 장애기간중 납세지 관할세무서 또는 사용자를 달리하게 된 때에는 제2항의 규정에 의하여 장애인증명서를 제출하여야 한다.(2001.12.31 본항개정)
④ 제3항 단서의 경우 전납세지 관할세무서장 또는 전원천징수의무자로부터 이미 제출한 장애인증명서를 반환받아 이를 제출할 수 있다.(2001.12.31 본항개정)
(2001.12.31 본조제목개정)

제108조 【부녀자공제등】 법 제51조제1항의 규정을 적용함에 있어서 배우자의 유무 및 부양가족이 있는 세대주인지의 여부는 당해 과세기간 종료일 현재의 주민등록표등본 또는 가족관계등록부 증명서에 의한다. 이 경우 납세지 관할 세무서장은 「전자정부법」 제36조제1항에 따른 행정정보의 공동이용을 통하여 거주자의 주민등록표 등본을 확인하여야 하며, 거주자가 확인에 동의하지 아니하거나 그의 주민등록표 등본으로 배우자의 유무 및 부양가족이 있는 세대주인지의 여부를 판단할 수 없는 경우 또는 근로소득자가 법 제140조에 따라 소득공제신고를 하는 경우에는 주민등록표 등본 또는 가족관계등록부 증명서를 제출하도록 하여야 한다.(2010.5.4 후단개정)
제108조의2 (2014.2.21 삭제)
제108조의3 【주택담보노후연금이자비용공제】 ① 법 제51조의4제1항에서 "대통령령으로 정하는 요건에 해당하는 주택담보노후연금"이란 다음 각 호의 요건을 모두 갖춘 연금을 말한다.(2010.2.18 본항개정)
1. 「한국주택금융공사법」 제2조제8호의2에 따른 주택담보노후연금보증을 받아 지급받거나 같은 법 제2조제11호에 따른 금융기관의 주택담보노후연금일 것 (2013.2.15 본호개정)
2. (2009.4.21 삭제)
3. 주택담보노후연금 가입 당시 담보권의 설정대상이 되는 법 제99조제1항에 따른 주택(연금소득이 있는 거주자의 배우자 명의의 주택을 포함한다)의 기준시가가 9억원 이하일 것(2009.4.21 본항개정)
② 주택담보노후연금을 지급받은 경우 그 지급받은 연금에 대하여 발생한 이자상당액은 해당 주택담보노후연금을 지급한 금융회사 등 또는 「한국주택금융공사법」에 따른 한국주택금융공사가 발급한 기획재정부령으로 정하는 주택담보노후연금이자비용증명서에 적힌 금액으로 한다.(2010.2.18 본항개정)
③ 법 제51조의4에 따른 주택담보노후연금이자비용공제를 받으려는 자는 과세표준확정신고서에 제2항에 따른 주택담보노후연금이자비용증명서를 첨부하여 납세지관할세무서장에게 제출하여야 한다.
(2007.2.28 본조신설)
제109조~제110조 (2014.2.21 삭제)
제110조의2 (1998.12.31 삭제)
제110조의3 (2014.2.21 삭제)
제111조 (2008.2.22 삭제)
제112조 【주택자금공제】 ① 법 제52조제4항 본문에서 "대통령령으로 정하는 세대"란 거주자와 그 배우자, 거주자와 같은 주소 또는 거소에서 생계를 같이 하는 거주자와 그 배우자의 직계존비속(그 배우자를 포함한다) 및 형제자매를 모두 포함한 세대를 말한다. 이 경우 거주자와 그 배우자는 생계를 달리하더라도 동일한 세대로 본다.(2015.2.3 전단개정)
② 법 제52조제4항 본문에서 "대통령령으로 정하는 일정 규모 이하의 주택"이란 「주택법」에 따른 국민주택규모의 주택(「주택법 시행령」 제4조제4호에 따른 오피스텔을 포함한다)을 말한다. 이 경우 해당 주택이 다가구주택이면 가구당 전용면적을 기준으로 한다. (2016.8.11 전단개정)
③ 법 제52조제4항 본문 및 같은 조 제5항 각 호 외의 부분 본문에서 "대통령령으로 정하는 배율"이란 다음 각 호의 구분에 따른 배율을 말한다.(2015.2.3 본문개정)
1. 「국토의 계획 및 이용에 관한 법률」 제6조에 따른 도시지역의 토지 : 5배
2. 그 밖의 토지 : 10배
(2010.2.18 본항개정)
④ 법 제52조제4항 본문에서 "대통령령으로 정하는 주택임차자금 차입금"이란 다음 각 호의 어느 하나에 해당하는 차입금을 말한다. 다만, 제2호의 차입금의 경우

해당 과세기간의 총급여액이 5천만원 이하인 사람만 해당한다.(2015.2.3 본문개정)
1. 별표1의2에 따른 대출기관으로부터 차입한 자금으로서 다음 각 목의 요건을 모두 갖춘 것
가.「주택임대차보호법」제3조의2제2항에 따른 임대차계약증서(이하 이 조에서 “임대차계약증서”라 한다)의 입주일과 주민등록표 등본의 전입일(제5항에 따른 외국인의 경우에는「출입국관리법」에 따른 외국인등록표의 체류지 등록일 또는「재외동포의 출입국과 법적 지위에 관한 법률」에 따른 국내거소신고증의 거소 신고일을 말한다. 이하 이 항에서 “전입일등”이라 한다) 중 빠른 날부터 전후 3개월 이내에 차입한 자금일 것. 이 경우 임대차계약을 연장하거나 갱신하면서 차입하는 경우에는 임대차계약 연장일 또는 갱신일부터 전후 3개월 이내에 차입한 자금을 포함하며, 주택임차자금 차입금의 원리금 상환액에 대한 소득공제를 받고 있던 사람이 다른 주택으로 이주하는 경우에는 이주하기 전 주택의 입주일과 전입일등 중 빠른 날부터 전후 3개월 이내에 차입한 자금을 포함한다.(2021.2.17 본목개정)
나. 차입금이 별표1의2에 따른 대출기관에서 임대인의 계좌로 직접 입금될 것
2.「대부업 등의 등록 및 금융이용자 보호에 관한 법률」제2조에 따른 대부업등을 경영하지 아니하는 거주자로부터 차입한 자금으로서 다음 각 목의 요건을 모두 갖춘 것
가. 임대차계약증서의 입주일과 전입일등 중 빠른 날부터 전후 1개월 이내에 차입한 자금일 것. 이 경우 임대차계약을 연장하거나 갱신하면서 차입하는 경우에는 임대차계약 연장일 또는 갱신일부터 전후 1개월 이내에 차입한 자금을 포함하며, 주택임차자금 차입금의 원리금 상환액에 대한 소득공제를 받고 있던 사람이 다른 주택으로 이주하는 경우에는 이주하기 전 주택의 입주일과 전입일등 중 빠른 날부터 전후 1개월 이내에 차입한 자금을 포함한다.(2021.2.17 본목개정)
나. 기획재정부령으로 정하는 이자율보다 낮은 이자율로 차입한 자금이 아닐 것
(2010.2.18 본항개정)
⑤ 법 제52조제4항 본문 및 같은 조 제5항 각 호 외의 부분 본문에서 “대통령령으로 정하는 외국인”이란 다음 각 호의 요건을 모두 갖추자를 말한다.
1. 다음 각 목의 어느 하나에 해당하는 사람일 것
가.「출입국관리법」제31조에 따라 등록한 외국인
나.「재외동포의 출입국과 법적 지위에 관한 법률」제6조에 따라 국내거소신고를 한 외국국적동포
2. 다음 각 목의 어느 하나에 해당하는 사람이 법 제52조제4항·제5항 및「조세특례제한법」제87조제2항에 따른 공제를 받지 않았을 것
가. 거주자의 배우자
나. 거주자와 같은 주소 또는 거소에서 생계를 같이 하는 사람으로서 다음의 어느 하나에 해당하는 사람
1) 거주자의 직계존비속(그 배우자를 포함한다) 및 형제자매
2) 거주자의 배우자의 직계존비속(그 배우자를 포함한다) 및 형제자매
(2021.2.17 본항신설)
⑥ (2015.2.3 삭제)
⑦ (2014.2.21 삭제)
⑧ 법 제52조제5항 각 호 외의 부분 본문에서 “대통령령으로 정하는 장기주택저당차입금”이란 다음 각 호의 요건을 모두 갖춘 차입금을 말하며, 같은 항 단서 및 같은 조 제6항제1호부터 제3호까지의 규정에 따라 차입금의 상환기간을 산정할 때에 해당 주택의 전소유자가

해당 주택에 저당권을 설정하고 차입한 장기주택저당차입금에 대한 채무를 양수인이 주택 취득과 함께 인수한 경우에는 해당 주택의 전소유자가 해당 차입금을 최초로 차입한 때를 기준으로 하여 계산한다. 이 경우 해당 요건을 충족하지 못하게 되는 경우에는 그 사유가 발생한 날부터 법 제52조제5항을 적용하지 아니한다.(2015.2.3 전단개정)
1. (2015.2.3 삭제)
2. 주택소유권이전등기 또는 보존등기일부터 3월 이내에 차입한 장기주택저당차입금일 것
3. 장기주택저당차입금의 채무자가 당해 저당권이 설정된 주택의 소유자일 것
⑨ 법 제52조제6항제1호에서 “대통령령으로 정하는 고정금리 방식”이란 차입금의 100분의 70 이상의 금액에 상당하는 분에 대한 이자를 상환기간 동안 고정금리(5년 이상의 기간 단위로 금리를 변경하는 경우를 포함한다)로 지급하는 경우를 말하며, “대통령령으로 정하는 비거치식 분할상환 방식”이란 차입일이 속하는 과세기간의 다음 과세기간부터 차입금 상환기간의 말일이 속하는 과세기간까지 매년 다음 계산식에 따른 금액 이상의 차입금을 상환하는 경우를 말한다. 이 경우 상환기간 연수 중 1년 미만의 기간은 1년으로 본다.

$$\frac{차입금의\ 100분의\ 70}{상환기간\ 연수}$$

(2015.2.3 전단개정)
⑩ 다음 각 호의 어느 하나에 해당하는 경우 해당 차입금은 제8항에도 불구하고 법 제52조제5항 각 호 외의 부분 본문에 따른 “대통령령으로 정하는 장기주택저당차입금”으로 본다. 다만, 제2호 또는 제4호에 해당하는 경우에는 기존의 차입금의 잔액을 한도로 한다.(2013.9.9 본문개정)
1.「조세특례제한법」제99조에 따른 양도소득세의 감면대상 신축주택을 최초로 취득하는 자가 금융회사 등 또는「주택도시기금법」에 따른 주택도시기금으로부터 차입한 차입금으로 해당 주택을 취득하기 위하여 차입한 사실이 확인되는 경우(2015.6.30 본호개정)
2. 제8항에 따른 장기주택저당차입금의 차입자가 해당 금융회사 등 내에서 또는 다른 금융회사 등으로 장기주택저당차입금을 이전하는 경우(해당 금융회사 등 또는 다른 금융회사 등이 기존의 장기주택저당차입금의 잔액을 직접 상환하고 해당 주택에 저당권을 설정하는 형태로 장기주택저당차입금을 이전하는 경우만 해당한다). 이 경우 해당 차입금의 상환기간은 15년 이상이어야 하며, 상환기간을 계산할 때에는 기존의 장기주택저당차입금을 최초로 차입한 날을 기준으로 한다.(2015.2.3 본호개정)
3. 주택양수자가 금융회사 등 또는「주택도시기금법」에 따른 주택도시기금으로부터 주택양도자의 주택을 담보로 차입금의 상환기간이 15년 이상인 차입금을 차입한 후 즉시 소유권을 주택양수자에게로 이전하는 경우(2015.6.30 본호개정)
4. 법 제52조제5항에 따라 제8항제2호 및 제3호의 요건에 해당하는 자로서 그 상환기간이 15년 미만인 차입자가 그 상환기간을 15년 이상으로 연장하거나 해당 주택에 저당권을 설정하고 상환기간을 15년 이상으로 하여 신규로 차입한 차입금으로 기존 차입금을 상환하는 경우로서 상환기간 연장 당시 또는 신규 차입 당시 법 제99조제1항에 따른 주택의 기준시가 또는 제15항에 따른 주택분양권의 가격이 각각 5억원 이하인 경우. 이 경우 제8항제2호를 적용할 때에는 신규 차입금에 대하여는 기존 차입금의 최초차입일을 기준으로 한다.(2021.2.17 전단개정)
5.「조세특례제한법」제98조의3에 따른 양도소득세 과세특례대상 주택을 2009년 2월 12일부터 2010년 2월

11일까지의 기간 중에 최초로 취득하는 자가 해당 주택을 취득하기 위하여 금융회사 등 또는 「주택도시기금법」에 따른 주택도시기금으로부터 차입한 차입금으로서 상환기간이 5년 이상인 경우. 이 경우 해당 차입금은 제8항제2호 및 제3호의 요건을 충족하여야 한다.(2015.6.30 전단개정)

⑪ 제8항을 적용할 때 주택취득과 관련하여 해당 주택의 양수인이 장기주택저당차입금의 채무를 인수하는 경우에는 같은 항 제2호의 요건을 적용하지 아니한다.(2013.9.9 본항개정)

⑫ 법률 제5584호 「조세감면규제법개정법률」로 개정되기 전의 「조세감면규제법」 제92조의4에 따른 주택자금차입금이자에 대한 세액공제를 받는 자에 대하여는 해당 과세기간에 있어서는 해당 주택취득과 관련된 차입금은 제8항에도 불구하고 법 제52조제5항 각 호 외의 부분 본문에 따른 "대통령령으로 정하는 장기주택저당차입금"으로 보지 아니한다.(2013.9.9 본항개정)

⑬ (2010.2.18 삭제)

⑭ 제11항을 적용할 때 주택양수인이 주택을 취득할 당시 법 제99조제1항에 따른 주택의 기준시가가 5억원을 초과하는 경우에는 법 제52조제5항 각 호 외의 부분 본문에 따른 "대통령령으로 정하는 장기주택저당차입금"으로 보지 않는다.(2021.2.17 본항개정)

⑮ 법 제52조제5항제4호 본문에서 "대통령령으로 정하는 가격"이란 다음 각 호의 어느 하나에 해당하는 가격을 말한다.(2010.2.18 본항개정)
1. 법 제52조제5항제4호 본문에 따른 주택분양권 중 제2호에 따른 조합원입주권을 제외한 주택분양권 : 분양가격(2010.2.18 본호개정)
2. 법 제89조제2항 본문의 규정에 따른 조합원입주권
   가. 청산금을 납부한 경우
      기존건물과 그 부수토지의 평가액 + 납부한 청산금
   나. 청산금을 지급받은 경우
      기존건물과 그 부수토지의 평가액 - 지급받은 청산금
   (2006.2.9 본호신설)
(2000.10.23 본조개정)

제112조의2 (2014.2.21 삭제)

제113조 【특별소득공제 및 특별세액공제】 ① 법 제52조 또는 제59조의4를 적용받으려는 사람은 기획재정부령으로 정하는 서류를 다음 각 호에 규정된 날까지 원천징수의무자 · 납세조합 또는 납세지 관할세무서장에게 제출하여야 한다. 다만, 법 제52조에 따른 보험료와 원천징수의무자가 급여액에서 일괄공제하는 기부금에 대해서는 그러하지 아니하다.(2014.2.21 본항개정)
1. 근로소득이 있는 사람(법 제127조제1항제4호 각 목의 어느 하나에 해당하는 근로소득이 있는 사람 중 납세조합에 가입하지 아니한 사람은 제외한다)은 해당 과세기간의 다음 연도 2월분의 급여를 받는 날(퇴직한 경우에는 퇴직한 날이 속하는 달의 급여를 받는 날)
2. 법 제127조제1항제4호 각 목의 어느 하나에 해당하는 근로소득이 있는 사람 중 납세조합에 가입하지 아니하는 사람은 종합소득 과세표준확정신고기한
(2010.2.18 본항개정)

② 제216조의3에 따라 소득공제 및 세액공제 증명서류가 국세청장에게 제출되는 경우에는 제1항 본문에도 불구하고 법 제52조 또는 제59조의4를 적용받고자 하는 자는 기획재정부령이 정하는 서류를 제출(국세정보통신망에 의한 제출을 포함한다)할 수 있다.(2016.2.17 본항개정)

③ 법 제47조제5항은 특별소득공제 및 특별세액공제에 관하여 준용한다. 다만, 법 제52조제1항에 따른 보험료는 해당 보험료 계산의 기초가 된 급여를 지급하는 원천징수의무자가 공제한다.(2014.2.21 본항개정)
(2014.2.21 본조제목개정)

제113조의2 (2014.2.21 삭제)

제114조 【일시퇴거자의 범위】 ① 법 제53조제2항에서 "대통령령으로 정하는 사유"란 거주자 또는 그 동거가족(직계비속 및 입양자는 제외한다)이 취학, 질병의 요양, 근무상 또는 사업상의 형편으로 본래의 주소 또는 거소를 일시 퇴거한 경우를 말한다.(2010.2.18 본항개정)

② 법 제53조제2항에 따른 일시퇴거자에 대한 종합소득공제 및 특별세액공제를 받고자 하는 자는 기획재정부령이 정하는 일시퇴거자 동거가족상황표(이하 "일시퇴거자 동거가족상황표"라 한다)에 다음 각 호의 어느 하나에 해당하는 서류를 첨부하여 원천징수의무자 또는 납세지 관할세무서장에게 제출(국세정보통신망에 의한 제출을 포함한다)하여야 한다.(2014.2.21 본항개정)
1. 취학을 위하여 일시퇴거한 경우에는 당해 학교(학원 등을 포함한다)의 장이 발행하는 재학증명서
2. 질병의 요양을 위하여 일시퇴거한 경우에는 당해 의료기관의 장이 발행하는 요양증명서
3. 근무를 위하여 일시퇴거한 경우에는 당해 근무처의 장이 발행하는 재직증명서
4. (2006.6.12 삭제)

③ 제2항에 따라 신청을 받은 납세지 관할 세무서장은 「전자정부법」 제36조제1항에 따른 행정정보의 공동이용을 통하여 다음 각 호의 서류를 확인하여야 하며, 거주자가 확인에 동의하지 아니하거나 근로소득자가 법 제140조에 따라 소득공제 및 세액공제 신고를 하는 경우에는 이를 첨부하도록 하여야 한다.(2014.2.21 본항개정)
1. 본래의 주소지 및 일시퇴거지의 주민등록표 등본
2. 사업자등록증 사본(사업상 형편으로 일시퇴거한 경우에 한한다)
(2006.6.12 본항신설)

④ 제2항 및 제3항의 규정에 의한 일시퇴거자 동거가족상황표의 제출에 관하여는 제113조제1항의 규정을 준용한다.(2006.6.12 본항개정)

제5절 세율과 세액공제

제115조 (2013.2.15 삭제)

제116조 (2007.2.28 삭제)

제116조의2 【배당세액공제대상 배당소득금액의 계산방법】 법 제62조를 적용함에 있어서 법 제56조제4항에서 규정하는 이자소득 등의 종합과세기준금액을 초과하는 배당소득금액은 이자소득 등의 금액을 다음 각 호에 따라 순차적으로 합산하여 계산한 금액에 의한다.(2015.2.3 본문개정)
1. 이자소득과 배당소득이 함께 있는 경우에는 이자소득부터 먼저 합산한다.
2. 제1호의 규정을 적용함에 있어서 법 제17조제3항 단서가 적용되는 배당소득과 기타의 배당소득이 함께 있는 경우에는 기타의 배당소득부터 먼저 합산하고, 「조세특례제한법」 제104조의27제1항에 따른 배당소득이 있는 경우에는 이를 다음으로 합산한다.
(2015.2.3 본호개정)
(1996.12.31 본조신설)

제116조의3 【기장세액공제】 ① (2010.2.18 삭제)
② 법 제56조의2제2항제2호 단서에서 "천재지변 등 대통령령으로 정하는 부득이한 사유"란 다음 각 호의 어느 하나에 해당하는 경우를 말한다.(2010.2.18 본문개정)
1. 천재 · 지변
2. 화재 · 전쟁의 재해를 입거나 도난을 당한 경우
3. 기타 제1호 및 제2호에 준하는 사유가 발생한 경우
③ 법 제56조의2의 규정에 의한 기장세액공제를 받고자 하는 자는 과세표준확정신고서에 기획재정부령이 정하

는 기장세액공제신청서를 첨부하여 납세지 관할세무서장에게 신청하여야 한다.(2008.2.29 본항개정)
(1998.12.31 본조신설)

제116조의4【전자계산서 발급 전송에 대한 세액공제특례】 ① 법 제56조의3제1항 전단에서 "대통령령으로 정하는 사업자"란 직전 과세기간의 사업장별 총수입금액이 3억원 미만인 사업자를 말한다.
② 법 제56조의3제1항 전단에서 "대통령령으로 정하는 금액"이란 전자계산서 발급 건수 당 200원을 곱하여 계산한 금액을 말한다.
(2022.2.15 본조개정)

제117조【외국납부세액공제】 ① 법 제57조제1항 계산식 외의 부분 및 제129조제4항 전단에서 "대통령령으로 정하는 외국소득세액"이란 외국정부에 납부했거나 납부할 다음 각 호의 세액(가산세는 제외한다)을 말한다. 다만, 해당 세액이 조세조약에 따른 비과세·면제·제한세율에 관한 규정에 따라 계산한 세액을 초과하는 경우에는 그 초과하는 세액은 제외한다.
(2022.2.15 본문개정)
1. 개인의 소득금액을 과세표준으로 하여 과세된 세액과 그 부가세액
2. 제1호와 유사한 세목에 해당하는 것으로서 소득외의 수입금액 기타 이에 준하는 것을 과세표준으로 하여 과세된 세액
② 법 제57조제1항이 적용되는 국외원천소득은 국외에서 발생한 소득으로서 거주자의 종합소득금액 또는 퇴직소득금액의 계산에 관한 규정을 준용하여 산출한 금액으로 하고, 같은 항에 따라 공제한도금액을 계산할 때의 국외원천소득은 그 국외원천소득에서 해당 과세기간의 종합소득금액을 계산할 때 필요경비에 산입된 금액(국외원천소득이 발생한 국가에서 과세할 때 필요경비에 산입된 금액은 제외한다)으로서 국외원천소득에 대응하는 다음 각 호의 비용(이하 이 조에서 "국외원천소득대응비용"이라 한다)을 뺀 금액으로 한다. 이 경우 거주자가 연구개발 관련 비용 등 기획재정부령으로 정하는 비용에 대하여 기획재정부령으로 정하는 계산방법을 선택하여 계산하는 경우에는 그에 따라 계산한 금액으로 국외원천소득대응비용을 계산하고, 기획재정부령으로 정하는 계산방법을 선택한 경우에는 그 선택한 계산방법을 적용받으려는 과세기간부터 5개 과세기간 동안 연속하여 적용해야 한다.(2021.2.17 본문개정)
1. 직접비용 : 해당 국외원천소득에 직접적으로 관련되어 대응되는 비용. 이 경우 해당 국외원천소득과 그 밖의 소득에 공통적으로 관련된 비용은 제외한다.
2. 배분비용 : 해당 국외원천소득과 그 밖의 소득에 공통적으로 관련된 비용 중 기획재정부령으로 정하는 배분방법에 따라 계산한 국외원천소득 관련 비용
(2020.2.11 본항개정)
③ 법 제57조제1항에 따른 외국납부세액은 해당 국외원천소득이 과세표준에 산입되어 있는 과세기간의 산출세액에서 공제한다. 이 경우 외국납부세액의 공제를 받으려는 거주자는 기획재정부령으로 정하는 외국납부세액공제신청서를 국외원천소득이 산입된 과세기간의 과세표준확정신고 또는 연말정산을 할 때에 납세지 관할세무서장 또는 원천징수의무자에게 제출해야 한다.
(2021.2.17 본항개정)
④ 거주자는 외국정부의 국외원천소득에 대한 소득세의 결정통지의 지연이나 과세기간의 상이등의 사유로 제3항에 따른 신청서를 과세표준확정신고와 함께 제출할 수 없는 때에는 그 결정통지를 받은 날부터 3개월 이내에 이를 제출할 수 있다.(2017.2.3 본항개정)
⑤ 제4항의 규정은 외국정부가 국외원천소득에 대한 소득세의 결정을 경정함으로써 외국납부세액에 변동이 생긴 경우에 이를 준용한다. 이 경우 환급세액이 발생

하는 경우에는 「국세기본법」 제51조에 따라 충당하거나 환급할 수 있다.(2009.2.4 후단신설)
⑥ 법 제19조에 따른 사업소득 외의 종합소득에 대한 외국납부세액은 법 제57조제1항의 방법에 따라 공제한다.(2021.2.17 본항개정)
⑦ 법 제57조제1항에 따른 공제한도금액을 계산할 때 국외사업장이 둘 이상의 국가에 있는 경우에는 사업자가 국가별로 구분하여 계산한다.(2021.2.17 본항개정)
⑧ 법 제57조제4항에서 "대통령령으로 정하는 요건을 갖춘 경우"란 다음 각 호의 어느 하나에 해당하는 경우를 말한다.
1. 외국법인의 소득이 그 본점 또는 주사무소가 있는 국가(이하 이 항에서 "거주지국"이라 한다)에서 발생한 경우 : 거주지국의 세법에 따라 그 외국법인의 소득에 대하여 해당 외국법인이 아닌 그 주주 또는 출자자인 거주자가 직접 납세의무를 부담하는 경우
2. 외국법인의 소득이 거주지국 이외의 국가(이하 이 항에서 "원천지국"이라 한다)에서 발생한 경우 : 다음 각 목의 요건을 모두 갖춘 경우
  가. 거주지국의 세법에 따라 그 외국법인의 소득에 대하여 해당 외국법인이 아닌 그 주주 또는 출자자인 거주자가 직접 납세의무를 부담할 것
  나. 원천지국의 세법에 따라 그 외국법인의 소득에 대하여 해당 외국법인이 아닌 그 주주 또는 출자자인 거주자가 직접 납세의무를 부담할 것
(2010.12.30 본항신설)
⑨ 법 제57조제4항에서 "대통령령으로 정하는 바에 따라 계산한 금액"이란 다음의 산식에 따라 계산한 금액을 말한다.

거주자가 부담한 외국법인의 해당 사업연도 소득에 대한 소득세액	×	수입배당금액		
		(외국법인의 해당 사업연도 소득금액 × 거주자의 해당 사업연도 손익배분비율)	−	거주자가 부담한 외국법인의 해당 사업연도 소득에 대한 소득세액

(2010.12.30 본항신설)
⑩ 법 제57조제1항에 따른 공제한도금액을 초과하는 외국소득세액 중 직·간접비용과 관련된 외국소득세액(제1호의 금액에서 제2호의 금액을 뺀 금액을 말한다)에 대해서는 법 제57조제2항 본문을 적용하지 않는다. 이 경우 해당 외국소득세액은 세액공제를 적용받지 못한 과세기간의 다음 과세기간 소득금액을 계산할 때 필요경비에 산입할 수 있다.(2023.2.28 본항신설)
1. 제2항 각 호 외의 부분 전단에 따라 산출한 법 제57조제1항이 적용되는 국외원천소득을 기준으로 계산한 공제한도금액(2023.2.28 본호개정)
2. 법 제57조제1항에 따른 공제한도금액(2021.2.17 본호개정)

제118조【재해손실세액공제】 ① 법 제58조제1항 각 호 외의 부분 전단에서 "대통령령으로 정하는 자산"이란 다음 각 호의 어느 하나에 해당하는 것을 말한다.
(2008.2.22 본문개정)
1. 사업용 자산(토지를 제외한다)
2. 상실한 타인소유의 자산으로서 그 상실에 대한 변상 책임이 당해 사업자에게 있는 것
3. 재해손실세액공제를 하는 소득세의 과세표준금액에 이자소득금액 또는 배당소득금액이 포함되어 있는 경우에는 그 소득금액과 관련되는 예금·주식 기타의 자산
② 법 제58조제1항의 규정을 적용함에 있어서 재해발생의 비율은 재해발생일 현재의 장부가액에 의하여 계산하되, 장부가 소실 또는 분실되어 장부가액을 알 수 없는 경우에는 납세지 관할세무서장이 조사확인한 재해발생일 현재의 가액에 의하여 이를 계산한다.

③ 법 제58조제1항에 따라 재해손실세액공제를 받으려는 자는 다음 각 호의 기한까지 기획재정부령으로 정하는 재해손실세액공제신청서를 납세지 관할 세무서장에게 제출(국세정보통신망에 의한 제출을 포함한다)해야 한다.
1. 재해발생일 현재 과세표준확정신고기한이 경과되지 않은 소득세의 경우는 그 신고기한. 다만, 재해발생일부터 신고기한까지의 기간이 3개월 미만인 경우는 재해발생일부터 3개월
2. 재해발생일 현재 미납부된 소득세와 납부해야 할 소득세의 경우는 재해발생일부터 3개월
(2022.2.15 본항개정)
④ 법 제58조제7항의 규정에 의한 자산상실비율은 재해발생지역의 관할세무서장이 조사하여 관할지방국세청장의 승인을 얻어야 한다.(1995.12.30 본항개정)

제118조의2【연금계좌세액공제】 ① 법 제59조의3제1항을 적용받으려는 자는 기획재정부령으로 정하는 연금납입확인서를 제113조제1항 각 호에 따른 날까지 원천징수의무자, 납세조합 또는 납세지 관할 세무서장에게 제출하여야 한다.
② 제1항을 적용하는 경우 제216조의3에 따라 세액공제 증명서류가 국세청장에게 제출되었을 때에는 기획재정부령으로 정하는 서류를 제113조제1항 각 호에 따른 날까지 제출할 수 있다.
③ 법 제59조의3제3항에서 "대통령령으로 정하는 방법으로 연금계좌로 납입한 경우"란 개인종합자산관리계좌의 계약기간이 만료된 날부터 60일 이내에 해당 계좌 잔액의 전부 또는 일부를 연금계좌로 납입한 경우를 말한다.(2020.2.11 본항신설)
(2014.2.21 본조신설)

제118조의3【연금계좌세액공제 한도액 초과납입금 등의 해당 연도 납입금으로의 전환 특례】 ① 연금계좌가입자가 이전 과세기간에 연금계좌에 납입한 연금보험료 중 법 제59조의3에 따른 연금계좌세액공제를 받지 아니한 금액이 있는 경우로서 그 금액의 전부 또는 일부를 해당 과세기간에 연금계좌에 납입한 연금보험료로 전환하여 줄 것을 연금계좌취급자에게 신청한 경우에는 법 제59조의3을 적용할 때 그 전환을 신청한 금액을 제40조의3제2항에도 불구하고 연금계좌에서 가장 먼저 인출하여 그 신청을 한 날에 다시 해당 연금계좌에 납입한 연금보험료로 본다. 이 경우 전환을 신청한 금액은 그 신청한 날에 연금계좌에 납입한 연금보험료로 보아 제40조의2제2항 각 호의 요건을 충족하여야 한다.
② 제1항에 따라 전환을 신청한 금액에 대한 연금계좌세액공제의 계산은 법 제59조의3제1항 각 호 외의 부분을 따른다.(2022.2.15 본항신설)
③ 제1항에 따른 납입한 연금보험료의 전환 신청 등에 필요한 사항은 기획재정부령으로 정한다.
(2014.2.21 본조신설)

제118조의4【보험료세액공제】 ① 법 제59조의4제1항제1호에서 "대통령령으로 정하는 장애인전용보장성보험료"란 제2항 각 호에 해당하는 보험·공제로서 보험·공제 계약 또는 보험료·공제료 납입영수증에 장애인전용 보험·공제로 표시된 보험·공제의 보험료·공제료를 말한다.
② 법 제59조의4제1항제2호에서 "대통령령으로 정하는 보험료"란 다음 각 호의 어느 하나에 해당하는 보험·보증·공제의 보험료·보증료·공제료 중 기획재정부령으로 정하는 것을 말한다.(2018.2.13 본문개정)
1. 생명보험
2. 상해보험
3. 화재·도난이나 그 밖의 손해를 담보하는 가계에 관한 손해보험

4. 「수산업협동조합법」, 「신용협동조합법」 또는 「새마을금고법」에 따른 공제
5. 「군인공제회법」, 「한국교직원공제회법」, 「대한지방행정공제회법」, 「경찰공제회법」 및 「대한소방공제회법」에 따른 공제
6. 주택 임차보증금의 반환을 보증하는 것을 목적으로 하는 보험·보증. 다만, 보증대상 임차보증금이 3억원을 초과하는 경우는 제외한다.(2018.2.13 본호신설)
(2014.2.21 본조신설)

제118조의5【의료비 세액공제】 ① 법 제59조의4제2항 각 호 외의 부분에서 "대통령령으로 정하는 의료비"란 해당 근로자가 직접 부담하는 다음 각 호의 어느 하나에 해당하는 의료비(제216조의3제7항 각 호의 어느 하나에 해당하는 자로부터 지급받은 실손의료보험금은 제외한다. 이하 이 조에서 같다)를 말한다.
(2021.2.17 본문개정)
1. 진찰·치료·질병예방을 위하여 「의료법」 제3조에 따른 의료기관에 지급한 비용
2. 치료·요양을 위하여 「약사법」 제2조에 따른 의약품(한약을 포함한다. 이하 같다)을 구입하고 지급하는 비용
3. 장애인 보장구(「조세특례제한법 시행령」 제105조에 따른 보장구를 말한다) 및 의사·치과의사·한의사 등의 처방에 따라 의료기기(「의료기기법」 제2조제1항에 따른 의료기기를 말한다)를 직접 구입하거나 임차하기 위하여 지출한 비용
4. 시력보정용 안경 또는 콘택트렌즈를 구입하기 위하여 지출한 비용으로서 법 제50조제1항에 따른 기본공제대상자(연령 및 소득금액의 제한을 받지 아니한다) 1명당 연 50만원 이내의 금액
5. 보청기를 구입하기 위하여 지출한 비용
6. 「노인장기요양보험법」 제40조제1항 및 같은 조 제2항제3호에 따른 장기요양급여에 대한 비용으로서 실제 지출한 본인일부부담금(2018.2.13 본호개정)
7. 해당 과세기간의 총급여액이 7천만원 이하인 근로자가 「모자보건법」 제2조제10호에 따른 산후조리원에 산후조리 및 요양의 대가로 지급하는 비용으로서 출산 1회당 200만원 이내의 금액(2019.2.12 본호신설)
② 제1항 각 호의 비용에는 미용·성형수술을 위한 비용 및 건강증진을 위한 의약품 구입비용은 포함하지 아니한다.
③ 원천징수의무자는 법 제137조, 제137조의2 또는 제138조에 따른 근로소득세액 연말정산을 할 때 특별세액공제 대상이 되는 의료비가 포함된 근로소득지급명세서를 제출할 때에 해당 근로자의 의료비지급명세서가 전산처리된 테이프 또는 디스켓을 관할 세무서장에게 제출하여야 한다.
④ 법 제59조의4제2항제2호라목에서 "대통령령으로 정하는 중증질환자, 희귀난치성질환자 또는 결핵환자"란 「국민건강보험법 시행령」 별표2 제3호가목3), 같은 호 나목2) 및 같은 호 마목에 따른 요양급여를 받는 사람으로서 기획재정부령으로 정하는 사람을 말한다.
(2022.2.15 본항개정)
⑤ 법 제59조의4제2항제3호 본문에서 "대통령령으로 정하는 미숙아 및 선천성이상아를 위하여 지급한 의료비"란 다음 각 호의 구분에 따른 의료비를 말한다.
1. 「모자보건법」에 따른 미숙아의 경우 : 보건소장 또는 의료기관의 장이 미숙아 출생을 원인으로 미숙아가 아닌 영유아와는 다른 특별한 의료적 관리와 보호가 필요하다고 인정하는 치료를 위하여 지급한 의료비
2. 「모자보건법」에 따른 선천성이상아의 경우 : 해당 선천성이상 질환을 치료하기 위하여 지급한 의료비
(2022.2.15 본항개정)
⑥ 법 제59조의4제2항제4호 본문에서 "대통령령으로

정하는 난임시술"이란 「모자보건법」에 따른 보조생식술을 말한다.(2022.2.15 본항신설)

(2014.2.21 본조신설)

제118조의6【교육비 세액공제】 ① 법 제59조의4제3항 각 호 외의 부분 본문에서 "대통령령으로 정하는 교육비"란 다음 각 호의 어느 하나에 해당하는 교육비를 말한다.

1. 수업료·입학금·보육비용·수강료 및 그 밖의 공납금

2. 「학교급식법」, 「유아교육법」, 「영유아보육법」 등에 따라 급식을 실시하는 학교, 유치원, 어린이집, 법 제59조의4제3항제1호라목에 따른 학원 및 체육시설(초등학교 취학 전 아동의 경우만 해당한다)에 지급한 급식비

3. 「초·중등교육법」 제2조에 따른 학교에서 구입한 교과서대금(2017.2.3 본호개정)

4. 교복구입비용(중·고등학교의 학생만 해당하며, 학생 1명당 연 50만원을 한도로 한다)

5. 다음 각 목의 학교 등에서 실시하는 방과후 학교나 방과후 과정 등의 수업료 및 특별활동비(학교 등에서 구입한 도서의 구입비와 학교 외에서 구입한 초·중·고등학교의 방과후 학교 수업용 도서의 구입비를 포함한다)

가. 「초·중등교육법」 제2조에 따른 학교

나. 「유아교육법」 제2조제2호에 따른 유치원

다. 「영유아보육법」 제2조제3호에 따른 어린이집

라. 「법 제59조의4제3항제1호라목에 따른 학원 및 체육시설(초등학교 취학 전 아동의 경우만 해당한다)

6. 「초·중등교육법」 제2조에 따른 학교에서 교육과정으로 실시하는 현장체험학습에 지출한 비용(학생 1명당 연 30만원을 한도로 한다)(2017.2.3 본호신설)

7. 「고등교육법」 제34조제3항에 따른 시험의 응시수수료 및 같은 법 제34조의4에 따른 입학전형료 (2023.2.28 본호신설)

② 법 제59조의4제3항 각 호 외의 부분 단서에서 "대통령령으로 정하는 교육비"란 해당 과세기간에 받은 장학금 또는 학자금(이하 이 항에서 "장학금등"이라 한다)으로서 다음 각 호의 어느 하나에 해당하는 것을 말한다.

1. 「근로복지기본법」에 따른 사내근로복지기금으로부터 받은 장학금등

2. 재학 중인 학교로부터 받은 장학금등

3. 근로자인 학생이 직장으로부터 받은 장학금등

4. 그 밖에 각종 단체로부터 받은 장학금등

③ 법 제59조의4제3항제1호나목2)에서 "대통령령으로 정하는 교육과정"이란 「학점인정 등에 관한 법률」 제3조제1항에 따라 교육부장관이 학점인정학습과정으로 평가인정한 교육과정 및 「독학에 의한 학위취득에 관한 법률 시행령」 제9조제1항제4호에 따른 교육과정을 말한다.(2015.2.3 본항개정)

④ 법 제59조의4제3항제1호다목에서 "대통령령으로 정하는 국외교육기관"이란 국외에 소재하는 교육기관으로서 우리나라의 「유아교육법」에 따른 유치원, 「초·중등교육법」 또는 「고등교육법」에 따른 학교에 해당하는 것을 말한다.

⑤ 법 제59조의4제3항제1호다목에서 "대통령령으로 정하는 학생"이란 해당 과세기간 종료일 현재 대한민국 국적을 가진 거주자가 교육비를 지급한 학생(초등학교 취학 전 아동과 초등학생·중학생의 경우에는 다음 각 호의 어느 하나에 해당하는 사람으로 한정한다)을 말한다.

1. 「국외유학에 관한 규정」 제5조에 따른 자비유학의 자격이 있는 사람

2. 「국외유학에 관한 규정」 제15조에 따라 유학을 하는 자로서 부양의무자와 국외에서 동거한 기간이 1년 이상인 사람

⑥ 법 제59조의4제3항제1호라목에서 "대통령령으로 정하는 체육시설"이란 다음 각 호의 어느 하나에 해당하는 것을 말한다.

1. 「체육시설의 설치·이용에 관한 법률」에 따른 체육시설업자(기획재정부령으로 정하는 체육시설업자를 포함한다)가 운영하는 체육시설

2. 국가, 지방자치단체 또는 「청소년활동 진흥법」에 따른 청소년수련시설로 허가·등록된 시설을 운영하는 자가 운영(위탁운영을 포함한다)하는 체육시설

⑦ 법 제59조의4제3항제1호라목에서 "대통령령으로 정하는 금액"이란 초등학교 취학 전 아동이 「학원의 설립·운영 및 과외교습에 관한 법률」에 따른 학원 또는 제6항에 따른 체육시설에서 월단위로 실시하는 교습과정(1주 1회 이상 실시하는 과정만 해당한다)의 교습을 받고 지출한 수강료를 말한다.

⑧ 법 제59조의4제3항제2호다목 단서에서 "대통령령으로 정하는 지원금 등"이란 「고용보험법 시행령」 제43조에 따른 근로자의 직업능력 개발을 위한 지원을 말한다.

⑨ 법 제59조의4제3항제2호라목 본문에서 "대통령령으로 정하는 학자금 대출"이란 다음 각 호의 학자금 대출(등록금에 대한 대출에 한정한다)을 말한다.

1. 「한국장학재단 설립 등에 관한 법률」 제2조제2호에 따른 취업 후 상환 학자금대출 및 같은 조 제3호에 따른 일반 상환 학자금대출

2. 「농어업인 삶의 질 향상 및 농어촌지역 개발촉진에 관한 특별법 시행령」 제17조제1항제4호에 따른 학자금 융자지원 사업을 통한 학자금대출

3. 「한국주택금융공사법」에 따라 한국주택금융공사가 금융기관으로부터 양수한 학자금 대출

4. 제1호부터 제3호까지의 규정에 따른 학자금 대출과 유사한 학자금 대출로서 기획재정부령으로 정하는 대출

(2017.2.3 본항신설)

⑩ 법 제59조의4제3항제2호라목 단서에서 "대출금의 상환 연체로 인하여 추가로 지급하는 금액 등 대통령령으로 정하는 지급액"이란 다음 각 호의 금액을 말한다.

1. 제9항에 따른 학자금 대출의 원리금 상환의 연체로 인하여 추가로 지급하는 금액

2. 제9항에 따른 학자금 대출의 원리금 중 감면받거나 면제받은 금액

3. 제9항에 따른 학자금 대출의 원리금 중 지방자치단체 또는 공공기관 등으로부터 학자금을 지원받아 상환한 금액

(2017.2.3 본항신설)

⑪ 법 제59조의4제3항제3호 각 목 외의 부분에서 "대통령령으로 정하는 특수교육비"란 장애인의 재활교육을 위하여 지급하는 비용(「장애아동복지지원법」에 따라 국가 또는 지방자치단체로부터 지원받는 금액은 제외한다)을 말한다.

⑫ 법 제59조의4제3항제3호가목에서 "대통령령으로 정하는 사회복지시설 및 비영리법인"이란 다음 각 호의 시설 및 법인을 말한다.

1. 「사회복지사업법」에 따른 사회복지시설

2. 「민법」에 따라 설립된 비영리법인으로서 보건복지부장관이 장애인재활교육을 실시하는 기관으로 인정한 법인

⑬ 법 제59조의4제3항제3호나목에서 "대통령령으로 정하는 기관"이란 「장애아동복지지원법」 제21조제3항에 따라 지방자치단체가 지정한 발달재활서비스 제공기관을 말한다.

⑭ 법 제59조의4제3항제7항 전단에서 "대통령령으로 정하는 기관"이란 다음 각 호의 어느 하나에 해당하는 기관을 말한다.

1. 「한국장학재단 설립 등에 관한 법률」 제6조에 따른 한국장학재단
2. 「한국주택금융공사법」에 따른 한국주택금융공사
3. 「한국자산관리공사 설립 등에 관한 법률」에 따른 한국자산관리공사(2022.2.17 본호개정)
(2017.2.3 본항신설)
⑮ 법 제59조의4제7항 전단에서 "학자금대출 및 원리금 상환내역 등 대통령령으로 정하는 자료"란 다음 각 호의 자료를 말한다.
1. 연도별 학자금 대출 및 원리금 상환내역
2. 법 제59조의4제3항에 따른 교육비 공제의 적용과 관련하여 국세청장이 필요하다고 인정하는 자료
(2017.2.3 본항신설)
(2014.2.21 본조신설)

제118조의7 【기부금의 세액공제 등】 ① 법 제59조의4제4항에 따라 거주자가 지출한 기부금에 따른 기부금 세액공제액을 종합소득금액 산출세액에서 공제하는 경우에는 제79조제4항 및 제81조제3항부터 제6항까지의 규정을 준용한다.(2015.2.3 본항개정)
② 원천징수의무자는 법 제137조, 제137조의2 및 제138조에 따른 근로소득세액 연말정산 또는 법 제144조의2에 따른 사업소득세액의 연말정산을 할 때 기부금세액공제를 적용받은 거주자에 대해서는 지급명세서를 제출할 때에 해당 거주자의 기부금명세서가 전산처리된 테이프 또는 디스켓을 관할 세무서장에게 제출하여야 한다.
③ 법 제59조의4제4항에서 "제73조제1항제4호에 따른 자 등 대통령령으로 정하는 자"란 법 제73조제1항제4호에 따른 사업자를 말한다.(2015.2.3 본항개정)
④ 법 제59조의4제4항에 따라 세액공제를 받으려는 거주자에게 사업소득이 있는 경우 법 제59조의4제4항제2호가목에 따른 한도액을 계산할 때 종합소득금액은 기부금을 필요경비에 산입하기 전의 소득금액을 기준으로 한다.
⑤ (2015.2.3 삭제)
(2014.2.21 본조신설)

제118조의8 【성실사업자의 범위】 ① 법 제59조의4제9항제2호가목에서 "사업용계좌의 신고 등 대통령령으로 정하는 요건에 해당하는 사업자"란 다음의 요건을 모두 갖춘 사업자를 말한다.(2021.2.17 본문개정)
1. 다음 각 목의 어느 하나에 해당하는 사업자일 것
 가. 법 제162조의2 및 제162조의3에 따라 신용카드가맹점 및 현금영수증가맹점으로 모두 가입한 사업자. 다만, 해당 과세기간에 법 제162조의2제2항, 제162조의3제3항 또는 같은 조 제4항을 위반하여 법 제162조의2제4항 후단 또는 제162조의3제6항 후단에 따라 관할 세무서장으로부터 해당 사실을 통보받은 사업자는 제외한다.
 나. 「조세특례제한법」 제5조의2제1호에 따른 전사적(全社的) 기업자원 관리설비 또는 「유통산업발전법」에 따라 판매시점정보관리시스템설비를 도입한 사업자 등 기획재정부령으로 정하는 사업자
2. 법 제160조제1항 또는 제2항에 따라 장부를 비치·기록하고, 그에 따라 소득금액을 계산하여 신고할 것(법 제80조제3항 단서에 따라 추계조사결정이 있는 경우 해당 과세기간은 제외한다)
3. 법 제160조의5제3항에 따라 사업용계좌를 신고하고, 해당 과세기간에 같은 조 제1항에 따라 사업용계좌를 사용하여야 할 금액의 3분의 2 이상을 사용할 것
② 제1항제1호 각 목에 해당하는지에 대한 판정 등에 필요한 사항은 기획재정부령으로 정한다.
(2014.2.21 본조신설)

제119조 【공통손익의 계산】 법 제59조의5제1항 또는 다른 법률에 따라 감면되는 사업과 그 밖의 사업을 겸영하는 경우에 감면사업과 그 밖의 사업의 공통필요경

비와 공통수입금액은 기획재정부령으로 정하는 바에 따라 구분 계산하여야 한다.(2014.2.21 본조개정)

제119조의2 【외국항행소득의 범위】 법 제59조의5제1항제2호 본문에서 "대통령령으로 정하는 선박과 항공기의 외국항행사업으로부터 얻는 소득"이란 다음 각 호의 어느 하나에 해당하는 소득을 말한다.
(2014.2.21 본문개정)
1. 외국항행만을 목적으로 하는 정상적인 업무에서 발생하는 소득
2. 사업자가 소유하는 선박 또는 항공기가 정기용선계약 또는 정기용기계약(나용선계약 또는 나용기계약은 제외한다)에 의하여 외국을 항행함으로써 발생하는 소득
(2013.2.15 본조제목개정)
(2010.6.8 본조신설)

제119조의3 【세액감면액 및 세액공제액의 산출세액 초과 시의 적용방법】 ① 법 제61조제1항에서 "대통령령으로 정하는 근로소득에 대한 종합소득산출세액"이란 해당 과세기간의 종합소득산출세액에 근로소득금액이 그 과세기간의 종합소득금액에서 차지하는 비율을 곱하여 산출한 금액을 말한다.
② 법 제61조제2항 본문에서 "대통령령으로 정하는 산출세액"이란 해당 과세기간의 종합소득산출세액에 법 제62조에 따라 원천징수세율을 적용받는 이자소득금액 및 배당소득금액의 합계액이 그 과세기간의 종합소득금액에서 차지하는 비율을 곱하여 산출한 금액을 말한다.
(2015.2.3 본조신설)

제6절 세액계산의 특례

제120조 【직장공제회 초과반환금에 대한 세액계산의 특례】 ① 직장공제회 반환금을 분할하여 지급받는 경우 납입금 초과이익에 대한 산출세액은 납입금 초과이익에 대하여 법 제63조제1항에 따라 계산한 금액(이하 "납입금 초과이익 산출세액"이라 한다)으로 한다.
② 분할하여 지급받을 때마다의 반환금 추가이익에 대한 산출세액은 다음 제1호의 금액에 제2호의 비율을 곱한 금액으로 한다.
1. 분할하여 지급받을 때마다 그 기간 동안 발생하는 반환금 추가이익
2. 납입금 초과이익 산출세액을 납입금 초과이익으로 나눈 비율
(2015.2.3 본조개정)
제121조 (2002.12.30 삭제)
제121조의2 (2003.12.30 삭제)
제122조 【부동산매매업자에 대한 세액계산의 특례】 ① 법 제64조제1항 각 호 외의 부분에서 "대통령령으로 정하는 부동산매매업"이란 한국표준산업분류에 따른 비주거용 건물건설업(건물을 자영건설하여 판매하는 경우만 해당한다)과 부동산 개발 및 공급업을 말한다. 다만, 한국표준산업분류에 따른 주거용 건물 개발 및 공급업(구입한 주거용 건물을 재판매하는 경우는 제외한다. 이하 "주거용 건물 개발 및 공급업"이라 한다)은 제외한다.(2010.12.30 단서개정)
② 법 제64조제1항에 따른 주택등매매차익은 해당 자산의 매매가액에서 다음 각 호의 금액을 차감한 것으로 한다.(2018.2.13 본문개정)
1. 제163조제1항부터 제3항까지 및 제5항에 따라 계산한 양도자산의 필요경비(2018.2.13 본호개정)
2. 법 제103조에 따른 양도소득 기본공제 금액(2018.2.13 본호개정)
3. 법 제95조제2항에 따른 장기보유 특별공제액(2013.2.15 본호신설)
③ 제1항 단서를 적용할 때 주거용 건물에는 이에 딸린

토지로서 다음 각 호의 어느 하나의 면적 중 넓은 면적 이내의 토지를 포함하는 것으로 한다.

1. 건물의 연면적(지하층의 면적, 지상층의 주차용으로 사용되는 면적, 「건축법 시행령」 제34조제3항에 따른 피난안전구역의 면적 및 「주택건설기준 등에 관한 규정」 제2조제3호에 따른 주민공동시설의 면적은 제외한다)

2. 건물이 정착된 면적에 5배(「국토의 계획 및 이용에 관한 법률」 제6조제1호에 따른 도시지역 밖의 토지의 경우에는 10배)를 곱하여 산정한 면적
(2010.12.30 본항신설)

④ 제1항 단서를 적용할 때 주거용 건물의 일부에 설치된 점포 등 다른 목적의 건물 또는 같은 지번(주거여건이 같은 단지 내의 다른 지번을 포함한다)에 설치된 다른 목적의 건물(이하 이 항에서 "다른 목적의 건물"이라 한다)이 해당 건물과 같이 있는 경우에는 다른 목적의 건물 및 그에 딸린 토지는 제1항 단서에 따른 주거용 건물에서 제외하는 것으로 하고, 다음 각 호의 어느 하나에 해당하는 경우에는 그 전체를 제1항 단서에 따른 주거용 건물로 본다. 이 경우 건물에 딸린 토지의 면적의 계산에 관하여는 제154조제4항을 준용한다.

1. 주거용 건물과 다른 목적의 건물이 각각의 매매단위로 매매되는 경우로서 다른 목적의 건물면적이 주거용 건물면적의 100분의 10 이하인 경우

2. 주거용 건물에 딸린 다른 목적의 건물과 주거용 건물을 하나의 매매단위로 매매하는 경우로서 다른 목적의 건물면적이 주거용 건물면적보다 작은 경우
(2010.12.30 본항신설)

⑤ 주거용 건물과 다른 목적의 건물을 신축하여 판매하는 경우에는 각각 이를 구분하여 기장하고, 이에 공통되는 필요경비가 있는 경우에는 기획재정부령으로 정하는 바에 따라 안분 계산한다.(2010.12.30 본항신설)

⑥ 법 제64조의 규정에 의한 세액의 계산 그 밖에 필요한 사항은 기획재정부령으로 정한다.(2008.2.29 본항개정)

제122조의2【분리과세 주택임대소득에 대한 사업소득금액 등 계산의 특례】 ① 법 제64조의2제2항 단서에서 "대통령령으로 정하는 임대주택"이란 다음 각 호의 요건을 모두 충족하는 임대주택(이하 이 조에서 "등록임대주택"이라 한다)을 말한다.

1. 다음 각 목의 어느 하나에 해당하는 주택일 것
   가. 「민간임대주택에 관한 특별법」 제5조에 따른 임대사업자등록을 한 자가 임대 중인 같은 법 제2조제4호에 따른 공공지원민간임대주택
   나. 「민간임대주택에 관한 특별법」 제5조에 따른 임대사업자등록을 한 자가 임대 중인 같은 법 제2조제5호에 따른 장기일반민간임대주택(아파트를 임대하는 민간매입임대주택의 경우에는 2020년 7월 10일 이전에 종전의 「민간임대주택에 관한 특별법」(법률 제17482호 민간임대주택에 관한 특별법 일부개정법률에 의하여 개정되기 전의 것을 말한다. 이하 같다) 제5조에 따라 등록을 신청(임대할 주택을 추가하기 위해 등록사항의 변경 신고를 한 경우를 포함한다. 이하 이 항에서 같다)한 것에 한정한다)
   다. 종전의 「민간임대주택에 관한 특별법」 제5조에 따라 임대사업자등록을 한 자가 임대 중인 같은 법 제2조제6호에 따른 단기민간임대주택(2020년 7월 10일 이전에 등록을 신청한 것으로 한정한다)
   (2020.10.7 본호개정)

2. 법 제168조에 따른 사업자의 임대주택일 것

3. 임대보증금 또는 임대료(이하 이 호에서 "임대료등"이라 한다)의 증가율이 100분의 5를 초과하지 않을 것. 이 경우 임대료등의 증액 청구는 임대차계약의 체

결 또는 약정한 임대료등의 증액이 있은 후 1년 이내에는 하지 못하고, 임대사업자가 임대료등의 증액을 청구하면서 임대보증금과 월임대료를 상호 간에 전환하는 경우에는 「민간임대주택에 관한 특별법」 제44조제4항의 전환 규정을 준용한다.(2020.2.11 본항개정)

② 제1항을 적용할 때 종전의 「민간임대주택에 관한 특별법」 제5조에 따라 등록한 같은 법 제2조제6호에 따른 단기민간임대주택을 같은 법 제5조제3항에 따라 2020년 7월 11일 이후 「민간임대주택에 관한 특별법」 제2조제4호 또는 제5호에 따른 공공지원민간임대주택 또는 장기일반민간임대주택(이하 "장기일반민간임대주택등"이라 한다)으로 변경 신고한 주택은 등록임대주택에서 제외한다.(2020.10.7 본항신설)

③ 법 제64조의2제3항 각 호 외의 부분 단서에서 "「민간임대주택에 관한 특별법」 제6조제1항제11호에 해당하여 등록이 말소되는 경우 등 대통령령으로 정하는 경우"란 다음 각 호의 어느 하나에 해당하는 경우를 말한다.

1. 「민간임대주택에 관한 특별법」 제6조제1항제11호 또는 같은 조 제5항에 따라 임대사업자 등록이 말소된 경우

2. 「도시 및 주거환경정비법」에 따른 재개발사업·재건축사업, 「빈집 및 소규모주택 정비에 관한 특례법」에 따른 소규모주택정비사업으로 임대 중이던 당초의 임대주택이 멸실되어 새로 취득하거나 「주택법」에 따른 리모델링으로 새로 취득한 주택이 아파트(당초의 임대주택이 단기민간임대주택인 경우에는 모든 주택을 말한다)인 경우. 다만, 새로 취득한 주택의 준공일부터 6개월이 되는 날이 2020년 7월 10일 이전인 경우는 제외한다.
(2021.2.17 본항신설)

④ 법 제64조의2제3항제1호 또는 제2호를 적용할 때 임대기간의 산정은 다음 각 호의 구분에 따른다.

1. 법 제64조의2제3항제1호 : 「조세특례제한법 시행령」 제96조제3항에 따라 산정

2. 법 제64조의2제3항제2호 : 「조세특례제한법 시행령」 제96조제3항제3호부터 제6호까지를 준용하여 산정
(2021.2.17 본항신설)

⑤ 법 제64조의2제3항제1호에 해당하여 납부해야 하는 소득세액은 같은 조 제1항제2호가목 단서에 따라 감면받은 세액에 「조세특례제한법 시행령」 제96조제6항에 따라 임대기간에 따른 감면율을 적용한 금액으로 한다.(2021.2.17 본항신설)

⑥ 법 제64조의2제4항 단서에서 "대통령령으로 정하는 부득이한 사유"란 다음 각 호의 어느 하나에 해당하는 경우를 말한다.

1. 파산 또는 강제집행에 따라 임대주택을 처분하거나 임대할 수 없는 경우

2. 법령상 의무를 이행하기 위해 임대주택을 처분하거나 임대할 수 없는 경우

3. 「채무자 회생 및 파산에 관한 법률」에 따른 회생절차에 따라 법원의 허가를 받아 임대주택을 처분한 경우

⑦ 법 제64조의2제5항에 따른 주택임대소득의 계산은 다음 각 호에 따른다.

1. 제1항을 적용할 때 과세기간 중 일부 기간 동안 등록임대주택을 임대한 경우 등록임대주택의 임대사업에서 발생하는 수입금액은 월수로 계산한다. 이 경우 해당 임대기간의 개시일 또는 종료일이 속하는 달이 15일 이상인 경우에는 1개월로 본다.

2. 해당 과세기간 중에 임대주택을 등록한 경우 주택임대소득금액은 다음의 계산식에 따라 계산한다.

[등록한 기 간에 발생한 수입금액	× (1-0.6)]	+	[등록하지 않 은 기간에 발 생한 수입금액	× (1-0.5)]

3. 해당 과세기간 동안 등록임대주택과 등록임대주택이 아닌 주택에서 수입금액이 발생한 경우 법 제64조의2제2항에 따라 해당 과세기간의 종합소득금액이 2천만원 이하인 경우에 추가로 차감하는 금액은 다음의 계산식에 따라 계산한다.

(등록임대주 택에서 발생 한 수입금액	× 400만원)	+	(등록임대주택 이 아닌 주택에 서 발생한 수입 금액	× 200만원)
총 주택임대 수입금액			총 주택임대수 입금액	

⑧ 법 제64조의2제1항제2호가목 단서에 따라 소득세를 감면받거나 같은 조 제2항 단서에 따라 등록임대주택의 사업소득금액을 계산하려는 자는 해당 과세표준신고를 할 때 기획재정부령으로 정하는 증명서류를 납세지 관할 세무서장에게 제출해야 한다. (2019.2.12 본조개정)

제7절 중간예납·예정신고 및 세액납부

제123조 【중간예납세액의 납부】 법 제65조제1항 전단에서 "대통령령으로 정하는 소득"이란 다음 각 호의 소득을 말한다.(2010.2.18 본문개정)
1. 이자소득·배당소득·근로소득·연금소득 또는 기타소득(2007.2.28 본호개정)
2. 사업소득 중 속기·타자 등 한국표준산업분류에 따른 사무지원 서비스업에서 발생하는 소득
3. 사업소득 중 법 제82조에 따라 수시 부과하는 소득 (2010.2.18 2호~3호개정)
3의2. 법 제14조제3항제7호 전단에 따른 분리과세 주택임대소득(2021.2.17 본호신설)
4. 기타 기획재정부령이 정하는 소득(2008.2.29 본호개정)

제124조 【중간예납세액의 고지】 법 제65조제1항의 규정에 의한 중간예납세액의 고지는 「국세징수법」에 의한 고지서에 의한다.(2005.2.19 본조개정)

제125조 【중간예납추계액의 신고와 조사결정】 ① 법 제65조제3항 또는 제5항의 규정에 의하여 중간예납추계액을 신고하고자 하는 자는 기획재정부령이 정하는 중간예납추계액신고서를 납세지 관할세무서장에게 제출하여야 한다.(2008.2.29 본항개정)
② 납세지 관할세무서장은 법 제65조제5항의 규정에 의하여 중간예납기간의 종합소득금액을 신고하여야 할 자가 그 신고를 하지 아니한 때에는 법 제80조의 규정을 준용하여 그 종합소득금액을 조사결정할 수 있다. (2000.12.29 본조개정)

제126조 (1996.12.31 삭제)

제127조 【부동산매매업자의 토지등 매매차익예정신고와 납부】 ① 법 제69조제1항의 규정에 의하여 토지등매매차익예정신고를 하고자 하는 자는 기획재정부령이 정하는 토지등매매차익예정신고서를 납세지 관할세무서장에게 납부하여야 한다.
② 부동산매매업자가 토지등 매매차익예정세액을 납부하려는 때에는 제1항의 토지등매매차익예정신고서에 기획재정부령으로 정하는 토지등매매차익예정신고납부계산서를 첨부하여 납세지 관할세무서·한국은행 (그 대리점을 포함한다. 이하 같다) 또는 체신관서에 납부하여야 한다.(2010.2.18 본항개정) (2008.2.29 본조개정)

제128조 【토지등 매매차익의 계산】 ① 법 제69조제3

항에 따른 토지등의 매매차익은 그 매매가액에서 다음 각 호의 금액을 공제한 것으로 한다.(2010.2.18 본문개정)
1. 제163조제1항 내지 제5항의 규정에 의하여 계산한 양도자산의 필요경비에 상당하는 금액(1998.12.31 본호개정)
2. 제75조의 규정에 의하여 계산한 당해 토지등의 건설자금에 충당한 금액의 이자
3. 토지등의 매도로 인하여 법률에 의하여 지급하는 공과금
4. 법 제95조제2항의 규정에 의한 장기보유특별공제액
② 토지등을 평가증하여 장부가액을 수정한 때에는 그 평가증을 하지 아니한 장부가액으로 매매차익을 계산한다.
③ 부동산매매업자는 토지등과 기타의 자산을 함께 매매하는 경우에는 이를 구분하여 기장하고 공통되는 필요경비가 있는 경우에는 당해 자산의 가액에 따라 안분계산하여야 한다.

제129조 【토지등 매매차익과 세액의 결정·경정 및 통지】 ① 법 제69조에 따른 토지등의 매매차익은 다음 각 호에 따라 계산한다.(2010.2.18 본문개정)
1. 부동산매매업자가 토지등 매매차익예정신고시에 제출한 증빙서류 또는 비치·기장한 장부와 증빙서류에 의하여 계산한다.
2. 제143조제1항 각호의 1에 해당하는 경우에 있어서는 매매가액에 동조제3항의 규정을 적용하여 계산한 금액으로 한다.(2000.12.29 본호개정)
② 제1항제2호를 적용할 때 매도한 토지등의 실지거래가액을 확인할 수 있는 경우에는 실지거래가액을 매매가액으로 하고, 실지거래가액을 확인할 수 없는 경우에는 제176조의2제3항 각 호의 방법을 순차적으로 적용하여 산정한 가액을 매매가액으로 한다. 이 경우 제176조의2제3항제1호에 따른 매매사례가액 또는 같은 항 제2호에 따른 감정가액이 제98조제1항에 따른 특수관계인과의 거래에 따른 가액 등으로서 객관적으로 부당하다고 인정되는 경우에는 해당 가액은 적용하지 아니한다.(2012.2.2 본항개정)
③ 납세지 관할세무서장은 법 제69조제1항에 따라 토지등 매매차익예정신고 또는 토지등 매매차익예정신고납부를 한 자에 대해서는 그 신고 또는 신고납부를 한 날부터 1개월 내에, 매매차익예정신고를 하지 아니한 자에 대해서는 즉시 그 매매차익과 세액을 결정하고 제149조를 준용하여 해당 부동산매매업자에게 이를 통지하여야 한다.(2010.2.18 본항개정)
④ 법 제69조제5항에서 "대통령령으로 정하는 방법에 따라 환산한 가액"이란 다음 각 호의 방법에 따라 환산한 가액을 말한다.
1. 법 제94조제1항제3호에 따른 주식등이나 같은 항 제4호에 따른 기타자산의 경우에는 다음 산식에 따라 계산한 가액

양도 당시의 실지거래가액, 제 176조의2제3항제1호의 매매사 례가액 또는 같은 항 제2호의 감정가액	×	취득 당시의 기준시가
		양도 당시의 기준시가

2. 법 제94조제1항제1호 및 같은 항 제2호가목에 따른 토지·건물 및 부동산을 취득할 수 있는 권리의 경우에는 다음 계산식에 따른 금액. 이 경우 「부동산 가격공시에 관한 법률」에 따른 개별주택가격 및 공동주택가격(이들에 부수되는 토지의 가격을 포함한다)이 최초로 공시되기 이전에 취득한 주택과 부수토지를 함께 양도하는 경우에는 다음 계산식 중 취득 당시의 기준시가를 제164조제7항에 따라 계산한 가액으로 한다.

양도 당시의 실지거래 가액, 제176조의2제3항 제1호의 매매사례가액 또는 같은 항 제2호의 감정가액	×	취득 당시의 기준시가 ÷ 양도 당시의 기준시가 (제164조제8항에 해당하는 경우에는 같은 항에 따른 양도 당시의 기준시가)

(2022.2.15 본호개정)
(2021.2.17 본항신설)

제8절 과세표준의 확정신고와 자진납부

제130조【종합소득 과세표준확정신고】 ① 법 제70조 제1항에 따른 종합소득 과세표준확정신고는 기획재정 부령으로 정하는 종합소득 과세표준확정신고 및 납부 계산서에 따른다.(2010.2.18 본항개정)
② 법 제70조제4항제1호에서 "대통령령으로 정하는 것"이란 법 각 호의 어느 하나에 해당하는 것을 말한다.(2010.2.18 본문개정)
1. (2006.6.12 삭제)
1의2. 제106조제10항의 서류(2010.12.30 본호개정)
2. 제107조제2항에 따른 장애인증명서(2010.2.18 본호개정)
2의2. 제108조의3제2항의 서류(2007.2.28 본호신설)
3. 제113조제1항의 서류
4. 제114조제2항의 일시퇴거자 동거가족상황표
5. 「조세특례제한법 시행령」 제80조제4항 및 80조의2 제6항의 서류(2007.2.28 본호신설)
③ 법 제70조제4항제2호에서 "대통령령으로 정하는 것"이란 소득금액계산명세서 등 기획재정부령으로 정하는 서류를 말한다.(2010.2.18 본항개정)
④ 「국세기본법」 제5조의2의 규정에 의하여 전자신고를 하는 경우에는 기획재정부령이 정하는 표준재무상 태표·표준손익계산서·표준원가명세서·표준합계잔 액시산표 및 조정계산서를 제출하는 것으로서 법 제70조 제4항제3호에 따른 재무상태표·손익계산서와 그 부속 서류·합계잔액시산표 및 조정계산서의 제출을 갈음할 수 있다.(2013.2.15 본항개정)
⑤ 법 제70조에 따라 종합소득 과세표준 확정신고서를 제출받은 납세지 관할세무서장은 「전자정부법」 제36조 제1항에 따른 행정정보의 공동이용을 통하여 그 과세 기간 종료일 현재 신고인의 주민등록표 등본을 확인하여야 한다. 다만, 신고인이 확인에 동의하지 아니하거나 그의 주민등록표 등본으로 부양가족의 유무를 판단할 수 없는 경우에는 그의 주민등록표 등본 또는 가족관계등록부 증명서를 첨부하도록 하여야 한다.(2010.5.4 본문개정)

제131조【조정계산서】 ① 법 제70조제4항제3호 본문의 조정계산서(이하 이 조에서 "조정계산서"라 한다)는 수입금액 및 필요경비의 귀속시기, 자산·부채의 취득 및 평가 등 소득금액을 계산할 때 법과 기업회계의 차이를 조정하기 위하여 작성하는 서류로서 기획재정부령으로 정하는 서류로 한다.(2010.6.8 본항신설)
② (2016.2.17 삭제)
③ 조정계산서에는 기획재정부령으로 정하는 서류를 첨부하여야 한다.(2010.6.8 본항개정)
④ (2016.2.17 삭제)
⑤ 세무사가 작성한 조정계산서를 첨부하는 사업자로서 기획재정부령이 정하는 요건을 갖춘 사업자는 제3 항에 따른 서류를 국세청장이 정하는 서류를 조정계산서에 첨부하지 아니할 수 있다. 이 경우 첨부하지 아니한 서류가 신고내용의 분석 등에 필요하여 납세지 관할지방국세청장 또는 납세지 관할세무서장이 그 제출을 서면으로 요구하는 경우에는 이를 제출하여야 한다.(2010.6.8 전단개정)

제131조의2【외부세무조정 대상사업자의 범위】 ① 법 제70조제6항에서 "대통령령으로 정하는 사업자"란 다음 각 호의 어느 하나에 해당하는 사업자(이하 이 조에서 "외부세무조정 대상사업자"라 한다)를 말한다.
1. 직전 과세기간의 수입금액(결정 또는 경정으로 증가된 수입금액을 포함하며, 법 제19조제1항제20호에 따른 사업용 유형자산을 양도함으로써 발생한 수입금액은 제외한다)이 다음 각 목의 업종별 기준수입금액 이상인 사업자. 이 경우 가목부터 다목까지의 규정에 따른 업종을 겸영하거나 사업장이 둘 이상인 사업자의 경우에는 제208조제7항을 준용하여 계산한 수입금액을 기준수입금액에 따른다.(2021.2.17 전단개정)
   가. 농업·임업 및 어업, 광업, 도매 및 소매업(상품중개업은 제외한다), 제122조제1항에 따른 부동산매매업, 그 밖에 나목 및 다목에 해당하지 아니하는 사업 : 6억원
   나. 제조업, 숙박 및 음식점업, 전기·가스·증기 및 공기조절 공급업, 수도·하수·폐기물처리·원료재생업, 건설업(비주거용 건물 건설업은 제외하고, 주거용 건물 개발 및 공급업을 포함한다), 운수업 및 창고업, 정보통신업, 금융 및 보험업, 상품중개업 : 3억원(2018.2.13 본목개정)
   다. 법 제45조제2항에 따른 부동산임대업, 부동산업(제122조제1항에 따른 부동산매매업은 제외한다), 전문·과학 및 기술서비스업, 사업시설관리·사업지원 및 임대서비스업, 교육서비스업, 보건업 및 사회복지서비스업, 예술·스포츠 및 여가 관련 서비스업, 협회 및 단체, 수리 및 기타 개인서비스업, 가구 내 고용활동 : 1억 5천만원(2018.2.13 본목개정)
2. 복식부기의무자로서 다음 각 목의 어느 하나에 해당하는 사업자
   가. 직전 과세기간의 소득에 대한 소득세 과세표준과 세액을 추계결정 또는 추계경정을 받은 자
   나. 직전 과세기간 중에 사업을 시작한 사업자. 다만, 제147조의2 또는 「부가가치세법 시행령」 제109조제2항제7호에 따른 사업자로서 제208조제5항제2호에 해당하는 사업자는 제외한다.(2020.2.11 단서개정)
   다. 「조세특례제한법」에 따라 소득세 과세표준과 세액에 대한 세액공제, 세액감면 또는 소득공제를 적용받은 사업자. 다만, 「조세특례제한법」 제7조, 제86조의3 또는 제104조의8의 어느 하나의 규정만을 적용받은 사업자는 제외한다.
② 제1항제1호 및 제2호에 해당하지 아니하는 사업자는 종합소득 과세표준확정신고를 할 때 정확한 세무조정을 위하여 법 제70조제6항 각 호의 어느 하나에 해당하는 자(이하 "세무사등"이라 한다)가 작성한 세무조정계산서를 첨부할 수 있다.(2016.2.17 본조신설)

제131조의3【조정반】 ① 법 제70조제6항에서 "대통령령으로 정하는 조정반(이하 이 조에서 "조정반"이라 한다)"이란 대표자를 선임하여 지방국세청장의 지정을 받은 다음 각 호의 어느 하나에 해당하는 자를 말한다. 이 경우 세무사등은 하나의 조정반에만 소속되어야 한다.
1. 2명 이상의 세무사등
2. 세무법인
3. 회계법인
4. 「변호사법」에 따라 설립된 법무법인, 법무법인(유한) 또는 법무조합(2022.2.15 본호신설)
② 제1항제2호부터 제4호까지의 규정에 따른 법인 등은 법 제70조제4항제3호에 따른 조정계산서를 작성할 때에 2명 이상의 소속 세무사등을 참여시켜야 한다.(2022.2.15 본항개정)

③ 제1항에 따른 조정반의 신청, 지정, 지정취소 및 유효기간 등 그 밖에 필요한 사항은 기획재정부령으로 정한다.
(2016.2.17 본조신설)

제132조【영수증수취명세서 등】① (1998.12.31 삭제)
② (2012.2.2 삭제)
③ 법 제70조제4항제5호에 따른 영수증수취명세서는 거래건당 3만원을 초과하고 법 제160조의2제2항 각 호에 따른 계산서·세금계산서·신용카드매출전표 및 현금영수증이 아닌 영수증을 기재한 것으로서 기획재정부령으로 정하는 것으로 한다.(2009.2.4 본항개정)
④ 법 제70조제4항제5호에서 "대통령령으로 정하는 소규모사업자"란 다음 각 호의 어느 하나에 해당하는 사업자를 말한다.(2010.2.18 본문개정)
1. 해당 과세기간에 신규로 사업을 개시한 사업자
2. 직전 과세기간의 사업소득의 수입금액(결정 또는 경정으로 증가된 수입금액을 포함한다)이 4천800만원에 미달하는 사업자
3. 법 제73조제1항제4호를 적용받는 사업자
(2010.2.18 2호~3호개정)
(2007.2.28 본항신설)
(2012.2.2 본조제목개정)

제133조【성실신고확인서 제출】① 법 제70조의2제1항에서 "수입금액이 업종별로 대통령령으로 정하는 일정 규모 이상의 사업자"란 해당 과세기간의 수입금액(법 제19조제1항제20호에 따른 사업용 유형자산을 양도함으로써 발생한 수입금액은 제외한다)의 합계액이 다음 각 호의 구분에 따른 금액 이상인 사업자(이하 이 조에서 "성실신고확인대상사업자"라 한다)를 말한다. 다만, 제1호 또는 제2호에 해당하는 업종을 영위하는 사업자 중 별표3의3에 따른 사업서비스업을 영위하는 사업자의 경우에는 제3호에 따른 금액 이상인 사업자를 말한다.(2020.2.11 본문개정)
1. 농업·임업 및 어업, 광업, 도매 및 소매업(상품중개업을 제외한다), 제122조제1항에 따른 부동산매매업, 그 밖에 제2호 및 제3호에 해당하지 아니하는 사업 : 15억원(2018.2.13 본호개정)
2. 제조업, 숙박 및 음식점업, 전기·가스·증기 및 공기조절 공급업, 수도·하수·폐기물처리·원료재생업, 건설업(비주거용 건물 건설업은 제외하고, 주거용 건물 개발 및 공급업을 포함한다), 운수업 및 창고업, 정보통신업, 금융 및 보험업, 상품중개업 : 7억 5천만원(2018.2.13 본호개정)
3. 법 제45조제2항에 따른 부동산 임대업, 부동산업(제122조제1항에 따른 부동산매매업은 제외한다), 전문·과학 및 기술 서비스업, 사업시설관리·사업지원 및 임대서비스업, 보건업 및 사회복지 서비스업, 예술·스포츠 및 여가관련 서비스업, 협회 및 단체, 수리 및 기타 개인 서비스업, 가구내 고용활동 : 5억원(2018.2.13 본호개정)
② 제1항을 적용할 때 같은 항 제1호부터 제3호까지의 업종을 겸영하거나 사업장이 2 이상인 경우에는 제208조제7항을 준용하여 계산한 수입금액에 따른다.
(2017.2.3 본항개정)
③ 법 제70조의2제1항에서 "세무사 등 대통령령으로 정하는 자"란 세무사(「세무사법」 제20조의2에 따라 등록한 공인회계사를 포함한다. 이하 이 조에서 같다), 세무법인 또는 회계법인(이하 이 조에서 "세무사등"이라 한다)을 말한다.
④ 세무사가 성실신고확인대상사업자에 해당하는 경우에는 자신의 사업소득금액의 적정성에 대하여 해당 세무사가 성실신고확인서를 작성·제출해서는 아니 된다.
⑤ (2020.2.11 삭제)
⑥ 제1항부터 제5항까지에서 규정한 사항 외에 성실신

고확인서의 서식, 제출 등에 필요한 사항은 기획재정부장관이 정한다.
(2011.6.3 본조신설)

제134조【추가신고】① 종합소득 과세표준확정신고 기한이 지난 후에 「법인세법」에 따라 법인이 법인세 과세표준을 신고하거나 세무서장이 법인세 과세표준을 결정 또는 경정하여 익금에 산입한 금액이 배당·상여 또는 기타소득으로 처분됨으로써 소득금액에 변동이 발생함에 따라 종합소득 과세표준확정신고 의무가 없었던 자, 세법에 따라 과세표준확정신고를 하지 아니하여도 되는 자 및 과세표준확정신고를 한 자가 소득세를 추가 납부하여야 하는 경우 해당 법인(제192조제1항 단서에 따라 거주자가 통지를 받은 경우에는 그 거주자를 말한다)이 같은 항에 따른 소득금액변동통지서를 받은 날(「법인세법」에 따라 법인이 신고함으로써 소득금액이 변동된 경우에는 그 법인의 법인세 신고기일을 말한다)이 속하는 달의 다음다음 달 말일까지 추가신고한 때에는 법 제70조 또는 제74조의 기한까지 신고한 것으로 본다.(2023.2.28 본항개정)
② 종합소득 과세표준확정신고를 한 자가 그 신고기한 내에 신고한 사항중 정부의 허가·인가·승인등에 의하여 물품가격이 인상됨으로써 신고기한이 지난 뒤에 당해 소득의 총수입금액이 변동되어 추가로 신고한 경우에는 법 제70조 또는 법 제74조의 규정에 의하여 신고한 것으로 본다.
③ 법 제164조제10항에 따라 국세청장이 제공한 기타소득지급명세서에 따라 종합소득 과세표준확정신고를 한 자가 그 제공받은 내용에 오류 등이 있어 소득세를 추가신고(제215조제7항 후단에 따른 통지를 받고 그 받은 날이 속하는 달의 다음다음 달 말일까지 추가신고하는 경우를 포함한다)한 때에는 법 제70조 또는 제74조에 따른 기한까지 신고한 것으로 본다.(2023.2.28 본항개정)
④ 종합소득 과세표준 확정신고를 한 자가 그 신고기한이 지난 후에 법원의 판결·화해 등에 의하여 부당해고기간의 급여를 일시에 지급받음으로써 소득금액에 변동이 발생함에 따라 소득세를 추가로 납부하여야 하는 경우로서 법원의 판결 등에 따른 근로소득원천징수영수증을 교부받은 날이 속하는 달의 다음다음 달 말일까지 추가신고한 때에는 법 제70조 또는 제74조의 기한까지 신고한 것으로 본다.(2021.2.17 본항개정)
⑤ 제1항부터 제4항까지의 규정에 따라 추가신고를 할 때 세액감면을 신청한 경우에는 법 제75조제1항에 따라 세액감면을 신청한 것으로 본다.(2021.2.17 본항개정)
⑥ 제1항부터 제4항까지의 규정에 따라 추가신고를 한 자로서 납부하여야 할 세액이 있는 자는 제1항부터 제4항까지의 규정에 따른 추가신고기한까지 그 세액을 납부해야 한다.(2021.2.17 본항신설)
⑦ 제6항에 따라 제1항부터 제4항까지의 규정에 따른 추가신고기한까지 세액을 납부한 경우에는 법 제76조에 따라 과세표준확정신고기한까지 납부한 것으로 본다.(2021.2.17 본항개정)
(2021.2.17 본조제목개정)

제135조【퇴직소득과세표준 확정신고】법 제71조제1항에 따라 퇴직소득과세표준 확정신고를 하려는 자는 기획재정부령으로 정하는 퇴직소득과세표준 확정신고 및 납부계산서를 납세지 관할세무서장에게 제출하여야 한다.(2010.2.18 본조개정)

제136조(2007.2.28 삭제)

제137조【과세표준확정신고의 예외】① 법 제73조제1항제4호에서 "대통령령으로 정하는 사업소득"이란 다음 각 호의 어느 하나에 해당하는 사업자로서 법 제160조제3항에 따른 간편장부대상자가 받는 해당 사업소

을 말한다. 다만, 제2호 및 제3호의 사업자가 받는 사업소득은 해당 사업소득의 원천징수의무자가 법 제144조의2 및 이 영 제201조의11에 따라 연말정산을 한 것만 해당한다.(2013.2.15 단서개정)
1. 독립된 자격으로 보험가입자의 모집 및 이에 부수되는 용역을 제공하고 그 실적에 따라 모집수당 등을 받는 자
2. 「방문판매 등에 관한 법률」에 의하여 방문판매업자를 대신하여 방문판매업무를 수행하고 그 실적에 따라 판매수당 등을 받거나 후원방문판매조직에 판매원으로 가입하여 후원방문판매업을 수행하고 후원수당 등을 받는 자(2013.2.15 본호개정)
3. 독립된 자격으로 일반 소비자를 대상으로 사업장을 개설하지 않고 음료품을 배달하는 계약배달 판매 용역을 제공하고 판매실적에 따라 판매수당 등을 받는 자(2013.2.15 본호신설)
②~④ (2010.12.30 삭제)
(2010.2.18 본조제목개정)
제137조의2【과세표준확정신고의 특례】 ① 법 제74조제1항 본문에 따라 피상속인의 과세표준을 신고하려는 자는 과세표준확정신고서와 함께 기획재정부령으로 정하는 서류를 납세지 관할세무서장에게 제출하여야 한다.(2013.2.15 본항개정)
② 상속인이 2인 이상 있는 경우에는 제1항에 따른 신고서에 각 상속인이 연서하여 하나의 신고서를 제출하거나 상속인별로 다른 상속인의 성명을 부기하여 각각 신고서를 제출할 수 있다.
(2010.12.30 본조신설)
제138조【세액감면신청】 ① 법 제59조의5제1항제2호 및 제75조제1항에 따라 외국항행사업으로부터 얻는 소득에 대한 세액을 감면받으려는 자는 과세표준확정신고와 함께 기획재정부령으로 정하는 세액감면신청서를 납세지 관할세무서장에게 제출하여야 한다.
② 법 제59조의5제1항제1호 및 제75조제2항에 따라 근로소득에 대한 세액을 감면하려는 자는 기획재정부령으로 정하는 세액감면신청서를 국내에서 근로소득금액을 지급하는 자를 거쳐 그 감면을 받고자 하는 달의 다음달 10일까지 원천징수 관할세무서장에게 제출하여야 한다.
(2014.2.21 본조개정)
제139조【과세표준확정신고세액의 납부】 ① 법 제76조제1항에 따라 확정신고납부를 하는 자는 과세표준확정신고와 함께 납세지 관할세무서장에게 납부하거나 「국세징수법」에 따른 납부서를 첨부하여 한국은행 또는 체신관서에 납부하여야 한다.(2010.2.18 본항개정)
② (2009.2.4 삭제)
(2010.2.18 본조제목개정)
제140조【소득세의 분납】 법 제77조의 규정에 의하여 분납할 수 있는 세액은 다음 각호에 의한다.
1. 납부할 세액이 2천만원 이하인 때에는 1천만원을 초과하는 금액
2. 납부할 세액이 2천만원을 초과하는 때에는 그 세액의 100분의 50이하의 금액

제9절 사업장 현황보고와 확인

제141조【사업장 현황신고 및 조사확인】 ① 법 제78조의 규정에 의한 사업장 현황신고는 기획재정부령이 정하는 사업장현황신고서에 의하며, 국세청장이 업종의 특성 및 세원관리를 위하여 필요하다고 인정하는 사업장의 경우에는 동 신고서에 수입금액명세서 및 관련자료를 첨부하여야 한다.(2008.2.29 본항개정)

② 법 제78조제2항제4호에서 "대통령령으로 정하는 사항"이란 다음 각 호의 사항을 말한다.(2010.2.18 본문개정)
1. 수입금액의 결제수단별 내역
2. 계산서·세금계산서·신용카드매출전표 및 현금영수증 수취내역
3. 그 밖에 사업장의 현황과 관련된 사항으로서 기획재정부령으로 정하는 사항(2008.2.29 본호개정)
(2007.2.28 본항신설)
③ 2이상의 사업장이 있는 사업자는 각 사업장별로 사업장현황신고를 하여야 한다.(1998.12.31 본항개정)
④ 법 제78조제3항에서 "납세조합에 가입하여 수입금액을 신고하는 자 등 대통령령으로 정하는 사업자"란 다음 각 호의 어느 하나에 해당하는 자를 말한다.
1. 납세조합에 가입해 수입금액을 신고한 자
2. 독립된 자격으로 보험가입자의 모집 및 이에 부수되는 용역을 제공하고 그 실적에 따라 모집수당 등을 받는 자
3. 독립된 자격으로 일반 소비자를 대상으로 사업장을 개설하지 않고 음료품을 배달하는 계약배달 판매 용역을 제공하고 판매실적에 따라 판매수당 등을 받는 자
4. 그 밖에 제1호부터 제3호까지의 규정에 해당하는 자와 유사한 자로서 기획재정부령으로 정하는 자
(2019.2.12 본항신설)
⑤ 사업장 관할세무서장 또는 지방국세청장은 다음 각 호의 어느 하나에 해당하는 사유가 있는 때에는 사업장 현황을 조사·확인할 수 있다.(2019.2.12 본문개정)
1. 법 제78조의 규정에 의한 사업장 현황신고를 하지 아니한 경우(1998.12.31 본호개정)
2. 사업장 현황신고서 내용 중 수입금액 등 기본사항의 중요부분이 미비하거나 허위라고 인정되는 경우(2019.2.12 본호개정)
3. 매출·매입에 관한 계산서 수수내역이 사실과 현저하게 다르다고 인정되는 경우
4. 사업자가 그 사업을 휴업 또는 폐업한 경우
(1998.12.31 본조제목개정)

제10절 결정·경정과 징수 및 환급

제142조【과세표준과 세액의 결정 및 경정】 ① 법 제80조의 규정에 의한 과세표준과 세액의 결정 또는 경정은 과세표준확정신고서 및 그 첨부서류에 의하거나 실지조사에 의함을 원칙으로 한다.
② 법 제80조제1항의 규정에 의한 결정은 과세표준확정신고기일부터 1년내에 완료하여야 한다. 다만, 국세청장이 조사기간을 따로 정하거나 부득이한 사유로 인하여 국세청장의 승인을 얻은 경우에는 그러하지 아니하다.
③ 법 제80조제2항제3호에서 "사실과 다르게 기재된 영수증을 받는 등 대통령령으로 정하는 부당한 방법"이란 다음 각 호의 어느 하나에 해당하는 경우를 말한다.(2010.2.18 본문개정)
1. 허위증거자료 또는 허위문서의 작성 및 제출
2. 허위증거자료 또는 허위문서의 수취(허위임을 알고 받는 경우에 한란다) 및 제출
(2008.2.22 본항신설)
제143조【추계결정 및 경정】 ① 법 제80조제3항 단서에서 "대통령령으로 정하는 사유"란 다음 각 호의 어느 하나에 해당하는 경우를 말한다.(2010.2.18 본문개정)
1. 과세표준을 계산할 때 필요한 장부와 증빙서류가 없거나 한국표준산업분류에 따른 동종업종 사업자의 신고내용 등에 비추어 수입금액 및 주요 경비 등 중요한 부분이 미비 또는 허위인 경우(2019.2.12 본호개정)

2. 기장의 내용이 시설규모·종업원수·원자재·상품 또는 제품의 시가·각종 요금 등에 비추어 허위임이 명백한 경우
3. 기장의 내용이 원자재사용량·전력사용량 기타 조업상황에 비추어 허위임이 명백한 경우
② 법 제80조제3항 단서에 따라 과세표준을 추계결정 또는 경정하는 경우에는 제3항에 따라 산출한 소득금액에서 법 제50조, 제51조, 제52조에 따른 인적공제와 특별소득공제를 하여 과세표준을 계산한다.
(2014.2.21 본항개정)
③ 법 제80조제3항 단서에 따라 소득금액의 추계결정 또는 경정을 하는 경우에는 다음 각 호의 방법에 따른다. 다만, 제1호의2는 단순경비율 적용대상자만 적용한다.(2022.2.18 본문개정)
1. 수입금액에서 다음 각 목의 금액의 합계액(수입금액을 초과하는 경우에는 그 초과하는 금액은 제외한다)을 공제한 금액을 그 소득금액(이하 이 조에서 "기준소득금액"이라 한다)으로 결정 또는 경정하는 방법. 다만, 기준소득금액이 제1호의2에 따른 소득금액에 기획재정부령으로 정하는 배율을 곱하여 계산한 금액 이상인 경우 2024년 12월 31일이 속하는 과세기간의 소득금액을 결정 또는 경정할 때까지는 그 배율을 곱하여 계산한 금액을 소득금액으로 결정할 수 있다.
(2022.2.15 단서개정)
가. 매입비용(사업용 유형자산 및 무형자산의 매입비용을 제외한다. 이하 이 조에서 같다)과 사업용 유형자산 및 무형자산에 대한 임차료로서 증빙서류에 의하여 지출하였거나 지출할 금액(2020.2.11 본목개정)
나. 종업원의 급여와 임금 및 퇴직급여로서 증빙서류에 의하여 지급하였거나 지급할 금액
다. 수입금액에 기준경비율을 곱하여 계산한 금액. 다만, 복식부기의무자의 경우에는 수입금액에 기준경비율의 2분의 1을 곱하여 계산한 금액(2016.2.17 단서개정)
(2000.12.29 본호개정)
1의2. 수입금액(「고용정책 기본법」 제29조에 따라 고용노동부장관이 기업의 고용유지에 필요한 비용의 일부를 지원하기 위해 지급하는 금액으로 기획재정부령으로 정하는 것은 제외한다. 이하 이 호에서 같다)에서 수입금액에 단순경비율을 곱한 금액을 공제한 금액을 그 소득금액으로 결정 또는 경정하는 방법(2020.2.11 본호개정)
1의3. 법 제73조제1항제4호에 따른 사업소득(이하 "연말정산사업소득"이라 한다)에 대한 수입금액에 제201조의11제4항에 따른 연말정산사업소득의 소득률을 곱하여 계산한 금액을 그 소득금액으로 결정 또는 경정하는 방법(2010.6.8 본호개정)
2. 기준경비율 또는 단순경비율이 결정되지 아니하였거나 천재·지변 기타 불가항력으로 장부 기타 증빙서류가 멸실된 때에는 기장이 가장 정확하다고 인정되는 동일업종의 다른 사업자의 소득금액을 참작하여 그 소득금액을 결정 또는 경정하는 방법. 다만, 동일업종의 다른 사업자가 없는 경우로서 과세표준확정신고후에 장부등이 멸실된 때에는 법 제70조의 규정에 의한 신고서 및 그 첨부서류에 의하고 과세표준확정신고전에 장부등이 멸실된 때에는 직전과세기간의 소득률에 의하여 소득금액을 결정 또는 경정한다.
(2000.12.29 본호개정)
3. 기타 국세청장이 합리적이라고 인정하는 방법
④ 제3항 각 호 외의 부분 단서에서 "단순경비율 적용대상자"란 다음 각 호의 어느 하나에 해당하는 사업자로서 해당 과세기간의 수입금액이 제208조제5항제2호 각 목에 따른 금액에 미달하는 사업자를 말한다.
(2018.2.13 본문개정)

1. 해당 과세기간에 신규로 사업을 개시한 사업자
(2018.2.13 본호개정)
2. 직전 과세기간의 수입금액(결정 또는 경정으로 증가된 수입금액을 포함한다)의 합계액이 다음 각 목의 금액에 미달하는 사업자
가. 농업·임업 및 어업, 광업, 도매 및 소매업(상품중개업을 제외한다), 제122조제1항에 따른 부동산매매업, 그 밖에 나목 및 다목에 해당되지 아니하는 사업 : 6천만원(2013.2.15 본목개정)
나. 제조업, 숙박 및 음식점업, 전기·가스·증기 및 공기조절 공급업, 수도·하수·폐기물처리·원료재생업, 건설업(비주거용 건물 건설업은 제외하고, 주거용 건물 개발 및 공급업을 포함한다), 운수업 및 창고업, 정보통신업, 금융 및 보험업, 상품중개업, 수리 및 기타 개인서비스업(「부가가치세법 시행령」 제42조제1호에 따른 인적용역만 해당한다) : 3천600만원(2023.2.28 본목개정)
다. 법 제45조제2항에 따른 부동산 임대업, 부동산업(제122조제1항에 따른 부동산매매업은 제외한다), 전문·과학 및 기술서비스업, 사업시설관리·사업지원 및 임대서비스업, 교육서비스업, 보건업 및 사회복지서비스업, 예술·스포츠 및 여가 관련 서비스업, 협회 및 단체, 수리 및 기타 개인서비스업(「부가가치세법 시행령」 제42조제1호에 따른 인적용역은 제외한다), 가구내 고용활동 : 2천400만원(2023.2.28 본목개정)
(2010.2.18 본호개정)
⑤ 제3항제1호가목에 따른 매입비용과 사업용 유형자산 및 무형자산에 대한 임차료의 범위, 같은 호 가목 및 나목에 따른 증빙서류의 종류는 국세청장이 정하는 바에 따른다.(2020.2.11 본항개정)
⑥ 제4항제2호의 규정을 적용함에 있어서 같은 호 가목부터 다목까지의 업종을 겸영하거나 사업장이 2 이상인 경우에는 제208조제7항을 준용하여 계산한 수입금액에 의한다.(2008.2.22 본항개정)
⑦ 제4항에도 불구하고 다음 각 호의 어느 하나에 해당하는 사업자는 단순경비율 적용대상자에 포함되지 않는다.(2020.2.11 본문개정)
1. 제147조의2에 따른 사업자(2020.2.11 본호개정)
2. 「부가가치세법 시행령」 제109조제2항제7호에 해당하는 사업을 영위하는 자(2013.6.28 본호개정)
3. 법 제162조의3제1항에 따라 현금영수증가맹점에 가입하여야 하는 사업자 중 현금영수증가맹점으로 가입하지 아니한 사업자(가입하지 아니한 해당 과세기간에 한한다)
4. 해당 과세기간에 법 제162조의2제2항, 제162조의3제3항 또는 같은 조 제4항을 위반하여 법 제162조의2제4항 후단 또는 제162조의3제6항 후단에 따라 관할세무서장으로부터 해당 과세기간에 3회 이상 통보받고 그 금액의 합계액이 100만원 이상이거나 5회 이상 통보받은 사업자(통보받은 내용이 발생한 날이 속하는 해당 과세기간에 한정한다)(2010.2.18 본호개정)
(2007.2.28 본항신설)
⑧ 법 또는 다른 법률에 따라 총수입금액에 산입할 충당금·준비금등이 있는 자에 대한 소득금액을 법 제80조제3항 단서에 따라 추계결정 또는 경정하는 때에는 제3항에 따라 계산한 소득금액에 해당 과세기간의 총수입금액에 산입할 충당금·준비금등을 가산한다.
(2010.2.18 본항개정)
⑨ 제3항제1호가목에 따른 증빙서류를 제출하지 못하는 경우에는 기획재정부령으로 정하는 주요경비지출명세서를 제출하여야 한다.(2013.2.15 본항신설)

제144조【추계결정·경정시의 수입금액의 계산】 ① 사업자의 수입금액을 장부 기타 증빙서류에 의하여 계

산할 수 없는 경우 그 수입금액은 다음 각 호의 어느 하나에 해당하는 방법에 따라 계산한 금액으로 한다. (2021.1.5 본문개정)
1. 기장이 정당하다고 인정되어 기장에 의하여 조사 결정한 동일업황의 다른 사업자의 수입금액을 참작하여 계산하는 방법
2. 국세청장이 사업의 종류, 지역 등을 고려하여 사업과 관련된 인적·물적 시설(종업원·객실·사업장·차량·수도·전기 등)의 수량 또는 가액과 매출액의 관계를 정한 영업효율이 있는 때에는 이를 적용하여 계산하는 방법(2021.1.5 본호개정)
3. 국세청장이 업종별로 투입원재료에 대하여 조사한 생산수율을 적용하여 계산한 생산량에 当該 과세기간중에 매출한 수량의 시가를 적용하여 계산하는 방법(1998.12.31 본호개정)
4. 국세청장이 사업의 종류별·지역별로 정한 다음 각 목의 어느 하나에 해당하는 기준에 따라 계산하는 방법(2020.2.11 본호개정)
  가. 생산에 투입되는 원·부재료 중에서 일부 또는 전체의 수량과 생산량과의 관계를 정한 원단위투입량
  나. 인건비·임차료·재료비·수도광열비 기타 영업비용 중에서 일부 또는 전체의 비용과 매출액의 관계를 정한 비용관계비율
  다. 일정기간동안의 평균재고금액과 매출액 또는 매출원가와의 관계를 정한 상품회전율
  라. 일정기간동안의 매출액과 매출총이익의 비율을 정한 매매총이익율
  마. 일정기간동안의 매출액과 부가가치액의 비율을 정한 부가가치비율(1998.12.31 본목신설)
  (1997.12.31 본호개정)
5. 추계결정·경정대상사업자에 대하여 제2호 내지 제4호의 비율을 산정할 수 있는 경우에는 이를 적용하여 계산하는 방법(1998.12.31 본호신설)
6. 주로 최종소비자를 대상으로 거래하는 업종에 대하여는 국세청장이 정하는 입회조사기준에 의하여 계산하는 방법(1998.12.31 본호신설)
② 법 제21조제1항제7호에 따른 기타소득에 대한 수입금액을 장부나 그 밖의 증빙서류에 의하여 계산할 수 없는 경우 그 수입금액은 다음 각 호의 어느 하나의 금액으로 한다.(2020.2.11 본문개정)
1. (2003.12.30 삭제)
2. 영업권(점포임차권을 제외한다)은 「상속세 및 증여세법 시행령」 제59조제2항에 따라 평가한 금액(2020.2.11 본호개정)
3. 점포임차권은 다음 가목에 따라 계산한 금액에서 나목에 따라 계산한 금액을 차감한 금액(2020.2.11 본문개정)
  가. 양도시의 임대보증금상당액 + 당해 자산을 양도하는 사업자의 영업권 평가액
  나. 취득시의 임대보증금상당액 + (가목에 의하여 계산한 금액 − 취득시의 임대보증금상당액) × 1/2
4. 법 제21조제1항제7호의 자산이나 권리(영업권 및 점포임차권을 제외한다)는 「상속세 및 증여세법 시행령」 제59조제4항부터 제6항까지의 규정에 따라 평가한 금액(2020.2.11 본호개정)
  (1995.12.30 본항신설)
③ 제1항에 따른 수입금액은 다음 각 호의 금액을 가산한 것으로 한다.(2018.2.13 본문개정)
1. 해당 사업과 관련하여 국가·지방자치단체로부터 지급받은 보조금 또는 장려금(2020.2.11 본호개정)
2. 해당 사업과 관련하여 동업자단체 또는 거래처로부터 지급받은 보조금 또는 장려금(2020.2.11 본호개정)
3. 「부가가치세법」 제46조제1항에 따라 신용카드매출전표를 교부함으로써 공제받은 부가가치세액(2013.6.28 본호개정)

4. 복식부기의무자의 사업용 유형자산 양도가액(2020.2.11 본호개정)
④ 제1항부터 제3항까지의 규정에 따라 수입금액을 추계결정 또는 경정할 때 거주자가 비치한 장부와 그 밖의 증빙서류에 의하여 소득금액을 계산할 수 있는 때에는 해당 과세기간의 과세표준과 세액은 실지조사에 의하여 결정 또는 경정해야 한다.(2020.2.11 본항개정)

제145조【기준경비율 및 단순경비율】 ① 제143조제3항에 따른 기준경비율 또는 단순경비율은 국세청장이 규모와 업황에 있어서 평균적인 기업에 대하여 업종과 기업의 특성에 따라 조사한 평균적인 경비비율을 참작하여 기획재정부령으로 정하는 절차를 거쳐 결정한다.
② (2022.10.4 삭제)
③ 국세청장은 당해 과세기간에 적용할 경비율 및 추계방법(2 이상의 추계방법을 정하는 경우에는 그 적용에 관한 사항을 포함한다)을 당해 과세기간에 대한 과세표준확정신고기간 개시 1개월 전까지 확정하고 이를 고시하여야 한다.
④ (2022.10.4 삭제)
(2022.10.4 본조개정)

제146조~제146조의2 (2007.2.28 삭제)

제147조【영수증 수취명세서 제출·작성 불성실 가산세 및 증명서류 수취 불성실 가산세】 ① 법 제81조제1항 각 호 외의 부분, 제81조의5 계산식 외의 부분 전단 및 제81조의6제1항 본문에서 "대통령령으로 정하는 소규모사업자"란 각각 제132조제4항 각 호의 어느 하나에 해당하는 사업자를 말한다.
② 법 제81조제1항 각 호 외의 부분 및 제81조의6제1항 본문에서 "대통령령으로 정하는 바에 따라 소득금액이 추계되는 자"란 각각 제143조제3항에 따라 소득금액이 추계되는 자를 말한다. 다만, 제143조제4항에 따른 단순경비율 적용대상자 외의 자인 경우에는 같은 조 제3항제1호가목 및 나목을 제외한 비용에 해당하는 금액에 대한 소득금액이 추계되는 경우만 해당한다.
③ 법 제81조제1항제2호에서 "대통령령으로 정하는 경우"란 제출된 영수증수취명세서에 거래상대방의 상호, 성명, 사업자등록번호(주민등록번호로 갈음하는 경우에는 주민등록번호), 거래일 및 지급금액을 기재하지 않았거나 사실과 다르게 적어 거래사실을 확인할 수 없는 경우를 말한다.
(2020.2.11 본조개정)

제147조의2【사업장 현황신고 불성실 가산세】 법 제81조의3제1항 각 호 외의 부분에서 "대통령령으로 정하는 사업자"란 「의료법」에 따른 의료업, 「수의사법」에 따른 수의업 및 「약사법」에 따라 약국을 개설하여 약사(藥事)에 관한 업(業)을 행하는 사업자를 말한다.
(2020.2.11 본조개정)

제147조의3【공동사업장 등록·신고 불성실 가산세】 법 제81조의4제1항제2호에서 "대통령령으로 정하는 경우"란 다음 각 호의 어느 하나에 해당하는 경우를 말한다.
1. 공동사업자가 아닌 자를 공동사업자로 신고하는 경우
2. 제100조제1항에 따른 출자공동사업자(이하 "출자공동사업자"라 한다)에 해당하는 자를 신고하지 않거나 출자공동사업자가 아닌 자를 출자공동사업자로 신고하는 경우
3. 손익분배비율을 공동사업자 간에 약정된 내용과 다르게 신고하는 경우
4. 공동사업자·출자공동사업자 또는 약정한 손익분배비율이 변동된 경우 법 제87조제5항에 따른 변동신고를 하지 않은 경우
(2020.2.11 본조개정)

제147조의4【현금영수증 발급 불성실 가산세】 ① 법 제81조의9제2항제1호 계산식에서 "제163조에 따른 계산서 및 「부가가치세법」 제32조에 따른 세금계산서 발

급분 등 대통령령으로 정하는 수입금액"이란 다음 각 호의 어느 하나에 해당하는 수입금액을 말한다.
1. 법 제163조에 따른 계산서 발급분
2. 「부가가치세법」 제32조에 따른 세금계산서 발급분
② 법 제81조의9제2항제3호에서 "「국민건강보험법」에 따른 보험급여의 대상인 경우 등 대통령령으로 정하는 경우"란 다음 각 호의 어느 하나에 해당하는 경우를 말한다.
1. 「국민건강보험법」에 따른 보험급여
2. 「의료급여법」에 따른 의료급여
3. 「긴급복지지원법」에 따른 의료지원비
4. 「응급의료에 관한 법률」에 따른 대지급금
5. 「자동차손해배상 보장법」에 따른 보험금 및 공제금 (같은 법 제2조제6호의 「여객자동차 운수사업법」 및 「화물자동차 운수사업법」에 따른 공제사업자의 공제금으로 한정한다)
(2020.2.11 본조개정)

제147조의5【경정 등의 경우 가산세 적용특례】 ① 사업자가 법 제80조에 따른 결정·경정 또는 「국세기본법」 제45조에 따른 수정신고로 인하여 수입금액이 증가함에 따라 제208조제5항에 따른 사업자에 해당되지 않게 되는 경우에는 법 제70조제4항 각 호 외의 부분 후단 및 제160조의5제3항을 적용할 때 그 결정·경정 또는 수정신고하는 날이 속하는 과세기간은 간편장부대상자로 본다. 다만, 결정·경정 또는 수정신고하는 날이 속하는 과세기간 전에 복식부기의무자로 전환된 경우에는 복식부기의무자로 전환된 과세기간의 직전과세기간까지는 간편장부대상자로 본다.
② 법 제81조의9제9항제1호는 법 제80조에 따른 결정 또는 경정에 따라 법 제162조의3제1항에 따른 현금영수증가맹점으로 가입해야 할 사업자에 해당하게 되는 경우에도 적용한다.
(2020.2.11 본조개정)

제147조의6【계산서 등 제출 불성실 가산세】 ① 법 제81조의10제1항 각 호 외의 부분에서 "대통령령으로 정하는 소규모사업자"란 다음 각 호의 사업자를 말한다.
1. 법 제73조제1항제4호를 적용받는 사업자
2. 법 제160조제3항에 따른 간편장부대상자로서 직전 과세기간의 사업소득의 수입금액이 4천8백만원에 미달하는 사업자
3. 해당 과세기간에 신규로 사업을 개시한 사업자
② 법 제81조의10제1항제1호에서 "대통령령으로 정하는 기재 사항"이란 제211조제1항제1호부터 제4호까지의 규정에 따른 기재사항(이하 이 항에서 "필요적 기재사항"이라 한다)을 말하며, 교부한 계산서의 필요적 기재사항 중 일부가 착오로 기재되었으나 해당 계산서의 그 밖의 기재사항으로 보아 거래사실이 확인되는 경우에는 법 제81조의10제1항제1호에서 규정하는 사실과 다르게 기재된 계산서로 보지 않는다.
③ 법 제81조의10제1항제2호나목에서 "대통령령으로 정하는 기재하여야 할 사항"이란 거래처별 등록번호 및 공급가액을 말하고, "대통령령으로 정하는 바에 따라 거래사실이 확인되는 분의 매출가액 또는 매입가액"이란 교부했거나 교부받은 계산서에 따라 거래사실이 확인되는 분의 매출가액 또는 매입가액을 말한다.
④ 「농수산물 유통 및 가격안정에 관한 법률」 제2조제9호에 따른 중도매인(이하 "중도매인"이라 한다)이 2021년 1월 1일부터 2023년 12월 31일까지 종료하는 각 과세기간별로 계산서를 발급하고, 관할 세무서장에게 매출처별 계산서합계표를 제출한 금액이 총매출액에서 차지하는 비율(이하 이 조에서 "계산서 발급비율"이라 한다)이 다음 각 호의 어느 하나에 해당하는 비율 이상인 경우에는 2023년 12월 31일 이내에 종료하는 과세기간에는 해당 중도매인을 제1항 각 호의 사업자로 본다. 이 경우 중도매인의 2023년 12월 31일 이내에 종료

하는 각 과세기간별 계산서 발급비율이 다음 각 호의 어느 하나에 해당하는 비율에 미달하는 경우에는 각 과세기간별로 총 매출액에 다음 각 호의 어느 하나에 해당하는 비율을 적용하여 계산한 금액과 매출처별 계산서합계표를 제출한 금액과의 차액에 대해서만 계산서를 발급하지 않은 공급가액으로 하여 법 제81조의10제1항에 따라 가산세를 부과한다.
1. 서울특별시 소재 「농수산물 유통 및 가격안정에 관한 법률」 제2조제3호에 따른 중앙도매시장의 중도매인

과세기간	비율
2021. 1. 1. ~ 2021. 12. 31.	100분의 90
2022. 1. 1. ~ 2022. 12. 31.	100분의 95
2023. 1. 1. ~ 2023. 12. 31.	100분의 95

2. 제1호 외의 중도매인

과세기간	비율
2021. 1. 1. ~ 2021. 12. 31.	100분의 70
2022. 1. 1. ~ 2022. 12. 31.	100분의 75
2023. 1. 1. ~ 2023. 12. 31.	100분의 75

⑤ 법 제81조의10제1항제3호나목에서 "대통령령으로 정하는 바에 따라 거래사실이 확인되는 분의 매입가액"이란 교부받은 세금계산서에 따라 거래사실이 확인되는 분의 매입가액을 말한다.
(2020.2.11 본조개정)

제147조의7【지급명세서 등 제출 불성실 가산세】 ① 법 제81조의11제1항제2호 각 목 외의 부분에서 "대통령령으로 정하는 불분명한 경우"란 다음 각 호의 구분에 따른 경우를 말한다.
1. 지급명세서의 경우 : 다음 각 목의 어느 하나에 해당하는 경우
가. 제출된 지급명세서에 지급자 또는 소득자의 주소·성명·납세번호(주민등록번호로 갈음하는 경우에는 주민등록번호), 사업자등록번호, 소득의 종류, 소득의 귀속연도 또는 지급액을 적지 않았거나 잘못 적어 지급사실을 확인할 수 없는 경우
나. 제출된 지급명세서 및 이자·배당소득 지급명세서에 유가증권표준코드를 적지 않았거나 잘못 적어 유가증권의 발행자를 확인할 수 없는 경우
다. 제출된 지급명세서에 제202조의2제1항에 따른 이연퇴직소득세를 적지 않았거나 잘못 적은 경우
2. 간이지급명세서의 경우 : 제출된 간이지급명세서에 지급자 또는 소득자의 주소·성명·납세번호(주민등록번호로 갈음하는 경우에는 주민등록번호), 사업자등록번호, 소득의 종류, 소득의 귀속연도 또는 지급액을 적지 않았거나 잘못 적어 지급사실을 확인할 수 없는 경우를 말한다.(2021.5.4 본호개정)
② 다음 각 호의 지급금액은 제1항에 따른 불분명한 금액에 포함하지 않는 것으로 한다.
1. 지급일 현재 납세번호를 부여받은 자 또는 사업자등록증의 교부를 받은 자에게 지급한 금액
2. 제1호 외의 지급금액으로서 지급 후에 그 지급받은 자의 소재 불명이 확인된 금액
③ 법 제81조의11을 적용할 때 연금소득 및 퇴직소득의 경우에는 법 제20조의3제2항 및 제22조제2항에 따른 연금소득 및 퇴직소득을 지급금액으로 본다.
④ 법 제81조의11제4항에서 "대통령령으로 정하는 비율"이란 100분의 5를 말한다.(2023.2.28 본항개정)
(2021.5.4 본조제목개정)
(2020.2.11 본조개정)

제147조의8【특정외국법인의 유보소득 계산 명세서 제출 불성실 가산세】 법 제81조의13제1항제2호에서 "대통령령으로 정하는 불분명한 경우"란 배당 가능한 유보소득금액을 산출할 때 적어야 하는 금액의 전부 또는

일부를 적지 않거나 잘못 적어 배당 가능한 유보소득금액을 잘못 계산한 경우를 말한다.(2020.2.11 본조신설)

제148조【수시부과】 ① 법 제82조제1항의 규정에 의한 과세표준 및 세액의 결정은 제142조제1항을 준용하여 사업장 관할세무서장(사업자외의 자에 대하여는 납세지 관할세무서장)이 한다.(1995.12.30 본항개정)

② 법 제82조제4항에 따라 수시부과를 하려는 세무서장은 관할지방국세청장의 승인을 받아 지체 없이 해당 거주자에게 그 뜻을 통지하여야 한다.(2010.2.18 본항개정)

③ 세무서장은 사업자가 주한국제연합군 또는 외국기관으로부터 수입금액을 외국환은행을 통하여 외환증서 또는 원화로 영수할 때에는 법 제82조의 규정에 의하여 그 영수할 금액에 대한 과세표준을 결정할 수 있다.

④~⑤ (2008.2.22 삭제)

⑥ 법 제82조에 규정하는 수시부과에 있어서 그 세액계산에 필요한 사항은 기획재정부령으로 정한다.
(2008.2.29 본항개정)

제149조【과세표준과 세액의 통지】 ① 납세지 관할세무서장 또는 관할지방국세청장이 법 제83조의 규정에 의하여 과세표준과 세액을 통지하고자 하는 때에는 과세표준과 세율·세액 기타 필요한 사항을 서면으로 통지하여야 한다. 이 경우 납부할 세액이 없는 때에도 또한 같다.

② 납세지 관할세무서장 또는 관할지방국세청장이 피상속인의 소득금액에 대한 소득세를 2인 이상의 상속인에게 과세하는 경우에는 과세표준과 세액을 그 지분에 따라 배분하여 상속인별로 각각 통지하여야 한다.

③ (2002.12.30 삭제)

제149조의2【결손금소급공제에 의한 환급】 ① (2020.2.11 삭제)

② 법 제85조의2제1항 전단에서 "대통령령으로 정하는 바에 따라 계산한 금액"이란 다음 제1호의 금액에서 제2호의 금액을 뺀 것(이하 "결손금소급공제세액"이라 한다)을 말한다.(2010.2.18 본문개정)

1. 직전 과세기간의 당해 중소기업에 대한 종합소득산출세액

2. 직전 과세기간의 종합소득과세표준에서 법 제45조제3항의 이월결손금으로서 소급공제를 받으려는 금액(직전 과세기간의 종합소득과세표준을 한도로 한다)을 뺀 금액에 직전 과세기간의 세율을 적용하여 계산한 해당 중소기업에 대한 종합소득산출세액 (2010.2.18 본호개정)

③ 법 제85조의2제2항의 규정에 의하여 결손금소급공제세액의 환급을 받고자 하는 자는 기획재정부령이 정하는 결손금소급공제세액환급신청서를 납세지 관할세무서장에게 제출하여야 한다.(2008.2.29 본항개정)

④ 납세지 관할세무서장은 결손금소급공제세액을 환급받은 사업자가 법 제85조의2제5항 각 호의 어느 하나의 사유에 해당하는 경우 다음 계산식에 따라 계산한 금액(이하 "환급취소세액"이라 한다)과 환급취소세액에 대하여 결손금소급공제세액 환급세액의 통지일 다음 날부터 법 제85조의2제5항에 따라 징수하는 소득세액의 고지일까지의 기간에 「국세기본법 시행령」 제27조의4에 따른 율을 곱하여 계산한 이자상당액의 합계액을 법 제85조의2제5항에 따라 소득세로 징수해야 한다. 다만, 법 제45조제3항의 이월결손금 중 그 일부금액만을 소급공제받은 경우에는 소급공제받지 않은 결손금이 먼저 감소된 것으로 본다.

$$\text{법 제85조의2} \atop \text{제3항의 규정에} \atop \text{의한 환급세액} \times \frac{\text{감소된 결손금액으로서 소급공제받지}}{\text{소급공제한 결손금액}}$$

(2020.2.11 본항개정)

⑤ 납세지 관할세무서장은 결손금소급공제세액 계산의 기초가 된 직전 과세기간의 종합소득과세표준과 세액이 경정등에 의하여 변경되는 경우에는 즉시 당초 환급세액을 재결정하여 당초 결손금소급공제세액으로 환급한 세액과 재결정한 환급세액의 차액을 환급하거나 징수하여야 하며, 환급한 세액이 재결정한 환급세액을 초과하여 그 차액을 징수하는 때에는 제4항의 규정을 준용하여 계산한 이자상당액을 가산하여 징수하여야 한다.

⑥ 결손금소급공제에 의한 환급세액의 계산 기타 필요한 사항은 기획재정부령으로 정한다.(2008.2.29 본항개정)
(1996.12.31 본조신설)

제11절 공동사업장에 대한 특례
(2007.2.28 본절제목개정)

제150조【공동사업장에 대한 특례】 ① 법 제87조제4항에서 "대표공동사업자"란 출자공동사업자 외의 자로서 다음 각 호의 자를 말한다.

1. 공동사업자들 중에서 선임된 자

2. 선임되어 있지 아니한 경우에는 손익분배비율이 가장 큰 자. 다만, 그 손익분배비율이 같은 경우에는 사업장 소재지 관할세무서장이 결정하는 자로 한다.
(2007.2.28 본항신설)

② 법 제87조의 규정에 의한 공동사업에서 발생하는 소득금액의 결정 또는 경정은 제87조제4항에 따른 대표공동사업자(이하 이 조에서 "대표공동사업자"라 한다)의 주소지 관할세무서장이 한다. 다만, 국세청장이 특히 중요하다고 인정하는 것에 대하여는 사업장 관할세무서장 또는 주소지 관할지방국세청장이 한다.
(2007.2.28 본항개정)

③ 법 제87조제4항에 따른 공동사업장의 사업자등록은 대표공동사업자가 기획재정부령이 정하는 공동사업장 등이동신고서에 따라 해당 사업장 관할세무서장에게 하여야 한다. 이 경우 법 제168조제1항 및 제2항에 따른 사업자등록과 함께 공동사업자 명세를 신고한 경우에는 공동사업장등이동신고서를 제출한 것으로 본다.(2018.2.13 본항개정)

④ 대표공동사업자는 법 제87조제4항에 따른 신고내용에 변동이 발생한 경우 그 사유가 발생한 날이 속하는 과세기간의 종료일부터 15일 이내에 기획재정부령으로 정하는 공동사업장등이동신고서에 따라 해당 사업장 관할세무서장에게 그 변동내용을 신고하여야 한다. 이 경우 법 제168조제3항에 따라 사업자등록 정정신고를 할 때 변동내용을 신고한 경우에는 공동사업장등이동신고서를 제출한 것으로 본다.(2018.2.13 후단신설)

⑤ 제64조 및 제94조의 규정의 적용에 있어서 공동사업장에 대한 납세지 관할세무서장은 대표공동사업자의 주소지 관할세무서장으로 한다.

⑥ 공동사업자가 과세표준확정신고를 하는 때에는 과세표준확정신고서와 함께 당해 공동사업장에서 발생한 소득과 그 외의 소득을 구분한 계산서를 제출하여야 한다. 이 경우 대표공동사업자는 당해 공동사업장에서 발생한 소득금액과 가산세액 및 원천징수된 세액의 각 공동사업자별 분배명세서를 제출하여야 한다.

⑦ 공동사업장의 소득금액을 계산할 때 법 제41조제1항을 적용하는 경우에는 공동사업자를 거주자로 본다.
(2017.2.3 본항신설)

⑧ 제1항부터 제7항까지에서 규정한 사항 외에 공동사업장에 관하여 필요한 사항은 기획재정부령으로 정한다.(2017.2.3 본항개정)
(2007.2.28 본조제목개정)

제2장의2 성실중소사업자의 종합소득에 대한 납세의무

제1절 과세표준과 세액의 계산

제150조의2~제150조의7 (2010.12.30 삭제)

제2절 세액의 계산

제150조의8~제150조의9 (2010.12.30 삭제)

제3절 신고 및 납부 등

제150조의10 (2010.12.30 삭제)

제3장 거주자의 양도소득에 대한 납세의무

제1절 양도의 정의

제151조【양도의 범위】 ① 법 제88조제1호를 적용할 때 채무자가 채무의 변제를 담보하기 위하여 자산을 양도하는 계약을 체결한 경우에 다음 각호의 요건을 모두 갖춘 계약서의 사본을 양도소득 과세표준 확정신고서에 첨부하여 신고하는 때에는 이를 양도로 보지 아니한다.(2017.2.3 본문개정)
1. 당사자간에 채무의 변제를 담보하기 위하여 양도한다는 의사표시가 있을 것
2. 당해 자산을 채무자가 원래대로 사용·수익한다는 의사표시가 있을 것
3. 원금·이율·변제기한·변제방법등에 관한 약정이 있을 것
② 제1항의 규정에 의한 계약을 체결한 후 동항의 요건에 위배하거나 채무불이행으로 인하여 당해 자산을 변제에 충당한 때에는 그 때에 이를 양도한 것으로 본다.
③ 법 제88조제1호 각 목의 부분 후단에서 "대통령령으로 정하는 부담부증여 시 수증자가 부담하는 채무액에 해당하는 부분"이란 부담부증여 시 증여자의 채무를 수증자(受贈者)가 인수하는 경우 증여가액 중 그 채무액에 해당하는 부분을 말한다. 다만, 배우자 간 또는 직계존비속 간의 부담부증여(「상속세 및 증여세법」 제44조에 따라 증여로 추정되는 경우를 포함한다)로서 같은 법 제47조제3항 본문에 따라 수증자에게 인수되지 아니한 것으로 추정되는 채무액은 제외한다.
(2023.2.28 본문개정)
(2017.2.3 본조제목개정)
제152조【환지 등의 정의】 ① 법 제88조제1호가목에서 환지처분이란 「도시개발법」에 따른 도시개발사업, 「농어촌정비법」에 따른 농업생산기반 정비사업, 그 밖의 법률에 따라 사업시행자가 사업완료후에 사업구역 내의 토지소유자 또는 관계인에게 종전의 토지 또는 건축물 대신에 그 구역 내의 다른 토지 또는 사업시행자에게 처분할 권한이 있는 건축물의 일부와 그 건축물이 있는 토지의 공유지분으로 바꾸어 주는 것(사업시행에 따라 분할·합병 또는 교환하는 것을 포함한다)을 말한다.(2017.2.3 본항개정)
② 법 제88조제1호가목에서 "보류지(保留地)"란 제1항에 따른 사업시행자가 해당 법률에 따라 일정한 토지를 환지로 정하지 아니하고 다음 각 호의 토지로 사용하기 위하여 보류한 토지를 말한다.(2017.2.3 본항개정)
1. 해당 법률에 따른 공공용지
2. 해당 법률에 따라 사업구역 내의 토지소유자 또는 관계인에게 그 구역 내의 토지로 사업비용을 부담하게 하는 경우의 해당 토지인 체비지

③ 법 제88조제1호나목에서 「공간정보의 구축 및 관리 등에 관한 법률」 제79조에 따른 토지의 분할 등 대통령령으로 정하는 방법과 절차로 하는 토지 교환"이란 다음 각 호의 요건을 모두 충족하는 토지 교환을 말한다.(2017.2.3 본문개정)
1. 토지 이용상 불합리한 지상(地上) 경계(境界)를 합리적으로 바꾸기 위하여 「공간정보의 구축 및 관리 등에 관한 법률」이나 그 밖의 법률에 따라 토지를 분할하여 교환할 것(2015.6.1 본문개정)
2. 제1호에 따라 분할된 토지의 전체 면적이 분할 전 토지의 전체 면적의 100분의 20을 초과하지 아니할 것(2015.2.3 본항신설)
④ 토지소유자는 법 제88조제1호나목에 해당하는 경우 토지 교환이 제3항의 요건을 모두 충족하였음을 입증하는 자료를 납세지 관할 세무서장에게 제출하여야 한다.(2017.2.3 본항개정)
⑤ 제4항에 따른 자료의 제출 시기, 그 밖에 필요한 사항은 국세청장이 정하여 고시한다.(2015.2.3 본항신설)
(2012.2.2 본조개정)
제152조의2【증권예탁증권의 범위】 법 제88조제2호에서 "대통령령으로 정하는 증권예탁증권"이란 「자본시장과 금융투자업에 관한 법률」 제4조제2항제2호의 지분증권을 예탁받은 자가 그 증권이 발행된 국가 외의 국가에서 발행한 것으로서 그 예탁받은 증권에 관련된 권리가 표시된 것을 말한다.(2017.2.3 본조신설)
제152조의3【1세대의 범위】 법 제88조제6호 단서에서 "대통령령으로 정하는 경우"란 다음 각 호의 어느 하나에 해당하는 경우를 말한다.
1. 해당 거주자의 나이가 30세 이상인 경우
2. 배우자가 사망하거나 이혼한 경우
3. 법 제4조에 따른 소득이 「국민기초생활 보장법」 제2조제11호에 따른 기준 중위소득의 100분의 40 수준 이상으로서 소유하고 있는 주택 또는 토지를 관리·유지하면서 독립된 생계를 유지할 수 있는 경우. 다만, 미성년자의 경우를 제외하되, 미성년자의 결혼, 가족의 사망 그 밖에 기획재정부령이 정하는 사유로 1세대의 구성이 불가피한 경우에는 그러하지 아니하다.(2017.2.3 본조신설)
제152조의4【분양권의 범위】 법 제88조제10호에서 "「주택법」 등 대통령령으로 정하는 법률"이란 다음 각 호의 법률을 말한다.
1. 「건축물의 분양에 관한 법률」
2. 「공공주택 특별법」
3. 「도시개발법」
4. 「도시 및 주거환경정비법」
5. 「빈집 및 소규모주택 정비에 관한 특례법」
6. 「산업입지 및 개발에 관한 법률」
7. 「주택법」
8. 「택지개발촉진법」
(2021.2.17 본항신설)

제2절 양도소득에 대한 비과세 및 감면

제153조【농지의 비과세】 ① 법 제89조제1항제2호에서 "대통령령으로 정하는 경우"란 다음 각 호의 어느 하나에 해당하는 농지(제4항 각 호의 어느 하나에 해당하는 농지는 제외한다)를 교환 또는 분합하는 경우로서 교환 또는 분합하는 쌍방 토지가액의 차액이 가액이 큰편의 4분의 1 이하인 경우를 말한다.(2010.2.18 본문개정)
1. 국가 또는 지방자치단체가 시행하는 사업으로 인하여 교환 또는 분합하는 농지
2. 국가 또는 지방자치단체가 소유하는 토지와 교환 또는 분합하는 농지

3. 경작상 필요에 의하여 교환하는 농지. 다만, 교환에 의하여 새로이 취득하는 농지를 3년 이상 농지소재지에 거주하면서 경작하는 경우에 한한다.
4. 「농어촌정비법」·「농지법」·「한국농어촌공사 및 농지관리기금법」 또는 「농업협동조합법」에 의하여 교환 또는 분합하는 농지(2009.6.26 본호개정)
② (2005.12.31 삭제)
③ 제1항제3호 단서에서 "농지소재지"라 함은 다음 각 호의 어느 하나에 해당하는 지역(경작개시당시에는 당해 지역에 해당하였으나 행정구역의 개편 등으로 이에 해당하지 아니하게 된 지역을 포함한다)을 말한다.
(2013.2.15 본문개정)
1. 농지가 소재하는 시(특별자치시와 「제주특별자치도 설치 및 국제자유도시 조성을 위한 특별법」 제10조제2항에 따라 설치된 행정시를 포함한다. 이하 이 항에서 같다)·군·구(자치구인 구를 말한다. 이하 이 항에서 같다)안의 지역(2023.2.28 본호개정)
2. 제1호의 지역과 연접한 시·군·구안의 지역(1995.12.30 본호개정)
3. 농지로부터 직선거리 30킬로미터 이내에 있는 지역(2015.2.3 본호개정)
④ 제1항의 규정에 따른 농지에서 제외되는 농지는 다음 각 호와 같다.(2013.2.15 본문개정)
1. 양도일 현재 특별시·광역시(광역시에 있는 군을 제외한다)·특별자치시(특별자치시에 있는 읍·면지역은 제외한다)·특별자치도(「제주특별자치도 설치 및 국제자유도시 조성을 위한 특별법」 제10조제2항에 따라 설치된 행정시의 읍·면지역은 제외한다) 또는 시지역(「지방자치법」 제3조제4항의 규정에 의한 도·농복합형태의 시의 읍·면지역을 제외한다)에 있는 농지중 「국토의 계획 및 이용에 관한 법률」에 의한 주거지역·상업지역 또는 공업지역안의 농지로서 이들 지역에 편입된 날부터 3년이 지난 농지. 다만, 다음 각 목의 어느 하나에 해당하는 경우는 제외한다.
(2016.1.22 본문개정)
가. 사업지역 내의 토지소유자가 1천명 이상이거나 사업시행면적이 기획재정부령으로 정하는 규모 이상인 개발사업지역(사업인정고시일이 같은 하나의 사업지역을 말한다) 안에서 개발사업의 시행으로 인하여 「국토의 계획 및 이용에 관한 법률」에 따른 주거지역·상업지역 또는 공업지역에 편입된 농지로서 사업시행자의 단계적 사업시행 또는 보상지연으로 이들 지역에 편입된 날부터 3년이 지난 경우
나. 사업시행자가 국가, 지방자치단체, 그 밖에 기획재정부령으로 정하는 공공기관인 개발사업지역 안에서 개발사업의 시행으로 인하여 「국토의 계획 및 이용에 관한 법률」에 따른 주거지역·상업지역 또는 공업지역에 편입된 농지로서 기획재정부령으로 정하는 부득이한 사유에 해당하는 경우
(2008.2.29 가목~나목개정)
2. 당해 농지에 대하여 환지처분 이전에 농지외의 토지로 환지예정지의 지정이 있는 경우로서 그 환지예정지 지정일부터 3년이 지난 농지(1995.12.30 본호개정)
⑤ 제1항제3호의 규정을 적용함에 있어서 새로운 농지의 취득후 3년 이내에 「공익사업을 위한 토지 등의 취득 및 보상에 관한 법률」에 의한 협의매수·수용 및 그 밖의 법률에 의하여 수용되는 경우에는 3년 이상 농지소재지에 거주하면서 경작한 것으로 본다.(2005.12.31 본항개정)
⑥ 제1항제3호의 규정을 적용함에 있어서 새로운 농지의 취득후 3년 이내에 농지소유자가 사망한 경우로서 상속인이 농지소재지에 거주하면서 계속 경작한 때에는 피상속인의 경작기간과 상속인의 경작기간을 통산한다.(2005.12.31 본항개정)
제154조 【1세대1주택의 범위】 ① 법 제89조제1항제3호가목에서 "대통령령으로 정하는 요건"이란 1세대가

양도일 현재 국내에 1주택을 보유하고 있는 경우로서 해당 주택의 보유기간이 2년(제8항제2호에 해당하는 거주자의 주택인 경우는 3년) 이상인 것[취득 당시에 「주택법」 제63조의2제1항제1호에 따른 조정대상지역(이하에서 "조정대상지역"이라 한다)에 있는 주택의 경우에는 해당 주택의 보유기간이 2년(제8항제2호에 해당하는 거주자의 주택인 경우에는 3년) 이상이고 그 보유기간 중 거주기간이 2년 이상인 것]을 말한다. 다만, 1세대가 양도일 현재 국내에 1주택을 보유하고 있는 경우로서 제1호부터 제3호까지의 어느 하나에 해당하는 경우에는 그 보유기간 및 거주기간의 제한을 받지 않으며 제5호에 해당하는 경우에는 거주기간의 제한을 받지 않는다.(2020.2.11 단서개정)
1. 「민간임대주택에 관한 특별법」에 따른 민간건설임대주택이나 「공공주택 특별법」에 따른 공공건설임대주택 또는 공공매입임대주택을 취득하여 양도하는 경우로서 해당 임대주택의 임차일부터 양도일까지의 기간 중 세대전원이 거주(기획재정부령으로 정하는 취학, 근무상의 형편, 질병의 요양, 그 밖에 부득이한 사유로 세대의 구성원 중 일부가 거주하지 못하는 경우를 포함한다)한 기간이 5년 이상인 경우(2022.2.15 본호개정)
2. 다음 각 목의 어느 하나에 해당하는 경우. 이 경우 가목에 있어서는 그 양도일 또는 수용일부터 5년 이내에 거주하는 그 잔존주택 및 그 부수토지를 포함하는 것으로 한다.(2013.2.15 후단개정)
가. 주택 및 그 부수토지(사업인정 고시일 전에 취득한 주택 및 그 부수토지에 한한다)의 전부 또는 일부가 「공익사업을 위한 토지 등의 취득 및 보상에 관한 법률」에 의한 협의매수·수용 및 그 밖의 법률에 의하여 수용되는 경우(2006.2.9 본목개정)
나. 「해외이주법」에 따른 해외이주로 세대전원이 출국하는 경우. 다만, 출국일 현재 1주택을 보유하고 있는 경우로서 출국일부터 2년 이내에 양도하는 경우에 한한다.(2008.2.22 단서개정)
다. 1년 이상 계속하여 국외거주를 필요로 하는 취학 또는 근무상의 형편으로 세대전원이 출국하는 경우. 다만, 출국일 현재 1주택을 보유하고 있는 경우로서 출국일부터 2년 이내에 양도하는 경우에 한한다.(2008.2.22 단서개정)
3. 1년 이상 거주한 주택을 기획재정부령으로 정하는 취학, 근무상의 형편, 질병의 요양, 그 밖에 부득이한 사유로 양도하는 경우(2014.2.21 본호개정)
4. (2020.2.11 삭제)
5. 제1항에 조정대상지역의 공고가 있은 날 이전에 매매계약을 체결하고 계약금을 지급한 사실이 증빙서류에 의하여 확인되는 경우로서 해당 거주자가 속한 1세대가 계약금 지급일 현재 주택을 보유하지 아니하는 경우(2018.2.13 본호개정)
② 제1항에 조정대상지역을 적용할 때 2017년 8월 3일부터 2017년 11월 9일까지의 기간에는 다음 표의 지역을 조정대상지역으로 한다.

1. 서울특별시	전 지역
2. 부산광역시	해운대구·연제구·동래구·남구·부산진구 및 수영구, 기장군
3. 경기도	과천시·광명시·성남시·고양시·남양주시·하남시 및 화성시(반송동·석우동·동탄면 금곡리·목리 방교리·산척리·송리·신리·영천리·오산리·장지리·중리·청계리 일원에 지정된 택지개발지구로 한정한다)
4. 기타	「신행정수도 후속대책을 위한 연기·공주지역 행정중심복합도시 건설을 위한 특별법」 제2조제2호에 따른 예정지역

(2018.2.13 본항개정)

③ 법 제89조제1항제3호를 적용할 때 하나의 건물이 주택과 주택외의 부분으로 복합되어 있는 경우와 주택에 딸린 토지에 주택외의 건물이 있는 경우에는 그 전부를 주택으로 본다. 다만, 주택의 연면적이 주택 외의 부분의 연면적보다 적거나 같을 때에는 주택외의 부분은 주택으로 보지 아니한다.(2010.2.18 본항개정)
④ 제3항 단서의 경우에 주택에 딸린 토지는 전체 토지면적에 주택의 연면적이 건물의 연면적에서 차지하는 비율을 곱하여 계산한다.(2010.2.18 본항개정)
⑤ 제1항에 따른 보유기간의 계산은 법 제95조제4항에 따른다.(2022.5.31 본항개정)
⑥ 제1항에 따른 거주기간은 주민등록표 등본에 따른 전입일부터 전출일까지의 기간으로 한다.(2019.2.12 본항신설)
⑦ 법 제89조제1항제3호 각 목 외의 부분에서 "지역별로 대통령령으로 정하는 배율"이란 다음의 배율을 말한다.(2014.2.21 본문개정)
1. 「국토의 계획 및 이용에 관한 법률」 제6조제1호에 따른 도시지역 내의 토지 : 다음 각 목에 따른 배율
  가. 「수도권정비계획법」 제2조제1호에 따른 수도권(이하 이 호에서 "수도권"이라 한다) 내의 토지 중 주거지역ㆍ상업지역 및 공업지역 내의 토지 : 3배
  나. 수도권 내의 토지 중 녹지지역 내의 토지 : 5배
  다. 수도권 밖의 토지 : 5배(2020.2.11 본호개정)
2. 그 밖의 토지 : 10배(2012.2.2 본호개정)
⑧ 제1항에 따른 거주기간 또는 보유기간을 계산할 때 다음 각 호의 기간을 통산한다.(2018.2.13 본문개정)
1. 거주하거나 보유하는 중에 소실ㆍ무너짐ㆍ노후 등으로 인하여 멸실되어 재건축한 주택인 경우에는 그 멸실된 주택과 재건축한 주택에 대한 거주기간 및 보유기간(2018.2.13 본호개정)
2. 비거주자가 해당 주택을 3년 이상 계속 보유하고 그 주택에서 거주한 상태로 거주자로 전환된 경우에는 해당 주택에 대한 거주기간 및 보유기간(2008.2.22 본호신설)
3. 상속받은 주택으로서 상속인과 피상속인이 상속개시 당시 동일세대인 경우에는 상속개시 전에 상속인과 피상속인이 동일세대로서 거주하고 보유한 기간(2017.9.19 본호개정)
⑨ 법 제89조제1항제3호의 규정을 적용함에 있어서 2개 이상의 주택을 같은 날에 양도하는 경우에는 당해 거주자가 선택하는 순서에 따라 주택을 양도한 것으로 본다.(2005.12.31 본항개정)
⑩ 제1항에 따른 1세대 1주택이 다음 각 호의 요건에 모두 해당하는 경우에는 제155조제20항 각 호 외의 부분 후단에 따른 직전거주주택의 양도일 후의 기간분에 대해서만 국내에 1주택을 보유한 것으로 보아 제1항을 적용한다.(2017.2.3 본문개정)
1. 「민간임대주택에 관한 특별법」 제5조에 따라 임대주택으로 등록하거나 「영유아보육법」 제12조 또는 제13조에 따른 어린이집으로 설치ㆍ운영된 사실이 있을 것(2022.2.15 본호개정)
2. 해당 주택이 제155조제20항 각 호 외의 부분 후단에 따른 직전거주주택보유주택일 것(2019.2.12 본호개정)
⑪ 법 제89조제1항제3호나목에서 "대통령령으로 정하는 주택"이란 제155조에 따른 1세대1주택의 특례에 해당하여 이 조를 적용하는 주택을 말한다.(2014.2.21 본항신설)
⑫ 제1항을 적용할 때 취득 당시에 조정대상지역에 있는 주택으로서 제155조제3항 각 호 외의 부분 본문에 따른 공동상속주택인 경우 거주기간은 같은 항 각 호 외의 부분 단서에 따라 공동상속주택을 소유한 것으로 보는 사람이 거주한 기간으로 판단한다.(2021.2.17 본항신설)

제154조의2 【공동소유주택의 주택 수 계산】 1주택을 여러 사람이 공동으로 소유한 경우 이 영에 특별한 규정이 있는 것 외에는 주택 수를 계산할 때 공동 소유자 각자가 그 주택을 소유한 것으로 본다.(2010.2.18 본조신설)
제155조 【1세대1주택의 특례】 ① 국내에 1주택을 소유한 1세대가 그 주택(이하 이 항에서 "종전의 주택"이라 한다)을 양도하기 전에 다른 주택(이하 이 조에서 "신규 주택"이라 한다)을 취득(자기가 건설하여 취득한 경우를 포함한다)함으로써 일시적으로 2주택이 된 경우 종전의 주택을 취득한 날부터 1년 이상이 지난 후 신규 주택을 취득하고 신규 주택을 취득한 날부터 3년 이내에 종전의 주택을 양도하는 경우(제18항에 따른 사유에 해당하는 경우를 포함한다)에는 이를 1세대1주택으로 보아 제154조제1항을 적용한다. 이 경우 제154조제1항제1호, 같은 항 제2호가목 및 같은 항 제3호의 어느 하나에 해당하는 경우에는 종전의 주택을 취득한 날부터 1년 이상이 지난 후 다른 주택을 취득하는 요건을 적용하지 않으며, 종전의 주택 및 그 부수토지의 일부가 제154조제1항제2호가목에 따라 협의매수되거나 수용되는 경우에 해당 잔존하는 주택 및 그 부수 토지를 그 양도일 또는 수용일부터 5년 이내에 양도하는 때에는 해당 잔존하는 주택 및 그 부수토지의 양도는 종전의 주택 및 그 부수토지의 양도 또는 수용에 포함되는 것으로 본다.(2023.2.28 본항개정)
② 상속받은 주택〔조합원입주권 또는 분양권을 상속받아 사업시행 완료 후 취득한 신축주택을 포함하며, 피상속인이 상속개시 당시 2 이상의 주택(상속받은 1주택이 「도시 및 주거환경정비법」에 따른 재개발사업(이하 "재개발사업"이라 한다), 재건축사업(이하 "재건축사업"이라 한다) 또는 「빈집 및 소규모주택 정비에 관한 특례법」에 따른 소규모재건축사업, 소규모재개발사업, 가로주택정비사업, 자율주택정비사업(이하 "소규모재건축사업등"이라 한다)의 시행으로 2 이상의 주택이 된 경우를 포함한다)을 소유한 경우에는 다음 각 호의 순위에 따른 1주택을 말한다〕과 그 밖의 주택(상속개시 당시 보유한 주택 또는 상속개시 당시 보유한 조합원입주권이나 분양권에 의하여 사업시행 완료 후 취득한 신축주택만 해당하며, 상속개시일부터 소급하여 2년 이내에 피상속인으로부터 증여받은 주택 또는 증여받은 조합원입주권이나 분양권에 의하여 사업시행 완료 후 취득한 신축주택은 제외한다. 이하 이 항에서 "일반주택"이라 한다)을 국내에 각각 1개씩 소유하고 있는 1세대가 일반주택을 양도하는 경우에는 국내에 1개의 주택을 소유하고 있는 것으로 보아 제154조제1항을 적용한다. 다만, 상속인과 피상속인이 상속개시 당시 1세대인 경우에는 1주택을 보유하고 1세대를 구성하는 자가 직계존속(배우자의 직계존속을 포함하며, 세대를 합친 날 현재 직계존속 중 어느 한 사람 또는 모두가 60세 이상으로서 1주택을 보유하고 있는 경우만 해당한다)을 동거봉양하기 위하여 세대를 합침에 따라 2주택을 보유하게 되는 경우에는 합치기 이전부터 보유하고 있었던 주택만 상속받은 주택으로 본다(이하 제3항, 제7항제1호, 제156조의2제7항제1호 및 제156조의3제5항제1호에서 같다).(2022.2.15 본문개정)
1. 피상속인이 소유한 기간이 가장 긴 1주택
2. 피상속인이 소유한 기간이 같은 주택이 2 이상일 경우에는 피상속인이 거주한 기간이 가장 긴 1주택
3. 피상속인이 소유한 기간 및 거주한 기간이 모두 같은 주택이 2 이상일 경우에는 피상속인이 상속개시당시 거주한 1주택
4. 피상속인이 거주한 사실이 없는 주택으로서 소유한 기간이 같은 주택이 2 이상일 경우에는 기준시가가

가장 높은 1주택(기준시가가 같은 경우에는 상속인이 선택하는 1주택)
(1997.12.31 본항개정)
③ 제154조제1항을 적용할 때 공동상속주택[상속으로 여러 사람이 공동으로 소유하는 1주택을 말하며, 피상속인이 상속개시 당시 2 이상의 주택(상속받은 1주택이 재개발사업, 재건축사업 또는 소규모재건축사업등의 시행으로 2 이상의 주택이 된 경우를 포함한다)을 소유한 경우에는 제2항 각 호의 순위에 따른 1주택을 말한다] 외의 다른 주택을 양도하는 때에는 해당 공동상속주택은 해당 거주자의 주택으로 보지 아니한다. 다만, 상속지분이 가장 큰 상속인의 경우에는 그러하지 아니하며, 상속지분이 가장 큰 상속인이 2명 이상인 경우에는 그 2명 이상의 사람 중 다음 각 호의 순서에 따라 해당 각 호에 해당하는 사람이 그 공동상속주택을 소유한 것으로 본다.(2022.2.15 본문개정)
1. 당해 주택에 거주하는 자
2. (2008.2.22 삭제)
3. 최연장자
④ 1주택을 보유하고 1세대를 구성하는 자가 1주택을 보유하고 있는 60세 이상의 직계존속(다음 각 호의 사람을 포함하며, 이하 이 조에서 같다)을 동거봉양하기 위하여 세대를 합침으로써 1세대가 2주택을 보유하게 되는 경우 합친 날부터 10년 이내에 먼저 양도하는 주택은 이를 1세대1주택으로 보아 제154조제1항을 적용한다.(2019.2.12 본항개정)
1. 배우자의 직계존속으로서 60세 이상인 사람
2. 직계존속(배우자의 직계존속을 포함한다) 중 어느 한 사람이 60세 미만인 경우
3. 「국민건강보험법 시행령」 별표2 제3호가목3), 같은 호 나목2) 또는 같은 호 마목에 따른 요양급여를 받는 60세 미만의 직계존속(배우자의 직계존속을 포함한다)으로서 기획재정부령으로 정하는 사람
(2019.2.12 1호~3호신설)
⑤ 1주택을 보유하는 자가 1주택을 보유하는 자와 혼인함으로써 1세대가 2주택을 보유하게 되는 경우 또는 1주택을 보유하고 있는 60세 이상의 직계존속을 동거봉양하는 무주택자가 1주택을 보유하는 자와 혼인함으로써 1세대가 2주택을 보유하게 되는 경우 각각 혼인한 날부터 5년 이내에 먼저 양도하는 주택은 이를 1세대1주택으로 보아 제154조제1항을 적용한다.(2012.2.2 본항개정)
⑥ 다음 각 호의 어느 하나에 해당하는 주택과 그 밖의 주택(이하 이 항에서 "일반주택"이라 한다)을 국내에 각각 1개씩 소유하고 있는 1세대가 일반주택을 양도하는 경우에는 국내에 1개의 주택을 소유하고 있는 것으로 보아 제154조제1항을 적용한다.(2010.2.18 본문개정)
1. 「문화재보호법」 제2조제3항에 따른 지정문화재와 같은 법 제53조제1항에 따른 국가등록문화재
(2020.5.26 본호개정)
2.~3. (1999.2.8 삭제)
⑦ 다음 각 호의 어느 하나에 해당하는 주택으로서 수도권 밖의 지역 중 읍지역(도시지역안의 지역을 제외한다) 또는 면지역에 소재하는 주택(이하 이 조에서 "농어촌주택"이라 한다)과 그 밖의 주택(이하 이 항 및 제11항부터 제13항까지에서 "일반주택"이라 한다)을 국내에 각각 1개씩 소유하고 있는 1세대가 일반주택을 양도하는 경우에는 국내에 1개의 주택을 소유하고 있는 것으로 보아 제154조제1항을 적용한다. 다만, 제3호의 주택에 대해서는 그 주택을 취득한 날부터 5년 이내에 일반주택을 양도하는 경우에 한정하여 적용한다.(2021.2.17 본문개정)
1. 상속받은 주택(피상속인이 취득후 5년 이상 거주한 사실이 있는 경우에 한한다)
2. 이농인(어업에서 떠난 자를 포함한다. 이하 이 조에

서 같다)이 취득일후 5년 이상 거주한 사실이 있는 이농주택
3. 영농 또는 영어의 목적으로 취득한 귀농주택
⑧ 기획재정부령으로 정하는 취학, 근무상의 형편, 질병의 요양, 그 밖에 부득이한 사유(이하 이 항에서 "부득이한 사유"라 한다)로 취득한 수도권 밖에 소재하는 주택과 그 밖의 주택(이하 이 항에서 "일반주택"이라 한다)을 국내에 각각 1개씩 소유하고 있는 1세대가 부득이한 사유가 해소된 날부터 3년 이내에 일반주택을 양도하는 경우에는 국내에 1개의 주택을 소유하고 있는 것으로 보아 제154조제1항을 적용한다.(2012.2.2 본항개정)
⑨ 제7항제2호에서 "이농주택"이라 함은 영농 또는 영어에 종사하던 자가 전업으로 인하여 다른 시(특별자치시와 「제주특별자치도 설치 및 국제자유도시 조성을 위한 특별법」 제10조제2항에 따라 설치된 행정시를 포함한다)·구(특별시 및 광역시의 구를 말한다)·읍·면으로 전출함으로써 거주자 및 그 배우자와 생계를 같이하는 가족 전부 또는 일부가 거주하지 못하게 되는 경우로서 이농인이 소유하고 있는 주택을 말한다.(2023.2.28 본항개정)
⑩ 제7항제3호에서 "귀농주택"이란 영농 또는 영어에 종사하고자 하는 자가 취득(귀농이전에 취득한 것을 포함한다)하여 거주하고 있는 주택으로서 다음 각 호의 요건을 갖춘 것을 말한다.(2016.2.17 본문개정)
1. (2016.2.17 삭제)
2. 취득 당시에 법 제89조제1항제3호 각 목 외의 부분에 따른 고가주택에 해당하지 아니할 것(2022.2.15 본호개정)
3. 대지면적이 660제곱미터 이내일 것
4. 영농 또는 영어의 목적으로 취득하는 것으로서 다음 각 목의 어느 하나에 해당할 것(2007.2.28 본문개정)
가. 1,000제곱미터 이상의 농지를 소유하는 자 또는 그 배우자가 해당 농지소재지(제153조제3항에 따른 농지소재지를 말한다. 이하 이 조에서 같다)에 있는 주택을 취득하는 것일 것(2019.2.12 본목개정)
나. 1,000제곱미터 이상의 농지를 소유하는 자 또는 그 배우자가 해당 농지를 소유하기 전 1년 이내에 해당 농지소재지에 있는 주택을 취득하는 것일 것(2019.2.12 본목개정)
다. 기획재정부령이 정하는 어업인이 취득하는 것일 것(2008.2.29 본목개정)
5. 세대전원이 이사(기획재정부령으로 정하는 취학, 근무상의 형편, 질병의 요양, 그 밖의 부득이한 사유로 세대의 구성원 중 일부가 이사하지 못하는 경우를 포함한다)하여 거주할 것(2014.2.21 본호신설)
⑪ 귀농으로 인하여 세대전원이 농어촌주택으로 이사하는 경우에는 귀농후 최초로 양도하는 1개의 일반주택에 한하여 제7항 본문의 규정을 적용한다.
⑫ 제7항의 규정을 적용받은 귀농주택 소유자가 귀농일(귀농주택에 주민등록을 이전하여 거주를 개시한 날을 말하며, 제10항제4호나목에 따라 주택을 취득한 후 해당 농지를 취득하는 경우에는 귀농주택에 주민등록을 이전하고 거주를 개시한 후 농지를 취득한 날을 말한다)부터 계속하여 3년 이상 영농 또는 영어에 종사하지 아니하거나 그 기간 동안 해당 주택에 거주하지 아니한 경우 그 양도한 일반주택은 1세대1주택으로 보지 아니하며, 해당 귀농주택 소유자는 3년 이상 영농 또는 영어에 종사하지 아니하거나 그 기간 동안 해당 주택에 거주하지 아니하는 사유가 발생한 날이 속하는 달의 말일부터 2개월 이내에 다음 계산식에 따라 계산한 금액을 양도소득세로 신고·납부하여야 한다. 이 경우 3년의 기간을 계산함에 있어 그 기간 중에 상속이 개시된 때에는 피상속인의 영농 또는 영어의 기간과 상속

인의 영농 또는 영어의 기간을 통산한다.

납부할 양도소득세 = 일반주택 양도 당시 제7항을 적용하지 아니하였을 경우에 납부하였을 세액 - 일반주택 양도 당시 제7항을 적용받아 납부한 세액

(2016.3.31 전단개정)

⑬ 제7항을 적용받으려는 자는 기획재정부령으로 정하는 1세대1주택 특례적용신고서를 법 제105조 또는 법 제110조에 따른 양도소득세 과세표준신고기한 내에 기획재정부령으로 정하는 서류와 함께 제출하여야 한다. 이 경우 납세지 관할세무서장은 「전자정부법」 제36조제1항에 따른 행정정보의 공동이용을 통하여 다음 각 호의 서류를 확인하여야 하며, 제1호의 경우 신고인이 확인에 동의하지 아니하는 경우에는 이를 제출하도록 하여야 한다.(2018.2.13 전단개정)

1. 주민등록표 등본 · 초본(2012.2.2 본호개정)
2. 일반주택의 토지 · 건축물대장 및 토지 · 건물 등기사항증명서(2018.2.13 본호개정)
3. 농어촌주택의 토지 · 건축물대장 및 토지 · 건물 등기사항증명서(2018.2.13 본호개정)
4. 취득농지의 등기부 등본(2012.2.2 본호신설)

⑭ 제7항 내지 제13항을 적용함에 있어서 농어촌주택의 범위 등에 관하여 필요한 사항은 기획재정부령으로 정한다.(2008.2.29 본항개정)

⑮ 제154조제1항을 적용할 때 「건축법 시행령」 별표1 제1호다목에 해당하는 다가구주택은 한 가구가 독립하여 거주할 수 있도록 구획된 부분을 각각 하나의 주택으로 본다. 다만, 해당 다가구주택을 구획된 부분별로 양도하지 아니하고 하나의 매매단위로 하여 양도하는 경우에는 그 전체를 하나의 주택으로 본다.(2015.2.3 단서개정)

⑯ 제1항을 적용(수도권에 1주택을 소유한 경우에 한정한다)할 때 수도권에 소재한 법인 또는 「지방자치분권 및 지역균형발전에 관한 특별법」 제2조제14호에 따른 공공기관이 수도권 밖의 지역으로 이전하는 경우로서 법인의 임원과 사용인 및 공공기관의 종사자가 구성하는 1세대가 취득하는 다른 주택이 해당 공공기관 또는 법인이 이전한 시(특별자치시 · 광역시 및 「제주특별자치도 설치 및 국제자유도시 조성을 위한 특별법」 제10조제2항에 따라 설치된 행정시를 포함한다. 이하 이 항에서 같다) · 군 또는 이와 연접한 시 · 군의 지역에 소재하는 경우에는 제1항 중 "3년"을 "5년"으로 본다. 이 경우 해당 1세대에 대해서는 종전의 주택을 취득한 날부터 1년 이상이 지난 후 다른 주택을 취득하는 요건을 적용하지 아니한다.(2023.7.7 전단개정)

⑰ (2022.2.15 삭제)

⑱ 법 제89조제1항제4호나목에서 "대통령령으로 정하는 사유"란 다른 주택을 취득한 날부터 3년이 되는 날 현재 다음 각 호의 어느 하나에 해당하는 경우를 말한다.(2022.2.15 본문개정)

1. 「한국자산관리공사 설립 등에 관한 법률」에 따른 한국자산관리공사에 매각을 의뢰한 경우(2022.2.17 본호개정)
2. 법원에 경매를 신청한 경우
3. 「국세징수법」에 따른 공매가 진행 중인 경우
4. 재개발사업, 재건축사업 또는 소규모재건축사업등의 시행으로 「도시 및 주거환경정비법」 제73조 또는 「빈집 및 소규모주택 정비에 관한 특별법」 제36조에 따라 현금으로 청산을 받아야 하는 토지등소유자가 사업시행자를 상대로 제기한 현금청산금 지급을 구하는 소송절차가 진행 중인 경우 또는 소송절차는 종료되었으나 해당 청산금을 지급받지 못한 경우
5. 재개발사업, 재건축사업 또는 소규모재건축사업등의 시행으로 「도시 및 주거환경정비법」 제73조 또는 「빈집 및 소규모주택 정비에 관한 특별법」 제36조에 따

라 사업시행자가 「도시 및 주거환경정비법」 제2조제9호 또는 「빈집 및 소규모주택 정비에 관한 특별법」 제2조제6호에 따른 토지등소유자(이하 이 호에서 "토지등소유자"라 한다)를 상대로 신청 · 제기한 수용재결 또는 매도청구소송 절차가 진행 중인 경우 또는 재결이나 소송절차는 종료되었으나 토지등소유자가 해당 매도대금 등을 지급받지 못한 경우

(2022.2.15 4호~5호개정)

(2017.2.3 본항신설)

⑲ 제2항 및 제3항을 적용할 때 상속주택 외의 주택을 양도할 때까지 상속주택을 「민법」 제1013조에 따라 협의분할하여 등기하지 아니한 경우에는 같은 법 제1009조 및 제1010조에 따른 상속분에 따라 해당 상속주택을 소유하는 것으로 본다. 다만, 상속주택 외의 주택을 양도한 이후 「국세기본법」 제26조의2에 따른 국세 부과의 제척기간 내에 상속주택을 협의분할하여 등기한 경우로서 등기 전 제2항 및 제3항에 따라 제154조제1항을 적용받았다가 등기 후 같은 항의 적용을 받지 못하여 양도소득세를 추가 납부하여야 할 자는 그 등기일이 속하는 달의 말일부터 2개월 이내에 다음 계산식에 따라 계산한 금액을 양도소득세로 신고 · 납부하여야 한다.

납부할 양도소득세 = 일반주택 양도 당시 제2항 또는 제3항을 적용하지 아니하였을 경우에 납부하였을 세액 - 일반주택 양도 당시 제2항 또는 제3항을 적용받아 납부한 세액

(2013.2.15 본항개정)

⑳ 제167조의3제1항제2호에 따른 주택(같은 호 가목 및 다목에 해당하는 주택의 경우에는 해당 목의 단서에서 정하는 기한의 제한은 적용하지 않되, 2020년 7월 10일 이전에 「민간임대주택에 관한 특별법」 제5조에 따른 임대사업자등록 신청(임대할 주택을 추가하기 위해 등록사항의 변경 신고를 한 경우를 포함한다)을 한 주택으로 한정하며, 같은 호 마목에 해당하는 주택의 경우에는 같은 목 1)에 따른 주택[같은 목 2) 및 3)에 해당하지 않는 경우로 한정한다. 이하 이 조에서 "장기임대주택"이라 한다) 또는 같은 항 제8호의2에 해당하는 주택(이하 "장기어린이집"이라 한다)과 그 밖의 1주택을 국내에 소유하고 있는 1세대가 각각 제1호와 제2호 또는 제1호와 제3호의 요건을 충족하고 해당 1주택(이하 이 조에서 "거주주택"이라 한다)을 양도하는 경우(장기임대주택을 보유하고 있는 경우에는 생애 한 차례만 거주주택을 최초로 양도하는 경우에 한정한다)에는 국내에 1개의 주택을 소유하고 있는 것으로 보아 제154조제1항을 적용한다. 이 경우 해당 거주주택을 「민간임대주택에 관한 특별법」 제5조에 따라 민간임대주택으로 등록하였거나 「영유아보육법」 제13조제1항에 따른 인가를 받거나 같은 법 제24조제2항에 따른 위탁을 받아 어린이집으로 사용한 사실이 있고 그 보유기간 중에 양도한 다른 거주주택(양도한 다른 거주주택이 둘 이상인 경우에는 가장 나중에 양도한 거주주택을 말한다. 이하 "직전거주주택"이라 한다)이 있는 거주주택(민간임대주택으로 등록한 사실이 있는 주택인 경우에는 1주택 외의 주택을 모두 양도한 후 1주택을 보유하게 된 경우로 한정한다. 이하 이 항에서 "직전거주주택보유주택"이라 한다)인 경우에는 직전거주주택의 양도일 후의 기간분에 대해서만 국내에 1개의 주택을 소유하고 있는 것으로 보아 제154조제1항을 적용한다.(2022.2.15 본문개정)

1. 거주주택 : 보유기간 중 거주기간(직전거주주택보유주택의 경우에는 법 제168조에 따른 사업자등록과 「민간임대주택에 관한 특별법」 제5조에 따른 임대사업자 등록을 한 날, 「영유아보육법」 제13조제1항에 따른 인가를 받은 날 또는 같은 법 제24조제2항에 따른

위탁의 계약서상 운영개시일 이후의 거주기간을 말한다)이 2년 이상일 것(2022.2.15 본호개정)
2. 장기임대주택 : 양도일 현재 법 제168조에 따른 사업자등록을 하고, 장기임대주택을 「민간임대주택에 관한 특별법」 제5조에 따라 민간임대주택으로 등록하여 임대하고 있으며, 임대보증금 또는 임대료(이하 이 호에서 "임대료등"이라 한다)의 증가율이 100분의 5를 초과하지 않을 것. 이 경우 임대료등의 증액 청구는 임대차계약의 체결 또는 약정한 임대료의 증액이 있은 후 1년 이내에는 하지 못하고, 임대사업자가 임대료등의 증액을 청구하면서 임대보증금과 월임대료를 상호 간에 전환하는 경우에는 「민간임대주택에 관한 특별법」 제44조제4항의 전환 규정을 준용한다. (2020.2.15 본호개정)
3. 장기어린이집 : 양도일 현재 법 제168조에 따라 고유번호를 부여받고, 장기어린이집을 운영하고 있을 것 (2022.2.15 본호개정)
㉑ 1세대가 장기임대주택의 임대기간요건(이하 이 조에서 "임대기간요건"이라 한다) 또는 장기어린이집의 운영기간요건(이하 이 조에서 "운영기간요건"이라 한다)을 충족하기 전에 거주주택을 양도하는 경우에도 해당 임대주택 또는 어린이집을 장기임대주택 또는 장기어린이집으로 보아 제20항을 적용한다.(2022.2.15 본항개정)
㉒ 1세대가 제21항을 적용받은 후에 임대기간요건 또는 운영기간요건을 충족하지 못하게 된(장기임대주택의 임대의무호수를 임대하지 않은 기간이 6개월을 지난 경우를 포함한다) 때에는 그 사유가 발생한 날이 속하는 달의 말일부터 2개월 이내에 제1호의 계산식에 따라 계산한 금액을 양도소득세로 신고·납부해야 한다. 이 경우 제2호의 임대기간요건 및 운영기간요건 산정특례에 해당하는 경우에는 해당 규정에 따른다. (2020.2.11 전단개정)
1. 납부할 양도소득세 계산식
  거주주택 양도 당시 해당 임대주택 또는 어린이집을 장기임대주택 또는 장기어린이집으로 보지 않을 경우에 납부했을 세액 - 거주주택 양도 당시 제20항을 적용받아 납부한 세액
  (2022.2.15 본호개정)
2. 임대기간요건 및 운영기간요건 산정특례
  가. 「공익사업을 위한 토지 등의 취득 및 보상에 관한 법률」에 따른 수용 등 기획재정부령으로 정하는 부득이한 사유로 해당 임대기간요건 또는 운영기간요건을 충족하지 못하게 되거나 임대의무호수를 임대하지 않게 된 때에는 해당 임대주택을 계속 임대하거나 해당 어린이집을 계속 운영하는 것으로 본다.
  나. 재건축사업, 재개발사업 또는 소규모재건축사업 등의 사유가 있는 경우에는 어린이집을 운영하지 않은 기간 또는 임대의무호수를 임대하지 않은 기간을 계산할 때 해당 주택의 「도시 및 주거환경정비법」 제74조에 따른 관리처분계획(소규모재건축사업 등의 경우에는 「빈집 및 소규모주택 정비에 관한 특례법」 제29조에 따른 사업시행계획을 말한다. 이하 "관리처분계획등"이라 한다) 인가일 전 6개월부터 준공일 후 6개월까지의 기간은 포함하지 않는다. (2022.2.15 가목~나목개정)
  다. 「주택법」 제2조에 따른 리모델링 사유가 있는 경우에는 임대의무호수를 임대하지 않은 기간을 계산할 때 해당 주택이 같은 법 제15조에 따른 사업계획의 승인일 또는 같은 법 제66조에 따른 리모델링의 허가일 전 6개월부터 준공일 후 6개월까지의 기간은 포함하지 않는다.(2020.2.11 본목신설)
  라. 제167조의3제1항제2호가목 및 다목부터 마목까지의 규정에 해당하는 장기임대주택(법률 제17482호

민간임대주택에 관한 특별법 일부개정법률 부칙 제5조제1항이 적용되는 주택으로 한정한다)이 다음의 어느 하나에 해당하여 등록이 말소되고 제167조의3제1항제2호가목 및 다목부터 마목까지의 규정에서 정한 임대기간요건을 갖추지 못하게 된 때에는 그 등록이 말소된 날에 해당 임대기간요건을 갖춘 것으로 본다.
    1) 「민간임대주택에 관한 특별법」 제6조제1항제11호에 따라 임대사업자의 임대의무기간 내 등록 말소 신청으로 등록이 말소된 경우(같은 법 제43조에 따른 임대의무기간의 2분의 1 이상을 임대한 경우로 한정한다)
    2) 「민간임대주택에 관한 특별법」 제6조제5항에 따라 임대의무기간이 종료한 날 등록이 말소된 경우 (2020.10.7 본목신설)
  마. 재개발사업, 재건축사업 또는 소규모재건축사업 등으로 임대 중이던 당초의 장기임대주택이 멸실되어 새로 취득하거나 「주택법」 제2조에 따른 리모델링으로 새로 취득한 주택이 다음의 어느 하나의 경우에 해당하여 해당 임대기간요건을 갖추지 못하게 된 때에는 당초 주택(재건축 등으로 새로 취득하기 전의 주택을 말하며, 이하 이 목에서 같다)에 대한 등록이 말소된 날 해당 임대기간요건을 갖춘 것으로 본다. 다만, 임대의무호수를 임대하지 않은 기간(이 항 각 호 외의 부분에 따라 계산한 기간을 말한다)이 6개월을 지난 경우는 임대기간요건을 갖춘 것으로 보지 않는다.(2022.2.15 본문개정)
    1) 새로 취득한 주택에 대해 2020년 7월 11일 이후 종전의 「민간임대주택에 관한 특별법」 제2조제5호에 따른 장기일반민간임대주택 중 아파트를 임대하는 민간매입임대주택이나 같은 조 제6호에 따른 단기민간임대주택으로 종전의 「민간임대주택에 관한 특별법」 제5조에 따른 임대사업자등록 신청(임대할 주택을 추가하기 위해 등록사항의 변경 신고를 한 경우를 포함한다. 이하 이 목에서 같다)을 한 경우
    2) 새로 취득한 주택이 아파트(당초 주택이 단기민간임대주택으로 등록되어 있었던 경우에는 모든 주택을 말한다)인 경우로서 「민간임대주택에 관한 특별법」 제5조에 따른 임대사업자등록 신청을 하지 않은 경우
  (2018.2.13 본항개정)
㉓ 제167조의3제1항제2호가목 및 다목부터 마목까지의 규정에 해당하는 장기임대주택(법률 제17482호 민간임대주택에 관한 특별법 일부개정법률 부칙 제5조제1항이 적용되는 주택으로 한정한다)이 다음 각 호의 어느 하나에 해당하여 등록이 말소된 경우에는 해당 등록이 말소된 이후(장기임대주택을 2호 이상 임대하는 경우에는 최초로 등록이 말소되는 장기임대주택의 등록 말소 이후를 말한다) 5년 이내에 거주주택을 양도하는 경우에 한정하여 임대기간요건을 갖춘 것으로 보아 제20항을 적용한다.
1. 「민간임대주택에 관한 특별법」 제6조제1항제11호에 따라 임대사업자의 임대의무기간 내 등록 말소 신청으로 등록이 말소된 경우(같은 법 제43조에 따른 임대의무기간의 2분의 1 이상을 임대한 경우에 한정한다)
2. 「민간임대주택에 관한 특별법」 제6조제5항에 따라 임대의무기간이 종료한 날 등록이 말소된 경우 (2020.10.7 본항신설)
㉔ 제20항을 적용받으려는 자는 거주주택을 양도하는 날이 속하는 과세기간의 과세표준신고서와 기획재정부령으로 정하는 신고서에 다음 각 호의 서류를 첨부하여 납세지 관할 세무서장에게 제출해야 한다. (2020.2.11 본문개정)

1. 「영유아보육법」 제24조에 따라 어린이집 운영을 위탁받은 경우 국공립어린이집의 위탁계약증서 사본 (2022.2.15 본호신설)
2. 장기임대주택의 임대차계약서 사본
3. 임차인의 주민등록표 등본 또는 그 사본. 이 경우 「주민등록법」 제29조제1항에 따라 열람한 주민등록 전입세대의 열람내역 제출로 갈음할 수 있다. (2020.2.11 후단신설)
4. 그 밖에 기획재정부령으로 정하는 서류 (2011.10.14 본항신설)
⑤ 제24항에 따라 신고서를 제출받은 납세지 관할 세무서장은 「전자정부법」 제36조제1항에 따른 행정정보의 공동이용을 통하여 다음 각 호의 서류를 확인해야 하며, 신청인이 제1호 또는 제4호의 서류 확인에 동의하지 않는 경우에는 이를 제출하도록 해야 한다. (2021.2.17 본문개정)
1. 주민등록표 등·초본
2. 거주주택의 토지·건축물대장 및 토지·건물 등기 사항증명서(2018.2.13 본호개정)
3. 장기임대주택 또는 장기어린이집의 등기사항증명서 또는 토지·건축물대장등본(2022.2.15 본호개정)
4. 「민간임대주택에 관한 특별법 시행령」 제4조제5항에 따른 임대사업자 등록증 또는 「영유아보육법」 제13조에 따른 어린이집 인가증(2023.9.26 본호개정)
(2012.2.2 본항개정)

제155조의2 【장기저당담보주택에 대한 1세대1주택의 특례】 ① 국내에 1주택을 소유한 1세대가 다음 각호의 요건을 갖춘 장기저당담보대출계약을 체결하고 장기저당담보로 제공된 주택(이하 이 조에서 "장기저당담보주택"이라 한다)을 양도하는 경우에는 제154조제1항의 규정을 적용함에 있어 거주기간의 제한을 받지 아니한다.
1. 계약체결일 현재 주택을 담보로 제공한 가입자가 60세 이상일 것
2. 장기저당담보 계약기간이 10년 이상으로서 만기시까지 매월·매분기별 또는 그 밖에 기획재정부령이 정하는 방법으로 대출금을 수령하는 조건일 것 (2008.2.29 본호개정)
3. 만기에 당해 주택을 처분하여 일시 상환하는 계약조건일 것
② 1주택을 소유하고 1세대를 구성하는 자가 장기저당담보주택을 소유하고 있는 직계존속(배우자의 직계존속을 포함한다)을 동거봉양하기 위하여 세대를 합침으로써 1세대가 2주택을 소유하게 되는 경우 먼저 양도하는 주택에 대하여는 국내에 1개의 주택을 소유하고 있는 것으로 보아 제154조제1항의 규정을 적용하되, 장기저당담보주택은 거주기간의 제한을 받지 아니한다.
③ 1세대가 장기저당담보주택을 제1항의 규정에 의한 계약기간 만료 이전에 양도하는 경우에는 제1항 및 제2항의 규정을 적용하지 아니한다.
④ 제2항의 규정을 적용받으려는 자는 기획재정부령이 정하는 장기저당담보주택에 대한 특례적용신고서를 「소득세법」 제105조 또는 동법 제110조에 따른 양도소득세 과세표준신고기한 내에 장기저당담보주택에 관한 제1항의 대출 계약서와 함께 제출하여야 한다. 이 경우 납세지 관할세무서장은 「전자정부법」 제36조제1항에 따른 행정정보의 공동이용을 통하여 다음 각 호의 서류를 확인하여야 한다.(2010.5.4 후단개정)
1. 장기저당담보주택 외의 다른 주택의 토지 및 건축물대장 등본
2. 장기저당담보주택의 토지 및 건축물대장 등본
(2006.6.12 본항개정)
(2005.2.19 본조신설)

제155조의3 【상생임대주택에 대한 1세대1주택의 특례】 ① 국내에 1주택(제155조, 제155조의2, 제156조의2, 제156조의3 및 그 밖의 법령에 따라 1세대1주택으로 보는 경우를 포함한다)을 소유한 1세대가 다음 각 호의 요건을 모두 갖춘 주택(이하 "상생임대주택"이라 한다)을 양도하는 경우에는 제154조제1항, 제155조제20항제1호 및 제159조의4를 적용할 때 해당 규정에 따른 거주기간의 제한을 받지 않는다.(2022.8.2 본문개정)
1. 1세대가 주택을 취득한 후 해당 주택에 대하여 임차인과 체결한 직전 임대차계약(해당 주택의 취득으로 임대인의 지위가 승계된 경우의 임대차계약은 제외하며, 이하 이 조에서 "직전임대차계약"이라 한다) 대비 임대보증금 또는 임대료의 증가율이 100분의 5를 초과하지 않는 임대차계약(이하 이 조에서 "상생임대차계약"이라 한다)을 2021년 12월 20일부터 2024년 12월 31일까지의 기간 중에 체결(계약금을 지급받은 사실이 증빙서류에 의해 확인되는 경우로 한정한다)하고 임대를 개시할 것(2023.2.28 본호개정)
2. 직전임대차계약에 따라 임대한 기간이 1년 6개월 이상일 것(2023.2.28 본호개정)
3. 상생임대차계약에 따라 임대한 기간이 2년 이상일 것(2023.2.28 본호개정)
② 상생임대차계약을 체결할 때 임대보증금과 월임대료를 서로 전환하는 경우에는 「민간임대주택에 관한 특별법」 제44조제4항에서 정하는 기준에 따라 임대보증금 또는 임대료의 증가율을 계산한다.
③ 직전임대차계약 및 상생임대차계약에 따른 임대기간은 월력에 따라 계산하며, 1개월 미만인 경우에는 1개월로 본다.(2023.2.28 본항개정)
④ 직전임대차계약 및 상생임대차계약에 따른 임대기간을 계산할 때 임차인의 사정으로 임대를 계속할 수 없어 새로운 임대차계약을 체결하는 경우로서 기획재정부령으로 정하는 요건을 충족하는 경우에는 새로운 임대차계약의 임대기간을 합산하여 계산한다. (2023.2.28 본항신설)
⑤ 제1항을 적용받으려는 자는 법 제105조 또는 제110조에 따른 양도소득세 과세표준 신고기한까지 기획재정부령으로 정하는 상생임대주택에 대한 특례적용신고서에 해당 주택에 관한 직전임대차계약서 및 상생임대차계약서를 첨부하여 납세지 관할 세무서장에게 제출해야 한다. 이 경우 납세지 관할 세무서장은 「전자정부법」 제36조제1항에 따른 행정정보의 공동이용을 통하여 해당 주택의 토지·건물 등기사항증명서를 확인해야 한다.(2023.2.28 전단개정)
(2022.2.15 본조신설)

제156조 【고가주택의 범위】 ① 법 제89조제1항제3호 각 목 외의 부분을 적용할 때 1주택 및 이에 딸린 토지의 일부를 양도하거나 일부가 타인 소유인 경우로서 실지거래가액 합계액에 양도하는 부분(타인 소유부분을 포함한다)의 면적이 전체 주택면적에서 차지하는 비율을 나누어 계산한 금액이 12억원을 초과하는 경우에는 고가주택으로 본다.
② 법 제89조제1항제3호 각 목 외의 부분에 따른 고가주택의 실지거래가액을 계산하는 경우에는 제154조제3항 본문에 따라 주택으로 보는 부분(이에 부수되는 토지를 포함한다)에 해당하는 실지거래가액을 포함한다.
③ 제155조제15항에 따라 단독주택으로 보는 다가구주택의 경우에는 그 전체를 하나의 주택으로 보아 법 제89조제1항제3호 각 목 외의 부분을 적용한다. (2022.2.15 본조개정)

제156조의2 【주택과 조합원입주권을 소유한 경우 1세대1주택의 특례】 ① (2017.2.3 삭제)
② 법 제89조제2항 단서에서 "대통령령으로 정하는 경우"란 1세대가 주택과 조합원입주권을 보유하다가 그 주택을 양도하는 경우로서 제3항부터 제11항까지의 규정에 해당하는 경우를 말한다.(2021.2.17 본항개정)

③ 국내에 1주택을 소유한 1세대가 그 주택(이하 이 항에서 "종전의 주택"이라 한다)을 양도하기 전에 조합원입주권을 취득함으로써 일시적으로 1주택과 1조합원입주권을 소유하게 된 경우 종전의 주택을 취득한 날부터 1년 이상이 지난 후에 조합원입주권을 취득하고 그 조합원입주권을 취득한 날부터 3년 이내에 종전의 주택을 양도하는 경우(3년 이내에 양도하지 못하는 경우로서 기획재정부령으로 정하는 사유에 해당하는 경우를 포함한다)에는 이를 1세대1주택으로 보아 제154조제1항을 적용한다. 이 경우 제154조제1항제1호, 제2호가목 및 제3호에 해당하는 경우에는 종전의 주택을 취득한 날부터 1년 이상이 지난 후 조합원입주권을 취득하는 요건을 적용하지 아니한다.(2013.2.15 후단신설)
④ 국내에 1주택을 소유한 1세대가 그 주택(이하 이 항에서 "종전주택"이라 한다)을 양도하기 전에 조합원입주권을 취득함으로써 일시적으로 1주택과 1조합원입주권을 소유하게 된 경우 종전주택을 취득한 날부터 1년이 지난 후에 조합원입주권을 취득하고 그 조합원입주권을 취득한 날부터 3년이 지나 종전주택을 양도하는 경우로서 다음 각 호의 요건을 모두 갖춘 때에는 이를 1세대1주택으로 보아 제154조제1항을 적용한다. 이 경우 제154조제1항제1호, 같은 항 제2호가목 및 같은 항 제3호에 해당하는 경우에는 종전주택을 취득한 날부터 1년이 지난 후 조합원입주권을 취득하는 요건을 적용하지 않는다.
1. 재개발사업, 재건축사업 또는 소규모재건축사업등의 관리처분계획등에 따라 취득하는 주택이 완성된 후 3년 이내에 그 주택으로 세대전원이 이사(기획재정부령이 정하는 취학, 근무상의 형편, 질병의 요양 그 밖의 부득이한 사유로 세대의 구성원 중 일부가 이사하지 못하는 경우를 포함한다)하여 1년 이상 계속하여 거주할 것 (2023.2.28 본호개정)
2. 재개발사업, 재건축사업 또는 소규모재건축사업등의 관리처분계획등에 따라 취득하는 주택이 완성되기 전 또는 완성된 후 3년 이내에 종전의 주택을 양도할 것 (2023.2.28 본호개정)
(2022.2.15 본항개정)
⑤ 국내에 1주택을 소유한 1세대가 그 주택에 대한 재개발사업, 재건축사업 또는 소규모재건축사업등의 시행기간 동안 거주하기 위하여 다른 주택(이하 이 항에서 "대체주택"이라 한다)을 취득한 경우로서 다음 각 호의 요건을 모두 갖추어 대체주택을 양도하는 때에는 이를 1세대1주택으로 보아 제154조제1항을 적용한다. 이 경우 제154조제1항의 보유기간 및 거주기간의 제한을 받지 아니한다.
1. 재개발사업, 재건축사업 또는 소규모재건축사업등의 사업시행인가일 이후 대체주택을 취득하여 1년 이상 거주할 것
2. 재개발사업, 재건축사업 또는 소규모재건축사업등의 관리처분계획등에 따라 취득하는 주택이 완성된 후 3년 이내에 그 주택으로 세대전원이 이사(기획재정부령으로 정하는 취학, 근무상의 형편, 질병의 요양, 그 밖에 부득이한 사유로 세대원 중 일부가 이사하지 못하는 경우를 포함한다)하여 1년 이상 계속하여 거주할 것. 다만, 주택이 완성된 후 3년 이내에 취학 또는 근무상의 형편으로 1년 이상 계속하여 국외에 거주할 필요가 있어 세대전원이 출국하는 경우에는 출국사유가 해소(출국한 후 3년 이내에 해소되는 경우만 해당한다)되어 입국한 후 1년 이상 계속하여 거주해야 한다.(2023.2.28 본호개정)
3. 재개발사업, 재건축사업 또는 소규모재건축사업등의 관리처분계획등에 따라 취득하는 주택이 완성되기 전 또는 완성된 후 3년 이내에 대체주택을 양도할 것 (2023.2.28 본호개정)
(2022.2.15 본항개정)

⑥ 상속받은 조합원입주권[피상속인이 상속개시 당시 주택 또는 분양권을 소유하지 않은 경우의 상속받은 조합원입주권만 해당하며, 피상속인이 상속개시 당시 2 이상의 조합원입주권을 소유한 경우에는 다음 각 호의 순위에 따른 1조합원입주권만 해당하고, 공동상속 조합원입주권(상속으로 여러 사람이 공동으로 소유하는 1조합원입주권을 말하며, 이하 이 조에서 같다)의 경우에는 제7항제3호에 해당하는 사람이 그 공동상속 조합원입주권을 소유한 것으로 본다]과 그 밖의 주택(상속개시 당시 보유한 주택 또는 상속개시 당시 보유한 조합원입주권이나 분양권에 의하여 사업시행 완료 후 취득한 신축주택만 해당하며, 상속개시일부터 소급하여 2년 이내에 피상속인으로부터 증여받은 주택 또는 조합원입주권이나 분양권에 의하여 사업시행 완료 후 취득한 신축주택은 제외한다. 이하 이 항에서 "일반주택"이라 한다)을 국내에 각각 1개씩 소유하고 있는 1세대가 일반주택을 양도하는 경우에는 국내에 1개의 주택을 소유하고 있는 것으로 보아 제154조제1항을 적용한다. 다만, 상속인과 피상속인이 상속개시 당시 1세대인 경우에는 1주택을 보유하고 1세대를 구성하는 자가 직계존속(배우자의 직계존속을 포함하며, 세대를 합친 날 현재 직계존속 중 어느 한 사람 또는 모두가 60세 이상으로서 1주택을 보유하고 있는 경우만 해당한다)을 동거봉양하기 위하여 세대를 합침에 따라 2주택을 보유하게 되는 경우로써 합치기 이전부터 보유하고 있었던 주택이 조합원입주권으로 전환된 경우에만 상속받은 조합원입주권으로 본다(이하 제7항제2호에서 같다).(2021.2.17 본문개정)
1. 피상속인이 소유한 기간(주택 소유기간과 조합원입주권 소유기간을 합한 기간을 말한다. 이하 이 항에서 같다)이 가장 긴 1조합원입주권
2. 피상속인이 소유한 기간이 같은 조합원입주권이 2 이상일 경우에는 피상속인이 거주한 기간(주택에 거주한 기간을 말한다. 이하 이 항에서 같다)이 가장 긴 1조합원입주권
3. 피상속인이 소유한 기간 및 피상속인이 거주한 기간이 모두 같은 조합원입주권이 2 이상일 경우에는 상속인이 선택하는 1조합원입주권
⑦ 제1호의 주택, 제2호의 조합원입주권 또는 제4호의 분양권과 상속 외의 원인으로 취득한 주택(이하 이 항에서 "일반주택"이라 한다) 및 상속 외의 원인으로 취득한 조합원입주권을 국내에 각각 1개씩 소유하고 있는 1세대가 일반주택을 양도하는 경우에는 국내에 일반주택과 상속 외의 원인으로 취득한 조합원입주권을 소유하고 있는 것으로 보아 제3항부터 제5항까지의 규정을 적용한다. 이 경우 제3항 및 제4항의 규정을 적용받는 일반주택은 상속개시 당시 보유한 주택(상속개시일부터 소급하여 2년 이내에 피상속인으로부터 증여받은 주택 또는 조합원입주권이나 분양권에 의하여 사업시행 완료 후 취득한 신축주택은 제외한다)으로 한정한다.(2021.2.17 본문개정)
1. 상속받은 주택. 이 경우 피상속인이 상속개시 당시 2 이상의 주택을 소유한 경우에는 제155조제2항 각 호의 순위에 따른 1주택에 한한다.
2. 피상속인이 상속개시 당시 주택 또는 분양권을 소유하지 않은 경우의 상속받은 조합원입주권. 이 경우 피상속인이 상속개시 당시 2 이상의 조합원입주권을 소유한 경우에는 제6항 각 호의 순위에 따른 1조합원입주권으로 한정한다.(2021.2.17 본호개정)
3. 공동상속조합원입주권의 경우에는 다음 각 목의 순서에 따라 해당 각 목에 해당하는 사람이 그 공동상속조합원입주권을 소유한 것으로 본다.
가. 상속지분이 가장 큰 상속인
나. 해당 공동상속조합원입주권의 재개발사업, 재건

축사업 또는 소규모재건축사업등의 관리처분계획
등의 인가일(인가일 전에 주택이 철거되는 경우에
는 기존 주택의 철거일) 현재 피상속인이 보유하고
있었던 주택에 거주했던 자(2022.2.15 본목개정)
다. 최연장자
(2020.2.11 본호신설)
4. 피상속인의 상속개시 당시 주택 또는 조합원입주권
을 소유하지 않은 경우의 상속받은 분양권. 이 경우
피상속인이 상속개시 당시 2 이상의 분양권을 소유한
경우에는 제156조의3제4항 각 호의 순위에 따른 1분
양권으로 한정한다.(2021.2.17 본호신설)
5. 공동상속분양권(상속으로 여러 사람이 공동으로 소
유하는 1분양권을 말하며, 이하 같다)의 경우에는 다
음 각 목의 순서에 따라 해당 각 목에 해당하는 사람
이 그 공동상속분양권을 소유한 것으로 본다.
가. 상속지분이 가장 큰 상속인
나. 최연장자
(2021.2.17 본호신설)
⑧ 제1호에 해당하는 자가 제2호에 해당하는 자를 동
거봉양하기 위하여 세대를 합침으로써 1세대가 1주택
과 1조합원입주권, 1주택과 2조합원입주권, 2주택과 1
조합원입주권 또는 2주택과 2조합원입주권 등을 소유
하게 되는 경우 합친 날부터 10년 이내에 먼저 양도하
는 주택(이하 "최초양도주택"이라 한다)이 제3호, 제4
호 또는 제5호에 따른 주택 중 어느 하나에 해당하는
경우에는 이를 1세대1주택으로 보아 제154조제1항을
적용한다.(2021.2.17 본문개정)
1. 다음 각 목의 어느 하나를 소유하고 1세대를 구성하
는 자
가. 1주택
나. 1조합원입주권 또는 1분양권(2021.2.17 본목개정)
다. 1주택과 1조합원입주권 또는 1분양권
(2021.2.17 본목개정)
2. 다음 각 목의 어느 하나를 소유하고 있는 60세 이상
의 직계존속(배우자의 직계존속을 포함하며, 직계존
속 중 어느 한 사람이 60세 미만인 경우를 포함한다)
(2012.2.2 본문개정)
가. 1주택
나. 1조합원입주권 또는 1분양권(2021.2.17 본목개정)
다. 1주택과 1조합원입주권 또는 1분양권
(2021.2.17 본목개정)
3. 합친 날 이전에 제1호가목 또는 제2호가목에 해당하
는 자가 소유하던 주택
4. 합친 날 이전에 제1호다목 또는 제2호다목에 해당하
는 자가 소유하던 주택. 다만, 다음 각 목의 어느 하나
의 요건을 갖춘 경우로 한정한다.(2021.2.17 본문개정)
가. 합친 날 이전에 소유하던 조합원입주권(합친 날
이전에 최초양도주택을 소유하던 자가 소유하던 조
합원입주권을 말한다. 이하 이 항에서 "합가전 조합
원입주권"이라 한다)이 관리처분계획등의 인가로
인하여 최초 취득된 것(이하 제9항에서 "최초 조합
원입주권"이라 한다)인 경우에는 최초양도주택이
그 재개발사업, 재건축사업 또는 소규모재건축사업
등의 시행기간 중 거주하기 위하여 사업시행계획 인
가일 이후 취득된 것으로서 취득 후 1년 이상 거주하
였을 것(2022.2.15 본목개정)
나. 합가전 조합원입주권이 매매 등으로 승계취득된
것인 경우에는 최초양도주택이 합가전 조합원입주
권을 취득하기 전부터 소유하던 것일 것
다. 합친 날 이전 취득한 분양권으로서 최초양도주택
이 합친 날 이전 분양권을 취득하기 전부터 소유하
던 것일 것(2021.2.17 본목신설)
5. 합친 날 이전에 제1호나목 또는 제2호나목에 해당하
는 자가 소유하던 1조합원입주권 또는 1분양권에 의

하여 재개발사업, 재건축사업 또는 소규모재건축사업
등의 관리처분계획등 또는 사업시행 완료에 따라 합
친 날 이후에 취득하는 주택(2022.2.15 본호개정)
⑨ 제1호에 해당하는 자가 제1호에 해당하는 다른 자
와 혼인함으로써 1세대가 1주택과 1조합원입주권, 1주
택과 2조합원입주권, 2주택과 1조합원입주권 또는 2주
택과 2조합원입주권 등을 소유하게 되는 경우 혼인한
날부터 5년 이내에 먼저 양도하는 주택(이하 이 항에서
"최초양도주택"이라 한다)이 제2호, 제3호 또는 제4호
에 따른 주택 중 어느 하나에 해당하는 경우에는 이를
1세대1주택으로 보아 제154조제1항을 적용한다.
(2021.2.17 본문개정)
1. 다음 각 목의 어느 하나를 소유하는 자
가. 1주택
나. 1조합원입주권 또는 1분양권(2021.2.17 본목개정)
다. 1주택과 1조합원입주권 또는 1분양권
(2021.2.17 본목개정)
2. 혼인한 날 이전에 제1호가목에 해당하는 자가 소유
하던 주택
3. 혼인한 날 이전에 제1호다목에 해당하는 자가 소유
하던 주택. 다만, 다음 각 목의 어느 하나의 요건을 갖
춘 경우로 한정한다.(2021.2.17 단서개정)
가. 혼인한 날 이전에 소유하던 조합원입주권(혼인한
날 이전에 최초양도주택을 소유하던 자가 소유하던
조합원입주권을 말한다. 이하 이 항에서 "혼인전 조
합원입주권"이라 한다)이 최초 재개발사업, 재건축사업
또는 소규모재건축사업등의 시행기간 중 거주하기
위하여 사업시행계획 인가일 이후 취득된 것으로서
취득 후 1년 이상 거주하였을 것(2022.2.15 본목개
정)
나. 혼인전 조합원입주권이 매매 등으로 승계취득된
것인 경우에는 최초양도주택이 혼인전 조합원입주
권을 취득하기 전부터 소유하던 것일 것
다. 혼인한 날 이전에 취득한 분양권으로서 최초양도
주택이 혼인한 날 이전에 분양권을 취득하기 전부
터 소유하던 것일 것(2021.2.17 본목신설)
4. 혼인한 날 이전에 제1호나목에 해당하는 자가 소유
하던 1조합원입주권 또는 1분양권에 의하여 재개발
사업, 재건축사업 또는 소규모재건축사업등의 관리처
분계획등 또는 사업시행 완료에 따라 혼인한 날 이후
에 취득하는 주택(2022.2.15 본호개정)
⑩ 제155조제6항제1호에 해당하는 주택과 그 밖의 주
택(이하 이 항에서 "일반주택"이라 한다) 및 조합원입
주권을 국내에 각각 1개씩 소유하고 있는 1세대가 일
반주택을 양도하는 경우에는 국내에 일반주택과 조합
원입주권을 소유하고 있는 것으로 보아 제3항 내지 제5
항의 규정을 적용한다.
⑪ 제155조제7항의 규정에 따른 농어촌주택 중 동항제
2호의 이농주택과 그 밖의 주택(이하 이 조에서 "일반
주택"이라 한다) 및 조합원입주권을 국내에 각각 1개씩
소유하고 있는 1세대가 일반주택을 양도하는 경우에는
국내에 일반주택과 조합원입주권을 소유하고 있는 것
으로 보아 제3항 내지 제5항의 규정을 적용한다.
⑫ 제3항 내지 제11항의 규정을 적용받고자 하는 자는
기획재정부령이 정하는 조합원입주권 소유자 1세대1주
택 특례적용신고서를 법 제105조 또는 법 제110조의 규
정에 따른 양도소득세 과세표준 신고기한 내에 다음 각
호의 서류와 함께 제출하여야 한다.(2008.2.29 본문개정)
1. 주민등록증 사본(주민등록표에 의하여 확인할 수 없
는 경우에 한한다)(2006.6.12 본호개정)
2. (2006.6.12 삭제)
3. 조합원입주권으로 전환되기 전의 주택의 토지 및 건
축물대장등본. 다만, 제5항(제7항 내지 제11항의 규정

에 따라 제5항을 적용받는 경우를 포함한다)의 규정을 적용받는 자에 한한다.
4. (2006.6.12 삭제)
5. 그 밖에 기획재정부령이 정하는 서류(2008.2.29 본호개정)
⑬ 제4항 또는 제5항의 규정을 적용받은 1세대(제7항·제10항 또는 제11항의 규정에 따라 제4항 또는 제5항의 규정을 적용받은 1세대를 포함한다)가 제4항제1호 또는 제5항제2호의 요건을 충족하지 못하게 된 때에는 그 사유가 발생한 날이 속하는 달의 말일부터 2개월 이내에 주택 양도당시 제4항 또는 제5항을 적용받지 아니할 경우에 납부하였을 세액을 양도소득세로 신고·납부하여야 한다.(2013.2.15 본항개정)
⑭ 제12항에 따라 조합원입주권 소유자 1세대1주택 특례적용신고서를 제출받은 납세지 관할 세무서장은 「전자정부법」 제36조제1항에 따른 행정정보의 공동이용을 통하여 다음 각 호의 서류를 확인하여야 한다. 다만, 제1호의 경우 신고인이 확인에 동의하지 아니하는 경우에는 이를 제출하도록 하여야 한다.(2010.5.4 본문개정)
1. 주민등록표 등본
2. 양도하는 주택의 토지 및 건축물대장 등본
3. 농어촌주택의 토지 및 건축물대장등본(제11항의 경우에 한한다)
(2006.6.12 본항신설)
⑮ 피상속인이 상속개시 당시 주택은 소유하지 않고 조합원입주권과 분양권만 소유한 경우에는 상속인이 조합원입주권 또는 분양권 중 하나에 대해서만 선택하여 상속받은 것으로 보아 제6항, 제7항제2호 또는 제4호를 적용할 수 있다. 이 경우 피상속인이 상속개시 당시 분양권 또는 조합원입주권을 소유하고 있지 않은 경우여야 한다는 요건은 적용하지 않는다.
(2021.2.17 본항신설)
(2015.12.31 본조신설)

제156조의3 【주택과 분양권을 소유한 경우 1세대 1주택의 특례】 ① 법 제89조제2항 단서에서 "대통령령으로 정하는 경우"란 1세대가 주택과 분양권을 보유하다가 그 주택을 양도하는 경우로서 제2항부터 제8항까지의 규정에 해당하는 경우를 말한다.

② 국내에 1주택을 소유한 1세대가 그 주택(이하 이 항에서 "종전주택"이라 한다)을 양도하기 전에 분양권을 취득함으로써 일시적으로 1주택과 1분양권을 소유하게 된 경우 종전주택을 취득한 날부터 1년 이상이 지난 후에 분양권을 취득하고 그 분양권을 취득한 날부터 3년 이내에 종전주택을 양도하는 경우(3년 이내에 양도하지 못하는 경우로서 기획재정부령으로 정하는 사유에 해당하는 경우를 포함한다)에는 이를 1세대 1주택으로 보아 제154조제1항을 적용한다. 이 경우 같은 항 제1호, 제2호가목 및 제3호에 해당하는 경우에는 종전주택을 취득한 날부터 1년 이상이 지난 후 분양권을 취득하는 요건을 적용하지 않는다.

③ 국내에 1주택을 소유한 1세대가 그 주택(이하 이 항에서 "종전주택"이라 한다)을 양도하기 전에 분양권을 취득함으로써 일시적으로 1주택과 1분양권을 소유하게 된 경우 종전주택을 취득한 날부터 1년이 지난 후에 분양권을 취득하고 그 분양권을 취득한 날부터 3년이 지나 종전주택을 양도하는 경우로서 다음 각 호의 요건을 모두 갖춘 때에는 이를 1세대 1주택으로 보아 제154조제1항을 적용한다. 이 경우 제154조제1항제1호, 같은 항 제2호가목 및 같은 항 제3호에 해당하는 경우에는 종전주택을 취득한 날부터 1년이 지난 후 분양권을 취득하는 요건을 적용하지 않는다.(2022.2.15 본문개정)
1. 분양권에 따라 취득하는 주택이 완성된 후 3년 이내에 그 주택으로 세대전원이 이사(기획재정부령으로 정하는 취학, 근무상의 형편, 질병의 요양 그 밖의 부

득이한 사유로 세대의 구성원 중 일부가 이사하지 못하는 경우를 포함한다)하여 1년 이상 계속하여 거주할 것(2023.2.28 본호개정)
2. 분양권에 따라 취득하는 주택이 완성되기 전 또는 완성된 후 3년 이내에 종전의 주택을 양도할 것(2023.2.28 본호개정)
④ 상속받은 분양권〔피상속인이 상속개시 당시 주택 또는 조합원입주권을 소유하지 않은 경우의 상속받은 분양권만 해당하며, 피상속인이 상속개시 당시 2 이상의 분양권을 소유한 경우에는 다음 각 호의 순위에 따른 1분양권만 해당하고, 공동상속분양권의 경우에는 제5항제5호에 해당하는 사람이 그 공동상속분양권을 소유한 것으로 본다〕과 그 밖의 주택(상속개시 당시 보유한 주택 또는 상속개시 당시 보유한 조합원입주권 또는 분양권에 해당하며, 상속개시일부터 소급하여 2년 이내에 피상속인으로부터 증여받은 주택 또는 조합원입주권이나 분양권에 의하여 사업시행 완료 후 취득한 신축주택은 제외한다. 이하 이 항에서 "일반주택"이라 한다)을 국내에 각각 1개씩 소유하고 있는 1세대가 일반주택을 양도하는 경우에는 국내에 1개의 주택을 소유하고 있는 것으로 보아 제154조제1항을 적용한다. 다만, 상속인과 피상속인이 상속개시 당시 1세대인 경우에는 1주택을 보유하고 1세대를 구성하는 자가 직계존속(배우자의 직계존속을 포함하며, 세대를 합친 날 현재 직계존속 중 어느 한 사람도 모두가 60세 이상으로서 1주택을 보유하고 있는 경우만 해당한다)을 동거봉양하기 위해 세대를 합침에 따라 2주택을 보유하게 되는 경우로써 합치기 이전부터 보유하고 있었던 분양권만 상속받은 분양권으로 본다(이하 제5항제4호에서 같다).
1. 피상속인이 소유한 기간이 가장 긴 1분양권
2. 피상속인이 소유한 기간이 같은 분양권이 2 이상일 경우에는 상속인이 선택하는 1분양권
⑤ 제1호의 주택, 제2호의 조합원입주권 또는 제4호의 분양권과 상속 외의 원인으로 취득한 주택(이하 이 항에서 "일반주택"이라 한다) 및 상속 외의 원인으로 취득한 분양권을 국내에 각각 1개씩 소유하고 있는 1세대가 일반주택을 양도하는 경우에는 국내에 일반주택과 상속 외의 원인으로 취득한 분양권을 소유하고 있는 것으로 보아 제2항 및 제3항을 적용한다. 이 경우 제2항 및 제3항을 적용받는 일반주택은 상속개시 당시 보유한 주택(상속개시일부터 소급하여 2년 이내에 피상속인으로부터 증여받은 주택 또는 조합원입주권이나 분양권에 의하여 사업시행 완료 후 취득한 신축주택은 제외한다)으로 한정한다.
1. 상속받은 주택. 이 경우 피상속인이 상속개시 당시 2 이상의 주택을 소유한 경우에는 제155조제2항 각 호의 순위에 따른 1주택으로 한정한다.
2. 피상속인이 상속개시 당시 주택 또는 분양권을 소유하지 않은 경우의 상속받은 조합원입주권. 이 경우 피상속인이 상속개시 당시 2 이상의 조합원입주권을 소유한 경우에는 제156조의2제6항 각 호의 순위에 따른 1조합원입주권으로 한정한다.
3. 공동상속조합원입주권의 경우에는 다음 각 목의 순서에 따라 해당 각 목에 해당하는 사람이 그 공동상속조합원입주권을 소유한 것으로 본다.
가. 상속지분이 가장 큰 상속인
나. 해당 공동상속조합원입주권의 재개발사업, 재건축사업 또는 소규모재건축사업등의 관리처분계획등의 인가일(인가일 전에 주택이 철거되는 경우에는 기존주택의 철거일을 말한다) 현재 피상속인이 보유하고 있었던 주택에 거주했던 자(2022.2.15 본목개정)
다. 최연장자

4. 피상속인이 상속개시 당시 주택 또는 조합원입주권을 소유하지 않은 경우의 상속받은 분양권. 이 경우 피상속인이 상속개시 당시 2 이상의 분양권을 소유한 경우에는 제4항 각 호의 순위에 따른 1분양권으로 한정한다.
5. 공동상속분양권의 경우에는 다음 각 목의 순서에 따라 해당 각 목에 해당하는 사람이 그 공동상속분양권을 소유한 것으로 본다.
  가. 상속지분이 가장 큰 상속인
  나. 최연장자
⑥ 1주택 또는 1분양권 이상을 보유한 자가 1주택 또는 1분양권 이상을 보유한 자를 동거봉양하기 위해 세대를 합친 경우 또는 1주택 1분양권 이상을 보유한 자가 1주택 또는 1분양권 이상을 보유한 자와 혼인한 경우로써 1세대가 1주택과 1분양권, 1주택과 2분양권, 2주택과 1분양권 또는 2주택과 2분양권 등을 소유하게 되는 경우는 제156조의2제8항 또는 제9항에 따른다.
⑦ 제155조제6항제1호에 해당하는 주택과 그 밖의 주택(이하 이 항에서 "일반주택"이라 한다) 및 분양권을 국내에 각각 1개씩 소유하고 있는 1세대가 일반주택을 양도하는 경우에는 국내에 일반주택과 분양권을 소유하고 있는 것으로 보아 제2항 또는 제3항을 적용한다.
⑧ 제155조제7항에 따른 농어촌주택 중 같은 항 제2호의 이농주택과 그 밖의 주택(이하 이 조에서 "일반주택"이라 한다) 및 분양권을 국내에 각각 1개씩 소유하고 있는 1세대가 일반주택을 양도하는 경우에는 국내에 일반주택과 분양권을 소유하고 있는 것으로 보아 제2항 또는 제3항을 적용한다.
⑨ 제2항부터 제8항까지의 규정을 적용받으려는 자는 기획재정부령으로 정하는 분양권 소유자 1세대1주택 특례적용신고서에 다음 각 호의 서류를 첨부하여 법 제105조 또는 법 제110조에 따른 양도소득세 과세표준 신고기한까지 납세지 관할 세무서장에게 제출해야 한다.
1. 주민등록증 사본(제11항에 따라 주민등록표를 확인할 수 없는 경우로 한정한다)
2. 주택 공급계약서
3. 그 밖에 기획재정부령으로 정하는 서류
⑩ 제3항을 적용받은 1세대(제5항·제7항 또는 제8항에 따라 제3항을 적용받은 1세대를 포함한다)가 제3항제1호의 요건을 갖추지 못하게 된 때에는 그 사유가 발생한 날이 속하는 달의 말일부터 2개월 이내에 주택 양도 당시 같은 항을 적용받지 않았을 경우 납부했을 세액을 양도소득세로 신고·납부해야 한다.
⑪ 제9항에 따라 분양권 소유자 1세대1주택 특례적용신고서를 제출받은 납세지 관할 세무서장은 「전자정부법」 제36조제1항에 따른 행정정보의 공동이용을 통하여 다음 각 호의 서류를 확인해야 한다. 다만, 신고인이 제1호의 서류 확인에 동의하지 않는 경우에는 이를 제출하도록 해야 한다.
1. 주민등록표 등본
2. 양도하는 주택의 토지 및 건축물대장 등본
3. 농어촌주택의 토지 및 건축물대장등본(제8항을 적용받는 경우로 한정한다)
⑫ 피상속인이 상속개시 당시 주택은 소유하지 않고 조합원입주권과 분양권만 소유한 경우에는 상속인이 조합원입주권 또는 분양권 중 하나에 대해서만 선택하여 상속받은 것으로 보아 제4항, 제5항으로는 제4호를 적용할 수 있다. 이 경우 피상속인이 상속개시 당시 조합원입주권 또는 분양권을 소유하고 있지 않은 경우여야 한다는 요건은 적용하지 않는다.
(2021.2.17 본조신설)

제3절 양도소득금액의 계산

제157조【주권상장법인대주주의 범위 등】 ① (2017.2.3 삭제)
②~③ (2000.12.29 삭제)
④ 법 제94조제1항제3호가목1)에서 "대통령령으로 정하는 주권상장법인의 대주주"란 다음 각 호의 어느 하나에 해당하는 자(이하 이 장 및 제225조의2에서 "주권상장법인대주주"라 한다)를 말한다.
1. 주식등을 소유하고 있는 주주 또는 출자자 1인(이하 이 장에서 "주주 1인"이라 한다)이 주식등의 양도일이 속하는 사업연도의 직전 사업연도 종료일(주식등의 양도일이 속하는 사업연도에 새로 설립된 법인의 경우에는 해당 법인의 설립등기일로 한다. 이하 이 조 및 제167조의8에서 같다) 현재 소유한 주식등의 합계액이 해당 법인의 주식등의 합계액에서 차지하는 비율(이하 이 장에서 "소유주식의 비율"이라 한다)이 100분의 1 이상인 경우 해당 주주 1인. 다만, 주식등의 양도일이 속하는 사업연도의 직전 사업연도 종료일 현재 주주 1인 및 그와 「법인세법 시행령」 제43조제8항제1호에 따른 특수관계에 있는 자(이하 이 조에서 "주주 1인등"이라 한다)의 소유주식의 비율 합계가 해당 법인의 주주 1인등 중에서 최대인 경우로서 주식등의 양도일이 속하는 사업연도의 직전 사업연도 종료일 현재 주주 1인 및 주식등의 양도일이 속하는 사업연도의 직전 사업연도 종료일 현재 그와 다음 각 목의 어느 하나의 관계에 있는 자(이하 이 장에서 "주권상장법인기타주주"라 한다)의 소유주식의 비율 합계가 100분의 1 이상인 경우에는 해당 주주 1인 및 주권상장법인기타주주를 말한다.
  가. 「국세기본법 시행령」 제1조의2제1항 각 호의 어느 하나에 해당하는 사람
  나. 「국세기본법 시행령」 제1조의2제3항제1호에 해당하는 자
  다.~바. (2023.2.28 삭제)
  (2023.2.28 본호개정)
2. 주식등의 양도일이 속하는 사업연도의 직전 사업연도 종료일 현재 주주 1인이 소유하고 있는 해당 법인의 주식등의 시가총액이 50억원 이상인 경우의 해당 주주 1인. 다만, 주식등의 양도일이 속하는 사업연도의 직전 사업연도 종료일 현재 주주 1인등의 소유주식의 비율 합계가 해당 법인의 주주 1인등 중에서 최대인 경우로서 주식등의 양도일이 속하는 사업연도의 직전 사업연도 종료일 현재 주주 1인 및 주권상장법인기타주주가 소유하고 있는 주식등의 시가총액이 50억원 이상인 경우에는 해당 주주 1인 및 주권상장법인기타주주를 말한다. (2023.12.28 본호개정)
(2022.12.31 본항개정)
⑤ 제4항제1호 및 제2호에도 불구하고 주식등의 양도일이 속하는 사업연도의 직전 사업연도 종료일 현재 주주 1인의 소유주식의 비율 또는 주주 1인이 소유하고 있는 해당 법인의 주식등의 시가총액이 다음 각 호의 구분에 따른 기준에 해당하는 경우에는 해당 주주 1인을 대주주로 본다. 다만, 주식등의 양도일이 속하는 사업연도의 직전 사업연도 종료일 현재 주주 1인등의 소유주식의 비율 합계가 해당 법인의 주주 1인등 중에서 최대인 경우로서 주식등의 양도일이 속하는 사업연도의 직전 사업연도 종료일 현재 주주 1인 및 주권상장법인기타주주의 소유주식의 비율 합계 또는 주주 1인 및 주권상장법인기타주주가 소유하고 있는 해당 법인의 주식등의 시가총액이 다음 각 호의 구분에 따른 기준에 해당하는 경우에는 해당 주주 1인 및 주권상장법인기타주주를 대주주로 본다.

1. 코스닥시장상장법인〔대통령령 제24697호 자본시장과 금융투자업에 관한 법률 시행령 일부개정령 부칙 제8조에 따른 코스닥시장(이하 "코스닥시장"이라 한다)에 상장된 주권을 발행한 법인을 말한다〕의 주식등의 경우 : 소유주식의 비율(이 항 각 호 외의 부분 단서에 해당하는 경우에는 소유주식의 비율 합계를 말한다)이 100분의 2 이상이거나 시가총액이 50억원 이상인 경우(2023.12.28 본호개정)
2. 코넥스시장상장법인(「자본시장과 금융투자업에 관한 법률 시행령」 제11조제2항에 따른 코넥스시장(이하 "코넥스시장"이라 한다)에 상장된 주권을 발행한 법인을 말한다)의 주식등의 경우 : 소유주식의 비율(이 항 각 호 외의 부분 단서에 해당하는 경우에는 소유주식의 비율 합계를 말한다)이 100분의 4 이상이거나 시가총액이 50억원 이상인 경우(2023.12.28 본호개정)
(2022.12.31 본항개정)
⑥ 법 제94조제1항제3호나목 단서에서 "대통령령으로 정하는 주권비상장법인의 대주주"란 제167조의8제1항제2호에도 불구하고 주식등의 양도일이 속하는 사업연도의 직전 사업연도 종료일 현재 주주 1인 및 주식등의 양도일이 속하는 사업연도의 직전 사업연도 종료일 현재 그와 다음 각 호의 구분에 따른 관계에 있는 자(이하 이 장에서 "주권비상장법인기타주주"라 한다)의 소유주식의 비율 합계 또는 주주 1인 및 주권비상장법인기타주주가 소유하고 있는 주식등의 시가총액이 제5항제2호의 기준에 해당하는 경우의 해당 주주 1인 및 주권비상장법인기타주주를 말한다.
1. 주주 1인등의 소유주식의 비율 합계가 해당 법인의 주주 1인등 중에서 최대인 경우 : 제4항제1호 각 목의 어느 하나에 해당하는 자
2. 주주 1인등의 소유주식의 비율 합계가 해당 법인의 주주 1인등 중에서 최대가 아닌 경우 : 다음 각 목의 어느 하나에 해당하는 자
   가. 직계존비속
   나. 배우자(사실상의 혼인관계에 있는 사람을 포함한다)
   다. 「국세기본법 시행령」 제1조의2제3항제1호에 해당하는 자(2023.2.28 본목개정)
(2022.12.31 본항개정)
⑦ 제4항부터 제6항까지의 규정에 따른 시가총액을 계산할 때 시가는 다음 각 호의 금액에 따른다.
1. 주권상장법인의 주식등의 경우에는 주식등의 양도일이 속하는 사업연도의 직전사업연도 종료일 현재의 최종시세가액. 다만, 직전사업연도 종료일 현재의 최종시세가액이 없는 경우에는 직전거래일의 최종시세가액에 따른다.
2. 제1호 외의 주식등의 경우에는 제165조제4항에 따른 평가액
(2018.2.13 본항신설)
⑧ 제4항부터 제7항까지의 규정을 적용할 때 피합병법인의 주주가 합병에 따라 합병법인의 신주를 교부받아 그 주식을 합병등기일이 속하는 사업연도에 양도하는 경우 대주주의 범위 등에 관하여는 해당 피합병법인의 합병등기일 현재 주식보유 현황에 따른다.(2018.2.13 본항개정)
⑨ 제4항부터 제7항까지의 규정을 적용할 때 분할법인의 주주가 분할에 따라 분할신설법인의 신주를 교부받아 그 주식을 설립등기일이 속하는 사업연도에 양도하거나 분할법인의 주식을 분할등기일이 속하는 사업연도에 분할등기일 이후 양도하는 경우 대주주의 범위 등에 관하여는 해당 분할 전 법인의 분할등기일 현재의 주식보유 현황에 따른다.(2018.2.13 본항개정)

⑩ 주주가 일정기간 후에 같은 종류로서 같은 양의 주식등을 반환받는 조건으로 주식등을 대여하는 경우 주식등을 대여한 날부터 반환받은 날까지의 기간 동안 그 주식등은 대여자의 주식등으로 보아 제4항부터 제7항까지의 규정을 적용한다.(2018.2.13 본항개정)
⑪ 거주자가 「자본시장과 금융투자업에 관한 법률」에 따른 사모집합투자기구를 통하여 법인의 주식등을 취득하는 경우 그 주식등(사모집합투자기구의 투자비율로 안분하여 계산한 분으로 한정한다)은 해당 거주자의 소유로 보아 제4항부터 제7항까지의 규정을 적용한다.(2018.2.13 본항개정)
⑫ 제4항제1호, 제5항 및 제6항에도 불구하고 소유주식의 비율 또는 소유주식의 비율 합계가 주식등의 양도일이 속하는 사업연도의 직전 사업연도 종료일 현재 해당 규정에 따른 기준에 미달하였으나 그 후 주식등을 취득함으로써 그 기준에 해당하게 되는 경우에는 그 취득일 이후의 주주 1인, 주권상장법인기타주주 또는 주권비상장법인기타주주를 해당 규정에 따른 주권상장법인 또는 주권비상장법인의 대주주로 본다.(2022.12.31 본항신설)
(2018.2.13 본조제목개정)

제157조의2【중소기업 및 중견기업의 범위】① 법 제94조제1항제3호나목 단서에서 "대통령령으로 정하는 중소기업"이란 「중소기업기본법」 제2조에 따른 중소기업에 해당하는 기업을 말한다.
② 법 제94조제1항제3호나목 단서에서 "대통령령으로 정하는 중견기업"이란 주식등의 양도일 현재 「조세특례제한법 시행령」 제6조의4제1항에 따른 중견기업에 해당하는 기업을 말한다.(2021.2.17 본항개정)
③ 제1항을 적용할 때 중소기업에 해당하는지 여부의 판정은 「중소기업기본법 시행령」 제3조의3제1항에도 불구하고 주식등의 양도일이 속하는 사업연도의 직전 사업연도 종료일 현재를 기준으로 한다. 다만, 주식등의 양도일이 속하는 사업연도에 새로 설립된 법인의 경우에는 주식등의 양도일 현재를 기준으로 한다.
(2020.2.11 본항신설)
(2020.2.11 본조개정)

제157조의3【국외주식 등의 범위】법 제94조제1항제3호다목에서 "대통령령으로 정하는 것"이란 다음 각 호의 어느 하나에 해당하는 주식등을 말한다.
1. 외국법인이 발행한 주식등(증권시장에 상장된 주식등과 제178조의2제4항에 해당하는 주식등은 제외한다)
2. 내국법인이 발행한 주식등(국외 예탁기관이 발행한 제152조의2에 따른 증권예탁증권을 포함한다)으로서 「자본시장과 금융투자업에 관한 법률 시행령」 제2조제1호에 따른 해외 증권시장에 상장된 것
(2020.2.11 본조신설)

제158조【과점주주의 범위 등】① 법 제94조제1항제4호다목1)·2) 외의 부분에서 "소유 주식등의 비율을 고려하여 대통령령으로 정하는 주주"란 법인의 주주 1인과 주권상장법인기타주주 또는 주권비상장법인기타주주가 소유하고 있는 주식등의 합계액이 해당 법인의 주식등의 합계액의 100분의 50을 초과하는 경우 그 주주 1인과 주권상장법인기타주주 또는 주권비상장법인기타주주(이하 "과점주주"라 한다)를 말한다.
(2022.12.31 본항개정)
② 법 제94조제1항제4호다목은 과점주주가 주식등을 과점주주 외의 자에게 여러 번에 걸쳐 양도하는 경우로서 과점주주 중 1인이 주식등을 양도하는 날부터 소급해 3년 내에 과점주주가 양도한 주식등을 합산해 해당 법인의 주식등의 100분의 50 이상을 양도하는 경우에도 적용한다. 이 경우 법 제94조제1항제4호다목에 해

당하는지는 과점주주 중 1인이 주식등을 양도하는 날부터 소급하여 그 합산하는 기간 중 최초로 양도하는 날 현재의 해당 법인의 주식등의 합계액 또는 자산총액을 기준으로 한다.(2019.2.12 전단개정)
③ 법 제94조제1항제4호다목1)·2) 외의 부분에서 "대통령령으로 정하는 경우"란 과점주주가 해당 법인의 주식등의 100분의 50 이상을 과점주주 외의 자에게 양도한 주식등 중에서 양도하는 날(여러 번에 걸쳐 양도하는 경우에는 그 양도로 양도한 주식등이 전체 주식등의 100분의 50 이상이 된 날을 말한다)부터 소급해 3년 내에 해당 법인의 과점주주 간에 해당 법인의 주식등을 양도한 경우를 말한다. 이 경우 제2항을 준용한다.(2019.2.12 본항신설)
④ 법 제94조제1항제4호다목·라목 및 제2항의 자산총액은 해당 법인의 장부가액(「소득세법」 제94조제1항제1호에 따른 자산으로서 해당 자산의 기준시가가 장부가액보다 큰 경우에는 기준시가)에 따른다. 이 경우 다음 각 호의 금액은 자산총액에 포함하지 아니한다.(2023.2.28 후단개정)
1. 「법인세법 시행령」 제24조제1항제2호바목 및 사목에 따른 무형자산의 금액(2019.2.12 본호개정)
2. 양도일부터 소급하여 1년이 되는 날부터 양도일까지의 기간 중에 차입금 또는 증자 등에 의하여 증가한 현금·대여금 및 기획재정부령으로 정하는 금융재산의 합계액(2023.2.28 본호개정)
⑤ 제4항 각 호 외의 부분 전단에도 불구하고 자산총액을 계산할 때 동일인에 대한 「법인세법」 제28조제1항제4호나목에 따른 가지급금 등과 가수금이 함께 있는 경우에는 이를 상계한 금액을 자산총액으로 한다. 다만, 동일인에 대한 가지급금 등과 가수금의 발생에 각각 상환기간 및 이자율 등에 관한 약정이 있는 경우에는 상계하지 아니한다.(2019.2.12 본문개정)
⑥ 법 제94조제1항제4호다목2) 전단에 따른 다른 법인은 다음 각 호의 어느 하나에 해당하는 법인으로 한다.
1. 법 제94조제1항제1호 및 제2호에 따른 자산(이하 이 조에서 "부동산등"이라 한다) 보유비율이 100분의 50 이상인 법인
2. 제8항에 따른 사업을 하는 법인으로서 제7항에 따라 계산한 부동산등 보유비율이 100분의 80 이상인 법인(2019.2.12 본호개정)
⑦ 법 제94조제1항제4호다목2) 전단에 따른 다른 법인의 부동산등 보유비율은 다음 계산식에 따라 계산한 부동산등 보유비율로 한다.

$$\text{다른 법인의 부동산등 보유비율} = \frac{A + B + C}{D}$$

A : 다른 법인이 보유하고 있는 법 제94조제1항제1호의 자산가액
B : 다른 법인이 보유하고 있는 법 제94조제1항제2호의 자산가액
C : 다른 법인이 보유하고 있는 「국세기본법 시행령」 제1조의2제3항제2호 및 같은 조 제4항에 따른 경영지배관계에 있는 법인이 발행한 주식가액에 그 경영지배관계에 있는 법인의 부동산등 보유비율을 곱하여 산출한 가액
D : 해당 법인의 자산총액
(2020.2.11 본항개정)
⑧ 법 제94조제1항제4호라목에서 "대통령령으로 정하는 사업"이란 「체육시설의 설치·이용에 관한 법률」에 따른 골프장업·스키장업 등 체육시설업, 「관광진흥법」에 따른 관광사업 중 휴양시설관련업 및 부동산업·부동산개발업으로서 기획재정부령으로 정하는 사업을 말한다.(2017.2.3 본항신설)
(2017.2.3 본조제목개정)

제158조의2【양도소득에서 제외되는 이축권의 범위】 법 제94조제1항제4호마목 단서에서 "대통령령으로 정하는 방법에 따라 별도로 평가하여 신고하는 경우"란 「감정평가 및 감정평가사에 관한 법률」에 따른 감정평가법인등이 감정한 가액이 있는 경우 그 가액(감정한 가액이 둘 이상인 경우에는 그 감정한 가액의 평균액)을 구분하여 신고하는 경우를 말한다.(2022.1.21 본조개정)

제159조【부담부증여에 대한 양도차익의 계산】 ① 법 제88조제1호 각 목 외의 부분 후단에 따른 부담부증여의 경우 양도로 보는 부분에 대한 양도차익을 계산할 때 그 취득가액 및 양도가액은 다음 각 호에 따른다.(2020.2.11 본항개정)
1. 취득가액 : 다음 계산식에 따른 금액

$$\text{취득가액} = A \times \frac{B}{C}$$

A : 법 제97조제1항제1호에 따른 가액(제2호에 따른 양도가액을 「상속세 및 증여세법」 제61조제1항·제2항·제5항 및 제66조에 따라 기준시가로 산정한 경우에는 취득가액도 기준시가로 산정한다)
B : 채무액
C : 증여가액
(2023.2.28 본호개정)
2. 양도가액 : 다음 계산식에 따른 금액

$$\text{양도가액} = A \times \frac{B}{C}$$

A : 「상속세 및 증여세법」 제60조부터 제66조까지의 규정에 따라 평가한 가액
B : 채무액
C : 증여가액
② 제1항을 적용할 때 양도소득세 과세대상에 해당하는 자산과 해당하지 아니하는 자산을 함께 부담부증여하는 경우로서 증여자의 채무를 수증자가 인수하는 경우 채무액은 다음 계산식에 따라 계산한다.

$$\text{채무액} = A \times \frac{B}{C}$$

A : 총 채무액
B : 양도소득세 과세대상 자산가액
C : 총 증여 자산가액
(2017.2.3 본조개정)

제159조의2【파생상품등의 범위】 ① 법 제94조제1항제5호에서 "대통령령으로 정하는 파생상품등"이란 파생결합증권, 「자본시장과 금융투자업에 관한 법률」 제5조제2항제1호부터 제3호까지의 규정에 따른 장내파생상품 또는 같은 조 제3항에 따른 장외파생상품 중 다음 각 호의 어느 하나에 해당하는 것을 말한다.(2019.2.12 본문개정)
1. 「자본시장과 금융투자업에 관한 법률」 제5조제2항제1호에 따른 장내파생상품으로서 증권시장 또는 이와 유사한 시장으로서 외국에 있는 시장을 대표하는 종목을 기준으로 산출된 지수(해당 지수의 변동성을 기준으로 산출된 지수를 포함한다)를 기초자산으로 하는 상품(2019.2.12 본호개정)
2. 「자본시장과 금융투자업에 관한 법률」 제5조제3항에 따른 파생상품으로서 다음 각 목의 요건을 모두 갖춘 파생상품(경제적 실질이 동일한 상품을 포함한다)
가. 계약 체결 당시 약정가격과 계약에 따른 약정을 소멸시키는 반대거래 약정가격 간의 차액을 현금으로 결제하고 계약 종료시점을 미리 정하지 않고 거래 일방의 의사표시로 계약이 종료되는 상품일 것
나. 다음의 어느 하나 이상에 해당하는 기초자산의 가격과 연계하는 상품일 것

1) 주식등(외국법인이 발행한 주식을 포함한다)
2) 제26조의2제5항제3호에 따른 상장지수집합투자기구(상장지수집합투자기구와 유사한 것으로서 외국 상장지수집합투자기구를 포함한다)로서 증권시장 또는 이와 유사한 시장으로서 외국에 있는 시장을 대표하는 종목을 기준으로 산출된 지수(해당 지수의 변동성을 기준으로 산출된 지수를 포함한다)를 추적하는 것을 목적으로 하는 집합투자기구의 집합투자증권
3) 제26조의3제1항제2호에 따른 상장지수증권(상장지수증권과 유사한 것으로서 외국 상장지수증권을 포함한다)로서 증권시장 또는 이와 유사한 시장으로서 외국에 있는 시장을 대표하는 종목을 기준으로 산출된 지수(해당 지수의 변동성을 기준으로 산출된 지수를 포함한다)를 추적하는 것을 목적으로 하는 상장지수증권
(2021.2.17 본호신설)
3. (2019.2.12 삭제)
4. 당사자 일방의 의사표시에 따라 제1호에 따른 지수의 수치의 변동과 연계하여 미리 정하여진 방법에 따라 주권의 매매나 금전을 수수하는 거래를 성립시킬 수 있는 권리를 표시하는 증권 또는 증서
(2019.2.12 본호개정)
5. 「자본시장과 금융투자업에 관한 법률」 제5조제2항제2호에 따른 해외 파생상품시장에서 거래되는 파생상품(2018.2.13 본호신설)
6. 「자본시장과 금융투자업에 관한 법률」 제5조제3항에 따른 장외파생상품으로서 경제적 실질이 제1호에 따른 장내파생상품과 동일한 상품(2019.2.12 본호신설)
② 법률 제11845호 자본시장과 금융투자업에 관한 법률 일부개정법률 부칙 제15조제1항에 따라 거래소허가를 받은 것으로 보는 한국거래소가 장내파생상품시장을 개설하기 위하여 「자본시장과 금융투자업에 관한 법률」 제412조에 따라 파생상품시장업무규정의 변경승인을 금융위원회에 요청하는 경우 파생상품의 유형, 품목, 기초자산 등 주요명세를 기획재정부장관에게 제출하여야 한다.
(2015.2.3 본조신설)

제159조의3【양도소득세 과세대상에서 제외되는 수익권】 법 제94조제1항제6호 본문에서 "투자신탁의 수익권 등 대통령령으로 정하는 수익권"이란 다음 각 호의 수익권 또는 수익증권을 말한다.
1. 「자본시장과 금융투자업에 관한 법률」 제110조에 따른 수익권 또는 수익증권
2. 「자본시장과 금융투자업에 관한 법률」 제189조에 따른 투자신탁의 수익권 또는 수익증권으로서 해당 수익권 또는 수익증권의 양도로 발생하는 소득이 법 제17조제1항에 따른 배당소득으로 과세되는 수익권 또는 수익증권
3. 신탁의 이익을 받을 권리에 대한 양도로 발생하는 소득이 법 제17조제1항에 따른 배당소득으로 과세되는 수익권 또는 수익증권
4. 위탁자의 채권자가 채권담보를 위하여 채권 원리금의 범위 내에서 선순위 수익자로서 참여하고 있는 경우 해당 수익권. 이 경우 법 제115조의2에 따른 신탁수익자명부 변동상황명세서를 제출해야 한다.
(2021.2.17 본조신설)

제159조의4【장기보유특별공제】 법 제95조제2항 표 외의 부분 단서에서 "대통령령으로 정하는 1세대 1주택"이란 1세대가 양도일 현재 국내에 1주택(제155조ㆍ제155조의2ㆍ제156조의2ㆍ제156조의3 및 그 밖의 규정에 따라 1세대 1주택으로 보는 주택을 포함한다)을 보유하고 보유기간 중 거주기간이 2년 이상인 것을 말한다. 이 경우 해당 1주택이 제155조제3항 각 호 외의 부분 본문에 따른

공동상속주택인 경우 거주기간은 같은 항 각 호 외의 부분 단서에 따라 공동상속주택을 소유한 것으로 보는 사람이 거주한 기간으로 판단한다.(2021.2.17 본조개정)

제160조【고가주택에 대한 양도차익 등의 계산】 ① 법 제95조제3항에 따른 고가주택(하나의 건물이 주택과 주택 외의 부분으로 복합되어 있는 경우와 주택에 딸린 토지에 주택 외의 건물이 있는 경우에는 주택 외의 부분은 주택으로 보지 않는다)에 해당하는 자산의 양도차익 및 장기보유특별공제액은 다음 각 호의 산식으로 계산한 금액으로 한다. 이 경우 해당 주택 또는 이에 부수되는 토지가 그 보유기간이 다르거나 미등기양도자산에 해당하거나 일부만 양도하는 때에는 12억원에 해당 주택 또는 이에 부수되는 토지의 양도가액이 그 주택과 이에 부수되는 토지의 양도가액의 합계액에서 차지하는 비율을 곱하여 안분계산한다.
1. 고가주택에 해당하는 자산에 적용할 양도차익

$$\text{법 제95조제1항에 따른 양도차익} \times \frac{\text{양도가액} - 12\text{억원}}{\text{양도가액}}$$

2. 고가주택에 해당하는 자산에 적용할 장기보유특별공제액

$$\text{법 제95조제2항에 따른 장기보유특별공제액} \times \frac{\text{양도가액} - 12\text{억원}}{\text{양도가액}}$$

(2022.2.15 본항개정)
② 제1항 후단의 규정에 의한 양도가액의 안분계산은 법 제100조제2항의 규정을 준용한다.

제161조【직전거주택보유주택 등에 대한 양도소득금액 등의 계산】 ① 제154조제10항에 따른 1세대 1주택 및 제155조제20항 각 호 외의 부분 후단에 따른 직전거주택보유주택(이하 이 조에서 "직전거주택보유주택등"이라 한다)의 양도소득금액은 다음 계산식에 따라 계산한 금액으로 한다.

$$\text{법 제95조제1항에 따른 양도소득금액} \times \frac{\text{직전거주택의 양도 당시 직전거주택보유주택등의 기준시가} - \text{직전거주택보유주택등의 취득 당시의 기준시가}}{\text{직전거주택보유주택등의 양도 당시의 기준시가} - \text{직전거주택보유주택등의 취득 당시의 기준시가}}$$

(2017.2.3 본항개정)
② 제1항에도 불구하고 직전거주택보유주택등이 법 제89조제1항제3호 각 목 외의 부분에 따른 고가주택인 경우 해당 직전거주택보유주택등의 양도소득금액은 다음 각 호의 계산식에 따라 계산한 금액을 합산한 금액으로 한다.(2022.2.15 본문개정)
1. 직전거주택 양도일 이전 보유기간분 양도소득금액

$$\text{법 제95조제1항에 따른 양도소득금액} \times \frac{\text{직전거주택의 양도 당시 직전거주택보유주택 등의 양도당시의 기준시가} - \text{직전거주택 등의 취득 당시의 기준시가}}{\text{직전거주택보유주택 등의 양도당시의 기준시가} - \text{직전거주택 등의 취득 당시의 기준시가}}$$

2. 직전거주택 양도일 이후 보유기간분 양도소득금액

$$\text{법 제95조제1항에 따른 양도소득금액} \times \frac{\text{직전거주택보유주택 등의 양도 당시의 기준시가} - \text{직전거주택보유주택 등의 양도 당시의 기준시가}}{\text{직전거주택 양도 당시 주택 등의 기준시가} - \text{직전거주택보유주택 등의 취득 당시의 기준시가}}$$

$$\times \frac{\text{양도가액} - 12\text{억원}}{\text{양도가액}}$$

(2022.2.15 본호개정)
(2013.2.15 본항개정)

③ 제1항 및 제2항에 따라 계산한 직전거주주택보유주택등의 양도소득금액이 법 제95조제1항에 따른 양도소득금액을 초과하는 경우에는 각각 그 초과하는 금액은 없는 것으로 한다.(2013.2.15 본항개정)

④ 제1항 및 제2항제1호에 따른 양도소득금액 계산시 장기보유특별공제액은 법 제95조제2항 표1을 적용하고, 제2항제2호에 따른 양도소득금액 계산시 장기보유특별공제액은 법 제95조제2항 표2를 적용한다.(2013.2.15 본항신설)

제161조의2【파생상품등에 대한 양도차익 등의 계산】

① 제159조의2제1항제1호의 파생상품으로서 「자본시장과 금융투자업에 관한 법률」 제5조제1항제1호에 해당하는 파생상품의 양도차익은 계좌별로 동일한 종목의 매도 미결제약정과 매수 미결제약정이 상계(이하 이 조에서 "반대거래를 통한 상계"라 한다)되거나 최종거래일이 종료되는 등의 원인으로 소멸된 계약에 대하여 각각 계약체결 당시 약정가격과 최종결제가격 및 거래수수 등을 고려하여 기획재정부령으로 정하는 방법에 따라 산출되는 손익에서 그 계약을 위하여 직접 지출한 비용으로서 기획재정부령으로 정하는 비용을 공제한 금액의 합계액으로 한다.(2019.2.12 본항개정)

② 제159조의2제1항제1호의 파생상품으로서 「자본시장과 금융투자업에 관한 법률」 제5조제1항제2호에 해당하는 파생상품의 양도차익은 반대거래를 통한 상계, 권리행사, 최종거래일의 종료 등의 원인으로 소멸된 계약에 대하여 각각 계약체결 당시 약정가격, 권리행사결제기준가격, 행사가격, 거래수수 등을 고려하여 기획재정부령으로 정하는 방법에 따라 산출되는 손익에서 그 계약을 위하여 직접 지출한 비용으로서 기획재정부령으로 정하는 비용을 공제한 금액의 합계액으로 한다.(2019.2.12 본항개정)

③ 제159조의2제1항제4호에 따른 파생결합증권의 양도차익은 환매, 권리행사, 최종거래일의 종료 등의 원인으로 양도 또는 소멸된 증권에 대하여 각각 매수 당시 증권가격, 권리행사결제기준가격, 행사가격, 전환비율 등을 고려하여 기획재정부령으로 정하는 방법에 따라 산출되는 손익에서 그 증권의 매매를 위하여 직접 지출한 비용으로서 기획재정부령으로 정하는 비용을 공제한 금액의 합계액으로 한다.(2018.2.13 본항개정)

④ 제159조의2제1항제2호에 해당하는 파생상품의 양도차익은 계좌별로 동일한 종목의 계약체결 당시 약정가격과 반대거래의 약정가격의 차액 및 그 계약을 위하여 발생한 수입과 비용 등을 고려하여 기획재정부령으로 정하는 방법에 따라 산출된 금액의 합계액으로 한다.(2021.2.17 본항신설)

⑤ 제1항부터 제4항까지를 적용하는 경우 먼저 거래한 것부터 순차적으로 소멸된 것으로 보아 양도차익을 계산한다.(2021.2.17 본항개정)

⑥ 제159조의2제1항제5호 및 제6호에 따른 파생상품의 양도차익은 파생상품의 유형, 품목 등에 따라 각각 제1항 및 제2항을 준용하여 계산한다.(2019.2.12 본항개정)

제162조【양도 또는 취득의 시기】

① 법 제98조 전단에서 "대금을 청산한 날이 분명하지 아니한 경우 등 대통령령으로 정하는 경우"란 다음 각 호의 경우를 말한다.(2010.12.30 본문개정)

1. 대금을 청산한 날이 분명하지 아니한 경우에는 등기부·등록부 또는 명부 등에 기재된 등기·등록접수일 또는 명의개서일(2001.12.31 본호개정)

2. 대금을 청산한 날까지 그 목적물이 완성 또는 확정되지 아니한 경우에는 그 목적물이 완성 또는 확정된 날. 이 경우 건설 중인 건물의 완성된 날에 관하여는 제4호를 준용한다.

3. 기획재정부령이 정하는 장기할부조건의 경우에는 소유권이전등기(등록 및 명의개서를 포함한다) 접수일·인도일 또는 사용수익일중 빠른 날(2008.2.29 본호개정)

4. 자기가 건설한 건축물에 있어서는 「건축법」 제22조제2항에 따른 사용승인서 교부일. 다만, 사용승인서 교부일 전에 사실상 사용하거나 같은 조 제3항제2호에 따른 임시사용승인을 받은 경우에는 그 사실상의 사용일 또는 임시사용승인을 받은 날 중 빠른 날로 하고 건축 허가를 받지 아니하고 건축하는 건축물에 있어서는 그 사실상의 사용일로 한다.(2014.2.21 본호개정)

5. 상속 또는 증여에 의하여 취득한 자산에 대하여는 그 상속이 개시된 날 또는 증여를 받은 날

6. 「민법」 제245조제1항의 규정에 의하여 부동산의 소유권을 취득하는 경우에는 당해 부동산의 점유를 개시한 날(2005.2.19 본호개정)

7. 「공익사업을 위한 토지 등의 취득 및 보상에 관한 법률」이나 그 밖의 법률에 따라 공익사업을 위하여 수용되는 경우에는 대금을 청산한 날, 수용의 개시일 또는 소유권이전등기접수일 중 빠른 날. 다만, 소유권에 관한 소송으로 보상금이 공탁된 경우에는 소유권 관련 소송 판결 확정일로 한다.(2015.2.3 단서신설)

8. 완성 또는 확정되지 아니한 자산을 양도 또는 취득한 경우로서 해당 자산의 대금을 청산한 날까지 그 목적물이 완성 또는 확정되지 아니한 경우에는 그 목적물이 완성 또는 확정된 날. 이 경우 건설 중인 건물의 완성된 날에 관하여는 제4호를 준용한다.(2010.12.30 본호신설)

9. 「도시개발법」 또는 그 밖의 법률에 따른 환지처분으로 인하여 취득한 토지의 취득시기는 환지 전의 토지의 취득일. 다만, 교부받은 토지의 면적이 환지처분에 의한 권리면적보다 증가 또는 감소된 경우에는 그 증가 또는 감소된 면적의 토지에 대한 취득시기 또는 양도시기는 환지처분의 공고가 있은 날의 다음날로 한다.(2010.12.30 본호신설)

10. 제158조제2항의 경우 자산의 양도시기는 주주 1인과 주권상장법인기타주주 또는 주권비상장법인기타주주가 주식등을 양도함으로써 해당 법인의 주식등의 합계액의 100분의 50 이상이 양도되는 날. 이 경우 양도가액은 그들이 사실상 주식등을 양도한 날의 양도가액에 의한다.(2022.12.31 전단개정)

②~④ (2010.12.30 삭제)

⑤ 법 제98조 및 이 조 제1항을 적용할 때 양도한 자산의 취득시기가 분명하지 아니한 경우에는 먼저 취득한 자산을 먼저 양도한 것으로 본다.(2010.12.30 본항개정)

⑥ 법률 제4803호 「소득세법개정법률」 부칙 제8조에서 "대통령령이 정하는 자산"이란 다음 각 호의 자산을 말한다.(2022.2.15 본문개정)

1. 1984년 12월 31일 이전에 취득한 법 제94조제1항제2호 및 제4호의 자산(2000.12.29 본호개정)

2. (1995.12.30 삭제)

3. 1985년 12월 31일 이전에 취득한 법 제94조제1항제3호의 자산(2000.12.29 본호개정)

⑦ 법률 제4803호 「소득세법개정법률」 부칙 제8조에서 "대통령령이 정하는 날"이란 다음 각 호의 날을 말한다.(2022.2.15 본문개정)

1. 법 제94조제1항제2호 및 제4호의 자산의 경우에는 1985년 1월 1일(2000.12.29 본호개정)

2. (1995.12.30 삭제)

3. 법 제94조제1항제3호의 자산의 경우에는 1986년 1월 1일(2000.12.29 본호개정)

⑧ 법 제95조에 따른 양도가액의 수입시기에 관하여는 법 제98조 및 이 조 제1항을 준용한다.(2010.12.30 본항개정)

제162조의2【지하수개발·이용권 등의 양도가액】

토사석의 채취허가에 따른 권리와 지하수의 개발·이용권(이하 이 조에서 "지하수개발·이용권등"이라 한다)

을 법 제94조제1항제1호에 따른 토지 또는 건물(이하 이 조에서 "토지등"이라 한다)과 함께 양도하는 경우로서 지하수개발·이용권등과 토지등의 취득가액 또는 양도가액을 구별할 수 없는 때에는 제51조제8항 각 호의 기준을 준용하여 취득가액 또는 양도가액을 계산한다. 이 경우 "임목"은 "지하수개발·이용권등"으로, "임지"는 "토지등"으로 본다.(2017.2.3 본조개정)

제162조의3~제162조의5 (2005.12.31 삭제)

제163조 【양도자산의 필요경비】 ① 법 제97조제1항제1호가목에 따른 취득에 든 실지거래가액은 다음 각 호의 금액을 합한 것으로 한다.(2017.2.3 본문개정)

1. 제89조제1항을 준용하여 계산한 취득원가에 상당하는 가액(제89조제2항제1호에 따른 현재가치할인차금과 「부가가치세법」 제10조제1항 및 제6항에 따라 납부하였거나 납부할 부가가치세를 포함하되 부당행위계산에 의한 시가초과액을 제외한다)(2018.2.13 본호개정)

2. 취득에 관한 쟁송이 있는 자산에 대하여 그 소유권 등을 확보하기 위하여 직접 소요된 소송비용·화해비용 등의 금액으로서 그 지출한 연도의 각 소득금액의 계산에 있어서 필요경비에 산입된 것을 제외한 금액

3. 제1호를 적용할 때 당사자 약정에 의한 대금지급방법에 따라 취득원가에 이자상당액을 가산하여 거래가액을 확정하는 경우 당해 이자상당액은 취득원가에 포함한다. 다만, 당초 약정에 의한 거래가액의 지급기일의 지연으로 인하여 추가로 발생하는 이자상당액은 취득원가에 포함하지 아니한다.(2012.2.2 본호개정)

4. 제1호를 적용할 때 합병으로 인하여 소멸한 법인의 주주가 합병 후 존속하거나 합병으로 신설되는 법인(이하 이 호에서 "합병법인"이라 한다)으로부터 교부받은 주식의 1주당 취득원가에 상당하는 가액은 합병 당시 해당 주주가 보유하던 피합병법인의 주식을 취득하는 데 든 총금액(「법인세법」 제16조제1항제5호의 금액은 더하고 같은 호의 합병대가 중 금전이나 그 밖의 재산가액의 합계액은 뺀 금액으로 한다)을 합병으로 교부받은 주식수로 나누어 계산한 가액으로 한다.(2012.2.2 본호신설)

5. 제1호를 적용할 때 분할법인 또는 소멸한 분할합병의 상대방 법인의 주주가 분할신설법인 또는 분할합병의 상대방 법인으로부터 분할 또는 분할합병으로 인하여 취득하는 주식의 1주당 취득원가에 상당하는 가액은 분할 또는 분할합병 당시의 해당 주주가 보유하던 분할법인 또는 소멸한 분할합병의 상대방 법인의 주식을 취득하는 데 소요된 총금액(「법인세법」 제16조제1항제6호의 금액은 더하고 같은 호의 분할대가 중 금전이나 그 밖의 재산가액의 합계액은 뺀 금액으로 한다)을 분할로 인하여 취득하는 주식 수로 나누어 계산한 가액으로 한다.(2020.2.11 본호신설)

② 제1항제1호에 따라 제89조제2항제1호에 따른 현재가치할인차금을 취득원가에 포함하는 경우에 있어서 양도자산의 보유기간 중에 그 현재가치할인차금의 상각액을 각 연도의 사업소득금액 계산 시 필요경비로 산입하였거나 산입할 금액이 있는 때에는 이를 제1항의 금액에서 공제한다.(2010.2.18 본항개정)

③ 법 제97조제1항제2호에서 "자본적지출액 등으로서 대통령령으로 정하는 것"이란 다음 각 호의 어느 하나에 해당하는 것으로서 그 지출에 관한 법 제160조의2제2항에 따른 증명서류를 수취·보관하거나 실제 지출사실이 금융거래 증명서류에 의하여 확인되는 경우를 말한다.(2018.2.13 본문개정)

1. 제67조제2항의 규정을 준용하여 계산한 자본적 지출액

2. 양도자산을 취득한 후 쟁송이 있는 경우에 그 소유권 등을 확보하기 위하여 직접 소요된 소송비용·화해비용 등의 금액으로서 그 지출한 연도의 각 소득금액의 계산에 있어서 필요경비에 산입된 것을 제외한 금액

2의2. 「공익사업을 위한 토지 등의 취득 및 보상에 관한 법률」이나 그 밖의 법률에 따라 토지 등이 협의 매수 또는 수용되는 경우로서 그 보상금의 증액과 관련하여 직접 소요된 소송비용·화해비용 등의 금액으로서 그 지출한 연도의 각 소득금액의 계산에 있어서 필요경비에 산입된 것을 제외한 금액. 이 경우 증액보상금을 한도로 한다.(2015.2.3 본호신설)

3. 양도자산의 용도변경·개량 또는 이용편의를 위하여 지출한 비용(재해·노후화 등 부득이한 사유로 인하여 건물을 재건축한 경우 그 철거비용을 포함한다)(2020.2.11 본호개정)

3의2. 「개발이익환수에 관한 법률」에 따른 개발부담금(개발부담금의 납부의무자와 양도자가 서로 다른 경우에는 양도자에게 사실상 배분될 개발부담금상당액을 말한다)(2006.9.22 본호신설)

3의3. 「재건축초과이익 환수에 관한 법률」에 따른 재건축부담금(재건축부담금의 납부의무자와 양도자가 서로 다른 경우에는 양도자에게 사실상 배분될 재건축부담금상당액을 말한다)(2006.9.22 본호신설)

4. 제1호 내지 제3호, 제3호의2 및 제3호의3에 준하는 비용으로서 기획재정부령이 정하는 것(2008.2.29 본호개정)

(2000.12.29 본항개정)

④ (2000.12.29 삭제)

⑤ 법 제97조제1항제3호에서 "대통령령으로 정하는 것"이란 다음 각 호의 어느 하나에 해당하는 것으로서 그 지출에 관한 법 제160조의2제2항에 따른 증명서류를 수취·보관하거나 실제 지출사실이 금융거래 증명서류에 의하여 확인되는 경우를 말한다.(2018.2.13 본문개정)

1. 법 제94조제1항 각 호의 자산을 양도하기 위하여 직접 지출한 비용으로서 다음 각 목의 비용(2009.2.4 본문개정)
가. 「증권거래세법」에 따라 납부한 증권거래세
나. 양도소득세과세표준 신고서 작성비용 및 계약서 작성비용
다. 공증비용, 인지대 및 소개비
(2009.2.4 가목~다목신설)
라. 매매계약에 따른 인도의무를 이행하기 위하여 양도자가 지출하는 명도비용(2018.2.13 본목신설)
마. 가목부터 라목까지의 비용과 유사한 비용으로서 기획재정부령으로 정하는 것(2018.2.13 본목개정)

2. 법 제94조제1항제1호의 자산을 취득함에 있어서 법령등의 규정에 따라 매입한 국민주택채권 및 토지개발채권을 만기전에 양도함으로써 발생하는 매각차손. 이 경우 기획재정부령으로 정하는 금융기관(이하 이 호에서 "금융기관"이라 한다) 외의 자에게 양도한 경우에는 동일한 날에 금융기관에 양도하였을 경우 발생하는 매각차손을 한도로 한다.(2008.2.29 본호개정)

⑥ 법 제97조제2항제2호 각 목 외의 부분 본문에서 "대통령령으로 정하는 금액"이란 다음 각 호의 금액을 말한다.(2012.2.2 본문개정)

1. 토지
취득당시의 법 제99조제1항제1호가목의 규정에 의한 개별공시지가 × 3/100(법 제104조제3항에 규정된 미등기양도자산의 경우에는 3/1000)

2. 건물
가. 법 제99조제1항제1호다목의 규정에 의한 건물(그 부수토지를 포함한다) 및 동호라목의 규정에 의한 주택
취득당시의 법 제99조제1항제1호다목 또는 라목의 가액 × 3/100(법 제104조제3항에 규정된 미등기양도자산의 경우에는 3/1000)
(2005.8.5 본목개정)

나. 가목외의 건물

취득당시의 법 제99조제1항제1호나목의 가액 × 3/100 (법 제104조제3항에 규정된 미등기양도자산의 경우에는 3/1000)

(1999.12.31 본목개정)

3. 법 제94조제1항제2호나목 및 다목의 규정에 의한 자산(법 제104조제3항에 규정된 미등기양도자산을 제외한다)

취득당시의 기준시가 × 7/100

(2000.12.29 본호개정)

4. 제1호 내지 제3호외의 자산

취득당시의 기준시가 × 1/100

(1997.12.31 본항개정)

⑦~⑧ (2014.2.21 삭제)

⑨ 상속 또는 증여(법 제88조제1호 각 목 외의 부분 후단에 따른 부담부증여의 채무액에 해당하는 부분도 포함하되,「상속세 및 증여세법」제34조부터 제39조까지, 제39조의2, 제39조의3, 제40조, 제41조의2부터 제41조의5까지, 제42조, 제42조의2 및 제42조의3에 따른 증여는 제외한다)받은 자산에 대하여 법 제97조제1항제1호가목을 적용할 때에는 상속개시일 또는 증여일 현재「상속세 및 증여세법」제60조부터 제66조까지의 규정에 따라 평가한 가액(같은 법 제76조에 따라 세무서장등이 결정ㆍ경정한 가액이 있는 경우 그 결정ㆍ경정한 가액으로 한다)을 취득당시의 실지거래가액으로 본다. 다만, 다음 각 호의 어느 하나에 해당하는 경우에는 각 호의 구분에 따라 계산한 금액으로 한다. (2021.2.17 본문개정)

1.「부동산 가격공시에 관한 법률」에 따라 1990년 8월 30일 개별공시지가가 고시되기 전에 상속 또는 증여받은 토지의 경우에는 상속개시일 또는 증여일 현재「상속세 및 증여세법」제60조 내지 제66조의 규정에 의하여 평가한 가액과 제164조제4항의 규정에 의한 가액중 많은 금액 (2016.8.31 본호개정)

2.「상속세 및 증여세법」제61조제1항제2호 내지 제4호의 규정에 의한 건물의 기준시가가 고시되기 전에 상속 또는 증여받은 건물의 경우에는 상속개시일 또는 증여일 현재「상속세 및 증여세법」제60조 내지 제66조의 규정에 의하여 평가한 가액과 제164조제5항 내지 제7항의 규정에 의한 가액중 많은 금액 (2005.8.5 본호개정)

⑩ 법 제97조제1항제1호가목은 다음 각 호에 따라 적용한다. (2017.2.3 본문개정)

1.「상속세 및 증여세법」제3조의2제2항, 제33조부터 제39조까지, 제39조의2, 제39조의3, 제40조, 제41조의2부터 제41조의5까지, 제42조, 제42조의2, 제42조의3, 제45조의3부터 제45조의5까지의 규정에 따라 상속세나 증여세를 과세받은 경우에는 해당 상속재산가액이나 증여재산가액(같은 법 제45조의3부터 제45조의5까지의 규정에 따라 증여세를 과세받은 경우에는 증여의제이익을 말한다) 또는 그 증ㆍ감액을 취득가액에 더하거나 뺀다. (2016.2.17 본호개정)

2. 법 제94조제1항 각 호의 자산을「법인세법」제2조제12호에 따른 특수관계인(외국법인을 포함한다)으로부터 취득한 경우로서 같은 법 제67조에 따라 거주자의 상여ㆍ배당 등으로 처분된 금액이 있으면 그 상여ㆍ배당 등으로 처분된 금액을 취득가액에 더한다. (2019.2.12 본호개정)

⑪ 법 제97조제7항 각 호 외의 부분 본문에서 "대통령령으로 정하는 방법"이란 다음 각 호의 어느 하나에 해당하는 방법을 말한다. (2010.2.18 본문개정)

1. (2009.12.31 삭제)

2. 거주자가 부동산 취득시「부동산 거래신고 등에 관한 법률」제3조제1항에 따른 부동산의 실제거래가격(이하 이 호에서 "실제거래가격"이라 한다)을 기획재정부령으로 정하는 방법에 의하여 확인하는 방법. 다만, 실제거래가격이 전소유자의 부동산양도소득과세표준 예정신고 또는 확정신고시의 양도가액과 동일한 경우에 한한다.(2017.1.17 본문개정)

⑫ 법 제97조제1항제1호나목에서 "대통령령으로 정하는 매매사례가액, 감정가액 또는 환산취득가액"이란 제176조의2제2항부터 제4항까지의 규정에 따른 가액을 말한다.(2020.2.11 본항개정)

⑬ 주식매수선택권을 행사하여 취득한 주식을 양도하는 때에는 주식매수선택권을 행사하는 당시의 시가를 법 제97조제1항제1호의 규정에 의한 취득가액으로 한다.(2000.12.29 본항신설)

제163조의2【양도소득의 필요경비 계산 특례】
① 법 제97조의2제1항 전단에서 "대통령령으로 정하는 자산"이란 법 제94조제1항제2호나목과 같은 항 제4호나목의 자산을 말한다.(2019.2.12 본항개정)

② 법 제97조의2제1항 및 제5항에 따른 증여세 상당액은 제1호에 따른 증여세 산출세액에 제2호에 따른 자산가액이 제3호에 따른 증여세 과세가액에서 차지하는 비율을 곱하여 계산한 금액으로 한다. 이 경우 필요경비로 산입되는 증여세 상당액은 양도가액에서 법 제97조제1항 및 제2항의 금액을 공제한 잔액을 한도로 한다.

1. 거주자가 그 배우자 또는 직계존비속으로부터 증여받은 자산에 대한 증여세 산출세액(「상속세 및 증여세법」제56조에 따른 증여세 산출세액을 말한다)

2. 법 제97조의2제1항에 따라 양도한 해당 자산가액(증여세가 과세된 증여세 과세가액을 말한다)

3.「상속세 및 증여세법」제47조에 따른 증여세 과세가액

③ 법 제97조의2제4항을 적용할 때 가업상속공제적용률은「상속세 및 증여세법」제18조의2제1항에 따라 상속세 과세가액에서 공제한 금액을 같은 항 각 호 외의 부분 전단에 따른 가업상속 재산가액으로 나눈 비율로 하고, 가업상속공제가 적용된 자산별 가업상속공제액은 가업상속공제금액을 상속 개시 당시의 해당 자산별 평가액을 기준으로 안분하여 계산한다.(2023.2.28 본항개정)

(2014.2.21 본조신설)

제164조【토지ㆍ건물의 기준시가 산정】
① 법 제99조제1항제1호가목 단서에서 "대통령령으로 정하는 방법에 따라 평가한 금액"이란 다음 각 호의 어느 하나에 해당하는 개별공시지가가 없는 토지와 지목ㆍ이용상황 등 지가형성요인이 유사한 인근토지를 표준지로 보고「부동산 가격공시에 관한 법률」제3조제8항에 따른 비교표에 따라 납세지 관할세무서장(납세지 관할세무서장과 해당 토지의 소재지를 관할하는 세무서장이 서로 다른 경우로서 납세지 관할세무서장의 요청이 있는 경우에는 그 토지의 소재지를 관할하는 세무서장)이 평가한 가액을 말한다. 이 경우 납세지 관할세무서장은「지방세법」제4조제1항 단서에 따라 시장ㆍ군수가 산정한 가액을 평가한 가액으로 하거나 둘 이상의 감정평가법인등에게 의뢰하여 그 토지에 대한 감정평가법인등의 감정가액을 고려하여 평가할 수 있다.(2022.1.21 후단개정)

1.「공간정보의 구축 및 관리 등에 관한 법률」에 의한 신규등록토지(2015.6.1 본호개정)

2.「공간정보의 구축 및 관리 등에 관한 법률」에 의하여 분할 또는 합병된 토지(2015.6.1 본호개정)

3. 토지의 형질변경 또는 용도변경으로 인하여「공간정보의 구축 및 관리 등에 관한 법률」상의 지목이 변경된 토지(2015.6.1 본호개정)

4. 개별공시지가의 결정ㆍ고시가 누락된 토지(국ㆍ공유지를 포함한다)(1997.12.31 본호신설)

② 법 제99조제1항제1호가목 단서에서 "대통령령으로 정하는 지역"이란 각종 개발사업 등으로 지가가 급등

하거나 급등우려가 있는 지역으로서 국세청장이 지정한 지역을 말한다.(2010.2.18 본항개정)

③ 법 제99조제1항제1호가목부터 라목까지의 규정을 적용함에 있어서 새로운 기준시가가 고시되기 전에 취득 또는 양도하는 경우에는 직전의 기준시가에 의한다. (2015.2.3 본항개정)

④ 「부동산 가격공시에 관한 법률」에 따라 1990년 8월 30일 개별공시지가가 고시되기 전에 취득한 토지의 취득당시의 기준시가는 다음 산식에 의하여 계산한 가액으로 한다. 이 경우 다음 산식중 시가표준액은 법률 제4995호로 개정되기 전의 「지방세법」상 시가표준액을 말한다.

$$1990년\ 1월\ 1일을\ 기준으로\ 한\ 개별공시지가 \times \frac{취득당시의\ 시가표준액}{1990년\ 8월\ 30일\ 현재의\ 시가표준액과\ 그\ 직전에\ 결정된\ 시가표준액의\ 합계액을\ 2로\ 나누어\ 계산한\ 가액}$$

(2016.8.31 전단개정)

⑤ 법 제99조제1항제1호나목에 따른 기준시가가 고시되기 전에 취득한 건물의 취득당시의 기준시가는 다음 산식에 의하여 계산한 가액으로 한다.

$$국세청장이\ 해당\ 자산에\ 대하여\ 최초로\ 고시한\ 기준시가 \times \frac{해당\ 건물의\ 취득연도 \cdot 신축연도 \cdot 구조 \cdot 내용연수\ 등을\ 고려하여\ 국세청장이\ 고시한\ 기준율}{}$$

(2021.1.5 본항개정)

⑥ 법 제99조제1항제1호다목 또는 같은 호 라목 단서에 따른 기준시가가 고시되기 전에 취득한 오피스텔(이에 딸린 토지를 포함한다), 상업용 건물(이에 딸린 토지를 포함한다) 또는 공동주택의 취득당시의 기준시가는 다음 산식에 따라 계산한 가액으로 한다. 이 경우 해당 자산에 대하여 국세청장이 최초로 고시한 기준시가 고시당시 또는 취득당시의 법 제99조제1항제1호나목의 가액이 없는 경우에는 제5항을 준용하여 계산한 가액에 따른다.

$$국세청장이\ 당해\ 자산에\ 대하여\ 최초로\ 고시한\ 기준시가 \times \frac{취득당시의\ 법\ 제99조제1항제1호가목의\ 가액과\ 나목의\ 가액의\ 합계액}{당해\ 자산에\ 대하여\ 국세청장이\ 최초로\ 고시한\ 기준시가\ 고시당시의\ 법\ 제99조제1항제1호가목의\ 가액과\ 나목의\ 가액의\ 합계액(취득당시의\ 가액과\ 최초로\ 고시한\ 기준시가\ 고시당시의\ 가액이\ 동일한\ 경우에는\ 제8항의\ 규정을\ 준용한다)}$$

(2020.2.11 본항개정)

⑦ 「부동산 가격공시에 관한 법률」에 따른 개별주택가격 및 공동주택가격(이들에 부수되는 토지를 포함한다)이 공시되기 전에 취득한 주택의 취득당시의 기준시가는 다음 산식에 의하여 계산한 가액으로 한다. 이 경우 당해 주택에 대하여 국토교통부장관이 최초로 공시한 주택가격 공시당시 또는 취득당시의 법 제99조제1항제1호나목의 가액이 없는 경우에는 제5항의 규정을 준용하여 계산한 가액에 의한다.

$$국토교통부장관이\ 당해\ 주택에\ 대하여\ 최초로\ 공시한\ 주택가격 \times \frac{취득당시의\ 법\ 제99조제1항제1호가목의\ 가액과\ 나목의\ 가액의\ 합계액}{당해\ 주택에\ 대하여\ 국토교통부장관이\ 최초로\ 공시한\ 주택가격\ 공시당시의\ 법\ 제99조제1항제1호가목의\ 가액과\ 나목의\ 가액의\ 합계액(취득당시의\ 가액과\ 최초로\ 공시한\ 주택가격\ 공시당시의\ 가액이\ 동일한\ 경우에는\ 제8항의\ 규정을\ 준용한다)}$$

(2016.8.31 전단개정)

⑧ 보유기간중 새로운 기준시가가 고시되지 아니함으로써 법 제99조제1항제1호의 규정에 의한 양도당시의 기준시가와 취득당시의 기준시가가 동일한 경우에는 당해 토지 또는 건물의 보유기간과 양도일 전후 또는 취득일

전후의 기준시가의 상승률을 참작하여 기획재정부령이 정하는 방법에 의하여 계산한 가액을 양도당시의 기준시가로 한다.(2008.2.29 본항개정)

⑨ 다음 각 호의 어느 하나에 해당하는 가액이 법 제99조제1항제1호가목부터 라목까지의 규정에 따른 가액보다 낮은 경우에는 그 차액을 같은 호 가목부터 라목까지의 규정에 따른 가액에서 차감하여 양도 당시 기준시가를 계산한다.(2009.2.4 본문개정)

1. 「공익사업을 위한 토지 등의 취득 및 보상에 관한 법률」에 따른 협의매수 · 수용 및 그 밖의 법률에 따라 수용되는 경우의 그 보상액과 보상액 산정의 기초가 되는 기준시가 중 적은 금액(2013.2.15 본호개정)

2. 「국세징수법」에 의한 공매와 「민사소송법」에 의한 강제경매 또는 저당권실행을 위하여 경매되는 경우의 그 공매 또는 경락가액
(1999.12.31 본항개정)

⑩ 법 제99조제1항제1호다목에서 "대통령령으로 정하는 오피스텔(이에 딸린 토지를 포함한다) 및 상업용 건물(이에 딸린 토지를 포함한다)"이란 국세청장이 해당 건물의 용도 · 면적 및 구분소유하는 건물의 수(數) 등을 고려하여 지정하는 지역에 소재하는 오피스텔(이에 딸린 토지를 포함한다) 및 상업용 건물(이에 딸린 토지를 포함한다)을 말한다.(2020.2.11 본항개정)

⑪ 법 제99조제1항제1호라목 단서에서 "대통령령으로 정하는 방법에 따라 평가한 금액"이란 다음 각 호에 따른 가액을 말한다. 이 경우 납세지 관할세무서장은 「지방세법」 제4조제1항 단서에 따라 시장 · 군수가 산정한 가액을 평가한 가액으로 하거나 둘 이상의 감정평가법인등에게 의뢰하여 해당 주택에 대한 감정평가법인등의 감정가액을 고려하여 평가할 수 있다.(2022.1.21 후단개정)

1. 「부동산 가격공시에 관한 법률」에 따른 개별주택가격이 없는 단독주택의 경우에는 당해 주택과 구조 · 용도 · 이용상황 등 이용가치가 유사한 인근주택을 표준주택으로 보고 같은 법 제16조제6항에 따른 비준표에 따라 납세지 관할세무서장(납세지 관할세무서장과 당해 주택의 소재지를 관할하는 세무서장이 서로 다른 경우로서 납세지 관할세무서장의 요청이 있는 경우에는 당해 주택의 소재지를 관할하는 세무서장)이 평가한 가액

2. 「부동산 가격공시에 관한 법률」에 따른 공동주택가격이 없는 공동주택의 경우에는 인근 유사공동주택의 거래가격 · 임대료 및 당해 공동주택과 유사한 이용가치를 지닌다고 인정되는 공동주택의 건설에 필요한 비용추정액 등을 종합적으로 참작하여 납세지 관할세무서장(납세지 관할세무서장과 당해 주택의 소재지를 관할하는 세무서장이 서로 다른 경우로서 납세지 관할세무서장의 요청이 있는 경우에는 당해 주택의 소재지를 관할하는 세무서장)이 평가한 가액
(2016.8.31 1호～2호개정)

⑫ 법 제99조제2항에서 "대통령령으로 정하는 배율"이란 국세청장이 양도 · 취득시의 개별공시지가에 지역마다 그 지역에 있는 가격사정이 유사한 토지의 매매사례가액을 참작하여 고시하는 배율을 말한다.
(2010.2.18 본항개정)

제164조의2【기준시가의 고시 전 의견청취】 법 제99조제4항의 규정에 의한 공고에는 다음 각 호의 사항이 포함되어야 한다.

1. 기준시가열람부의 열람기간 및 열람장소

2. 의견 제출기간 및 제출처

3. 의견제출방법
(2005.8.5 본조신설)

제164조의3【기준시가의 재산정 · 고시신청】 ① 법 제99조의2제1항의 규정에 의하여 국세청장이 산정 · 고시

한 기준시가에 대하여 재산정·고시를 신청하고자 하는 자는 다음 각 호의 사항을 기재한 기준시가 재산정·고시신청서를 관할 세무서장을 거쳐 국세청장에게 제출하여야 한다.
1. 신청인의 성명 및 주소
2. 대상재산의 소재지
3. 신청사유
② 법 제99조의2제2항 후단 및 동조제3항의 규정에 의하여 국세청장이 기준시가를 다시 고시하는 경우에는 인터넷에 게시하는 방법에 의한다.
(2005.8.5 본조신설)

제165조【토지·건물외의 자산의 기준시가 산정】 ①
법 제99조제1항제2호가목에서 "대통령령으로 정하는 방법에 따라 평가한 가액"이란 취득일 또는 양도일까지 납입한 금액과 취득일 또는 양도일 현재의 프리미엄에 상당하는 금액을 합한 금액을 말한다.
(2018.6.5 본항개정)
② 법 제99조제1항제2호나목에서 "대통령령으로 정하는 방법에 따라 평가한 가액"이란 「상속세 및 증여세법 시행령」 제51조제1항을 준용하여 평가한 가액을 말한다.(2010.2.18 본항개정)
③ 법 제99조제1항제3호 전단 및 같은 항 제4호 전단에서 "대통령령으로 정하는 주권상장법인"이란 각각 코스닥시장 또는 코넥스시장에 주권을 상장한 법인을 말하며, 법 제99조제1항제3호에서 "대통령령으로 정하는 것"이란 「상속세 및 증여세법 시행령」 제52조의2제3항에 해당하는 것을 말한다. 이 경우 같은 항 중 "평가기준일 전후 2개월"은 "양도일·취득일 이전 1개월"로 한다.(2018.2.13 본항개정)
④ 법 제99조제1항제4호 후단에 따른 평가기준시기 및 평가액은 다음 각 호에 정하는 바에 따른다.
(2010.2.18 본항개정)
1. 1주당 가액의 평가는 가목의 계산식에 따라 평가한 가액(이하 이 항에서 "순손익가치"라 한다)과 나목의 계산식에 따라 평가한 가액(이하 이 항에서 "순자산가치"라 한다)을 각각 3과 2의 비율(법 제94조제1항제4호다목에 해당하는 법인의 경우에는 순손익가치와 순자산가치의 비율을 각각 2와 3으로 한다)로 가중평균한 가액으로 한다. 다만, 그 가중평균한 가액이 1주당 순자산가치에 100분의 80을 곱한 금액보다 적은 경우에는 1주당 순자산가치에 100분의 80을 곱한 금액을 평가액으로 한다.(2018.2.13 본문개정)
가. 양도일 또는 취득일이 속하는 사업연도의 직전 사업연도의 1주당 순손익액 ÷ 「금융실명거래 및 비밀보장에 관한 법률」 제2조제1호에 따른 금융회사등이 보증한 3년만기회사채의 유통수익률을 고려하여 기획재정부령으로 정하는 이자율(2023.2.28 본목개정)
나. 양도일 또는 취득일이 속하는 사업연도의 직전 사업연도 종료일 현재 해당 법인의 장부가액(토지의 경우는 법 제99조제1항제1호가목에 따른 기준시가) ÷ 발행주식총수
2. 제1호를 적용하는 경우 법 제99조제1항제4호의 주식등(이하 이 호에서 "비상장주식등"이라 한다)을 발행한 법인이 다른 비상장주식등을 발행한 법인의 발행주식총수 또는 출자총액의 100분의 10 이하의 주식 또는 출자지분을 소유하고 있는 경우에는 그 다른 비상장주식등의 평가는 제1호에도 불구하고 「법인세법 시행령」 제74조제1항제1호마목에 따른 취득가액에 따를 수 있다.(2010.2.18 본호개정)
3. 다음 각 목의 어느 하나에 해당하는 주식등의 경우에는 제1호 각 목 외의 부분에 불구하고 제1호나목의 산식에 따라 평가한 가액으로 한다.

가. 법 제110조에 따른 양도소득과세표준 확정신고기한 이내에 청산절차가 진행 중인 법인과 사업자의 사망 등으로 인하여 사업의 계속이 곤란하다고 인정되는 법인의 주식등
나. 사업개시 전의 법인, 사업개시 후 1년 미만의 법인과 휴·폐업 중에 있는 법인의 주식등
다. 법인의 자산총액 중 주식등 가액의 합계액이 차지하는 비율이 100분의 80 이상인 법인의 주식등 (2023.2.28 본목개정)
라. 법인의 설립 시 정관에 존속기한이 확정된 법인으로서 평가기준일 현재 잔여 존속기한이 3년 이내인 법인의 주식등(2023.2.28 본목신설)
4. 제1호나목을 적용하는 경우 "발행주식총수"는 양도일 또는 취득일이 속하는 사업연도의 직전 사업연도 종료일 현재의 발행주식총수에 의한다.
(2007.2.28 본항개정)
⑤ 주식등의 양도일 현재에는 제3항에 따른 주식등에 해당되나 그 취득 당시에는 제3항에 따른 주식등에 해당되지 아니하는 경우 취득 당시의 기준시가는 제4항에도 불구하고 다음 산식으로 계산한 가액에 따른다. 이 경우 취득일 현재의 제4항에 따른 평가액과 코스닥시장 또는 코넥스시장 상장일 현재의 제4항에 따른 평가액이 같은 경우에는 제9항을 준용하여 계산한 가액을 코스닥시장 또는 코넥스시장 상장일 현재의 제4항에 따른 평가액으로 한다.

〔코스닥시장 또는 코넥스시장 상장일 이후 1개월간 공표된 매일의 코스닥시장 또는 코넥스시장의 최종시세가액의 평균액〕 × (취득일 현재의 제4항에 따른 평가액 / 코스닥시장 또는 코넥스시장 상장일 현재의 제4항에 따른 평가액)

(2013.8.27 본항개정)
⑥ 주식등의 양도일 현재에는 유가증권시장상장법인(「자본시장과 금융투자업에 관한 법률 시행령」 제176조의9제1항에 따른 유가증권시장에 주권을 상장한 법인을 말한다)의 주식등에 해당되나 그 취득 당시에는 유가증권시장상장법인(「자본시장과 금융투자업에 관한 법률 시행령」 제176조의9제1항에 따른 유가증권시장에 주권을 상장한 법인을 말한다)과 제3항에 따른 주식등에 해당되지 아니하는 경우 취득 당시의 기준시가는 제5항을 준용하여 계산한 가액에 따른다. 이 경우 "코스닥시장 또는 코넥스시장 상장일"은 "유가증권시장 상장일"로, "코스닥시장 또는 코넥스시장의 최종시세가액"은 "거래소의 최종시세가액"으로 본다.
(2013.8.27 본항개정)
⑦ 법 제99조제1항제5호에서 "대통령령으로 정하는 방법에 따라 평가한 가액"이란 「상속세 및 증여세법 시행령」 제58조의2제2항을 준용하여 평가한 가액을 말한다.
(2010.2.18 본항개정)
⑧ 법 제99조제1항제6호에서 "대통령령으로 정하는 방법에 따라 평가한 가액"이란 다음 각 호에 따라 평가한 가액을 말한다.(2010.2.18 본문개정)
1. 법 제94조제1항제4호나목부터 라목까지의 규정에 따른 주식등
법 제99조제1항제3호 및 제4호에 따라 평가한 가액. 이 경우 법 제94조제1항제4호라목에 따른 주식등이 법 제99조제1항제4호의 주식등에 해당하는 경우에는 이 조 제4항제1호나목의 계산식에 따라 평가한 가액으로 한다.
(2023.2.28 후단신설)
2. 법 제94조제1항제4호가목의 규정에 의한 영업권
「상속세 및 증여세법 시행령」 제59조제2항의 규정을 준용하여 평가한 가액
(2005.2.19 본호개정)

3. 법 제94조제1항제4호나목에 따른 시설물이용권(주식등은 제외한다)

「지방세법」에 따라 고시한 시가표준액. 다만, 취득 또는 양도 당시의 시가표준액을 확인할 수 없는 경우에는 기획재정부령으로 정하는 방법에 따라 계산한 가액(2009.2.4 본호개정)

⑨ 법 제99조제1항제3호 및 제4호에 따라 산정한 양도 당시의 기준시가와 취득 당시의 기준시가가 같은 경우에는 법 제99조제1항제3호 및 제4호에도 불구하고 해당 자산의 보유기간과 기준시가의 상승률을 고려하여 기획재정부령으로 정하는 방법에 따라 계산한 가액을 양도 당시의 기준시가로 한다.(2010.2.18 본항개정)

⑩ 제8항제2호의 규정에 의하여 영업권을 평가함에 있어서 양도자가 제시한 증빙에 의하여 자기자본을 확인할 수 없는 경우에는 다음 각호의 산식에 의하여 계산한 금액 중 많은 금액으로 한다.

1. $\dfrac{\text{사업소득금액}}{\text{기획재정부령이 정하는 자기자본이익률}}$

2. $\dfrac{\text{수입금액}}{\text{기획재정부령이 정하는 자기자본회전율}}$

(2008.2.29 1호~2호개정)

⑪ 제10항을 적용할 때 사업소득금액과 수입금액은 영업권의 양도일이 속하는 연도의 직전 과세연도의 해당 사업부문에서 발생한 것으로 한다. 다만, 자산을 양도한 연도에 사업을 새로 개시한 경우에는 사업개시일부터 양도일까지의 그 양도하는 사업부문에서 발생한 사업소득금액 또는 수입금액을 연(年)으로 환산하여 계산한다.(2010.2.18 본항신설)

⑫ 법 제99조제1항제8호에 따라 「상속세 및 증여세법」 제65조제1항을 준용하여 평가하는 경우 「상속세 및 증여세법 시행령」 제61조의 "평가기준일"은 "양도일·취득일"로 본다.(2021.2.17 본항신설)

(2000.12.29 본조개정)

제166조【양도차익의 산정 등】 ① 법 제100조의 규정에 의하여 양도차익을 산정함에 있어서 재개발사업, 재건축사업 또는 소규모재건축사업등을 시행하는 정비사업조합의 조합원이 당해 조합에 기존건물과 그 부수토지를 제공(건물 또는 토지만을 제공한 경우를 포함한다)하고 취득한 입주자로 선정된 지위를 양도하는 경우 그 조합원의 양도차익은 다음 각 호의 산식에 의하여 계산한다.(2022.2.15 본문개정)

1. 청산금을 납부한 경우

〔양도가액 - (기존건물과 그 부수토지의 평가액 + 납부한 청산금) - 법 제97조제1항제2호 및 제3호에 따른 필요경비](이하 이 조에서 "관리처분계획인가후양도차익"이라 한다) + 〔(기존건물과 그 부수토지의 평가액 - 기존건물과 그 부수토지의 취득가액 - 법 제97조제1항제2호 및 제3호 또는 제163조제6항에 따른 필요경비](이하 이 조에서 "관리처분계획인가전양도차익"이라 한다)

(2010.2.18 본호개정)

2. 청산금을 지급받은 경우 다음 각 목의 금액을 합한 가액

가. 〔양도가액 - (기존건물과 그 부수토지의 평가액 - 지급받은 청산금) - 법 제97조제1항제2호 및 제3호에 따른 필요경비]

나. 〔(기존건물과 그 부수토지의 평가액 - 기존건물과 그 부수토지의 취득가액 - 법 제97조제1항제2호 및 제3호 또는 제163조제6항에 따른 필요경비)] × 〔(기존건물과 그 부수토지의 평가액 - 지급받은 청산금) ÷ 기존건물과 그 부수토지의 평가액]

(2013.2.15 본호개정)

② 법 제100조에 따라 양도차익을 산정하는 경우 재개발사업, 재건축사업 또는 소규모재건축사업등을 시행하는 정비사업조합의 조합원이 해당 조합에 기존건물과 그 부수토지를 제공하고 관리처분계획등에 따라 취득한 신축주택 및 그 부수토지를 양도하는 경우 실지거래가액에 의한 양도차익은 다음 각 호의 산식에 따라 계산한다.(2022.2.15 본문개정)

1. 청산금을 납부한 경우

〔관리처분계획인가후양도차익 × 납부한 청산금 ÷ (기존건물과 그 부수토지의 평가액 + 납부한 청산금)](이하 이 조에서 "청산금납부분양도차익"이라 한다) + 〔(관리처분계획인가후양도차익 × 기존건물과 그 부수토지의 평가액 ÷ (기존건물과 그 부수토지의 평가액 + 납부한 청산금) + 관리처분계획인가전양도차익](이하 이 조에서 "기존건물분양도차익"이라 한다)

2. 청산금을 지급받는 경우

제1항제2호에 따른 가액

(2007.2.28 본항신설)

③ 제1항 및 제2항을 적용할 때 기존건물과 그 부수토지의 취득가액을 확인할 수 없는 경우에는 다음 산식을 적용하여 계산한 가액에 따른다.

기존건물과 그 부수토지의 평가액 × $\dfrac{\text{취득일 현재 기존건물과 그 부수토지의 법 제99조제1항제1호에 따른 기준시가}}{\text{관리처분계획등 인가일 현재 기존건물과 그 부수토지의 법 제99조제1항제1호에 따른 기준시가}}$

(2022.2.15 본항개정)

④ 제1항 내지 제3항에서 기존건물과 그 부수토지의 평가액이란 다음 각 호의 가액을 말한다.

1. 관리처분계획등에 따라 정하여진 가격. 다만, 그 가격이 변경된 때에는 변경된 가격으로 한다.

(2018.2.9 본문개정)

2. 제1호에 따른 가격이 없는 경우에는 제176조의2제3항제1호, 제2호 및 제4호의 방법을 순차로 적용하여 산정한 가액. 이 경우 제176조의2제3항제1호 및 제2호에서 "양도일 또는 취득일전후"는 "관리처분계획등 인가일 전후"로 본다.(2018.2.9 본호개정)

(2007.2.28 본항개정)

⑤ 제95조에 따른 양도소득금액을 계산하기 위하여 제1항 및 제2항제1호에 따른 양도차익에서 법 제95조제2항에 따른 장기보유특별공제액을 공제하는 경우 그 보유기간의 계산은 다음 각 호에 따른다.(2022.2.15 본문개정)

1. 제1항제1호의 관리처분계획인가전양도차익 및 제1항제2호나목에서 장기보유특별공제액을 공제하는 경우의 보유기간 : 기존건물과 그 부수토지의 취득일부터 관리처분계획등 인가일까지의 기간(2022.2.15 본호개정)

2. 제2항제1호에 따른 양도차익에서 장기보유특별공제액을 공제하는 경우의 보유기간

가. 청산금납부분 양도차익에서 장기보유특별공제액을 공제하는 경우의 보유기간 : 관리처분계획등 인가일부터 신축주택과 그 부수토지의 양도일까지의 기간(2018.2.9 본목개정)

나. 기존건물분 양도차익에서 장기보유특별공제액을 공제하는 경우의 보유기간 : 기존건물과 그 부수토지의 취득일부터 신축주택과 그 부수토지의 양도일까지의 기간

(2013.2.15 본항개정)

⑥ 법 제100조제2항의 규정을 적용함에 있어서 토지와 건물 등의 가액의 구분이 불분명한 때에는 「부가가치세법 시행령」 제64조제1항에 따라 안분계산하며, 이를 적용함에 있어 「상속세 및 증여세법」 제62조제1항에 따른 선박 등 그 밖의 유형재산에 대하여 「부가가치세법 시행령」 제64조제2호 단서에 해당하는 장부가액이 없는 경우에는 「상속세 및 증여세법」 제62조제1항에 따라 평가한 가액을 기준으로 한다.(2023.2.28 본항개정)

⑦ 법 제100조에 따라 양도차익을 산정할 때 재개발사업, 재건축사업 또는 소규모재건축사업등을 시행하는 정비사업조합의 조합원이 그 조합에 기존건물과 그 부수토지를 제공하고 관리처분계획에 따라 취득한 신축건물 및 그 부수토지를 양도하는 경우 기준시가에 의한 양도차익은 다음 각 호의 구분에 따라 계산한 양도차익의 합계액(청산금을 수령한 경우에는 이에 상당하는 양도차익을 차감한다)으로 한다.(2022.2.15 본문개정)
1. 기존건물과 그 부수토지의 취득일부터 관리처분계획 획등 인가일 전일까지의 양도차익 : 관리처분계획등 인가일 전일 현재의 기존건물과 그 부수토지의 기준시가(법 제99조제1항제1호의 규정에 의한 것을 말한다. 이하 이 항에서 같다) – 기존건물과 그 부수토지의 취득일 현재의 기존건물과 그 부수토지의 기준시가 – 기존건물과 그 부수토지의 필요경비(제163조제6항의 규정에 의한 것을 말한다. 이하 이 항에서 같다)(2018.2.9 본호개정)
2. 관리처분계획등 인가일부터 신축건물의 준공일(제162조제1항제4호의 규정에 의한 취득일을 말한다)전일까지의 양도차익 : 신축건물의 준공일 전일 현재의 기존건물의 부수토지의 기준시가 – 관리처분계획등 인가일 현재의 기존건물의 부수토지의 기준시가 (2018.2.9 본호개정)
3. 신축건물의 준공일부터 신축건물의 양도일까지의 양도차익 : 신축건물의 양도일 현재의 신축건물과 그 부수토지의 기준시가 – 신축건물의 준공일 현재의 신축건물과 그 부수토지의 기준시가(신축주택의 양도일 현재 법 제99조제1항제1호다목 및 라목의 규정에 의한 기준시가가 있는 경우에는 제164조제6항 및 제7항의 규정을 준용하여 계산한 기준시가) – 신축건물과 그 부수토지(기존건물의 부수토지보다 증가된 부분에 한한다)의 필요경비(2005.8.5 본호개정)

제167조【양도소득의 부당행위 계산】①~② (1999.12.31 삭제)
③ 법 제101조제1항에서 "조세의 부담을 부당하게 감소시킨 것으로 인정되는 경우"란 다음 각 호의 어느 하나에 해당하는 때를 말한다. 다만, 시가와 거래가액의 차액이 3억원 이상이거나 시가의 100분의 5에 상당하는 금액 이상인 경우로 한정한다.(2017.2.3 본문개정)
1. 특수관계인으로부터 시가보다 높은 가격으로 자산을 매입하거나 특수관계인에게 시가보다 낮은 가격으로 자산을 양도한 때(2012.2.2 본호개정)
2. 그 밖에 특수관계인과의 거래로 해당 연도의 양도가액 또는 필요경비의 계산시 조세의 부담을 부당하게 감소시킨 것으로 인정되는 때(2012.2.2 본호개정)
④ 제98조제1항에 따른 특수관계인과의 거래에 있어서 토지등을 시가를 초과하여 취득하거나 시가에 미달하게 양도함으로써 조세의 부담을 부당하게 감소시킨 것으로 인정되는 때에는 그 취득가액 또는 양도가액을 시가에 의하여 계산한다.(2012.2.2 본항개정)
⑤ 제3항 및 제4항을 적용할 때 시가는「상속세 및 증여세법」제60조부터 제66조까지와 같은 법 시행령 제49조, 제50조부터 제52조까지, 제52조의2, 제53조부터 제58조까지, 제58조의2부터 제58조의4까지, 제59조부터 제63조까지의 규정을 준용하여 평가한 가액에 따른다. 이 경우「상속세 및 증여세법 시행령」제49조제1항 각 호 외의 부분 본문 중 "평가기준일 전후 6개월(증여재산의 경우에는 평가기준일 전 6개월부터 평가기준일 후 3개월까지로 한다) 이내의 기간"은 "양도일 또는 취득일 전후 각 3개월의 기간"으로 본다.(2021.2.17 본항개정)
⑥ 개인과 법인간에 재산을 양수 또는 양도하는 경우로서 그 대가가「법인세법 시행령」제89조의 규정에 의한 가액에 해당되어 당해 법인의 거래에 대하여「법인

세법」제52조의 규정이 적용되지 아니하는 경우에는 법 제101조제1항의 규정을 적용하지 아니한다. 다만, 거짓 그 밖의 부정한 방법으로 양도소득세를 감소시킨 것으로 인정되는 경우에는 그러하지 아니하다.(2005.2.19 본항개정)
⑦ 제5항에도 불구하고 주권상장법인이 발행한 주식의 시가는「법인세법 시행령」제89조제1항에 따른 시가로 한다. 이 경우 제3항 각 호 외의 부분 단서는 적용하지 않는다.(2021.2.17 본항신설)
(1999.12.31 본조제목개정)

제167조의2【양도차손의 통산 등】① 법 제102조제2항의 규정에 의한 양도차손은 다음 각호의 자산의 양도소득금액에서 순차로 공제한다.
1. 양도차손이 발생한 자산과 같은 세율을 적용받는 자산의 양도소득금액
2. 양도차손이 발생한 자산과 다른 세율을 적용받는 자산의 양도소득금액. 이 경우 다른 세율을 적용받는 자산의 양도소득금액이 2 이상인 경우에는 각 세율별 양도소득금액의 합계액에서 당해 양도소득금액이 차지하는 비율로 안분하여 공제한다.
② 법 제90조의 감면소득금액을 계산함에 있어서 제1항의 양도소득금액에 감면소득금액이 포함되어 있는 경우에는 순양도소득금액(감면소득금액을 제외한 부분을 말한다)과 감면소득금액이 차지하는 비율로 안분하여 당해 양도차손을 공제한 것으로 보아 감면소득금액에서 당해 양도차손 해당분을 공제한 금액을 법 제90조의 규정에 의한 감면소득금액으로 본다.
(2003.12.30 본조신설)

제167조의3【1세대 3주택 이상에 해당하는 주택의 범위】① 법 제104조제7항제3호에서 "대통령령으로 정하는 1세대 3주택 이상에 해당하는 주택"이란 국내에 주택을 3개 이상(제1호에 해당하는 주택은 주택의 수를 계산할 때 산입하지 않는다) 소유하고 있는 1세대가 소유하는 주택으로서 다음 각 호의 어느 하나에 해당하지 않는 주택을 말한다.(2020.2.11 본문개정)
1. 수도권 및 광역시·특별자치시(광역시에 소속된 군, 「지방자치법」제3조제3항·제4항에 따른 읍·면 및 「세종특별자치시 설치 등에 관한 특별법」제6조제3항에 따른 읍·면에 해당하는 지역을 제외한다) 외의 지역에 소재하는 주택으로서 해당 주택 및 이에 부수되는 토지의 기준시가의 합계액이 해당 주택 또는 그 밖의 주택의 양도 당시 3억원을 초과하지 않는 주택(2021.2.17 본호개정)
2. 법 제168조에 따른 사업자등록과「민간임대주택에 관한 특별법」제5조에 따른 임대사업자 등록[이하 이 조에서 "사업자등록등"이라 하고, 2003년 10월 29일(이하 이 조에서 "기존사업자기준일"이라 한다) 현재「민간임대주택에 관한 특별법」제5조에 따른 임대사업자등록을 했으나 법 제168조에 따른 사업자등록을 하지 않은 거주자가 2004년 6월 30일까지 같은 조에 따른 사업자등록을 한 때에는「민간임대주택에 관한 특별법」제5조에 따른 임대사업자등록일에 법 제168조에 따른 사업자등록을 한 것으로 본다]을 한 거주자가 민간임대주택으로 등록하여 임대하는 다음 각 목의 어느 하나에 해당하는 주택(이하 이 조에서 "장기임대주택"이라 한다). 다만, 이 조, 제167조의4, 제167조의10 및 제167조의11을 적용할 때 가목 및 다목부터 마목까지의 규정에 해당하는 장기임대주택(법률 제17482호 민간임대주택에 관한 특별법 일부개정법률 부칙 제5조제1항이 적용되는 주택으로 한정한다)으로서「민간임대주택에 관한 특별법」제6조제5항에 따라 임대의무기간이 종료된 날 등록이 말소되는 경우에는 임대의무기간이 종료된 날 해당 목에서 정한 임대기간요건을 갖춘 것으로 본다.(2020.10.7 본문개정)

가. 「민간임대주택에 관한 특별법」 제2조제3호에 따른 민간매입임대주택을 1호 이상 임대하고 있는 거주자가 5년 이상 임대한 주택으로서 해당 주택 및 이에 부수되는 토지의 기준시가의 합계액이 해당 주택의 임대개시일 당시 6억원(수도권 밖의 지역인 경우에는 3억원)을 초과하지 않고 임대보증금 또는 임대료(이하 이 조에서 "임대료등"이라 한다)의 증가율이 100분의 5를 초과하지 않는 주택(임대료등의 증액 청구는 임대차계약의 체결 또는 약정한 임대료등의 증액이 있은 후 1년 이내에는 하지 못하고, 임대사업자가 임대료등의 증액을 청구하면서 임대보증금과 월임대료를 상호 간에 전환하는 경우에는 「민간임대주택에 관한 특별법」 제44조제4항의 전환 규정을 준용한다. 다만, 2018년 3월 31일까지 사업자등록을 한 주택으로 한정한다.
(2020.2.11 본문개정)
나. 기존사업자기준일 이전에 사업자등록등을 하고 「주택법」 제2조제6호에 따른 국민주택규모에 해당하는 「민간임대주택에 관한 특별법」 제2조제3호에 따른 민간매입임대주택을 2호 이상 임대하고 있는 거주자가 5년 이상 임대한 주택(기존사업자기준일 이전에 임대주택으로 등록하여 임대하는 것에 한한다)으로서 당해 주택 및 이에 부수되는 토지의 기준시가의 합계액이 해당 주택의 취득 당시 3억원을 초과하지 아니하는 주택(2016.8.11 본목개정)
다. 「민간임대주택에 관한 특별법」에 따라 대지면적이 298제곱미터 이하이고 주택의 연면적(제154조제3항 본문에 따라 주택으로 보는 부분과 주거전용으로 사용되는 지하실부분의 면적을 포함하고, 공동주택의 경우에는 전용면적을 말한다)이 149제곱미터 이하인 건설임대주택을 2호 이상 임대하는 거주자가 5년 이상 임대하는 주택(임대사업자에게 매각하는 경우를 포함한다)하는 주택으로서 해당 주택 및 이에 부수되는 토지의 기준시가의 합계액(「부동산 가격공시에 관한 법률」에 따른 주택가격이 있는 경우에는 그 가격을 말한다)이 해당 주택의 임대개시일 당시 6억원을 초과하지 않고 임대료등의 증가율이 100분의 5를 초과하지 않는 주택(임대료등의 증액 청구는 임대차계약의 체결 또는 약정한 임대료등의 증액이 있은 후 1년 이내에는 하지 못하고, 임대사업자가 임대료등의 증액을 청구하면서 임대보증금과 월임대료를 상호 간에 전환하는 경우에는 「민간임대주택에 관한 특별법」 제44조제4항의 전환 규정을 준용한다. 다만, 2018년 3월 31일까지 사업자등록등을 한 주택에 한정한다.(2020.2.11 본목개정)
라. 「민간임대주택에 관한 특별법」 제2조제3호에 따른 민간매입임대주택[미분양주택(「주택법」 제54조에 따른 사업주체가 같은 조에 따라 공급하는 주택으로서 입주자모집공고에 따른 입주자의 계약일이 지난 주택단지에서 2008년 6월 10일까지 분양계약이 체결되지 아니하여 선착순의 방법으로 공급한 주택을 말한다)으로서 2008년 6월 11일부터 2009년 6월 30일까지 최초로 분양계약을 체결하고 계약금을 납부한 주택에 한정한다]으로서 다음의 요건을 모두 갖춘 주택. 이 경우 해당 주택을 양도하는 거주자는 해당 주택을 양도하는 날이 속하는 과세연도의 과세표준확정신고 또는 과세표준예정신고와 함께 시장·군수 또는 구청장이 발행한 미분양주택확인서 사본 및 미분양주택 매입 시의 매매계약서 사본을 납세지 관할세무서장에게 제출해야 한다.
(2023.2.28 전단개정)
1) 대지면적이 298제곱미터 이하이고 주택의 연면적(제154조제3항 본문에 따라 주택으로 보는 부분

과 주거전용으로 사용되는 지하실부분의 면적을 포함하고, 공동주택의 경우에는 전용면적을 말한다)이 149제곱미터 이하일 것
2) 5년 이상 임대할 것일 것(2023.2.28 개정)
3) 취득 당시 해당 주택 및 이에 부수되는 토지의 기준시가의 합계액이 3억원 이하일 것
4) 수도권 밖의 지역에 소재할 것
5) 1)부터 4)까지의 요건을 모두 갖춘 매입임대주택(이하 이 조에서 "미분양매입임대주택"이라 한다)이 같은 시·군에서 5호 이상일 것[가목에 따른 매입임대주택이 5호 이상이거나 나목에 따른 매입임대주택이 2호 이상인 경우에는 가목 또는 나목에 따른 매입임대주택과 미분양매입임대주택을 합산하여 5호 이상일 것(나목에 따른 매입임대주택과 합산하는 경우에는 그 미분양매입임대주택이 같은 시·군에 있는 경우에 한정한다)]
6) 2020년 7월 11일 이후 종전의 「민간임대주택에 관한 특별법」 제5조에 따른 등록을 신청(임대할 주택을 추가하기 위해 등록사항의 변경 신고를 한 경우를 포함한다)한 같은 법 제2조제4호에 따른 장기일반민간임대주택 중 아파트를 임대하는 민간매입임대주택 또는 같은 조 제6호에 따른 단기민간임대주택이 아닐 것(2020.10.7 신설)
7) 종전의 「민간임대주택에 관한 특별법」 제5조에 따라 등록을 한 같은 법 제2조제6호에 따른 단기민간임대주택을 같은 법 제5조제3항에 따라 2020년 7월 11일 이후 장기일반민간임대주택등으로 변경 신고한 주택이 아닐 것(2020.10.7 신설)
(2008.7.24 본목신설)
마. 「민간임대주택에 관한 특별법」 제2조제3호에 따른 민간매입임대주택 중 장기일반민간임대주택등으로 10년 이상 임대한 주택으로서 해당 주택 및 이에 부수되는 토지의 기준시가의 합계액이 해당 주택의 임대개시일 당시 6억원(수도권 밖의 지역인 경우에는 3억원)을 초과하지 않고 임대료등의 증가율이 100분의 5를 초과하지 않는 주택(임대료등의 증액 청구는 임대차계약의 체결 또는 약정한 임대료등의 증액이 있은 후 1년 이내에는 하지 못하고, 임대사업자가 임대료등의 증액을 청구하면서 임대보증금과 월임대료를 상호 간에 전환하는 경우에는 「민간임대주택에 관한 특별법」 제44조제4항의 전환 규정을 준용한다. 다만, 다음의 어느 하나에 해당하는 주택은 제외한다.(2023.2.28 본문개정)
1) 1세대가 국내에 1주택 이상을 보유한 상태에서 새로 취득한 조정대상지역에 있는 「민간임대주택에 관한 특별법」 제2조제5호에 따른 장기일반민간임대주택[조정대상지역의 공고가 있은 날 이전에 주택(주택을 취득할 수 있는 권리를 포함한다)을 취득하거나 주택(주택을 취득할 수 있는 권리를 포함한다)을 취득하기 위해 매매계약을 체결하고 계약금을 지급한 사실이 증빙서류에 의해 확인되는 경우는 제외한다](2020.10.7 신설)
2) 2020년 7월 11일 이후 「민간임대주택에 관한 특별법」 제5조에 따른 임대사업자등록 신청(임대할 주택을 추가하기 위해 등록사항의 변경 신고를 한 경우를 포함한다)을 한 종전의 「민간임대주택에 관한 특별법」 제2조제5호에 따른 장기일반민간임대주택 중 아파트를 임대하는 민간매입임대주택(2020.10.7 신설)
3) 종전의 「민간임대주택에 관한 특별법」 제5조에 따라 등록을 한 같은 법 제2조제6호에 따른 단기민간임대주택을 같은 법 제5조제3항에 따라 2020년 7월 11일 이후 장기일반민간임대주택등으로 변경 신고한 주택(2020.10.7 신설)

바. 「민간임대주택에 관한 특별법」제2조제2호에 따른 민간건설임대주택 중 장기일반민간임대주택등으로서 대지면적이 298제곱미터 이하이고 주택의 연면적(제154조제3항 본문에 따라 주택으로 보는 부분과 주거전용으로 사용되는 지하실부분의 면적을 포함하고, 공동주택의 경우에는 전용면적을 말한다)이 149제곱미터 이하인 건설임대주택을 2호 이상 임대하는 거주자가 10년 이상 임대하거나 분양전환(같은 법에 따라 임대사업자에게 매각하는 경우를 포함한다)하는 주택으로서 해당 주택 및 이에 부수되는 토지의 기준시가의 합계액(「부동산 가격공시에 관한 법률」에 따른 주택가격이 있는 경우에는 그 가격을 말한다)이 해당 주택의 임대개시일 당시 6억원을 초과하지 않고 임대료등의 증가율이 100분의 5를 초과하지 않는 주택(임대료등의 증액 청구는 임대차계약의 체결 또는 약정한 임대료등의 증액이 있은 후 1년 이내에는 하지 못하고, 임대사업자가 임대료등의 증액을 청구하면서 임대보증금과 월임대료를 상호 간에 전환하는 경우에는 「민간임대주택에 관한 특별법」제44조제4항의 전환 규정을 준용한다). 다만, 종전의 「민간임대주택에 관한 특별법」제5조에 따라 등록을 한 같은 법 제2조제6호에 따른 단기민간임대주택을 같은 법 제5조제3항에 따라 2020년 7월 11일 이후 장기일반민간임대주택등으로 변경 신고한 주택은 제외한다.(2020.10.7 본목개정)
사. 가목 및 다목부터 마목까지의 규정에 따른 장기임대주택(법률 제17482호 민간임대주택에 관한 특별법 일부개정법률 부칙 제5조제1항이 적용되는 주택으로 한정한다)이 「민간임대주택에 관한 특별법」제6조제1항제11호에 따라 임대사업자의 임대의무기간 내 등록 말소를 신청하여 등록이 말소된 경우(같은 법 제43조에 따라 임대의무기간의 2분의 1 이상을 임대한 경우로 한정한다)로서 등록 말소 이후 1년 이내 양도하는 주택. 이 경우 임대기간요건 외에 해당 목의 다른 요건은 갖추어야 한다.(2020.10.7 본목신설)
3. 「조세특례제한법」제97조·제97조의2 및 제98조에 따라 양도소득세가 감면되는 임대주택으로서 5년 이상 임대한 국민주택(이하 이 조에서 "감면대상장기임대주택"이라 한다)(2018.2.13 본호개정)
4. 종업원(사용자의 「국세기본법 시행령」제1조의2제1항에 따른 특수관계인을 제외한다)에게 무상으로 제공하는 사용자 소유의 주택으로서 당해 무상제공기간이 10년 이상(이하 이 조에서 "의무무상기간"이라 한다)인 주택(이하 이 조에서 "장기사원용주택"이라 한다)(2012.2.2 본호개정)
5. 「조세특례제한법」제77조, 제98조의2, 제98조의3, 제98조의5부터 제98조의8까지, 제99조, 제99조의2 및 제99조의3에 따라 양도소득세가 감면되는 주택(2021.2.17 본호개정)
6. 제155조제6항제1호에 해당하는 문화재주택
7. 제155조제2항에 해당하는 상속받은 주택(상속받은 날부터 5년이 경과하지 아니한 경우에 한정한다)(2018.2.13 6호~7호개정)
8. 저당권의 실행으로 인하여 취득하거나 채권변제를 대신하여 취득한 주택으로서 취득일부터 3년이 경과하지 아니한 주택
8의2. 다음 각 목의 어느 하나에 해당하는 주택으로서 1세대의 구성원이 해당 목에 규정된 인가 또는 위탁을 받고 법 제168조에 따른 고유번호를 부여받은 후 5년 이상(이하 이 조에서 "의무사용기간"이라 한다) 어린이집으로 사용하고 어린이집으로 사용하지 않게 된 날부터 6개월이 경과하지 않은 주택. 이 경우 해당

주택이 가목에서 나목으로 또는 나목에서 가목으로 전환된 경우에는 의무사용기간을 적용할 때 각각의 사용기간을 합산한다.
가. 「영유아보육법」제13조제1항에 따른 인가를 받아 운영하는 어린이집
나. 「영유아보육법」제24조제2항에 따라 국가 또는 지방자치단체로부터 위탁받아 운영하는 어린이집(2022.2.15 본호개정)
9. (2018.2.13 삭제)
10. 1세대가 제1호부터 제8호까지 및 제8호의2에 해당하는 주택을 제외하고 1개의 주택만을 소유하고 있는 경우의 해당 주택(이하 이 조에서 "일반주택"이라 한다)(2018.2.13 본호개정)
11. 조정대상지역의 공고가 있은 날 이전에 해당 지역의 주택을 양도하기 위하여 매매계약을 체결하고 계약금을 지급받은 사실이 증빙서류에 의하여 확인되는 주택(2018.10.23 본호신설)
12. (2023.2.28 삭제)
12의2. 법 제95조제4항에 따른 보유기간이 2년(재개발사업, 재건축사업 또는 소규모재건축사업등을 시행하는 정비사업조합의 조합원이 해당 조합에 기존건물과 그 부수토지를 제공하고 관리처분계획등에 따라 취득한 신축주택 및 그 부수토지를 양도하는 경우의 보유기간은 기존건물과 그 부수토지의 취득일부터 기산한다) 이상인 주택을 2024년 5월 9일까지 양도하는 경우 그 해당 주택(2023.2.28 본호개정)
13. 제155조 또는 「조세특례제한법」에 따라 1세대가 국내에 1개의 주택을 소유하고 있는 것으로 보거나 1세대 1주택으로 보아 제154조제1항이 적용되는 주택으로서 같은 항의 요건을 모두 충족하는 주택(2021.2.17 본호신설)
② 제1항을 적용할 때 주택수의 계산은 다음 각 호의 방법에 따른다(2018.2.13 본문개정)
1. 다가구주택 : 제155조제15항을 준용하여 주택수를 계산한다. 이 경우 제155조제15항 단서는 거주자가 선택하는 경우에 한정하여 적용한다.(2018.2.13 후단개정)
2. 공동상속주택 : 상속지분이 가장 큰 상속인의 소유로 하여 주택수를 계산하되, 상속지분이 가장 큰 자가 2인 이상인 경우에는 제155조제3항 각호의 순서에 의한 자가 당해 공동상속주택을 소유한 것으로 본다.
3. 부동산매매업자가 보유하는 재고자산인 주택 : 주택수의 계산에 있어서 이를 포함한다.
③ 제1항제2호의 규정에 의한 장기임대주택의 임대기간의 계산은 「조세특례제한법 시행령」제97조의 규정을 준용한다. 이 경우 사업자등록을 하고 임대주택으로 등록하여 임대하는 날부터 임대를 개시한 것으로 본다.(2005.2.19 본항개정)
④ 1세대가 제1항제2호부터 제4호까지 또는 제8호의2에 해당하는 장기임대주택·감면대상장기임대주택·장기사원용주택 또는 장기어린이집(이하 이 조에서 "장기임대주택등"이라 한다)의 의무임대기간·의무무상기간 또는 의무사용기간(이하 이 조에서 "의무임대기간등"이라 한다)의 요건을 충족하기 전에 일반주택을 양도하는 경우에도 해당 임대주택·사원용주택 또는 어린이집(이하 이 조에서 "임대주택등"이라 한다)을 제1항에 따른 장기임대주택등으로 보아 제1항제10호를 적용한다.(2023.2.28 본항개정)
⑤ 제4항을 적용받은 1세대가 장기임대주택등의 의무임대기간등의 요건을 충족하지 못하게 되는 사유(제1항제2호 각 목 및 같은 항 제3호에 따른 의무임대호수를 임대하지 않은 기간이 6개월을 지난 경우를 포함한다)가 발생한 때에는 그 사유가 발생한 날이 속하는 달의 말일부터 2개월 이내에 제1호의 계산식에 따라 계산한 금액을 양도소득세로 신고·납부해야 한다. 이 경

우 제2호의 의무임대기간등 산정특례에 해당하는 경우에는 해당 규정에 따른다.(2023.2.28 후단개정)
1. 납부할 양도소득세 계산식
  일반주택 양도 당시 해당 임대주택등을 제1항제2호부터 제4호까지 및 제8호의2에 따른 장기임대주택등으로 보지 아니한 경우에 법 제104조에 따른 세율에 따라 납부하였을 세액 - 일반주택 양도 당시 제4항을 적용받아 법 제104조에 따른 세율에 따라 납부한 세액
  (2023.2.28 본호개정)
2. 의무임대기간등 산정특례(2023.2.28 본문개정)
 가. 「공익사업을 위한 토지 등의 취득 및 보상에 관한 법률」에 따른 수용 등 기획재정부령으로 정하는 부득이한 사유로 해당 의무임대기간등의 요건을 충족하지 못하게 되거나 해당 임대주택을 임대하지 아니하게 된 때에는 해당 임대주택등을 계속 임대·사용하거나 무상으로 사용하는 것으로 본다.(2023.2.28 본목개정)
 나. 재개발사업, 재건축사업 또는 소규모재건축사업등의 사유가 있는 경우에는 임대의무호수를 임대하지 아니한 기간을 계산할 때 해당 주택의 관리처분계획등 인가일 전 6개월부터 준공일 후 6개월까지의 기간은 포함하지 않는다.(2022.2.15 본목개정)
 다. 「주택법」 제2조에 따른 리모델링 사유가 있는 경우에는 임대의무호수를 임대하지 않은 기간을 계산할 때 해당 주택이 같은 법 제15조에 따른 사업계획의 승인일 또는 같은 법 제66조에 따른 리모델링의 허가일 전 6개월부터 준공일 후 6개월까지의 기간은 포함하지 않는다.(2020.2.11 본목신설)
 라. 제1항제2호가목 및 다목부터 마목까지의 규정에 따른 장기임대주택(법률 제17482호 민간임대주택에 관한 특별법 일부개정법률 부칙 제5조제1항이 적용되는 주택으로 한정한다)이 「민간임대주택에 관한 특별법」 제6조제1항제11호에 따라 임대사업자의 임대의무기간 내 등록말소 신청으로 등록이 말소된 경우(같은 법 제43조에 따른 임대의무기간의 2분의 1 이상을 임대한 경우에 한정한다)로서 해당 목에서 정한 임대기간요건을 갖추지 못하게 된 때에는 그 등록이 말소된 날에 해당 임대기간요건을 갖춘 것으로 본다.(2020.10.7 본목신설)
 마. 재개발사업, 재건축사업 또는 소규모재건축사업 등으로 임대 중이던 당초의 장기임대주택이 멸실되어 새로 취득하거나 「주택법」 제2조에 따른 리모델링으로 새로 취득한 주택이 다음의 어느 하나의 경우에 해당하여 해당 임대기간요건을 갖추지 못하게 된 때에는 당초 주택(재건축 등으로 새로 취득하기 전의 주택을 말하며, 이하 이 목에서 같다)에 대한 등록이 말소된 날 해당 임대기간요건을 갖춘 것으로 본다. 다만, 임대의무호수를 임대하지 않은 기간(이 항 각 호 외의 부분에 따라 계산한 기간을 말한다)이 6개월을 지난 경우는 임대기간요건을 갖춘 것으로 보지 않는다.(2022.2.15 본문개정)
  1) 새로 취득한 주택에 대해 2020년 7월 11일 이후 종전의 「민간임대주택에 관한 특별법」 제2조제5호에 따른 장기일반민간임대주택 중 아파트를 임대하는 민간매입임대주택이나 같은 조 제6호에 따른 단기민간임대주택으로 종전의 「민간임대주택에 관한 특별법」 제5조에 따른 임대사업자등록 신청(임대할 주택을 추가하기 위해 등록사항의 변경 신고를 한 경우를 포함한다. 이하 이 목에서 같다)을 한 경우
  2) 새로 취득한 주택이 아파트(당초 주택이 단기민간임대주택으로 등록되어 있었던 경우에는 모든 주택을 말한다)인 경우로서 「민간임대주택에 관한 특별법」 제5조에 따른 임대사업자등록 신청을 하지 않은 경우
  (2020.10.7 본목신설)

⑥ 제1항 내지 제5항의 규정을 적용함에 있어서 2개 이상의 주택을 같은 날에 양도하는 경우 그 결정방법에 대하여는 제154조제9항의 규정을 준용한다.
⑦ 제1항제2호·제3호·제8호의2 및 제4항을 적용받으려는 자는 해당 임대주택등 또는 일반주택을 양도하는 날이 속하는 과세연도의 과세표준신고서와 기획재정부령으로 정하는 신청서에 다음 각 호의 서류를 첨부하여 납세지 관할세무서장에게 제출해야 한다.(2020.2.11 본문개정)
1. (2021.2.17 삭제)
2. 임대차계약서 사본
3. 임차인의 주민등록표 등본 또는 그 사본. 이 경우 「주민등록법」 제29조제1항에 따라 열람한 주민등록 전입세대의 열람내역 제출로 갈음할 수 있다.(2020.2.11 본호개정)
4. 국공립어린이집의 경우 위탁계약증서 사본(2022.2.15 본호신설)
5. 그 밖의 기획재정부령이 정하는 서류(2008.2.29 본호개정)
⑧ 제7항에 따른 신청서를 제출받은 경우에 납세지 관할세무서장은 「전자정부법」 제36조제1항에 따른 행정정보의 공동이용을 통하여 다음 각 호의 사항을 확인해야 한다. 다만, 신청인이 제2호의 서류 확인에 동의하지 않는 경우에는 이를 제출하도록 해야 한다.(2021.2.17 본문개정)
1. 임대주택등에 대한 등기사항증명서 또는 토지·건축물대장 등본(2021.2.17 본호신설)
2. 「민간임대주택에 관한 특별법 시행령」 제4조제5항에 따른 임대사업자등록증 또는 「영유아보육법」 제13조에 따른 어린이집 인가의 인가증(2023.9.26 본호개정)
⑨ 제1항에도 불구하고 1주택 이상을 보유하는 자가 1주택 이상을 보유하는 자와 혼인함으로써 혼인한 날 현재 제1항에 따른 1세대3주택 이상에 해당하는 주택을 보유하게 된 경우로서 그 혼인한 날부터 5년 이내에 해당 주택을 양도하는 경우에는 양도일 현재 양도자의 배우자가 보유한 주택 수(제1항에 따른 주택 수를 말한다)를 차감하여 해당 1세대가 보유한 주택 수를 계산한다. 다만, 혼인한 날부터 5년 이내에 새로운 주택을 취득한 경우 해당 주택의 취득일 이후 양도하는 주택에 대해서는 이를 적용하지 아니한다.(2012.2.2 본항신설)
(2003.12.30 본조신설)

제167조의4【1세대 3주택·입주권 또는 분양권 이상에서 제외되는 주택의 범위】 ① (2017.2.3 삭제)
② 법 제104조제7항제4호에서 1세대가 소유한 주택(주택에 딸린 토지를 포함한다. 이하 이 조에서 같다)과 조합원입주권 또는 분양권의 수를 계산할 때 수도권 및 광역시·특별자치시(광역시에 소속된 군, 「지방자치법」 제3조제3항·제4항에 따른 읍·면 및 「세종특별자치시 설치 등에 관한 특별법」 제6조제3항에 따른 읍·면에 해당하는 지역은 제외한다) 외의 지역에 소재하는 주택, 조합원입주권 또는 분양권으로서 해당 주택의 기준시가, 조합원입주권의 가액(「도시 및 주거환경정비법」 제74조제1항제5호에 따른 종전 주택의 가격을 말한다) 또는 분양권의 가액[주택에 대한 공급계약서상의 공급가격(선택품목에 대한 가격은 제외한다)을 말한다]이 해당 주택 또는 그 밖의 주택의 양도 당시 3억원을 초과하지 않는 주택, 조합원입주권 또는 분양권은 이를 산입하지 않는다.(2021.2.17 본문개정)
1.~2. (2018.2.13 삭제)
③ 법 제104조제7항제4호 단서에서 "대통령령으로 정하는 장기임대주택 등"이란 국내에 소유하고 있는 주택과 조합원입주권 또는 분양권 수의 합이 3개 이상인 1세대가 소유하고 있는 주택으로서 다음 각 호의 어느

하나에 해당하는 주택을 말한다.(2021.2.17 본문개정)
1. 제2항의 규정에 따른 주택
2. 제167조의3제1항제2호 내지 제8호 및 제8호의2 중 어느 하나에 해당하는 주택
3. (2018.2.13 삭제)
4. 1세대가 제1호 및 제2호에 해당하는 주택을 제외하고 1개의 주택만을 소유하고 있는 경우의 당해 주택
5. 조정대상지역의 공고가 있은 날 이전에 해당 지역의 주택을 양도하기 위하여 매매계약을 체결하고 계약금을 지급받은 사실이 증빙서류에 의하여 확인되는 주택(2018.10.23 본호신설)
6. (2023.2.28 삭제)
6의2. 법 제95조제4항에 따른 보유기간이 2년(재개발사업, 재건축사업 또는 소규모재건축사업등을 시행하는 정비사업조합의 조합원이 해당 조합에 기존건물과 그 부수토지를 제공하고 관리처분계획등에 따라 취득한 신축주택 및 그 부수토지를 양도하는 경우의 보유기간은 기존건물과 그 부수토지의 취득일부터 기산한다) 이상인 주택을 2024년 5월 9일까지 양도하는 경우 그 해당 주택(2023.2.28 본호개정)
7. 제155조, 제156조의2, 제156조의3 또는 「조세특례제한법」에 따라 1세대가 국내에 1개의 주택을 소유하고 있는 것으로 보거나 1세대 1주택으로 보아 제154조제1항이 적용되는 주택으로서 같은 항의 요건을 모두 충족하는 주택(2021.2.17 본호신설)
④ 제2항 및 제3항을 적용할 때 제167조의3제2항부터 제8항까지의 규정을 준용한다.(2018.2.13 본항개정)
⑤ 1주택, 1조합원입주권 또는 1분양권 이상을 보유하는 자가 1주택, 1조합원입주권 또는 1분양권 이상을 보유하는 자와 혼인함으로써 혼인한 날 현재 법 제104조제7항제4호에 따른 주택과 조합원입주권 또는 분양권의 수의 합이 3 이상이 된 경우 그 혼인한 날부터 5년 이내에 해당 주택을 양도하는 경우에는 양도일 현재 배우자가 보유한 제2항에 따른 주택, 조합원입주권 또는 분양권의 수를 차감하여 해당 1세대가 보유한 주택, 조합원입주권 또는 분양권의 수를 계산한다. 다만, 혼인한 날부터 5년 이내에 새로운 주택, 조합원입주권 또는 분양권을 취득한 경우 해당 주택, 조합원입주권 또는 분양권의 취득일 이후 양도하는 주택에 대해서는 이를 적용하지 않는다.(2021.2.17 본항개정)
(2021.2.17 본조제목개정)
(2005.12.31 본조신설)
제167조의5【단기보유 주택부수토지의 범위】 법 제104조제1항제2호에서 "대통령령으로 정하는 토지"란 해당 주택이 정착된 면적에 지역별로 다음 각 호의 배율을 곱하여 산정한 면적 이내의 토지를 말한다.
1. 「국토의 계획 및 이용에 관한 법률」 제6조제1호에 따른 도시지역 내의 토지 : 다음 각 목에 따른 배율
  가. 「수도권정비계획법」 제2조제1호에 따른 수도권(이하 이 호에서 "수도권"이라 한다) 내의 토지 중 주거지역·상업지역 및 공업지역 내의 토지 : 3배
  나. 수도권 내의 토지 중 녹지지역 내의 토지 : 5배
  다. 수도권 밖의 토지 : 5배
  (2020.2.11 본호개정)
2. 그 밖의 지역의 토지 : 10배
(2016.2.17 본조개정)
제167조의6 (2021.2.17 삭제)
제167조의7【비사업용 토지 과다소유법인 주식의 범위】 법 제104조제1항제9호에서 "대통령령으로 정하는 자산"이란 법 제94조제1항제4호다목 또는 라목에 해당하는 주식등으로서 해당 법인의 자산총액 중 「법인세법」 제55조의2제2항에 따른 비사업용토지의 가액이 차지하는 비율이 100분의 50 이상인 법인의 주식등을 말한다.(2017.2.3 본조개정)

제167조의8【대주주의 범위】 ① 법 제104조제1항제11호가목에서 "대통령령으로 정하는 대주주"란 다음 각 호의 어느 하나에 해당하는 자(이하 이 장에서 "대주주"라 한다)를 말한다.
1. 주권상장법인대주주
2. 주권비상장법인의 주주로서 다음 각 목의 어느 하나에 해당하는 자
  가. 주식등의 양도일이 속하는 사업연도의 직전 사업연도 종료일 현재 주주 1인 및 주권비상장법인기타주주의 소유주식의 비율 합계가 100분의 4 이상인 경우 해당 주주 1인 및 주권비상장법인기타주주. 이 경우 직전 사업연도 종료일 현재 100분의 4에 미달하였으나 그 후 주식등을 취득함으로써 소유주식의 비율 합계가 100분의 4 이상이 되는 때에는 그 취득일 이후의 주주 1인 및 주권비상장법인기타주주를 포함한다.(2022.12.31 본목개정)
  나. 주식등의 양도일이 속하는 사업연도의 직전 사업연도 종료일 현재 주주 1인 및 주권비상장법인기타주주가 소유하고 있는 해당 법인의 주식등의 시가총액이 10억원(「자본시장과 금융투자업에 관한 법률 시행령」 제178조제1항에 따라 거래되는 「벤처기업육성에 관한 특별조치법」 제2조제1항에 따른 벤처기업의 주식등의 경우에는 40억원으로 한다) 이상인 경우 해당 주주 1인 및 주권비상장법인기타주주
  (2022.12.31 본목개정)
  (2018.2.13 본호개정)
② (2018.2.13 삭제)
③ 제1항제2호에 따른 시가총액을 계산할 때 시가는 제165조제4항에 따른 평가액에 따른다.(2018.2.13 본항개정)
④ 제1항제2호 및 제3항을 적용할 피합병법인의 주주가 합병에 따라 합병법인의 신주를 지급받아 그 주식을 합병등기일이 속하는 사업연도에 양도하는 경우 대주주의 범위 등에 대해서는 해당 피합병법인의 합병등기일 현재 주식보유 현황에 따른다.
⑤ 제1항제2호 및 제3항을 적용할 때 분할법인의 주주가 분할에 따라 분할신설법인의 신주를 지급받아 그 주식을 설립등기일이 속하는 사업연도에 양도하거나 분할법인의 주식을 분할등기일이 속하는 사업연도에 분할등기일 이후 양도하는 경우 대주주의 범위 등에 대해서는 해당 분할 전 법인의 분할등기일 현재의 주식보유 현황에 따른다.
⑥ 제1항제2호 및 제3항을 적용할 때 주주가 일정기간 후에 같은 종류로서 같은 양의 주식등을 반환받는 조건으로 주식등을 대여하는 경우 주식등을 대여한 날부터 반환받는 날까지의 기간 동안 그 주식등은 대여자의 주식등으로 본다.
⑦ 제1항제2호 및 제3항을 적용할 때 거주자가 「자본시장과 금융투자업에 관한 법률」에 따른 사모집합투자기구를 통하여 법인의 주식등을 취득하는 경우 그 주식등(사모집합투자기구의 투자비율로 안분하여 계산한 분으로 한정한다)은 해당 거주자의 소유로 본다.
(2018.2.13 본조제목개정)
(2017.2.3 본조개정)
제167조의9【파생상품등에 대한 양도소득세 탄력세율】 법 제104조제6항에 따라 같은 조 제1항제13호에 따른 파생상품등에 대한 양도소득세의 세율은 100분의 10으로 한다.(2020.2.11 본조개정)
제167조의10【양도소득세가 중과되는 1세대 2주택에 해당하는 주택의 범위】 ① 법 제104조제7항제1호에서 "대통령령으로 정하는 1세대 2주택에 해당하는 주택"이란 국내에 주택을 2개(제1호에 해당하는 주택은 주택의 수를 계산할 때 산입하지 않는다) 소유하고 있

는 1세대가 소유하는 주택으로서 다음 각 호의 어느 하나에 해당하지 않는 주택을 말한다.(2020.2.11 본문개정)
1. 수도권 및 광역시·특별자치시(광역시에 소속된 군, 「지방자치법」 제3조제3항·제4항에 따른 읍·면 및 「세종특별자치시 설치 등에 관한 특별법」 제6조제3항에 따른 읍·면에 해당하는 지역을 제외한다) 외의 지역에 소재하는 주택으로서 해당 주택 및 이에 부수되는 토지의 기준시가의 합계액이 해당 주택 또는 그 밖의 주택의 양도 당시 3억원을 초과하지 않는 주택 (2021.2.17 본문개정)
2. 제167조의3제1항제2호부터 제8호까지 및 제8호의2 중 어느 하나에 해당하는 주택
3. 1세대의 구성원 중 일부가 기획재정부령으로 정하는 취학, 근무상의 형편, 질병의 요양, 그 밖에 부득이한 사유로 인하여 다른 시(특별시·광역시·특별자치시 및 「제주특별자치도 설치 및 국제자유도시 조성을 위한 특별법」 제10조제2항에 따라 설치된 행정시를 포함한다. 이하 이 호에서 같다)·군으로 주거를 이전하기 위하여 1주택(학교의 소재지, 직장의 소재지 또는 질병을 치료·요양하는 장소와 같은 시·군에 소재하는 주택으로서 취득 당시 법 제99조에 따른 기준시가의 합계액이 3억원을 초과하지 아니하는 것에 한정한다)을 취득함으로써 1세대 2주택이 된 경우의 해당 주택(취득 후 1년 이상 거주하고 해당 사유가 해소된 날부터 3년이 경과하지 아니한 경우에 한정한다)
4. 제155조제8항에 따른 수도권 밖에 소재하는 주택
5.~6. (2023.2.28 삭제)
7. 주택의 소유권에 관한 소송이 진행 중이거나 해당 소송결과로 취득한 주택(소송으로 인한 확정판결일부터 3년이 경과하지 아니한 경우에 한정한다)
8. (2023.2.28 삭제)
9. 주택의 양도 당시 법 제99조에 따른 기준시가가 1억원 이하인 주택. 다만, 「도시 및 주거환경정비법」에 따른 정비구역(종전의 「주택건설촉진법」에 따라 설립인가를 받은 재건축조합의 사업부지를 포함한다)으로 지정·고시된 지역 또는 「빈집 및 소규모주택 정비에 관한 특례법」에 따른 사업시행구역에 소재하는 주택(주거환경개선사업의 경우 해당 사업시행자에게 양도하는 주택은 제외한다)은 제외한다.
10. 1세대가 제1호부터 제7호까지의 규정에 해당하는 주택을 제외하고 1개의 주택만을 소유하고 있는 경우 그 해당 주택
11. 조정대상지역의 공고가 있은 날 이전에 해당 지역의 주택을 양도하기 위하여 매매계약을 체결하고 계약금을 지급받은 사실이 증빙서류에 의하여 확인되는 주택(2018.10.23 본호신설)
12. (2023.2.28 삭제)
12의2. 법 제95조제4항에 따른 보유기간이 2년(재개발사업, 재건축사업 또는 소규모재건축사업등을 시행하는 정비사업조합의 조합원이 해당 조합에 기존건물과 그 부수토지를 제공하고 관리처분계획등에 따라 취득한 신축주택 및 그 부수토지를 양도하는 경우의 보유기간은 기존건물과 그 부수토지의 취득일부터 기산한다) 이상인 주택을 2024년 5월 9일까지 양도하는 경우 그 해당 주택(2023.2.28 본호개정)
13.~14. (2023.2.28 삭제)
15. 제155조 또는 「조세특례제한법」에 따라 1세대가 국내에 1개의 주택을 소유하고 있는 것으로 보거나 1세대 1주택으로 보아 제154조제1항이 적용되는 주택으로서 같은 항의 요건을 모두 충족하는 주택 (2023.2.28 본호신설)
② 제1항을 적용할 때 제167조의3제2항부터 제8항까지의 규정을 준용한다. (2018.2.13 본조신설)

제167조의11【1세대 2주택·조합원입주권 또는 분양권에서 제외되는 주택의 범위】 ① 법 제104조제7항제2호 단서에서 "대통령령으로 정하는 장기임대주택 등"이란 국내에 주택과 조합원입주권 또는 분양권을 각각 1개씩 소유하고 있는 1세대가 소유하고 있는 주택으로서 다음 각 호의 어느 하나에 해당하는 주택을 말한다.(2021.2.17 본문개정)
1. (2023.2.28 삭제)
2. 제167조의3제1항제2호부터 제8호까지 및 제8호의2 중 어느 하나에 해당하는 주택
3. 제2항에 해당하는 주택
4. 1세대의 구성원 중 일부가 기획재정부령으로 정하는 취학, 근무상의 형편, 질병의 요양, 그 밖에 부득이한 사유로 인하여 다른 시(특별시·광역시·특별자치시 및 「제주특별자치도 설치 및 국제자유도시 조성을 위한 특별법」 제10조제2항에 따라 설치된 행정시를 포함한다. 이하 이 호에서 같다)·군으로 주거를 이전하기 위하여 1주택(학교의 소재지, 직장의 소재지 또는 질병을 치료·요양하는 장소와 같은 시·군에 소재하는 주택으로서 취득 당시 법 제99조에 따른 기준시가의 합계액이 3억원을 초과하지 않은 것으로 한정한다)을 취득하여 1세대가 1주택과 1조합원입주권 또는 1주택과 1분양권을 소유하게 된 경우 해당 주택(취득 후 1년 이상 거주하고 해당 사유가 해소된 날부터 3년이 경과하지 않은 경우로 한정한다)(2021.2.17 본호개정)
5. 제155조제8항에 따른 수도권 밖에 소재하는 주택
6.~7. (2023.2.28 삭제)
8. 주택의 소유권에 관한 소송이 진행 중이거나 해당 소송결과로 취득한 주택(소송으로 인한 확정판결일부터 3년이 경과하지 아니한 경우에 한정한다)
9. 주택의 양도 당시 법 제99조에 따른 기준시가가 1억원 이하인 주택. 다만, 「도시 및 주거환경정비법」에 따른 정비구역(종전의 「주택건설촉진법」에 따라 설립인가를 받은 재건축조합의 사업부지를 포함한다)으로 지정·고시된 지역 또는 「빈집 및 소규모주택 정비에 관한 특례법」에 따른 사업시행구역에 소재하는 주택(주거환경개선사업의 경우 해당 사업시행자에게 양도하는 주택은 제외한다)은 제외한다.
10. 조정대상지역의 공고가 있은 날 이전에 해당 지역의 주택을 양도하기 위하여 매매계약을 체결하고 계약금을 지급받은 사실이 증빙서류에 의하여 확인되는 주택(2018.10.23 본호신설)
11. (2023.2.28 삭제)
12. 법 제95조제4항에 따른 보유기간이 2년(재개발사업, 재건축사업 또는 소규모재건축사업등을 시행하는 정비사업조합의 조합원이 해당 조합에 기존건물과 그 부수토지를 제공하고 관리처분계획등에 따라 취득한 신축주택 및 그 부수토지를 양도하는 경우의 보유기간은 기존건물과 그 부수토지의 취득일부터 기산한다) 이상인 주택을 2024년 5월 9일까지 양도하는 경우 그 해당 주택(2023.2.28 본호개정)
13. 제156조의2, 제156조의3 또는 「조세특례제한법」에 따라 1세대가 국내에 1개의 주택을 소유하고 있는 것으로 보거나 1세대 1주택으로 보아 제154조제1항이 적용되는 주택으로서 같은 항의 요건을 모두 충족하는 주택(2023.2.28 본호신설)
② 법 제104조제7항제2호에서 1세대가 보유한 주택(주택에 딸린 토지를 포함한다. 이하 이 조에서 같다)과 조합원입주권 또는 분양권의 수를 계산할 때 수도권 및 광역시·특별자치시(광역시에 소속된 군, 「지방자치법」 제3조제3항·제4항에 따른 읍·면 및 「세종특별자치시 설치 등에 관한 특별법」 제6조제3항에 따른 읍·면에 해당하는 지역을 제외한다) 외의 지역에 소재하는 주

택, 조합원입주권 또는 분양권으로서 해당 주택의 기준시가, 조합원입주권의 가액(「도시 및 주거환경정비법」 제74조제1항제5호에 따른 종전 주택의 가격을 말한다) 또는 분양권의 가액(주택에 대한 공급계약서상의 공급가격(선택품목에 대한 가격은 제외한다)을 말한다)이 해당 주택 또는 그 밖의 주택의 양도 당시 3억원을 초과하지 않는 주택, 조합원입주권 또는 분양권은 이를 산입하지 않는다.(2021.2.17 본항개정)

③ 제1항 및 제2항을 적용할 때 제167조의3제2항부터 제8항까지의 규정을 준용한다.

(2021.2.17 본조제목개정)
(2018.2.13 본조신설)

제168조【미등기양도제외 자산의 범위 등】① 법 제104조제3항 단서에서 "대통령령으로 정하는 자산"이란 다음 각 호의 것을 말한다.(2010.2.18 본문개정)

1. 장기할부조건으로 취득한 자산으로서 그 계약조건에 의하여 양도 당시 그 자산의 취득에 관한 등기가 불가능한 자산
2. 법률의 규정 또는 법원의 결정에 의하여 양도 당시 그 자산에 관한 등기가 불가능한 자산
3. 법 제89조제1항제2호, 「조세특례제한법」 제69조제1항 및 제70조제1항에 규정하는 토지(2006.2.9 본호개정)
4. 법 제89조제1항제3호 각 목의 어느 하나에 해당하는 주택으로서 「건축법」에 따른 건축허가를 받지 아니하여 등기가 불가능한 자산(2014.2.21 본호개정)
5. (2018.2.13 삭제)
6. 「도시개발법」에 따른 도시개발사업이 종료되지 아니하여 토지 취득등기를 하지 아니하고 양도하는 토지(2010.2.18 본호신설)
7. 건설사업자가 「도시개발법」에 따라 공사용역 대가로 취득한 체비지를 토지구획환지처분공고 전에 양도하는 토지(2020.2.18 본호개정)

② 법 제104조제1항제1호를 적용할 때 법 제94조제1항제4호다목에 따른 주식등의 양도소득산출세액에 대주주로서 납부하였거나 납부할 세액이 포함되어 있는 경우에는 이를 차감하여 계산한 금액을 양도소득산출세액으로 한다.(2017.2.3 본항개정)

(2000.12.29 본조제목개정)

제168조의2 (2009.6.8 삭제)

제168조의3【지정지역 지정의 기준 등】① 법 제104조의2제1항에서 "지정지역"이란 다음 각 호의 어느 하나에 해당하는 지역 중 국토교통부장관이 전국의 부동산가격동향 및 해당 지역특성 등을 고려하여 해당 지역의 부동산가격 상승이 지속될 가능성이 있거나 다른 지역으로 확산될 우려가 있다고 판단되어 지정요청(관계 중앙행정기관의 장이 국토교통부장관을 경유하여 요청하는 경우를 포함한다)하는 경우로서 기획재정부장관이 제168조의4에 따른 부동산가격안정심의위원회의 심의를 거쳐 지정하는 지역을 말한다.(2021.1.5 본문개정)

1. 지정하는 날이 속하는 달의 직전월(이하 이 항에서 "직전월"이라 한다)의 주택매매가격상승률이 전국소비자물가상승률의 100분의 130보다 높은 지역으로서 다음 각 목의 어느 하나에 해당하는 지역
가. 직전월부터 소급하여 2월간의 월평균 주택매매가격상승률이 전국주택매매가격상승률의 100분의 130보다 높은 지역
나. 직전월부터 소급하여 1년간의 연평균 주택매매가격상승률이 직전월부터 소급하여 3년간의 연평균 전국주택매매가격상승률보다 높은 지역
2. 직전월의 지가상승률이 전국소비자물가상승률의 100분의 130보다 높은 지역으로서 다음 각 목의 어느 하나에 해당하는 지역
가. 직전월부터 소급하여 2월간의 월평균 지가상승률이 전국지가상승률의 100분의 130보다 높은 지역

나. 직전월부터 소급하여 1년간의 연평균 지가상승률이 직전월부터 소급하여 3년간의 연평균 전국지가상승률보다 높은 지역
3. 「개발이익환수에 관한 법률」 제2조제2호의 규정에 따른 개발사업(개발부담금을 부과하지 아니하는 개발사업을 포함한다) 및 주택재건축사업(이하 "개발사업등"이라 한다)이 진행중인 지역(중앙행정기관의 장 또는 지방자치단체의 장이 그 개발사업등을 발표한 경우를 포함한다)으로서 다음 각 목의 요건을 모두 갖춘 지역
가. 직전월의 주택매매가격상승률이 전국소비자물가상승률의 100분의 130보다 높을 것
나. 직전월의 주택매매가격상승률이 전국주택매매가격상승률의 100분의 130보다 높을 것
4. 「택지개발촉진법」에 따른 택지개발지구, 「신행정수도 후속대책을 위한 연기·공주지역 행정중심복합도시 건설을 위한 특별법」에 따른 행정중심복합도시건설사업 예정지역·주변지역 또는 그 밖에 기획재정부령이 정하는 대규모개발사업의 추진이 예정되는 지역(이하 이 호에서 "예정지구등"이라 한다)으로서 다음 각 목의 어느 하나에 해당하는 지역. 이 경우 예정지구등의 후보지를 행정기관이 발표하는 경우에는 그 후보지를 예정지구등으로 본다.(2011.8.30 전단개정)
가. 직전월의 주택매매가격상승률이 전국소비자물가상승률보다 높은 지역
나. 직전월의 지가상승률이 전국소비자물가상승률보다 높은 지역

② 기획재정부장관은 필요하다고 인정되는 경우 제1항의 규정에 불구하고 국토교통부장관의 요청없이 부동산가격안정심의위원회에 지정지역의 지정에 관한 사항을 회부할 수 있다.(2013.3.23 본항개정)

③ 법 제104조의2제2항에서 "대통령령으로 정하는 부동산"이란 다음 각 호의 어느 하나에 해당하는 부동산을 말한다.

1. (2018.2.13 삭제)
2. 제1항제2호에 따른 지정지역의 경우 : 주택(그 부수토지를 포함한다) 외의 부동산
3. 제1항제4호에 따른 지정지역의 경우 : 주택(그 부수토지를 포함한다) 외의 부동산
4. (2018.2.13 삭제)
(2018.2.13 본항개정)

④ 기획재정부장관은 제1항의 규정에 따라 지정지역을 지정한 때에는 지체 없이 그 내용을 공고하고, 그 공고 내용을 국세청장에게 통지하여야 한다.(2008.2.29 본항개정)

⑤ 국세청장은 제4항의 규정에 따라 통지를 받은 때에는 그 내용에 대하여 일반인의 열람이 가능하도록 조치하여야 한다.

⑥ 지정지역의 지정은 제4항의 규정에 따라 지정지역의 지정을 공고한 날부터 효력이 발생한다.

⑦ 제1항의 규정에 따른 지정지역을 지정한 후 당해 지역의 부동산가격이 안정되는 등 지정사유가 해소된 것으로 인정되어 국토교통부장관의 지정해제요청(관계 중앙행정기관의 장이 국토교통부장관을 경유하여 요청하는 경우를 포함한다)이 있는 경우에는 기획재정부장관은 부동산가격안정심의위원회의 심의를 거쳐 지정지역을 해제한다.(2013.3.23 본항개정)

⑧ 제2항 및 제4항 내지 제6항의 규정은 제7항의 규정에 따른 지정해제에 관하여 이를 준용한다.

⑨ 제1항에 따른 지정지역은 특별시·광역시·특별자치시·도·특별자치도 또는 시(「제주특별자치도 설치 및 국제자유도시 조성을 위한 특별법」 제10조제2항에 따라 설치된 행정시를 포함한다)·군·구의 행정구역을 단위로 지정한다. 다만, 제1항제3호·제4호의 지역

및 「부동산 거래신고 등에 관한 법률」 제10조에 따른 허가구역에 대해서는 해당 지역만을 지정지역으로 지정할 수 있다.(2021.2.17 본항개정)
⑩ 제9항에도 불구하고 지정지역으로 지정되었거나 지정될 예정인 지역에 해당하는 행정구역 중 일부 지역에 대해서는 해당 지역의 부동산가격동향 및 지역특성 등을 고려하여 부동산가격안정심의위원회의 심의를 거쳐 해당 지정지역에서 제외할 수 있다.(2021.1.5 본항개정)
⑪ 제1항에 따른 전국소비자물가상승률·주택매매가격상승률·전국주택매매가격상승률·지가상승률 및 전국지가상승률의 통계는 「통계법」 제18조에 따라 통계청장이 통계작성에 대하여 승인한 통계에 따른다. 이 경우 「건축법 시행령」 별표1에 따른 아파트에 대한 매매가격상승률 통계만 있는 지역의 경우에는 이를 해당 지역의 주택매매가격상승률 통계로 보며, 직전월의 부동산가격상승률 통계가 없는 경우에는 전전월의 통계에 따른다.(2017.2.3 본항개정)
⑫ 제1항의 규정을 적용함에 있어 동항제1호 내지 제3호에서 규정하는 전국소비자물가상승률의 100분의 130에 해당하는 수, 전국주택매매가격상승률의 100분의 130에 해당하는 수 또는 전국지가상승률의 100분의 130에 해당하는 수가 각각 1,000분의 5 미만인 경우에는 1,000분의 5로 하고, 동항제4호에서 규정하는 전국소비자물가상승률에 해당하는 수가 음수인 경우에는 이를 영으로 한다.
(2005.12.31 본조신설)
제168조의4【부동산가격안정심의위원회의 구성 및 운영】① 법 제104조의2제3항의 규정에 따른 부동산가격안정심의위원회(이하 이 조에서 "심의위원회"라 한다)는 위원장 및 부위원장 각 1인을 포함하여 12인 이내의 위원으로 구성한다.
② 심의위원회의 위원장은 기획재정부장관이 지명하는 기획재정부차관, 부위원장은 국토교통부장관이 지명하는 국토교통부차관이 되고, 위원은 관계부처 차관급 또는 고위공무원단에 속하는 일반직공무원과 경제 및 부동산에 관한 학식과 경험이 풍부한 자 중에서 기획재정부장관이 임명 또는 위촉하는 자로 한다.(2013.3.23 본항개정)
③ 심의위원회의 회의는 재적위원 과반수의 출석으로 개의하고, 출석위원 과반수의 찬성으로 의결한다.
④ 기획재정부장관은 위원이 다음 각 호의 어느 하나에 해당하는 경우에는 해당 위원을 해임 또는 해촉(解囑)할 수 있다.
1. 심신장애로 인하여 직무를 수행할 수 없게 된 경우
2. 직무와 관련된 비위사실이 있는 경우
3. 직무태만, 품위손상이나 그 밖의 사유로 인하여 위원으로 적합하지 아니하다고 인정되는 경우
4. 위원 스스로 직무를 수행하는 것이 곤란하다고 의사를 밝히는 경우
(2015.12.31 본항신설)
(2005.12.31 본조신설)
제168조의5【지정지역의 지정절차 등】제168조의3 및 제168조의4의 규정을 적용함에 있어서 지정지역의 지정절차, 통계의 적용방법 및 심의위원회 위원의 임기와 위원장의 직무 그 밖에 등 심의위원회의 운영에 관하여 필요한 사항은 기획재정부령이 정하는 바에 의한다.
(2008.2.29 본조개정)
제168조의6【비사업용 토지의 기간기준】법 제104조의3제1항 각 호 외의 부분에서 "대통령령으로 정하는 기간"이란 다음 각 호의 어느 하나에 해당하는 기간을 말한다. 이 경우 기간의 계산은 일수로 한다.
(2016.2.17 후단신설)
1. 토지의 소유기간이 5년 이상인 경우에는 다음 각 목의 모두에 해당하는 기간

가. 양도일 직전 5년 중 2년을 초과하는 기간
나. 양도일 직전 3년 중 1년을 초과하는 기간
다. 토지의 소유기간의 100분의 40에 상당하는 기간을 초과하는 기간(2016.2.17 후단삭제)
2. 토지의 소유기간이 3년 이상이고 5년 미만인 경우에는 다음 각 목의 모두에 해당하는 기간
가. 토지의 소유기간에서 3년을 차감한 기간을 초과하는 기간
나. 양도일 직전 3년 중 1년을 초과하는 기간
다. 토지의 소유기간의 100분의 40에 상당하는 기간을 초과하는 기간(2016.2.17 후단삭제)
3. 토지의 소유기간이 3년 미만인 경우에는 다음 각 목의 모두에 해당하는 기간. 다만, 소유기간이 2년 미만인 경우에는 가목을 적용하지 아니한다.(2009.2.4 단서신설)
가. 토지의 소유기간에서 2년을 차감한 기간을 초과하는 기간
나. 토지의 소유기간의 100분의 40에 상당하는 기간을 초과하는 기간(2016.2.17 후단삭제)
(2005.12.31 본조신설)
제168조의7【토지지목의 판정】법 제104조의3의 규정을 적용함에 있어서 농지·임야·목장용지 및 그 밖의 토지의 판정은 이 영에 특별한 규정이 있는 경우를 제외하고는 사실상의 현황에 의한다. 다만, 사실상의 현황이 분명하지 아니한 경우에는 공부상의 등재현황에 의한다.(2005.12.31 본조신설)
제168조의8【농지의 범위 등】① (2017.2.3 삭제)
② 법 제104조의3제1항제1호가목 본문에서 "소유자가 농지소재지에 거주하지 아니하거나 자기가 경작하지 아니하는 농지"란 제153조제3항에 따른 농지소재지에 사실상 거주(이하 "재촌"이라 한다)하는 자가 「조세특례제한법 시행령」 제66조제13항에 따른 직접 경작(이하 "자경"이라 한다)을 하는 농지를 제외한 농지를 말한다. 이 경우 자경한 기간의 판정에 관하여는 「조세특례제한법 시행령」 제66조제14항을 준용한다.(2023.2.28 전단개정)
③ 법 제104조의3제1항제1호가목 단서에서 "「농지법」이나 그 밖의 법률에 따라 소유할 수 있는 농지로서 대통령령으로 정하는 경우"란 다음 각 호의 어느 하나에 해당하는 농지의 경우를 말한다.(2015.2.3 본문개정)
1. 「농지법」 제6조제2항제2호·제9호·제10호가목 또는 다목에 해당하는 농지(2021.5.4 본호개정)
2. 「농지법」 제6조제2항제4호에 따라 상속에 의하여 취득한 농지로서 그 상속개시일부터 3년이 경과하지 아니한 토지
3. 「농지법」 제6조제2항제5호에 따라 이농당시 소유하고 있던 농지로서 그 이농일부터 3년이 경과하지 아니한 토지
4. 「농지법」 제6조제2항제7호에 따른 농지전용허가를 받거나 농지전용신고를 한 자가 소유한 농지 또는 같은 법 제6조제2항제8호에 따른 농지전용협의를 완료한 농지로서 당해 전용목적으로 사용되는 토지
5. 「농지법」 제6조제2항제10호라목부터 바목까지의 규정에 따라 취득한 농지로서 당해 사업목적으로 사용되는 토지
(2008.2.22 2호~5호개정)
6. 종중이 소유한 농지(2005년 12월 31일 이전에 취득한 것에 한한다)
7. 소유자(법 제88조제6호에 따른 생계를 같이하는 자 중 소유자와 동거하면서 함께 영농에 종사한 자를 포함한다)가 질병, 고령, 징집, 취학, 선거에 의한 공직취임 그 밖에 기획재정부령이 정하는 부득이한 사유로 인하여 자경할 수 없는 경우로서 다음 각 목의 요건을 모두 갖춘 토지(2017.2.3 본문개정)

가. 해당 사유 발생일부터 소급하여 5년 이상 계속하여 재촌하면서 자경한 농지로서 해당 사유 발생 이후에도 소유자가 재촌하고 있을 것. 이 경우 해당 사유 발생당시 소유자와 동거하던 법 제88조제6호에 따른 생계를 같이하는 자가 농지 소재지에 재촌하고 있는 경우에는 그 소유자가 재촌하고 있는 것으로 본다. (2017.2.3 본목개정)

나. 「농지법」 제23조에 따라 농지를 임대하거나 사용대할 것(2008.2.22 본목개정)

8. 「지방세특례제한법」 제22조·제41조·제50조 및 제89조에 따른 사회복지법인등, 학교등, 종교·제사 단체 및 정당이 그 사업에 직접 사용하는 농지 (2010.9.20 본호개정)

9. 「한국농어촌공사 및 농지관리기금법」 제3조에 따른 한국농어촌공사가 같은 법 제24조의4제1항에 따라 8년 이상 수탁(개인에게서 수탁한 농지에 한한다)하여 임대하거나 사용대(使用貸)한 농지(2009.6.26 본호개정)

9의2. 「주한미군기지 이전에 따른 평택시 등의 지원 등에 관한 특별법」에 따라 수용된 농지를 대체하여 「부동산 거래신고 등에 관한 법률 시행령」 제10조제1항제3호에 따라 취득한 농지로서 해당 농지로부터 직선거리 80킬로미터 이내에 있는 지역에 재촌하는 자가 자경을 하는 농지(2018.2.13 본호개정)

10. 「농지법」 그 밖의 법률에 따라 소유할 수 있는 농지로서 기획재정부령이 정하는 농지(2008.2.29 본호개정)

④ 법 제104조의3제1항제1호나목 본문에서 "대통령령으로 정하는 지역"이란 「국토의 계획 및 이용에 관한 법률」에 따른 녹지지역 및 개발제한구역을 말한다. (2010.2.18 본항개정)

⑤ 법 제104조의3제1항제1호나목 단서에서 "소유자가 농지소재지에 거주하며 스스로 경작하던 농지"란 다음 각 호의 어느 하나에 해당하는 농지를 말한다. (2017.2.3 본문개정)

1. 법 제104조의3제1항제1호나목 본문의 규정에 따른 도시지역에 편입된 날부터 소급하여 1년 이상 재촌하면서 자경하던 농지

2. 제3항 각 호의 어느 하나에 해당하는 농지

⑥ 법 제104조의3제1항제1호나목 단서에서 "대통령령이 정하는 기간"이란 함은 3년을 말한다.(2015.2.3 본항개정)

⑦ 제3항제7호를 적용받고자 하는 자는 법 제105조 또는 법 제110조의 규정에 의한 양도소득세 과세표준 신고기한 내에 기획재정부령이 정하는 서류를 제출하여야 한다.(2008.2.29 본항개정) (2005.12.31 본조신설)

제168조의9 【임야의 범위 등】 ① 법 제104조의3제1항제2호가목에서 "공익을 위하여 필요하거나 산림의 보호·육성을 위하여 필요한 임야로서 대통령령으로 정하는 것"이란 다음 각 호의 어느 하나에 해당하는 임야를 말한다.(2010.2.18 본문개정)

1. 「산림보호법」에 따른 산림보호구역, 「산림자원의 조성 및 관리에 관한 법률」에 따른 채종림(採種林) 또는 시험림(2010.3.9 본호개정)

2. 「산지관리법」에 따른 산지 안의 임야로서 다음 각 목의 어느 하나에 해당하는 임야. 다만, 「국토의 계획 및 이용에 관한 법률」에 따른 도시지역(같은 법 시행령 제30조의 규정에 따른 보전녹지지역을 제외한다. 이하 이 호에서 같다) 안의 임야로서 도시지역으로 편입된 날부터 3년이 경과한 임야를 제외한다. (2015.2.3 단서개정)

가. 「산림자원의 조성 및 관리에 관한 법률」에 따른 산림경영계획인가를 받아 사업(施業) 중인 임야

나. 「산림자원의 조성 및 관리에 관한 법률」에 따른 특수산림사업지구 안의 임야 (2007.2.28 가목~나목개정)

3. 사찰림 또는 동유림(洞有林)

4. 「자연공원법」에 따른 공원자연보존지구 및 공원자연환경지구 안의 임야

5. 「도시공원 및 녹지 등에 관한 법률」에 따른 도시공원 안의 임야

6. 「문화재보호법」에 따른 문화재보호구역 안의 임야

7. 「전통사찰의 보존 및 지원에 관한 법률」에 따라 전통사찰이 소유하고 있는 경내지(2009.6.9 본호개정)

8. 「개발제한구역의 지정 및 관리에 관한 특별조치법」에 따른 개발제한구역 안의 임야

9. 「군사기지 및 군사시설 보호법」에 따른 군사기지 및 군사시설 보호구역 안의 임야(2008.9.22 본호개정)

10. 「도로법」에 따른 접도구역 안의 임야

11. 「철도안전법」에 따른 철도보호지구 안의 임야

12. 「하천법」에 따른 홍수관리구역 안의 임야 (2008.4.3 본호개정)

13. 「수도법」에 따른 상수원보호구역 안의 임야

14. 그 밖에 공익상 필요 또는 산림의 보호육성을 위하여 필요한 임야로서 기획재정부령이 정하는 임야 (2008.2.29 본호개정)

② 법 제104조의3제1항제2호나목에서 "임야소재지에 거주하는 자가 소유한 임야"라 함은 임야의 소재지와 동일한 시(특별자치시와 「제주특별자치도 설치 및 국제자유도시 조성을 위한 특별법」 제10조제2항에 따라 설치된 행정시를 포함한다. 이하 이 조에서 같다)·군·구(자치구인 구를 말한다. 이하 이 조에서 같다), 그와 연접한 시·군·구 또는 임야로부터 직선거리 30킬로미터 이내에 있는 지역에 주민등록이 되어 있고 사실상 거주하는 자가 소유하는 임야를 말한다. (2023.2.28 본항개정)

③ 법 제104조의3제1항제2호다목에서 "대통령령으로 정하는 것"이란 다음 각 호의 어느 하나에 해당하는 것을 말한다.(2010.2.18 본문개정)

1. 「임업 및 산촌 진흥촉진에 관한 법률」에 따른 임업후계자가 산림용 종자, 산림용 묘목, 버섯, 분재, 야생화, 산나물 그 밖의 임산물의 생산에 사용하는 임야

2. 「산림자원의 조성 및 관리에 관한 법률」에 따른 종·묘생산업자가 산림용 종자 또는 산림용 묘목의 생산에 사용하는 임야

3. 「산림문화·휴양에 관한 법률」에 따른 자연휴양림을 조성 또는 관리·운영하는 사업에 사용하는 임야 (2007.2.28 2호~3호개정)

4. 「수목원·정원의 조성 및 진흥에 관한 법률」에 따른 수목원을 조성 또는 관리·운영하는 사업에 사용되는 임야(2015.7.20 본호개정)

5. 산림계가 그 고유목적에 직접 사용하는 임야

6. 「지방세특례제한법」 제22조·제41조·제50조 및 제89조에 따른 사회복지법인등, 학교등, 종교·제사 단체 및 정당이 그 사업에 직접 사용하는 임야 (2010.9.20 본호개정)

7. 상속받은 임야로서 상속개시일부터 3년이 경과하지 아니한 임야

8. 종중이 소유한 임야(2005년 12월 31일 이전에 취득한 것에 한한다)

9. 그 밖에 토지의 소유자, 소재지, 이용상황, 소유기간 및 면적 등을 고려하여 거주 또는 사업과 직접 관련이 있는 임야로서 기획재정부령으로 정하는 임야 (2021.1.5 본호개정) (2005.12.31 본조신설)

제168조의10 【목장용지의 범위 등】 ① 법 제104조의3제1항제3호에서 "목장용지"라 함은 축산용으로 사용되는 축사와 부대시설의 토지, 초지 및 사료포(飼料圃)를 말한다.

② 법 제104조의3제1항제3호 각 목 외의 부분 단서에서 "거주 또는 사업과 직접 관련이 있다고 인정할 만한 상당한 이유가 있는 목장용지로서 대통령령으로 정하는 것"이란 다음 각 호의 어느 하나에 해당하는 것을 말한다.(2010.2.18 본문개정)
1. 상속받은 목장용지로서 상속개시일부터 3년이 경과하지 아니한 것
2. 종중이 소유한 목장용지(2005년 12월 31일 이전에 취득한 것에 한한다)
3. 「지방세특례제한법」 제22조·제41조·제50조 및 제89조에 따른 사회복지법인등, 학교등, 종교·제사 단체 및 정당이 그 사업에 직접 사용하는 목장용지(2010.9.20 본호개정)
4. 그 밖에 토지의 소유자, 소재지, 이용상황, 소유기간 및 면적 등을 고려하여 거주 또는 사업과 직접 관련이 있는 목장용지로서 기획재정부령으로 정하는 것(2021.1.5 본호개정)
③ 법 제104조의3제1항제3호가목에서 "대통령령으로 정하는 축산용 토지의 기준면적"이란 별표1의3에 규정된 가축별 기준면적과 가축두수를 적용하여 계산한 토지의 면적을 말한다.(2010.2.18 본항개정)
④ 법 제104조의3제1항제3호가목에서 "대통령령으로 정하는 지역"이란 「국토의 계획 및 이용에 관한 법률」에 따른 녹지지역 및 개발제한구역을 말한다.(2010.2.18 본항개정)
⑤ 법 제104조의3제1항제3호가목에서 "대통령령으로 정하는 기간"이란 3년을 말한다.(2015.2.3 본항개정)
(2005.12.31 본조신설)

제168조의11 【사업에 사용되는 그 밖의 토지의 범위】 ① 법 제104조의3제1항제4호다목에서 "거주 또는 사업과 직접 관련이 있다고 인정할 만한 상당한 이유가 있는 토지로서 대통령령으로 정하는 것"이란 다음 각 호의 어느 하나에 해당하는 토지를 말한다. (2010.2.18 본문개정)
1. 운동장·경기장 등 체육시설용 토지로서 다음 각 목의 어느 하나에 해당하는 것
   가. 선수전용 체육시설용 토지
   (1) 「국민체육진흥법」에 따라 직장운동경기부를 설치한 자가 선수전용으로 계속하여 제공하고 있는 체육시설용 토지로서 기획재정부령이 정하는 선수전용 체육시설의 기준면적 이내의 토지. 다만, 직장운동경기부가 기획재정부령이 정하는 선수·지도자 등에 관한 요건에 해당하지 아니하는 경우에는 그러하지 아니하다.(2008.2.29 개정)
   (2) 운동경기업을 영위하는 자가 선수훈련에 직접 사용하는 체육시설로서 기획재정부령이 정하는 기준면적 이내의 토지(2008.2.29 개정)
   나. 종업원 체육시설용 토지
   종업원의 복지후생을 위하여 설치한 체육시설용 토지 중 기획재정부령이 정하는 종업원 체육시설의 기준면적 이내의 토지. 다만, 기획재정부령이 정하는 종업원 체육시설의 기준에 적합하지 아니하는 경우에는 그러하지 아니하다.(2008.2.29 본목개정)
   다. 「체육시설의 설치·이용에 관한 법률」에 따른 체육시설업을 영위하는 자가 동법의 규정에 따른 적합한 시설 및 설비를 갖추고 당해 사업에 직접 사용하는 토지
   라. 경기장운영업을 영위하는 자가 당해 사업에 직접 사용하는 토지
2. 주차장용 토지로서 다음 각 목의 어느 하나에 해당하는 것
   가. 「주차장법」에 따른 부설주차장(주택의 부설주차장을 제외한다. 이하 이 목에서 같다)으로서 동법에 따른 부설주차장 설치기준면적 이내의 토지. 다만,

제6호의 규정에 따른 휴양시설업용 토지 안의 부설주차장용 토지에 대하여는 제6호에서 정하는 바에 의한다.
   나. 「지방세법 시행령」 제101조제3항제1호에 따른 사업자 외의 자로서 업무용자동차(승용자동차·이륜자동차 및 종업원의 통근용 승합자동차를 제외한다)를 필수적으로 보유하여야 하는 사업에 제공되는 업무용자동차의 주차장용 토지. 다만, 소유하는 업무용자동차의 차종별 대당 「여객자동차 운수사업법」 또는 「화물자동차 운수사업법」에 규정된 차종별 대당 최저보유차고면적기준을 곱하여 계산한 면적을 합한 면적(이하 "최저차고기준면적"이라 한다)에 1.5를 곱하여 계산한 면적 이내의 토지에 한한다.(2010.9.20 본호개정)
   다. 주차장운영업용 토지
   주차장운영업을 영위하는 자가 소유하고, 「주차장법」에 따른 노외주차장으로 사용하는 토지로서 토지의 가액에 대한 1년간의 수입금액의 비율이 기획재정부령이 정하는 율 이상인 토지(2008.2.29 본목개정)
3. 「사회기반시설에 대한 민간투자법」에 따라 지정된 사업시행자가 동법에서 규정하는 민간투자사업의 시행으로 조성한 토지 및 그 밖의 법률에 따라 사업시행자가 조성하는 토지로서 기획재정부령이 정하는 토지. 다만, 토지의 조성이 완료된 날부터 2년이 경과한 토지를 제외한다.(2008.2.29 본호개정)
4. 「청소년활동진흥법」에 따른 청소년수련시설용 토지로서 동법에 따른 시설·설비기준을 갖춘 토지. 다만, 기획재정부령이 정하는 기준면적을 초과하는 토지를 제외한다.(2008.2.29 단서개정)
5. 종업원 등의 예비군훈련을 실시하기 위하여 소유하는 토지로서 다음 각 목의 요건을 모두 갖춘 토지
   가. 지목이 대지 또는 공장용지가 아닐 것
   나. 「국토의 계획 및 이용에 관한 법률」에 따른 도시지역의 주거지역·상업지역 및 공업지역 안에 소재하지 아니할 것
   다. 기획재정부령이 정하는 시설기준을 갖추고 기획재정부령이 정하는 기준면적 이내일 것(2008.2.29 본목개정)
   라. 수임 군부대의 장으로부터 예비군훈련의 실시를 위임받은 자가 소유할 것
6. 「관광진흥법」에 따른 전문휴양업·종합휴양업 등 기획재정부령이 정하는 휴양시설업용 토지로서 기획재정부령이 정하는 기준면적 이내의 토지(2008.2.29 본호개정)
7. 하치장용 등의 토지
   물품의 보관·관리를 위하여 별도로 설치·사용되는 하치장·야적장·적치장(積置場) 등(「건축법」에 따른 건축허가를 받거나 신고를 하여야 하는 건축물로서 허가 또는 신고없이 건축한 창고용 건축물의 부속토지를 포함한다)으로서 매년 물품의 보관·관리에 사용된 최대면적의 100분의 120 이내의 토지(2018.2.13 본호개정)
8. 골재채취장용 토지
   「골재채취법」에 따라 시장·군수 또는 구청장(자치구의 구청장에 한한다)으로부터 골재채취의 허가를 받은 자가 허가받은 바에 따라 골재채취에 사용하는 토지
9. 「폐기물관리법」에 따라 허가를 받아 폐기물처리업을 영위하는 자가 당해 사업에 사용하는 토지
10. 광천지[鑛泉地(청량음료제조업·온천장업 등에 사용되는 토지로서 지하에서 온수·약수 등이 용출되는 용출구 및 그 유지를 위한 부지를 말한다)]로서 토지의 가액에 대한 1년간의 수입금액의 비율이 기획재정부령이 정하는 율 이상인 토지(2008.2.29 본호개정)

11. 「공간정보의 구축 및 관리 등에 관한 법률」에 따른 양어장 또는 지소(池沼)용 토지(내수면양식업·낚시터운영업 등에 사용되는 댐·저수지·소류지(小溜池) 및 자연적으로 형성된 호소와 이들의 유지를 위한 부지를 말한다)로서 다음 각 목의 어느 하나에 해당하는 토지(2015.6.1 본문개정)
   가. 「양식산업발전법」제43조제1항제1호에 따라 허가를 받은 육상해수양식업 또는 「수산종자산업육성법」에 따라 허가를 받은 수산종자생산업에 사용되는 토지(2021.2.17 본목개정)
   나. 「내수면어업법」및 「양식산업발전법」(같은 법 제10조제1항제7호의 내수면양식업 및 제43조제1항제2호의 육상등 내수양식업으로 한정한다)에 따라 시장·군수 또는 구청장(자치구의 구청장을 말하며, 서울특별시의 한강의 경우에는 한강관리에 관한 업무를 관장하는 기관의 장을 말한다. 이하 이 목에서 같다)으로부터 면허 또는 허가를 받거나 시장·군수·구청장에게 신고한 자가 당해 면허어업(양식업 면허의 경우를 포함한다)·허가어업(양식업 허가의 경우를 포함한다) 및 신고어업에 사용하는 토지(2021.2.17 본목개정)
   다. 가목 및 나목 외의 토지로서 토지의 가액에 대한 1년간의 수입금액의 비율이 기획재정부령이 정하는 율 이상인 토지(2008.2.29 본목개정)
12. 블록·석물·토관제조업용 토지, 화훼판매시설업용 토지, 조경재료식재업용 토지, 자동차정비·중장비정비·중장비운전 또는 농업에 관한 과정을 교습하는 학원용 토지 그 밖에 이와 유사한 토지로서 기획재정부령이 정하는 토지의 경우에는 토지의 가액에 대한 1년간의 수입금액의 비율이 기획재정부령이 정하는 율 이상인 토지(2008.2.29 본호개정)
13. 주택을 소유하지 아니하는 1세대가 소유하는 1필지의 나지[裸地(제1호 내지 제12호에 해당하지 아니하는 토지로서 어느 용도로도 사용되고 있지 아니한 토지를 말한다)]로서 주택 신축의 가능여부 등을 고려하여 기획재정부령이 정하는 기준에 해당하는 토지(660제곱미터 이내에 한한다)(2008.2.29 본호개정)
14. 그 밖에 제1호부터 제13호까지에 규정한 토지와 유사한 토지 중 토지의 이용 상황, 관계 법령의 이행여부 등을 고려하여 사업과 직접 관련이 있다고 인정할 만한 토지로서 기획재정부령으로 정하는 토지(2021.1.5 본호개정)
② 제1항제2호다목, 제10호, 제11호다목 및 제12호의 규정을 적용함에 있어서 토지의 가액에 대한 1년간의 수입금액의 비율(이하 이 항에서 "수입금액비율"이라 한다)은 과세기간별로 계산하되, 다음 각 호의 비율 중 큰 것으로 한다. 이 경우 당해 토지에서 발생한 수입금액을 토지의 필지별로 구분할 수 있는 경우에는 필지별로 수입금액비율을 계산한다.
1. 당해 과세기간의 연간수입금액을 당해 과세기간의 토지가액으로 나눈 비율
2. (당해 과세기간의 연간수입금액 + 직전 과세기간의 연간수입금액) ÷ (당해 과세기간의 토지가액 + 직전 과세기간의 토지가액)
③ 제2항에서 "연간수입금액"이라 함은 다음 각 호에 규정한 방법에 따라 계산한 금액을 말한다.
1. 당해 토지 및 건축물·시설물 등에 관련된 사업의 1과세기간의 수입금액으로 하되, 당해 토지 및 건축물·시설물 등에 대하여 전세 또는 임대계약을 체결하여 전세금 또는 보증금을 받는 경우에는 「부가가치세법 시행령」제65조제1항에 따른 산식을 준용하여 계산한 금액을 합산한다.(2013.6.28 본호개정)
2. 1과세기간의 수입금액이 당해 토지 및 건축물·시설물 등(이하 이 호에서 "당해토지등"이라 한다)과 그

밖의 토지 및 건축물·시설물 등(이하 이 호에서 "기타토지등"이라 한다)에 공통으로 관련되고 있어 그 실지귀속을 구분할 수 없는 경우에는 당해토지등에 관련된 1과세기간의 수입금액은 다음 산식에 따라 계산한다.
당해토지등에 관련된 1과세기간의 수입금액 = 당해토지등과 기타토지등에 공통으로 관련된 1과세기간의 수입금액 × (당해 과세기간의 당해 토지의 가액 ÷ 당해 과세기간의 당해 토지의 가액과 그 밖의 토지의 가액의 합계액)
3. 사업의 신규개시·폐업, 토지의 양도 또는 법령에 따른 토지의 사용금지 그 밖의 부득이한 사유로 인하여 1과세기간 중 당해 토지에서 사업을 영위한 기간이 1년 미만인 경우에는 당해 기간 중의 수입금액을 1년간으로 환산하여 연간수입금액을 계산한다.
④ 제2항 및 제3항에서 "당해 과세기간의 토지가액"이라 함은 당해 과세기간 종료일(과세기간 중에 양도한 경우에는 양도일)의 기준시가를 말한다.
⑤ 법 제104조의3제1항의 규정을 적용함에 있어서 연접하여 있는 다수 필지의 토지가 하나의 용도에 일괄하여 사용되고 그 총면적이 비사업용 토지 해당여부의 판정기준이 되는 면적(이하 이 항에서 "기준면적"이라 한다)을 초과하는 경우에는 다음 각 호의 구분에 따라 해당 호의 각목의 순위에 따른 토지의 전부 또는 일부를 기준면적 초과부분으로 본다.
1. 토지 위에 건축물 및 시설물이 없는 경우
   가. 취득시기가 늦은 토지
   나. 취득시기가 동일한 경우에는 거주자가 선택하는 토지
2. 토지 위에 건축물 또는 시설물이 있는 경우
   가. 건축물의 바닥면적 또는 시설물의 수평투영면적을 제외한 토지 중 취득시기가 늦은 토지
   나. 취득시기가 동일한 경우에는 거주자가 선택하는 토지
⑥ 법 제104조의3제1항의 규정을 적용함에 있어서 토지 위에 하나 이상의 건축물(시설물 등을 포함한다. 이하 이 항에서 같다)이 있고, 그 건축물이 거주자의 거주 또는 특정 사업에 사용되는 부분(다수의 건축물 중 거주 또는 특정 사업에 사용되는 일부 건축물을 포함한다. 이하 이 항에서 "특정용도분"이라 한다)과 그러하지 아니한 부분이 함께 있는 경우 건축물의 바닥면적 및 부속토지면적(이하 이 항에서 "부속토지면적등"이라 한다) 중 특정용도분의 부속토지면적등의 계산은 다음 산식에 의한다.
1. 하나의 건축물이 복합용도로 사용되는 경우
   특정용도분의 부속토지면적등 = 건축물의 부속토지면적등 × 특정용도분의 연면적 / 건축물의 연면적
2. 동일경계 안에 용도가 다른 다수의 건축물이 있는 경우
   특정용도분의 부속토지면적 = 다수의 건축물의 전체 부속토지면적 × 특정용도분의 바닥면적 / 다수의 건축물의 전체 바닥면적
⑦ 법 제104조의3제1항을 적용할 때 업종의 분류는 이 영에 특별한 규정이 있는 경우를 제외하고는 「통계법」에 따라 통계청장이 고시하는 한국표준산업분류에 따른다.(2009.2.4 본항개정)
(2005.12.31 본조신설)

제168조의12【주택부수토지의 범위】 법 제104조의3 제1항제5호에서 "지역별로 대통령령으로 정하는 배율"이란 다음 각 호의 배율을 말한다.(2010.2.18 본문개정)
1. 「국토의 계획 및 이용에 관한 법률」제6조제1호에 따른 도시지역 내의 토지 : 다음 각 목에 따른 배율
   가. 「수도권정비계획법」제2조제1호에 따른 수도권(이하 이 호에서 "수도권"이라 한다) 내의 토지 중 주거지역·상업지역 및 공업지역 내의 토지 : 3배

나. 수도권 내의 토지 중 녹지지역 내의 토지 : 5배
다. 수도권 밖의 토지 : 5배
(2020.2.11 본호개정)
2. 그 밖의 토지 : 10배(2012.2.2 본호개정)
제168조의13【별장의 범위와 적용기준】 법 제104조의3제1항제6호 단서에서 "대통령령으로 정하는 범위와 기준에 해당하는 농어촌 주택의 부속토지"란 다음 각 호의 요건을 모두 갖춘 주택의 부속토지를 말한다. (2015.2.3 본문개정)
1. 건물의 연면적이 150제곱미터 이내이고 그 건물의 부속토지의 면적이 660제곱미터 이내일 것
2. 건물과 그 부속토지의 가액이 기준시가 2억원 이하일 것(2015.2.3 본호개정)
3. 「조세특례제한법」 제99조의4제1항제1호가목1)부터 4)까지의 어느 하나에 해당하는 지역을 제외한 지역에 소재할 것(2010.12.30 본호개정)
(2005.12.31 본조신설)
제168조의14【부득이한 사유가 있어 비사업용 토지로 보지 않는 토지의 판정기준 등】 ① 법 제104조의3제2항에 따라 다음 각 호의 어느 하나에 해당하는 토지는 해당 각 호에서 규정한 기간동안 법 제104조의3제1항 각 호의 어느 하나에 해당하지 않는 토지로 보아 같은 항에 따른 비사업용 토지(이하 "비사업용 토지"라 한다)에 해당하는지를 판정한다.(2021.1.5 본문개정)
1. 토지를 취득한 후 법령에 따라 사용이 금지 또는 제한된 토지 : 사용이 금지 또는 제한된 기간
2. 토지를 취득한 후 「문화재보호법」에 따라 지정된 보호구역 안의 토지 : 보호구역으로 지정된 기간
3. 제1호 및 제2호에 해당하는 토지로서 상속받은 토지 : 상속개시일부터 제1호 및 제2호에 따라 계산한 기간(2008.2.22 본호신설)
4. 그 밖에 공익, 기업의 구조조정 또는 불가피한 사유로 인한 법령상 제한, 토지의 현황·취득사유 또는 이용상황 등을 고려하여 기획재정부령으로 정하는 부득이한 사유에 해당되는 토지 : 기획재정부령으로 정하는 기간(2021.1.5 본호개정)
② 법 제104조의3제2항의 규정에 따라 다음 각 호의 어느 하나에 해당하는 토지에 대하여는 해당 각 호에서 규정한 날을 양도일로 보아 제168조의6의 규정을 적용하여 비사업용 토지에 해당하는지 여부를 판정한다.
1. 「민사집행법」에 따른 경매에 따라 양도된 토지 : 최초의 경매기일
2. 「국세징수법」에 따른 공매에 따라 양도된 토지 : 최초의 공매일
3. 그 밖에 토지의 양도에 일정한 기간이 소요되는 경우 등 기획재정부령이 정하는 부득이한 사유에 해당되는 토지(2008.2.29 본호개정)
③ 법 제104조의3제2항에 따라 다음 각 호의 어느 하나에 해당하는 토지는 비사업용 토지로 보지 않는다. (2021.1.5 본문개정)
1. 2006년 12월 31일 이전에 상속받은 농지·임야 및 목장용지로서 2009년 12월 31일까지 양도하는 토지
1의2. 직계존속 또는 배우자가 8년 이상 기획재정부령으로 정하는 토지소재지에 거주하면서 직접 경작한 농지·임야 및 목장용지로서 이를 해당 직계존속 또는 해당 배우자로부터 상속·증여받은 토지. 다만, 양도 당시 「국토의 계획 및 이용에 관한 법률」에 따른 도시지역(녹지지역 및 개발제한구역은 제외한다) 안의 토지는 제외한다.(2013.2.15 본문개정)
2. 2006년 12월 31일 이전에 20년 이상을 소유한 농지·임야 및 목장용지로서 2009년 12월 31일까지 양도하는 토지

3. 「공익사업을 위한 토지 등의 취득 및 보상에 관한 법률」 및 그 밖의 법률에 따라 협의매수 또는 수용되는 토지로서 다음 각 목의 어느 하나에 해당하는 토지(2021.5.4 본문개정)
가. 사업인정고시일이 2006년 12월 31일 이전인 토지
나. 취득일(상속받은 토지는 피상속인이 해당 토지를 취득한 날을 말하고, 법 제97조의2제1항을 적용받는 경우에는 증여한 배우자 또는 직계존비속이 해당 자산을 취득한 날을 말한다)이 사업인정고시일부터 5년 이전인 토지
(2021.5.4 가목~나목신설)
4. 법 제104조의3제1항제1호나목에 해당하는 농지로서 다음 각 목의 어느 하나에 해당하는 농지
가. 종중이 소유한 농지(2005년 12월 31일 이전에 취득한 것에 한한다)
나. 상속에 의하여 취득한 농지로서 그 상속개시일부터 5년 이내에 양도하는 토지
(2006.2.9 본호신설)
5. 그 밖에 공익·기업의 구조조정 또는 불가피한 사유로 인한 법령상 제한, 토지의 현황·취득사유 또는 이용상황 등을 고려하여 기획재정부령으로 정하는 부득이한 사유에 해당되는 토지(2021.1.5 본호개정)
④ 제3항제1호의2에 따른 경작한 기간을 계산할 때 직계존속이 그 배우자로부터 상속·증여받아 경작한 사실이 있는 경우에는 직계존속의 배우자가 취득 후 토지소재지에 거주하면서 직접 경작한 기간은 직계존속이 경작한 기간으로 본다.(2013.2.15 본항신설)
(2021.1.5 본조제목개정)
(2005.12.31 본조신설)

제4절 양도소득과세표준의 예정신고와 납부
(2010.2.18 본절제목개정)

제169조【양도소득과세표준 예정신고】 ① 법 제105조제1항에 따라 예정신고를 하려는 자는 기획재정부령으로 정하는 양도소득과세표준예정신고및납부계산서에 다음 각 호의 구분에 따른 서류를 첨부하여 납세지 관할세무서장에게 제출해야 한다.(2020.2.11 본문개정)
1. 법 제94조제1항제1호, 제2호 및 제6호에 따른 자산을 양도하는 경우에는 다음 각 목의 서류(2021.2.17 본문개정)
가.~나. (2006.6.12 삭제)
다. 환지예정지증명서·잠정등급확인원 및 관리처분내용을 확인할 수 있는 서류 등
라. 당해 자산의 매도 및 매입에 관한 계약서 사본(2009.12.31 후단삭제)
마. (2009.12.31 삭제)
바. 자본적 지출액·양도비 등의 명세서
사. 감가상각비명세서
2. 법 제94조제1항제3호가목·나목 및 같은 항 제4호에 따른 자산을 양도하는 경우에는 다음 각 목의 서류(2020.2.11 본문개정)
가. 해당 자산의 매도 및 매입에 관한 계약서 사본. 다만, 「자본시장과 금융투자업에 관한 법률 시행령」 제178조제1항에 따라 거래되는 주식을 양도하는 경우에는 「자본시장과 금융투자업에 관한 법률」 제8조제1항에 따른 금융투자업자가 발급하는 매매내역서(2016.2.17 본목개정)
나. 양도비 등의 명세서
다. 법인(주권상장법인 외의 법인을 포함한다. 이하 이 장에서 같다)의 대주주에 해당하는 경우에는 기획재정부령으로 정하는 주식거래내역서(2014.2.21 본목개정)

라. 제157조제12항에 따라 주권상장법인 또는 주권비
상장법인의 대주주로 보는 주주 1인, 주권상장법인
기타주주 또는 주권비상장법인기타주주의 경우에
는 기획재정부령으로 정하는 대주주신고서
(2022.12.31 본목개정)
② 제1항에 따라 예정신고를 받은 납세지 관할세무서
장은 「전자정부법」 제36조제1항에 따른 행정정보의 공
동이용을 통하여 법 제94조제1항제1호 및 제2호에 따
른 자산의 양도와 관련된 다음 각 호의 서류를 확인하
여야 한다. 다만, 행정정보의 공동이용을 통하여 해당
서류의 확인이 불가능한 경우에는 납세자에게 다음 각
호의 서류의 제출을 요구할 수 있다.(2016.2.17 단서신설)
1. 토지대장 및 건축물대장 등본
2. 토지 및 건물 등기사항증명서(2018.2.13 본호개정)
(2006.6.12 본항신설)
(2001.12.31 본조개정)
제170조【예정신고납부】 법 제106조제1항에 따라 예정
신고납부를 하려는 자는 기획재정부령으로 정하는 양도소득과세표준예정신고서
에 기획재정부령으로 정하는 양도소득과세표준예정신
고및납부계산서를 첨부하여야 한다.(2010.2.18 본조개
정)
제171조【부동산등양도신고확인서의 신청 및 발급】
법 제108조에 따라 등기관서의 장에게 부동산등양도신
고확인서를 제출해야 하는 자는 기획재정부령으로 정
하는 신청서를 세무서장에게 제출하여 부동산등양도신
고확인서 발급을 신청해야 한다. 이 경우 「인감증명법
시행령」 제13조제3항 단서에 따라 세무서장으로부터
부동산 매도용 인감증명서 발급 확인을 받은 경우에는
법 제108조에 따른 부동산등양도신고확인서를 제출한
것으로 본다.(2020.2.11 본조신설)
제172조 (1999.12.31 삭제)

제5절 양도소득과세표준의 확정신고와 납부
(2010.2.18 본절제목개정)

제173조【양도소득과세표준 확정신고】 ① 법 제110조
제1항에 따라 확정신고를 하는 때에는 기획재정부령으
로 정하는 양도소득과세표준확정신고및납부계산서에 제
2항 각호의 서류를 첨부하여야 한다.(2010.2.18 본항개
정)
② 법 제110조제5항에서 "대통령령으로 정하는 것"이란
다음 각 호의 서류를 말한다.(2010.2.18 본문개정)
1. 제169조제1항 및 제2항 각 호의 서류(2006.6.12 본호
개정)
2. 제177조제1항의 규정에 의한 통지서 사본(법 제105
조의 규정에 의한 예정신고를 하지 아니한 자는 기획
재정부령이 정하는 양도소득금액계산명세서를 첨부
하여야 한다)(2008.2.29 본호개정)
3. 법 제101조의 규정에 의하여 소득금액을 계산한 경
우에는 필요경비불산입 명세서
4. (2016.2.17 삭제)
③ 확정신고기한이 지난 후에 「법인세법」에 따라 법인
이 법인세과세표준을 신고하거나 세무서장이 법인세
과세표준을 결정 또는 경정할 때 익금에 산입한 금액이
배당·상여 또는 기타소득으로 처분됨으로써 확정신고
를 한 자가 양도소득금액에 변동이 발생하여 법 제96
조제3항에 해당하게 되는 경우 해당 법인(제192조제1
항 단서에 따라 거주자가 통지를 받은 경우에는 해당
거주자를 말한다)이 제192조제1항에 따른 소득금액변
동통지서를 받은 날(「법인세법」에 따라 법인이 신고함
으로써 소득금액이 변동된 경우에는 해당 법인의 법인
세신고기일을 말한다)이 속하는 달의 다음다음 달 말

일까지 추가신고 납부(환급신고를 포함한다)한 때에는
법 제110조의 기한까지 신고납부한 것으로 본다.
(2010.2.18 본항개정)
④ 양도소득과세표준 확정신고를 한 자가 「공익사업을
위한 토지 등의 취득 및 보상에 관한 법률」이나 그 밖
의 법률에 따른 토지등의 수용으로 인한 수용보상가액
과 관련하여 제기한 행정소송으로 인하여 보상금이 변
동됨에 따라 당초 신고한 양도소득금액이 변동된 경우
로서 소송 판결 확정일이 속하는 달의 다음 다음 달 말
일까지 추가신고·납부한 때에는 법 제110조의 기한까
지 신고·납부한 것으로 본다.(2018.2.13 본항신설)
⑤ 법 제110조제4항 단서에서 "대통령령으로 정하는
경우"란 다음 각 호의 어느 하나에 해당하는 경우를 말
한다.(2010.2.18 본문개정)
1. 당해연도에 누진세율의 적용대상 자산에 대한 예정
신고를 2회 이상 한 자가 법 제107조제2항의 규정에
따라 이미 신고한 양도소득금액과 합산하여 신고하
지 아니한 경우
2. 법 제94조제1항제1호·제2호·제4호 및 제6호의 토
지, 건물, 부동산에 관한 권리, 기타자산 및 신탁 수익
권을 2회 이상 양도한 경우로서 법 제103조제2항을
적용할 경우 당초 신고한 양도소득산출세액이 달라
지는 경우(2021.2.17 본호개정)
3. 법 제94조제1항제3호가목 및 나목에 해당하는 주식
등을 2회 이상 양도한 경우로서 법 제103조제2항을
적용할 경우 당초 신고한 양도소득산출세액이 달라
지는 경우(2020.2.11 본호개정)
4. 법 제94조제1항제1호·제2호 및 제4호에 따른 토지,
건물, 부동산에 관한 권리 및 기타자산을 둘 이상 양
도한 경우로서 법 제104조제5항을 적용할 경우 당초
신고한 양도소득산출세액이 달라지는 경우
(2020.2.11 본호신설)
(2000.12.29 본항신설)
(1999.12.31 본조제목개정)
제174조【확정신고세액의 납부절차】 ① 법 제111조에
따라 확정신고납부를 하려는 자는 확정신고와 함께 납
세지 관할세무서장에게 납부하거나 「국세징수법」에 따
른 납부서에 양도소득과세표준확정신고및납부계산서를
첨부하여 한국은행 또는 체신관서에 납부하여야 한다.
② 제1항에 따라 양도소득과세표준확정신고및납부계
산서를 납부서에 첨부하여 한국은행 또는 체신관서에
제출한 경우에는 법 제110조제1항에 따른 신고를 한
것으로 본다.
(2010.2.18 본조개정)
제175조【양도소득세의 분납】 법 제112조의 규정에
의하여 분납할 수 있는 세액은 다음 각호에 의한다.
1. 납부할 세액이 2천만원 이하인 때에는 1천만원을 초
과하는 금액
2. 납부할 세액이 2천만원을 초과하는 때에는 그 세액
의 100분의 50 이하의 금액
제175조의2 (2016.2.17 삭제)

제6절 양도소득에 대한 결정·경정과 징수 및
환급
(1999.12.31 본절제목개정)

제176조【양도소득과세표준과 세액의 결정 및 경정】
① (1999.12.31 삭제)
② 법 제114조의 규정에 의한 과세표준과 세액은 납세
지 관할세무서장이 결정 또는 경정한다. 다만, 국세청
장이 특히 중요하다고 인정하는 경우에는 지방국세청
장이 결정 또는 경정한다.

③ 제2항 단서의 경우에 납세지 관할세무서장은 당해 과세표준과 세액 또는 양도소득금액의 결정 또는 경정에 필요한 서류를 지방국세청장에게 지체없이 송부하여야 한다.

④ 제2항 단서의 규정에 의하여 양도소득금액을 조사 결정 또는 경정한 지방국세청장은 그 조사결정 또는 경정한 사항을 지체없이 납세지 관할세무서장에게 통보하여야 한다.

⑤ 법 제114조제5항 본문에서 "양도소득과세표준과 세액 또는 신고의무자의 실지거래가액 소명 여부 등을 고려하여 대통령령으로 정하는 경우"란 다음 각 호의 어느 하나에 해당하는 경우를 말한다.(2012.2.2 본문개정)

1. 등기부기재가액을 실지거래가액으로 추정하여 계산한 납부할 양도소득세액이 300만원 미만인 경우 (2014.2.21 본호개정)

2. 등기부기재가액을 실지거래가액으로 추정하여 계산한 납부할 양도소득세액이 300만원 이상인 경우로서 다음 각 목의 요건을 모두 충족하는 경우(2014.2.21 본문개정)

가. 납세지 관할세무서장 또는 지방국세청장이 제173조제2항 각 호의 서류를 첨부하여 「국세기본법」 제45조의3에 따른 기한후 신고(이하 이 조에서 "기한후신고"라 한다)를 하지 아니할 경우 등기부기재가액을 실지거래가액으로 추정하여 양도소득과세표준 및 세액을 결정할 것임을 신고의무자에게 통보하였을 것

나. 신고의무자가 가목에 따른 통보를 받은 날부터 30일 이내에 기한후신고를 하지 아니하였을 것 (2012.2.2 가목~나목개정)

(1999.12.31 본조개정)

제176조의2【추계결정 및 경정】
① 법 제114조제7항에서 "대통령령으로 정하는 사유"란 다음 각 호의 어느 하나에 해당하는 경우를 말한다.(2010.12.30 본문개정)

1. 양도 또는 취득당시의 실지거래가액의 확인을 위하여 필요한 장부·매매계약서·영수증 기타 증빙서류가 없거나 그 중요한 부분이 미비된 경우

2. 장부·매매계약서·영수증 기타 증빙서류의 내용이 매매사례가액, 「감정평가 및 감정평가사에 관한 법률」에 따른 감정평가법인등(이하 이 조에서 "감정평가법인등"이라 한다)이 평가한 감정가액 등에 비추어 거짓임이 명백한 경우(2022.1.21 본호개정)

② 법 제114조제7항에서 "대통령령으로 정하는 방법에 따라 환산한 가액"이란 다음 각 호의 방법에 따라 환산한 가액을 말한다.(2020.2.11 본문개정)

1. 법 제94조제1항제3호의 규정에 의한 주식등이나 법 제94조제1항제4호의 규정에 의한 기타자산의 경우에는 다음 산식에 의하여 계산한 가액

양도당시의 실지거래가액, 제3항제1호의 매매사례가액 또는 동항제2호의 감정가액 × $\dfrac{\text{취득당시의 기준시가}}{\text{양도당시의 기준시가}}$

(2003.12.30 본호개정)

2. 법 제94조제1항제1호 및 제2호가목에 따른 토지·건물 및 부동산을 취득할 수 있는 권리의 경우에는 다음 계산식에 따른 금액. 이 경우 「부동산 가격공시에 관한 법률」에 따른 개별주택가격 및 공동주택가격(이들에 부수되는 토지의 가격을 포함한다)이 최초로 공시되기 이전에 취득한 주택과 부수토지를 함께 양도하는 경우에는 다음 계산식 중 취득당시의 기준시가를 제164조제7항에 따라 계산한 가액으로 한다.

양도당시의 실지거래가액, 제3항제1호의 매매사례가액 또는 동항제2호의 감정가액 × $\dfrac{\text{취득당시의 기준시가}}{\text{양도당시의 기준시가(제164조제8항의 규정에 해당하는 경우에는 동항의 규정에 의한 양도당시의 기준시가)}}$

(2022.2.15 전단개정)

③ 법 제114조제7항에 따라 양도가액 또는 취득가액을 추계결정 또는 경정하는 경우에는 다음 각 호의 방법을 순차적으로 적용(신주인수권의 경우에는 제3호를 적용하지 않는다)하여 산정한 가액에 따른다. 다만, 제1호에 따른 매매사례가액 또는 제2호에 따른 감정가액이 제98조제1항에 따른 특수관계인과의 거래에 따른 가액 등으로서 객관적으로 부당하다고 인정되는 경우에는 해당 가액을 적용하지 않는다.(2020.2.11 본문개정)

1. 양도일 또는 취득일 전후 각 3개월 이내에 해당 자산(주권상장법인의 주식등은 제외한다)과 동일성 또는 유사성이 있는 자산의 매매 사례가 있는 경우 그 가액(2009.2.4 본호개정)

2. 양도일 또는 취득일 전후 각 3개월 이내에 해당 자산(주식 등을 제외한다)에 대하여 둘 이상의 감정평가법인등이 평가한 것으로서 신빙성이 있는 것으로 인정되는 감정가액(감정평가기준일이 양도일 또는 취득일 전후 각 3개월 이내인 것에 한정한다)이 있는 경우에는 그 감정가액의 평균액. 다만, 기준시가가 10억원 이하인 자산(주식등은 제외한다)의 경우에는 양도일 또는 취득일 전후 각 3개월 이내에 하나의 감정평가법인등이 평가한 것으로서 신빙성이 있는 것으로 인정되는 경우 그 감정가액(감정평가기준일이 양도일 또는 취득일 전후 각 3개월 이내인 것에 한정한다)으로 한다.(2022.1.21 본호개정)

3. 제2항의 규정에 의하여 환산한 취득가액

4. 기준시가

④ 법률 제4803호 「소득세법개정법률」 부칙 제8조에서 정하는 날(이하 "의제취득일"이라 한다)전에 취득한 자산(상속 또는 증여받은 자산을 포함한다)에 대하여 제3항제1호부터 제3호까지의 규정을 적용할 때에 의제취득일 현재의 취득가액은 다음 각 호의 가액 중 많은 것으로 한다.(2009.2.4 본문개정)

1. 의제취득일 현재 제3항제1호 내지 제3호의 규정에 의한 가액

2. 취득 당시 실지거래가액이나 제3항제1호 및 제2호에 따른 가액이 확인되는 경우로서 해당 자산의 실지거래가액이나 제3항제1호 및 제2호에 따른 가액과 그 가액에 취득일부터 의제취득일의 직전일까지의 보유기간동안의 생산자물가상승률을 곱하여 계산한 금액을 합산한 가액(2009.2.4 본호개정)

⑤ 국세청장은 주소지 관할세무서장 또는 지방국세청장이 양도소득금액을 결정 또는 경정함에 있어서 필요하다고 인정하는 때에는 기획재정부령이 정하는 바에 따라 부동산의 감정·평가에 관한 학식과 경험이 풍부한 자에게 자문하여 그 결정 또는 경정에 공정성을 기하게 할 수 있다.(2008.2.29 본항개정)

(1999.12.31 본조신설)

제177조【양도소득과세표준과 세액의 통지】
① 법 제114조제8항에 따른 통지에 있어서는 과세표준과 세율·세액 기타 필요한 사항을 납부고지서에 기재하여 서면으로 통지해야 한다. 이 경우에 지방국세청장이 과세표준과 세액을 결정 또는 경정한 것은 그 뜻을 덧붙여 적어야 한다.(2021.2.17 본항개정)

② 제1항의 규정은 납부할 세액이 없는 경우에도 적용한다.

③ 납세지 관할세무서장은 피상속인의 양도소득세를 2인 이상의 상속인에게 부과하는 경우에는 과세표준과 세액을 그 지분에 따라 배분하여 상속인별로 각각 통지하여야 한다.

(1999.12.31 본조제목개정)

제177조의2【주식거래내역 등의 조회】
법 제114조제9항을 적용할 때 납세지 관할세무서장 또는 지방국세청장은 다음 각호의 사항을 기재한 문서에 의하여 「자본

시장과 금융투자업에 관한 법률」에 따른 투자매매업자 또는 투자중개업자와 주권 또는 출자증권을 발행한 법인의 대표자에게 주식등의 거래내역기타 필요한 사항을 요구하여야 한다.(2009.2.4 본문개정)
1. 거래자의 인적 사항
2. 사용목적
3. 요구하는 자료 등의 내용
(1999.12.31 본조신설)

제177조의3【신탁 수익자명부 변동상황명세서 작성】
법 제115조의2에 따른 신탁 수익자명부 변동상황명세서는 기획재정부령으로 정하는 서식에 따라 작성하며, 다음 각 호의 내용을 포함해야 한다.
1. 위탁자의 성명 또는 명칭 및 주소
2. 수탁자의 성명 또는 명칭 및 주소
3. 수익자의 성명 또는 명칭 및 주소
4. 수익자별 수익권 또는 수익증권의 보유현황 및 내용
5. 과세기간 중 수익자의 변동사항
(2021.2.17 본조신설)

제178조【주식 등에 대한 장부의 기장 방법】 법 제115조제4항에 따라 주식등의 거래명세를 장부에 기록・관리할 때에는 종목별로 구분하여 각각 별지에 기장하여야 하며, 각 종목별 기장에 있어서는 거래일자・거래수량・단가・취득가액 또는 양도가액・거래수수료・증권거래세・농어촌특별세 등의 거래명세를 항목별로 빠짐없이 기장하여야 한다.(2010.12.30 본조신설)

제7절 국외자산양도에 대한 양도소득세
(1998.12.31 본절신설)

제178조의2【국외자산 양도소득의 범위】 ① (2017.2.3 삭제)
② (2020.2.11 삭제)
③ (2018.2.13 삭제)
④ 법 제118조의2제5호에서 "대통령령으로 정하는 자산"이란 국외에 있는 자산으로서 법 제94조제1항제4호에 따른 기타자산과 법 제118조의2제2호에 따른 부동산에 관한 권리로서 미등기 양도자산을 말한다.(2017.2.3 본항개정)
⑤ 법 제118조의2제5호에 따라 양도소득세를 과세하는 경우에는 제158조제2항부터 제4항까지의 규정을 준용한다.(2019.2.12 본항개정)
(2017.2.3 본조제목개정)

제178조의3【국외자산의 시가 산정 등】 ① 법 제118조의3제1항 단서 및 제118조의4제1항제1호 단서에 따라 국외자산의 시가를 산정하는 경우 다음 각 호의 어느 하나에 해당하는 가액이 확인되는 때에는 이를 해당 자산의 시가로 한다. 다만, 제157조의3에 따른 주식등과 제178조의2제4항에 따른 자산 중 법 제94조제1항제4호나목부터 라목까지의 규정에 따른 자산(법 제94조제1항제4호나목에 따른 자산인 경우에는 같은 호 다목 및 라목에 따른 주식등으로 한정한다)의 경우에는 제2호부터 제4호까지의 규정을 적용하지 않는다.(2020.2.11 단서개정)
1. 국외자산의 양도에 대한 과세와 관련하여 이루어진 외국정부(지방자치단체를 포함한다)의 평가가액
2. 국외자산의 양도일 또는 취득일 전후 6월 이내에 이루어진 실지거래가액
3. 국외자산의 양도일 또는 취득일 전후 6월 이내에 평가된 감정평가법인등의 감정가액(2022.1.21 본호개정)
4. 국외자산의 양도일 또는 취득일 전후 6월 이내에 수용 등을 통하여 확정된 국외자산의 보상가액
② 법 제118조의3제1항 단서 및 제118조의4제1항제1호 단서에서 "대통령령으로 정하는 방법"이란 다음 각 호의 어느 하나에 따라 평가하는 것을 말한다.
(2010.2.18 본문개정)

1. 부동산 및 부동산에 관한 권리의 경우에는 「상속세 및 증여세법」 제61조, 제62조, 제64조 및 제65조를 준용하여 국외자산가액을 평가하는 것. 다만, 「상속세 및 증여세법」 제61조, 제62조, 제64조 및 제65조를 준용하여 국외자산가액을 평가하는 것이 적절하지 아니한 경우에는 「감정평가 및 감정평가사에 관한 법률」에 따른 감정평가법인등이 평가하는 것을 말한다.
(2022.1.21 단서개정)
2. 유가증권가액의 산정은 「상속세 및 증여세법」 제63조의 규정에 의한 평가방법을 준용하여 평가하는 것. 이 경우 동조제1항제1호가목의 규정중 "평가기준일 이전・이후 각 2월"은 각각 "양도일・취득일 이전 1월"로 본다.(2005.2.19 본호개정)

제178조의4【국외자산 양도소득의 필요경비】 ① 법 제118조의4제1항제1호 본문의 규정에 의하여 취득에 소요된 실지거래가액을 산정하는 경우에는 제163조제1항 및 제2항의 규정을 준용한다.
② (2003.12.30 삭제)
③ 법 제118조의4제1항제2호에서 "대통령령으로 정하는 자본적 지출액"이란 제163조제3항 각 호의 어느 하나에 해당하는 것을 말한다.(2013.2.15 본항개정)
④ 법 제118조의4제1항제3호에서 "대통령령으로 정하는 양도비"란 제163조제5항 각 호의 어느 하나에 해당하는 것을 말한다.(2013.2.15 본항개정)
(2020.2.11 본조제목개정)

제178조의5【국외자산 양도차익의 외국환산】 ① 법 제118조의4제2항의 규정에 의하여 양도차익을 계산함에 있어서는 양도가액 및 필요경비를 수령하거나 지출한 날 현재 「외국환거래법」에 의한 기준환율 또는 재정환율에 의하여 계산한다.(2005.2.19 본항개정)
② 제1항의 규정을 적용함에 있어서 제162조제1항제3호의 규정에 따른 장기할부조건의 경우에는 동호의 규정에 의한 양도일 및 취득일을 양도가액 또는 취득가액을 수령하거나 지출한 날로 본다.
(2020.2.11 본조제목개정)
(2001.12.31 본조개정)

제178조의6 (2018.2.13 삭제)
제178조의7【국외자산 양도소득에 대한 외국납부세액의 공제】 ① 법 제118조의6제1항 본문에서 "대통령령으로 정하는 국외자산 양도소득에 대한 세액"(이하 이 조에서 "국외자산 양도소득세액"이라 한다)이란 국외자산의 양도소득에 대하여 외국정부(지방자치단체를 포함한다)가 과세한 다음 각 호의 어느 하나에 해당하는 세액을 말한다.(2010.2.18 본문개정)
1. 개인의 양도소득금액을 과세표준으로 하여 과세된 세액
2. 개인의 양도소득금액을 과세표준으로 하여 과세된 세액의 부가세액
② 법 제118조의6제1항의 규정에 의하여 국외자산 양도소득세액을 공제받고자 하거나 필요경비에 산입하고자 하는 자는 기획재정부령이 정하는 국외자산 양도소득세액공제(필요경비 산입)신청서를 법 제110조의 규정에 의한 확정신고(법 제105조의 규정에 의한 예정신고를 포함한다)기한내에 납세지 관할세무서장에게 제출하여야 한다.(2008.2.29 본항개정)
(2020.2.11 본조제목개정)

제8절 거주자의 출국 시 국내 주식 등에 대한 과세 특례
(2017.2.3 본절신설)

제178조의8【대주주의 범위】 법 제118조의9제1항제2호에서 "대통령령으로 정하는 대주주"란 제167조의8제1항 각 호의 어느 하나에 해당하는 자를 말한다.

제178조의9【출국일 시가 등】 ① 법 제118조의10제1항 본문에 따른 시가는 법 제118조의9제1항에 따른 국외전출자(이하 "국외전출자"라 한다)의 출국일 당시의 해당 주식등의 거래가액으로 한다.

② 법 제118조의10제1항 단서에서 "대통령령으로 정하는 방법"이란 다음 각 호의 구분에 따른 방법을 말한다.

1. 주권상장법인의 주식등 : 법 제99조제1항제3호, 제5호 및 제6호에 따른 기준시가(2019.2.12 본호개정)

2. 주권비상장법인의 주식등 : 다음 각 목의 방법을 순차로 적용하여 계산한 가액

가. 출국일 전후 각 3개월 이내에 해당 주식등의 매매사례가 있는 경우 그 가액

나. 법 제99조제1항제4호부터 제6호까지의 규정에 따른 기준시가(2019.2.12 본목개정)

제178조의10【세액공제】 법 제118조의12제1항에 따른 조정공제, 법 제118조의13제1항에 따른 외국납부세액공제 또는 법 제118조의14제1항에 따른 비거주자의 국내원천소득 세액공제를 받으려는 자는 법 제118조의9제1항에 따른 주식등(이하 이 절에서 "국외전출자 국내주식등"이라 한다)을 실제 양도한 날부터 2년 이내에 기획재정부령으로 정하는 세액공제신청서를 납세지 관할 세무서장에게 제출(국세정보통신망을 통한 제출을 포함한다. 이하 이 절에서 같다)하여야 한다.
(2019.2.12 본조개정)

제178조의11【국외전출자 국내주식등에 대한 신고·납부】 ① 법 제118조의15제1항에 따라 납세관리인 및 국외전출자 국내주식등의 보유현황을 신고하려는 자는 기획재정부령으로 정하는 납세관리인신고서 및 국외전출자 국내주식등 보유현황신고서를 납세지 관할 세무서장에게 제출하여야 한다.

② 법 제118조의15제2항에 따라 양도소득과세표준을 신고하려는 자는 기획재정부령으로 정하는 양도소득과세표준신고서 및 납부계산서를 납세지 관할 세무서장에게 제출하여야 한다.

③ 법 제118조의15제3항에 따라 신고납부하려는 자는 양도소득과세표준 신고와 함께 납세지 관할 세무서장에게 납부하거나 「국세징수법」 제5조에 따른 납부서에 기획재정부령으로 정하는 양도소득과세표준신고서 및 납부계산서를 첨부하여 한국은행 또는 체신관서에 납부해야 한다.(2021.2.17 본항개정)

④ 법 제118조의15제5항에 따라 경정을 청구하려는 자는 기획재정부령으로 정하는 경정청구서에 제178조의10에 따른 세액공제신청서를 첨부하여 납세지 관할 세무서장에게 제출해야 한다.(2019.2.12 본항신설)
(2020.2.11 본조제목개정)

제178조의12【납부유예】 ① 법 제118조의16제1항에서 "납세담보를 제공하거나 납세관리인을 두는 등 대통령령으로 정하는 요건을 충족하는 경우"란 다음 각 호의 요건을 모두 갖춘 경우를 말한다.(2018.2.13 본문개정)

1. 「국세징수법」 제18조에 따른 납세담보를 제공할 것(2021.2.17 본호개정)

2. 법 제118조의15제1항에 따라 납세관리인을 납세지 관할 세무서장에게 신고할 것

② 법 제118조의16제2항에서 "국외전출자의 국외유학 등 대통령령으로 정하는 사유"란 국외전출자의 「국외유학에 관한 규정」 제2조제1호에 따른 유학을 말한다.

③ 법 제118조의16제4항에 따른 이자상당액은 다음의 계산식에 따라 산출된 금액으로 한다.

이자상당액 = 법 제118조의16제3항에 따른 금액 × 신고기한의 다음 날부터 납부일까지의 일수 × 납부유예 신청일 현재 「국세기본법 시행령」 제43조의3제2항 본문에 따른 이자율
(2021.2.17 본항개정)

④ 법 제118조의16제1항에 따라 납부유예를 받으려는 자는 제178조의11제2항에 따른 양도소득과세표준신고서 및 납부계산서를 제출할 때 기획재정부령으로 정하는 납부유예신청서를 납세지 관할 세무서장에게 제출하여야 한다.

제4장 비거주자의 납세의무

제1절 비거주자의 세액계산 통칙

제179조【비거주자의 국내원천소득의 범위】 ① 법 제119조제4호에서 "대통령령으로 정하는 용구"란 운반구·공구·기구 및 비품을 말한다.(2010.2.18 본항개정)

② 법 제119조제5호 본문에서 "대통령령으로 정하는 소득"이란 법 제19조에 따른 사업 중 국내에서 경영하는 사업에서 발생하는 다음 각 호의 소득을 말한다. 다만, 국내 및 국외에 걸쳐 사업을 경영하는 비거주자의 경우에는 다음 각 호의 소득을 국내에서 경영하는 사업에서 발생하는 소득으로 한다.(2019.2.12 본문개정)

1. 비거주자가 국외에서 양도받은 재고자산을 국외에서 제조·가공·육성 기타 가치를 증대시키기 위한 행위(이하 이 조에서 "제조등"이라 한다)를 하지 아니하고 이를 국내에서 양도하는 경우(당해 재고자산에 대하여 국내에서 제조등을 한 후 양도하는 경우를 포함한다)에는 그 국내에서의 양도에 의하여 발생하는 모든 소득

2. 비거주자가 국외에서 제조등을 행한 재고자산을 국내에서 양도하는 경우(당해 재고자산에 대하여 국내에서 제조등을 한 후 양도하는 경우를 포함한다)에는 그 양도에 의하여 발생하는 소득중 국외에서 제조등을 행한 타인으로부터 통상의 거래조건에 따라 당해 자산을 취득하였다고 가정할 때에 이를 양도하는 경우(국내에서 행한 제조등을 한 후 양도하는 경우를 포함한다) 그 양도에 의하여 발생하여야 할 소득

3. 비거주자가 국내에서 제조 등을 행한 재고자산을 국외에서 양도하는 경우(당해 재고자산에 대하여 국외에서 제조등을 한 후 양도하는 경우를 포함한다)에는 그 양도에 의하여 발생하는 소득중 국내에서 제조한 당해 재고자산을 국외의 타인에게 통상의 거래조건에 따라 양도하였다고 가정할 때에 그 국내에서 행한 제조 등에 의하여 발생하여야 할 소득

4. 비거주자가 국외에서 건설·설치·조립 기타 작업에 관하여 계약을 체결하거나 필요한 인원 또는 자재를 조달하여 국내에서 작업을 시행하는 경우에는 당해 작업에 의하여 발생하는 모든 소득

5. 비거주자가 국내 및 국외에 걸쳐 손해보험 또는 생명보험사업을 영위하는 경우에는 당해 사업에 의하여 발생하는 소득중 국내에 있는 당해 사업에 관한 영업소 또는 보험계약의 체결을 대리하는 자를 통하여 체결한 보험계약에 의하여 발생하는 소득

6. 출판사업 또는 방송사업을 영위하는 비거주자가 국내 및 국외에 걸쳐 타인을 위하여 광고에 관한 사업을 행하는 경우에는 당해 광고에 관한 사업에 의하여 발생하는 소득중 국내에서 행하는 광고에 의하여 발생한 소득

7. 비거주자가 국내 및 국외에 걸쳐 선박에 의한 국제운송업을 영위하는 경우에는 국내에서 승선한 여객이나 선적한 화물과 관련하여 발생하는 수입금액을 기준으로 하여 판정한 그 비거주자의 국내업무에서 발생하는 소득

8. 비거주자가 국내 및 국외에 걸쳐 항공기에 의한 국제운송업을 영위하는 경우에는 국내에서 탑승한 여객이나 적재한 화물과 관련하여 발생하는 수입금액과 경비, 국내업무용 유형자산 및 무형자산의 가액 기

타 그 국내업무가 해당 운송업에 대한 소득의 발생에 기여한 정도 등을 고려하여 기획재정부령으로 정하는 방법에 따라 계산한 그 비거주자의 국내업무에서 발생하는 소득(2020.2.11 본호개정)
9. 비거주자가 국내 및 국외에 걸쳐 제1호 내지 제8호외의 사업을 영위하는 경우에는 당해 사업에서 발생하는 소득중 당해 사업에 관련된 업무를 국내업무와 국외업무로 구분하여 이들 업무를 각각 다른 독립사업자가 행하고 또한 이들 독립사업자간에 통상의 거래조건에 의한 거래가격에 따라 거래가 이루어졌다고 가정할 경우 그 국내업무와 관련하여 발생하는 소득 또는 그 국내업무에 관한 수입금액과 경비, 소득 등을 측정하는데 합리적이라고 판단되는 요인을 고려하여 판정한 그 국내업무와 관련하여 발생하는 소득
10. 외국법인이 발행한 주식 또는 출자지분으로서 증권시장에 상장된 것에 투자하거나 기타 이와 유사한 행위를 함으로써 발생하는 소득(2009.2.4 본호개정)
11. 비거주자가 산업상·상업상 또는 과학상의 기계·설비·장치·운반구·공구·기구 및 비품을 양도함으로 인하여 발생하는 소득(2003.12.30 본호신설)
③ 제2항에도 불구하고 국외에서 발생하는 소득으로서 국내사업장에 귀속되는 것은 법 제119조제5호에 따른 국내원천 사업소득에 포함되는 것으로 한다. (2020.2.11 본문개정)
1.~4. (2020.2.11 삭제)
④ 비거주자가 국내에서 영위하는 사업을 위하여 국외에서 광고, 선전, 정보의 수집과 제공, 시장조사 기타 그 사업수행상 예비적 또는 보조적인 성격을 가진 행위를 하는 경우 또는 국외에서 영위하는 사업을 위하여 국내에서 이들 행위를 하는 경우에는 당해 행위에서는 소득이 발생하지 아니하는 것으로 본다.
⑤ 제2항제1호 내지 제3호에서 규정하는 재고자산이 다음 각호의 1에 해당하는 경우에는 국내에서 당해 재고자산의 양도가 이루어지는 것으로 보아 동항의 규정을 적용한다.(2003.12.30 본문개정)
1. 당해 재고자산이 양수자에게 인도되기 직전에 국내에 있거나 또는 양도자가 당해 비거주자의 국내사업장에서 행하는 사업을 통하여 관리되고 있는 경우
2. 당해 재고자산의 양도에 관한 계약이 국내에서 체결되는 경우
3. 당해 재고자산의 양도에 관한 계약을 체결하기 위하여 주문을 받거나, 협의등을 하는 행위중 중요한 부분이 국내에서 이루어지는 경우
⑥ 법 제119조제6호 전단에서 "대통령령으로 정하는 인적용역"이란 다음 각 호의 어느 하나에 해당하는 용역을 말하고, "국외에서 제공하는 인적용역 중 대통령령으로 정하는 용역"이란 국외에서 제공하는 제2호에 해당하는 용역을 말한다.(2017.2.3 본문개정)
1. 변호사·공인회계사·세무사·건축사·측량사·변리사 기타 이와 유사한 전문직업인이 제공하는 용역
2. 과학기술·경영관리 기타 이와 유사한 분야에 관한 전문적 지식 또는 특별한 기능을 가진 자가 당해 지식 또는 기능을 활용하여 제공하는 용역
3. 직업운동가가 제공하는 용역
4. 배우·음악가 기타 연예인이 제공하는 용역
⑦ 법 제119조제6호 후단에서 "항공료 등 대통령령으로 정하는 비용"이란 인적용역을 제공받는 자가 인적용역의 제공과 관련하여 항공회사·숙박업자 또는 음식업자에게 실제로 지급(인적용역을 제공하는 자를 통하여 지급하는 경우를 포함한다)한 사실이 확인되는 항공료·숙박비 또는 식사대를 말한다.(2020.2.11 본항개정)
⑧ 법 제119조제7호에서 "대통령령으로 정하는 근로의 대가로서 받는 소득"이란 다음 각 호의 급여를 말한다. (2015.2.3 본문개정)

1. 거주자 또는 내국법인이 운용하는 외국항행선박·원양어업선박 및 항공기의 승무원이 받는 급여
2. 내국법인의 임원의 자격으로서 받는 급여
3. 「법인세법」에 따라 상여로 처분된 금액(2015.2.3 본호신설)
⑨ 법 제119조제9호나목2) 후단에 따른 다른 법인의 부동산 과다보유 법인의 판정은 다음의 계산식에 따라 계산한 다른 법인의 부동산 보유비율이 100분의 50 이상에 해당하는지 여부에 따른다.

$$\frac{\text{다른 법인이 보유하고 있는}}{\text{법 제94조제1항제1호 및 제2호의 자산가액}}$$
$$\frac{}{\text{다른 법인의 총 자산가액}}$$

(2016.2.17 본항신설)
⑩ (2009.2.4 삭제)
⑪ 법 제119조제11호 각 목 외의 부분에서 "대통령령으로 정하는 소득"이란 다음 각 호의 소득을 말한다. (2010.2.18 본문개정)
1. 비거주자가 주식 또는 출자지분을 양도함으로써 발생하는 소득. 다만, 증권시장을 통하여 주식 또는 출자지분을 양도(「자본시장과 금융투자업에 관한 법률」 제78조에 따른 중개에 따라 주식을 양도하는 경우를 포함한다)함으로써 발생하는 소득으로서 해당 양도자 및 그와 제98조제1항에 따른 특수관계인이 해당 주식 또는 출자지분의 양도일이 속하는 연도와 그 직전 5년의 기간 중 계속하여 해당 주식 또는 출자지분을 발행한 법인의 발행주식총액 또는 출자총액(외국법인이 발행한 주식 또는 출자지분의 경우에는 증권시장에 상장된 주식 또는 출자지분의 총액)의 100분의 25미만을 소유한 경우를 제외한다.(2012.2.2 단서개정)
2. 국내사업장을 가지고 있는 비거주자가 주식 및 출자지분외의 유가증권을 양도함으로써 발생하는 소득. 다만, 당해 유가증권의 양도시에 법 제119조제1호의 규정에 의하여 과세되는 소득을 제외한다. (2000.12.29 본호개정)
3. 국내사업장을 가지고 있지 아니한 비거주자가 내국법인, 거주자 또는 비거주자·외국법인의 국내사업장에 주식 또는 출자지분외의 유가증권을 양도함으로써 발생하는 소득. 다만, 당해 유가증권의 양도시에 법 제119조제1호의 규정에 의하여 과세되는 소득을 제외한다.(2000.12.29 본호개정)
⑫ 국내사업장이 없는 비거주자가 다음 각 호의 어느 하나에 해당하는 파생상품을 통하여 취득한 소득은 국내원천소득으로 보지 아니한다.(2019.2.12 본문개정)
1. 「자본시장과 금융투자업에 관한 법률」 제5조제2항에 따른 장내파생상품
2. 「자본시장과 금융투자업에 관한 법률」 제5조제3항에 따른 장외파생상품으로서 같은 법 시행령 제186조의2에 따른 위험회피목적의 거래인 것
(2019.2.12 1호~2호신설)
⑬ 법 제119조제12호나목에서 "대통령령으로 정하는 소득"이란 재산권에 관한 계약의 위약 또는 해약으로 인하여 지급받는 손해배상으로서 그 명목여하에 불구하고 본래의 계약내용이 되는 지급자체에 대한 손해를 넘어 배상받는 금전 또는 기타 물품의 가액을 말한다. (2010.2.18 본항개정)
⑭ 법 제119조제9호나목에 따른 자산총액 및 자산가액의 계산에 관하여는 제158조제4항 및 제5항을 준용한다. 이 경우 "양도일"은 "양도일이 속하는 사업연도 개시일"로 본다.(2020.2.11 전단개정)
⑮ 법 제119조제12호자목에서 "대통령령으로 정하는 특수관계에 있는 비거주자"란 다음 각 호의 어느 하나에 해당하는 관계에 해당하는 비거주자를 말한다. (2010.2.18 본문개정)

1. 거주자 또는 내국법인과 「국제조세조정에 관한 법률 시행령」 제2조제2항에 따른 특수관계(2021.2.17 본호개정)
2. 비거주자 또는 외국법인과 제26조의2제8항제1호가목 또는 나목에 따른 특수관계(2010.2.18 본호개정)
⑯ 법 제119조제12호자목에서 "대통령령으로 정하는 자본거래로 인하여 그 가치가 증가함으로써 발생하는 소득"이란 「법인세법 시행령」 제88조제1항제8호 각 목의 어느 하나 또는 같은 항 제8호의2에 해당하는 거래로 인하여 주주등인 비거주자가 제15항 각 호에 따른 특수관계에 있는 다른 주주등으로부터 이익을 분여받아 발생한 소득을 말한다.(2010.2.18 본항개정)
⑰ 국내사업장이 없는 비거주자가 「자본시장과 금융투자업에 관한 법률」에 따라 국내사업장이 없는 비거주자·외국법인과 유가증권(제102조에 따른 채권등은 제외한다. 이하 이 항에서 같다) 대차거래를 하여 유가증권 차입자로부터 지급받는 배당 등의 보상금상당액은 국내원천소득으로 보지 아니한다.(2009.2.4 본항개정)
⑱ 제11항제1호 단서를 적용하는 경우 비거주자가 투자기구(법인의 거주지국에서 조세목적상 주식 또는 출자지분의 양도로 발생하는 소득에 대하여 법인이 아닌 그 주주 또는 출자자가 직접 납세의무를 부담하는 경우를 말한다. 이하 같다)를 통하여 내국법인 또는 외국법인(증권시장에 상장된 외국법인만 해당한다)의 주식(이하 이 항에서 "주식"이라 한다)을 취득하거나 소유(이하 "투자"라 한다)한 경우 그 주식 소유비율 또는 출자비율(이하 "투자비율"이라 한다)은 다음 각 호에 따라 계산한다.
1. 비거주자가 투자기구를 통한 투자(이하 "간접투자"라 한다)만 한 경우 : 투자기구의 투자비율. 이 경우 2 이상의 투자기구를 통하여 투자한 경우 그 투자기구들의 투자비율을 각각 합하여 산출한다.
2. 비거주자가 간접투자와 투자기구를 통하지 아니하는 직접 투자(이하 이 호에서 "직접투자"라 한다)를 동시에 한 경우 : 다음 각 목에 따라 계산한 비율을 큰 비율
   가. 비거주자의 직접투자와 간접투자에 의한 투자비율을 각각 합한 비율. 이 경우 비거주자가 간접투자한 비율은 해당 비거주자가 투자기구에 투자한 비율과 투자기구의 투자비율을 곱하여 산출한다.
   나. 투자기구의 투자비율. 이 경우 2 이상의 투자기구를 통하여 투자한 경우 그 투자기구들의 투자비율을 각각 합하여 산출한다.
(2010.12.30 본항개정)
⑲ (2022.2.15 삭제)

제179조의2【적격외국금융회사등의 승인 요건 등】
① 법 제119조제2항 전단에 따른 적격외국금융회사등(이하 "적격외국금융회사등"이라 한다)으로 국세청장의 승인을 받으려는 외국금융회사 등은 우리나라와 조세조약이 체결된 국가에 본점 또는 주사무소가 있는 외국법인으로서 다음 각 호의 어느 하나에 해당하는 법인이어야 한다.
1. 「자본시장과 금융투자업에 관한 법률」 제294조에 따른 한국예탁결제원과 유사한 업무를 영위하는 법인
2. 해당 국가 외의 국가에서 발행된 증권의 보관 업무를 수행할 수 있는 법인
② 적격외국금융회사등으로 승인을 받으려는 외국금융회사 등은 「자본시장과 금융투자업에 관한 법률」 제294조에 따른 한국예탁결제원을 거쳐 국세청장에게 기획재정부령으로 정하는 적격외국금융회사등 승인 신청서를 제출해야 한다.
③ 제2항에 따라 신청서를 제출받은 국세청장은 신청인이 제1항 각 호의 어느 하나에 해당하는 법인인 경우 적격외국금융회사등으로 승인해야 한다. 이 경우 국세

청장은 신청인이 제1항 각 호의 어느 하나에 해당하는 법인인지에 관하여 「자본시장과 금융투자업에 관한 법률」 제294조에 따른 한국예탁결제원에 자문할 수 있다.
④ 국세청장은 적격외국금융회사등이 다음 각 호의 어느 하나에 해당하는 경우에는 적격외국금융회사등의 승인을 취소할 수 있다.
1. 신청 서류를 허위로 기재하는 등 거짓이나 부정한 방법으로 승인을 받은 경우
2. 체납세액이 있고 그 징수가 현저히 곤란하다고 인정되는 경우
3. 제179조의3에 따른 의무를 이행하지 않는 등 적격외국금융회사등의 업무를 수행하도록 하는 것이 적절하지 않다고 인정되는 경우
(2022.12.31 본조신설)

제179조의3【적격외국금융회사등의 준수사항】
적격외국금융회사등은 다음 각 호의 의무를 이행해야 한다.
1. 해당 적격외국금융회사등을 통해 법 제119조의3제1항제1호에 따른 국채등(이하 이 조 및 제179조의4에서 "국채등"이라 한다)을 취득·보유·양도하는 비거주자의 성명, 국적 및 거주지 등 인적사항을 확인하고 관련 자료를 보관·비치할 것
2. 국채등의 취득일, 취득금액, 보유기간, 양도일 및 양도금액 등이 포함된 비거주자별 국채등 보유·거래 명세서 자료를 보관·비치할 것
3. 제2호에 따른 자료를 기획재정부령으로 정하는 바에 따라 법 제119조의3제1항 각 호의 소득을 지급하는 자(이하 이 조 및 제179조의4에서 "소득지급자"라 한다)의 납세지 관할 세무서장에게 보고할 것
4. 국세청장 또는 소득지급자가 제1호 또는 제2호에 따른 자료의 제출을 요구하는 경우에는 요구받은 날부터 30일 이내에 그 자료를 제출할 것
5. 국세청장이 적격외국금융회사등의 승인을 할 때 조건을 정한 경우에는 그 조건을 준수할 것
(2022.12.31 본조신설)

제179조의4【비거주자의 국채등 이자·양도소득에 대한 비과세 적용 신청】
① 법 제119조의3제3항에 따른 비과세의 비과세 적용 신청은 다음 각 호의 구분에 따른 절차에 따른다. 이 경우 해당 신청에 따라 비과세 적용을 받은 후 국채등으로 발생한 다른 이자·양도소득에 대해 비과세 적용을 받으려고 할 때 당초의 신청 내용에 변경사항이 없으면 다음 각 호의 구분에 따른 절차를 다시 거치지 않을 수 있다.(2023.2.28 후단개정)
1. 법 제119조의3제1항의 소득이 국외투자기구(법 제119조의3제2항 각 호의 어느 하나에 해당하여 국외투자기구를 실질귀속자로 보는 경우의 국외투자기구 및 법 제119조의3제4항 각 호의 어느 하나에 해당하는 국외투자기구는 제외한다)를 통해 지급되는 경우 : 다음 각 목의 순서에 따른 절차
   가. 비거주자가 다음의 서류를 국외투자기구에 제출한다.
     1) 기획재정부령으로 정하는 세무서장제출용 비과세 신청서(이하 "세무서장제출용 비거주자비과세 신청서"라 한다)
     2) 해당 비거주자 거주지국의 권한 있는 당국이 발급하는 거주자증명서 또는 국세청장이 정하여 고시하는 서류
   나. 국외투자기구가 가목에 따라 제출받은 서류를 소득지급자에게 제출한다.
   다. 소득지급자가 기획재정부령으로 정하는 소득지급자용 거래·보유 명세서(이하 "소득지급자용 거래·보유 명세서"라 한다)를 작성하여 나목에 따라 제출받은 서류와 함께 해당 소득을 지급한 날이 속하는 달의 다음 달 9일까지 납세지 관할 세무서장에게 제출한다.

2. 제1호 외의 경우 : 다음 각 목의 순서에 따른 절차
가. 비거주자(법 제119조의2제1항 각 호의 어느 하나에 해당하여 국외투자기구를 실질귀속자로 보는 경우의 국외투자기구 또는 법 제119조의3제4항 각 호의 어느 하나에 해당하는 국외투자기구를 포함한다. 이하 이 호에서 같다)가 다음의 서류를 소득지급자에게 제출한다.
1) 세무서장제출용 비거주자비과세신청서(법 제119조의2제1항 각 호의 어느 하나에 해당하여 국외투자기구를 실질귀속자로 보는 경우의 국외투자기구 또는 법 제119조의3제4항 각 호의 어느 하나에 해당하는 국외투자기구가 외국법인인 경우에는 「법인세법 시행령」 제132조의4제1항제1호가목1)에 따른 세무서장제출용 외국법인비과세신청서를 말한다)
2) 해당 비거주자 거주지국의 권한 있는 당국이 발급하는 거주자증명서 또는 국세청장이 정하여 고시하는 서류
나. 소득지급자가 소득지급자용 거래·보유 명세서를 작성하여 가목에 따라 제출받은 서류와 함께 해당 소득을 지급한 날이 속하는 달의 다음 달 9일까지 납세지 관할 세무서장에게 제출한다.
② 제1항제1호에도 불구하고 적격외국금융회사등을 통해 취득·보유·양도하는 국채등의 경우에는 다음 각 호의 순서에 따른 절차를 적용할 수 있다.
1. 비거주자가 다음 각 목의 서류를 국외투자기구에 제출한다.
가. 기획재정부령으로 정하는 적격외국금융회사등제출용 비과세 신청서(이하 "적격외국금융회사등제출용 비거주자비과세신청서"라 한다)
나. 해당 비거주자 거주지국의 권한 있는 당국이 발급하는 거주자증명서 또는 국세청장이 정하여 고시하는 서류
2. 국외투자기구가 제1호에 따라 제출받은 서류를 적격외국금융회사등에 제출한다.
3. 적격외국금융회사등이 기획재정부령으로 정하는 적격외국금융회사등용 거래·보유 명세서(이하 "적격외국금융회사등용 거래·보유 명세서"라 한다)와 기획재정부령으로 정하는 적격외국금융회사등 비과세 신청서(이하 "적격외국금융회사등비과세신청서"라 한다)를 작성하여 소득지급자에게 제출한다.
4. 소득지급자가 제3호에 따라 제출받은 서류를 해당 소득을 지급한 날이 속하는 달의 다음 달 9일까지 납세지 관할 세무서장에게 제출한다.
③ 제1항제2호에도 불구하고 적격외국금융회사등을 통해 취득·보유·양도하는 국채등의 경우에는 다음 각 호의 순서에 따른 절차를 적용할 수 있다.
1. 비거주자가 다음 각 목의 서류를 적격외국금융회사등에 제출한다.
가. 적격외국금융회사등제출용 비거주자비과세신청서
나. 해당 비거주자 거주지국의 권한 있는 당국이 발급하는 거주자증명서 또는 국세청장이 정하여 고시하는 서류
2. 적격외국금융회사등이 적격외국금융회사등용 거래·보유 명세서와 적격외국금융회사등비과세신청서를 작성하여 소득지급자에게 제출한다.
3. 소득지급자가 제2호에 따라 제출받은 서류를 해당 소득을 지급한 날이 속하는 달의 다음 달 9일까지 납세지 관할 세무서장에게 제출한다.
④ 비거주자와 적격외국금융회사등은 그 대리인(「국세기본법」 제82조에 따른 납세관리인을 포함한다)을 통해 제1항부터 제3항까지의 규정에 따른 신청을 할 수 있다.

⑤ 금융회사 등이 비거주자의 국채등을 인수·매매·중개 또는 대리하는 경우에는 해당 금융회사 등과 비거주자 간에 대리 또는 위임의 관계가 있는 것으로 보아 제1항부터 제4항까지의 규정을 적용한다.
⑥ 법 제156조제6항 본문에 따라 국채등의 양도에 관하여 「자본시장과 금융투자업에 관한 법률」에 따른 투자매매업자 또는 투자중개업자가 원천징수를 하는 경우에는 해당 투자매매업자 또는 투자중개업자와 비거주자 간에 대리 또는 위임의 관계가 있는 것으로 보아 제1항부터 제4항까지의 규정을 적용한다.
⑦ 제5항 또는 제6항이 적용되지 않는 경우로서 국내에 소득지급자의 주소, 거소, 본점, 주사무소, 사업의 실질적 관리장소 또는 국내사업장(「법인세법」 제94조에 따른 국내사업장을 포함한다)이 없는 경우에는 제1항부터 제3항까지의 규정에도 불구하고 국외투자기구, 비거주자 또는 적격외국금융회사등은 다음 각 호의 구분에 따른 서류를 납세지 관할 세무서장에게 직접 제출할 수 있다.
1. 국외투자기구의 경우 : 제1항제1호나목에 따라 소득지급자에게 제출해야 하는 서류
2. 비거주자의 경우 : 제1항제2호가목에 따라 소득지급자에게 제출해야 하는 서류
3. 적격외국금융회사등의 경우 : 제2항제3호 또는 제3항제2호에 따라 소득지급자에게 제출해야 하는 서류
(2022.12.31 본조신설)

제179조의5【거주자의 국채등 소득에 대한 신고·납부】 ① 법 제119조의3제4항제2호에서 "대통령령으로 정하는 요건을 갖춘 국외투자기구"란 투자설명서 작성 또는 이와 유사한 방식으로 국외에서 50명 이상의 일반 투자자에게 증권 취득의 청약을 권유한 국외투자기구를 말한다.
② 법 제119조의3제4항 각 호의 어느 하나에 해당하는 국외투자기구에 투자한 거주자는 같은 조 제1항 각 호의 소득에 대해 법 제17조, 제70조 및 제76조에 따라 신고·납부해야 한다.
(2023.2.28 본조개정)

제180조【비거주자의 대리인 등의 범위】 ① 법 제120조제3항 각 호 외의 부분에서 "대통령령으로 정하는 자"란 다음 각 호의 어느 하나에 해당하는 자를 말한다. (2019.2.12 본문개정)
1. 비거주자의 자산을 상시 보관하고 관례적으로 이를 배달 또는 인도하는 자
2. 중개인, 일반위탁매매인 기타 독립적 지위의 대리인으로서 주로 특정 비거주자만을 위하여 계약체결 등 사업에 관한 중요한 부분의 행위를 하는 자(이들이 자기사업의 정상적인 과정에서 활동하는 경우를 포함한다)
3. 보험사업(재보험사업은 제외한다)을 영위하는 비거주자를 위하여 보험료를 징수하거나 국내소재 피보험물에 대한 보험을 인수하는 자
② 법 제120조제1호 각 호 외의 부분에서 "대통령령으로 정하는 특수관계인"이란 제183조의2제2항 각 호의 어느 하나에 해당하는 관계에 있는 자를 말한다. (2019.2.12 본항신설)
(2019.2.12 본조제목개정)

제180조의2【비거주자에 대한 과세방법】 ① 법 제121조제2항 단서에서 "대통령령으로 정하는 비거주자"란 법 제1조의2제1항제2호의 비거주자를 말한다. 다만, 법 제89조제1항제3호를 적용할 때에는 제154조제1항제2호나목 및 다목의 요건을 충족하는 비거주자는 제외한다.
② 법 제121조제3항 및 제4항에 따라 과세되는 경우로서 법 제2조제3항 각 호 외의 부분 본문에 해당하는 비

거주자로 보는 단체에 대해서는 그 단체의 구성원별로 분배받는 이익에 대하여 법과 이 영을 적용하여 과세한다.(2019.2.12 본항개정)
(2013.2.15 본조제목개정)
(2010.2.18 본조신설)

제2절 비거주자에 대한 종합과세

제181조【종합과세시의 과세표준과 세액의 계산】 ① 법 제122조제1항에 따른 종합과세 시 과세표준과 세액의 계산 방법은 다음 각 호에 따른다.(2019.2.12 본문개정)

1. 법 제28조의 규정에 의한 대손충당금의 필요경비계산에 있어서 그 대손금은 비거주자가 국내에서 영위하는 사업에 관한 것에 한한다.
2. 법 제29조의 규정에 의한 퇴직급여충당금의 필요경비계산에 있어서 종업원은 비거주자의 종업원중 그 비거주자가 국내에서 영위하는 사업을 위하여 국내에서 상시 근무하는 자에 한한다.
3. 법 제33조제1항제1호 내지 제4호 및 제12호의 규정에 의한 경비에는 외국정부 또는 외국지방자치단체에 의하여 부과된 것을 포함한다.
4. 법 제34조 및 제35조의 규정에 의한 기부금 또는 기업업무추진비등의 필요경비계산에 있어서 그 기부금 또는 기업업무추진비등은 국내에서 영위하는 사업에 관한 것에 한한다.(2023.2.28 본호개정)
5. 제48조제4호의 규정에 의한 장기할부조건에 의한 상품 등의 판매는 비거주자가 국내에서 영위하는 사업에 관한 것에 한한다.(1999.12.31 본호개정)
6. 제48조제5호의 규정에 의한 건설·제조 기타 용역(도급공사 및 예약매출을 포함한다)은 비거주자가 국내에서 영위하는 사업에 관한 것에 한한다.(2012.2.2 본호개정)
7. 제62조제2항제1호 및 동항제2호가목 내지 라목의 규정에 의한 감가상각자산은 비거주자의 감가상각자산 중 국내에 있는 것에 한한다.(2001.12.31 본호개정)
8. 제91조 및 제93조의 규정에 의한 재고자산 또는 유가증권은 비거주자의 당해 자산중 국내에 있는 것에 한한다.
9. 제62조제2항제2호바목 및 사목에 따른 무형자산은 비거주자의 무형자산 중 비거주자가 국내에서 영위하는 사업에 귀속되는 것 또는 그 비거주자의 국내에 있는 자산에 관한 것에 한정한다.(2020.2.11 본호개정)
10. 법 제119조제1호에 따른 국내원천 이자소득 및 같은 조 제2호에 따른 국내원천 배당소득은 국내에서 받는 것에 한정한다.(2019.2.12 본호개정)
② 국내사업장에서 발생된 판매비 및 일반관리비와 기타의 경비중 국내원천소득의 발생과 관련되지 아니하는 것으로서 기획재정부령이 정하는 것은 법 제27조의 규정에 의한 필요경비에 포함하지 아니한다.(2008.2.29 본항개정)

제181조의2【국내사업장과 본점 등의 거래에 대한 국내원천소득금액의 계산】 ① 비거주자의 국내사업장의 각 과세기간의 소득금액을 결정함에 있어서 국내사업장과 국외의 본점 및 다른 지점(이하 이 조에서 "본점등"이라 한다)간 거래(이하 "내부거래"라 한다)에 따른 국내원천소득금액의 계산은 법 및 이 영에서 달리 정하는 것을 제외하고는 제183조의2제1항의 정상가격(이하 이 조에서 "정상가격"이라 한다)에 의하여 계산한 금액으로 한다.(2013.2.15 본항신설)
② 제1항을 적용할 때 내부거래에 따른 비용은 정상가격의 범위에서 국내사업장에 귀속되는 소득과 필수적 또는 합리적으로 관련된 비용에 한정하여 필요경비에

산입하고, 자금거래에 따른 이자 등 기획재정부령으로 정하는 비용은 이를 필요경비에 산입하지 않는다. 다만, 자금거래에 따른 이자에 대해 조세조약에 따라 필요경비에 산입할 수 있는 경우에는 그렇지 않다.(2020.2.11 본항개정)
③ 비거주자의 국내사업장의 각 과세기간의 소득금액을 결정함에 있어서 그 본점등의 경비중 공통경비로서 그 국내사업장의 국내원천소득발생과 합리적으로 관련된 것은 국내사업장에 배분하여 필요경비에 산입한다.
④ 제1항 및 제2항에 따라 비거주자가 내부거래에 따른 국내원천소득금액을 계산할 때에는 내부거래 명세서, 경비배분계산서 등 기획재정부령으로 정하는 서류를 법 제5조에 따른 과세기간 종료일이 속하는 달의 말일부터 6개월 이내에 납세지 관할세무서장에게 제출해야 하고, 그 계산에 관한 증명서류를 보관·비치해야 한다.(2022.2.15 본항개정)
⑤ 제1항부터 제4항까지의 규정을 적용할 때 내부거래에 따른 국내원천소득금액과 자본의 계산 절차 및 방법, 국내사업장에 배분되는 경비의 범위·배분방식, 업종별 경비배분방법 및 경비배분 시 외화의 원화환산방법, 그 밖에 필요한 사항은 기획재정부령으로 정한다.(2020.2.11 본항개정)
(2013.2.15 본조개정)

제182조【비거주자의 신고와 납부】 ① 법 제124조에 따라 비거주자의 국내원천소득을 종합하여 과세하는 경우 이에 관한 신고와 납부에 관하여는 제2항에서 정하는 사항을 제외하고는 이 영 중 거주자의 신고와 납부에 관한 규정을 준용한다.(2022.2.15 본항개정)
② 법 제124조제2항에 따라 대표신고자가 비거주자구성원의 종합소득과세표준을 일괄해서 신고할 때에는 자신의 납세지 관할 세무서장에게 기획재정부령으로 정하는 신고서류를 제출해야 한다. 다만, 그 대표신고자가 법 제2조제3항 각 호 외의 부분 단서 또는 같은 조 제4항제1호에 따라 단체의 구성원별로 소득세 납세의무를 지는 구성원이 아닌 경우에는 해당 단체의 납세지 관할 세무서장에게 신고서류를 제출해야 한다.(2022.2.15 본항신설)

제183조【비거주자의 분리과세의 경우의 과세표준과 세액의 계산】 ① 법 제126조제1항제1호에서 "대통령령으로 정하는 바에 따라 확인된 해당 유가증권의 취득가액 및 양도비용"이란 제179조제11항에 따른 유가증권의 양도자 또는 그 대리인이 원천징수의무자에게 원천징수를 하는 날까지 제출하는 출자금 또는 주금납입영수증·양도증서·대금지급영수증 기타 출자 또는 취득 및 양도에 소요된 금액을 증명하는 자료에 의하여 그 유가증권의 취득가액 및 양도비용이 확인된 다음 각 호의 어느 하나에 해당하는 금액을 말한다.(2009.2.4 본항개정)

1. 당해 유가증권의 취득 또는 양도에 실지로 직접 소요된 금액(그 취득 및 양도에 따라 직접 소요된 조세·공과금 및 중개수수료를 포함한다). 다만, 당해 유가증권이 출자지분 또는 주식으로서 그 출자지분 또는 주식에 법인의 잉여금의 전부 또는 일부를 출자 또는 자본의 원입함으로써 취득한 것이 포함되어 있는 경우에는 「법인세법 시행령」 제14조제2항의 규정을 준용하여 계산한 금액으로 한다.(2005.2.19 단서개정)
2. 상속인·수증자 기타 이에 준하는 자가 양도한 유가증권의 취득가액은 당해 양도자산의 당초의 피상속인·증여자 기타 이에 준하는 자를 당해 유가증권의 양도자로 보고 제1호의 규정에 의하여 계산한 금액. 다만, 당해 유가증권이 「상속세 및 증여세법」에 의하여 과세된 경우에는 당해 유가증권의 수증당시의 시가(2005.2.19 본호개정)

3.「법인세법 시행령」제88조제1항제8호 각 목의 어느 하나 또는 같은 항 제8호의2에 해당하는 자본거래로 인하여 취득한 유가증권의 취득가액은 제1호에 따라 계산한 금액에 제179조제16항에 따른 금액을 더한 금액(2012.2.2 본호개정)

② 제1항의 규정을 적용함에 있어서 취득가액이 서로 다른 동일 종목의 유가증권(채권의 경우에는 액면가액, 발행일 및 만기일, 이자율 등 발행조건이 같은 동일종목의 채권을 말한다)을 보유한 비거주자가 당해 유가증권을 양도한 경우에 공제할 취득가액은 제92조제2항제5호의 규정에 의한 이동평균법에 의하여 계산한다.(1998.12.31 본항개정)

③ 법 제126조제1항제2호에서 "대통령령으로 정하는 상금·부상 등"이란 제87조제1호에 따른 상금 및 부상을 말한다.(2009.2.4 본항신설)

④ 법 제126조제1항제2호에서 "대통령령으로 정하는 금액"이란 비거주자가 지급받은 금액의 100분의 80에 상당하는 금액을 말한다. 다만, 실제 소요된 필요경비가 100분의 80에 상당하는 금액을 초과하는 경우에는 그 초과하는 금액도 포함한다.(2009.2.4 본항신설)

⑤~⑥ (2022.2.15 삭제)

제183조의2【정상가격의 개념 등】① 법 제126조제6항 각 호 외의 부분에서 "대통령령으로 정하는 정상가격"이란 「국제조세조정에 관한 법률」제8조 및 같은 법 시행령 제5조부터 제16조까지의 규정에 따른 방법을 준용하여 계산한 가액을 말한다.(2021.2.17 본항개정)

② 법 제126조제6항제1호에서 "대통령령으로 정하는 특수관계"란 다음 각 호의 어느 하나에 해당하는 관계를 말한다.(2013.2.15 본항개정)

1. 비거주자와 그의 배우자·직계혈족 및 형제자매인 관계
2. 비거주자가 외국법인의 의결권 있는 주식의 100분의 50 이상을 직접 또는 간접으로 소유하고 있는 관계 (2006.2.9 본항개정)

③ 제1항에 따른 정상가격을 산출할 수 없는 경우에는 법 제99조제1항제3호부터 제5호까지와 「상속세 및 증여세법」제63조제3항을 준용하여 평가한 가액을 정상가격으로 한다.(2014.2.21 본항개정)

④ 제2항제2호의 규정에 따른 주식의 간접소유비율의 계산에 관하여는 「국제조세조정에 관한 법률 시행령」제2조제3항을 준용한다.(2021.2.17 본항개정)

⑤ 법 제126조제6항제2호에서 "대통령령으로 정하는 경우"란 정상가격과 거래가격의 차액이 3억원 이상이거나 정상가격의 100분의 5에 상당하는 금액 이상인 경우를 말한다.(2013.2.15 본항개정)

제183조의3【비거주자의 장외 유가증권거래에 관한 자료제출】법 제126조제6항제1호에 해당하는 유가증권의 양도가 증권시장을 통하지 아니하고 이루어진 경우에는 해당 유가증권의 양도로 인하여 발생하는 소득의 지급자가 기획재정부령으로 정하는 국외특수관계인 간 주식양도가액검토서를 법 제156조제1항에 따른 원천징수세액 납부기한까지 제출하여야 한다. (2013.2.15 본조개정)

제183조의4【비거주자의 유가증권양도소득에 대한 신고·납부 특례】① 비거주자는 법 제126조의2의 규정에 의하여 양도당시 조세조약에서 정한 과세기준을 충족하지 아니하여 주식 또는 출자지분의 양도소득중 원천징수되지 아니한 소득의 원천징수세액상당액을 당해 유가증권을 발행한 내국법인의 소재지를 관할하는 세무서장에게 신고·납부하여야 한다.

② 제1항의 규정에 의하여 주식 또는 출자지분의 양도소득중 원천징수되지 아니한 소득의 원천징수세액상당액을 신고·납부하고자 하는 비거주자는 동일한 사업연도에 양도한 당해 법인의 양도주식총액과 원천징수

되지 아니한 양도주식총액을 구분하여 기획재정부령이 정하는 비거주자유가증권양도소득정산신고서를 제출하여야 한다.(2008.2.29 본항개정)

③ 법 제126조의2제3항 본문에서 "대통령령으로 정하는 주식·출자지분이나 그 밖의 유가증권"이란 다음 각 호의 유가증권을 말한다.(2019.2.12 본항개정)

1. 「조세특례제한법 시행령」제18조제4항제1호 및 제2호에 따라 과세되는 주식등 유가증권
2. 외국에서 거래되는 원화표시 유가증권(외국유가증권시장 외에서 거래되는 것을 말한다) (2008.2.22 본항신설)

④ 법 제126조의2제3항에 따라 신고·납부하려는 비거주자는 해당 주식등 유가증권을 발행한 내국법인의 소재지를 관할하는 세무서장에게 기획재정부령으로 정하는 비거주자유가증권양도소득신고서를 작성하여 신고·납부하여야 한다.(2008.2.29 본항개정) (2000.12.29 본조신설)

제5장 원천징수

제1절 원천징수

제184조【원천징수대상 사업소득의 범위】① 법 제127조제1항제3호에서 "대통령령으로 정하는 사업소득"이란 「부가가치세법」제26조제1항제5호 및 제15호에 따른 용역의 공급에서 발생하는 소득을 말한다. 다만, 다음 각 호의 어느 하나에 해당하는 소득은 제외한다.

1. 「부가가치세법 시행령」제35조제4호에 따른 조제용역의 공급으로 발생하는 사업소득 중 기획재정부령으로 정하는 바에 따라 계산한 의약품가격이 차지하는 비율에 상당하는 소득
2. 「부가가치세법 시행령」제42조제1호바목에 따른 용역의 공급으로 발생하는 소득 (2013.6.28 본항개정)

② (2009.2.4 삭제)

③ 법 제127조제1항제3호 및 제2항에 따른 원천징수를 할 때 소득세를 원천징수하여야 할 자는 다음 각 호의 어느 하나에 해당하는 자로 한다.(2010.2.18 본문개정)

1. 사업자(2010.2.18 본호개정)
2. 법인세의 납세의무자
3. 국가·지방자치단체 또는 지방자치단체조합
4. 「민법」기타 법률에 의하여 설립된 법인 (2005.2.19 본호개정)
5. 「국세기본법」제13조제4항의 규정에 의하여 법인으로 보는 단체(2005.2.19 본호개정)

제184조의2【봉사료수입금액】법 제127조제1항제8호, 제129조제1항제8호, 제144조제2항 및 제164조제1항제7호에서 "대통령령으로 정하는 봉사료"란 사업자(법인을 포함한다)가 다음 각 호의 어느 하나에 해당하는 용역을 제공하고 그 공급가액(「부가가치세법」제61조를 적용받는 사업자의 경우에는 공급대가를 말한다. 이하 이 조에서 같다)과 함께 「부가가치세법 시행령」제42조제1호바목에 따른 용역을 제공하는 자의 봉사료를 계산서·세금계산서·영수증 또는 신용카드 매출전표 등에 그 공급가액과 구분하여 적는 경우(봉사료를 자기의 수입금액으로 계상하지 아니한 경우만 해당한다)로서 그 구분하여 적은 봉사료금액이 공급가액의 100분의 20을 초과하는 경우의 봉사료를 말한다. (2013.6.28 본항개정)

1. 음식·숙박용역
1의2. 안마시술소·이용원·스포츠맛사지업소 및 그 밖에 이와 유사한 장소에서 제공하는 용역 (2003.12.30 본호신설)

2. 「개별소비세법」 제1조제4항의 규정에 의한 과세유흥장소에서 제공하는 용역(2007.12.31 본호개정)
3. 기타 기획재정부령이 정하는 용역(2008.2.29 본호개정)
(1998.12.31 본조신설)

제184조의3【퇴직소득세 원천징수의무의 대리·위임】 ① 퇴직소득을 지급할 때 다음 각 호에 해당하는 금융회사 등(이하 이 조에서 "금융회사등"이라 한다)과 사용자 간에는 원천징수의무의 대리 또는 위임의 관계가 있는 것으로 보아 법 제127조제2항을 적용한다.
1. 공적연금 관련법에 따라 공적연금을 취급하기 위하여 설립된 연금공단 및 연금관리단
2. 연금계좌취급자
② 원천징수를 대리하거나 그 위임을 받은 금융회사등과 사용자가 각각 퇴직소득을 지급하는 경우 퇴직소득세의 정산 등에 관하여는 법 제148조를 준용한다.
(2013.2.15 본조개정)

제184조의4【한국예탁결제원에 예탁된 증권 등에서 발생한 소득에 대한 원천징수의무의 대리·위임】 「자본시장과 금융투자업에 관한 법률」 제294조에 따른 한국예탁결제원에 예탁된 증권등(같은 조 제1항에 따른 증권등(법 제127조제4항이 적용되는 신탁재산은 제외한다)을 말하며, 이하 이 조에서 "증권등"이라 한다)에서 발생하는 이자 및 배당소득에 대해서는 다음 각 호의 구분에 따른 자와 해당 증권등을 발행한 자 간에 원천징수의무의 대리 또는 위임의 관계가 있는 것으로 보아 법 제127조제2항을 적용한다.
1. 「자본시장과 금융투자업에 관한 법률」 제309조에 따라 한국예탁결제원에 계좌를 개설한 자(이하 이 조에서 "예탁자"라 한다)가 소유하고 있는 증권등의 경우: 한국예탁결제원
2. 「자본시장과 금융투자업에 관한 법률」 제309조에 따라 예탁자가 투자자로부터 예탁받은 증권등의 경우: 예탁자
(2019.2.12 본조신설)

제185조【원천징수세액의 납부】 ① 법 제127조의 규정에 의한 원천징수의무자는 원천징수한 소득세를 법 제128조의 규정에 의한 기한내에 「국세징수법」에 의한 납부서와 함께 원천징수 관할세무서·한국은행 또는 체신관서에 납부하여야 하며, 기획재정부령이 정하는 원천징수이행상황신고서를 원천징수 관할세무서장에게 제출(국세정보통신망에 의한 제출을 포함한다)하여야 한다.(2008.2.29 본항개정)
② 제1항의 원천징수이행상황신고서에는 원천징수하여 납부할 세액이 없는 자에 대한 것도 포함하여야 한다.(1997.12.31 본조개정)

제186조【원천징수세액의 납부에 관한 특례】 ① 법 제128조제2항에서 "대통령령으로 정하는 원천징수의무자"란 다음 각 호의 어느 하나에 해당하는 원천징수의무자로서 원천징수 관할 세무서장으로부터 법 제127조제1항 각 호에 해당하는 소득에 대한 원천징수세액을 매 반기별로 납부할 수 있도록 승인을 받거나 국세청장이 정하는 바에 따라 지정을 받은 자를 말한다.(2021.5.4 본문개정)
1. 직전 연도(신규로 사업을 개시한 사업자의 경우 신청일이 속하는 반기를 말한다. 이하 이 조에서 같다)의 상시고용인원이 20명 이하인 원천징수의무자(금융 및 보험업을 경영하는 자는 제외한다)(2021.5.4 본호개정)
2. 종교단체(2017.12.29 본호신설)
② 제1항제1호에 따른 직전 연도의 상시고용인원수는 직전 연도의 1월부터 12월까지의 매월 말일 현재의 상시고용인원의 평균인원수로 한다.(2021.5.4 본항개정)
③ 제1항의 규정에 의하여 승인을 얻고자 하는 자는 원

천징수세액을 반기별로 납부하고자 하는 반기의 직전월의 1일부터 말일까지 원천징수 관할세무서장에게 신청하여야 한다.(1999.12.31 본항개정)
④ 제3항에 따른 신청을 받은 원천징수 관할세무서장은 해당 원천징수의무자의 원천징수세액 신고·납부의 성실도 등을 고려하여 승인 여부를 결정한 후 신청일이 속하는 반기의 다음 달 말일까지 통지하여야 한다. 이 경우 원천징수의무자가 기한 내에 승인 여부를 통지받지 못한 경우에는 승인받은 것으로 본다.(2010.2.18 본항개정)
⑤ 기타 원천징수세액의 반기별 납부에 관하여 필요한 사항은 국세청장이 정한다.(1998.12.31 본조개정)

제187조 (2021.2.17 삭제)

제187조의2【종신계약의 범위】 법 제129조제1항제5호의2다목에서 "대통령령으로 정하는 종신계약"이란 사망일까지 연금수령하면서 중도 해지할 수 없는 계약을 말한다.(2013.2.15 본조신설)

제187조의3【퇴직소득을 연금수령하는 경우의 원천징수율 등】 ① 법 제129조제1항제5호의3 각 목 외의 부분 후단에 따른 연금 실제 수령연차는 최초로 연금을 수령한 날이 속하는 과세기간을 기산연차로 하여 그 다음 연금을 수령한 날이 속하는 과세기간을 누적 합산한 연차로 한다. 다만, 다음 각 호의 어느 하나에 해당하는 경우의 연금 실제 수령연차는 다음 각 호의 구분에 따라 계산한다.
1. 둘 이상의 연금계좌가 있는 경우: 각각의 연금계좌별로 계산
2. 제40조의4제1항 각 호 및 같은 조 제2항 각 호에 따른 이체의 경우: 제1호에 따라 계산한 연금계좌별 연금 실제 수령연차를 합산한 연수에서 중복하여 수령한 과세기간의 연수를 뺀 연수에 따라 계산(2020.2.11 본항신설)
② 법 제129조제1항제5호의3 각 목 외의 부분 후단에 따른 연금외수령 원천징수세율은 같은 호 각 목 외의 부분 전단에 따른 연금소득을 연금외수령하였다고 가정할 때 제202조제2항 및 제3항에 따라 계산한 원천징수세액을 연금외수령한 금액으로 나눈 비율로 한다.(2020.2.11 본조개정)

제188조【이자·배당소득에 대한 실지명의】 ① 법 제129조제2항에 규정하는 "대통령령으로 정하는 실지명의"라 함은 「금융실명거래 및 비밀보장에 관한 법률」 제2조제4호의 규정에 의한 실지명의를 말한다.(2005.2.19 본항개정)
② 제1항에 따라 실지명의가 확인되지 아니하는 자는 법 제2조에 따른 거주자로 보아 법 제129조제2항을 적용한다.(2010.2.18 본항개정)

제189조【간이세액표】 ① 법 제129조제3항에서 "대통령령으로 정하는 근로소득간이세액표"는 별표2와 같다.
② 법 제129조제3항에서 "대통령령으로 정하는 연금소득간이세액표"는 별표3과 같다.
(2010.2.18 본조개정)

제190조【이자소득 원천징수시기에 대한 특례】 다음 각 호의 어느 하나에 해당하는 이자소득에 대해서는 다음 각 호에 따른 날에 그 소득을 지급한 것으로 보아 소득세를 원천징수한다.(2010.12.30 본문개정)
1. 금융회사 등이 매출 또는 중개하는 어음, 「주식·사채 등의 전자등록에 관한 법률」 제59조에 따른 단기사채등(이하 이 조에서 "단기사채등"이라 한다), 「법인세법」 제2조에 따른 은행(「법인세법 시행령」 제61조제2항제2호부터 제4호까지의 규정에 따른 은행을 포함한다. 이하 이 조에서 "은행"이라 한다) 및 「상호저축은행법」에 따른 상호저축은행이 매출하는 표지어음으로서 보통장으로 거래되는 것(은행이 매출한 표지어음의 경

우에는 보관통장으로 거래되지 아니하는 것도 포함한다)의 이자와 할인액. 다만, 어음이 「자본시장과 금융투자업에 관한 법률」 제294조에 따른 한국예탁결제원에 발행일부터 만기일까지 계속하여 예탁되거나 단기사채등이 「주식·사채 등의 전자등록에 관한 법률」 제2조제6호에 따른 전자등록기관에 발행일부터 만기일까지 계속하여 전자등록된 경우에는 해당 어음 및 단기사채등의 이자와 할인액을 지급받는 자가 할인매출일에 원천징수하기를 선택한 경우만 해당한다.
할인매출하는 날
(2019.6.26 본호개정)
1의2. 법 제156조에 따른 원천징수를 하는 경우에는 법 제119조제1호나목에 따른 국내원천 이자소득
당해 소득을 지급하는 외국법인 또는 비거주자의 당해 사업연도 또는 과세기간의 소득에 대한 과세표준의 신고기한(「법인세법」 제97조제2항에 의하여 신고기한을 연장한 경우에는 그 연장한 기한의 종료일)
(2019.2.12 본호개정)
1의3. 「조세특례제한법」 제100조의18제1항에 따라 배분받는 소득으로서 해당 동업기업의 과세기간 종료 후 3개월이 되는 날까지 지급하지 아니한 소득
해당 동업기업의 과세기간 종료 후 3개월이 되는 날
(2010.12.30 본호개정)
1의4. 직장공제회 반환금을 분할하여 지급하는 경우 납입금 초과이익 : 납입금 초과이익을 원본에 전입하는 뜻의 특약에 따라 원본에 전입된 날(2015.2.3 본호신설)
2. 그 밖의 이자소득
제45조제1호부터 제5호까지, 제7호부터 제9호까지, 제9호의2 및 제10호에서 규정한 날
(2009.2.4 본호개정)
(2010.12.30 본조제목개정)

제191조【배당소득 원천징수시기에 관한 특례】
다음 각 호의 어느 하나에 해당하는 배당소득에 대해서는 다음 각 호에 따른 날에 그 소득을 지급한 것으로 보아 소득세를 원천징수한다.(2010.12.30 본문개정)
1. 의제배당
제46조제4호 또는 제5호에 규정된 날
2. 출자공동사업자의 배당소득으로서 과세기간 종료 후 3개월이 되는 날까지 지급하지 아니한 소득
과세기간 종료 후 3개월이 되는 날
3. 「조세특례제한법」 제100조의18제1항에 따라 배분받는 소득으로서 해당 동업기업의 과세기간 종료 후 3개월이 되는 날까지 지급하지 아니한 소득
해당 동업기업의 과세기간 종료 후 3개월이 되는 날
(2010.12.30 2호~3호개정)
3의2. (2010.12.30 삭제)
4. 그 밖의 배당소득
제46조 각 호에 규정된 날
(2009.2.4 본호개정)
(2010.12.30 본조제목개정)
(2000.12.29 본조개정)

제192조【소득처분에 따른 소득금액변동통지서의 통지】
① 「법인세법」에 의하여 세무서장 또는 지방국세청장이 법인소득금액을 결정 또는 경정할 때에 처분(「국제조세조정에 관한 법률 시행령」 제49조에 따라 처분된 것으로 보는 경우를 포함한다)되는 배당·상여 및 기타 소득은 법인소득금액을 결정 또는 경정하는 세무서장 또는 지방국세청장이 그 결정일 또는 경정일부터 15일내에 기획재정부령이 정하는 소득금액변동통지서에 따라 해당 법인에 통지해야 한다. 다만, 해당 법인의 소재지가 분명하지 않거나 그 통지서를 송달할 수 없는 경우에는 해당 주주 및 해당 상여나 기타소득의

처분을 받은 거주자에게 통지해야 한다.(2021.2.17 본항개정)
②~③ (2010.12.30 삭제)
④ 세무서장 또는 지방국세청장이 제1항에 따라 해당 법인에게 소득금액변동통지서를 통지한 경우 통지하였다는 사실(소득금액 변동내용은 포함하지 아니한다)을 해당 주주 및 해당 상여나 기타소득의 처분을 받은 거주자에게 알려야 한다.(2008.2.22 본항신설)
(2010.12.30 본조제목개정)

제193조【원천징수영수증의 교부】
①~② (2010.12.30 삭제)
③ 법 제133조제1항 단서에서 "대통령령으로 정하는 바에 따라 통지하는 경우"란 다음 각 호의 어느 하나에 해당하는 경우를 말한다. 이 경우 지급받은 이자소득 및 배당소득의 연간합계액과 원천징수세액명세 및 원천징수의무자의 사업자등록번호 및 그 상호 또는 법인명(이하 이 조에서 "사업자등록번호등"이라 한다)을 기재하거나 통보하는 때에도 원천징수영수증을 발급한 것으로 본다.(2021.1.5 후단개정)
1. 금융회사 등이 이자소득이나 배당소득을 받은 자의 통장 또는 금융거래명세서에 그 지급내용과 원천징수의무자의 사업자등록번호 등을 기재하여 통보하는 경우
2. 금융회사 등이 이자소득이나 배당소득을 받는 자로부터 신청을 받아 그 지급내용과 원천징수의무자의 사업자등록번호 등을 우편, 전자계산조직을 이용한 정보통신 또는 팩스로 통보하여 주는 경우(2021.1.5 본호개정)
④ 법 제133조제2항 본문에서 "대통령령으로 정하는 금액 이하인 경우"란 계좌별로 1년간 발생한 이자소득 또는 배당소득금액이 1백만원 이하인 경우를 말한다.
(2018.2.13 본항개정)

제193조의2【채권 등에 대한 원천징수】
① 법 제133조의2제1항에서 "대통령령으로 정하는 법인"이란 「법인세법」 제2조에 따른 법인(국가·지방자치단체 및 외국법인의 국내사업장을 포함한다)을 말한다.
② 법 제133조의2제1항에서 "대통령령으로 정하는 기간 계산방법"이란 해당 채권등의 발행일 또는 직전 원천징수일(이하 이 조에서 "매수일"이라 한다)의 다음 날부터 매도일(법인에게 매도를 위탁·중개·알선시킨 경우에는 실제로 매도된 날을 매도일로 본다) 또는 이자등의 지급일(이하 이 조에서 "매도일"이라 한다)까지의 보유기간을 일수로 계산하는 방법을 말한다.
③ 법 제46조 및 제133조의2제1항에 따른 이자등 상당액(이하 이 조 및 제207조의3에서 "보유기간이자등상당액"이라 한다)은 해당 채권등의 매수일부터 매도일까지의 보유기간에 대하여 이자등의 계산기간에 약정된 이자등의 계산방식에 따라 다음 각 호의 어느 하나에 해당하는 율을 적용하여 계산한 금액(물가연동국고채의 경우에는 기획재정부령으로 정하는 계산방법에 따른 원금증가분을 포함한다)을 말한다. 다만, 전환사채·교환사채 또는 신주인수권부사채에 대한 이자율을 적용할 때 만기보장수익률이 별도로 있는 경우에는 그 만기보장수익률을 이자율로 하되, 조건부 이자율이 있는 경우에는 그 조건이 성취된 날부터는 그 조건부 이자율을 이자율로 하며, 전환사채 또는 교환사채를 발행한 법인의 부도가 발생한 이후 주식으로 전환 또는 교환하는 경우로서 전환 또는 교환을 청구한 날의 전환 또는 교환가액보다 주식의 시가가 낮은 경우에는 전환 또는 교환하는 자의 보유기간이자등상당액은 없는 것으로 하며, 주식으로 전환청구 또는 교환청구를 한 후에도 이자를 지급하는 약정이 있는 경우에는 전환청구일 또는 교환청구일부터는 기획재정부령으로 정하는 바에 따라 해당 약정이자율을 적용한다.(2016.2.17 본문개정)

1. 제22조의2제1항 및 제2항 각 호의 채권을 공개시장에서 발행하는 경우에는 표면이자율
2. 제1호 외의 채권등의 경우에는 해당 채권등의 표면이자율에 발행 시 할인율을 더하고 할증률을 뺀 율
④ (2010.12.30 삭제)
⑤ 법 제133조의2제1항에서 "이자등의 지급일 등 또는 채권등의 매도일 등 대통령령으로 정하는 날"이란 해당 채권등의 이자등 상당액의 지급일 또는 매도일을 말하며, 해당 채권 등이 상속되거나 증여되는 경우에는 상속개시일과 증여일을 말한다.
⑥ 거주자 또는 비거주자가 제190조제1호에 규정하는 날에 원천징수하는 채권등을 금융회사 등의 중개를 통하여 이자계산기간 중에 매도하는 경우 해당 금융회사 등은 중도매도일에 해당 채권등을 새로 매출한 것으로 보아 이자등을 계산하여 세액을 원천징수하여야 한다. (2013.2.15 본항신설)
(2010.2.18 본조신설)
제193조의3 (2010.6.8 삭제)
제194조【근로소득 간이세액표의 적용】 ① 법 제134조제1항에 따라 원천징수의무자가 소득세를 원천징수할 때에는 근로소득에 대하여 별표2의 근로소득 간이세액표 해당란의 세액을 기준으로 원천징수한다. 다만, 근로자가 별표2의 근로소득 간이세액표 해당란 세액의 100분의 120 또는 100분의 80의 비율에 해당하는 금액의 원천징수를 신청하는 경우에는 그에 따라 원천징수할 수 있다.(2015.6.30 본항개정)
② 제1항의 경우 종된 근무지의 원천징수의무자가 원천징수하는 때에는 해당 근로자 본인에 대한 기본공제와 표준세액공제만 있는 것으로 보고 해당란의 세액을 적용한다.(2014.2.21 본항개정)
③ 근로자는 다음 각 호의 어느 하나에 해당하는 경우에는 기획재정부령으로 정하는 소득세 원천징수세액 조정신청서를 작성하여 원천징수의무자에게 제출하거나 근로소득자 소득·세액공제신고서에 원천징수세액의 비율을 기재하여 법 제140조제1항에 따라 제출하여야 한다. 이 경우 그 제출일 이후 지급하는 근로소득부터 변경된 원천징수세액의 비율을 적용한다.(2016.2.17 본문개정)
1. 제1항 단서에 따른 원천징수세액의 비율로 변경하려는 경우
2. 제1호에 따라 변경한 원천징수세액의 비율을 제1항에 따른 원천징수세액의 다른 비율로 변경하려는 경우
(2015.6.30 본항신설)
④ 근로자가 제3항 각 호의 어느 하나에 해당하는 원천징수세액의 비율로 변경한 경우에 변경한 날부터 해당 과세기간의 종료일까지 지급되는 근로소득분에 대해서는 그 변경한 비율을 적용한다.(2015.6.30 본항신설)
(2015.6.30 본조제목개정)
제195조【상여 등에 관한 원천징수】 ① 법 제136조제1항의 규정을 적용함에 있어서 상여 등의 지급대상기간과 세액의 계산은 다음 각호의 1에 의한다.
1. 지급대상기간의 마지막 달이 아닌 달에 지급되는 상여 등은 지급대상기간이 없는 상여 등으로 본다.
2. 법 제136조제1항제1호 및 제2호에서 규정하는 지급대상기간이 서로 다른 상여 등을 같은 달에 지급받는 경우 지급대상기간을 다음 산식에 의하여 계산한 후 동항제1호의 규정을 적용하여 세액을 계산한다. 다만, 지급대상기간을 계산함에 있어 1월 미만의 단수가 있을 때에는 1월로 한다.

$$지급대상기간 = \frac{같은\ 달에\ 지급받은\ 상여\ 등의\ 지급대상기간의\ 합계}{같은\ 달에\ 지급받은\ 상여\ 등의\ 개수}$$

② 법 제136조제2항의 규정을 적용함에 있어서 잉여금처분에 의한 상여 등을 지급하는 때에 원천징수하는 세액은 그 상여 등에 기본세율을 적용하여 계산한 금액으로 한다.
③ 상여 등의 징수세액계산에 있어 기타 필요한 사항은 기획재정부령으로 정한다.(2008.2.29 본항개정)
(1996.12.31 본조개정)
제196조【근로소득세액 연말정산】 ① 법 제134조에 따라 매월분의 근로소득을 지급하는 원천징수의무자는 기획재정부령으로 정하는 근로소득원천징수부(이하 "근로소득원천징수부"라 한다)를 비치·기록하여야 한다. 이 경우 근로소득원천징수부를 전산처리된 테이프 또는 디스크 등으로 수록·보관하여 항시 출력이 가능한 상태에 둔 때에는 근로소득원천징수부를 비치·기록한 것으로 본다.(2010.2.18 전단개정)
② 원천징수의무자는 근로소득원천징수부에 따라 해당 과세기간에 지급한 소득자별 근로소득의 합계액에서 법 및 「조세특례제한법」에 따른 소득공제를 한 금액을 과세표준으로 하여 기본세율을 적용하여 종합소득산출세액을 계산한다.(2010.2.18 본항개정)
③ 원천징수의무자는 제2항의 종합소득산출세액에서 다음 각 호의 금액을 공제한 금액을 소득세로 징수한다. 다만, 다음 각 호의 금액의 합계액이 종합소득산출세액을 초과하는 경우에 그 초과하는 부분은 이를 환급하여야 한다.(2014.2.21 본문개정)
1. 법 제134조제1항의 규정에 의하여 원천징수하는 세액(가산세액을 제외한다)
2. 외국납부세액공제, 근로소득세액공제 및 특별세액공제에 따른 공제세액(2014.2.21 본호개정)
④ 근로자가 원천징수의무자에 대한 근로의 제공으로 인하여 원천징수의무자 외의 자로부터 지급받는 소득(제38조제1항제16호에 따른 환급금을 포함한다)에 대하여는 해당 원천징수의무자가 해당 금액을 근로소득에 포함하여 연말정산하여야 한다.(2009.2.4 본항개정)
제196조의2【2인 이상으로부터 근로소득을 받는 사람의 근무지 신고】 2인 이상의 사용자로부터 근로소득을 받는 사람은 해당 과세기간 종료일까지 주된 근무지와 종된 근무지를 정하여 기획재정부령으로 정하는 근무지(변동)신고서를 주된 근무지의 원천징수의무자에게 제출하여야 한다.(2010.12.30 본조신설)
제197조【재취직자에 대한 근로소득세의 연말정산】 ① 해당 과세기간의 중도에 퇴직한 근로소득자가 다른 근무지에 새로 취직한 때에는 그 새로운 근무지의 원천징수의무자는 해당 근로소득자로부터 전근무지의 근로소득원천징수영수증과 근로소득원천징수부의 사본을 제출받아 전 근무지의 근로소득을 합계한 금액에 대하여 제196조를 준용하여 연말정산을 한다.(2010.2.18 본항개정)
② (2010.12.30 삭제)
제198조【근로소득자의 소득공제 및 세액공제신고】 ① 근로소득(법 제127조제1항제4호 각 목의 어느 하나에 해당하는 근로소득은 제외한다)이 있는 사람은 해당 과세기간의 다음 연도 2월분의 근로소득을 지급받는 날까지(퇴직한 때에는 퇴직한 날이 속하는 달분의 근로소득을 지급받는 날까지) 근로소득자 소득·세액 공제신고서를 원천징수의무자에게 제출(국세정보통신망에 의한 제출을 포함한다)하여야 한다.(2016.2.17 본항개정)
② 근로소득자는 근로소득자 소득·세액 공제신고서에 주민등록표등본을 첨부하여 제출하여야 한다. 다만, 이전에 동일한 원천징수의무자에게 주민등록표등본을 제출한 경우로서 공제대상 배우자 또는 부양가족이 변동되지 아니한 때에는 주민등록표등본을 제출하지 아니한다.

③ 제1항에 따른 신고서를 제출함에 있어서 법 제53조 제2항에 해당하는 자가 있는 경우에는 일시퇴거자 동거가족상황표를 근로소득자 소득·세액 공제신고서에 첨부하여야 한다.
(2014.2.21 본조개정)
제199조~제200조 (2010.12.30 삭제)
제201조【근로소득세액 연말정산시의 환급】 ① 근로소득세액에 대한 연말정산을 하는 경우에 원천징수의무자가 이미 원천징수하여 납부한 소득세에 과오납이 있어 근로소득자에게 환급하는 때에는 그 환급액은 원천징수의무자가 원천징수하여 납부할 소득세에서 조정하여 환급한다.
② 제1항의 경우에 원천징수의무자가 원천징수하여 납부할 소득세가 없는 때에는 기획재정부령이 정하는 바에 의하여 환급한다.(2008.2.29 본항개정)
제201조의2~제201조의4 (2010.6.8 삭제)
제201조의5【연금소득간이세액표의 적용】 법 제143조의2제1항의 규정에 의하여 소득세를 원천징수하는 때에는 연금소득에 대하여 별표3 연금소득간이세액표의 해당란의 세액을 기준으로 하여 원천징수한다.
(2000.12.29 본조신설)
제201조의6【연금소득세액 연말정산】 ① 법 제143조의2의 규정에 의하여 매월분의 연금소득을 지급하는 원천징수의무자는 기획재정부령이 정하는 연금소득원천징수부(이하 "연금소득원천징수부"라 한다)를 비치·기록하여야 한다. 이 경우 연금소득원천징수부를 전산처리된 테이프 또는 디스크 등으로 수록·보관하여 항시 출력이 가능한 상태에 둔 때에는 연금소득원천징수부를 비치·기록한 것으로 본다.(2008.2.29 전단개정)
② 공적연금소득을 지급하는 원천징수의무자는 연금소득원천징수부에 의하여 해당 과세기간에 지급한 소득자별 연금소득의 합계액에서 연금소득공제·인적공제를 한 금액을 과세표준으로 하여 기본세율을 적용하여 종합소득산출세액을 계산한다.(2014.2.21 본항개정)
③ 원천징수의무자는 제2항의 종합소득산출세액에서 다음 각호의 금액을 공제한 금액을 소득세로 징수한다. 다만, 다음 각호의 금액의 합계액이 종합소득산출세액을 초과하는 경우에 그 초과하는 부분은 이를 환급하여야 한다.
1. 법 제143조의2제1항의 규정에 의하여 원천징수하는 세액(가산세액을 제외한다)
2. 연금에 대한 외국납부세액공제
3. 자녀세액공제(2014.2.21 본호신설)
4. 표준세액공제(2014.2.21 본호신설)
(2000.12.29 본조신설)
제201조의7【연금소득자의 소득공제 및 세액공제 신고】 ① 법 제143조의6제1항 및 제2항에 따라 연금소득자가 연금소득자 소득·세액 공제신고서를 제출하는 경우 주민등록표등본 제출에 관하여는 제198조제2항을 준용한다.
② 법 제143조의6제1항 및 제2항에 따라 연금소득자 소득·세액 공제신고서를 제출할 때 법 제53조제2항에 해당하는 자가 있는 경우에는 일시퇴거자 동거가족상황표를 연금소득자 소득·세액 공제신고서에 첨부하여야 한다.
③ 공적연금소득을 지급하는 원천징수의무자는 연금소득자 소득·세액 공제신고서를 작성하여 정보통신망에 게재할 수 있고 연금소득자는 해당 연금소득자 소득·세액 공제신고서를 정보통신망을 통하여 제출할 수 있다.
④ 연금소득자가 제3항에 따라 원천징수의무자가 작성한 연금소득자 소득·세액 공제신고서에 오류가 없음을 확인하는 경우(오류가 있는 경우 연금소득자가 해당 오류를 수정한 경우를 포함한다) 원천징수의무자가 작성한 소득·세액 공제신고서는 해당 연금소득자가 직접 작성하여 제출한 신고서로 본다.

⑤ 원천징수의무자는 연금소득자가 연금소득자 소득·세액 공제신고서의 열람 및 수정을 요청하면 이를 허용하여야 한다.
(2014.2.21 본조개정)
제201조의8【연금소득 원천징수영수증의 교부】 법 제143조의7 단서에서 "대통령령으로 정하는 내용과 방법에 따라 통지하는 경우"란 지급받은 연금소득의 연간 합계액, 원천징수세액명세 및 원천징수의무자의 사업자등록번호와 그 상호 또는 법인명을 정보통신망을 통한 통보(연금소득자로부터 신청을 받은 경우에 한정한다)하거나 서면 또는 팩스로 통보하는 경우를 말한다.(2015.2.3 본조신설)
제201조의9 (2013.2.15 삭제)
제201조의10【과세제외금액 확인을 위한 소득·세액공제확인서의 발급 등】 ① 다음 각 호의 어느 하나에 해당하는 사람(이하 이 조에서 "연금소득자등"이라 한다)이 과세제외금액(공적연금의 경우 과세제외기여금등을 말한다. 이하 이 조에서 같다)이 있어 이를 확인받으려는 경우에는 연금보험료 등 소득·세액공제확인서를 관할 세무서장에게 신청하여 발급받은 후 그 확인서를 원천징수의무자에게 제출하여야 한다.
(2014.2.21 본문개정)
1. 공적연금 관련법에 따른 각종 연금 및 일시금을 수령하려는 사람
2. 연금계좌에서 인출하려는 사람
3. 법 제21조제1항제18호에 따른 기타소득을 지급받으려는 사람
② 제1항에 따라 연금보험료 등 소득·세액 공제확인서를 제출받은 원천징수의무자는 연금보험료 등의 납입액(이미 과세제외금액으로 확인된 금액은 제외하며, 이하 이 조에서 "확인대상납입액"이라 한다)이 소득공제 및 세액공제를 받은 금액을 초과하는 경우 그 초과하는 금액을 과세제외금액으로 확인하여야 한다.
(2014.2.21 본항개정)
③ 제1항에 따라 연금보험료 등 소득·세액 공제확인서를 제출받은 원천징수의무자(연금계좌취급자로 한정한다)는 「조세특례제한법」 제89조의2제1항에 따른 세금우대저축계좌 집중거래를 하여 연금소득자등이 가입한 다른 연금계좌의 납입내역이 확인되는 경우 제2항에도 불구하고 다음 각 호의 금액 중 적은 금액을 해당 연금계좌의 과세제외금액으로 확인하여야 한다.
(2017.2.3 본문개정)
1. 해당 연금계좌의 확인대상납입액과 다른 연금계좌의 확인대상납입액의 합계액이 세액공제 받은 금액을 초과하는 경우 그 초과하는 금액(2014.2.21 본호개정)
2. 해당 연금계좌의 확인대상납입액
④ 제1항의 연금보험료 등 소득·세액 공제확인서는 기획재정부령으로 정하며, 연금소득자등이 연금보험료 등 소득·세액 공제확인서와 연금납입확인서의 발급을 신청한 경우 관할 세무서장과 연금계좌취급자는 즉시 발급하여야 한다.(2014.2.21 본항개정)
⑤ 연금계좌취급자는 연금소득자등이 연금계좌를 해지한 후에도 제4항에 따라 연금납입확인서를 발급하기 위해 필요한 연금납입 정보를 별도의 기간 제한 없이 보유해야 한다.(2020.2.11 본항신설)
(2014.2.21 본조제목개정)
(2013.2.15 본조개정)
제201조의11【사업소득세액의 연말정산】 제137조제1항제2호 및 제3호에 따른 사업소득의 원천징수의무자가 법 제144조의2제1항에 따른 연말정산을 하려는 경우에는 최초로 연말정산을 하려는 해당 과세기간의 종료일까지 기획재정부령으로 정하는 사업소득세액연말정산신청서를 사업장 관할세무서장에게 제출하여야 한다.(2013.2.15 본항개정)

② (2010.12.30 삭제)
③ 제1항에 따라 사업소득세액연말정산신청서를 제출한 원천징수의무자가 연말정산을 하지 아니하려는 경우에는 해당 과세기간의 종료일까지 기획재정부령으로 정하는 사업소득세액연말정산포기서를 사업장 관할 세무서장에게 제출하여야 한다.(2010.12.30 본항개정)
④ 법 제144조의2제1항에서 "해당 과세기간의 사업소득금액에 대통령령으로 정하는 율을 곱하여 계산한 금액"이란 해당 과세기간에 지급한 수입금액에 해당 업종의 기준경비율 및 단순경비율에 따라 계산한 소득의 소득률을 고려하여 기획재정부령으로 정하는 율(이하 "연말정산사업소득의 소득률"이라 한다)을 곱하여 계산한 금액을 말한다.
⑤ 법 제144조의2제3항에 따른 초과액을 해당 사업자에게 환급하는 경우에 관하여는 제201조를 준용한다.
⑥ (2010.12.30 삭제)
⑦ 법 제144조의2제1항에 따른 원천징수의무자는 기획재정부령으로 정하는 사업소득원천징수부를 갖추어 매월 기록하여야 한다. 이 경우 사업소득원천징수부를 전산처리된 테이프 또는 디스크 등으로 수록ㆍ보관하여 항상 출력이 가능한 상태에 둔 때에는 사업소득원천징수부를 갖추어 기록한 것으로 본다.
⑧~⑨ (2010.12.30 삭제)
⑩ 연말정산사업소득이 있는 자가 법 제70조에 따른 종합소득과세표준 확정신고를 할 때에는 제4항에 따라 계산한 금액을 연말정산사업소득의 소득금액으로 신고할 수 있다.
⑪ 사업소득세액 연말정산에 관하여 이 영에 특별한 규정이 있는 경우 외에는 근로소득세액 연말정산의 예에 따른다.
(2010.6.8 본조신설)
제201조의12【연말정산사업소득의 소득공제 및 세액공제 신고 등】법 제144조의3에 따라 종합소득공제, 자녀세액공제, 연금계좌세액공제 및 특별세액공제를 적용받으려는 사업자는 기획재정부령으로 정하는 소득ㆍ세액 공제신고서에 법 제167조제1항에 따른 주민등록표 등본 등을 첨부하여 원천징수의무자에게 제출하여야 한다.(2014.2.21 본조개정)
제202조【원천징수대상 기타소득금액】① 법 제145조제1항의 규정에 의한 기타소득금액은 당해 지급금액에서 이에 대응하는 필요경비로 당해 원천징수의무자가 확인할 수 있는 금액 또는 제87조의 규정에 의한 필요경비를 공제한 금액으로 한다.(1995.12.30 본항개정)
② 법 제145조제2항 단서에서 "대통령령으로 정하는 금액"이란 100만원(필요경비를 공제하기 전의 금액을 말한다)을 말한다.(2010.2.18 본항개정)
③ 법 제145조제1항에 따라 소득세를 원천징수할 때 「조세특례제한법」 제100조의18제1항에 따라 배분받은 소득은 지급받은 날에 원천징수한다. 다만, 해당 동업기업의 과세기간 종료 후 3개월이 되는 날까지 지급하지 아니한 때에는 그 3개월이 되는 날에 원천징수한다.(2009.2.4 본항신설)
④ 법 제145조제1항에 따라 원천징수의무자가 소득세를 원천징수할 때 종교인소득에 대해서는 별표3의4의 종교인소득 간이세액표 해당란의 세액을 기준으로 원천징수한다.(2017.12.29 본항개정)
제202조의2【이연퇴직소득세액 및 원천징수세액의 계산】① 법 제146조제2항에 따라 원천징수하지 아니하거나 환급하는 퇴직소득세(이하 이 조에서 "이연퇴직소득세"라 한다)는 다음의 계산식(환급하는 경우의 퇴직소득금액은 이미 원천징수한 세액을 뺀 금액으로 한다)에 따라 계산한 금액으로 한다.

$$\text{퇴직소득} \atop \text{산출세액} \times \frac{\text{법 제146조제2항 각 호에 해당하는 금액}}{\text{퇴직소득금액}}$$

② 이연퇴직소득을 연금외수령하는 경우 원천징수의무자는 다음의 계산식에 따라 계산한 이연퇴직소득세를 원천징수하여야 한다.

$$\text{연금외수령 당시} \atop \text{이연퇴직소득세} \times \frac{\text{연금외수령한 이연퇴직소득}}{\text{연금외수령 당시 이연퇴직소득}}$$

③ 제2항의 계산식에서 "연금외수령 당시 이연퇴직소득세"란 해당 연금외수령 전까지의 이연퇴직소득세 누계액에서 인출한 이연퇴직소득의 누계액(이하 이 항에서 "인출퇴직소득누계액"이라 한다)에 대한 세액을 뺀 금액을 말하며, 인출퇴직소득누계액에 대한 세액은 다음의 계산식에 따라 계산한 금액으로 한다.

$$\text{이연퇴직소득세 누계액} \times \frac{\text{인출퇴직소득 누계액}}{\text{이연퇴직소득 누계액}}$$

④ 이연퇴직소득을 지급하는 원천징수의무자는 이연퇴직소득 지급일이 속하는 달의 다음 달 말일까지 기획재정부령으로 정하는 원천징수영수증을 연금외수령한 사람에게 발급하여야 한다.
(2013.2.15 본조신설)
제202조의3【퇴직소득세의 환급절차】① 법 제146조제2항 각 호 외의 부분 후단에 따라 환급을 신청하려는 사람(이하 이 조에서 "환급신청자"라 한다)은 퇴직소득을 연금계좌에 지급 또는 입금될 때 기획재정부령으로 정하는 과세이연계좌신고서를 연금계좌취급자에게 제출하여야 한다.(2015.2.3 본항개정)
② 연금계좌취급자는 제1항에 따라 제출받은 과세이연계좌신고서를 원천징수의무자에게 제출하여야 하고 원천징수의무자는 제202조의2제1항의 계산식에 따라 계산한 세액을 환급할 세액으로 하되, 환급할 소득세가 환급하는 달에 원천징수하여 납부할 소득세를 초과하는 경우에는 다음 달 이후에 원천징수하여 납부할 소득세에서 조정하여 환급한다. 다만, 원천징수의무자가 기획재정부령으로 정하는 원천징수세액 환급신청서를 원천징수관할세무서장에게 제출하는 경우에는 원천징수 관할세무서장이 그 초과액을 환급한다.(2015.2.3 본문개정)
③ 제2항에 따라 환급되는 세액은 과세이연계좌신고서에 있는 연금계좌에 이체 또는 입금하는 방법으로 환급하며, 해당 환급세액은 이연퇴직소득에 포함한다. 다만, 원천징수의무자의 폐업 등으로 연금계좌취급자가 과세이연계좌신고서를 원천징수의무자의 원천징수 관할 세무서장에게 제출한 경우에는 원천징수 관할 세무서장이 해당 환급세액을 환급신청자에게 직접 환급할 수 있다.(2015.2.3 단서개정)
④ 법 제146조제2항에 따라 퇴직소득세를 원천징수하지 않거나 환급한 경우 원천징수의무자는 법 제164조에 따른 지급명세서를 연금계좌취급자에게 즉시 통보하여야 한다.
(2013.2.15 본조신설)
제202조의4【종교인소득에 대한 연말정산 등】① 법 제145조의3제1항에서 "대통령령으로 정하는 방법에 따라 계산한 금액"이란 종교관련종사자가 해당 과세기간에 받은 금액에서 제87조제3호에 따른 필요경비를 공제하고 법 제145조의3제2항 및 법 제144조의3에 따라 신고한 종합소득공제를 적용한 금액을 종합소득과세표준으로 하여 종합소득산출세액을 계산하고, 그 종합소득산출세액에서 이 법 및 「조세특례제한법」에 따른 세액공제를 적용한 후 해당 과세기간에 이미 원천징수하여 납부한 소득세를 공제하고 남은 금액을 말한다.
② 종교인소득에 대한 연말정산, 소득공제 및 세액공제

의 신고 등에 대해서는 제201조의11(같은 조 제4항은 제외한다) 및 제201조의12를 준용한다. 이 경우 "사업소 득"은 "종교관련종사소득"으로, "사업자" 또는 "사업소득자"는 "종교관련종사자"로, "사업소득세액연말정산신청서"는 "종교인소득세액연말정산신청서"로, "사업소득원천징수부"는 "종교인소득원천징수부"로 본다. (2016.2.17 본조신설)

제203조【퇴직소득세액의 정산】① 법 제148조제1항 에 따라 정산하는 퇴직소득세는 이미 지급된 퇴직소득과 자기가 지급할 퇴직소득을 합계한 금액에 대하여 퇴직소득세액을 계산한 후 이미 지급된 퇴직소득에 대한 세액을 뺀 금액으로 한다.
② 제1항에 따라 퇴직소득세를 정산하는 경우의 근속 연수는 이미 지급된 퇴직소득에 대한 근속연수와 지급할 퇴직소득의 근속연수를 합산한 월수에서 중복되는 기간의 월수를 뺀 월수에 따라 계산한다.
③ 법 제148조제1항제2호에서 "대통령령으로 정하는 근로계약"이란 근로제공을 위하여 사용자와 체결하는 계약으로서 사용자가 같은 하나의 계약(제43조제1항 각 호의 어느 하나에 해당하는 사유로 체결하는 계약을 포함한다)을 말한다.(2016.2.17 본항개정) (2013.2.15 본조개정)

제2절 납세조합의 원천징수특례

제204조【납세조합의 조직 및 운영】① 법 제149조에 따라 납세조합을 조직하려는 사람은 다음 각 호의 요건을 갖추어 납세조합 관할세무서장을 거쳐 지방국세청장의 승인을 얻어야 한다.(2010.2.18 본문개정)
1. 법 제127조제1항제4호 각 목의 어느 하나에 해당하는 근로소득이 있는 사람의 납세조합은 조합원이 될 납세의무자가 50명 이상으로 그 3분의 2 이상의 동의를 얻을 것. 다만, 지역적인 특수성으로 인하여 조합원이 50명에 미달하는 경우에는 그 미달하는 인원으로도 납세조합을 조직할 수 있다.(2010.2.18 본문개정)
2. 법 제149조제2호의 사업자의 납세조합은 조합원이 될 납세의무자가 20명 이상일 것
3. 법 제153조의 규정에 의한 납세관리와 납세에 관한 업무만을 목적으로 할 것
4. 가입 및 탈퇴를 강제하지 아니할 것. 다만, 납세에 관하여 다른 조합원에게 피해를 입히게 되는 경우로서 당해 조합의 정관 또는 규약에 따로 규정을 둔 때에는 그러하지 아니한다.
② 법 제149조제2호에서 "대통령령으로 정하는 사업자"란 다음 각 호의 어느 하나에 해당하는 사람을 말한다.(2010.2.18 본문개정)
1. 농·축·수산물 판매업자. 다만, 복식부기의무자는 제외한다.(2016.2.17 단서개정)
2. 노점상인
3. 기타 국세청장이 필요하다고 인정하는 사업자
③ 납세조합이 다음 각 호의 어느 하나에 해당하는 경우에는 해산하여야 한다.(2010.2.18 본문개정)
1. 조합원의 2분의 1 이상의 동의가 있는 때
2. 조합원의 수가 제1항제2호에 따른 납세조합에 있어서는 20명, 법 제127조제1항제4호 각 목의 어느 하나에 해당하는 근로소득이 있는 사람의 납세조합에 있어서는 50명에 각각 미달하게 된 때. 다만, 제1항제1호 단서의 경우에는 그러하지 아니한다. (2010.2.18 본문개정)
④ 관할지방국세청장은 납세조합이 다음 각호의 1에 해당하는 경우에는 그 해산을 명할 수 있다.
1. 제1항 각호의 요건에 위배된 때
2. 조세행정에 지장이 있는 행위가 있다고 인정되는 때

⑤ 제1항의 납세조합의 조직 및 운영에 관하여 필요한 사항은 국세청장이 정한다.
제205조【납세조합징수세액의 납부】① 법 제150조의 규정에 의하여 납세조합이 그 조합원으로부터 소득세를 징수한 때에는 당해 조합원에게 기획재정부령이 정하는 영수증을 교부하여야 한다.(2008.2.29 본항개정)
② 제185조제1항 및 제2항의 규정은 납세조합이 그 조합원으로부터 징수한 매월분의 소득세를 납부하는 경우에 이를 준용한다.
③ 법 제152조제1항에서 "대통령령으로 정하는 바에 따라 계산한 각 조합원의 매월분 소득"이란 각 조합원의 매월분 수입금액에서 수입금액에 단순경비율을 곱한 금액을 공제한 금액을 말한다.(2010.2.18 본항개정)
④ 납세조합(농·축·수산물 조합에 한한다)은 매월분 원천징수세액을 납부할 때 기획재정부령으로 정하는 납세조합징수이행상황신고서와 납세조합 조합원 변동명세서를 관할 세무서장에게 제출(국세정보통신망에 의한 제출을 포함한다)하여야 한다.(2008.2.29 본항개정)
제206조【납세조합의 납세관리】① 법 제153조의 규정을 적용함에 있어서 납세조합이 그 조합원의 납세관리인이 되고자 하는 경우에는 기획재정부령이 정하는 납세관리인선정신고서를 납세조합 관할세무서장에게 제출하여야 한다.(2008.2.29 본항개정)
② 제1항의 경우에는 당해 조합원이 납세조합을 납세관리인으로 선정한 뜻을 기재하고 연서한 서류를 당해 신고서에 첨부하여야 한다.

제3절 원천징수의 특례

제206조의2【상여처분의 원천징수 특례】 법 제155조의4제1항에서 "대통령령으로 정하는 소득"이란 「법인세법 시행령」 제106조제1항제1호나목에 따라 상여로 처분된 소득을 말한다.(2014.2.21 본조신설)
제206조의3【서화·골동품 양도 시 원천징수 특례】 법 제155조의5에서 "대통령령으로 정하는 사유"란 양수인이 원천징수의무자가 국내사업장이 없는 비거주자 또는 외국법인인 경우를 말한다.(2015.2.3 본조신설)
제207조【비거주자에 대한 원천징수세액의 납부】① 법 제156조의 규정에 의하여 징수한 원천징수세액의 납부에 관하여는 제185조의 규정을 준용한다. 다만, 원천징수의무자가 국내에 주소·거소·본점·주사무소 또는 국내사업장(외국법인의 국내사업장을 포함한다)이 없는 경우에는 「국세기본법」 제82조의 규정에 의한 납세관리인을 정하여 관할세무서장에게 신고하여야 한다.(2013.2.15 단서개정)
② 법 제156조제1항제4호 단서에서 "국외에서 제공하는 인적용역 중 대통령령으로 정하는 용역"이란 국외에서 제공하는 제179조제6항제2호에 해당하는 용역을 말한다.(2019.2.12 본항개정)
③ 법 제156조제1항제5호에 따라 원천징수하는 금액을 계산할 때 양도자가 법 제121조제2항에 따라 소득세를 신고·납부한 후 양수자가 법 제156조제1항에 따라 원천징수하는 경우에는 해당 양도자가 신고·납부한 세액을 뺀 금액으로 한다.(2019.2.12 본항개정)
④ (2022.2.15 삭제)
⑤ 법 제156조제13항에서 "대통령령으로 정하는 시기"란 다음 각 호의 어느 하나에 해당하는 날을 말한다.
1. 「법인세법 시행령」 제88조제1항제8호가목 및 같은 항 제8호의2(합병·분할의 경우로 한정한다)의 경우 : 법인이 합병으로 인하여 소멸한 경우에는 그 합병등기를 한 날, 법인이 분할 또는 분할합병으로 인하여 소멸 또는 존속하는 경우에는 그 분할등기 또는 분할합병등기를 한 날
2. 「법인세법 시행령」 제88조제1항제8호나목·다목 및 같은 항 제8호의2(합병·분할의 경우는 제외한다)의

경우 : 주식의 소각, 자본의 감소 또는 자본에의 전입을 결정한 날
(2012.2.2 본항개정)
⑥ 주식 또는 출자지분을 발행한 내국법인은 법 제119조제12호자목에 따른 국내원천 기타소득을 제5항에 따른 시기에 원천징수해야 한다.(2021.2.17 본항개정)
⑦ 법 제156조제15항에서 "대통령령으로 정하는 바에 따라 그 소득에 대한 소득세를 미리 납부하였거나 그 소득이 비과세 또는 과세미달되는 것임을 증명하는 경우"란 비거주자가 법 제6조제2항에 따른 납세지 관할세무서장에게 기획재정부령이 정하는 양도소득세 신고납부(비과세 또는 과세미달)확인 신청서에 당해 부동산에 대한 등기부등본·매매계약서를 첨부하여 신청하고, 그 확인을 받아 이를 원천징수의무자에게 제출하는 경우를 말한다.(2012.2.2 본항개정)
⑧~⑩ (2022.2.15 삭제)

제207조의2【비거주자에 대한 조세조약상 비과세 또는 면제 적용 신청】
① 법 제156조의2제1항에 따라 비과세 또는 면제를 적용받으려는 국내원천소득의 실질귀속자(법 제119조의2제1항 각 호 외의 부분 본문에 따른 실질귀속자를 말한다. 이하 같다)는 기획재정부령으로 정하는 비과세·면제신청서(이하 이 조에서 "비과세·면제신청서"라 한다)를 소득지급자에게 제출하고, 해당 소득지급자는 소득을 지급하는 날이 속하는 달의 다음 달 9일까지 소득지급자의 납세지 관할세무서장에게 제출하여야 한다.(2019.2.12 본항개정)
② 비과세·면제신청서에는 해당 비거주자의 거주지국의 권한 있는 당국이 발급하는 거주자증명서나 국세청장이 정하여 고시하는 서류를 첨부하여야 한다. 다만, 법 제119조제12호바목 및 사목에 따른 국내원천 기타소득에 대해서는 여권 사본과 「출입국관리법」 제88조에 따른 출입국에 관한 사실증명서(입국일부터 최근 1년간의 출입국 사실을 증명하는 것으로 한정한다)로 거주자증명서나 국세청장이 정하여 고시하는 서류를 대신하려는 경우에는 거주자증명서나 국세청장이 정하여 고시하는 서류의 제출을 생략할 수 있다.(2019.2.12 단서개정)
③ 비거주자는 그 대리인(「국세기본법」 제82조의 규정에 의한 납세관리인을 포함한다) 등으로 하여금 제1항의 규정에 의한 비과세 또는 면제 신청을 하게 할 수 있다.(2005.2.19 본항개정)
④ 법 제46조에 따라 금융회사 등이 비거주자의 채권등을 인수·매매·중개 또는 대리하는 경우에는 그 금융회사 등과 비거주자 간에 대리 또는 위임의 관계가 있는 것으로 보아 제1항을 적용한다.(2010.2.18 본항개정)
⑤ 법 제156조제6항에 따라 सांभसकी 유가증권 양도에 관하여 「자본시장과 금융투자업에 관한 법률」에 따른 투자매매업자나 투자중개업자 또는 주식발행법인이 원천징수하는 경우에는 그 투자매매업자나 투자중개업자 또는 주식발행법인과 비거주자간에 대리 또는 위임의 관계가 있는 것으로 보아 제1항을 적용한다.
(2012.2.2 본항개정)
⑥ 제4항 및 제5항이 적용되지 아니하는 경우로서 소득지급자가 국내에 주소·거소·본점·주사무소 또는 국내사업장(외국법인의 국내사업장을 포함한다)이 없는 경우에는 제1항에도 불구하고 국내원천소득의 실질귀속자가 납세지 관할세무서장에게 직접 비과세·면제신청서를 제출할 수 있다.(2014.2.21 본항개정)
⑦ 법 제119조에 따른 국내원천소득으로서 다음 각 호의 어느 하나에 해당하는 소득에 대하여는 제1항에도 불구하고 비과세·면제신청서를 제출하지 아니할 수 있다.(2009.2.4 본문개정)
1. 법 및 「조세특례제한법」에 따라 소득세가 과세되지

아니하거나 면제되는 국내원천소득(2010.12.30 본호개정)
2. (2009.2.4 삭제)
3. 그 밖에 기획재정부령이 정하는 국내원천소득 (2008.2.29 본호개정)
⑧ (2019.2.12 삭제)
⑨ 제1항을 적용할 때 국내원천소득이 국외투자기구를 통하여 지급되는 경우에는 해당 국외투자기구가 실질귀속자로부터 비과세·면제신청서를 제출받아 실질귀속자 명세를 포함하여 작성한 기획재정부령으로 정하는 국외투자기구 신고서(이하 이 조에서 "국외투자기구 신고서"라 한다)와 제출받은 비과세·면제신청서를 소득지급자에게 제출하고 해당 소득지급자는 소득을 지급하는 날이 속하는 달의 다음 달 9일까지 소득지급자의 납세지 관할 세무서장에게 제출하여야 한다. 다만, 제207조의8제3항 단서에 따른 국외공모집합투자기구(이하 이 조에서 "국외공모집합투자기구"라 한다)로서 다음 각 호의 서류를 제출한 경우에는 그러하지 아니하다.
1. 제207조의8제3항 각 호의 사항을 확인할 수 있는 서류
2. 해당 국외투자기구의 국가별 실질귀속자의 수 및 총투자금액 명세가 포함된 국외투자기구 신고서
3. 국외공모집합투자기구의 명의로 작성한 비과세·면제신청서
(2014.2.21 본항신설)
⑩ 국외투자기구(이하 이 조에서 "1차 국외투자기구"라 한다)에 다른 국외투자기구(이하 이 조에서 "2차 국외투자기구"라 한다)가 투자하고 있는 경우 1차 국외투자기구는 2차 국외투자기구로부터 실질귀속자별 비과세·면제신청서를 제출받아 그 명세(해당 2차 국외투자기구가 국외공모집합투자기구인 경우에는 이를 확인할 수 있는 서류와 해당 국외투자기구의 국가별 실질귀속자의 수 및 총투자금액 명세를 말한다)가 포함된 국외투자기구 신고서와 제출받은 비과세·면제신청서를 제출하여야 한다. 이 경우 다수의 국외투자기구가 연속적으로 투자관계에 있는 경우에는 투자를 받는 직전 국외투자기구를 1차 국외투자기구로, 투자하는 국외투자기구를 2차 국외투자기구로 본다.(2014.2.21 본항신설)
⑪ 제1항과 제9항을 적용할 때 제207조의8제5항 각 호의 어느 하나에 해당하는 경우에는 이를 실질귀속자로 본다.(2014.2.21 본항신설)
⑫ 제1항 또는 제9항에 따라 제출된 비과세·면제신청서 또는 국외투자기구 신고서는 제출한 날부터 3년 이내에는 다시 제출하지 아니할 수 있다. 다만, 그 내용에 변동이 있는 경우에는 변동사유가 발생한 날 이후 소득을 최초로 지급하는 날이 속하는 달의 다음 달 9일까지 그 변동 내용을 제1항 또는 제9항에 따라 제출하여야 한다.(2014.2.21 본항신설)
⑬ 법 제156조의2제3항에서 "비과세·면제신청서 또는 국외투자기구 신고서를 제출받지 못하거나 제출된 서류를 통해서는 실질귀속자를 파악할 수 없는 등 대통령령으로 정하는 사유"란 다음 각 호의 어느 하나에 해당하는 사유를 말한다. 이 경우 제2호 또는 제3호는 그 사유가 발생한 부분으로 한정하고, 국외공모집합투자기구에 대해서는 제3호의 사유를 제외한다.
1. 비과세·면제신청서 또는 국외투자기구 신고서를 제출받지 못한 경우
2. 제출된 비과세·면제신청서 또는 국외투자기구 신고서에 적힌 내용의 보완 요구에 따르지 아니하는 경우
3. 제출된 비과세·면제신청서 또는 국외투자기구 신고서를 통해서는 실질귀속자를 파악할 수 없는 경우
(2014.2.21 본항신설)

⑭ 소득지급자와 국외투자기구는 비과세·면제신청서, 국외투자기구 신고서 등 관련 자료를 제1항에 따른 기한의 다음 날부터 5년간 보관하여야 한다. 이 경우 소득지급자의 납세지 관할 세무서장이 제출을 요구하는 경우에는 그 자료를 제출하여야 한다.(2014.2.21 본항신설)
⑮ 법 제156조의2제5항에 따라 경정을 청구하려는 자는 소득지급자의 납세지 관할 세무서장에게 기획재정부령으로 정하는 비과세·면제 적용을 위한 경정청구서에 국내원천소득의 실질귀속자임을 입증할 수 있는 다음 각 호의 서류를 첨부하여 경정을 청구하여야 한다. 이 경우 증명서류는 한글번역본과 함께 제출하여야 하되, 국세청장이 인정하는 경우에는 영문으로 작성된 서류만을 제출할 수 있다.(2023.2.28 전단개정)
1. 비과세·면제신청서
2. 해당 실질귀속자 거주지국의 권한 있는 당국이 발급하는 거주자증명서
(2014.2.21 본항신설)
⑯ 제15항에 따른 경정청구 절차에 관하여는 제207조의5제2항부터 제4항까지의 규정을 준용한다.
(2014.2.21 본항신설)
(2014.2.21 본조제목개정)

제207조의3【비거주자의 채권등의 이자등에 대한 원천징수특례】

① 법 제156조제1항을 적용받는 비거주자에 대하여 채권등의 이자등을 지급하는 자 또는 채권등의 이자등을 지급받기 전에 비거주자로부터 채권등을 매수하는 자는 그 이자등의 지급금액에 대하여 법·「조세특례제한법」 또는 조세조약에 따른 세율(이하 이 조에서 "적용세율"이라 한다)을 적용하는 경우에 그 지급금액에 다음 각 호의 세율을 적용하여 계산한 금액을 원천징수하여야 한다. 이 경우 제1호에 따른 적용세율이 법 제129조제1항제1호에 따른 세율보다 높은 경우로서 당해 비거주자가 채권등의 보유기간을 입증하지 못하는 경우에는 지급금액 전액을 당해 비거주자의 보유기간이자등상당액으로 보며, 제1호에 따른 적용세율이 법 제129조제1항제1호에 따른 세율보다 낮은 경우로서 당해 비거주자가 채권등의 보유기간을 입증하지 못하는 경우에는 당해 비거주자의 보유기간이자등상당액은 없는 것으로 본다.
1. 지급금액 중 해당 비거주자의 보유기간이자등상당액에 대하여는 해당 비거주자에 대한 적용세율
2. 지급금액 중 제1호의 보유기간이자등상당액을 차감한 금액에 대하여는 법 제129조제1항제1호에 따른 세율
(2009.2.4 본항개정)
② 제1항을 적용할 때 제190조는 비거주자의 채권등의 이자등에 대한 지급시기에 관하여 준용하고, 제102조 및 제193조의2는 채권등의 보유기간계산, 보유기간이자등상당액의 계산방법 및 보유기간 입증방법에 관하여 준용하며, 제207조제1항은 원천징수세액납부에 관하여 준용한다.(2010.2.18 본항개정)
③ 법 제156조의3에서 "환매조건부채권매매거래 등 대통령령으로 정하는 경우"란 다음 각 호의 어느 하나에 해당하거나 각 호가 혼합되는 거래를 말한다.
1. 비거주자가 일정기간 후에 일정가격으로 환매수할 것을 조건으로 하여 채권등을 매도하는 거래(해당 거래가 연속되는 경우를 포함한다)로서 그 거래에 해당하는 사실이 「자본시장과 금융투자업에 관한 법률」 제294조에 따른 한국예탁결제원의 계좌를 통하여 확인되는 경우
2. 비거주자가 일정기간 후에 같은 종류로서 같은 양의 채권을 반환받는 조건으로 채권을 대여하는 거래(해당 거래가 연속되는 경우를 포함한다)로서 그 거래에 해당하는 사실이 채권대차거래중개기관이 작성한 거래 원장(전자적 형태의 원장을 포함한다)을 통하여 확인되는 경우
(2016.2.17 본항개정)

④ 제3항에 따른 거래의 경우 채권등을 매도 또는 대여한 날부터 환매수 또는 반환받은 날까지의 기간 동안 그 채권등으로부터 발생하는 이자소득에 상당하는 금액은 매도자 또는 대여자(해당 거래가 연속되는 경우나 제3항 각 호의 거래가 혼합되는 경우에는 최초 매도자 또는 최초 대여자를 말한다)에게 귀속되는 것으로 보아 법 제46조·제133조의2 및 제156조의3을 적용한다.(2016.2.17 본항개정)
⑤~⑥ (2010.6.8 삭제)

제207조의4【조세조약상의 비과세·면제 또는 제한세율 적용을 위한 사전승인 절차】

① 법 제156조의4제1항 단서에 따른 사전승인을 받으려는 자는 국세청장에게 기획재정부령으로 정하는 원천징수특례사전승인신청서에 다음 각 호의 서류를 첨부하여 신청하여야 한다. 다만, 제2항에 따라 사전승인을 받은 후 계약내용 등의 변경으로 당초 신고된 내용과 달라진 경우에는 사전승인 신청을 다시 하여야 한다.(2009.2.4 본문개정)
1. 조세조약에서 상대방국가(이하 "체약상대국"이라 한다)에서 발급하는 거주자증명서(2012.2.2 본호개정)
2. 해당 국내원천소득을 얻기 위한 투자자금 조달방법
3. 해당 국내원천소득 수령 후의 처분명세서 또는 그 계획서
4. 최근 3년(설립 후 3년이 경과하지 아니한 경우에는 설립일부터 신청일까지의 기간) 동안 체약상대국의 세무당국에 제출한 신고서·감사보고서·재무제표 및 부속서류
② 국세청장은 제1항에 따라 사전승인의 신청을 받은 때에는 법 제119조제1호·제2호·제10호 또는 제11호에 따른 소득의 실질귀속자에 해당하고 해당 체약상대국의 거주자인 경우에는 사전승인을 할 수 있다.(2017.2.3 본항개정)
③ 국세청장은 제1항의 규정에 따른 사전승인신청의 내용에 대하여 보정할 필요가 있다고 인정되는 때에는 30일 이내의 기간을 정하여 보정할 것을 요구 할 수 있다. 이 경우 보정기간은 제5항의 규정에 따른 기간에 산입하지 아니한다.
④ 제3항의 규정에 따른 보정요구는 다음 각 호의 사항을 모두 기재한 문서로 하여야 한다.
1. 보정할 사항
2. 보정을 요구하는 이유
3. 보정할 기간
4. 그 밖의 필요한 사항
⑤ 국세청장은 제1항의 규정에 따른 신청을 받은 날부터 3월 이내에 승인여부를 통보하여야 한다.
⑥ 국세청장은 제출된 서류가 허위로 기재된 것임이 확인되는 경우에는 사전승인을 취소하여야 한다.
⑦ 제1항을 적용할 때 원천징수특례사전승인신청서에 첨부하는 서류는 한글번역본과 함께 제출하여야 한다. 다만, 국세청장이 인정하는 경우에는 영문으로 작성된 서류만을 제출할 수 있다.(2009.2.4 본항신설)
(2006.2.9 본조신설)

제207조의5【조세조약상의 비과세·면제 또는 제한세율 적용을 위한 경정청구의 절차】

① 법 제156조의4제2항의 규정에 따라 경정을 청구하려는 자는 원천징수의무자의 납세지 관할세무서장에게 기획재정부령으로 정하는 원천징수특례적용을 위한 경정청구서에 제207조의4제1항제1호 내지 제4호의 서류를 첨부하여 청구하여야 한다. 이 경우 증빙서류는 한글번역본과 함께 제출하여야 하며, 국세청장이 인정하는 경우에는 영문으로 작성된 서류만을 제출할 수 있다.(2008.2.29 전단개정)
② 세무서장은 제1항에 따라 경정청구를 한 국내원천소득을 수취한 자가 해당 법 제119조제1호·제2호·제10호 또는 제11호에 따른 소득의 실질귀속자에 해당하는 경우에는 경정하여야 한다.(2017.2.3 본항개정)

③ 세무서장은 제1항의 규정에 따른 경정청구의 내용에 대하여 보정할 필요가 있다고 인정되는 때에는 30일 이내의 기간을 정하여 보정할 것을 요구할 수 있다. 이 경우 보정기간은 법 제156조의4제3항의 규정에 따른 기간에 산입하지 아니한다.
④ 제3항의 규정에 따른 보정요구는 다음 각 호의 사항을 모두 기재한 문서로 하여야 한다.
1. 보정할 사항
2. 보정을 요구하는 이유
3. 보정할 기간
4. 그 밖의 필요한 사항
(2006.2.9 본조신설)

제207조의6 (2023.2.28 삭제)

제207조의7 【비거주예인등의 용역제공과 관련된 원천징수세액의 납부 및 환급절차】 ① 법 제156조의5제1항에서 "비거주자인 연예인 또는 운동가 등 대통령령으로 정하는 자"란 법 제156조의5제1항에 따른 비과세외국연예등법인(이하 "비과세외국연예등법인"이라 한다)의 국내 용역을 제공하는 해당 연예인·운동가뿐만 아니라 그 연예인·운동가의 국내 용역 제공을 보조하는 감독, 코치, 조명·촬영·음향 기사 및 이와 비슷한 용역을 제공하는 자를 말한다.(2019.2.12 본항개정)
② 비과세외국연예등법인에게 보수 또는 대가를 지급하는 자가 법 제156조의5제1항에 따라 징수한 원천징수세액을 납부하는 경우에는 다음 각 호의 서류를 원천징수 관할 세무서장에게 제출하여야 한다.
1. 기획재정부령으로 정하는 원천징수이행상황신고서 (2008.2.29 본호개정)
2. 해당 비과세외국연예등법인에게 보수 또는 대가를 지급하는 자와 해당 비과세외국연예등법인 사이에 체결된 용역제공 관련 계약서
③ 법 제156조의5제3항에 따라 비과세외국연예등법인이 징수한 원천징수세액을 납부하는 경우에는 해당 비과세외국연예등법인에게 보수 또는 대가를 지급한 자의 원천징수 관할 세무서장에게 다음 각 호의 서류를 제출하여야 한다.
1. 기획재정부령으로 정하는 비거주예인등의 용역제공소득 지급명세서
2. 기획재정부령으로 정하는 원천징수이행상황신고서 (2008.2.29 1호~2호개정)
④ 법 제156조의5제3항에 따라 비과세외국연예등법인이 환급받으려면 기획재정부령으로 정하는 비과세외국연예등법인에 대한 원천징수세액 환급신청서에 다음 각 호의 서류를 첨부하여 원천징수 관할 세무서장에게 신청하여야 한다.(2008.2.29 본문개정)
1. 비과세외국연예등법인과 비거주예인등 사이에 체결된 용역제공 관련 계약서
2. 비거주예인등에게 지급한 보수 또는 대가에 대한 증거서류
⑤ 제4항에 따라 환급신청을 받은 세무서장은 환급 여부를 결정하여야 하며 환급세액이 있으면 법 제156조의5제1항에 따라 원천징수하여 납부한 날의 다음 날부터 환급결정을 하는 날까지의 기간과「국세기본법 시행령」제43조의3제2항을 가목 이율에 대한 계산한 국세환급금에 가산하여야 한다.(2013.2.15 본항개정)
⑥ 제2항·제3항 및 제4항 각 호에 규정된 서류를 제출하는 경우 영문으로 작성된 서류는 한글번역본과 함께 제출하여야 한다. 다만, 세무서장이 인정하는 경우에는 영문으로 작성된 서류만을 제출할 수 있다.(2018.2.22 본조신설)

제207조의8 【비거주자에 대한 조세조약상 제한세율 적용을 위한 원천징수절차 특례】 ① 법 제156조의6제1항에 따라 제한세율을 적용받으려는 국내원천소득의 실질귀속자는 기획재정부령으로 정하는 국내원천소득

제한세율 적용신청서(이하 이 조에서 "제한세율 적용신청서"라 한다)를 해당 국내원천소득을 지급받기 전까지 원천징수의무자에게 제출하여야 한다. 다만,「자본시장과 금융투자업에 관한 법률」제296조제5호에 따른 외국예탁결제기관이 같은 법 제294조에 따른 한국예탁결제원에 개설한 계좌를 통하여 지급받는 국내원천소득의 경우에는 제한세율 적용신청서를 제출하지 아니할 수 있다.
② (2019.2.12 삭제)
③ 제1항을 적용할 때 국내원천소득이 국외투자기구를 통하여 지급되는 경우에는 해당 국외투자기구가 실질귀속자로부터 제한세율 적용신청서를 제출받아 기획재정부령으로 정하는 국외투자기구 신고서(이하 이 조에서 "국외투자기구 신고서"라 한다)에 실질귀속자 명세를 첨부하여 국내원천소득을 지급받기 전까지 원천징수의무자에게 제출하여야 한다. 다만, 다음 각 호의 요건을 모두 갖춘 국외투자기구(이하 이 조에서 "국외공모집합투자기구"라 한다)로서 각 호의 사항을 확인할 수 있는 서류와 해당 국외투자기구의 국가별 실질귀속자의 수 및 총투자금액 명세를 국외투자기구 신고서에 첨부하여 제출하는 경우에는 그러하지 아니하다.
1.「자본시장과 금융투자업에 관한 법률」에 따른 집합투자기구와 유사한 국외투자기구로서 체약상대국의 법률에 따라 등록하거나 승인을 받은 국외투자기구
2. 증권을 사모로 발행하지 아니하고 직전 회계기간 종료일(신규로 설립된 국외투자기구인 경우에는 국외투자기구 신고서 제출일을 말한다) 현재 투자자가 100명(투자자가 다른 국외투자기구인 경우에는 그 국외투자기구를 1명으로 본다) 이상일 것
3. 조세조약에서 조약상 혜택의 적용을 배제하도록 규정된 국외투자기구에 해당하지 아니할 것
④ 국외투자기구(이하 이 조에서 "1차 국외투자기구"라 한다)에 다른 국외투자기구(이하 이 조에서 "2차 국외투자기구"라 한다)가 투자하고 있는 경우 1차 국외투자기구는 2차 국외투자기구로부터 실질귀속자 명세(해당 2차 국외투자기구가 국외공모집합투자기구인 경우에는 이를 확인할 수 있는 서류와 해당 국외투자기구의 국가별 실질귀속자의 수 및 총투자금액 명세를 말한다)를 첨부한 국외투자기구 신고서를 제출받아 이를 함께 제출하여야 한다. 이 경우 다수의 국외투자기구가 연속적으로 투자관계에 있는 경우에는 투자를 받는 직전 국외투자기구를 1차 국외투자기구로, 투자하는 국외투자기구를 2차 국외투자기구로 본다.
⑤ 제1항 및 제3항을 적용할 때 다음 각 호의 어느 하나에 해당하는 경우에는 이를 실질귀속자로 본다.
1.「국민연금법」,「공무원연금법」,「군인연금법」,「사립학교교직원 연금법」및「근로자퇴직급여 보장법」등에 준하는 체약상대국의 법률에 따라 외국에서 설립된 연금
2. 체약상대국의 법률에 따라 외국에서 설립된 비영리단체로서 수익을 구성원에게 분배하지 아니하는 기금
3. (2019.2.12 삭제)
⑥ 제1항 또는 제3항에 따라 제출된 제한세율 적용신청서 또는 국외투자기구 신고서는 제출된 날부터 3년 이내에는 다시 제출하지 아니할 수 있다. 다만, 그 내용에 변동이 있는 경우에는 변동사유가 발생한 날 이후 최초로 국내원천소득을 지급받기 전까지 그 변동 내용을 제1항 또는 제3항에 따라 제출하여야 한다.(2014.2.21 본항개정)
⑦ 법 제156조의6제3항에서 "대통령령으로 정하는 사유"란 다음 각 호의 어느 하나의 사유를 말한다. 이 경우 제2호 또는 제3호는 그 사유가 발생한 부분으로 한정하고, 국외공모집합투자기구에 대해서는 제3호의 사유를 제외한다.(2014.2.21 후단개정)

1. 제한세율 적용신청서 또는 국외투자기구 신고서를 제출받지 못한 경우
2. 제출된 제한세율 적용신청서 또는 국외투자기구 신고서에 기재된 내용의 보완 요구에 응하지 아니하는 경우
3. 제출된 제한세율 적용신청서 또는 국외투자기구 신고서를 통해서는 실질귀속자를 파악할 수 없는 경우 (2014.2.21 본호개정)
⑧ 원천징수의무자 및 국외투자기구는 제한세율 적용신청서, 국외투자기구 신고서 등 관련 자료를 법 제156조제1항에 따른 원천징수세액의 납부기한 다음 날부터 5년간 보관하여야 하고, 원천징수의무자의 납세지 관할 세무서장이 그 제출을 요구하는 경우에는 이를 제출하여야 한다.
(2012.2.2 본조신설)

제207조의9【비거주자에 대한 조세조약상 제한세율 적용을 위한 경정청구 절차】 ① 법 제156조의6제4항에 따라 경정을 청구하려는 자는 원천징수의무자의 납세지 관할세무서장에게 기획재정부령으로 정하는 제한세율 적용을 위한 경정청구서에 국내원천소득의 실질귀속자임을 입증할 수 있는 다음 각 호의 서류를 첨부하여 경정을 청구하여야 한다. 이 경우 증명서류는 한글번역본과 함께 제출하여야 하되, 국세청장이 인정하는 경우에는 영문으로 작성된 서류만을 제출할 수 있다.
1. 제207조의8제1항에 따른 제한세율 적용신청서
2. 해당 실질귀속자 거주지국의 권한 있는 당국이 발급하는 거주자증명서
② 제1항에 따른 경정청구 절차에 관하여는 제207조의5제2항부터 제4항까지의 규정을 준용한다.
(2012.2.2 본조신설)

제207조의10【외국법인 소속 파견근로자의 소득에 대한 원천징수 의무자등의 범위 및 특례절차 등】 ① 법 제156조의7에 따른 사용내국법인은 다음 각 호의 요건을 모두 갖춘 내국법인으로 한다.
1. 법 제156조의7제1항에 따른 파견외국법인(이하 이 조에서 "파견외국법인"이라 한다)에게 지급하는 근로대가의 합계액이 다음 각 목의 어느 하나에 해당할 것 (2022.2.15 본문개정)
  가. 파견외국법인과 체결한 근로자 파견계약상 근로대가가 20억원을 초과할 것
  나. 직전 사업연도에 사용내국법인이 파견외국법인에 실제로 지급한 근로대가의 합계액이 20억원을 초과할 것
  (2022.2.15 가목~나목신설)
2. 직전 사업연도 매출액이 1,500억원 이상이거나 직전 사업연도 말 현재 자산총액이 5,000억원 이상일 것
3. 한국표준산업분류에 따른 항공운송업, 건설업, 전문·과학 및 기술서비스업, 선박 및 수상 부유구조물 건조업, 금융업을 영위할 것 (2018.2.13 본호개정)
② 법 제156조의7에 따른 파견근로자는 파견외국법인에 소속된 근로자로서 사용내국법인에 파견되어 해당 사용내국법인에 근로를 제공하는 자로 한다.
③ 법 제156조의7제1항에 따라 사용내국법인이 원천징수한 세액을 납부하는 경우에는 다음 각 호의 서류를 원천징수 관할 세무서장에게 제출하여야 한다.
1. 기획재정부령으로 정하는 원천징수이행상황신고서
2. 기획재정부령으로 정하는 파견근로자 근로계약 명세서
3. 사용내국법인과 파견외국법인 사이에 체결된 용역제공 관련 계약서
④ 법 제156조의7제2항에 따라 파견외국법인(법 제156조의7제3항에 따라 사용내국법인이 파견외국법인을 대리하여 원천징수하는 경우에는 사용내국법인을 말한다)이 파견근로자의 근로소득세액에 대한 원천징수를 하는

경우에는 사용내국법인의 원천징수 관할 세무서장에게 다음 각 호의 서류를 제출하여야 한다.
1. 기획재정부령으로 정하는 근로소득 지급명세서
2. 기획재정부령으로 정하는 원천징수세액 환급신청서
3. 파견외국법인과 파견근로자 사이에 체결된 용역제공 관련 계약서
4. 파견외국법인이 파견근로자에게 지급한 보수 또는 대가에 대한 증거서류
⑤ 제3항제3호 및 제4항제3호·제4호에 규정된 서류를 제출하는 경우 영문으로 작성된 서류는 한글번역본과 함께 제출하여야 한다.
(2016.2.17 본조신설)

제6장 보 칙

제208조【장부의 비치·기록】 ① 법 제160조제1항의 장부는 사업의 재산상태와 그 손익거래내용의 변동을 빠짐없이 이중으로 기록하여 계산하는 부기형식의 장부를 말한다.
② 다음 각호의 1에 해당하는 경우에는 제1항의 장부를 비치·기장한 것으로 본다.
1. 이중으로 대차평균하게 기표된 전표와 이에 대한 증빙서류가 완비되어 사업의 재산상태와 손익거래내용의 변동을 빠짐없이 기록한 때
2. 제1항의 장부 또는 제1호의 전표와 이에 대한 증빙서류를 전산처리된 테이프 또는 디스크 등으로 보관한 때
③~④ (1998.12.31 삭제)
⑤ 법 제160조제2항 및 제3항에서 "대통령령으로 정하는 업종별 일정 규모 미만의 사업자"란 다음 각 호의 어느 하나에 해당하는 사업자를 말한다. 다만, 제147조의2 및 「부가가치세법 시행령」 제109조제2항제7호에 따른 사업자는 제외한다.(2020.2.11 단서개정)
1. 해당 과세기간에 신규로 사업을 개시한 사업자
2. 직전 과세기간의 수입금액(결정 또는 경정으로 증가된 수입금액을 포함하며, 법 제19조제1항제20호에 따른 사업용 유형자산을 양도함으로써 발생한 수입금액은 제외한다)의 합계액이 다음 각 목의 금액에 미달하는 사업자. 다만, 업종의 현황 등을 고려하여 기획재정부령으로 정하는 영세사업의 경우에는 기획재정부령으로 정하는 금액에 미달하는 사업자로 한다.
(2020.2.11 본문개정)
  가. 농업·임업 및 어업, 광업, 도매 및 소매업(상품중개업을 제외한다), 제122조제1항에 따른 부동산매매업, 그 밖에 나목 및 다목에 해당되지 아니하는 사업 : 3억원(2013.2.15 본목개정)
  나. 제조업, 숙박 및 음식점업, 전기·가스·증기 및 공기조절 공급업, 수도·하수·폐기물처리·원료재생업, 건설업(비주거용 건물 건설업은 제외한다), 부동산 개발 및 공급업(주거용 건물 개발 및 공급업에 한정한다), 운수업 및 창고업, 정보통신업, 금융 및 보험업, 상품중개업 : 1억5천만원(2020.2.11 본목개정)
  다. 법 제45조제2항에 따른 부동산임대업, 부동산업(제122조제1항에 따른 부동산매매업은 제외한다), 전문·과학 및 기술서비스업, 사업시설관리·사업지원 및 임대서비스업, 교육서비스업, 보건업 및 사회복지서비스업, 예술·스포츠 및 여가 관련 서비스업, 협회 및 단체, 수리 및 기타 개인서비스업, 가구 내 고용활동 : 7천500만원(2018.2.13 본목개정)
(2010.2.18 본항개정)
⑥ (2010.2.18 삭제)
⑦ 제5항제2호의 규정을 적용함에 있어서 동호가목 내지 다목의 업종을 겸영하거나 사업장이 2 이상인 경우에는 다음의 산식에 의하여 계산한 수입금액에 의한다.

주업종(수입금액이 가장 큰 업종을 말한다. 이하 이 항에서 같다)의 수입금액 + 주업종외의 업종의 수입금액 × (주업종에 대한 제5항제2호 각목의 금액/주업종외의 업종에 대한 제5항제2호 각목의 금액)
(1998.12.31 본항신설)
⑧ (2003.12.30 삭제)
⑨ 법 제160조제2항에서 "대통령령으로 정하는 간편장부"란 다음 각 호의 사항을 기재할 수 있는 장부로서 국세청장이 정하는 것을 말한다.(2010.2.18 본문개정)
1. 매출액 등 수입에 관한 사항
2. 경비지출에 관한 사항
3. 사업용 유형자산 및 무형자산의 증감에 관한 사항 (2020.2.11 본호개정)
4. 기타 참고사항
(1998.12.31 본항신설)
⑩ (2010.12.30 삭제)
(2010.2.18 본조제목개정)

제208조의2【경비등의 지출증명 수취 및 보관】 ① 법 제160조의2제2항 각 호 외의 부분 단서에서 "대통령령으로 정하는 경우"란 다음 각 호의 어느 하나에 해당하는 경우를 말한다.(2010.2.18 본문개정)
1. 공급받은 재화 또는 용역의 거래건당 금액(부가가치세를 포함한다)이 3만원 이하인 경우(2009.2.4 본호개정)
2. 거래상대방이 읍·면지역에 소재하는 사업자(「부가가치세법」 제36조제1항제2호를 적용받는 사업자에 한한다)로서 「여신전문금융업법」에 의한 신용카드가맹점이 아닌 경우(2023.2.28 본호개정)
3. 금융·보험용역을 제공받은 경우
4. 국내사업장이 없는 비거주자 또는 외국법인과 거래한 경우
5. 농어민(한국표준산업분류에 따른 농업 중 작물재배업, 축산업, 작물재배 및 축산 복합농업, 임업 또는 어업에 종사하는 자를 말하며, 법인은 제외한다)으로부터 재화 또는 용역을 직접 공급받은 경우(2010.2.18 본호개정)
6. 국가·지방자치단체 또는 지방자치단체조합으로부터 재화 또는 용역을 공급받은 경우
7. 비영리법인(비영리외국법인을 포함하며, 수익사업과 관련된 부분을 제외한다)으로부터 재화 또는 용역을 공급받은 경우
8. 법 제127조제1항제3호에 규정하는 원천징수대상 사업소득자로부터 용역을 공급받은 경우(원천징수한 경우에 한한다)
9. 기타 기획재정부령이 정하는 경우(2008.2.29 본호개정)
② 법 제160조의2제2항제3호에서 "대통령령으로 정하는 것"이란 제83조제4항 각 호에 해당하는 것을 말한다.(2019.2.12 본항개정)
③ 사업자는 제1항 각 호의 어느 하나에 해당하는 거래와 관련된 증명서류를 법 제160조의2제2항 각 호의 어느 하나에 해당하는 증명서류와 구분하여 보관·관리하여야 한다.(2010.2.18 본항개정)
④ 다음 각 호의 어느 하나에 해당하는 증명자료를 보관하고 있는 경우에는 신용카드매출전표 및 현금영수증을 수취하여 보관하고 있는 것으로 본다.
(2010.2.18 본문개정)
1. 다음 각 목의 어느 하나에 해당하는 사업자(이하 이 조에서 "신용카드업자등"이라 한다)로부터 교부받은 신용카드 월별이용대금명세서 및 「조세특례제한법」 제126조의2제1항제4호에 따른 기명식선불카드의 월별이용대금명세서(2010.2.18 본문개정)
가.「여신전문금융업법」에 따른 신용카드업자
나.「전자금융거래법」에 따른 전자금융업자
 (2010.2.18 본목개정)
다.「신용협동조합법」에 따른 신용협동조합중앙회
라.「상호저축은행법」에 따른 상호저축은행중앙회

2. 신용카드업자등으로부터 전송받아 전사적자원관리시스템에 보관하고 있는 신용카드, 현금영수증, 직불카드 및 「조세특례제한법」 제126조의2제1항제4호에 따른 기명식선불카드, 직불전자지급수단, 기명식선불전자지급수단, 기명식 전자화폐의 거래정보(「국세기본법 시행령」 제65조의7 각 호의 요건을 충족하는 경우만 해당한다)(2010.2.18 본호개정)
⑤ 다음 각 호의 어느 하나에 해당하는 지출증거자료에 대하여는 법 제160조의2제1항에도 불구하고 보관하지 아니할 수 있다.
1. 현금영수증
2. 국세청 현금영수증홈페이지에 사업용신용카드로 등록한 신용카드 매출전표
3. 화물운전자 복지카드 매출전표
4. 법 제163조제8항에 따라 발급명세서가 전송된 전자계산서(2016.2.17 본호개정)
(2008.2.22 본항신설)
(2010.2.18 본조제목개정)
(1998.12.31 본조신설)

제208조의3【기부금영수증 발급명세의 작성·보관의무】 ① 법 제160조의3제1항에서 "대통령령으로 정하는 기부자별 발급명세"란 다음 각 호의 내용이 모두 포함된 것을 말한다.(2010.2.18 본문개정)
1. 기부자의 성명, 주민등록번호 및 주소(기부자가 법인인 경우에는 상호, 사업자등록번호와 「법인세법 시행령」 제7조제6항제2호에 따른 본점등의 소재지) (2019.2.12 본호개정)
2. 기부금액
3. 기부금 기부일자
4. 기부금영수증 발급일자
5. 그 밖에 기획재정부령으로 정하는 사항(2008.2.29 본호개정)
② 법 제160조의3제3항의 기부금영수증 발급명세서는 기획재정부령으로 정하는 서식에 따른다.(2008.2.29 본항개정)
(2008.2.22 본조개정)

제208조의4【금융회사 등의 증명서 발급내역의 작성·보관의무】 법 제160조의4제1항에서 "대통령령으로 정하는 개인별 발급명세"란 다음 각 호의 내용이 모두 포함된 것을 말한다.(2013.2.15 본문개정)
1. 개인의 성명, 주민등록번호 및 주소(2013.2.15 본호개정)
2. 다음 각 목의 어느 하나에 해당하는 금액 (2007.2.28 본문개정)
가. 소득공제대상 저축의 납입금액 또는 보험료 납입금액(2016.2.17 본목개정)
나. 소득공제대상 차입금의 원리금 또는 이자 상환액(법 제51조의4에 따른 주택담보노후연금에서 발생한 이자상당액을 포함한다)(2007.2.28 본목개정)
다. 소득공제대상이 되는 「조세특례제한법」 제126조의2제1항에 따른 신용카드, 직불카드, 기명식선불카드, 직불전자지급수단, 기명식선불전자지급수단, 기명식 전자화폐의 이용금액(2010.2.18 본목개정)
3. 그 밖에 기획재정부령이 정하는 사항(2008.2.29 본호개정)
(2010.2.18 본조제목개정)

제208조의5【사업용계좌의 신고 등】 ① 법 제160조의5제1항에서 "대통령령으로 정하는 사업용계좌"란 다음 각 호의 요건을 모두 갖춘 것을 말한다. (2010.2.18 본문개정)
1.「금융실명거래 및 비밀보장에 관한 법률」 제2조제1호 각 목의 어느 하나에 해당하는 금융기관(이하 이 조에서 "금융기관"이라 한다)에 개설한 계좌일 것
2. 사업에 관련되지 아니한 용도로 사용되지 아니할 것
3.~4. (2008.2.22 삭제)

② 사업용계좌는 사업장별로 사업장 관할세무서장에게 신고하여야 한다. 이 경우 1개의 계좌를 2 이상의 사업장에 대한 사업용계좌로 신고할 수 있다.
③ 사업용계좌는 사업장별로 2 이상 신고할 수 있다. (2010.12.30 본항개정)
④ 법 제160조의5제1항제1호에 따라 사업용계좌를 사용하여야 하는 거래의 범위에는 금융기관의 중개 또는 금융기관에 위탁 등을 통한 다음 각 호의 어느 하나에 해당하는 방법에 의하여 그 대금의 결제가 이루어지는 경우를 포함한다.
1. 송금 및 계좌간 자금이체
2. 「수표법」 제1조에 따른 수표(발행인이 사업자인 것에 한한다)로 이루어진 거래대금의 지급 및 수취
3. 「어음법」 제1조 및 제75조에 따른 어음으로 이루어진 거래대금의 지급 및 수취
4. 「조세특례제한법」 제126조의2제1항에 따른 신용카드, 직불카드, 기명식선불카드, 직불전자지급수단, 기명식선불전자지급수단, 기명식전자화폐를 통하여 이루어진 거래대금의 지급 및 수취(2010.2.18 본호개정)
⑤ 법 제160조의5제1항제2호 단서에서 "거래 상대방의 사정으로 사업용계좌를 사용하기 어려운 것으로서 대통령령으로 정하는 거래"란 다음 각 호의 어느 하나에 해당하는 자와 한 거래를 말한다.(2010.2.18 본문개정)
1. 금융거래와 관련하여 채무불이행 등의 사유로 「신용정보의 이용 및 보호에 관한 법률」 제25조제2항제1호에 따른 종합신용정보집중기관에 그 사실이 집중관리 및 활용되는 자(2009.10.1 본호개정)
2. 외국인 불법체류자
3. 제20조제1호에 따른 건설공사에 종사하는 일용근로자로서 「국민연금법」에 따른 국민연금 가입대상이 아닌 자(2009년 12월 31일까지 적용한다)
(2008.2.22 본항신설)
⑥ 「주택법」 제2조제11호가목에 따른 지역주택조합이 같은 법 제5조에 따른 공동사업주체인 등록사업자와 공동명의로 개설한 사업용계좌는 법 제160조의5제1항에 따른 사업용계좌로 본다.(2017.2.3 본항신설)
⑦ (2009.2.4 삭제)
⑧ 복식부기의무자는 사업장별로 해당 과세기간 중 사업용계좌를 사용하여야 할 거래금액, 실제 사용한 금액 및 미사용 금액을 구분하여 기록·관리하여야 한다.
⑨ 법 제160조의5제3항 및 제4항에 따라 사업용계좌의 신고·변경 및 추가하는 경우에는 해당 기한 이내에 기획재정부령으로 정하는 사업용계좌신고(변경신고·추가신고)서를 사업장 관할세무서장에게 제출하여야 한다.(2010.12.30 본항개정)
⑩ 국세청장은 납세관리상 필요한 범위에서 사업용계좌의 신고·명세서 작성 등에 필요한 세부적인 사항을 정할 수 있다.(2010.12.30 본항개정)
(2010.12.30 본조제목개정)
(2007.2.28 본조신설)

제209조 【공통손익의 구분계산 방법】 법 제161조에 따라 구분하여 기록하는 경우 자산·부채 및 손익의 구분계산 방법에 관하여는 기획재정부령으로 정한다.(2013.2.15 본조제목개정)

제210조 【금전등록기의 설치·사용】 ① 법 제162조제1항에서 "대통령령으로 정하는 자"란 제211조제2항제2호 및 제3호 또는 「부가가치세법」 제36조제1항제1호와 같은 법 시행령 제73조에 따라 영수증을 작성·교부할 수 있는 사업자를 말한다.(2013.6.28 본항개정)
② 국세청장은 납세보전상 필요한 범위안에서 금전등록기의 보급, 테이프의 제조 및 보급 기타 필요한 사항을 정할 수 있다.

제210조의2 【신용카드가맹점의 가입 등】 ① 법 제162조의2제1항에서 "대통령령으로 정하는 요건에 해당

하는 사업자"란 소비자에게 재화 또는 용역을 공급하는 별표3의2에 따른 소비자상대업종(이하 "소비자상대업종"이라 한다)을 영위하는 다음 각 호의 어느 하나에 해당하는 사업자로서 업종과 규모 등을 고려하여 국세청장이 정하는 바에 따라 사업장소재지 관할 세무서장 또는 지방국세청장으로부터 신용카드가맹점 가입대상자로 지정받은 자를 말한다.(2021.1.5 본문개정)
1. 직전 과세기간의 수입금액(결정 또는 경정에 의하여 증가된 수입금액을 포함한다. 이하 이 조에서 같다)의 합계액이 2천400만원 이상인 사업자
2. 제147조의2에 따른 사업자(2020.2.11 본호개정)
3. 「부가가치세법 시행령」 제109조제2항제7호에 따른 사업자(2013.6.28 본호개정)
(2008.2.22 본항개정)
② 신용카드가맹점으로부터 신용카드에 의한 거래가 거부되거나 사실과 다르게 신용카드매출전표를 발급받은 자가 법 제162조의2제3항에 따라 그 거래내용을 신고하려는 때에는 다음 각 호의 사항이 포함된 신고서에 관련 사실을 증명할 수 있는 서류 또는 자료를 첨부하여 그 거래가 거부되거나 사실과 다르게 발급받은 날부터 1개월 이내에 국세청장·지방국세청장 또는 세무서장에게 제출하여야 한다.(2010.2.18 본문개정)
1. 신고자 성명(2009.2.4 본호개정)
2. 신용카드가맹점 상호
3. 신용카드에 의한 거래가 거부되거나 사실과 다르게 발급받은 일자·거래내용 및 금액(2009.2.4 본호개정)
(2007.2.28 본항개정)
③ 납세지 관할세무서장은 법 제162조의2제4항 후단에 따라 해당 과세기간의 신고금액을 해당 신용카드가맹점에 통보하는 경우 그 과세기간 종료 후 2개월 이내에 통보하여야 한다.(2007.2.28 본항신설)
④ 신용카드가맹점 가입대상자의 지정절차, 소비자가 신용카드에 의한 거래거부 등에 대하여 서면 등으로 신고하는 절차 및 그 신고내용의 확인결과를 해당 신고자에게 통보하는 절차 등에 관하여 필요한 세부적인 사항은 납세관리상 필요한 범위에서 국세청장이 정한다.(2010.2.18 본항개정)

제210조의3 【현금영수증가맹점의 가입 등】 ① 법 제162조의3제1항에서 "대통령령으로 정하는 요건에 해당하는 사업자"란 소비자상대업종을 경영하는 다음 각 호의 어느 하나에 해당하는 사업자를 말한다. 다만, 현금영수증가맹점으로 가입하기 곤란한 경우로서 기획재정부령으로 정하는 사업자는 제외한다.(2010.2.18 본문개정)
1. 직전 과세기간의 수입금액(결정 또는 경정에 의하여 증가된 수입금액을 포함한다. 이하 이 조에서 같다)의 합계액이 2천400만원 이상인 사업자
2. 제147조의2에 따른 사업자(2020.2.11 본호개정)
3. 「부가가치세법 시행령」 제109조제2항제7호에 따른 사업자. 다만, 도선사업은 제외한다.(2020.2.11 단서신설)
4. 별표3의3에 따른 업종을 영위하는 사업자
(2013.6.11 본호신설)
② 제1항제1호를 적용하는 경우 소비자상대업종과 다른 업종을 겸영하는 사업자의 수입금액은 소비자상대업종의 수입금액만으로 하며, 소비자상대업종을 영위하는 사업장이 2 이상인 사업자의 수입금액은 사업장별 수입금액을 합산하여 산정한다.
③ 제1항제1호를 적용하는 경우 직전 과세기간에 신규로 사업을 개시한 사업자의 수입금액은 직전 과세기간의 수입금액을 해당 사업월수(1월 미만의 단수가 있는 때에는 이를 1월로 한다)로 나눈 금액에 12를 곱하여 산정한다.

④ 제1항제1호에 해당하게 되는 사업자는 해당 연도의 3월 31일까지 현금영수증가맹점으로 가입하여야 한다.
⑤ 제4항에 따라 현금영수증가맹점으로 가입된 사업자가 그 현금영수증가맹점의 수입금액의 합계액이 2천400만원에 미달하게 되는 과세기간이 있는 경우에는 그 다음 연도 1월 1일부터 현금영수증가맹점에서 탈퇴할 수 있다. 이 경우 현금영수증가맹점을 나타내는 표지를 게시하여서는 아니 된다.
⑥ 현금영수증의 발급대상금액은 건당 1원 이상의 거래금액으로 한다.(2008.2.22 본항개정)
⑦ 현금영수증가맹점으로부터 현금영수증 발급이 거부되거나 사실과 다른 현금영수증을 발급받은 자가 법 제162조의3제5항에 따라 그 거래내용을 신고하려는 때에는 다음 각 호의 사항이 포함된 신고서에 관련 사실을 증명할 수 있는 서류 또는 자료를 첨부하여 현금영수증 발급이 거부되거나 사실과 다르게 발급받은 날부터 5년 이내에 국세청장·지방국세청장 또는 세무서장에게 제출하여야 한다.
1. 신고자 성명
2. 현금영수증가맹점 상호
3. 현금영수증 발급이 거부되거나 사실과 다르게 발급받은 일자·거래내용 및 금액
(2012.2.2 본항개정)
⑧ 납세지 관할 세무서장은 법 제162조의3제6항에 따라 해당 과세기간의 신고금액을 다음 각 호의 구분에 따른 기한까지 해당 현금영수증가맹점에 통보하여야 한다.
1. 해당 과세기간 중에 신고를 받은 경우 : 그 과세기간 종료 후 2개월 이내
2. 해당 과세기간이 지난 후에 신고를 받은 경우 : 신고일 이후 2개월 이내
(2012.2.2 본항개정)
⑨ 법 제162조의3제1항에서 "수입금액 등 대통령령으로 정하는 요건"이란 제1항제1호에 따라 현금영수증가맹점 의무가입대상에 해당하는 경우를 말한다.
(2020.2.11 본항신설)
⑩ 법 제162조의3제1항을 적용할 때 그 요건에 해당하는 날은 제1항제1호의 경우에는 직전 과세기간의 말일로, 신규사업자로서 제1항제2호부터 제4호까지의 규정에 해당하는 경우에는 해당 업종에 대한 사업을 개시한 날로 한다.(2020.2.11 본항신설)
⑪ 법 제162조의3제4항에서 "대통령령으로 정하는 업종을 영위하는 사업자"란 별표3의3에 따른 업종을 영위하는 사업자를 말한다.(2010.2.18 본항신설)
⑫ 법 제162조의3제4항 본문 또는 같은 조 제7항에 따라 현금영수증을 발급하는 경우에는 재화 또는 용역을 공급하고 그 대금을 현금으로 받은 날부터 5일 이내에 무기명으로 발급할 수 있다.(2012.2.2 본항개정)
⑬ 현금영수증가맹점 가입대상자의 가입, 탈퇴, 발급거부 등에 관한 신고·통보 절차, 소비자가 현금영수증의 발급을 원하지 아니할 경우 무기명으로 발급하는 방법 등에 관하여 필요한 세부적인 사항은 납세관리상 필요한 범위에서 국세청장이 정한다.(2010.2.18 본항개정)
(2007.2.28 본조신설)
제211조【계산서의 작성·발급】 ① 사업자가 재화 또는 용역을 공급하는 때에는 다음 각 호의 사항이 적힌 계산서 2매를 작성하여 그 중 1매를 공급받는 자에게 발급하여야 한다.(2015.2.3 본문개정)
1. 공급하는 사업자의 등록번호와 성명 또는 명칭
2. 공급받는 자의 등록번호와 성명 또는 명칭. 다만, 공급받는 자가 사업자가 아니거나 등록한 사업자가 아닌 경우에는 법 제168조제5항에 따른 고유번호 또는 공급받는 자의 주민등록번호로 한다.(2015.2.3 단서신설)
3. 공급가액

4. 작성년월일(1996.12.31 본호개정)
5. 기타 참고사항
② 다음 각 호의 어느 하나에 해당하는 사업을 영위하는 자가 재화 또는 용역을 공급하는 때에는 제1항의 규정에 불구하고 영수증을 발급할 수 있다. 다만, 재화 또는 용역을 공급받은 사업자가 사업자등록증을 제시하고 제1항의 규정에 의한 계산서의 발급을 요구하는 때에는 계산서를 발급하여야 한다.(2013.2.15 본문개정)
1. 「부가가치세법」 제36조제1항제1호 및 같은 법 시행령 제73조제1항 및 제2항을 적용받는 사업
2. 「부가가치세법」 제36조제1항제1호 및 같은 법 시행령 제73조제1항 및 제2항에 규정된 사업으로서 부가가치세가 면제되는 사업
(2013.6.28 1호~2호개정)
3. 주로 사업자가 아닌 소비자에게 재화 또는 용역을 공급하는 사업으로서 기획재정부령이 정하는 사업(2008.2.29 본호개정)
4. 토지 및 건축물을 공급하는 경우(2001.12.31 본호신설)
③ 「부가가치세법」 제36조제2호를 적용받는 사업자가 부가가치세가 과세되는 재화 또는 용역을 공급하는 때에는 제1항 및 제2항 단서의 규정에 불구하고 계산서를 발급할 수 없으며, 영수증을 발급하여야 한다.(2023.2.28 본항개정)
④ 다음 각 호의 재화 또는 용역의 공급에 대해서는 제1항부터 제3항까지의 규정에 불구하고 계산서 또는 영수증을 발급하지 아니할 수도 있다.(2010.2.18 본문개정)
1. 노점상인·행상인 또는 무인판매기 등을 이용하여 사업을 하는 자가 공급하는 재화 또는 용역(1998.12.31 본호개정)
2. 「부가가치세법」 제26조제1항제7호의 용역 중 시내버스에 의한 용역(2013.6.28 본호개정)
3. 국내사업장이 없는 비거주자 또는 외국법인과 거래되는 재화 또는 용역. 다만, 「법인세법」 제94조의2제1항에 따른 외국법인연락사무소와 거래되는 재화 또는 용역은 제외한다.(2023.2.28 단서신설)
4. 기타 「부가가치세법」 제36조제1항제1호, 같은 법 시행령 제71조 및 제73조에 따라 세금계산서 또는 영수증의 발급이 면제되는 재화 또는 용역(2013.6.28 본호개정)
⑤ 사업자가 법 제144조의 규정에 의하여 용역을 공급받는 자로부터 원천징수영수증을 발급받는 것에 대하여는 제1항의 규정에 의한 계산서를 발급한 것으로 본다.(2013.2.15 본항개정)
⑥ 사업자는 제1항제1호부터 제4호까지의 규정에 따른 기재사항과 기타 필요하다고 인정되는 사항 및 국세청장에게 신고한 계산서임을 적은 계산서를 국세청장에게 신고하여 발급할 수 있다. 이 경우 그 계산서는 제1항에 따른 계산서로 본다.(2013.2.15 본항개정)
⑦~⑫ (2016.2.17 삭제)
(2013.2.15 본조제목개정)
제211조의2【전자계산서의 발급 등】 ① 법 제163조제1항 각 호 외의 부분 후단에서 "대통령령으로 정하는 전자적 방법"이란 「부가가치세법 시행령」 제68조제5항에 따른 전자적 방법으로 발급하는 것을 말한다.(2020.2.11 본항개정)
② 법 제163조제1항제2호에서 "대통령령으로 정하는 사업자"란 직전 과세기간의 사업장별 총수입금액이 8천만원 이상인 사업자(그 이후 과세기간의 사업장별 총수입금액이 8천만원 미만이 된 사업자를 포함한다)를 말한다.(2023.2.28 본항개정)
③ 법 제163조제1항 각 호에 따른 전자계산서 의무발급 개인사업자는 다음 각 호의 구분에 따른 날부터 전자계산서를 발급해야 한다.
1. 법 제163조제1항제1호에 해당하는 사업자 : 「부가가

치세법 시행령」제68조제2항에 따라 전자세금계산서를 발급해야 하는 날
2. 법 제163조제1항제2호에 해당하는 사업자 : 사업장별 총수입금액이 최초로 8천만원 이상이 된 과세기간의 다음 과세기간의 7월 1일. 다만, 사업장별 총수입금액이 「국세기본법」제45조에 따른 수정신고 또는 법 제80조에 따른 결정과 경정(이하 이 항에서 "수정신고등"이라 한다)으로 8천만원 이상이 된 경우에는 수정신고등을 한 날이 속하는 과세기간의 다음 과세기간의 개시일로 한다.
(2023.2.28 본항개정)
④ 법 제163조제8항에서 "대통령령으로 정하는 기한"이란 전자계산서 발급일의 다음 날을 말한다.
⑤ 법 제163조제8항에서 "대통령령으로 정하는 전자계산서 발급명세"란 발급건별로 제211조제1항 각 호의 사항이 기재된 것을 말한다.
⑥ 법 제163조에 따른 전자계산서의 발급·전송, 각 설비 및 시스템을 구축·운영하는 사업자의 등록에 관하여는 이 영에 특별한 규정이 있는 경우를 제외하고는 「부가가치세법 시행령」제68조를 준용한다. 이 경우 "전자세금계산서"는 "전자계산서"로 본다.
⑦ 제1항부터 제6항까지에 규정한 사항 외에 전자계산서의 발급절차 등에 관하여 필요한 사항은 기획재정부령으로 정한다.
(2016.2.17 본조신설)

제212조【매출·매입처별계산서합계표의 제출 등】
① 사업자는 법 제78조에 따른 기한까지 기획재정부령으로 정하는 매출·매입처별계산서합계표를 제출하여야 한다.(2010.12.30 후단삭제)
② 제211조의 계산서의 작성·교부 및 제1항의 매출·매입처별계산서합계표의 제출에 관하여는 이 영에 특별한 규정이 있는 경우를 제외하고는 「부가가치세법 시행령」제32조부터 제35조까지 및 제54조와 같은 법 시행령 제69조부터 제72조까지 및 제97조부터 제99조까지의 규정을 준용한다.(2013.6.28 본항개정)
③ 법 제163조제2항 단서에서 "대통령령으로 정하는 바에 따라 계산서등을 발급하는 경우"란 위탁자 또는 본인의 명의로 제2항에 따라 계산서를 발급하는 경우를 말한다.(2010.2.18 본항개정)
④ 법 제163조제2항 본문의 규정에 의하여 수탁자 또는 대리인이 재화를 공급한 것으로 보아 계산서를 교부하는 경우에는 계산서에 그 사실을 부기하여야 한다.(1998.12.31 본항신설)
⑤ 제211조제5항에 따라 용역을 공급받는 자로부터 원천징수영수증을 발급받고, 원천징수의무자가 지급명세서를 제출한 거래에 대해서는 제1항에 따른 매출·매입처별계산서합계표를 제출한 것으로 본다.(2020.2.11 본항신설)
(1998.12.31 본조제목개정)

제212조의2【수입계산서】
① 법 제163조제3항의 규정에 의하여 교부하는 계산서는 제211조제1항의 규정을 준용하여 관세청장이 정하여 고시하는 바에 의한다.
② (2006.2.9 삭제)
(2001.12.31 본조신설)

제212조의3【매입처별세금계산서합계표의 제출 등】
법 제163조의2에 따른 매입처별세금계산서합계표의 제출 등에 관하여는 「부가가치세법 시행령」제97조 및 제98조를 준용한다.(2013.9.9 본조개정)

제212조의4【매입자발행계산서의 발급 대상 및 방법 등】
① 법 제163조의3제1항에 따라 매입자발행계산서(이하 이 조에서 "매입자발행계산서"라 한다)를 발급하려는 거주자(이하 이 조에서 "신청인"이라 한다)는 해당 재화 또는 용역의 공급시기가 속하는 과세기간의 종료일부터 6개월 이내에 기획재정부령으로 정하는 거래사실확인신청서에 거래사실을 객관적으로 입증할 수 있는 서류를 첨부하여 신청인 관할 세무서장에게 거래사실의 확인을 신청해야 한다.
② 제1항에 따른 거래사실의 확인신청 대상이 되는 거래는 거래건당 공급가액이 5만원 이상인 경우로 한다.
③ 제1항에 따른 신청을 받은 관할 세무서장은 신청서에 재화 또는 용역을 공급한 자(이하 이 조에서 "공급자"라 한다)의 인적사항이 부정확하거나 신청서 기재방식에 흠이 있는 경우에는 신청일부터 7일 이내에 일정한 기간을 정하여 보정요구를 할 수 있다.
④ 신청인 관할 세무서장은 제3항의 기간 이내에 보정요구에 응하지 않거나 다음 각 호의 어느 하나에 해당하는 경우에는 신청인 관할 세무서장은 거래사실의 확인을 거부하는 결정을 해야 한다.
1. 제1항의 신청기간을 넘긴 것이 명백한 경우
2. 신청서의 내용으로 보아 거래 당시 미등록사업자 또는 휴·폐업자와 거래한 것이 명백한 경우
⑤ 신청인 관할 세무서장은 제4항에 따른 확인을 거부하는 결정을 하지 않은 신청에 대해서는 거래사실확인신청서가 제출된 날(제3항에 따라 보정을 요구했을 때에는 보정이 된 날)부터 7일 이내에 신청서와 제출된 증빙자료를 공급자 관할 세무서에게 송부해야 한다.
⑥ 제5항에 따라 신청서 등을 송부받은 공급자 관할 세무서장은 신청인의 신청내용, 제출된 증빙자료를 검토하여 거래사실 여부를 확인해야 한다. 이 경우 거래사실의 존재 및 그 내용에 대한 입증책임은 신청인에게 있다.
⑦ 공급자 관할 세무서장은 신청일의 다음 달 말일까지 거래사실 여부를 확인한 후 다음 각 호의 구분에 따른 통지를 공급자와 신청인 관할 세무서장에게 해야 한다. 다만, 공급자의 부도, 일시 부재 등 기획재정부령으로 정하는 불가피한 사유가 있는 경우에는 거래사실 확인기간을 20일 이내의 범위에서 연장할 수 있다.
1. 거래사실이 확인되는 경우 : 공급자 및 공급받는 자의 사업자등록번호, 작성연월일, 공급가액 등을 포함한 거래사실 확인 통지
2. 거래사실이 확인되지 않는 경우 : 거래사실 확인불가 통지
⑧ 신청인 관할 세무서장은 공급자 관할 세무서장으로부터 제7항의 통지를 받은 후 즉시 신청인에게 그 확인결과를 통지해야 한다.
⑨ 제8항에 따라 신청인 관할 세무서장으로부터 제7항제1호에 따른 거래사실 확인 통지를 받은 신청인은 공급자 관할 세무서장이 확인한 거래일자를 작성일자로 하여 매입자발행계산서를 발급하여 공급자에게 교부해야 한다.
⑩ 제9항에도 불구하고 신청인 및 공급자가 관할 세무서장으로부터 제7항제1호의 통지를 받은 때에는 신청인이 매입자발행계산서를 공급자에게 교부한 것으로 본다.
⑪ 사업자가 「부가가치세법」제42조에 따른 의제매입세액 공제를 받기 위하여 같은 법 시행령 제84조제5항제3호에 따라 제출해야 하는 매입자발행계산서합계표의 서식은 기획재정부령으로 정한다.
(2023.2.28 본조신설)

제213조【지급명세서 등의 제출】
① 법 제164조제1항에 따른 지급명세서 및 법 제164조의3제1항에 따른 간이지급명세서는 그 소득을 지급받는 소득자별로 구분하되, 그 서식은 기획재정부령으로 정한다.(2021.5.4 본항개정)
② (2023.2.28 삭제)
③ 다음 각 호의 어느 하나에 해당하는 경우에는 각 소득자에게 연간 지급된 금액의 합계액에 대한 지급명세서를 원천징수 관할 세무서장·지방국세청장 또는 국세청장에게 제출하여야 한다.(2010.2.18 본문개정)

1. 「국민건강보험법」에 의한 국민건강보험공단 또는 「산업재해보상보험법」에 의한 근로복지공단이 「의료법」에 의한 의료기관 또는 「약사법」에 의한 약국에게 요양급여비용 등을 지급하는 경우
2. 「방문판매 등에 관한 법률」에 의하여 다단계판매업자가 다단계판매원에게 후원수당을 지급하는 경우
(2005.2.19 1호~2호개정)
3. 금융회사 등이 연간 계좌별로 거주자에게 지급한 이자소득금액(법 제46조제1항에 따른 채권등에 대한 이자소득금액은 제외한다)이 1백만원 이하인 경우
(2013.2.15 본호신설)
④ 법 제164조제1항에 따라 지급명세서를 제출하여야 하는 자가 「고용보험법 시행령」 제7조제1항 후단에 따라 근로내용 확인신고서를 고용노동부장관에게 제출한 경우에는 법 제164조제1항 각 호 외의 부분 단서에 따라 지급명세서를 제출한 것으로 본다.(2015.2.3 본항신설)
⑤ 법 제164조제1항 각 호 외의 부분 단서에서 "대통령령으로 정하는 일용근로자"란 제20조에 따른 일용근로자를 말한다.(2010.2.18 본항개정)
⑥ 법 제164조제1항제8호에서 "대통령으로 정하는 장기저축성보험의 보험차익"이란 법 제16조제1항제9호에 해당하지 아니하는 보험차익(피보험자의 사망·질병·부상, 그 밖의 신체상의 상해 또는 자산의 멸실이나 손괴로 보험금을 받는 것은 제외한다)을 말한다.(2010.2.18 본항개정)
(2021.5.4 본조제목개정)

제213조의2【현금영수증 발급장치 등을 통한 제출】
① 법 제164조제3항 후단 및 법 제164조의3제2항 후단에서 "대통령령으로 정하는 소득"이란 다음 각 호의 어느 하나에 해당하는 소득을 말한다.(2019.2.12 본항개정)
1. 제213조제5항의 규정에 따른 일용근로자에게 지급하는 근로소득
2. 제215조제2항의 규정에 따른 거주자에게 지급하는 근로소득
② 법 제164조제3항 후단에서 "현금영수증 발급장치 등 대통령령으로 정하는 방법"이란 「조세특례제한법」 제126조의3에 따른 현금영수증 발급장치를 통하여 다음 각 호의 사항을 모두 제출하는 것을 말한다.(2019.2.12 후단삭제)
1. 급여의 귀속연도
2. 일용근로자 또는 거주자의 주민등록번호
3. 급여액
4. 소득세(결정세액을 말한다)
③ 법 제164조의3제2항 후단에서 "현금영수증 발급장치 등 대통령령으로 정하는 방법"이란 「조세특례제한법」 제126조의3에 따른 현금영수증 발급장치를 통해 다음 각 호의 사항을 모두 제출하는 것을 말한다.
1. 급여의 귀속연도(2021.5.4 본호개정)
2. 소득자의 주민등록번호
3. 급여액
(2019.2.12 본항신설)
(2006.2.9 본조신설)

제214조【지급명세서 등의 제출 면제 등】
① 다음 각 호의 어느 하나에 해당하는 소득에 대해서는 법 제164조제1항을 적용하지 않는다.(2021.2.17 본문개정)
1. 법 제12조제5호의 규정에 따라 비과세되는 기타소득. 다만, 제19조제3항제3호에 따른 금액 및 물품은 제외한다.(2017.12.29 단서신설)
2. (2023.2.28 삭제)
2의2. 법 제12조제3호가목부터 사목까지, 카목, 타목, 하목, 너목, 버목 및 저목의 소득(2023.2.28 본호개정)
2의3. 제12조제2호부터 제4호까지 및 제8호의 소득
(2008.2.22 본호신설)

3. 그 밖에 기획재정부령으로 정하는 소득(2008.2.29 본호개정)
② (2006.2.9 삭제)
③ 법 제164조제4항에서 "일정 업종 또는 일정 규모 이하에 해당되는 자"란 직전 과세기간에 제출한 지급명세서의 매수가 50매 미만인 자 또는 상시 근무하는 근로자의 수(매월 말일의 현황에 따른 평균인원수를 말한다)가 10명 이하인 자를 말한다. 다만, 다음 각 호의 어느 하나에 해당하는 자는 제외한다.(2010.2.18 본문개정)
1. 한국표준산업분류상의 금융보험업자
2. 국가·지방자치단체 또는 지방자치단체조합
3. 법인
4. 복식부기의무자(2016.2.17 본호개정)
(2003.12.30 본항개정)
④ 법 제164조의3제3항에 따라 간이지급명세서를 문서로 제출할 수 있는 자는 법 제164조의3제1항에 따라 제출한 직전 과세연도 지급명세서가 20매 미만인 자 또는 상시 근무하는 근로자의 수(매월 말일의 현황에 따른 평균인원수를 말한다)가 5명 이하인 자로 한다. 다만, 다음 각 호의 어느 하나에 해당하는 자는 제외한다.
(2021.5.4 본문개정)
1. 한국표준산업분류상의 금융보험업자
2. 국가·지방자치단체 또는 지방자치단체조합
3. 법인
4. 복식부기의무자
(2019.2.12 본항신설)
(2021.5.4 본조제목개정)

제215조【지급명세서 제출의 특례】
① 원천징수의무자는 법 제164조제5항에 따라 원천징수에 관한 명세서, 그 밖의 관계서류를 제출함으로써 지급명세서의 제출에 갈음하려고 할 때에는 그 원천징수영수증 부본을 법 제164조에 따른 기한까지 원천징수 관할세무서장에게 제출하여야 한다.(2010.2.18 본항개정)
② 총급여액이 근로소득공제액 및 본인에 대한 기본공제액의 합계액 이하인 거주자에 대하여는 법 제164조에 따른 지급명세서에 갈음하여 국세청장이 정하는 근로소득지급명세서를 제출할 수 있다. 다만, 종된 근무지가 없는 거주자만 해당하며 과세기간 중에 취직 또는 퇴직한 거주자에 대하여는 연으로 환산한 총급여액을 기준으로 적용한다.(2014.2.21 본항개정)
③ 법 제16조제1항의 이자소득이나 법 제17조제1항의 배당소득에 대하여는 법 제164조제1항의 규정에 의한 지급명세서에 갈음하여 기획재정부령이 정하는 이자·배당소득지급명세서를 제출할 수 있다.(2008.2.29 본항개정)
④ (2000.12.29 삭제)
⑤ 법 제144조의2에 따라 연말정산되는 사업소득의 소득금액(연으로 환산한 소득금액을 말한다)이 본인에 대한 기본공제의 합계액 이하인 사업자에 대하여는 법 제164조에 따른 지급명세서에 갈음하여 국세청장이 정하는 "사업소득지급명세서"를 제출할 수 있다.(2014.2.21 본항개정)
⑥ 법 제164조제10항에서 "대통령령으로 정하는 기타소득"이란 법 제21조제1항제15호가목 및 제19호가목·나목에 따른 기타소득을 말한다.(2023.2.28 본항개정)
⑦ 국세청장은 제6항에 따른 기타소득에 대한 지급명세서를 제출받은 경우 거주자가 종합소득 과세표준확정신고를 하는 데 사용할 수 있도록 해당 기타소득에 대한 내역을 「국세기본법」 제2조제19호에 따른 국세정보통신망을 이용하여 제공하여야 한다. 이 경우 국세청장은 오류 등으로 그 내역에 변동이 발생한 때에는 이를 정정하고 해당 납세의무자에게 통지하여야 한다.(2010.2.18 전단개정)
(2008.2.22 본조제목개정)

제216조 【지급명세서 등의 제출기한 연장】 ① 천재지변 또는 그 밖에 특수한 사유가 발생한 경우에 해당 원천징수 관할세무서장·관할지방국세청장 또는 국세청장은 법 제164조에 따른 지급명세서 또는 법 제164조의3에 따른 간이지급명세서의 제출을 다음 각 호의 구분에 따라 면제하거나 그 제출기한을 연장할 수 있다.
1. 천재지변 등 불가항력인 사유로 장부나 그 밖의 증빙서류가 없어진 경우에는 그 사유가 발생한 달의 전월분부터 해당 사업이 원상으로 회복된 달의 전월분(법 제164조제3항의 경우에는 기획재정부령으로 정하는 기간분)까지 지급명세서 또는 간이지급명세서의 제출을 면제할 수 있다.
2. 권한 있는 기관에 장부나 그 밖의 증빙서류가 압수 또는 영치된 경우에는 그 사유가 발생한 당월분과 그 전월분(법 제164조제3항의 경우에는 기획재정부령으로 정하는 기간분)에 대하여 지급명세서 또는 간이지급명세서를 제출할 수 있는 상태로 된 날이 속하는 달의 다음 달 말일까지 제출기한을 연장할 수 있다.
② 제1항에 따라 지급명세서 또는 간이지급명세서제출 면제 또는 연장을 받으려는 자는 법 제164조 또는 제164조의3에 따른 기한 내에 해당 원천징수 관할세무서장·관할지방국세청장 또는 국세청장에게 신청해야 한다.
(2021.5.4 본조개정)

제216조의2 【비거주자의 국내원천소득 등에 대한 지급명세서 제출의무 특례】 ① 법 제119조에 따른 국내원천소득을 비거주자에게 지급하는 자는 법 제164조의2에 따라 납세지 관할세무서장에게 기획재정부령으로 정하는 지급명세서(이하 이 조에서 "지급명세서"라 한다)를 제출하여야 한다. 다만, 다음 각 호의 어느 하나에 해당하는 소득에 대하여는 그러하지 아니하다.
(2009.2.4 본문개정)
1. 법 또는 「조세특례제한법」에 따라 소득세가 과세되지 아니하거나 면제되는 국내원천소득. 다만, 다음 각 목의 어느 하나에 해당하는 국내원천소득은 제외한다.
  가. 「조세특례제한법」 제21조제1항에 따른 국내원천소득
  나. 「조세특례제한법」 제21조의2제1항에 따른 국내천소득
  다. 「조세특례제한법」(법률 제12173호 조세특례제한법 일부개정법률로 개정되기 전의 것을 말한다) 제121조의2제3항에 따른 국내원천소득
  (2014.2.21 본호개정)
2. 법 제119조제1호·제2호·제4호·제10호·제11호 및 제12호(동호바목 및 사목의 소득을 제외한다)의 국내원천소득으로서 국내사업장과 실질적으로 관련되거나 그 국내사업장에 귀속되는 소득(법 제46조의 규정에 의하여 원천징수되는 소득을 제외한다)
  (2013.2.15 본호개정)
3. 법 제119조제3호의 국내원천소득(2009.2.4 본호개정)
4. 법 제119조제5호 및 제6호의 국내원천소득(법 제156조의 규정에 의하여 원천징수되는 소득을 제외한다)
  (2001.12.31 본호신설)
5. 법 제119조제12호바목 또는 사목에 해당하는 소득
  (2010.2.18 본호개정)
6. 법 제156조의2의 규정에 의하여 비과세 또는 면제신청을 한 국내원천소득(2001.12.31 본호신설)
7. 원천징수세액이 1천원 미만인 소득 법 제119조제9호 및 제11호에 따른 소득을 제외한다)(2013.2.15 본호개정)
8. 그 밖에 지급명세서를 제출할 실효성이 없다고 인정되는 소득으로서 기획재정부령으로 정하는 소득
  (2009.2.4 본호개정)
② (2002.12.30 삭제)
③ 법 제46조 또는 제156조제6항에 따라 소득세를 원천징수하는 경우에는 해당 원천징수의무자가 그 지급금액에 대한 지급명세서를 제출해야 한다.
(2022.2.15 본항개정)
④ 법 제119조제1호·제2호·제11호 및 법 제156조의5의 소득에 대하여 제출하는 지급명세서는 따로 기획재정부령으로 정할 수 있다.(2010.2.18 본항개정)
⑤ (2006.2.9 삭제)
⑥ 비거주자의 국내원천소득 등에 대한 지급명세서 제출에 관하여는 제215조 및 제216조를 준용한다.
(2010.2.18 본항개정)
(2008.2.22 본조제목개정)

제216조의3 【소득공제 및 세액공제 증명서류의 제출 및 행정지도】 ① 법 제165조제1항 본문에서 "대통령령으로 정하는 소득공제 및 세액공제"란 제107조제1항제1호 및 제2호의 장애인에 대한 추가공제와 다음 각 호의 어느 하나에 해당하는 지급액에 대한 소득공제 및 세액공제를 말한다.(2022.2.15 본문개정)
1. 법 제59조의3제1항에 따른 연금계좌 납입액
  (2014.2.21 본호개정)
1의2. 법 제51조의4에 따른 주택담보노후연금이자비용
  (2007.2.28 본호신설)
2. 법 제59조의4제1항에 따른 보험료
3. 법 제59조의4제2항 및 「조세특례제한법」 제122조의3에 따른 의료비. 다만, 제118조의5제1항제3호부터 제5호까지의 규정에 따른 의료비는 제외한다.
  (2014.2.21 2호~3호개정)
4. 법 제59조의4제3항에 따른 교육비로서 다음 각 목의 어느 하나에 해당하는 기관에 지출한 교육비
  (2014.2.21 본문개정)
  가. 「유아교육법」에 따른 유치원
  나. 「초·중등교육법」·「고등교육법」 및 특별법에 따른 학교
  다. 「영유아보육법」에 따른 어린이집(2011.12.8 본목개정)
  라. 「국민 평생 직업능력 개발법」에 따른 직업능력개발훈련시설(2022.2.17 본목개정)
4의2. 「조세특례제한법」 제122조의3에 따른 교육비로서 제4호가목부터 다목까지의 기관에 지출한 교육비
  (2008.2.22 본호신설)
4의3. 법 제59조의4제3항제2호라목에 따른 학자금 대출의 원리금 상환에 지출한 교육비(2017.12.29 본호신설)
5. 법 제52조제4항제1호 및 제5항에 따른 주택임차자금 차입금의 원리금 상환액, 장기주택저당차입금 이자상환액(2010.2.18 본호개정)
5의2. 「조세특례제한법」 제99조의7에 따른 목돈 안드는 전세 이자상환액(2015.2.3 본호신설)
6. 다음 각 목의 어느 하나에 해당하는 저축 또는 신탁의 납입액(2018.2.13 본문개정)
  가. 「조세특례제한법」 제16조제1항제2호에 따른 벤처기업투자신탁(2018.2.13 본목신설)
  나. (2013.2.15 삭제)
  다. 「조세특례제한법」 제86조의3에 따른 공제부금
  라. 「조세특례제한법」 제87조제2항에 따른 청약저축 및 주택청약종합저축
  마. 「조세특례제한법」 제91조의9제1항에 따른 장기주식형저축
  바. 「조세특례제한법」 제91조의16제1항에 따른 장기집합투자증권저축(2015.2.3 본목개정)
  (2010.2.18 본호개정)
7. 「조세특례제한법」 제95조의2에 따른 월세액 중 「공공주택특별법」에 따른 공공주택사업자에게 지급하는 월세액(2021.2.17 본호신설)
7의2.~7의3. (2010.2.18 삭제)
8. 「조세특례제한법」 제126조의2의 규정에 따른 신용카드등 사용금액

9. 법 제51조의3제1항에 따른 연금보험료 중 「국민연금법」에 따라 납입한 연금보험료(2016.12.5 본호신설)
10. 법 제52조제1항에 따른 「국민건강보험법」, 「고용보험법」 및 「노인장기요양보험법」에 따라 근로자가 부담하는 보험료(2023.2.28 본호개정)
② 법 제165조제1항에 따른 소득공제 및 세액공제 증명서류를 발급하는 자는 국세청장이 정하는 바에 따라 국세청장 또는 별표4에서 규정하는 기관(이하 이 조에서 "자료집중기관"이라 한다)에 소득공제 및 세액공제 증명자료를 제출해야 한다.(2022.2.15 본항개정)
③ 제2항에 따른 자료집중기관은 국세청장이 정하는 바에 따라 국세청장에게 소득공제 및 세액공제 증명자료를 제출하여야 한다.(2014.2.21 본항개정)
④ 법 제165조제1항 단서에서 "소득공제 및 세액공제 증명서류를 발급받는 자가 서류 제출을 거부하는 등 대통령령으로 정하는 경우"란 소득공제 및 세액공제 증명서류를 발급받는 자가 본인의 의료비내역과 관련된 자료의 제출을 제3항에 따라 자료집중기관이 국세청장에게 소득공제 및 세액공제 증명서류를 제출하기 전까지 거부하는 경우를 말한다.(2015.2.3 본항개정)
⑤ 국세청장은 소득공제 및 세액공제와 관련하여 필요한 범위에서 소득공제 및 세액공제 증명서류를 발급하는 자에 대하여 제출안내 등 지도에 관하여 필요한 사항을 정할 수 있다.(2014.2.21 본항개정)
⑥ 법 제165조제6항에서 "서면 등 대통령령으로 정하는 방법으로 동의를 받은 경우"란 법 제50조에 따른 기본공제대상자가 다음 각 호의 어느 하나에 해당하는 방법으로 동의하여 정보를 제공하는 경우를 말한다.
1. 서면에 의한 동의
2. 「전자서명법」 제2조제2호에 따른 전자서명(서명자의 실지명의를 확인할 수 있는 것으로 한정한다)이 있는 「전자문서 및 전자거래 기본법」 제2조제1호의 전자문서에 따른 동의(2020.12.8 본호개정)
3. 정보제공자에 대한 보안성 및 안정성이 확보될 수 있는 유무선통신으로서 국세청장이 정하는 것에 따른 동의
(2009.2.4 본항신설)
⑦ 법 제165조제1항 본문에서 "대통령령으로 정하는 자"란 다음 각 호의 어느 하나에 해당하는 자를 말한다.
1. 「보험업법」에 따른 보험회사
2. 「수산업협동조합법」, 「신용협동조합법」 또는 「새마을금고법」에 따른 공제사업을 하는 자
3. 「군인공제회법」, 「한국교직원공제회법」, 「대한지방행정공제회법」, 「경찰공제회법」 및 「대한소방공제회법」에 따른 공제회
4. 우정사업본부
(2021.2.17 본항신설)
(2014.2.21 본조제목개정)
(2006.2.9 본조신설)
제216조의4 (2022.2.15 삭제)
제217조【이자·배당·금융투자소득에 대한 원천징수부의 비치·기록】 ① 국내에서 이자소득 또는 배당소득을 지급하는 원천징수의무자는 기획재정부령이 정하는 이자·배당원천징수부를 비치·기록하여야 한다.
② 국내에서 금융투자소득을 지급하는 원천징수의무자는 기획재정부령으로 정하는 금융투자소득원천징수부를 비치·기록해야 한다.(2021.2.17 본항신설 : 2025.1.1 시행)
③ 제1항 및 제2항에 따른 원천징수부를 전산처리된 테이프 또는 디스크 등으로 수록·보관하여 항시 출력

이 가능한 상태에 둔 때에는 원천징수부를 비치·기록한 것으로 본다.(2021.2.17 본항신설)
(2021.2.17 본조개정)
제217조의2 (2021.2.17 삭제)
제217조의3~제217조의4 (2019.2.12 삭제)
제217조의5 (2021.2.17 삭제)
제218조【주민등록전산정보자료 등의 이용 및 제공】 ① 국세청장은 소득세의 과세 및 징수업무를 위하여 필요한 때에는 「주민등록법」에 따른 주민등록사무의 지도·감독기관의 장 또는 지도·감독을 위임받은 기관의 장(이하 이 조에서 "주민등록사무감독기관의 장"이라 한다)이나 「가족관계의 등록 등에 관한 법률」 제11조에 따른 법원행정처장에게 전산매체를 이용하여 주민등록전산정보자료 또는 가족관계 등록사항에 대한 전산정보자료의 제공을 요청하여야 한다.
② 제1항의 요청을 받은 주민등록사무감독기관의 장 또는 법원행정처장은 정당한 사유가 없는 한 주민등록전산정보자료 또는 가족관계 등록사항에 대한 전산정보자료를 제공하여야 한다.
(2010.12.30 본조개정)
제219조【외국인등록표등본의 제출】 비거주자가 과세표준확정신고를 하는 때에는 과세표준확정신고서에 외국인등록표등본 또는 이에 준하는 서류를 첨부하여 납세지 관할세무서장에게 제출하여야 한다.
제220조【사업자등록 및 고유번호의 부여】 ① 법 제168조제1항에 따라 사업자등록을 하려는 자는 사업장마다 사업 개시일부터 20일 이내에 기획재정부령으로 정하는 바에 따라 사업자등록신청서를 사업장 소재지 관할 세무서장에게 제출해야 한다.(2019.2.12 본항신설)
② 법 제168조제1항에 따라 사업자등록을 하려는 자 중 주택임대사업을 하려는 자는 제1항에 따른 사업자등록신청서를 제출할 때 기획재정부령으로 정하는 임대주택명세서나 「민간임대주택에 관한 특별법 시행령」 제4조제6항에 따른 임대사업자 등록증 사본을 첨부할 수 있다.(2023.9.26 후단개정)
③ 「민간임대주택에 관한 특별법」 제5조에 따라 특별자치시장·특별자치도지사·시장·군수 또는 구청장(구청장은 자치구의 구청장을 말한다)에게 임대사업자등록을 신청하면서 법 제168조제1항에 따른 사업자등록을 위해 「민간임대주택에 관한 특별법 시행령」 제4조제4항에 따른 신청서에 제1항에 따른 사업자등록신청서를 함께 제출한 경우에는 법 제168조제1항에 따른 사업자등록을 신청한 것으로 본다. 이 경우 「부가가치세법 시행령」 제11조제5항 본문에 따른 발급기한은 사업자등록신청서가 국세정보통신망에 도달한 때부터 기산한다.(2023.9.26 전단개정)
④ 법 제168조제5항의 규정에 따른 고유번호는 사업장 소재지 또는 법인으로 보는 단체 외의 사단·재단, 그 밖의 단체의 소재지 관할 세무서장이 부여한다.
(2008.2.22 본항개정)
(2019.2.12 본조제목개정)
제221조【교부금의 지급】 ① 국세청장은 법 제150조에 따라 납세조합이 매월 징수·납부한 소득세액의 100분의 2부터 100분의 10까지에 해당하는 금액의 범위에서 납세조합이 징수·납부한 세액, 조합원수, 업종의 특수성, 조합운영비등을 고려하여 해당 납세조합에 교부금을 지급해야 한다. 다만, 납세조합이 매월 징수·납부한 조합원 수에 세무비용 등을 고려하여 기획재정부령으로 정한 금액을 곱한 금액을 초과하여 지급할 수 없다.(2020.2.11 본항개정)

② 제1항에 따라 교부금을 받으려는 자는 해당 과세기간의 12월 20일까지 납세지 관할세무서장에게 청구하여야 한다. 다만, 12월분에 대하여는 다음 연도 2월말일까지 청구할 수 있다.(2015.2.3 본문개정)

제222조【질문·조사】 ① 세무에 종사하는 공무원이 소득세에 관한 조사를 하는 경우에 장부·서류나 그 밖의 물건을 검사할 때에는 기획재정부령으로 정하는 조사원증을 관계자에게 제시해야 한다.(2022.2.15 본항개정)

② 제41조제16항에 따라 종교단체가 소속 종교관련종사자에게 지급한 금액 및 물품과 그 밖에 종교 활동과 관련하여 지출한 비용을 정당하게 구분하여 기록·관리하는 경우 세무에 종사하는 공무원은 법 제170조에 따라 질문·조사할 때 종교단체가 소속 종교관련종사자에게 지급한 금액 및 물품 외에 그 밖에 종교 활동과 관련하여 지출한 비용을 구분하여 기록·관리한 장부 또는 서류에 대해서는 조사하거나 그 제출을 명할 수 없다.(2019.2.12 본항개정)

③ 세무에 종사하는 공무원은 종교인소득에 관한 신고 내용에 누락 또는 오류가 있어 법 제170조에 따라 질문·조사권을 행사하려는 경우에는 미리「국세기본법」제45조에 따른 수정신고를 안내하여야 한다.(2017.12.29 본항신설)

제223조【연금소득자료 등의 열람】 법 제172조제7호에서 "대통령령으로 정하는 자료"란 다음 각 호의 어느 하나에 해당하는 자료를 말한다.(2010.2.18 본문개정)

1. 제26조의 규정에 따른 직장공제회에서 납입공제료를 기초로 지급하는 반환금자료

2.「공무원연금법」·「군인연금법」·「사립학교교직원 연금법」 또는「별정우체국법」에 따라 2001년 12월 31일 이전에 납입된 연금기여금 및 사용자 부담금을 기초로 하거나 2001년 12월 31일 이전 근로의 제공을 기초로 하여 발생하는 연금소득자료(2015.2.3 본호개정)

(2006.2.9 본조신설)

제224조【용역제공자 및 사업장제공자 등의 범위】 ① 법 제173조제1항에서 "대리운전, 소포배달 등 대통령령으로 정하는 용역"이란 다음 각 호의 어느 하나에 해당하는 용역을 말한다.(2010.2.18 본문개정)

1. 대리운전용역

2. 소포배달용역

3. 간병용역

4. 골프장경기보조용역

5. 파출용역

6. 제1호부터 제5호까지의 용역과 유사한 용역으로서 한국표준산업분류 또는 한국표준직업분류에 따른 대인 서비스와 관련된 일에 종사하는 자로서 기획재정부령으로 정하는 자가 직접 제공하는 용역
(2021.11.9 본호개정)

② 법 제173조제1항에서 "용역 제공과 관련된 사업장을 제공하는 자 등 대통령령으로 정하는 자"란 제1항 각 호의 용역(해당 용역의 제공으로 발생하는 소득이 법 제127조에 따른 소득세 원천징수대상이 되는 경우는 제외한다)의 제공과 관련하여 다음 각 호의 어느 하나에 해당하는 자를 말한다. 이 경우 제1호에 해당하는 자와 제2호에 해당하는 자가 모두 있는 경우에는 제2호에 해당하는 자를 말한다.

1. 골프장사업자, 병원사업자 등 제1항 각 호의 용역을 제공하는 자에게 용역 제공과 관련된 사업장을 제공하는 자

2. 직업소개자,「고용보험법」제77조의7제1항에 따른 노무제공플랫폼사업자(이하 이 호에서 "노무제공플랫

폼사업자"라 한다) 등 제1항 각 호의 용역을 알선·중개하는 자. 이 경우 해당 용역을 알선·중개하는 자가 노무제공플랫폼사업자와「고용보험법」제77조의7제1항에 따른 노무제공플랫폼이용계약을 체결하고 그 계약에 따라 알선·중개하는 경우에는 노무제공플랫폼사업자를 해당 용역을 알선·중개하는 자로 본다.
(2021.11.9 본항개정)

③ 법 제173조제1항에 따라 용역제공자의 수입금액 또는 소득금액에 대한 과세자료를 작성하여 제출해야 하는 자는 기획재정부령으로 정하는 사업장 제공자 등의 과세자료 제출명세서에 용역제공자 인적사항, 용역제공기간 및 용역제공대가 등을 기재하여 제출해야 한다. 다만, 용역제공대가의 경우 이를 확인할 수 없을 때에는 제출하지 않을 수 있다.(2021.11.9 본항개정)

(2006.2.9 본조신설)

제225조【손해보험금 지급자료 제출방식】 법 제174조에 따른 손해보험금지급자료의 제출은 기획재정부령으로 정하는 손해배상청구소송결과통보서에 따른다.
(2008.2.29 본조개정)

제225조의2【금융투자업자의 파생상품등 또는 주식 등 거래내역 제출등】 ① 법 제174조의2제1항제1호 및 제2호를 적용하는 경우「자본시장과 금융투자업에 관한 법률」제8조제1항에 따른 금융투자업자(이하 이 조에서 "금융투자업자"라 한다)는 제159조의2에 따른 파생상품등과 같은 법 시행령 제178조제1항에 따라 거래되는 주식등에 대하여 양도소득세 신고의무자별로 기획재정부령으로 정하는 다음 각 호의 구분에 따른 자료를 본점 또는 주사무소 소재지 관할 세무서장에게 제출하여야 한다.(2018.2.13 본문개정)

1. 법 제174조의2제1호의 경우 : 파생상품거래명세서

2. 법 제174조의2제2호의 경우 : 주식등의 거래명세서
(2016.2.17 1호~2호신설)

② 법 제174조의2제3호에 따라 국세청장이 자료를 요청하는 경우 국세청장은 주권상장법인대주주의 명단을 금융투자업자에게 통보하여야 하며, 금융투자업자는 통보받은 해당 대주주가 거래하는 주식등에 대하여 기획재정부령으로 정하는 대주주의 주식등의 거래명세서를 국세청장에게 제출하여야 한다.(2018.2.13 본항신설)

③ 금융투자업자가 제1항 및 제2항에 따른 자료를 기한 내에 제출하지 아니한 경우 관할 세무서장 또는 국세청장은 해당 금융투자업자에게 해당 자료를 제출할 것을 요청할 수 있다. 이 경우 요청을 받은 금융투자업자는 정당한 사유가 없으면 이에 따라야 한다.
(2018.2.13 전단개정)

제225조의3 (2021.2.17 삭제)

제226조【표본조사 등】 ① 법 제175조제1항에서 "대통령령으로 정하는 자"란 기부금세액공제 대상금액 또는 필요경비 산입금액이 100만원 이상인 거주자 또는 법 제121조제2항 및 제5항에 따른 비거주자를 말한다.
(2014.2.21 본항개정)

② 법 제175조제2항에서 "대통령령으로 정하는 비율에 해당하는 인원"이란 표본조사 대상 기부금공제자 또는 필요경비 산입자의 1백분의 1에 해당하는 인원을 말한다.(2020.2.11 본항개정)

③ 국세청장은 매년 표본조사 기본계획을 세워 8월말까지 기획재정부장관에게 제출하여야 한다.
(2013.2.15 본항개정)

④ 표본조사는 실지조사·서면조사 등의 방법으로 하며, 절차 등에 필요한 사항은 국세청장이 정할 수 있다.
(2016.2.17 본조제목개정)

(2008.2.22 본조신설)

제7장 벌 칙
(2019.2.12 본장신설)

제227조 (2021.2.17 삭제)
제228조【과태료의 부과기준】 ① 법 제177조에 따른 과태료의 부과기준은 별표5와 같다.
② 납세지 관할 세무서장은 위반행위의 정도, 위반 횟수, 위반행위의 동기와 그 결과 등을 고려해 별표5에 따른 과태료 금액의 2분의 1의 범위에서 그 금액을 줄이거나 늘릴 수 있다. 다만, 과태료 금액을 늘리는 경우에는 법 제177조에 따른 과태료 금액의 상한을 넘을 수 없다.
(2021.2.17 본조개정)

부 칙 (1998.12.31)

제1조【시행일】 이 영은 1999년 1월 1일부터 시행한다. 다만, 제27조(분할에 관한 부분에 한한다)·제27조의2(분할에 관한 부분에 한한다)·제38조제1항제12호마목·제105조제2항·제110조의2 및 제112조제4항의 개정규정은 공포한 날부터 시행하고, 제147조의2 및 제147조의3의 개정규정은 2000년 1월 1일부터 시행하며, 제212조의 개정규정은 1999년 7월 1일부터 시행한다.
제2조~제18조 (생략)
제19조【계산서미교부등에 대한 보고불성실가산세에 관한 적용특례】 법 제81조제3항에 따른 보고불성실가산세를 적용할 때 「농수산물유통 및 가격안정에 관한 법률」 제2조에 따른 중도매인에 대하여는 2001년 12월 31일까지 제208조제5항에 따른 사업자로 보고, 중도매인이 2002년 1월 1일부터 2020년 12월 31일 이내에 종료하는 각 과세기간별로 계산서를 발급하고 관할세무서장에게 매출처별계산서합계표를 제출한 금액이 총매출액에서 차지하는 비율(이하 이 조에서 "계산서 발급비율"이라 한다)이 다음 각 호의 어느 하나에 해당하는 비율 이상인 경우에는 해당 과세기간에는 제208조제5항에 따른 사업자로 보며, 중도매인이 2002년 1월 1일부터 2020년 12월 31일 이내에 종료하는 각 과세기간별로 계산서 발급비율이 다음 각 호의 어느 하나에 해당하는 비율에 미달하는 경우에는 각 과세기간별로 총 매출액에 다음 각 호의 어느 하나에 해당하는 비율을 적용하여 계산한 금액과 매출처별계산서합계표를 제출한 금액과의 차액을 공급가액으로 보아 매출서보고불성실가산세를 부과한다.
1. 「농수산물유통 및 가격안정에 관한 법률」에 따른 서울특별시 소재 중앙도매시장의 중도매인

과세기간	비율
2002. 1. 1. ~ 2002. 12. 31.	100분의 10
2003. 1. 1. ~ 2003. 12. 31.	100분의 20
2004. 1. 1. ~ 2004. 12. 31.	100분의 40
2005. 1. 1. ~ 2005. 12. 31.	100분의 40
2006. 1. 1. ~ 2006. 12. 31.	100분의 40
2007. 1. 1. ~ 2007. 12. 31.	100분의 45
2008. 1. 1. ~ 2008. 12. 31.	100분의 50
2009. 1. 1. ~ 2009. 12. 31.	100분의 55
2010. 1. 1. ~ 2010. 12. 31.	100분의 60
2011. 1. 1. ~ 2011. 12. 31.	100분의 65
2012. 1. 1. ~ 2012. 12. 31.	100분의 70
2013. 1. 1. ~ 2016. 12. 31.	100분의 75
2017. 1. 1. ~ 2018. 12. 31.	100분의 80
2019. 1. 1. ~ 2019. 12. 31.	100분의 85
2020. 1. 1. ~ 2020. 12. 31.	100분의 90

2. 제1호 외의 중도매인

과세기간	비율
2002. 1. 1. ~ 2002. 12. 31.	100분의 10
2003. 1. 1. ~ 2003. 12. 31.	100분의 20
2004. 1. 1. ~ 2004. 12. 31.	100분의 40
2005. 1. 1. ~ 2005. 12. 31.	100분의 20
2006. 1. 1. ~ 2006. 12. 31.	100분의 20
2007. 1. 1. ~ 2007. 12. 31.	100분의 25
2008. 1. 1. ~ 2008. 12. 31.	100분의 30
2009. 1. 1. ~ 2009. 12. 31.	100분의 35
2010. 1. 1. ~ 2010. 12. 31.	100분의 40
2011. 1. 1. ~ 2011. 12. 31.	100분의 45
2012. 1. 1. ~ 2012. 12. 31.	100분의 50
2013. 1. 1. ~ 2016. 12. 31.	100분의 55
2017. 1. 1. ~ 2018. 12. 31.	100분의 60
2019. 1. 1. ~ 2019. 12. 31.	100분의 65
2020. 1. 1. ~ 2020. 12. 31.	100분의 70

(2020.2.11 본조개정)

부 칙 (2017.2.3)

제1조【시행일】 이 영은 공포한 날부터 시행한다. 다만, 제55조제6항의 개정규정은 2017년 2월 4일부터 시행하고, 제159조의2제1항 및 제201조의10제3항의 개정규정은 2017년 4월 1일부터 시행하며, 별표3의3의 개정규정(현금영수증 의무발행업종으로서 법 제162조의3제4항에 해당하는 경우로 한정한다)은 2017년 7월 1일(별표3의3제5호처목의 경우에는 2019년 1월 1일)부터 시행하고, 제3장제8절(제178조의8부터 제178조의12까지)의 개정규정은 2018년 1월 1일부터 시행한다.
제2조【일반적 적용례】 ① 이 영은 이 영 시행일이 속하는 과세기간에 발생하는 소득분부터 적용한다.
② 이 영 중 양도소득에 관한 개정규정은 이 영 시행 이후 양도하는 분부터 적용한다.
제3조【이자소득 및 배당소득의 범위에 관한 적용례】 제26조제5항 및 제26조의3제5항의 개정규정은 이 영 시행 이후 파생상품 계약을 체결하는 분부터 적용한다.
제4조【연금계좌 등에 관한 적용례】 제40조의2제3항 단서의 개정규정은 이 영 시행 이후 퇴직소득을 연금계좌에 입금하는 분부터 적용한다.
제5조【사업소득의 필요경비의 계산에 관한 적용례】 제55조제6항 전단의 개정규정은 2017년 2월 4일 이후 기증하는 분부터 적용한다.
제6조【수입명세서 제출에 관한 적용례】 제80조제5항의 개정규정은 이 영 시행 이후 수입명세서를 제출하는 분부터 적용한다.
제7조【외국납부세액공제에 관한 적용례】 제117조제4항의 개정규정은 2017년 1월 1일 이후 제출하는 분부터 적용하되, 2016년 12월 31일 이전에 외국정부로부터 결정통지를 받은 경우로서 2016년 12월 31일 현재 그 결정통지를 받은 날부터 2개월이 경과하지 아니한 경우에 대해서도 적용한다.
제8조【교육비 세액공제에 관한 적용례】 제118조의6제9항 및 제10항의 개정규정은 이 영 시행일이 속하는 과세기간에 상환하는 분부터 적용한다.
제9조【대주주 및 중소기업의 범위에 관한 적용례】 제167조의8제1항제2호의 개정규정은 이 영 시행일이 속하는 과세기간에 주식을 양도하는 분부터 적용한다.

제10조【소득·세액 공제확인서의 발급 등에 관한 적용례】제201조의10제3항의 개정규정은 2017년 4월 1일 이후 원천징수의무자에게 연금보험료 등 소득·세액공제확인서를 제출하는 분부터 적용한다.
제11조【사업용계좌의 신고에 관한 적용례】제208조의5제6항의 개정규정은 이 영 시행 이후 사업용계좌를 신고하는 분부터 적용한다.
제12조【주택임차자금의 대출기관에 관한 적용례】별표1의2의 개정규정은 이 영 시행일이 속하는 과세기간에 상환하는 분부터 적용한다.
제13조【근로소득 간이세액표에 관한 적용례】별표2의 개정규정은 이 영 시행 이후 원천징수하는 분부터 적용한다.
제14조【현금영수증가맹점의 가입 및 현금영수증 의무발행업종에 관한 적용례】① 별표3의2 및 별표3의3의 개정규정(현금영수증가맹점의 가입에 관한 제210조의3제1항제4호와 관련하여 적용하는 경우로 한정한다)은 이 영 시행 이후 재화나 용역을 공급하는 분부터 적용한다.
② 별표3의3의 개정규정(별표3의3의 개정규정에서 추가된 현금영수증 의무발행업종으로서 제210조의3제9항과 관련하여 적용하는 경우로 한정한다)은 2017년 7월 1일(별표3의3제5호처목의 경우에는 2019년 1월 1일) 이후 재화나 용역을 공급하는 분부터 적용한다.
제15조【다른 법령의 개정】※(해당 법령에 가제정리 하였음)

부 칙 (2017.9.19)

제1조【시행일】이 영은 공포한 날부터 시행한다.
제2조【1세대 1주택 비과세 요건에 관한 적용례 등】① 제154조제1항·제2항 및 같은 조 제8항제3호의 개정규정은 이 영 시행 이후 양도하는 분부터 적용한다.
② 다음 각 호의 어느 하나에 해당하는 주택에 대해서는 제154조제1항·제2항 및 같은 조 제8항제3호의 개정규정 및 이 조 제1항에도 불구하고 종전의 규정에 따른다.
1. 2017년 8월 2일 이전에 취득한 주택
2. 2017년 8월 2일 이전에 매매계약을 체결하고 계약금을 지급한 사실이 증빙서류에 의하여 확인되는 주택(해당 주택의 거주자가 속한 1세대가 계약금 지급일 현재 주택을 보유하지 아니하는 경우로 한정한다)
3. 2017년 8월 3일 이후 취득하여 이 영 시행 전에 양도한 주택

부 칙 (2017.12.29)

제1조【시행일】이 영은 2018년 1월 1일부터 시행한다.
제2조【일반적 적용례】이 영은 이 영 시행일이 속하는 과세기간에 발생하는 소득분부터 적용한다.
제3조【교육비 세액공제 등에 관한 적용례】제118조의6제14항제3호 및 제216조의3제1항제4호의3의 개정규정은 이 영 시행 이후 연말정산하는 분부터 적용한다.

부 칙 (2018.2.13)

제1조【시행일】이 영은 공포한 날부터 시행한다. 다만, 다음 각 호의 개정규정은 각 호의 구분에 따른 날부터 시행한다.
1. 제87조제1호 및 제1호의2, 제165조제4항, 제167조의3, 제167조의4, 제167조의9, 제167조의10, 제167조의11 및 제168조의3의 개정규정 : 2018년 4월 1일
2. 제207조의10제1항제1호의 개정규정 : 2018년 7월 1일

3. 제80조제2항제1호, 제131조의2제1항, 제133조제1항(한국표준산업분류 개정에 따라 업종명이 변경되는 경우에 한정한다), 제143조제4항, 제208조제5항, 별표3의2 및 별표3의3의 개정규정 : 2019년 1월 1일
제2조【일반적 적용례】① 이 영은 이 영 시행일이 속하는 과세기간에 발생하는 소득분부터 적용한다.
② 이 영 중 양도소득에 관한 개정규정은 이 영 시행 이후 양도하는 분부터 적용한다.
제3조【사업용 유형고정자산의 범위에 관한 적용례】제37조의2의 개정규정은 「건설기계관리법 시행령」 별표1에 따른 건설기계에 해당하는 경우에는 2020년 1월 1일이 속하는 과세기간에 발생하는 소득분부터 적용한다.
제4조【사업용 유형고정자산의 양도 시 필요경비의 계산에 관한 적용례】제55조제1항제7호의2의 개정규정은 이 영 시행일이 속하는 과세기간에 양도하는 분부터 적용한다.
제5조【사업장의 이전 시 즉시상각 의제에 관한 적용례】제67조제6항제2호의 개정규정은 이 영 시행일이 속하는 과세기간에 사업장을 이전하는 분부터 적용한다.
제6조【추계과세 시 감가상각의 의제에 관한 적용례】제68조제2항 및 제3항의 개정규정은 이 영 시행일이 속하는 과세기간의 소득분에 대하여 추계소득금액 계산서를 제출하거나 추계결정 및 경정하는 분부터 적용한다.
제7조【업무용승용차의 업무사용비율 산정에 관한 적용례】제78조의3제6항 및 제11항의 개정규정은 이 영 시행 이후 종합소득과세표준을 확정신고하는 분부터 적용한다.
제8조【기타소득의 필요경비율 조정에 관한 적용례】제87조제1호 및 제1호의2의 개정규정은 2018년 4월 1일 이후 제50조제1항제1호 및 제4호에 따른 수입시기가 도래하는 분부터 적용한다.
제9조【보험료 세액공제에 관한 적용례】제118조의4제2항제6호의 개정규정은 이 영 시행일이 속하는 과세기간에 보험료를 지출하는 분부터 적용한다.
제10조【의료비 세액공제에 관한 적용례】제118조의5제1항제6호의 개정규정은 이 영 시행일이 속하는 과세기간에 본인일부부담금부터 지출하는 분부터 적용한다.
제11조【외부세무조정 대상사업자의 범위에 관한 적용례】제131조의2제1항의 개정규정은 2019년 1월 1일 이후 개시하는 과세기간의 소득분에 대하여 외부세무조정을 하는 분부터 적용한다.
제12조【성실신고확인서 및 선임 신고서 제출에 관한 적용례】① 제133조제1항제2호 및 제3호의 개정규정 중 한국표준산업분류 개정에 따른 업종명 변경에 관한 부분은 2019년 1월 1일 이후 개시하는 과세기간의 소득분에 대하여 성실신고확인서를 제출하는 분부터 적용한다.
② 제133조제5항의 개정규정은 이 영 시행일이 속하는 과세기간의 소득에 대하여 신고하는 분부터 적용한다.
제13조【추계결정 및 경정에 관한 적용례】제143조제4항의 개정규정은 2019년 1월 1일 이후 개시하는 과세기간의 소득분에 대하여 추계결정 및 경정하는 분부터 적용한다.
제14조【추계결정·경정 시 수입금액 계산에 관한 적용례】제144조제3항제4호의 개정규정은 이 영 시행일이 속하는 과세기간의 소득분에 대하여 수입금액을 추계결정 및 경정하는 분부터 적용한다.
제15조【공동사업장등이동신고서 제출 간주에 관한 적용례】제150조제3항 및 제4항의 개정규정은 이 영 시행 이후 사업자등록을 신청하거나 사업자등록 정정신고를 하는 분부터 적용한다.
제16조【주택등을 상속받은 경우 일반주택에 대한 비과세 특례에 관한 적용례】제155조제2항, 제156조의2제6항 및 제7항의 개정규정은 이 영 시행 이후 주택 또는 조합원입주권을 증여받은 분부터 적용한다.

제17조【주권비상장법인 대주주의 범위 등에 관한 적용례】 제157조제6항 및 제157조의2의 개정규정은 이 영 시행일이 속하는 과세기간에 양도하는 분부터 적용한다.

제18조【파생상품등의 범위에 관한 적용례】 제159조의2제1항제5호 및 제161조의2제5항의 개정규정은 이 영 시행일이 속하는 과세기간에 확정신고하는 분부터 적용한다.

제19조【양도소득의 필요경비에 관한 적용례】 제163조제3항 및 같은 조 제5항 각 호 외의 부분의 개정규정은 2018년 4월 1일 이후 양도하는 분부터 적용한다. 다만, 자본적 지출액 등으로서 2016년 2월 16일 이전에 지출한 분은 대통령령 제26982호 소득세법 시행령 일부개정령 부칙 제24조를 적용한다.

제20조【수용보상금 증액에 따른 추가신고납부에 관한 적용례】 제173조 제4항의 개정규정은 이 영 시행 이후 판결이 확정된 분부터 적용한다.

제21조【외국법인 소속 파견근로자의 소득에 대한 원천징수의무자등의 범위 및 특례절차에 관한 적용례】 제207조의10제1항제1호의 개정규정은 2018년 7월 1일 이후 파견외국법인에게 용역대가를 지급하는 분부터 적용한다.

제22조【장부의 비치·기록에 관한 적용례】 제208조제5항의 개정규정은 2019년 1월 1일 이후 개시하는 과세기간의 소득분에 대하여 장부를 비치·기록하는 분부터 적용한다.

제23조【전자계산서 발급 등에 관한 적용례】 제211조의2제2항 및 같은 조 제3항제2호의 개정규정은 이 영 시행일이 속하는 과세기간에 공급된 사업장별 재화·용역의 총수입금액을 기준으로 2019년 7월 1일 이후 재화 또는 용역을 공급하는 분부터 적용한다.

제24조【소득공제 및 세액공제 증명서류의 제출 및 행정지도에 관한 적용례】 제216조의3제1항제6호의 개정규정은 이 영 시행 이후 소득공제 증명서류를 발급하는 분부터 적용한다.

제25조【근로소득 간이세액표에 관한 적용례】 별표2의 개정규정은 이 영 시행 이후 원천징수하는 분부터 적용한다.

제26조【소비자상대업종에 관한 적용례】 별표3의2의 개정규정은 2019년 1월 1일 이후 재화나 용역을 공급하는 분부터 적용한다.

제27조【현금영수증 의무발행업종에 관한 적용례】 별표3의3의 개정규정은 2019년 1월 1일 이후 재화나 용역을 공급하는 분부터 적용한다.

제28조【지역권·지상권의 설정·대여소득의 총수입금액 계산에 관한 경과조치】 지역권·지상권을 설정 또는 대여하고 선세금을 받은 경우로서 이 영 시행일이 속하는 과세기간 전에 제50조제1항제4호의 기타소득의 수입시기가 도래한 경우에는 제51조제3항제1호의 개정규정에도 불구하고 종전의 규정에 따른다.

　　　　　부　칙　(2018.10.23)

제1조【시행일】 이 영은 공포한 날부터 시행한다. 다만, 제159조의3의 개정규정은 2020년 1월 1일부터 시행한다.

제2조【1세대 1주택 비과세 요건에 관한 적용례 등】 ① 제155조제1항의 개정규정은 이 영 시행 이후 양도하는 분부터 적용한다.

② 다음 각 호의 어느 하나에 해당하는 경우에는 제155조제1항의 개정규정 및 이 조 제1항에도 불구하고 종전의 규정에 따른다.

1. 조정대상지역에 종전의 주택을 보유한 1세대가 2018년 9월 13일 이전에 조정대상지역에 있는 신규 주택(신규 주택을 취득할 수 있는 권리를 포함한다. 이하 이 항에서 같다)을 취득한 경우

2. 조정대상지역에 종전의 주택을 보유한 1세대가 2018년 9월 13일 이전에 조정대상지역에 있는 신규 주택을 취득하기 위하여 매매계약을 체결하고 계약금을 지급한 사실이 증빙서류에 의하여 확인되는 경우

제3조【장기보유특별공제에 관한 적용례】 제159조의3의 개정규정은 부칙 제1조 단서에 따른 시행일 이후 양도하는 분부터 적용한다.

제4조【1세대 3주택 이상에 해당하는 주택 범위에 관한 적용례 등】 ① 제167조의3제1항제2호마목의 개정규정은 이 영 시행 이후 양도하는 분부터 적용한다.

② 다음 각 호의 어느 하나에 해당하는 경우에는 제167조의3제1항제2호마목의 개정규정 및 이 조 제1항에도 불구하고 종전의 규정에 따른다.

1. 2018년 9월 13일 이전에 주택(주택을 취득할 수 있는 권리를 포함한다. 이하 이 항에서 같다)을 취득한 경우

2. 2018년 9월 13일 이전에 주택을 취득하기 위하여 매매계약을 체결하고 계약금을 지급한 사실이 증빙서류에 의하여 확인되는 경우

제5조【조정대상지역 다주택자 양도소득세 중과 적용배제에 관한 적용례】 제167조의3제1항제11호, 제167조의4제3항제5호, 제167조의10제1항제11호 및 제167조의11제1항제10호의 개정규정은 2018년 8월 28일 이후에 양도하는 분부터 적용한다.

　　　　　부　칙　(2019.2.12)

제1조【시행일】 이 영은 공포한 날부터 시행한다. 다만, 다음 각 호의 개정 규정은 각 호의 구분에 따른 날부터 시행한다.

1. 제159조의2제1항 및 제161조의2제1항·제2항·제5항의 개정규정 : 2019년 4월 1일

2. 제3조의2, 제180조의2제2항, 제207조의2제1항·제8항, 제207조의8제2항 및 같은 조 제5항제3호, 제217조의3(법 제165조의3제2항 관련 부분만 해당한다), 제217조의4제1항·제2항(법 제165조의3제2항 관련 부분만 해당한다), 제227조제1항(법 제176조제2항 관련 부분만 해당한다)·제2항, 제228조제1항·제2항(법 제176조제2항 관련 부분만 해당한다), 별표3의3 및 별표5의 개정규정 : 2020년 1월 1일

3. 제154조제5항의 개정규정 : 2021년 1월 1일

제2조【일반적 적용례】 ① 이 영은 이 영 시행일이 속하는 과세기간에 발생하는 소득분부터 적용한다.

② 이 영 중 양도소득세에 관한 개정규정은 이 영 시행 이후 양도하는 분부터 적용한다.

제3조【연금보험료 납입에 관한 적용례】 제40조의2제2항제1호의 개정규정은 이 영 시행일이 속하는 과세기간에 납입하는 분부터 적용한다.

제4조【추계과세 시 감가상각의 의제 등에 관한 적용례】 제68조제2항 및 제4항의 개정규정은 이 영 시행 이후 추계소득금액 계산서를 제출하거나 추계결정 및 경정하는 분부터 적용한다.

제5조【의료비 세액공제에 관한 적용례】 제118조의5제1항제7호의 개정규정은 이 영 시행일이 속하는 과세기간에 산후조리 및 요양의 대가로 지급하는 분부터 적용한다.

제6조【주택임대사업자 양도소득세 특례 요건에 관한 적용례】 제154조제1항제4호, 제155조제20항제2호 및 제167조의3제1항제2호(제167조의10제1항제2호가 적용되는 경우를 포함한다)의 개정규정은 이 영 시행 이후 주택 임대차계약을 체결하거나 기존 계약을 갱신하는 분부터 적용한다.

제7조【주택임대사업자 거주주택 양도소득세 비과세 요건에 관한 적용례 등】 ① 제154조제10항제2호 및 제155조제20항(제2호는 제외한다)의 개정규정은 이 영 시행 이후 취득하는 주택부터 적용한다.

② 다음 각 호의 어느 하나에 해당하는 주택에 대해서는 제154조제10항제2호, 제155조제20항(제2호는 제외한다)의 개정규정 및 이 조 제1항에도 불구하고 종전의 규정에 따른다.
1. 이 영 시행 당시 거주하고 있는 주택
2. 이 영 시행 전에 거주주택을 취득하기 위해 매매계약을 체결하고 계약금을 지급한 사실이 증빙서류에 의해 확인되는 주택

제8조【국외전출자의 조정공제 등 신청에 관한 적용례】 제178조의10의 개정규정은 2019년 1월 1일 이후 국외전출자 국내주식등을 양도하는 분부터 적용한다.

제9조【현금영수증 의무발행업종에 관한 적용례】 별표3의3의 개정규정은 2020년 1월 1일 이후 재화나 용역을 공급하는 분부터 적용한다.

제10조【과태료 부과기준에 관한 특례】 별표5에도 불구하고 2019년 12월 31일까지는 별표5의2에 따른다.

부   칙 (2020.2.11)

제1조【시행일】 이 영은 공포한 날부터 시행한다. 다만, 다음 각 호의 개정규정은 각 호의 구분에 따른 날부터 시행한다.
1. 제78조의3제4항·제5항, 제117조제2항 각 호 외의 부분 후단 및 별표3의3(제목에 관한 사항은 제외한다)의 개정규정 : 2021년 1월 1일
2. 제158조제7항 및 제171조의 개정규정 : 2020년 7월 1일
3. 제154조제7항제1호, 제160조제1항, 제167조의5제1호 및 제168조의12제1호의 개정규정 : 2022년 1월 1일

제2조【일반적 적용례】 ① 이 영은 이 영 시행일이 속하는 과세기간에 발생하는 소득분부터 적용한다.
② 이 영 중 양도소득세에 관한 개정규정은 이 영 시행 이후 양도하는 분부터 적용한다.

제3조【납세지의 결정과 신고에 관한 적용례】 제5조제3항제1호의 개정규정은 이 영 시행 이후 납세지를 신고하는 경우부터 적용한다.

제4조【실비변상적 급여의 범위에 관한 적용례】 제12조제9호의 개정규정은 이 영 시행 이후 연말정산하거나 종합소득과세표준을 확정신고하는 분부터 적용한다.

제5조【임원 퇴직소득 한도 규정 계산 시 총급여액 범위에 관한 적용례】 제42조의2제7항의 개정규정은 이 영 시행 이후 퇴직하여 지급받는 소득분부터 적용한다.

제6조【퇴직판정의 특례에 관한 적용례】 제43조제1항제4호의 개정규정은 이 영 시행 이후 같은 개정규정에 해당하는 사유가 발생하는 경우부터 적용한다.

제7조【업무용승용차 필요경비 불산입에 관한 적용례】 ① 제78조의3제4항 및 제5항의 개정규정은 2021년 1월 1일 이후 업무용승용차 관련비용이 발생하는 경우부터 적용한다.
② 제78조의3제8항 및 제10항의 개정규정은 업무용승용차를 처분하거나 임차계약을 종료한 날부터 이 영 시행 이후 경과하게 되는 분부터 적용한다.

제8조【기부금의 범위에 관한 적용례】 제79조제4항의 개정규정은 이 영 시행 이후 연말정산하거나 종합소득과세표준을 확정신고하는 분부터 적용한다.

제9조【기부금의 계산에 관한 적용례 등】 제81조제3항 단서의 개정규정은 이 영 시행 이후 연말정산하거나 종합소득과세표준을 확정신고하되, 해당 과세기간 전에 발생하여 이월된 기부금에 대해서는 같은 개정규정에도 불구하고 종전의 규정에 따른다.

제10조【분리과세 주택임대소득 계산에 관한 적용례】 제122조의2제1항제3호의 개정규정은 이 영 시행 이후 주택 임대차계약을 갱신하거나 새로 체결하는 분부터 적용하고, 임대보증금과 월임대료 상호 간 전환은 이 영 시행 이후 전환하는 분부터 적용한다.

제11조【외부세무조정 대상사업자의 범위에 관한 적용례】 제131조의2제1항제1호의 개정규정은 이 영 시행 이후 외부세무조정을 하는 분부터 적용한다.

제12조【성실신고확인제도에 관한 적용례】 제133조제1항의 개정규정은 이 영 시행 이후 성실신고확인서를 제출하는 분부터 적용한다.

제13조【단순경비율 대상자의 소득금액 계산에 관한 적용례】 제143조제3항제1호의2의 개정규정은 이 영 시행 이후 과세표준을 결정하거나 경정하는 분부터 적용한다.

제14조【결손금소급공제에 의한 환급에 관한 적용례】 제149조의2제4항의 개정규정은 이 영 시행 이후 결손금소급공제세액에 대한 환급의 취소를 결정하는 경우부터 적용한다.

제15조【조정대상지역 일시적 2주택 비과세 요건에 관한 적용례 등】 ① 제155조제1항의 개정규정은 이 영 시행 이후 양도하는 분부터 적용한다.
② 다음 각 호의 어느 하나에 해당하는 경우에는 제1항에도 불구하고 종전의 규정에 따른다.
1. 조정대상지역에 종전의 주택을 보유한 1세대가 2019년 12월 16일 이전에 조정대상지역에 있는 신규 주택(신규 주택을 취득할 수 있는 권리를 포함한다. 이하 이 항에서 같다)을 취득한 경우
2. 조정대상지역에 종전의 주택을 보유한 1세대가 2019년 12월 16일 이전에 조정대상지역에 있는 신규 주택을 취득하기 위하여 매매계약을 체결하고 계약금을 지급한 사실이 증빙서류에 의하여 확인되는 경우

제16조【주택임대사업자 양도소득세 특례 요건에 대한 적용례】 제155조제20항제2호 및 제167조의3제1항제2호(제167조의10제1항제2호가 적용되는 경우를 포함한다)의 개정규정은 이 영 시행 이후 주택 임대차계약을 갱신하거나 새로 체결하는 분부터 적용하고, 임대보증금과 월임대료 상호 간 전환은 이 영 시행 이후 전환하는 분부터 적용한다.

제17조【장기임대주택 등에 대한 양도소득세 과세특례 감면신청 시 제출 서류 간소화에 관한 적용례】 제155조제23항제3호 및 제167조의3제7항제3호의 개정규정은 이 영 시행 이후 양도소득세 과세표준을 신고하는 분부터 적용한다.

제18조【조정대상지역 다주택자 양도소득세 중과 적용 배제에 관한 적용례】 제167조의3제1항제12호, 제167조의4제3항제6호, 제167조의10제1항제12호 및 제167조의11제1항제11호의 개정규정은 2019년 12월 17일 이후에 양도하는 분부터 적용한다.

제19조【비거주자의 국내원천 인적용역소득에 관한 적용례】 제179조제7항의 개정규정은 이 영 시행 이후 지급하는 소득분부터 적용한다.

제20조【비영업대금의 이익 원천징수세율 인하대상에 관한 적용례】 제187조의 개정규정은 「온라인투자연계금융업 및 이용자 보호에 관한 법률」 시행 이후 같은 법 제5조에 따라 등록하는 분부터 적용한다.

제21조【연금납입 정보 보유에 관한 적용례】 제201조의10제5항의 개정규정은 이 영 시행 당시 보유하고 있는 연금납입 정보에 대해서도 적용한다.

제22조【복식부기대상자 범위에 관한 적용례】 제208조제5항제2호 각 목 외의 부분 본문의 개정규정은 이 영 시행일이 속하는 과세기간의 소득분에 대해 장부를 기록하거나 비치하는 경우부터 적용한다.

제23조【매출·매입처별계산서합계표의 제출에 관한 적용례】 제212조제5항의 개정규정은 이 영 시행 이후 종합소득과세표준을 확정신고하는 분부터 적용한다.

제24조【근로소득간이지급명세서의 제출에 관한 적용례】 제213조제2항의 개정규정은 이 영 시행 전에 법

제164조의3제1항 각 호의 어느 하나에 해당하는 소득을 지급하거나 휴업, 폐업 또는 해산한 경우로서 이 영 시행 이후 근로소득간이지급명세서를 제출해야 하는 경우에도 적용한다.

제25조【실손의료보험금 지급자료 제출 대상에 관한 적용례】 제225조의3제4호의 개정규정은 이 영 시행 전에 실손의료보험금을 지급한 경우에도 적용한다.

제26조【기부금 표본조사에 관한 적용례】 제226조제2항의 개정규정은 이 영 시행 이후 기부금을 기부하는 경우부터 적용한다.

제27조【근로소득 간이세액표에 관한 적용례】 별표2의 개정규정은 이 영 시행 이후 원천징수하는 분부터 적용한다.

제28조【현금영수증 의무발급대상에 관한 적용례】 별표3의1(제목에 관한 사항은 제외한다)의 개정규정은 2021년 1월 1일 이후 재화나 용역을 공급하는 분부터 적용한다.

제28조의2【업무용승용차 보험가입에 관한 특례】 제78조의3제4항의 개정규정을 적용할 때 다음 각 호의 어느 하나에 해당하는 경우에는 2021년 1월 1일부터 업무전용자동차보험에 가입한 것으로 본다.
1. 2021년 1월 1일 이후 기존에 가입했던 자동차 보험의 만기가 도래하여 2021년 1월 1일 이후에 업무전용자동차보험에 가입하게 되는 경우
2. 2021년 1월 1일 전에 가입했던 자동차 보험(2021년 1월 1일 이후 만기가 도래하는 보험으로 한정한다)의 만기가 도래하기 이전에 업무용승용차를 처분하거나 임차계약이 종료된 경우
(2021.2.17 본조신설)

제29조【납세지의 결정과 신고에 관한 경과조치】 이 영 시행 당시 종전의 제5조제3항제1호에 따른 국세청장의 승인을 받기 위한 절차가 진행 중인 경우에는 제5조제3항제1호의 개정규정에도 불구하고 종전의 규정에 따른다.

제30조【주택임대사업자의 주택수 계산에 관한 경과조치】 이 영 시행일이 속하는 과세기간 전에 발생한 소득분에 대해서는 제8조의2제3항제2호 및 제4호의 개정규정에도 불구하고 종전의 규정에 따른다.

제31조【농어가부업소득의 범위에 관한 경과조치】 이 영 시행일이 속하는 과세기간 전에 발생한 소득분에 대해서는 제9조제1항·제7항 및 제9조의5의 개정규정에도 불구하고 종전의 규정에 따른다.

제32조【임원 퇴직소득 한도 규정 계산 시 총급여액 범위에 관한 경과조치】 이 영 시행 전에 퇴직하여 이 영 시행 이후 지급받는 소득분의 경우에는 제42조의2제7항의 개정규정에도 불구하고 종전의 규정에 따른다.

제33조【퇴직판정의 특례에 관한 경과조치】 이 영 시행 전에 제43조제1항제4호의 개정규정에 해당하는 사유가 발생한 경우에는 같은 개정규정에도 불구하고 종전의 규정에 따른다.

제34조【즉시상각의 의제에 관한 경과조치】 이 영 시행일이 속하는 과세기간 전에 발생한 소득분에 대해서는 제67조제7항제2호의 개정규정에도 불구하고 종전의 규정에 따른다.

제35조【업무용승용차 관련비용 등의 필요경비 불산입 특례에 관한 경과조치】 2021년 1월 1일 전에 업무용승용차 관련비용이 발생한 경우에는 제78조의3제4항 및 제5항의 개정규정에도 불구하고 종전의 규정에 따른다.

제36조【서화·골동품 양도소득에 대한 필요경비에 관한 경과조치】 이 영 시행일이 속하는 과세기간 전에 발생한 소득분에 대해서는 제87조제2호의 개정규정에도 불구하고 종전의 규정에 따른다.

제37조【결손금소급공제에 의한 환급에 관한 경과조치】 이 영 시행 전에 결손금소급공제에 의한 환급의 취소를 결정한 경우에는 제149조의2제4항의 개정규정에도 불구하고 종전의 규정에 따른다.

제38조【1세대 1주택의 범위에 관한 경과조치】 ① 이 영 시행 전에 양도한 분에 대해서는 제154조제1항의 개정규정에도 불구하고 종전의 규정에 따른다.
② 1세대가 조정대상지역에 1주택을 보유한 거주자로서 2019년 12월 16일 이전에 해당 주택을 임대하기 위해 법 제168조제1항에 따른 사업자등록과 「민간임대주택에 관한 특별법」 제5조제1항에 따른 임대사업자로 등록을 신청한 경우에는 해당 주택을 이 영 시행 이후 양도하는 경우라도 제154조제1항의 개정규정에도 불구하고 종전의 규정에 따른다.

제39조【부수토지 범위 조정에 관한 경과조치】 2022년 1월 1일 전에 양도한 자산에 대해서는 제154조제7항제1호, 제167조의5제1호 및 제168조의12제1호의 개정규정에도 불구하고 종전의 규정에 따른다.

제40조【중소기업의 범위에 관한 경과조치】 이 영 시행 전에 주식을 양도한 분에 대해서는 제157조의2제1항 및 제3항의 개정규정에도 불구하고 종전의 규정에 따른다.

제41조【과점주주의 범위 등에 관한 경과조치】 이 영 시행 전에 주식을 양도한 분에 대해서는 제158조제1항의 개정규정에도 불구하고 종전의 규정에 따른다.

제42조【고가주택에 대한 양도차익등의 계산에 관한 경과조치】 2022년 1월 1일 전에 양도한 자산에 대해서는 제160조제1항의 개정규정에도 불구하고 종전의 규정에 따른다.

제43조【교부금의 지급에 관한 경과조치】 이 영 시행 전에 교부금을 청구한 경우에는 제221조제1항의 개정규정에도 불구하고 종전의 규정에 따른다.

부 칙 (2020.2.18)

제1조【시행일】 이 영은 공포한 날부터 시행한다.(이하 생략)

부 칙 (2020.5.26)

제1조【시행일】 이 영은 2020년 5월 27일부터 시행한다.(이하 생략)

부 칙 (2020.8.26)

제1조【시행일】 이 영은 2020년 8월 28일부터 시행한다.(이하 생략)

부 칙 (2020.10.7)

제1조【시행일】 이 영은 공포한 날부터 시행한다.

제2조【일반적 적용례】 이 영 중 양도소득세에 관한 개정규정은 이 영 시행 이후 양도하는 분부터 적용한다.

제3조【1세대1주택의 특례에 관한 적용례】 ① 제155조제22항제2호라목의 개정규정은 2020년 8월 18일 이후 등록이 말소되는 분부터 적용한다.
② 제155조제23항의 개정규정은 2020년 8월 18일 이후부터 이 영 시행 전까지 등록이 말소된 후 거주주택을 양도한 분에 대해서도 적용한다.

제4조【1세대 3주택 이상에 해당하는 주택의 범위에 관한 적용례】 ① 제167조의3제1항제2호 각 목 외의 부분 및 같은 호 사목의 개정규정은 2020년 8월 18일 이

후부터 이 영 시행 전까지 등록이 말소된 후 해당 주택을 양도한 분에 대해서도 적용한다.
② 제167조의3제1항제2호마목1)부터 3)까지의 규정 외의 부분 본문 및 같은 호 바목(장기일반민간임대주택등의 임대기간요건에 관한 부분에 한정한다)의 개정규정은 2020년 8월 18일 이후부터 이 영 시행 전까지 「민간임대주택에 관한 특별법」 제5조에 따라 등록을 신청(임대할 주택을 추가하기 위해 등록사항의 변경 신고를 한 경우를 포함한다)한 민간임대주택에 대해서도 적용한다.
③ 제167조의3제5항제2호라목의 개정규정은 2020년 8월 18일 이후부터 이 영 시행 전까지 등록이 말소된 후 일반주택을 양도한 분에 대해서도 적용한다.
제5조【1세대 3주택 이상에 해당하는 주택의 범위에 관한 경과조치】 2020년 8월 18일 전에 「민간임대주택에 관한 특별법」 제5조에 따라 등록을 신청(임대할 주택을 추가하기 위해 등록사항의 변경 신고를 하는 경우를 포함한다)한 민간임대주택의 경우에는 제167조의3제1항제2호마목1)부터 3)까지의 규정 외의 부분 본문 및 같은 호 바목(장기일반민간임대주택등의 임대기간요건에 관한 부분으로 한정한다)의 개정규정에도 불구하고 종전의 규정에 따른다.

　　부　칙 (2020.10.8)

제1조【시행일】 이 영은 2020년 10월 8일부터 시행한다.(이하 생략)

　　부　칙 (2020.12.8)

제1조【시행일】 이 영은 2020년 12월 10일부터 시행한다.(이하 생략)

　　부　칙 (2021.1.5)

이 영은 공포한 날부터 시행한다.(이하 생략)

　　부　칙 (2021.2.17)

제1조【시행일】 이 영은 공포한 날부터 시행한다. 다만, 다음 각 호의 개정규정은 각 호에서 정한 날부터 시행한다.
1. 제159조의2제1항제2호 및 제161조의2제4항의 개정규정 : 2021년 4월 1일
2. 제167조의6의 개정규정 : 2021년 6월 1일
3. 제80조제1항제5호 각 목 외의 부분 단서(지정기간에 관한 부분으로 한정한다), 제88조, 제179조제19항, 제183조제6항, 제206조, 제216조의2제3항, 제216조의4 및 별표3의3의 개정규정 : 2022년 1월 1일
4. 제211조의2제2항 및 같은 조 제3항제2호의 개정규정 : 2022년 7월 1일
5. 제4조의2제3항, 제23조, 제26조의2(「국제조세조정에 관한 법률 시행령」의 개정에 관한 부분은 제외한다), 제26조의3, 제45조제3호의2, 제46조, 제150조의2부터 제150조의35까지, 제152조의2, 제165조의3제3항부터 제7항까지 및 제9항, 제167조의9, 제168조제2항, 제169조제1항제2호, 제173조제5항제3호, 제178조, 제178조의3, 제178조의8부터 제178조의10까지, 제178조의13, 제179조제15항제2호, 제183조의5부터 제183조의9까지, 제184조의5, 제203조의2부터 제203조의5까지, 제217조제2항 및 제225조의의 개정규정 : 2025년 1월 1일(2022.12.31 본호개정)

제2조【일반적 적용례】 ① 이 영은 이 영 시행일이 속하는 과세기간에 발생하는 소득분부터 적용한다.
② 이 영 중 양도소득세에 관한 개정규정은 이 영 시행 이후 양도하는 분부터 적용한다.
제3조【사업소득의 필요경비의 계산에 관한 적용례】 제55조제1항제25호의 개정규정은 2021년 1월 1일 이후 지출하는 분부터 적용한다.
제4조【공익단체 지정 및 취소 등에 관한 적용례】 ① 제80조제1항제5호 각 목 외의 부분 단서의 개정규정(지정기간에 관한 부분으로 한정한다)은 2022년 1월 1일 이후 공익단체를 지정하는 경우부터 적용한다.
② 제80조제1항제5호다목 단서의 개정규정은 2021년 1월 1일 이후 공익단체를 지정하는 경우부터 적용한다.
③ 제80조제1항제5호바목의 개정규정은 2021년 1월 1일 이후 공시하는 경우부터 적용한다.
④ 제80조제2항제1호 및 제6호의 개정규정은 이 영 시행 이후 지정취소를 요청하는 경우부터 적용한다.
제5조【접대비의 범위 산입 등에 관한 적용례】 제83조제2항제2호의 개정규정은 2021년 1월 1일 이후 접대비로 지출하는 분부터 적용한다.
제6조【주택자금공제에 관한 적용례】 ① 제112조제10항제4호 전단의 개정규정은 이 영 시행 이후 상환기간을 연장하거나 새로운 신규로 차입한 차입금으로 기존 차입금을 상환하는 분부터 적용한다.
② 제112조제14항의 개정규정은 이 영 시행 이후 주택의 양수인이 장기주택저당차입금의 채무를 인수하는 경우부터 적용한다.
제7조【분리과세 주택임대소득에 대한 사업소득금액 등 계산의 특례에 관한 적용례】 제122조의2제3항부터 제5항까지의 개정규정은 이 영 시행 이후 과세표준을 신고하는 분부터 적용한다.
제8조【중간예납에 관한 적용례】 제123조제3호의2의 개정규정은 이 영 시행 이후 중간예납 하는 분부터 적용한다.
제9조【1세대 1주택의 범위에 관한 적용례】 제154조제5항 단서의 개정규정은 이 영 시행 이후 2주택 이상을 보유한 1세대가 증여 또는 용도변경하는 경우부터 적용한다.
제10조【주택과 분양권을 소유한 경우 1세대 1주택의 특례 등에 관한 적용례】 ① 제155조제2항, 제156조의2제6항부터 제9항까지 및 제15항, 제156조의3, 제167조의4제2항·제3항·제5항 및 제167조의11제1항·제2항의 개정규정은 2021년 1월 1일 이후 취득한 분양권부터 적용한다.
② 제155조제2항, 제156조의2제6항부터 제9항까지 및 제15항, 제156조의3, 제167조의4제2항·제3항·제5항 및 제167조의11제1항·제2항의 개정규정은 2021년 1월 1일 이후 양도하는 분부터 적용한다.
제11조【차액결제거래에 관한 적용례】 제159조의2제1항제2호 및 제161조의2제4항의 개정규정은 2021년 4월 1일 이후 발생하는 소득분부터 적용한다.
제12조【전자계산서의 발급 등에 관한 적용례 등】 ① 제211조의2제2항 및 같은 조 제3항제2호 본문의 개정규정은 2021년 1월 1일이 속하는 과세기간의 사업장별 총수입금액을 기준으로 판단하여 2022년 7월 1일 이후 재화 또는 용역을 공급하는 경우부터 적용한다.
② 제211조의2제2항 및 같은 조 제3항제2호 본문의 개정규정에도 불구하고 2022년 7월 1일부터 2023년 6월 30일까지는 같은 개정규정 중 "1억원"을 각각 "2억원"으로 보아 같은 개정규정을 적용한다.
③ 제211조의2제3항제2호 단서의 개정규정에도 불구하고 2021년 1월 1일부터 2021년 12월 31일까지의 기간 동안의 사업장별 총수입금액이 수정신고등으로 변경된 경우에는 같은 개정규정 중 "1억원"을 "2억원"으로 보아 같은 개정규정을 적용한다.

④ 2020년 12월 31일 이전의 사업장별 총수입금액이 수정신고등으로 변경된 경우에는 제211조의2제3항제2호 단서의 개정규정에도 불구하고 종전의 규정에 따른다. (2022.2.15 본조개정)

제13조【소득공제 및 세액공제 증명서류의 제출 및 행정지도에 관한 적용례】제216조의3제1항제7호의 개정규정은 이 영 시행 이후 제출하는 분부터 적용한다.

제14조【이자·배당에 대한 원천징수부의 비치·기록에 관한 적용례】제217조제2항의 개정규정은 2025년 1월 1일 이후 발생하는 소득분부터 적용한다. (2022.12.31 본조개정)

제15조【근로소득 간이세액표에 관한 적용례】별표2의 개정규정은 이 영 시행 이후 원천징수하는 분부터 적용한다.

제16조【현금영수증 의무발행업종에 관한 적용례】별표3의3의 개정규정은 2022년 1월 1일 이후 재화 또는 용역을 공급하는 분부터 적용한다.

제16조의2【차액결제거래 수입시기에 관한 특례】2025년 1월 1일 전에 체결된 제150조의21제1항제5호 각 목의 요건을 모두 갖춘 장외파생상품의 거래 또는 행위로 발생하는 소득으로서 약정에 따른 매매차익 외에 기초자산에서 발생하는 배당소득 등 계약에 따라 지급받는 소득 중 2025년 1월 1일 전까지 과세되지 않은 소득의 수입시기는 제150조의8제1항제4호 단서에도 불구하고 법 제98조에 따른 대금 청산일로 본다. (2023.2.28 본조신설)

제17조【실비변상적 급여의 범위에 관한 경과조치】2021년 1월 1일 전에 발생한 소득분에 대해서는 제12조제1호의 개정규정에도 불구하고 종전의 규정에 따른다.

제18조【생산직근로자가 받는 야간근로 수당등의 범위에 관한 경과조치】2021년 1월 1일 전에 발생한 소득분에 대해서는 제17조제1항제4호의 개정규정에도 불구하고 종전의 규정에 따른다.

제19조【복리후생적 급여의 범위에 관한 경과조치】① 2021년 1월 1일 전에 발생한 소득분에 대해서는 제17조의4 및 제38조제1항제6호·제7호·제12호의 개정규정에도 불구하고 종전의 규정에 따른다.

② 「조세특례제한법」제18조의2에 따른 과세특례를 적용받는 외국인근로자의 2024년 1월 1일 전에 발생한 소득분에 대해서는 제17조의4 및 제38조제1항제6호·제7호·제12호의 개정규정에도 불구하고 종전의 규정에 따른다. (2022.2.15 본항개정)

제20조【비과세되는 기타소득의 범위에 관한 경과조치】2021년 1월 1일 전에 발생한 소득분에 대해서는 제18조제1항제10호의 개정규정에도 불구하고 종전의 규정에 따른다.

제21조【사업소득의 필요경비의 계산에 관한 경과조치】2021년 1월 1일 전에 지출한 분에 대해서는 제55조제1항제25호의 개정규정에도 불구하고 종전의 규정에 따른다.

제22조【공익단체 지정 등에 관한 경과조치】① 2022년 1월 1일 전에 지정된 공익단체의 경우에는 제80조제1항제5호 각 목 외의 부분 단서의 개정규정에도 불구하고 종전의 규정에 따른다.

② 이 영 시행 전에 지정한 공익단체의 경우에는 제80조제1항제5호마목의 개정규정에도 불구하고 종전의 규정에 따른다.

제23조【접대비의 범위 등에 관한 경과조치】2021년 1월 1일 전에 접대비로 지출한 분에 대해서는 제83조제2항제2호의 개정규정에도 불구하고 종전의 규정에 따른다.

제24조【주택자금공제에 관한 경과조치】① 이 영 시행 전에 상환기간을 연장했거나 신규로 차입했던 차입금으로 기존 차입금을 상환한 분에 대해서는 제112조제10항제4호 전단의 개정규정에도 불구하고 종전의 규정에 따른다.

② 이 영 시행 전에 주택의 양수인이 장기주택저당차입금의 채무를 인수한 분에 대해서는 제112조제14항의 개정규정에도 불구하고 종전의 규정에 따른다.

제25조 (2022.2.15 삭제)

부 칙 (2021.2.19)

제1조【시행일】이 영은 2021년 2월 19일부터 시행한다.(이하 생략)

부 칙 (2021.5.4)

제1조【시행일】이 영은 2021년 7월 1일부터 시행한다. 다만, 제168조의8제3항제1호 및 제168조의14제3항제3호의 개정규정은 공포한 날부터 시행한다.

제2조【지급명세서 등 제출 불성실 가산세에 관한 적용례】제147조의7제1항제2호의 개정규정은 이 영 시행 이후 지급하는 소득에 대한 지급명세서 또는 간이지급명세서를 제출하는 경우부터 적용한다.

제3조【농지의 범위 등에 관한 적용례 등】① 제168조의8제3항제1호의 개정규정은 2022년 1월 1일 이후 농지를 양도하는 경우부터 적용한다.

② 「농지법」제6조제2항제3호에 해당하는 농지가 부칙 제1조 단서의 시행일 전 사업인정고시된 사업을 위해 「공익사업을 위한 토지 등의 취득 및 보상에 관한 법률」및 그 밖의 법률에 따라 협의매수 또는 수용되는 농지에 해당하는 경우에는 제168조의8제3항제1호의 개정규정에도 불구하고 종전의 규정에 따른다.

제4조【부득이한 사유가 있어 비사업용 토지로 보지 않는 토지의 판정기준 등에 관한 적용례】제168조의14제3항제3호나목의 개정규정은 부칙 제1조 단서의 시행일 이후 사업인정고시되는 사업에 따라 협의매수 또는 수용되는 토지부터 적용한다.

제5조【간이지급명세서 제출에 관한 적용례】제213조제2항제2호의 개정규정은 이 영 시행 이후 휴업, 폐업 또는 해산한 경우로서 이 영 시행 이후 지급하는 법 제164조의3제1항제2호의 소득에 대한 간이지급명세서를 제출해야 하는 경우부터 적용한다.

제6조【현금영수증 발급장치 등을 통한 제출에 관한 적용례】제213조의2제3항제1호의 개정규정은 이 영 시행 이후 지급하는 소득에 대하여 현금영수증 발급장치 등을 통해 간이지급명세서 기재 사항을 제출하는 경우부터 적용한다.

부 칙 (2021.6.8)

제1조【시행일】이 영은 2021년 6월 9일부터 시행한다.(이하 생략)

부 칙 (2021.11.9)

제1조【시행일】이 영은 2022년 1월 1일부터 시행한다.

제2조【용역제공자에 관한 과세자료의 제출에 관한 적용례】① 제224조제2항 각 호 외의 부분 후단의 개정규정은 이 영 시행 이후 수입금액 또는 소득금액이 발생하는 용역에 대한 과세자료를 제출하는 경우부터 적용한다.

② 제224조제2항제2호 후단의 개정규정은 이 영 시행 이후 노무제공플랫폼사업자가 용역을 알선·중개하는 경우부터 적용한다.

부 칙 (2022.1.21)

제1조【시행일】이 영은 2022년 1월 21일부터 시행한다.(이하 생략)

부　칙　(2022.2.15)

제1조【시행일】 이 영은 공포한 날부터 시행한다. 다만, 다음 각 호의 개정규정은 해당 호에서 정한 날부터 시행한다.
1. 제40조의2제1항제2호다목의 개정규정 : 2022년 4월 14일
2. 제116조의4의 개정규정과 대통령령 제31442호 소득세법 시행령 일부개정령 제211조의2제2항, 같은 조 제3항제2호 및 부칙 제12조·제25조의 개정규정 : 2022년 7월 1일
3. 제129조제4항제1호, 제152조의2, 제157조, 제157조의2, 제159조의2, 제161조의2, 제162조제6항제3호, 같은 조 제7항제3호, 제165조제8항제1호, 제167조의8, 제176조의2제2항제1호, 제178조의11 및 제178조의12의 개정규정과 대통령령 제31442호 소득세법 시행령 일부개정령 제150조의9제1항·제3항, 제150조의13제3항·제4항, 제150조의14제1항, 제150조의17제8항, 제150조의21제1항 각 호 외의 부분 후단, 같은 항 제5호, 제150조의22제1항제1호), 같은 조 제3항, 제150조의25, 제184조의5제2항제1호, 제203조의2제4항부터 제16항까지, 제203조의4제1항 및 제225조의2의 개정규정 : 2025년 1월 1일(2022.12.31 본호개정)
4. 별표3의3의 개정규정 : 2023년 1월 1일(2022.12.31 본호신설)

제2조【일반적 적용례】 ① 이 영은 부칙 제1조에 따른 각 해당 개정규정의 시행일이 속하는 과세기간에 발생하는 소득부터 적용한다.
② 이 영 중 양도소득세에 관한 개정규정은 부칙 제1조에 따른 각 해당 개정규정의 시행일 이후 양도하는 경우부터 적용한다.

제3조【종합소득과세표준에서 제외되는 연금소득 인출 요건에 관한 적용례】 제20조의2제1항제1호라목 및 같은 조 제2항의 개정규정은 이 영 시행 이후 연금계좌에서 인출하는 경우부터 적용한다.

제4조【기관전용 사모집합투자기구로부터의 이익 등에 관한 적용례】 제26조의2제3항·제4항 및 제27조의3제3항의 개정규정은 2021년 10월 21일 이후 발생하는 소득부터 적용한다.

제5조【연금계좌의 인출순서에 관한 적용례】 제40조의3제2항의 개정규정은 이 영 시행 전에 법 제59조의3제3항에 따른 전환금액을 연금계좌에 납입하고 그 납입한 날이 속하는 과세기간에 인출한 경우에도 적용한다.

제6조【사업소득의 필요경비의 계산에 관한 적용례】 제55조제2항의 개정규정은 이 영 시행 이후 한국무역보험공사가 회수불능으로 확인한 채권부터 적용한다.

제7조【재해손실세액공제에 관한 적용례】 제118조제3항의 개정규정은 이 영 시행 전에 재해가 발생한 경우로서 이 영 시행 당시 재해발생일부터 3개월이 지나지 않은 경우에도 적용한다.

제8조【고가주택에 대한 양도차익 등의 계산 등에 관한 적용례】 제155조제10항, 제156조, 제160조 및 제161조의 개정규정은 2021년 12월 8일 이후 양도하는 경우부터 적용한다.

제9조【조합원입주권 적용대상 정비사업 범위 확대 등에 따른 적용례】 제155조제18항제4호·제5호, 제156조의2제4항제1호·제2호, 같은 조 제5항, 같은 조 제7항제3호나목, 같은 조 제8항제4호가목, 같은 항 제5호, 같은 조 제9항제3호가목, 같은 항 제4호, 제156조의3제3호·제3호나목, 제166조제1항 각 호 외의 부분, 같은 조 제2항 각 호 외의 부분, 같은 조 제7항 각 호 외의 부분

의 개정규정은 2022년 1월 1일 이후 취득하는 조합원입주권부터 적용한다.

제10조【비거주자의 국내사업장과 본점 등의 거래에 대한 자료 제출 기한에 관한 적용례】 제181조의2제4항의 개정규정은 이 영 시행 전에 개시한 과세기간에 대한 자료 제출의무가 발생한 경우로서 이 영 시행 당시 종전의 규정에 따른 제출기한이 지나지 않은 경우에도 적용한다.

제11조【금융투자소득에 대한 기본공제 신청에 관한 적용례】 대통령령 제31442호 소득세법 시행령 일부개정령 제203조의2제6항의 개정규정은 2025년 1월 1일 이후 발생하는 금융투자소득에 대해 2025년 1월 1일 전에 금융회사등에 기본공제 적용을 신청하는 경우에도 적용한다.(2022.12.31 본조개정)

제12조【조합원입주권 또는 분양권을 소유한 경우의 1세대1주택 특례에 관한 경과조치】 이 영 시행 전에 조합원입주권 또는 분양권을 취득한 경우의 1세대1주택 특례 적용에 관하여는 제156조의2제4항 각 호 외의 부분 또는 제156조의3제3항 각 호 외의 부분의 개정규정에도 불구하고 종전의 규정에 따른다.

제13조【토지·건물 외의 자산의 기준시가 산정에 관한 경과조치】 2025년 1월 1일 전에 양도한 토지·건물 외의 자산의 기준시가 산정에 관하여는 제165조제8항제1호의 개정규정에도 불구하고 종전의 규정에 따른다.(2022.12.31 본조개정)

제14조【외국법인 소속 파견근로자의 소득에 대한 원천징수 의무자의 범위에 관한 경과조치】 2022년 4월 1일 전에 개시한 사업연도에 지급하는 근로대가에 대하여 원천징수를 하는 사용내국법인의 범위에 관하여는 제207조의10제1항제1호가목 및 나목의 개정규정에도 불구하고 종전의 규정에 따른다.

부　칙　(2022.2.17 영32447호)
　　　(2022.2.17 영32449호)

제1조【시행일】 이 영은 2022년 2월 18일부터 시행한다.(이하 생략)

부　칙　(2022.3.8)

이 영은 2025년 1월 1일부터 시행한다.(2022.12.31 개정)

부　칙　(2022.5.31)

제1조【시행일】 이 영은 공포한 날부터 시행한다.
제2조【주택 보유기간 계산에 관한 적용례 등】 ① 제154조제5항의 개정규정은 2022년 5월 10일 이후 주택을 양도하는 경우부터 적용한다.
② 2022년 5월 10일 전에 주택을 양도한 경우의 보유기간 계산에 관하여는 제154조제5항의 개정규정에도 불구하고 종전의 규정에 따른다.

제3조【조정대상지역의 일시적 2주택 비과세 요건에 관한 적용례 등】 ① 제155조제1항제2호의 개정규정은 2022년 5월 10일 이후 종전의 주택을 양도하는 경우부터 적용한다.
② 2022년 5월 10일 전에 종전의 주택을 양도한 경우의 비과세 요건에 관하여는 제155조제1항제2호의 개정규정에도 불구하고 종전의 규정에 따른다.

제4조【조정대상지역의 다주택자 양도소득세 중과 적용 배제에 관한 적용례】 제167조의3제1항제12호의2, 제167조의4제3항제6호의2, 제167조의10제1항제12호의2 및 제167조의11제1항제12호의 개정규정은 2022년 5월 10일 이후 주택을 양도하는 경우부터 적용한다.

부　칙 (2022.8.2)

제1조 【시행일】 이 영은 공포한 날부터 시행한다.
제2조 【상생임대주택에 관한 적용례】 제155조의3제1항, 제3항 및 제4항의 개정규정은 2021년 12월 20일부터 이 영 시행일 전가지 상생임대차계약을 체결한 주택에 대해서도 적용한다.

부　칙 (2022.10.4)

제1조 【시행일】 이 영은 공포 후 3개월이 경과한 날부터 시행한다.(이하 생략)

부　칙 (2022.10.27)

제1조 【시행일】 이 영은 공포한 날부터 시행한다.
제2조 【비거주자의 국채 및 통화안정증권 이자·양도소득에 대한 탄력세율에 관한 적용례】 제207조의6의 개정규정은 2022년 10월 17일부터 2022년 12월 31일까지 이자를 지급받거나 국채 및 통화안정증권을 양도하는 경우에 적용한다.

부　칙 (2022.12.31)

제1조 【시행일】 이 영은 2023년 1월 1일부터 시행한다. 다만, 대통령령 제32420호 소득세법 시행령 일부개정령 제150조의14제1항 및 제203조의2제15항·제16항의 개정규정과 대통령령 제31442호 소득세법 시행령 일부개정령 제150조의18제1항 및 제150조의20의 개정규정은 2025년 1월 1일부터 시행한다.
제2조 【대주주 범위의 변경 등에 관한 경과조치】 이 영 시행 전에 주식등을 양도한 경우의 대주주·기타주주·과점주주의 범위, 주식등의 양도시기 및 양도소득 과세표준 예정신고에 관하여는 제157조제4항부터 제6항까지, 같은 조 제12항, 제158조제1항, 제162조제1항제10호 전단, 제167조의8제1항제2호 및 제169조제1항제2호라목의 개정규정에도 불구하고 종전의 규정에 따른다.

부　칙 (2023.2.28)

제1조 【시행일】 이 영은 공포한 날부터 시행한다. 다만, 다음 각 호의 개정규정은 해당 호에서 정한 날부터 시행한다.
1. 다음 각 목의 개정규정 : 2025년 1월 1일
　가. 대통령령 제31442호 소득세법 시행령 일부개정령 제26조의2제1항·제4항·제5항, 제150조의6, 제150조의7, 제150조의8제1항, 제150조의12, 제150조의13제1항, 제150조의15, 제150조의18제1항·제2항, 제150조의19제4항·제6항, 제150조의20, 제150조의22제1항제2호다목, 제150조의26제1항부터 제3항까지, 제150조의27제1항제1호, 제178조의13 및 제183조의5제2호의 개정규정
　나. 제117조의2 및 제189조의2의 개정규정
　다. 대통령령 제31442호 소득세법 시행령 일부개정령(대통령령 제32420호 소득세법 일부개정령으로 개정된 것을 포함한다) 제150조의17제1항부터 제8항까지 및 제203조의2제6항부터 제19항까지의 개정규정
　라. 대통령령 제32420호 소득세법 시행령 일부개정령 제150조의21제1항제5호나목, 제165조제8항 및 제184조의5제2항제1호의 개정규정

2. 제40조의2제2항제1호다목 및 같은 조 제7항부터 제12항까지, 제211조제4항제3호, 제211조의2제2항·제3항 및 제212조의4의 개정규정 : 2023년 7월 1일
3. 제78조제4호, 제78조의3제4항, 제81조, 제83조, 제85조, 제147조의7제4항, 제157조제4항·제6항, 제181조제1항제4호, 제213조제2항, 별표3의2 및 별표3의3의 개정규정 : 2024년 1월 1일
제2조 【비과세되는 식사대의 범위에 관한 적용례】 제19조제2항의 개정규정은 이 영 시행일이 속하는 과세기간에 발생하는 소득부터 적용한다.
제3조 【거래·평가 손익이 비과세되는 집합투자기구로부터의 이익에 관한 적용례】 제26조의2제4항의 개정규정은 이 영 시행 이후 집합투자기구가 결산·분배하는 이익부터 적용한다.
제4조 【주택차액의 연금계좌 납입에 관한 적용례】 제40조의2제2항제1호다목 및 같은 조 제7항부터 제12항까지의 개정규정은 부칙 제1조제2호에 따른 시행일 전에 주택을 양도한 경우에도 적용한다.
제5조 【외국소득세액의 필요경비 산입에 관한 적용례 등】 ① 제117조제10항의 개정규정은 2023년 1월 1일 이후 발생한 국외원천소득에 대한 외국소득세액부터 적용한다.
② 2023년 1월 1일 전에 발생한 국외원천소득에 대한 외국소득세액의 필요경비 산입에 관하여는 제117조제10항의 개정규정에도 불구하고 종전의 규정에 따른다.
제6조 【교육비 세액공제에 관한 적용례】 제118조의6제1항제7호의 개정규정은 2023년 1월 1일 이후 교육비를 지급하는 경우부터 적용한다.
제7조 【단순경비율 적용대상자 수입금액 기준에 관한 적용례】 ① 제143조제4항제2호의 개정규정은 이 영 시행일이 속하는 과세기간에 발생하는 소득부터 적용한다.
제8조 【1세대1주택의 특례에 관한 적용례 등】 ① 제155조제1항, 제156조의2제4항제1호·제2호, 같은 조 제5항제2호·제3호 및 제156조의3제3항제1호·제2호의 개정규정은 2023년 1월 12일 이후 주택을 양도하는 경우부터 적용한다.
② 2023년 1월 12일 전에 주택을 양도한 경우에는 제155조제1항, 제156조의2제4항제1호·제2호, 같은 조 제5항제2호·제3호 및 제156조의3제3항제1호·제2호의 개정규정에도 불구하고 종전의 규정에 따른다.
제9조 【토지·건물 외 자산의 기준시가 산정에 관한 적용례】 제165조제4항제3호다목·라목 및 같은 조 제8항제1호 후단의 개정규정은 이 영 시행일 이후 주식등을 양도하는 경우부터 적용한다.
제10조 【양도소득세가 중과세되는 주택의 범위에 관한 적용례】 제167조의10제1항제15호 및 제167조의11제1항제13호의 개정규정은 이 영 시행일 이후 주택을 양도하는 경우부터 적용한다.
제11조 【국외공모투자기구에 준하는 국외투자기구의 요건에 관한 적용례】 제179조의5제1항의 개정규정은 2023년 1월 1일 이후 이자를 지급하거나 국채등을 양도하는 경우부터 적용한다.
제12조 【외국법인연락사무소의 계산서 또는 영수증 발급에 관한 적용례】 제211조제4항제3호 단서의 개정규정은 부칙 제1조제2호에 따른 시행일 이후 재화 또는 용역을 공급하는 경우부터 적용한다.
제13조 【전자계산서의 발급 등에 관한 적용례 등】 ① 제211조의2제2항 및 제3항의 개정규정은 부칙 제1조제2호에 따른 시행일 이후 재화 또는 용역을 공급하는 경우부터 적용한다. 이 경우 제211조의2제2항 및 같은 조 제3항제2호 본문의 사업장별 총 수입금액은 2022년 1월 1일이 속하는 과세기간을 기준으로 판단한다.

② 제211조의2제2항 및 같은 조 제3항제2호 본문의 개정규정에도 불구하고 2023년 7월 1일부터 2024년 6월 30일까지는 같은 개정규정 중 "8천만원"을 각각 "1억원"으로 보아 같은 개정규정을 적용한다.
③ 제211조의2제3항제2호 단서의 개정규정에도 불구하고 2022년 1월 1일부터 2022년 12월 31일까지의 기간 동안의 사업장별 총수입금액이 수정신고등으로 변경된 경우에는 같은 개정규정 중 "8천만원"을 "1억원"으로 보아 같은 개정규정을 적용한다.

第14조【지급명세서 제출 면제에 관한 적용례】제214조제1항제2호 및 제2호의2의 개정규정은 이 영 시행일이 속하는 과세기간에 소득을 지급하는 경우부터 적용한다.

第15조【소득공제 및 세액공제 증명서류의 제출에 관한 적용례】제216조의3제1항제10호의 개정규정은 이 영 시행일이 속하는 과세기간에 발생하는 소득에 대한 소득공제를 위하여 증명서류를 제출하는 경우부터 적용한다.

第16조【근로소득 · 연금소득 간이세액표에 관한 적용례】별표2 및 별표3의 개정규정은 이 영 시행 이후 원천징수하는 경우부터 적용한다.

第17조【소비자상대업종에 관한 적용례】별표3의2의 개정규정은 부칙 제1조제3호에 따른 시행일 이후 재화 또는 용역을 공급하는 경우부터 적용한다.

第18조【현금영수증 의무발행업종에 관한 적용례】별표3의3의 개정규정은 부칙 제1조제3호에 따른 시행일 이후 재화 또는 용역을 공급하는 경우부터 적용한다.

第19조【신탁소득에 대한 납세의무에 관한 경과조치】이 영 시행 전에 신탁재산에 귀속된 소득에 대한 납세의무에 관하여는 제4조의2제4항의 개정규정에도 불구하고 종전의 규정에 따른다.

第20조【업무용승용차 관련비용 등의 필요경비 불산입 특례에 관한 경과조치】부칙 제1조제3호에 따른 시행일 전에 발생한 업무용승용차 관련비용에 관하여는 제78조의3제4항의 개정규정에도 불구하고 종전의 규정에 따른다.

第21조【대주주의 범위 등에 관한 경과조치】부칙 제1조제3호에 따른 시행일 전에 주식등을 양도한 경우의 대주주의 범위에 관하여는 제157조제4항 및 제6항의 개정규정에도 불구하고 종전의 규정에 따른다.

第22조【양도소득의 범위에 관한 경과조치】이 영 시행 전에 주식을 양도한 경우의 양도소득 범위에 관하여는 제158조제4항제2호의 개정규정에도 불구하고 종전의 규정에 따른다.

第23조【주식등의 기준시가 산정에 관한 경과조치】이 영 시행 전에 주식등을 양도한 경우의 기준시가 산정에 관하여는 제165조제4항제3호다목의 개정규정에도 불구하고 종전의 규정에 따른다.

第24조【경비 등의 지출증명 수취 및 보관에 관한 경과조치】이 영 시행 전에 재화 또는 용역을 공급받은 경우의 지출증명 수취 및 보관에 관하여는 제208조의2제1항제2호의 개정규정에도 불구하고 종전의 규정에 따른다.

　　부　　칙 (2023.4.11)

第1조【시행일】이 영은 2023년 6월 5일부터 시행한다.(이하 생략)

　　부　　칙 (2023.7.7.)

第1조【시행일】이 영은 2023년 7월 10일부터 시행한다.(이하 생략)

　　부　　칙 (2023.9.26 영33736호)

第1조【시행일】이 영은 2023년 10월 1일부터 시행한다.
第2조【공익성을 고려하여 정하는 기부금의 범위 변경에 관한 적용례 등】① 제80조제1항제2호가목의 개정규정은 이 영 시행 이후 노동조합에 납부하는 조합비부터 적용한다.
② 이 영 시행 전에 노동조합에 납부한 회비에 관하여는 제80조제1항제2호의 개정규정에도 불구하고 종전의 규정에 따른다.

　　부　　칙 (2023.9.26 영33764호)

第1조【시행일】이 영은 2023년 9월 29일부터 시행한다.(이하 생략)

　　부　　칙 (2023.12.28)

第1조【시행일】이 영은 2024년 1월 1일부터 시행한다.
第2조【대주주의 범위 변경에 관한 경과조치】이 영 시행 전에 주식등을 양도한 경우에는 제157조제4항제2호 본문 · 단서 및 같은 조 제5항제1호 · 제2호의 개정규정에도 불구하고 종전의 규정에 따른다.

〔별표1〕

농가부업규모 축산의 범위(제9조제1항제1호 관련)

(2012.2.2 개정)

가축별	규　모	비　고
젖소	50마리	1. 성축을 기준으로 한다. 다만, 육성우의 경우에는 2마리를 1마리로 본다.
소	50마리	
돼지	700마리	
산양	300마리	
면양	300마리	2. 사육두수는 매월 말 현황에 의한 평균 두수로 한다.
토끼	5,000마리	
닭	15,000마리	
오리	15,000마리	
양봉	100군	

〔별표1의2〕

주택임차자금의 대출기관(제112조제4항 관련)

(2023.4.11 개정)

가. 한국은행 · 한국산업은행 · 한국수출입은행 · 중소기업은행 및 「은행법」에 따른 은행
나. 「상호저축은행법」에 따른 상호저축은행과 그 중앙회
다. 「농업협동조합법」에 따른 농업협동조합과 그 중앙회
라. 「수산업협동조합법」에 따른 수산업협동조합과 그 중앙회
마. 「신용협동조합법」에 따른 신용협동조합과 그 중앙회
바. 「새마을금고법」에 따른 금고와 그 연합회
사. 「보험업법」에 따른 보험회사
아. 「우체국예금 · 보험에 관한 법률」에 따른 체신관서
자. 「주택도시기금법」에 따른 주택도시기금
차. 「한국주택금융공사법」에 따른 한국주택금융공사
카. 「여신전문금융업법」에 따른 여신전문금융회사
타. 「국가보훈부와 그 소속기관 직제」 제2조제2항에 따른 지방보훈청 및 보훈지청

〔별표1의3〕

축산용 토지 및 건물의 기준면적
(제168조의10제3항관련)

(2005.12.31 신설)

1. 가축별 기준면적

구분	사업	가축두수	축사 및 부대시설 (제곱미터)		초지 또는 사료포 (헥타르)		비 고
			축사	부대시설	초지	사료포	
1. 한우 (육우)	사육사업	1두당	7.5	5	0.5	0.25	말·노새 또는 당나귀를 사육하는 경우를 포함한다.
2. 한우 (육우)	비육사업	1두당	7.5	5	0.2	0.1	
3. 유우	목장사업	1두당	11	7	0.5	0.25	
4. 양	목장사업	10두당	8	3	0.5	0.25	
5. 사슴	목장사업	10두당	66	16	0.5	0.25	
6. 토끼	사육사업	100두당	33	7	0.2	0.1	친칠라를 사육하는 경우를 포함한다.
7. 돼지	양돈사업	5두당	50	13	—	—	개를 사육하는 경우를 포함한다.
8. 가금	양계사업	100수당	33	16	—	—	
9. 밍크	사육사업	5수당	7	7	—	—	여우를 사육하는 경우를 포함한다.

2. 가축두수

가축두수는 다음 각 목의 어느 하나의 방법 중 납세자가 선택하는 방법에 따라 산정한다.
  가. 양도일 이전 최근 6과세기간(양도일이 속하는 과세기간을 포함한다. 이하 같다) 중 납세자가 선택하는 축산업을 영위한 3과세기간의 최고사육두수를 평균한 것
  나. 양도일 이전 최근 4과세기간 중 납세자가 선택하는 축산업을 영위한 2과세기간의 최고사육두수를 평균한 것. 축산업을 영위한 기간이 2년 이하인 경우에는 축산업을 영위한 과세기간의 최고사육두수를 평균한 것

〔별표2〕 근로소득 간이세액표(p.2302 참조)

〔별표3〕 연금소득 간이세액표(p.2316 참조)

〔별표3의2〕

소비자상대업종
(제210조의2제1항 및 제210조의3제1항 관련)

(2023.2.28 개정)

구 분	업 종
1. 소매업	복권소매업 등 기획재정부령으로 정하는 업종을 제외한 소매업 전체 업종
2. 숙박 및 음식점업	숙박 및 음식점업 전체 업종
3. 제조업	양복점업 등 기획재정부령으로 정하는 업종
4. 건설업	실내건축 및 건축마무리 공사업
5. 도매업	자동차중개업
6. 부동산업 및 임대업	가. 부동산 중개 및 대리업 나. 부동산 투자 자문업 다. 부동산 감정평가업(감정평가사업을 포함한다) 라. 의류 임대업
7. 운수업	가. 전세버스 운송업 나. 「화물자동차 운수사업법 시행령」 제9조제1호에 따른 이사화물운송주선사업 다. 특수여객자동차 운송업(장의차량 운영업) 라. 주차장 운영업 마. 여행사업 바. 기타 여행보조 및 예약 서비스업 사. 여객 자동차 터미널 운영업 아. 소화물 전문 운송업 자. 기타 해상 운송업(낚시어선업으로 한정한다)
8. 전문·과학 및 기술서비스업	가. 변호사업 나. 변리사업 다. 공증인업 라. 법무사업 마. 행정사업 바. 공인노무사업 사. 공인회계사업(기장대리를 포함한다) 아. 세무사업(기장대리를 포함한다) 자. 건축설계 및 관련 서비스업 차. 기술사업 카. 심판변론인업 타. 경영지도사업 파. 기술지도사업 하. 손해사정인업 거. 통관업 너. 측량사업 더. 인물 사진 및 행사용 영상 촬영업 러. 사진처리업
9. 교육서비스업	가. 컴퓨터학원 나. 속기학원 등 그 외 기타 분류 안 된 교육기관 다. 운전학원 라. 자동차정비학원 등 기타 기술 및 직업훈련학원 마. 일반 교과 학원 바. 외국어학원 사. 방문 교육 학원 아. 온라인 교육 학원 자. 기타 교습학원 차. 예술 학원 카. 태권도 및 무술 교육기관 타. 기타 스포츠 교육기관 파. 청소년 수련시설 운영업(교육목적적용으로 한정한다) 하. 기타 교육지원 서비스업
10. 보건업 및 사회복지서비스업	가. 종합병원 나. 일반병원 다. 치과병원 라. 한방병원 마. 요양병원 바. 일반의원(일반과, 내과, 소아청소년과, 일반외과, 정형외과, 신경과, 정신건강의학과, 피부과, 비뇨의학과, 안과, 이비인후과, 산부인과, 방사선과 및 성형외과) 사. 기타의원(마취통증의학과, 결핵과, 가정의학과, 재활의학과 등 달리 분류되지 않은 병과) 아. 치과의원 자. 한의원 차. 수의업 카. 앰뷸런스 서비스업

구분	업종	구분	업종
11. 예술, 스포츠 및 여가 관련 서비스업	가. 영화관 운영업 나. 비디오물 감상실 운영업 다. 독서실 운영업(스터디카페를 포함한다) 라. 박물관 운영업 마. 식물원 및 동물원 운영업 바. 실내 경기장 운영업 사. 실외 경기장 운영업 아. 경주장 운영업(경마장 운영업을 포함한다) 자. 골프장 운영업 차. 스키장 운영업 카. 체력단련시설 운영업 타. 수영장 운영업 파. 볼링장 운영업 하. 당구장 운영업 거. 종합 스포츠시설 운영업 너. 골프연습장 운영업 더. 스쿼시장 등 그 외 기타 스포츠시설 운영업 러. 컴퓨터 게임방 운영업 머. 노래연습장 운영업 버. 오락사격장 등 기타 오락장 운영업 서. 해수욕장 운영 등 기타 수상오락 서비스업 어. 낚시장 운영업 저. 무도장 운영업 처. 유원지 및 테마파크 운영업 커. 기원 운영업	1. 사업서비스업	다. 세무사업 라. 변리사업 마. 건축사업 바. 법무사업 사. 심판변론인업 아. 경영지도사업 자. 기술지도사 차. 감정평가사업 카. 손해사정인업 타. 통관업 파. 기술사업 하. 측량사업 거. 공인노무사업 너. 행정사업
12. 협회 및 단체, 수리 및 기타 개인서비스업	가. 컴퓨터 및 주변 기기 수리업 나. 통신장비 수리업 다. 자동차 종합 수리업 라. 자동차 전문 수리업 마. 자동차 세차업 바. 모터사이클 수리업 사. 가전제품 수리업 아. 의복 및 기타 가정용 직물제품 수리업 자. 가죽, 가방 및 신발수리업 차. 시계, 귀금속 및 악기 수리업 카. 보일러수리 등 그 외 기타 개인 및 가정용품 수리업 타. 이용업 파. 두발 미용업 하. 피부 미용업 거. 손·발톱 관리 등 기타 미용업 너. 욕탕업 더. 마사지업 러. 비만 관리 센터 등 기타 신체 관리 서비스업 머. 가정용 세탁업 버. 세탁물 공급업 서. 장례식장 및 장의 관련 서비스업 어. 화장터 운영, 묘지 분양 및 관리업 저. 예식장업 처. 점술 및 유사 서비스업 커. 산후 조리원 터. 결혼 상담 및 준비 서비스업	2. 보건업	가. 종합병원 나. 일반병원 다. 치과병원 라. 한방병원 마. 요양병원 바. 일반의원(일반과, 내과, 소아청소년과, 일반외과, 정형외과, 신경과, 정신건강의학과, 피부과, 비뇨의학과, 안과, 이비인후과, 산부인과, 방사선과 및 성형외과) 사. 기타의원(마취통증의학과, 결핵과, 가정의학과, 재활의학과 등 달리 분류되지 않은 병과) 아. 치과의원 자. 한의원 차. 수의업
		3. 숙박 및 음식점업	가. 일반유흥 주점업(「식품위생법 시행령」 제21조제8호다목에 따른 단란주점영업을 포함한다) 나. 무도유흥 주점업 다. 일반 및 생활 숙박시설운영업 라. 출장 음식 서비스업 마. 기숙사 및 고시원 운영업(고시원 운영업으로 한정한다) 바. 숙박공유업
13. 가구내 고용활동	놀이방·어린이집(「영유아보육법」 제13조에 따라 설치·인가된 경우는 제외한다)	4. 교육 서비스업	가. 일반 교습 학원 나. 예술 학원 다. 외국어학원 및 기타 교습학원 라. 운전학원 마. 태권도 및 무술 교육기관 바. 기타 스포츠 교육기관 사. 기타 교육지원 서비스업 아. 청소년 수련시설 운영업(교육목적용으로 한정한다) 자. 기타 기술 및 직업훈련학원 차. 컴퓨터 학원 카. 그 외 기타 교육기관

비고 : 업종의 구분은 한국표준산업분류를 기준으로 한다. 다만, 위 표에서 특별히 규정하는 업종의 경우에는 그렇지 않다.

[별표3의3]

현금영수증 의무발행업종
(제210조의3제1항제4호 및 같은 조 제11항 관련)

(2023.2.28 개정)

구분	업종
	가. 변호사업 나. 공인회계사업

		구분	업종
		5. 그 밖의 업종	가. 골프장 운영업 나. 골프 연습장 운영업 다. 장례식장 및 장의 관련 서비스업 라. 예식장업 마. 부동산 중개 및 대리업 바. 부동산 투자 자문업 사. 산후 조리원 아. 시계 및 귀금속 소매업 자. 피부 미용업 차. 손·발톱 관리 미용업 등 기타 미용업 카. 비만 관리 센터 등 기타 신체 관리 서비스업 타. 마사지업(발 마사지업 및 스포츠 마사지업으로 한정한다) 파. 실내건축 및 건축마무리 공사업(도배업만 영위하는 경우는 제외한다)

하. 인물 사진 및 행사용 영상 촬영업
거. 결혼 상담 및 준비 서비스업
너. 의류 임대업
더. 「화물자동차 운수사업법」 제2조제4호에 따른 화물자동차 운송주선사업 (이사화물에 관한 운송주선사업으로 한정한다)
러. 자동차 부품 및 내장품 판매업
머. 자동차 종합 수리업
버. 자동차 전문 수리업
서. 전세버스 운송업
어. 가구 소매업
저. 전기용품 및 조명장치 소매업
처. 의료용 기구 소매업
커. 페인트, 창호 및 기타 건설자재 소매업
터. 주방용품 및 가정용 유리, 요업 제품 소매업
퍼. 안경 및 렌즈 소매업
허. 운동 및 경기용품 소매업
고. 예술품 및 골동품 소매업
노. 중고자동차 소매업 및 중개업
도. 악기 소매업
로. 자전거 및 기타 운송장비 소매업
모. 체력단련시설 운영업
보. 화장터 운영, 묘지 분양 및 관리업 (묘지 분양 및 관리업으로 한정한다)
소. 특수여객자동차 운송업
오. 가전제품 소매업
조. 의약품 및 의료용품 소매업
초. 독서실 운영업
코. 두발 미용업
토. 철물 및 난방용구 소매업
포. 신발 소매업
호. 애완용 동물 및 관련용품 소매업
구. 의복 소매업
누. 컴퓨터 및 주변장치, 소프트웨어 소매업
두. 통신기기 소매업
루. 건강보조식품 소매업
무. 자동차 세차업
부. 벽지, 마루덮개 및 장판류 소매업
수. 공구 소매업
우. 가방 및 기타 가죽제품 소매업
주. 중고가구 소매업
추. 사진기 및 사진용품 소매업
쿠. 모터사이클 수리업
투. 가전제품 수리업
푸. 가정용 직물제품 소매업
후. 가죽, 가방 및 신발 수리업
그. 게임용구, 인형 및 장난감 소매업
느. 구두류 제조업
드. 남자용 겉옷 제조업
르. 여자용 겉옷 제조업
므. 모터사이클 및 부품 소매업(부품 판매업으로 한정한다)
브. 시계, 귀금속 및 악기 수리업
스. 운송장비용 주유소 운영업
으. 의복 및 기타 가정용 직물제품 수리업
즈. 중고 가전제품 및 통신장비 소매업
츠. 백화점
크. 대형마트
트. 체인화편의점
프. 기타 대형 종합소매업
흐. 서적, 신문 및 잡지류 소매업
기. 곡물, 곡분 및 가축사료 소매업
니. 육류 소매업

디. 자동차 중개업
리. 주차장 운영업
미. 여객 자동차 터미널 운영업
비. 보일러수리 등 기타 가정용품 수리업
시. 보일러수리 등 기타 가정용품 수리업

6. 통신판매업(제1호부터 제5호에서 정한 업종에서 사업자가 공급하는 재화 또는 용역을 공급하는 경우로 한정한다)
가. 전자상거래 소매업
나. 전자상거래 소매 중개업
다. 기타 통신 판매업

비고 : 업종의 구분은 위 표에서 특별히 규정하는 업종을 제외하고는 한국표준산업분류를 기준으로 한다.

〔별표3의4〕 종교인소득 간이세액표(p.2334 참조)

〔별표4〕

소득공제 및 세액공제 증명자료별 자료집중기관
(제216조의3제2항 관련)

(2023.4.11 개정)

소득공제 및 세액공제 증명자료	자료집중기관
1. 제107조제2항에 따른 장애인 증명 관련 서류	국가보훈부, 보건복지부
2. 제216조의3제1항제1호·제1호의2·제2호·제5호·제5호의2 및 제6호에 따른 지출액	전국은행연합회, 「보험업법」 제175조에 따른 생명보험협회, 「보험업법」 제175조에 따른 손해보험협회, 「여신전문금융업법」 제62조에 따른 여신전문금융업협회, 「새마을금고법」 제54조에 따른 중앙회, 「상호저축은행법」 제25조에 따른 상호저축은행중앙회, 「신용협동조합법」 제61조에 따른 중앙회, 「산림조합법」 제93조에 따른 중앙회, 「자본시장과 금융투자업에 관한 법률」 제283조에 따른 한국금융투자협회, 「우정사업운영에 관한 특례법」 제2조에 따른 우정사업총괄기관
3. 제216조의3제1항제3호에 따른 의료비	국세청장이 정하여 고시하는 기관
4. 제216조의3제1항제4호 가목부터 다목까지 및 제4호의2에 따른 교육비	가. 「유아교육법」에 따른 유치원(국립유치원은 제외한다) 또는 「고등교육법」·특별법에 따른 학교에 지급한 교육비	국세청장이 정하여 고시하는 기관
	나. 「초·중등교육법」에 따른 학교 및 「유아교육법」에 따른 국립유치원에 지급한 교육비	교육부
	다. 「영유아보육법」에 따른 어린이집에 지급한 교육비	보건복지부

위반행위	근거법조문
5. 제216조의3제1항제4호라목에 따른 직업능력개발훈련시설에 지급한 교육비	고용노동부
6. 제216조의3제1항제6호다목에 따른 소기업·소상공인 공제 납입액	「중소기업협동조합법」 제3조에 따른 중소기업중앙회
7. 제216조의3제1항제8호에 따른 신용카드등 사용금액	「여신전문금융업법」 제62조에 따른 여신전문금융업협회

[별표5]

과태료의 부과기준(제228조제1항 및 제2항 관련)

(2021.11.9 개정)

위반행위	근 거 법조문	과태료 금액
1. 법 제162조의2제5항에 따른 신용카드가맹점에 대한 명령사항을 위반한 경우	법 제177조 제1호	신용카드에 의한 거래를 거부하거나 신용카드 매출전표를 사실과 다르게 발급한 금액의 100분의 20(2천만원을 한도로 한다)
2. 법 제162조의3제8항에 따른 현금영수증가맹점에 대한 다음 각 목의 명령사항을 위반한 경우	법 제177조 제2호	
가. 현금영수증을 발급하지 않거나 사실과 다르게 발급한 경우에 대한 명령		현금영수증을 발급하지 않거나 사실과 다르게 발급한 금액의 100분의 20(2천만원을 한도로 한다)
나. 그 밖의 명령		건별 50만원
3. 법 제173조제2항에 따른 과세자료를 제출해야 할 자에 대한 다음 각 목의 어느 하나에 해당하는 명령사항을 위반한 경우	법 제177조 제3호	
가. 과세자료의 전부를 제출하지 않은 경우[제224조제3항에 따른 과세자료 제출명세서(이하 이 표에서 "제출명세서"라 한다)를 제출하지 않거나 제출명세서에 기재해야 할 용역제공자에 관한 사항의 전부를 누락한 경우를 말한다]에 대한 명령		제출명세서 건별 20만원
나. 과세자료의 일부를 제출하지 않은 경우(제출명세서에 기재해야 할 용역제공자에 관한 사항의 일부를 누락한 경우를 말하며, 그 누락된 용역제공자 인원 수가 전체 용역제공자 인원 수의 5퍼센트를 초과하는 경우로 한정한다)에 대한 명령		제출명세서 건별 10만원
다. 과세자료를 사실과 다르게 제출한 경우(제출명세서에 기재해야 할 용역제공자에 관한 사항의 전부 또는 일부를 사실과 다르게 기재하여 제출한 경우를 말하며, 그 다르게 기재된 용역제공자 인원 수가 전체 용역제공자 인원 수의 5퍼센트를 초과하는 경우로 한정한다)에 대한 명령		제출명세서 건별 10만원

[별표5의2]

과태료의 부과기준

(대통령령 제29523호 소득세법 시행령 일부개정령 부칙 제10조 관련)

(2019.2.12 신설)

위반행위	근거 법조문	과태료 금액
1. 법 제165조의2제1항에 따른 기한까지 다음 각 목의 자료를 제출하지 않거나 거짓된 자료를 제출하는 경우	법 제176조제1항제1호 및 법 제165조의3제2항제1호	
가. 해외현지법인 명세서등 1) 해외현지법인 명세서 2) 해외현지법인 재무상황표 3) 손실거래명세서 4) 해외영업소 설치현황표		건별 500만원
나. 해외부동산등의 투자 명세등 : 해외부동산 취득·투자운용(임대) 및 처분 명세서		해외부동산등의 취득가액의 100분의 1(5천만원을 한도로 한다)
2. 법 제165조의2제2항에 따라 자료제출 또는 보완을 요구받은 날부터 60일 이내에 다음 각 목의 자료를 제출하지 않거나 거짓된 자료를 제출하는 경우	법 제176조제1항제2호 및 법 제165조의3제2항제2호	
가. 해외현지법인 명세서등 1) 해외현지법인 명세서 2) 해외현지법인 재무상황표 3) 손실거래명세서 4) 해외영업소 설치현황표		건별 500만원
나. 해외부동산등의 투자 명세등 : 해외부동산 취득·투자운용(임대) 및 처분 명세서		해외부동산등의 취득가액의 100분의 1(5천만원을 한도로 한다)

3. 법 제162조의2제5항에 따른 신용카드가맹점에 대한 명령사항을 위반한 경우	법 제177조제1호	신용카드에 의한 거래를 거부하거나 신용카드매출전표를 사실과 다르게 발급한 금액의 100분의 20(2천만원을 한도로 한다)
4. 법 제162조의3제8항에 따른 현금영수증가맹점에 대한 다음 각 목의 명령사항을 위반한 경우	법 제177조제2호	
가. 현금영수증을 발급하지 않거나 사실과 다르게 발급한 경우에 대한 명령		현금영수증을 발급하지 않거나 사실과 다르게 발급한 금액의 100분의 20(2천만원을 한도로 한다)
나. 그 밖의 명령		건별 50만원

소득세법 시행규칙

(1995년 5월 3일)
(전개총리령 제505호)

개정
1995.12. 5총리령   530호   <중략>
2004. 3. 5재정경제부령 357호 2004. 6. 3재정경제부령 383호
2005. 3.19재정경제부령 424호 2005. 8. 5재정경제부령 456호
2005.12.31재정경제부령 476호 2006. 4.10재정경제부령 503호
2006. 7. 5재정경제부령 512호(행정정보이용감축개정령)
2006. 9.27재정경제부령 524호 2007. 4.17재정경제부령 554호
2007.10.29재정경제부령 579호(행정정보이용감축개정령)
2008. 4.29기획재정부령   15호 2009. 1.19기획재정부령   71호
2009. 6. 8기기재정부령   83호 2009. 9. 2기획재정부령   98호
2010. 4.30기기재정부령 154호 2011. 3.28기획재정부령 195호
2011. 8. 3기기재정부령 224호 2011.12.28기기재정부령 248호
2012. 4.13기획재정부령 265호 2012. 6.29기획재정부령 293호
2012. 8.16총리령   992호(방문판매시규)
2013. 2.23기기재정부령 323호
2013. 3.23기획재정부령 342호(직제시규)
2013. 6.28기획재정부령 355호(부가세시규)
2013. 9.27기획재정부령 367호 2014. 3.14기기재정부령 407호
2014.11.19기획재정부령 444호(직제시규)
2014.12.19기획재정부령 447호 2015. 2.13기획재정부령 459호
2015. 3.13기획재정부령 479호 2015. 5.13기획재정부령 480호
2015. 6.30기획재정부령 488호 2016. 2.25기획재정부령 538호
2016. 3.16기획재정부령 556호 2017. 3.10기획재정부령 604호
2018. 3.21기획재정부령 670호 2018. 4.24기획재정부령 679호
2018.11.26기획재정부령 697호(일본식용어정비)
2019. 1.27기획재정부령 731호 2019.12.31기획재정부령 762호
2020. 3.13기획재정부령 781호
2021. 3.16기획재정부령 848호→시행일 부칙 참조. 2025년 1월 1일 시행하는 부분은 추후 수록
2021. 5.17기획재정부령 855호
2021.10.28기획재정부령 867호(법령용어정비)
2021.11. 9기획재정부령 869호
2022. 3.18기획재정부령 907호→시행일 부칙 참조. 2025년 1월 1일 시행하는 부분은 추후 수록
2022. 6.30기획재정부령 920호
2022.12.31기획재정부령 952호→시행일 부칙 참조. 2025년 1월 1일 시행하는 부분은 추후 수록
2023. 3.20기획재정부령 966호→시행일 부칙 참조. 2026년 1월 1일 시행하는 부분은 추후 수록
2023. 7. 3기획재정부령1004호 2023.12.29기획재정부령1034호

제1조【목적】이 규칙은 「소득세법」 및 「소득세법 시행령」에서 위임된 사항과 그 시행에 필요한 사항을 규정함을 목적으로 한다.(2010.4.30 본조개정)

제2조【재외동포의 일시적 입국 사유와 입증방법】① 「소득세법 시행령」(이하 "영"이라 한다) 제4조제4항에서 "기획재정부령으로 정하는 사유"는 사업의 경영 또는 업무와 무관한 것으로서 다음 각 호의 것을 말한다.(2021.3.16 본문개정)
1. 단기 관광
2. 질병의 치료
3. 병역의무의 이행
4. 그 밖에 친족 경조사 등 사업의 경영 또는 업무와 무관한 사유

② 영 제4조제4항에서 "기획재정부령으로 정하는 방법"이란 다음 각 호의 구분에 따른 자료로서 제1항에 따른 일시적인 입국 사유와 기간을 객관적으로 입증하는 것을 말한다.
1. 제1항제1호에 따른 단기 관광에 해당하는 경우 : 관광시설 이용에 따른 입장권, 영수증 등 입국기간 동안 관광을 한 것을 입증할 수 있는 자료
2. 제1항제2호에 따른 질병의 치료에 해당하는 경우 : 「의료법」 제17조에 따른 진단서, 증명서, 처방전 등 입국기간 동안 진찰이나 치료를 받은 것을 입증하는 자료

3. 제1항제3호에 따른 병역의무의 이행에 해당하는 경우 : 병역사항이 기록된 주민등록초본 또는 「병역법 시행규칙」 제8조에 따른 병적증명서 등 입국기간 동안 병역의무를 이행한 것을 입증하는 자료
4. 제1항제4호에 따른 친족 경조사 등 그밖에 사업의 경영 또는 업무와 무관한 사유에 해당하는 경우 : 사업의 경영 또는 업무와 무관하게 일시적으로 입국한 것을 입증하는 자료
(2016.3.16 본조신설)

제3조【일시퇴거자의 납세지】 거주자가 「소득세법」 (이하 "법"이라 한다) 제53조제2항 및 영 제114조제1항에 따른 사유로 일시퇴거한 경우에는 본래의 주소지 또는 거소지를 법 제6조에 따른 납세지로 본다.
(2021.3.16 본조개정)

제4조 (2000.4.3 삭제)

제5조【납세지 지정신청】 영 제6조제2항에서 "기획재정부령이 정하는 경우"라 함은 다음 각 호의 어느 하나에 해당하는 경우를 말한다.(2008.4.29 본문개정)
1. (2010.4.30 삭제)
2. (2003.4.14 삭제)
3. 사업장의 이동이 빈번하거나 기타의 사유로 사업장을 납세지로 지정하는 것이 적당하지 아니하다고 국세청장이 인정하는 경우

제5조의2【공동소유하는 주택의 주택수 계산】 ① 영 제8조의2제3항제2호가목에서 "기획재정부령으로 정하는 방법에 따라 계산한 금액"이란 해당 공동소유하는 주택의 임대업에서 발생한 총 수입금액(해당 공동소유자가 지분을 보유한 기간에 발생한 것에 한정하며, 법 제25조제1항에 따라 총수입금액에 산입하는 금액은 제외한다)에 해당 공동소유자가 보유한 해당 주택의 지분율을 곱한 금액을 말한다.(2021.3.16 본항개정)
② 영 제8조의2제3항제2호나목에 따른 기준시가가 12억원을 초과하는 경우로서 그 주택의 지분을 100분의 30 초과 보유하는 사람은 과세기간의 종료일 또는 해당 주택의 양도일을 기준으로 판단한다.(2023.3.20 본항개정)

제6조【농가부업소득의 계산】 영 제9조제6항에 따른 농가부업소득의 계산은 다음 각 호의 방법에 따른다.
(2012.2.28 본문개정)
1. 영 별표1의 농가부업규모의 축산은 가축별로 이를 적용한다. 이 경우 공동으로 축산을 영위하는 경우에는 각 사업자의 지분을 기준으로 이를 적용한다.
(1997.4.23 후단신설)
2. 영 제9조제1항제1호의 농가부업규모를 초과하는 사육두수에서 발생한 소득과 기타의 부업에서 발생한 소득이 있는 경우에는 이를 합산한 소득금액에 대하여 영 제9조제1항제2호를 적용한다.

제6조의2【전통주의 범위】 영 제9조의2제2호에서 "기획재정부령이 정하는 절차"라 함은 「주세법 시행령」 제2조의2의 규정에 의한 주류심의회(대통령령 제16665호 주세법시행령에 의하여 폐지되기 전의 것을 말한다) 또는 「주류심의회 규정」에 의한 주류심의회(대통령령 제6356호 주류심의회규정에 의하여 폐지되기 전의 것을 말한다)의 심의를 거친 주류를 말한다.(2008.4.29 본조개정)

제6조의3【승선수당】 영 제12조제10호에서 "기획재정부령이 정하는 자"란 「선원법」 제2조제3호 및 제4조에 따른 선장 및 해원을 말한다.(2014.3.14 본조개정)

제6조의4【연구활동을 지원하는 자의 범위】 영 제12조제12호나목에서 "직접적으로 연구활동을 지원하는 자로서 기획재정부령으로 정하는 자"라 함은 「특정연구기관 육성법」의 적용을 받는 연구기관 또는 특별법에 따라 설립된 정부출연연구기관, 「지방자치단체출연 연구원의 설립 및 운영에 관한 법률」에 따라 설립된 지방자치단체출연연구원의 종사자 중 다음 각 호의 자를 제외한 자를 말한다.(2008.4.29 본문개정)

1. 연구활동에 직접 종사하는 자(대학교원에 준하는 자격을 가진 자에 한한다)
2. 건물의 방호·유지·보수·청소 등 건물의 일상적 관리에 종사하는 자
3. 식사제공 및 차량의 운전에 종사하는 자
(2007.4.17 본조신설)

제6조의5【유지비행훈련수당 및 유지항해훈련수당의 범위】 영 제12조제9호에서 "기획재정부령으로 정하는 유지비행훈련수당"이란 「군인 등의 특수근무수당에 관한 규칙」 별표2의 군인등의 장려수당 제11호부터 제13호까지에 해당하는 수당을 말하고, 같은 호에서 "기획재정부령으로 정하는 유지항해훈련수당"이란 「군인 등의 특수근무수당에 관한 규칙」 별표2의 군인등의 장려수당 제14호에 해당하는 수당을 말한다.(2020.3.13 본조신설)

제7조【벽지의 범위】 영 제12조제15호에서 "기획재정부령이 정하는 벽지"란 다음 각 호의 어느 하나에 해당하는 지역을 말한다.(2020.3.13 본문개정)
1. 「공무원 특수지근무수당 지급대상지역 및 기관과 그 등급별 구분에 관한 규칙」 별표1의 지역
(2005.3.19 본호개정)
1의2.「지방공무원 특수지근무수당 지급대상지역 및 기관과 그 등급별 구분에 관한 규칙」 별표1의 지역(같은 표 제1호의 벽지지역과 제2호의 도서지역 중 군지역의 경우 지역 및 등급란에 규정된 면지역 전체를 말한다)(2020.3.13 본호개정)
2. 「도서·벽지 교육진흥법 시행규칙」 별표의 지역
3. 「광업법」에 의하여 광업권을 지정받아 광구로 등록하는 지역
(2005.3.19 2호~3호개정)
4. 별표1의 의료취약지역(「의료법」 제2조의 규정에 의한 의료인의 경우로 한정한다)(2008.4.29 본호개정)
5. (2001.4.30 삭제)

제8조【원양어업 선박, 국외등의 건설현장 등 및 외항선박 승무원 등의 범위】 ① 영 제16조제1항제1호에 따른 원양어업 선박은 「원양산업발전법」에 따라 허가를 받은 원양어업용 선박을 말한다.
② 영 제16조제1항제1호에 따른 국외등의 건설현장 등은 국외등의 건설공사 현장과 그 건설공사를 위하여 필요한 장비 및 기자재의 구매, 통관, 운반, 보관, 유지·보수 등이 이루어지는 장소를 포함한다.
③ 영 제16조제3항을 적용할 때 외국을 항행하는 기간에는 해당 선박이나 항공기가 화물의 적재·하역, 그밖의 사유로 국내에 일시적으로 체재하는 기간을 포함한다.
④ 영 제16조제3항에 따른 승무원은 제1항의 원양어업 선박에 승선하여 근로를 제공하는 자 및 외국을 항행하는 선박 또는 항공기에서 근로를 제공하는 자로서 다음 각 호의 어느 하나에 해당하는 자를 포함한다.
1. 해당 선박에 전속되어 있는 의사 및 그 보조원
2. 해외기지조업을 하는 원양어업의 경우에는 현장에 주재하는 선박수리공 및 그 사무원
(2010.4.30 본조개정)

제9조【생산 및 그 관련직에 종사하는 근로자의 범위】 ① 영 제17조제1항제1호에서 "기획재정부령이 정하는 자"를 같은 항 제3호에서 "기획재정부령으로 정하는 자"란 별표2에 규정된 직종에 종사하는 근로자를 말한다.(2019.3.20 본항개정)
② 영 제17조제1항제2호에서 "기획재정부령이 정하는 자"란 어선에 승무하는 선원으로 하되, 「선원법」 제2조제3호에 따른 선장은 포함하지 아니한다.(2014.3.14 본항개정)
③~④ (2021.3.16 삭제)

제9조의2【사택의 범위 등】 ① 영 제17조의4제1호 각 목 외의 부분에서 "기획재정부령으로 정하는 사택"이란

사용자가 소유하고 있는 주택을 같은 호 각 목에 따른 종업원 및 임원(이하 이 조에서 "종업원등"이라 한다)에게 무상 또는 저가로 제공하거나, 사용자가 직접 임차하여 종업원등에게 무상으로 제공하는 주택을 말한다.
② 제1항을 적용할 때 사용자가 임차주택을 사택으로 제공하는 경우 임대차기간 중에 종업원등이 전근·퇴직 또는 이사하는 때에는 다른 종업원등이 해당 주택에 입주하는 경우에 한정하여 이를 사택으로 본다. 다만, 다음 각 호의 어느 하나에 해당하는 경우에는 그렇지 않다.
1. 입주한 종업원등이 전근·퇴직 또는 이사한 후 해당 사업장의 종업원등 중에서 입주희망자가 없는 경우
2. 해당 임차주택의 계약 잔여기간이 1년 이하인 경우로서 주택임대인이 주택임대차계약의 갱신을 거부하는 경우
③ 영 제17조의4제1호나목에서 "기획재정부령으로 정하는 소액주주"란 사택을 제공하는 법인의 「법인세법 시행령」 제50조제2항에 따른 소액주주등을 말한다.
(2021.3.16 본항신설)
(2021.3.16 본조개정)
제10조【비과세소득의 범위】① 사업자가 그 종업원에게 지급한 경조금중 사회통념상 타당하다고 인정되는 범위내의 금액은 이를 지급받은 자의 근로소득으로 보지 아니한다.
② (2010.4.30 삭제)
제10조의2【사택을 제공받아 얻는 이익의 범위】법 제12조제5호아목5)에서 "기획재정부령으로 정하는 사택"이란 종교단체가 소유한 것으로서 「통계법」 제22조에 따라 작성된 한국표준직업분류에 따른 종교관련종사자(이하 이 조에서 "종교관련종사자"라 한다)에게 무상 또는 저가로 제공하는 주택이나, 종교단체가 직접 임차한 것으로서 종교관련종사자에게 무상으로 제공하는 주택을 말한다.(2016.3.16 본조신설)
제11조【일용근로자의 범위】영 제20조제1항제1호 각 목 및 같은 항 제2호 각 목의 근로자가 근로계약에 따라 일정한 고용주에게 3월(영 제20조제1항제1호가목의 경우에는 1년으로 한다)이상 계속하여 고용되어 있지 않고 근로단체를 통하여 여러 고용주의 사용인으로 취업하는 경우에는 이를 일용근로자로 본다.
(2020.3.13 본조개정)
제11조의2【요양 등에 따른 연금계좌 인출금액 등】① 영 제20조의2제2항에서 "기획재정부령으로 정하는 금액"이란 다음 각 호의 금액의 합계액을 말한다.
1. 영 제20조의2제1항제1호다목에 따른 라목의 사유로 지출하는 다음 각 목의 금액의 합계액(2022.3.18 본문개정)
  가. 영 제118조의5제1항 및 제2항에 따른 의료비와 간병인 비용
  나. 법 제20조의3제1항제2호에 따른 연금계좌(이하 "연금계좌"라 한다) 가입자 본인의 휴직 또는 휴업 월수(1개월 미만의 기간이 있는 경우에는 이를 1개월로 본다) × 150만원
2. 200만원
② 연금계좌 가입자가 영 제20조의2제1항제1호다목 또는 라목의 사유로 연금계좌에서 인출하는 때에는 다음 각 호의 증명 서류를 연금계좌취급자(연금계좌를 취급하는 금융회사 등을 말한다. 이하 제11조의3에서 같다)에게 제출해야 한다.(2022.3.18 본문개정)
1. 다음 각 목의 구분에 따른 인출 사유 관련 증명 서류
  가. 영 제20조의2제1항제1호다목의 사유 : 요양기간이 3개월 이상임을 증명하는 진단서 등의 서류
  나. 영 제20조의2제1항제1호라목의 사유 : 입원 치료 기간이 15일 이상임을 증명하는 진단서 등의 서류
  (2022.3.18 본호개정)

2. 다음 각 목의 구분에 따른 지출 내용 관련 증명 서류
  (2022.3.18 본문개정)
  가. 제1항제1호가목의 금액 : 제58조제1항제2호 후단에 따른 의료비영수증과 간병인의 이름·생년월일 등 인적사항이 기재된 간병비 영수증
  나. 제1항제1호나목의 금액 : 휴직 또는 휴업 사실을 증명하는 서류
(2022.3.18 본조제목개정)
(2015.3.13 본조신설)
제11조의3【의료비인출 증명서류 및 의료비연금계좌의 지정 절차 등】① 영 제20조의2제1항제2호에서 "기획재정부령으로 정하는 증명서류"란 별지 제3호의6서식의 의료비인출 신청서 및 제58조제1항제2호 후단에 따른 의료비영수증을 말한다.(2023.3.20 본항개정)
② 영 제20조의2제3항에 따라 연금계좌 가입자가 연금계좌를 영 제20조의2제3항에 따른 의료비연금계좌(이하 "의료비연금계좌"라 한다)로 지정하려는 경우 연금계좌취급자는 해당 연금계좌를 의료비연금계좌로 지정하는 것에 동의하기 전에 그 연금계좌 외에 해당 연금계좌 가입자의 의료비연금계좌로 지정된 연금계좌가 없는지를 확인하여야 한다.(2022.3.18 본항개정)
③ 연금계좌 가입자가 연금계좌를 의료비연금계좌로 지정한 날(이하 이 항에서 "의료비연금계좌 지정일"이라 한다) 전에 지급한 의료비를 영 제20조의2제1항제2호에 따라 의료비연금계좌에서 인출하려는 경우 연금계좌취급자는 해당 인출 전에 그 연금계좌 가입자가 의료비연금계좌 지정일 전에 해당 의료비연금계좌 외의 의료비연금계좌로 그 의료비를 인출하지 아니하였는지를 확인하여야 한다.
(2015.3.13 본조신설)
제12조【환매조건부 매매의 범위 등】① (1996.3.30 삭제)
② 영 제24조에서 "사전약정이율을 적용하여 환매수 또는 환매도하는 조건"이라 함은 거래의 형식 여하에 불구하고 환매수 또는 환매도하는 경우에 당해 채권 또는 증권의 시장가격에 의하지 아니하고 사전에 정하여진 이율에 의하여 결정된 가격으로 환매수 또는 환매도하는 조건을 말한다.
제12조의2【저축성보험의 보험료 합계액 계산 등】① 영 제25조제3항제2호다목에서 "기획재정부령으로 정하는 것"이란 다음 각 호의 요건을 모두 갖춘 보험계약을 말한다.
1. 저축을 목적으로 하지 아니하고 피보험자의 사망·질병·부상, 그 밖의 신체상의 상해나 자산의 멸실 또는 손괴만을 보장하는 계약일 것
2. 만기 또는 보험 계약기간 중 특정시점에서의 생존을 사유로 지급하는 보험금·공제금이 없을 것
② 영 제25조제3항제2호다목에서 "기획재정부령으로 정하는 방식에 따라 계산한 합계액"이란 계약자가 가입한 모든 월적립식 저축성보험계약의 같은 조 제1항에 따른 보험료(피보험자의 사망·질병·부상, 그 밖의 신체상의 상해나 자산의 멸실 또는 손괴를 보장하기 위한 특약에 따라 납입하는 보험료 및 「상법」 제650조의2에 따른 보험계약의 부활을 위하여 납입하는 보험료는 제외하되, 납입기간이 종료되었으나 계약기간 중에 있는 보험계약의 기본보험료를 포함한다. 이하 이 조에서 "보험료"라 한다)를 기준으로 다음 계산식에 따라 계산한 금액을 말한다.

해당연도의 기본보험료와 추가로 납입하는 보험료의 합계액
보험 계약기간 중 해당연도에서 경과된 개월 수

③ 영 제25조제6항에 따라 보험계약을 변경하는 경우 같은 조 제3항제1호 및 같은 항 제2호다목에 따른 보험

료 합계액의 계산방법은 다음 각 호의 구분에 따른다. 이 경우 같은 조 제6항제1호에 해당하는 변경이 있을 때에는 변경된 계약자의 보험료 합계액으로 계산한다.

1. 2017년 4월 1일부터 체결하는 영 제25조제3항제2호에 해당하는 보험으로서 계약변경 이후에도 같은 호 가목 및 나목의 요건을 충족하는 보험의 경우에는 계약변경 이후 보험료를 기준으로 같은 조 제2항에 따라 계산한 금액을 영 제25조제3항제2호다목의 보험료 합계액에 포함한다.
2. 2017년 4월 1일부터 체결하는 제1호에 해당하지 아니하는 보험의 경우에는 계약변경 전 납입한 보험료 및 계약변경 이후 납입하는 보험료의 합계액을 영 제25조제3항제1호의 보험료 합계액에 포함한다.
3. 2013년 2월 15일부터 2017년 3월 31일까지 체결하는 영 제25조제3항제1호에 해당하는 보험의 경우에는 계약변경 전 납입한 보험료 및 계약변경 이후 납입하는 보험료의 합계액을 영 제25조제3항제1호의 보험료 합계액(같은 호 가목의 금액을 기준으로 한 합계액을 말한다)에 포함한다.
4. 제1호부터 제3호까지에 해당하지 아니하는 경우에는 계약변경 전 납입한 보험료 및 계약변경 이후 납입하는 보험료 모두 영 제25조제3항제1호 및 같은 항 제2호다목의 보험료 합계액에서 제외한다.

(2017.3.10 본조신설)

제13조【집합투자기구로부터의 이익에 대한 과세표준 계산방식 등】① 「자본시장과 금융투자업에 관한 법률」에 따른 집합투자기구(이하 "집합투자기구"라 한다)의 결산에 따라 영 제26조의2에 따른 집합투자기구로부터의 이익을 분배받는 경우 투자자가 보유하는 「자본시장과 금융투자업에 관한 법률」에 따른 집합투자증권(이하 "집합투자증권"이라 한다)의 좌당 또는 주당 배당소득금액(이하 이 조에서 "좌당 배당소득금액"이라 한다)은 다음 각 호의 금액으로 한다.

1. 영 제26조의2제2항제5항제3호 또는 제4호에 해당하는 집합투자증권 : 집합투자기구가 투자자에게 좌당 또는 주당 분배하는 금액(영 제26조의2제4항 각 호 외의 부분 본문에 따라 집합투자기구로부터의 이익에 포함되지 아니하는 손익은 제외한다)(2011.3.28 본호개정)
2. 제1호 외의 집합투자증권 : 집합투자증권의 결산 시 과세표준기준가격(「자본시장과 금융투자업에 관한 법률」 제238조제6항에 따른 기준가격에서 영 제26조의2제4항 각 호 외의 부분 본문에 따라 집합투자기구로부터의 이익에 포함되지 아니하는 손익을 제외하여 산정한 금액을 말하며, 같은 법 제279조제1항에 따른 외국 집합투자증권으로서 과세표준기준가격이 없는 경우에는 같은 법 제280조제4항 본문에 따른 기준가격을 말한다. 이하 이 조에서 같다)에서 매수 시(매수 후 결산·분배가 있었던 경우에는 직전 결산·분배 직후를 말한다) 과세표준기준가격을 뺀 후 직전 결산·분배 시 발생한 과세되지 아니한 투자자별 손익을 더하거나 뺀 금액. 이 경우 영 제26조의2에 따른 집합투자기구로부터의 이익이 집합투자기구가 투자자에게 분배하는 금액을 한도로 한다.

② 집합투자증권의 환매 및 매도 또는 집합투자기구의 해지 및 해산(이하 이 조에서 "환매등"이라 한다)을 통하여 집합투자기구로부터의 이익을 받는 경우 집합투자증권의 좌당 배당소득금액은 다음 각 호의 금액으로 한다.

1. 영 제26조의2제2항제5항제3호 또는 제4호에 해당하는 집합투자증권 : 환매등(집합투자증권의 매도는 제외한다)이 발생하는 시점의 과세표준기준가격에서 직전 결산·분배 직후의 과세표준기준가격(최초 설정 또는 설립 후 결산·분배가 없었던 경우에는 최초 설정

또는 설립 시 과세표준기준가격을 말한다)을 뺀 금액 (2011.3.28 본호개정)
2. 제1호 외의 집합투자증권 : 환매등이 발생하는 시점의 과세표준기준가격에서 매수 시(매수 후 결산·분배가 있었던 경우에는 직전 결산·분배 시를 말한다) 과세표준기준가격을 뺀 후 직전 결산·분배 시 발생한 과세되지 아니한 투자자별 손익을 더하거나 뺀 금액

③ 증권시장에 상장된 집합투자증권(영 제26조의2제5항제3호 또는 제4호에 해당하는 집합투자증권은 제외한다)을 증권시장에서 매도하는 경우의 좌당 배당소득금액은 제2항제2호에도 불구하고 같은 호에 따라 계산된 금액과 매수·매도 시의 과세표준기준가격을 실제 매수·매도가격으로 하여 같은 호에 따라 계산된 금액 중 적은 금액으로 한다.(2011.3.28 본항개정)

④ 투자자별 배당소득금액은 다음 계산식에 따라 계산한 금액으로 한다.

(제1항부터 제3항까지의 규정에 따른 좌당 배당소득금액 × 결산·분배 시 보유하고 있는 좌수·주수 또는 환매 등이 발생하는 좌수·주수) − 영 제26조의2제6항에 따른 각종 수수료 등

(2012.2.28 본항개정)

⑤ 제4항을 적용할 때 같은 계좌 내에서 같은 집합투자증권을 2회 이상 매수한 경우 매수 시의 과세표준기준가격은 선입선출법에 따라 산정하고, 투자자별 배당소득금액은 같은 시점에서 결산·분배 또는 환매등이 발생하는 집합투자증권 전체를 하나의 과세단위로 하여 계산한다.

⑥ 같은 계좌 내에서 같은 상장지수집합투자증권(「자본시장과 금융투자업에 관한 법률」에 따른 상장지수집합투자기구의 집합투자증권을 말하며, 이하 이 조에서 "상장지수집합투자증권"이라 한다)을 증권시장에서 2회 이상 매수한 경우 매수 시의 과세표준기준가격은 제5항에도 불구하고 이동평균법에 따라 산정하고, 투자자별 배당소득금액은 같은 시점에서 결산·분배 또는 환매등이 발생하는 상장지수집합투자증권 전체를 하나의 과세단위로 하여 계산한다. 다만, 같은 날 매도되는 상장지수집합투자증권은 전체를 하나의 과세단위로 하여 투자자별 배당소득금액을 계산한다.

⑦ 영 제26조의2제1항제2호나목에 따른 집합투자재산의 평가이익은 집합투자재산으로 인식되지만 실제로 귀속되지 아니한 이익으로서 이미 경과한 기간에 대응하는 집합투자재산의 이자, 미수 배당금, 미수 임대료 수입을 포함한다.

⑧ 제5항 및 제6항에서 사용하는 용어의 뜻은 다음과 같다.

1. "선입선출법"이란 먼저 매수한 집합투자증권부터 차례대로 환매등이 발생하는 것으로 보아 집합투자증권의 좌당 또는 주당 과세표준기준가격을 산정하는 방법을 말한다.
2. "이동평균법"이란 집합투자증권을 매수할 때마다 집합투자증권의 과세표준기준가격의 합계액을 집합투자증권의 좌수 또는 주수의 합계액으로 나누는 방법으로 좌당 또는 주당 평균 과세표준기준가격을 산출하고 그 후 가장 나중에 산출된 평균 과세표준기준가격에 따라 집합투자증권의 좌당 또는 주당 과세표준기준가격을 산정하는 방법을 말한다.

(2010.4.30 본조신설)

제14조【상장지수증권으로부터의 이익에 대한 과세표준 계산방식 등】① 영 제26조의3제1항제2호 본문에 따른 상장지수증권(이하 "상장지수증권"이라 한다)으로부터의 이익을 분배받는 경우 투자자가 보유하는 상장지수증권의 증권당 배당소득금액(이하 이 조에서 "증권당 배당소득금액"이라 한다)은 다음 각 호의 구분에 따른 금액으로 한다.(2018.3.21 본항개정)

1. 영 제26조의3제1항제2호 단서에 따라 증권시장에서 거래되는 주식의 가격만을 기반으로 하는 지수의 변화를 그대로 추적하는 것을 목적으로 하는 상장지수증권 : 상장지수증권을 발행하는 자가 투자자에게 증권당 분배하는 금액(영 제26조의2제4항 각 호의 증권 또는 장내파생상품의 평가로 발생한 손익은 제외한다)(2018.3.21 본호개정)
2. 제1호 외의 상장지수증권 : 상장지수증권의 분배 시 과세표준기준가격(상장지수증권의 기초자산을 구성하는 가격 · 이자율 · 지표 · 단위 또는 이를 기초로 하는 지수 등의 증권당 평가금액에서 영 제26조의2제4항 각 호의 증권 또는 장내파생상품의 평가로 발생한 손익을 제외하여 산정한 금액을 말한다. 이하 이 조에서 같다)에서 매수 시 과세표준기준가격을 뺀 후 직전 분배 시 발생한 과세되지 아니한 투자자별 손익을 더하거나 뺀 금액. 이 경우 상장지수증권으로부터의 이익으로서 상장지수증권을 발행한 자가 투자자에게 분배하는 금액을 한도로 한다.
② 상장지수증권의 환매 및 매도 또는 상장폐지(이하 이 조에서 "환매 등"이라 한다)를 통하여 상장지수증권으로부터의 이익을 받는 경우 상장지수증권의 증권당 배당소득금액은 다음 각 호의 구분에 따른 금액으로 한다.
1. 제1항제1호에 해당하는 상장지수증권 : 환매 등(상장지수증권의 매도는 제외한다)이 발생하는 시점의 과세표준기준가격에서 직전 분배 직후의 과세표준기준가격(최초 설정 후 분배가 없었던 경우에는 최초 설정 시 과세표준기준가격을 말한다)을 뺀 금액
2. 제1호 외의 상장지수증권 : 환매 등이 발생하는 시점의 과세표준기준가격에서 매수 시 과세표준기준가격을 뺀 후 직전 분배 시 발생한 과세되지 아니한 투자자별 손익을 더하거나 뺀 금액
③ 상장지수증권(제1항제1호에 해당하는 상장지수증권은 제외한다)을 증권시장에서 매도하는 경우의 증권당 배당소득금액은 제2항제2호에도 불구하고 같은 호에 따라 계산된 금액과 매수 · 매도 시의 과세표준기준가격을 실제 매수 · 매도 가격으로 하여 같은 호에 따라 계산된 금액 중 적은 금액으로 한다.
④ 투자자별 배당소득금액은 다음 계산식에 따라 계산한 금액으로 한다.
(제1항부터 제3항까지의 규정에 따른 증권당 배당소득금액 × 분배 시 보유하고 있는 증권 수 또는 환매 등이 발생하는 증권 수) − 「자본시장과 금융투자업에 관한 법률」에 따른 각종 보수 · 수수료 등
⑤ 제4항을 적용할 때 같은 계좌 내에서 같은 상장지수증권을 증권시장에서 두 차례 이상 매수한 경우 매수 시의 과세표준기준가격은 제13조제8항제2호의 이동평균법을 준용하여 산정하고, 투자자별 배당소득금액은 같은 시점에서 분배 또는 환매 등이 발생하는 상장지수증권 전체를 하나의 과세단위로 하여 계산한다. 다만, 같은 날 매도되는 상장지수증권은 전체를 하나의 과세단위로 하여 투자자별 배당소득금액을 계산한다. (2014.3.14 본조신설)
제14조의2【소액주주의 범위】영 제27조제7항에서 "기획재정부령으로 정하는 소액주주"란 다음 각 호의 어느 하나에 해당하는 주주를 제외한 주주로서 해당 법인의 발행주식총액 또는 출자총액(이하 "발행주식총액 등"이라 한다)의 100분의 1에 해당하는 금액과 액면가액 합계액 3억원 중 적은 금액 미만의 주식을 소유한 주주를 말한다. 다만, 「은행법」에 따른 은행의 경우에는 발행주식총액등의 100분의 1에 해당하는 금액 미만의 주식을 소유하는 주주를 말한다.
1. 해당 법인의 발행주식총액등의 100분의 1 이상의 주식을 소유한 주주(국가 또는 지방자치단체인 주주는

제외한다)로서 그와 영 제98조제1항에 따른 특수관계에 있는 주주와의 소유주식 합계가 해당 법인의 주주 중 가장 많은 경우의 해당 주주
2. 영 제98조제1항에 따른 특수관계에 있는 주주 (2021.3.16 본조신설)
제15조【교육서비스업의 범위】영 제35조에서 "기획재정부령으로 정하는 것"이란 다음 각 호의 어느 하나에 해당하는 것을 말한다.(2010.4.30 본문개정)
1. (1997.4.23 삭제)
2. 「근로자직업능력 개발법」에 의하여 사업주가 소속 근로자의 직업능력의 개발 · 향상을 위하여 설치 · 운영하는 직업능력개발훈련시설(2013.2.23 본호개정)
3. 한국표준산업분류상의 달리 분류되지 않은 기타 교육기관중 노인학교
제15조의2 → 제9조의2로 이동
제15조의3 (2021.3.16 삭제)
제15조의4【퇴직급여 적립방법 등】영 제38조제2항에서 "근로자가 적립금액 등을 선택할 수 없는 것으로서 기획재정부령으로 정하는 방법"이란 다음 각 호의 요건을 모두 충족하는 적립 방법을 말한다.
1. 「근로자퇴직급여 보장법」제4조제1항에 따른 퇴직급여제도의 가입 대상이 되는 근로자(임원을 포함한다. 이하 이 조에서 같다) 전원이 적립할 것. 다만, 각 근로자가 다음 각 목의 어느 하나에 해당하는 날에 향후 적립하지 아니할 것을 선택할 수 있는 것이어야 한다.
가. 사업장에 제2호에 따른 적립 방식이 최초로 설정되는 날(해당 사업장에 최초로 근무하게 된 날에 제2호의 적립 방식이 이미 설정되어 있는 경우에는 「근로자퇴직급여 보장법」제4조제1항에 따라 최초로 퇴직급여제도의 가입 대상이 되는 날을 말한다)
나. 제2호의 적립 방식이 변경되는 날
2. 적립할 때 근로자가 적립 금액을 임의로 변경할 수 없는 적립 방식을 설정하고 그에 따라 적립할 것
3. 제2호의 적립 방식이 「근로자퇴직급여 보장법」제6조제2항에 따른 퇴직연금규약, 같은 법 제19조제1항에 따른 확정기여형퇴직연금규약 또는 「과학기술인공제회법」제16조의2에 따른 퇴직연금급여사업을 운영하기 위하여 과학기술인공제회와 사용자가 체결하는 계약에 명시되어 있을 것
4. 사용자가 영 제40조의2제1항제2호가목 및 다목의 퇴직연금계좌에 적립할 것
(2015.3.13 본조신설)
제16조【외화로 지급받은 급여의 원화환산기준 등】① 법 제20조의 규정에 의한 근로소득을 계산함에 있어서 거주자가 근로소득을 외화로 지급받은 때에는 당해 급여를 지급받은 날 현재 「외국환거래법」에 의한 기준환율 또는 재정환율에 의하여 환산한 금액을 근로소득으로 한다. 이 경우 정기급여일 이후에 근로소득을 지급받은 때에는 정기급여일 현재 「외국환거래법」에 의한 기준환율 또는 재정환율에 의하여 환산한 금액을 당해 근로소득으로 본다.(2005.3.19 본항개정)
②~③ (2007.4.17 삭제)
④ (2019.3.20 삭제)
(2003.4.14 본조제목개정)
제16조의2【주택차액의 연금계좌 납입】① 영 제40조의2제7항 각 호 외의 부분에서 "기획재정부령으로 정하는 신청서"란 별지 제3호의3서식의 주택차액 연금계좌 납입 신청서를 말한다.
② 영 제40조의2제7항제3호에서 "기획재정부령으로 정하는 서류"란 다음 각 호의 어느 하나에 해당하는 서류를 말한다.
1. 별지 제3호의4서식의 1주택 확인서
2. 영 제40조의2제7항제1호 또는 제2호에 따른 매매계약서(해당 서류를 제출할 수 없는 경우에는 연금주택

의 양도가액 또는 축소주택의 취득가액을 확인할 수 있는 서류를 말한다)

③ 영 제40조의2제12항에서 "기획재정부령으로 정하는 바에 따라 계산한 가액"이란 주택의 소유지분의 가액을 그 지분비율로 나눈 금액을 말한다. (2023.3.20 본조신설)

제17조【점포임차인의 지위양도시 과세제외되는 사업소득의 범위】 영 제41조제4항에서 "기획재정부령으로 정하는 사업소득"이라 함은 다음 각 호의 사업에서 발생하는 소득을 말한다.(2008.4.29 본문개정)
1. 전문·과학 및 기술 서비스업 중 연구개발업, 기타 전문·과학 및 기술서비스업, 사업지원 서비스업 (2010.4.30 본호개정)
2. 한국표준산업분류상의 교육서비스업중「유아교육법」에 따른 유치원,「초·중등교육법」및「고등교육법」에 의한 학교와 제15조에서 규정하는 사업(2007.4.17 본호개정)
3. 보건업 및 사회복지서비스업 중「사회복지사업법」에 따른 사회복지사업
3의2. 예술, 스포츠 및 여가관련 서비스업(자영 예술가 및 그 밖의 기타 스포츠 서비스업만 해당한다)
4. 협회 및 단체, 수리 및 기타 개인서비스업 중 협회 및 단체, 기타 개인서비스업(미용, 욕탕 및 유사 서비스업, 세탁업, 장례식장 및 관련 서비스업, 예식장업은 제외한다)
5. 운수업 중 수상 운송지원 서비스업 (2010.4.30 3호~5호개정)
6. 제64조제2호에서 규정하는 사업(1997.4.23 본호개정)

제18조【총수입금액의 귀속시기】 ① 영 제48조제1호·제4호 및 제5호에서 "인도한 날" 또는 "인도일"이라 함은 다음 각호의 경우에는 당해 호에 규정된 날을 말한다.(1999.5.7 본문개정)
1. 납품계약 또는 수탁가공계약에 의하여 물품을 납품하거나 가공하는 경우에 당해 물품을 계약상 인도하여야 할 장소에 보관한 날. 다만, 계약에 따라 검사를 거쳐 인수 및 인도가 확정되는 물품은 당해 검사가 완료된 날
2. 물품을 수출하는 경우에는 당해 수출물품을 계약상 인도하여야 할 장소에 보관한 날
② (2000.4.3 삭제)
(2000.4.3 본조제목개정)

제19조【장기할부조건의 범위】 영 제48조제4호에서 "기획재정부령이 정하는 장기할부조건"이라 함은 상품 등의 판매 또는 양도(국외거래에 있어서는 소유권이전 조건부 약정에 의한 자산의 임대를 포함한다)로서 판매금액 또는 수입금액을 월부·연부, 그 밖의 지급방법에 따라 2회 이상으로 분할하여 수입하는 것 중 해당 목적물의 인도일의 다음날부터 최종의 할부금의 지급기일까지의 기간이 1년 이상인 것을 말한다.(2021.10.28 본조개정)

제20조【건설등에 의한 수입의 수입시기 및 총수입금액 등의 계산】 ① 영 제48조제5호 단서에 따른 건설등의 제공의 경우 각 과세기간의 총수입금액에 산입할 금액은 다음 계산식에 따라 계산한 금액으로 한다.

$$\left(\begin{array}{c}\text{건설등의}\\\text{계약금액}\end{array} \times \text{작업진행률}\right) - \begin{array}{c}\text{직전과세기간까지 총}\\\text{수입금액으로 계산한}\\\text{금액}\end{array}$$

(2012.2.28 본항개정)
② 영 제48조제5호 단서에서 "계약기간이 1년 이상인 경우로서 기획재정부령이 정하는 경우"라 함은 건설등의 계약기간(그 목적물의 건설등의 착수일부터 인도일까지의 기간을 말한다. 이하 이 조에서 같다)이 1년 이상인 건설등으로서 비치·기장된 장부에 의하여 해당 과세기간 종료일까지 실제로 발생한 건설등의 필요경비 총누적액을 확인할 수 있는 경우를 말한다. (2008.4.29 본항개정)

③ 영 제48조제5호 단서에서 "기획재정부령이 정하는 작업진행률"이라 함은 다음 산식에 의하여 계산한 비율을 말한다. 다만, 건설등의 수익실현이 건설등의 작업시간·작업일수 또는 기성공사의 면적이나 물량 등(이하 이 항에서 "작업시간등"이라 한다)과 비례관계가 있고, 전체 작업시간등에서 이미 투입되었거나 완성된 부분이 차지하는 비율을 객관적으로 산정할 수 있는 건설등의 경우에는 그 비율로 할 수 있다.

$$\text{작업진행률} = \frac{\begin{array}{c}\text{해당 과세기간말까지 발생한}\\\text{건설등의 필요경비 총누적액}\end{array}}{\text{건설등의 필요경비 총예정액}}$$

(2008.4.29 본항개정)
④ 제3항의 규정에 의한 건설등의 필요경비 총예정액은 건설업회계처리기준을 적용 또는 준용하여 건설등의 도급계약당시 추정한 원가에 대해 과세기간말까지의 변동상황을 반영하여 합리적으로 추정한 원가로 한다.
⑤ 영 제48조제5호 단서에서 "계약기간이 1년 미만인 경우로서 기획재정부령이 정하는 경우"라 함은 계약기간이 1년 미만인 경우로서 사업자가 그 목적물의 착수일이 속하는 과세기간의 결산을 확정함에 있어서 작업진행률을 기준으로 총수입금액과 필요경비를 계상한 경우를 말한다.(2008.4.29 본항개정)
(1999.5.7 본조개정)

제21조【선세금의 계산】 영 제51조제3항제1호 후단에 따른 월수의 계산에 있어 당해 계약기간의 개시일이 속하는 달이 1월 미만인 경우는 1월로 하고 당해 계약기간의 종료일이 속하는 달이 1월 미만인 경우에는 이를 산입하지 아니한다.(2010.4.30 본조개정)

제22조【매출에누리 등의 범위】 ① 영 제51조제3항제1호의2 본문에 따른 매출에누리는 다음 각 호의 어느 하나에 해당하는 것으로 한다.(2010.4.30 본문개정)
1. 물품의 판매에 있어서 그 품질·수량 및 인도·판매대금 결제 기타 거래조건에 따라 그 물품의 판매당시에 통상의 매출가액에서 일정액을 직접 공제하는 금액
2. 매출한 상품 또는 제품에 대한 부분적인 감량·변질·파손등으로 매출가액에서 직접 공제하는 금액
② 영 제51조제3항제1호의3에 따른 매출할인금액은 외상거래대금을 결제하거나 외상매출금 또는 미수금을 그 약정기일전에 영수하는 경우 일정액을 할인하는 금액으로 한다.(2010.4.30 본항개정)

제22조의2【시가의 계산】 영 제51조제5항제5호에서 "기획재정부령이 정하는 시가"라 함은「법인세법 시행령」제89조를 준용하여 계산한 금액을 말한다. (2008.4.29 본조개정)

제23조【총수입금액계산의 특례】 ① 영 제53조제3항제1호 산식에서 "기획재정부령으로 정하는 이자율"이란 연 1천분의 29를 말한다.(2023.3.20 본항개정)
② 영 제53조제5항의 규정을 적용함에 있어서 건설비상당액은 다음 각호의 산식에 의하여 계산한 금액으로 한다. 이 경우 당해 건축물의 취득가액은 자본적 지출액을 포함하고 재평가차액을 제외한 금액으로 한다.
1. 영 제53조제5항제1호의 경우

$$\text{지하도의 건설비} \times \frac{\text{임대면적}}{\text{임대가능면적}}$$

2. 영 제53조제5항제2호의 경우

$$\begin{array}{c}\text{임대용부동산의}\\\text{매입·건설비}\end{array} \times \frac{\text{임대면적}}{\text{건축물의 연면적}}$$

(2002.4.13 본항개정)
③ 1990년 12월 31일 이전에 취득·건설한 임대용부동산에 대한 건설비상당액은 제2항의 규정에 불구하고 당해 부동산의 취득가액과 다음 각호의 산식에 의하여 계산한 금액중 큰 금액으로 한다.

1. $\dfrac{1990년\ 12월\ 31일\ 현재의\ 임대보증금}{1990년\ 12월\ 31일\ 현재\ 보증금을\ 받고\ 임대한\ 면적} \times \dfrac{임대보증금을\ 받고\ 임대한\ 면적}{}$

2. $\dfrac{1990년\ 12월\ 31일\ 현재\ 임대용부동산의\ 법\ 제99조의\ 규정에\ 의한\ 기준시가}{임대용\ 건축물의\ 연면적} \times \dfrac{임대보증금을\ 받고\ 임대한\ 면적}{}$

(1999.5.7 본문개정)

④ (2011.3.28 삭제)

제24조【경조금의 필요경비산입 등】① 영 제55조제1항제6호에 규정하는 종업원에는 당해 사업자의 사업에 직접 종사하고 있는 그 사업자의 배우자 또는 부양가족을 포함하는 것으로 한다.

② 사업자가 그 종업원에게 지급한 경조금중 사회통념상 타당하다고 인정되는 범위내의 금액은 해당 과세기간의 소득금액 계산에 있어서 이를 필요경비에 산입한다.(2010.4.30 본항개정)

제24조의2【보험료 등의 범위】① 영 제55조제1항제10호의2 및 제3항의 규정을 적용하는 때에는 사용자가 종업원에 대하여 확정기여형퇴직연금등을 설정하면서 설정 전의 근무기간분에 대한 부담금을 지출한 경우 그 지출액은 제26조의2에 따라 퇴직급여충당금의 누적액에서 차감된 퇴직급여충당금에서 먼저 지출한 것으로 본다.

② 영 제55조제1항제26호에 따른 조합 또는 협회에 지급한 회비는 조합 또는 협회가 법령 또는 정관이 정하는 바에 따른 정상적인 회비징수 방식에 의하여 경상경비 충당 등을 목적으로 조합원 또는 회원에게 부과하는 회비로 한다.(2018.3.21 본항신설)

(2018.3.21 본조제목개정)

(2006.4.10 본조신설)

제24조의3【유족에게 지급하는 학자금 등 필요경비산입】영 제55조제1항제27호에서 "기획재정부령으로 정하는 요건"이란 종업원 사망 전에 결정되어 종업원에게 공통적으로 적용되는 지급기준에 따라 지급되는 것을 말한다.(2015.3.13 본조신설)

제25조 (2011.3.28 삭제)

제26조【대손충당금의 계산】영 제56조제2항제2호에서 "기획재정부령이 정하는 것"이라 함은 해당 사업장에 적용되는 제50조제1항 각 호의 회계처리기준에 의한 대손충당금 설정대상채권을 말한다. 다만, 영 제98조제1항에 따른 특수관계인에게 시가보다 높은 가격으로 재화 또는 용역을 공급하는 경우의 시가초과액에 상당하는 채권을 제외한다.(2012.2.28 단서개정)

제26조의2【퇴직급여충당금의 계산】영 제57조제2항의 규정을 적용하는 때에는 확정기여형퇴직연금등이 설정된 종업원에 대하여 그 설정 전에 계상된 퇴직급여충당금(제1호의 금액에 제2호의 비율을 곱하여 계산한 금액을 말한다)을 퇴직급여충당금의 누적액에서 차감한다.

1. 직전 과세기간 종료일 현재 퇴직급여충당금의 누적액
2. 직전 과세기간 종료일 현재 재직한 종업원의 전원이 퇴직한 경우에 퇴직급여로 지급되었어야 할 금액의 추계액 중 해당과세기간에 확정기여형퇴직연금등이 설정된 자가 직전 과세기간 종료일 현재 퇴직한 경우에 퇴직급여로 지급되었어야 할 금액의 추계액이 차지하는 비율

(2006.4.10 본조신설)

제27조【가사관련경비】① 영 제61조제1항제2호의 규정에 의하여 필요경비에 산입하지 아니하는 금액은 다음 산식에 의하여 계산한 금액으로 한다. 이 경우 적수의 계산은 매월말 현재의 초과인출금 또는 차입금의 잔액에 경과일수를 곱하여 계산할 수 있다.

$지급이자 \times \dfrac{당해\ 과세기간중\ 부채의\ 합계액이\ 사업용자산의\ 합계액을\ 초과하는\ 금액(이\ 조에서\ "초과인출금"이라\ 한다)의\ 적수}{당해\ 과세기간중\ 차입금의\ 적수}$

② 제1항의 규정을 적용함에 있어서 초과인출금의 적수가 차입금의 적수를 초과하는 경우에는 그 초과하는 부분은 없는 것으로 본다.

③ 제1항에 규정하는 부채에는 법 및 「조세특례제한법」에 의하여 필요경비에 산입한 충당금 및 준비금은 포함하지 아니하는 것으로 한다.(2005.3.19 본항개정)

제28조 (2010.4.30 삭제)

제29조～제31조 (1999.5.7 삭제)

제32조【기준내용연수등】① 영 제63조제1항에 따라 감가상각자산의 내용연수와 이에 따른 상각률을 정할 때 시험연구용 자산·내용연수·상각방법별 상각률·기준내용연수 및 내용연수범위에 관하여는 「법인세법 시행규칙」 제15조를 준용한다.

② 건축물이 내용연수범위가 서로 다른 둘 이상의 복합구조로 구성되어 있는 경우에는 주된 구조에 의한 내용연수범위를 적용하고 건축물외의 자산이 내용연수범위가 서로 다른 둘 이상의 업종에 공통으로 사용되고 있는 경우에는 그 사용기간 또는 사용정도의 비율에 따라 그 사용비율이 큰 업종의 내용연수범위를 적용한다.

③～④ (1999.5.7 삭제)

(2020.3.13 본조개정)

제33조【내용연수 변경등】① (1999.5.7 삭제)

② 영 제63조의2제1항제2호에서 "기획재정부령으로 정하는 가동률"이란 다음 각 호의 어느 하나의 방법중 사업자가 선택한 가동률을 말한다.(2010.4.30 본문개정)

1. $\dfrac{당해\ 과세기간\ 실제생산량}{연간\ 생산가능량} \times 100$

2. $\dfrac{연간\ 작업일수}{연간\ 작업가능일수} \times 100$

③～④ (1999.5.7 삭제)

제34조 (2010.4.30 삭제)

제35조【내용연수 변경이 가능한 중고자산의 범위 등】① 영 제63조의3제1항에서 "기획재정부령이 정하는 자산"이라 함은 법인 또는 다른 사업자로부터 취득한 자산으로서 해당 자산의 사용연수가 이를 취득한 사업자에게 적용되는 기준내용연수의 100분의 50 이상이 경과된 자산을 말한다.(2008.4.29 본항개정)

② 영 제63조의3제1항의 규정에 의한 기준내용연수의 100분의 50에 상당하는 연수를 계산함에 있어서 6월 이하는 없는 것으로 하고, 6월을 초과하는 경우에는 1년으로 한다.

(2001.4.30 본조신설)

제36조【감가상각의 의제】영 제68조제2항 및 제3항에 따라 감가상각자산에 대한 감가상각비를 필요경비로 계상한 것으로 보는 금액은 다음 각 호의 방법으로 계산한다.

1. 정률법 : 미상각잔액에서 필요경비를 계상하지 않은 감가상각비 상당액을 공제한 잔액을 기초가액으로 하여 상각률을 곱하는 방법
2. 정액법·생산량비례법 : 해당 감가상각자산의 취득가액에 해당 내용연수에 따른 상각률을 곱하는 방법

(2019.3.20 본조신설)

제37조～제38조 (1999.5.7 삭제)

제39조【부가가치세매입세액의 필요경비산입】영 제74조제2호에서 "기획재정부령이 정하는 것"이라 함은 다음 각 호의 어느 하나에 해당하는 것을 말한다.

(2008.4.29 본문개정)

1. 「부가가치세법」 제36조제1항부터 제3항까지에 규정하는 영수증을 교부받은 거래분에 포함된 매입세액으로서 공제대상이 아닌 금액 (2013.6.28 본호개정)
2. (2010.4.30 삭제)
3. 부동산임차인이 부담한 전세금 및 임차보증금에 대한 매입세액

제40조【준공된 날의 의의】 영 제75조제2항 본문에서 "기획재정부령이 정하는 건설이 준공된 날"이란 건축물의 경우에는 법 제98조에 따른 취득일 또는 해당 건설의 목적물이 그 목적에 실제로 사용되기 시작한 날(이하 이 조에서 "사용개시일"이라 한다) 중 빠른 날을 말하며, 토지와 건축물을 제외한 기타 사업용 유형자산 및 무형자산에 대해서는 사용개시일을 말한다. (2020.3.13 본조개정)

제41조【업무와 관련없는 지출금액의 계산】 ① 차입금이 업무와 관련없는 자산을 취득하기 위하여 사용되었는지의 여부가 불분명한 경우에 영 제78조제3호의 규정에 의하여 필요경비에 산입하지 아니하는 금액은 다음 산식에 의하여 계산한 금액으로 한다. 이 경우 적수의 계산은 월말 현재의 잔액에 경과일수를 곱하여 계산할 수 있다.

$$지급이자 \times \frac{업무와 \ 관련없는 \ 자산의 \ 적수}{차입금의 \ 적수}$$

② 제1항의 산식에서 차입금은 업무와 관련없는 자산을 취득하기 위하여 사용되었는지의 여부가 분명하지 아니한 차입금의 금액을, 지급이자는 당해 차입금에 대한 지급이자를 말한다.
③ 업무와 관련없는 자산의 적수가 차입금의 적수를 초과하는 경우에는 그 초과하는 부분은 없는 것으로 본다.
④ 영 제78조제5호에서 "기획재정부령으로 정하는 것"이란 사업자가 업무와 관련없는 자산을 취득하기 위한 자금의 차입에 관련되는 비용을 말한다. (2019.3.20 본항개정)

제42조【업무용승용차 관련비용 등의 필요경비불산입 특례】 ① 영 제78조의3제1항제2호에서 "기획재정부령으로 정하는 승용자동차"란 「통계법」 제22조에 따라 작성된 한국표준산업분류에 따른 장례식장 및 장의관련 서비스업을 영위하는 사업자가 소유하거나 임차한 운구용 승용차를 말한다.
② 영 제78조의3제4항 본문에서 "기획재정부령으로 정하는 운행기록 등"이란 국세청장이 기획재정부장관과 협의하여 고시하는 운행기록 방법을 말한다. (2020.3.13 본항개정)
③ 영 제78조의3제4항 본문에 따른 업무용 사용거리란 제조·판매시설 등 해당 사업자의 사업장 방문, 거래처·대리점 방문, 회의 참석, 판촉 활동, 출·퇴근 등 직무와 관련된 업무수행을 위해 주행한 거리를 말한다. (2020.3.13 본항개정)
④ 영 제78조의3제4항제1호 및 제5항제1호에서 "해당 사업자, 그 직원 등 기획재정부령으로 정하는 사람"이란 다음 각 호의 어느 하나에 해당하는 사람을 말한다.
1. 해당 사업자 및 그 직원
2. 계약에 따라 해당 사업과 관련한 업무를 위해 운전하는 사람
3. 해당 사업과 관련한 업무를 위해 운전하는 사람을 채용하기 위한 시험에 응시한 지원자
(2020.3.13 본항신설)
⑤ 영 제78조의3제5항제1호에서 "기획재정부령으로 정하는 임차승용차"란 제6항제2호에 해당하는 임차한 승용차로서 임차계약기간이 30일 이내인 승용차(해당 과세기간에 임차계약기간의 합계일이 30일을 초과하는 승용차는 제외한다)를 말한다. (2020.3.13 본항신설)

⑥ 영 제78조의3제9항에서 "기획재정부령으로 정하는 금액"이란 다음 각 호의 어느 하나에 해당하는 금액을 말한다. (2020.3.13 본문개정)
1. 「여신전문금융업법」 제3조제2항에 따라 등록한 시설대여업자로부터 임차한 승용차 : 임차료에서 해당 임차료에 포함되어 있는 보험료, 자동차세 및 수선유지비를 차감한 금액. 다만, 수선유지비를 별도로 구분하기 어려운 경우에는 임차료(보험료와 자동차세를 차감한 금액을 말한다)의 100분의 7을 수선유지비로 할 수 있다.
2. 제1호에 따른 시설대여업자 외의 자동차대여사업자로부터 임차한 승용차 : 임차료의 100분의 70에 해당하는 금액
⑦ 법 제160조제3항에 따른 복식부기의무자가 사업을 폐업하는 경우에는 영 제78조의3제8항 및 제10항에 따라 이월된 금액 중 남은 금액을 폐업일이 속하는 과세기간에 모두 필요경비에 산입한다. (2020.3.13 본항개정)
(2016.3.16 본조신설)

제43조 (2002.4.13 삭제)
제44조 (2011.3.28 삭제)

제44조의2【공익단체 지정요건 등】 ① 행정안전부장관은 「비영리민간단체 지원법」에 따라 등록된 단체를 영 제80조제1항제5호에 따라 공익단체로 기획재정부장관에게 추천하는 때에는 다음 각 호의 사항이 포함된 공익단체 추천서를 매반기 종료일 1개월 전까지 제출해야 한다. (2021.3.16 본문개정)
1. 단체의 사업목적
2. 기부금의 용도
② 영 제80조제1항제5호나목에 따른 수입 중 개인의 회비·후원금이 차지하는 비율은 공익단체로 지정을 받으려는 과세기간의 직전 과세기간 종료일부터 소급하여 1년간을 기준으로 산정한다. (2022.3.18 본항개정)
③ 영 제80조제1항제5호나목1) 및 2) 외의 부분 전단에서 "기획재정부령으로 정하는 비율"이란 100분의 50을 말한다. (2022.3.18 본항개정)
④ 영 제80조제1항제5호 및 같은 조 제6항에 따른 지정 및 재지정은 매반기별로 한다. (2022.3.18 본항개정)
⑤ 국세청장은 영 제80조제2항에 따라 기획재정부장관에게 공익단체의 지정 취소를 요청하는 경우 매년 11월 30일까지 기획재정부장관에게 다음 각 호의 사항을 적은 문서로 요청해야 한다.
1. 지정 취소 대상 공익단체의 명칭
2. 지정 취소 대상 공익단체의 주무관청
3. 지정 취소 요청 사유
4. 그 밖에 지정 취소에 필요한 사항
(2022.3.18 본항신설)
⑥ 행정안전부장관 또는 관할 세무서장은 공익단체가 영 제80조제3항 전단 또는 같은 조 제5항 전단에 따른 기한까지 결산보고서 또는 수입명세서를 제출하지 않은 경우 공익단체에 해당 기한의 종료일부터 2개월 이내에 결산보고서 또는 수입명세서를 제출하도록 지체없이 요청해야 한다. (2022.3.18 본항신설)
⑦ 고용노동부장관은 영 제80조제7항제2호에 따라 별지 제33호의5서식의 노동조합 회계공시 결과 확인서를 국세청장에게 송부해야 한다. (2023.12.29 본항신설)
(2021.3.16 본조제목개정)
(2006.4.10 본조신설)

제45조【기업업무추진비의 필요경비 산입한도액 계산】 법 제35조제3항제2호를 적용할 때 해당 사업의 수입금액에 같은 호 단서에 따른 수입금액(이하 이 조에서 "기타수입금액"이라 한다)이 포함되어 있는 경우 그 기타수입금액에 대하여 법 제35조제1항제2호의 표에 따른 적용률을 곱하여 산출한 금액의 계산에 관하여는 「법

인세법 시행규칙」제20조제1항의 규정을 준용한다.
(2023.3.20 본조제목개정)
(2020.3.13 본조개정)

제46조 (2002.4.13 삭제)

제47조 (1999.5.7 삭제)

제48조【시가의 계산】 영 제89조제1항제3호에서 "기획재정부령이 정하는 시가"라 함은 「법인세법 시행령」제89조를 준용하여 계산한 금액을 말한다.
(2008.4.29 본조개정)

제49조【연지급수입의 의의】 영 제89조제2항제2호에서 "기획재정부령이 정하는 연지급수입"이라 함은 다음 각 호의 어느 하나에 해당하는 것을 말한다.
(2008.4.29 본문개정)
1. 당해 물품의 수입대금전액을 은행이 신용을 공여하는 기한부신용장방식 또는 공급자가 신용을 공여하는 수출자신용방식에 의한 수입방법에 의하여 그 선적서류나 물품의 영수일부터 일정기간이 경과한 후에 지급하는 방법에 의한 수입(2007.4.17 본호개정)
2. 수출자가 발행한 기한부 환어음을 수입자가 인수하면 선적서류나 물품이 수입자에게 인도되도록 하고 그 선적서류나 물품의 인도일부터 일정기간이 지난 후에 수입자가 해당 물품의 수입대금 전액을 지급하는 방법에 의한 수입(2007.4.17 본호신설)
3. 정유회사, 원유·액화천연가스 또는 액화석유가스 수입업자가 원유·액화천연가스 또는 액화석유가스의 일람불방식·수출자신용방식 또는 사후송금방식에 따른 수입대금결제를 위하여 「외국환거래법」상 연지급수입기간 이내에 단기외화자금을 차입하는 방법에 의한 수입(2006.4.10 본호개정)
4. 그 밖에 제1호 내지 제3호와 유사한 연지급수입 (2007.4.17 본호개정)

제50조【기업회계의 기준 등】 ① 법 제39조제5항에 따라 총수입금액과 필요경비의 귀속연도와 자산·부채의 취득 및 평가에 적용할 수 있는 기업회계의 기준 또는 관행은 다음 각 호의 어느 하나에 해당하는 회계처리기준으로 한다.(2010.4.30 본문개정)
1. 「주식회사의 외부감사에 관한 법률」제13조에 따른 회계처리기준(2015.3.13 본호개정)
2. 증권선물위원회가 정한 업종별 회계처리준칙 (1998.8.11 본호개정)
3. 「공기업·준정부기관 회계사무규칙」(2008.4.29 본호개정)
4. (1999.5.7 삭제)
5. 기타 법령의 규정에 의하여 제정된 회계처리기준으로서 기획재정부장관의 승인을 얻은 것(2008.4.29 본호개정)
② 법 제39조제5항을 적용할 때 기업회계의 기준 또는 관행의 준수여부는 거래건별로 이를 판단한다.
(2010.4.30 본항개정)
③ (1997.4.23 삭제)
④ (1999.5.7 삭제)

제51조【재고자산의 평가 등】 ① 영 제91조제3항의 규정에 의하여 종류별·사업장별로 재고자산을 평가하고자 하는 사업자는 종목별(한국표준산업분류에 의한 중분류 또는 소분류에 의한다)·사업장별로 제조원가명세서 또는 매출원가명세서를 작성하여야 한다.
② 영 제92조제1항제2호에서 "기획재정부령이 정하는 시가법"이란 재고자산을 제50조제1항제1호의 규정에 의한 기업회계기준이 정하는 바에 의하여 해당 과세기간 종료일 현재의 시가로 평가하는 방법을 말한다.
(2010.4.30 본항개정)
③ (1997.4.23 삭제)

제52조 (2010.4.30 삭제)

제53조 (1999.5.7 삭제)

제53조의2【채권등의 범위】 영 제102조제1항제1호에서 "기획재정부령으로 정하는 것"이란 영 제24조에 따른 금융회사 등이 해당 증서의 발행일부터 만기까지 계속하여 보유하는 예금증서(양도성예금증서는 제외한다)를 말한다.(2010.4.30 본조개정)

제53조의3 (2010.4.30 삭제)

제53조의4【입양자증명서류 등】 영 제106조제10항에서 "기획재정부령으로 정하는 서류"란 다음 각 호의 어느 하나에 해당하는 서류를 말한다.(2009.4.14 본문개정)
1. 입양자임을 증명할 수 있는 서류
입양관계증명서 또는 「입양특례법」에 따른 입양기관이 발행하는 입양증명서
(2014.3.14 본호개정)
2. 수급자임을 증명할 수 있는 서류
「국민기초생활 보장법 시행규칙」제40조의 규정에 의한 수급자증명서
(2005.3.19 본호개정)
3. 위탁아동임을 증명할 수 있는 서류
해당 과세기간 종료일 이후에 발급받은 가정위탁보호확인서. 다만, 해당 과세기간에 가정위탁보호가 종결된 경우에는 종결일이 명시되어 있어야 한다.
(2009.4.14 본호신설)
4. 그 밖에 부양가족임을 증명할 수 있는 서류
가족관계증명서 또는 주민등록표등본
(2008.4.29 본호신설)

제54조【장애아동의 범위 등】 ① 영 제107조제1항제1호에서 "기획재정부령으로 정하는 사람"이란 「장애아동 복지지원법」제21조제1항에 따른 발달재활서비스를 지원받고 있는 사람을 말한다.
② 영 제107조제2항 각 호 외의 부분 단서에서 "기획재정부령으로 정하는 서류"란 같은 조 제1항제1호 및 제2호에 따른 장애인에 대한 추가공제에 관한 서류로서 소득공제 명세를 일괄적으로 적어 국세청장이 발급하는 서류를 말한다.(2022.3.18 본항신설)
(2022.3.18 본조제목개정)
(2018.3.21 본조신설)

제55조~제56조 (2014.3.14 삭제)

제57조【주택임차자금 차입금의 이자율】 영 제112조제4항제2호나목에서 "기획재정부령으로 정하는 이자율"이란 연 1천분의 29를 말한다.(2023.3.20 본조개정)

제58조【특별소득공제 및 특별세액공제】 ① 영 제113조제1항 각 호 외의 부분 본문에서 "기획재정부령으로 정하는 서류"란 다음 각 호의 서류[국세청장이 정하여 고시하는 기준에 해당하는 자로서 국세청장이 지정하는 자가 인터넷을 통하여 발급하는 서류(이하 이 조에서 "인터넷증빙서류"라 한다)를 포함한다]를 말한다.
(2017.3.10 본문개정)
1. 법 제59조의4제1항에 따른 보험료 세액공제에 있어서는 보험료납입증명서 또는 보험료납입영수증으로서 제61조의3에 따라 보험료공제 대상임이 표시되거나 영 제118조의4제1항에 따라 장애인전용보험으로 표시된 것(2014.3.14 본호개정)
2. 법 제59조의4제2항에 따른 의료비 세액공제의 경우에는 의료비지급명세서. 이 경우 다음 각 목의 어느 하나에 해당하는 의료비영수증 등을 첨부하여야 한다.
(2022.3.18 본문개정)
가. 「의료법」에 따른 의료기관 및 「약사법」에 따른 약국에 지급한 의료비의 경우에는 「국민건강보험 요양급여의 기준에 관한 규칙」제7조제1항에 따른 계산서·영수증, 동조제2항에 따른 진료비(약제비) 납입확인서 또는 「국민건강보험법」에 따른 국민건강보험공단의 이사장이 발행하는 의료비부담명세서
(2008.4.29 본목개정)
나. 안경 또는 콘택트렌즈 구입비용의 경우에는 사용

자의 성명 및 시력교정용임을 안경사가 확인한 영수증

다. 보청기 또는 장애인보장구 구입비용의 경우에는 사용자의 성명을 판매자가 확인한 영수증

라. 영 제118조의5제1항제3호에 따른 의료기기 구입비용 또는 임차비용의 경우에는 의사·치과의사·한의사의 처방전과 판매자 또는 임대인이 발행한 의료기기명이 적힌 의료비영수증(2014.3.14 본목개정)

마. 「모자보건법」 제2조제10호에 따른 산후조리원에 산후조리 및 요양의 대가로 지급하는 비용의 경우에는 사용자의 성명을 산후조리원이 확인한 영수증 (2020.3.13 본목신설)

바. 법 제59조의4제2항제3호에 따른 미숙아 및 선천성이상아를 위하여 지급한 의료비의 경우에는 「의료법」 제17조에 따른 진단서 또는 증명서와 가목부터 라목까지의 서류 중 해당되는 서류(2022.3.18 본목신설)

사. 법 제59조의4제2항제4호에 따른 난임시술을 위하여 지출한 비용의 경우에는 「의료법」 제17조에 따른 진단서 또는 증명서와 가목 및 라목의 서류 중 해당되는 서류(2022.3.18 본목신설)

(2003.4.14 본호개정)

3. 법 제59조의4제3항에 따른 교육비 세액공제의 경우에는 교육비납입증명서. 다만, 법령에 따라 자녀학비보조수당을 받은 자의 경우에는 자녀학비보조수당 금액의 범위에서 해당 법령이 정하는 바에 따라 소속기관장에게 이미 제출한 취학자녀의 재학증명서로 갈음할 수 있으며, 법 제59조의4제3항제3호에 따른 특수교육비의 경우에는 같은 호 가목 또는 나목에 해당하는 시설 또는 법인임을 해당 납입증명서를 발급한 자가 입증하는 서류를 첨부하여야 한다.(2014.3.14 본호개정)

3의2. 법 제59조의4제3항제1호나목의 「학점인정 등에 관한 법률」에 따른 학위취득과정의 교육비 세액공제의 경우에는 다음 각 목의 서류(2014.3.14 본문개정)

가. 「고등교육법」에 의한 대학·전문대학 및 이에 준하는 학교에서 이수하는 교육과정의 경우에는 당해 학교가 발행하는 교육비납입증명서(2005.3.19 본목개정)

나. 가목에 규정된 학교 외의 교육기관에서 이수하는 교육과정의 경우에는 해당 교육기관이 발행(인터넷으로 발행하는 것을 포함한다. 이하 이 목에서 같다)하는 교육비납입증명서. 다만, 해당 교육기관이 해산 등으로 발행할 수 없는 경우에는 「평생교육법」 제19조제1항에 따른 국가평생교육연구원에서 발행하는 교육비납입증명서를 말한다.(2017.3.10 본목개정)

3의3. 법 제59조의4제3항제1호나목의 「독학에 의한 학위취득에 관한 법률」에 따른 학위취득과정의 교육비 세액공제의 경우에는 해당 교육기관이 발행하는 교육비납입증명서

3의4. 법 제59조의4제3항제1호다목에 따른 국외교육비의 공제에 있어서는 영 제118조의6제4항 및 제5항의 요건을 갖춘 자임을 증명하는 서류

3의5. 영 제118조의6제1항제5호에 따른 공제 중 학교 외에서 구입한 초·중·고등학교의 방과후 학교 수업용 도서는 방과후 학교 수업용 도서 구입 증명서 (2014.3.14 3호의3~3호의5개정)

4. 법 제52조제4항 및 제5항에 따른 주택자금공제의 경우에는 다음 각 목의 서류(2010.4.30 본문개정)

가. 주택자금상환등증명서(법 제52조제4항제2호에 따른 월세액에 대한 공제의 경우는 제외한다) 또는 장기주택저당차입금이자상환증명서(2011.3.28 본목개정)

나. 주민등록표등본

다. 법 제52조제4항제2호에 따른 월세액에 대한 공제에 대해서는 임대차계약증서 사본 및 현금영수증, 계좌이체 영수증, 무통장입금증 등 주택 임대인에게 월세액을 지급하였음을 증명할 수 있는 서류(2010.4.30 본목개정)

라. 법 제52조제5항에 따른 장기주택저당차입금의 이자상환액에 대한 공제에 대하여는 그 차입금으로 취득한 주택의 가액 또는 주택분양권의 가격을 확인할 수 있는 다음의 어느 하나에 해당하는 서류와 등기사항증명서 또는 분양계약서

1) 「부동산가격공시에 관한 법률 시행규칙」 제13조에 따른 개별주택가격 확인서

2) 「부동산가격공시에 관한 법률 시행규칙」 제17조에 따른 공동주택가격 확인서

3) 1) 및 2)에 따른 서류 외에 주택의 가액 또는 주택분양권의 가격을 확인할 수 있는 서류로서 국세청장이 고시하는 서류

(2017.3.10 본목개정)

마. 영 제112조제4항제2호에 따른 차입금에 대한 공제에 대해서는 임대차계약증서 사본(영 제112조제4항제1호 후단 또는 같은 항 제2호 후단에 따라 공제를 받는 경우에는 임대차계약을 연장 또는 갱신하거나 이주를 하기 전의 임대차계약에 대한 임대차계약 증서 사본을 포함한다), 금전소비대차계약서 사본, 계좌이체 영수증 및 무통장입금증 등 해당 차입금에 대한 원리금을 대주(貸主)에게 상환하였음을 증명할 수 있는 서류(2014.3.14 본목개정)

바. 영 제112조제9항제1호에 따른 차입금을 상환하는 경우에는 다음의 해당서류

(1) 자기가 건설한 주택(주택조합 또는 정비사업조합의 조합원이 취득한 주택을 포함한다) : 사용승인서 또는 사용검사서(임시사용승인서를 포함한다) 사본

(2) 주택건설사업자가 건설한 주택 : 주택매매계약서사본, 계약금을 납부한 사실을 입증할 수 있는 서류 및 「조세특례제한법」 제99조제1항제2호 단서에 해당하지 아니함을 확인하는 주택건설사업자의 확인서

사. 영 제112조제9항제2호 및 제4호에 따른 차입금의 경우에는 기존 및 신규 차입금의 대출계약서 사본(2010.4.30 바목~사목신설)

(1999.5.7 본호개정)

5. 법 제59조의4제4항에 따른 공제에 있어서는 기부금명세서. 이 경우 기부금영수증을 첨부하되, 「정치자금에 관한 법률」 등 관련 법령에서 영수증을 별도로 정하고 있는 경우에는 해당 법령에서 정하는 바에 따르며, 원천징수의무자가 기부금을 일괄징수하는 경우에는 기부금영수증을 첨부하지 아니할 수 있다. (2014.3.14 본호개정)

6. (2009.4.14 삭제)

② (2009.4.14 삭제)

③ 법 제52조제1항·제4항·제5항 및 제59조의4제1항부터 제4항까지의 규정에 따른 특별소득공제 및 특별세액공제를 받기 위하여 제1항제3호의4, 같은 항 제4호나목·라목 및 바목에 따른 서류를 제출하고 그 이후 변동사항이 없는 경우에는 그 다음 과세기간분부터는 해당 서류를 제출하지 아니할 수 있다.(2014.3.14 본항개정)

④ 국세청장은 제1항에 따른 인터넷증빙서류에 관하여 다음 각 호의 사항을 정하여 고시하여야 한다.

1. 인터넷증빙서류 신청자 및 발급자의 인적사항의 표기에 관한 사항

2. 소득·세액 공제 대상금액의 표기에 관한 사항

(2014.3.14 본호개정)

3. 암호화코드·복사방지마크 등 위조 또는 변조 방지 장치에 관한 사항
4. 그 밖에 인터넷증빙서류가 갖추어야 할 요건에 관한 사항
(2006.4.10 본항개정)
⑤ 영 제113조제2항에서 "기획재정부령이 정하는 서류"란 영 제216조의3제1항 각 호의 지급액에 관한 서류로서 소득·세액 공제 명세를 일괄적으로 적어 국세청장이 발급하는 서류를 말한다.(2014.3.14 본항개정)
(2014.3.14 본조제목개정)

제58조의2【성실사업자의 범위】 영 제118조의8제1항제1호나목에서 "「조세특례제한법」 제5조의2제1호에 따른 전사적(全社的) 기업자원 관리설비 또는 「유통산업발전법」에 따라 판매시점정보관리시스템설비를 도입한 사업자 등 기획재정부령으로 정하는 사업자"란 다음 각 호의 어느 하나에 해당하는 사업자를 말한다.(2014.3.14 본문개정)
1. 「조세특례제한법」 제5조의2제1호에 따른 전사적(全社的) 기업자원관리설비 또는 「유통산업발전법」에 따른 판매시점정보관리시스템설비를 도입한 사업자(2009.4.14 본호개정)
2. 「영화 및 비디오물의 진흥에 관한 법률」에 따라 설립된 영화진흥위원회가 운영하는 영화상영관입장권 통합전산망에 가입한 사업자
3. 전자상거래사업을 영위하는 사업자로서 다음 각 목의 어느 하나에 해당하는 사업자
가. 「여신전문금융업법」에 따른 결제대행업체를 통해서만 매출대금의 결제가 이루어지는 사업자
나. 납세지관할세무서장에게 신고한 사업용 계좌를 통해서만 매출대금의 결제가 이루어지는 사업자
다. 가목 및 나목의 방식으로만 매출대금의 결제가 이루어지는 사업자
4. 지방자치단체의 장의 주관 하에 수입금액이 공동으로 관리·배분되는 버스운송사업을 영위하는 사업자
5. 「부가가치세법」 제21조에 따른 수출에 의해서만 거래가 이루어지는 사업자(2013.6.28 본호개정)
6. 납세지관할세무서장에게 신고한 사업용 계좌를 통해서만 매출 및 매입대금의 결제가 이루어지는 사업자
7. 「부가가치세법 시행령」 제42조에 따른 인적용역을 제공하고 그 수입금액이 원천징수되는 사업자
(2013.6.28 본호개정)
(2007.4.17 본조신설)

제58조의3【성실사업자의 판정기준】 ① 다음 각 호의 구분에 따른 요건을 충족하는 경우에는 해당 과세기간 동안 영 제118조의8제1항제1호가목의 요건을 갖춘 것으로 판정한다.(2014.3.14 본문개정)
1. 영 제210조의3제1항에 따른 현금영수증가맹점 가입대상자에 해당하는 사업자 : 다음 각 목의 어느 하나에 해당하는 경우
가. 법 제162조의3제1항에 따른 기간 이내에 현금영수증가맹점 및 신용카드가맹점으로 가입되어 있는 경우
나. 가목 외의 경우로서 해당 과세기간의 직전 과세기간에 현금영수증가맹점 및 신용카드가맹점으로 가입한 경우
2. 제1호 외의 사업자 : 해당 과세기간 중 현금영수증가맹점 및 신용카드가맹점에서 탈퇴한 사실이 없는 경우로서 해당 과세기간 종료일 현재 6개월 이상 동일한 기간 계속하여 현금영수증가맹점 및 신용카드가맹점으로 가입되어 있는 경우
② 제58조의2 각 호의 어느 하나에 해당하는 사업자가 해당 과세기간 동안 계속하여 그 사업을 영위하고 있는 경우에는 영 제118조의8제1항제1호나목의 요건을 충족한 것으로 판정한다.(2014.3.14 본항개정)

③ 다음 각 호의 구분에 따른 요건을 충족하는 경우에는 해당 과세기간 동안 영 제118조의8제1항제3호에 따른 요건 중 사업용계좌의 신고의 요건을 갖춘 것으로 판정한다.(2014.3.14 본문개정)
1. 법 제160조제3항에 따른 복식부기의무자 : 다음 각 목의 어느 하나에 해당하는 경우
가. 법 제160조의5제3항에 따른 기간 이내에 사업용계좌가 신고되어 있는 경우
나. 가목 외의 경우로서 직전 과세기간에 사업용계좌를 신고한 경우
(2011.3.28 가목~나목개정)
2. 제1호 외의 사업자 : 해당 과세기간의 종료일 6월 이전에 사업용계좌가 신고되어 있는 경우(2011.3.28 본호개정)
(2007.4.17 본조신설)

제59조【일시퇴거자 동거상황표】 영 제114조제3항에 따라 주민등록표등본을 제출하여야 할 일시퇴거자가 기숙사, 그 밖에 다수인이 동거하는 숙소에 거주하는 때에는 주민등록표초본으로 그 등본에 갈음할 수 있다.(2009.4.14 본조개정)

제60조【외국납부세액공제】 ① 국외원천소득이 종합소득·퇴직소득 또는 양도소득으로 구분하여 과세되지 아니한 외국납부세액에 대한 세액공제액은 종합소득금액·퇴직소득금액 또는 양도소득금액에 의하여 안분계산한다.(2007.4.17 본항개정)
② 외국납부세액의 원화환산은 외국세액을 납부한 때의 「외국환거래법」에 의한 기준환율 또는 재정환율에 의한다.(2005.3.19 본항개정)
③ 영 제117조제2항 각 호 외의 부분 후단에서 "연구개발 관련 비용 등 기획재정부령으로 정하는 비용"이란 영 제55조에 따른 사업소득의 필요경비로서 「조세특례제한법」 제2조제1항제11호의 연구개발 활동에 따라 발생한 비용(연구개발 업무를 위탁하거나 공동연구개발을 수행하는데 드는 비용을 포함하며, 이하 이 조에서 "연구개발비"라 한다)을 말한다.(2021.3.16 본항개정)
④ 영 제117조제2항 각 호 외의 부분 후단에서 "기획재정부령으로 정하는 계산방법"이란 다음 각 호의 방법을 말한다. 다만, 제2호에 따라 계산한 금액이 제1호에 따라 계산한 금액의 100분의 50 미만인 경우에는 제1호에 따라 계산한 금액의 100분의 50을 영 제117조제2항의 국외원천소득 대응 비용으로 한다.
1. 매출액 방법 : 해당 과세기간에 거주자의 전체 연구개발비 중 국내에서 수행되는 연구개발 활동에 소요되는 비용이 차지하는 비율(이하 이 항에서 "연구개발비용비율"이라 한다)의 구분에 따른 다음의 계산식에 따라 국외원천소득 대응 비용을 계산하는 방법

구 분	계산식
가. 연구개발비용비율이 50퍼센트 이상인 경우	$A \times \dfrac{50}{100} \times \dfrac{C}{B+C+D}$
나. 연구개발비용비율이 50퍼센트 미만인 경우	$(A \times \dfrac{50}{100} \times \dfrac{C}{C+D}) +$ $(A \times \dfrac{50}{100} \times \dfrac{C}{B+C+D})$

비고 : 위의 계산식에서 기호의 의미는 다음과 같다.
A : 연구개발비
B : 기업회계기준에 따른 거주자의 전체 매출액[거주자의 법 제119조제10호가목 및 나목에 따른 권리·자산 또는 정보(이하 이 조에서 "권리등"이라 한다)를 사용하거나 양수하여 해당 거주자와 그 권리등의 사용대가 또는 양수대가(이하 이 항에서 "사용료소득"이라 한다)를 지급하는 외국법인으로서 거주자가 의결권이 있는 발행 주식총수 또는 출자총액의 50퍼센트 이상을

직접 또는 간접으로 보유하고 있는 외국법인(이하 이 항에서 "외국자회사"라 한다)이 해당 거주자에 대한 매출액과 거주자의 국외 소재 사업장(이하 이 항에서 "국외사업장"이라 한다)에서 발생한 매출액은 해당 거주자의 전체 매출액에서 뺀다)

C : 해당 국가에서 거주자에게 사용료소득을 지급하는 모든 비거주자 또는 외국법인의 해당 사용료소득에 대응하는 경우에는 사용료소득(거주자가 해당 매출액을 확인하기 어려운 경우에는 사용료소득을 기준으로 거주자가 합리적으로 계산한 금액으로 갈음할 수 있다)의 합계액(거주자의 국외사업장의 매출액을 포함한다). 다만, 외국자회사의 경우 그 소재지국에서 재무제표 작성 시에 일반으로 인정되는 회계원칙에 따라 산출한 외국자회사의 전체 매출액(해당 외국자회사에 대한 거주자의 매출액이 있는 경우 이를 외국자회사의 전체 매출액에서 뺀다)에 거주자의 해당 과세기간 종료일 현재 외국자회사에 대한 지분비율을 곱한 금액으로 한다.

D : 해당 국가 외의 국가에서 C에 따라 산출한 금액을 모두 합한 금액

(2021.3.16 본호개정)

2. 매출총이익 방법 : 해당 과세기간에 거주자의 연구개발비용의 구분에 따른 다음의 계산식에 따라 국외원천소득 대응 비용을 계산하는 방법

구 분	계산식
가. 연구개발비용비율이 50퍼센트 이상인 경우	$A \times \dfrac{75}{100} \times \dfrac{F}{E+F+G}$
나. 연구개발비용비율이 50퍼센트 미만인 경우	$\left(A \times \dfrac{25}{100} \times \dfrac{F}{F+G}\right) +$ $\left(A \times \dfrac{75}{100} \times \dfrac{F}{E+F+G}\right)$

비고 : 위의 계산식에서 기호의 의미는 다음과 같다.

A : 연구개발비

E : 기업회계기준에 따른 거주자의 매출총이익(국외사업장의 매출총이익과 비거주자 또는 외국법인으로부터 지급받은 사용료소득은 제외한다)

F : 해당 국가에 소재하는 비거주자 또는 외국법인으로부터 거주자가 지급받은 사용료소득과 거주자의 해당 국가에 소재하는 국외사업장의 매출총이익 합계액

G : 해당 국가 외의 국가에 소재하는 비거주자 또는 외국법인으로부터 거주자가 지급받은 사용료소득과 거주자의 해당 국가 외의 국가에 소재하는 국외사업장의 매출총이익 합계액

(2021.3.16 본호개정)

⑤ 영 제117조제2항제2호에서 "기획재정부령으로 정하는 배분방법"이란 다음 각 호의 계산 방법을 말한다. (2020.3.13 본문개정)

1. 국외원천소득과 그 밖의 소득의 업종이 동일한 경우의 공통필요경비는 국외원천소득과 그 밖의 소득별로 수입금액 또는 매출액에 비례하여 안분계산

2. 국외원천소득과 그 밖의 소득의 업종이 다른 경우의 공통필요경비는 국외원천소득과 그 밖의 소득별로 개별필요경비(공통필요경비 외의 필요경비의 합계액을 말한다)에 비례하여 안분계산

(2019.3.20 본항개정)

⑥ 국내에서 공제받은 외국납부세액을 외국에서 환급받아 국내에서 추가로 세액을 납부할 경우의 원화환산은 제2항에 따라 적용한 해당 외국납부세액을 납부한 때의 「외국환거래법」에 따른 기준환율 또는 재정환율에 따른다. 다만, 환급받은 세액의 납부일이 분명하지 아니할 경우에는 해당 과세기간 동안 해당 국가에 납부한 외국납부세액의 제2항에 따라 환산한 원화 합계액을 해당 과세기간 동안 해당 국가에 납부한 외국납부세액의 합계액으로 나누어 계산한 환율에 따른다. (2014.3.14 본항신설)

제61조 【재해손실세액공제】 법 제58조제1항을 적용할 때 사업소득에 대한 소득세액은 다음 계산식에 따라 계산한 금액으로 한다.

$$종합소득세액 \times \dfrac{사업소득금액}{종합소득금액}$$

(2012.2.28 본조개정)

제61조의2 【연금계좌세액공제 증명서류】 영 제118조의2제2항에서 "기획재정부령으로 정하는 서류"란 영 제216조의3제1항제1호에 따른 지급액에 관한 서류로서 세액공제 명세를 적어 국세청장이 발급하는 서류를 말한다.(2014.3.14 본조신설)

제61조의3 【공제대상보험료의 범위】 영 제118조의4제2항 각 호 외의 부분에서 "기획재정부령으로 정하는 것"이란 만기에 환급되는 금액이 납입보험료를 초과하지 아니하는 보험으로서 보험계약 또는 보험료납입영수증에 보험료 공제대상임이 표시된 보험의 보험료를 말한다.(2014.3.14 본조신설)

제61조의4 【중증질환자 등의 범위】 영 제118조의5제4항 및 제155조제4항제3호에서 "기획재정부령으로 정하는 사람"이란 「국민건강보험법 시행령」 제19조제1항에 따라 보건복지부장관이 정하여 고시하는 기준에 따라 중증질환자, 희귀난치성질환자 또는 결핵환자 산정특례 대상자로 등록되거나 재등록된 자를 말한다.

(2019.3.20 본조개정)

제61조의5 【체육시설업자의 범위】 영 제118조의6제6항제1호에서 "기획재정부령으로 정하는 체육시설업자"란 합기도장·국선도장·공수도장 및 단학장 등 「체육시설의 설치·이용에 관한 법률」에 따른 체육시설업자가 운영하는 체육시설과 유사한 체육시설(「민법」 제32조에 따라 설립된 비영리법인이 운영하는 체육시설을 포함한다)을 운영하는 자로서 다음 각 호의 어느 하나를 발급받거나 부여받은 자를 말한다.

1. 법 제168조제3항, 「법인세법」 제111조제3항 또는 「부가가치세법」 제8조제5항에 따른 사업자등록증

2. 법 제168조제5항 또는 「법인세법 시행령」 제154조제3항에 따른 고유번호(2021.3.16 본호개정)

(2014.3.14 본조신설)

제61조의6 【교육비 세액공제 적용대상인 유사한 학자금 대출의 범위】 영 제118조의6제9항제4호에서 "기획재정부령으로 정하는 대출"이란 다음 각 호의 어느 하나에 해당하는 대출을 말한다.

1. 「한국장학재단 설립 등에 관한 법률」 제2조제3호의2에 따른 전환대출

2. 「한국장학재단 설립 등에 관한 법률」 제2조제4호의2에 따른 구상채권 행사의 원인이 된 학자금 대출

3. 법률 제9415호 한국장학재단 설립 등에 관한 법률 부칙 제5조에 따라 승계된 학자금 대출

(2017.3.10 본조신설)

제62조 【공통손익의 계산과 구분경리】 ① 법 및 「조세특례제한법」 제3조제1항에 따른 법률에 따라 소득세가 감면되는 사업과 그 밖의 사업을 겸영하는 경우에 감면사업과 그 밖의 사업의 공통수입금액과 공통필요경비는 다음 각 호의 기준에 따라 구분하여 계산한다. 다만, 공통수입금액 또는 공통필요경비를 구분계산할 때 개별필요경비가 없거나 그 밖의 사유로 다음 각 호의 규정을 적용할 수 없거나 이를 적용하는 것이 불합리한 경우에는 그 공통필요경비의 비용항목에 따라 국세청장이 정하는 작업시간, 사용시간, 사용면적 등의 기준에 따라 안분계산한다.(2019.3.20 단서개정)

1. 감면사업과 그 밖의 사업의 공통수입금액은 해당 사업의 총수입금액에 비례하여 안분계산하고

2. 감면사업과 그 밖의 사업의 업종이 같은 경우의 공통필요경비는 해당 사업의 총수입금액에 비례하여 안분계산한다.

3. 감면사업과 그 밖의 사업의 업종이 같지 아니한 경우의 공통필요경비는 감면사업과 그 밖의 사업의 개별 필요경비에 비례하여 안분계산한다.
② 법 및 「조세특례제한법」 제3조제1항에 따른 법률에 따른 경리의 구분은 각각의 해당 규정에 따라 구분하여야 할 사업 또는 수입별로 총수입금액과 필요경비를 장부상 각각 독립된 계정과목에 의하여 구분기장하는 것으로 한다. 다만, 각 사업 또는 수입에 공통되는 총수입금액과 필요경비는 그러하지 아니하다.
(2010.4.30 본조신설)

제63조 (1996.3.30 삭제)

제63조의2 【필요경비의 안분 계산】 ① 영 제122조제5항에 따른 안분 계산은 같은 조 제4항에 따른 주거용 건물 및 다른 목적의 건물(각각에 부수되는 토지를 포함한다. 이하 이 조에서 같다)에 공통되는 필요경비를 해당 주거용 건물 및 다른 목적의 건물 각각의 가액에 비례하여 안분 계산하는 방식에 따른다.
② 제1항을 적용할 때 해당 주거용 건물 및 다른 목적의 건물의 가액의 구분이 불분명한 경우에는 해당 주거용 건물 및 다른 목적의 건물의 각각의 기준시가에 따라 안분 계산한다.
(2011.3.28 본조신설)

제63조의3 【분리과세 주택임대소득에 대한 사업소득금액 등 계산과 관련된 서류】 영 제122조의2제4항에서 "기획재정부령으로 정하는 증명서류"란 다음 각 호의 서류를 말한다.
1. 「민간임대주택에 관한 특별법 시행령」 제4조제5항에 따른 임대사업자 등록증 또는 「공공주택 특별법」 제4조에 따른 공공주택사업자 지정을 증명하는 자료
2. 「민간임대주택에 관한 특별법 시행령」 제36조제4항에 따른 임대 조건 신고증명서
3. 「민간임대주택에 관한 특별법」 제47조 또는 「공공주택 특별법」 제49조의2에 따른 표준임대차계약서 사본
4. 「민간임대주택에 관한 특별법 시행규칙」 제19조제7항에 따른 임대차계약 신고이력 확인서
5. 그 밖에 국세청장이 필요하다고 인정하는 서류
(2019.3.20 본조신설)

제64조 【중간예납에서 제외되는 소득】 영 제123조제4호에서 "기획재정부령이 정하는 소득"이란 다음 각 호의 어느 하나에 규정하는 사업에서 발생한 소득을 말한다. 다만, 제3호의 경우에는 법 제144조의2에 따라 원천징수의무자가 직전 과세기간에 대한 사업소득세액의 연말정산을 한 것에 한정한다.(2011.3.28 단서개정)
1. 법 제19조제1항제17호에 따른 사업 중 다음 각 목의 어느 하나에 해당하는 사업
　가. 저술가, 화가, 배우, 가수, 영화감독, 연출가, 촬영사 등 자영 예술가
　나. 직업선수, 코치, 심판 등 가목 외의 기타 스포츠서비스업
　(2010.4.30 본호개정)
2. 독립된 자격으로 보험가입자의 모집·증권매매의 권유·저축의 권장 또는 집금 등을 행하거나 이와 유사한 용역을 제공하고 그 실적에 따라 모집수당·권장수당·집금수당 등을 받는 업
3. 「방문판매 등에 관한 법률」에 의하여 방문판매업자 또는 후원방문판매업자를 대신하여 방문판매업무 또는 후원방문판매업무를 수행하고 그 실적에 따라 판매수당 등을 받는 업(2012.8.16 본호개정)
4. 「조세특례제한법」 제104조의7제1항에 따라 「소득세법」이 적용되는 전환정비사업조합의 조합원이 영위하는 공동사업(2008.4.29 본호신설)
5. 「소득세법」이 적용되는 「주택법」 제2조제11호의 주택조합의 조합원이 영위하는 공동사업(2009.4.14 본호개정)
(1997.4.23 본조개정)

제65조 【종합소득과세표준확정신고 등】 ① 영 제130조제1항에 따른 종합소득 과세표준확정신고 및 납부계산서에는 소득·세액 공제신고서를 첨부하여야 한다. 다만, 과세표준확정신고를 하여야 할 자가 원천징수의무자에게 법 제140조제1항에 따른 근로소득자 소득·세액 공제신고서 또는 영 제201조의12 및 제202조의4제2항에 따른 소득·세액 공제신고서를 제출하여 연말정산을 받은 경우에는 소득·세액 공제신고서를 제출한 것으로 본다.(2017.3.10 단서개정)
② 영 제130조제3항에서 "소득금액계산명세서 등 기획재정부령으로 정하는 서류"란 다음 각 호의 서류를 말한다.(2014.3.14 단서삭제)
1. 다음 각 목의 소득금액명세서(2007.4.17 본문개정)
　가. 법 제12조제2호다목에 따른 농어가부업소득이 있는 경우에는 비과세사업소득(농가부업소득·어로어업소득)계산명세서(2021.3.16 본목개정)
　나. 법 제12조제2호바목에 따른 작물재배업에서 발생하는 소득에 대해서는 비과세사업소득(작물재배업 소득)계산명세서(2015.3.13 본목신설)
　다. 법 제59조의5에 따라 소득세를 감면받은 때에는 소득세가 감면되는 소득과 그 밖의 소득을 구분한 계산서(2014.3.14 본목개정)
　라. 법 또는 다른 법률의 규정에 의하여 충당금·준비금 등을 필요경비 또는 총수입금액에 산입한 경우에는 그 명세서
　마. 법 제43조의 규정에 의하여 공동사업에 대한 소득금액을 계산한 경우에는 공동사업자별소득금액등분배명세서(2007.4.17 본목개정)
　바. 법 제45조의 규정에 의하여 이월결손금을 처리한 경우에는 이월결손금명세서
　사. 그 밖에 총수입금액과 필요경비 계산에 필요한 참고서류
2. (2014.3.14 삭제)
3. (2006.4.10 삭제)
(2005.3.19 본항개정)
③ 2이상의 사업장을 가진 사업자가 법 제160조제5항에 따라 사업장별 거래내용이 구분될 수 있도록 장부에 기록한 경우에는 법 제70조제4항제2호 내지 제6호의 서류는 그 사업장별·소득별로 작성하고 합계표를 첨부하여야 한다.(2011.3.28 본항개정)
④ (2000.4.3 삭제)

제65조의2 (2016.3.16 삭제)

제65조의3 【조정반의 지정 절차 등】 ① 영 제131조의3제1항에 따른 조정반(이하 이 조에서 "조정반"이라 한다)의 지정을 받으려는 자는 별지 제82호의3서식에 따른 조정반 지정 신청서를 작성하여 매년 11월 30일까지 대표자의 사무소 소재지 관할 지방국세청장에게 조정반 지정 신청을 하여야 한다. 다만, 법 제70조제6항 각 호의 어느 하나에 해당하는 자(이하 "세무사등"이라 한다)로서 매년 12월 1일 이후 개업한 자 또는 매년 12월 1일 이후 설립된 세무법인, 회계법인, 법무법인, 법무법인(유한) 또는 법무조합(이하 "세무법인등"이라 한다)은 각각 세무사등의 개업신고일(구성원이 2명 이상인 경우에는 최근 개업한 조정반 구성원의 개업신고일을 말한다) 또는 법인설립등기일(법무조합의 경우에는 「변호사법」 제58조의19제2항에 따른 관보 고시일을 말한다)부터 1개월 이내에 신청할 수 있다.(2022.3.18 단서개정)

② 제1항의 신청을 받은 지방국세청장은 신청을 받은 연도의 12월 31일(제1항 단서에 따라 신청을 받은 경우 신청을 받은 날이 속하는 달의 다음 달 말일)까지 지정 여부를 결정하여 신청인에게 통지하고, 그 사실을 관보 또는 인터넷 홈페이지에 공고하여야 한다. 다만, 조정 반 지정 신청을 한 영 제131조의3제1항 각 호의 자가 다음 각 호의 어느 하나에 해당하는 경우에는 조정반 지정을 하지 아니한다.

1. 기획재정부 세무사징계위원회 또는 금융위원회 공 인회계사징계위원회의 징계 중 직무정지나 자격정지 의 징계를 받아 그 징계기간이 종료되지 아니한 경우 (다만, 공인회계사인 세무사의 경우에는 세무대리에 관련된 징계에 한정한다)
2. 제3항제2호부터 제4호까지에 해당하는 사유로 조정 반이 취소되고 그 취소된 날부터 신청일까지 1년이 지나지 아니한 경우
3. 소득세 또는 법인세가 기장에 의하여 신고되지 아니 하거나 추계결정·경정된 과세기간의 종료일부터 신 청일까지 2년이 지나지 아니한 경우

③ 지방국세청장은 조정반이 다음 각 호의 어느 하나 에 해당하는 경우에는 조정반 지정을 취소할 수 있다.
1. 조정반에 소속된 세무사등이 1명이 된 경우
2. 조정계산서를 거짓으로 작성한 경우
3. 부정한 방법으로 지정을 받은 경우
4. 조정반 지정일부터 1년 이내에 조정반의 구성원(세 무법인등의 경우에는 실제 조정계산서의 작성에 참 여한 세무사등을 말한다. 이하 이 호에서 같다) 또는 구성원의 배우자가 대표이사 또는 과점주주였던 기 업의 세무조정을 한 경우(2022.3.18 본호개정)

④ 조정반 지정의 유효기간은 1년으로 한다.
⑤ 조정반의 구성원(세무법인등의 구성원은 제외한다) 이나 대표자가 변경된 경우에는 그 사유가 발생한 날 부터 14일 이내에 별지 제82호의3서식에 따른 조정반 변경지정 신청서를 작성하여 대표자의 사무소 소재지 관할 지방국세청장에게 조정반 변경지정 신청을 하여 야 한다.(2022.3.18 본항개정)
⑥ 제5항에 따라 조정반 변경지정 신청을 받은 지방국 세청장은 신청을 받은 날부터 7일 이내에 변경지정 여 부를 결정하여 신청인에게 통지하여야 한다.
⑦ 지방국세청장은 제2항에 따라 조정반을 지정하거나 제6항에 따라 조정반을 변경 지정하려는 경우에는 신 청인에게 별지 제82호의4서식에 따른 조정반 지정서 또는 조정반 변경지정서를 발급하여야 한다.
⑧ 「법인세법 시행규칙」 제50조의3제2항 및 제6항에 따라 조정반 지정 또는 변경지정을 받은 자는 제2항 및 제6항에 따라 지정 또는 변경지정을 받은 것으로 본다. (2016.3.16 본조개정)

제65조의4【조정계산서 첨부서류 제출면제자의 범위 등】 영 제131조제5항에서 "기획재정부령이 정하는 요 건을 갖춘 사업자"란 전자계산조직에 의하여 세무조정 을 하고 해당 서류를 마이크로필름, 자기테이프, 디스 켓 등에 수록·보관하여 항시 출력이 가능한 상태에 있는 사업자를 말한다.(2011.3.28 본조개정)
제66조 (2008.4.29 삭제)
제66조의2【상속인의 종합소득과세표준확정신고】 영 제137조의2제1항에서 "기획재정부령으로 정하는 서류" 란 다음 각호의 사항을 기재한 서류를 말한다. (2011.3.28 본문개정)
1. 상속인의 성명과 주소(국내에 주소가 없는 경우에는 거소)
2. 피상속인과의 관계

3. 상속인이 2명 이상 있는 경우에는 상속지분에 따라 안분계산한 세액(2008.4.29 본호개정)
(2000.4.3 본조신설)
제67조【소득금액 추계결정 또는 경정 시 적용하는 배율】 영 제143조제3항제1호 각 목 외의 부분 단서에 서 "기획재정부령으로 정하는 배율"이란 3.4(법 제160 조에 따른 간편장부대상자의 경우에는 2.8)를 말한다. (2020.3.13 본조개정)
제67조의2【단순경비율을 적용하는 수입금액의 범위】 영 제143조제3항제1호의2에서 "기획재정부령으로 정 하는 것"이란 「고용정책 기본법 시행규칙」 제5조제1항 에 따른 일자리안정자금을 말한다.(2020.3.13 본조신설)
제68조【기준경비율 또는 단순경비율의 결정】 ① 국 세청장은 영 제145조제3항에 따른 기준경비율 또는 단 순경비율을 결정하려면 기준경비율심의회(이하 이 조 에서 "심의회"라 한다)의 심의를 거쳐야 한다.
② 심의회는 국세청장 소속으로 설치하고, 심의회의 위 원장은 국세청차장이 되며, 위원은 다음 각 호의 사람 이 된다.
1. 경상계열대학, 학술연구단체, 경제단체, 금융회사 등으 로부터 추천을 받아 국세청장이 위촉하는 사람 11명
2. 기획재정부에서 소득세제 업무를 담당하는 공무원 중에서 국세청장이 위촉하는 사람 1명
3. 국세청 소속 공무원 중에서 국세청장이 지명하는 사 람 3명
③ 심의회의 구성·운영에 필요한 사항은 국세청장이 정한다.
(2022.12.31 본조개정)
제69조【수시부과】 영 제148조제6항의 규정에 의한 수 시부과 세액은 다음 각 호의 산식에 의하여 계산한 금 액으로 한다.(2007.4.17 본문개정)
1. 영 제148조제3항의 경우

수시부과세액 = 총수입금액 × (1 − 단순경비율) × 기본세율

(2001.4.30 본호개정)
2. 제1호외의 종합소득의 경우

수시부과세액 = (종합소득금액 − 거주자 본인에 대한 기본공제) × 기본세율

3. (2007.4.17 삭제)
제69조의2 (2011.3.28 삭제)
제70조【농지의 범위등】 ① (2017.3.10 삭제)
② 영 제153조제4항제1호가목에서 "기획재정부령으로 정하는 규모"라 함은 다음 각 호의 어느 하나의 것을 말한다.(2008.4.29 본문개정)
1. 사업시행면적이 100제곱미터
2. 「택지개발촉진법」에 의한 택지개발사업 또는 「주택 법」에 의한 대지조성사업의 경우로서 당해 개발사업 시행면적이 10만제곱미터(2005.3.19 본호개정)
(1997.4.23 본항신설)
③ 영 제153조제4항제1호나목에서 "기획재정부령으로 정하는 공공기관"이란 「공공기관의 운영에 관한 법률」 에 따라 지정된 공공기관과 「지방공기업법」에 따라 설 립된 지방직영기업·지방공사·지방공단을 말한다. (2008.4.29 본항신설)
④ 영 제153조제4항제1호나목에서 "기획재정부령으로 정하는 부득이한 사유"란 사업 또는 보상이 지연된 경 우로서 그 책임이 해당 사업시행자에게 있다고 인정되 는 사유를 말한다.(2008.4.29 본항신설)
(1997.4.23 본조제목개정)
제71조【1세대1주택의 범위】 ① 영 제154조제1항 본문 에서 규정하는 보유기간의 확인은 당해 주택의 등기부 등본 또는 토지·건축물대장등본 등에 의한다.
② (2006.4.10 삭제)

③ 영 제154조제1항제1호 및 제3호에서 "기획재정부령으로 정하는 취학, 근무상의 형편, 질병의 요양, 그 밖에 부득이한 사유"란 세대의 구성원 중 일부(영 제154조제1항제1호의 경우를 말한다) 또는 세대전원(영 제154조제1항제3호의 경우를 말한다)이 다음 각 호의 어느 하나에 해당하는 사유로 다른 시(특별시, 광역시, 특별자치시 및 「제주특별자치도 설치 및 국제자유도시 조성을 위한 특별법」 제10조제2항에 따라 설치된 행정시를 포함한다. 이하 이 조, 제72조 및 제75조의2에서 같다)·군으로 주거를 이전하는 경우(광역시지역 안에서 구지역과 읍·면지역 간에 주거를 이전하는 경우와 특별자치시, 「지방자치법」 제7조제2항에 따라 설치된 도농복합형태의 시지역 및 「제주특별자치도 설치 및 국제자유도시 조성을 위한 특별법」 제10조제2항에 따라 설치된 행정시 안에서 동지역과 읍·면지역 간에 주거를 이전하는 경우를 포함한다. 이하 이 조, 제72조 및 제75조의2에서 같다)를 말한다.(2020.3.13 본문개정)
1. 「초·중등교육법」에 따른 학교(초등학교 및 중학교를 제외한다) 및 「고등교육법」에 따른 학교에의 취학 (2014.3.14 본호개정)
2. 직장의 변경이나 전근 등 근무상의 형편
3. 1년 이상의 치료나 요양을 필요로 하는 질병의 치료 또는 요양
4. 「학교폭력예방 및 대책에 관한 법률」에 따른 학교폭력으로 인한 전학(같은 법에 따른 학교폭력대책자치위원회가 피해학생에게 전학이 필요하다고 인정하는 경우에 한정한다)(2016.3.16 본호신설)
④ 영 제154조제1항 각 호 외의 부분 단서에 해당하는지의 확인은 다음의 서류와 주민등록표등본에 따른다. (2020.3.13 본문개정)
1. 영 제154조제1항제1호의 경우에는 임대차계약서 사본
2. 영 제154조제1항제2호가목의 경우에는 협의매수 또는 수용된 사실을 확인할 수 있는 서류(2003.4.14 본호개정)
3. 영 제154조제1항제2호나목의 경우에는 외교부장관이 교부하는 해외이주신고확인서. 다만, 「해외이주법」에 따른 현지이주의 경우에는 현지이주확인서 또는 거주여권사본(2013.3.23 본문개정)
4. 영 제154조제1항제1호(세대의 구성원 중 일부가 거주하지 못하는 경우만 해당한다), 제2호다목 및 제3호의 경우에는 재학증명서, 재직증명서, 요양증명서 등 해당 사실을 증명하는 서류(2020.3.13 본호개정)
5.~6. (2005.12.31 삭제)
⑤ 영 제154조제1항제3호에 따른 사유로서 제3항을 적용할 때 제3항 각 호의 사유가 발생한 당사자외의 세대원중 일부가 취학, 근무 또는 사업상의 형편 등으로 당사자와 함께 주거를 이전하지 못하는 경우에도 세대전원이 주거를 이전한 것으로 본다.(2020.3.13 본항개정)
⑥ 영 제154조제1항제2호나목을 적용할 때 「해외이주법」에 따른 현지이주의 경우 출국일은 영주권 또는 그에 준하는 장기체류 자격을 취득한 날을 말한다. (2009.4.14 본항신설)
(1996.3.30 본조개정)

제72조 【1세대1주택의 특례】 ① (2017.3.10 삭제)
② 영 제154조제1항을 적용할 때 주택에 부수되는 토지를 분할하여 양도(지분으로 양도하는 경우를 포함한다. 다만, 영 제154조제1항 본문에 해당하는 주택과 그 부수토지를 함께 지분으로 양도하는 경우를 제외한다)하는 경우에 그 양도하는 부분의 토지는 법 제89조제1항제3호가목에 따른 1세대1주택에 부수되는 토지로 보지 아니하며 1주택을 2 이상의 주택으로 분할하여 양도(영 제154조제1항 본문에 해당하는 주택을 지분으로 양도하는 경우를 제외한다)한 경우에는 먼저 양도하는 부분의 주택은 그 1세대1주택으로 보지 아니한다. 이

경우 주택 및 그 부수토지의 일부가 「공익사업을 위한 토지 등의 취득 및 보상에 관한 법률」에 의한 협의매수·수용 및 그 밖의 법률에 따라 수용되는 경우의 해당 주택(그 부수토지를 포함한다)과 그 양도일 또는 수용일부터 5년 이내에 양도하는 잔존토지 및 잔존주택(그 부수토지를 포함한다)은 그러하지 아니하다. (2014.3.14 본항개정)
③ 영 제155조제18항을 적용받으려는 자는 다음 각 호의 어느 하나의 서류를 제출해야 한다.(2020.3.13 본문개정)
1. 매각의뢰를 신청한 경우에는 부동산매각의뢰신청서접수증
2. 법원에 경매를 신청한 경우에는 그 사실을 입증하는 서류
3. 법원에 현금청산금 지급소송을 제기한 경우에는 소제기일을 확인할 수 있는 서류 등 해당 사실을 입증하는 서류(2012.2.28 본호신설)
4. 법원에 매도청구소송이 제기된 경우에는 소제기일을 확인할 수 있는 서류 등 해당 사실을 입증하는 서류(2020.3.13 본호신설)
5. 관할 토지수용위원회에 수용재결이 신청된 경우에는 신청일을 확인할 수 있는 서류 등 해당 사실을 입증하는 서류(2021.3.16 본호신설)
(1996.3.30 본항신설)
④ 영 제155조제18항제1호에 따라 매각을 의뢰한 부동산의 처분방법, 처분조건의 협의절차 등에 관하여는 「부동산 실권리자명의 등기에 관한 법률 시행령」 제6조의 규정을 준용한다.(2017.3.10 본항개정)
⑤ 「금융회사부실자산 등의 효율적 처리 및 한국자산관리공사의 설립에 관한 법률」에 따라 설립된 한국자산관리공사(이하 "한국자산관리공사"라 한다)는 제4항에 따라 매각을 의뢰한 자가 매각의뢰를 철회한 경우에는 매각을 의뢰한 자의 납세지 관할세무서장에게 그 사실을 통보하여야 한다.(2017.3.10 본항개정)
⑥ 제4항의 규정에 의한 부동산매각의뢰신청서 및 부동산매각의뢰신청서접수증은 별지 제85호서식에 의한다.(1996.3.30 본항신설)
⑦ 영 제155조제8항 및 같은 조 제10항제5호에서 "기획재정부령으로 정하는 취학, 근무상의 형편, 질병의 요양, 그밖에 부득이한 사유"란 세대의 구성원 중 일부(영 제155조제10항제5호의 경우를 말한다) 또는 세대전원(영 제155조제8항의 경우를 말한다)이 제71조제3항 각 호의 어느 하나에 해당하는 사유로 다른 시·군으로 주거를 이전하는 경우를 말한다.(2023.3.20 본항개정)
⑧ 제7항에 해당하는지의 확인은 재학증명서, 재직증명서, 요양증명서 등 해당 사실을 증명하는 서류에 따른다.(2023.3.20 본항개정)
⑨ 영 제155조제8항에 따른 사유로서 제7항을 적용할 때 제71조제3항 각 호의 사유가 발생한 당사자 외의 세대원 중 일부가 취학, 근무 또는 사업상의 형편 등으로 당사자와 함께 주거를 이전하지 못하는 경우에도 세대원이 주거를 이전한 것으로 본다.(2020.3.13 본항개정)

제73조 【농어촌주택】 ①~② (2017.3.10 삭제)
③ 영 제155조제10항제4호다목에서 "기획재정부령이 정하는 어업인"이란 다음 각 호의 어느 하나에 해당하는 자를 말한다.(2017.3.10 본문개정)
1. 「수산업법」에 따른 신고·허가·면허 어업자 및 「양식산업발전법」에 따른 허가·면허 양식업자(같은 법 제10조제1항제7호의 내수면양식업 및 제43조제1항제2호의 육상등 내수양식업을 경영하는 자는 제외한다) (2021.3.16 본호개정)
2. 제1호의 자에게 고용된 어업종사자
④ 영 제155조제13항 각 호 외의 부분 전단에서 "기획재정부령으로 정하는 서류"란 다음 각 호의 서류를 말한다(2019.3.20 본문개정)

1. (2021.3.16 삭제)
2. 제3항에 규정하는 어업인임을 입증할 수 있는 서류 (해당자에 한한다)
3. 농지원부 사본(해당하는 경우만 제출한다) (2011.12.28 본호개정)

제74조 (2012.2.28 삭제)

제74조의2【계속 임대로 보는 부득이한 사유】 영 제155조제22항제2호가목에서 "기획재정부령으로 정하는 부득이한 사유"란 다음 각 호의 어느 하나에 해당하는 경우를 말한다.(2017.3.10 본문개정)
1. 「공익사업을 위한 토지 등의 취득 및 보상에 관한 법률」 또는 그 밖의 법률에 따라 수용(협의매수를 포함한다)된 경우
2. 사망으로 상속되는 경우
(2011.12.28 본조신설)

제74조의3【상생임대주택에 대한 1세대1주택의 특례】 영 제155조의3제4항에서 "기획재정부령으로 정하는 요건"이란 종전 임대차계약과 비교하여 새로운 임대차계약에 따른 임대보증금 또는 임대료가 증가하지 않았을 것을 말한다.(2023.3.20 본조신설)

제75조【주택과 조합원입주권 또는 주택과 분양권을 소유한 경우의 경매 등으로 인한 1세대1주택 특례의 요건】 ① 영 제156조의2제3항 전단 및 제156조의3제2항 전단에서 "3년 이내에 양도하지 못하는 경우로서 기획재정부령으로 정하는 사유에 해당하는 경우"란 각각 조합원입주권 또는 분양권을 취득한 날부터 3년이 되는 날 현재 다음 각호의 어느 하나에 해당하는 경우로서 해당 각 호의 어느 하나의 방법에 따라 양도된 경우를 말한다.(2021.3.16 본문개정)
1. 한국자산관리공사에 매각을 의뢰한 경우
2. 법원에 경매를 신청한 경우
3. 「국세징수법」에 따른 공매가 진행 중인 경우
② 제1항의 규정을 적용받고자 하는 자는 다음 각 호의 어느 하나의 서류를 제출하여야 한다.
1. 매각의뢰를 신청한 경우에는 부동산 매각의뢰신청서 접수증
2. 법원에 경매를 신청한 경우에는 그 사실을 입증하는 서류
③ 제1항제1호의 규정에 따라 매각을 의뢰한 부동산의 처분방법, 처분조건의 협의절차 등에 관하여는 「부동산 실권리자명의 등기에 관한 법률 시행령」 제6조의 규정을 준용한다.
④ 한국자산관리공사는 제3항의 규정에 따라 매각을 의뢰한 자가 매각의뢰를 철회한 경우에는 매각을 의뢰한 자의 납세지 관할세무서장에게 그 사실을 통보하여야 한다.
⑤ 제4항의 규정에 따른 부동산매각의뢰신청서 및 부동산 매각의뢰신청서접수증은 별지 제85호서식에 의한다.
(2021.3.16 본조제목개정)
(2005.12.31 본조신설)

제75조의2【주택과 조합원입주권 또는 주택과 분양권을 소유한 경우의 취학 등으로 인한 1세대1주택 특례의 요건】 ① 영 제156조의2제4항제1호에서 "기획재정부령이 정하는 취학, 근무상의 형편, 질병의 요양 그 밖의 부득이한 사유"와 같은 조 제5항제2호 및 제156조의3제3항제1호에서 "기획재정부령으로 정하는 취학, 근무상의 형편, 질병의 요양, 그 밖에 부득이한 사유"란 각각 세대의 구성원 중 일부가 제71조제3항 각 호의 어느 하나에 해당하는 사유로 다른 시·군으로 주거를 이전하는 경우를 말한다.(2021.3.16 본문개정)
1.~3. (2020.3.13 삭제)
② 영 제156조의2제12항제5호에서 "기획재정부령이 정하는 서류" 및 영 제156조의3제9항제3호에서 "기획재정부령으로 정하는 서류"란 각각 제73조제4항제2호와 농업인임을 입증할 수 있는 서류를 말한다. 다만, 영 제156조의2제11항 또는 제156조의3제8항을 적용받는 경우에 한정한다.(2021.3.16 본항개정)
③ 제1항에 해당하는지의 확인은 재학증명서, 재직증명서, 요양증명 및 요양 사실을 증명하는 서류에 따른다.(2020.3.13 본항신설)
(2021.3.16 본조제목개정)

제76조【부동산과다보유법인의 범위 등】 ① 법 제94조제1항제4호라목에 해당하는지의 여부는 양도일 현재 해당 법인의 자산총액을 기준으로 이를 판정한다. 다만, 양도일 현재의 자산총액을 알 수 없을 때에는 양도일이 속하는 사업연도의 직전사업연도 종료일 현재의 자산총액을 기준으로 한다.(2017.3.10 본문개정)
② 영 제158조제4항제2호에서 "기획재정부령으로 정하는 금융재산"이란 「금융실명거래 및 비밀보장에 관한 법률」 제2조에 따른 금융자산을 말한다.(2023.3.20 본항신설)
③ 영 제158조제8항에서 "기획재정부령으로 정하는 사업"이란 다음 각 호의 어느 하나에 해당하는 시설을 건설 또는 취득하여 직접 경영하거나 분양 또는 임대하는 사업을 말한다.(2019.3.20 본문개정)
1. 골프장
2. 스키장
3. 휴양콘도미니엄
4. 전문휴양시설

제76조의2 (2019.3.20 삭제)

제76조의3【파생상품등에 대한 양도차익 계산 등】 ① 영 제161조의2제1항에서 "기획재정부령으로 정하는 방법에 따라 산출되는 손익"이란 다음 산식에 따라 계산한 금액을 말한다.

$$(A \times C + B \times C) \times D$$

A : 미결제약정 수량을 증가시키는 거래의 계약 체결 당시 약정가격
B : 각 종목의 매수계약과 매도계약 별로 미결제 약정 수량을 소멸시키는 거래(이하 이 조에서 "반대거래"라 한다)의 계약 체결 당시 약정가격 또는 최종거래일의 도래로 소멸되는 계약의 최종거래일 최종결제 가격
C : 매도계약의 경우(매수계약의 최종거래일이 종료되는 경우를 포함한다)이면 1, 매수계약의 경우(매도계약의 최종거래일이 종료되는 경우를 포함한다)이면 -1
D : 「자본시장과 금융투자업에 관한 법률」 제393조제2항의 파생상품시장업무규정에 따른 거래승수(이하 이 조에서 "거래승수"라 한다)

② 영 제161조의2제2항에서 "기획재정부령으로 정하는 방법에 따라 산출되는 손익"이란 다음 산식에 따라 계산한 금액을 말한다.
1. 반대거래로 계약이 소멸되는 경우

$$(A \times C + B \times C) \times D$$

A : 미결제약정 수량을 증가시키는 거래의 계약체결 당시 약정가격
B : 반대거래 체결 당시 약정가격
C : 매도계약의 경우이면 1, 매수계약의 경우이면 -1
D : 거래승수

2. 권리행사 또는 최종거래일의 종료로 계약이 소멸되는 경우

$$[\{(A - B) \times C\} \text{와 } 0 \text{ 중 큰 액액} - D] \times E \times F$$

A : 최종거래일의 권리행사결제기준가격
B : 해당 옵션의 행사가격
C : 옵션의 유형이 콜옵션이면 1, 풋옵션이면 -1
D : 미결제약정 수량을 증가시키는 거래의 계약체결 당시 약정가격
E : 거래승수
F : 매수계약이 소멸되는 경우이면 1, 매도계약이 소멸되는 경우이면 -1

③ 영 제161조의2제3항에서 "기획재정부령으로 정하는 방법에 따라 산출되는 손익"이란 다음 각 호의 구분에 따른 산식에 따라 계산한 금액을 말한다.
1. 증권을 환매하는 경우 : 증권의 매도가격 - 증권의 매수가격
2. 권리행사 또는 최종거래일의 종료로 증권이 소멸되는 경우

〔(A − B) × C × D〕와 0 중 큰 금액 − E

A : 최종거래일의 권리행사결제기준가격
B : 증권의 행사가격
C : 증권의 유형이 살 수 있는 권리가 있는 증권인 경우에는 1, 팔 수 있는 권리가 있는 증권인 경우에는 -1
D : 「자본시장과 금융투자업에 관한 법률」 제390조제1항의 증권상장규정에 따른 전환비율
E : 증권의 매수가격
(2017.3.10 본항신설)
④ 영 제161조의2제1항부터 제3항까지에서 "기획재정부령으로 정하는 비용"이란 「자본시장과 금융투자업에 관한 법률」 제58조에 따른 수수료로서 다음 각 호의 어느 하나에 해당하는 비용을 말한다.
1. 위탁매매수수료
2. 「자본시장과 금융투자업에 관한 법률」 제6조제8항에 따른 투자일임업을 영위하는 같은 법 제8조제3항의 투자중개업자가 투자중개업무와 투자일임업무를 결합한 자산관리계좌를 운용하여 부과하는 투자일임수수료 중 다음 각 목의 요건을 모두 갖춘 위탁매매수수료에 상당하는 비용(2019.3.20 본문개정)
가. 전체 투자일임수수료를 초과하지 아니할 것
나. 영 제159조의2제1항 각 호에 해당하는 파생상품 등을 온라인으로 직접 거래하는 경우에 부과하는 위탁매매수수료를 초과하지 아니할 것
다. 부과기준이 약관 및 계약서에 적혀 있을 것
(2019.3.20 본목개정)
(2018.3.21 본항개정)
⑤ 영 제161조의2제4항에서 "기획재정부령으로 정하는 방법에 따라 산출된 금액"이란 다음 계산식에 따라 계산한 금액을 말한다.

(A × C + B × C) + D − E

A : 미결제약정 수량을 증가시키는 거래의 계약 체결 당시 약정가격
B : 반대거래의 계약 체결 당시 약정가격
C : 매도계약의 경우이면 1, 매수계약의 경우 −1
D : 기초자산에서 발생하는 배당소득 등 약정에 따른 매매차익 외의 계약에 따라 지급받는 소득
E : 증권거래세, 농어촌특별세, 차입이자, 수수료(투자일임수수료는 제4항을 준용하여 계산한다) 등 약정에 따른 매매차손 이외의 계약에 따라 지급하는 비용
(2021.3.16 본항신설)
(2015.3.13 본조신설)

제77조 【환지예정지 등의 양도 또는 취득가액의 계산】 ① 양도 또는 취득가액을 기준시가에 의하는 경우 「도시개발법」 또는 「농어촌정비법」 등에 의한 환지지구내 토지의 양도 또는 취득가액의 계산은 다음 각호의 산식에 의한다. 다만, 1984년 12월 31일 이전에 취득한 토지로서 취득일 전후를 불문하고 1984년 12월 31일 이전에 환지예정지로 지정된 토지의 경우에는 제2호의 산식에 의한다.(2005.3.19 본문개정)
1. 종전의 토지소유자가 환지예정지구내의 토지 또는 환지 처분된 토지를 양도한 경우
가. 양도가액
환지예정(교부)면적 × 양도당시의 단위당 기준시가

나. 취득가액
종전 토지의 면적 × 취득당시의 단위당 기준시가
2. 환지예정지구내의 토지를 취득한 자가 당해 토지를 양도한 경우
가. 양도가액
환지예정(교부)면적 × 양도당시의 단위당 기준시가
나. 취득가액
환지예정면적 × 취득당시의 단위당 기준시가
② 제1항의 규정을 적용함에 있어서 종전의 토지소유자가 환지청산금을 수령하는 경우의 양도 또는 취득가액의 계산은 다음 각호의 산식에 의한다.
1. 환지시 청산금을 수령한 경우
가. 양도가액
환지청산금에 상당하는 면적 × 환지청산금 수령시의 단위당 기준시가
나. 취득가액

$$(\text{종전 토지의 면적} \times \text{취득당시의 단위당 기준시가}) \times \frac{\text{환지청산금에 상당하는 면적}}{\text{권리면적}}$$

2. 환지예정지구의 토지 또는 환지처분된 토지를 양도한 경우
가. 양도가액
환지예정(교부)면적 × 양도당시의 단위당 기준시가
나. 취득가액

$$(\text{종전 토지의 면적} \times \text{취득당시의 단위당 기준시가}) \times \frac{\text{권리면적} - \text{환지청산금에 상당하는 면적}}{\text{권리면적}}$$

③ 제1항제1호 및 제2항의 경우에 환지사업으로 인하여 감소되는 토지의 면적에 대한 가액은 자본적 지출로 계산하지 아니한다.

제78조 【장기할부조건의 범위】 ① (2000.4.3 삭제)
② (1996.3.30 삭제)
③ 영 제162조제1항제3호에서 "기획재정부령이 정하는 장기할부조건"이라 함은 법 제94조제1항 각호에 규정된 자산의 양도로 인하여 해당 자산의 대금을 월부·연부 기타의 방법에 따라 수입하는 것중 다음 각호의 요건을 갖춘 것을 말한다.(2011.3.28 본문개정)
1. 계약금을 제외한 해당 자산의 양도대금을 2회 이상으로 분할하여 수입할 것(2011.3.28 본호개정)
2. 양도하는 자산의 소유권이전등기(등록 및 명의개서를 포함한다) 접수일·인도일 또는 사용수익일중 빠른 날의 다음날부터 최종 할부금의 지급기일까지의 기간이 1년 이상인 것(2000.4.3 본호개정)
(2000.4.3 본조제목개정)

제78조의2 (2005.12.31 삭제)

제79조 【양도자산의 필요경비 계산 등】 ① 영 제163조제3항제4호에서 "기획재정부령이 정하는 것"이라 함은 다음 각호의 비용을 말한다.(2008.4.29 본문개정)
1. 「하천법」·「댐건설 및 주변지역지원 등에 관한 법률」 그 밖의 법률에 따라 시행하는 사업으로 인하여 해당 사업구역 내의 토지소유자가 부담한 수익자부담금 등의 사업비용(2006.9.27 본호개정)
2. 토지이용의 편의를 위하여 지출한 장애철거비용
3. 토지이용의 편의를 위하여 해당 토지 또는 해당 토지에 인접한 타인 소유의 토지에 도로를 신설한 경우의 그 시설비(2011.3.28 본호개정)
4. 토지이용의 편의를 위하여 해당 토지에 도로를 신설하여 국가 또는 지방자치단체에 이를 무상으로 공여한 경우의 그 도로로 된 토지의 취득당시 가액(2012.2.28 본호개정)
5. 사방사업에 소요된 비용
6. 제1호 내지 제5호의 비용과 유사한 비용

② 영 제163조제5항제1호마목에서 "기획재정부령으로 정하는 비용"이란 법 제94조제1항제3호에 따른 주식등을 양도하기 위해 직접 지출한 비용으로서 다음 각 호의 비용을 말한다.
1. 「자본시장과 금융투자업에 관한 법률」 제58조에 따른 수수료로서 다음 각 목의 어느 하나에 해당하는 비용
　가. 위탁매매수수료
　나. 「자본시장과 금융투자업에 관한 법률」 제6조제8항에 따른 투자일임업을 영위하는 같은 법 제8조제3항의 투자중개업자가 투자중개업무와 투자일임업무를 결합한 자산관리계좌를 운용해 부과하는 투자일임수수료 중 다음의 요건을 모두 갖춘 위탁매매수수료에 상당하는 비용
　　1) 전체 투자일임수수료를 초과하지 않을 것
　　2) 주식등을 온라인으로 직접 거래하는 경우에 부과하는 위탁매매수수료를 초과하지 않을 것
　　3) 부과기준이 약관 및 계약서에 적혀 있을 것
2. 「농어촌특별세법」 제5조제1항제5호에 따라 납부한 농어촌특별세
(2019.3.20 본항신설)
③ 영 제163조제5항제2호에서 "기획재정부령으로 정하는 금융기관"이란 「자본시장과 금융투자업에 관한 법률」에 따른 투자매매업자 또는 투자중개업자, 「은행법」에 따른 인가를 받아 설립된 은행 및 「농업협동조합법」에 따른 농협은행을 말한다.(2012.2.28 본항개정)
④ 영 제163조제11항제2호에서 "기획재정부령으로 정하는 방법"이란 「부동산 거래신고에 관한 법률」 제3조제1항에 따라 신고(「주택법」 제80조의2에 따른 주택 거래신고를 포함한다)한 실제거래가격을 관할 세무서장이 확인하는 방법을 말한다.(2016.3.16 본항개정)

제80조【토지·건물의 기준시가 산정】 ① 영 제164조제8항에서 "기획재정부령이 정하는 방법에 의하여 계산한 가액"이란 다음 각 호의 가액을 말한다.(2017.3.10 본문개정)
1. 취득일이 속하는 연도의 다음 연도 말일 이전에 양도하는 경우에는 다음 각 목의 구분에 따른 산식에 의하여 계산한 가액. 다만, 다음 각 목의 산식에 의하여 계산한 양도당시의 기준시가가 취득당시의 기준시가보다 적은 경우에는 취득당시의 기준시가를 양도당시의 기준시가로 한다.(2005.8.5 본문개정)
　가. 양도일까지 새로운 기준시가가 고시(「부동산 가격공시에 관한 법률」에 따른 개별주택가격 및 공동주택가격의 공시를 포함한다. 이하 이 조에서 같다)되지 아니한 경우 : 양도당시의 기준시가 = 취득당시의 기준시가 + (취득당시의 기준시가 - 전기의 기준시가) × 〔양도자산의 보유기간의 월수 / 기준시가 조정월수(100분의 100을 한도로 한다)〕
　(2017.3.10 본목개정)
　나. 양도일부터 2월이 되는 날이 속하는 월의 말일까지 새로운 기준시가가 고시된 경우로서 거주자가 다음 산식을 적용하여 법 제110조제1항의 규정에 의한 신고를 하는 경우 : 양도당시의 기준시가 = 취득당시의 기준시가 + (새로운 기준시가 - 취득당시의 기준시가) × (양도자산의 보유기간의 월수 / 기준시가 조정월수)
　(1999.5.7 본호개정)
2. 제1호외의 경우에는 당해 양도자산의 취득당시의 기준시가
② 제1항제1호 각목의 규정에 의한 "기준시가 조정월수"와 동호가목의 규정에 의한 "전기의 기준시가"라 함은 다음 각호와 같다.(1999.5.7 본문개정)
1. 기준시가 조정월수 : 제1항제1호가목의 경우에는 전기의 기준시가 결정일부터 취득당시의 기준시가 결정일 전일까지의 월수를 말하며, 동호나목의 경우에는 취득당시의 기준시가 결정일부터 새로운 기준시가 결정일 전일까지의 월수를 말한다.(1999.5.7 본호개정)
2. 전기의 기준시가 : 취득당시의 기준시가 결정일 전일의 당해 양도자산의 기준시가를 말한다.
(1998.3.21 본항개정)
③ 제1항제1호가목을 적용할 때 전기의 기준시가가 없는 경우에는 다음 각 호에 따른 가액을 전기의 기준시가로 본다.(2021.10.28 본문개정)
1. 토지
　해당 토지와 지목·이용상황 등이 유사한 인근토지의 전기의 기준시가
　(2021.10.28 본호개정)
2. 법 제99조제1항제1호나목의 건물
　전기의 기준시가 = 국세청장이 해당 건물에 대하여 최초로 고시한 기준시가 × 해당 건물의 취득연도·신축연도·구조·내용연수 등을 고려하여 국세청장이 고시한 기준율
　(2021.10.28 본호개정)
3. 법 제99조제1항제1호다목의 오피스텔 및 상업용 건물과 같은 호 라목의 주택

$$\text{전기의 기준시가} = \text{취득당시의 기준시가} \times \frac{\text{전기의 법 제99조제1항제1호가목의 가액과 동호나목의 가액의 합계액}}{\text{취득당시의 법 제99조제1항제1호가목의 가액과 동호나목의 가액의 합계액}}$$

(2021.10.28 본호개정)
④ 제3항제3호의 규정을 적용함에 있어서 당해 자산의 취득당시 또는 전기의 법 제99조제1항제1호나목의 규정에 의한 가액이 없는 경우에는 제3항제2호의 규정을 준용하여 계산한 가액으로 한다.(2001.4.30 본항신설)
⑤ 제1항 및 제2항의 규정에 의한 기준시가의 조정월수 및 양도자산보유기간의 월수를 계산함에 있어서 1월 미만의 일수는 1월로 한다.(2000.4.3 본항개정)
⑥ 영 제164조제4항의 규정을 적용함에 있어 동항 산식중 분모의 가액은 1990년 8월 30일 현재의 시가표준액을 초과하지 못하며, 1990년 8월 30일 현재 결정된 시가표준액과 취득일 직전에 결정된 시가표준액이 동일한 경우로서 1990년 1월 1일을 기준으로 한 개별공시지가에 곱하는 그 비율이 100분의 100을 초과하는 경우에는 그 초과하는 부분은 이를 없는 것으로 한다.(2000.4.3 본항개정)
⑦ 영 제164조제4항의 규정을 적용함에있어서 동항 산식중 "직전에 결정된 시가표준액"이라 함은 1989년 12월 31일 현재의 시가표준일을 말한다. 다만, 1990년 1월 1일이후 1990년 8월 29일 이전에 시가표준액이 수시조정된 경우에는 당해 최종 수시조정일의 시가표준액을 말한다.(2000.4.3 본항개정)
⑧ 영 제164조제9항제1호에서 보상금액 산정의 기초가 되는 기준시가는 보상금 산정 당시 해당 토지의 개별공시지가를 말한다.(2009.4.14 본항신설)

제80조의2【기준시가 고시 전 의견청취를 위한 공고방법】 법 제99조제4항에서 "기획재정부령으로 정하는 방법"이란 국세청 인터넷 홈페이지에 게시하는 것을 말한다.(2010.4.30 본조개정)

제81조【토지·건물외의 자산의 기준시가 산정】 ① (2007.4.17 삭제)
② 영 제165조제4항제1호가목에서 "기획재정부령이 정하는 이자율"이란 「상속세 및 증여세법 시행규칙」 제17조에 따른 이자율을 말한다.(2023.3.20 본항신설)
③ 영 제165조제8항제3호에서 "기획재정부령으로 정하는 방법에 따라 계산한 가액"이란 다음 각 호의 방법으로 환산한 가액을 말한다. 이 경우 "생산자물가지수"란

「한국은행법」에 따라 한국은행이 조사한 매월의 생산자물가지수를 말한다.
1. 양도 당시의 기준시가는 정하여져 있으나 취득 당시의 기준시가를 정할 수 없는 경우에 취득 당시의 기준시가로 하는 가액

$$\text{「지방세법 시행령」에 따라 최초로 고시한 시가표준액} \times \frac{\text{취득일이 속하는 달의 생산자물가지수}}{\text{「지방세법 시행령」에 따른 시가표준액을 최초로 고시한 날이 속하는 달의 생산자물가지수}}$$

2. 취득 당시의 기준시가와 양도 당시의 기준시가를 모두 정할 수 없는 경우에 취득 또는 양도 당시의 기준시가로 하는 가액

$$\text{분양가} \times \frac{\text{취득일(양도일)이 속하는 달의 생산자물가지수}}{\text{분양일이 속하는 달의 생산자물가지수}}$$

(2009.4.14 본항신설)
④ 영 제165조제9항에서 "기획재정부령으로 정하는 방법에 따라 계산한 가액"이란 다음 각 호의 규정에 의하여 계산한 가액을 말한다. 이 경우 1개월 미만의 월수는 1개월로 본다.(2010.4.30 전단개정)
1. 당해 법인의 동일한 사업연도내에 취득하여 양도하는 경우에는 다음 산식에 의하여 계산한 가액
양도당시의 기준시가 = 취득일이 속하는 사업연도의 직전사업연도 기준시가 + (취득일이 속하는 사업연도의 직전사업연도 기준시가 − 취득일이 속하는 사업연도의 전전사업연도 기준시가) × 양도자산 보유월수 / 취득일이 속하는 사업연도의 직전사업연도의 월수
2. 제1호외의 경우에는 당해 양도자산의 기준시가
⑤ (2000.4.3 삭제)
⑥ 영 제165조제10항제1호 및 제2호에 규정하는 자기자본이익률 및 자기자본회전율은 한국은행이 업종별, 규모별로 발표한 자기자본이익률 및 자기자본회전율을 말한다.(2001.4.30 본항개정)
⑦ (2009.4.14 삭제)
제82조【소형주택 등의 범위】 ① (2018.3.21 삭제)
② (2014.3.14 삭제)
③ (2012.2.28 삭제)
④ 영 제167조의3제5항제2호가목에서 "기획재정부령으로 정하는 부득이한 사유"란 「공익사업을 위한 토지 등의 취득 및 보상에 관한 법률」 등에 의하여 수용(협의매수를 포함한다)되거나 사망으로 인하여 상속되는 경우를 말한다.(2017.3.10 본항개정)
(2005.12.31 본조제목개정)
제83조【양도소득세가 중과되는 1세대 2주택에 관한 특례의 요건】 ① 영 제167조의10제1항제3호 및 영 제167조의11제1항제4호에서 "기획재정부령으로 정하는 취학, 근무상의 형편, 질병의 요양, 그 밖에 부득이한 사유"란 세대의 구성원 중 일부가 제71조제3항 각 호의 어느 하나에 해당하는 경우를 말한다.(2020.3.13 본문개정)
1.~3. (2020.3.13 삭제)
② 제1항에 해당하는지의 확인은 재학증명서, 재직증명서, 요양증명서 등 해당 사실을 증명하는 서류에 따른다.(2020.3.13 본항신설)
제83조의2【부동산가격안정심의위원회 위원의 임기 등】 ① 영 제168조의4의 규정에 따른 부동산가격안정심의위원회의 위원의 임기는 2년으로 한다.
② 부동산가격안정심의위원회의 구성·운영과 관련하여 필요한 사항은 기획재정부장관이 정한다.(2008.4.29 본항개정)
(2005.12.31 본조신설)
제83조의3【농지의 범위 등】 ① 영 제168조의8제3항제7호 각 목 외의 부분에서 "질병"이라 함은 1년 이상의 치료나 요양을 필요로 하는 질병을 말한다.

② 영 제168조의8제3항제7호 각 목 외의 부분에서 "고령"이라 함은 65세 이상의 연령을 말한다.
③ 영 제168조의8제3항제7호 각 목 외의 부분에서 "그 밖에 기획재정부령이 정하는 부득이한 사유"라 함은 「농지법 시행령」 제24조제1항제2호에 해당하는 경우를 말한다.(2008.4.29 본항개정)
④ 영 제168조의8제7항에서 "기획재정부령이 정하는 서류"라 함은 다음 각 호의 서류를 말한다.(2008.4.29 본문개정)
1. 별지 제90호서식의 질병 등으로 인한 농지의 비사업용토지 제외신청서
2.~3. (2006.7.5 삭제)
4. 재직증명서(자경할 수 없는 사유가 공직취임인 경우에 한한다)
5. 재학증명서(자경할 수 없는 사유가 취학인 경우에 한한다)
6. 진단서 또는 요양증명서(자경할 수 없는 사유가 질병인 경우에 한한다)
7. 그 밖에 자경할 수 없는 사유를 확인할 수 있는 서류
⑤ 영 제168조의8제7항에 따라 서류를 제출받은 납세지 관할세무서장은 「전자정부법」 제36조제1항에 따른 행정정보의 공동이용을 통하여 다음 각 호의 서류를 확인하여야 한다. 다만, 제1호에 따른 주민등록표 등본은 영 제168조의8제3항제7호의 적용을 받으려는 자가 확인에 동의하지 아니하는 경우에는 그 서류를 제출하도록 하여야 한다.(2011.3.28 본문개정)
1. 주민등록표 등본
2. 토지등기부 등본 또는 토지대장 등본
(2006.7.5 본항신설)
(2005.12.31 본조신설)
제83조의4【사업에 사용되는 그 밖의 토지의 범위】 ① 영 제168조의11제1항제1호가목(1) 본문에서 "기획재정부령이 정하는 선수전용 체육시설의 기준면적"이라 함은 별표3의 기준면적을 말한다.(2008.4.29 본항개정)
② 영 제168조의11제1항제1호가목(1) 단서에서 "기획재정부령이 정하는 선수·지도자 등에 관한 요건"이라 함은 다음 각 호의 모든 요건을 말한다.(2008.4.29 본문개정)
1. 선수는 대한체육회에 가맹된 경기단체에 등록되어 있는 자일 것
2. 경기종목별 선수의 수는 당해 종목의 경기정원 이상일 것
3. 경기종목별로 경기지도자가 1인 이상일 것
③ 영 제168조의11제1항제1호가목(2)에서 "기획재정부령이 정하는 기준면적"이라 함은 별표4의 기준면적을 말한다.(2008.4.29 본항개정)
④ 영 제168조의11제1항제1호나목 본문에서 "기획재정부령이 정하는 종업원 체육시설의 기준면적"이라 함은 별표5의 기준면적을 말한다.(2008.4.29 본항개정)
⑤ 영 제168조의11제1항제1호나목 단서에서 "기획재정부령이 정하는 종업원체육시설의 기준"이라 함은 다음 각 호의 기준을 말한다.(2008.4.29 본항개정)
1. 운동장과 코트는 축구·배구·테니스 경기를 할 수 있는 시설을 갖출 것
2. 실내체육시설은 영구적인 시설물이어야 하고, 탁구대를 2면 이상을 둘 수 있는 규모일 것
⑥ 영 제168조의11제1항제2호다목에서 "기획재정부령이 정하는 율"이라 함은 100분의 3을 말한다.(2008.4.29 본항개정)
⑦ 영 제168조의11제1항제3호 본문에서 "기획재정부령이 정하는 토지"라 함은 다음 각 호의 어느 하나에 해당하는 토지를 말한다.(2008.4.29 본문개정)
1. 「경제자유구역의 지정 및 운영에 관한 법률」에 따른 개발사업시행자가 경제자유구역개발계획에 따라 경제자유구역 안에서 조성한 토지

2. 「관광진흥법」에 따른 사업시행자가 관광단지 안에서 조성한 토지
3. 「기업도시개발특별법」에 따라 지정된 개발사업시행자가 개발구역 안에서 조성한 토지(2008.4.29 본호개정)
4. 「물류시설의 개발 및 운영에 관한 법률」에 따른 물류단지개발사업시행자가 해당 물류단지 안에서 조성한 토지(2008.4.29 본호개정)
5. 「중소기업진흥 및 제품구매촉진에 관한 법률」에 따라 단지조성사업의 실시계획이 승인된 지역의 사업시행자가 조성한 토지
6. 「지역균형개발 및 지방중소기업 육성에 관한 법률」에 따라 지정된 개발촉진지구 안의 사업시행자가 조성한 토지
7. 「한국컨테이너부두공단법」에 따라 설립된 한국컨테이너부두공단이 조성한 토지
⑧ 영 제168조의11제1항제4호 단서에서 "기획재정부령이 정하는 기준면적"이라 함은 수용정원에 200제곱미터를 곱한 면적을 말한다.(2008.4.29 본항개정)
⑨ 영 제168조의11제1항제5호다목의 규정에 따른 시설기준은 별표6 제1호와 같다.
⑩ 영 제168조의11제1항제5호다목의 규정에 따른 기준면적은 별표6 제2호와 같다.
⑪ 영 제168조의11제1항제6호에서 "기획재정부령이 정하는 휴양시설업용 토지"라 함은 「관광진흥법」에 따른 전문휴양업·종합휴양업 그 밖에 이와 유사한 시설을 갖추고 타인의 휴양이나 여가선용을 위하여 이를 이용하게 하는 사업용 토지(「관광진흥법」에 따른 전문휴양업·종합휴양업 그 밖에 이와 유사한 휴양시설업의 일부로 운영되는 스키장업 또는 수영장업용 토지를 포함하며, 온천장용 토지를 제외한다)를 말한다.(2008.4.29 본항개정)
⑫ 영 제168조의11제1항제6호에서 "기획재정부령이 정하는 기준면적"이란 다음 각 호의 기준면적을 합한 면적을 말한다.(2009.4.14 본문개정)
1. 옥외 동물방목장 및 옥외 식물원이 있는 경우 그에 사용되는 토지의 면적
2. 부설주차장이 있는 경우 「주차장법」에 따른 부설주차장 설치기준면적의 2배 이내의 부설주차장용지의 면적. 다만, 「도시교통정비 촉진법」에 따라 교통영향분석·개선대책이 수립된 주차장의 경우에는 같은 법 제16조제4항에 따라 해당 사업자에게 통보된 주차장용 토지면적으로 한다.(2009.4.14 단서개정)
3. 「지방세법 시행령」 제101조제1항제2호에 따른 건축물이 있는 경우 재산세 종합합산과세대상 토지 중 건축물의 바닥면적(건물 외의 시설물인 경우에는 그 수평투영면적을 말한다)에 동조제2항의 규정에 따른 용도지역별 배율을 곱하여 산정한 면적 범위 안의 건축물 부속토지의 면적(2011.3.28 본호개정)
⑬ 영 제168조의11제1항제10호 및 제11호다목에서 "기획재정부령이 정하는 율"이라 함은 100분의 4를 말한다.(2008.4.29 본항개정)
⑭ 영 제168조의11제1항제12호에서 "기획재정부령이 정하는 토지"라 함은 블록·석물·토관·벽돌·콘크리트제품·옹기·철근·비철금속·플라스틱파이프·골재·조경작물·화훼·분재·농산물·수산물·축산물의 도매업 및 소매업(농산물·수산물 및 축산물의 경우에는 「유통산업발전법」에 따른 시장과 그 밖에 이와 유사한 장소에서 운영하는 경우에 한한다) 토지를 말한다.(2008.4.29 본항개정)
⑮ 영 제168조의11제1항제12호에서 "기획재정부령이 정하는 율"이라 함은 다음 각 호의 규정에 따른 율을 말한다.(2008.4.29 본문개정)
1. 블록·석물 및 토관제조업용 토지
100분의 20

2. 조경작물식재업용토지 및 화훼판매시설업용 토지
100분의 7
3. 자동차정비·중장비정비·중장비운전에 관한 과정을 교습하는 학원용 토지
100분의 10
4. 농업에 관한 과정을 교습하는 학원용 토지
100분의 7
5. 제14항의 규정에 따른 토지
100분의 10
⑯ 영 제168조의11제1항제13호에서 "주택 신축의 가능 여부 등을 고려하여 기획재정부령이 정하는 기준에 해당하는 토지"란 법령의 규정에 따라 주택의 신축이 금지 또는 제한되는 지역에 소재하는 지역, 그 지목이 대지이거나 실질적으로 주택을 신축할 수 있는 토지(「건축법」 제44조에 따른 대지와 도로와의 관계를 충족하지 못하는 토지를 포함한다)를 말한다.(2009.4.14 본항개정)
⑰ 영 제168조의11제1항제13호 및 제16항의 규정을 적용함에 있어서 나지가 2필지 이상인 경우에는 당해 세대의 구성원이 제16항의 규정에 따른 토지를 선택할 수 있다. 다만, 제18항의 규정에 따른 무주택세대 소유 나지의 비사업용토지 제외신청서를 제출하지 아니한 경우에는 제16항의 규정에 따른 토지에 해당하는 필지의 결정은 다음 각 호의 방법에 의한다.
1. 1세대의 구성원 중 2인 이상이 나지를 소유하고 있는 경우에는 다음의 순서를 적용한다.
가. 세대주
나. 세대주의 배우자
다. 연장자
2. 1세대의 구성원 중 동일인이 2필지 이상의 나지를 소유하고 있는 경우에는 면적이 큰 필지의 나지를, 동일한 면적인 필지의 나지 중에서는 먼저 취득한 나지를 우선하여 적용한다.
⑱ 제16항에 해당하는 토지의 소유자는 양도일이 속하는 과세기간의 과세표준신고시에 납세지 관할 세무서장에게 별지 제91호서식의 무주택세대 소유 나지의 비사업용토지 제외신청서에 다음 각 호의 서류를 첨부하여 제출하여야 한다.(2009.4.14 본문개정)
1.~2. (2006.7.5 삭제)
3.~4. (2009.4.14 삭제)
⑲ 제18항에 따라 신청서를 제출받은 납세지 관할 세무서장은 「전자정부법」 제36조제1항에 따른 행정정보의 공동이용을 통하여 다음 각 호의 서류를 확인하여야 한다. 다만, 제1호에 따른 주민등록표 등본은 신청인이 확인에 동의하지 아니하는 경우에는 이를 제출하도록 하여야 한다.(2011.3.28 본문개정)
1. 주민등록표 등본
2. 토지등기부 등본 또는 토지대장 등본(토지이용계획확인서를 포함한다)(2011.3.28 본호개정)
(2006.7.5 본항신설)
(2005.12.31 본조신설)
제83조의5【부득이한 사유가 있어 비사업용 토지로 보지 아니하는 토지의 판정기준 등】 ① 영 제168조의14제1항제4호에 따라 다음 각 호의 어느 하나에 해당하는 토지는 해당 각 호에서 규정한 기간 동안 법 제104조의3제1항 각 호의 어느 하나에 해당하지 아니하는 토지로 보아 같은 항에 따른 비사업용 토지에 해당하는지 여부를 판정한다. 다만, 부동산매매업(한국표준산업분류에 따른 건물건설업 및 부동산공급업을 말한다)을 영위하는 자가 취득한 매매용부동산에 대하여는 제1호 및 제2호를 적용하지 아니한다.(2009.4.14 본문개정)
1. 토지를 취득한 후 법령에 따라 당해 사업과 관련된 인가·허가(건축허가를 포함한다. 이하 같다)·면허 등을 신청한 자가 「건축법」 제18조 및 행정지도에 따

라 건축허가가 제한됨에 따라 건축을 할 수 없게 된 토지 : 건축허가가 제한된 기간(2009.4.14 본호개정)

2. 토지를 취득한 후 법령에 따라 당해 사업과 관련된 인가·허가·면허 등을 받았으나 건축자재의 수급조절을 위한 행정지도에 따라 착공이 제한된 토지 : 착공이 제한된 기간

3. 사업장(임시 작업장을 제외한다)의 진입도로로서「사도법」에 따른 사도 또는 불특정다수인이 이용하는 도로 : 사도 또는 도로로 이용되는 기간

4.「건축법」에 따라 건축허가를 받을 당시에 공공공지(公共空地)로 제공한 토지 : 당해 건축물의 착공일부터 공공공지로의 제공이 끝나는 날까지의 기간

5. 지상에 건축물이 정착되어 있지 아니한 토지를 취득하여 사업용으로 사용하기 위하여 건설에 착공(착공일이 불분명한 경우에는 착공신고서 제출일을 기준으로 한다)한 토지 : 당해 토지의 취득일부터 2년 및 착공일 이후 건설이 진행 중인 기간(천재지변, 민원의 발생 그 밖의 정당한 사유로 인하여 건설을 중단한 경우에는 중단한 기간을 포함한다)

6. 저당권의 실행 그 밖에 채권을 변제받기 위하여 취득한 토지 및 청산절차에 따라 잔여재산의 분배로 인하여 취득한 토지 : 취득일부터 2년

7. 당해 토지를 취득한 후 소유권에 관한 소송이 계속(係屬) 중인 토지 : 법원에 소송이 계속되거나 법원에 의하여 사용이 금지된 기간

8.「도시개발법」에 따른 도시개발구역 안의 토지로서 환지방식에 따라 시행되는 도시개발사업이 구획단위로 사실상 완료되어 건축이 가능한 토지 : 건축이 가능한 날부터 2년

9. 건축물이 멸실·철거되거나 무너진 토지 : 당해 건축물이 멸실·철거되거나 무너진 날부터 2년

10. 거주자가 2년 이상 사업에 사용한 토지로서 사업의 일부 또는 전부를 휴업·폐업 또는 이전함에 따라 사업에 직접 사용하지 아니하게 된 토지 : 휴업·폐업 또는 이전일부터 2년

11. 천재지변 그 밖에 이에 준하는 사유의 발생일부터 소급하여 2년 이상 계속하여 재촌(영 제168조의8제2항의 규정에 따른 재촌을 말한다)하면서 자경(영 제168조의8제2항의 규정에 따른 자경을 말한다. 이하 이 호에서 같다)한 자가 소유하는 농지로서 농지의 형질이 변경되어 황지(荒地)가 됨으로써 자경하지 못하는 토지 : 당해 사유의 발생일부터 2년

12. 당해 토지를 취득한 후 제1호 내지 제11호의 사유 외에 도시계획의 변경 등 정당한 사유로 인하여 사업에 사용하지 아니하는 토지 : 당해 사유가 발생한 기간

② 영 제168조의14제2항제3호의 규정에 따라 다음 각 호의 어느 하나에 해당하는 토지에 대하여는 당해 각 호에서 규정한 날을 양도일로 보아 영 제168조의6의 규정을 적용하여 비사업용 토지에 해당하는지 여부를 판정한다.

1. 한국자산관리공사에 매각을 위임한 토지 : 매각을 위임한 날

2. 전국을 보급지역으로 하는 일간신문을 포함한 3개 이상의 일간신문에 다음 각 목의 조건으로 매각을 3일 이상 공고하고, 공고일(공고일이 서로 다른 경우에는 최초의 공고일)부터 1년 이내에 매각계약을 체결한 토지 : 최초의 공고일
   가. 매각예정가격이 영 제167조제5항의 규정에 따른 시가 이하일 것
   나. 매각대금의 100분의 70 이상을 매각계약 체결일부터 6월 이후에 결제할 것

3. 제2호의 규정에 따른 토지로서 동호 각 목의 요건을 갖추어 매년 매각을 재공고(직전 매각공고시의 매각예정가격에서 동 금액의 100분의 10을 차감한 금액

이하로 매각을 재공고한 경우에 한한다)하고, 재공고 일부터 1년 이내에 매각계약을 체결한 토지 : 최초의 공고일

③ 영 제168조의14제3항제1호의2에서 "8년 이상 기획재정부령으로 정하는 토지소재지에 거주하면서 직접 경작한 농지·임야·목장용지"란 다음 각 호의 토지를 말한다.

1. 8년 이상 농지의 소재지와 같은 시·군·구(자치구를 말한다. 이하 이 항에서 같다), 연접한 시·군·구 또는 농지로부터 직선거리 30킬로미터 이내에 있는 지역에 사실상 거주하는 자가「조세특례제한법 시행령」제66조제13항에 따른 자경을 한 농지

2. 8년 이상 임야의 소재지와 같은 시·군·구, 연접한 시·군·구 또는 임야로부터 직선거리 30킬로미터 이내에 있는 지역에 사실상 거주하면서 주민등록이 되어 있는 자가 소유한 임야
(2015.3.13 1호~2호개정)

3. 8년 이상 축산업을 영위하는 자가 소유하는 목장용지로서 영 별표1의3에 따른 가축별 기준면적과 가축두수를 적용하여 계산한 토지의 면적 이내의 목장용지
(2009.4.14 본항신설)

④ 영 제168조의14제3항제5호에서 "기획재정부령으로 정하는 부득이한 사유에 해당되는 토지"란 다음 각 호의 어느 하나에 해당하는 토지를 말한다.(2009.4.14 본문개정)

1. 공장의 가동에 따른 소음·분진·악취 등으로 인하여 생활환경의 오염피해가 발생되는 지역 안의 토지로서 그 토지소유자의 요구에 따라 취득한 공장용 부속토지의 인접토지

2. 2006년 12월 31일 이전에 이농한 자가「농지법」제6조제2항제5호에 따라 이농당시 소유하고 있는 농지로서 2009년 12월 31일까지 양도하는 토지(2008.4.29 본호개정)

3.「기업구조조정 촉진법」에 따른 부실징후기업과 채권금융기관협의회가 같은 법 제10조에 따라 해당 부실징후기업의 경영정상화계획 이행을 위한 약정을 체결하고 그 부실징후기업이 해당 약정에 따라 양도하는 토지(2008년 12월 31일 이전에 취득한 것에 한정한다. 이하 이 항에서 같다)(2009.4.14 본호신설)

4. 채권은행 간 거래기업의 신용위험평가 및 기업구조조정방안 등에 대한 협의와 거래기업에 대한 채권은행 공동관리절차를 규정한「채권은행협의회 운영협약」에 따른 관리대상기업과 채권은행자율협의회가 같은 협약 제19조에 따라 해당 관리대상기업의 경영정상화계획 이행을 위한 특별약정을 체결하고 그 관리대상기업이 해당 약정에 따라 양도하는 토지(2009.4.14 본호신설)

5.「산업집적활성화 및 공장설립에 관한 법률」제39조에 따라 산업시설구역의 산업용지를 소유하고 있는 입주기업체가 산업용지를 같은 법 제2조에 따른 관리기관(같은 법 제39조제2항 각 호의 유관기관을 포함한다)에 양도하는 토지(2011.3.28 본호개정)

6.「농촌근대화촉진법」(법률 제4118호로 개정되기 전의 것)에 따른 방조제공사로 인한 해당 어민의 피해에 대한 보상대책으로 같은 법에 따라 조성된 농지를 보상한 경우로서 같은 법에 따른 농업진흥공사로부터 해당 농지를 최초로 취득하여 8년 이상 직접 경작한 농지. 이 경우 제3항제1호에 따른 농지소재지 거주요건은 적용하지 아니한다.(2009.4.14 본호신설)

7.「채무자의 회생 및 파산에 관한 법률」제242조에 따른 회생계획인가 결정에 따라 회생계획의 수행을 위하여 양도하는 토지(2015.3.13 본호신설)
(2006.4.10 본항개정)

⑤ 제1항제11호의 규정을 적용받고자 하는 자는 법 제

105조 또는 제110조의 규정에 따른 양도소득세 과세표준 신고기한 내에 납세지 관할 세무서장에게 별지 제92호서식의 천재지변 등으로 인한 농지의 비사업용토지 제외신청서에 형질변경사실확인원 그 밖에 특례적용대상임을 확인할 수 있는 서류를 첨부하여 제출하여야 한다.(2006.7.5 본문개정)
1.~3. (2006.7.5 삭제)
⑥ 제5항에 따라 신청서를 제출받은 납세지 관할 세무서장은 「전자정부법」 제36조제1항에 따른 행정정보의 공동이용을 통하여 다음 각 호의 서류를 확인하여야 한다. 다만, 제1호에 따른 주민등록표 등본은 신청인이 확인에 동의하지 아니하는 경우에는 이를 제출하도록 하여야 한다.(2011.3.28 본문개정)
1. 주민등록표 등본
2. 토지등기부 등본 또는 토지대장 등본
(2006.7.5 본항신설)
(2005.12.31 본조신설)

제84조【부동산등양도신고확인서의 신청 및 발급】
영 제171조 전단에서 "기획재정부령으로 정하는 신청서"란 별지 제88호서식의 부동산등양도신고확인서 발급 신청서를 말한다.(2020.3.13 본조신설)

제85조【분납의 신청】
법 제112조 및 영 제175조의 규정에 의하여 납부할 세액의 일부를 분납하고자 하는 자는 다음 각호의 구분에 따라 납세지 관할세무서장에게 신청하여야 한다.
1. 법 제110조제1항의 규정에 의하여 확정신고를 하는 경우에는 별지 제84호서식의 양도소득과세표준확정신고및납부계산서에 분납할 세액을 기재하여 법 제110조제1항의 규정에 의한 확정신고기한까지 신청하여야 한다.(2010.4.30 본호개정)
2. 법 제105조제1항의 규정에 의하여 예정신고를 하는 경우에는 별지 제84호서식의 양도소득과세표준예정신고및납부계산서에 분납할 세액을 기재하여 동조동항의 규정에 의한 예정신고기한까지 신청하여야 한다.(2010.4.30 본호개정)

제85조의2【생산자물가상승률 등】
① 영 제176조의2 제4항제2호에서 "생산자물가상승률"이라 함은 「한국은행법」 제86조의 규정에 의하여 한국은행이 조사한 각 연도(1984년 이전을 말한다. 이하 이 조에서 같다)의 연간생산자물가지수에 의하여 산정된 비율(당해 양도자산의 보유기간의 월수가 12월 미만인 연도에 있어서는 월간생산자물가지수에 의하여 산정된 비율)을 말한다.(2005.3.19 본항개정)
② 영 제176조의2제5항의 규정에 의하여 국세청장은 관할세무서장 또는 지방국세청장으로 하여금 양도소득세의 과세대상이 되는 자산의 평가 및 이와 관련되는 사항을 당해 세무서 또는 는 지방국세청의 과장급 공무원 3인 이상과 공무원이 아닌 자로서 부동산 감정평가에 관한 학식ㆍ경험이 풍부한 자 3인 이상에게 국세청장이 정하는 절차에 따라 자문하게 할 수 있다.
(2000.4.3 본조신설)

제86조【비거주자의 국내원천소득금액의 계산】
① 영 제179조제2항제8호의 항공기에 의한 국제운송업을 행하는 비거주자의 국내원천소득금액은 다음 산식에 의하여 계산한 금액으로 한다.

국제운송소득금액 × 〔(국내총수입금액 / 국제노선총수입금액) + (국내고정자산의 장부가액 + 국제노선에 취항하는 항공기의 장부가액×국내에서의 출항횟수 / 국제노선 출항횟수)) / 국제노선에 관련있는 총고정자산의 장부가액 + (국내의 급여액 + 국제노선에 취항하는 항공기승무원의 급여액×국내에서의 출항횟수 / 국제노선 출항횟수) / 국제노선에 관련한 총급여액) × 1/3〕 = 국내원천소득금액

② 영 제179조제2항제2호ㆍ제3호 및 제9호에서 "통상의 거래조건"이란 해당 비거주자가 재고자산등을 「국제조세조정에 관한 법률」 제8조 및 같은 법 시행령 제5조부터 제16조까지의 규정에 따른 방법을 준용하여 계산한 시가에 의하여 거래하는 것을 말한다.
(2021.3.16 본항개정)
③ 제2항에 따라 해당 비거주자가 국내원천소득을 계산한 경우에는 「국제조세조정에 관한 법률 시행규칙」 제27조제1항에 따른 별지 제16호서식의 국제거래명세서, 같은 조 제3항제1호에 따른 별지 제18호서식의 용역거래에 대한 정상가격 산출방법 신고서, 같은 항 제2호에 따른 별지 제19호서식의 무형자산에 대한 정상가격 산출방법 신고서, 같은 항 제3호에 따른 별지 제20호서식의 정상가격 산출방법 신고서를 법 제70조 및 제74조에 따른 신고기한까지 납세지 관할 세무서장에게 제출해야 한다.(2021.3.16 본항개정)
(2018.4.29 본조개정)

제86조의2【적격외국금융회사등의 보고】
법 제119조의3제2항 전단에 따른 적격외국금융회사등(이하 "적격외국금융회사등"이라 한다)은 영 제179조의3제3호에 따라 같은 조 제2호에 따른 국채등 보유ㆍ거래 명세 자료의 내용에 변동이 발생한 경우 그 변동일이 속한 분기의 마지막 달의 다음 달 말일까지 비거주자의 국내원천소득을 지급하는 자의 납세지 관할 세무서장에게 보고해야 한다.(2022.12.31 본조신설)

제86조의3【국내원천소득금액의 계산】
영 제181조제2항에서 "기획재정부령이 정하는 것"이라 함은 다음 각 호의 어느 하나에 해당하는 것을 말한다.
(2008.4.29 본문개정)
1. 국내사업장이 약정 등에 따른 대가를 받지 아니하고 본점 등을 위하여 재고자산을 구입하거나 보관함으로써 발생한 경비(2013.2.23 본호개정)
2. 기타 국내원천소득의 발생과 합리적으로 관련되지 아니하는 경비
(1999.5.7 본조신설)

제86조의4【국내사업장과 본점 등의 거래에 대한 국내원천소득금액의 계산】
① 영 제181조의2제2항 본문에서 "기획재정부령으로 정하는 비용"이란 다음 각 호의 금액을 말한다.(2020.3.13 본문개정)
1. 자금거래에서 발생한 이자 비용
2. 보증거래에서 발생한 수수료 등 비용
(2013.2.23 본항신설)
② 영 제181조의2제1항 및 제2항에 따라 비거주자의 국내사업장과 국외의 본점 및 다른 지점간 거래(이하 이 조에서 "내부거래"라 한다)에 따른 국내원천소득금액을 계산할 때 적용하는 정상가격은 비거주자의 국내사업장이 수행하는 기능〔비거주자 국내사업장의 종업원 등이 자산의 소유 및 위험의 부담과 관련하여 중요하게 수행하는 기능(이하 이 조에서 "중요한 인적 기능"이라 한다)을 포함한다〕, 부담하는 위험 및 사용하는 자산 등의 사실을 고려하여 계산한 금액으로 한다.(2020.3.13 본항개정)
③ 제2항을 적용할 때 국내사업장의 기능 및 사실의 분석은 다음 각 호를 따른다.
1. 국내사업장이 속한 본점과 독립된 기업들 간 거래로부터 발생하는 권리 및 의무를 국내사업장에 적절하게 배분
2. 자산의 경제적 소유권의 배분과 관련된 중요한 인적 기능을 확인하여 국내사업장에 자산의 경제적 소유권을 배분
3. 위험의 부담과 관련된 중요한 인적 기능을 확인하여 국내사업장에 위험을 배분
4. 국내사업장의 자산 및 위험배분에 기초한 자본의 배분

5. 국내사업장에 관한 중요한 인적 기능 외의 기능을 확인
6. 국내사업장과 본점 및 다른 지점 간 거래의 성격에 대한 인식 및 결정
(2020.3.13 본항신설)
④ 영 제181조의2제4항에서 "내부거래 명세서, 경비배분계산서 등 기획재정부령으로 정하는 서류"란 다음 각 호의 어느 하나에 해당하는 서류를 말한다.
1. 내부거래에 관한 명세서. 이 경우 내부거래에 관한 명세서는「국제조세조정에 관한 법률 시행규칙」제27조제1항에 따른 별지 제16호서식(갑)을 준용한다. (2021.3.16 본호개정)
2.「국제조세조정에 관한 법률 시행규칙」제27조제3항제1호에 따른 별지 제18호서식의 용역거래에 대한 정상가격 산출방법 신고서(2021.3.16 본호개정)
3.「국제조세조정에 관한 법률 시행규칙」제27조제3항제2호에 따른 별지 제19호서식의 무형자산에 대한 정상가격 산출방법 신고서(2021.3.16 본호개정)
4.「국제조세조정에 관한 법률 시행규칙」제27조제3항제3호에 따른 별지 제20호서식의 정상가격 산출방법 신고서(2021.3.16 본호개정)
(2020.3.13 본항개정)
⑤ 영 제181조의2제3항에 따라 비거주자의 국내사업장에 본점 및 그 국내사업장을 관할하는 관련지점 등의 공통경비를 배분함에 있어 다음 각 호의 어느 하나에 해당하는 본점 등의 경비는 국내사업장에 배분하지 아니한다.(2013.2.23 본문개정)
1. 본점등에서 수행하는 업무중 회계감사, 각종 재무제표의 작성등 본점만의 고유업무를 수행함으로써 발생하는 경비
2. 본점등의 특정부서나 특정한 지점만을 위하여 지출하는 경비
3. 다른 법인에 대한 투자와 관련되어 발생하는 경비
4. 기타 국내원천소득의 발생과 합리적으로 관련되지 아니하는 경비
⑥ 영 제181조의2제3항에 따라 비거주자의 국내사업장에 본점 및 그 국내사업장을 관할하는 관련지점등의 공통경비를 배분함에 있어서는 그 배분의 대상이 되는 경비를 경비항목별기준에 따라 배분하는 항목별배분방법에 의하거나 배분의 대상이 되는 경비를 국내사업장의 수입금액이 본점 및 그 국내사업장을 관할하는 관련지점등의 총수입금액에서 차지하는 비율에 따라 배분하는 일괄 배분방법에 의할 수 있다.(2013.2.23 본항개정)
⑦ 제6항에 따라 공통경비를 배분하는 경우 외화의 원화 환산은 과세기간중의「외국환거래법」에 의한 기준환율 또는 재정환율의 평균을 적용한다.(2020.3.13 본항개정)
⑧ 제5항부터 제7항까지의 규정을 적용할 때 구체적인 배분방법, 첨부서류의 제출 기타 필요한 사항은 국세청장이 정한다.(2020.3.13 본항개정)
(2013.2.23 본조제목개정)
(1999.5.7 본조신설)
제87조【비거주자의 신고와 납부 등】① 법 제124조의 규정에 의하여 비거주자의 국내원천소득을 종합하여 과세하는 경우에 이에 관한 신고와 납부에 관하여는 이 영중 거주자의 신고와 납부에 관한 규정을 준용한다.
② 영 제182조제2항 본문에서 "기획재정부령으로 정하는 신고서류"란 다음 각 호의 서류를 말한다.
1. 법 제124조제2항에 따른 비거주자구성원이 자신의 종합소득과세표준을 대신 신고하는 것에 동의한다는 뜻을 표시한 대표신고자 일괄신고 동의서
2. 제1항에 따라 준용되는 규정에서 종합소득과세표준 신고 시 제출하도록 규정하고 있는 서류
(2022.3.18 본항신설)

③ 법 제125조의 규정에 의하여 비거주자의 국내원천소득을 종합하여 과세하는 경우에 이에 관한 결정·경정과 징수 및 환급에 관하여는 이 영중 거주자에 대한 소득세의 결정·경정과 징수 및 환급에 관한 규정을 준용한다.
(2022.3.18 본조제목개정)
제88조【원천징수대상에서 제외되는 소득】영 제184조제1항제1호에서 "기획재정부령으로 정하는 바에 따라 계산한 의약품가격이 차지하는 비율에 상당하는 소득"이라 함은 「약사법」에 따른 약사가 의약품의 조제용역을 제공하고 지급받는 다음 각 호의 어느 하나에 해당하는 비용에 해당 의약품의 구입가격[보건복지부장관이 「국민건강보험법 시행령」제22조제1항 후단에 따라 고시하는 약제 및 치료재료의 상한금액 및 「국민건강증진법」제25조제1항제2호에 따른 국민건강관리사업(이하 이 조에서 "국민건강관리사업"이라 한다)에 따라 지급받는 약제비용을 한도로 한다]이 약제비 총액(해당 의약품의 조제용역 제공에 따른 요양급여비용, 의료급여비용 또는 약제비용에 본인부담금을 합한 비용을 말한다)에서 차지하는 비율을 곱한 금액에 상당하는 소득을 말한다.(2018.3.21 본문개정)
1.「국민건강보험법」제47조에 따라 지급받는 요양급여비용(2018.3.21 본호개정)
2.「의료급여법」제11조에 따라 지급받는 의료급여비용
3.「한국보훈복지의료공단법 시행령」제15조의2에 따라 지급받는 약제비용
4.「산업재해보상보험법」제40조제4항제2호에 따라 지급받는 요양급여비용(2011.3.28 본호개정)
5. 국민건강관리사업에 따라 지급받는 약제비용
(2018.3.21 본호신설)
(2007.4.17 본조개정)
제88조의2【전환사채등에 대한 이자등 상당액】영 제193조의2제3항 단서에 따른 전환사채 또는 교환사채(이하 이 항에서 "전환사채등"이라 한다)가 주식으로 전환청구 또는 교환청구(이하 이 항에서 "청구"라 한다)된 이후에는 이를 법 제46조제1항에 따른 채권등이 아닌 것으로 본다. 다만, 영 제193조의2제3항 단서에 따라 주식으로 청구를 한 후에도 이자를 지급하는 약정이 있는 경우에는 해당 이자를 지급받는 자에게 청구일 이후의 약정이자가 지급되는 것으로 보아 청구일(청구일이 분명하지 아니한 경우에는 해당 전환사채등 발행법인의 사업연도 중에 최초로 청구된 날과 최종으로 청구된 날의 가운데에 해당하는 날을 말한다)부터 해당 전환사채등 발행법인의 사업연도 말일까지의 기간에 대하여 약정이자율을 적용한다.(2010.4.30 본조신설)
제88조의3 (2011.3.28 삭제)
제88조의4【물가연동국고채에 대한 이자 등 상당액】영 제193조의2제3항 각 호 외의 부분 본문에서 "기획재정부령으로 정하는 계산방법"이란 영 제22조의2제3항에 따른 물가연동국고채(이하 이 조에서 "물가연동국고채"라 한다)의 액면가액에 매도일 또는 이자 지급일의「국채법 시행규칙」제3조에 따라 기획재정부 장관이 정하는 물가연동계수(이하 이 조에서 "물가연동계수"라 한다)를 적용하여 계산한 금액에서 물가연동국고채의 액면가액에 발행일 또는 직전 원천징수일의 물가연동계수를 적용하여 계산한 금액을 차감하는 방법을 말한다. 이 경우 원금증가가 0보다 작은 경우에는 없는 것으로 보며, 발행일의 물가연동계수가 직전 원천징수일의 물가연동계수보다 클 경우에는 발행일의 물가연동계수를 적용한다.(2016.3.16 본조신설)
제89조【근로소득에 대한 원천징수】① 원천징수의무자가 매월분의 근로소득에 대하여 소득세를 원천징수하는 때에는 직전 과세기간분의 연말정산을 위하여

받은 근로소득자 소득·세액 공제신고서에 의하여 간이세액표를 적용한다.(2014.3.14 본항개정)
② 원천징수의무자가 해당 과세기간 중에 근로소득자 소득·세액 공제신고서를 받은 때에는 그 받은 날이 속하는 달부터 그 신고서에 의하여 간이세액표를 적용한다.(2014.3.14 본항개정)
③ 연봉제 등의 채택으로 급여를 매월 1회 지급하는 방법외의 방법으로 지급하는 근로소득에 대한 소득세의 원천징수는 다음 각호의 방법에 의한다.
1. 정기적으로 분할하여 지급하는 경우
  가. 분할지급대상기간이 1월을 초과하는 경우 : 법 제136조제1항제1호의 규정에 의한 지급대상기간이 있는 상여 등에 대한 소득세 원천징수 적용
  나. 분할지급대상기간이 1월미만인 경우 : 매월 지급하는 총액에 대하여 간이세액표 적용
2. 부정기적으로 지급하는 경우 : 법 제136조제1항제2호의 규정에 의한 지급대상 기간이 없는 상여 등에 대한 소득세 원천징수 적용
(1999.5.7 본항신설)
제90조 (2000.4.3 삭제)
제91조【상여 등에 대한 세액의 계산】① 법 제136조제1항에 규정하는 근로소득에 해당하는 상여 등을 지급하는 때에 원천징수하는 세액의 계산은 다음의 산식에 의하여 계산한 금액으로 한다.

$$[(상여 등의 금액 + 지급대상기간의 상여 등 외의 급여의 합계액) / 지급대상기간의 월수]에 대한 간이세액표상의 해당 세액 × 지급대상기간의 월수 - 지급대상기간의 상여 등 외의 급여에 대한 기 원천징수액$$

② 법 제136조제2항의 상여 등에 대하여 원천징수할 소득세액의 계산은 다음 산식에 의한다.

$$잉여금 처분에 의한 상여 등의 금액 × 기본세율$$

③ 상여 등의 금액과 그 지급대상기간이 사전에 정하여져 있는 경우(금액과 지급대상기간이 사전에 정하여진 상여 등을 지급대상기간의 중간에 지급하는 경우를 포함한다)에는 매월분의 급여에 상여 등의 금액을 그 지급대상기간으로 나눈 금액을 합한 금액에 대하여 간이세액표에 의한 매월분 소득세를 징수할 수 있다.
(1997.4.23 본조개정)
제92조【근로소득에 대한 세액의 연말정산】① 원천징수의무자가 법 제137조, 제137조의2 및 제138조에 따른 근로소득세액의 연말정산을 하지 아니한 때에는 원천징수관할세무서장은 즉시 연말정산을 하고 그 소득세를 원천징수의무자로부터 징수하여야 한다.
(2011.3.28 본항개정)
② 제1항의 경우에 원천징수의무자가 근로소득세액의 연말정산을 하지 아니하고 행방불명이 된 때에는 원천징수관할세무서장은 당해 근로소득이 있는 자에게 과세표준 확정신고를 하여야 한다는 것을 통지하여야 한다.
제93조【원천징수세액의 환급】① 영 제201조제1항의 규정을 적용함에 있어서 원천징수의무자가 환급할 소득세가 연말정산하는 달에 원천징수하여 납부할 소득세를 초과하는 경우에는 다음달 이후에 원천징수하여 납부할 소득세에서 조정하여 환급한다. 다만, 당해 원천징수의무자의 환급신청이 있는 경우에는 원천징수관할세무서장이 그 초과액을 환급한다.(2002.2.1 본항개정)
② 제1항 단서에 따라 소득세를 환급받으려는 원천징수의무자는 원천징수세액환급신청서를 원천징수 관할세무서장에게 제출한다. 다만, 원천징수의무자가 원천징수 관할세무서장에게 환급신청을 한 후 폐업 등으로 행방불명이 되거나 부도상태인 경우에는 해당 근로소득이 있는 사람이 원천징수 관할세무서장에게 그 환급액의 지급을 신청할 수 있다.(2020.3.13 본항개정)
③ 제1항 및 제2항의 규정은 원천징수의무자가 원천징

수하여 납부한 소득세액중 잘못 원천징수한 세액이 있는 경우에 이를 준용한다.
제93조의2【연금소득에 대한 원천징수】① (2011.3.28 삭제)
② 원천징수의무자가 법 제143조의2제1항에 따라 공적연금소득의 지급이 최초로 개시되는 연도의 공적연금소득에 대하여 소득세를 원천징수함에 있어서는 다음 각 호의 구분에 따라 영 별표3 연금소득간이세액표를 적용한다.
1. 공적연금소득을 지급받는 사람이 법 제143조의6제1항에 따른 연금소득자 소득·세액 공제신고서(이하 "연금소득자 소득·세액 공제신고서"라 한다)를 제출한 경우 : 연금소득자 소득·세액 공제신고서에 의하여 영 별표3 연금소득간이세액표를 적용한다.
2. 공적연금소득을 지급받는 사람이 연금소득자 소득·세액 공제신고서를 제출하지 아니한 경우 : 공제대상 가족의 수를 1명으로 보아 영 별표3 연금소득간이세액표를 적용한다.
(2014.3.14 본항개정)
③ 원천징수의무자가 직전 연도의 공적연금소득에 대한 연말정산을 위하여 영 제201조의7에 따라 연금소득자 소득·세액 공제신고서를 제출받은 경우 해당연도에 지급되는 공적연금소득에 대하여 원천징수를 함에 있어서는 그 신고서에 의하여 영 별표3 연금소득간이세액표를 적용한다. 다만, 해당 연도 중에 공제대상 가족수의 변동 등으로 연금소득자 소득·세액 공제신고서를 제출받은 때에는 그 받은 날이 속하는 달의 공적연금소득분부터 해당 신고서에 의하여 영 별표3 연금소득간이세액표를 적용한다.(2014.3.14 본항개정)
제93조의3【공적연금소득에 대한 세액의 연말정산】원천징수의무자가 법 제143조의4에 따른 공적연금소득액의 연말정산을 하지 아니한 때에는 원천징수 관할세무서장은 즉시 연말정산을 하고 그 소득세를 원천징수의무자로부터 징수하여야 한다.(2013.2.23 본조개정)
제94조【납세조합의 근로소득원천징수부】영 제196조제1항은 법 제127조제1항제4호 각 목의 어느 하나에 해당하는 근로소득이 있는 자가 조직한 납세조합의 경우에 이를 준용한다.(2010.4.30 본조개정)
제94조의2【연말정산사업소득의 소득률】영 제201조의11제4항에서 "기획재정부령으로 정하는 율"이란 다음 계산식에 따른 율을 말한다. 이 경우 해당 과세기간의 단순경비율이 결정되어 있지 아니한 경우에는 직전 과세기간의 단순경비율을 적용한다.

$$소득률 = (1 - 영 제145조제1항에 따른 단순경비율)$$

(2011.3.28 전단개정)
제95조【납세관리인신고】영 제206조제1항에 규정한 납세관리인선정신고서는 「국세기본법 시행규칙」 별지 제43호서식을 준용한다.(2005.3.19 본조개정)
제95조의2【간편장부대상자의 사업규모에 대한 특례】① 영 제208조제5항제2호 단서에서 "기획재정부령으로 정하는 영세사업"이란 욕탕업을 말한다.
② 영 제208조제5항제2호 단서에서 "기획재정부령으로 정하는 금액"이란 1억 5천만원을 말한다.
(2014.3.14 본조신설)
제95조의3【경비 등의 지출증빙 특례】영 제208조의2제1항제9호에서 "기타 기획재정부령이 정하는 경우"란 다음 각 호의 어느 하나에 해당하는 경우를 말한다.
(2020.3.13 본문개정)
1. 「부가가치세법」 제10조에 따라 재화의 공급으로 보지 아니하는 사업의 양도에 의하여 재화를 공급받은 경우(2013.6.28 본호개정)
2. 「부가가치세법」 제26조제1항제8호에 따른 방송용역을 공급받은 경우(2013.6.28 본호개정)

3. 「전기통신사업법」에 의한 전기통신사업자로부터 전기통신역무를 제공받는 경우. 다만, 「전자상거래 등에서의 소비자보호에 관한 법률」에 따른 통신판매업자가 「전기통신사업법」에 따른 부가통신사업자로부터 동법 제4조제4항에 따른 부가통신역무를 제공받는 경우를 제외한다.(2007.4.17 단서신설)
4. 국외에서 재화 또는 용역을 공급받은 경우(세관장이 세금계산서 또는 계산서를 교부한 경우를 제외한다)
5. 공매·경매는 수용에 의하여 재화를 공급받은 경우
6. 토지 또는 주택을 구입하거나 주택의 임대업을 영위하는 자(법인을 제외한다)로부터 주택임대용역을 공급받은 경우
7. 택시운송용역을 공급받은 경우
8. 건물(토지를 함께 공급받은 경우에는 당해 토지를 포함하며, 주택을 제외한다)을 구입하는 경우로서 거래내용이 확인되는 매매계약서 사본을 과세표준확정신고서에 첨부하여 납세지 관할세무서장에게 제출하는 경우
8의2. (2020.3.13 삭제)
8의3. 항공기의 항행용역을 제공받은 경우(2000.4.3 본호신설)
8의4. 부동산임대용역을 제공받은 경우로서 「부가가치세법 시행령」 제65조제1항의 규정을 적용받는 전세금 또는 임대보증금에 대한 부가가치세액을 임차인이 부담하는 경우(2013.6.28 본호개정)
8의5. 재화공급계약·용역제공계약 등에 의하여 확정된 대가의 지급지연으로 인하여 연체이자를 지급하는 경우(2000.4.3 본호신설)
8의6. 「유료도로법」 제2조제2호에 따른 유료도로를 이용하고 통행료를 지급하는 경우(2007.4.17 본호신설)
9. 다음 각 목의 어느 하나에 해당하는 경우로서 공급받은 재화 또는 용역의 거래금액을 「금융실명거래 및 비밀보장에 관한 법률」 제2조제1호의 규정에 의한 금융회사 등을 통하여 지급한 경우로서 과세표준확정신고서에 송금사실을 기재한 경비 등의 송금명세서를 첨부하여 납세지 관할세무서장에게 제출하는 경우(2012.2.28 본문개정)
가. 「부가가치세법」 제36조제1항제2호에 해당하는 사업자로부터 부동산임대용역을 공급받은 경우(2023.3.20 본목개정)
나. 임가공용역을 공급받은 경우(법인과의 거래를 제외한다)(2000.4.3 본목개정)
다. 운수업을 영위하는 자(「부가가치세법」 제36조제1항제2호에 해당하는 사업자에 한한다)가 제공하는 운송용역을 공급받은 경우(제7호의 규정을 적용받는 경우를 제외한다)(2023.3.20 본목개정)
라. 「부가가치세법」 제36조제1항제2호에 해당하는 사업자로부터 「조세특례제한법 시행령」 제110조제4항 각호의 규정에 의한 재활용폐자원등 또는 「자원의 절약과 재활용촉진에 관한 법률」 제2조제2호에 따른 재활용가능자원(동법 시행규칙 별표1 제1호 내지 제9호의1에 해당하는 것에 한한다)을 공급받은 경우(2023.3.20 본목개정)
마. 광업권, 어업권, 산업재산권, 산업정보, 산업상비밀, 상표권, 영업권, 토사석의 채취허가에 따른 권리, 지하수의 개발·이용권 그 밖에 이와 유사한 자산이나 권리를 공급받는 경우(2002.4.13 본목신설)
바. 「부가가치세법 시행령」 제32조제2항에 따라 영세율이 적용되는 「항공법」에 의한 상업서류송달용역을 제공받는 경우(2013.6.28 본목개정)
사. 「공인중개사의 업무 및 부동산 거래신고에 관한 법률」에 의한 중개업자에게 수수료를 지급하는 경우(2008.4.29 본목개정)

아. 「전자상거래 등에서의 소비자보호에 관한 법률」 제2조제2호 본문에 따른 통신판매에 따라 재화 또는 용역을 공급받은 경우(2012.2.28 본목개정)
자. 그 밖에 국세청장이 정하여 고시하는 경우(2012.2.28 본목신설)
(1999.5.7 본조신설)

제95조의4【현금영수증가맹점 가입대상자의 범위】 ① 영 제210조의3제1항 단서에서 "기획재정부령으로 정하는 사업자"라 함은 다음 각 호의 자를 말한다.(2008.4.29 본문개정)
1. 택시운송 사업자
2. 읍·면지역에 소재하는 소매업자 중 사업규모·시설·업황 등을 고려하여 국세청장이 지정하는 사업자(2008.4.29 본호개정)
3. 「법인세법」 제117조의2제3항 단서에 따라 사실과 다르게 발급된 것으로 보지 아니하는 사업자를 통하여 현금영수증을 발급하는 사업자(2012.2.28 본호신설)
② 영 별표3의2 소매업란에서 "기획재정부령으로 정하는 업종"이란 다음 각 호의 어느 하나에 해당하는 업종을 말한다.
1. 노점상업·행상업
2. 무인자동판매기를 이용하여 재화 또는 용역을 공급하는 자동판매기운영업
3. 자동차소매업(중고자동차 소매업은 제외한다)(2017.3.10 본호개정)
4. 우표·수입인지소매업 및 복권소매업(2008.4.29 본항신설)
③ 영 별표3의2 제조업란에서 "기획재정부령으로 정하는 업종"이라 함은 다음 각 호의 어느 하나에 해당하는 업종을 말한다.(2008.4.29 본문개정)
1. 과자점업, 도정업 및 제분업(떡방앗간을 포함한다)
2. 양복점업, 양장점업 및 양화점업(2007.4.17 본조신설)

제96조 (2010.4.30 삭제)

제96조의2【영수증을 발행할 수 있는 사업자의 범위】
영 제211조제2항제3호에서 "기획재정부령이 정하는 사업"이라 함은 다음 각 호의 어느 하나에 해당하는 사업을 말한다. 다만, 제2호부터 제7호까지에 해당하는 사업은 직접 최종소비자에게 재화 또는 용역을 공급하는 경우에 한한다.(2008.4.29 본문개정)
1. 금융 및 보험업
2. 사업시설관리 및 사업지원서비스업(2010.4.30 본호개정)
3. 교육서비스업
4. 보건업 및 사회복지서비스업
5. 예술, 스포츠 및 여가 관련 서비스업
6. 협회 및 단체, 수리 및 기타 개인서비스업
7. 가구내 고용활동에서 발생하는 소득(2010.4.30 4호~7호개정)
8. 그 밖에 제1호부터 제7호까지와 유사한 사업으로서 계산서 발급이 불가능하거나 현저히 곤란한 사업(2010.4.30 본호신설)
(1996.3.30 본조신설)

제96조의3【전자계산서】 법 제163조제1항에 따른 전자계산서는 「전자문서 및 전자거래 기본법」 제24조제1항에 따라 제정된 전자계산서의 표준에 따라 생성·발급·전송되어야 한다.(2015.3.13 본조개정)

제96조의4【매입자발행계산서】 ① 영 제212조의4제1항에 따른 거래사실확인신청서는 별지 제29호의16서식과 같다.
② 영 제212조의4제7항 각 호 외의 부분 단서에서 "공급자의 부도, 일시 부재 등 기획재정부령으로 정하는 불가피한 사유가 있는 경우"란 다음 각 호의 어느 하나에 해당하는 경우를 말한다.

1. 공급자의 부도, 질병, 장기출장 등으로 거래사실 확인이 곤란하여 공급자가 연기를 요청한 경우
2. 세무공무원이 거래사실의 확인을 위하여 2회 이상 공급자를 방문하였으나 폐문·부재 등으로 인하여 공급자를 만나지 못한 경우
③ 영 제212조의4제9항에 따른 매입자발행계산서는 별지 제29호의17서식과 같다.
④ 영 제212조의4제11항에 따른 매입자발행계산서합계표는 별지 제29호의18서식과 같다.
(2023.3.20 본조신설)

제96조의5【현금영수증 발급장치를 통한 지급명세서 등의 작성방법 등】 영 제213조의2제2항 및 제3항에 따라 현금영수증 발급장치를 통해 제출하는 지급명세서 및 간이지급명세서의 작성방법 등에 관하여 필요한 사항은 국세청장이 정하여 고시한다.(2023.3.20 본조개정)

제97조【지급명세서제출의무의 면제】 영 제214조제1항제3호에서 "기획재정부령으로 정하는 소득"이란 다음 각 호의 어느 하나에 해당하는 것을 말한다.(2009.4.14 본문개정)
1. 법 제21조제1항제2호에 해당하는 기타소득(법 제14조제3항제8호라목에 따른 복권 당첨금은 제외한다)으로서 1건당 당첨금품의 가액이 10만원 이하인 경우 (2023.3.20 본호신설)
2. 법 제21조제1항제4호에 해당하는 기타소득으로서 1건당 환급금이 200만원 미만(체육진흥투표권의 경우 10만원 이하)인 경우(2020.3.13 본호개정)
3. 법 제84조에 따라 소득세가 과세되지 아니하는 기타소득. 다만, 제21조제1항제15호 및 제19호에 따른 기타소득을 제외한다.(2015.3.13 본호개정)
4. 영 제184조의2제1호의2의 규정에 의한 안마시술소에서 제공하는 용역에 대한 소득으로서 안마시술소가 소득세를 원천징수하는 소득(2004.3.5 본호신설)
(2009.4.14 본조제목개정)

제97조의2【비거주자의 국내원천소득 등에 대한 지급명세서 제출의무면제】 영 제216조의2제1항제8호에서 "기획재정부령으로 정하는 소득"이란 다음 각호의 소득을 말한다.(2009.4.14 본문개정)
1. 예금 등의 잔액이 30만원 미만으로서 1년 이상 거래가 없는 계좌에서 발생하는 이자소득 또는 배당소득
2. 계좌별로 1년간 발생한 이자소득 또는 배당소득이 3만원 미만인 경우의 당해 소득
3. 법 제119조제7호의 국내원천소득으로서 일용근로자의 소득
(2009.4.14 본조제목개정)
(2002.4.13 본조신설)

제98조 (2003.4.14 삭제)

제99조【지급명세서 제출기한의 연장】 영 제216조제1항제1호 및 제2호에서 "기획재정부령으로 정하는 기간분"이란 전산시스템의 유지·관리 및 입력·출력 상태 등을 고려하여 국세청장이 정하는 기간분으로 한다.(2021.10.28 본조개정)

제99조의2【사업자등록】 영 제220조제1항에 따라 사업자등록을 하려는 자에 대해서는 「부가가치세법 시행령」 제11조부터 제16조까지의 규정을 준용한다.(2019.3.20 본조신설)

제99조의3【인적용역제공사업자 등의 범위】 영 제224조제1항제6호에서 "기획재정부령이 정하는 자"라 함은 다음 각 호의 어느 하나에 해당하는 자를 말한다.(2008.4.29 본문개정)
1. 수하물운반원
2. 중고자동차판매원
3. 욕실종사원
4. 스포츠 강사 및 트레이너(2023.3.20 본호신설)
(2006.4.10 본조신설)

제99조의4【납세조합 교부금의 지급한도】 영 제221조제1항 단서에서 "기획재정부령으로 정한 금액"이란 30만원을 말한다.(2020.3.13 본조신설)

제99조의5【국세청의 주식등 거래내역 요청방법】 국세청장은 법 제174조의2제3호 및 영 제225조의2제2항에 따라 「자본시장과 금융투자업에 관한 법률」 제8조제1항에 따른 금융투자업자에 주권상장법인 대주주가 양도하는 주식등의 거래내역 자료를 요청하는 경우 자료제출 대상기간을 5년 이하의 기간으로 특정해 서면으로 요청해야 한다.(2020.3.13 본조신설)

제100조【일반서식】 일반서식은 다음 각 호의 어느 하나에 따른다.(2014.3.14 본문개정)
1. 영 제5조제5항에 규정하는 납세지신고서는 별지 제1호서식에 의한다.
2. 영 제6조제1항에 규정하는 납세지지정신청서는 별지 제2호서식에 의한다.
3. 영 제7조제1항에 규정하는 납세지변경신고서는 별지 제3호서식에 의한다.
3의2. 영 제40조의2제6항에 따른 연금수령개시 및 해지명세서는 별지 제3호의2서식에 따른다.(2015.3.13 본호개정)
3의3. 영 제40조의4제5항에 따른 연금계좌이체명세서는 별지 제3호의5서식에 따른다.(2023.3.20 본호개정)
3의4. (2015.3.13 삭제)
4. 영 제59조제4항에 규정하는 보험금사용계획서는 별지 제4호서식에 의한다.
5. 영 제60조제3항에 규정하는 국고보조금사용계획서는 별지 제5호서식에 의한다.
6. 영 제63조제2항의 규정에 의한 내용연수신고서, 영 제63조의2제2항의 규정에 의한 내용연수(변경)승인신청서, 영 제64조제2항의 규정에 의한 감가상각방법신고서 또는 영 제65조제2항의 규정에 의한 감가상각방법변경신청서는 별지 제6호서식에 의한다.
7. 영 제80조제1항제5호바목에 따른 연간 기부금 모금액 및 활용실적의 공개는 별지 제6호의2서식에 따른다.(2014.3.14 본호신설)
7의2. 영 제80조제5항에 따른 수입명세서는 별지 제7호서식에 따른다.(2008.4.29 본호신설)
7의3. 영 제84조제4항제2호에 따른 송금명세서는 별지 제7호의2서식에 따른다.(2012.2.28 본호신설)
8. 영 제94조제1항 및 같은 조 제2항에 따른 재고자산 등의 평가방법 신고서 또는 재고자산등의 평가방법 변경신고서는 별지 제8호서식에 따른다.(2010.4.30 본호개정)
9. 영 제102조제8항제2호에 규정하는 채권등매출확인서는 별지 제9호의2서식에 의한다.
9의2. ~9의3. (2010.4.30 삭제)
9의4. (2009.4.14 삭제)
10. (2007.4.17 삭제)
10의2. 영 제116조의3제3항의 규정에 의한 기장세액공제신청서는 별지 제10호의3서식에 의한다.(1999.5.7 본호신설)
10의3. 법 제56조의3제2항에 따른 전자계산서 발급 세액공제신고서는 별지 제10호의4서식에 따른다.(2015.3.13 본호신설)
11. 영 제117조제3항에 규정하는 외국납부세액공제(필요경비산입)신청서는 별지 제11호서식에 의한다.
12. 영 제118조제3항에 규정하는 재해손실세액공제신청서는 별지 제12호서식에 의한다.
13. 영 제125조제1항에 따른 중간예납추계액신고서는 별지 제14호서식에 의한다.(2009.4.14 본호개정)
14. (1997.4.23 삭제)
15. 영 제127조제1항에 규정하는 토지등매매차익예정신고서와 같은 조 제2항에 따른 토지등매매차익예정신고납부계산서는 별지 제16호서식, 별지 제16호서식

부표(1) 및 별지 제16호서식부표(2)에 의한다.
(2010.4.30 본호개정)
15의2. 영 제133조제5항에 따른 성실신고확인자 선임신고는 별지 제16호의2서식에 따른다.(2011.8.3 본호신설)
16. 영 제138조제1항에 규정하는 외국항행사업으로부터 얻는 소득에 대한 세액감면신청서는 별지 제17호서식에 의한다.
17. 영 제138조제2항에 규정하는 외국인근로소득에 대한 세액감면신청서는 별지 제18호서식에 의한다.
18. 영 제141조제1항에 규정하는 사업장현황신고서는 별지 제19호서식에 따르고, 수입금액명세서 및 관련 자료는 별지 제19호의2서식, 별지 제19호의3서식 및 별지 제19호의5서식부터 별지 제19호의8서식에 따른다.(2022.3.18 본호개정)
18의2. 영 제143조제9항에 따른 주요경비지출명세서는 별지 제20호의5서식에 따른다.(2013.2.23 본호신설)
18의3. 영 제149조에 따른 과세표준과 세액의 통지는 별지 제19호의9서식에 따른다.(2012.2.28 본호개정)
18의4. 영 제149조제2항에 따른 상속인별 과세표준과 세액의 통지는 별지 제19호의10서식에 따른다.(2012.2.28 본호개정)
18의5. 영 제150조제3항 및 제4항에 따른 공동사업장등 이동신고서는 별지 제19호의11서식에 따른다.(2022.3.18 본호개정)
18의6. 영 제179조의2제2항 및 제3항에 따른 적격외국금융회사등 승인 신청서 및 승인서는 별지 제19호의12서식에 따른다.(2022.12.31 본호신설)
18의7. 영 제179조의4에 따른 비과세 신청서 및 거래·보유 명세서는 다음 각 목의 구분에 따른다.
　가. 영 제179조의4제1항제1호가목1)에 따른 세무서장 제출용 비거주자비과세신청서 : 별지 제19호의13서식(1)
　나. 영 제179조의4제2항제1호가목에 따른 적격외국금융회사등제출용 비거주자비과세신청서 : 별지 제19호의13서식(2)
　다. 영 제179조의4제2항제3호에 따른 적격외국금융회사등비과세신청서 : 별지 제19호의13서식(3)
　라. 영 제179조의4제1항제1호다목에 따른 소득지급자용 거래·보유 명세서 : 별지 제19호의14서식(1)
　마. 영 제179조의4제2항제3호에 따른 적격외국금융회사등용 거래·보유명세서 : 별지 제19호의14서식(2)(2022.12.31 본호신설)
19. 제87조제2항에 따른 대표신고자 일괄신고 동의서는 별지 제20호서식에 따른다.(2022.3.18 본호신설)
19의2. 영 제183조의3의 규정에 의한 국외특수관계인간 주식양도가액검토서는 별지 제20호의2서식에 따른다.(2012.2.28 본호개정)
19의3. 영 제183조의4제2항의 규정에 의한 비거주자유가증권양도소득정산신고서는 별지 제20호의3서식에 의한다.(2001.4.30 본호신설)
19의4. 영 제183조의4제4항에 따른 비거주자유가증권양도소득신고서는 별지 제20호의4서식에 따른다.(2008.4.29 본호신설)
19의5. (2011.3.28 삭제)
20. 영 제185조제1항의 규정에 의한 원천징수이행상황신고서는 별지 제21호서식에 의한다.(2003.4.14 본호개정)
21. 영 제186조제3항에 따른 원천징수세액 반기별납부 승인신청은 별지 제21호의2서식에 따른다.(2007.4.17 본호개정)
21의2. 영 제186조제4항에 따른 원천징수세액 반기별 납부 승인통지는 별지 제21호의3서식에 따른다.(2007.4.17 본호신설)
22. 영 제187조제2항 본문에 따른 장기채권이자소득분

리과세신청서는 별지 제21호의4서식에 따른다.
23. 영 제187조제2항 단서에 따른 장기채권이자소득분리과세철회신청서는 별지 제21호의5서식에 따른다.(2007.4.17 22호~23호개정)
23의2.~23의5. (2011.3.28 삭제)
24. 영 제192조제1항에 규정하는 소득금액변동통지서는 별지 제22호서식(1)에 의한다. 다만, 영 제192조제1항 단서의 규정에 의하여 통지하는 경우에는 별지 제22호서식(2)에 의한다.
25. 영 제133조제1항·제144조제1항·제144조의4·제145조제2항·제145조의3제2항·제156조제12항에 따른 원천징수영수증 및 영 제213조제1항에 따른 지급명세서는 별지 제23호서식(1), 별지 제23호서식(2), 별지 제23호서식(3), 별지 제23호서식(4), 별지 제23호서식(5), 별지 제23호서식(6) 또는 별지 제24호서식(6)에 따른다.(2017.3.10 본호개정)
25의2. 영 제194조제3항에 따른 소득세 원천징수세액 조정신청서는 별지 제24호의2서식에 따르고, 같은 항에 따른 근로소득자 소득·세액 공제신고서는 별지 제37호서식(1)에 따른다.(2017.3.10 본호개정)
25의3.~25의5. (2011.3.28 삭제)
26. 법 제143조제1항에 따른 근로소득원천징수영수증, 법 제146조제3항에 따른 퇴직소득원천징수영수증 및 영 제202조의3제4항·영 제213조제1항에 따른 지급명세서는 별지 제24호서식(1), 별지 제24호서식(2), 별지 제24호서식(3), 별지 제24호서식(4) 또는 별지 제24호서식(6)에 따른다.(2014.3.14 본호개정)
26의2. 영 제213조제1항에 따른 간이지급명세서는 별지 제24호의4서식(1), 별지 제24호의4서식(2) 또는 별지 제24호의4서식(4)에 따른다.(2021.5.17 본호개정)
27. 영 제196조제1항에 규정하는 근로소득원천징수부는 별지 제25호서식에 의한다.(2001.4.30 본호개정)
28. 영 제196조의2에 따른 근무지(변동)신고서는 별지 제26호서식에 의한다.(2011.3.28 본호개정)
28의2. 영 제201조의10제4항에 따른 연금보험료 등 소득·세액 공제확인서는 별지 제26호의2서식에 따른다.(2014.3.14 본호개정)
28의3. 영 제201조의11제7항에 따른 사업소득원천징수부는 별지 제25호서식(2)에 의한다.(2011.3.28 본호개정)
28의4. 영 제201조의12에 따른 소득·세액 공제신고서는 별지 제37호서식(1)에 따른다.(2017.3.10 본호개정)
28의5. 영 제201조의6제1항의 규정에 의한 연금소득원천징수부는 별지 제25호서식(3)에 의한다.(2001.4.30 본호신설)
28의6. 법 제143조의7에 따른 연금소득원천징수영수증 및 영 제213조제1항에 따른 지급명세서는 별지 제24호서식(5) 및 별지 제24호서식(6)에 의한다.(2011.3.28 본호신설)
28의7. 영 제202조의3제1항에 따른 과세이연계좌신고서는 별지 제24호의3서식과 같다.(2014.3.14 본호개정)
28의8. 법 제145조의3제2항 및 영 제202조의4제2항에 따른 종교인소득 원천징수부는 별지 제25호서식(4)에 따르고, 소득·세액 공제신고서는 별지 제37호서식에 따른다.(2017.3.10 본호신설)
28의9. (2011.3.28 삭제)
29. 영 제205조제1항에 따른 근로소득원천징수영수증 또는 납세조합영수증은 별지 제24호서식(1) 또는 별지 제27호서식(1)에 따른다.(2010.4.30 본호개정)
29의2. 영 제205조제4항에 따른 납세조합징수이행상황신고서 및 납세조합조합원 변동명세서는 각각 별지 제27호서식(4) 및 별지 제27호서식(5)에 따른다.(2008.4.29 본호신설)
29의3. 영 제207조의2에 따른 비과세·면제신청서는 다음 각 목의 구분에 따른다.(2020.3.13 본문개정)

가. 이자·배당·사용료·기타소득에 대한 비과세·면제신청서 : 별지 제29호의2서식(1)

나. 유가증권양도소득에 대한 비과세·면제신청서 : 별지 제29호의2서식(2)

다. 근로소득에 대한 비과세·면제신청서 : 별지 제29호의2서식(3)

라. 부동산양도소득에 대한 비과세·면제신청서 : 별지 제29호의2서식(4)(2009.4.14 본목신설)

마. 연금소득에 대한 비과세·면제신청서 : 별지 제29호의2서식(5)(2020.3.13 본목신설)

바. (2011.3.28 삭제)

(2002.4.13 본호신설)

29의4. 영 제207조제7항에 따른 양도소득세 신고납부(비과세·과세미달) 확인(신청)서는 별지 제29호의3서식에 따른다.(2021.3.16 본호개정)

29의5. 영 제207조의4제1항에 따른 원천징수특례사전승인신청서는 별지 제29호의4서식과 같다.

29의6. 영 제207조의4제4항 및 제207조의5제4항에 따른 보정요구는 별지 제29호의5서식에 따른다.

29의7. 영 제207조의5제1항에 따른 원천징수특례 적용을 위한 경정청구서는 별지 제29호의6서식과 같다.(2006.4.10 29의5~29의7신설)

29의8. 영 제208조의3제1항에 따른 기부자별 발급명세는 별지 제29호의7서식(1)에 따른다.(2008.4.29 본호개정)

29의9. 영 제208조의3제2항에 따른 기부금영수증 발급명세서는 별지 제29호의7서식(2)에 따른다.(2008.4.29 본호신설)

29의10. (2009.4.14 삭제)

29의11. 영 제208조의5제9항에 따른 사업용계좌신고(변경신고·추가신고)서는 별지 제29호의9서식에 따른다.(2011.3.28 본호신설)

29의12. 영 제207조의7제3항에 따른 비거주연예인등의 용역제공소득 지급명세서는 별지 제29호의10서식에 따른다.(2008.4.29 본호신설)

29의13. 영 제207조의7제4항에 따른 비과세외국연예등 법인에 대한 원천징수세액 환급신청서는 별지 제29호의11서식에 따른다.(2008.4.29 본호신설)

29의14. 영 제207조의8제1항에 따른 국내원천소득 제한세율 적용신청서는 별지 제29호의12서식에 따른다.(2012.2.28 본호신설)

29의15. 영 제207조의9제9항 및 제207조의8제3항에 따른 국외투자기구 신고서는 별지 제29호의13서식에 따른다.(2014.3.14 본호개정)

29의16. 영 제207조의9제1항에 따른 제한세율 적용을 위한 경정청구서는 별지 제29호의14서식에 따른다.(2012.2.28 본호신설)

29의17. 영 제207조의2제15항에 따른 비과세·면제 적용을 위한 경정청구서는 별지 제29호의15서식에 따른다.(2014.3.14 본호신설)

29의18. 영 제207조의10제3항제1호에 따른 원천징수이행상황신고서 및 같은 항 제2호에 따른 파견근로자 근로계약 명세서는 별지 제21호서식 및 별지 제101호서식에 따른다.(2016.3.16 본호신설)

29의19. 영 제207조의10제4항제1호에 따른 근로소득 지급명세서 및 같은 항 제2호에 따른 파견외국법인에 대한 원천징수세액 환급신청서는 별지 제24호서식(1) 및 별지 제102호서식에 따른다.(2016.3.16 본호신설)

30. 영 제211조에 규정하는 계산서는 별지 제28호서식(1) 또는 별지 제28호서식(2)에 의한다.

31. 영 제212조에 규정하는 매출·매입처별계산서합계표는 별지 제29호서식(1) 또는 별지 제29호서식(2)에 의한다.

31의2. 영 제215조제3항에 따른 이자·배당소득지급명세서는 별지 제30호서식(1)에 따른다.(2012.2.28 본호신설)

32. 영 제216조의2제1항에 따른 지급명세서는 별지 제23호서식(1), 별지 제23호서식(5), 별지 제24호서식(1), 별지 제24호서식(2), 별지 제24호서식(7) 및 별지 제24호서식(8)에 의한다.(2009.4.14 본호개정)

32의2. 영 제216조의2제4항의 규정에 의한 지급명세서는 다음 각목의 구분에 의한다.

가. 이자·배당소득지급명세서 : 별지 제30호서식(1)

나. 유가증권양도소득지급명세서 : 별지 제30호서식(2)

(2002.4.13 본호신설)

32의3. (2022.3.18 삭제)

33. 영 제217조에 규정하는 이자·배당원천징수부는 별지 제31호서식(1) 또는 별지 제31호서식(2)에 의한다.

34. (1997.4.23 삭제)

35. 영 제222조제1항에 따른 조사원증은 별지 제33호서식에 따른다.(2022.3.18 본호개정)

35의2. 영 제224조제3항에 따른 사업장 제공자 등의 과세자료 제출명세서는 별지 제33호의2서식과 같다.(2006.4.10 본호신설)

35의3. 영 제225조에 따른 손해배상청구소송결과통보서는 별지 제33호의3서식과 같다.(2007.4.17 본호개정)

35의4. 제44조의2제1항에 따른 공익단체추천서는 별지 제33호의4서식에 따른다.(2021.3.16 본호개정)

36. (2009.4.14 삭제)

37. (2000.4.3 삭제)

38. 영 제202조의3제2항 단서 및 이 규칙 제93조제2항 본문에 따른 원천징수세액환급신청서는 별지 제21호서식에 따른다.(2021.3.16 본호개정)

38의2. 제93조제2항 단서에 따른 폐업·부도기업 원천징수세액환급금 지급 신청서는 별지 제21호의6서식에 따른다.(2021.3.16 본호신설)

39. 영 제201조의11에 따른 사업소득세액연말정산신청서 및 사업소득세액연말정산포기서는 별지 제25호의2서식에 따르고, 영 제202조의4제2항에 따른 종교인소득세액연말정산신청서 및 종교인소득세액연말정산포기서는 별지 제25호의3서식에 따른다.(2017.3.10 본호개정)

40. 제95조의3제9호의 규정에 의한 경비 등의 송금명세서는 별지 제7호의2서식에 따른다.(2019.3.20 본호개정)

40의2. 영 제220조제2항 전단에 따른 임대주택명세서는 별지 제106호서식에 따른다.(2019.3.20 본호신설)

41. 영 제225조의2제1항제1호에 따른 파생상품거래명세서는 별지 제98호서식, 별지 제98호의3서식, 별지 제99호서식 및 별지 제99호의3서식에 따른다.(2016.3.16 본호개정)

42. 영 제225조의2제1항제2호에 따른 주식등의 거래명세서는 별지 제100호서식에 따른다.(2016.3.16 본호신설)

43. 영 제225조의2제2항에 따른 대주주의 주식등의 거래명세서는 별지 제100호의2서식에 따른다.(2018.3.21 본호개정)

44. 법 제174조의3에 따른 실손의료보험금 지급 결과 통보서는 별지 제100호의3서식에 따른다.(2020.3.13 본호신설)

제101조【과세표준확정신고 관련서식】(생략)

제102조【조정계산서 관련서식】(생략)

제103조【양도소득세 관련서식】 ① 영 제155조제13항 각 호 외의 부분 전단에 따른 농어촌주택 소유자 1세대1주택 특례적용신고서는 별지 제83호의4서식, 영 제155조제23항 각 호 외의 부분에 따른 임대주택사업자의 거주주택 1세대1주택 특례적용신고서는 별지 제83호의2서식, 영 제155조의2제4항에 따른 장기저당담보주택에 대한 특례적용신고서는 별지 제83호의3서식, 영 제155조의3제5항 전단에 따른 상생임대주택에 대한 특례적

용신고서는 별지 제83호의4서식, 영 제156조의2제12항에 따른 조합원입주권 또는 분양권 소유자 1세대1주택 특례적용신고서는 별지 제83호의5서식, 영 제167조의3제7항에 따른 1세대3주택 이상자의 장기임대주택 등 일반세율 적용신청서는 별지 제83호의6서식에 따른다. (2023.3.20 본항개정)

② 영 제169조제1항 각 호 외의 부분 및 제170조에 따른 양도소득과세표준예정신고및납부계산서는 별지 제84호서식 또는 별지 제84호의4서식에 따른다. (2011.3.28 본항개정)

③ 영 제169조제1항제2호다목에 따른 주식거래명세서는 별지 제84호의2서식에 의한다.(2011.3.28 본항개정)

④ 영 제169조제1항제2호라목에 따른 대주주신고서는 별지 제84호의3서식에 따른다.(2014.3.14 본항개정)

⑤ 영 제173조제1항에서 규정하는 양도소득과세표준확정신고 및 납부계산서는 별지 제84호서식, 별지 제84호의4서식 또는 별지 제84호의5서식에 따른다. (2021.3.16 본항개정)

⑥ 영 제173조제2항제2호에 규정하는 양도소득금액계산명세서는 국세청장이 정하는 바에 의한다.(2000.4.3 본항개정)

⑦ (2016.3.16 삭제)

⑧ 영 제175조의2제4항의 규정에 의한 물납신청은 별지 제86호서식에 의하며, 동조제5항의 규정에 의한 물납결정상황통지는 별지 제87호서식에 의한다. (1997.4.23 본항개정)

⑨ 영 제177조의3에 따른 신탁 수익자명부 변동상황명세서는 별지 제107호서식에 따른다.(2021.3.16 본항신설)

⑩ (2022.3.18 삭제)

⑪ 영 제178조의10에 따른 국외전출자 양도소득세 세액공제신청서는 별지 제103호서식 및 별지 제103호서식 부표에 따른다.(2017.3.10 본항신설)

⑫ 영 제178조의11제1항에 따른 납세관리인신고서는 「국세기본법 시행규칙」 제33조에 따른 별지 제43호 서식을 준용하며, 국외전출자 국내주식등 보유현황 신고서는 별지 제104호서식에 따른다.(2017.3.10 본항신설)

⑬ 영 제178조의11제2항 및 같은 조 제3항에 따른 양도소득과세표준 신고 및 납부계산서는 별지 제84호서식에 따른다.(2017.3.10 본항신설)

⑭ 영 제178조의11제4항에 따른 경정청구서는 「국세기본법 시행규칙」 제12조의2에 따른 별지 제16호의2서식을 준용한다.(2019.3.20 본항신설)

⑮ 영 제178조의12제4항에 따른 납부유예신청서는 별지 제105호서식에 따른다.(2017.3.10 본항신설)

부   칙 (2016.3.16)

제1조 【시행일】 이 규칙은 공포한 날부터 시행한다. 다만, 제76조의2, 제100조제29호의18 및 제100조제29호의19의 개정규정은 2016년 7월 1일부터 시행하고, 제10조의2의 개정규정은 2018년 1월 1일부터 시행한다.

제2조 【일반적 적용례】 ① 이 규칙은 이 규칙 시행일이 속하는 과세기간에 발생하는 소득분부터 적용한다.
② 이 규칙 중 양도소득에 관한 개정규정은 이 규칙 시행 이후 양도하는 분부터 적용한다.

제3조 【조정반 지정 절차 등에 관한 특례】 2016년에 과세표준 등의 신고시 세무조정계산서를 작성하려는 조정반은 제65조의3제1항의 개정규정에도 불구하고 2016년 4월 1일까지 조정반 지정신청을 할 수 있다. 이 경우 지방국세청장은 제65조의3제3항의 개정규정에도 불구하고 2016년 4월 29일까지 신청인에게 지정 여부를 통지하고 관보 또는 인터넷 홈페이지에 공개하여야 한다.

제4조 【1세대 1주택의 범위에 관한 적용례】 제71조제3항제4호의 개정규정은 이 규칙 시행 이후 결정 또는 경정하는 분부터 적용한다.

제5조 【서식에 관한 적용례】 서식에 관한 개정규정은 이 규칙 시행 이후 신고 또는 신청하는 분부터 적용한다.

제6조 【주택임차자금 차입금의 이자율에 관한 경과조치】 이 규칙 시행 전에 주택임차자금을 차입한 분에 대해서는 제57조의 개정규정에도 불구하고 종전의 규정에 따른다.

부   칙 (2017.3.10)

제1조 【시행일】 이 규칙은 공포한 날부터 시행한다. 다만, 제44조의2 및 별지 제45호서식의 개정규정은 2017년 4월 1일부터 시행하고, 제65조제1항 단서, 별지 제21호서식(종교인소득에 관련된 규정에 한정한다), 별지 제23호서식(4)(종교인소득에 관련된 규정에 한정한다), 별지 제23호서식(6), 별지 제25호서식(4), 별지 제25호의3서식, 별지 제37호서식(2), 별지 제40호서식(5), 별지 103호서식, 별지 제103호서식 부표, 별지 제104호서식 및 별지 제105호서식의 개정규정은 2018년 1월 1일부터 시행한다.

제2조 【일반적 적용례】 이 규칙은 이 규칙 시행일이 속하는 과세기간에 발생하는 소득분부터 적용한다.

제3조 【기부금대상민간단체 지정요건 등에 관한 적용례】 제44조의2제1항의 개정규정은 이 규칙 시행 이후 주무관청의 장이 기획재정부장관에게 서류를 제출하는 경우부터 적용한다.

제4조 【서식에 관한 적용례】 서식에 관한 개정규정은 이 규칙 시행 이후 신고, 신청, 제출, 발급, 기록 또는 통지하는 분부터 적용한다.

부   칙 (2018.3.21)

제1조 【시행일】 이 규칙은 공포한 날부터 시행한다. 다만, 제76조의3제4항 및 제83조의 개정규정은 2018년 4월 1일부터 시행하고, 별지 제40호서식(부동산임대소득 명세서 부분에 한정한다)의 개정규정은 2019년 1월 1일부터 시행한다.

제2조 【일반적 적용례】 이 규칙은 이 규칙 시행일이 속하는 과세기간에 발생하는 소득분부터 적용한다.

제3조 【필요경비에 산입되는 회비의 범위에 관한 적용례】 제24조제2항의 개정규정은 이 규칙 시행 이후 지출하는 분부터 적용한다.

제4조 【주택임차자금 차입금의 이자율에 관한 적용례】 제57조의 개정규정은 이 규칙 시행 이후 주택임차자금을 차입하는 분부터 적용한다.

제5조 【파생상품에 대한 양도차익 계산 등에 관한 적용례】 제76조의3제4항의 개정규정은 2018년 4월 1일 이후 양도하는 분부터 적용한다.

제6조 【양도소득세가 중과되는 1세대 2주택에 관한 특례의 요건에 관한 적용례】 제83조의 개정규정은 2018년 4월 1일 이후 양도하는 분부터 적용한다.

제7조 【원천징수대상에서 제외되는 소득의 범위에 관한 적용례】 제88조의 개정규정은 이 규칙 시행 이후 원천징수하는 분부터 적용한다.

부   칙 (2018.4.24)

제1조 【시행일】 이 규칙은 공포한 날부터 시행한다.

제2조 【서식에 관한 적용례】 별지 제63호서식의 개정규정은 이 규칙 시행 이후 종합소득과세표준을 확정신고하는 분부터 적용한다.

부   칙 (2019.3.20)

제1조 【시행일】 이 규칙은 공포한 날부터 시행한다. 다만, 제76조의2의 개정규정은 2019년 4월 1일부터 시

행하고, 별지 제29호의13서식의 개정규정은 2020년 1월 1일부터 시행한다.

제2조【일반적 적용례】 이 규칙은 이 규칙 시행일이 속하는 과세기간에 발생하는 소득분부터 적용한다.

제3조【주택임차자금 차입금의 이자율에 관한 적용제례】 제57조의 개정규정은 이 규칙 시행 이후 주택임차자금을 차입하는 분부터 적용한다.

제4조【양도자산의 필요경비 계산등에 관한 적용례】 제79조제2항의 개정규정은 이 규칙 시행 이후 양도하는 분부터 적용한다.

제5조【서식에 관한 적용례】 서식에 관한 개정규정은 이 규칙 시행 이후 신고, 신청 또는 제출하는 분부터 적용한다.

제6조【서식 개정에 관한 경과조치】 서식의 개정에 따라 신고 등을 할 수 없는 경우에는 종전의 서식에 따른다.

부 칙 (2019.12.31)

제1조【시행일】 이 규칙은 2020년 1월 1일부터 시행한다.

제2조【서식에 관한 적용례】 별지 제23호서식(2), 별지 제23호서식(4)(통신판매중개를 하는 자를 통하여 물품 또는 장소를 대여하고 받는 소득과 관련된 개정사항에 한정한다), 별지 제24호서식(1), 별지 제24호서식(2)(종교관련종사자와 관련된 개정사항에 한정한다), 별지 제24호의4서식(1), 별지 제24호의4서식(2), 별지 제24호의4서식(4), 별지 제40호서식(1), 별지 제40호서식(4), 별지 제40호서식(5), 별지 제40호서식(6) 및 별지 제40호의2서식의 개정규정은 이 규칙 시행 이후 제출, 발급하거나 신고하는 분부터 적용한다.

제3조【서식에 관한 경과조치】 이 규칙 시행 전에 퇴직한 자의 퇴직소득을 이 규칙 시행 이후 지급하는 경우에는 별지 제24호서식(2)(퇴직소득세액 계산방법과 관련된 개정사항에 한정한다) 및 별지 제24호서식(6) 부표의 개정규정에도 불구하고 종전의 서식에 따른다.

부 칙 (2020.3.13)

제1조【시행일】 이 규칙은 공포한 날부터 시행한다. 다만, 제42조제4항·제5항 및 제60조제3항·제4항의 개정규정은 2021년 1월 1일부터 시행하고, 제84조 및 별지 제88호서식의 개정규정은 2020년 7월 1일부터 시행한다.

제2조【일반적 적용례】 이 규칙은 이 규칙 시행일이 속하는 과세기간에 발생하는 소득분부터 적용한다.

제3조【원천징수세액의 환급에 관한 적용례】 제93조제2항의 개정규정은 이 규칙 시행 이후 환급받는 분부터 적용한다.

제4조【지급명세서 제출의무에 관한 적용례】 제97조제1호의 개정규정은 2020년 7월 1일 이후 원천징수하는 분부터 적용한다.

제5조【국세청의 주식등 거래내역 요청방법에 관한 적용례】 제99조의5의 개정규정은 이 규칙 시행 이후 국세청이 금융투자업자에 주권상장법인 대주주가 양도하는 주식등의 거래내역에 대한 자료를 요청하는 분부터 적용한다.

제6조【서식에 관한 적용례】 서식에 관한 개정규정은 이 규칙 시행 이후 신고, 신청, 제출, 통지 또는 통보하는 분부터 적용한다.

제7조【총수입금액계산의 특례에 관한 경과조치】 이 규칙 시행일이 속하는 과세기간 전에 발생한 소득분에 대해서는 제23조제1항의 개정규정에도 불구하고 종전의 규정에 따른다.

제8조【주택임차자금 차입금의 이자율에 관한 경과조치】 이 규칙 시행 전에 주택임차자금을 차입한 경우에는 제57조의 개정규정에도 불구하고 종전의 규정에 따른다.

제9조【소득금액 추계결정 또는 경정 시 적용하는 배율에 관한 경과조치】 이 규칙 시행일이 속하는 과세기간 전에 발생한 소득분에 대해서는 제67조의 개정규정에도 불구하고 종전의 규정에 따른다.

제10조【납세조합 교부금의 지급한도에 관한 경과조치】 이 규칙 시행 전에 교부금을 청구한 경우에는 제99조의4의 개정규정에도 불구하고 종전의 규정에 따른다.

제11조【서식에 관한 경과조치】 서식의 개정에 따라 신고 등을 할 수 없는 경우에는 종전의 서식에 따른다.

부 칙 (2021.3.16)

제1조【시행일】 이 규칙은 공포한 날부터 시행한다. 다만, 다음 각 호의 개정규정은 각 호의 구분에 따른 날부터 시행한다.
1. 제76조의3제5항, 별지 제98호서식(차액결제거래에 관한 부분으로 한정한다) 및 별지 제98호의3서식(차액결제거래에 관한 부분으로 한정한다)의 개정규정 : 2021년 4월 1일
2. 제100조제32호의3, 별지 제23호서식(5)(가상자산에 관한 부분으로 한정한다), 별지 제30호의2서식 부표 외의 부분 및 별지 제30호의2서식 부표의 개정규정 : 2022년 1월 1일
3. 제2조의2, 제13조, 제14조, 제69조의2부터 제69조의13까지, 제79조제2항, 제81조제4항, 제87조의2 및 제99조의5의 개정규정 : 2025년 1월 1일(2022.12.31 본호개정)

제2조【일반적 적용례】 ① 이 규칙은 이 규칙 시행일이 속하는 과세기간에 발생하는 소득분부터 적용한다.
② 이 규칙 중 양도소득세에 관한 개정규정은 이 규칙 시행 이후 양도하는 분부터 적용한다.

제3조【공동소유하는 주택의 주택수 계산에 관한 적용례】 제5조의2제1항의 개정규정은 이 규칙 시행 이후 과세표준을 신고하는 분부터 적용한다.

제4조【서식에 관한 적용례】 서식에 관한 개정규정은 이 규칙 시행 이후 신고, 신청 또는 제출하는 분부터 적용한다.

제5조【총수입금액계산의 특례에 관한 경과조치】 이 규칙 시행일이 속하는 과세기간 전에 발생한 소득분에 대해서는 제23조제1항의 개정규정에도 불구하고 종전의 규정에 따른다.

제6조【주택임차자금 차입금의 이자율에 관한 경과조치】 이 규칙 시행 전에 주택임차자금을 차입한 경우에는 제57조의 개정규정에도 불구하고 종전의 규정에 따른다.

제7조【서식에 관한 경과조치】 서식의 개정에 따라 신고 등을 할 수 없는 경우에는 종전의 서식에 따른다.

부 칙 (2021.5.17)

제1조【시행일】 이 규칙은 2021년 7월 1일부터 시행한다.

제2조【서식에 관한 적용례】 서식에 관한 개정규정은 이 규칙 시행 이후 신고 또는 제출하는 분부터 적용한다.

제3조【서식에 관한 경과조치】 이 규칙 시행 전에 근로소득 및 원천징수대상 사업소득을 지급한 경우에는 별지 제24호서식(3), 별지 제24호서식(4), 별지 제24호

의4서식(1) 및 별지 제24호의4서식(2)의 개정규정에도 불구하고 종전의 서식에 따른다.

　　부　칙 (2021.10.28)

이 규칙은 공포한 날부터 시행한다.

　　부　칙 (2021.11.9)

제1조【시행일】 이 규칙은 2021년 11월 11일부터 시행한다.
제2조【서식에 관한 경과조치】 이 규칙 시행 전에 수입금액 또는 소득금액이 발생한 용역에 대한 과세자료제출명세서를 이 규칙 시행 이후에 제출하는 경우에는 별지 제33호의2서식의 개정규정에도 불구하고 종전의 서식에 따른다.

　　부　칙 (2022.3.18)

제1조【시행일】 이 규칙은 공포한 날부터 시행한다. 다만, 다음 각 호의 개정규정은 해당 호에서 정한 날부터 시행한다.
1. 제76조의3, 제78조의2, 제81조제4항, 제94조의3, 제100조제32호의4, 제102조의2, 제103조제11항부터 제15항까지, 별지 제30호의3서식, 별지 제30호의4서식, 별지 제76호서식부터 별지 제78호의4서식까지, 별지 제78호의2서식부터 별지 제78호의4서식까지, 별지 제79호서식, 별지 제80호서식, 별지 제80호의2서식부터 별지 제80호의8서식까지, 별지 제103호서식, 별지 제104호서식 및 별지 제105호서식의 개정규정과 기획재정부령 제848호 소득세법 시행규칙 일부개정령 제69조의3, 제69조의7제2항, 제69조의8, 제69조의11제3항, 제69조의12제2항·제4항 및 제99조의5의 개정규정 : 2025년 1월 1일
2. 별지 제21호서식(가상자산에 관한 부분으로 한정한다), 별지 제23호서식(5)(가상자산에 관한 부분으로 한정한다) 및 별지 제40호서식(가상자산에 관한 부분으로 한정한다)의 개정규정 : 2023년 1월 1일 (2022.12.31 본조개정)
제2조【금융투자소득에 대한 원천징수 제외 사유에 관한 적용례】 제94조의3제3항의 개정규정은 부칙 제1조 단서에 따른 시행일 전에 금융회사등이 관리하는 계좌에 입고된 주식등에 대해서도 적용한다.
제3조【서식에 관한 적용례】 서식에 관한 개정규정은 부칙 제1조에 따른 시행일 이후에 신고, 신청, 제출 또는 보고하는 경우부터 적용하되, 개정규정에 따른 서식으로는 종전의 법 또는 영에 따른 신고 등을 할 수 없는 경우에는 종전의 서식에 따른다.
제4조【조정반 지정 절차에 관한 특례】 ① 이 규칙 시행 전에 설립된 법무법인, 법무법인(유한) 또는 법무조합은 제65조의3제1항의 개정규정에도 불구하고 이 규칙 시행일부터 1개월 이내에 대표자의 사무소 소재지 관할 지방국세청장에게 조정반 지정 신청을 할 수 있다.
② 제1항에 따른 신청을 받은 지방국세청장은 제65조의3제2항 각 호 외의 부분 본문에도 불구하고 신청을 받은 날이 속하는 달의 다음 달 말일까지 지정 여부를 결정하여 신청인에게 통지하고, 그 사실을 관보 또는 인터넷 홈페이지에 공고해야 한다.

　　부　칙 (2022.6.30)

제1조【시행일】 이 규칙은 2022년 7월 1일부터 시행한다.

제2조【서식에 관한 경과조치】 이 규칙 시행 전에 지급한 원천징수대상 사업소득에 대한 간이지급명세서를 이 규칙 시행 이후에 제출하는 경우에는 별지 제24호의4서식(2)의 개정규정에도 불구하고 종전의 서식에 따른다.

　　부　칙 (2022.12.31)

이 규칙은 2023년 1월 1일부터 시행한다. 다만, 다음 각 호의 개정규정은 해당 호에서 정한 날부터 시행한다.
1. 제68조의 개정규정 : 2023년 1월 5일
2. 기획재정부령 제907호 소득세법 시행규칙 일부개정령 제69조의8, 제94조의3제3항제3호, 제99조의5, 별지 제30호의3서식, 별지 제30호의4서식 및 별지 제77호서식의 개정규정과 기획재정부령 제848호 소득세법 시행규칙 일부개정령 제69조의9 및 제69조의10의 개정규정 : 2025년 1월 1일

　　부　칙 (2023.3.20)

제1조【시행일】 이 규칙은 공포한 날부터 시행한다. 다만, 다음 각 호의 개정규정은 해당 호에서 정한 날부터 시행한다.
1. 제11조의3제1항, 제16조의2, 제96조의4, 제100조제3호의3, 별지 제3호의3서식부터 별지 제3호의6서식까지, 별지 제19호서식, 별지 제24호서식(3), 별지 제24호서식(4), 별지 제24호의4서식(2), 별지 제29호의16서식부터 별지 제29호의18서식까지 및 별지 제38호의2서식의 개정규정 : 2023년 7월 1일
2. 다음 각 목의 개정규정 : 2025년 1월 1일
　가. 기획재정부령 제848호 소득세법 시행규칙 일부개정령 제13조, 제69조의2, 제69조의3, 제69조의7 및 제69조의13의 개정규정
　나. 제60조의2 및 별지 제108호서식의 개정규정
　다. 기획재정부령 제848호 소득세법 시행규칙 일부개정령(기획재정부령 제952호 소득세법 시행규칙 일부개정령으로 개정된 것을 포함한다) 제69조의9의 개정규정
　라. 기획재정부령 제907호 소득세법 시행규칙 일부개정령(기획재정부령 제952호 소득세법 시행규칙 일부개정령으로 개정된 것을 포함한다) 제94조의3 및 별지 제77호서식의 개정규정
　마. 기획재정부령 제907호 소득세법 시행규칙 일부개정령 제102조의2, 제103조제13항, 별지 제76호서식, 별지 제78호서식, 별지 제78호의2서식부터 별지 제78호의4서식까지, 별지 제79호서식, 별지 제80호서식 및 별지 제80호의2서식부터 별지 제80호의8서식까지의 개정규정
3. 제45조의 제목, 제99조의3제4호, 제102조제2항제9호, 별지 제24호의4서식(3) 및 별지 제55호서식의 개정규정 : 2024년 1월 1일(2023.12.29 본호개정)
4. 별지 제24호의4서식(1)의 개정규정 : 2026년 1월 1일 (2023.12.29 본호신설)
제2조【인적용역제공사업자 등의 범위에 관한 적용례】 제99조의3제4호의 개정규정은 부칙 제1조제3호에 따른 시행일 이후 수입금액 또는 소득금액이 발생하는 경우부터 적용한다.
제3조【서식에 관한 적용례 등】 서식의 개정규정은 이 규칙 시행 이후 신고, 신청, 제출 또는 보고하는 경우부터 적용하되, 개정서식으로는 종전의 법 또는 영에 따른 신고 등을 할 수 없는 경우에는 종전의 서식에 따른다.

제4조【총수입금액계산 관련 이자율의 변경에 관한 경과조치】 이 규칙 시행일이 속하는 과세기간 전에 발생한 사업소득금액의 계산에 적용하는 이자율에 관하여는 제23조제1항의 개정규정에도 불구하고 종전의 규정에 따른다.

제5조【주택임차자금 차입금의 이자율 요건 변경에 관한 경과조치】 이 규칙 시행 전에 주택임차자금을 차입한 경우의 소득공제 관련 이자율 요건에 관하여는 제57조의 개정규정에도 불구하고 종전의 규정에 따른다.

제5조【경비 등의 지출증빙 특례에 관한 경과조치】 이 규칙 시행 전에 재화 또는 용역을 공급받은 경우의 지출증명 수취 및 보관에 관하여는 제95조의3제9호의 개정규정에도 불구하고 종전의 규정에 따른다.

　　부　칙 (2023.7.3)

이 규칙은 공포한 날부터 시행한다.

　　부　칙 (2023.12.29)

제1조【시행일】 이 규칙은 공포한 날부터 시행한다. 다만, 기획재정부령 제966호 소득세법 시행규칙 일부개정령 별지 제24호의4서식(3)의 개정규정 및 기획재정부령 제966호 소득세법 시행규칙 일부개정령 부칙 제1조제3호·제4호의 개정규정은 2024년 1월 1일부터 시행한다.

제2조【서식에 관한 적용례 등】 서식의 개정규정은 이 규칙 시행 이후 신고, 신청, 제출 또는 보고하는 경우부터 적용하되, 개정서식으로는 종전의 법 또는 영에 따른 신고 등을 할 수 없는 경우에는 종전의 서식에 따른다.

[별표1]

의료취약지역(제7조제4호 관련)

(2008.4.29 개정)

구 분	지 역
1. 경기도	연천군
2. 강원도	양양군·고성군·화천군·양구군·평창군·횡성군·인제군·철원군·영월군·정선군
3. 충청북도	증평군·괴산군·단양군·보은군·옥천군·영동군·진천군
4. 충청남도	청양군·태안군·당진군
5. 전라북도	장수군·무주군·진안군·임실군·순창군
6. 전라남도	신안군·완도군·담양군·곡성군·진도군·강진군·장흥군·구례군·무안군·함평군·장성군·고흥군
7. 경상북도	울릉군·영양군·군위군·고령군·성주군·울진군·청송군·봉화군·예천군·영덕군·청도군
8. 경상남도	산청군·고성군·함양군·남해군·의령군·거창군·하동군·함안군·합천군

[별표2]

생산직 및 관련직의 범위(제9조제1항 관련)

(2021.3.16 개정)

연번	대분류	중분류, 소분류 또는 세분류	한국표준직업분류번호
1	서비스 종사자	돌봄 서비스직 미용 관련 서비스직 여가 및 관광 서비스직 숙박시설 서비스직 조리 및 음식 서비스직	4211 422 4321 4322 44
2	판매 종사자	매장 판매 및 상품 대여직 통신 관련 판매직	52 531
3	기능원 및 관련 기능 종사자	식품가공 관련 기능직 섬유·의복 및 가죽 관련 기능직 목재·가구·악기 및 간판 관련 기능직 금속 성형 관련 기능직 운송 및 기계 관련 기능직 전기 및 전자 관련 기능직 정보 통신 및 방송장비 관련 기능직 건설 및 채굴 관련 기능직 기타 기능 관련직	71 72 73 74 75 76 77 78 79
4	장치·기계 조작 및 조립 종사자	식품가공 관련 기계 조작직 섬유 및 신발 관련 기계 조작직 화학 관련 기계 조작직 금속 및 비금속 관련 기계 조작직 기계 제조 및 관련 기계 조작직 전기 및 전자 관련 기계 조작직 운전 및 운송 관련직 상하수도 및 재활용 처리 관련 기계 조작직 목재·인쇄 및 기타 기계 조작직	81 82 83 84 85 86 87 88 89
5	단순노무 종사자	건설 및 광업 관련 단순 노무직 운송 관련 단순 노무직 제조 관련 단순 노무직 청소 및 경비 관련 단순 노무직 가사·음식 및 판매 관련 다순 노무직 농림·어업 및 기타 서비스 단순 노무직	91 92 93 94 95 99

비고 : 위 표의 한국표준직업분류번호는 통계청 고시 제2017-191호(2017. 7. 3.) 한국표준직업분류에 따른 분류번호로서 2단위 분류번호(44, 52, 71, 72, 73, 74, 75, 76, 77, 78, 79, 81, 82, 83, 84, 85, 86, 87, 88, 89, 91, 92, 93, 94, 95, 99)는 중분류 직종, 3단위 분류번호(422, 531)는 소분류 직종, 4단위 분류번호(4211, 4321, 4322)는 세분류 직종의 분류번호임.

[별표2의2] (2021.3.16 삭제)

[별표3]～[별표6] ➡ 「www.hyeonamsa.com」 참조

[별지서식] ➡ 「www.hyeonamsa.com」 참조

법인세법

(1998년 12월 28일)
(전개법률 제5581호)

개정
1999.12.28법 6047호   <중략>
2009. 1.30법 9346호(교통·에너지·환경세법폐지법)→2025년
1월 1일 시행이므로 추후 수록   <중략>
2010.12.30법10423호→시행일 부칙 참조. 2025년 1월 1일 시
행하는 부분은 추후 수록
2011. 7.25법10898호(보조금관리에관한법)
2011. 7.25법10907호(산업교육진흥및산학연협력촉진에관한법)
2011.12.31법11128호
2013. 1. 1법11603호(교통·에너지·환경세법)
2013. 1. 1법11607호
2013. 6. 7법11873호(부가세)
2014. 1. 1법12153호(지방세)
2014. 1. 1법12166호
2014. 3.18법12420호(공익신탁법)
2014.12.23법12850호
2015. 3.27법13230호(울산과학기술원법)
2015. 7.24법13426호(제주자치법)
2015. 7.24법13448호(자본시장금융투자업)
2015. 8.28법13499호(민간임대주택에관한특별법)
2015.12.15법13550호(교통·에너지·환경세법)
2015.12.15법13555호   2016.12.20법14386호
2017.10.31법15022호(주식회사등의외부감사에관한법)
2017.12.19법15222호   2018.12.24법16008호
2018.12.31법16096호(교통·에너지·환경세법)
2019.12.31법16833호   2020. 8.18법17476호
2020.12.22법17652호→시행일 부칙 참조. 2025년 1월 1일
시행하는 부분은 추후 수록
2020.12.29법17758호(국세징수)
2020.12.29법17799호(독점)
2021. 3.16법17924호
2021. 8.17법18425호(국민평생직업능력개발법)
2021.11.23법18521호(세무사법)
2021.12.21법18584호(교통·에너지·환경세법)
2021.12.21법18590호→2022년 1월 1일 시행하는 부분은 가
제 수록 하였고 2025년 1월 1일 시행하는 부분은 추후 수록
2022.12.31법19193호→시행일 부칙 참조. 2025년 1월 1일 시
행하는 부분은 추후 수록
2023.12.31법19930호

제1장 총 칙
(2010.12.30 본장개정)

제1조【목적】 이 법은 법인세의 과세 요건과 절차를 규정함으로써 법인세를 공정하게 과세하고, 납세의무의 적절한 이행을 확보하며, 재정수입의 원활한 조달에 이바지함을 목적으로 한다.(2018.12.24 본조신설)

제2조【정의】 이 법에서 사용하는 용어의 뜻은 다음과 같다.

1. "내국법인"이란 본점, 주사무소 또는 사업의 실질적 관리장소가 국내에 있는 법인을 말한다.(2018.12.24 본호개정)

2. "비영리내국법인"이란 내국법인 중 다음 각 목의 어느 하나에 해당하는 법인을 말한다.
   가. 「민법」 제32조에 따라 설립된 법인
   나. 「사립학교법」이나 그 밖의 특별법에 따라 설립된 법인으로서 「민법」 제32조에 규정된 목적과 유사한 목적을 가진 법인(대통령령으로 정하는 조합법인 등이 아닌 법인으로서 그 주주(株主)·사원 또는 출자자(出資者)에게 이익을 배당할 수 있는 법인은 제외한다)
   다. 「국세기본법」 제13조제4항에 따른 법인으로 보는 단체(이하 "법인으로 보는 단체"라 한다)

3. "외국법인"이란 본점 또는 주사무소가 외국에 있는 단체(사업의 실질적 관리장소가 국내에 있지 아니하는 경우만 해당한다)로서 대통령령으로 정하는 기준에 해당하는 법인을 말한다.(2018.12.24 본호개정)

4. "비영리외국법인"이란 외국법인 중 외국의 정부·지방자치단체 및 영리를 목적으로 하지 아니하는 법인(법인으로 보는 단체를 포함한다)을 말한다.

5. "사업연도"란 법인의 소득을 계산하는 1회계기간을 말한다.

6. "연결납세방식"이란 둘 이상의 내국법인을 하나의 과세표준과 세액을 계산하는 단위로 하여 제2장의3에 따라 법인세를 신고·납부하는 방식을 말한다.

7. "연결법인"이란 연결납세방식을 적용받는 내국법인을 말한다.

8. "연결집단"이란 연결법인 전체를 말한다.

9. "연결모법인"(連結母法人)이란 연결집단 중 다른 연결법인을 연결지배하는 연결법인을 말한다.(2022.12.31 본호개정)

10. "연결자법인"(連結子法人)이란 연결모법인의 연결지배를 받는 연결법인을 말한다.(2022.12.31 본호개정)

10의2. "연결지배"란 내국법인이 다른 내국법인의 발행주식총수 또는 출자총액의 100분의 90 이상을 보유하고 있는 경우를 말한다. 이 경우 그 보유비율은 다음 각 목에서 정하는 바에 따라 계산한다.

가. 의결권 없는 주식 또는 출자지분을 포함할 것
나. 「상법」 또는 「자본시장과 금융투자업에 관한 법률」에 따라 보유하는 자기주식은 제외할 것
다. 「근로복지기본법」에 따른 우리사주조합을 통하여 근로자가 취득한 주식 및 그 밖에 대통령령으로 정하는 주식으로서 발행주식총수의 100분의 5 이내의 주식은 해당 법인이 보유한 것으로 볼 것
라. 다른 내국법인을 통하여 또 다른 내국법인의 주식 또는 출자지분을 간접적으로 보유하는 경우로서 대통령령으로 정하는 경우에는 대통령령으로 정하는 바에 따라 합산할 것
(2022.12.31 본호신설)
11. "연결사업연도"란 연결집단의 소득을 계산하는 1회계기간을 말한다.
12. "특수관계인"이란 법인과 경제적 연관관계 또는 경영지배관계 등 대통령령으로 정하는 관계에 있는 자를 말한다. 이 경우 본인도 그 특수관계인의 특수관계인으로 본다.
13. "합병법인"이란 합병에 따라 설립되거나 합병 후 존속하는 법인을 말한다.
14. "피합병법인"이란 합병에 따라 소멸하는 법인을 말한다.
15. "분할법인"이란 분할(분할합병을 포함한다. 이하 같다)에 따라 분할되는 법인을 말한다.
16. "분할신설법인"이란 분할에 따라 설립되는 법인을 말한다.
(2018.12.24 12호~16호신설)

제3조 【납세의무자】 ① 다음 각 호의 법인은 이 법에 따라 그 소득에 대한 법인세를 납부할 의무가 있다.
1. 내국법인
2. 국내원천소득(國內源泉所得)이 있는 외국법인
② 내국법인 중 국가와 지방자치단체(지방자치단체조합을 포함한다. 이하 같다)는 그 소득에 대한 법인세를 납부할 의무가 없다.(2018.12.24 본항개정)
③ 연결법인은 제76조의14제1항에 따른 각 연결사업연도의 소득에 대한 법인세(각 연결법인의 제55조의2에 따른 토지등 양도소득에 대한 법인세 및 「조세특례제한법」 제100조의32에 따른 투자 · 상생협력 촉진을 위한 과세특례를 적용하여 계산한 법인세를 포함한다)를 연대하여 납부할 의무가 있다.(2018.12.24 본항개정)
④ 이 법에 따라 법인세를 원천징수하는 자는 해당 법인세를 납부할 의무가 있다.(2018.12.24 본항개정)
(2018.12.24 본조제목개정)

제4조 【과세소득의 범위】 ① 내국법인에 법인세가 과세되는 소득은 다음 각 호의 소득으로 한다. 다만, 비영리내국법인의 경우에는 제1호와 제3호의 소득으로 한정한다.
1. 각 사업연도의 소득
2. 청산소득(淸算所得)
3. 제55조의2에 따른 토지등 양도소득
② 제1항제1호를 적용할 때 연결법인의 각 사업연도의 소득은 제76조의14제1항의 각 연결사업연도의 소득으로 한다.
③ 제1항제1호를 적용할 때 비영리내국법인의 각 사업연도의 소득은 다음 각 호의 사업 또는 수입(이하 "수익사업"이라 한다)에서 생기는 소득으로 한정한다.
1. 제조업, 건설업, 도매 및 소매업 등 「통계법」 제22조에 따라 통계청장이 작성 · 고시하는 한국표준산업분류에 따른 사업으로서 대통령령으로 정하는 것
2. 「소득세법」 제16조제1항에 따른 이자소득
3. 「소득세법」 제17조제1항에 따른 배당소득
4. 주식 · 신주인수권 또는 출자지분의 양도로 인한 수입
5. 유형자산 및 무형자산의 처분으로 인한 수입. 다만,

고유목적사업에 직접 사용하는 자산의 처분으로 인한 대통령령으로 정하는 수입은 제외한다.
6. 「소득세법」 제94조제1항제2호 및 제4호에 따른 자산의 양도로 인한 수입
7. 그 밖에 대가(對價)를 얻는 계속적 행위로 인한 수입으로서 대통령령으로 정하는 것
④ 외국법인에 법인세가 과세되는 소득은 다음 각 호의 소득으로 한다.
1. 각 사업연도의 국내원천소득
2. 제95조의2에 따른 토지등 양도소득
⑤ 제4항제1호를 적용할 때 비영리외국법인의 각 사업연도의 국내원천소득은 수익사업에서 생기는 소득으로 한정한다.
(2018.12.24 본조개정)

제5조 【신탁소득】 ① 신탁재산에 귀속되는 소득에 대해서는 그 신탁의 이익을 받을 수익자가 그 신탁재산을 가진 것으로 보고 이 법을 적용한다.(2020.12.22 본항개정)
② 제1항에도 불구하고 다음 각 호의 어느 하나에 해당하는 신탁으로서 대통령령으로 정하는 요건을 충족하는 신탁(「자본시장과 금융투자업에 관한 법률」 제9조제18항제1호에 따른 투자신탁은 제외한다)의 경우에는 신탁재산에 귀속되는 소득에 대하여 그 신탁의 수탁자〔내국법인 또는 「소득세법」에 따른 거주자(이하 "거주자"라 한다)인 경우에 한정한다〕가 법인세를 납부할 의무가 있다. 이 경우 신탁재산별로 각각을 하나의 내국법인으로 본다.(2023.12.31 전단개정)
1. 「신탁법」 제3조제1항 각 호 외의 부분 단서에 따른 목적신탁
2. 「신탁법」 제78조제2항에 따른 수익증권발행신탁
3. 「신탁법」 제114조제1항에 따른 유한책임신탁
4. 그 밖에 제1호부터 제3호까지의 규정에 따른 신탁과 유사한 신탁으로서 대통령령으로 정하는 신탁
(2020.12.22 본항신설)
③ 제1항 및 제2항에도 불구하고 위탁자가 신탁재산을 실질적으로 통제하는 등 대통령령으로 정하는 요건을 충족하는 신탁의 경우에는 신탁재산에 귀속되는 소득에 대하여 그 신탁의 위탁자가 법인세를 납부할 의무가 있다.(2023.12.31 본항개정)
④ 「자본시장과 금융투자업에 관한 법률」의 적용을 받는 법인의 신탁재산(같은 법 제251조제1항에 따른 보험회사의 특별계정은 제외한다. 이하 같다)에 귀속되는 수입과 지출은 그 법인에 귀속되는 수입과 지출로 보지 아니한다.

제6조 【사업연도】 ① 사업연도는 법령이나 법인의 정관(定款) 등에서 정하는 1회계기간으로 한다. 다만, 그 기간은 1년을 초과하지 못한다.
② 법령이나 정관 등에 사업연도에 관한 규정이 없는 내국법인은 따로 사업연도를 정하여 제109조제1항에 따른 법인 설립신고 또는 제111조에 따른 사업자등록과 함께 납세지 관할 세무서장(제12조에 따른 세무서장을 말한다. 이하 같다)에게 사업연도를 신고하여야 한다.
③ 제94조에 따른 국내사업장(이하 "국내사업장"이라 한다)이 있는 외국법인으로서 법령이나 정관 등에 사업연도에 관한 규정이 없는 법인은 따로 사업연도를 정하여 제109조제2항에 따른 국내사업장 설치신고 또는 제111조에 따른 사업자등록과 함께 납세지 관할 세무서장에게 사업연도를 신고하여야 한다.
④ 국내사업장이 없는 외국법인으로서 제93조제3호 또는 제7호에 따른 소득이 있는 법인은 따로 사업연도를 정하여 그 소득이 최초로 발생하게 된 날부터 1개월 이내에 납세지 관할 세무서장에게 사업연도를 신고하여야 한다.

⑤ 제2항부터 제4항까지의 규정에 따른 신고를 하여야 할 법인이 그 신고를 하지 아니하는 경우에는 매년 1월 1일부터 12월 31일까지를 그 법인의 사업연도로 한다.
⑥ 제1항부터 제5항까지의 규정을 적용할 때 법인의 최초 사업연도의 개시일 등에 관하여 필요한 사항은 대통령령으로 정한다.

제7조【사업연도의 변경】 ① 사업연도를 변경하려는 법인은 그 법인의 직전 사업연도 종료일부터 3개월 이내에 대통령령으로 정하는 바에 따라 납세지 관할 세무서장에게 이를 신고하여야 한다.
② 법인이 제1항에 따른 신고를 기한까지 하지 아니한 경우에는 그 법인의 사업연도는 변경되지 아니한 것으로 본다. 다만, 법령에 따라 사업연도가 정하여지는 법인의 경우 관련 법령의 개정에 따라 사업연도가 변경된 경우에는 제1항에 따른 신고를 하지 아니한 경우에도 그 법령의 개정 내용과 같이 사업연도가 변경된 것으로 본다.
③ 제1항 및 제2항 단서에 따라 사업연도가 변경된 경우에는 종전의 사업연도 개시일부터 변경된 사업연도 개시일 전날까지의 기간을 1사업연도로 한다. 다만, 그 기간이 1개월 미만인 경우에는 변경된 사업연도에 그 기간을 포함한다.

제8조【사업연도의 의제】 ① 내국법인이 사업연도 중에 해산(합병 또는 분할에 따른 해산과 제78조 각 호에 따른 조직변경은 제외한다)한 경우에는 다음 각 호의 기간을 각각 1사업연도로 본다.
1. 그 사업연도 개시일부터 해산등기일(파산으로 인하여 해산한 경우에는 파산등기일을 말하며, 법인으로 보는 단체의 경우에는 해산일을 말한다. 이하 같다)까지의 기간
2. 해산등기일 다음 날부터 그 사업연도 종료일까지의 기간
② 내국법인이 사업연도 중에 합병 또는 분할에 따라 해산한 경우에는 그 사업연도 개시일부터 합병등기일 또는 분할등기일까지의 기간을 그 해산한 법인의 1사업연도로 본다.
③ 내국법인이 사업연도 중에 제78조 각 호에 따른 조직변경을 한 경우에는 조직변경 전의 사업연도가 계속되는 것으로 본다.(2018.12.24 본항신설)
④ 청산 중인 내국법인의 사업연도는 다음 각 호의 구분에 따른 기간을 각각 1사업연도로 본다.
1. 잔여재산가액이 사업연도 중에 확정된 경우 : 그 사업연도 개시일부터 잔여재산가액 확정일까지의 기간
2. 「상법」 제229조, 제285조, 제287조의40, 제519조 또는 제610조에 따라 사업을 계속하는 경우 : 다음 각 목의 기간
   가. 그 사업연도 개시일부터 계속등기일(계속등기를 하지 아니한 경우에는 사실상의 사업 계속일을 말한다. 이하 같다)까지의 기간
   나. 계속등기일 다음 날부터 그 사업연도 종료일까지의 기간
⑤ 내국법인이 사업연도 중에 연결납세방식을 적용받는 경우에는 그 사업연도 개시일부터 연결사업연도 개시일 전날까지의 기간을 1사업연도로 본다.
⑥ 국내사업장이 있는 외국법인이 사업연도 중에 그 국내사업장을 가지지 아니하게 된 경우에는 그 사업연도 개시일부터 그 사업장을 가지지 아니하게 된 날까지의 기간을 1사업연도로 본다. 다만, 국내에 다른 사업장을 계속하여 가지고 있는 경우에는 그러하지 아니하다.
⑦ 국내사업장이 없는 외국법인이 사업연도 중에 제93조제3호에 따른 국내원천 부동산소득 또는 같은 조 제7호에 따른 국내원천 부동산등양도소득이 발생하지 아니하게 되어 납세지 관할 세무서장에게 그 사실을 신

고한 경우에는 그 사업연도 개시일부터 신고일까지의 기간을 1사업연도로 본다.
(2018.12.24 본조개정)

제9조【납세지】 ① 내국법인의 법인세 납세지는 그 법인의 등기부에 따른 본점이나 주사무소의 소재지(국내에 본점 또는 주사무소가 있지 아니하는 경우에는 사업을 실질적으로 관리하는 장소의 소재지)로 한다. 다만, 법인으로 보는 단체의 경우에는 대통령령으로 정하는 장소로 한다.
② 외국법인의 법인세 납세지는 국내사업장의 소재지로 한다. 다만, 국내사업장이 없는 외국법인으로서 제93조제3호 또는 제7호에 따른 소득이 있는 외국법인의 경우에는 각각 그 자산의 소재지로 한다.
③ 제2항의 경우 둘 이상의 국내사업장이 있는 외국법인에 대하여는 대통령령으로 정하는 주된 사업장의 소재지를 납세지로 하고, 둘 이상의 자산이 있는 법인에 대하여는 대통령령으로 정하는 장소를 납세지로 한다.
④ 제73조, 제73조의2, 제98조, 제98조의3, 제98조의5, 제98조의6 또는 제98조의8에 따라 원천징수한 법인세의 납세지는 대통령령으로 정하는 해당 원천징수의무자의 소재지로 한다. 다만, 제98조 및 제98조의3에 따른 원천징수의무자가 국내에 그 소재지를 가지지 아니하는 경우에는 대통령령으로 정하는 장소로 한다.
(2023.12.31 본문개정)

제10조【납세지의 지정】 ① 관할지방국세청장(제12조에 따른 지방국세청장을 말한다. 이하 같다)이나 국세청장은 제9조에 따른 납세지가 그 법인의 납세지로 적당하지 아니하다고 인정되는 경우로서 대통령령으로 정하는 경우에는 같은 조에도 불구하고 그 납세지를 지정할 수 있다.
② 관할지방국세청장이나 국세청장은 제1항에 따라 납세지를 지정한 경우에는 대통령령으로 정하는 바에 따라 해당 법인에게 이를 알려야 한다.

제11조【납세지의 변경】 ① 법인은 납세지가 변경된 경우에는 그 변경된 날부터 15일 이내에 대통령령으로 정하는 바에 따라 변경 후의 납세지 관할 세무서장에게 이를 신고하여야 한다. 이 경우 납세지가 변경된 법인이 「부가가치세법」 제8조에 따라 그 변경된 사실을 신고한 경우에는 납세지 변경신고를 한 것으로 본다.
(2013.6.7 후단개정)
② 제1항에 따른 신고를 하지 아니한 경우에는 종전의 납세지를 그 법인의 납세지로 한다.
③ 외국법인이 제9조제2항에 해당하는 납세지를 국내에 가지지 아니하게 된 경우에는 그 사실을 납세지 관할 세무서장에게 신고하여야 한다.

제12조【과세 관할】 법인세는 제9조부터 제11조까지의 규정에 따른 납세지를 관할하는 세무서장 또는 지방국세청장이 과세한다.

제2장　내국법인의 각 사업연도의 소득에 대한 법인세
(2010.12.30 본장개정)

제1절　과세표준과 그 계산

제1관　통　칙

제13조【과세표준】 ① 내국법인의 각 사업연도의 소득에 대한 법인세의 과세표준은 각 사업연도의 소득의 범위에서 다음 각 호의 금액과 소득을 차례로 공제한 금액으로 한다. 다만, 제1호의 금액에 대한 공제는 각 사업연도 소득의 100분의 80「조세특례제한법」 제6조 제1항에 따른 중소기업(이하 "중소기업"이라 한다)과 회생계획을 이행 중인 기업 등 대통령령으로 정하는

법인의 경우는 100분의 100]을 한도로 한다.
(2022.12.31 단서개정)
1. 제14조제3항의 이월결손금 중 다음 각 목의 요건을
모두 갖춘 금액
가. 각 사업연도의 개시일 전 15년 이내에 개시한 사업
연도에서 발생한 결손금일 것(2020.12.22 본목개정)
나. 제60조에 따라 신고하거나 제66조에 따라 결정·
경정되거나 「국세기본법」 제45조에 따라 수정신고
한 과세표준에 포함된 결손금일 것
2. 이 법과 다른 법률에 따른 비과세소득
3. 이 법과 다른 법률에 따른 소득공제액
② 제1항의 과세표준을 계산할 때 다음 각 호의 금액은
해당 사업연도의 다음 사업연도 이후로 이월하여 공제
할 수 없다.
1. 해당 사업연도의 과세표준을 계산할 때 공제되지 아
니한 비과세소득 및 소득공제액
2. 「조세특례제한법」 제132조에 따른 최저한세의 적용
으로 인하여 공제되지 아니한 소득공제액
(2018.12.24 본조개정)

제14조【각 사업연도의 소득】 ① 내국법인의 각 사업
연도의 소득은 그 사업연도에 속하는 익금(益金)의 총
액에서 그 사업연도에 속하는 손금(損金)의 총액을 뺀
금액으로 한다.(2018.12.24 본항개정)
② 내국법인의 각 사업연도의 결손금은 그 사업연도에
속하는 손금의 총액이 그 사업연도에 속하는 익금의
총액을 초과하는 경우에 그 초과하는 금액으로 한다.
③ 내국법인의 이월결손금은 각 사업연도의 개시일 전
발생한 각 사업연도의 결손금으로서 그 후의 각 사업
연도의 과세표준을 계산할 때 공제되지 아니한 금액으
로 한다.(2018.12.24 본항신설)
[판례] 특정 사업연도의 법인세를 포탈하였다고 하기 위해서
는 당해 사업연도의 익금 누락 또는 가공손금의 계상 등을
통하여 그 사업연도의 과세소득의 감소가 있는 경우이어야
하며, 한편 채무의 면제 또는 소멸로 인한 수익 즉 채무면
제익은 그 채무면제가 있었던 날 또는 소멸시효가 완성된
날이 속하는 사업연도에 귀속한다고 할 것이다.
(대판 2006.6.29, 2004도817)

제2관 익금의 계산

제15조【익금의 범위】 ① 익금은 자본 또는 출자의
납입 및 이 법에서 규정하는 것은 제외하고 해당 법인
의 순자산(純資産)을 증가시키는 거래로 인하여 발생
하는 이익 또는 수입[이하 "수익"(收益)이라 한다]의
금액으로 한다.(2018.12.24 본항개정)
② 다음 각 호의 금액은 익금으로 본다.
1. 특수관계인인 개인으로부터 유가증권을 제52조제2
항에 따른 시가보다 낮은 가액으로 매입하는 경우 시
가와 그 매입가액의 차액에 상당하는 금액(2018.12.24
본호개정)
2. 제57조제4항에 따른 외국법인세액으로서 대통령령
으로 정하는 바에 따라 계산하여 같은 조 제1항에 따
른 세액공제의 대상이 되는 금액(2020.12.22 본호개
정)
3. 「조세특례제한법」 제100조의18제1항에 따라 배분받
은 소득금액
③ 수익의 범위 및 구분 등에 필요한 사항은 대통령령
으로 정한다.(2018.12.24 본항개정)

제16조【배당금 또는 분배금의 의제】 ① 다음 각 호
의 금액은 다른 법인의 주주 또는 출자자(이하 "주주
등"이라 한다)인 내국법인의 각 사업연도의 소득금액
을 계산할 때 그 다른 법인으로부터 이익을 배당받았
거나 잉여금을 분배받은 금액으로 본다.(2018.12.24 본
문개정)

1. 주식의 소각, 자본의 감소, 사원의 퇴사·탈퇴 또는
출자의 감소로 인하여 주주등인 내국법인이 취득하
는 금전과 그 밖의 재산가액의 합계액이 해당 주식
또는 출자지분(이하 "주식등"이라 한다)을 취득하기
위하여 사용한 금액을 초과하는 금액(2018.12.24 본호
개정)
2. 법인의 잉여금의 전부 또는 일부를 자본이나 출자에
전입(轉入)함으로써 주주등인 내국법인이 취득하는
주식등의 가액. 다만, 다음 각 목의 어느 하나에 해당
하는 금액을 자본에 전입하는 경우는 제외한다.
(2018.12.24 본문개정)
가. 「상법」 제459조제1항에 따른 자본준비금으로서
대통령령으로 정하는 것(2011.12.31 본목개정)
나. 「자산재평가법」에 따른 재평가적립금(같은 법 제
13조제1항제1호에 따른 토지의 재평가차액에 상당하
는 금액은 제외한다)
3. 법인이 자기주식 또는 자기출자지분을 보유한 상태
에서 제2호 각 목에 따른 자본전입을 함에 따라 그 법
인 외의 주주등인 내국법인의 지분 비율이 증가한 경
우 증가한 지분 비율에 상당하는 주식등의 가액
(2018.12.24 본호개정)
4. 해산한 법인의 주주등(법인으로 보는 단체의 구성원
을 포함한다)인 내국법인이 법인의 해산으로 인한 잔
여재산의 분배로서 취득하는 금전과 그 밖의 재산의
가액이 그 주식등을 취득하기 위하여 사용한 금액을
초과하는 금액(2018.12.24 본호개정)
5. 피합병법인의 주주등인 내국법인이 취득하는 합병
대가가 그 피합병법인의 주식등을 취득하기 위하여
사용한 금액을 초과하는 금액(2018.12.24 본호개정)
6. 분할법인 또는 소멸한 분할합병의 상대방 법인의 주
주인 내국법인이 취득하는 분할대가가 그 분할법인
또는 소멸한 분할합병의 상대방 법인의 주식(분할법
인이 존속하는 경우에는 소각 등에 의하여 감소된 주
식만 해당한다)을 취득하기 위하여 사용한 금액을 초
과하는 금액(2018.12.24 본호개정)
② 제1항제5호 및 제6호, 제44조 및 제46조에서 합병대
가와 분할대가는 다음 각 호의 금액을 말한다.
1. 합병대가 : 합병법인으로부터 합병으로 인하여 취득
하는 합병법인(합병등기일 현재 합병법인의 발행주
식총수 또는 출자총액을 소유하고 있는 내국법인을
포함한다)의 주식등의 가액과 금전 또는 그 밖의 재
산가액의 합계액
2. 분할대가 : 분할신설법인 또는 분할합병의 상대방
법인으로부터 분할로 인하여 취득하는 분할신설법인
또는 분할합병의 상대방 법인(분할등기일 현재 분할
합병의 상대방 법인의 발행주식총수 또는 출자총액
을 소유하고 있는 내국법인을 포함한다)의 주식의 가
액과 금전 또는 그 밖의 재산가액의 합계액
(2018.12.24 본항신설)
③ 제1항을 적용할 때 이익의 배당 또는 잉여금의 분배
시기, 주식등 재산가액의 평가 등에 필요한 사항은 대
통령령으로 정한다.(2018.12.24 본항개정)

제17조【자본거래로 인한 수익의 익금불산입】 ① 다
음 각 호의 금액은 내국법인의 각 사업연도의 소득금
액을 계산할 때 익금에 산입(算入)하지 아니한다.
(2018.12.24 본문개정)
1. 주식발행액면초과액 : 액면금액 이상으로 주식을 발
행한 경우 그 액면금액을 초과한 금액(무액면주식의
경우에는 발행가액 중 자본금으로 계상한 금액을 초
과하는 금액을 말한다. 다만, 채무의 출자전환으로
주식등을 발행하는 경우에는 그 주식등의 제52조제2
항에 따른 시가를 초과하여 발행된 금액은 제외한다.
2. 주식의 포괄적 교환차익 : 「상법」 제360조의2에 따
른 주식의 포괄적 교환을 한 경우로서 같은 법 제360

조의7에 따른 자본금 증가의 한도액이 완전모회사의 증가한 자본금을 초과한 경우의 그 초과액

3. 주식의 포괄적 이전차익(移轉差益) : 「상법」 제360조의15에 따른 주식의 포괄적 이전을 한 경우로서 같은 법 제360조의18에 따른 자본금의 한도액이 설립된 완전모회사의 자본금을 초과한 경우의 그 초과액

4. 감자차익(減資差益) : 자본감소의 경우로서 그 감소액이 주식의 소각, 주금(株金)의 반환에 든 금액과 결손의 보전(補塡)에 충당한 금액을 초과한 경우의 그 초과금액

5. 합병차익 : 「상법」 제174조에 따른 합병의 경우로서 소멸된 회사로부터 승계한 재산의 가액이 그 회사로부터 승계한 채무액, 그 회사의 주주에게 지급한 금액과 합병 후 존속하는 회사의 자본금증가액 또는 합병에 따라 설립된 회사의 자본금을 초과한 경우의 그 초과금액. 다만, 소멸된 회사로부터 승계한 재산가액이 그 회사로부터 승계한 채무액, 그 회사의 주주에게 지급한 금액과 주식가액을 초과하는 경우로서 이 법에서 익금으로 규정한 금액은 제외한다.(2015.12.15 단서신설)

6. 분할차익 : 「상법」 제530조의2에 따른 분할 또는 분할합병으로 설립된 회사 또는 존속하는 회사에 출자된 재산의 가액이 출자한 회사로부터 승계한 채무액, 출자한 회사의 주주에게 지급한 금액과 설립된 회사의 자본금 또는 존속하는 회사의 자본금증가액을 초과한 경우의 그 초과금액. 다만, 분할 또는 분할합병으로 설립된 회사 또는 존속하는 회사에 출자된 재산의 가액이 출자한 회사로부터 승계한 채무액, 출자한 회사의 주주에게 지급한 금액과 주식가액을 초과하는 경우로서 이 법에서 익금으로 규정한 금액은 제외한다.(2015.12.15 단서신설)

(2013.1.1 본항개정)

② 제1항제1호 단서에 따른 초과액 중 제18조제6호를 적용받지 아니한 대통령령으로 정하는 금액은 해당 사업연도의 익금에 산입하지 아니하고 그 이후의 각 사업연도에 발생한 결손금의 보전(補塡)에 충당할 수 있다.

제18조【평가이익 등의 익금불산입】 다음 각 호의 금액은 내국법인의 각 사업연도의 소득금액을 계산할 때 익금에 산입하지 아니한다.(2018.12.24 본문개정)

1. 자산의 평가이익. 다만, 제42조제1항 각 호에 따른 평가로 인하여 발생하는 평가이익은 제외한다.

2. 각 사업연도의 소득으로 이미 과세된 소득(이 법과 다른 법률에 따라 비과세되거나 면제되는 소득을 포함한다)(2018.12.24 본호개정)

3. 제21조제1호에 따라 손금에 산입하지 아니한 법인세 또는 법인지방소득세를 환급받았거나 환급받을 금액을 다른 세액에 충당한 금액(2014.1.1 본호개정)

4. 국세 또는 지방세의 과오납금(過誤納金)의 환급금에 대한 이자

5. 부가가치세의 매출세액

6. 무상(無償)으로 받은 자산의 가액(제36조에 따른 국고보조금등은 제외한다)과 채무의 면제 또는 소멸로 인한 부채(負債)의 감소액 중 대통령령으로 정하는 이월결손금을 보전하는 데에 충당한 금액(2019.12.31 본호개정)

7. 연결자법인 또는 연결모법인으로부터 제76조의19제2항 또는 제3항에 따라 지급받았거나 지급받을 금액 (2022.12.31 본호개정)

8. 「상법」 제461조의2에 따라 자본준비금을 감액하여 받는 배당금액(내국법인이 보유한 주식의 장부가액을 한도로 한다). 다만, 다음 각 목의 어느 하나에 해당하는 자본준비금을 감액하여 받는 배당금액은 제외한다.(2023.12.31 단서개정)

가. 제16조제1항제2호가목에 해당하지 아니하는 자본준비금

나. 제44조제2항 또는 제3항의 적격합병에 따른 제17조제1항제5호의 합병차익 중 피합병법인의 제16조제1항제2호나목에 따른 재평가적립금에 상당하는 금액(대통령령으로 정하는 금액을 한도로 한다)

다. 제46조제2항의 적격분할에 따른 제17조제1항제6호의 분할차익 중 분할법인의 제16조제1항제2호나목에 따른 재평가적립금에 상당하는 금액(대통령령으로 정하는 금액을 한도로 한다)

(2023.12.31 가목~다목신설)

제18조의2【내국법인 수입배당금액의 익금불산입】

① 내국법인(제29조에 따라 고유목적사업준비금을 손금에 산입하는 비영리내국법인은 제외한다. 이하 이 조에서 같다)이 해당 법인이 출자한 다른 내국법인(이하 이 조에서 "피출자법인"이라 한다)으로부터 받은 이익의 배당금 또는 잉여금의 분배금과 제16조에 따라 배당금 또는 분배금으로 보는 금액(이하 이 조 및 제76조의14에서 "수입배당금액"이라 한다) 중 제1호의 금액에서 제2호의 금액을 뺀 금액은 각 사업연도의 소득금액을 계산할 때 익금에 산입하지 아니한다. 이 경우 그 금액이 0보다 작은 경우에는 없는 것으로 본다.(2022.12.31 전단개정)

1. 피출자법인별로 수입배당금액에 다음 표의 구분에 따른 익금불산입률을 곱한 금액의 합계액

피출자법인에 대한 출자비율	익금불산입률
50퍼센트 이상	100퍼센트
20퍼센트 이상 50퍼센트 미만	80퍼센트
20퍼센트 미만	30퍼센트

(2022.12.31 본호개정)

2. 내국법인이 각 사업연도에 지급한 차입금의 이자가 있는 경우에는 차입금의 이자 중 제1호에 따른 익금불산입률 및 피출자법인에 출자한 금액이 내국법인의 자산총액에서 차지하는 비율 등을 고려하여 대통령령으로 정하는 바에 따라 계산한 금액

② 제1항은 다음 각 호의 어느 하나에 해당하는 수입배당금액에 대해서는 적용하지 아니한다.

1. 배당기준일 전 3개월 이내에 취득한 주식등을 보유함으로써 발생하는 수입배당금액

2. (2022.12.31 삭제)

3. 제51조의2 또는 「조세특례제한법」 제104조의31에 따라 지급한 배당에 대하여 소득공제를 적용받는 법인으로부터 받은 수입배당금액(2020.12.22 본호개정)

4. 이 법과 「조세특례제한법」에 따라 법인세를 비과세·면제·감면받는 법인(대통령령으로 정하는 법인으로 한정한다)으로부터 받은 수입배당금액

5. 제75조의14에 따라 지급한 배당에 대하여 소득공제를 적용받는 법인과세 신탁재산으로부터 받은 수입배당금액(2020.12.22 본호신설)

6. 「자산재평가법」 제28조제2항을 위반하여 이 법 제16조제1항제2호나목에 따른 재평가적립금을 감액하여 지급받은 수입배당금액

7. 제18조제8호나목 및 다목에 해당하는 자본준비금을 감액하여 지급받은 수입배당금액

8. 자본의 감소로 주주등인 내국법인이 취득한 재산가액이 당초 주식등의 취득가액을 초과하는 금액 등 피출자법인의 소득에 법인세가 과세되지 아니한 수입배당금액으로서 대통령령으로 정하는 수입배당금액(2023.12.31 6호~8호신설)

③ 제1항과 제2항을 적용할 때 내국법인의 피출자법인에 대한 출자비율의 계산방법, 익금불산입액의 계산, 차입금 및 차입금 이자의 범위, 수입배당금액 명세서의 제출 등에 필요한 사항은 대통령령으로 정한다.(2018.12.24 본조개정)

제18조의3 (2022.12.31 삭제)

제18조의4【외국자회사 수입배당액의 익금불산입】
① 내국법인(제57조의2제1항에 따른 간접투자회사등은 제외한다)이 해당 법인이 출자한 외국자회사[내국법인이 의결권 있는 발행주식총수 또는 출자총액의 100분의 10(「조세특례제한법」 제22조에 따른 해외자원개발사업을 하는 외국법인의 경우에는 100분의 5) 이상을 출자하고 있는 외국법인으로서 대통령령으로 정하는 요건을 갖춘 법인을 말한다. 이하 이 조 및 제41조에서 같다]로부터 받은 이익의 배당금 또는 잉여금의 분배금과 제16조에 따라 배당금 또는 분배금으로 보는 금액(이하 이 조에서 "수입배당금액"이라 한다)의 100분의 95에 해당하는 금액은 각 사업연도의 소득금액을 계산할 때 익금에 산입하지 아니한다.
② 내국법인이 해당 법인이 출자한 외국법인(외국자회사는 제외한다)으로부터 자본준비금을 감액하여 받는 배당으로서 제18조제8호에 따른 익금에 산입되지 아니하는 배당에 준하는 성격의 수입배당금액을 받는 경우 그 금액의 100분의 95에 해당하는 금액은 각 사업연도의 소득금액을 계산할 때 익금에 산입하지 아니한다.
③ 「국제조세조정에 관한 법률」 제27조제1항 및 제29조제1항·제2항에 따라 특정외국법인의 유보소득에 대하여 내국법인이 배당받은 것으로 보는 금액 및 해당 유보소득이 실제 배당된 경우의 수입배당금액에 대해서는 제1항을 적용하지 아니한다.
④ 제1항에도 불구하고 다음 각 호의 어느 하나에 해당하는 금액은 각 사업연도의 소득금액을 계산할 때 익금에 산입한다.
1. 「국제조세조정에 관한 법률」 제27조제1항 각 호의 요건을 모두 충족하는 특정외국법인으로부터 받은 수입배당금액으로서 대통령령으로 정하는 수입배당금액
2. 혼성금융상품(자본 및 부채의 성격을 동시에 가지고 있는 금융상품으로서 대통령령으로 정하는 금융상품을 말한다)의 거래에 따라 내국법인이 지급받는 수입배당금액
3. 제1호 및 제2호와 유사한 것으로서 대통령령으로 정하는 수입배당금액
⑤ 제1항을 적용받으려는 내국법인은 외국자회사 수입배당금액 명세서를 납세지 관할 세무서장에게 제출하여야 한다.
⑥ 제1항부터 제5항까지의 규정을 적용할 때 내국법인의 외국자회사에 대한 출자비율의 계산방법, 익금불산입액의 계산방법, 외국자회사 수입배당금액 명세서의 제출 등에 필요한 사항은 대통령령으로 정한다.
(2022.12.31 본조신설)

제3관 손금의 계산

제19조【손금의 범위】
① 손금은 자본 또는 출자의 환급, 잉여금의 처분 및 이 법에서 규정하는 것은 제외하고 해당 법인의 순자산을 감소시키는 거래로 인하여 발생하는 손실 또는 비용[이하 "손비"(損費)라 한다]의 금액으로 한다.
② 손비는 이 법 및 다른 법률에서 달리 정하고 있는 것을 제외하고는 그 법인의 사업과 관련하여 발생하거나 지출된 손실 또는 비용으로서 일반적으로 인정되는 통상적인 것이거나 수익과 직접 관련된 것으로 한다.
③ 「조세특례제한법」 제100조의18제1항에 따라 분배한 결손금은 손금으로 본다.
④ 손비의 범위 및 구분 등에 필요한 사항은 대통령령으로 정한다.
(2018.12.24 본조개정)

제19조의2【대손금의 손금불산입】
① 내국법인이 보유하고 있는 채권 중 채무자의 파산 등 대통령령으로 정하는 사유로 회수할 수 없는 채권의 금액[이하 "대손금"(貸損金)이라 한다]은 대통령령으로 정하는 사업연도의 소득금액을 계산할 때 손금에 산입한다.(2018.12.24 본항개정)
② 제1항은 다음 각 호의 어느 하나에 해당하는 채권에는 적용하지 아니한다.
1. 채무보증(「독점규제 및 공정거래에 관한 법률」 제24조 각 호의 어느 하나에 해당하는 채무보증 등 대통령령으로 정하는 채무보증은 제외한다)으로 인하여 발생한 구상채권(求償債權)(2020.12.29 본호개정)
2. 제28조제1항제4호나목에 해당하는 가지급금(假支給金) 등. 이 경우 특수관계인에 대한 판단은 대여시점을 기준으로 한다.(2020.12.22 후단신설)
(2018.12.24 본항개정)
③ 제1항에 따라 손금에 산입한 대손금 중 회수한 금액은 그 회수한 날이 속하는 사업연도의 소득금액을 계산할 때 익금에 산입한다.
④ 제1항을 적용하려는 내국법인은 대통령령으로 정하는 바에 따라 대손금 명세서를 납세지 관할 세무서장에게 제출하여야 한다.(2018.12.24 본항개정)
⑤ 대손금의 범위와 처리 등에 필요한 사항은 대통령령으로 정한다.(2018.12.24 본항개정)

제20조【자본거래 등으로 인한 손비의 손금불산입】 다음 각 호의 금액은 내국법인의 각 사업연도의 소득금액을 계산할 때 손금에 산입하지 아니한다.
1. 결산을 확정할 때 잉여금의 처분을 손비로 계상한 금액
2. 주식할인발행차금 : 「상법」 제417조에 따라 액면미달의 가액으로 신주를 발행하는 경우 그 미달하는 금액과 신주발행비의 합계액
(2018.12.24 본조개정)

제21조【세금과 공과금의 손금불산입】 다음 각 호의 세금과 공과금은 내국법인의 각 사업연도의 소득금액을 계산할 때 손금에 산입하지 아니한다.
1. 각 사업연도에 납부하였거나 납부할 법인세(제18조의4에 따른 익금불산입의 적용 대상이 되는 수입배당금액에 대하여 외국에 납부한 세액과 제57조에 따라 세액공제를 적용하는 경우의 외국법인세액을 포함한다) 또는 법인지방소득세와 각 세법에 규정된 의무불이행으로 인하여 납부하였거나 납부할 세액(가산세를 포함한다) 및 부가가치세의 매입세액(부가가치세가 면제되거나 그 밖에 대통령령으로 정하는 경우의 세액은 제외한다)(2022.12.31 본호개정)
2. 판매하지 아니한 제품에 대한 반출필의 개별소비세, 주세 또는 교통·에너지·환경세의 미납액. 다만, 제품가격에 그 세액상당액을 가산한 경우에는 예외로 한다.
3. 벌금, 과료(통고처분에 따른 벌금 또는 과료에 상당하는 금액을 포함한다), 과태료(과료와 과태금을 포함한다), 가산금 및 강제징수비(2020.12.29 본호개정)
4. 법령에 따라 의무적으로 납부하는 것이 아닌 공과금
5. 법령에 따른 의무의 불이행 또는 금지·제한 등의 위반에 대한 제재(制裁)로서 부과되는 공과금
6. 연결모법인 또는 연결자법인에 제76조의19제2항 또는 제3항에 따라 지급하였거나 지급할 금액(2022.12.31 본호신설)

제21조의2【징벌적 목적의 손해배상금 등에 대한 손금불산입】 내국법인이 지급한 손해배상금 중 실제 발생한 손해를 초과하여 지급하는 금액으로서 대통령령으로 정하는 금액은 내국법인의 각 사업연도의 소득금액을 계산할 때 손금에 산입하지 아니한다.(2017.12.19 본조신설)

제22조【자산의 평가손실의 손금불산입】 내국법인이 보유하는 자산의 평가손실은 각 사업연도의 소득금액을 계산할 때 손금에 산입하지 아니한다. 다만, 제42조제2항 및 제3항에 따른 평가손으로 인하여 발생하는 평가손실은 손금에 산입한다.(2018.12.24 단서개정)

제23조【감가상각비의 손금불산입】 ① 내국법인이 각 사업연도의 결산을 확정할 때 토지를 제외한 건물, 기계 및 장치, 특허권 등 대통령령으로 정하는 유형자산 및 무형자산(이하 이 조에서 "감가상각자산"이라 한다)에 대한 감가상각비를 손비로 계상한 경우에는 대통령령으로 정하는 바에 따라 계산한 금액(이하 이 조에서 "상각범위액"이라 한다)의 범위에서 그 계상한 감가상각비를 해당 사업연도의 소득금액을 계산할 때 손금에 산입하고, 그 계상한 금액 중 상각범위액을 초과하는 금액은 손금에 산입하지 아니한다.(2018.12.24 본항개정)

② 제1항에도 불구하고 「주식회사 등의 외부감사에 관한 법률」 제5조제1항제1호에 따른 회계처리기준(이하 "한국채택국제회계기준"이라 한다)을 적용하는 내국법인이 보유한 감가상각자산 중 유형자산과 대통령령으로 정하는 무형자산의 감가상각비는 개별 자산별로 다음 각 호의 구분에 따른 금액이 제1항에 따라 손금에 산입한 금액보다 큰 경우 그 차액의 범위에서 추가로 손금에 산입할 수 있다.(2018.12.24 본문개정)

1. 2013년 12월 31일 이전 취득분 : 한국채택국제회계기준을 적용하지 아니하고 종전의 방식에 따라 감가상각비를 손비로 계상한 경우 제1항에 따라 손금에 산입할 감가상각비 상당액(이하 이 조에서 "종전감가상각비"라 한다)(2018.12.24 본호개정)

2. 2014년 1월 1일 이후 취득분 : 기획재정부령으로 정하는 기준내용연수를 적용하여 계산한 감가상각비 상당액(이하 이 조에서 "기준감가상각비"라 한다)

③ 제1항에도 불구하고 내국법인이 이 법과 다른 법률에 따라 법인세를 면제받거나 감면받은 경우에는 해당 사업연도의 소득금액을 계산할 때 대통령령으로 정하는 바에 따라 감가상각비를 손금에 산입하여야 한다.(2018.12.24 본항개정)

④ 제1항을 적용할 때 내국법인이 다음 각 호의 어느 하나에 해당하는 금액을 손비로 계상한 경우에는 해당 사업연도의 소득금액을 계산할 때 감가상각비로 계상한 것으로 보아 상각범위액을 계산한다.

1. 감가상각자산을 취득하기 위하여 지출한 금액
2. 감가상각자산에 대한 대통령령으로 정하는 자본적 지출에 해당하는 금액
(2018.12.24 본항신설)

⑤ 제1항에 따라 상각범위액을 초과하여 손금에 산입하지 아니한 금액은 그 후의 사업연도에 대통령령으로 정하는 방법에 따라 손금에 산입한다.(2018.12.24 본항신설)

⑥ 제1항부터 제5항까지의 규정에 따라 감가상각비를 손금에 산입한 내국법인은 대통령령으로 정하는 바에 따라 감가상각비에 관한 명세서를 납세지 관할 세무서장에게 제출하여야 한다.(2018.12.24 본항개정)

⑦ 제1항부터 제5항까지의 규정을 적용할 때 감가상각비의 손금산입방법, 한국채택국제회계기준 적용 시기의 결정, 종전감가상각비 및 기준감가상각비의 계산, 감가상각방법의 변경, 내용연수의 특례 및 변경, 중고자산 등의 상각범위액 계산특례, 즉시 상각할 수 있는 자산의 범위 등에 필요한 사항은 대통령령으로 정한다.(2018.12.24 본항개정)

판례 토지의 이용 편의를 위하여 당해 토지에 이르는 진입도로를 개설하여 국가 또는 지방자치단체에 이를 무상으로 공여한 경우, 그 도로로 된 토지의 가액 및 도로개설비용은 당해 토지의 가치를 현실적으로 증가시키는 데 소요된 것으로서 당해 토지에 대한 자본적 지출에 해당한다고 할 것이고, 그 소요비용이 특정사업의 면허 또는 사업의 개시 등

과 관련하여 지출된 것이라고 하여 달리 볼 것은 아니다.(대판 2008.4.11, 2006두5502)

제24조【기부금의 손금불산입】 ① 이 조에서 "기부금"이란 내국법인이 사업과 직접적인 관계없이 무상으로 지출하는 금액(대통령령으로 정하는 거래를 통하여 실질적으로 증여한 것으로 인정되는 금액을 포함한다)을 말한다.(2018.12.24 본항개정)

② 내국법인이 각 사업연도에 지출한 기부금 및 제5항에 따라 이월된 기부금 중 제1호에 따른 특례기부금은 제2호에 따라 산출한 손금산입한도액 내에서 해당 사업연도의 소득금액을 계산할 때 손금에 산입하되, 손금산입한도액을 초과하는 금액은 손금에 산입하지 아니한다.(2022.12.31 본문개정)

1. 특례기부금 : 다음 각 목의 어느 하나에 해당하는 기부금(2022.12.31 본문개정)

가. 국가나 지방자치단체에 무상으로 기증하는 금품의 가액. 다만, 「기부금품의 모집 및 사용에 관한 법률」의 적용을 받는 기부금품은 같은 법 제5조제2항에 따라 접수하는 것만 해당한다.

나. 국방헌금과 국군장병 위문금품의 가액

다. 천재지변으로 생기는 이재민을 위한 구호금품의 가액

라. 다음의 기관(병원은 제외한다)에 시설비·교육비·장학금 또는 연구비로 지출하는 기부금

1) 「사립학교법」에 따른 사립학교

2) 비영리 교육재단(국립·공립·사립학교의 시설비, 교육비, 장학금 또는 연구비 지급을 목적으로 설립된 비영리 재단법인으로 한정한다)

3) 「국민 평생 직업능력 개발법」에 따른 기능대학(2021.8.17 개정)

4) 「평생교육법」에 따른 전공대학의 명칭을 사용할 수 있는 평생교육시설 및 원격대학 형태의 평생교육시설

5) 「경제자유구역 및 제주국제자유도시의 외국교육기관 설립·운영에 관한 특별법」에 따라 설립된 외국교육기관 및 「제주특별자치도 설치 및 국제자유도시 조성을 위한 특별법」에 따라 설립된 비영리법인이 운영하는 국제학교

6) 「산업교육진흥 및 산학연협력촉진에 관한 법률」에 따른 산학협력단

7) 「한국과학기술원법」에 따른 한국과학기술원, 「광주과학기술원법」에 따른 광주과학기술원, 「대구경북과학기술원법」에 따른 대구경북과학기술원, 「울산과학기술원법」에 따른 울산과학기술원 및 「한국에너지공과대학교법」에 따른 한국에너지공과대학교(2021.12.21 개정)

8) 「국립대학법인 서울대학교 설립·운영에 관한 법률」에 따른 국립대학법인 서울대학교, 「국립대학법인 인천대학교 설립·운영에 관한 법률」에 따른 국립대학법인 인천대학교 및 이와 유사한 학교로서 대통령령으로 정하는 학교

9) 「재외국민의 교육지원 등에 관한 법률」에 따른 한국학교(대통령령으로 정하는 요건을 충족하는 학교만 해당한다)로서 대통령령으로 정하는 바에 따라 기획재정부장관이 지정·고시하는 학교

10) 「한국장학재단 설립 등에 관한 법률」에 따른 한국장학재단(2022.12.31 신설)

마. 다음의 병원에 시설비·교육비 또는 연구비로 지출하는 기부금

1) 「국립대학병원 설치법」에 따른 국립대학병원

2) 「국립대학치과병원 설치법」에 따른 국립대학치과병원

3) 「서울대학교병원 설치법」에 따른 서울대학교병원

4) 「서울대학교치과병원 설치법」에 따른 서울대학교치과병원

5) 「사립학교법」에 따른 사립학교가 운영하는 병원
6) 「암관리법」에 따른 국립암센터
7) 「지방의료원의 설립 및 운영에 관한 법률」에 따른 지방의료원
8) 「국립중앙의료원의 설립 및 운영에 관한 법률」에 따른 국립중앙의료원
9) 「대한적십자사 조직법」에 따른 대한적십자사가 운영하는 병원
10) 「한국보훈복지의료공단법」에 따른 한국보훈복지의료공단이 운영하는 병원
11) 「방사선 및 방사성동위원소 이용진흥법」에 따른 한국원자력의학원
12) 「국민건강보험법」에 따른 국민건강보험공단이 운영하는 병원
13) 「산업재해보상보험법」 제43조제1항제1호에 따른 의료기관
바. 사회복지사업, 그 밖의 사회복지활동의 지원에 필요한 재원을 모집·배분하는 것을 주된 목적으로 하는 비영리법인(대통령령으로 정하는 요건을 충족하는 법인만 해당한다)으로서 대통령령으로 정하는 바에 따라 기획재정부장관이 지정·고시하는 법인에 지출하는 기부금
2. 손금산입한도액 : 다음 계산식에 따라 산출한 금액

〔기준소득금액(제44조, 제46조 및 제46조의5에 따른 양도손익은 제외하고 제1호에 따른 특례기부금과 제3항제1호에 따른 일반기부금을 손금에 산입하기 전의 해당 사업연도의 소득금액을 말한다. 이하 이 조에서 같다)
－ 제13조제1항제1호에 따른 결손금(제13조제1항 각 호 외의 부분 단서에 따라 각 사업연도 소득의 80퍼센트를 한도로 이월결손금 공제를 적용받는 법인은 기준소득금액의 80퍼센트를 한도로 한다)〕× 50퍼센트

(2022.12.31 본호개정)
(2020.12.22 본항개정)
③ 내국법인이 각 사업연도에 지출한 기부금 및 제5항에 따라 이월된 기부금 중 제1호에 따른 일반기부금은 제2호에 따라 산출한 손금산입한도액 내에서 해당 사업연도의 소득금액을 계산할 때 손금에 산입하되, 손금산입한도액을 초과하는 금액은 손금에 산입하지 아니한다.
1. 일반기부금 : 사회복지·문화·예술·교육·종교·자선·학술 등 공익성을 고려하여 대통령령으로 정하는 기부금(제2항제1호에 따른 기부금은 제외한다. 이하 이 조에서 같다)
2. 손금산입한도액 : 다음 계산식에 따라 산출한 금액

〔기준소득금액 － 제13조제1항제1호에 따른 결손금(제13조제1항 각 호 외의 부분 단서에 따라 각 사업연도 소득의 80퍼센트를 한도로 이월결손금 공제를 적용받는 법인은 기준소득금액의 80퍼센트를 한도로 한다)
－ 제2항에 따른 손금산입액(제5항에 따라 이월하여 손금에 산입한 금액을 포함한다)〕× 10퍼센트(사업연도 종료일 현재 「사회적기업 육성법」 제2조제1호에 따른 사회적기업은 20퍼센트로 한다)

(2022.12.31 본항개정)
④ 제2항제1호 및 제3항제1호 외의 기부금은 해당 사업연도의 소득금액을 계산할 때 손금에 산입하지 아니한다.(2020.12.22 본항개정)
⑤ 내국법인이 각 사업연도에 지출하는 기부금 중 제2항 및 제3항에 따라 기부금의 손금산입한도액을 초과하여 손금에 산입하지 아니한 금액은 해당 사업연도의 다음 사업연도 개시일부터 10년 이내에 끝나는 각 사업연도로 이월하여 그 이월된 사업연도의 소득금액을 계산할 때 제2항제2호 및 제3항제2호에 따른 기부금 각각의 손금산입한도액의 범위에서 손금에 산입한다.(2020.12.22 본항개정)

⑥ 제2항 및 제3항에 따라 손금에 산입하는 경우에는 제5항에 따라 이월된 금액을 해당 사업연도에 지출한 기부금보다 먼저 손금에 산입한다. 이 경우 이월된 금액은 먼저 발생한 이월금액부터 손금에 산입한다.(2020.12.22 본항개정)

제25조【기업업무추진비의 손금불산입】 ① 이 조에서 "기업업무추진비"란 접대, 교제, 사례 또는 그 밖에 어떠한 명목이든 상관없이 이와 유사한 목적으로 지출한 비용으로서 내국법인이 직접 또는 간접적으로 업무와 관련이 있는 자와 업무를 원활하게 진행하기 위하여 지출한 금액을 말한다.(2022.12.31 본항개정)
② 내국법인이 한 차례의 접대에 지출한 기업업무추진비 중 대통령령으로 정하는 금액을 초과하는 기업업무추진비로서 다음 각 호의 어느 하나에 해당하지 아니하는 것은 각 사업연도의 소득금액을 계산할 때 손금에 산입하지 아니한다. 다만, 지출사실이 객관적으로 명백한 경우로서 다음 각 호의 어느 하나에 해당하는 기업업무추진비라는 증거자료를 구비하기 어려운 국외지역에서의 지출 및 농어민에 대한 지출 등 대통령령으로 정하는 지출은 그러하지 아니하다.(2022.12.31 본문개정)
1. 다음 각 목의 어느 하나에 해당하는 것(이하 "신용카드등"이라 한다)을 사용하여 지출하는 기업업무추진비(2022.12.31 본문개정)
가. 「여신전문금융업법」에 따른 신용카드(신용카드와 유사한 것으로서 대통령령으로 정하는 것을 포함한다. 이하 제117조에서 같다)
나. 「조세특례제한법」 제126조의2제1항제2호에 따른 현금영수증(이하 "현금영수증"이라 한다)(2018.12.24 본목개정)
2. 제121조 및 「소득세법」 제163조에 따른 계산서 또는 「부가가치세법」 제32조 및 제35조에 따른 세금계산서를 발급받아 지출하는 기업업무추진비(2022.12.31 본호개정)
3. 제121조의2에 따른 매입자발행계산서 또는 「부가가치세법」 제34조의2제2항에 따른 매입자발행세금계산서를 발행하여 지출하는 기업업무추진비(2022.12.31 본호개정)
4. 대통령령으로 정하는 원천징수영수증을 발행하여 지출하는 기업업무추진비(2022.12.31 본호개정)
③ 제2항제2호를 적용할 때 재화 또는 용역을 공급하는 신용카드등의 가맹점이 아닌 다른 가맹점의 명의로 작성된 매출전표 등을 발급받은 경우 해당 지출금액은 같은 항 같은 호에 따른 기업업무추진비로 보지 아니한다.(2022.12.31 본항개정)
④ 내국법인이 각 사업연도에 지출한 기업업무추진비(제2항에 따라 손금에 산입하지 아니하는 금액은 제외한다)로서 다음 각 호의 금액의 합계액을 초과하는 금액은 해당 사업연도의 소득금액을 계산할 때 손금에 산입하지 아니한다.(2022.12.31 본문개정)
1. 기본한도 : 다음 계산식에 따라 계산한 금액

$$기본한도금액 = A \times B \times \frac{1}{12}$$

A : 1천200만원(중소기업의 경우에는 3천600만원)
B : 해당 사업연도의 개월 수〔이 경우 개월 수는 역(曆)에 따라 계산하되, 1개월 미만의 일수는 1개월로 한다〕

(2019.12.31 본호개정)
2. 수입금액별 한도 : 해당 사업연도의 수입금액(대통령령으로 정하는 수입금액만 해당한다)에 다음 표에 규정된 비율을 적용하여 산출한 금액. 다만, 특수관계인과의 거래에서 발생한 수입금액에 대해서는 그 수입금액에 다음 표에 규정된 비율을 적용하여 산출한 금액의 100분의 10에 상당하는 금액으로 한다.

수입금액	비 율
가. 100억원 이하	0.3퍼센트
나. 100억원 초과 500억원 이하	3천만원 + (수입금액 − 100억원) × 0.2퍼센트
다. 500억원 초과	1억1천만원 + (수입금액 − 500억원) × 0.03퍼센트

(2019.12.31 본호개정)

⑤ 제4항을 적용할 때 부동산임대업을 주된 사업으로 하는 등 대통령령으로 정하는 요건에 해당하는 내국법인의 경우에는 같은 항 각 호의 금액의 합계액의 100분의 50을 초과하는 금액은 해당 사업연도의 소득금액을 계산할 때 손금에 산입하지 아니한다.(2018.12.24 본항신설)

⑥ 기업업무추진비의 범위와 가액의 계산, 지출증명 보관 등에 필요한 사항은 대통령령으로 정한다.
(2022.12.31 본항개정)
(2022.12.31 본조제목개정)

제26조【과다경비 등의 손금불산입】 다음 각 호의 손비 중 대통령령으로 정하는 바에 따라 과다하거나 부당하다고 인정하는 금액은 내국법인의 각 사업연도의 소득금액을 계산할 때 손금에 산입하지 아니한다.
1. 인건비
2. 복리후생비
3. 여비(旅費) 및 교육·훈련비
4. 법인이 그 법인 외의 자와 동일한 조직 또는 사업 등을 공동으로 운영하거나 경영함에 따라 발생되거나 지출된 손비
5. 제1호부터 제4호까지에 규정된 것 외에 법인의 업무와 직접 관련이 적다고 인정되는 경비로서 대통령령으로 정하는 것

제27조【업무와 관련 없는 비용의 손금불산입】 내국법인이 지출한 비용 중 다음 각 호의 금액은 각 사업연도의 소득금액을 계산할 때 손금에 산입하지 아니한다.
(2018.12.24 본문개정)
1. 해당 법인의 업무와 직접 관련이 없다고 인정되는 자산으로서 대통령령으로 정하는 자산을 취득·관리함으로써 생기는 비용 등 대통령령으로 정하는 금액
2. 제1호 외에 해당 법인의 업무와 직접 관련이 없다고 인정되는 지출금액으로서 대통령령으로 정하는 금액
(2018.12.24 본호개정)

제27조의2【업무용승용차 관련비용의 손금불산입 등 특례】 ① 「개별소비세법」 제1조제2항제3호에 해당하는 승용자동차(운수업, 자동차판매업 등에서 사업에 직접 사용하는 승용자동차로서 대통령령으로 정하는 것과 연구개발을 목적으로 사용하는 승용자동차로서 대통령령으로 정하는 것은 제외하며, 이하 이 조 및 제74조의2에서 "업무용승용차"라 한다)에 대한 감가상각비는 각 사업연도의 소득금액을 계산할 때 대통령령으로 정하는 바에 따라 손금에 산입하여야 한다.(2021.12.21 본항개정)
② 내국법인이 업무용승용차를 취득하거나 임차함에 따라 해당 사업연도에 발생하는 감가상각비, 임차료, 유류비 등 대통령령으로 정하는 비용(이하 이 조 및 제74조의2에서 "업무용승용차 관련비용"이라 한다) 중 대통령령으로 정하는 업무용 사용금액(이하 이 조에서 "업무사용금액"이라 한다)에 해당하지 아니하는 금액은 해당 사업연도의 소득금액을 계산할 때 손금에 산입하지 아니한다.(2021.12.21 본항개정)
③ 제2항을 적용할 때 업무사용금액 중 다음 각 호의 구분에 해당하는 비용이 해당 사업연도에 각각 800만원(해당 사업연도가 1년 미만인 경우 800만원에 해당 사업연도의 월수를 곱하고 이를 12로 나누어 산출한 금액을 말하고, 사업연도 중 일부 기간 동안 보유하거나 임차한 경우에는 800만원에 해당 보유기간 또는 임차기간 월수를 곱하고 이를 사업연도 월수로 나누어

산출한 금액을 말한다)을 초과하는 경우 그 초과하는 금액(이하 이 조에서 "감가상각비 한도초과액"이라 한다)은 해당 사업연도의 손금에 산입하지 아니하고 대통령령으로 정하는 방법에 따라 이월하여 손금에 산입한다.(2017.12.19 본문개정)
1. 업무용승용차별 감가상각비
2. 업무용승용차별 임차료 중 대통령령으로 정하는 감가상각비 상당액
④ 업무용승용차를 처분하여 발생하는 손실로서 업무용승용차별로 800만원(해당 사업연도가 1년 미만인 경우 800만원에 해당 사업연도의 월수를 곱하고 이를 12로 나누어 산출한 금액을 말한다)을 초과하는 금액은 대통령령으로 정하는 방법에 따라 이월하여 손금에 산입한다.(2018.12.24 본항개정)
⑤ 제3항과 제4항을 적용할 때 부동산임대업을 주된 사업으로 하는 등 대통령령으로 정하는 요건에 해당하는 내국법인의 경우에는 "800만원"을 각각 "400만원"으로 한다.(2016.12.20 본항신설)
⑥ 제1항부터 제5항까지에 따라 업무용승용차 관련비용 등을 손금에 산입한 법인은 대통령령으로 정하는 바에 따라 업무용승용차 관련비용 등에 관한 명세서를 납세지 관할 세무서장에게 제출하여야 한다.
(2016.12.20 본항개정)
⑦ 업무사용금액의 계산방법, 감가상각비 한도초과액의 계산 및 이월방법과 그 밖에 필요한 사항은 대통령령으로 정한다.
(2015.12.15 본조신설)

제28조【지급이자의 손금불산입】 ① 다음 각 호의 차입금의 이자는 내국법인의 각 사업연도의 소득금액을 계산할 때 손금에 산입하지 아니한다.
1. 대통령령으로 정하는 채권자가 불분명한 사채의 이자(2018.12.24 본호개정)
2. 「소득세법」 제16조제1항제1호·제2호·제5호 및 제8호에 따른 채권·증권의 이자·할인액 또는 차익 중 그 지급받은 자가 불분명한 것으로서 대통령령으로 정하는 것(2018.12.24 본호개정)
3. 대통령령으로 정하는 건설자금에 충당한 차입금의 이자
4. 다음 각 목의 어느 하나에 해당하는 자산을 취득하거나 보유하고 있는 내국법인이 각 사업연도에 지급한 차입금의 이자 중 대통령령으로 정하는 바에 따라 계산한 금액(차입금 중 해당 자산가액에 상당하는 금액의 이자를 한도로 한다)
가. 제27조제1호에 해당하는 자산
나. 특수관계인에게 해당 법인의 업무와 관련 없이 지급한 가지급금 등으로서 대통령령으로 정하는 것
(2018.12.24 본목개정)
② 건설자금에 충당한 차입금의 이자에서 제1항제3호에 따른 이자를 뺀 금액으로서 대통령령으로 정하는 금액은 내국법인의 각 사업연도의 소득금액을 계산할 때 손금에 산입하지 아니할 수 있다.(2018.12.24 본항개정)
③ 제1항 각 호에 따른 차입금의 이자의 손금불산입에 관한 규정이 동시에 적용되는 경우에는 대통령령으로 정하는 순위에 따라 적용한다.(2018.12.24 본항개정)
④ 제1항에 따른 차입금 및 차입금의 이자의 범위와 계산 등에 필요한 사항은 대통령령으로 정한다.
(2018.12.24 본항개정)

제4관 준비금 및 충당금의 손금산입

제29조【비영리내국법인의 고유목적사업준비금의 손금산입】 ① 비영리내국법인(법인으로 보는 단체의 경우에는 대통령령으로 정하는 단체만 해당한다. 이하 이

조에서 같다)이 각 사업연도의 결산을 확정할 때 그 법인의 고유목적사업이나 제24조제3항제1호에 따른 일반기부금(이하 이 조에서 "고유목적사업등"이라 한다)에 지출하기 위하여 고유목적사업준비금을 손비로 계상한 경우에는 다음 각 호의 구분에 따른 금액의 합계액(제2호에 따른 수익사업에서 결손금이 발생한 경우에는 제1호 각 목의 금액의 합계액에서 그 결손금 상당액을 차감한 금액을 말한다)의 범위에서 그 계상한 고유목적사업준비금을 해당 사업연도의 소득금액을 계산할 때 손금에 산입한다.(2022.12.31 본문개정)
1. 다음 각 목의 금액
   가. 「소득세법」 제16조제1항 각 호(같은 항 제11호에 따른 비영업대금의 이익은 제외한다)에 따른 이자소득의 금액
   나. 「소득세법」 제17조제1항 각 호에 따른 배당소득의 금액. 다만, 「상속세 및 증여세법」 제16조 또는 제48조에 따라 상속세 과세가액 또는 증여세 과세가액에 산입되거나 증여세가 부과되는 주식등으로부터 발생한 배당소득의 금액은 제외한다.
   다. 특별법에 따라 설립된 비영리내국법인이 해당 법률에 따른 복지사업으로서 그 회원이나 조합원에게 대출한 융자금에서 발생한 이자금액
2. 그 밖의 수익사업에서 발생한 소득에 100분의 50(「공익법인의 설립·운영에 관한 법률」에 따라 설립된 법인으로서 고유목적사업등에 대한 지출액 중 100분의 50 이상의 금액을 장학금으로 지출하는 법인의 경우에는 100분의 80)을 곱하여 산출한 금액
(2018.12.24 본항개정)
② 제1항을 적용할 때 「주식회사 등의 외부감사에 관한 법률」 제2조제7호 및 제9조에 따른 감사인의 회계감사를 받는 비영리내국법인이 고유목적사업준비금을 제60조제2항제2호에 따른 세무조정계산서에 계상하고 그 금액 상당액을 해당 사업연도의 이익처분을 할 때 고유목적사업준비금으로 적립한 경우에는 그 금액을 결산을 확정할 때 손비로 계상한 것으로 본다.
(2018.12.24 본항신설)
③ 제1항에 따라 고유목적사업준비금을 손금에 산입한 비영리내국법인이 고유목적사업등에 지출한 금액이 있는 경우에는 그 금액을 먼저 계상한 사업연도의 고유목적사업준비금부터 차례로 상계(相計)하여야 한다. 이 경우 고유목적사업등에 지출한 금액이 직전 사업연도 종료일 현재의 고유목적사업준비금의 잔액을 초과한 경우 초과하는 금액은 그 사업연도에 계상할 고유목적사업준비금에서 지출한 것으로 본다.(2018.12.24 본항개정)
④ 제1항에 따라 고유목적사업준비금을 손금에 산입한 비영리내국법인이 사업에 관한 모든 권리와 의무를 다른 비영리내국법인에 포괄적으로 양도하고 해산하는 경우에는 해산등기일 현재의 고유목적사업준비금 잔액은 그 다른 비영리내국법인이 승계할 수 있다.(2018.12.24 본항개정)
⑤ 제1항에 따라 손금에 산입한 고유목적사업준비금의 잔액이 있는 비영리내국법인이 다음 각 호의 어느 하나에 해당하게 된 경우 그 잔액(제5호의 경우에는 고유목적사업등이 아닌 용도에 사용한 금액을 말하며, 이하 이 조에서 같다)은 해당 사유가 발생한 날이 속하는 사업연도의 소득금액을 계산할 때 익금에 산입한다.
(2022.12.31 본문개정)
1. 해산한 경우(제4항에 따라 고유목적사업준비금을 승계한 경우는 제외한다)(2018.12.24 본호개정)
2. 고유목적사업을 전부 폐지한 경우
3. 법인으로 보는 단체가 「국세기본법」 제13조제3항에 따라 승인이 취소되거나 거주자로 변경된 경우
   (2018.12.24 본호개정)
4. 고유목적사업준비금을 손금에 산입한 사업연도의 종료일 이후 5년이 되는 날까지 고유목적사업등에 사용

하지 아니한 경우(5년 내에 사용하지 아니한 잔액으로 한정한다)(2018.12.24 본호개정)
5. 고유목적사업준비금을 고유목적사업등이 아닌 용도에 사용한 경우(2022.12.31 본호신설)
⑥ 제1항에 따라 손금에 산입한 고유목적사업준비금의 잔액이 있는 비영리내국법인은 고유목적사업준비금을 손금에 산입한 사업연도의 종료일 이후 5년 이내에 그 잔액 중 일부를 감소시켜 익금에 산입할 수 있다. 이 경우 먼저 손금에 산입한 사업연도의 잔액부터 차례로 감소시킨 것으로 본다.(2018.12.24 본항신설)
⑦ 제5항제4호·제5호 및 제6항에 따라 고유목적사업준비금의 잔액을 익금에 산입하는 경우에는 대통령령으로 정하는 바에 따라 계산한 이자상당액을 해당 사업연도의 법인세에 더하여 납부하여야 한다.(2022.12.31 본항개정)
⑧ 제1항은 이 법이나 다른 법률에 따라 감면 등을 적용받는 경우 등 대통령령으로 정하는 경우에는 적용하지 아니한다.(2018.12.24 본항개정)
⑨ 제1항을 적용하려는 비영리내국법인은 대통령령으로 정하는 바에 따라 고유목적사업준비금의 계상 및 지출에 관한 명세서를 비치·보관하고 이를 납세지 관할 세무서장에게 제출하여야 한다.(2018.12.24 본항개정)
⑩ 제1항부터 제5항까지의 규정에 따른 고유목적사업의 범위 및 승계, 수익사업에서 발생한 소득의 계산 등에 필요한 사항은 대통령령으로 정한다.(2018.12.24 본항개정)
(2018.12.24 본조제목개정)

제30조【책임준비금의 손금산입】① 보험사업을 하는 내국법인(「보험업법」에 따른 보험회사는 제외한다)이 각 사업연도의 결산을 확정할 때 「수산업협동조합법」 등 보험사업 관련 법률에 따른 책임준비금(이하 이 조에서 "책임준비금"이라 한다)을 손비로 계상한 경우에는 대통령령으로 정하는 바에 따라 계산한 금액의 범위에서 그 계상한 책임준비금을 해당 사업연도의 소득금액을 계산할 때 손금에 산입한다.(2022.12.31 본항개정)
② 제1항에 따라 손금에 산입한 책임준비금은 대통령령으로 정하는 바에 따라 다음 사업연도에 손금에 산입한 날이 속하는 사업연도의 종료일 이후 3년이 되는 날(3년이 되기 전에 해산 등 대통령령으로 정하는 사유가 발생하는 경우에는 해당 사유가 발생한 날)이 속하는 사업연도의 소득금액을 계산할 때 익금에 산입한다.
③ 제2항에 따라 책임준비금을 손금에 산입한 날이 속하는 사업연도의 종료일 이후 3년이 되는 날이 속하는 사업연도에 책임준비금을 익금에 산입하는 경우 대통령령으로 정하는 바에 따라 계산한 이자상당액을 해당 사업연도의 법인세에 더하여 납부하여야 한다.
(2018.12.24 본항개정)
④ 제1항을 적용하려는 내국법인은 대통령령으로 정하는 바에 따라 책임준비금에 관한 명세서를 납세지 관할 세무서장에게 제출하여야 한다.(2018.12.24 본항개정)
(2018.12.24 본조제목개정)

제31조【비상위험준비금의 손금산입】① 보험사업을 하는 내국법인이 각 사업연도의 결산을 확정할 때 「보험업법」이나 그 밖의 법률에 따른 비상위험준비금(이하 이 조에서 "비상위험준비금"이라 한다)을 손비로 계상한 경우에는 대통령령으로 정하는 바에 따라 계산한 금액의 범위에서 그 계상한 비상위험준비금을 해당 사업연도의 소득금액을 계산할 때 손금에 산입한다.
② 제1항을 적용할 때 한국채택국제회계기준을 적용하는 내국법인이 비상위험준비금을 제60조제2항제2호에 따른 세무조정계산서에 계상하고 그 금액 상당액을 해당 사업연도의 이익처분을 할 때 비상위험준비금으로 적립한 경우에는 대통령령으로 정하는 바에 따라 계산

한 금액의 범위에서 그 금액을 결산을 확정할 때 손비로 계상한 것으로 본다.
③ 제1항을 적용하려는 내국법인은 대통령령으로 정하는 바에 따라 비상위험준비금에 관한 명세서를 납세지 관할 세무서장에게 제출하여야 한다.
④ 제1항 및 제2항에 따른 비상위험준비금의 처리에 필요한 사항은 대통령령으로 정한다.
(2018.12.24 본조신설)

제32조【해약환급금준비금의 손금산입】① 「보험업법」에 따른 보험회사(이하 "보험회사"라 한다)가 해약환급금준비금(보험회사가 보험계약의 해약 등에 대비하여 적립하는 금액으로서 대통령령으로 정하는 바에 따라 계산한 금액을 말한다. 이하 이 조에서 같다)을 제60조제2항제2호에 따른 세무조정계산서에 계상하고 그 금액 상당액을 해당 사업연도의 이익처분을 할 때 해약환급금준비금으로 적립한 경우에는 그 금액을 결산을 확정할 때 손비로 계상한 것으로 보아 해당 사업연도의 소득금액을 계산할 때 손금에 산입한다.
② 제1항을 적용받으려는 보험회사는 대통령령으로 정하는 바에 따라 해약환급금준비금에 관한 명세서를 납세지 관할 세무서장에게 제출하여야 한다.
③ 제1항에 따른 해약환급금준비금의 손금산입 및 그 금액의 처리에 필요한 사항은 대통령령으로 정한다.
(2022.12.31 본조신설)

제33조【퇴직급여충당금의 손금산입】① 내국법인이 각 사업연도의 결산을 확정할 때 임원이나 직원의 퇴직급여에 충당하기 위하여 퇴직급여충당금을 손비로 계상한 경우에는 대통령령으로 정하는 바에 따라 계산한 금액의 범위에서 그 계상한 퇴직급여충당금을 해당 사업연도의 소득금액을 계산할 때 손금에 산입한다.
(2018.12.24 본항개정)
② 제1항에 따라 퇴직급여충당금을 손금에 산입한 내국법인이 임원이나 직원에게 퇴직금을 지급하는 경우에는 그 퇴직급여충당금에서 먼저 지급한 것으로 본다.
(2018.12.24 본항개정)
③ 제1항에 따라 퇴직급여충당금을 손금에 산입한 내국법인이 합병하거나 분할하는 경우 그 법인의 합병등기일 또는 분할등기일 현재의 해당 퇴직급여충당금 중 합병법인·분할신설법인 또는 분할합병의 상대방 법인(이하 "합병법인등"이라 한다)이 승계받은 금액은 그 합병법인등이 합병등기일 또는 분할등기일에 가지고 있는 퇴직급여충당금으로 본다.(2018.12.24 본항개정)
④ 사업자가 그 사업을 내국법인에게 포괄적으로 양도하는 경우에 관하여는 제3항을 준용한다.
⑤ 제1항을 적용하려는 내국법인은 대통령령으로 정하는 바에 따라 퇴직급여충당금에 관한 명세서를 납세지 관할 세무서장에게 제출하여야 한다.(2018.12.24 본항개정)
⑥ 제1항부터 제4항까지의 규정에 따른 퇴직급여충당금의 처리에 필요한 사항은 대통령령으로 정한다.

제34조【대손충당금의 손금산입】① 내국법인이 각 사업연도의 결산을 확정할 때 외상매출금, 대여금 및 그 밖에 이에 준하는 채권의 대손(貸損)에 충당하기 위하여 대손충당금을 손비로 계상한 경우에는 대통령령으로 정하는 바에 따라 계산한 금액의 범위에서 그 계상한 대손충당금을 해당 사업연도의 소득금액을 계산할 때 손금에 산입한다.(2018.12.24 본항개정)
② 제1항은 제19조의2제2항 각 호의 어느 하나에 해당하는 채권에는 적용하지 아니한다.
③ 제1항에 따라 대손충당금을 손금에 산입한 내국법인은 대손금이 발생한 경우 그 대손금을 대손충당금과 먼저 상계하여야 하고, 상계하고 남은 대손충당금의 금액은 다음 사업연도의 소득금액을 계산할 때 익금에 산입한다.(2018.12.24 본항개정)

④ 제1항에 따라 대손충당금을 손금에 산입한 내국법인이 합병하거나 분할하는 경우 그 법인의 합병등기일 또는 분할등기일 현재의 해당 대손충당금 중 합병법인등이 승계(해당 대손충당금에 대응하는 채권이 함께 승계되는 경우만 해당한다)받은 금액은 그 합병법인등이 합병등기일 또는 분할등기일에 가지고 있는 대손충당금으로 본다.(2018.12.24 본항개정)
⑤ 제1항을 적용하려는 내국법인은 대통령령으로 정하는 바에 따라 대손충당금 명세서를 납세지 관할 세무서장에게 제출하여야 한다.(2018.12.24 본항개정)
⑥ 제1항에 따른 외상매출금, 대여금 및 그 밖에 이에 준하는 채권의 범위와 대손충당금 처리에 필요한 사항은 대통령령으로 정한다.(2018.12.24 본항개정)

제35조【구상채권상각충당금의 손금산입】① 법률에 따라 신용보증사업을 하는 내국법인 중 대통령령으로 정하는 법인이 각 사업연도의 결산을 확정할 때 구상채권상각충당금(求償債權償却充當金)을 손비로 계상한 경우에는 대통령령으로 정하는 바에 따라 계산한 금액의 범위에서 그 계상한 구상채권상각충당금을 해당 사업연도의 소득금액을 계산할 때 손금에 산입한다.
(2018.12.24 본항개정)
② 제1항을 적용할 때 한국채택국제회계기준을 적용하는 법인 중 대통령령으로 정하는 법인이 구상채권상각충당금을 제60조제2항제2호에 따른 세무조정계산서에 계상하고 그 금액 상당액을 해당 사업연도의 이익처분을 할 때 구상채권상각충당금으로 적립한 경우에는 대통령령으로 정하는 바에 따라 계산한 금액의 범위에서 그 금액을 결산을 확정할 때 손비로 계상한 것으로 본다.(2018.12.24 본항개정)
③ 제1항에 따라 구상채권상각충당금을 손금에 산입한 내국법인은 신용보증사업으로 인하여 발생한 구상채권 중 대통령령으로 정하는 대손금이 발생한 경우 그 대손금을 구상채권상각충당금과 먼저 상계하고, 상계하고 남은 구상채권상각충당금의 금액은 다음 사업연도의 소득금액을 계산할 때 익금에 산입한다.
④ 제1항을 적용하려는 내국법인은 대통령령으로 정하는 바에 따라 구상채권상각충당금에 관한 명세서를 납세지 관할 세무서장에게 제출하여야 한다.(2018.12.24 본항개정)
⑤ 제1항에 따른 구상채권상각충당금의 처리에 필요한 사항은 대통령령으로 정한다.

제36조【국고보조금으로 취득한 사업용자산가액의 손금산입】① 내국법인이 「보조금 관리에 관한 법률」, 「지방재정법」, 그 밖에 대통령령으로 정하는 법률에 따라 보조금 등(이하 이 조에서 "국고보조금등"이라 한다)을 지급받아 그 지급받은 날이 속하는 사업연도의 종료일까지 대통령령으로 정하는 사업용자산(이하 이 조에서 "사업용자산"이라 한다)을 취득하거나 개량하는 데에 사용한 경우 또는 사업용자산을 취득하거나 개량하고 이에 대한 국고보조금등을 사후에 지급받은 경우에는 해당 사업용자산의 가액 중 그 사업용자산의 취득 또는 개량에 사용된 국고보조금등 상당액을 대통령령으로 정하는 바에 따라 그 사업연도의 소득금액을 계산할 때 손금에 산입할 수 있다.(2018.12.24 본항개정)
② 국고보조금등을 지급받은 날이 속하는 사업연도의 종료일까지 사업용자산을 취득하거나 개량하지 아니한 내국법인이 그 사업연도의 다음 사업연도 개시일부터 1년 이내에 사업용자산을 취득하거나 개량하려는 경우에는 취득 또는 개량에 사용하려는 국고보조금등의 금액을 제1항을 준용하여 손금에 산입할 수 있다. 이 경우 허가 또는 인가의 지연 등 대통령령으로 정하는 사유로 국고보조금등을 기한 내에 사용하지 못한 경우에는 해당 사유가 끝나는 날이 속하는 사업연도의 종료일을 그 기한으로 본다.

③ 제2항에 따라 국고보조금등 상당액을 손금에 산입한 내국법인이 손금에 산입한 금액을 기한 내에 사업용자산의 취득 또는 개량에 사용하지 아니하거나 사용하기 전에 폐업 또는 해산하는 경우 그 사용하지 아니한 금액은 해당 사유가 발생한 날이 속하는 사업연도의 소득금액을 계산할 때 익금에 산입한다. 다만, 합병하거나 분할하는 경우로서 합병법인등이 그 금액을 승계한 경우는 제외하며, 이 경우 그 금액은 합병법인등이 제2항에 따라 손금에 산입한 것으로 본다.
④ 제1항을 적용할 때 내국법인이 국고보조금등을 금전 외의 자산으로 받아 사업에 사용한 경우에는 사업용자산의 취득 또는 개량에 사용된 것으로 본다.
⑤ 제1항과 제2항을 적용하려는 내국법인은 대통령령으로 정하는 바에 따라 국고보조금등과 국고보조금등으로 취득한 사업용자산의 명세서(제2항의 경우는 국고보조금등의 사용계획서)를 납세지 관할 세무서장에게 제출하여야 한다.(2018.12.24 본항개정)
⑥ 제1항부터 제3항까지의 규정을 적용할 때 손금산입액 및 익금산입액의 계산과 그 산입방법 등에 관하여 필요한 사항은 대통령령으로 정한다.

제37조【공사부담금으로 취득한 사업용자산가액의 손금산입】 ① 다음 각 호의 어느 하나에 해당하는 사업을 하는 내국법인이 그 사업에 필요한 시설을 하기 위하여 해당 시설의 수요자 또는 편익을 받는 자로부터 그 시설을 구성하는 토지 등 유형자산 및 무형자산(이하 이 조에서 "사업용자산"이라 한다)을 제공받은 경우 또는 금전 등(이하 이 조에서 "공사부담금"이라 한다)을 제공받아 그 제공받은 날이 속하는 사업연도의 종료일까지 사업용자산의 취득에 사용하거나 사업용자산을 취득하고 이에 대한 공사부담금을 사후에 제공받은 경우에는 해당 사업용자산의 가액(공사부담금을 제공받은 경우에는 그 사업용자산의 취득에 사용된 공사부담금 상당액)을 대통령령으로 정하는 바에 따라 그 사업연도의 소득금액을 계산할 때 손금에 산입할 수 있다.(2018.12.24 본문개정)
1. 「전기사업법」에 따른 전기사업
2. 「도시가스사업법」에 따른 도시가스사업
3. 「액화석유가스의 안전관리 및 사업법」에 따른 액화석유가스 충전사업, 액화석유가스 집단공급사업 및 액화석유가스 판매사업
4. 「집단에너지사업법」 제2조제2호에 따른 집단에너지공급사업
5. 제1호부터 제4호까지의 사업과 유사한 사업으로서 대통령령으로 정하는 것
② 공사부담금으로 사업용자산을 취득하는 경우의 손금산입 등에 관하여는 제36조제2항 및 제3항을 준용한다.(2018.12.24 본항개정)
③ 제1항과 제2항을 적용하려는 내국법인은 대통령령으로 정하는 바에 따라 그 제공받은 사업용자산 및 공사부담금과 공사부담금으로 취득한 사업용자산의 명세서(제2항의 경우에는 공사부담금의 사용계획서)를 납세지 관할 세무서장에게 제출하여야 한다.(2018.12.24 본항개정)
④ 제1항과 제2항을 적용할 때 손금산입액 및 익금산입액의 계산과 그 산입방법 등에 관하여 필요한 사항은 대통령령으로 정한다.
(2018.12.24 본조제목개정)

제38조【보험차익으로 취득한 자산가액의 손금산입】 ① 내국법인이 유형자산(이 조에서 "보험대상자산"이라 한다)의 멸실(滅失)이나 손괴(損壞)로 인하여 보험금을 지급받아 그 지급받은 날이 속하는 사업연도의 종료일까지 멸실한 보험대상자산과 같은 종류의 자산을 대체 취득하거나 손괴된 보험대상자산을 개량(그 취득한 자산의 개량을 포함한다)하는 경우에는 해당 자산의 가액 중 그 자산의 취득 또는 개량에 사용된 보험차익 상당액을 대통령령으로 정하는 바에 따라 그 사업연도의 소득금액을 계산할 때 손금에 산입할 수 있다.(2018.12.24 본항개정)
② 보험차익으로 자산을 취득하거나 개량하는 경우의 손금산입 등에 관하여는 제36조제2항 및 제3항을 준용한다. 이 경우 제36조제2항 중 "1년"은 "2년"으로 본다.(2018.12.24 전단개정)
③ 제1항과 제2항을 적용하려는 내국법인은 대통령령으로 정하는 바에 따라 그 지급받은 보험금과 보험금으로 취득하거나 개량한 자산의 명세서(제2항의 경우에는 보험차익의 사용계획서)를 납세지 관할 세무서장에게 제출하여야 한다.(2018.12.24 본항개정)
④ 제1항과 제2항을 적용할 때 손금산입액 및 익금산입액의 계산과 그 산입방법 등에 관하여 필요한 사항은 대통령령으로 정한다.
(2018.12.24 본조제목개정)
제39조 (2001.12.31 삭제)

제5관 손익의 귀속시기 등

제40조【손익의 귀속사업연도】 ① 내국법인의 각 사업연도의 익금과 손금의 귀속사업연도는 그 익금과 손금이 확정된 날이 속하는 사업연도로 한다.
② 제1항에 따른 익금과 손금의 귀속사업연도의 범위 등에 관하여 필요한 사항은 대통령령으로 정한다.

[판례] 법인세법 제40조 제1항은 "내국법인의 각 사업연도의 익금과 손금의 귀속사업연도는 그 익금과 손금이 확정된 날이 속하는 사업연도로 한다."고 규정하고 있는데, 익금이 확정되었다고 하기 위해서는 소득의 원인이 되는 권리가 실현가능성에서 상당히 높은 정도로 성숙되어야 하고, 이런 정도에 이르지 아니하고 단지 성립한 것에 불과한 단계에서는 익금이 확정되었다고 볼 수 없으며, 여기서 소득의 원인이 되는 권리가 실현가능성에서 상당히 높은 정도로 성숙되었는지는 일률적으로 말할 수 없고 개개의 구체적인 권리의 성질과 내용 및 법률상·사실상의 여러 사정을 종합적으로 고려하여 결정하여야 한다.
(대판 2011.9.29, 2009두11157)

제41조【자산의 취득가액】 ① 내국법인이 매입·제작·교환 및 증여 등에 의하여 취득한 자산의 취득가액은 다음 각 호의 구분에 따른 금액으로 한다.
1. 타인으로부터 매입한 자산(대통령령으로 정하는 금융자산은 제외한다) : 매입가액에 부대비용을 더한 금액
1의2. 내국법인이 외국자회사를 인수하여 취득한 주식등으로서 대통령령으로 정하는 주식등 : 제18조의4에 따라 익금불산입된 수입배당액, 인수 시점의 외국자회사의 이익잉여금 등을 고려하여 대통령령으로 정하는 금액(2022.12.31 본호신설)
2. 자기가 제조·생산 또는 건설하거나 그 밖에 이에 준하는 방법으로 취득한 자산 : 제작원가(制作原價)에 부대비용을 더한 금액
3. 그 밖의 자산 : 취득 당시의 대통령령으로 정하는 금액
(2018.12.24 본항개정)
② 제1항에 따른 매입가액 및 부대비용의 범위 등 자산의 취득가액의 계산에 필요한 사항은 대통령령으로 정한다.

제42조【자산·부채의 평가】 ① 내국법인이 보유하는 자산과 부채의 장부가액을 증액 또는 감액(감가상각은 제외하며, 이하 이 조에서 "평가"라 한다)한 경우에는 그 평가일이 속하는 사업연도와 그 후의 각 사업연도의 소득금액을 계산할 때 그 자산과 부채의 장부가액은 평가 전의 가액으로 한다. 다만, 다음 각 호의 어느 하나에 해당하는 경우에는 그러하지 아니하다.
(2018.12.24 본문개정)

1. 「보험업법」이나 그 밖의 법률에 따른 유형자산 및 무형자산 등의 평가(장부가액을 증액한 경우만 해당한다)(2018.12.24 본호개정)
2. 재고자산(在庫資産) 등 대통령령으로 정하는 자산과 부채의 평가
② 제1항제2호에 따른 자산과 부채는 그 자산 및 부채별로 대통령령으로 정하는 방법에 따라 평가하여야 한다.
③ 제1항과 제2항에도 불구하고 다음 각 호의 어느 하나에 해당하는 자산은 대통령령으로 정하는 방법에 따라 그 장부가액을 감액할 수 있다.(2018.12.24 본문개정)
1. 재고자산으로서 파손·부패 등의 사유로 정상가격으로 판매할 수 없는 것
2. 유형자산으로서 천재지변·화재 등 대통령령으로 정하는 사유로 파손되거나 멸실된 것(2018.12.24 본호개정)
3. 대통령령으로 정하는 주식등으로서 해당 주식등의 발행법인이 다음 각 목의 어느 하나에 해당하는 것
가. 부도가 발생한 경우
나. 「채무자 회생 및 파산에 관한 법률」에 따른 회생계획인가의 결정을 받은 경우
다. 「기업구조조정 촉진법」에 따른 부실징후기업이 된 경우
라. 파산한 경우
(2018.12.24 본호개정)
4. (2018.12.24 삭제)
④ 제2항과 제3항에 따라 자산과 부채를 평가한 내국법인은 대통령령으로 정하는 바에 따라 그 자산과 부채의 평가에 관한 명세서를 납세지 관할 세무서장에게 제출하여야 한다.(2018.12.24 본항개정)
⑤ 제2항과 제3항에 따라 자산과 부채를 평가함에 따라 발생하는 평가이익이나 평가손실의 처리 등에 필요한 사항은 대통령령으로 정한다.(2018.12.24 본항개정)

제42조의2【한국채택국제회계기준 적용 내국법인에 대한 재고자산평가차익 익금불산입】 ① 내국법인이 한국채택국제회계기준을 최초로 적용하는 사업연도에 재고자산평가방법을 대통령령으로 정하는 후입선출법에서 대통령령으로 정하는 다른 재고자산평가방법으로 납세지 관할 세무서장에게 변경신고한 경우에는 해당 사업연도의 소득금액을 계산할 때 제1호의 금액에서 제2호의 금액을 뺀 금액(이하 이 조에서 "재고자산평가차익"이라 한다)을 익금에 산입하지 아니할 수 있다. 이 경우 재고자산평가차익은 한국채택국제회계기준을 최초로 적용하는 사업연도의 다음 사업연도 개시일부터 5년간 균등하게 나누어 익금에 산입한다.
1. 한국채택국제회계기준을 최초로 적용하는 사업연도의 기초 재고자산 평가액
2. 한국채택국제회계기준을 최초로 적용하기 직전 사업연도의 기말 재고자산 평가액
② 제1항 각 호 외의 부분 전단에 따라 재고자산평가차익을 익금에 산입하지 아니한 내국법인이 해산(제44조제2항 및 제3항에 따른 적격합병 또는 제46조제2항에 따른 적격분할로 인한 해산은 제외한다)하는 경우에는 제1항 각 호 외의 부분 후단에 따라 익금에 산입하고 남은 금액을 해산등기일이 속하는 사업연도의 소득금액을 계산할 때 익금에 산입한다.
③ 재고자산평가방법의 변경신고 절차, 익금불산입의 신청, 익금산입의 방법과 그 밖에 재고자산평가차익 익금불산입에 관한 사항은 대통령령으로 정한다.
(2018.12.24 본조개정)

제42조의3【한국채택국제회계기준 적용 보험회사에 대한 소득금액 계산의 특례】 ① 보험회사가 보험업에 대한 한국채택국제회계기준으로서 대통령령으로 정하는 회계기준(이하 이 조에서 "보험계약국제회계기준"

이라 한다)을 최초로 적용하는 경우에는 보험계약국제회계기준을 최초로 적용하는 사업연도(이하 이 조에서 "최초적용사업연도"라 한다)의 직전 사업연도에 손금에 산입한 책임준비금(「보험업법」에 따른 책임준비금을 말한다. 이하 이 조에서 같다)에 대통령령으로 정하는 계산식을 적용하여 산출한 금액을 최초적용사업연도의 소득금액을 계산할 때 익금에 산입한다.
② 보험회사는 최초적용사업연도의 개시일 현재 「보험업법」 제120조제3항의 회계처리기준에 따라 계상할 책임준비금에 대통령령으로 정하는 계산식을 적용하여 산출한 금액을 해당 사업연도의 소득금액을 계산할 때 손금에 산입한다.
③ 보험회사는 제1항에도 불구하고 제1항에 따른 금액에서 제2항에 따른 금액을 뺀 금액에 대통령령으로 정하는 계산식을 적용하여 산출한 금액(금액이 양수인 경우로 한정하며, 이하 이 조에서 "전환이익"이라 한다)을 최초적용사업연도와 그 다음 3개 사업연도의 소득금액을 계산할 때 익금에 산입하지 아니할 수 있다. 이 경우 전환이익은 최초적용사업연도의 다음 4번째 사업연도 개시일부터 3년간 균등하게 나누어 익금에 산입한다.
④ 보험회사가 제3항에 따른 기간 중에 해산(제44조제2항 및 제3항에 따른 적격합병 또는 제46조제2항에 따른 적격분할로 인한 해산은 제외한다)하는 경우 익금에 산입되지 아니한 전환이익이 있으면 이를 해산등기일이 속하는 사업연도의 소득금액을 계산할 때 익금에 산입한다.
⑤ 제3항을 적용받는 보험회사에 대해서는 같은 항에 따른 기간에 관계없이 제32조를 적용하지 아니한다.
⑥ 전환이익의 익금불산입 및 균등분할 익금 산입의 신청, 그 밖에 필요한 사항은 대통령령으로 정한다.
(2022.12.31 본조신설)

제43조【기업회계기준과 관행의 적용】 내국법인의 각 사업연도의 소득금액을 계산할 때 그 법인이 익금과 손금의 귀속사업연도와 자산·부채의 취득 및 평가에 관하여 일반적으로 공정·타당하다고 인정되는 기업회계기준을 적용하거나 관행(慣行)을 계속 적용하여 온 경우에는 이 법 및 「조세특례제한법」에서 달리 규정하고 있는 경우를 제외하고는 그 기업회계기준 또는 관행에 따른다.(2018.12.24 본조개정)

제6관 합병 및 분할 등에 관한 특례

제44조【합병 시 피합병법인에 대한 과세】 ① 피합병법인이 합병으로 해산하는 경우에는 그 법인의 자산을 합병법인에 양도한 것으로 본다. 이 경우 그 양도에 따라 발생하는 양도손익(제1호의 가액에서 제2호의 가액을 뺀 금액을 말한다. 이하 이 조 및 제44조의3에서 같다)은 피합병법인이 합병등기일이 속하는 사업연도의 소득금액을 계산할 때 익금 또는 손금에 산입한다.
1. 피합병법인이 합병법인으로부터 받은 양도가액
2. 피합병법인의 합병등기일 현재의 자산의 장부가액 총액에서 부채의 장부가액 총액을 뺀 가액(이하 이 관에서 "순자산 장부가액"이라 한다)
② 제1항을 적용할 때 다음 각 호의 요건을 모두 갖춘 합병(이하 "적격합병"이라 한다)의 경우에는 제1항제1호의 가액을 피합병법인의 합병등기일 현재의 순자산 장부가액으로 보아 양도손익이 없는 것으로 할 수 있다. 다만, 대통령령으로 정하는 부득이한 사유가 있는 경우에는 제2호·제3호 또는 제4호의 요건을 갖추지 못한 경우에도 적격합병으로 보아 대통령령으로 정하는 바에 따라 양도손익이 없는 것으로 할 수 있다.(2018.12.24 본문개정)

1. 합병등기일 현재 1년 이상 사업을 계속하던 내국법인 간의 합병일 것. 다만, 다른 법인과 합병하는 것을 유일한 목적으로 하는 법인으로서 대통령령으로 정하는 법인의 경우는 본문의 요건을 갖춘 것으로 본다. (2021.12.21 단서개정)
2. 피합병법인의 주주등이 합병으로 인하여 받은 합병대가의 총합계액 중 합병법인의 주식등의 가액이 100분의 80 이상이거나 합병법인의 모회사(합병등기일 현재 합병법인의 발행주식총수 또는 출자총액을 소유하고 있는 내국법인을 말한다)의 주식등의 가액이 100분의 80 이상인 경우로서 그 주식등이 대통령령으로 정하는 바에 따라 배정되고, 대통령령으로 정하는 피합병법인의 주주등이 합병등기일이 속하는 사업연도의 종료일까지 그 주식등을 보유할 것(2018.12.24 본호개정)
3. 합병법인이 합병등기일이 속하는 사업연도의 종료일까지 피합병법인으로부터 승계받은 사업을 계속할 것. 다만, 피합병법인이 다른 법인과 합병하는 것을 유일한 목적으로 하는 법인으로서 대통령령으로 정하는 법인인 경우에는 본문의 요건을 갖춘 것으로 본다.(2021.12.21 단서개정)
4. 합병등기일 1개월 전 당시 피합병법인에 종사하는 대통령령으로 정하는 근로자 중 합병법인이 승계한 근로자의 비율이 100분의 80 이상이고, 합병등기일이 속하는 사업연도의 종료일까지 그 비율을 유지할 것 (2017.12.19 본호신설)
③ 다음 각 호의 어느 하나에 해당하는 경우에는 제2항에도 불구하고 적격합병으로 보아 양도손익이 없는 것으로 할 수 있다.(2018.12.24 본문개정)
1. 내국법인이 발행주식총수 또는 출자총액을 소유하고 있는 다른 법인을 합병하거나 그 다른 법인에 합병되는 경우
2. 동일한 내국법인이 발행주식총수 또는 출자총액을 소유하고 있는 서로 다른 법인 간에 합병하는 경우 (2016.12.20 1호~2호신설)
④ 제1항부터 제3항까지의 규정에 따른 양도가액 및 순자산 장부가액의 계산, 합병대가의 총합계액의 계산, 승계받은 사업의 계속 여부에 관한 판정기준 등에 관하여 필요한 사항은 대통령령으로 정한다.

제44조의2【합병 시 합병법인에 대한 과세】
① 합병법인이 합병으로 피합병법인의 자산을 승계한 경우에는 그 자산을 피합병법인으로부터 합병등기일 현재의 시가(제52조제2항에 따른 시가를 말한다. 이하 이 관에서 같다)로 양도받은 것으로 본다. 이 경우 피합병법인의 각 사업연도의 소득금액 및 과세표준을 계산할 때 익금 또는 손금에 산입하거나 산입하지 아니한 금액, 그 밖의 자산·부채 등은 대통령령으로 정하는 것만 합병법인이 승계할 수 있다.
② 합병법인은 제1항에 따라 피합병법인의 자산을 시가로 양도받은 것으로 보는 경우로서 피합병법인에 지급한 양도가액이 피합병법인의 합병등기일 현재의 자산총액에서 부채총액을 뺀 금액(이하 이 관에서 "순자산시가"라 한다)보다 적은 경우에는 그 차액을 제60조제2항제2호에 따른 세무조정계산서에 계상하고 합병등기일부터 5년간 균등하게 나누어 익금에 산입한다.
③ 합병법인은 제1항에 따라 피합병법인의 자산을 시가로 양도받은 것으로 보는 경우에 피합병법인에 지급한 양도가액이 합병등기일 현재의 순자산시가를 초과하는 경우로서 대통령령으로 정하는 경우에는 그 차액을 제60조제2항제2호에 따른 세무조정계산서에 계상하고 합병등기일부터 5년간 균등하게 나누어 손금에 산입한다.
④ 제1항부터 제3항까지의 규정에 따른 익금산입액 및 손금산입액의 계산과 그 산입방법 등에 관하여 필요한

사항은 대통령령으로 정한다.
(2018.12.24 본조제목개정)

제44조의3【적격합병 시 합병법인에 대한 과세특례】
① 적격합병을 한 합병법인은 제44조의2에도 불구하고 피합병법인의 자산을 장부가액으로 양도받은 것으로 한다. 이 경우 장부가액과 제44조의2제1항에 따른 시가와의 차액을 대통령령으로 정하는 바에 따라 자산별로 계상하여야 한다.(2018.12.24 전단개정)
② 적격합병을 한 합병법인은 피합병법인의 합병등기일 현재의 제13조제1항제1호의 결손금과 피합병법인이 각 사업연도의 소득금액 및 과세표준을 계산할 때 익금 또는 손금에 산입하거나 산입하지 아니한 금액, 그 밖의 자산·부채 및 제59조에 따른 감면·세액공제 등을 대통령령으로 정하는 바에 따라 승계한다. (2018.12.24 본항개정)
③ 적격합병(제44조제3항에 따라 적격합병으로 보는 경우는 제외한다)을 한 합병법인은 3년 이내의 범위에서 대통령령으로 정하는 기간에 다음 각 호의 어느 하나에 해당하는 사유가 발생하는 경우에는 그 사유가 발생한 날이 속하는 사업연도의 소득금액을 계산할 때 양도받은 자산의 장부가액과 제44조의2제1항에 따른 시가와의 차액(시가가 장부가액보다 큰 경우만 해당한다. 이하 제4항에서 같다), 승계받은 결손금 중 공제한 금액 등을 대통령령으로 정하는 바에 따라 익금에 산입하고, 제2항에 따라 피합병법인으로부터 승계받아 공제한 감면·세액공제액 등을 대통령령으로 정하는 바에 따라 해당 사업연도의 법인세에 더하여 납부한 후 해당 사업연도부터 감면 또는 세액공제를 적용하지 아니한다. 다만, 대통령령으로 정하는 부득이한 사유가 있는 경우에는 그러하지 아니하다.(2018.12.24 본문개정)
1. 합병법인이 피합병법인으로부터 승계받은 사업을 폐지하는 경우
2. 대통령령으로 정하는 피합병법인의 주주등이 합병법인으로부터 받은 주식등을 처분하는 경우
3. 각 사업연도 종료일 현재 합병법인에 종사하는 대통령령으로 정하는 근로자(이하 이 호에서 "근로자"라 한다) 수가 합병등기일 1개월 전 당시 피합병법인과 합병법인에 각각 종사하는 근로자 수의 합계의 100분의 80 미만으로 하락하는 경우(2017.12.19 본호신설)
④ 제3항에 따라 양수한 자산의 장부가액과 제44조의2제1항에 따른 시가와의 차액 등을 익금에 산입한 합병법인은 피합병법인에 지급한 양도가액과 피합병법인의 합병등기일 현재의 순자산시가와의 차액을 제3항 각 호의 사유가 발생한 날부터 합병등기일 이후 5년이 되는 날까지 대통령령으로 정하는 바에 따라 익금 또는 손금에 산입한다.(2018.12.24 본항개정)
⑤ 제1항을 적용받는 합병법인은 대통령령으로 정하는 바에 따라 합병으로 양도받은 자산에 관한 명세서를 납세지 관할 세무서장에게 제출하여야 한다.
⑥ 제1항부터 제4항까지의 규정에 따른 승계받은 사업의 폐지에 관한 판정기준, 익금산입액 및 손금산입액의 계산과 그 산입방법 등에 관하여 필요한 사항은 대통령령으로 정한다.(2018.12.24 본항개정)
(2018.12.24 본조제목개정)

제45조【합병 시 이월결손금 등 공제 제한】
① 합병법인의 합병등기일 현재 제13조제1항제1호에 따른 결손금 중 제44조의3제2항에 따라 합병법인이 승계한 결손금을 제외한 금액은 합병법인의 각 사업연도의 과세표준을 계산할 때 피합병법인으로부터 승계받은 사업에서 발생한 소득금액[제113조제3항 단서에 해당되어 회계를 구분하여 기록하지 아니한 경우에는 그 소득금액을 대통령령으로 정하는 자산가액 비율로 안분계산(按分計算)한 금액으로 한다. 이하 이 조에서 같다]의 범위에서는 공제하지 아니한다.(2020.12.22 본항개정)

② 제44조의3제2항에 따라 합병법인이 승계한 피합병법인의 결손금은 피합병법인으로부터 승계받은 사업에서 발생한 소득금액의 범위에서 합병법인의 각 사업연도의 과세표준을 계산할 때 공제한다.

③ 적격합병을 한 합병법인은 합병법인과 피합병법인이 합병 전 보유하던 자산의 처분손실(합병등기일 현재 해당 자산의 제52조제2항에 따른 시가가 장부가액보다 낮은 경우로서 그 차액을 한도로 하며, 합병등기일 이후 5년 이내에 끝나는 사업연도에 발생한 것만 해당한다)을 각각 합병 전 해당 법인의 사업에서 발생한 소득금액(해당 처분손실을 공제하기 전 소득금액을 말한다)의 범위에서 해당 사업연도의 소득금액을 계산할 때 손금에 산입한다. 이 경우 손금에 산입하지 아니한 처분손실은 자산 처분 시 각각 합병 전 해당 법인의 사업에서 발생한 결손금으로 보아 제1항 및 제2항을 적용한다.(2016.12.20 전단개정)

④ 제44조의3제2항에 따라 합병법인이 승계한 피합병법인의 감면 또는 세액공제는 피합병법인으로부터 승계받은 사업에서 발생한 소득금액 또는 이에 해당하는 법인세액의 범위에서 대통령령으로 정하는 바에 따라 이를 적용한다.

⑤ 제1항과 제2항에 따른 합병법인의 합병등기일 현재 결손금과 합병법인이 승계한 피합병법인의 결손금에 대한 공제는 제13조제1항 각 호 외의 부분 단서에도 불구하고 다음 각 호의 구분에 따른 소득금액의 100분의 80(중소기업과 회생계획을 이행 중인 기업 등 대통령령으로 정하는 법인의 경우는 100분의 100)을 한도로 한다.(2022.12.31 본문개정)

1. 합병법인의 합병등기일 현재 결손금의 경우 : 합병법인의 소득금액에서 피합병법인으로부터 승계받은 사업에서 발생한 소득금액을 차감한 금액
2. 합병법인이 승계한 피합병법인의 결손금의 경우 : 피합병법인으로부터 승계받은 사업에서 발생한 소득금액
(2019.12.31 본항신설)

⑥ 합병법인의 합병등기일 현재 제24조제2항제1호 및 제3항제1호에 따른 기부금 중 같은 조 제5항에 따라 이월된 금액으로서 그 후의 각 사업연도의 소득금액을 계산할 때 손금에 산입하지 아니한 금액(이하 이 조에서 "기부금한도초과액"이라 한다) 중 제44조의3제2항에 따라 합병법인이 승계한 기부금한도초과액을 제외한 금액은 합병법인의 각 사업연도의 소득금액을 계산할 때 합병 전 합병법인의 사업에서 발생한 소득금액을 기준으로 제24조제2항제2호 및 제3항제2호에 따른 기부금 각각의 손금산입한도액의 범위에서 손금에 산입한다.(2020.12.22 본항신설)

⑦ 피합병법인의 합병등기일 현재 기부금한도초과액으로서 제44조의3제2항에 따라 합병법인이 승계한 금액은 합병법인의 각 사업연도의 소득금액을 계산할 때 피합병법인으로부터 승계받은 사업에서 발생한 소득금액을 기준으로 제24조제2항제2호 및 제3항제2호에 따른 기부금 각각의 손금산입한도액의 범위에서 손금에 산입한다.(2020.12.22 본항신설)

⑧ 제1항부터 제7항까지의 규정에 따른 각 사업연도의 과세표준을 계산할 때 공제하는 결손금의 계산, 양도받은 자산의 처분손실 손금산입, 승계받은 기부금한도초과액 손금산입, 승계받은 사업에서 발생하는 소득금액에 해당하는 법인세액의 계산 등에 필요한 사항은 대통령령으로 정한다.(2020.12.22 본항개정)

제46조 【분할 시 분할법인등에 대한 과세】 ① 내국법인이 분할로 해산하는 경우(물적분할(物的分割)은 제외한다. 이하 이 조 및 제46조의2부터 제46조의4까지에서 같다)에는 그 법인의 자산을 분할신설법인 또는 분할합병의 상대방 법인(이하 "분할신설법인등"이라 한

다)에 양도한 것으로 본다. 이 경우 그 양도에 따라 발생하는 양도손익(제1호의 가액에서 제2호의 가액을 뺀 금액을 말한다. 이하 이 조 및 제46조의3에서 같다)은 분할법인 또는 소멸한 분할합병의 상대방 법인(이하 "분할법인등"이라 한다)이 분할등기일이 속하는 사업연도의 소득금액을 계산할 때 익금 또는 손금에 산입한다.(2011.12.31 전단개정)

1. 분할법인등이 분할신설법인등으로부터 받은 양도가액
2. 분할법인등의 분할등기일 현재의 순자산 장부가액

② 제1항을 적용할 때 다음 각 호의 요건을 모두 갖춘 분할(이하 "적격분할"이라 한다)의 경우에는 제1항제1호의 가액을 분할법인등의 분할등기일 현재의 순자산 장부가액으로 보아 양도손익이 없는 것으로 할 수 있다. 다만, 대통령령으로 정하는 부득이한 사유가 있는 경우에는 제2호·제3호 또는 제4호의 요건을 갖추지 못한 경우에도 적격분할로 보아 대통령령으로 정하는 바에 따라 양도손익이 없는 것으로 할 수 있다.(2018.12.24 본문개정)

1. 분할등기일 현재 5년 이상 사업을 계속하던 내국법인이 다음 각 목의 요건을 모두 갖추어 분할하는 경우일 것(분할합병의 경우에는 소멸한 분할합병의 상대방법인 및 분할합병의 상대방법인이 분할등기일 현재 1년 이상 사업을 계속하던 내국법인일 것)(2011.12.31 본문개정)
가. 분리하여 사업이 가능한 독립된 사업부문을 분할하는 것일 것
나. 분할하는 사업부문의 자산 및 부채가 포괄적으로 승계될 것. 다만, 공동으로 사용하던 자산, 채무자의 변경이 불가능한 부채 등 분할하기 어려운 자산과 부채 등으로서 대통령령으로 정하는 것은 제외한다.
다. 분할법인등만의 출자에 의하여 분할하는 것일 것
(2011.12.31 가목~다목신설)

2. 분할법인등의 주주가 분할신설법인등으로부터 받은 분할대가의 전액이 주식인 경우(분할합병의 경우에는 분할대가의 100분의 80 이상이 분할신설법인등의 주식인 경우 또는 분할대가의 100분의 80 이상이 분할합병의 상대방 법인의 발행주식총수 또는 출자총액을 소유하고 있는 내국법인의 주식인 경우를 말한다)로서 그 주식이 분할법인등의 주주가 소유하던 주식의 비율에 따라 배정(분할합병의 경우에는 대통령령으로 정하는 바에 따라 배정한 것을 말한다)되고 대통령령으로 정하는 분할법인등의 주주가 분할등기일이 속하는 사업연도의 종료일까지 그 주식을 보유할 것(2016.12.20 본호개정)

3. 분할신설법인등이 분할등기일이 속하는 사업연도의 종료일까지 분할법인등으로부터 승계받은 사업을 계속할 것

4. 분할등기일 1개월 전 당시 분할하는 사업부문에 종사하는 대통령령으로 정하는 근로자 중 분할신설법인등이 승계한 근로자의 비율이 100분의 80 이상이고, 분할등기일이 속하는 사업연도의 종료일까지 그 비율을 유지할 것(2017.12.19 본호신설)

③ 제2항에도 불구하고 부동산임대업을 주업으로 하는 사업부문 등 대통령령으로 정하는 사업부문을 분할하는 경우에는 적격분할로 보지 아니한다.(2020.12.22 본항신설)

④ 제1항과 제2항에 따른 양도가액 및 순자산 장부가액의 계산, 분리하여 사업이 가능한 독립된 사업부문 여부에 관한 판정기준, 분할대가의 계산, 승계받은 사업의 계속 여부에 관한 판정기준 등에 관하여 필요한 사항은 대통령령으로 정한다.(2014.1.1 본항개정)

제46조의2 【분할 시 분할신설법인등에 대한 과세】 ① 분할신설법인등이 분할로 분할법인등의 자산을 승계한 경우에는 그 자산을 분할법인등으로부터 분할등

기일 현재의 시가로 양도받은 것으로 본다. 이 경우 분할법인등의 각 사업연도의 소득금액 및 과세표준을 계산할 때 익금 또는 손금에 산입하거나 산입하지 아니한 금액, 그 밖의 자산·부채 등은 대통령령으로 정하는 것만 분할신설법인등이 승계할 수 있다.
② 분할신설법인등은 제1항에 따라 분할법인등의 자산을 시가로 양도받은 것으로 보는 경우로서 분할법인등에 지급한 양도가액이 분할법인등의 분할등기일 현재의 순자산시가보다 작은 경우에는 그 차액을 제60조제2항제2호에 따른 세무조정계산서에 계상하고 분할등기일부터 5년간 균등하게 나누어 익금에 산입한다.
③ 분할신설법인등은 제1항에 따라 분할법인등의 자산을 시가로 양도받은 것으로 보는 경우에 분할법인등에 지급한 양도가액이 분할등기일 현재의 순자산시가를 초과하는 경우로서 대통령령으로 정하는 경우에는 그 차액을 제60조제2항제2호에 따른 세무조정계산서에 계상하고 분할등기일부터 5년간 균등하게 나누어 손금에 산입한다.
④ 제1항부터 제3항까지의 규정에 따른 익금산입액 및 손금산입액의 계산과 그 산입방법 등에 관하여 필요한 사항은 대통령령으로 정한다.
(2018.12.24 본항제목개정)

제46조의3【적격분할 시 분할신설법인등에 대한 과세특례】
① 적격분할을 한 분할신설법인등은 제46조의2에도 불구하고 분할법인등의 자산을 장부가액으로 양도받은 것으로 본다. 이 경우 장부가액과 제46조의2제1항에 따른 시가와의 차액을 대통령령으로 정하는 바에 따라 자산별로 계산하여야 한다.(2018.12.24 전단개정)
② 적격분할을 한 분할신설법인등은 분할법인등의 분할등기일 현재 제13조제1항제1호의 결손금과 분할법인등이 각 사업연도의 소득금액 및 과세표준을 계산할 때 익금 또는 손금에 산입하거나 산입하지 아니한 금액, 그 밖의 자산·부채 및 제59조에 따른 감면·세액공제 등을 대통령령으로 정하는 바에 따라 승계한다.(2018.12.24 본항개정)
③ 적격분할을 한 분할신설법인등은 3년 이내의 범위에서 대통령령으로 정하는 기간에 다음 각 호의 어느 하나에 해당하는 사유가 발생하는 경우에는 그 사유가 발생한 날이 속하는 사업연도의 소득금액을 계산할 때 양도받은 자산의 장부가액과 제46조의2제1항에 따른 시가와의 차액(시가가 장부가액보다 큰 경우만 해당한다. 이하 제4항에서 같다), 승계받은 결손금 중 공제한 금액 등을 대통령령으로 정하는 바에 따라 익금에 산입하고, 제2항에 따라 분할법인등으로부터 승계받아 공제한 감면·세액공제액 등을 대통령령으로 정하는 바에 따라 해당 사업연도의 법인세에 더하여 납부한 후 해당 사업연도부터 감면·세액공제를 적용하지 아니한다. 다만, 대통령령으로 정하는 부득이한 사유가 있는 경우에는 그러하지 아니하다.(2018.12.24 본문개정)
1. 분할신설법인등이 분할법인등으로부터 승계받은 사업을 폐지하는 경우
2. 대통령령으로 정하는 분할법인등의 주주가 분할신설법인등으로부터 받은 주식을 처분하는 경우
3. 각 사업연도 종료일 현재 분할신설법인등에 종사하는 대통령령으로 정하는 근로자(이하 이 호에서 "근로자"라 한다) 수가 분할등기일 1개월 전 당시 분할하는 사업부문에 종사하는 근로자 수의 100분의 80 미만으로 하락하는 경우. 다만, 분할합병의 경우에는 다음 각 목의 어느 하나에 해당하는 경우를 말한다.
   가. 각 사업연도 종료일 현재 분할합병의 상대방법인에 종사하는 근로자 수가 분할등기일 1개월 전 당시 분할하는 사업부문과 분할합병의 상대방법인에 각각 종사하는 근로자 수의 합의 100분의 80 미만으로 하락하는 경우

나. 각 사업연도 종료일 현재 분할신설법인에 종사하는 근로자 수가 분할등기일 1개월 전 당시 분할하는 사업부문과 소멸한 분할합병의 상대방법인에 각각 종사하는 근로자 수의 합의 100분의 80 미만으로 하락하는 경우
(2017.12.19 본호신설)
④ 분할신설법인등은 제3항에 따라 양도받은 자산의 장부가액과 제46조의2제1항에 따른 시가와의 차액 등을 익금에 산입한 경우에는 분할신설법인등이 분할법인등에 지급한 양도가액과 분할법인등의 분할등기일 현재의 순자산시가와의 차액을 제3항 각 호의 사유가 발생한 날부터 분할등기일 이후 5년이 되는 날까지 대통령령으로 정하는 바에 따라 익금 또는 손금에 산입한다.
⑤ 제1항을 적용받는 분할신설법인등은 대통령령으로 정하는 바에 따라 분할로 양도받은 자산에 관한 명세서를 납세지 관할 세무서장에게 제출하여야 한다.
⑥ 제1항부터 제4항까지의 규정에 따른 승계받은 사업의 폐지에 관한 판정기준, 익금산입액 및 손금산입액의 계산과 그 산입방법 등에 관하여 필요한 사항은 대통령령으로 정한다.
(2018.12.24 본항제목개정)

제46조의4【분할 시 이월결손금 등 공제 제한】
① 분할합병의 상대방법인의 분할등기일 현재 제13조제1항제1호의 결손금 중 제46조의3제2항에 따라 분할신설법인등이 승계한 결손금을 제외한 금액은 분할합병의 상대방법인의 각 사업연도의 과세표준을 계산할 때 분할신설법인으로부터 승계받은 사업에서 발생한 소득금액(제113조제4항 단서에 해당되어 회계를 구분하여 기록하지 아니한 경우에는 그 소득금액을 대통령령으로 정하는 자산가액 비율로 안분계산한 금액으로 한다. 이하 이 조에서 같다)의 범위에서는 공제하지 아니한다.
(2020.12.22 본항개정)
② 제46조의3제2항에 따라 분할신설법인등이 승계한 분할법인등의 결손금은 분할신설법인등으로부터 승계받은 사업에서 발생한 소득금액의 범위에서 분할신설법인등의 각 사업연도의 과세표준을 계산할 때 공제한다.
③ 제46조제2항에 따른 분할 또는 분할합병으로 인한 양도손익이 없는 것으로 한 분할합병(이하 "적격분할합병"이라 한다)을 한 분할신설법인등은 분할법인과 분할합병의 상대방법인이 분할합병 전 보유하던 자산의 처분손실(분할등기일 현재 해당 자산의 제52조제2항에 따른 시가가 장부가액보다 낮은 경우로서 그 차액을 한도로 하며, 분할등기일 이후 5년 이내에 끝나는 사업연도에 발생한 것만 해당한다)을 각각 분할합병 전 해당 법인의 사업에서 발생한 소득금액(해당 처분손실을 공제하기 전 소득금액을 말한다)의 범위에서 해당 사업연도의 소득금액을 계산할 때 손금에 산입한다. 이 경우 손금에 산입하지 아니한 처분손실은 자산 처분 시 각각 분할합병 전 해당 법인의 사업에서 발생한 결손금으로 보아 제1항 및 제2항을 적용한다.(2016.12.20 전단개정)
④ 제46조의3제2항에 따라 분할신설법인등이 승계한 분할법인등의 감면 또는 세액공제는 분할법인등으로부터 승계받은 사업에서 발생한 소득금액 또는 이에 해당하는 법인세액의 범위에서 대통령령으로 정하는 바에 따라 이를 적용한다.
⑤ 제1항과 제2항에 따른 분할합병의 상대방법인의 분할등기일 현재 결손금과 분할신설법인등이 승계한 분할법인등의 결손금에 대한 공제는 제13조제1항 각 호 외의 부분 단서에도 불구하고 다음 각 호의 구분에 따른 소득금액의 100분의 80(중소기업과 회생계획을 이행 중인 기업 등 대통령령으로 정하는 법인의 경우는 100분의 100)을 한도로 한다.(2022.12.31 본문개정)

1. 분할합병의 상대방법인의 분할등기일 현재 결손금의 경우 : 분할합병의 상대방법인의 소득금액에서 분할법인으로부터 승계받은 사업에서 발생한 소득금액을 차감한 금액
2. 분할신설법인등이 승계한 분할법인등의 결손금의 경우 : 분할법인등으로부터 승계받은 사업에서 발생한 소득금액
(2019.12.31 본항신설)
⑥ 분할합병의 상대방법인의 분할등기일 현재 제24조제2항제1호 및 제3항제1호에 따른 기부금 중 같은 조 제5항에 따라 이월된 금액으로서 그 후의 각 사업연도의 소득금액을 계산할 때 손금에 산입하지 아니한 금액(이하 이 조에서 "기부금한도초과액"이라 한다) 중 제46조의3제2항에 따라 분할신설법인등이 승계한 기부금한도초과액을 제외한 금액은 분할신설법인등의 각 사업연도의 소득금액을 계산할 때 분할합병 전 분할합병의 상대방법인의 사업에서 발생한 소득금액을 기준으로 제24조제2항제2호 및 제3항제2호에 따른 기부금 각각의 손금산입한도액의 범위에서 손금에 산입한다.
(2020.12.22 본항신설)
⑦ 분할법인등의 분할등기일 현재 기부금한도초과액으로서 제46조의3제2항에 따라 분할신설법인등이 승계한 금액은 분할신설법인등의 각 사업연도의 소득금액을 계산할 때 분할법인등으로부터 승계받은 사업에서 발생한 소득금액을 기준으로 제24조제2항제2호 및 제3항제2호에 따른 기부금 각각의 손금산입한도액의 범위에서 손금에 산입한다. (2020.12.22 본항신설)
⑧ 제1항부터 제7항까지의 규정에 따른 각 사업연도의 과세표준을 계산할 때 공제하는 결손금의 계산, 양도받은 자산의 처분손실 손금산입, 승계받은 기부금한도초과액 손금산입, 승계받은 사업에서 발생하는 소득금액에 해당하는 법인세액의 계산 등에 필요한 사항은 대통령령으로 정한다.(2020.12.22 본항개정)

제46조의5【분할 후 분할법인이 존속하는 경우의 과세특례】 ① 내국법인이 분할(물적분할은 제외한다)한 후 존속하는 경우 분할한 사업부문의 자산을 분할신설법인등에 양도함으로써 발생하는 양도손익(제1호의 가액에서 제2호의 가액을 뺀 금액을 말한다. 이하 이 조에서 같다)은 분할법인이 분할등기일이 속하는 사업연도의 소득금액을 계산할 때 익금 또는 손금에 산입한다.
1. 분할법인이 분할신설법인등으로부터 받은 양도가액
2. 분할법인의 분할한 사업부문의 분할등기일 현재의 순자산 장부가액
② 제1항에 따른 양도손익의 계산에 관하여는 제46조제2항부터 제4항까지의 규정을 준용한다.
(2020.12.22 본항개정)
③ 분할신설법인등에 대한 과세에 관하여는 제46조의2, 제46조의3 및 제46조의4를 준용한다. 다만, 분할법인의 결손금은 승계하지 아니한다.

제47조【물적분할 시 분할법인에 대한 과세특례】 ① 분할법인이 물적분할에 의하여 분할신설법인의 주식등을 취득한 경우로서 제46조제2항 및 제3항에 따른 적격분할의 요건(같은 조 제2항제2호의 경우에는 분할대가의 전액이 주식등인 경우로 한정한다)을 갖춘 경우 그 주식등의 가액 중 물적분할로 인하여 발생한 자산의 양도차익에 상당하는 금액은 대통령령으로 정하는 바에 따라 분할등기일이 속하는 사업연도의 소득금액을 계산할 때 손금에 산입할 수 있다. 다만, 대통령령으로 정하는 부득이한 사유가 있는 경우에는 제46조제2항제2호 · 제3호 또는 제4호의 요건을 갖추지 못한 경우에도 자산의 양도차익에 상당하는 금액을 대통령령으로 정하는 바에 따라 손금에 산입할 수 있다.
(2022.12.31 본문개정)

② 분할법인이 제1항에 따라 손금에 산입한 양도차익에 상당하는 금액은 다음 각 호의 어느 하나에 해당하는 사유가 발생하는 사업연도에 해당 주식등과 자산의 처분비율을 고려하여 대통령령으로 정하는 금액만큼 익금에 산입한다. 다만, 분할신설법인이 적격합병되거나 적격분할하는 등 대통령령으로 정하는 부득이한 사유가 있는 경우에는 그러하지 아니하다.(2013.1.1 단서신설)
1. 분할법인이 분할신설법인으로부터 받은 주식등을 처분하는 경우
2. 분할신설법인이 분할법인으로부터 승계받은 대통령령으로 정하는 자산을 처분하는 경우. 이 경우 분할신설법인은 그 자산의 처분 사실을 처분일부터 1개월 이내에 분할법인에 알려야 한다.
(2011.12.31 본항개정)
③ 제1항에 따라 양도차익 상당액을 손금에 산입한 분할법인은 분할등기일부터 3년의 범위에서 대통령령으로 정하는 기간 이내에 다음 각 호의 어느 하나에 해당하는 사유가 발생하는 경우에는 제1항에 따라 손금에 산입한 금액 중 제2항에 따라 익금에 산입하고 남은 금액을 그 사유가 발생한 날이 속하는 사업연도의 소득금액을 계산할 때 익금에 산입한다. 다만, 대통령령으로 정하는 부득이한 사유가 있는 경우에는 그러하지 아니하다.(2016.12.20 본문개정)
1. 분할신설법인이 분할법인으로부터 승계받은 사업을 폐지하는 경우(2016.12.20 본호개정)
2. 분할법인이 분할신설법인의 발행주식총수 또는 출자총액의 100분의 50 미만으로 주식등을 보유하게 되는 경우(2014.1.1 본호개정)
3. 각 사업연도 종료일 현재 분할신설법인에 종사하는 대통령령으로 정하는 근로자(이하 이 호에서 "근로자"라 한다) 수가 분할등기일 1개월 전 당시 분할법인의 사업부문에 종사하는 근로자 수의 100분의 80 미만으로 하락하는 경우(2017.12.19 본호신설)
④ 분할법인은 제1항에 따라 양도차익에 상당하는 금액을 손금에 산입한 경우 분할법인이 각 사업연도의 소득금액 및 과세표준을 계산할 때 익금 또는 손금에 산입하거나 산입하지 아니한 금액, 그 밖의 자산 · 부채 및 제59조에 따른 감면 · 세액공제 등을 대통령령으로 정하는 바에 따라 분할신설법인에 승계한다.
(2017.12.19 본항개정)
⑤ 제4항에 따라 분할신설법인이 승계한 분할법인의 감면 · 세액공제는 분할법인으로부터 승계받은 사업에서 발생한 소득금액 또는 이에 해당하는 법인세액의 범위에서 대통령령으로 정하는 바에 따라 이를 적용한다.(2017.12.19 본항신설)
⑥ 제1항을 적용받으려는 분할법인은 대통령령으로 정하는 바에 따라 분할로 인하여 발생한 자산의 양도차익에 관한 명세서를 납세지 관할 세무서장에게 제출하여야 한다.
⑦ 제1항부터 제5항까지의 규정에 따른 양도차익의 계산, 승계받은 사업의 폐지에 관한 판정기준, 손금산입액 및 익금산입액의 계산과 그 산입방법 등에 관하여 필요한 사항은 대통령령으로 정한다.(2017.12.19 본항개정)

제47조의2【현물출자 시 과세특례】 ① 내국법인(이하 이 조에서 "출자법인"이라 한다)이 다음 각 호의 요건을 갖춘 현물출자를 하는 경우 그 현물출자로 취득한 현물출자를 받은 내국법인(이하 이 조에서 "피출자법인"이라 한다)의 주식가액 중 현물출자로 발생한 자산의 양도차익에 상당하는 금액은 대통령령으로 정하는 바에 따라 현물출자일이 속하는 사업연도의 소득금액을 계산할 때 손금에 산입할 수 있다. 다만, 대통령령으로 정하는 부득이한 사유가 있는 경우에는 제2호 또는 제4호의 요건을 갖추지 못한 경우에도 자산의 양도차

익에 상당하는 금액을 대통령령으로 정하는 바에 따라 손금에 산입할 수 있다.
1. 출자법인이 현물출자일 현재 5년 이상 사업을 계속한 법인일 것
2. 피출자법인이 그 현물출자일이 속하는 사업연도의 종료일까지 출자법인이 현물출자한 자산으로 영위하던 사업을 계속할 것(2017.12.19 본호개정)
3. 다른 내국인 또는 외국인과 공동으로 출자하는 경우 공동으로 출자한 자가 출자법인의 특수관계인이 아닐 것(2018.12.24 본호개정)
4. 출자법인 및 제3호에 따라 출자법인과 공동으로 출자한 자(이하 이 조에서 "출자법인등"이라 한다)가 현물출자일 다음 날 현재 피출자법인의 발행주식총수 또는 출자총액의 100분의 80 이상의 주식등을 보유하되, 현물출자일이 속하는 사업연도의 종료일까지 그 주식 등을 보유할 것(2011.12.31 본호개정)
5. (2017.12.19 삭제)
② 출자법인이 제1항에 따라 손금에 산입한 양도차익에 상당하는 금액은 다음 각 호의 어느 하나에 해당하는 사유가 발생하는 사업연도에 해당 주식등과 자산의 처분비율을 고려하여 대통령령으로 정하는 금액만큼 익금에 산입한다. 다만, 피출자법인이 적격합병되거나 적격분할하는 등 대통령령으로 정하는 부득이한 사유가 있는 경우에는 그러하지 아니하다.(2013.1.1 단서신설)
1. 출자법인이 피출자법인으로부터 받은 주식등을 처분하는 경우
2. 피출자법인이 출자법인등으로부터 승계받은 대통령령으로 정하는 자산을 처분하는 경우. 이 경우 피출자법인은 그 자산의 처분 사실을 처분일부터 1개월 이내에 출자법인에 알려야 한다.
(2011.12.31 본항개정)
③ 제1항에 따라 양도차익 상당액을 손금에 산입한 출자법인은 현물출자일부터 3년의 범위에서 대통령령으로 정하는 기간 이내에 다음 각 호의 어느 하나에 해당하는 사유가 발생하는 경우에는 제1항에 따라 손금에 산입한 금액 중 제2항에 따라 익금에 산입하고 남은 금액을 그 사유가 발생한 날이 속하는 사업연도의 소득금액을 계산할 때 익금에 산입한다. 다만, 대통령령으로 정하는 부득이한 사유가 있는 경우에는 그러하지 아니하다.(2016.12.20 본문개정)
1. 피출자법인이 출자법인이 현물출자한 자산으로 영위하던 사업을 폐지하는 경우(2017.12.19 본호개정)
2. 출자법인등이 피출자법인의 발행주식총수 또는 출자총액의 100분의 50 미만으로 주식등을 보유하게 되는 경우
(2011.12.31 본항개정)
④ 제1항부터 제3항까지의 규정에 따른 손금산입 대상 양도차익의 계산, 출자법인이 현물출자한 자산으로 영위하던 사업의 계속 또는 폐지에 관한 판정기준, 익금산입액의 계산 및 그 산입방법, 현물출자 명세서 제출 등에 관하여 필요한 사항은 대통령령으로 정한다.
(2017.12.19 본항개정)
제48조~제49조 (2009.12.31 삭제)
제50조 【교환으로 인한 자산양도차익 상당액의 손금산입】 ① 대통령령으로 정하는 사업을 하는 내국법인이 2년 이상 그 사업에 직접 사용하던 자산으로서 대통령령으로 정하는 자산(이하 이 조에서 "사업용자산"이라 한다)을 특수관계인 외의 다른 내국법인이 2년 이상 그 사업에 직접 사용하던 동일한 종류의 사업용자산(이하 이 조에서 "교환취득자산"이라 한다)과 교환(대통령령으로 정하는 여러 법인 간의 교환을 포함한다)하는 경우 그 교환취득자산의 가액 중 교환으로 발생한 사업용자산의 양도차익 상당액은 대통령령으로 정하는 바에 따라 해당 사업연도의 소득금액을 계산할 때 손금에 산입할 수 있다.(2018.12.24 본항개정)

② 제1항은 내국법인이 교환취득자산을 교환일이 속하는 사업연도의 종료일까지 그 내국법인의 사업에 사용하는 경우에 적용한다.
③ 제1항을 적용받으려는 내국법인은 대통령령으로 정하는 바에 따라 자산 교환에 관한 명세서를 납세지 관할 세무서장에게 제출하여야 한다.
④ 제1항을 적용할 때 손금산입액 및 그 금액의 익금산입 방법 등에 관하여 필요한 사항은 대통령령으로 정한다.
제50조의2 【사업양수 시 이월결손금 공제 제한】 내국법인이 다른 내국법인의 사업을 양수하는 경우로서 대통령령으로 정하는 경우에는 사업양수일 현재 제13조제1항제1호에 해당하는 결손금은 사업을 양수한 내국법인의 각 사업연도의 과세표준을 계산할 때 양수한 사업부문에서 발생한 소득금액(제113조제7항 단서에 해당되어 회계를 구분하여 기록하지 아니한 경우에는 그 소득금액을 대통령령으로 정하는 자산가액 비율로 안분계산한 금액으로 한다)의 범위에서는 공제하지 아니한다.(2021.12.21 본조신설)

제7관 비과세 및 소득공제

제51조 【비과세소득】 내국법인의 각 사업연도 소득 중 「공익신탁법」에 따른 공익신탁의 신탁재산에서 생기는 소득에 대하여는 각 사업연도의 소득에 대한 법인세를 과세하지 아니한다.(2014.3.18 본조개정)
제51조의2 【유동화전문회사 등에 대한 소득공제】 ① 다음 각 호의 어느 하나에 해당하는 내국법인이 대통령령으로 정하는 배당가능이익(이하 이 조에서 "배당가능이익"이라 한다)의 100분의 90 이상을 배당한 경우 그 금액(이하 이 조에서 "배당금액"이라 한다)은 해당 배당을 결의한 잉여금 처분의 대상이 되는 사업연도의 소득금액에서 공제한다.(2022.12.31 본문개정)
1. 「자산유동화에 관한 법률」에 따른 유동화전문회사
2. 「자본시장과 금융투자업에 관한 법률」에 따른 투자회사, 투자목적회사, 투자유한회사, 투자합자회사(같은 법 제9조제19항제1호의 기관전용 사모집합투자기구는 제외한다) 및 투자유한책임회사(2021.12.21 본호개정)
3. 「기업구조조정투자회사법」에 따른 기업구조조정투자회사
4. 「부동산투자회사법」에 따른 기업구조조정 부동산투자회사 및 위탁관리 부동산투자회사
5. 「선박투자회사법」에 따른 선박투자회사
6. 「민간임대주택에 관한 특별법」 또는 「공공주택 특별법」에 따른 특수 목적 법인 등으로서 대통령령으로 정하는 법인(2015.8.28 본호개정)
7. 「문화산업진흥 기본법」에 따른 문화산업전문회사
8. 「해외자원개발 사업법」에 따른 해외자원개발투자회사
9. (2020.12.22 삭제)
② 다음 각 호의 어느 하나에 해당하는 경우에는 제1항을 적용하지 아니한다.
1. 배당을 받은 주주등에 대하여 이 법 또는 「조세특례제한법」에 따라 그 배당에 대한 소득세 또는 법인세가 비과세되는 경우. 다만, 배당을 받은 주주등이 「조세특례제한법」 제100조의15에 따라 동업기업과세특례를 적용받는 동업기업인 경우로서 그 동업자들(그 동업자들의 전부 또는 일부가 같은 조 제3항에 따른 상위 동업기업에 해당하는 경우에는 그 상위 동업기업에 출자한 동업자들을 말한다)에 대하여 같은 법 제100조의18에 따라 배분받은 배당에 해당하는 소득에 대한 소득세 또는 법인세가 전부 과세되는 경우는 제외한다.(2023.12.31 단서개정)

2. 배당을 지급하는 내국법인이 주주등의 수 등을 고려
하여 대통령령으로 정하는 기준에 해당하는 법인인
경우
③ 제1항을 적용받으려는 자는 대통령령으로 정하는
바에 따라 소득공제신청을 하여야 한다.
④ 제1항을 적용할 때 배당금액이 해당 사업연도의 소
득금액을 초과하는 경우 그 초과하는 금액(이하 이 조
에서 "초과배당금액"이라 한다)은 해당 사업연도의 다
음 사업연도 개시일부터 5년 이내에 끝나는 각 사업연
도로 이월하여 그 이월된 사업연도의 소득금액에서 공
제할 수 있다. 다만, 내국법인이 이월된 사업연도에 배
당가능이익의 100분의 90 이상을 배당하지 아니하는
경우에는 그 초과배당금액을 공제하지 아니한다.
(2022.12.31 본항신설)
⑤ 제4항 본문에 따라 이월된 초과배당금액을 해당 사
업연도의 소득금액에서 공제하는 경우에는 다음 각 호
의 방법에 따라 공제한다.
1. 이월된 초과배당금액을 해당 사업연도의 배당금액
보다 먼저 공제할 것
2. 이월된 초과배당금액이 둘 이상인 경우에는 먼저 발
생한 초과배당금액부터 공제할 것
(2022.12.31 본항신설)

제8관 소득금액 계산의 특례

제52조【부당행위계산의 부인】 ① 납세지 관할 세무
서장 또는 관할지방국세청장은 내국법인의 행위 또는
소득금액의 계산이 특수관계인과의 거래로 인하여 그
법인의 소득에 대한 조세의 부담을 부당하게 감소시킨
것으로 인정되는 경우에는 그 법인의 행위 또는 소득
금액의 계산(이하 "부당행위계산"이라 한다)과 관계없
이 그 법인의 각 사업연도의 소득금액을 계산한다.
② 제1항을 적용할 때에는 건전한 사회 통념 및 상거래
관행과 특수관계인이 아닌 자 간의 정상적인 거래에서
적용되거나 적용될 것으로 판단되는 가격(요율ㆍ이자
율ㆍ임대료 및 교환 비율과 그 밖에 이에 준하는 것을
포함하며, 이하 "시가"라 한다)을 기준으로 한다.
③ 내국법인은 대통령령으로 정하는 바에 따라 각 사
업연도에 특수관계인과 거래한 내용에 관한 명세서를
납세지 관할 세무서장에게 제출하여야 한다.
④ 제1항부터 제3항까지의 규정을 적용할 때 부당행위
계산의 유형 및 시가의 산정 등에 필요한 사항은 대통
령령으로 정한다.
(2018.12.24 본조개정)
제53조【외국법인 등과의 거래에 대한 소득금액 계산
의 특례】 ① 납세지 관할 세무서장 또는 관할지방국세
청장은 우리나라가 조세의 이중과세 방지를 위하여 체
결한 조약(이하 "조세조약"이라 한다)의 상대국과 그
조세조약의 상호합의 규정에 따라 내국법인이 국외에
있는 지점ㆍ비거주자 또는 외국법인과 한 거래의 거래
금액에 대하여 권한이 있는 당국 간에 합의를 하는 경
우에는 그 합의에 따라 그 법인의 각 사업연도의 소득
금액을 조정하여 계산할 수 있다.
② 제1항을 적용할 때 내국법인의 소득금액 조정의 신
청 및 그 절차 등 조정에 관하여 필요한 사항은 대통령
령으로 정한다.
제53조의2【기능통화 도입기업의 과세표준 계산특
례】 ① 기업회계기준에 따라 원화 외의 통화를 기능통
화로 채택하여 재무제표를 작성하는 내국법인의 과세
표준 계산은 다음 각 호의 구분에 따른 방법(이하 이
조에서 "과세표준계산방법"이라 한다) 중 납세지 관할
세무서장에게 신고한 방법에 따른다. 다만, 최초로 제2
호 또는 제3호의 과세표준계산방법을 신고하여 적용하
기 이전 사업연도의 소득에 대한 과세표준을 계산할

때에는 제1호의 과세표준계산방법을 적용하여야 하며,
같은 연결집단에 속하는 연결법인은 같은 과세표준계
산방법을 신고하여 적용하여야 한다.
1. 원화 외의 기능통화를 채택하지 아니하였을 경우에
작성하여야 할 재무제표를 기준으로 과세표준을 계
산하는 방법
2. 기능통화로 표시된 재무제표를 기준으로 과세표준
을 계산한 후 이를 원화로 환산하는 방법
3. 재무상태표 항목은 사업연도종료일 현재의 환율, 포
괄손익계산서(포괄손익계산서가 없는 경우에는 손익
계산서를 말한다. 이하 같다) 항목은 해당 거래일 현
재의 환율(대통령령으로 정하는 항목의 경우에는 해
당 사업연도 평균환율로 한다)을 적용하여 원화로 환
산한 재무제표를 기준으로 과세표준을 계산하는 방법
② 제1항제2호 또는 제3호에 해당하는 과세표준계산방
법을 신고하여 적용하는 법인은 기능통화의 변경, 과세
표준계산방법이 서로 다른 법인 간 합병 등 대통령령
으로 정하는 사유가 발생한 경우 외에는 과세표준계산
방법을 변경할 수 없다.
③ 제1항제2호 또는 제3호의 과세표준계산방법을 적용
하는 법인이 기능통화를 변경하는 경우에는 기능통화
를 변경하는 사업연도의 소득금액을 계산할 때 개별
자산ㆍ부채별로 제1호의 금액에서 제2호의 금액을 뺀
금액을 익금에 산입하고 그 상당액을 대통령령으로 정
하는 바에 따라 일시상각충당금 또는 압축기장충당금
으로 계상하여 손금에 산입한다.
1. 변경 후 기능통화로 표시된 해당 사업연도의 개시일
현재 해당 자산ㆍ부채의 장부가액
2. 변경 전 기능통화로 표시된 직전 사업연도의 종료일
현재 자산ㆍ부채의 장부가액에 해당 자산ㆍ부채의
취득일 또는 발생일의 환율을 적용하여 변경 후 기능
통화로 표시된 금액
④ 법인이 제1항제2호 또는 제3호의 과세표준계산방법
을 최초로 사용하는 경우에 관하여는 제3항을 준용한
다. 이 경우 변경 전 기능통화는 원화로 본다.
⑤ 제1항부터 제4항까지의 규정을 적용할 때 환율의
적용, 과세표준계산방법의 신고 및 변경, 손금산입 금
액의 처리, 각 과세표준계산방법을 선택한 법인의 과세
표준 신고, 그 밖에 과세표준계산방법의 적용 등에 필
요한 사항은 대통령령으로 정한다.
(2010.12.30 본조신설)
제53조의3【해외사업장의 과세표준 계산특례】 ① 내
국법인의 해외사업장의 과세표준 계산은 다음 각 호의
방법(이하 이 조에서 "과세표준계산방법"이라 한다) 중
납세지 관할 세무서장에게 신고한 방법에 따른다. 다
만, 최초로 제2호 또는 제3호의 과세표준계산방법을 신
고하여 적용하기 이전 사업연도의 소득에 대한 과세표
준을 계산할 때에는 제1호의 과세표준계산방법을 적용
하여야 한다.
1. 해외사업장 재무제표를 원화 외의 기능통화를 채택
하지 아니하였을 경우에 작성하여야 할 재무제표로
재작성하여 본점의 재무제표와 합산한 후 합산한 재
무제표를 기준으로 과세표준을 계산하는 방법
2. 해외사업장의 기능통화로 표시된 해외사업장 재무
제표를 기준으로 과세표준을 계산한 후 이를 원화로
환산하여 본점의 과세표준과 합산하는 방법
3. 해외사업장의 재무제표에 대하여 재무상태표 항목
은 사업연도종료일 현재의 환율을, 포괄손익계산서
항목은 대통령령으로 정하는 환율을 각각 적용하여
원화로 환산하고 본점 재무제표와 합산한 후 합산한
재무제표를 기준으로 과세표준을 계산하는 방법
② 제1항제2호 또는 제3호에 해당하는 과세표준계산방법
을 신고하여 적용하는 법인은 과세표준계산방법이 서로
다른 법인 간 합병 등 대통령령으로 정하는 사유가 발생

한 경우 외에는 과세표준계산방법을 변경할 수 없다.
③ 제1항 및 제2항을 적용할 때 환율의 적용, 과세표준계산방법의 신고 및 변경, 각 과세표준계산방법을 선택한 법인의 과세표준 신고, 그 밖에 과세표준계산방법의 적용 등에 필요한 사항은 대통령령으로 정한다.
(2010.12.30 본조신설)

제54조 【소득금액 계산에 관한 세부 규정】 이 법에 규정된 것 외에 내국법인의 각 사업연도의 소득금액 계산에 필요한 사항은 대통령령으로 정한다.

제2절 세액의 계산

제55조 【세율】 ① 내국법인의 각 사업연도의 소득에 대한 법인세는 제13조에 따른 과세표준에 다음 표의 세율을 적용하여 계산한 금액(제55조의2에 따른 토지등 양도소득에 대한 법인세 및 「조세특례제한법」 제100조의32에 따른 투자·상생협력 촉진을 위한 과세특례를 적용하여 계산한 법인세액이 있으면 이를 합한 금액으로 한다. 이하 "산출세액"이라 한다)을 그 세액으로 한다.

과세표준	세율
2억원 이하	과세표준의 100분의 9
2억원 초과 200억원 이하	1천800만원 + (2억원을 초과하는 금액의 100분의 19)
200억원 초과 3천억원 이하	37억8천만원 + (200억원을 초과하는 금액의 100분의 21)
3천억원 초과	625억8천만원 + (3천억원을 초과하는 금액의 100분의 24)

(2022.12.31 본항개정)
② 사업연도가 1년 미만인 내국법인의 각 사업연도의 소득에 대한 법인세는 그 사업연도의 제13조를 적용하여 계산한 금액을 그 사업연도의 월수로 나눈 금액에 12를 곱하여 산출한 금액을 그 사업연도의 과세표준으로 하여 제1항에 따라 계산한 세액에 그 사업연도의 월수를 12로 나눈 수를 곱하여 산출한 세액을 그 세액으로 한다. 이 경우 월수의 계산은 대통령령으로 정하는 방법으로 한다.

제55조의2 【토지등 양도소득에 대한 과세특례】 ① 내국법인이 다음 각 호의 어느 하나에 해당하는 토지, 건물(건물에 부속된 시설물과 구축물을 포함한다), 주택을 취득하기 위한 권리로서 「소득세법」 제88조제9호에 따른 조합원입주권 및 같은 조 제10호에 따른 분양권(이하 이 조 및 제95조의2에서 "토지등"이라 한다)을 양도한 경우에는 해당 각 호에 따라 계산한 세액을 토지등 양도소득에 대한 법인세로 하여 제13조에 따른 과세표준에 제55조에 따른 세율을 적용하여 계산한 법인세액에 추가하여 납부하여야 한다. 이 경우 하나의 자산이 다음 각 호의 규정 중 둘 이상에 해당할 때에는 그 중 가장 높은 세액을 적용한다.(2020.8.18 전단개정)
1. 다음 각 목의 어느 하나에 해당하는 부동산을 2012년 12월 31일까지 양도한 경우에는 그 양도소득에 100분의 10을 곱하여 산출한 세액
   가. 「소득세법」 제104조의2제2항에 따른 지정지역에 있는 부동산으로서 제2호에 따른 주택(이에 부수되는 토지를 포함한다. 이하 이 항에서 같다)
   나. 「소득세법」 제104조의2제2항에 따른 지정지역에 있는 부동산으로서 제3호에 따른 비사업용 토지
   다. 그 밖에 부동산가격이 급등하거나 급등할 우려가 있어 부동산가격의 안정을 위하여 필요한 경우에 대통령령으로 정하는 부동산
2. 대통령령으로 정하는 주택(이에 부수되는 토지를 포함한다) 및 주거용 건축물로서 상시 주거용으로 사용하지 아니하고 휴양·피서·위락 등의 용도로 사용

하는 건축물(이하 이 조에서 "별장"이라 한다)을 양도한 경우에는 토지등의 양도소득에 100분의 20(미등기 토지등의 양도소득에 대하여는 100분의 40)을 곱하여 산출한 세액. 다만, 「지방자치법」 제3조제3항 및 제4항에 따른 읍 또는 면에 있으면서 대통령령으로 정하는 범위 및 기준에 해당하는 농어촌주택(그 부속토지를 포함한다)은 제외한다.(2020.8.18 본문개정)
3. 비사업용 토지를 양도한 경우에는 토지등의 양도소득에 100분의 10(미등기 토지등의 양도소득에 대하여는 100분의 40)을 곱하여 산출한 세액(2014.1.1 본호개정)
4. 주택을 취득하기 위한 권리로서 「소득세법」 제88조제9호에 따른 조합원입주권 및 같은 조 제10호에 따른 분양권을 양도한 경우에는 토지등의 양도소득에 100분의 20을 곱하여 산출한 세액(2020.8.18 본호신설)
② 제1항제3호에서 "비사업용 토지"란 토지를 소유하는 기간 중 대통령령으로 정하는 기간 동안 다음 각 호의 어느 하나에 해당하는 토지를 말한다.
1. 논밭 및 과수원(이하 이 조에서 "농지"라 한다)으로서 다음 각 목의 어느 하나에 해당하는 것
   가. 농업을 주된 사업으로 하지 아니하는 법인이 소유하는 토지. 다만, 「농지법」이나 그 밖의 법률에 따라 소유할 수 있는 농지로서 대통령령으로 정하는 농지는 제외한다.
   나. 특별시, 광역시(광역시에 있는 군 지역은 제외한다. 이하 이 항에서 같다), 특별자치시(특별자치시에 있는 읍·면지역은 제외한다. 이하 이 항에서 같다), 특별자치도(「제주특별자치도 설치 및 국제자유도시 조성을 위한 특별법」 제10조제2항에 따라 설치된 행정시의 읍·면지역은 제외한다. 이하 이 항에서 같다) 및 시 지역(「지방자치법」 제3조제4항에 따른 도농(都農) 복합형태의 시의 읍·면 지역은 제외한다. 이하 이 항에서 같다) 중 「국토의 계획 및 이용에 관한 법률」 제6조제1호에 따른 도시지역(대통령령으로 정하는 지역은 제외한다. 이하 이 목에서 같다)에 있는 농지. 다만, 특별시, 광역시, 특별자치시, 특별자치도 및 시 지역의 도시지역에 편입된 날부터 대통령령으로 정하는 기간이 지나지 아니한 농지는 제외한다.(2015.7.24 본문개정)
2. 임야. 다만, 다음 각 목의 어느 하나에 해당하는 것은 제외한다.
   가. 「산림자원의 조성 및 관리에 관한 법률」에 따라 지정된 채종림(採種林)·시험림, 「산림보호법」 제7조에 따른 산림보호구역, 그 밖에 공익상 필요하거나 산림의 보호·육성을 위하여 필요한 임야로서 대통령령으로 정하는 것
   나. 임업을 주된 사업으로 하는 법인이나 「산림자원의 조성 및 관리에 관한 법률」에 따른 독림가(篤林家)인 법인이 소유하는 임야로서 대통령령으로 정하는 것
   다. 토지의 소유자·소재지·이용상황·보유기간 및 면적 등을 고려하여 법인의 업무와 직접 관련이 있다고 인정할 만한 상당한 이유가 있는 임야로서 대통령령으로 정하는 것
3. 다음 각 목의 어느 하나에 해당하는 목장용지. 다만, 토지의 소유자·소재지·이용상황·보유기간 및 면적 등을 고려하여 법인의 업무와 직접 관련이 있다고 인정할 만한 상당한 이유가 있는 목장용지로서 대통령령으로 정하는 것은 제외한다.
   가. 축산업을 주된 사업으로 하는 법인이 소유하는 목장용지로서 대통령령으로 정하는 축산용 토지의 기준면적을 초과하거나 특별시, 광역시, 특별자치시, 특별자치도 및 시 지역의 도시지역(대통령령으로

정하는 지역은 제외한다. 이하 이 목에서 같다)에 있는 목장용지(도시지역에 편입된 날부터 대통령령으로 정하는 기간이 지나지 아니한 경우는 제외한다)(2013.1.1 본목개정)

나. 축산업을 주된 사업으로 하지 아니하는 법인이 소유하는 목장용지

4. 농지, 임야 및 목장용지 외의 토지 중 다음 각 목을 제외한 토지

가. 「지방세법」이나 관계 법률에 따라 재산세가 비과세되거나 면제되는 토지

나. 「지방세법」 제106조제1항제2호 및 제3호에 따른 재산세 별도합산과세대상 또는 분리과세대상이 되는 토지

다. 토지의 이용상황, 관계 법률의 의무이행 여부 및 수입금액 등을 고려하여 법인의 업무와 직접 관련이 있다고 인정할 만한 상당한 이유가 있는 토지로서 대통령령으로 정하는 것

5. 「지방세법」 제106조제2항에 따른 주택 부속토지 중 주택이 정착된 면적에 지역별로 대통령령으로 정하는 배율을 곱하여 산정한 면적을 초과하는 토지

6. 별장의 부속토지. 다만, 별장에 부속된 토지의 경계가 명확하지 아니한 경우에는 그 건축물 바닥면적의 10배에 해당하는 토지를 부속토지로 본다.(2014.12.23 본호개정)

7. 그 밖에 제1호부터 제6호까지에 규정된 토지와 유사한 토지로서 법인의 업무와 직접 관련이 없다고 인정할 만한 상당한 이유가 있는 대통령령으로 정하는 토지

③ 제1항제3호를 적용할 때 토지를 취득한 후 법령에 따라 사용이 금지되거나 그 밖에 대통령령으로 정하는 부득이한 사유가 있어 비사업용 토지에 해당하는 경우에는 대통령령으로 정하는 바에 따라 비사업용 토지로 보지 아니할 수 있다.

④ 다음 각 호의 어느 하나에 해당하는 토지등 양도소득에 대하여는 제1항을 적용하지 아니한다. 다만, 미등기 토지등에 대한 토지등 양도소득에 대하여는 그러하지 아니하다.

1. 파산선고에 의한 토지등의 처분으로 인하여 발생하는 소득

2. 법인이 직접 경작하던 농지로서 대통령령으로 정하는 경우에 해당하는 농지의 교환 또는 분할·통합으로 인하여 발생하는 소득

3. 「도시 및 주거환경정비법」이나 그 밖의 법률에 따른 환지(換地) 처분 등 대통령령으로 정하는 사유로 발생하는 소득

⑤ 제1항 및 제4항에서 "미등기 토지등"이란 토지등을 취득한 법인이 그 취득에 관한 등기를 하지 아니하고 양도하는 토지등을 말한다. 다만, 장기할부 조건으로 취득한 토지등으로서 그 계약조건에 의하여 양도 당시 그 토지등의 취득등기가 불가능한 토지등이나 그 밖에 대통령령으로 정하는 토지등은 제외한다.

⑥ 토지등 양도소득은 토지등의 양도금액에서 양도 당시의 장부가액을 뺀 금액으로 한다. 다만, 비영리 내국법인이 1990년 12월 31일 이전에 취득한 토지등 양도소득은 양도금액에서 장부가액과 1991년 1월 1일 현재 「상속세 및 증여세법」 제60조와 같은 법 제61조제1항에 따라 평가한 가액 중 큰 가액을 뺀 금액으로 할 수 있다.(2014.12.23 단서신설)

⑦ 제1항부터 제6항까지의 규정을 적용할 때 농지·임야·목장용지의 범위, 주된 사업의 판정기준, 해당 사업연도에 토지등의 양도에 따른 손실이 있는 경우 등의 양도소득 계산방법, 토지등의 양도에 따른 손익의 귀속사업연도 등에 관하여 필요한 사항은 대통령령으로 정한다.

⑧ 토지등을 2012년 12월 31일까지 양도함으로써 발생하는 소득에 대하여는 제1항제2호 및 제3호를 적용하지 아니한다.

제56조 (2018.12.24 삭제)

제57조【외국 납부 세액공제 등】 ① 내국법인의 각 사업연도의 소득에 대한 과세표준에 국외원천소득이 포함되어 있는 경우로서 그 국외원천소득에 대하여 대통령령으로 정하는 외국법인세액(이하 이 조에서 "외국법인세액"이라 한다)을 납부하였거나 납부할 것이 있는 경우에는 다음 계산식에 따른 금액(이하 이 조에서 "공제한도금액"이라 한다) 내에서 외국법인세액을 해당 사업연도의 산출세액에서 공제할 수 있다.

$$공제한도금액 = A \times \frac{B}{C}$$

A : 해당 사업연도의 산출세액(제55조의2에 따른 토지등 양도소득에 대한 법인세액 및 「조세특례제한법」 제100조의32에 따른 투자·상생협력 촉진을 위한 과세특례를 적용하여 계산한 법인세액은 제외한다)
B : 국외원천소득(「조세특례제한법」이나 그 밖의 법률에 따라 세액감면 또는 면제를 적용받는 경우에는 세액감면 또는 면제 대상 국외원천소득에 세액감면 또는 면제 비율을 곱한 금액은 제외한다)
C : 해당 사업연도의 소득에 대한 과세표준

(2020.12.22 본항개정)

② 제1항을 적용할 때 외국정부에 납부하였거나 납부할 외국법인세액이 해당 사업연도의 공제한도금액을 초과하는 경우 그 초과하는 금액은 해당 사업연도의 다음 사업연도 개시일부터 10년 이내에 끝나는 각 사업연도(이하 이 조에서 "이월공제기간"이라 한다)로 이월하여 그 이월된 사업연도의 공제한도금액 내에서 공제받을 수 있다. 다만, 외국정부에 납부하였거나 납부할 외국법인세액을 이월공제기간 내에 공제받지 못한 경우 그 공제받지 못한 외국법인세액은 제21조제1호에도 불구하고 이월공제기간의 종료일 다음 날이 속하는 사업연도의 소득금액을 계산할 때 손금에 산입할 수 있다.(2020.12.22 본항개정)

③ 국외원천소득이 있는 내국법인이 조세조약의 상대국에서 해당 국외원천소득에 대하여 법인세를 감면받은 세액 상당액은 그 조세조약으로 정하는 범위에서 제1항에 따른 세액공제의 대상이 되는 외국법인세액으로 본다.(2020.12.22 본항개정)

④ 내국법인의 각 사업연도의 소득금액에 외국자회사로부터 받는 이익의 배당이나 잉여금의 분배액(이하 이 조에서 "수입배당금액"이라 한다)이 포함되어 있는 경우 그 외국자회사의 소득에 대하여 부과된 외국법인세액 중 그 수입배당금액에 대응하는 것으로서 대통령령으로 정하는 바에 따라 계산한 금액은 제1항에 따른 세액공제되는 외국법인세액으로 본다.(2020.12.22 본항개정)

⑤ 제4항에서 "외국자회사"란 내국법인이 의결권 있는 발행주식총수 또는 출자총액의 100분의 10(「조세특례제한법」 제22조에 따른 해외자원개발사업을 하는 외국법인의 경우에는 100분의 5를 말한다) 이상을 출자하고 있는 외국법인으로서 대통령령으로 정하는 요건을 갖춘 법인을 말한다.(2022.12.31 본항개정)

⑥ 내국법인의 각 사업연도의 소득금액에 외국법인으로부터 받는 수입배당금액이 포함되어 있는 경우로서 그 외국법인의 소득에 대하여 해당 외국법인이 아니라 출자자인 내국법인이 직접 납세의무를 부담하는 등 대통령령으로 정하는 요건을 갖춘 경우에는 그 외국법인의 소득에 대하여 출자자인 내국법인에게 부과된 외국법인세액 중 해당 수입배당금액에 대응하는 것으로서 대통령령으로 정하는 바에 따라 계산한 금액은 제1항

에 따른 세액공제의 대상이 되는 외국법인세액으로 본다.(2020.12.22 본항개정)
⑦ 제18조의4에 따른 익금불산입의 적용대상이 되는 수입배당금액에 대해서는 제1항부터 제6항까지의 규정을 적용하지 아니한다.(2022.12.31 본항신설)
⑧ 제1항부터 제6항까지의 규정에 따른 국외원천소득의 계산방법, 세액공제 또는 손금산입에 필요한 사항은 대통령령으로 정한다.(2013.1.1 본항개정)

제57조의2【간접투자회사 등의 외국납부세액공제 및 환급 특례】 ①「자본시장과 금융투자업에 관한 법률」에 따른 투자회사, 투자목적회사, 투자유한회사, 투자합자회사(같은 법 제9조제19항제1호에 따른 기관전용 사모집합투자기구(법률 제18128호 자본시장과 금융투자업에 관한 법률 일부개정법률 부칙 제8조제1항부터 제4항까지의 규정에 따라 기관전용 사모집합투자기구, 기업재무안정 사모집합투자기구 및 창업·벤처전문 사모집합투자기구로 보아 존속하는 종전의 경영참여형 사모집합투자기구를 포함한다)는 제외한다), 투자유한책임회사 및「부동산투자회사법」에 따른 기업구조조정 부동산투자회사, 위탁관리 부동산투자회사 및 제5조제2항에 따라 내국법인으로 보는 신탁재산(이하 이 조에서 "간접투자회사등"이라 한다)이 국외의 자산에 투자하여 얻은 소득에 대하여 납부한 외국법인세액(제57조제1항 및 제6항의 외국법인세액을 말한다)이 있는 경우에는 제57조에도 불구하고 그 소득이 발생한 사업연도의 과세표준 신고 시 그 사업연도의 법인세액에서 그 사업연도의 외국 납부세액(국외자산에 투자하여 얻은 소득에 대하여「소득세법」제129조제1항제2호에 따른 세율을 곱하여 계산한 세액을 한도로 하고, 이를 초과하는 금액은 없는 것으로 본다)을 빼고 납부하여야 한다.(2022.12.31 본항개정)
② 간접투자회사등이 제1항에 따른 그 사업연도의 외국 납부세액이 그 사업연도의 법인세액을 초과하는 경우에는 대통령령으로 정하는 바에 따라 환급받을 수 있다.
③「자본시장과 금융투자업에 관한 법률」에 따른 투자신탁, 투자합자조합 및 투자익명조합(이하 이 항에서 "투자신탁등"이라 한다)의 경우에는 그 투자신탁등을 내국법인으로 보아 제1항과 제2항을 적용한다. 이 경우 제1항의 "사업연도"는 "투자신탁등의 회계기간"으로 보고, "과세표준 신고 시"는 "결산 시"로 본다.
(2014.12.23 본항개정)
④ 제3항을 적용할 때 해당 사업연도의 법인세액은 없는 것으로 보아 제2항을 적용한다.
⑤ 제3항과 제4항을 적용할 때「자본시장과 금융투자업에 관한 법률」에 따른 투자신탁재산을 운용하는 집합투자업자는 그 투자신탁을 대리(代理)하는 것으로 본다.
(2018.12.24 본조제목개정)

제58조【재해손실에 대한 세액공제】 ① 내국법인이 각 사업연도 중 천재지변이나 그 밖의 재해(이하 "재해"라 한다)로 인하여 대통령령으로 정하는 자산총액(이하 이 조에서 "자산총액"이라 한다)의 100분의 20 이상을 상실하여 납세가 곤란하다고 인정되는 경우에는 대통령령으로 정하는 다음 각 호의 법인세액에 그 상실된 자산의 가액이 상실 전의 자산총액에서 차지하는 비율을 곱하여 계산한 금액(상실된 자산의 가액을 한도로 한다)을 그 세액에서 공제한다. 이 경우 자산의 가액에는 토지의 가액을 포함하지 아니한다.
1. 재해 발생일 현재 부과되지 아니한 법인세와 부과된 법인세로서 미납된 법인세(2020.12.22 본호개정)
2. 재해 발생일이 속하는 사업연도의 소득에 대한 법인세
② 제1항에 따른 세액공제를 받으려는 내국법인은 대통령령으로 정하는 바에 따라 납세지 관할 세무서장에게 신청하여야 한다.

③ 납세지 관할 세무서장은 제2항에 따라 제1항제1호의 법인세(신고기한이 지나지 아니한 것은 제외한다)에 대한 공제신청을 받으면 그 공제세액을 결정하여 해당 법인에 알려야 한다.
④ 제1항부터 제3항까지의 규정을 적용할 때 자산 상실 비율의 계산 등 재해손실 세액공제에 필요한 사항은 대통령령으로 정한다.

제58조의2 (2010.1.1 삭제)

제58조의3【사실과 다른 회계처리로 인한 경정에 따른 세액공제】 ① 내국법인이 다음 각 호의 요건을 모두 충족하는 사실과 다른 회계처리를 하여 과세표준 및 세액을 과다하게 계상함으로써「국세기본법」제45조의2에 따라 경정을 청구하여 경정을 받은 경우에는 과다 납부한 세액을 즉시 환급하지 아니하고 그 경정일이 속하는 사업연도부터 각 사업연도의 법인세액에서 과다 납부한 세액을 공제한다. 이 경우 각 사업연도별로 공제하는 금액은 과다 납부한 세액의 100분의 20을 한도로 하고, 공제 후 남아 있는 과다 납부한 세액은 이후 사업연도에 이월하여 공제한다.
1.「자본시장과 금융투자업에 관한 법률」제159조에 따른 사업보고서 및「주식회사 등의 외부감사에 관한 법률」제23조에 따른 감사보고서를 제출할 때 수익 또는 자산을 과다 계상하거나 손비 또는 부채를 과소 계상할 것(2017.10.31 본호개정)
2. 내국법인, 감사인 또는 그에 소속된 공인회계사가 대통령령으로 정하는 경고·주의 등의 조치를 받을 것
② 제1항을 적용할 때 내국법인이 해당 사실과 다른 회계처리와 관련하여 그 경정일이 속하는 사업연도 이전의 사업연도에「국세기본법」제45조에 따른 수정신고를 하여 납부할 세액이 있는 경우에는 그 납부할 세액에서 제1항에 따른 과다 납부한 세액을 과다 납부한 세액의 100분의 20을 한도로 먼저 공제하여야 한다.
③ 제1항 및 제2항에 따라 과다 납부한 세액을 공제받은 내국법인으로서 과다 납부한 세액이 남아있는 내국법인이 해산하는 경우에는 다음 각 호에 따른다.
1. 합병 또는 분할에 따라 해산하는 경우 : 합병법인 또는 분할신설법인(분할합병의 상대방 법인을 포함한다)이 남아 있는 과다 납부한 세액을 승계하여 제1항에 따라 세액공제한다.
2. 제1호 외의 방법에 따라 해산하는 경우 : 납세지 관할 세무서장 또는 관할지방국세청장은 남아있는 과다 납부한 세액에서 제77조에 따른 청산소득에 대한 법인세 납부세액을 빼고 남은 금액을 즉시 환급하여야 한다.(2016.12.20 본항신설)
④ 제1항부터 제3항까지의 규정에 따른 세액공제와 관련한 구체적인 방법, 절차 및 공제 후 남아 있는 과다 납부한 세액의 이월공제 방법 등은 대통령령으로 정한다.(2016.12.20 본조개정)

제59조【감면 및 세액공제액의 계산】 ① 이 법 및 다른 법률을 적용할 때 법인세의 감면에 관한 규정과 세액공제에 관한 규정이 동시에 적용되는 경우에 그 적용순위는 별도의 규정이 있는 경우 외에는 다음 각 호에 따른다. 이 경우 제1호와 제2호의 금액을 합한 금액이 법인이 납부할 법인세액(제55조의2에 따른 토지등 양도소득에 대한 법인세,「조세특례제한법」제100조의32에 따른 투자·상생협력 촉진을 위한 과세특례를 적용하여 계산한 법인세액 및 가산세는 제외한다)을 초과하는 경우에는 그 초과하는 금액은 없는 것으로 본다.(2018.12.24 후단개정)
1. 각 사업연도의 소득에 대한 세액 감면(면제를 포함한다)
2. 이월공제(移越控除)가 인정되지 아니하는 세액공제
3. 이월공제가 인정되는 세액공제. 이 경우 해당 사업연도 중에 발생한 세액공제액과 이월된 미공제액이 함께 있을 때에는 이월된 미공제액을 먼저 공제한다.

4. 제58조의3에 따른 세액공제. 이 경우 해당 세액공제액과 이월된 미공제액이 함께 있을 때에는 이월된 미공제액을 먼저 공제한다.
② 제1항제1호에 따른 세액 감면 또는 면제를 하는 경우 그 감면 또는 면제되는 세액은 별도의 규정이 있는 경우를 제외하고는 산출세액(제55조의2에 따른 토지등 양도소득에 대한 법인세액 및 「조세특례제한법」 제100조의32에 따른 투자·상생협력 촉진을 위한 과세특례를 적용하여 계산한 법인세액은 제외한다)에 그 감면 또는 면제되는 소득이 제13조에 따른 과세표준에서 차지하는 비율(100분의 100을 초과하는 경우에는 100분의 100)을 곱하여 산출한 금액(감면의 경우에는 그 금액에 해당 감면율을 곱하여 산출한 금액)으로 한다. (2018.12.24 본항개정)

제3절 신고 및 납부

제60조【과세표준 등의 신고】 ① 납세의무가 있는 내국법인은 각 사업연도의 종료일이 속하는 달의 말일부터 3개월(제60조의2제1항 본문에 따라 내국법인이 성실신고확인서를 제출하는 경우에는 4개월로 한다) 이내에 대통령령으로 정하는 바에 따라 그 사업연도의 소득에 대한 법인세의 과세표준과 세액을 납세지 관할 세무서장에게 신고하여야 한다. (2018.12.24 본항개정)
② 제1항에 따른 신고를 할 때에는 그 신고서에 다음 각 호의 서류를 첨부하여야 한다.
1. 기업회계기준을 준용하여 작성한 개별 내국법인의 재무상태표·포괄손익계산서 및 이익잉여금처분계산서(또는 결손금처리계산서)
2. 대통령령으로 정하는 바에 따라 작성한 세무조정계산서(이하 "세무조정계산서"라 한다)
3. 그 밖에 대통령령으로 정하는 서류
③ 제1항은 내국법인으로서 각 사업연도의 소득금액이 없거나 결손금이 있는 법인의 경우에도 적용한다.
④ 내국법인이 합병 또는 분할로 해산하는 경우에 제1항에 따른 신고를 할 때에는 그 신고서에 다음 각 호의 서류를 첨부하여야 한다.
1. 합병등기일 또는 분할등기일 현재의 피합병법인·분할법인 또는 소멸한 분할합병의 상대방법인의 재무상태표와 합병법인등이 그 합병 또는 분할에 따라 승계한 자산 및 부채의 명세서
2. 그 밖에 대통령령으로 정하는 서류
⑤ 제1항에 따른 신고를 할 때 그 신고서에 제2항제1호 및 제2호의 서류를 첨부하지 아니하는 경우 이 법에 따른 신고로 보지 아니한다. 다만, 제4조제3항제1호 및 제7호에 따른 수익사업을 하지 아니하는 비영리내국법인은 그러하지 아니하다. (2018.12.24 본항개정)
⑥ 납세지 관할 세무서장 및 관할지방국세청장은 제1항과 제2항에 따라 제출된 신고서 또는 그 밖의 서류에 미비한 점이 있거나 오류가 있을 때에는 보정할 것을 요구할 수 있다.
⑦ 제1항에도 불구하고 「주식회사 등의 외부감사에 관한 법률」 제4조에 따라 감사인(監査人)에 의한 감사를 받아야 하는 내국법인이 해당 사업연도의 감사가 종결되지 아니하여 결산이 확정되지 아니하였다는 사유로 대통령령으로 정하는 바에 따라 신고기한의 연장을 신청한 경우에는 그 신고기한을 1개월의 범위에서 연장할 수 있다. (2017.10.31 본항개정)
⑧ 제7항에 따라 신고기한이 연장된 내국법인이 세액을 납부할 때에는 기한 연장일수에 금융회사 등의 이자율을 고려하여 대통령령으로 정하는 이자율을 적용하여 계산한 금액을 가산하여 납부하여야 한다. 이 경우 기한 연장일수는 제1항에 따른 신고기한의 다음 날부터 신고 및 납부가 이루어진 날(연장기한까지 신고·납부가 이루어진 경우만 해당한다) 또는 연장된 날까지의 일수로 한다.
⑨ 기업회계와 세무회계의 정확한 조정 또는 성실한 납세를 위하여 필요하다고 인정하여 대통령령으로 정하는 내국법인의 경우 세무조정계산서는 다음 각 호의 어느 하나에 해당하는 자로서 대통령령으로 정하는 조정반에 소속된 자가 작성하여야 한다.
1. 「세무사법」에 따른 세무사등록부에 등록한 세무사
2. 「세무사법」에 따른 세무대리업무등록부에 등록한 공인회계사
3. 「세무사법」에 따른 세무사등록부 또는 변호사 세무대리업무등록부에 등록한 변호사
(2021.11.23 2호~3호개정)
(2015.12.15 본항신설)

제60조의2【성실신고확인서 제출】 ① 다음 각 호의 어느 하나에 해당하는 내국법인은 성실한 납세를 위하여 제60조에 따라 법인세의 과세표준과 세액을 신고할 때 같은 조 제2항 각 호의 서류에 더하여 제112조 및 제116조에 따라 비치·기록된 장부와 증명서류에 의하여 계산한 과세표준금액의 적정성을 세무사 등 대통령령으로 정하는 자가 대통령령으로 정하는 바에 따라 확인하고 작성한 확인서(이하 "성실신고확인서"라 한다)를 납세지 관할 세무서장에게 제출하여야 한다. 다만, 「주식회사 등의 외부감사에 관한 법률」 제4조에 따라 감사인에 의한 감사를 받은 내국법인은 이를 제출하지 아니할 수 있다. (2018.12.24 단서개정)
1. 부동산임대업을 주된 사업으로 하는 등 대통령령으로 정하는 요건에 해당하는 내국법인
2. 「소득세법」 제70조의2제1항에 따른 성실신고확인대상사업자가 사업용자산을 현물출자하는 등 대통령령으로 정하는 방법에 따라 내국법인으로 전환한 경우 그 내국법인(사업연도 종료일 현재 법인으로 전환한 후 3년 이내의 내국법인으로 한정한다) (2018.12.24 본호개정)
3. 제2호에 따라 전환한 내국법인이 그 전환에 따라 경영하던 사업을 같은 호에서 정하는 방법으로 인수한 다른 내국법인(같은 호에 따른 전환일부터 3년 이내인 경우로서 그 다른 내국법인의 사업연도 종료일 현재 인수한 사업을 계속 경영하고 있는 경우로 한정한다) (2018.12.24 본호신설)
② 납세지 관할 세무서장은 제1항에 따라 제출된 성실신고확인서에 미비한 사항 또는 오류가 있을 때에는 보정할 것을 요구할 수 있다.
③ 제1항 및 제2항에서 정한 사항 외에 성실신고확인서의 제출 등에 필요한 사항은 대통령령으로 정한다. (2018.12.24 본항개정)
(2017.12.19 본조신설)

제61조【준비금의 손금산입 특례】 ① 내국법인이 「조세특례제한법」에 따른 준비금을 세무조정계산서에 계상하고 그 준비금 상당액을 해당 사업연도의 이익처분을 할 때 그 준비금으로 적립한 경우에는 그 금액을 결산을 확정할 때 손비로 계상한 것으로 보아 해당 사업연도의 소득금액을 계산할 때 손금에 산입한다.
② 제1항에 따른 준비금의 손금산입 및 그 금액의 처리에 필요한 사항은 대통령령으로 정한다.
(2018.12.24 본조개정)

제62조【비영리내국법인의 이자소득에 대한 신고 특례】 ① 비영리내국법인은 제4조제3항제2호에 따른 이자소득(「소득세법」 제16조제1항제11호의 비영업대금의 이익은 제외하고, 투자신탁의 이익을 포함하며, 이하 이 조에서 "이자소득"이라 한다)으로서 제73조 및 제73조의2에 따라 원천징수된 이자소득에 대하여는 제60조제1항에도 불구하고 과세표준 신고를 하지 아니할 수 있다. 이 경우 과세표준 신고를 하지 아니한 이자소득은 각 사업연도의 소득금액을 계산할 때 포함하지 아니한다. (2018.12.24 본항개정)

② 제1항에 따른 비영리내국법인의 이자소득에 대한 법인세의 과세표준 신고와 징수에 필요한 사항은 대통령령으로 정한다.
(2018.12.24 본조제목개정)
제62조의2【비영리내국법인의 자산양도소득에 대한 신고 특례】 ① 비영리내국법인(제4조제3항제1호에 따른 수익사업을 하는 비영리내국법인은 제외한다. 이하 이 조에서 같다)이 제4조제3항제4호부터 제6호까지의 수입으로서 다음 각 호의 어느 하나에 해당하는 자산의 양도로 인하여 발생하는 소득(이하 이 조에서 "자산양도소득"이라 한다)이 있는 경우에는 제60조제1항에도 불구하고 과세표준 신고를 하지 아니할 수 있다. 이 경우 과세표준 신고를 하지 아니한 자산양도소득은 각 사업연도의 소득금액을 계산할 때 포함하지 아니한다.
(2018.12.24 본문개정)
1. 「소득세법」 제94조제1항제3호에 해당하는 주식등과 대통령령으로 정하는 주식등
2. 토지 또는 건물(건물에 부속된 시설물과 구축물을 포함한다)
3. 「소득세법」 제94조제1항제2호 및 제4호의 자산
② 제1항에 따라 과세표준의 신고를 하지 아니한 자산양도소득에 대하여는 「소득세법」 제92조를 준용하여 계산한 과세표준에 같은 법 제104조제1항의 세율을 적용하여 계산한 금액을 법인세로 납부하여야 한다. 이 경우 같은 법 제104조제4항에 따라 가중된 세율을 적용하는 경우에는 제55조의2를 적용하지 아니한다.
③ 제2항을 적용할 때 「소득세법」 제92조를 준용하여 계산한 과세표준은 자산의 양도로 인하여 발생한 총수입금액(이하 이 조에서 "양도가액"이라 한다)에서 필요경비를 공제하고, 공제한 후의 금액(이하 "양도차익"이라 한다)에서 「소득세법」 제95조제2항 및 제103조에 따른 금액을 공제하여 계산한다.
④ 제3항에 따른 양도가액, 필요경비 및 양도차익의 계산에 관하여는 「소득세법」 제96조부터 제98조까지 및 제100조를 준용한다. 다만, 「상속세 및 증여세법」에 따라 상속세 과세가액 또는 증여세 과세가액에 산입되지 아니한 재산을 출연(出捐)받은 비영리내국법인이 대통령령으로 정하는 자산을 양도하는 경우에는 그 자산을 출연한 출연자의 취득가액을 그 법인의 취득가액으로 하며, 「국세기본법」 제13조제2항에 따른 법인으로 보는 단체의 경우에는 같은 항에 따라 승인을 받기 전의 당초 취득한 가액을 취득가액으로 한다.
⑤ 자산양도소득에 대한 과세표준의 계산에 관하여는 「소득세법」 제101조 및 제102조를 준용하고, 자산양도소득에 대한 세액계산에 관하여는 같은 법 제92조를 준용한다.(2023.12.31 본항개정)
⑥ 제2항에 따른 법인세의 과세표준에 대한 신고·납부·결정·경정 및 징수에 관하여는 자산 양도일이 속하는 각 사업연도의 법인세의 과세표준의 신고·납부·결정·경정 및 징수에 관한 규정을 준용하되, 그 밖의 법인세액에 합산하여 신고·납부·결정·경정 및 징수한다. 이 경우 제75조의3를 준용한다.(2018.12.24 후단개정)
⑦ 제2항에 따라 계산한 법인세는 「소득세법」 제105조부터 제107조까지의 규정을 준용하여 양도소득과세표준 예정신고 및 자진납부를 하여야 한다. 이 경우 「소득세법」 제112조를 준용한다.(2015.12.15 후단개정)
⑧ 비영리내국법인이 제7항에 따른 양도소득과세표준 예정신고를 한 경우에는 제6항에 따른 과세표준에 대한 신고를 한 것으로 본다. 다만, 「소득세법」 제110조제4항 단서에 해당하는 경우에는 제6항에 따른 과세표준에 대한 신고를 하여야 한다.
⑨ 제1항부터 제8항까지의 규정에 따른 자산양도소득에 대한 특례의 적용방법 등에 관하여 필요한 사항은 대통령령으로 정한다.
(2018.12.24 본조제목개정)

제63조【중간예납 의무】 ① 사업연도의 기간이 6개월을 초과하는 내국법인은 각 사업연도(합병이나 분할에 의하지 아니하고 새로 설립된 법인의 최초 사업연도는 제외한다) 중 중간예납기간(中間豫納期間)에 대한 법인세액(이하 "중간예납세액"이라 한다)을 납부할 의무가 있다. 다만, 다음 각 호의 어느 하나에 해당하는 법인은 중간예납세액을 납부할 의무가 없다.
1. 다음 각 목의 어느 하나에 해당하는 법인
   가. 「고등교육법」 제3조에 따른 사립학교를 경영하는 학교법인
   나. 「국립대학법인 서울대학교 설립·운영에 관한 법률」에 따른 국립대학법인 서울대학교
   다. 「국립대학법인 인천대학교 설립·운영에 관한 법률」에 따른 국립대학법인 인천대학교
   라. 「산업교육진흥 및 산학연협력촉진에 관한 법률」에 따른 산학협력단
   마. 「초·중등교육법」 제3조제3호에 따른 사립학교를 경영하는 학교법인(2020.12.22 본목신설)
2. 직전 사업연도의 중소기업으로서 제63조의2제1항제1호의 계산식에 따라 계산한 금액이 50만원 미만인 내국법인(2022.12.31 본호개정)
② 제1항의 중간예납기간은 해당 사업연도의 개시일부터 6개월이 되는 날까지로 한다.
③ 내국법인은 중간예납기간이 지난 날부터 2개월 이내에 중간예납세액을 대통령령으로 정하는 바에 따라 납세지 관할 세무서, 한국은행(그 대리점을 포함한다) 또는 체신관서(이하 "납세지 관할 세무서등"이라 한다)에 납부하여야 한다.
④ 내국법인이 납부할 중간예납세액이 1천만원을 초과하는 경우에는 제64조제2항을 준용하여 분납할 수 있다.
(2018.12.24 본조개정)
제63조의2【중간예납세액의 계산】 ① 중간예납세액은 다음 각 호의 어느 하나의 방법을 선택하여 계산한다.
1. 직전 사업연도의 산출세액을 기준으로 하는 방법

$$중간예납세액 = (A - B - C - D) \times \frac{6}{E}$$

A : 해당 사업연도의 직전 사업연도에 대한 법인세로서 확정된 산출세액(가산세를 포함하고, 제55조의2에 따른 토지등 양도소득에 대한 법인세액 및 「조세특례제한법」 제100조의32에 따른 투자·상생협력 촉진을 위한 과세특례를 적용하여 계산한 법인세액은 제외한다. 이하 이 조에서 같다)

B : 해당 사업연도의 직전 사업연도에 감면된 법인세액(소득에서 공제되는 금액은 제외한다)

C : 해당 사업연도의 직전 사업연도에 법인세로서 납부한 원천징수세액

D : 해당 사업연도의 직전 사업연도에 법인세로서 납부한 수시부과세액

E : 직전 사업연도 개월 수. 이 경우 개월 수는 역에 따라 계산하되, 1개월 미만의 일수는 1개월로 한다.

2. 해당 중간예납기간의 법인세액을 기준으로 하는 방법

$$중간예납세액 = (A - B - C - D)$$

A : 해당 중간예납기간을 1사업연도로 보고 제2장제1절에 따라 계산한 과세표준에 제55조를 적용하여 산출한 법인세액

B : 해당 중간예납기간에 감면된 법인세액(소득에서 공제되는 금액은 제외한다)

C : 해당 중간예납기간에 법인세로서 납부한 원천징수세액

D : 해당 중간예납기간에 법인세로서 부과한 수시부과세액

(2019.12.31 본호개정)

② 제1항에도 불구하고 다음 각 호의 어느 하나에 해당하는 경우에는 다음 각 호의 구분에 따라 중간예납세액을 계산한다.
1. 제63조제3항에 따른 중간예납의 납부기한까지 중간예납세액을 납부하지 아니한 경우(제2호 각 목에 해당하는 경우는 제외한다) : 제1항제1호에 따른 방법
2. 다음 각 목의 어느 하나에 해당하는 경우 : 제1항제2호에 따른 방법
　가. 직전 사업연도의 법인세로서 확정된 산출세액(가산세는 제외한다)이 없는 경우(제51조의2제1항 각 호 또는 「조세특례제한법」 제104조의31제1항의 법인의 경우는 제외한다)(2020.12.22 본목개정)
　나. 해당 중간예납기간 만료일까지 직전 사업연도의 법인세가 확정되지 아니한 경우
　다. 분할신설법인 또는 분할합병의 상대방 법인의 분할 후 최초의 사업연도인 경우
③ 합병법인이 합병 후 최초의 사업연도에 제1항제1호에 따라 중간예납세액을 납부하는 경우에는 다음 각 호의 구분에 따른 사업연도를 모두 제1항제1호에 따른 직전 사업연도로 본다.
1. 합병법인의 직전 사업연도
2. 각 피합병법인의 합병등기일이 속하는 사업연도의 직전 사업연도
④ 제76조의9, 제76조의10 및 제76조의12에 따라 연결납세방식을 적용하지 아니하게 된 법인이 연결납세방식을 적용하지 아니하는 최초의 사업연도에 제1항제1호에 따라 중간예납세액을 납부하는 경우에는 직전 연결사업연도의 제76조의15제4항에 따른 연결법인별 산출세액을 제1항제1호에 따른 계산식의 직전 사업연도에 대한 법인세로서 확정된 산출세액으로 본다.
⑤ 납세지 관할 세무서장은 중간예납기간 중 휴업 등의 사유로 수입금액이 없는 법인에 대하여 그 사실이 확인된 경우에는 해당 중간예납기간에 대한 법인세를 징수하지 아니한다.
(2018.12.24 본조신설)

제64조 【납부】 ① 내국법인은 각 사업연도의 소득에 대한 법인세 산출세액에서 다음 각 호의 법인세액(가산세는 제외한다)을 공제한 금액을 각 사업연도의 소득에 대한 법인세로서 제60조에 따른 신고기한까지 납세지 관할 세무서등에 납부하여야 한다.
1. 해당 사업연도의 감면세액·세액공제액(2018.12.24 본호개정)
2. 제63조의2에 따른 해당 사업연도의 중간예납세액 (2018.12.24 본호개정)
3. 제69조에 따른 해당 사업연도의 수시부과세액
4. 제73조 및 제73조의2에 따라 해당 사업연도에 원천징수된 세액(2018.12.24 본호개정)
② 내국법인은 제1항에 따라 납부할 세액이 1천만원을 초과하는 경우에는 대통령령으로 정하는 바에 따라 납부할 세액의 일부를 납부기한이 지난 날부터 1개월(중소기업의 경우에는 2개월) 이내에 분납할 수 있다.
(2018.12.24 본항개정)

제65조 (2015.12.15 삭제)

제4절　결정·경정 및 징수

제1관　과세표준의 결정 및 경정

제66조 【결정 및 경정】 ① 납세지 관할 세무서장 또는 관할지방국세청장은 내국법인이 제60조에 따른 신고를 하지 아니한 경우에는 그 법인의 각 사업연도의 소득에 대한 법인세의 과세표준과 세액을 결정한다.
② 납세지 관할 세무서장 또는 관할지방국세청장은 제60조에 따른 신고를 한 내국법인이 다음 각 호의 어느 하나에 해당하는 경우에는 그 법인의 각 사업연도의

소득에 대한 법인세의 과세표준과 세액을 경정한다.
1. 신고 내용에 오류 또는 누락이 있는 경우
2. 제120조 또는 제120조의2에 따른 지급명세서, 제121조에 따른 매출·매입처별 계산서합계표의 전부 또는 일부를 제출하지 아니한 경우
3. 다음 각 목의 어느 하나에 해당하는 경우로서 시설규모나 영업 현황으로 보아 신고 내용이 불성실하다고 판단되는 경우
　가. 제117조제1항에 따른 신용카드가맹점 가입 요건에 해당하는 법인이 정당한 사유 없이 「여신전문금융업법」에 따른 신용카드가맹점(법인만 해당한다. 이하 "신용카드가맹점"이라 한다)으로 가입하지 아니한 경우
　나. 신용카드가맹점이 정당한 사유 없이 제117조제2항을 위반하여 신용카드에 의한 거래를 거부하거나 신용카드 매출전표를 사실과 다르게 발급한 경우
　다. 제117조의2제1항에 따라 현금영수증가맹점으로 가입하여야 하는 법인 및 「부가가치세법」 제46조제4항에 따라 현금영수증가맹점 가입 대상자로 지정받은 법인이 정당한 사유 없이 「조세특례제한법」 제126조의3에 따른 현금영수증가맹점(이하 "현금영수증가맹점"이라 한다)으로 가입하지 아니한 경우 (2013.6.7 본목개정)
　라. 현금영수증가맹점이 정당한 사유 없이 현금영수증 발급을 거부하거나 사실과 다르게 발급한 경우
4. (2016.12.20 삭제)
③ 납세지 관할 세무서장 또는 관할지방국세청장은 제1항과 제2항에 따라 법인세의 과세표준과 세액을 결정 또는 경정하는 경우에는 장부나 그 밖의 증명서류를 근거로 하여야 한다. 다만, 대통령령으로 정하는 사유로 장부나 그 밖의 증명서류에 의하여 소득금액을 계산할 수 없는 경우에는 대통령령으로 정하는 바에 따라 추계(推計)할 수 있다.
④ 납세지 관할 세무서장 또는 관할지방국세청장은 법인세의 과세표준과 세액을 결정 또는 경정한 후 그 결정 또는 경정에 오류나 누락이 있는 것을 발견한 경우에는 즉시 이를 다시 경정한다.

제67조 【소득처분】 다음 각 호의 법인세 과세표준의 신고·결정 또는 경정이 있는 때 익금에 산입하거나 손금에 산입하지 아니한 금액은 그 귀속자 등에게 상여(賞與)·배당·기타사외유출(其他社外流出)·사내유보(社內留保) 등 대통령령으로 정하는 바에 따라 처분한다.
1. 제60조에 따른 신고
2. 제66조 또는 제69조에 따른 결정 또는 경정
3. 「국세기본법」 제45조에 따른 수정신고
(2018.12.24 본조개정)

[판례] 법인의 실질적 경영자인 대표이사 등이 법인의 자금을 유용하는 행위는 특별한 사정이 없는 한 애당초 회수를 전제로 하여 이루어진 것이 아니어서 그 금액에 대한 지출 자체로서 이미 사외유출에 해당한다. 여기서 그 유용 당시부터 회수를 전제하지 않은 것으로 볼 수 없는 특별한 사정에 관하여는 횡령의 주체인 대표이사 등의 법인 내에서의 실질적인 지위 및 법인에 대한 지배 정도, 횡령행위에 이르게 된 경위 및 횡령 이후의 법인의 조치 등을 통하여 그 대표이사 등의 의사를 법인의 의사와 동일시하거나 대표이사 등과 법인의 경제적 이해관계가 사실상 일치하는 것으로 보기 어려운 경우인지 여부 등 제반 사정을 종합하여 개별적·구체적으로 판단하여야 하며, 이러한 특별한 사정은 이를 주장하는 법인이 입증하여야 한다.(대판 2013.2.28, 2012두23822)

[판례] 소득처분에 따른 소득금액변동통지가 항고소송의 대상이 되는 조세행정처분인지 여부 : 과세관청의 소득처분과 그에 따른 소득금액변동통지는 원천징수의무자인 법인의 납세의무에 직접 영향을 미치는 과세관청의 행위로서, 항고소송의 대상이 되는 조세행정처분이라고 봄이 상당하다.(대판 2006.4.20, 2002두1878 전원합의체)

제68조【추계에 의한 과세표준 및 세액계산의 특례】 제66조제3항 단서에 따라 법인세의 과세표준과 세액을 추계하는 경우에는 제13조제1항제1호, 제18조의4 및 제57조를 적용하지 아니한다. 다만, 천재지변 등으로 장부나 그 밖의 증명서류가 멸실되어 대통령령으로 정하는 바에 따라 추계하는 경우에는 그러하지 아니하다. (2023.12.31 본문개정)

제69조【수시부과 결정】 ① 납세지 관할 세무서장 또는 관할지방국세청장은 내국법인이 그 사업연도 중에 대통령령으로 정하는 사유(이하 이 조에서 "수시부과 사유"라 한다)로 법인세를 포탈(逋脫)할 우려가 있다고 인정되는 경우에는 수시로 그 법인에 대한 법인세를 부과(이하 "수시부과"라 한다)할 수 있다. 이 경우에도 각 사업연도의 소득에 대하여 제60조에 따른 신고를 하여야 한다.
② 제1항은 그 사업연도 개시일부터 수시부과사유가 발생한 날까지를 수시부과기간으로 하여 적용한다. 다만, 직전 사업연도에 대한 제60조에 따른 과세표준 등의 신고기한 이전에 수시부과사유가 발생한 경우(직전 사업연도에 대한 과세표준신고를 한 경우는 제외한다)에는 직전 사업연도 개시일부터 수시부과사유가 발생한 날까지를 수시부과기간으로 한다.
③ 제1항에 따른 수시부과에 필요한 사항은 대통령령으로 정한다.

제70조【과세표준과 세액의 통지】 납세지 관할 세무서장 또는 관할지방국세청장은 제53조 또는 제66조에 따라 내국법인의 각 사업연도의 소득에 대한 법인세의 과세표준과 세액을 결정 또는 경정한 경우에는 대통령령으로 정하는 바에 따라 이를 그 내국법인에 알려야 한다.

제2관 세액의 징수 및 환급 등

제71조【징수 및 환급】 ① 납세지 관할 세무서장은 내국법인이 제64조에 따라 각 사업연도의 소득에 대한 법인세로서 납부하여야 할 세액의 전부 또는 일부를 납부하지 아니하면 그 미납된 법인세액을 「국세징수법」에 따라 징수하여야 한다. (2013.1.1 본항개정)
② 납세지 관할 세무서장은 내국법인이 제63조 및 제63조의2에 따라 납부하여야 할 중간예납세액의 전부 또는 일부를 납부하지 아니하면 그 미납된 중간예납세액을 「국세징수법」에 따라 징수하여야 한다. 다만, 중간예납세액을 납부하지 아니한 법인이 제63조의2제2항제2호에 해당하는 경우에는 중간예납세액을 결정하여 「국세징수법」에 따라 징수하여야 한다. (2018.12.24 본항개정)
③ 납세지 관할 세무서장은 제73조 및 제73조의2에 따른 원천징수의무자가 그 징수하여야 할 세액을 징수하지 아니하였거나 징수한 세액을 기한까지 납부하지 아니하면 지체 없이 원천징수의무자로부터 그 원천징수의무자가 원천징수하여 납부하여야 할 세액에 상당하는 금액에 「국세기본법」 제47조의5제1항에 따른 가산세액을 더한 금액을 법인세로서 징수하여야 한다. 다만, 원천징수의무자가 원천징수를 하지 아니한 경우로서 납세의무자가 그 법인세액을 이미 납부한 경우에는 원천징수의무자에게 그 가산세만 징수한다. (2018.12.24 본문개정)
④ 납세지 관할 세무서장은 제63조, 제63조의2, 제69조, 제73조 또는 제73조의2에 따라 중간예납·수시부과 또는 원천징수한 법인세액이 각 사업연도의 소득에 대한 법인세액(가산세를 포함한다)을 초과하는 경우 그 초과하는 금액은 「국세기본법」 제51조에 따라 환급하거나 다른 국세 및 강제징수비에 충당하여야 한다. (2020.12.22 본항개정)

제72조【중소기업의 결손금 소급공제에 따른 환급】 ① 중소기업에 해당하는 내국법인은 각 사업연도에 결손금이 발생한 경우 대통령령으로 정하는 직전 사업연도의 법인세액(이하 이 조에서 "직전 사업연도의 법인세액"이라 한다)을 한도로 제1호의 금액에서 제2호의 금액을 차감한 금액을 환급 신청할 수 있다.
1. 직전 사업연도의 법인세 산출세액(제55조의2에 따른 토지등 양도소득에 대한 법인세액은 제외한다)
2. 직전 사업연도의 과세표준에서 소급공제를 받으려는 해당 사업연도의 결손금 상당액을 차감한 금액에 직전 사업연도의 제55조제1항에 따른 세율을 적용하여 계산한 금액 (2018.12.24 본항개정)
② 제1항에 따라 법인세액을 환급받으려는 내국법인은 제60조에 따른 신고기한까지 대통령령으로 정하는 바에 따라 납세지 관할 세무서장에게 신청하여야 한다.
③ 납세지 관할 세무서장은 제2항에 따른 신청을 받으면 지체 없이 환급세액을 결정하여 「국세기본법」 제51조 및 제52조에 따라 환급하여야 한다.
④ 제1항부터 제3항까지의 규정은 해당 내국법인이 제60조에 따른 신고기한 내에 결손금이 발생한 사업연도와 그 직전 사업연도의 소득에 대한 법인세의 과세표준 및 세액을 각각 신고한 경우에만 적용한다.
⑤ 납세지 관할 세무서장은 다음 각 호의 어느 하나에 해당되는 경우에는 환급세액(제1호 및 제2호의 경우에는 과다하게 환급한 세액 상당액)에 대통령령으로 정하는 바에 따라 계산한 이자상당액을 더한 금액을 해당 결손금이 발생한 사업연도의 법인세로서 징수한다.
1. 제3항에 따라 법인세를 환급한 후 결손금이 발생한 사업연도에 대한 법인세 과세표준과 세액을 제66조에 따라 경정함으로써 결손금이 감소된 경우
2. 결손금이 발생한 사업연도의 직전 사업연도에 대한 법인세 과세표준과 세액을 제66조에 따라 경정함으로써 환급세액이 감소된 경우
3. 중소기업에 해당하지 아니하는 내국법인이 법인세를 환급받은 경우 (2018.12.24 본항개정)
⑥ 납세지 관할 세무서장은 제3항에 따른 환급세액(이하 이 항에서 "당초 환급세액"이라 한다)을 결정한 후 당초 환급세액 계산의 기초가 된 직전 사업연도의 법인세액 또는 과세표준이 달라진 경우에는 즉시 당초 환급세액을 경정하여 추가로 환급하거나 과다하게 환급한 세액 상당액을 징수하여야 한다. (2018.12.24 본항신설)
⑦ 제1항부터 제6항까지의 규정을 적용할 때 결손금 소급공제에 따른 환급세액의 계산 등에 필요한 사항은 대통령령으로 정한다. (2018.12.24 본항개정)
(2018.12.24 본조제목개정)

〔판례〕 결손금 소급공제에 의하여 법인세를 환급받은 법인이 후에 결손금 소급공제 대상 법인이 아닌 것으로 밝혀졌다 하더라도, 그와 같은 경우가 법인세법 제72조제5항의 '결손금이 발생한 사업연도에 대한 법인세의 과세표준과 세액을 경정함으로써 결손금이 감소된 경우'에 해당하지 않음은 규정의 문언상 명백하므로, 그에 해당하는 경우의 환급세액 징수와 계산에 관한 같은 법 시행령 제110조제5항의 규정이 적용될 여지가 없다. 또한 같은 법 시행령 제110조제2항의 규정에 의하면, '직전 사업연도의 과세표준'이란 소급공제 결손금액을 차감하기 전의 과세표준을 말하므로, 같은 법 시행령 제110조제6항에서 '직전 사업연도의 법인세액 또는 과세표준 금액이 달라진 경우'에도 해당하지 않는다. (대판 2007.4.26, 2005두13506)

제72조의2 (2016.12.20 삭제)

제73조【내국법인의 이자소득 등에 대한 원천징수】 ① 내국법인(대통령령으로 정하는 금융회사 등의 대통령령으로 정하는 소득은 제외한다)에 다음 각 호의 금

액을 지급하는 자(이하 이 조에서 "원천징수의무자"라 한다)는 그 지급하는 금액에 100분의 14의 세율을 적용하여 계산한 금액에 상당하는 법인세(1천원 이상인 경우만 해당한다)를 원천징수하여 그 징수일이 속하는 달의 다음 달 10일까지 납세지 관할 세무서등에 납부하여야 한다. 다만, 「소득세법」 제16조제1항제11호의 비영업대금의 이익에 대해서는 100분의 25의 세율을 적용하되, 「온라인투자연계금융업 및 이용자 보호에 관한 법률」에 따라 금융위원회에 등록한 온라인투자연계금융업자를 통하여 지급받는 이자소득에 대해서는 100분의 14의 세율을 적용한다.(2022.12.31 본문개정)

1. 「소득세법」 제16조제1항에 따른 이자소득의 금액(금융보험업을 하는 법인의 수입금액을 포함한다)
2. 「소득세법」 제17조제1항제5호에 따른 집합투자기구로부터의 이익 중 「자본시장과 금융투자업에 관한 법률」에 따른 투자신탁의 이익(이하 "투자신탁의 이익"이라 한다)의 금액
(2018.12.24 본항개정)

② 제1항에도 불구하고 법인세가 부과되지 아니하거나 면제되는 소득 등 대통령령으로 정하는 소득에 대해서는 법인세를 원천징수하지 아니한다.(2018.12.24 본항신설)

③ 제1항을 적용할 때 같은 항 각 호의 소득금액이 「자본시장과 금융투자업에 관한 법률」에 따른 투자신탁재산에 귀속되는 시점에는 해당 소득금액이 지급되지 아니한 것으로 보아 원천징수하지 아니한다.(2018.12.24 본항개정)

④ 제1항을 적용할 때 원천징수의무자를 대리하거나 그 위임을 받은 자의 행위는 수권(授權) 또는 위임의 범위에서 본인 또는 위임인의 행위로 본다.(2018.12.24 본항개정)

⑤ 제1항을 적용할 때 대통령령으로 정하는 금융회사 등이 내국법인(거주자를 포함한다. 이하 이 항에서 같다)이 발행한 어음이나 채무증서를 인수·매매·중개 또는 대리하는 경우에는 금융회사 등과 그 내국법인 간에 대리 또는 위임의 관계가 있는 것으로 본다.(2018.12.24 본항개정)

⑥ 제1항을 적용할 때 외국법인이 발행한 채권 또는 증권에서 발생하는 제1항 각 호의 소득을 내국법인에 지급하는 경우에는 국내에서 그 지급을 대리하거나 그 지급권한을 위임받거나 위탁받은 자가 그 소득에 대한 법인세를 원천징수하여야 한다.(2018.12.24 본항개정)

⑦ 상시 고용인원수 및 업종 등을 고려하여 대통령령으로 정하는 원천징수의무자는 제1항에도 불구하고 원천징수한 법인세를 대통령령으로 정하는 바에 따라 징수일이 속하는 반기(半期)의 마지막 달의 다음 달 10일까지 납부할 수 있다.

⑧ 제1항부터 제7항까지의 규정을 적용할 때 이자소득의 지급시기, 법인세 원천징수대상소득의 범위 및 금액의 계산, 원천징수세액의 계산 및 납부와 원천징수의무자의 범위 등에 관하여 필요한 사항은 대통령령으로 정한다.(2018.12.24 본항개정)
(2018.12.24 본조제목개정)

제73조의2【내국법인의 채권등의 보유기간 이자상당액에 대한 원천징수】 ① 내국법인이 「소득세법」 제46조제1항에 따른 채권등 또는 투자신탁의 수익증권(이하 "원천징수대상채권등"이라 한다)을 타인에게 매도(중개·알선과 그 밖에 대통령령으로 정하는 경우를 포함하되, 환매조건부 채권매매 등 대통령령으로 정하는 경우는 제외한다. 이하 이 조, 제74조 및 제75조의18에서 같다)하는 경우 그 내국법인은 대통령령으로 정하는 바에 따라 계산한 해당 원천징수대상채권등의 보유기간에 따른 이자, 할인액 및 투자신탁이익(이하 이 조 및 제98조의3에서 "이자등"이라 한다)의 금액에 100

분의 14의 세율을 적용하여 계산한 금액에 상당하는 법인세(1천원 이상인 경우만 해당한다)를 원천징수하여 그 징수일이 속하는 달의 다음 달 10일까지 납세지 관할 세무서등에 납부하여야 한다. 이 경우 해당 내국법인을 원천징수의무자로 보아 이 법을 적용한다.(2021.12.21 전단개정)

② 제1항에도 불구하고 법인세가 부과되지 아니하거나 면제되는 소득 등 대통령령으로 정하는 소득에 대해서는 법인세를 원천징수하지 아니한다.

③ 제1항을 적용할 때 다음 각 호의 법인에 원천징수대상채권등을 매도하는 경우로서 당사자 간의 약정이 있을 때에는 그 약정에 따라 원천징수의무자를 대리하거나 그 위임을 받은 자의 행위는 수권 또는 위임의 범위에서 본인 또는 위임인의 행위로 본다.

1. 대통령령으로 정하는 금융회사 등
2. 「자본시장과 금융투자업에 관한 법률」에 따른 집합투자업자

④ 제1항을 적용할 때 「자본시장과 금융투자업에 관한 법률」에 따른 신탁재산에 속한 원천징수대상채권등을 매도하는 경우 같은 법에 따른 신탁업자와 다음 각 호의 구분에 따른 자 간에 대리 또는 위임의 관계가 있는 것으로 본다.(2020.12.22 본문개정)

1. 제5조제1항에 따른 신탁재산 : 해당 신탁재산의 수익자(2020.12.22 본호신설)
2. 제5조제3항에 따른 신탁재산 : 해당 신탁재산의 위탁자(2020.12.22 본호신설)

⑤ 원천징수의무의 위임·대리 및 납부에 관하여는 제73조제4항부터 제7항까지의 규정을 준용한다.

⑥ 제1항부터 제4항까지의 규정을 적용할 때 원천징수대상채권등의 보유기간의 계산 등에 필요한 사항은 대통령령으로 정한다.
(2018.12.24 본조신설)

제74조【원천징수영수증의 발급】 ① 제73조 및 제73조의2에 따라 원천징수의무자가 납세의무자로부터 법인세를 원천징수한 경우에는 그 납세의무자에게 대통령령으로 정하는 바에 따라 원천징수영수증을 발급하여야 한다.(2018.12.24 본항개정)

② 제1항을 적용할 때 제73조의2에 따라 원천징수대상채권등의 매도에 따른 이자상당액에 대한 원천징수의무자가 납세의무자로서 납부한 법인세액에 대하여는 해당 법인을 납세의무자로 본다.(2018.12.24 본항개정)

③ 제1항에 따른 원천징수영수증 발급에 필요한 사항은 대통령령으로 정한다.

제74조의2【업무용승용차 관련비용 명세서 제출 불성실 가산세】 ① 제27조의2제1항부터 제5항까지의 규정에 따라 업무용승용차 관련비용 등을 손금에 산입한 내국법인이 같은 조 제6항에 따른 업무용승용차 관련비용 등에 관한 명세서(이하 이 항에서 "명세서"라 한다)를 제출하지 아니하거나 사실과 다르게 제출한 경우에는 다음 각 호의 구분에 따른 금액을 가산세로 해당 사업연도의 법인세액에 더하여 납부하여야 한다.

1. 명세서를 제출하지 아니한 경우 : 해당 내국법인이 제60조에 따른 신고를 할 때 업무용승용차 관련비용 등으로 손금에 산입한 금액의 100분의 1
2. 명세서를 사실과 다르게 제출한 경우 : 해당 내국법인이 제60조에 따른 신고를 할 때 업무용승용차 관련비용 등으로 손금에 산입한 금액 중 해당 명세서에 사실과 다르게 적은 금액의 100분의 1

② 제1항에 따른 가산세는 산출세액이 없는 경우에도 적용한다.
(2021.12.21 본조신설)

제75조【성실신고확인서 제출 불성실 가산세】 ① 제60조의2제1항에 따른 성실신고 확인대상인 내국법인이 각 사업연도의 종료일이 속하는 달의 말일부터 4개월

이내에 성실신고확인서를 납세지 관할 세무서장에게 제출하지 아니한 경우에는 다음 각 호의 금액 중 큰 금액을 가산세로 해당 사업연도의 법인세액에 더하여 납부하여야 한다.(2021.12.21 본문개정)

1. 법인세 산출세액(제55조의2에 따른 토지등 양도소득에 대한 법인세액 및 「조세특례제한법」 제100조의32에 따른 투자·상생협력 촉진을 위한 과세특례를 적용하여 계산한 법인세액은 제외한다. 이하 이 조, 제75조의2부터 제75조의9까지의 규정에서 같다)의 100분의 5(2021.12.21 본호신설)
2. 수입금액의 1만분의 2(2021.12.21 본호신설)

② 제1항을 적용할 때 제66조에 따른 경정으로 산출세액이 0보다 크게 된 경우에는 경정된 산출세액을 기준으로 가산세를 계산한다.

③ 제1항에 따른 가산세는 산출세액이 없는 경우에도 적용한다.(2021.12.21 본항신설)

(2018.12.24 본조개정)

제75조의2【주주등의 명세서 등 제출 불성실 가산세】 ① 제109조제1항 또는 제111조제1항 후단에 따라 주주등의 명세서(이하 이 항에서 "명세서"라 한다)를 제출하여야 하는 내국법인이 다음 각 호의 어느 하나에 해당하는 경우에는 해당 주주등이 보유한 주식등의 액면금액(무액면주식인 경우에는 그 주식을 발행한 법인의 자본금을 발행주식 총수로 나누어 계산한 금액을 말한다. 이하 이 조에서 같다) 또는 출자가액의 1천분의 5를 가산세로 설립일이 속하는 사업연도의 법인세액에 더하여 납부하여야 한다.

1. 명세서를 제출하지 아니한 경우
2. 명세서에 주주등의 명세의 전부 또는 일부를 누락하여 제출한 경우
3. 제출한 명세서가 대통령령으로 정하는 불분명한 경우에 해당하는 경우

② 제119조에 따라 주식등변동상황명세서(이하 이 항에서 "명세서"라 한다)를 제출하여야 하는 내국법인이 다음 각 호의 어느 하나에 해당하는 경우에는 그 주식등의 액면금액 또는 출자가액의 100분의 1을 가산세로 해당 사업연도의 법인세액에 더하여 납부하여야 한다.

1. 명세서를 제출하지 아니한 경우
2. 명세서에 주식등의 변동사항을 누락하여 제출한 경우
3. 제출한 명세서가 대통령령으로 정하는 불분명한 경우에 해당하는 경우

③ 제1항 및 제2항에 따른 가산세는 산출세액이 없는 경우에도 적용한다.

(2018.12.24 본조신설)

제75조의3【장부의 기록·보관 불성실 가산세】 ① 내국법인(비영리내국법인과 이 법 또는 다른 법률에 따라 법인세가 비과세되거나 전액 면제되는 소득만 있는 법인은 제외한다)이 제112조에 따른 장부의 비치·기장 의무를 이행하지 아니한 경우에는 다음 각 호의 금액 중 큰 금액을 가산세로 해당 사업연도의 법인세액에 더하여 납부하여야 한다.

1. 산출세액의 100분의 20
2. 수입금액의 1만분의 7

② 제1항에 따른 가산세는 산출세액이 없는 경우에도 적용한다.

(2018.12.24 본조신설)

제75조의4【기부금영수증 발급·작성·보관 불성실 가산세】 ① 기부금영수증을 발급하는 내국법인이 다음 각 호의 어느 하나에 해당하는 경우에는 다음 각 호의 구분에 따른 금액을 가산세로 해당 사업연도의 법인세액에 더하여 납부하여야 한다.

1. 기부금영수증을 사실과 다르게 적어 발급(기부금액 또는 기부자의 인적사항 등 주요사항을 적지 아니하고 발급하는 경우를 포함한다. 이하 이 조에서 같다)한 경우

가. 기부금액을 사실과 다르게 적어 발급한 경우 : 사실과 다르게 발급된 금액[영수증에 실제 적힌 금액(영수증에 금액이 적혀 있지 아니한 경우에는 기부금액을 발급받은 자가 기부금을 손금 또는 필요경비에 산입하거나 기부금세액공제를 받은 해당 금액으로 한다)과 건별로 발급하여야 할 금액과의 차액을 말한다]의 100분의 5(2019.12.31 본목개정)
나. 기부자의 인적사항 등을 사실과 다르게 적어 발급하는 등 가목 외의 경우 : 영수증에 적힌 금액의 100분의 5(2019.12.31 본목개정)
2. 기부자별 발급명세를 제112조의2제1항에 따라 작성·보관하지 아니한 경우 : 작성·보관하지 아니한 금액의 1천분의 2

② 제1항 및 제112조의2에서 "기부금영수증"이란 다음 각 호의 어느 하나에 해당하는 영수증을 말하며, 대통령령으로 정하는 전자적 방법으로 발급한 기부금영수증(이하 "전자기부금영수증"이라 한다)을 포함한다.(2020.12.22 본문개정)

1. 제24조에 따라 기부금을 손금에 산입하기 위하여 필요한 영수증
2. 「소득세법」 제34조 및 제59조의4제4항에 따라 기부금을 필요경비에 산입하거나 기부금세액공제를 받기 위하여 필요한 영수증

③ 「상속세 및 증여세법」 제78조제3항에 따라 보고서 제출의무를 이행하지 아니하거나 같은 조 제5항에 따라 출연받은 재산에 대한 장부의 작성·비치 의무를 이행하지 아니하여 가산세가 부과되는 경우에는 제1항제2호의 가산세를 적용하지 아니한다.

④ 제1항에 따른 가산세는 산출세액이 없는 경우에도 적용한다.

(2018.12.24 본조신설)

제75조의5【증명서류 수취 불성실 가산세】 ① 내국법인(대통령령으로 정하는 법인은 제외한다)이 사업과 관련하여 대통령령으로 정하는 사업자로부터 재화 또는 용역을 공급받고 제116조제2항 각 호의 어느 하나에 따른 증명서류를 받지 아니하거나 사실과 다른 증명서류를 받은 경우에는 그 받지 아니하거나 사실과 다르게 받은 금액으로 손금에 산입하는 것이 인정되는 금액(건별로 받아야 할 금액과의 차액을 말한다)의 100분의 2를 가산세로 해당 사업연도의 법인세액에 더하여 납부하여야 한다.(2019.12.31 본항개정)

② 다음 각 호의 어느 하나에 해당하는 경우는 제1항의 가산세를 적용하지 아니한다.

1. 제25조제2항에 따른 기업업무추진비로서 손금불산입된 경우(2022.12.31 본호개정)
2. 제116조제2항 각 호 외의 부분 단서에 해당하는 경우

③ 제1항에 따른 가산세는 산출세액이 없는 경우에도 적용한다.

(2018.12.24 본조신설)

제75조의6【신용카드 및 현금영수증 발급 불성실 가산세】 ① 제117조에 따른 신용카드가맹점으로 가입한 내국법인이 신용카드에 의한 거래를 거부하거나 신용카드 매출전표를 사실과 다르게 발급하여 같은 조 제4항 후단에 따라 납세지 관할 세무서장으로부터 통보받은 경우에는 통보받은 건별 거부 금액 또는 신용카드 매출전표를 사실과 다르게 발급한 금액(건별로 발급하여야 할 금액과의 차액을 말한다)의 100분의 5(건별로 계산한 금액이 5천원 미만이면 5천원으로 한다)를 가산세로 해당 사업연도의 법인세액에 더하여 납부하여야 한다.

② 내국법인이 다음 각 호의 어느 하나에 해당하는 경우에는 다음 각 호의 구분에 따른 금액을 가산세로 해당 사업연도의 법인세액에 더하여 납부하여야 한다.

1. 제117조의2제1항을 위반하여 현금영수증가맹점으로 가입하지 아니하거나 그 가입기한이 지나서 가입한 경우 : 가입하지 아니한 사업연도의 수입금액(둘 이상의 업종을 하는 법인인 경우에는 대통령령으로 정하는 업종에서 발생한 수입금액만 해당하며, 세금계산서 발급분 등 대통령령으로 정하는 수입금액은 제외한다)의 100분의 1에 가입하지 아니한 기간을 고려하여 대통령령으로 정하는 바에 따라 계산한 비율을 곱한 금액
2. 제117조의2제3항을 위반하여 현금영수증 발급을 거부하거나 사실과 다르게 발급하여 같은 조 제6항 후단에 따라 납세지 관할 세무서장으로부터 통보받은 경우(현금영수증의 발급대상 금액이 건당 5천원 이상인 경우만 해당하며, 제3호에 해당하는 경우는 제외한다) : 통보받은 건별 발급 거부 금액 또는 사실과 다르게 발급한 금액(건별로 발급하여야 할 금액과의 차액을 말한다)의 100분의 5(건별로 계산한 금액이 5천원 미만이면 5천원으로 한다)
3. 제117조의2제4항을 위반하여 현금영수증을 발급하지 아니한 경우("국민건강보험법"에 따른 보험급여의 대상인 경우 등 대통령령으로 정하는 경우는 제외한다) : 미발급금액의 100분의 20(착오나 누락으로 인하여 거래대금을 받은 날부터 10일 이내에 관할 세무서에 자진 신고하거나 현금영수증을 자진 발급한 경우에는 100분의 10으로 한다)(2021.12.21 본호개정)
③ 제1항 및 제2항에 따른 가산세는 산출세액이 없는 경우에도 적용한다.
(2018.12.24 본조신설)

제75조의7【지급명세서 등 제출 불성실 가산세】①
제120조, 제120조의2 또는 「소득세법」 제164조, 제164조의2에 따른 지급명세서(이하 이 조에서 "지급명세서"라 한다)나 같은 법 제164조의3에 따른 간이지급명세서(이하 이 조에서 "간이지급명세서"라 한다)를 제출하여야 할 자가 다음 각 호의 어느 하나에 해당하는 경우에는 각 호에서 정하는 금액을 가산세로 해당 사업연도의 법인세액에 더하여 납부하여야 한다. (2022.12.31 본문개정)
1. 지급명세서 또는 간이지급명세서(이하 이 조에서 "지급명세서등"이라 한다)를 기한까지 제출하지 아니한 경우 : 다음 각 목의 구분에 따른 금액 (2022.12.31 본문개정)
  가. 지급명세서의 경우 : 제출하지 아니한 분의 지급금액의 100분의 1(제출기한이 지난 후 3개월 이내에 제출하는 경우에는 지급금액의 1천분의 5로 한다. 다만, 「소득세법」 제164조제1항 각 호 외의 부분 단서에 따른 일용근로자의 근로소득(이하 이 조에서 "일용근로소득"이라 한다)에 대한 지급명세서의 경우에는 제출하지 아니한 분의 지급금액의 1만분의 25(제출기한이 지난 후 1개월 이내에 제출하는 경우에는 지급금액의 10만분의 125로 한다.
  나. 간이지급명세서의 경우 : 제출하지 아니한 분의 지급금액의 1만분의 25(제출기한이 지난 후 1개월 이내에 제출하는 경우에는 지급금액의 10만분의 125로 한다.)(2022.12.31 본목개정)
2. 제출된 지급명세서등이 대통령령으로 정하는 불분명한 경우에 해당하거나 제출된 지급명세서등에 기재된 지급금액이 사실과 다른 경우 : 다음 각 목의 구분에 따른 금액(2022.12.31 본문개정)
  가. 지급명세서의 경우 : 불분명하거나 사실과 다른 분의 지급금액의 100분의 1. 다만, 일용근로소득에 대한 지급명세서의 경우에는 불분명하거나 사실과 다른 분의 지급금액의 1만분의 25로 한다.

나. 간이지급명세서의 경우 : 불분명하거나 사실과 다른 분의 지급금액의 1만분의 25
(2021.3.16 본항개정 : 2022.12.31 법19193호 개정 부분 중 「소득세법」 제164조의3제1항제1호의 소득에 대한 간이지급명세서를 제출하지 아니한 경우는 2026.1.1 시행)
② 제1항제1호에도 불구하고 「소득세법」 제128조제2항에 따라 원천징수세액을 반기별로 납부하는 원천징수의무자가 2021년 7월 1일부터 2022년 6월 30일까지 일용근로소득 또는 같은 법 제164조의3제1항제2호의 소득을 지급하는 경우로서 다음 각 호의 어느 하나에 해당하는 경우에는 제1항제1호의 가산세는 부과하지 아니한다.
1. 일용근로소득에 대한 지급명세서를 그 소득 지급일(「소득세법」 제135조를 적용받는 소득에 대해서는 해당 소득에 대한 과세기간 종료일을 말한다)이 속하는 분기의 마지막 달의 다음 달 말일(휴업, 폐업 또는 해산한 경우에는 휴업일, 폐업일 또는 해산일이 속하는 분기의 마지막 달의 다음 달 말일)까지 제출하는 경우
2. 「소득세법」 제164조의3제1항제2호의 소득에 대한 간이지급명세서를 그 소득 지급일(같은 법 제144조의5를 적용받는 소득에 대해서는 해당 소득에 대한 과세기간 종료일을 말한다)이 속하는 반기의 마지막 달의 다음 달 말일(휴업, 폐업 또는 해산한 경우에는 휴업일, 폐업일 또는 해산일이 속하는 반기의 마지막 달의 다음 달 말일)까지 제출하는 경우
(2021.3.16 본항신설)
③ 제1항제1호나목에도 불구하고 다음 각 호에 해당하는 경우에는 제1항제1호나목의 가산세는 부과하지 아니한다.
1. 2026년 1월 1일부터 2026년 12월 31일(「소득세법」 제128조제2항에 따라 원천징수세액을 반기별로 납부하는 원천징수의무자의 경우에는 2027년 12월 31일)까지 「소득세법」 제164조의3제1항제1호의 소득을 지급하는 경우로서 해당 소득에 대한 간이지급명세서를 그 소득 지급일(「소득세법」 제135조를 적용받는 소득에 대해서는 해당 소득에 대한 과세기간 종료일을 말한다)이 속하는 반기의 마지막 달의 다음 달 말일(휴업, 폐업 또는 해산한 경우에는 휴업일, 폐업일 또는 해산일이 속하는 반기의 마지막 달의 다음 달 말일)까지 제출하는 경우(2023.12.31 본호개정 : 「소득세법」 제164조의3제1항제1호의 소득에 관한 부분은 2026.1.1 시행)
2. 2024년 1월 1일부터 2024년 12월 31일까지 「소득세법」 제164조의3제1항제3호의 소득을 지급하는 경우로서 해당 소득에 대한 지급명세서를 그 소득 지급일이 속하는 과세연도의 다음 연도 2월 말일(휴업, 폐업 또는 해산한 경우에는 휴업, 폐업일 또는 해산일이 속하는 달의 다음다음 달 말일)까지 제출하는 경우
(2022.12.31 본항신설)
④ 제1항제2호에도 불구하고 일용근로소득 또는 「소득세법」 제164조의3제1항 각 호의 소득에 대하여 제출한 지급명세서등이 제1항제2호 각 목 외의 부분에 해당하는 경우로서 지급명세서등에 기재된 각각의 총지급금액에서 제1항제2호 각 목 외의 부분에 해당하는 지급금액이 차지하는 비율이 대통령령으로 정하는 비율 이하인 경우에는 제1항제2호의 가산세는 부과하지 아니한다.(2022.12.31 본항개정 : 「소득세법」 제164조의3제1항제1호의 소득에 관한 부분은 2026.1.1 시행)
⑤ 제1항을 적용할 때 「소득세법」 제164조의3제1항제2호(같은 법 제73조제1항제4호에 따라 대통령령으로 정하는 사업소득은 제외한다) 또는 제3호의 소득에 대한

지급명세서등의 제출의무가 있는 자에 대하여 제1항제1호가목의 가산세가 부과되는 부분에 대해서는 같은 호 나목의 가산세를 부과하지 아니하고, 같은 항 제2호가목의 가산세가 부과되는 부분에 대해서는 같은 호 나목의 가산세를 부과하지 아니한다.(2022.12.31 본항신설)
⑥ 제1항에 따른 가산세는 산출세액이 없는 경우에도 적용한다.
⑦ 제1항을 적용할 때 법인이 합병·분할 또는 해산하는 경우 지급금액에 관하여 필요한 사항은 대통령령으로 정한다.
(2021.3.16 본조제목개정)
(2018.12.24 본조신설)
제75조의8【계산서 등 제출 불성실 가산세】 ① 내국법인(대통령령으로 정하는 법인은 제외한다)이 다음 각 호의 어느 하나에 해당하는 경우에는 다음 각 호의 구분에 따른 금액을 가산세로 해당 사업연도의 법인세액에 더하여 납부하여야 한다.
1. 제120조의3제1항에 따라 매입처별 세금계산서합계표를 같은 조에 따른 기한까지 제출하지 아니한 경우 또는 제출하였더라도 그 매입처별 세금계산서합계표에 대통령령으로 정하는 적어야 할 사항의 전부 또는 일부를 적지 아니하거나 사실과 다르게 적은 경우(제4호가 적용되는 분은 제외한다) : 공급가액의 1천분의 5
2. 제121조제1항 또는 제2항에 따라 발급한 계산서에 대통령령으로 정하는 적어야 할 사항의 전부 또는 일부를 적지 아니하거나 사실과 다르게 적은 경우(제3호가 적용되는 분은 제외한다) : 공급가액의 100분의 1
3. 제121조제5항에 따라 매출·매입처별 계산서합계표를 같은 조에 따른 기한까지 제출하지 아니한 경우 또는 제출하였더라도 그 합계표에 대통령령으로 정하는 적어야 할 사항의 전부 또는 일부를 적지 아니하거나 사실과 다르게 적은 경우(제4호가 적용되는 분은 제외한다) : 공급가액의 1천분의 5
4. 다음 각 목의 어느 하나에 해당하는 경우 : 공급가액의 100분의 2(가목을 적용할 때 제121조제1항 후단에 따른 전자계산서를 발급하지 아니하였으나 전자계산서 외의 계산서를 발급한 경우와 같은 조 제8항에 따른 계산서의 발급시기가 지난 후 해당 재화 또는 용역의 공급시기가 속하는 사업연도 말의 다음 달 25일까지 같은 조 제1항 또는 제2항에 따른 계산서를 발급한 경우는 100분의 1로 한다)
   가. 재화 또는 용역을 공급한 자가 제121조제1항 또는 제2항에 따른 계산서를 같은 조 제8항에 따른 발급시기에 발급하지 아니한 경우
   나. 재화 또는 용역을 공급하지 아니하고 제116조제2항제1호에 따른 신용카드 매출전표, 같은 항 제2호에 따른 현금영수증 및 제121조제1항 또는 제2항에 따른 계산서(이하 이 호에서 "계산서등"이라 한다)를 발급한 경우
   다. 재화 또는 용역을 공급받지 아니하고 계산서등을 발급받은 경우
   라. 재화 또는 용역을 공급하고 실제로 재화 또는 용역을 공급하는 법인이 아닌 법인의 명의로 계산서등을 발급한 경우
   마. 재화 또는 용역을 공급받고 실제로 재화 또는 용역을 공급하는 자가 아닌 자의 명의로 계산서등을 발급받은 경우
5. 제121조제7항에 따른 기한이 지난 후 재화 또는 용역의 공급시기가 속하는 사업연도 말의 다음 달 25일까지 국세청장에게 전자계산서 발급명세를 전송하는 경우(제4호가 적용되는 분은 제외한다) : 공급가액의 1천분의 3(2016년 12월 31일 이전에 재화 또는 용역을 공급한 분에 대해서는 1천분의 1)

6. 제121조제7항에 따른 기한이 지난 후 재화 또는 용역의 공급시기가 속하는 사업연도 말의 다음 달 25일까지 국세청장에게 전자계산서 발급명세를 전송하지 아니한 경우(제4호가 적용되는 분은 제외한다) : 공급가액의 1천분의 5(2016년 12월 31일 이전에 재화 또는 용역을 공급한 분에 대해서는 1천분의 3)
(2019.12.31 5호~6호개정)
② 제75조의5 또는 「부가가치세법」 제60조제2항·제3항 및 제5항부터 제7항까지의 규정에 따른 가산세를 적용받는 부분은 제1항 각 호의 가산세를 적용하지 아니한다.
③ 제1항에 따른 가산세는 산출세액이 없는 경우에도 적용한다.
(2018.12.24 본조신설)
제75조의9【특정외국법인의 유보소득 계산 명세서 제출 불성실 가산세】 ① 「국제조세조정에 관한 법률」 제34조제3호에 따른 특정외국법인의 유보소득 계산 명세서(이하 이 항에서 "명세서"라 한다)를 같은 조에 따라 제출하여야 하는 내국법인이 다음 각 호의 어느 하나에 해당하는 경우에는 해당 특정외국법인의 배당 가능한 유보소득금액의 1천분의 5를 가산세로 해당 사업연도의 법인세액에 더하여 납부하여야 한다.
(2020.12.22 본문개정)
1. 제출기한까지 명세서를 제출하지 아니한 경우
2. 제출한 명세서의 전부 또는 일부를 적지 아니하는 등 제출한 명세서가 대통령령으로 정하는 불분명한 경우에 해당하는 경우
② 제1항에 따른 가산세는 산출세액이 없는 경우에도 적용한다.
(2018.12.24 본조신설)

제2장의2　법인과세 신탁재산의 각 사업연도의 소득에 대한 법인세 과세특례
(2020.12.22 본장신설)

제1절　통 칙

제75조의10【적용 관계】 제5조제2항에 따라 내국법인으로 보는 신탁재산(이하 "법인과세 신탁재산"이라 한다) 및 이에 귀속되는 소득에 대하여 법인세를 납부하는 신탁의 수탁자(이하 "법인과세 수탁자"라 한다)에 대해서는 이 장의 규정을 제1장 및 제2장의 규정에 우선하여 적용한다.
제75조의11【신탁재산에 대한 법인세 과세방식의 적용】 ① 법인과세 수탁자는 법인과세 신탁재산에 귀속되는 소득에 대하여 그 밖의 소득과 구분하여 법인세를 납부하여야 한다.
② 재산의 처분 등에 따라 법인과세 수탁자가 법인과세 신탁재산의 재산으로 그 법인과세 신탁재산에 부과되거나 그 법인과세 신탁재산이 납부할 법인세 및 강제징수비를 충당하여도 부족한 경우에는 그 신탁의 수익자(「신탁법」 제101조에 따라 신탁이 종료되어 신탁재산이 귀속되는 자를 포함한다)는 분배받은 재산가액 및 이익을 한도로 그 부족한 금액에 대하여 제2차 납세의무를 진다.
③ 법인과세 신탁재산이 그 이익을 수익자에게 분배하는 경우에는 배당으로 본다.
④ 신탁계약의 변경 등으로 법인과세 신탁재산이 제5조제2항에 따른 신탁에 해당하지 아니하게 되는 경우에는 그 사유가 발생한 날이 속하는 사업연도분부터 제5조제2항을 적용하지 아니한다.
⑤ 제1항부터 제4항까지의 규정에 따른 신탁재산의 법인세 과세방식의 적용 등에 필요한 사항은 대통령령으로 정한다.

제75조의12 【법인과세 신탁재산의 설립 및 해산 등】
① 법인과세 신탁재산은 「신탁법」 제3조에 따라 그 신탁이 설정된 날에 설립된 것으로 본다.
② 법인과세 신탁재산은 「신탁법」 제98조부터 제100조까지의 규정에 따라 그 신탁이 종료된 날(신탁이 종료된 날이 분명하지 아니한 경우에는 「부가가치세법」 제5조 제3항에 따른 폐업일을 말한다)에 해산된 것으로 본다.
③ 법인과세 수탁자는 법인과세 신탁재산에 대한 사업연도를 따로 정하여 제109조에 따른 법인 설립신고 또는 제111조에 따른 사업자등록과 함께 납세지 관할 세무서장에게 사업연도를 신고하여야 한다. 이 경우 사업연도의 기간은 1년을 초과하지 못한다.
④ 법인과세 신탁재산의 법인세 납세지는 그 법인과세 수탁자의 납세지로 한다.
⑤ 제1항부터 제4항까지의 규정을 적용할 때 법인과세 신탁재산의 최초 사업연도의 개시일, 납세지의 지정과 그 밖에 필요한 사항은 대통령령으로 정한다.

제75조의13 【공동수탁자가 있는 법인과세 신탁재산에 대한 적용】
① 하나의 법인과세 신탁재산에 「신탁법」 제50조에 따라 둘 이상의 수탁자가 있는 경우에는 제109조 또는 제109조의2에 따라 수탁자 중 신탁사무를 주로 처리하는 수탁자(이하 "대표수탁자"라 한다)로 신고한 자가 법인과세 신탁재산에 귀속되는 소득에 대하여 법인세를 납부하여야 한다.
② 제1항에 따른 대표수탁자 외의 수탁자는 법인과세 신탁재산에 관계되는 법인세에 대하여 연대하여 납부할 의무가 있다.

제2절 과세표준과 그 계산

제75조의14 【법인과세 신탁재산에 대한 소득공제】
① 법인과세 신탁재산이 수익자에게 배당한 경우에는 그 금액을 해당 배당을 결의한 잉여금 처분의 대상이 되는 사업연도의 소득금액에서 공제한다.
② 배당을 받은 법인과세 신탁재산의 수익자에 대하여 이 법 또는 「조세특례제한법」에 따라 배당에 대한 소득세 또는 법인세가 비과세되는 경우에는 제1항을 적용하지 아니한다. 다만, 배당을 받은 수익자가 「조세특례제한법」 제100조의15에 따라 동업기업과세특례를 적용받는 동업기업인 경우로서 그 동업자들(그 동업자들의 전부 또는 일부가 같은 조 제3항에 따른 상위 동업기업에 해당하는 경우에는 그 상위 동업기업에 출자한 동업자들을 말한다)에 대하여 같은 법 제100조의18에 따라 배분받은 배당에 해당하는 소득에 대한 소득세 또는 법인세가 전부 과세되는 경우에는 제1항을 적용한다. (2023.12.31 단서개정)
③ 제1항을 적용받으려는 법인과세 신탁재산의 수탁자는 대통령령으로 정하는 바에 따라 소득공제 신청을 하여야 한다.

제75조의15 【신탁의 합병 및 분할】
① 법인과세 신탁재산에 대한 「신탁법」 제90조에 따른 신탁의 합병은 법인의 합병으로 보아 이 법을 적용한다. 이 경우 신탁이 합병되기 전의 법인과세 신탁재산은 피합병법인으로 보고, 신탁이 합병된 후의 법인과세 신탁재산은 합병법인으로 본다.
② 법인과세 신탁재산에 대한 「신탁법」 제94조에 따른 신탁의 분할(분할합병을 포함한다)은 법인의 분할로 보아 이 법을 적용한다. 이 경우 신탁의 분할에 따라 새로운 신탁으로 이전하는 법인과세 신탁재산은 분할법인등으로 보고, 신탁의 분할에 따라 그 법인과세 신탁재산을 이전받은 법인과세 신탁재산은 분할신설법인등으로 본다.
③ 제1항 및 제2항에 따른 신탁의 합병 및 분할과 관련하여 필요한 사항은 대통령령으로 정한다.

제75조의16 【법인과세 신탁재산의 소득금액 계산】
① 수탁자의 변경에 따라 법인과세 신탁재산의 수탁자가 그 법인과세 신탁재산에 대한 자산과 부채를 변경되는 수탁자에게 이전하는 경우 그 자산과 부채의 이전가액을 수탁자 변경일 현재의 장부가액으로 보아 이전에 따른 손익은 없는 것으로 한다.
② 제1항에 따른 수탁자의 변경이 있는 경우 변경된 수탁자의 각 사업연도의 소득금액의 계산 등에 필요한 사항은 대통령령으로 정한다.

제3절 신고 · 납부 및 징수

제75조의17 【법인과세 신탁재산의 신고 및 납부】 법인과세 신탁재산에 대해서는 제60조의2 및 제63조를 적용하지 아니한다.

제75조의18 【법인과세 신탁재산의 원천징수】
① 제73조제1항에도 불구하고 법인과세 신탁재산이 대통령령으로 정하는 소득을 지급받고, 법인과세 신탁재산의 수탁자가 대통령령으로 정하는 금융회사 등에 해당하는 경우에는 원천징수하지 아니한다.
② 제73조의2제1항을 적용하는 경우에는 법인과세 신탁재산에 속한 원천징수대상채권등을 매도하는 경우 법인과세 수탁자를 원천징수의무자로 본다.

제76조 (2018.12.24 삭제)

제76조의2 ∼ 제76조의7 (2010.12.30 삭제)

제2장의3 각 연결사업연도의 소득에 대한 법인세
(2010.12.30 본장개정)

제1절 통 칙

제76조의8 【연결납세방식의 적용 등】
① 다른 내국법인을 연결지배하는 내국법인[비영리법인 등 대통령령으로 정하는 법인은 제외하며, 이하 이 항에서 "연결가능모법인"이라 한다]과 그 다른 내국법인[청산 중인 법인 등 대통령령으로 정하는 법인은 제외한다. 이하 이 장에서 "연결가능자법인"이라 한다]은 대통령령으로 정하는 바에 따라 연결가능모법인의 납세지 관할지방국세청장의 승인을 받아 연결납세방식을 적용할 수 있다. 이 경우 연결가능자법인이 둘 이상일 때에는 해당 법인 모두가 연결납세방식을 적용하여야 한다. (2022.12.31 본항개정)
② 제1항에 따라 연결납세방식을 적용받는 각 연결법인의 사업연도는 연결사업연도와 일치하여야 한다. 이 경우 연결사업연도의 기간은 1년을 초과하지 못하며, 연결사업연도의 변경에 관하여는 제7조를 준용한다.
③ 제2항을 적용할 때 사업연도(이하 제76조의9 및 제76조의10에서 "본래사업연도"라 한다)가 법령 등에 규정되어 연결사업연도와 일치시킬 수 없는 연결가능자법인으로서 대통령령으로 정하는 요건을 갖춘 내국법인인 경우에는 연결사업연도를 해당 내국법인의 사업연도로 보아 연결납세방식을 적용할 수 있다. (2022.12.31 본항개정)
④ 연결법인의 납세지는 제9조제1항에도 불구하고 연결모법인의 납세지로 한다.
⑤ (2022.12.31 삭제)
⑥ 다음 각 호의 어느 하나에 해당하는 합병, 분할 또는 주식의 포괄적 교환 · 이전의 경우에는 그 합병일, 분할일 또는 교환 · 이전일이 속하는 연결사업연도에 한정하여 제2항, 제76조의11제1항 및 제76조의12제1항에도 불구하고 대통령령으로 정하는 바에 따라 연결납세방식을 적용할 수 있다.

1. 제1항에 따라 연결납세방식을 적용받는 연결모법인 간의 적격합병(2011.12.31 본호개정)
2. 제1항에 따라 연결납세방식을 적용받는 연결모법인 간의 주식의 포괄적 교환·이전(「조세특례제한법」 제38조에 따라 과세이연을 받는 경우만 해당한다)
3. 제1항에 따라 연결납세방식을 적용받는 연결모법인 의 적격분할(2011.12.31 본호개정)

제76조의9【연결납세방식의 취소】 ① 연결모법인의 납세지 관할지방국세청장은 다음 각 호의 어느 하나에 해당하는 경우에는 대통령령으로 정하는 바에 따라 연결세방식의 적용 승인을 취소할 수 있다.(2013.1.1 본문개정)
1. 연결법인의 사업연도가 연결사업연도와 일치하지 아니하는 경우
2. 연결모법인이 연결지배하지 아니하는 내국법인에 대하여 연결납세방식을 적용하는 경우(2022.12.31 본호개정)
3. 연결모법인의 연결가능자법인에 대하여 연결납세방 식을 적용하지 아니하는 경우(2022.12.31 본호개정)
4. 제66조제3항 단서에 따른 사유로 장부나 그 밖의 증명서류에 의하여 연결법인의 소득금액을 계산할 수 없는 경우
5. 연결법인에 제69조제1항에 따른 수시부과사유가 있는 경우
6. 연결모법인이 다른 내국법인(비영리내국법인은 제외한다)의 연결지배를 받는 경우(2022.12.31 본호개정)
② 연결납세방식을 적용받은 각 연결법인은 연결납세 방식을 적용받은 연결사업연도와 그 다음 연결사업연 도의 개시일부터 4년 이내에 끝나는 연결사업연도 중에 제1항에 따라 연결납세방식의 적용 승인이 취소된 경우 다음 각 호의 구분에 따라 소득금액이나 결손금을 연결납세방식의 적용 승인이 취소된 사업연도의 익금 또는 손금에 각각 산입하여야 한다. 다만, 대통령령으로 정하는 부득이한 사유가 있는 경우에는 그러하지 아니하다.
1. 연결사업연도 동안 제76조의14제1항에 따라 다른 연결법인의 결손금과 합한 해당 법인의 소득금액 : 익금에 산입
2. 연결사업연도 동안 제76조의14제1항에 따라 다른 연결법인의 소득금액과 합한 해당 법인의 결손금 : 손금에 산입
(2015.12.15 본항신설)
③ 제1항에 따라 연결납세방식의 적용 승인이 취소된 연결법인은 취소된 날이 속하는 사업연도와 그 다음 사업연도의 개시일부터 4년 이내에 끝나는 사업연도까지는 연결납세방식의 적용 당시와 동일한 법인을 연결모법인으로 하여 연결납세방식을 적용받을 수 없다.
④ 제1항에 따라 연결납세방식의 적용 승인이 취소된 경우 제76조의13제1항제1호의 금액 중 각 연결법인에 귀속하는 금액으로서 대통령령으로 정하는 금액은 해당 연결법인의 제13조제1항제1호의 결손금으로 본다.
(2018.12.24 본항개정)
⑤ 제1항에 따라 연결납세방식의 적용 승인이 취소된 경우 제76조의18에 따라 납부한 연결중간예납세액 중 같은 조 제4항의 연결법인별 중간예납세액은 제64조제1항을 적용할 때에 같은 항 제2호의 중간예납세액으로 본다.
⑥ 제76조의8제3항에 따라 연결납세방식을 적용받은 연결법인이 제1항에 따라 연결납세방식의 적용 승인이 취소된 경우 취소된 날이 속하는 연결사업연도의 개시일부터 그 연결사업연도의 종료일까지의 기간과 취소된 날이 속하는 연결사업연도 종료일의 다음 날부터 본래사업연도 개시일 전날까지의 기간을 각각 1사업연도로 본다.

제76조의10【연결납세방식의 포기】 ① 연결납세방식의 적용을 포기하려는 연결법인은 연결납세방식을 적용하지 아니하려는 사업연도 개시일 전 3개월이 되는 날까지 대통령령으로 정하는 바에 따라 연결모법인의 납세지 관할지방국세청장에게 신고하여야 한다. 다만, 연결납세방식을 최초로 적용받은 연결사업연도와 그 다음 연결사업연도의 개시일부터 4년 이내에 끝나는 연결사업연도까지는 연결납세방식의 적용을 포기할 수 없다.(2013.1.1 본문개정)
② 제1항에 따라 연결납세방식의 적용을 포기하는 경우에는 제76조의9제3항 및 제4항을 준용한다. 이 경우 제76조의9제3항 중 "취소된 날이 속하는 사업연도"는 "연결납세방식이 적용되지 아니하는 최초의 사업연도"로 본다.(2015.12.15 본항개정)
③ 제76조의8제3항에 따라 연결납세방식을 적용받은 연결법인이 제1항에 따라 연결납세방식의 적용을 포기하는 경우 제1항에 따라 연결모법인의 납세지 관할지방국세청장에게 신고한 날이 속하는 연결사업연도의 종료일 다음 날부터 본래사업연도 개시일 전날까지의 기간을 1사업연도로 본다.(2013.1.1 본항개정)

제76조의11【연결자법인의 추가】 ① 연결모법인이 새로 다른 내국법인을 연결지배하게 된 경우에는 연결지배가 성립한 날이 속하는 연결사업연도의 다음 연결사업연도부터 해당 내국법인은 연결납세방식을 적용하여야 한다.(2022.12.31 본항개정)
② 법인의 설립등기일부터 연결모법인이 연결지배하는 내국법인은 제1항에도 불구하고 설립등기일이 속하는 사업연도부터 연결납세방식을 적용하여야 한다.
(2022.12.31 본항개정)
③ 연결모법인은 제1항 및 제2항에 따라 연결자법인이 변경된 경우에는 변경일 이후 중간예납기간 종료일과 사업연도 종료일 중 먼저 도래하는 날부터 1개월 이내에 대통령령으로 정하는 바에 따라 납세지 관할지방국세청장에게 신고하여야 한다.(2014.1.1 본항개정)

제76조의12【연결자법인의 배제】 ① 연결모법인의 연결지배를 받지 아니하게 되거나 해산한 연결자법인은 해당 사유가 발생한 날이 속하는 연결사업연도의 개시일부터 연결납세방식을 적용하지 아니한다. 다만, 연결자법인이 다른 연결법인에 흡수합병되어 해산하는 경우에는 해산등기일이 속하는 연결사업연도에 연결납세방식을 적용할 수 있다.(2022.12.31 본문개정)
② 연결납세방식을 적용받은 연결사업연도와 그 다음 연결사업연도의 개시일부터 4년 이내에 끝나는 연결사업연도 중에 제1항에 따라 연결납세방식을 적용하지 아니하는 경우 다음 각 호의 구분에 따라 소득금액 또는 결손금을 해당 사유가 발생한 날이 속하는 사업연도의 익금 또는 손금에 각각 산입하여야 한다. 다만, 대통령령으로 정하는 부득이한 사유가 있는 경우에는 그러하지 아니하다.
1. 연결사업연도 동안 제76조의14제1항에 따라 다른 연결법인의 결손금과 합한 연결배제법인(제1항 본문에 따라 연결납세방식을 적용하지 아니하게 된 개별법인을 말한다. 이하 이 조에서 같다)의 소득금액 : 연결배제법인의 익금에 산입
2. 연결사업연도 동안 제76조의14제1항에 따라 다른 연결법인의 소득금액과 합한 연결배제법인의 결손금 : 연결배제법인의 손금에 산입
3. 연결사업연도 동안 제76조의14제1항에 따라 연결배제법인의 결손금과 합한 해당 법인의 소득금액 : 해당 법인의 익금에 산입
4. 연결사업연도 동안 제76조의14제1항에 따라 연결배제법인의 소득금액과 합한 해당 법인의 결손금 : 해당 법인의 손금에 산입
(2015.12.15 본항개정)

③ 제1항 본문에 따라 연결납세방식을 적용하지 아니하는 경우에는 제76조의9제3항부터 제6항까지의 규정을 준용한다.(2015.12.15 본항신설)
④ 제1항에 따라 연결자법인이 변경된 경우 그 변경사유가 발생한 날부터 1개월 이내에 대통령령으로 정하는 바에 따라 납세지 관할지방국세청장에게 신고하여야 한다.(2023.12.31 본항개정)

제2절 과세표준과 그 계산

제76조의13 【연결과세표준】 ① 각 연결사업연도의 소득에 대한 과세표준은 각 연결사업연도 소득의 범위에서 다음 각 호에 따른 금액을 차례로 공제한 금액으로 한다. 다만, 제1호의 금액에 대한 공제는 제3항제1호에 따른 연결소득 개별귀속액의 100분의 80(중소기업과 회생계획을 이행 중인 기업 등 대통령령으로 정하는 연결법인의 경우는 100분의 100)을 한도로 한다.(2022.12.31 단서개정)
1. 각 연결사업연도의 개시일 전 15년 이내에 개시한 연결사업연도의 결손금(연결법인의 연결납세방식의 적용 전에 발생한 결손금을 포함한다)으로서 그 후의 각 연결사업연도(사업연도를 포함한다)의 과세표준을 계산할 때 공제되지 아니한 금액(2020.12.22 본호개정)
2. 이 법과 「조세특례제한법」에 따른 각 연결법인의 비과세소득의 합계액(2018.12.24 본호개정)
3. 이 법과 「조세특례제한법」에 따른 각 연결법인의 소득공제액의 합계액(2018.12.24 본호개정)
② 제1항제1호에서 "연결사업연도의 결손금"이란 제76조의14제1항에 따른 각 연결사업연도의 소득이 0보다 적은 경우 해당 금액으로서 제60조에 따라 신고하거나 제66조에 따라 결정·경정되거나, 「국세기본법」 제45조에 따라 수정신고한 과세표준에 포함된 결손금과 제76조의14제2항 각 호 외의 부분 후단에 따라 해당 연결사업연도의 소득금액을 계산할 때 손금에 산입하지 아니하는 처분손실을 말한다.
③ 제1항제1호에 따라 결손금을 공제하는 경우 다음 각 호의 결손금은 해당 각 호의 금액을 한도로 공제한다.
1. 연결법인의 연결납세방식의 적용 전에 발생한 결손금 : 각 연결사업연도의 소득 중 해당 연결법인에 귀속되는 소득으로서 대통령령으로 정하는 소득금액(이하 이 조에서 "연결소득 개별귀속액"이라 한다)
2. 연결모법인이 적격합병에 따라 피합병법인의 자산을 양도받는 경우 합병등기일 현재 피합병법인(합병등기일 현재 연결법인이 아닌 법인만 해당한다)의 제13조제1항제1호의 결손금 : 연결모법인의 연결소득 개별귀속액 중 피합병법인으로부터 승계받은 사업에서 발생한 소득(2018.12.24 본호개정)
3. 연결모법인이 적격분할합병에 따라 소멸한 분할법인의 자산을 양도받는 경우 분할등기일 현재 소멸한 분할법인의 제13조제1항제1호의 결손금 중 연결모법인이 승계받은 사업에 귀속하는 금액 : 연결모법인의 연결소득 개별귀속액 중 소멸한 분할법인으로부터 승계받은 사업에서 발생한 소득(2018.12.24 본호개정)
④ 제1항에 따른 결손금, 비과세소득, 소득공제액의 공제 등에 필요한 사항은 대통령령으로 정한다.(2018.12.24 본조제목개정)

제76조의14 【각 연결사업연도의 소득】 ① 각 연결사업연도의 소득은 각 연결법인별로 다음 각 호의 순서에 따라 계산한 소득 또는 결손금을 합한 금액으로 한다.
1. 연결법인별 각 사업연도의 소득의 계산 : 제14조에 따라 각 연결법인의 각 사업연도의 소득 또는 결손금을 계산
2. 다음 각 목에 따른 연결법인별 연결 조정항목의 제거
가. 수입배당금액의 익금불산입 조정 : 제18조의2에

따라 익금에 산입하지 아니한 각 연결법인의 수입배당금액 상당액을 익금에 산입(2022.12.31 본목개정)
나. 기부금과 기업업무추진비의 손금불산입 조정 : 제24조 및 제25조에 따라 손금산입한도를 초과하여 손금에 산입하지 아니한 기부금 및 기업업무추진비 상당액을 손금에 산입(2022.12.31 본목개정)(2018.12.24 본호개정)
3. 다음 각 목에 따른 연결법인 간 거래손익의 조정
가. 수입배당금액의 조정 : 다른 연결법인으로부터 받은 수입배당금액 상당액을 익금에 불산입
나. 기업업무추진비의 조정 : 다른 연결법인에 지급한 기업업무추진비 상당액을 손금에 불산입(2022.12.31 본목개정)
다. 대손충당금의 조정 : 다른 연결법인에 대한 채권에 대하여 설정한 제34조에 따른 대손충당금 상당액을 손금에 불산입
라. 자산양도손익의 조정 : 유형자산 및 무형자산 등 대통령령으로 정하는 자산을 다른 연결법인에 양도함에 따라 발생한 손익을 대통령령으로 정하는 바에 따라 익금 또는 손금에 불산입(2018.12.24 본호개정)
4. 연결 조정항목의 연결법인별 배분 : 연결집단을 하나의 내국법인으로 보아 제18조의2, 제24조 및 제25조를 준용하여 익금 또는 손금에 산입하지 아니하는 금액을 계산한 후 해당 금액 중 대통령령으로 정하는 바에 따라 계산한 금액을 각 연결법인별로 익금 또는 손금에 불산입(2022.12.31 본호개정)
② 다음 각 호의 어느 하나에 해당하는 처분손실은 해당 호에 따른 금액을 한도로 해당 연결사업연도의 소득금액을 계산할 때 손금에 산입한다. 이 경우 한도를 초과하여 손금에 산입하지 아니한 처분손실은 제76조의13제1항제1호의 결손금으로 보고 해당 호에 따른 금액을 한도로 이후 연결사업연도의 과세표준에서 공제한다.(2018.12.24 본문개정)
1. 내국법인이 다른 내국법인의 연결가능자법인이 된(설립등기일부터 연결가능자법인이 된 경우는 제외한다) 이후 연결납세방식을 적용한 후 연결납세방식을 적용한 사업연도와 그 다음 사업연도의 개시일부터 4년 이내에 끝나는 연결사업연도에 발생한 자산(연결납세방식을 적용하기 전 취득한 자산으로 한정한다)의 처분손실 : 다음 각 목의 구분에 따른 금액(해당 처분손실을 공제하기 전 귀속액을 말하되, 이 항 각 호 외의 부분 후단을 적용할 때에는 그러하지 아니하다)(2022.12.31 본문개정)
가. 연결모법인의 자산처분 손실의 경우 해당 연결모법인의 연결소득개별귀속액(2015.12.15 본목신설)
나. 연결자법인의 자산처분 손실의 경우 해당 연결자법인의 연결소득개별귀속액(2015.12.15 본목신설)
2. 연결모법인이 다른 내국법인(합병등기일 현재 연결법인이 아닌 법인으로 한정한다)을 적격합병(연결모법인을 분할합병의 상대방 법인으로 하여 적격분할합병하는 경우를 포함한다)하는 경우 합병등기일 이후 5년 이내에 끝나는 연결사업연도에 발생한 합병 전 연결법인(이하 이 항에서 "기존연결법인"이라 한다)과 피합병법인(분할법인을 포함한다. 이하 이 조에서 같다)이 합병 전 각각 보유하던 자산의 처분손실(합병등기일 현재 해당 자산의 시가가 장부가액보다 낮은 경우로서 그 차액을 한도로 한다) : 다음 각 목의 구분에 따른 소득금액(해당 처분손실을 공제하기 전 연결소득금액을 말하되, 이 항 각 호 외의 부분 후단을 적용할 때에는 그러하지 아니하다)(2018.12.24 본문개정)
가. 기존연결법인의 자산처분 손실의 경우 기존연결법인의 소득금액(연결모법인의 연결소득개별귀속

액 중 합병 전 연결모법인의 사업에서 발생한 소득금액 및 연결자법인의 연결소득개별귀속액을 말한다)(2018.12.24 본목개정)

나. 피합병법인이 합병 전 보유하던 자산의 처분손실의 경우 연결모법인의 연결소득개별귀속액 중 피합병법인으로부터 승계받은 사업에서 발생한 소득금액(2015.12.15 본목신설)

③ 제1항에 따른 각 연결사업연도의 결손금 중 각 연결법인별 배분액, 연결집단을 하나의 내국법인으로 보아 제18조의2 및 제25조를 준용하여 익금이나 손금에 산입하지 아니하는 금액의 계산 및 제2항에 따른 처분손실의 손금산입 등에 필요한 사항은 대통령령으로 정한다.(2018.12.24 본항개정)

제3절 세액의 계산

제76조의15 【연결산출세액】 ① 각 연결사업연도의 소득에 대한 법인세는 제76조의13에 따른 과세표준에 제55조제1항의 세율을 적용하여 계산한 금액(이하 이 장에서 "연결산출세액"이라 한다)으로 한다.

② 연결법인이 제55조의2의 토지등을 양도한 경우(해당 토지등을 다른 연결법인이 양수하여 제76조의14제1항제3호가 적용되는 경우를 포함한다) 또는 「조세특례제한법」 제100조의32제2항에 따른 미환류소득(제76조의14에 따른 연결법인 간 거래손익의 조정 등을 하지 아니하고 계산한 소득으로서 대통령령으로 정하는 금액을 말한다)이 있는 경우에는 제55조의2에 따른 토지등 양도소득에 대한 법인세액 및 「조세특례제한법」 제100조의32에 따른 투자·상생협력 촉진을 위한 과세특례를 적용하여 계산한 법인세액을 제1항에 따라 계산한 금액에 합산한 금액을 연결산출세액으로 한다.(2018.12.24 본항개정)

③ 각 연결사업연도의 소득에 대한 법인세를 계산하는 경우에는 제55조제2항을 준용한다.

④ 연결산출세액 중 각 연결법인에 귀속되는 금액(이하 이 장에서 "연결법인별 산출세액"이라 한다)의 계산방법은 대통령령으로 정한다.

제76조의16 【연결법인의 세액감면 및 세액공제 등】 ① 연결산출세액에서 공제하는 연결법인의 감면세액과 세액공제액은 각 연결법인별로 계산한 감면세액과 세액공제액의 합계액으로 한다.(2018.12.24 본항개정)

② 제1항을 적용할 때 각 연결법인의 감면세액과 세액공제액은 각 연결법인별 산출세액을 제55조의 산출세액으로 보아 이 법 및 「조세특례제한법」에 따른 세액감면과 세액공제를 적용하여 계산한 금액으로 하며, 연결집단을 하나의 내국법인으로 보아 「조세특례제한법」 제132조제1항을 적용한다.(2018.12.24 본항개정)

③ 세액감면과 세액공제의 적용순서는 제59조제1항을 준용하며, 연결법인의 적격합병과 적격분할에 따른 세액감면과 세액공제의 승계는 제44조의3제2항, 제46조의3제2항 및 제59조제1항을 준용한다.(2018.12.24 본항신설)

④ 각 연결법인의 감면세액을 계산할 때 세액을 감면 또는 면제하는 경우 감면 또는 면제되는 세액의 계산 등에 필요한 사항은 대통령령으로 정한다.(2018.12.24 본조제목개정)

제4절 신고 및 납부

제76조의17 【연결과세표준 등의 신고】 ① 연결모법인은 각 연결사업연도의 종료일이 속하는 달의 말일부터 4개월 이내에 대통령령으로 정하는 바에 따라 해당 연결사업연도의 소득에 대한 법인세의 과세표준과 세액을 납세지 관할 세무서장에게 신고하여야 한다. 다만, 「주식회사 등의 외부감사에 관한 법률」 제4조에 따라 감사인에 의한 감사를 받아야 하는 연결모법인 또는 연결자법인이 해당 사업연도의 감사가 종료되지 아니하여 결산이 확정되지 아니하였다는 사유로 대통령령으로 정하는 바에 따라 신고기한의 연장을 신청한 경우에는 그 신고기한을 1개월의 범위에서 연장할 수 있다.(2017.10.31 단서개정)

② 제1항에 따라 신고를 할 때에는 그 신고서에 다음 각 호의 서류를 첨부하여야 한다.

1. 대통령령으로 정하는 바에 따라 작성한 연결소득금액 조정명세서

2. 각 연결법인의 제60조제2항제1호부터 제3호까지의 서류

3. 연결법인 간 출자 현황 및 거래명세 등 대통령령으로 정하는 서류

③ 제1항에 따른 신고를 할 때 제2항제1호 및 제2호의 서류를 첨부하지 아니하면 이 법에 따른 신고로 보지 아니한다.

④ 연결모법인의 과세표준 등의 신고에 관하여는 제60조제3항, 제6항, 제8항 및 제9항을 준용한다.(2015.12.15 본항개정)

⑤ 연결모법인은 제119조제1항에도 불구하고 제1항에 따른 신고기한까지 제119조제1항에 따른 주식등변동상황명세서(연결자법인의 주식등의 변동사항을 포함한다)를 제출할 수 있다.

제76조의18 【연결중간예납】 ① 연결사업연도가 6개월을 초과하는 연결모법인은 각 연결사업연도 개시일부터 6개월이 되는 날까지를 중간예납기간으로 하여 다음 각 호의 어느 하나에 해당하는 방법을 선택하여 계산한 금액(이하 이 장에서 "연결중간예납세액"이라 한다)을 중간예납기간이 지난 날부터 2개월 이내에 납세지 관할 세무서등에 납부하여야 한다.

1. 직전 연결사업연도의 산출세액을 기준으로 하는 방법

$$\text{연결중간예납세} = (A - B - C) \times \frac{6}{D}$$

A : 해당 연결사업연도의 직전 연결사업연도에 대한 법인세로서 확정된 연결산출세액(가산세를 포함하고, 제55조의2에 따른 토지등 양도소득에 대한 법인세액 및 「조세특례제한법」 제100조의32에 따른 투자·상생협력 촉진을 위한 과세특례를 적용하여 계산한 법인세액은 제외한다)

B : 해당 연결사업연도의 직전 연결사업연도에 감면된 법인세액(소득에서 공제되는 금액은 제외한다)

C : 해당 연결사업연도의 직전 연결사업연도에 각 연결법인이 법인세로서 납부한 원천징수세액의 합계액

D : 직전 연결사업연도의 개월 수. 이 경우 개월 수는 역에 따라 계산하되, 1개월 미만의 일수는 1개월로 한다.

2. 해당 중간예납기간의 법인세액을 기준으로 하는 방법

$$\text{연결중간예납세액} = (A - B - C)$$

A : 해당 중간예납기간을 1연결사업연도로 보고 제76조의15를 적용하여 산출한 법인세액

B : 해당 중간예납기간에 감면된 법인세액(소득에서 공제되는 금액은 제외한다)

C : 해당 중간예납기간에 각 연결법인이 법인세로서 납부한 원천징수세액의 합계액

② 제1항에도 불구하고 직전 연결사업연도의 확정된 연결산출세액이 없거나 해당 중간예납기간의 만료일까지 직전 연결사업연도의 연결산출세액이 확정되지 아니한 경우에는 제1항제2호에 따라 중간예납세액을 계산한다.(2018.12.24 본항신설)

③ 제1항 및 제2항을 적용할 때 연결납세방식을 처음으로 적용하는 경우에는 각 연결법인의 제63조의2에 따른 중간예납세액의 합계액을 연결중간예납세액으로

하고, 제76조의11제1항에 따라 연결법인이 추가된 경우에는 제1항 및 제2항에 따른 연결중간예납세액과 추가된 연결법인의 제63조의2에 따른 중간예납세액의 합계액을 연결중간예납세액으로 한다.
④ 제1항 및 제2항을 적용할 때 연결법인이 중간예납기간이 지나기 전에 연결가능자법인에 해당하지 아니하게 되거나 해산(제76조의12제1항 단서에 따라 연결납세방식을 적용하는 경우는 제외한다)한 경우 연결모법인은 해당 연결법인의 중간예납세액 귀속분으로서 대통령령으로 정하는 금액(이하 이 장에서 "연결법인별 중간예납세액"이라 한다)을 빼고 납부할 수 있다. (2022.12.31 본항개정)
⑤ 연결중간예납세액의 납부에 관하여는 제63조의2제5항 및 제64조제2항을 준용한다.
(2018.12.24 본조개정)
제76조의19【연결법인세액의 납부 및 정산】① 연결모법인은 연결산출세액에서 다음 각 호의 법인세액(가산세는 제외한다)을 공제한 금액을 각 연결사업연도의 소득에 대한 법인세로서 제76조의17제1항의 신고기한까지 납세지 관할 세무서등에 납부하여야 한다.
1. 해당 연결사업연도의 감면세액·세액공제액 (2018.12.24 본호개정)
2. 제76조의18에 따른 해당 연결사업연도의 연결중간예납세액
3. 제73조 및 제73조의2에 따라 해당 연결사업연도의 각 연결법인의 원천징수된 세액의 합계액(2018.12.24 본호개정)
② 연결자법인은 제1항의 기한까지 연결법인별 산출세액에서 다음 각 호의 금액을 뺀 금액에 제75조 및 제75조의2부터 제75조의9까지의 규정을 준용하여 계산한 금액을 가산하여 연결모법인에 지급하여야 한다. (2018.12.24 본문개정)
1. 해당 연결사업연도의 해당 법인의 감면세액
2. 해당 연결사업연도의 연결법인별 중간예납세액
3. 제73조 및 제73조의2에 따라 해당 연결사업연도의 해당 법인의 원천징수된 세액(2018.12.24 본호개정)
③ 제2항에 따라 계산한 금액이 음의 수인 경우 연결모법인은 음의 부호를 뺀 금액을 제1항의 기한까지 연결자법인에 지급하여야 한다.(2022.12.31 본항신설)
④ 제1항을 적용하는 경우에는 제64조제2항을 준용한다.(2015.12.15 본항개정)
⑤ 연결산출세액이 없는 경우로서 다음 각 호에 해당하는 경우에는 결손금 이전에 따른 손익을 정산한 금액(이하 이 항에서 "정산금"이라 한다)을 각 호에서 정하는 바에 따라 연결법인별로 배분하여야 한다.
1. 다음 각 목의 어느 하나에 해당하는 연결자법인이 있는 경우 : 해당 연결자법인이 대통령령으로 정하는 바에 따라 계산한 정산금을 제1항의 기한까지 연결모법인에 지급
   가. 연결자법인의 해당 연결사업연도 소득금액에 제76조의14제1항에 따라 다른 연결법인의 결손금이 합하여진 경우
   나. 연결자법인의 연결소득 개별귀속액에서 다른 연결법인의 제76조의13제1항제1호에 따른 결손금이 공제된 경우
2. 다음 각 목의 어느 하나에 해당하는 연결자법인이 있는 경우 : 연결모법인이 대통령령으로 정하는 바에 따라 계산한 정산금을 제1항의 기한까지 해당 연결자법인에 지급
   가. 연결자법인의 해당 연결사업연도 결손금이 제76조의14제1항에 따라 다른 연결법인의 소득금액에 합하여진 경우

나. 연결자법인의 제76조의13제1항제1호에 따른 결손금이 다른 연결법인의 연결소득 개별귀속액에서 공제된 경우
(2023.12.31 본항신설)
(2023.12.31 본조제목개정)

제5절 결정·경정 및 징수 등

제76조의20【연결법인세액의 결정·경정 및 징수 등】 각 연결사업연도의 소득에 대한 법인세의 결정·경정·징수 및 환급에 관하여는 제66조(제3항 단서는 제외한다), 제67조, 제70조, 제71조, 제73조, 제73조의2 및 제74조를 준용한다.(2018.12.24 본조개정)
제76조의21【연결법인의 가산세】 연결모법인은 각 연결법인별로 제75조 및 제75조의2부터 제75조의9까지의 규정을 준용하여 계산한 금액의 합계액을 각 연결사업연도의 소득에 대한 법인세액에 더하여 납부하여야 한다.(2018.12.24 본조개정)
제76조의22【연결법인에 대한 중소기업 관련 규정의 적용】 각 연결사업연도의 소득에 대한 법인세액을 계산할 때 이 법 및 「조세특례제한법」의 중소기업에 관한 규정은 연결집단을 하나의 내국법인으로 보아 중소기업에 해당하는 경우에만 적용한다. 이 경우 연결납세방식을 적용하는 최초의 연결사업연도의 직전 사업연도 당시 중소기업에 해당하는 법인이 연결납세방식을 적용함에 따라 중소기업에 관한 규정을 적용받지 못하게 되는 경우에는 연결납세방식을 적용하는 최초의 연결사업연도와 그 다음 연결사업연도의 개시일부터 3년 이내에 끝나는 연결사업연도까지는 중소기업에 관한 규정을 적용한다.(2018.12.24 본조개정)

제3장 내국법인의 청산소득에 대한 법인세
(2010.12.30 본장개정)

제1절 과세표준과 그 계산

제77조【과세표준】 내국법인의 청산소득에 대한 법인세의 과세표준은 제79조에 따른 청산소득 금액으로 한다.
제78조【법인의 조직변경으로 인한 청산소득에 대한 과세특례】 내국법인이 다음 각 호의 어느 하나에 해당하면 청산소득에 대한 법인세를 과세하지 아니한다.
1. 「상법」의 규정에 따라 조직변경하는 경우
2. 특별법에 따라 설립된 법인이 그 특별법의 개정이나 폐지로 인하여 「상법」에 따른 회사로 조직변경하는 경우
3. 그 밖의 법률에 따라 내국법인이 조직변경하는 경우로서 대통령령으로 정하는 경우
제79조【해산에 의한 청산소득 금액의 계산】 ① 내국법인이 해산(합병이나 분할에 의한 해산은 제외한다)한 경우 그 청산소득(이하 "해산에 의한 청산소득"이라 한다)의 금액은 그 법인의 해산에 의한 잔여재산의 가액에서 해산등기일 현재의 자본금 또는 출자금과 잉여금의 합계액(이하 "자기자본의 총액"이라 한다)을 공제한 금액으로 한다.
② 해산에 의하여 청산 중인 내국법인이 그 해산에 의한 잔여재산의 일부를 주주등에게 분배한 후 「상법」 제229조, 제285조, 제287조의40, 제519조 또는 제610조에 따라 사업을 계속하는 경우에는 그 해산등기일부터 계속등기일까지의 사이에 분배한 잔여재산의 분배액의 총합계액에서 해산등기일 현재의 자기자본의 총액을 공제한 금액을 그 법인의 해산에 의한 청산소득의 금액으로 한다.(2015.12.15 본항개정)

③ 내국법인의 해산에 의한 청산소득의 금액을 계산할 때 그 청산기간에 「국세기본법」에 따라 환급되는 법인세액이 있는 경우 이에 상당하는 금액은 그 법인의 해산등기일 현재의 자기자본의 총액에 가산한다.
④ 내국법인의 해산에 의한 청산소득 금액을 계산할 때 해산등기일 현재 그 내국법인에 대통령령으로 정하는 이월결손금이 있는 경우에는 그 이월결손금은 그날 현재의 그 법인의 자기자본의 총액에서 그에 상당하는 금액과 상계하여야 한다. 다만, 상계하는 이월결손금의 금액은 자기자본의 총액 중 잉여금의 금액을 초과하지 못하며, 초과하는 이월결손금이 있는 경우에는 그 이월결손금은 없는 것으로 본다.
⑤ 제4항에 따라 청산소득 금액을 계산할 때 해산등기일 전 2년 이내에 자본금 또는 출자금에 전입한 잉여금이 있는 경우에는 해당 금액을 자본금 또는 출자금에 전입하지 아니한 것으로 보아 같은 항을 적용한다. (2011.12.31 본항신설)
⑥ 내국법인의 해산에 의한 청산소득의 금액을 계산할 때 그 청산기간에 생기는 각 사업연도의 소득금액이 있는 경우에는 그 법인의 해당 각 사업연도의 소득금액에 산입한다.
⑦ 제1항에 따른 청산소득의 금액과 제6항에 따른 청산기간에 생기는 각 사업연도의 소득금액을 계산할 때에는 제1항부터 제6항까지에서 규정하는 것을 제외하고는 제14조부터 제18조까지, 제18조의2, 제18조의4, 제19조, 제19조의2, 제20조부터 제31조까지, 제33조부터 제38조까지, 제40조부터 제42조까지, 제42조의2, 제43조, 제44조, 제44조의2, 제44조의3, 제45조, 제46조, 제46조의2부터 제46조의5까지, 제47조, 제47조의2, 제50조, 제51조, 제51조의2, 제52조, 제53조, 제53조의2, 제53조의3, 제54조 및 「조세특례제한법」 제104조의31을 준용한다. (2022.12.31 본항개정)
⑧ 제1항부터 제7항까지의 규정을 적용할 때 잔여재산가액의 계산 등에 필요한 사항은 대통령령으로 정한다. (2011.12.31 본항개정)
제80조~제81조 (2009.12.31 삭제)
제82조 【청산소득 금액의 계산에 관한 세부 규정】 이 법에 규정된 것 외에 내국법인의 청산소득 금액의 계산에 필요한 사항은 대통령령으로 정한다.

제2절 세액의 계산

제83조 【세율】 내국법인의 청산소득에 대한 법인세는 제77조에 따른 과세표준에 제55조제1항에 따른 세율을 적용하여 계산한 금액을 그 세액으로 한다.

제3절 신고 및 납부

제84조 【확정신고】 ① 청산소득에 대한 법인세의 납부의무가 있는 내국법인은 대통령령으로 정하는 바에 따라 다음 각 호의 기한까지 청산소득에 대한 법인세의 과세표준과 세액을 납세지 관할 세무서장에게 신고하여야 한다.
1. 제79조제1항에 해당하는 경우 : 대통령령으로 정하는 잔여재산가액확정일이 속하는 달의 말일부터 3개월 이내
2. 제79조제2항에 해당하는 경우 : 계속등기일이 속하는 달의 말일부터 3개월 이내
② 제1항에 따른 신고를 할 때에는 그 신고서에 다음 각 호의 서류를 첨부하여야 한다.
1. 제1항제1호 및 제2호의 경우에는 잔여재산가액 확정일 또는 계속등기일 현재의 그 해산한 법인의 재무상태표
2. 그 밖에 대통령령으로 정하는 서류

③ 제1항과 제2항은 청산소득의 금액이 없는 경우에도 적용한다.
제85조 【중간신고】 ① 내국법인(제51조의2제1항 각 호 또는 「조세특례제한법」 제104조의31제1항의 법인은 제외한다)이 다음 각 호의 어느 하나에 해당하면 그 각 호에서 정한 날이 속하는 달의 말일부터 1개월 이내에 대통령령으로 정하는 바에 따라 이를 납세지 관할 세무서장에게 신고하여야 한다. 다만, 「국유재산법」 제80조에 규정된 청산절차에 따라 청산하는 법인의 경우에는 제2호는 적용하지 아니한다. (2020.12.22 본문개정)
1. 해산에 의한 잔여재산가액이 확정되기 전에 그 일부를 주주등에게 분배한 경우 : 그 분배한 날
2. 해산등기일부터 1년이 되는 날까지 잔여재산가액이 확정되지 아니한 경우 : 그 1년이 되는 날
② 제1항에 따른 신고를 할 때에는 그 신고서에 해산등기일 및 그 분배한 날 또는 해산등기일부터 1년이 되는 날 현재의 재무상태와 그 밖에 대통령령으로 정하는 서류를 각각 첨부하여야 한다.
제86조 【납부】 ① 제79조제1항 또는 제2항에 해당하는 내국법인으로서 제84조에 따른 확정신고를 한 법인은 그 해산으로 인한 청산소득의 금액에 제83조를 적용하여 계산한 세액에서 제3항 또는 제4항에 따라 납부한 세액의 합계액을 공제한 금액을 법인세로서 신고기한까지 납세지 관할 세무서등에 납부하여야 한다.
② (2009.12.31 삭제)
③ 제85조제1항제1호에 따른 신고의무가 있는 내국법인으로서 그 분배한 잔여재산의 가액(전에 분배한 잔여재산의 가액이 있을 때에는 그 합계액)이 그 해산등기일 현재의 자기자본의 총액을 초과하는 경우에는 그 초과하는 금액에 제83조를 적용하여 계산한 세액(전에 잔여재산의 일부를 분배함으로써 납부한 법인세액이 있는 경우에는 그 세액의 합계액을 공제한 금액)을 그 신고기한까지 납세지 관할 세무서등에 납부하여야 한다.
④ 제85조제1항제2호에 따른 신고의무가 있는 내국법인으로서 해산등기일부터 1년이 되는 날 현재 대통령령으로 정하는 잔여재산가액 예정액이 그 해산등기일 현재의 자기자본의 총액을 초과하는 경우에는 그 초과하는 금액에 제83조를 적용하여 계산한 세액을 그 신고기한까지 납세지 관할 세무서등에 납부하여야 한다.

제4절 결정·경정 및 징수

제87조 【결정 및 경정】 ① 납세지 관할 세무서장 또는 관할지방국세청장은 내국법인이 제84조 및 제85조에 따른 신고를 하지 아니한 경우에는 그 법인의 청산소득에 대한 법인세의 과세표준과 세액을 결정한다.
② 납세지 관할 세무서장 또는 관할지방국세청장은 제84조 및 제85조에 따른 신고를 한 내국법인이 그 신고한 내용에 오류 또는 누락이 있는 경우에는 그 법인의 청산소득에 대한 법인세의 과세표준과 세액을 경정한다.
③ 납세지 관할 세무서장 또는 관할지방국세청장은 청산소득에 대한 법인세의 과세표준과 세액을 결정하거나 경정한 후 그 결정이나 경정에 오류 또는 탈루가 있는 것을 발견한 경우에는 즉시 이를 다시 경정한다.
④ 제1항과 제2항에 따른 결정이나 경정의 경우에는 제66조제3항을 준용한다.
제88조 【과세표준과 세액의 통지】 납세지 관할 세무서장 또는 관할지방국세청장은 제87조에 따라 내국법인의 청산소득에 대한 법인세의 과세표준과 세액을 결정하거나 경정한 경우에는 이를 그 법인이나 청산인에게 알려야 한다. 다만, 그 법인이나 청산인에게 알릴 수 없는 경우에는 공시(公示)로써 이를 갈음할 수 있다.
제89조 【징수】 ① 납세지 관할 세무서장은 내국법인이 제86조에 따라 납부하여야 할 청산소득에 대한 법인

인세의 전부 또는 일부를 납부하지 아니하면 그 미납된 법인세액은 「국세징수법」에 따라 징수하여야 한다. (2013.1.1 본항개정)

② 납세지 관할 세무서장은 제86조에 따라 납부하였거나 제1항에 따라 징수한 법인세액이 제87조에 따라 납세지 관할 세무서장 또는 관할지방국세청장이 결정하거나 경정한 법인세액보다 적으면 그 부족한 금액에 상당하는 법인세를 징수하여야 한다.

제90조 【청산소득에 대한 납부지연가산세의 적용 제외】 청산소득에 대한 법인세를 징수할 때에는 「국세기본법」 제47조의4제1항제1호(납부고지서에 따른 납부기한의 다음 날부터 부과되는 분에 한정한다) 및 제3호와 같은 조 제7항을 적용하지 아니한다. (2020.12.22 본조개정)

제4장 외국법인의 각 사업연도의 소득에 대한 법인세
(2010.12.30 본장개정)

제1절 외국법인의 과세에 관한 통칙
(2018.12.24 본절제목개정)

제91조 【과세표준】 ① 국내사업장을 가진 외국법인과 제93조제3호에 따른 국내원천 부동산소득이 있는 외국법인의 각 사업연도의 소득에 대한 법인세의 과세표준은 국내원천소득의 총합계액(제98조제1항, 제98조의3, 제98조의5 또는 제98조의6에 따라 원천징수되는 국내원천소득 금액은 제외한다)에서 다음 각 호에 따른 금액을 차례로 공제한 금액으로 한다. 다만, 제1호의 금액에 대한 공제는 각 사업연도 소득의 100분의 80을 한도로 한다. (2022.12.31 단서개정)
1. 제13조제1항제1호에 해당하는 결손금(국내에서 발생한 결손금만 해당한다) (2018.12.24 본호개정)
2. 이 법과 다른 법률에 따른 비과세소득
3. 선박이나 항공기의 외국 항행(航行)으로 인하여 발생하는 소득. 다만, 그 외국법인의 본점 또는 주사무소가 있는 해당 국가가 우리나라의 법인이 운용하는 선박이나 항공기에 대하여 동일한 면제를 하는 경우만 해당한다.

② 제1항에 해당하지 아니하는 외국법인의 경우에는 제93조 각 호의 구분에 따른 각 국내원천소득의 금액을 그 법인의 각 사업연도의 소득에 대한 법인세의 과세표준으로 한다.

③ 제1항에 해당하는 외국법인의 국내원천소득으로서 제98조제1항, 제98조의3, 제98조의5 또는 제98조의6에 따라 원천징수되는 소득에 대한 법인세의 과세표준은 제93조 각 호의 구분에 따른 각 국내원천소득의 금액으로 한다. (2011.12.31 본항개정)

④ 제1항제3호는 국내사업장을 가지고 있지 아니하는 외국법인에 대하여도 적용한다.

⑤ 제1항의 과세표준을 계산할 때 같은 항 제1호에 따른 이월결손금은 먼저 발생한 사업연도의 결손금부터 차례로 공제하고, 해당 사업연도에 공제되지 아니한 비과세소득은 해당 사업연도의 다음 사업연도 이후로 이월하여 공제할 수 없다. (2018.12.24 본항신설)

제92조 【국내원천소득 금액의 계산】 ① 제91조제1항에 해당하는 외국법인의 각 사업연도의 국내원천소득의 총합계액은 해당 사업연도에 속하는 익금의 총액에서 해당 사업연도에 속하는 손금의 총액을 뺀 금액으로 하며, 각 사업연도의 소득금액의 계산에 관하여는 대통령령으로 정하는 바에 따라 제14조부터 제18조까지, 제18조의2, 제19조, 제19조의2, 제20조부터 제31조까지, 제33조부터 제38조까지, 제40조부터 제42조까지, 제42조의2, 제43조, 제44조, 제44조의2, 제44조의3, 제45조, 제46조, 제46조의2부터 제46조의5까지, 제47조, 제47조의2, 제50조, 제51조, 제52조, 제53조, 제53조의2 및 제54조와 「조세특례제한법」 제138조를 준용한다. 다만, 제44조의3, 제45조, 제46조의3 및 제46조의4를 준용할 때 합병법인 및 분할신설법인등은 피합병법인 및 분할법인등의 결손금을 승계하지 아니하는 것으로 보아 각각의 규정을 준용한다. (2019.12.31 본문개정)

② 제91조제2항 및 제3항에 따른 외국법인의 각 사업연도의 국내원천소득(제93조제7호에 따른 국내원천 부동산등양도소득은 제외한다)의 금액은 다음 각 호의 금액으로 한다. (2018.12.24 본문개정)
1. 제93조제1호부터 제6호까지 및 제8호부터 제10호까지의 국내원천소득의 경우에는 같은 조 각 호(제7호는 제외한다)의 소득별 수입금액으로 한다. 다만, 제93조제9호에 따른 국내원천소득의 경우에는 그 수입금액에 대통령령으로 정하는 바에 따라 확인된 해당 유가증권의 취득가액 및 양도비용을 공제하여 계산한 금액으로 할 수 있다.
2. 국내사업장이 없는 외국법인으로서 제93조제9호에 따른 국내원천 유가증권양도소득이 다음 각 목의 요건을 모두 갖춘 경우에는 제1호에도 불구하고 대통령령으로 정하는 정상가격(이하 이 호에서 "정상가격"이라 한다)을 해당 수입금액으로 한다.
  가. 국내사업장이 없는 외국법인과 대통령령으로 정하는 특수관계가 있는 외국법인(비거주자를 포함한다) 간의 거래일 것
  나. 가목의 거래에 의한 거래가격이 정상가격보다 낮은 경우로서 대통령령으로 정하는 경우일 것
  (2018.12.24 본호개정)

③ 제91조제2항에 따른 외국법인의 각 사업연도의 국내원천소득의 금액 중 제93조제7호에 따른 국내원천 부동산등양도소득 금액은 그 소득을 발생시키는 자산(이하 이 조에서 "토지등"이라 한다)의 양도가액에서 다음 각 호의 금액을 뺀 금액으로 한다. (2018.12.24 본문개정)
1. 취득가액. 다만, 「상속세 및 증여세법」에 따라 상속세 과세가액 또는 증여세 과세가액에 산입되지 아니한 재산을 출연받은 외국법인이 대통령령으로 정하는 토지등을 양도하는 경우에는 그 토지등을 출연한 출연자의 취득가액을 그 외국법인의 취득가액으로 한다.
2. 토지등을 양도하기 위하여 직접 지출한 비용

④ 제3항을 적용할 때 취득가액과 양도가액은 실지 거래가액으로 하되, 실지 거래가액이 불분명한 경우에는 「소득세법」 제99조·제100조 및 제114조제7항을 준용하여 계산한 가액으로 한다. (2018.12.24 본항개정)

⑤ 제3항을 적용할 때 해당 자산의 양도시기 및 취득시기에 관하여는 「소득세법」 제98조를 준용한다.

⑥ 제3항에 따른 국내원천 부동산등양도소득의 부당행위계산에 관하여는 「소득세법」 제101조를 준용한다. 이 경우 "특수관계인"은 "「법인세법」 제2조제12호에 따른 특수관계인"으로 한다.

⑦ 외국법인의 국내사업장과 관련된 각 사업연도의 소득금액을 계산할 때 국외의 본점 및 다른 지점의 손비 배분 등에 필요한 사항은 대통령령으로 정한다. (2018.12.24 본항신설)

제93조 【외국법인의 국내원천소득】 외국법인의 국내원천소득은 다음 각 호와 같이 구분한다. (2019.12.31 본문개정)
1. 국내원천 이자소득 : 다음 각 목의 어느 하나에 해당하는 소득으로서 「소득세법」 제16조제1항에 따른 이자소득(같은 항 제7호의 소득은 제외한다)과 그 밖의 대금의 이자 및 신탁의 이익. 다만, 거주자 또는 내국법인

의 국외사업장을 위하여 그 국외사업장이 직접 차용한 차입금의 이자는 제외한다.(2018.12.24 본문개정)

가. 국가, 지방자치단체, 거주자, 내국법인 또는 외국법인의 국내사업장이나 「소득세법」 제120조에 따른 비거주자의 국내사업장으로부터 지급받는 소득

나. 외국법인 또는 비거주자로부터 지급받는 소득으로서 그 소득을 지급하는 외국법인 또는 비거주자의 국내사업장과 실질적으로 관련하여 그 국내사업장의 과세금액을 계산할 때 필요경비 또는 손금에 산입되는 것

2. 국내원천 배당소득 : 내국법인 또는 법인으로 보는 단체나 그 밖에 국내에 소재하는 자로부터 지급받는 다음 각 목의 소득(2020.12.22 본문개정)

가. 「소득세법」 제16조제1항제2호의2에 따른 파생결합사채로부터의 이익〈2025.1.1 시행〉

나. 「소득세법」 제17조제1항에 따른 배당소득(같은 항 제6호에 따른 소득은 제외한다)
(2020.12.22 가목~나목신설)

다. 「소득세법」 제87조의6제1항제4호에 따른 집합투자증권의 환매등으로 발생한 이익 중 대통령령으로 정하는 이익(2022.12.31 본목개정 : 2025.1.1 시행)

라. 「소득세법」 제87조의6제1항제5호에 따른 파생결합증권으로부터의 이익 중 대통령령으로 정하는 이익〈2025.1.1 시행〉

마. 「국제조세조정에 관한 법률」 제13조 또는 제22조에 따라 배당으로 처분된 금액
(2020.12.22 라목~마목신설)

3. 국내원천 부동산소득 : 국내에 있는 부동산 또는 부동산상의 권리와 국내에서 취득한 광업권, 조광권(租鑛權), 흙·모래·돌의 채취에 관한 권리 또는 지하수의 개발·이용권의 양도·임대 또는 그 밖의 운영으로 인하여 발생하는 소득. 다만, 제7호에 따른 양도소득은 제외한다.(2018.12.24 본문개정)

4. 국내원천 선박등임대소득 : 거주자, 내국법인 또는 외국법인의 국내사업장이나 「소득세법」 제120조에 따른 비거주자의 국내사업장에 선박, 항공기, 등록된 자동차나 건설기계 또는 산업상·상업상·과학상의 기계·설비·장치, 그 밖에 대통령령으로 정하는 용구(用具)를 임대함으로써 발생하는 소득(2018.12.24 본호개정)

5. 국내원천 사업소득 : 외국법인이 경영하는 사업에서 발생하는 소득(조세조약에 따라 국내원천사업소득으로 과세할 수 있는 소득을 포함한다)으로서 대통령령으로 정하는 소득. 다만, 제6호에 따른 국내원천 인적용역(人的用役)소득은 제외한다.(2018.12.24 본호개정)

6. 국내원천 인적용역소득 : 국내에서 대통령령으로 정하는 인적용역을 제공함으로써 발생하는 소득(국외에서 제공하는 인적용역 중 대통령령으로 정하는 인적용역을 제공함으로써 발생하는 소득이 조세조약에 따라 국내에서 발생하는 것으로 보는 소득을 포함한다). 이 경우 그 인적용역을 제공받는 자가 인적용역의 제공과 관련하여 항공료 등 대통령령으로 정하는 비용을 부담하는 경우에는 그 비용을 제외한 금액을 말한다.(2018.12.24 전단개정)

7. 국내원천 부동산등양도소득 : 국내에 있는 다음 각 목의 어느 하나에 해당하는 자산·권리를 양도함으로써 발생하는 소득(2018.12.24 본문개정)

가. 「소득세법」 제94조제1항제1호·제2호 및 제4호가목·나목에 따른 자산·권리

나. 내국법인의 주식등(주식등을 기초로 하여 발행한 예탁증서 및 신주인수권을 포함한다. 이하 이 장에서 같다) 중 양도일이 속하는 사업연도 개시일 현재

의 그 법인의 자산총액 중 다음의 가액의 합계액이 100분의 50 이상인 법인의 주식등(이하 이 조에서 "부동산주식등"이라 한다)으로서 「자본시장과 금융투자업에 관한 법률」에 따른 증권시장에 상장되지 아니한 주식등. 이 경우 조세조약의 해석·적용과 관련하여 그 조세조약 상대국과 상호합의에 따라 우리나라에 과세권한이 있는 것으로 인정되는 부동산주식등도 전단의 부동산주식등에 포함한다.
(2019.12.31 후단신설)

1) 「소득세법」 제94조제1항제1호 및 제2호의 자산가액(2015.12.15 신설)

2) 내국법인이 보유한 다른 부동산 과다보유 법인의 주식가액에 그 다른 법인의 부동산 보유비율을 곱하여 산출한 가액. 이 경우 부동산 과다보유 법인의 판정 및 부동산 보유비율의 계산방법은 대통령령으로 정한다.(2015.12.15 신설)

8. 국내원천 사용료소득 : 다음 각 목의 어느 하나에 해당하는 권리·자산 또는 정보(이하 이 호에서 "권리등"이라 한다)를 국내에서 사용하거나 그 대가를 국내에서 지급하는 경우 그 대가 및 그 권리등을 양도함으로써 발생하는 소득. 이 경우 제4호에 따른 산업상·상업상·과학상의 기계·설비·장치 등을 임대함으로써 발생하는 소득을 조세조약에서 사용료소득으로 구분하는 경우 그 사용대가를 포함한다.
(2020.12.22 후단신설)

가. 학술 또는 예술상의 저작물(영화필름을 포함한다)의 저작권, 특허권, 상표권, 디자인, 모형, 도면, 비밀스러운 공식 또는 공정(工程), 라디오·텔레비전방송용 필름 및 테이프, 그 밖에 이와 유사한 자산이나 권리

나. 산업상·상업상·과학상의 지식·경험에 관한 정보 또는 노하우

다. 사용지(使用地)를 기준으로 국내원천소득 해당 여부를 규정하는 조세조약(이하 이 조에서 "사용지 기준 조세조약"이라 한다)에서 사용료의 정의에 포함되는 그 밖에 이와 유사한 재산 또는 권리[특허권, 실용신안권, 상표권, 디자인권 등 그 행사에 등록이 필요한 권리(이하 이 조에서 "특허권등"이라 한다)가 국내에서 등록되지 아니하였으나 그에 포함된 제조방법·기술·정보 등이 국내에서의 제조·생산과 관련되는 등 국내에서 사실상 실시되거나 사용되는 것을 말한다](2019.12.31 본목신설)

9. 국내원천 유가증권양도소득 : 다음 각 목의 어느 하나에 해당하는 주식등(「자본시장과 금융투자업에 관한 법률」에 따른 증권시장에 상장된 부동산주식등을 포함한다) 또는 그 밖의 유가증권(「자본시장과 금융투자업에 관한 법률」 제4조에 따른 증권을 포함한다. 이하 같다)을 양도함으로써 발생하는 소득으로서 대통령령으로 정하는 소득(2018.12.24 본문개정)

가. 내국법인이 발행한 주식등과 그 밖의 유가증권

나. 외국법인이 발행한 주식등(「자본시장과 금융투자업에 관한 법률」에 따른 증권시장에 상장된 것으로 한정한다)(2018.12.24 본문개정)

다. 외국법인의 국내사업장이 발행한 그 밖의 유가증권(2018.12.24 본목신설)

10. 국내원천 기타소득 : 제1호부터 제9호까지의 규정에 따른 소득 외의 소득으로서 다음 각 목의 어느 하나에 해당하는 소득(2018.12.24 본문개정)

가. 국내에 있는 부동산 및 그 밖의 자산이나 국내에서 경영하는 사업과 관련하여 받은 보험금·보상금 또는 손해배상금

나. 국내에서 지급하는 위약금이나 배상금으로서 대통령령으로 정하는 소득

다. 국내에 있는 자산을 증여받아 생기는 소득

라. 국내에서 지급하는 상금·현상금·포상금, 그 밖에 이에 준하는 소득
마. 국내에서 발견된 매장물로 인한 소득
바. 국내법에 따른 면허·허가, 그 밖에 이와 유사한 처분에 의하여 설정된 권리와 부동산 외의 국내자산을 양도함으로써 생기는 소득
사. 국내에서 발행된 복권·경품권, 그 밖의 추첨권에 의하여 받는 당첨금품과 승마투표권·승자투표권·소싸움경기투표권·체육진흥투표권의 구매자가 받는 환급금
아. 제67조에 따라 기타소득으로 처분된 금액
자. 대통령령으로 정하는 특수관계인(이하 제98조에서 "국외특수관계인"이라 한다)이 보유하고 있는 내국법인의 주식등이 대통령령으로 정하는 자본거래로 인하여 그 가치가 증가함으로써 발생하는 소득 (2011.12.31 본목개정)
차. 사용지 기준 조세조약 상대국의 법인이 소유한 특허권등으로서 국내에서 등록되지 아니하고 국외에서 등록된 특허권등을 침해하여 발생하는 손해에 대하여 국내에서 지급하는 손해배상금·보상금·화해금·일실이익 또는 그 밖에 이와 유사한 소득. 이 경우 해당 특허권등에 포함된 제조방법·기술·정보 등이 국내에서의 제조·생산과 관련되는 등 국내에서 사실상 실시되거나 사용되는 것과 관련되어 지급하는 소득으로 한정한다.(2019.12.31 본목신설)
카. 가목부터 차목까지의 소득 외에 국내에서 하는 사업이나 국내에서 제공하는 인적용역 또는 국내에 있는 자산과 관련하여 제공받은 경제적 이익으로 생긴 소득(국가 또는 특별법에 따라 설립된 금융회사 등이 발행한 외화표시채권을 상환함으로써 받은 금액이 그 외화표시채권의 발행가액을 초과하는 경우에는 그 차액을 포함하되, 이와 유사한 소득으로서 대통령령으로 정하는 소득 (2019.12.31 본목개정)
(2015.12.15 본조제목개정)

제93조의2【국외투자기구에 대한 실질귀속자 특례】
① 외국법인이 국외투자기구(투자권유를 하여 모은 금전 등을 재산적 가치가 있는 투자대상자산의 취득, 처분 또는 그 밖의 방법으로 운용하고 그 결과를 투자자에게 배분하여 귀속시키는 투자행위를 하는 기구로서 국외에서 설립된 기구를 말한다. 이하 같다)를 통하여 제93조에 따른 국내원천소득을 지급받는 경우에는 그 외국법인을 국내원천소득의 실질귀속자(국내원천소득과 관련하여 법적 또는 경제적 위험을 부담하고 그 소득을 처분할 수 있는 권리를 가지는 등 그 소득에 대한 소유권을 실질적으로 보유하고 있는 자를 말한다. 이하 같다)로 본다. 다만, 국외투자기구가 다음 각 호의 어느 하나에 해당하는 경우('소득세법」 제2조제3항에 따른 법인으로 보는 단체 외의 법인 아닌 단체인 국외투자기구는 이 항 제2호 및 제3호에 해당하는 경우로 한정한다)에는 그 국외투자기구를 국내원천소득의 실질귀속자로 본다.
1. 다음 각 목의 요건을 모두 갖추고 있는 경우
가. 조세조약에 따라 그 설립된 국가에서 납세의무를 부담하는 자에 해당할 것
나. 국내원천소득에 대하여 조세조약이 정하는 비과세·면제 또는 제한세율(조세조약에 따라 체약상대국의 거주자 또는 법인에 과세할 수 있는 최고세율을 말한다. 이하 같다)을 적용받을 수 있는 요건을 갖추고 있을 것
(2021.12.21 본호개정)
2. 제1호에 해당하지 아니하는 국외투자기구가 조세조약에서 국내원천소득의 수익적 소유자로 취급되는 것으로 규정되고 국내원천소득에 대하여 조세조약이 정하는 비과세·면제 또는 제한세율을 적용받을 수

있는 요건을 갖추고 있는 경우(2021.12.21 본호개정)
3. 제1호 및 제2호에 해당하지 아니하는 국외투자기구가 그 국외투자기구에 투자한 투자자를 입증하지 못하는 경우(투자자가 둘 이상인 경우로서 투자자 일부만 입증하는 경우에는 입증하지 못하는 부분으로 한정한다)
② 제1항제3호에 해당하여 국외투자기구를 국내원천소득의 실질귀속자로 보는 경우에는 그 국외투자기구에 대하여 조세조약에 따른 비과세·면제 및 제한세율을 적용하지 아니한다.(2021.12.21 본항개정)
(2018.12.24 본조신설)

제93조의3【외국법인의 국채등 이자·양도소득에 대한 과세특례 등】
① 제98조제1항에 따른 원천징수의 대상이 되는 외국법인의 소득 중 다음 각 호의 소득에 대해서는 제3조제1항제2호에도 불구하고 법인세를 과세하지 아니한다.
1. 제93조제1호의 국내원천 이자소득 중 「국채법」 제5조제1항에 따라 발행하는 국채, 「한국은행 통화안정증권법」에 따른 통화안정증권 및 대통령령으로 정하는 채권(이하 이 조에서 "국채등"이라 한다)에서 발생하는 소득
2. 제93조제9호의 국내원천 유가증권양도소득 중 국채등의 양도로 발생하는 소득
② 제1항에 따라 법인세를 과세하지 아니하는 국채등에는 대통령령으로 정하는 요건을 갖추어 국세청장의 승인을 받은 외국금융회사 등(이하 "적격외국금융회사등"이라 한다)을 통하여 취득·보유·양도하는 국채등을 포함한다. 이 경우 적격외국금융회사등의 준수사항, 승인 및 승인 취소의 기준·절차 등에 관하여 필요한 사항은 대통령령으로 정한다.
③ 제1항에 따른 비과세를 적용받으려는 외국법인 또는 적격외국금융회사등은 대통령령으로 정하는 바에 따라 납세지 관할 세무서장에게 비과세 적용 신청을 하여야 한다.
④ 다음 각 호의 어느 하나에 해당하는 국외투자기구에 투자한 투자자 중 내국법인이 포함되어 있는 경우 해당 내국법인의 제1항 각 호의 소득에 대해서는 제73조 및 제73조의2를 적용하지 아니하며, 해당 내국법인이 대통령령으로 정하는 바에 따라 직접 신고·납부하여야 한다.
1. 「자본시장과 금융투자업에 관한 법률」에 따른 집합투자기구와 유사한 국외투자기구로서 설립지국의 법령 등에 따라 공모(公募) 투자기구로 인정되는 국외투자기구
2. 제1호에 준하는 것으로서 대통령령으로 정하는 요건을 갖춘 국외투자기구
(2022.12.31 본조신설)

제94조【외국법인의 국내사업장】
① 외국법인이 국내에 사업의 전부 또는 일부를 수행하는 고정된 장소를 가지고 있는 경우에는 국내사업장이 있는 것으로 한다.
② 제1항에 따른 국내사업장에는 다음 각 호의 어느 하나에 해당하는 장소를 포함하는 것으로 한다.
1. 지점, 사무소 또는 영업소
2. 상점, 그 밖의 고정된 판매장소
3. 작업장, 공장 또는 창고
4. 6개월을 초과하여 존속하는 건축 장소, 건설·조립·설치공사의 현장 또는 이와 관련되는 감독 활동을 수행하는 장소
5. 고용인을 통하여 용역을 제공하는 경우로서 다음 각 목의 어느 하나에 해당되는 장소
가. 용역의 제공이 계속되는 12개월 중 총 6개월을 초과하는 기간 동안 용역이 수행되는 장소
나. 용역의 제공이 계속되는 12개월 중 총 6개월을 초과하지 아니하는 경우로서 유사한 종류의 용역이 2년 이상 계속적·반복적으로 수행되는 장소

6. 광산·채석장 또는 해저천연자원이나 그 밖의 천연 자원의 탐사 및 채취 장소〔국제법에 따라 우리나라가 영해 밖에서 주권을 행사하는 지역으로서 우리나라의 연안에 인접한 해저지역의 해상(海床)과 하층토 (下層土)에 있는 것을 포함한다〕
③ 외국법인이 제1항에 따른 고정된 장소를 가지고 있지 아니한 경우에도 다음 각 호의 어느 하나에 해당하는 자 또는 이에 준하는 자로서 대통령령으로 정하는 자를 두고 사업을 경영하는 경우에는 그 자의 사업장 소재지(사업장이 없는 경우에는 주소지로 하고, 주소지가 없는 경우에는 거소지로 한다)에 국내사업장을 둔 것으로 본다.(2018.12.24 본문개정)
1. 국내에서 그 외국법인을 위하여 다음 각 목의 어느 하나에 해당하는 계약(이하 이 항에서 "외국법인 명의 계약등"이라 한다)을 체결할 권한을 가지고 그 권한을 반복적으로 행사하는 자
  가. 외국법인 명의의 계약
  나. 외국법인이 소유하는 자산의 소유권 이전 또는 소유권이나 사용권을 갖는 자산의 사용권 허락을 위한 계약
  다. 외국법인의 용역제공을 위한 계약
2. 국내에서 그 외국법인을 위하여 외국법인 명의 계약 등을 체결할 권한을 가지고 있지 아니하더라도 계약을 체결하는 과정에서 중요한 역할(외국법인이 계약의 중요사항을 변경하지 아니하고 계약을 체결하는 경우로 한정한다)을 반복적으로 수행하는 자
(2018.12.24 1호~2호신설)
④ 다음 각 호의 장소(이하 이 조에서 "특정 활동 장소"라 한다)가 외국법인의 사업 수행상 예비적 또는 보조적인 성격을 가진 활동을 하기 위하여 사용되는 경우에는 제1항에 따른 국내사업장에 포함되지 아니한다. (2019.12.31 본문개정)
1. 외국법인이 자산의 단순한 구입만을 위하여 사용하는 일정한 장소
2. 외국법인이 판매를 목적으로 하지 아니하는 자산의 저장이나 보관만을 위하여 사용하는 일정한 장소
3. 외국법인이 광고, 선전, 정보의 수집 및 제공, 시장조사, 그 밖에 이와 유사한 활동만을 위하여 사용하는 일정한 장소(2018.12.24 본호개정)
4. 외국법인이 자기의 자산을 타인으로 하여금 가공하게 할 목적으로만 사용하는 일정한 장소
⑤ 제4항에도 불구하고 특정 활동 장소가 다음 각 호의 어느 하나에 해당하는 경우에는 제1항에 따른 국내사업장에 포함한다.
1. 외국법인 또는 대통령령으로 정하는 특수관계가 있는 외국법인(비거주자를 포함한다. 이하 이 항에서 "특수관계가 있는 자"라 한다)이 특정 활동 장소와 같은 장소 또는 국내의 다른 장소에서 사업을 수행하고 다음 각 목의 요건을 모두 충족하는 경우
  가. 특정 활동 장소와 같은 장소 또는 국내의 다른 장소에 해당 외국법인 또는 특수관계가 있는 자의 국내사업장이 존재할 것
  나. 특정 활동 장소에서 수행하는 활동과 가목의 국내사업장에서 수행하는 활동이 상호 보완적일 것
2. 외국법인 또는 특수관계가 있는 자가 특정 활동 장소와 같은 장소 또는 국내의 다른 장소에서 상호 보완적인 활동을 수행하고 각각의 활동을 결합한 전체적인 활동이 외국법인 또는 특수관계가 있는 자의 사업활동에 비추어 예비적 또는 보조적인 성격을 가진 활동에 해당하지 아니하는 경우(2019.12.31 본호개정)
(2018.12.24 본항신설)
판례 미합중국 법률에 따라 설립된 미합중국법인으로서 법인세법 제94조에 따른 국내사업장을 가지고 있지 않은 A회사는 대한민국에서 신용카드업을 영위하는 회원사로부터 발급사분담금과 발급사일일분담금을 지급받아 왔다. 회원사는 위 분담금들이 법인세법 제93조제9가목에서 국내원천소득으로 정한 상표권 사용의 대가에 해당함을 전제로 위 분담금들에 대한 법인세를 원천징수하여 관할 세무서장에게 납부하였다. 그러자 A회사가 위 분담금들이 사업소득에 해당하여 국내원천소득이 아니라는 이유로 위 법인세의 환급을 구하는 경정청구를 하였으나, 관할 세무서장이 이를 거부하였다. 이 사안에서 발급사분담금은 상표권 사용의 대가로, 발급사일일분담금은 포괄적 역무 제공의 대가로 볼 여지가 충분하여 사업소득으로 보아야 한다. (대판 2022.7.28, 2019두52706)

제94조의2【외국법인연락사무소 자료 제출】 ① 외국법인이 국내에서 수익을 발생시키는 영업활동을 영위하지 아니하고 업무연락, 시장조사 등 대통령령으로 정하는 비영업적 기능만을 수행하는 사무소(제94조에 따른 국내사업장에 해당하지 아니하는 것을 말하며, 이하 이 조에서 "외국법인연락사무소"라 한다)를 국내에 두고 있는 경우에는 대통령령으로 정하는 현황 자료를 그 다음 연도 2월 10일까지 대통령령으로 정하는 바에 따라 외국법인연락사무소 소재지 관할 세무서장에게 제출하여야 한다.
② 외국법인연락사무소는 제121조제5항 본문에 따라 발급받은 계산서의 매입처별합계표를 외국법인연락사무소 소재지 관할 세무서장에게 제출하여야 한다. (2022.12.31 본항신설)
③ 제2항에 따른 계산서의 매입처별합계표 제출에 관하여는 제121조제5항, 제6항 및 제8항을 준용한다. (2022.12.31 본항신설)
(2022.12.31 본조제목개정)
(2021.12.21 본조신설)

제2절 세액의 계산

제95조【세율】 제91조제1항에 따른 외국법인과 같은 조 제2항 및 제3항에 따른 외국법인으로서 제93조제7호에 따른 국내원천 부동산등양도소득이 있는 외국법인의 각 사업연도의 소득에 대한 법인세는 제91조에 따른 과세표준의 금액에 제55조를 적용하여 계산한 금액(제95조의2에 따른 토지등의 양도소득에 대한 법인세액이 있는 경우에는 이를 합한 금액으로 한다)으로 한다. (2018.12.24 본조개정)

제95조의2【외국법인의 토지등 양도소득에 대한 과세특례】 제91조제1항에 따른 외국법인 및 같은 조 제2항에 따른 외국법인의 토지등의 양도소득에 대한 법인세의 납부에 관하여는 제55조의2를 준용한다. 이 경우 제91조제2항에 따른 외국법인의 토지등 양도소득은 제92조제3항을 준용하여 계산한 금액으로 한다.

제96조【외국법인의 국내사업장에 대한 과세특례】 ① 외국법인(비영리외국법인은 제외한다)의 국내사업장은 우리나라와 그 외국법인의 본점 또는 주사무소가 있는 해당 국가(이하 이 조에서 "거주지국"이라 한다)와 체결한 조세조약에 따라 제2항에 따른 과세대상 소득금액(우리나라와 그 외국법인의 거주지국과 체결한 조세조약에서 이윤의 송금액에 대하여 과세할 수 있도록 규정하고 있는 경우에는 대통령령으로 정하는 송금액으로 한다)에 제3항에 따른 세율을 적용하여 계산한 세액을 제95조에 따른 법인세에 추가하여 납부하여야 한다. 다만, 그 외국법인의 거주지국이 그 국가에 있는 우리나라의 법인의 국외사업장에 대하여 추가하여 과세하지 아니하는 경우에는 그러하지 아니하다.
② 제1항의 과세대상 소득금액은 해당 국내사업장의 각 사업연도의 소득금액에서 다음 각 호의 금액을 뺀 금액으로 한다.

1. 제95조에 따른 법인세에 가목의 금액을 빼고 나목의
금액을 더한 금액
가. 제97조제1항에 따라 준용되는 제57조제1항에 따
른 외국납부세액공제, 제58조에 따른 재해손실에 대
한 세액공제와 다른 법률에 따른 감면세액·세액공
제(2020.12.22 본목개정)
나. 제75조, 제75조의2부터 제75조의9까지 및 「국세
기본법」 제47조의2부터 제47조의5까지의 규정에 따
른 가산세와 이 법 또는 「조세특례제한법」에 따른
추가 납부세액(2018.12.24 본목개정)
2. 법인지방소득세(2014.1.1 본호개정)
3. 해당 국내사업장이 사업을 위하여 재투자할 것으로
인정되는 금액 등 대통령령으로 정하는 금액
4. 「국제조세조정에 관한 법률」 제22조에 따라 손금에
산입되지 아니하는 금액(2020.12.22 본호개정)
③ 제1항에서 적용되는 세율은 제98조제1항제2호에 따
른 세율로 하되, 우리나라와 해당 외국법인의 거주지국
이 체결한 조세조약으로 세율을 따로 정하는 경우에는
그 조약에 따른다.(2018.12.24 본항개정)

제3절 신고·납부·결정·경정 및 징수

제97조【신고·납부·결정·경정 및 징수】① 제91
조제1항에 해당하는 외국법인과 같은 조 제2항 및 제3
항에 해당하는 외국법인으로서 제93조제7호에 따른 국
내원천 부동산등양도소득이 있는 외국법인(이하 이 항
에서 "외국법인등"이라 한다)의 각 사업연도의 소득에
대한 법인세의 신고·납부·결정·경정 및 징수에 대
하여는 이 절에서 규정하는 것을 제외하고는 다음 각
호의 구분에 따른 규정을 준용한다. 이 경우 제64조를
준용할 때 외국법인등의 각 사업연도 소득에 대한 법
인세 과세표준에 제98조제1항제5호 또는 같은 조 제8
항에 따라 원천징수된 소득이 포함되어 있는 경우에는
그 원천징수세액을 제64조제1항제4호에 따라 공제되는
세액으로 본다.(2020.12.22 본문개정)
1. 세액공제와 세액감면의 경우 : 제57조제1항·제2항,
제58조, 제58조의3 및 제59조
2. 신고와 납부의 경우 : 제60조(같은 조 제2항제1호에
따른 이익잉여금처분계산서 또는 결손금처리계산서
는 제외한다), 제62조 및 제64조
3. 중간예납의 경우 : 제63조 및 제63조의2
4. 과세표준의 결정과 경정의 경우 : 제66조부터 제70
조까지
5. 세액의 징수와 환급의 경우 : 제71조
6. 원천징수의 경우 : 제73조, 제73조의2 및 제74조
7. 가산세의 경우 : 제75조 및 제75조의2부터 제75조의9
까지
(2018.12.24 1호~7호신설)
② 제1항에 따라 각 사업연도의 소득에 대한 법인세의
과세표준을 신고하여야 할 외국법인이 대통령령으로
정하는 사유로 그 신고기한까지 신고서를 제출할 수
없는 경우에는 제1항에도 불구하고 대통령령으로 정하
는 바에 따라 납세지 관할 세무서장 또는 관할지방국
세청장의 승인을 받아 그 신고기한을 연장할 수 있다.
③ 제2항에 따라 신고기한의 연장승인을 받은 외국법인
이 신고세액을 납부할 때에는 기한 연장일수에 금융회
사 등의 이자율을 고려하여 대통령령으로 정하는 이율
을 적용하여 계산한 금액을 가산하여 납부하여야 한다.
④ 제3항에 따라 가산할 금액을 계산할 때의 기한 연장일
수는 제60조에 따른 신고기한의 다음 날부터 연장승인을
받은 날까지의 일수로 한다. 다만, 연장승인 기한내에 신고
및 납부가 이루어진 경우에는 그 날까지의 일수로 한다.
⑤ 제98조, 제98조의3, 제98조의5 또는 제98조의6에 따
른 원천징수세액이 1천원 미만인 경우에는 해당 법인
세를 징수하지 아니한다.(2013.1.1 본항신설)

제98조【외국법인에 대한 원천징수 또는 징수의 특
례】① 외국법인에 대하여 제93조제1호·제2호 및 제4
호부터 제10호까지의 규정에 따른 국내원천소득으로서
국내사업장과 실질적으로 관련되지 아니하거나 그 국
내사업장에 귀속되지 아니하는 소득의 금액(국내사업장
이 없는 외국법인에 지급하는 금액을 포함한다)을 지급
하는 자(제93조제7호에 따른 국내원천 부동산등양도소
득의 금액을 지급하는 거주자 및 비거주자는 제외한다)
는 제97조에도 불구하고 그 지급을 할 때에 다음 각 호
의 구분에 따른 금액을 해당 법인의 각 사업연도의 소득
에 대한 법인세로서 원천징수하여 그 원천징수한 날이
속하는 달의 다음 달 10일까지 대통령령으로 정하는 바
에 따라 납세지 관할 세무서등에 납부하여야 한다.
1. 제93조제1호에 따른 국내원천 이자소득 : 다음 각 목
의 구분에 따른 금액
가. 국가·지방자치단체 및 내국법인이 발행하는 채
권에서 발생하는 이자소득 : 지급금액의 100분의 14
나. 가목 외의 이자소득 : 지급금액의 100분의 20
2. 제93조제2호에 따른 국내원천 배당소득 : 지급금액
의 100분의 20
3. 제93조제4호에 따른 국내원천 선박등임대소득 및 같
은 조 제5호에 따른 국내원천 사업소득(조세조약에 따
라 국내원천 사업소득으로 과세할 수 있는 소득은 제
외한다) : 지급금액의 100분의 2
4. 제93조제6호에 따른 국내원천 인적용역소득 : 지급
금액의 100분의 20. 다만, 국외에서 제공하는 인적용
역 중 대통령령으로 정하는 인적용역을 제공함으로
써 발생하는 소득이 조세조약에 따라 국내에서 발생
하는 것으로 보는 소득에 대해서는 그 지급금액의
100분의 3으로 한다.
5. 제93조제7호에 따른 국내원천 부동산등양도소득 : 지
급금액의 100분의 10. 다만, 양도한 자산의 취득가액
및 양도비용이 확인되는 경우에는 그 지급금액의 100
분의 10에 상당하는 금액과 그 자산의 양도차익의
100분의 20에 상당하는 금액 중 적은 금액으로 한다.
6. 제93조제8호에 따른 국내원천 사용료소득 : 지급금
액의 100분의 20
7. 제93조제9호에 따른 국내원천 유가증권양도소득 :
지급금액(제92조제2항제2호에 해당하는 경우에는 같
은 호의 "정상가격"을 말한다. 이하 이 호에서 같다)
의 100분의 10. 다만, 제92조제2항제1호 단서에 따라
해당 유가증권의 취득가액 및 양도비용이 확인되는
경우에는 그 지급금액의 100분의 10에 상당하는 금액
과 같은 호 단서에 따라 계산한 금액의 100분의 20에
상당하는 금액 중 적은 금액으로 한다.
8. 제93조제10호에 따른 국내원천 기타소득 : 지급금액
(같은 호 다목의 소득에 대해서는 대통령령으로 정하
는 금액)의 100분의 20. 다만, 제93조제10호차목의 소
득에 대해서는 그 지급금액의 100분의 15로 한다.
(2019.12.31 본호개정)
(2018.12.24 본항개정)
② (2022.12.31 삭제)
③ (2011.12.31 삭제)
④ 납세지 관할 세무서장은 원천징수의무자가 제1항
및 제5항부터 제12항까지의 규정에 따라 외국법인의
각 사업연도의 소득에 대한 법인세로서 원천징수하여
야 할 금액을 원천징수하지 아니하였거나 원천징수한
금액을 제1항에 따른 기한까지 납부하지 아니하면 지
체 없이 국세징수의 예에 따라 원천징수의무자로부터
그 징수하는 금액에 「국세기본법」 제47조의5제1항에
따른 금액을 가산하여 법인세로 징수하여야 한다.
(2011.12.31 본항개정)
⑤ 국내사업장을 가지고 있지 아니한 외국법인에 외국
차관자금으로서 제93조제1호·제5호·제6호 및 제8호
에 따른 국내원천소득의 금액을 지급하는 자는 해당

계약조건에 따라 그 소득금액을 자기가 직접 지급하지 아니하는 경우에도 그 계약상의 지급조건에 따라 그 소득금액이 지급될 때마다 제1항에 따른 원천징수를 하여야 한다.

⑥ 외국을 항행하는 선박이나 항공기를 운영하는 외국법인의 국내대리점으로서 제94조제3항에 해당하지 아니하는 자가 그 외국법인에 외국을 항행하는 선박이나 항공기의 항행에서 생기는 소득을 지급할 때에는 제1항에 따라 그 외국법인의 국내원천소득 금액에 대하여 원천징수하여야 한다.

⑦ 제93조제9호에 따른 유가증권을 「자본시장과 금융투자업에 관한 법률」에 따른 투자매매업자 또는 투자중개업자를 통하여 양도하는 경우에는 그 투자매매업자 또는 투자중개업자가 제1항에 따라 원천징수를 하여야 한다. 다만, 「자본시장과 금융투자업에 관한 법률」에 따라 주식을 상장하는 경우로서 이미 발행된 주식을 양도하는 경우에는 그 주식을 발행한 법인이 원천징수하여야 한다.

⑧ 외국법인에 건축, 건설, 기계장치 등의 설치·조립, 그 밖의 작업이나 그 작업의 지휘·감독 등에 관한 용역을 제공함으로써 발생하는 국내원천소득 또는 제93조제6호에 따라 인적용역을 제공함에 따른 국내원천소득(조세조약에서 사업소득으로 구분하는 경우를 포함한다)의 금액을 지급하는 자는 그 소득이 국내사업장에 귀속되는 경우에도 제1항에 따른 원천징수를 하여야 한다. 다만, 그 국내사업장이 제111조에 따라 사업자등록을 한 경우는 제외한다.(2014.1.1 본문개정)

⑨ 제1항에 따른 국내원천소득이 국외에서 지급되는 경우 그 지급자가 국내에 주소, 거소, 본점, 주사무소 또는 국내사업장(「소득세법」 제120조에 따른 국내사업장을 포함한다)을 둔 경우에는 그 지급자가 그 국내원천소득 금액을 국내에서 지급하는 것으로 보아 제1항을 적용한다.

⑩ 외국법인이 「민사집행법」에 따른 경매 또는 「국세징수법」에 따른 공매로 인하여 제93조에 따른 국내원천소득을 지급받는 경우에는 해당 경매대금을 배당하거나 공매대금을 배분하는 자가 해당 외국법인에 실제로 지급하는 금액의 범위에서 제1항에 따라 원천징수를 하여야 한다.(2014.1.1 본항개정)

⑪ 제1항 및 제5항부터 제10항까지의 규정에 따른 원천징수의무자를 대리하거나 그 위임을 받은 자의 행위는 수권 또는 위임의 범위에서 본인 또는 위임인의 행위로 보아 제1항 및 제5항부터 제10항까지의 규정을 적용한다.

⑫ 금융회사 등이 내국인이 발행한 어음이나 채무증서를 인수·매매·중개 또는 대리하는 경우에는 그 금융회사 등과 해당 내국인 간에 대리 또는 위임의 관계가 있는 것으로 보아 제11항을 적용한다.

⑬ 원천징수의무자가 제1항 및 제5항부터 제12항까지의 규정에 따라 법인세를 원천징수할 때에는 대통령령으로 정하는 바에 따라 그 지급금액과 그 밖에 필요한 사항을 적은 원천징수영수증을 그 지급받는 자에게 발급하여야 한다.

⑭ 제93조제10호자목에 따른 국내원천소득은 주식등을 발행한 내국법인이 그 주식등을 보유하고 있는 국외특수관계인으로부터 대통령령으로 정하는 시기에 원천징수하여야 한다.(2011.12.31 본항개정)

⑮ 제14항에 따른 원천징수의 구체적인 방법은 대통령령으로 정한다.

제98조의2【외국법인의 유가증권 양도소득 등에 대한 신고·납부 등의 특례】 ① 국내사업장이 없는 외국법인은 동일한 내국법인의 주식 또는 출자증권을 동일한 사업연도(그 주식 또는 출자증권을 발행한 내국법인의 사업연도를 말한다. 이하 이 조에서 같다)에 2회 이상

양도함으로써 조세조약에서 정한 과세기준을 충족하게 된 경우에는 양도 당시 원천징수되지 아니한 소득(이하 이 조에서 "소득"이라 한다)에 대한 원천징수세액 상당액을 양도일이 속하는 사업연도의 종료일부터 3개월 이내에 대통령령으로 정하는 바에 따라 납세지 관할 세무서장에게 신고·납부하여야 한다.

② 제1항은 국내사업장이 있는 외국법인의 소득으로서 그 국내사업장과 실질적으로 관련되지 아니하거나 그 국내사업장에 귀속되지 아니한 소득에 대하여도 준용한다.

③ 국내사업장이 없는 외국법인은 주식·출자증권 또는 그 밖의 유가증권(이하 이 항에서 "주식등"이라 한다)을 국내사업장이 없는 비거주자나 외국법인에 양도하는 경우로서 대통령령으로 정하는 경우에는 그 양도로 인하여 발생하는 소득에 제98조제1항제7호에 따른 비율을 곱하여 산출한 금액을 지급받은 날이 속하는 달의 다음다음 달 10일까지 대통령령으로 정하는 바에 따라 납세지 관할 세무서장에게 신고·납부하여야 한다. 다만, 주식등의 양도에 따른 소득의 금액을 지급하는 자가 제98조에 따라 해당 주식등의 양도로 발생한 국내원천소득에 대한 법인세를 원천징수하여 납부한 경우에는 그러하지 아니하다.(2018.12.24 본문개정)

④ 국내사업장이 없는 외국법인이 국내에 있는 자산을 국내사업장이 없는 비거주자나 외국법인으로부터 증여받아 제93조제10호에 따른 소득이 발생하는 경우에는 제98조제1항제8호에 따른 금액을 증여받는 날이 속하는 달의 말일부터 3개월 이내에 대통령령으로 정하는 바에 따라 납세지 관할 세무서장에게 신고·납부하여야 한다. 다만, 국내에 있는 자산을 증여하는 자가 제98조에 따라 국내원천소득에 대한 법인세를 원천징수하여 납부한 경우에는 그러하지 아니하다. (2018.12.24 본문개정)

⑤ 납세지 관할 세무서장은 외국법인이 제1항부터 제4항까지의 규정에 따른 신고·납부를 하지 아니하거나 신고하여야 할 과세표준보다 낮게 신고한 경우 또는 납부하여야 할 세액보다 적게 납부한 경우에는 제66조를 준용하여 징수하여야 한다.(2011.12.31 본항개정) (2011.12.31 본조제목개정)

제98조의3【외국법인의 원천징수대상채권등에 대한 원천징수의 특례】 ① 외국법인(제98조제1항을 적용받는 외국법인을 말한다. 이하 이 조에서 같다)에게 원천징수대상채권등의 이자등을 지급하는 자 또는 원천징수대상채권등의 이자등을 지급받기 전에 외국법인으로부터 원천징수대상채권등을 매수(중개·알선, 그 밖에 대통령령으로 정하는 경우를 포함하되, 환매조건부 채권매매 거래 등 대통령령으로 정하는 경우는 제외한다. 이하 이 조에서 같다)하는 자는 그 외국법인의 보유기간을 고려하여 대통령령으로 정하는 바에 따라 원천징수하여야 한다.

② (2004.12.31 삭제)

③ 제1항에 따른 원천징수를 하여야 할 자를 대리하거나 그 위임을 받은 자의 행위는 수권 또는 위임의 범위에서 본인이나 위임인의 행위로 보아 제1항을 적용한다.

④ 금융회사 등이 내국인이나 외국법인이 발행한 원천징수대상채권등을 인수·매매·중개 또는 대리하는 경우에는 그 금융회사 등과 제1항의 원천징수의무자 및 원천징수대상채권등을 매도하는 외국법인 간에 대리 또는 위임의 관계가 있는 것으로 보아 제3항을 적용한다.

⑤ 제1항부터 제4항까지의 규정을 적용할 때 원천징수세액의 납부기한, 가산세의 납부 및 징수에 관하여는 제98조제1항부터 제3항까지의 규정을 준용한다.

⑥ 제1항을 적용할 때 이자소득의 지급시기, 원천징수대상채권등의 보유기간의 계산, 원천징수세액의 계산

및 납부와 원천징수의무자의 범위, 원천징수영수증의
발급 등에 관하여 필요한 사항은 대통령령으로 정한다.

제98조의4 【외국법인에 대한 조세조약상 비과세 또는 면제 적용 신청】

① 제93조에 따른 국내원천소득(같은 조 제5호에 따른 국내원천 사업소득 및 같은 조 제6호에 따른 국내원천 인적용역소득은 제외한다)의 실질귀속자인 외국법인이 조세조약에 따라 비과세 또는 면제를 적용받으려는 경우에는 대통령령으로 정하는 바에 따라 비과세·면제적용 신청서 및 국내원천소득의 실질귀속자임을 증명하는 서류(이하 이 조에서 "신청서등"이라 한다)를 국내원천소득을 지급하는 자(이하 이 조에서 "소득지급자"라 한다)에게 제출하고 해당 소득지급자는 그 신청서등을 납세지 관할 세무서장에게 제출하여야 한다. 이 경우 제93조의2제1항제1호에 해당하는 국외투자기구를 국내원천소득의 실질귀속자로 보는 경우에는 그 국외투자기구에 투자한 투자자의 국가별 현황 등이 포함된 국외투자기구 신고서를 함께 제출하여야 한다.(2022.12.31 전단개정)

② 제1항을 적용할 때 해당 국내원천소득이 국외투자기구를 통하여 지급되는 경우에는 그 국외투자기구가 대통령령으로 정하는 바에 따라 실질귀속자로부터 신청서등을 제출받아 이를 그 명세가 포함된 국외투자기구 신고서와 함께 소득지급자에게 제출하고 해당 소득지급자는 그 신고서와 신청서등을 납세지 관할 세무서장에게 제출하여야 한다.(2022.12.31 본항개정)

③ 제1항 또는 제2항에 따라 실질귀속자 또는 국외투자기구로부터 신청서등을 제출받은 소득지급자는 제출된 신청서등에 누락된 사항이나 미비한 사항이 있으면 보완을 요구할 수 있으며, 실질귀속자 또는 국외투자기구로부터 신청서등 또는 국외투자기구 신고서를 제출받지 못하거나 제출된 서류를 통해서는 실질귀속자를 파악할 수 없는 등 대통령령으로 정하는 사유에 해당하는 경우에는 비과세 또는 면제를 적용하지 아니하고 제98조제1항 각 호의 금액을 원천징수하여야 한다.(2022.12.31 본항개정)

④ 제1항 또는 제2항에 따라 신청서등을 제출받은 납세지 관할 세무서장은 비과세 또는 면제요건 충족 여부를 검토한 결과 비과세·면제 요건이 충족되지 아니하거나 해당 신청서의 내용이 사실과 다르다고 인정되는 경우에는 제98조제4항에 따라 같은 항에 따른 세액을 소득지급자로부터 징수하여야 한다. 이 경우 신청서등에 기재된 내용만으로는 비과세·면제 요건의 충족 여부를 판단할 수 없는 경우에는 상당한 기한을 정하여 소득지급자에게 관련 서류의 보완을 요구할 수 있다.(2022.12.31 본항신설)

⑤ 제3항에 따라 비과세 또는 면제를 적용받지 못한 실질귀속자가 비과세 또는 면제를 적용받으려는 경우에는 실질귀속자 또는 소득지급자가 제3항에 따라 원천징수된 날이 속하는 달의 다음 달 11일부터 5년 이내에 대통령령으로 정하는 바에 따라 소득지급자의 납세지 관할 세무서장에게 경정을 청구할 수 있다. 다만, 「국세기본법」 제45조의2제2항 각 호의 어느 하나에 해당하는 사유가 발생하였을 때에는 본문에도 불구하고 그 사유가 발생한 것을 안 날부터 3개월 이내에 경정을 청구할 수 있다.(2023.12.31 본문개정)

⑥ 제5항에 따라 경정을 청구받은 세무서장은 청구를 받은 날부터 6개월 이내에 과세표준과 세액을 경정하거나 경정하여야 할 이유가 없다는 뜻을 청구인에게 알려야 한다.(2022.12.31 본항개정)

⑦ 제1항부터 제6항까지에서 규정된 사항 외에 신청서등 및 국외투자기구 신고서 등 관련 서류의 제출 방법·절차, 제출된 서류의 보관의무, 경정청구의 방법·절차 등 비과세 또는 면제의 적용에 필요한 사항은 대통령령으로 정한다.(2022.12.31 본항개정)

제98조의5 【특정지역 외국법인에 대한 원천징수절차 특례】

① 제98조, 제98조의2부터 제98조의4까지 및 제98조의6에 따른 원천징수의무자는 기획재정부장관이 고시하는 국가나 지역에 있는 외국법인의 국내원천소득 중 제93조제1호, 제2호, 같은 조 제7호나목, 같은 조 제8호 또는 제9호에 따른 소득에 대하여 각 사업연도의 소득에 대한 법인세로서 원천징수하는 경우에는 제98조의4 및 조세조약에 따른 비과세·면제 또는 제한세율 규정에도 불구하고 제98조제1항 각 호에서 규정하는 세율을 우선 적용하여 원천징수하여야 한다. 다만, 대통령령으로 정하는 바에 따라 조세조약에 따른 비과세·면제 또는 제한세율을 적용받을 수 있음을 국세청장이 미리 승인한 경우에는 그러하지 아니하다.(2011.12.31 본문개정)

② 제1항에 따라 국내원천소득을 실질적으로 귀속받는 법인(그 대리인 또는 「국세기본법」 제82조에 따른 납세관리인을 포함한다)이 그 소득에 대하여 조세조약에 따른 비과세·면제 또는 제한세율의 적용을 받으려는 경우에는 제1항에 따라 세액이 원천징수된 날이 속하는 달의 다음 달 11일부터 5년 이내에 대통령령으로 정하는 바에 따라 원천징수의무자의 납세지 관할 세무서장에게 경정을 청구할 수 있다. 다만, 「국세기본법」 제45조의2제2항 각 호의 어느 하나에 해당하는 사유가 발생하였을 때에는 본문에도 불구하고 그 사유가 발생한 것을 안 날부터 3개월 이내에 경정을 청구할 수 있다.(2023.12.31 본문개정)

③ 제2항에 따라 경정을 청구받은 세무서장은 그 청구를 받은 날부터 6개월 이내에 과세표준과 세액을 경정하거나 경정하여야 할 이유가 없다는 뜻을 그 청구를 한 자에게 알려야 한다.(2018.12.24 본조제목개정)

제98조의6 【외국법인에 대한 조세조약상 제한세율 적용을 위한 원천징수 절차 특례】

① 제93조에 따른 국내원천소득의 실질귀속자인 외국법인이 조세조약에 따른 제한세율을 적용받으려는 경우에는 대통령령으로 정하는 바에 따라 제한세율 적용신청서 및 국내원천소득의 실질귀속자임을 증명하는 서류(이하 이 조에서 "신청서등"이라 한다)를 제93조제1항에 따른 원천징수의무자(이하 이 조에서 "원천징수의무자"라 한다)에게 제출하여야 한다. 이 경우 제93조의2제1항제1호에 해당하여 국외투자기구를 국내원천소득의 실질귀속자로 보는 경우에는 그 국외투자기구에 투자한 투자자의 국가별 현황 등이 포함된 국외투자기구 신고서를 함께 제출하여야 한다.(2022.12.31 전단개정)

② 제1항을 적용할 때 해당 국내원천소득이 국외투자기구를 통하여 지급되는 경우에는 그 국외투자기구가 대통령령으로 정하는 바에 따라 실질귀속자로부터 신청서등을 제출받아 이를 그 명세가 포함된 국외투자기구 신고서와 함께 원천징수의무자에게 제출하여야 한다.(2022.12.31 본항개정)

③ 제1항 또는 제2항에 따라 실질귀속자 또는 국외투자기구로부터 신청서등을 제출받은 원천징수의무자는 제출된 신청서등에 누락된 사항이나 미비한 사항이 있으면 보완을 요구할 수 있으며, 실질귀속자 또는 국외투자기구로부터 신청서등 또는 국외투자기구 신고서를 제출받지 못하거나 제출된 서류를 통해서는 실질귀속자를 파악할 수 없는 등 대통령령으로 정하는 사유에 해당하는 경우에는 제한세율을 적용하지 아니하고 제98조제1항 각 호의 금액을 원천징수하여야 한다.(2022.12.31 본항개정)

④ 제1항 및 제2항에 따라 적용받은 제한세율에 오류가 있거나 제3항에 따라 제한세율을 적용받지 못한 실질귀속자가 제한세율을 적용받으려는 경우에는 실질귀속자 또는 원천징수의무자가 제3항에 따라 세액이 원

천징수된 날이 속하는 달의 다음 달 11일부터 5년 이내에 대통령령으로 정하는 바에 따라 원천징수의무자의 납세지 관할 세무서장에게 경정을 청구할 수 있다. 다만, 「국세기본법」 제45조의2제2항 각 호의 어느 하나에 해당하는 사유가 발생하였을 때에는 본문에도 불구하고 그 사유가 발생한 것을 안 날부터 3개월 이내에 경정을 청구할 수 있다.(2023.12.31 본문개정)
⑤ 제4항에 따라 경정을 청구받은 세무서장은 청구를 받은 날부터 6개월 이내에 과세표준과 세액을 경정하거나 경정하여야 할 이유가 없다는 뜻을 청구인에게 알려야 한다.
⑥ 제1항부터 제5항까지에서 규정된 사항 외에 신청서 등 및 국외투자기구 신고서 등 관련 서류의 제출 방법ㆍ절차, 제출된 서류의 보관의무, 경정청구 방법ㆍ절차 등 제한세율 적용에 필요한 사항은 대통령령으로 정한다.(2022.12.31 본항개정)
(2011.12.31 본조신설)

판례 외국법인인 국외투자기구가 제98조의6제4항에 따른 경정청구권자에 해당할 수 있는지 여부 : 국외투자기구의 경우에는 설립되는 국가의 법에 따라 법인격이 부여되거나 구성원과 독립해 직접 권리ㆍ의무의 주체가 되는 경우에는 법인세법상 외국법인에 해당할 수 있고, 국내원천소득과 관련하여 법적 또는 경제적 위험을 부담하고 그 소득을 처분할 수 있는 권리를 가지는 등 소득에 대한 소유권을 실질적으로 보유하는 경우에는 해당 국내원천소득이 외국법인인 국외투자기구에게 실질적으로 귀속된다고 볼 수 있다. 법인세법 제98조의6제2항ㆍ제3항에서 국외투자기구와 실질귀속자를 구별하고 있다고 하더라도 이는 국외투자기구가 아닌 개별투자자들이 제한세율을 적용받기 위한 절차를 정한 규정일 뿐이며 위 규정을 근거로 국외투자기구에게 경정청구권이 인정되지 않는다고 볼 수 없다.
(대판 2022.10.27, 2020두47397)

제98조의7【이자ㆍ배당 및 사용료에 대한 세율의 적용 특례】① 조세조약의 규정상 외국법인의 국내원천소득 중 이자, 배당 또는 사용료소득에 대해서는 제한세율과 다음 각 호의 어느 하나에 규정된 세율 중 낮은 세율을 적용한다.
1. 조세조약의 대상 조세에 지방소득세가 포함되지 아니하는 경우 : 제98조제1항제1호, 제2호 및 제6호에서 규정하는 세율
2. 조세조약의 대상 조세에 지방소득세가 포함되는 경우 : 제98조제1항제1호, 제2호 및 제6호에서 규정하는 세율에 「지방세법」 제103조의52제1항의 원천징수하는 법인세의 100분의 10을 반영한 세율
② 제1항에도 불구하고 제98조의6제1항에 해당하는 경우에는 같은 항에 따라 원천징수한다. 이 경우 같은 조 제3항에 따라 과세표준과 세액을 경정하는 경우에는 제한세율과 제1항 각 호에서 규정한 세율 중 낮은 세율을 적용한다.
(2020.12.22 본조신설)

제98조의8【외국인 통합계좌를 통하여 지급받는 국내원천소득에 대한 원천징수 특례】① 외국법인 또는 국외투자기구가 외국인 통합계좌(「자본시장과 금융투자업에 관한 법률」 제12조제2항제1호나목에 따른 외국 금융투자업자가 다른 외국 투자자의 주식 매매거래를 일괄하여 주문ㆍ결제하기 위하여 자기 명의로 개설한 계좌를 말한다. 이하 같다)를 통하여 제93조에 따른 국내원천소득을 지급받는 경우 해당 국내원천소득을 외국인 통합계좌를 통하여 지급하는 자는 외국인 통합계좌의 명의인에게 그 소득금액을 지급할 때 제98조제1항 각 호의 구분에 따른 금액을 법인세로 원천징수하여야 한다.
② 제1항에 따라 소득을 지급받은 외국법인 또는 국외투자기구는 조세조약상 비과세ㆍ면제 또는 제한세율을 적용받으려는 경우에는 납세지 관할 세무서장에게 경정을 청구할 수 있다.

③ 외국법인 또는 국외투자기구가 제2항에 따라 경정을 청구하는 경우 경정청구의 기한 및 방법ㆍ절차 등에 관하여는 제98조의4제5항부터 제7항까지 및 제98조의6제4항부터 제6항까지를 준용한다. 이 경우 제98조의4제5항 본문 중 "실질귀속자" 및 "실질귀속자 또는 소득지급자"와 제98조의6제4항 본문 중 "실질귀속자" 및 "실질귀속자 또는 원천징수의무자"는 각각 "외국법인 또는 국외투자기구"로 본다.
(2023.12.31 본조신설)

제99조【외국법인의 국내원천 인적용역소득에 대한 신고ㆍ납부 특례】① 제93조제6호에 따른 국내원천 인적용역소득이 제98조제1항제4호의 세율로 원천징수되는 외국법인은 국내용역 제공기간(용역 제공기간이 불분명할 때에는 입국일부터 출국일까지의 기간)에 발생한 제93조제6호에 따른 국내원천 인적용역소득으로서 그 소득과 관련되는 것으로 입증된 비용을 뺀 금액(이하 이 조에서 "과세표준"이라 한다)을 용역 제공기간 종료일부터 3개월 이내에 대통령령으로 정하는 바에 따라 원천징수의무자의 납세지 관할 세무서장에게 신고ㆍ납부할 수 있다.(2018.12.24 본항개정)
② 제1항을 적용할 때 과세표준에 제98조제1항제4호에 따라 원천징수된 소득이 포함되어 있으면 원천징수세액은 이미 납부한 세액으로 공제한다.(2018.12.24 본항개정)
③ 제1항에 따라 신고ㆍ납부하는 경우 세액의 계산방법ㆍ세율ㆍ신고ㆍ납부ㆍ결정ㆍ경정 및 징수방법에 관하여는 제95조 및 제97조를 준용한다.
(2018.12.24 본조제목개정)

제5장 토지등 양도에 대한 특별부가세

제100조~제108조 (2001.12.31 삭제)

제6장 보 칙
(2010.12.30 본장개정)

제109조【법인의 설립 또는 설치신고】① 내국법인은 그 설립등기일(사업의 실질적 관리장소를 두게 되는 경우에는 그 실질적 관리장소를 두게 된 날을 말하며, 법인과세 신탁재산의 경우에는 설립일을 말한다)부터 2개월 이내에 다음 각 호의 사항을 적은 법인 설립신고서에 대통령령으로 정하는 주주등의 명세서와 사업자등록 서류 등을 첨부하여 납세지 관할 세무서장에게 신고하여야 한다. 이 경우 제111조에 따른 사업자등록을 한 때에는 법인 설립신고를 한 것으로 본다.
(2020.12.22 전단개정)
1. 법인의 명칭과 대표자의 성명[법인과세 신탁재산의 경우에는 법인과세 수탁자(둘 이상의 수탁자가 있는 경우 대표수탁자 및 그 외의 모든 수탁자를 말한다)의 명칭과 대표자의 성명을 말한다](2020.12.22 본호개정)
2. 본점이나 주사무소 또는 사업의 실질적 관리장소의 소재지(법인과세 신탁재산의 경우 법인과세 수탁자의 본점이나 주사무소 또는 사업의 실질적 관리장소의 소재지를 말한다)(2020.12.22 본호개정)
3. 사업 목적
4. 설립일
② 외국법인이 국내사업장을 가지게 되었을 때에는 그 날부터 2개월 이내에 다음 각 호의 사항을 적은 국내사업장 설치신고서에 국내사업장을 가지게 된 날 현재의 재무상태표와 그 밖에 대통령령으로 정하는 서류를 첨부하여 납세지 관할 세무서장에게 신고하여야 한다. 이 경우 제94조제3항에 따른 사업장을 가지게 된 외국법인은 국내사업장 설치신고서만 제출할 수 있다.

1. 법인의 명칭과 대표자의 성명
2. 본점 또는 주사무소의 소재지
3. 국내에서 수행하는 사업이나 국내에 있는 자산의 경영 또는 관리책임자의 성명
4. 국내사업의 목적 및 종류와 국내자산의 종류 및 소재지
5. 국내사업을 시작하거나 국내자산을 가지게 된 날
③ 내국법인과 외국법인은 제1항과 제2항에 따라 신고한 신고서 및 그 첨부서류의 내용이 변경된 경우에는 그 변경사항이 발생한 날부터 15일 이내에 그 변경된 사항을 납세지 관할 세무서장에게 신고하여야 한다.
④ 제93조제3호에 따른 국내원천 부동산소득이 있는 외국법인의 신고에 관하여는 제2항을 준용한다.(2018.12.24 본항개정)

제109조의2【법인과세 신탁재산의 수익자 변경신고】

① 법인과세 신탁재산에 새로운 수탁자(이하 "신수탁자"라 한다)가 선임된 경우 신수탁자는 선임일 이후 2개월 이내에 다음 각 호의 사항을 적은 신고서에 신수탁자로 선임된 사실을 증명하는 서류 등을 첨부하여 납세지 관할 세무서장에게 신고하여야 한다.
1. 신수탁자의 명칭과 대표자의 성명
2. 법인과세 신탁재산의 명칭
3. 신수탁자의 본점이나 주사무소 또는 사업의 실질적 관리장소의 소재지
4. 신수탁자에게 신탁사무를 승계한 새로운 수탁자가 선임되기 전의 수탁자(이하 "전수탁자"라 한다)의 명칭
5. 신수탁자 선임일
6. 신수탁자 선임사유
② 법인과세 신탁재산에 대하여 전수탁자의 임무가 종료된 경우 그 임무의 종료에 따라 신탁사무를 승계한 신수탁자는 승계일 이후 2개월 이내에 다음 각 호의 사항을 적은 신고서에 전수탁자의 임무가 종료된 사실을 증명하는 서류 등을 첨부하여 납세지 관할 세무서장에게 신고하여야 한다.
1. 전수탁자의 명칭과 대표자의 성명
2. 법인과세 신탁재산의 명칭
3. 전수탁자의 본점이나 주사무소 또는 사업의 실질적 관리장소의 소재지
4. 신탁사무를 승계받은 신수탁자의 명칭
5. 신탁사무 승계일
6. 전수탁자 종료사유
③ 둘 이상의 수탁자가 있는 법인과세 신탁재산의 대표수탁자가 변경되는 경우 그 변경 전의 대표수탁자와 변경 후의 대표수탁자는 각각 변경일 이후 2개월 이내에 다음 각 호의 사항을 적은 신고서에 변경사실을 증명하는 서류 등을 첨부하여 납세지 관할 세무서장에게 신고하여야 한다.
1. 변경 전 또는 변경 후의 대표수탁자의 명칭과 대표자의 성명
2. 법인과세 신탁재산의 명칭
3. 변경 전 또는 변경 후의 대표수탁자의 본점이나 주사무소 또는 사업의 실질적 관리장소의 소재지
4. 대표수탁자 변경일
5. 대표수탁자 변경사유
(2020.12.22 본조신설)

제110조【비영리법인의 수익사업 개시신고】

비영리내국법인과 비영리외국법인(국내사업장을 가지고 있는 외국법인만 해당한다)이 새로 수익사업(제4조제3항제1호 및 제7호에 따른 수익사업만 해당한다)을 시작한 경우에는 그 개시일부터 2개월 이내에 다음 각 호의 사항을 적은 신고서에 그 사업개시일 현재의 그 수익사업과 관련된 재무상태표와 그 밖에 대통령령으로 정하는 서류를 첨부하여 납세지 관할 세무서장에게 신고하여야 한다.(2018.12.24 본문개정)

1. 법인의 명칭
2. 본점이나 주사무소 또는 사업의 실질적 관리장소의 소재지
3. 대표자의 성명과 경영 또는 관리책임자의 성명
4. 고유목적사업
5. 수익사업의 종류
6. 수익사업 개시일
7. 수익사업의 사업장

제111조【사업자등록】

① 신규로 사업을 시작하는 법인은 대통령령으로 정하는 바에 따라 납세지 관할 세무서장에게 등록하여야 한다. 이 경우 내국법인이 제109조제1항에 따른 법인 설립신고를 하기 전에 등록하는 때에는 같은 항에 따른 주주등의 명세서를 제출하여야 한다.(2013.1.1 후단신설)
② 「부가가치세법」에 따라 사업자등록을 한 사업자는 그 사업에 관하여 제1항에 따른 등록을 한 것으로 본다.
③ 「부가가치세법」에 따라 법인과세 수탁자로서 사업자등록을 한 경우에는 그 법인과세 신탁재산에 관하여 제1항에 따른 등록을 한 것으로 본다.(2020.12.22 본항신설)
④ 이 법에 따라 사업자등록을 하는 법인에 관하여는 「부가가치세법」 제8조를 준용한다.(2013.6.7 본항개정)
⑤ 제109조에 따른 법인 설립신고를 한 경우에는 사업자등록신청을 한 것으로 본다.

제112조【장부의 비치·기장】

납세의무가 있는 법인은 장부를 갖추어 두고 복식부기 방식으로 장부를 기장하여야 하며, 장부와 관계있는 중요한 증명서류를 비치·보존하여야 한다. 다만, 비영리법인은 제4조제3항제1호 및 제7호의 수익사업(비영리외국법인의 경우 해당 수익사업 중 국내원천소득이 발생하는 경우만 해당한다)을 하는 경우로 한정한다.(2018.12.24 단서개정)

제112조의2【기부금영수증 발급명세의 작성·보관 의무 등】

① 기부금영수증을 발급하는 법인은 대통령령으로 정하는 기부자별 발급명세를 작성하여 발급한 날부터 5년간 보관하여야 한다. 다만, 전자기부금영수증을 발급한 경우에는 그러하지 아니하다.
② 기부금영수증을 발급하는 법인은 제1항에 따라 보관하고 있는 기부자별 발급명세를 국세청장, 지방국세청장 또는 납세지 관할 세무서장이 요청하는 경우 이를 제출하여야 한다. 다만, 전자기부금영수증을 발급한 경우에는 그러하지 아니하다.
③ 기부금영수증을 발급하는 법인은 해당 사업연도의 기부금영수증 총 발급 건수 및 금액 등이 적힌 기획재정부령으로 정하는 기부금영수증 발급합계표를 해당 사업연도의 종료일이 속하는 달의 말일부터 6개월 이내에 관할 세무서장에게 제출하여야 한다. 다만, 전자기부금영수증을 발급한 경우에는 그러하지 아니하다.
(2021.12.21 본문개정)
(2020.12.22 본조개정)

제113조【구분경리】

① 비영리법인이 수익사업을 하는 경우에는 자산·부채 및 손익을 그 수익사업에 속하는 것과 수익사업이 아닌 그 밖의 사업에 속하는 것을 각각 다른 회계로 구분하여 기록하여야 한다.
② 「자본시장과 금융투자업에 관한 법률」의 적용을 받는 법인은 각 사업연도의 소득금액을 계산할 때 신탁재산에 귀속되는 소득과 그 밖의 소득을 각각 다른 회계로 구분하여 기록하여야 한다.
③ 다른 내국법인을 합병하는 법인은 다음 각 호의 구분에 따른 기간 동안 자산·부채 및 손익을 피합병법인으로부터 승계받은 사업에 속하는 것과 그 밖의 사업에 속하는 것을 각각 다른 회계로 구분하여 기록하여야 한다. 다만, 중소기업 간 또는 동일사업을 하는 법인 간에 합병하는 경우에는 회계를 구분하여 기록하지 아니할 수 있다.(2018.12.24 단서개정)

1. 합병등기일 현재 제13조제1항제1호의 결손금이 있는 경우 또는 제45조제2항에 따라 피합병법인의 이월결손금을 공제받으려는 경우 : 그 결손금 또는 이월결손금을 공제받는 기간(2018.12.24 본호개정)
2. 그 밖의 경우 : 합병 후 5년간
④ 내국법인이 분할합병하는 경우 분할신설법인등은 다음 각 호의 구분에 따른 기간 동안 자산·부채 및 손익을 분할법인등으로부터 승계받은 사업에 속하는 것과 그 밖의 사업에 속하는 것을 각각 별개의 회계로 구분하여 기록하여야 한다. 다만, 중소기업 간 또는 동일사업을 하는 법인 간에 분할합병하는 경우에는 회계를 구분하여 기록하지 아니할 수 있다.(2018.12.24 단서개정)
1. 제46조의4제2항에 따라 분할법인등의 이월결손금을 공제받으려는 경우 : 그 이월결손금을 공제받는 기간
2. 그 밖의 경우 : 분할 후 5년간
⑤ 연결모법인이 다른 내국법인(합병등기일 현재 연결법인이 아닌 경우만 해당한다)을 합병(연결모법인을 분할합병의 상대방 법인으로 하는 분할합병을 포함한다. 이하 이 항에서 같다)한 경우에는 다음 각 호의 구분에 따른 기간 동안 자산·부채 및 손익을 피합병법인(분할법인을 포함한다)으로부터 승계받은 사업에 속하는 것과 그 밖의 사업에 속하는 것을 각각 별개의 회계로 구분하여 기록하여야 한다. 다만, 중소기업 간 또는 동일사업을 하는 법인 간에 합병하는 경우에는 회계를 구분하여 기록하지 아니할 수 있다.(2023.12.31 본문개정)
1. 합병등기일 현재 제76조의13제1항제1호의 결손금이 있는 경우 또는 제76조의13제3항제2호에 따라 피합병법인의 이월결손금을 공제받으려는 경우 : 그 결손금 또는 이월결손금을 공제받는 기간
2. 그 밖의 경우 : 합병 후 5년간
(2013.1.1 본항개정)
⑥ 법인과세 수탁자는 법인과세 신탁재산별로 신탁재산에 귀속되는 소득을 각각 다른 회계로 구분하여 기록하여야 한다.(2020.12.22 본항신설)
⑦ 제50조의2에 해당하는 다른 내국법인의 사업을 양수하는 내국법인은 사업양수일 현재 제13조제1항제1호에 해당하는 결손금이 있는 경우 그 결손금을 공제받는 기간 동안 자산·부채 및 손익을 양도법인으로부터 양수한 사업에 속하는 것과 그 밖의 사업에 속하는 것을 각각 다른 회계로 구분하여 기록하여야 한다. 다만, 중소기업 간 또는 동일사업을 하는 법인 간에 사업을 양수하는 경우에는 회계를 구분하여 기록하지 아니할 수 있다.(2021.12.21 본항신설)
⑧ 제1항부터 제7항까지의 규정에 따른 구분경리의 방법, 동일사업을 하는 법인의 판정, 그 밖에 필요한 사항은 대통령령으로 정한다.(2021.12.21 본항개정)
제114조 (2001.12.31 삭제)
제115조 (2008.12.26 삭제)
제116조【지출증명서류의 수취 및 보관】 ① 법인은 각 사업연도에 그 사업과 관련된 모든 거래에 관한 증명서류를 작성하거나 받아서 제60조에 따른 신고기한이 지난 날부터 5년간 보관하여야 한다. 다만, 제13조제1항제1호에 따라 과세 사업연도 개시일 전 5년이 되는 날 이전에 개시한 사업연도에서 발생한 결손금을 각 사업연도의 소득에서 공제하려는 법인은 해당 결손금이 발생한 사업연도의 증명서류를 공제되는 소득의 귀속사업연도의 제60조에 따른 신고기한부터 1년이 되는 날까지 보관하여야 한다.(2018.12.24 단서개정)
② 제1항의 경우 대통령령으로 정하는 사업자로부터 재화나 용역을 공급받고 그 대가를 지급하는 경우에는 다음 각 호의 어느 하나에 해당하는 증명서류를 받아 보관하여야 한다. 다만, 대통령령으로 정하는 경우에는 그러하지 아니하다.

1.「여신전문금융업법」에 따른 신용카드 매출전표(신용카드와 유사한 것으로서 대통령령으로 정하는 것을 사용하여 거래하는 경우에는 그 증명서류를 포함한다. 이하 제117조에서 같다)
2. 현금영수증
3.「부가가치세법」제32조에 따른 세금계산서(2013.6.7 본호개정)
4. 제121조 및「소득세법」제163조에 따른 계산서
③ 제2항을 적용할 때 법인이 다음 각 호의 어느 하나에 해당하는 경우에는 제2항에 따른 증명서류의 수취·보관을 하지 아니할 것으로 본다.
1. 제2항제3호의 세금계산서를 발급받지 못하여「부가가치세법」제34조의2제2항에 따른 매입자발행세금계산서를 발행하여 보관한 경우
2. 제2항제4호의 계산서를 발급받지 못하여 제121조의2에 따른 매입자발행계산서를 발행하여 보관한 경우(2022.12.31 본항개정)
④ 제1항부터 제3항까지의 규정을 적용할 때 증명서류의 수취·보관 등에 필요한 사항은 대통령령으로 정한다.
제117조【신용카드가맹점 가입·발급 의무 등】 ① 국세청장은 주로 사업자가 아닌 소비자에게 재화나 용역을 공급하는 법인으로서 업종 등을 고려하여 대통령령으로 정하는 요건에 해당하는 법인에 대하여 납세관리를 위하여 필요하다고 인정되면 신용카드가맹점으로 가입하도록 지도할 수 있다.
② 신용카드가맹점(제1항에 따른 요건에 해당하여 가맹한 사업자를 말하며, 이하 이 조, 제66조제2항제3호 및 제75조의6에서 같다)은 사업과 관련하여 신용카드에 의한 거래를 이유로 재화나 용역을 공급하고 그 사실과 다르게 신용카드 매출전표를 발급하여서는 아니 된다. 다만, 대규모점포 등 대통령령으로 정하는 사업자가 판매시점정보관리시스템을 설치·운영하는 등 대통령령으로 정하는 방법으로 다른 사업자의 매출과 합산하여 신용카드 매출전표를 발급하는 경우에는 사실과 다르게 발급한 것으로 보지 아니한다.(2018.12.24 본문개정)
③ 신용카드가맹점으로부터 신용카드에 의한 거래가 거부되거나 신용카드 매출전표를 사실과 다르게 발급받은 자는 그 거래 내용을 국세청장, 지방국세청장 또는 세무서장에게 신고할 수 있다.
④ 제3항에 따라 신고를 받은 자는 신용카드가맹점의 납세지 관할 세무서장에게 이를 통보하여야 한다. 이 경우 납세지 관할 세무서장은 해당 사업연도의 신고금액을 해당 신용카드가맹점에 통보하여야 한다.
⑤ 국세청장은 신용카드에 의한 거래를 거부하거나 신용카드 매출전표를 사실과 다르게 발급한 신용카드가맹점에 대하여 그 시정에 필요한 명령을 할 수 있다.(2018.12.24 본항개정)
⑥ 신용카드가맹점 가입을 위한 행정지도, 신용카드에 의한 거래의 거부 및 사실과 다른 신용카드 매출전표 발급의 신고·통보방법, 그 밖에 필요한 사항은 대통령령으로 정한다.
제117조의2【현금영수증가맹점 가입·발급 의무 등】 ① 주로 사업자가 아닌 소비자에게 재화나 용역을 공급하는 사업자로서 업종 등을 고려하여 대통령령으로 정하는 요건에 해당하는 법인은 그 요건에 해당하는 날이 속하는 달의 말일부터 3개월 이내에 현금영수증가맹점으로 가입하여야 한다.(2015.12.15 본항개정)
② 제1항에 따라 현금영수증가맹점으로 가입한 법인은 국세청장이 정하는 바에 따라 현금영수증가맹점을 나타내는 표지를 게시하여야 한다.
③ 현금영수증가맹점은 사업과 관련하여 재화나 용역을 공급하고, 그 상대방이 대금을 현금으로 지급한 후 현금영수증 발급을 요청하는 경우에는 이를 거부하거

나 사실과 다르게 발급하여서는 아니 된다. 다만, 현금영수증 발급이 곤란한 경우로서 대통령령으로 정하는 사유에 해당하는 경우에는 현금영수증을 발급하지 아니할 수 있고, 대규모점포 등 대통령령으로 정하는 사업자가 판매시점 정보관리시스템을 설치·운영하는 경우 대통령령으로 정하는 방법으로 다른 사업자의 매출과 합산하여 현금영수증을 발급하는 경우에는 사실과 다르게 발급한 것으로 보지 아니한다.(2011.12.31 단서개정)
④ 대통령령으로 정하는 업종을 경영하는 내국법인이 건당 거래금액(부가가치세액을 포함한다)이 10만원 이상인 재화 또는 용역을 공급하고 그 대금을 현금으로 받은 경우에는 제3항에도 불구하고 상대방이 현금영수증 발급을 요청하지 아니하더라도 대통령령으로 정하는 바에 따라 현금영수증을 발급하여야 한다. 다만, 제111조, 「소득세법」 제168조 또는 「부가가치세법」 제8조에 따라 사업자등록을 한 자에게 재화나 용역을 공급하고 제121조, 「소득세법」 제163조 또는 「부가가치세법」 제32조에 따라 계산서·세금계산서를 발급한 경우에는 현금영수증을 발급하지 아니할 수 있다.(2014.1.1 본문개정)
⑤ 현금영수증가맹점 또는 제4항에 따라 현금영수증을 발급하여야 하는 내국법인이 제3항 또는 제4항을 위반하여 현금영수증을 발급하지 아니하거나 사실과 다른 현금영수증을 발급한 경우에는 그 상대방은 그 현금거래 내용을 국세청장, 지방국세청장 또는 세무서장에게 신고할 수 있다.(2018.12.24 본항개정)
⑥ 제5항에 따라 신고를 받은 자는 현금영수증가맹점의 납세지 관할 세무서장에게 이를 통보하여야 한다. 이 경우 납세지 관할 세무서장은 해당 사업연도의 신고금액을 해당 현금영수증가맹점에 통보하여야 한다.
⑦ 현금영수증가맹점으로 가입한 법인은 그로부터 재화 또는 용역을 공급받은 상대방이 현금영수증의 발급을 요청하지 아니하는 경우에도 대통령령으로 정하는 바에 따라 현금영수증을 발급할 수 있다.(2011.12.31 본항신설)
⑧ 국세청장은 현금영수증가맹점으로 가입한 법인에게 현금영수증 발급 요령, 현금영수증가맹점 표지 게시방법 등 현금영수증가맹점으로 가입한 법인이 준수하여야 할 사항과 관련하여 필요한 명령을 할 수 있다.(2011.12.31 본항개정)
⑨ 현금영수증가맹점 가입 및 탈퇴, 발급대상 금액, 현금영수증의 발급거부 및 사실과 다른 발급의 신고·통보방법, 그 밖에 필요한 사항은 대통령령으로 정한다.

제118조【주주명부 등의 작성·비치】 내국법인(비영리내국법인은 제외한다)은 주주나 사원(유한회사의 사원을 말한다. 이하 이 조에서 같다)의 성명·주소 및 주민등록번호(법인인 주주나 사원은 법인명과 법인 본점 소재지 및 사업자등록번호) 등 대통령령으로 정하는 사항이 적힌 주주명부나 사원명부를 작성하여 갖추어 두어야 한다.

제119조【주식등변동상황명세서의 제출】 ① 사업연도 중에 주식등의 변동사항이 있는 법인(대통령령으로 정하는 조합법인 등은 제외한다)은 제60조에 따른 신고기한까지 대통령령으로 정하는 바에 따라 주식등변동상황명세서를 납세지 관할 세무서장에게 제출하여야 한다.
② 다음 각 호의 어느 하나에 해당하는 주식등에 대하여는 제1항을 적용하지 아니한다.
1. 주권상장법인으로서 대통령령으로 정하는 법인 : 지배주주(그 특수관계인을 포함한다) 외의 주주등이 소유하는 주식등(2011.12.31 본호개정)
2. 제1호 외의 법인 : 해당 법인의 소액주주가 소유하는 주식등
③ 제2항에 따른 지배주주 및 소액주주의 범위, 그 밖에 필요한 사항은 대통령령으로 정한다.

제120조【지급명세서의 제출의무】 ① 내국법인에 「소득세법」 제127조제1항제1호 또는 제2호의 소득을 지급하는 자(제73조제4항부터 제6항까지 및 제73조의2에 따라 원천징수를 하여야 하는 자를 포함한다)는 대통령령으로 정하는 바에 따라 납세지 관할 세무서장에게 지급명세서를 제출하여야 한다. 이 경우 「자본시장과 금융투자업에 관한 법률」의 적용을 받는 법인의 신탁재산에 귀속되는 소득은 제5조제4항에도 불구하고 그 법인에 소득이 지급된 것으로 보아 해당 소득을 지급하는 자는 지급명세서를 제출하여야 한다.(2020.12.22 후단개정)
② 제1항에 따른 지급명세서의 제출에 관하여는 「소득세법」 제164조를 준용한다.

제120조의2【외국법인의 국내원천소득 등에 대한 지급명세서 제출의무의 특례】 ① 제93조에 따른 국내원천소득을 외국법인에 지급하는 자(「자본시장과 금융투자업에 관한 법률」에 따라 주식을 상장하는 경우로서 상장 전 이미 발행된 주식을 양도하는 경우에는 그 주식을 발행한 법인을 말한다)는 지급명세서를 납세지 관할 세무서장에게 그 지급일이 속하는 연도의 다음 연도 2월 말일(휴업하거나 폐업한 경우에는 휴업일 또는 폐업일이 속하는 달의 다음다음 달 말일)까지 제출하여야 한다. 다만, 제98조의4에 따라 비과세 또는 면제 대상임이 확인되는 소득 등 대통령령으로 정하는 소득을 지급하는 경우에는 그러하지 아니하다.(2020.12.22 본문개정)
② 제1항에 따른 지급명세서의 제출에 관하여는 「소득세법」 제164조를 준용한다.

제120조의3【매입처별 세금계산서합계표의 제출】 ① 「부가가치세법」 및 「조세특례제한법」에 따라 부가가치세가 면제되는 사업을 하는 법인은 재화나 용역을 공급받고 「부가가치세법」 제32조제1항 제7항 및 제35조제1항에 따라 세금계산서를 발급받은 경우에는 대통령령으로 정하는 기한까지 매입처별 세금계산서합계표(「부가가치세법」 제54조에 따른 매입처별 세금계산서합계표를 말한다. 이하 같다)를 납세지 관할 세무서장에게 제출하여야 한다. 다만, 「부가가치세법」 제54조제5항에 따라 제출한 경우에는 그러하지 아니하다.(2013.6.7 본항개정)
② 매입처별 세금계산서합계표의 제출 등에 필요한 사항은 대통령령으로 정한다.

제120조의4【가상자산 거래내역 등의 제출】 「특정 금융거래정보의 보고 및 이용 등에 관한 법률」 제7조에 따라 신고가 수리된 가상자산사업자는 가상자산 거래내역 등 법인세 부과에 필요한 자료를 대통령령으로 정하는 바에 따라 거래가 발생한 날이 속하는 분기 또는 연도의 종료일의 다음다음 달 말일까지 납세지 관할 세무서장에게 제출하여야 한다.(2023.12.31 본조개정)

제121조【계산서의 작성·발급 등】 ① 법인이 재화나 용역을 공급하면 대통령령으로 정하는 바에 따라 계산서나 영수증(이하 "계산서등"이라 한다)을 작성하여 공급받는 자에게 발급하여야 한다. 이 경우 계산서는 대통령령으로 정하는 전자적 방법으로 작성한 계산서(이하 "전자계산서"라 한다)를 발급하여야 한다.(2014.12.23 후단신설)
② 「부가가치세법」 제26조제1항제1호에 따라 부가가치세가 면제되는 농산물·축산물·수산물과 임산물의 위탁판매 또는 대리인에 의한 판매의 경우에는 수탁자(受託者)나 대리인이 재화를 공급한 것으로 보아 계산서등을 작성하여 그 재화를 공급받는 자에게 발급하여야 한다. 다만, 제1항에 따라 대통령령으로 정하는 바에 따라 계산서등을 발급하는 경우에는 그러하지 아니하다.(2013.6.7 본문개정)

③ 세관장은 수입되는 재화에 대하여 재화를 수입하는 법인에 대통령령으로 정하는 바에 따라 계산서를 발급하여야 한다.
④ 부동산을 매각하는 경우 등 계산서등을 발급하는 것이 적합하지 아니하다고 인정되어 대통령령으로 정하는 경우에는 제1항부터 제3항까지의 규정을 적용하지 아니한다.
⑤ 법인은 제1항부터 제3항까지의 규정에 따라 발급하였거나 발급받은 계산서의 매출·매입처별합계표(이하 "매출·매입처별 계산서합계표"라 한다)를 대통령령으로 정하는 기한까지 납세지 관할 세무서장에게 제출하여야 한다. 다만, 다음 각 호의 어느 하나에 해당하는 계산서의 합계표는 제출하지 아니할 수 있다. (2014.12.23 단서개정)
1. 제3항에 따라 계산서를 발급받은 법인은 그 계산서의 매입처별 합계표
2. 제1항 후단에 따라 전자계산서를 발급하거나 발급받고 제7항에 따라 전자계산서 발급명세를 국세청장에게 전송한 경우에는 매출·매입처별 계산서합계표 (2014.12.23 1호~2호신설)
⑥ 「부가가치세법」에 따라 세금계산서 또는 영수증을 작성·발급하였거나 매출·매입처별 세금계산서합계표를 제출한 분(分)에 대하여는 제1항부터 제3항까지 및 제5항에 따라 계산서등을 작성·발급하였거나 매출·매입처별 계산서합계표를 제출한 것으로 본다.
⑦ 제1항 후단에 따라 전자계산서를 발급하였을 때에는 대통령령으로 정하는 기한까지 대통령령으로 정하는 전자계산서 발급명세를 국세청장에게 전송하여야 한다.(2014.12.23 본항신설)
⑧ 계산서등의 작성·발급 및 매출·매입처별 계산서합계표의 제출에 필요한 사항은 대통령령으로 정한다.
제121조의2【매입자발행계산서】① 제121조 또는 「소득세법」 제163조에도 불구하고 사업과 관련하여 법인 또는 「소득세법」 제168조에 따라 사업자등록을 한 사업자(이하 이 항에서 "사업자"라 한다)로부터 재화 또는 용역을 공급받은 법인이 재화 또는 용역을 공급한 법인 또는 사업자의 부도·폐업, 공급 계약의 해제·변경 등의 사유로 대통령령으로 정하는 사유로 계산서를 발급받지 못한 경우에는 납세지 관할 세무서장의 확인을 받아 계산서(이하 "매입자발행계산서"라 한다)를 발행할 수 있다.
② 매입자발행계산서의 발급 대상·방법, 그 밖에 필요한 사항은 대통령령으로 정한다.
(2022.12.31 본조신설)
제121조의3 (2018.12.24 삭제)
제121조의4 (2020.12.22 삭제)
제122조【질문·조사】법인세에 관한 사무에 종사하는 공무원은 그 직무수행에 필요한 경우에는 다음 각 호의 어느 하나에 해당하는 자에 대하여 질문하거나 해당 장부·서류 또는 그 밖의 물건을 조사하거나 그 제출을 명할 수 있다. 이 경우 직무상 필요한 범위 외에 다른 목적 등을 위하여 그 권한을 남용해서는 아니 된다.(2018.12.24 후단신설)
1. 납세의무자 또는 납세의무가 있다고 인정되는 자
2. 원천징수의무자
3. 지급명세서 제출의무자 및 매출·매입처별 계산서합계표 제출의무자
4. 제109조제2항제3호에 따른 경영 또는 관리책임자
5. 제1호에 해당하는 자와 거래가 있다고 인정되는 자
6. 납세의무자가 조직한 동업조합과 이에 준하는 단체
7. 기부금영수증을 발급한 법인
제122조의2【등록전산정보자료의 요청】국세청장은 특수관계인 또는 대통령령으로 정하는 지배주주등의 판

단을 위하여 필요한 경우에는 법원행정처장에게 「가족관계의 등록 등에 관한 법률」 제11조제4항에 따른 등록전산정보자료를 요청할 수 있다. 이 경우 요청을 받은 법원행정처장은 특별한 사유가 없으면 이에 협조하여야 한다.(2018.12.24 본조신설)

제7장 벌 칙
(2018.12.24 본장신설)

제123조 (2020.12.22 삭제)
제124조【명령사항위반에 대한 과태료】납세지 관할 세무서장은 다음 각 호의 어느 하나에 해당하는 명령사항을 위반한 법인에 2천만원 이하의 과태료를 부과·징수한다.
1. 제117조제5항에 따른 신용카드가맹점에 대한 명령
2. 제117조의2제8항에 따른 현금영수증가맹점에 대한 명령

부 칙 (2010.12.30)

제1조【시행일】이 법은 2011년 1월 1일부터 시행한다. 다만, 제23조(제1항은 제외한다), 제28조제2항, 제41조제1항제1호, 제53조의2, 제53조의3, 제60조제2항·제4항 및 제96조제1항 단서의 개정규정은 공포한 날부터 시행하고, 제73조제1항제2호, 같은 조 제8항·제9항, 제74조제2항 및 제98조의3제1항·제4항·제6항의 개정규정은 2011년 4월 1일부터 시행하며, 제24조제3항·제3항 및 제112조의2제1항의 개정규정은 2011년 7월 1일부터 시행하고, 제21조제2호의 개정규정은 2025년 1월 1일부터 시행한다.(2021.12.21 단서개정)
제2조【일반적 적용례】이 법은 이 법 시행 후 최초로 개시하는 사업연도 분부터 적용한다.
제3조【감가상각비의 손금산입에 관한 적용례】제23조(제1항은 제외한다)의 개정규정은 부칙 제1조 단서에 따른 제23조(제1항은 제외한다)의 개정규정의 시행일이 속하는 사업연도 분부터 적용한다.
제4조【지정기부금 소득공제 한도 확대에 관한 적용례】제24조제1항의 개정규정은 이 법 시행 후 최초로 지출하는 기부금부터 적용한다.
제5조【법정기부금 대상 정비에 관한 적용례】제24조제2항·제3항 및 제112조의2제1항의 개정규정은 부칙 제1조 단서에 따른 제24조제2항·제3항 및 제112조의2제1항의 개정규정 시행 후 최초로 지출하는 기부금부터 적용한다.
제6조【지급이자의 손금불산입에 관한 적용례】제28조제2항의 개정규정은 부칙 제1조 단서에 따른 제28조제2항의 개정규정의 시행일이 속하는 사업연도 분부터 적용한다.
제7조【고유목적사업준비금에 관한 적용례】제29조제3항·제4항 및 제8항의 개정규정은 이 법 시행 후 최초로 해산등기하는 분부터 적용한다.
제8조【국고보조금등에 관한 적용례】제36조제1항의 개정규정은 이 법 시행 후 자산을 취득하거나 개량하는 분부터 적용한다.
제9조【자산의 취득가액에 관한 적용례】제41조제1항제1호의 개정규정은 이 법 시행 당시 국제회계기준을 적용하는 법인의 경우에는 부칙 제1조 단서에 따른 제41조제1항제1호의 개정규정의 시행일이 속하는 사업연도 분부터 적용하고, 그 밖의 법인의 경우에는 2011년 1월 1일 이후 최초로 개시하는 사업연도 분부터 적용한다.
제10조【기업인수목적회사가 합병 시 과세특례 요건 완화에 대한 적용례】제44조제2항제1호 단서의 개정규

정은 이 법 시행 후 최초로 합병하는 분부터 적용한다.

제11조【기능통화 도입기업의 과세표준 계산 특례에 관한 적용례】 제53조의2의 개정규정은 부칙 제1조 단서에 따른 제53조의2의 개정규정의 시행일이 속하는 사업연도 분부터 적용한다.

제12조【해외사업장의 과세표준 계산 특례에 관한 적용례】 제53조의3의 개정규정은 이 법 시행 당시 국제회계기준을 적용하는 법인의 경우에는 부칙 제1조 단서에 따른 제53조의3의 개정규정의 시행일이 속하는 사업연도 분부터 적용하고, 그 밖의 법인의 경우에는 2011년 1월 1일 이후 최초로 개시하는 사업연도 분부터 적용한다.

제13조【토지등 양도소득에 대한 과세특례에 관한 적용례】 제55조의2제1항제1호 및 제8항의 개정규정은 2011년 1월 1일 이후 최초로 양도하는 분부터 적용한다.

제14조【과세표준 등의 신고에 관한 적용례】 제60조제2항·제4항의 개정규정은 부칙 제1조 단서에 따른 제60조제2항·제4항의 개정규정의 시행일이 속하는 사업연도 분부터 적용한다.

제15조【채권등의 중도매도 시 원천징수에 관한 적용례】 제73조제1항제2호, 같은 조 제8항·제9항, 제74조제2항 및 제98조의3제1항·제4항·제6항의 개정규정은 부칙 제1조 단서에 따른 제73조제1항제2호, 같은 조 제8항·제9항, 제74조제2항 및 제98조의3제1항·제4항·제6항의 개정규정 시행 후 최초로 매도하는 분부터 적용한다.

제16조【연결과세표준 신고 시 첨부서류에 관한 적용례】 제76조의17제2항의 개정규정은 이 법 시행 후 최초로 신고하는 분부터 적용한다.

제17조【청산소득 확정신고 및 중간신고에 대한 적용례】 제84조제1항 및 제85조제1항의 개정규정은 이 법 시행 후 최초로 해산등기하는 분부터 적용한다.

제18조【외국법인의 국내사업장에 관한 적용례】 제96조제1항의 개정규정은 부칙 제1조 단서에 따른 제96조제1항 단서의 개정규정의 시행일이 속하는 사업연도 분부터 적용한다.

제19조【외국법인에 대한 원천징수 또는 징수의 특례에 관한 적용례】 제98조제10항의 개정규정은 이 법 시행 후 최초로 자산을 양도하는 분부터 적용한다.

제20조【외국법인의 국채등 이자·양도소득에 대한 과세특례 등에 관한 적용례 및 경과조치】 ① 제93조의2 및 제98조제2항의 개정규정은 이 법 시행 후 최초로 소득이 발생하는 분부터 적용한다.
② 2010년 11월 12일 이전에 취득한 국채등에서 발생하는 소득에 관하여는 제93조의2 및 제98조제2항의 개정규정에도 불구하고 종전의 규정에 따른다.

제21조【성실중소법인의 각 사업연도의 소득에 대한 법인세에 관한 경과조치】 이 법 시행 전에 종전의 제76조의2제2항에 따라 성실중소법인으로 승인받은 법인의 경우에는 2013년 12월 31일이 속하는 사업연도까지 각 사업연도 소득에 대한 법인세의 과세표준 및 세액을 종전의 제76조의2부터 제76조의7까지의 규정에 따른 성실납세방식으로 계산하여 신고·납부할 수 있다.

부   칙 (2017.12.19)

제1조【시행일】 이 법은 2018년 1월 1일부터 시행한다.

제2조【일반적 적용례】 이 법은 이 법 시행 이후 개시하는 사업연도분부터 적용한다.

제3조【기부금의 손금불산입에 관한 적용례】 제24조제2항의 개정규정은 이 법 시행일 이후 최초로 지출하는 기부금부터 적용한다.

제4조【업무용승용차 관련비용의 손금불산입 등 특례에 관한 적용례】 제27조의2제3항의 개정규정은 이 법 시행 이후 과세표준을 신고하는 분부터 적용한다.

제5조【합병·분할 시 고용승계 요건 추가에 관한 적용례】 제44조제2항, 제44조의3제3항제3호, 제46조제2항, 제46조의3제3항제3호, 제47조제1항 및 같은 조 제3항제3호의 개정규정은 이 법 시행 이후 합병 또는 분할하는 분부터 적용한다.

제6조【적격물적분할 시 감면·세액공제 승계에 관한 적용례】 제47조제4항 및 제5항의 개정규정은 이 법 시행 이후 물적분할하는 분부터 적용한다.

제7조【적격현물출자 요건에서 독립된 사업부문 승계 요건 폐지에 관한 적용례】 제47조의2제1항제5호의 개정규정은 이 법 시행 이후 현물출자하는 분부터 적용한다.

제8조【가산세에 관한 적용례】 제76조제9항제4호의 개정규정은 이 법 시행 이후 공급하는 재화 또는 용역에 대하여 계산서를 발급하는 경우부터 적용한다.

제9조【기부금의 손금불산입에 관한 경과조치】 제24조제2항제7호 및 같은 조 제3항의 개정규정에도 불구하고 이 법 시행일 이전에 종전의 규정에 따라 지정된 기관에 지출하는 기부금에 대해서는 제24조제2항제7호 및 같은 조 제3항에 따른 지정기간까지는 법정기부금으로 본다.

제10조【다른 법률의 개정】 ※(해당 법령에 가제정리하였음)

부   칙 (2018.12.24)

제1조【시행일】 이 법은 2019년 1월 1일부터 시행한다. 다만, 제93조의2, 제98조의4제1항 후단, 제98조의6제1항 후단, 제98조의6제2항, 제121조의3제2항·제3항(같은 조 제2항 관련 부분만 해당한다) 및 제123조제2항의 개정규정은 2020년 1월 1일부터 시행한다.

제2조【일반적 적용례】 이 법은 이 법 시행 이후 개시하는 사업연도분부터 적용한다.

제3조【지주회사 수입배당금액의 익금불산입 특례에 관한 적용례】 제18조의3제1항의 개정규정은 이 법 시행 이후 배당받는 분부터 적용한다.

제4조【기부금의 손금불산입에 관한 적용례】 ① 제24조제2항 및 같은 조 제3항제4호마목의 개정규정은 이 법 시행 이후 과세표준을 신고하는 분부터 적용한다.
② 제24조제5항의 개정규정은 이 법 시행 이후 과세표준을 신고하는 분부터 적용하되, 2013년 1월 1일 이후 개시한 사업연도에 지출한 기부금에 대해서도 적용한다.

제5조【성실신고확인서 제출 불성실 가산세에 관한 적용례】 제75조제1항의 개정규정은 이 법 시행 이후 성실신고확인서의 제출기한이 도래하는 분부터 적용한다.

제6조【현금영수증 발급 불성실 가산세에 관한 적용례】 ① 제75조의6제2항제1호의 개정규정은 이 법 시행 이후 제117조의2제1항의 요건에 해당하게 된 경우부터 적용한다.
② 제75조의6제2항제2호 및 제3호의 개정규정은 이 법 시행 이후 현금영수증 발급의무를 위반하는 분부터 적용한다.

제7조【근로소득간이지급명세서 제출 불성실 가산세에 관한 적용례】 제75조의7제1항제1호나목 및 같은 항 제2호나목의 개정규정은 이 법 시행 이후 「소득세법」 제164조의3에 따라 근로소득간이지급명세서를 제출하여야 하거나 제출하는 분부터 적용한다.

제8조【계산서 등 제출 불성실 가산세에 관한 적용례】 ① 제75조의8제1항제2호, 같은 항 제4호가목, 같은 항 제5호 및 제6호의 개정규정은 이 법 시행 이후 재화 또는 용역을 공급하는 분부터 적용한다.

② 제75조의8제1항제4호나목부터 마목까지의 개정규정은 이 법 시행 이후 신용카드 매출전표, 현금영수증 또는 계산서를 발급 또는 수취하는 분부터 적용한다.

제9조【연결모법인의 합병 및 분할 시 이월결손금 등 공제 제한에 관한 적용례】 제76조의14제2항제2호의 개정규정은 이 법 시행 이후 과세표준을 신고하는 분부터 적용한다.

제10조【해외현지법인 등에 대한 자료제출 의무 등에 관한 적용례】 ① 제121조의2제1항 및 제4항의 개정규정은 2019년 1월 1일 이후 개시하는 사업연도에 대한 자료를 제출하는 분부터 적용한다.

② 제121조의4의 개정규정은 2019년 1월 1일 이후 해외부동산등 또는 해외직접투자를 받은 외국법인의 주식등을 취득한 경우로서 2019년 1월 1일 이후 개시하는 사업연도에 대한 자료제출 의무를 불이행하는 분부터 적용한다.

③ 제123조제1항 및 제3항의 개정규정은 2019년 1월 1일 이후 개시하는 사업연도에 대한 자료제출 의무 불이행 분부터 적용한다.

④ 제123조제2항의 개정규정은 2020년 1월 1일 이후 개시하는 사업연도에 대한 자료제출 의무 불이행 분부터 적용한다.

제11조【해외부동산등에 대한 자료제출 의무 불이행 과태료에 관한 특례】 제121조의2제1항의 개정규정(해외부동산등의 물건별 처분가액이 2억원 이상인 내국법인에 대한 자료제출 의무를 부여한 부분으로 한정한다)에도 불구하고 2019년 1월 1일부터 2019년 12월 31일까지의 기간 동안 해외부동산등을 처분한 내국법인에 대해서는 제121조의3제2항(법률 제16008호로 개정되기 전의 것을 말한다)에 따른 과태료를 부과하지 아니한다. (2019.12.31 본조개정)

제12조【기업의 미환류소득에 대한 법인세에 관한 경과조치】 종전의 제56조에 따라 차기환류적립금을 적립하거나 미환류소득 또는 초과환류액을 산정할 때 자산에 대한 투자 합계액을 공제하고 그 자산을 처분한 내국법인 등에 관하여는 종전의 제56조에 따른다.

제13조【현금영수증 발급 불성실 가산세에 관한 경과조치】 이 법 시행 전에 제117조의2제1항의 요건에 해당하게 된 법인에 대해서는 제75조의6제2항제1호의 개정규정에도 불구하고 종전의 규정에 따른다.

제14조【해외부동산등에 대한 자료제출 의무 및 과태료에 관한 경과조치】 제121조의2제1항 및 제123조제2항의 개정규정에도 불구하고 2019년 1월 1일 이후 개시하는 사업연도 전의 사업연도(이하 이 조에서 "종전 사업연도"라 한다)에 취득한 해외부동산등에 대해서는 종전의 제121조의2제1항 및 종전의 제121조의3제2항에 따른다. 이 경우 종전의 제121조의2제1항에 따라 제출하여야 하는 자료는 종전사업연도 분에 해당하는 자료로 한정한다.

제15조【다른 법률의 개정】 ①~⑥ ※(해당 법령에 가제정리 하였음)

부   칙 (2019.12.31)

제1조【시행일】 이 법은 2020년 1월 1일부터 시행한다.

제2조【일반적 적용례】 이 법은 이 법 시행 이후 개시하는 사업연도 분부터 적용한다.

제3조【수입배당금액의 익금불산입에 관한 적용례】 제18조의2제1항제1호 및 제18조제1항제1호의 개정규정은 이 법 시행 이후 배당받는 분부터 적용한다.

제4조【기부금의 손금불산입에 관한 적용례】 제24조제2항·제5항 및 제6항의 개정규정은 이 법 시행 이후 과세표준을 신고하는 분부터 적용하되, 과세표준 신고 시 이월공제가 가능한 기부금에 대해서도 적용한다.

제5조【업무용승용차 관련비용의 손금불산입 등 특례에 관한 적용례】 제27조의2제2항의 개정규정은 이 법 시행 이후 과세표준을 신고하는 분부터 적용한다.

제6조【계산서 등 제출 불성실 가산세에 관한 적용례】 제75조의8제1항제5호 및 제6호의 개정규정은 이 법 시행일이 속하는 사업연도의 직전 사업연도(이하 "이전 사업연도"라 한다)에 재화 또는 용역을 공급하고 제121조제7항에 따라 전자계산서 발급명세를 국세청장에게 전송하여야 하는 경우로서 이 법 시행 당시 이전 사업연도 말의 다음 달 11일이 경과하지 아니한 경우에도 적용한다.

제7조【국내원천소득 금액의 계산에 관한 적용례】 제92조제1항의 개정규정은 이 법 시행 이후 과세표준을 신고하는 분부터 적용한다.

제8조【외국법인의 국내원천소득에 관한 적용례】 제93조제8호 및 같은 조 제10호차목·카목의 개정규정은 이 법 시행 이후 지급하는 소득분부터 적용한다.

제9조【외국법인에 대한 원천징수 또는 징수의 특례에 관한 적용례】 제98조제1항제8호의 개정규정은 이 법 시행 이후 지급하는 소득분부터 적용한다.

제10조【원천징수대상 외국법인의 경정청구에 관한 적용례】 제98조의4제4항, 제98조의5제2항 및 제98조의6제4항의 개정규정은 이 법 시행 이후 지급하는 소득분부터 적용한다.

제11조【평가이익 등의 익금불산입에 관한 경과조치】 2010년 1월 1일 전에 개시한 사업연도에서 발생한 결손금에 대해서는 제18조제6호의 개정규정에도 불구하고 종전의 규정에 따른다.

제12조【기부금영수증 발급·작성·보관 불성실 가산세에 관한 경과조치】 이 법 시행 전에 기부금영수증을 발급한 분에 대해서는 제75조의4제1항제1호가목 및 나목의 개정규정에도 불구하고 종전의 규정에 따른다.

제13조【계산서 등 제출 불성실 가산세에 관한 경과조치】 이 법 시행 전에 재화 또는 용역을 공급하여 제121조제7항에 따라 전자계산서 발급명세를 국세청장에게 전송하여야 하는 경우(부칙 제6조에 해당하는 경우는 제외한다)에는 제75조의8제1항제5호 및 제6호의 개정규정에도 불구하고 종전의 규정에 따른다.

제14조【외국법인의 국내원천소득에 관한 경과조치】 이 법 시행 전에 지급한 소득분에 대해서는 제93조제8호 및 같은 조 제10호차목·카목의 개정규정에도 불구하고 종전의 규정에 따른다.

부   칙 (2020.8.18)

제1조【시행일】 이 법은 2021년 1월 1일부터 시행한다.

제2조【토지등 양도소득에 대한 과세특례에 관한 적용례】 제55조의2제1항의 개정규정은 이 법 시행 이후 양도하는 분부터 적용한다.

부   칙 (2020.12.22)

제1조【시행일】 이 법은 2021년 1월 1일부터 시행한다. 다만, 제75조의4제2항 및 제112조의2의 개정규정은 2021년 7월 1일부터 시행하고, 제92조제2항, 제93조제1호, 같은 조 제2호가목·다목·라목, 같은 조 제10호카목·타목 및 제98조의 개정규정은 2025년 1월 1일부터 시행한다.(2022.12.31 단서개정)

제2조【일반적 적용례】 이 법은 이 법 시행 이후 개시하는 사업연도분부터 적용한다.

제3조【법인과세 신탁재산 소득의 법인세 과세 등에 관한 적용례】 ① 제5조제2항·제3항, 제18조의2제2항제5호, 제18조의3제2항제4호, 제57조의2제1항, 제73조의2제4항, 제75조의10부터 제75조의14까지, 제75조의16

부터 제75조의18까지, 제109조제1항, 제109조의2, 제111조제3항 및 제113조제6항·제7항의 개정규정은 이 법 시행 이후 신탁계약을 체결하는 분부터 적용한다.
② 제75조의15의 개정규정은 이 법 시행 이후 신탁을 합병 또는 분할하는 분부터 적용한다.

제4조【이월결손금 공제에 관한 적용례】 제13조제1항 제1호가목 및 제76조의13제1항제1호의 개정규정은 2020년 1월 1일 이후 개시하는 사업연도에 발생한 결손금부터 적용한다.

제5조【대손금의 손금불산입에 관한 적용례】 제19조의2제2항제2호의 개정규정은 이 법 시행 이후 대여하는 분부터 적용한다.

제6조【기부금의 손금불산입에 관한 적용례】 제24조제2항제2호 및 제3항제2호의 개정규정은 이 법 시행 이후 개시하는 사업연도에 기부금을 지출하는 분부터 적용한다.

제7조【합병·분할 시 이월결손금 등 공제 제한에 관한 적용례】 제45조제6항부터 제8항까지 및 제46조의4제6항부터 제8항까지의 개정규정은 이 법 시행 이후 합병 또는 분할하는 분부터 적용한다.

제8조【외국 납부 세액공제 등에 관한 적용례】 외국정부에 납부하였거나 납부할 외국법인세액이 공제한도를 초과하여 이 법 시행 이후 개시하는 사업연도의 직전 사업연도까지 공제되지 아니하고 남아있는 금액에 대해서는 이 법 시행 이후 개시하는 사업연도에 대한 과세표준 및 세액을 계산할 때 제57조제2항의 개정규정을 적용한다.

제9조【기부금영수증 발급명세의 작성·보관 의무 등에 관한 적용례】 제75의4제2항 및 제112조의2의 개정규정은 2021년 7월 1일 이후 전자기부금영수증을 발급하는 분부터 적용한다.

제10조【지급명세서 제출 불성실 가산세에 관한 적용례】 ① 제75조의7제1항 각 호 외의 부분의 개정규정은 이 법 시행 이후 지급명세서 제출의무가 발생하는 분부터 적용한다.
② 75조의7제1항제1호나목 및 제2호나목의 개정규정은 이 법 시행 이후 신고, 결정 또는 경정하는 분부터 적용한다.

제11조【외국법인의 국내원천소득에 관한 적용례】 ① 제92조제2항제1호나목 및 제93조제10호카목의 개정규정은 2025년 1월 1일 이후 가상자산을 양도·대여·인출하는 분부터 적용한다.
② 제93조제1호 및 같은 조 제2호가목·다목·라목의 개정규정은 2025년 1월 1일 이후 발생하는 소득분부터 적용한다. (2022.12.31 본조개정)

제12조【이자·배당 및 사용에 대한 세율의 적용 특례에 관한 적용례】 제93조제8호 각 목 외의 부분 후단 및 제98조의7의 개정규정(산업상·상업상·과학상의 기계·설비·장치 등을 임대함으로써 발생하는 소득이 조세조약에서 사용료소득으로 구분되어 그 사용대가가 사용료소득에 포함되는 것에 관한 부분에 한정한다)은 2013년 1월 1일 이후 지급하는 소득분부터 적용한다.

제13조【외국법인의 국내원천소득에 대한 원천징수의 특례에 관한 적용례】 제98조제1항제8호나목 및 같은 조 제13항·제16항·제17항의 개정규정은 2025년 1월 1일 이후 발생하는 가상자산소득분부터 적용한다. (2022.12.31 본조개정)

제14조【외국법인의 국내원천소득에 대한 지급명세서 제출의무에 관한 적용례】 제120조의2제1항의 개정규정은 이 법 시행 이후 양도대가를 지급하는 분부터 적용한다.

제15조【이월결손금 공제에 관한 경과조치】 2020년 1월 1일 전에 개시한 사업연도에 발생한 결손금에 대해

서는 제13조제1항제1호가목 및 제76조의13제1항제1호의 개정규정에도 불구하고 종전의 규정에 따른다.

제16조【기부금 손금불산입에 관한 경과조치】 이 법 시행 전에 개시한 사업연도에 기부금을 지출한 분에 대해서는 제24조제2항제2호 및 제3항제2호의 개정규정에도 불구하고 종전의 규정에 따른다.

제17조【합병·분할 시 이월결손금 등 공제 제한에 관한 경과조치】 이 법 시행 전에 합병 또는 분할한 분에 대해서는 제45조제6항부터 제8항까지 및 제46조의4제6항부터 제8항까지의 개정규정에도 불구하고 종전의 규정에 따른다.

제18조【유동화전문회사 등에 대한 소득공제에 관한 경과조치】 이 법 시행 전에 개시한 사업연도분에 대해서는 제51조의2제1항제9호의 개정규정에도 불구하고 종전의 규정에 따른다.

제19조【외국 납부 세액공제 등에 관한 경과조치】 이 법 시행 전의 사업연도분에 대해서는 제57조의 개정규정(손금산입방법을 삭제하는 것과 관련된 부분에 한정한다)에도 불구하고 종전의 규정에 따른다.

제20조【재해손실에 대한 세액공제 등에 관한 경과조치】 2020년 1월 1일 전에 납세의무가 성립된 분에 대해서는 제58조제1항제1호 및 제71조제4항의 개정규정에도 불구하고 종전의 규정에 따른다.

제21조【해외현지법인 등의 자료제출 의무 불이행 등에 대한 과태료에 관한 경과조치】 이 법 시행 전 의무를 위반한 행위에 대하여 과태료 규정을 적용할 때에는 제123조의 개정규정에도 불구하고 종전의 규정에 따른다.

    부   칙 (2020.12.29 법17758호)

제1조【시행일】 이 법은 2021년 1월 1일부터 시행한다.(이하 생략)

    부   칙 (2020.12.29 법17799호)

제1조【시행일】 이 법은 공포 후 1년이 경과한 날부터 시행한다.(이하 생략)

    부   칙 (2021.3.16)

제1조【시행일】 이 법은 2021년 7월 1일부터 시행한다.
제2조【지급명세서 등 제출불성실 가산세에 관한 적용례】 제75조의7제1항부터 제3항까지의 개정규정은 이 법 시행 이후 지급하는 소득분에 대하여 「소득세법」 제164조제1항 각 호 외의 부분 단서 또는 제164조의3 제1항제2호에 따라 지급명세서 또는 간이지급명세서를 제출하여야 하거나 제출하는 경우부터 적용한다.
제3조【지급명세서 등 제출불성실 가산세에 관한 경과조치】 이 법 시행 전에 종전의 제75조의7제1항에 따라 부과되었거나 부과하여야 할 가산세에 대해서는 제75조의7제1항의 개정규정에도 불구하고 종전의 규정에 따른다.

    부   칙 (2021.8.17)

제1조【시행일】 이 법은 공포 후 6개월이 경과한 날부터 시행한다.(이하 생략)

    부   칙 (2021.11.23)

제1조【시행일】 이 법은 공포한 날부터 시행한다.(이하 생략)

　　부　　칙 (2021.12.21 법18584호)

제1조【시행일】 이 법은 2022년 1월 1일부터 시행한다.(이하 생략)

　　부　　칙 (2021.12.21 법18590호)

제1조【시행일】 이 법은 2022년 1월 1일부터 시행한다. 다만, 제57조제1항, 제57조의2, 제62조의2제1항제1호 및 제73조제1항의 개정규정은 2025년 1월 1일부터 시행한다.(2022.12.31 단서개정)

제2조【기부금의 손금불산입에 관한 적용례】 제24조제2항제1호라목7)의 개정규정은 2021년 5월 2일 이후 지출한 기부금에 대해서도 적용한다.

제3조【적격합병 요건에 관한 적용례】 제44조제2항제3호의 개정규정은 이 법 시행 이후 합병하는 경우부터 적용한다.

제4조【사업양수 시 이월결손금 공제 제한 등에 관한 적용례】 제50조의2 및 제113조제7항의 개정규정은 이 법 시행 이후 사업 양도·양수 계약을 체결하는 경우부터 적용한다.

제5조【배당소득금액 공제 대상에서 제외되는 기관전용 사모집합투자기구에 관한 적용례 등】 ① 제51조의2제1항제2호의 개정규정은 이 법 시행 이후 과세표준을 신고하는 경우부터 적용한다.

② 이 법 시행 당시 법률 제18128호 자본시장과 금융투자업에 관한 법률 일부개정법률 부칙 제8조제1항부터 제4항까지에 따라 기관전용 사모집합투자기구, 기업재무안정 사모집합투자기구 및 창업·벤처전문 사모집합투자기구로 보아 존속하는 종전의 경영참여형 사모집합투자기구에 대해서는 제51조의2제1항제2호의 개정규정에도 불구하고 종전의 규정에 따른다.

제6조【외국납부세액 공제 및 환급 특례 등에 관한 적용례 등】 ① 제57조제1항 후단 및 제73조제1항 각 호 외의 부분 후단의 개정규정은 2025년 1월 1일 이후 발생하는 소득분에 대하여 외국법인세액을 공제하거나 원천징수하는 경우부터 적용한다.(2022.12.31 본항개정)

② 2025년 1월 1일 전에 발생한 소득분에 대하여 그 소득이 발생한 사업연도의 과세표준을 신고하는 경우 외국납부세액 공제 및 환급에 관하여는 제57조의2의 개정규정에도 불구하고 종전의 규정에 따른다.(2022.12.31 본항개정)

③ 제2항에 따라 2021년 10월 21일부터 2022년 12월 31일까지의 기간 동안 발생한 소득분에 대하여 종전의 제57조의2를 적용하는 경우 같은 조 제1항 중 "경영참여형 사모집합투자기구"는 "기관전용 사모집합투자기구 또는 법률 제18128호 자본시장과 금융투자업에 관한 법률 일부개정법률 부칙 제8조제1항부터 제4항까지에 따라 기관전용 사모집합투자기구, 기업재무안정 사모집합투자기구, 창업·벤처전문 사모집합투자기구로 보는 사모집합투자기구"로 본다.

제7조【성실신고확인서 제출에 관한 적용례】 제60조의2제1항제3호의 개정규정은 이 법 시행 이후 사업을 인수하는 경우부터 적용한다.

제8조【업무용승용차 관련비용 명세서 제출 불성실 가산세에 관한 적용례】 제74조의2의 개정규정은 이 법 시행 이후 개시하는 사업연도에 업무용승용차 관련비용 등을 손금에 산입하는 경우부터 적용한다.

제9조【외국법인연락사무소 현황 자료 제출에 관한 적용례】 제94조의2의 개정규정은 이 법 시행 이후 개시하는 사업연도에 대한 현황 자료를 제출하는 경우부터 적용한다.

제10조【비영리내국법인의 자산양도소득에 대한 신고 특례에 관한 경과조치】 2025년 1월 1일 전에 주식 등을 양도하는 경우에는 제62조의2제1항제1호의 개정규정에도 불구하고 종전의 규정에 따른다.(2022.12.31 본조개정)

제11조【성실신고확인서 제출 불성실 가산세에 관한 경과조치】 이 법 시행 전에 개시한 사업연도에 대하여 이 법 시행 이후에 납부하는 성실신고확인서 제출 불성실 가산세에 관하여는 제75조제1항 및 제3항의 개정규정에도 불구하고 종전의 규정에 따른다.

제12조【현금영수증 발급 불성실 가산세에 관한 경과조치】 이 법 시행 전에 세무서에 자진 신고하거나 현금영수증을 자진 발급한 경우에 대해서는 제75조의6제2항제3호의 개정규정에도 불구하고 종전의 규정에 따른다.

제13조【실질귀속자로 보는 국외투자기구의 요건 변경에 따른 경과조치】 이 법 시행 전에 지급받은 국내원천소득에 대한 실질귀속자 판단에 관하여는 제93조의2제1항제1호 및 제2호의 개정규정에도 불구하고 종전의 규정에 따른다.

　　부　　칙 (2022.12.31)

제1조【시행일】 이 법은 2023년 1월 1일부터 시행한다. 다만, 다음 각 호의 개정규정은 해당 호에서 정하는 날부터 시행한다.

1. 제2조제9호·제10호·제10호의2, 제18조제7호, 제21조제6호, 제25조(같은 조 제2항제3호 중 "매입자발행계산서"의 개정부분은 제외한다), 제75조의5제2항제1호, 제75조의7제1항("소득세법" 제164조의3제1항제1호의 소득에 대한 간이지급명세서를 제출하지 아니한 경우는 제외한다), 같은 조 제3항제2호, 같은 조 제4항("소득세법" 제164조의3제1항제1호의 소득에 관한 부분은 제외한다)의 개정규정, 같은 조 제5항의 개정규정 중 "제3호의 소득"을 개정하는 부분, 제76조의8, 제76조의9, 제76조의11, 제76조의12, 제76조의14(같은 조 제1항제2호가목 및 같은 항 제4호는 제외한다), 제76조의18 및 제76조의19의 개정규정 : 2024년 1월 1일 (2023.12.31 본호개정)

2. 법률 제17652호 법인세법 일부개정법률 제93조제2호다목의 개정규정, 법률 제18590호 법인세법 일부개정법률 제57조제1항 후단 및 같은 항 제1호부터 제3호까지, 제57조의2, 제73조제1항 각 호 외의 부분 후단의 개정규정 및 제73조제2항부터 제10항까지의 개정규정 : 2025년 1월 1일

3. 제25조제2항제3호의 개정규정 중 "매입자발행계산서"의 개정부분, 제116조제3항 및 제121조의2의 개정규정 : 2023년 7월 1일

4. 제75조의7제1항("소득세법" 제164조의3제1항제1호의 소득에 대한 간이지급명세서를 제출하지 아니한 경우로 한정한다), 같은 조 제3항제1호, 같은 조 제4항("소득세법" 제164조의3제1항제1호의 소득에 관한 부분으로 한정한다)의 개정규정 : 2026년 1월 1일 (2023.12.31 본호신설)

제2조【일반적 적용례】 이 법은 이 법 시행 이후 개시하는 사업연도부터 적용한다.

제3조【자본준비금의 배당금액에 대한 익금불산입에 관한 적용례】 제18조제8호 본문의 개정규정은 이 법 시행 이후 받는 배당금액부터 적용한다.

제4조【외국자회사 수입배당금액에 관한 적용례】 제18조의4(제79조의 개정규정에 따라 준용되는 경우를 포함한다), 제21조제1호 및 제57조제5항·제7항의 개정규정은 이 법 시행 이후 외국자회사로부터 수입배당금액을 받는 경우부터 적용한다.

제5조【매입자발행계산서 발급 등에 관한 적용례】 제25조제2항제3호(매입자발행계산서에 관한 부분으로 한정한다) 및 제121조의2의 개정규정은 2023년 7월 1일 이후 재화 또는 용역을 공급하거나 공급받는 경우부터 적용한다.

제6조【해약환급준비금 손금산입 등 보험회사 과세에 대한 적용시기 특례】 보험회사가 2022년 12월 31일이 속하는 사업연도에 제42조의3제1항에 따른 보험계약국제회계기준으로 제32조의 해약환급준비금을 적립한 경우 해당 보험회사에 대해서는 제30조제1항, 제32조 및 제42조의3의 개정규정은 이 법 시행일 이후 신고하는 분부터 적용한다.

제7조【자산의 취득가액에 관한 적용례】 제41조제1항제1호의2의 개정규정은 이 법 시행 이후 외국자회사를 인수하는 경우부터 적용한다.

제8조【유동화전문회사 등에 대한 소득공제에 관한 적용례】 제51조의2의 개정규정은 이 법 시행 이후 배당을 결의하는 경우부터 적용한다.

제9조【간접투자회사등의 외국납부세액공제 특례 등에 관한 적용례 등】 ① 법률 제18590호 법인세법 일부개정법률 제57조제1항 후단, 같은 항 제1호부터 제3호까지, 제57조의2, 제73조제1항 각 호 외의 부분 후단의 개정규정과 제73조제2항·제3항의 개정규정은 2025년 1월 1일 이후 지급받는 소득에 대하여 외국법인세액을 공제하거나 원천징수하는 경우부터 적용한다.

② 2025년 1월 1일 전에 발생한 소득에 대한 해당 사업연도의 과세표준을 신고하는 경우 외국납부세액 공제 및 환급에 관하여는 법률 제18590호 법인세법 일부개정법률 제57조의2의 개정규정에도 불구하고 종전의 규정(법률 제18590호 법인세법 일부개정법률로 개정되기 전의 것을 말한다)에 따른다.

제10조【이자소득의 원천징수세율에 관한 적용례】 제73조제1항의 개정규정은 이 법 시행 이후 온라인투자연계금융업자를 통하여 지급받는 이자소득부터 적용한다.

제11조【지급명세서 등 제출 불성실 가산세에 관한 적용례 등】 ① 제75조의7제1항(「소득세법」 제164조의3제1항제1호의 소득에 대한 간이지급명세서를 제출하지 아니한 경우는 제외한다), 같은 조 제3항제2호, 같은 조 제4항(「소득세법」 제164조의3제1항제1호의 소득에 관한 부분은 제외한다) 및 같은 조 제5항(「소득세법」 제164조의3제1항제3호의 소득에 관한 부분으로 한정한다)의 개정규정은 2024년 1월 1일 이후 지급하는 소득에 대하여 지급명세서등을 제출하여야 하거나 제출하는 경우부터 적용한다.(2023.12.31 본항개정)

② 제75조의7제1항제1호(「소득세법」 제164조의3제1항제1호의 소득에 대한 간이지급명세서를 제출하지 아니한 경우로 한정한다), 같은 조 제3항제1호, 같은 조 제4항(「소득세법」 제164조의3제1항제1호의 소득에 관한 부분으로 한정한다)의 개정규정은 2026년 1월 1일 이후 지급하는 소득에 대하여 지급명세서등을 제출하여야 하거나 제출하는 경우부터 적용한다.(2023.12.31 본항신설)

③ 제75조의7제5항(「소득세법」 제164조의3제1항제2호의 소득에 관한 부분으로 한정한다)의 개정규정은 2023년 1월 1일 이후 지급하는 소득에 대하여 지급명세서등을 제출하여야 하거나 제출하는 경우부터 적용한다.

④ 2026년 1월 1일 전에 지급한 「소득세법」 제164조의3제1항제1호의 소득에 대한 간이지급명세서의 지연 제출에 대한 가산세에 관하여는 제75조의7제1항제1호나목 및 같은 조 제4항의 개정규정에도 불구하고 종전의 규정에 따른다.(2023.12.31 본항개정)

제12조【외국법인의 국채등 이자·양도소득에 대한 과세특례에 관한 적용례】 제93조의3의 개정규정은 이 법 시행 이후 이자를 지급하거나 국채등을 양도하는 경우부터 적용한다.

제13조【외국법인연락사무소 자료 제출에 관한 적용례】 제94조의2제2항 및 제3항의 개정규정은 이 법 시행 이후 재화 또는 용역을 공급받는 경우부터 적용한다.

제14조【외국법인의 국내원천소득 비과세 또는 면제 등의 적용 신청에 관한 적용례】 제98조의4 및 제98조의6의 개정규정은 이 법 시행 이후 조세조약에 따른 비과세, 면제 또는 제한세율의 적용을 신청하는 경우부터 적용한다.

제15조【가상자산 거래내역 등의 제출 의무에 관한 적용례】 제120조의4의 개정규정은 2023년 1월 1일 이후 가상자산을 양도·대여하는 경우부터 적용한다.

제15조의2【연결납세방식의 포기 등에 관한 특례】 ① 2024년 1월 1일 당시 종전의 제2조제10호에 따른 연결법인 외에 다른 내국법인을 제2조제10호의2의 개정규정에 따라 연결지배하고 있는 연결모법인이 2024년 1월 1일 이후 개시하는 사업연도부터 연결납세방식을 적용하지 아니하려는 경우에는 제76조의10제1항 본문을 적용할 때 "사업연도 개시일 전 3개월이 되는 날"을 "2024년 1월 1일 이후 개시하는 사업연도 개시일 이후 2개월이 되는 날"로 보며, 같은 항 단서는 적용하지 아니한다.

② 제1항에 따른 연결모법인이 같은 항에 따른 신고기한 내에 연결납세방식 적용 포기 신고를 하지 아니한 경우에는 제76조의11제1항 및 제2항의 개정규정에도 불구하고 2024년 1월 1일이 속하는 사업연도부터 연결납세방식을 적용하여야 한다. 이 경우 제76조의11제3항을 적용할 때 "변경일"은 "2024년 1월 1일 이후 개시하는 사업연도 개시일 이후 2개월이 되는 날"로 본다. (2023.12.31 본조신설)

제16조【내국법인 수입배당금액의 익금불산입률에 관한 경과조치】 ① 내국법인의 사업연도가 이 법 시행 전에 개시하여 이 법 시행 이후 종료하는 경우 이 법 시행 전에 받은 수입배당금액의 익금불산입률에 관하여는 제18조의2 및 제18조의3의 개정규정에도 불구하고 종전의 규정에 따르고, 이 법 시행 이후 받는 수입배당금액의 익금불산입률에 관하여는 제18조의2의 개정규정에 따른다.

② 내국법인이 2023년 12월 31일까지 받는 수입배당금액에 대해서는 제18조의3의 개정규정에도 불구하고 종전의 규정에 따른 익금불산입률을 적용할 수 있다.

제17조【접대비 명칭의 변경에 관한 경과조치】 2024년 1월 1일 전에 지출한 접대비는 제25조의 개정규정에 따른 기업업무추진비로 본다.

제18조【세율에 관한 경과조치】 이 법 시행 전에 개시한 사업연도의 소득에 대한 법인세의 세율은 제55조제1항의 개정규정에도 불구하고 종전의 규정에 따른다.

제19조【외국 납부 세액 공제에 관한 경과조치】 이 법 시행 전에 외국자회사로부터 받은 수입배당금액에 대한 외국법인세액(제57조제2항에 따라 이월된 금액을 포함한다)의 공제에 관하여는 제57조제5항 및 제7항의 개정규정에도 불구하고 종전의 규정에 따른다.

제20조【외국법인에 대한 원천징수 또는 징수의 특례에 관한 경과조치】 이 법 시행 전에 이자를 지급하거나 국채등을 양도한 경우에는 제98조제2항의 개정규정에도 불구하고 종전의 규정에 따른다.

부 칙 (2023.12.31)

제1조【시행일】이 법은 2024년 1월 1일부터 시행한다.

제2조【자본준비금 감액 배당금액의 익금산입에 관한 적용례】제18조제8호의 개정규정은 이 법 시행 이후 자본준비금을 감액하여 받는 배당금액부터 적용한다.

제3조【내국법인 수입배당금액의 익금산입에 관한 적용례】제18조의2제2항제6호부터 제8호까지의 개정규정은 이 법 시행 이후 다른 내국법인으로부터 받는 수입배당금액부터 적용한다.

제4조【유동화전문회사 등에 대한 소득공제에 관한 적용례】제51조의2제2항제1호 단서 및 제75조의14제2항 단서의 개정규정은 2023년 12월 31일이 속하는 사업연도부터 적용한다.

제5조【추계에 의한 과세표준 및 세액계산의 특례에 관한 적용례】제68조 본문의 개정규정은 이 법 시행 이후 개시하는 사업연도의 과세표준 및 세액을 추계하는 경우부터 적용한다.

제6조【연결법인별 배분금액의 정산에 관한 적용례】제76조의19제5항의 개정규정은 이 법 시행 이후 개시하는 사업연도부터 적용한다.

제7조【조세조약상 비과세·면제 또는 제한세율의 적용을 위한 경정청구기간에 관한 적용례】제98조의4제5항 본문, 제98조의5제2항 본문 및 제98조의6제4항 본문의 개정규정은 이 법 시행 당시 각각 같은 개정규정에 따른 경정청구기간이 만료되지 아니한 경우에도 적용한다.

제8조【외국인 통합계좌 원천징수 특례에 관한 적용례】제98조의8의 개정규정은 이 법 시행 이후 외국인 통합계좌의 명의인에게 국내원천소득을 지급하는 경우부터 적용한다.

제9조【신탁소득에 대한 법인세 과세에 관한 경과조치】이 법 시행 전에 신탁재산에 귀속된 소득에 대해서는 제5조제2항 및 제3항의 개정규정에도 불구하고 종전의 규정에 따른다.

제10조【연결자법인 변경신고기간에 관한 경과조치】이 법 시행 전에 연결자법인 변경 사유가 발생한 경우의 신고기간에 관하여는 제76조의12제4항의 개정규정에도 불구하고 종전의 규정에 따른다.

법인세법 시행령

$$\begin{pmatrix} 1998년 & 12월 & 31일 \\ 전개대통령령 & 제15970호 \end{pmatrix}$$

개정
1999.12.31영16658호   <중략>
2016.11.29영27619호(예비군법시)
2017. 2. 3영27828호
2017. 3.29영27972호(공항시설법시)
2017. 5.29영28074호(정신건강증진및정신질환자복지서비스지원에관한법시)
2017. 7.26영28211호(직제)
2018. 2.13영28640호
2018. 7.16영29045호(민간임대주택에관한특별법시)
2018. 7.31영29067호
2018.10.30영29509호(주식회사등의외부감사에관한법시)
2019. 2.12영29529호
2019. 6.25영29892호(주식·사채등의전자등록에관한법시)
2019. 7. 1영29933호   2020. 2.11영30396호
2020. 3.31영30586호(소재·부품·장비산업경쟁력강화를위한특별조치법시)
2020. 7.28영30876호(항만법시)
2020. 8. 4영30892호(개인정보보호법시)
2020. 8. 7영30920호
2020. 8.11영30934호(벤처투자촉진에관한법시)
2020. 8.19영30954호(수산업협동조합의부실예방및구조개선에관한법시)
2020. 8.26법30977호(양식산업발전법시)
2020.10. 7영31084호
2020.12. 8영31220호(지능정보화기본법시)
2020.12. 8영31221호(소프트웨어어진흥법시)
2021. 1. 5영31380호(법령용어정비)
2021. 2.17영31443호→시행일 부칙 참조. 2025년 1월 1일 시행하는 부분은 추후 수록
2021. 5. 4영31660호
2021. 7.13영31883호(지방자치단체보조금관리에관한법시)
2021. 8.31영31961호(한국해양광업공단법시)
2021.12.28영32274호(독점시)
2022. 2.15영32418호→시행일 부칙 참조. 2025년 1월 1일 시행하는 부분은 추후 수록
2022. 2.17영32447호(국민평생직업능력개발법시)
2022. 2.17영32449호(한국자산관리공사설립등에관한법시)
2022. 3. 8영32517호→2025년 1월 1일 시행이므로 추후 수록
2022. 8. 2영32829호
2022. 8.23영32881호(벤처투자촉진에관한법시)
2022.10.27영32965호   2022.12.31영33210호
2023. 1.10영33225호(수산시)
2023. 2.28영33265호→시행일 부칙 참조. 2025년 1월 1일 시행하는 부분은 추후 수록
2023. 7. 7영33621호(지방자치분권및지역균형발전에관한특별시)
2023. 9.26영33734호
2023. 9.26영33764호(민간임대주택에관한특별법시)
2023.12. 5영33899호(소재·부품·장비산업경쟁력강화및공급망안정화를위한특별조치법시)
2023.12.19영34011호(벤처투자촉진에관한법시)

제1장 총 칙

제1조【목적】이 영은 「법인세법」에서 위임된 사항과 그 시행에 필요한 사항을 규정함을 목적으로 한다. (2019.2.12 본조신설)

제2조【정의】① 「법인세법」(이하 "법"이라 한다) 제2조제2호나목에서 "대통령령으로 정하는 조합법인 등"이란 다음 각 호의 법인을 말한다.(2019.2.12 본문개정)

1. 「농업협동조합법」에 따라 설립된 조합(조합공동사업법인을 포함한다)과 그 중앙회(2019.2.12 본호개정)
2. 「소비자생활협동조합법」에 따라 설립된 조합과 그 연합회 및 전국연합회(2013.2.15 본호신설)
3. 「수산업협동조합법」에 따라 설립된 조합(어촌계 및 조합공동사업법인을 포함한다)과 그 중앙회(2017.2.3 본호개정)

4. 「산림조합법」에 따라 설립된 산림조합(산림계를 포함한다)과 그 중앙회(2019.2.12 본호개정)
5. 「엽연초생산협동조합법」에 따라 설립된 엽연초생산협동조합과 그 중앙회(2019.2.12 본호개정)
6.~7. (1999.12.31 삭제)
8. 「중소기업협동조합법」에 따라 설립된 조합과 그 연합회 및 중앙회
9. 「신용협동조합법」에 따라 설립된 신용협동조합과 그 연합회 및 중앙회
10. 「새마을금고법」에 따라 설립된 새마을금고와 그 연합회
11. 「염업조합법」에 따라 설립된 대한염업조합
(2019.2.12 8호~11호개정)
② 법 제2조제3호에서 "대통령령으로 정하는 기준에 해당하는 법인"이란 다음 각 호의 어느 하나에 해당하는 단체를 말한다.(2019.2.12 본문개정)
1. 설립된 국가의 법에 따라 법인격이 부여된 단체
2. 구성원이 유한책임사원으로만 구성된 단체
3. (2019.2.12 삭제)
4. 그 밖에 해당 외국단체와 동종 또는 유사한 국내의 단체가 「상법」 등 국내의 법률에 따른 법인인 경우의 그 외국단체
(2013.2.15 본항신설)
③ 국세청장은 제2항 각 호에 따른 외국법인의 유형별 목록을 고시할 수 있다.(2013.2.15 본항신설)
④ 제2항 각 호에 따른 외국법인 기준의 적용은 조세조약 적용대상의 판정에 영향을 미치지 아니한다.
(2013.2.15 본항신설)
⑤ 법 제2조제10호의2다목에서 "대통령령으로 정하는 주식"이란 다음 각 호의 어느 하나에 해당하는 주식을 말한다.
1. 「근로복지기본법」에 따른 우리사주조합(이하 "우리사주조합"이라 한다)이 보유한 주식
2. 제19조제19호의2 각 목 외의 부분 본문에 따른 주식매수선택권의 행사에 따라 발행되거나 양도된 주식(주식매수선택권을 행사한 자가 제3자에게 양도한 주식을 포함한다)
(2023.2.28 본항신설)
⑥ 법 제2조제10호의2다목에서 "대통령령으로 정하는 경우"란 법 제76조의8제1항에 따른 연결가능모법인(이하 "연결가능모법인"이라 한다)이 같은 항에 따른 연결가능자법인(이하 "연결가능자법인"이라 한다)을 통해 또 다른 내국법인의 주식 또는 출자지분을 보유하는 경우를 말한다.(2023.2.28 본항신설)
⑦ 법 제2조제10호의2다목에 따라 연결가능모법인이 연결가능자법인을 통해 보유하고 있는 또 다른 내국법인에 대한 주식 또는 출자지분의 보유비율은 다음 계산식에 따라 계산한다. 이 경우 연결가능자법인이 둘 이상인 경우에는 각 연결가능자법인별로 다음 계산식에 따라 계산한 비율을 합산한다.

연결가능모법인의 연결가능자법인에 대한 주식 또는 출자지분 보유비율	×	연결가능자법인의 또 다른 내국법인에 대한 주식 또는 출자지분 보유비율

(2023.2.28 본항신설)
⑧ 법 제2조제12호에서 "경제적 연관관계 또는 경영지배관계 등 대통령령으로 정하는 관계에 있는 자"란 다음 각 호의 어느 하나에 해당하는 관계에 있는 자를 말한다.
1. 임원(제40조제1항에 따른 임원을 말한다. 이하 이 항, 제10조, 제19조, 제38조 및 제39조에서 같다)의 임면권의 행사, 사업방침의 결정 등 해당 법인의 경영에 대해 사실상 영향력을 행사하고 있다고 인정되는 자

(「상법」 제401조의2제1항에 따라 이사로 보는 자를 포함한다)와 그 친족(「국세기본법 시행령」 제1조의2제1항에 따른 자를 말한다. 이하 같다)
2. 제50조제2항에 따른 소액주주등이 아닌 주주 또는 출자자(이하 "비소액주주등"이라 한다)와 그 친족
3. 다음 각 목의 어느 하나에 해당하는 자 및 이들과 생계를 함께하는 친족
가. 법인의 임원ㆍ직원 또는 비소액주주등의 직원(비소액주주등이 영리법인인 경우에는 그 임원을, 비영리법인인 경우에는 그 이사 및 설립자를 말한다)
나. 법인 또는 비소액주주등의 금전이나 그 밖의 자산에 의해 생계를 유지하는 자
4. 해당 법인이 직접 또는 그와 제1호부터 제3호까지의 관계에 있는 자를 통해 어느 법인의 경영에 대해 「국세기본법 시행령」 제1조의2제4항에 따른 지배적인 영향력을 행사하고 있는 경우 그 법인
5. 해당 법인이 직접 또는 그와 제1호부터 제4호까지의 관계에 있는 자를 통해 어느 법인의 경영에 대해 「국세기본법 시행령」 제1조의2제4항에 따른 지배적인 영향력을 행사하고 있는 경우 그 법인
6. 해당 법인에 100분의 30 이상을 출자하고 있는 법인에 100분의 30 이상을 출자하고 있는 법인이나 개인
7. 해당 법인이 「독점규제 및 공정거래에 관한 법률」에 따른 기업집단에 속하는 법인인 경우에는 그 기업집단에 소속된 다른 계열회사 및 그 계열회사의 임원
(2019.2.12 본항신설)

제3조 【수익사업의 범위】 ① 법 제4조제3항제1호에서 "대통령령으로 정하는 것"이란 다음 각 호의 어느 하나에 해당하는 사업을 제외한 각 사업 중 수입이 발생하는 것을 말한다.(2019.2.12 본문개정)
1. 축산업(축산관련서비스업을 포함한다)ㆍ조경관리 및 유지 서비스업 외의 농업
2. 연구개발업(계약 등에 의하여 그 대가를 받고 연구 및 개발용역을 제공하는 사업을 제외한다)
(2018.2.13 1호~2호개정)
2의2. 선급검사(船級檢査) 용역을 공급하는 사업
(2022.2.15 본호개정)
3. 다음 각 목의 어느 하나에 해당하는 교육시설에서 해당 법률에 따른 교육과정에 따라 제공하는 교육서비스업
가. 「유아교육법」에 따른 유치원
나. 「초ㆍ중등교육법」 및 「고등교육법」에 따른 학교
다. 「경제자유구역 및 제주국제자유도시의 외국교육기관 설립ㆍ운영에 관한 특별법」에 따라 설립된 외국교육기관(정관 등에 따라 잉여금을 국외 본교로 송금할 수 있거나 실제로 송금하는 경우는 제외한다)
라. 「제주특별자치도 설치 및 국제자유도시 조성을 위한 특별법」에 따라 설립된 비영리법인이 운영하는 국제학교
마. 「평생교육법」 제31조제4항에 따른 전공대학 형태의 평생교육시설 및 같은 법 제33조제3항에 따른 원격대학 형태의 평생교육시설
(2019.2.12 본호개정)
4. 보건업 및 사회복지 서비스업 중 다음 각 목의 어느 하나에 해당하는 사회복지시설에서 제공하는 사회복지사업(2018.2.13 본문개정)
가. 「사회복지사업법」 제34조에 따른 사회복지시설 중 사회복지관, 부랑인ㆍ노숙인 시설 및 결핵ㆍ한센인 시설
나. 「국민기초생활보장법」 제15조의2제1항 및 제16조제1항에 따른 중앙자활센터 및 지역자활센터
다. 「아동복지법」 제52조제1항에 따른 아동복지시설
(2012.8.3 본목개정)

라. 「노인복지법」 제31조에 따른 노인복지시설(노인전문병원은 제외한다)

마. 「노인장기요양보험법」 제2조제4호에 따른 장기요양기관

바. 「장애인복지법」 제58조제1항에 따른 장애인복지시설 및 같은 법 제63조제1항에 따른 장애인복지단체가 운영하는 「중증장애인생산품 우선구매 특별법」 제2조제2항에 따른 중증장애인생산품 생산시설(2018.2.13 본목개정)

사. 「한부모가족지원법」 제19조제1항에 따른 한부모가족복지시설

아. 「영유아보육법」 제10조에 따른 어린이집(2011.12.8 본목개정)

자. 「성매매방지 및 피해자보호 등에 관한 법률」 제9조제1항에 따른 지원시설, 제15조제2항에 따른 자활지원센터 및 제17조제2항에 따른 성매매피해상담소(2022.2.15 본목개정)

차. 「정신건강증진 및 정신질환자 복지서비스 지원에 관한 법률」 제3조제6호 및 제7호에 따른 정신요양시설 및 정신재활시설(2017.5.29 본목개정)

카. 「성폭력방지 및 피해자보호 등에 관한 법률」 제10조제2항 및 제12조제2항에 따른 성폭력피해상담소 및 성폭력피해보호시설

타. 「입양특례법」 제20조제1항에 따른 입양기관(2012.8.3 본목개정)

파. 「가정폭력방지 및 피해자보호 등에 관한 법률」 제5조제2항 및 제7조제2항에 따른 가정폭력 관련 상담소 및 보호시설

하. 「다문화가족지원법」 제12조제1항에 따른 다문화가족지원센터

거. 「건강가정기본법」 제35조제1항에 따른 건강가정지원센터(2021.2.17 본목신설)

(2010.12.30 본호개정)

5. 연금 및 공제업 중 다음 각 목의 어느 하나에 해당하는 사업(2019.2.12 본문개정)

가. 「국민연금법」에 의한 국민연금사업(2005.2.19 본목개정)

나. 특별법에 의하거나 정부로부터 인가 또는 허가를 받아 설립된 단체가 영위하는 사업(기금조성 및 급여사업에 한한다)

다. 「근로자퇴직급여보장법」에 따른 중소기업퇴직연금기금을 운용하는 사업(2022.2.15 본목신설)

6. 사회보장보험업중 「국민건강보험법」에 의한 의료보험사업과 「산업재해보상보험법」에 의한 산업재해보상보험사업(2006.2.9 본호개정)

7. 주무관청에 등록된 종교단체(그 소속단체를 포함한다)가 공급하는 용역중 「부가가치세법」 제26조제1항제18호에 따라 부가가치세가 면제되는 용역을 공급하는 사업(2013.6.28 본호개정)

8. 금융 및 보험 관련 서비스업중 다음 각 목의 어느 하나에 해당하는 사업(2019.2.12 본문개정)

가. 「예금자보호법」에 의한 예금보험기금 및 예금보험기금채권상환기금을 통한 예금보험 및 이와 관련된 자금지원·채무정리 등 예금보험제도를 운영하는 사업(2005.2.19 본목개정)

나. 「농업협동조합의 구조개선에 관한 법률」 및 「수산업협동조합법」에 의한 상호금융예금자보호기금을 통한 예금보험 및 자금지원 등 예금보험제도를 운영하는 사업(2005.2.19 본목개정)

다. 「새마을금고법」에 의한 예금자보호준비금을 통한 예금보험 및 자금지원 등 예금보험제도를 운영하는 사업(2005.2.19 본목개정)

라. 「한국자산관리공사 설립 등에 관한 법률」 제43조의2에 따른 구조조정기금을 통한 부실자산 등의 인수 및 정리와 관련한 사업(2022.2.17 본목개정)

마. 「신용협동조합법」에 의한 신용협동조합예금자보호기금을 통한 예금보험 및 자금지원 등 예금보험제도를 운영하는 사업(2005.2.19 본목개정)

바. 「산림조합법」에 의한 상호금융예금자보호기금을 통한 예금보험 및 자금지원 등 예금보험제도를 운영하는 사업(2005.2.19 본목개정)

9. 「혈액관리법」 제6조제3항에 따라 보건복지부장관으로부터 혈액원 개설 허가를 받은 자가 행하는 혈액사업(2023.2.28 본호개정)

10. 「한국주택금융공사법」에 따른 주택담보노후연금보증계정을 통하여 주택담보노후연금보증제도를 운영하는 사업(보증사업과 주택담보노후연금을 지급하는 사업에 한한다)(2007.2.28 본호신설)

11. 「국민기초생활 보장법」 제2조에 따른 수급권자·차상위계층 등 기획재정부령으로 정하는 자에게 창업비 등의 용도로 대출하는 사업으로서 기획재정부령으로 정하는 요건을 갖춘 사업(2008.2.29 본호신설)

12. 비영리법인(사립학교의 신축·증축, 시설확충, 그 밖에 교육환경 개선을 목적으로 설립된 법인에 한한다)이 외국인학교의 운영자에게 학교시설을 제공하는 사업(2008.2.22 본호신설)

13. 「국민체육진흥법」 제33조에 따른 대한체육회에 가맹한 경기단체 및 「태권도 진흥 및 태권도공원조성에 관한 법률」에 따른 국기원의 승단·승급·승품 심사 사업(2009.2.4 본호신설)

14. 「수도권매립지관리공사의 설립 및 운영 등에 관한 법률」에 따른 수도권매립지관리공사가 행하는 폐기물처리와 관련한 사업(2010.12.30 본호신설)

15. 「한국장학재단 설립 등에 관한 법률」에 따른 한국장학재단이 같은 법 제24조의2에 따른 학자금대출계정을 통하여 운영하는 학자금 대출사업(2021.2.17 본호신설)

16. 제1호, 제2호, 제2호의2, 제3호부터 제15호까지의 규정과 비슷한 사업으로서 기획재정부령으로 정하는 사업(2021.2.17 본호개정)

② 법 제4조제3항제5호 단서에서 "대통령령으로 정하는 수입"이란 해당 유형자산 및 무형자산의 처분일(「지방자치분권 및 지역균형발전에 관한 특별법」 제25조에 따라 이전하는 공공기관의 경우에는 공공기관 이전일을 말한다) 현재 3년 이상 계속하여 보유한 「지방자치분권 및 지역균형발전에 관한 특별법」 제25조에 따라 이전하는 공공기관의 경우에는 공공기관 이전일을 말한다) 현재 3년 이상 계속하여 보유한 정관에 규정된 고유목적사업(제1항에 따른 수익사업은 제외한다)에 직접 사용한 유형자산 및 무형자산의 처분으로 인하여 생기는 수입을 말한다. 이 경우 해당 자산의 유지·관리 등을 위한 관람료·입장료수입 등 부수수익이 있는 경우에도 이를 고유목적사업에 직접 사용한 자산으로 보며, 비영리법인이 수익사업에 속하는 자산을 고유목적사업에 전입한 후 처분하는 경우에는 전입 시 시가로 평가한 가액을 그 자산의 취득가액으로 하여 처분으로 인하여 생기는 수입을 계산한다.(2023.7.7 전단개정)

③ 법 제4조제3항제7호에서 "대통령령으로 정하는 것"이란 「소득세법」 제46조제1항에 따른 채권등(그 이자소득에 대하여 법인세가 비과세되는 것은 제외한다)을 매도함에 따른 매매익(채권등의 매각익에서 채권등의 매각손을 차감한 금액을 말한다)을 말한다. 다만, 제1항제8호에 따른 사업에 귀속되는 채권등의 매매익을 제외한다.(2019.2.12 본항개정)

제3조의2【신탁소득】 ① 법 제5조제2항 각 호 외의 부분 전단에서 "대통령령으로 정하는 요건을 충족하는 신탁"이란 다음 각 호의 요건을 모두 갖춘 신탁을 말한다.

1. 수익자가 둘 이상일 것. 다만, 어느 하나의 수익자를 기준으로 제2조제8항에 해당하는 자이거나 「소득세법 시행령」 제98조제1항에 따른 특수관계인에 해당하는 자는 수익자 수를 계산할 때 포함하지 않는다. (2023.2.28 단서개정)
2. 제2항제1호에 해당하지 않을 것
② 법 제5조제3항에서 "대통령령으로 정하는 요건을 충족하는 신탁"이란 다음 각 호의 어느 하나에 해당하는 신탁을 말한다.(2023.2.28 본항개정)
1. 위탁자가 신탁을 해지할 수 있는 권리, 수익자를 지정하거나 변경할 수 있는 권리, 신탁 종료 후 잔여재산을 귀속 받을 권리를 보유하는 등 신탁재산을 실질적으로 지배·통제할 것
2. 신탁재산 원본을 받을 권리에 대한 수익자는 위탁자로, 수익을 받을 권리에 대한 수익자는 위탁자의 제43조제7항에 따른 지배주주등의 배우자 또는 같은 주소 또는 거소에서 생계를 같이 하는 직계존비속(배우자의 직계존비속을 포함한다)으로 설정했을 것
(2021.2.17 본조신설)

제4조 【사업연도의 개시일】 ① 법인의 최초사업연도의 개시일은 다음 각 호의 날로 한다.(2013.2.15 본문개정)
1. 내국법인의 경우에는 설립등기일. 다만, 법 제2조제2호다목에 따른 법인으로 보는 단체(이하 "법인으로 보는 단체"라 한다)의 경우에는 다음 각 목의 날로 한다.(2019.2.12 단서개정)
가. 법령에 의하여 설립된 단체에 있어서 당해 법령에 설립일이 정하여진 경우에는 그 설립일
나. 설립에 관하여 주무관청의 허가 또는 인가를 요하는 단체와 법령에 의하여 주무관청에 등록한 단체의 경우에는 그 허가일·인가일 또는 등록일
다. 공익을 목적으로 출연된 기본재산이 있는 재단으로서 등기되지 아니한 단체인 경우에는 그 기본재산의 출연을 받은 날
라. 「국세기본법」 제13조제2항의 규정에 의하여 납세지 관할세무서장의 승인을 얻은 단체의 경우에는 그 승인일(2005.2.19 본목개정)
2. 외국법인의 경우에는 법 제94조에 따른 국내사업장(이하 "국내사업장"이라 한다)을 가지게 된 날(국내사업장이 없는 경우에는 법 제6조제4항의 규정에 의한 소득이 최초로 발생한 날)(2013.2.15 본호개정)
② 제1항의 규정을 적용함에 있어서 최초 사업연도의 개시일전에 생긴 손익을 사실상 그 법인에 귀속시킨 것이 있는 경우 조세포탈의 우려가 없을 때에는 최초사업연도의 기간이 1년을 초과하지 아니하는 범위내에서 이를 당해 법인의 최초사업연도의 손익에 산입할 수 있다. 이 경우 최초사업연도의 개시일은 당해 법인에 귀속시킨 손익이 최초로 발생한 날로 한다.

제5조 【사업연도의 변경신고】 법 제7조제1항의 규정에 의하여 사업연도의 변경신고를 하고자 하는 법인은 그 신고기한내에 기획재정부령이 정하는 사업연도변경신고서를 납세지 관할세무서장에게 제출(국세정보통신망에 의한 제출을 포함한다)하여야 한다.(2008.2.29 본조개정)

제6조 【합병등기일 등의 범위】 ① 법 및 이 영에서 "합병등기일"이란 다음 각 호의 구분에 따른 날을 말한다.
1. 합병 후 존속하는 법인 : 변경등기일
2. 합병으로 설립되는 법인 : 설립등기일
② 법 및 이 영에서 "분할등기일"이란 다음 각 호의 구분에 따른 날을 말한다.
1. 분할 후 존속하는 법인 : 변경등기일
2. 분할로 설립되는 법인 : 설립등기일
(2019.2.12 본조개정)

제7조 【납세지의 범위】 ① 법 제9조제1항 단서에서 "대통령령으로 정하는 장소"란 당해 단체의 사업장소재지를 말하되, 주된 소득이 부동산임대소득인 단체의 경우에는 그 부동산의 소재지를 말한다. 이 경우 2 이상의 사업장 또는 부동산을 가지고 있는 단체의 경우에는 주된 사업장 또는 주된 부동산의 소재지를 말하며, 사업장이 없는 단체의 경우에는 당해 단체의 정관 등에 기재된 주사무소의 소재지(정관 등에 주사무소에 관한 규정이 없는 단체의 경우에는 그 대표자 또는 관리인의 주소를 말한다)를 말한다.(2011.6.3 전단개정)
② 제1항에서 "주된 사업장 또는 주된 부동산의 소재지"라 함은 직전 사업연도의 제11조제1호의 규정에 의한 사업수입금액(이하 "사업수입금액"이라 한다)이 가장 많은 사업장 또는 부동산의 소재지를 말한다.
③ 법 제9조제3항에서 "대통령령으로 정하는 주된 사업장의 소재지"란 제2항의 규정을 준용하여 판정한 소재지를 말한다. 다만, 주된 사업장 소재지의 판정은 최초로 납세지를 정하는 경우에만 적용한다.(2011.6.3 본문개정)
④ 법 제9조제3항에서 "대통령령으로 정하는 장소"란 국내원천소득이 발생하는 장소중 당해 외국법인이 납세지로 신고하는 장소를 말한다. 이 경우 그 신고는 2 이상의 국내원천소득이 발생하게 된 날부터 1월 이내에 기획재정부령이 정하는 납세지신고서에 의하여 납세지 관할세무서장에게 하여야 한다.(2011.6.3 전단개정)
⑤ 건설업 등을 영위하는 외국법인의 국내사업장이 영해에 소재하는 이유 등으로 국내사업장을 납세지로 하는 것이 곤란한 경우에는 국내의 등기부상의 소재지를 납세지로 한다. 다만, 등기부상 소재지가 없으면 국내에서 그 사업에 관한 업무를 총괄하는 장소를 납세지로 한다.(2009.2.4 본항신설)
⑥ 법 제9조제4항 본문에서 "대통령령으로 정하는 해당 원천징수의무자의 소재지"란 다음 각 호의 구분에 따른 장소를 말한다.
1. 원천징수의무자가 개인인 경우 : 「소득세법」 제7조제1항제1호 및 제2호에 따른 소재지
2. 원천징수의무자가 법인인 경우 : 다음 각 목의 장소
가. 해당 법인의 본점·주사무소 또는 국내에 본점이나 주사무소가 소재하지 않는 경우에는 사업의 실질적 관리장소(이하 "본점등"이라 한다)의 소재지(법인으로 보는 단체의 경우에는 제1항에 따른 소재지로, 외국법인의 경우에는 해당 법인의 주된 국내사업장의 소재지로 한다)
나. 가목에도 불구하고 법인의 지점·영업소 또는 그 밖의 사업장이 독립채산제에 의해 독자적으로 회계사무를 처리하는 경우에는 그 사업장의 소재지(그 사업장의 소재지가 국외에 있는 경우는 제외한다). 다만, 법인이 지점·영업소 또는 그 밖의 사업장에서 지급하는 소득에 대한 원천징수세액을 본점등에서 전자계산조직 등에 의해 일괄계산하는 경우로서 본점등의 관할 세무서장에게 신고하거나 「부가가치세법」 제8조제3항 및 제4항에 따라 사업자단위로 관할 세무서장에게 등록한 경우에는 해당 법인의 본점등의 소재지로 한다.
(2019.2.12 본항신설)
⑦ 법 제9조제4항 단서에서 "대통령령으로 정하는 장소"란 다음 각 호의 구분에 따른 장소를 말한다.
1. 법 제93조제7호나목에 따른 국내원천 부동산등양도소득 및 이 영 제132조제8항 각 호의 어느 하나에 해당하는 소득이 있는 경우 : 해당 유가증권을 발행한 내국법인 또는 외국법인의 국내사업장의 소재지
2. 제1호 외의 경우 : 국세청장이 지정하는 장소
(2019.2.12 본항신설)
⑧ 제6항제2호나목 단서에 따라 일괄계산하여 신고하는 절차에 관하여 필요한 사항은 기획재정부령으로 정한다.(2019.2.12 본항신설)

제8조【납세지의 지정 및 통지】 ① 법 제10조제1항에서 "대통령령으로 정하는 경우"란 다음 각 호의 어느 하나에 해당하는 경우를 말한다.(2019.2.12 본문개정)
1. 내국법인의 본점등의 소재지가 등기된 주소와 동일하지 아니한 경우
2. 내국법인의 본점등의 소재지가 자산 또는 사업장과 분리되어 있어 조세포탈의 우려가 있다고 인정되는 경우
3. 둘 이상의 국내사업장을 가지고 있는 외국법인의 경우로서 제7조제3항에 따라 주된 사업장의 소재지를 판정할 수 없는 경우(2019.2.12 본호개정)
4. 법 제9조제2항 단서에 따른 둘 이상의 자산이 있는 외국법인의 경우로서 제7조제4항에 따른 신고를 하지 않은 경우(2019.2.12 본호개정)
② 제1항 각호의 1에 해당하는 경우 관할지방국세청장은 법 제10조제1항의 규정에 의하여 납세지를 지정할 수 있다. 이 경우 새로이 지정될 납세지가 그 관할을 달리하는 경우에는 국세청장이 그 납세지를 지정할 수 있다.
③ 법 제10조제2항의 규정에 의한 납세지의 지정통지는 그 법인의 당해 사업연도종료일부터 45일 이내에 이를 하여야 한다.
④ 제3항의 규정에 의한 통지를 기한내에 하지 아니한 경우에는 종전의 납세지를 그 법인의 납세지로 한다.
제9조【납세지의 변경신고】 ① 법인이 법 제11조제1항의 규정에 의하여 납세지의 변경을 신고하는 경우에는 기획재정부령이 정하는 납세지변경신고서를 변경후의 납세지 관할세무서장에게 제출(국세정보통신망에 의한 제출을 포함한다)하여야 한다.(2008.2.29 본항개정)
② 법 제11조제1항의 규정에 의하여 납세지의 변경신고를 받은 세무서장은 그 신고받은 내용을 변경전의 납세지 관할세무서장에게 통보하여야 한다.
③ 법인이 사업연도 중에 합병 또는 분할로 인하여 소멸한 경우 피합병법인·분할법인 또는 소멸한 분할합병의 상대방법인(이하 "피합병법인등"이라 한다)의 각 사업연도의 소득(합병 또는 분할에 따른 양도손익을 포함한다)에 대한 법인세 납세지는 합병법인·분할신설법인 또는 분할합병의 상대방법인(이하 "합병법인등"이라 한다)의 납세지(분할의 경우에는 승계한 자산가액이 가장 많은 법인의 납세지를 말한다)로 할 수 있다. 이 경우 법 제11조제1항의 규정에 의하여 납세지의 변경을 신고하여야 한다.(2010.6.8 전단개정)

제2장 내국법인의 각 사업연도의 소득에 대한 법인세

제1절 과세표준과 그 계산

제1관 통 칙

제10조【결손금공제】 ① 법 제13조제1항 각 호 외의 부분 단서, 법 제45조제5항 각 호 외의 부분 및 법 제46조의4제5항 각 호 외의 부분에서 "회생계획을 이행 중인 기업 등 대통령령으로 정하는 법인"이란 각각 다음 각 호의 어느 하나에 해당하는 법인을 말한다.(2020.2.11 본문개정)
1. 「채무자 회생 및 파산에 관한 법률」 제245조에 따라 법원이 인가결정한 회생계획을 이행 중인 법인
2. 「기업구조조정 촉진법」 제14조제1항에 따라 기업개선계획의 이행을 위한 약정을 체결하고 기업개선계획을 이행 중인 법인(2016.4.29 본호개정)
3. 해당 법인의 채권을 보유하고 있는 「금융실명거래 및 비밀보장에 관한 법률」 제2조제1호에 따른 금융회사등이나 그 밖의 법률에 따라 금융업무 또는 기업구조조정 업무를 하는 「공공기관의 운영에 관한 법률」에 따른 공공기관으로서 기획재정부령으로 정하는 기관과 경영정상화계획의 이행을 위한 협약을 체결하고 경영정상화계획을 이행 중인 법인(2021.2.17 본호개정)
4. 채권, 부동산 또는 그 밖의 재산권(이하 이 항에서 "유동화자산"이라 한다)을 기초로 「자본시장과 금융투자업에 관한 법률」에 따른 증권을 발행하거나 자금을 차입(이하 이 항에서 "유동화거래"라 한다)할 목적으로 설립된 법인으로서 다음 각 목의 요건을 모두 갖춘 법인
  가. 「상법」 또는 그 밖의 법률에 따른 주식회사 또는 유한회사일 것
  나. 한시적으로 설립된 법인으로서 상근하는 임원 또는 직원을 두지 아니할 것
  다. 정관 등에서 법인의 업무를 유동화거래에 필요한 업무로 한정하고 유동화거래에서 예정하지 아니한 합병, 청산 또는 해산이 금지될 것
  라. 유동화거래를 위한 회사의 자산 관리 및 운영을 위하여 업무위탁계약 및 자산관리위탁계약이 체결될 것
  마. 2015년 12월 31일까지 유동화자산의 취득을 완료하였을 것
5. 법 제51조의2제1항 각 호의 어느 하나에 해당하는 내국법인이나 「조세특례제한법」 제104조의31제1항에 따른 내국법인(2021.2.17 본호개정)
6. 「기업 활력 제고를 위한 특별법」 제10조에 따른 사업재편계획 승인을 받은 법인(2020.2.11 본호신설) (2016.2.12 본항신설)
② 법 제13조제1항제1호에 따라 결손금을 공제할 때에는 먼저 발생한 사업연도의 결손금부터 차례대로 공제한다.(2019.2.12 본항개정)
③ 법 제13조제1항제1호를 적용할 때 다음 각 호의 어느 하나에 해당하는 결손금은 각 사업연도의 과세표준을 계산할 때 공제된 것으로 본다.(2019.2.12 본항개정)
1. 법 제17조제2항의 규정에 따라 충당된 결손금
2. 법 제18조제6호에 따라 무상으로 받은 자산의 가액 및 채무의 면제 또는 소멸로 인한 부채의 감소액으로 충당된 이월결손금(2011.3.31 본호개정)
3. 법 제72조제1항 및 「조세특례제한법」 제8조의4에 따라 공제받은 결손금(2022.2.15 본호개정) (2006.2.9 본항개정)
④ 법 제13조제1항제1호에 따른 결손금에는 제81조제2항 및 제83조제2항에 따른 승계결손금의 범위액을 포함한다.(2019.2.12 본항개정)
⑤ 「조세특례제한법 시행령」 제100조의18제2항에 따른 배분한도 초과결손금을 추가로 배분받아 손금에 산입한 해당 법인의 사업연도에 결손금이 발생한 경우 추가로 배분받은 결손금과 해당 사업연도의 결손금 중 작은 것에 상당하는 금액은 배분한도 초과결손금이 발생한 동업기업의 사업연도의 종료일이 속하는 사업연도에 발생한 결손금으로 보아 제2항을 적용한다. (2016.2.12 본항개정)

제2관 익금의 계산

제11조【수익의 범위】 법 제15조제1항에 따른 이익 또는 수입[이하 "수익"(收益)이라 한다]은 법 및 이 영에서 달리 정하는 것을 제외하고는 다음 각 호의 것을 포함한다.(2019.2.12 본문개정)
1. 「통계법」 제22조에 따라 통계청장이 작성·고시하는 한국표준산업분류(이하 "한국표준산업분류"라 한다)에 따른 각 사업에서 생기는 사업수입금액[기업회계기준(제79조 각 호의 어느 하나에 해당하는 회계기준을 말한다. 이하 같다)에 따른 매출에누리금액 및 매출할

인금액은 제외한다. 이하 같다). 다만, 법 제66조제3항 단서에 따라 추계하는 경우 부동산임대에 의한 전세금 또는 임대보증금에 대한 사업수입금액은 금융회사 등의 정기예금이자율을 고려하여 기획재정부령으로 정하는 이자율(이하 "정기예금이자율"이라 한다)을 적용하여 계산한 금액으로 한다.(2019.2.12 본호개정)
2. 자산의 양도금액(2009.2.4 본호개정)
2의2. 자기주식(합병법인이 합병에 따라 피합병법인이 보유하던 합병법인의 주식을 취득하게 된 경우를 포함한다)의 양도금액. 이 경우 제19조제19조의2 각 목 외의 부분 본문에 따른 주식매수선택권의 행사에 따라 주식을 양도하는 경우에는 주식매수선택권 행사 당시의 시가로 계산한 금액으로 한다.(2023.2.28 후단 신설)
3. 자산의 임대료
4. 자산의 평가차익
5. 무상으로 받은 자산의 가액
6. 채무의 면제 또는 소멸로 인하여 생기는 부채의 감소액(법 제17조제1항제1호 단서의 규정에 따른 금액을 포함한다)(2006.2.9 본호개정)
7. 손금에 산입한 금액중 환입된 금액
8. 제88조제1항제8호 각 목의 어느 하나 및 같은 항 제8호의2에 따른 자본거래로 인하여 특수관계인으로부터 분여받은 이익(2012.2.2 본호개정)
9. 법 제28조제1항제4호나목에 따른 가지급금 및 그 이자(이하 이 조에서 "가지급금등"이라 한다)로서 다음 각 목의 어느 하나에 해당하는 금액. 다만, 채권ㆍ채무에 대한 쟁송으로 회수가 불가능한 경우 등 기획재정부령으로 정하는 정당한 사유가 있는 경우는 제외한다.
  가. 제2조제8항의 특수관계가 소멸되는 날까지 회수하지 아니한 가지급금등(나목에 따라 익금에 산입한 이자는 제외한다)(2023.2.28 본목개정)
  나. 제2조제8항의 특수관계가 소멸되지 아니한 경우로서 법 제28조제1항제4호나목에 따른 가지급금의 이자를 이자발생일이 속하는 사업연도 종료일부터 1년이 되는 날까지 회수하지 아니한 경우 그 이자 (2023.2.28 본목개정)
  (2010.2.18 본호신설)
10. 「보험업법」에 따른 보험회사(이하 "보험회사"라 한다)가 같은 법 제120조에 따라 적립한 책임준비금의 감소액(할인율의 변동에 따른 책임준비금 평가액의 감소분은 제외한다)으로서 같은 조 제3항의 회계처리 기준(이하 "보험감독회계기준"이라 한다)에 따라 수익으로 계상된 금액(2023.2.28 본호신설)
11. 그 밖의 수익으로서 그 법인에 귀속되었거나 귀속될 금액(2008.2.22 본호개정)

제12조【자본전입 시 과세되지 아니하는 잉여금의 범위 등】 ① 법 제16조제1항제2호가목에서 "대통령령으로 정하는 것"이란 법 제17조제1항 각 호의 금액에 해당하는 금액을 말한다. 다만, 다음 각 호의 어느 하나에 해당하는 금액은 제외한다.(2013.2.15 본문개정)
1. 법 제17조제1항제1호 단서에 따른 초과금액
2. 자기주식 또는 자기출자지분을 소각하여 생긴 이익 (소각 당시 법 제52조제2항에 따른 시가가 취득가액을 초과하지 아니하는 경우로서 소각일부터 2년이 지난 후 자본에 전입하는 금액은 제외한다)
3. 법 제44조제2항에 따른 적격합병(같은 조 제3항에 따라 적격합병으로 보는 경우를 포함하며, 이하 "적격합병"이라 한다)을 한 경우 다음 각 목의 금액(주식회사 외의 법인인 경우에는 이를 준용하여 계산한 금액을 말한다)의 합계액. 이 경우 법 제17조제1항제5호에 따른 금액(이하 이 조에서 "합병차익"이라 한다)을 한도로 한다.(2019.2.12 본문개정)
  가. 합병등기일 현재 합병법인이 승계한 재산의 가액이 그 재산의 피합병법인인 장부가액(제85조제1호에 따른 세무조정사항이 있는 경우에는 그 세무조정사항 중 익금불산입액은 더하고 손금불산입액은 빼 가액을 말한다. 이하 이 항에서 같다)을 초과하는 경우 그 초과하는 금액(2019.2.12 본목개정)
  나. 피합병법인의 기획재정부령으로 정하는 자본잉여금 중 법 제16조제1항제2호 각 목 외의 부분 본문에 따른 잉여금(이하 이 조에서 "의제배당대상 자본잉여금"이라 한다)에 상당하는 금액(2019.2.12 본목개정)
  다. 피합병법인의 이익잉여금에 상당하는 금액
4. 법 제46조제2항에 따른 적격분할(이하 "적격분할"이라 한다)을 한 경우 다음 각 목의 금액(주식회사 외의 법인인 경우에는 이를 준용하여 계산한 금액을 말한다)의 합계액. 이 경우 법 제17조제1항제6호에 따른 금액(이하 이 조에서 "분할차익"이라 한다)을 한도로 한다.
  가. 분할등기일 현재 분할신설법인등(법 제46조제1항 각 호 외의 부분 전단에 따른 분할신설법인등을 말한다. 이하 같다)이 승계한 재산의 가액이 그 재산의 분할법인인 장부가액을 초과하는 경우 그 초과하는 금액
  나. 분할에 따른 분할법인의 자본금 및 기획재정부령으로 정하는 자본잉여금 중 의제배당대상 자본잉여금 외의 잉여금의 감소액이 분할한 사업부문의 분할등기일 현재 순자산 장부가액에 미달하는 경우 그 미달하는 금액. 이 경우 분할법인의 분할등기일 현재의 분할 전 이익잉여금과 의제배당대상 자본잉여금에 상당하는 금액의 합계액을 한도로 한다.
  다. ~ 라. (2019.2.12 삭제)
  (2019.2.12 본호개정)
② 제1항제3호 및 제4호를 적용할 때 합병차익 또는 분할차익의 일부를 자본 또는 출자에 전입하는 경우에는 각각 해당 호 외의 금액을 먼저 전입하는 것으로 한다. (2019.2.12 본항개정)
③ 제1항제3호 및 제4호를 적용할 때 「상법」 제459조제2항에 따른 준비금의 승계가 있는 경우에도 그 승계가 없는 것으로 보아 이를 계산한다.
④ 법 제16조제1항제2호나목에 따른 재평가적립금의 일부를 자본 또는 출자에 전입하는 경우에는 「자산재평가법」 제13조제1항제1호를 적용받은 금액과 그 밖의 금액의 비율에 따라 각각 전입한 것으로 한다. (2012.2.2 본조개정)

제13조【배당 또는 분배의제의 시기】 법 제16조제1항에 따라 이익을 배당받았거나 잉여금을 분배받은 날은 다음 각 호의 구분에 따른 날로 한다.
1. 법 제16조제1항제1호부터 제3호까지의 경우 : 그 주주총회ㆍ사원총회 또는 이사회에서 주식의 소각, 자본 또는 출자의 감소, 잉여금의 자본 또는 출자에의 전입을 결의한 날(이사회의 결의에 의하는 경우에는 「상법」 제461조제3항에 따라 정한 날을 말한다. 다만, 주식의 소각, 자본 또는 출자의 감소를 결의한 날의 주주와 「상법」 제354조에 따른 기준일의 주주가 다른 경우에는 같은 조에 따른 기준일을 말한다) 또는 사원이 퇴사ㆍ탈퇴한 날
2. 법 제16조제1항제4호의 경우 : 해당 법인의 잔여재산의 가액이 확정된 날
3. 법 제16조제1항제5호의 경우 : 해당 법인의 합병등기일
4. 법 제16조제1항제6호의 경우 : 해당 법인의 분할등기일
(2019.2.12 본조개정)

제14조【재산가액의 평가 등】 ① 법 제16조제1항 각 호에 따라 취득한 재산 중 금전 외의 재산의 가액은 다음 각 호에 따른다.(2016.2.12 본문개정)

1. 취득한 재산이 주식 또는 출자지분(이하 "주식등"이라 한다)인 경우에는 다음 각 목의 금액(2009.2.4 본문개정)
　가. 법 제16조제1항제2호 및 제3호에 따른 주식등의 경우 : 액면가액 또는 출자금액. 다만, 법 제51조의2 제1항제2호의 법인(이하 이 조, 제70조, 제75조 및 제86조의3에서 "투자회사등"이라 한다)이 취득하는 주식등의 경우에는 영으로 한다.(2022.2.15 단서개정)
　나. 법 제16조제2항제1호 및 제2호에 따른 주식등의 경우 : 법 제44조제2항제1호 및 제2호(주식등의 보유와 관련된 부분은 제외한다) 또는 법 제46조제2항제1호 및 제2호(주식등의 보유와 관련된 부분은 제외한다)의 요건을 모두 갖추거나 법 제44조제3항에 해당하는 경우에는 종전의 장부가액(법 제16조제2항제1호에 따른 합병대가 또는 같은 항 제2호에 따른 분할대가 중 일부를 금전이나 그 밖의 재산으로 받은 경우로서 합병 또는 분할로 취득한 주식등을 시가로 평가한 가액이 종전의 장부가액보다 작은 경우에는 시가를 말한다). 다만, 투자회사등이 취득하는 주식등의 경우에는 영으로 한다.(2019.2.12 본문개정)
　다. 「상법」 제462조의2에 따른 주식배당의 경우 : 발행금액(투자회사등이 받는 주식배당의 경우에는 영으로 한다).(2019.2.12 본목개정)
　라. 그 밖의 경우 : 취득 당시 법 제52조에 따른 시가(이하 "시가"라 한다). 다만, 제88조제1항제8호에 따른 특수관계인으로부터 분여받은 이익이 있는 경우에는 그 금액을 차감한 금액으로 한다.(2019.2.12 본목개정)
1의2. 취득한 재산이 다음 각 목의 요건을 모두 갖추어 취득한 주식등인 경우에는 종전의 장부가액(법 제16조제2항제1호에 따른 합병대가 중 일부를 금전이나 그 밖의 재산으로 받는 경우로서 합병으로 취득한 주식등을 시가로 평가한 가액이 종전의 장부가액보다 작은 경우에는 시가를 말한다)(2019.2.12 본문개정)
　가. 외국법인이 다른 외국법인의 발행주식총수 또는 출자총액을 소유하고 있는 경우로서 그 다른 외국법인에 합병되거나 내국법인이 서로 다른 외국법인의 발행주식총수 또는 출자총액을 소유하고 있는 경우로서 그 서로 다른 외국법인 간 합병될 것(내국법인과 그 내국법인이 발행주식총수 또는 출자총액을 소유한 외국법인이 각각 보유하고 있는 다른 외국법인의 주식등(그 다른 외국법인의 발행주식총수 또는 출자총액인 경우로서 그 서로 다른 외국법인 간 합병하는 것을 포함한다)(2018.2.13 본목개정)
　나. 합병법인과 피합병법인이 우리나라와 조세조약이 체결된 동일 국가의 법인일 것
　다. 나목에 따른 해당 국가에서 피합병법인의 주주인 내국법인에 합병에 따른 법인세를 과세하지 아니하거나 과세이연할 것
　라. 가목부터 다목까지의 사항을 확인할 수 있는 서류를 납세지 관할 세무서장에게 제출할 것
(2016.2.12 본호신설)
2. 취득한 재산이 주식등 외의 것인 경우에는 그 재산의 취득 당시의 시가(2019.2.12 본호개정)
② 법 제16조제1항제2호 단서의 규정에 의하여 주식등을 취득하는 경우 신·구주식등의 1주 또는 1좌당 장부가액은 다음에 의한다.

1주 또는 1좌당 장부가액	=	구주식등 1주 또는 1좌당 장부가액
		1 + 구주식등 1주 또는 1좌당 신주식등 배정수

③ 법 제16조제1항제1호를 적용할 때 주식등의 소각(자본 또는 출자의 감소를 포함한다. 이하 이 항에서 같다)전 2년 이내에 같은 항 제2호 각 목 외의 부분 단서에 따른 주식등의 취득이 있는 경우에는 그 주식등을 먼저 소각한 것으로 보며, 그 주식등의 당초 취득가액은 제2항에도 불구하고 이를 "0"으로 한다. 이 경우 그 기간 중에 주식등의 일부를 처분한 경우에는 해당 주식등과 다른 주식등을 그 주식등의 수에 비례하여 처분한 것으로 보며, 그 주식등의 소각 후 1주 또는 1좌당 장부가액은 제2항에도 불구하고 소각 후 장부가액의 합계액을 소각 후 주식등의 총수로 나누어 계산한 금액으로 한다.(2019.2.12 본항개정)
④ 제1항제1호가목의 경우 무액면주식의 가액은 제13조 각 호의 어느 하나에 해당하는 날에 자본금에 전입한 금액을 자본금 전입에 따라 신규로 발행한 주식 수로 나누어 계산한 금액에 의한다.(2014.2.21 본항개정)

제15조【주식발행액면초과액 등】 ① 법 제17조제2항에서 "대통령령으로 정하는 금액"이란 다음 각 호의 금액을 말한다.(2019.2.12 본문개정)
1. 「채무자 회생 및 파산에 관한 법률」에 따라 채무를 출자로 전환하는 내용이 포함된 회생계획인가의 결정을 받은 법인이 채무를 출자전환하는 경우로서 해당 주식등의 시가(시가가 액면가액에 미달하는 경우에는 액면가액)를 초과하여 발행된 금액
2. 「기업구조조정 촉진법」에 따라 채무를 출자로 전환하는 내용이 포함된 기업개선계획의 이행을 위한 약정을 체결한 부실징후기업이 채무를 출자전환하는 경우로서 해당 주식등의 시가(시가가 액면가액에 미달하는 경우에는 액면가액)를 초과하는 금액
3. 해당 법인에 대하여 채권을 보유하고 있는 「금융실명거래 및 비밀보장에 관한 법률」 제2조제1호에 따른 금융회사등과 채무를 출자로 전환하는 내용이 포함된 경영정상화계획의 이행을 위한 협약을 체결한 법인이 채무를 출자로 전환하는 경우로서 해당 주식등의 시가(시가가 액면가액에 미달하는 경우에는 액면가액)를 초과하는 금액
(2019.2.12 1호~3호개정)
4. 「기업 활력 제고를 위한 특별법」 제10조에 따른 사업재편계획승인을 받은 법인이 채무를 출자전환하는 경우로서 해당 주식등의 시가(시가가 액면가액에 미달하는 경우에는 액면가액을 말한다)를 초과하는 금액(2017.2.3 본호신설)
② 법 제17조제2항의 규정에 따라 내국법인이 익금에 산입하지 아니한 금액 전액을 결손금의 보전에 충당하기 전에 사업을 폐지하거나 해산하는 경우에는 그 사유가 발생한 날이 속하는 사업연도의 소득금액계산에 있어서 결손금의 보전에 충당하지 아니한 금액 전액을 익금에 산입한다.(2006.2.9 본항신설)
③ (2010.6.8 삭제)

제16조【이월결손금】 ① 법 제18조제6호에서 "대통령령으로 정하는 이월결손금"이란 다음 각 호의 어느 하나에 해당하는 것을 말한다.(2011.3.31 본문개정)
1. 법 제14조제2항에 따른 결손금(법 제44조의3제2항 및 제46조의3제2항에 따라 승계받은 결손금은 제외한다)으로서 법 제13조제1항제1호에 따라 그 후의 각 사업연도의 과세표준을 계산할 때 공제되지 아니한 금액(2019.2.12 본호개정)
2. 법 제60조에 따라 신고된 각 사업연도의 과세표준에 포함되지 아니하였으나 다음 각 목의 어느 하나에 해당하는 결손금 중 법 제14조제2항에 따른 결손금에 해당하는 것(2019.2.12 본문개정)
　가. 「채무자 회생 및 파산에 관한 법률」에 따른 회생계획인가의 결정을 받은 법인의 결손금으로서 법원이 확인한 것(2006.2.9 본목개정)

나. 「기업구조조정 촉진법」에 의한 기업개선계획의 이행을 위한 약정이 체결된 법인으로서 금융채권자협의회가 의결한 결손금(2016.4.29 본목개정)
② 제1항에 따른 이월결손금의 계산에 관하여서는 제10조제2항 및 제3항을 준용한다.(2019.2.12 본항개정)

제17조 (2007.2.28 삭제)

제17조의2 【내국법인 수입배당금액의 익금불산입】 ① 법 제18조의2제1항제1호를 적용할 때 내국법인이 출자한 다른 내국법인(이하 이 조에서 "피출자법인"이라 한다)에 대한 출자비율은 피출자법인의 배당기준일 현재 3개월 이상 계속해서 보유하고 있는 주식등을 기준으로 계산한다. 이 경우 보유 주식등의 수를 계산할 때 같은 종목의 주식등의 일부를 양도한 경우에는 먼저 취득한 주식등을 먼저 양도한 것으로 본다.
② 법 제18조의2제1항제2호를 적용할 때 제55조에 따라 이미 손금불산입된 금액은 차입금 및 그 차입금의 이자에서 제외한다.
③ 법 제18조의2제1항제2호에 따라 계산한 금액은 다음 계산식에 따라 계산한 차감액의 합계액으로 한다.

$$차감액 = A \times \frac{B}{C} \times D$$

A : 내국법인의 차입금 이자
B : 해당 피출자법인의 주식등(국가 및 지방자치단체로부터 현물출자받은 주식등은 제외한다)의 장부가액 적수(積數 : 일별 잔액의 합계액을 말한다. 이하 같다)
C : 내국법인의 사업연도종료일 현재 재무상태표상 자산총액의 적수
D : 법 제18조의2제1항제1호의 구분에 따른 익금불산입률

④ 법 제18조의2제2항제4호에서 "대통령령으로 정하는 법인"이란 다음 각 호의 어느 하나에 해당하는 법인을 말한다.
1. 「조세특례제한법」 제63조의2, 제121조의8 및 제121조의9를 적용받는 법인(감면율이 100분의 100인 사업연도에 한정한다)
2. 「조세특례제한법」 제100조의15제1항의 동업기업과 세특례를 적용받는 법인
⑤ 법 제18조의2제1항을 적용하려는 법인은 법 제60조에 따른 신고와 함께 기획재정부령으로 정하는 수입배당금액명세서를 첨부하여 납세지 관할 세무서장에게 제출하여야 한다.
(2019.2.12 본조개정)

제17조의3 (2023.2.28 삭제)

제18조 【외국자회사 수입배당금액의 익금불산입】 ① 법 제18조의4제1항에서 "대통령령으로 정하는 요건을 갖춘 법인"이란 내국법인이 직접 외국법인의 의결권 있는 발행주식총수 또는 출자총액의 100분의 10(「조세특례제한법」 제22조에 따른 해외자원개발사업을 하는 외국법인의 경우에는 100분의 5) 이상을 그 외국법인의 배당기준일 현재 6개월 이상 계속하여 보유(내국법인이 적격합병, 적격분할, 적격물적분할, 적격현물출자에 따라 다른 내국법인이 보유하고 있던 외국자회사의 주식등을 승계받은 때에는 그 승계 전 다른 내국법인이 외국자회사의 주식등을 취득한 때부터 해당 주식등을 보유한 것으로 본다)하고 있는 법인을 말한다.
② 법 제18조의4제4항제1호에서 "대통령령으로 정하는 수입배당금액"이란 「국제조세조정에 관한 법률」 제27조제1항에 따른 특정외국법인의 중 같은 항 제1호에 따른 실제부담세액이 실제발생소득의 15퍼센트 이하인 특정외국법인의 해당 사업연도에 대한 다음 각 호의 금액을 말한다.
1. 이익잉여금 처분액 중 이익의 배당금(해당 사업연도 중에 있었던 이익잉여금 처분에 의한 중간배당을 포함한다) 또는 잉여금의 분배금

2. 법 제16조에 따라 배당금 또는 분배금으로 보는 금액
③ 법 제18조의4제4항제2호에서 "대통령령으로 정하는 금융상품"이란 다음 각 호의 구분에 따른 요건을 모두 갖춘 금융상품을 말한다.
1. 우리나라의 경우 : 우리나라의 세법에 따라 해당 금융상품을 자본으로 보아 내국법인이 해당 금융상품의 거래에 따라 거래상대방인 외국자회사로부터 지급받는 이자 및 할인료를 배당소득으로 취급할 것
2. 외국자회사가 소재한 국가의 경우 : 그 국가의 세법에 따라 해당 금융상품을 부채로 보아 외국자회사가 해당 금융상품의 거래에 따라 거래상대방인 내국법인에 지급하는 이자 및 할인료를 이자비용으로 취급할 것
④ 법 제18조의4제1항을 적용받으려는 내국법인은 법 제60조에 따른 과세표준 신고를 할 때 기획재정부령으로 정하는 외국자회사 수입배당금액 명세서를 첨부하여 납세지 관할 세무서장에게 제출해야 한다.
(2023.2.28 본조신설)

제3관 손금의 계산

제19조 【손비의 범위】 법 제19조제1항에 따른 손실 또는 비용[이하 "손비"(損費)라 한다]은 법 및 이 영에서 달리 정하는 것을 제외하고는 다음 각 호의 것을 포함한다.(2019.2.12 본문개정)
1. 판매한 상품 또는 제품에 대한 원료의 매입가액(기업회계기준에 따른 매입에누리금액 및 매입할인금액을 제외한다)과 그 부대비용(2007.2.28 본호개정)
1의2. 판매한 상품 또는 제품의 보관료, 포장비, 운반비, 판매장려금 및 판매수당 등 판매와 관련된 부대비용(판매장려금 및 판매수당의 경우 사전약정 없이 지급하는 경우를 포함한다)(2009.2.4 본호신설)
2. 양도한 자산의 양도 당시의 장부가액
3. 인건비[내국법인(「조세특례제한법 시행령」 제2조에 따른 중소기업(이하 "중소기업"이라 한다) 및 같은 영 제6조의4제1항에 따른 중견기업으로 한정한다. 이하 이 호에서 같다)이 발행주식총수 또는 출자지분의 100분의 100을 직접 또는 간접 출자한 해외현지법인에 파견된 임원 또는 직원의 인건비(해당 내국법인이 지급한 인건비가 해당 내국법인 및 해외출자법인이 지급한 인건비 합계의 100분의 50 미만인 경우로 한정한다)를 포함한다](2022.2.15 본호개정)
4. 유형자산의 수선비(2019.2.12 본호개정)
5. 유형자산 및 무형자산에 대한 감가상각비(2019.2.12 본호개정)
5의2. 특수관계인으로부터 자산 양수를 하면서 기업회계기준에 따라 장부에 계상한 자산의 가액이 시가에 미달하는 경우 다음 각 목의 금액에 대하여 제24조부터 제26조까지, 제26조의2, 제26조의3, 제27조부터 제29조까지, 제29조의2 및 제30조부터 제34조까지의 규정을 준용하여 계산한 감가상각비 상당액(2019.2.12 본문개정)
가. 실제 취득가액이 시가를 초과하는 경우에는 시가와 장부에 계상한 가액과의 차이
나. 실제 취득가액이 시가에 미달하는 경우에는 실제 취득가액과 장부에 계상한 가액과의 차이
(2002.12.30 본호신설)
6. 자산의 임차료
7. 차입금이자
8. 회수할 수 없는 부가가치세 매출세액미수금(「부가가치세법」 제45조에 따라 대손세액공제를 받지 아니한 것에 한정한다)(2013.6.28 본호개정)

9. 자산의 평가차손
10. 제세공과금(법 제18조의4에 따른 익금불산입과 법 제57조제1항에 따른 세액공제를 모두 적용하지 않는 경우의 외국법인세액을 포함한다)(2023.2.28 본호개정)
11. 영업자가 조직한 단체로서 법인이거나 주무관청에 등록된 조합 또는 협회에 지급한 회비
12. 광업의 탐광비(탐광을 위한 개발비를 포함한다)(2018.2.13 본호개정)
13. 보건복지부장관이 정하는 무료진료권 또는 새마을진료권에 의하여 행한 무료진료의 가액(2010.3.15 본호개정)
13의2. 「식품등 기부 활성화에 관한 법률」 제2조제1호 및 제1호의2에 따른 식품 및 생활용품(이하 이 호에서 "식품등"이라 한다)의 제조업·도매업 또는 소매업을 영위하는 내국법인이 해당 사업에서 발생한 잉여 식품등을 같은 법 제2조제4호에 따른 제공자나 제공자가 지정하는 자에게 무상으로 기증하는 경우 기증한 잉여 식품등의 장부가액(이 경우 그 금액은 법 제24조제1항에 따른 기부금에 포함하지 아니한다)(2019.2.12 본호개정)
14. 업무와 관련있는 해외시찰·훈련비
15. 다음 각 목의 어느 하나에 해당하는 운영비 또는 수당
가. 「초·중등교육법」에 설치된 근로청소년을 위한 특별학급 또는 산업체부설 중·고등학교의 운영비
나. 「산업교육진흥 및 산학연협력촉진에 관한 법률」 제8조의 규정에 따라 교육기관이 당해 법인과의 계약에 의하여 채용을 조건으로 설치·운영하는 직업교육훈련과정·학과 등의 운영비(2012.1.25 본목개정)
다. 「직업교육훈련 촉진법」 제7조의 규정에 따른 현장실습에 참여하는 학생들에게 지급하는 수당
라. 「고등교육법」 제22조의 규정에 따른 현장실습수업에 참여하는 학생들에게 지급하는 수당(2006.2.9 본호개정)
16. 우리사주조합에 출연하는 자사주의 장부가액 또는 금품(2023.2.28 본호개정)
17. 장식·환경미화 등의 목적으로 사무실·복도 등 여러 사람이 볼 수 있는 공간에 항상 전시하는 미술품의 취득가액을 그 취득한 날이 속하는 사업연도의 손비로 계상한 경우에는 그 취득가액(취득가액이 거래단위별로 1천만원 이하인 것으로 한정한다)(2019.2.12 본호개정)
18. 광고선전 목적으로 기증한 물품의 구입비용(특정인에게 기증한 물품(개당 3만원 이하의 물품은 제외한다)의 경우에는 연간 5만원 이내의 금액으로 한정한다)(2012.1.27 본호개정)
19. 임직원이 다음 각 목의 어느 하나에 해당하는 주식매수선택권 또는 주식이나 주식가치에 상당하는 금전으로 지급받는 상여금으로서 기획재정부령으로 정하는 것(이하 "주식기준보상"이라 한다)을 행사하거나 지급받는 경우 해당 주식매수선택권 또는 주식기준보상(이하 "주식매수선택권등"이라 한다)을 부여하거나 지급한 법인에 그 행사 또는 지급비용으로서 보전하는 금액
가. 「금융지주회사법」에 따른 금융지주회사로부터 부여받거나 지급받은 주식매수선택권등(주식매수선택권은 「상법」 제542조의3에 따라 부여받은 경우만 해당한다)
나. 기획재정부령으로 정하는 해외모법인으로부터 부여받거나 지급받은 주식매수선택권등으로서 기획재정부령으로 정하는 것(2010.2.18 본호개정)
19의2. 「상법」 제340조의2, 「벤처기업육성에 관한 특별조치법」 제16조의3 또는 「소재·부품·장비산업 경

쟁력 강화 및 공급망 안정화를 위한 특별조치법」 제56조에 따른 주식매수선택권(이하 이 호에서 "주식매수선택권"이라 한다), 「근로복지기본법」 제39조에 따른 우리사주매수선택권(이하 이 호에서 "우리사주매수선택권"이라 한다)이나 금전을 부여받거나 지급받은 자에 대한 다음 각 목의 금액. 다만, 해당 법인의 발행주식총수의 100분의 10 범위에서 부여하거나 지급한 경우로 한정한다.(2023.12.5 본문개정)
가. 주식매수선택권 또는 우리사주매수선택권을 부여받은 경우로서 다음의 어느 하나에 해당하는 해당 금액(2022.2.15 본문개정)
1) 약정된 주식매수시기에 약정된 주식의 매수가액과 시가의 차액을 금전 또는 해당 법인의 주식으로 지급하는 경우의 해당 금액
2) 약정된 주식매수시기에 주식매수선택권 또는 우리사주매수선택권 행사에 따라 주식을 시가보다 낮게 발행하는 경우 그 주식의 실제 매수가액과 시가의 차액(2022.2.15 개정)
나. 주식기준보상으로 금전을 지급하는 경우 해당 금액
(2018.2.13 본호신설)
20. 「중소기업기본법」 제2조제1항에 따른 중소기업 및 「조세특례제한법 시행령」 제6조제4항제1호에 따른 중견기업이 「중소기업 인력지원 특별법」 제35조의3제1항제1호에 따라 부담하는 기여금(2021.2.17 본호개정)
21. 임원 또는 직원(제43조제7항에 따른 지배주주등인 자는 제외한다)의 사망 이후 유족에게 학자금 등으로 일시적으로 지급하는 금액으로서 기획재정부령으로 정하는 요건을 충족하는 것(2019.2.12 본호개정)
22. 다음 각 목의 기금에 출연하는 금품
가. 해당 내국법인이 설립한 「근로복지기본법」 제50조에 따른 사내근로복지기금
나. 해당 내국법인과 다른 내국법인 간에 공동으로 설립한 「근로복지기본법」 제86조의2에 따른 공동근로복지기금
다. 해당 내국법인의 「조세특례제한법」 제8조의3제1항제1호에 따른 협력중소기업이 설립한 「근로복지기본법」 제50조에 따른 사내근로복지기금
라. 해당 내국법인의 「조세특례제한법」 제8조의3제1항제1호에 따른 협력중소기업 간에 공동으로 설립한 「근로복지기본법」 제86조의2에 따른 공동근로복지기금
(2021.2.17 본호신설)
23. 보험회사가 「보험업법」 제120조에 따라 적립한 책임준비금의 증가액(할인율의 변동에 따른 책임준비금 평가액의 증가분은 제외한다)으로서 보험감독회계기준에 따라 비용으로 계상된 금액(2023.2.28 본호신설)
24. 그 밖의 손비로서 그 법인에 귀속되었거나 귀속될 금액(2008.2.22 본호개정)

제19조의2 【대손금의 손금불산입】 ① 법 제19조의2제1항에서 "채무자의 파산 등 대통령령으로 정하는 사유로 회수할 수 없는 채권"이란 다음 각 호의 어느 하나에 해당하는 것을 말한다.(2020.2.11 본문개정)
1. 「상법」에 따른 소멸시효가 완성된 외상매출금 및 미수금
2. 「어음법」에 따른 소멸시효가 완성된 어음
3. 「수표법」에 따른 소멸시효가 완성된 수표
4. 「민법」에 따른 소멸시효가 완성된 대여금 및 선급금
5. 「채무자 회생 및 파산에 관한 법률」에 따른 회생계획인가의 결정 또는 법원의 면책결정에 따라 회수불능으로 확정된 채권
5의2. 「서민의 금융생활 지원에 관한 법률」에 따른 채

무조정을 받아 같은 법 제75조의 신용회복지원협약에 따라 면책으로 확정된 채권(2019.7.1 본호신설)

6. 「민사집행법」제102조에 따라 채무자의 재산에 대한 경매가 취소된 압류채권

7. 물품의 수출 또는 외국에서의 용역제공으로 발생한 채권으로서 기획재정부령으로 정하는 사유에 해당하여 무역에 관한 법령에 따라 「무역보험법」제37조에 따른 한국무역보험공사로부터 회수불능으로 확인된 채권(2021.2.17 본호신설)

8. 채무자의 파산, 강제집행, 형의 집행, 사업의 폐지, 사망, 실종 또는 행방불명으로 회수할 수 없는 채권

9. 부도발생일부터 6개월 이상 지난 수표 또는 어음상의 채권 및 외상매출금[중소기업의 외상매출금으로서 부도발생일 이전의 것에 한정한다]. 다만, 해당 법인이 채무자의 재산에 대하여 저당권을 설정하고 있는 경우는 제외한다.(2020.2.11 본문개정)

9의2. 중소기업의 외상매출금 및 미수금(이하 이 호에서 "외상매출금등"이라 한다)으로서 회수기일이 2년 이상 지난 외상매출금등. 다만, 특수관계인과의 거래로 인하여 발생한 외상매출금등은 제외한다.(2020.2.11 본호신설)

10. 재판상 화해 등 확정판결과 같은 효력을 가지는 것으로서 기획재정부령으로 정하는 것에 따라 회수불능으로 확정된 채권(2019.2.12 본호신설)

11. 회수기일이 6개월 이상 지난 채권 중 채권가액이 30만원 이하(채무자별 채권가액의 합계액을 기준으로 한다)인 채권(2020.2.11 본호개정)

12. 제61조제2항 각 호 외의 부분 단서에 따른 금융회사 등의 채권(같은 항 제13호에 따른 여신전문금융회사인 신기술사업금융업자의 경우에는 신기술사업자에 대한 것에 한정한다) 중 다음 각 목의 채권

가. 금융감독원장이 기획재정부장관과 협의하여 정한 대손처리기준에 따라 금융회사 등이 금융감독원장으로부터 대손금으로 승인받은 것

나. 금융감독원장이 가목의 기준에 해당한다고 인정하여 대손처리를 요구한 채권으로 금융회사 등이 대손금으로 계상한 것

(2010.2.18 본호개정)

13. 「벤처투자 촉진에 관한 법률」제2조제10호에 따른 벤처투자회사의 창업자에 대한 채권으로서 중소벤처기업부장관이 기획재정부장관과 협의하여 정한 기준에 해당한다고 인정한 것(2023.12.19 본호개정)

② 제1항제9호에 따른 부도발생일은 소지하고 있는 부도수표나 부도어음의 지급기일(지급기일 전에 해당 수표나 어음을 제시하여 금융회사 등으로부터 부도확인을 받은 경우에는 그 부도확인일을 말한다)로 한다. 이 경우 대손금으로 손비에 계상할 수 있는 금액은 사업연도 종료일 현재 회수되지 아니한 해당 채권의 금액에서 1천원을 뺀 금액으로 한다.(2019.2.12 후단개정)

③ 법 제19조의2제1항에서 "대통령령으로 정하는 사업연도"란 다음 각 호의 어느 하나의 날이 속하는 사업연도를 말한다.

1. 제1항제1호부터 제5호까지, 제5호의2 및 제6호에 해당하는 경우에는 해당 사유가 발생한 날(2019.7.1 본호개정)

2. 제1호 외의 경우에는 해당 사유가 발생하여 손비로 계상한 날

(2019.2.12 본항개정)

④ 제3항제2호에도 불구하고 법인이 다른 법인과 합병하거나 분할하는 경우로서 제1항제8호부터 제13호까지의 규정에 해당하는 대손금을 합병등기일 또는 분할등기일이 속하는 사업연도까지 손비로 계상하지 아니한 경우 그 대손금은 해당 법인의 합병등기일 또는 분할

등기일이 속하는 사업연도의 손비로 한다.(2019.2.12 본항개정)

⑤ 내국법인이 기업회계기준에 따른 채권의 재조정에 따라 채권의 장부가액과 현재가치의 차액을 대손금으로 계상한 경우에는 이를 손금에 산입하며, 손금에 산입한 금액은 기업회계기준의 환입방법에 따라 익금에 산입한다.

⑥ 법 제19조의2제2항제1호에서 "「독점규제 및 공정거래에 관한 법률」제24조 각 호의 어느 하나에 해당하는 채무보증 등 대통령령으로 정하는 채무보증"이란 다음 각 호의 어느 하나에 해당하는 채무보증을 말한다.(2021.12.28 본문개정)

1. 「독점규제 및 공정거래에 관한 법률」제24조 각 호의 어느 하나에 해당하는 채무보증(2021.12.28 본호개정)

2. 제61조제2항 각 호 외의 부분에 해당하는 금융회사 등이 행한 채무보증(2010.2.18 본호개정)

3. 법률에 따라 신용보증사업을 영위하는 법인이 행한 채무보증

4. 「대·중소기업 상생협력 촉진에 관한 법률」에 따른 위탁기업이 수탁기업협의회의 구성원인 수탁기업에 대하여 행한 채무보증

5. 건설업 및 전기 통신업을 영위하는 내국법인이 건설사업(미분양주택을 기초로 하는 제10조제1항제4호 각 목 외의 부분에 따른 유동화거래를 포함한다)과 직접 관련하여 특수관계인에 해당하지 아니하는 자에 대한 채무보증. 다만, 「사회기반시설에 대한 민간투자법」제2조제7호의 사업시행자 등 기획재정부령으로 정하는 자에 대한 채무보증은 특수관계인에 대한 채무보증을 포함한다.(2019.2.12 본호개정)

6. 「해외자원개발 사업법」에 따른 해외자원개발사업자가 해외자원개발사업과 직접 관련하여 해외에서 설립된 법인에 대하여 행한 채무보증(2023.2.28 본호신설)

7. 「해외건설 촉진법」에 따른 해외건설사업자가 해외자원개발을 위한 해외건설업과 직접 관련하여 해외에서 설립된 법인에 대해 행한 채무보증(2023.2.28 본호신설)

⑦ 제63조제2항에 해당하는 법인이 신용보증계약에 의하여 대위변제한 금액 중 해당 사업연도에 손비로 계상한 금액(대위변제한 금액 중 구상채권으로 계상한 금액을 제외한 금액을 말한다)은 구상채권으로 보아 손금불산입한다. 이 경우 손금불산입한 금액은 제1항 각 호의 어느 하나에 해당하는 사유가 발생한 날이 속하는 사업연도의 소득금액을 계산할 때 손금에 산입한다.(2019.2.12 전단개정)

⑧ 법 제19조의2제1항을 적용받으려는 내국법인은 법 제60조에 따른 신고와 함께 기획재정부령으로 정하는 대손충당금및대손금조정명세서를 납세지 관할세무서장에게 제출하여야 한다.

(2009.2.4 본조신설)

제20조 (2019.2.12 삭제)

제21조【의무불이행의 범위】 법 제21조제1호의 규정에 의한 의무불이행에는 간접국세의 징수불행·납부불이행과 기타의 의무불이행의 경우를 포함한다.

제22조【부가가치세 매입세액의 손금산입 등】 ① 법 제21조제1호에서 "대통령령으로 정하는 경우의 세액"이란 다음 각 호의 어느 하나에 해당하는 것을 말한다.(2013.2.15 본문개정)

1. 「부가가치세법」제39조제1항제5호에 따른 매입세액(2019.2.12 본호개정)

2. 「부가가치세법」제39조제1항제6호에 따른 매입세액(2013.6.28 본호개정)

3. 그 밖에 해당 법인이 부담한 사실이 확인되는 매입세액으로서 기획재정부령으로 정하는 것(2019.2.12 본호개정)

② 「부가가치세법」 제42조에 따라 공제받는 의제매입세액과 「조세특례제한법」 제108조에 따라 공제받는 매입세액은 해당 법인의 각 사업연도의 소득금액계산을 할 때 해당 원재료의 매입가액에서 이를 공제한다. (2019.2.12 본항개정)

제23조【징벌적 목적의 손해배상금 등의 범위】① 법 제21조의2에서 "대통령령으로 정하는 금액"이란 다음 각 호의 어느 하나에 해당하는 금액(이하 이 조에서 "손금불산입 대상 손해배상금"이라 한다)을 말한다.

1. 다음 각 목의 어느 하나에 해당하는 법률의 규정에 따라 지급한 손해배상액 중 실제 발생한 손해액을 초과하는 금액
   가. 「가맹사업거래의 공정화에 관한 법률」 제37조의2 제2항
   나. 「개인정보 보호법」 제39조제3항
   다. 「공익신고자 보호법」 제29조의2제1항
   라. 「기간제 및 단시간근로자 보호 등에 관한 법률」 제13조제2항
   마. 「대리점거래의 공정화에 관한 법률」 제34조제2항
   바. 「신용정보의 이용 및 보호에 관한 법률」 제43조제2항
   사. (2020.8.4 삭제)
   아. 「제조물 책임법」 제3조제2항
   자. 「파견근로자보호 등에 관한 법률」 제21조제3항
   차. 「하도급거래 공정화에 관한 법률」 제35조제2항

2. 외국의 법령에 따라 지급한 손해배상금 중 실제 발생한 손해액을 초과하여 손해배상금을 지급하는 경우 실제 발생한 손해액을 초과하는 금액

② 제1항을 적용할 때 실제 발생한 손해액이 분명하지 아니한 경우에는 내국법인이 지급한 손해배상금 중 3분의 2를 곱한 금액을 손금불산입 대상 손해배상금으로 한다. (2018.2.13 본조신설)

제24조【감가상각자산의 범위】① 법 제23조제1항에서 "건물, 기계 및 장치, 특허권 등 대통령령으로 정하는 유형자산 및 무형자산"이란 다음 각 호의 유형자산 및 무형자산(제3항의 자산은 제외하며, 이하 "감가상각자산"이라 한다)을 말한다.(2019.2.12 본문개정)

1. 다음 각 목의 어느 하나에 해당하는 유형자산 (2019.2.12 본문개정)
   가. 건물(부속설비를 포함한다) 및 구축물(이하 "건축물"이라 한다)
   나. 차량 및 운반구, 공구, 기구 및 비품
   다. 선박 및 항공기
   라. 기계 및 장치
   마. 동물 및 식물
   바. 그 밖에 가목부터 마목까지의 자산과 유사한 유형자산(2019.2.12 본문개정)

2. 다음 각 목의 어느 하나에 해당하는 무형자산 (2019.2.12 본문개정)
   가. 영업권(합병 또는 분할로 인하여 합병법인등이 계상한 영업권은 제외한다), 디자인권, 실용신안권, 상표권(2010.6.8 본목개정)
   나. 특허권, 어업권, 양식업권, 「해저광물자원 개발법」에 의한 채취권, 유료도로관리권, 수리권, 전기가스공급시설이용권, 공업용수도시설이용권, 수도시설이용권, 열공급시설이용권(2020.8.26 본목개정)
   다. 광업권, 전신전화전용시설이용권, 전용측선이용권, 하수종말처리장시설관리권, 수도시설관리권
   라. 댐사용권
   마. (2002.12.30 삭제)
   바. 개발비 : 상업적인 생산 또는 사용 전에 재료·장치·제품·공정·시스템 또는 용역을 창출하거나

현저히 개선하기 위한 계획 또는 설계를 위하여 연구결과 또는 관련 지식을 적용하는데 발생하는 비용으로서 기업회계기준에 따른 개발비 요건을 갖춘 것(「산업기술연구조합 육성법」에 따른 산업기술연구조합의 조합원이 해당 조합에 연구개발 및 연구시설 취득 등을 위하여 지출하는 금액을 포함한다) (2021.2.17 본목개정)

   사. 사용수익기부자산가액 : 금전 외의 자산을 국가 또는 지방자치단체, 법 제24조제2항제1호라목부터 바목까지의 규정에 따른 법인 또는 이 영 제39조제1항제1호에 따른 법인에게 기부한 후 그 자산을 사용하거나 그 자산으로부터 수익을 얻는 경우 해당 자산의 장부가액(2021.2.17 본목개정)
   아. 「전파법」 제14조의 규정에 의한 주파수이용권 및 「공항시설법」 제26조의 규정에 의한 공항시설관리권(2017.3.29 본목개정)
   자. 「항만법」 제24조에 따른 항만시설관리권 (2020.7.28 본목개정)

② 법 제23조제2항 각 호 외의 부분에서 "대통령령으로 정하는 무형자산"이란 제1항제2호 각 목의 어느 하나에 해당하는 무형자산 중에서 다음 각 호의 어느 하나에 해당하는 것을 말한다.

1. 감가상각비를 손비로 계상할 때 적용하는 내용연수(이하 "결산내용연수"라 한다)를 확정할 수 없는 것으로서 기획재정부령으로 정하는 요건을 모두 갖춘 무형자산

2. 「주식회사 등의 외부감사에 관한 법률」 제5조제1항제1호에 따른 회계처리기준(이하 "한국채택국제회계기준"이라 한다)을 최초로 적용하는 사업연도 전에 취득한 제24조제1항제2호가목에 따른 영업권(2019.2.12 본항개정)

③ 감가상각자산은 다음 각호의 자산을 포함하지 아니하는 것으로 한다.

1. 사업에 사용하지 아니하는 것(유휴설비를 제외한다)
2. 건설 중인 것
3. 시간의 경과에 따라 그 가치가 감소되지 아니하는 것

④ 제68조제4항에 따른 장기할부조건 등으로 매입한 감가상각자산의 경우 법인이 해당 자산의 가액 전액을 자산으로 계상하고 사업에 사용하는 경우에는 그 대금의 청산 또는 소유권의 이전여부에 관계없이 이를 감가상각자산에 포함한다.(2019.2.12 본항개정)

⑤ 제1항을 적용할 때 자산을 시설대여하는 자(이하 이 항에서 "리스회사"라 한다)가 대여하는 해당 자산(이하 이 항에서 "리스자산"이라 한다) 중 기업회계기준에 따른 금융리스(이하 이 항에서 "금융리스"라 한다)의 자산은 리스이용자의 감가상각자산으로, 금융리스외의 리스자산은 리스회사의 감가상각자산으로 한다. (2010.12.30 본항개정)

⑥ 제5항의 규정을 적용함에 있어서 「자산유동화에 관한 법률」에 의한 유동화전문회사가 동법에 의한 자산유동화계획에 따라 금융리스의 자산을 양수한 경우 당해 자산에 대하여는 리스이용자의 감가상각자산으로 한다.(2005.2.19 본항개정)

제25조【감가상각비의 손비계산방법】① 법인이 각 사업연도에 법 제23조제1항에 따라 감가상각자산의 감가상각비를 손비로 계상하거나 같은 조 제2항에 따라 손금에 산입하는 경우에는 해당 감가상각자산의 장부가액을 직접 감액하는 방법 또는 장부가액을 감액하지 아니하고 감가상각누계액으로 계상하는 방법 중 선택하여야 한다.(2019.2.12 본항개정)

② 법인이 감가상각비를 감가상각누계액으로 계상하는 경우에는 개별 자산별로 계상하되, 제33조의 규정에 의하여 개별자산별로 구분하여 작성된 감가상각비조정명

세를 보관하고 있는 경우에는 감가상각비 총액을 일괄하여 감가상각누계액으로 계상할 수 있다.
(2019.2.12 본조제목개정)

제26조【상각범위액의 계산】 ① 법 제23조제1항에서 "대통령령으로 정하는 바에 따라 계산한 금액"이란 개별 감가상각자산별로 다음 각 호의 구분에 따른 상각방법 중 법인이 납세지 관할세무서장에게 신고한 방법에 의하여 계산한 금액(이하 "상각범위액"이라 한다)을 말한다.(2019.2.12 본문개정)

1. 건축물과 무형자산(제3호 및 제6호부터 제8호까지의 자산은 제외한다) : 정액법(2019.2.12 본호개정)
2. 건축물 외의 유형자산(제4호의 광업용 유형자산은 제외한다) : 정률법 또는 정액법(2019.2.12 본호개정)
3. 광업권(「해저광물자원 개발법」에 의한 채취권을 포함한다) 또는 폐기물매립시설(「폐기물관리법 시행령」 별표3 제2호가목의 매립시설을 말한다) : 생산량비례법 또는 정액법(2015.2.3 본호개정)
4. 광업용 유형자산 : 생산량비례법・정률법 또는 정액법(2019.2.12 본호개정)
5. (2002.12.30 삭제)
6. 개발비 : 관련 제품의 판매 또는 사용이 가능한 시점부터 20년의 범위에서 연단위로 신고한 내용연수에 따라 매사업연도별 경과월수에 비례하여 상각하는 방법(2019.2.12 본호개정)
7. 사용수익기부자산가액 : 해당 자산의 사용수익기간(그 기간에 관한 특약이 없는 경우 신고내용연수를 말한다)에 따라 균등하게 안분한 금액(그 기간중에 해당 기부자산이 멸실되거나 계약이 해지된 경우 그 잔액을 말한다)을 상각하는 방법(2019.2.12 본호개정)
8. 「전파법」 제14조에 따른 주파수이용권, 「공항시설법」 제26조에 따른 공항시설관리권 및 「항만법」 제24조에 따른 항만시설관리권 : 주무관청에서 고시하거나 주무관청에 등록한 기간내에서 사용기간에 따라 균등액을 상각하는 방법(2020.7.28 본호개정)

② 제1항 각 호에 따른 상각방법은 다음과 같다. (2015.2.3 본문개정)

1. 정액법 : 당해 감가상각자산의 취득가액(제72조의 규정에 의한 취득가액을 말한다. 이하 이 조에서 같다)에 당해 자산의 내용연수에 따른 상각률을 곱하여 계산한 각 사업연도의 상각범위액이 매년 균등하게 되는 상각방법
2. 정률법 : 해당 감가상각자산의 취득가액에서 이미 감가상각비로 손금에 산입한 금액[법 제27조의2제1항에 따른 업무용승용차(이하 "업무용승용차"라 한다)의 경우에는 같은 조 제2항 및 제3항에 따라 손금에 산입하지 아니한 금액을 포함한다]을 공제한 잔액(이하 "미상각잔액"이라 한다)에 해당 자산의 내용연수에 따른 상각률을 곱하여 계산한 각 사업연도의 상각범위액이 매년 체감되는 상각방법(2016.2.12 본호개정)
3. 생산량비례법 : 다음 각 목의 어느 하나에 해당하는 금액을 각 사업연도의 상각범위액으로 하는 상각방법(2015.2.3 본문개정)
   가. 해당 감가상각자산의 취득가액을 그 자산이 속하는 광구의 총채굴예정량으로 나누어 계산한 금액에 해당 사업연도의 기간 중 그 광구에서 채굴한 양을 곱하여 계산한 금액
   나. 해당 감가상각자산의 취득가액을 그 자산인 폐기물매립시설의 매립예정량으로 나누어 계산한 금액에 해당 사업연도의 기간 중 그 폐기물매립시설에서 매립한 양을 곱하여 계산한 금액
   (2015.2.3 가목~나목신설)

③ 법인이 제1항에 따라 상각방법을 신고하려는 때에는 같은 항 각 호의 구분에 따른 자산별로 하나의 방법을 선택하여 기획재정부령으로 정하는 감가상각방법신고서를 다음 각 호에 따른 날이 속하는 사업연도의 법인세 과세표준의 신고기한까지 납세지 관할세무서장에게 제출(국세정보통신망에 의한 제출을 포함한다)하여야 한다.(2019.2.12 본항개정)

1. 신설법인과 새로 수익사업을 개시한 비영리법인은 그 영업을 개시한 날
2. 제1호 외의 법인이 제1항 각 호의 구분에 따른 감가상각자산을 새로 취득한 경우에는 그 취득한 날 (2019.2.12 본호개정)

④ 법인이 제3항에 따라 상각방법의 신고를 하지 아니한 경우 해당 감가상각자산에 대한 상각범위액은 다음 각 호의 구분에 따른 상각방법에 의하여 계산한다.

1. 제1항제1호의 자산 : 정액법
2. 제1항제2호의 자산 : 정률법
3. 제1항제3호 및 제4호의 자산 : 생산량비례법
4. 제1항제6호의 자산 : 관련 제품의 판매 또는 사용이 가능한 시점부터 5년동안 매년 균등액을 상각하는 방법
5. 제1항제7호 및 제8호의 자산 : 같은 호에 따른 방법 (2019.2.12 본호개정)

⑤ 법인이 제3항에 따라 신고한 상각방법(상각방법을 신고하지 아니한 경우에는 제4항 각 호에 따른 상각방법)은 그 후의 사업연도에도 계속하여 그 상각방법을 적용하여야 한다.(2019.2.12 본항개정)

⑥ 상각범위액을 계산함에 있어서 감가상각자산의 잔존가액은 "0"으로 한다. 다만, 정률법에 의하여 상각범위액을 계산하는 경우에는 취득가액의 100분의 5에 상당하는 금액으로 하되, 그 금액은 당해 감가상각자산에 대한 미상각잔액이 최초로 취득가액의 100분의 5 이하가 되는 사업연도의 상각범위액에 가산한다.

⑦ 법인은 감가상각이 종료되는 감가상각자산에 대하여는 제6항의 규정에 불구하고 취득가액의 100분의 5와 1천원중 적은 금액을 당해 감가상각자산의 장부가액으로 하고, 동 금액에 대하여는 이를 손금에 산입하지 아니한다.

⑧ 제1항의 규정을 적용함에 있어서 법 제7조 및 법 제8조의 규정에 의한 사업연도가 1년 미만인 경우에는 상각범위액에 당해 사업연도의 월수를 곱한 금액을 12로 나누어 계산한 금액을 그 상각범위액으로 한다. 이 경우 월수는 역에 따라 계산하되 1월 미만의 일수는 1월로 한다.

⑨ 제1항의 규정을 적용함에 있어서 사업연도 중에 취득하여 사업에 사용한 감가상각자산에 대한 상각범위액은 사업에 사용한 날부터 당해 사업연도종료일까지의 월수에 따라 계산한다. 이 경우 월수는 역에 따라 계산하되 1월 미만의 일수는 1월로 한다.(2001.12.31 본항개정)

제26조의2【종전감가상각비의 계산 등】 ① 법 제23조제2항제1호에 따른 자산은 법인이 2013년 12월 31일 이전에 취득한 감가상각자산으로서 한국채택국제회계기준을 최초로 적용한 사업연도의 직전 사업연도(이하 이 조와 제26조의3에서 "기준연도"라 한다) 이전에 취득한 감가상각자산(이하 이 조와 제26조의3에서 "기존보유자산"이라 한다) 및 기존보유자산과 동일한 종류(기획재정부령으로 정하는 감가상각자산 구분에 따른다)의 자산으로서 기존보유자산과 동일한 업종(기획재정부령으로 정하는 업종 구분에 따르며, 해당 법인이 해당 업종을 한국채택국제회계기준 도입 이후에도 계속하여 영위하는 경우로 한정한다. 이하 이 조와 제26조의3에서 같다)에 사용되는 것(이하 이 조와 제26조의3에서 "동종자산"이라 한다)을 말한다.(2019.2.12 본항개정)

② 법 제23조제2항제1호에 따른 감가상각자산에 대한 감가상각비는 제1호에 따른 금액의 범위에서 개별 자산에 대하여 법 제23조제2항에 따라 추가로 손금에 산입한 감가상각비를 동종자산별로 합한 금액이 제2호에 따른 금액을 초과하지 아니하는 범위(이하 이 조에서 "손금산입한도"라 한다)에서 손금에 산입한다.
1. 개별 자산의 감가상각비 한도 : 다음 각 목의 금액
  가. 한국채택국제회계기준을 최초로 적용한 사업연도의 직전 사업연도에 해당 자산의 동종자산에 대하여 감가상각비를 손비로 계상할 때 적용한 상각방법(이하 "결산상각방법"이라 한다)이 정액법인 경우 : 감가상각자산의 취득가액에 한국채택국제회계기준 도입 이전 상각률(이하 이 조와 제26조의3에서 "기준상각률"이라 한다)을 곱하여 계산한 금액(2019.2.12 본목개정)
  나. 기준연도의 해당 자산의 동종자산에 대한 결산상각방법이 정률법인 경우 : 미상각잔액에 기준상각률을 곱하여 계산한 금액. 이 경우 상각범위액의 계산에 관하여는 제26조제6항 단서를 준용한다.
2. 동종자산의 감가상각비 한도 : 다음 각 목의 금액(0보다 작은 경우에는 0으로 본다)
  가. 제1호가목의 경우 : 다음 계산식에 따라 계산한 금액

한도액 = (A × B) − C
A : 해당 사업연도에 법 제23조제1항에 따라 감가상각비를 손금에 산입한 동종자산의 취득가액 합계액 B : 기준상각률 C : 해당 사업연도에 동종자산에 대하여 법 제23조제1항에 따라 손금에 산입한 감가상각비 합계액

  나. 제1호나목의 경우 : 다음 계산식에 따라 계산한 금액

한도액 = (A × B) − C
A : 해당 사업연도에 법 제23조제1항에 따라 감가상각비를 손금에 산입한 동종자산의 미상각잔액 합계액 B : 기준상각률 C : 해당 사업연도에 동종자산에 대하여 법 제23조제1항에 따라 손금에 산입한 감가상각비 합계액

(2019.2.12 가목~나목개정)
③ 제2항 각 호를 적용할 때 기준연도에 해당 자산의 동종자산에 대하여 감가상각비를 손비로 계상하지 아니한 경우에는 기준연도 이전 마지막으로 해당 자산의 동종자산에 대하여 감가상각비를 손비로 계상한 사업연도의 결산상각방법을 기준연도의 결산상각방법으로 한다.(2019.2.12 본항개정)
④ 제2항 각 호를 적용할 때 기준상각률은 기준연도 및 그 이전 2개 사업연도에 대하여 각 사업연도별로 다음 각 호에 따른 비율을 구하고 이를 평균하여 계산한다. 이 경우 기준연도 및 그 이전 2개 사업연도 중에 법인이 신규 설립된 경우, 합병 또는 분할한 경우, 제27조에 따라 상각방법을 변경한 경우 또는 제29조에 따라 내용연수범위와 달리 내용연수를 적용하거나 적용하던 내용연수를 변경한 경우에는 그 사유가 발생하기 전에 종료한 사업연도는 제외하고 계산한다.
1. 제2항제1호가목의 경우 : 동종자산의 감가상각비 손금산입액 합계액이 동종자산의 취득가액 합계액에서 차지하는 비율
2. 제2항제1호나목의 경우 : 동종자산의 감가상각비 손금산입액 합계액이 동종자산의 미상각잔액 합계액에서 차지하는 비율
⑤ 법 제23조제2항, 이 조 제1항부터 제4항까지의 규정을 적용할 때 내국법인이 한국채택국제회계기준을 최초로 적용한 사업연도의 직전 사업연도에 한국채택국제회계기준을 준용하여 비교재무제표를 작성하고 비교재무제표를 작성할 때 사용한 상각방법 및 내용연수와 동일하게 해당 사업연도의 결산상각방법 및 결산내용연수를 변경한 경우에는 해당 사업연도에 한국채택국제회계기준을 최초로 적용한 것으로 본다.(2019.2.12 본항개정)
⑥ 법인이 한국채택국제회계기준을 적용한 사업연도 및 그 후 사업연도에 적격합병, 적격분할 및 적격물적분할에 의하여 취득한 자산으로서 제1항에 해당하는 자산(이하 이 조에서 "적격합병등취득자산"이라 한다)의 감가상각비는 다음 각 호의 방법에 따라 손금에 산입할 수 있다.(2019.2.12 본문개정)
1. 동종자산을 보유한 법인 간 적격합병(적격분할에 해당하는 분할합병을 포함한다. 이하 이 조에서 같다)한 경우 : 합병등기일이 속하는 사업연도의 직전 사업연도를 기준연도로 하여 제4항에 따라 해당 동종자산의 기준상각률을 재계산한 후 그 기준상각률을 적용하여 제2항에 따라 손금에 산입하는 방법. 이 경우 제4항 각 호를 적용할 때 동종자산의 감가상각비 손금산입액 합계액은 적격합병등취득자산을 양도한 법인(이하 이 조에서 "양도법인"이라 한다)과 양수한 법인(이하 이 조에서 "양수법인"이라 한다)이 해당 동종자산에 대하여 손금에 산입한 감가상각비를 더한 금액으로 하고, 동종자산의 취득가액 합계액은 양도법인과 양수법인이 계상한 해당 동종자산의 취득가액을 더한 금액으로 하며, 동종자산의 미상각잔액 합계액은 양도법인 및 양수법인이 계상한 해당 동종자산의 미상각잔액을 더한 금액으로 한다.(2018.2.13 단서개정)
2. 동종자산을 보유하지 아니한 법인 간 적격합병한 경우, 적격분할 또는 적격물적분할에 의하여 신설된 법인이 적격분할 또는 적격물적분할에 의하여 취득한 자산의 경우 : 다음 각 목의 방법(2018.2.13 본문개정)
  가. 양도법인이 합병등기일 또는 분할등기일(이하 이 조에서 "합병등기일등"이라 한다)이 속하는 사업연도 이전에 한국채택국제회계기준을 적용하여 법 제23조제2항에 따라 해당 자산에 대한 감가상각비를 손금에 산입한 경우 : 해당 자산에 대하여 양도법인이 이미 계산한 기준상각률을 적용하여 제2항에 따라 손금에 산입하는 방법(2019.2.12 본목개정)
  나. 가목 외의 경우 : 합병등기일등이 속하는 사업연도의 직전 사업연도를 기준연도로 하고 적격합병등취득자산을 양수법인이 보유한 다른 자산과 구분하여 업종 및 종류별로 제4항에 따라 기준상각률을 새로 계산한 후 그 기준상각률을 적용하여 제2항에 따라 손금에 산입하는 방법. 이 경우 제4항 각 호를 적용할 때 동종자산의 감가상각비 손금산입액은 양도법인이 적격합병등취득자산에 대하여 손금에 산입한 감가상각비로 하고, 취득가액 및 미상각잔액은 각각 양도법인이 계상한 적격합병등취득자산의 취득가액 및 미상각잔액으로 한다.
⑦ 제6항에 따라 적격합병등취득자산의 감가상각비를 손금에 산입하는 경우 제1항을 적용할 때 양도법인이 취득한 날을 적격합병등취득자산의 취득일로 보되, 양도법인이 합병등기일등이 속하는 사업연도 이전에 국제회계기준을 적용한 경우에는 양도법인의 기존보유자산과 동종자산이 아닌 자산에 대해서는 제6항을 적용하지 아니한다.
⑧ 제6항에 따라 적격합병등취득자산의 감가상각비를 손금에 산입하는 경우 제2항 각 호를 적용할 때 적격합병등취득자산의 취득가액은 양도법인의 취득가액으로 하고, 미상각잔액은 양도법인의 양도 당시의 장부가액(양도 당시의 시가에서 제80조의4제1항 또는 제82조의4

제1항에 따른 자산조정계정을 뺀 금액을 말한다)에서 양수법인이 이미 감가상각비로 손금에 산입한 금액을 공제한 잔액으로 한다.(2018.2.13 본항개정)
⑨ 제6항제1호 및 제2호에 따라 적격합병등취득자산의 기준상각률 및 손금산입한도를 계산할 때 양도법인 또는 양수법인의 결산상각방법이 한국채택국제회계기준을 최초로 적용한 사업연도 이후에 변경된 경우에는 변경되기 전 결산상각방법을 기준연도의 결산상각방법으로 하여 제2항 및 제4항을 적용하며, 제6항제1호를 적용할 때 법인 간 결산상각방법이 서로 다른 경우의 기준상각률 및 손금산입한도 계산방법은 기획재정부령으로 정한다.(2019.2.12 본항개정)
⑩ 제6항에 따라 적격합병등취득자산의 감가상각비를 손금에 산입한 법인이 적격합병의 경우 법 제44조의3제3항, 적격분할의 경우 법 제46조의3제3항, 적격물적분할의 경우 법 제47조제2항(이하 이 조 및 제29조의2에서 "적격요건위반사유"라 한다)에 각각 해당하는 경우에는 해당 사유가 발생한 날이 속하는 사업연도 이후의 소득금액을 계산할 때 제6항을 최초로 적용한 사업연도 및 그 이후의 사업연도에 제6항을 적용하지 아니한 것으로 보고 감가상각비 손금산입액을 계산하며, 제1호의 금액에서 제2호의 금액을 뺀 금액을 적격요건위반사유가 발생한 날이 속하는 사업연도의 소득금액을 계산할 때 익금에 산입한다.(2018.2.13 본문개정)
1. 제6항을 최초로 적용한 사업연도부터 해당 사업연도의 직전 사업연도까지 손금에 산입한 감가상각비 총액
2. 제6항을 최초로 적용한 사업연도부터 해당 사업연도의 직전 사업연도까지 제6항을 적용하지 아니한 것으로 보고 재계산한 감가상각비 총액
⑪ 제1항부터 제10항까지에서 규정한 사항 외에 기준상각률 및 손금산입한도의 계산에 필요한 사항은 기획재정부령으로 정한다.
(2010.12.30 본조신설)
제26조의3【기준감가상각비의 계산】 ① 법 제23조제2항제2호에 따른 자산은 법인이 2014년 1월 1일 이후에 취득한 감가상각자산으로서 기존보유자산 및 동종자산을 말한다.
② 제1항에 따른 감가상각자산에 대한 감가상각비는 제1호에 따른 금액의 범위에서 개별 자산에 대하여 법 제23조제2항에 따라 추가로 손금에 산입하는 감가상각비를 동종자산별로 합한 금액이 제2호에 따른 금액과 제3호에 따른 금액 중 작은 금액을 초과하지 아니하는 범위에서 손금에 산입한다.
1. 개별 자산의 기준감가상각비 : 해당 사업연도의 결산상각방법과 기획재정부령으로 정하는 기준내용연수(이하 "기준내용연수"라 한다)를 적용하여 계산한 금액
2. 기준감가상각비를 고려한 동종자산의 감가상각비 한도(0보다 작은 경우에는 0으로 본다) : 해당 사업연도에 동종자산에 대하여 해당 사업연도의 결산상각방법과 기준내용연수를 적용하여 계산한 감가상각비 합계액 － 해당 사업연도에 동종자산에 대하여 법 제23조제1항에 따라 손금에 산입한 감가상각비 합계액
3. 종전감가상각비를 고려한 동종자산의 감가상각비 한도 : 다음 각 목의 구분에 따른 금액(0보다 작은 경우에는 0으로 본다)
가. 기준연도의 결산상각방법이 정액법인 경우 : 다음 계산식에 따라 계산한 금액

> 한도액 = (A × B) － C
> A : 해당 사업연도에 법 제23조제1항에 따라 감가상각비를 손금에 산입한 동종자산의 취득가액 합계액
> B : 기준상각률
> C : 해당 사업연도에 동종자산에 대하여 법 제23조제1항에 따라 손금에 산입한 감가상각비 합계액

나. 기준연도의 결산상각방법이 정률법인 경우 : 다음 계산식에 따라 계산한 금액

> 한도액 = (A × B) － C
> A : 해당 사업연도에 법 제23조제1항에 따라 감가상각비를 손금에 산입한 동종자산의 미상각잔액 합계액
> B : 기준상각률
> C : 해당 사업연도에 동종자산에 대하여 법 제23조제1항에 따라 손금에 산입한 감가상각비 합계액

(2019.2.12 본호개정)
③ 제2항에도 불구하고 제2항제3호에 따른 금액의 100분의 25에 해당하는 금액이 제2항제2호에 따른 금액보다 큰 경우에는 개별 자산에 대하여 법 제23조제2항에 따라 추가로 손금에 산입하는 감가상각비를 동종자산별로 합한 금액이 제2항제3호에 따른 금액의 100분의 25에 해당하는 금액을 초과하지 아니하는 범위에서 추가로 손금에 산입할 수 있다.
④ 제2항과 제3항에 따른 감가상각비의 계산에 관하여는 제26조의2제3항부터 제10항까지를 준용한다.
(2014.2.21 본조개정)
제27조【감가상각방법의 변경】 ① 법인이 다음 각호의 1에 해당하는 경우에는 제26조제5항의 규정에 불구하고 납세지 관할세무서장의 승인을 얻어 그 상각방법을 변경할 수 있다.
1. 상각방법이 서로 다른 법인이 합병(분할합병을 포함한다)한 경우
2. 상각방법이 서로 다른 사업자의 사업을 인수 또는 승계한 경우
3. 「외국인투자촉진법」에 의하여 외국투자자가 내국법인의 주식등을 100분의 20 이상 인수 또는 보유하게 된 경우(2005.2.19 본호개정)
4. 해외시장의 경기변동 또는 경제적 여건의 변동으로 인하여 종전의 상각방법을 변경할 필요가 있는 경우
5. 기획재정부령으로 정하는 회계정책의 변경에 따라 결산상각방법이 변경된 경우(변경한 결산상각방법과 같은 방법으로 변경하는 경우만 해당한다)(2010.12.30 본호신설)
② 제1항에 따라 상각방법의 변경승인을 얻고자 하는 법인은 그 변경할 상각방법을 적용하고자 하는 최초 사업연도의 종료일까지 기획재정부령으로 정하는 감가상각방법변경신청서를 납세지 관할세무서장에게 제출(국세정보통신망에 의한 제출을 포함한다)하여야 한다.(2010.12.30 본항개정)
③ 제2항에 따른 신청서를 접수한 납세지 관할세무서장은 신청서의 접수일이 속하는 사업연도 종료일부터 1개월 이내에 그 승인여부를 결정하여 통지하여야 한다.(2010.12.30 본항개정)
④ 납세지 관할세무서장이 제1항제4호에 해당하는 사유로 인하여 상각방법의 변경을 승인하고자 할 때에는 국세청장이 정하는 기준에 따라야 한다.
⑤ 법인이 제1항의 규정에 의한 변경승인을 얻지 아니하고 상각방법을 변경한 경우 상각범위액은 변경하기 전의 상각방법에 의하여 계산한다.
⑥ 제1항에 따라 상각방법을 변경하는 경우 상각범위액의 계산은 다음 각 호의 계산식에 따른다. 이 경우 제3호의 계산식 중 총채굴예정량은 「한국광해광업공단법」에 따른 한국광해광업공단이 인정하는 총채굴량을 말하고, 총매립예정량은 「폐기물관리법」 제25조제3항에 따라 환경부장관 또는 시·도지사가 폐기물처리업을 허가할 때 인정한 총매립량을 말한다.(2021.8.31 후단개정)

1. 정률법 또는 생산량비례법을 정액법으로 변경하는 경우
   상각범위액 = (감가상각누계액을 공제한 장부가액 + 전기이월상각한도초과액) × 제28조제1항제2호 본문 및 제6항에 따른 신고내용연수(같은 조 제1항제2호 단서에 해당하는 경우에는 기준내용연수)의 정액법에 의한 상각률 (2013.11.5 본호개정)
2. 정액법 또는 생산량비례법을 정률법으로 변경하는 경우
   상각범위액 = (감가상각누계액을 공제한 장부가액 + 전기이월상각한도초과액) × 제28조제1항제2호 본문 및 제6항에 따른 신고내용연수(같은 조 제1항제2호 단서에 해당하는 경우에는 기준내용연수)의 정률법에 의한 상각률 (2013.11.5 본호개정)
3. 정률법 또는 정액법을 생산량비례법으로 변경하는 경우

| 상각
범위액 = | (감가상각누계
액을 공제한 장
부가액 + 전기
이월상각한도
초과액) | × | 해당 사업연도의 채굴
량 또는 매립량
─────────────
총채굴예정량 또는 총
매립예정량 − 변경전
사업연도까지의 총채굴
량 또는 총매립량 |

(2015.2.3 본호개정)

제28조【내용연수와 상각률】① 감가상각자산의 내용연수와 해당 내용연수에 따른 상각률은 다음 각 호의 구분에 따른다.
1. 기획재정부령으로 정하는 시험연구용자산과 제24조제1항제2호가목부터 라목까지의 규정에 따른 무형자산 : 기획재정부령으로 정하는 내용연수와 그에 따른 기획재정부령으로 정하는 상각방법별 상각률(이하 "상각률"이라 한다)
2. 제1호 외의 감가상각자산(제24조제1항제2호바목부터 자목까지의 규정에 따른 무형자산은 제외한다) : 구조 또는 자산별·업종별로 기준내용연수에 그 기준내용연수의 100분의 25를 가감하여 기획재정부령으로 정하는 내용연수범위(이하 "내용연수범위"라 한다) 안에서 법인이 선택하여 납세지 관할 세무서장에게 신고한 내용연수(이하 "신고내용연수"라 한다)와 그에 따른 상각률. 다만, 제3항 각 호의 신고기한 내에 신고를 하지 않은 경우에는 기준내용연수와 그에 따른 상각률로 한다.
(2019.2.12 본항개정)
② 제1항을 적용할 때 법 제6조에 따른 사업연도가 1년 미만이면 다음 계산식에 따라 계산한 내용연수와 그에 따른 상각률에 따른다. 이 경우 개월 수는 태양력에 따라 계산하되, 1개월 미만의 일수는 1개월로 한다.

| 환산내용연수 = (A 또는 B) × $\frac{12}{C}$ |
| A : 제1항제1호에 따른 내용연수
B : 제1항제2호에 따른 신고내용연수 또는 기준내용연수
C : 사업연도의 개월 수 |

(2019.2.12 본항개정)
③ 법인이 제1항제2호 및 제6항에 따라 내용연수를 신고할 때에는 기획재정부령으로 정하는 내용연수신고서를 다음 각 호의 날이 속하는 사업연도의 법인세 과세표준의 신고기한까지 납세지 관할세무서장에게 제출(국세정보통신망에 의한 제출을 포함한다)하여야 한다. (2019.2.12 본문개정)
1. 신설법인과 새로 수익사업을 개시한 비영리내국법인의 경우에는 그 영업을 개시한 날
2. 제1호 외의 법인이 자산별·업종별 구분에 따라 기준내용연수가 다른 감가상각자산을 새로 취득하거나 새로운 업종의 사업을 개시한 경우에는 그 취득한 날 또는 개시한 날(2019.2.12 본호개정)

④ 법인이 제1항제2호 및 제6항에 따라 자산별·업종별로 적용한 신고내용연수 또는 기준내용연수는 그 후의 사업연도에 있어서도 계속하여 그 내용연수를 적용하여야 한다.(2013.11.5 본항개정)
⑤ 제1항제2호, 제3항 및 제6항에 따른 내용연수의 신고는 연단위로 하여야 한다.(2013.11.5 본항개정)
⑥~⑦ (2019.2.12 삭제)

제29조【내용연수의 특례 및 변경】① 법인은 다음 각 호의 어느 하나에 해당하는 경우에는 제28조제1항제2호 및 같은 조 제4항에도 불구하고 기준내용연수에 기준내용연수의 100분의 50(제5호 및 제6호에 해당하는 경우에는 100분의 25)을 가감하는 범위에서 사업장별로 납세지 관할지방국세청장의 승인을 받아 내용연수범위와 달리 내용연수를 적용하거나 적용하던 내용연수를 변경할 수 있다.(2019.2.12 본문개정)
1. 사업장의 특성으로 자산의 부식·마모 및 훼손의 정도가 현저한 경우(2014.2.21 본호개정)
2. 영업개시후 3년이 경과한 법인으로서 당해 사업연도의 생산설비(건축물을 제외하며, 이하 "생산설비"라 한다)의 기획재정부령이 정하는 가동률(이하 이 항에서 "가동률"이라 한다)이 직전 3개 사업연도의 평균가동률보다 현저하게 증가한 경우(2008.2.29 본호개정)
3. 새로운 생산기술 및 신제품의 개발·보급 등으로 기존 생산설비의 가속상각이 필요한 경우
4. 경제적 여건의 변동으로 조업을 중단하거나 생산설비의 가동률이 감소한 경우
5. 제28조제1항제2호에 해당하는 감가상각자산에 대하여 한국채택국제회계기준을 최초로 적용하는 사업연도에 결산내용연수를 변경한 경우(결산내용연수가 연장된 경우 내용연수를 연장하고 결산내용연수가 단축된 경우 내용연수를 단축하는 경우만 해당하되 내용연수를 단축하는 경우에는 결산내용연수보다 짧은 내용연수로 변경할 수 없다)(2019.2.12 본호개정)
6. 제28조제1항제2호에 해당하는 감가상각자산에 대한 기준내용연수가 변경된 경우. 다만, 내용연수를 단축하는 경우로서 결산내용연수가 변경된 기준내용연수의 100분의 25를 가감한 범위 내에 포함되는 경우에는 결산내용연수보다 짧은 내용연수로 변경할 수 없다.(2010.12.30 본호신설)
② 법인이 제1항에 따라 내용연수의 승인 또는 변경승인을 얻고자 할 때에는 제28조제3항 각 호의 날부터 3월 또는 그 변경할 내용연수를 적용하고자 하는 최초 사업연도의 종료일까지 기획재정부령으로 정하는 내용연수승인(변경승인)신청서를 납세지 관할 세무서장을 거쳐 관할 지방국세청장에게 제출(국세정보통신망에 의한 제출을 포함한다)하여야 한다. 이 경우 내용연수의 승인·변경승인의 신청은 연단위로 하여야 한다.(2010.12.30 전단개정)
③ 제2항에 따른 신청서를 접수한 납세지 관할세무서장은 신청서의 접수일이 속하는 사업연도 종료일부터 1개월 이내에 관할 지방국세청장으로부터 통보받은 승인 여부에 관한 사항을 통지하여야 한다.(2010.12.30 본항개정)
④ (2010.12.30 삭제)
⑤ 제1항의 규정에 의하여 감가상각자산의 내용연수를 변경(재변경을 포함한다)한 법인이 당해 자산의 내용연수를 다시 변경하고자 하는 경우에는 변경한 내용연수를 최초로 적용한 사업연도종료일부터 3년이 경과하여야 한다.

제29조의2【중고자산 등의 상각범위액】① 내국법인이 기준내용연수(해당 내국법인에게 적용되는 기준내용연수를 말한다)의 100분의 50 이상이 경과된 자산(이하 이 조에서 "중고자산"이라 한다)을 다른 법인 또는 「소득세법」제1조의2제1항제5호에 따른 사업자로부터

취득(합병·분할에 의하여 자산을 승계한 경우를 포함한다)한 경우에는 그 자산의 기준내용연수의 100분의 50에 상당하는 연수와 기준내용연수의 범위에서 선택하여 납세지 관할세무서장에게 신고한 연수(이하 이 조에서 "수정내용연수"라 한다)를 내용연수로 할 수 있다. 이 경우 수정내용연수를 계산할 때 1년 미만은 없는 것으로 한다.(2020.2.11 본항개정)
② 적격합병, 적격분할, 적격물적분할 또는 적격현물출자(법 제47조의2제1항 각 호의 요건을 모두 갖추어 양도차익에 해당하는 금액을 손금에 산입하는 현물출자를 말한다. 이하 같다)(이하 이 조에서 "적격합병등"이라 한다)에 의하여 취득한 자산의 상각범위액을 정할 때 제26조제2항 각 호 및 같은 조 제6항에 따른 취득가액은 적격합병등에 의하여 자산을 양도한 법인(이하 이 조에서 "양도법인"이라 한다)의 취득가액으로 하고, 미상각잔액은 양도법인의 양도 당시의 장부가액에서 적격합병등에 의하여 자산을 양수한 법인(이하 이 조에서 "양수법인"이라 한다)이 이미 감가상각비로 손금에 산입한 금액을 공제한 잔액으로 하며, 해당 자산의 상각범위액은 다음 각 호의 어느 하나에 해당하는 방법으로 정할 수 있다. 이 경우 선택한 방법은 그 후 사업연도에도 계속 적용한다.(2019.2.12 전단개정)
1. 양도법인의 상각범위액을 승계하는 방법. 이 경우 상각범위액은 법 및 이 영에 따라 양도법인이 적용하던 상각방법 및 내용연수에 의하여 계산한 금액으로 한다.(2011.3.31 후단개정)
2. 양수법인의 상각범위액을 적용하는 방법. 이 경우 상각범위액은 법 및 이 영에 따라 양수법인이 적용하던 상각방법 및 내용연수에 의하여 계산한 금액으로 한다.(2011.3.31 후단개정)
③ 적격물적분할 또는 적격현물출자를 하여 제2항을 적용하는 경우로서 상각범위액이 해당 자산의 장부가액을 초과하는 경우에는 그 초과하는 금액을 손금에 산입할 수 있다. 이 경우 그 자산을 처분하면 전단에 따라 손금에 산입한 금액의 합계액을 그 자산을 처분한 날이 속하는 사업연도에 익금산입한다.(2019.2.12 본항신설)
④ 제2항 및 제3항을 적용받은 법인이 적격요건위반사유에 해당하는 경우 해당 사유가 발생한 날이 속하는 사업연도 및 그 후 사업연도의 소득금액 계산 및 감가상각비 손금산입액 계산에 관하여는 제26조의2제10항을 준용한다. 이 경우 제26조의2제10항제1호의 금액(제3항 전단에 따라 손금에 산입한 금액을 포함한다)에서 같은 항 제2호의 금액이 0보다 작은 경우에는 0으로 보며, 해당 사유가 발생한 날이 속하는 사업연도의 법 제60조에 따른 신고와 함께 제1항에 따라 적격합병등으로 취득한 자산 중 중고자산에 대한 수정내용연수를 신고하되, 신고하지 아니하는 경우에는 양수법인이 해당자산에 대하여 제28조제1항에 따라 정한 내용연수로 신고한 것으로 본다.(2019.2.12 본항개정)
⑤ 제1항의 규정은 내국법인이 다음 각호에 규정하는 기한내에 기획재정부령이 정하는 내용연수변경신고서를 제출한 경우에 한하여 적용한다.(2008.2.29 본문개정)
1. 중고자산을 취득한 경우에는 그 취득일이 속하는 사업연도의 법인세 과세표준 신고기한(2001.12.31 본호개정)
2. 합병·분할로 승계한 자산의 경우에는 합병·분할 등기일이 속하는 사업연도의 법인세 과세표준 신고기한(2001.12.31 본호개정)
(2010.12.30 본조제목개정)

제30조 【감가상각의 의제】 ① 각 사업연도의 소득에 대하여 법과 다른 법률에 따라 법인세를 면제받거나 감면받은 경우에는 개별 자산에 대한 감가상각비가 법 제23조제1항에 따른 상각범위액이 되도록 감가상각비를 손금에 산입하여야 한다. 다만, 한국채택국제회계기준을 적용하는 법인은 법 제23조제2항에 따라 개별 자산에 대한 감가상각비를 추가로 손금에 산입할 수 있다.(2019.2.12 본항개정)
② 법 제66조제3항 단서에 따른 추계결정 또는 경정을 하는 경우에는 감가상각자산에 대한 감가상각비를 손금에 산입한 것으로 본다.(2018.2.13 본항신설)

제31조 【즉시상각의 의제】 ① (2019.2.12 삭제)
② 법 제23조제4항제2호에서 "대통령령으로 정하는 자본적 지출"이란 법인이 소유하는 감가상각자산의 내용연수를 연장시키거나 해당 자산의 가치를 현실적으로 증가시키기 위하여 지출한 수선비를 말하며, 다음 각 호의 어느 하나에 해당하는 것에 대한 지출을 포함한다.(2019.2.12 본문개정)
1. 본래의 용도를 변경하기 위한 개조
2. 엘리베이터 또는 냉난방장치의 설치
3. 빌딩 등에 있어서 피난시설 등의 설치
4. 재해 등으로 인하여 멸실 또는 훼손되어 본래의 용도에 이용할 가치가 없는 건축물·기계·설비 등의 복구
5. 그 밖에 개량·확장·증설 등 제1호부터 제4호까지의 지출과 유사한 성질의 것(2019.2.12 본호개정)
③ 법인이 각 사업연도에 지출한 수선비가 다음 각 호의 어느 하나에 해당하는 경우로서 그 수선비를 해당 사업연도의 손비로 계상한 경우에는 제2항에도 불구하고 자본적 지출에 포함하지 않는다.(2019.2.12 본문개정)
1. 개별자산별로 수선비로 지출한 금액이 600만원 미만인 경우(2020.2.11 본호개정)
2. 개별자산별로 수선비로 지출한 금액이 직전 사업연도종료일 현재 재무상태표상의 자산가액(취득가액에서 감가상각누계액상당액을 차감한 금액을 말한다)의 100분의 5에 미달하는 경우(2010.12.30 본호개정)
3. 3년 미만의 기간마다 주기적인 수선을 위하여 지출하는 경우
④ 취득가액이 거래단위별로 100만원 이하인 감가상각자산(다음 각 호의 어느 하나에 해당하는 자산은 제외한다)에 대해서는 그 사업에 사용한 날이 속하는 사업연도의 손비로 계상한 것에 한정하여 손금에 산입한다.(2019.2.12 본문개정)
1. 그 고유업무의 성질상 대량으로 보유하는 자산
2. 그 사업의 개시 또는 확장을 위하여 취득한 자산
⑤ 제4항에서 "거래단위"라 함은 이를 취득한 법인이 그 취득한 자산을 독립적으로 사업에 직접 사용할 수 있는 것을 말한다.
⑥ 제4항에도 불구하고 다음 각 호의 자산에 대해서는 이를 그 사업에 사용한 날이 속하는 사업연도의 손비로 계상한 것에 한정하여 손금에 산입한다.(2019.2.12 본문개정)
1. 어업에 사용되는 어구(어선용구를 포함한다)
2. 영화필름, 공구, 가구, 전기기구, 가스기기, 가정용 기구·비품, 시계, 시험기기, 측정기기 및 간판(2020.2.11 본호개정)
3. 대여사업용 비디오테이프 및 음악용 콤팩트디스크로서 개별자산의 취득가액이 30만원 미만인 것(1999.12.31 본호신설)
4. 전화기(휴대용 전화기를 포함한다) 및 개인용 컴퓨터(그 주변기기를 포함한다)(2010.12.30 본호신설)
⑦ 다음 각 호의 어느 하나에 해당하는 경우에는 해당 자산의 장부가액에서 1천원을 공제한 금액을 폐기일이 속하는 사업연도의 손금에 산입할 수 있다.(2021.2.17 본문개정)
1. 시설의 개체 또는 기술의 낙후로 인하여 생산설비의 일부를 폐기한 경우(2021.2.17 본호신설)

2. 사업의 폐지 또는 사업장의 이전으로 임대차계약에 따라 임차한 사업장의 원상회복을 위하여 시설물을 철거하는 경우(2021.2.17 본호신설)

⑧ 감가상각자산이 진부화, 물리적 손상 등에 따라 시장가치가 급격히 하락하여 법인이 기업회계기준에 따라 손상차손을 계상한 경우(법 제42조제3항제2호에 해당하는 경우는 제외한다)에는 해당 금액을 감가상각비로서 손비로 계상한 것으로 보아 법 제23조제1항을 적용한다.(2019.2.12 본항개정)

제32조【상각부인액 등의 처리】 ① 법 제23조제5항에 따라 법인이 상각범위액을 초과해 손금에 산입하지 않는 금액(이하 이 조에서 "상각부인액"이라 한다)은 그 후의 사업연도에 해당 법인이 손비로 계상한 감가상각비가 상각범위액에 미달하는 경우에 그 미달하는 금액(이하 이 조에서 "시인부족액"이라 한다)을 한도로 손금에 산입한다. 이 경우 법인이 감가상각비를 손비로 계상하지 않은 경우에도 상각범위액을 한도로 그 상각부인액을 손금에 산입한다.(2019.2.12 본항개정)

② 시인부족액은 그 후 사업연도의 상각부인액에 이를 충당하지 못한다.

③ 법인이 법 제42조제1항제1호에 따라 감가상각자산의 장부가액을 증액(이하 이 조에서 "평가증"이라 한다)한 경우 해당 감가상각자산의 상각부인액은 평가증의 한도까지 익금에 산입된 것으로 보아 손금에 산입하고, 평가증의 한도를 초과하는 금액은 이를 그 후의 사업연도에 이월할 상각부인액으로 한다. 이 경우 시인부족액은 소멸하는 것으로 한다.(2019.2.12 전단개정)

④ 법인이 감가상각자산에 대하여 감가상각과 평가증을 병행한 경우에는 먼저 감가상각을 한 후 평가증을 한 것으로 보아 상각범위액을 계산한다.

⑤ 감가상각자산을 양도한 경우 당해 자산의 상각부인액은 양도일이 속하는 사업연도의 손금에 이를 산입한다.

⑥ 제5항의 규정을 적용함에 있어서 감가상각자산의 일부를 양도한 경우 당해 양도자산에 대한 감가상각누계액 및 상각부인액 또는 시인부족액은 당해 감가상각자산 전체의 감가상각누계액 및 상각부인액 또는 시인부족액에 양도부분의 가액이 당해 감가상각자산의 전체가액에서 차지하는 비율을 곱하여 계산한 금액으로 한다. 이 경우 그 가액은 취득당시의 장부가액에 의한다.

제33조【감가상각비에 관한 명세서】 법인이 각 사업연도에 법 제23조제1항에 따라 감가상각비를 손비로 계상하거나 같은 조 제2항에 따라 감가상각비를 손금에 산입한 경우에는 개별자산별로 구분하여 기획재정부령으로 정하는 감가상각비조정명세서를 작성·보관하고, 법 제60조에 따른 신고와 함께 기획재정부령으로 정하는 감가상각비조정명세서합계표와 감가상각비시부인명세서 및 취득·양도자산의 감가상각비조정명세서를 납세지 관할세무서장에게 제출하여야 한다.(2019.2.12 본조개정)

제34조【감가상각비에 관한 세칙】 감가상각자산의 감가상각비계산에 관하여 기타 필요한 사항은 기획재정부령으로 정한다.(2008.2.29 본조개정)

제35조【기부금의 범위】 법 제24조제1항에서 "대통령령으로 정하는 거래"란 특수관계인 외의 자에게 정당한 사유 없이 자산을 정상가액보다 낮은 가액으로 양도하거나 특수관계인 외의 자로부터 정상가액보다 높은 가액으로 매입하는 것을 말한다. 이 경우 정상가액은 시가에 시가의 100분의 30을 더하거나 뺀 범위의 가액으로 한다.(2019.2.12 본조개정)

제36조【기부금의 가액 등】 ① 법인이 법 제24조에 따른 기부금을 금전 외의 자산으로 제공한 경우 해당 자산의 가액은 다음 각 호의 구분에 따라 산정한다.

1. 법 제24조제2항제1호에 따른 기부금의 경우 : 기부했을 때의 장부가액(2021.2.17 본호개정)
2. 특수관계인이 아닌 자에게 기부한 법 제24조제3항제1호에 따른 기부금의 경우 : 기부했을 때의 장부가액(2021.2.17 본호개정)
3. 제1호 및 제2호 외의 경우 : 기부했을 때의 장부가액과 시가 중 큰 금액(2019.2.12 본항개정)

② 법인이 법 제24조의 규정에 의한 기부금을 가지급금 등으로 이연계상한 경우에는 이를 그 지출한 사업연도의 기부금으로 하고, 그 후의 사업연도에 있어서는 이를 기부금으로 보지 아니한다.

③ 법인이 법 제24조의 규정에 의한 기부금을 미지급금으로 계상한 경우 실제로 이를 지출할 때까지는 당해 사업연도의 소득금액계산에 있어서 이를 기부금으로 보지 아니한다.

제37조【기부금의 손금산입 범위 등】 ① 법 제24조제2항제1호가목에 따라 국가 또는 지방자치단체에 무상으로 기증하는 금품의 가액에는 법인이 개인 또는 다른 법인에게 자산을 기증하고 이를 기증받은 자가 지체없이 국가 또는 지방자치단체에 기증한 금품의 가액과 「한국은행법」에 따른 한국은행이 「국제금융기구에의 가입조치에 관한 법률」 제2조제2항에 따라 출연한 금품의 가액을 포함한다.

② 법 제24조제2항제1호나목의 국방헌금에는 「예비군법」에 따라 설치된 예비군에 직접 지출하거나 국방부장관의 승인을 받은 기관 또는 단체를 통하여 지출한 기부금을 포함한다.

③ 법인이 법 제24조에 따라 기부금을 지출한 때에는 법 제24조제2항제1호에 따른 기부금과 같은 조 제3항제1호에 따른 기부금을 구분하여 작성한 기획재정부령으로 정하는 기부금명세서를 법 제60조에 따른 신고와 함께 납세지 관할세무서장에게 제출해야 한다.(2021.2.17 본조개정)

제38조【한국학교 등의 요건 등】 ① 법 제24조제2항제1호다목의 천재지변에는 「재난 및 안전관리 기본법」 제60조에 따라 특별재난지역으로 선포된 경우 그 선포의 사유가 된 재난을 포함한다.(2021.2.17 본항개정)

② 법 제24조제2항제1호라목8)에서 "대통령령으로 정하는 학교"란 다음 각 호의 어느 하나에 해당하는 것을 말한다.(2021.2.17 본문개정)

1. 「정부출연연구기관 등의 설립·운영 및 육성에 관한 법률」에 따라 설립된 한국개발연구원에 설치된 국제대학원
2. 「한국학중앙연구원 육성법」에 따라 설립된 한국학중앙연구원에 설치된 대학원
3. 「과학기술분야 정부출연연구기관 등의 설립·운영 및 육성에 관한 법률」 제33조에 따라 설립된 대학원대학
(2012.2.2 본항신설)

③ 법 제24조제2항제1호라목9)에서 "대통령령으로 정하는 요건을 충족하는 학교"란 다음 각 호의 요건을 모두 갖춘 학교를 말한다.(2021.2.17 본문개정)

1. 기부금 모금액 및 그 활용 실적을 공개할 수 있는 인터넷 홈페이지가 개설되어 있을 것
2. 제14항에 따라 지정이 취소되는 경우에는 그 취소된 날부터 3년, 같은 항에 따라 재지정을 받지 못하게 된 경우에는 그 지정기간의 종료일부터 3년이 지났을 것
(2014.2.21 본호개정)
(2011.3.31 본항개정)

④ 법 제24조제2항제1호바목에서 "대통령령으로 정하는 요건을 충족하는 법인"이란 다음 각 호의 요건을 모두 갖춘 법인을 말한다.(2021.2.17 본문개정)

1. 기부금 모금액 및 그 활용 실적을 공개할 수 있는 인터넷 홈페이지가 개설되어 있을 것(2011.3.31 본호개정)
2. 「주식회사 등의 외부감사에 관한 법률」 제2조제7호에 따른 감사인에게 회계감사를 받을 것 (2018.10.30 본호개정)
3. 「상속세 및 증여세법」 제50조의3제1항제1호부터 제4호까지의 규정에 해당하는 서류 등을 해당 비영리법인 및 국세청의 인터넷 홈페이지를 통하여 공시할 것 (2018.2.13 본호개정)
4. 「상속세 및 증여세법」 제50조의2에 따른 전용계좌를 개설하여 사용할 것
5. 제6항에 따른 신청일 직전 5개 사업연도〔설립일부터 신청일 직전 사업연도 종료일까지의 기간이 5년 미만인 경우에는 해당 법인의 설립일부터 신청일이 속하는 달의 직전 달의 종료일까지의 기간(1년 이상인 경우만 해당한다)을 말한다. 이하 제6호에서 같다〕 평균 기부금 배분 지출액이 총 지출금액의 100분의 80 이상이고 기부금의 모집·배분 및 법인의 관리·운영에 사용한 비용이 기부금 수입금액의 100분의 10 이하일 것. 이 경우 총 지출금액, 배분지출액 등의 계산에 관하여는 기획재정부령으로 정한다.(2012.2.2 전단개정)
6. 신청일 직전 5개 사업연도 평균 개별 법인(단체를 포함한다. 이하 이 호에서 같다)별 기부금 배분지출액이 전체 배분지출액의 100분의 25 이하이고, 「상속세 및 증여세법 시행령」 제38조제10항에 따른 출연자 및 같은 영 제2조의2제1항에 따른 출연자의 특수관계인으로서 같은 항 제4호·제5호 또는 제8호에 해당하는 비영리법인에 대해서는 기부금 배분지출액이 없을 것 (2016.2.12 본호개정)
7. 제14항에 따라 지정이 취소된 경우에는 그 취소된 날부터 3년, 같은 항에 따라 재지정을 받지 못하게 된 경우에는 그 지정취소된 기간의 종료일부터 3년이 지났을 것 (2014.2.21 본호개정)
⑤ (2018.2.13 삭제)
⑥ 제3항 또는 제4항의 학교 또는 법인(이하 "학교등"이라 한다)에 대해서는 해당 학교등의 신청을 받아 주무관청이 매 분기 종료일부터 1개월 전이 되는 날까지 기획재정부령으로 정하는 서류를 갖추어 기획재정부장관에게 추천을 하고, 기획재정부장관은 매 분기 말일까지 지정하여 고시한다.(2018.2.13 본항개정)
⑦ 제6항에 따라 기획재정부장관이 고시한 학교등에 지출하는 기부금은 제6항에 따른 고시를 한 날이 속하는 연도의 1월 1일부터 6년간(이하 이 조에서 "지정기간"이라 한다) 법 제24조제2항제1호에 따른 기부금으로 손금에 산입한다.(2021.2.17 본항개정)
⑧ 학교등은 지정기간 동안 다음 각 호의 의무를 이행해야 한다.(2021.2.17 본문개정)
1. 연간 기부금 모금액 및 그 활용 실적을 사업연도 종료일부터 4개월 이내에 기획재정부령으로 정하는 기부금 모금액 및 활용실적 명세서에 따라 해당 학교등 및 국세청의 인터넷 홈페이지에 각각 공개할 것. 다만, 「상속세 및 증여세법」 제50조의3제1항제2호에 따른 사항을 같은 법 시행령 제43조의3제4항에 따른 표준서식에 따라 공시하는 경우에는 기부금 모금액 및 활용 실적을 공개하는 것으로 본다.(2021.2.17 본호개정)
2. (2018.2.13 삭제)
3. 해당 사업연도의 수익사업의 지출을 제외한 지출액의 100분의 80 이상을 직접 고유목적사업에 지출할 것(2022.2.2 본호개정)
⑨ 학교등은 제3항 또는 제4항에 따른 요건의 충족 여부 및 제8항에 따른 의무의 이행 여부(이하 이 조에서 "요건 충족여부등"이라 한다)를 기획재정부령으로 정하는 바에 따라 주무관청에 보고하여야 한다. 이 경우 해당 법인 또는 기관이 요건 충족여부등을 보고하지

아니하면 주무관청이 기획재정부령으로 정하는 바에 따라 보고하도록 요구하여야 한다.(2018.2.13 전단개정)
⑩ 주무관청은 제9항에 따라 보고받은 내용을 점검한 후 그 점검결과(해당 법인이 제9항 후단에 따른 요구에도 불구하고 요건 충족여부등을 보고하지 아니한 경우에는 그 사실을 포함한다)를 기획재정부령으로 정하는 바에 따라 국세청장에게 통보하여야 한다.(2014.2.21 본항개정)
⑪ 국세청장은 학교등이 다음 각 호의 어느 하나에 해당하는 경우에는 그 지정의 취소를 기획재정부령으로 정하는 바에 따라 기획재정부장관에게 요청해야 한다. (2021.2.17 본문개정)
1. 학교등이 「상속세 및 증여세법」 제48조제2항, 제3항, 제8항부터 제11항까지, 제78조제3항제3호, 같은 조 제10항 및 제11항에 따라 기획재정부령으로 정하는 금액 이상의 상속세(그 가산세를 포함한다) 또는 증여세(그 가산세를 포함한다)를 추징당한 경우 (2021.2.17 본호개정)
2. 학교등이 목적 외의 사업을 하거나 설립허가의 조건을 위반하는 등 공익목적을 위반한 사실, 제3항 및 제4항제1호 및 제5호부터 제7호까지에 따른 요건 및 제8항에 따른 의무를 위반한 사실 또는 제9항 후단에 따른 요구에도 불구하고 요건 충족여부등을 보고하지 않은 사실이 있는 경우(2021.2.17 본호개정)
3. 「국세기본법」 제85조의5에 따라 불성실기부금수령단체로 명단이 공개된 경우
4. 법인의 대표자, 임원, 대리인, 직원 또는 그 밖의 종업원이 「기부금품의 모집 및 사용에 관한 법률」을 위반하여 같은 법 제16조에 따라 법인 또는 개인에게 징역 또는 벌금형이 확정된 경우(2019.2.12 본호개정)
5. 학교등이 해산한 경우(2014.2.21 본호신설)
(2011.3.31 본항신설)
⑫ 주무관청은 제11항제2호·제4호 또는 제5호에 해당하는 학교등이 있는 경우에는 해당 학교등의 명칭과 그 내용을 국세청장에게 즉시 알려야 한다. (2014.2.21 본항신설)
⑬ 국세청장은 학교등의 지정기간이 끝난 후에 그 학교등의 지정기간 중 제11항 각 호의 어느 하나에 해당하는 사실이 있었음을 알게 된 경우에는 그 학교등에 대하여 지정하지 아니하거나 이미 재지정된 경우에는 그 지정을 취소할 것을 기획재정부령으로 정하는 바에 따라 기획재정부장관에게 요청하여야 한다. (2017.2.3 본항개정)
⑭ 기획재정부장관은 제11항 또는 제13항에 따른 요청을 받은 경우 그 학교등에 대하여 지정을 취소하거나 재지정하지 아니할 수 있다.(2014.2.21 본항신설)
⑮ 기획재정부장관은 제14항에 따라 학교등의 지정을 취소하는 경우 그 학교등의 명칭과 해당 사실 및 학교등 지정적용 배제기간(제3항제2호, 제4항제7호에 따른 지정취소일부터 지나야 하는 기간을 말한다)을 지정취소일이 속하는 연도의 12월 31일(지정취소일이 속하는 달이 12월인 경우에는 다음 연도 1월 31일을 말한다)까지 관보에 공고해야 한다.(2021.2.17 본항개정)
(2021.2.17 본조제목개정)
(2010.12.30 본조신설)

제39조 【공익성을 고려하여 정하는 기부금의 범위 등】
① 법 제24조제3항제1호에서 "대통령령으로 정하는 기부금"이란 다음 각 호의 어느 하나에 해당하는 것을 말한다.(2021.2.17 본문개정)
1. 다음 각 목의 비영리법인(단체 및 비영리외국법인을 포함하며, 이하 이 조에서 "공익법인등"이라 한다)에 대하여 해당 공익법인등의 고유목적사업비로 지출하는 기부금. 다만, 바목에 따라 지정·고시된 법인에 지출하는 기부금은 지정일이 속하는 연도의 1월 1일

부터 3년간(지정받은 기간이 끝난 후 2년 이내에 재지정되는 경우에는 재지정일이 속하는 사업연도의 1월 1일부터 6년간으로 한다. 이하 이 조에서 "지정기간"이라 한다) 지출하는 기부금으로 한정한다. (2021.2.17 본문개정)

가. 「사회복지사업법」에 따른 사회복지법인
나. 「영유아보육법」에 따른 어린이집
다. 「유아교육법」에 따른 유치원, 「초·중등교육법」 및 「고등교육법」에 따른 학교, 「국민 평생 직업능력 개발법」에 따른 기능대학, 「평생교육법」 제31조제4항에 따른 전공대학 형태의 평생교육시설 및 같은 법 제33조제3항에 따른 원격대학 형태의 평생교육시설(2022.2.17 본문개정)
라. 「의료법」에 따른 의료법인
마. 종교의 보급, 그 밖에 교화를 목적으로 「민법」 제32조에 따라 문화체육관광부장관 또는 지방자치단체의 장의 허가를 받아 설립한 비영리법인(그 소속단체를 포함한다)
바. 「민법」 제32조에 따라 주무관청의 허가를 받아 설립된 비영리법인(이하 이 조에서 "민법상 비영리법인"이라 한다), 비영리외국법인, 「협동조합 기본법」 제85조에 따라 설립된 사회적협동조합(이하 이 조에서 "사회적협동조합"이라 한다), 「공공기관의 운영에 관한 법률」 제4조에 따른 공공기관(같은 법 제5조제4항제1호에 따른 공기업은 제외한다. 이하 이 조에서 "공공기관"이라 한다) 또는 법률에 따라 직접 설립 또는 등록된 기관 중 다음의 요건을 모두 충족한 것으로서 국세청장(주사무소 및 본점소재지 관할 세무서장을 포함한다. 이하 이 조에서 같다)의 추천을 받아 기획재정부장관이 지정하여 고시한 법인. 이 경우 국세청장은 해당 법인의 신청을 받아 기획재정부장관에게 추천해야 한다.(2021.2.17 본문개정)
  1) 다음의 구분에 따른 요건
    가) 「민법」상 비영리법인 또는 비영리외국법인의 경우 : 정관의 내용상 수입을 회원의 이익이 아닌 공익을 위하여 사용하고 사업의 직접 수혜자가 불특정 다수일 것(비영리외국법인의 경우 추가적으로 「재외동포의 출입국과 법적 지위에 관한 법률」 제2조에 따른 재외동포의 협력·지원, 한국의 홍보 또는 국제교류·협력을 목적으로 하는 것일 것). 다만, 「상속세 및 증여세법 시행령」 제38조제8항제2호 각 목 외의 부분 단서에 해당하는 경우에는 해당 요건을 갖춘 것으로 본다.(2021.2.17 단서신설)
    나) 사회적협동조합의 경우 : 정관의 내용상 「협동조합 기본법」 제93조제1항제1호부터 제3호까지의 사업 중 어느 하나의 사업을 수행하는 것일 것
    다) 공공기관 또는 법률에 따라 직접 설립 또는 등록된 기관의 경우 : 설립목적이 사회복지·자선·문화·예술·교육·학술·장학 등 공익목적 활동을 수행하는 것일 것(2021.2.17 개정)
  2) 해산하는 경우 잔여재산을 국가·지방자치단체 또는 유사한 목적을 가진 다른 비영리법인에 귀속하도록 한다는 내용이 정관에 포함되어 있을 것
  3) 인터넷 홈페이지가 개설되어 있고, 인터넷 홈페이지를 통해 연간 기부금 모금액 및 활용실적을 공개한다는 내용이 정관에 포함되어 있으며, 법인의 공익위반 사항을 국민권익위원회, 국세청 또는 주무관청 등 공익위반사항을 관리·감독할 수 있는 기관(이하 "공익위반사항 관리·감독 기관"이라 한다) 중 1개 이상의 곳에 제보가 가능하도록 공익위반사항 관리·감독기관이 개설한 인터넷 홈페이지와 해당 법인이 개설한 홈페이지가 연결되어 있을 것(2020.2.11 개정)

  4) 비영리법인으로 지정·고시된 날이 속하는 연도와 그 직전 연도에 해당 비영리법인의 명의 또는 그 대표자의 명의로 특정 정당 또는 특정인에 대한 「공직선거법」 제58조제1항에 따른 선거운동을 한 사실이 없을 것(2022.2.15 개정)
  5) 제12항에 따라 지정이 취소된 경우에는 그 취소된 날부터 3년, 제9항에 따라 추천을 받지 않은 경우에는 그 지정기간의 종료일부터 3년이 지났을 것. 다만, 제5항제1호에 따른 의무를 위반한 사유만으로 지정이 취소되거나 추천을 받지 못한 경우에는 그렇지 않다.(2020.2.11 개정)
  (2018.2.13 본호개정)
2. 다음 각 목의 기부금(2018.2.13 본문개정)
  가. 「유아교육법」에 따른 유치원의 장·「초·중등교육법」 및 「고등교육법」에 의한 학교의 장, 「국민 평생 직업능력 개발법」에 의한 기능대학의 장, 「평생교육법」 제31조제4항에 따른 전공대학 형태의 평생교육시설 및 같은 법 제33조제3항에 따른 원격대학 형태의 평생교육시설의 장이 추천하는 개인에게 교육비·연구비 또는 장학금으로 지출하는 기부금(2022.2.17 본목개정)
  나. 「상속세 및 증여세법 시행령」 제14조제1항 각 호의 요건을 갖춘 공익신탁으로 신탁하는 기부금(2017.2.3 본목개정)
  다. 사회복지·문화·예술·교육·종교·자선·학술 등 공익목적으로 지출하는 기부금으로서 기획재정부장관이 지정하여 고시하는 기부금(2018.2.13 본목개정)
3. (2018.2.13 삭제)
4. 다음 각 목의 어느 하나에 해당하는 사회복지시설 또는 기관 중 무료 또는 실비로 이용할 수 있는 시설 또는 기관에 기부하는 금품의 가액. 다만, 나목1)에 따른 노인주거복지시설 중 양로시설을 설치한 자가 해당 시설의 설치·운영에 필요한 비용을 부담하는 경우 그 부담금 중 해당 시설의 운영으로 발생한 손실금(기업회계기준에 따라 계산한 해당 과세기간의 결손금을 말한다)이 있는 경우에는 그 금액을 포함한다.(2012.2.2 본문개정)
  가. 「아동복지법」 제52조제1항에 따른 아동복지시설(2012.8.3 본목개정)
  나. 「노인복지법」 제31조에 따른 노인복지시설 중 다음의 시설을 제외한 시설
    1) 「노인복지법」 제32조제1항에 따른 노인주거복지시설 중 입소자 본인이 입소비용의 전부를 부담하는 양로시설·노인공동생활가정 및 노인복지주택
    2) 「노인복지법」 제34조제1항에 따른 노인의료복지시설 중 입소자 본인이 입소비용의 전부를 부담하는 노인요양시설·노인요양공동생활가정 및 노인전문병원
    3) 「노인복지법」 제38조에 따른 재가노인복지시설 중 이용자 본인이 재가복지서비스에 대한 이용대가를 전부 부담하는 시설
    (2012.2.2 본목개정)
  다. 「장애인복지법」 제58조제1항에 따른 장애인복지시설. 다만, 다음 각 목의 시설은 제외한다.
    1) 비영리법인(「사회복지사업법」 제16조제1항에 따라 설립된 사회복지법인을 포함한다) 외의 자가 운영하는 장애인 공동생활가정
    2) 「장애인복지법 시행령」 제36조에 따른 장애인생산품 판매시설
    3) 장애인 유료복지시설
  라. 「한부모가족지원법」 제19조제1항에 따른 한부모가족복지시설

마. 「정신건강증진 및 정신질환자 복지서비스 지원에 관한 법률」 제3조제6호 및 제7호에 따른 정신요양시설 및 정신재활시설(2017.5.29 본목개정)

바. 「성매매방지 및 피해자보호 등에 관한 법률」 제6조제2항 및 제10조제2항에 따른 지원시설 및 성매매피해상담소

사. 「가정폭력방지 및 피해자보호 등에 관한 법률」 제5조제2항 및 제7조제2항에 따른 가정폭력 관련 상담소 및 보호시설

아. 「성폭력방지 및 피해자보호 등에 관한 법률」 제10조제2항 및 제12조제2항에 따른 성폭력피해상담소 및 성폭력피해자보호시설

자. 「사회복지사업법」 제34조에 따른 사회복지시설 중 사회복지관과 부랑인·노숙인 시설

차. 「노인장기요양보험법」 제32조에 따른 재가장기요양기관(2011.3.31 본목신설)

카. 「다문화가족지원법」 제12조에 따른 다문화가족지원센터(2013.2.15 본목신설)

타. 「건강가정기본법」 제35조제1항에 따른 건강가정지원센터(2021.2.17 본목신설)

파. 「청소년복지 지원법」 제31조에 따른 청소년복지시설(2022.2.15 본목신설)

(2010.12.30 본호개정)

5. (2018.2.13 삭제)

6. 다음 각 목의 요건을 모두 갖춘 국제기구로서 기획재정부장관이 지정하여 고시하는 국제기구에 지출하는 기부금(2013.2.13 본문개정)

가. 사회복지, 문화, 예술, 교육, 종교, 자선, 학술 등 공익을 위한 사업을 수행할 것

나. 우리나라가 회원국으로 가입하였을 것

(2013.2.15 본호신설)

② 법인으로 보는 단체 중 제56조제1항 각 호에 따른 단체를 제외한 단체의 수익사업에서 발생한 소득을 고유목적사업비로 지출하는 금액은 법 제24조제3항제1호에 따른 기부금으로 본다.(2021.2.17 본항개정)

③ 제1항제1호 본문 및 제2항에서 "고유목적사업비"란 해당 비영리법인 또는 단체에 관한 법령 또는 정관에 규정된 설립목적을 수행하는 사업으로서 제3조제1항에 해당하는 수익사업(보건업 및 사회복지 서비스업 중 보건업은 제외한다)외의 사업에 사용하기 위한 금액을 말한다.(2019.2.12 본항개정)

④ 법 제24조의 규정에 의하여 기부금을 지출한 법인이 손금산입을 하고자 하는 경우에는 기획재정부령이 정하는 기부금영수증을 받아서 보관하여야 한다.(2008.2.29 본항개정)

⑤ 제1항제1호 각 목(마목은 제외한다)의 공익법인등은 다음 각 호의 의무를 이행해야 한다. 이 경우 같은 호 바목의 공익법인등은 지정기간(제4호의 경우에는 지정일이 속하는 연도의 직전 연도를 포함한다) 동안 해당 의무를 이행해야 한다.(2022.2.15 본문개정)

1. 제1항제1호바목1)부터 3)까지의 요건을 모두 충족할 것(제1항제1호바목에 따른 법인만 해당한다)(2018.2.13 본호개정)

2. 다음 각 목의 구분에 따른 의무를 이행할 것

가. 「민법」상 비영리법인 또는 비영리외국법인의 경우 : 수입을 회원의 이익이 아닌 공익을 위하여 사용하고 사업의 직접 수혜자가 불특정 다수일 것(비영리외국법인의 경우 추가적으로 「재외동포의 출입국과 법적 지위에 관한 법률」 제2조에 따른 재외동포의 협력·지원, 한국의 홍보 또는 국제교류·협력을 목적으로 하는 사업을 수행할 것). 다만, 「상속세 및 증여세법 시행령」 제38조제8항제2호 각 목 외의 부분 단서에 해당하는 경우에는 해당 의무를 이행한 것으로 본다.(2021.2.17 단서신설)

나. 사회적협동조합의 경우 : 「협동조합 기본법」 제93조제1항제1호부터 제3호까지의 사업 중 어느 하나의 사업을 수행할 것(2016.2.12 본목개정)

다. 공공기관 또는 법률에 따라 직접 설립 또는 등록된 기관의 경우 : 사회복지·자선·문화·예술·교육·학술·장학 등 공익목적 활동을 수행할 것(2021.2.17 본목개정)

3. 기부금 모금액 및 활용실적을 매년 사업연도 종료일부터 4개월 이내에 다음 각 목에 따라 공개할 것. 다만, 「상속세 및 증여세법」 제50조의3제1항제2호에 따른 사항을 같은 법 시행령 제43조의5제4항에 따른 표준서식에 따라 공시하는 경우에는 다음 각 목의 공개를 모두 한 것으로 본다.(2023.2.28 단서개정)

가. 해당 공익법인등의 인터넷 홈페이지에 공개할 것

나. 국세청의 인터넷 홈페이지에 공개할 것. 이 경우 기획재정부령으로 정하는 기부금 모금액 및 활용실적 명세서에 따라 공개해야 한다.

(2021.2.17 본호개정)

4. 해당 공익법인등의 명의 또는 그 대표자의 명의로 특정 정당 또는 특정인에 대한 「공직선거법」 제58조제1항에 따른 선거운동을 한 것으로 권한 있는 기관이 확인한 사실이 없을 것(2021.2.17 본호개정)

5. 각 사업연도의 수익사업의 지출을 제외한 지출액의 100분의 80 이상을 직접 고유목적사업에 지출할 것

5의2. 사업연도 종료일을 기준으로 최근 2년 동안 고유목적사업의 지출내역이 있을 것(2020.2.11 본호신설)

6. 「상속세 및 증여세법」 제50조의2제1항에 따른 전용계좌를 개설하여 사용할 것(2018.2.13 본호신설)

7. 「상속세 및 증여세법」 제50조의3제1항제1호부터 제4호까지의 서류 등을 사업연도 종료일부터 4개월 이내에 해당 공익법인등과 국세청의 인터넷 홈페이지를 통하여 공개할 것. 다만, 「상속세 및 증여세법 시행령」 제43조의5제2항에 따른 공익법인등은 제외한다.(2023.2.28 단서개정)

8. 「상속세 및 증여세법」 제50조의4에 따른 공익법인등에 적용되는 회계기준에 따라 「주식회사 등의 외부감사에 관한 법률」 제2조제7호에 따른 감사인에게 회계감사를 받을 것. 다만, 「상속세 및 증여세법 시행령」 제43조제3항 및 제4항에 따른 공익법인등은 제외한다.(2020.2.11 단서개정)

(2014.2.21 본항신설)

⑥ 제1항제1호 각 목에 따른 공익법인등(다음 각 호에 해당하는 공익법인등은 제외한다)은 각 사업연도의 제5항에 따른 의무의 이행 여부(이하 이 조에서 "의무이행 여부"라 한다)를 기획재정부령으로 정하는 바에 따라 국세청장에게 보고해야 한다. 이 경우 해당 공익법인등이 의무이행 여부를 보고하지 않으면 국세청장은 기획재정부령으로 정하는 바에 따라 보고하도록 요구해야 한다.(2023.2.28 전단개정)

1. 제1항제1호나목 및 다목(유치원만 해당한다)에 따른 공익법인등(해당 사업연도에 기부금 모금액이 없는 경우로 한정한다)(2023.2.28 본호신설)

2. 제1항제1호마목에 따른 공익법인등(2023.2.28 본호신설)

⑦ 국세청장은 제6항에 따라 보고받은 내용을 점검해야 하며, 그 점검결과 제5항제3호에 따른 기부금 모금액 및 활용실적을 공개하지 않거나 그 공개 내용에 오류가 있는 경우에는 기부금 지출 내역에 대한 세부내용을 제출할 것을 해당 공익법인등에 요구할 수 있다. 이 경우 공익법인등은 해당 요구를 받은 날부터 1개월 이내에 기부금 지출 내역에 대한 세부내용을 제출해야 한다.(2021.2.17 본항개정)

⑧ 국세청장은 제1항제1호바목에 따른 법인이 다음 각 호의 어느 하나에 해당하는 경우에는 그 지정의 취소

를 기획재정부장관에게 요청해야 한다.(2021.2.17 본문개정)

1. 법인이 「상속세 및 증여세법」 제48조제2항, 제3항, 제8항부터 제11항까지, 제78조제5항제3호, 같은 조 제10항 및 제11항에 따라 기획재정부령으로 정하는 금액 이상의 상속세(그 가산세를 포함한다) 또는 증여세(그 가산세를 포함한다)를 추징당한 경우
2. 공익법인등이 목적 외 사업을 하거나 설립허가의 조건에 위반하는 등 공익목적을 위반한 사실, 제5항제1호부터 제5호까지 및 제5호의2의 의무를 위반한 사실 또는 제6항 후단에 따른 요구에도 불구하고 의무이행 여부를 보고하지 않은 사실이 있는 경우 (2021.2.17 1호~2호개정)
3. 「국세기본법」 제85조의5에 따라 불성실기부금수령단체로 명단이 공개된 경우(2008.2.22 본호신설)
4. 공익법인등의 대표자, 임원, 대리인, 직원 또는 그 밖의 종업원이 「기부금품의 모집 및 사용에 관한 법률」을 위반하여 같은 법 제16조에 따라 공익법인등 또는 개인에게 징역 또는 벌금형이 확정된 경우 (2021.2.17 본호개정)
5. 공익법인등이 해산한 경우(2021.2.17 본호개정)

⑨ 국세청장은 제1항제1호바목에 따른 공익법인등의 지정기간이 끝난 후에 그 공익법인등의 지정기간 중 제8항 각 호의 어느 하나에 해당하는 사실이 있었음을 알게 된 경우에는 지정기간 종료 후 3년간 공익법인등에 대한 추천을 하지 않아야 하며, 이미 재지정된 경우에는 그 지정을 취소할 것을 기획재정부장관에게 요청해야 한다.(2021.2.17 본항개정)

⑩ 국세청장은 제8항 및 제9항에 따라 기획재정부장관에게 취소를 요청하기 전에 해당 공익법인등에 지정취소 대상에 해당한다는 사실, 그 사유 및 법적근거 등을 통지해야 한다.(2021.2.17 본항개정)

⑪ 제10항에 따른 통지를 받은 공익법인등은 그 통지 내용에 이의가 있는 경우 통지를 받은 날부터 1개월 이내에 국세청장에게 의견을 제출할 수 있다. (2021.2.17 본항개정)

⑫ 제8항 및 제9항에 따른 요청을 받은 기획재정부장관은 해당 공익법인등의 지정을 취소할 수 있다. (2021.2.17 본항개정)

⑬ 국세청장은 제1항제1호바목에 따른 공익법인등이 지정되거나 지정이 취소된 경우에는 주무관청에 그 사실을 통지해야 하며, 주무관청은 같은 목에 따른 공익법인등이 목적 외 사업을 하거나 설립허가의 조건을 위반하는 등 제8항 각 호의 어느 하나에 해당하는 사실이 있는 경우에는 그 사실을 국세청장에게 통지해야 한다.(2021.2.17 본항개정)

⑭ 기획재정부장관은 제16항에도 불구하고 종전의 「법인세법 시행령」(대통령령 제28640호로 개정되기 전의 것을 말한다) 제36조제1항제1호다목·라목 또는 아목에 따른 지정기부금단체등이 2021년 1월 1일부터 10월 12일까지 제1항제1호바목 후단에 따른 신청을 하지 않은 경우에도 기획재정부장관이 정하여 고시하는 바에 따라 해당 지정기부금단체등의 추천 신청을 받아 2023년 12월 31일까지 제1항제1호바목에 따른 지정·고시를 할 수 있다.(2023.9.26 본항개정)

⑮ 제1항제1호 각 목 외의 부분 단서에도 불구하고 제14항에 따라 지정·고시된 지정기부금단체등에 2021년 1월 1일부터 3년간(지정받은 기간이 끝난 후 2년 이내에 재지정되는 경우에는 재지정일이 속하는 사업연도의 1월 1일부터 5년간) 지출했거나 지출하는 기부금은 법 제24조제3항제1호에 따른 기부금으로 본다. (2022.2.15 본항신설)

⑯ 제1항제1호바목에 따른 공익법인등의 신청 및 추천 방법, 지정절차, 지정요건의 확인방법 및 제출서류와

지정 취소 절차 등에 필요한 사항은 기획재정부령으로 정한다.(2021.2.17 본항개정)
(2021.2.17 본조제목개정)

제40조 【기업업무추진비의 범위】 ① 주주 또는 출자자(이하 "주주등"이라 한다)나 다음 각 호의 어느 하나에 해당하는 직무에 종사하는 자(이하 "임원"이라 한다) 또는 직원이 부담하여야 할 성질의 기업업무추진비를 법인이 지출한 것은 이를 기업업무추진비로 보지 아니한다.(2023.2.28 본문개정)

1. 법인의 회장, 사장, 부사장, 이사장, 대표이사, 전무이사 및 상무이사 등 이사회의 구성원 전원과 청산인
2. 합명회사, 합자회사 및 유한회사의 업무집행사원 또는 이사
3. 유한책임회사의 업무집행자
4. 감사
5. 그 밖에 제1호부터 제4호까지의 규정에 준하는 직무에 종사하는 자
(2018.2.13 1호~5호신설)

② 법인이 그 직원이 조직한 조합 또는 단체에 복리시설비를 지출한 경우 해당 조합이나 단체가 법인인 때에는 이를 기업업무추진비로 보며, 해당 조합이나 단체가 법인이 아닌 때에는 그 법인의 경리의 일부로 본다. (2023.2.28 본항개정)

③ (2008.2.22 삭제)
④~⑤ (2009.2.4 삭제)
(2023.2.28 본조제목개정)

제41조 【기업업무추진비의 신용카드등의 사용】 ① 법 제25조제2항 각 호 외의 부분 본문에서 "대통령령으로 정하는 금액"이란 다음 각 호의 구분에 따른 금액을 말한다.(2011.6.3 본문개정)

1. 경조금의 경우 : 20만원(2009.2.4 본호개정)
2. 제1호 외의 경우 : 3만원(2021.2.17 본호개정)

② 법 제25조제2항 각 호 외의 부분 단서에서 "국외지역에서의 지출 및 농어민에 대한 지출 등 대통령령으로 정하는 지출"이란 다음 각 호의 지출을 말한다. (2019.2.12 본문개정)

1. 기업업무추진비가 지출된 국외지역의 장소(해당 장소가 소재한 인근 지역 안의 유사한 장소를 포함한다)에서 현금 외에 다른 지출수단이 없어 법 제25조제2항 각 호의 증거자료를 구비하기 어려운 경우의 해당 국외지역에서의 지출(2023.2.28 본호개정)
2. 농·어민(한국표준산업분류에 따른 농업 중 작물재배업·축산업·복합농업, 임업 또는 어업에 종사하는 자를 말하며, 법인은 제외한다)으로부터 직접 재화를 공급받는 경우의 지출로서 그 대가를 「금융실명거래 및 비밀보장에 관한 법률」 제2조제1호에 따른 금융회사등을 통하여 지급한 지출(해당 법인이 법 제60조에 따른 과세표준 신고를 할 때 과세표준 신고서에 송금사실을 적은 송금명세서를 첨부하여 납세지 관할 세무서장에게 제출한 경우에 한정한다) (2012.2.2 본항개정)

③ 법 제25조제2항제1호가목에서 "대통령령으로 정하는 것"이란 다음 각 호의 어느 하나에 해당하는 것을 말한다.

1. 「여신전문금융업법」에 따른 직불카드
2. 외국에서 발행된 신용카드
3. 「조세특례제한법」 제126조의2제1항제4호에 따른 기명식선불카드, 직불전자지급수단, 기명식선불전자지급수단 또는 기명식전자화폐
(2019.2.12 본항개정)

④ 법 제25조제2항제4호에서 "대통령령으로 정하는 원천징수영수증"이란 「소득세법」 제168조에 따라 사업자등록을 하지 아니한 자로부터 용역을 제공받고 같은 법 제144조 및 제145조에 따라 발급하는 원천징수영수증을 말한다.(2019.2.12 본항개정)

⑤ 법 제25조제3항을 적용할 때 재화 또는 용역을 공급하는 신용카드등의 가맹점이 아닌 다른 가맹점의 명의로 작성된 매출전표 등을 발급받은 경우는 매출전표 등에 기재된 상호 및 사업장소재지가 재화 또는 용역을 공급하는 신용카드등의 가맹점의 상호 및 사업장소재지와 다른 경우로 한다.(2019.2.12 본항개정)
⑥ 제1항부터 제3항까지 및 제5항을 적용할 때 법 제25조제2항제1호에 따른 신용카드등은 해당 법인의 명의로 발급받은 신용카드등으로 한다.(2019.2.12 본항신설)
⑦ (2001.12.31 삭제)
⑧ (2019.2.12 삭제)
(2023.2.28 본조제목개정)

제42조 【기업업무추진비의 수입금액계산기준 등】
① 법 제25조제4항제2호 본문에서 "대통령령으로 정하는 수입금액"이란 기업회계기준에 따라 계산한 매출액〔사업연도 중에 중단된 사업부문의 매출액을 포함하며, 「자본시장과 금융투자업에 관한 법률」 제4조제7항에 따른 파생결합증권 및 같은 법 제5조제1항에 따른 파생상품 거래의 경우 해당 거래의 손익을 통산(通算)한 순이익(0보다 작은 경우 0으로 한다)을 말한다. 이하 "매출액"이라 한다)〕을 말한다. 다만, 다음 각 호의 법인에 대해서는 다음 계산식에 따라 계산한 금액으로 한다.
1. 「자본시장과 금융투자업에 관한 법률」에 따른 투자매매업자 또는 투자중개업자 : 매출액 + 「자본시장과 금융투자업에 관한 법률」 제6조제1항제2호의 영업과 관련한 보수 및 수수료의 9배에 상당하는 금액
2. 「자본시장과 금융투자업에 관한 법률」에 따른 집합투자업자 : 매출액 + 「자본시장과 금융투자업에 관한 법률」 제9조제20항에 따른 집합투자재산의 운용과 관련한 보수 및 수수료의 9배에 상당하는 금액
3. 「한국투자공사법」에 따른 한국투자공사 : 매출액 + 「한국투자공사법」 제34조제2항에 따른 운용수수료의 6배에 상당하는 금액
4. 「한국수출입은행법」에 따른 한국수출입은행 : 매출액 + 수입보증료의 6배에 상당하는 금액
5. 「한국자산관리공사 설립 등에 관한 법률」에 따른 한국자산관리공사 : 매출액 + 같은 법 제31조제1항의 업무수행에 따른 수수료의 6배에 상당하는 금액 (2022.2.17 본호개정)
6. 제63조제1항 각 호의 법인 : 매출액 + 수입보증료의 6배에 상당하는 금액
(2019.2.12 본항개정)
② 법 제25조제5항 및 법 제27조의2제5항에서 "대통령령으로 정하는 요건에 해당하는 내국법인"이란 각각 다음 각 호의 요건을 모두 갖춘 내국법인을 말한다.(2019.2.12 본문개정)
1. 해당 사업연도 종료일 현재 내국법인의 제43조제7항에 따른 지배주주등이 보유한 주식등의 합계가 해당 내국법인의 발행주식총수 또는 출자총액의 100분의 50을 초과할 것
2. 해당 사업연도에 부동산 임대업을 주된 사업으로 하거나 다음 각 목의 금액 합계가 기업회계기준에 따라 계산한 매출액(가목부터 다목까지에서 정하는 금액이 포함되지 않은 경우에는 이를 포함하여 계산한다)의 100분의 50 이상일 것 (2022.2.15 본문개정)
   가. 부동산 또는 부동산상의 권리의 대여로 인하여 발생하는 수입금액(「조세특례제한법」 제138조제1항에 따라 익금에 가산할 금액을 포함한다)
   (2020.2.11 본목개정)
   나. 「소득세법」 제16조제1항에 따른 이자소득의 금액
   다. 「소득세법」 제17조제1항에 따른 배당소득의 금액
3. 해당 사업연도의 상시근로자 수가 5명 미만일 것
(2017.2.3 본항신설)

③ 제2항제2호를 적용할 때 내국법인이 둘 이상의 서로 다른 사업을 영위하는 경우에는 사업별 사업수입금액이 큰 사업을 주된 사업으로 본다.(2019.2.12 본항개정)
④ 제2항제3호를 적용할 때 상시근로자는 「근로기준법」에 따라 근로계약을 체결한 내국인 근로자로 한다. 다만, 다음 각 호의 어느 하나에 해당하는 근로자는 제외한다.(2019.2.12 본문개정)
1. 해당 법인의 최대주주 또는 최대출자자와 그와 「국세기본법 시행령」 제1조의2제1항에 따른 친족관계인 근로자
2. 「소득세법 시행령」 제196조제1항에 따른 근로소득 원천징수부에 의하여 근로소득세를 원천징수한 사실이 확인되지 아니하는 근로자
3. 근로계약기간이 1년 미만인 근로자. 다만, 근로계약의 연속된 갱신으로 인하여 그 근로계약의 총기간이 1년 이상인 근로자는 제외한다.
4. 「근로기준법」 제2조제1항제8호에 따른 단시간근로자
(2017.2.3 본항신설)
⑤ 제2항제3호를 적용할 때 상시근로자 수의 계산방법은 「조세특례제한법 시행령」 제26조의4제3항을 준용한다.(2019.2.12 본항개정)
⑥ 기업업무추진비 가액의 계산에 관해서는 제36조제1항제3호를 준용한다.(2023.2.28 본항개정)
(2023.2.28 본조제목개정)

제42조의2 (2009.2.4 삭제)

제43조 【상여금 등의 손금불산입】
① 법인이 그 임원 또는 직원에게 이익처분에 의하여 지급하는 상여금은 이를 손금에 산입하지 아니한다. 이 경우 합명회사 또는 합자회사의 노무출자사원에게 지급하는 보수는 이익처분에 의한 상여로 본다.(2019.2.12 전단개정)
② 법인이 임원에게 지급하는 상여금중 정관·주주총회·사원총회 또는 이사회의 결의에 의하여 결정된 급여지급기준에 의하여 지급하는 금액을 초과하여 지급한 경우 그 초과금액은 이를 손금에 산입하지 아니한다.
③ 법인이 지배주주등(특수관계에 있는 자를 포함한다. 이하 이 항에서 같다)인 임원 또는 직원에게 정당한 사유없이 동일직위에 있는 지배주주등 외의 임원 또는 직원에게 지급하는 금액을 초과하여 보수를 지급한 경우 그 초과금액은 이를 손금에 산입하지 아니한다.
(2019.2.12 본항개정)
④ 상근이 아닌 법인의 임원에게 지급하는 보수는 법 제52조에 해당하는 경우를 제외하고 이를 손금에 산입한다.
⑤ 법인의 해산에 의하여 퇴직하는 임원 또는 직원에게 지급하는 해산수당 또는 퇴직위로금 등은 최종사업연도의 손금으로 한다.(2019.2.12 본항개정)
⑥ (2009.2.4 삭제)
⑦ 제3항에서 "지배주주등"이란 법인의 발행주식총수 또는 출자총액의 100분의 1 이상의 주식 또는 출자지분을 소유한 주주등으로서 그와 특수관계에 있는 자와의 소유 주식 또는 출자지분의 합계가 해당 법인의 주주등 중 가장 많은 경우의 해당 주주등(이하 "지배주주등"이라 한다)을 말한다.(2008.2.22 본항신설)
⑧ 제3항 및 제7항에서 "특수관계에 있는 자"란 해당 주주등과 다음 각 호의 어느 하나에 해당하는 관계에 있는 자를 말한다.
1. 해당 주주등이 개인인 경우에는 다음 각 목의 어느 하나에 해당하는 관계에 있는 자
   가. 친족(「국세기본법 시행령」 제1조의2제1항에 해당하는 자를 말한다. 이하 같다)(2012.2.2 본목개정)
   나. 제2조제8항제1호의 관계에 있는 법인(2023.2.28 본목개정)

다. 해당 주주등과 가목 및 나목에 해당하는 자가 발행주식총수 또는 출자총액의 100분의 30 이상을 출자하고 있는 법인
라. 해당 주주등과 그 친족이 이사의 과반수를 차지하거나 출연금(설립을 위한 출연금에 한한다)의 100분의 30 이상을 출연하고 그 중 1명이 설립자로 되어 있는 비영리법인(2012.2.2 본목개정)
마. 다목 및 라목에 해당하는 법인이 발행주식총수 또는 출자총액의 100분의 30 이상을 출자하고 있는 법인(2012.2.2 본목개정)
2. 해당 주주등이 법인인 경우에는 제2조제8항 각 호(제3호는 제외한다)의 어느 하나에 해당하는 관계에 있는 자(2023.2.28 본호개정)
(2008.2.22 본항신설)

제44조 【퇴직급여의 손금불산입】 ① 법인이 임원 또는 직원에게 지급하는 퇴직급여(「근로자퇴직급여 보장법」 제2조제5호에 따른 급여를 말한다. 이하 같다)는 임원 또는 직원이 현실적으로 퇴직(이하 이 조에서 "현실적인 퇴직"이라 한다)하는 경우에 지급하는 것에 한하여 이를 손금에 산입한다.(2019.2.12 본항개정)
② 현실적인 퇴직은 법인이 퇴직급여를 실제로 지급한 경우로서 다음 각 호의 어느 하나에 해당하는 경우를 포함하는 것으로 한다.(2009.2.4 본문개정)
1. 법인의 직원이 해당 법인의 임원으로 취임한 때(2019.2.12 본호개정)
2. 법인의 임원 또는 직원이 그 법인의 조직변경·합병·분할 또는 사업양도에 의하여 퇴직한 때(2019.2.12 본호개정)
3. 「근로자퇴직급여 보장법」 제8조제2항에 따라 퇴직급여를 중간정산(종전에 퇴직급여를 중간정산하여 지급한 적이 있는 경우에는 직전 중간정산 대상기간이 종료한 다음 날부터 기산하여 퇴직급여를 중간정산한 것을 말한다. 이하 제5호에서 같다)하여 지급한 때(2022.2.15 본호개정)
4. (2015.2.3 삭제)
5. 정관 또는 정관에서 위임된 퇴직급여지급규정에 따라 장기 요양 등 기획재정부령으로 정하는 사유로 그 때까지의 퇴직급여를 중간정산하여 임원에게 지급한 때(2022.2.15 본호개정)
③ 법인이 임원(지배주주등 및 지배주주등과 제43조제8항에 따른 특수관계에 있는 자는 제외한다) 또는 직원에게 해당 법인과 특수관계인인 법인에 근무한 기간을 합산하여 퇴직급여를 지급하는 경우 기획재정부령으로 정하는 바에 따라 해당 퇴직급여상당액을 각 법인별로 안분하여 손금에 산입한다. 이 경우 해당 임원 또는 직원이 마지막으로 근무한 법인은 해당 퇴직급여에 대한 「소득세법」에 따른 원천징수 및 지급명세서의 제출을 일괄하여 이행할 수 있다.(2019.2.12 본항개정)
④ 법인이 임원에게 지급한 퇴직급여 중 다음 각 호의 어느 하나에 해당하는 금액을 초과하는 금액은 손금에 산입하지 아니한다.(2009.2.4 본문개정)
1. 정관에 퇴직급여(퇴직위로금 등을 포함한다)로 지급할 금액이 정하여진 경우에는 정관에 정하여진 금액(2006.2.9 본호개정)
2. 제1호 외의 경우에는 그 임원이 퇴직하는 날부터 소급하여 1년 동안 해당 임원에게 지급한 총급여액(「소득세법」 제20조제1항제1호 및 제2호에 따른 금액(같은 법 제12조에 따른 비과세소득은 제외한다)으로 하되, 제43조에 따라 손금에 산입하지 아니하는 금액은 제외한다)의 10분의 1에 상당하는 금액에 기획재정부령으로 정하는 방법에 의하여 계산한 근속연수를 곱한 금액. 이 경우 해당 임원이 직원에서 임원으로 된 때에 퇴직금을 지급하지 아니한 경우에는 직원으

로 근무한 기간을 근속연수에 합산할 수 있다.(2019.2.12 본호개정)
⑤ 제4항제1호는 정관에 임원의 퇴직급여를 계산할 수 있는 기준이 기재된 경우를 포함하며, 정관에서 위임된 퇴직급여지급규정이 따로 있는 경우에는 해당 규정에 의한 금액에 의한다.(2009.2.4 본항개정)
⑥ 제3항에 따라 지배주주등과 제43조제8항에 따른 특수관계의 유무를 판단할 때 지배주주등과 제2조제8항제7호의 관계에 있는 임원의 경우에는 특수관계에 있는 것으로 보지 아니한다.(2023.2.28 본항개정)

제44조의2 【퇴직보험료 등의 손금불산입】 ① 내국법인이 임원 또는 직원의 퇴직급여를 지급하기 위하여 납입하거나 부담하는 보험료·부금 또는 부담금(이하 이 조에서 "보험료등"이라 한다) 중 제2항부터 제4항까지의 규정에 따라 손금에 산입하는 것 외의 보험료 등은 이를 손금에 산입하지 아니한다.(2019.2.12 본항개정)
② 내국법인이 임원 또는 직원의 퇴직을 퇴직급여의 지급사유로 하고 임원 또는 직원을 수급자로 하는 연금으로서 기획재정부령으로 정하는 것(이하 이 조에서 "퇴직연금등"이라 한다)의 부담금으로서 지출하는 금액은 해당 사업연도의 소득금액계산에 있어서 이를 손금에 산입한다.(2019.2.12 본항개정)
③ 제2항에 따라 지출하는 금액 중 확정기여형 퇴직연금등(「근로자퇴직급여 보장법」 제19조에 따른 확정기여형 퇴직연금, 같은 법 제23조의6에 따른 중소기업퇴직연금기금제도, 같은 법 제24조에 따른 개인형퇴직연금제도 및 「과학기술인공제회법」에 따른 퇴직연금 중 확정기여형 퇴직연금에 해당하는 것을 말한다. 이하 같다)의 부담금은 전액 손금에 산입한다. 다만, 임원에 대한 부담금은 법인이 퇴직 시까지 부담한 부담금의 합계액을 퇴직급여로 보아 제44조제4항을 적용하되, 손금산입한도 초과금액이 있는 경우에는 퇴직일이 속하는 사업연도의 부담금 중 손금산입 한도 초과금액 상당액을 손금에 산입하지 아니하고, 손금산입 한도 초과금액이 퇴직일이 속하는 사업연도의 부담금을 초과하는 경우 그 초과금액은 퇴직일이 속하는 사업연도의 익금에 산입한다.(2022.2.15 본문개정)
④ 제2항에 따라 지출하는 금액 중 확정기여형 퇴직연금등의 부담금을 제외한 금액은 제1호 및 제1호의2의 금액 중 큰 금액에서 제2호의 금액을 뺀 금액을 한도로 손금에 산입하며, 둘 이상의 부담금이 있는 경우에는 먼저 계약이 체결된 퇴직연금등의 부담금부터 손금에 산입한다.(2010.12.30 본문개정)
1. 해당 사업연도종료일 현재 재직하는 임원 또는 직원의 전원이 퇴직할 경우에 퇴직급여로 지급되어야 할 금액의 추계액(제44조에 따라 손금에 산입하지 아니하는 금액과 제3항 본문에 따라 손금에 산입하는 금액은 제외한다)에서 해당 사업연도종료일 현재의 퇴직급여충당금을 공제한 금액에 상당하는 연금에 대한 부담금(2019.2.12 본호개정)
1의2. 다음 각 목의 금액을 더한 금액(제44조에 따라 손금에 산입하지 아니하는 금액과 제3항 본문에 따라 손금에 산입하는 금액은 제외한다)에서 해당 사업연도 종료일 현재의 퇴직급여충당금을 공제한 금액에 상당하는 연금에 대한 부담금(2016.2.12 본문개정)
가. 「근로자퇴직급여 보장법」 제16조제1항제1호에 따른 금액(2014.2.21 본목신설)
나. 해당 사업연도종료일 현재 재직하는 임원 또는 직원 중 「근로자퇴직급여 보장법」 제2조제8호에 따른 확정급여형퇴직연금제도에 가입하지 아니한 사람 전원이 퇴직할 경우에 퇴직급여로 지급되어야 할 금액의 추계액과 확정급여형퇴직연금제도에 가입한 사람으로서 그 재직기간 중 가입하지 아니한 기

간이 있는 사람 전원이 퇴직할 경우에 그 가입하지 아니한 기간에 대하여 퇴직급여로 지급되어야 할 금액의 추계액을 더한 금액(2019.2.12 본목개정)
2. 직전 사업연도종료일까지 지급한 부담금 (2010.12.30 본호개정)
⑤ 제2항에 따라 부담금을 손금에 산입한 법인은 법 제60조에 따른 신고와 함께 기획재정부령으로 정하는 퇴직연금부담금조정명세서를 첨부하여 납세지 관할세무서장에게 제출하여야 한다.(2010.12.30 본항개정)
제45조【복리후생비의 손금불산입】① 법인이 그 임원 또는 직원을 위하여 지출한 복리후생비중 다음 각 호의 어느 하나에 해당하는 비용 외의 비용을 손금에 산입하지 아니한다. 이 경우 직원은 「파견근로자보호 등에 관한 법률」 제2조에 따른 파견근로자를 포함한다. (2019.2.12 본문개정)
1. 직장체육비
2. 직장문화비(2017.2.3 본호개정)
2의2. 직장회식비(2013.2.15 본호신설)
3. 우리사주조합의 운영비
4. (2000.12.29 삭제)
5. 「국민건강보험법」 및 「노인장기요양보험법」에 따라 사용자로서 부담하는 보험료 및 부담금(2009.2.4 본호개정)
6. 「영유아보육법」에 의하여 설치된 직장어린이집의 운영비(2011.12.8 본호개정)
7. 「고용보험법」에 의하여 사용자로서 부담하는 보험료(2005.2.19 본호개정)
8. 그 밖에 임원 또는 직원에게 사회통념상 타당하다고 인정되는 범위에서 지급하는 경조사비 등 제1호부터 제7호까지의 비용과 유사한 비용(2019.2.12 본호개정)
②~④ (2000.12.29 삭제)
제46조【여비 등의 손금불산입】법인이 임원 또는 직원이 아닌 지배주주등(제43조제8항에 따른 특수관계에 있는 자를 포함한다)에게 지급한 여비 또는 교육훈련비는 해당 사업연도의 소득금액을 계산할 때 손금에 산입하지 아니한다.(2019.2.12 본조개정)
제47조 (2006.2.9 삭제)
제48조【공동경비의 손금불산입】① 법인이 해당 법인 외의 자와 동일한 조직 또는 사업 등을 공동으로 운영하거나 영위함에 따라 발생되거나 지출된 손비 중 다음 각 호의 기준에 따른 분담금액을 초과하는 금액은 해당 법인의 소득금액을 계산할 때 손금에 산입하지 아니한다.(2019.2.12 본문개정)
1. 출자에 의하여 특정사업을 공동으로 영위하는 경우에는 출자총액중 당해 법인이 출자한 금액의 비율
2. 제1호 외의 경우로서 해당 조직·사업 등에 관련되는 모든 법인 등(이하 이 항에서 "비출자공동사업자"라 한다)이 지출하는 비용에 대하여는 다음 각 목에 따른 기준(2008.2.22 본문개정)
가. 비출자공동사업자 사이에 제2조제8항 각 호의 어느 하나의 관계가 있는 경우 : 직전 사업연도 또는 해당 사업연도의 매출액 총액과 총자산가액(한 공동사업자가 다른 공동사업자의 주식을 보유하고 있는 경우 그 주식의 장부가액은 제외한다. 이하 이 호에서 같다) 총액 중 법인이 선택하는 금액(선택하지 아니한 경우에는 직전 사업연도의 매출액 총액을 선택한 것으로 보며, 선택한 사업연도부터 연속하여 5개 사업연도 동안 적용하여야 한다)에서 해당 법인의 매출액(총자산가액 총액을 선택한 경우에는 총자산가액을 말한다)이 차지하는 비율. 다만, 공동행사비 및 공동구매비 등 기획재정부령으로 정하는 손비에 대하여는 참석인원수·구매금액 등 기획재정부령으로 정하는 기준에 따를 수 있다.(2023.2.28 본문개정)

나. 가목 외의 경우 : 비출자공동사업자 사이의 약정에 따른 분담비율. 다만, 해당 비율이 없는 경우에는 가목의 비율에 따른다.(2008.2.22 본목신설)
3. (2008.2.22 삭제)
② 제1항의 규정을 적용함에 있어서 매출액의 범위 등 분담금액의 계산에 관하여 필요한 사항은 기획재정부령으로 정한다.(2008.2.29 본항개정)
제49조【업무와 관련이 없는 자산의 범위 등】① 법 제27조제1호에서 "대통령령으로 정하는 자산"이란 다음 각호의 자산을 말한다.(2011.6.3 본문개정)
1. 다음 각목의 1에 해당하는 부동산. 다만, 법령에 의하여 사용이 금지되거나 제한된 부동산, 「자산유동화에 관한 법률」에 의한 유동화전문회사가 동법 제3조의 규정에 의하여 등록한 자산유동화계획에 따라 양도하는 부동산 등 기획재정부령이 정하는 부득이한 사유가 있는 부동산을 제외한다.(2008.2.29 단서개정)
가. 법인의 업무에 직접 사용하지 아니하는 부동산. 다만, 기획재정부령이 정하는 기간(이하 이 조에서 "유예기간"이라 한다)이 경과하기 전까지의 기간 중에 있는 부동산을 제외한다.(2008.2.29 단서개정)
나. 유예기간 중에 당해 법인의 업무에 직접 사용하지 아니하고 양도하는 부동산. 다만, 기획재정부령이 정하는 부동산매매업을 주업으로 영위하는 법인의 경우를 제외한다.(2008.2.29 단서개정)
2. 다음 각목의 1에 해당하는 동산
가. 서화 및 골동품. 다만, 장식·환경미화 등의 목적으로 사무실·복도 등 여러 사람이 볼 수 있는 공간에 상시 비치하는 것을 제외한다.(2005.2.19 단서개정)
나. 업무에 직접 사용하지 아니하는 자동차·선박 및 항공기. 다만, 저당권의 실행 기타 채권을 변제받기 위하여 취득한 선박으로서 3년이 경과되지 아니한 선박 등 기획재정부령이 정하는 부득이한 사유가 있는 자동차·선박 및 항공기를 제외한다. (2008.2.29 단서개정)
다. 기타 가목 및 나목의 자산과 유사한 자산으로서 해당 법인의 업무에 직접 사용하지 아니하는 자산
② 제1항제1호의 규정에 해당하는 부동산인지의 여부의 판정 등에 관하여 필요한 사항은 기획재정부령으로 정한다.(2008.2.29 본항개정)
③ 법 제27조제1호에서 "대통령령으로 정하는 금액"이란 제1항 각호의 자산을 취득·관리함으로써 생기는 비용, 유지비, 수선비 및 이와 관련되는 비용을 말한다.(2011.6.3 본항개정)
제50조【업무와 관련이 없는 지출】① 법 제27조제2호에서 "대통령령으로 정하는 금액"이란 다음 각 호의 어느 하나에 해당하는 지출금액을 말한다.(2019.2.12 본문개정)
1. 해당 법인이 직접 사용하지 아니하고 다른 사람(주주등이 아닌 임원과 소액주주등인 임원 및 직원은 제외한다)이 주로 사용하고 있는 장소·건축물·물건 등의 유지비·관리비·사용료와 이와 관련되는 지출금. 다만, 법인이 「대·중소기업 상생협력 촉진에 관한 법률」 제35조에 따른 사업을 중소기업(제조업을 영위하는 자에 한한다)에 이양하기 위하여 무상으로 해당 중소기업에 대여하는 생산설비와 관련된 지출금 등은 제외한다.(2019.2.12 본문개정)
2. 해당 법인의 주주등(소액주주등은 제외한다)이거나 출자자인 임원 또는 그 친족이 사용하고 있는 사택의 유지비·관리비·사용료와 이와 관련되는 지출금 (2009.2.4 본호개정)
3. 제49조제1항 각 호의 어느 하나에 해당하는 자산을 취득하기 위하여 지출한 자금의 차입과 관련되는 비용

4. 해당 법인이 공여한 「형법」 또는 「국제상거래에 있어서 외국공무원에 대한 뇌물방지법」에 따른 뇌물에 해당하는 금전 및 금전 외의 자산과 경제적 이익의 합계액
5. 「노동조합 및 노동관계조정법」 제24조제2항 및 제4항을 위반하여 지급하는 급여(2010.12.30 본호신설)
② 제1항제1호 및 제2호에서 "소액주주등"이란 발행주식총수 또는 출자총액의 100분의 1에 미달하는 주식등을 소유한 주주등(해당 법인의 국가, 지방자치단체가 아닌 지배주주등의 특수관계인인 자는 제외하며, 이하 "소액주주등"이라 한다)을 말한다.(2019.2.12 본항개정)
③ 법 제19조의2제2항 각 호의 어느 하나에 해당하는 채권의 처분손실은 손금에 산입하지 않는다.
(2019.2.12 본항신설)
(2008.2.22 본조개정)

제50조의2【업무용승용차 관련비용 등의 손금불산입 특례】 ① 법 제27조의2제1항에서 "운수업, 자동차판매업 등에서 사업에 직접 사용하는 승용자동차로서 대통령령으로 정하는 것과 연구개발을 목적으로 사용하는 승용자동차로서 대통령령으로 정하는 것"이란 다음 각 호의 어느 하나에 해당하는 승용자동차를 말한다.
(2020.2.11 본문개정)
1. 「부가가치세법 시행령」 제19조 각 호에 해당하는 업종 또는 「여신전문금융업법」 제2조제9호에 따른 시설대여업에서 사업상 수익을 얻기 위하여 직접 사용하는 승용자동차
2. 제1호와 유사한 승용자동차로서 기획재정부령으로 정하는 승용자동차
3. 「자동차관리법」 제27조제1항 단서에 따라 국토교통부장관의 임시운행허가를 받은 자율주행자동차
(2020.2.11 본호신설)
② 법 제27조의2제2항에서 "대통령령으로 정하는 비용"이란 업무용승용차에 대한 감가상각비, 임차료, 유류비, 보험료, 수선비, 자동차세, 통행료 및 금융리스부채에 대한 이자비용 등 업무용승용차의 취득·유지를 위하여 지출한 비용(이하 이 조에서 "업무용승용차 관련비용"이라 한다)을 말한다.
③ 업무용승용차는 제26조제1항제2호 및 제28조제1항제2호에도 불구하고 정액법을 상각방법으로 하고 내용연수를 5년으로 하여 계산한 금액을 감가상각비로 하여 손금에 산입하여야 한다.
④ 법 제27조의2제2항에서 "대통령령으로 정하는 업무용 사용금액"이란 다음 각 호의 구분에 따른 금액을 말한다.
1. 해당 사업연도 전체 기간(임차한 승용차의 경우 해당 사업연도 중에 임차한 기간을 말한다) 동안 다음 각 목의 어느 하나에 해당하는 사람이 운전하는 경우만 보상하는 자동차보험(이하 "업무전용자동차보험"이라 한다)에 가입한 경우 : 업무용승용차 관련비용에 업무사용비율을 곱한 금액(2018.2.13 본문개정)
가. 해당 법인의 임원 또는 직원(2019.2.12 본목개정)
나. 계약에 따라 해당 법인의 업무를 위하여 운전하는 사람
다. 해당 법인의 업무를 위하여 필요하다고 인정되는 경우로서 기획재정부령으로 정하는 사람
(2018.2.13 나목~다목신설)
2. 업무전용자동차보험에 가입하지 아니한 경우 : 전액 손금불인정(2018.2.13 단서삭제)
⑤ 제4항에서 업무사용비율은 기획재정부령으로 정하는 운행기록 등(이하 이 조에서 "운행기록등"이라 한다)에 따라 확인되는 총 주행거리 중 업무용 사용거리가 차지하는 비율로 한다.
⑥ 제4항제1호를 적용받으려는 내국법인은 업무용승용차별로 운행기록등을 작성·비치하여야 하며, 납세지 관할 세무서장이 요구할 경우 이를 즉시 제출하여야 한다.
⑦ 제4항제1호를 적용할 때 운행기록등을 작성·비치하지 않은 경우 해당 업무용승용차의 업무사용비율은 제5항에도 불구하고 다음 각 호의 구분에 따른 비율로 한다.
1. 해당 사업연도의 업무용승용차 관련비용이 1천5백만원(해당 사업연도가 1년 미만인 경우에는 1천5백만원에 해당 사업연도의 월수를 곱하고 이를 12로 나누어 산출한 금액을 말하고, 사업연도 중 일부 기간 동안 보유하거나 임차한 경우에는 1천5백만원에 해당 보유기간 또는 임차기간 월수를 곱하고 이를 사업연도 월수로 나누어 산출한 금액을 말한다. 이하 이 조에서 같다) 이하인 경우 : 100분의 100
2. 해당 사업연도의 업무용승용차 관련비용이 1천5백만원을 초과하는 경우 : 1천5백만원을 업무용승용차 관련비용으로 나눈 비율
(2020.2.11 본항개정)
⑧ 제4항제1호를 적용할 때 기획재정부령으로 정하는 임차 승용차로서 다음 각 호의 어느 하나에 해당하는 사람을 운전자로 한정하는 임대차 특약을 체결한 경우에는 업무전용자동차보험에 가입한 것으로 본다.
1. 해당 법인의 임원 또는 직원(2019.2.12 본호개정)
2. 계약에 따라 해당 법인의 업무를 위하여 운전하는 사람
(2017.2.3 본항신설)
⑨ 제4항제2호에도 불구하고 해당 사업연도 전체기간(임차한 승용차의 경우 해당 사업연도 중에 임차한 기간을 말한다) 중 일부기간만 업무전용자동차보험에 가입한 경우 법 제27조의2제2항에 따른 업무사용금액은 다음의 계산식에 따라 산정한 금액으로 한다.

업무용승용차 관련비용 × 업무사용비율 × (해당 사업연도에 실제로 업무전용자동차보험에 가입한 일수 ÷ 해당 사업연도에 업무전용자동차보험에 의무적으로 가입하여야 할 일수)

(2018.2.13 본항개정)
⑩ 법 제27조의2제3항 각 호 외의 부분의 감가상각비 한도초과액은 같은 항 각 호의 금액에 업무사용비율을 곱하여 산출한 금액에서 800만원(해당 사업연도가 1년 미만인 경우 800만원에 해당 사업연도의 월수를 곱하고 이를 12로 나누어 산출한 금액을 말하고, 사업연도 중 일부 기간 동안 보유하거나 임차한 경우에는 800만원에 해당 보유기간 또는 임차기간 월수를 곱하고 이를 사업연도 월수로 나누어 산출한 금액을 말한다)을 차감하여 계산한다.(2018.2.13 본항개정)
⑪ 법 제27조의2제3항 각 호 외의 부분에서 "대통령령으로 정하는 방법"이란 다음 각 호의 구분에 따른 방법에 따라 산정된 금액을 한도로 이월하여 손금에 산입하는 방법을 말한다.
1. 업무용승용차별 감가상각비 이월액 : 해당 사업연도의 다음 사업연도부터 해당 업무용승용차의 업무사용금액 중 감가상각비가 800만원에 미달하는 경우 그 미달하는 금액을 한도로 하여 손금으로 추인한다.
(2020.2.11 본호개정)
2. 업무용승용차별 임차료 중 제12항에 따른 감가상각비 상당액 이월액 : 해당 사업연도의 다음 사업연도부터 해당 업무용승용차의 업무사용금액 중 감가상각비 상당액이 800만원에 미달하는 경우 그 미달하는 금액을 한도로 하여 손금에 산입하는 금액으로 한다.(2020.2.11 본호개정)
⑫ 법 제27조의2제3항제2호에서 "대통령령으로 정하는 감가상각비 상당액"이란 업무용승용차의 임차료 중 보험료와 자동차세 등을 제외한 금액으로서 기획재정부령으로 정하는 금액을 말한다.(2020.2.11 본호개정)

⑬ 법 제27조의2제4항에서 "대통령령으로 정하는 방법"이란 해당 사업연도의 다음 사업연도부터 800만원을 균등하게 손금에 산입하되, 남은 금액이 800만원 미만인 사업연도에는 남은 금액을 모두 손금에 산입하는 방법을 말한다.(2020.2.11 본항개정)
⑭ 업무용승용차 관련비용 또는 처분손실을 손금에 산입한 법인은 법 제60조에 따른 신고를 할 때 기획재정부령으로 정하는 업무용승용차 관련비용 명세서를 첨부하여 납세지 관할 세무서장에게 제출하여야 한다.
⑮ 제42조제2항 각 호의 요건을 모두 갖춘 내국법인의 경우에는 제7항, 제10항, 제11항 또는 제13항을 적용할 때 "1천5백만원"은 각각 "500만원"으로, "800만원"은 각각 "400만원"으로 한다.(2020.2.11 본항개정)
⑯ 해당 사업연도가 1년 미만이거나 사업연도 중 일부 기간 동안 보유하거나 임차한 경우의 월수의 계산은 역에 따라 계산하되, 1개월 미만의 일수는 1개월로 한다.(2018.2.13 본항신설)
⑰ 제1항부터 제16항까지에서 규정한 사항 외에 업무용 사용의 범위 및 그 밖에 필요한 사항은 기획재정부령으로 정한다.(2018.2.13 본항개정)
(2016.2.12 본조신설)

제51조【채권자가 불분명한 사채이자등의 범위】 ① 법 제28조제1항제1호에서 "대통령령으로 정하는 채권자가 불분명한 사채의 이자"란 다음 각 호의 어느 하나에 해당하는 차입금의 이자(알선수수료·사례금등 명목 여하에 불구하고 사채를 차입하고 지급하는 금품을 포함한다)를 말한다. 다만, 거래일 현재 주민등록표에 의하여 그 거주사실 등이 확인된 채권자가 차입금을 변제받은 후 소재불명이 된 경우의 차입금에 대한 이자를 제외한다.(2019.2.12 본문개정)
1. 채권자의 주소 및 성명을 확인할 수 없는 차입금
2. 채권자의 능력 및 자산상태로 보아 금전을 대여한 것으로 인정할 수 없는 차입금
3. 채권자와의 금전거래사실 및 거래내용이 불분명한 차입금
② 법 제28조제1항제2호에서 "대통령령으로 정하는 것"이란 채권 또는 증권의 이자·할인액 또는 차익을 당해 채권 또는 증권의 발행법인이 직접 지급하는 경우 그 지급사실이 객관적으로 인정되지 아니하는 이자·할인액 또는 차익을 말한다.(2011.6.3 본항개정)

제52조【건설자금에 충당한 차입금의 이자의 범위】 ① 법 제28조제1항제3호에서 "대통령령으로 정하는 건설자금에 충당한 차입금의 이자"란 그 명목여하에 불구하고 사업용 유형자산 및 무형자산의 매입·제작 또는 건설(이하 이 조에서 "건설등"이라 한다)에 소요되는 차입금(자산의 건설등에 소요된지의 여부가 분명하지 아니한 차입금은 제외한다. 이하 이 조에서 "특정차입금"이라 한다)에 대한 지급이자 또는 이와 유사한 성질의 지출(이하 이 조에서 "지급이자등"이라 한다)을 말한다.(2019.2.12 본항개정)
② 특정차입금에 대한 지급이자등은 건설등이 준공된 날까지 이를 자본적 지출로 하여 그 원본에 가산한다. 다만, 특정차입금의 일시예금에서 생기는 수입이자는 원본에 가산하는 자본적 지출금액에서 차감한다.(2010.12.30 본항개정)
③ 특정차입금의 일부를 운영자금에 전용한 경우에는 그 부분에 상당하는 지급이자는 이를 손금으로 한다.(2010.12.30 본항개정)
④ 특정차입금의 연체로 인하여 생긴 이자를 원본에 가산한 경우 그 가산한 금액은 이를 해당 사업연도의 자본적 지출로 하고, 그 원본에 가산한 금액에 대한 지급이자는 이를 손금으로 한다.(2010.12.30 본항개정)
⑤ 특정차입금 중 해당 건설등이 준공된 후에 남은 차입금에 대한 이자는 각 사업연도의 손금으로 한다. 이

경우 건설등의 준공일은 당해 건설등의 목적물이 전부 준공된 날로 한다.(2010.12.30 전단개정)
⑥ 제2항 본문 및 제5항 후단에서 "준공된 날"이라 함은 다음 각 호의 어느 하나에 해당하는 날로 한다.(2019.2.12 본문개정)
1. 토지를 매입하는 경우에는 그 대금을 청산한 날. 다만, 그 대금을 청산하기 전에 당해 토지를 사업에 사용하는 경우에는 그 사업에 사용되기 시작한 날
2. 건축물의 경우에는 「소득세법 시행령」 제162조의 규정에 의한 취득일 또는 당해 건설의 목적물이 그 목적에 실제로 사용되기 시작한 날(이하 이 항에서 "사용개시일"이라 한다)중 빠른 날(2005.2.19 본호개정)
3. 그 밖의 사업용 유형자산 및 무형자산의 경우에는 사용개시일(2019.2.12 본호개정)
⑦ 법 제28조제2항에서 "대통령령으로 정하는 금액"이란 해당 사업연도의 개별 사업용 유형자산 및 무형자산의 건설등에 대하여 제2호의 금액과 제3호의 비율을 곱한 금액과 제1호의 금액 중 적은 금액을 말한다.(2019.2.12 본문개정)
1. 해당 사업연도 중 건설등에 소요된 기간에 실제로 발생한 일반차입금(해당 사업연도에 상환하거나 상환하지 아니한 차입금 중 특정차입금을 제외한 금액을 말한다. 이하 이 조에서 같다)의 지급이자등의 합계
2. 다음 산식에 따라 계산한 금액

$$\text{해당 건설등에 대하여}\left(\frac{\text{해당 사업연도에 지출한}}{\text{해당 사업연도 일수}} - \frac{\text{해당 사업연도의}}{\text{해당 사업연도 일수}}\right)$$

3. 다음 산식에 따라 계산한 비율

$$\frac{\text{일반차입금에서 발생한}}{\text{지급이자등의 합계액}} \div \frac{\text{해당 사업연도의}}{\text{일반차입금의 적수}}$$

(2010.12.30 본항신설)

제53조【업무무관자산 등에 대한 지급이자의 손금불산입】 ① 법 제28조제1항제4호나목에서 "대통령령으로 정하는 것"이란 명칭여하에 불구하고 당해 법인의 업무와 관련이 없는 자금의 대여액(제61조제2항 각호의 1에 해당하는 금융회사 등의 경우 주된 수익사업으로 볼 수 없는 자금의 대여액을 포함한다)을 말한다. 다만, 기획재정부령이 정하는 금액을 제외한다.(2011.6.3 본문개정)
② 법 제28조제1항제4호 각 목 외의 부분에서 "대통령령으로 정하는 바에 따라 계산한 금액"이란 다음 산식에 의하여 계산한 금액을 말한다.

$$\text{지급이자} \times \frac{\text{제1항 및 제49조제1항의 규정에 의한 자산가액의 합계액(총차입금을 한도로 한다)}}{\text{총차입금}}$$

(2011.6.3 본항개정)
③ 제2항의 규정에 의한 총차입금 및 자산가액의 합계액은 적수로 계산한다. 이 경우 제1항의 자산은 동일인에 대한 가지급금등과 가수금이 함께 있는 경우에는 이를 상계한 금액으로 하며, 제49조제1항의 자산은 취득가액(제72조의 규정에 의한 자산의 취득가액으로 하되, 같은 조 제4항제3호의 시가초과액을 포함한다)으로 한다.(2012.2.2 후단개정)
④ 제2항의 규정에 의한 차입금에는 다음 각호의 금액을 제외한다.
1. 제61조제2항 각호의 규정에 의한 금융회사 등이 차입한 다음 각목의 금액(2010.2.18 본문개정)
  가. 「공공자금관리기금법」에 따른 공공자금관리기금 또는 「한국은행법」에 의한 한국은행으로부터 차입한 금액(2006.12.30 본목개정)

나. 국가 및 지방자치단체(지방자치단체조합을 포함한다)로부터 차입한 금액

다. 법령에 의하여 설치된 기금으로부터 차입한 금액

라. 「외국인투자촉진법」 또는 「외국환거래법」에 의한 외화차입금(2005.2.19 본문개정)

마. 예금증서를 발행하거나 예금계좌를 통하여 일정한 이자지급 등의 대가를 조건으로 불특정 다수의 고객으로부터 받아 관리하고 운용하는 자금(2008.2.22 본문개정)

2. 내국법인이 한국은행총재가 정한 규정에 따라 기업구매자금대출에 의하여 차입한 금액

(2000.12.29 본항개정)

제54조 (2005.2.19 삭제)

제55조 【지급이자 손금불산입의 적용순위】 지급이자의 손금불산입에 관하여 법 제28조제1항 각 호의 규정이 동시에 적용되는 경우의 지급이자 손금불산입은 다음 각호의 순서에 의한다.(2006.2.9 본문개정)

1. 법 제28조제1항제1호의 규정에 의한 채권자가 불분명한 사채의 이자

2. 법 제28조제1항제2호의 규정에 의한 지급받은 자가 불분명한 채권·증권의 이자·할인액 또는 차익

3. (2005.2.19 삭제)

4. 법 제28조제1항제3호의 규정에 의한 건설자금에 충당한 차입금의 이자

5. (2006.2.9 삭제)

6. 제53조제2항의 규정에 의하여 계산한 지급이자

제4관 준비금 및 충당금의 손금산입

제56조 【고유목적사업준비금의 손금산입】 ① 법 제29조제1항 각 호 외의 부분에서 "대통령령으로 정하는 단체"란 다음 각 호의 어느 하나에 해당하는 단체를 말한다.(2019.2.12 본문개정)

1. 제39조제1항제1호에 해당하는 단체(2019.2.12 본호개정)

2. (2001.12.31 삭제)

3. 법령에 의하여 설치된 기금

4. 「공동주택관리법」 제2조제1항제1호가목에 따른 공동주택의 입주자대표회의·임차인대표회의 또는 이와 유사한 관리기구(2018.2.13 본호개정)

② 다음 각 호의 어느 하나에 해당하는 이자소득금액은 법 제29조제1항제1호가목의 금액으로 본다.(2019.2.12 본문개정)

1. 금융보험업을 영위하는 비영리내국법인이 한국표준산업분류상 금융보험업을 영위하는 법인의 계약기간이 3개월 이하인 금융상품(계약기간이 없는 요구불예금을 포함한다)에 자금을 예치함에 따라 발생하는 이자소득금액(2020.2.11 본호개정)

2. 제3조제1항제5호나목에 따른 사업을 영위하는 자가 자금을 운용함에 따라 발생하는 이자소득금액(2019.2.12 본호개정)

3. 「한국주택금융공사법」에 따른 주택금융신용보증기금이 동법 제43조의8제1항 및 제2항에 따른 보증료의 수입을 운용함에 따라 발생하는 이자소득금액(2008.2.22 본호개정)

③ 법 제29조제1항제2호에 따른 수익사업에서 발생한 소득은 해당 사업연도의 수익사업에서 발생한 소득금액(고유목적사업준비금과 법 제24조제2항제1호에 따른 기부금을 손금에 산입하기 전의 소득금액으로서 법 제66조제2항에 따른 경정으로 증가된 소득금액 중 제106조에 따라 해당 법인의 특수관계인에게 상여 및 기타소득으로 처분된 금액은 제외한다)에서 법 제29조제1항제1호에 따른 금액, 법 제13조제1항제1호에 따른 결손금(같은 항 각 호 외의 부분 단서에 따라 각 사업연

도 소득의 100분의 80을 이월결손금 공제한도로 적용받는 법인은 공제한도 적용으로 인해 공제받지 못하고 이월된 결손금을 차감한 금액을 말한다) 및 법 제24조제2항제1호에 따른 기부금을 뺀 금액으로 한다.(2023.2.28 본항개정)

④ (2004.3.22 삭제)

⑤ 법 제29조제1항 각 호 외의 부분에 따른 고유목적사업은 해당 비영리내국법인의 법령 또는 정관에 따른 설립목적을 직접 수행하는 사업으로서 제3조제1항에 따른 수익사업 외의 사업으로 한다.(2019.2.12 본항개정)

⑥ 법 제29조제1항부터 제5항까지의 규정을 적용할 때 다음 각 호의 금액은 고유목적사업에 지출 또는 사용한 금액으로 본다. 다만, 비영리내국법인이 유형자산 및 무형자산 취득 후 법령 또는 정관에 규정된 고유목적사업이나 보건업[보건업을 영위하는 비영리내국법인(이하 이 조에서 "의료법인"이라 한다)에 한정한다]에 3년 이상 자산을 직접 사용하지 아니하고 처분하는 경우에는 제1호 또는 제3호의 금액을 고유목적사업에 지출 또는 사용한 금액으로 보지 아니한다.(2019.2.12 본문개정)

1. 비영리내국법인이 해당 고유목적사업의 수행에 직접 소요되는 유형자산 및 무형자산 취득비용(제31조제2항에 따른 자본적 지출을 포함한다) 및 인건비 등 필요경비로 사용하는 금액(2019.2.12 본호개정)

2. 특별법에 따라 설립된 법인(해당 법인에 설치되어 운영되는 기금 중 「국세기본법」 제13조에 따라 법인으로 보는 단체를 포함한다)으로서 건강보험·연금관리·공제사업 및 제3조제1항제8호에 따른 사업을 영위하는 비영리내국법인이 손금으로 계상한 고유목적사업준비금을 법령에 의하여 기금 또는 준비금으로 적립한 금액(2019.2.12 본호개정)

3. 의료법인이 지출하는 다음 각 목의 어느 하나에 해당하는 금액(2018.2.13 본문개정)

가. 의료기기 등 기획재정부령으로 정하는 자산을 취득하기 위하여 지출하는 금액(2019.2.12 본목개정)

나. 「의료 해외진출 및 외국인환자 유치 지원에 관한 법률」 제2조제1호에 따른 의료 해외진출을 위하여 기획재정부령으로 정하는 용도로 지출하는 금액

다. 기획재정부령으로 정하는 연구개발사업을 위하여 지출하는 금액

(2017.2.3 본호개정)

4. 「농업협동조합법」에 따른 농업협동조합중앙회가 법 제29조제2항에 따라 계상한 고유목적사업준비금을 회원에게 무상으로 대여하는 금액(2019.2.12 본호개정)

5. 「농업협동조합법」에 의한 농업협동조합중앙회가 「농업협동조합의 구조개선에 관한 법률」에 의한 상호금융예금자보호기금에 출연하는 금액(2019.2.12 본호개정)

6. 「수산업협동조합법」에 의한 수산업협동조합중앙회가 「수산업협동조합의 부실예방 및 구조개선에 관한 법률」에 의한 상호금융예금자보호기금에 출연하는 금액(2020.8.19 본호개정)

7. 「신용협동조합법」에 의한 신용협동조합중앙회가 동법에 의한 신용협동조합예금자보호기금에 출연하는 금액

8. 「새마을금고법」에 의한 새마을금고연합회가 동법에 의한 예금자보호준비금에 출연하는 금액

9. 「산림조합법」에 의한 산림조합중앙회가 동법에 의한 상호금융예금자보호기금에 출연하는 금액

(2005.2.19 7호∼9호개정)

10. 「제주특별자치도 설치 및 국제자유도시 조성을 위한 특별법」 제166조에 따라 설립된 제주국제자유도시개발센터가 같은 법 제170조제1항제1호, 같은 항 제2호라목·마목(관련 토지의 취득·비축을 포함한다)

및 같은 항 제3호의 업무에 지출하는 금액(2016.1.22 본호개정)

⑦ 법 제29조제7항에서 "대통령령으로 정하는 바에 따라 계산한 이자상당액"이란 제1호의 금액에 제2의 율을 곱하여 계산한 금액을 말한다.(2019.2.12 본문개정)

1. 당해 고유목적사업준비금의 잔액을 손금에 산입한 사업연도에 그 잔액을 손금에 산입함에 따라 발생한 법인세액의 차액

2. 손금에 산입한 사업연도의 다음 사업연도의 개시일부터 익금에 산입한 사업연도의 종료일까지의 기간에 대하여 1일 10만분의 22의 율로(2022.2.15 본호개정)

⑧ 법 제29조제8항에서 "대통령령으로 정하는 경우"란 해당 비영리 내국법인의 수익사업에서 발생한 소득에 대하여 법 또는 「조세특례제한법」에 따른 비과세ㆍ면제, 준비금의 손금산입, 소득공제 또는 세액감면(세액공제를 제외한다)을 적용받는 경우를 말한다. 다만, 고유목적사업준비금만을 적용받는 것으로 수정신고한 경우는 제외한다.(2019.2.12 본문개정)

⑨ 법 제29조제1항의 규정을 적용받고자 하는 비영리 내국법인은 법 제60조의 규정에 의한 신고와 함께 기획재정부령이 정하는 고유목적사업준비금조정명세서를 납세지 관할세무서장에게 제출하여야 한다.(2008.2.29 본항개정)

⑩ 제6항제3호를 적용받으려는 의료법인은 손비로 계상한 고유목적사업준비금상당액을 기획재정부령으로 정하는 의료발전회계로 구분하여 경리하여야 한다. (2019.2.12 본항개정)

⑪ 해당 사업연도에 다음 각 호의 어느 하나에 해당하는 법인의 임원 및 직원이 지급받는 「소득세법」 제20조제1항 각 호의 소득의 금액의 합계액(이하 "총급여액"이라 하며, 해당 사업연도의 근로기간이 1년 미만인 경우에는 총급여액을 근로기간의 월수로 나눈 금액에 12를 곱하여 계산한 금액으로 한다. 이 경우 개월 수는 태양력에 따라 계산하되, 1개월 미만의 일수는 1개월로 한다)이 8천만원을 초과하는 경우 그 초과하는 금액은 제6항제1호에 따른 인건비로 보지 아니한다. 다만, 해당 법인이 해당 사업연도의 법 제60조에 따른 과세표준을 신고하기 전에 해당 임원 및 종업원의 인건비 지급규정에 대하여 주무관청으로부터 승인받은 경우에는 그러하지 아니하다.(2019.2.12 본문개정)

1. 법 제29조제1항제2호에 따라 수익사업에서 발생한 소득에 대하여 100분의 50을 곱한 금액을 초과하여 고유목적사업준비금으로 손금산입하는 비영리내국법인(2019.2.12 본호개정)

2. 「조세특례제한법」 제74조제1항제2호 및 제8호에 해당하여 수익사업에서 발생한 소득에 대하여 100분의 50을 곱한 금액을 초과하여 고유목적사업준비금으로 손금산입하는 비영리내국법인 (2012.2.2 본항신설)

⑫ 제11항 단서 또는 제13항에 따라 승인을 요청받은 주무관청은 해당 인건비 지급규정이 사회통념상 타당하다고 인정되는 경우 이를 승인하여야 한다. (2012.2.2 본항신설)

⑬ 제12항에 따라 인건비 지급규정을 승인받은 자는 승인받은 날부터 3년이 지날 때마다 다시 승인을 받아야 한다. 다만, 그 기간 내에 인건비 지급규정이 변경되는 경우에는 그 사유가 발생한 날이 속하는 사업연도의 법 제60조에 따른 과세표준 신고기한까지 다시 승인을 받아야 한다.(2012.2.2 본항신설)

⑭ 제12항에 따라 주무관청의 승인을 받은 법인은 법 제60조에 따른 신고를 할 때 인건비 지급규정 및 주무관청의 승인사실을 확인할 수 있는 서류를 납세지 관할세무서장에게 제출하여야 한다.(2012.2.2 본항신설)

제57조【책임준비금의 손금산입】 ① 법 제30조제1항에 따른 책임준비금은 다음 각 호의 금액을 합한 금액의 범위에서 해당 사업연도의 소득금액을 계산할 때 손금에 산입한다.(2021.1.5 본문개정)

1. 「수산업협동조합법」, 「무역보험법」, 「새마을금고법」, 「건설산업기본법」, 「중소기업협동조합법」 및 「신용협동조합법」에 따른 보험사업 또는 공제사업에 관한 약관에 따라 해당 사업연도종료일 현재 모든 보험계약이 해약될 경우 계약자 또는 수익자에게 지급하여야 할 환급액(해약공제액을 포함한다. 이하 이 조에서 "환급액"이라 한다)(2023.2.28 본호개정)

2. 해당 사업연도종료일 현재 보험사고가 발생했으나 아직 지급해야 할 보험금이 확정되지 않은 경우 그 손해액을 고려하여 추정한 보험금 상당액(손해사정, 보험대위 및 구상권 행사 시 소요될 것으로 예상되는 금액을 포함한다)(2021.1.5 본호개정)

3. 보험계약자에게 배당하기 위하여 적립한 배당준비금으로서 「수산업협동조합법」에 따른 공제사업의 경우에는 해양수산부장관이, 「새마을금고법」에 따른 공제사업의 경우에는 행정안전부장관이, 「신용협동조합법」에 따른 공제사업의 경우에는 금융감독원장이 기획재정부장관과 협의하여 승인한 금액(2023.9.26 본호개정)

② 제1항에 따라 손금에 산입한 금액 중 같은 항 제1호 및 제2호의 금액은 다음 사업연도의 소득금액을 계산할 때 익금에 산입하고, 같은 항 제3호의 금액은 보험계약자에게 배당할 때에 먼저 계상한 것부터 그 배당금과 순차로 상계하되 손금에 산입한 사업연도의 종료일 이후 3년이 되는 날까지 상계하고 남은 잔액이 있는 경우에는 그 3년이 되는 날이 속하는 사업연도의 소득금액을 계산할 때 익금에 산입한다.(2009.2.4 본항신설)

③ 법 제30조제2항에서 "3년이 되기 전에 해산 등 대통령령으로 정하는 사유"란 다음 각 호의 어느 하나에 해당하는 사유를 말한다.(2019.2.12 본문개정)

1. 해산. 다만, 합병 또는 분할에 따라 해산한 경우로서 보험사업을 영위하는 합병법인등이 그 잔액을 승계한 경우는 제외한다.(2010.6.8 단서개정)

2. 보험사업의 허가 취소 (2009.2.4 본항신설)

④ 합병법인등이 제3항제1호 단서에 따라 승계한 금액은 피합병법인등이 손금에 산입한 사업연도에 합병법인등이 손금에 산입한 것으로 본다.(2019.2.12 본항개정)

⑤ 법 제30조제3항에 따른 이자상당액은 제56조제7항을 준용해 계산한 금액으로 한다.(2019.2.12 본항신설)

⑥ 법 제30조제1항을 적용받으려는 내국법인은 법 제60조에 따른 신고와 함께 기획재정부령으로 정하는 책임준비금명세서를 납세지 관할세무서장에게 제출하여야 한다.(2019.2.12 본항개정)

(2019.2.12 본조제목개정)

제58조【비상위험준비금의 손금산입】 ① 법 제31조제1항에 따른 비상위험준비금(이하 이 조에서 "비상위험준비금"이라 한다)은 해당 사업연도의 보험종목(화재보험, 해상보험, 자동차보험, 특종보험, 보증보험, 해외수재 및 해외원보험을 말한다. 이하 이 조에서 같다)별 적립대상보험료의 합계액에 「보험업법 시행령」 제63조제4항에 따라 금융위원회가 정하는 보험종목별 적립기준율을 곱해 계산한 금액(이하 이 조에서 "보험종목별적립기준액"이라 한다)의 범위에서 손금에 산입한다.(2023.2.28 본항개정)

② 제1항에 따라 손금에 산입하는 비상위험준비금의 누적액은 해당 사업연도의 보험종목별 적립대상보험료의 합계액의 100분의 50(자동차보험의 경우에는 100분의 40, 보증보험의 경우에는 100분의 150)을 한도로 한다. (2023.2.28 본항개정)

③ 법 제31조제2항에서 "대통령령으로 정하는 바에 따라 계산한 금액"이란 보험종목별적립기준금액을 합한 금액의 100분의 90을 말한다.

④ 제1항 및 제2항에 따라 손비로 계상한 비상위험준비금의 처리 및 적립대상보험료의 계산방법은 「보험업법 시행령」 제63조제4항에 따라 금융위원회가 정하여 고시하는 바에 따른다.(2023.2.28 본항개정)

⑤ 법 제31조제1항을 적용받으려는 내국법인은 법 제60조에 따른 신고와 함께 기획재정부령으로 정하는 비상위험준비금명세서를 납세지 관할 세무서장에게 제출해야 한다.
(2019.2.12 본조신설)

제59조【해약환급금준비금의 손금산입】 ① 법 제32조제1항에서 "대통령령으로 정하는 바에 따라 계산한 금액"이란 「보험업법 시행령」 제65조제2항제3호에 따라 해약환급금준비금에 관하여 금융위원회가 정하여 고시하는 방법으로 계산한 금액을 말한다.

② 법 제32조제1항에 따라 손비로 계상한 해약환급금준비금의 처리에 필요한 사항은 「보험업법 시행령」 제65조제2항제3호에 따라 금융위원회가 정하여 고시하는 바에 따른다.

③ 법 제32조제1항을 적용받으려는 보험회사는 법 제60조에 따른 과세표준 신고를 할 때 기획재정부령으로 정하는 해약환급금준비금 명세서를 납세지 관할 세무서장에게 제출해야 한다.
(2023.2.28 본조신설)

제60조【퇴직급여충당금의 손금산입】 ① 법 제33조제1항에서 "대통령령으로 정하는 바에 따라 계산한 금액"이란 퇴직급여의 지급대상이 되는 임원 또는 직원(확정기여형 퇴직연금등이 설정된 자는 제외한다. 이하 이 조에서 같다)에게 해당 사업연도에 지급한 총 급여액(제44조제4항제2호에 따른 총급여액을 말한다)의 100분의 5에 상당하는 금액을 말한다.(2019.2.12 본항개정)

② 제1항에 따라 손금에 산입하는 퇴직급여충당금의 누적액은 해당 사업연도 종료일 현재 재직하는 임원 또는 직원의 전원이 퇴직할 경우에 퇴직급여로 지급하여야 할 금액의 추계액과 제44조의2제4항제1호의2 각 목의 금액을 더한 금액 중 큰 금액(제44조에 따라 손금에 산입하지 아니하는 금액은 제외한다)에 다음 각 호의 비율을 곱한 금액을 한도로 한다.(2019.2.12 본문개정)

1. 2010년 1월 1일부터 2010년 12월 31일까지의 기간 중에 개시하는 사업연도 : 100분의 30
2. 2011년 1월 1일부터 2011년 12월 31일까지의 기간 중에 개시하는 사업연도 : 100분의 25
3. 2012년 1월 1일부터 2012년 12월 31일까지의 기간 중에 개시하는 사업연도 : 100분의 20
4. 2013년 1월 1일부터 2013년 12월 31일까지의 기간 중에 개시하는 사업연도 : 100분의 15
5. 2014년 1월 1일부터 2014년 12월 31일까지의 기간 중에 개시하는 사업연도 : 100분의 10
6. 2015년 1월 1일부터 2015년 12월 31일까지의 기간 중에 개시하는 사업연도 : 100분의 5
7. 2016년 1월 1일 이후 개시하는 사업연도 : 100분의 0
(2010.12.30 1호~7호신설)

③ 제2항 각 호의 한도 내에서 손금에 산입한 퇴직급여충당금의 누적액에서 퇴직급여충당금을 손금에 산입한 사업연도의 다음 사업연도에 당 임원 또는 직원에게 지급한 퇴직금을 뺀 금액이 제2항에 따른 추계액에 같은 항 각 호의 비율을 곱한 금액을 초과하는 경우 그 초과한 금액은 익금으로 환입하지 아니한다.(2019.2.12 본항개정)

④ 내국법인이 「국민연금법」에 의한 퇴직금전환금으로 계상한 금액은 제2항의 규정에 불구하고 이를 손금에

산입하는 퇴직급여충당금의 누적액의 한도액에 가산한다.(2005.2.19 본항개정)

⑤ 법 제33조제1항의 규정을 적용받고자 하는 내국법인은 법 제60조의 규정에 의한 신고와 함께 기획재정부령이 정하는 퇴직급여충당금조정명세서를 납세지 관할세무서장에게 제출하여야 한다.(2008.2.29 본항개정)

제61조【대손충당금의 손금산입】 ① 법 제34조제1항에 따른 외상매출금·대여금 및 그 밖에 이에 준하는 채권은 다음 각 호의 구분에 따른 것으로 한다.
(2019.2.12 본문개정)

1. 외상매출금 : 상품·제품의 판매가액의 미수액과 가공료·용역 등의 제공에 의한 사업수입금액의 미수액
2. 대여금 : 금전소비대차계약 등에 의하여 타인에게 대여한 금액
3. 그 밖에 이에 준하는 채권 : 어음상의 채권·미수금, 그 밖에 기업회계기준에 따라 대손충당금 설정대상이 되는 채권(제88조제1항제1호에 따른 시가초과액에 상당하는 채권은 제외한다)(2019.2.12 본호개정)

② 법 제34조제1항에서 "대통령령으로 정하는 바에 따라 계산한 금액"이란 해당 사업연도종료일 현재의 제1항에 따른 외상매출금·대여금, 그 밖에 이에 준하는 채권의 장부가액의 합계액(이하 이 조에서 "채권잔액"이라 한다)의 100분의 1에 상당하는 금액과 채권잔액에 대손실적률을 곱하여 계산한 금액 중 큰 금액을 말한다. 다만, 다음 각 호의 어느 하나에 해당하는 금융회사 등 중 제1호부터 제4호까지, 제6호부터 제17호까지, 제17호의2 및 제24호의 금융회사 등의 경우에는 금융위원회(제24호의 경우에는 행정안전부를 말한다)가 기획재정부장관과 협의하여 정하는 대손충당금적립기준에 따라 적립하여야 하는 금액, 채권잔액의 100분의 1에 상당하는 금액 또는 채권잔액에 대손실적률을 곱하여 계산한 금액 중 큰 금액으로 한다.(2021.2.17 단서개정)

1. 「은행법」에 의한 인가를 받아 설립된 은행 (2010.11.15 본호개정)
2. 「한국산업은행법」에 의한 한국산업은행
3. 「중소기업은행법」에 의한 중소기업은행
4. 「한국수출입은행법」에 의한 한국수출입은행
5. (2014.12.30 삭제)
6. 「농업협동조합법」에 따른 농업협동조합중앙회(같은 법 제134조제1항제4호의 사업에 한정한다) 및 농협은행(2012.2.2 본호개정)
7. 「수산업협동조합법」에 따른 수산업협동조합중앙회 (같은 법 제138조제1항제4호 및 제5호의 사업에 한정한다) 및 수협은행(2017.2.3 본호개정)
8. 「자본시장과 금융투자업에 관한 법률」에 따른 투자매매업자 및 투자중개업자(2009.2.4 본호개정)
9. 「자본시장과 금융투자업에 관한 법률」에 따른 종합금융회사(2009.2.4 본호개정)
10. 「상호저축은행법」에 의한 상호저축은행중앙회(지급준비예탁금에 한한다) 및 상호저축은행
11. 보험회사(2023.2.28 본호개정)
12. 「자본시장과 금융투자업에 관한 법률」에 따른 신탁업자(2009.2.4 본호개정)
13. 「여신전문금융업법」에 따른 여신전문금융회사 (2009.2.4 본호개정)
14. 「산림조합법」에 따른 산림조합중앙회(같은 법 제108조제1항제4호, 제4호 및 제5호의 사업으로 한정한다)(2021.2.17 본호개정)
15. 「한국주택금융공사법」에 따른 한국주택금융공사
16. 「자본시장과 금융투자업에 관한 법률」에 따른 자금중개회사
17. 「금융지주회사법」에 따른 금융지주회사 (2009.2.4 15호~17호개정)

17의2. 「신용협동조합법」에 따른 신용협동조합중앙회
(같은 법 제78조제1항제5호·제6호 및 제78조의2제1
항의 사업에 한정한다)(2016.2.12 본호신설)
18. 「신용보증기금법」에 따른 신용보증기금
(2009.2.4 본호개정)
19. 「기술보증기금법」에 따른 기술보증기금
(2016.5.31 본호개정)
20. 「농림수산업자 신용보증법」에 따른 농림수산업자
신용보증기금(2009.2.4 본호개정)
21. 「한국주택금융공사법」에 따른 주택금융신용보증기
금(2009.2.4 본호개정)
22. 「무역보험법」에 따른 한국무역보험공사
(2010.6.28 본호개정)
23. 「지역신용보증재단법」에 따른 신용보증재단
(2009.2.4 본호개정)
24. 「새마을금고법」에 따른 새마을금고중앙회(같은 법
제67조제1항제5호 및 제6호의 사업으로 한정한다)
(2021.2.17 본호개정)
25. 「벤처투자 촉진에 관한 법률」 제2조제10호에 따른
벤처투자회사(2023.12.19 본호개정)
26. 「예금자보호법」에 따른 예금보험공사 및 정리금융
회사(2016.3.11 본호개정)
27. 「자산유동화에 관한 법률」에 따른 유동화전문회사
(2009.2.4 본호개정)
28. 「대부업 등의 등록 및 금융이용자 보호에 관한 법률」
에 따라 대부업자로 등록한 법인(2016.7.6 본호개정)
29. 「산업재해보상보험법」에 따른 근로복지공단(근로
자 신용보증 지원사업에서 발생한 구상채권에 한정한
다)(2009.2.4 본호신설)
30. 「한국자산관리공사 설립 등에 관한 법률」에 따른
한국자산관리공사(부실채권정리기금을 포함한다)
(2022.2.17 본호개정)
31. 「농업협동조합의 구조개선에 관한 법률」에 따른 농
업협동조합자산관리회사(2009.2.4 본호개정)
32.~38. (2009.2.4 삭제)
(2005.2.19 본항개정)
③ 제2항에 따른 대손실적률은 다음 산식에 따라 계산
한 비율로 한다.

$$\text{대손실적률} = \frac{\text{해당 사업연도의 법 제19조의2제1항에 따른 대손금}}{\text{직전 사업연도 종료일 현재의 채권가액}}$$

(2009.2.4 본항개정)
④ 법 제34조제1항에 따른 대손충당금의 손금산입 범
위액을 계산할 때에는 제19조의2제5항에 따른 대손금
과 관련하여 계상된 대손충당금은 제외한다.
(2010.2.18 본항신설)
⑤ 법 제34조제1항의 규정을 적용받고자 하는 내국법인
은 법 제60조의 규정에 의한 신고와 함께 기획재정부령
이 정하는 대손충당금및대손금조정명세서를 납세지 관
할세무서장에게 제출하여야 한다.(2008.2.29 본항개정)
제62조 (2009.2.4 삭제)
제63조 【구상채권상각충당금의 손금산입】 ① 법 제
35조제1항에서 "대통령령으로 정하는 법인"이란 다음
각 호의 어느 하나에 해당하는 법인을 말한다.
(2010.12.30 본문개정)
1. 제61조제2항제18호부터 제23호까지 및 제29호의 법
인(2009.2.4 본호개정)
2. 「주택도시기금법」에 따른 주택도시보증공사
(2015.6.30 본호개정)
3. 「사회기반시설에 대한 민간투자법」에 의한 산업기
반신용보증기금(2005.3.8 본호개정)
4. 「지역신용보증재단법」 제35조에 따른 신용보증재단
중앙회(2012.2.2 본호개정)

4의2. 「서민의 금융생활 지원에 관한 법률」 제3조에 따
른 서민금융진흥원(2017.2.3 본호신설)
5. 「엔지니어링산업 진흥법」에 따른 엔지니어링공제조
합(2011.1.17 본호개정)
6. 「소프트웨어 진흥법」에 의한 소프트웨어공제조합
(2020.12.8 본호개정)
7. 「방문판매 등에 관한 법률」에 의한 공제조합
8. 「한국주택금융공사법」에 의한 한국주택금융공사
(2005.2.19 7호~8호개정)
9. 「건설산업기본법」에 따른 공제조합
10. 「전기공사공제조합법」에 따른 전기공사공제조합
11. 「산업발전법」에 따른 자본재공제조합
(2008.2.22 9호~11호신설)
12. 「소방산업의 진흥에 관한 법률」에 따른 소방산업공
제조합(2010.2.18 본호신설)
13. 「정보통신공사업법」에 따른 정보통신공제조합
(2010.12.30 본호신설)
14. 「건축사법」에 따른 건축사공제조합(2016.2.12 본호
개정)
15. 「건설기술 진흥법」 제74조에 따른 공제조합
16. 「콘텐츠산업 진흥법」 제20조의2에 따른 콘텐츠공
제조합
(2016.2.12 15호~16호신설)
② 법 제35조제2항에서 "대통령령으로 정하는 법인"이
란 제1항제2호에 해당하는 법인을 말한다.
(2010.12.30 본항신설)
③ 법 제35조제1항 및 제2항에서 "대통령령으로 정하
는 바에 따라 계산한 금액"이란 해당 사업연도종료일
현재의 신용보증사업과 관련된 신용보증잔액에 100분
의 1과 구상채권발생률(직전 사업연도종료일 현재의
신용보증잔액 중 해당 사업연도에 발생한 구상채권의
비율을 말한다) 중 낮은 비율을 곱하여 계산한 금액을
말한다.(2012.2.2 본항개정)
④ 법 제35조제3항에서 "대통령령으로 정하는 대손금"
이란 다음 각 호의 어느 하나에 해당하는 구상채권에
서 발생한 대손금을 말한다.(2010.12.30 본문개정)
1. 제19조의2제1항 각 호의 어느 하나에 해당하는 구상
채권(2009.2.4 본호개정)
2. 당해 법인의 설립에 관한 법률에 의한 운영위원회
(농림수산업자신용보증기금의 경우에는 농림수산업
자신용보증심의회, 신용보증재단의 경우에는 「지역신
용보증재단법」 제35조에 따른 신용보증재단중앙회, 주
택도시보증공사 및 근로복지공단의 경우에는 이사회
를 말한다)가 기획재정부장관과 협의하여 정한 기준
에 해당한다고 인정한 구상채권(2015.6.30 본호개정)
⑤ 법 제35조제1항의 규정을 적용받고자 하는 내국법
인은 법 제60조의 규정에 의한 신고와 함께 기획재정부
령이 정하는 구상채권상각충당금조정명세서를 납세지 관
할세무서장에게 제출하여야 한다.(2008.2.29 본항개정)
제64조 【국고보조금 등의 손금산입】 ① 법 제36조제1
항에서 "대통령령으로 정하는 사업용자산"이란 사업용
유형자산 및 무형자산과 석유류를 말한다.(2019.2.12 본
항개정)
② 법 제36조제1항에 따라 손금에 산입하는 금액은 개
별사업용자산별로 해당 사업용자산의 가액중 그 취득
또는 개량에 사용된 「보조금 관리에 관한 법률」, 「지방
자치단체 보조금 관리에 관한 법률」 또는 제6항 각 호
의 어느 하나에 해당하는 법률에 따른 보조금등(이하
이 조에서 "국고보조금등"이라 한다)에 상당하는 금액
으로 한다. 이 경우 사업용자산을 취득하거나 개량한
후 국고보조금등을 지급받았을 때에는 지급일이 속한
사업연도 이전 사업연도에 이미 손금에 산입한 감가상
각비에 상당하는 금액은 손금에 산입하는 금액에서 제
외한다.(2021.7.13 전단개정)

③ 제2항의 규정에 의하여 손금에 산입하는 금액은 당해 사업용자산별로 다음 각호의 구분에 따라 일시상각충당금 또는 압축기장충당금으로 계상하여야 한다.
1. 감가상각자산 : 일시상각충당금
2. 제1호외의 자산 : 압축기장충당금
④ 제3항에 따라 손비로 계상한 일시상각충당금과 압축기장충당금은 다음 각 호의 어느 하나에 해당하는 방법으로 익금에 산입한다.(2019.2.12 본문개정)
1. 일시상각충당금은 해당 사업용자산의 감가상각비(취득가액 중 해당 일시상각충당금에 상당하는 부분에 대한 것에 한한다)와 상계할 것. 다만, 해당 자산을 처분하는 경우에는 상계하고 남은 잔액을 그 처분한 날이 속하는 사업연도에 전액 익금에 산입한다.(2019.2.12 본호개정)
2. 압축기장충당금은 당해 사업용자산을 처분하는 사업연도에 이를 전액 익금에 산입할 것
⑤ 제4항을 적용할 때 해당 사업용자산의 일부를 처분하는 경우의 익금산입액은 해당 사업용자산의 가액 중 일시상각충당금 또는 압축기장충당금이 차지하는 비율로 안분계산한 금액에 의한다.(2019.2.12 본항개정)
⑥ 법 제36조제1항에서 "대통령령으로 정하는 법률"이란 다음 각 호의 법률을 말한다.(2020.2.11 본문개정)
1. 「농어촌 전기공급사업 촉진법」(2006.2.9 본호개정)
2. 「전기사업법」(2005.2.19 본호개정)
3. 「사회기반시설에 대한 민간투자법」(2005.3.8 본호개정)
4. 「한국철도공사법」(2005.2.19 본호신설)
5. 「농어촌정비법」(2006.2.9 본호신설)
6. 「도시 및 주거환경정비법」(2006.2.9 본호신설)
7. 「산업재해보상보험법」(2020.2.11 본호신설)
8. 「환경정책기본법」(2020.2.11 본호신설)
⑦ 법 제36조제2항 후단에서 "대통령령으로 정하는 사유"란 다음 각 호의 어느 하나에 해당하는 경우를 말한다.
1. 공사의 허가 또는 인가 등이 지연되는 경우
2. 공사를 시행할 장소의 미확정 등으로 공사기간이 연장되는 경우
3. 용지의 보상 등에 관한 소송이 진행되는 경우
4. 그 밖에 제1호부터 제3호까지의 규정에 준하는 사유가 발생한 경우
(2008.2.22 본항신설)
⑧ 법 제36조제1항 및 제2항의 규정의 적용을 받고자 하는 내국법인은 법 제60조의 규정에 의한 신고와 함께 기획재정부령이 정하는 국고보조금등상당액 손금산입조정명세서(국고보조금등사용계획서)를 납세지 관할세무서장에게 제출하여야 한다.(2008.2.29 본항개정)
제65조【공사부담금의 손금산입】① 법 제37조제1항제5호에서 "대통령령으로 정하는 것"이란 다음 각호의 1에 해당하는 사업을 말한다.(2011.6.3 본문개정)
1. 「지능정보화 기본법」에 따른 초연결지능정보통신기반구축사업(2020.12.8 본호개정)
2. 「수도법」에 의한 수도사업(2005.2.19 본호개정)
② 법 제37조제1항에 따라 손금에 산입하는 금액은 개별사업용자산별로 해당 자산가액에 상당하는 금액(공사부담금을 제공받아 자산을 취득하는 경우에는 그 취득에 사용된 공사부담금에 상당하는 금액을 말한다)으로 한다. 이 경우 자산을 취득한 후 공사부담금을 지급받은 때에는 지급일이 속한 사업연도 이전 사업연도에 이미 손금에 산입한 감가상각비에 상당하는 금액은 손금에 산입하는 금액에서 제외한다.(2019.2.12 본항개정)
③ 제2항에 따른 자산가액에 상당하는 금액의 손금산입 및 익금산입에 관해서는 제64조제3항부터 제5항까지 및 제7항을 준용한다.(2019.2.12 본항개정)
④ (2008.2.22 삭제)

⑤ 법 제37조제1항 및 제2항의 규정을 적용받고자 하는 내국법인은 법 제60조의 규정에 의한 신고와 함께 기획재정부령이 정하는 공사부담금상당액 손금산입조정명세서(공사부담금사용계획서)를 납세지 관할세무서장에게 제출하여야 한다.(2008.2.29 본항개정)
제66조【보험차익의 손금산입】① 법 제38조제1항에 따른 같은 종류의 자산은 멸실한 보험대상자산을 대체하여 취득한 유형자산으로서 그 용도나 목적이 멸실한 보험대상자산과 같은 것으로 한다.(2019.2.12 본항개정)
② 법 제38조제1항에 따라 손금에 산입하는 금액은 개별보험대상자산별로 해당 자산의 가액 중 그 취득 또는 개량에 사용된 보험차익에 상당하는 금액으로 한다. 이 경우 해당 보험대상자산의 가액이 지급받은 보험금에 미달하는 경우에는 보험금중 보험차익외의 금액을 먼저 사용한 것으로 본다.(2019.2.12 본항개정)
③ 제64조제3항제1호·제4항제1호 및 제5항의 규정은 제2항의 규정에 의한 보험차익에 상당하는 금액의 손금산입 및 익금산입에 관하여 이를 준용한다.
④ 법 제38조제1항 및 제2항의 규정을 적용받고자 하는 내국법인은 법 제60조의 규정에 의한 신고와 함께 기획재정부령이 정하는 보험차익상당액 손금산입조정명세서(보험차익사용계획서)를 납세지 관할세무서장에게 제출하여야 한다.(2008.2.29 본항개정)
제67조 (2001.12.31 삭제)

제5관 손익의 귀속시기 등

제68조【자산의 판매손익 등의 귀속사업연도】① 법 제40조제1항 및 제2항을 적용할 때 자산의 양도 등으로 인한 익금 및 손금의 귀속사업연도는 다음 각 호의 날이 속하는 사업연도로 한다.(2017.2.3 본문개정)
1. 상품(부동산을 제외한다)·제품 또는 기타의 생산품(이하 이 조에서 "상품등"이라 한다)의 판매 : 그 상품등을 인도한 날
2. 상품 등의 시용판매 : 상대방이 그 상품 등에 대한 구입의 의사를 표시한 날. 다만, 일정기간내에 반송하거나 거절의 의사를 표시하지 아니하면 특약 등에 의하여 그 판매가 확정되는 경우에는 그 기간의 만료일로 한다.
3. 상품 등외의 자산의 양도 : 그 대금을 청산한 날(「한국은행법」에 따른 한국은행이 취득하여 보유 중인 외화증권 등 외화표시자산을 양도하거나 외화로 받은 대금(이하 이 호에서 "외화대금"이라 한다)으로서 원화로 전환하지 아니한 그 취득원금에 상당하는 금액의 환율변동분은 한국은행이 정하는 방식에 따라 해당 외화대금을 매각하여 원화로 전환한 날). 다만, 대금을 청산하기 전에 소유권 등의 이전등기(등록을 포함한다)를 하거나 당해 자산을 인도하거나 상대방이 당해 자산을 사용수익하는 경우에는 그 이전등기일(등록일을 포함한다)·인도일 또는 사용수익일중 빠른 날로 한다.(2007.2.28 본문개정)
4. 자산의 위탁매매 : 수탁자가 그 위탁자산을 매매한 날
5. 「자본시장과 금융투자업에 관한 법률」 제8조의2제4항제1호에 따른 증권시장에서 같은 법 제393조제1항에 따른 증권시장업무규정에 따라 보통거래방식으로 한 유가증권의 매매 : 매매계약을 체결한 날(2017.2.3 본호개정)
② 법인이 장기할부조건으로 자산을 판매하거나 양도한 경우로서 판매 또는 양도한 자산의 인도일(제1항제3호에 해당하는 자산은 같은 호 단서에 규정된 날을 말한다. 이하 이 조에서 같다)이 속하는 사업연도의 결산을 확정함에 있어서 해당 사업연도에 회수하였거나 회수할 금액과 이에 대응하는 비용을 각각 수익과 비용으로 계상한 경우에는 제1항제1호 및 제3호에도 불구

하고 그 장기할부조건에 따라 각 사업연도에 회수하였거나 회수할 금액과 이에 대응하는 비용을 각각 해당 사업연도의 익금과 손금에 산입한다. 다만, 중소기업인 법인이 장기할부조건으로 자산을 판매하거나 양도한 경우에는 그 장기할부조건에 따라 각 사업연도에 회수하였거나 회수할 금액과 이에 대응하는 비용을 각각 해당 사업연도의 익금과 손금에 산입할 수 있다. (2010.12.30 본항개정)

③ 제2항을 적용할 때 인도일 이전에 회수하였거나 회수할 금액은 인도일에 회수한 것으로 보며, 법인이 장기할부기간 중에 폐업한 경우에는 그 폐업일 현재 익금에 산입하지 아니한 금액과 이에 대응하는 비용을 폐업일이 속하는 사업연도의 익금과 손금에 각각 산입한다.(2010.12.30 본항개정)

④ 제2항에서 "장기할부조건"이라 함은 자산의 판매 또는 양도(국외거래에 있어서는 소유권이전 조건부 약정에 의한 자산의 임대를 포함한다)로서 판매금액 또는 수입금액을 월부·연부 기타의 지불방법에 따라 2회 이상으로 분할하여 수입하는 것중 당해 목적물의 인도일의 다음날부터 최종의 할부금의 지급기일까지의 기간이 1년 이상인 것을 말한다.

⑤ 제1항의 규정을 적용함에 있어서 법인이 매출할인을 하는 경우 그 매출할인금액은 상대방과의 약정에 의한 지급기일(그 지급기일이 정하여 있지 아니한 경우에는 지급한 날)이 속하는 사업연도의 매출액에서 차감한다.

⑥ 법인이 제4항에 따른 장기할부조건 등에 의하여 자산을 판매하거나 양도함으로써 발생한 채권에 대하여 기업회계기준이 정하는 바에 따라 현재가치로 평가하여 현재가치할인차금을 계상한 경우 해당 현재가치할인차금상당액은 해당 채권의 회수기간동안 기업회계기준이 정하는 바에 따라 환입하였거나 환입할 금액을 각 사업연도의 익금에 산입한다.(2010.12.30 본항개정)

⑦ 제1항제1호의 규정에 의한 인도된 날의 범위에 관하여 필요한 사항은 기획재정부령으로 정한다. (2008.2.29 본항개정)

제69조 【용역제공 등에 의한 손익의 귀속사업연도】 ① 법 제40조제1항 및 제2항을 적용함에 있어서 건설·제조 기타 용역(도급공사 및 예약매출을 포함한다)이 조에서 "건설 등"이라 한다)의 제공으로 인한 익금과 손금은 그 목적물의 건설등의 착수일이 속하는 사업연도부터 그 목적물의 인도일(용역제공의 경우에는 그 제공을 완료한 날을 말한다. 이하 이 조에서 같다)이 속하는 사업연도까지 기획재정부령으로 정하는 바에 따라 그 목적물의 건설등을 완료한 정도(이하 이 조에서 "작업진행률"이라 한다)를 기준으로 하여 계산한 수익과 비용을 각각 해당 사업연도의 익금과 손금에 산입한다. 다만, 다음 각 호의 어느 하나에 해당하는 경우에는 그 목적물의 인도일이 속하는 사업연도의 익금과 손금에 산입할 수 있다.(2013.2.15 본문개정)
1. 중소기업인 법인이 수행하는 계약기간이 1년 미만인 건설등의 경우
2. 기업회계기준에 따라 그 목적물의 인도일이 속하는 사업연도의 수익과 비용으로 계상한 경우 (2012.2.2 1호~2호신설)

② 제1항을 적용할 때 작업진행률을 계산할 수 없다고 인정되는 경우로서 기획재정부령으로 정하는 경우에는 그 목적물의 인도일이 속하는 사업연도의 익금과 손금에 각각 산입한다.(2023.2.28 본항개정)

③ 제1항을 적용할 때 작업진행률에 의한 익금 또는 손금이 공사계약의 해약으로 인하여 확정된 금액과 차액이 발생된 경우에는 그 차액을 해약일이 속하는 사업연도의 익금 또는 손금에 산입한다.(2012.2.2 본항신설)

제70조 【이자소득 등의 귀속사업연도】 ① 법 제40조제1항 및 제2항을 적용할 때 이자 등의 익금과 손금의 귀속사업연도는 다음 각 호의 구분에 따른다.
1. 법인이 수입하는 이자 및 할인액 : 「소득세법 시행령」 제45조에 따른 수입시기에 해당하는 날(한국표준산업분류상 금융보험업을 영위하는 법인의 경우에는 실제로 수입된 날로 하되, 선수입이자 및 할인액은 제외한다)이 속하는 사업연도. 다만, 결산을 확정할 때 이미 경과한 기간에 대응하는 이자 및 할인액(법 제73조 및 제73조의2에 따라 원천징수되는 이자 및 할인액은 제외한다)을 해당 사업연도의 수익으로 계상한 경우에는 그 계상한 사업연도의 익금으로 한다.
2. 법인이 지급하는 이자 및 할인액 : 「소득세법 시행령」 제45조에 따른 수입시기에 해당하는 사업연도. 다만, 결산을 확정할 때 이미 경과한 기간에 대응하는 이자 및 할인액(차입일부터 이자지급일이 1년을 초과하는 특수관계인과의 거래에 따른 이자 및 할인액은 제외한다)을 해당 사업연도의 손비로 계상한 경우에는 그 계상한 사업연도의 손금으로 한다. (2021.2.17 단서개정)
(2019.2.12 본항개정)

② 법 제40조제1항 및 제2항을 적용할 때 법인이 수입하는 배당금은 「소득세법 시행령」 제46조에 따른 수입시기에 해당하는 날이 속하는 사업연도의 익금에 산입한다. 다만, 제61조제2항 각 호의 금융회사 등이 금융채무불이행자의 신용회복 지원과 채권의 공동추심을 위하여 공동으로 출자하여 설립한 「자산유동화에 관한 법률」에 따른 유동화전문회사로부터 수입하는 배당금은 실제로 지급받은 날이 속하는 사업연도의 익금에 산입한다.(2010.2.18 본항개정)

③ 법 제40조제1항 및 제2항을 적용할 때 한국표준산업분류상 금융보험업을 영위하는 법인이 수입하는 보험료·부금·보증료 또는 수수료(이하 이 항에서 "보험료 등"이라 한다)의 귀속사업연도는 그 보험료등이 실제로 수입된 날이 속하는 사업연도로 하되, 선수입보험료등(제63조제2항에 해당하는 법인이 결산을 확정할 때 부채로 계상한 미경과보험료적립금을 포함한다)을 제외한다. 다만, 결산을 확정함에 있어서 이미 경과한 기간에 대응하는 보험료상당액 등을 해당 사업연도의 수익으로 계상한 경우(제63조제2항에 해당하는 법인이 결산을 확정할 때 미경과보험료적립금의 환입액을 수익으로 계상한 경우를 포함한다)에는 그 계상한 사업연도의 익금으로 하고, 「자본시장과 금융투자업에 관한 법률」에 따른 투자매매업자 또는 투자중개업자가 정형화된 거래방식으로 같은 법 제4조에 따른 증권(이하 이 조에서 "증권"이라 한다)을 매매하는 경우 그 수수료의 귀속사업연도는 매매계약이 체결된 날이 속하는 사업연도로 한다.(2010.12.30 본항개정)

④ 투자회사등이 결산을 확정할 때 증권 등의 투자와 관련된 수익중 이미 경과한 기간에 대응하는 이자 및 할인액과 배당소득을 해당 사업연도의 수익으로 계상한 경우에는 제1항 및 제2항의 규정에 불구하고 그 계상한 사업연도의 익금으로 한다.(2009.12.31 본항개정)

⑤ 「자본시장과 금융투자업에 관한 법률」에 따른 신탁업자가 운용하는 신탁재산(같은 법에 따른 투자신탁재산은 제외한다. 이하 제111조 및 제113조에서 같다)에 귀속되는 법 제73조제1항 각 호의 소득금액의 귀속사업연도는 제1항 및 제2항에도 불구하고 제111조제6항에 따른 원천징수일이 속하는 사업연도로 한다. (2009.12.31 본항개정)

⑥ 제1항 및 제3항에도 불구하고 보험회사가 보험계약과 관련하여 수입하거나 지급하는 이자·할인액 및 보험료등으로서 「보험업법」 제120조에 따른 책임준비금 산출에 반영되는 항목은 보험감독회계기준에 따라 수

익 또는 손비로 계상한 사업연도의 익금 또는 손금으로 한다.(2023.2.28 본항신설)

제71조【임대료 등 기타 손익의 귀속사업연도】 ① 법 제40조제1항 및 제2항의 규정을 적용함에 있어 자산의 임대로 인한 익금과 손금의 귀속사업연도는 다음 각호의 날이 속하는 사업연도로 한다. 다만, 결산을 확정함에 있어서 이미 경과한 기간에 대응하는 임대료상당액과 이에 대응하는 비용을 당해 사업연도의 수익과 손비로 계상한 경우 및 임대료 지급기간이 1년을 초과하는 경우 이미 경과한 기간에 대응하는 임대료 상당액과 비용은 이를 각각 당해 사업연도의 익금과 손금으로 한다.(2001.12.31 단서개정)
1. 계약 등에 의하여 임대료의 지급일이 정하여진 경우에는 그 지급일
2. 계약 등에 의하여 임대료의 지급일이 정하여지지 아니한 경우에는 그 지급을 받은 날
② 법 제40조제1항 및 제2항의 규정을 적용함에 있어서 「소득세법」 제162조 및 「부가가치세법」 제36조제4항을 적용받는 업종을 영위하는 법인이 금전등록기를 설치·사용하는 경우 그 수입하는 물품대금과 용역대가의 귀속사업연도는 그 금액이 실제로 수입된 사업연도로 할 수 있다.(2013.6.28 본항개정)
③ 법 제40조제1항 및 제2항의 규정을 적용함에 있어서 법인이 사채를 발행하는 경우에 상환할 사채금액의 합계액에서 사채발행가액(사채발행수수료와 사채발행을 위하여 직접 필수적으로 지출된 비용을 차감한 후의 가액을 말한다)의 합계액을 공제한 금액(이하 이 항에서 "사채할인발행차금"이라 한다)은 기업회계기준에 의한 사채할인발행차금의 상각방법에 따라 이를 손금에 산입한다.(2001.12.31 본항신설)
④ 법 제40조제1항 및 제2항의 규정을 적용할 때 「자산유동화에 관한 법률」 제13조에 따른 방법에 의하여 보유자산을 양도하는 경우 및 매출채권 또는 받을어음을 배서양도하는 경우에는 기업회계기준에 의한 손익인식방법에 따라 관련 손익의 귀속사업연도를 정한다. (2012.2.2 본항개정)
⑤ 법 제40조제1항 및 제2항을 적용할 때 법인이 제24조제1항제2호바목에 따른 개발비로 계상하였으나 해당 제품의 판매 또는 사용이 가능한 시점이 도래하기 전에 개발을 취소한 경우에는 다음 각 호의 요건을 모두 충족하는 날이 속하는 사업연도의 손금에 산입한다.
1. 해당 개발로부터 상업적인 생산 또는 사용을 위한 해당 재료·장치·제품·공정·시스템 또는 용역을 개선한 결과를 식별할 수 없을 것
2. 해당 개발비를 전액 손비로 계상하였을 것
  (2019.2.12 본호개정)
(2012.2.2 본항신설)
⑥ 법 제40조제1항 및 제2항을 적용할 때 계약의 목적물을 인도하지 아니하고 목적물의 가액변동에 따른 차액을 금전으로 정산하는 파생상품의 거래로 인한 손익은 그 거래에서 정하는 대금결제일이 속하는 사업연도의 익금과 손금으로 한다.(2012.2.2 본항신설)
⑦ 법 제40조제1항 및 제2항을 적용할 때 법(제43조를 제외한다)·「조세특례제한법」 및 이 영에서 규정한 것 외의 익금과 손금의 귀속사업연도에 관하여는 기획재정부령으로 정한다.(2012.2.2 본항개정)

제72조【자산의 취득가액 등】 ① 법 제41조제1항제1호에서 "대통령령으로 정하는 금융자산"이란 기업회계기준에 따른 단기매매항목으로 분류된 금융자산 및 파생상품(이하 이 조에서 "단기금융자산등"이라 한다)을 말한다.(2010.12.30 본항신설)
② 법 제41조제1항 및 제2항에 따른 자산의 취득가액은 다음 각 호의 금액으로 한다.(2009.2.4 본문개정)
1. 타인으로부터 매입한 자산 : 매입가액에 취득세(농어

촌특별세와 지방교육세를 포함한다), 등록면허세, 그 밖의 부대비용을 가산한 금액[법인이 토지와 그 토지에 정착된 건물 및 그 밖의 구축물 등(이하 이 호에서 "건물등"이라 한다)을 함께 취득하여 토지의 가액과 건물등의 가액의 구분이 불분명한 경우 법 제52조제2항에 따른 시가에 비례하여 안분계산한다](2018.2.13 본호개정)
1의2. 내국법인이 외국자회사를 인수하여 취득한 주식등으로서 그 주식등의 취득에 따라 내국법인이 외국자회사로부터 받은 법 제18조의4제1항에 따른 수입배당금액(이하 이 조에서 "수입배당금액"이라 한다)이 다음 각 목의 요건을 모두 갖춘 경우에 해당하는 주식등 : 해당 주식등의 매입가액에서 다음 각 목의 요건을 모두 갖춘 수입배당금액을 뺀 금액
  가. 내국법인이 외국자회사의 의결권 있는 발행주식총수 또는 출자총액의 100분의 10(「조세특례제한법」 제22조에 따른 해외자원개발사업을 하는 외국법인의 경우에는 100분의 5) 이상을 최초로 보유하게 된 날의 직전일 기준 이익잉여금을 재원(財源)으로 한 수입배당금액일 것
  나. 법 제18조의4제1항에 따라 익금에 산입되지 않을 것
  (2023.2.28 본호신설)
2. 자기가 제조·생산·건설 기타 이에 준하는 방법에 의하여 취득한 자산 : 원재료비·노무비·운임·하역비·보험료·수수료·공과금(취득세와 등록세를 포함한다)·설치비 기타 부대비용의 합계액
3. 합병·분할 또는 현물출자에 따라 취득한 자산의 경우 다음 각 목의 구분에 따른 금액
  가. 적격합병 또는 적격분할의 경우 : 제80조의4제1항 또는 제82조의4제1항에 따른 장부가액
  나. 그 밖의 경우 : 해당 자산의 시가
  (2012.2.2 본호개정)
3의2. 물적분할에 따라 분할법인이 취득하는 주식등의 경우 : 물적분할한 순자산의 시가(2014.2.21 본문개정)
  가~나. (2014.2.21 삭제)
4. 현물출자에 따라 출자법인이 취득한 주식등의 경우 다음 각 목의 구분에 따른 금액
  가. 출자법인(법 제47조의2제1항제3호에 따라 출자법인과 공동으로 출자한 자를 포함하며, 이하 "출자법인등"이라 한다)이 현물출자로 인하여 피출자법인을 새로 설립하면서 그 대가로 주식등만 취득하는 현물출자의 경우 : 현물출자한 순자산의 시가
  나. 그 밖의 경우 : 해당 주식등의 시가
  (2014.2.21 가목~나목개정)
  (2012.2.2 본호개정)
4의2. 채무의 출자전환에 따라 취득한 주식등 : 취득 당시의 시가. 다만, 제15조제1항 각 호의 요건을 갖춘 채무의 출자전환으로 취득한 주식등은 출자전환된 채권(법 제19조의2제2항 각 호의 어느 하나에 해당하는 채권은 제외한다)의 장부가액으로 한다.
  (2019.2.12 단서개정)
5. 합병 또는 분할(물적분할은 제외한다)에 따라 취득한 주식등 : 종전의 장부가액에 법 제16조제1항제5호 또는 제6호의 금액 및 제11조제8호의 금액을 더한 금액에서 법 제16조제2항제1호에 따른 합병대가 또는 같은 항 제2호에 따른 분할대가 중 금전이나 그 밖의 재산가액의 합계액을 뺀 금액(2019.2.12 본호개정)
5의2. 단기금융자산등 : 매입가액(2010.12.30 본호신설)
5의3. 「상속세 및 증여세법 시행령」 제12조에 따른 공익법인 등이 기부받은 자산 : 특수관계인 외의 자로부터 기부받은 법 제24조제3항제1호에 따른 기부금에 해당하는 자산(제36조제1항에 따른 금전 외의 자산만 해당한다)은 기부한 자의 기부 당시 장부가액

[사업소득과 관련이 없는 자산(개인인 경우만 해당한다)의 경우에는 취득 당시의 「소득세법 시행령」 제89조에 따른 취득가액을 말한다). 다만, 「상속세 및 증여세법」에 따라 증여세 과세가액에 산입되지 않은 출연재산이 그 후에 과세요인이 발생하여 그 과세가액에 산입되지 않은 출연재산에 대하여 증여세의 전액이 부과되는 경우에는 기부 당시의 시가로 한다. (2021.2.17 본호개정)

6. 「온실가스 배출권의 할당 및 거래에 관한 법률」 제12조에 따라 정부로부터 무상으로 할당받은 배출권 : 영(0)원(2015.2.3 본호신설)

7. 그 밖의 방법으로 취득한 자산 : 취득당시의 시가 (2009.2.4 본호개정)

③ 제2항을 적용할 때 취득가액에는 다음 각 호의 금액을 포함하는 것으로 한다.(2010.12.30 본문개정)

1. 법 제15조제2항제1호의 규정에 의하여 익금에 산입한 금액

2. 법 제28조제1항제3호 및 같은 조 제2항에 따라 손금에 산입하지 아니한 금액(2014.2.21 본호개정)

3. 유형자산의 취득과 함께 국·공채를 매입하는 경우 기업회계기준에 따라 그 국·공채의 매입가액과 현재가치의 차액을 해당 유형자산의 취득가액으로 계상한 금액(2019.2.12 본호개정)

④ 제2항을 적용할 때 취득가액에는 다음 각 호의 금액을 포함하지 아니하는 것으로 한다.(2010.12.30 본문개정)

1. 자산을 제68조제4항에 따른 장기할부조건 등으로 취득하는 경우 발생한 채무를 기업회계기준이 정하는 바에 따라 현재가치로 평가하여 현재가치할인차금으로 계상한 경우의 당해 현재가치할인차금 (2010.12.30 본호개정)

2. 기획재정부령이 정하는 연지급수입에 있어서 취득가액과 구분하여 지급이자로 계상한 금액 (2008.2.29 본호개정)

3. 제88조제1항제1호 및 제8호나목의 규정에 의한 시가초과액(2002.12.30 본호개정)

4. (2001.12.31 삭제)

⑤ 법인이 보유하는 자산에 대하여 다음 각 호의 어느 하나에 해당하는 사유가 발생한 경우의 취득가액은 다음과 같다.(2009.2.4 본문개정)

1. 법 제42조제1항 각호 및 제3항의 규정에 의한 평가가 있는 경우에는 그 평가액

2. 제31조제2항의 규정에 의한 자본적 지출이 있는 경우에는 그 금액을 가산한 금액

3. 합병 또는 분할합병(제2항제5호에 해당하는 경우는 제외한다)으로 받은 제11조제8호에 따른 이익이 있는 경우에는 그 이익을 가산한 금액(2019.2.12 본호개정)

⑥ 제4항에 따른 현재가치할인차금의 상각액 및 같은 항 제2호에 따른 지급이자에 대하여는 법 제18조의2제1항제2호, 제28조, 제73조, 제73조의2, 제98조, 제120조 및 제120조의2를 적용하지 아니한다.(2023.2.28 본항개정)

제73조【평가대상 자산 및 부채의 범위】법 제42조제1항제2호에서 "재고자산(在庫資産) 등 대통령령으로 정하는 자산과 부채"란 다음 각 호의 것을 말한다.(2011.3.31 본문개정)

1. 다음 각목의 1에 해당하는 재고자산
가. 제품 및 상품(부동산매매업자가 매매를 목적으로 소유하는 부동산을 포함하며, 유가증권을 제외한다)
나. 반제품 및 재공품
다. 원재료
라. 저장품

2. 다음 각 목의 어느 하나에 해당하는 유가증권등 (2009.2.4 본문개정)
가. 주식등

나. 채권
다. 「자본시장과 금융투자업에 관한 법률」 제9조제20항에 따른 집합투자재산(2009.2.4 본목개정)
라. 「보험업법」 제108조제1항제3호의 특별계정에 속하는 자산(2009.2.4 본목신설)

3. 기업회계기준에 따른 화폐성 외화자산과 부채(이하 "화폐성외화자산·부채"라 한다)(2010.12.30 본호개정)

4. 제61조제2항제1호부터 제7호까지의 금융회사 등이 보유하는 통화 관련 파생상품 중 기획재정부령으로 정하는 통화선도, 통화스왑 및 환변동보험(이하 이 조 및 제76조에서 "통화선도등"이라 한다)(2012.2.2 본호개정)

5. 제61조제2항제1호부터 제7호까지의 금융회사 등 외의 법인이 화폐성외화자산·부채의 환위험을 회피하기 위하여 보유하는 통화선도등(2012.2.2 본호개정)

6. 「특정 금융거래정보의 보고 및 이용 등에 관한 법률」 제2조제3호에 따른 가상자산(이하 "가상자산"이라 한다)(2021.2.17 본호신설)

제74조【재고자산의 평가】① 제73조제1호의 규정에 의한 재고자산의 평가는 다음 각호의 1에 해당하는 방법(제1호의 경우에는 동호 각목의 1에 해당하는 방법을 말한다)중 법인이 납세지 관할세무서장에게 신고한 방법에 의한다.

1. 원가법 : 다음 각목의 1에 해당하는 방법에 의하여 산출한 취득가액을 그 자산의 평가액으로 하는 방법
가. 재고자산을 개별적으로 각각 그 취득한 가액에 따라 산출한 것을 그 자산의 평가액으로 하는 방법(이하 "개별법"이라 한다)
나. 먼저 입고된 것부터 출고되고 그 재고자산은 사업연도종료일부터 가장 가까운 날에 취득한 것이 재고로 되어 있는 것으로 하여 산출한 취득가액을 그 자산의 평가액으로 하는 방법(이하 "선입선출법"이라 한다)
다. 가장 가까운 날에 입고된 것부터 출고되고 그 재고자산은 사업연도종료일부터 가장 먼 날에 취득한 것이 재고로 되어 있는 것으로 하여 산출한 취득가액을 그 자산의 평가액으로 하는 방법(이하 "후입선출법"이라 한다)
라. 자산을 품종별·종목별로 당해 사업연도개시일 현재의 자산에 대한 취득가액의 합계액과 당해 사업연도중에 취득한 자산의 취득가액의 합계액의 총액을 그 자산의 총수량으로 나눈 평균단가에 따라 산출한 취득가액을 그 자산의 평가액으로 하는 방법(이하 "총평균법"이라 한다)
마. 자산을 취득할 때마다 장부시재금액을 장부시재수량으로 나누어 평균단가를 산출하고 그 평균단가에 의하여 산출한 취득가액을 그 자산의 평가액으로 하는 방법(이하 "이동평균법"이라 한다)
바. 재고자산을 품종별로 당해 사업연도종료일에 있어서 판매될 예정가격에서 판매예정차익금을 공제하여 산출한 취득가액을 그 자산의 평가액으로 하는 방법(이하 "매출가격환원법"이라 한다)

2. 저가법 : 재고자산을 제1호의 규정에 의한 원가법과 기업회계기준이 정하는 바에 따라 시가로 평가한 가액중 낮은 편의 가액을 평가액으로 하는 방법

② 법인은 제1항에 따라 재고자산을 평가할 때 해당 자산을 제73조제1호 각목의 자산별로 구분하여 종류별·영업장별로 각각 다른 방법에 의하여 평가할 수 있다. 이 경우 수익과 비용을 영업의 종목(한국표준산업분류에 의한 중분류 또는 소분류에 의한다)별 또는 영업장별로 각각 구분하여 기장하고, 종목별·영업장별로 제조원가보고서와 포괄손익계산서(포괄손익계산서가 없는 경우에는 손익계산서를 말한다. 이하 같다)를 작성하여야 한다.(2010.12.30 본항개정)

③ 법인이 제1항의 규정에 의한 재고자산의 평가방법을 신고하고자 하는 때에는 다음 각호의 기한내에 기획재정부령이 정하는 재고자산등 평가방법신고(변경신고)서를 납세지 관할세무서장에게 제출(국세정보통신망에 의한 제출을 포함한다)하여야 한다. 이 경우 저가법을 신고하는 경우에는 시가와 비교되는 원가법을 함께 신고하여야 한다.(2008.2.29 전단개정)
1. 신설법인과 새로 수익사업을 개시한 비영리내국법인은 당해 법인의 설립일 또는 수익사업개시일이 속하는 사업연도의 법인세과세표준의 신고기한
2. 제1호의 신고를 한 법인으로서 그 평가방법을 변경하고자 하는 법인은 변경할 평가방법을 적용하고자 하는 사업연도의 종료일 이전 3월이 되는 날
④ 법인이 다음 각 호의 어느 하나에 해당하는 경우에는 납세지 관할세무서장이 선입선출법(매매를 목적으로 소유하는 부동산의 경우에는 개별법으로 한다)에 의하여 재고자산을 평가한다. 다만, 제2호 또는 제3호에 해당하는 경우로서 신고한 평가방법에 의하여 평가한 가액이 선입선출법(매매를 목적으로 소유하는 부동산의 경우에는 개별법으로 한다)에 의하여 평가한 가액보다 큰 경우에는 신고한 평가방법에 의한다.(2014.2.21 본문개정)
1. 제3항제1호의 규정에 의한 기한내에 재고자산의 평가방법을 신고하지 아니한 경우
2. 신고한 평가방법외의 방법으로 평가한 경우
3. 제3항제2호의 규정에 의한 기한내에 재고자산의 평가방법변경신고를 하지 아니하고 그 방법을 변경한 경우
⑤ 법인이 재고자산의 평가방법을 제3항 각호의 규정에 의한 기한이 경과된 후에 신고한 경우에는 그 신고일이 속하는 사업연도까지는 제4항의 규정을 준용하고, 그 후의 사업연도에 있어서는 법인이 신고한 평가방법에 의한다.
⑥ 법인이 재고자산의 평가방법을 신고하지 아니하여 제4항에 따른 평가방법을 적용받는 경우에 그 평가방법을 변경하려면 변경할 평가방법을 적용하려는 사업연도의 종료일 전 3개월이 되는 날까지 변경신고를 하여야 한다.(2013.2.15 본항신설)
⑦ 제1항의 규정에 의하여 재고자산을 평가한 법인은 법 제60조의 규정에 의한 신고와 함께 기획재정부령이 정하는 재고자산평가조정명세서를 납세지 관할세무서장에게 제출하여야 한다.(2008.2.29 본항개정)

제75조【유가증권 등의 평가】
① 제73조제2호가목 및 나목에 따른 유가증권의 평가는 다음 각 호의 방법중 법인이 납세지 관할세무서장에게 신고한 방법에 의한다.(2011.3.31 본문개정)
1. 개별법(채권의 경우에 한한다)
2. 총평균법
3. 이동평균법
4. (2009.2.4 삭제)
(2001.12.31 본항개정)
② 제74조제3항 내지 제6항의 규정은 제73조제2호가목 및 나목에 따른 유가증권의 평가에 관하여 이를 준용한다. 이 경우 제74조제4항중 "선입선출법"은 "총평균법"으로, 동조제6항중 "재고자산평가조정명세서"는 "유가증권평가조정명세서"로 본다.(2011.3.31 전단개정)
③ 투자회사등이 보유한 제73조제2호다목의 자산은 시가법에 따라 평가한다. 다만, 「자본시장과 금융투자업에 관한 법률」 제230조에 따른 환매금지형집합투자기구가 보유한 같은 법 시행령 제242조제2항에 따른 시장성 없는 자산은 제1항 각 호의 어느 하나에 해당하는 방법 또는 시가법 중 해당 환매금지형집합투자기구가 법 제60조에 따른 신고와 함께 납세지 관할 세무서장에게 신고한 방법에 따라 평가하되, 그 방법을 이후 사업연도에도 계속 적용하여야 한다.(2011.3.31 단서신설)
④ 보험회사가 보유한 제73조제2호라목의 자산은 제1항 각 호의 어느 하나에 해당하는 방법 또는 시가법중 해당 보험회사가 법 제60조에 따른 신고와 함께 납세지 관할세무서장에게 신고한 방법에 따라 평가하되, 그 방법을 이후 사업연도에도 계속 적용하여야 한다.(2023.2.28 본항개정)
(2001.12.31 본조제목개정)

제76조【외화자산 및 부채의 평가】
① 제61조제2항제1호부터 제7호까지의 금융회사 등이 보유하는 화폐성외화자산·부채와 통화선도등은 다음 각 호의 방법에 따라 평가하여야 한다.(2012.2.2 본문개정)
1. 화폐성외화자산·부채 : 사업연도 종료일 현재의 기획재정부령으로 정하는 매매기준율 또는 재정(裁定)된 매매기준율(이하 "매매기준율등"이라 한다)로 평가하는 방법
2. 통화선도등 : 다음 각 호의 어느 하나에 해당하는 방법 중 관할 세무서장에게 신고한 방법에 따라 평가하는 방법. 다만, 최초로 나목의 방법을 신고하여 적용하기 이전 사업연도에는 가목의 방법을 적용하여야 한다.(2012.2.2 본항개정)
가. 계약의 내용 중 외화자산 및 부채를 계약체결일의 매매기준율등으로 평가하는 방법
나. 계약의 내용 중 외화자산 및 부채를 사업연도 종료일 현재의 매매기준율등으로 평가하는 방법
(2010.12.30 본항개정)
② 제61조제2항제1호부터 제7호까지의 금융회사 등 외의 법인이 보유하는 화폐성외화자산·부채(보험회사의 책임준비금은 제외한다. 이하 이 조에서 같다)와 제73조제5호에 따라 화폐성외화자산·부채의 환위험을 회피하기 위하여 보유하는 통화선도등(이하 이 조에서 "환위험회피용통화선도등"이라 한다)은 다음 각 호의 어느 하나에 해당하는 방법 중 관할 세무서장에게 신고한 방법에 따라 평가하여야 한다. 다만, 최초로 제2호의 방법을 신고하여 적용하기 이전 사업연도의 경우에는 제1호의 방법을 적용하여야 한다.(2023.2.28 본항개정)
1. 화폐성외화자산·부채와 환위험회피용통화선도등의 계약 내용 중 외화자산 및 부채를 취득일 또는 발생일(통화선도등의 경우에는 계약체결일을 말한다) 현재의 매매기준율등으로 평가하는 방법
2. 화폐성외화자산·부채와 환위험회피용통화선도등의 계약 내용 중 외화자산 및 부채를 사업연도 종료일 현재의 매매기준율등으로 평가하는 방법
(2012.2.2 본항개정)
③ 법인이 제1항제2호 및 제2항에 따라 신고한 평가방법은 그 후의 사업연도에도 계속하여 적용하여야 한다. 다만, 제2항에 따라 신고한 평가방법을 적용한 사업연도를 포함하여 5개 사업연도가 지난 후에는 다른 방법으로 신고하여 그 후에 신고한 평가방법을 적용할 수 있다.(2014.2.21 단서신설)
④ 제1항 및 제2항에 따른 화폐성외화자산·부채, 통화선도등 및 환위험회피용통화선도등을 평가함에 따라 발생하는 평가한 원화금액과 원화기장액의 차익 또는 차손은 해당 사업연도의 익금 또는 손금에 이를 산입한다. 이 경우 통화선도등 및 환위험회피용통화선도등의 계약 당시 원화기장액은 계약의 내용 중 외화자산 및 부채의 가액에 계약체결일의 매매기준율등을 곱한 금액을 말한다.(2012.2.2 본항개정)
⑤ 내국법인이 상환받거나 상환하는 외화채권·채무의 원화금액과 원화기장액의 차익 또는 차손은 당해 사업연도의 익금 또는 손금에 이를 산입한다. 다만, 「한국

은행법」에 따른 한국은행의 외화채권·채무 중 외화로 상환받거나 상환하는 금액(이하 이 항에서 "외화금액"이라 한다)의 환율변동분은 한국은행이 정하는 방식에 따라 해당 외화금액을 매각하여 원화로 전환한 사업연도의 익금 또는 손금에 산입한다.(2007.2.28 단서신설)
⑥ 제1항제2호나목, 제2항제2호의 평가방법을 적용하려는 법인 또는 제3항 단서에 따라 평가방법을 변경하려는 법인은 최초로 제1항제2호나목, 제2항제2호의 평가방법을 적용하려는 사업연도 또는 제3항 단서에 따라 변경된 평가방법을 적용하려는 사업연도의 법 제60조에 따른 신고와 함께 기획재정부령으로 정하는 화폐성외화자산등평가방법신고서를 관할 세무서장에게 제출하여야 한다.(2014.2.21 본항개정)
⑦ 제1항 및 제2항에 따라 화폐성외화자산·부채, 통화선도등 및 환위험회피용통화선도등을 평가한 법인은 법 제60조의 규정에 의한 신고와 함께 기획재정부령으로 정하는 외화자산등평가차손익조정명세서를 관할 세무서장에게 제출하여야 한다.(2012.2.2 본항개정)

제77조【가상자산의 평가】 가상자산은 선입선출법에 따라 평가해야 한다.(2021.2.17 본조신설)

제78조【재고자산 등의 평가차손】 ① 법 제42조제3항제2호에서 "천재지변·화재 등 대통령령으로 정하는 사유"란 다음 각 호의 어느 하나에 해당하는 사유를 말한다.(2019.2.12 본문개정)
1. 천재지변 또는 화재(2019.2.12 본호개정)
2. 법령에 의한 수용 등
3. 채굴예정량의 채진으로 인한 폐광(토지를 포함한 광업용 유형자산이 그 고유의 목적에 사용될 수 없는 경우를 포함한다)(2019.2.12 본호개정)
② 법 제42조제3항제3호 각 목 외의 부분에서 "대통령령으로 정하는 주식등"이란 다음 각 호의 구분에 따른 주식등을 말한다.
1. 법 제42조제3항제3호가목부터 다목까지의 경우 : 다음 각 목의 어느 하나에 해당하는 주식등
  가. 「자본시장과 금융투자업에 관한 법률」에 따른 주권상장법인(이하 "주권상장법인"이라 한다)이 발행한 주식등(2023.2.28 본목개정)
  나. 「벤처투자 촉진에 관한 법률」에 따른 벤처투자회사 또는 「여신전문금융업법」에 따른 신기술사업금융업자가 보유하는 주식등 중 각각 창업자 또는 신기술사업자가 발행한 것(2023.12.19 본목개정)
  다. 주권상장법인이 아닌 법인 중 제2조제8항 각 호의 어느 하나의 관계에 있지 않은 법인이 발행한 주식등(2023.2.28 본목개정)
2. 법 제42조제3항제3호라목의 경우 : 주식등
3. (2019.2.12 삭제)
(2019.2.12 본항개정)
③ 법 제42조제3항 각 호 외의 부분에서 "대통령령으로 정하는 방법"이란 같은 항 각 호에 따른 자산의 장부가액을 해당 감액사유가 발생한 사업연도(법 제42조제3항제2호에 해당하는 경우에는 파손 또는 멸실이 확정된 사업연도를 포함한다)에 다음 각 호에 따른 평가가액으로 감액하고, 그 감액한 금액을 해당 사업연도의 손비로 계상하는 방법을 말한다.(2019.2.12 본문개정)
1. 법 제42조제3항제1호의 재고자산의 경우에는 당해 재고자산을 사업연도종료일 현재 처분가능한 시가로 평가한 가액
2. 법 제42조제3항제2호의 유형자산의 경우에는 사업연도종료일 현재 시가로 평가한 가액(2019.2.12 본호개정)
3. 법 제42조제3항제3호의 주식등의 경우에는 사업연도종료일 현재 시가(주식등의 발행법인별로 보유주식총액을 시가로 평가한 가액이 1천원이하인 경우에는 1천원으로 한다)로 평가한 가액(2006.2.9 본호개정)

4. (2023.2.28 삭제)
④ 제2항제1호다목에 따라 법인과 특수관계의 유무를 판단할 때 주식등의 발행법인의 발행주식총수 또는 출자총액의 100분의 5 이하를 소유하고 그 취득가액이 10억원 이하인 주주등에 해당하는 법인은 제50조제2항에도 불구하고 소액주주등으로 보아 특수관계인에 해당하는 지를 판단한다.(2019.2.12 본항개정)

제78조의2【한국채택국제회계기준 적용 내국법인에 대한 재고자산평가차익 익금불산입】 ① 법 제42조의2제1항 각 호 외의 부분 전단에서 "대통령령으로 정하는 후입선출법"이란 제74조제1항제1호다목에 따른 후입선출법을 말한다.
② 법 제42조의2제1항 각 호 외의 부분 전단에서 "대통령령으로 정하는 다른 재고자산평가방법"이란 제74조제1항 각 호에 따른 재고자산평가방법 중 후입선출법을 제외한 재고자산평가방법을 말한다.
③ 내국법인이 법 제42조의2제1항 각 호 외의 부분 후단에 따라 재고자산평가차익을 익금에 산입하는 경우에는 다음 계산식에 따라 계산한 금액을 해당 사업연도의 익금에 산입한다. 이 경우 개월 수는 태양력에 따라 계산하되 1월 미만의 일수는 1월로 하고, 사업연도 개시일이 속한 월을 계산에서 포함한 경우에는 사업연도 개시일부터 5년이 되는 날이 속한 월은 계산에서 제외한다.

재고자산평가차익 × 해당 사업연도의 월수 ÷ 60월

④ 법 제42조의2제1항을 적용받으려는 내국법인은 한국채택국제회계기준 최초로 적용하는 사업연도의 법 제60조에 따른 과세표준 신고를 할 때 기획재정부령으로 정하는 재고자산평가차익 익금불산입 신청서를 납세지 관할 세무서장에게 제출하여야 한다.(2019.2.12 본조개정)

제78조의3【한국채택국제회계기준 적용 보험회사에 대한 소득금액 계산의 특례】 ① 법 제42조의3제1항에서 "대통령령으로 정하는 회계기준"이란 보험계약에 대한 한국채택국제회계기준으로서 「주식회사 등의 외부감사에 관한 법률 시행령」 제7조제1항에 따라 한국회계기준원이 제1117호로 제정되어 2023년 1월 1일부터 시행되는 회계처리기준(이하 "보험계약국제회계기준"이라 한다)을 말한다.
② 법 제42조의3제1항에서 "대통령령으로 정하는 계산식을 적용하여 산출한 금액"이란 보험계약국제회계기준을 최초로 적용하는 사업연도(이하 이 조에서 "최초적용사업연도"라 한다)의 직전 사업연도(이하 이 조에서 "직전사업연도"라 한다)에 손금에 산입한 책임준비금(「보험업법」에 따른 책임준비금을 말한다. 이하 이 조에서 같다)의 금액에서 제1호의 금액을 빼고 제2호의 금액을 더한 금액을 말한다.
1. 다음 각 목에 해당하는 금액의 합계액
  가. 직전사업연도 당시의 보험감독회계기준에 따르면 자산에 해당하여 익금에 산입되었으나 최초적용사업연도 이후의 새로운 보험감독회계기준에 따르면 책임준비금 산출에 반영되는 항목으로 변경된 것으로서 직전사업연도 종료일 현재 미상각신계약비(未償却新契約費) 등 기획재정부령으로 정하는 항목
  나. 직전 사업연도 종료일 현재 「보험업법 시행령」 제63조제2항에 따른 재보험자산
2. 직전사업연도 당시의 보험감독회계기준에 따르면 기타 부채에 해당하여 손금에 산입되었으나 최초적용사업연도 이후 새로운 보험감독회계기준에 따르면 책임준비금 산출에 반영되는 항목으로 변경된 것으로서 직전사업연도 종료일 현재 보험미지급금 등 기획재정부령으로 정하는 항목에 해당하는 금액
③ 법 제42조의3제2항에서 "대통령령으로 정하는 계산식을 적용하여 산출한 금액"이란 최초적용사업연도 개

시일 현재 책임준비금의 금액(할인율 변동에 따른 책임준비금 평가액의 변동분은 제외한다)에서 보험계약자산 및 재보험계약자산의 금액을 뺀 금액을 말한다.
④ 법 제42조의3제3항에서 "대통령령으로 정하는 계산식을 적용하여 산출한 금액"이란 제2항에 따라 산출된 금액에서 제3항에 따라 산출된 금액을 뺀 금액에 1을 곱한 금액을 말한다.
⑤ 보험회사가 법 제42조의3제3항 전단에 따른 전환이익(이하 이 조에서 "전환이익"이라 한다)을 같은 항 후단에 따라 익금에 산입하는 경우에는 다음 계산식에 따라 계산한 금액을 해당 사업연도의 익금에 산입한다. 이 경우 1월 미만의 일수는 1월로 하고, 사업연도 개시일이 속한 월을 계산에 포함한 경우에는 사업연도 개시일부터 3년이 되는 날이 속한 월은 계산에서 제외한다.

$$전환이익 \times \frac{해당\ 사업연도의\ 개월\ 수}{36}$$

⑥ 법 제42조의3제3항을 적용받으려는 보험회사는 최초적용사업연도의 소득에 대해 법 제60조에 따른 과세표준 신고를 할 때 기획재정부령으로 정하는 전환이익익금불산입신청서를 납세지 관할 세무서장에게 제출해야 한다.
(2023.2.28 본조신설)

제79조【기업회계기준과 관행의 범위】 법 제43조에 따른 기업회계의 기준 또는 관행은 다음 각 호의 어느 하나에 해당하는 회계기준(해당 회계기준에 배치되지 아니하는 것으로서 일반적으로 공정·타당하다고 인정되는 관행을 포함한다)으로 한다.(2009.2.4 본문개정)
1. 한국채택국제회계기준(2019.2.12 본호개정)
1의2. 「주식회사 등의 외부감사에 관한 법률」 제5조제1항제2호 및 같은 조 제4항에 따라 한국회계기준원이 정한 회계처리기준(2018.10.30 본호개정)
2. 증권선물위원회가 정한 업종별회계처리준칙
3. 「공공기관의 운영에 관한 법률」에 따라 제정된 공기업·준정부기관 회계규칙(2009.2.4 본호개정)
4. 「상법 시행령」 제15조제3호에 따른 회계기준 (2018.2.13 본호신설)
5. 그 밖에 법령에 따라 제정된 회계처리기준으로서 기획재정부장관의 승인을 받은 것(2019.2.12 본호개정)

제6관 합병 및 분할 등에 관한 특례

제80조【합병에 따른 양도손익의 계산】 ① 법 제44조제1항제1호에 따른 양도가액은 다음 각 호의 금액으로 한다.
1. 적격합병의 경우 : 법 제44조제1항제2호에 따른 피합병법인의 합병등기일 현재의 순자산장부가액 (2012.2.2 본호개정)
2. 제1호 외의 경우 : 다음 각 목의 금액을 모두 더한 금액
가. 합병으로 인하여 피합병법인의 주주등이 지급받는 합병법인 또는 합병법인의 모회사(합병등기일 현재 합병법인의 발행주식총수 또는 출자총액을 소유하고 있는 내국법인을 말한다. 이하 같다)의 주식등(이하 "합병교부주식등"이라 한다)의 가액 및 금전이나 그 밖의 재산가액의 합계액. 다만, 합병법인이 합병등기일 전 취득한 피합병법인의 주식등(신설합병 또는 3 이상의 법인이 합병하는 경우 피합병법인이 취득한 다른 피합병법인의 주식등을 포함한다. 이하 "합병포합(抱合)주식등"이라 한다)이 있는 경우에는 그 합병포합주식등에 대하여 합병교부주식등을 교부하지 아니하더라도 그 지분비율에 따라 합병교부주식등을 교부한 것으로 보아 합병교부주식등의 가액을 계산한다.(2012.2.2 본목개정)

나. 합병법인이 납부하는 피합병법인의 법인세 및 그 법인세(감면세액을 포함한다)에 부과되는 국세와 「지방세법」 제88조제2항에 따른 법인지방소득세의 합계액(2017.2.3 본목개정)
② 법 제44조제1항제2호에 따른 피합병법인의 순자산장부가액을 계산할 때 「국세기본법」에 따라 환급되는 법인세액이 있는 경우에는 이에 상당하는 금액을 피합병법인의 합병등기일 현재의 순자산장부가액에 더한다.
③ 제1항제1호를 적용받으려는 피합병법인은 법 제60조에 따른 과세표준 신고를 할 때 합병법인과 함께 기획재정부령으로 정하는 합병과세특례신청서를 납세지 관할 세무서장에게 제출하여야 한다. 이 경우 합병법인은 제80조의4제11항에 따른 자산조정계정에 관한 명세서를 피합병법인의 납세지 관할 세무서장에게 함께 제출하여야 한다.(2018.2.13 후단개정)
(2010.6.8 본조개정)

제80조의2【적격합병의 요건 등】 ① 법 제44조제2항 각 호 외의 부분 단서에서 "대통령령으로 정하는 부득이한 사유가 있는 경우"란 다음 각 호의 어느 하나에 해당하는 경우를 말한다.
1. 법 제44조제2항제2호에 대한 부득이한 사유가 있는 것으로 보는 경우 : 다음 각 목의 어느 하나에 해당하는 경우
가. 제5항에 따른 주주등(이하 이 조에서 "해당 주주등"이라 한다)이 합병으로 교부받은 전체 주식등의 2분의 1 미만을 처분한 경우. 이 경우 해당 주주등이 합병으로 교부받은 주식등을 서로 간에 처분하는 것은 해당 주주등이 그 주식등을 처분한 것으로 보지 않고, 해당 주주등이 합병법인 주식등을 처분하는 경우에는 합병법인이 선택한 주식등을 처분하는 것으로 본다.(2019.2.12 후단개정)
나. 해당 주주등이 사망하거나 파산하여 주식등을 처분한 경우(2012.2.2 본목개정)
다. 해당 주주등이 적격합병, 적격분할, 적격물적분할 또는 적격현물출자에 따라 주식등을 처분한 경우 (2019.2.12 본목개정)
라. 해당 주주등이 「조세특례제한법」 제38조·제38조의2 또는 제121조의30에 따라 주식등을 현물출자 또는 교환·이전하고 과세를 이연받으면서 주식등을 처분한 경우(2018.2.13 본목개정)
마. 해당 주주등이 「채무자 회생 및 파산에 관한 법률」에 따른 회생절차에 따라 법원의 허가를 받아 주식등을 처분하는 경우(2012.2.2 본목개정)
바. 해당 주주등이 「조세특례제한법 시행령」 제34조제6항제1호에 따른 기업개선계획의 이행을 위한 약정 또는 같은 항 제2호에 따른 기업개선계획의 이행을 위한 특별약정에 따라 주식등을 처분하는 경우 (2018.2.13 본목개정)
사. 해당 주주등이 법령상 의무를 이행하기 위하여 주식등을 처분하는 경우(2012.2.2 본목개정)
2. 법 제44조제2항제3호에 대한 부득이한 사유가 있는 것으로 보는 경우 : 다음 각 목의 어느 하나에 해당하는 경우
가. 합병법인이 파산함에 따라 승계받은 자산을 처분한 경우
나. 합병법인이 적격합병, 적격분할, 적격물적분할 또는 는 적격현물출자에 따라 사업을 폐지한 경우 (2012.2.2 본목개정)
다. 합병법인이 「조세특례제한법 시행령」 제34조제6항제1호에 따른 기업개선계획의 이행을 위한 약정 또는 같은 항 제2호에 따른 기업개선계획의 이행을 위한 특별약정에 따라 승계받은 자산을 처분한 경우(2018.2.13 본목개정)

라. 합병법인이 「채무자 회생 및 파산에 관한 법률」에 따른 회생절차에 따라 법원의 허가를 받아 승계받은 자산을 처분한 경우
3. 법 제44조제2항제4호에 대한 부득이한 사유가 있는 것으로 보는 경우 : 다음 각 목의 어느 하나에 해당하는 경우
　가. 합병법인이 「채무자 회생 및 파산에 관한 법률」 제193조에 따른 회생계획을 이행 중인 경우
　나. 합병법인이 파산함에 따라 근로자의 비율을 유지하지 못한 경우
　다. 합병법인이 적격합병, 적격분할, 적격물적분할 또는 적격현물출자에 따라 근로자의 비율을 유지하지 못한 경우
　라. 합병등기일 1개월 전 당시 피합병법인에 종사하는 「근로기준법」에 따라 근로계약을 체결한 내국인 근로자가 5명 미만인 경우
(2018.2.13 본호신설)
② 법 제44조제2항제1호 단서 및 같은 항 제3호 단서에서 "대통령령으로 정하는 법인"이란 각각 「자본시장과 금융투자업에 관한 법률 시행령」 제6조제4항제14호에 따른 법인으로서 같은 호 각 목의 요건을 모두 갖춘 법인(이하 이 조에서 "기업인수목적회사"라 한다)을 말한다. (2022.2.15 본항개정)
③ 법 제44조제2항제2호에 따른 피합병법인의 주주등이 받은 합병대가의 총합계액은 제80조제1항제2호가목에 따른 금액으로 하고, 합병대가의 총합계액 중 주식등의 가액이 법 제44조제2항제2호의 비율 이상인지를 판정할 때 합병법인이 합병등기일 전 2년 내에 취득한 합병포합주식등이 있는 경우에는 다음 각 호의 금액을 금전으로 교부한 것으로 본다. 이 경우 신설합병 또는 3 이상의 법인이 합병하는 경우로서 피합병법인이 취득한 다른 피합병법인의 주식등이 있는 경우에는 그 다른 피합병법인의 주식등을 취득한 피합병법인을 합병법인으로 보아 다음 각 호를 적용하여 계산한 금액을 금전으로 교부한 것으로 한다.
1. 합병법인이 합병등기일 현재 피합병법인의 제43조제7항에 따른 지배주주등이 아닌 경우 : 합병법인이 합병등기일 전 2년 이내에 취득한 합병포합주식등이 피합병법인의 발행주식총수 또는 출자총액의 100분의 20을 초과하는 경우 그 초과하는 합병포합주식 등에 대하여 교부한 합병교부주식등(제80조제1항제2호가목 단서에 따라 합병교부주식등을 교부한 것으로 보는 경우 그 주식등을 포함한다)의 가액
2. 합병법인이 합병등기일 현재 피합병법인의 제43조제7항에 따른 지배주주등인 경우 : 합병등기일 전 2년 이내에 취득한 합병포합주식등에 대하여 교부한 합병교부주식등(제80조제1항제2호가목 단서에 따라 합병교부주식등을 교부한 것으로 보는 경우 그 주식등을 포함한다)의 가액
(2012.2.2 본항개정)
④ 법 제44조제2항제2호에 따라 피합병법인의 주주등에 합병으로 인하여 받은 주식등을 배정할 때에는 해당 주주등에게 다음 계산식에 따른 가액 이상의 주식등을 각각 배정하여야 한다.
　피합병법인의 주주등이 지급받은 제80조제1항제2호가목에 따른 합병교부주식등의 가액의 총합계액 × 각 해당 주주등의 피합병법인에 대한 지분비율
(2012.2.2 본항개정)
⑤ 법 제44조제2항제2호에서 "대통령령으로 정하는 피합병법인의 주주등"이란 피합병법인의 제43조제3항에 따른 지배주주등 중 다음 각 호의 어느 하나에 해당하는 자를 제외한 주주등을 말한다.
1. 제43조제8항제1호가목의 친족 중 4촌인 혈족 (2023.2.28 본호개정)

2. 합병등기일 현재 피합병법인에 대한 지분비율이 100분의 1 미만이면서 시가로 평가한 그 지분가액이 10억원 미만인 자
3. 기업인수목적회사와 합병하는 피합병법인의 지배주주인 자(2022.2.15 본호개정)
4. 피합병법인인 기업인수목적회사의 지배주주인 자 (2022.2.15 본호신설)
⑥ 법 제44조제2항제4호에서 "대통령령으로 정하는 근로자"란 「근로기준법」에 따라 근로계약을 체결한 내국인 근로자를 말한다. 다만, 다음 각 호의 어느 하나에 해당하는 근로자는 제외한다.
1. 제40조제1항 각 호의 어느 하나에 해당하는 임원 (2019.2.12 본호개정)
2. 합병등기일이 속하는 사업연도의 종료일 이전에 「고용상 연령차별금지 및 고령자고용촉진에 관한 법률」 제19조에 따른 정년이 도래하여 퇴직이 예정된 근로자
3. 합병등기일이 속하는 사업연도의 종료일 이전에 사망한 근로자 또는 질병·부상 등 기획재정부령으로 정하는 사유로 퇴직한 근로자
4. 「소득세법」 제14조제3항제2호에 따른 일용근로자
5. 근로계약기간이 6개월 미만인 근로자. 다만, 근로계약의 연속된 갱신으로 인하여 합병등기일 1개월 전 당시 그 근로계약의 총 기간이 1년 이상인 근로자는 제외한다.
6. 금고 이상의 형을 선고받는 등 기획재정부령으로 정하는 근로자의 중대한 귀책사유로 퇴직한 근로자
(2018.2.13 본항신설)
⑦ 합병법인이 합병등기일이 속하는 사업연도의 종료일 이전에 피합병법인으로부터 승계한 자산가액(유형자산, 무형자산 및 투자자산의 가액을 말한다. 이하 이 관 및 제156조제2항에서 같다)의 2분의 1 이상을 처분하거나 사업에 사용하지 아니하는 경우에는 법 제44조제2항제3호에 해당하는 것으로 본다. 다만, 피합병법인이 보유하던 합병법인의 주식을 승계받아 자기주식을 소각하는 경우에는 해당 합병법인의 주식을 제외하고 피합병법인으로부터 승계받은 자산을 기준으로 사업을 계속하는지 여부를 판정하되, 승계받은 자산이 합병법인의 주식만 있는 경우에는 사업을 계속하는 것으로 본다.(2019.2.12 본항개정)
⑧ 제1항제1호가목 후단을 적용받으려는 법인은 납세지 관할 세무서장이 해당 법인이 선택한 주식 처분 순서를 확인하기 위해 필요한 자료를 요청하는 경우에는 그 자료를 제출해야 한다.(2019.2.12 본항신설)
(2010.6.8 본조신설)

제80조의3 【합병 시 양도가액과 순자산시가와의 차액 처리】

① 합병법인은 법 제44조의2제2항에 따라 양도가액이 순자산시가에 미달하는 경우 그 차액(이하 "합병매수차익"이라 한다)을 익금에 산입할 때에는 합병등기일이 속하는 사업연도부터 합병등기일부터 5년이 되는 날이 속하는 사업연도까지 다음 산식에 따라 계산한 금액을 산입한다. 이 경우 월수는 역에 따라 계산하되 1월 미만의 일수는 1월로 하고, 이에 따라 합병등기일이 속한 월을 1월로 계산한 경우에는 합병등기일부터 5년이 되는 날이 속한 월은 계산에서 제외한다.

$$\text{합병매수차익} \times \frac{\text{해당 사업연도의 월수}}{60월}$$

② 법 제44조의2제3항에서 "대통령령으로 정하는 경우"란 합병법인이 피합병법인의 상호·거래관계, 그 밖의 영업상의 비밀 등에 대하여 사업상 가치가 있다고 보아 대가를 지급한 경우를 말한다.
③ 법 제44조의2제3항에 따라 양도가액이 순자산시가를 초과하는 경우 그 차액(이하 "합병매수차손"이라 한

다)에 대한 손금산입액 계산, 산입방법 등에 관하여는 제1항을 준용한다.
(2019.2.12 본조제목개정)
(2010.6.8 본조신설)
제80조의4【적격합병 과세특례에 대한 사후관리】① 합병법인은 법 제44조의3제1항에 따라 피합병법인의 자산을 장부가액으로 양도받은 경우 양도받은 자산 및 부채의 가액을 합병등기일 현재의 시가로 계상하되, 시가에서 피합병법인의 장부가액(제85조제1호에 해당하는 세무조정사항이 있는 경우에는 그 세무조정사항 중 익금불산입액은 더하고 손금불산입액은 뺀 가액으로 한다)을 뺀 금액이 0보다 큰 경우에는 그 차액을 익금에 산입하고 이에 상당하는 금액을 자산조정계정으로 손금에 산입하며, 0보다 작은 경우에는 시가와 장부가액의 차액을 손금에 산입하고 이에 상당하는 금액을 자산조정계정으로 익금에 산입한다. 이 경우 계상한 자산조정계정은 다음 각 호의 구분에 따라 처리한다. (2017.2.3 본문개정)
1. 감가상각자산에 설정된 자산조정계정 : 자산조정계정으로 손금에 산입한 경우에는 해당 자산의 감가상각비(해당 자산조정계정에 상당하는 부분에 대한 것만 해당한다)와 상계하고, 자산조정계정으로 익금에 산입한 경우에는 감가상각비에 가산. 이 경우 해당 자산을 처분하는 경우에는 상계 또는 더하고 남은 금액을 그 처분하는 사업연도에 전액 익금 또는 손금에 산입한다.(2017.2.3 전단개정)
2. 제1호 외의 자산에 설정된 자산조정계정 : 해당 자산을 처분하는 사업연도에 전액 익금 또는 손금에 산입. 다만, 자기주식을 소각하는 경우에는 익금 또는 손금에 산입하지 아니하고 소멸한다.
② 합병법인은 제1항에 따라 피합병법인의 자산을 장부가액으로 양도받은 경우 피합병법인이 합병 전에 적용받던 법 제59조에 따른 감면 또는 세액공제를 승계하여 감면 또는 세액공제의 적용을 받을 수 있다. 이 경우 법 또는 다른 법률에 해당 감면 또는 세액공제의 요건 등에 관한 규정이 있는 경우에는 합병법인이 그 요건 등을 모두 갖춘 경우에만 이를 적용한다.(2010.12.30 본항신설)
③ 법 제44조의3제3항 각 호 외의 부분 본문에서 "대통령령으로 정하는 기간"이란 합병등기일이 속하는 사업연도의 다음 사업연도의 개시일부터 2년(같은 항 제3호의 경우에는 3년)을 말한다.(2018.2.13 본항개정)
④ 합병법인은 법 제44조의3제3항 각 호의 어느 하나에 해당하는 경우에는 제1항에 따라 계상한 자산조정계정 잔액의 총합계액(총합계액이 0보다 큰 경우에 한정하며, 총합계액이 0보다 작은 경우에는 없는 것으로 본다)과 법 제44조의3제2항에 따라 피합병법인으로부터 승계받은 결손금 중 공제한 금액 전액을 익금에 산입한다. 이 경우 제1항에 따라 계상된 자산조정계정은 소멸하는 것으로 한다.
⑤ 제4항에 따라 자산조정계정 잔액의 총합계액을 익금에 산입한 경우 합병매수차익 또는 합병매수차손에 상당하는 금액은 다음 각 호의 구분에 따라 처리한다. (2010.12.30 본문개정)
1. 합병 당시 합병법인이 피합병법인에 지급한 양도가액이 피합병법인의 합병등기일 현재의 순자산시가에 미달하는 경우 : 합병매수차익에 상당하는 금액을 법 제44조의3제3항 각 호의 어느 하나에 해당하는 사유가 발생한 날이 속하는 사업연도에 손금에 산입하고, 그 금액에 상당하는 금액을 합병등기일부터 5년이 되는 날까지 다음 각 목의 구분에 따라 분할하여 익금에 산입
   가. 제44조의3제3항 각 호의 어느 하나의 사유가 발생한 날이 속하는 사업연도 : 합병매수차익에 합병등

기일부터 해당 사업연도 종료일까지의 월수를 60월로 나눈 비율을 곱한 금액(월수는 역에 따라 계산하되 1월 미만의 일수는 1월로 한다)을 익금에 산입
   나. 가목의 사업연도 이후의 사업연도부터 합병매수차익에 해당 사업연도의 월수를 60월로 나눈 비율을 곱한 금액(합병등기일이 속하는 월의 일수가 1월 미만인 경우 합병등기일부터 5년이 되는 날이 속하는 월은 없는 것으로 한다)을 익금에 산입
2. 합병 당시 합병법인이 피합병법인에 지급한 양도가액이 피합병법인의 합병등기일 현재의 순자산시가를 초과하는 경우 : 합병매수차손에 상당하는 금액을 법 제44조의3제3항 각 호의 어느 하나에 해당하는 사유가 발생한 날이 속하는 사업연도에 익금에 산입하되, 제80조의3제2항에 해당하는 경우에 한정하여 그 금액에 상당하는 금액을 합병등기일부터 5년이 되는 날까지 다음 각 목의 구분에 따라 분할하여 손금에 산입
   가. 제44조의3제3항 각 호의 어느 하나의 사유가 발생한 날이 속하는 사업연도 : 합병매수차손에 합병등기일부터 해당 사업연도 종료일까지의 월수를 60월로 나눈 비율을 곱한 금액(월수는 역에 따라 계산하되 1월 미만의 일수는 1월로 한다)을 손금에 산입
   나. 가목의 사업연도 이후의 사업연도부터 합병등기일부터 5년이 되는 날이 속하는 사업연도 : 합병매수차손에 해당 사업연도의 월수를 60월로 나눈 비율을 곱한 금액(합병등기일이 속하는 월의 일수가 1월 미만인 경우 합병등기일부터 5년이 되는 날이 속하는 월은 없는 것으로 한다)을 손금에 산입
⑥ 합병법인이 법 제44조의3제3항 각 호의 어느 하나에 해당하는 경우에는 합병법인의 소득금액 및 과세표준을 계산할 때 제85조제1호에 따라 승계한 세무조정사항 중 익금불산입액은 더하고 손금불산입액은 빼며, 피합병법인으로부터 승계하여 공제한 감면 또는 세액공제액 상당액을 해당 사유가 발생한 사업연도의 법인세에 더하여 납부하고, 해당 사유가 발생한 사업연도부터 적용하지 아니한다.(2012.2.2 본항개정)
⑦ 법 제44조의3제3항 각 호 외의 부분 단서에서 "대통령령으로 정하는 부득이한 사유가 있는 경우"란 다음 각 호의 어느 하나에 해당하는 경우를 말한다.
1. 법 제44조의3제3항제1호에 대한 부득이한 사유가 있는 것으로 보는 경우 : 합병법인이 제80조의2제1항제2호 각 목의 어느 하나에 해당하는 경우
2. 법 제44조의3제3항제2호에 대한 부득이한 사유가 있는 것으로 보는 경우 : 제9항에 따른 주주등이 제80조의2제1항제1호 각 목의 어느 하나에 해당하는 경우 (2010.12.30 본호개정)
3. 법 제44조의3제3항제3호에 대한 부득이한 사유가 있는 것으로 보는 경우 : 합병법인이 제80조의2제1항제3호가목부터 다목까지 중 어느 하나에 해당하는 경우 (2018.2.13 본호신설)
⑧ 합병법인이 제3항에 따른 기간 중 피합병법인으로부터 승계한 자산가액의 2분의 1 이상을 처분하거나 사업에 사용하지 아니하는 경우에는 피합병법인으로부터 승계받은 사업을 폐지한 것으로 본다. 다만, 피합병법인이 보유하던 합병법인의 주식을 승계받아 자기주식을 소각하는 경우에는 해당 합병법인의 주식을 제외하고 피합병법인으로부터 승계받은 자산을 기준으로 사업을 계속하는지 여부를 판정하되, 승계받은 자산이 합병법인의 주식만 있는 경우에는 사업을 계속하는 것으로 본다.(2019.2.12 본문개정)
⑨ 법 제44조의3제3항제2호에서 "대통령령으로 정하는 피합병법인의 주주등"이란 제80조의2제5항에 따른 주주등을 말한다.(2010.12.30 본항개정)
⑩ 법 제44조의3제3항제3호에서 "대통령령으로 정하는

근로자"란 「근로기준법」에 따라 근로계약을 체결한 내국인 근로자를 말한다.(2018.2.13 본항신설)
⑪ 제1항에 따라 자산조정계정을 계상한 합병법인은 법 제60조에 따른 신고와 함께 기획재정부령으로 정하는 자산조정계정에 관한 명세서를 납세지 관할 세무서장에게 제출하여야 한다.
(2010.6.8 본조신설)

제81조【합병에 따른 이월결손금 등의 승계】① 법 제45조제1항에서 "대통령령으로 정하는 자산가액 비율"이란 합병등기일 현재 합병법인과 피합병법인의 사업용 자산가액 비율을 말한다. 이 경우 합병법인이 승계한 피합병법인의 사업용 자산가액은 승계결손금을 공제하는 각 사업연도의 종료일 현재 계속 보유(처분 후 대체하는 경우를 포함한다)·사용하는 자산에 한정하여 그 자산의 합병등기일 현재 가액에 따른다.
(2019.2.12 본항개정)
② 법 제45조제2항에 따라 합병법인이 각 사업연도의 과세표준을 계산할 때 승계하여 공제하는 결손금은 합병등기일 현재의 피합병법인의 법 제13조제1항제1호에 따른 결손금(합병등기일을 사업연도의 개시일로 보아 계산한 금액을 말한다)으로 하되, 합병등기일이 속하는 사업연도의 다음 사업연도부터는 매년 순차적으로 1년이 지난 것으로 보아 계산한 금액(이하 이 조에서 "승계결손금의 범위액"이라 한다)으로 한다.(2019.2.12 본항개정)
③ 합병법인은 법 제44조의3제2항에 따라 피합병법인으로부터 승계받은 감면 또는 세액공제를 다음 각 호에 따라 적용받을 수 있다.
1. 법 제59조제1항제1호에 따른 감면(일정기간에 걸쳐 감면되는 것으로 한정한다)의 경우에는 합병법인이 승계받은 사업에서 발생한 소득에 대하여 합병 당시의 잔존감면기간 내에 종료하는 각 사업연도분까지 그 감면을 적용
2. 법 제59조제1항제3호에 따른 세액공제(외국납부세액공제를 포함한다)로서 이월된 미공제액의 경우에는 합병법인이 다음 각 목의 구분에 따라 이월공제잔여기간 내에 종료하는 각 사업연도분까지 공제
   가. 이월된 외국납부세액공제 미공제액 : 승계받은 사업에서 발생한 국외원천소득을 해당 사업연도의 과세표준으로 나눈 금액에 해당 사업연도의 세액을 곱한 금액의 범위에서 공제
   나. 「조세특례제한법」 제132조에 따른 법인세 최저한세액(이하 이 조에서 "법인세 최저한세액"이라 한다)에 미달하여 공제받지 못한 금액으로서 같은 법 제144조에 따라 이월된 미공제액 : 승계받은 사업부문에 대하여 「조세특례제한법」 제132조를 적용하여 계산한 법인세 최저한세액의 범위에서 공제. 이 경우 공제하는 금액은 합병법인의 법인세 최저한세액을 초과할 수 없다.
   다. 가목 및 나목 외에 납부할 세액이 없어 공제받지 못한 금액으로서 「조세특례제한법」 제144조에 따라 이월된 미공제액 : 승계받은 사업부문에 대하여 계산한 법인세 산출세액의 범위에서 공제
(2010.12.30 본항신설)
④ 피합병법인의 사업을 승계한 합병법인의 결손금 공제, 익금산입, 법인세 가산 및 기부금한도초과액을 손금산입 할 때 사업의 계속 또는 폐지의 판정과 적용에 관하여는 제80조의2제7항 및 제80조의4제8항을 준용한다.(2021.2.17 본항개정)
⑤~⑥ (2009.2.4 삭제)
(2010.12.30 본조제목개정)

제82조【분할에 따른 양도손익의 계산】① 법 제46조제1항제1호에 따른 양도가액은 다음 각 호의 금액으로 한다.

1. 적격분할의 경우 : 법 제46조제1항제2호에 따른 분할법인등(이하 "분할법인등"이라 한다)의 분할등기일 현재의 순자산장부가액(2012.2.2 본호개정)
2. 제1호 외의 경우 : 다음 각 목의 금액을 모두 더한 금액
   가. 분할신설법인등이 분할로 인하여 분할법인의 주주에 지급한 분할신설법인등의 주식(분할합병의 경우에는 분할등기일 현재 분할합병의 상대방 법인의 발행주식총수 또는 출자총액을 소유하고 있는 내국법인의 주식을 포함한다. 이하 같다)의 가액 및 금전이나 그 밖의 재산가액의 합계액. 다만, 분할합병의 경우 분할합병의 상대방법인이 분할등기일 전 취득한 분할법인의 주식[신설분할합병 또는 3 이상의 법인이 분할합병하는 경우에는 분할등기일 전 분할법인이 취득한 다른 분할법인의 주식(분할합병으로 분할합병의 상대방법인에 승계되는 것에 한정한다), 분할등기일 전 분할합병의 상대방법인이 취득한 소멸한 분할합병의 상대방법인의 주식 또는 분할등기일 전 소멸한 분할합병의 상대방법인이 취득한 분할법인의 주식과 다른 소멸한 분할합병의 상대방법인의 주식을 포함한다. 이하 "분할합병포합주식"이라 한다]이 있는 경우에는 그 주식에 대하여 분할신설법인등의 주식(이하 "분할합병교부주식"이라 한다)을 교부하지 아니하더라도 그 지분비율에 따라 분할합병교부주식을 교부한 것으로 보아 분할합병의 상대방법인의 주식의 가액을 계산한다.
   (2019.2.12 본문개정)
   나. 분할신설법인등이 납부하는 분할법인의 법인세 및 그 법인세(감면세액을 포함한다)에 부과되는 국세와 「지방세법」 제88조제2항에 따른 법인지방소득세의 합계액(2017.2.3 본목개정)
② 법 제46조제1항제2호에 따른 분할법인등의 순자산장부가액을 계산할 때 「국세기본법」에 따라 환급되는 법인세액이 있는 경우에는 이에 상당하는 금액을 분할법인등의 분할등기일 현재의 순자산장부가액에 더한다.
③ 제1항제1호를 적용받으려는 분할법인등은 법 제60조에 따른 과세표준 신고를 할 때 분할신설법인등과 함께 기획재정부령으로 정하는 분할과세특례신청서를 납세지 관할 세무서장에게 제출하여야 한다. 이 경우 분할신설법인등은 제82조의4제10항에 따른 자산조정계정에 관한 명세서를 분할법인등의 납세지 관할 세무서장에게 함께 제출하여야 한다.(2018.2.13 후단개정)
(2010.6.8 본조개정)

제82조의2【적격분할의 요건 등】① 법 제46조제2항 각 호 외의 부분 단서에서 "대통령령으로 정하는 부득이한 사유가 있는 경우"란 다음 각 호의 어느 하나에 해당하는 경우를 말한다.
1. 법 제46조제2항제2호에 대한 부득이한 사유가 있는 것으로 보는 경우 : 제8항에 따른 주주가 제80조의2제1항제1호 각 목의 어느 하나에 해당하는 경우
   (2016.2.12 본호개정)
2. 법 제46조제2항제3호에 대한 부득이한 사유가 있는 것으로 보는 경우 : 분할신설법인등이 제80조의2제1항제2호 각 목의 어느 하나에 해당하는 경우
3. 법 제46조제2항제4호에 대한 부득이한 사유가 있는 것으로 보는 경우 : 분할신설법인등이 제80조의2제1항제3호가목부터 다목까지 중 어느 하나에 해당하거나 분할등기일 1개월 전 당시 분할하는 사업부문(분할법인으로부터 승계하는 부분을 말한다. 이하 이 조 및 제85조제1호에서 같다)에 종사하는 제82조의4제9항의 근로자가 5명 미만인 경우(2021.2.17 본호개정)
② 법 제46조제3항에서 "부동산 임대업을 주업으로 하는 사업부문 등 대통령령으로 정하는 사업부문"이란

다음 각 호의 어느 하나에 해당하는 사업부문을 말한다.(2021.2.17 본문개정)

1. 기획재정부령으로 정하는 부동산 임대업을 주업으로 하는 사업부문
2. 분할법인으로부터 승계한 사업용 자산가액(기획재정부령으로 정하는 사업용 자산의 가액은 제외한다) 중 「소득세법」 제94조제1항제1호 및 제2호에 따른 자산이 100분의 80 이상인 사업부문(2021.2.17 본호개정)
3. (2021.2.17 삭제)
(2014.2.21 본항신설)

③ 주식등과 그와 관련된 자산·부채만으로 구성된 사업부문의 분할은 분할하는 사업부문이 다음 각 호의 어느 하나에 해당하는 사업부문인 경우로 한정하여 법 제46조제2항제1호가목에 따라 분리하여 사업이 가능한 독립된 사업부문을 분할하는 것으로 본다.(2021.2.17 본문개정)

1. 분할법인이 분할등기일 전일 현재 보유한 모든 지배목적 보유 주식등(지배목적으로 보유하는 주식등으로서 기획재정부령으로 정하는 주식등을 말한다. 이하 이 조에서 같다)과 그와 관련된 자산·부채만으로 구성된 사업부문
2. 「독점규제 및 공정거래에 관한 법률」 및 「금융지주회사법」에 따른 지주회사(이하 이 조에서 "지주회사"라 한다)를 설립하는 사업부문(분할합병하는 경우로서 다음 각 목의 어느 하나에 해당하는 경우에는 지주회사를 설립할 수 있는 사업부문을 포함한다). 다만, 분할하는 사업부문이 지배주주등으로서 보유하는 주식등과 그와 관련된 자산·부채만을 승계하는 경우로 한정한다.(2021.2.17 본문개정)
   가. 분할합병의 상대방법인이 분할합병을 통하여 지주회사로 전환되는 경우(2021.2.17 본목신설)
   나. 분할합병의 상대방법인이 분할등기일 현재 지주회사인 경우(2021.2.17 본목신설)
3. 제2호와 유사한 경우로서 기획재정부령으로 정하는 경우
(2014.2.21 본항신설)

④ 법 제46조제2항제1호나목 단서에서 "공동으로 사용하던 자산, 채무자의 변경이 불가능한 부채 등 분할하기 어려운 자산과 부채 등으로서 대통령령으로 정하는 것"이란 다음 각 호의 자산과 부채를 말한다.

1. 자산
   가. 변전시설·폐수처리시설·전력시설·용수시설·증기시설
   나. 사무실·창고·식당·연수원·사택·사내교육시설(2014.2.21 본목개정)
   다. 물리적으로 분할이 불가능한 공동의 생산시설, 사업지원시설과 그 부속토지 및 자산
   라. 가목부터 다목까지의 자산과 유사한 자산으로서 기획재정부령으로 정하는 자산(2014.2.21 본목신설)
2. 부채
   가. 지급어음
   나. 차입조건상 차입자의 명의변경이 제한된 차입금
   다. 분할로 인하여 약정상 차입자의 차입조건이 불리하게 변경되는 차입금
   라. 분할하는 사업부문에 직접 사용되지 아니한 공동의 차입금(2014.2.21 본목개정)
   마. 가목부터 라목까지의 부채와 유사한 부채로서 기획재정부령으로 정하는 부채(2014.2.21 본목신설)
3. 분할하는 사업부문이 승계하여야 하는 자산·부채로서 분할 당시 시가로 평가한 총자산가액 및 총부채가액의 각각 100분의 20 이하인 자산·부채. 이 경우 분할하는 사업부문이 승계하여야 하는 자산·부채, 총자산가액 및 총부채가액은 기획재정부령으로 정하

는 바에 따라 계산하되, 주식등과 제1호의 자산 및 제2호의 부채는 제외한다.(2014.2.21 본호신설)
(2012.2.2 본항개정)

⑤ 분할하는 사업부문이 주식등을 승계하는 경우에는 법 제46조제2항제1호나목에 따라 분할하는 사업부문의 자산·부채가 포괄적으로 승계된 것으로 보지 아니한다. 다만, 제3항 각 호에 따라 주식등을 승계하는 경우 또는 이와 유사한 경우로서 기획재정부령으로 정하는 경우에는 그러하지 아니하다.(2014.2.21 본항신설)

⑥ 법 제46조제2항제2호에 따른 분할대가의 총합계액은 제82조제1항제2호가목에 따른 금액으로 하고, 분할합병의 경우에는 법 제46조제2항제2호에 따라 분할대가의 총합계액 중 주식등의 가액이 법 제44조제2항제2호의 비율 이상인지를 판정할 때 분할합병의 상대방법인이 분할등기일 전 2년 내에 취득한 분할법인의 분할합병포괄주식이 있는 경우에는 다음 각 호의 금액을 금전으로 교부한 것으로 본다. 이 경우 신설분할합병 또는 3 이상의 법인이 분할합병하는 경우로서 분할법인이 취득한 다른 분할법인의 주식이 있는 경우에는 그 다른 분할법인의 주식을 취득한 분할법인을 분할합병의 상대방법인으로 보아 다음 각 호를 적용하고, 소멸한 분할합병의 상대방법인이 취득한 분할법인의 주식이 있는 경우에는 소멸한 분할합병의 상대방법인을 분할합병의 상대방법인으로 보아 다음 각 호를 적용하여 계산한 금액을 금전으로 교부한 것으로 본다.

1. 분할합병의 상대방법인이 분할등기일 현재 분할법인의 제43조제7항에 따른 지배주주등이 아닌 경우 : 분할합병의 상대방법인이 분할등기일 전 2년 이내에 취득한 분할합병포괄주식이 분할법인등의 발행주식총수의 100분의 20을 초과하는 경우 그 초과하는 분할합병포괄주식에 대하여 교부한 분할합병교부주식(제82조제1항제2호가목 단서에 따라 분할합병교부주식을 교부한 것으로 보는 경우 그 주식을 포함한다)의 가액
2. 분할합병의 상대방법인이 분할등기일 현재 분할법인의 제43조제7항에 따른 지배주주등인 경우 : 분할등기일 전 2년 이내에 취득한 분할합병포괄주식에 대하여 교부한 분할합병교부주식(제82조제1항제2호가목 단서에 따라 분할합병교부주식을 교부한 것으로 보는 경우 그 주식을 포함한다)의 가액
(2012.2.2 본항개정)

⑦ 법 제46조제2항제2호에 따라 분할법인등의 주주에 분할합병으로 인하여 받은 주식을 배정할 때에는 제8항에 따른 주주에 다음 산식에 따른 가액 이상의 주식을 각각 배정하여야 한다.

분할법인등의 주주등이 지급받은 제82조제1항제2호가목에 따른 분할신설법인등의 주식의 가액의 총합계액 × 제8항에 따른 각 주주의 분할법인등에 대한 지분비율

(2016.2.12 본항개정)

⑧ 법 제46조제2항제2호에서 "대통령령으로 정하는 분할법인등의 주주"란 분할법인등의 제43조제3항에 따른 지배주주등 중 다음 각 호의 어느 하나에 해당하는 자를 제외한 주주등을 말한다.

1. 제43조제8항제1호가목의 친족 중 4촌인 혈족(2023.2.28 본호개정)
2. 분할등기일 현재 분할법인등에 대한 지분비율이 100분의 1 미만이면서 시가로 평가한 그 지분가액이 10억원 미만인 자

⑨ 법 제46조제2항제3호에 따른 분할신설법인등이 분할법인등으로부터 승계받은 사업의 계속 여부의 판정 등에 관하여는 제80조의2제7항을 준용한다.(2018.2.13 본항개정)

⑩ 법 제46조제2항제4호에 따른 대통령령으로 정하는 근로자의 범위에 관하여는 제80조의2제6항을 준용하

되, 다음 각 호의 어느 하나에 해당하는 근로자는 제외할 수 있다. 이 경우 "합병등기일"은 "분할등기일"로 본다.
1. 분할 후 존속하는 사업부문과 분할하는 사업부문에 모두 종사하는 근로자
2. 분할하는 사업부문에 종사하는 것으로 볼 수 없는 기획재정부령으로 정하는 업무를 수행하는 근로자 (2018.2.13 본항신설)
(2010.6.8 본조신설)
제82조의3【분할 시 양도가액과 순자산시가와의 차액 처리】 ① 법 제46조의2제2항에 따라 양도가액이 순자산시가에 미달하는 경우 그 차액(이하 "분할매수차익"이라 한다)에 대한 익금산입액 계산, 산입방법 등에 관하여는 제80조의3제1항을 준용한다.
② 법 제46조의2제2항에서 "대통령령으로 정하는 경우"란 분할신설법인등이 분할법인등의 상호·거래관계, 그 밖의 영업상의 비밀 등에 대하여 사업상 가치가 있다고 보아 대가를 지급한 경우를 말한다.
③ 법 제46조의2제3항에 따라 양도가액이 순자산시가를 초과하는 경우 그 차액(이하 "분할매수차손"이라 한다)에 대한 손금산입액 계산, 산입방법 등에 관하여는 제80조의3제3항을 준용한다.
(2019.2.12 본조제목개정)
(2010.6.8 본조신설)
제82조의4【적격분할 과세특례에 대한 사후관리】 ① 분할신설법인등은 법 제46조의3제1항에 따라 분할법인등의 자산을 장부가액으로 양도받은 경우 양도받은 자산 및 부채의 가액을 분할등기일 현재의 시가로 계상하되, 시가에서 분할법인등의 장부가액(제85조제1호에 해당하는 세무조정사항이 있는 경우에는 그 세무조정사항 중 익금불산입액은 더하고 손금불산입액은 뺀 가액으로 한다)을 뺀 금액이 0보다 큰 경우에는 그 차액을 익금에 산입하고 이에 상당하는 금액을 자산조정계정으로 손금에 산입하며, 0보다 작은 경우에는 시가와 장부가액의 차액을 손금에 산입하고 이에 상당하는 금액을 자산조정계정으로 익금에 산입한다. 이 경우 자산조정계정의 처리에 관하여는 제80조의4제1항을 준용한다.
(2017.2.3 전단개정)
② 분할신설법인등은 제1항에 따라 분할법인등의 자산을 장부가액으로 양도받은 경우 분할법인등이 분할 전에 적용받던 법 제59조에 따른 감면 또는 세액공제를 승계하여 감면 또는 세액공제의 적용을 받을 수 있다. 이 경우 법 또는 다른 법률에 해당 감면 또는 세액공제의 요건 등에 관한 규정이 있는 경우에는 분할신설법인등이 그 요건 등을 갖춘 경우에만 이를 적용하며, 분할신설법인등은 다음 각 호의 구분에 따라 승계받은 사업에 속하는 감면 또는 세액공제에 한정하여 적용받을 수 있다.
1. 이월된 감면·세액공제가 특정 사업·자산과 관련된 경우 : 특정 사업·자산을 승계한 분할신설법인등이 공제
2. 제1호 외의 이월된 감면·세액공제의 경우 : 분할법인등의 사업용 자산가액 중 분할신설법인등이 각각 승계한 사업용 자산가액 비율로 안분하여 분할신설법인등이 각각 공제(2019.2.12 본호개정)
(2010.12.30 본항신설)
③ 법 제46조의3제3항 각 호 외의 부분 본문에서 "대통령령으로 정하는 기간"이란 분할등기일이 속하는 사업연도의 다음 사업연도 개시일부터 2년(같은 항 제3호의 경우에는 3년)을 말한다.(2018.2.13 본항개정)
④ 분할신설법인등이 법 제46조의3제3항 각 호의 어느 하나에 해당하는 경우 결손금 등의 익금산입 및 분할매수차익이나 분할매수차손 상당액의 손금 또는 익금

산입 등에 관하여는 제80조의4제4항 및 제5항을 준용한다.(2010.12.30 본항개정)
⑤ 분할신설법인등이 법 제46조의3제3항 각 호의 어느 하나에 해당하는 경우에는 분할신설법인등의 소득금액 및 과세표준을 계산할 때 제85조제1호에 따라 승계한 세무조정사항 중 익금불산입액은 더하고 손금불산입액은 빼며, 분할법인등으로부터 승계하여 공제한 감면 또는 세액공제액 상당액을 해당 사유가 발생한 사업연도의 법인세에 더하여 납부하고, 해당 사유가 발생한 사업연도부터 적용하지 아니한다.(2012.2.2 본항개정)
⑥ 법 제46조의3제3항 각 호 외의 부분 단서에서 "대통령령으로 정하는 부득이한 사유가 있는 경우"란 다음 각 호의 어느 하나에 해당하는 경우를 말한다.
1. 법 제46조의3제3항제1호에 대한 부득이한 사유가 있는 것으로 보는 경우 : 분할신설법인등이 제80조의2제1항제2호 각 목의 어느 하나에 해당하는 경우
2. 법 제46조의3제3항제2호에 대한 부득이한 사유가 있는 것으로 보는 경우 : 제8항에 따른 주주가 제80조의2제1항제1호 각 목의 어느 하나에 해당하는 경우 (2010.12.30 본호개정)
3. 법 제46조의3제3항제3호에 대한 부득이한 사유가 있는 것으로 보는 경우 : 분할신설법인등이 제80조의2제1항제3호가목부터 다목까지의 규정 중 어느 하나에 해당하는 경우(2018.2.13 본호신설)
⑦ 법 제46조의3제3항제1호에 따른 분할신설법인등이 분할법인등으로부터 승계받은 사업의 폐지 여부 판정 등에 관하여는 제80조의4제8항을 준용한다.
(2010.12.30 본항개정)
⑧ 법 제46조의3제3항제2호에서 "대통령령으로 정하는 분할법인등의 주주"란 제82조의2제8항에 따른 주주를 말한다.(2014.2.21 본항개정)
⑨ 법 제46조의3제3항제3호 각 목 외의 부분에서 "대통령령으로 정하는 근로자"란 「근로기준법」에 따라 근로계약을 체결한 내국인 근로자를 말한다. 다만, 분할하는 사업부문에 종사하는 근로자의 경우에는 제82조의2제10항 각 호의 어느 하나에 해당하는 근로자를 제외할 수 있다.(2018.2.13 본항신설)
⑩ 제1항에 따라 자산조정계정을 계상한 분할신설법인등은 법 제60조에 따른 신고와 함께 기획재정부령으로 정하는 자산조정계정에 관한 명세서를 납세지 관할 세무서장에게 제출하여야 한다.
(2010.6.8 본조신설)
제83조【분할에 따른 이월결손금 등의 승계】 ① 법 제46조의4제1항에서 "대통령령으로 정하는 자산가액 비율"이란 분할합병등기일 현재 분할법인(승계된 사업분만 해당한다)과 분할합병의 상대방법인(소멸하는 경우를 포함한다. 이하 이 조에서 같다)의 사업용 자산가액 비율을 말한다. 이 경우 분할신설법인등이 승계한 분할법인등의 사업용 자산가액은 승계결손금을 공제하는 각 사업연도의 종료일 현재 계속 보유(처분 후 대체 취득하는 경우를 포함한다)·사용하는 자산에 한정하여 그 자산의 분할합병등기일 현재 가액에 따른다.
(2019.2.12 본항개정)
② 법 제46조의4제2항에 따라 분할신설법인등이 각 사업연도의 과세표준을 계산할 때 승계하여 공제하는 결손금은 분할등기일 현재 분할법인등의 법 제13조제1항제1호에 따른 결손금(분할등기일을 사업연도의 개시일로 보아 계산한 금액을 말한다) 중 분할신설법인등이 승계받은 사업에 속하는 결손금으로 하되, 분할등기일이 속하는 사업연도의 다음 사업연도부터는 매년 순차적으로 1년이 지난 것으로 보아 계산한 금액으로 한다. (2019.2.12 본항개정)
③ 제2항에 따른 승계받은 사업에 속하는 결손금은 분할등기일 현재 분할법인등의 결손금을 분할법인등의

사업용 자산가액 중 분할신설법인등이 각각 승계한 사업용 자산가액 비율로 안분계산한 금액으로 한다. (2019.2.12 본항개정)

④ 분할신설법인등이 법 제46조의3제2항에 따라 분할법인등으로부터 승계받은 감면 또는 세액공제를 적용하는 경우에는 제81조제3항을 준용한다.(2010.12.30 본항신설)

⑤ 법 제46조의4제7항에 따라 분할법인등으로부터 승계받은 사업에 속하는 같은 조 제6항에 따른 기부금한도초과액(이하 "기부금한도초과액"이라 한다)은 분할등기일 현재 분할법인등의 기부금한도초과액을 분할법인등의 사업용 자산가액 중 분할신설법인등이 각각 승계한 사업용 자산가액 비율로 안분계산한 금액으로 한다.(2021.2.17 본항신설)

⑥ 분할법인등의 사업을 승계한 분할신설법인등의 결손금 공제, 익금산입, 법인세 가산 및 기부금한도초과액을 손금산입 할 때 사업의 계속 또는 폐지의 판정과 적용에 관하여는 제80조의2제7항 및 제80조의4제8항을 준용한다.(2021.2.17 본항개정)

(2010.12.30 본조제목개정)

제83조의2【분할 후 존속하는 법인에 관한 소득금액 계산의 특례】 ① 법 제46조의5제1항제1호에 따른 양도가액은 다음 각 호의 금액으로 한다.

1. 적격분할의 경우 : 법 제46조의5제1항제2호에 따른 분할법인의 분할등기일 현재의 분할한 사업부문의 순자산장부가액(2012.2.2 본호개정)

2. 제1호 외의 경우 : 다음 각 목의 금액을 모두 더한 금액

가. 분할신설법인등이 분할로 인하여 분할법인의 주주에 지급한 분할신설법인등의 주식의 가액 및 금전이나 그 밖의 재산가액의 합계액. 다만, 분할합병의 경우 분할합병의 상대방법인이 분할합병포합주식이 있는 경우에는 그 주식에 대하여 분할합병교부주식을 교부하지 아니하더라도 그 지분비율에 따라 분할합병교부주식을 교부한 것으로 보아 분할합병의 상대방법인의 주식의 가액을 계산한다.

(2012.2.2 본목개정)

나. 분할신설법인등이 납부하는 분할법인의 법인세 및 그 법인세(감면세액을 포함한다)에 부과되는 국세와 「지방세법」 제88조제2항에 따른 법인지방소득세의 합계액(2017.2.3 본목개정)

② 법 제46조의5제1항제2호에 따른 분할법인의 순자산장부가액을 계산할 때 「국세기본법」에 따라 환급되는 법인세액이 있는 경우에는 이에 상당하는 금액을 분할법인의 분할등기일 현재의 순자산장부가액에 더한다.

③ 제1항제1호를 적용받으려는 분할법인등은 법 제60조에 따른 과세표준 신고를 할 때 분할신설법인등과 함께 기획재정부령으로 정하는 분할과세특례신청서를 납세지 관할 세무서장에게 제출하여야 한다. 이 경우 분할신설법인등은 제82조의4제10항에 따른 자산조정계정에 관한 명세서를 분할법인등의 납세지 관할 세무서장에게 함께 제출하여야 한다. (2018.2.13 후단개정)

(2010.6.8 본조개정)

제84조【물적분할로 인한 자산양도차익상당액의 손금산입】 ① 법 제47조제1항에 따라 분할법인이 손금에 산입하는 금액은 분할신설법인으로부터 취득한 주식(이하 이 조에서 "분할신설법인주식등"이라 한다)의 가액 중 물적분할로 인하여 발생한 자산의 양도차익에 상당하는 금액으로 한다.(2013.2.15 본항개정)

② 제1항에 따라 손금에 산입하는 금액은 분할신설법인주식등의 압축기장충당금으로 계상하여야 한다. (2013.2.15 본항개정)

③ 법 제47조제2항 각 호 외의 부분 본문에서 "대통령령으로 정하는 금액"이란 제1호와 제2호를 더한 비율에서 제1호와 제2호를 곱한 비율을 뺀 비율을 직전 사업연도 종료일(분할등기일이 속하는 사업연도의 경우에는 분할등기일을 말한다. 이하 이 조에서 같다) 현재 분할신설법인주식등의 압축기장충당금 잔액에 곱한 금액을 말한다.(2013.2.15 본문개정)

1. 분할법인이 직전 사업연도 종료일 현재 보유하고 있는 법 제47조제1항에 따라 취득한 분할신설법인의 주식등의 장부가액에서 해당 사업연도에 같은 조 제2항제1호에 따라 처분한 분할신설법인의 주식등의 장부가액이 차지하는 비율

2. 분할신설법인이 직전 사업연도 종료일 현재 보유하고 있는 법 제47조제1항에 따라 분할법인으로부터 승계받은 제4항에 해당하는 자산(이하 이 조에서 "승계자산"이라 한다)의 양도차익(분할등기일 현재의 승계자산의 시가에서 분할등기일 전날 분할법인이 보유한 승계자산의 장부가액을 차감한 금액을 말한다)에서 해당 사업연도에 처분한 승계자산의 양도차익이 차지하는 비율(2013.2.15 본호개정)

(2012.2.2 본항개정)

④ 법 제47조제2항제2호에서 "대통령령으로 정하는 자산"이란 감가상각자산(제24조제3항제1호의 자산을 포함한다), 토지 및 주식등을 말한다.(2012.2.2 본항개정)

⑤ 법 제47조제2항 각 호 외의 부분 단서에서 "분할신설법인이 적격합병되거나 적격분할하는 등 대통령령으로 정하는 부득이한 사유"란 다음 각 호의 어느 하나에 해당하는 경우를 말한다.

1. 분할법인 또는 분할신설법인이 최초로 적격합병, 적격분할, 적격물적분할, 적격현물출자, 「조세특례제한법」 제38조에 따라 과세를 이연받은 주식의 포괄적 교환등 또는 같은 법 제38조의2에 따라 과세를 이연받은 주식의 현물출자(이하 이 조 및 제84조의2에서 "적격구조조정"이라 한다)로 주식등 및 자산을 처분하는 경우

2. 분할신설법인의 발행주식 또는 출자액 전부를 분할법인이 소유하고 있는 경우로서 다음 각 목의 어느 하나에 해당하는 경우

가. 분할법인이 분할신설법인을 적격합병(법 제46조의4제3항에 따른 적격분할합병을 포함한다. 이하 이 조에서 같다)하거나 분할신설법인에 적격합병되어 분할법인 또는 분할신설법인이 주식등 및 자산을 처분하는 경우

나. 분할법인 또는 분할신설법인이 적격합병, 적격분할, 적격물적분할 또는 적격현물출자로 주식등 및 자산을 처분하는 경우. 다만, 해당 적격합병, 적격분할, 적격물적분할 또는 적격현물출자로 피합병법인, 분할법인, 분할신설법인등 또는 피출자법인의 발행주식 또는 출자액 전부를 당초의 분할법인이 직접 또는 기획재정부령으로 정하는 바에 따라 간접으로 소유하고 있는 경우로 한정한다.

3. 분할법인 또는 분할신설법인이 제82조의2제3항 각 호의 어느 하나에 해당하는 사업부문의 적격분할 또는 적격물적분할로 주식등 및 자산을 처분하는 경우 (2021.2.17 본항개정)

⑥ 분할법인이 제5항의 사유에 따라 법 제47조제2항 단서를 적용받는 경우 해당 분할법인이 보유한 분할신설법인주식등의 압축기장충당금은 다음 각 호의 구분에 따른 방법으로 대체한다.

1. 분할신설법인주식등의 압축기장충당금 잔액에 제3항제2호의 비율[비율을 산정할 때 처분한 승계자산은 적격구조조정으로 분할신설법인으로부터 분할신설법인의 자산을 승계하는 법인(이하 이 조에서 "자산승계법인"이라 한다)에 처분한 승계자산에 해당하는 것을 말한다]을 곱한 금액을 분할법인 또는 분할신설법인이 새로 취득하는 자산승계법인의 주식등

법인세법 시행령/直接稅 923

(이하 이 조에서 "자산승계법인주식등"이라 한다)의 압축기장충당금으로 할 것. 다만, 자산승계법인이 분할법인인 경우에는 분할신설법인주식등의 압축기장충당금 잔액을 분할법인이 승계하는 자산 중 최초 물적분할 당시 양도차익이 발생하는 자산의 양도차익에 비례하여 안분계산한 후 그 금액을 해당 자산이 감가상각자산인 경우 그 자산의 일시상각충당금으로, 해당 자산이 감가상각자산이 아닌 경우 그 자산의 압축기장충당금으로 한다.
2. 분할신설법인주식등의 압축기장충당금 잔액에 제3항제1호의 비율[비율을 산정할 때 처분한 주식은 적격구조조정으로 분할법인으로부터 분할신설법인주식등을 승계하는 법인(이하 이 조에서 "주식승계법인"이라 한다)에 처분한 분할신설법인주식등에 해당하는 것을 말한다]을 곱한 금액을 주식승계법인이 승계한 분할신설법인주식등의 압축기장충당금으로 할 것
(2017.2.3 본항개정)
⑦ 제6항에 따라 새로 압축기장충당금을 설정한 분할법인, 분할신설법인 또는 주식승계법인은 다음 각 호의 어느 하나에 해당하는 사유가 발생하는 경우에는 그 사유가 발생한 날이 속하는 사업연도의 소득금액을 계산할 때 제3항을 준용하여 계산한 금액만큼을 익금에 산입하되, 제6항제1호 단서에 해당하는 경우에는 제64조제4항 각 호의 방법으로 익금에 산입한다. 다만, 제5항제2호 또는 제3호의 사유에 해당하는 경우는 제외한다.(2021.2.17 본문개정)
1. 분할법인 또는 분할신설법인이 적격구조조정에 따라 새로 취득한 자산승계법인주식등을 처분하거나 주식승계법인이 적격구조조정에 따라 승계한 분할신설법인주식등을 처분하는 경우
2. 자산승계법인이 적격구조조정으로 분할신설법인으로부터 승계한 제4항에 해당하는 자산을 처분하거나 분할신설법인이 자산승계법인으로부터 승계한 자산승계자산을 처분하는 경우. 이 경우 분할신설법인 및 자산승계법인은 그 자산의 처분 사실을 처분일부터 1개월 이내에 분할법인, 분할신설법인, 주식승계법인 또는 자산승계법인에 알려야 한다.(2021.2.17 후단신설)
(2017.2.3 본항개정)
⑧ 분할법인, 분할신설법인 또는 주식승계법인이 제5항제2호 또는 제3호의 사유에 따라 제7항 각 호 외의 부분 단서를 적용받는 경우 해당 법인이 보유한 분할신설법인주식등 또는 자산승계법인주식등의 압축기장충당금의 대체 방법에 관하여는 제6항을 준용한다.(2021.2.17 본항신설)
⑨ 제6항에 따라 새로 압축기장충당금을 설정한 분할법인, 분할신설법인 또는 주식승계법인은 제13항에 따른 기간 내에 다음 각 호의 어느 하나에 해당하는 사유가 발생하는 경우에는 압축기장충당금 잔액 전부를 그 사유가 발생한 날이 속하는 사업연도의 소득금액을 계산할 때 익금에 산입한다.(2021.2.17 본문개정)
1. 자산승계법인이 분할신설법인으로부터 적격구조조정으로 승계받은 사업을 폐지하거나 분할신설법인이 분할법인으로부터 승계받은 사업을 폐지하는 경우
2. 분할법인 또는 분할신설법인이 보유한 자산승계법인주식등이 자산승계법인의 발행주식총수 또는 출자총액에서 차지하는 비율(이하 이 조에서 "자산승계법인지분비율"이라 한다)이 자산승계법인주식등 취득일의 자산승계법인지분비율의 100분의 50 미만이 되거나 주식승계법인이 보유한 분할신설법인주식등이 분할신설법인의 발행주식총수 또는 출자총액에서 차지하는 비율(이하 이 조에서 "분할신설법인지분비율"이라 한다)이 분할신설법인주식등 취득일의 분할신설법인지분비율의 100분의 50 미만이 되는 경우
(2017.2.3 본항개정)

⑩ 제8항에 따라 새로 압축기장충당금을 설정한 분할법인, 분할신설법인 또는 주식승계법인은 제7항 각 호의 어느 하나에 해당하는 사유가 발생하는 경우에는 그 사유가 발생한 날이 속하는 사업연도의 소득금액을 계산할 때 제3항을 준용하여 계산한 금액만큼을 익금에 산입하되, 제6항제1호 단서에 해당하는 경우에는 제64조제4항 각 호의 방법으로 익금에 산입한다. 다만, 제5항제2호 또는 제3호의 사유에 해당하는 경우는 제외한다.(2021.2.17 본항신설)
⑪ 제8항에 따라 새로 압축기장충당금을 설정한 분할법인, 분할신설법인 또는 주식승계법인은 제13항에 따른 기간 내에 제9항 각 호의 어느 하나에 해당하는 사유가 발생하는 경우에는 압축기장충당금 잔액 전부를 그 사유가 발생한 날이 속하는 사업연도의 소득금액을 계산할 때 익금에 산입한다.(2021.2.17 본항신설)
⑫ 법 제47조제1항 단서 및 같은 조 제3항 각 호 외의 부분 단서에서 "대통령령으로 정하는 부득이한 사유가 있는 경우"란 다음 각 호의 어느 하나에 해당하는 경우를 말한다.(2012.2.2 본문개정)
1. 법 제46조제2항제2호 또는 제47조제3항제2호와 관련된 경우: 분할법인등이 제80조의2제1항제1호 각 목의 어느 하나에 해당하는 경우
2. 법 제46조제2항제3호 또는 제47조제3항제1호와 관련된 경우: 분할신설법인등이 제80조의2제1항제2호 각 목의 어느 하나에 해당하는 경우
(2010.12.30 1호∼2호개정)
3. 법 제46조제2항제4호 또는 제47조제3항제3호와 관련된 경우: 다음 각 목의 어느 하나에 해당하는 경우
가. 법 제46조제2항제4호와 관련된 경우: 분할신설법인이 제80조의2제1항제3호가목부터 다목까지의 규정 중 어느 하나에 해당하거나 분할등기일 1개월 전 당시 분할하는 사업부문에 종사하는 제82조의4제9항의 근로자가 5명 미만인 경우
나. 법 제47조제3항제3호와 관련된 경우: 분할신설법인이 제80조의2제1항제3호가목부터 다목까지의 규정 중 어느 하나에 해당하는 경우
(2018.2.13 본호신설)
⑬ 법 제47조제3항 각 호 외의 부분 본문에서 "대통령령으로 정하는 기간"이란 분할등기일이 속하는 사업연도의 다음 사업연도 개시일부터 2년(같은 항 제3호의 경우에는 3년)을 말한다.(2018.2.13 본항개정)
⑭ 법 제47조제3항제3호에서 "대통령령으로 정하는 근로자"란 「근로기준법」에 따라 근로계약을 체결한 내국인 근로자를 말한다. 다만, 분할하는 사업부문에 종사하는 근로자의 경우에는 제82조의2제10항 각 호의 어느 하나에 해당하는 근로자를 제외할 수 있다.
(2018.2.13 본항신설)
⑮ 분할신설법인은 분할법인이 제1항 및 제2항에 따라 압축기장충당금을 계상한 경우 분할법인이 분할 전에 적용받던 법 제59조에 따른 감면 또는 세액공제를 승계하여 감면 또는 세액공제의 적용을 받을 수 있다. 이 경우 법 또는 다른 법률에 해당 감면 또는 세액공제의 요건 등에 관한 규정이 있는 경우에는 분할신설법인이 그 요건 등을 갖춘 경우에만 이를 적용하며, 분할신설법인은 다음 각 호의 구분에 따라 승계받은 사업에 속하는 감면 또는 세액공제에 한정하여 적용받을 수 있다.
1. 이월된 감면·세액공제가 특정 사업·자산과 관련된 경우: 특정 사업·자산을 승계한 분할신설법인이 공제
2. 제1호 외의 이월된 감면·세액공제의 경우: 분할법인의 사업용 고정자산가액 중 분할신설법인이 각각 승계한 사업용 고정자산가액 비율로 안분하여 분할신설법인이 각각 공제
(2018.2.13 본항신설)

⑯ 분할신설법인이 법 제47조제4항에 따라 분할법인으로부터 승계받은 감면 또는 세액공제를 적용하는 경우에는 제81조제3항을 준용한다.(2018.2.13 본항신설)
⑰ 분할신설법인 또는 자산승계법인이 승계한 사업의 계속 또는 폐지의 판정과 적용에 관하여는 제80조의2제7항 및 제80조의4제8항을 준용한다.(2018.2.13 본항개정)
⑱ 법 제47조제1항을 적용받으려는 분할법인 또는 주식승계법인은 법 제60조에 따른 신고를 할 때 분할신설법인 또는 자산승계법인과 함께 기획재정부령으로 정하는 물적분할과세특례신청서 및 자산의 양도차익에 관한 명세서를 납세지 관할 세무서장에게 제출하여야 한다.(2017.2.3 본항개정)

제84조의2【현물출자로 인한 자산양도차익상당액의 손금산입】 ① 법 제47조의2제1항에 따라 출자법인이 손금에 산입하는 금액은 피출자법인으로부터 취득한 주식등(이하 이 조에서 "피출자법인주식등"이라 한다)의 가액 중 현물출자로 인하여 발생한 자산의 양도차익에 상당하는 금액으로 한다.(2013.2.15 본항개정)

② 제1항에 따라 손금에 산입하는 금액은 피출자법인 주식등의 압축기장충당금으로 계상하여야 한다.(2013.2.15 본항개정)

③ 법 제47조의2제2항 각 호 외의 부분 본문에서 "대통령령으로 정하는 금액"이란 제1호와 제2호를 더한 비율에서 제1호와 제2호를 곱한 비율을 뺀 비율을 직전 사업연도 종료일(현물출자일이 속하는 사업연도의 경우에는 현물출자일을 말한다. 이하 이 조에서 같다) 현재 피출자법인주식등의 압축기장충당금 잔액에 곱한 금액을 말한다.(2013.2.15 본문개정)
1. 출자법인이 직전 사업연도 종료일 현재 보유하고 있는 법 제47조의2제1항에 따라 취득한 피출자법인의 주식등의 장부가액에서 해당 사업연도에 같은 조 제2항제1호에 따라 처분한 피출자법인의 주식등의 장부가액이 차지하는 비율
2. 피출자법인이 직전 사업연도 종료일 현재 보유하고 있는 법 제47조의2제1항에 따라 출자법인등으로부터 승계받은 제4항에 해당하는 자산(이하 이 조에서 "승계자산"이라 한다)의 양도차익(현물출자일 현재 승계자산의 시가에서 현물출자일 전날 출자법인등이 보유한 승계자산의 장부가액을 차감한 금액을 말한다)에서 해당 사업연도에 처분한 승계자산의 양도차익이 차지하는 비율(2013.2.15 본호개정)
(2012.2.2 본항개정)

④ 법 제47조의2제2항제2호에서 "대통령령으로 정하는 자산"이란 감가상각자산(제24조제3항제1호의 자산을 포함한다), 토지 및 주식등을 말한다.(2012.2.2 본항개정)

⑤ 법 제47조의2제2항 각 호 외의 부분 단서에서 "피출자법인이 적격합병되거나 적격분할하는 등 대통령령으로 정하는 부득이한 사유"란 다음 각 호의 어느 하나에 해당하는 경우를 말한다.
1. 출자법인 또는 피출자법인이 최초로 적격구조조정에 따라 주식등 및 자산을 처분하는 경우
2. 피출자법인의 발행주식 또는 출자액 전부를 출자법인이 소유하고 있는 경우로서 다음 각 목의 어느 하나에 해당하는 경우
   가. 출자법인이 피출자법인을 적격합병(법 제46조의4제3항에 따른 적격분할합병을 포함한다. 이하 이 조에서 같다)하거나 피출자법인에 적격합병되어 출자법인 또는 피출자법인이 주식등 및 자산을 처분하는 경우
   나. 출자법인 또는 피출자법인이 적격합병, 적격분할, 적격물적분할 또는 적격현물출자로 주식등 및 자산을 처분하는 경우. 다만, 해당 적격합병, 적격분할, 적격물적분할 또는 적격현물출자에 따른 합병법인, 분할신설법인등 또는 피출자법인의 발행주식 또는

출자액 전부를 당초의 출자법인이 직접 또는 기획재정부령으로 정하는 바에 따라 간접으로 소유하고 있는 경우로 한정한다.
3. 출자법인 또는 피출자법인이 제82조의2제3항 각 호의 어느 하나에 해당하는 사업부문의 적격분할 또는 적격물적분할로 주식등 및 자산을 처분하는 경우
(2021.2.17 본항개정)

⑥ 출자법인이 제5항에 따라 법 제47조의2제2항 단서를 적용받는 경우 해당 출자법인이 보유한 피출자법인주식등의 압축기장충당금은 다음 각 호의 방법으로 대체한다.
1. 피출자법인주식등의 압축기장충당금 잔액에 제3항제2호의 비율[비율을 산정할 때 처분한 승계자산은 적격구조조정으로 피출자법인으로부터 피출자법인의 자산을 승계하는 법인(이하 이 조에서 "자산승계법인"이라 한다)에 처분한 승계자산에 해당하는 것을 말한다]을 곱한 금액을 출자법인 또는 피출자법인이 새로 취득하는 자산승계법인의 주식등(이하 이 조에서 "자산승계법인주식등"이라 한다)의 압축기장충당금으로 할 것. 다만, 자산승계법인이 출자법인인 경우에는 피출자법인주식등의 압축기장충당금 잔액을 출자법인이 승계하는 자산 중 최초 현물출자 당시 양도차익이 발생한 자산의 양도차익에 비례하여 안분계산한 후 그 금액을 해당 자산이 감가상각자산인 경우 그 자산의 일시상각충당금으로, 해당 자산이 감가상각자산이 아닌 경우 그 자산의 압축기장충당금으로 한다.
2. 피출자법인주식등의 압축기장충당금 잔액에 제3항제1호의 비율[비율을 산정할 때 처분한 주식은 적격구조조정으로 출자법인으로부터 피출자법인주식등을 승계하는 법인(이하 이 조에서 "주식승계법인"이라 한다)에 처분한 피출자법인주식등에 해당하는 것을 말한다]을 곱한 금액을 주식승계법인이 승계한 피출자법인주식등의 압축기장충당금으로 할 것
(2017.2.3 본항개정)

⑦ 제6항에 따라 새로 압축기장충당금을 설정한 출자법인, 피출자법인 또는 주식승계법인은 다음 각 호의 어느 하나에 해당하는 사유가 발생하는 경우에는 그 사유가 발생한 날이 속하는 사업연도의 소득금액을 계산할 때 제3항을 준용하여 계산한 금액만큼을 익금에 산입하되, 제6항제1호 단서에 해당하는 경우에는 제64조제4항 각 호의 방법으로 익금에 산입한다. 다만, 제5항제2호 또는 제3호의 사유에 해당하는 경우는 제외한다.(2021.2.17 본문개정)
1. 출자법인 또는 피출자법인이 적격구조조정에 따라 새로 취득한 자산승계법인주식등을 처분하거나 주식승계법인이 적격구조조정에 따라 승계한 피출자법인주식등을 처분하는 경우
2. 자산승계법인이 적격구조조정으로 피출자법인으로부터 승계한 제4항에 해당하는 자산을 처분하거나 피출자법인이 승계자산을 처분하는 경우. 이 경우 피출자법인 및 자산승계법인은 그 자산의 처분 사실을 처분일부터 1개월 이내에 출자법인, 피출자법인, 주식승계법인 또는 자산승계법인에 알려야 한다.(2021.2.17 후단신설)
(2017.2.3 본항개정)

⑧ 출자법인, 피출자법인 또는 주식승계법인이 제5항제2호 또는 제3호의 사유에 따라 제7항 각 호 외의 부분 단서를 적용받는 경우 해당 법인이 보유한 피출자법인주식등 또는 자산승계법인주식등의 압축기장충당금의 대체 방법에 관하여는 제6항을 준용한다.(2021.2.17 본항신설)

⑨ 제6항에 따라 새로 압축기장충당금을 설정한 출자법인, 피출자법인 또는 주식승계법인은 제13항에 따른 기간 내에 다음 각 호의 어느 하나에 해당하는 사유가

발생하는 경우에는 압축기장충당금 잔액 전부를 그 사유가 발생한 날이 속하는 사업연도의 소득금액을 계산할 때 익금에 산입한다.(2021.2.17 본문개정)
1. 자산승계법인이 피출자법인으로부터 적격구조조정으로 승계받은 사업을 폐지하거나 피출자법인이 출자법인으로부터 승계받은 사업을 폐지하는 경우
2. 출자법인 또는 피출자법인이 보유한 자산승계법인 주식등이 자산승계법인의 발행주식총수 또는 출자총액에서 차지하는 비율(이하 이 조에서 "자산승계법인지분비율"이라 한다)이 자산승계법인주식등 취득일의 자산승계법인지분비율의 100분의 50 미만이 되거나 주식승계법인이 보유한 피출자법인주식등이 피출자법인의 발행주식총수 또는 출자총액에서 차지하는 비율(이하 이 조에서 "피출자법인지분비율"이라 한다)이 피출자법인주식등 취득일의 피출자법인지분비율의 100분의 50 미만이 되는 경우
(2017.2.3 본항개정)
⑩ 제8항에 따라 새로 압축기장충당금을 설정한 출자법인, 피출자법인 또는 주식승계법인은 제7항 각 호의 어느 하나에 해당하는 사유가 발생하는 경우에는 그 사유가 발생한 날이 속하는 사업연도의 소득금액을 계산할 때 제3항을 준용하여 계산한 금액만큼을 익금에 산입하되, 제6항제1호 단서에 해당하는 경우에는 제64조제4항 각 호의 방법으로 익금에 산입한다. 다만, 제5항제2호 또는 제3호의 사유에 해당하는 경우는 제외한다.(2021.2.17 본항신설)
⑪ 제8항에 따라 새로 압축기장충당금을 설정한 출자법인, 피출자법인 또는 주식승계법인은 제13항에 따른 기간 내에 제9항 각 호의 어느 하나에 해당하는 사유가 발생하는 경우에는 압축기장충당금 잔액 전부를 그 사유가 발생한 날이 속하는 사업연도의 소득금액을 계산할 때 익금에 산입한다.(2021.2.17 본항신설)
⑫ 법 제47조의2제1항 각 호 외의 부분 단서 및 제3항 각 호 외의 부분 단서에서 "대통령령으로 정하는 부득이한 사유가 있는 경우"란 다음 각 호의 어느 하나에 해당하는 경우를 말한다.
1. 법 제47조의2제1항제4호 또는 제3항제2호와 관련된 경우 : 출자법인등이 제80조의2제1항제1호 각 목의 어느 하나에 해당하는 경우(2012.2.2 본호개정)
2. 법 제47조의2제1항제2호 또는 제3항제1호와 관련된 경우 : 피출자법인이 제80조의2제1항제2호 각 목의 어느 하나에 해당하는 경우
(2011.3.31 본항개정)
⑬ 법 제47조의2제3항 각 호 외의 부분 본문에서 "대통령령으로 정하는 기간"이란 현물출자일이 속하는 사업연도의 다음 사업연도 개시일부터 2년을 말한다.
(2017.2.3 본항개정)
⑭ 피출자법인 및 자산승계법인이 승계한 사업의 계속 또는 폐지의 판정과 적용에 관하여는 제80조의2제7항 및 제80조의4제8항을 준용한다.(2018.2.13 본항개정)
⑮~⑯ (2018.2.13 삭제)
⑰ 법 제47조의2제1항을 적용받으려는 출자법인 또는 주식승계법인은 법 제60조에 따른 신고를 할 때 피출자법인 또는 자산승계법인의 법인세 과세표준신고서 및 자산의 양도차익에 관한 명세서를 납세지 관할 세무서장에게 제출하여야 한다.(2017.2.3 본항개정)

제85조【합병 및 분할 시의 자산·부채의 승계】 내국법인이 합병 또는 분할하는 경우 법 또는 다른 법률에 다른 규정이 있는 경우 외에는 법 제44조의2제1항 후단, 제44조의3제2항, 제46조의2제1항 후단, 제46조의3제2항 또는 물적분할에 따라 피합병법인등의 각 사업연도의 소득금액 및 과세표준을 계산할 때 익금 또는 손금에 산입하거나 산입하지 아니한 금액(이하 이 조에서 "세무조정사항"이라 한다)의 승계는 다음 각 호의 구분에 따른다.(2014.2.21 본문개정)
1. 적격합병 또는 적격분할의 경우 : 세무조정사항(분할의 경우에는 분할하는 사업부문의 세무조정사항에 한정한다)은 모두 합병법인등에 승계
2. 제1호 외의 경우 : 법 제33조제3항·제4항 및 제34조제4항에 따라 퇴직급여충당금 또는 대손충당금을 합병법인등이 승계한 경우에는 그와 관련된 세무조정사항을 승계하고 그 밖의 세무조정사항은 모두 합병법인등에 미승계(2019.2.12 본호개정)
(2012.2.2 본조개정)

제85조의2【합병·분할에 따른 양도손익 등에 대한 납세의무】 법인이 합병 또는 분할로 인하여 소멸한 경우 합병법인등은 피합병법인등이 납부하지 아니한 각 사업연도의 소득에 대한 법인세(합병·분할에 따른 양도손익에 대한 법인세를 포함한다)를 납부할 책임을 진다.(2010.6.8 본조신설)

제86조【교환으로 인한 자산양도차익상당액의 손금산입】 ① 법 제50조제1항에서 "대통령령으로 정하는 사업"이란 「조세특례제한법 시행령」 제29조제3항 및 제60조제1항제1호부터 제3호까지의 규정에 해당하는 사업을 제외한 사업을 말한다.(2022.2.15 본항개정)
② 법 제50조제1항에서 "대통령령으로 정하는 자산"이란 토지·건축물·「조세특례제한법」 제24조제1항제1호에 따른 공제대상 자산과 그 밖에 기획재정부령으로 정하는 자산을 말한다.(2021.2.17 본항개정)
③ 법 제50조제1항에서 "대통령령으로 정하는 여러 법인 간의 교환"이란 3개 이상의 법인간에 하나의 교환계약에 의하여 각 법인이 자산을 교환하는 것을 말한다.(2011.6.3 본항개정)
④ 법 제50조제1항에 따라 손금에 산입하는 양도차익에 상당하는 금액은 제1호의 금액에서 제2호의 금액을 차감한 금액(그 금액이 해당 사업용 자산의 시가에서 장부가액을 차감한 금액을 초과하는 경우 그 초과한 금액을 제외한다)으로 한다.(2019.2.12 본항개정)
1. 교환취득자산의 가액
2. 현금으로 대가의 일부를 지급한 경우 그 금액 및 사업용 자산의 장부가액(2019.2.12 본호개정)
(2001.12.31 본항개정)
⑤ 제4항에 따라 손금에 산입하는 양도차익에 상당하는 금액의 손금산입 및 익금산입에 관하여는 제64조제3항부터 제5항까지의 규정을 준용한다.(2019.2.12 본항개정)
⑥ 법 제50조제1항의 규정을 적용받고자 하는 내국법인은 법 제60조의 규정에 의한 신고와 함께 기획재정부령이 정하는 자산교환명세서를 납세지 관할세무서장에게 제출하여야 한다.(2008.2.29 본항개정)

제86조의2【사업양수 시 이월결손금 공제 제한】 ① 법 제50조의2에서 "대통령령으로 정하는 경우"란 다음 각 호의 기준에 모두 해당하는 경우를 말한다.
1. 양수자산이 사업양수일 현재 양수법인의 자산총액의 100분의 70 이상이고, 양도법인의 자산총액에서 부채총액을 뺀 금액의 100분의 90 이상인 경우
2. 사업의 양도·양수 계약일 현재 양도·양수인이 특수관계인 법인인 경우
② 법 제50조의2에서 "대통령령으로 정하는 자산가액 비율"이란 사업양수일 현재 양수법인의 사업용 자산가액 중 양수한 사업부문의 사업용 자산가액의 비율을 말한다. 이 경우 양수한 사업부문의 사업용 자산가액은 양수법인의 결손금을 공제하는 각 사업연도의 종료일 현재 계속 보유(처분 후 대체하는 경우를 포함한다)·사용하는 자산의 사업양수일 현재 가액으로 한다.(2022.2.15 본조신설)

제6관의2 소득공제
(1999.12.31 본관신설)

제86조의3【유동화전문회사 등에 대한 소득공제】 ① 법 제51조의2제1항 각 호 외의 부분에서 "대통령령으로 정하는 배당가능이익"이란 기업회계기준에 따라 작성한 재무제표상의 법인세비용 차감 후 당기순이익에 이월이익잉여금을 가산하거나 이월결손금을 공제하고, 「상법」 제458조에 따라 적립한 이익준비금을 차감한 금액을 말한다. 이 경우 다음 각 호의 어느 하나에 해당하는 금액은 제외한다.
1. 법 제18조제8호에 해당하는 배당
2. 당기순이익, 이월이익잉여금 및 이월결손금 중 제73조제2호가목부터 다목까지의 규정에 따른 자산의 평가손익. 다만, 제75조제3항에 따라 시가법으로 평가한 투자회사등의 제73조제2호다목에 따른 자산의 평가손익은 배당가능이익에 포함한다.
(2016.2.12 본항개정)
② 법 제51조의2제1항제6호에서 "대통령령으로 정하는 법인"이란 임대사업을 목적으로 「민간임대주택에 관한 특별법 시행령」 제4조제2항제3호다목의 투자회사의 규정에 따른 요건을 갖추어 설립된 법인을 말한다.
(2023.9.26 본항개정)
③~⑦ (2021.2.17 삭제)
⑧ (2023.2.28 삭제)
⑨ 법 제51조의2제1항을 적용받으려는 법인은 법 제60조에 따른 과세표준신고와 함께 기획재정부령으로 정하는 소득공제신청서에 해당 배당소득에 대한 실질귀속자(해당 소득과 관련하여 법적 또는 경제적 위험을 부담하고 그 소득을 처분할 수 있는 권리를 가지는 등 그 소득에 대한 소유권을 실질적으로 보유하고 있는 자를 말한다. 이하 같다)별 명세를 첨부하여 납세지 관할세무서장에게 제출하여야 한다. 다만, 법 제51조의2제2항제1호 단서에 따라 같은 조 제1항을 적용받으려는 법인은 배당을 받은 동업기업으로부터 「조세특례제한법」 제100조의23제1항에 따른 신고기한까지 제출받은 기획재정부령으로 정하는 동업기업과세특례적용 및 동업자과세여부 확인서를 첨부하여야 한다.(2023.2.28 본문개정)
⑩ 법 제51조의2제2항제2호에서 "대통령령으로 정하는 기준에 해당하는 법인"이란 다음 각 호의 요건을 모두 갖춘 법인을 말한다.(2010.2.18 본항개정)
1. 사모방식으로 설립되었을 것
2. 개인 2인 이하 또는 개인 1인 및 그 친족(이하 이 호에서 "개인등"이라 한다)이 발행주식총수 또는 출자총액의 100분의 95 이상의 주식등을 소유할 것. 다만, 개인등에게 배당 및 잔여재산의 분배에 관한 청구권이 없는 경우를 제외한다.
(2006.2.9 본항신설)

제7관 소득금액계산의 특례

제87조 (2019.2.12 삭제)
제88조【부당행위계산의 유형 등】 ① 법 제52조제1항에서 "조세의 부담을 부당하게 감소시킨 것으로 인정되는 경우"란 다음 각 호의 어느 하나에 해당하는 경우를 말한다.(2011.6.3 본문개정)
1. 자산을 시가보다 높은 가액으로 매입 또는 현물출자 받았거나 그 자산을 과대상각한 경우
2. 무수익 자산을 매입 또는 현물출자받았거나 그 자산에 대한 비용을 부담한 경우
3. 자산을 무상 또는 시가보다 낮은 가액으로 양도 또는 현물출자한 경우. 다만, 제19조제19호의2 각 목 외

의 부분에 해당하는 주식매수선택권등의 행사 또는 지급에 따라 주식을 양도하는 경우는 제외한다.
(2018.2.13 단서개정)
3의2. 특수관계인인 법인 간 합병(분할합병을 포함한다)·분할에 있어서 불공정한 비율로 합병·분할하여 합병·분할에 따른 양도손익을 감소시킨 경우. 다만, 「자본시장과 금융투자업에 관한 법률」 제165조의4에 따라 합병(분할합병을 포함한다)·분할하는 경우는 제외한다.(2012.2.2 본문개정)
4. 불량자산을 차환하거나 불량채권을 양수한 경우
5. 출연금을 대신 부담한 경우
6. 금전, 그 밖의 자산 또는 용역을 무상 또는 시가보다 낮은 이율·요율이나 임대료로 대부하거나 제공한 경우. 다만, 다음 각 목의 어느 하나에 해당하는 경우는 제외한다.(2024.2.4 본문개정)
   가. 제19조제19호의2 각 목 외의 부분에 해당하는 주식매수선택권등의 행사 또는 지급에 따라 금전을 제공하는 경우(2018.2.13 본목개정)
   나. 주주등이나 출자자가 아닌 임원(소액주주등인 임원을 포함한다) 및 직원에게 사택(기획재정부령으로 정하는 임차사택을 포함한다)을 제공하는 경우(2020.2.11 본목개정)
   다. 법 제76조의8에 따른 연결납세방식을 적용받는 연결법인 간에 연결법인세액의 변동이 없는 등 기획재정부령으로 정하는 요건을 갖추어 용역을 제공하는 경우(2021.2.17 본목신설)
7. 금전, 그 밖의 자산 또는 용역을 시가보다 높은 이율·요율이나 임차료로 차용하거나 제공받은 경우. 다만, 법 제76조의8에 따른 연결납세방식을 적용받는 연결법인 간에 연결법인세액의 변동이 없는 등 기획재정부령으로 정하는 요건을 갖추어 용역을 제공받는 경우는 제외한다.(2021.2.17 본문개정)
7의2. 기획재정부령으로 정하는 파생상품에 근거한 권리를 행사하지 아니하거나 그 행사기간을 조정하는 등의 방법으로 이익을 분여하는 경우(2008.2.29 본호개정)
8. 다음 각 목의 어느 하나에 해당하는 자본거래로 인하여 주주등(소액주주등은 제외한다. 이하 이 조에서 같다)인 법인이 특수관계인인 다른 주주등에게 이익을 분여한 경우(2019.2.12 본문개정)
   가. 특수관계인인 법인간의 합병(분할합병을 포함한다)에 있어서 주식등을 시가보다 높거나 낮게 평가하여 불공정한 비율로 합병한 경우. 다만, 「자본시장과 금융투자업에 관한 법률」 제165조의4에 따라 합병(분할합병을 포함한다)하는 경우는 제외한다.(2012.2.2 본목개정)
   나. 법인의 자본(출자액을 포함한다)을 증가시키는 거래에 있어서 신주(전환사채·신주인수권부사채 또는 교환사채를 포함한다. 이하 이 목에서 같다)를 배정·인수받을 수 있는 권리의 전부 또는 일부를 포기(그 포기한 신주가 「자본시장과 금융투자업에 관한 법률」 제9조제7항에 따른 모집방법으로 배정되는 경우를 제외한다)하거나 신주를 시가보다 높은 가액으로 인수하는 경우(2009.2.4 본목개정)
   다. 법인의 감자에 있어서 주주등의 소유주식등의 비율에 의하지 아니하고 일부 주주등의 주식등을 소각하는 경우
8의2. 제8호 외의 경우로서 증자·감자, 합병(분할합병을 포함한다)·분할, 「상속세 및 증여세법」 제40조제1항에 따른 전환사채등에 의한 주식의 전환·인수·교환 등 자본거래를 통해 법인의 이익을 분여하였다고 인정되는 경우. 다만, 제19조제19호의2 각 목 외의 부분에 해당하는 주식매수선택권등 중 주식매수선택권의 행사에 따라 주식을 발행하는 경우는 제외한다.(2019.2.12 본문개정)

9. 그 밖에 제1호부터 제3호까지, 제3호의2, 제4호부터 제7호까지, 제7호의2, 제8호 및 제8호의2에 준하는 행위 또는 계산 및 그외에 법인의 이익을 분여하였다고 인정되는 경우(2019.2.12 본호개정)

② 제1항의 규정은 그 행위당시를 기준으로 하여 당해 법인과 특수관계인 간의 거래(특수관계인 외의 자를 통하여 이루어진 거래를 포함한다)에 대하여 이를 적용한다. 다만, 제1항제8호가목의 규정을 적용함에 있어서 특수관계인인 법인의 판정은 합병등기일이 속하는 사업연도의 직전 사업연도의 개시일(그 개시일이 서로 다른 법인이 합병한 경우에는 먼저 개시한 날을 말한다)부터 합병등기일까지의 기간에 의한다.(2012.2.2 본항개정)

③ 제1항제1호·제3호·제6호·제7호 및 제9호(제1항제1호·제3호·제6호 및 제7호에 준하는 행위 또는 계산에 한한다)는 시가와 거래가액의 차액이 3억원 이상이거나 시가의 100분의 5에 상당하는 금액 이상인 경우에 한하여 적용한다.(2007.2.28 본항신설)

④ 제3항은 주권상장법인이 발행한 주식을 거래한 경우에는 적용하지 않는다.(2021.2.17 본항개정)

제89조【시가의 범위 등】 ① 법 제52조제2항을 적용할 때 해당 거래와 유사한 상황에서 해당 법인이 특수관계인 외의 불특정다수인과 계속적으로 거래한 가격 또는 특수관계인이 아닌 제3자간에 일반적으로 거래된 가격이 있는 경우에는 그 가격에 따른다. 다만, 주권상장법인이 발행한 주식을 다음 각 호의 어느 하나에 해당하는 방법으로 거래한 경우 해당 주식의 시가는 그 거래일의 「자본시장과 금융투자업에 관한 법률」 제8조의2제2항에 따른 거래소(이하 "거래소"라 한다) 최종시세가액(거래소 휴장 중에 거래한 경우에는 그 거래일의 직전 최종시세가액)으로 하며, 기획재정부령으로 정하는 바에 따라 사실상 경영권의 이전이 수반되는 경우(해당 주식이 「상속세 및 증여세법 시행령」 제53조제8항 각 호의 어느 하나에 해당하는 주식인 경우는 제외한다)에는 그 가액의 100분의 20을 가산한다.(2023.2.28 단서개정)

1. 「자본시장과 금융투자업에 관한 법률」 제8조의2제4항제1호에 따른 증권시장 외에서 거래하는 방법
2. 대량매매 등 기획재정부령으로 정하는 방법
(2021.2.17 1호~2호신설)

② 법 제52조제2항을 적용할 때 시가가 불분명한 경우에는 다음 각 호를 차례로 적용하여 계산한 금액에 따른다.(2016.2.12 본문개정)

1. 「감정평가 및 감정평가사에 관한 법률」에 따른 감정평가법인등이 감정한 가액이 있는 경우 그 가액(감정한 가액이 2 이상인 경우에는 그 감정한 가액의 평균액). 다만, 주식등 및 가상자산은 제외한다.
(2021.2.17 본호개정)

2. 「상속세 및 증여세법」 제38조·제39조·제39조의2·제39조의3, 제61조부터 제66조까지의 규정을 준용하여 평가한 가액. 이 경우 「상속세 및 증여세법」 제63조제1항제1호나목 및 같은 법 시행령 제54조에 따라 비상장주식을 평가할 때 해당 비상장주식을 발행한 법인이 보유한 주식(주권상장법인이 발행한 주식에 한정한다)의 평가금액은 평가기준일의 거래소 최종시세가액으로 하며, 「상속세 및 증여세법」 제63조제2항제1호·제2호 및 같은 법 시행령 제57조제1항·제2항을 준용할 때 "직전 6개월(증여세가 부과되는 주식 등의 경우에는 3개월로 한다)"은 각각 "직전 6개월"로 본다.(2021.2.17 본호개정)

③ 제88조제1항제6호 및 제7호에 따른 금전의 대여 또는 차용의 경우에는 제1항 및 제2항에도 불구하고 기획재정부령으로 정하는 가중평균차입이자율(이하 "가중평균차입이자율"이라 한다)을 시가로 한다. 다만, 다음 각 호의 경우에는 해당 각 호의 구분에 따라 기획재정부령으로 정하는 당좌대출이자율(이하 "당좌대출이자율"이라 한다)을 시가로 한다.

1. 가중평균차입이자율의 적용이 불가능한 경우로서 기획재정부령으로 정하는 사유가 있는 경우 : 해당 대여금 또는 차입금에 한정하여 당좌대출이자율을 시가로 한다.(2014.2.21 본호개정)

1의2. 대여기간이 5년을 초과하는 대여금이 있는 경우 등 기획재정부령으로 정하는 경우 : 해당 대여금 또는 차입금에 한정하여 당좌대출이자율을 시가로 한다.
(2012.2.2 본호신설)

2. 해당 법인이 법 제60조에 따른 신고와 함께 기획재정부령으로 정하는 바에 따라 당좌대출이자율을 시가로 선택하는 경우 : 당좌대출이자율을 시가로 하여 선택한 사업연도와 이후 2개 사업연도는 당좌대출이자율을 시가로 한다.
(2010.12.30 본항개정)

④ 제88조제1항제6호 및 제7호에 따른 자산(금전은 제외한다) 또는 용역을 제공할 때 제1항 및 제2항을 적용할 수 없는 경우에는 다음 각 호에 따라 계산한 금액을 시가로 한다.(2021.2.17 본문개정)

1. 유형 또는 무형의 자산을 제공하거나 제공받는 경우에는 당해 자산 시가의 100분의 50에 상당하는 금액에서 그 자산의 제공과 관련하여 받은 전세금 또는 보증금을 차감한 금액에 정기예금이자율을 곱하여 산출한 금액(2000.12.29 본호개정)

2. 건설 기타 용역을 제공하거나 제공받는 경우에는 당해 용역의 제공에 소요된 금액(직접비 및 간접비를 포함하며, 이하 이 호에서 "원가"라 한다)과 원가에 해당 사업연도 중 특수관계인 외의 자에게 제공한 유사한 용역제공거래 또는 특수관계인이 아닌 제3자간의 일반적인 용역제공거래를 할 때의 수익률(기업회계기준에 따라 계산한 매출액에서 원가를 차감한 금액을 원가로 나눈 율을 말한다)을 곱하여 계산한 금액을 합한 금액(2021.2.17 본호개정)

⑤ 제88조의 규정에 의한 부당행위계산에 해당하는 경우에는 법 제52조제1항의 규정에 의하여 제1항 내지 제4항의 규정에 의한 시가와의 차액 등을 익금에 산입하여 당해 법인의 각 사업연도의 소득금액을 계산한다. 다만, 기획재정부령이 정하는 금전의 대여에 대하여는 이를 적용하지 아니한다.(2008.2.29 단서개정)

⑥ 제88조제1항제8호 및 제8호의2의 규정에 의하여 특수관계인에게 이익을 분여한 경우 제5항의 규정에 의하여 익금에 산입할 금액의 계산에 관하여는 그 유형에 따라 「상속세 및 증여세법」 제38조·제39조·제39조의2·제39조의3·제40조·제42조의2와 같은 법 시행령 제28조제3항부터 제7항까지, 제29조제2항, 제29조의2제1항·제2항, 제29조의3제1항, 제30조제5항 및 제32조의2의 규정을 준용한다. 이 경우 "대주주" 및 "특수관계인"은 이 영에 의한 "특수관계인"으로 보고, "이익" 및 "대통령령으로 정하는 이익"은 "특수관계인에게 분여한 이익"으로 본다.(2016.2.12 전단개정)

제90조【특수관계인간 거래명세서의 제출】 ① 각 사업연도에 특수관계인과 거래가 있는 법인은 법 제52조제3항에 따라 법 제60조에 따른 신고와 함께 기획재정부령으로 정하는 특수관계인간 거래명세서를 납세지 관할세무서장에게 제출해야 한다. 다만, 「국제조세조정에 관한 법률」 제16조에 따른 납세지 관할세무서장에게 그 내역을 제출한 국제거래의 내역은 제외할 수 있다.(2021.2.17 본문개정)

1.~2. (2009.2.4 삭제)

② 납세지 관할세무서장 또는 관할지방국세청장은 제1항의 규정에 의하여 제출받은 명세서의 내역을 확인하기 위하여 필요한 때에는 법인에 대하여 그 거래에 적

용한 시가의 산정 및 그 계산근거 기타 필요한 자료의 제출을 요구할 수 있다.
(2012.2.2 본조제목개정)
제91조【외국법인 등과의 거래에 대한 소득금액계산의 특례】 법 제53조에 따른 소득금액조정의 신청 및 그 절차 등은 「국제조세조정에 관한 법률 시행령」 제21조를 준용한다.(2021.2.17 본조개정)
제91조의2【기능통화 도입기업의 과세표준계산방법 신청 및 변경】 ① 법 제53조의2제1항제2호 또는 제3호의 과세표준계산방법을 적용하려는 법인은 최초로 법 제53조의2제1항제2호 또는 제3호의 과세표준계산방법을 적용하려는 사업연도의 법 제60조에 따른 신고와 함께 납세지 관할세무서장에게 기획재정부령으로 정하는 과세표준계산방법신고서를 제출하여야 한다.
② 법 제53조의2제2항에서 "대통령령으로 정하는 사유"란 다음 각 호의 어느 하나에 해당하는 사유를 말한다.
1. 기능통화를 변경한 경우
2. 법 제53조의2제1항 각 호에 따른 과세표준 계산방법(이하 이 조 및 제91조의3에서 "과세표준계산방법"이라 한다)이 서로 다른 법인이 합병(분할합병을 포함한다)한 경우
3. 과세표준계산방법이 서로 다른 사업자의 사업을 인수한 경우
4. 연결납세방식을 최초로 적용받는 내국법인의 과세표준계산방법이 해당 연결집단의 과세표준계산방법과 다른 경우(해당 연결집단의 과세표준계산방법으로 변경하는 경우만 해당한다)
③ 법 제53조의2제1항제2호 또는 제3호의 과세표준계산방법을 적용하는 법인이 제2항 각 호의 어느 하나에 해당하는 사유가 발생하여 과세표준계산방법을 변경하려는 경우에는 변경된 과세표준계산방법을 적용하려는 사업연도 종료일까지 납세지 관할세무서장에게 기획재정부령으로 정하는 과세표준계산방법변경신청서를 제출하여야 한다.
④ 제3항에 따른 신청서를 접수한 관할세무서장은 사업연도 종료일부터 1개월 이내에 그 승인 여부를 결정하여 통지하여야 한다.
⑤ 법인이 제4항에 따른 승인을 받지 아니하고 과세표준계산방법을 변경한 경우 과세표준은 변경하기 전의 과세표준계산방법에 따라 계산한다.
(2010.12.30 본조신설)
제91조의3【기능통화 도입기업의 과세표준계산방법 관련 세부 규정】 ① 법 제53조의2제1항제1호의 과세표준계산방법을 적용하는 경우 손비로 계상한 경우에만 각 사업연도의 소득금액을 계산할 때 손금에 산입하는 항목은 원화 외의 통화를 기능통화로 채택하지 아니하였을 경우에 작성하여야 할 재무제표(이하 이 조 및 제91조의5에서 "원화재무제표"라 한다)의 금액을 기준으로 손금 계상액을 산정한다.(2019.2.12 본항개정)
② 법 제53조의2제1항제2호의 과세표준계산방법을 적용하는 경우 법 및 이 영에 따른 익금 및 손금, 법 제13조제1항제1호에 따른 결손금, 같은 항 제2호에 따른 비과세소득, 같은 항 제3호에 따른 소득공제액은 기능통화로 표시하여 과세표준을 계산한 후 이를 원화로 환산하여야 한다.(2019.2.12 본항개정)
③ 법 제53조의2제1항제2호의 과세표준계산방법을 적용하는 법인은 다음 각 호의 경우 사업연도 종료일 현재의 매매기준율등 또는 제5항에 따른 평균환율 중 제91조의2제1항을 는 제3항에 따른 신고와 함께 납세지 관할세무서장에게 신고한 환율을 적용한다.
1. 기능통화로 표시된 과세표준을 원화로 환산하는 경우
2. 법 제25조제4항 각 호에 따른 기업업무추진비 한도 금액을 기능통화로 환산하는 경우(2023.2.28 본항개정)

3. 법 제57조 및 제57조의2, 「조세특례제한법」 제10조, 제24조, 제25조의6, 제94조 및 제104조의5의 적용을 받아 세액공제액을 기능통화로 계산한 후 원화로 환산하는 경우(2021.2.17 본항개정)
④ 법 제53조의2제1항제2호 또는 제3호의 과세표준계산방법을 적용할 때 제73조제3호·제5호 및 제76조제1항·제2항에 따른 외화는 기능통화 외의 통화로 한다.
⑤ 법 제53조의2제1항제3호 및 제3항제2호에 따른 환율은 해당하는 날의 매매기준율로 하고, 사업연도 평균환율은 기획재정부령으로 정하는 해당 사업연도 평균환율(이하 이 조 및 제91조의5에서 "평균환율"이라 한다)로 한다.(2021.2.17 본항개정)
⑥ 법 제53조의2제1항제3호에서 "대통령령으로 정하는 항목"이란 감가상각비, 퇴직급여충당금, 대손충당금, 구상채권상각충당금, 제68조제6항에 따른 현재가치할인차금상당액, 제69조제1항 본문에 따른 건설자등의 제공으로 인한 손익, 제70조제1항제1호 단서 및 제2호 단서에 따른 이자 및 할인액, 제70조제3항 단서에 따른 보험료상당액 등, 제70조제4항에 따른 이자 및 할인액과 배당소득, 제71조제1항 각 호 외의 부분 단서에 따른 임대료상당액과 이에 대응하는 비용, 제71조제3항에 따른 사채할인발행차금, 그 밖에 이와 유사한 항목으로서 기획재정부령으로 정하는 항목을 말한다.
⑦ 법 제53조의2제1항제3호의 과세표준계산방법을 적용하는 경우 감가상각비, 퇴직보험료(제44조의2제4항에 따른 확정기여형 퇴직연금등의 부담금을 말한다), 퇴직급여충당금, 대손충당금, 구상채권상각충당금, 그 밖에 이와 유사한 항목으로서 기획재정부령으로 정하는 항목에 대해서는 손금 계상액 및 손금산입한도를 각각 기능통화로 표시하여 손금산입액을 결정한다.
⑧ 법 제53조의2제3항에 따라 익금에 산입한 금액은 제64조제3항을 준용하여 일시상각충당금 또는 압축기장충당금으로 계상하여 손금에 산입하여야 하며, 손금에 산입한 금액은 제64조제4항 및 제5항을 준용하여 익금에 산입한다.
(2010.12.30 본조신설)
제91조의4【해외사업장 과세표준계산방법 신청 및 변경】 ① 법 제53조의3제2항에서 "대통령령으로 정하는 사유"란 다음 각 호의 어느 하나에 해당하는 사유를 말한다.
1. 법 제53조의3제1항 각 호에 따른 과세표준계산방법(이하 이 조 및 제91조의5에서 "과세표준계산방법"이라 한다)이 서로 다른 법인이 합병(분할합병을 포함한다)한 경우
2. 과세표준계산방법이 서로 다른 사업자의 사업을 인수하는 경우
② 법 제53조의3제1항제2호 또는 제3호의 과세표준계산방법의 신청에 관하여는 제91조의2제1항을 준용하며, 법 제53조의3제1항제2호 또는 제3호의 과세표준계산방법을 적용하는 법인의 과세표준계산방법의 변경에 관하여는 제91조의2제3항부터 제5항까지의 규정을 준용한다.
(2010.12.30 본조신설)
제91조의5【해외사업장 과세표준계산방법 관련 세부 규정】 ① 법 제53조의3제1항제1호의 과세표준계산방법을 적용하는 경우 손금으로 계상한 경우에만 각 사업연도의 소득금액을 계산할 때 손금에 산입하는 항목은 원화재무제표의 금액을 기준으로 손금 계상액을 산정한다.
② 법 제53조의3제1항제2호의 과세표준계산방법을 적용하는 경우에는 법 및 다른 법률에 따른 해외사업장의 익금 및 손금을 해외사업장의 기능통화로 표시하여 과세표준을 계산한 후 이를 원화로 환산하여야 하며, 원화로 환산한 해외사업장 과세표준을 본점의 과세표

준과 합산한 금액에 대하여 법 제13조를 적용하여 법인의 과세표준을 계산한다.

③ 법 제53조의3제1항제2호의 과세표준계산방법을 적용하는 경우에는 기능통화로 표시된 해외사업장 과세표준을 사업연도종료일 현재의 매매기준율등 또는 평균환율 중 제91조의4제2항에 따른 신고와 함께 납세지 관할세무서장에게 신고한 환율을 적용하여 원화로 환산하여야 한다.(2011.3.31 본항개정)

④ 법 제53조의3제1항제2호의 과세표준계산방법을 적용하는 경우에는 해외사업장에서 지출한 기부금, 기업업무추진비, 고유목적사업준비금, 책임준비금, 비상위험준비금, 퇴직급여, 퇴직보험료(제44조의2제4항에 따른 확정기여형 퇴직연금 등의 부담금을 말한다), 퇴직급여충당금, 대손충당금, 구상채권상각충당금, 그 밖에 법 및 이 영에 따른 손금산입한도가 있는 손금 항목은 이를 손금에 산입하지 아니한다.(2023.2.28 본항개정)

⑤ 제4항에 따라 손금에 산입하지 아니한 금액은 제3항에 따른 환율을 적용하여 원화로 환산한 후 본점의 해당 항목과 합산하여 본점의 소득금액을 계산할 때 해당 법인(본점과 해외사업장을 포함한다. 이하 이 조에서 같다)의 손금산입한도 내에서 손금에 산입한다. 이 경우 해당 법인의 손금산입한도를 계산할 때 해외사업장 재무제표는 제3항에 따른 환율을 적용하여 원화로 환산한다.

⑥ 법 제53조의3제1항제2호 및 제3호의 과세표준계산방법을 적용하는 경우 법 제73조제3호·제5호 및 제76조제1항·제2항에 따른 외화는 해외사업장의 기능통화 외의 통화로 한다.

⑦ 법 제53조의3제1항제3호에서 "사업연도종료일 현재의 환율"이란 사업연도 종료일 현재의 매매기준율등을 말하고, "대통령령으로 정하는 환율"이란 다음 각 호에 따른 환율을 말한다.

1. 제91조의3제6항에 해당하는 항목의 경우 : 평균환율

2. 제1호 외의 경우 : 해당 항목의 거래일 현재의 매매기준율등 또는 평균환율 중 제91조의4제2항에 따른 신고와 함께 납세지 관할세무서장에게 신고한 환율 (2010.12.30 본조신설)

제2절 세액의 계산

제92조【월수의 계산】 법 제55조제2항 후단에 따른 월수는 태양력에 따라 계산하되, 1개월 미만의 일수는 1개월로 한다.(2019.2.12 본문개정)

제92조의2【토지등양도소득에 대한 과세특례】 ① (2009.6.8 삭제)

② 법 제55조의2제1항제2호 본문에서 "대통령령으로 정하는 주택"이란 국내에 소재하는 주택으로서 다음 각 호의 어느 하나에 해당하지 않는 주택을 말한다. 다만, 제1호, 제1호의2, 제1호의4 및 제1호의12에 해당하는 임대주택(법률 제17482호 민간임대주택에 관한 특별법 일부개정법률 부칙 제5조제1항이 적용되는 주택으로 한정한다)으로서 「민간임대주택에 관한 특별법」 제6조제5항에 따라 임대의무기간이 종료한 날에 등록이 말소되는 경우에는 임대의무기간이 종료한 날에 제1호, 제1호의2, 제1호의4 및 제1호의12에서 정한 임대기간요건을 갖춘 것으로 본다.(2022.8.2 단서개정)

1. 해당 법인이 임대하는 「민간임대주택에 관한 특별법」 제2조제3호에 따른 민간매입임대주택 또는 「공공주택 특별법」 제2조제1호의3에 따른 공공매입임대주택으로서 다음 각 목의 요건을 모두 갖춘 주택. 다만, 「민간임대주택에 관한 특별법」 제2조제7호에 따른 임대사업자의 경우에는 2018년 3월 31일 이전에 같은 법 제5조에 따른 임대사업자 등록과 법 제111조에 따른

사업자등록(이하 이 조에서 "사업자등록등"이라 한다)을 한 주택으로 한정한다.(2018.2.13 단서신설)

가. (2013.2.15 삭제)

나. 5년 이상 임대한 주택일 것

다. 「민간임대주택에 관한 특별법」 제5조에 따라 민간임대주택으로 등록하거나 「공공주택 특별법」 제2조제1호가목에 따른 공공임대주택으로 건설 또는 매입되어 임대를 개시한 날의 해당 주택 및 이에 딸린 토지의 기준시가(「소득세법」 제99조에 따른 기준시가를 말한다. 이하 이 항에서 같다)의 합계액이 6억원(「수도권정비계획법」 제2조제1호에 따른 수도권(이하 "수도권"이라 한다) 밖의 지역인 경우에는 3억원) 이하일 것(2015.12.28 본목개정)

(2011.10.14 본호개정)

1의2. 해당 법인이 임대하는 「민간임대주택에 관한 특별법」 제2조제2호에 따른 민간건설임대주택 또는 「공공주택 특별법」 제2조제1호의2에 따른 공공건설임대주택으로서 다음 각 목의 요건을 모두 갖춘 주택이 2호 이상인 경우 그 주택. 다만, 「민간임대주택에 관한 특별법」 제2조제7호에 따른 임대사업자의 경우에는 2018년 3월 31일 이전에 사업자등록등을 한 주택으로 한정한다.(2018.2.13 단서신설)

가. 대지면적이 298제곱미터 이하이고 주택의 연면적(「소득세법 시행령」 제154조제3항 본문에 따라 주택으로 보는 부분과 주거전용으로 사용되는 지하실 부분의 면적을 포함하고, 공동주택의 경우에는 전용면적을 말한다)이 149제곱미터 이하일 것

나. 5년 이상 임대하는 것일 것

다. 「민간임대주택에 관한 특별법」 제5조에 따라 민간임대주택으로 등록하거나 「공공주택 특별법」 제2조제1호가목에 따른 공공임대주택으로 건설 또는 매입되어 임대를 개시한 날의 해당 주택 및 이에 딸린 토지의 기준시가의 합계액이 6억원 이하일 것 (2015.12.28 본목개정)

(2008.2.22 본호개정)

1의3. 「부동산투자회사법」 제2조제1호에 따른 부동산투자회사 또는 「간접투자자산 운용업법」 제27조제3호에 따른 부동산간접투자기구가 2008년 1월 1일부터 2008년 12월 31일까지 취득 및 임대하는 「민간임대주택에 관한 특별법」 제2조제3호에 따른 민간매입임대주택 또는 「공공주택 특별법」 제2조제1호의3에 따른 공공매입임대주택으로서 다음 각 목의 요건을 모두 갖춘 주택이 5호 이상인 경우 그 주택 (2015.12.28 본문개정)

가. 대지면적이 298제곱미터 이하이고 주택의 연면적(「소득세법 시행령」 제154조제3항 본문에 따라 주택으로 보는 부분과 주거전용으로 사용되는 지하실 부분의 면적을 포함하고, 공동주택의 경우에는 전용면적을 말한다)이 149제곱미터 이하일 것

나. 10년 이상 임대하는 것일 것

다. 수도권 밖의 지역에 소재할 것(2008.10.7 본목개정)

(2008.2.22 본호신설)

1의4. 「민간임대주택에 관한 특별법」 제2조제3호에 따른 민간매입임대주택 또는 「공공주택 특별법」 제2조제1호의3에 따른 공공매입임대주택[미분양주택(「주택법」 제54조에 따른 사업주체가 같은 조에 따라 공급하는 주택으로서 입주자모집공고에 따른 입주자의 계약일이 지난 주택단지에서 2008년 6월 10일까지 분양계약이 체결되지 아니하여 선착순의 방법으로 공급하는 주택을 말한다. 이하 이 호에서 같다)으로서 2008년 6월 11일부터 2009년 6월 30일까지 최초로 분양계약을 체결하고 계약금을 납부한 주택에 한정한다]으로서 다음 각 목의 요건을 모두 갖춘 주택. 이 경우 해당 주택을 양도하는 법인은 해당 주택을 양도

하는 날이 속하는 사업연도 과세표준신고 시 시장·군수 또는 구청장이 발행한 미분양주택 확인서 사본 및 미분양주택 매입 시의 매매계약서 사본을 납세지 관할세무서장에게 제출해야 한다.(2020.10.7 후단개정)
가. 대지면적이 298제곱미터 이하이고 주택의 연면적이(「소득세법 시행령」 제154조제3항 본문에 따라 주택으로 보는 부분과 주거전용으로 사용되는 지하실 부분의 면적을 포함하고, 공동주택의 경우에는 전용면적을 말한다)이 149제곱미터 이하일 것
나. 5년 이상 임대하는 것일 것
다. 수도권 밖의 지역에 소재할 것(2008.10.7 본문개정)
라. 가목부터 다목까지의 요건을 모두 갖춘 매입임대주택(이하 이 조에서 "미분양매입임대주택"이라 한다)이 같은 시(특별시 및 광역시를 포함한다)·군에서 5호 이상일 것〔제1호에 따른 매입임대주택이 5호 이상이거나 제1호의3에 따른 매입임대주택이 5호 이상인 경우에는 제1호 또는 제1호의3에 따른 매입임대주택과 미분양매입임대주택을 합산하여 5호 이상일 것〕
마. 2020년 7월 11일 이후 종전의 「민간임대주택에 관한 특별법」(법률 제17482호 민간임대주택에 관한 특별법 일부개정법률에 따라 개정되기 전의 것을 말한다. 이하 같다) 제5조에 따른 임대사업자등록 신청(임대할 주택을 추가하기 위해 등록사항의 변경 신고를 한 경우를 포함한다)을 한 같은 법 제2조제5호에 따른 장기일반민간임대주택 중 아파트를 임대하는 민간매입임대주택 또는 같은 조 제6호에 따른 단기민간임대주택이 아닐 것(2020.10.7 본목신설)
바. 종전의 「민간임대주택에 관한 특별법」 제5조에 따라 등록을 한 같은 법 제2조제6호에 따른 단기민간임대주택을 같은 법 제5조제3항에 따라 2020년 7월 11일 이후 장기일반민간임대주택등으로 변경 신고한 주택이 아닐 것(2020.10.7 본목신설)
(2008.7.24 본호신설)
1의5. 다음 각 목의 요건을 모두 갖춘 「부동산투자회사법」 제2조제1호다목에 따른 기업구조조정부동산투자회사 또는 「자본시장과 금융투자업에 관한 법률」 제229조제2호에 따른 부동산집합투자기구(이하 이 항에서 "기업구조조정부동산투자회사등"이라 한다)가 2010년 2월 11일까지 직접 취득(2010년 2월 11일까지 매매계약을 체결하고 계약금을 납부한 경우를 포함한다)을 하는 미분양주택(「주택법」 제54조에 따른 사업주체가 같은 조에 따라 공급하는 주택으로서 입주자모집공고에 따른 입주자의 계약일이 지나 선착순의 방법으로 공급하는 주택을 말한다. 이하 이 항에서 같다)(2016.8.11 본문개정)
가. 취득하는 부동산이 모두 서울특별시 밖의 지역(「소득세법」 제104조의2에 따른 지정지역은 제외한다. 이하 이 조에서 같다)에 있는 미분양주택으로서 그 중 수도권 밖의 지역에 있는 주택수의 비율이 100분의 60 이상일 것(2009.9.29 본목개정)
나. 존립기간이 5년 이내일 것
(2009.4.21 본호신설)
1의6. 제1호의5, 제1호의8 또는 제1호의10에 따라 기업구조조정부동산투자회사등이 미분양주택을 취득할 당시 매입약정을 체결한 자가 그 매입약정에 따라 미분양주택(제1호의8의 경우에는 수도권 밖의 지역에 있는 미분양주택만 해당한다)을 취득한 경우로서 그 취득일부터 3년 이내인 주택(2011.6.3 본호개정)
1의7. 다음 각 목의 요건을 모두 갖춘 신탁계약에 따른 신탁재산으로 「자본시장과 금융투자업에 관한 법률」에 따른 신탁업자(이하 이 호에서 "신탁업자"라 한다)가 2010년 2월 11일까지 직접 취득(2010년 2월 11일까지 매매계약을 체결하고 계약금을 납부한 경우를

포함한다)을 하는 미분양주택(2009.12.31 본문개정)
가. 주택의 시공자(이하 이 조에서 "시공자"라 한다)가 채권을 발행하여 조달한 금전을 신탁업자에게 신탁하고, 해당 시공자가 발행하는 채권을 「한국주택금융공사법」에 따른 한국주택금융공사의 신용보증을 받아 「자산유동화에 관한 법률」에 따라 유동화 할 것
나. 신탁업자가 신탁재산으로 취득하는 부동산은 모두 서울특별시 밖의 지역에 있는 미분양주택(「주택도시기금법」에 따른 주택도시보증공사가 분양보증을 하여 준공하는 주택만 해당한다)으로서 그 중 수도권 밖의 지역에 있는 주택수의 비율(신탁업자가 다수의 시공자로부터 금전을 신탁받은 경우에는 해당 신탁업자가 신탁재산으로 취득한 전체 미분양주택을 기준으로 한다)이 100분의 60 이상일 것(2015.6.30 본문개정)
다. 신탁재산의 운용기간(신탁계약이 연장되는 경우 그 연장되는 기간을 포함한다)이 5년 이내일 것
(2009.9.29 본호신설)
1의8. 다음 각 목의 요건을 모두 갖춘 기업구조조정부동산투자회사등이 2011년 4월 30일까지 직접 취득(2011년 4월 30일까지 매매계약을 체결하고 계약금을 납부한 경우를 포함한다)하는 수도권 밖의 지역에 있는 미분양주택
가. 취득하는 부동산이 모두 서울특별시 밖의 지역에 있는 2010년 2월 11일 현재 미분양주택으로서 그 중 수도권 밖의 지역에 있는 주택수의 비율이 100분의 50 이상일 것
나. 존립기간이 5년 이내일 것
1의9. 다음 각 목의 요건을 모두 갖춘 신탁계약에 따른 신탁재산으로 「자본시장과 금융투자업에 관한 법률」에 따른 신탁업자(이하 이 호에서 "신탁업자"라 한다)가 2011년 4월 30일까지 직접 취득(2011년 4월 30일까지 매매계약을 체결하고 계약금을 납부한 경우를 포함한다)하는 수도권 밖의 지역에 있는 미분양주택
가. 시공자가 채권을 발행하여 조달한 금전을 신탁업자에게 신탁하고, 해당 시공자가 발행하는 채권을 「한국주택금융공사법」에 따른 한국주택금융공사의 신용보증을 받아 「자산유동화에 관한 법률」에 따라 유동화할 것
나. 신탁업자가 신탁재산으로 취득하는 부동산은 모두 서울특별시 밖의 지역에 있는 2010년 2월 11일 현재 미분양주택(「주택도시기금법」에 따른 주택도시보증공사가 분양보증을 하여 준공하는 주택만 해당한다)으로서 그 중 수도권 밖의 지역에 있는 주택수의 비율(신탁업자가 다수의 시공자로부터 금전을 신탁받은 경우에는 해당 신탁업자가 신탁재산으로 취득한 전체 미분양주택을 기준으로 한다)이 100분의 50 이상일 것(2015.6.30 본문개정)
다. 신탁재산의 운용기간(신탁계약이 연장되는 경우 그 연장되는 기간을 포함한다)은 5년 이내일 것
(2010.6.8 1호의8~1호의9신설)
1의10. 다음 각 목의 요건을 모두 갖춘 기업구조조정부동산투자회사등이 2014년 12월 31일까지 직접 취득(2014년 12월 31일까지 매매계약을 체결하고 계약금을 납부한 경우를 포함한다)하는 미분양주택(2014.2.21 본문개정)
가. 취득하는 부동산이 모두 미분양주택일 것
나. 존립기간이 5년 이내일 것
1의11. 다음 각 목의 요건을 모두 갖춘 신탁계약에 따른 신탁재산으로 「자본시장과 금융투자업에 관한 법률」에 따른 신탁업자(이하 이 호에서 "신탁업자"라 한다)가 2012년 12월 31일까지 직접 취득(2012년 12월 31일까지 매매계약을 체결하고 계약금을 납부한

경우를 포함한다)하는 미분양주택(「주택도시기금법」에 따른 주택도시보증공사가 분양보증을 하여 준공하는 주택만 해당한다)(2015.6.30 본문개정)

가. 시공자가 채권을 발행하여 조달한 금전을 신탁업자에게 신탁하고, 해당 시공자가 발행하는 채권을 「한국주택금융공사법」에 따른 한국주택금융공사의 신용보증을 받아 「자산유동화에 관한 법률」에 따라 유동화할 것

나. 신탁재산의 운용기간(신탁계약이 연장되는 경우 그 연장되는 기간을 포함한다)이 5년 이내일 것 (2011.6.3 1호의10~1호의11신설)

1의12. 「민간임대주택에 관한 특별법」 제2조제3호에 따른 민간매입임대주택 중 같은 조 제4호에 따른 공공지원민간임대주택 또는 같은 조 제5호에 따른 장기일반민간임대주택등(이하 이 조에서 "장기일반민간임대주택등"이라 한다)으로서 다음 각 목의 요건을 모두 갖춘 주택(「민간임대주택에 관한 특별법」 제2조제5호에 따른 장기일반민간임대주택의 경우에는 2020년 6월 17일 이전에 사업자등록등을 신청(임대할 주택을 추가하기 위해 등록사항의 변경 신고를 한 경우를 포함한다)한 주택으로 한정한다. 다만, 종전의 「민간임대주택에 관한 특별법」 제5조에 따라 등록을 한 같은 법 제2조제6호에 따른 단기민간임대주택을 같은 법 제5조제3항에 따라 2020년 7월 11일 이후 장기일반민간임대주택등으로 변경 신고한 주택은 제외한다. (2020.10.7 본문개정)

가. 10년 이상 임대한 주택일 것(2020.10.7 본문개정)

나. 「민간임대주택에 관한 특별법」 제5조에 따라 민간임대주택으로 등록하여 해당 주택의 임대를 개시한 날의 해당 주택 및 이에 딸린 토지의 기준시가의 합계액이 6억원(수도권 밖의 지역인 경우에는 3억원) 이하일 것

1의13. 「민간임대주택에 관한 특별법」 제2조제2호에 따른 민간건설임대주택 중 장기일반민간임대주택등으로서 다음 각 목의 요건을 모두 갖춘 주택이 2호 이상인 경우 그 주택. 다만, 종전의 「민간임대주택에 관한 특별법」 제5조에 따라 등록을 한 같은 법 제2조제6호에 따른 단기민간임대주택을 같은 법 제5조제3항에 따라 2020년 7월 11일 이후 장기일반민간임대주택등으로 변경 신고한 주택은 제외한다.(2020.10.7 단서신설)

가. 대지면적이 298제곱미터 이하이고 주택의 연면적(「소득세법 시행령」 제154조제3항 본문에 따라 주택으로 보는 부분과 주거전용으로 사용되는 지하실 부분의 면적을 포함하고, 공동주택의 경우에는 전용면적을 말한다)이 149제곱미터 이하일 것

나. 10년 이상 임대하는 것일 것(2020.10.7 본목개정)

다. 「민간임대주택에 관한 특별법」 제5조에 따라 민간임대주택으로 등록하여 해당 주택의 임대를 개시한 날의 해당 주택 및 이에 딸린 토지의 기준시가의 합계액이 9억원 이하일 것(2022.8.2 본목개정)

라. 직전 임대차계약 대비 임대보증금 또는 임대료(이하 이 호에서 "임대료등"이라 한다)의 증가율이 100분의 5를 초과하는 임대차계약을 체결하지 않았을 것. 이 경우 임대료등을 증액하는 임대차계약을 체결하면서 임대보증금과 월임대료를 서로 전환하는 경우에는 「민간임대주택에 관한 특별법」 제44조제4항에서 정하는 기준에 따라 임대료등의 증가율을 계산한다.(2022.8.2 본목신설)

마. 임대차계약을 체결한 후 또는 약정에 따라 임대료등의 증액이 있은 후 1년 이내에 임대료등을 증액하는 임대차계약을 체결하지 않았을 것(2022.8.2 본목신설)

(2018.2.13 1호의12~1호의13신설)

1의14. 제1호, 제1호의2, 제1호의4 및 제1호의12에 해당하는 임대주택(법률 제17482호 민간임대주택에 관한 특별법 일부개정법률 부칙 제5조제1항이 적용되는 주택으로 한정한다)으로서 「민간임대주택에 관한 특별법」 제6조제1항제11호에 따라 임대사업자의 임대의무기간 내 등록 말소 신청으로 등록이 말소된 경우(같은 법 제43조에 따른 임대의무기간의 2분의 1 이상을 임대한 경우에 한정한다)에는 해당 등록 말소이후 1년 이내 양도하는 주택(2020.10.7 본호신설)

2. 주주등이나 출연자가 아닌 임원 및 직원에게 제공하는 사택 및 그 밖에 무상으로 제공하는 법인 소유의 주택으로서 사택제공기간 또는 무상제공기간이 10년 이상인 주택(2019.2.12 본호개정)

3. 저당권의 실행으로 인하여 취득하거나 채권변제를 대신하여 취득한 주택으로서 취득일부터 3년이 경과하지 아니한 주택(2006.2.9 본호개정)

4. 그 밖에 부득이한 사유로 보유하고 있는 주택으로서 기획재정부령으로 정하는 주택(2008.2.29 본호개정)

③ 법 제55조의2제4항제2호에서 "대통령령으로 정하는 경우"란 「소득세법 시행령」 제153조제1항의 규정에 의한 경우를 말한다. 이 경우 동항제3호 단서의 규정중 "농지소재지에 거주하면서 경작"은 "경작"으로 본다. (2011.6.3 본항개정)

④ 법 제55조의2제4항제3호에서 "대통령령으로 정하는 사유로 발생하는 소득"이란 다음 각 호의 어느 하나에 해당하는 소득을 말한다.(2012.2.2 본항개정)

1. 「도시개발법」 그 밖의 법률에 의한 환지처분으로 지목 또는 지번이 변경되거나 체비지로 충당됨으로써 발생하는 소득. 이 경우 환지처분 및 체비지는 「소득세법 시행령」 제152조의 규정에 의한 것으로 한다. (2005.2.19 본호개정)

1의2. 「소득세법 시행령」 제152조제3항에 따른 교환으로 발생하는 소득(2015.2.3 본호신설)

2. 적격분할·적격합병·적격물적분할·적격현물출자·조직변경 및 교환(법 제50조의 요건을 갖춘 것에 한한다)으로 인하여 발생하는 소득(2015.2.3 본호개정)

3. 「한국토지주택공사법」에 따른 한국토지주택공사가 같은 법에 따른 개발사업으로 조성한 토지중 주택건설용지로 양도함으로써 발생하는 소득(2009.9.21 본호개정)

4. 주택을 신축하여 판매(「민간임대주택에 관한 특별법」 제2조제2호에 따른 민간건설임대주택 또는 「공공주택 특별법」 제2조제1호의2에 따른 공공건설임대주택을 동법에 따라 분양하거나 다른 임대사업자에게 매각하는 경우를 포함한다)하는 법인이 그 주택 및 주택에 부수되는 토지로서 그 면적이 다음 각 목의 면적 중 넓은 면적 이내의 토지를 양도함으로써 발생하는 소득(2015.12.28 본문개정)

가. 주택의 연면적(지하층의 면적, 지상층의 주차용으로 사용되는 면적 및 「주택건설기준 등에 관한 규정」 제2조제3호의 규정에 따른 주민공동시설의 면적을 제외한다)

나. 건물이 정착된 면적에 5배(「국토의 계획 및 이용에 관한 법률」 제6조의 규정에 따른 도시지역 밖의 토지의 경우에는 10배)를 곱하여 산정한 면적 (2006.2.9 본호개정)

5. 「민간임대주택에 관한 특별법」 제2조제7호에 따른 임대사업자로서 장기일반민간임대주택등을 300호 또는 300세대 이상 취득하였거나 취득하려는 자에게 토지를 양도하여 발생하는 소득(2018.7.16 본호개정)

6. 「공공주택 특별법」 제2조제1호의3에 따른 공공매입임대주택(이하 이 호에서 "공공매입임대주택"이라 한다)을 건설할 자(같은 법 제4조에 따른 공공주택사업자와 공공매입임대주택을 건설하여 양도하기로 약정

을 체결한 자로 한정한다)에게 2024년 12월 31일까지 주택 건설을 위한 토지를 양도하여 발생하는 소득 (2022.8.2 본호개정)
7. 그 밖에 공공목적을 위한 양도 등 기획재정부령이 정하는 사유로 인하여 발생하는 소득(2008.2.29 본호개정)
⑤ 법 제55조의2제5항 단서에서 "대통령령으로 정하는 토지등"이란 다음 각호의 1에 해당하는 것을 말한다. (2011.6.3 본문개정)
1. 법률의 규정 또는 법원의 결정에 의하여 양도당시 취득에 관한 등기가 불가능한 토지등
2. 법 제55조의2제4항제2호의 규정에 의한 농지 (2005.12.31 본호개정)
⑥ 제68조는 법 제55조의2제1항에 따른 토지등양도소득의 귀속사업연도, 양도시기 및 취득시기에 관하여 이를 준용한다. 다만, 제68조제4항에 따른 장기할부조건에 의한 토지등의 양도의 경우에는 같은 조 제2항에도 불구하고 같은 조 제1항제3호에 따른다.(2020.2.11 본항개정)
⑦ 법 제55조의2제1항제1호의 규정을 적용함에 있어서 예약매출에 의하여 토지등을 양도하는 경우에는 그 계약일에 토지등이 양도된 것으로 본다.(2003.12.30 본항개정)
⑧ 제7항에 따라 계약일에 토지등이 양도되는 것으로 보는 경우의 토지등양도소득은 제69조제2항에 따른 작업진행률을 기준으로 하여 계산한 수익과 비용중 법 제55조의2제1항제1호가목 및 나목에 해당하는 지정지역에 포함되는 기간에 상응하는 수익과 비용을 각각 해당 사업연도의 익금과 손금으로 하여 계산한다. 다만, 제69조제2항에 따른 작업진행률을 계산할 수 없다고 인정되는 경우로서 기획재정부령으로 정하는 경우에는 계약금액 및 총공사예정비를 그 목적물의 착수일부터 인도일까지의 기간에 균등하게 배분한 금액중 법 제55조의2제1항제1호가목 및 나목에 해당하는 지정지역에 포함되는 기간에 상응하는 금액을 각각 해당 사업연도의 익금과 손금으로 하여 계산한다.(2009.6.8 본항개정)
⑨ 법인이 각 사업연도에 법 제55조의2를 적용받는 2 이상의 토지등을 양도하는 경우에 토지등양도소득은 해당 사업연도에 양도한 자산별로 법 제55조의2제6항에 따라 계산한 금액을 합산한 금액으로 한다. 이 경우 양도한 자산 중 양도 당시의 장부가액이 양도금액을 초과하는 토지등이 있는 경우에는 그 초과하는 금액(이하 이 항에서 "양도차손"이라 한다)을 다음 각 호의 자산의 양도소득에서 순차로 차감하여 토지등양도소득을 계산한다.
1. 양도차손이 발생한 자산과 같은 세율을 적용받는 자산의 양도소득
2. 양도차손이 발생한 자산과 다른 세율을 적용받는 자산의 양도소득
(2009.2.4 본항개정)
제92조의3【비사업용 토지의 기간기준】 법 제55조의2제2항 각호 외의 부분에서 "대통령령으로 정하는 기간"이란 다음 각 호의 어느 하나에 해당하는 기간을 말한다.(2011.6.3 본문개정)
1. 토지의 소유기간이 5년 이상인 경우에는 다음 각 목의 모두에 해당하는 기간
가. 양도일 직전 5년 중 2년을 초과하는 기간
나. 양도일 직전 3년 중 1년을 초과하는 기간
다. 토지의 소유기간의 100분의 40에 상당하는 기간을 초과하는 기간. 이 경우 기간의 계산은 일수로 한다.(2015.2.3 전단개정)
2. 토지의 소유기간이 3년 이상이고 5년 미만인 경우에는 다음 각 목의 모두에 해당하는 기간
가. 토지의 소유기간에서 3년을 차감한 기간을 초과하는 기간

나. 양도일 직전 3년 중 1년을 초과하는 기간
다. 토지의 소유기간의 100분의 40에 상당하는 기간을 초과하는 기간. 이 경우 기간의 계산은 일수로 한다.(2015.2.3 전단개정)
3. 토지의 소유기간이 3년 미만인 경우에는 다음 각 목의 모두에 해당하는 기간. 다만, 소유기간이 2년 미만이면 가목은 적용하지 아니한다.(2009.2.4 단서신설)
가. 토지의 소유기간에서 2년을 차감한 기간을 초과하는 기간
나. 토지의 소유기간의 100분의 40에 상당하는 기간을 초과하는 기간. 이 경우 기간의 계산은 일수로 한다.(2015.2.3 전단개정)
(2005.12.31 본조신설)
제92조의4【토지지목의 판정】 법 제55조의2제2항의 규정을 적용함에 있어서 농지·임야·목장용지 및 그 밖의 토지의 판정은 이 영에 특별한 규정이 있는 경우를 제외하고는 사실상의 현황에 의한다. 다만, 사실상의 현황이 분명하지 아니한 경우에는 공부상의 등재현황에 의한다.(2005.12.31 본조신설)
제92조의5【농지의 범위 등】 ① 법 제55조의2제2항제1호에서 "농지"라 함은 전·답 및 과수원으로서 지적공부상의 지목에 관계없이 실제로 경작에 사용되는 토지를 말한다. 이 경우 농지의 경영에 직접 필요한 농막·퇴비사·양수장·지소(池沼)·농도·수로 등의 토지 부분을 포함한다.
② 법 제55조의2제2항제1호가목의 규정을 적용함에 있어 주업은 다음 각 호의 기준에 따라 판정한다.
1. 2 이상의 서로 다른 사업을 영위하는 경우에는 주업은 사업별 사업수입금액이 큰 사업으로 한다.
2. 제1호의 규정에 불구하고 당해 법인이 농업에 직접 사용한 농지에서 생산한 농산물을 당해 법인이 제조·생산하는 제품의 원료로 사용하고 그 농업과 제조업 등을 구분하여 경리하는 경우에는 농업을 주업으로 하는 것으로 본다. 이 경우 당해 법인이 생산한 농산물 중 당해 법인이 제조하는 제품의 원재료로 사용하는 것의 비율(이하 이 항에서 "사용비율"이라 한다)이 100분의 50 미만인 경우에는 당해 농지의 면적 중 그 사용비율에 상당하는 면적의 2배 이내의 농지에 한하여 농업을 주업으로 하는 것으로 본다.
③ 법 제55조의2제2항제1호가목 단서에서 "대통령령으로 정하는 농지"란 다음 각 호의 어느 하나에 해당하는 농지를 말한다.(2011.6.3 본문개정)
1. 「농지법」, 제6조제2항제2호·제6호·제10호가목 또는 다목에 해당하는 농지
2. 「농지법」 제6조제2항제7호에 따른 농지전용허가를 받거나 농지전용신고를 한 법인이 소유한 농지 또는 같은 법 제6조제2항제8호에 따른 농지전용협의를 완료한 농지로서 해당 전용목적으로 사용되는 토지
3. 「농지법」 제6조제2항제10호라목부터 바목까지의 규정에 따라 취득한 농지로서 당해 사업목적으로 사용되는 토지
(2008.2.22 1호~3호개정)
4. 종중이 소유한 농지(2005년 12월 31일 이전에 취득한 것에 한한다)
5. 제사·종교·자선·학술·기예 그 밖의 공익사업을 목적으로 하는 「지방세법 시행령」 제22조에 따른 비영리사업자가 그 사업에 직접 사용하는 농지(2015.2.3 본호개정)
6. 「농지법」 그 밖의 법률에 따라 소유할 수 있는 농지로서 기획재정부령이 정하는 농지(2008.2.29 본호개정)
④ 법 제55조의2제2항제1호나목 본문에서 "대통령령으로 정하는 지역"이란 「국토의 계획 및 이용에 관한 법률」에 따른 녹지지역 및 개발제한구역을 말한다.(2011.6.3 본항개정)

⑤ 법 제55조의2제2항제1호나목 단서에서 "대통령령으로 정하는 기간"이란 3년을 말한다.(2015.2.3 본항개정)
(2005.12.31 본조신설)

제92조의6【임야의 범위 등】① 법 제55조의2제2항제2호가목에서 "대통령령으로 정하는 것"이란 다음 각 호의 어느 하나에 해당하는 임야를 말한다.
(2011.6.3 본문개정)

1. 「산림자원의 조성 및 관리에 관한 법률」에 따른 채종림·시험림과 「산림보호법」에 따른 산림보호구역
(2010.3.9 본호개정)
2. 사찰림 또는 동유림(洞有林)
3. 「자연공원법」에 따른 공원자연보존지구 및 공원자연환경지구 안의 임야
4. 「도시공원 및 녹지 등에 관한 법률」에 따른 도시공원 안의 임야
5. 「문화재보호법」에 따른 문화재보호구역 안의 임야
6. 「전통사찰의 보존 및 지원에 관한 법률」에 따라 전통사찰이 소유하고 있는 경내지(2009.6.9 본호개정)
7. 「개발제한구역의 지정 및 관리에 관한 특별조치법」에 따른 개발제한구역 안의 임야
8. 「군사기지 및 군사시설 보호법」에 따른 군사기지 및 군사시설 보호구역 안의 임야(2008.9.22 본호개정)
9. 「도로법」에 따른 접도구역 안의 임야
10. 「철도안전법」에 따른 철도보호지구 안의 임야
11. 「하천법」에 따른 홍수관리구역 안의 임야
(2008.4.3 본호개정)
12. 「수도법」에 따른 상수원보호구역 안의 임야
13. 그 밖에 공익상 필요 또는 산림의 보호육성을 위하여 필요한 임야로서 기획재정부령이 정하는 것
(2008.2.29 본호개정)

② 법 제55조의2제2항제2호나목의 규정을 적용함에 있어 주업은 2 이상의 서로 다른 사업을 영위하는 경우에는 사업연도 종료일 현재 당해 법인의 총자산가액 중 당해 사업에 공여되는 자산의 가액이 큰 사업으로 한다.
③ 법 제55조의2제2항제2호나목에서 "대통령령으로 정하는 것"이란 「산지관리법」에 따른 산지 안의 임야로서 다음 각 호의 어느 하나에 해당하는 임야를 말한다. 다만, 「국토의 계획 및 이용에 관한 법률」에 따른 도시지역(동법 시행령 제30조의 규정에 따른 보전녹지지역을 제외한다. 이하 이 항에서 같다) 안의 임야로서 도시지역으로 편입된 날부터 3년이 경과한 임야를 제외한다.(2015.2.3 단서개정)
1. 「산림자원의 조성 및 관리에 관한 법률」에 따른 산림경영계획인가를 받아 시업(施業) 중인 임야
2. 「산림자원의 조성 및 관리에 관한 법률」에 따른 특수산림사업지구 안의 임야
(2007.2.28 1호∼2호개정)
④ 법 제55조의2제2항제2호다목에서 "대통령령으로 정하는 것"이란 다음 각 호의 어느 하나에 해당하는 것을 말한다.(2011.6.3 본문개정)
1. 「산림자원의 조성 및 관리에 관한 법률」에 따른 종·묘 생산업자가 산림용 종자 또는 산림용 묘목의 생산에 사용하는 임야
2. 「산림문화·휴양에 관한 법률」에 따른 자연휴양림을 조성 또는 관리·운영하는 사업에 사용되는 임야
(2007.2.28 1호∼2호개정)
3. 「수목원·정원의 조성 및 진흥에 관한 법률」에 따른 수목원을 조성 또는 관리·운영하는 사업에 사용되는 임야(2015.7.20 본호개정)
4. 산림조합 및 산림계가 그 고유목적에 직접 사용하는 임야
5. 제사·종교·자선·학술·기예 그 밖의 공익사업을 목적으로 하는 「지방세법 시행령」 제22조에 따른 비영리사업자가 그 사업에 직접 사용하는 임야
(2015.2.3 본호개정)

6. 종중이 소유한 임야(2005년 12월 31일 이전에 취득한 것에 한한다)
7. 그 밖에 토지의 소유자, 소재지, 이용상황, 소유기간 및 면적 등을 고려하여 법인의 업무에 직접 관련이 있는 임야로서 기획재정부령으로 정하는 임야
(2021.1.5 본호개정)
(2005.12.31 본조신설)

제92조의7【목장용지의 범위 등】① 법 제55조의2제2항제3호에서 "목장용지"라 함은 축산용으로 사용되는 축사와 부대시설의 토지, 초지 및 사료포(飼料圃)를 말한다.
② 법 제55조의2제2항제3호 각 목외의 부분 단서에서 "대통령령으로 정하는 것"이란 다음 각 호의 어느 하나에 해당하는 것을 말한다.(2011.6.3 본문개정)
1. 종중이 소유한 목장용지(2005년 12월 31일 이전에 취득한 것에 한한다)
2. 「초·중등교육법」과 「고등교육법」에 따른 학교 및 「축산법」에 따른 가축개량총괄기관과 가축개량기관이 시험·연구·실습지로 사용하는 목장용지
3. 제사·종교·자선·학술·기예 그 밖의 공익사업을 목적으로 하는 「지방세법」 제186조제1호 본문의 규정에 따른 비영리사업자가 그 사업에 직접 사용하는 목장용지
4. 그 밖에 토지의 소유자, 소재지, 이용상황, 소유기간 및 면적 등을 고려하여 법인의 업무와 직접 관련이 있는 목장용지로서 기획재정부령으로 정하는 것
(2021.1.5 본호개정)
③ 법 제55조의2제2항제3호가목의 규정을 적용함에 있어서 주업은 다음 각 호에 따라 판정한다.
1. 2 이상의 서로 다른 사업을 영위하는 경우에는 주업은 사업별 사업수입금액이 큰 사업으로 한다. 다만, 「농업협동조합법」에 의하여 설립된 농업협동조합과 농업협동조합중앙회는 이를 축산업을 주업으로 하는 법인으로 본다.
2. 제1호 본문의 규정에 불구하고 당해 법인이 축산업에 직접 사용한 목장용지에서 생산한 축산물을 당해 법인이 제조하는 제품의 원재료로 사용하고 그 축산업과 제조업 등을 구분하여 경리하는 경우에는 축산업을 주업으로 하는 것으로 본다. 이 경우 당해 법인이 생산한 축산물 중 당해 법인이 제조하는 제품의 원재료로 사용하는 것의 비율(이하 이 항에서 "사용비율"이라 한다)이 100분의 50 미만인 경우에는 당해 목장용지의 면적 중 그 사용비율에 상당하는 면적의 2배 이내의 목장용지에 한하여 축산업을 주업으로 하는 것으로 본다.
④ 법 제55조의2제2항제3호가목에서 "대통령령으로 정하는 축산용 토지의 기준면적"이란 별표1에 규정된 가축별 기준면적과 가축두수를 적용하여 계산한 토지의 면적을 말한다.(2011.6.3 본항개정)
⑤ 법 제55조의2제2항제3호가목에서 "대통령령으로 정하는 지역"이란 「국토의 계획 및 이용에 관한 법률」에 따른 녹지지역 및 개발제한구역을 말한다.(2011.6.3 본항개정)
⑥ 법 제55조의2제2항제3호가목에서 "대통령령으로 정하는 기간"이란 3년을 말한다.(2015.2.3 본항개정)
(2005.12.31 본조신설)

제92조의8【사업에 사용되는 그 밖의 토지의 범위】① 법 제55조의2제2항제4호다목에서 "대통령령으로 정하는 것"이란 다음 각 호의 어느 하나에 해당하는 토지를 말한다.(2011.6.3 본문개정)
1. 운동장·경기장 등 체육시설용 토지로서 다음 각 목의 어느 하나에 해당하는 것
가. 선수전용 체육시설용 토지
(1) 「국민체육진흥법」에 따라 직장운동경기부를 설치한 법인이 선수전용으로 계속하여 제공하고 있는

체육시설용 토지로서 기획재정부령이 정하는 선수전용체육시설의 기준면적 이내의 토지. 다만, 직장운동경기부가 기획재정부령이 정하는 선수·지도자 등에 관한 요건에 해당하지 아니하는 경우에는 그러하지 아니하다.(2008.2.29 개정)
(2) 운동경기업을 영위하는 법인이 선수훈련에 직접 사용하는 체육시설로서 기획재정부령이 정하는 기준면적 이내의 토지(2008.2.29 개정)
나. 종업원 체육시설용 토지
종업원의 복지후생을 위하여 설치한 체육시설용 토지 중 기획재정부령이 정하는 종업원 체육시설의 기준면적 이내의 토지. 다만, 기획재정부령이 정하는 종업원 체육시설의 기준에 적합하지 아니하는 경우에는 그러하지 아니하다.(2008.2.29 본목개정)
다. 「체육시설의 설치·이용에 관한 법률」에 따른 체육시설업을 영위하는 법인이 동법의 규정에 따른 적합한 시설 및 설비를 갖추고 당해 사업에 직접 사용하는 토지
라. 경기장운영업을 영위하는 법인이 당해 사업에 직접 사용하는 토지
2. 주차장용 토지로서 다음 각 목의 어느 하나에 해당하는 것
가. 「주차장법」에 따른 부설주차장(주택의 부설주차장을 제외한다. 이하 이 목에서 같다)으로서 동법에 따른 부설주차장 설치기준면적 이내의 토지. 다만, 제6호의 규정에 따른 휴양시설업용 토지 안의 부설주차장용 토지에 대하여는 제6호에서 정하는 바에 의한다.
나. 「지방세법 시행령」 제101조제3항제1호에 따른 사업자 외의 법인으로서 업무용자동차(승용자동차·이륜자동차 및 종업원의 통근용 승합자동차를 제외한다)를 필수적으로 보유하여야 하는 사업에 제공되는 업무용자동차의 주차장용 토지. 다만, 소유하는 업무용자동차의 차종별 대수에 「여객자동차 운수사업법」 또는 「화물자동차 운수사업법」에 규정된 차종별 대당 최저보유차고면적기준을 곱하여 계산한 면적을 합한 면적(이하 "최저차고기준면적"이라 한다)에 1.5를 곱하여 계산한 면적 이내의 토지에 한한다.(2010.9.20 본문개정)
다. 주차장운영업용 토지
주차장운영업을 주업으로 하는 법인이 소유하고, 「주차장법」에 따른 노외주차장으로 사용하는 토지로서 토지의 가액에 대한 1년간의 수입금액의 비율이 기획재정부령이 정하는 율 이상인 토지(2008.2.29 본목개정)
3. 「사회기반시설에 대한 민간투자법」에 따라 지정된 사업시행자가 동법에서 규정하는 민간투자사업의 시행으로 조성한 토지 및 그 밖의 법률에 의하여 사업시행자가 조성한 토지로서 기획재정부령이 정하는 토지. 다만, 토지의 조성이 완료된 날부터 2년이 경과한 토지를 제외한다.(2008.2.29 본문개정)
4. 「청소년활동진흥법」에 따른 청소년수련시설용 토지로서 동법에 따른 시설·설비기준을 갖춘 토지. 다만, 기획재정부령이 정하는 기준면적을 초과하는 토지를 제외한다.(2008.2.29 단서개정)
5. 종업원 등의 예비군훈련을 실시하기 위하여 소유하는 토지로서 다음 각 목의 요건을 모두 갖춘 토지
가. 지목이 대지 또는 공장용지가 아닐 것
나. 「국토의 계획 및 이용에 관한 법률」에 따른 도시지역의 주거지역·상업지역 및 공업지역 안에 소재하지 아니할 것
다. 기획재정부령이 정하는 시설기준을 갖추고 기획재정부령이 정하는 기준면적 이내일 것(2008.2.29 본목개정)

라. 수임 군부대의 장으로부터 예비군훈련의 실시를 위임받은 자가 소유할 것
6. 「관광진흥법」에 따른 전문휴양업·종합휴양업 등 기획재정부령이 정하는 휴양시설업용 토지로서 기획재정부령이 정하는 기준면적 이내의 토지(2008.2.29 본호개정)
7. 하치장용 등의 토지
물품의 보관·관리를 위하여 별도로 설치·사용되는 하치장·야적장·적치장 등(「건축법」에 따른 건축허가를 받거나 신고를 하여야 하는 건축물로서 허가 또는 신고없이 건축한 창고용 건축물의 부속토지를 포함한다)로서 당해 사업연도중 물품의 보관·관리에 사용된 최대면적의 100분의 120 이내의 토지
8. 골재채취장용 토지
「골재채취법」에 따라 시장·군수 또는 구청장(자치구의 구청장에 한한다)으로부터 골재채취의 허가를 받은 법인이 허가받은 바에 따라 골재채취에 사용하는 토지
9. 「폐기물관리법」에 따라 허가를 받아 폐기물처리업을 영위하는 법인이 당해 사업에 사용하는 토지
10. 광천지[鑛泉地(청량음료제조업·온천장업 등에 사용되는 토지로서 지하에서 온수·약수가 용출되는 용출구 및 그 유지를 위한 부지를 말한다)]로서 토지의 가액에 대한 1년간의 수입금액의 비율이 기획재정부령이 정하는 율 이상인 토지(2008.2.29 본호개정)
11. 「공간정보의 구축 및 관리 등에 관한 법률」에 따른 양어장 또는 지소(池沼)용 토지(내수면양식용·낚시터운영업 등에 사용하는 댐·저수지·소류지(小溜池) 및 자연적으로 형성된 호소와 이들의 유지를 위한 부지를 말한다)로서 다음 각 목의 어느 하나에 해당하는 토지(2015.6.1 본문개정)
가. 「양식산업발전법」에 따라 허가를 받은 육상해수양식어업 또는 「수산종자산업육성법」에 따라 허가를 받은 수산종자생산업에 사용되는 토지(2023.1.10 본목개정)
나. 「내수면어업법」에 따라 시장·군수 또는 구청장(자치구의 구청장을 말하며, 서울특별시의 한강의 경우에는 한강관리에 관한 업무를 관장하는 기관의 장을 말한다. 이하 이 목에서 같다)으로부터 면허 또는 허가를 받거나 시장·군수 또는 구청장에게 신고한 자가 당해 면허어업·허가어업 및 신고어업에 사용하는 토지
다. 가목 및 나목 외의 토지로서 토지의 가액에 대한 1년간의 수입금액의 비율이 기획재정부령이 정하는 율 이상인 토지(2008.2.29 본목개정)
12. 블록·석물·토관제조업용 토지, 화훼판매시설업용 토지, 조경작물식재업용 토지, 자동차정비·중장비정비·중장비운전 또는 농업에 관한 과정을 교습하는 학원용 토지 그 밖에 이와 유사한 토지로서 기획재정부령이 정하는 토지의 경우에는 토지의 가액에 대한 1년간의 수입금액의 비율이 기획재정부령이 정하는 율 이상인 토지(2008.2.29 본호개정)
13. 그 밖에 제1호부터 제12호까지에서 규정한 토지와 유사한 토지 중 토지의 이용상황 및 관계 법령의 이행여부 등을 고려하여 사업과 직접 관련이 있다고 인정할 만한 토지로서 기획재정부령으로 정하는 토지(2021.1.5 본호개정)
② 제1항제2호다목·제10호·제11호다목 및 제12호의 규정을 적용함에 있어서 "토지의 가액에 대한 1년간의 수입금액의 비율(이하 이 항에서 "수입금액비율"이라 한다)"은 사업연도별로 계산하되, 다음 각 호의 비율 중 큰 것으로 한다. 이 경우 당해 토지에서 발생한 수입금액을 토지의 필지별로 구분할 수 있는 경우에는 필지별로 수입금액비율을 계산한다.

1. 당해 사업연도의 연간수입금액을 당해 사업연도의 토지가액으로 나누는 비율
2. (당해 사업연도의 연간수입금액 + 직전 사업연도의 연간수입금액) ÷ (당해 사업연도의 토지가액 + 직전 사업연도의 토지가액)
③ 제2항에서 "연간수입금액"이라 함은 다음 각 호에 규정한 방법에 따라 계산한 금액을 말한다.
1. 당해 토지 및 건축물·시설물 등에 관련된 사업의 1사업연도의 수입금액으로 하되, 당해 토지 및 건축물·시설물 등에 대하여 전세 또는 임대계약을 체결하여 전세금 또는 보증금을 받는 경우에는 「부가가치세법 시행령」 제65조제1항에 규정된 산식을 준용하여 계산한 금액을 합산한다.(2013.6.28 본호개정)
2. 1사업연도의 수입금액이 당해 토지 및 건축물·시설물 등(이하 이 호에서 "당해토지등"이라 한다)과 그 밖의 토지 및 건축물·시설물 등(이하 이 호에서 "기타토지등"이라 한다)에 공통으로 관련되고 있어 그 실지귀속을 구분할 수 없는 경우에는 당해토지등에 관련된 1사업연도의 수입금액은 다음 산식에 따라 계산한다.
당해토지등에 관련된 1사업연도의 수입금액 = 당해토지등과 기타토지등에 공통으로 관련된 1사업연도의 수입금액 × (당해 사업연도의 당해 토지의 가액 ÷ 당해 사업연도의 당해 토지의 가액과 그 밖의 토지의 가액의 합계액)
3. 사업의 신규개시·폐업, 토지의 양도 또는 법령에 따른 토지의 사용금지 그 밖의 부득이한 사유로 인하여 1사업연도 중 당해 토지에서 사업을 영위한 기간이 1년 미만인 경우에는 당해 기간 중의 수입금액을 1년간으로 환산하여 연간수입금액을 계산한다.
④ 제2항 및 제3항에서 "당해 과세기간의 토지가액"이라 함은 사업연도 종료일(사업연도 중에 양도한 경우에는 양도일)의 기준시가를 말한다.
⑤ 법 제55조의2제2항의 규정을 적용함에 있어서 연접하여 있는 다수 필지의 토지가 하나의 용도에 일괄로 사용되고 그 총면적이 비사업용 토지 해당여부의 판정기준이 되는 면적(이하 이 항에서 "기준면적"이라 한다)을 초과하는 경우에는 다음 각 호의 구분에 따라 해당 호의 각 목의 순서에 따른 토지의 전부 또는 일부를 기준면적 초과부분으로 본다.
1. 토지 위에 건축물 및 시설물이 없는 경우
  가. 취득시기가 늦은 토지
  나. 취득시기가 동일한 경우에는 법인이 선택하는 토지
2. 토지 위에 건축물 또는 시설물이 있는 경우
  가. 건축물의 바닥면적 또는 시설물의 수평투영면적을 제외한 토지 중 취득시기가 늦은 토지
  나. 취득시기가 동일한 경우에는 법인이 선택하는 토지
⑥ 법 제55조의2제2항의 규정을 적용함에 있어서 토지 위에 하나 이상의 건축물(시설물 등을 포함한다. 이하 이 항에서 같다)이 있고, 그 건축물이 법인의 특정 사업에 사용되는 부분(다수의 건축물 중 특정 사업에 사용되는 일부 건축물을 포함한다. 이하 이 항에서 "특정용도분"이라 한다)과 그러하지 아니한 부분이 함께 있는 경우 건축물의 바닥면적 및 부속토지면적(이하 이 항에서 "부속토지면적등"이라 한다) 중 특정용도분의 부속토지면적등의 계산은 다음 산식에 의한다.
1. 하나의 건축물이 복합용도로 사용되는 경우
  특정용도분의 부속토지면적등 = 건축물의 부속토지면적등 × 특정용도분의 연면적 / 건축물의 연면적
2. 동일경계 안에 용도가 다른 다수의 건축물이 있는 경우

특정용도분의 부속토지면적 = 다수의 건축물의 전체 부속토지면적 × 특정용도분의 바닥면적 / 다수의 건축물의 전체 바닥면적
⑦ 법 제55조의2제2항의 규정을 적용함에 있어서 업종의 분류는 이 영에 특별한 규정이 있는 경우를 제외하고는 「통계법」 제17조의 규정에 따라 통계청장이 고시하는 한국표준산업분류에 따른다.
(2005.12.31 본조신설)
제92조의9【주택부수토지의 범위】법 제55조의2제2항제5호에서 "지역별로 대통령령으로 정하는 배율"이란 다음 각 호의 배율을 말한다.(2011.6.3 본문개정)
1. 도시지역 안의 토지 5배
2. 도시지역 밖의 토지 10배
(2005.12.31 본조신설)
제92조의10【별장의 범위와 적용기준】법 제55조의2제1항제2호 단서에서 "대통령령으로 정하는 범위 및 기준에 해당하는 농어촌주택(그 부속토지를 포함한다)"이란 다음 각 호의 요건을 모두 갖춘 주택과 그 부속토지를 말한다.(2015.2.3 본문개정)
1. 건물의 연면적이 150제곱미터 이내이고 그 건물의 부속토지의 면적이 660제곱미터 이내일 것
2. 건물과 그 부속토지의 가액이 기준시가 2억원 이하일 것(2015.2.3 본호개정)
3. 「조세특례제한법」 제99조의4제1항제1호 각 목의 어느 하나에 해당하는 지역을 제외한 지역에 소재할 것(2005.12.31 본조신설)
제92조의11【부득이한 사유가 있어 비사업용 토지로 보지 않는 토지의 판정기준 등】① 법 제55조의2제3항에 따라 다음 각 호의 어느 하나에 해당하는 토지는 해당 각 호에서 규정한 기간동안 법 제55조의2제2항 각 호의 어느 하나에 해당하지 않은 토지로 보아 같은 항에 따른 비사업용 토지(이하 이 조에서 "비사업용 토지"라 한다)에 해당하는지 여부를 판정한다.(2021.1.5 본문개정)
1. 토지를 취득한 후 법령에 따라 사용이 금지 또는 제한된 토지 : 사용이 금지 또는 제한된 기간
2. 토지를 취득한 후 「문화재보호법」에 따라 지정된 보호구역 안의 토지 : 보호구역으로 지정된 기간
3. 그 밖에 공익, 기업의 구조조정 또는 불가피한 사유로 인한 법령상 제한, 토지의 현황·취득사유 또는 이용상황 등을 고려하여 기획재정부령으로 정하는 부득이한 사유에 해당되는 토지 : 기획재정부령으로 정하는 기간(2021.1.5 본호개정)
② 법 제55조의2제3항의 규정에 따라 다음 각 호의 어느 하나에 해당하는 토지에 대하여는 해당 각 호에서 규정한 날을 양도일로 보아 제92조의3의 규정을 적용하여 비사업용 토지에 해당하는지 여부를 판정한다.
1. 「민사집행법」에 따른 경매에 따라 양도된 토지 : 최초의 경매기일
2. 「국세징수법」에 따른 공매에 따라 양도된 토지 : 공매일
3. 그 밖에 토지의 양도에 일정한 기간이 소요되는 경우 등 기획재정부령이 정하는 부득이한 사유에 해당되는 토지 : 기획재정부령이 정하는 날(2008.2.29 본호개정)
③ 법 제55조의2제3항에 따라 다음 각 호의 어느 하나에 해당하는 토지는 비사업용 토지로 보지 않는다.(2021.1.5 본문개정)
1. 토지를 취득한 날부터 3년 이내에 법인의 합병 또는 분할로 인하여 양도되는 토지
2. 「공익사업을 위한 토지 등의 취득 및 보상에 관한 법률」 및 그 밖의 법률에 따라 협의매수 또는 수용되는 토지로서 다음 각 목의 어느 하나에 해당하는 토지(2021.5.4 본문개정)

가. 사업인정고시일이 2006년 12월 31일 이전인 토지
나. 취득일이 사업인정고시일부터 5년 이전인 토지
(2021.5.4 가목~나목신설)
3. 법 제55조의2제2항제1호나목에 해당하는 농지로서 종중이 소유한 농지(2005년 12월 31일 이전에 취득한 것에 한한다)(2006.2.9 본호신설)
4. 「사립학교법」에 따른 학교법인이 기부(출연을 포함한다)받은 토지(2009.2.4 본호신설)
5. 그 밖에 공익, 기업의 구조조정 또는 불가피한 사유로 인한 법령상 제한, 토지의 현황·취득사유 또는 이용 상황 등을 고려하여 기획재정부령으로 정하는 부득이한 사유에 해당되는 토지(2021.1.5 본호개정)
(2021.1.5 본조제목개정)
(2005.12.31 본조신설)

제93조 (2019.2.12 삭제)

제94조【외국납부세액의 공제】
① 법 제57조제1항 계산식 외의 부분에서 "대통령령으로 정하는 외국법인세액"이란 외국정부(지방자치단체를 포함한다. 이하 같다)에 납부하였거나 납부할 다음 각 호의 세액(가산세는 제외한다)을 말한다. 다만, 「국제조세조정에 관한 법률」 제12조제1항에 따라 내국법인의 소득이 감액조정된 금액 중 국외특수관계인에게 반환되지 않고 내국법인에게 유보되는 금액에 대하여 외국정부가 과세한 금액과 해당 세액에 조세조약에 따른 비과세·면제·제한세율에 관한 규정에 따라 계산한 세액을 초과하는 경우에는 그 초과하는 세액은 제외한다.(2022.2.15 본문개정)
1. 초과이윤세 및 기타 법인의 소득 등을 과세표준으로 하여 과세된 세액
2. 법인의 소득 등을 과세표준으로 하여 과세된 세의 부가세액
3. 법인의 소득 등을 과세표준으로 하여 과세된 세와 동일한 세목에 해당하는 것으로서 소득외의 수익금액 기타 이에 준하는 것을 과세표준으로 하여 과세된 세액
② 법 제57조제1항이 적용되는 국외원천소득은 국외에서 발생한 소득으로서 내국법인의 각 사업연도 소득의 과세표준 계산에 관한 규정을 준용해 산출한 금액으로 하고, 같은 항에 따라 공제한도금액을 계산할 때의 국외원천소득은 그 국외원천소득에서 해당 사업연도의 과세표준을 계산할 때 손금에 산입된 금액(국외원천소득이 발생한 국가에서 과세할 때 손금에 산입된 금액은 제외한다)으로서 국외원천소득에 대응하는 다음 각 호의 비용(이하 이 조에서 "국외원천소득대응비용"이라 한다)을 뺀 금액으로 한다. 이 경우 내국법인이 연구개발 관련 비용 등 기획재정부령으로 정하는 비용에 대하여 기획재정부령으로 정하는 계산방법을 선택하여 계산하는 경우에는 그에 따라 계산한 금액을 국외원천소득대응비용으로 하고, 기획재정부령으로 정하는 계산방법을 선택한 경우에는 그 선택한 계산방법을 적용받아서 5개 사업연도동안 연속하여 적용해야 한다.(2021.2.17 본문개정)
1. 직접비용 : 해당 국외원천소득에 직접적으로 관련되어 대응되는 비용. 이 경우 해당 국외원천소득과 그 밖의 소득에 공통적으로 관련된 비용은 제외한다.
2. 배분비용 : 해당 국외원천소득 및 그 밖의 소득에 공통적으로 관련된 비용 중 기획재정부령으로 정하는 배분방법에 따라 계산한 국외원천소득 관련 비용
(2020.2.11 본항개정)
③ 법 제57조제1항에 따른 외국납부세액은 해당 국외원천소득이 과세표준에 산입되어 있는 사업연도의 산출세액에서 공제한다. 이 경우 법 제57조제1항을 적용받으려는 내국법인은 법 제60조에 따른 신고와 함께 기획재정부령으로 정하는 외국납부세액공제세액계산서를 납세지 관할세무서장에게 제출해야 한다.
(2021.2.17 본항개정)

④ 내국법인은 외국정부의 국외원천소득에 대한 법인세의 결정·통지의 지연, 과세기간의 상이 등의 사유로 법 제60조에 따른 신고와 함께 외국납부세액공제세액계산서를 제출할 수 없는 경우에는 외국정부의 국외원천소득에 대한 법인세결정통지를 받은 날부터 3개월 이내에 외국납부세액공제세액계산서에 증빙서류를 첨부하여 제출할 수 있다.(2017.2.3 본항개정)
⑤ 제4항의 규정은 외국정부가 국외원천소득에 대하여 결정한 법인세액을 경정함으로써 외국납부세액에 변동이 생긴 경우에 관하여 이를 준용한다. 이 경우 환급세액이 발생한 경우「국세기본법」제51조에 따라 충당하거나 환급할 수 있다.(2009.2.4 후단신설)
⑥ 제2항을 적용할 때 각 사업연도의 과세표준계산 시 공제한 이월결손금·비과세소득 또는 소득공제액(이하 이 항에서 "공제액등"이라 한다)이 있는 경우의 국외원천소득은 제96조 각 호를 준용하여 계산한 공제액등을 뺀 금액으로 한다. 이 경우 제96조 각 호 중 "감면사업 또는 면제사업"은 "국외원천소득"으로 본다.
(2019.2.12 본항개정)
⑦ 법 제57조제1항에 따른 공제한도금액을 계산할 때 국외사업장이 2 이상의 국가에 있는 경우에는 국가별로 구분하여 이를 계산한다.(2021.2.17 본항개정)
⑧ 법 제57조제4항에서 "대통령령으로 정하는 바에 따라 계산한 금액"이란 다음의 계산식에 따라 계산한 금액을 말한다. 이 경우 외국자회사의 해당 사업연도 법인세액은 다음 각 호의 세액으로서 외국자회사가 외국납부세액으로 공제받았거나 공제받을 금액 또는 해당 수입배당금액이나 제3국(본점이나 주사무소 또는 사업의 실질적 관리장소 등이 둔 국가 외의 국가를 말한다) 지점 등 귀속소득에 대하여 외국자회사의 소재지국에서 국외소득 비과세·면제를 적용받았거나 적용받을 경우 해당 세액 중 100분의 50에 상당하는 금액을 포함하여 계산하고, 수입배당금액(외국자회사가 외국손회사로부터 지급받는 수입배당금액을 포함한다)은 이익이나 잉여금의 발생순서에 따라 먼저 발생된 금액부터 배당되거나 분배된 것으로 본다.

외국자회사의 해당 사업연도 법인세액	×	수입배당금액	
		외국자회사의 해당 사업연도 소득금액	− 외국자회사의 해당 사업연도 법인세액

1. 외국자회사가 외국손회사로부터 지급받는 수입배당금액에 대하여 외국손회사의 소재지국 법률에 따라 외국손회사의 소재지국에 납부한 세액
2. 외국자회사가 제3국의 지점 등에 귀속되는 소득에 대하여 그 제3국에 납부한 세액
(2015.2.3 본항개정)
⑨ 법 제57조제5항에서 "대통령령으로 정하는 요건을 갖춘 법인"이란 내국법인이 직접 외국자회사의 의결권 있는 발행주식총수 또는 출자총액의 100분의 10(「조세특례제한법」 제22조에 따른 해외자원개발사업을 하는 외국법인의 경우에는 100분의 5를 말한다) 이상을 해당 외국자회사의 배당기준일 현재 6개월 이상 계속하여 보유(내국법인이 적격합병, 적격분할, 적격물적분할, 적격현물출자에 따라 다른 내국법인이 보유하던 외국자회사의 주식등을 승계받은 때에는 그 승계전 다른 내국법인이 외국자회사의 주식등을 취득한 때부터 해당 주식등을 보유한 것으로 본다)하고 있는 법인을 말한다.(2023.2.28 본항개정)
⑩ 제8항에서 "외국손회사"란 다음 각 호의 요건을 모두 갖춘 법인을 말한다.
1. 해당 외국자회사가 직접 외국손회사의 의결권 있는 발행주식총수 또는 출자총액의 100분의 10(「조세특례제한법」 제22조에 따른 해외자원개발사업을 경영

하는 외국법인의 경우에는 100분의 5를 말한다) 이상을 해당 외국손회사의 배당기준일 현재 6개월 이상 계속하여 보유하고 있을 것(2023.2.28 본호개정)
2. 내국법인이 외국손회사의 의결권 있는 발행주식총수 또는 출자총액의 100분의 10(「조세특례제한법」 제22조에 따른 해외자원개발사업을 경영하는 외국법인의 경우에는 100분의 5를 말한다) 이상을 법 제57조제5항에 따른 외국자회사를 통하여 간접 소유할 것. 이 경우 주식의 간접소유비율은 내국법인의 외국자회사에 대한 주식소유비율에 그 외국자회사의 외국손회사에 대한 주식소유비율을 곱하여 계산한다. (2023.2.28 전단개정)
(2008.2.22 본항신설)
⑪~⑫ (2015.2.3 삭제)
⑬ 법 제57조제6항에서 "대통령령으로 정하는 요건을 갖춘 경우"란 다음 각 호의 어느 하나에 해당하는 경우를 말한다.
1. 외국법인의 소득이 그 본점 또는 주사무소가 있는 국가(이하 이 항에서 "거주지국"이라 한다)에서 발생한 경우 : 거주지국의 세법에 따라 그 외국법인의 소득에 대하여 해당 외국법인이 아닌 그 주주 또는 출자자인 내국법인이 직접 납세의무를 부담하는 경우
2. 외국법인의 소득이 거주지국 이외의 국가(이하 이 항에서 "원천지국"이라 한다)에서 발생한 경우 : 다음 각 목의 요건을 모두 갖춘 경우
  가. 거주지국의 세법에 따라 그 외국법인의 소득에 대하여 해당 외국법인이 아닌 그 주주 또는 출자자인 내국법인이 직접 납세의무를 부담할 것
  나. 원천지국의 세법에 따라 그 외국법인의 소득에 대하여 해당 외국법인이 아닌 그 주주 또는 출자자인 내국법인이 직접 납세의무를 부담할 것
(2010.12.30 본항신설)
⑭ 법 제57조제6항에서 "대통령령으로 정하는 바에 따라 계산한 금액"이란 다음의 산식에 따라 계산한 금액을 말한다.

내국법인이 부담한 외국법인의 해당 사업연도 소득에 대한 법인세	×	수입배당금액	
		(외국법인의 해당 사업연도 소득금액 × 내국법인의 해당 사업연도 손익배분비율)	외국법인이 부담한 외국법인의 해당 사업연도 소득에 대한 법인세

(2010.12.30 본항신설)
⑮ 법 제57조제1항에 따른 공제한도금액을 초과하는 외국법인세액 중 국외원천소득대응비용과 관련된 외국법인세액(제1호의 금액에서 제2호의 금액을 뺀 금액을 말한다)에 대해서는 법 제57조제2항 본문을 적용하지 않는다. 이 경우 해당 외국법인세액은 세액공제를 적용받지 못한 사업연도의 다음 사업연도 소득금액을 계산할 때 손금에 산입할 수 있다.(2023.2.28 본문개정)
1. 제2항 각 호 외의 부분 전단에 따라 산출한 법 제57조제1항이 적용되는 국외원천소득을 기준으로 계산한 공제한도금액(2023.2.28 본호개정)
2. 법 제57조제1항에 따른 공제한도금액(2021.2.17 본호개정)
⑯ 제8항부터 제10항까지의 규정 외에 외국자회사 또는 외국손회사의 공제세액계산절차 등에 관하여 기타 필요한 사항은 기획재정부령으로 정한다.(2015.2.3 본항개정)

제94조의2【간접투자회사 등의 외국납부세액공제 및 환급 특례】
① 법 제57조의2제1항의 규정에 따른 간접투자회사등이 동조제2항의 규정에 따라 환급받을 수 있는 금액(이하 이 조에서 "환급세액"이라 한다)은 제1호의 규정에 따른 금액에서 제2호의 규정에 따른 금액을 차감한 금액으로 한다.
1. 다음 산식에 따라 계산한 금액

$$\text{당해 사업연도의 외국납부세액(법 제57조의2제1항의 규정에 따라 계산한 외국납부세액을 말한다)} \times \frac{\text{당해 사업연도 소득금액 중 과세대상소득금액}}{\text{당해 사업연도 소득금액 중 국외원천과세대상소득금액}}$$

2. 당해 사업연도의 법인세액
② 제1항제1호의 규정에 따른 산식 중 당해 사업연도 소득금액 중 과세대상소득금액을 당해 사업연도 소득금액 중 국외원천과세대상소득금액으로 나눈 비율(이하 이 조에서 "환급비율"이라 한다)이 0보다 작은 경우에는 0으로, 1보다 큰 경우에는 1로 본다.
③ 제1항제1호의 규정에 따른 산식 중 국외원천과세대상소득금액이라 함은 국외원천소득 중 그 소득에 대하여 법 제57조의2제1항의 규정에 따른 외국법인세액을 납부한 경우에 당해 소득의 합계금액을 말한다.
④ 간접투자사등은 매일 제1항제1호의 규정에 따른 금액을 계산하여 「자본시장과 금융투자업에 관한 법률」 제238조제6항에 따른 기준가격 산정시 이를 반영하여야 한다. 이 경우 환급비율 계산시 "당해 사업연도"는 "당해 사업연도의 개시일부터 제1항제1호의 규정에 따른 금액 계산일까지의"로 본다.(2009.2.4 전단개정)
⑤ 다음 각 호의 어느 하나에 해당하는 법인은 해당 법인이 보관 및 관리하는 「자본시장과 금융투자업에 관한 법률」에 따른 집합투자재산(이하 이 조에서 "집합투자재산"이라 한다)에 귀속되는 외국납부세액에 대하여 기획재정부령으로 정하는 집합투자재산에 대한 외국납부세액 확인서(이하 이 조에서 "확인서"라 한다)를 작성하여 해당 법인이 보관 및 관리하는 집합투자재산이 귀속되는 간접투자사등의 사업연도 종료일부터 1개월 이내에 납세지 관할 세무서장에게 제출하여야 한다. 이 경우 제2호의 법인은 동 확인서의 사본을 해당 집합투자재산을 운용하는 집합투자업자에게 교부하여야 한다.
1. 「자본시장과 금융투자업에 관한 법률」에 따른 신탁업을 겸영하는 금융회사 등(2010.2.18 본호개정)
2. 「자본시장과 금융투자업에 관한 법률」에 따라 집합투자재산을 보관·관리하는 신탁업자
(2009.2.4 본항개정)
⑥ 제1항 내지 제5항의 규정은 법 제57조의2제3항 및 제4항의 규정에 따른 투자신탁의 외국납부세액 환급에 관하여 이를 준용한다. 이 경우 "사업연도"는 "투자신탁의 회계기간"으로, "사업연도의 종료일"은 "결산일"로 본다.
⑦ 법 제57조의2제2항에 따라 환급을 받으려는 간접투자회사등은 법 제60조에 따른 신고기한까지 기획재정부령으로 정하는 간접투자회사등의 외국납부세액계산서, 「자본시장 및 금융투자업에 관한 법률」 제239조제1항제1호·제2호의 서류 및 부속명세서를 첨부하여 제1항의 규정에 따라 계산한 환급세액에 대하여 납세지 관할 세무서장에게 환급 신청할 수 있다.(2009.2.4 본항개정)
⑧ 법 제57조의2제3항 및 제4항에 따라 환급을 받으려는 「자본시장과 금융투자업에 관한 법률」에 따른 투자신탁, 투자회사조합 및 투자익명조합은 해당 투자신탁, 투자합자조합 및 투자익명조합의 결산일부터 3개월 이내에 기획재정부령으로 정하는 외국납부세액환급신청서 및 간접투자회사 등의 외국납부세액계산서를 첨부하여 제1항의 규정에 따라 계산한 환급세액에 대하여 납세지 관할 세무서장에게 환급 신청할 수 있다. (2015.2.3 본항개정)

⑨ 납세지 관할 세무서장은 제7항 및 제8항의 규정에 따라 환급신청을 받은 때에는 지체 없이 환급세액을 결정하여 환급하여야 한다.
(2019.2.12 본조제목개정)
(2006.2.9 본조신설)

제95조【재해손실에 대한 세액공제】① 법 제58조제1항 각 호 외의 부분 전단에서 "대통령령으로 정하는 자산총액"이란 다음 각호의 자산의 합계액을 말한다.
(2011.6.3 본문개정)
1. 사업용자산(토지를 제외한다)
2. 타인 소유의 자산으로서 그 상실로 인한 변상책임이 당해 법인에게 있는 것
② 법 제58조제1항의 규정을 적용함에 있어서 자산상실 비율은 재해발생일 현재 그 법인의 장부가액에 의하여 계산하되, 장부가 소실 또는 분실되어 장부가액을 알 수 없는 경우에는 납세지 관할세무서장이 조사하여 확인한 재해발생일 현재의 가액에 의하여 이를 계산한다.
③ 법 제58조제1항 각 호에 따른 법인세액에는 법 제75조의3과「국세기본법」제47조의2부터 제47조의5까지의 규정에 따른 가산세를 포함하는 것으로 한다.
(2019.2.12 본항개정)
④ (2008.2.22 삭제)
⑤ 법 제58조제1항에 따라 재해손실세액공제를 받으려는 내국법인은 다음 각 호의 구분에 따른 기한까지 기획재정부령으로 정하는 재해손실세액공제신청서를 납세지 관할세무서장에게 제출해야 한다.
1. 재해발생일 현재 과세표준신고기한이 지나지 않은 법인세의 경우에는 그 신고기한. 다만, 재해발생일부터 신고기한까지의 기간이 3개월 미만인 경우에는 재해발생일부터 3개월로 한다.
2. 재해발생일 현재 미납된 법인세와 납부해야 할 법인세의 경우에는 재해발생일부터 3개월
(2022.2.15 본항개정)
⑥ 납세지 관할세무서장은 법인이 법 제58조제1항에 따라 공제받을 법인세에 대하여 해당 세액공제가 확인될 때까지「국세징수법」에 따라 그 법인세의 지정납부기한·독촉기한에 정하는 기한을 연장하거나 납부고지를 유예할 수 있다.(2021.2.17 본항개정)
제95조의2 (2011.3.31 삭제)
제95조의3【사실과 다른 회계처리로 인한 경정에 따른 세액공제】① 법 제58조의3제1항제2호에서 "대통령령으로 정하는 경고·주의 등의 조치"란 다음 각 호의 어느 하나에 해당하는 것을 말한다.
1.「자본시장과 금융투자업에 관한 법률 시행령」제175조 각 호에 따른 임원해임권고 등 조치
2.「자본시장과 금융투자업에 관한 법률」제429조제3항에 따른 과징금의 부과
3.「자본시장과 금융투자업에 관한 법률」제444조제13호 또는 제446조제28호에 따른 징역 또는 벌금형의 선고
4.「주식회사 등의 외부감사에 관한 법률」제29조제3항 및 제4항에 따른 감사인 또는 그에 소속된 공인회계사의 등록취소, 업무·직무의 정지건의 또는 특정 회사에 대한 감사업무의 제한
5.「주식회사 등의 외부감사에 관한 법률」제29조제1항에 따른 주주총회에 대한 임원의 해임권고 또는 유가증권의 발행제한
6.「주식회사 등의 외부감사에 관한 법률」제39조부터 제44조까지의 규정에 따른 징역 또는 벌금형의 선고
(2018.10.30 4호~6호개정)
② 법 제58조의3을 적용할 때 동일한 사업연도에 같은 조 제1항 본문에 따른 경정청구의 사유 외에 다른 경정청구의 사유가 있는 경우에는 다음의 산식에 따라 계산한 금액을 그 공제세액으로 한다.

과다납부한 세액 × (법 제58조의3제1항에 따른 사실과 다른 회계처리로 인하여 과다계상한 과세표준 ÷ 과다계상한 과세표준의 합계액)
(2017.2.3 본조개정)
제96조【감면 및 세액공제액의 계산】법 제59조제2항에 따라 감면 또는 면제세액을 계산할 때 각 사업연도의 과세표준계산 시 공제한 이월결손금·비과세소득 또는 소득공제액(이하 이 항에서 "공제액등"이라 한다)이 있는 경우 감면 또는 면제되는 소득은 다음 각 호의 금액을 공제한 금액으로 한다.
1. 공제액등이 감면사업 또는 면제사업에서 발생한 경우에는 공제액 전액
2. 공제액등이 감면사업 또는 면제사업에서 발생한 것인지가 불분명한 경우에는 소득금액에 비례하여 안분계산한 금액
(2010.12.30 본조개정)

제3절 신고 및 납부

제97조【과세표준의 신고】① 법 제60조제1항에 따른 신고를 할 때 그 신고서에는 법 제112조에 따른 기장과 법 제14조부터 제54조까지의 규정에 따라 계산한 각 사업연도의 소득에 대한 법인세의 과세표준과 세액(법 제55조의2에 따른 토지등양도소득에 대한 법인세를 포함한다) 및 그 밖에 필요한 사항을 적어야 한다. 이 경우「주식회사 등의 외부감사에 관한 법률」제4조에 따른 외부감사 대상 법인이「국세기본법」제2조제19호에 따른 전자신고를 통하여 법인세 과세표준과 세액을 신고하는 때에는 그 신고서에 대표자가 서명날인하여 서면으로 납세지 관할세무서장에게 제출하여야 한다.
(2019.2.12 전단개정)
② 제1항의 규정에 의한 신고서는 기획재정부령이 정하는 법인세 과세표준 및 세액신고서로 한다.
(2008.2.29 본항개정)
③ 기업회계기준에 따라 원화 외의 통화를 기능통화로 채택한 경우 법 제60조제2항제1호의 재무상태표, 포괄손익계산서 및 이익잉여금처분계산서(또는 결손금처리계산서) 및 제5항제1호에 따른 현금흐름표(이하 이 조에서 "재무제표"라 한다)는 기업회계기준을 준용하여 작성한 기능통화로 표시된 재무제표(이하 이 조에서 "기능통화재무제표"라 한다)를 말한다.(2011.3.31 본항개정)
④ 법 제60조제2항제2호의 규정에 의한 세무조정계산서는 기획재정부령이 정하는 법인세 과세표준 및 세액조정계산서로 한다.(2008.2.29 본항개정)
⑤ 법 제60조제2항제3호에서 "대통령령으로 정하는 서류"란 다음 각 호의 서류를 말한다. 다만,「국세기본법」제2조제19호에 따른 전자신고로 법 제60조제1항의 신고를 한 법인의 경우에는 부속서류 중 기획재정부령으로 정하는 서류를 제출하지 아니할 수 있다.
(2010.12.30 본문개정)
1. 기획재정부령으로 정하는 바에 따라 작성한 세무조정계산서 부속서류 및 기업회계기준에 따라 작성한 현금흐름표(「주식회사 등의 외부감사에 관한 법률」제4조에 따라 외부감사의 대상이 되는 법인만 해당한다)(2018.10.30 본호개정)
1의2. 기업회계기준에 따라 원화 외의 통화를 기능통화로 채택한 경우 기능통화재무제표를 표시통화로 하여 기업회계기준에 따라 기능통화재무제표를 환산한 재무제표(이하 이 조에서 "표시통화재무제표"라 한다)
1의3. 기업회계기준에 따라 원화 외의 통화를 기능통화로 채택한 법인이 법 제53조의2제1항제1호의 과세표준계산방법을 적용하는 경우 원화 외의 기능통화를 채택하지 아니하고 계속하여 기업회계기준을 준용하

여 원화로 재무제표를 작성할 경우에 작성하여야 할 재무제표(이하 이 조에서 "원화재무제표"라 한다)(2010.12.30 1호의2~1호의3신설)

2. 합병 또는 분할한 경우 다음 각 목의 서류(합병법인등만 해당한다)

가. 합병등기일 또는 분할등기일 현재의 피합병법인등의 재무상태와 합병법인등이 그 합병 또는 분할로 승계한 자산 및 부채의 명세서(2010.12.30 본목개정)

나. 합병법인등의 본점 등의 소재지, 대표자의 성명, 피합병법인등의 명칭, 합병등기일 또는 분할등기일, 그 밖에 필요한 사항이 기재된 서류(2010.6.8 본항개정)

⑥ 제5항 단서에 따라 신고서에 첨부하지 아니한 서류가 신고내용의 분석 등에 필요하여 납세지 관할세무서장 또는 관할지방국세청장이 서면으로 그 제출을 요구하는 경우에는 이를 제출하여야 한다.(2013.2.15 본항개정)

⑦ 법 제60조제4항제2호에서 "대통령령으로 정하는 서류"란 합병법인등의 본점 등의 소재지, 대표자의 성명, 피합병법인등의 명칭, 합병등기일 또는 분할등기일, 그 밖에 필요한 사항이 기재된 서류를 말한다.(2010.6.8 본항신설)

⑧ 법 제60조제5항을 적용함에 있어서 합병 또는 분할로 인하여 소멸하는 법인의 최종사업연도의 과세표준과 세액을 신고함에 있어서는 같은 조 제2항제1호의 서류중 이익잉여금처분계산서(또는 결손금처리계산서)를 제출하지 아니한 경우에도 법에 의한 신고를 한 것으로 본다.(2010.2.18 본항개정)

⑨~⑩ (2016.2.12 삭제)

⑪ 재무제표, 기능통화재무제표, 원화재무제표 및 표시통화재무제표는 「국세기본법」 제2조제19호에 따른 국세정보통신망을 이용하여 기획재정부령으로 정하는 표준재무상태표·표준손익계산서 및 표준손익계산서부속명세서(이하 이 조에서 "표준재무제표"라 한다)를 제출하는 것으로 갈음할 수 있다. 다만, 한국채택국제회계기준을 적용하는 법인은 표준재무제표를 제출해야 한다.(2021.1.5 본항개정)

⑫ 법 제60조제7항을 적용받으려는 내국법인은 같은 조 제1항에 따른 신고기한의 종료일 3일 전까지 기획재정부령으로 정하는 신고기한연장신청서를 납세지 관할세무서장에게 제출하여야 한다.(2016.2.12 본항개정)

⑬ 법 제60조제8항 전단에서 "대통령령으로 정하는 이자율"이란 「국세기본법 시행령」 제43조의3제2항 본문에 따른 이자율을 말한다.(2020.2.11 본항개정)

제97조의2【외부세무조정 대상법인】

① 법 제60조제9항 각 호 외의 부분에서 "대통령령으로 정하는 내국법인"이란 다음 각 호의 어느 하나에 해당하는 법인(이하 "외부세무조정 대상법인"이라 한다)을 말한다. 다만, 「조세특례제한법」 제72조에 따른 당기순이익과세를 적용받는 법인은 제외한다.

1. 직전 사업연도의 수입금액이 70억원 이상인 법인 및 「주식회사 등의 외부감사에 관한 법률」 제4조에 따라 외부의 감사인에게 회계감사를 받아야 하는 법인(2018.10.30 본호개정)

2. 직전 사업연도의 수입금액이 3억원 이상인 법인으로서 법 제29조부터 제31조까지, 제45조 또는 「조세특례제한법」에 따른 조세특례(같은 법 제104조의8에 따른 조세특례는 제외한다)를 적용받는 법인(2019.2.12 본호개정)

3. 직전 사업연도의 수입금액이 3억원 이상인 법인으로서 해당 사업연도 종료일 현재 법 및 「조세특례제한법」에 따른 준비금 잔액이 3억원 이상인 법인

4. 해당 사업연도 종료일부터 2년 이내에 설립된 법인으로서 해당 사업연도 수입금액이 3억원 이상인 법인

5. 직전 사업연도의 법인세 과세표준과 세액에 대하여 법 제66조제3항 단서에 따라 결정 또는 경정받은 법인

6. 해당 사업연도 종료일부터 소급하여 3년 이내에 합병 또는 분할한 합병법인, 분할법인, 분할신설법인 및 분할합병의 상대방 법인

7. 국외에 사업장을 가지고 있거나 법 제57조제5항에 따른 외국자회사를 가지고 있는 법인

② 외부세무조정 대상법인 외의 법인은 과세표준 등을 신고할 때 법 제60조제9항 각 호의 어느 하나에 해당하는 자(이하 "세무사등"이라 한다)가 정확한 세무조정을 위하여 작성한 세무조정계산서를 첨부할 수 있다.

③ 제1항제1호부터 제3호까지를 적용할 때에 해당 사업연도에 설립된 법인인 경우에는 해당 사업연도의 수입금액을 1년으로 환산한 금액을 직전 사업연도의 수입금액으로 본다.

(2016.2.12 본조신설)

제97조의3【조정반】

① 법 제60조제9항에서 "대통령령으로 정하는 조정반(이하 이 조에서 "조정반"이라 한다)"이란 대표자를 선임하여 지방국세청장의 지정을 받은 다음 각 호의 자를 말한다. 이 경우 세무사등은 하나의 조정반에만 소속되어야 한다.(2022.2.15 본문개정)

1. 2명 이상의 세무사등
2. 세무법인
3. 회계법인
4. 「변호사법」에 따라 설립된 법무법인, 법무법인(유한) 또는 법무조합(2022.2.15 본호신설)

② 제1항에 따른 조정반의 신청, 지정, 지정취소 및 유효기간 등 그 밖에 필요한 사항은 기획재정부령으로 정한다.

(2016.2.12 본조신설)

제97조의4【성실신고확인서 등의 제출】

① 법 제60조의2제1항 각 호 외의 부분 본문에서 "세무사 등 대통령령으로 정하는 자"란 세무사(「세무사법」 제20조의2에 따라 등록한 공인회계사를 포함한다. 이하 이 조에서 같다), 세무법인 또는 회계법인(이하 이 조에서 "세무사등"이라 한다)을 말한다.

② 법 제60조의2제1항제1호에서 "부동산임대업을 주된 사업으로 하는 등 대통령령으로 정하는 요건에 해당하는 내국법인"이란 제42조제2항 각 호의 요건을 모두 갖춘 내국법인(법 제51조의2제1항 각 호의 어느 하나에 해당하는 내국법인 및 「조세특례제한법」 제104조의31 제1항에 따른 내국법인은 제외한다)을 말한다.

(2021.2.17 본항개정)

③ 법 제60조의2제1항제2호에서 "사업용자산을 현물출자하는 등 대통령령으로 정하는 방법"이란 사업용 유형자산 및 무형자산의 현물출자 및 사업의 양도·양수 등을 말한다.(2019.2.12 본항개정)

④ 법 제60조의2제1항제2호를 적용할 때 성실신고확인 대상사업자는 해당 내국법인의 설립일이 속하는 연도 또는 직전 연도에 「소득세법」 제70조의2에 따른 성실신고확인대상사업자에 해당하는 경우로 한다.

⑤ 제1항부터 제4항까지에서 규정한 사항 외에 성실신고확인서의 제출 등에 필요한 사항은 기획재정부장관이 정한다.(2022.2.15 본항개정)

(2019.2.12 본조제목개정)

(2018.2.13 본조신설)

제98조【준비금 등에 대한 손금계상의 특례】

① 법 제61조제1항에 따라 손금에 산입한 준비금은 해당 준비금을 익금에 산입할 때 그 적립금을 처분하여야 한다. 이 경우 해당 준비금을 익금에 산입하기 전에 그 적립금을 처분한 경우에는 같은 항에 따라 손비로 계상한 것으로 보지 아니한다.

② 내국법인이 이 영 또는 「조세특례제한법 시행령」에 따른 일시상각충당금 또는 압축기장충당금을 제97조제4항에 따른 세무조정계산서에 계상하고 이를 법인세 과세표준신고 시 손금에 산입한 경우 그 금액은 손비로 계상한 것으로 본다. 이 경우 각 자산별로 해당 자산의 일시상각충당금 또는 압축기장충당금과 감가상각비에 관한 명세서를 세무조정계산서에 첨부하여 제출하여야 한다. (2019.2.12 본조개정)

제99조 【비영리내국법인의 이자소득에 대한 신고 특례】 ① 법 제62조제1항의 규정을 적용함에 있어서 비영리내국법인은 원천징수된 이자소득중 일부에 대하여도 과세표준신고를 하지 아니할 수 있다.

② 법 제62조제1항의 규정에 의하여 과세표준신고를 하지 아니한 이자소득에 대하여는 수정신고, 기한 후 신고 또는 경정 등에 의하여 이를 과세표준에 포함시킬 수 있다. (2019.2.12 본항개정)
(2019.2.12 본조제목개정)

제99조의2 【비영리내국법인의 자산양도소득 신고 특례】 ① 법 제62조의2제1항제1호에서 "대통령령으로 정하는 주식등"이란 「소득세법」 제94조제1항제4호나목(주식등에 한한다) 및 동법 시행령 제158조제1항제1호·제5호에 규정된 자산을 말한다. (2011.6.3 본항개정)

② 법 제62조의2제1항 각호의 규정에 의한 자산의 양도소득에 대한 과세특례는 동조제1항 각호의 규정에 의한 자산의 양도일이 속하는 각 사업연도 단위별로 이를 적용한다. 이 경우 각 사업연도 단위별로 이를 적용하지 아니한 때에는 당해 사업연도의 양도소득에 대하여는 법 제62조의2의 규정을 적용하지 아니한다.

③ 법 제62조의2제4항 단서에서 "대통령령으로 정하는 자산"이란 출연받은 날부터 3년 이내에 양도하는 자산을 말한다. 다만, 1년 이상 다음 각 호의 어느 하나에 해당하는 사업(보건업 외에 제3조제1항에 해당하는 수익사업은 제외한다)에 직접 사용한 자산을 제외한다. (2019.2.12 본항개정)

1. 법령에서 직접 사업을 정한 경우에는 그 법령에 규정된 사업

2. 행정관청으로부터 허가·인가 등을 받은 경우에는 그 허가·인가 등을 받은 사업

3. 제1호 및 제2호외의 경우에는 법인등기부상 목적사업으로 정하여진 사업

④ 「상속세 및 증여세법」에 의하여 상속세과세가액 또는 증여세과세가액에 산입되지 아니한 출연재산이 그 후에 과세요인이 발생하여 그 과세가액에 산입되지 아니한 상속세 또는 증여세의 전액 상당액이 부과되는 경우에는 제3항의 규정을 적용하지 아니한다. (2005.2.19 본항개정)

⑤ 비영리내국법인이 법 제62조의2제7항의 규정에 의하여 양도소득과세표준 예정신고 및 자진납부를 한 경우에도 법 제60조제1항의 규정에 의하여 과세표준의 신고를 할 수 있다. 이 경우 예정신고납부세액은 법 제64조의 규정에 의한 납부할 세액에서 이를 공제한다.

⑥ 법 제62조의2제7항의 규정에 의하여 양도소득과세표준 예정신고를 하는 경우에는 기획재정부령이 정하는 양도소득과세표준예정신고서를 제출하여야 한다. (2008.2.29 본항개정)
(2019.2.12 본조제목개정)
(2001.12.31 본조신설)

제100조 【중간예납】 ① 법 제63조의2제1항제1호에 따른 중간예납세액을 납부하는 때에는 기획재정부령으로 정하는 법인세 중간예납신고납부계산서를 납세지 관할 세무서장에게 제출하여야 한다. (2019.2.12 본항개정)

② 법 제63조의2제1항제2호에 따른 중간예납세액을 납부하는 때에는 기획재정부령으로 정하는 법인세 중간

예납신고납부계산서에 법 제60조제2항 각 호의 서류(이익잉여금처분계산서 또는 결손금처리계산서는 제외한다)를 첨부하여 납세지 관할세무서장에게 제출하여야 한다. (2019.2.12 본항개정)

③ 제1항 및 제2항의 규정에 의한 납부에 있어서는 제101조제1항 및 제2항의 규정을 준용한다.

④ (2019.2.12 삭제)

제101조 【납부】 ① 법 제64조의 규정에 의하여 법인세를 자진납부하는 법인은 법 제60조의 규정에 의한 신고와 함께 납세지 관할세무서에 납부하거나 「국세징수법」에 의한 납부서에 의하여 한국은행(그 대리점을 포함한다) 또는 체신관서에 납부하여야 한다. (2005.2.19 본항개정)

② 법 제64조제2항의 규정에 의하여 분납할 수 있는 세액은 다음 각호에 의한다.

1. 납부할 세액이 2천만원 이하인 경우에는 1천만원을 초과하는 금액

2. 납부할 세액이 2천만원을 초과하는 경우에는 그 세액의 100분의 50 이하의 금액

제102조 (2016.2.12 삭제)

제4절 결정·경정 및 징수

제1관 과세표준의 결정 및 경정

제103조 【결정 및 경정】 ① 납세지 관할 세무서장은 법 제66조에 따라 과세표준과 세액을 결정 또는 경정한다. 다만, 국세청장이 특히 중요하다고 인정하는 것에 대하여는 납세지 관할지방국세청장이 이를 결정 또는 경정할 수 있으며, 이 경우 납세지 관할세무서장은 해당 과세표준을 결정 또는 경정하기 위하여 필요한 서류를 납세지 관할지방국세청장에게 지체 없이 보내야 한다.

② 법 제66조에 따른 결정 또는 경정은 법 제60조에 따른 신고서 및 그 첨부서류에 의하거나 비치기장된 장부 또는 그 밖의 증명서류에 의한 실지조사에 의함을 원칙으로 한다.

③ 법 제66조제1항에 따른 결정은 법 제60조에 따른 신고기한부터 1년 내에 완료해야 한다. 다만, 국세청장이 조사기간을 따로 정하거나 부득이한 사유로 인하여 국세청장의 승인을 받은 경우에는 그러하지 아니하다. (2019.2.12 본조개정)

제103조의2 (2017.2.3 삭제)

제104조 【추계결정 및 경정】 ① 법 제66조제3항 단서에서 "대통령령으로 정하는 사유"란 다음 각 호의 어느 하나에 해당하는 경우를 말한다. (2019.2.12 본문개정)

1. 소득금액을 계산할 때 필요한 장부 또는 증명서류가 없거나 중요한 부분이 미비 또는 허위인 경우
(2019.2.12 본호개정)

2. 기장의 내용이 시설규모, 종업원수, 원자재·상품·제품 또는 각종 요금의 시가 등에 비추어 허위임이 명백한 경우

3. 기장의 내용이 원자재사용량·전력사용량 기타 조업상황에 비추어 허위임이 명백한 경우

② 법 제66조제3항 단서에 따른 추계결정 또는 경정을 하는 경우에는 다음 각 호의 어느 하나의 방법에 따른다. (2009.2.4 본문개정)

1. 사업수입금액에서 다음 각목의 금액을 공제한 금액을 과세표준으로 하여 그 세액을 결정 또는 경정하는 방법. 이 경우 공제할 금액이 사업수입금액을 초과하는 경우에는 그 초과금액은 없는 것으로 본다.

가. 매입비용(사업용 유형자산 및 무형자산의 매입비용을 제외한다. 이하 이 조에서 같다)과 사업용 유형

자산 및 무형자산에 대한 임차료로서 증명서류에 의
하여 지출하였거나 지출할 금액(2019.2.12 본목개정)
나. 대표자 및 임원 또는 직원의 급여와 임금 및 퇴직
급여로서 증명서류에 의하여 지급하였거나 지급할
금액(2019.2.12 본목개정)
다. 사업수입금액에 「소득세법 시행령」 제145조의 규
정에 의한 기준경비율(이하 "기준경비율"이라 한
다)을 곱하여 계산한 금액(2005.2.19 본목개정)
(2001.12.31 본호개정)
2. 기준경비율이 결정되지 아니하였거나 천재지변 등
으로 장부나 그 밖의 증명서류가 멸실된 때에는 기장
이 가장 정확하다고 인정되는 동일업종의 다른 법인
의 소득금액을 고려하여 그 과세표준을 결정 또는 경
정하는 방법. 다만, 동일업종의 다른 법인이 없는 경
우로서 과세표준신고 후에 장부나 그 밖의 증명서류
가 멸실된 때에는 법 제60조에 따른 신고서 및 그 첨
부서류에 의하고 과세표준신고 전에 장부나 그 밖의
증명서류가 멸실된 때에는 직전사업연도의 소득률에
의하여 과세표준을 결정 또는 경정한다.(2019.2.12 본
호개정)
3. 「조세특례제한법」 제7조제1항제2호가목에 따른 소기
업이 폐업한 때(조세탈루혐의가 있다고 인정되는 경
우로서 기획재정부령으로 정하는 사유가 있는 경우
는 제외한다)에는 다음 각 목에 따라 계산한 금액 중
적은 금액을 과세표준으로 하여 결정 또는 경정하는
방법(2013.2.15 본호개정)
가. 수입금액에서 수입금액에 「소득세법 시행령」 제
145조에 따른 단순경비율을 곱한 금액을 뺀 금액
나. 수입금액에 직전 사업연도의 소득률을 곱하여 계
산한 금액
(2013.2.15 가목~나목신설)
다. 제1호의 방법에 따라 계산한 금액(2014.2.21 본목
신설)
③ 법 제66조제3항 단서에 따른 추계결정 또는 경정을
하는 경우에는 제2항에 따라 계산한 금액에 다음 각 호
의 금액을 더한 금액을 과세표준으로 하여 그 세액을
결정 또는 경정한다.
1. 제11조(제1호는 제외한다)의 수익(비영리법인의 경
우에는 법 제4조제3항에 따른 수익사업에서 생기는
수익으로 한정하며, 이하 이 호에서 "사업외수익"이
라 한다)의 금액에서 다음 각 목의 금액을 차감한 금
액(2019.2.12 본문개정)
가. 사업외수익에 직접 대응되고 증명서류나 객관적
인 자료에 의하여 확인되는 원가상당액(2019.2.12
본목개정)
나. 사업외수익에 해당 사업연도 중에 지출한 손비 중
환입된 금액이 포함된 경우에는 그 금액
다. 부동산을 임대하는 법인의 수입이자가 사업외수
익에 포함된 경우에는 부동산임대에 의한 전세금
또는 임대보증금에 대한 수입이자 상당액
2. 특수관계인과의 거래에서 제88조 및 제89조에 따라
익금에 산입하는 금액
3. 법 제34조 또는 「조세특례제한법」에 따라 익금에 산
입하여야 할 준비금 또는 충당금이 있는 법인의 경우
그 익금에 산입하여야 할 준비금 또는 충당금
(2012.2.2 본항개정)

제105조【추계결정ㆍ경정 시의 사업수입금액계산】
① 내국법인의 각 사업연도의 사업수입금액을 장부나
그 밖의 증명서류에 의하여 계산할 수 없는 경우 그 사
업수입금액의 계산은 다음 각 호의 방법에 따른다.
(2021.1.5 본문개정)
1. 기장이 정당하다고 인정되어 기장에 의하여 조사결
정한 동일업종의 업황이 유사한 다른 법인의 사업수
입금액을 참작하여 계산하는 방법

2. 국세청장이 사업의 종류ㆍ지역 등을 고려하여 사업
과 관련된 인적ㆍ물적 시설(종업원ㆍ객실ㆍ사업장ㆍ
차량ㆍ수도ㆍ전기 등)의 수량 또는 가액과 매출액의
관계를 정한 영업효율이 있는 경우에는 이를 적용하
여 계산하는 방법(2021.1.5 본호개정)
3. 국세청장이 업종별로 투입원재료에 대하여 조사한
생산수율이 있는 경우에는 이를 적용하여 계산한 생
산량에 당해 사업연도중에 매출된 수량의 시가를 적
용하여 계산하는 방법
4. 국세청장이 사업의 종류별ㆍ지역별로 정한 다음 각
목의 1에 해당하는 기준에 의하여 계산하는 방법
가. 생산에 투입되는 원ㆍ부재료 중에서 일부 또는 전
체의 수량과 생산량과의 관계를 정한 원단위투입량
나. 인건비ㆍ임차료ㆍ재료비ㆍ수도광열비 기타 영업
비용 중에서 일부 또는 전체의 비용과 매출액과의
관계를 정한 비용관계비율
다. 일정기간동안의 평균재고금액과 매출액 또는 매
출원가와의 관계를 정한 상품회전율
라. 일정기간동안의 매출액과 매출총이익의 비율을
정한 매매총이익률
마. 일정기간동안의 매출액과 부가가치액의 비율을
정한 부가가치율
5. 추계결정ㆍ경정 대상법인에 대하여 제2호 내지 제4
호의 비율을 산정할 수 있는 경우에는 이를 적용하여
계산하는 방법
6. 주로 최종소비자를 대상으로 거래하는 업종에 대하
여는 국세청장이 정하는 입회조사기준에 의하여 계
산하는 방법
② 제1항에 따라 수입금액을 추계결정 또는 경정한 경
우에도 법인이 비치한 장부나 그 밖의 증명서류에 의
하여 소득금액을 계산할 수 있는 경우에는 해당 사업
연도의 과세표준과 세액은 실지조사에 의하여 결정 또
는 경정하여야 한다.(2019.2.12 본항개정)
(2019.2.12 본조제목개정)

제106조【소득처분】① 법 제67조에 따라 익금에 산
입한 금액은 다음 각 호의 구분에 따라 처분한다. 비영
리내국법인과 비영리외국법인에 대해서도 또한 같다.
(2021.2.17 후단개정)
1. 익금에 산입한 금액(법 제27조의2제2항에 따라 손금
에 산입하지 아니한 금액을 포함한다)이 사외에 유출
된 것이 분명한 경우에는 그 귀속자에 따라 다음 각
목에 따라 배당, 이익처분에 의한 상여, 기타소득, 기
타 사외유출로 할 것. 다만, 귀속이 불분명한 경우에는
대표자(소액주주등이 아닌 주주등인 임원 및 그와 제
43조제8항에 따른 특수관계에 있는 자가 소유하는 주
식 등을 합하여 해당 법인의 발행주식총수 또는 출자
총액의 100분의 30 이상을 소유하고 있는 경우의 그
임원이 법인의 경영을 사실상 지배하고 있는 경우에
는 그 자를 대표자로 하고, 대표자가 2명 이상인 경우
에는 사실상의 대표자로 한다. 이하 이 조에서 같다)
에게 귀속된 것으로 본다.(2016.2.12 본문개정)
가. 귀속자가 주주등(임원 또는 직원인 주주등을 제
외한다)인 경우에는 그 귀속자에 대한 배당
나. 귀속자가 임원 또는 직원인 경우에는 그 귀속자에
대한 상여
(2019.2.12 가목~나목개정)
다. 귀속자가 법인이거나 사업을 영위하는 개인인 경
우에는 기타 사외유출. 다만, 그 분여된 이익이 내국
법인 또는 외국법인의 국내사업장의 각 사업연도의
소득이나 거주자 또는 「소득세법」 제120조에 따른
비거주자의 국내사업장의 사업소득을 구성하는 경
우에 한한다.(2013.2.15 단서개정)
라. 귀속자가 가목 내지 다목외의 자인 경우에는 그
귀속자에 대한 기타소득

2. 익금에 산입한 금액이 사외에 유출되지 아니한 경우에는 사내유보로 할 것
3. 제1호에도 불구하고 다음 각 목의 금액은 기타 사외유출로 할 것(2016.2.12 본문개정)
가. 법 제24조에 따라 법 제24조제2항제1호에 따른 기부금 또는 같은 조 제3항제1호에 따른 기부금의 손금산입한도액을 초과하여 익금에 산입한 금액(2021.2.17 본목개정)
나. 법 제25조 및 「조세특례제한법」 제136조에 따라 익금에 산입한 금액(2016.2.12 본목개정)
다. 법 제27조의2제3항(같은 항 제2호에 따른 금액에 한정한다) 및 제4항에 따라 익금에 산입한 금액(2016.2.12 본목개정)
라. 법 제28조제1항제1호 및 제2호의 규정에 의하여 익금에 산입한 이자·할인액 또는 차익에 대한 원천징수세액에 상당하는 금액
마. 법 제28조제1항제4호의 규정에 의하여 익금에 산입한 금액(2006.2.9 본목개정)
바. (2006.2.9 삭제)
사. 「조세특례제한법」 제138조의 규정에 의하여 익금에 산입한 금액(2005.2.19 본목개정)
아. 제1호 각 목외의 부분 단서 및 제2항에 따라 익금에 산입한 금액이 대표자에게 귀속된 것으로 보아 처분한 경우 당해 법인이 그 처분에 따른 소득세 등을 대납하고 이를 손비로 계상하거나 그 대표자와의 특수관계가 소멸될 때까지 회수하지 아니함에 따라 익금에 산입한 금액(2009.2.4 본목개정)
자. 제88조제1항제8호·제8호의2 및 제9호(같은 호 제8호 및 제8호의2에 준하는 행위 또는 계산에 한정한다)에 따라 익금에 산입한 금액으로서 귀속자에게 「상속세 및 증여세법」에 의하여 증여세가 과세되는 금액(2009.2.4 본목개정)
차. 외국법인의 국내사업장의 각 사업연도의 소득에 대한 법인세의 과세표준을 신고하거나 결정 또는 경정함에 있어서 익금에 산입한 금액이 그 외국법인 등에 귀속되는 소득과 「국제조세조정에 관한 법률」 제6조, 제7조, 제9조, 제12조 및 제15조에 따라 익금에 산입된 금액이 국외특수관계인으로부터 반환되지 아니한 소득(2021.2.17 본목개정)
② 제104조제2항에 따라 결정된 과세표준과 법인의 재무상태표상의 당기순이익과의 차액(법인세상당액을 공제하지 않은 금액을 말한다)은 대표자에 대한 이익처분에 의한 상여로 한다. 다만, 법 제68조 단서에 해당하는 경우에는 이를 기타 사외유출로 한다.(2021.1.5 본항개정)
③ 제2항의 경우 법인이 결손신고를 한 때에는 그 결손은 없는 것으로 본다.
④ 내국법인이 「국세기본법」 제45조의 수정신고기한내에 매출누락, 가공경비 등 부당하게 사외유출된 금액을 회수하고 세무조정으로 익금에 산입하여 신고하는 경우의 소득처분은 사내유보로 한다. 다만, 다음 각 호의 어느 하나에 해당하는 경우로서 경정이 있을 것을 미리 알고 사외유출된 금액을 익금산입하는 경우에는 그러하지 아니하다.(2010.2.18 단서개정)
1. 세무조사의 통지를 받은 경우
2. 세무조사가 착수된 것을 알게 된 경우
3. 세무공무원이 과세자료의 수집 또는 민원 등을 처리하기 위하여 현지출장이나 확인업무에 착수한 경우(2010.2.18 1호~3호신설)
4. 납세지 관할세무서장으로부터 과세자료 해명 통지를 받은 경우(2013.2.15 본호개정)
5. 수사기관의 수사 또는 재판 과정에서 사외유출 사실이 확인된 경우(2010.2.18 본호신설)
6. 그 밖에 제1호부터 제5호까지의 규정에 따른 사항과 유사한 경우로서 경정이 있을 것을 미리 안 것으로 인정되는 경우(2010.2.18 본호신설)

[판례] 과세관청의 소득처분과 그에 따른 소득금액변동통지가 있는 경우 당해 소득금액에 대한 법인의 원천징수의무가 성립함과 동시에 확정되는 것이지만, 소득처분만에 의하여 곧바로 원천징수의무가 성립하는 것은 아니며 소득금액변동통지가 있어야만 비로소 법인의 원천징수의무가 성립·확정되는 것이므로, 과세관청이 내부적으로 소득처분을 하였다고 하더라도 그 내용을 소득금액변동통지를 통해 법인에게 고지하지 않거나 소득금액변동통지를 하였더라도 사후 이를 취소 또는 철회한 경우에는 법인에게 원천징수의무가 없고, 따라서 이를 전제로 과세관청이 원천징수처분에 나아갈 수도 없다.(대판 2006.8.25, 2006두3803)

제107조【추계에 의한 과세표준계산의 특례】 법 제68조 단서에서 "대통령령으로 정하는 바에 따라 추계하는 경우"란 제104조제2항의 규정에 의하여 추계결정 또는 경정하는 경우를 말한다.(2011.6.3 본조개정)

제108조【수시부과결정】 ① 법 제69조제1항 전단에서 "대통령령으로 정하는 사유"란 다음 각 호의 어느 하나에 해당하는 경우를 말한다.(2008.2.22 본문개정)
1. 신고를 하지 아니하고 본점등을 이전한 경우
2. 사업부진 기타의 사유로 인하여 휴업 또는 폐업상태에 있는 경우
3. 기타 조세를 포탈할 우려가 있다고 인정되는 상당한 이유가 있는 경우
② 납세지 관할세무서장 또는 관할지방국세청장이 제1항 각 호의 사유가 발생한 법인에 대하여 법 제69조제1항에 따른 수시부과를 하는 경우에는 제103조제2항 및 제104조제2항과 법 제55조제2항을 준용하여 그 과세표준 및 세액을 결정한다. 이 경우 법 제75조 및 제75조의2부터 제75조의9까지의 규정은 적용하지 않는다.(2019.2.12 본항개정)
③ 납세지 관할세무서장은 법인이 주한 국제연합군 또는 외국기관으로부터 사업수입금액을 외국환으로 영수할 때에는 법 제69조의 규정에 의하여 그 영수할 금액에 대한 과세표준을 결정할 수 있다.
④ 제3항의 규정에 의하여 수시부과를 하는 경우에는 제104조제2항의 규정을 준용하여 계산한 금액에 법 제55조의 규정에 의한 세율을 곱하여 산출한 금액을 그 세액으로 한다.(2001.12.31 본항개정)
⑤ 제2항에 따라 제104조제2항을 준용하는 경우 제1항제2호에 해당하는 경우로서 납세지 관할세무서장 또는 관할지방국세청장이 조사결과 추계할 탈루혐의가 없다고 인정하는 경우에는 제104조제2항제2호 본문에 따른 방법에 의하여 그 과세표준 및 세액을 결정하되, 동일업종의 다른 법인이 없는 경우에는 같은 호 단서에 따른 방법에 의하여 그 과세표준과 세액을 결정할 수 있다.(2019.2.12 본항개정)

제109조【과세표준과 세액의 통지】 ① 납세지 관할세무서장이 법 제70조에 따라 과세표준과 그 세액을 통지하는 경우에는 납부고지서에 그 과세표준과 세액의 계산명세를 첨부하여 고지해야 하며, 각 사업연도의 과세표준이 되는 금액이 없거나 납부할 세액이 없는 경우에는 그 결정된 내용을 통지해야 한다. 이 경우 제103조제1항 단서에 따라 과세표준이 결정된 것은 납세지 관할지방국세청장이 조사·결정하였다는 뜻을 덧붙여 적어야 한다.(2021.2.17 본항개정)
② 납세지 관할세무서장은 제104조제2항의 규정에 의하여 법인의 과세표준이 결정된 때에는 그 기준이 된 수입금액을 제1항의 규정에 의한 계산명세서에 기재하여 통지하여야 한다.
③ 제1항의 규정을 적용함에 있어서 관리책임자의 신고가 없는 외국법인 또는 소재지가 분명하지 아니한 내국법인에 대하여 과세표준을 결정한 때에는 이를 공시송달하여야 한다.

제2관 세액의 징수 및 환급 등

제110조【결손금 소급공제에 의한 환급세액의 계산】 ① 법 제72조제1항 각 호 외의 부분에서 "대통령령으로 정하는 직전 사업연도의 법인세액"이란 직전 사업연도의 법인세 산출세액(법 제55조의2에 따른 토지등양도소득에 대한 법인세를 제외한다. 이하 이 조에서 같다)에서 직전 사업연도의 소득에 대한 법인세로서 공제 또는 감면된 법인세액(이하 "감면세액"이라 한다)을 차감한 금액(이하 이 조에서 "직전 사업연도의 법인세액"이라 한다)을 말한다.(2019.2.12 본항개정)
② 법 제72조제2항에 따라 환급을 받으려는 법인은 법 제60조에 따른 신고기한 내에 기획재정부령으로 정하는 소급공제법인세액환급신청서를 납세지 관할세무서장에게 제출(국세정보통신망에 의한 제출을 포함한다)하여야 한다.(2019.2.12 본항개정)
③ 법 제72조제5항의 규정에 의하여 결손금이 감소됨에 따라 징수하는 법인세액의 계산은 다음 산식에 의한다. 다만, 법 제14조제2항의 결손금중 그 일부 금액만을 소급공제받은 경우에는 소급공제받지 아니한 결손금이 먼저 감소된 것으로 본다.

$$
\begin{array}{l}
\text{[법 제72조제3항의 규정}\\
\text{에 의한 환급세액(이하}\\
\text{이 조에서 "당초 환급세}\\
\text{액"이라 한다)]}
\end{array}
\times
\dfrac{
\begin{array}{c}
\text{감소된 결손금액으로서 소}\\
\text{급공제받지 아니한 결손금}\\
\text{을 초과하는 금액}
\end{array}
}{
\text{소급공제 결손금액}
}
$$

④ 법 제72조제5항 각 호 외의 부분에서 "대통령령으로 정하는 바에 따라 계산한 이자상당액"이란 제1호의 금액에 제2호의 율을 곱하여 계산한 금액을 말한다.(2009.2.4 본문개정)
1. 법 제72조제5항에 따른 환급세액(2013.2.15 본호개정)
2. 당초 환급세액의 통지일의 다음날부터 법 제72조제5항에 따라 징수하는 법인세액의 고지일까지의 기간에 대하여 1일 10만분의 22의 율. 다만, 납세자가 법인세액을 과다하게 환급받은 데 정당한 사유가 있는 때에는 「국세기본법 시행령」 제43조의3제2항 본문에 따른 이자율을 적용한다.(2022.2.15 본문개정)
⑤ 법 제72조제6항에 따라 당초 환급세액을 경정할 때 소급공제 결손금액이 과세표준금액을 초과하는 경우 그 초과 결손금액은 소급공제 결손금액으로 보지 아니한다.(2019.2.12 본문개정)
제110조의2 (2017.2.3 삭제)
제111조【내국법인의 이자소득 등에 대한 원천징수】 ① 법 제73조제1항 각 호 외의 부분에서 "대통령령으로 정하는 금융회사 등의 대통령령으로 정하는 소득"이란 다음 각 호의 법인에 지급하는 소득을 말하며, 법 제73조의2제1항 전단에 따른 원천징수대상채권등('주식·사채 등의 전자등록에 관한 법률」 제59조 각 호 외의 부분 전단에 따른 단기사채등 중 같은 법 제2조제1호 나목에 해당하는 것으로서 만기 1개월 이내의 것은 제외한다)의 이자등(법 제73조의2제1항 전단에 따른 이자등을 말한다. 이하 이 조, 제113조 및 제138조의3에서 같다)을 '자본시장과 금융투자업에 관한 법률」에 따른 투자회사 및 제16호의 자본확충목적회사가 아닌 법인에 지급하는 경우는 제외한다.(2020.2.11 본문개정)
1. 제61조제2항제1호부터 제28호까지의 법인 (2010.2.18 본호개정)
2. 「한국은행법」에 의한 한국은행(2005.2.19 본호개정)
3. 「자본시장과 금융투자업에 관한 법률」에 따른 집합투자업자(2009.2.4 본호개정)
4. 「자본시장과 금융투자업에 관한 법률」에 따른 투자회사, 투자목적회사, 투자유한회사 및 투자합자회사 〔같은 법 제9조제19항제1호에 따른 기관전용 사모집

합투자기구(법률 제18128호 자본시장과 금융투자업에 관한 법률 일부개정법률 부칙 제8조제1항부터 제4항까지에 따라 기관전용 사모집합투자기구, 기업재무안정 사모집합투자기구 및 창업·벤처전문 사모집합투자기구로 보아 존속하는 종전의 경영참여형 사모집합투자기구를 포함한다. 이하 제161조제1항에서 같다)는 제외한다〕(2022.2.15 본호개정)
5. 「농업협동조합법」에 의한 조합(2005.2.19 본호개정)
6. 「수산업협동조합법」에 따른 조합
7. 「산림조합법」에 따른 조합
8. 「신용협동조합법」에 따른 조합 및 신용협동조합중앙회
9. 「새마을금고법」에 따른 금고
10. 「자본시장과 금융투자업에 관한 법률」에 따른 증권금융회사
(2009.2.4 6호~10호개정)
11. 거래소(위약손해공동기금으로 한정한다) (2021.2.17 본호개정)
12. 「자본시장과 금융투자업에 관한 법률」에 따른 한국예탁결제원(2009.2.4 본호개정)
13. 「한국투자공사법」에 따른 한국투자공사(2009.2.4 본호개정)
14. 「국가재정법」의 적용을 받는 기금(법인 또는 법인으로 보는 단체에 한정한다)(2009.2.4 본호신설)
15. 법률에 따라 자금대부사업을 주된 목적으로 하는 법인 또는 기금(다른 사업과 구분 경리되는 것에 한정한다)(2009.2.4 본호신설)
16. 「조세특례제한법」 제104조의3제1항에 따른 자본확충목적회사(2009.6.8 본호신설)
17. 「산업재해보상보험법」 제10조에 따른 근로복지공단('근로자퇴직급여 보장법」에 따른 중소기업퇴직연금기금으로 한정한다)(2022.2.15 본호신설)
18. 그 밖에 기획재정부령으로 정하는 금융보험업을 영위하는 법인(2009.2.4 본호신설)
② 법 제73조제2항에서 "법인세가 부과되지 아니하거나 면제되는 소득 등 대통령령으로 정하는 소득"이란 다음 각 호의 소득을 말한다.(2019.2.12 본문개정)
1. 법인세가 부과되지 아니하거나 면제되는 소득
2. (2009.2.4 삭제)
3. 신고한 과세표준에 이미 산입된 미지급 소득
4. 법령 또는 정관에 의하여 비영리법인이 회원 또는 조합원에게 대부한 융자금과 비영리법인이 당해 비영리법인의 연합회 또는 중앙회에 예탁한 예탁금에 대한 이자수입
5. 법률에 따라 설립된 기금을 관리·운용하는 법인으로서 기획재정부령으로 정하는 법인(이하 이 호에서 "기금운용법인"이라 한다)과 법률에 따라 공제사업을 영위하는 법인으로서 기획재정부령으로 정하는 법인 중 건강보험·연금관리 및 공제사업을 영위하는 비영리내국법인(기금운용법인의 경우에는 해당 기금사업에 한정한다)이 「국채법」에 따라 등록하거나 「주식·사채 등의 전자등록에 관한 법률」에 따라 전자등록한 다음 각 목의 국공채 등을 발행일부터 이자지급일 또는 상환일까지 계속하여 등록·보유함으로써 발생한 이자 및 할인액(2019.6.25 본문개정)
가. 국가 또는 지방자치단체가 발행한 채권 또는 증권
나. 「한국은행 통화안정증권법」에 의하여 한국은행이 발행한 통화안정증권(2005.2.19 본목개정)
다. 기획재정부령이 정하는 채권 또는 증권 (2008.2.29 본목개정)
(2001.12.31 본호개정)
6. 다음 각 목의 어느 하나에 해당하는 조합의 조합원인 법인(한국표준산업분류상 금융보험업을 영위하는 법인을 제외한다)이 해당 조합의 규약에 따라 조합원

공동으로 예탁한 자금에 대한 이자수입(2009.2.4 본문개정)
가. 상장유가증권에 대한 투자를 통한 증권시장의 안정을 목적으로 설립된 조합으로서 기획재정부령으로 정하는 조합(2009.2.4 본목개정)
나. 채권시장의 안정을 목적으로 설립된 조합으로서 기획재정부령이 정하는 조합(2008.2.29 본목개정)
7. 「한국토지주택공사법」에 따른 한국토지주택공사가 「주택도시기금법」 제6조제2항에 따라 주택도시기금에 예탁한 자금(「국민연금법」에 의한 국민연금 및 「우체국예금·보험에 관한 법률」에 의한 우체국예금으로부터 사채발행을 통하여 조성한 자금을 예탁한 것으로서 이자소득 지급당시 국민연금 및 우체국예금이 그 사채를 계속 보유하고 있는 경우에 한한다)에 대한 이자수입(2015.6.30 본호개정)
③~④ (2019.2.12 삭제)
⑤ 법 제73조 및 제73조의2를 적용할 때 다음 각 호의 어느 하나에 해당하는 경우에는 해당 채권등의 이자등을 지급받는 것으로 본다.(2020.2.11 본문개정)
1. 전환사채를 주식으로 전환하거나 교환사채를 주식으로 교환하는 경우(2013.2.15 본호신설)
2. 신주인수권부사채의 신주인수권을 행사(신주 발행대금을 해당 신주인수권부사채로 납입하는 경우만 해당한다)하는 경우(2013.2.15 본호신설)
⑥ 법 제73조 및 제73조의2를 적용할 때 이자소득금액의 지급시기는 「소득세법 시행령」 제190조 각 호에 따른 날로 한다. 다만, 제61조제2항제1호부터 제7호까지 및 제10호의 법인이 「소득세법 시행령」 제190조제1호에 따른 조건의 어음을 발행하여 매출하는 경우에는 해당 어음을 할인매출하는 날에 이자등을 지급하는 것으로 보아 원천징수하고, 「자본시장과 금융투자업에 관한 법률」에 따른 신탁업자가 운용하는 신탁재산에 귀속되는 소득금액은 「소득세법」 제155조의2에 따른 특정일에 지급하는 것으로 보아 원천징수한다.(2019.2.12 본항개정)
⑦ 법 제73조 및 제73조의2를 적용할 때 「자본시장과 금융투자업에 관한 법률」에 따른 신탁업자가 신탁재산을 직접 운용하거나 보관·관리하는 경우 해당 신탁업자와 법 제73조제1항 각 호의 소득금액을 신탁재산에 지급하는 자 간에 대리 또는 위임관계가 있는 것으로 본다.(2019.2.12 본항개정)
⑧ 법 제73조 및 제73조의2를 적용할 때 「자본시장과 금융투자업에 관한 법률」 제294조에 따른 한국예탁결제원에 예탁된 증권등[같은 조 제1항에 따른 증권등(이 조 제7항이 적용되는 신탁재산은 제외한다)을 말하며, 이하 이 항에서 "증권등"이라 한다]에서 발생하는 이자소득 등에 대해서는 다음 각 호의 구분에 따른 자와 해당 증권등을 발행한 자 간에 원천징수의무의 대리 또는 위임의 관계가 있는 것으로 본다.
1. 「자본시장과 금융투자업에 관한 법률」 제309조에 따라 한국예탁결제원에 계좌를 개설한 자(이하 이 항에서 "예탁자"라 한다)가 소유하고 있는 증권등의 경우 : 한국예탁결제원
2. 「자본시장과 금융투자업에 관한 법률」 제309조에 따라 예탁자가 투자자로부터 예탁받은 증권등의 경우 : 예탁자
(2019.2.12 본항신설)
(2019.2.12 본조제목개정)
제112조 (2009.2.4 삭제)
제113조【내국법인의 채권등 보유기간 이자상당액에 대한 원천징수】① 법 제73조 및 제73조의2를 적용할 때 채권등의 이자등(채권등의 이자등을 지급받기 전에 매도하는 경우에는 채권등을 매도하는 경우의 이자등

을 말한다)에 대한 원천징수대상소득은 내국법인이 채권등(「자본시장과 금융투자업에 관한 법률」에 따른 신탁업자가 운용하는 신탁재산에 귀속되는 채권등을 포함한다)을 취득하여 보유한 기간에 발생한 소득으로 한다.(2019.2.12 본항개정)
② 제1항의 규정을 적용함에 있어서 채권등을 취득하여 보유한 기간에 발생한 소득은 채권등의 액면가액 등에 제1호 각목의 기간과 제2호 각목의 이자율 등을 적용하여 계산한 금액(이하 이 조, 제114조의2 및 제138조의3에서 "보유기간이자상당액"이라 한다)으로 한다.(2006.2.9 본문개정)
1. 채권등을 보유한 기간
가. 채권등의 이자소득금액을 지급받기 전에 매도하는 경우에는 당해 채권등을 취득한 날 또는 직전 이자소득금액의 계산기간종료일부터 매도하는 날(매도하기 위하여 알선·중개 또는 위탁하는 경우에는 실제로 매도하는 날)까지의 기간. 다만, 취득한 날 또는 직전 이자소득금액의 계산기간종료일부터 매도하는 날 전일까지로 기간을 계산하는 약정이 있는 경우에는 그 기간으로 한다.(2010.2.18 단서신설)
나. 채권등의 이자소득금액을 지급받는 경우에는 당해 채권등을 취득한 날 또는 직전 이자소득금액의 계산기간종료일의 다음날부터 이자소득금액의 계산기간종료일까지의 기간. 다만, 취득한 날 또는 직전 이자소득금액의 계산기간종료일부터 매도하는 날 전일까지로 기간을 계산하는 약정이 있는 경우에는 그 기간으로 한다.(2010.2.18 단서신설)
2. 적용이자율
가. 당해 채권등의 이자계산기간에 대하여 약정된 이자계산방식에 의한 이자율에 발행시의 할인율을 가산하고 할증률을 차감한 이자율. 다만, 공개시장에서 발행하는 「소득세법 시행령」 제22조의2제1항 및 제2항의 채권의 경우에는 발행시의 할인율과 할증률을 가감하지 아니한다.(2006.2.9 본목개정)
나. 만기상환일에 각 이자계산기간에 대한 보장이율을 추가로 지급하는 조건이 있는 전환사채·교환사채 또는 신주인수권부사채의 경우에는 가목의 이자율에 당해 추가지급이율을 가산한 이자율. 다만, 전환사채 또는 교환사채를 주식으로 전환청구 또는 교환청구한 경우로서 이자지급의 약정이 있는 경우에는 전환청구일 또는 교환청구일부터는 기획재정부령이 정하는 바에 따라 당해 약정이자율로 한다.(2013.2.15 본목개정)
③ 제1항 및 제2항의 규정을 적용함에 있어서 채권등의 매도에는 법인의 고유재산에서 취득하여 보유하는 채권등을 법인이 관리하는 재산으로 유상이체하는 경우와 관리하는 재산간에 유상이체하는 경우 및 관리하는 재산에서 고유재산으로 유상이체하는 경우를 포함한다. 다만, 기획재정부령이 정하는 경우에는 그러하지 아니하다.(2008.2.29 단서개정)
④ 법 제73조의2제2항에서 "법인세가 부과되지 아니하거나 면제되는 소득 등 대통령령으로 정하는 소득"이란 다음 각 호의 어느 하나에 해당하는 소득을 말한다.
1. 제111조제2항 각 호의 어느 하나에 해당하는 소득
2. 「자본시장과 금융투자업에 관한 법률」에 따른 투자회사 및 이 영 제111조제1항제16호의 자본확충목적회사의 원천징수대상채권등(법 제73조의2제1항에 전단에 따른 원천징수대상채권등을 말한다. 이하 같다)에 대한 보유기간이자상당액
3. 제2호 외의 제111조제1항에 따른 금융회사등의 「주식·사채 등의 전자등록에 관한 법률」 제59조에 따른 단기사채등 중 같은 법 제2조제1호나목에 해당하는

것으로서 만기 1개월 이내의 것에 대한 보유기간이자
상당액(2019.6.25 본호개정)
(2019.2.12 본항신설)
⑤ 제1항을 적용할 때 「자본시장과 금융투자업에 관한
법률」에 따른 집합투자증권 중 「소득세법 시행령」 제
26조의2제4항의 증권을 취득한 법인이 투자신탁의 이
익 계산기간 중도에 매도(「자본시장과 금융투자업에
관한 법률」에 따른 집합투자업자가 취득하여 매도하는
증권의 경우를 포함한다)한 경우의 보유기간이자상당
액은 제2항의 규정에 불구하고 「소득세법 시행령」 제
26조의2제4항부터 제10항까지의 규정에 의하여 계산한
다.(2010.12.30 본항개정)
⑥ 법인이 「소득세법 시행령」 제190조제1호에 규정하
는 날에 원천징수하는 채권등(이하 "선이자지급방식의
채권등"이라 한다)을 취득한 후 사업연도가 종료되어
원천징수된 세액을 전액 공제하여 법인세를 신고하였
으나 그 후의 사업연도중 해당 채권등의 만기상환일이
도래하기 전에 이를 매도함으로써 해당 사업연도전에
공제한 원천징수세액이 제2항을 준용하여 계산한 보유
기간이자상당액에 대한 세액을 초과하는 경우에는 그
초과하는 금액을 해당 채권등을 매도한 날이 속하는
사업연도의 법인세에 가산하여 납부하여야 한다.
(2009.2.4 본항개정)
⑦ 법인이 취득일이 서로 다른 동일종목의 채권등을
매도하는 경우 제2항제1호의 기간계산방법은 제74조제
1항제1호가목 내지 다목을 준용하는 방법 또는 기획재
정부령이 정하는 방법중 하나를 선택.하여 적용할 수
있으며, 당해 법인은 이를 다음 각호의 1의 기한내에
납세지 관할세무서장에게 신고하여 계속적으로 적용하
여야 한다. 이 경우 법인이 보유기간의 계산방법을 신
고하지 아니하거나 신고한 방법과 상이한 방법을 적용
하여 계산한 경우에는 제74조제1항제1호나목의 방법을
준용하여 보유기간을 계산한다.(2008.2.29 전단개정)
1. 보유기간이자상당액에 대한 원천징수세액납부일
2. 보유기간이자상당액에 대한 법인세 과세표준신고일
⑧ 제1항부터 제7항까지의 규정을 적용할 때 채권등의
보유기간 확인에 관하여는 「소득세법 시행령」 제102조
제8항을 준용한다.(2010.2.18 본항개정)
⑨ 법 제73조의2에 따른 원천징수대상채권등의 이자등
에는 법 제73조제5항에 따라 금융회사 등이 원천징수
를 대리하거나 위임받은 어음 또는 채무증서를 그 어
음 또는 채무증서를 발행한 법인으로부터 인수·매입하
여 매출(제113조제3항에 따른 매도의 경우를 포함한
다)하는 경우에 그 금융회사 등에 귀속되는 이자등은
포함하지 않는다. 다만, 「소득세법 시행령」 제190조제1
호에 따른 방법으로 매출하는 어음 외의 어음의 경우
에는 그 금융회사 등에 귀속되는 이자등을 포함한다.
(2019.2.12 본항신설)
⑩ 「자본시장과 금융투자업에 관한 법률」에 따른 신탁
업자는 해당 신탁재산에 귀속되는 채권등의 보유기간
이자상당액에 해당하는 원천징수세액에 대한 확인서를
작성하여 「소득세법」 제155조의2에 따른 특정일이 속
하는 달의 다음달 말일까지 납세지 관할세무서장에게
제출하여야 한다.(2009.2.4 본문개정)
1.~2. (2009.2.4 삭제)
3. (2008.2.22 삭제)
⑪ 법인이 선이자지급방식의 채권등(채권등의 매출시
세금을 원천징수하는 채권등에 한정한다. 이하 이 항에서
같다)을 이자계산기간 중에 매도하는 경우 해당 법인
(금융회사 등이 해당 채권등의 매도를 중개하는 경우
에는 해당 금융회사 등을 말한다)은 중도 매도일에 해
당 채권등을 새로이 매출한 것으로 보아 이자등을 계산
하여 세액을 원천징수하여야 한다.(2010.2.18 본항개정)
⑫ 법 제73조의2제3항제1호에서 "대통령령으로 정하는

금융회사 등"이란 제61조제2항 각 호의 법인을 말한다.
(2019.2.12 본항개정)
⑬ 제3항의 규정에 의하여 채권등의 매도로 보는 경우
관리하는 재산의 보유기간이자상당액에 대한 원천징수
에 관하여는 당해 재산을 관리하는 법인이 채권등을
매도하는 것으로 본다.(2005.2.19 본항신설)
⑭ (2019.2.12 삭제)
(2019.2.12 본조제목개정)
(2000.12.29 본조개정)
제114조 (2005.2.19 삭제)
**제114조의2【환매조건부채권매매거래 등의 원천징수
및 환급 등】** ① 법 제73조의2제1항 전단에서 "환매조
건부 채권매매 등 대통령령으로 정하는 경우"란 다음
각 호의 어느 하나에 해당하거나 각 호가 혼합되는 거
래를 말한다.
1. 「금융실명거래 및 비밀보장에 관한 법률」 제2조제1
호 각 목의 어느 하나에 해당하는 금융회사 등과 이
영 제111조제1항 각 호의 어느 하나에 해당하는 법인
이 일정기간 후에 일정가격으로 환매수 또는 환매도
할 것을 조건으로 하여 채권등을 매도 또는 매수하는
거래(해당 거래가 연속되는 경우를 포함한다)로서 그
거래에 해당하는 사실이 「자본시장과 금융투자업에
관한 법률」 제294조에 따른 한국예탁결제원의 계좌
또는 같은 법 제373조에 따른 거래소의 거래원장(전
자적 형태의 거래원장을 포함한다)을 통하여 확인되
는 거래(2021.2.17 본호개정)
2. 「금융실명거래 및 비밀보장에 관한 법률」 제2조제1
호 각 목의 어느 하나에 해당하는 금융회사 등과 이
영 제111조제1항 각 호의 어느 하나에 해당하는 법인
이 일정기간 후에 같은 종류로서 같은 양의 채권을 반
환받는 조건으로 채권을 대여하는 거래(해당 거래가
연속되는 경우를 포함한다)로서 그 거래에 해당하는
사실이 채권대차거래중개기관('자본시장과 금융투자
업에 관한 법률」에 따른 한국예탁결제원, 증권금융회
사, 투자매매업자 또는 투자중개업자를 말한다)이 작
성한 거래 원장(전자적 형태의 원장을 포함한다)을 통
하여 확인되는 거래
(2019.2.12 본항개정)
② 제1항에 따른 거래의 경우 채권등을 매도 또는 대여
한 날부터 환매수 또는 반환받은 날까지의 기간 동안
그 채권등으로부터 발생하는 이자소득에 상당하는 금
액은 매도자 또는 대여자(해당 거래가 연속되는 경우
또는 제1항 각 호의 거래가 혼합되는 경우에는 최초 매
도자 또는 대여자를 말한다)에게 귀속되는 것으로 보아
법 제73조의2를 적용한다.(2019.2.12 본항개정)
③ 제1항에 따른 거래를 통하여 매수자 또는 차입자(이
하 이 조에서 "매수자등"이라 한다)가 매입 또는 차입
한 채권등이 제3자에게 매도 또는 대여되는 경우에는
매수자등(제111조제1항 각 호의 어느 하나에 해당하는
법인은 제외한다)에게 보유기간이자상당액에 대한 세
액을 법 제73조의2 및 제98조의3, 「소득세법」 제133조
의2 및 제156조의3에 따라 원천징수하여야 하며, 매수
자등은 원천징수한 세액을 제4항에 따라 환급받을 수
있다.(2019.2.12 본항개정)
④ 제3항에 따라 원천징수된 세액을 환급받으려는 매
수자등은 제3자에게 매도 또는 대여한 채권등이 제1항
에 따른 거래를 통하여 매입 또는 차입한 것임을 입증
할 수 있는 기획재정부령으로 정하는 서류를 첨부하여
원천징수된 세액의 납부일이 속하는 달의 다음 달 10
일까지 매수자등의 납세지 관할 세무서장에게 환급신
청서를 제출하여야 하며, 환급신청을 받은 관할 세무서
장은 거래사실 및 환급신청내용을 확인한 후 즉시 환
급하여야 한다.
(2010.6.8 본조개정)

제115조【원천징수세액의 납부】 ① 법 제73조 및 제73조의2에 따른 원천징수의무자는 원천징수한 법인세를 「국세징수법」에 따라 원천징수의무자의 납세지 관할세무서 등에 납부하여야 하며, 기획재정부령으로 정하는 원천징수이행상황신고서를 원천징수의무자의 납세지 관할세무서장에게 제출(국세정보통신망에 의한 제출을 포함한다)하여야 한다.(2019.2.12 본항개정)
② 법 제73조제7항에서 "대통령령으로 정하는 원천징수의무자"란 직전연도(신규로 사업을 개시한 사업자의 경우 신청일이 속하는 반기를 말한다. 이하 이 조에서 같다)의 상시고용인원이 20인 이하인 원천징수의무자(금융보험업을 영위하는 법인을 제외한다)로서 원천징수 관할세무서장으로부터 법 제73조제1항 각호에 규정하는 원천징수세액을 반기별로 납부할 수 있도록 승인을 얻거나 국세청장이 정하는 바에 따라 지정을 받은 자를 말한다.(2015.2.3 본항개정)
③ 제2항의 규정에 의한 직전연도의 상시고용인원수는 직전연도의 1월부터 12월까지의 매월 말일 현재 상시고용인원의 평균인원수로 한다.
④ 제2항의 규정에 의하여 승인을 얻고자 하는 법인은 원천징수한 법인세를 반기별로 납부하고자 하는 반기의 직전월의 1일부터 말일까지 원천징수 관할세무서장에게 신청하여야 한다.
⑤ 제4항의 규정에 의한 신청을 받은 원천징수 관할세무서장은 당해 원천징수의무자의 원천징수세액 신고·납부의 성실도 등을 참작하여 승인여부를 결정한 후 신청일이 속하는 반기의 다음달 말일까지 이를 통지하여야 한다.
⑥ 법 제73조제7항의 규정에 의하여 원천징수한 법인세의 반기별 납부에 관하여 기타 필요한 사항은 국세청장이 정한다.

제116조【원천징수의무의 승계】 ① 법인이 해산한 경우에 법 제73조 및 제73조의2에 따라 원천징수하여야 할 법인세를 징수하지 아니하였거나 징수한 법인세를 납부하지 아니하고 잔여재산을 분배한 때에는 청산인과 잔여재산의 분배를 받은 자가 각각 그 분배한 재산의 가액과 분배받은 재산의 가액을 한도로 그 법인세를 연대하여 납부할 책임을 진다.
② 법인이 합병 또는 분할로 인하여 소멸한 경우 합병법인등은 피합병법인등이 법 제73조 및 제73조의2에 따라 원천징수하여야 할 법인세를 징수하지 아니하였거나 징수한 법인세를 납부하지 아니한 것에 대하여 납부할 책임을 진다.
(2019.2.12 본조개정)

제117조【원천징수영수증의 교부】 ① 법 제74조제1항에 따른 원천징수영수증의 교부에 관하여는 「소득세법」 제133조를 준용한다.(2021.2.17 본항개정)
② 제1항의 규정은 선이자지급방식의 채권등에 대한 이자소득을 지급하는 법인이 원천징수한 법인세액에 대한 원천징수영수증의 교부에 대하여도 이를 적용한다.

제118조 (2007.2.28 삭제)

제119조 (2012.2.2 삭제)

제120조【가산세의 적용】 ① 법 제75조의2제1항제3호에서 "대통령령으로 정하는 불분명한 경우"란 다음 각 호의 어느 하나에 해당하는 경우를 말한다. 다만, 내국법인이 주식등의 실제소유자를 알 수 없는 경우 등 정당한 사유가 있는 경우는 제외한다.(2019.2.12 본문개정)
1. 제출된 주주등의 명세서에 법 제109조제1항에 따라 제출된 주주등의 명세서의 제152조제2항제1호 및 제2호의 기재사항(이하 이 항에서 "필요적 기재사항"이라 한다)의 전부 또는 일부를 기재하지 아니하였거나 잘못 기재하여 주주등의 명세를 확인할 수 없는 경우

2. 제출된 주주등의 명세서의 필요적 기재사항이 주식등의 실제소유자에 대한 사항과 다르게 기재되어 주주등의 명세를 확인할 수 없는 경우
(2012.2.2 본항신설)
② 법 제75조의2제2항제3호에서 "대통령령으로 정하는 불분명한 경우"란 다음 각 호의 어느 하나에 해당하는 경우를 말한다. 다만, 내국법인이 주식등의 실제소유자를 알 수 없는 경우 등 정당한 사유가 있는 경우는 제외한다.(2019.2.12 본문개정)
1. 제출된 변동상황명세서에 제161조제6항제1호부터 제3호까지의 기재사항(이하 이 항에서 "필요적 기재사항"이라 한다)의 전부 또는 일부를 기재하지 아니하였거나 잘못 기재하여 주식등의 변동상황을 확인할 수 없는 경우(2010.2.18 본호개정)
2. 제출된 변동상황명세서의 필요적 기재사항이 주식등의 실제소유자에 대한 사항과 다르게 기재되어 주식등의 변동사항을 확인할 수 없는 경우
(2012.2.2 본호개정)
③ 법 제75조의5제1항 및 제75조의8제1항 각 호 외의 부분에서 "대통령령으로 정하는 법인"이란 다음 각 호의 어느 하나에 해당하는 법인을 말한다.(2019.2.12 본문개정)
1. 국가 및 지방자치단체
2. 비영리법인(제3조제1항의 수익사업과 관련된 부분은 제외한다)(2019.2.12 본호개정)
④ 법 제75조의5제1항에서 "대통령령으로 정하는 사업자"란 제158조제1항 각 호의 사업자를 말한다.(2019.2.12 본항개정)
⑤ 법 제75조의6제2항제1호에서 "대통령령으로 정하는 업종"이란 「소득세법 시행령」 별표3의2에 따른 소비자상대업종을 말한다.(2019.2.12 본항개정)
⑥ 법 제75조의6제2항제1호에서 "대통령령으로 정하는 수입금액"이란 법 제121조에 따른 계산서 발급분 및 「부가가치세법」 제32조에 따른 세금계산서 발급분을 말한다.(2019.2.12 본항신설)
⑦ 법 제75조의6제2항제1호에서 "대통령령으로 정하는 바에 따라 계산한 비율"이란 가맹하지 아니한 사업연도의 일수에서 법 제117조의2제1항에 따른 요건에 해당하는 날부터 3개월이 지난 날의 다음날부터 가맹한 날의 전일까지의 일수(그 기간이 2 이상의 사업연도에 걸쳐 있는 경우 각 사업연도 별로 적용한다)가 차지하는 비율을 말한다.(2019.2.12 본항개정)
⑧ 법 제75조의6제2항제3호에서 "「국민건강보험법」에 따른 보험급여의 대상인 경우 등 대통령령으로 정하는 경우"란 다음 각 호의 어느 하나에 해당하는 경우를 말한다.
1. 「국민건강보험법」에 따른 보험급여
2. 「의료급여법」에 따른 의료급여
3. 「긴급복지지원법」에 따른 의료지원비
4. 「응급의료에 관한 법률」에 따른 대지급금
5. 「자동차손해배상 보장법」에 따른 보험금 및 공제금(같은 법 제2조제6호의 「여객자동차 운수사업법」 및 「화물자동차 운수사업법」에 따른 공제사업자의 공제금에 한정한다)
(2019.2.12 본항신설)
⑨ 법 제75조의7제1항제2호 각 목 외의 부분에서 "대통령령으로 정하는 불분명한 경우"란 다음 각 호의 구분에 따른 경우를 말한다.
1. 지급명세서의 경우 : 다음 각 목의 어느 하나에 해당하는 경우
   가. 제출된 지급명세서에 지급자 또는 소득자의 주소, 성명, 고유번호(주민등록번호로 갈음하는 경우에는 주민등록번호)나 사업자등록번호, 소득의 종류, 소

득귀속연도 또는 지급액을 적지 않았거나 잘못 적어 지급사실을 확인할 수 없는 경우

나. 제출된 지급명세서 또는 이자·배당소득 지급명세서에 유가증권표준코드를 적지 않았거나 잘못 적어 유가증권의 발행자를 확인할 수 없는 경우

다. 내국법인인 금융회사 등으로부터 제출된 이자·배당소득 지급명세서에 해당 금융회사 등이 과세구분을 적지 않았거나 잘못 적은 경우

라. 「소득세법 시행령」 제202조의2제1항에 따른 이연퇴직소득세를 적지 않았거나 잘못 적은 경우

2. 간이지급명세서의 경우 : 제출된 간이지급명세서에 지급자 또는 소득자의 주소·성명·납세번호(주민등록번호로 갈음하는 경우에는 주민등록번호)나 사업자등록번호, 소득의 종류, 소득의 귀속연도 또는 지급액을 적지 않았거나 잘못 적어 지급사실을 확인할 수 없는 경우(2021.5.4 본호개정)

3.~4. (2019.2.12 삭제)

(2019.2.12 본항개정)

⑩ 제9항을 적용할 때 다음 각 호의 어느 하나에 해당하는 경우는 불분명한 경우로 보지 아니한다. (2019.2.12 본문개정)

1. 지급일 현재 사업자등록증의 발급을 받은 자 또는 고유번호를 부여받은 자에게 지급한 경우

2. 제1호 외의 지급으로서 지급후에 그 지급받은 자가 소재불명으로 확인된 경우 (2013.6.28 본항신설)

⑪ 법 제75조의7제4항에서 "대통령령으로 정하는 비율"이란 100분의 5를 말한다.(2023.2.28 본항개정)

⑫ 법 제120조에 따른 법인이 합병·분할 또는 해산함으로써 법 제84조·제85조 또는 제87조에 따라 과세표준을 신고·결정 또는 경정한 경우 법 제75조의7에 따른 지급금액은 합병등기일·분할등기일 또는 해산등기일까지 제출하여야 하는 금액으로 한다.(2019.2.12 본항개정)

⑬ 법 제75조의8제1항제1호에서 "대통령령으로 정하는 적어야 할 사항의 전부 또는 일부를 적지 아니하거나 사실과 다르게 적은 경우"란 거래처별 사업자등록번호 또는 공급가액을 적지 아니하거나 사실과 다르게 적은 경우를 말한다. 다만, 제출된 매입처별세금계산서합계표에 적어야 할 사항을 착오로 사실과 다르게 적은 경우로서 발급받은 세금계산서에 의하여 거래사실이 확인되는 경우를 제외한다.(2019.2.12 본항개정)

⑭ 법 제75조의8제1항제2호에서 "대통령령으로 정하는 적어야 할 사항"이란 「소득세법 시행령」 제211조제1항제1호부터 제4호까지의 기재사항(이하 이 항에서 "필요적 기재사항"이라 한다)을 말한다. 다만, 발급한 계산서의 필요적 기재사항 중 일부가 착오로 사실과 다르게 기재되었으나 해당 계산서의 그 밖의 기재사항으로 보아 거래사실이 확인되는 경우에는 법 제75조의8제1항제2호에 따른 사실과 다르게 기재된 계산서로 보지 아니한다.(2019.2.12 본항개정)

⑮ 법 제75조의8제1항제3호에서 "대통령령으로 정하는 적어야 할 사항"이란 거래처별 사업자등록번호 및 공급가액을 말한다. 다만, 제출된 매출·매입처별계산서합계표의 기재사항이 착오로 사실과 다르게 기재된 경우로서 발급하거나 발급받은 계산서에 의하여 거래사실이 확인되는 경우에는 법 제75조의8제1항제3호에 따른 사실과 다르게 기재된 매출·매입처별계산서합계표로 보지 아니한다.(2019.2.12 본항개정)

⑯ 법 제75조의9제1항제2호에서 "대통령령으로 정하는 불분명한 경우"란 배당 가능한 유보소득금액을 산출할 때 적어야 하는 금액의 전부 또는 일부를 적지 아니하거나 잘못 적어 배당 가능한 유보소득금액을 잘못 계산한 경우를 말한다.(2019.2.12 본항개정)

제2장의2 법인과세 신탁재산의 각 사업연도의 소득에 대한 법인세 과세특례
(2021.2.17 본장신설)

제1절 통 칙

제120조의2【법인과세신탁재산의 사업연도의 개시일】
법 제5조제2항에 따라 내국법인으로 보는 신탁재산(이하 "법인과세신탁재산"이라 한다)의 최초 사업연도의 개시일은 「신탁법」 제3조에 따라 그 신탁이 설정된 날로 한다.

제120조의3【법인과세신탁재산의 납세지의 지정】
관할 지방국세청장이나 국세청장은 법 제75조의12제4항에 따라 신고된 법인과세신탁재산의 납세지가 그 법인과세신탁재산의 납세지로 적당하지 않다고 인정되는 경우로서 다음 각 호의 어느 하나에 해당하는 경우에는 그 납세지를 지정할 수 있다.

1. 법 제75조의10에 따른 법인과세 수탁자(이하 "법인과세수탁자"라 한다)의 본점 등의 소재지가 등기된 주소와 동일하지 않은 경우

2. 법인과세수탁자의 본점 등의 소재지가 자산 또는 사업장과 분리되어 있어 조세포탈의 우려가 있다고 인정되는 경우

제2절 과세표준과 그 계산

제120조의4【법인과세 신탁재산에 대한 소득공제】
① 법 제75조의14제1항에 따라 공제하는 배당금액이 해당 배당을 결의한 잉여금 처분의 대상이 되는 사업연도의 소득금액을 초과하는 경우 그 초과금액은 없는 것으로 본다.

② 법 제75조의14제1항을 적용받으려는 법인과세수탁자는 법 제60조에 따른 과세표준신고와 함께 기획재정부령으로 정하는 소득공제신청서(이하 이 조에서 "소득공제신청서"라 한다)를 납세지 관할 세무서장에게 제출하여 소득공제 신청을 해야 한다.

③ 법 제75조의14제2항 단서에 따라 같은 조 제1항을 적용받으려는 법인과세수탁자는 제2항에 따른 소득공제신청서에 배당을 받은 동업기업으로부터 제출받은(「조세특례제한법」 제100조의23제1항에 따른 신고기한까지 제출받은 것을 말한다) 기획재정부령으로 정하는 동업기업과세특례적용 및 동업자과세여부 확인서를 첨부하여 소득공제를 신청해야 한다.

제3절 신고·납부 및 징수

제120조의5【법인과세 신탁재산의 원천징수】
① 법 제75조의18제1항에서 "대통령령으로 정하는 소득"이란 다음 각 호의 소득을 말한다.

1. 「소득세법」 제16조제1항에 따른 이자소득의 금액(금융보험업을 하는 법인의 수입금액을 포함한다). 다만, 법 제73조의2제1항 전단에 따른 원천징수대상채권등(「주식·사채 등의 전자등록에 관한 법률」 제59조 각 호 외의 부분 전단에 따른 단기사채등 중 같은 법 제2조제1호나목에 해당하는 것으로서 만기 1개월 이내의 것은 제외한다)의 이자등(법 제73조의2제1항 전단에 따른 이자등을 말한다)을 「자본시장과 금융투자업에 관한 법률」에 따른 투자회사 또는 「조세특례제한법」 제104조의3제1항에 따른 자본확충목적회사가 아닌 법인에게 지급하는 경우는 제외한다.

2. 「소득세법」 제17조제1항제5호에 따른 집합투자기구로부터의 이익 중 투자신탁의 이익의 금액

② 법 제75조의18제1항에서 "대통령령으로 정하는 금융회사 등"이란 제111조제1항 각 호의 법인을 말한다.

제120조의6～제120조의11 (2010.12.30 삭제)

제2장의3 각 연결사업연도의 소득에 대한 법인세
(2009.2.4 본장신설)

제1절 통 칙

제120조의12【연결납세방식의 적용제외 법인 등】 ① 법 제76조의8제1항 전단 중 "비영리법인 등 대통령령으로 정하는 법인"이란 다음 각 호의 어느 하나에 해당하는 법인을 말한다.
1. 비영리내국법인
2. 해산으로 청산 중인 법인
3. 법 제51조의2제1항 각 호의 어느 하나에 해당하는 법인이거나 「조세특례제한법」 제104조의31제1항에 따른 법인(2021.2.17 본호개정)
4. 다른 내국법인(비영리내국법인은 제외한다)으로부터 법 제2조제10호의2에 따른 연결지배를 받는 법인 (2023.2.28 본호개정)
5. (2010.12.30 삭제)
6. 「조세특례제한법」 제100조의15제1항의 동업기업과 세특례를 적용하는 동업기업(2017.2.3 본호개정)
7. 「조세특례제한법」 제104조의10제2항의 과세표준 산특례를 적용하는 법인
② 법 제76조의8제1항 전단에서 "청산 중인 법인 등 대통령령으로 정하는 법인"이란 제1항제2호, 제3호, 제6호 및 제7호의 법인을 말한다.(2012.2.2 본항개정)
③ 법 제76조의8제3항에서 "대통령령으로 정하는 요건을 갖춘 내국법인"이란 다음 각 호의 요건을 모두 갖춘 내국법인으로서 기획재정부령으로 정하는 내국법인 중 제1호에 따른 사업연도가 연결사업연도와 일치하지 아니하는 법인을 말한다.
1. 사업연도가 법령 등에 규정되어 있어 임의로 변경하는 것이 불가능할 것
2. 법령 등에 따라 연결사업연도말에 분기별 또는 반기별 재무제표를 작성하여 「주식회사 등의 외부감사에 관한 법률」 제2조제7호에 따른 감사인의 감사의견을 받을 것(2018.10.30 본호개정)
(2010.2.18 본항신설)
④ (2023.2.28 삭제)
⑤ 법 제76조의8제6항제1호의 사유가 발생한 경우 피합병법인의 연결자법인은 다음 각 호에 따라 연결납세방식을 적용할 수 있다.
1. 합병등기일이 속하는 피합병법인의 연결사업연도 개시일부터 합병등기일까지의 기간 : 피합병법인을 연결모법인으로 하여 해당 기간을 1 연결사업연도로 의제하여 연결납세방식을 적용. 이 경우 피합병법인과 그 연결자법인은 해당 기간에 대한 재무제표 및 이에 관한 「주식회사 등의 외부감사에 관한 법률」 제2조제7호에 따른 감사인의 감사의견을 피합병법인 납세지 관할세무서장을 경유하여 관할지방국세청장에게 제출하여야 한다.(2018.10.30 후단개정)
2. 합병등기일 다음 날부터 합병법인의 연결사업연도 종료일까지의 기간 : 합병법인을 연결모법인으로 하여 해당 기간을 1 연결사업연도로 의제하여 연결납세방식을 적용. 이 경우 합병법인이 합병으로 새로 설립된 법인이 아닌 경우에는 기존의 연결자법인은 종전대로 연결납세방식을 적용하며, 피합병법인의 연결자법인은 1 연결사업연도로 의제된 기간을 통산하여 연결납세방식을 적용한다.

3. 제2호에 따라 연결납세방식을 적용받으려는 합병법인은 합병등기일부터 1개월 내에 기획재정부령으로 정하는 연결법인 변경신고서(새로 설립된 합병연결모법인인 경우에는 연결납세방식 적용신청서)를 납세지 관할세무서장을 경유하여 관할지방국세청장에게 제출하여야 한다.(2013.2.15 본호개정)
(2010.12.30 본항신설)
⑥ 법 제76조의8제6항제2호의 사유가 발생한 경우 주식의 포괄적 교환·이전(이하 이 항에서 "교환등"이라 한다)을 통해 다른 법인(이하 이 항에서 "변경연결모법인"이라 한다)의 연결가능자법인이 된 연결모법인(이하 이 항에서 "종전연결모법인"이라 한다)의 연결자법인은 다음 각 호에 따라 연결납세방식을 적용할 수 있다.(2023.2.28 본문개정)
1. 교환등을 한 날이 속하는 종전연결모법인의 연결사업연도 개시일부터 교환등을 한 날까지의 기간 : 종전연결모법인을 연결모법인으로 하여 해당 기간을 1 연결사업연도로 의제하여 연결납세방식을 적용. 이 경우 종전연결모법인과 그 연결자법인은 해당 기간에 대한 재무제표 및 이에 관한 「주식회사 등의 외부감사에 관한 법률」 제2조제7호에 따른 감사인의 감사의견을 종전연결모법인 납세지 관할세무서장을 경유하여 관할지방국세청장에게 제출하여야 한다.
(2018.10.30 후단개정)
2. 교환등을 한 날의 다음 날부터 변경연결모법인의 연결사업연도 종료일까지의 기간 : 변경연결모법인을 연결모법인으로 하여 해당 기간을 1 연결사업연도로 의제하여 연결납세방식을 적용. 이 경우 주식의 포괄적 교환은 한 변경연결모법인은 기존의 연결자법인은 종전대로 연결납세방식을 적용하며, 종전연결모법인과 그 연결자법인은 1 연결사업연도로 의제된 기간을 통산하여 연결납세방식을 적용한다.
3. 제2호에 따라 연결납세방식을 적용받으려는 변경연결모법인은 교환등을 한 날부터 1개월 내에 기획재정부령으로 정하는 연결법인 변경신고서(주식의 포괄적 이전을 통해 새로 설립된 변경연결모법인의 경우에는 연결납세방식 적용신청서)를 납세지 관할세무서장을 경유하여 관할지방국세청장에게 제출하여야 한다.(2013.2.15 본호개정)
(2010.12.30 본항신설)
⑦ 법 제76조의8제6항제3호의 사유가 발생한 경우 분할로 인하여 분할신설법인의 연결가능자법인으로 된 분할법인의 연결자법인은 다음 각 호에 따라 연결납세방식을 적용할 수 있다.(2023.2.28 본문개정)
1. 분할등기일이 속하는 분할법인의 연결사업연도 개시일부터 분할등기일까지의 기간 : 분할법인을 연결모법인으로 하여 해당 기간을 1 연결사업연도로 의제하여 연결납세방식을 적용. 이 경우 분할법인이 분할 후 소멸하지 않는 경우에는 기존의 연결자법인은 종전대로 연결납세방식을 적용하며, 분할신설법인의 연결자법인으로 되는 분할법인의 연결자법인은 1연결사업연도로 의제된 기간을 통산하여 연결납세방식을 적용한다.
2. 분할등기일 다음 날부터 분할신설법인의 연결사업연도 종료일까지의 기간 : 분할신설법인을 연결모법인으로 하여 해당 기간을 1 연결사업연도로 의제하여 연결납세방식을 적용. 이 경우 연결납세방식을 적용받으려는 분할신설법인은 분할등기일부터 1개월 내에 기획재정부령으로 정하는 연결납세방식 적용신청서를 납세지 관할세무서장을 경유하여 관할지방국세청장에게 제출하여야 한다.(2013.2.15 후단개정)
3. 제1호의 경우로서 분할법인이 분할 후 소멸하는 경우에는 분할법인과 그 연결자법인은 해당 기간에 대한 재무제표 및 이에 관한 「주식회사 등의 외부감사에 관한 법률」 제2조제7호에 따른 감사인의 감사의견

을 분할법인 납세지 관할세무서장을 경유하여 관할지방국세청장에게 제출하여야 한다.(2018.10.30 본호개정)

(2010.12.30 본항신설)

제120조의13【연결납세방식의 적용 신청 등】 ① 연결납세방식을 적용받으려는 내국법인과 해당 내국법인의 법 제76조의8제1항의 연결가능자법인(이하 이 조에서 "연결대상법인등"이라 한다)은 최초의 연결사업연도 개시일부터 10일 이내에 기획재정부령으로 정하는 연결납세방식 적용 신청서를 해당 내국법인의 납세지 관할세무서장을 경유하여 관할지방국세청장에게 제출하여야 한다.(2023.2.28 본항개정)
② 제1항에 따라 연결납세방식 적용 신청서를 제출하는 연결대상법인등은 연결사업연도를 함께 신고하여야 한다. 이 경우 연결사업연도와 사업연도가 다른 연결대상법인등은 법 제7조제1항에 따라 사업연도의 변경을 신고한 것으로 본다.
③ 제1항의 신청을 받은 관할지방국세청장은 최초의 연결사업연도 개시일부터 2개월이 되는 날까지 승인 여부를 서면으로 통지하여야 하며, 그 날까지 통지하지 아니한 경우에는 승인한 것으로 본다.(2014.2.21 본항개정)

제120조의14【연결납세방식의 취소 등】 ① 연결모법인의 납세지 관할지방국세청장이 법 제76조의9제1항에 따라 연결납세방식의 적용 승인을 취소하는 때에는 그 사유를 연결모법인에게 서면으로 통지하여야 한다.
(2013.2.15 본항개정)
② 법 제76조의9제2항 각 호 외의 부분 단서에서 "대통령령으로 정하는 부득이한 사유가 있는 경우"란 법 제76조의9제1항제6호의 사유로 연결납세방식의 적용 승인이 취소된 연결집단이 취소된 날부터 1개월 이내에 새로운 모법인(법 제76조의9제1항제6호의 다른 내국법인을 말한다)을 기준으로 연결납세방식의 적용 신청서를 제출하여 승인받은 경우를 말한다.(2016.2.12 본항신설)
③ 법 제76조의9제3항에서 "대통령령으로 정하는 금액"이란 법 제76조의13제1항제1호의 금액 중 해당 법인에서 발생한 결손금으로서 각 연결사업연도의 과세표준을 계산할 때 공제되지 아니한 금액을 말한다.

제120조의15【연결납세방식의 포기 신고】 법 제76조의10제1항에 따라 연결납세방식의 적용을 포기하는 때에는 연결모법인이 기획재정부령으로 정하는 연결납세방식 포기 신고서를 납세지 관할세무서장을 경유하여 관할지방국세청장에게 제출하여야 한다.
(2013.2.15 본조개정)

제120조의16【연결법인의 변경신고 등】 ① 법 제76조의11제3항에 따라 연결모법인이 연결자법인의 변경 사실을 신고하는 때에는 기획재정부령으로 정하는 연결법인 변경신고서를 납세지 관할세무서장을 경유하여 관할지방국세청장에게 제출하여야 한다.(2013.2.15 본항개정)
② 법 제76조의12제2항 각 호 외의 부분 단서에서 "대통령령으로 정하는 부득이한 사유가 있는 경우"란 연결자법인이 파산함에 따라 해산하는 경우 또는 연결자법인이 다른 연결법인에 흡수합병되어 해산하는 경우를 말한다.(2016.2.12 본항신설)
(2016.2.12 본조제목개정)

제2절 과세표준과 그 계산

제120조의17【과세표준】 ① 법 제76조의13제1항 각 호 외의 부분 단서에서 "대통령령으로 정하는 연결법인"이란 제10조제1항 각 호의 어느 하나에 해당하는 법인을 말한다.(2016.2.12 본항개정)
② 법 제76조의13제1항제1호를 적용할 때에는 먼저 발생한 사업연도의 결손금부터 공제한다.

③ 법 제76조의12제3항에 따라 연결납세방식을 적용하지 아니하는 법인의 제120조의14제2항에 따른 결손금 상당액은 법 제76조의13제1항제1호의 결손금에서 차감한다.(2016.2.12 본항개정)
④ 법 제76조의13제3항제1호에서 "대통령령으로 정하는 소득금액"이란 다음 각 호의 계산식 중에서 하나를 선택하여 계산한 금액(이하 이 장에서 "연결소득개별귀속액"이라 한다)을 말한다.

1. 계산식 1

법 제76조의14제1항에 따른 각 연결사업연도의 소득금액	×	해당 법인의 법 제76조의14제1항제1호부터 제4호까지의 규정에 따른 금액(0보다 큰 경우에 한정한다) / 연결집단의 법 제76조의14제1항제1호부터 제4호까지의 규정에 따른 금액(0보다 큰 경우에 한정한다)의 합계액

2. 계산식 2

법 제76조의14제1항에 따른 각 연결사업연도의 소득금액	×	해당 법인의 법 제76조의14제1항제1호부터 제4호까지의 규정에 따른 금액 / 연결집단의 법 제76조의14제1항제1호부터 제4호까지의 규정에 따른 금액의 합계액

(2023.2.28 본항개정)

⑤ 법 제76조의14제1항에 따른 각 연결사업연도의 소득금액이 0보다 작은 경우 해당 금액의 각 연결법인별 배분액은 다음 산식에 따라 계산한 금액으로 한다.

법 제76조의14제1항에 따른 각 연결사업연도의 결손금	×	해당법인의 법 제76조의14제1항제1호부터 제4호까지의 규정에 따라 계산한 금액(0보다 작은 경우에 한정한다) / 각 연결집단의 법 제76조의14제1항제1호부터 제4호까지의 규정에 따라 계산한 금액(0보다 작은 경우에 한정한다)의 합계액

⑥ 제3항 및 제120조의14제3항을 적용할 때 같은 사업연도에 2 이상의 연결법인에서 발생한 결손금이 있는 경우에는 연결사업연도의 과세표준을 계산할 때 해당 연결법인에서 발생한 결손금부터 연결소득개별귀속액을 한도로 먼저 공제하고 해당 연결법인에서 발생하지 아니한 2 이상의 다른 연결법인의 결손금은 해당 결손금의 크기에 비례하여 각각 공제된 것으로 본다.(2016.2.12 본항개정)

제120조의18【연결법인 간 자산양도손익의 이연 등】 ① 법 제76조의14제1항제3호라목에서 "유형자산 및 무형자산 등 대통령령으로 정하는 자산"이란 다음 각 호의 자산(이하 이 장에서 "양도손익이연자산"이라 한다)으로서 양도시점에 국내에 소재하는 자산을 말한다. 다만, 제1호부터 제3호까지의 자산으로서 거래 건별 장부가액이 1억원 이하인 자산은 양도손익이연자산에서 제외할 수 있다.(2019.2.12 본문개정)
1. 제24조제1항제1호의 유형자산(건축물은 제외한다)
2. 제24조제1항제2호의 무형자산
(2019.2.12 1호~2호개정)
3. 매출채권, 대여금, 미수금 등의 채권
4. 「자본시장과 금융투자업에 관한 법률」 제3조제1항에 따른 금융투자상품
5. 토지와 건축물
② 법 제76조의14제1항제3호를 적용할 때 양도손익이연자산을 다른 연결법인(이하 이 조에서 "양수법인"이라 한다)에 양도함에 따라 발생한 연결법인(이하 이 조에서 "양도법인"이라 한다)의 양도소득 또는 양도손실

은 익금 또는 손금에 산입하지 아니하고, 양수법인에게 다음 각 호의 어느 하나의 사유가 발생한 날이 속하는 사업연도에 다음 각 호의 산식에 따라 계산한 금액을 양도법인의 익금 또는 손금에 산입한다. 다만, 해당 양도손익이연자산의 양도에 대하여 법 제52조제1항이 적용되는 경우에는 그러하지 아니하다.
1. 양도손익이연자산을 감가상각하는 경우

$$\text{양도소득 또는 양도손실} \times \frac{\text{감가상각액}}{\text{양수법인의 장부가액}}$$

2. 양도손익이연자산을 양도(다른 연결법인에 양도하는 경우는 제외한다)하는 경우

$$\text{양도소득 또는 양도손실} \times \text{양도손익이연자산의 양도비율}$$

(2022.2.15 본호개정)
3. 양도손익이연자산에 대손이 발생하거나 멸실된 경우

$$\text{양도소득 또는 양도손실} \times \frac{\text{대손금액 또는 멸실금액}}{\text{양수법인의 장부가액}}$$

4. 양도한 채권의 지급기일이 도래하는 경우

$$\text{양도법인의 양도가액} - \text{양도법인의 장부가액}$$

5. 양도손익이연자산을 「상법」 제343조에 따라 소각하는 경우

$$\text{양도소득 또는 양도손실} \times \frac{\text{소각자산의 장부가액}}{\text{양수법인의 장부가액}}$$

(2022.2.15 본호신설)
③ 제2항제1호에 따라 익금 또는 손금에 산입하는 금액은 같은 호에 따른 산식 대신 다음 산식을 적용하여 계산할 수 있다. 이 경우 월수는 역에 따라 계산하되 1개월 미만의 일수는 1개월로 한다.

$$\text{양도소득 또는 양도손실} \times \frac{\text{해당 사업연도의 월수}}{\substack{\text{양도손익이연자산의 내용연수 중 경}\\ \text{과하지 아니한 기간의 월수}}}$$

④ 양도법인 또는 양수법인이 연결납세방식을 적용받지 아니하게 된 경우 제2항에 따라 양도법인이 양도손익이연자산을 양도할 때 익금 또는 손금에 산입하지 아니한 금액 중 같은 항 각 호에 따라 익금 또는 손금에 산입하고 남은 금액은 연결납세방식을 적용받지 아니하게 된 날이 속하는 사업연도에 양도법인의 익금 또는 손금에 산입한다.(2012.2.2 본항개정)
⑤ 양도법인 또는 양수법인을 다른 연결법인이 합병하는 경우 합병법인을 양도법인 또는 양수법인으로 보아 제2항을 적용한다.
⑥ 양도법인이 분할하는 경우 제2항에 따라 익금 또는 손금에 산입하지 아니한 금액은 분할법인 또는 분할신설법인(분할합병의 상대방 법인을 포함한다. 이하 이 조에서 같다)이 분할등기일 현재 순자산가액을 기준으로 안분하여 각각 승계하고, 양수법인이 분할하는 경우로서 분할신설법인이 양도손익이연자산을 승계하는 경우에는 분할신설법인이 해당 자산을 양수한 것으로 보아 제2항을 적용한다.
⑦ 연결법인으로부터 양수한 유가증권과 연결법인 외의 법인으로부터 양수한 같은 종류의 유가증권을 동일한 양수법인이 유가증권을 양도한 경우의 소득금액 계산 등 양도손익의 이연에 관하여 필요한 사항은 기획재정부령으로 정한다.
⑧ 연결법인이 법 제34조제1항에 따라 손금에 산입하지 아니하는 금액(이하 이 항에서 "손금불산입액"이라 한다)이 있는 경우에는 당초 손비로 계상한 채권별 대손충당금의 크기에 비례하여 손금불산입액을 배분하고 다른 연결법인에 대한 채권에 대하여 계상한 대손충당금 상당액에서 배분된 손금불산입액을 뺀 금액을 법 제76조의14제1항제3호에 따라 손금에 산입하지 아니한다.(2019.2.12 본항개정)
(2012.2.2 본조제목개정)

제120조의19【연결법인의 수입배당금액의 익금불산입】
① 법 제76조의14제1항제4호에 따라 연결집단을 하나의 내국법인으로 보아 법 제18조의2를 준용하여 계산한 익금에 산입하지 아니하는 금액은 수입배당금액을 지급한 내국법인에 출자한 각 연결법인의 출자비율의 합계액 중 해당 연결법인의 출자비율이 차지하는 비율에 따라 해당 연결법인에 배분하여 익금에 산입하지 아니한다.
② 제1항을 적용할 때 법 제18조의2제1항제1호에 따른 출자비율은 각 연결법인이 수입배당금액을 지급한 내국법인에 출자한 비율을 더하여 계산하고, 같은 항 제2호의 차입금 및 차입금의 이자는 각 연결법인의 차입금 및 차입금의 이자를 더하여 계산하되, 연결법인간 차입금 및 차입금의 이자(해당 차입거래에 대하여 법 제52조제1항이 적용되는 경우는 제외한다)를 뺀 금액으로 한다.
③ 제1항을 적용할 때 제17조의2제3항의 계산식에서 재무상태표상의 자산총액은 각 연결법인의 재무상태표상의 자산총액의 합계액(연결법인에 대한 대여금·매출채권 및 연결법인의 주식 등 기획재정부령으로 정하는 자산을 제거한 후의 금액을 말한다)으로 한다.
(2023.2.28 본조개정)

제120조의20【연결법인의 기부금의 손금불산입】
① 법 제76조의14제1항제4호에 따라 연결집단을 하나의 내국법인으로 보아 법 제24조를 준용하여 계산한 손금에 산입하지 않는 금액 중 각 연결법인별 배분액은 다음 각 호의 금액의 합계액으로 한다.
1. 법 제24조제2항제1호에 따른 기부금과 같은 조 제3항제1호에 따른 기부금 외의 기부금으로서 해당 연결법인이 지출한 기부금
2. 법 제24조제2항제1호에 따른 기부금과 같은 조 제3항제1호에 따른 기부금에 대하여 각각 다음 산식에 따라 계산한 금액

$$\substack{\text{연결집단을 하나의 내}\\ \text{국법인으로 보아 계산}\\ \text{한 해당 기부금의 손금}\\ \text{불산입액}} \times \frac{\substack{\text{해당 연결법인의 해당 기부}\\ \text{금 지출액}}}{\substack{\text{각 연결법인의 해당 기부금}\\ \text{지출액의 합계액}}}$$

② 법 제76조의14제1항제4호에 따라 손금에 산입하지 않은 법 제24조제3항제1호에 따른 기부금 및 같은 조 제2항제1호에 따른 기부금의 손금산입한도 초과금액을 법 제24조제5항에 따라 이월하여 손금에 산입하는 경우 먼저 발생한 사업연도의 손금산입한도액 초과금액부터 손금에 산입하며, 그 이월하여 손금에 산입하는 금액 중 각 연결법인별 배분액은 다음 계산식에 따른 금액으로 한다.

$$\substack{\text{연결집단을 하나의 내}\\ \text{국법인으로 보아 계산}\\ \text{한 기부금 한도초과}\\ \text{이월액 중 손금산입액}} \times \frac{\substack{\text{해당 연결법인의 해당 기부}\\ \text{금의 손금산입한도 초과금액}}}{\substack{\text{각 연결법인의 해당 기부금}\\ \text{의 손금산입한도 초과금액의}\\ \text{합계액}}}$$

(2021.2.17 본조개정)

제120조의21【연결법인의 기업업무추진비의 손금불산입】
① 법 제76조의14제1항제4호에 따라 연결집단을 하나의 내국법인으로 보아 법 제25조를 준용하여 계산한 손금에 산입하지 아니하는 금액 중 각 연결법인별 배분액은 다음 각 호의 금액의 합계액으로 한다.
1. 법 제25조제4항에 따라 손금에 산입하지 아니하는 금액 중 다음 산식에 따라 계산한 금액

$$\substack{\text{연결집단을 하나의 내국}\\ \text{법인으로 보아 계산한 기}\\ \text{업업무추진비의 손금불산}\\ \text{입액}} \times \frac{\substack{\text{해당 연결법인의 기업업}\\ \text{무추진비 지출액}}}{\substack{\text{각 연결법인의 기업업무}\\ \text{추진비 지출액의 합계액}}}$$

(2023.2.28 본호개정)

2. 법 제25조제2항에 따라 손금에 산입하지 아니하는 금액 중 해당 연결법인이 지출한 금액
② 제1항을 적용할 때 법 제25조제4항제2호의 수입금액은 각 연결법인의 수입금액의 합계액에서 연결법인 간 양도손익이연자산의 양도에 따른 수입금액을 뺀 금액으로 한다.(2019.2.12 본항개정)
(2023.2.28 본조제목개정)

제3절 세액의 계산

제120조의22【연결법인의 산출세액의 계산】 ① 법 제76조의15제2항에서 "대통령령으로 정하는 금액"이란 해당 사업연도에 연결납세방식을 적용하지 아니하고 「조세특례제한법」 제100조의32에 따라 계산한 미환류소득을 말한다.(2019.2.12 본항개정)
② 법 제76조의15제4항에 따른 연결법인별 산출세액은 제1호의 금액에 제2호의 비율을 곱하여 계산한 금액으로 한다. 이 경우 연결법인에 법 제55조의2에 따른 토지등양도소득에 대한 법인세가 있는 경우에는 이를 가산한다.
1. 해당 연결법인의 연결소득개별귀속액에서 법 제76조의13제1항에 따라 각 연결사업연도의 과세표준 계산 시 공제된 결손금(해당 연결법인의 연결소득개별귀속액에서 공제된 금액을 말한다)과 해당 연결법인의 비과세소득 및 소득공제액을 뺀 금액(이하 이 장에서 "과세표준 개별귀속액"이라 한다)
2. 법 제76조의13제1항에 따른 연결사업연도의 소득에 대한 과세표준에 대한 법 제76조의15제1항의 연결산출세액(법 제55조의2에 따른 토지등양도소득에 대한 법인세는 제외한다)의 비율(이하 이 장에서 "연결세율"이라 한다)
③ 제2항에 따라 각 연결법인의 과세표준 개별귀속액을 계산할 때 2 이상의 연결법인의 연결소득개별귀속액에서 다른 연결법인의 결손금을 공제하는 경우에는 각 연결소득개별귀속액(해당 법인에서 발생한 결손금을 뺀 금액을 말한다)의 크기에 비례하여 공제한다.(2023.2.28 본항개정)
제120조의23【연결법인의 감면세액】 ① 법 제76조의16제1항 및 제2항을 적용할 때 각 연결법인의 감면 또는 면제되는 세액은 감면 또는 면제되는 소득에 연결세율을 곱한 금액(감면의 경우에는 그 금액에 해당 감면율을 곱하여 산출한 금액)으로 한다. 이 경우 감면 또는 면제되는 소득은 과세표준 개별귀속액을 한도로 하되 그 계산에 관하여는 제96조를 준용한다.(2014.2.21 후단개정)
② 법 제76조의16제1항 및 제2항의 적용에 따라 「조세특례제한법」 제132조제1항에 따른 법인세 최저한세액에 미달하여 세액공제 또는 세액감면 등을 하지 아니하는 세액 중 연결법인별 배분액은 다음 계산식에 따른 금액으로 한다. 이 경우 「조세특례제한법」 제132조제1항제1호 및 제2호에 따른 손금산입 및 소득공제 등에 따라 감소된 세액을 포함하여 계산하며, 감소된 세액은 손금산입 및 소득공제등의 금액에 연결세율을 곱하여 계산한 금액으로 한다.

연결집단을 하나의 내국인으로 보아 계산한 법인세 최저한세액에 미달하는 세액	×	해당 연결법인의 「조세특례제한법」 제132조제1항 각 호의 어느 하나에 규정된 공제·감면 세액 등
		각 연결법인의 「조세특례제한법」 제132조제1항 각 호의 어느 하나에 규정된 공제·감면 세액 등의 합계액

(2016.2.12 본항신설)
③ (2019.2.12 삭제)

제4절 신고 및 납부

제120조의24【연결세액의 신고】 ① 법 제76조의17제1항에 따른 신고는 기획재정부령으로 정하는 각 연결사업연도의 소득에 대한 법인세과세표준 및 세액신고서로 한다.
② 법 제76조의17제1항 단서를 적용받으려는 연결모법인은 같은 항 본문에 따른 신고기한의 종료일 3일 전까지 기획재정부령으로 정하는 신고기한연장신청서를 납세지 관할세무서장에게 제출하여야 한다.(2016.2.12 본항개정)
③ 법 제76조의17제2항제1호의 연결소득금액 조정명세서는 기획재정부령으로 정하는 연결소득금액 조정명세서를 말한다.
④ 법 제76조의17제2항제3호에서 "연결법인 간 출자현황 및 거래명세 등 대통령령으로 정하는 서류"란 기획재정부령으로 정하는 연결법인 간 출자현황신고서 및 연결법인 간 거래명세서를 말한다.(2011.6.3 본항개정)
제120조의25【연결중간예납】 ① 법 제76조의18제4항에 따른 연결법인별 중간예납세액은 직전 연결사업연도에 확정된 연결법인별 산출세액(가산세를 포함하며, 법 제55조의2의 토지등양도소득에 대한 법인세는 제외한다)에서 다음 각 호의 금액을 뺀 금액을 직전 사업연도의 개월수로 나눈 금액에 6을 곱하여 계산한 금액으로 한다.
1. 직전 연결사업연도에 해당 연결법인의 감면된 법인세액
2. 직전 연결사업연도에 해당 연결법인이 법인세로서 납부한 원천징수세액
② 연결모법인이 법 제76조의18제1항제2호에 따라 연결중간예납세액을 계산하는 경우 연결법인별 중간예납세액은 제1항에도 불구하고 해당 중간예납기간을 1사업연도로 보아 제120조의22에 따라 계산한 연결법인별 산출세액에서 다음 각 호의 금액을 뺀 금액으로 한다.(2019.2.12 본문개정)
1. 해당 중간예납기간에 해당 연결법인의 감면된 법인세액
2. 해당 중간예납기간에 해당 연결법인이 법인세로서 납부한 원천징수세액

제3장 내국법인의 청산소득에 대한 법인세

제1절 과세표준과 그 계산

제120조의26【법인의 조직변경의 범위】 법 제78조제3호에서 "대통령령으로 정하는 경우"란 다음 각 호에 해당하는 경우를 말한다.
1. 「변호사법」에 따라 법무법인이 법무법인(유한)으로 조직변경하는 경우
2. 「관세사법」에 따라 관세사법인이 관세법인으로 조직변경하는 경우
3. 「변리사법」에 따라 특허법인이 특허법인(유한)으로 조직변경하는 경우
4. 「협동조합 기본법」 제60조의2제1항에 따라 법인등이 협동조합으로 조직변경하는 경우(2015.2.3 본호신설)
5. 「지방공기업법」 제80조에 따라 지방공사가 지방공단으로 조직변경하거나 지방공단이 지방공사로 조직변경하는 경우(2017.2.3 본호신설)
(2014.2.21 본조개정)
제121조【해산에 의한 청산소득금액의 계산】 ① 법 제79조제1항의 규정에 의한 잔여재산의 가액은 자산총액에서 부채총액을 공제한 금액으로 한다.
② 제1항에서 "자산총액"이라 함은 해산등기일 현재의 자산의 합계액으로 하되, 추심할 채권과 환가처분할 자산에 대하여는 다음 각호에 의한다.

952 直接稅/법인세법 시행령

1. 추심할 채권과 환가처분할 자산은 추심 또는 환가처분한 날 현재의 금액
2. 추심 또는 환가처분전에 분배한 경우에는 그 분배한 날 현재의 시가에 의하여 평가한 금액
③ 법 제79조제4항 본문에서 "대통령령으로 정하는 이월결손금"이란 제16조제1항에 따른 이월결손금을 말한다. 다만, 자기자본의 총액에서 이미 상계되었거나 상계된 것으로 보는 이월결손금을 제외한다. (2019.2.12 본문개정)
제122조~제123조 (2010.6.8 삭제)

제2절 신고 및 납부

제124조【확정신고】 ① 법 제84조제1항의 규정에 의하여 신고하는 경우에는 법 제79조에 따라 계산한 청산소득의 금액을 기재한 기획재정부령이 정하는 청산소득에 대한 법인세과세표준 및 세액신고서에 법 제84조제2항 각호의 규정에 의한 서류를 첨부하여 납세지 관할세무서장에게 제출하여야 한다.(2010.6.8 본항개정)
② 법 제84조제2항제2호에서 "대통령령으로 정하는 서류"란 다음 각 호의 어느 하나에 해당하는 사항이 기재된 서류를 말한다.(2011.6.3 본문개정)
1. 해산(합병 또는 분할에 의한 해산을 제외한다)의 경우에는 해산한 법인의 본점등의 소재지, 청산인의 성명 및 주소 또는 거소, 잔여재산가액의 확정일 및 분배예정일 기타 필요한 사항
2. (2010.6.8 삭제)
③ 법 제84조제1항제1호에서 "대통령령으로 정하는 잔여재산가액확정일"이란 다음 각호의 날을 말한다. (2011.6.3 본항개정)
1. 해산등기일 현재의 잔여재산의 추심 또는 환가처분을 완료한 날
2. 해산등기일 현재의 잔여재산을 그대로 분배하는 경우에는 그 분배를 완료한 날
제125조【중간신고】 ① 법 제85조제1항의 규정에 의하여 신고하는 경우에는 법 제86조제3항 및 제4항의 규정에 의하여 계산한 청산소득의 금액을 기재한 기획재정부령이 정하는 청산소득에 대한 법인세과세표준 및 세액신고서에 법 제85조제2항의 규정에 의한 서류를 첨부하여 납세지 관할세무서장에게 제출하여야 한다. (2008.2.29 본항개정)
② 법 제85조제2항에서 "대통령령으로 정하는 서류"란 제124조제2항제1호에 규정하는 사항이 기재된 서류를 말한다.(2011.6.3 본항개정)
제126조【납부 등】 ① 법 제86조의 규정에 의하여 청산소득에 대한 법인세를 납부하는 경우에는 법 제84조 또는 법 제85조의 규정에 의한 신고와 함께 납세지 관할세무서등에 납부하여야 한다. 이 경우 제101조제1항의 규정을 준용한다.
② 법 제86조제4항에서 "대통령령으로 정하는 잔여재산가액 예정액"이란 해산등기일부터 1년이 되는 날 현재의 자산을 시가에 의하여 평가한 금액의 합계액에서 부채총액을 공제한 금액을 말한다.(2011.6.3 본항개정)
제127조 (2012.2.2 삭제)

제4장 외국법인의 각 사업연도의 소득에 대한 법인세

제1절 과세표준과 그 계산

제128조【과세표준의 계산】 법 제91조제1항에 따라 외국법인의 각 사업연도의 소득에 대한 법인세의 과세표준을 계산할 때 같은 항 제1호에 따른 결손금의 공제에 관하여는 제10조제3항을 준용한다.(2019.2.12 본조개정)

제129조【국내원천소득금액의 계산】 ① 법 제92조에 따라 외국법인의 각 사업연도의 국내원천소득의 총합계액을 계산할 때 익금과 손금의 계산은 법과 이 영에서 달리 정하는 것을 제외하고는 다음 각 호에 따른다. (2019.2.12 본문개정)
1. 법 제14조의 규정에 의한 손금은 법 제93조의 규정에 의한 국내원천소득과 관련되는 수입금액·자산가액과 국내원천소득에 합리적으로 배분되는 것에 한한다.
2. 법 제33조에 따른 퇴직급여충당금을 계상하는 경우에는 해당 외국법인의 임원 또는 직원 중 해당 외국법인이 국내에서 영위하는 사업을 위하여 국내에서 채용하고 법 제94조에 따른 국내사업장(이하 "국내사업장"이라 한다)에서 상시 근무하거나 법 제93조제3호에 따른 국내원천 부동산소득의 발생지에서 상시 근무하는 임원 또는 직원에 대한 것에 한정한다. (2019.2.12 본호개정)
3. 법 제21조제1호·제3호·제4호 및 제5호에 따른 법인세·법인지방소득세·벌금·과료·과태료·가산금·강제징수비·공과금 등은 외국의 법령에 따라 부과된 것을 포함한다.(2021.2.17 본호개정)
4. 제24조제1항제1호의 유형자산 및 같은 항 제2호가목부터 라목까지의 규정에 따른 무형자산은 해당 외국법인의 유형자산 및 무형자산 중 국내사업장에 귀속되는 사업용자산에 한정한다.(2020.2.11 본호개정)
5. 제68조제4항에 따른 장기할부기간중에 국내사업장을 가지지 아니하게 된 때에는 회수되지 아니한 판매 또는 양도금액과 이에 대응하는 비용은 국내사업장을 가지지 아니하게 된 날이 속하는 사업연도의 익금과 손금에 각각 산입한다.(2012.2.2 본호개정)
6. 제24조제1항제2호바목 및 사목에 따른 무형자산은 해당 외국법인의 무형자산 중 해당 외국법인이 국내에서 영위하는 사업에 귀속되거나 국내사업장에 귀속되는 자산과 관련되는 것에 한정한다.(2020.2.11 본호개정)
7. 기획재정부령으로 정하는 외국법인 국내지점의 임직원에게 부여된 기획재정부령으로 정하는 주식매수선택권등이 행사되거나 지급된 경우로서 국내지점이 외국법인에 그 행사 또는 지급비용으로 보전하는 금액 중 국내 근로제공으로 발생하는 소득에 해당하는 금액은 손금에 산입한다.(2010.2.18 본호개정)
② 국내사업장에서 발생된 판매비 및 일반관리비 기타의 경비중 국내원천소득의 발생과 관련되지 아니하는 것으로서 기획재정부령이 정하는 것은 법 제14조에 규정하는 손금에 산입하지 아니한다.(2008.2.29 본항개정)
③ 법 제92조제2항제1호 단서에서 "대통령령으로 정하는 바에 따라 확인된 해당 유가증권의 취득가액 및 양도비용"이란 제132조제8항에 따른 유가증권의 양도자 또는 그 대리인이 원천징수의무자에게 원천징수를 하는 날까지 제출하는 출자금 또는 주금납입영수증·양도증서·대금지급영수증, 그 밖에 출자 또는 취득 및 양도에 소요된 금액을 증명하는 자료에 의하여 그 유가증권의 취득가액 및 양도비용이 확인된 다음 각 호의 금액을 말한다.(2022.2.15 본문개정)
1. 당해 유가증권의 취득 또는 양도에 실제로 직접 소요된 금액(그 취득 또는 양도에 따라 직접 소요된 조세·공과금 또는 중개수수료를 포함한다). 다만, 당해 유가증권이 출자증권 또는 주식으로서 그 출자증권 또는 주식에 법인의 잉여금의 전부 또는 일부를 출자 또는 자본의 금액에 전입함으로써 취득한 것이 포함되어 있는 경우에는 제14조제2항의 규정을 준용하여 계산한 금액으로 한다.(2000.12.29 본문개정)
2. 수증자, 그 밖에 이에 준하는 자가 양도한 유가증권의 취득가액은 해당 양도자산이 당초의 증여자, 그 밖

에 이에 준하는 자를 해당 유가증권의 양도자로 보고 제1호에 따라 계산한 금액. 다만, 해당 유가증권이 법 제93조제10호다목에 따라 과세된 경우에는 해당 유가증권의 수증당시의 시가(2010.12.30 본호개정)

3. 제88조제1항제8호 각 목의 어느 하나 또는 같은 항 제8호의2에 해당하는 자본거래로 인하여 취득한 유가증권의 취득가액은 제1호에 따라 계산한 금액에 제132조제14항의 금액을 더한 금액(2010.12.30 본호신설)

④~⑤ (2022.2.15 삭제)

제129조의2【국내사업장이 없는 외국법인등의 양도소득금액의 계산】 ① 법 제92조제3항제1호 단서에서 "대통령령으로 정하는 토지등"이란 출연받은 날부터 3년 이내에 양도하는 토지등을 말한다. 다만, 1년 이상 다음 각 호의 어느 하나에 해당하는 사업(보건업 외에 제3조제1항에 따른 수익사업은 제외한다)에 직접 사용한 토지 등을 제외한다.(2019.2.12 단서개정)

1. 법령에서 직접 사업을 정한 경우에는 그 법령에 규정된 사업

2. 행정관청으로부터 허가·인가등을 받은 경우에는 그 허가·인가 등을 받은 사업

② 「상속세 및 증여세법」에 의하여 상속세과세가액 또는 증여세과세가액에 산입되지 아니한 출연재산이 그 후에 과세가액이 발생하여 그 과세가액에 산입되지 아니한 상속세 또는 증여세의 전액 상당액이 부과되는 경우에는 제1항의 규정을 적용하지 아니한다.(2005.2.19 본항개정)

③ 법 제92조제3항제1호를 적용할 때 수증자 그 밖에 이에 준하는 자가 양도한 자산의 취득가액은 당초 증여자 그 밖에 이에 준하는 자를 당해 양도자산의 양도자로 보아 계산한 금액으로 한다. 다만, 해당 자산이 법 제93조제10호다목에 따라 과세된 경우에는 해당 자산의 수증당시 시가로 계산한 금액으로 한다.(2010.12.30 본항개정)

④ 법 제92조제4항제2호의 규정을 적용함에 있어 토지 등을 양도하기 위하여 직접 지출한 비용은 「소득세법 시행령」 제163조제5항의 규정을 준용하여 계산한 금액으로 한다.(2005.2.19 본항개정)

⑤ 법 제92조제4항의 규정을 적용함에 있어 취득가액의 실지거래가액은 「소득세법 시행령」 제163조제1항 및 제3항을 준용하여 계산한 금액으로 한다.(2005.2.19 본항개정)

⑥ 법 제91조제2항의 규정에 의한 외국법인이 각 사업연도에 법 제93조제7호의 자산을 2회 이상 양도한 경우에 있어서 법 제92조제3항에 의한 양도소득금액의 계산은 당해 사업연도에 양도한 자산별로 법 제92조제3항에 의하여 계산한 소득금액을 합산한 금액으로 한다. 이 경우 양도한 자산중 법 제92조제3항제1호 및 제2호의 합계액이 당해 자산의 양도가액을 초과하는 자산이 있는 때에는 그 초과하는 금액을 차감하여 양도소득금액을 계산한다.(2001.12.31 본조신설)

제129조의3【외국법인 본·지점 간의 자금거래에 따른 이자의 손익 계산】 ① 외국법인 국내지점의 자본금 계정상의 금액이 다음 각 호에 따라 산정한 금액(이하 이 조에서 "자본금 추산액"이라 한다)에 미달하는 경우에는 외국법인의 본점 또는 해외지점으로부터 공급받은 총자금 중 그 미달하는 금액에 상당하는 금액에 대한 지급이자(이하 이 조에서 "과소자본 지급이자"라 한다)를 손금에 산입하지 않는다. 이 경우 국내지점은 다음 각 호의 어느 하나의 금액을 선택하여 적용할 수 있다.(2021.1.5 전단개정)

1. 국내지점의 총자산액에 외국법인의 본·지점 전체의 해당 사업연도 말 현재 재무상태표상의 총자산액

에서 자기자본금이 차지하는 비율을 곱하여 산정한 금액(2021.1.5 본호개정)

2. 국내지점의 기능, 소유자산, 부담한 위험 등을 반영하여 기획재정부령으로 정하는 방법으로 산정한 금액

② 자본금 추산액을 산정할 때 본·지점 간 회계처리 방법에 차이가 있으면 본점의 회계처리 방법을 사용할 수 있다. 이 경우 국내지점은 본점의 회계처리 방법으로 조정한 자료를 보관·비치하여야 한다.

③ 「국제조세조정에 관한 법률」 제22조에 따라 손금에 산입되지 않는 지급이자(이하 이 항에서 "과소자본 지급이자"라 한다)와 간주자본 지급이자가 동시에 발생한 경우에는 다음 각 호에 따른다.(2021.2.17 본항개정)

1. 간주자본 지급이자가 과소자본 지급이자보다 적은 경우에는 손금에 산입하지 아니하는 간주자본 지급이자는 없는 것으로 본다.

2. 간주자본 지급이자가 과소자본 지급이자보다 많은 경우에는 간주자본 지급이자에서 과소자본 지급이자를 뺀 금액만을 손금에 산입하지 아니한다.

④ 제1항의 적용대상 국내지점 등 그 밖의 필요한 사항은 기획재정부령으로 정한다.
(2009.2.4 본조신설)

제130조【국내사업장과 본점 등의 거래에 대한 국내원천소득금액의 계산】 ① 외국법인의 국내사업장의 각 사업연도의 소득금액을 결정함에 있어서 국내사업장과 국외의 본점 및 다른 지점(이하 이 조에서 "본점등"이라 한다)간 거래(이하 "내부거래"라 한다)에 따른 국내원천소득금액의 계산은 법 및 이 영에서 달리 정하는 것을 제외하고는 제131조제1항의 정상가격(이하 이 조에서 "정상가격"이라 한다)에 의하여 계산한 금액으로 한다.(2013.2.15 본항신설)

② 제1항을 적용할 때 내부거래에 따른 비용은 정상가격의 범위에서 국내사업장에 귀속되는 소득과 필수적 또는 합리적으로 관련된 비용에 한정하여 손금에 산입하고, 자금거래에 따른 이자(제129조의3에 따른 이자는 제외한다) 등 기획재정부령으로 정하는 비용은 이를 손금에 산입하지 않는다. 다만, 자금거래에 따른 이자에 대해 조세조약에 따라 손금에 산입할 수 있는 경우에는 그렇지 않다.(2020.2.11 본항개정)

③ 외국법인의 국내사업장의 각 사업연도의 소득금액을 결정함에 있어서 본점등의 경비중 공통경비로서 그 국내사업장의 국내원천소득의 발생과 합리적으로 관련된 것은 국내사업장에 배분하여 손금에 산입한다.

④ 제1항 및 제2항에 따라 외국법인이 내부거래에 따른 국내원천소득금액을 계산할 때에는 내부거래 명세서, 경비배분계산서 등 기획재정부령으로 정하는 서류를 사업연도 종료일이 속하는 달의 말일부터 6개월 이내 납세지 관할 세무서장에게 제출해야 하고, 그 계산에 관한 증명서류를 보관·비치해야 한다.(2022.2.15 본항개정)

⑤ 제1항부터 제4항까지의 규정을 적용할 때 내부거래에 따른 국내원천소득금액과 자본의 계산 절차 및 방법, 국내사업장에 배분되는 경비의 범위·배분방식, 업종별 경비배분방법 및 경비배분 시 외화의 원화환산방법, 그 밖에 필요한 사항은 기획재정부령으로 정한다.(2020.2.11 본항개정)
(2013.2.15 본조개정)

제131조【정상가격의 범위 등】 ① 법 제92조제2항제2호 본문에서 "대통령령으로 정하는 정상가격"이란 「국제조세조정에 관한 법률」 제8조 및 같은 법 시행령 제5조부터 제16조까지의 규정에 따른 방법을 준용하여 계산한 가액을 말한다.(2021.2.17 본항개정)

② 법 제92조제2항제2호가목에서 "대통령령으로 정하는 특수관계"란 다음 각 호의 어느 하나의 관계를 말한다.(2010.12.30 본문개정)

1. 일방이 타방의 의결권 있는 주식의 100분의 50 이상을 직접 또는 간접으로 소유하고 있는 관계
2. 제3자가 일방 또는 타방의 의결권 있는 주식의 100분의 50 이상 직접 또는 간접으로 각각 소유하고 있는 경우 그 일방과 타방간의 관계
(2006.2.9 본항개정)
③ 제1항에 따른 정상가격을 산출할 수 없는 경우에 한하여 「소득세법」 제99조제1항제3호부터 제6호까지의 규정과 「상속세 및 증여세법」 제63조제3항을 준용하여 평가한 가액을 정상가격으로 한다.(2014.2.21 본항개정)
④ 제2항제1호 또는 제2호에서 주식의 간접소유비율의 계산에 관하여는 「국제조세조정에 관한 법률 시행령」 제2조제3항을 준용한다.(2021.2.17 본항개정)
⑤ 법 제92조제2항제2호나목에서 "대통령령으로 정하는 경우"란 정상가격과 거래가격의 차액이 3억원 이상이거나 정상가격의 100분의 5에 상당하는 금액 이상인 경우를 말한다.(2012.2.2 본항신설)
제131조의2【외국법인의 장외 유가증권거래에 관한 자료제출】 법 제92조제2항제2호가목에 해당하는 유가증권의 양도가 「자본시장과 금융투자업에 관한 법률」 제9조제13항에 따른 증권시장(이하 "증권시장"이라 한다)을 통하지 아니하고 이루어진 경우에는 해당 유가증권의 양도로 발생하는 소득의 지급자가 기획재정부령으로 정하는 국외특수관계인간주식양도가액검토서를 법 제98조제1항에 따른 원천징수세액 납부기한까지 제출하여야 한다.(2012.2.2 본조개정)

제132조【국내원천소득의 범위】 ① 법 제93조제4호에서 "대통령령으로 정하는 용구"란 운반구·공구·기구 및 비품을 말한다.(2011.6.3 본항개정)
② 법 제93조제5호 본문에서 "대통령령으로 정하는 소득"이란 「소득세법」 제19조에 따른 사업 중 국내에서 영위하는 사업에서 발생하는 다음 각 호의 소득을 말한다.(2019.2.12 본문개정)
1. 외국법인이 국외에서 양도받은 재고자산을 국외에서 제조·가공·육성 기타 가치를 증대시키기 위한 행위(이하 이 조에서 "제조등"이라 한다)를 하지 아니하고 이를 국내에서 양도하는 경우(당해 재고자산에 대하여 국내에서 제조등을 한 후 양도하는 경우를 포함한다) 그 국내에서의 양도에 의하여 발생하는 모든 소득
2. 외국법인이 국외에서 제조등을 행한 재고자산을 국내에서 양도하는 경우(당해 재고자산에 대하여 국내에서 제조등을 한 후 양도하는 경우를 포함한다)에는 그 양도에 의하여 발생하는 소득중 국외에서 제조등을 행한 타인으로부터 통상의 거래조건에 따라 당해 자산을 취득하였다고 가정할 때에 이를 양도하는 경우(국내에서 행한 제조등을 한 후 양도하는 경우를 포함한다) 그 양도에 의하여 발생하는 소득
3. 외국법인이 국외에서 제조등을 행한 재고자산을 국외에서 양도하는 경우(당해 재고자산에 대하여 국외에서 제조등을 한 후 양도하는 경우를 포함한다)에는 그 양도에 의하여 발생하는 소득중 국내에서 제조한 당해 재고자산을 국외의 타인에게 통상의 거래조건에 따라 양도하였다고 가정할 때에 그 국내에서 행한 제조등에 의하여 발생하는 소득
4. 외국법인이 국외에서 건설·설치·조립 기타 작업에 관하여 계약을 체결하거나 필요한 인원이나 자재를 조달하여 국내에서 작업을 시행하는 경우에는 당해 작업에 의하여 발생하는 모든 소득
5. 외국법인이 국내 및 국외에 걸쳐 손해보험 또는 생명보험사업을 영위하는 경우에는 그 발생하는 소득중 국내에 있는 당해 사업에 관한 영업소 또는 보험계약의 체결을 대리하는 자를 통하여 체결한 보험계약에 의하여 발생하는 소득

6. 출판사업 또는 방송사업을 영위하는 외국법인이 국내 및 국외에 걸쳐 타인을 위하여 광고에 관한 사업을 행하는 경우에는 당해 광고에 관한 사업에 의하여 발생하는 소득중 국내에서 행하는 광고에 의하여 발생한 소득
7. 외국법인이 국내 및 국외에 걸쳐 선박에 의한 국제운송업을 영위하는 경우에는 국내에서 승선한 여객이나 선적한 화물에 관련하여 발생하는 수입금액을 기준으로 하여 판정한 그 법인의 국내업무에서 발생하는 소득
8. 외국법인이 국내 및 국외에 걸쳐 항공기에 의한 국제운송업을 영위하는 경우에는 탑승한 여객이나 적재한 화물과 관련하여 발생하는 수입금액과 경비, 국내업무용 유형·무형자산의 가액이나 그 밖에 그 국내업무가 해당 운송업에 대한 소득의 발생에 기여한 정도 등을 고려하여 기획재정부령으로 정하는 방법에 따라 계산한 그 법인의 국내업무에서 발생하는 소득(2019.2.12 본호개정)
9. 외국법인이 국내 및 국외에 걸쳐 제1호 내지 제8호외의 사업을 영위하는 경우에는 당해 사업에서 발생하는 소득중 당해 사업에 관련된 업무를 국내업무와 국외업무로 구분하여 이들 업무를 각각 다른 독립사업자가 행하고 또한 이들 독립사업자간에 통상의 거래조건에 의한 거래가격에 따라 거래가 이루어졌다고 가정할 경우 그 국내업무와 관련하여 발생하는 소득 또는 그 국내업무에 관한 수입금액과 경비, 소득 등을 측정하는데 합리적이라고 판단되는 요인을 고려하여 판정한 그 국내업무와 관련하여 발생하는 소득
10. 외국법인이 발행한 주식 또는 출자증권으로서 유가증권시장등에 상장 또는 등록된 것에 투자하거나 기타 이와 유사한 행위를 함으로써 발생하는 소득(2000.12.29 본호신설)
11. 외국법인이 산업상·상업상 또는 과학상의 기계·설비·장치·운반구·공구·기구 및 비품을 양도함으로 인하여 발생하는 소득(2003.12.30 본호신설)
③ 제2항에도 불구하고 국외에서 발생하는 소득으로서 국내사업장에 귀속되는 것은 법 제93조제5호에 따른 국내원천 사업소득에 포함되는 것으로 한다.
(2020.2.11 본항개정)
1.~4. (2020.2.11 삭제)
④ 외국법인이 국내에서 영위하는 사업을 위해 국외에서 광고, 선전, 정보의 수집과 제공, 시장조사, 그 밖에 그 사업수행상 예비적인 성격을 가진 행위를 하는 경우 또는 국외에서 영위하는 사업을 위해 국내에서 이들 행위를 하는 경우에는 해당 행위에서는 소득이 발생하지 않는 것으로 본다.(2020.2.11 본항개정)
⑤ 제2항제1호 내지 제3호에서 규정하는 재고자산이 다음 각호의 1에 해당하는 경우에는 국내에서 당해 재고자산의 양도가 이루어지는 것으로 하여 동항의 규정을 적용한다.(2003.12.30 본문개정)
1. 당해 재고자산이 양수자에게 인도되기 직전에 국내에 있거나 또는 양도자인 당해 외국법인의 국내사업장에서 행하는 사업을 통하여 관리되고 있는 경우
2. 당해 재고자산의 양도에 관한 계약이 국내에서 체결된 경우
3. 당해 재고자산의 양도에 관한 계약을 체결하기 위하여 주문을 받거나 협의 등을 하는 행위중 중요한 부분이 국내에서 이루어지는 경우
⑥ 법 제93조제6호 전단에서 "대통령령으로 정하는 인적용역"이란 다음 각 호의 어느 하나에 해당하는 용역을 말하고, "국외에서 제공하는 인적용역 중 대통령령으로 정하는 인적용역"이란 제4호에 해당하는 용역을 말한다.(2019.2.12 본항개정)

1. 영화·연극의 배우, 음악가 기타 공중연예인이 제공하는 용역
2. 직업운동가가 제공하는 용역
3. 변호사·공인회계사·건축사·측량사·변리사 기타 자유직업자가 제공하는 용역
4. 과학기술·경영관리 기타 분야에 관한 전문적 지식 또는 특별한 기능을 가진 자가 당해 지식 또는 기능을 활용하여 제공하는 용역
⑦ 법 제93조제6호 후단에서 "대통령령으로 정하는 비용"이란 인적 용역을 제공받는 자가 인적 용역의 제공과 관련하여 항공회사·숙박업자 또는 음식업자에게 실제로 지급(인적용역을 제공하는 자를 통해 지급하는 경우를 포함한다)한 사실이 확인되는 항공료·숙박비 또는 식사대를 말한다.(2020.2.11 본항개정)
⑧ 법 제93조제9호 각 목 외의 부분에서 "대통령령으로 정하는 소득"이란 다음 각 호의 소득을 말한다.(2010.12.30 본문개정)
1. 국내사업장을 가지고 있는 외국법인이 주식 또는 출자증권을 양도함으로써 발생하는 소득
2. 국내사업장을 가지고 있지 아니한 외국법인이 해당 주식 또는 출자증권을 양도함으로써 발생하는 소득. 다만, 증권시장을 통하여 주식 또는 출자증권을 양도(「자본시장과 금융투자업에 관한 법률」 제78조에 따른 중개에 따라 주식을 양도하는 경우를 포함한다)함으로써 발생하는 소득으로서 해당 양도법인 및 그 특수관계인이 해당 주식 또는 출자증권의 양도일이 속하는 연도와 그 직전 5년의 기간 중 계속하여 그 주식 또는 출자증권을 발행한 법인의 발행주식총수 또는 출자총액(외국법인이 발행한 주식 또는 출자증권의 경우에는 증권시장에 상장된 주식총수 또는 출자총액)의 100분의 25 미만을 소유한 경우를 제외한다.(2012.2.2 단서개정)
3. 국내사업장을 가지고 있는 외국법인이 주식 또는 출자증권외의 유가증권을 양도함으로써 발생하는 소득. 다만, 당해 유가증권의 양도시에 법 제93조제1호의 규정에 의하여 과세되는 소득을 제외한다.
4. 국내사업장을 가지고 있지 아니한 외국법인이 내국법인 또는 거주자나 비거주자·외국법인의 국내사업장에 주식 또는 출자증권외의 유가증권을 양도함으로써 발생하는 소득. 다만, 당해 유가증권의 양도시에 법 제93조제1호의 규정에 의하여 과세되는 소득을 제외한다.
⑨ 국내사업장이 없는 외국법인이 다음 각 호의 어느 하나에 해당하는 파생상품의 거래를 통하여 취득한 소득은 국내원천소득으로 보지 아니한다.(2019.2.12 본문개정)
1. 「자본시장과 금융투자업에 관한 법률」 제5조제2항에 따른 장내파생상품
2. 「자본시장과 금융투자업에 관한 법률」 제5조제3항에 따른 장외파생상품으로서 같은 법 시행령 제186조의2에 따른 위험회피목적의 거래인 것
(2019.2.12 1호~2호신설)
⑩ 법 제93조제10호나목에서 "대통령령으로 정하는 소득"이란 재산권에 관한 계약의 위약 또는 해약으로 인하여 지급받는 손해배상으로서 그 명목여하에 불구하고 본래의 계약내용이 되는 지급자체에 대한 손해를 넘어 배상받는 금전 또는 기타 물품의 가액을 말한다.(2010.12.30 본항개정)
⑪ 법 제93조제7호나목2) 후단에 따른 다른 법인의 부동산 과다보유 법인의 판정은 다음의 계산식에 따라 계산한 다른 법인의 부동산 보유비율이 100분의 50 이상에 해당하는지 여부에 따른다.

$$\frac{\text{다른 법인이 보유하고 있는 「소득세법」 제94조제1항제1호 및 제2호의 자산가액}}{\text{다른 법인의 총 자산가액}}$$

(2016.2.12 본항신설)

⑫ 법 제93조제7호나목에 따른 자산총액 및 자산가액은 「소득세법 시행령」 제158조제4항 및 제5항을 준용하여 계산한다. 이 경우 "양도일"은 "양도일이 속하는 사업연도 개시일"로 본다.(2020.2.11 전단개정)
⑬ 법 제93조제10호자목에서 "대통령령으로 정하는 특수관계인"이란 다음 각 호의 어느 하나에 해당하는 관계에 있는 외국법인을 말한다.(2012.2.2 본문개정)
1. 거주자 또는 내국법인과 「국제조세조정에 관한 법률 시행령」 제2조제2항에 따른 특수관계(2021.2.17 본호개정)
2. 비거주자 또는 외국법인과 제131조제2항제1호 또는 제2호의 규정에 따른 특수관계(2006.2.9 본항개정)
⑭ 법 제93조제10호자목에서 "대통령령으로 정하는 자본거래로 인하여 그 가치가 증가함으로써 발생하는 소득"이란 제88조제1항제8호 각 목의 어느 하나 또는 같은 항 제8호의2에 해당하는 거래로 인하여 주주등인 외국법인이 제13항 각 호에 따른 특수관계에 있는 다른 주주등으로부터 이익을 분여받아 발생한 소득을 말한다.(2010.12.30 본항개정)
⑮ 국내사업장이 없는 외국법인이 「자본시장과 금융투자업에 관한 법률」에 따라 국내사업장이 없는 비거주자·외국법인과 유가증권(채권등을 제외한다. 이하 이 항에서 같다) 대차거래를 하여 유가증권 차입자로부터 지급받는 배당 등의 보상금상당액은 국내원천소득으로 보지 아니한다.(2009.2.4 본항개정)
⑯ 제8항제2호 단서를 적용하는 경우 외국법인이 투자기구(법인의 거주지국에서 조세목적상 주식 또는 출자지분의 양도로 발생하는 소득에 대하여 법인이 아닌 그 주주 또는 출자자가 직접 납세의무를 부담하는 경우를 말한다. 이하 같다)를 통하여 내국법인 또는 외국법인(증권시장에 상장된 외국법인만 해당한다)의 주식(이하 이 항에서 "주식"이라 한다)을 취득하거나 출자(이하 "투자"라 한다)한 경우 그 주식 소유비율 또는 출자비율(이하 "투자비율"이라 한다)은 다음 각 호에 따라 계산한다.
1. 외국법인이 투자기구를 통한 투자(이하 "간접투자"라 한다)만 한 경우 : 투자기구의 투자비율. 이 경우 2 이상의 투자기구를 통하여 투자한 경우 그 투자기구들의 투자비율을 각각 합하여 산출한다.
2. 외국법인이 간접투자와 투자기구를 통하지 않는 직접 투자(이하 이 호에서 "직접투자"라 한다)를 동시에 한 경우 : 다음 각 목에 따라 계산한 비율 중 큰 비율(2020.2.11 본문개정)
가. 외국법인의 직접투자와 간접투자에 의한 투자비율을 각각 합한 비율. 이 경우 외국법인이 간접투자한 비율은 해당 외국법인이 투자기구에 투자한 비율과 투자기구의 투자비율을 곱하여 산출한다.(2020.2.11 후단개정)
나. 투자기구의 투자비율. 이 경우 2 이상의 투자기구를 통하여 투자한 경우 그 투자기구들의 투자비율을 각각 합하여 산출한다.
(2010.12.30 본항개정)
⑰ (2022.2.15 삭제)

제132조의2【적격외국금융회사등의 승인 요건 등】

① 법 제93조의3제2항 전단에 따른 적격외국금융회사등(이하 "적격외국금융회사등"이라 한다)으로 국세청장의 승인을 받으려는 외국금융회사 등은 우리나라와 조세조약이 체결된 국가에 본점 또는 주사무소가 있는 외국법인으로서 다음 각 호의 어느 하나에 해당하는 법인이어야 한다.
1. 「자본시장과 금융투자업에 관한 법률」 제294조에 따른 한국예탁결제원과 유사한 업무를 영위하는 법인

2. 해당 국가 외의 국가에서 발행된 증권의 보관 업무를 수행할 수 있는 법인

② 적격외국금융회사등으로 승인을 받으려는 외국금융회사 등은 「자본시장과 금융투자업에 관한 법률」 제294조에 따른 한국예탁결제원을 거쳐 국세청장에게 기획재정부령으로 정하는 적격외국금융회사등 승인 신청서를 제출해야 한다.

③ 제2항에 따라 신청서를 제출받은 국세청장은 신청인이 제1항 각 호의 어느 하나에 해당하는 법인인 경우 적격외국금융회사등으로 승인해야 한다. 이 경우 국세청장은 신청인이 제1항 각 호의 어느 하나에 해당하는 법인인지에 관하여 「자본시장과 금융투자업에 관한 법률」 제294조에 따른 한국예탁결제원에 자문할 수 있다.

④ 국세청장은 적격외국금융회사등이 다음 각 호의 어느 하나에 해당하는 경우에는 적격외국금융회사등의 승인을 취소할 수 있다.
1. 신청 서류를 허위로 기재하는 등 거짓이나 부정한 방법으로 승인을 받은 경우
2. 체납세액이 있고 그 징수가 현저히 곤란하다고 인정되는 경우
3. 제132조의3에 따른 의무를 이행하지 않는 등 적격외국금융회사등의 업무를 수행하도록 하는 것이 적절하지 않다고 인정되는 경우
(2022.12.31 본조신설)

제132조의3【적격외국금융회사등의 준수사항】 적격외국금융회사등은 다음 각 호의 의무를 이행해야 한다.
1. 해당 적격외국금융회사등을 통해 법 제93조의3제1항제1호에 따른 국채등(이하 이 조 및 제132조의4에서 "국채등"이라 한다)을 취득·보유·양도하는 외국법인의 상호, 거주지국(외국법인의 본점 또는 주사무소가 있는 국가를 말한다. 이하 제132조의4에서 같다) 및 소재지 등을 확인하고 관련 자료를 보관·비치할 것
2. 국채등의 취득일, 취득금액, 보유기간, 양도일 및 양도금액 등이 포함된 외국법인별 국채등 보유·거래 명세 자료를 보관·비치할 것
3. 제2호에 따른 자료를 기획재정부령으로 정하는 바에 따라 법 제93조의3제1항 각 호의 소득을 지급하는 자(이하 이 조 및 제132조의4에서 "소득지급자"라 한다)의 납세지 관할 세무서장에게 보고할 것
4. 국세청장 또는 소득지급자가 제1호 또는 제2호에 따른 자료의 제출을 요구하는 경우에는 요구받은 날부터 30일 이내에 그 자료를 제출할 것
5. 국세청장이 적격외국금융회사등의 승인을 할 때 조건을 정한 경우에는 그 조건을 준수할 것
(2022.12.31 본조신설)

제132조의4【외국법인의 국채등 이자·양도소득에 대한 비과세 적용 신청】 ① 법 제93조의3제3항에 따른 외국법인의 비과세 적용 신청은 다음 각 호의 구분에 따른 절차에 따른다. 이 경우 해당 신청에 따라 비과세 적용을 받은 후 국채등으로 발생한 다른 이자·양도소득에 대해 비과세 적용을 받으려는 때 당초의 신청 내용에 변경사항이 없으면 다음 각 호의 구분에 따른 절차를 다시 거치지 않을 수 있다.(2023.2.28 후단개정)
1. 법 제93조의3제1항 각 호의 소득이 국외투자기구(법 제93조의2제1항 각 호의 어느 하나에 해당하여 국외투자기구를 실질귀속자로 보는 경우의 국외투자기구 및 법 제93조의3제4항 각 호의 어느 하나에 해당하는 국외투자기구는 제외한다)를 통해 지급되는 경우 : 다음 각 목의 순서에 따른 절차
  가. 외국법인이 다음의 서류를 국외투자기구에 제출한다.

1) 기획재정부령으로 정하는 세무서장제출용 비과세 신청서(이하 "세무서장제출용 외국법인비과세 신청서"라 한다)
2) 해당 외국법인 거주지국의 권한 있는 당국이 발급하는 거주자증명서 또는 국세청장이 정하여 고시하는 서류
  나. 국외투자기구가 가목에 따라 제출받은 서류를 소득지급자에게 제출한다.
  다. 소득지급자가 기획재정부령으로 정하는 소득지급자용 거래·보유 명세서(이하 "소득지급자용 거래·보유 명세서"라 한다)를 작성하여 나목에 따라 제출받은 서류와 함께 해당 소득을 지급한 날이 속하는 달의 다음 달 9일까지 납세지 관할 세무서장에게 제출한다.
2. 제1호 외의 경우 : 다음 각 목의 순서에 따른 절차
  가. 외국법인(법 제93조의2제1항 각 호의 어느 하나에 해당하여 국외투자기구를 실질귀속자로 보는 경우의 국외투자기구 및 법 제93조의3제4항 각 호의 어느 하나에 해당하는 국외투자기구를 포함한다. 이하 이 호에서 같다)이 다음의 서류를 소득지급자에게 제출한다.
    1) 세무서장제출용 외국법인비과세신청서(법 제93조의2제1항 각 호의 어느 하나에 해당하여 국외투자기구를 실질귀속자로 보는 경우의 국외투자기구 또는 법 제93조의3제4항 각 호의 어느 하나에 해당하는 국외투자기구가 비거주자인 경우에는 「소득세법 시행령」 제179조의4제1항제1호가목1)에 따른 세무서장용 비거주자비과세신청서를 말한다)
    2) 해당 외국법인 거주지국의 권한 있는 당국이 발급하는 거주자증명서 또는 국세청장이 정하여 고시하는 서류
  나. 소득지급자가 소득지급자용 거래·보유 명세서를 작성하여 가목에 따라 제출받은 서류와 함께 해당 소득을 지급한 날이 속하는 달의 다음 달 9일까지 납세지 관할 세무서장에게 제출한다.

② 제1항제1호에도 불구하고 적격외국금융회사등을 통해 취득·보유·양도하는 국채등의 경우에는 다음 각 호의 순서에 따른 절차를 적용할 수 있다.
1. 외국법인이 다음 각 목의 서류를 국외투자기구에 제출한다.
  가. 기획재정부령으로 정하는 적격외국금융회사등제출용 비과세 신청서(이하 "적격외국금융회사등제출용 외국법인비과세신청서"라 한다)
  나. 해당 외국법인 거주지국의 권한 있는 당국이 발급하는 거주자증명서 또는 국세청장이 정하여 고시하는 서류
2. 국외투자기구가 제1호에 따라 제출받은 서류를 적격외국금융회사등에 제출한다.
3. 적격외국금융회사등이 기획재정부령으로 정하는 적격외국금융회사등용 거래·보유 명세서(이하 "적격외국금융회사등용 거래·보유 명세서"라 한다)와 기획재정부령으로 정하는 적격외국금융회사등 비과세 신청서(이하 "적격외국금융회사등용 외국법인비과세신청서"라 한다)를 작성하여 소득지급자에게 제출한다.
4. 소득지급자가 제3호에 따라 제출받은 서류를 해당 소득을 지급한 날이 속하는 달의 다음 달 9일까지 납세지 관할 세무서장에게 제출한다.

③ 제1항제2호에도 불구하고 적격외국금융회사등을 통해 취득·보유·양도하는 국채등의 경우에는 다음 각 호의 순서에 따른 절차를 적용할 수 있다.
1. 외국법인이 다음 각 목의 서류를 적격외국금융회사등에 제출한다.
  가. 적격외국금융회사등제출용 외국법인비과세신청서

나. 해당 외국법인 거주지국의 권한 있는 당국이 발급하는 거주자증명서 또는 국세청장이 정하여 고시하는 서류
2. 적격외국금융회사등이 적격외국금융회사등용 거래·보유 명세서와 적격외국금융회사등비과세신청서를 작성하여 소득지급자에게 제출한다.
3. 소득지급자가 제2호에 따라 제출받은 서류를 해당 소득을 지급한 날이 속하는 달의 다음 달 9일까지 납세지 관할 세무서장에게 제출한다.
④ 외국법인과 적격외국금융회사등은 그 대리인(「국세기본법」 제82조에 따른 납세관리인을 포함한다)을 통해 제1항부터 제3항까지의 규정에 따른 신청을 할 수 있다.
⑤ 「소득세법 시행령」 제24조에 따른 금융회사 등이 외국법인의 국채등의 거래·매매·중개 또는 대리하는 경우에는 해당 금융회사 등과 외국법인 간에 대리 또는 위임의 관계가 있는 것으로 보아 제1항부터 제4항까지의 규정을 적용한다.
⑥ 법 제98조제7항 본문에 따라 국채등의 양도에 관하여 「자본시장과 금융투자업에 관한 법률」에 따른 투자매매업자 또는 투자중개업자가 원천징수를 하는 경우에는 해당 투자매매업자 또는 투자중개업자와 외국법인 간에 대리 또는 위임의 관계가 있는 것으로 보아 제1항부터 제4항까지의 규정을 적용한다.
⑦ 제5항 또는 제6항이 적용되지 않는 경우로서 국내에 소득지급자의 주소, 거소, 본점, 주사무소, 사업의 실질적 관리장소 또는 국내사업장(「소득세법」 제120조에 따른 국내사업장을 포함한다)이 없는 경우에는 제1항부터 제3항까지의 규정에도 불구하고 국외투자기구, 외국법인 또는 적격외국금융회사등은 다음 각 호의 구분에 따른 서류를 납세지 관할 세무서장에게 직접 제출할 수 있다.
1. 국외투자기구의 경우 : 제1항제1호나목에 따라 소득지급자에게 제출해야 하는 서류
2. 외국법인의 경우 : 제1항제2호가목에 따라 소득지급자에게 제출해야 하는 서류
3. 적격외국금융회사등의 경우 : 제2항제3호 또는 제3항제2호에 따라 소득지급자에게 제출해야 하는 서류
(2022.12.31 본조신설)

제132조의5【내국법인의 국채등 소득에 대한 신고·납부】 ① 법 제93조의3제4항제2호에서 "대통령령으로 정하는 요건을 갖춘 국외투자기구"란 투자설명서 작성 또는 이와 유사한 방식으로 국외에서 50명 이상의 일반 투자자에게 증권 취득의 청약을 권유한 국외투자기구를 말한다.
② 법 제93조의3제4항 각 호의 어느 하나에 해당하는 국외투자기구에 투자한 내국법인은 같은 조 제1항 각 호의 소득에 대해 법 제60조·제64조 및 「소득세법」 제17조에 따라 신고·납부해야 한다.
(2023.2.28 본조개정)

제133조【외국법인의 대리인 등의 범위】 ① 법 제94조제3항 각 호 외의 부분에서 "대통령령으로 정하는 자"란 다음 각 호의 어느 하나에 해당하는 자를 말한다.
(2019.2.12 본문개정)
1. 외국법인의 자산을 상시 보관하고 관례적으로 이를 배달 또는 인도하는 자
2. 중개인·일반위탁매매인 기타 독립적 지위의 대리인으로서 주로 특정 외국법인만을 위하여 계약체결 등 사업에 관한 중요한 부분의 행위를 하는 자(이들이 자기사업의 정상적인 과정에서 활동하는 경우를 포함한다)
3. 보험사업(재보험사업을 제외한다)을 영위하는 외국법인을 위하여 보험료를 징수하거나 국내소재 피보험물에 대한 보험을 인수하는 자

② 제1항의 외국법인에는 해당 외국법인의 과점주주, 해당 외국법인이 과점주주인 다른 법인, 그 밖에 해당 외국법인의 특수관계인을 포함한다.(2012.2.2 본항개정)
③ 법 제94조제5항제1호 각 목 외의 부분에서 "대통령령으로 정하는 특수관계"란 제131조제2항 각 호의 어느 하나에 해당하는 관계를 말한다.(2019.2.12 본항신설)
(2019.2.12 본조제목개정)

제133조의2【연락사무소 현황 제출】 ① 법 제94조의2 제2항에서 "업무연락, 시장조사 등 대통령령으로 정하는 비영업적 기능"이란 업무연락, 시장조사, 정보수집 등 외국 법인의 사업수행상 예비적 또는 보조적 성격을 가진 활동을 말한다.(2023.2.28 본항개정)
② 법 제94조의2제1항에서 "대통령령으로 정하는 현황 자료"란 다음 각 호의 사항이 포함된 자료로서 매년 12월 31일을 기준으로 작성된 것을 말한다.(2023.2.28 본문개정)
1. 법 제94조의2제1항에 따른 외국법인연락사무소의 명칭, 고유번호 등 일반현황(2023.2.28 본호개정)
2. 연락사무소를 설치한 외국법인의 명칭, 소재지와 국내에서의 거래·투자 등에 관한 사항
3. 연락사무소의 임차 현황, 직원 현황 등 연락사무소의 운영에 관한 사항
4. 연락사무소가 「소득세법」 제163조에 따른 계산서 또는 「부가가치세법」 제32조에 따른 세금계산서를 발급받은 경우 각각의 합계액
③ 외국법인은 제2항의 현황 자료를 기획재정부령으로 정하는 서식에 따라 작성하여 외국법인연락사무소 소재지 관할 세무서장에게 제출해야 한다.
(2022.2.15 본조신설)

제2절 세액의 계산

제134조【국내사업장의 과세대상소득금액의 계산】 ① 법 제96조제2항제3호에서 "해당 국내사업장이 사업을 위하여 재투자할 것으로 인정되는 금액 등 대통령령으로 정하는 금액"이란 다음 각 호의 금액 모두를 말하며, 해당 사업연도개시일 현재의 자본금상당액이 해당 사업연도종료일 현재의 자본금상당액을 초과하는 경우에는 그 초과하는 금액(이하 "자본금상당액감소액"이라 한다)을 해당 사업연도의 소득금액에 합산한다. 이 경우 합산되는 금액은 직전 사업연도종료일 현재의 미과세누적유보소득(음수가 아닌 경우만 해당한다)을 초과하지 못한다.(2011.3.31 본문개정)
1. 해당 사업연도 종료일 현재의 자본금상당액이 해당 사업연도 개시일 현재의 자본금상당액을 초과하는 금액(이하 "자본금상당액증가액"이라 한다)
2. 미과세누적유보소득(음수인 경우만 해당한다)에서 음의 부호를 뗀 금액. 다만, 그 금액은 국내사업장의 각 사업연도의 소득금액에서 법 제96조제2항제1호, 제2호, 제4호 및 자본금상당액증가액을 뺀 금액을 한도로 한다.(2011.3.31 1호~2호신설)
② 제1항에서 "자본금상당액"이란 해당 사업연도 종료일 현재 재무상태표상의 자산의 합계액에서 부채(충당금을 포함하며, 미지급법인세를 제외한다)의 합계액을 공제한 금액을 말한다.
③ 제1항에서 "미과세누적유보소득"이란 각 사업연도의 소득금액 중 법 제96조에 따라 과세되지 아니한 부분으로서 제1호의 금액에서 제2호의 금액을 차감한 금액을 말한다.(2021.1.5 본항개정)
1. 해당 사업연도의 직전 사업연도까지의 각 사업연도 소득금액의 합계액에서 해당 사업연도의 직전 사업연도까지의 각 사업연도 결손금 합계액과 해당 사업연도의 직전 사업연도까지의 각 사업연도의 소득에 대한 법인세 및 법인지방소득세의 합계액을 차감한 금액

2. 해당 사업연도의 직전 사업연도까지의 각 사업연도의 법 제96조에 따른 과세대상소득금액의 합계액 (2014.2.21 본항개정)

④ 제1항의 규정은 당해 사업연도에 결손금이 발생한 경우 법 제96조제1항의 과세대상소득금액의 계산에 관하여 이를 준용한다. 다만, 당해 사업연도에 있어서 자본금상당액감소액이 결손금을 초과하는 경우에는 제3항의 미과세누적유보소득을 한도로 그 초과금액을 과세대상소득금액으로 본다.

⑤ 법 제96조제1항 본문에서 "대통령령으로 정하는 송금액"이란 각 사업연도소득중 실제로 송금된 이윤(각 사업연도에 실제로 송금된 이윤이 법 제96조제2항의 직전 사업연도 과세대상소득금액을 초과할 경우 그 초과분중 직전 사업연도까지의 제3항의 규정에 의한 미과세누적유보소득을 한도로 한다)을 말한다. (2011.6.3 본항개정)

⑥ 외국법인이 국내사업장을 가지지 아니하게 된 경우로서 법 제8조제5항에 따른 사업연도(이하 이 조에서 "의제사업연도"라 한다)의 과세대상소득금액을 제1항 내지 제4항에 의하여 계산하는 때에는 의제사업연도 종료일 현재의 자본금 상당액은 "0"으로 본다. (2012.2.2 본항개정)

⑦ 외국법인이 국내사업장을 가지지 아니하게 된 경우로서 의제사업연도의 과세대상소득금액을 제5항에 따라 계산하는 때에는 의제사업연도 종료일까지 미송금한 이윤 상당액은 의제사업연도 종료일에 전액 송금한 것으로 본다. (2007.2.28 본항신설)

제135조 【외국법인의 재해손실세액공제】 외국법인에 대하여 법 제58조의 규정에 의한 재해손실에 대한 세액공제를 적용함에 있어서 제95조제1항 각호의 자산은 그 법인이 국내에 가지고 있는 자산으로 한다.

제3절 신고·납부·결정·경정 및 징수

제136조 【외국법인의 신고】 ① 법 제97조제1항에 따라 각 사업연도의 소득에 대한 법인세의 과세표준을 신고하여야 할 외국법인으로서 본점등의 결산이 확정되지 아니하거나 기타 부득이한 사유로 인하여 법 제60조에 따른 신고서를 제출할 수 없는 외국법인은 해당 사업연도종료일부터 60일 이내에 사유서를 갖추어 납세지 관할세무서장에게 신고기한연장 승인신청을 할 수 있다. (2009.2.4 본항개정)

② 납세지 관할세무서장은 제1항의 규정에 의한 신청을 받은 때에는 그 날부터 7일 이내에 그 승인여부를 결정하여야 한다.

③ 납세지 관할세무서장은 제2항의 규정에 의한 승인여부를 결정한 때에는 지체없이 당해 외국법인에게 이를 통지하여야 한다.

④ 법 제97조제3항에서 "대통령령으로 정하는 이율"이란 「국세기본법 시행령」 제43조의3제2항 본문에 따른 이자율을 말한다. (2020.2.11 본항개정)

제136조의2 (2005.2.19 삭제)

제137조 【외국법인의 대한 원천징수】 ① 법 제98조에 따라 원천징수를 하는 경우 배당소득의 지급시기에 관하여는 「소득세법」 제131조제2항 및 같은 법 시행령 제191조(제4호는 제외한다)를 준용하고, 기타소득의 지급시기에 관하여는 「소득세법」 제145조의2 및 같은 법 시행령 제202조제3항을 준용한다. (2012.2.2 본항개정)

② 제1항에 불구하고 법 제51조의2제1항 각 호에 해당하는 내국법인 또는 「조세특례제한법」 제104조의31제1항에 따른 내국법인이 이익 또는 잉여금의 처분에 의한 배당소득을 그 처분을 결정한 날부터 3개월이 되는 날까지 지급하지 않은 때에는 그 3개월이 되는 날에 배당소득을 지급한 것으로 본다. (2021.2.17 본항개정)

③ 법 제98조에 따라 징수한 원천징수세액의 납부에 관해서는 제115조부터 제117조까지 및 「소득세법 시행령」 제185조를 준용한다. (2022.2.15 본항개정)

④ 법 제98조에 따라 원천징수를 할 때 법 제93조제1호나목에 따른 국내원천 이자소득의 지급시기는 그 소득을 지급하는 외국법인 또는 비거주자의 해당 사업연도 또는 과세기간의 소득에 대한 과세표준의 신고기한의 종료일(법 제97조제2항에 따라 신고기한을 연장한 경우에는 그 연장한 기한의 종료일을 말한다)로 한다. (2019.2.12 본항개정)

⑤ 법 제98조의 규정에 의하여 원천징수를 함에 있어서 원천징수의무자가 국내에 주소, 거소, 본점, 주사무소, 사업의 실질적 관리장소 또는 국내사업장(「소득세법」 제120조에 의한 국내사업장을 포함한다)이 없는 경우에는 「국세기본법」 제82조의 규정에 의한 납세관리인을 정하여 관할 세무서장에게 신고하여야 한다. (2006.2.9 본항개정)

⑥ 법 제98조제14항에서 "대통령령으로 정하는 시기"란 다음 각 호의 어느 하나에 해당하는 날을 말한다. (2010.12.30 본문개정)

1. 제88조제1항제8호가목의 경우 : 법인이 합병으로 인하여 소멸한 경우에는 그 합병등기를 한 날, 법인이 분할 또는 분할합병으로 인하여 소멸 또는 존속하는 경우에는 그 분할등기 또는 분할합병등기를 한 날

2. 제88조제1항제8호나목 및 다목의 경우 : 증자 또는 감자의 결정을 한 날

(2003.12.30 본항신설)

⑦ 주식등을 발행한 내국법인은 법 제93조제10호자목에 따른 국내원천 기타소득을 제6항에 따른 시기에 각각 원천징수하여야 한다. (2019.2.12 본항개정)

⑧ 법 제98조제1항제4호 단서에서 "대통령령으로 정하는 인적용역"이란 제132조제6항제4호에 해당하는 용역을 말한다. (2019.2.12 본항개정)

⑨ 법 제98조제1항제5호에 따라 원천징수하는 금액을 계산할 때 양도자가 법 제97조제1항에 따라 법인세를 신고·납부한 후 양수자가 「법인세법」 제98조제1항에 따라 원천징수하는 경우에는 해당 양도자가 신고·납부한 세액을 뺀 금액으로 한다. (2019.2.12 본항개정)

⑩ (2022.2.15 삭제)

⑪ 법 제98조제1항제8호 본문에서 "대통령령으로 정하는 금액"이란 취득당시의 시가를 말한다. (2022.2.15. 본항개정)

⑫~⑭ (2022.2.15 삭제)

제137조의2 (2023.2.28 삭제)

제138조 【투자중개업자 등의 원천징수】 법 제98조제1항제7호 단서를 적용할 때 취득가액이 서로 다른 동일종목의 유가증권(채권의 경우에는 액면가액, 발행일 및 만기일, 이자율 등 발행조건이 같은 동일종목의 채권을 말한다)을 보유한 외국법인이 해당 유가증권을 양도한 경우에 양도가액에서 공제할 취득가액은 이동평균법에 준하여 계산한다. (2019.2.12 본조개정)

제138조의2 【외국법인의 유가증권양도소득 등에 대한 신고·납부 등의 특례】 ① 외국법인은 법 제98조의2의 규정에 의하여 양도당시 조세조약에서 정한 과세기준을 충족하지 아니하여 주식 또는 출자증권의 양도소득중 원천징수되지 아니한 소득의 원천징수세액상당액을 당해 유가증권을 발행한 내국법인의 소재지를 관할하는 세무서장에게 신고·납부하여야 한다.

② 제1항의 규정에 의하여 주식 또는 출자증권의 양도소득중 원천징수되지 아니한 소득의 원천징수세액상당액을 신고·납부하고자 하는 외국법인은 동일한 사업연도에 양도한 당해 법인의 양도주식총액과 원천징수되지 아니한 양도주식총액을 구분하여 기획재정부령이 정하는 외국법인유가증권양도소득정산신고서를 제출하여야 한다. (2008.2.29 본항개정)

③ 법 제98조의2제3항 본문에서 "대통령령으로 정하는 경우"란 다음 각 호의 유가증권을 양도하는 경우를 말한다.(2011.6.3 본문개정)
1. 「조세특례제한법 시행령」 제18조제4항제1호 및 제2호에 따라 과세되는 주식등 유가증권
2. 외국에서 거래되는 원화표시 유가증권(외국유가증권시장 외에서 거래되는 것을 말한다)
(2008.2.22 본항신설)
④ 법 제98조의2제3항에 따라 신고·납부하려는 외국법인은 해당 주식등 유가증권을 발행한 내국법인의 소재지를 관할하는 세무서장에게 기획재정부령으로 정하는 외국법인유가증권양도소득신고서를 작성하여 신고·납부하여야 한다.(2008.2.29 본항개정)
⑤ 법 제98조의2제4항에 따라 신고·납부하려는 외국법인은 해당 자산의 소재지(유가증권인 경우에는 유가증권을 발행한 내국법인의 소재지를 말한다)를 관할하는 세무서장에게 기획재정부령으로 정하는 외국법인인증여소득신고서를 작성하여 신고·납부하여야 한다.
(2012.2.2 본항신설)
(2012.2.2 본조제목개정)
(2000.12.29 본조신설)

제138조의3【외국법인의 채권등의 이자등에 대한 원천징수 특례】 ① 법 제98조제1항을 적용받는 외국법인(이하 이 조에서 "외국법인"이라 한다)에 대하여 원천징수대상채권등의 이자등을 지급하는 자 또는 원천징수대상채권등의 이자등을 지급받기 전에 외국법인으로부터 원천징수대상채권등을 매수하는 자는 그 지급금액에 대하여 법·「조세특례제한법」 또는 조세조약에 의한 세율(이하 이 조에서 "적용세율"이라 한다)을 적용하는 경우에 그 지급금액에 다음 각 호의 세율을 적용하여 계산한 금액을 원천징수하여야 한다. 이 경우 제1호의 세율이 법 제73조의2제1항 전단의 세율보다 높은 경우로서 해당 외국법인이 원천징수대상채권등의 보유기간을 입증하지 못하는 경우에는 지급금액 전액을 해당 외국법인의 보유기간이자상당액으로 보며, 제1호에 따른 적용세율이 법 제73조의2제1항 전단에 따른 세율보다 낮은 경우로서 해당 외국법인이 원천징수대상채권등의 보유기간을 입증하지 못하는 경우에는 해당 외국법인의 보유기간이자상당액은 이를 없는 것으로 본다.(2019.2.12 후단개정)
1. 지급금액 중 당해 외국법인의 보유기간이자상당액에 대하여는 당해 외국법인에 대한 적용세율(2006.2.9 본호개정)
2. 지급금액 중 제1호의 보유기간이자상당액을 차감한 금액에 대하여는 법 제73조의2제1항 전단에 따른 세율(2019.2.12 본호개정)
② 법 제98조의3제1항에서 "환매조건부 채권매매 거래 등 대통령령으로 정하는 경우"란 다음 각 호의 어느 하나에 해당하거나 각 호가 혼합되는 거래를 말한다.
1. 외국법인이 일정기간 후에 일정가격으로 환매수 또는 환매도할 것을 조건으로 하여 채권등을 매도 또는 매수하는 거래(해당 거래가 연속되는 경우를 포함한다)로서 그 거래에 해당하는 사실이 「자본시장과 금융투자업에 관한 법률」 제294조에 따른 한국예탁결제원의 계좌를 통하여 확인되는 거래
2. 외국법인이 일정기간 후에 같은 종류로서 같은 양의 채권을 반환받는 조건으로 채권을 대여하는 거래(해당 거래가 연속되는 경우를 포함한다)로서 그 거래에 해당하는 사실이 채권대차거래중개기관(「자본시장과 금융투자업에 관한 법률」에 따른 한국예탁결제원, 증권금융회사, 투자매매업자 또는 투자중개업자를 말한다)이 작성한 거래 원장(전자적 형태의 원장을 포함한다)을 통하여 확인되는 거래
(2016.2.12 본항개정)

③ 제2항에 따른 거래의 경우 채권등을 매도 또는 대여한 날부터 환매수 또는 반환받은 날까지의 기간 동안 그 채권등으로부터 발생하는 이자소득 또는 배당소득에 상당하는 금액은 매도자 또는 대여자(해당 거래가 연속되는 경우 또는 제2항 각 호의 거래가 혼합되는 경우에는 최초 매도자 또는 대여자를 말한다)에게 귀속되는 것으로 보아 법 제98조의3을 적용한다.
(2016.2.12 본항개정)
④ 제2항에 따른 거래를 통하여 매수자 또는 차입자(이하 이 조에서 "매수자등"이라 한다)가 매입 또는 차입한 채권등이 제3자에게 매도 또는 대여되는 경우에는 매수자등(제111조제1항 각 호의 어느 하나에 해당하는 법인은 제외한다)에게 보유기간이자상당액에 대한 세액을 법 제73조의2 및 제98조의3, 「소득세법」 제133조의2 및 제156조의3에 따라 원천징수하여야 하며, 매수자등은 원천징수당한 세액을 제5항에 따라 환급받을 수 있다.(2019.2.12 본항개정)
⑤ 제4항에 따라 원천징수된 세액을 환급받으려는 매수자등은 제3자에게 매도 또는 대여한 채권등이 제2항에 따른 거래를 통하여 매입 또는 차입한 것임을 입증할 수 있는 기획재정부령으로 정하는 서류를 첨부하여 원천징수된 세액의 납부일이 속하는 달의 다음 달 10일까지 매수자등의 납세지 관할세무서장에게 환급신청서를 제출하여야 하며, 환급신청을 받은 관할세무서장은 거래사실 및 환급신청내용을 확인한 후 즉시 환급하여야 한다.(2010.6.8 본항개정)
⑥ 제111조제6항은 외국법인의 채권등의 이자등에 대한 지급시기에 관하여 이를 준용하고, 제113조의 규정은 채권등의 보유기간계산, 보유기간이자상당액의 계산방법 및 보유기간 입증방법에 관하여 이를 준용하며, 제137조제2항의 규정은 원천징수세액납부에 관하여 이를 준용한다.(2009.12.31 본항개정)
⑦ (2005.2.19 삭제)

제138조의4【외국법인에 대한 조세조약상 비과세 또는 면제 적용 신청】 ① 법 제98조의4제1항에 따라 비과세 또는 면제를 적용받으려는 국내원천소득의 실질귀속자는 기획재정부령으로 정하는 비과세·면제신청서 및 국내원천소득의 실질귀속자임을 증명하는 서류(이하 이 조에서 "신청서등"이라 한다)를 소득지급자에게 제출하고 해당 소득지급자는 소득을 지급하는 날이 속하는 달의 다음 달 9일까지 소득지급자의 납세지 관할세무서장에게 제출하여야 한다. 이 경우 법 제98조의4제1항 후단에 해당하는 국외투자기구의 경우에는 기획재정부령으로 정하는 실질귀속자 특례 국외투자기구 신고서(이하 이 조, 제138조의7 및 제138조의8에서 "실질귀속자 특례 국외투자기구 신고서"라 한다)를 함께 제출하여야 한다.(2023.2.28 전단개정)
② 제1항에 따른 국내원천소득의 실질귀속자임을 증명하는 서류는 다음 각 호의 구분에 따른 서류로 한다. 다만, 국내원천소득이 국외투자기구(법 제98조의4제1항 후단에 해당하는 국외투자기구를 포함한다)를 통하여 지급되는 경우와 국내원천소득의 실질귀속자가 기획재정부령으로 정하는 조세조약 체약상대국의 정부기관 등인 경우에는 비과세 또는 면제를 받으려는 세액의 액수에 관계없이 제2호에 따른 서류로 한다.
1. 법 제98조의4제1항에 따라 비과세 또는 면제를 적용받으려는 세액이 10억원 이상인 경우(같은 조에 따라 비과세 또는 면제를 적용받으려는 국내원천소득의 지급일이 속하는 달의 말일부터 과거 1년 이내에 비과세 또는 면제를 적용받은 세액의 합계액이 10억원 이상인 경우를 포함한다) : 다음 각 목의 서류
가. 해당 외국법인 거주지국의 권한 있는 당국이 발급하는 거주자증명서

나. 해당 외국법인의 이사회 구성원의 성명 및 주소와 주주등의 인적사항 및 지분 현황. 다만, 주주등이 100명을 초과하는 경우에는 국가별 주주등의 수 및 총투자금액 명세로 갈음한다.

다. 최근 3년(설립 후 3년이 경과하지 않은 외국법인의 경우에는 해당 법인의 설립일부터 신청서등의 제출일 전날까지의 기간을 말한다) 동안 외국법인이 거주지국에 제출한 감사보고서

라. 법 제93조제8호 각 목의 어느 하나에 해당하는 권리·자산 또는 정보(이하 이 목에서 "권리등"이라 한다)의 사용허여(使用許與) 계약서 등 해당 권리등의 등록지 및 소유권자·실시권자 등을 확인할 수 있는 서류(비과세 또는 면제를 적용받으려는 국내원천소득이 법 제93조제8호에 따른 국내원천 사용료소득인 경우만 해당한다)

2. 제1호 외의 경우 : 해당 외국법인의 거주지국의 권한 있는 당국이 발급하는 거주자증명서
(2023.2.28 본항개정)

③ 외국법인은 그 대리인(「국세기본법」 제82조의 규정에 의한 납세관리인을 포함한다) 등으로 하여금 제1항의 규정에 의한 비과세 또는 면제신청을 하게 할 수 있다.(2005.2.19 본항개정)

④ 법 제98조의3의 규정에 의하여 금융회사 등이 외국법인의 채권등을 인수·매매·중개 또는 대리하는 경우에는 당해 금융회사 등과 외국법인간에 대리 또는 위임의 관계가 있는 것으로 보아 제1항의 규정을 적용한다.(2012.2.2 본항개정)

⑤ 법 제98조제7항에 따라 유가증권 양도에 관하여 투자매매업자, 투자중개업자 또는 주식발행법인이 원천징수하는 경우에는 해당 투자매매업자, 투자중개업자 또는 주식발행법인과 외국법인간에 대리 또는 위임의 관계가 있는 것으로 보아 제1항의 규정을 적용한다.
(2012.2.2 본항개정)

⑥ 제4항 및 제5항이 적용되지 아니하는 경우로서 소득지급자가 국내에 주소, 거소, 본점, 주사무소, 사업의 실질적 관리장소 또는 국내사업장(「소득세법」 제120조에 규정된 국내사업장을 말한다)이 없는 경우에는 제1항에도 불구하고 소득지급자에게 제출하지 아니하고 국내원천소득의 실질귀속자가 납세지 관할 세무서장에게 직접 신청서등을 제출할 수 있다.(2023.2.28 본항개정)

⑦ 법 제93조에 따른 국내원천소득으로서 다음 각 호의 어느 하나에 해당하는 소득에 대하여는 제1항에도 불구하고 신청서등을 제출하지 아니할 수 있다.
(2023.2.28 본문개정)

1. 법 및 「조세특례제한법」에 따라 법인세가 과세되지 아니하거나 면제되는 국내원천소득(2010.12.30 본호개정)

2. (2009.2.4 삭제)

3. 그 밖에 기획재정부령이 정하는 국내원천소득
(2008.2.29 본호개정)

⑧ (2019.2.12 삭제)

⑨ 제1항을 적용할 때 국내원천소득이 국외투자기구를 통하여 지급되는 경우에는 해당 국외투자기구가 실질귀속자로부터 신청서등을 제출받아 실질귀속자 명세를 포함하여 작성한 기획재정부령으로 정하는 국외투자기구 신고서(이하 이 조, 제138조의7 및 제138조의8에서 "국외투자기구 신고서"라 한다)와 제출받은 신청서등을 소득지급자에게 제출하고 해당 소득지급자는 소득을 지급하는 날이 속하는 달의 다음 달 9일까지 소득지급자의 납세지 관할 세무서장에게 제출해야 한다. 다만, 제138조의7제3항 단서에 따른 국외공모집합투자기구(이하 이 조에서 "국외공모집합투자기구"라 한다)로서 다음 각 호의 서류를 제출한 경우에는 그렇지 않다.
(2023.2.28 본문개정)

1. 제138조의7제3항 각 호의 사항을 확인할 수 있는 서류

2. 해당 국외투자기구의 국가별 실질귀속자의 수 및 총투자금액 명세가 포함된 국외투자기구 신고서

3. 국외공모집합투자기구의 명의로 작성한 비과세·면제신청서
(2014.2.21 본항신설)

⑩ 제9항을 적용할 때 국외투자기구(이하 이 조에서 "1차 국외투자기구"라 한다)에 다른 국외투자기구(이하 이 조에서 "2차 국외투자기구"라 한다)가 투자하고 있는 경우 1차 국외투자기구는 2차 국외투자기구로부터 실질귀속자별 신청서등을 제출받아 그 명세(해당 2차 국외투자기구가 국외공모집합투자기구인 경우에는 이를 확인할 수 있는 서류와 해당 국외투자기구의 국가별 실질귀속자의 수 및 총투자금액 명세를 말한다)가 포함된 국외투자기구 신고서를 제출받아 신청서등을 제출하여야 한다. 이 경우 다수의 국외투자기구가 연속적으로 투자관계에 있는 경우에는 투자를 받는 직전 국외투자기구를 1차 국외투자기구로, 투자하는 국외투자기구를 2차 국외투자기구로 본다.(2023.2.28 전단개정)

⑪ 제1항과 제9항을 적용할 때 제138조의7제5항 각 호의 어느 하나에 해당하는 경우에는 이를 실질귀속자로 본다.(2014.2.21 본항신설)

⑫ 제1항 또는 제9항을 적용할 때 신청서등, 실질귀속자 특례 국외투자기구 신고서 또는 국외투자기구 신고서는 제출한 날부터 3년 이내에는 다시 제출하지 않을 수 있다. 다만, 그 내용에 변동이 있는 경우에는 변동사유가 발생한 날 이후 소득을 최초로 지급하는 날이 속하는 달의 다음 달 9일까지 그 변동 내용을 제1항 또는 제9항에 따라 제출해야 한다.(2023.2.28 본문개정)

⑬ 법 제98조의4제3항에서 "신청서등 또는 국외투자기구 신고서를 제출받지 못하거나 제출받은 서류를 통해서는 실질귀속자를 파악할 수 없는 등 대통령령으로 정하는 사유"란 다음 각 호의 어느 하나에 해당하는 사유를 말한다. 이 경우 제2호 또는 제3호는 그 사유가 발생한 부분으로 한정하고, 국외공모집합투자기구에 대해서는 제3호의 사유를 제외한다.

1. 신청서등, 실질귀속자 특례 국외투자기구 신고서 또는 국외투자기구 신고서를 제출받지 못한 경우

2. 제출된 신청서등, 실질귀속자 특례 국외투자기구 신고서 또는 국외투자기구 신고서에 적힌 내용의 보완 요구에 따르지 않는 경우

3. 제출된 신청서등, 실질귀속자 특례 국외투자기구 신고서 또는 국외투자기구 신고서를 통해서는 실질귀속자를 파악할 수 없는 경우
(2023.2.28 본항개정)

⑭ 소득지급자와 국외투자기구는 신청서등, 실질귀속자 특례 국외투자기구 신고서, 국외투자기구 신고서 등 관련 자료를 제1항에 따른 기한의 다음 날부터 5년간 보관해야 한다. 이 경우 소득지급자의 납세지 관할 세무서장이 제출을 요구하는 경우에는 그 자료를 제출해야 한다.(2023.2.28 전단개정)

⑮ 법 제98조의4제5항에 따라 경정을 청구하려는 자는 소득지급자의 납세지 관할 세무서장에 기획재정부령으로 정하는 비과세·면제 적용을 위한 경정청구서에 다음 각 호의 서류를 첨부하여 경정을 청구해야 한다. 이 경우 해당 서류는 한글번역본과 함께 제출하여야 하되, 국세청장이 인정하는 경우에는 영문으로 작성된 서류만을 제출할 수 있다.(2023.2.28 본문개정)

1. 신청서등(2023.2.28 본호개정)

2. (2023.2.28 삭제)

3. 실질귀속자 특례 국외투자기구 신고서(제1항 후단에 따라 실질귀속자 특례 국외투자기구 신고서를 제출해야 하는 경우에 한정한다) 또는 국외투자기구 신고

서(제9항에 따라 국외투자기구 신고서를 제출해야 하는 경우에 한정한다)(2020.2.11 본호개정)

⑯ 제15항에 따른 경정청구 절차에 관하여는 제138조의6제2항부터 제4항까지의 규정을 준용한다.
(2014.2.21 본항신설)
(2014.2.21 본조제목개정)

제138조의5【조세조약상의 비과세·면제 또는 제한세율 적용을 위한 사전승인 절차】 ① 법 제98조의5제1항 단서에 따른 사전승인을 받으려는 자는 기획재정부령으로 정하는 원천징수특례사전승인신청서에 다음 각 호의 서류를 첨부하여 국세청장에게 신청하여야 한다. 다만, 제2항에 따라 사전승인을 받은 후 계약내용 등의 변경으로 당초 신고한 내용과 달라진 경우에는 사전승인 신청을 다시 하여야 한다.(2009.2.4 본문개정)
1. 조세조약의 상대방국가(이하 "체약상대국"이라 한다)에서 발급하는 거주자증명서(2012.2.2 본호개정)
2. 법인 또는 단체의 설립신고서 및 정관 사본
3. 이사회의 구성원의 성명 및 주소
4. 주주등의 인적사항 및 지분현황(2008.2.22 본호개정)
5. 법인 또는 단체의 종업원 수 및 각 종업원별 업무분장
6. 해당 국내원천소득을 얻기 위한 투자와 관련된 경제적 또는 영업상 동기에 대한 설명서
7. 해당 국내원천소득을 얻기 위한 투자자금 조달방법
8. 해당 국내원천소득 수령 후의 처분명세서 또는 그 계획서
9. 최근 3년(설립 후 3년이 경과하지 아니한 법인의 경우에는 설립일부터 신청일까지의 기간) 동안 체약상대국의 세무당국에 제출한 세무신고서·감사보고서·재무제표 및 부속서류
10. 제2항제3호에 해당하는 경우 체약상대국 유가증권시장에의 상장등록 사항 및 그 시장에서 정규적인 거래가 이루어지고 있음을 확인할 수 있는 서류
11. 제2항제5호에 해당하는 경우 연금·기금의 수혜대상자를 확인할 수 있는 서류
12. 제2항제7호에 해당하는 경우 체약상대국의 금융당국이 규율하고 있음을 확인할 수 있는 서류와 동호의 규정에 따른 투자회사등의 투자자의 그 주식 또는 지분보유 현황을 확인할 수 있는 서류
② 제1항에 따른 사전승인의 신청을 받은 국세청장은 법 제93조제1호·제2호·제8호 또는 제9호에 따른 소득을 직접 또는 간접적으로 수취할 법인(이하 이 조에서 "소득수취법인"이라 한다)이 해당 국내원천소득과 관련하여 다음 각 호의 어느 하나에 해당하는 경우 사전승인할 수 있다.(2017.2.3 본문개정)
1. 소득수취법인이 해당 국내원천소득의 실질귀속자에 해당하고 해당 체약상대국의 법인인 경우
(2017.2.3 본호개정)
2. 소득수취법인이 기획재정부령이 정하는 조세조약 체약상대국의 정부기관 등(이하 이 조에서 "정부기관 등"이라 한다)에 해당하는 경우(2008.2.29 본호개정)
3. 소득수취법인의 발행주식이 체약상대국의 법령에 의하여 인정되는 유가증권시장에 상장된 법인(이하 이 조에서 "상장법인"이라 한다)의 주식으로서 기획재정부령이 정하는 정규적인 거래가 이루어지는 경우
(2008.2.29 본호개정)
4. 소득수취법인의 발행주식총수(지분을 포함한다)의 100분의 50 이상이 체약상대국의 개인·정부기관등 또는 상장법인에 의하여 직접 또는 간접으로 소유되는 법인인 경우
5. 소득수취법인이 체약상대국의 연금·기금 또는 그와 유사한 단체인 경우에는 동 연금·기금 또는 단체로부터 수혜를 받는 자의 100분의 50 이상이 체약상대국의 거주자인 경우

6. 소득수취법인의 최근 3년 동안의 수입금액(3년 이내에 설립된 법인은 설립이후 현재까지의 수입금액) 중 주식·채권의 보유나 양도 등 무형자산의 사용이나 양도로부터 발생하는 최근 3년 동안의 수입금액(3년 이내에 설립한 법인은 설립이후 현재까지 수입금액)의 비율이 100분의 10 이하인 법인인 경우
7. 소득수취법인이 제138조의7제3항제1호 및 제2호의 요건을 갖춘 경우(2012.2.2 본호개정)
8. 소득수취법인이 당해 소득에 대하여 부담할 세액이 법 제98조의5의 규정에 따른 세율을 적용하여 계산한 세액과 해당국과의 조세조약에 따라 과세될 세액과의 차액의 100분의 50 이상이 되는 경우
③ 제1항의 규정에 따라 사전승인의 신청을 받은 국세청장은 사전승인신청의 내용에 대하여 보정할 필요가 있다고 인정되는 때에는 30일 이내의 기간을 정하여 보정할 것을 요구할 수 있다. 이 경우 보정기간은 제5항의 규정에 따른 기간에 산입하지 아니한다.
④ 제3항의 규정에 따른 보정요구는 다음 각 호의 사항을 기재한 문서로 하여야 한다.
1. 보정할 사항
2. 보정을 요구하는 이유
3. 보정할 기간
4. 그 밖에 필요한 사항
⑤ 국세청장은 제1항의 규정에 따라 신청을 받은 날부터 3월 이내에 승인여부를 통보하여야 한다.
⑥ 국세청장은 제출된 서류가 허위로 기재된 것임이 확인되는 경우 사전승인을 취소하여야 한다.
⑦ 제2항제4호에서 주식의 간접소유비율의 계산에 관하여는 「국제조세조정에 관한 법률 시행령」 제2조제3항을 준용한다.(2021.2.17 본항개정)
⑧ 제1항을 적용할 때 원천징수특례사전승인 신청서에 첨부하는 서류는 한글번역본과 함께 제출하여야 한다. 다만, 국세청장이 인정하는 경우에는 영문으로 작성된 서류만을 제출할 수 있다.(2009.2.4 본항신설)
(2006.2.9 본조신설)

제138조의6【조세조약상의 비과세·면제 또는 제한세율 적용을 위한 경정청구 절차】 ① 법 제98조의5제2항에 따라 경정을 청구하려는 자는 원천징수의무자의 납세지 관할 세무서장에게 기획재정부령으로 정하는 원천징수특례적용을 위한 경정청구서에 제138조의5제1항제1호부터 제9호까지의 서류를 첨부하여 경정을 청구하여야 한다. 이 경우 증명서류는 한글번역본과 함께 제출하여야 하며 국세청장이 인정하는 경우에는 영문으로 작성된 서류만을 제출할 수 있다.(2019.2.12 본항개정)
② 세무서장은 제1항에 따라 경정청구를 한 법 제93조제1호·제2호·제8호 또는 제9호에 따른 소득을 수취한 자가 해당 국내원천소득의 실질귀속자에 해당하는 경우에는 경정하여야 한다.(2017.2.3 본항개정)
③ 제1항의 경정청구를 받은 세무서장은 경정청구의 내용에 대하여 보정할 필요가 있다고 인정되는 때에는 30일 이내의 기간을 정하여 보정할 것을 요구할 수 있다. 이 경우 보정기간은 법 제98조의5제3항의 규정에 따른 기간에 산입하지 아니한다.
④ 제3항의 규정에 따른 보정요구는 다음 각 호의 사항을 기재한 문서로 하여야 한다.
1. 보정할 사항
2. 보정을 요구하는 이유
3. 보정할 기간
4. 그 밖에 필요한 사항
(2006.2.9 본조신설)

제138조의7【외국법인에 대한 조세조약상 제한세율 적용을 위한 원천징수절차 특례】 ① 법 제98조의6제1항에 따라 제한세율을 적용받으려는 국내원천소득의

실질귀속자는 기획재정부령으로 정하는 국내원천소득 제한세율 적용신청서(이하 이 조에서 "제한세율 적용 신청서"라 한다)를 해당 국내원천소득을 지급받기 전까지 원천징수의무자에게 제출해야 한다. 이 경우 법 제98조의6제1항 후단에 해당하는 국외투자기구의 경우에는 실질귀속자 특례 국외투자기구 신고서를 함께 제출해야 하며, 「자본시장과 금융투자업에 관한 법률」 제296조제5호에 따른 외국예탁결제기관이 같은 법 제294조에 따른 한국예탁결제원에 개설한 계좌를 통하여 지급받는 국내원천소득의 경우에는 제한세율 적용신청서를 제출하지 않을 수 있다.(2020.2.11 본항개정)

② (2019.2.12 삭제)

③ 제1항을 적용할 때 국내원천소득이 국외투자기구를 통하여 지급되는 경우에는 해당 국외투자기구가 실질귀속자로부터 제한세율 적용신청서를 제출받아 국외투자기구 신고서에 실질귀속자 명세를 첨부하여 국내원천소득을 지급받기 전까지 원천징수의무자에게 제출하여야 한다. 다만, 다음 각 호의 요건을 모두 갖춘 국외투자기구(이하 이 조에서 "국외공모집합투자기구"라 한다)로서 각 호의 사항을 확인할 수 있는 서류와 해당 국외투자기구의 국가별 실질귀속자의 수 및 총투자금액 명세를 국외투자기구 신고서에 첨부하여 제출한 경우에는 그러하지 아니하다.(2019.2.12 본문개정)

1. 「자본시장과 금융투자업에 관한 법률」에 따른 집합투자기구와 유사한 국외투자기구로서, 체약상대국의 법률에 따라 등록하거나 승인을 받은 국외투자기구

2. 증권을 사모로 발행하지 아니하고 직전 회계기간 종료일(신규로 설립된 국외투자기구인 경우에는 국외투자기구 신고서 제출일을 말한다) 현재 투자자가 100명(투자자가 다른 국외투자기구인 경우에는 그 국외투자기구를 1명으로 본다) 이상일 것

3. 조세조약에서 조약상 혜택의 적용을 배제하도록 규정된 국외투자기구에 해당하지 아니할 것

④ 국외투자기구(이하 이 조에서 "1차 국외투자기구"라 한다)에 다른 국외투자기구(이하 이 조에서 "2차 국외투자기구"라 한다)가 투자하고 있는 경우 1차 국외투자기구는 2차 국외투자기구로부터 실질귀속자 명세(해당 2차 국외투자기구가 국외공모집합투자기구인 경우에는 이를 확인할 수 있는 서류와 해당 국외투자기구의 국가별 실질귀속자의 수 및 총투자금액 명세를 말한다)를 첨부한 국외투자기구 신고서를 제출받아 이를 함께 제출하여야 한다. 이 경우 다수의 국외투자기구가 연속적으로 투자관계에 있는 경우에는 투자를 받는 직전 국외투자기구를 1차 국외투자기구로, 투자하는 국외투자기구를 2차 국외투자기구로 본다.

⑤ 제1항 및 제3항을 적용할 때 다음 각 호의 어느 하나에 해당하는 경우에는 이를 실질귀속자로 본다.

1. 「국민연금법」, 「공무원연금법」, 「군인연금법」, 「사립학교교직원 연금법」 및 「근로자퇴직급여 보장법」 등에 준하는 체약상대국의 법률에 따라 외국에서 설립된 연금

2. 체약상대국의 법률에 따라 외국에서 설립된 비영리단체로서 수익을 구성원에게 분배하지 아니하는 기금

3. (2019.2.12 삭제)

⑥ 제1항 또는 제3항에 따라 제출된 제한세율 적용신청서, 실질귀속자 특례 국외투자기구 신고서 또는 국외투자기구 신고서는 제출된 날부터 3년 이내에는 다시 제출하지 않을 수 있다. 다만, 그 내용에 변동이 있는 경우에는 변동사유가 발생한 날 이후 최초로 국내원천소득을 지급받기 전까지 그 변동 내용을 제1항 또는 제3항에 따라 제출해야 한다.(2020.2.11 본항개정)

⑦ 법 제98조의6제3항에서 "대통령령으로 정하는 사유"란 다음 각 호의 어느 하나의 사유를 말한다. 이 경

우 제2호 또는 제3호는 그 사유가 발생한 부분으로 한정하고, 국외공모집합투자기구에 대해서는 제3호의 사유는 제외한다.

1. 제한세율 적용신청서, 실질귀속자 특례 국외투자기구 신고서 또는 국외투자기구 신고서를 제출받지 못한 경우

2. 제출된 제한세율 적용신청서, 실질귀속자 특례 국외투자기구 신고서 또는 국외투자기구 신고서에 기재된 내용의 보완 요구에 따르지 않은 경우

3. 제출된 제한세율 적용신청서, 실질귀속자 특례 국외투자기구 신고서 또는 국외투자기구 신고서를 통해서는 실질귀속자를 파악할 수 없는 경우
(2020.2.11 본항개정)

⑧ 원천징수의무자 및 국외투자기구는 제한세율 적용신청서, 실질귀속자 특례 국외투자기구 신고서, 국외투자기구 신고서 등 관련 자료를 법 제98조제1항에 따른 원천징수세액의 납부기한 다음날부터 5년간 보관해야 하고, 원천징수의무자의 납세지 관할 세무서장이 그 제출을 요구하는 경우에는 이를 제출해야 한다.
(2020.2.11 본항개정)
(2012.2.2 본조신설)

제138조의8【외국법인에 대한 조세조약상 제한세율 적용을 위한 경정청구 절차】① 법 제98조의6제4항에 따라 경정을 청구하려는 자는 원천징수의무자의 납세지 관할세무서장에게 기획재정부령으로 정하는 제한세율 적용을 위한 경정청구서에 국내원천소득의 실질귀속자임을 입증할 수 있는 다음 각 호의 서류를 첨부하여 경정을 청구해야 한다. 이 경우 증명서류는 한글번역본과 함께 제출해야 하되, 국세청장이 인정하는 경우에는 영문으로 작성된 서류만을 제출할 수 있다.
(2020.2.11 본문개정)

1. 제138조의7제1항에 따른 제한세율 적용신청서

2. 해당 실질귀속자 거주지국의 권한 있는 당국이 발급하는 거주자증명서

3. 실질귀속자 특례 국외투자기구 신고서(제138조의7제1항 후단에 따라 실질귀속자 특례 국외투자기구 신고서를 제출해야 하는 경우에 한정한다) 또는 국외투자기구 신고서(같은 조 제3항에 따라 국외투자기구 신고서를 제출해야 하는 경우에 한정한다)
(2020.2.11 본호개정)

② 제1항에 따른 경정청구 절차에 관하여는 제138조의6제2항부터 제4항까지의 규정을 준용한다.
(2012.2.2 본조신설)

제139조【외국법인의 인적용역소득에 대한 신고 · 납부 특례】법 제99조에 따라 법 제93조제6호에 따른 국내원천 인적용역소득에 대한 법인세를 신고 · 납부하려는 외국법인은 기획재정부령으로 정하는 외국법인인적용역소득신고서에 그 소득과 관련된 비용을 입증하는 서류를 첨부하여 제출하여야 한다.(2019.2.12 본조개정)

제5장 토지등의 양도에 대한 특별부과세

제140조~제151조 (2001.12.31 삭제)

제6장 보 칙

제152조【법인의 설립 또는 설치신고】① 법 제109조제1항에 따라 법인의 대표자는 기획재정부령으로 정하는 법인설립신고서에 다음 각 호의 서류를 첨부하여 납세지 관할세무서장에게 제출하여야 한다.
(2013.2.15 본문개정)

1. 제2항에 따른 주주등의 명세서(2013.2.15 본호신설)

2. 「부가가치세법 시행령」 제11조제3항의 표 및 같은 조 제4항의 서류(2013.6.28 본호개정)

② 법 제109조제1항 각 호 외의 부분 전단에서 "대통령령으로 정하는 주주등의 명세서"란 주식등의 실제소유자를 기준으로 다음 각 호의 내용을 적은 서류로서 기획재정부령으로 정하는 주주등의 명세서를 말한다.
1. 주주등의 성명 또는 법인명, 주민등록번호·사업자등록번호 또는 고유번호
2. 주주등별 주식등의 보유현황
(2012.2.2 본항개정)
③ 법 제109조제2항의 규정에 의하여 외국법인의 관리책임자는 제4항 각호의 서류를 첨부하여 납세지 관할세무서장에게 설치신고를 하여야 한다.
④ 법 제109조제2항 각 호 외의 부분 전단에서 "대통령령으로 정하는 서류"란 다음 각호의 서류를 말한다.
(2011.6.3 본문개정)
1. 본점등의 등기에 관한 서류
2. 정관
3. (2010.11.2 삭제)
⑤ 제3항에 따라 신고서를 제출받은 납세지 관할세무서장은 「전자정부법」 제36조제1항에 따른 행정정보의 공동이용을 통하여 지점의 법인 등기사항증명서를 확인하여야 한다. 다만, 신고인이 국내사업장의 사업영위 내용을 입증하는 다른 서류를 제출하는 경우에는 그러하지 아니하다.(2010.11.2 본항신설)

제153조【관리책임자의 신고】 ① 외국법인이 관리책임자를 변경한 때에는 그 성명과 주소 또는 거소를 지체없이 납세지 관할세무서장에게 신고하여야 한다.
② 제1항의 규정에 의한 관리책임자는 당해 외국법인의 납세지 관할세무서의 관할구역안에 주소 또는 6월 이상 거소를 둔 자이어야 한다.
③ 제1항의 규정에 의한 관리책임자가 그 주소 또는 거소를 변경한 때에는 그 사항을 지체없이 납세지 관할세무서장에게 신고하여야 한다.

제154조【사업자등록】 ① 법 제111조제1항의 규정에 의하여 등록을 하고자 하는 법인은 사업장마다 당해 사업의 개시일부터 20일내에 사업자등록신청서를 납세지 관할세무서장에게 제출하여야 한다.
② 「부가가치세법 시행령」 제11조부터 제16조까지의 규정은 제1항의 등록에 관하여 이를 준용한다.
(2013.6.28 본항개정)
③ 국세청장은 사업자등록번호를 교부하지 아니하는 법인에 대하여는 고유번호를 부여하여야 한다.

제155조【복식부기에 의한 기장】 법 제112조에 규정하는 복식부기에 의한 기장은 법인의 재산과 자본의 변동을 빠짐없이 이중기록하여 계산하는 정규의 부기형식에 의하여 기장하는 것으로 한다.

제155조의2【기부금영수증 발급명세의 작성·보관의무 등】 ① 법 제75조의4제2항에서 "대통령령으로 정하는 전자적 방법"이란 국세청장이 구축한 전자기부금영수증 발급 시스템을 이용하는 방법을 말한다.
(2021.2.17 본항신설)
② 국세청장은 납세관리상 필요한 범위에서 전자기부금영수증 발급 신청, 발급 방법 등에 필요한 세부적인 사항을 정할 수 있다.(2021.2.17 본항신설)
③ 법 제112조의2제1항에서 "대통령령으로 정하는 기부자별 발급명세"란 다음 각 호의 내용이 모두 포함된 것을 말한다.(2014.2.21 본항개정)
1. 기부자의 성명, 주민등록번호 및 주소(기부자가 법인인 경우에는 상호, 사업자등록번호와 본점등의 소재지)(2014.2.21 본항개정)
2. 기부금액
3. 기부금 기부일자
4. 기부금영수증 발급일자

5. 그 밖에 기획재정부령이 정하는 사항(2008.2.29 본호개정)
(2008.2.22 본조제목개정)
(2006.2.9 본조신설)

제156조【구분경리】 ① 법 제113조제1항부터 제5항까지의 규정에 해당하는 법인은 구분하여야 할 사업 또는 재산별로 자산·부채 및 손익을 법인의 장부상 각각 독립된 계정과목에 의하여 기획재정부령으로 정하는 바에 따라 구분경리하여야 한다.(2009.2.4 본항개정)
② 법 제113조제3항 각 호 외의 부분 단서 및 같은 조 제4항 각 호 외의 부분 단서에 따른 중소기업의 판정은 실질적으로 동일한 사업을 영위하는 것으로서 기획재정부령으로 정하는 경우 외에는 합병 또는 분할합병 전의 현황에 따르고, 동일사업을 영위하는 법인(분할법인의 경우 승계된 사업분에 한정한다)의 판정은 한국표준산업분류에 따른 세분류에 따른다. 이 경우 합병법인 또는 피합병법인이나 분할법인(승계된 사업분에 한정한다) 또는 분할합병의 상대방법인이 2 이상의 세분류에 해당하는 사업을 영위하는 경우에는 사업용 자산가액 중 동일사업에 사용하는 사업용 자산가액의 비율이 각각 100분의 70을 초과하는 경우에만 동일사업을 영위하는 것으로 본다.(2019.2.12 본항개정)

제157조 (2009.2.4 삭제)

제158조【지출증명서류의 수취 및 보관】 ① 법 제116조제2항 각 호 외의 부분 본문에서 "대통령령으로 정하는 사업자"란 다음 각 호의 어느 하나에 해당하는 사업자를 말한다.(2011.6.3 본문개정)
1. 법인. 다만, 다음 각 목의 어느 하나에 해당하는 법인은 제외한다.(2019.2.12 단서개정)
   가. 비영리법인(제3조제1항의 수익사업과 관련된 부분은 제외한다)(2019.2.12 본목개정)
   나. 국가 및 지방자치단체
   다. 금융보험업을 영위하는 법인(「소득세법 시행령」 제208조의2제1항제3호의 규정에 의한 금융·보험용역을 제공하는 경우에 한한다)(2005.2.19 본목개정)
   라. 국내사업장이 없는 외국법인
2. 「부가가치세법」 제3조에 따른 사업자. 다만, 읍·면지역에 소재하는 「부가가치세법」 제61조에 따른 간이과세자로서 「여신전문금융업법」에 의한 신용카드가맹점(이하 "신용카드가맹점"이라 한다) 또는 「조세특례제한법」 제126조의3에 따른 현금영수증가맹점(이하 "현금영수증가맹점"이라 한다)이 아닌 사업자를 제외한다.(2013.6.28 본호개정)
3. 「소득세법」 제1조의2제1항제5호에 따른 사업자 및 같은 법 제119조제3호 및 제5호에 따른 소득이 있는 비거주자. 다만, 같은 법 제120조에 따른 국내사업장이 없는 비거주자를 제외한다.(2013.2.15 본호개정)
② 법 제116조제2항 각 호 외의 부분 단서에서 "대통령령으로 정하는 경우"란 다음 각 호의 어느 하나에 해당하는 경우를 말한다.(2011.6.3 본문개정)
1. 공급받은 재화 또는 용역의 건당 거래금액(부가가치세를 포함한다)이 3만원 이하인 경우(2009.2.4 본항개정)
   가.~다. (2009.2.4 삭제)
2. 농·어민(한국표준산업분류에 의한 농업중 작물재배업·축산업·복합농업, 임업 또는 어업에 종사하는 자를 말하며, 법인을 제외한다)으로부터 재화 또는 용역을 직접 공급받은 경우(2006.2.9 본호개정)
3. 「소득세법」 제127조제1항제3호에 규정된 원천징수대상 사업소득자로부터 용역을 공급받은 경우(원천징수한 것에 한한다)(2005.2.19 본호개정)
4. 제164조제8항제1호에 따른 용역을 공급받은 경우(2017.2.3 본호개정)
5. 기타 기획재정부령이 정하는 경우(2008.2.29 본호개정)

③ 법 제116조제2항제1호에서 "대통령령으로 정하는 것"이란 다음 각 호의 어느 하나에 해당하는 것(이하 이 조에서 "직불카드등"이라 한다)을 말한다.
1. 「여신전문금융업법」에 따른 직불카드
2. 외국에서 발행된 신용카드
3. 「조세특례제한법」 제126조의2제1항제4호에 따른 기명식선불카드, 직불전자지급수단, 기명식선불전자지급수단 또는 기명식전자화폐
(2019.2.12 본항개정)
④ 다음 각 호의 1에 해당하는 증빙을 보관하고 있는 경우에는 법 제116조제2항제1호에 규정된 신용카드매출전표를 수취하여 보관하고 있는 것으로 본다.
1. 「여신전문금융업법」에 의한 신용카드업자로부터 교부받은 신용카드 및 직불카드등의 월별이용대금명세서(2007.2.28 본호개정)
2. 「여신전문금융업법」에 의한 신용카드업자로부터 전송받아 전사적 자원관리 시스템에 보관하고 있는 신용카드 및 직불카드등의 거래정보(「국세기본법 시행령」 제65조의7의 규정에 의한 요건을 충족하는 경우에 한한다)(2005.2.19 본호개정)
(2002.12.30 본항신설)
⑤ 법인이 다음 각 호의 어느 하나에 해당하는 지출증명서류를 받은 경우에는 법 제116조제1항에 따라 지출증명서류를 보관한 것으로 보아 이를 별도로 보관하지 아니할 수 있다.
1. 「조세특례제한법」 제126조의3제4항에 따른 현금영수증
2. 법 제116조제2항제1호에 따른 신용카드 매출전표
3. 「부가가치세법」 제32조제3항 및 제5항에 따라 국세청장에게 전송된 전자세금계산서(2013.6.28 본호개정)
4. 「소득세법」 제163조제8항에 따라 국세청장에게 전송된 전자계산서(2020.2.11 본호개정)
(2013.2.15 본항신설)
⑥ 직전 사업연도의 수입금액이 30억원(사업연도가 1년 미만인 법인의 경우 30억원에 해당 사업연도의 월수를 곱하고 12로 나누어 산출한 금액) 이상으로서 법 제116조에 따라 지출증명서류를 수취하여 보관한 법인은 기획재정부령으로 정하는 지출증명서류 합계표를 작성하여 보관해야 한다.(2021.2.17 본항개정)
(2019.2.12 본조제목개정)
제159조【신용카드가맹점의 가입 등】① 법 제117조제1항에서 "대통령령으로 정하는 요건에 해당하는 법인"이란 「소득세법 시행령」 별표3의2에 따른 소비자상대업종을 영위하는 법인을 말한다.(2008.2.22 본항개정)
② 법 제117조제2항 단서에서 "대통령령으로 정하는 사업자"란 「유통산업발전법」 제2조에 따른 대규모 점포 등에서 「체육시설의 설치·이용에 관한 법률」 제3조에 따른 체육시설을 운영하는 사업자를 말한다.(2009.2.4 본항신설)
③ 법 제117조제2항 단서에서 "대통령령으로 정하는 방법"이란 「조세특례제한법」 제5조의2제1호의 전사적기업자원관리설비 또는 「유통산업발전법」 제2조제12호의 판매시점정보관리시스템설비를 설치·운영하는 방법을 말한다.(2014.2.21 본항개정)
④ 신용카드가맹점으로부터 신용카드에 의한 거래가 거부되거나 사실과 다르게 신용카드매출전표를 발급받은 자가 법 제117조제3항에 따라 신고하려는 때에는 다음 각 호의 사항이 포함된 신고서에 관련 사실을 증명할 수 있는 서류 또는 자료를 첨부하여 그 거래가 거부되거나 사실과 다르게 발급받은 날부터 1개월 이내에 국세청장·지방국세청장 또는 세무서장에게 제출하여야 한다. 다만, 증명서류나 자료는 가능한 경우에만 첨부한다.(2019.2.12 단서개정)

1. 신고자 성명(2009.2.4 본호개정)
2. 신용카드가맹점 명칭
3. 신용카드에 의한 거래가 거부되거나 사실과 다르게 발급받은 일시·거래내용 및 금액(2009.2.4 본호개정)
(2007.2.28 본항개정)
⑤ 납세지 관할세무서장은 법 제117조제4항 후단에 따라 해당 사업연도의 신고금액을 해당 신용카드가맹점에 통보하는 경우 그 사업연도 종료 후 2개월 이내에 통보하여야 한다.(2007.2.28 본항신설)
⑥ 국세청장은 납세관리상 필요한 범위안에서 신용카드가맹점 가입대상법인의 지정절차, 신용카드에 의한 거래거부 등에 관한 신고·통보절차 등에 필요한 세부적인 사항을 정할 수 있다.(2009.2.4 본항개정)
(2007.2.28 본조제목개정)
제159조의2【현금영수증가맹점의 가입 등】① 법 제117조의2제1항에서 "대통령령으로 정하는 요건에 해당하는 법인"이란 제159조제1항에 따른 법인을 말한다. 다만, 국가, 지방자치단체 및 현금영수증가맹점으로 가입하기 곤란한 경우로서 기획재정부령으로 정하는 법인은 제외한다.(2009.2.4 본문개정)
② 법 제117조의2제3항 본문에서 "대통령령으로 정하는 사유"란 항공운송업을 영위하는 법인이 항공기에서 재화를 판매하는 경우를 말한다.(2012.2.2 본항개정)
③ 법 제117조의2제3항 단서에서 "대통령령으로 정하는 사업자"란 제159조제2항에 따른 사업자를 말한다.(2012.2.2 본항신설)
④ 법 제117조의2제3항 단서에서 "대통령령으로 정하는 방법"이란 제159조제3항에 따른 방법을 말한다.(2012.2.2 본항신설)
⑤ 법 제117조의2제4항 본문에서 "대통령령으로 정하는 업종을 경영하는 내국법인"이란 「소득세법 시행령」 별표3의3에 따른 업종을 경영하는 내국법인을 말한다.(2011.6.3 본항신설)
⑥ 현금영수증의 발급대상금액은 건당 1원 이상의 거래금액으로 한다.(2008.2.22 본항개정)
⑦ 현금영수증가맹점으로부터 현금영수증 발급이 거부되거나 사실과 다른 현금영수증을 발급받은 자가 법 제117조의2제5항에 따라 그 거래내용을 신고하려는 때에는 다음 각 호의 사항이 포함된 신고서에 관련 사실을 증명할 수 있는 서류 또는 자료를 첨부하여 현금영수증 발급이 거부되거나 사실과 다르게 발급받은 날부터 5년 이내에 국세청장·지방국세청장 또는 세무서장에게 제출하여야 한다.
1. 신고자 성명
2. 현금영수증가맹점 상호
3. 현금영수증 발급이 거부되거나 사실과 다르게 발급받은 일자·거래내용 및 금액
(2012.2.2 본항개정)
⑧ 법 제117조의2제4항 본문 또는 같은 조 제7항에 따라 현금영수증을 발급하는 경우에는 재화 또는 용역을 공급하고 그 대금을 현금으로 받은 날부터 5일 이내에 무기명으로 발급할 수 있다.(2012.2.2 본항개정)
⑨ 납세지 관할 세무서장은 법 제117조의2제6항 후단에 따라 해당 사업연도의 신고금액을 다음 각 호의 구분에 따른 기한까지 해당 현금영수증가맹점에 통보하여야 한다.
1. 해당 사업연도 중에 신고를 받은 경우 : 그 사업연도 종료 후 2개월 이내
2. 해당 사업연도가 지난 후에 신고를 받은 경우 : 신고일 이후 2개월 이내
(2012.2.2 본항신설)
⑩ 현금영수증가맹점 가입대상법인의 가입, 탈퇴, 발급거부 등에 관한 신고·통보 절차, 소비자가 현금영수증의 발급을 원하지 아니할 경우 무기명으로 발급하는

방법 등에 관하여 필요한 세부적인 사항은 납세관리상 필요한 범위에서 국세청장이 정한다.(2010.2.18 본항개정)

제160조【주주명부 등의 작성·비치】 법 제118조에서 "대통령령으로 정하는 사항이 적힌 주주명부나 사원명부"란 「상법」 제352조의 규정에 의한 주주명부 또는 동법 제566조의 규정에 의한 사원명부로서 다음 각 호의 구분에 의한 주주 또는 사원의 인적 사항이 기재된 것을 말한다.(2011.6.3 본문개정)

1. 개인의 경우에는 성명·주소 및 주민등록번호(재외국민의 경우에는 여권번호 또는 「재외국민등록법」상의 등록번호)(2005.2.19 본호개정)
2. 법인(법인으로 보는 단체를 포함한다)의 경우에는 법인명·본점등의 소재지 및 사업자등록번호(제154조제3항에 규정하는 고유번호를 포함한다)
3. 법인이 아닌 단체의 경우에는 당해 단체를 대표하는 자의 성명·주소 및 주민등록번호. 다만, 「부가가치세법」에 의하여 고유번호를 부여받은 단체의 경우에는 그 단체명·소재지 및 고유번호(2005.2.19 단서개정)
4. 외국인 및 외국단체의 경우에는 「출입국관리법」에 의한 등록외국인기록표 또는 외국단체등록대장에 기재된 성명·단체명·체류지 및 등록번호. 다만, 외국인등록증이 발급되지 아니한 자의 경우에는 여권 또는 신분증에 기재된 성명 및 번호(2005.2.19 본문개정)

제161조【주식등변동상황명세서의 제출】 ① 법 제119조제1항에서 "대통령령으로 정하는 조합법인 등"이란 다음 각 호의 어느 하나에 해당하는 법인을 말한다.(2011.6.3 본문개정)

1. 제2조제1항 각 호의 법인(그 중앙회 및 연합회는 제외한다)(2019.2.12 본호개정)
2. 「자본시장과 금융투자업에 관한 법률」에 따른 투자회사, 투자유한회사, 투자합자회사(같은 법 제9조제19항제1호에 따른 기관전용 사모집합투자기구는 제외한다)(2022.2.15 본호개정)
3. 기업구조조정투자회사등 「자본시장과 금융투자업에 관한 법률」 제6조제5항 각 호의 어느 하나에 해당하는 경우의 법인(2009.2.4 본호개정)
4. 해당 법인의 주주등이 기획재정부령으로 정하는 공공기관 또는 기관투자자와 주권상장법인의 소액주주로 구성된 법인(2009.2.4 본호개정)
5. 「도시 및 주거환경정비법」 제38조에 따른 정비사업조합(2021.2.17 본호신설)
6. 그 밖에 기획재정부령이 정하는 법인(2008.2.29 본호개정)

② 법 제119조제2항제1호에서 "대통령령으로 정하는 법인"이란 해당 사업연도 중 주식의 명의개서 또는 변경을 취급하는 자를 통하여 1회 이상 주주명부를 작성하는 법인을 말한다.(2008.2.22 본항개정)

③ 법 제119조제2항제1호에서 "지배주주(그 특수관계인을 포함한다)"란 지배주주등을 말한다.(2012.2.2 본항개정)

④ 제1항제4호 및 법 제119조제2항제2호에서 "소액주주"란 소액주주등으로서 다음 각 호의 어느 하나에 해당하는 주주등을 말한다.

1. 유가증권시장상장법인의 경우 보유하고 있는 주식의 액면금액의 합계액이 3억원에 미달하고 그 주식의 시가(기획재정부령으로 정하는 시가를 말한다)의 합계액이 100억원 미만인 주주
2. 코스닥시장상장법인의 경우 보유하고 있는 주식의 액면금액의 합계액이 3억원에 미달하고 그 주식의 시가(기획재정부령으로 정하는 시가를 말한다)의 합계액이 100억원 미만인 주주. 다만, 코스닥시장상장

전에 주식을 취득한 경우에는 해당 주식의 액면금액의 합계액이 500만원 이하인 주주와 중소기업의 주식을 코스닥시장을 통하여 양도한 주주(2009.2.4 1호~2호개정)
3. 제1호 및 제2호 외의 법인의 경우 보유하고 있는 주식의 액면금액 또는 출자총액의 합계액이 500만원 이하인 주주등(2008.2.22 본항개정)

⑤ 제3항 및 제4항에 따른 지배주주등 또는 소액주주등과 액면금액·시가 또는 출자총액은 해당 법인의 사업연도개시일과 사업연도종료일 현재의 현황에 의한다. 이 경우 어느 한 날이라도 지배주주등에 해당하면 제3항에 따른 지배주주등으로 보고, 어느 한 날이라도 소액주주등에 해당하지 아니하면 제4항에 따른 소액주주등으로 보지 아니한다.(2008.2.22 본항신설)

⑥ 법 제119조의 규정에 의한 주식등변동상황명세서는 기획재정부령으로 정하며, 동 명세서에는 주식등의 실제소유자를 기준으로 다음 각 호의 내용을 적어야 한다.(2012.2.2 본문개정)

1. 주주등의 성명 또는 법인명, 주민등록번호·사업자등록번호 또는 고유번호
2. 주주등별 주식등의 보유현황
3. 사업연도 중의 주식등의 변동사항
4. (2005.2.19 삭제)

⑦ 제6항제3호에서 주식등의 변동은 매매·증자·감자·상속·증여 및 출자 등에 의하여 주주등·지분비율·보유주식액면총액 및 보유출자총액 등이 변동되는 경우를 말한다.(2008.2.22 본항개정)

제162조【지급명세서의 제출】 내국법인에 「소득세법」 제127조제1항제1호 또는 제2호의 소득을 지급하는 자는 이 영에 다른 규정이 있는 경우를 제외하고는 「소득세법」 제164조와 같은 법 시행령 제213조 및 같은 법 시행령 제214조의 규정을 준용하여 지급명세서를 납세지 관할세무서장에게 제출하여야 한다. 다만, 다음 각 호의 소득에 대하여는 지급명세서를 제출하지 아니할 수 있다.(2013.2.15 단서개정)

1. 제111조제1항 각 호의 금융회사 등에 지급하는 이자소득(같은 항에 따라 원천징수대상이 되는 경우는 제외)(2019.7.1 본호개정)
2. 「자본시장과 금융투자업에 관한 법률」에 따른 한국예탁결제원이 증권회사 등 예탁자에게 지급하는 법 제16조제1항에 따른 소득(2013.2.15 본호신설)

제162조의2【외국법인의 국내원천소득 등에 대한 지급명세서 제출의무 특례】 ① 법 제93조에 따른 국내원천소득을 외국법인에게 지급하는 자는 법 제120조의2제1항에 따라 납세지 관할세무서장에게 기획재정부령으로 정하는 지급명세서(이하 이 조에서 "지급명세서"라 한다)를 제출하여야 한다. 다만, 다음 각 호의 어느 하나에 해당하는 소득에 대하여는 그러하지 아니하다.(2010.12.30 본문개정)

1. 법 및 「조세특례제한법」에 따라 법인세가 과세되지 아니하거나 면제되는 국내원천소득. 다만, 다음 각 목의 어느 하나에 해당하는 국내원천소득은 제외한다.
   가. 「조세특례제한법」 제21조제1항에 따른 국내원천소득
   나. 「조세특례제한법」 제21조의2제1항에 따른 국내원천소득
   다. 「조세특례제한법」(법률 제12173호 조세특례제한법 일부개정법률로 개정되기 전의 것을 말한다) 제121조의2제3항에 따른 국내원천소득(2014.2.21 본호개정)
2. 법 제93조제1호·제2호·제4호·제8호·제9호 및 제10호(같은 호 사목의 소득을 제외한다)의 국내원천소

득으로서 국내사업장과 실질적으로 관련되거나 그 국내사업장에 귀속되는 소득(법 제73조, 제73조의2 또는 제98조의3에 따라 원천징수되는 소득은 제외한다)
3. 법 제93조제3호에 따른 국내원천 부동산소득
4. 법 제93조제5호에 따른 국내원천 사업소득 및 같은 조 제6호에 따른 국내원천 인적용역소득(법 제98조에 따라 원천징수되는 소득은 제외한다)
5. 법 제93조제10호사목에 따른 국내원천 기타소득 (2019.2.12 2호~5호개정)
6. 법 제98조의4의 규정에 의하여 비과세 또는 면제신청을 한 국내원천소득
7. 원천징수세액이 1천원 미만인 소득(법 제93조제7호에 따른 국내원천 부동산등양도소득 및 같은 조 제9호에 따른 국내원천 유가증권양도소득은 제외한다) (2019.2.12 본호개정)
8. 그 밖에 지급명세서를 제출할 실효성이 없다고 인정되는 소득으로서 기획재정부령이 정하는 소득 (2008.2.29 본항개정)
(2001.12.31 본항개정)
② (2002.12.30 삭제)
③ 제138조의3 또는 법 제98조제7항에 따라 법인세를 원천징수하는 경우에는 해당 원천징수의무자가 그 지급금액에 대한 지급명세서를 제출해야 한다. (2022.2.15 본항개정)
④ 법 제93조제1호·제2호 및 제9호의 소득에 대하여 제출하는 지급명세서는 따로 기획재정부령으로 정할 수 있다.(2010.12.30 본항개정)
⑤「소득세법 시행령」제215조 및 제216조의 규정은 외국법인의 국내원천소득 등에 대한 지급명세서의 제출에 관하여 이를 준용한다.(2008.2.22 본항개정) (2008.2.22 본조제목개정)
제163조【지급명세서 등의 제출특례】① (2001.12.31 삭제)
② 천재지변 등이 발생한 경우 법 제119조 및 제120조에 따른 주식등변동상황명세서 및 지급명세서의 제출은 다음 각 호에 따라 그 의무를 면제하거나 그 기한을 연장할 수 있다.
1. 천재지변 등으로 장부나 그 밖의 증명서류가 멸실된 때에는 그 사유가 발생한 월의 전월 이후분은 해당 사업이 원상회복한 월이 속하는 전월분까지 그 보고서의 제출의무를 면제
2. 권한 있는 기관에 장부나 그 밖의 증명서류가 압수 또는 영치된 경우 그 사유가 발생한 당월분과 직전 월분에 대하여는 보고서의 제출이 가능한 상태로 된 날이 속하는 월의 다음달 말일까지 제출기한을 연장 (2019.2.12 본항개정)
③ 제2항의 규정에 의한 면제 또는 연장을 받고자 하는 법인은 법 제121조에 규정하는 보고서 제출기한내에 납세지 관할세무서장에게 그 승인을 신청하여야 한다. (2008.2.22 본조제목개정)
제163조의2【매입처별세금계산서합계표의 제출】① 법 제120조의3제1항 본문에서 "대통령령으로 정하는 기한"이란 매년 2월 10일을 말한다.(2012.2.2 본항개정)
② 법 제120조의3에 따른 매입처별세금계산서합계표의 제출에 관하여는「부가가치세법 시행령」제97조 및 제98조를 준용한다.(2013.6.28 본항개정)
제163조의3【신고 수리 가상자산사업자의 자료 제출】「특정 금융거래정보의 보고 및 이용 등에 관한 법률」제7조에 따라 신고가 수리된 가상자산사업자는 법 제120조의4에 따라 기획재정부령으로 정하는 가상자산거래명세서 및 가상자산거래집계표를 납세지 관할 세무서장에게 제출해야 한다.(2023.2.28 본조신설)

제164조【계산서의 작성·교부 등】①「소득세법 시행령」제211조 내지 제212조의2의 규정은 법 제121조의 규정에 의한 계산서 등의 작성·교부에 관하여 이를 준용한다.(2005.2.19 본항개정)
② 법 제121조제1항 후단에서 "대통령령으로 정하는 전자적 방법"이란「부가가치세법 시행령」제68조제5항에 따른 방법으로 발급하는 것을 말하며, 법 제121조제2항 단서에서 "대통령령으로 정하는 바에 따라 계산서 등을 발급하는 경우"란 위탁자 또는 본인의 명의로「소득세법 시행령」제212조제2항의 규정에 의하여 계산서 등을 교부하는 경우를 말한다.(2018.2.13 본항개정)
③ 법 제121조제4항에서 "대통령령으로 정하는 경우"란 토지 및 건축물과 그 각각의 분양권을 공급하는 경우를 말한다.(2023.2.28 본항개정)
④ 법 제121조제5항 본문에서 "대통령령으로 정하는 기한"이란 매년 2월 10일을 말한다.(2012.2.2 본항개정)
⑤ 법 제121조제7항에서 "대통령령으로 정하는 기한"이란 전자계산서 발급일의 다음 날을 말하고, "대통령령으로 정하는 전자계산서 발급명세"란「소득세법 시행령」제211조제1항 각 호의 사항을 적은 것을 말한다. (2015.2.3 본항신설)
⑥ 법인은 기획재정부령이 정하는 매출·매입처별계산서합계표를 제4항에 규정한 기한(외국법인의 경우에는 매년 2월 19일)까지 납세지 관할세무서장에게 제출하여야 한다.(2008.2.29 본항개정)
⑦「소득세법 시행령」제212조의 규정은 이 영에 다른 규정이 있는 경우를 제외하고는 제5항의 규정에 의한 매출·매입처별계산서합계표의 제출에 관하여 이를 준용한다.(2005.2.19 본항개정)
⑧「조세특례제한법」제106조제1항제6호에 따른 재화 또는 용역 중 다음 각 호의 어느 하나에 해당하는 것을 공급하는 경우에는「소득세법 시행령」제211조제2항을 준용한다.(2021.1.5 본문개정)
1.「항만공사법」에 의한 항만공사가 공급하는 동법 시행령 제13조제1항제1호나목의 규정에 의한 화물료 징수용역
2. 그 밖에 거래금액 및 거래건수 등을 고려하여 기획재정부령으로 정하는 재화 또는 용역(2021.1.5 본호개정) (2005.2.19 본항신설)
⑨「여신전문금융업법」제3조제2항에 따라 자산을 시설대여하는 자(이하 이 항에서 "리스회사"라 한다)가 리스이용자와 리스계약을 체결한 경우로서 리스회사가 리스이용자와 특수관계가 없는 제3자로부터 잔존가치의 보증을 받은 때에는 계산서의 공급가액을 리스회사와 리스이용자의 리스계약에 따라 작성한다. (2021.2.17 본항신설)
제164조의2【매입자발행계산서의 발급 대상 및 방법 등】법 제121조의2제1항에 따른 매입자발행계산서의 발급 대상 및 방법 등에 관하여는「소득세법 시행령」제212조의4를 준용한다. 이 경우 "신청인"은 "신청법인"으로, "과세기간"은 "사업연도"로 본다.(2023.2.28 본조신설)
제164조의3 ~ 제164조의4 (2019.2.12 삭제)
제164조의5 (2021.2.17 삭제)
제164조의6【등록전산정보자료의 요청】법 제122조의2 전단에서 "대통령령으로 정하는 지배주주등"이란 제43조제7항에 따른 지배주주등을 말한다.(2019.2.12 본조신설)
제165조【질문·조사】① 법인세에 관한 사무에 종사하는 공무원이 법 제122조의 규정에 의하여 법인세에 관한 조사를 위하여 장부·서류 기타의 물건을 조사할 때에는 기획재정부령이 정하는 조사원증을 제시하여야 한다.(2008.2.29 본항개정)

② 법인세에 관한 사무에 종사하는 공무원은 법 제122조의 규정에 의하여 그 직무수행상 필요한 경우에는 부가가치세 면세거래분에 대한 수입금액의 조사결정에 필요한 자료의 제출을 요구할 수 있다.

제7장 벌 칙
(2019.2.12 본장신설)

제166조 (2021.2.17 삭제)
제167조【과태료의 부과기준】 ① 법 제124조에 따른 과태료의 부과기준은 별표2와 같다.
② 납세지 관할 세무서장은 위반 정도, 위반 횟수, 위반행위의 동기 및 그 결과 등을 고려해 별표2에 따른 과태료 금액의 2분의 1의 범위에서 그 금액을 줄이거나 늘릴 수 있다. 다만, 과태료 금액을 늘리는 경우에는 법 제124조에 따른 과태료 금액의 상한을 넘을 수 없다. (2021.2.17 본조개정)

부 칙

제1조【시행일】 이 영은 1999년 1월 1일부터 시행한다. 다만, 제5조, 제9조, 제12조 내지 제15조, 제72조, 제82조 내지 제85조, 제88조, 제96조, 제97조, 제116조, 제120조, 제123조, 제124조의 개정규정(분할에 관한 부분에 한한다) 및 제36조제2항, 제56조제1항 및 제62조제1항제5호·제14호의 개정규정과 부칙 제13조제1항의 규정은 공포한 날부터, 제54조 및 제120조제2항 내지 제4항의 개정규정은 2000년 1월 1일부터 시행한다.
제2조~제13조 (생략)
제14조【계산서 미교부에 관한 가산세의 특례】 법 제76조제9항에 따른 가산세를 적용할 때「농수산물 유통 및 가격안정에 관한 법률」제2조에 따른 중도매인(이하 "중도매인"이라 한다)에 대해서는 2001년 12월 31일 이전에 종료하는 사업연도까지는 제120조제2항에 따른 법인으로 보고, 중도매인이 2002년 1월 1일부터 2002년 12월 31일까지의 기간 중에 종료하는 사업연도부터 2023년 1월 1일부터 2023년 12월 31일까지의 기간 중에 종료하는 사업연도까지는 각 사업연도별로 계산서를 발급하고 관할세무서장에게 매출처별 계산서 합계표를 제출한 금액이 다음 각 호의 어느 하나에 해당하는 비율(이하 이 조에서 "계산서 발급비율"이라 한다) 이상인 경우 해당 사업연도에는 제120조제2항에 따른 법인으로 보되, 이 경우 중도매인이 각 사업연도별로 계산서 발급비율이 다음 각 호의 어느 하나에 해당하는 비율에 미달하는 경우에는 각 사업연도별로 총매출액에 다음 각 호의 어느 하나에 해당하는 비율을 적용하여 계산한 금액과 매출처별 계산서 합계표를 제출한 금액과의 차액을 공급가액으로 보아 가산세를 부과한다.
1.「농수산물 유통 및 가격안정에 관한 법률」에 따른 서울특별시 소재 중앙도매시장의 중도매인

사업연도	비율
2002년 1월 1일부터 2002년 12월 31일까지의 기간 중에 종료하는 사업연도	100분의 10
2003년 1월 1일부터 2003년 12월 31일까지의 기간 중에 종료하는 사업연도	100분의 20
2004년 1월 1일부터 2004년 12월 31일까지의 기간 중에 종료하는 사업연도	100분의 40
2005년 1월 1일부터 2005년 12월 31일까지의 기간 중에 종료하는 사업연도	100분의 40
2006년 1월 1일부터 2006년 12월 31일까지의 기간 중에 종료하는 사업연도	100분의 40
2007년 1월 1일부터 2007년 12월 31일까지의 기간 중에 종료하는 사업연도	100분의 45
2008년 1월 1일부터 2008년 12월 31일까지의 기간 중에 종료하는 사업연도	100분의 50
2009년 1월 1일부터 2009년 12월 31일까지의 기간 중에 종료하는 사업연도	100분의 55
2010년 1월 1일부터 2010년 12월 31일까지의 기간 중에 종료하는 사업연도	100분의 60
2011년 1월 1일부터 2011년 12월 31일까지의 기간 중에 종료하는 사업연도	100분의 65
2012년 1월 1일부터 2012년 12월 31일까지의 기간 중에 종료하는 사업연도	100분의 70
2013년 1월 1일부터 2016년 12월 31일까지의 기간 중에 종료하는 사업연도	100분의 75
2017년 1월 1일부터 2018년 12월 31일까지의 기간 중에 종료하는 사업연도	100분의 80
2019년 1월 1일부터 2019년 12월 31일까지의 기간 중에 종료하는 사업연도	100분의 85
2020년 1월 1일부터 2021년 12월 31일까지의 기간 중에 종료하는 사업연도	100분의 90
2022년 1월 1일부터 2023년 12월 31일까지의 기간 중에 종료하는 사업연도	100분의 95

2. 제1호 외의 중도매인

사업연도	비율
2002년 1월 1일부터 2002년 12월 31일까지의 기간 중에 종료하는 사업연도	100분의 10
2003년 1월 1일부터 2003년 12월 31일까지의 기간 중에 종료하는 사업연도	100분의 20
2004년 1월 1일부터 2004년 12월 31일까지의 기간 중에 종료하는 사업연도	100분의 40
2005년 1월 1일부터 2005년 12월 31일까지의 기간 중에 종료하는 사업연도	100분의 20
2006년 1월 1일부터 2006년 12월 31일까지의 기간 중에 종료하는 사업연도	100분의 20
2007년 1월 1일부터 2007년 12월 31일까지의 기간 중에 종료하는 사업연도	100분의 25
2008년 1월 1일부터 2008년 12월 31일까지의 기간 중에 종료하는 사업연도	100분의 30
2009년 1월 1일부터 2009년 12월 31일까지의 기간 중에 종료하는 사업연도	100분의 35
2010년 1월 1일부터 2010년 12월 31일까지의 기간 중에 종료하는 사업연도	100분의 40
2011년 1월 1일부터 2011년 12월 31일까지의 기간 중에 종료하는 사업연도	100분의 45
2012년 1월 1일부터 2012년 12월 31일까지의 기간 중에 종료하는 사업연도	100분의 50
2013년 1월 1일부터 2016년 12월 31일까지의 기간 중에 종료하는 사업연도	100분의 55
2017년 1월 1일부터 2018년 12월 31일까지의 기간 중에 종료하는 사업연도	100분의 60
2019년 1월 1일부터 2019년 12월 31일까지의 기간 중에 종료하는 사업연도	100분의 65
2020년 1월 1일부터 2021년 12월 31일까지의 기간 중에 종료하는 사업연도	100분의 70
2022년 1월 1일부터 2023년 12월 31일까지의 기간 중에 종료하는 사업연도	100분의 75

(2020.2.11 본조개정)
제15조~제19조 (생략)

부　칙 (2005.2.19)

제1조【시행일】 이 영은 공포한 날부터 시행한다. 다만, 제111조 내지 제114조·제114조의2·제136조의2 및 제138조의3의 개정규정은 2005년 7월 1일부터 시행한다.

제2조~제13조 〈생략〉

제14조【계산서미교부에 대한 가산세의 특례】 법 제76조제9항에 따른 가산세를 적용할 때 「농수산물유통 및 가격안정에 관한 법률」 제2조에 따른 시장도매인에 대하여 2004년 1월 1일부터 2004년 12월 31일까지의 기간 중에 종료하는 사업연도부터 2023년 1월 1일부터 2023년 12월 31일까지의 기간 중에 종료하는 사업연도까지는 각 사업연도별로 계산서를 발급하고 관할세무서장에게 매출처별계산서합계표를 제출한 금액이 총매출액에서 차지하는 비율(이하 이 조에서 "계산서 발급 비율"이라 한다)이 다음의 비율 이상인 경우 해당 사업연도에는 제120조제2항에 따른 법인으로 보되, 이 경우 시장도매인이 각 사업연도별로 계산서 발급비율이 다음 비율에 미달하는 경우에는 각 사업연도별로 총매출액에서 다음 비율을 적용하여 계산한 금액과 매출처별계산서합계표를 제출한 금액과의 차액을 공급가액으로 보아 가산세를 부과한다.

사업연도	비율
2004년 1월 1일부터 2005년 12월 31일까지의 기간 중에 종료하는 사업연도	100분의 40
2006년 1월 1일부터 2006년 12월 31일까지의 기간 중에 종료하는 사업연도	100분의 40
2007년 1월 1일부터 2007년 12월 31일까지의 기간 중에 종료하는 사업연도	100분의 45
2008년 1월 1일부터 2008년 12월 31일까지의 기간 중에 종료하는 사업연도	100분의 50
2009년 1월 1일부터 2009년 12월 31일까지의 기간 중에 종료하는 사업연도	100분의 55
2010년 1월 1일부터 2010년 12월 31일까지의 기간 중에 종료하는 사업연도	100분의 60
2011년 1월 1일부터 2011년 12월 31일까지의 기간 중에 종료하는 사업연도	100분의 65
2012년 1월 1일부터 2012년 12월 31일까지의 기간 중에 종료하는 사업연도	100분의 70
2013년 1월 1일부터 2016년 12월 31일까지의 기간 중에 종료하는 사업연도	100분의 75
2017년 1월 1일부터 2018년 12월 31일까지의 기간 중에 종료하는 사업연도	100분의 80
2019년 1월 1일부터 2019년 12월 31일까지의 기간 중에 종료하는 사업연도	100분의 85
2020년 1월 1일부터 2021년 12월 31일까지의 기간 중에 종료하는 사업연도	100분의 90
2022년 1월 1일부터 2023년 12월 31일까지의 기간 중에 종료하는 사업연도	100분의 95

(2020.2.11 본조개정)

제15조~제16조 〈생략〉

부　칙 (2017.2.3)

제1조【시행일】 이 영은 공포한 날부터 시행한다. 다만, 제19조제13호의2의 개정규정은 2017년 2월 4일부터 시행한다.

제2조【일반적 적용례】 이 영은 2017년 1월 1일 이후 개시하는 사업연도분부터 적용한다.

제3조【수익사업의 범위에 관한 적용례】 제2조제2항의 개정규정은 이 영 시행 이후 과세표준을 신고하는 분부터 적용한다.

제4조【결손금공제에 관한 적용례】 제10조제1항제5호의 개정규정은 이 영 시행 이후 과세표준을 신고하는 분부터 적용한다.

제5조【재산가액의 평가 등에 관한 적용례】 제14조제1항제1호의2가목의 개정규정은 이 영 시행 이후 합병하는 분부터 적용한다.

제6조【주식발행액면초과액 등에 관한 적용례】 제15조제4항제4호의 개정규정은 이 영 시행 이후 과세표준을 신고하는 분부터 적용한다.

제7조【손비의 범위에 관한 적용례】 제19조제13호의2의 개정규정은 2017년 2월 4일 이후 기증하는 분부터 적용한다.

제8조【대손금의 손금불산입에 관한 적용례】 제19조의2제6항제5호의 개정규정은 이 영 시행 이후 대손금으로 손금에 산입하는 분부터 적용한다.

제9조【업무용승용차의 업무용 사용금액 계산에 관한 적용례】 제50조의2 제8항 및 제9항의 개정규정은 이 영 시행 이후 과세표준을 신고하는 분부터 적용한다.

제10조【고유목적사업준비금의 손금산입에 관한 적용례】 제56조제6항제3호의 개정규정은 이 영 시행 이후 고유목적사업준비금으로 지출하는 분부터 적용한다.

제11조【보증보험의 비상위험준비금 손금산입 한도 상향조정에 관한 적용례】 제57조제8항의 개정규정은 이 영 시행 이후 과세표준을 신고하는 분부터 적용한다.

제12조【대손충당금 손금산입에 관한 적용례】 제61조제2항제7호의 개정규정은 이 영 시행 이후 과세표준을 신고하는 분부터 적용한다.

제13조【구상채권상각충당금의 손금산입에 관한 적용례】 제63조제1항제4호의2의 개정규정은 이 영 시행 이후 과세표준을 신고하는 분부터 적용한다.

제14조【적격합병의 요건에 관한 적용례】 제80조의2제1항제1호라목의 개정규정은 이 영 시행 이후 과세표준을 신고하는 분부터 적용한다.

제15조【물적분할 또는 현물출자로 인한 자산양도차익상당액의 손금산입 등에 관한 적용례】 제84조 및 제84조의2의 개정규정은 이 영 시행 이후 제84조제5항 및 제84조의2제5항의 개정규정에 따른 적격구조조정을 하는 분부터 적용한다.

제16조【기업의 미환류소득에 대한 법인세에 관한 적용례】 ① 제93조제4항제2호바목, 사목, 자목 및 차목의 개정규정은 이 영 시행 이후 과세표준을 신고하는 분부터 적용한다.

② 제93조제6항 본문, 같은 항 제3호 및 같은 조 제19항의 개정규정은 이 영 시행일이 속하는 사업연도 분부터 적용한다.

③ 제93조제15항제2호의 개정규정은 이 영 시행일이 속하는 사업연도 개시 전에 법 제56조제2항제2호의 방법을 선택하여 신고한 경우에도 적용한다.

제17조【외국납부세액공제세액계산서 제출에 관한 적용례】 제94조제4항의 개정규정은 2017년 1월 1일 이후 제출하는 분부터 적용하되, 2016년 12월 31일 이전에 외국정부로부터 결정통지를 받은 경우로서 2016년 12월 31일 현재 그 결정통지를 받은 날부터 2개월이 경과하지 아니한 경우에 대해서도 적용한다.

제18조【청산소득이 비과세되는 조직변경의 사유 추가에 관한 적용례】 제120조의26제5호의 개정규정은 이 영 시행 이후 조직을 변경하는 분부터 적용한다.

제19조【구분경리에 관한 적용례】 제156조제2항의 개정규정은 이 영 시행 전에 합병 또는 분할한 경우에도 적용한다.

부 칙 (2018.2.13)

제1조【시행일】 이 영은 공포한 날부터 시행한다. 다만, 다음 각 호의 개정규정은 각 호의 구분에 따른 날부터 시행한다.
1. 제92조의2제2항제1호의12 및 제1호의13의 개정규정 : 2018년 4월 1일
2. 제23조제1항제1호아목의 개정규정 : 2018년 4월 19일
3. 제23조제1항제1호다목의 개정규정 : 2018년 5월 1일
4. 제36조제5항제6호부터 제8호까지, 같은 조 제6항, 같은 조 제8항제1호 및 제36조의2제11항제1호의 개정규정 : 2019년 1월 1일

제2조【일반적 적용례】 이 영은 2018년 1월 1일 이후 개시하는 사업연도분부터 적용한다.

제3조【수익사업의 범위에 관한 적용례】 ① 제2조제1항제4호바목의 개정규정은 이 영 시행 이후 과세표준을 신고하는 분부터 적용한다.
② 제2조제2항의 개정규정은 이 영 시행 이후 고정자산을 고유목적사업에 전입하는 분부터 적용한다.

제4조【재산가액의 평가 등에 관한 적용례】 제14조제1항제1호의2가목의 개정규정은 이 영 시행 이후 합병하는 분부터 적용한다.

제5조【대손금의 손금불산입에 관한 적용례】 제19조의2제6항제5호의 개정규정은 이 영 시행 이후 대손금으로 손금에 산입하는 분부터 적용한다.

제6조【감가상각의 의제에 관한 적용례】 제30조제2항의 개정규정은 이 영 시행일이 속하는 사업연도에 대하여 결정 또는 경정하는 분부터 적용한다.

제7조【지정기부금의 범위 등에 관한 적용례 등】 ① 제36조제1항제1호바목, 같은 항 제2호다목 및 같은 항 제6호의 개정규정은 이 영 시행 이후 지정기부금단체 등을 지정 또는 재지정하는 경우부터 적용한다.
② 이 영 시행 전에 지출한 종전의 제36조제1항제3호에 따른 회비분에 대해서는 제36조제1항제3호의 개정규정에도 불구하고 종전의 규정에 따른다.
③ 제36조제5항제6호부터 제8호까지, 같은 조 제6항 및 같은 조 제8항제1호의 개정규정은 2019년 1월 1일 이후 개시하는 사업연도 분부터 적용한다.

제8조【법정기부금단체의 요건 등에 관한 적용례】 ① 제36조의2제4항제3호 및 같은 조 제8항제1호의 개정규정은 이 영 시행 이후 지정하는 분부터 적용한다.
② 제36조의2제11항제1호의 개정규정은 2019년 1월 1일 이후 개시하는 사업연도 분부터 적용한다.

제9조【업무용승용차의 손금인정 한도액 계산 등에 관한 적용례】 제50조의2제4항, 같은 조 제7항제1호, 같은 조 제9항 및 제10항의 개정규정은 이 영 시행 이후 과세표준을 신고하는 분부터 적용한다.

제10조【고유목적사업준비금의 손금산입에 관한 적용례】 ① 제56조제1항제4호의 개정규정은 이 영 시행 이후 과세표준을 신고하는 분부터 적용한다.
② 제56조제6항의 개정규정은 이 영 시행 이후 고정자산을 취득하는 분부터 적용한다.

제11조【적격합병의 요건 등에 관한 적용례】 제80조의2제1항제2호다목의 개정규정은 이 영 시행 이후 기업개선계획의 이행을 위한 약정 등에 따라 자산을 처분하는 분부터 적용한다.

제12조【감정기관의 범위 확대에 관한 적용례】 제89조제2항제1호의 개정규정은 이 영 시행 이후 감정하는 분부터 적용한다.

제13조【토지등양도소득의 과세특례에 관한 적용례】 제92조의2제2항제1호 단서, 같은 항 제1호의2 단서, 같은 항 제1호의12 및 제1호의13의 개정규정은 2018년 4월 1일 이후 양도하는 분부터 적용한다.

제14조【성실신고 확인대상이 되는 내국법인의 요건에 관한 적용례】 제97조의4제3항의 개정규정은 이 영 시행 이후 법인으로 전환하는 분부터 적용한다.

제15조【계산서 미교부에 대한 가산세의 특례에 관한 적용례】 대통령령 제15970호 법인세법시행령개정령 부칙(대통령령 제17457호 법인세법시행령중개정령, 대통령령 제19328호 법인세법 시행령 일부개정령, 대통령령 제22577호 법인세법 시행령 일부개정령 및 대통령령 제24357호 법인세법 시행령 일부개정령에 따라 개정된 내용을 포함한다) 제14조의 개정규정은 2017년 1월 1일 이후 개시하는 사업연도분부터 적용한다.

제16조【지정기부금의 범위 등에 관한 경과조치】 ① 이 영 시행 전에 종전의 제36조제1항제1호다목 및 라목에 따라 정부로부터 허가 또는 인가를 받은 학술연구단체, 장학단체, 기술진흥단체와 문화·예술단체(「문화예술진흥법」에 따라 지정을 받은 문화·예술법인 및 전문예술단체를 포함한다) 및 환경보호운동단체에 지출하는 기부금에 대해서는 제36조제1항의 개정규정에도 불구하고 2020년 12월 31일까지는 지정기부금으로 본다.
② 이 영 시행 전에 종전의 제36조제1항제1호아목에 따른 지정기부금단체에 지출하는 기부금에 대해서는 제36조제1항의 개정규정에도 불구하고 2020년 12월 31일까지는 지정기부금으로 본다.

부 칙 (2019.2.12)

제1조【시행일】 이 영은 공포한 날부터 시행한다. 다만, 제2조제2항제3호, 제138조의4, 제138조의7, 제138조의8제1항제3호, 제164조의3(법 제121조의3제2항 관련 부분만 해당한다), 제164조의4제1항·제2항(법 제121조의3제2항 관련 부분만 해당한다), 제166조제1항·제2항(법 제123조제2항 관련 부분만 해당한다), 제167조제1항·제2항(법 제123조제2항 관련 부분만 해당한다) 및 별표2의 개정규정은 2020년 1월 1일부터 시행한다.

제2조【일반적 적용례】 이 영은 2019년 1월 1일 이후 개시하는 사업연도분부터 적용한다.

제3조【수익사업의 범위에 관한 적용례】 제3조제1항제3호라목의 개정규정은 이 영 시행 이후 과세표준을 신고하는 분부터 적용한다.

제4조【자본전입 시 과세되지 아니하는 잉여금의 범위 등에 관한 적용례】 ① 제12조제1항 및 제2항의 개정규정은 합병·분할에 따라 승계한 잉여금을 이 영 시행 이후 자본으로 전입하는 분부터 적용한다.
② 합병·분할에 따라 승계한 잉여금 중 이 영 시행 전에 자본으로 전입하고 이 영 시행 당시 남은 잉여금에 대해서는 제12조제1항·제2항의 개정규정 및 이 조제1항에도 불구하고 종전의 규정에 따른다.

제5조【수입배당금 익금불산입에 관한 적용례】 제17조의2제3항 및 제17조의3제5항의 개정규정은 이 영 시행 이후 배당받는 분부터 적용한다.

제6조【손비의 범위에 관한 적용례】 ① 제19조제17호의 개정규정은 이 영 시행 이후 미술품을 취득하는 분부터 적용한다.
② 제19조제20호의 개정규정은 이 영 시행 이후 기여금을 납입하는 분부터 적용한다.

제7조【대손금의 손금불산입에 관한 적용례】 제19조의2제10호의 개정규정은 이 영 시행 이후 재판상 화해 등이 확정되는 분부터 적용한다.

제8조【중고자산 등의 상각범위액에 관한 적용례 등】 ① 제29조의2의 개정규정은 이 영 시행 이후 물적분할 또는 현물출자하는 분부터 적용한다.
② 이 영 시행 전에 물적분할 또는 현물출자하여 이 영 시행 당시 종전의 제24조부터 제26조까지, 제26조의2,

제26조의3 및 제27조부터 제29조까지의 규정에 따라 감가상각하는 분에 대해서는 제29조의2의 개정규정에도 불구하고 종전의 규정에 따른다.

제9조【접대비의 신용카드등의 사용에 관한 적용례】 제41조제3항제3호의 개정규정은 이 영 시행 이후 접대비를 지출하는 분부터 적용한다.

제10조【적격합병의 요건 등에 관한 적용례】 제80조의2제1항제1호 및 같은 조 제8항의 개정규정은 이 영 시행 이후 주식등을 처분하는 분부터 적용한다.

제11조【감정평가사의 감정 가액 요건에 관한 적용례】 제89조제2항제1호의 개정규정은 이 영 시행 이후 감정평가하는 분부터 적용한다.

제12조【지출증명서류에 관한 적용례】 제158조제3항의 개정규정은 이 영 시행 이후 재화나 용역을 공급받는 분부터 적용한다.

제13조【과태료 부과기준에 관한 특례】 별표2에도 불구하고 2019년 12월 31일까지는 별표2의2에 따른다.

제14조【외국법인의 판정기준에 관한 경과조치】 부칙 제1조 단서에 따른 시행일 전에 법 제109조에 따른 외국법인의 국내사업장 설치신고 및 법 제111조에 따른 사업자등록을 한 외국단체가 부칙 제1조 단서에 따른 시행일 이후 제2조제2항제3호의 개정규정에 따라 외국법인에 해당하지 않는 경우에는 「소득세법」 제168조에 따른 사업자등록을 다시 해야 한다.

제15조【대손금의 손금불산입에 관한 경과조치】 이 영 시행 전에 외국환거래에 관한 법령에 따라 한국수출입은행, 한국무역보험공사 또는 외국환은행의 장으로부터 채권회수의무를 면제받은 채권에 대해서는 제19조의2제1항제7호의 개정규정에도 불구하고 종전의 규정에 따른다.

제16조【중소기업 설비투자자산 가속상각에 관한 경과조치】 중소기업이 2014년 10월 1일부터 2016년 6월 30일까지 취득한 설비투자자산에 대해서는 제28조제6항 및 제7항의 개정규정에도 불구하고 종전의 규정에 따른다.

제17조【비영리내국법인의 고유목적사업준비금 잔액의 익금산입 시 이자상당액 이자율 등 인하에 관한 경과조치】 이 영 시행 전에 납부기한이 지났거나 환급받은 경우로서 이 영 시행 이후 납부 또는 부과하는 경우 그 납부기한 또는 환급받은 날의 다음 날부터 이 영 시행일 전일까지의 기간에 대한 이자율은 제56조제7항제2호, 제110조제4항제2호 및 제136조제4항의 개정규정에도 불구하고 종전의 규정에 따른다.

제18조【다른 법령의 개정】 ①~⑤ ※(해당 법령에 가제정리 하였음)

부 칙 (2019.7.1)

제1조【시행일】 이 영은 공포한 날부터 시행한다.

제2조【손금산입이 가능한 대손금에 관한 적용례】 제19조의2제1항제5호의2 및 같은 조 제3항제1호의 개정규정은 이 영 시행 이후 면책으로 확정되는 채권부터 적용한다.

제3조【내국법인의 이자소득 등에 대한 원천징수 등에 관한 적용례】 제111조제1항의 개정규정은 2019년 1월 1일 이후 개시하는 사업연도 분부터 적용한다.

제4조【지급명세서의 제출에 관한 적용례】 제162조제1호의 개정규정은 2019년 1월 1일 이후 개시하는 사업연도 분부터 적용한다.

제5조【내국법인의 이자소득 등에 대한 원천징수 등에 관한 특례】 제111조제1항의 개정규정 중 "「주식·사채 등의 전자등록에 관한 법률」 제59조에 따른 단기사채등 중 같은 법 제2조제1호나목에 해당하는 것으로서 만기 1개월 이내의 것"은 법률 제14096호 주식·사채 등의 전자등록에 관한 법률의 시행일 전까지는 "「전

자단기사채등의 발행 및 유통에 관한 법률」에 따라 발행되는 만기 1개월 이내의 전자단기사채"로 본다.

부 칙 (2020.2.11)

제1조【시행일】 이 영은 공포한 날부터 시행한다. 다만, 제39조제1항, 제5항제5호의2, 제6항, 제7항, 제9항부터 제14항까지 및 제94조제2항 각 호 외의 부분 후단(연구개발비용과 관련된 개정사항에 한정한다)의 개정규정은 2021년 1월 1일부터 시행한다.

제2조【일반적 적용례】 이 영은 2020년 1월 1일 이후 개시하는 사업연도분부터 적용한다.

제3조【지정기부금의 범위 등에 관한 적용례】 ① 제39조제1항의 개정규정은 2021년 1월 1일 이후 지정기부금단체등을 지정하는 경우부터 적용한다.
② 제39조제5항제5호의2, 제6항, 제7항, 제9항부터 제12항까지의 개정규정은 2021년 1월 1일 이후 개시하는 사업연도분부터 적용한다.
③ 제39조제13항의 개정규정은 2021년 1월 1일 이후 지정기부금단체등으로 지정하거나 취소하는 경우 또는 지정기부금단체등이 제39조제8항 각 호의 어느 하나에 해당하는 사실을 적발하는 경우부터 적용한다.

제4조【업무용승용차 관련비용 등의 손금불산입 특례에 관한 적용례】 ① 제50조의2제11항제1호 및 같은 항 제2호 본문의 개정규정은 이 영 시행 이후 과세표준을 신고하는 분부터 적용한다.
② 제50조의2제11항제2호 단서 및 같은 조 제13항의 개정규정은 업무용승용차를 처분하거나 임차계약을 종료한 날부터 이 영 시행 이후 10년이 경과하게 되는 분부터 적용한다.

제5조【고유목적사업준비금의 손금산입에 관한 적용례】 제56조제2항제1호의 개정규정은 이 영 시행 이후 과세표준을 신고하는 분부터 적용한다.

제6조【국고보조금 등의 손금산입에 관한 적용례】 제64조제6항의 개정규정은 2020년 1월 1일 이후 사업용자산을 취득하거나 개량하는 분부터 적용한다.

제7조【부당행위계산의 유형 등에 관한 적용례】 제88조제1항제6호나목의 개정규정은 이 영 시행 이후 과세표준을 신고하는 분부터 적용한다.

제8조【외국납부세액의 공제에 관한 적용례】 제94조제2항 각 호 외의 부분 후단(연구개발비용과 관련된 개정사항에 한정한다)의 개정규정은 2021년 1월 1일 이후 개시하는 사업연도분부터 적용한다.

제9조【성실신고확인서 등의 제출에 관한 적용례】 제97조의4제2항의 개정규정은 이 영 시행 이후 과세표준을 신고하는 분부터 적용한다.

제10조【연결법인의 기부금의 손금불산입에 관한 적용례】 제120조의20제2항의 개정규정은 이 영 시행 이후 과세표준을 신고하는 분부터 적용한다.

제11조【외국법인의 국내원천 인적용역소득에 관한 적용례】 제132조제7항의 개정규정은 이 영 시행 이후 지급하는 소득분부터 적용한다.

제12조【즉시상각의 의제에 관한 경과조치】 2020년 1월 1일 전에 개시한 사업연도분에 대해서는 제31조제6항제2호의 개정규정에도 불구하고 종전의 규정에 따른다.

제13조【지정기부금 등의 범위 등에 관한 경과조치】
① 2021년 1월 1일 전에 지정된 지정기부금단체등의 경우에는 제39조제1항제1호 각 목 외의 부분의 개정규정에도 불구하고 종전의 규정에 따른다. 이 경우 지정기부금단체등은 종전의 규정에 따라 지정받은 기간이 끝날 때까지는 제39조제1항바목3)의 개정규정에 따른 지정요건을 갖춘 것으로 본다.
② 2021년 1월 1일 전에 종전의 제39조제13항에 따라 재지정 받지 못한 지정기부금단체등의 경우에는 제39

조제1항제1호바목5)의 개정규정에도 불구하고 종전의 규정에 따른다.

제14조【외국법인의 법인세 신고기한 연장에 따른 가산이자율에 관한 경과조치】 이 영 시행 전에 신고기한의 연장승인을 받은 경우에는 제136조제4항의 개정규정에도 불구하고 종전의 규정에 따른다.

　　부　칙 (2020.3.31)

제1조【시행일】 이 영은 2020년 4월 1일부터 시행한다.(이하 생략)

　　부　칙 (2020.7.28)

제1조【시행일】 이 영은 2020년 7월 30일부터 시행한다.(이하 생략)

　　부　칙 (2020.8.4)

제1조【시행일】 이 영은 2020년 8월 5일부터 시행한다.(이하 생략)

　　부　칙 (2020.8.7)

제1조【시행일】 이 영은 공포한 날부터 시행한다.
제2조【토지등양도소득에 대한 과세특례에 관한 적용례】 제92조의2제2항제1호의12의 개정규정은 이 영 시행 이후 양도하는 분부터 적용한다.

　　부　칙 (2020.8.11)

제1조【시행일】 이 영은 2020년 8월 12일부터 시행한다.(이하 생략)

　　부　칙 (2020.8.19)

제1조【시행일】 이 영은 2020년 8월 19일부터 시행한다.(이하 생략)

　　부　칙 (2020.8.26)

제1조【시행일】 이 영은 2020년 8월 28일부터 시행한다.(이하 생략)

　　부　칙 (2020.10.7)

제1조【시행일】 이 영은 공포한 날부터 시행한다.
제2조【일반적 적용례】 이 영은 이 영 시행 이후 양도하는 분부터 적용한다.
제3조【토지등양도소득에 대한 과세특례에 관한 적용례】 ① 제92조의2제2항 각 호 외의 부분 단서 및 같은 항 제1호의14의 개정규정은 2020년 8월 18일 이후부터 이 영 시행 전까지 등록이 말소된 후 해당 주택을 양도한 분에 대해서도 적용한다.
② 제92조의2제2항제1호의12가목 및 같은 항 제1호의13나목의 개정규정은 2020년 8월 18일 이후부터 이 영 시행 전까지 「민간임대주택에 관한 특별법」 제5조에 따라 등록 신청(임대할 주택을 추가하기 위해 등록사항의 변경 신고를 한 경우를 포함한다)한 민간임대주택에 대해서도 적용한다.
제4조【토지등양도소득에 대한 과세특례에 관한 경과조치】 2020년 8월 18일 전에 「민간임대주택에 관한 특별법」 제5조에 따라 등록 신청(임대할 주택을 추가하기 위해 등록사항의 변경 신고를 한 경우를 포함한다)

한 민간임대주택의 경우에는 제92조의2제2항제1호의12가목 및 같은 항 제1호의13나목의 개정규정에도 불구하고 종전의 규정에 따른다.

　　부　칙 (2020.12.8 영31220호)
　　　　(2020.12.8 영31221호)

제1조【시행일】 이 영은 2020년 12월 10일부터 시행한다.(이하 생략)

　　부　칙 (2021.1.5)

이 영은 공포한 날부터 시행한다.(이하 생략)

　　부　칙 (2021.2.17)

제1조【시행일】 이 영은 공포한 날부터 시행한다. 다만, 다음 각 호의 개정규정은 각 호에서 정한 날부터 시행한다.
1. 제155조의2의 개정규정 : 2021년 7월 1일
2. 제73조제6호, 제77조, 제89조제2항제1호 단서, 제129조제3항부터 제5항까지, 제132조제17항, 제137조제3항, 제10항부터 제14항까지 및 제162조의2제3항의 개정규정 : 2022년 1월 1일
3. 제131조의3의 개정규정 : 2025년 1월 1일(2022.12.31 본호개정)
제2조【일반적 적용례】 이 영은 2021년 1월 1일 이후 개시하는 사업연도분부터 적용한다.
제3조【수익사업의 범위에 관한 적용례】 제3조제1항제4호거목 및 같은 항 제15호의 개정규정은 2021년 1월 1일 이후 발생하는 수입 분부터 적용한다.
제4조【결손금공제에 관한 적용례】 제10조제1항제3호의 개정규정은 이 영 시행 이후 과세표준을 신고하는 분부터 적용한다.
제5조【손비의 범위에 관한 적용례】 제19조제18호 및 제22호의 개정규정은 2021년 1월 1일 이후 지출하는 분부터 적용한다.
제6조【대손금의 손금불산입에 관한 적용례】 제19조의2제1항제7호의 개정규정은 이 영 시행 이후 한국무역보험공사로부터 회수불능이 확인되는 경우부터 적용한다.
제7조【한국학교 등의 요건에 관한 적용례】 ① 제38조제8항제1호 본문의 개정규정은 2021년 1월 1일 당시 사업연도 종료일부터 3개월이 지나지 않은 학교등에 대해서도 적용한다.
② 제38조제8항제1호 단서의 개정규정은 2021년 1월 1일 이후 공시하는 경우부터 적용한다.
③ 제38조제11항제1호 및 제2호의 개정규정은 2021년 1월 1일 이후 제38조제4항제2호부터 제4호까지의 규정에 따른 요건을 위반하는 경우부터 적용한다.
제8조【공익성을 고려하여 정하는 기부금의 범위 등에 관한 적용례】 ① 제39조제1항제1호바목1)가) 단서 및 같은 조 제5항제2호가목 단서의 개정규정은 2021년 1월 1일 이후 지정·고시하는 법인부터 적용한다.
② 제39조제1항제4호타목의 개정규정은 2021년 1월 1일 이후 기부하는 분부터 적용한다.
③ 제39조제5항제3호 각 목 외의 부분 단서의 개정규정은 2021년 1월 1일 이후 공시하는 경우부터 적용한다.
④ 제39조제5항제3호 각 목 외의 부분 본문의 개정규정은 2021년 1월 1일 당시 사업연도 종료일부터 3개월이 지나지 않은 공익법인등부터 적용한다.
⑤ 제39조제5항제7호 본문의 개정규정은 2021년 1월 1일 당시 사업연도 종료일부터 4개월이 지나지 않은 공익법인등부터 적용한다.

⑥ 제39조제8항제1호 및 제2호의 개정규정은 2021년 1월 1일 이후 제39조제5항제6호부터 제8호까지의 규정에 따른 요건을 위반하는 경우부터 적용한다.
제9조【접대비의 신용카드등의 사용에 관한 적용례】 제41조제1항제2호의 개정규정은 2021년 1월 1일 이후 접대비로 지출하는 분부터 적용한다.
제10조【가상자산의 평가 등에 관한 적용례】 제73조제6호, 제77조 및 제89조제2항제1호 단서의 개정규정은 2022년 1월 1일 이후 거래하는 분부터 적용한다.
제11조【합병·분할 등에 대한 적용례】 ① 제81조제4항, 제82조의2제3항제2호, 제83조제5항·제6항, 제84조제5항·제7항(제2호는 제외한다)·제8항·제10항·제11항 및 제84조의2제5항·제7항(제2호는 제외한다)·제8항·제10항·제11항의 개정규정은 2021년 1월 1일 이후 합병, 분할, 물적분할 또는 현물출자하는 법인부터 적용한다.
② 제84조제7항제2호 후단 및 제84조의2제7항제2호 후단의 개정규정은 2021년 1월 1일 이후 자산을 처분하는 경우부터 적용한다.
제12조【부당행위계산의 유형 등에 관한 적용례】 제88조제1항제6호다목, 같은 항 제7호 단서 및 같은 조 제4항의 개정규정은 이 영 시행 이후 거래하는 분부터 적용한다.
제13조【시가의 범위 등에 관한 적용례】 제89조제1항의 개정규정은 이 영 시행 이후 거래하는 분부터 적용한다.
제14조【토지등 양도소득의 과세특례에 관한 적용례】 제92조의2제4항제6호의 개정규정은 이 영 시행 이후 양도하는 경우부터 적용한다.
제15조【계산서의 작성·교부 등에 관한 적용례】 제164조제9항의 개정규정은 이 영 시행 이후 계약을 체결하는 경우부터 적용한다.
제16조【손비의 범위에 관한 경과조치】 2021년 1월 1일 전에 지출한 분에 대해서는 제19조제18호의 개정규정에도 불구하고 종전의 규정에 따른다.
제17조【한국학교 등의 요건에 관한 경과조치】 2021년 1월 1일 전에 사업연도 종료일부터 3개월이 지난 학교등의 경우에는 제38조제8항제1호 본문의 개정규정에도 불구하고 종전의 규정에 따른다.
제18조【공익성을 고려하여 정하는 기부금의 범위 등에 관한 경과조치】 2021년 1월 1일 전에 사업연도 종료일부터 3개월이 지난 공익법인등의 경우에는 제39조제5항제3호 각 목 외의 부분 본문의 개정규정에도 불구하고 종전의 규정에 따른다.
제19조【접대비의 신용카드등의 사용에 관한 경과조치】 2021년 1월 1일 전에 접대비로 지출한 분에 대해서는 제41조제1항제2호의 개정규정에도 불구하고 종전의 규정에 따른다.
제20조【유동화전문회사 등에 대한 소득공제에 관한 경과조치】 2021년 1월 1일 전에 개시한 사업연도 분에 대해서는 제86조의2제3항부터 제7항까지의 개정규정에도 불구하고 종전의 규정에 따른다.
제21조【지출증명서류의 수취 및 보관에 관한 경과조치】 2021년 1월 1일 전에 개시한 사업연도 분에 대해서는 제158조제6항의 개정규정에도 불구하고 종전의 규정에 따른다.

부 칙 (2021.5.4)

제1조【시행일】 이 영은 2021년 7월 1일부터 시행한다. 다만, 제92조의11제3항의 개정규정은 공포한 날부터 시행한다.
제2조【부득이한 사유가 있어 비사업용 토지로 보지 않는 토지의 판정기준 등에 관한 적용례】 제92조의11

제3항제2호나목의 개정규정은 부칙 제1조 단서의 시행일 이후 사업인정고시되는 사업에 따라 협의매수 또는 수용되는 토지부터 적용한다.
제3조【지급명세서 등 제출 불성실 가산세에 관한 적용례】 제120조제9항제2호의 개정규정은 이 영 시행 이후 지급하는 소득에 대한 지급명세서 또는 간이지급명세서를 제출하는 경우부터 적용한다.

부 칙 (2021.7.13)

제1조【시행일】 이 영은 2021년 7월 13일부터 시행한다.(이하 생략)

부 칙 (2021.8.31)

제1조【시행일】 이 영은 2021년 9월 10일부터 시행한다.(이하 생략)

부 칙 (2021.12.28)

제1조【시행일】 이 영은 2021년 12월 30일부터 시행한다.(이하 생략)

부 칙 (2022.2.15)

제1조【시행일】 이 영은 공포한 날부터 시행한다. 다만, 다음 각 호의 개정규정은 해당 호에서 정한 날부터 시행한다.
1. 제3조제1항제5호다목, 제44조의2제3항 본문 및 제111조제1항제17호의 개정규정 : 2022년 4월 14일
2. 제94조의2 및 제99조의2제1항의 개정규정 : 2025년 1월 1일(2022.12.31 본호개정)
제2조【일반적 적용례】 이 영은 2022년 1월 1일 이후 개시하는 사업연도부터 적용한다.
제3조【우리사주매수선택권의 손비 인정에 관한 적용례】 제19조제19호의2의 개정규정은 이 영 시행 전에 부여받은 우리사주매수선택권을 이 영 시행 이후 행사하는 경우에도 적용한다.
제4조【적격합병의 요건에 관한 적용례】 제80조의2제5항제4호의 개정규정은 2022년 1월 1일 이후 합병하는 경우부터 적용한다.
제5조【재해손실에 대한 세액공제에 관한 적용례】 제95조제5항의 개정규정은 이 영 시행 전에 재해가 발생한 경우로서 이 영 시행 당시 재해발생일부터 3개월이 지나지 않은 경우에도 적용한다.
제6조【외국법인의 국내사업장 내부거래 자료 제출 기한에 관한 적용례】 제130조제4항의 개정규정은 이 영 시행 전에 개시한 사업연도에 대해 자료 제출의무가 발생한 경우로서 이 영 시행 당시 종전의 규정에 따른 제출기한이 지나지 않은 경우에도 적용한다.
제7조【기관전용 집합투자기구에 관한 적용례】 제161조제1항제2호의 개정규정은 이 영 시행 이후 2021년 12월 31일이 속하는 사업연도에 대한 과세표준을 신고하는 경우부터 적용한다.
제8조【비영리내국법인의 고유목적사업준비금 잔액의 익금 산입 시 이자상당액 이자율 등 인하에 따른 경과조치】 ① 이 영 시행 전에 손금에 산입한 고유목적사업준비금의 익금 산입에 따라 이 영 시행 이후 법 제29조제7항에 따라 법인세에 대하여 이자상당액을 납부하는 경우 이 영 시행일 전일까지의 기간분에 대한 이자상당액의 계산에 적용되는 율은 제56조제7항제2호의 개정규정에도 불구하고 종전의 규정에 따르고, 이 영 시행 이후의 기간분에 대한 이자상당액의 계산에 적용되는 율은 제56조제7항제2호의 개정규정에 따른다.

② 이 영 시행 전에 환급받은 법인세액에 대하여 이 영 시행 이후 법 제72조제5항에 따라 이자상당액을 더한 금액을 징수하는 경우 이 영 시행일 전일까지의 기간분에 대한 이자상당액의 계산에 적용되는 율은 제110조제4항제2호 본문의 개정규정에도 불구하고 종전의 규정에 따르고, 이 영 시행 이후의 기간분에 대한 이자상당액의 계산에 적용되는 율은 제110조제4항제2호 본문의 개정규정에 따른다.

제9조【성실신고확인자 선임 신고에 관한 경과조치】
2020년 12월 31일이 속하는 사업연도에 대한 성실신고확인자 선임 신고에 관하여는 제97조의4제5항의 개정규정에도 불구하고 종전의 규정에 따른다.

　　　부　칙　(2022.2.17 영32447호)
　　　　　　　(2022.2.17 영32449호)

제1조【시행일】이 영은 2022년 2월 18일부터 시행한다.(이하 생략)

　　　부　칙　(2022.3.8)

이 영은 2025년 1월 1일부터 시행한다.(2022.12.31 개정)

　　　부　칙　(2022.8.2)

제1조【시행일】이 영은 공포한 날부터 시행한다.
제2조【장기일반민간임대주택등의 양도소득에 대한 과세특례 요건에 관한 적용례】제92조의2제2항제1호의13라목 및 마목의 개정규정은 이 영 시행 이후 임대차계약을 체결하거나 갱신하는 경우부터 적용한다.
제3조【양도소득에 대한 과세특례가 적용되는 장기일반민간임대주택등의 기준시가 변경에 따른 경과조치】이 영 시행 전에 장기일반민간임대주택등을 양도한 경우의 과세특례 요건인 기준시가에 관하여는 제92조의2제2항제1호의13다목의 개정규정에도 불구하고 종전의 규정에 따른다.

　　　부　칙　(2022.8.23)

제1조【시행일】이 영은 공포한 날부터 시행한다.(이하 생략)

　　　부　칙　(2022.10.27)

제1조【시행일】이 영은 공포한 날부터 시행한다.
제2조【외국법인의 국채 및 통화안정증권 이자·양도소득에 대한 탄력세율에 관한 적용례】제137조의2의 개정규정은 2022년 10월 17일부터 2022년 12월 31일까지 이자를 지급받거나 국채 또는 통화안정증권을 양도하는 경우에 적용한다.

　　　부　칙　(2022.12.31)

이 영은 2023년 1월 1일부터 시행한다.

　　　부　칙　(2023.1.10)

제1조【시행일】이 영은 2023년 1월 12일부터 시행한다.(이하 생략)

　　　부　칙　(2023.2.28)

제1조【시행일】이 영은 공포한 날부터 시행한다. 다만, 다음 각 호의 개정규정은 해당 호에서 정한 날부터 시행한다.

1. 제2조제5항부터 제8항까지, 제3조의2제1항제1호, 제11조제9호, 제19조제16호, 제40조부터 제42조까지, 제43조제8항, 제44조제6항, 제48조제1항제2호가목, 제78조제2항제1호다목, 제91조의3제3항제2호, 제91조의5제4항, 제120조제11항, 제120조의12, 제120조의13제1항, 제120조의17제4항 및 제120조의21의 개정규정: 2024년 1월 1일
2. 제80조의2제5항제1호 및 제82조의2제8항제1호의 개정규정: 2023년 3월 1일
3. 대통령령 제32418호 법인세법 시행령 일부개정령 제94조의2의 개정규정, 제111조제2항부터 제4항까지, 제113조제4항·제9항, 제115조제2항·제6항의 개정규정 및 대통령령 제31443호 법인세법 시행령 일부개정령 제131조의3제1항의 개정규정: 2025년 1월 1일
4. 제164조의2의 개정규정: 2023년 7월 1일

제2조【수익사업의 범위에 관한 적용례】제3조제1항제9호의 개정규정은 2023년 1월 1일 이후 개시하는 사업연도부터 적용한다.
제3조【자기주식 양도금액의 산정에 관한 적용례】제11조제2호 후단의 개정규정은 이 영 시행 이후 주식을 양도하는 경우부터 적용한다.
제4조【수익의 범위 등 보험회사 과세에 대한 적용례】제11조제10호, 제19조제23호, 제70조제6항 및 제76조제2항의 개정규정은 2023년 1월 1일 이후 개시하는 사업연도부터 적용한다. 다만, 2022년 12월 31일이 속하는 사업연도에 법 제42조의3제1항에 따른 보험계약국제회계기준을 적용하고 법 제32조의 해약환급금준비금을 적립한 보험회사에 대해서는 2023년 1월 1일 이후 과세표준을 신고하는 경우부터 적용한다.
제5조【채무보증 구상채권 대손금의 손금 산입에 관한 적용례】제19조의2제2항제6호 및 제7호의 개정규정은 이 영 시행 전의 채무보증으로 발생한 구상채권으로서 이 영 시행 이후 해당 채권을 회수할 수 없게 되는 경우에도 적용한다.
제6조【공익법인등의 의무이행 여부 보고에 관한 적용례】제39조제6항의 개정규정은 이 영 시행 전에 보고 의무가 발생한 경우에도 적용한다.
제7조【손익의 귀속사업연도에 관한 적용례】제69조제2항의 개정규정은 2023년 1월 1일 이후 개시하는 사업연도부터 적용한다.
제8조【유동화전문회사 등에 대한 소득공제 신청 시 첨부서류에 관한 적용례】제86조의3제3항제9항 본문의 개정규정은 이 영 시행 이후 소득공제를 신청하는 경우부터 적용한다.
제9조【외국자회사 등의 요건 변경에 관한 적용례 등】
① 제94조제9항(배당기준일에 관한 부분으로 한정한다) 및 제10항의 개정규정은 2023년 1월 1일 이후 배당받는 경우부터 적용한다.
② 2023년 1월 1일 전에 받은 배당과 관련한 외국자회사의 요건(배당기준일에 관한 부분으로 한정한다) 및 외국손회사의 요건에 관하여는 제94조제9항 및 제10항의 개정규정에도 불구하고 종전의 규정에 따른다.
제10조【외국법인세액의 손금 산입에 관한 적용례 등】
① 제94조제15항의 개정규정은 2023년 1월 1일 이후 발생한 국외원천소득에 대한 외국법인세액부터 적용한다.
② 2023년 1월 1일 전에 발생한 국외원천소득에 대한 외국법인세액의 손금 산입에 관하여는 제94조제15항의 개정규정에도 불구하고 종전의 규정에 따른다.
제11조【연결소득개별귀속액의 계산에 관한 적용례】제120조의17제4항의 개정규정은 2024년 1월 1일 이후 개시하는 사업연도부터 적용한다.
제12조【국외공모투자기구에 준하는 국외투자기구의 요건에 관한 적용례】제132조의5제1항의 개정규정은

2023년 1월 1일 이후 이자를 지급하거나 국채등을 양도하는 경우부터 적용한다.

제13조【신탁소득에 대한 법인세 과세에 관한 경과조치】이 영 시행 전에 신탁재산에 귀속된 소득에 대해서는 제3조의2제2항의 개정규정에도 불구하고 종전의 규정에 따른다.

부 칙 (2023.7.7)

제1조【시행일】 이 영은 2023년 7월 10일부터 시행한다.(이하 생략)

부 칙 (2023.9.26 영33734호)

이 영은 공포한 날부터 시행한다.

부 칙 (2023.9.26 영33764호)

제1조【시행일】 이 영은 2023년 9월 29일부터 시행한다.(이하 생략)

부 칙 (2023.12.5)

제1조【시행일】 이 영은 2023년 12월 14일부터 시행한다.(이하 생략)

부 칙 (2023.12.19)

제1조【시행일】 이 영은 2023년 12월 21일부터 시행한다.(이하 생략)

[별표1]

축산용 토지의 기준면적(제92조의7제4항관련)

(2005.12.31 신설)

1. 가축별 기준면적

구분	사업	가축두수	축사 및 부대시설(제곱미터)		초지 또는 사료포(헥타르)		비 고
			축사	부대시설	초지	사료포	
1. 한우(육우)	사육사업	1두당	7.5	5	0.5	0.25	말·노새 또는 당나귀를 사육하는 경우를 포함한다.
2. 한우(육우)	비육사업	1두당	7.5	5	0.2	0.1	
3. 유우	목장사업	1두당	11	7	0.5	0.25	
4. 양	목장사업	10두당	8	3	0.5	0.25	
5. 사슴	목장사업	10두당	66	16	0.5	0.25	
6. 토끼	사육사업	100두당	33	7	0.2	0.1	친칠라를 사육하는 경우를 포함한다.
7. 돼지	양돈사업	5두당	50	13	–	–	개를 사육하는 경우를 포함한다.
8. 가금	양계사업	100수당	33	16	–	–	
9. 밍크	사육사업	5수당	7	7	–	–	여우를 사육하는 경우를 포함한다.

2. 가축두수

가축두수는 다음 각 목의 어느 하나의 방법 중 납세자가 선택하는 방법에 따라 산정한다.

가. 양도일 이전 최근 6사업연도(양도일이 속하는 사업연도를 포함한다. 이하 같다) 중 납세자가 선택하는 축산업을 영위한 3사업연도의 최고사육두수를 평균한 것

나. 양도일 이전 최근 4사업연도 중 납세자가 선택하는 축산업을 영위한 2사업연도의 최고사육두수를 평균한 것

다. 축산업을 영위한 기간이 2년 이하인 경우에는 축산업을 영위한 사업연도의 최고사육두수를 평균한 것

[별표2]

과태료의 부과기준(제167조제1항 및 제2항 관련)

(2021.2.17 개정)

위반행위	근거 법조문	과태료 금액
1. 법 제117조제5항에 따른 신용카드가맹점에 대한 명령사항을 위반한 경우	법 제124조 제1호	신용카드에 의한 거래를 거부하거나 신용카드 매출전표를 사실과 다르게 발급한 금액의 100분의 20(2천만원을 한도로 한다)
2. 법 제117조의2제8항에 따른 현금영수증가맹점에 대한 다음 각 목의 명령사항을 위반한 경우	법 제124조 제2호	
가. 현금영수증을 발급하지 않거나 사실과 다르게 발급한 경우에 대한 명령		현금영수증을 발급하지 않거나 사실과 다르게 발급한 금액의 100분의 20(2천만원을 한도로 한다)
나. 그 밖의 명령		건별 50만원

[별표2의2]

과태료의 부과기준

(대통령령 제29529호 법인세법 시행령 일부개정령 부칙 제13조 관련)

(2019.2.12 신설)

위반행위	근거 법조문	과태료 금액
1. 법 제121조의2제1항에 따른 기한까지 다음 각 목의 자료를 제출하지 않거나 거짓된 자료를 제출하는 경우	법 제123조제1항제1호 및 법 제121조의3제2항제1호	

가. 해외현지법인 명세서 등 1) 해외현지법인 명세서 2) 해외현지법인 재무상황표 3) 손실거래명세서 4) 해외영업소 설치현황표		건별 1천만원
나. 해외부동산등의 투자 명세 등 : 해외부동산 취득·투자운용(임대) 및 처분 명세서		해외부동산등의 취득가액의 100분의 1(5천만원을 한도로 한다)
2. 법 제121조의2제2항에 따라 자료제출 또는 보완 요구분은 날부터 60일 이내에 다음 각 목의 자료를 제출하지 않거나 거짓된 자료를 제출하는 경우	법 제123조제1항제2호 및 법 제121조의3제2항제2호	
가. 해외현지법인 명세서 등 1) 해외현지법인 명세서 2) 해외현지법인 재무상황표 3) 손실거래명세서 4) 해외영업소 설치현황표		건별 1천만원
나. 해외부동산등의 투자 명세 등 : 해외부동산 취득·투자운용(임대) 및 처분 명세서		해외부동산등의 취득가액의 100분의 1(5천만원을 한도로 한다)
3. 법 제117조제5항에 따른 신용카드가맹점에 대한 명령사항을 위반한 경우	법 제124조제1호	신용카드에 의한 거래를 거부하거나 신용카드 매출전표를 사실과 다르게 발급한 금액의 100분의 20(2천만원을 한도로 한다)
4. 법 제117조의2제8항에 따른 현금영수증가맹점에 대한 다음 각 목의 명령사항을 위반한 경우	법 제124조제2호	
가. 현금영수증을 발급하지 않거나 사실과 다르게 발급한 경우에 대한 명령		현금영수증을 발급하지 않거나 사실과 다르게 발급한 금액의 100분의 20(2천만원을 한도로 한다)
나. 그 밖의 명령		건별 50만원

법인세법 시행규칙

(1999년 5월 24일)
(전개재정경제부령 제86호)

개정
2000. 3. 9재정경제부령 127호 <중략>
2007. 3.30재정경제부령 547호 2007. 7.31재정경제부령 573호
2007.12. 5재정경제부령 589호 2008. 3.31기획재정부령 10호
2009. 3.30기획재정부령 66호 2009. 6. 8기획재정부령 84호
2009. 9. 2기획재정부령 99호
2009. 9.25문화체육관광부령41호(도서관법시규)
2010. 3.31기획재정부령 138호 2010. 3.31기획재정부령 139호
2010. 6.30기획재정부령 159호 2011. 2.28기획재정부령 187호
2011. 3.18기획재정부령 189호(국제조세조정에관한법시규)
2011. 7.29기획재정부령 226호 2011. 9.30기획재정부령 237호
2012. 2.28기획재정부령 266호 2012. 4.19기획재정부령 283호
2012.10. 2기획재정부령 298호 2013. 2.23기획재정부령 325호
2013. 3.23기획재정부령 342호(직제시규)
2013. 6.28기획재정부령 355호(부가세시규)
2013. 9.30기획재정부령 362호 2014. 3.14기획재정부령 409호
2014. 7.22기획재정부령 429호(협동조합기본법시규)
2014.10.31기획재정부령 439호
2014.11.19기획재정부령 444호(직제시규)
2015. 3.13기획재정부령 480호 2015.10.30기획재정부령 507호
2016. 3. 7기획재정부령 544호 2016.11. 2기획재정부령 575호
2017. 3.10기획재정부령 597호 2017. 4.28기획재정부령 620호
2017.10.31기획재정부령 639호 2018. 3.21기획재정부령 671호
2019. 3.20기획재정부령 730호 2020. 3.13기획재정부령 774호
2020. 4.21기획재정부령 792호 2021. 3.16기획재정부령 844호
2021.10.28기획재정부령 867호(법령용어정비)
2022. 3.18기획재정부령 896호→2022년 3월 18일 시행하는 부분은 가제 수록 하였고 2025년 1월 1일 시행하는 부분은 추후 수록
2022.12.31기획재정부령 954호
2023. 3.20기획재정부령 965호→시행일 부칙 참조. 2025년 1월 1일 시행하는 부분은 추후 수록
2023. 7. 3기획재정부령1003호

제1장 총 칙

제1조【목적】 이 규칙은「법인세법」및 같은 법 시행령에서 위임된 사항과 그 시행에 필요한 사항을 규정함을 목적으로 한다.(2019.3.20 본조신설)

제2조【수익사업의 범위】「법인세법 시행령」(이하 "영"이라 한다) 제3조제1항 각 호 외의 부분에 따른 사업에는 그 사업 활동이 각 사업연도의 전 기간 동안 계속하는 사업 외에 상당 기간 동안 계속하거나 정기적 또는 부정기적으로 수차례에 걸쳐 하는 사업을 포함한다. (2019.3.20 본조개정)

제2조의2【소액신용대출사업의 요건】 ① 영 제3조제1항제11호에서 "기획재정부령으로 정하는 자"란 다음 각 호의 어느 하나에 해당하는 자(이하 이 조에서 "금융소외계층"이라 한다)를 말한다.(2019.3.20 본문개정)
1.「국민기초생활 보장법」제2조에 따른 수급권자 및 차상위 계층
2.「조세특례제한법」제100조의3에 따른 근로장려금 신청자격 요건에 해당하는 자
3.「신용정보의 이용 및 보호에 관한 법률」제25조제2항제1호에 따른 종합신용정보집중기관(이하 이 조에서 "종합신용정보집중기관"이라 한다)에 연체·부도의 신용정보가 등록된 자(2010.3.31 본호개정)
4. 종합신용정보집중기관에 신용정보가 등록되어 있지 아니한 자
5.「신용정보의 이용 및 보호에 관한 법률」제22조제1항에 따른 신용조회회사가 산정한 신용등급(이하 이 조에서 "신용등급"이라 한다)이 하위 50퍼센트에 해당하는 자 중에서 금융위원회가 기획재정부장관과 협의하여 고시하는 지원대상자(2010.3.31 본호신설)

② 영 제3조제1항제11호에서 "기획재정부령으로 정하는 요건"이란 다음 각 호의 요건을 말한다. (2019.3.20 본문개정)
1. 사업을 영위하는 비영리법인과 영 제2조제8항 각 호의 어느 하나의 관계에 있지 아니한 금융소외계층에 대출할 것(2023.3.20 본호개정)
2. 담보나 보증을 설정하지 아니할 것. 다만, 금융소외계층이 지원받은 대출금으로 취득한 재산에 대하여 담보를 설정하거나 사업을 영위하는 비영리법인의 부담으로 보증보험에 가입하는 경우는 제외한다. (2010.3.31 본호개정)
3. 1인에 대한 총대출액이 1억원을 넘지 아니하는 범위에서 금융위원회가 기획재정부장관과 협의하여 고시하는 대출상한금액 이하일 것(2010.3.31 본호개정)
4. 대출금리는 신용등급이 가장 낮은 금융소외계층에 대하여 적용되는 이자율이「대부업 등의 등록 및 금융이용자 보호에 관한 법률 시행령」제9조제1항에 따른 이자율의 40퍼센트를 넘지 아니하는 범위에서 금융위원회가 기획재정부장관과 협의하여 고시하는 기준금리 이하일 것(2010.3.31 본호개정)
5. 대출사업에서 발생한 소득을 전액 고유목적사업에 활용할 것
(2008.3.31 본호신설)
제2조의3【법인의 본점등에서의 원천징수세액 일괄납부신고】영 제7조제6항제2호나목 단서에 따라 법인의 본점등에서의 원천징수세액의 일괄납부 신고를 하려는 법인은 원천징수세액을 일괄납부하려는 달의 말일부터 1개월 전까지 원천징수세액 본점일괄납부신고서를 본점 관할세무서장에게 제출하여야 한다. (2019.3.20 본조개정)
제3조【납세지의 변경신고】납세지가 변경된 법인이「법인세법」(이하 "법"이라 한다) 제11조제1항의 규정에 의한 신고기한을 경과하여 변경신고를 한 경우에는 변경신고를 한 날부터 그 변경된 납세지를 당해 법인의 납세지로 한다.(2005.2.28 본조개정)

제2장 내국법인의 각 사업연도의 소득에 대한 법인세

제4조【결손금 공제】① 법 제13조제1항제1호 및 영 제10조를 적용할 때 비영리법인의 경우에는 법 제4조제3항에 따른 수익사업에서 생긴 소득과 결손금을 그 대상으로 한다.
② 각 사업연도의 소득에 대한 법인세의 과세표준을 계산할 때 법 제13조제1항제1호에 따라 공제할 결손금에는 법인세의 과세표준과 세액을 추계결정 또는 경정함에 따라 법 제68조에 따라 공제되지 아니한 이월결손금을 포함한다.
③ 영 제10조제1항제3호에서 "기획재정부령으로 정하는 기관"이란「한국해양진흥공사법」에 따른 한국해양진흥공사를 말한다.(2021.3.16 본항신설)
(2019.3.20 본조개정)
제5조 (2019.3.20 삭제)
제6조【정기예금이자율】영 제11조제1호 단서에서 "기획재정부령으로 정하는 이자율"이란 연간 1천분의 29를 말한다.(2023.3.20 본조개정)
제6조의2【가지급금의 익금산입 배제 사유】영 제11조제9호 각 목 외의 부분 단서에서 "채권·채무에 대한 쟁송으로 회수가 불가능한 경우 등 기획재정부령으로 정하는 정당한 사유"란 다음 각 호의 어느 하나에 해당하는 경우를 말한다.(2019.3.20 본문개정)
1. 채권·채무에 대한 쟁송으로 회수가 불가능한 경우
2. 특수관계인이 회수할 채권에 상당하는 재산을 담보로 제공하였거나 특수관계인의 소유재산에 대한 강제집행으로 채권을 확보하고 있는 경우(2012.2.28 본호개정)
3. 해당 채권과 상계할 수 있는 채무를 보유하고 있는 경우
4. 그 밖에 제1호부터 제3호까지와 비슷한 사유로서 회수하지 아니하는 것이 정당하다고 인정되는 경우
(2010.3.31 본조신설)
제7조【합병대가 또는 분할대가의 계산】법 제16조제2항제1호 및 제2호에 따른 합병대가와 분할대가에는 영 제80조제1항제2호가목 단서, 같은 호 나목, 영 제82조제1항제2호가목 단서, 같은 호 나목, 영 제83조의2제1항제2호가목 단서 및 같은 호 나목의 금액이 포함되지 않는다.(2019.3.20 본조개정)
제8조【자본잉여금의 범위】영 제12조제1항제3호나목 및 제4호나목 전단에서 "기획재정부령으로 정하는 자본잉여금"이란「상법」제459조제1항에 따른 자본거래로 인한 잉여금과「자산재평가법」에 따른 재평가적립금을 말한다.(2019.3.20 본조개정)
제9조 (2009.3.30 삭제)
제10조【판매부대비용 및 회비의 범위】① 영 제19조제1호의2에서 "판매와 관련된 부대비용"이란 기업회계기준(영 제79조 각 호에 따른 회계기준을 말한다. 이하 같다)에 따라 계상한 판매 관련 부대비용을 말한다.
② 영 제19조제11호에 따른 조합 또는 협회에 지급한 회비는 조합 또는 협회가 법령 또는 정관이 정하는 바에 따른 정상적인 회비징수 방식에 의하여 경상경비 충당 등을 목적으로 조합원 또는 회원에게 부과하는 회비로 한다.(2018.3.21 본항신설)
(2018.3.21 본조제목개정)
(2009.3.30 본조개정)
제10조의2【해외모법인에 지급한 주식매수선택권등 행사·지급비용의 손금산입】① 영 제19조제19호 각 목 외의 부분에서 "기획재정부령으로 정하는 것"이란 임직원이 지급받는 상여금으로서 다음 각 호의 요건을 모두 갖춘 것을 말한다.
1. 주식 또는 주식가치에 상당하는 금전으로 지급하는 것일 것
2. 사전에 작성된 주식기준보상 운영기준 등에 따라 지급하는 것일 것
3. 임원이 지급받는 경우 정관·주주총회·사원총회 또는 이사회의 결의로 결정된 급여지급기준에 따른 금액을 초과하지 아니할 것
4. 영 제43조제7항에 따른 지배주주등(이하 이 항에서 "지배주주등"이라 한다)인 임직원이 지급받는 경우 정당한 사유 없이 같은 직위에 있는 지배주주등 외의 임직원에게 지급하는 금액을 초과하지 아니할 것
(2010.3.31 본항신설)
② 영 제19조제19호나목에서 "기획재정부령으로 정하는 해외모법인"이란 다음 각 호의 요건을 모두 갖춘 법인을 말한다.(2010.3.31 본문개정)
1. 외국법인으로서 발행주식이「자본시장과 금융투자업에 관한 법률」에 따른 증권시장 또는 이와 유사한 시장으로서 증권의 거래를 위하여 외국에 개설된 시장에 상장된 법인
2. 외국법인으로서 영 제19조제19호 각 목 외의 부분에 따른 주식매수선택권등(이하 "주식매수선택권등"이라 한다)의 행사 또는 지급비용을 보전하는 내국법인(「자본시장과 금융투자업에 관한 법률」에 따른 상장법인은 제외한다)의 의결권 있는 주식의 100분의 90 이상을 직접 또는 간접으로 소유한 법인. 이 경우 주식의 간접소유비율은 다음 산식에 따라 계산하되(해

당 내국법인의 주주인 법인(이하 이 호에서 "주주법인"이라 한다)이 둘 이상인 경우에는 각 주주법인별로 계산한 비율을 합산한다], 해당 외국법인과 주주법인 사이에 하나 이상의 법인이 개재되어 있고, 이들 법인이 주식소유관계를 통하여 연결되어 있는 경우에도 또한 같다.

$$\frac{\text{해당 외국법인이 소유하고 있는 주주법인의 의결권 있는 주식 수가 그 주주법인의 의결권 있는 총 주식 수에서 차지하는 비율}}{} \times \frac{\text{주주법인이 소유하고 있는 해당 내국법인의 의결권 있는 주식 수가 그 내국법인의 의결권 있는 총 주식 수에서 차지하는 비율}}{}$$

(2010.3.31 전단개정)
③ 영 제19조제19호나목에서 "주식매수선택권등으로서 기획재정부령으로 정하는 것"이란 다음 각 호의 요건을 모두 갖춘 것을 말한다.
1. 「상법」에 따른 주식매수선택권과 유사한 것으로서 해외모법인의 주식을 미리 정한 가액(이하 이 조에서 "행사가액"이라 한다)으로 인수 또는 매수(행사가액과 주식의 실질가액과의 차액을 현금 또는 해당 해외모법인의 주식으로 보상하는 경우를 포함한다)할 수 있는 권리일 것(주식매수선택권만 해당한다)
2. 해외모법인이 발행주식총수의 100분의 10의 범위에서 부여하거나 지급할 것일 것
3. 해외모법인과 해당 법인 간에 해당 주식매수선택권 등의 행사 또는 지급비용의 보전에 관하여 사전에 서면으로 약정하였을 것
(2010.3.31 본항개정)
(2010.3.31 본조제목개정)
(2009.3.20 본조신설)

제10조의3【유족에게 지급하는 학자금 등 손금산입】
영 제19조제21호에서 "기획재정부령으로 정하는 요건"이란 임원 또는 직원의 사망 전에 정관이나, 주주총회·사원총회 또는 이사회의 결의에 의하여 결정되어 임원 또는 직원에게 공통적으로 적용되는 지급기준에 따라 지급되는 것을 말한다.(2019.3.20 본조개정)

제10조의4【회수불능 사유 및 회수불능 확정채권의 범위】① 영 제19조의2제1항제7호에서 "기획재정부령으로 정하는 사유"란 다음 각 호의 어느 하나에 해당하는 경우를 말한다.
1. 채무자의 파산·행방불명 또는 이에 준하는 불가항력으로 채권회수가 불가능함을 현지의 거래은행·상공회의소·공공기관 또는 해외채권추심기관(「무역보험법」 제37조에 따른 한국무역보험공사와 같은 법 제53조제3항에 따른 대외채권 추심 업무 수행에 관한 협약을 체결한 외국의 기관을 말한다. 이하 이 항에서 같다)이 확인하는 경우(2023.3.20 본호개정)
2. 거래당사자 간에 분쟁이 발생하여 중재기관·법원 또는 보험기관 등이 채권금액을 감면하게로 결정하거나 채권금액을 그 소요경비로 하기로 확정한 경우(채권금액의 일부를 감액하거나 일부를 소요경비로 하는 경우에는 그 감액되거나 소요경비로 하는 부분으로 한정한다)
3. 채무자의 인수거절·지급거절에 따라 채권금액의 회수가 불가능하거나 거래당사자 간의 합의에 따라 채권금액을 감면하기로 한 경우로서 이를 현지의 거래은행·검사기관·공증기관·공공기관 또는 해외채권추심기관이 확인하는 경우(채권금액의 일부를 감액한 경우에는 그 감액된 부분으로 한정한다)(2023.3.20 본호개정)
(2021.3.16 본항신설)
② 영 제19조의2제1항제10호에서 "기획재정부령으로 정하는 것에 따라 회수불능으로 확정된 채권"이란 다

음 각 호의 어느 하나에 해당하는 것에 따라 회수불능으로 확정된 채권을 말한다.
1. 「민사소송법」에 따른 화해
2. 「민사소송법」에 따른 화해권고결정
3. 「민사조정법」 제30조에 따른 결정
4. 「민사조정법」에 따른 조정(2020.3.13 본호신설)
(2021.3.16 본조제목개정)
(2019.3.20 본조신설)

제10조의5【건설사업과 직접 관련된 특수관계자의 범위】영 제19조의2제6항제5호 단서에서 "기획재정부령으로 정하는 자"란 다음 각 호의 어느 하나에 해당하는 자를 말한다.
1. 「사회기반시설에 대한 민간투자법」 제2조제7호에 따른 사업시행자
2. 「국유재산법」 제13조제2항제1호 또는 「공유재산 및 물품 관리법」 제7조제2항제1호에 따라 기부한 행정재산을 운영하는 내국법인
3. 법 제51조의2제1항제1호·제2호·제4호·제6호에 해당하는 내국법인 또는 이와 유사한 투자회사로서 「조세특례제한법」 제104조의31제1항 각 호에 해당하는 내국법인(2021.3.16 본호개정)
(2017.3.10 본조신설)

제11조【부가가치세 매입세액의 손금산입】영 제22조제1항제3호의 규정에 의하여 손금에 산입할 수 있는 매입세액은 다음 각호의 것으로 한다.
1. 「부가가치세법」 제36조제1항부터 제3항까지의 규정에 의한 영수증을 교부받은 거래분에 포함된 매입세액으로서 매입세액공제대상이 아닌 금액(2013.6.28 본호개정)
2. 부동산 임차인이 부담한 전세금 및 임차보증금에 대한 매입세액

제12조【감가상각자산의 범위】① 영 제24조제1항제2호가목에 따른 영업권에는 다음 각 호의 금액이 포함되는 것으로 한다.(2015.10.30 본문개정)
1. 사업의 양도 · 양수과정에서 양도 · 양수자산과는 별도로 양도사업에 관한 허가 · 인가 등 법률상의 지위, 사업상 편리한 지리적 여건, 영업상의 비법, 신용 · 명성 · 거래선 등 영업상의 이점 등을 고려하여 적절한 평가방법에 따라 유상으로 취득한 금액(2021.10.28 본호개정)
2. 설립인가, 특정사업의 면허, 사업의 개시 등과 관련하여 부담한 기금 · 입회금 등으로서 반환청구를 할 수 없는 금액과 기부금
② 영 제24조제2항제1호에서 "기획재정부령으로 정하는 요건"이란 다음 각 호의 요건을 말한다.
(2012.2.28 본문개정)
1. 법령 또는 계약에 따른 권리로부터 발생하는 무형자산으로서 법령 또는 계약에 따른 사용 기간이 무한하거나, 무한하지 아니하더라도 취득가액의 100분의 10 미만의 비용으로 그 사용 기간을 갱신할 수 있을 것
2. 「주식회사 등의 외부감사에 관한 법률」 제5조제1항제1호에 따른 회계처리기준(이하 "한국채택국제회계기준"이라 한다)에 따라 내용연수가 비한정인 무형자산으로 분류될 것
3. 결산을 확정할 때 해당 무형자산에 대한 감가상각비를 계상하지 아니할 것
(2019.2.12 1호~3호개정)
③ 영 제24조제3항제1호에 따라 감가상각자산에 해당되는 유휴설비에는 다음 각호의 기계 및 장치 등이 포함되지 아니하는 것으로 한다.(2011.2.28 본문개정)
1. 사용중 철거하여 사업에 사용하지 아니하는 기계 및 장치 등

2. 취득후 사용하지 아니하고 보관중인 기계 및 장치 등

④ 영 제24조제3항제2호에 따라 감가상각자산에서 제외되는 건설 중인 자산에는 설치중인 자산 또는 그 성능을 시험하기 위한 시운전기간에 있는 자산을 포함한다. 다만, 건설 중인 자산의 일부가 완성되어 당해 부분이 사업에 사용되는 경우 그 부분은 이를 감가상각자산에 해당하는 것으로 한다.(2011.2.28 본문개정)

판례 [1] 영업권에 관한 규정인 법인세법 시행규칙 제12조 제1항 제1호에 정한 '사업의 양수'의 의미 : 감가상각자산으로서의 영업권에 관한 규정인 법인세법 시행규칙 제12조 제1항 제1호에서 말하는 사업의 양수라 함은, 양수인이 양도인으로부터 그의 모든 사업시설뿐만 아니라 영업권 및 그 사업에 관한 채권, 채무 등 일체의 인적, 물적 권리와 의무를 양수함으로써 양도인과 동일시되는 정도로 법률상의 지위를 그대로 승계하는 것을 의미한다. 그러므로 사업을 포괄적으로 양도·양수하려는 의도로 양수인이 사업용 자산의 일부를 실질상 매매에 해당하는 임의경매 절차에 의하여 낙찰받아 취득하면서 나머지 사업용 자산, 영업권 및 그 사업에 관한 모든 권리와 의무를 양도인과의 별도의 양도계약에 의하여 연달아 취득하는 등으로 사회통념상 전체적으로 보아 양도인과 동일시되는 정도로 법률상의 지위를 그대로 승계한 것으로 볼 상황이 아니라면, 이는 법인세법 시행규칙 제12조 제1항 제1호에서 규정한 사업의 양수에 해당한다.

[2] 영업권에 관한 규정인 법인세법 시행규칙 제12조 제1항 제1호에 정한 '적절한 평가방법에 따라 유상으로 취득한 금액'의 의미 및 그 해당 여부의 판단 기준 : 영업상의 이점 등을 감안하여 적절한 평가방법에 따라 유상으로 취득한 금액이라 함은, 사업을 포괄적으로 양수하면서 법률상의 지위 등 시행규칙 제12조 제1항 제1호에 정한 초과수익력의 원인이 되는 여러 요소를 감안하여 양도·양수하는 다른 자산에 대한 평가와는 별도의 적절한 평가방법에 따른 평가를 거친 후 유상으로 취득한 금액을 의미하고, 나아가 '적절한 평가방법에 따라 유상으로 취득한 금액'에 해당하는지 여부는 건전한 사회통념과 상관행에 비추어 정상적인 거래라고 인정될 수 있는 범위 내의 금액으로서 양도·양수하는 사업의 실질적 내용에 따라 구체적으로 판단하여야 한다. (대판 2008.11.13, 2006두12722)

제13조 【감가상각자산의 구분 등】 ① 영 제26조의2제1항에서 "기획재정부령으로 정하는 감가상각자산 구분"이란 다음 각 호에 따른 자산 구분을 말한다.
1. 제15조제1항에 따른 자산으로서 별표2에 따라 동일한 내용연수를 적용받는 자산
2. 영 제24조제1항제2호가목부터 라목까지에 따른 무형자산으로서 별표3에 따라 동일한 내용연수를 적용받는 자산(2019.3.20 본호개정)
3. 별표5에 해당하는 자산으로서 같은 표에 따라 동일한 기준내용연수를 적용받는 자산
4. 별표6에 따른 기준내용연수를 적용받는 자산
② 영 제26조의2제1항에서 "기획재정부령으로 정하는 업종구분"이란 별표6의 중분류에 따른 업종구분을 말한다.
③ 영 제26조의2제2항 각 호를 적용할 때 기준연도에 동종자산에 대하여 감가상각비를 손금으로 계상할 때 정액법과 정률법을 모두 적용한 경우(영 제26조의2제6항제1호에 해당하는 경우로서 같은 조 제2항제1호가목에 따른 결산상각방법(이하 이 조 및 제14조에서 "결산상각방법"이라 한다)이 법인 간 다른 경우를 포함한다) 개별자산의 감가상각비 한도 및 동종자산의 감가상각비 한도는 다음 각 호의 어느 하나에 해당하는 방법을 선택하여 계산한다. 이 경우 선택한 방법은 그 이후의 사업연도에도 계속하여 적용한다.
1. 다음 각 목에 따른 방법
  가. 개별자산의 감가상각비 한도 : 다음 산식에 따라 계산한 금액

(감가상각자산의 취득가액 × 결산상각방법이 정액법인 감가상각자산의 취득가액 비중 × 정액법 기준상각률) + (감가상각자산의 미상각잔액 × 결산상각방법이 정률법인 감가상각자산의 취득가액 비중 × 정률법 기준상각률)

  나. 동종자산의 감가상각비 한도 : 다음 산식에 따라 계산한 금액

(동종자산의 취득가액 합계 × 결산상각방법이 정액법인 감가상각자산의 취득가액 비중 × 정액법 기준상각률) + (동종자산의 미상각잔액 합계 × 결산상각방법이 정률법인 감가상각자산의 취득가액 비중 × 정률법 기준상각률)

2. 결산상각방법이 정액법인 감가상각자산과 정률법인 감가상각자산 중 취득가액 비중이 더 큰 감가상각자산의 결산상각방법을 기준연도의 결산상각방법으로 보고 영 제26조의2제2항에 따라 개별자산의 감가상각비 한도 및 동종자산의 감가상각비 한도를 계산하는 방법
④ 제3항을 적용할 때 정액법 기준상각률 및 정률법 기준상각률은 해당 사업연도에 결산상각방법이 정액법인 자산 및 정률법인 자산에 대하여 영 제26조의2제4항에 따라 각각 계산한 기준상각률을 말한다.
⑤ 영 제26조의2제2항 각 호 및 같은 조 제4항 각 호를 적용할 때 사업연도 중에 취득한 감가상각자산 및 사업연도 중에 처분한 감가상각자산의 취득가액 및 미상각잔액은 각각 그 취득가액 및 미상각잔액에 해당 감가상각자산을 사업에 사용한 월수를 사업연도의 월수로 나눈 금액을 곱하여 계산한다. 이 경우 월수는 역에 따라 계산하되, 1월 미만의 일수는 1월로 한다. (2011.2.28 본조개정)

제13조의2 【기준내용연수】 법 제23조제2항제2호 및 영 제26조의3제2항제1호에서 "기획재정부령으로 정하는 기준내용연수"란 영 제28조제1항제1호의 감가상각자산의 경우에는 별표2 및 별표3에 따른 내용연수를, 영 제28조제1항제2호의 감가상각자산의 경우에는 별표5 및 별표6에 따른 기준내용연수를 말한다.(2014.3.14 본조개정)

제14조 【감가상각방법의 변경】 영 제27조제1항제5호에서 "기획재정부령으로 정하는 회계정책의 변경"이란 다음 각 호의 어느 하나에 해당하는 경우를 말한다.
1. 한국채택국제회계기준을 최초로 적용한 사업연도에 결산상각방법을 변경하는 경우
2. 한국채택국제회계기준을 최초로 적용한 사업연도에 지배기업의 연결재무제표 작성 대상에 포함되는 종속기업이 지배기업과 회계정책을 일치시키기 위하여 결산상각방법을 지배기업과 동일하게 변경하는 경우
(2019.3.20 1호~2호개정)
(2011.2.28 본조신설)

제15조 【내용연수와 상각률】 ① 영 제28조제1항제1호에서 "기획재정부령으로 정하는 시험연구용자산"이란 별표2에 규정된 자산을 말한다.(2019.3.20 본항개정)
② 영 제28조제1항제1호에서 "기획재정부령으로 정하는 내용연수"란 별표2 및 별표3에 규정된 내용연수를 말하고, 같은 호에서 "기획재정부령으로 정하는 상각방법별 상각률"이란 별표4에 규정된 상각률을 말한다.(2019.3.20 본항개정)
③ 영 제28조제1항제2호에서 "기획재정부령으로 정하는 내용연수범위"란 별표5 및 별표6에 규정된 내용연수범위를 말한다.(2011.2.28 본항개정)

제16조 【가동률】 영 제29조제1항제2호에서 "기획재정부령이 정하는 가동률"이라 함은 다음 각호의 비율중에서 당해 법인이 선택한 비율을 말한다.(2008.3.31 본문개정)

1. $\dfrac{\text{당해 사업연도 실제생산량}}{\text{연간 생산가능량}} \times 100$

2. $\dfrac{\text{연간 작업시간}}{\text{연간 작업가능시간}} \times 100$

(2003.3.26 본호개정)

제17조【수익적 지출의 범위】 다음 각호의 지출은 영 제31조제2항의 규정에 의한 자본적 지출에 해당하지 아니하는 것으로 한다.

1. 건물 또는 벽의 도장
2. 파손된 유리나 기와의 대체
3. 기계의 소모된 부속품 또는 벨트의 대체
4. 자동차 타이어의 대체
5. 재해를 입은 자산에 대한 외장의 복구·도장 및 유리의 삽입
6. 기타 조업가능한 상태의 유지 등 제1호 내지 제5호와 유사한 것

제18조【기부금의 지출시기】 영 제36조제2항 및 제3항을 적용할 때 법인이 기부금의 지출을 위하여 어음을 발행(배서를 포함한다)한 경우에는 그 어음이 실제로 결제된 날에 지출한 것으로 보며, 수표를 발행한 경우에는 당해 수표를 교부한 날에 지출한 것으로 본다. (2019.3.20 본조개정)

제18조의2【한국학교 등의 요건 등】 ① 영 제38조제4항제5호에 따른 총 지출금액 및 배분지출액은 다음 각호에 따라 계산한 금액으로 한다.(2019.3.20 본문개정)

1. 총 지출금액 : 발생주의에 기초한 결산 기준 포괄손익계산서(포괄손익계산서가 없는 경우에는 손익계산서를 말한다. 이하 이 조에서 같다)의 차변에 계상된 금액의 합계액에서 현재·미래의 현금흐름과 무관한 비용을 뺀 금액
2. 배분지출액 : 가목의 금액에서 나목과 다목의 금액을 뺀 금액
   가. 제1호에 따른 총 지출금액 중 개인에게 직접 지원한 금액과 다른 비영리법인·단체의 고유목적사업을 위한 재원으로 지출한 금액의 합계액
   나. 해당 법인이 출연하여 설립한 법인 또는 단체에 지출한 금액
   다. 개인에게 직접 지원한 금액이 가목의 금액에서 나목의 금액을 뺀 금액의 100분의 30을 초과하는 경우 그 초과하는 금액
② (2018.3.21 삭제)
③ 영 제38조제6항에서 "기획재정부령으로 정하는 서류"란 다음 각 호의 구분에 따른 서류를 말한다. (2019.3.20 본문개정)

1. 법 제24조제2항제1호라목9)에 따른 한국학교의 경우 : 다음 각 목의 서류(2021.3.16 본문개정)
   가. 별지 제63호의2서식의 공익법인등 추천서 (2021.3.16 본목개정)
   나. (2018.3.21 삭제)
   다. 「재외국민 교육지원 등에 관한 법률」 제5조제1항 및 제4항에 따른 교육부장관의 설립승인서 및 운영승인서(2013.3.23 본목개정)
   라. 최근 3년간(설립일부터 신청일 직전 사업연도 종료일까지의 기간이 3년 미만인 경우에는 해당 학교가 설립된 사업연도부터 신청일 직전 사업연도 종료일까지의 기간을 말한다. 이하 이 항에서 같다)의 결산서 및 해당 사업연도 예산서(2018.3.21 본목개정)
   마. 기부금을 통한 사업계획서
2. 법 제24조제2항제1호바목에 따른 법인의 경우 : 다음 각 목의 서류(2021.3.16 본문개정)
   가. 별지 제63호의2서식의 공익법인등 추천서 (2021.3.16 본목개정)

나. 법인설립허가서
다. (2021.3.16 삭제)
라. 정관
마. 기부금을 통한 사업계획서
바. 최근 3년간의 결산서 및 해당 사업연도 예산서 (2018.3.21 본목개정)
사. 별지 제63호의8서식의 총 지출금액 계산서
아. 최근 3년간의 결산서에 대한 회계감사 보고서 (2018.3.21 본목개정)
자. 「상속세 및 증여세법 시행령」 제43조의2제10항에 따른 전용계좌개설 신고 사실에 대하여 관할 세무서장이 발급하는 사실증명
3. (2018.3.21 삭제)
④ 영 제38조제6항에 따라 주무관청으로부터 추천 서류를 제출받은 기획재정부장관은 「전자정부법」 제36조제1항에 따른 행정정보의 공동이용을 통하여 추천 대상인 법인의 등기사항증명서를 확인해야 한다. (2021.3.16 본항신설)
⑤ 영 제38조제11항제1호에서 "기획재정부령으로 정하는 금액"이란 사업연도별로 1천만원을 말한다. (2019.3.20 본항신설)
⑥ 주무관청은 학교등의 명칭이 변경된 경우로서 해당 학교등이 지정요건을 계속 충족하고 있는 경우에는 지체 없이 그 학교등의 정관을 첨부하여 기획재정부장관에게 그 사실을 알려야 한다. 이 경우 기획재정부장관은 「전자정부법」 제36조제1항에 따른 행정정보의 공동이용을 통하여 그 학교등의 법인 등기사항증명서를 확인해야 한다.(2021.3.16 본항개정)
(2021.3.16 본조제목개정)
(2011.2.28 본조신설)

제18조의3【공익법인등의 범위】 ① 영 제39조제1항제2호바목에 따른 지정은 매분기별로 한다.
② 영 제39조제1항제1호바목에 따라 추천을 받으려는 법인은 별지 제63호의5서식의 공익법인등 추천신청서에 다음 각 호의 서류를 첨부하여 해당 분기 마지막 달의 전전달 10일까지 국세청장(주사무소 및 본점소재지 관할 세무서장을 포함한다. 이하 이 조 및 제19조에서 같다)에게 제출해야 한다.(2023.3.20 본문개정)

1. 법인 등의 설립 또는 등록에 관한 다음 각 목의 서류 (2021.3.16 본문개정)
   가. 「민법」 제32조에 따라 주무관청의 허가를 받아 설립된 비영리법인, 「공공기관의 운영에 관한 법률」 제4조에 따른 공공기관(같은 법 제5조제4항제1호에 따른 공기업은 제외한다) 또는 법률에 따라 직접 설립 또는 등록된 기관의 경우 : 법인설립허가서
   나. 「협동조합 기본법」 제85조에 따라 설립된 사회적협동조합(이하 이 조에서 "사회적협동조합"이라 한다)의 경우 : 사회적협동조합 설립인가증 (2021.3.16 가목~나목개정)
   다. 비영리외국법인의 경우 : 외국의 정부가 발행한 해당 법인의 설립에 관한 사항을 증명할 수 있는 서류
2. 정관
3. 최근 3년간의 결산서 및 해당 사업연도 예산서. 다만, 제출일 현재 법인 등의 설립기간이 3년이 경과하지 않은 경우에는 다음 각 목의 서류
   가. 제출 가능한 사업연도의 결산서
   나. 해당 사업연도 예산서
   다. 국세청장에 추천을 신청하는 날이 속하는 달의 직전 월까지의 월별 수입·지출 내역서
4. 지정일이 속하는 사업연도부터 3년(영 제39조제1항제1호 각 목 외의 부분 단서에 따른 지정기간이 6년인 경우에는 5년으로 한다)이 경과하는 날이 속하는 사업연도까지의 기부금 모집을 통한 사업계획서

5. 법인 대표자의 별지 제63호의6서식의 공익법인등 의무이행준수 서약서(영 제39조제1항제1호 각 목 외의 부분 단서에 따른 지정기간이 3년인 경우에 한정한다)(2021.3.16 본호개정)
6. 기부금모금 및 지출을 통한 공익활동보고서(영 제39조제1항제1호 각 목 외의 부분 단서에 따른 지정기간이 6년인 경우에 한정한다)(2021.3.16 본호개정)
③ 제2항에 따라 공익법인등 추천신청서 및 같은 항 각 호의 서류(이하 "추천신청서류"라 한다)를 제출받은 국세청장은 「전자정부법」 제36조제1항에 따른 행정정보의 공동이용을 통하여 추천 대상인 법인의 등기사항증명서를 확인해야 하며, 제2항에 따라 제출받은 추천신청서류를 검토한 후 지정요건을 충족하는 기관에 대해서는 해당 분기 마지막 달의 직전 달 10일까지 추천기관의 법인명, 대표자, 사업내용 등을 기재한 별지 제63호의2서식의 공익법인등 추천서에 추천신청서류를 첨부하여 기획재정부장관에게 제출해야 한다.(2023.3.20 본항개정)
④ 영 제39조제1항제1호바목에 따라 기획재정부장관이 지정한 기관(이하 "공익법인등"이라 한다)이 같은 호 각 목 외의 부분 단서에 따른 지정기간이 경과한 후 다시 공익법인등으로 지정받기 위해서는 같은 호 바목 및 이 조 제2항에 따라 국세청장에게 추천신청서류를 제출하고 제3항에 따른 국세청장의 추천을 받아 기획재정부장관이 새로 지정해야 한다.(2022.3.18 본항개정)
⑤ 영 제39조제8항제1호에서 "기획재정부령으로 정하는 금액"이란 사업연도별 1천만원을 말한다.
⑥ 공익법인등은 명칭이 변경된 경우로서 지정요건을 계속 충족하고 있는 경우 별지 제63호의5서식의 공익법인등 명칭변경신청서에 해당 공익법인등의 정관과 제2항제1호다목의 서류(비영리외국법인인 경우로 한정한다)를 첨부하여 국세청장에게 제출해야 한다. 이 경우 국세청장은 「전자정부법」 제36조제1항에 따른 행정정보의 공동이용을 통하여 그 공익법인등의 법인 등기사항증명서를 확인해야 한다.(2023.3.20 전단개정)
⑦ 제6항에 따라 자료를 제출받은 국세청장은 해당 분기 마지막 달의 직전 달 10일까지 기획재정부장관에게 명칭이 변경된 공익법인등의 명단을 통보하고, 기획재정부장관은 해당 공익법인등의 명칭이 변경된 사실을 관보에 공고해야 한다.(2021.3.16 본항신설)
(2021.3.16 본조제목개정)
(2020.3.13 본조개정)

제19조 【학교등의 요건 충족여부등 보고기한 등】 ① 영 제38조제3항 또는 제4항에 따른 학교 또는 법인(이하 이 조에서 "학교등"이라 한다)은 영 제38조제9항에 따른 요건 충족여부등(이하 이 조에서 "요건충족여부등"이라 한다)을 사업연도 종료일부터 4개월 이내에 주무관청에 보고해야 한다.(2021.3.16 본항개정)
② 학교등의 주무관청(이하 이 조에서 "주무관청"이라 한다)은 제1항의 보고기한까지 요건충족여부등을 보고하지 않은 학교등에 대해서는 제1항의 보고기한으로부터 2개월 이내에 요건충족여부등을 보고하도록 지체 없이 요구해야 한다.(2021.3.16 본항개정)
③ 주무관청은 제1항 및 제2항에 따라 요건충족여부등을 보고받은 경우에는 그 점검결과를, 보고받지 못한 경우에는 그 미보고 사실을 제1항의 보고기한으로부터 3개월 이내에 국세청장에게 통보해야 한다.(2021.3.16 본항개정)
④ 제1항 및 제3항에 따라 학교등 및 주무관청이 제출하는 서식은 다음 각 호의 서식에 따른다.
1. 영 제38조제3항에 따른 학교 : 별지 제63호의12서식
2. 영 제38조제4항에 따른 법인(이하 "전문모금기관"이라 한다) : 별지 제63호의11서식(2021.3.16 본호개정)

3. (2018.3.21 삭제)
(2020.3.13 본항개정)
⑤ 영 제38조제8항제1호에서 "기획재정부령으로 정하는 기부금 모금액 및 활용실적 명세서"란 별지 제63호의7서식을 말한다.(2020.3.13 본항개정)
⑥ 국세청장은 영 제38조제11항 및 제13항에 따라 학교등의 지정을 취소하거나 다시 지정하지 않으려는 경우에는 다음 각 호의 구분에 따라 해당 기한까지 기획재정부장관에게 이를 요청해야 한다.
1. 영 제38조제11항에 해당하는 경우 : 11월 30일
2. 영 제38조제13항에 해당하는 경우 : 해당 사유를 알게 된 날부터 5개월이 되는 날
(2020.3.13 본항개정)
⑦ 국세청장은 제6항에 따라 지정을 취소하거나 재지정하지 않을 것을 기획재정부장관에게 요청할 때에는 다음 각 호의 사항을 적은 문서로 해야 한다. 이 경우 제3항에 따라 주무관청으로부터 통보받은 점검결과 등의 관련 자료를 첨부해야 한다.(2020.3.13 본문개정)
1. 지정 취소 또는 재지정 거부 대상 학교등 명칭 (2020.3.13 본항개정)
2. 주무관청
3. 지정 취소 또는 재지정 거부 사유
4. 그 밖에 지정 취소나 재지정 거부에 필요한 사항 (2014.3.14 본항신설)
(2020.3.13 본조제목개정)

제19조의2 【공익법인등의 의무이행 여부등 보고기한 등】 ① 영 제39조제6항에 따른 공익법인등은 같은 조 제5항에 따른 의무이행 여부(이하 이 조에서 "의무이행여부"라 한다)를 사업연도 종료일부터 4개월 이내에 국세청장에게 보고해야 한다.(2023.3.20 본항개정)
② 국세청장은 제1항의 보고기한까지 의무이행여부를 보고하지 않은 공익법인등에 대해서는 제1항의 보고기한으로부터 2개월 이내에 의무이행여부를 보고하도록 지체 없이 요구해야 한다.(2021.3.16 본항개정)
③ 제1항에 따라 공익법인등이 보고하는 서식은 별지 제63호의10서식에 따른다.(2021.3.16 본항개정)
④ 영 제39조제5항제3호나목 후단에서 "기획재정부령으로 정하는 기부금 모금액 및 활용실적 명세서"란 별지 제63호의7서식을 말한다.(2023.3.20 본항개정)
⑤ 국세청장은 영 제39조제8항 및 제9항에 따라 공익법인등의 지정을 취소하는 경우에는 다음 각 호의 구분에 따라 해당 기한까지 기획재정부장관에게 이를 요청해야 한다.(2021.3.16 본문개정)
1. 영 제39조제8항에 해당하는 경우 : 11월 30일
2. 영 제39조제9항에 해당하는 경우 : 해당 사유를 알게 된 날부터 5개월이 되는 날
⑥ 국세청장은 제5항에 따라 지정을 취소할 것을 기획재정부장관에게 요청할 때에는 다음 각 호의 사항을 적은 문서로 해야 한다.
1. 지정 취소대상 공익법인등의 명칭(2021.3.16 본호개정)
2. 주무관청
3. 지정 취소사유
4. 그 밖에 지정 취소에 필요한 사항
(2021.3.16 본조제목개정)
(2020.3.13 본조신설)

제20조 【기업업무추진비의 손금불산입】 ① 법 제25조제4항제2호를 적용할 때 같은 호 단서에 해당하는 수입금액(이하 이 항에서 "수입금액"이라 한다)이 있는 경우 그 기타 수입금액에 대하여 법 제25조제4항제2호의 표에 따른 비율(이하 이 항에서 "적용률"이라 한다)을 곱하여 산출한 금액의 계산은 제1호의 금액에서 제2호의 금액을 차감하는 방법에 따른다.
1. 해당 법인의 수입금액에 적용률을 곱하여 산출한 금액

2. 해당 법인의 수입금액 중 기타 수입금액 외의 수입금액에 적용률을 곱하여 산출한 금액
(2019.3.20 본항개정)
② 법 제25조제2항 본문에 따라 손금에 산입하지 않는 기업업무추진비 지출액에는 법인이 직접 생산한 제품 등으로 제공한 것을 제외한다.(2023.3.20 본항개정)
(2023.3.20 본조제목개정)
제21조 (2002.3.30 삭제)
제22조【현실적인 퇴직의 범위 등】① (2009.3.30 삭제)
② 영 제44조제1항을 적용할 때 현실적으로 퇴직하지 아니한 임원 또는 직원에게 지급한 퇴직급여는 해당 임원 또는 직원이 현실적으로 퇴직할 때까지 이를 영 제53조제1항에 해당하는 것으로 본다.(2019.3.20 본항개정)
③ 영 제44조제2항제5호에서 "정관 또는 정관에서 위임된 퇴직급여지급규정에 따라 장기요양 등 기획재정부령으로 정하는 사유"란 다음 각 호의 어느 하나에 해당하는 경우를 말한다.
1. 중간정산일 현재 1년 이상 주택을 소유하지 아니한 세대의 세대주인 임원이 주택을 구입하려는 경우(중간정산일부터 3개월 내에 해당 주택을 취득하는 경우만 해당한다)
2. 임원(임원의 배우자 및 「소득세법」 제50조제1항제3호에 따른 생계를 같이 하는 부양가족을 포함한다)이 3개월 이상의 질병 치료 또는 요양을 필요로 하는 경우
3. 천재·지변, 그 밖에 이에 준하는 재해를 입은 경우
(2010.3.31 본항신설)
④ 영 제44조제3항에 따라 법인이 임원 또는 직원에게 해당 법인(임원 또는 직원이 전입하는 때에 퇴직급여 상당액을 인수하지 아니한 법인을 말한다. 이하 이 항에서 같다)과 특수관계인 법인에 근무한 기간을 합산하여 퇴직급여를 지급하는 경우에는 퇴직급여 전액 중 해당 법인이 지급할 퇴직급여의 금액(각 법인으로부터의 전출 또는 각 법인으로의 전입을 각각 퇴직 및 신규채용으로 보아 계산한 금액을 말한다)을 임원 또는 직원이 해당 법인에서 퇴직하는 때에 각 법인의 손금에 산입한다.(2019.3.20 본항개정)
⑤ 영 제44조제4항제2호에서 "기획재정부령으로 정하는 방법에 의하여 계산한 근속연수"란 역년에 의하여 계산한 근속연수를 말한다. 이 경우 1년 미만의 기간은 월수로 계산하되, 1개월 미만의 기간은 이를 산입하지 아니한다.(2009.3.30 본항개정)
제23조【퇴직연금등의 범위】영 제44조의2제2항에서 "기획재정부령으로 정하는 것"이란 다음 각 호의 어느 하나에 해당하는 기관이 취급하는 퇴직연금을 말한다.
1. 「보험업법」에 따른 보험회사
2. 「자본시장과 금융투자업에 관한 법률」에 따른 신탁업자·집합투자업자·투자매매업자 또는 투자중개업자
3. 「은행법」에 따른 은행
4. 「산업재해보상보험법」 제10조에 따른 근로복지공단
5. (2011.2.28 삭제)
(2011.2.28 본조개정)
제24조【지급보험료등의 범위】① 영 제44조의2제2항부터 제4항까지를 적용할 때 법인이 임원 또는 직원에 대하여 확정기여형 퇴직연금등을 설정하면서 설정 전의 근무기간분에 대한 부담금을 지출한 경우 그 지출금액은 제31조제2항에 따라 퇴직급여충당금의 누적액에서 차감된 퇴직급여충당금에서 먼저 지출한 것으로 본다.
② 영 제44조의2제4항제2호에서 "직전 사업연도종료일까지 지급한 부담금"이란 직전 사업연도종료일까지 납입한 부담금의 누계액에서 해당 사업연도 종료일까지 퇴직연금등의 해약이나 임원 또는 직원의 퇴직으로 인

하여 수령한 해약금 및 퇴직급여와 확정기여형 퇴직연금등으로 전환된 금액을 차감한 금액을 말한다.
(2019.3.20 본항개정)
제25조【매출액과 총자산가액의 범위 등】① 영 제48조제1항제2호가목에 따른 매출액 및 총자산가액은 기업회계기준에 따른 매출액(「자본시장과 금융투자업에 관한 법률」에 따른 집합투자업자, 투자매매업자 또는 투자중개업자의 경우에는 영 제42조제1항제1호 및 제2호에 따라 산정한 금액으로 할 수 있다. 이하 이 조에서 같다) 및 총자산가액으로 한다.(2019.3.20 본항개정)
② 영 제48조제1항제2호가목 단서에서 "기획재정부령으로 정하는 손비"와 "기획재정부령으로 정하는 기준"이란 다음 각 호의 구분에 따른 손비와 기준을 말한다.
(2019.3.20 본문개정)
1. 공동행사비 등 참석인원의 수에 비례하여 지출되는 손비 : 참석인원비율
2. 공동구매비 등 구매금액에 비례하여 지출되는 손비 : 구매금액비율
3. 공동광고선전비
  가. 국외 공동광고선전비 : 수출금액(대행수출금액은 제외하며, 특정 제품에 대한 광고선전의 경우에는 해당 제품의 수출금액을 말한다)
  나. 국내 공동광고선전비 : 기업회계기준에 따른 매출액 중 국내의 매출액(특정 제품에 대한 광고선전의 경우에는 해당 제품의 매출액을 말하며, 주로 최종 소비자용 재화나 용역을 공급하는 법인의 경우에는 그 매출액의 2배에 상당하는 금액 이하로 할 수 있다)
  (2008.3.31 본호신설)
4. 무형자산의 공동사용료 : 해당 사업연도 개시일의 기업회계기준에 따른 자본의 총합계액(2019.3.20 본호개정)
(2001.3.28 본항신설)
③ (2008.3.31 삭제)
④ 영 제48조제1항의 규정을 적용함에 있어서 다음 각 호의 1에 해당하는 법인의 경우에는 공동 광고선전비를 분담하지 아니하는 것으로 할 수 있다.
1. 당해 공동 광고선전에 관련되는 자의 직전 사업연도의 매출액총액에서 당해 법인의 매출액이 차지하는 비율이 100분의 1에 미달하는 법인
2. 당해 법인의 직전 사업연도의 매출액에서 당해 법인의 광고선전비(공동 광고선전비를 제외한다)가 차지하는 비율이 1천분의 1에 미달하는 법인
3. 직전 사업연도종료일 현재 청산절차가 개시되었거나 「독점규제 및 공정거래에 관한 법률」에 의한 기업집단에서의 분리절차가 개시되는 등 공동광고의 효과가 미치지 아니한다고 인정되는 법인(2005.2.28 본호개정)
(2016.3.7 본조제목개정)
제26조【업무와 관련이 없는 부동산 등의 범위】① 영 제49조제1항제1호가목 단서에서 "기획재정부령이 정하는 기간"이란 다음 각 호의 어느 하나에 해당하는 기간(이하 이 조에서 "유예기간"이라 한다)을 말한다.(2009.3.30 본문개정)
1. 건축물 또는 시설물 신축용 토지 : 취득일부터 5년(「산업집적활성화 및 공장설립에 관한 법률」 제2조제1호의 규정에 의한 공장용 부지로서 「산업집적활성화 및 공장설립에 관한 법률」 또는 「중소기업 창업지원법」에 의하여 승인을 얻은 사업계획서상의 공장건설계획기간이 5년을 초과하는 경우에는 당해 공장건설계획기간)(2005.2.28 본호개정)
2. 부동산매매업(「한국표준산업분류」에 따른 부동산 개발 및 공급업(묘지분양업을 포함한다) 및 건물 건설업(자영건설업에 한한다)을 말한다. 이하 이 조에서 같다)을 주업으로 하는 법인이 취득한 매매용부동산 : 취득일부터 5년(2009.3.30 본호개정)

3. 제1호 및 제2호 외의 부동산 : 취득일부터 2년
(2001.3.28 본호개정)
② 영 제49조제1항제1호가목 및 나목에서 "법인의 업무"란 다음 각 호의 업무를 말한다.(2009.3.30 본문개정)
1. 법령에서 업무를 정한 경우에는 그 법령에 규정된 업무
2. 각 사업연도종료일 현재의 법인등기부상의 목적사업(행정관청의 인가·허가 등을 요하는 사업의 경우에는 그 인가·허가 등을 받은 경우에 한한다)으로 정하여진 업무
③ 영 제49조제1항제1호의 규정을 적용함에 있어서 다음 각호의 1에 해당하는 경우에는 당해 부동산을 업무에 직접 사용한 것으로 본다.
1. 토지를 취득하여 업무용으로 사용하기 위하여 건설에 착공한 경우(착공일이 불분명한 경우에는 착공신고서 제출일을 기준으로 한다. 다만, 천재지변·민원의 발생 기타 정당한 사유없이 건설을 중단한 경우에는 중단한 기간동안 업무에 사용하지 아니한 것으로 본다.(2001.3.28 본호개정)
2. 제1항제2호의 규정에 의한 매매용부동산을 유예기간내에 양도하는 경우(2003.3.26 본호개정)
④ 영 제49조제1항제1호의 규정을 적용함에 있어서 건축물이 없는 토지를 임대하는 경우(공장·건축물의 부속토지 등 법인의 업무에 직접 사용하던 토지를 임대하는 경우를 제외한다) 당해 토지는 업무에 직접 사용하지 아니하는 부동산으로 본다. 다만, 당해 토지를 임대하던 중 당해 법인이 건설에 착공하거나 그 임차인이 당해 법인의 동의를 얻어 건설에 착공한 경우 당해 토지는 그 착공일(착공일이 불분명한 경우에는 착공신고서 제출일을 말한다)부터 업무에 직접 사용하는 부동산으로 본다.(2002.3.30 본항개정)
⑤ 영 제49조제1항제1호 각 목 외의 부분 단서에서 "기획재정부령이 정하는 부득이한 사유가 있는 부동산"이란 다음 각 호의 어느 하나에 해당하는 부동산을 말한다.(2016.3.7 본문개정)
1. (2001.3.28 삭제)
2. 해당 부동산의 취득 후 다음 각 목의 어느 하나에 해당하는 사유가 발생한 부동산(다목 및 라목의 경우 제1항제2호의 매매용부동산을 제외한다)(2009.3.30 본문개정)
　가. 법령에 의하여 사용이 금지 또는 제한된 부동산(사용이 금지 또는 제한된 기간에 한한다)
　나.「문화재보호법」에 의하여 지정된 보호구역안의 부동산(지정된 기간에 한한다)(2005.2.28 본목개정)
　다. 유예기간이 경과되기 전에 법령에 따라 해당 사업과 관련된 인가·허가(건축허가를 포함한다. 이하 이 호에서 같다)·면허 등을 신청한 법인이「건축법」제18조 및 행정지도에 의하여 건축허가가 제한됨에 따라 건축을 할 수 없게 된 토지(건축허가가 제한된 기간에 한정한다)(2009.3.30 본목개정)
　라. 유예기간이 경과되기 전에 법령에 의하여 당해 사업과 관련된 인가·허가·면허 등을 받았으나 건축자재의 수급조절을 위한 행정지도에 의하여 착공이 제한된 토지(착공이 제한된 기간에 한한다)
3. 법률 제6538호 조세특례제한법중개정법률로 개정되기 전의「조세특례제한법」제78조제1항 각 호 또는 같은 법 제81조제1항에 규정된 자가 보유하는 같은 법 제78조제1항 각 호 또는 같은 법 제81조제1항에 규정된 부동산(2019.3.20 본호개정)
4.「광업법」에 의하여 산업통상자원부장관의 인가를 받아 휴광 중인 광업용 부동산(2013.3.23 본호개정)
5. 사업장(임시 작업장을 제외한다)의 진입도로로서「사도법」에 의한 사도 또는 불특정다수인이 이용하는 도로

6.「건축법」에 의하여 건축허가를 받을 당시에 공공공지로 제공한 토지(당해 건축물의 착공일부터 공공공지로의 제공이 끝나는 날까지의 기간에 한한다)(2005.2.28 5호~6호개정)
7.「대덕연구개발특구 등의 육성에 관한 법률」제34조의 특구관리계획에 의하여 원형지로 지정된 토지(원형지로 지정된 기간에 한한다)(2007.12.5 본호개정)
8.「농업협동조합의 구조개선에 관한 법률」에 의한 농업협동조합자산관리회사가 같은 법 제30조에 따라「농업협동조합법」에 의한 조합, 농업협동조합중앙회, 농협은행, 농협생명보험 또는 농협손해보험으로부터 취득한 부동산(2012.2.28 본호개정)
9.「농업협동조합법」에 의한 조합, 농업협동조합중앙회, 농협은행, 농협생명보험 또는 농협손해보험이「농업협동조합의 구조개선에 관한 법률」에 의한 농업협동조합자산관리회사에 매각을 위임한 부동산(2012.2.28 본호개정)
10.「민사집행법」에 의하여 경매가 진행 중인 부동산과「국세징수법」에 의하여 공매가 진행 중인 부동산으로서 최초의 경매기일 또는 공매일부터 5년이 경과되지 아니한 부동산(2005.2.28 본호개정)
11. 저당권의 실행 기타 채권을 변제받기 위하여 취득한 부동산 및 청산절차에 따라 잔여재산의 분배로 인하여 취득한 부동산으로서 취득일부터 5년이 경과되지 아니한 부동산(2000.12.30 본호개정)
12.「금융기관부실자산 등의 효율적 처리 및 한국자산관리공사의 설립에 관한 법률」에 의하여 설립된 한국자산관리공사(이하 이 조에서 "한국자산관리공사"라 한다)에 매각을 위임한 부동산으로서 3회 이상 유찰된 부동산(2005.2.28 본호개정)
13. 영 제61조제2항 각 호의 어느 하나에 해당하는 금융회사 등이 저당권의 실행 또는 그 밖에 채권을 변제받기 위하여 취득한 자산으로서 다음 각 목의 어느 하나에 해당하는 부동산(2019.3.20 본문개정)
　가. 한국자산관리공사에 매각을 위임한 부동산(2000.3.9 본목개정)
　나. 부동산의 소유권에 관한 소송이 계속 중인 부동산
14. 당해 부동산을 취득한 후 소유권에 관한 소송이 계속 중인 부동산으로서 법원에 의하여 사용이 금지된 부동산과 그 부동산의 소유권에 관한 확정판결일부터 5년이 경과되지 아니한 부동산(2000.12.30 본호개정)
15.「도시개발법」에 의한 도시개발구역안의 토지로서 환지방식에 의하여 시행하는 도시개발사업으로 구획단위로 사실상 완료되어 건축이 가능한 날부터 5년이 경과되지 아니한 토지(2005.2.28 본호개정)
16. 건축물이 멸실·철거되거나 무너진 경우에는 당해 건축물이 멸실·철거되거나 무너진 날부터 5년이 경과되지 아니한 토지(2000.12.30 본호개정)
17. 법인이 사업의 일부 또는 전부를 휴업·폐업 또는 이전함에 따라 업무에 직접 사용하지 아니하게 된 부동산으로서 그 휴업·폐업 또는 이전일부터 5년이 경과되지 아니한 부동산(2000.12.30 본호개정)
18. 다음 각목의 1에 해당하는 법인이 신축한 건물로서 사용검사일부터 5년이 경과되지 아니한 건물과 그 부속토지
　가. 주택신축판매업〔한국표준산업분류에 의한 주거용 건물공급업 및 주거용 건물건설업(자영건설업에 한한다)을 말한다〕을 영위하는 법인(2006.3.14 본목개정)
　나.「산업집적활성화 및 공장설립에 관한 법률」에 의한 아파트형공장의 설치자(2005.2.28 본목개정)
　다. 건설업을 영위하는 법인(2001.3.28 본목개정)
19.「주택법」에 따라 주택건설사업자로 등록한 법인이 보유하는 토지 중 같은 법에 따라 승인을 얻은 주택건설사업계획서에 기재된 사업부지에 인접한 토지로

서 해당 계획서상의 주택 및 대지 등에 대한 사용검사일부터 5년이 경과되지 아니한 토지(2019.3.20 본호개정)

20. 「염관리법」 제16조의 규정에 의하여 허가의 효력이 상실된 염전으로서 허가의 효력이 상실된 날부터 5년이 경과되지 아니한 염전(2005.2.28 본호개정)

21. 「공유수면매립법」에 의하여 매립의 면허를 받은 법인이 매립공사를 하여 취득한 매립지로서 당해 매립지의 소유권을 취득한 날부터 5년이 경과되지 아니한 매립지(2005.2.28 본호개정)

22. 행정청이 아닌 도시개발사업의 시행자가 「도시개발법」에 의한 도시개발사업의 실시계획인가를 받아 분양을 조건으로 조성하고 있는 토지 및 조성이 완료된 후 분양되지 아니하거나 분양후「산업집적활성화 및 공장설립에 관한 법률」제41조의 규정에 의하여 환수 또는 환매한 토지로서 최초의 인가일부터 5년이 경과되지 아니한 토지(2005.2.28 본호개정)

23. 각 목의 어느 하나에 해당하는 기관이「금융산업의 구조개선에 관한 법률」제10조에 따른 적기시정조치 또는 같은 법 제14조제2항에 따른 계약이전의 결정에 따라 같은 법 제2조제3호에 따른 부실금융기관으로부터 취득한 부동산(2019.3.20 본문개정)

가. 「예금자보호법」 제3조의 규정에 의한 예금보험공사

나. 「예금자보호법」 제36조의3의 규정에 의한 정리금융기관

다. 「금융산업의 구조개선에 관한 법률」 제2조제1호의 규정에 의한 금융기관

(2005.2.28 본호개정)

24. 「자산유동화에 관한 법률」에 따른 유동화전문회사가 같은 법 제3조에 따른 자산유동화계획에 따라 자산보유자로부터 취득한 부동산(2019.3.20 본호개정)

25. 유예기간내에 법인의 합병 또는 분할로 인하여 양도되는 부동산(2001.3.28 본호신설)

26. 공장의 가동에 따른 소음·분진·악취 등에 의하여 생활환경의 오염피해가 발생되는 지역안의 토지로서 당해 토지소유자의 요구에 따라 취득한 공장용 부속토지의 인접토지(2001.3.28 본호신설)

27. 전국을 보급지역으로 하는 일간신문을 포함한 3개 이상의 일간신문에 다음 각목의 조건으로 매각을 3일 이상 공고하고, 공고일(공고일이 서로 다른 경우에는 최초의 공고일을 말한다)부터 1년이 경과하지 아니하였거나 1년 이내에 매각계약을 체결한 부동산

가. 매각예정가격이 법 제52조의 규정에 의한 시가 이하일 것

나. 매각대금의 100분의 70 이상을 매각계약 체결일부터 6월 이후에 결제할 것

(2001.3.28 본호신설)

28. 제27호의 규정에 의한 부동산으로서 동호 각목의 요건을 갖추어 매년 매각을 재공고하고, 재공고일부터 1년이 경과되지 아니하였거나 1년 이내에 매각계약을 체결한 부동산(직전 매각공고시의 매각예정가격에서 동금액의 100분의 10을 차감한 금액 이하로 매각을 재공고한 경우에 한한다)(2001.3.28 본호신설)

29. 「주택법」 제16조 및 같은 법 시행령 제18조제5호에 따라 사업계획승인권자로부터 공사착수기간의 연장 승인을 받아 연장된 공사착수기간 중에 있는 부동산으로서 최초의 공사착수기간 연장승인일부터 5년이 경과되지 아니한 부동산(공사착수가 연장된 기간에 한정한다)(2013.2.23 본호신설)

30. 당해 부동산의 취득후 제2호부터 제29호까지의 사유 외에 도시계획의 변경등 정당한 사유로 인하여 업무에 사용하지 아니하는 부동산(2013.2.23 본호개정)

31. 「송·변전설비 주변지역의 보상 및 지원에 관한 법률」

제5조에 따른 주택매수의 청구에 따라 사업자가 취득하여 보유하는 주택 및 그 대지(2016.3.7 본호신설)

⑥ 영 제49조제1항제1호의 규정을 적용함에 있어서 부동산의 취득시기는 「소득세법 시행령」 제162조의 규정을 준용하되, 동조제1항제3호의 규정에 의한 장기할부조건에 의한 취득의 경우에는 당해 부동산을 사용 또는 수익할 수 있는 날로 한다.(2005.2.28 본항개정)

⑦ 영 제49조제1항제1호나목 단서에서 "기획재정부령이 정하는 부동산매매업을 주업으로 영위하는 법인"이란 제1항제2호의 법인을 말한다. 이 경우 부동산매매업과 다른 사업을 겸영하는 경우에는 해당사업연도와 그 직전 2사업연도의 부동산매매업 매출액의 합계액(해당 법인이 토목건설업을 겸영하는 경우에는 토목건설업 매출액을 합한 금액을 말한다)이 이들 3사업연도의 총 수입금액의 합계액의 100분의 50을 초과하는 경우에 한하여 부동산매매업을 주업으로 하는 법인으로 본다.(2009.3.30 본항개정)

⑧ 제1항의 규정에 의한 부동산의 유예기간을 적용함에 있어서 제5항제2호 각목의 사유가 발생한 경우 그 기간계산은 다음 각호에 의한다.(2001.3.28 본항개정)

1. 제5항제2호가목 또는 나목의 규정에 해당하는 경우에는 각각 해당 법령에 의한 사용의 금지·제한이 해제된 날 또는 「문화재보호법」에 의한 보호구역지정이 해제된 날부터 기산할 것(2005.2.28 본호개정)

2. 제5항제2호다목 또는 라목의 규정에 해당하는 경우에는 건축허가 또는 착공이 제한된 기간을 가산한 기간을 유예기간으로 할 것

⑨ 영 제49조제1항제1호 각목의 1에 해당하는 부동산에 대하여 업무와 관련이 없는 것으로 보는 기간은 다음 각호에 의한다.

1. 영 제49조제1항제1호가목에 해당하는 부동산 : 당해 부동산을 업무에 직접 사용하지 아니한 기간중 유예기간과 겹치는 기간을 제외한 기간. 다만, 당해 부동산을 취득한 후 계속하여 업무에 사용하지 아니하고 양도하는 경우에는 취득일(유예기간이 경과되기 전에 제5항제2호가목 및 나목에 해당하는 사유가 발생한 경우에는 제8항제1호의 규정에 의한 기간계산의 기산일)부터 양도일까지의 기간

2. 영 제49조제1항제1호나목에 해당하는 부동산 : 취득일(제5항제2호가목 및 나목에 해당하는 경우에는 제8항제1호의 규정에 의한 기간계산의 기산일)부터 양도일까지의 기간

(2001.3.28 본항개정)

⑩ 영 제49조제1항제1호 각 목의 어느 하나에 해당하는 부동산이 다음 각 호에 따라 수용되거나 이를 양도하는 경우에는 제9항에도 불구하고 해당 부동산을 업무에 직접 사용하지 아니한 기간 중 유예기간과 겹치는 기간을 제외한 기간을 해당 부동산에 대하여 업무와 관련이 없는 것으로 보는 기간으로 한다.(2014.3.14 본항개정)

1. 「공익사업을 위한 토지 등의 취득 및 보상에 관한 법률」 및 그 밖의 법률에 의하여 수용(협의매수를 포함한다)되는 경우(2005.2.28 본호개정)

2. 「산업집적활성화 및 공장설립에 관한 법률」 제2조제14호에 따른 산업단지 안의 토지를 같은 법 제39조에 따라 양도하는 경우(2014.3.14 본호개정)

⑪ 영 제49조제1항제2호나목 단서에서 "기획재정부령이 정하는 부득이한 사유가 있는 자동차·선박 및 항공기"라 함은 채권의 실행 기타 채권을 변제받기 위하여 취득한 자동차·선박 및 항공기로서 취득일부터 3년이 경과되지 아니한 것을 말한다.(2008.3.31 본항개정)

제27조【업무와 관련없는 비용 등의 손금불산입】영 제49조제1항제1호 각 목의 1에 해당하는 부동산이 있는 법인은 법 제27조제1호 및 법 제28조제1항제4호가목의

규정에 의하여 그 양도한 날이 속하는 사업연도 이전에 종료한 각 사업연도(이하 이 조에서 "종전 사업연도"라 한다)의 업무와 관련한 비용 및 지급이자를 손금에 산입하지 아니하는 경우 다음 각호의 방법중 하나를 선택하여 계산한 세액을 양도한 날이 속하는 사업연도의 법인세에 가산하여 납부하여야 한다. (2001.3.28 본문개정)

1. 종전 사업연도의 각 사업연도의 소득금액 및 과세표준 등을 다시 계산함에 따라 산출되는 결정세액에서 종전 사업연도의 결정세액을 차감한 세액(가산세를 제외한다)

2. 종전 사업연도의 과세표준과 손금에 산입하지 아니하는 지급이자 등을 합한 금액에 법 제55조의 규정에 의한 세율을 적용하여 산출한 세액에서 종전 사업연도의 산출세액을 차감한 세액(가산세를 제외한다)

제27조의2【업무용승용차 관련비용 등의 손금불산입 특례】① 영 제50조의2제1항제2호에서 "기획재정부령으로 정하는 승용자동차"란 한국표준산업분류표 중 장례식장 및 장의관련 서비스업을 영위하는 법인이 소유하거나 임차한 운구용 승용차를 말한다.

② 영 제50조의2제4항제1호다목에서 "기획재정부령으로 정하는 사람"이란 해당 법인의 운전자 채용을 위한 면접에 응시한 지원자를 말한다.(2018.3.21 본항신설)

③ 영 제50조의2제5항에서 "기획재정부령으로 정하는 운행기록 등"이란 국세청장이 기획재정부장관과 협의하여 고시하는 업무용승용차 운행기록 방법을 말한다.

④ 영 제50조의2제8항 각 호 외의 부분에서 "기획재정부령으로 정하는 임차 승용차"란 제4항제2호에 해당하는 임차한 승용차로서 임차계약기간이 30일 이내인 승용차(해당 사업연도에 임차계약기간의 합계일이 30일을 초과하는 승용차는 제외한다)를 말한다. (2017.3.10 본항신설)

⑤ 영 제50조의2제12항에서 "기획재정부령으로 정하는 금액"이란 다음 각 호의 구분에 따른 금액을 말한다. (2017.3.10 본문개정)

1. 「여신전문금융업법」 제3조제2항에 따라 등록한 시설대여업자로부터 임차한 승용차 : 임차료에서 해당 임차료에 포함되어 있는 보험료, 자동차세 및 수선유지비를 차감한 금액. 다만, 수선유지비를 별도로 구분하기 어려운 경우에는 임차료(보험료와 자동차세를 차감한 금액을 말한다)의 100분의 7을 수선유지비로 할 수 있다.

2. 제1호에 따른 시설대여업자 외의 자동차대여사업자로부터 임차한 승용차 : 임차료의 100분의 70에 해당하는 금액

⑥ 영 제50조의2제5항에 따른 업무용 사용거리란 제조·판매시설 등 해당 법인의 사업장 방문, 거래처·대리점 방문, 회의 참석, 판촉 활동, 출·퇴근 등 직무와 관련된 업무수행을 위하여 주행한 거리를 말한다.

⑦ 내국법인이 해산(합병·분할 또는 분할합병에 따른 해산을 포함한다)한 경우에는 법 제27조의2제3항제2호 및 같은 조 제4항에 따라 이월된 금액 중 남은 금액을 해산등기일(합병·분할 또는 분할합병에 따라 해산한 경우에는 합병등기일 또는 분할등기일)이 속하는 사업연도에 모두 손금에 산입한다. (2016.3.7 본조신설)

제28조【가지급금 등에서 제외되는 금액의 범위】① 영 제53조제1항 단서에서 "기획재정부령이 정하는 금액"이라 함은 제44조 각 호의 어느 하나에 해당하는 금액을 말한다.(2008.3.31 본문개정)

1. (2006.3.14 삭제)

2.~3. (2003.3.26 삭제)

4. (2006.3.14 삭제)

② 동일인에 대한 가지급금 등과 가수금의 발생시에

각각 상환기간 및 이자율 등에 관한 약정이 있어 이를 상계할 수 없는 경우에는 영 제53조제3항 후단의 규정에 의한 상계를 하지 아니한다.

제29조 (2005.2.28 삭제)

제29조의2【의료기기 등의 범위】① 영 제56조제6항 제3호가목에서 "의료기기 등 기획재정부령으로 정하는 자산"이란 다음 각 호의 자산을 말한다.(2023.3.20 본문개정)

1. 병원 건물 및 부속토지

2. 「의료기기법」에 따른 의료기기(2007.3.30 본호개정)

3. 「보건의료기본법」에 따른 보건의료정보의 관리를 위한 정보시스템 설비(2007.3.30 본호신설)

4. 산부인과 병원·의원 또는 조산원을 운영하는 의료법인이 취득하는 「모자보건법」 제2조제10호에 따른 산후조리원 건물 및 부속토지(2023.3.20 본호신설)

② 영 제56조제6항제3호나목에서 "기획재정부령으로 정하는 용도"란 해외에서 사용하기 위하여 다음 각 호의 어느 하나에 해당하는 경우를 말한다.

1. 제1항제1호에 따른 병원 건물 및 부속토지를 임차하거나 인테리어 하는 경우

2. 제1항제2호에 따른 의료기기 또는 같은 항 제3호에 따른 정보시스템 설비를 임차하는 경우 (2017.3.10 본항신설)

③ 영 제56조제6항제3호다목에서 "기획재정부령으로 정하는 연구개발사업"이란 「조세특례제한법 시행령」 별표6 제1호가목에 따른 자체연구개발사업과 같은 호 나목에 따른 위탁 및 공동연구개발사업을 말한다. (2017.3.10 본항개정)

④ 영 제56조제10항에서 "기획재정부령으로 정하는 의료발전회계"란 고유목적사업준비금의 적립 및 지출에 관하여 다른 회계와 구분하여 독립적으로 경리하는 회계를 말한다.(2019.3.20 본항개정) (2001.3.28 본조신설)

제30조 (2023.3.20 삭제)

제31조【퇴직급여충당금의 계산 등】① 영 제60조제2항 각 호 외의 부분에서 "퇴직급여로 지급되어야 할 금액의 추계액"이라 함은 정관 기타 퇴직급여지급에 관한 규정에 의하여 계산한 금액을 말한다. 다만, 퇴직급여지급에 관한 규정 등이 없는 법인의 경우에는 「근로자퇴직급여 보장법」이 정하는 바에 따라 계산한 금액으로 한다.(2011.2.28 본문개정)

② 영 제60조제2항을 적용할 때 확정기여형 퇴직연금등이 설정된 임원 또는 직원에 대하여 그 설정 전에 계상된 퇴직급여충당금(제1호의 금액에 제2호의 비율을 곱하여 계산한 금액을 말한다)을 퇴직급여충당금의 누적액에서 차감한다.(2019.3.20 본문개정)

1. 직전 사업연도 종료일 현재 퇴직급여충당금의 누적액

2. 직전 사업연도 종료일 현재 재직한 임원 또는 직원의 전원이 퇴직한 경우에 퇴직급여로 지급되었어야 할 금액의 추계액 중 해당사업연도에 확정기여형 퇴직연금등이 설정된 자가 직전 사업연도 종료일 현재 퇴직한 경우에 퇴직급여로 지급되었어야 할 금액의 추계액이 차지하는 비율(2019.3.20 본호개정) (2006.3.14 본항신설)

③ 법 제33조제4항에서 "사업을 내국법인에게 포괄적으로 양도하는 경우"라 함은 사업장별로 당해 사업에 관한 모든 권리(미수금에 관한 것을 제외한다)와 의무(미지급금에 관한 것을 제외한다)를 포괄적으로 양도하는 경우로 하되, 당해 사업과 직접 관련이 없는 영 제49조제1항 각호의 자산을 제외하고 양도하는 경우를 포함한다.

제32조【대손충당금의 계상】① 영 제61조의 규정을 적용함에 있어서 법인이 당해 사업연도의 대손충당금

손금산입 범위액에서 익금에 산입하여야 할 대손충당금을 차감한 잔액만을 대손충당금으로 계상한 경우 차감한 금액은 이를 각각 익금 또는 손금에 산입한 것으로 본다.

② 법인이 동일인에 대하여 매출채권과 매입채무를 가지고 있는 경우에는 당해 매입채무를 상계하지 아니하고 대손충당금을 계상할 수 있다. 다만, 당사자간의 약정에 의하여 상계하기로 한 경우에는 그러하지 아니하다.

③ (2009.3.30 삭제)

제33조 【인도한 날의 범위】 영 제68조제1항제1호의 규정에 의한 상품등을 인도한 날의 판정을 함에 있어서 다음 각호의 경우에는 당해 호에 규정된 날로 한다.

1. 납품계약 또는 수탁가공계약에 의하여 물품을 납품하거나 가공하는 경우에는 당해 물품을 계약상 인도하여야 할 장소에 보관한 날. 다만, 계약에 따라 검사를 거쳐 인수 및 인도가 확정되는 물품의 경우에는 당해 검사가 완료된 날로 한다.

2. 물품을 수출하는 경우에는 수출물품을 계약상 인도하여야 할 장소에 보관한 날

제34조 【작업진행률의 계산 등】 ① 영 제69조제1항 본문에서 "건설등을 완료한 정도"란 다음 각 호의 구분에 따른 비율을 말한다. (2011.2.28 본문개정)

1. 건설의 경우 : 다음 산식을 적용하여 계산한 비율. 다만, 건설의 수익실현이 건설의 작업시간·작업일수 또는 기성공사의 면적이나 물량 등(이하 이 조에서 "작업시간등"이라 한다)과 비례관계가 있고, 전체 작업시간등에서 이미 투입되었거나 완성된 부분이 차지하는 비율을 객관적으로 산출할 수 있는 건설의 경우에는 그 비율로 할 수 있다.

$$작업진행률 = \frac{해당\ 사업연도말까지\ 발생한\ 총공사비누적액}{총공사예정비}$$

2. 제1호 외의 경우 : 제1호를 준용하여 계산한 비율 (2007.3.30 본항개정)

② 제1항에 따른 총공사예정비는 기업회계기준을 적용하여 계약 당시에 추정한 공사원가에 해당 사업연도말까지의 변동상황을 반영하여 합리적으로 추정한 공사원가로 한다. (2007.3.30 본항신설)

③ 영 제69조제1항 본문에 따라 각 사업연도의 익금과 손금에 산입하는 금액의 계산은 다음 각호의 산식에 의한다. (2011.2.28 본문개정)

1. 익금
   계약금액 × 작업진행률 − 직전 사업연도말까지 익금에 산입한 금액

2. 손금
   당해 사업연도에 발생된 총비용

④ 영 제69조제2항제1호에서 "기획재정부령으로 정하는 경우"란 법인이 비치·기장한 장부가 없거나 비치·기장한 장부의 내용이 충분하지 아니하여 당해 사업연도 종료일까지 실제로 소요된 총공사비누적액 또는 작업시간등을 확인할 수 없는 경우를 말한다. (2011.2.28 본항개정)

제35조 【리스료 등의 귀속 사업연도】 ① 리스이용자가 리스로 인하여 수입하거나 지급하는 리스료(리스개설직접원가를 제외한다)의 익금과 손금의 귀속사업연도는 기업회계기준으로 정하는 바에 따른다. 다만, 한국채택국제회계기준을 적용하는 법인의 영 제24조제5항에 따른 금융리스 외의 리스자산에 대한 리스료의 경우에는 리스기간 동안 정액기준으로 손금에 산입한다. (2020.3.13 단서신설)

② 법인이 아닌 조합 등으로부터 받는 분배이익금의 귀속사업연도는 당해 조합 등의 결산기간이 종료하는 날이 속하는 사업연도로 한다.

③ 「징발재산정리에 관한 특별조치법」에 의하여 징발된 재산을 국가에 매도하고 그 대금을 징발보상증권으로

받는 경우 그 손익은 상환조건에 따라 각 사업연도에 상환받았거나 상환받을 금액과 그 상환비율에 상당하는 매도재산의 원가를 각각 해당 사업연도의 익금과 손금에 산입한다. 이 경우 징발보상증권을 국가로부터 전부 상환받기 전에 양도한 경우 양도한 징발보상증권에 상당하는 금액에 대하여는 그 양도한 때에 상환받은 것으로 본다. (2005.2.28 본항개정)

제36조 【기타 손익의 귀속 사업연도】 영 제71조제7항을 적용하되 이 규칙에서 별도로 규정한 것외의 익금과 손금의 귀속사업연도는 그 익금과 손금이 확정된 날이 속하는 사업연도로 한다. (2012.2.28 본조개정)

제37조 【자산의 취득가액】 ① (2010.6.30 삭제)

② 영 제72조제3항 및 제5항에 따라 취득가액에 포함하거나 산입하는 영 제11조제8호의 금액중 영 제88조제1항제8호나목 및 다목에 따라 분여받은 이익을 포함한다. (2019.3.20 본항개정)

③ 영 제72조제4항제2호에서 "기획재정부령이 정하는 연지급수입"이라 함은 다음 각 호의 수입을 말한다. (2011.2.28 본문개정)

1. 은행이 신용을 공여하는 기한부 신용장방식 또는 공급자가 신용을 공여하는 수출자신용방식에 의한 수입방법에 의하여 그 선적서류나 물품의 영수일부터 일정기간이 경과한 후에 당해 물품의 수입대금 전액을 지급하는 방법에 의한 수입 (2007.3.30 본호개정)

2. 수출자가 발행한 기한부 환어음을 수입자가 인수하면 선적서류나 물품이 수입상에게 인도되도록 하고 그 선적서류나 물품의 인도일부터 일정기간이 지난 후에 수입자가 해당 물품의 수입대금 전액을 지급하는 방법에 의한 수입 (2007.3.30 본호신설)

3. 정유회사, 원유·액화천연가스 또는 액화석유가스 수입업자가 원유·액화천연가스 또는 액화석유가스의 일람불방식·수출자신용방식 또는 사후송금방식에 의한 수입대금결제를 위하여 「외국환거래법」에 의한 연지급수입기간 이내에 단기외화자금을 차입하는 방법에 의한 수입 (2006.3.14 본호개정)

4. 그 밖에 제1호 내지 제3호와 유사한 연지급수입 (2007.3.30 본호개정)

제37조의2 【통화 관련 파생상품】 영 제73조제4호에서 "기획재정부령으로 정하는 통화선도, 통화스왑 및 환변동보험"이란 다음 각 호의 거래를 말한다. (2012.2.28 본문개정)

1. 통화선도 : 원화와 외국통화 또는 서로 다른 외국통화의 매매계약을 체결함에 있어 장래의 약정기일에 약정환율에 따라 인수·도 하기로 하는 거래

2. 통화스왑 : 약정된 시기에 약정된 환율로 서로 다른 표시통화간의 채권채무를 상호 교환하기로 하는 거래

3. 환변동보험 : 「무역보험법」 제3조에 따라 한국무역보험공사가 운영하는 환변동위험을 회피하기 위한 선물환 방식의 보험계약(당사자 어느 한쪽의 의사 시에 의하여 기초자산이나 기초자산의 가격·이자율·지표·단위 또는 이를 기초로 하는 지수 등에 의하여 산출된 금전, 그 밖의 재산적 가치가 있는 것을 수수하는 거래를 성립시킬 수 있는 권리를 부여하는 것을 약정하는 계약과 결합된 보험계약은 제외한다) (2012.2.28 본호신설)

(2008.3.31 본조개정)

제38조 【재고자산의 평가】 영 제74조제1항의 규정에 의한 재고자산의 평가를 월별·분기별 또는 반기별로 행하는 경우에는 전월·전분기 또는 전반기와 동일한 평가방법에 의하여야 한다.

제39조 【유가증권 등의 평가】 보험회사가 영 제75조제4항에 따라 영 제73조제2호라목의 자산에 대한 평가방법을 신고하는 때에는 특별계정평가방법신고서를 제출하여야 한다. (2009.3.30 본조신설)

제39조의2【외화자산 및 부채의 평가기준이 되는 매매기준율】 영 제76조제1항제1호에서 "기획재정부령으로 정하는 매매기준율 또는 재정(裁定)된 매매기준율"이란 「외국환거래규정」에 따른 매매기준율 또는 재정(裁定)된 매매기준율을 말한다.(2011.2.28 본조개정)

제39조의3【한국채택국제회계기준 적용 보험회사에 대한 소득금액 계산의 특례】 ① 영 제78조의3제2항제1호가목에서 "미상각신계약비(未償却新契約費) 등 기획재정부령으로 정하는 항목"이란 다음 각 호의 항목을 말한다.

1. 미상각신계약비
2. 보험약관대출금(관련 미수수익을 포함한다)
3. 보험미수금
4. 미수금

② 영 제78조의3제2항제2호에서 "보험미지급금 등 기획재정부령으로 정하는 항목"이란 다음 각 호의 항목을 말한다.

1. 보험미지급금
2. 선수보험료
3. 가수보험료
4. 미지급비용
(2023.3.20 본조신설)

제40조【구상무역에 있어서의 매매가액】 ① 구상무역방법에 의하여 수출한 물품의 판매금액의 계산은 다음 각호에 의한다.

1. 선수출 후수입의 경우에는 그 수출과 연계하여 수입할 물품의 외화표시가액을 수출한 물품의 선박 또는 비행기에의 적재를 완료한 날 현재의 당해 거래와 관련된 거래은행의 대고객 외국환매입률에 의하여 계산한 금액
2. 선수입 후수출의 경우에는 수입한 물품의 외화표시가액을 통관절차가 완료된 날 현재의 당해 거래와 관련된 거래은행의 대고객외국환매입률에 의하여 계산한 금액

② 제1항의 규정에 의하여 수입한 물품의 취득가액은 수출하였거나 수출할 물품의 판매금액과 당해 수입물품의 수입에 소요된 부대비용의 합계액에 상당하는 금액으로 한다.

③ 수출 또는 수입한 물품과 연계하여 수입 또는 수출하는 물품의 일부가 사업연도를 달리하여 이행되는 경우에 각 사업연도에서 이행된 분에 대한 수입물품의 취득가액 또는 수출물품의 판매가액은 제1항 및 제2항의 규정에 의하여 그 이행된 분의 비율에 따라 각각 이를 안분계산한다.

제40조의2【고용승계의 예외가 되는 근로자의 범위】 ① 영 제80조의2제6항제3호에서 "기획재정부령으로 정하는 사유"란 「고용보험법 시행규칙」 별표2 제9호에 해당하는 사유로 퇴직한 근로자를 말한다.

② 영 제80조의2제6항제6호에서 "기획재정부령으로 정하는 근로자의 중대한 귀책사유로 퇴직한 근로자"란 「고용보험법」 제58조제1호에 해당하는 근로자를 말한다. (2018.3.21 본조신설)

제41조【독립된 사업부문 및 포괄승계의 판단기준 등】 ① 영 제82조의2제2항제1호에서 "기획재정부령으로 정하는 부동산 임대업을 주업으로 하는 사업부문"이란 분할하는 사업부문(분할법인으로부터 승계하는 부문을 말한다. 이하 이 조에서 같다)이 승계하는 자산총액 중 부동산 임대업에 사용된 자산가액이 100분의 50 이상인 사업부문을 말한다. 이 경우 하나의 분할신설법인 등(법 제46조제1항 전단에 따른 분할신설법인 등을 말한다. 이하 같다) 또는 피출자법인이 여러 사업부문을 승계하였을 때에는 분할신설법인등 또는 피출자법인이 승계한 모든 사업부문의 자산가액을 더하여 계산한다. (2018.3.21 전단개정)

1.~2. (2018.3.21 삭제)

② 영 제82조의2제2항제2호에서 "기획재정령으로 정하는 사업용 자산"이란 분할일 현재 3년 이상 계속하여 사업을 경영한 사업부문이 직접 사용한 자산(부동산 임대업에 사용되는 자산은 제외한다)으로서 「소득세법」 제94조제1항제1호 및 제2호에 해당하는 자산을 말한다.(2019.3.20 본문개정)

1.~2. (2018.3.21 삭제)

③ 영 제82조의2제3항제1호에서 "지배목적으로 보유하는 주식등으로서 기획재정부령으로 정하는 주식등"이란 분할법인이 영 제43조제7항에 따른 지배주주등(이하 "지배주주등"이라 한다)으로서 3년 이상 보유한 주식 또는 출자지분(이하 "주식등"이라 한다)을 말한다. 다만, 분할 후 분할법인이 존속하는 경우에는 해당 주식등에서 제8항제1호, 제2호 및 제4호에 해당하는 주식등(해당 각 호의 "분할하는 사업부문"을 "분할존속법인"으로 볼 때의 주식등)은 제외할 수 있다. (2019.3.20 단서신설)

1.~2. (2018.3.21 삭제)

④ 영 제82조의2제3항제3호에서 "제2호와 유사한 경우로서 기획재정부령으로 정하는 경우"란 분할하는 사업부문이 다음 각 호의 요건을 모두 갖춘 내국법인을 설립하는 경우를 말한다. 다만, 분할하는 사업부문이 지배주주등으로서 보유하는 주식등과 그와 관련된 자산·부채만을 승계하는 경우로 한정한다.(2018.3.21 본문개정)

1. 해당 내국법인은 외국법인이 발행한 주식등 외의 다른 주식등을 보유하지 아니할 것
2. 해당 내국법인이 보유한 외국법인 주식등 가액의 합계액이 해당 내국법인 자산총액의 100분의 50 이상일 것. 이 경우 외국법인 주식등 가액의 합계액 및 내국법인 자산총액은 분할등기일 현재 재무상태표상의 금액을 기준으로 계산한다.(2018.3.21 후단개정)
3. 분할등기일이 속하는 사업연도의 다음 사업연도 개시일부터 2년 이내에 「자본시장과 금융투자업에 관한 법률 시행령」 제176조의9제1항에 따른 유가증권시장 또는 대통령령 제24697호 자본시장과 금융투자업에 관한 법률 시행령 일부개정령 부칙 8조에 따른 코스닥시장에 해당 내국법인의 주권을 상장할 것 (2018.3.21 본호개정)
(2017.3.10 본항신설)

⑤ 제4항을 적용할 때 분할등기일이 속하는 사업연도의 종료일까지 해당 내국법인의 주권이 상장되지 아니한 경우에는 분할등기일이 속하는 사업연도의 과세표준 신고기한 종료일까지 해당 내국법인의 주권 상장계획을 확인할 수 있는 서류를 납세지 관할 세무서장에게 제출하여야 제4항제3호의 요건을 충족한 것으로 보며, 제4항제3호에 따른 기간 이내에 주권이 상장된 경우에는 주권 상장을 확인할 수 있는 서류를 주권을 상장한 날이 속하는 사업연도의 과세표준 신고기한 종료일까지 납세지 관할 세무서장에게 제출하여야 한다. (2018.3.21 본항개정)

⑥ 영 제82조의2제4항제1호라목에서 "기획재정부령으로 정하는 자산"이란 공동으로 사용하는 상표권을 말한다.

⑦ 영 제82조의2제3호를 적용할 때 분할하는 사업부문과 존속하는 사업부문이 공동으로 사용하는 자산·부채의 경우에는 각 사업부문별 사용비율(사용비율이 분명하지 아니한 경우에는 각 사업부문에만 속하는 자산·부채의 가액과 사용비율로 안분한 공동사용 자산·부채의 가액을 더한 총액의 비율을 말한다)로 안분하여 총자산가액 및 총부채가액을 계산한다. 이 경우 하나의 분할신설법인등이 여러 사업부문을 승계하였을 때에는 분할신설법인등이 승계한 모든 사업부문의 자산·부채 가액을 더하여 계산한다.

⑧ 영 제82조의2제5항 단서에서 "기획재정부령으로 정하는 경우"란 다음 각 호의 어느 하나에 해당하는 주식등을 승계하는 경우를 말한다.
1. 분할하는 사업부문이 분할등기일 전일 현재 법령상 의무로 보유하거나 인허가를 받기 위하여 보유한 주식등
2. 분할하는 사업부문이 100분의 30 이상을 매출하거나 매입하는 법인의 주식등과 분할하는 사업부문에 100분의 30 이상을 매출 또는 매입하는 법인의 주식등. 이 경우 매출 또는 매입 비율은 분할등기일이 속하는 사업연도의 직전 3개 사업연도별 매출 또는 매입 비율을 평균하여 계산한다.(2017.3.10 전단개정)
3. 분할존속법인이 「독점규제 및 공정거래에 관한 법률」 및 「금융지주회사법」에 따른 지주회사로 전환하는 경우로서 분할하는 사업부문이 분할등기일 전일 현재 사업과 관련하여 보유하는 다음 각 목의 어느 하나에 해당하는 주식등
   가. 분할하는 사업부문이 지배주주등으로서 보유하는 주식등
   나. 분할하는 사업부문이 법 제57조제5항에 따른 외국자회사의 주식등을 보유하는 경우로 해당 외국자회사의 주식등을 보유한 내국법인 및 거주자인 주주 또는 출자자 중에서 가장 많이 보유한 경우의 해당 분할하는 사업부문이 보유한 주식등
4. 분할하는 사업부문과 한국표준산업분류에 따른 세분류(이하 이 조에서 "세분류"라 한다)상 동일사업을 영위하는 법인의 주식등(2018.3.21 본호개정)
⑨ 제8항제4호를 적용할 때 다음 각 호의 어느 하나에 해당하는 경우에는 동일사업을 영위하는 것으로 본다.
1. 분할하는 사업부문 또는 승계하는 주식등의 발행법인의 사업용 자산가액 중 세분류상 동일사업에 사용하는 사업용 자산가액의 비율이 각각 100분의 70을 초과하는 경우(2019.3.20 본호개정)
2. 분할하는 사업부문 또는 승계하는 주식등의 발행법인의 매출액 중 세분류상 동일사업에서 발생하는 매출액의 비율이 각각 100분의 70을 초과하는 경우
(2018.3.21 본항신설)
⑩ 영 제82조의2제10항제2호에서 "기획재정부령으로 정하는 업무"란 인사, 재무, 회계, 경영관리 업무 또는 이와 유사한 업무를 말한다.(2018.3.21 본항신설)
(2014.3.14 본조신설)
제41조의2~제41조의3 (2012.2.28 삭제)
제42조【간접소유비율의 계산】 ① 영 제84조제5항제2호나목 단서에서 "기획재정부령으로 정하는 바에 따라 간접으로 소유하고 있는 경우"란 당초의 분할법인이 해당 적격합병, 적격분할, 적격물적분할 또는 적격현물출자에 따른 합병법인, 분할신설법인등 또는 피출자법인(이하 이 조에서 "적격구조조정법인"이라 한다)의 주주인 법인(이하 이 조에서 "주주법인"이라 한다)을 통해 적격구조조정법인을 소유하는 것을 말하며, 적격구조조정법인에 대한 당초의 분할법인의 간접소유비율은 다음의 계산식에 따라 계산한다.

$A \times B$
A : 주주법인에 대한 당초의 분할법인의 주식소유비율 B : 적격구조조정법인에 대한 주주법인의 주식소유비율

② 제1항의 간접소유비율 계산방법을 적용할 때 주주법인이 둘 이상인 경우에는 제1항에 따라 각 주주법인별로 계산한 비율을 합계한 비율을 적격구조조정법인에 대한 당초의 분할법인의 간접소유비율로 한다.
③ 주주법인과 당초의 분할법인 사이에 하나 이상의 법인이 끼어 있고, 이들 법인이 주식소유관계를 통하여 연결되어 있는 경우 간접소유비율에 관하여는 제1호 및 제2호의 계산방법을 준용한다.

④ 영 제84조의2제5항제2호나목 단서에서 "기획재정부령으로 정하는 바에 따라 간접으로 소유하고 있는 경우"란 당초의 출자법인이 주주법인을 통해 적격구조조정법인을 소유하는 것을 말하며, 적격구조조정법인에 대한 당초의 분할법인의 간접소유비율은 제1항부터 제3항까지의 규정을 준용하여 계산한다. 이 경우 "당초의 분할법인"은 "당초의 출자법인"으로 본다.
(2021.3.16 본조신설)
제42조의2 (2021.3.16 삭제)
제42조의3【임차사택의 범위】 영 제88조제1항제6호나목에서 "기획재정부령으로 정하는 임차사택"이란 법인이 직접 임차하여 임원 또는 직원(이하 이 조에서 "직원등"이라 한다)에게 무상으로 제공하는 주택으로서 다음 각 호의 경우를 제외하고는 임차기간 동안 직원등이 거주하고 있는 주택을 말한다.(2019.3.20 본문개정)
1. 입주한 직원등이 전근·퇴직 또는 이사한 후에 해당 법인의 직원등 중에서 입주 희망자가 없는 경우(2019.3.20 본호개정)
2. 해당 임차사택의 계약 잔여기간이 1년 이하인 경우로서 주택임대인이 주택 임대차계약의 갱신을 거부하는 경우
(2009.3.30 본호신설)
제42조의4【파생상품】 영 제88조제1항제7호의2에서 "기획재정부령으로 정하는 파생상품"이라 함은 기업회계기준에 따른 선도거래, 선물, 스왑, 옵션, 그 밖에 이와 유사한 거래 또는 계약을 말한다.(2008.3.31 본조개정)
제42조의5【연결법인 간의 용역거래】 영 제88조제1항제6호다목 및 같은 항 제7호 단서에서 "법 제76조의8에 따른 연결납세방식을 적용받는 연결법인 간에 연결법인세액의 변동이 없는 등 기획재정부령으로 정하는 요건"이란 다음 각 호의 요건을 말한다.
1. 용역의 거래가격에 따른 법 제76조의8에 따른 연결납세방식을 적용받는 연결법인 간에 연결법인세액의 변동이 없을 것. 이 경우 다음 각 목의 어느 하나에 해당하는 사유로 연결법인세액의 변동이 있는 경우는 변동이 없는 것으로 본다.
   가. 법 제76조의14제1항제4호에 따른 연결 조정항목의 연결법인별 배분
   나. 법인세 외의 세목의 손금산입
   다. 그 밖에 가목 및 나목과 유사한 것으로서 그 영향이 경미하다고 기획재정부장관이 인정하는 사유
2. 해당 용역의 착수일 등 용역을 제공하기 시작한 날이 속하는 사업연도부터 그 용역의 제공을 완료한 날이 속하는 사업연도까지 법 제76조의8에 따른 연결납세방식을 적용하는 연결법인 간의 거래일 것
(2021.3.16 본조신설)
제42조의6【주권상장법인이 발행한 주식의 시가】 ① 영 제89조제1항 각 호 외의 부분 단서에서 "기획재정부령으로 정하는 바에 따라 사실상 경영권의 이전이 수반되는 경우"란 다음 각 호의 어느 하나에 해당하는 경우를 말한다. 다만, 영 제10조제1항제1호부터 제3호까지 및 제6호의 어느 하나에 해당하는 법인이 해당 호에 따른 회생계획, 기업개선계획, 경영정상화계획 또는 사업재편계획을 이행하기 위하여 주식을 거래하는 경우는 제외한다.(2022.3.18 단서신설)
1. 「상속세 및 증여세법」 제63조제3항에 따른 최대주주 또는 최대출자자가 변경되는 경우
2. 「상속세 및 증여세법」 제63조제3항에 따른 최대주주등의 거래로 주식등의 보유비율이 100분의 1 이상 변동되는 경우
② 영 제89조제1항제2호에서 "대량매매 등 기획재정부령으로 정하는 방법"이란 「자본시장과 금융투자업에 관한 법률」 제393조에 따른 거래소의 증권시장업무규

정에서 일정 수량 또는 금액 이상의 요건을 충족하는 경우에 한정하여 매매가 성립하는 거래방법을 말한다. (2021.3.16 본조신설)

제43조【가중평균차입이자율의 계산방법 등】① 영 제89조제3항 각 호 외의 부분 본문에서 "기획재정부령으로 정하는 가중평균차입이자율"이란 자금을 대여한 법인의 대여시점 현재 각각의 차입금 잔액(특수관계인으로부터의 차입금은 제외한다)에 차입 당시의 각각의 이자율을 곱한 금액의 합계액을 해당 차입금 잔액의 총액으로 나눈 비율을 말한다. 이 경우 산출된 비율 또는 대여금리가 해당 대여시점 현재 자금을 차입한 법인의 각각의 차입금 잔액(특수관계인으로부터의 차입금은 제외한다)에 차입 당시의 각각의 이자율을 곱한 금액의 합계액을 해당 차입금 잔액의 총액으로 나눈 비율보다 높은 때에는 해당 사업연도의 가중평균차입이자율을 차입한 것으로 본다.(2013.2.23 후단개정)

② 영 제89조제3항 각 호 외의 부분 단서에서 "기획재정부령으로 정하는 당좌대출이자율"이란 연간 1,000분의 46을 말한다.(2016.3.7 본항개정)

③ 영 제89조제3항제1호에서 "기획재정부령으로 정하는 사유"란 다음 각 호의 어느 하나에 해당하는 경우를 말한다.

1. 특수관계인이 아닌 자로부터 차입한 금액이 없는 경우(2012.2.28 본호개정)
2. 차입금 전액이 채권자가 불분명한 사채 또는 매입자가 불분명한 채권·증권의 발행으로 조달된 경우
3. 제1항 후단에 따라 가중평균차입이자율이 없는 것으로 보는 경우
4. (2012.2.28 삭제)

④ 영 제89조제3항제1호의2에서 "기획재정부령으로 정하는 경우"란 대여한 날(계약을 갱신한 경우에는 그 갱신일을 말한다)부터 해당 사업연도 종료일(해당 사업연도에 상환하는 경우는 상환일을 말한다)까지의 기간이 5년을 초과하는 대여금이 있는 경우를 말한다.(2012.2.28 본항신설)

⑤ 영 제89조제3항제2호에 따라 법인이 이자율을 선택하는 경우에는 제82조제1항제19호에 따른 별지 제19호서식의 가지급금 등의 인정이자조정명세서(갑)를 작성하여 제출하여야 한다.

⑥ 제1항을 적용할 때에 변동금리로 차입한 경우에는 차입 당시의 이자율로 차입금을 상환하고 변동된 이자율로 그 금액을 다시 차입한 것으로 보며, 차입금이 채권자가 불분명한 사채 또는 매입자가 불분명한 채권(債券)·증권의 발행으로 조달된 차입금에 해당하는 경우에는 해당 차입금의 잔액은 가중평균차입이자율 계산을 위한 잔액에 포함하지 아니한다. (2011.2.28 본조개정)

제43조의2 (2007.3.30 삭제)

제44조【인정이자 계산의 특례】영 제89조제5항 단서에서 "기획재정부령이 정하는 금전의 대여"란 다음 각 호의 어느 하나에 해당하는 것을 말한다.(2020.3.13 본문개정)

1. 「소득세법」제132조제1항 및 같은 법 제135조제3항에 따라 지급한 것으로 보는 배당소득 및 상여금(이하 이 조에서 "미지급소득"이라 한다)에 대한 소득세(개인지방소득세와 미지급소득으로 인한 중간예납세액상당액을 포함하며, 다음 계산식에 따라 계산한 금액을 한도로 한다)를 법인이 납부하고 이를 가지급금 등으로 계상한 금액(해당 소득을 실제 지급할 때까지의 기간에 상당하는 금액으로 한정한다)

$$\text{미지급소득에} \atop \text{대한 소득세액} = \text{종합소득} \atop \text{총결정세액} \times \frac{\text{미지급소득}}{\text{종합소득금액}}$$

(2021.3.16 본호개정)

2. 국외에 자본을 투자한 내국법인이 해당 국외투자법인에 종사하거나 종사할 자의 여비·급료 기타 비용을 대신하여 부담하고 이를 가지급금 등으로 계상한 금액(그 금액을 실지로 환부받을 때까지의 기간에 상당하는 금액에 한한다)(2012.2.28 본호개정)

3. 법인이 「근로복지기본법」제2조제4호에 따른 우리사주조합 또는 그 조합원에게 해당 우리사주조합이 설립된 회사의 주식취득(조합원간에 주식을 매매하는 경우와 조합원이 취득한 주식을 교환하거나 현물출자함으로써 「독점규제 및 공정거래에 관한 법률」에 의한 지주회사 또는 「금융지주회사법」에 의한 금융지주회사의 주식을 취득하는 경우를 포함한다)에 소요되는 자금을 대여한 금액(상환할 때까지의 기간에 상당하는 금액에 한한다)(2011.2.28 본호개정)

4. 「국민연금법」에 의하여 근로자가 지급받은 것으로 보는 퇴직금전환금(당해 근로자가 퇴직할 때까지의 기간에 상당하는 금액에 한한다)(2005.2.28 본호개정)

5. 영 제106조제1항제1호 단서의 규정에 의하여 대표자에게 상여처분한 금액에 대한 소득세를 법인이 납부하고 이를 가지급금으로 계상한 금액(특수관계가 소멸될 때까지의 기간에 상당하는 금액에 한한다)

6. 직원에 대한 월정급여액의 범위에서의 일시적인 급료의 가불금(2019.3.20 본호개정)

7. 직원에 대한 경조사비 또는 학자금(자녀의 학자금을 포함한다)의 대여액(2019.3.20 본호개정)

7의2. 「조세특례제한법 시행령」제2조에 따른 중소기업에 근무하는 직원(지배주주등인 직원은 제외한다)에 대한 주택구입 또는 전세자금의 대여액 (2020.3.13 본호신설)

8. 「금융기관부실자산 등의 효율적 처리 및 한국자산관리공사의 설립에 관한 법률」에 의한 한국자산관리공사가 출자총액의 전액을 출자하여 설립된 법인에 대여한 금액(2011.2.28 본호개정)

제44조의2【사업연도 평균환율 계산방법】영 제91조의3제5항에서 "기획재정부령으로 정하는 해당 사업연도 평균환율"이란 해당 사업연도 매일의 「외국환거래규정」에 따른 매매기준율 또는 재정(裁定)된 매매기준율의 합계액을 해당 사업연도의 일수로 나눈 금액을 말한다.(2011.2.28 본조신설)

제45조【산출세액 계산방법】법 제55조제2항의 규정에 의한 산출세액의 계산은 다음 산식에 의한다.

$$\text{산출} \atop \text{세액} = \left(\text{법 제13조의 규} \atop \text{정을 적용하여} \atop \text{계산한 금액} \times \frac{12}{\text{사업연도} \atop \text{의 월수}}\right) \times \text{세율} \times \frac{\text{사업연도} \atop \text{의 월수}}{12}$$

제45조의2【토지등 양도소득에 대한 과세특례】① 영 제92조의2제2항제4호에서 "기획재정부령으로 정하는 주택"이란 「주택도시기금법」에 따른 주택도시보증공사가 같은 법 시행령 제22조제1항제1호에 따라 매입한 주택을 말한다.(2020.3.13 본항개정)

② 영 제92조의2제8항 단서에서 "기획재정부령으로 정하는 경우"란 제34조제4항에 해당하는 경우를 말한다.(2019.3.20 본항개정)

제46조【사업에 사용되는 그 밖의 토지의 범위】① 영 제92조의8제1항제1호 본문에서 "기획재정부령이 정하는 선수전용 체육시설의 기준면적"이라 함은 별표7의 기준면적을 말한다.(2008.3.31 본항개정)

② 영 제92조의8제1항제1호가목(1) 단서에서 "기획재정부령이 정하는 선수·지도자 등에 관한 요건"이라 함은 다음 각 호의 모든 요건을 말한다.(2008.3.31 본문개정)

1. 선수는 대한체육회에 가맹된 경기단체에 등록되어 있는 자일 것
2. 경기종목별 선수의 수는 당해 종목의 경기정원 이상일 것

3. 경기종목별로 경기지도자가 1인 이상일 것
③ 영 제92조의8제1항제1호가목(2)에서 "기획재정부령이 정하는 기준면적"이라 함은 별표8의 기준면적을 말한다.(2008.3.31 본항개정)
④ 영 제92조의8제1항제1호나목 본문에서 "기획재정부령이 정하는 종업원 체육시설의 기준면적"이라 함은 별표9의 기준면적을 말한다.(2008.3.31 본항개정)
⑤ 영 제92조의8제1항제1호나목 단서에서 "기획재정부령이 정하는 종업원체육시설의 기준"이라 함은 다음 각 호의 기준을 말한다.(2008.3.31 본문개정)
1. 운동장과 코트는 축구·배구·테니스 경기를 할 수 있는 시설을 갖출 것
2. 실내체육시설은 영구적인 시설물이어야 하고, 탁구대를 2면 이상 둘 수 있는 규모일 것
⑥ 영 제92조의8제1항제2호다목에서 "기획재정부령이 정하는 율"이라 함은 100분의 3을 말한다.(2008.3.31 본항개정)
⑦ 영 제92조의8제1항제3호 본문에서 "기획재정부령이 정하는 토지"란 다음 각 호의 어느 하나에 해당하는 토지를 말한다.(2016.3.7 본문개정)
1. 「경제자유구역의 지정 및 운영에 관한 법률」에 따른 개발사업시행자가 경제자유구역개발계획에 따라 경제자유구역 안에서 조성한 토지
2. 「관광진흥법」에 따른 사업시행자가 관광단지 안에서 조성한 토지
3. 「기업도시개발 특별법」에 따라 지정된 개발사업시행자가 개발구역 안에서 조성한 토지(2008.3.31 본호개정)
4. 「유통단지개발 촉진법」에 따른 유통단지개발사업시행자가 당해 유통단지 안에서 조성한 토지
5. 「중소기업진흥에 관한 법률」에 따라 단지조성사업의 실시계획이 승인된 지역의 사업시행자가 조성한 토지(2020.3.13 본호개정)
6. 「지역균형개발 및 지방중소기업 육성에 관한 법률」에 따라 지정된 개발촉진지구 안의 사업시행자가 조성한 토지
7. 「한국컨테이너부두공단법」에 따라 설립된 한국컨테이너부두공단이 조성한 토지
8. 「친수구역 활용에 관한 특별법」에 따라 지정된 사업시행자가 친수구역 안에서 조성한 토지(2016.3.7 본호신설)
⑧ 영 제92조의8제1항제4호 단서에서 "기획재정부령이 정하는 기준면적"이라 함은 수용정원에 200제곱미터를 곱한 면적을 말한다.(2008.3.31 본항개정)
⑨ 영 제92조의8제1항제5호다목의 규정에 따른 시설기준은 별표10 제1호와 같다.
⑩ 영 제92조의8제1항제5호다목의 규정에 따른 기준면적은 별표10 제2호와 같다.
⑪ 영 제92조의8제1항제6호에서 "기획재정부령이 정하는 휴양시설용 토지"라 함은 「관광진흥법」에 따른 전문휴양업·종합휴양업 그 밖의 이와 유사한 시설을 갖추고 타인의 휴양이나 여가선용을 위하여 이를 이용하게 하는 사업용 토지(「관광진흥법」에 따른 전문휴양업·종합휴양업 그 밖에 이와 유사한 휴양시설업의 일부로 운영되는 스키장업 또는 수영장업용 토지를 포함하며, 온천장용 토지를 제외한다)를 말한다.(2008.3.31 본항개정)
⑫ 영 제92조의8제1항제6호에서 "기획재정부령이 정하는 기준면적"이란 다음 각 호의 기준면적을 합한 면적을 말한다.(2009.3.30 본항개정)
1. 옥외 동물방목장 또는 옥외 식물원이 있는 경우 그에 사용되는 토지의 면적
2. 부설주차장이 있는 경우 「주차장법」에 따른 부설주차장 설치기준 면적의 2배 이내의 부설주차장용 토지

의 면적. 다만, 「도시교통정비 촉진법」에 따라 교통영향분석·개선대책이 수립된 주차장의 경우에는 같은 법 제16조제4항에 따라 해당 사업자에게 통보된 주차장용 토지면적으로 한다.(2009.3.30 단서개정)
3. 「지방세법 시행령」 제101조제1항제2호에 따른 건축물이 있는 경우 재산세 종합합산과세대상 토지 중 건축물의 바닥면적(건물 외의 시설물인 경우에는 그 수평투영면적을 말한다)에 동조제2항의 규정에 따른 용도지역별 배율을 곱하여 산정한 면적 범위 안의 건축물 부속토지의 면적(2011.7.29 본호개정)
⑬ 영 제92조의8제1항제10호 및 제11호다목에서 "기획재정부령이 정하는 율"이라 함은 100분의 4를 말한다.(2008.3.31 본항개정)
⑭ 영 제92조의8제1항제12호에서 "기획재정부령이 정하는 토지"라 함은 블록·석물·벽돌·콘크리트제품·옹기·철근·비철금속·플라스틱파이프·골재·조경작물·화훼·분재·농산물·수산물·축산물의 도매업 및 소매업(농산물·수산물 및 축산물의 경우에는 「유통산업발전법」에 따른 시장과 그 밖에 이와 유사한 장소에서 운영하는 경우에 한한다) 토지를 말한다.(2008.3.31 본항개정)
⑮ 영 제92조의8제1항제12호에서 "기획재정부령이 정하는 율"이라 함은 다음 각 호의 규정에 따른 율을 말한다.(2008.3.31 본문개정)
1. 블록·석물 및 토관제조업용 토지
100분의 20
2. 조경작물식재업용 토지 및 화훼판매시설업용 토지
100분의 7
3. 자동차정비·중장비정비·중장비운전에 관한 과정을 교습하는 학원용 토지
100분의 10
4. 농업에 관한 과정을 교습하는 학원용 토지
100분의 7
5. 제14항의 규정에 따른 토지
100분의 10
(2005.12.31 본조신설)

제46조의2【부득이한 사유가 있어 비사업용 토지로 보지 아니하는 토지의 판정기준 등】 ① 영 제92조의11 제1항제3호에 따라 다음 각 호의 어느 하나에 해당하는 토지는 해당 각 호에서 규정한 기간동안 법 제55조의2제2항 각 호의 어느 하나에 해당하지 아니하는 토지로 보아 같은 항에 따른 비사업용 토지에 해당하는지 여부를 판정한다. 다만, 부동산매매업(한국표준산업분류에 따른 건물건설업 및 부동산공급업을 말한다)을 영위하는 자가 취득한 매매용부동산에 대하여는 제1호 및 제2호를 적용하지 아니한다.(2009.3.30 본문개정)
1. 토지를 취득한 후 법령에 따라 해당 사업과 관련된 인가·허가(건축허가를 포함한다. 이하 같다)·면허 등을 신청한 자가 「건축법」 제18조 및 행정지도에 따라 건축허가가 제한됨에 따라 건축을 할 수 없게 된 토지 : 건축허가가 제한된 기간(2009.3.30 본호개정)
2. 토지를 취득한 후 법령에 따라 당해 사업과 관련된 인가·허가·면허 등을 받았으나 건축자재의 수급조절을 위한 행정지도에 따라 착공이 제한된 토지 : 착공이 제한된 기간
3. 사업장(임시 작업장을 제외한다)의 진입도로로서 「사도법」에 따른 사도 또는 불특정다수인이 이용하는 도로 : 사도 또는 도로로 이용되는 기간
4. 「건축법」에 따라 건축허가를 받을 당시에 공공공지(公共空地)로 제공한 토지 : 당해 건축물의 착공일부터 공공공지의 제공이 끝나는 날까지의 기간
5. 지상에 건축물이 정착되어 있지 아니한 토지를 취득하여 사업용으로 사용하기 위하여 건설에 착공(착공일이 불분명한 경우에는 착공신고서 제출일을 기준

으로 한다)한 토지 : 당해 토지의 취득일부터 2년 및 착공일 이후 건설이 진행 중인 기간(천재지변, 민원의 발생 그 밖의 정당한 사유로 인하여 건설을 중단한 경우에는 중단한 기간을 포함한다)

6. 저당권의 실행 그 밖에 채권을 변제받기 위하여 취득한 토지 및 청산절차에 따라 잔여재산의 분배로 인하여 취득한 토지 : 취득일부터 2년

7. 당해 토지를 취득한 후 소유권에 관한 소송이 계속 (係屬) 중인 토지 : 법원에 소송이 계속되거나 법원에 의하여 사용이 금지된 기간

8. 「도시개발법」에 따른 도시개발구역 안의 토지로서 환지방식에 따라 시행되는 도시개발사업이 구획단위로 사실상 완료되어 건축이 가능한 토지 : 건축이 가능한 날부터 2년

9. 건축물이 멸실·철거되거나 무너진 토지 : 당해 건축물이 멸실·철거되거나 무너진 날부터 2년

10. 법인이 2년 이상 사업에 사용한 토지로서 사업의 일부 또는 전부를 휴업·폐업 또는 이전함에 따라 사업에 직접 사용하지 아니하게 된 토지 : 휴업·폐업 또는 이전일부터 2년

11. 다음 각 목의 어느 하나에 해당하는 기관이 「금융산업의 구조개선에 관한 법률」 제10조의 규정에 따른 적기시정조치 또는 같은 법 제14조제2항의 규정에 따른 계약이전의 결정에 따라 같은 법 제2조제2호에 따른 부실금융기관으로부터 취득한 토지 : 취득일부터 2년(2019.3.20 본문개정)

가. 「예금자보호법」 제3조의 규정에 따른 예금보험공사
나. 「예금자보호법」 제36조의3의 규정에 따른 정리금융기관
다. 「금융산업의 구조개선에 관한 법률」 제2조제1호의 규정에 따른 금융기관

12. 「자산유동화에 관한 법률」에 따른 유동화전문회사가 같은 법 제3조의 규정에 따른 자산유동화계획에 따라 자산보유자로부터 취득한 토지 : 취득일부터 3년 (2019.3.20 본호개정)

13. 당해 토지를 취득한 후 제1호 내지 제12호의 사유 외에 도시계획의 변경 등 정당한 사유로 인하여 사업에 사용하지 아니하는 토지 : 당해 사유가 발생한 기간

② 영 제92조의11제2항제3호의 규정에 따라 다음 각 호의 어느 하나에 해당하는 토지에 대하여는 해당 호에서 규정한 날을 양도일로 보아 영 제92조의3의 규정을 적용하여 비사업용 토지에 해당하는지 여부를 판정한다.

1. 「농업협동조합법」에 따른 조합, 농업협동조합중앙회, 농협은행, 농협생명보험 또는 농협손해보험이 「농업협동조합의 구조개선에 관한 법률」에 따른 농업협동조합자산관리회사에 매각을 위임한 토지 : 매각을 위임한 날(2012.2.28 본호개정)

2. 「금융기관부실자산 등의 효율적 처리 및 한국자산관리공사의 설립에 관한 법률」에 따라 설립된 한국자산관리공사에 매각을 위임한 토지 : 매각을 위임한 날

3. 전국을 보급지역으로 하는 일간신문을 포함한 3개 이상의 일간신문에 다음 각 목의 조건으로 매각을 3일 이상 공고하고, 공고일(공고일이 서로 다른 경우에는 최초의 공고일)부터 1년 이내에 매각계약을 체결한 토지 : 최초의 공고일

가. 매각예정가격이 법 제52조의 규정에 따른 시가 이하일 것
나. 매각대금의 100분의 70 이상을 매각계약 체결일부터 6월 이후에 결제할 것

4. 제3호의 규정에 따른 토지로서 동호 각 목의 요건을 갖추어 매년 매각을 재공고(직전 매각공고시의 매각예정가격에서 동 금액의 100분의 10을 차감한 금액

이하로 매각을 재공고한 경우에 한한다)하고, 재공고일부터 1년 이내에 매각계약을 체결한 토지 : 최초의 공고일

③ 영 제92조의11제3항제5호에서 "기획재정부령으로 정하는 부득이한 사유에 해당되는 토지"란 다음 각 호의 어느 하나에 해당하는 토지를 말한다.

1. 「기업구조조정 촉진법」에 따른 부실징후기업과 채권금융기관협의회가 같은 법 제10조에 따라 해당 부실징후기업의 경영정상화계획 이행을 위한 약정을 체결하고 그 부실징후기업이 해당 약정에 따라 양도하는 토지(2008년 12월 31일 이전에 취득한 것에 한정한다. 이하 이 항에서 같다)

2. 채권은행 간 거래기업의 신용위험평가 및 기업구조조정방안 등에 대한 협의와 거래기업에 대한 채권은행 공동관리절차를 규정한 「채권은행협의회 운영협약」에 따른 관리대상기업과 채권은행자율협의회가 같은 협약 제19조에 따라 해당 관리대상기업의 경영정상화계획 이행을 위한 특별약정을 체결하고 그 관리대상기업이 해당 약정에 따라 양도하는 토지

3. 「금융산업의 구조개선에 관한 법률」에 따른 금융기관이 같은 법 제10조제1항에 따라 금융위원회로부터 적기시정조치를 받고 그 이행계획 등에 따라 양도하는 토지

4. 「신용협동조합법」에 따른 신용협동조합중앙회가 같은 법 제83조의3제2항에 따라 금융위원회로부터 경영개선상태의 개선을 위한 조치를 이행하도록 명령받고 그 명령에 따라 양도하는 토지

5. 「신용협동조합법」에 따른 신용협동조합이 같은 법 제86조제1항에 따라 금융위원회로부터 경영관리를 받거나, 같은 법 제89조제4항에 따라 신용협동조합중앙회장으로부터 재무상태의 개선을 위한 조치를 하도록 요청받고 그에 따라 양도하는 토지

6. 「농업협동조합의 구조개선에 관한 법률」에 따른 조합이 같은 법 제4조제1항에 따라 농림축산식품부장관으로부터 적기시정조치를 받고 그 이행계획 등에 따라 양도하는 토지(2013.3.23 본호개정)

7. 「수산업협동조합의 구조개선에 관한 법률」에 따른 조합이 같은 법 제4조제1항에 따라 해양수산부장관으로부터 적기시정조치를 받고 그 이행계획 등에 따라 양도하는 토지(2013.3.23 본호개정)

8. 「산림조합의 구조개선에 관한 법률」에 따른 조합이 같은 법 제4조제1항에 따라 산림청장으로부터 적기시정조치를 받고 그 이행계획 등에 따라 양도하는 토지

9. (2020.3.13 삭제)

10. 「새마을금고법」에 따른 새마을금고 또는 중앙회가 같은 법 제77조제3항 또는 제80조제1항에 따라 행정안전부장관으로부터 경영상태 개선을 위한 조치 이행 명령 또는 경영지도를 받거나, 같은 법 제79조제6항에 따라 중앙회장으로부터 경영개선 요구 또는 합병 권고 등 조치를 받고 그에 따라 양도하는 토지(2020.3.13 본호개정)

11. 「산업집적활성화 및 공장설립에 관한 법률」 제39조에 따라 산업시설구역의 산업용지를 소유하고 있는 입주기업체가 산업용지를 같은 법 제2조에 따른 관리기관(같은 법 제39조제2항 각 호의 유관기관을 포함한다)에 양도하는 토지(2011.2.28 본호개정)

12. 「과학기술분야 정부출연연구기관 등의 설립·운영 및 육성에 관한 법률」에 따라 설립된 한국원자력연구원이 소유한 시험농장용 토지

13. 공장의 가동에 따른 소음·분진·악취 등으로 생활환경의 오염피해가 발생되는 지역의 토지로서 해당 토지소유자의 요구에 따라 취득한 공장용 부속토지의 인접토지

14. 「채무자의 회생 및 파산에 관한 법률」 제242조에 따른 회생계획인가 결정에 따라 회생계획의 수행을 위하여 양도하는 토지(2015.3.13 본호신설)

(2009.3.30 본항개정)

(2005.12.31 본조신설)

제46조의3 (2019.3.20 삭제)

제47조【외국납부세액공제】 ① 영 제94조제2항 각 호 외의 부분 후단에서 "연구개발 비용 등 기획재정부령으로 정하는 비용"이란 영 제19조에 따른 손비로서 「조세특례제한법」 제2조제1항제11호의 연구개발 활동에 따라 발생한 비용(연구개발 업무를 위탁하거나 공동연구개발을 수행하는데 드는 비용을 포함하며, 이하 이 조에서 "연구개발비"라 한다)을 말한다.(2021.3.16 본항개정)
② 영 제94조제2항 각 호 외의 부분 후단에서 "기획재정부령으로 정하는 계산방법"이란 다음 각 호의 방법을 말한다. 다만, 제2호에 따라 계산한 금액이 제1호에 따라 계산한 금액의 100분의 50 미만인 경우에는 제1호에 따라 계산한 금액의 100분의 50을 영 제94조제2항에 따른 국외원천소득 대응 비용으로 한다.
1. 매출액 방법 : 해당 사업연도에 내국법인의 전체 연구개발비 중 국내에서 수행되는 연구개발 활동에 소요되는 비용이 차지하는 비율(이하 이 항에서 "연구개발비용비율"이라 한다)의 구분에 따른 다음의 계산식에 따라 국외원천소득 대응 비용을 계산하는 방법

구 분	계산식
가. 연구개발비용비율이 50퍼센트 이상인 경우	$A \times \dfrac{50}{100} \times \dfrac{C}{B+C+D}$
나. 연구개발비용비율이 50퍼센트 미만인 경우	$\left(A \times \dfrac{50}{100} \times \dfrac{C}{C+D}\right) +$ $\left(A \times \dfrac{50}{100} \times \dfrac{C}{B+C+D}\right)$

비고 : 위의 계산식에서 기호의 의미는 다음과 같다.
A : 연구개발비
B : 기업회계기준에 따른 내국법인의 전체 매출액(내국법인의 제93조제8호가목 및 나목에 해당하는 권리·자산 또는 정보(이하 이 조에서 "권리등"이라 한다)를 사용하거나 양수하여 내국법인에게 그 권리등의 사용대가 또는 양수대가(이하 이 항에서 "사용료소득"이라 한다)를 지급하는 외국법인으로서 내국법인이 의결권이 있는 발행 주식총수 또는 출자총액의 50퍼센트 이상을 직접 또는 간접으로 보유하고 있는 외국법인(이하 이 항에서 "외국자회사"라 한다)의 해당 내국법인에 대한 매출액과 내국법인의 국회 소재 사업장(이하 이 항에서 "국외사업장"이라 한다)에서 발생한 매출액은 해당 내국법인의 전체 매출액에서 뺀다)
C : 해당 국가에서 내국법인에게 사용료소득을 지급하는 모든 비거주자 또는 외국법인의 해당 사용료소득에 대응하는 매출액(내국법인이 해당 매출액을 확인하기 어려운 경우에는 사용료소득을 기준으로 내국법인이 합리적으로 계산한 금액으로 갈음할 수 있다)의 합계액(내국법인의 국외사업장의 매출액을 포함한다). 다만, 외국자회사의 경우 그 소재지국가에서 재무제표 작성 시에 일반으로 인정되는 회계원칙에 따라 산출한 외국자회사의 전체 매출액(해당 외국자회사에 대한 내국법인의 매출액이 있는 경우 이를 외국자회사의 전체 매출액에서 뺀다)에 내국법인의 해당 사업연도 종료일 현재 외국자회사에 대한 지분비율을 곱한 금액으로 한다.
D : 해당 국가 외의 국가에서 C에 따라 산출한 금액을 모두 합한 금액

(2021.3.16 본호개정)
2. 매출총이익 방법 : 해당 사업연도에 내국법인의 연구개발비용비율의 구분에 따른 다음의 계산식에 따라 국외원천소득 대응 비용을 계산하는 방법

구 분	계산식
가. 연구개발비용비율이 50퍼센트 이상인 경우	$A \times \dfrac{75}{100} \times \dfrac{F}{E+F+G}$
나. 연구개발비용비율이 50퍼센트 미만인 경우	$\left(A \times \dfrac{25}{100} \times \dfrac{F}{F+G}\right) +$ $\left(A \times \dfrac{75}{100} \times \dfrac{F}{E+F+G}\right)$

비고 : 위의 계산식에서 기호의 의미는 다음과 같다.
A : 연구개발비
E : 기업회계기준에 따른 내국법인의 매출총이익(국외사업장의 매출총이익과 비거주자 또는 외국법인으로부터 지급받은 사용료소득은 제외한다)
F : 해당 국가에 소재하는 비거주자 또는 외국법으로부터 내국법인이 지급받은 사용료소득과 내국법인의 해당 국가에 소재하는 국외사업장의 매출총이익 합계액
G : 해당 국가 외의 국가에 소재하는 비거주자 또는 외국법으로부터 내국법인이 지급받은 사용료소득과 내국법인의 해당 국가 외의 국가에 소재하는 국외사업장의 매출총이익 합계액

(2021.3.16 본호개정)
(2020.3.13 본항신설)
③ 영 제94조제2항제2호에서 "기획재정부령으로 정하는 배분방법"이란 다음 각 호의 계산 방법을 말한다.
(2020.3.13 본문개정)
1. 국외원천소득과 그 밖의 소득의 업종이 동일한 경우의 공통손금은 국외원천소득과 그 밖의 소득별로 수입금액 또는 매출액에 비례하여 안분계산
2. 국외원천소득과 그 밖의 소득의 업종이 다른 경우의 공통손금은 국외원천소득과 그 밖의 소득별로 개별손금액에 비례하여 안분계산
(2019.3.20 본조개정)

제48조【외국납부세액 공제시의 환율적용】 ① 외국납부세액의 원화 환산은 외국세액을 납부한 때의 「외국환거래법」에 의한 기준환율 또는 재정환율에 의한다.
② 당해 사업연도 중에 확정된 외국납부세액이 분납 또는 납기미도래로 인하여 미납된 경우 동 미납세액에 대한 원화환산은 그 사업연도종료일 현재의 「외국환거래법」에 의한 기준환율 또는 재정환율에 의하되 사업연도종료일 이후에 확정된 외국납부세액을 납부하는 경우 미납된 분납세액에 대하여는 확정일 이후 최초로 납부하는 날의 기준환율 또는 재정환율에 의하여 환산할 수 있다.
③ 국내에서 공제받은 외국납부세액을 외국에서 환급받아 국내에서 추가로 세액을 납부하는 경우의 원화환산은 제1항에 따른 외국세액을 납부한 때 또는 제2항에 따른 그 사업연도종료일 현재나 확정일 이후 최초로 납부하는 날의 「외국환거래법」에 따른 기준환율 또는 재정환율에 따른다. 다만, 환급받은 세액의 납부일이 분명하지 아니한 경우에는 해당 사업연도 동안 해당 국가에 납부한 외국납부세액의 제1항 또는 제2항에 따라 환산한 원화 합계액을 해당 과세기간 동안 해당 국가에 납부한 외국납부세액의 합계액으로 나누어 계산한 환율에 따른다.(2014.3.14 본항신설)
(2005.2.28 본조개정)

제49조【재해손실에 대한 세액공제】 ① 법 제58조에 따라 법인세에서 공제할 세액의 계산은 다음 계산식에 따른다.

$$\left(\begin{array}{l}\text{법 제55조}\\\text{에 따른 산}\\\text{출세액}\end{array} + \begin{array}{l}\text{법 제75조의3과}\\\text{「국세기본법」제}\\\text{47조의2부터 제}\\\text{47조의5까지에}\\\text{따른 가산세}\end{array} - \begin{array}{l}\text{다른 법률에}\\\text{따른 공제 및}\\\text{감면세액}\end{array}\right)$$

$$\times \dfrac{\text{재해로 인하여 상실된 자산의 가액}}{\text{상실전 자산총액}}$$

(2019.3.20 본항개정)

② 법인이 재해로 인하여 수탁받은 자산을 상실하고 그 자산가액의 상당액을 보상하여 주는 경우에는 이를 재해로 인하여 상실된 자산의 가액 및 상실전의 자산총액에 포함하되, 예금·받을어음·외상매출금 등은 당해 채권추심에 관한 증서가 멸실된 경우에도 이를 상실된 자산의 가액에 포함하지 아니한다. 이 경우 그 재해자산이 보험에 가입되어 있어 보험금을 수령하는 때에도 그 재해로 인하여 상실된 자산의 가액을 계산함에 있어서 동 보험금을 차감하지 아니한다.
③ 법인이 동일한 사업연도 중에 2회 이상 재해를 입은 경우 재해상실비율의 계산은 다음 산식에 의한다. 이 경우 자산은 영 제95조제1항 각호의 자산에 한한다.

$$\text{재해상실비율} = \frac{\text{재해로 인하여 상실된 자산가액의 합계액}}{\text{최초 재해발생 전 자산총액} + \text{최종 재해발생전까지의 증가된 자산총액}}$$

제50조【감면 또는 세액공제액의 계산】 법 제59조의 규정을 적용함에 있어서 법인이 법 또는 그 법률에 의하여 제출한 법인세의 감면 또는 세액공제신청서에 기재된 소득금액과 법 제66조의 규정에 의하여 납세지 관할세무서장 또는 관할 지방국세청장이 결정 또는 경정한 소득금액이 동일하지 아니한 경우 감면 또는 세액공제의 기초가 될 소득금액은 납세지 관할세무서장 또는 관할지방국세청장이 결정 또는 경정한 금액으로 한다. 다만, 「조세특례제한법」 제128조제2항 및 동조 제3항의 규정이 적용되는 경우에는 그러하지 아니하다.(2005.2.28 본조개정)

제50조의2 (2016.3.7 삭제)

제50조의3【조정반의 지정 절차 등】 ① 영 제97조의3 제1항에 따른 조정반(이하 이 조에서 "조정반"이라 한다) 지정을 받으려는 자는 별지 제63호의13서식에 따른 조정반 지정 신청서를 작성하여 매년 11월 30일까지 대표자의 사무소 소재지 관할 지방국세청장에게 조정반 지정 신청을 하여야 한다. 다만, 법 제60조제9항 각 호의 어느 하나에 해당하는 자(이하 "세무사"라 한다)로서 매년 12월 1일 이후 개업한 자 또는 매년 12월 1일 이후 설립된 세무법인, 회계법인, 법무법인, 법무법인(유한) 또는 법무조합(이하 "세무법인등"이라 한다)은 각각 세무사등의 개업신고일(구성원이 2명 이상인 경우에는 최근 설립한 조정반 구성원의 개업신고일을 말한다) 또는 법인설립등기일(법무조합의 경우에는 「변호사법」 제58조의19제2항에 따른 관보 고시일을 말한다)부터 1개월 이내에 신청할 수 있다.(2022.3.18 단서개정)
② 제1항의 신청을 받은 지방국세청장은 신청을 받은 연도의 12월 31일까지(제1항 단서에 따라 신청을 받은 경우 신청을 받은 날이 속하는 달의 다음 달 말일)까지 지정 여부를 결정하여 신청인에게 통지하고, 그 사실을 관보 또는 인터넷 홈페이지에 공고하여야 한다.
③ 지방국세청장은 조정반이 다음 각 호의 어느 하나에 해당하는 경우에는 조정반 지정을 취소할 수 있다.
1. 조정반에 소속된 세무사등이 1명이 된 경우
2. 세무조정계산서를 거짓으로 작성한 경우
3. 부정한 방법으로 지정을 받은 경우
4. 조정반 지정일부터 1년 이내에 조정반의 구성원(세무법인등의 경우에는 실제 세무조정계산서 작성에 참여한 세무사등을 말한다. 이하 이 호에서 같다) 또는 는 구성원의 배우자가 대표이사 또는 과점주주였던 법인의 세무조정을 한 경우(2022.3.18 본호개정)
④ 조정반 지정의 유효기간은 1년으로 한다.
⑤ 조정반의 구성원(세무법인등의 구성원은 제외한다)이나 대표자가 변경된 경우에는 그 사유가 발생한 날부터 14일 이내에 별지 제63호의13서식에 따른 조정반 변경지정 신청서를 작성하여 대표자의 사무소 소재지

관할 지방국세청장에게 조정반 변경지정 신청을 하여야 한다.(2022.3.18 본항개정)
⑥ 제5항에 따라 조정반 변경지정 신청을 받은 지방국세청장은 신청을 받은 날부터 7일 이내에 변경지정 여부를 결정하여 신청인에게 통지하여야 한다.
⑦ 지방국세청장은 제1항에 따른 지정 신청 또는 제5항에 따른 변경지정 신청을 한 자가 「소득세법 시행규칙」 제65조의3제2항 각 호의 어느 하나에 해당하는 경우에는 조정반 지정 또는 조정반 변경지정을 하지 아니하여야 한다.
⑧ 지방국세청장은 제2항에 따라 조정반을 지정하거나 제6항에 따라 조정반을 변경 지정하려는 경우에는 신청인에게 별지 제63호의14 서식에 따른 조정반 지정서 또는 조정반 변경지정서를 발급하여야 한다.
⑨ 「소득세법 시행규칙」 제65조의3제2항 및 제6항에 따라 조정반 지정 또는 변경지정을 받은 자는 제2항 및 제6항에 따라 지정 또는 변경지정을 받은 것으로 본다.(2016.3.7 본조개정)

제51조【중간예납세액의 계산】 ① 법인이 법 제63조의2제1항에 따라 중간예납세액을 계산할 때 사업연도의 변경으로 인하여 직전 사업연도가 1년 미만인 경우에는 그 기간을 직전 사업연도로 본다.(2019.3.20 본항개정)
② 직전 사업연도의 법인세 산출세액은 있으나 중간예납세액·원천징수세액 및 수시부과세액이 산출세액을 초과함으로써 납부한 세액이 없는 경우에는 법 제63조의2제2항제2호가목에 따른 직전 사업연도의 법인세액이 없는 경우로 보지 아니한다.(2019.3.20 본항개정)
③ 결손등으로 인하여 직전 사업연도의 법인세 산출세액이 없이 가산세로서 확정된 세액이 있는 법인의 경우에는 법 제63조의2제1항제2호에 따라 해당 중간예납세액을 계산하여 납부하여야 한다.(2019.3.20 본항개정)
④ 「조세특례제한법」 제72조제1항의 규정에 의한 조합법인등(당기순이익 과세를 포기한 법인을 제외하며) 직전 사업연도의 법인세액이 없거나 당해 중간예납기간 종료일까지 법인세액이 확정되지 아니한 경우에는 당해 중간예납기간을 1사업연도로 보아 계산한 당기순이익을 과세표준으로 중간예납세액을 계산하여 납부하여야 한다.(2005.2.28 본항개정)
⑤ 법 제63조의2제1항제2호의 계산식을 적용할 때 해당 내국법인이 「조세특례제한법」에 따라 세액감면 등의 특례를 적용받는 중소기업에 해당하는지를 판단할 필요가 있는 경우 같은 법 시행령 제2조제1호에 따른 업종별 매출액은 해당 중간예납기간의 매출액을 연간 매출액으로 환산한 금액으로 한다.(2022.3.18 본항신설)
⑥ 법 제63조의2제1항제2호에 따른 중간예납기간에 대한 법인세 산출세액의 계산에 관해서는 제45조를 준용한다.(2019.3.20 본항개정)

제52조 (2019.3.20 삭제)

제53조【추계결정방법 등】 ① 영 제104조제2항을 적용할 때에 기준경비율이 있는 업종과 기준경비율이 없는 업종을 겸영하는 법인의 경우 기준경비율이 있는 업종에 대하여는 같은 항 제1호에 따르고 기준경비율이 없는 업종에 대하여는 같은 항 제2호에 따른다.
② 영 제104조제2항제3호에서 "기획재정부령으로 정하는 사유"란 다음 각 호의 어느 하나에 해당하는 것을 말한다.
1. 무자료거래, 위장·가공 거래 등 거래내용이 사실과 다른 혐의가 있는 경우
2. 구체적인 탈세 제보가 있는 경우
3. 거래상대방이 「조세범처벌법」에 따른 범칙행위를 하여 조사를 받고, 조사과정에서 해당 법인과의 거래 내용이 파악된 경우

4. 법인의 사업내용, 대표자의 재산상황 등을 고려할 때 명백한 탈루혐의가 있다고 인정되는 경우
(2009.3.30 본조개정)

제54조 【대표자 상여처분방법】 영 제106조제1항제1호 단서의 규정을 적용함에 있어서 사업연도중에 대표자가 변경된 경우 대표자 각인에게 귀속된 것이 분명한 금액은 이를 대표자 각인에게 구분하여 처분하고 귀속이 분명하지 아니한 경우에는 재직기간의 일수에 따라 구분계산하여 이를 대표자 각인에게 상여로 처분한다. (2003.3.26 본조개정)

제55조 【수시부과시의 산출세액 계산】 제45조의 규정은 영 제108조제2항의 규정에 의한 수시부과시의 산출세액 계산에 관하여 이를 준용한다.

제56조 【원천징수대상 이자소득금액의 계산】 법 제73조 및 제73조의2를 적용할 때 차입금과 이자의 변제에 관한 특별한 약정이 없이 차입금과 그 차입금에 대한 이자에 해당하는 금액의 일부만을 변제한 경우에는 이자를 먼저 변제한 것으로 본다. 다만, 비영업대금의 이익의 경우에는 「소득세법 시행령」 제51조제7항의 규정을 준용한다. (2019.3.20 본문개정)

제56조의2 【기금운용법인 등】 ① 영 제111조제2항제5호 각 목 외의 부분에서 "기금을 관리·운용하는 법인으로서 기획재정부령으로 정하는 법인"이란 다음 각 호의 법인을 말한다. (2019.3.20 본문개정)
1. 「공무원연금법」에 따른 공무원연금관리공단
2. 「사립학교교직원 연금법」에 따른 사립학교교직원연금관리공단
3. 「국민체육진흥법」에 따른 서울올림픽기념국민체육진흥공단
4. 「신용보증기금법」에 따른 신용보증기금
5. 「기술보증기금법」에 따른 기술보증기금
6. 「무역보험법」에 따른 한국무역보험공사
(2023.3.20 5호~6호개정)
7. 「중소기업협동조합법」에 따른 중소기업중앙회
8. 「농림수산업자신용보증법」에 따른 농림수산업자신용보증기금을 관리·운용하는 농업협동조합중앙회
9. 「한국주택금융공사법」에 따른 한국주택금융공사
10. 「문화예술진흥법」에 따른 한국문화예술위원회
② 영 제111조제2항제5호 각 목 외의 부분에서 "공제사업을 영위하는 법인으로서 기획재정부령으로 정하는 법인"이란 다음 각 호의 어느 하나에 해당하는 법인을 말한다. (2019.3.20 본문개정)
1. 「한국교직원공제회법」에 따른 한국교직원공제회
2. 「군인공제회법」에 따른 군인공제회
3. 「신용협동조합법」에 따른 신용협동조합중앙회(공제사업에 한정한다)
4. 「건설산업기본법」에 따라 설립된 건설공제조합 및 전문건설공제조합
5. 「전기공사공제조합법」에 따른 전기공사공제조합
6. 「정보통신공사업법」에 따른 정보통신공제조합
7. 「대한지방행정공제회법」에 따른 대한지방행정공제회
8. 「새마을금고법」에 따른 새마을금고연합회(공제사업에 한정한다)
9. 「과학기술인공제회법」에 따른 과학기술인공제회
10. 「소방산업의 진흥에 관한 법률」제23조제1항에 따른 소방산업공제조합(2016.3.7 본호신설)
11. 「건축사법」제38조의3제1항에 따른 건축사공제조합(2018.3.21 본호신설)
(2009.3.30 본조신설)

제57조 【만기보유시 원천징수 제외대상 채권등의 범위】 영 제111조제2항제5호다목에서 "기획재정부령이 정하는 채권 또는 증권"이라 함은 다음 각 호의 것을 말한다. (2019.3.20 본문개정)
1. 「한국산업은행법」에 의하여 한국산업은행이 발행하는 산업금융채권

2. 「중소기업은행법」에 의하여 중소기업은행이 발행하는 중소기업금융채권
3. 「한국수출입은행법」에 의하여 한국수출입은행이 발행하는 수출입금융채권
4. 「은행법」에 의한 국민은행이 발행하는 국민은행채권(1998년 12월 31일 「은행법」에 의한 국민은행과 「장기신용은행법」에 의한 장기신용은행이 합병되기 전의 장기신용은행이 발행한 장기신용채권의 상환을 위하여 발행하는 채권에 한한다)
5. 「주택저당채권 유동화회사법」에 의하여 주택저당채권유동화회사가 발행하는 주택저당증권 및 주택저당채권담보부채권
6. 「한국주택금융공사법」에 따라 설립된 한국주택금융공사가 발행하는 주택저당채권담보부채권·주택저당증권·학자금대출증권 및 사채
(2005.2.28 1호~6호개정)

제58조 【증권시장 안정을 위하여 설립된 조합의 범위】 ① 영 제111조제2항제6호가목에서 "기획재정부령으로 정하는 조합"이란 증권시장의 안정을 위하여 조합원이 공동으로 출자하여 주권상장법인의 주식을 취득하는 조합으로서 기획재정부장관이 정하는 조합을 말한다.
② (2019.3.20 삭제)
(2019.3.20 본조개정)

제59조 【보유기간 이자상당액의 계산 등】 ① 영 제113조제2항제2호나목 단서에 다른 이자율의 적용에 관하여는 「소득세법 시행규칙」제88조의2를 준용한다. (2011.2.28 후항개정)
② 영 제113조제3항 단서에서 "기획재정부령이 정하는 경우"란 「자본시장과 금융투자업에 관한 법률 시행령」제103조제1호에 따른 특정금전신탁이 중도해지되거나 그 신탁계약기간이 종료됨에 따라 해당 특정금전신탁에서 운용하던 채권 등을 위탁자에게 유상이체하는 경우를 말한다. (2009.3.30 본항개정)
③ 영 제113조제7항 각호외의 부분 전단에서 "기획재정부령이 정하는 방법"이라 함은 다음 각호의 1에 해당하는 방법을 말한다. 이 경우 보유기간의 계산은 소수점 이하 두자리까지만 할 수 있다. (2008.3.31 전단개정)
1. 채권등을 매도할 때마다 그 매도일 현재의 보유채권등 및 매도채권등의 취득일별 채권등의 수에 당해 채권 등의 취득일부터 매도일까지의 보유기간을 곱하여 계산한 기간의 합계를 채권 등의 총수로 나누어 계산하는 방법. 이 경우 직전 매도일 현재의 보유채권등에 대하여는 직전 매도일에 계산한 평균 보유기간에 직전 매도일부터 당해 매도일까지의 기간을 합한 기간을 취득일부터 매도일까지의 보유기간으로 한다.
2. 가목의 기간에서 나목의 평균경과기간을 차감한 기간을 보유기간으로 하는 방법
가. 채권등의 발행일(발행일 이전에 매출하는 경우에는 매출일)부터 매도일까지의 보유기간
나. 채권등의 매도일 직전에 취득한 채권등의 취득수에 발행일(발행일 이전에 매출하는 경우에는 매출일)부터 취득일까지의 기간(이하 이 목에서 "경과기간"이라 한다)을 곱한 기간과 당해 채권 등의 취득 직전에 보유한 채권등의 경과기간을 평균한 기간에 보유채권수를 곱한 기간의 합계를 채권등의 수로 나누어 계산한 평균경과기간
3. 채권등을 취득할 때마다 계산한 평균보유기간에 매도일까지의 기간을 합하는 방법

제59조의2 2010.6.30 삭제)
제60조 (2019.3.20 삭제)
제60조의2 【연결법인간 사업연도 불일치가 허용되는 법인】 영 제120조의12제3항 각 호 외의 부분에서 "기획재정부령으로 정하는 내국법인"이란 다음 각 호의 어느 하나에 해당하는 법인을 말한다.

1. 「자본시장과 금융투자업에 관한 법률」에 따른 금융투자업(신탁업은 제외한다)을 영위하는 법인
2. 「보험업법」에 따른 보험회사
3. 「상호저축은행법」에 따른 상호저축은행
(2010.3.31 본조신설)

제60조의3【연결법인의 소득금액 계산】① 연결법인이 영 제120조의18제1항에 따른 양도손익이연자산(이하 "양도손익이연자산"이라 한다)의 양도손익을 같은 조 제2항제2호에 따라 익금과 손금에 산입할 때에 양수법인이 연결법인으로부터 매입한 자산과 연결법인 외의 자로부터 매입한 자산이 함께 있는 경우에는 연결법인으로부터 매입한 자산을 먼저 양도한 것으로 본다.
② 연결법인이 채권에 대해 현재가치할인차금을 계상한 경우 채권의 양도가액은 채권의 총 매출가액 중 양도법인이 보유한 기간에 해당하는 이자수익을 제외한 금액으로 한다.
(2009.6.8 본조신설)

제60조의4【연결법인의 수입배당금액의 익금불산입】영 제120조의19제3항에서 "기획재정부령으로 정하는 자산"이란 다음 각 호의 어느 하나에 해당하는 자산을 말한다.
1. 연결법인간 대여금, 매출채권, 미수금 등의 채권
2. 연결법인이 발행한 주식
(2013.2.23 본조신설)

제3장 내국법인의 청산소득에 대한 법인세

제61조【해산에 의한 청산소득금액의 계산】법인이 해산등기일 현재의 자산을 청산기간중에 처분한 금액(환가를 위한 재고자산의 처분액을 포함한다)은 이를 청산소득에 포함한다. 다만, 청산기간중에 해산전의 사업을 계속하여 영위하는 경우 당해 사업에서 발생한 사업수입이나 임대수입, 공ㆍ사채 및 예금의 이자수입 등은 그러하지 아니하다.

제4장 외국법인의 각 사업연도 소득에 대한 법인세

제62조【외국항행소득의 범위】법 제91조제1항제3호의 규정에 의한 외국항행소득은 다음 각호의 1에 해당하는 소득으로 한다.
1. 외국항행을 목적으로 하는 정상적인 업무에서 발생하는 소득
2. 자기소유 선박을 외국항행을 조건으로 정기용선계약(나용선인 경우를 제외한다)을 체결하여 동계약에 의하여 자기소유 선박이 외국항행을 함으로써 지급받는 용선료 수입

제62조의2【외국법인에 지급한 주식매수선택권등 행사ㆍ지급비용의 손금산입】① 영 제129조제1항제7호에서 "기획재정부령으로 정하는 외국법인"이란 다음 각 호의 어느 하나에 해당하는 외국법인을 말한다.
1. 「자본시장과 금융투자업에 관한 법률」에 따른 증권시장 또는 이와 유사한 시장으로서 증권의 거래를 위하여 외국에 개설된 시장(이하 이 조에서 "국내ㆍ외증권시장"이라 한다)에 상장된 외국법인
2. 국내ㆍ외증권시장에 상장되지 아니한 외국법인(이하 이 조에서 "외국법인 자회사"라 한다)의 의결권 있는 주식의 100분의 90 이상을 직접 또는 간접으로 소유한 외국법인이 국내ㆍ외증권시장에 상장된 경우에는 그 상장된 외국법인(이하 이 조에서 "외국법인 모회사"라 한다)의 외국법인 자회사. 이 경우 주식의 간접소유비율은 다음 산식에 따라 계산하되[외국법인 자회사의 주주인 법인(이하 이 호에서 "주주법인"이라 한다)이 둘 이상인 경우에는 각 주주법인별로 계산한 비율을 합산한다], 해당 외국법인 모회사와 주주법인 사이에 하나 이상의 법인이 개재되어 있고 이들 법인이 주식소유관계를 통하여 연결되어 있는 경우에도 또한 같다.

$$\frac{\text{외국법인 모회사가 소유}}{\text{하고 있는 주주법인의 의}}\frac{\text{주주법인이 소유하고 있}}{\text{는 외국법인 자회사의 의}}$$

외국법인 모회사가 소유하고 있는 주주법인의 의결권 있는 주식 수가 그 주주법인의 의결권 있는 총 주식 수에서 차지하는 비율 × 주주법인이 소유하고 있는 외국법인 자회사의 의결권 있는 주식 수가 그 외국법인 자회사의 의결권 있는 총 주식 수에서 차지하는 비율

(2009.6.8 전단개정)
② 영 제129조제1항제7호에서 "기획재정부령으로 정하는 주식매수선택권등"이란 다음 각 호의 요건을 모두 갖춘 것을 말한다.
1. 「상법」에 따른 주식매수선택권과 유사한 것으로서 제1항에 따른 외국법인 또는 외국법인 모회사의 주식을 미리 정한 가액(이하 이 조에서 "행사가액"이라 한다)으로 인수 또는 매수(행사가액과 주식의 실질가액과의 차액을 현금 또는 외국법인이나 외국법인 모회사의 주식으로 보상하는 경우를 포함한다)할 수 있는 권리일 것(주식매수선택권만 해당한다)
2. 외국법인 또는 외국법인 모회사가 발행주식총수의 100분의 10의 범위에서 부여하거나 지급한 것일 것
3. 외국법인 또는 외국법인 모회사와 국내지점 간에 주식매수선택권등의 행사 또는 지급비용의 보전에 관하여 사전에 서면으로 약정하였을 것
(2010.3.31 본항개정)
(2010.3.31 본조제목개정)
(2009.3.30 본조신설)

제63조【국내원천소득금액의 계산】영 제129조제2항에서 "기획재정부령이 정하는 것"이라 함은 다음 각 호의 어느 하나에 해당하는 것을 말한다.(2013.2.23 본문개정)
1. 국내사업장이 약정 등에 따른 대가를 받지 아니하고 본점등을 위하여 재고자산을 구입하거나 보관함으로써 발생한 경비(2013.2.23 본호개정)
2. 기타 국내원천소득의 발생과 합리적으로 관련되지 아니하는 경비

제63조의2【외국법인 본ㆍ지점 간의 자금거래에 따른 이자의 손익 계산】① 영 제129조의3제1항제2호에서 "기획재정부령으로 정하는 방법"이란 국제결제은행이 정하는 기준에 따라 국내지점의 위험가중자산에 외국법인 본ㆍ지점의 자기자본(영 제129조의3제1항제1호의 자기자본을 말한다)이 위험가중자산에서 차지하는 비율을 곱하여 산정한 방법을 말한다. 이 경우 외국법인 본ㆍ지점이 국제결제은행이 정하는 기준을 다른 방법으로 적용하고 있는 경우에는 본점의 적용방법으로 조정할 수 있다.(2009.6.8 전단개정)
② 영 제129조의3제1항의 적용대상 국내지점은 외국은행 국내지점으로 한다.
(2009.3.30 본조신설)

제64조【국내사업장과 본점 등의 거래에 대한 국내원천소득금액의 계산】① 영 제130조제2항 본문에서 "기획재정부령으로 정하는 비용"이란 다음 각 호의 금액을 말한다.(2020.3.13 본문개정)
1. 자금거래에서 발생한 이자비용(제63조의2제2항에 따른 외국은행 국내지점의 이자비용은 제외한다)
2. 보증거래에서 발생한 수수료 등 비용
(2013.2.23 본항신설)
② 영 제130조제1항 및 제2항에 따라 외국법인의 국내사업장과 국외의 본점 및 다른 지점간 거래(이하 이 조에서 "내부거래"라 한다)에 따른 국내원천소득금액을

계산하는 때 적용하는 정상가격은 외국법인의 국내사업장이 수행하는 기능[외국법인 국내사업장의 종업원 등이 자산의 소유 및 위험의 부담과 관련하여 중요하게 수행하는 기능(이하 이 조에서 "중요한 인적 기능"이라 한다)을 포함한다], 부담하는 위험 및 사용하는 자산 등의 사실을 고려하여 계산한 금액으로 한다. (2020.3.13 본항개정)

③ 제2항을 적용할 때 국내사업장의 기능 및 사실의 분석은 다음 각 호를 따른다.

1. 국내사업장이 속한 본점과 독립된 기업들 간 거래로부터 발생하는 권리 및 의무를 국내사업장에 적절하게 배분

2. 자산의 경제적 소유권의 배분과 관련된 중요한 인적 기능을 확인하여 국내사업장에 자산의 경제적 소유권을 배분

3. 위험의 부담과 관련된 중요한 인적 기능을 확인하여 국내사업장에 위험을 배분

4. 국내사업장의 자산 및 위험배분에 기초한 자본의 배분

5. 국내사업장에 관한 중요한 인적 기능 외의 기능을 확인

6. 국내사업장과 본점 및 다른 지점 간 거래의 성격에 대한 인식 및 결정

(2020.3.13 본항신설)

④ 영 제130조제4항에서 "내부거래 명세서, 경비배분 계산서 등 기획재정부령으로 정하는 서류"란 다음 각 호의 어느 하나에 해당하는 서류를 말한다.

1. 내부거래에 관한 명세서. 이 경우 내부거래에 관한 명세서는 「국제조세조정에 관한 법률 시행규칙」 제27조제1항에 따른 별지 제16호서식(갑)을 준용한다.

2. 「국제조세조정에 관한 법률 시행규칙」 제27조제3항 제1호에 따른 별지 제18호서식의 용역거래에 대한 정상가격 산출방법 신고서

3. 「국제조세조정에 관한 법률 시행규칙」 제27조제3항 제2호에 따른 별지 제19호서식의 무형자산에 대한 정상가격 산출방법 신고서

4. 「국제조세조정에 관한 법률 시행규칙」 제27조제3항 제3호에 따른 별지 제20호서식의 정상가격 산출방법 신고서

(2021.3.16 1호~4호개정)
(2020.3.13 본항개정)

⑤ 영 제130조제3항에 따라 외국법인의 국내사업장에 본점 및 그 국내사업장을 관할하는 관련지점 등의 공통경비를 배분함에 있어 다음 각 호의 어느 하나에 해당하는 본점 등의 경비는 국내사업장에 배분하지 아니한다.(2013.2.23 본문개정)

1. 본점등에서 수행하는 업무중 회계감사, 각종 재무제표의 작성 또는 주식발행 등 본점만의 고유업무를 수행함으로써 발생하는 경비

2. 본점등의 특정부서나 특정지점만을 위하여 지출한 경비

3. 다른 법인에 대한 투자와 관련되어 발생하는 경비

4. 기타 국내원천소득의 발생과 합리적으로 관련되지 아니하는 경비

⑥ 영 제130조제3항에 따라 외국법인의 국내사업장에 본점 및 그 국내 사업장을 관할하는 관련지점 등의 공통경비를 배분함에 있어서는 배분의 대상이 되는 경비를 경비항목별 기준에 따라 배분하는 항목별 배분방법에 의하거나 배분의 대상이 되는 경비를 국내사업장의 수입금액이 본점 및 그 국내사업장을 관할하는 관련지점 등의 총수입금액에서 차지하는 비율에 따라 배분하는 일괄배분방법에 의할 수 있다.(2013.2.23 본항개정)

⑦ 제6항에 따라 공통경비를 배분하는 경우 외화의 원

화환산은 당해 사업연도의 「외국환거래법」에 의한 기준환율 또는 재정환율의 평균을 적용한다. (2020.3.13 본항개정)

⑧ 제5항부터 제7항까지의 규정을 적용할 때 구체적인 계산방법, 첨부서류의 제출 기타 필요한 사항은 국세청장이 정한다.(2020.3.13 본항개정)
(2013.2.23 본조제목개정)

제65조【국내원천소득과 국외원천소득의 구분기준】① 영 제132조제2항제2호·제3호 및 제9호에서 "통상의 거래조건"이란 해당 법인이 재고자산 등을 「국제조세조정에 관한 법률」 제8조 및 같은 법 시행령 제5조부터 제16조까지의 규정에 따른 방법을 준용하여 계산한 시가에 의하여 거래하는 것을 말한다.

② 제1항에 따라 해당 법인이 국내원천소득을 계산한 경우에는 「국제조세조정에 관한 법률 시행규칙」 제27조 제1항에 따른 별지 제16호서식의 국제거래명세서, 같은 조 제3항제1호에 따른 별지 제18호서식의 용역거래에 대한 정상가격 산출방법 신고서, 같은 항 제2호에 따른 별지 제19호서식의 무형자산에 대한 정상가격 산출방법 신고서, 같은 항 제3호에 따른 별지 제20호서식의 정상가격 산출방법 신고서를 법 제60조제1항에 따른 신고기한 내 납세지 관할세무서장에게 제출해야 한다. (2021.3.16 본조개정)

제66조【항공기에 의한 국제운송업의 국내원천소득의 계산】영 제132조제2항제8호에서 "기획재정부령으로 정하는 방법"이란 다음 계산식에 따른 방법을 말한다.

해당 법인의 국내원천소득의 금액＝

$$\left[\text{해당 법인의 국제노선에서 생기는 이익} \times \left\{ \left(\frac{\text{국내총수입금액}}{\text{국제노선총수입금액}} \right) + \frac{\text{국내 유형자산 및 무형자산의 장부가액} + \left(\text{국제노선에 취항하는 항공기의 장부가액} \times \frac{\text{국내에서의 출항횟수}}{\text{국제노선 출항횟수}} \right)}{\text{국제노선에 관련한 총 유형자산 및 무형자산의 장부가액}} + \frac{\text{국내의 급여액} + \left(\text{국제 노선에 취항하는 항공기 승무원의 급여액} \times \frac{\text{국내에서의 출항횟수}}{\text{국제노선 출항횟수}} \right)}{\text{국제노선에 관련한 총급여액}} \right\} \right] \times \frac{1}{3}$$

(2019.3.20 본조개정)

제66조의2【적격외국금융회사등의 보고】법 제93조의3제2항 전단에 따른 적격외국금융회사등(이하 "적격외국금융회사등"이라 한다)은 영 제132조의3제3호에서 규정한 조 제2호에 따른 국채등 보유·거래 명세 자료의 내용에 변동이 발생한 경우 그 변동일이 속한 분기의 마지막 달의 다음 달 말일까지 법 제93조의3제1항 각 호의 소득을 지급하는 자의 납세지 관할 세무서장에게 보고해야 한다.(2022.12.31 본조신설)

제67조【건설공사현장 등의 존속기간 계산방법】법 제94조제2항에 따른 국내사업장 해당 여부를 판정할 때에 외국법인이 국내에서 건축, 건설, 조립 또는 설치공사나 이들 공사와 관련한 감리, 감독, 기술용역의 활동(이하 이 조에서 "건설공사 등"이라 한다)을 수행하는 경우 그 건설공사 등의 존속기간은 다음 각 호의 방법으로 계산한다.

1. 건설공사 현장의 존속기간은 외국법인이 국내에서 건설공사의 작업에 착수한 날부터 해당 작업을 완료하거나 영구적으로 포기한 날까지의 기간으로 한다. 이 경우 건설공사의 작업에 착수한 날은 해당 공사를 위한 설계사무소를 설치하는 등 준비작업을 한 날로 한다.

2. 날씨가 고르지 못한 등 계절적 요인이나 자재 또는 노동력 부족 등으로 공사의 진행이 일시적으로 중단되는 경우의 건설공사의 존속기간은 그 일시적으로 중단된 기간을 합하여 계산한다.
3. 건설공사 등의 도급을 받은 외국법인이 그 공사의 전부 또는 일부를 다른 법인에게 하도급한 경우 도급을 받은 외국법인의 건설공사 현장의 존속기간은 해당 외국법인이 수행한 작업기간과 외국법인으로부터 하도급받은 다른 법인이 수행한 작업기간을 합하여 계산한다. (2009.3.30 본조신설)

제68조 【원천징수의 범위】 ① 법 제51조의 규정에 의한 비과세소득과 다른 법률에 의하여 법인세가 전액 면제되는 소득에 대하여는 법 제98조의 규정에 의한 원천징수를 하지 아니한다.
② (2013.2.23 삭제)

제68조의2 (2010.6.30 삭제)

제68조의3 【조세조약 체약상대국의 정부기관 등】 ① 영 제138조의4제2항 각 호 외의 부분 단서에서 "기획재정부령으로 정하는 조세조약 체약상대국의 정부기관 등"이란 다음 각 호의 기관을 말한다.
1. 체약상대국의 정부
2. 체약상대국의 지방자치단체
3. 「한국은행법」에 따라 설립된 한국은행과 유사한 은행으로서 체약상대국의 중앙은행
4. 체약상대국의 공공기관으로서 다음 각 목의 어느 하나에 해당하는 기관
  가. 「초·중등교육법」 및 「고등교육법」에 준하는 법률에 따라 설립된 학교 또는 이와 유사한 단체
  나. 「지방공기업법」에 준하는 법률에 따라 설립된 지방공사, 지방공단 또는 이와 유사한 단체
  다. 「공공기관의 운영에 관한 법률」에 준하는 법률의 적용을 받는 공공기관 또는 이와 유사한 단체
② 영 제138조의5제2항제2호에서 "기획재정부령이 정하는 조세조약 체약상대국의 정부기관 등"이란 제1항 제1호·제2호 또는 제4호에 해당하는 기관을 말한다. (2023.3.20 본조개정)

제68조의4 【유가증권시장에서의 정규적인 거래】 영 제138조의5제2항제3호에서 "기획재정부령이 정하는 정규적인 거래"라 함은 다음 각 호의 모든 요건을 충족하는 거래를 말한다.(2008.3.31 본문개정)
1. 사업연도 중 해당 법인의 주식거래가 이루어진 일수가 60일 이상일 것
2. 제1호의 사업연도 중 거래가 이루어진 주식의 총수가 해당 법인의 발행주식총수의 100분의 10 이상일 것 (2006.3.14 본조신설)

제5장 토지 등 양도에 대한 특별부가세

제69조 (2000.3.9 삭제)
제70조 (2001.3.28 삭제)
제71조 (2002.3.30 삭제)
제72조 (2001.3.28 삭제)
제73조~제73조의2 (2002.3.30 삭제)

제6장 보 칙

제74조 (2012.2.28 삭제)
제75조 【구분경리의 범위】 ① 영 제156조의 규정에 의한 구분경리를 할 때에는 구분하여야 할 사업 또는 재산별로 자산·부채 및 손익을 각각 독립된 계정과목에 의하여 구분기장하여야 한다. 다만, 각 사업 또는 재산별로 구분할 수 없는 공통되는 익금과 손금은 그러하지 아니하다.

② 법률에 의하여 법인세가 감면되는 사업과 기타의 사업을 겸영하는 법인은 제1항과 제76조제6항 및 제7항의 규정을 준용하여 구분경리하여야 한다. 이 경우 제76조제6항제2호 및 제3호의 규정에 의한 업종의 구분은 한국표준산업분류에 의한 소분류에 의하되, 소분류에 해당 업종이 없는 경우에는 중분류에 의한다.

제75조의2 【동일사업 영위 법인】 영 제156조제2항에서 "실질적으로 동일한 사업을 영위하는 것으로서 기획재정부령으로 정하는 경우"란 한국산업은행법(2014. 5. 21. 법률 제12663호로 개정된 것을 말한다) 부칙 제3조에 따른 한국산업은행, 산은금융지주주식회사 및 「한국정책금융공사법」에 따른 한국정책금융공사가 각각 영위하던 사업을 말한다.(2015.3.13 본조신설)

제76조 【비영리법인의 구분경리】 ① 비영리법인이 법 제113조제1항의 규정에 의하여 구분경리하는 경우 수익사업과 기타의 사업에 공통되는 자산과 부채는 이를 수익사업에 속하는 것으로 한다.
② 비영리법인이 구분경리를 하는 경우에는 수익사업의 자산의 합계액에서 부채(충당금을 포함한다)의 합계액을 공제한 금액을 수익사업의 자본금으로 한다.
③ 비영리법인이 기타의 사업에 속하는 자산을 수익사업에 지출 또는 전입한 경우 그 자산가액은 자본의 원입으로 경리한다. 이 경우 자산가액은 시가에 의한다.
④ 비영리법인이 수익사업에 속하는 자산을 기타의 사업에 지출한 경우 그 자산가액중 수익사업의 소득금액(잉여금을 포함한다)을 초과하는 금액은 자본원입액의 반환으로 한다. 이 경우 「조세특례제한법」 제74조제1항제1호의 규정을 적용받는 법인이 수익사업회계에 속하는 자산을 비영리사업회계에 전입한 경우에는 이를 비영리사업에 지출한 것으로 한다.(2005.2.28 후단개정)
⑤ 비영리법인의 경우 법 제112조의 규정에 의한 장부의 기장은 제1항 내지 제4항의 규정에 의한다.
⑥ 비영리법인이 법 제113조제1항의 규정에 의하여 수익사업과 기타의 사업의 손익을 구분경리하는 경우 공통되는 익금과 손금은 다음 각호의 규정에 의하여 구분계산하여야 한다. 다만, 공통익금 또는 손금의 구분계산에 있어서 개별손금(공통손금외의 손금의 합계액을 말한다. 이하 이 조에서 같다)이 없는 경우나 기타의 사유로 다음 각호의 규정을 적용할 수 없거나 적용하는 것이 불합리한 경우에는 공통익금의 수입항목 또는 공통손금의 비용항목에 따라 국세청장이 정하는 작업시간·사용시간·사용면적 등의 기준에 의하여 안분계산한다.
1. 수익사업과 기타의 사업의 공통익금은 수익사업과 기타의 사업의 수입금액 또는 매출액에 비례하여 안분계산
2. 수익사업과 기타의 사업의 업종이 동일한 경우의 공통손금은 수익사업과 기타의 사업의 수입금액 또는 매출액에 비례하여 안분계산
3. 수익사업과 기타의 사업의 업종이 다른 경우의 공통손금은 수익사업과 기타의 사업의 개별 손금액에 비례하여 안분계산
⑦ 제6항의 규정에 의한 공통되는 익금은 과세표준이 되는 것에 한하며, 공통되는 손금은 익금에 대응하는 것에 한한다.

제77조 【합병법인 및 분할신설법인등의 구분경리】 ① 법 제113조제3항에 따라 합병법인이 피합병법인으로부터 승계받은 사업과 그 밖의 사업을 구분경리함에 있어서 자산·부채 및 손익의 구분계산은 다음 각 호에 따른다.(2014.3.14 본문개정)
1. 유형자산 및 무형자산과 부채는 용도에 따라 각 사업별로 구분하되, 용도가 분명하지 아니한 차입금은 총수입금액에서 각 사업의 당해 사업연도의 수입금

액이 차지하는 비율에 따라 안분계산(2019.3.20 본호개정)
2. 현금·예금 등 당좌자산 및 투자자산은 자금의 원천에 따라 사업별로 구분하되, 그 구분이 분명하지 아니한 경우에는 총수입금액에서 각 사업의 당해 사업연도의 수입금액이 차지하는 비율에 따라 안분계산
3. 제1호 및 제2호외의 자산 및 잉여금 등은 용도·발생원천 또는 기업회계기준에 따라 계산
4. 각 사업에 속하는 익금과 손금은 각각 독립된 계정과목에 의하여 구분하여 기록하되, 각 사업에 공통되는 익금과 손금은 제76조제6항 및 제7항을 준용하여 구분계산. 다만, 합병등기일 전부터 소유하던 유형자산 및 무형자산의 양도손익은 합병등기일 전에 유형자산 및 무형자산을 소유하던 사업부문에 속하는 익금과 손금으로 본다.(2019.3.20 단서개정)
② 합병법인은 제1항에도 불구하고 다음 각 호의 방법으로 구분경리할 수 있다. 이 경우 합병법인은 피합병법인의 이월결손금을 공제받고자 하는 사업연도가 종료할 때(연결모법인의 경우에는 합병 후 5년간을 말한다)까지 계속 적용하여야 한다.(2009.3.30 본문개정)
1. 피합병법인으로부터 승계받은 사업장과 기타의 사업장별로 자산·부채 및 손익을 각각 독립된 회계처리에 의하여 구분계산. 이 경우 피합병법인으로부터 승계받은 사업장의 자산·부채 및 손익은 이를 피합병법인으로부터 승계받은 사업에 속하는 것으로 한다.
2. 본점등에서 발생한 익금과 손금등 각 사업장에 공통되는 익금과 손금은 제76조제6항 및 제7항을 준용하여 안분계산. 다만, 합병등기일 전부터 소유하던 유형자산 및 무형자산의 양도손익은 합병등기일 전에 유형자산 및 무형자산을 소유하던 사업부문에 속하는 익금과 손금으로 본다.(2019.3.20 단서개정)
3. 제1호 및 제2호의 규정을 적용함에 있어서 합병등기일 이후 새로이 사업장을 설치하거나 기존 사업장을 통합한 경우에는 그 주된 사업내용에 따라 피합병법인으로부터 승계받은 사업장, 기타의 사업장 또는 공통사업장으로 구분. 이 경우 주된 사업내용을 판정하기 곤란한 경우에는 다음 각목에 의한다.
   가. 새로이 사업장을 설치한 경우에는 합병법인의 사업장으로 보아 구분경리
   나. 기존 사업장을 통합한 경우에는 통합한 날이 속하는 사업연도의 직전 사업연도의 각 사업장별 수입금액(수입금액이 없는 사업장이 있는 경우에는 각 사업장별 자산총액을 말한다)이 많은 법인의 사업장으로 보아 구분경리
③ 법 제113조제4항에 따라 분할신설법인등이 분할법인등으로부터 승계받은 사업과 그 밖의 사업을 구분경리하는 경우에는 제1항 및 제2항을 준용한다.
(2009.3.30 본항개정)
④ 법 제113조제5항에 따라 연결모법인이 피합병법인(분할법인을 포함한다)으로부터 승계받은 사업과 그 밖의 사업에 속하는 것을 구분경리하는 경우에는 제1항 및 제2항을 준용한다.(2009.3.30 본항신설)
(2006.3.14 본조제목개정)
제78조 (2009.3.30 삭제)
제79조 【지출증명서류의 수취 특례】 영 제158조제2항제5호에서 "기타 기획재정부령이 정하는 경우"란 다음 각 호의 어느 하나에 해당하는 경우를 말한다.
(2009.3.30 본문개정)
1. 「부가가치세법」 제10조의 규정에 의하여 재화의 공급으로 보지 아니하는 사업의 양도에 의하여 재화를 공급받은 경우(2013.6.28 본호개정)
2. 「부가가치세법」 제26조제1항제8호에 따른 방송용역을 제공받은 경우(2013.6.28 본호개정)

3. 「전기통신사업법」에 따른 전기통신사업자로부터 전기통신용역을 공급받은 경우. 다만, 「전자상거래 등에서의 소비자보호에 관한 법률」에 따른 통신판매업자가 「전기통신사업법」에 따른 부가통신사업자로부터 같은 법 제4조제4항에 따른 부가통신역무를 제공받는 경우를 제외한다.(2019.3.20 본호개정)
4. 국외에서 재화 또는 용역을 공급받은 경우(세금계산서 또는 계산서를 교부한 경우를 제외한다)
5. 공매·경매 또는 수용에 의하여 재화를 공급받은 경우
6. 토지 또는 주택을 구입하거나 주택의 임대업을 영위하는 자(법인을 제외한다)로부터 주택임대용역을 공급받은 경우
7. 택시운송용역을 제공받은 경우
8. 건물(토지를 함께 공급받은 경우에는 당해 토지를 포함하며, 주택을 제외한다)을 구입하는 경우로서 거래내용이 확인되는 매매계약서 사본을 법 제60조의 규정에 의한 법인세과세표준신고서에 첨부하여 납세지관할세무서장에게 제출하는 경우
9. 「소득세법 시행령」 제208조의2제1항제3호의 규정에 의한 금융·보험용역을 제공받은 경우(2005.2.28 본호개정)
9의2. (2020.3.13 삭제)
9의3. 항공기의 항행용역을 제공받은 경우(2000.3.9 본호신설)
9의4. 부동산임대용역을 제공받은 경우로서 「부가가치세법 시행령」 제65조제1항을 적용받는 전세금 또는 임대보증금에 대한 부가가치세액을 임차인이 부담하는 경우(2013.6.28 본호개정)
9의5. 재화공급계약·용역제공계약 등에 의하여 확정된 대가의 지급지연으로 인하여 연체이자를 지급하는 경우(2000.3.9 본호신설)
9의6. 「한국철도공사법」에 의한 한국철도공사로부터 철도의 여객운송용역을 공급받는 경우(2005.2.28 본호신설)
10. 다음 각 목의 어느 하나에 해당하는 경우로서 공급받은 재화 또는 용역의 거래금액을 「금융실명거래 및 비밀보장에 관한 법률」에 의한 금융기관을 통하여 지급한 경우로서 법 제60조에 따른 법인세과세표준신고서에 송금사실을 기재한 경비 등의 송금명세서를 첨부하여 납세지 관할세무서장에게 제출하는 경우(2019.3.20 본문개정)
   가. 「부가가치세법」 제61조를 적용받는 사업자로부터 부동산임대용역을 제공받은 경우(2013.6.28 본목개정)
   나. 임가공용역을 제공받은 경우(법인과의 거래를 제외한다)(2000.3.9 본목개정)
   다. 운수업을 영위하는 자(「부가가치세법」 제61조를 적용받는 사업자에 한한다)가 제공하는 운송용역을 공급받은 경우(제7호의 규정을 적용받는 경우를 제외한다)(2013.6.28 본목개정)
   라. 「부가가치세법」 제61조를 적용받는 사업자로부터 「조세특례제한법 시행령」 제110조제4항 각 호에 따른 재활용폐자원 등이나 「자원의 절약과 재활용촉진에 관한 법률」 제2조제2호에 따른 재활용가능자원(같은 법 시행규칙 별표1 제1호부터 제9호까지의 규정에 열거된 것에 한한다)을 공급받은 경우(2019.3.20 본목개정)
   마. 「항공법」에 의한 상업서류 송달용역을 제공받은 경우(2005.2.28 본목개정)
   바. 「공인중개사의 업무 및 부동산 거래신고에 관한 법률」에 따른 중개업자에게 수수료를 지급하는 경우(2009.3.30 본목개정)
   사. 「복권 및 복권기금법」에 의한 복권사업자가 복권을 판매하는 자에게 수수료를 지급하는 경우(2005.2.28 본목개정)

아.「전자상거래 등에서의 소비자보호에 관한 법률」
제2조제2호 본문에 따른 통신판매에 따라 재화 또
는 용역을 공급받은 경우(2012.2.28 본목개정)
자. 그 밖에 국세청장이 정하여 고시하는 경우
(2012.2.28 본목신설)
11.「유료도로법」에 따른 유료도로를 이용하고 통행료
를 지급하는 경우(2007.3.30 본호신설)
(2021.3.16 본조제목개정)
**제79조의2【현금영수증가맹점 가입제외대상 법인의
범위】** 영 제159조의2제1항 단서에서 "기획재정부령으
로 정하는 법인"이란 다음 각 호의 법인을 말한다.
(2008.3.31 본문개정)
1. 국가 및 지방자치단체
2. 항공운송업을 영위하는 법인(외국을 항행하는 항공
기 안에서 영위하는 소매업만 해당한다)
3. 법 제117조의2제3항 단서에 따라 사실과 다르게 발
급한 것으로 보지 아니하는 사업자를 통하여 현금영
수증을 발급하는 법인(2012.2.28 본호신설)
(2007.12.5 본조신설)
제79조의3【주식등변동상황명세서의 제출】 ① 영 제
161조제1항제4호에서 "기획재정부령으로 정하는 공공
기관 또는 기관투자자"란 다음 각 호의 공공기관 등을
말한다.
1.「공공기관의 운영에 관한 법률」에 따른 공공기관으
로서 별표11의 공공기관
2. 영 제61조제2항제1호부터 제11호까지, 제21호 및 제
28호의 금융회사등
3.「자본시장과 금융투자업에 관한 법률」에 따른 집합
투자업자 또는 증권금융회사
4. 제56조의2제1항 각 호의 법인
5. 제56조의2제2항 각 호의 법인
(2009.3.30 본항개정)
② 영 제161조제4항제1호 및 제2호에서 "기획재정부령
으로 정하는 시가"란 「소득세법 시행령」 제157조제6항
에 따른 최종시세가액 또는 평가액을 말한다.
(2008.3.31 본조개정)
제80조【지급명세서 제출여부 등의 확인】 납세지 관
할세무서장 또는 관할지방국세청장은 법 제66조의 규
정에 의하여 법인세의 과세표준을 결정 또는 경정하는
경우에는 법 제120조의 규정에 의한 지급명세서의 제
출여부 및 그 기재사항이 분명한지의 여부를 확인하여
야 한다.(2008.3.31 본조개정)
**제80조의2【외국법인의 국내원천소득 등에 대한 지급
명세서 제출의 면제】** 영 제162조의2제1항제8호에서 "기
획재정부령이 정하는 소득"이라 함은 다음 각호의 1에
해당하는 소득을 말한다.(2008.3.31 본문개정)
1. 예금 등의 잔액이 30만원 미만으로서 1년간 거래가
없는 계좌에서 발생하는 이자소득 또는 배당소득
2. 계좌별로 1년간 발생한 이자소득 또는 배당소득이
3만원 미만인 경우의 당해 소득
(2008.3.31 본조제목개정)
(2002.3.30 본조신설)
제81조 (2008.3.31 삭제)
제82조【서식】 (생략)

부   칙 (2016.3.7)

제1조【시행일】 이 규칙은 공포한 날부터 시행한다.
제2조【일반적 적용례】 이 규칙은 2016년 1월 1일 이
후 개시하는 사업연도분부터 적용한다.
**제3조【업무와 관련이 없는 부동산 등의 범위에 관한
적용례】** 제26조제5항제31호의 개정규정은 이 규칙 시
행 이후 신고하는 분부터 적용한다.

제4조【당좌대출이자율에 관한 적용례】 제43조제2항
의 개정규정은 이 규칙 시행 이후 발생하는 분부터 적
용한다.
**제5조【사업에 사용되는 그 밖의 토지의 범위에 관한
적용례】** 제46조제7항제8호의 개정규정은 이 규칙 시행
이후 양도하는 분부터 적용한다.
**제6조【기업의 미환류소득에 대한 법인세 계산에 관
한 적용례】** 제46조의3제3항 및 제10항의 개정규정은
이 규칙 시행 이후 신고하는 분부터 적용한다.
제7조【기금운용법인 등에 관한 적용례】 제56조의2제
2항제10호의 개정규정은 이 규칙 시행 이후 지급하는
분부터 적용한다.
제8조【지정기부금단체 등의 범위에 관한 적용례】 별
표6의2 제93호부터 제97호까지 및 별표6의7 제45호부
터 제48호까지의 개정규정은 2016년 1월 1일 이후 해
당 법인이 기부금단체에 기부금을 지출하는 분부터 적
용한다.
제9조【서식에 관한 적용례】 서식에 관한 개정규정은
이 규칙 시행 이후 신고 또는 신청하는 분부터 적용한
다. 다만, 별지 제8호서식 부표4는 이 규칙 시행일이 속
하는 사업연도분부터 적용한다.
제10조【조정반 지정 절차 등에 관한 특례】 ① 이 규
칙 시행일이 속하는 사업연도의 직전 사업연도에 대하
여 법 제60조제9항에 따른 세무조정계산서를 작성하려
는 자는 제50조의3제1항의 개정규정에도 불구하고 2016
년 3월 11일까지 조정반 지정신청을 할 수 있다. 이 경
우 지방국세청장은 제50조의3제2항의 개정규정에도 불
구하고 2016년 3월 21일까지 신청인에게 지정 여부를
통지하고, 그 사실을 관보 또는 인터넷 홈페이지에 공
개하여야 한다.
② 2016년 3월 21일 이전에 법 제60조제1항에 따라 과
세표준과 세액을 신고하는 법인의 세무조정계산서를
작성한 영 제97조의3제1항 각 호의 어느 하나에 해당
하는 자는 조정반에 소속된 자로 본다.
제11조【당좌대출이자율에 관한 경과조치】 이 규칙
시행 전에 종전의 당좌대출이자율에 따라 이자를 수수
하기로 약정을 체결한 경우로서 약정기간이 있는 대여
금에 대해서는 제43조제2항의 개정규정에도 불구하고
해당 약정기간 만료일까지는 종전의 규정에 따른다.

부   칙 (2016.11.2)

제1조【시행일】 이 규칙은 공포한 날부터 시행한다.
제2조【지정기부금단체 등의 범위에 관한 적용례】 별
표6의2 제98호의 개정규정은 2016년 9월 23일 이후 내
국법인이 서민금융진흥원에 기부금을 지출한 경우부터
적용하고, 같은 표 제99호의 개정규정은 2016년 4월 18일
이후 내국법인이 한국산림복지진흥원에 기부금을 지출
한 경우부터 적용한다.

부   칙 (2017.3.10)

제1조【시행일】 이 규칙은 공포한 날부터 시행한다.
다만, 제18조제5항제1호 및 제2호가목, 제4호 단서 및
제5호, 같은 조 제9항의 개정규정은 2017년 4월 1일부
터 시행한다.
제2조【일반적 적용례】 이 규칙은 2017년 1월 1일 이
후 개시하는 사업연도분부터 적용한다.
**제3조【지정기부금단체 등의 추천서류에 관한 적용
례】** 제18조제5항제1호 및 제2호가목, 제4호 단서 및 제
5호, 같은 조 제9항의 개정규정은 2017년 4월 1일 이후
주무관청의 장이 기획재정부장관에게 서류를 제출하는
경우부터 적용한다.

제4조【기부금단체 지정 취소 등에 관한 적용례】제18조의2제6항 및 제7항의 개정규정은 이 규칙 시행 후 지정 취소나 재지정 거부를 요청하는 분부터 적용한다.

제5조【독립된 사업부문 및 지정승계의 판단기준 등에 관한 적용례】① 제41조제4항 및 제5항의 개정규정은 이 규칙 시행 이후 분할 또는 현물출자하는 경우부터 적용한다.

② 제41조제8항제2호 및 제4호의 개정규정은 이 규칙 시행 이후 분할하는 경우부터 적용한다.

제6조【서식에 관한 적용례】서식에 관한 개정규정은 이 규칙 시행 이후 신고 또는 신청하는 분부터 적용한다.

부 칙 (2017.10.31)

제1조【시행일】이 규칙은 공포한 날부터 시행한다.

제2조【지정기부금단체등과 지정기부금의 범위에 관한 적용례】별표6의2 및 별표6의3의 개정규정은 2017년 1월 1일 이후 내국법인이 지정기부금단체등에 기부금을 지출한 분부터 적용한다.

부 칙 (2018.3.21)

제1조【시행일】이 규칙은 공포한 날부터 시행한다.

제2조【일반적 적용례】이 규칙은 2018년 1월 1일 이후 개시하는 사업연도분부터 적용한다.

제3조【판매부대비용 및 회비의 범위에 관한 적용례】제10조제2항의 개정규정은 이 규칙 시행 이후 지출하는 분부터 적용한다.

제4조【지정기부금단체등의 범위에 관한 적용례】제18조제5항 및 제9항의 개정규정(지정기부금 단체 추천 서류의 제출 기한에 관한 사항으로 한정한다)은 이 규칙 시행 이후 주무관청의 장이 기획재정부장관에게 서류를 제출하는 경우부터 적용한다.

제5조【기부금단체의 의무이행 여부 등 보고기한 등에 관한 적용례】제18조의2제1항부터 제3항까지의 개정규정은 2019년 1월 1일 이후 개시하는 사업연도 분에 대하여 보고하는 경우부터 적용한다.

제6조【법정기부금단체의 요건 등에 관한 적용례】제18조의3제3항제1호다목, 같은 항 제2호바목 및 아목의 개정규정은 이 규칙 시행 이후 주무관청의 장이 기획재정부장관에게 서류를 제출하는 경우부터 적용한다.

제7조【분할시 승계가능한 주식의 범위 확대에 관한 적용례】제41조제8항제4호 후단 및 같은 조 제9항의 개정규정은 이 규칙 시행 이후 분할하는 분부터 적용한다.

제8조【기금운용법인 등에 관한 적용례】제56조의2제2항제11호의 개정규정은 이 규칙 시행 이후 지급하는 분부터 적용한다.

제9조【서식에 관한 적용례】서식에 관한 개정규정은 이 규칙 시행 이후 신고 또는 신청하는 분부터 적용한다.

부 칙 (2019.3.20)

제1조【시행일】이 규칙은 공포한 날부터 시행한다. 다만, 제82조제7항제10호의3, 별지 제72호의2서식, 별지 제72호의5서식(갑) 부표 외의 부분, 별지 제72호의5서식(갑) 부표 및 별지 제72호의5서식(을)의 개정규정은 2020년 1월 1일부터 시행한다.

제2조【일반적 적용례】이 규칙은 2019년 1월 1일 이후 개시하는 사업연도분부터 적용한다.

제3조【독립된 사업부문 및 포괄승계의 판단기준 등에 관한 적용례】제41조제3항의 개정규정은 이 규칙 시행 이후 분할하는 분부터 적용한다.

제4조【서식에 관한 적용례】서식에 관한 개정규정은 이 규칙 시행 이후 신고 또는 신청하는 분부터 적용한다.

제5조【서식개정에 관한 경과조치】서식의 개정에 따라 신고 등을 할 수 없는 경우에는 종전의 서식에 따른다.

부 칙 (2020.3.13)

제1조【시행일】이 규칙은 공포한 날부터 시행한다. 다만, 제18조의3, 제19조, 제19조의2, 제47조제1항·제2항, 별지 제63호의5 및 별지 제63호의6서식은 2021년 1월 1일부터 시행한다.

제2조【일반적 적용례】이 규칙은 2020년 1월 1일 이후 개시하는 사업연도분부터 적용한다.

제3조【회수불능 확정채권의 범위에 관한 적용례】제10조의4제4호의 개정규정은 이 규칙 시행 이후 조정이 성립되는 분부터 적용한다.

제4조【리스료등의 귀속사업연도에 관한 적용례】제35조제1항 단서의 개정규정은 이 규칙 시행 이후 과세표준을 신고하는 분부터 적용한다.

제5조【서식에 관한 적용례】서식에 관한 개정규정은 이 규칙 시행 이후 신고, 신청, 보고 또는 통보하는 분부터 적용한다.

제6조【정기예금이자율에 관한 경과조치】2020년 1월 1일 전에 개시한 사업연도분에 대해서는 제6조의 개정규정에도 불구하고 종전의 규정에 따른다.

제7조【서식에 관한 경과조치】서식의 개정에 따라 신고 등을 할 수 없는 경우에는 종전의 서식에 따른다.

부 칙 (2020.4.21)

제1조【시행일】이 규칙은 공포한 날부터 시행한다.

제2조【서식에 관한 적용례】서식에 관한 개정규정은 이 규칙 시행 이후 제출하는 분부터 적용한다.

제3조【서식 개정에 관한 경과조치】서식의 개정에 따라 감면 등의 신고 등을 할 수 없는 경우에는 종전의 서식에 따른다.

부 칙 (2021.3.16)

제1조【시행일】이 규칙은 공포한 날부터 시행한다.

제2조【일반적 적용례】이 규칙은 2021년 1월 1일 이후 개시하는 사업연도분부터 적용한다.

제3조【공익법인등에 대한 적용례】① 제18조의3제2항제7호의 개정규정은 이 규칙 시행 이후 법인이 추천을 요청하는 경우부터 적용한다.

② 제19조제1항 및 제19조의2제1항의 개정규정은 2021년 1월 1일 당시 사업연도 종료일부터 3개월이 지나지 않은 공익법인등부터 적용한다.

제4조【서식에 관한 적용례】서식에 관한 개정규정은 이 규칙 시행 이후 신고, 신청, 제출 또는 보고하는 분부터 적용한다.

제5조【정기예금이자율에 관한 경과조치】2021년 1월 1일 전에 개시한 사업연도분에 대해서는 제6조의 개정규정에도 불구하고 종전의 규정에 따른다.

제6조【서식에 관한 경과조치】서식의 개정에 따라 신고 등을 할 수 없는 경우에는 종전의 서식에 따른다.

부 칙 (2021.10.28)

이 규칙은 공포한 날부터 시행한다.

부   칙 (2022.3.18)

제1조 【시행일】 이 규칙은 공포한 날부터 시행한다. 다만, 제82조제1항제11호, 같은 조 제7항제4호의4·제4호의5, 별지 제11호서식, 별지 제64호의3서식 및 별지 제64호의4서식의 개정규정은 2025년 1월 1일부터 시행한다.(2022.12.31 본조개정)

제2조 【주권상장법인이 발행한 주식의 시가에 관한 적용례】 제42조의6제1항 단서의 개정규정은 이 규칙 시행 이후 과세표준 및 세액을 신고하는 경우부터 적용한다.

제3조 【서식에 관한 적용례 등】 서식에 관한 개정규정은 이 규칙 시행 이후 신고, 신청, 제출 또는 보고하는 경우부터 적용하되, 종전의 법 또는 영에 따른 감면 등의 신고 등을 할 수 없는 경우에는 종전의 서식에 따른다.

제4조 【조정반 지정 절차에 관한 특례】 ① 이 규칙 시행 전에 설립된 법무법인, 법무법인(유한) 또는 법무조합은 제50조제3제1항의 개정규정에도 불구하고 이 규칙 시행일부터 1개월 이내에 대표자의 사무소 소재지 관할 지방국세청장에게 조정반 지정 신청을 할 수 있다.
② 제1항에 따른 신청을 받은 지방국세청장은 제50조의3제2항에도 불구하고 신청을 받은 날이 속하는 달의 다음 달 말일까지 지정 여부를 결정하여 신청인에게 통지하고, 그 사실을 관보 또는 인터넷 홈페이지에 공고해야 한다.

부   칙 (2022.12.31)

이 규칙은 2023년 1월 1일부터 시행한다.

부   칙 (2023.3.20)

제1조 【시행일】 이 규칙은 공포한 날부터 시행한다. 다만, 다음 각 호의 개정규정은 해당 호에서 정한 날부터 시행한다.
1. 제2조의2제2항제1호, 제20조의 제목, 같은 조 제2항, 제82조제1항제23호, 같은 조 제5항제11호, 별지 제3호의3서식(1)부터 별지 제3호의3서식(3)까지, 별지 제23호서식(갑), 별지 제23호서식(을), 별지 제63호의16서식(2), 별지 제63호의16서식(3), 별지 제76호의15서식(갑) 및 별지 제76호의15서식(을)의 개정규정 : 2024년 1월 1일
2. 제48조의2, 제56조의2제1항 각 호 외의 부분, 같은 조 제2항, 제57조, 제58조, 제82조제7항제4호의7 및 별지 제64호의6서식의 개정규정 : 2025년 1월 1일

제2조 【회수불능 사유에 관한 적용례】 제10조의4제1항제1호, 제2호 및 제3호의 개정규정은 이 규칙 시행 전에 발생한 채권으로서 이 규칙 시행 이후 채권의 회수불능을 확인하는 경우에도 적용한다.

제3조 【의료법인의 고유목적사업 지출에 관한 적용례】 제29조의2제1항제4호의 개정규정은 이 규칙 시행 이후 산후조리원 건물 및 부속토지를 취득하기 위해 지출하는 경우부터 적용한다.

제4조 【서식에 관한 적용례 등】 서식에 관한 개정규정은 이 규칙 시행 이후 신고, 신청, 제출 또는 보고하는 경우부터 적용하되, 개정서식으로는 종전의 법 또는 영에 따른 신고 등을 할 수 없는 경우에는 종전의 서식에 따른다.

제5조 【정기예금이자율 변경에 관한 경과조치】 2023년 1월 1일 전에 개시한 사업연도의 사업수입금액 계산에 적용하는 정기예금이자율에 관하여는 제6조의 개정규정에도 불구하고 종전의 규정에 따른다.

부   칙 (2023.7.3)

이 규칙은 공포한 날부터 시행한다.

〔**별표1**〕 (2009.3.30 삭제)

〔**별표2**〕

시험연구용자산의 내용연수표(제15조제1항 및 제2항 관련)

(2021.3.16 개정)

자산범위	자산명	내용연수
1. 새로운 지식이나 기술의 발견을 위한 실험연구시설 2. 신제품이나 신기술을 개발할 목적으로 관련된 지식과 경험을 응용하는 연구시설 3. 신제품이나 신기술과 관련된 시제품, 원형, 모형 또는 시험설비등의 설계, 제작 및 시설을 위한 설비 4. 새로운 기술에 수반되는 공구, 기구, 금형 등의 설계 및 시험적 제작을 위한 시설 5. 직업훈련용 시설	(1) 건물부속설비 (2) 구축물 (3) 기계장치	5년
	(4) 광학기기 (5) 시험기기 (6) 측정기기 (7) 공구 (8) 기타 시험연구용 설비	3년

비고
1. 시험연구용 자산 중 「조세특례제한법 시행령」 제25조의3 제3항제2호에 따른 연구·시험용 시설 및 직업훈련용 시설에 대한 투자에 대해 「조세특례제한법」 제24조에 따른 세액공제를 이미 받은 자산에 대해서는 이 내용연수표에 따른 감가상각비를 손금에 산입할 수 없다.
2. 법인이 시험연구용자산에 대하여 이 내용연수표를 적용하지 않으려는 경우에는 별표5 건축물 등의 기준내용연수 및 내용연수범위표 또는 별표6 업종별 자산의 기준내용연수 및 내용연수 범위표를 적용하여 감가상각비를 손금에 산입할 수 있다.

〔**별표3**〕

무형자산의 내용연수표(제15조제2항 관련)

(2019.3.20 개정)

구분	내용연수	무형자산
1	5년	영업권, 디자인권, 실용신안권, 상표권
2	7년	특허권
3	10년	어업권, 「해저광물자원 개발법」에 따른 채취권(생산량비례법 선택 적용), 유료도로관리권, 수리권, 전기가스공급시설이용권, 공업용수도시설이용권, 수도시설이용권, 열공급시설이용권
4	20년	광업권(생산량비례법 선택 적용), 전신전화전용시설이용권, 전용측선이용권, 하수종말처리장시설관리권, 수도시설관리권
5	50년	댐사용권

감가상각자산의 상각률표(제15조제2항관련)

내용연수	정액법에 의한 상각률	정률법에 의한 상각률
년	할분리	할분리
2	500	777
3	333	632
4	250	528
5	200	451
6	166	394
7	142	349
8	125	313
9	111	284
10	100	259
11	090	239
12	083	221
13	076	206
14	071	193
15	066	182
16	062	171
17	058	162
18	055	154
19	052	146
20	050	140
21	048	133
22	046	128
23	044	123
24	042	118
25	040	113
26	039	109
27	037	106
28	036	102
29	035	099
30	034	096
31	033	093
32	032	090
33	031	087
34	030	085
35	029	083
36	028	080
37	027	078
38	027	076
39	026	074
40	025	073
41	025	071
42	024	069
43	024	068
44	023	066
45	023	065
46	022	064
47	022	062
48	021	061
49	021	060
50	020	059
51	020	058
52	020	056
53	019	055
54	019	054
55	019	054
56	018	053
57	018	052
58	018	051
59	017	050
60	017	049

건축물 등의 기준내용연수 및 내용연수범위표
(제15조제3항 관련)

(2019.3.20 개정)

구분	기준내용연수 및 내용연수범위(하한~상한)	구조 또는 자산명
1	5년 (4년~6년)	차량 및 운반구[운수업, 임대업(부동산 제외)에 사용되는 차량 및 운반구를 제외한다], 공구, 기구 및 비품
2	12년 (9년~15년)	선박 및 항공기[어업, 운수업, 임대업(부동산 제외)에 사용되는 선박 및 항공기를 제외한다]
3	20년 (15년~25년)	연와조, 블럭조, 콘크리트조, 토조, 토벽조, 목조, 목골모르타르조, 기타 조의 모든 건물(부속설비를 포함한다)과 구축물
4	40년 (30년~50년)	철골·철근콘크리트조, 철근콘크리트조, 석조, 연와석조, 철골조의 모든 건물(부속설비를 포함한다)과 구축물

1. 건물(부속설비를 포함한다) 및 구축물이 기준내용연수 및 내용연수범위가 서로 다른 둘 이상의 복합구조로 구성되어 있는 경우에는 주된 구조에 의한 기준내용연수 및 내용연수범위를 적용한다.
2. 구분3과 구분4를 적용할 때 부속설비에는 해당 건물과 관련된 전기설비, 급배수·위생설비, 가스설비, 냉방·난방·통풍 및 보일러설비, 승강기설비 등 모든 부속설비를 포함하고, 구축물에는 하수도, 굴뚝, 경륜장, 포장도로, 교량, 도크, 방벽, 철탑, 터널 기타 토지에 정착한 모든 토목설비나 공작물을 포함한다. 다만, 부속설비를 건축물과 구분하여 업종별 자산으로 회계처리하는 경우에는 별표6을 적용할 수 있다.
3. 구분3과 구분4를 적용할 때 건물중 변전소, 발전소, 공장, 창고, 정거장·정류장·차고용 건물, 폐수 및 폐기물처리용 건물, 「유통산업발전법 시행령」에 따른 대형점용 건물(해당 건물의 지상층에 주차장이 있는 경우에 한정한다), 「국제회의산업 육성에 관한 법률」에 따른 국제회의시설 및 「무역거래기반 조성에 관한 법률」에 따른 무역거래기반시설(별도의 건물인 무역연수원을 제외한다), 축사, 구축물 중 하수도, 굴뚝, 경륜장, 포장도로와 폐수 및 폐기물처리용 구축물과 기타 진동이 심하거나 부식성 물질에 심하게 노출된 것은 기준내용연수를 각각 10년, 20년으로 하고, 내용연수범위를 각각(8년~12년), (15년~25년)으로 하여 신고내용연수를 선택적용 할 수 있다.

업종별자산의 기준내용연수 및 내용연수 범위표

(제15조제3항 관련)

(2018.3.21 개정)

구분	기준내용연수 및 내용연수범위 (하한~상한)	적용대상자산(다음에 규정된 한국표준산업분류상 해당업종에 사용되는 자산) 대분류	중분류
1	4년 (3년~5년)	제조업	15. 가죽, 가방 및 신발 제조업. 다만, 원피가공 및 가죽제조업(1511)은 구분 4(6년~10년)를 적용한다.
		교육서비스업	85. 교육서비스업
2	5년 (4년~6년)	농업, 임업 및 어업	01. 농업. 다만, 과수의 경우에는 구분 9(15년~25년)를 적용한다. 02. 임업
		광업	05. 석탄, 원유 및 천연가스 광업
		제조업	18. 인쇄 및 기록매체 복제업 21. 의료용 물질 및 의약품 제조업
		수도, 하수 및 폐기물 처리, 원료 재생업	37. 하수·폐수 및 분뇨 처리업 38. 폐기물 수집운반, 처리 및 원료재생업. 다만, 해체, 선별 및 원료재생업(383) 중 재생용 금속·비금속 가공원료 생산업은 구분 5(8년~12년)를 적용한다. 39. 환경 정화 및 복원업
		건설업	42. 전문직별 공사업
		도매 및 소매업	45. 자동차 및 부품 판매업 46. 도매 및 상품중개업 47. 소매업(자동차는 제외한다)
		운수업	49. 육상 운송 및 파이프라인 운송업. 다만, 철도운송업(491) 및 도시철도 운송업(49211)은 구분 9(15년~25년)를 적용하고 택배업(49401) 및 늘찬 배달업(49402)은 구분 4(6년~10년)를 적용한다.
		정보통신업	58. 출판업 59. 영상·오디오 기록물 제작 및 배급업 60. 방송업 62. 컴퓨터 프로그래밍, 시스템 통합 및 관리업 63. 정보서비스업
		금융 및 보험법	64. 금융업 65. 보험 및 연금업 66. 금융 및 보험관련 서비스업
		전문, 과학 및 기술 서비스업	70. 연구개발업 71. 전문 서비스업 72. 건축기술, 엔지니어링, 기타 과학기술 서비스업 73. 기타 전문, 과학 및 기술 서비스업
		사업시설관리 사업지원 및 임대서비스업	74. 사업시설관리 및 조경 서비스업 75. 사업지원 서비스업. 다만, 여행사 및 기타 여행 보조 서비스업(752)은 구분 4(6년~10년)를 적용한다. 76. 임대업(부동산은 제외한다)
		공공행정, 국방 및 사회보장행정	84. 공공행정, 국방 및 사회보장행정
		보건업 및 사회복지 서비스업	86. 보건업 87. 사회복지사업
		예술, 스포츠 및 여가 관련 서비스업	90. 창작, 예술 및 여가 관련 서비스업 91. 스포츠 및 오락 관련 서비스업
		협회 및 단체, 수리 및 기타 개인 서비스업	94. 협회 및 단체 96. 기타 개인 서비스업
		가구내 고용활동 및 달리 분류되지 않은 자가소비 생산활동	97. 가구내 고용활동 98. 달리 분류되지 않은 자가소비를 위한 가구의 재화 및 서비스 생산활동
		국제 및 외국기관	99. 국제 및 외국기관
3	6년 (5년~7년)	제조업	26. 전자부품, 컴퓨터, 영상, 음향 및 통신장비 제조업. 다만, 마그네틱 및 광학 매체 제조업(2660)은 구분 4(6년~10년)를 적용하고, 전자코일, 변성기 및 기타 전자유도자 제조업(26294) 및 유선 통신장비 제조업(26410) 중 중앙통제실 송신용 침입 및 화재경보 시스템 제조는 구분 5(8년~12년)를 적용한다.
		정보통신업	61. 우편 및 통신업
4	8년 (6년~10년)	제조업	14. 의복, 의복 액세서리 및 모피제품 제조업. 다만, 편조의복 제조업(143) 및 편조의복 액세서리 제조업(1441)은 구분 5(8년~12년)를 적용한다. 20. 화학물질 및 화학제품 제조업(의약품은 제외한다). 다만, 살균·살충제 및 농약 제조업(2032)은 구분1(3년~5년)을 적용하고, 화약 및 불꽃제품 제조업(20494) 중 성냥 제조는 구분 5(8년~12년)를 적용한다. 34. 산업용 기계 및 장비 수리업

구분	기준내용연수 (내용연수범위)	업종	세부 업종
		건설업	41. 종합건설업
		운수 및 창고업	52. 창고 및 운송관련 서비스업
		숙박 및 음식점업	55. 숙박업 56. 음식점 및 주점업
		부동산업	68. 부동산업
		협회 및 단체, 수리 및 기타 개인 서비스업	95. 수리업
5	10년 (8년~12년)	농업, 임업 및 어업	03. 어업. 다만, 내수면 양식 어업(03212) 중 수생파충류 및 개구리 양식은 구분 2(4년~6년)를 적용한다.
		광업	06. 금속광업 07. 비금속 광물광업(연료용을 제외한다). 다만, 그 외 기타 비금속광물 광업(0729) 중 토탄 채굴은 구분 2(4년~6년)를 적용한다. 08. 광업 지원 서비스업. 다만, 광업지원서비스업(08000) 중 채굴목적 광물탐사활동, 유·무연탄 채굴 지원 서비스 및 갈탄 및 토탄 채굴 지원 서비스는 구분 2(4년~6년)를 적용한다.
		제조업	10. 식료품 제조업 11. 음료 제조업 13. 섬유제품 제조업(의복을 제외한다). 다만, 섬유제품 염색, 정리 및 마무리 가공업(134)은 구분 4(6년~10년)를 적용한다. 16. 목재 및 나무제품 제조업(가구는 제외한다) 17. 펄프, 종이 및 종이제품 제조업 22. 고무제품 및 플라스틱제품 제조업 23. 비금속 광물제품 제조업. 다만, 기타 산업용 유리제품 제조업(23129) 중 평판 디스플레이용 유리의 제조업과 브라운관용 벌브유리의 제조업은 구분 2(4년~6년)를 적용한다. 24. 1차 금속 제조업. 다만, 기타 비철금속 제련, 정련 및 합금 제조업(24219) 중 우라늄 제련 및 정련업은 구분 4(6년~10년)를 적용한다. 25. 금속가공제품 제조업(기계 및 가구는 제외한다) 27. 의료, 정밀, 광학기기 및 시계 제조업 28. 전기장비 제조업 29. 기타 기계 및 장비 제조업
		제조업	31. 기타 운송장비 제조업 32. 가구 제조업 33. 기타 제품 제조업
6	12년 (9년~15년)	제조업	12. 담배제조업 30. 자동차 및 트레일러 제조업
		운수업	50. 수상 운송업. 다만, 외항화물운송업(50112)은 구분 9(15년~25년)를 적용한다. 51. 항공 운송업
7	14년 (11년~17년)	제조업	19. 코크스, 연탄 및 석유정제품 제조업. 다만, 코크스 및 연탄 제조업(1910) 중 연탄, 갈탄·토탄의 응집 유·무연탄 및 기타 유·무연탄 제조는 구분 2(4년~6년)를 적용한다.
8	16년 (12년~20년)	전기, 가스, 증기 및 공기조절 공급업	35. 전기, 가스, 증기 및 공기조절 공급업
9	20년 (15년~25년)	수도, 하수 및 폐기물 처리, 원료재생업	36. 수도사업

비고
1. 이 표는 별표3이나 별표5의 적용을 받는 자산을 제외한 모든 감가상각자산에 대하여 적용한다.
2. 내용연수범위가 서로 다른 2 이상의 업종에 공통으로 사용되는 자산이 있는 경우에는 그 사용기간이나 사용정도의 비율에 따라 사용비율이 큰 업종의 기준내용연수 및 내용연수범위를 적용한다.

〔별표6의2〕~〔별표6의7〕 (2018.3.21 삭제)

〔별표7〕~〔별표10〕 ➡ 「www.hyeonamsa.com」 참조

〔별표11〕

공공기관의 범위(제79조의3제1항제1호 관련)

(2019.3.20 개정)

구 분	공 공 기 관
1	한국전력공사
2	한국조폐공사
3	대한석탄공사
4	한국광물자원공사
5	한국석유공사
6	한국도로공사
7	한국토지주택공사
8	한국수자원공사
9	한국철도공사
10	한국관광공사
11	한국농어촌공사
12	한국농수산식품유통공사
13	대한무역투자진흥공사

〔별지서식〕 ➡ 「www.hyeonamsa.com」 참조

상속세 및 증여세법

(1996년 12월 30일)
전개법률 제5193호

개정
1997.12.31법 5493호(금융실명)　　　　　　　　<중략>
2011.12.31법11130호　　　　　　　　2013. 1. 1법11609호
2013. 3.23법11690호(정부조직)
2013. 5.28법11845호(자본시장금융투자업)
2014. 1. 1법12168호
2014. 3.18법12420호(공익신탁법)
2014.11.19법12844호(정부조직)
2015.12.15법13557호
2016. 1.19법13796호(부동산가격공시에관한법)
2016.12.20법14388호
2017. 7.26법14839호(정부조직)
2017.12.19법15224호
2018. 3.20법15522호(공무원재해보상법)
2018.12.24법16057호(문화재)
2018.12.31법16102호
2019. 8.27법16568호(양식산업발전법)
2019.11.26법16596호(문화재)
2019.12.10법16761호(군인재해보상법)
2019.12.31법16846호
2020. 6. 9법17339호(법률용어정비)
2020.12.22법17654호
2020.12.29법17758호(국세징수)
2020.12.29법17799호(독점)
2021.12.21법18591호→시행일 부칙 참조
2022.12.31법19195호
2023. 3.21법19251호(자연유산의보존및활용에관한법)
2023. 7.18법19563호(가상자산이용자보호등에관한법)→2024년 7월 19일 시행
2023. 8. 8법19590호(문화유산)
2023. 9.14법19702호(근현대문화유산의보존및활용에관한법)→2024년 9월 15일 시행이므로 추후 수록
2023.12.31법19932호
2024. 2. 6법20194호(자연유산의보존및활용에관한법)

제1장 총 칙

(2010.1.1 본장개정)

제1조【목적】 이 법은 상속세 및 증여세의 과세(課稅) 요건과 절차를 규정함으로써 상속세 및 증여세의 공정한 과세, 납세의무의 적정한 이행 확보 및 재정수입의 원활한 조달에 이바지함을 목적으로 한다.
(2015.12.15 본조신설)

제2조【정의】 이 법에서 사용하는 용어의 뜻은 다음과 같다.

1. "상속"이란 「민법」 제5편에 따른 상속을 말하며, 다음 각 목의 것을 포함한다.
　가. 유증(遺贈)
　나. 「민법」 제562조에 따른 증여자의 사망으로 인하여 효력이 생길 증여(상속개시일 전 10년 이내에 피상속인이 상속인에게 진 증여채무 및 상속개시일 전 5년 이내에 피상속인이 상속인이 아닌 자에게 진 증여채무의 이행 중에 증여자가 사망한 경우의 그 증여를 포함한다. 이하 "사인증여"(死因贈與)라 한다)
　다. 「민법」 제1057조의2에 따른 피상속인과 생계를 같이 하고 있던 자, 피상속인의 요양간호를 한 자와 그 밖에 피상속인과 특별한 연고가 있던 자(이하 "특별연고자"라 한다)에 대한 상속재산의 분여(分與)
　라. 「신탁법」 제59조에 따른 유언대용신탁(이하 "유언대용신탁"이라 한다)(2020.12.22 본목신설)
　마. 「신탁법」 제60조에 따른 수익자연속신탁(이하 "수익자연속신탁"이라 한다)(2020.12.22 본목신설)
2. "상속개시일"이란 피상속인이 사망한 날을 말한다. 다만, 피상속인의 실종선고로 인하여 상속이 개시되는 경우에는 실종선고일을 말한다.
3. "상속재산"이란 피상속인에게 귀속되는 모든 재산을 말하며, 다음 각 목의 물건과 권리를 포함한다. 다만, 피상속인의 일신(一身)에 전속(專屬)하는 것으로서 피상속인의 사망으로 인하여 소멸되는 것은 제외한다.
　가. 금전으로 환산할 수 있는 경제적 가치가 있는 모든 물건
　나. 재산적 가치가 있는 법률상 또는 사실상의 모든 권리
4. "상속인"이란 「민법」 제1000조, 제1001조, 제1003조 및 제1004조에 따른 상속인을 말하며, 같은 법 제1019조제1항에 따라 상속을 포기한 사람 및 특별연고자를 포함한다.
5. "수유자"(受遺者)란 다음 각 목에 해당하는 자를 말한다.
　가. 유증을 받은 자
　나. 사인증여에 의하여 재산을 취득한 자
　다. 유언대용신탁 및 수익자연속신탁에 의하여 신탁의 수익권을 취득한 자
(2020.12.22 본호개정)
6. "증여"란 그 행위 또는 거래의 명칭·형식·목적 등과 관계없이 직접 또는 간접적인 방법으로 타인에게 무상으로 유형·무형의 재산 또는 이익을 이전(移轉)(현저히 낮은 대가를 받고 이전하는 경우를 포함한다)하거나 타인의 재산가치를 증가시키는 것을 말한다. 다만, 유증, 사인증여, 유언대용신탁 및 수익자연속신탁은 제외한다.(2020.12.22 단서개정)
7. "증여재산"이란 증여로 인하여 수증자에게 귀속되는 모든 재산 또는 이익을 말하며, 다음 각 목의 물건, 권리 및 이익을 포함한다.
　가. 금전으로 환산할 수 있는 경제적 가치가 있는 모든 물건
　나. 재산적 가치가 있는 법률상 또는 사실상의 모든 권리
　다. 금전으로 환산할 수 있는 모든 경제적 이익
8. "거주자"란 국내에 주소를 두거나 183일 이상 거소(居所)를 둔 사람을 말하며, "비거주자"란 거주자가 아닌 사람을 말한다. 이 경우 주소와 거소의 정의 및 거주자와 비거주자의 판정 등에 필요한 사항은 대통령령으로 정한다.

9. "수증자"(受贈者)란 증여재산을 받은 거주자(본점이나 주된 사무소의 소재지가 국내에 있는 비영리법인을 포함한다) 또는 비거주자(본점이나 주된 사무소의 소재지가 외국에 있는 비영리법인을 포함한다)를 말한다.
10. "특수관계인"이란 본인과 친족관계, 경제적 연관관계 또는 경영지배관계 등 대통령령으로 정하는 관계에 있는 자를 말한다. 이 경우 본인도 특수관계인의 특수관계인으로 본다.
(2015.12.15 본조신설)

제3조【상속세 과세대상】 상속개시일 현재 다음 각호의 구분에 따른 상속재산에 대하여 이 법에 따라 상속세를 부과한다.(2016.12.20 본문개정)
1. 피상속인이 거주자인 경우 : 모든 상속재산
2. 피상속인이 비거주자인 경우 : 국내에 있는 모든 상속재산
(2015.12.15 본조개정)

제3조의2【상속세 납부의무】 ① 상속인(특별연고자 중 영리법인은 제외한다) 또는 수유자(영리법인은 제외한다)는 상속재산(제13조에 따라 상속재산에 가산하는 증여재산 중 상속인이나 수유자가 받은 증여재산을 포함한다) 중 각자가 받았거나 받을 재산을 기준으로 대통령령으로 정하는 비율에 따라 계산한 금액을 상속세로 납부할 의무가 있다.
② 특별연고자 또는 수유자가 영리법인인 경우로서 그 영리법인의 주주 또는 출자자(이하 "주주등"이라 한다) 중 상속인과 그 직계비속이 있는 경우에는 대통령령으로 정하는 바에 따라 계산한 지분상당액을 그 상속인 및 직계비속이 납부할 의무가 있다.
③ 제1항에 따른 상속세는 상속인 또는 수유자 각자가 받았거나 받을 재산을 한도로 연대하여 납부할 의무를 진다.
(2015.12.15 본조개정)

제4조【증여세 과세대상】 ① 다음 각 호의 어느 하나에 해당하는 증여재산에 대해서는 이 법에 따라 증여세를 부과한다.(2016.12.20 본문개정)
1. 무상으로 이전받은 재산 또는 이익
2. 현저히 낮은 대가를 주고 재산 또는 이익을 이전받음으로써 발생하는 이익이나 현저히 높은 대가를 받고 재산 또는 이익을 이전함으로써 발생하는 이익. 다만, 특수관계인이 아닌 자 간의 거래인 경우에는 거래의 관행상 정당한 사유가 없는 경우로 한정한다.
3. 재산 취득 후 해당 재산의 가치가 증가한 경우의 그 이익. 다만, 특수관계인이 아닌 자 간의 거래인 경우에는 거래의 관행상 정당한 사유가 없는 경우로 한정한다.
4. 제33조부터 제39조까지, 제39조의2, 제39조의3, 제40조, 제40조의2부터 제41조의5까지, 제42조, 제42조의2 또는 제42조의3에 해당하는 경우의 그 재산 또는 이익
5. 제44조 또는 제45조에 해당하는 경우의 그 재산 또는 이익
6. 제4호 각 규정의 경우와 경제적 실질이 유사한 경우 등 제4호의 각 규정을 준용하여 증여재산의 가액을 계산할 수 있는 경우의 그 재산 또는 이익
② 제45조의2부터 제45조의5까지의 규정에 해당하는 경우에는 그 재산 또는 이익을 증여받은 것으로 보아 그 재산 또는 이익에 대하여 증여세를 부과한다.
③ 상속개시 후 상속재산에 대하여 등기·등록·명의개서 등(이하 "등기등"이라 한다)으로 각 상속인의 상속분이 확정된 후, 그 상속재산에 대하여 공동상속인이 협의하여 분할한 결과 특정 상속인이 당초 상속분을 초과하여 취득하게 되는 재산은 그 분할에 의하여 상속분이 감소한 상속인으로부터 증여받은 것으로 보아 증여세를 부과한다. 다만, 제67조에 따른 상속세 과세표준 신고기한까지 분할에 의하여 당초 상속분을 초과하여 취득한

경우와 당초 상속재산의 분할에 대하여 무효 또는 취소 등 대통령령으로 정하는 정당한 사유가 있는 경우에는 증여세를 부과하지 아니한다.(2020.6.9 단서개정)
④ 수증자가 증여재산(금전은 제외한다)을 당사자 간의 합의에 따라 제68조에 따른 증여세 과세표준 신고기한까지 증여자에게 반환하는 경우(반환하기 전에 제76조에 따라 과세표준과 세액을 결정받은 경우는 제외한다)에는 처음부터 증여가 없었던 것으로 보며, 제68조에 따른 증여세 과세표준 신고기한이 지난 후 3개월 이내에 증여자에게 반환하거나 증여자에게 다시 증여하는 경우에는 그 반환하거나 다시 증여하는 것에 대해서는 증여세를 부과하지 아니한다.(2020.6.9 본항개정)
(2015.12.15 본조개정)

제4조의2【증여세 납부의무】 ① 수증자는 다음 각 호의 구분에 따른 증여재산에 대하여 증여세를 납부할 의무가 있다.
1. 수증자가 거주자(본점이나 주된 사무소의 소재지가 국내에 있는 비영리법인을 포함한다. 이하 이 항에서 같다)인 경우 : 제4조에 따라 증여세 과세대상이 되는 모든 증여재산
2. 수증자가 비거주자(본점이나 주된 사무소의 소재지가 외국에 있는 비영리법인을 포함한다. 이하 제6항과 제6조제2항 및 제3항에서 같다)인 경우 : 제4조에 따라 증여세 과세대상이 되는 국내에 있는 모든 증여재산(2018.12.31 본호개정)
② 제1항에도 불구하고 제45조의2에 따라 재산을 증여한 것으로 보는 경우(명의자가 영리법인인 경우를 포함한다)에는 실제소유자가 해당 재산에 대하여 증여세를 납부할 의무가 있다.(2018.12.31 본항신설)
③ 제1항의 증여재산에 대하여 수증자에게 「소득세법」에 따른 소득세 또는 「법인세법」에 따른 법인세가 부과되는 경우에는 증여세를 부과하지 아니한다. 소득세 또는 법인세가 「소득세법」, 「법인세법」 또는 다른 법률에 따라 비과세되거나 감면되는 경우에도 또한 같다.
④ 영리법인이 증여받은 재산 또는 이익에 대하여 「법인세법」에 따른 법인세가 부과되는 경우(법인세가 「법인세법」 또는 다른 법률에 따라 비과세되거나 감면되는 경우를 포함한다) 해당 법인의 주주등에 대해서는 제45조의3부터 제45조의5까지의 규정에 따른 경우를 제외하고는 증여세를 부과하지 아니한다.
⑤ 제1항에도 불구하고 제35조부터 제37조까지 또는 제41조의4에 해당하는 경우로서 수증자가 제6항제2호에 해당하는 경우에는 그에 상당하는 증여세의 전부 또는 일부를 면제한다.(2019.12.31 본항개정)
⑥ 증여자는 다음 각 호의 어느 하나에 해당하는 경우에는 수증자가 납부할 증여세를 연대하여 납부할 의무가 있다. 다만, 제4조제1항제2호 및 제3호, 제35조부터 제39조까지, 제39조의2, 제39조의3, 제40조, 제41조의2부터 제41조의5까지, 제42조, 제42조의2, 제42조의3, 제45조, 제45조의3부터 제45조의5까지 및 제48조(출연자가 해당 공익법인의 운영에 책임이 없는 경우로서 대통령령으로 정하는 경우만 해당한다)에 해당하는 경우는 제외한다.(2021.12.21 단서개정)
1. 수증자의 주소나 거소가 분명하지 아니한 경우로서 증여세에 대한 조세채권(租稅債權)을 확보하기 곤란한 경우
2. 수증자가 증여세를 납부할 능력이 없다고 인정되는 경우로서 강제징수를 하여도 증여세에 대한 조세채권을 확보하기 곤란한 경우(2020.12.29 본호개정)
3. 수증자가 비거주자인 경우
4. (2018.12.31 삭제)
⑦ 세무서장은 제6항에 따라 증여자에게 증여세를 납부하게 할 때에는 그 사유를 알려야 한다.(2018.12.31 본항개정)

⑧ 법인격이 없는 사단·재단 또는 그 밖의 단체는 다음 각 호의 어느 하나에 해당하는 자로 보아 이 법을 적용한다.
1. 「국세기본법」 제13조제4항에 따른 법인으로 보는 단체에 해당하는 경우 : 비영리법인
2. 제1호 외의 경우 : 거주자 또는 비거주자
⑨ 실제소유자가 제45조의2에 따른 증여세·가산금 또는 강제징수비를 체납한 경우에 그 실제소유자의 다른 재산에 대하여 강제징수를 하여도 징수할 금액에 미치지 못하는 경우에는 「국세징수법」에서 정하는 바에 따라 제45조의2에 따라 명의자에게 증여한 것으로 보는 재산으로써 납세의무자인 실제소유자의 증여세·가산금 또는 강제징수비를 징수할 수 있다.(2020.12.29 본항개정)
(2015.12.15 본조개정)
제5조 【상속재산 등의 소재지】 ① 상속재산과 증여재산의 소재지는 다음 각 호의 구분에 따라 정하는 장소로 한다.
1. 부동산 또는 부동산에 관한 권리 : 그 부동산의 소재지
2. 광업권 또는 조광권(租鑛權) : 광구(鑛區)의 소재지
3. 어업권, 양식업권 또는 입어권(入漁權) : 어장에서 가장 가까운 연안(2019.8.27 본호개정)
4. 선박 : 선적(船籍)의 소재지
5. 항공기 : 항공기 정치장(定置場)의 소재지
6. 주식 또는 출자지분(이하 이 조, 제18조의2, 제18조의3, 제22조, 제39조, 제39조의2, 제39조의3, 제41조의2, 제41조의3, 제41조의5, 제60조, 제63조, 제72조의2 및 제82조에서 "주식등"이라 한다) 또는 사채(社債) : 그 주식등 또는 사채를 발행한 법인 또는 그 출자가 되어 있는 법인의 본점 또는 주된 사무소의 소재지. 다만, 외국법인이 국내법에 따라 국내에서 발행한 주식등 또는 사채에 대해서는 그 거래를 취급하는 「금융실명거래 및 비밀보장에 관한 법률」 제2조제1호에 따른 금융회사등(이하 "금융회사등"이라 한다) 영업장의 소재지(2022.12.31 본문개정)
7. 「자본시장과 금융투자업에 관한 법률」을 적용받는 신탁업을 경영하는 자가 취급하는 금전신탁 : 그 신탁재산을 인수한 영업장의 소재지. 다만, 금전신탁 외의 신탁재산에 대해서는 신탁한 재산의 소재지
8. 제6호 및 제7호 외의 대통령령으로 정하는 금융재산 : 그 재산을 취급하는 금융회사등 영업장의 소재지(2016.12.20 본호개정)
9. 금전채권 : 채무자의 주소지. 다만, 제6호부터 제8호까지의 규정에 해당하는 경우는 제외한다.(2013.1.1 본호개정)
10. 제2호부터 제9호까지에 해당하지 아니하는 그 밖의 유형재산(有形財産) 또는 동산(動産) : 그 유형재산의 소재지 또는 동산이 현재 있는 장소
11. 특허권·상표권 등 등록이 필요한 권리 : 그 권리를 등록한 기관의 소재지
12. 저작권(출판권과 저작인접권을 포함한다) : 저작권의 목적물인 저작물이 발행되었을 경우 그 발행 장소
13. 제1호부터 제12호까지에 규정된 재산을 제외한 그 밖의 영업장을 가진 자의 그 영업에 관한 권리 : 그 영업장의 소재지
② 제1항 각 호에 규정되지 아니한 재산의 소재지는 그 재산의 권리자의 주소로 한다.
③ 제1항과 제2항에 따른 재산의 소재지의 판정은 상속개시 또는 증여 당시의 현황에 따른다.
제6조 【과세 관할】 ① 상속세는 피상속인의 주소지(주소지가 없거나 분명하지 아니한 경우에는 거소지를 말하며, 이하 "상속개시지"라 한다)를 관할하는 세무서

장(국세청장이 특히 중요하다고 인정하는 것에 대해서는 관할 지방국세청장으로 하며, 이하 "세무서장등"이라 한다)이 과세한다. 다만, 상속개시지가 국외인 경우에는 상속재산 소재지를 관할하는 세무서장등이 과세하고, 상속재산이 둘 이상의 세무서장등의 관할구역에 있을 경우에는 주된 재산의 소재지를 관할하는 세무서장등이 과세한다.
② 증여세는 수증자의 주소지(주소지가 없거나 분명하지 아니한 경우에는 거소지를 말한다. 이하 이 항에서 같다)를 관할하는 세무서장등이 과세한다. 다만, 다음 각 호의 어느 하나에 해당하는 경우에는 증여자의 주소지를 관할하는 세무서장등이 과세한다.(2018.12.31 단서개정)
1. 수증자가 비거주자인 경우
2. 수증자의 주소 및 거소가 분명하지 아니한 경우
3. 제45조의2에 따라 재산을 증여한 것으로 보는 경우(2018.12.31 1호~3호신설)
③ 다음 각 호의 어느 하나에 해당하는 경우에는 증여재산의 소재지를 관할하는 세무서장등이 과세한다.
1. 수증자와 증여자가 모두 비거주자인 경우
2. 수증자와 증여자 모두의 주소 또는 거소가 분명하지 아니한 경우
3. 수증자가 비거주자이거나 주소 또는 거소가 분명하지 아니하고, 증여자가 제38조제2항, 제39조제2항, 제39조의3제2항, 제45조의3 및 제45조의4에 따라 의제된 경우(2015.12.15 본호개정)
(2014.1.1 본항개정)

제2장 상속세의 과세표준과 세액의 계산
(2010.1.1 본장개정)

제1절 상속재산

제7조 (2015.12.15 삭제)
제8조 【상속재산으로 보는 보험금】 ① 피상속인의 사망으로 인하여 받는 생명보험 또는 손해보험의 보험금으로서 피상속인이 보험계약자인 보험계약에 의하여 받는 것은 상속재산으로 본다.
② 보험계약자가 피상속인이 아닌 경우에도 피상속인이 실질적으로 보험료를 납부하였을 때에는 피상속인을 보험계약자로 보아 제1항을 적용한다.
제9조 【상속재산으로 보는 신탁재산】 ① 피상속인이 신탁한 재산은 상속재산으로 본다. 다만, 제33조제1항에 따라 수익자의 증여재산가액으로 하는 해당 신탁의 이익을 받을 권리의 가액(價額)은 상속재산으로 보지 아니한다.(2020.12.22 단서개정)
② 피상속인이 신탁으로 인하여 타인으로부터 신탁의 이익을 받을 권리를 소유하고 있는 경우에는 그 이익에 상당하는 가액을 상속재산에 포함한다.
③ 수익자연속신탁의 수익자가 사망함으로써 타인이 새로 신탁의 수익권을 취득하는 경우 그 타인이 취득한 신탁의 이익을 받을 권리의 가액은 사망한 수익자의 상속재산에 포함한다.(2020.12.22 본항신설)
④ 신탁의 이익을 받을 권리를 소유하고 있는 경우의 판정 등 그 밖에 필요한 사항은 대통령령으로 정한다.(2020.12.22 본항신설)
제10조 【상속재산으로 보는 퇴직금 등】 피상속인에게 지급될 퇴직금, 퇴직수당, 공로금, 연금 또는 이와 유사한 것이 피상속인의 사망으로 인하여 지급되는 경우 그 금액은 상속재산으로 본다. 다만, 다음 각 호의 어느 하나에 해당하는 것은 상속재산으로 보지 아니한다.
1. 「국민연금법」에 따라 지급되는 유족연금 또는 사망으로 인하여 지급되는 반환일시금

2. 「공무원연금법」, 「공무원 재해보상법」 또는 「사립학교교직원 연금법」에 따라 지급되는 퇴직유족연금, 장해유족연금, 순직유족연금, 직무상유족연금, 위험직무순직유족연금, 퇴직유족연금부가금, 퇴직유족연금일시금, 퇴직유족일시금, 순직유족보상금, 직무상유족보상금 또는 위험직무순직유족보상금(2018.3.20 본호개정)
3. 「군인연금법」 또는 「군인 재해보상법」에 따라 지급되는 퇴역유족연금, 상이유족연금, 순직유족연금, 퇴역유족연금부가금, 퇴직유족연금일시금, 순직유족연금일시금, 퇴직유족일시금, 장애보상금 또는 사망보상금(2019.12.10 본호개정)
4. 「산업재해보상보험법」에 따라 지급되는 유족보상연금 · 유족보상일시금 · 유족특별급여 또는 진폐유족연금(2010.5.20 본호개정)
5. 근로자의 업무상 사망으로 인하여 「근로기준법」 등을 준용하여 사업자가 그 근로자의 유족에게 지급하는 유족보상금 또는 재해보상금과 그 밖에 이와 유사한 것
6. 제1호부터 제5호까지와 유사한 것으로서 대통령령으로 정하는 것

제2절 비과세

제11조【전사자 등에 대한 상속세 비과세】 전쟁 또는 대통령령으로 정하는 공무의 수행 중 사망하거나 해당 전쟁 또는 공무의 수행 중 입은 부상 또는 그로 인한 질병으로 사망하여 상속이 개시되는 경우에는 상속세를 부과하지 아니한다.(2016.12.20 본조개정)
제12조【비과세되는 상속재산】 다음 각 호에 규정된 재산에 대해서는 상속세를 부과하지 아니한다.
1. 국가, 지방자치단체에 유증(사망으로 인하여 효력이 발생하는 증여를 포함하며, 이하 "유증등"이라 한다)한 재산(이하 "공공단체"라 한다)에 유증(사망으로 인하여 효력이 발생하는 증여를 포함하며, 이하 "유증등"이라 한다)한 재산
2. (2022.12.31 삭제)
3. 「민법」 제1008조의3에 규정된 재산 중 대통령령으로 정하는 범위의 재산
4. 「정당법」에 따른 정당에 유증등을 한 재산
5. 「근로복지기본법」에 따른 사내근로복지기금이나 그 밖에 이와 유사한 것으로서 대통령령으로 정하는 단체에 유증등을 한 재산(2010.6.8 본호개정)
6. 사회통념상 인정되는 이재구호금품, 치료비 및 그 밖에 이와 유사한 것으로서 대통령령으로 정하는 재산
7. 상속재산 중 상속인이 제67조에 따른 신고기한까지 국가, 지방자치단체 또는 공공단체에 증여한 재산(2020.6.9 본호개정)

제3절 상속세 과세가액

제13조【상속세 과세가액】 ① 상속세 과세가액은 상속재산의 가액에서 제14조에 따른 것을 뺀 후 다음 각 호의 재산가액을 가산한 금액으로 한다. 이 경우 제14조에 따른 금액이 상속재산의 가액을 초과하는 경우 그 초과액은 없는 것으로 본다.(2013.1.1 후단신설)
1. 상속개시일 전 10년 이내에 피상속인이 상속인에게 증여한 재산가액
2. 상속개시일 전 5년 이내에 피상속인이 상속인이 아닌 자에게 증여한 재산가액
② 제1항제1호 및 제2호를 적용할 때 비거주자의 사망으로 인하여 상속이 개시되는 경우에는 국내에 있는 재산을 증여한 경우에만 제1항 각 호의 재산가액을 가산한다.

③ 제46조, 제48조제1항, 제52조 및 제52조의2제1항에 따른 재산의 가액과 제47조제1항에 따른 합산배제증여재산의 가액은 제1항에 따라 상속세 과세가액에 가산하는 증여재산가액에 포함하지 아니한다.

[판례] 토지매입자금으로 남편이 아내에게 거액을 증여하고 아내가 배우자증여공제액을 뺀 나머지 금액에 대한 증여세를 납부한 뒤 이혼, 남편이 사망한 경우, 상속개시일 전 5년 이내에 상속인이 아닌 자에게 이루어진 증여라는 이유로 토지매입자금 전체를 상속재산가액에 가산하여 상속세 부과처분을 한 과세관청의 처분은 정당하다. (대판 2012.5.9, 2012두720)

제14조【상속재산의 가액에서 빼는 공과금 등】 ① 거주자의 사망으로 인하여 상속이 개시되는 경우에는 상속개시일 현재 피상속인이나 상속재산에 관련된 다음 각 호의 가액 또는 비용은 상속재산의 가액에서 뺀다.
1. 공과금
2. 장례비용
3. 채무(상속개시일 전 10년 이내에 피상속인이 상속인에게 진 증여채무와 상속개시일 전 5년 이내에 피상속인이 상속인이 아닌 자에게 진 증여채무는 제외한다. 이하 이 조에서 같다)
② 비거주자의 사망으로 인하여 상속이 개시되는 경우에는 다음 각 호의 가액 또는 비용은 상속재산의 가액에서 뺀다.
1. 해당 상속재산에 관한 공과금
2. 해당 상속재산을 목적으로 하는 유치권(留置權), 질권, 전세권, 임차권(사실상 임대차계약이 체결된 경우를 포함한다), 양도담보권 · 저당권 또는 「동산 · 채권 등의 담보에 관한 법률」에 따른 담보권으로 담보된 채무(2010.6.10 본호개정)
3. 피상속인의 사망 당시 국내에 사업장이 있는 경우로서 그 사업장에 갖추어 두고 기록한 장부에 의하여 확인되는 사업상의 공과금 및 채무
③ 제1항과 제2항에 따라 상속재산의 가액에서 빼는 공과금 및 장례비용의 범위는 대통령령으로 정한다.
④ 제1항과 제2항에 따라 상속재산의 가액에서 빼는 채무의 금액은 대통령령으로 정하는 방법에 따라 증명된 것이어야 한다.

제15조【상속개시일 전 처분재산 등의 상속 추정 등】 ① 피상속인이 재산을 처분하였거나 채무를 부담한 경우로서 다음 각 호의 어느 하나에 해당하는 경우에는 이를 상속받은 것으로 추정하여 제13조에 따른 상속세 과세가액에 산입한다.
1. 피상속인이 재산을 처분하여 받은 금액이나 피상속인의 재산에서 인출한 금액이 상속개시일 전 1년 이내에 재산 종류별로 계산하여 2억원 이상인 경우와 상속개시일 전 2년 이내에 재산 종류별로 계산하여 5억원 이상인 경우로서 대통령령으로 정하는 바에 따라 용도가 객관적으로 명백하지 아니한 경우
2. 피상속인이 부담한 채무를 합친 금액이 상속개시일 전 1년 이내에 2억원 이상인 경우와 상속개시일 전 2년 이내에 5억원 이상인 경우로서 대통령령으로 정하는 바에 따라 용도가 객관적으로 명백하지 아니한 경우
② 피상속인이 국가, 지방자치단체 및 대통령령으로 정하는 금융회사등이 아닌 자에 대하여 부담한 채무로서 대통령령으로 정하는 바에 따라 상속인이 변제할 의무가 없는 것으로 추정되는 경우에는 이를 제13조에 따른 상속세 과세가액에 산입한다.(2013.1.1 본항개정)
③ 제1항제1호에 규정된 재산을 처분하여 받거나 재산에서 인출한 금액 등의 계산과 재산 종류별 구분에 관한 사항은 대통령령으로 정한다.

제4절 공익목적 출연재산의 과세가액 불산입

제16조 【공익법인등에 출연한 재산에 대한 상속세 과세가액 불산입】 ① 상속재산 중 피상속인이나 상속인이 종교·자선·학술 관련 사업 등 공익성을 고려하여 대통령령으로 정하는 사업을 하는 자(이하 "공익법인등"이라 한다)에게 출연한 재산의 가액으로서 제67조에 따른 신고기한(법률상 또는 행정상의 사유로 공익법인등의 설립이 지연되는 등 대통령령으로 정하는 부득이한 사유가 있는 경우에는 그 사유가 없어진 날이 속하는 달의 말일부터 6개월까지를 말한다)까지 출연한 재산의 가액은 상속세 과세가액에 산입하지 아니한다.(2020.6.9 본항개정)

② 제1항에도 불구하고 내국법인의 의결권 있는 주식 또는 출자지분(이하 이 조에서 "주식등"이라 한다)을 공익법인등에 출연하는 경우로서 출연하는 주식등과 제1호의 주식등을 합한 것이 그 내국법인의 의결권 있는 발행주식총수 또는 출자총액(자기주식과 자기출자지분은 제외한다. 이하 이 조에서 "발행주식총수등"이라 한다)의 제2호에 따른 비율을 초과하는 경우에는 그 초과하는 가액을 상속세 과세가액에 산입한다.

1. 주식등 : 다음 각 목의 주식등
   가. 출연자가 출연할 당시 해당 공익법인등이 보유하고 있는 동일한 내국법인의 주식등
   나. 출연자 및 그의 특수관계인이 해당 공익법인등 외의 다른 공익법인등에 출연한 동일한 내국법인의 주식등
   다. 상속인 및 그의 특수관계인이 재산을 출연한 다른 공익법인등이 보유하고 있는 동일한 내국법인의 주식등
2. 비율 : 100분의 10. 다만, 다음 각 목의 어느 하나에 해당하는 경우에는 다음 각 목의 구분에 따른 비율
   가. 다음의 요건을 모두 갖춘 공익법인등(나목 또는 다목에 해당하는 공익법인등은 제외한다)에 출연하는 경우 : 100분의 20
   　　1) 출연받은 주식등의 의결권을 행사하지 아니할 것
   　　2) 자선·장학 또는 사회복지를 목적으로 할 것
   나. 「독점규제 및 공정거래에 관한 법률」 제31조에 따른 상호출자제한기업집단(이하 "상호출자제한기업집단"이라 한다)과 특수관계에 있는 공익법인등 : 100분의 5 (2022.12.31 본목개정)
   다. 제48조제11항 각 호의 요건을 충족하지 못하는 공익법인등 : 100분의 5
   (2020.12.22 본항개정)
   (2017.12.19 본항개정)

③ 제2항에도 불구하고 다음 각 호의 어느 하나에 해당하는 경우에는 그 내국법인의 발행주식총수등의 같은 항 제2호에 따른 비율을 초과하는 경우에도 그 초과하는 가액을 상속세 과세가액에 산입하지 아니한다.
(2020.12.22 본문개정)

1. 제49조제1항 각 호 외의 부분 단서에 해당하는 공익법인등으로서 상호출자제한기업집단과 특수관계에 있지 아니한 공익법인등에 그 공익법인등의 출연자와 특수관계에 있지 아니한 내국법인의 주식등을 출연하는 경우로서 주무관청이 공익법인등의 목적사업을 효율적으로 수행하기 위하여 필요하다고 인정하는 경우
2. 상호출자제한기업집단과 특수관계에 있지 아니한 공익법인등으로서 제48조제11항 각 호의 요건을 충족하는 공익법인등(공익법인등이 설립된 날부터 3개월 이내에 주식등을 출연받고, 설립된 사업연도가 끝난 날부터 2년 이내에 해당 요건을 충족하는 경우를 포함한다)에 발행주식총수등의 제2항제2호 각 목에

따른 비율을 초과하여 출연하는 경우로서 해당 공익법인등이 초과보유일부터 3년 이내에 초과하여 출연받은 부분을 매각(주식등의 출연자 또는 그의 특수관계인에게 매각하는 경우는 제외한다)하는 경우 (2020.12.22 본항개정)
3. 「공익법인의 설립·운영에 관한 법률」 및 그 밖의 법령에 따라 내국법인의 주식등을 출연하는 경우 (2016.12.20 본항개정)

④ 제1항부터 제3항까지의 규정에 따라 공익법인등에 출연한 재산의 가액을 상속세 과세가액에 산입하지 아니한 경우로서 다음 각 호의 어느 하나에 해당하는 경우에는 대통령령으로 정하는 가액을 상속세 과세가액에 산입한다.

1. 상속세 과세가액에 산입하지 아니한 재산과 그 재산에서 생기는 이익의 전부 또는 일부가 상속인(상속인의 특수관계인을 포함한다)에게 귀속되는 경우
2. 제3항제2호에 해당하는 경우로서 초과보유일부터 3년 이내에 발행주식총수등의 제2항제2호 각 목에 따른 비율을 초과하여 출연받은 주식등을 매각(주식등의 출연자 또는 그의 특수관계인에게 매각하는 경우는 제외한다)하지 아니하는 경우 (2017.12.19 본호개정)
(2016.12.20 본항신설)

⑤ 제1항부터 제4항까지의 규정에 따른 상속재산의 출연방법, 발행주식총수등의 범위, 발행주식총수등의 제2항제2호에 따른 비율을 초과하는 가액의 계산방법, 상호출자제한기업집단과 특수관계에 있지 아니한 공익법인등의 범위, 해당 공익법인등의 출연자와 특수관계에 있지 아니한 내국법인의 범위 및 제2항제2호가목의 요건을 갖춘 공익법인등의 범위 및 그 밖에 필요한 사항은 대통령령으로 정한다.(2020.12.22 본항개정)
(2016.12.20 본조제목개정)

제17조 【공익신탁재산에 대한 상속세 과세가액 불산입】 ① 상속재산 중 피상속인이나 상속인이 「공익신탁법」에 따른 공익신탁으로서 종교·자선·학술 등 그 밖의 공익을 목적으로 하는 신탁(이하 이 조에서 "공익신탁"이라 한다)을 통하여 공익법인등에 출연하는 재산의 가액은 상속세 과세가액에 산입하지 아니한다.
(2014.3.18 본항개정)

② 제1항을 적용할 때 공익신탁의 범위, 운영 및 출연시기, 그 밖에 필요한 사항은 대통령령으로 정한다.

제5절 상속공제

제18조 【기초공제】 거주자나 비거주자의 사망으로 상속이 개시되는 경우에는 상속세 과세가액에서 2억원을 공제한다.(2022.12.31 본조개정)

제18조의2 【가업상속공제】 ① 거주자의 사망으로 상속이 개시되는 경우로서 가업[대통령령으로 정하는 중소기업 또는 대통령령으로 정하는 중견기업(상속이 개시되는 소득세 과세기간 또는 법인세 사업연도의 직전 3개 소득세 과세기간 또는 법인세 사업연도의 매출액 평균금액이 5천억원 이상인 기업은 제외한다. 이하 이 조에서 같다)으로서 피상속인이 10년 이상 계속하여 경영한 기업을 말한다. 이하 같다]의 상속(이하 "가업상속"이라 한다)에 해당하는 경우에는 가업상속 재산가액에 상당하는 금액을 상속세 과세가액에서 공제한다. 이 경우 공제하는 금액은 다음 각 호의 구분에 따른 금액을 한도로 한다.

1. 피상속인이 10년 이상 20년 미만 계속하여 경영한 경우 : 300억원
2. 피상속인이 20년 이상 30년 미만 계속하여 경영한 경우 : 400억원
3. 피상속인이 30년 이상 계속하여 경영한 경우 : 600억원

② 제1항에도 불구하고 가업이 중견기업에 해당하는 경우로서 가업을 상속받거나 받을 상속인의 가업상속재산 외의 상속재산의 가액이 상속받거나 받을 상속인이 상속세로 납부할 금액에 대통령령으로 정하는 비율을 곱한 금액을 초과하는 경우에는 해당 상속인이 상속받거나 받을 가업상속재산에 대해서는 제1항에 따른 공제(이하 "가업상속공제"라 한다)를 적용하지 아니한다.

③ 가업상속공제를 받으려는 상속인은 가업상속에 해당함을 증명하기 위한 서류를 제67조제2항에 따라 납세지 관할세무서장에게 제출하여야 한다.

④ 제1항 및 제2항을 적용할 때 피상속인 및 상속인의 요건, 주식등을 상속하는 경우의 적용방법 등 가업상속의 범위, 가업상속재산과 가업상속재산 외의 상속재산의 범위, 가업을 상속받거나 받을 상속인이 상속세로 납부할 금액의 계산방법, 그 밖에 필요한 사항은 대통령령으로 정한다.

⑤ 가업상속공제를 받은 상속인이 상속개시일부터 5년 이내에 대통령령으로 정하는 정당한 사유 없이 다음 각 호의 어느 하나에 해당하면 제1항에 따라 공제받은 금액에 해당일까지의 기간을 고려하여 대통령령으로 정하는 율을 곱하여 계산한 금액(제1호에 해당하는 경우에는 가업용 자산의 처분 비율을 추가로 곱한 금액을 말한다)을 상속개시 당시의 상속세 과세가액에 산입하여 상속세를 부과한다. 이 경우 대통령령으로 정하는 바에 따라 계산한 이자상당액을 그 부과하는 상속세에 가산한다.

1. 가업용 자산의 100분의 40 이상을 처분한 경우
2. 해당 상속인이 가업에 종사하지 아니하게 된 경우
3. 주식등을 상속받은 상속인의 지분이 감소한 경우. 다만, 상속인이 상속받은 주식등을 제73조에 따라 물납(物納)하여 지분이 감소한 경우는 제외하되, 이 경우에도 상속인은 제22조제2항에 따른 최대주주나 최대출자자에 해당하여야 한다.
4. 다음 각 목에 모두 해당하는 경우
   가. 상속개시일부터 5년간 대통령령으로 정하는 정규직 근로자(이하 이 조에서 "정규직근로자"라 한다) 수의 전체 평균이 상속개시일이 속하는 소득세 과세기간 또는 법인세 사업연도의 직전 2개 소득세 과세기간 또는 법인세 사업연도의 정규직근로자 수의 평균의 100분의 90에 미달하는 경우
   나. 상속개시일부터 5년간 대통령령으로 정하는 총급여액(이하 이 목에서 "총급여액"이라 한다)의 전체 평균이 상속개시일이 속하는 소득세 과세기간 또는 법인세 사업연도의 직전 2개 소득세 과세기간 또는 법인세 사업연도의 총급여액의 평균의 100분의 90에 미달하는 경우

⑥ 가업상속공제를 받은 상속인은 대통령령으로 정하는 바에 따라 해당 가업용 자산, 가업 및 지분의 구체적인 내용을 납세지 관할세무서장에게 제출하여야 한다.

⑦ 제5항을 적용할 때 가업용 자산의 범위, 가업용 자산의 처분 비율 계산방법, 가업 종사 여부 및 지분의 감소 여부에 관한 판정방법, 정규직근로자 수 평균의 계산, 그 밖에 필요한 사항은 대통령령으로 정한다.

⑧ 피상속인 또는 상속인이 가업의 경영과 관련하여 조세포탈 또는 회계부정 행위('조세범 처벌법」 제3조제1항 또는 「주식회사 등의 외부감사에 관한 법률」 제39조제1항에 따른 죄를 범하는 것을 말하며, 상속개시일 전 10년 이내 또는 상속개시일부터 5년 이내의 기간 중의 행위로 한정한다. 이하 제18조의3에서 같다)로 징역형 또는 대통령령으로 정하는 벌금형을 선고받고 그 형이 확정된 경우에는 다음 각 호의 구분에 따른다.

1. 제76조에 따른 과세표준과 세율의 결정이 있기 전에 피상속인 또는 상속인에 대한 형이 확정된 경우 : 가업상속공제를 적용하지 아니할 것

2. 가업상속공제를 받은 후에 상속인에 대한 형이 확정된 경우 : 가업상속공제 금액을 상속개시 당시의 상속세 과세가액에 산입하여 상속세를 부과할 것. 이 경우 대통령령으로 정하는 바에 따라 계산한 이자상당액을 그 부과하는 상속세에 가산한다.

⑨ 상속인이 제5항 또는 제8항제2호에 해당하는 경우 상속세 납세의무자는 상속인이 제5항 각 호의 어느 하나에 해당하는 날이 속하는 달의 말일 또는 제8항제2호에 해당하는 날이 속하는 달의 말일부터 6개월 이내에 대통령령으로 정하는 바에 따라 납세지 관할세무서장에게 신고하고 해당 상속세와 이자상당액을 납세지 관할세무서, 한국은행 또는 체신관서에 납부하여야 한다. 다만, 제5항 또는 제8항제2호에 따라 이미 상속세와 이자상당액이 부과되어 이를 납부한 경우에는 그러하지 아니하다.

⑩ 제5항 또는 제8항제2호에 따라 상속세를 부과할 때 「소득세법」 제97조의2제4항에 따라 납부하였거나 납부할 양도소득세가 있는 경우에는 대통령령으로 정하는 바에 따라 계산한 양도소득세 상당액을 상속세 산출세액에서 공제한다. 다만, 공제할 해당 금액이 음수(陰數)인 경우에는 영으로 본다.

(2022.12.31 본조신설)

제18조의3【영농상속공제】① 거주자의 사망으로 상속이 개시되는 경우로서 대통령령으로 정하는 영농[양축(養畜), 영어(營漁) 및 영림(營林)을 포함한다. 이하 이 조에서 같다]의 상속(이하 "영농상속"이라 한다)에 해당하는 경우에는 영농상속 재산가액에 상당하는 금액(30억원을 한도로 한다)을 상속세 과세가액에서 공제한다.

② 제1항에 따른 공제(이하 "영농상속공제"라 한다)를 받으려는 상속인은 영농상속에 해당함을 증명하기 위한 서류를 제67조제2항에 따라 납세지 관할세무서장에게 제출하여야 한다.

③ 제1항을 적용할 때 피상속인 및 상속인의 요건, 주식등을 상속하는 경우의 적용방법 등 영농상속의 범위, 그 밖에 필요한 사항은 대통령령으로 정한다.

④ 영농상속공제를 받은 상속인이 상속개시일부터 5년 이내에 대통령령으로 정하는 정당한 사유 없이 다음 각 호의 어느 하나에 해당하면 제1항에 따라 공제받은 금액에 해당일까지의 기간을 고려하여 대통령령으로 정하는 율을 곱하여 계산한 금액을 상속개시 당시의 상속세 과세가액에 산입하여 상속세를 부과한다. 이 경우 대통령령으로 정하는 바에 따라 계산한 이자상당액을 그 부과하는 상속세에 가산한다.

1. 영농상속공제 대상인 상속재산(이하 "영농상속재산"이라 한다)을 처분한 경우
2. 해당 상속인이 영농에 종사하지 아니하게 된 경우

⑤ 제4항을 적용할 때 영농상속재산의 범위, 영농 종사 여부에 관한 판정방법, 그 밖에 필요한 사항은 대통령령으로 정한다.

⑥ 피상속인 또는 상속인이 영농과 관련하여 조세포탈 또는 회계부정 행위로 징역형 또는 대통령령으로 정하는 벌금형을 선고받고 그 형이 확정된 경우에는 다음 각 호의 구분에 따른다.

1. 제76조에 따른 과세표준과 세율의 결정이 있기 전에 피상속인 또는 상속인에 대한 형이 확정된 경우 : 영농상속공제를 적용하지 아니할 것
2. 영농상속공제를 받은 후에 상속인에 대한 형이 확정된 경우 : 영농상속공제 금액을 상속개시 당시의 상속세 과세가액에 산입하여 상속세를 부과할 것. 이 경우 대통령령으로 정하는 바에 따라 계산한 이자상당액을 그 부과하는 상속세에 가산한다.

⑦ 상속인이 제4항 또는 제6항제2호에 해당하는 경우 상속세 납세의무자는 상속인이 제4항 각 호의 어느 하

나에 해당하는 날이 속하는 달의 말일 또는 제6항제2호에 해당하는 날이 속하는 달의 말일부터 6개월 이내에 대통령령으로 정하는 바에 따라 납세지 관할세무서장에게 신고하고 해당 상속세와 이자상당액을 납부지 관할세무서, 한국은행 또는 체신관서에 납부하여야 한다. 다만, 제4항 또는 제6항제2호에 따라 이미 상속세와 이자상당액이 부과되어 이를 납부한 경우에는 그러하지 아니하다.
(2022.12.31 본조신설)

제18조의4【가업상속공제와 영농상속공제의 동시 적용 배제】 제18조의2 및 제18조의3은 동일한 상속재산에 대하여 동시에 적용하지 아니한다.(2022.12.31 본조신설)

제19조【배우자 상속공제】 ① 거주자의 사망으로 상속이 개시되어 배우자가 실제 상속받은 금액의 경우 다음 각 호의 금액 중 작은 금액을 한도로 상속세 과세가액에서 공제한다.
1. 다음 계산식에 따라 계산한 한도금액

> 한도금액 = (A - B + C) × D - E
>
> A : 대통령령으로 정하는 상속재산의 가액
> B : 상속재산 중 상속인이 아닌 수증자가 유증등을 받은 재산의 가액
> C : 제13조제1항제1호에 따른 재산가액
> D : 「민법」 제1009조에 따른 배우자의 법정상속분(공동상속 중 상속을 포기한 사람이 있는 경우에는 그 사람이 포기하지 아니한 경우의 배우자 법정상속분을 말한다)
> E : 제13조에 따라 상속재산에 가산한 증여재산 중 배우자가 사전증여받은 재산에 대한 제55조제1항에 따른 증여세 과세표준

2. 30억원
(2016.12.20 본항개정)
② 제1항에 따른 배우자 상속공제는 제67조에 따른 상속세과세표준신고기한의 다음날부터 9개월이 되는 날(이하 이 조에서 "배우자상속재산분할기한"이라 한다)까지 배우자의 상속재산을 분할(등기·등록·명의개서 등이 필요한 경우에는 그 등기·등록·명의개서 등이 된 것에 한정한다. 이하 이 조에서 같다)한 경우에 적용한다. 이 경우 상속인은 상속재산의 분할사실을 배우자상속재산분할기한까지 납세지 관할세무서장에게 신고하여야 한다.(2020.12.22 전단개정)
③ 제2항에도 불구하고 대통령령으로 정하는 부득이한 사유로 배우자상속재산분할기한까지 배우자의 상속재산을 분할할 수 없는 경우로서 배우자상속재산분할기한[부득이한 사유가 소(訴)의 제기나 심판청구로 인한 경우에는 소송 또는 심판청구가 종료된 날]의 다음날부터 6개월이 되는 날(배우자상속재산분할기한의 다음날부터 6개월이 되는 날까지 과세표준과 세액의 결정이 있는 경우에는 그 결정일을 말한다)까지 상속재산을 분할하여 신고하는 경우에는 배우자상속재산분할기한까지 분할한 것으로 본다. 다만, 상속인이 그 부득이한 사유를 대통령령으로 정하는 바에 따라 배우자상속재산분할기한까지 납세지 관할세무서장에게 신고하는 경우에 한정한다.(2020.6.9 본문개정)
④ 제1항의 경우에 배우자가 실제 상속받은 금액이 없거나 상속받은 금액이 5억원 미만이면 제2항에도 불구하고 5억원을 공제한다.

제20조【그 밖의 인적공제】 ① 거주자의 사망으로 상속이 개시되는 경우로서 다음 각 호의 어느 하나에 해당하는 경우에는 해당 금액을 상속세 과세가액에서 공제한다. 이 경우 제1호에 해당하는 사람이 제2호에 해당하는 경우 또는 제4호에 해당하는 사람이 제1호부터 제3호까지 또는 제19조에 해당하는 경우에는 각각 그 금액을 합산하여 공제한다.

1. 자녀(태아를 포함한다) 1명에 대해서는 5천만원
(2022.12.31 본호개정)
2. 상속인(배우자는 제외한다) 및 동거가족 중 미성년자(태아를 포함한다)에 대해서는 1천만원에 19세가 될 때까지의 연수(年數)를 곱하여 계산한 금액
(2022.12.31 본호개정)
3. 상속인(배우자는 제외한다) 및 동거가족 중 65세 이상인 사람에 대해서는 5천만원(2015.12.15 본호개정)
4. 상속인 및 동거가족 중 장애인에 대해서는 1천만원에 상속개시일 현재 「통계법」 제18조에 따라 통계청장이 승인하여 고시하는 통계표에 따른 성별·연령별 기대여명(期待餘命)의 연수를 곱하여 계산한 금액
(2015.12.15 본호개정)
② 제1항제2호부터 제4호까지에 규정된 동거가족과 같은 항 제4호에 규정된 장애인의 범위 및 같은 항에 따른 공제를 받기 위한 증명서류의 제출에 필요한 사항은 대통령령으로 정한다.(2022.12.31 본항개정)
③ 제1항제2호 및 제4호를 적용할 때 1년 미만의 기간은 1년으로 한다.

제21조【일괄공제】 ① 거주자의 사망으로 상속이 개시되는 경우에는 상속인이나 수유자는 제18조와 제20조제1항에 따른 공제액을 합친 금액과 5억원 중 큰 금액으로 공제받을 수 있다. 다만, 제67조 또는 「국세기본법」 제45조의3에 따른 신고가 없는 경우에는 5억원을 공제한다.(2022.12.31 본문개정)
② 제1항을 적용할 때 피상속인의 배우자가 단독으로 상속받는 경우에는 제18조와 제20조제1항에 따른 공제액을 합친 금액으로만 공제한다.

제22조【금융재산 상속공제】 ① 거주자의 사망으로 상속이 개시되는 경우로서 상속개시일 현재 상속재산가액 중 대통령령으로 정하는 금융재산의 가액에서 대통령령으로 정하는 금융채무를 뺀 가액(이하 이 조에서 "순금융재산의 가액"이라 한다)이 있으면 다음 각 호의 구분에 따른 금액을 상속세 과세가액에서 공제하되, 그 금액이 2억원을 초과하면 2억원을 공제한다.
1. 순금융재산의 가액이 2천만원을 초과하는 경우 : 그 순금융재산의 가액의 100분의 20 또는 2천만원 중 큰 금액
2. 순금융재산의 가액이 2천만원 이하인 경우 : 그 순금융재산의 가액
② 제1항에 따른 금융재산에는 대통령령으로 정하는 최대주주 또는 최대출자자가 보유하고 있는 주식등과 제67조에 따른 상속세 과세표준 신고기한까지 신고하지 아니한 타인 명의의 금융재산은 포함되지 아니한다.(2015.12.15 본항개정)

제23조【재해손실 공제】 ① 거주자의 사망으로 상속이 개시되는 경우로서 제67조에 따른 신고기한 이내에 대통령령으로 정하는 재난으로 인하여 상속재산이 멸실되거나 훼손된 경우에는 그 손실가액을 상속세 과세가액에서 공제한다. 다만, 그 손실가액에 대한 보험금 등의 수령 또는 구상권(求償權) 등의 행사에 의하여 그 손실가액에 상당하는 금액을 보전(補塡)받을 수 있는 경우에는 그러하지 아니하다.
② 제1항에 따라 손실공제를 받으려는 상속인이나 수유자는 그 손실가액·손실내용 및 이를 증명할 수 있는 서류를 대통령령으로 정하는 바에 따라 납세지 관할세무서장에게 제출하여야 한다.

제23조의2【동거주택 상속공제】 ① 거주자의 사망으로 상속이 개시되는 경우로서 다음 각 호의 요건을 모두 갖춘 경우에는 상속주택가액(「소득세법」 제89조제1항제3호에 따른 주택부수토지의 가액을 포함하되, 상속개시일 현재 해당 주택 및 주택부수토지에 담보된 피상속인의 채무액을 뺀 가액을 말한다)의 100분의 100에 상당하는 금액을 상속세 과세가액에서 공제한

다. 다만, 그 공제할 금액은 6억원을 한도로 한다.
(2019.12.31 본문개정)
1. 피상속인과 상속인(직계비속 및 「민법」 제1003조제2항에 따라 상속인이 된 그 직계비속의 배우자인 경우로 한정하며, 이하 이 조에서 같다)이 상속개시일부터 소급하여 10년 이상(상속인이 미성년자인 기간은 제외한다) 계속하여 하나의 주택에서 동거할 것
(2021.12.21 본호개정)
2. 피상속인과 상속인이 상속개시일부터 소급하여 10년 이상 계속하여 1세대를 구성하면서 대통령령으로 정하는 1세대 1주택(이하 이 조에서 "1세대 1주택"이라 한다)에 해당할 것. 이 경우 무주택인 기간이 있는 경우에는 해당 기간은 전단에 따른 1세대 1주택에 해당하는 기간에 포함한다.(2015.12.15 본호개정)
3. 상속개시일 현재 무주택자이거나 피상속인과 공동으로 1세대 1주택을 보유한 자로서 피상속인과 동거한 상속인이 상속받은 주택일 것(2019.12.31 본호개정)
② 제1항을 적용할 때 피상속인과 상속인이 대통령령으로 정하는 사유에 해당하여 동거하지 못한 경우에는 계속하여 동거한 것으로 보되, 그 동거하지 못한 기간은 같은 항에 따른 동거 기간에 산입하지 아니한다.
③ 일시적으로 1세대가 2주택을 소유한 경우 동거주택의 판정방법 및 그 밖에 필요한 사항은 대통령령으로 정한다.(2016.12.20 본항신설)

판례 동거주택을 상속세 과세가액에서 공제하도록 규정한 취지는 일세대 일주택 실수요자의 상속세 부담을 완화시키기 위한 것일 뿐만 아니라 상속인의 주거안정을 도모하려는 데에 있다고 할 것이고 피상속인의 주택 보유기간은 상속인의 주거안정과 직접적인 관련이 없는 점, 위 규정의 문언도 '피상속인과 상속인이 상속개시일부터 소급하여 10년 이상 계속 동거한 주택'이라고 하였을 뿐이므로 위 '동거'라는 용어에 주택의 '소유' 또는 '보유'라는 개념이 포함되어 있다고 보기는 어려운 점, 위 규정이 정한 '상속개시일 현재 소득세법 제89조제1항제3호에 의한 일세대 일주택'의 요건에 의하여 보유요건이 별도로 요구되는 점 등을 종합하여 보면, 동거주택 상속공제의 대상으로 정하고 있는 주택은 피상속인이 상속개시일부터 소급하여 10년 이상 계속 소유한 주택에 국한되는 것으로 볼 수 없다.
(대판 2014.6.26, 2012두2474)

제24조【공제 적용의 한도】제18조, 제18조의2, 제18조의3, 제19조부터 제23조까지 및 제23조의2에 따라 공제할 금액은 제13조에 따른 상속세 과세가액에서 다음 각 호의 어느 하나에 해당하는 가액을 뺀 금액을 한도로 한다. 다만, 제3호는 상속세 과세가액이 5억원을 초과하는 경우에만 적용한다.(2022.12.31 본문개정)
1. 선순위인 상속인이 아닌 자에게 유증등을 한 재산의 가액(2016.12.20 본호개정)
2. 선순위인 상속인의 상속 포기로 그 다음 순위의 상속인이 상속받은 재산의 가액(2016.12.20 본호개정)
3. 제13조에 따라 상속세 과세가액에 가산한 증여재산가액(제53조, 제53조의2 또는 제54조에 따라 공제받은 금액이 있으면 그 증여재산가액에서 그 공제받은 금액을 뺀 가액을 말한다)(2023.12.31 본호개정)

제6절 과세표준과 세율

제25조【상속세의 과세표준 및 과세최저한】① 상속세의 과세표준은 제13조에 따른 상속세 과세가액에서 다음 각 호의 금액을 뺀 금액으로 한다.
1. 제18조, 제18조의2, 제18조의3, 제19조부터 제23조까지, 제23조의2 및 제24조의 규정에 따른 상속공제액(2022.12.31 본호개정)
2. 대통령령으로 정하는 상속재산의 감정평가 수수료
② 과세표준이 50만원 미만이면 상속세를 부과하지 아니한다.

제26조【상속세 세율】상속세는 제25조에 따른 상속세의 과세표준에 다음의 세율을 적용하여 계산한 금액(이하 "상속세산출세액"이라 한다)으로 한다.

<과세표준>	<세 율>
1억원 이하	과세표준의 100분의 10
1억원 초과 5억원 이하	1천만원 + (1억원을 초과하는 금액의 100분의 20)
5억원 초과 10억원 이하	9천만원 + (5억원을 초과하는 금액의 100분의 30)
10억원 초과 30억원 이하	2억4천만원 + (10억원을 초과하는 금액의 100분의 40)
30억원 초과	10억4천만원 + (30억원을 초과하는 금액의 100분의 50)

제27조【세대를 건너뛴 상속에 대한 할증과세】상속인이나 수유자가 피상속인의 자녀를 제외한 직계비속인 경우에는 제26조에 따른 상속세산출세액에 상속재산(제13조에 따라 상속재산에 가산한 증여재산 중 상속인이나 수유자가 받은 증여재산을 포함한다. 이하 이 조에서 같다) 중 그 상속인 또는 수유자가 받았거나 받을 재산이 차지하는 비율을 곱하여 계산한 금액의 100분의 30(피상속인의 자녀를 제외한 직계비속이면서 미성년자에 해당하는 상속인 또는 수유자가 받았거나 받을 상속재산의 가액이 20억원을 초과하는 경우에는 100분의 40)에 상당하는 금액을 가산한다. 다만, 「민법」 제1001조에 따른 대습상속(代襲相續)의 경우에는 그러하지 아니하다.(2016.12.20 본문개정)

제7절 세액공제

제28조【증여세액 공제】① 제13조에 따라 상속재산에 가산한 증여재산에 대한 증여세액(증여 당시의 그 증여재산에 대한 증여세산출세액을 말한다)은 상속세산출세액에서 공제한다. 다만, 상속세 과세가액에 가산하는 증여재산에 대하여 「국세기본법」 제26조의2제4항 또는 제5항에 따른 기간의 만료로 인하여 증여세가 부과되지 아니하는 경우와 상속세 과세가액이 5억원 이하인 경우에는 그러하지 아니하다.(2019.12.31 단서개정)
② 제1항에 따라 공제할 증여세액은 상속세산출세액에 상속재산(제13조에 따라 상속재산에 가산한 증여재산을 포함한다. 이하 이 항에서 같다)의 과세표준에 대하여 가산한 증여재산의 과세표준이 차지하는 비율을 곱하여 계산한 금액을 한도로 한다. 이 경우 그 증여재산의 수증자가 상속인이거나 수유자이면 그 상속인이나 수유자 각자가 납부할 상속세액에 그 상속인 또는 수유자가 받았거나 받을 상속재산에 대하여 대통령령으로 정하는 바에 따라 계산한 과세표준에 대하여 가산한 증여재산의 과세표준이 차지하는 비율을 곱하여 계산한 금액을 한도로 각자가 납부할 상속세액에서 공제한다.
제29조【외국 납부세액 공제】거주자의 사망으로 상속세를 부과하는 경우에 외국에 있는 상속재산에 대하여 외국의 법령에 따라 상속세를 부과받은 경우에는 대통령령으로 정하는 바에 따라 그 부과받은 상속세에 상당하는 금액을 상속세산출세액에서 공제한다.
제30조【단기 재상속에 대한 세액공제】① 상속개시후 10년 이내에 상속인이나 수유자의 사망으로 다시 상속이 개시되는 경우에는 전(前)의 상속세가 부과된 상속재산(제13조에 따라 상속재산에 가산하는 증여재산 중 상속인이나 수유자가 받은 증여재산을 포함한다. 이하 이 조에서 같다) 중 재상속되는 상속재산에 대한 전의 상속세 상당액을 상속세산출세액에서 공제한다.(2019.12.31 본항개정)

② 제1항에 따라 공제되는 세액은 제1호에 따라 계산한 금액에 제2호의 공제율을 곱하여 계산한 금액으로 한다.(2019.12.31 단서삭제)

1. 전의 상속세 산출세액 × $\dfrac{\text{재상속분의 재산가액}}{} \times \dfrac{\text{전의 상속세 과세가액}}{\text{전의 상속재산가액}}$ ÷ 전의 상속세 과세가액

2. 공제율

<재상속 기간>	<공제율>
1년 이내	100분의 100
2년 이내	100분의 90
3년 이내	100분의 80
4년 이내	100분의 70
5년 이내	100분의 60
6년 이내	100분의 50
7년 이내	100분의 40
8년 이내	100분의 30
9년 이내	100분의 20
10년 이내	100분의 10

③ 제1항에 따라 공제되는 세액은 상속세 산출세액에서 제28조에 따라 공제되는 증여세액 및 제29조에 따라 공제되는 외국 납부세액을 차감한 금액을 한도로 한다.(2019.12.31 본항개정)

제3장 증여세의 과세표준과 세액의 계산
(2010.1.1 본장제목개정)

제1절 증여재산
(2010.1.1 본절개정)

제31조【증여재산가액 계산의 일반원칙】 ① 증여재산의 가액(이하 "증여재산가액"이라 한다)은 다음 각 호의 방법으로 계산한다.
1. 재산 또는 이익을 무상으로 이전받은 경우 : 증여재산의 시가(제4장에 따라 평가한 가액을 말한다. 이하 이 조, 제35조 및 제42조에서 같다) 상당액
2. 재산 또는 이익을 현저히 낮은 대가를 주고 이전받거나 현저히 높은 대가를 받고 이전한 경우 : 시가와 대가의 차액. 다만, 시가와 대가의 차액이 3억원 이상이거나 시가의 100분의 30 이상인 경우로 한정한다.
3. 재산 취득 후 해당 재산의 가치가 증가하는 경우 : 증가사유가 발생하기 전과 후의 재산의 시가의 차액으로서 대통령령으로 정하는 방법에 따라 계산한 재산가치상승금액. 다만, 그 재산가치상승금액이 3억원 이상이거나 해당 재산의 취득가액 등을 고려하여 대통령령으로 정하는 금액의 100분의 30 이상인 경우로 한정한다.
② 제1항에도 불구하고 제4조제1항제4호부터 제6호까지 및 같은 조 제2항에 해당하는 경우에는 해당 규정에 따라 증여재산가액을 계산한다.
(2015.12.15 본조개정)

제32조【증여재산의 취득시기】 증여재산의 취득시기는 제33조부터 제39조까지, 제39조의2, 제39조의3, 제40조, 제41조의2부터 제41조의5까지, 제42조, 제42조의2, 제44조, 제45조 및 제45조의2부터 제45조의5까지가 적용되는 경우를 제외하고는 재산을 인도한 날 또는 사실상 사용한 날 등 대통령령으로 정하는 날로 한다.(2024.12.31 본조개정)

제33조【신탁이익의 증여】 ① 신탁계약에 의하여 위탁자가 타인에게 신탁의 이익의 전부 또는 일부를 받을

수익자(受益者)로 지정한 경우로서 다음 각 호의 어느 하나에 해당하는 경우에는 원본(元本) 또는 수익(收益)이 수익자에게 실제 지급되는 날 등 대통령령으로 정하는 날을 증여일로 하여 해당 신탁의 이익을 받을 권리의 가액을 수익자의 증여재산가액으로 한다.
1. 원본을 받을 권리를 소유하게 한 경우에는 수익자가 그 원본을 받은 경우
2. 수익을 받을 권리를 소유하게 한 경우에는 수익자가 그 수익을 받은 경우
② 수익자가 특정되지 아니하거나 아직 존재하지 아니하는 경우에는 위탁자 또는 그 상속인을 수익자로 보고, 수익자가 특정되거나 존재하게 된 때에 새로운 신탁이 있는 것으로 보아 제1항을 적용한다.
③ 제1항을 적용할 때 여러 차례로 나누어 원본과 수익을 받는 경우에 대한 증여재산가액 계산방법 및 그 밖에 필요한 사항은 대통령령으로 정한다.(2015.12.15 본항신설)
(2015.12.15 본조개정)

제34조【보험금의 증여】 ① 생명보험이나 손해보험에서 보험사고(만기보험금 지급의 경우를 포함한다)가 발생한 경우 해당 보험사고가 발생한 날을 증여일로 하여 다음 각 호의 구분에 따른 금액을 보험금 수령인의 증여재산가액으로 한다.
1. 보험금 수령인과 보험료 납부자가 다른 경우(보험금 수령인이 아닌 자가 보험료의 일부를 납부한 경우를 포함한다) : 보험금 수령인이 아닌 자가 납부한 보험료 납부액에 대한 보험금 상당액
2. 보험계약 기간에 보험금 수령인이 재산을 증여받아 보험료를 납부한 경우 : 증여받은 재산으로 납부한 보험료 납부액에 대한 보험금 상당액에서 증여받은 재산으로 납부한 보험료 납부액을 뺀 가액
(2015.12.15 본항개정)
② 제1항은 제8조에 따라 보험금을 상속재산으로 보는 경우에는 적용하지 아니한다.
③ (2015.12.15 삭제)

제35조【저가 양수 또는 고가 양도에 따른 이익의 증여】 ① 특수관계인 간에 재산(전환사채 등 대통령령으로 정하는 재산은 제외한다. 이하 이 조에서 같다)을 시가보다 낮은 가액으로 양수하거나 시가보다 높은 가액으로 양도한 경우로서 그 대가와 시가의 차액이 대통령령으로 정하는 기준금액(이하 이 항에서 "기준금액"이라 한다) 이상인 경우에는 해당 재산의 양수일 또는 양도일을 증여일로 하여 그 대가와 시가의 차액에서 기준금액을 뺀 금액을 그 이익을 얻은 자의 증여재산가액으로 한다.
② 특수관계인이 아닌 자 간에 거래의 관행상 정당한 사유 없이 재산을 시가보다 현저히 낮은 가액으로 양수하거나 시가보다 현저히 높은 가액으로 양도한 경우로서 그 대가와 시가의 차액이 대통령령으로 정하는 기준금액 이상인 경우에는 해당 재산의 양수일 또는 양도일을 증여일로 하여 그 대가와 시가의 차액에서 대통령령으로 정하는 금액을 뺀 금액을 그 이익을 얻은 자의 증여재산가액으로 한다.
③ 재산을 양수하거나 양도하는 경우로서 그 대가가 「법인세법」 제52조제2항에 따른 시가에 해당하여 그 거래에 대하여 같은 법 제52조제1항 및 「소득세법」 제101조제1항(같은 법 제87조의27에 따라 준용되는 경우를 포함한다)이 적용되지 아니하는 경우에는 제1항 및 제2항을 적용하지 아니한다. 다만, 거짓이나 그 밖의 부정한 방법으로 상속세 또는 증여세를 감소시킨 것으로 인정되는 경우에는 그러하지 아니하다.
(2021.12.21 본문개정 : 「소득세법」 제87조의27에 따라 준용되는 경우에 관한 부분은 2025.1.1 시행)

④ 제1항 및 제2항을 적용할 때 양수일 또는 양도일의 판단 및 그 밖에 필요한 사항은 대통령령으로 정한다. (2015.12.15 본조개정)

제36조【채무면제 등에 따른 증여】 ① 채권자로부터 채무를 면제받거나 제3자로부터 채무의 인수 또는 변제를 받은 경우에는 그 면제, 인수 또는 변제(이하 이 조에서 "면제등"이라 한다)를 받은 날을 증여일로 하여 그 면제등으로 인한 이익에 상당하는 금액(보상액을 지급한 경우에는 그 보상액을 뺀 금액으로 한다)을 그 이익을 얻은 자의 증여재산가액으로 한다. (2015.12.15 본항개정)
② 제1항을 적용할 때 면제등을 받은 날의 판단 및 그 밖에 필요한 사항은 대통령령으로 정한다. (2015.12.15 본항신설)

제37조【부동산 무상사용에 따른 이익의 증여】 ① 타인의 부동산(그 부동산 소유자와 함께 거주하는 주택과 그에 딸린 토지는 제외한다. 이하 이 조에서 같다)을 무상으로 사용함에 따라 이익을 얻은 경우에는 그 무상 사용을 개시한 날을 증여일로 하여 그 이익에 상당하는 금액을 부동산 무상 사용자의 증여재산가액으로 한다. 다만, 그 이익에 상당하는 금액이 대통령령으로 정하는 기준금액 미만인 경우는 제외한다.
② 타인의 부동산을 무상으로 담보로 이용하여 금전 등을 차입함에 따라 이익을 얻은 경우에는 그 부동산 담보 이용을 개시한 날을 증여일로 하여 그 이익에 상당하는 금액을 부동산을 담보로 이용한 자의 증여재산가액으로 한다. 다만, 그 이익에 상당하는 금액이 대통령령으로 정하는 기준금액 미만인 경우는 제외한다. (2015.12.15 본항신설)
③ 특수관계인이 아닌 자 간의 거래인 경우에는 거래의 관행상 정당한 사유가 없는 한정하여 제1항 및 제2항을 적용한다. (2015.12.15 본항신설)
④ 제1항 및 제2항을 적용할 때 부동산의 무상 사용을 개시한 날 및 담보 이용을 개시한 날의 판단, 부동산 무상 사용 이익 및 담보 이용 이익의 계산방법 및, 그 밖에 필요한 사항은 대통령령으로 정한다. (2015.12.15 본조개정)

제38조【합병에 따른 이익의 증여】 ① 대통령령으로 정하는 특수관계에 있는 법인 간의 합병(분할합병을 포함한다. 이하 이 조에서 같다)으로 소멸하거나 흡수되는 법인 또는 신설되거나 존속하는 법인의 대통령령으로 정하는 대주주등(이하 이 조 및 제39조의2에서 "대주주등"이라 한다)이 합병으로 인하여 이익을 얻은 경우에는 그 합병등기일을 증여일로 하여 그 이익에 상당하는 금액을 그 대주주등의 증여재산가액으로 한다. 다만, 그 이익에 상당하는 금액이 대통령령으로 정하는 기준금액 미만인 경우는 제외한다.
② 제1항을 적용할 때 합병으로 인한 이익을 증여한 자가 대주주등이 아닌 주주등으로서 2명 이상인 경우에는 주주등 1명으로부터 이익을 얻은 것으로 본다.
③ 제1항을 적용할 때 합병으로 인한 이익의 계산방법 및 그 밖에 필요한 사항은 대통령령으로 정한다. (2015.12.15 본항신설)
(2015.12.15 본조개정)

제39조【증자에 따른 이익의 증여】 ① 법인이 자본금(출자액을 포함한다. 이하 같다)을 증가시키기 위하여 새로운 주식 또는 지분[이하 이 조에서 "신주(新株)"라 한다]을 발행함으로써 다음 각 호의 어느 하나에 해당하는 이익을 얻은 경우에는 주식대금 납입일 등 대통령령으로 정하는 날을 증여일로 하여 그 이익에 상당하는 금액을 그 이익을 얻은 자의 증여재산가액으로 한다.
1. 신주를 시가(제60조와 제63조에 따라 평가한 가액을 말한다. 이하 이 조, 제39조의2, 제39조의3 및 제40조

에서 같다)보다 낮은 가액으로 발행하는 경우 : 다음 각 목의 어느 하나에 해당하는 이익
가. 해당 법인의 주주등이 신주를 배정받을 수 있는 권리(이하 이 조에서 "신주인수권"이라 한다)의 전부 또는 일부를 포기한 경우로서 해당 법인이 그 포기한 신주[이하 이 항에서 "실권주(失權株)"라 한다]를 배정[『자본시장과 금융투자업에 관한 법률』에 따른 주권상장법인이 같은 법 제9조제7항에 따른 유가증권의 모집방법(대통령령으로 정하는 경우를 제외한다)으로 배정하는 경우는 제외한다. 이하 이 항에서 같다)하는 경우에는 그 실권주를 배정받은 자가 실권주를 배정받음으로써 얻은 이익
나. 해당 법인의 주주등이 신주인수권의 전부 또는 일부를 포기한 경우로서 해당 법인이 실권주를 배정하지 아니한 경우에는 그 신주 인수를 포기한 자의 특수관계인이 신주를 인수함으로써 얻은 이익
다. 해당 법인의 주주등이 아닌 자가 해당 법인으로부터 신주를 직접 배정(『자본시장과 금융투자업에 관한 법률』 제9조제12항에 따른 인수인으로부터 인수·취득하는 경우와 그 밖에 대통령령으로 정하는 방법으로 인수·취득하는 경우를 포함한다. 이하 이 항에서 같다)받음으로써 얻은 이익(2016.12.20 본목개정)
라. 해당 법인의 주주등이 소유한 주식등의 수에 비례하여 균등한 조건으로 배정받을 수 있는 수를 초과하여 신주를 직접 배정받음으로써 얻은 이익 (2015.12.15 본목신설)
2. 신주를 시가보다 높은 가액으로 발행하는 경우 : 다음 각 목의 어느 하나에 해당하는 이익
가. 해당 법인의 주주등이 신주인수권의 전부 또는 일부를 포기한 경우로서 해당 법인이 실권주를 배정하는 경우에는 그 실권주를 배정받은 자가 그 실권주를 인수함으로써 그의 특수관계에 해당하는 신주 인수 포기자가 얻은 이익
나. 해당 법인의 주주등이 신주인수권의 전부 또는 일부를 포기한 경우로서 해당 법인이 실권주를 배정하지 아니한 경우에는 그 신주를 인수함으로써 그의 특수관계인에 해당하는 신주 인수 포기자가 얻은 이익
다. 해당 법인의 주주등이 아닌 자가 해당 법인으로부터 신주를 직접 배정받아 인수함으로써 그의 특수관계인인 주주등이 얻은 이익
라. 해당 법인의 주주등이 소유한 주식등의 수에 비례하여 균등한 조건으로 배정받을 수 있는 수를 초과하여 신주를 직접 배정받아 인수함으로써 그의 특수관계인인 주주등이 얻은 이익(2015.12.15 본목신설)
3. 제1호 및 제2호를 적용할 때 「상법」 제346조에 따른 종류주식(이하 이 호에서 "전환주식"이라 한다)을 발행한 경우 : 발행 이후 다른 종류의 주식으로 전환에 따라 얻은 다음 각 목의 구분에 따른 이익
가. 전환주식을 시가보다 낮은 가액으로 발행한 경우 : 교부받았거나 교부받을 주식의 가액이 전환주식 발행 당시 전환주식의 가액을 초과함으로써 그 주식을 교부받은 자가 얻은 이익
나. 전환주식을 시가보다 높은 가액으로 발행한 경우 : 교부받았거나 교부받을 주식의 가액이 전환주식 발행 당시 전환주식의 가액보다 낮아짐으로써 그 주식을 교부받은 자의 특수관계인이 얻은 이익 (2016.12.20 본호신설)
② 제1항제1호를 적용할 때 이익을 증여한 자가 대통령령으로 정하는 소액주주(이하 이 항 및 제39조의3에서 "소액주주"라 한다)로서 2명 이상인 경우에는 이익을 증여한 소액주주가 1명인 것으로 보고 이익을 계산한다.

③ 제1항과 제2항을 적용할 때 이익의 계산방법 및 그 밖에 필요한 사항은 대통령령으로 정한다.
(2015.12.15 본조개정)

제39조의2【감자에 따른 이익의 증여】① 법인이 자본금을 감소시키기 위하여 주식등을 소각(消却)하는 경우로서 일부 주주등의 주식등을 소각함으로써 다음 각 호의 구분에 따른 이익을 얻은 경우에는 감자(減資)를 위한 주주총회결의일을 증여일로 하여 그 이익에 상당하는 금액을 그 이익을 얻은 자의 증여재산가액으로 한다. 다만, 그 이익에 상당하는 금액이 대통령령으로 정하는 기준금액 미만인 경우는 제외한다.
1. 주식등을 시가보다 낮은 대가로 소각한 경우 : 주식등을 소각한 주주등의 특수관계인에 해당하는 대주주등이 얻은 이익
2. 주식등을 시가보다 높은 대가로 소각한 경우 : 대주주등의 특수관계인에 해당하는 주식등을 소각한 주주등이 얻은 이익
② 제1항을 적용할 때 이익의 계산방법 및 그 밖에 필요한 사항은 대통령령으로 정한다.
(2015.12.15 본조개정)

제39조의3【현물출자에 따른 이익의 증여】① 현물출자(現物出資)에 의하여 다음 각 호의 어느 하나에 해당하는 이익을 얻은 경우에는 현물출자 납입일을 증여일로 하여 그 이익에 상당하는 금액을 그 이익을 얻은 자의 증여재산가액으로 한다.
1. 주식등을 시가보다 낮은 가액으로 인수함으로써 현물출자자가 얻은 이익
2. 주식등을 시가보다 높은 가액으로 인수함으로써 현물출자자의 특수관계인에 해당하는 주주등이 얻은 이익
② 제1항제1호를 적용할 때 현물출자자가 아닌 주주등 중 소액주주가 2명 이상인 경우에는 소액주주가 1명인 것으로 보고 이익을 계산한다.
③ 제1항에 따른 이익의 계산방법 및 그 밖에 필요한 사항은 대통령령으로 정한다.
(2015.12.15 본조개정)

제40조【전환사채 등의 주식전환 등에 따른 이익의 증여】① 전환사채, 신주인수권부사채(신주인수권증권이 분리된 경우에는 신주인수권증권을 말한다) 또는 그 밖의 주식으로 전환·교환하거나 주식을 인수할 수 있는 권리가 부여된 사채(이하 이 조 및 제41조의3에서 "전환사채등"이라 한다)를 인수·취득·양도하거나, 전환사채등에 의하여 주식으로 전환·교환 또는 주식의 인수(이하 이 조에서 "주식전환등"이라 한다)를 함으로써 다음 각 호의 어느 하나에 해당하는 이익을 얻은 경우에는 그 이익에 상당하는 금액을 그 이익을 얻은 자의 증여재산가액으로 한다. 다만, 그 이익에 상당하는 금액이 대통령령으로 정하는 기준금액 미만인 경우는 제외한다.
1. 전환사채등을 인수·취득함으로써 인수·취득을 한 날에 얻은 다음 각 목의 어느 하나에 해당하는 이익
가. 특수관계인으로부터 전환사채등을 시가보다 낮은 가액으로 취득함으로써 얻은 이익
나. 전환사채등을 발행한 법인(「자본시장과 금융투자업에 관한 법률」에 따른 주권상장법인으로서 같은 법 제9조제7항에 따른 유가증권의 모집방법(대통령령으로 정하는 경우를 제외한다)으로 전환사채등을 발행한 법인은 제외한다. 이하 이 항에서 같다)의 최대주주나 그의 특수관계인인 주주가 그 법인으로부터 전환사채등을 시가보다 낮은 가액으로 그 소유주식 수에 비례하여 균등한 조건으로 배정받을 수 있는 수를 초과하여 인수·취득(「자본시장과 금융투자업에 관한 법률」제9조제12항에 따른 인수인으로부터 인수·취득하는 경우와 그 밖에 대통령령

으로 정하는 방법으로 인수·취득한 경우를 포함한다. 이하 이 항에서 "인수등"이라 한다)함으로써 얻은 이익(2016.12.20 본목개정)
다. 전환사채등을 발행한 법인의 최대주주의 특수관계인(그 법인의 주주는 제외한다)이 그 법인으로부터 전환사채등을 시가보다 낮은 가액으로 인수등을 함으로써 얻은 이익
2. 전환사채등에 의하여 주식전환등을 함으로써 주식전환등을 한 날에 얻은 다음 각 목의 어느 하나에 해당하는 이익
가. 전환사채등을 특수관계인으로부터 취득한 자가 전환사채등에 의하여 교부받았거나 교부받을 주식의 가액이 전환·교환 또는 인수 가액(이하 이 항에서 "전환가액등"이라 한다)을 초과함으로써 얻은 이익
나. 전환사채등을 발행한 법인의 최대주주나 그의 특수관계인인 주주가 그 법인으로부터 전환사채등을 그 소유주식 수에 비례하여 균등한 조건으로 배정받을 수 있는 수를 초과하여 인수등을 한 경우로서 전환사채등에 의하여 교부받았거나 교부받을 주식의 가액이 전환가액등을 초과함으로써 얻은 이익
다. 전환사채등을 발행한 법인의 최대주주의 특수관계인(그 법인의 주주는 제외한다)이 그 법인으로부터 전환사채등의 인수등을 한 경우로서 전환사채등에 의하여 교부받았거나 교부받을 주식의 가액이 전환가액등을 초과함으로써 얻은 이익
라. 전환사채등에 의하여 교부받은 주식의 가액이 전환가액등보다 낮게 됨으로써 그 주식을 교부받은 자의 특수관계인이 얻은 이익
마. (2015.12.15 삭제)
3. 전환사채등을 특수관계인에게 양도한 경우로서 전환사채등의 양도일에 양도가액이 시가를 초과함으로써 양도인이 얻은 이익
② 제1항에 따른 최대주주, 교부받았거나 교부받을 주식의 가액, 이익의 계산방법, 증여일의 판단 및 그 밖에 필요한 사항은 대통령령으로 정한다.
(2015.12.15 본조개정)

제41조 (2015.12.15 삭제)

제41조의2【초과배당에 따른 이익의 증여】① 법인이 이익이나 잉여금을 배당 또는 분배(이하 이 항에서 "배당등"이라 한다)하는 경우로서 그 법인의 대통령령으로 정하는 최대주주 또는 최대출자자(이하 이 조에서 "최대주주등"이라 한다)가 본인이 지급받을 배당등의 금액의 전부 또는 일부를 포기하거나 본인이 보유한 주식등에 비례하여 균등하지 아니한 조건으로 배당등을 받음에 따라 그 최대주주등의 특수관계인이 본인이 보유한 주식등에 비하여 높은 배당등을 받은 경우에는 제4조의2제3항에도 불구하고 법인이 배당 또는 분배한 금액을 지급한 날을 증여일로 하여 그 최대주주등의 특수관계인이 본인이 보유한 주식등에 비례하여 균등하지 아니한 조건으로 배당등을 받은 금액(이하 이 조에서 "초과배당금액"이라 한다)에서 해당 초과배당금액에 대한 소득세 상당액을 공제한 금액을 그 최대주주등의 특수관계인의 증여재산가액으로 한다.
(2021.12.21 본항개정)
② 제1항에 따라 초과배당금액에 대하여 증여세를 부과받은 자는 해당 초과배당금액에 대한 소득세를 납부할 때(납부할 세액이 없는 경우를 포함한다) 대통령령으로 정하는 바에 따라 제2호의 증여세액에서 제1호의 증여세액을 뺀 금액을 관할 세무서장에게 납부하여야 한다. 다만, 제1호의 증여세액이 제2호의 증여세액을 초과하는 경우에는 그 초과되는 금액을 환급받을 수 있다.
1. 제1항에 따른 증여재산가액을 기준으로 계산한 증여세액

2. 초과배당금액에 대한 실제 소득세액을 반영한 증여재산가액(이하 이 조에서 "정산증여재산가액"이라 한다)을 기준으로 계산한 증여세액
③ 제2항에 따른 정산증여재산가액의 증여세 과세표준의 신고기한은 초과배당금액이 발생한 연도의 다음 연도 5월 1일부터 5월 31일('소득세법」 제70조의2제2항에 따라 성실신고확인서를 제출한 성실신고확인대상사업자의 경우에는 6월 30일로 한다)까지로 한다.
(2021.12.21 본항개정)
④ 초과배당금액, 초과배당금액에 대한 소득세 상당액 및 정산증여재산가액의 산정방법 및 그 밖에 필요한 사항은 대통령령으로 정한다.
(2020.12.22 본조개정)
제41조의3【주식등의 상장 등에 따른 이익의 증여】 ① 기업의 경영 등에 관하여 공개되지 아니한 정보를 이용할 수 있는 지위에 있다고 인정되는 다음 각 호의 어느 하나에 해당하는 자(이하 이 조 및 제41조의5에서 "최대주주등"이라 한다)의 특수관계인이 제2항에 따라 해당 법인의 주식등을 증여받거나 취득한 경우 그 주식등을 증여받거나 취득한 날부터 5년 이내에 그 주식등이 「자본시장과 금융투자업에 관한 법률」 제8조의2 제4항제1호에 따른 증권시장으로서 대통령령으로 정하는 증권시장(이하 이 조에서 "증권시장"이라 한다)에 상장됨에 따라 그 가액이 증가한 경우로서 그 주식등을 증여받거나 취득한 자가 당초 증여세 과세가액(제2항제2호에 따라 증여받은 재산으로 주식등을 취득한 경우는 제외한다) 또는 취득가액을 초과하여 이익을 얻은 경우에는 그 이익에 상당하는 금액을 그 이익을 얻은 자의 증여재산가액으로 한다. 다만, 그 이익에 상당하는 금액이 대통령령으로 정하는 기준금액 미만인 경우는 제외한다.(2016.12.20 본문개정)
1. 제22조제2항에 따른 최대주주 또는 최대출자자
2. 내국법인의 발행주식총수 또는 출자총액의 100분의 25 이상을 소유한 자로서 대통령령으로 정하는 자
② 제1항에 따른 주식등을 증여받거나 취득한 경우는 다음 각 호의 어느 하나에 해당하는 경우로 한다.
1. 최대주주등으로부터 해당 법인의 주식등을 증여받거나 유상으로 취득한 경우
2. 증여받은 재산(주식등을 유상으로 취득한 날부터 소급하여 3년 이내에 최대주주등으로부터 증여받은 재산을 말한다. 이하 이 조 및 제41조의5에서 같다)으로 최대주주등이 아닌 자로부터 해당 법인의 주식등을 취득한 경우
(2015.12.15 본항신설)
③ 제1항에 따른 이익은 해당 주식등의 상장일부터 3개월이 되는 날(그 주식등을 보유한 자가 상장일부터 3개월 이내에 사망하거나 그 주식등을 증여 또는 양도한 경우에는 그 사망일, 증여일 또는 양도일을 말한다. 이하 이 조와 제68조에서 "정산기준일"이라 한다)을 기준으로 계산한다.
④ 제1항에 따른 이익을 얻은 자에 대해서는 그 이익을 당초의 증여세 과세가액(증여받은 재산으로 주식등을 취득한 경우에는 그 증여받은 재산에 대한 증여세 과세가액을 말한다. 이하 이 조에서 같다)에 가산하여 증여세 과세표준과 세액을 정산한다. 다만, 정산기준일 현재의 주식등의 가액이 당초의 증여세 과세가액보다 적은 경우로서 그 차액이 대통령령으로 정하는 기준 이상인 경우에는 그 차액에 상당하는 증여세액(증여받은 때에 납부한 당초의 증여세액을 말한다)을 환급받을 수 있다.
⑤ 제1항에 따른 상장일은 증권시장에서 최초로 주식등의 매매거래를 시작한 날로 한다.(2016.12.20 본항개정)
⑥ 제2항제2호를 적용할 때 증여받은 재산과 다른 재산이 섞여 있어 증여받은 재산으로 주식등을 취득한

것이 불분명한 경우에는 그 증여받은 재산으로 주식등을 취득한 것으로 추정한다. 이 경우 증여받은 재산을 담보로 한 차입금으로 주식등을 취득한 경우에는 증여받은 재산으로 취득한 것으로 본다.(2015.12.15 전단개정)
⑦ 제2항을 적용할 때 주식등을 증여받거나 취득한 후 그 법인이 자본금을 증가시키기 위하여 신주를 발행함에 따라 신주를 인수하거나 배정받은 경우를 포함한다.
⑧ 전환사채등을 증여받거나 유상으로 취득(발행 법인으로부터 직접 인수·취득하는 경우를 포함한다)하고 그 전환사채등이 5년 이내에 주식등으로 전환된 경우에는 그 전환사채등을 증여받거나 취득한 때에 그 전환된 주식등을 증여받거나 취득한 것으로 보아 제1항부터 제6항까지의 규정을 적용한다. 이 경우 정산기준일까지 주식등으로 전환되지 아니한 경우에는 정산기준일에 주식등으로 전환된 것으로 보아 제1항부터 제6항까지의 규정을 적용하되, 그 전환사채등의 만기일까지 주식등으로 전환되지 아니한 경우에는 정산기준일에 환급받은 증여세액을 환급한다.
(2015.12.15 본항개정)
⑨ 거짓이나 그 밖의 부정한 방법으로 증여세를 감소시킨 것으로 인정되는 경우에는 특수관계인이 아닌 자 간의 증여에 대해서도 제1항 및 제2항을 적용한다. 이 경우 제1항 중 기간에 관한 규정은 없는 것으로 본다.
⑩ 제1항에 따른 이익의 계산방법 및 그 밖에 필요한 사항은 대통령령으로 정한다.(2015.12.15 본항개정)
(2015.12.15 본조제목개정)
제41조의4【금전 무상대출 등에 따른 이익의 증여】
① 타인으로부터 금전을 무상으로 또는 적정 이자율보다 낮은 이자율로 대출받은 경우에는 그 금전을 대출받은 날에 다음 각 호의 구분에 따른 금액을 그 금전을 대출받은 자의 증여재산가액으로 한다. 다만, 다음 각 호의 구분에 따른 금액이 대통령령으로 정하는 기준금액 미만인 경우는 제외한다.(2015.12.15 본문개정)
1. 무상으로 대출받은 경우 : 대출금액에 적정 이자율을 곱하여 계산한 금액
2. 적정 이자율보다 낮은 이자율로 대출받은 경우 : 대출금액에 적정 이자율을 곱하여 계산한 금액에서 실제 지급한 이자 상당액을 뺀 금액
② 제1항을 적용할 때 대출기간이 정해지지 아니한 경우에는 그 대출기간을 1년으로 보고, 대출기간이 1년 이상인 경우에는 1년이 되는 날의 다음 날에 매년 새로 대출받은 것으로 보아 해당 증여재산가액을 계산한다.
(2015.12.15 본항신설)
③ 특수관계인이 아닌 자 간의 거래인 경우에는 거래의 관행상 정당한 사유가 없는 경우에 한정하여 제1항을 적용한다.(2015.12.15 본항개정)
④ 제1항에 따른 적정 이자율, 증여일의 판단 및 그 밖에 필요한 사항은 대통령령으로 정한다.(2015.12.15 본항개정)
제41조의5【합병에 따른 상장 등 이익의 증여】 ① 최대주주등의 특수관계인이 다음 각 호의 어느 하나에 해당하는 경우로서 그 주식등을 증여받거나 취득한 날부터 5년 이내에 그 주식등을 발행한 법인이 대통령령으로 정하는 특수관계에 있는 주권상장법인과 합병되어 그 주식등의 가액이 증가함으로써 그 주식등을 증여받거나 취득한 자가 당초 증여세 과세가액(증여받은 재산으로 주식등을 취득한 경우는 제외한다) 또는 취득가액을 초과하여 이익을 얻은 경우에는 그 이익에 상당하는 금액을 그 이익을 얻은 자의 증여재산가액으로 한다. 다만, 그 이익에 상당하는 금액이 대통령령으로 정하는 기준금액 미만인 경우는 제외한다.

1. 최대주주등으로부터 해당 법인의 주식등을 증여받거나 유상으로 취득한 경우
2. 증여받은 재산으로 최대주주등이 아닌 자로부터 해당 법인의 주식등을 취득한 경우
3. 증여받은 재산으로 최대주주등이 주식등을 보유하고 있는 다른 법인의 주식등을 최대주주등이 아닌 자로부터 취득함으로써 최대주주등과 그의 특수관계인이 보유한 주식등을 합하여 그 다른 법인의 최대주주등에 해당하게 되는 경우
(2015.12.15 1호~3호신설)
② 제1항에 따른 합병에 따른 상장 등 이익의 증여에 관하여는 제41조의3제3항부터 제9항까지의 규정을 준용한다. 이 경우 "상장일"은 "합병등기일"로 본다.
③ (2015.12.15 삭제)
(2015.12.15 본조개정)

제42조【재산사용 및 용역제공 등에 따른 이익의 증여】 ① 재산의 사용 또는 용역의 제공에 의하여 다음 각 호의 어느 하나에 해당하는 이익을 얻은 경우에는 그 이익에 상당하는 금액(시가와 대가의 차액을 말한다)을 그 이익을 얻은 자의 증여재산가액으로 한다. 다만, 그 이익에 상당하는 금액이 대통령령으로 정하는 기준금액 미만인 경우는 제외한다.
1. 타인에게 시가보다 낮은 대가를 지급하거나 무상으로 타인의 재산(부동산과 금전은 제외한다. 이하 이 조에서 같다)을 사용함으로써 얻은 이익
2. 타인으로부터 시가보다 높은 대가를 받고 재산을 사용하게 함으로써 얻은 이익
3. 타인에게 시가보다 낮은 대가를 지급하거나 무상으로 용역을 제공받음으로써 얻은 이익
4. 타인으로부터 시가보다 높은 대가를 받고 용역을 제공함으로써 얻은 이익
② 제1항을 적용할 때 재산의 사용기간 또는 용역의 제공기간이 정해지지 아니한 경우에는 그 기간을 1년으로 하고, 그 기간이 1년 이상인 경우에는 1년이 되는 날의 다음 날에 매년 새로 재산을 사용 또는 사용하게 하거나 용역을 제공 또는 제공받은 것으로 본다.
③ 특수관계인이 아닌 자 간의 거래인 경우에는 거래의 관행상 정당한 사유가 없는 경우에 한정하여 제1항을 적용한다.
④ 제1항을 적용할 때 증여일의 판단, 이익의 계산방법 및 그 밖에 필요한 사항은 대통령령으로 정한다.
(2015.12.15 본조개정)

제42조의2【법인의 조직 변경 등에 따른 이익의 증여】 ① 주식의 포괄적 교환 및 이전, 사업의 양수·양도, 사업 교환 및 법인의 조직 변경 등에 의하여 소유지분이나 그 가액이 변동됨에 따라 이익을 얻은 경우에는 그 이익에 상당하는 금액(소유지분이나 그 가액의 변동 전·후 재산의 평가차액을 말한다)을 그 이익을 얻은 자의 증여재산가액으로 한다. 다만, 그 이익에 상당하는 금액이 대통령령으로 정하는 기준금액 미만인 경우는 제외한다.
② 특수관계인이 아닌 자 간의 거래인 경우에는 거래의 관행상 정당한 사유가 없는 경우에 한정하여 제1항을 적용한다.
③ 제1항을 적용할 때 소유지분 또는 그 가액의 변동 전·후 재산의 평가차액 산정방법 등에 관하여 필요한 사항은 대통령령으로 정한다.
(2015.12.15 본조신설)

제42조의3【재산 취득 후 재산가치 증가에 따른 이익의 증여】 ① 직업, 연령, 소득 및 재산상태로 보아 자력(自力)으로 해당 행위를 할 수 없다고 인정되는 자가 다음 각 호의 사유로 재산을 취득하고 그 재산을 취득한 날부터 5년 이내에 개발사업의 시행, 형질변경, 공유물(共有物) 분할, 사업의 인가·허가 등 대통령령으로 정

하는 사유(이하 이 조에서 "재산가치증가사유"라 한다)로 인하여 이익을 얻은 경우에는 그 이익에 상당하는 금액을 그 이익을 얻은 자의 증여재산가액으로 한다. 다만, 그 이익에 상당하는 금액이 대통령령으로 정하는 기준금액 미만인 경우는 제외한다.
1. 특수관계인으로부터 재산을 증여받은 경우
2. 특수관계인으로부터 기업의 경영 등에 관하여 공표되지 아니한 내부 정보를 제공받아 그 정보와 관련된 재산을 유상으로 취득한 경우
3. 특수관계인으로부터 증여받거나 차입한 자금 또는 특수관계인의 재산을 담보로 차입한 자금으로 재산을 취득한 경우(2023.12.31 본호개정)
② 제1항에 따른 이익은 재산가치증가사유 발생일 현재의 해당 재산가액, 취득가액(증여받은 재산의 경우는 증여세 과세가액을 말한다), 통상적인 가치상승분, 재산취득자의 가치상승 기여분 등을 고려하여 대통령령으로 정하는 바에 따라 계산한 금액으로 한다. 이 경우 그 재산가치증가사유 발생일 전에 그 재산을 양도한 경우에는 그 양도한 날을 재산가치증가사유 발생일로 본다.
③ 거짓이나 그 밖의 부정한 방법으로 증여세를 감소시킨 것으로 인정되는 경우에는 특수관계인이 아닌 자 간의 증여에 대해서도 제1항을 적용한다. 이 경우 제1항 중 기간에 관한 규정은 없는 것으로 본다.
(2015.12.15 본조신설)

제43조【증여세 과세특례】 ① 하나의 증여에 대하여 제33조부터 제39조까지, 제39조의2, 제39조의3, 제40조, 제41조의2부터 제41조의5까지, 제42조, 제42조의2, 제42조의3, 제44조, 제45조 및 제45조의3부터 제45조의5까지의 규정이 둘 이상 동시에 적용되는 경우에는 그 중 이익이 가장 많게 계산되는 것 하나만을 적용한다.
② 제31조제1항제2호, 제35조, 제37조부터 제39조까지, 제39조의2, 제39조의3, 제40조, 제41조의2, 제41조의4, 제42조 및 제45조의5에 따른 이익을 계산할 때 그 증여일부터 소급하여 1년 이내에 동일한 거래 등이 있는 경우에는 각각의 거래 등에 따른 이익(시가와 대가의 차액을 말한다)을 합산하여 계산한다.(2019.12.31 본항개정)
③ 제2항에 따른 이익의 계산방법 및 그 밖에 필요한 사항은 대통령령으로 정한다.
(2015.12.15 본조개정)

제2절 증여 추정 및 증여 의제
(2015.12.15 본절제목개정)

제44조【배우자 등에게 양도한 재산의 증여 추정】 ① 배우자 또는 직계존비속(이하 이 조에서 "배우자등"이라 한다)에게 양도한 재산은 양도자가 그 재산을 양도한 때에 그 재산의 가액을 배우자등이 증여받은 것으로 추정하여 이를 배우자등의 증여재산가액으로 한다.
② 특수관계인에게 양도한 재산을 그 특수관계인(이하 이 항 및 제4항에서 "양수자"라 한다)이 양수일부터 3년 이내에 당초 양도자의 배우자등에게 다시 양도한 경우에는 양수자가 그 재산을 양도한 당시의 재산가액을 그 배우자등이 증여받은 것으로 추정하여 이를 배우자등의 증여재산가액으로 한다. 다만, 당초 양도자 및 양수자가 부담한 「소득세법」에 따른 결정세액을 합친 금액이 양수자가 그 재산을 양도한 당시의 재산가액을 당초 그 배우자등이 증여받은 것으로 추정할 경우의 증여세액보다 큰 경우에는 그러하지 아니하다.
(2015.12.15 본항개정)
③ 해당 재산이 다음 각 호의 어느 하나에 해당하는 경우에는 제1항과 제2항을 적용하지 아니한다.
1. 법원의 결정으로 경매절차에 따라 처분된 경우

2. 파산선고로 인하여 처분된 경우
3. 「국세징수법」에 따라 공매(公賣)된 경우
4. 「자본시장과 금융투자업에 관한 법률」 제8조의2제4항제1호에 따른 증권시장을 통하여 유가증권이 처분된 경우. 다만, 불특정 다수인 간의 거래에 의하여 처분된 것으로 볼 수 없는 경우로서 대통령령으로 정하는 경우는 제외한다.(2013.5.28 본문개정)
5. 배우자등에게 대가를 받고 양도한 사실이 명백히 인정되는 경우로서 대통령령으로 정하는 경우
④ 제2항 본문에 따라 해당 배우자등에게 증여세가 부과된 경우에는 「소득세법」의 규정에도 불구하고 당초 양도자 및 양수자에게 그 재산 양도에 따른 소득세를 부과하지 아니한다.

[판례] 조세부과처분 취소소송의 구체적인 소송과정에서 경험칙에 비추어 과세요건사실이 추정되는 사실이 밝혀진 경우에는 과세처분의 위법성을 다투는 납세의무자가 문제된 사실이 경험칙을 적용하기에 적절하지 아니하다거나 해당 사건에서 그와 같은 경험칙의 적용을 배제하여야 할 만한 특별한 사정이 있다는 점 등을 증명하여야 하지만, 그와 같은 경험칙이 인정되지 아니하는 경우에는 원칙으로 돌아가 과세요건사실에 관하여 과세관청이 증명하여야 한다. 부부 사이에서 일방 배우자 명의의 예금이 인출되어 타방 배우자 명의의 예금계좌로 입금되는 경우에는 증여 외에도 단순한 공동생활의 편의, 일방 배우자 자금의 위탁관리, 가족을 위한 생활비 지급 등 여러 원인이 있을 수 있으므로, 그와 같은 예금의 인출 및 입금 사실이 밝혀졌다는 사정만으로는 경험칙에 비추어 해당 예금이 타방 배우자에게 증여되었다는 과세요건사실이 추정된다고 할 수 없다.(대판 2015.9.10, 2015두41937)

제45조【재산 취득자금 등의 증여 추정】① 재산 취득자의 직업, 연령, 소득 및 재산 상태 등으로 볼 때 재산을 자력으로 취득하였다고 인정하기 어려운 경우로서 대통령령으로 정하는 경우에는 그 재산을 취득한 때에 그 재산의 취득자금을 그 재산 취득자가 증여받은 것으로 추정하여 이를 그 재산 취득자의 증여재산가액으로 한다.(2015.12.15 본항개정)
② 채무자의 직업, 연령, 소득, 재산 상태 등으로 볼 때 채무를 자력으로 상환(일부 상환을 포함한다. 이하 이 항에서 같다)하였다고 인정하기 어려운 경우로서 대통령령으로 정하는 경우에는 그 채무를 상환한 때에 그 상환자금을 그 채무자가 증여받은 것으로 추정하여 이를 그 채무자의 증여재산가액으로 한다.(2015.12.15 본항개정)
③ 취득자금 또는 상환자금이 직업, 연령, 소득, 재산 상태 등을 고려하여 대통령령으로 정하는 금액 이하인 경우와 취득자금 또는 상환자금의 출처에 관한 충분한 소명(疏明)이 있는 경우에는 제1항과 제2항을 적용하지 아니한다.
④ 「금융실명거래 및 비밀보장에 관한 법률」 제3조에 따라 실명이 확인된 계좌 또는 외국의 관계 법령에 따라 이와 유사한 방법으로 실명이 확인된 계좌에 보유하고 있는 재산은 명의자가 그 재산을 취득한 것으로 추정하여 제1항을 적용한다.(2013.1.1 본항신설)

제45조의2【명의신탁재산의 증여 의제】① 권리의 이전이나 그 행사에 등기등이 필요한 재산(토지와 건물은 제외한다. 이하 이 조에서 같다)의 실제소유자와 명의자가 다른 경우에는 「국세기본법」 제14조에도 불구하고 그 재산의 가액을 실제소유자가 명의자에게 증여한 것으로 본다. 다만, 다음 각 호의 어느 하나에 해당하는 경우에는 그러하지 아니하다.(2018.12.31 본문개정)
1. 조세 회피의 목적 없이 타인의 명의로 재산의 등기 등을 하거나 소유권을 취득한 실제소유자 명의로 명의개서를 하지 아니한 경우
2. (2015.12.15 삭제)
3. 「자본시장과 금융투자업에 관한 법률」에 따른 신탁재산인 사실의 등기등을 한 경우(2015.12.15 본호신설)
4. 비거주자가 법정대리인 또는 재산관리인의 명의로 등기등을 한 경우(2015.12.15 본호신설)
② (2018.12.31 삭제)
③ 타인의 명의로 재산의 등기등을 한 경우 및 실제소유자 명의로 명의개서를 하지 아니한 경우에는 조세 회피 목적이 있는 것으로 추정한다. 다만, 실제소유자 명의로 명의개서를 하지 아니한 경우로서 다음 각 호의 어느 하나에 해당하는 경우에는 조세 회피 목적이 있는 것으로 추정하지 아니한다.(2015.12.15 본문개정)
1. 매매로 소유권을 취득한 경우로서 종전 소유자가 「소득세법」 제105조 및 제110조에 따른 양도소득 과세표준신고 또는 「증권거래세법」 제10조에 따른 신고와 함께 소유권 변경 내용을 신고하는 경우
2. 상속으로 소유권을 취득한 경우로서 상속인이 다음 각 목의 어느 하나에 해당하는 신고와 함께 해당 재산을 상속세 과세가액에 포함하여 신고한 경우. 다만, 상속세 과세표준과 세액을 결정 또는 경정할 것을 미리 알고 수정신고하거나 기한 후 신고를 하는 경우는 제외한다.
가. 제67조에 따른 상속세 과세표준신고
나. 「국세기본법」 제45조에 따른 수정신고
다. 「국세기본법」 제45조의3에 따른 기한 후 신고
(2015.12.15 1호~2호신설)
④ 제1항을 적용할 때 주주명부 또는 사원명부가 작성되지 아니한 경우에는 「법인세법」 제109조제1항 및 제119조에 따라 납세지 관할세무서장에게 제출한 주주등에 관한 서류 및 주식등변동상황명세서에 의하여 명의개서 여부를 판정한다. 이 경우 증여일은 증여세 또는 양도소득세 등의 과세표준신고서에 기재된 소유권이전일 등 대통령령으로 정하는 날로 한다.(2019.12.31 후단신설)
⑤ (2015.12.15 삭제)
⑥ 제1항제1호 및 제3항에서 "조세"란 「국세기본법」 제2조제1호 및 제7호에 규정된 국세 및 지방세와 「관세법」에 규정된 관세를 말한다.(2017.12.19 본항개정)
⑦ (2011.12.31 삭제)

제45조의3【특수관계법인과의 거래를 통한 이익의 증여 의제】① 법인이 제1호에 해당하는 경우에는 그 법인(이하 이 조 및 제68조에서 "수혜법인"이라 한다)의 지배주주와 그 지배주주의 친족[수혜법인의 발행주식총수 또는 출자총액에 대하여 직접 또는 간접으로 보유하는 주식보유비율(이하 이 조에서 "주식보유비율"이라 한다)이 대통령령으로 정하는 보유비율(이하 이 조에서 "한계보유비율"이라 한다)을 초과하는 주주에 한정한다. 이하 이 조에서 같다]이 제2호의 이익(이하 이 조 및 제55조에서 "증여의제이익"이라 한다)을 각각 증여받은 것으로 본다. 이 경우 수혜법인이 사업부문별로 회계를 구분하여 기록하는 등 대통령령으로 정하는 요건을 갖춘 경우에는 제1호 및 제2호를 적용할 때 대통령령으로 정하는 바에 따라 사업부문별로 특수관계법인거래비율 및 세후영업이익 등을 계산할 수 있다.(2022.12.31 후단신설)
1. 법인이 다음 각 목의 어느 하나에 해당하는 경우
가. 법인이 대통령령으로 정하는 중소기업(이하 이 조에서 "중소기업"이라 한다) 또는 대통령령으로 정하는 중견기업(이하 이 조에서 "중견기업"이라 한다)에 해당하는 경우 : 법인의 사업연도 매출액(「법

인세법」 제43조의 기업회계기준에 따라 계산한 매출액을 말한다. 이하 이 조에서 같다) 중에서 그 법인의 지배주주와 대통령령으로 정하는 특수관계에 있는 법인(이하 이 조에서 "특수관계법인"이라 한다)에 대한 매출액(「독점규제 및 공정거래에 관한 법률」 제31조에 따른 공시대상기업집단 간의 교차거래 등으로서 대통령령으로 정하는 거래에서 발생한 매출액을 포함한다. 이하 이 조에서 같다)이 차지하는 비율(이하 이 조에서 "특수관계법인거래비율"이라 한다)이 그 법인의 규모 등을 고려하여 대통령령으로 정하는 비율(이하 이 조에서 "정상거래비율"이라 한다)을 초과하는 경우(2020.12.29 본목개정)

나. 법인이 중소기업 및 중견기업에 해당하지 아니하는 경우 : 다음의 어느 하나에 해당하는 경우
1) 가목에 따른 사유에 해당하는 경우
2) 특수관계법인거래비율이 정상거래비율의 3분의 2를 초과하는 경우로서 특수관계법인에 대한 매출액이 법인의 규모 등을 고려하여 대통령령으로 정하는 금액을 초과하는 경우

2. 이익 : 다음 각 목의 구분에 따른 계산식에 따라 계산한 금액
가. 수혜법인이 중소기업에 해당하는 경우 :

수혜법인의 세후영업이익 × 정상거래비율을 초과하는 특수관계법인거래비율 × 한계보유비율을 초과하는 주식보유비율

나. 수혜법인이 중견기업에 해당하는 경우 :

수혜법인의 세후영업이익 × 정상거래비율의 100분의 50을 초과하는 특수관계법인거래비율 × 한계보유비율의 100분의 50을 초과하는 주식보유비율

다. 수혜법인이 중소기업 및 중견기업에 해당하지 아니하는 경우 :

수혜법인의 세후영업이익 × 100분의 5를 초과하는 특수관계법인거래비율 × 주식보유비율

(2017.12.19 본항개정)
② 증여의제이익의 계산 시 지배주주와 지배주주의 친족이 수혜법인에 직접적으로 출자하는 동시에 대통령령으로 정하는 법인을 통하여 수혜법인에 간접적으로 출자하는 경우에는 제1항의 계산식에 따라 각각 계산한 금액을 합산하여 계산한다.
③ 증여의제이익의 계산은 수혜법인의 사업연도 단위로 하고, 수혜법인의 해당 사업연도 종료일을 증여시기로 본다.
④ 제1항에 따른 매출액에서 중소기업인 수혜법인과 중소기업인 특수관계법인 간의 거래에서 발생하는 매출액 등 대통령령으로 정하는 매출액은 제외한다.
(2014.1.1 본항신설)
⑤ 제1항에 따른 지배주주의 판정방법, 지배주주의 친족의 범위, 특수관계법인거래비율의 계산, 수혜법인의 세후영업이익의 계산, 주식보유비율의 계산 및 그 밖에 증여의제이익의 계산에 필요한 사항은 대통령령으로 정한다.(2019.12.31 본항개정)
(2011.12.31 본조신설)
제45조의4【특수관계법인으로부터 제공받은 사업기회로 발생한 이익의 증여 의제】① 지배주주와 그 친족(이하 이 조에서 "지배주주등"이라 한다)이 직접 또는 간접으로 보유하는 주식보유비율이 100분의 30 이상인 법인(이하 이 조에서 "수혜법인"이라 한다)이 지배주주와 대통령령으로 정하는 특수관계에 있는 법인(대통령령으로 정하는 중소기업과 그 밖에 대통령령으로 정하는 법인은 제외한다)으로부터 대통령령으로 정하는 방법으로 사업기회를 제공받는 경우에는 그 사업기회를 제공받은 날(이하 이 조에서 "사업기회제공일"

이라 한다)이 속하는 사업연도(이하 이 조에서 "개시사업연도"라 한다)의 종료일에 그 수혜법인의 지배주주등이 다음 계산식에 따라 계산한 금액(이하 이 조에서 "증여의제이익"이라 한다)을 증여받은 것으로 본다.

[{(제공받은 사업기회로 인하여 발생한 개시사업연도의 수혜법인의 이익 × 지배주주등의 주식보유비율) − 개시사업연도분의 법인세 납부세액 중 상당액} ÷ 개시사업연도의 월 수 × 12] × 3

(2019.12.31 본항개정)
② 제1항에 따른 증여세 과세표준의 신고기한은 개시사업연도의 「법인세법」 제60조제1항에 따른 과세표준의 신고기한이 속하는 달의 말일부터 3개월이 되는 날로 한다.
③ 제1항에 따라 증여의제이익이 발생한 수혜법인의 지배주주등은 개시사업연도부터 사업기회제공일 이후 2년이 지난 날이 속하는 사업연도(이하 이 조에서 "정산사업연도"라 한다)까지 수혜법인이 제공받은 사업기회로 인하여 발생한 실제 이익을 반영하여 다음 계산식에 따라 계산한 금액(이하 이 조에서 "정산증여의제이익"이라 한다)에 대한 증여세액과 제2항에 따라 납부한 증여의제이익에 대한 증여세액과의 차액을 관할 세무서장에게 납부하여야 한다. 다만, 정산증여의제이익이 당초의 증여의제이익보다 적은 경우에는 그 차액에 상당하는 증여세액(제2항에 따라 납부한 세액을 한도로 한다)을 환급받을 수 있다.

[(제공받은 사업기회로 인하여 개시사업연도부터 정산사업연도까지 발생한 수혜법인의 이익 합계액) × 지배주주등의 주식보유비율] − 개시사업연도분부터 정산사업연도분까지의 법인세 납부세액 중 상당액

(2020.6.9 본문개정)
④ 제1항 및 제3항에 따른 지배주주등의 주식보유비율은 개시사업연도 종료일을 기준으로 적용한다.
⑤ 제3항에 따른 증여세 과세표준의 신고기한은 정산사업연도의 「법인세법」 제60조제1항에 따른 과세표준의 신고기한이 속하는 달의 말일부터 3개월이 되는 날로 한다.
⑥ 제1항 및 제3항에 따른 지배주주의 판정방법, 주식보유비율의 계산, 제공받은 사업기회로 인하여 발생한 수혜법인의 이익의 계산, 법인세 납부세액 중 상당액의 계산, 정산 방법 및 절차 등에 관하여 필요한 사항은 대통령령으로 정한다.(2019.12.31 본항개정)
(2015.12.15 본조신설)
제45조의5【특정법인과의 거래를 통한 이익의 증여 의제】① 지배주주와 그 친족(이하 이 조에서 "지배주주등"이라 한다)이 직접 또는 간접으로 보유하는 주식보유비율이 100분의 30 이상인 법인(이하 이 조 및 제68조에서 "특정법인"이라 한다)이 지배주주의 특수관계인과 다음 각 호의 어느 하나에 해당하는 거래를 하는 경우에는 거래한 날을 증여일로 하여 그 특정법인의 이익에 특정법인의 지배주주등이 직접 또는 간접으로 보유하는 주식보유비율을 곱하여 계산한 금액을 그 특정법인의 지배주주등이 증여받은 것으로 본다.(2023.12.31 본문개정)
1. 재산 또는 용역을 무상으로 제공받는 것
2. 재산 또는 용역을 통상적인 거래 관행에 비추어 볼 때 현저히 낮은 대가로 양도 · 제공받는 것
3. 재산 또는 용역을 통상적인 거래 관행에 비추어 볼 때 현저히 높은 대가로 양도 · 제공하는 것
4. 그 밖에 제1호부터 제3호까지의 거래와 유사한 거래로서 대통령령으로 정하는 것
② 제1항에 따른 증여의제이익이 지배주주등이 직접 증여받은 경우의 증여세 상당액에서 특정법인이 부담한 법인세 상당액을 차감한 금액을 초과하는 경우 그 초과액은 없는 것으로 본다.

③ 제1항에 따른 지배주주의 판정방법, 증여일의 판단, 특정법인의 이익의 계산, 현저히 낮은 대가와 현저히 높은 대가의 범위, 제2항에 따른 초과액의 계산 및 그 밖에 필요한 사항은 대통령령으로 정한다. (2019.12.31 본조개정)

제3절 증여세 과세가액
(2010.1.1 본절개정)

제46조 【비과세되는 증여재산】 다음 각 호의 어느 하나에 해당하는 금액에 대해서는 증여세를 부과하지 아니한다.
1. 국가나 지방자치단체로부터 증여받은 재산의 가액
2. 내국법인의 종업원으로서 대통령령으로 정하는 요건을 갖춘 종업원단체(이하 "우리사주조합"이라 한다)에 가입한 자가 해당 법인의 주식을 우리사주조합을 통하여 취득한 경우로서 그 조합원이 대통령령으로 정하는 소액주주의 기준에 해당하는 경우 그 주식의 취득가액과 시가의 차액으로 인하여 받은 이익에 상당하는 가액
3. 「정당법」에 따른 정당이 증여받은 재산의 가액
4. 「근로복지기본법」에 따른 사내근로복지기금이나 그 밖에 이와 유사한 것으로서 대통령령으로 정하는 단체가 증여받은 재산의 가액(2010.6.8 본호개정)
5. 사회통념상 인정되는 이재구호금품, 치료비, 피부양자의 생활비, 교육비, 그 밖에 이와 유사한 것으로서 대통령령으로 정하는 것
6. 「신용보증기금법」에 따라 설립된 신용보증기금이나 그 밖에 이와 유사한 것으로서 대통령령으로 정하는 단체가 증여받은 재산의 가액
7. 국가, 지방자치단체 또는 공공단체가 증여받은 재산의 가액
8. 장애인을 보험금 수령인으로 하는 보험으로서 대통령령으로 정하는 보험의 보험금
9. 「국가유공자 등 예우 및 지원에 관한 법률」에 따른 국가유공자의 유족이나 「의사상자 등 예우 및 지원에 관한 법률」에 따른 의사자(義死者)의 유족이 증여받은 성금 및 물품 등 재산의 가액(2015.12.15 본호신설)
10. 비영리법인의 설립근거가 되는 법령의 변경으로 비영리법인이 해산되거나 업무가 변경됨에 따라 해당 비영리법인의 재산과 권리·의무를 다른 비영리법인이 승계받은 경우 승계받은 해당 재산의 가액 (2016.12.20 본호신설)

제47조 【증여세 과세가액】 ① 증여세 과세가액은 증여일 현재 이 법에 따른 증여재산가액을 합친 금액[제31조제1항제3호, 제40조제1항제2호·제3호, 제41조의3, 제41조의5, 제42조의3, 제45조 및 제45조의2부터 제45조의4까지의 규정에 따른 증여재산(이하 "합산배제증여재산"이라 한다)의 가액은 제외한다]에서 그 증여재산에 담보된 채무(그 증여재산과 관련된 채무 등 대통령령으로 정하는 채무를 포함한다)로서 수증자가 인수한 금액을 뺀 금액으로 한다. (2021.12.21 본항개정)
② 해당 증여일 전 10년 이내에 동일인(증여자가 직계존속인 경우에는 그 직계존속의 배우자를 포함한다)으로부터 받은 증여재산가액을 합친 금액이 1천만원 이상인 경우에는 그 가액을 증여세 과세가액에 가산한다. 다만, 합산배제증여재산의 경우에는 그러하지 아니하다.
③ 제1항을 적용할 때 배우자 간 또는 직계존비속 간의 부담부증여(負擔附贈與, 제44조에 따라 증여로 추정되는 경우를 포함한다)에 대해서는 수증자가 증여자의 채무를 인수한 경우에도 그 채무액은 수증자에게 인수되지 아니한 것으로 추정한다. 다만, 그 채무액이 국가 및 지방자치단체에 대한 채무 등 대통령령으로 정하는

바에 따라 객관적으로 인정되는 것인 경우에는 그러하지 아니하다.

제4절 공익목적 출연재산 등의 과세가액 불산입
(2010.1.1 본절개정)

제48조 【공익법인등이 출연받은 재산에 대한 과세가액 불산입등】 ① 공익법인등이 출연받은 재산의 가액은 증여세 과세가액에 산입하지 아니한다. 다만, 공익법인등이 내국법인의 의결권 있는 주식 또는 출자지분(이하 이 조에서 "주식등"이라 한다)을 출연받은 경우로서 출연받은 주식등과 다음 각 호의 주식등을 합한 것이 그 내국법인의 의결권 있는 발행주식총수 또는 출자총액(자기주식과 자기출자지분은 제외한다. 이하 이 조에서 "발행주식총수등"이라 한다)의 제16조제2항제2호에 따른 비율을 초과하는 경우(제16조제3항 각 호에 해당하는 경우는 제외한다)에는 그 초과하는 가액을 증여세 과세가액에 산입한다.(2017.12.19 단서개정)
1. 출연자가 출연할 당시 해당 공익법인등이 보유하고 있는 동일한 내국법인의 주식등
2. 출연자 및 그의 특수관계인이 해당 공익법인등 외의 다른 공익법인등에 출연한 동일한 내국법인의 주식등(2015.12.15 본호개정)
3. 출연자 및 그의 특수관계인으로부터 재산을 출연받은 다른 공익법인등이 보유하고 있는 동일한 내국법인의 주식등(2016.12.20 본호신설)
② 세무서장등은 제1항 및 제16조제1항에 따라 재산을 출연받은 공익법인등이 다음 제1호부터 제4호까지, 제6호 및 제8호의 어느 하나에 해당하는 경우에는 그 사유가 발생한 날에 대통령령으로 정하는 가액을 공익법인등이 증여받은 것으로 보아 즉시 증여세를 부과하고, 제5호 및 제7호에 해당하는 경우에는 제78조제9항에 따른 가산세를 부과한다. 다만, 불특정 다수인으로부터 출연받은 재산 중 출연자별로 출연받은 재산가액을 산정하기 어려운 재산으로서 대통령령으로 정하는 재산은 제외한다.(2019.12.31 본문개정)
1. 출연받은 재산을 직접 공익목적사업 등(직접 공익목적사업에 충당하기 위하여 수익용 또는 수익사업용으로 운용하는 경우를 포함한다. 이하 이 호에서 같다)의 용도 외에 사용하거나 출연받은 날부터 3년 이내에 직접 공익목적사업 등에 사용하지 아니하거나 3년 이후 직접 공익목적사업 등에 계속하여 사용하지 아니하는 경우. 다만, 직접 공익목적사업 등에 사용하는 데에 장기간이 걸리는 등 대통령령으로 정하는 부득이한 사유가 있는 경우로서 제5항에 따른 보고서를 제출할 때 납세지 관할세무서장에게 그 사실을 보고하고, 그 사유가 없어진 날부터 1년 이내에 해당 재산을 직접 공익목적사업 등에 사용하는 경우는 제외한다.(2020.12.22 본문개정)
2. 출연받은 재산(그 재산을 수익용 또는 수익사업용으로 운용하는 경우 및 그 운용소득이 있는 경우를 포함한다. 이하 이 호 및 제3항에서 같다) 및 출연받은 재산의 매각대금(매각대금에 의하여 증가한 재산을 포함하며 대통령령으로 정하는 공과금 등에 지출한 금액은 제외한다. 이하 이 조에서 같다)을 내국법인의 주식등을 취득하는 데 사용하는 경우로서 그 취득하는 주식등과 다음 각 목의 주식등을 합한 것이 그 내국법인의 의결권 있는 발행주식총수등의 제16조제2항제2호에 따른 비율을 초과하는 경우. 다만, 제16조제3항제1호 또는 제3호에 해당하는 경우(이 경우 "출연"은 "취득"으로 본다)와 「산업교육진흥 및 산학연협력촉진에 관한 법률」에 따른 산학협력단이 주식등

을 취득하는 경우로서 대통령령으로 정하는 요건을 갖춘 경우는 제외한다.(2018.12.31 본문개정)
가. 취득 당시 해당 공익법인등이 보유하고 있는 동일한 내국법인의 주식등
나. 해당 내국법인과 특수관계에 있는 출연자가 해당 공익법인등 외의 다른 공익법인등에 출연한 동일한 내국법인의 주식등
다. 해당 내국법인과 특수관계에 있는 출연자로부터 재산을 출연받은 다른 공익법인등이 보유하고 있는 동일한 내국법인의 주식등(2016.12.20 본목신설)
3. 출연받은 재산을 수익용 또는 수익사업용으로 운용하는 경우로서 그 운용소득을 직접 공익목적사업 외에 사용한 경우
4. 출연받은 재산을 매각하고 그 매각대금을 매각한 날부터 3년이 지난 날까지 대통령령으로 정하는 바에 따라 사용하지 아니한 경우(2016.12.20 본호개정)
5. 제3호에 따른 운용소득을 대통령령으로 정하는 기준금액에 미달하게 사용하거나 제4호에 따른 매각대금을 매각한 날부터 3년 동안 대통령령으로 정하는 기준금액에 미달하게 사용한 경우
6. 제16조제2항제2호가목에 따른 요건을 모두 충족하는 공익법인등(같은 호 나목 및 다목에 해당하는 공익법인등은 제외한다)이 같은 목 1)을 위반하여 출연받은 주식등의 의결권을 행사한 경우(2020.12.22 본호개정)
7. 다음 각 목의 공익법인등이 대통령령으로 정하는 출연재산가액에 100분의1(제16조제2항제2호가목에 해당하는 공익법인등이 발행주식총수등의 100분의 10을 초과하여 보유하고 있는 경우에는 100분의 3)을 곱하여 계산한 금액에 상당하는 금액(이하 제78조제9항제3호에서 "기준금액"이라 한다)에 미달하여 직접 공익목적사업(「소득세법」에 따라 소득세 과세대상이 되거나 「법인세법」에 따라 법인세 과세대상이 되는 사업은 제외한다)에 사용한 경우(2023.12.31 본문개정)
가. 다음의 요건을 모두 갖춘 공익법인등으로서 대통령령으로 정하는 공익법인등
1) 내국법인의 주식등을 출연받은 공익법인등일 것
2) 대통령령으로 정하는 바에 따라 계산한 주식등의 보유비율이 그 내국법인의 발행주식총수등의 100분의 5를 초과할 것
나. 가목 외의 공익법인등(자산 규모, 사업의 특성 등을 고려하여 대통령령으로 정하는 공익법인등은 제외한다)
(2023.12.31 가목~나목신설)
8. 그 밖에 출연받은 재산 및 직접 공익목적사업을 대통령령으로 정하는 바에 따라 운용하지 아니하는 경우
③ 제1항에 따른 공익법인등이 출연받은 재산, 출연받은 재산을 원본으로 취득한 재산, 출연받은 재산의 매각대금 등을 다음 각 호의 어느 하나에 해당하는 자에게 임대차, 소비대차(消費貸借) 및 사용대차(使用貸借) 등의 방법으로 사용·수익하게 하는 경우에는 대통령령으로 정하는 가액을 공익법인등이 증여받은 것으로 보아 즉시 증여세를 부과한다. 다만, 공익법인등이 직접 공익목적사업과 관련하여 용역을 제공받고 정상적인 대가를 지급하는 등 대통령령으로 정하는 경우에는 그러하지 아니한다.(2018.12.31 본문개정)
1. 출연자 및 그 친족
2. 출연자가 출연한 다른 공익법인등
3. 제1호 또는 제2호에 해당하는 자와 대통령령으로 정하는 특수관계에 있는 자(2011.12.31 본호개정)
④ → ⑭으로 이동
⑤ 제1항 및 제16조제1항에 따라 공익법인등이 재산을 출연받은 경우에는 그 출연받은 재산의 사용계획 및

진도에 관한 보고서를 대통령령으로 정하는 바에 따라 납세지 관할세무서장에게 제출하여야 한다.
⑥ 세무서장은 공익법인등에 대하여 상속세나 증여세를 부과할 때에는 그 공익법인등의 주무관청에 그 사실을 통보하여야 한다.
⑦ 공익법인등의 주무관청은 공익법인등에 대하여 설립허가, 설립허가의 취소 또는 시정명령을 하거나 감독을 한 결과 공익법인등이 제1항 단서, 제2항 및 제3항에 해당하는 사실을 발견한 경우에는 대통령령으로 정하는 바에 따라 그 공익법인등의 납세지 관할세무서장에게 그 사실을 통보하여야 한다.
⑧ 출연자 또는 그의 특수관계인이 대통령령으로 정하는 공익법인등의 현재 이사 수(현재 이사 수가 5명 미만인 경우에는 5명으로 본다)의 5분의 1을 초과하여 이사가 되거나, 그 공익법인등의 임직원(이사는 제외한다. 이하 같다)이 되는 경우에는 제78조제6항에 따른 가산세를 부과한다. 다만, 사망 등 대통령령으로 정하는 부득이한 사유로 출연자 또는 그의 특수관계인이 공익법인등의 현재 이사 수의 5분의 1을 초과하여 이사가 된 경우로서 해당 사유가 발생한 날부터 2개월 이내에 이사를 보충하거나 개임(改任)하는 경우에는 제78조제6항에 따른 가산세를 부과하지 아니한다.
(2015.12.15 단서신설)
⑨ 공익법인등(국가나 지방자치단체가 설립한 공익법인등 및 이에 준하는 것으로서 대통령령으로 정하는 공익법인등과 제11항 각 호의 요건을 충족하는 공익법인등은 제외한다)이 대통령령으로 정하는 특수관계에 있는 내국법인의 주식등을 보유하는 경우로서 그 내국법인의 주식등의 가액이 해당 공익법인등의 총 재산가액의 100분의 30(제50조제3항에 따른 회계감사, 제50조의2에 따른 전용계좌 개설·사용 및 제50조의3에 따른 결산서류등의 공시를 이행하는 공익법인등에 해당하는 경우에는 100분의 50)을 초과하는 경우에는 제78조제7항에 따른 가산세를 부과한다. 이 경우 그 초과하는 내국법인의 주식등의 가액 산정에 관하여는 대통령령으로 정한다.(2020.12.22 전단개정)
⑩ 공익법인등이 특수관계에 있는 내국법인의 이익을 증가시키기 위하여 정당한 대가를 받지 아니하고 광고·홍보를 하는 경우에는 제78조제8항에 따른 가산세를 부과한다. 이 경우 특수관계에 있는 내국법인의 범위, 광고·홍보의 방법, 그 밖에 필요한 사항은 대통령령으로 정한다.
⑪ 공익법인등이 내국법인의 발행주식총수등의 100분의 5를 초과하여 주식등을 출연(출연받은 재산 및 출연받은 재산의 매각대금으로 주식등을 취득하는 경우를 포함한다)받은 후 다음 각 호의 어느 하나에 해당하는 요건을 충족하지 아니하게 된 경우에는 제16조제2항 또는 이 조 제1항에 따라 상속세 과세가액 또는 증여세 과세가액에 산입하거나 제2항에 따라 즉시 증여세를 부과한다.(2023.12.31 본문개정)
1. 제2항제3호에 따른 운용소득에 대통령령으로 정하는 비율을 곱하여 계산한 금액 이상을 직접 공익목적사업에 사용할 것
2. (2023.12.31 삭제)
3. 그 밖에 공익법인등의 이사의 구성 등 대통령령으로 정하는 요건을 충족할 것
(2020.12.22 본항개정)
⑫ 제16조제3항 각 호의 어느 하나 또는 제48조제2항제2호 단서에 해당하는 공익법인등이 제49조제1항 각 호 외의 부분 단서에 따른 공익법인등에 해당하지 아니하게 되거나 해당 출연자와 특수관계에 있는 내국법인의 주식등을 해당 법인의 발행주식총수등의 100분의 5를 초과하여 보유하게 된 경우에는 제16조제2항 또는

제48조제1항에 따라 상속세 과세가액 또는 증여세 과세가액에 산입하거나 같은 조 제2항에 따라 즉시 증여세를 부과한다.(2020.12.22 본항신설)

⑬ 제16조제2항에 따라 내국법인의 발행주식총수등의 100분의 5를 초과하여 주식등을 출연받은 자 등 대통령령으로 정하는 공익법인등은 과세기간 또는 사업연도의 의무이행 여부 등에 관한 사항을 대통령령으로 정하는 바에 따라 납세지 관할 지방국세청장에게 신고하여야 한다.(2020.12.22 본항신설)

⑭ 직접 공익목적사업에의 사용 여부 판정기준, 수익용 또는 수익사업용의 판정기준, 발행주식총수등의 제16조제2항제2호에 따른 비율을 초과하는 가액의 계산방법, 해당 내국법인과 특수관계에 있는 출연자의 범위, 상속세·증여세 과세가액 산입 또는 즉시 증여세 부과에 관한 구체적 사항 및 공익법인등의 의무이행 여부 신고에 관한 사항 및 그 밖에 필요한 사항은 대통령령으로 정한다.(2020.12.22 본항개정)

제49조【공익법인등의 주식등의 보유기준】 ① 공익법인등이 1996년 12월 31일 현재 의결권 있는 발행주식총수 또는 출자총액(이하 이 조에서 "발행주식총수등"이라 한다)의 100분의 5를 초과하는 동일한 내국법인의 의결권 있는 주식 또는 출자지분(이하 이 조에서 "주식등"이라 한다)을 보유하고 있는 경우에는 다음 각 호의 어느 하나에 해당하는 기한까지 그 발행주식총수등의 100분의 5(이하 "주식등의 보유기준"이라 한다)를 초과하여 보유하지 아니하도록 하여야 한다. 다만, 제48조제11항 각 호의 요건을 충족하는 공익법인등과 국가·지방자치단체가 출연하여 설립한 공익법인등 및 이에 준하는 것으로서 대통령령으로 정하는 공익법인등에 대해서는 그러하지 아니하다.(2020.12.22 단서개정)

1. 그 공익법인등이 보유하고 있는 주식등의 지분율이 발행주식총수등의 100분의 5를 초과하고 100분의 20 이하인 경우 : 1999년 12월 31일까지

2. 그 공익법인등이 보유하고 있는 주식등의 지분율이 발행주식총수등의 100분의 20을 초과하는 경우 : 2001년 12월 31일까지

② 제1항을 적용할 때 주식등의 보유기준의 계산방법 등 그 밖에 필요한 사항은 대통령령으로 정한다.

제50조【공익법인등의 세무확인 및 회계감사의무】 ① 공익법인등은 과세기간별 또는 사업연도별로 출연받은 재산의 공익목적사업 사용 여부 등에 대하여 대통령령으로 정하는 기준에 해당하는 2명 이상의 변호사, 공인회계사 또는 세무사를 선임하여 세무확인(이하 "외부전문가의 세무확인"이라 한다)을 받아야 한다. 다만, 자산 규모, 사업의 특성 등을 고려하여 대통령령으로 정하는 공익법인등은 외부전문가의 세무확인을 받지 아니할 수 있다.(2016.12.20 단서개정)

② 제1항에 따라 외부전문가의 세무확인을 받은 공익법인등은 그 결과를 대통령령으로 정하는 바에 따라 납세지 관할세무서장에게 보고하여야 한다. 이 경우 관할세무서장은 공익법인등의 출연재산의 공익목적사업 사용 여부 등에 관련된 외부전문가의 세무확인 결과를 일반인이 열람할 수 있게 하여야 한다.

③ 공익법인등은 과세기간별 또는 사업연도별로 「주식회사 등의 외부감사에 관한 법률」 제2조제7호에 따른 감사인에게 회계감사를 받아야 한다. 다만, 다음 각 호의 어느 하나에 해당하는 공익법인등은 그러하지 아니하다.(2018.12.31 본문개정)

1. 자산 규모 및 수입금액이 대통령령으로 정하는 규모 미만인 공익법인등(2019.12.31 본호개정)

2. 사업의 특성을 고려하여 대통령령으로 정하는 공익법인등

④ 기획재정부장관은 자산 규모 등을 고려하여 대통령령으로 정하는 공익법인등이 연속하는 4개 과세기간 또는 사업연도에 대하여 제3항에 따른 회계감사를 받은 경우에는 그 다음 과세기간 또는 사업연도부터 연속하는 2개 과세기간 또는 사업연도에 대하여 기획재정부장관이 지정하는 감사인에게 회계감사를 받도록 할 수 있다. 이 경우 기획재정부장관은 감사인 지정 업무의 전부 또는 일부를 국세청장에게 위임할 수 있다.(2022.12.31 후단개정)

⑤ 기획재정부장관은 제3항 또는 제4항에 따라 회계감사를 받을 의무가 있는 공익법인등이 공시한 감사보고서와 그 감사보고서에 첨부된 재무제표에 대하여 감리할 수 있다.(2023.12.31 후단삭제)

⑥ 기획재정부장관은 제5항에 따른 감리 업무의 전부 또는 일부를 대통령령으로 정하는 바에 따라 회계감사 및 감리에 관한 전문성을 갖춘 법인이나 단체에 위탁할 수 있다. 이 경우 해당 업무를 위탁받은 법인이나 단체는 제3항 또는 제4항에 따른 회계감사의 감사보수 중 일부를 감사인으로부터 기획재정부령으로 정하는 바에 따라 감리업무 수수료로 받을 수 있다.(2023.12.31 본항신설)

⑦ 제1항부터 제5항까지의 규정을 적용할 때 세무확인 항목, 세무확인의 절차·방법, 보고서의 작성 및 세무확인 결과의 보고절차, 외부감사의 방법, 감사인 지정기준 및 절차, 감리업무 및 감리 결과에 따른 조치 등 그 밖에 필요한 사항은 대통령령으로 정한다.

(2019.12.31 본항개정)

(2016.12.20 본조제목개정)

제50조의2【공익법인등의 전용계좌 개설·사용 의무】 ① 공익법인등(사업의 특성을 고려하여 대통령령으로 정하는 공익법인등은 제외한다. 이하 이 조에서 같다)은 해당 공익법인등의 직접 공익목적사업과 관련하여 받거나 지급하는 수입과 지출의 경우로서 다음 각 호의 어느 하나에 해당하는 경우에는 대통령령으로 정하는 직접 공익목적사업용 전용계좌(이하 "전용계좌"라 한다)를 사용하여야 한다.

1. 직접 공익목적사업과 관련된 수입과 지출을 대통령령으로 정하는 금융회사등을 통하여 결제하거나 결제받는 경우(2013.1.1 본호개정)

2. 기부금, 출연금 또는 회비를 받는 경우. 다만, 현금을 직접 받은 경우로서 대통령령으로 정하는 경우는 제외한다.

3. 인건비, 임차료를 지급하는 경우

4. 기부금, 장학금, 연구비 등 대통령령으로 정하는 직접 공익목적사업비를 지출하는 경우. 다만, 100만원을 초과하는 경우로 한정한다.

5. 수익용 또는 수익사업용 자산의 처분대금, 그 밖의 운용소득을 고유목적사업회계에 전입(현금 등 자금의 이전이 수반되는 경우만 해당한다)하는 경우

② 공익법인등은 직접 공익목적사업과 관련하여 제1항 각 호의 어느 하나에 해당하지 아니하는 경우에는 명세서를 별도로 작성·보관하여야 한다. 다만, 「소득세법」 제160조의2제2항제3호 또는 제4호에 해당하는 증명서류를 갖춘 경우 등 대통령령으로 정하는 수입과 지출의 경우에는 그러하지 아니하다.

③ 공익법인등은 최초로 공익법인등에 해당하게 된 날부터 3개월 이내에 전용계좌를 개설하여 해당 공익법인등의 납세지 관할세무서장에게 신고하여야 한다. 다만, 2016년 1월 1일, 2017년 1월 1일 또는 2018년 1월 1일이 속하는 소득세 과세기간 또는 법인세 사업연도의 수입금액(해당 공익사업과 관련된 「소득세법」에 따른 수입금액 또는 「법인세법」에 따라 법인세 과세대상이 되는 수익사업과 관련된 수입금액을 말한다)과 그 과세기간

또는 사업연도에 출연받은 재산가액의 합계액이 5억원 미만인 공익법인등으로서 본문에 따라 개설 신고를 하지 아니한 경우에는 2019년 6월 30일까지 전용계좌의 개설 신고를 할 수 있다.(2018.12.31 단서신설)
④ 공익법인등은 전용계좌를 변경하거나 추가로 개설하려면 대통령령으로 정하는 바에 따라 신고하여야 한다.
⑤ 공익법인등의 전용계좌 개설·신고·변경·추가 및 그 신고방법, 전용계좌를 사용하여야 하는 범위 및 명세서 작성 등에 필요한 사항은 대통령령으로 정한다.
제50조의3【공익법인등의 결산서류등의 공시의무】 ① 공익법인등(사업의 특성 등을 고려하여 대통령령으로 정하는 공익법인등은 제외한다. 이하 이 조에서 같다)은 다음 각 호의 서류 등(이하 이 조에서 "결산서류등"이라 한다)을 해당 공익법인등의 과세기간 또는 사업연도 종료일부터 4개월 이내에 대통령령으로 정하는 바에 따라 국세청의 인터넷 홈페이지에 게재하는 방법으로 공시하여야 한다. 다만, 자산 규모 등을 고려하여 대통령령으로 정하는 공익법인등은 대통령령으로 정하는 바에 따라 간편한 방식으로 공시할 수 있다.
(2019.12.31 본문개정)
1. 재무제표(2019.12.31 본호개정)
2. 기부금 모집 및 지출 내용
3. 해당 공익법인등의 대표자, 이사, 출연자, 소재지 및 목적사업에 관한 사항
4. 출연재산의 운용소득 사용명세(2018.12.31 본호신설)
5. 제50조제3항에 따라 회계감사를 받을 의무가 있는 공익법인등에 해당하는 경우에는 감사보고서와 그 감사보고서에 첨부된 재무제표(2018.12.31 본호신설)
6. 주식보유 현황 등 대통령령으로 정하는 사항
② 국세청장, 납세지 관할 지방국세청장 또는 납세지 관할세무서장은 공익법인등이 제1항에 따라 결산서류등을 공시하지 아니하거나 그 공시 내용에 오류가 있는 경우에는 해당 공익법인등에 대하여 1개월 이내의 기간을 정하여 공시하도록 하거나 오류를 시정하도록 요구할 수 있다.(2022.12.31 본항개정)
③ 국세청장은 공익법인등이 공시한 결산서류등을 대통령령으로 정하는 자에게 제공할 수 있다.
(2011.12.31 본항신설)
④ 제1항과 제2항에 따른 결산서류등의 공시 및 그 시정 요구의 절차 등은 대통령령으로 정한다.
(2011.12.31 본항개정)
(2016.12.20 본조제목개정)
제50조의4【공익법인등에 적용되는 회계기준】 ① 공익법인등(사업의 특성을 고려하여 대통령령으로 정하는 공익법인등은 제외한다)은 제50조제3항에 따른 회계감사의무 및 제50조의3에 따른 결산서류등의 공시의무를 이행할 때에는 대통령령으로 정하는 회계기준을 따라야 한다.
② 제1항에 따른 회계기준의 제정·개정 등 회계제도의 운영과 절차 등에 관하여 필요한 사항은 대통령령으로 정한다.(2020.6.9 본항개정)
(2016.12.20 본조신설)
제51조【장부의 작성·비치 의무】 ① 공익법인등은 소득세 과세기간 또는 법인세 사업연도별로 출연받은 재산 및 공익사업 운용 내용 등에 대한 장부를 작성하여야 하며 장부와 관계있는 중요한 증명서류를 갖춰 두어야 한다.
② 제1항에 따른 장부와 중요한 증명서류는 해당 공익법인등의 소득세 과세기간 또는 법인세 사업연도의 종료일부터 10년간 보존하여야 한다.
③ 공익법인등의 수익사업에 대하여 「소득세법」 제160조 및 「법인세법」 제112조 단서에 따라 작성·비치된 장부와 중요한 증명서류는 제1항에 따라 작성·비치된 장부와 중요한 증명서류로 본다. 이 경우 그 장부와 중

요한 증명서류에는 마이크로필름, 자기테이프, 디스켓 또는 그 밖의 정보보존장치에 저장된 것을 포함한다.
④ 제1항부터 제3항까지의 규정에 따른 장부 및 증명서류의 작성·비치에 필요한 사항은 대통령령으로 정한다.
제52조【공익신탁재산에 대한 증여세 과세가액 불산입】 증여재산 중 증여자가 「공익신탁법」에 따른 공익신탁으로서 종교·자선·학술 또는 그 밖의 공익을 목적으로 하는 신탁을 통하여 공익법인등에 출연하는 재산의 가액은 증여세 과세가액에 산입하지 아니한다. 이 경우 제17조제2항을 준용한다.(2014.3.18 전단개정)
제52조의2【장애인이 증여받은 재산의 과세가액 불산입】 ① 대통령령으로 정하는 장애인(이하 이 조에서 "장애인"이라 한다)이 재산(「자본시장과 금융투자업에 관한 법률」에 따른 신탁업자에게 신탁할 수 있는 재산으로서 대통령령으로 정하는 것을 말한다. 이하 이 조에서 같다)을 증여받고 그 재산을 본인을 수익자로 하여 신탁한 경우로서 해당 신탁(이하 이 조에서 "자익신탁"이라 한다)이 다음 각 호의 요건을 모두 충족하는 경우에는 그 증여받은 재산가액은 증여세 과세가액에 산입하지 아니한다.
1. 「자본시장과 금융투자업에 관한 법률」에 따른 신탁업자(이하 이 조에서 "신탁업자"라 한다)에게 신탁되었을 것
2. 그 장애인이 신탁의 이익 전부를 받는 수익자일 것
3. 신탁기간이 그 장애인이 사망할 때까지로 되어 있을 것. 다만, 장애인이 사망하기 전에 신탁기간이 끝나는 경우에는 신탁기간을 장애인이 사망할 때까지 계속 연장하여야 한다.
② 타인이 장애인을 수익자로 하여 재산을 신탁한 경우로서 해당 신탁(이하 이 조에서 "타익신탁"이라 한다)이 다음 각 호의 요건을 모두 충족하는 경우에는 장애인이 증여받은 그 신탁의 수익(제4항에 따른 신탁원본의 인출이 있는 경우에는 해당 인출금액을 포함한다. 이하 이 조에서 같다)은 증여세 과세가액에 산입하지 아니한다.
1. 신탁업자에게 신탁되었을 것
2. 그 장애인이 신탁의 이익 전부를 받는 수익자일 것. 다만, 장애인이 사망한 후의 잔여재산에 대해서는 그러하지 아니하다.
3. 다음 각 목의 내용이 신탁계약에 포함되어 있을 것
가. 장애인이 사망하기 전에 신탁이 해지 또는 만료되는 경우에는 잔여재산이 그 장애인에게 귀속될 것
나. 장애인이 사망하기 전에 수익자를 변경할 수 없을 것
다. 장애인이 사망하기 전에 위탁자가 사망하는 경우에는 신탁의 위탁자 지위가 그 장애인에게 이전될 것
③ 제1항에 따른 그 증여받은 재산가액(그 장애인이 살아 있는 동안 증여받은 재산가액을 합친 금액을 말한다) 및 타익신탁 원본의 가액(그 장애인이 살아 있는 동안 그 장애인을 수익자로 하여 설정된 타익신탁의 설정 당시 원본가액을 합친 금액을 말한다)을 합산한 금액은 5억원을 한도로 한다.
④ 세무서장등은 제1항에 따라 재산을 증여받아 자익신탁을 설정한 장애인이 다음 각 호의 어느 하나에 해당하면 대통령령으로 정하는 날에 해당 재산가액을 증여받은 것으로 보아 즉시 증여세를 부과한다. 다만, 대통령령으로 정하는 부득이한 사유가 있거나 장애인 중 대통령령으로 정하는 장애인이 본인의 의료비 등 대통령령으로 정하는 용도로 신탁원본을 인출하여 원본이 감소한 경우에는 그러하지 아니하다.
1. 신탁이 해지 또는 만료된 경우. 다만, 해지일 또는 만료일부터 1개월 이내에 신탁에 다시 가입한 경우는 제외한다.
2. 신탁기간 중 수익자를 변경한 경우

3. 신탁의 이익 전부 또는 일부가 해당 장애인이 아닌 자에게 귀속되는 것으로 확인된 경우
4. 신탁원본이 감소한 경우
⑤ 제1항 또는 제2항을 적용받으려는 사람은 제68조에 따른 신고기한(타익신탁의 경우에는 최초로 증여받은 신탁의 수익에 대한 신고기한을 말한다)까지 대통령령으로 정하는 바에 따라 납세지 관할세무서장에게 신청하여야 한다.
⑥ 제2항을 적용받으려는 사람이 최초로 증여받은 신탁의 수익에 대하여 제68조에 따른 신고 및 제5항에 따른 신청을 한 경우에는 최초의 증여 후에 해당 타익신탁의 수익자로서 증여받은 신탁의 수익(제2항에 따라 과세가액에 산입하지 아니하는 부분에 한정한다)에 대하여는 제68조에 따른 신고 및 제5항에 따른 신청을 하지 아니할 수 있다.
⑦ 제4항에 따른 증여세액의 계산방법 및 그 밖에 필요한 사항은 대통령령으로 정한다.
(2019.12.31 본조개정)

제5절 증여공제
(2010.1.1 본절개정)

제53조【증여재산 공제】 거주자가 다음 각 호의 어느 하나에 해당하는 사람으로부터 증여를 받은 경우에는 다음 각 호의 구분에 따른 금액을 증여세 과세가액에서 공제한다. 이 경우 그 증여세 과세가액에서 공제받을 금액과 수증자가 그 증여를 받기 전 10년 이내에 공제받은 금액(제53조의2에 따라 공제받은 금액은 제외한다)을 합한 금액이 다음 각 호의 구분에 따른 금액을 초과하는 경우에는 그 초과하는 부분은 공제하지 아니한다.(2023.12.31 후단개정)
1. 배우자로부터 증여를 받은 경우 : 6억원
2. 직계존속(수증자의 직계존속과 혼인(사실혼은 제외한다. 이하 이 조에서 같다) 중인 배우자를 포함한다. 이하 제53조의2에서 같다)으로부터 증여를 받은 경우 : 5천만원. 다만, 미성년자가 직계존속으로부터 증여를 받은 경우에는 2천만원으로 한다.(2023.12.31 본문개정)
3. 직계비속(수증자와 혼인 중인 배우자의 직계비속을 포함한다)으로부터 증여를 받은 경우 : 5천만원
4. 제2호 및 제3호의 경우 외에 6촌 이내의 혈족, 4촌 이내의 인척으로부터 증여를 받은 경우 : 1천만원
(2015.12.15 3호∼4호개정)

제53조의2【혼인·출산 증여재산 공제】 ① 거주자가 직계존속으로부터 혼인일(「가족관계의 등록 등에 관한 법률」 제15조제1항제3호에 따른 혼인관계증명서상 신고일을 말한다) 전후 2년 이내에 증여를 받는 경우에는 제2항 및 제53조제2호에 따른 공제와 별개로 1억원을 증여세 과세가액에서 공제한다. 이 경우 그 증여세 과세가액에서 공제받을 금액과 수증자가 이미 전단에 따라 공제받은 금액을 합한 금액이 1억원을 초과하는 경우에는 그 초과하는 부분은 공제하지 아니한다.
② 거주자가 직계존속으로부터 자녀의 출생일(「가족관계의 등록 등에 관한 법률」 제44조에 따른 출생신고서상 출생일을 말한다) 또는 입양일(「가족관계의 등록 등에 관한 법률」 제61조에 따른 입양신고일을 말한다)부터 2년 이내에 증여를 받는 경우에는 제1항 및 제53조제2호에 따른 공제와 별개로 1억원을 증여세 과세가액에서 공제한다. 이 경우 그 증여세 과세가액에서 공제받을 금액과 수증자가 이미 전단에 따라 공제받은 금액을 합한 금액이 1억원을 초과하는 경우에는 그 초과하는 부분은 공제하지 아니한다.

③ 제1항 및 제2항에 따라 증여세 과세가액에서 공제받았거나 받을 금액을 합한 금액이 1억원을 초과하는 경우에는 그 초과하는 부분은 공제하지 아니한다.
④ 제4조제1항제4호·제5호 및 같은 조 제2항에 따른 증여재산에 대해서는 제1항부터 제3항까지의 공제를 적용하지 아니한다.
⑤ 거주자가 제1항에 따른 공제를 받은 후 약혼자의 사망 등 대통령령으로 정하는 부득이한 사유가 발생하여 해당 증여재산을 그 사유가 발생한 달의 말일부터 3개월 이내에 증여자에게 반환하는 경우에는 처음부터 증여가 없었던 것으로 본다.
⑥ 혼인 전에 제1항에 따른 공제를 받은 거주자가 증여일(공제를 적용받은 증여가 다수인 경우 최초 증여일을 말한다. 이하 이 항에서 같다)부터 2년 이내에 혼인하지 아니한 경우로서 증여일부터 2년이 되는 날이 속하는 달의 말일부터 3개월이 되는 날까지 「국세기본법」 제45조에 따른 수정신고 또는 같은 법 제45조의3에 따른 기한 후 신고를 한 경우에는 대통령령으로 정하는 바에 따라 같은 법 제47조의2부터 제47조의4까지에 따른 가산세의 전부 또는 일부를 부과하지 아니하되, 대통령령으로 정하는 바에 따라 계산한 이자상당액을 증여세에 가산하여 부과한다.
⑦ 제1항에 따른 공제를 받은 거주자가 혼인이 무효가 된 경우로서 혼인무효의 소에 대한 판결이 확정된 날이 속하는 달의 말일부터 3개월이 되는 날까지 「국세기본법」 제45조에 따른 수정신고 또는 같은 법 제45조의3에 따른 기한 후 신고를 한 경우에는 대통령령으로 정하는 바에 따라 같은 법 제47조의2부터 제47조의4까지에 따른 가산세의 전부 또는 일부를 부과하지 아니하되, 대통령령으로 정하는 바에 따라 계산한 이자상당액을 증여세에 가산하여 부과한다.
(2023.12.31 본조신설)

제54조【준용규정】 재난으로 인하여 증여재산이 멸실되거나 훼손된 경우의 증여세 과세가액 공제에 관하여는 제23조를 준용한다. 이 경우 제23조제1항 중 "거주자의 사망으로 상속이 개시되는"은 "타인으로부터 재산을 증여받은"으로, "제67조"는 "제68조"로, "상속재산"은 "증여재산"으로, "상속세 과세가액"은 "증여세 과세가액"으로 보고, 같은 조 제2항 중 "상속인이나 수유자"는 "수증자"로 본다.

제6절 과세표준과 세율
(2010.1.1 본절개정)

제55조【증여세의 과세표준 및 과세최저한】 ① 증여세의 과세표준은 다음 각 호의 어느 하나에 해당하는 금액에서 대통령령으로 정하는 증여재산의 감정평가 수수료를 뺀 금액으로 한다.
1. 제45조의2에 따른 명의신탁재산의 증여 의제 : 그 명의신탁재산의 금액
2. 제45조의3부터 제45조의4에 따른 이익의 증여 의제 : 증여의제이익(2015.12.15 본호개정)
3. 제1호 및 제2호를 제외한 합산배제증여재산 : 그 증여재산가액에서 3천만원을 공제한 금액(2018.12.31 본호개정)
4. 제1호부터 제3호까지 외의 경우 : 제47조제1항에 따른 증여세과세가액에서 제53조, 제53조의2 및 제54조에 따른 금액을 뺀 금액(2023.12.31 본호개정)
② 과세표준이 50만원 미만이면 증여세를 부과하지 아니한다.

제56조【증여세 세율】 증여세는 제55조에 따른 과세표준에 제26조에 규정된 세율을 적용하여 계산한 금액(이하 "증여세산출세액"이라 한다)으로 한다.

제57조【직계비속에 대한 증여의 할증과세】 ① 수증자가 증여자의 자녀가 아닌 직계비속인 경우에는 증여세산출세액에 100분의 30(수증자가 증여자의 자녀가 아닌 직계비속이면서 미성년자인 경우로서 증여재산가액이 20억원을 초과하는 경우에는 100분의 40)에 상당하는 금액을 가산한다. 다만, 증여자의 최근친(最近親)인 직계비속이 사망하여 그 사망자의 최근친인 직계비속이 증여받은 경우에는 그러하지 아니하다.(2015.12.15 본문개정)
② 할증과세액의 계산방법 등 필요한 사항은 대통령령으로 정한다.(2015.12.15 본항신설)

제7절 세액공제
(2010.1.1 본절개정)

제58조【납부세액공제】 ① 제47조제2항에 따라 증여세 과세가액에 가산한 증여재산의 가액(둘 이상의 증여가 있을 때에는 그 가액을 합친 금액을 말한다)에 대하여 납부하였거나 납부할 증여세액(증여 당시의 해당 증여재산에 대한 증여세산출세액을 말한다)은 증여세산출세액에서 공제한다. 다만, 증여세 과세가액에 가산하는 증여재산에 대하여 「국세기본법」 제26조의2제4항 또는 제5항에 따른 기간의 만료로 인하여 증여세가 부과되지 아니하는 경우에는 그러하지 아니하다.(2019.12.31 단서개정)
② 제1항의 경우에 공제할 증여세액은 증여세산출세액에 해당 증여재산의 가액과 제47조제2항에 따라 가산한 증여재산의 가액을 합친 금액에 대한 과세표준에 대하여 가산한 증여재산의 과세표준이 차지하는 비율을 곱하여 계산한 금액을 한도로 한다.

제59조【외국 납부세액 공제】 타인으로부터 재산을 증여받은 경우에 외국에 있는 증여재산에 대하여 외국의 법령에 따라 증여세를 부과받은 경우에는 대통령령으로 정하는 바에 따라 그 부과받은 증여세에 상당하는 금액을 증여세산출세액에서 공제한다.

제4장 재산의 평가
(2010.1.1 본장개정)

제60조【평가의 원칙 등】 ① 이 법에 따라 상속세나 증여세가 부과되는 재산의 가액은 상속개시일 또는 증여일(이하 "평가기준일"이라 한다) 현재의 시가(時價)에 따른다. 이 경우 다음 각 호의 경우에 대해서는 각각 다음 각 호의 구분에 따른 금액을 시가로 본다.
(2020.12.22 후단개정)
1. 「자본시장과 금융투자업에 관한 법률」에 따른 증권시장으로서 대통령령으로 정하는 증권시장에서 거래되는 주권상장법인의 주식등 중 대통령령으로 정하는 주식등(제63조제2항에 해당하는 주식등은 제외한다)의 경우 : 제63조제1항제1호가목에 규정된 평가방법으로 평가한 가액(2020.12.22 본호신설)
2. 「가상자산 이용자 보호 등에 관한 법률」 제2조제1호에 따른 가상자산의 경우 : 제65조제2항에 규정된 평가방법으로 평가한 가액(2023.7.18 본호개정)
② 제1항에 따른 시가는 불특정 다수인 사이에 자유롭게 거래가 이루어지는 경우에 통상적으로 성립된다고 인정되는 가액으로 하고 수용가격·공매가격 및 감정가격 등 대통령령으로 정하는 바에 따라 시가로 인정되는 것을 포함한다.
③ 제1항을 적용할 때 시가를 산정하기 어려운 경우에는 해당 재산의 종류, 규모, 거래 상황 등을 고려하여 제61조부터 제65조까지에 규정된 방법으로 평가한 가액을 시가로 본다.
④ 제1항을 적용할 때 제13조에 따라 상속재산의 가액에 가산하는 증여재산의 가액은 증여일 현재의 시가에 따른다.

⑤ 제2항에 따른 감정가격을 결정할 때에는 대통령령으로 정하는 바에 따라 둘 이상의 감정기관(대통령령으로 정하는 금액 이하의 부동산의 경우에는 하나 이상의 감정기관)에 감정을 의뢰하여야 한다. 이 경우 관할 세무서장 또는 지방국세청장은 감정기관이 평가한 감정가액이 다른 감정기관이 평가한 감정가액의 100분의 80에 미달하는 등 대통령령으로 정하는 사유가 있는 경우에는 대통령령으로 정하는 바에 따라 대통령령으로 정하는 절차를 거쳐 1년의 범위에서 기간을 정하여 해당 감정기관을 시가불인정 감정기관으로 지정할 수 있으며, 시가불인정 감정기관으로 지정된 기간 동안 해당 시가불인정 감정기관이 평가하는 감정가액은 시가로 보지 아니한다.(2017.12.19 전단개정)

제61조【부동산 등의 평가】 ① 부동산에 대한 평가는 다음 각 호의 어느 하나에서 정하는 방법으로 한다.
1. 토지
「부동산 가격공시에 관한 법률」에 따른 개별공시지가(이하 "개별공시지가"라 한다). 다만, 개별공시지가가 없는 토지(구체적인 판단기준은 대통령령으로 정한다)의 가액은 납세지 관할세무서장이 인근 유사 토지의 개별공시지가를 고려하여 대통령령으로 정하는 방법으로 평가한 금액으로 하고, 지가가 급등하는 지역으로서 대통령령으로 정하는 지역의 토지 가액은 배율방법(倍率方法)으로 평가한 가액으로 한다.
(2016.12.20 단서개정)
2. 건물
건물(제3호와 제4호에 해당하는 건물은 제외한다)의 신축가격, 구조, 용도, 위치, 신축연도 등을 고려하여 매년 1회 이상 국세청장이 산정·고시하는 가액
3. 오피스텔 및 상업용 건물
건물에 딸린 토지를 공유(共有)로 하고 건물을 구분소유하는 것으로서 건물의 용도·면적 및 구분소유하는 건물의 수(數) 등을 고려하여 대통령령으로 정하는 오피스텔 및 상업용 건물(이들에 딸린 토지를 포함한다)에 대해서는 건물의 종류, 규모, 거래 상황, 위치 등을 고려하여 매년 1회 이상 국세청장이 토지와 건물에 대하여 일괄하여 산정·고시한 가액
4. 주택
「부동산 가격공시에 관한 법률」에 따른 개별주택가격 및 공동주택가격(같은 법 제18조제1항 단서에 따라 국세청장이 결정·고시한 공동주택가격이 있는 때에는 그 가격을 말하며, 이하 이 호에서 "고시주택가격"이라 한다). 다만, 다음 각 목의 어느 하나에 해당하는 경우에는 납세지 관할세무서장이 인근 유사주택의 고시주택가격을 고려하여 대통령령으로 정하는 방법에 따라 평가한 금액으로 한다.
(2016.1.19 본문개정)
가. 해당 주택의 고시주택가격이 없는 경우
나. 고시주택가격 고시 후에 해당 주택을 「건축법」 제2조제1항제9호 및 제10호에 따른 대수선 또는 리모델링을 하여 고시주택가격으로 평가하는 것이 적절하지 아니한 경우
(2014.1.1 본호개정)
② 제1항제1호 단서에서 "배율방법"이란 개별공시지가에 대통령령으로 정하는 배율을 곱하여 계산한 금액에 의하여 계산하는 방법을 말한다.
③ 지상권(地上權) 및 부동산을 취득할 수 있는 권리와 특정시설물을 이용할 수 있는 권리는 그 권리 등이 남은 기간, 성질, 내용, 거래 상황 등을 고려하여 대통령령으로 정하는 방법으로 평가한 가액으로 한다.
④ 그 밖에 시설물과 구축물은 평가기준일에 다시 건축하거나 다시 취득할 때 드는 가액을 고려하여 대통령령으로 정하는 방법으로 평가한 가액으로 한다.

⑤ 사실상 임대차계약이 체결되거나 임차권이 등기된 재산의 경우에는 임대료 등을 기준으로 하여 대통령령으로 정하는 바에 따라 평가한 가액과 제1항부터 제4항까지의 규정에 따라 평가한 가액 중 큰 금액을 그 재산의 가액으로 한다.(2015.12.15 본항개정)

⑥ 제1항제3호에 따라 국세청장이 산정하고 고시한 가액에 대한 소유자나 그 밖의 이해관계인의 의견 청취 및 재산정, 고시신청에 관하여는 「소득세법」 제99조제4항부터 제6항까지 및 제99조의2를 준용한다.

제62조【선박 등 그 밖의 유형재산의 평가】 ① 선박, 항공기, 차량, 기계장비 및 「입목에 관한 법률」을 적용받는 입목(立木)에 대해서는 해당 재산의 종류, 규모 및 거래 상황 등을 고려하여 대통령령으로 정하는 방법으로 평가한다.

② 상품, 제품, 서화(書畵), 골동품, 소유권의 대상이 되는 동물, 그 밖의 유형재산에 대해서는 해당 재산의 종류, 규모, 거래 상황 등을 고려하여 대통령령으로 정하는 방법으로 평가한다.

③ 사실상 임대차계약이 체결되거나 임차권이 등기된 재산의 경우에는 해당 임대료 등을 기준으로 하여 대통령령으로 정하는 바에 따라 평가한 가액과 제1항 및 제2항에 따라 평가한 가액 중 큰 금액을 그 재산의 가액으로 한다.

제63조【유가증권 등의 평가】 ① 유가증권 등의 평가는 다음 각 호의 어느 하나에서 정하는 방법으로 한다.

1. 주식등의 평가
   가. 「자본시장과 금융투자업에 관한 법률」에 따른 증권시장으로서 대통령령으로 정하는 증권시장에서 거래되는 주권상장법인의 주식 중 대통령령으로 정하는 주식등(이하 이 호에서 "상장주식"이라 한다)은 평가기준일(평가기준일이 공휴일 등 대통령령으로 정하는 매매가 없는 날인 경우에는 그 전일을 기준으로 한다) 이전·이후 각 2개월 동안 공표된 매일의 「자본시장과 금융투자업에 관한 법률」에 따라 거래소허가를 받은 거래소(이하 "거래소"라 한다) 최종 시세가액(거래실적 유무를 따지지 아니한다)의 평균액(평균액을 계산할 때 평가기준일 이전·이후 각 2개월 동안에 증자·합병 등의 사유가 발생하여 그 평균액으로 하는 것이 부적당한 경우에는 평가기준일 이전·이후 각 2개월의 기간 중 대통령령으로 정하는 바에 따라 계산한 기간의 평균액으로 한다). 다만, 제38조에 따라 합병으로 인한 이익을 계산할 때 합병(분할합병을 포함한다)으로 소멸하거나 흡수되는 법인 또는 신설되거나 존속하는 법인이 보유한 상장주식의 시가는 평가기준일 현재의 거래소 최종 시세가액으로 한다.
   나. 가목 외의 주식등은 해당 법인의 자산 및 수익 등을 고려하여 대통령령으로 정하는 방법으로 평가한다.
   다. (2016.12.20 삭제)
   (2016.12.20 본호개정)
2. 제1호 외에 국채(國債)·공채(公債) 등 그 밖의 유가증권의 평가는 해당 재산의 종류, 규모, 거래 상황 등을 고려하여 대통령령으로 정하는 방법으로 평가한다.

② 다음 각 호의 어느 하나에 해당하는 주식등에 대해서는 제1항제1호에도 불구하고 해당 법인의 사업성, 거래 상황 등을 고려하여 대통령령으로 정하는 방법으로 평가한다.(2015.12.15 본문개정)

1. 기업 공개를 목적으로 금융위원회에 대통령령으로 정하는 기간에 유가증권 신고를 한 법인의 주식등
2. 제1항제1호나목에 규정된 주식등 중 「자본시장과 금융투자업에 관한 법률」에 따른 증권시장으로서 대통령령으로 정하는 증권시장에서 주식등을 거래하기 위하여 대통령령으로 정하는 기간에 거래소에 상장신청을 한 법인의 주식등(2020.12.22 본호개정)

3. 거래소에 상장되어 있는 법인의 주식 중 그 법인의 증자로 인하여 취득한 새로운 주식으로서 평가기준일 현재 상장되지 아니한 것(2013.5.28 본호개정)

③ 제1항제1호, 제2항 및 제60조제2항을 적용할 때 대통령령으로 정하는 최대주주 또는 최대출자자 및 그의 특수관계인에 해당하는 주주등(이하 이 항에서 "최대주주등"이라 한다)의 주식등(대통령령으로 정하는 중소기업, 대통령령으로 정하는 중견기업 및 평가기준일이 속하는 사업연도 전 3년 이내의 사업연도부터 계속하여 「법인세법」 제14조제2항에 따른 결손금이 있는 법인의 주식등 등 대통령령으로 정하는 주식등은 제외한다)에 대해서는 제1항제1호 및 제2항에 따라 평가한 가액 또는 제60조제2항에 따라 인정되는 가액에 그 가액의 100분의 20을 가산한다. 이 경우 최대주주등이 보유하는 주식등의 계산방법은 대통령령으로 정한다.(2022.12.31 전단개정)

④ 예금·저금·적금 등의 평가는 평가기준일 현재 예입(預入) 총액과 같은 날 현재 이미 지난 미수이자(未收利子) 상당액을 합친 금액에서 「소득세법」 제127조제1항에 따른 원천징수세액 상당 금액을 뺀 가액으로 한다.

제64조【무체재산권의 가액】 무체재산권(無體財産權)의 가액은 다음 각 호에 따른 금액 중 큰 금액으로 한다.

1. 재산의 취득 가액에서 취득한 날부터 평가기준일까지의 「법인세법」 상의 감가상각비를 뺀 금액
2. 장래의 경제적 이익 등을 고려하여 대통령령으로 정하는 방법으로 평가한 금액
(2014.1.1 본조개정)

제65조【그 밖의 조건부 권리 등의 평가】 ① 조건부 권리, 존속기간이 확정되지 아니한 권리, 신탁의 이익을 받을 권리 또는 소송 중인 권리 및 대통령령으로 정하는 정기금(定期金)을 받을 권리에 대해서는 해당 권리의 성질, 내용, 남은 기간 등을 기준으로 대통령령으로 정하는 방법으로 그 가액을 평가한다.

② 「가상자산 이용자 보호 등에 관한 법률」 제2조제1호에 따른 가상자산은 해당 자산의 거래규모 및 거래방식 등을 고려하여 대통령령으로 정하는 방법으로 평가한다.(2023.7.18 본항개정)

③ 그 밖에 이 법에서 따로 평가방법을 규정하지 아니한 재산의 평가에 대해서는 제1항 및 제60조부터 제64조까지에 규정된 평가방법을 준용하여 평가한다.

제66조【저당권 등이 설정된 재산 평가의 특례】 다음 각 호의 어느 하나에 해당하는 재산은 제60조에도 불구하고 그 재산이 담보하는 채권액 등을 기준으로 대통령령으로 정하는 바에 따라 평가한 가액과 제60조에 따라 평가한 가액 중 큰 금액을 그 재산의 가액으로 한다.

1. 저당권, 「동산·채권 등의 담보에 관한 법률」에 따른 담보권 또는 질권이 설정된 재산(2010.6.10 본호개정)
2. 양도담보재산
3. 전세권이 등기된 재산(임대보증금을 받고 임대한 재산을 포함한다)
4. 위탁자의 채무이행을 담보할 목적으로 대통령령으로 정하는 신탁계약을 체결한 재산(2018.12.31 본호신설)

제5장　신고와 납부
　　(2010.1.1 본장개정)

제1절　신　고

제67조【상속세 과세표준신고】 ① 제3조의2에 따라 상속세 납부의무가 있는 상속인 또는 수유자는 상속개시일이 속하는 달의 말일부터 6개월 이내에 제13조와 제25조제1항에 따른 상속세의 과세가액 및 과세표준을

대통령령으로 정하는 바에 따라 납세지 관할세무서장에게 신고하여야 한다.(2015.12.15 본항개정)
② 제1항에 따른 신고를 할 때에는 그 신고서에 상속세 과세표준의 계산에 필요한 상속재산의 종류, 수량, 평가가액, 재산분할 및 각종 공제 등을 증명할 수 있는 서류 등 대통령령으로 정하는 것을 첨부하여야 한다.
③ 제1항의 기간은 유언집행자 또는 상속재산관리인에 대해서는 그들이 제1항의 기간 내에 지정되거나 선임되는 경우에 한정하며, 그 지정되거나 선임되는 날부터 계산한다.(2014.1.1 본항개정)
④ 피상속인이나 상속인이 외국에 주소를 둔 경우에는 제1항의 기간을 9개월로 한다.
⑤ 제1항의 신고기한까지 상속인이 확정되지 아니한 경우에는 제1항의 신고와는 별도로 상속인이 확정된 날부터 30일 이내에 확정된 상속인의 상속관계를 적어 납세지 관할세무서장에게 제출하여야 한다.

제68조【증여세 과세표준신고】① 제4조의2에 따라 증여세 납부의무가 있는 자는 증여받은 날이 속하는 달의 말일부터 3개월 이내에 제47조와 제55조제1항에 따른 증여세의 과세가액 및 과세표준을 대통령령으로 정하는 바에 따라 납세지 관할 세무서장에게 신고하여야 한다. 다만, 제41조의3과 제41조의5에 따른 비상장주식의 상장 또는 법인의 합병 등에 따른 증여세 과세표준 정산 신고기한은 정산기준일이 속하는 달의 말일부터 3개월이 되는 날로 하며, 제45조의3 및 제45조의5에 따른 증여세 과세표준 신고기한은 수혜법인 또는 특정법인의 「법인세법」 제60조제1항에 따른 과세표준의 신고기한이 속하는 달의 말일부터 3개월이 되는 날로 한다.(2015.12.15 본항개정)
② 제1항에 따른 신고를 할 때에는 그 신고서에 증여세 과세표준의 계산에 필요한 증여재산의 종류, 수량, 평가가액 및 각종 공제 등을 증명할 수 있는 서류 등 대통령령으로 정하는 것을 첨부하여야 한다.

제69조【신고세액 공제】① 제67조에 따라 상속세 과세표준을 신고한 경우에는 상속세산출세액(제27조에 따라 산출세액에 가산하는 금액을 포함한다)에서 다음 각 호의 금액을 공제한 금액의 100분의 3에 상당하는 금액을 공제한다.(2017.12.19 본문개정)
1. 제74조에 따라 징수를 유예받은 금액
2. 이 법 또는 다른 법률에 따라 산출세액에서 공제되거나 감면되는 금액
② 제68조에 따라 증여세 과세표준을 신고한 경우에는 증여세산출세액(제57조에 따라 산출세액에 가산하는 금액을 포함한다)에서 다음 각 호의 금액을 공제한 금액의 100분의 3에 상당하는 금액을 공제한다.(2017.12.19 본문개정)
1. 제75조에 따라 징수를 유예받은 금액
2. 이 법 또는 다른 법률에 따라 산출세액에서 공제되거나 감면되는 금액
(2015.12.15 1호~2호신설)

제2절 납 부

제70조【자진납부】① 제67조나 제68조에 따라 상속세 또는 증여세를 신고하는 자는 각 신고기한까지 각 산출세액에서 다음 각 호의 어느 하나에 규정된 금액을 뺀 금액을 대통령령으로 정하는 바에 따라 납세지 관할세무서, 한국은행 또는 우체국에 납부하여야 한다.
1. 제69조제1항제1호 및 제2호에 따른 금액
2. 상속세의 경우에는 제69조제1항 각 호 외의 부분에 따라 공제하는 금액
3. 증여세의 경우에는 제69조제2항에 따라 공제하는 금액
4. 제71조에 따라 연부연납(年賦延納)을 신청한 금액

5. 제72조의2에 따라 납부유예를 신청한 금액(2022.12.31 본호신설)
6. 제73조에 따라 물납을 신청한 금액(2022.12.31 본호개정)
② 제1항에 따라 납부할 금액이 1천만원을 초과하는 경우에는 대통령령으로 정하는 바에 따라 그 납부할 금액의 일부를 납부기한이 지난 후 2개월 이내에 분할납부할 수 있다. 다만, 제71조에 따라 연부연납을 허가받은 경우에는 그러하지 아니하다.

제71조【연부연납】① 납세지 관할세무서장은 상속세 납부세액이나 증여세 납부세액이 2천만원을 초과하는 경우에는 대통령령으로 정하는 방법에 따라 납세의무자의 신청을 받아 연부연납을 허가할 수 있다. 이 경우 납세의무자는 담보를 제공하여야 하며, 「국세징수법」 제18조제1항제1호부터 제4호까지의 규정에 따른 납세담보를 제공하여 연부연납 허가를 신청하는 경우에는 그 신청일에 연부연납을 허가받은 것으로 본다.(2021.12.21 후단개정)
② 제1항에 따른 연부연납의 기간은 다음 각 호의 구분에 따른 기간의 범위에서 해당 납세의무자가 신청한 기간으로 한다. 다만, 각 회분의 분할납부 세액이 1천만원을 초과하도록 연부연납기간을 정할 수 있다.
1. 상속세의 경우 : 다음 각 목의 상속재산별 구분에 따른 기간
가. 제18조의2에 따라 가업상속공제를 받았거나 대통령령으로 정하는 요건에 따라 중소기업 또는 중견기업을 상속받은 경우의 대통령령으로 정하는 상속재산(「유아교육법」 제7조제3호에 따른 사립유치원에 직접 사용하는 재산 등 대통령령으로 정하는 재산을 포함한다. 이하 이 조에서 같다) : 연부연납 허가일부터 20년 또는 연부연납 허가 후 10년이 되는 날부터 10년
나. 그 밖의 상속재산의 경우 : 연부연납 허가일부터 10년
(2022.12.31 본호개정)
2. 증여세의 경우 : 다음 각 목의 증여재산별 구분에 따른 기간
가. 「조세특례제한법」 제30조의6에 따른 과세특례를 적용받은 증여재산 : 연부연납 허가일부터 15년
나. 가목 외의 증여재산 : 연부연납 허가일부터 5년
(2023.12.21 본호개정)
③ 제2항을 적용할 때 연부연납 대상금액의 산정방법은 대통령령으로 정한다.
④ 납세지 관할세무서장은 제1항에 따라 연부연납을 허가받은 납세의무자가 다음 각 호의 어느 하나에 해당하게 된 경우에는 대통령령으로 정하는 바에 따라 그 연부연납 허가를 취소하거나 변경하고, 그에 따라 연부연납과 관계되는 세액의 전액 또는 일부를 징수할 수 있다.(2020.6.9 본문개정)
1. 연부연납 세액을 지정된 납부기한(제1항 후단에 따라 허가받은 것으로 보는 경우에는 연부연납 세액의 납부예정일을 말한다)까지 납부하지 아니한 경우
2. 담보의 변경 또는 그 밖에 담보 보전(保全)에 필요한 관할세무서장의 명령에 따르지 아니한 경우
3. 「국세징수법」 제9조제1항 각 호의 어느 하나에 해당되어 그 연부연납기한까지 그 연부연납과 관계되는 세액의 전액을 징수할 수 없다고 인정되는 경우(2020.12.22 본호개정)
4. 상속받은 사업을 폐업하거나 해당 상속인이 그 사업에 종사하지 아니하게 된 경우 등 대통령령으로 정하는 사유에 해당하는 경우(2019.12.31 본호개정)
5. 「유아교육법」 제7조제3호에 따른 사립유치원에 직접 사용하는 재산 등 대통령령으로 정하는 재산을 해

당 사업에 직접 사용하지 아니하는 경우 등 대통령령으로 정하는 경우(2015.12.15 본호신설)
⑤ 납세지 관할세무서장은 제1항에 따라 연부연납을 허가(제1항 후단에 따라 허가받은 것으로 보는 경우는 제외한다)하거나 제4항에 따라 연부연납의 허가를 취소한 경우에는 납세의무자에게 그 사실을 알려야 한다.

제72조【연부연납 가산금】 제71조에 따라 연부연납의 허가를 받은 자는 다음 각 호의 어느 하나에 규정한 금액을 각 회분의 분할납부 세액에 가산하여 납부하여야 한다.

1. 처음의 분할납부 세액에 대해서는 연부연납을 허가한 총세액에 대하여 제67조와 제68조에 따른 신고기한 또는 납부고지서에 의한 납부기한의 다음 날부터 그 분할납부 세액의 납부기한까지의 일수(日數)에 대통령령으로 정하는 비율을 곱하여 계산한 금액 (2020.12.22 본호개정)

2. 제1호 외의 경우에는 연부연납을 허가한 총세액에서 직전 회차까지 납부한 분할납부 세액의 합산금액을 뺀 잔액에 대하여 직전 회의 분할납부 세액 납부기한의 다음 날부터 해당 분할납부기한까지의 일수에 대통령령으로 정하는 비율을 곱하여 계산한 금액

제72조의2【가업상속에 대한 상속세의 납부유예】 ① 납세지 관할세무서장은 납세의무자가 다음 각 호의 요건을 모두 갖추어 상속세의 납부유예를 신청하는 경우에는 대통령령으로 정하는 금액에 대하여 납부유예를 허가할 수 있다.

1. 상속인이 제18조의2제1항에 따른 가업(중소기업으로 한정한다)을 상속받았을 것

2. 가업상속공제를 받지 아니하였을 것. 이 경우 제18조의4에 따라 가업상속공제 대신 영농상속공제를 받은 경우에는 가업상속공제를 받은 것으로 본다.

② 제1항에 따른 납부유예 허가를 받으려는 납세의무자는 담보를 제공하여야 한다.

③ 납세지 관할세무서장은 상속인이 대통령령으로 정하는 정당한 사유 없이 다음 각 호의 어느 하나에 해당하는 경우 제1항에 따른 허가를 취소하거나 변경하고, 해당 호에 따른 세액과 대통령령으로 정하는 바에 따라 계산한 이자상당액을 징수한다.

1.「소득세법」을 적용받는 가업을 상속받은 경우로서 가업용 자산의 100분의 40 이상을 처분한 경우 : 납부유예된 세액 중 처분 비율을 고려하여 대통령령으로 정하는 바에 따라 계산한 세액

2. 해당 상속인이 가업에 종사하지 아니하게 된 경우 : 납부유예된 세액의 전부

3. 주식등을 상속받은 상속인의 지분이 감소한 경우 : 다음 각 목의 구분에 따른 세액
   가. 상속개시일부터 5년 이내에 감소한 경우 : 납부유예된 세액의 전부
   나. 상속개시일부터 5년 후에 감소한 경우 : 납부유예된 세액 중 지분 감소 비율을 고려하여 대통령령으로 정하는 바에 따라 계산한 세액

4. 제18조의2제5항제4호 각 목에 모두 해당하는 경우(이 경우 같은 호 가목 및 나목 중 "100분의 90"은 각각 "100분의 70"으로 본다) : 납부유예된 세액의 전부

5. 해당 상속인이 사망하여 상속이 개시되는 경우 : 납부유예된 세액의 전부

④ 제1항에 따라 납부유예 허가를 받은 자는 상속인이 제3항 각 호의 어느 하나에 해당하는 경우 그 날이 속하는 달의 말일부터 6개월 이내에 대통령령으로 정하는 바에 따라 납세지 관할세무서장에게 신고하고 해당 상속세와 이자상당액을 납세지 관할세무서, 한국은행 또는 체신관서에 납부하여야 한다. 다만, 제3항에 따라 이미 상속세와 이자상당액이 징수된 경우에는 그러하지 아니하다.

⑤ 납세지 관할세무서장은 제1항에 따라 납부유예 허가를 받은 자가 다음 각 호의 어느 하나에 해당하는 경우 그 허가를 취소하거나 변경하고, 납부유예된 세액의 전부 또는 일부와 대통령령으로 정하는 바에 따라 계산한 이자상당액을 징수할 수 있다.

1. 담보의 변경 또는 그 밖의 담보 보전에 필요한 관할세무서장의 명령에 따르지 아니한 경우

2.「국세징수법」제9조제1항 각 호의 어느 하나에 해당되어 납부유예된 세액의 전액을 징수할 수 없다고 인정되는 경우

⑥ 제3항제3호 또는 제5호(제7항에 따라 준용되는 경우를 포함한다)에 따라 납부유예된 세액과 이자상당액을 납부하여야 하는 자는 다음 각 호의 어느 하나에 해당하는 경우 제3항과 제4항에도 불구하고 납세지 관할세무서장에게 해당 세액과 이자상당액의 납부유예 허가를 신청할 수 있다.

1. 제3항제3호에 해당하는 경우로서 수증자가「조세특례제한법」제30조의6에 따른 과세특례를 적용받거나 같은 법 제30조의7에 따른 납부유예 허가를 받은 경우

2. 제3항제5호에 해당하는 경우로서 다시 상속을 받은 상속인이 상속받은 가업에 대하여 가업상속공제를 받거나 제1항에 따른 납부유예 허가를 받은 경우

⑦ 제6항에 따른 납부유예에 관하여는 제2항부터 제5항까지의 규정(제3항제4호는 제외한다)을 준용한다. 이 경우 제3항제3호가목 중 "납부유예된 세액의 전부"는 "납부유예된 세액 중 지분 감소 비율을 고려하여 대통령령으로 정하는 바에 따라 계산한 세액"으로 보고, 제6항제1호에 따라 납부유예 허가를 받은 경우에는 제3항부터 제5항까지의 규정 중 "상속인"은 "수증자"로, "상속받은"은 "증여받은"으로, "상속개시일"은 "증여일"로 본다.

⑧ 제1항부터 제7항까지의 규정을 적용할 때 납부유예 신청 절차, 담보의 제공에 관한 사항, 납부유예 허가 시기와 관련한 납부지연가산세의 부과 여부에 관한 사항, 가업 종사 여부의 판정방법, 그 밖에 필요한 사항은 대통령령으로 정한다.

(2022.12.31 본조신설)

제73조【물납】 ① 납세지 관할 세무서장은 다음 각 호의 요건을 모두 갖춘 경우에는 대통령령으로 정하는 바에 따라 납세의무자의 신청을 받아 물납을 허가할 수 있다. 다만, 물납을 신청한 재산의 관리·처분이 적당하지 아니하다고 인정되는 경우에는 물납허가를 하지 아니할 수 있다.(2015.12.15 본문개정)

1. 상속재산(제13조에 따라 상속재산에 가산하는 증여재산 중 상속인 및 수유자가 받은 증여재산을 포함한다) 중 부동산과 유가증권(국내에 소재하는 부동산 등 대통령령으로 정하는 물납에 충당할 수 있는 재산으로 한정한다)의 가액이 해당 상속재산가액의 2분의 1을 초과할 것(2017.12.19 본호개정)

2. 상속세 납부세액이 2천만원을 초과할 것(2015.12.15 본호신설)

3. 상속세 납부세액이 상속재산가액 중 대통령령으로 정하는 금융재산의 가액(제13조에 따라 상속재산에 가산하는 증여재산의 가액은 포함하지 아니한다)을 초과할 것(2019.12.31 본호개정)

② 물납에 충당할 수 있는 재산의 범위, 관리·처분이 적당하다고 인정되는 경우, 그 밖에 물납절차 및 물납신청에 필요한 사항은 대통령령으로 정한다.
(2011.12.31 본항개정)

제73조의2【문화유산 등에 대한 물납】 ① 다음 각 호의 요건을 모두 갖춘 납세의무자는 상속재산에 대통령령으로 정하는 문화유산 및 미술품(이하 이 조에서 "문

화유산 등"이라 한다)이 포함된 경우 납세지 관할 세무
서장에게 해당 문화유산 등에 대한 물납을 신청할 수
있다.(2023.8.8 본문개정)
1. 상속세 납부세액이 2천만원을 초과할 것
2. 상속세 납부세액이 상속재산가액 중 대통령령으로
   정하는 금융재산의 가액(제13조에 따라 상속재산에
   가산하는 증여재산의 가액은 포함하지 아니한다)을
   초과할 것
② 납세지 관할 세무서장은 제1항에 따른 물납 신청이
있는 경우 대통령령으로 정하는 방법에 따라 해당 물
납 신청 내역 등을 문화체육관광부장관에게 통보하여
야 한다.
③ 문화체육관광부장관은 물납을 신청한 문화유산 등
이 역사적·학술적·예술적 가치가 있는 등 물납이 필
요하다고 인정되는 경우 납세지 관할 세무서장에게 대
통령령으로 정하는 절차에 따라 해당 문화유산 등에
대한 물납을 요청하여야 한다.(2023.8.8 본항개정)
④ 납세지 관할 세무서장은 제3항에 따른 요청을 받은
경우 해당 문화유산 등이 대통령령으로 정하는 절차에
따라 국고 손실의 위험이 크지 아니하다고 인정되는
경우 물납을 허가한다.(2023.8.8 본항개정)
⑤ 제1항에 따라 물납을 신청할 수 있는 납부세액은 상
속재산 중 물납에 충당할 수 있는 문화유산 등의 가액
에 대한 상속세 납부세액을 초과할 수 없다.
(2023.8.8 본항개정)
⑥ 그 밖에 물납 신청 및 허가 절차 등에 필요한 사항
은 대통령령으로 정한다.
(2023.8.8 본조제목개정)
(2021.12.21 본조신설)
제74조【지정문화유산 등에 대한 상속세의 징수유예】
① 납세지 관할세무서장은 상속재산 중 다음 각 호의
어느 하나에 해당하는 재산이 포함되어 있는 경우에는
대통령령으로 정하는 바에 따라 계산한 그 재산가액에
상당하는 상속세액의 징수를 유예한다.
1. 「문화유산의 보존 및 활용에 관한 법률」제2조제3항
   제3호에 따른 문화유산자료 및 같은 법 제53조제1항
   에 따른 국가등록문화유산(이하 이 조에서 "문화유산
   자료등"이라 한다)과 같은 법에 따른 보호구역에 있
   는 토지로서 대통령령으로 정하는 토지(2023.8.8 본호
   개정)
2. 「박물관 및 미술관 진흥법」에 따라 등록한 박물관자
   료 또는 미술관자료로서 같은 법에 따른 박물관 또는
   미술관(사립박물관이나 사립미술관의 경우에는 공익
   법인등에 해당하는 것만을 말한다)에 전시 중이거나
   보존 중인 재산(이하 "박물관자료등"이라 한다)
   (2022.12.31 본호개정)
3. 「문화유산의 보존 및 활용에 관한 법률」에 따른 국
   가지정문화유산 및 시·도지정문화유산과 같은 법에
   따른 보호구역에 있는 토지로서 대통령령으로 정하
   는 토지(이하 이 조에서 "국가지정문화유산등"이라
   한다)(2023.8.8 본호개정)
4. 「자연유산의 보존 및 활용에 관한 법률」에 따라 지
   정된 천연기념물등과 같은 법에 따른 보호구역에 있
   는 토지로서 대통령령으로 정하는 토지(이하 이 조에
   서 "천연기념물등"이라 한다)(2024.2.6 본호개정)
② 납세지 관할세무서장은 문화유산자료등, 박물관자
료등, 국가지정문화유산등 또는 천연기념물등을 상속
받은 상속인 또는 수유자가 이를 유상으로 양도하거나
그 밖에 대통령령으로 정하는 사유로 박물관자료등을
인출(引出)하는 경우에는 즉시 그 징수유예한 상속세
를 징수하여야 한다.(2023.8.8 본항개정)
③ 납세지 관할세무서장은 제1항에 따른 징수유예 기
간에 문화유산자료등, 박물관자료등, 국가지정문화화

산등 또는 천연기념물등을 소유하고 있는 상속인 또는
수유자의 사망으로 다시 상속이 개시되는 경우에는 그
징수유예한 상속세액의 부과 결정을 철회하고 그 철회
한 상속세액을 다시 부과하지 아니한다.(2023.8.8 본항
개정)
④ 제1항에 따른 징수유예를 받으려는 자는 그 유예할
상속세액에 상당하는 담보를 제공하여야 한다. 이 경우
담보의 제공에 대해서는 제71조를 준용한다.
⑤ 제4항에도 불구하고 제1항제3호에 따른 국가지정문
화유산등 및 같은 항 제4호에 따른 천연기념물등에 대
한 상속세를 징수유예 받으려는 자는 그 유예할 상속
세액에 상당하는 담보를 제공하지 아니할 수 있다.
(2023.8.8 본항개정)
⑥ 제5항에 따라 납세담보를 제공하지 아니한 자는 매
년 말 관할 세무서장에게 대통령령으로 정하는 바에
따라 국가지정문화유산등 또는 천연기념물등의 보유현
황을 제출하여야 하며, 관할 세무서장은 보유현황의 적
정성을 점검하여야 한다.(2023.8.8 본항개정)
⑦ 제5항에 따라 납세담보를 제공하지 아니한 자가 국
가지정문화유산등 또는 천연기념물등을 유상으로 양도
할 때에는 국가지정문화유산등 또는 천연기념물등을
양도하기 7일 전까지 그 사실을 대통령령으로 정하는
바에 따라 관할 세무서장에게 신고하여야 한다.
(2023.8.8 본항개정)
⑧ 제1항을 적용할 때에는 상속인이 상속재산 중 박물
관자료 또는 미술관자료를 제67조에 따른 신고기한(박
물관이나 미술관을 설립하는 경우로서 부득이한 사유
가 있는 경우에는 그 사유가 없어진 날이 속하는 달의
말일부터 6개월을 말한다)까지 대통령령으로 정하는
방법으로 「박물관 및 미술관 진흥법」에 따른 박물관
또는 미술관에 전시하거나 보존하는 경우를 포함한다.
(2023.8.8 본조제목개정)
제75조【준용규정】박물관자료등에 대한 증여세의 징
수유예에 관하여는 제74조제1항(제1호·제3호 및 제4
호는 제외한다) 및 같은 조 제2항부터 제4항까지의 규
정을 준용한다. 이 경우 제74조제1항 각 호 외의 부분
중 "상속재산"은 "증여재산"으로, "상속세액"은 "증여
세액"으로 보고, 같은 조 제2항 중 "상속받은 상속인 또
는 수유자"는 "수증자"로, "상속세"는 "증여세"로 보며,
같은 조 제3항 중 "상속인 또는 수유자"는 "수증자"로,
"다시 상속이 개시되는 경우"는 "상속이 개시되는 경
우"로 보고, 같은 조 제3항 및 제4항 중 "상속세액"은
각각 "증여세액"으로 본다.(2023.3.21 전단개정)

제6장 결정과 경정
(2010.1.1 본장개정)

제76조【결정·경정】① 세무서장등은 제67조나 제
68조에 따른 신고에 의하여 과세표준과 세액을 결정한
다. 다만, 신고를 하지 아니하였거나 그 신고한 과세표
준이나 세액에 탈루(脫漏) 또는 오류가 있는 경우에는
그 과세표준과 세액을 조사하여 결정한다.
② 세무서장등은 「국세징수법」제9조제1항 각 호의 어
느 하나에 해당하는 사유가 있는 경우에는 제1항에도
불구하고 제67조나 제68조에 따른 신고기한 전이라도
수시로 과세표준과 세액을 결정할 수 있다.
(2020.12.22 본항개정)
③ 세무서장등은 제1항에 따른 신고를 받은 날부터 대
통령령으로 정하는 기간(이하 "법정결정기한"이라 한
다) 이내에 과세표준과 세액을 결정하여야 한다. 다만,
상속재산 또는 증여재산의 조사, 가액의 평가 등에 장
기간이 걸리는 등 부득이한 사유가 있어 그 기간 이내
에 결정할 수 없는 경우에는 그 사유를 상속인·수유
자 또는 수증자에게 알려야 한다.

④ 세무서장등은 제1항이나 제2항에 따라 과세표준과 세액을 결정할 수 없거나 결정 후 그 과세표준과 세액에 탈루 또는 오류가 있는 것을 발견한 경우에는 즉시 그 과세표준과 세액을 조사하여 결정하거나 경정(更正)한다.

⑤ 세무서장등은 제4항을 적용할 때 제1항이나 제2항에 따라 결정된 상속재산의 가액이 30억원 이상인 경우로서 상속개시 후 대통령령으로 정하는 기간 이내에 상속인이 보유한 부동산, 주식, 그 밖에 대통령령으로 정하는 주요 재산의 가액이 상속개시 당시에 비하여 크게 증가한 경우에는 대통령령으로 정하는 바에 따라 그 결정한 과세표준과 세액에 탈루 또는 오류가 있는지를 조사하여야 한다. 다만, 상속인이 그 증가한 재산의 자금 출처를 대통령령으로 정하는 바에 따라 증명하면 그러하지 아니하다.

제77조【과세표준과 세액의 결정 통지】 세무서장등은 제76조에 따라 결정한 과세표준과 세액을 상속인·수유자 또는 수증자에게 대통령령으로 정하는 바에 따라 통지하여야 한다. 이 경우 상속인이나 수유자가 2명 이상이면 그 상속인이나 수유자 모두에게 통지하여야 한다.(2015.12.15 후단개정)

제78조【가산세 등】 ①~② (2006.12.30 삭제)

③ 세무서장등은 공익법인등이 제48조제5항에 따라 제출하여야 할 보고서를 제출하지 아니하였거나 제출된 보고서의 내용이 대통령령으로 정하는 바에 따라 불분명한 경우에는 그 미제출분 또는 불분명한 부분의 금액에 상당하는 상속세액 또는 증여세액의 100분의 1에 상당하는 금액을 징수하여야 한다.

④ 세무서장등은 공익법인등이 제49조제1항 각 호의 어느 하나에 규정된 기한이 지난 후에도 같은 항에 따른 주식등의 보유기준을 초과하여 보유하는 경우에는 같은 항 각 호의 어느 하나에 규정된 기한의 종료일 현재(같은 항 각 호 외의 부분 단서를 적용받는 경우에는 그 기준에 미달하는 소득세 과세기간 또는 법인세 사업연도 종료일 현재) 그 보유기준을 초과하는 의결권 있는 주식 또는 출자지분(이하 이 항 및 제7항에서 "주식등"이라 한다)에 대하여 매년 말 현재 시가의 100분의 5에 상당하는 금액을 대통령령으로 정하는 바에 따라 그 공익법인등이 납부할 세액에 가산하여 부과한다. 이 경우 가산세의 부과기간은 10년을 초과하지 못한다.(2016.12.20 전단개정)

⑤ 세무서장등은 공익법인등이 다음 각 호에 해당하는 경우에는 대통령령으로 정하는 소득세 과세기간 또는 법인세 사업연도의 수입금액과 그 과세기간 또는 사업연도에 출연받은 재산가액을 합친 금액에 1만분의 7을 곱하여 계산한 금액(제1호에 해당되어 계산된 금액이 100만원 미만인 경우에는 100만원으로 한다)을 상속세 또는 증여세로 징수한다. 다만, 공익법인등의 특성, 출연받은 재산의 규모, 공익목적사업 운용 실적 등을 고려하여 대통령령으로 정하는 경우에는 그러하지 아니하다.(2014.1.1 본문개정)

1. 제50조제1항 및 제2항에 따른 외부전문가의 세무확인에 대한 보고의무 등을 이행하지 아니한 경우

2. 제51조에 따른 장부의 작성·비치 의무를 이행하지 아니한 경우

(2014.1.1 1호~2호신설)

3. 제50조제3항 또는 제4항에 따른 회계감사를 이행하지 아니한 경우(제50조제4항에 따라 지정받은 감사인이 아닌 다른 감사인에게 회계감사를 받은 경우를 포함한다)(2022.12.31 본호개정)

⑥ 세무서장등은 제48조제8항에 따른 이사 수를 초과하는 이사가 있거나, 임직원이 있는 경우 그 사람과 관련하여 지출된 대통령령으로 정하는 직접경비 또는 간접경비에 상당하는 금액 전액을 매년 대통령령으로 정

하는 바에 따라 그 공익법인등이 납부할 세액에 가산하여 부과한다.

⑦ 세무서장등은 공익법인등이 제48조제9항에 따른 내국법인의 주식등의 보유기준을 초과하여 주식을 보유하는 경우에는 매 사업연도 말 현재 그 초과하여 보유하는 주식등의 시가의 100분의 5에 상당하는 금액을 대통령령으로 정하는 바에 따라 그 공익법인등이 납부할 세액에 가산하여 부과한다.

⑧ 세무서장등은 공익법인등이 제48조제10항에 따른 광고·홍보를 하는 경우에는 그 행위와 관련하여 직접 지출한 경비에 상당하는 금액을 대통령령으로 정하는 바에 따라 그 공익법인등이 납부할 세액에 가산하여 부과한다.

⑨ 세무서장등은 공익법인등이 다음 각 호의 어느 하나에 해당하는 경우에는 각 호의 구분에 따른 금액의 100분의 10(제48조제2항제7호가목의 공익법인등이 이 항 제3호에 해당하는 경우에는 같은 호에 따른 금액의 100분의 200)에 상당하는 금액을 대통령령으로 정하는 바에 따라 그 공익법인등이 납부할 세액에 가산하여 부과한다. 이 경우 제1호와 제3호에 동시에 해당하는 경우에는 더 큰 금액으로 한다.(2023.12.31 전단개정)

1. 제48조제2항제5호에 따라 운용소득을 대통령령으로 정하는 기준금액에 미달하여 사용한 경우 : 운용소득 중 사용하지 아니한 금액

2. 제48조제2항제5호에 따라 매각대금을 대통령령으로 정하는 기준금액에 미달하여 사용한 경우 : 매각대금 중 사용하지 아니한 금액

3. 제48조제2항제7호에 해당하는 경우 : 기준금액에서 직접 공익목적사업에 사용한 금액을 차감한 금액

(2016.12.20 본항개정)

⑩ 세무서장등은 공익법인등이 다음 각 호의 어느 하나에 해당하면 각 호의 구분에 따른 금액을 대통령령으로 정하는 바에 따라 그 공익법인등이 납부할 세액에 가산하여 부과한다.

1. 제50조의2제1항 각 호의 어느 하나에 해당하는 경우로서 전용계좌를 사용하지 아니한 경우 : 전용계좌를 사용하지 아니한 금액의 1천분의 5

2. 제50조의2제3항에 따른 전용계좌의 개설·신고를 하지 아니한 경우 : 다음 각 목의 금액 중 큰 금액

가. 다음 계산식에 따라 계산한 금액

$$A \times \frac{B}{C} \times 1천분의\ 5$$

A : 해당 각 과세기간 또는 사업연도의 직접 공익목적사업과 관련한 수입금액의 총액

B : 해당 각 과세기간 또는 사업연도 중 전용계좌를 개설·신고하지 아니한 기간으로서 신고기한의 다음 날부터 신고일 전날까지의 일수

C : 해당 각 과세기간 또는 사업연도의 일수

(2021.12.21 본목개정)

나. 제50조의2제1항 각 호에 따른 거래금액을 합친 금액의 1천분의 5

⑪ 세무서장등은 공익법인등이 제50조의3에 따른 결산서류등을 공시하지 아니하거나 공시 내용에 오류가 있는 경우로서 같은 조 제2항에 따른 공시 또는 시정 요구를 지정된 기한까지 이행하지 아니하는 경우에는 공시하여야 할 과세기간 또는 사업연도의 종료일 현재 그 공익법인등의 자산총액의 1천분의 5에 상당하는 금액을 대통령령으로 정하는 바에 따라 그 공익법인등이 납부할 세액에 가산하여 부과한다. 다만, 제50조의3제1항 각 호 외의 부분 단서에 따른 공익법인등의 2022년 12월 31일 이전에 개시하는 과세기간 또는 사업연도분의 공시에 대하여는 본문에 따른 가산세를 부과하지 아니한다.(2022.12.31 본문개정)

⑫ 세무서장등은 제82조제1항·제3항·제4항 또는 제6항에 따라 해당 지급명세서 등을 제출하여야 할 자가 지급명세서 등을 제출하지 아니하거나 누락한 경우 또는 제출한 지급명세서 등에 대통령령으로 정하는 불분명한 부분이 있는 경우에는 미제출분, 누락분 또는 불분명한 부분에 해당하는 금액의 1천분의 2(제82조제3항 및 제4항의 경우에는 1만분의 2)에 상당하는 금액을 소득세나 법인세에 가산하여 징수한다. 이 경우 산출세액이 없을 때에도 가산세는 징수한다.(2010.12.27 전단개정)
⑬ 제12항을 적용할 때 지급명세서 등을 제출기한이 지난 후 1개월 이내에 제출하는 경우에는 1천분의 1(제82조제3항 및 제4항의 경우에는 1만분의 1)에 상당하는 금액을 소득세나 법인세에 가산하여 징수한다. 이 경우 산출세액이 없을 때에도 가산세는 징수한다.(2010.12.27 전단개정)
⑭ 세무서장등은 공익법인등이 제48조제13항에 따라 신고하지 아니한 경우에는 신고해야 할 과세기간 또는 사업연도의 종료일 현재 그 공익법인등의 자산총액의 1천분의 5에 상당하는 금액으로서 대통령령으로 정하는 금액을 대통령령으로 정하는 바에 따라 그 공익법인등이 납부할 세액에 가산하여 부과한다.(2020.12.22 본항신설)
⑮ 세무서장등은 제74조제5항에 따라 납세담보를 제공하지 아니한 자가 다음 각 호의 어느 하나에 해당하면 각 호에 따른 금액을 징수하여야 한다.
1. 제74조제6항에 따른 국가지정문화유산등 및 천연기념물등의 보유현황 자료를 제출하지 아니한 경우 징수유예 받은 상속세액의 100분의 1에 상당하는 금액
2. 제74조제7항에 따른 국가지정문화유산등 및 천연기념물등의 양도 사실을 신고하지 아니한 경우 징수유예 받은 상속세액의 100분의 20에 상당하는 금액
(2023.8.8 1호~2호개정)
(2022.12.31 본항신설)
제79조【경정 등의 청구 특례】① 제67조에 따라 상속세 과세표준 및 세액을 신고한 자 또는 제76조에 따라 상속세 과세표준 및 세액의 결정 또는 경정을 받은 자에게 다음 각 호의 어느 하나에 해당하는 사유가 발생한 경우에는 그 사유가 발생한 날부터 6개월 이내에 대통령령으로 정하는 바에 따라 결정이나 경정을 청구할 수 있다.
1. 상속재산에 대한 상속회복청구소송 등 대통령령으로 정하는 사유로 상속개시일 현재 상속인 간에 상속재산가액이 변동된 경우
2. 상속개시 후 1년이 되는 날까지 상속재산의 수용 등 대통령령으로 정하는 사유로 상속재산의 가액이 크게 하락한 경우
② 다음 각 호의 어느 하나에 해당하는 경우에는 그 사유가 발생한 날부터 3개월 이내에 대통령령으로 정하는 바에 따라 결정 또는 경정을 청구할 수 있다.
1. 제37조에 따른 증여세를 결정 또는 경정받은 자가 대통령령으로 정하는 부동산무상사용기간 중 부동산 소유자로부터 해당 부동산을 상속 또는 증여받거나 대통령령으로 정하는 사유로 해당 부동산을 무상으로 사용하지 아니하게 되는 경우
2. 제41조의4에 따른 증여세를 결정 또는 경정받은 자가 같은 조 제2항의 대출기간 중에 대부자로부터 해당 금전을 상속 또는 증여받거나 대통령령으로 정하는 사유로 해당 금전을 무상으로 또는 적정이자율보다 낮은 이자율로 대출받지 아니하게 되는 경우
(2016.12.20 본호개정)
3. 타인의 재산을 무상으로 담보로 제공하고 금전 등을 차입(借入)함에 따라 제42조에 따른 증여세를 결정 또는 경정받은 자가 같은 조 제2항에 따른 재산의 사용기간 중에 재산 제공자로부터 해당 재산을 상속 또는 증여받거나 대통령령으로 정하는 사유로 무상으로 또는 적정이자율보다 낮은 이자율로 차입하지 아니하게 되는 경우(2016.12.20 본호신설)

제7장 보 칙
(2010.1.1 본장개정)

제80조【자료의 제공】① 국세청장은 상속세 및 증여세의 과세 및 징수업무를 위하여 법원행정처장에게「가족관계의 등록 등에 관한 법률」제9조에 따른 가족관계 등록사항에 관한 전산정보자료를 요청할 수 있다. 이 경우 요청을 받은 법원행정처장은 특별한 사유가 없으면 적극 협조하여야 한다.
② 행정안전부장관, 특별시장, 광역시장, 도지사, 특별자치도지사 또는 특별자치시장은 재산세 과세대상 토지·건축물 및 주택에 관한 자료를 대통령령으로 정하는 바에 따라 매년 국세청장에게 통보하여야 한다.
(2021.12.21 본항개정)
(2010.12.27 본조개정)
제81조 (2007.12.31 삭제)
제82조【지급명세서 등의 제출】① 국내에서 다음 각 호의 어느 하나에 해당하는 자는 대통령령으로 정하는 바에 따라 지급명세서 또는 명의변경 내용을 관할세무서장에게 제출하여야 한다.(2014.1.1 본문개정)
1. 제8조와 제34조에 규정된 생명보험이나 손해보험의 보험금(해약환급금 및 중도인출금을 포함한다)을 지급하거나 명의변경을 취급하는 자(2014.1.1 본호개정)
2. 제10조에 규정된 퇴직금, 퇴직수당, 공로금 또는 그 밖에 이와 유사한 금액(연금은 제외한다)을 지급하는 자
② 제1항제1호에 해당하는 자 중 전산처리시설을 갖춘 자는 대통령령으로 정하는 바에 따라 지급명세서를「국세기본법」제2조제18호에 따른 정보통신망을 통하여 제출하거나 디스켓 등 전자적 정보저장매체 등으로 제출하여야 한다.(2019.12.31 본항개정)
③ 다음 각 호의 자는 대통령령으로 정하는 바에 따라 명의개서 또는 변경 내용을 관할 세무서장에게 제출하여야 한다.
1. 국내에서 다음 각 목의 어느 하나에 해당하는 권리 등의 명의개서 또는 변경을 취급하는 자(명의개서 또는 변경에 관한 확인업무를 국가나 지방자치단체로부터 위탁받은 자 및「자본시장과 금융투자업에 관한 법률」제6조제1항제1호에 따른 투자매매업 또는 같은 항 제2호에 따른 투자중개업을 하는 자를 포함한다)
가. 주식
나. 출자지분
다. 공채
라. 사채
마. 채권
바.「자본시장과 금융투자업에 관한 법률」제9조제21항에 따른 집합투자증권 또는 같은 법 제279조제1항에 따른 외국 집합투자증권
사. 특정시설물을 이용할 수 있는 권리 등
2. 국내에서 투자자로부터 예탁받은「외국환거래법」제3조제1항제8호에 따른 외화증권을「자본시장과 금융투자업에 관한 법률」제294조에 따른 한국예탁결제원에 다시 예탁하는 예탁자
(2020.12.22 본항개정)
④ 신탁업무를 취급하는 자는 대통령령으로 정하는 바에 따라 수탁재산(受託財産) 중 위탁자와 수익자가 다른 신탁의 구체적 내용을 관할세무서장에게 제출하여야 한다.
⑤「소득세법」제164조에 따른 지급명세서,「법인세법」제119조에 따른 주식등변동상황명세서 또는「조세특례

「제한법」 제100조의23에 따른 동업기업의 소득의 계산 및 배분명세에 제1항부터 제3항까지의 지급명세서 등의 해당 사항이 있는 경우에는 그 지급명세서 등을 제출한 것으로 본다.(2020.12.22 본항개정)
⑥ 제40조제1항에서 규정하는 전환사채등을 발행하는 법인(「자본시장과 금융투자업에 관한 법률」에 따른 주권상장법인으로서 같은 법 제9조제7항에 따른 유가증권의 모집방법으로 전환사채등을 발행하는 법인은 제외하며, 같은 법에 따른 인수인은 포함한다)은 대통령령으로 정하는 바에 따라 그 전환사채등의 발행 및 인수인의 구체적 사항을 관할세무서장에게 제출하여야 한다.
⑦ 「자본시장과 금융투자업에 관한 법률」 제8조제1항에 따른 금융투자업자는 그가 관리하는 증권계좌를 통하여 주식등이 계좌 간 이체된 경우(주식등의 양도로 이체되는 경우는 제외한다)에는 대통령령으로 정하는 바에 따라 그 이체내용 등을 관할 세무서장에게 제출하여야 한다.(2021.12.21 본항신설)

제83조 【금융재산 일괄 조회】 ① 국세청장(지방국세청장을 포함한다. 이하 이 조에서 같다)은 세무서장등이 제76조에 따른 상속세 또는 증여세를 결정하거나 경정하기 위하여 조사하는 경우에는 금융회사등의 장에게 「금융실명거래 및 비밀보장에 관한 법률」 제4조에도 불구하고 다음 각 호의 어느 하나에 해당하는 자의 금융재산에 관한 과세자료를 일괄하여 조회할 수 있다.(2015.12.15 본문개정)
1. 직업, 연령, 재산 상태, 소득신고 상황 등으로 볼 때 상속세나 증여세의 탈루 혐의가 있다고 인정되는 자
2. 제85조제1항을 적용받는 상속인·피상속인 또는 증여자·수증자(이하 이 조에서 "피상속인등"이라 한다)
② 제1항에 따라 금융재산에 대한 조회를 요구받은 금융회사등의 장은 그 요구받은 과세자료를 지체 없이 국세청장에게 제출하여야 한다.(2011.7.14 본항개정)
③ 국세청장은 제1항에 따라 금융회사등의 장에게 과세자료를 조회할 때에는 다음 각 호의 사항을 적은 문서로 요구하여야 한다.(2011.7.14 본문개정)
1. 피상속인등의 인적사항
2. 사용 목적
3. 요구하는 자료 등의 내용

제84조 【질문·조사】 세무에 종사하는 공무원은 상속세나 증여세에 관한 조사 및 그 직무 수행에 필요한 경우에는 다음 각 호의 어느 하나에 해당하는 자에게 질문하거나 관련 장부·서류 또는 그 밖의 물건을 조사하거나 그 제출을 명할 수 있다. 이 경우 세무에 종사하는 공무원은 질문·조사하거나 장부·서류 등의 제출을 요구할 때 직무 수행에 필요한 범위 외의 다른 목적 등을 위하여 그 권한을 남용해서는 아니 된다.(2020.6.9 후단개정)
1. 납세의무자 또는 납세의무가 있다고 인정되는 자
2. 피상속인 또는 제1호의 자와 재산을 주고받은 관계이거나 재산을 주고받을 권리가 있다고 인정되는 자
3. 제82조에 규정된 지급명세서 등을 제출할 의무가 있는 자

제85조 【납세자별 재산 과세자료의 수집·관리】 ① 국세청장은 재산 규모, 소득수준 등을 고려하여 대통령령으로 정하는 자에 대해서는 상속세 또는 증여세의 부과·징수 업무를 효율적으로 수행하기 위하여 세법에 따라 납세자 등이 제출하는 과세자료나 과세 또는 징수의 목적으로 수집한 부동산·금융재산 등의 재산자료를 그 목적에 사용할 수 있도록 납세자별로 매년 전산조직에 의하여 관리하여야 한다.
② 국세청장은 제1항에 따라 수집·관리하고 있는 재산 과세자료를 과세 목적 외의 용도로 사용하거나 타인에게 제공 또는 누설해서는 아니 되며, 누구든지 국세청장에게 제1항에 따른 재산 과세자료의 제공이나 이용을 요구해서는 아니 된다. 다만, 「국세기본법」 제

81조의13제1항 각 호의 어느 하나에 해당하는 경우에는 그러하지 아니하다.(2010.12.27 단서개정)
③ 제2항 단서에 따른 재산 과세자료의 제공 및 요구는 그 구체적인 목적을 밝혀 납세자 비밀보장의 본질을 해치지 아니하는 범위에서 하여야 하고, 제공된 재산 과세자료는 당초에 요구한 목적으로만 사용되어야 하며 타인에게 누설해서는 아니 된다.
④ 제2항 단서에 따라 국세청장에게 재산 과세자료를 요구하는 자는 다음 각 호의 사항을 적은 문서로 요구하여야 한다.
1. 납세자 등의 인적사항
2. 사용 목적
3. 요구하는 재산 과세자료의 내용
⑤ 제1항에 따른 재산 과세자료에 대한 납세자별 전산조직의 관리·운영에 필요한 세부 사항은 국세청장이 정한다.

제86조 【부가세 부과 금지】 지방자치단체나 그 밖의 공공단체는 상속세 또는 증여세의 부가세를 부과할 수 없다.

부 칙 (2016.12.20)

제1조 【시행일】 이 법은 2017년 1월 1일부터 시행한다. 다만, 제16조제2항 각 호 외의 부분 본문, 제48조제1항 각 호 외의 부분 단서 및 같은 조 제2항제2호 각 목 외의 부분 본문 중 상호출자제한기업집단과 특수관계에 있지 아니한 성실공익법인등에 대한 개정내용 및 제60조제5항의 개정규정은 2017년 7월 1일부터 시행하고, 제48조제2항제7호, 제50조의3제1항, 제50조의4제1항 및 제78조제9항의 개정규정은 2018년 1월 1일부터 시행한다.

제2조 【일반적 적용례】 이 법은 이 법 시행 이후 상속이 개시되거나 증여를 받는 경우부터 적용한다.

제3조 【공익법인등에 출연한 재산에 대한 상속세 과세가액 불산입에 관한 적용례】 제16조의 개정규정은 이 법 시행 이후 출연하는 분부터 적용한다. 다만, 제16조제2항 각 호 외의 부분 본문 개정규정 중 상호출자제한기업집단과 특수관계에 있지 아니한 성실공익법인등에 대한 개정내용은 2017년 7월 1일 이후 출연하는 분부터 적용한다.

제4조 【가업상속 및 영농상속 공제에 관한 적용례】 제18조제5항 각 호 외의 부분 후단의 개정규정은 이 법 시행 이후 개시하는 소득세 과세기간 또는 법인세 사업연도부터 적용한다.

제5조 【증자에 따른 이익의 증여에 관한 적용례】 ① 제39조제1항제1호다목의 개정규정은 이 법 시행 이후 신주를 인수·취득하는 경우부터 적용한다.
② 제39조제1항제3호의 개정규정은 이 법 시행 이후 신주를 발행하는 경우부터 적용한다.

제6조 【전환사채 등의 주식전환 등에 따른 이익의 증여에 관한 적용례】 제40조제1항제1호나목의 개정규정은 이 법 시행 이후 전환사채등을 인수·취득하는 경우부터 적용한다.

제7조 【특수관계법인과의 거래를 통한 이익의 증여 의제에 관한 적용례】 제45조의3제1항의 개정규정은 이 법 시행 이후 신고기한이 도래하는 분부터 적용한다.

제8조 【특수관계법인으로부터 제공받은 사업기회로 발생한 이익의 증여 의제에 관한 적용례】 제45조의4제1항의 개정규정은 이 법 시행 이후 신고기한이 도래하는 분부터 적용한다.

제9조 【공익법인등이 출연받은 재산에 대한 과세가액 불산입 등에 관한 적용례】 ① 제48조제1항, 같은 조 제2항제2호 및 같은 조 제11항의 개정규정은 이 법 시행 이후 출연받거나 취득하는 분부터 적용한다. 다만, 제48조제1항 각 호 외의 부분 단서 및 같은 조 제2항제2

호 각 목 외의 부분 본문의 개정규정 중 상호출자제한기업집단과 특수관계에 있지 아니한 성실공익법인등에 대한 개정내용은 2017년 7월 1일 이후 출연받거나 취득하는 분부터 적용한다.

② 제48조제2항제4호의 개정규정은 이 법 시행 이후 개시하는 소득세 과세기간 또는 법인세 사업연도 분부터 적용한다.

③ 제48조제2항제7호 및 제78조제9항의 개정규정은 2018년 1월 1일 이후 개시하는 소득세 과세기간 또는 법인세 사업연도 분부터 적용한다.

제10조 【공익법인등의 세무확인 및 회계감사의무에 관한 적용례】 제50조제1항 단서 및 제78조제5항제3호의 개정규정은 이 법 시행 이후 개시하는 소득세 과세기간 또는 법인세 사업연도 분부터 적용한다.

제11조 【공익법인등의 결산서류등의 공시에 관한 적용례】 제50조의3제1항의 개정규정은 2018년 1월 1일 이후 개시하는 소득세 과세기간 또는 법인세 사업연도 분부터 적용한다.

제12조 【공익법인등에 적용되는 회계기준에 관한 적용례】 제50조의4제1항의 개정규정은 2018년 1월 1일 이후 개시하는 소득세 과세기간 또는 법인세 사업연도 분부터 적용한다.

제13조 【경정 등의 청구 특례에 관한 적용례】 제79조제2항제3호의 개정규정은 이 법 시행 전에 해당 사유가 발생한 경우에도 적용한다.

제14조 【지급명세서 제출에 관한 적용례】 제82조제3항의 개정규정은 이 법 시행 이후 투자자로부터 예탁받은 외화증권을 한국예탁결제원에 다시 예탁하는 경우부터 적용한다.

제15조 【공익법인등이 출연받은 재산에 대한 과세가액 불산입 등에 관한 특례】 제48조제2항제7호 및 제78조제9항의 개정규정의 시행 당시 상호출자제한기업집단과 특수관계에 있는 성실공익법인등으로서 내국법인의 의결권 있는 주식등을 그 내국법인의 발행주식총수등의 100분의 5를 초과하여 보유하고 있는 성실공익법인등에 대해서도 같은 개정규정을 적용한다.

제16조 【주식등의 상장 등에 따른 이익의 증여에 관한 경과조치】 이 법 시행 전에 주식등을 상장한 경우에 대해서는 제41조의3제1항의 개정규정에도 불구하고 종전의 규정에 따른다.

제17조 【시가불인정 감정기관의 지정에 관한 경과조치】 2017년 7월 1일 전에 감정기관에 시가의 감정을 의뢰한 경우에 대해서는 제60조제5항 후단의 개정규정에도 불구하고 종전의 규정에 따른다.

    부   칙 (2017.12.19)

제1조 【시행일】 이 법은 2018년 1월 1일부터 시행한다. 다만, 제52조의2제2항ㆍ제4항 및 제60조제5항의 개정규정은 2018년 4월 1일부터 시행하고, 제18조제3항의 개정규정은 2019년 1월 1일부터 시행한다.

제2조 【일반적 적용례】 이 법은 이 법 시행 이후 상속이 개시되거나 증여를 받는 경우부터 적용한다.

제3조 【가업상속 및 영농상속 공제에 관한 적용례】 제18조제8항의 개정규정은 이 법 시행 이후 같은 조 제6항 각 호의 사유가 발생하는 경우부터 적용한다.

제4조 【과세가액에 산입하지 아니한 공익법인등이 출연받은 재산에 대한 증여세 부과에 관한 적용례】 제48조제2항 각 호 외의 부분 및 같은 항 제6호의 개정규정은 이 법 시행 이후 주식등의 의결권을 행사하는 경우부터 적용한다.

제5조 【장애인이 증여받은 재산의 과세가액 불산입에 관한 적용례】 제52조의2제2항 각 호 외의 부분 단서 및 같은 조 제4항의 개정규정은 2018년 4월 1일 이후 인출하는 분부터 적용한다.

제6조 【감정가격 결정에 관한 적용례】 제60조제5항의 개정규정은 2018년 4월 1일 이후 감정을 의뢰하는 경우부터 적용한다.

제7조 【물납에 관한 적용례】 제73조제1항제1호의 개정규정은 이 법 시행 이후 물납을 신청하는 분부터 적용한다.

제8조 【신고세액공제에 관한 특례】 2018년 1월 1일부터 2018년 12월 31일까지의 기간 동안에 상속이 개시되거나 증여를 받은 분에 대하여 제67조 및 제68조에 따라 과세표준을 신고하는 경우에는 제69조제1항 각 호 외의 부분 및 같은 조 제2항 각 호 외의 부분의 개정규정에도 불구하고 "100분의 3"을 각각 "100분의 5"로 하여 제69조를 적용한다.

제9조 【공익법인등이 출연받은 재산에 대한 상속세 과세가액 불산입에 관한 경과조치】 이 법 시행 전에 공익법인등이 내국법인의 주식등을 출연받은 경우에 대해서는 제16조의 개정규정에도 불구하고 종전의 규정에 따른다.

제10조 【특수관계법인과의 거래를 통한 이익의 증여의제에 관한 경과조치】 이 법 시행 전에 종전의 제45조의3에 따라 증여받은 것으로 보는 이익에 대해서는 같은 조 제1항의 개정규정에도 불구하고 종전의 규정에 따른다.

제11조 【공익법인등이 출연받은 재산에 대한 증여세 과세가액 불산입에 관한 경과조치】 이 법 시행 전에 공익법인등이 내국법인의 주식등을 출연받은 경우에 대해서는 제48조제1항 각 호 외의 부분 단서, 같은 조 제2항제2호 및 같은 조 제4항의 개정규정에도 불구하고 종전의 규정에 따른다.

    부   칙 (2018.12.31)

제1조 【시행일】 이 법은 2019년 1월 1일부터 시행한다.

제2조 【일반적 적용례】 이 법은 이 법 시행 이후 상속이 개시되거나 증여를 받는 경우부터 적용한다.

제3조 【증여가 의제되는 명의신탁재산에 대한 증여세 납부의무에 관한 적용례】 제4조의2제2항ㆍ제6항ㆍ제9항, 제6조제2항, 제45조의2제1항ㆍ제2항, 제47조제1항 및 제55조제1항제3호의 개정규정은 이 법 시행 이후 증여로 의제되는 분부터 적용한다.

제4조 【가업상속공제를 받은 가업용 자산의 처분 시 상속세 부과에 관한 적용례】 제18조제6항 각 호 외의 부분 전단의 개정규정은 이 법 시행 이후 가업용 자산을 처분하는 분부터 적용한다.

제5조 【공익법인등의 결산서류등의 공시의무에 관한 적용례】 제50조의3제1항제5호 및 제6호의 개정규정은 이 법 시행 이후 공시하는 분부터 적용한다.

제6조 【증여가 의제되는 명의신탁재산에 대한 증여세 납부의무에 관한 적용례】 이 법 시행 전에 실제 소유자가 소유권을 취득하였으나 명의개서를 하지 아니하여 이 법 시행 이후 증여로 의제되는 분에 대해서는 제4조의2제2항ㆍ제6항ㆍ제9항, 제6조제2항, 제45조의2제1항ㆍ제2항, 제47조제1항 및 제55조제1항제3호의 개정규정에도 불구하고 종전의 규정에 따른다.

    부   칙 (2019.8.27)

제1조 【시행일】 이 법은 공포 후 1년이 경과한 날부터 시행한다.(이하 생략)

    부   칙 (2019.11.26)
          (2019.12.10)

제1조 【시행일】 이 법은 공포 후 6개월이 경과한 날부터 시행한다.(이하 생략)

제1조【시행일】 이 법은 2020년 1월 1일부터 시행한다. 다만, 제48조제2항제7호의 개정규정은 2021년 1월 1일부터 시행하고, 제50조제4항부터 제6항까지의 개정규정은 2022년 1월 1일부터 시행한다.

제2조【일반적 적용례】 이 법은 이 법 시행 이후 상속이 개시되거나 증여를 받는 분부터 적용한다.

제3조【가업상속공제의 사후관리에 관한 적용례】 ① 제18조제6항제1호라목의 개정규정 및 같은 호 마목의 개정규정(사후관리 기간에 관한 부분은 제외한다)은 이 법 시행 이후 제18조제2항제1호에 따른 가업상속공제(이하 "가업상속공제"라 한다)를 받는 경우부터 적용한다.

② 제1항에도 불구하고 다음 각 호의 요건을 모두 충족하는 상속인(이하 "사후관리를 받고 있는 상속인"이라 한다)은 대통령령으로 정하는 바에 따라 제18조제6항제1호라목의 개정규정(정규직 근로자의 범위에 관한 부분에 한정한다) 및 같은 호 마목의 개정규정(정규직 근로자의 범위에 관한 부분에 한정한다)을 적용받을 수 있다.

1. 이 법 시행 전에 가업상속공제를 받았을 것
2. 이 법 시행 당시 종전의 제18조제6항 각 호 외의 부분 전단 및 같은 항 제1호마목에 따른 사후관리 기간이 경과하지 아니하였을 것
3. 이 법 시행 전에 제18조제6항에 따른 상속세 및 이자상당액이 부과되지 아니하였을 것(제18조제6항제1호가목에만 해당하여 가업용 자산의 처분비율을 고려하여 상속세 및 이자상당액이 부과된 경우는 제외한다)

③ 제1항에도 불구하고 제18조제6항제1호라목의 개정규정(이하 이 항에서 총급여액 기준이 추가된 부분에 한정한다) 및 같은 호 마목의 개정규정(총급여액 기준이 추가된 부분 및 중견기업에 적용되는 기준고용인원 유지 부분에 한정한다)은 사후관리를 받고 있는 상속인에 대하여도 적용한다. 이 경우 제18조제6항제1호라목의 개정규정은 이 법 시행 이후 개시하는 과세기간 또는 사업연도 분부터 적용한다.

제4조【조세포탈 또는 회계부정 행위 시 가업상속공제 제외에 관한 적용례】 제18조제9항부터 제11항까지의 개정규정은 피상속인 또는 상속인이 이 법 시행 이후 조세포탈 또는 회계부정 행위를 한 경우로서 이 법 시행 이후 상속이 개시된 분부터 적용한다.

제5조【일괄공제에 관한 적용례】 제21조제1항의 개정규정은 이 법 시행 이후 「국세기본법」 제45조의3에 따라 신고하는 분부터 적용한다.

제6조【공익법인등의 공익목적사업 의무지출에 관한 적용례】 제48조제2항제7호의 개정규정은 2021년 1월 1일 이후 개시하는 과세기간 또는 사업연도 분부터 적용한다.

제7조【공익법인등의 회계감사의무에 관한 적용례】 ① 제50조제3항제1호의 개정규정은 이 법 시행 이후 개시하는 과세기간 또는 사업연도 분부터 적용한다.

② 제50조제4항부터 제6항까지의 개정규정은 2022년 1월 1일 이후 개시하는 과세기간 또는 사업연도 분부터 적용한다. 이 경우 제50조제4항의 개정규정을 적용할 때 연속하는 4개 과세기간 또는 사업연도의 산정은 제50조제4항의 개정규정이 최초로 적용되기 이전의 과세기간 또는 사업연도를 포함하여 계산한다.

제8조【공익법인등의 결산서류등의 공시의무에 관한 적용례】 제50조의3제1항의 개정규정은 이 법 시행 이후 개시하는 과세기간 또는 사업연도분부터 적용한다.

제9조【장애인이 증여받은 재산의 과세가액 불산입에 관한 적용례】 제52조의2의 개정규정은 이 법 시행 이후 신탁하는 분부터 적용한다.

제10조【지급명세서 제출에 관한 적용례】 제82조제2항의 개정규정은 이 법 시행 이후 지급명세서를 제출하는 분부터 적용한다.

제11조【가업상속공제 사후관리 기간에 관한 경과조치】 이 법 시행 전에 상속이 개시된 경우에 대하여는 제18조제6항 각 호 외의 부분 전단의 개정규정 및 같은 항 제1호마목의 개정규정(사후관리 기간에 관한 부분에 한정한다)에도 불구하고 종전의 규정에 따른다.

제12조【증여세 과세특례에 관한 경과조치】 이 법 시행 전에 제41조의2에 따라 초과배당에 따른 이익을 증여한 분에 대해서는 제43조제2항의 개정규정에도 불구하고 1년 이내의 동일한 거래 등과 합산하지 아니한다.

이 법은 공포한 날부터 시행한다.(이하 생략)

제1조【시행일】 이 법은 2021년 1월 1일부터 시행한다. 다만, 제48조제11항제2호, 제60조제1항제2호 및 제65조제2항의 개정규정은 2022년 1월 1일부터 시행한다.

제2조【일반적 적용례】 이 법은 이 법 시행 이후 상속이 개시되거나 증여를 받는 분부터 적용한다.

제3조【공익법인등의 요건 등에 관한 적용례】 제16조제2항제2호·제3항·제5항, 제48조제2항·제9항·제11항부터 제14항까지 및 제49조제1항 단서의 개정규정은 이 법 시행(제48조제11항제2호의 경우는 2022년 1월 1일을 말한다) 이후 개시하는 과세기간 또는 사업연도 분부터 적용한다.

제4조【배우자상속공제에 관한 적용례】 제19조제2항의 개정규정은 이 법 시행 이후 결정·경정하는 분부터 적용한다.

제5조【공익법인등의 요건 등에 관한 경과조치】 이 법 시행(제48조제11항제2호의 경우는 2022년 1월 1일을 말한다) 전에 개시한 과세기간 또는 사업연도 분에 대해서는 제16조제2항제2호·제3항·제5항, 제48조제2항·제9항·제11항·제14항 및 제49조제1항 단서의 개정규정에도 불구하고 종전의 규정에 따른다.

제6조【초과배당에 따른 이익의 증여에 관한 경과조치】 이 법 시행 전에 증여를 받은 분에 대해서는 제41조의2의 개정규정에도 불구하고 종전의 규정에 따른다.

제1조【시행일】 이 법은 2021년 1월 1일부터 시행한다.(이하 생략)

제1조【시행일】 이 법은 공포 후 1년이 경과한 날부터 시행한다.(이하 생략)

제1조【시행일】 이 법은 2022년 1월 1일부터 시행한다. 다만, 제35조제3항(「소득세법」 제87조의27에 따라 준용되는 경우에 관한 부분으로 한정한다)의 개정규정은 2025년 1월 1일부터 시행하고, 제73조의2의 개정규정은 2023년 1월 1일부터 시행한다.(2022.12.31 단서개정)

제2조【일반적 적용례】 이 법은 이 법 시행 이후 상속이 개시되거나 증여를 받는 분부터 적용한다.

제3조【동거주택 상속공제 대상에 관한 적용례】 제23조의2제1항제1호의 개정규정은 이 법 시행 전에 상속

이 개시되어 이 법 시행 이후에 상속세의 과세표준과 세액을 결정 또는 경정하는 경우에도 적용한다.

제4조【저가 양수 또는 고가 양도에 따른 이익의 증여에 관한 적용례】 제35조제3항의 개정규정은 2021년 2월 17일 이후 이 법 시행 전까지 재산을 양수하거나 양도한 경우에도 적용한다.

제5조【문화재 등에 대한 물납에 관한 적용례】 제73조의2의 개정규정은 같은 개정규정 시행 이후 상속이 개시되는 경우부터 적용한다.

제6조【공익법인등의 전용계좌 미개설·미신고 가산세 부과기준에 관한 적용례】 제78조제10항제2호가목의 개정규정은 이 법 시행 전에 제50조의2제3항에 따른 전용계좌의 개설·신고를 하지 아니한 공익법인등에 대하여 이 법 시행 이후에 가산세를 부과하는 경우에도 적용한다.

제7조【금융투자업자의 자료제출에 관한 적용례】 제82조제7항의 개정규정은 이 법 시행 이후 증권계좌를 통하여 주식등이 이체된 경우부터 적용한다.

　　부　칙 (2022.12.31)

제1조【시행일】 이 법은 2023년 1월 1일부터 시행한다.

제2조【일반적 적용례】 이 법은 이 법 시행 이후 상속이 개시되거나 증여를 받는 경우부터 적용한다.

제3조【특수관계법인과의 거래를 통한 이익의 증여의제에 관한 적용례】 제45조의3제1항 각 호 외의 부분 후단의 개정규정은 이 법 시행 전에 증여의제이익이 발생한 경우로서 이 법 시행 이후 제68조제1항에 따른 증여세 과세표준신고를 하는 경우에도 적용한다.

제4조【공익법인등의 공시의무 위반에 대한 시정 요구 등에 관한 적용례】 제50조의3제2항의 개정규정은 이 법 시행 전에 공시의무 위반 사실이 발생한 경우에도 적용한다.

제5조【공익법인등의 회계감사 의무 미이행 가산세에 관한 적용례】 제78조제5항제3호의 개정규정은 이 법 시행 이후 제50조제4항에 따라 감사인을 지정받는 경우부터 적용한다.

제6조【국가지정문화재 등의 비과세에 대한 경과조치】 이 법 시행 전에 상속이 개시된 종전의 제12조제2호의 재산에 대한 상속세 비과세에 관하여는 제12조제2호의 개정규정에도 불구하고 종전의 규정에 따른다.

제7조【가업상속공제에 관한 경과조치 등】 ① 이 법 시행 전에 상속이 개시된 경우의 가업상속공제에 관하여는 제18조의2의 개정규정에도 불구하고 종전의 제18조에 따른다.

② 제1항에도 불구하고 제18조의2제5항 및 제8항의 개정규정은 다음 각 호의 요건을 모두 충족하는 상속인(이하 "사후관리를 받고 있는 상속인"이라 한다) 및 이 법 시행 전에 상속이 개시된 경우로서 이 법 시행 이후 가업상속공제를 받는 상속인에 대해서도 적용한다. 다만, 이 법 시행 전에 종전의 제18조제6항제1호가목에만 해당하여 가업용 자산의 처분비율을 고려하여 상속세 및 이자상당액을 부과받은 상속인에 대해서는 제1호 및 제2호의 요건을 충족하는 경우에 한정하여 제18조의2제5항 및 제8항의 개정규정을 적용한다.

1. 이 법 시행 전에 종전의 제18조제2항제1호에 따른 공제를 받았을 것
2. 이 법 시행 당시 종전의 제18조제6항 각 호 외의 부분 전단, 같은 항 제1호마목 및 같은 조 제9항 각 호 외의 부분에 따른 사후관리 기간이 경과하지 아니하였을 것
3. 이 법 시행 전에 종전의 제18조제6항 및 같은 조 제9항제2호에 따른 상속세 및 이자상당액이 부과되지 아니하였을 것

③ 제2항에도 불구하고 종전의 제18조제6항제1호마목을 적용하는 것이 제18조의2제5항제4호의 개정규정을 적용하는 것보다 사후관리를 받고 있는 상속인에게 유리한 경우에는 종전의 제18조제6항제1호마목을 적용한다.

제8조【영농상속공제에 관한 경과조치 등】 ① 이 법 시행 전에 상속이 개시된 경우의 영농상속공제 한도에 관하여는 제18조의3제1항의 개정규정에도 불구하고 종전의 제18조제2항제2호에 따른다.

② 제18조의3제6항 및 제7항의 개정규정은 이 법 시행 이후 상속이 개시되는 경우로서 이 법 시행 이후 조세포탈 또는 회계부정 행위를 하는 경우부터 적용한다.

제9조【연부연납 기간에 관한 경과조치】 이 법 시행 전에 상속이 개시된 경우의 상속세 연부연납 기간에 관하여는 제71조제2항제1호가목의 개정규정에도 불구하고 종전의 규정에 따른다.

　　부　칙 (2023.3.21)
　　　　　 (2023.7.18)

제1조【시행일】 이 법은 공포 후 1년이 경과한 날부터 시행한다.(이하 생략)

　　부　칙 (2023.8.8)

제1조【시행일】 이 법은 2024년 5월 17일부터 시행한다.(이하 생략)

　　부　칙 (2023.12.31)

제1조【시행일】 이 법은 2024년 1월 1일부터 시행한다.

제2조【공익법인등의 감사보고서 관련 감리업무 수수료에 관한 적용례】 제50조제6항의 개정규정은 이 법 시행 이후 개시하는 과세기간 또는 사업연도에 대한 감사보고서와 재무제표에 대하여 감리를 하는 경우부터 적용한다.

제3조【혼인·출산 증여재산 공제에 관한 적용례】 제53조의2의 개정규정은 이 법 시행 이후 증여를 받는 경우부터 적용한다.

제4조【공익법인등의 공익목적사업 지출의무 위반 시 제재에 관한 경과조치 등】 이 법 시행 전에 상속세, 증여세 또는 가산세 부과사유가 발생한 경우에는 제48조제2항제7호, 같은 조 제11항제2호 및 제78조제9항의 개정규정에도 불구하고 종전의 규정에 따른다. 다만, 2023년 12월 31일이 속하는 과세기간 또는 사업연도에 종전의 규정에 따른 상속세 또는 증여세 부과사유가 발생한 공익법인등이 원하는 경우에는 종전의 제48조제11항제2호를 적용하지 아니하되, 제48조제2항제7호 및 제78조제9항의 개정규정을 적용한다.

제5조【연부연납에 관한 적용례】 제71조제2항제2호의 개정규정은 이 법 시행 이후 제68조에 따른 증여세 과세표준 신고기한 내에 연부연납을 신청하는 경우부터 적용한다.

　　부　칙 (2024.2.6)

제1조【시행일】 이 법은 2024년 5월 17일부터 시행한다.(이하 생략)

상속세 및 증여세법 시행령

(1996년 12월 31일)
(전개대통령령 제15193호)

개정
1997. 9.30영 15486호(국가유공자등예우시)　　　<중략>
2013. 6.11영 24576호
2013. 6.28영 24638호(부가세시)
2013. 8.27영 24697호(자본시장금융투자업시)
2013. 9. 9영 24710호　　　　　　2014. 2.21영 25195호
2014.11.19영 25751호(직제)
2015. 2. 3영 26069호
2015. 6. 1영 26302호(공간정보구축관리시)
2016. 1.22영 26922호(제주자치법시)
2016. 2. 5영 26960호
2016. 5.31영 27205호(기술보증기금법시)
2016. 8.31영 27471호(부동산가격공시에 관한법시)
2016. 8.31영 27472호(감정평가감정평가사시)
2017. 2. 7영 27835호
2017. 5.29영 28074호(정신건강증진및정신질환자복지서비스
지원에 관한법시)
2017. 7.26영 28211호(직제)
2018. 2.13영 28638호　　　　　　2019. 2.12영 29533호
2019.12.31영 30285호(문화재시)
2020. 2.11영 30391호
2020. 8.26영 30977호(양식산업발전법시)
2020.10. 8영 31101호(부동산가격공시에 관한법시)
2021. 1. 5영 31380호(법령용어정비)
2021. 2.17영 31446호
2021.10.19영 32063호(연구산업진흥법시)
2021.12.28영 32274호(독점시)
2022. 1.21영 32352호(감정평가감정평가사시)
2022. 2.15영 32414호
2022. 2.17영 32447호(국민평생직업능력개발법시)
2022.10. 4영 32931호(행정기관형비일부개정령)
2022.12.27영 33140호(독점시)
2023. 1.10영 33225호(수산시)
2023. 2.28영 33278호

제1장 총 칙

제1조【목적】 이 영은 「상속세 및 증여세법」에서 위임된 사항과 그 시행에 필요한 사항을 규정함을 목적으로 한다.(2016.2.5 본조신설)

제2조【주소와 거소의 정의 등】 ① 「상속세 및 증여세법」(이하 「법」이라 한다) 제2조제8호에 따른 주소와 거소에 대해서는 「소득세법 시행령」 제2조, 제4조제1항·제2항 및 제4항에 따른다.

② 법 제2조제8호에 따른 거주자와 비거주자의 판정에 대해서는 「소득세법 시행령」 제2조의2 및 제3조에 따르며, 비거주자가 국내에 영주를 목적으로 귀국하여 국내에서 사망한 경우에는 거주자로 본다.
(2016.2.5 본조개정)

제2조의2【특수관계인의 범위】 ① 법 제2조제10호에서 "본인과 친족관계, 경제적 연관관계 또는 경영지배관계 등 대통령령으로 정하는 관계에 있는 자"란 본인과 다음 각 호의 어느 하나에 해당하는 관계에 있는 자를 말한다.(2016.2.5 본문개정)

1. 「국세기본법 시행령」 제1조의2제1항제1호부터 제5호까지의 어느 하나에 해당하는 자(이하 "친족"이라 한다) 및 직계비속의 배우자의 2촌 이내의 혈족과 그 배우자(2023.2.28 본호개정)
2. 사용인(출자에 의하여 지배하고 있는 법인의 사용인을 포함한다. 이하 같다)이나 사용인 외의 자로서 본인의 재산으로 생계를 유지하는 자
3. 다음 각 목의 어느 하나에 해당하는 자
   가. 본인이 개인인 경우 : 본인이 직접 또는 본인과 제1호에 해당하는 관계에 있는 자가 임원에 대한 임면권의 행사 및 사업방침의 결정 등을 통하여 그 경영에 관하여 사실상의 영향력을 행사하고 있는 기획재정부령으로 정하는 기업집단의 소속 기업[해당 기업의 임원(「법인세법 시행령」 제40조제1항에 따른 임원을 말한다. 이하 같다)과 퇴직 후 3년(해당 기업이 「독점규제 및 공정거래에 관한 법률」 제31조에 따른 공시대상기업집단에 소속된 경우는 5년)이 지나지 않은 사람(이하 "퇴직임원"이라 한다)을 포함한다](2021.12.28 본목개정)
   나. 본인이 법인인 경우 : 본인이 속한 기획재정부령으로 정하는 기업집단의 소속 기업(해당 기업의 임원과 퇴직임원을 포함한다)과 해당 기업의 임원에 대한 임면권의 행사 및 사업방침의 결정 등을 통하여 그 경영에 관하여 사실상의 영향력을 행사하고 있는 자 및 그와 제1호에 해당하는 관계에 있는 자(2019.2.12 본목개정)
4. 본인, 제1호부터 제3호까지의 자 또는 본인과 제1호부터 제3호까지의 자가 공동으로 재산을 출연하여 설립하거나 이사의 과반수를 차지하는 비영리법인
5. 제3호에 해당하는 기업의 임원 또는 퇴직임원이 이사장인 비영리법인(2019.2.12 본호개정)
6. 본인, 제1호부터 제5호까지의 자 또는 본인과 제1호부터 제5호까지의 자가 공동으로 발행주식총수 또는 출자총액(이하 "발행주식총수등"이라 한다)의 100분의 30 이상을 출자하고 있는 법인
7. 본인, 제1호부터 제6호까지의 자 또는 본인과 제1호부터 제6호까지의 자가 공동으로 발행주식총수등의 100분의 50 이상을 출자하고 있는 법인
8. 본인, 제1호부터 제7호까지의 자 또는 본인과 제1호부터 제7호까지의 자가 공동으로 재산을 출연하여 설립하거나 이사의 과반수를 차지하는 비영리법인

② 제1항제2호에서 "사용인"이란 임원, 상업사용인, 그 밖에 고용계약관계에 있는 자를 말한다.

③ 제1항제2호 및 제39조제1항제5호에서 "출자에 의하여 지배하고 있는 법인"이란 다음 각 호의 어느 하나에 해당하는 법인을 말한다.
1. 제1항제6호에 해당하는 법인
2. 제1항제7호에 해당하는 법인
3. 제1항제1호부터 제7호까지에 해당하는 자가 발행주식총수등의 100분의 50 이상을 출자하고 있는 법인
(2012.2.2 본조신설)

제3조【상속세 납부의무】 ① 법 제3조의2제1항에서 "대통령령으로 정하는 비율"이란 제1호에 따라 계산한 상

속인 또는 수유자별(이하 이 조에서 "상속인별"이라 한
다) 상속세과세표준 상당액을 제2호의 금액으로 나누
어 계산한 비율을 말한다.(2016.2.5 본문개정)
1. 법 제13조제1항의 규정에 의하여 상속재산에 가산한
  상속인별 증여재산의 과세표준에 다목의 금액이 나
  목의 금액에서 차지하는 비율을 가목의 금액에 곱하
  여 계산한 금액을 가산한 금액
  가. 법 제25조제1항의 규정에 의한 상속세과세표준에
    서 법 제13조제1항 각호의 규정에 의하여 가산한 증
    여재산의 과세표준을 차감한 금액
  나. 법 제13조의 규정에 의한 상속세과세가액에서 동
    조제1항 각호의 금액을 차감한 금액
  다. 상속인별 상속세과세가액 상당액에서 법 제13조
    제1항 각호의 규정에 의하여 상속재산에 가산하는
    상속인별 증여재산을 제외한 금액
2. 법 제13조제1항의 규정에 의한 상속세과세표준에서
  법 제13조제1항제2호의 규정에 의하여 가산한 증여재
  산가액중 수유자가 아닌 자에게 증여한 재산에 대한
  과세표준을 차감한 가액(2004.12.31 본호개정)
② 법 제3조의2제2항에서 "대통령령으로 정하는 바에
따라 계산한 지분상당액"이란 다음 계산식에 따라 계
산한 금액을 말한다.

{영리법인이 받았거나 받을 상속재산에 대한 상속세 상당
액 − (영리법인이 받았거나 받을 상속재산 × 10 ÷ 100)}
× 상속인과 그 직계비속의 주식 또는 출자지분의 비율

(2016.2.5 본항개정)
③ 법 제3조의2제3항에서 "각자가 받았거나 받을 재
산"이란 상속으로 인하여 얻은 자산(법 제13조제1항에
따라 가산한 증여재산을 포함한다)의 총액에서 부채총
액과 그 상속으로 인하여 부과되거나 납부할 상속세
및 법 제13조제1항에 따라 가산한 증여재산에 대한 증
여세를 공제한 가액을 말한다.(2020.2.11 본항개정)
(2016.2.5 본조제목개정)
(2000.12.29 본조신설)
제3조의2【증여세 과세대상】 법 제4조제3항 단서에서
"무효 또는 취소 등 대통령령으로 정하는 정당한 사유"
란 다음 각 호의 어느 하나에 해당하는 경우를 말한다.
1. 상속회복청구의 소에 의한 법원의 확정판결에 따라
  상속인 및 상속재산에 변동이 있는 경우
2. 「민법」 제404조에 따른 채권자대위권의 행사에 의하
  여 공동상속인들의 법정상속분에 등기등이 된 상
  속재산을 상속인 사이의 협의분할에 의하여 재분할
  하는 경우
3. 법 제67조에 따른 상속세과세표준 신고기한(이하
  "상속세과세표준 신고기한"이라 한다) 내에 상속세를
  물납하기 위하여 「민법」 제1009조에 따른 법정상속
  분으로 등기ㆍ등록 및 명의개서 등을 하여 물납을 신
  청하였다가 제71조에 따른 물납허가를 받지 못하거
  나 물납재산의 변경명령을 받아 당초의 물납재산을
  상속인 사이의 협의분할에 의하여 재분할하는 경우
  (2017.2.7 본호개정)
(2016.2.5 본조개정)
제3조의3【증여세 납부의무】 ① (2017.2.7 삭제)
② 법 제4조의2제6항 각 호 외의 부분 단서에서 "대통
령령으로 정하는 경우"란 다음 각 호의 요건을 모두 갖
춘 경우를 말한다.(2019.2.12 본문개정)
1. 법 제48조에 따른 증여세 또는 가산세 부과사유 발
  생일부터 소급하여 재산출연일까지의 기간이 10년
  이상일 것
2. 제1호의 기간 중 출연자(제38조제10항에 따른 자를
  말한다) 또는 그의 특수관계인이 해당 공익법인의 이
  사 또는 임직원(이사를 제외한다)이 아니었어야 하며,
  이사의 선임 등 공익법인의 사업운영에 관한 중요사

항을 결정할 권한을 가지지 아니하였을 것
(2016.2.5 본조개정)
제3조의4【금융재산의 범위】 법 제5조제1항제8호에서
"대통령령으로 정하는 금융재산"이란 「금융실명거래
및 비밀보장에 관한 법률」 제2조제2호에 따른 금융자
산 중 법 제5조제1항제6호 및 제7호에 규정된 것을 제
외한 것을 말한다.(2017.2.7 본조개정)

제2장 상속세의 과세표준과 세액의 계산

제1절 상속재산

제4조【상속재산으로 보는 보험금】 ① 법 제8조제1항
에 따라 상속재산으로 보는 보험금의 가액은 다음 계
산식에 따라 계산한 금액으로 한다.

$$지급받은\ 보험금의\ 총합계액 \times \frac{피상속인이\ 부담한\ 보험료의\ 금액}{해당\ 보험계약에\ 따라\ 피상속인의\ 사망\ 시까지\ 납입된\ 보험료의\ 총합계액}$$

(2015.2.3 본항개정)
② 제1항의 규정을 적용함에 있어서 피상속인이 부담
한 보험료는 보험증권에 기재된 보험료의 금액에 의하
여 계산하고 보험계약에 의하여 피상속인이 지급받는
배당금 등으로서 당해 보험료에 충당한 것이 있을 경
우에는 그 충당된 부분의 배당금 등의 상당액은 피상
속인이 부담한 보험료에 포함한다.
제5조【상속재산으로 보는 신탁재산】 법 제9조제1항
단서 또는 같은 조 제2항에 따른 신탁의 이익을 받을 권
리를 소유하고 있는 경우의 판정은 제25조에 따라 원
본 또는 수익이 타인에게 지급되는 경우를 기준으로
한다.(2021.2.17 본조개정)
제6조【상속재산에서 제외되는 퇴직금 등】 법 제10조
제6호에서 "대통령령으로 정하는 것"이란 「전직대통령
예우에 관한 법률」 또는 「별정우체국법」에 따라 지급
되는 유족연금ㆍ유족연금일시금 및 유족일시금을 말한
다.(2010.2.18 본조개정)

제2절 비과세

제7조【전쟁에 준하는 공무수행의 범위】 법 제11조에
서 "대통령령으로 정하는 공무의 수행"이란 사변 또는
이에 준하는 비상사태로 토벌 또는 경비 등 작전업무
를 수행하는 것을 말한다.(2017.2.7 본조개정)
제8조【비과세되는 상속재산】 ① 법 제12조제1호에서
"대통령령으로 정하는 공공단체"란 다음 각 호의 공공
단체를 말한다.(2013.2.15 본문개정)
1. 지방자치단체조합
2. (1999.12.31 삭제)
3. 공공도서관ㆍ공공박물관 또는 이와 유사한 것으로
  서 기획재정부령이 정하는 것(2008.2.29 본호개정)
(1998.12.31 본항신설)
② (2023.2.28 삭제)
③ 법 제12조제3호에서 "대통령령으로 정하는 범위의
재산"이란 제사를 주재하는 상속인(다수의 상속인이
공동으로 제사를 주재하는 경우에는 그 공동으로 주재
하는 상속인 전체를 말한다)을 기준으로 다음 각 호에
해당하는 재산을 말한다. 다만, 제1호 및 제2호의 재산
가액의 합계액이 2억원을 초과하는 경우에는 2억원을
한도로 하고, 제3호의 재산가액의 합계액이 1천만원을
초과하는 경우에는 1천만원을 한도로 한다.
(2013.2.15 단서개정)
1. 피상속인이 제사를 주재하고 있던 선조의 분묘(이하
  이 조에서 "분묘"라 한다)에 속한 9,900제곱미터 이내
  의 금양임야(1998.12.31 본호개정)

2. 분묘에 속한 1,980제곱미터 이내의 묘토인 농지
3. 족보와 제구
④ 법 제12조제5호에서 "대통령령으로 정하는 단체"란 「근로복지기본법」에 따른 우리사주조합, 공동근로복지기금 및 근로복지진흥기금을 말한다.(2019.2.12 본항개정)
⑤ 법 제12조제6호에서 "대통령령으로 정하는 재산"이란 불우한 자를 돕기 위하여 유증한 재산을 말한다.(2010.2.18 본항개정)

제3절 상속세과세가액

제9조【공과금 및 장례비용】 ① 법 제14조제1항 및 제2항의 규정에 의한 공과금이라 함은 상속개시일 현재 피상속인이 납부할 의무가 있는 것으로서 상속인에게 승계된 조세·공공요금 기타 이와 유사한 것으로서 기획재정부령이 정하는 것을 말한다.(2008.2.29 본항개정)
② 법 제14조제1항제2호의 규정에 의한 장례비용은 다음 각호의 구분에 의한 금액을 합한 금액으로 한다.
1. 피상속인의 사망일부터 장례일까지 장례에 직접 소요된 금액[봉안시설 또는 자연장지(自然葬地)의 사용에 소요된 금액을 제외한다]. 이 경우 그 금액이 500만원 미만인 경우에는 500만원으로 하고 그 금액이 1천만원을 초과하는 경우에는 1천만원으로 한다.(2010.12.30 전단개정)
2. 봉안시설 또는 자연장지의 사용에 소요된 금액. 이 경우 그 금액이 500만원을 초과하는 경우에는 500만원으로 한다.(2010.12.30 전단개정)
(2001.12.31 본항개정)

제10조【채무의 입증방법 등】 ① 법 제14조제4항에서 "대통령령으로 정하는 방법에 따라 증명된 것"이란 상속개시 당시 피상속인의 채무로서 상속인이 실제로 부담하는 사실이 다음 각 호의 어느 하나에 따라 증명되는 것을 말한다.(2010.2.18 본문개정)
1. 국가·지방자치단체 및 금융회사등에 대한 채무는 해당 기관에 대한 채무임을 확인할 수 있는 서류(2015.2.3 본호개정)
2. 제1호외의 자에 대한 채무는 채무부담계약서, 채권자확인서, 담보설정 및 이자지급에 관한 증빙 등에 의하여 그 사실을 확인할 수 있는 서류
② 법 제13조제2항 및 이 조 제1항제1호에 따른 금융회사등은 「금융실명거래 및 비밀보장에 관한 법률」 제2조제1호에 따른 금융회사등(이하 "금융회사등"이라 한다)으로 한다.(2015.2.3 본항개정)

제11조【상속세 과세가액에 산입되는 재산 또는 채무의 범위】 ① 법 제15조제1항제1호의 규정을 적용함에 있어서 재산의 처분금액 및 인출금액은 재산종류별로 다음 각호의 구분에 따라 계산한 금액을 합한 금액으로 한다.(1998.12.31 본문개정)
1. 피상속인이 재산을 처분한 경우에는 그 처분가액중 상속개시일전 1년 또는 2년 이내에 실제 수입한 금액(2000.12.29 본호개정)
2. 피상속인이 금전 등의 재산(이하 이 조에서 "금전등"이라 한다)을 인출한 경우에는 상속재산중 상속개시일전 1년 또는 2년 이내에 실제 인출한 금전 등. 이 경우 당해 금전 등이 기획재정부령이 정하는 통장 또는 위탁자계좌 등을 통하여 예입된 경우에는 상속개시일전 1년 또는 2년 이내에 인출한 금전 등의 합계액에서 당해 기간중 예입된 금전등의 합계액을 차감한 금전등으로 하되, 그 예입된 금전 등이 당해 통장 또는 위탁자계좌 등에서 인출한 금전 등이 아닌 것을 제외한다.(2008.2.29 후단개정)
② 법 제15조제1항제1호 및 제2호에서 "대통령령으로 정하는 바에 따라 용도가 객관적으로 명백하지 아니한 경우"란 다음 각 호의 어느 하나에 해당하는 경우를 말한다.(2010.2.18 본문개정)
1. 피상속인이 재산을 처분하여 받은 금액이나 피상속인의 재산에서 인출한 금전 등 또는 채무를 부담하고 받은 금액을 지출한 거래상대방(이하 이 조에서 "거래상대방"이라 한다)이 거래증빙의 불비 등으로 확인되지 아니하는 경우
2. 거래상대방이 금전 등의 수수사실을 부인하거나 거래상대방의 재산상태 등으로 보아 금전 등의 수수사실이 인정되지 아니하는 경우
3. 거래상대방이 피상속인의 특수관계인으로서 사회통념상 지출사실이 인정되지 아니하는 경우(2012.2.2 본호개정)
4. 피상속인이 재산을 처분하거나 채무를 부담하고 받은 금전 등으로 취득한 다른 재산이 확인되지 아니하는 경우
5. 피상속인의 연령·직업·경력·소득 및 재산상태 등으로 보아 지출사실이 인정되지 아니하는 경우
③ 법 제15조제2항에서 "대통령령으로 정하는 바에 따라 상속인이 변제할 의무가 없는 것으로 추정되는 경우"란 제10조제1항제2호에 규정된 서류등에 의하여 상속인이 실제로 부담하는 사실이 확인되지 아니하는 경우를 말한다.(2010.2.18 본항개정)
④ 제2항의 규정을 적용함에 있어서 동항 각호의 규정에 의하여 입증되지 아니한 금액이 다음 각호의 1의 금액중 적은 금액에 미달하는 경우에는 용도가 객관적으로 명백하지 아니한 것으로 추정하지 아니하며, 그 금액 이상인 경우에는 다음 각호의 1에 해당하는 금액중 적은 금액을 차감한 금액을 용도가 객관적으로 명백하지 아니한 것으로 추정한다.(2002.12.30 본문개정)
1. 피상속인이 재산을 처분하여 받은 금액이나 피상속인의 재산에서 인출한 금전 등 또는 채무를 부담하고 받은 금액의 100분의 20에 상당하는 금액(1997.11.10 본호개정)
2. 2억원
⑤ 법 제15조제1항제1호에서 "재산 종류별"이란 다음 각 호의 구분에 따른 것을 말한다.(2010.2.18 본문개정)
1. 현금·예금 및 유가증권(1998.12.31 본호개정)
2. 부동산 및 부동산에 관한 권리
3. (1998.12.31 삭제)
4. 제1호 및 제2호외의 기타재산
5. (1998.12.31 삭제)
(2010.2.18 본조제목개정)

제4절 공익목적 출연재산의 과세가액 불산입

제12조【공익법인등의 범위】 법 제16조제1항에서 "대통령령으로 정하는 사업을 하는 자"란 다음 각 호의 어느 하나에 해당하는 사업을 하는 자(이하 "공익법인등"이라 한다)를 말한다. 다만, 제9호를 적용할 때 설립일부터 1년 이내에 「법인세법 시행령」 제39조제1항제1호바목에 따른 공익법인등으로 고시된 경우에는 그 설립일부터 공익법인등에 해당하는 것으로 본다.(2021.2.17 단서개정)
1. 종교의 보급 기타 교화에 현저히 기여하는 사업
2. 「초·중등교육법」 및 「고등교육법」에 의한 학교, 「유아교육법」에 따른 유치원을 설립·경영하는 사업(2022.2.22 본호개정)
3. 「사회복지사업법」의 규정에 의한 사회복지법인이 운영하는 사업(2005.8.5 본호개정)
4. 「의료법」에 따른 의료법인이 운영하는 사업(2017.5.29 본호개정)
5.~7. (2018.2.13 삭제)

8. 「법인세법」 제24조제2항제1호에 해당하는 기부금을 받는 자가 해당 기부금으로 운영하는 사업 (2021.2.17 본호개정)
9. 「법인세법 시행령」 제39조제1항제1호 각 목에 따른 공익법인 및 「소득세법 시행령」 제80조제1항제5호에 따른 공익단체가 운영하는 고유목적사업. 다만, 회원의 친목 또는 이익을 증진시키거나 영리를 목적으로 대가를 수수하는 등 공익성이 있다고 보기 어려운 고유목적사업은 제외한다.(2021.2.17 본호개정)
10. 「법인세법 시행령」 제39조제1항제2호다목에 해당하는 기부금을 받는 자가 해당 기부금으로 운영하는 사업. 다만, 회원의 친목 또는 이익을 증진시키거나 영리를 목적으로 대가를 수수하는 등 공익성이 있다고 보기 어려운 고유목적사업은 제외한다. (2019.2.12 본문개정)
11. (2018.2.13 삭제)

제13조【공익법인등 출연재산에 대한 출연방법 등】① 법 제16조제1항에서 "법령상 또는 행정상의 사유로 공익법인등의 설립이 지연되는 등 대통령령으로 정하는 부득이한 사유"란 다음 각 호의 어느 하나에 해당하는 경우를 말한다.(2017.2.7 본문개정)
1. 재산의 출연에 있어서 법령상 또는 행정상의 사유로 출연재산의 소유권의 이전이 지연되는 경우
2. 상속받은 재산을 출연하여 공익법인 등을 설립하는 경우로서 법령상 또는 행정상의 사유로 공익법인 등의 설립허가 등이 지연되는 경우
② 법 제16조제1항에 따라 공익법인등에 출연한 재산의 가액을 상속세 과세가액에 산입하지 않으려면 다음 각 호의 요건을 모두 갖추어야 한다.(2021.2.17 본문개정)
1. 상속인의 의사(상속인이 2명 이상인 경우에는 상속인들의 합의에 의한 의사로 한다)에 따라 상속받은 재산을 법 제16조제1항에 따른 기한까지 출연할 것 (2021.2.17 본호개정)
2. 상속인이 제1호에 따라 출연된 공익법인등의 이사 현원(5명에 미달하는 경우에는 5명으로 본다)의 5분의 1을 초과하여 이사가 되지 아니하여야 하며, 이사의 선임 등 공익법인등의 사업운영에 관한 중요사항을 결정할 권한을 가지지 아니할 것 (2013.2.15 본항개정)
③ 법 제16조제2항제2호가목1)에 따른 출연받은 주식등의 의결권을 행사하지 아니하는지 여부는 공익법인등의 정관에 출연받은 주식의 의결권을 행사하지 아니할 것을 규정하였는지를 기준으로 판단한다. (2018.2.13 본항신설)
④ 법 제16조제2항제2호가목2)에 따른 자선·장학 또는 사회복지를 목적으로 하는지 여부는 해당 공익법인등이 다음 각 호의 어느 하나에 해당하는지를 기준으로 판단한다.
1. 「사회복지사업법」 제2조제3호에 따른 사회복지법인
2. 직전 3개 소득세 과세기간 또는 법인세 사업연도에 직접 공익목적사업에 지출한 금액의 평균액의 100분의 80 이상을 자선·장학 또는 사회복지 활동에 지출한 공익법인등
(2018.2.13 본항신설)
⑤ 법 제16조제2항제2호나목에서 "「독점규제 및 공정거래에 관한 법률」 제31조에 따른 상호출자제한기업집단과 특수관계에 있는 공익법인등"이란 같은 조 제1항에 따라 지정된 상호출자제한기업집단(이하 "상호출자제한기업집단"이라 한다)에 속하는 법인과 같은 법 시행령 제3조제1호 각 목 외의 부분에 따른 동일인관련자의 관계에 있는 공익법인등을 말한다.(2021.12.28 본항개정)
⑥ 법 제16조제3항제1호 및 제2호에서 "상호출자제한

기업집단과 특수관계에 있지 아니한 공익법인등"이란 각각 상호출자제한기업집단에 속하는 법인과 「독점규제 및 공정거래에 관한 법률 시행령」 제4조제1항제1호에 따른 동일인관련자의 관계에 있지 않은 공익법인등을 말한다.(2022.12.27 본항개정)
⑦ 법 제16조제3항제1호에서 "그 공익법인등의 출연자와 특수관계에 있지 아니한 내국법인"이란 다음 각 호의 어느 하나에 해당하지 않는 내국법인을 말한다. (2021.2.17 본문개정)
1. 출연자(출연자가 사망한 경우에는 그 상속인을 말한다. 이하 이 조, 제37조제2항 및 제38조제10항에서 같다) 또는 그의 특수관계인(해당 공익법인등은 제외한다)이 주주 또는 출자자(이하 "주주등"이라 한다)이거나 임원의 현원(5명에 미달하는 경우에는 5명으로 본다. 이하 이 항에서 같다)중 5분의 1을 초과하는 내국법인으로서 출연자 및 그의 특수관계인이 보유하고 있는 주식 및 출자지분(이하 "주식등"이라 한다)의 합계가 가장 많은 내국법인(2017.2.7 본호개정)
2. 출연자 또는 그의 특수관계인(해당 공익법인등은 제외한다)이 주주등이거나 임원의 현원 중 5분의 1을 초과하는 내국법인에 대하여 출연자, 그의 특수관계인 및 공익법인등출자법인[해당 공익법인등이 발행주식총수등의 100분의 5(법 제48조제11항 각 호의 요건을 모두 충족하는 공익법인등인 경우에는 100분의 10)를 초과하여 주식등을 보유하고 있는 내국법인을 말한다. 이하 이 호에서 같다]이 보유하고 있는 주식등의 합계가 가장 많은 경우에는 해당 공익법인등출자법인(출연자 및 그의 특수관계인이 보유하고 있는 주식등의 합계가 가장 많은 경우로 한정한다) (2021.2.17 본호개정)
⑧ 법 제16조제4항 각 호 외의 부분에서 "대통령령으로 정하는 가액"이란 다음 각 호의 구분에 따른 재산의 가액 또는 이익에 대하여 상속개시일 현재 법 제4장의 규정에 따라 평가한 가액을 말한다.(2017.2.7 본문개정)
1. 법 제16조제4항제1호의 경우 : 상속인(상속인의 특수관계인을 포함한다)에게 귀속되는 재산의 가액 또는 이익
2. 법 제16조제4항제2호의 경우 : 발행주식총수등의 100분의 10을 초과하여 출연받은 주식등의 가액 (2017.2.7 1호~2호신설)
⑨ 이 조를 적용함에 있어 주무관청 또는 주무부장관을 알 수 없는 경우에는 관할세무서장을 주무관청 또는 주무부장관으로 본다.(2013.2.15 본항신설)
(2016.2.5 본조제목개정)

제14조【공익신탁의 범위 등】① 법 제17조제1항의 규정에 의한 공익신탁은 다음 각호의 요건을 갖춘 것으로 한다.
1. 공익신탁의 수익자가 제12조에 규정된 공익법인등이거나 그 공익법인등의 수혜자일 것
2. 공익신탁의 만기일까지 신탁계약이 중도해지되거나 취소되지 아니할 것
3. 공익신탁의 중도해지 또는 종료시 잔여신탁재산이 국가·지방자치단체 및 다른 공익신탁에 귀속될 것
② 법 제17조제1항에 따라 상속세과세가액에 산입하지 아니하는 재산은 상속세과세표준 신고기한까지 신탁을 이행하여야 한다. 다만, 법령상 또는 행정상의 사유로 신탁 이행이 늦어지면 그 사유가 끝나는 날이 속하는 달의 말일부터 6개월 이내에 신탁을 이행하여야 한다. (2012.2.2 단서개정)

제5절 상속공제

제15조【가업상속】① 법 제18조의2제1항 각 호 외의 부분 전단에서 "대통령령으로 정하는 중소기업"이란

상속개시일이 속하는 소득세 과세기간 또는 법인세 사업연도의 직전 소득세 과세기간 또는 법인세 사업연도 말 현재 다음 각 호의 요건을 모두 갖춘 기업(이하 이 조에서 "중소기업"이라 한다)을 말한다.(2023.2.28 본문개정)
1. 별표에 따른 업종을 주된 사업으로 영위할 것
2. 「조세특례제한법 시행령」 제2조제1항제1호 및 제3호의 요건을 충족할 것
3. 자산총액이 5천억원 미만일 것
(2017.2.7 본항개정)
② 법 제18조의2제1항 각 호 외의 부분 전단에서 "대통령령으로 정하는 중견기업"이란 상속개시일이 속하는 소득세 과세기간 또는 법인세 사업연도의 직전 소득세 과세기간 또는 법인세 사업연도 말 현재 다음 각 호의 요건을 모두 갖춘 기업(이하 이 조에서 "중견기업"이라 한다)을 말한다.(2023.2.28 본문개정)
1. 별표에 따른 업종을 주된 사업으로 영위할 것
2. 「조세특례제한법 시행령」 제9조제4항제1호 및 제3호의 요건을 충족할 것(2022.2.15 본호개정)
3. 상속개시일의 직전 3개 소득세 과세기간 또는 법인세 사업연도의 매출액(매출액은 기획재정부령으로 정하는 바에 따라 계산하며, 소득세 과세기간 또는 법인세 사업연도가 1년 미만인 소득세 과세기간 또는 법인세 사업연도의 매출액은 1년으로 환산한 매출액을 말한다)의 평균금액이 5천억원 미만인 기업일 것(2023.2.28 본호개정)
(2017.2.7 본항개정)
③ 법 제18조의2제1항 각 호 외의 부분 전단에 따른 가업상속(이하 "가업상속"이라 한다)은 피상속인 및 상속인이 다음 각 호의 요건을 모두 갖춘 경우에만 적용한다. 이 경우 가업상속이 이루어진 후에 가업상속 당시 최대주주 또는 최대출자자(제19조제2항에 따른 최대주주 또는 최대출자자를 말한다. 이하 "최대주주등"이라 한다)에 해당하는 자(가업상속을 받은 상속인은 제외한다)의 사망으로 상속이 개시되는 경우는 적용하지 아니한다.(2023.2.28 전단개정)
1. 피상속인이 다음 각 목의 요건을 모두 갖춘 경우
가. 중소기업 또는 중견기업의 최대주주등인 경우로서 피상속인과 그의 특수관계인의 주식등을 합하여 해당 기업의 발행주식총수등의 100분의 40(「자본시장과 금융투자업에 관한 법률」 제8조의2제2항에 따른 거래소(이하 "거래소"라 한다)에 상장되어 있는 법인이면 100분의 20) 이상을 10년 이상 계속하여 보유할 것(2023.2.28 본목개정)
나. 법 제18조의2제1항 각 호 외의 부분 전단에 따른 가업(이하 "가업"이라 한다)의 영위기간[별표에 따른 업종으로서 「통계법」 제22조에 따라 통계청장이 작성·고시하는 표준분류(이하 "한국표준산업분류"라 한다)상 동일한 대분류 내의 다른 업종으로 주된 사업을 변경하여 영위한 기간은 합산한다] 중 다음의 어느 하나에 해당하는 기간은 대표이사(개인사업자인 경우 대표자를 말한다. 이하 이 조, 제16조, 제68조 및 제69조의3에서 "대표이사등"이라 한다)로 재직할 것(2023.2.28 본문개정)
1) 100분의 50 이상의 기간
2) 10년 이상의 기간(상속인이 피상속인의 대표이사등의 직을 승계하여 승계한 날부터 상속개시일까지 계속 재직한 경우로 한정한다)
3) 상속개시일부터 소급하여 10년 중 5년 이상의 기간
2. 상속인이 다음 각 목의 요건을 모두 갖춘 경우. 이 경우 상속인의 배우자가 다음 각 목의 요건을 모두 갖춘 경우에는 상속인이 그 요건을 갖춘 것으로 본다.
가. 상속개시일 현재 18세 이상일 것
나. 상속개시일 전에 제1호나목에 따른 영위기간 중 2년 이상 직접 가업에 종사(상속개시일 2년 전부터

가업에 종사한 경우로서 상속개시일부터 소급하여 2년에 해당하는 날부터 상속개시일까지의 기간 중 제8항제2호다목에 따른 사유로 가업에 종사하지 못한 기간이 있는 경우에는 그 기간은 가업에 종사한 기간으로 본다)하였을 것. 다만, 피상속인이 65세 이전에 사망하거나 천재지변 및 인재 등 부득이한 사유로 사망한 경우에는 그러하지 아니하다.(2022.2.15 본문개정)
다. (2016.2.5 삭제)
라. 상속세과세표준 신고기한까지 임원으로 취임하고, 상속세 신고기한부터 2년 이내에 대표이사등으로 취임할 것
(2016.2.5 본항개정)
④ 제3항을 적용할 때 피상속인이 둘 이상의 독립된 기업을 가업으로 영위한 경우의 해당 가업상속 공제한도 및 공제순서 등에 대해서는 기획재정부령으로 정한다.(2016.2.5 본항신설)
⑤ 법 제18조의2제1항 각 호 외의 부분 전단에서 "가업상속 재산가액"이란 다음 각 호의 구분에 따라 제3항제2호의 요건을 모두 갖춘 상속인(이하 이 조에서 "가업상속인"이라 한다)이 받거나 받을 상속재산의 가액을 말한다.(2023.2.28 본문개정)
1. 「소득세법」을 적용받는 가업 : 가업에 직접 사용되는 토지, 건축물, 기계장치 등 사업용 자산의 가액에서 해당 자산에 담보된 채무액을 뺀 가액(2017.2.7 본호개정)
2. 「법인세법」을 적용받는 가업 : 가업에 해당하는 법인의 주식등의 가액〔해당 주식등의 가액에 그 법인의 총자산가액(상속개시일 현재 법 제4장에 따라 평가한 가액을 말한다) 중 상속개시일 현재 다음 각 목의 어느 하나에 해당하는 자산(상속개시일 현재를 기준으로 법 제4장에 따라 평가한 가액을 말한다. 이 조 및 제68조에서 "사업무관자산"이라 한다)을 제외한 자산가액이 차지하는 비율을 곱하여 계산한 금액에 해당하는 것을 말한다〕(2020.2.11 본문개정)
가. 「법인세법」 제55조의2에 해당하는 자산
나. 「법인세법 시행령」 제49조에 해당하는 자산 및 타인에게 임대하고 있는 부동산(지상권 및 부동산임차권 등 부동산에 관한 권리를 포함한다)
다. 「법인세법 시행령」 제61조제1항제2호에 해당하는 자산
라. 과다보유현금〔상속개시일 직전 5개 사업연도 말 평균 현금(요구불예금 및 취득일부터 만기가 3개월 이내인 금융상품을 포함한다)보유액의 100분의 150을 초과하는 것을 말한다〕
마. 법인의 영업활동과 직접 관련이 없이 보유하고 있는 주식등, 채권 및 금융상품(라목에 해당하는 것은 제외한다)(2018.2.13 본목개정)
(2012.2.2 본호개정)
⑥ 법 제18조의2제2항에 따른 가업을 상속받거나 받을 상속인의 가업상속재산 외의 상속재산의 가액은 가업상속인이 받거나 받을 상속재산(법 제13조에 따라 상속재산에 가산하는 증여재산 중 가업상속인이 받은 증여재산을 포함한다)의 가액에서 다음 각 호의 금액을 차감한 금액으로 한다.(2023.2.28 본문개정)
1. 해당 가업상속인이 부담하는 채무로서 제10조제1항에 따라 증명되는 채무의 금액
2. 해당 가업상속인이 제5항 각 호의 구분에 따라 받거나 받을 가업상속 재산가액
(2018.2.13 본항신설)
⑦ 법 제18조의2제2항에서 "해당 상속인이 상속세로 납부할 금액에 대통령령으로 정하는 비율을 곱한 금액"이란 가업상속인이 같은 조 제1항에 따른 가업상속 공제를 받지 아니하였을 경우 법 제3조의2제1항 및 제2

항에 따라 계산한 해당 가업상속인이 납부할 의무가 있는 상속세액에 100분의 200을 곱한 금액을 말한다.(2023.2.28 본항개정)

⑧ 법 제18조의2제5항 각 호 외의 부분 전단에서 "대통령령으로 정하는 정당한 사유"란 다음 각 호에 해당하는 사유를 말한다.(2023.2.28 본문개정)

1. 법 제18조의2제5항제1호를 적용할 때에는 다음 각 목의 어느 하나에 해당하는 경우(2023.2.28 본문개정)

가. 제9항에 따른 가업용 자산(이하 이 조에서 "가업용자산"이라 한다)이 「공익사업을 위한 토지 등의 취득 및 보상에 관한 법률」, 그 밖의 법률에 따라 수용 또는 협의 매수되거나 국가 또는 지방자치단체에 양도되거나 시설의 개체(改替), 사업장 이전 등으로 처분되는 경우. 다만, 처분자산과 같은 종류의 자산을 대체 취득하여 가업에 계속 사용하는 경우에 한한다.(2018.2.13 본문개정)

나. 가업용자산을 국가 또는 지방자치단체에 증여하는 경우

다. 가업상속받은 상속인이 사망한 경우

라. 합병·분할, 통합, 개인사업의 법인전환 등 조직변경으로 인하여 자산의 소유권이 이전되는 경우. 다만, 조직변경 이전의 업종과 같은 업종을 영위하는 경우로서 이전된 가업용자산을 그 사업에 계속 사용하는 경우에 한한다.

마. 내용연수가 지난 가업용자산을 처분하는 경우

바. 제11항제2호에 따른 가업의 주된 업종 변경과 관련하여 자산을 처분하는 경우로서 변경된 업종을 가업으로 영위하기 위하여 자산을 대체취득하여 가업에 계속 사용하는 경우(2020.2.11 본목신설)

사. 가업용자산의 처분금액을 「조세특례제한법」 제10조에 따른 연구·인력개발비로 사용하는 경우(2023.2.28 본목개정)

2. 법 제18조의2제5항제2호를 적용할 때에는 다음 각 목의 어느 하나에 해당하는 경우(2023.2.28 본문개정)

가. 가업상속받은 상속인이 사망한 경우

나. 가업상속 받은 재산을 국가 또는 지방자치단체에 증여하는 경우(2016.2.5 본목개정)

다. 상속인이 법률에 따른 병역의무의 이행, 질병의 요양 등 기획재정부령으로 정하는 부득이한 사유에 해당하는 경우(2008.2.29 본목개정)

3. 법 제18조의2제5항제3호를 적용할 때에는 다음 각 목의 어느 하나에 해당하는 경우(2023.2.28 본문개정)

가. 합병·분할 등 조직변경에 따라 주식등을 처분하는 경우. 다만, 처분 후에도 상속인이 합병법인 또는 분할신설법인 등 조직변경에 따른 법인의 최대주주 등에 해당하는 경우에 한한다.

나. 해당 법인의 사업확장 등에 따라 유상증자할 때 상속인의 특수관계인 외의 자에게 주식등을 배정함에 따라 상속인의 지분율이 낮아지는 경우. 다만, 상속인이 최대주주등에 해당하는 경우에 한한다.(2012.2.2 본목개정)

다. 상속인이 사망한 경우. 다만, 사망한 자의 상속인이 원래 상속인의 지위를 승계하여 가업에 종사하는 경우에 한한다.(2013.2.15 단서개정)

라. 주식등을 국가 또는 지방자치단체에 증여하는 경우

마. 「자본시장과 금융투자업에 관한 법률」 제390조제1항에 따른 상장규정의 상장요건을 갖추기 위하여 지분을 감소시킨 경우. 다만, 상속인이 최대주주등에 해당하는 경우에 한정한다.(2016.2.5 단서신설)

바. 주주 또는 출자자의 주식 및 출자지분의 비율에 따라서 균등하게 감자하는 경우(2019.2.12 본목신설)

사. 「채무자 회생 및 파산에 관한 법률」에 따른 법원의 결정에 따라 무상으로 감자하거나 채무를 출자전환하는 경우(2019.2.12 본목신설)

⑨ 법 제18조의2제5항제1호에서 "가업용 자산"이란 다음 각 호의 자산을 말한다.(2023.2.28 본문개정)

1. 「소득세법」을 적용받는 가업 : 가업에 직접 사용되는 토지, 건축물, 기계장치 등 사업용 자산(2016.2.5 본호개정)

2. 「법인세법」을 적용받는 가업 : 가업에 해당하는 법인의 사업에 직접 사용되는 사업용 고정자산(사업무관자산은 제외한다)(2014.2.21 본호개정)

⑩ 가업용자산의 처분비율은 제1호의 가액에서 제2호의 가액이 차지하는 비율(이하 이 조에서 "자산처분비율"이라 한다)로 계산한다. 이 경우 법 제18조의2제5항제1호에 해당하여 상속세를 부과한 후 재차 같은 호에 해당하여 상속세를 부과하는 경우에는 종전에 처분한 자산의 가액을 제외하고 계산한다.(2023.2.28 후단신설)

1. 상속개시일 현재 가업용자산의 가액

2. 가업용자산 중 처분(사업에 사용하지 아니하고 임대하는 경우를 포함한다)한 자산의 상속개시일 현재의 가액

⑪ 법 제18조의2제5항제2호를 적용할 때 다음 각 호의 경우는 해당 상속인이 가업에 종사하지 아니하게 된 것으로 본다.(2023.2.28 본문개정)

1. 상속인(제3항제2호 후단에 해당하는 경우에는 상속인의 배우자)이 대표이사등으로 종사하지 아니하는 경우(2016.2.5 본호개정)

2. 가업의 주된 업종을 변경하는 경우. 다만, 다음 각 목의 어느 하나에 해당하는 경우는 제외한다.

가. 한국표준산업분류에 따른 중분류 내에서 업종을 변경하는 경우(별표에 따른 업종으로 변경하는 경우로 한정한다)(2022.2.15 본호개정)

나. 가목 외의 경우로서 제49조의2에 따른 평가심의위원회의 심의를 거쳐 업종의 변경을 승인하는 경우(2020.2.11 본호개정)

3. 해당 가업을 1년 이상 휴업(실적이 없는 경우를 포함한다)하거나 폐업하는 경우

⑫ 법 제18조의2제5항제3호 본문에서 "상속인의 지분이 감소한 경우"란 다음 각 호의 어느 하나에 해당하는 경우를 포함한다.(2023.2.28 본문개정)

1. 상속인이 상속받은 주식등을 처분하는 경우

2. 해당 법인이 유상증자할 때 상속인의 실권 등으로 지분율이 감소한 경우(2010.2.18 본호개정)

3. 상속인의 특수관계인이 주식등을 처분하거나 유상증자할 때 실권 등으로 상속인이 최대주주등에 해당되지 아니하게 되는 경우(2012.2.2 본호개정)

⑬ 법 제18조의2제5항제4호가목에서 "대통령령으로 정하는 정규직 근로자"란 「근로기준법」에 따라 계약을 체결한 근로자를 말한다. 다만, 다음 각 호의 어느 하나에 해당하는 사람은 제외한다.(2023.2.28 본문개정)

1. 근로계약기간이 1년 미만인 근로자(근로계약의 연속된 갱신으로 인하여 그 근로계약의 총 기간이 1년 이상인 근로자는 제외한다)

2. 「근로기준법」 제2조제1항제9호에 따른 단시간근로자로서 1개월간의 소정근로시간이 60시간 미만인 근로자

3. 「소득세법 시행령」 제196조에 따른 근로소득원천징수부에 따라 근로소득세를 원천징수한 사실이 확인되지 않고, 다음 각 목의 어느 하나에 해당하는 금액의 납부사실도 확인되지 않는 자

가. 「국민연금법」 제3조제1항제11호 및 제12호에 따른 부담금 및 기여금

나. 「국민건강보험법」 제69조에 따른 직장가입자의 보험료

(2020.2.11 본항신설)

⑭ 법 제18조의2제5항제4호나목에서 "대통령령으로 정하는 총급여액"이란 제13항에 따른 근로자(「조세특례

제한법 시행령」 제26조의4제2항제3호에 해당하는 사람을 제외하되, 기준고용인원 산정기간에 같은 호에 해당되는 사람만 있을 경우에는 포함한다)에게 지급한 「소득세법」 제20조제1항제1호 및 제2호에 따른 소득의 합계액을 말한다.(2023.2.28 본항개정)

⑮ 법 제18조의2제5항 각 호 외의 부분 전단에서 "대통령령으로 정하는 율"이란 100분의 100을 말한다.(2023.2.28 본항개정)

⑯ 법 제18조의2제5항 각 호 외의 부분 후단에서 "대통령령으로 정하는 바에 따라 계산한 이자상당액"이란 제1호의 금액에 제2호의 기간과 제3호의 율을 곱하여 계산한 금액을 말한다.

1. 법 제18조의2제5항 각 호 외의 부분 전단에 따라 결정한 상속세

2. 당초 상속받은 가업상속재산에 대한 상속세 과세표준 신고기한의 다음날부터 법 제18조의2제5항 각 호의 사유가 발생한 날까지의 기간

3. 법 제18조의2제5항 각 호 외의 부분 전단에 따른 상속세의 부과 당시의 「국세기본법 시행령」 제43조의3제2항 본문에 따른 이자율을 365로 나눈 율
(2023.2.28 본항개정)

⑰ 법 제18조의2제5항제4호가목에 따른 정규직 근로자 수의 평균은 해당 기간 중 매월 말일 현재의 정규직 근로자 수를 합하여 해당 기간의 월수로 나누어 계산한다.(2023.2.28 본항개정)

⑱ 법 제18조의2제5항제4호를 적용할 때 가업에 해당하는 법인이 분할하거나 다른 법인을 합병하는 경우 정규직 근로자 수 및 총급여액은 다음 각 호에 따라 계산한다.(2023.2.28 본문개정)

1. 분할에 따라 가업에 해당하는 법인의 정규직 근로자의 일부가 다른 법인으로 승계되어 근무하는 경우 그 정규직 근로자는 분할 후에도 가업에 해당하는 법인의 정규직 근로자로 본다.

2. 합병에 따라 다른 법인의 정규직 근로자가 가업에 해당하는 법인에 승계되어 근무하는 경우 그 정규직 근로자는 상속이 개시되기 전부터 가업에 해당하는 법인의 정규직 근로자였던 것으로 본다.
(2019.2.12 본항신설)

⑲ 법 제18조의2제8항 각 호 외의 부분에서 "대통령령으로 정하는 벌금형"이란 다음 각 호의 어느 하나에 해당하는 것을 말한다.

1. 조세포탈의 경우 : 「조세범 처벌법」 제3조제1항 각 호의 어느 하나에 해당하여 받은 벌금형

2. 회계부정의 경우 : 「주식회사 등의 외부감사에 관한 법률」 제39조제1항에 따른 죄를 범하여 받은 벌금형(재무제표상 변경된 금액이 자산총액의 100분의 5 이상인 경우로 한정한다)
(2023.2.28 본항개정)

⑳ 법 제18조의2제8항제2호 후단에서 "대통령령으로 정하는 바에 따라 계산한 이자상당액"이란 제1호의 금액에 제2호의 기간과 제3호의 율을 곱하여 계산한 금액을 말한다.

1. 법 제18조의2제8항제2호 전단에 따라 결정한 상속세액

2. 당초 상속받은 가업상속재산에 대한 상속세 과세표준 신고기한의 다음날부터 법 제18조의2제8항제2호의 사유가 발생한 날까지의 기간

3. 법 제18조의2제8항제2호 전단에 따른 상속세의 부과 당시의 「국세기본법 시행령」 제43조의3제2항 본문에 따른 이자율을 365로 나눈 율
(2023.2.28 본항신설)

㉑ 법 제18조의2제10항 본문에서 "대통령령으로 정하는 바에 따라 계산한 양도소득세 상당액"이란 같은 조 제1항에 따른 가업상속공제를 받고 양도하는 가업상속

재산에 대하여 「소득세법」 제97조의2제4항을 적용하여 계산한 양도소득세액에서 같은 법 제97조의2를 적용하여 계산한 양도소득세액을 뺀 금액을 말한다.(2023.2.28 본항개정)

㉒ 법 제18조의2제1항에 따라 가업상속공제를 받으려는 자는 가업상속재산명세서 및 기획재정부령으로 정하는 가업상속 사실을 입증할 수 있는 서류를 제64조에 따른 상속세과세표준신고(이하 "상속세과세표준신고"라 한다)와 함께 납세지 관할 세무서장에게 제출하여야 한다.(2023.2.28 본항개정)

㉓ 법 제18조의2제9항 본문에 따라 상속세와 이자상당액을 납부하려는 상속세 납세의무자는 같은 항 본문에 따른 신고를 할 때 기획재정부령으로 정하는 가업상속공제 사후관리추징사유 신고 및 자진납부 계산서를 납세지 관할 세무서장에게 제출하여야 한다.(2023.2.28 본항개정)

㉔ 납세지 관할 세무서장은 상속인이 법 제18조의2제5항 각 호 및 같은 조 제8항제2호에 해당하는지를 매년 확인·관리해야 한다.(2023.2.28 본항신설)
(2008.2.22 본조개정)

제16조【영농상속】 ① 법 제18조의3제1항에서 "대통령령으로 정하는 영농"이란 한국표준산업분류에 따른 농업, 임업 및 어업을 주된 업종으로 영위하는 것을 말한다.(2023.2.28 본항개정)

② 법 제18조의3제1항에 따른 영농상속(이하 "영농상속"이라 한다)은 피상속인이 다음 각 호의 구분에 따른 요건을 갖춘 경우에만 적용한다. 다만, 제2호에 해당하는 경우로서 영농상속이 이루어진 후에 영농상속 당시 최대주주등에 해당하는 사람(영농상속을 받은 상속인은 제외한다)의 사망으로 상속이 개시되는 경우는 적용하지 아니한다.(2023.2.28 본문개정)

1. 「소득세법」을 적용받는 영농 : 다음 각 목의 요건을 모두 갖춘 경우

가. 상속개시일 8년 전부터 계속하여 직접 영농에 종사할 것. 다만, 상속개시일 8년 전부터 직접 영농에 종사한 경우로서 상속개시일부터 소급하여 8년에 해당하는 날부터 상속개시일까지의 기간 중 질병의 요양으로 직접 영농에 종사하지 못한 기간 및 「공익사업을 위한 토지 등의 취득 및 보상에 관한 법률」이나 그 밖의 법률에 따른 협의매수 또는 수용(이하 이 조에서 "수용등"이라 한다)으로 인하여 직접 영농에 종사하지 못한 기간(1년 이내의 기간으로 한정한다)은 직접 영농에 종사한 기간으로 본다.
(2023.2.28 본목개정)

나. 농지·초지·산림지(이하 이 조에서 "농지등"이라 한다)가 소재하는 시(특별자치시와 「제주특별자치도의 설치 및 국제자유도시 조성을 위한 특별법」 제10조제2항에 따른 행정시를 포함한다. 이하 이 조에서 같다)·군·구(자치구를 말한다. 이하 이 조에서 같다), 그와 연접한 시·군·구 또는 해당 농지등으로부터 직선거리 30킬로미터 이내(산림지의 경우에는 통상적으로 직접 경영할 수 있는 지역을 포함한다)에 거주하거나 어선의 선적지 또는 어장에 가장 가까운 연안의 시·군·구, 그와 연접한 시·군·구 또는 해당 선적지나 연안으로부터 직선거리 30킬로미터 이내에 거주할 것(2023.2.28 본목개정)

2. 「법인세법」을 적용받는 영농 : 다음 각 목의 요건을 모두 갖춘 경우

가. 상속개시일 8년 전부터 계속하여 해당 기업을 경영(상속개시일 8년 전부터 해당 기업을 경영한 경우로서 상속개시일부터 소급하여 8년에 해당하는 날부터 상속개시일까지의 기간 중 질병의 요양으로 경영하지 못한 기간은 해당 기업을 경영한 기간으로 본다)할 것(2023.2.28 본목개정)

나. 법인의 최대주주등으로서 본인과 그 특수관계인
의 주식등을 합하여 해당 법인의 발행주식총수등의
100분의 50 이상을 계속하여 보유할 것
③ 영농상속은 상속인이 상속개시일 현재 18세 이상으
로서 다음 각 호의 구분에 따른 요건을 충족하는 경우
또는 기획재정부령으로 정하는 영농·영어 및 임업후
계자인 경우에 적용한다.
1. 「소득세법」을 적용받는 영농 : 다음 각 목의 요건을
모두 갖춘 경우
가. 상속개시일 2년 전부터 계속하여 직접 영농에 종
사[상속개시일 2년 전부터 직접 영농에 종사한 경
우로서 상속개시일부터 소급하여 2년에 해당하는
날부터 상속개시일까지의 기간 중 제15조제8항제2
호다목에 따른 사유로 직접 영농에 종사하지 못한
기간 및 수용등으로 인하여 직접 영농에 종사하지
못한 기간(1년 이내의 기간으로 한정한다)은 직접
영농에 종사한 기간으로 본다]할 것. 다만, 피상속
인이 65세 이전에 사망하거나 천재지변 및 인재 등
부득이한 사유로 사망한 경우에는 그렇지 않다.
(2020.2.11 본문개정)
나. 제2항제1호나목에서 규정하는 지역에 거주할 것
2. 「법인세법」을 적용받는 영농 : 다음 각 목의 요건을
모두 갖춘 경우
가. 상속개시일 2년 전부터 계속하여 해당 기업에 종
사(상속개시일 2년 전부터 해당 기업에 종사한 경우
로서 상속개시일부터 소급하여 2년에 해당하는 날
부터 상속개시일까지의 기간 중 제15조제8항제2호
다목에 따른 사유로 해당 기업에 종사하지 못한 기
간은 해당 기업에 종사한 기간으로 본다)할 것. 다
만, 피상속인이 65세 이전에 사망하거나 천재지변
및 인재 등 부득이한 사유로 사망한 경우에는 그렇
지 않다.(2019.2.12 본목개정)
나. 상속세과세표준 신고기한까지 임원으로 취임하
고, 상속세 신고기한부터 2년 이내에 대표이사등으
로 취임할 것
④ 제2항제1호가목 및 제3항제1호가목에서 "직접 영농
에 종사하는 경우"란 각각 피상속인 또는 상속인이 다음
각 호의 어느 하나에 해당하는 경우를 말한다. 다만, 해
당 피상속인 또는 상속인의 「소득세법」 제19조제2항에
따른 사업소득금액(농업·임업 및 어업에서 발생하는
소득, 「소득세법」 제45조제2항에 따른 부동산임대업에
서 발생하는 소득과 같은 법 시행령 제9조에 따른 농가
부업소득은 제외하며, 그 사업소득금액이 음수인 경우
에는 영으로 본다)과 같은 법 제20조제2항에 따른 총급
여액의 합계액이 3천700만원 이상인 과세기간이 있는
경우 해당 과세기간에는 피상속인 또는 상속인이 영농
에 종사하지 아니한 것으로 본다.(2018.2.13 단서개정)
1. 소유 농지 등 자산을 이용하여 농작물의 경작 또는
다년생식물의 재배에 상시 종사하거나 농작업의 2분
의 1 이상을 자기의 노동력으로 수행하는 경우
2. 소유 초지 등 자산을 이용하여 「축산법」 제2조제1호
에 따른 가축의 사육에 상시 종사하거나 축산작업의
2분의 1 이상을 자기의 노동력으로 수행하는 경우
3. 소유 어선 및 어업권·양식업권 등 자산을 이용하여
「내수면어업법」 또는 「수산업법」에 따른 허가를 받
아 어업에 상시 종사하거나 어업작업의 2분의 1 이상
을 자기의 노동력으로 수행하는 경우(2020.8.26 본호
개정)
4. 소유 산림지 등 자산을 이용하여 「산림자원의 조성
및 관리에 관한 법률」 제13조에 따른 산림경영계획 인
가 또는 같은 법 제28조에 따른 특수산림사업지구 사
업에 따라 산림조성에 상시 종사하거나 산림조성작업
의 2분의 1 이상을 자기의 노동력으로 수행하는 경우

⑤ 법 제18조의3제1항에서 "영농상속 재산가액"이란
다음 각 호의 구분에 따라 제3항의 요건을 갖춘 상속인
이 받거나 받을 상속재산의 가액을 말한다.(2023.2.28
본문개정)
1. 「소득세법」을 적용받는 영농 : 다음 각 목의 어느 하
나에 해당하는 상속재산으로서 피상속인이 상속개시
일 2년 전부터 영농에 사용한 자산의 가액
가. 「농지법」 제2조제1호가목에 따른 농지
나. 「초지법」 제5조에 따른 초지조성허가를 받은 초지
다. 「산지관리법」 제4조제1항제1호에 따른 보전산지
중 「산림자원의 조성 및 관리에 관한 법률」 제13조
에 따른 산림경영계획 인가 또는 같은 법 제28조에
따른 특수산림사업지구 사업(법률 제4206호 산림법
중개정법률의 시행 전에 종전의 「산림법」에 따른
지정개발지역으로서 같은 법 부칙 제2조에 따른 지
정개발지역에서의 지정개발사업을 포함한다. 이하
같다)에 따라 새로이 조림한 기간이 5년 이상인 산
림지(보안림·채종림 및 산림유전자원보호림의 산
림지를 포함한다. 이하 이 조에서 같다)
라. 「어선법」 제2조제1호에 따른 어선
마. 「내수면어업법」 제7조, 「수산업법」 제7조에 따른
어업권(「수산업법」 제7조제1항제2호에 따른 마을어
업의 면허는 제외한다) 및 「양식산업발전법」 제10
조에 따른 양식업권(「양식산업발전법」 제10조제1항
제5호에 따른 협동양식업의 면허는 제외한다)
(2023.1.10 본목개정)
바. 농업·임업·축산업 또는 어업용으로 설치하는 창
고·저장고·작업장·퇴비사·축사·양어장 및 이
와 유사한 용도의 건축물로서 「부동산등기법」에 따
라 등기한 건축물과 이에 딸린 토지(해당 건축물의
실제 건축면적을 「건축법」 제55조에 따른 건폐율로
나눈 면적의 범위로 한정한다)
사. 「소금산업진흥법」 제2조제3호에 따른 염전
(2020.2.11 본목신설)
2. 「법인세법」을 적용받는 영농 : 상속재산 중 법인의
주식등의 가액. 이 경우 법인의 주식등의 가액의 계산
방법은 제15조제5항제2호를 준용한다.
⑥ 법 제18조의3제4항 각 호 외의 부분 전단에서 "대통
령령으로 정하는 정당한 사유"란 다음 각 호의 어느 하
나에 해당하는 사유를 말한다.(2023.2.28 본문개정)
1. 영농상속을 받은 상속인이 사망한 경우
2. 영농상속을 받은 상속인이 「해외이주법」에 따라 해
외로 이주하는 경우
3. 영농상속 받은 재산이 「공익사업을 위한 토지 등의
취득 및 보상에 관한 법률」, 그 밖의 법률에 따라 수
용되거나 협의 매수된 경우
4. 영농상속 받은 재산을 국가 또는 지방자치단체에 양
도하거나 증여하는 경우
5. 영농상 필요에 따라 농지를 교환·합병 또는 대토하
는 경우
6. 제5항제2호에 따른 주식등을 처분한 경우 중 다음
각 목의 어느 하나에 해당하는 경우. 다만, 주식등의
처분 후에도 상속인이 최대주주등에 해당하는 경우
로 한정한다.
가. 상속인이 상속받은 주식등을 법 제73조에 따라 물
납(物納)한 경우
나. 제15조제8항제3호 각 목의 어느 하나에 해당하게
된 경우(2018.2.13 본목개정)
7. 제1호부터 제6호까지의 규정과 유사한 경우로서 기
획재정부령으로 정하는 부득이한 사유가 있는 경우
⑦ 법 제18조의3제4항 각 호 외의 부분 전단에서 "대통
령령으로 정하는 율"이란 100분의 100을 말한다.
(2023.2.28 본항신설)

⑧ 법 제18조의3제4항 각 호 외의 부분 후단에서 "대통령령으로 정하는 바에 따라 계산한 이자상당액"이란 제1호의 금액에 제2호의 기간과 제3호의 율을 곱하여 계산한 금액을 말한다.
1. 법 제18조의3제4항 각 호 외의 부분 전단에 따라 결정한 상속세액
2. 당초 상속받은 영농상속재산에 대한 상속세 과세표준 신고기한의 다음날부터 법 제18조의3제4항 각 호의 사유가 발생한 날까지의 기간
3. 법 제18조의3제4항 각 호 외의 부분 전단에 따른 상속세 부과 당시의 「국세기본법 시행령」 제43조의3제2항 본문에 따른 이자율을 365로 나눈 율
(2023.2.28 본항개정)
⑨ 법 제18조의3제6항 각 호 외의 부분에서 "대통령령으로 정하는 벌금형"이란 제15조제19항 각 호의 어느 하나에 해당하는 것을 말한다.(2023.2.28 본항신설)
⑩ 법 제18조의3제6항제2호 후단에서 "대통령령으로 정하는 바에 따라 계산한 이자상당액"이란 제1호의 금액에 제2호의 기간과 제3호의 율을 곱하여 계산한 금액을 말한다.
1. 법 제18조의3제6항제2호 전단에 따라 결정한 상속세액
2. 당초 상속받은 영농상속재산에 대한 상속세 과세표준 신고기한의 다음날부터 법 제18조의3제6항제2호의 사유가 발생한 날까지의 기간
3. 법 제18조의3제6항제2호 전단에 따른 상속세 부과 당시의 「국세기본법 시행령」 제43조의3제2항 본문에 따른 이자율을 365로 나눈 율
(2023.2.28 본항신설)
⑪ 법 제18조의3제1항에 따라 영농상속공제를 받으려는 사람은 영농상속재산명세서 및 기획재정부령으로 정하는 영농상속 사실을 입증할 수 있는 서류를 상속세과세표준신고와 함께 납세지 관할세무서장에게 제출하여야 한다.(2023.2.28 본항개정)
⑫ 법 제18조의3제7항 본문에 따라 상속세와 이자상당액을 납부하려는 상속인 또는 수유자는 같은 항 본문에 따른 신고를 할 때 기획재정부령으로 정하는 영농상속공제 사후관리추징사유 신고 및 자진납부 계산서를 납세지 관할 세무서장에게 제출해야 한다.(2023.2.28 본항신설)
⑬ 납세지 관할 세무서장은 상속인이 법 제18조의3제4항 각 호 및 같은 조 제6항제2호에 해당하는지를 매년 확인·관리해야 한다.(2023.2.28 본항신설)
(2016.2.5 본조개정)

제17조【배우자 상속재산의 가액 및 미분할 사유】① 법 제19조제1항제1호의 계산식에서 "대통령령으로 정하는 상속재산의 가액"이란 상속으로 인하여 얻은 자산총액에서 다음 각 호의 재산의 가액을 뺀 것을 말한다.(2017.2.7 본문개정)
1. 법 제12조의 규정에 의한 비과세되는 상속재산
2. 법 제14조의 규정에 의한 공과금 및 채무
3. 법 제16조의 규정에 의한 공익법인등의 출연재산에 대한 상속세과세가액 불산입 재산
4. 법 제17조의 규정에 의한 공익신탁재산에 대한 상속세과세가액 불산입 재산
(2002.12.30 본항신설)
② 법 제19조제3항 본문에서 "대통령령으로 정하는 부득이한 사유"란 다음 각 호의 어느 하나에 해당하는 경우를 말한다.(2010.2.18 본문개정)
1. 상속인 등이 상속재산에 대하여 상속회복청구의 소를 제기하거나 상속재산 분할의 심판을 청구한 경우 (2014.2.21 본호개정)
2. 상속인이 확정되지 아니하는 부득이한 사유 등으로 배우자상속분을 분할하지 못하는 사실을 관할세무서장이 인정하는 경우

③ 법 제19조제3항 단서에 따라 상속재산을 분할할 수 없는 사유를 신고하는 자는 제2항 각 호의 어느 하나에 해당하는 사유를 입증할 수 있는 서류를 첨부하여 법 제19조제2항에 따른 배우자상속재산분할기한 내에 기획재정부령으로 정하는 바에 따라 신고하여야 한다.
(2010.12.30 본항개정)
(2002.12.30 본조제목개정)

제18조【기타 인적공제】① 법 제20조제1항의 규정에 의한 동거가족은 상속개시일 현재 피상속인이 사실상 부양하고 있는 직계존비속(배우자의 직계존속을 포함한다) 및 형제자매를 말한다.
② 법 제20조제1항제1호 및 제2호에 따라 태아에 대한 공제를 받으려는 사람은 상속세 과세표준신고를 할 때 기획재정부령으로 정하는 임신 사실을 확인할 수 있는 서류를 납세지 관할 세무서장에게 제출해야 한다.
(2023.2.28 본항신설)
③ 법 제20조제1항제4호에 따른 장애인은 「소득세법 시행령」 제107조제1항 각 호의 어느 하나에 해당하는 사람로 한다.(2023.2.28 본항개정)
④ 법 제20조제1항제4호에 따라 장애인에 대한 공제를 받으려는 사람은 상속세 과세표준신고를 할 때 기획재정부령으로 정하는 장애인증명서를 납세지 관할 세무서장에게 제출해야 한다. 이 경우 해당 장애인이 「국가유공자 등 예우 및 지원에 관한 법률」에 따른 상이자의 증명을 받은 사람 또는 「장애인복지법」에 따른 장애인등록증을 교부받은 사람인 경우에는 해당 증명서 또는 등록증으로 장애인증명서를 갈음할 수 있다.
(2023.2.28 본항개정)

제19조【금융재산 상속공제】① 법 제22조제1항 각 호 외의 부분에서 "대통령령으로 정하는 금융재산"이란 금융회사등이 취급하는 예금·적금·부금·계금·출자금·신탁재산(금전신탁재산에 한한다)·보험금·공제금·주식·채권·수익증권·출자지분·어음 등의 금전 및 유가증권과 그 밖에 기획재정부령으로 정하는 것을 말한다.(2015.2.3 본항개정)
② 법 제22조제2항에서 "대통령령으로 정하는 최대주주 또는 최대출자자"란 주주등 1인과 그의 특수관계인의 보유주식등을 합하여 그 보유주식등의 합계가 가장 많은 경우의 해당 주주등 1인과 그의 특수관계인 모두를 말한다.(2012.2.2 본항개정)
③ 법 제22조제1항의 규정에 의하여 공제를 받고자 하는 자는 기획재정부령이 정하는 금융재산상속공제신고서를 상속세과세표준신고와 함께 납세지 관할세무서장에게 제출하여야 한다.(2008.2.29 본항개정)
④ 법 제22조제1항 각 호 외의 부분 본문에서 "대통령령으로 정하는 금융채무"란 제10조제1항제1호에 따라 입증된 금융회사등에 대한 채무를 말한다.(2015.2.3 본항개정)

제20조【재난의 범위 등】① 법 제23조제1항 본문에서 "대통령령으로 정하는 재난"이란 화재·붕괴·폭발·환경오염사고 및 자연재해 등으로 인한 재난을 말한다.(2010.2.18 본항개정)
② 법 제23조제1항의 규정에 의하여 상속세과세가액에서 공제하는 손실가액은 재난으로 인하여 손실된 상속재산의 가액으로 한다.
③ 법 제23조제1항의 규정에 의한 재해손실공제를 받고자 하는 자는 기획재정부령이 정하는 재해손실공제신고서에 당해 재난의 사실을 입증하는 서류를 첨부하여 상속세과세표준신고와 함께 납세지 관할세무서장에게 제출하여야 한다.(2008.2.29 본항개정)

제20조의2【동거주택 인정의 범위】① 법 제23조의2제1항제2호에서 "대통령령으로 정하는 1세대 1주택"이란 「소득세법」 제88조제6호에 따른 1세대가 1주택(「소득세법」 제89조제1항제3호에 따른 고가주택을 포함한

다)을 소유한 경우를 말한다. 이 경우 1세대가 다음 각 호의 어느 하나에 해당하여 2주택 이상을 소유한 경우에도 1세대가 1주택을 소유한 것으로 본다. (2017.2.7 전단개정)

1. 피상속인이 다른 주택을 취득(자기가 건설하여 취득한 경우를 포함한다)하여 일시적으로 2주택을 소유한 경우. 다만, 다른 주택을 취득한 날부터 2년 이내에 종전의 주택을 양도하고 이사하는 경우만 해당한다.
2. 상속받이 상속개시일 이전에 1주택을 소유한 자와 혼인한 경우. 다만, 혼인한 날부터 5년 이내에 상속인의 배우자가 소유한 주택을 양도한 경우만 해당한다.
3. 피상속인이 「문화재보호법」 제53조제1항에 따른 국가등록문화재에 해당하는 주택을 소유한 경우 (2019.12.31 본호개정)
4. 피상속인이 「소득세법 시행령」 제155조제7항제2호에 따른 이농주택을 소유한 경우
5. 피상속인이 「소득세법 시행령」 제155조제7항제3호에 따른 귀농주택을 소유한 경우
6. 1주택을 보유하고 1세대를 구성하는 자가 상속개시일 이전에 60세 이상의 직계존속을 동거봉양하기 위하여 세대를 합쳐 일시적으로 1세대가 2주택을 보유한 경우. 다만, 세대를 합친 날부터 5년 이내에 피상속인 외의 자가 보유한 주택을 양도한 경우만 해당한다.(2012.2.2 본호신설)
7. 피상속인이 상속개시일 이전에 1주택을 소유한 자와 혼인함으로써 일시적으로 1세대가 2주택을 보유한 경우. 다만, 혼인한 날부터 5년 이내에 피상속인의 배우자가 소유한 주택을 양도한 경우만 해당한다.(2012.2.2 본호신설)
8. 피상속인 또는 상속인이 피상속인의 사망 전에 발생된 제3자로부터의 상속으로 인하여 여러 사람이 공동으로 소유한 주택을 소유한 경우. 다만, 피상속인 또는 상속인이 해당 주택의 공동소유자 중 가장 큰 상속지분을 소유한 경우(상속지분이 가장 큰 공동소유자가 2명 이상인 경우에는 그 2명 이상의 사람 중 다음 각 목의 순서에 따라 해당 각 목에 해당하는 사람이 가장 큰 상속지분을 소유한 것으로 본다)는 제외한다.
  가. 해당 주택에 거주하는 자
  나. 최연장자
  (2020.2.11 본호신설)
(2010.12.30 본호신설)

② 법 제23조의2제2항에서 "대통령령으로 정하는 사유"란 다음 각 호의 어느 하나에 해당하는 경우를 말한다.
1. 징집
2. 취학, 근무상 형편 또는 질병 요양의 사유로서 기획재정부령으로 정하는 사유
3. 제1호 및 제2호와 비슷한 사유로서 기획재정부령으로 정하는 사유
(2009.2.4 본항신설)
③ 제1항제1호를 적용할 때 상속개시일에 피상속인과 상속인이 동거한 주택을 동거주택으로 본다. (2017.2.7 본항신설)

제6절 세액공제

제20조의3 【감정평가 수수료 공제】 ① 법 제25조제1항제2호에서 "대통령령으로 정하는 상속재산의 감정평가 수수료"란 상속세를 신고·납부하기 위하여 상속재산을 평가하는데 드는 수수료로서 다음 각 호의 어느 하나에 해당하는 것을 말한다.(2010.2.18 본문개정)
1. 「감정평가 및 감정평가사에 관한 법률」에 따른 감정평가법인등의 평가에 따른 수수료(상속세 납부목적용으로 한정한다)(2022.1.21 본호개정)

2. 제49조의2제9항에 따른 평가수수료(2020.2.11 본호개정)
3. 제52조제2항제2호에 따른 유형재산 평가에 대한 감정수수료(2014.2.21 본호신설)
② 제1항제1호의 규정은 동호의 규정에 따라 평가된 가액으로 상속세를 신고·납부하는 경우에 한하여 이를 적용한다.(2006.2.9 본항개정)
③ 제1항제1호 또는 제3호에 따른 수수료가 500만원을 초과하는 경우에는 이를 500만원으로 하고, 같은 항 제2호에 따른 수수료는 평가대상 법인의 수(數) 및 평가를 의뢰한 신용평가전문기관의 수별로 각각 1천만원을 한도로 한다.(2014.2.21 본항개정)
④ 제1항 내지 제3항의 규정에 의한 수수료를 공제받고자 하는 자는 해당 수수료의 지급사실을 입증할 수 있는 서류를 상속세과세표준 신고와 함께 납세지 관할세무서장에게 제출하여야 한다.
(2010.2.18 본조제목개정)
(2003.12.30 본조신설)

제20조의4 【증여세액 공제】 법 제28조제2항 후단에서 "대통령령으로 정하는 바에 따라 계산한 과세표준"이란 제3조제1항제1호에 따른 상속인별 상속세 과세표준 상당액을 말한다.(2016.2.5 본조개정)

제21조 【외국납부세액공제】 ① 법 제29조에 따라 상속세산출세액에서 공제할 외국납부세액은 다음 계산식에 따라 계산한 금액으로 한다. 다만, 그 금액이 외국의 법령에 따라 부과된 상속세액을 초과하는 경우에는 그 상속세액을 한도로 한다.

$$상속세 산출세액 \times \frac{외국의 법령에 따라 상속세가 부과된 상속재산의 과세표준(해당 외국의 법령에 따른 상속세의 과세표준을 말한다)}{법 제25조제1항에 따른 상속세의 과세표준}$$

(2012.2.2 본항개정)
② 제1항의 규정에 의하여 외국납부세액공제를 받고자 하는 자는 기획재정부령이 정하는 외국납부세액공제신청서를 상속세과세표준신고와 함께 납세지 관할세무서장에게 제출하여야 한다.(2008.2.29 본항개정)

제22조 【재상속되는 재산의 계산】 법 제30조의 규정에 의한 단기재상속에 대한 세액공제는 재상속된 각각의 상속재산별로 구분하여 계산한다.(1998.12.31 본조개정)

제3장 증여세의 과세표준과 세액의 계산

제1절 증여재산

제23조 【증여재산가액 계산의 일반원칙】 ① 법 제31조제1항제3호 본문에서 "대통령령으로 정하는 방법에 따라 계산한 재산가치상승금액"이란 제1호의 가액에서 제2호부터 제4호까지의 규정에 따른 가액을 뺀 금액을 말한다.
1. 해당 재산가액 : 재산가치증가사유가 발생한 날 현재의 가액(법 제4장에 따라 평가한 가액을 말한다)
2. 해당 재산의 취득가액 : 실제 해당 재산을 취득하기 위하여 지급한 금액(증여받은 재산의 경우에는 증여세 과세가액을 말한다)(2021.1.5 본호개정)
3. 통상적인 가치 상승분 : 기업가치의 실질적인 증가로 인한 이익과 연평균지가상승률·연평균주택가격상승률 및 전국소비자물가상승률 등을 고려하여 해당 재산의 보유기간 중 정상적인 가치상승분에 상당하다고 인정되는 금액(2021.1.5 본호개정)
4. 가치상승기여분 : 해당 재산가치를 증가시키기 위하여 수증자가 지출한 금액
② 법 제31조제1항제3호 단서에서 "대통령령으로 정하는 금액"이란 제1항제2호부터 제4호까지의 규정에 따른 금액의 합계액을 말한다.
(2016.2.5 본조개정)

제24조 【증여재산의 취득시기】 ① 법 제32조에서 "재산을 인도한 날 또는 사실상 사용한 날 등 대통령령으로 정하는 날"이란 다음 각 호의 구분에 따른 날을 말한다.(2016.2.5 본문개정)
1. 권리의 이전이나 그 행사에 등기·등록을 요하는 재산의 경우에는 등기부·등록부에 기재된 등기·등록 접수일. 다만, 「민법」제187조에 따른 등기를 요하지 아니하는 부동산의 취득에 대하여는 실제로 부동산의 소유권을 취득한 날로 한다.(2023.2.28 본문개정)
2. 다음 각 목의 어느 하나에 해당하는 경우에는 그 건물의 사용승인서 교부일. 이 경우 사용승인 전에 사실상 사용하거나 임시사용승인을 얻은 경우에는 그 사실상의 사용일 또는 임시사용승인일로 하고, 건축허가를 받지 아니하거나 신고하지 아니하고 건축하는 건축물의 경우에 있어서는 그 사실상의 사용일로 한다.
가. 건물을 신축하여 증여할 목적으로 수증자의 명의로 건축허가를 받거나 신고를 하여 해당 건물을 완성한 경우
나. 건물을 증여할 목적으로 수증자의 명의로 해당 건물을 취득할 수 있는 권리(이하 이 호에서 "분양권"이라 한다)를 건설사업자로부터 취득하거나 분양권을 타인으로부터 전득한 경우
(2013.2.15 본호개정)
3. 타인의 기여에 의하여 재산가치가 증가한 경우에는 다음 각 목의 구분에 따른 날(2015.2.3 본문개정)
가. 개발사업의 시행 : 개발구역으로 지정되어 고시된 날
나. 형질변경 : 해당 형질변경허가일
다. 공유물(共有物)의 분할 : 공유물 분할등기일
라. 사업의 인가·허가 또는 지하수개발·이용의 허가 등 : 해당 인가·허가일
마. 주식등의 상장 및 비상장주식의 등록, 법인의 합병 : 주식등의 상장일 또는 비상장주식의 등록일, 법인의 합병등기일
바. 생명보험 또는 손해보험의 보험금 지급 : 보험사고가 발생한 날
사. 가목부터 바목까지의 규정 외의 경우 : 재산가치 증가사유가 발생한 날
(2015.2.3 가목~사목신설)
4. 제1호부터 제3호까지 외의 재산에 대하여는 인도한 날 또는 사실상의 사용일(2013.2.15 본호신설)
② 제1항을 적용할 때 증여받는 재산이 주식등인 경우에는 수증자가 배당금의 지급이나 주주권의 행사 등에 의하여 해당 주식등을 인도받은 사실이 객관적으로 확인되는 날에 취득한 것으로 본다. 다만, 해당 주식등을 인도받은 날이 불분명하거나 해당 주식등을 인도받기 전에 「상법」제337조 또는 같은 법 제557조에 따른 취득자의 주소와 성명등을 주주명부 또는 사원명부에 기재한 경우에는 그 명의개서일 또는 그 기재일로 한다.(2015.2.3 본문개정)
③ 제1항을 적용함에 있어서 증여받은 재산이 무기명채권인 경우에는 해당 채권에 대한 이자지급사실 등에 의하여 취득사실이 객관적으로 확인되는 날에 취득한 것으로 본다. 다만, 그 취득일이 불분명한 경우에는 해당 채권에 대하여 취득자가 이자지급을 청구한 날 또는 해당 채권의 상환을 청구한 날로 한다.(2013.2.15 본항개정)

제25조 【신탁이익의 계산방법 등】 ① 법 제33조제1항 각 호 외의 부분에서 "원본(元本) 또는 수익(收益)이 수익자에게 실제 지급되는 날 등 대통령령으로 정하는 날"이란 다음 각 호의 구분에 따른 날을 제외하고는 원본 또는 수익이 수익자에게 실제 지급되는 날을 말한다.
1. 수익자로 지정된 자가 그 이익을 받기 전에 해당 신탁재산의 위탁자가 사망한 경우 : 위탁자가 사망한 날

2. 신탁계약에 의하여 원본 또는 수익을 지급하기로 약정한 날까지 원본 또는 수익이 수익자에게 지급되지 아니한 경우 : 해당 원본 또는 수익을 지급하기로 약정한 날
3. 원본 또는 수익을 여러 차례 나누어 지급하는 경우 : 해당 원본 또는 수익이 최초로 지급된 날. 다만, 다음 각 목의 어느 하나에 해당하는 경우에는 해당 원본 또는 수익이 실제 지급된 날로 한다.(2021.2.17 단서개정)
가. 신탁계약을 체결하는 날에 원본 또는 수익이 확정되지 않는 경우(2021.2.17 본목신설)
나. 위탁자가 신탁을 해지할 수 있는 권리, 수익자를 지정하거나 변경할 수 있는 권리, 신탁 종료 후 잔여재산을 귀속 받을 권리를 보유하는 등 신탁재산을 실질적으로 지배·통제하는 경우(2021.2.17 본목신설)
② 법 제33조제1항을 적용할 때 여러 차례 나누어 원본과 수익을 지급받는 경우의 신탁이익은 제1항에 따른 증여시기를 기준으로 제61조를 준용하여 평가한 가액으로 한다.(2020.2.11 본항개정)

제26조 【저가 양수 또는 고가 양도에 따른 이익의 계산방법 등】 ① 법 제35조제1항에서 "전환사채 등 대통령령으로 정하는 재산"이란 다음 각 호의 어느 하나에 해당하는 것을 말한다.(2016.2.5 본문개정)
1. 법 제40조제1항에 따른 전환사채등(2016.2.5 본호개정)
2. 「자본시장과 금융투자업에 관한 법률」에 따라 거래소에 상장되어 있는 법인의 주식 및 출자지분으로서 증권시장에서 거래된 것(제33조제2항에 따른 시간외시장에서 매매된 것을 제외한다)(2015.2.3 본호개정)
② 법 제35조제1항에서 "대통령령으로 정하는 기준금액"이란 다음 각 호의 금액 중 적은 금액을 말한다.
1. 시가(법 제60조부터 제66조까지의 규정에 따라 평가한 가액을 말한다. 이하 이 조에서 "시가"라 한다)의 100분의 30에 상당하는 가액
2. 3억원
(2016.2.5 본항개정)
③ 법 제35조제2항에서 "대통령령으로 정하는 기준금액"이란 양도 또는 양수한 재산의 시가의 100분의 30에 상당하는 가액을 말한다.(2016.2.5 본항개정)
④ 법 제35조제2항에서 "대통령령으로 정하는 금액"이란 3억원을 말한다.(2016.2.5 본항개정)
⑤ 법 제35조제1항 및 제2항에 따른 양수일 또는 양도일은 각각 해당 재산의 대금을 청산한 날(「소득세법 시행령」제162조제1항제1호부터 제3호까지의 규정에 해당하는 경우에는 각각 해당 호에 따른 날을 말하며, 이하 이 항에서 "대금청산일"이라 한다)을 기준으로 한다. 다만, 매매계약 후 환율의 급격한 변동 등 기획재정부령으로 정하는 사유가 있는 경우에는 매매계약일을 기준으로 한다.(2016.2.5 본항개정)
(2016.2.5 본조제목개정)

제26조의2 【채무면제 등에 따른 이익의 증여시기】 법 제36조제1항에 따른 면제등을 받은 날은 다음 각 호의 구분에 따른 날로 한다.
1. 채권자로부터 채무를 면제 받은 경우 : 채권자가 면제에 대한 의사표시를 한 날
2. 제3자로부터 채무의 인수를 받은 경우 : 제3자와 채권자 간에 채무의 인수계약이 체결된 날
(2016.2.5 본조신설)

제27조 【부동산 무상사용에 따른 이익의 계산방법 등】 ① 법 제37조제1항은 부동산 무상사용자가 타인의 토지 또는 건물만을 각각 무상으로 사용하는 경우에도 이를 적용한다.(2019.2.12 본항개정)
1.~2. (2019.2.12 삭제)

② 법 제37조제1항을 적용할 때 수인이 부동산을 무상사용하는 경우로서 각 부동산사용자의 실제 사용면적이 분명하지 않은 경우에는 해당 부동산사용자들이 각각 동일한 면적을 사용한 것으로 본다. 이 경우 부동산소유자와 제2조의2제1항제1호의 관계에 있는 부동산사용자가 2명 이상인 경우 그 부동산사용자들에 대해서는 근친관계 등을 고려하여 기획재정령으로 정하는 대표사용자를 무상사용자로 보고, 그 외의 경우에는 해당 부동산사용자들을 각각 무상사용자로 본다. (2019.2.12 본항신설)
③ 법 제37조제1항에 따른 부동산 무상사용에 따른 이익은 다음의 계산식에 따라 계산한 각 연도의 부동산 무상사용 이익을 기획재정부령으로 정하는 방법에 따라 환산한 가액으로 한다. 이 경우 해당 부동산에 대한 무상사용 기간은 5년으로 하고, 무상사용 기간이 5년을 초과하는 경우에는 그 무상사용을 개시한 날부터 5년이 되는 날의 다음 날에 새로 해당 부동산의 무상사용을 개시한 것으로 본다.

부동산 가액(법 제4장에 따라 평가한 가액을 말한다) × 1년 간 부동산 사용료를 고려하여 기획재정부령으로 정하는 율

(2021.1.5 본항개정)
④ 법 제37조제1항 단서에서 "대통령령으로 정하는 기준금액"이란 1억원을 말한다.(2016.2.5 본항신설)
⑤ 법 제37조제2항에 따른 부동산을 무상으로 담보로 이용하여 금전 등을 차입함에 따라 얻은 이익은 차입금에 제31조의4제1항 본문에 따른 적정 이자율을 곱하여 계산한 금액에서 금전 등을 차입할 때 실제로 지급하였거나 지급할 이자를 뺀 금액으로 한다. 이 경우 차입기간이 정하여지지 아니한 경우에는 그 차입기간은 1년으로 하고, 차입기간이 1년을 초과하는 경우에는 그 부동산 담보 이용을 개시한 날부터 1년이 되는 날의 다음 날에 새로 해당 부동산의 담보 이용을 개시한 것으로 본다.(2016.2.5 본항신설)
⑥ 법 제37조제2항 단서에서 "대통령령으로 정하는 기준금액"이란 1천만원을 말한다.(2016.2.5 본항신설)
⑦ 법 제37조제1항의 규정을 적용함에 있어서 주택의 일부에 점포 등 다른 목적의 건물이 설치되어 있거나 동일 주택에 주택외 다른 목적의 건물이 설치되어 있는 경우에는 주택의 면적이 주택외의 면적을 초과하는 경우에 한하여 당해 부동산 전부를 동조동항의 규정에 의한 주택으로 본다.
(2016.2.5 본조제목개정)
(2003.12.30 본조개정)
제28조【합병에 따른 이익의 계산방법 등】① 법 제38조제1항 본문에서 "대통령령으로 정하는 특수관계에 있는 법인 간의 합병"이란 합병등기일이 속하는 사업연도의 직전 사업연도 개시일(그 개시일이 서로 다른 법인이 합병한 경우에는 먼저 개시한 날을 말한다)부터 합병등기일까지의 기간 중 다음 각 호의 어느 하나에 해당하는 법인간의 합병을 말한다. 다만, 다음 각 호의 어느 하나에 해당하는 법인 간의 합병 중 「자본시장과 금융투자업에 관한 법률」에 따른 주권상장법인이 다른 법인과 같은 법 제165조의4 및 같은 법 시행령 제176조의5에 따라 하는 합병은 특수관계에 있는 법인 간의 합병으로 보지 아니한다.(2016.2.5 본문개정)
1. 「법인세법 시행령」 제2조제5항에 따른 특수관계에 있는 법인(2019.2.12 본호개정)
2. 제2조의2제1항제3호나목에 따른 법인(2016.2.5 본호개정)
3. 동일인이 임원의 임면권의 행사 또는 사업방침의 결정 등을 통하여 합병당사법인(합병으로 인하여 소멸·흡수되는 법인 또는 신설·존속하는 법인을 말

한다. 이하 같다)의 경영에 대하여 영향력을 행사하고 있다고 인정되는 관계에 있는 법인
② 법 제38조제1항 본문에서 "대통령령으로 정하는 대주주등"이란 해당 주주등의 지분 및 그의 특수관계인의 지분을 포함하여 해당 법인의 발행주식총수 등의 100분의 1 이상을 소유하고 있거나 소유하고 있는 주식등의 액면가액이 3억원 이상인 주주등(이하 이 조 및 제29조의2에서 "대주주등"이라 한다)을 말한다.
(2016.2.5 본항개정)
③ 법 제38조제1항에 따른 이익은 다음 각 호의 구분에 따라 계산한 금액으로 한다.
1. 합병대가를 주식등으로 교부받은 경우 : 가목의 가액에서 나목의 가액을 차감한 가액에 주가가 과대평가된 합병당사법인의 대주주등이 합병으로 인하여 교부받은 신설 또는 존속하는 법인의 주식등의 수를 곱한 금액
   가. 합병 후 신설 또는 존속하는 법인의 1주당 평가가액
   나. 주가가 과대평가된 합병당사법인의 1주당 평가가액 × (주가가 과대평가된 합병당사법인의 합병전 주식등의 수 ÷ 주가가 과대평가된 합병당사법인의 대주주등이 합병으로 인하여 교부받은 신설 또는 존속하는 법인의 주식등의 수)
2. 합병대가를 주식등 외의 재산으로 지급받은 경우(합병당사법인의 1주당 평가가액이 액면가액에 미달하는 경우로서 그 평가가액을 초과하여 지급받은 경우에 한정한다) : 액면가액(합병대가가 액면가액에 미달하는 경우에는 해당 합병대가를 말한다)에서 그 평가가액을 차감한 가액에 합병당사법인의 대주주등의 주식등의 수를 곱한 금액
(2016.2.5 본항개정)
④ 법 제38조제1항 단서에서 "대통령령으로 정하는 기준금액"이란 다음 각 호의 구분에 따른 금액을 말한다.
1. 제3항제1호의 경우 : 합병 후 신설 또는 존속하는 법인의 주식등의 평가가액의 100분의 30에 상당하는 가액과 3억원 중 적은 금액
2. 제3항제2호의 경우 : 3억원
(2016.2.5 본항신설)
⑤ 제3항제1호가목을 적용할 때 합병 후 신설 또는 존속하는 법인의 1주당 평가가액은 합병 후 신설 또는 존속하는 법인이 「자본시장과 금융투자업에 관한 법률」에 따른 주권상장법인으로서 그 주권이 같은 법에 따른 증권시장에서 거래되는 법인(이하 "주권상장법인등"이라 한다)인 경우에는 다음 각 호의 가액 중 적은 가액으로 하며, 그외의 법인인 경우에는 제2호의 가액으로 한다.(2010.2.18 본문개정)
1. 법 제63조제1항제1호가목에 따라 평가한 가액 (2017.2.7 본호개정)
2. 주가가 과대평가된 합병당사법인의 합병직전 주식등의 가액과 주가가 과소평가된 합병당사법인의 합병직전 주식등의 가액을 합한 가액을 합병후 신설 또는 존속하는 법인의 주식등의 수로 나눈 가액. 이 경우 합병직전 주식등의 가액의 평가기준일은 「상법」 제522조의2에 따른 대차대조표 공시일 또는 「자본시장과 금융투자업에 관한 법률」 제119조 및 같은 법 시행령 제129조에 따라 합병의 증권신고서를 제출한 날 중 빠른 날(주권상장법인등에 해당하지 아니하는 법인인 경우에는 「상법」 제522조의2에 따른 대차대조표 공시일)로 한다.(2016.2.5 본호개정)
⑥ 제3항제1호나목에 따른 1주당 평가가액과 제5항에 따른 합병직전 주식등의 가액은 법 제60조 및 제63조에 따라 평가한 가액에 따른다. 다만, 주권상장법인등의 경우 법 제60조 및 제63조제1항제1호나목의 평가방법에 의한 평가가액의 차액(제3항제1호의 계산식에 따라 계산한 차액을 말한다. 이하 이 항에서 같다)이 법 제60조 및 제63

조제1항제1호가목의 평가방법에 의한 평가가액의 차액
보다 적게 되는 때에는 법 제60조 및 제63조제1항제1호
나목의 방법에 따라 평가한다.(2017.2.7 본항개정)
⑦ 제6항을 적용할 때 분할합병을 하기 위하여 분할하
는 법인의 분할사업부문에 대한 합병 직전 주식등의
가액은 법 제63조제1항제1호나목에 따른 방법을 준용
하여 분할사업부문을 평가한 가액으로 한다.
(2017.2.7 본항개정)
(2003.12.30 본조제목개정)

제29조【증자에 따른 이익의 계산방법 등】 ① 법 제39
조제1항 각 호 외의 부분에서 "주식대금 납입일 등 대
통령령으로 정하는 날"이란 다음 각 호의 구분에 따른
날을 말한다.(2016.2.5 본문개정)
1.「자본시장과 금융투자업에 관한 법률 시행령」제
176조의9제1항에 따른 유가증권시장(이하 "유가증
권시장"이라 한다)에 주권이 상장된 법인 또는 대통
령령 제24697호 자본시장과 금융투자업에 관한 법률
시행령 일부개정령 부칙 제8조에 따른 코스닥시장
(이하 "코스닥시장"이라 한다)에 상장된 주권을 발
행한 법인(이하 "코스닥시장상장법인"이라 한다)이
해당 법인의 주주에게 신주를 배정하는 경우 : 권리
락(權利落)이 있는 날(2015.2.3 본호신설)
2. 법 제39조제1항제3호에 해당하는 경우 : 전환주식을
다른 종류의 주식으로 전환한 날(2017.2.7 본호신설)
3. 제1호 및 제2호 외의 경우 : 주식대금 납입일(주식대
금 납입일 이전에 실권주를 배정받은 자가 신주인수
권증서를 교부받은 경우에는 그 교부일을 말한다)
(2017.2.7 본호개정)
② 법 제39조제1항에 따른 이익은 다음 각 호의 구분에
따라 계산한 금액으로 한다. 다만, 증자 전·후의 주식
1주당 가액이 모두 영 이하인 경우에는 이익이 없는 것
으로 본다.(2016.2.5 본문개정)
1. 법 제39조제1항제1호가목, 다목 및 라목에 따른 이
익 : 가목의 규정에 따라 계산한 가액에서 나목에 따른
가액을 차감한 가액에 다목에 따른 실권주수 또는 신
주수를 곱하여 계산한 금액(2016.2.5 본문개정)
가. 다음 산식에 의하여 계산한 1주당 가액. 다만, 주
권상장법인등의 경우로서 증자후의 1주당 평가가액
이 다음 산식에 의하여 계산한 1주당 가액보다 적은
경우에는 당해 가액
[(증자전의 1주당 평가가액 × 증자전의 발행주식총수)
+ (신주 1주당 인수가액 × 증자에 의하여 증가한 주
식수)] ÷ (증자전의 발행주식총수 + 증자에 의하여
증가한 주식수)
(2004.12.31 단서개정)
나. 신주 1주당 인수가액
다. 배정받은 실권주수 또는 신주수(균등한 조건에
의하여 배정받을 신주수를 초과하여 배정받은 자의
경우에는 그 초과부분의 신주수)
2. 법 제39조제1항제1호나목에서 규정하고 있는 이익 :
가목의 규정에 의하여 계산한 가액에서 나목의 규정
에 의한 가액을 차감한 가액이 가목의 규정에 의하여
계산한 가액의 100분의 30 이상이거나 그 가액에 다
목의 규정에 의한 실권주수를 곱하여 계산한 가액이
3억원 이상인 경우의 당해 금액(2003.12.30 본문개정)
가. 다음 산식에 의하여 계산한 1주당 가액. 다만, 주
권상장법인등의 경우로서 증자후의 1주당 평가가액
이 다음 산식에 의하여 계산한 1주당 가액보다 적은
경우에는 당해 가액
[(증자전의 1주당 평가가액 × 증자전의 발행주식총수)
+ (신주 1주당 인수가액 × 증자전의 지분비율대로 균
등하게 증자하는 경우의 증가주식수)] ÷ (증자전의 발
행주식총수 + 증자전의 지분비율대로 균등하게 증자
하는 경우의 증가주식수)
(2004.12.31 단서개정)

나. 신주 1주당 인수가액
다. 실권주 총수 × 증자후 신주인수자의 지분비율
$$\times \frac{\text{신주인수자의 특수관계인의 실권주수}}{\text{실권주 총수}}$$
(2012.2.2 본목개정)
3. 법 제39조제1항제2호가목에서 규정하고 있는 이익 :
가목의 규정에 의한 금액에서 나목의 금액을 차감한
금액에 다목의 실권주수를 곱하여 계산한 금액
가. 신주 1주당 인수가액
나. 다음 산식에 의하여 계산한 1주당 가액. 다만, 주
권상장법인등의 경우로서 증자후의 1주당 평가가액
이 다음 산식에 의하여 계산한 1주당 가액보다 큰
경우에는 당해 가액
[(증자전의 1주당 평가가액 × 증자전의 발행주식총수)
+ (신주 1주당 인수가액 × 증자에 의하여 증가한 주
식수)] ÷ (증자전의 발행주식총수 + 증자에 의하여
증가한 주식수)
(2004.12.31 단서개정)
다. 신주인수를 포기한 주주의 실권주수
$$\times \frac{\text{신주인수를 포기한 주주의 특수관계인이 인수한 실권주수}}{\text{실권주 총수}}$$
(2012.2.2 본목개정)
4. 법 제39조제1항제2호나목에서 규정하고 있는 이익 :
다음 산식에 의하여 계산한 금액(그 금액이 3억원 이
상인 경우 또는 제3호가목의 가액에서 제3호나목의
가액을 차감한 금액이 제3호나목의 가액의 100분의
30 이상인 경우에 한한다)
(제3호가목의 가액 - 제3호나목의 가액) × 신주인수를
포기한 주주의 실권주수
$$\times \frac{\text{신주인수를 포기한 주주의 특수관계인이 인수한 신주수}}{\text{증자전의 지분비율대로 균등하게 증자하는 경우의 증자 주식총수}}$$
(2012.2.2 본호개정)
5. 법 제39조제1항제2호다목 및 라목에 따른 이익 :
(제3호나목의 가액) × 신주를 배정받지 아니하거나 균등한 조건에 의하여 배정받을 신주
수에 미달되게 신주를 배정받은 주주의 배정받지 아니
하거나 그 미달되게 배정받은 부분의 신주수
$$\times \frac{\text{신주를 배정받지 아니하거나 미달되게 배정받은 주주의 특수관계인이 인수한 신주수}}{\text{주주가 아닌 자에게 배정된 신주 및 당해 법인의 주주가 균등한 조건에 의하여 배정받을 신주를 초과하여 인수한 신주의 총수}}$$
(2016.2.5 본호개정)
6. 법 제39조제1항제3호에 따른 이익 : 가목에 따른 가
액에서 나목에 따른 가액을 차감한 금액. 이 경우 그
금액이 영 이하인 경우에는 이익이 없는 것으로 본다.
가. 전환주식을 다른 종류의 주식으로 전환함에 따라
교부받은 주식을 신주로 보아 제1호부터 제5호까지
의 규정에 따라 계산한 이익
나. 전환주식 발행 당시 제1호부터 제5호까지의 규정
에 따라 계산한 이익
(2017.2.7 본호신설)
③ 법 제39조제1항제1호가목에서 "대통령령으로 정하
는 경우"란 「자본시장과 금융투자업에 관한 법률 시행
령」제11조제3항에 따라 모집하는 경우를 말한다.
(2016.2.5 본항신설)
④ 법 제39조제1항제1호다목 및 제40조제1항제1호나목
에서 "대통령령으로 정하는 방법으로 인수·취득하는
경우"란 각각 제3자에게 증권을 취득시킬 목적으로 그

증권의 전부 또는 일부를 취득한 자로부터 인수·취득한 경우를 말한다.(2017.2.7 본항신설)
⑤ 법 제39조제2항에서 "소액주주"라 함은 당해 법인의 발행주식총수등의 100분의 1 미만을 소유하는 경우로서 주식등의 액면가액의 합계액이 3억원 미만인 주주등을 말한다.
(2003.12.30 본조제목개정)
(2000.12.29 본조개정)

제29조의2【감자에 따른 이익의 계산방법 등】 ① 법 제39조의2제1항에 따른 이익은 다음 각 호의 구분에 따라 계산한 금액으로 한다.
1. 주식등을 시가(법 제60조 및 63조에 따라 평가한 가액을 말한다. 이하 이 조에서 같다)보다 낮은 대가로 소각한 경우

(감자한 주식등의 1주당 평가액 − 주식등 소각시 지급한 1주당 금액) × 총감자 주식등의 수 × 대주주등의 감자후 지분비율 × (대주주등과 특수관계인의 감자 주식등의 수 ÷ 총감자 주식등의 수)

2. 주식등을 시가보다 높은 대가로 소각한 경우[주식등의 1주당 평가액이 액면가액(대가가 액면가액에 미달하는 경우에는 해당 대가를 말한다. 이하 이 호에서 같다)에 미달하는 경우로 한정한다]

(주식등의 소각시 지급한 1주당 금액 − 감자한 주식등의 1주당 평가액) × 해당 주주등의 감자한 주식등의 수

(2016.2.5 본항개정)
② 법 제39조의2제1항 각 호 외의 부분 단서에서 "대통령령으로 정하는 기준금액"이란 다음 각 호의 금액 중 적은 금액을 말한다.
1. 감자한 주식등의 평가액의 100분의 30에 상당하는 가액
2. 3억원
(2016.2.5 본항신설)
③ (2016.2.5 삭제)
(2003.12.30 본조제목개정)

제29조의3【현물출자에 따른 이익의 계산방법 등】 ① 법 제39조의3제1항에 따른 이익은 다음 각 호의 어느 하나와 같은 계산한 금액으로 한다.
1. 법 제39조의3제1항제1호에 따른 이익 : 제29조제2항제1호가목을 준용하여 계산한 가액에서 같은 호 나목 가액을 차감한 가액에 현물출자자가 배정(「자본시장과 금융투자업에 관한 법률」에 따른 주권상장법인이 같은 법 제165조의6제1항제3호에 따른 방식으로 배정하는 경우는 제외한다)받은 신주수를 곱하여 계산한 금액. 이 경우 제29조제2항제1호가목 중 "증자"는 각각 이를 "현물출자"로 본다. (2022.2.15 전단개정)
2. 법 제39조의3제1항제2호에 따른 이익 : 제29조제2항제3호가목을 준용하여 계산한 가액에서 같은 호 나목을 준용하여 계산한 가액을 차감한 가액에 현물출자자가 인수(「자본시장과 금융투자업에 관한 법률」에 따른 주권상장법인이 같은 법 제165조의6제1항제3호에 따른 방식으로 배정받은 주식을 제외한다)한 신주수와 현물출자자 외의 주주등(현물출자 전에 현물출자자의 특수관계인인 경우에 한정한다)의 지분비율을 각각 곱하여 계산한 금액. 이 경우 제29조제2항제3호나목 중 "증자"는 각각 이를 "현물출자"로 본다. (2022.2.15 전단개정)
② 제1항을 적용할 때 같은 항 제2호에 따른 이익은 제29조제2항제3호가목을 준용하여 계산한 가액에서 같은 호 나목을 준용하여 계산한 가액을 차감한 가액이 같은 호 나목을 준용하여 계산한 가액의 100분의 30 이상이거나 그 이익이 3억원 이상인 경우에 한정하여 이를 적용한다.
(2016.2.5 본조개정)

제30조【전환사채등의 주식전환 등에 따른 이익의 계산방법 등】 ① 법 제40조제1항에 따른 이익은 다음 각 호의 구분에 따라 계산한 금액으로 한다.

1. 법 제40조제1항제1호 각 목에 따른 이익 : 법 제40조제1항에 따른 전환사채등(이하 이 조에서 "전환사채등"이라 한다)의 시가에서 전환사채등의 인수·취득 가액을 차감한 가액
2. 법 제40조제1항제2호가목부터 다목까지의 규정에 따른 이익 : 가목의 가액에서 나목의 가액을 차감한 가액에 다목의 주식수를 곱하여 계산한 가액에서 기획재정부령으로 정하는 바에 따라 계산한 이자손실분 및 제1호에 따른 이익을 차감하여 계산한 금액. 다만, 전환사채등을 양도한 경우에는 전환사채등의 양도가액에서 취득가액을 차감한 금액을 초과하지 못한다.
   가. 제5항제1호에 따른 교부받은 주식가액(전환사채등을 양도한 경우에는 제5항제2호에 따른 교부받을 주식가액을 말한다)
   나. 주식 1주당 전환·교환 또는 인수 가액(이하 이 항에서 "전환가액등"이라 한다)
   다. 교부받은 주식수(전환사채등을 양도한 경우에는 교부받을 주식수를 말한다)
3. 법 제40조제1항제2호라목에 따른 이익 : 가목의 가액에서 나목의 가액을 차감한 가액에 다목의 주식수를 곱하여 계산한 금액
   가. 주식 1주당 전환가액등
   나. 제5항제1호에 따른 교부받은 주식가액
   다. 전환등에 의하여 증가한 주식수 × 당해 주식을 교부받은 자의 특수관계인이 전환등을 하기 전에 보유한 지분비율
4. 법 제40조제1항제3호에 따른 이익 : 전환사채등의 양도가액에서 전환사채등의 시가를 차감한 가액
(2016.2.5 본항개정)
② 법 제40조제1항 각 호 외의 부분 단서에서 "대통령령으로 정하는 기준금액"이란 다음 각 호의 구분에 따른 금액을 말한다.
1. 제1항제1호 및 제4호에 해당하는 경우 : 다음 각 목의 금액 중 적은 금액
   가. 전환사채등의 시가의 100분의 30에 상당하는 가액
   나. 1억원
2. 제1항제2호에 해당하는 경우 : 1억원
3. 제1항제3호에 해당하는 경우 : 0원
(2016.2.5 본항개정)
③ 법 제40조제1항제1호나목·다목 및 같은 항 제2호나목·다목에서 "최대주주"란 각각 최대주주등 중 보유주식등의 수가 가장 많은 1인을 말한다.(2016.2.5 본항개정)
④ 법 제40조제1항제1호나목에서 "대통령령으로 정하는 경우"란 「자본시장과 금융투자업에 관한 법률 시행령」 제11조제3항에 따라 모집하는 경우를 말한다.
(2016.2.5 본항신설)
⑤ 법 제40조제1항제2호에서 "교부받았거나 교부받을 주식의 가액"이란 다음 각 호의 구분에 따라 계산한 가액을 말한다.(2016.2.5 본문개정)
1. 교부받은 주식가액 : 전환사채등에 의하여 주식으로 전환·교환하거나 주식을 인수(이하 이 조에서 "전환등"이라 한다)한 경우 다음 산식에 의하여 계산한 1주당 가액. 이 경우 주권상장법인등의 주식으로 전환등을 한 경우로서 전환등 후의 1주당 평가가액이 다음 산식에 의하여 계산한 1주당 가액보다 적은 경우(법 제40조제1항제2호라목의 경우에는 높은 경우를 말한다)에는 당해 가액

$$\frac{[전환등\ 전의\ 1주당\ 평가가액 × 전환등\ 전의\ 발행주식총수) + (주식\ 1주당\ 전환가액등 × 전환등에\ 의하여\ 증가한\ 주식수)]}{전환등\ 전의\ 발행주식총수\ +\ 전환등에\ 의하여\ 증가한\ 주식수}$$

(2004.12.31 후단개정)

2. 교부받을 주식가액 : 양도일 현재 주식으로의 전환 등이 가능한 전환사채등을 양도한 경우로서 당해 전환사채등의 양도일 현재 주식으로 전환등을 할 경우 다음 산식에 의하여 계산한 1주당 가액. 이 경우 주권 상장법인등의 경우로서 양도일을 기준으로 한 1주당 평가가액이 다음 산식에 의하여 계산한 1주당 가액보다 적은 경우에는 당해 가액

〔(양도전의 1주당 평가가액 × 양도전의 발행주식총수) + (주식 1주당 전환가액등 × 전환등을 할 경우 증가하는 주식수)〕

양도전의 발행주식총수 + 전환등을 할 경우 증가하는 주식수

(2004.12.31 후단개정)
(2003.12.30 본조제목개정)
제31조 (2016.2.5 삭제)
제31조의2【초과배당금액에 따른 이익의 계산방법 등】① 법 제41조의2제1항에서 "대통령령으로 정하는 최대주주 또는 최대출자자"란 해당 법인의 최대주주등을 말한다.
② 법 제41조의2제1항에 따른 "초과배당금액"은 제1호의 가액에 제2호의 비율을 곱하여 계산한 금액(이하 이 조에서 "초과배당금액"이라 한다)으로 한다.
1. 최대주주등의 특수관계인이 배당 또는 분배(이하 이 항에서 "배당등"이라 한다)를 받은 금액에서 본인이 보유한 주식등에 비례하여 배당등을 받을 경우의 그 배당등의 금액을 차감한 가액
2. 보유한 주식등에 비하여 낮은 금액의 배당등을 받은 주주등이 보유한 주식등에 비례하여 배당등을 받을 경우에 비해 적게 배당등을 받은 금액(이하 이 호에서 "과소배당금액"이라 한다) 중 최대주주등의 과소배당금액이 차지하는 비율
③ 법 제41조의2제1항에 따른 초과배당금액에 대한 소득세 상당액은 다음 각 호의 구분에 따른 금액으로 한다.
1. 초과배당금액에 대한 법 제68조제1항에 따른 증여세 과세표준 신고기한이 해당 초과배당금액이 발생한 연도의 다음 연도 6월 1일(제5항에 해당하는 경우에는 7월 1일로 한다) 이후인 경우 : 제4항제2호에 따른 금액
2. 그 밖의 경우 : 초과배당금액에 대하여 해당 초과배당금액의 규모와 소득세율 등을 고려하여 기획재정부령으로 정하는 율을 곱한 금액
(2021.2.17 본항개정)
④ 법 제41조의2제2항제2호에 따른 정산증여재산가액은 제1호의 금액에서 제2호의 금액을 뺀 금액으로 한다.
1. 초과배당금액
2. 초과배당금액에 대하여 기획재정부령으로 정하는 바에 따라 계산한 소득세액
(2021.2.17 본항신설)
⑤ (2022.2.15 삭제)
⑥ 제3항제1호에 해당하는 경우에는 법 제41조의2제2항 및 제3항을 적용하지 아니한다.(2021.2.17 본항신설)
(2016.2.5 본조신설)
제31조의3【주식등의 상장 등에 따른 이익의 계산방법 등】① 법 제41조의3제1항 각 호 외의 부분 본문에 따른 이익은 제1호의 가액에서 제2호 및 제3호의 가액을 차감한 가액에 증여받거나 유상으로 취득한 주식등의 수를 곱한 금액으로 한다.
1. 법 제41조의3제3항에 따른 정산기준일(이하 이 조에서 "정산기준일"이라 한다) 현재 1주당 평가가액(법 제63조에 따라 평가한 가액을 말한다)
2. 주식등을 증여받은 날 현재의 1주당 증여세 과세가액(취득의 경우에는 취득일 현재의 1주당 취득가액)
3. 1주당 기업가치의 실질적인 증가로 인한 이익

② 법 제41조의3제1항 각 호 외의 부분 본문에서 "대통령령으로 정하는 증권시장"이란 유가증권시장 및 코스닥시장을 말한다.(2017.2.7 본항신설)
③ 법 제41조의3제1항 각 호 외의 부분 단서에서 "대통령령으로 정하는 기준금액"이란 다음 각 호의 금액 중 적은 금액을 말한다.
1. 제1항제2호 및 제3호의 가액의 합계액에 증여받거나 유상으로 취득한 주식등의 수를 곱한 금액의 100분의 30에 상당하는 가액
2. 3억원
④ 법 제41조의3제1항제2호에서 "100분의 25 이상을 소유한 자로서 대통령령으로 정하는 자"란 특수관계인의 소유주식등을 합하여 100분의 25 이상을 소유한 경우의 해당 주주등을 말한다.
⑤ 제1항제3호에 따른 1주당 기업가치의 실질적인 증가로 인한 이익은 납세자가 제시하는 재무제표 등 기획재정부령으로 정하는 서류에 의하여 확인되는 것으로서 제1호에 따른 금액에 제2호에 따른 월수를 곱하여 계산한다. 이 경우 결손금 등이 발생하여 1주당 순손익액으로 당해 이익을 계산하는 것이 불합리한 경우에는 제55조에 따라 계산한 1주당 순자산가액의 증가분으로 당해 이익을 계산할 수 있다.
1. 해당 주식등의 증여일 또는 취득일이 속하는 사업연도개시일부터 상장일 전일까지의 사이의 1주당 순손익액의 합계액(기획재정부령으로 정하는 바에 따라 사업연도 단위로 계산한 순손익액의 합계액을 말한다)을 해당 기간의 월수(1월 미만의 월수는 1월로 본다)로 나눈 금액
2. 해당 주식등의 증여일 또는 취득일부터 정산기준일까지의 월수(1월 미만의 월수는 1월로 본다)
⑥ 법 제41조의3제4항 단서에서 "대통령령으로 정하는 기준 이상인 경우"란 제1항에 따라 계산한 금액이 제3항의 기준금액 이상인 경우를 말한다.(2019.2.12 본항개정)
⑦ 제1항부터 제6항까지의 규정을 적용할 때 해당 주식등의 증여일 또는 취득일부터 상장일 전일까지의 사이에 무상주를 발행한 경우의 발행주식총수는 제56조제3항 단서에 따른다.(2017.2.7 본항개정)
(2016.2.5 본조개정)
제31조의4【금전 무상대출 등에 따른 이익의 계산방법 등】① 법 제41조의4제1항 각 호 외의 부분 본문에서 "적정 이자율"이란 당좌대출이자율을 고려하여 기획재정부령으로 정하는 이자율을 말한다. 다만, 법인으로부터 대출받은 경우에는 「법인세법 시행령」 제89조제3항에 따른 이자율을 적정 이자율로 본다.
(2016.2.5 본항개정)
② 법 제41조의4제1항 각 호 외의 부분 단서에서 "대통령령으로 정하는 기준금액"이란 1천만원을 말한다.
(2016.2.5 본항신설)
③ 법 제41조의4제1항에 따른 이익은 금전을 대출받은 날(여러 차례 나누어 대부받은 경우에는 각각의 대출받은 날을 말한다)을 기준으로 계산한다.
④ (2016.2.5 삭제)
(2013.2.15 본조개정)
제31조의5【합병에 따른 상장 등 이익의 계산방법 등】① 법 제41조의5제1항 각 호 외의 부분 본문에 따른 이익은 제31조의3제1항에 따라 계산한 금액으로 한다.
(2016.2.5 본항개정)
② 법 제41조의5제1항 각 호 외의 부분 단서에서 "대통령령으로 정하는 기준금액"이란 제31조의3제3항에 따른 금액을 말한다.(2017.2.7 본항개정)
③ 법 제41조의5제1항에서 "특수관계에 있는 주권상장법인"이란 합병등기일이 속하는 사업연도의 직전 사업연도 개시일(그 개시일이 서로 다른 법인이 합병한 경

우에는 먼저 개시한 날을 말한다)부터 합병등기일까지의 기간 중 다음 각 호의 어느 하나에 해당하는 법인을 말한다.(2010.2.18 본문개정)
1. 법 제41조의5제1항에 따라 해당 법인 또는 다른 법인의 주식등을 취득한 자와 그의 특수관계인이 유가증권시장에 주권이 상장된 법인 또는 코스닥시장상장법인의 최대주주등에 해당하는 경우의 해당 법인 (2017.2.7 본호개정)
2. 제28조제1항제2호 및 제3호의 규정에 의한 법인 (2003.12.30 본조제목개정)
(2002.12.30 본조신설)

제32조【재산사용 및 용역제공 등에 따른 이익의 계산방법 등】 ① 법 제42조제1항 각 호 외의 부분 본문에 따른 이익은 다음 각 호의 구분에 따라 계산한 금액으로 한다.
1. 무상으로 재산을 사용하거나 용역을 제공받은 경우 : 다음 각 목의 구분에 따라 계산한 금액
   가. 타인의 재산을 무상으로 담보로 제공하고 금전 등을 차입한 경우 : 차입금에 제31조의4제1항 본문에 따른 적정 이자율을 곱하여 계산한 금액에서 금전 등을 차입할 때 실제로 지급하였거나 지급할 이자를 뺀 금액
   나. 가목 외의 경우 : 무상으로 재산을 사용하거나 용역을 제공받음에 따라 지급하여야 할 시가 상당액
2. 시가보다 낮은 대가를 지급하고 재산을 사용하거나 용역을 제공받은 경우 : 시가와 대가의 차액 상당액
3. 시가보다 높은 대가를 받고 재산을 사용하게 하거나 용역을 제공한 경우 : 대가와 시가와의 차액 상당액
4.~5. (2016.2.5 삭제)
② 법 제42조제1항 각 호 외의 부분 단서에서 "대통령령으로 정하는 기준금액"이란 다음 각 호의 구분에 따른 금액을 말한다.
1. 제1항제1호의 경우 : 1천만원
2. 제1항제2호 및 제3호의 경우 : 시가의 100분의 30에 상당하는 가액
③ 제1항을 적용할 때 용역의 시가는 해당 거래와 유사한 상황에서 불특정다수인 간 통상적인 지급대가로 한다. 다만, 용역의 시가가 불분명한 경우에는 다음 각 호의 어느 하나에 따라 계산한 금액으로 한다.
1. 부동산 임대용역의 경우 : 부동산가액(법 제4장에 따라 평가한 가액을 말한다) × 1년간 부동산 사용료를 고려하여 기획재정부령으로 정하는 율(2021.1.5 본호개정)
2. 부동산 임대용역 외의 경우 :「법인세법 시행령」제89조제4항제2호에 따라 계산한 금액
④~⑨ (2016.2.5 삭제)
(2016.2.5 본조개정)

제32조의2【법인의 조직변경 등에 따른 이익의 계산방법 등】 ① 법 제42조의2제1항 본문에 따른 이익은 다음 각 호의 구분에 따라 계산한 금액으로 한다.
1. 소유지분이 변동된 경우 : (변동 후 지분 - 변동 전 지분) × 지분 변동 후 1주당 가액(제28조, 제29조, 제29조의2 및 제29조의3을 준용하여 계산한 가액을 말한다)
2. 평가액이 변동된 경우 : 변동 후 가액 - 변동 전 가액
② 법 제42조의2제1항 단서에서 "대통령령으로 정하는 기준금액"이란 다음 각 호의 금액 중 적은 금액을 말한다.
1. 변동 전 해당 재산가액의 100분의 30에 상당하는 가액
2. 3억원
(2016.2.5 본조신설)

제32조의3【재산 취득 후 재산가치 증가에 따른 이익의 계산방법 등】 ① 법 제42조의3제1항 각 호 외의 부분 본문에서 "대통령령으로 정하는 사유"란 다음 각 호의 어느 하나에 해당하는 사유를 말한다.
1. 개발사업의 시행, 형질변경, 공유물(共有物) 분할, 지하수개발·이용권 등의 인가·허가 및 그 밖에 사업의 인가·허가
2. 비상장주식의「자본시장과 금융투자업에 관한 법률」제283조에 따라 설립된 한국금융투자협회에의 등록
3. 그 밖에 제1호 및 제2호의 사유와 유사한 것으로서 재산가치를 증가시키는 사유
② 법 제42조의3제1항 각 호 외의 부분 단서에서 "대통령령으로 정하는 기준금액"이란 다음 각 호의 금액 중 적은 금액을 말한다.
1. 제3항제2호부터 제4호까지의 규정에 따른 금액의 합계액의 100분의 30에 상당하는 가액
2. 3억원
③ 법 제42조의3제2항 전단에서 "대통령령으로 정하는 바에 따라 계산한 금액"이란 제1호의 가액에서 제2호부터 제4호까지의 규정에 따른 가액을 뺀 것을 말한다.
1. 해당 재산가액 : 재산가치증가사유가 발생한 날 현재의 가액(법 제4장에 따라 평가한 가액을 말한다. 다만, 해당 가액에 재산가치증가사유에 따른 증가분이 반영되지 아니한 것으로 인정되는 경우에는 개별공시지가·개별주택가격 또는 공동주택가격이 없는 경우로 보아 제50조제1항 또는 제4항에 따라 평가한 가액을 말한다)
2. 해당 재산의 취득가액 : 실제 취득하기 위하여 지급한 금액(증여받은 재산의 경우에는 증여세 과세가액을 말한다)(2021.1.5 본호개정)
3. 통상적인 가치 상승분 : 제31조의3제5항에 따른 기업가치의 실질적인 증가로 인한 이익과 연평균지가상승률·연평균주택가격상승률 및 전국소비자물가상승률 등을 고려하여 해당 재산의 보유기간 중 정상적인 가치상승분에 상당하다고 인정되는 금액(2021.1.5 본호개정)
4. 가치상승기여분 : 개발사업의 시행, 형질변경, 사업의 인가·허가 등에 따른 자본적지출액 등 해당 재산가치를 증가시키기 위하여 지출한 금액(2016.2.5 본조신설)

제32조의4【이익의 계산방법】 법 제43조제2항에 따라 다음 각 호의 어느 하나에 해당하는 이익을 계산할 때에는 해당 이익별로 합산하여 각각의 금액기준을 계산한다.
1. 법 제31조제1항제2호의 저가 양수 및 고가 양도에 따른 이익
1의2. 법 제35조제1항 및 제2항의 저가 양수 및 고가 양도에 따른 이익
2. 법 제37조제1항의 부동산 무상 사용에 따른 이익
2의2. 법 제37조제2항의 부동산 담보 이용에 따른 이익 (2016.2.5 본호신설)
3. 법 제38조제1항의 합병에 따른 이익
4. 법 제39조제1항의 증자에 따른 이익(같은 항 각 호의 이익별로 구분된 이익을 말한다)
5. 법 제39조의2제1항의 감자에 따른 이익(같은 항 각 호의 이익별로 구분된 이익을 말한다)
6. 법 제39조의3제1항의 현물출자에 따른 이익(같은 항 각 호의 이익별로 구분된 이익을 말한다)
7. 법 제40조제1항의 전환사채등의 주식전환등에 따른 이익(같은 항 각 호의 이익별로 구분된 이익을 말한다)
8. 법 제41조의2제1항의 초과배당에 따른 이익 (2020.2.11 본호신설)
9. 법 제41조의4제1항의 금전무상대출에 따른 이익
10. 법 제42조제1항의 재산사용 및 용역제공 등에 따른 이익(같은 항 각 호의 거래에 따른 이익별로 구분된 이익을 말한다)(2016.2.5 본호신설)

11. 법 제45조의5제1항의 특정법인과의 거래를 통한 이익(같은 항 각 호의 거래에 따른 이익별로 구분된 이익을 말한다)(2023.2.28 본호개정)
(2016.2.5 본조개정)

제2절 증여추정 및 증여의제
(2016.2.5 본절제목신설)

제33조【배우자 등에게 양도한 재산의 증여추정】①
(2016.2.5 삭제)
② 법 제44조제3항제4호 단서에서 "대통령령으로 정하는 경우"란 「자본시장과 금융투자업에 관한 법률」 제8조의2제4항제1호에 따른 증권시장에서 이루어지는 유가증권의 매매 중 기획재정부령으로 정하는 시간외시장에서 매매된 것을 말한다.(2023.2.28 본항개정)
③ 법 제44조제3항제5호에서 "대통령령으로 정하는 경우"란 다음 각 호의 어느 하나에 해당하는 경우를 말한다.(2010.2.18 본문개정)
1. 권리의 이전이나 행사에 등기 또는 등록을 요하는 재산을 서로 교환한 경우
2. 당해 재산의 취득을 위하여 이미 과세(비과세 또는 감면받은 경우를 포함한다)받았거나 신고한 소득금액 또는 상속 및 수증재산의 가액으로 그 대가를 지급한 사실이 입증되는 경우
3. 당해 재산의 취득을 위하여 소유재산을 처분한 금액으로 그 대가를 지급한 사실이 입증되는 경우
(2010.2.18 본조제목개정)

제34조【재산 취득자금 등의 증여추정】① 법 제45조제1항 및 제2항에서 "대통령령으로 정하는 경우"란 다음 각 호에 따라 입증된 금액의 합계액이 취득재산의 가액 또는 채무의 상환금액에 미달하는 경우를 말한다. 다만, 입증되지 아니한 금액이 취득재산의 가액 또는 채무의 상환금액의 100분의 20에 상당하는 금액과 2억원중 적은 금액에 미달하는 경우를 제외한다.(2010.2.18 본문개정)
1. 신고하였거나 과세(비과세 또는 감면받은 경우를 포함한다. 이하 이 조에서 같다)받은 소득금액
2. 신고하였거나 과세받은 상속 또는 수증재산의 가액
3. 재산을 처분한 대가로 받은 금전이나 부채를 부담하고 받은 금전으로 당해 재산의 취득 또는 당해 채무의 상환에 직접 사용한 금액
② 법 제45조제3항에서 "대통령령으로 정하는 금액"이란 재산취득일 전 또는 채무상환일 전 10년 이내에 해당 재산 취득자금 또는 해당 채무 상환자금의 합계액이 5천만원 이상으로서 연령·직업·재산상태·사회경제적 지위 등을 고려하여 국세청장이 정하는 금액을 말한다.(2020.2.11 본항개정)
(2010.2.18 본조제목개정)

제34조의2【명의신탁재산의 증여의제】법 제45조의2제4항 후단에서 "증여세 또는 양도소득세 등의 과세표준신고서에 기재된 소유권 이전일 등 대통령령으로 정하는 날"이란 다음 각 호의 순서에 따라 정한 날을 말한다.
1. 증여세 또는 양도소득세 등의 과세표준신고서에 기재된 소유권이전일
2. 법 제45조의2제4항 전단의 주식등변동상황명세서에 기재된 거래일
(2020.2.11 본조신설)

제34조의3【특수관계법인과의 거래를 통한 이익의 증여 의제】① 법 제45조의3부터 제45조의5까지의 규정에서 "지배주주"란 다음 각 호의 어느 하나에 해당하는 자(이하 이 조 및 제34조의4에서 "지배주주"라 한다)로 하되, 이에 해당하는 자가 두 명 이상일 때에는 해당 법인(「법인세법」 제2조제1호에 따른 내국법인(「외국인투자 촉진법」 제2조제1항제6호에 따른 외국인투자기업으로서 같은 항 제1호에 따른 외국인이 해당 외국인투자기업의 의결권 있는 발행주식총수 또는 출자총액의 100분의 50 이상을 소유하는 법인은 제외한다. 이 경우 거주자 및 내국법인이 의결권 있는 발행주식총수 또는 출자총액의 100분의 30 이상을 소유(「조세특례제한법 시행령」 제116조의2제12항에 따라 계산한 간접으로 소유하는 법인은 포함한다)하는 외국법인은 외국인으로 보지 않는다]에 한정한다)의 임원에 대한 임면권의 행사와 사업 방침의 결정 등을 통하여 그 경영에 관하여 사실상의 영향력이 더 큰 자로서 기획재정부령으로 정하는 자를 지배주주로 한다. 다만, 해당 법인의 최대주주등 중에서 본인과 그의 특수관계인(사용인은 제외하되, 이 항에서 "본인의 친족"이라 한다)의 주식등 보유비율의 합계가 사용인의 주식등 보유비율보다 많은 경우에는 본인과 본인의 친족등 중에서 지배주주를 판정한다.
1. 해당 법인의 최대주주등 중에서 그 법인에 대한 직접보유비율[주식등의 보유비율 그 법인의 발행주식총수등(자기주식과 자기출자지분은 제외한다)으로 나눈 비율을 말한다. 이하 같다]이 가장 높은 자가 개인인 경우에는 그 개인
2. 해당 법인의 최대주주등 중에서 그 법인에 대한 직접보유비율이 가장 높은 자가 법인인 경우에는 그 법인에 대한 직접보유비율과 간접보유비율을 모두 합하여 계산한 비율이 가장 높은 개인. 다만, 다음 각 목에 해당하는 자는 제외한다.
  가. 해당 법인의 주주등이면서 그 법인의 최대주주등에 해당하지 아니한 자
  나. 해당 법인의 최대주주등 중에서 그 법인에 대한 직접보유비율이 가장 높은 자에 해당하는 법인의 주주등이면서 최대주주등에 해당하지 아니한 자
(2011.2.11 본항개정)
② 제1항제2호에서 간접보유비율은 개인과 해당 법인 사이에 주식보유를 통하여 한 개 이상의 법인(이하 이 조에서 "간접출자법인"이라 한다)이 개재되어 있는 경우(이하 이 조에서 "간접출자관계"라 한다)에 각 단계의 직접보유비율을 모두 곱하여 산출한 비율을 말한다. 이 경우 개인과 해당 법인 사이에 둘 이상의 간접출자관계가 있는 경우에는 개인의 해당 법인에 대한 간접보유비율은 각각의 간접출자관계에서 산출한 비율을 모두 합하여 산출한다.(2020.2.11 본항개정)
③ 법 제45조의3제1항 각 호 외의 부분 후단에서 "사업부문별로 회계를 구분하여 기록하는 등 대통령령으로 정하는 요건을 갖춘 경우"란 다음 각 호의 요건을 모두 갖춘 경우를 말한다.
1. 사업부문별로 자산·부채 및 손익을 기획재정부령으로 정하는 바에 따라 각각 독립된 계정과목으로 구분하여 경리할 것
2. 한국표준산업분류에 따른 세세분류 이상으로 사업부문을 구분할 것
(2023.2.28 본항신설)
④ 제3항 각 호의 요건을 모두 갖춘 법인의 특수관계법인거래비율 및 세후영업이익은 법 제45조의3제1항 각 호 외의 부분 후단에 따라 사업부문별로 계산할 수 있다. 이 경우 법 제45조의3제1항제1호에 해당하는 사업부문이 둘 이상인 경우에는 그 둘 이상의 사업부문을 하나의 사업부문으로 보아 특수관계법인거래비율 및 세후영업이익을 계산한다.(2023.2.28 본항신설)
⑤ 법 제45조의3제1항제1호가목에서 "대통령령으로 정하는 특수관계에 있는 법인"(이하 이 조에서 "특수관계법인"이라 한다)이란 제1항에 따른 지배주주와 제2조

의2제1항제3호부터 제8호까지의 관계에 있는 자를 말한다.(2018.2.13 본항개정)
⑥ 법 제45조의3제1항제1호가목에서 "대통령령으로 정하는 중소기업"이란 「조세특례제한법」 제6조제1항 각 호 외의 부분에 따른 중소기업으로서 「독점규제 및 공정거래에 관한 법률」 제31조에 따른 공시대상기업집단에 소속되지 아니하는 기업(이하 이 조에서 "중소기업"이라 한다)을 말하고, "대통령령으로 정하는 중견기업"이란 「조세특례제한법 시행령」 제9조제4항에 따른 기업으로서 「독점규제 및 공정거래에 관한 법률」 제31조에 따른 공시대상기업집단에 소속되지 아니하는 기업(이하 이 조에서 "중견기업"이라 한다)을 말한다.(2022.2.15 본항개정)
⑦ 법 제45조의3제1항제1호가목에서 "대통령령으로 정하는 비율"이란 100분의 30(중소기업에 해당하는 경우에는 100분의 50, 중견기업에 해당하는 경우에는 100분의 40)을 말한다.(2018.2.13 본항개정)
⑧ 법 제45조의3제1항 각 호 외의 부분 전단에서 "지배주주의 친족"이란 제1항에 따른 지배주주의 친족으로서 수혜법인(법 제45조의3제1항에 따른 수혜법인을 말한다. 이하 같다)의 사업연도 말에 수혜법인에 대한 직접보유비율과 간접보유비율(제18조 각 호의 어느 하나에 해당하는 간접출자법인을 통하여 수혜법인에 간접적으로 출자하는 경우의 간접보유비율을 말한다. 이하 이 조에서 같다)을 합하여 계산한 비율이 한계보유비율을 초과하는 자를 말한다.(2023.2.28 본항개정)
⑨ 법 제45조의3제1항 각 호 외의 부분 전단에서 "대통령령으로 정하는 보유비율"이란 100분의 3(수혜법인이 중소기업 또는 중견기업에 해당하는 경우에는 100분의 10으로 하며, 이하 이 조에서 "한계보유비율"이라 한다)을 말한다.(2023.2.28 본항개정)
⑩ 법 제45조의3제4항에서 "중소기업인 수혜법인과 중소기업인 특수관계법인 간의 거래에서 발생하는 매출액 등 대통령령으로 정하는 매출액"이란 다음 각 호의 어느 하나에 해당하는 금액(이하 이 조에서 "과세제외매출액"이라 한다)을 말한다. 이 경우 다음 각 호에 동시에 해당하는 경우에는 더 큰 금액으로 한다.
1. 중소기업인 수혜법인이 중소기업인 특수관계법인과 거래한 매출액
2. 수혜법인이 본인의 주식보유비율이 100분의 50 이상인 특수관계법인과 거래한 매출액
3. 수혜법인이 본인의 주식보유비율이 100분의 50 미만인 특수관계법인과 거래한 매출액에 그 특수관계법인에 대한 수혜법인의 주식보유비율을 곱한 금액
4. 수혜법인이 「독점규제 및 공정거래에 관한 법률」 제2조제7호에 따른 지주회사(이하 이 조에서 "지주회사"라 한다)인 경우로서 수혜법인의 같은 법 제2조제8호에 따른 자회사(이하 이 조에서 "자회사"라 한다) 및 같은 법 제2조제1호의4에 따른 손자회사(같은 법 제18조제5항에 따른 증손회사를 포함하며, 이하 이 조에서 "손자회사"라 한다)와 거래한 매출액(2021.12.28 본호개정)
5. 수혜법인이 제품·상품의 수출(「부가가치세법」 제21조제2항에 따른 수출을 말한다)을 목적으로 특수관계법인과 거래한 매출액(2023.2.28 본호개정)
5의2. 수혜법인이 용역을 국외에서 공급(「부가가치세법」 제22조에 따라 영세율이 적용되는 용역의 공급을 말한다)할 목적으로 특수관계법인과 거래한 매출액(2023.2.28 본호신설)
5의3. 수혜법인이 「부가가치세법」 제24조제1항에 따라 영세율이 적용되는 용역의 공급으로서 같은 법 시행령 제33조제2항제1호다목 또는 바목에 따른 용역의 공급(해당 용역을 공급받은 비거주자 또는 외국법인이 공급받은 용역과 동일한 용역을 다시 거주자 또는

내국법인에 공급하는 경우는 제외한다)을 목적으로 특수관계법인과 거래한 매출액(2023.2.28 본호신설)
6. 수혜법인이 다른 법률에 따라 의무적으로 특수관계법인과 거래한 매출액
7. 한국표준산업분류에 따른 스포츠 클럽 운영업 중 프로스포츠구단 운영을 주된 사업으로 하는 수혜법인이 특수관계법인과 거래한 광고 매출액(2015.2.3 본호신설)
8. 수혜법인이 국가, 지방자치단체, 「공공기관의 운영에 관한 법률」에 따른 공공기관 또는 「지방공기업법」에 따른 지방공기업(이하 이 호에서 "국가등"이라 한다)이 운영하는 사업에 참여함에 따라 국가등이나 「국가재정법」 별표2에서 규정하는 법률에 따라 설립된 기금(이하 이 호에서 "공공기금"이라 한다) 또는 공공기금이 발행주식총수 또는 출자총액의 100분의 100을 출자하고 있는 법인이 발행주식총수 또는 출자총액의 100분의 50 이상을 출자하고 있는 법인에 출자한 경우 해당 법인과 거래한 매출액(2020.2.11 본호신설)(2014.2.21 본항신설)
⑪ 법 제45조의3제1항에서 특수관계법인거래비율을 계산할 때 특수관계법인이 둘 이상인 경우에는 각각의 매출액을 더한 금액으로 계산한다.(2016.2.5 본항신설)
⑫ 법 제45조의3제1항제2호 각 목의 계산식에서 "수혜법인의 세후영업이익"은 제2제1호의 가액에서 호의 금액을 뺀 금액에 제3호의 과세매출비율을 곱하여 계산한 금액으로 한다.(2018.2.13 본문개정)
1. 수혜법인의 영업손익(「법인세법」 제43조의 기업회계기준에 따라 계산한 매출액에서 매출원가 및 판매비와 관리비를 차감한 영업손익을 말한다. 이하 이 항에서 같다)에 「법인세법」 제23조·제33조·제34조·제40조·제41조 및 같은 법 시행령 제44조의2·제74조에 따른 세무조정사항을 반영한 가액
2. 가목의 세액에 나목의 비율을 곱하여 계산한 금액
가. 「법인세법」 제55조에 따른 수혜법인의 산출세액(같은 법 제55조의2에 따른 토지등 양도소득에 대한 법인세액은 제외한다)에서 법인세액의 공제·감면액을 뺀 세액
나. 제1호에 따른 가액이 수혜법인의 「법인세법」 제14조에 따른 각 사업연도의 소득금액에서 차지하는 비율(1을 초과하는 경우에는 1로 한다)
3. 과세매출비율

1 − (과세제외매출액 ÷ 과세제외매출액이 포함된 사업연도의 매출액)

(2014.2.21 본호신설)(2014.2.21 본항개정)
⑬ 법 제45조의3제1항의 증여의제이익은 사업연도 말 현재 같은 항 각 호 외의 부분에 따른 지배주주와 그 친족(이하 이 조에서 "지배주주등"이라 한다)의 수혜법인에 대한 출자관계(간접보유비율이 1천분의 1 미만인 경우의 해당 출자관계는 제외한다)별로 각각 구분하여 계산한 증여의제이익을 모두 합하여 계산한다. 이 경우 법 제45조의3제1항제2호가목 및 나목의 계산식 중 "한계보유비율을 초과하는 주식보유비율" 또는 "한계보유비율의 100분의 50을 초과하는 주식보유비율"을 계산할 때 수혜법인에 대한 간접보유비율이 있는 경우에는 해당 간접보유비율에서 각 한계보유비율 또는 한계보유비율의 100분의 50을 먼저 빼고 간접출자관계가 두 개 이상인 경우에는 각각의 간접보유비율 중 작은 것에서부터 뺀다.(2018.2.13 본문개정)
1.~2. (2014.2.21 삭제)
⑭ 제13항에 따른 증여의제이익을 계산할 때 제10항 각 호의 어느 하나에 해당하지 아니하는 경우로서 지배주주등의 출자관계별로 다음 각 호의 어느 하나에

해당하는 금액을 과세제외매출액에 포함하여 계산한다. 이 경우 다음 각 호에 동시에 해당하는 경우에는 더 큰 금액으로 한다.(2023.2.28 전단개정)
1. 수혜법인이 제18항에 따른 간접출자법인인 특수관계법인과 거래한 매출액(2023.2.28 본호개정)
2. 지주회사의 자회사 또는 손자회사에 해당하는 수혜법인이 그 지주회사의 다른 자회사 또는 손자회사에 해당하는 특수관계법인과 거래한 매출액에 그 지주회사의 특수관계법인에 대한 주식보유비율을 곱한 금액. 다만, 지배주주등이 수혜법인 및 특수관계법인과 지주회사를 통하여 각각 간접출자관계에 있는 경우로 한정한다.
3. 수혜법인이 특수관계법인과 거래한 매출액에 지배주주등의 그 특수관계법인에 대한 주식보유비율을 곱한 금액
4. 제18항에 따른 간접출자법인의 자법인(특정 법인이 어느 법인의 최대주주등에 해당하는 경우 그 법인을 특정 법인의 자법인이라 한다. 이하 이 호에서 같다)에 해당하는 수혜법인이 그 간접출자법인의 다른 자법인에 해당하는 특수관계법인과 거래한 경우로서 다음 각 목을 모두 충족하는 경우에는 해당 거래에 따른 매출액에 그 간접출자법인의 특수관계법인에 대한 주식보유비율을 곱한 금액(2023.2.28 본문개정)
   가. 지배주주등 및 지배주주의 특수관계인(그 간접출자법인은 제외한다)이 수혜법인 및 특수관계법인의 주식등을 보유하지 않을 것
   나. 특수관계법인이 수혜법인의 주식등을 직접 또는 간접으로 보유하지 않고 수혜법인이 특수관계법인의 주식등을 직접 또는 간접으로 보유하지 않을 것
   다. 수혜법인 및 특수관계법인이 지배주주등과 수혜법인 및 특수관계법인 사이에 주식보유를 통하여 개재되어 있는 법인의 주식을 직접 또는 간접으로 보유하지 않을 것
   (2020.2.11 본호신설)
(2014.2.21 본항신설)
⑮ 제13항을 적용할 때 지배주주등이 수혜법인의 직전 사업연도에 대한 법 제68조제1항 단서에 따른 증여세 과세표준 신고기한의 다음날부터 해당 사업연도에 대한 같은 항 단서에 따른 증여세 과세표준 신고기한까지 수혜법인 또는 간접출자법인으로부터 배당받은 소득이 있는 경우에는 다음 각 호의 구분에 따른 금액을 해당 출자관계의 증여의제이익에서 공제한다. 다만, 공제 후의 금액이 음수(陰數)인 경우에는 영으로 본다.
1. 수혜법인으로부터 받은 배당소득 : 다음 계산식에 따라 계산한 금액. 이 경우 배당가능이익은 「법인세법 시행령」 제86조의3제1항에 따른 배당가능이익(이하 이 항에서 "배당가능이익"이라 한다)으로 한다.

$$\text{배당소득} \times \frac{\text{제13항에 따라 계산한 직접 출자관계의 증여의제이익}}{(\text{수혜법인의 사업연도 말일 배당가능이익} \times \text{지배주주등의 수혜법인에 대한 직접보유비율})}$$

2. 간접출자법인으로부터 받은 배당소득 : 다음 계산식에 따라 계산한 금액

$$\text{배당소득} \times \frac{\text{제13항에 따라 계산한 간접 출자관계의 증여의제이익}}{[\text{간접출자법인의 사업연도 말일 배당가능이익} + (\text{수혜법인의 사업연도 말일 배당가능이익} \times \text{간접출자법인의 수혜법인에 대한 주식보유비율})] \times \text{지배주주등의 간접출자법인에 대한 직접보유비율}}$$

(2023.2.28 본항개정)
⑯ 법 제45조의3제1항제1호가목에서 "독점규제 및 공정거래에 관한 법률" 제31조에 따른 공시대상기업집단 간의 교차거래 등으로서 대통령령으로 정하는 거래에서 발생한 매출액"이란 다음 각 호의 어느 하나에 해당하는 목적으로 「독점규제 및 공정거래에 관한 법률」 제31조에 따른 공시대상기업집단 간에 계약·협정 및 결의 등에 따라 제3자를 통한 간접적인 방법이나 둘 이상의 거래를 거치는 방법으로 발생한 수혜법인의 매출액을 말한다.(2021.12.28 본문개정)
1. 법 제45조의3제1항에 따른 증여의제를 회피할 목적
2. 「독점규제 및 공정거래에 관한 법률」 제9조제1항 각 호 외의 부분에 따른 특수관계인에 대한 부당한 이익제공 등의 금지를 회피할 목적(2021.12.28 본호개정)
(2018.2.13 본항신설)
⑰ 법 제45조의3제1항제1호나목2)에서 "대통령령으로 정하는 금액"이란 1천억원을 말한다. 다만, 법 제45조의3제1항 각 호 외의 부분 후단에 해당하는 경우에는 다음 계산식에 따라 계산한 금액을 말한다.

$$1\text{천억원} \times \frac{\text{해당 사업연도의 사업부문별 매출액}}{\text{해당 사업연도의 전체 매출액}}$$

(2023.2.28 본항개정)
⑱ 법 제45조의3제2항에서 "대통령령으로 정하는 법인"이란 다음 각 호의 어느 하나에 해당하는 간접출자법인을 말한다.(2013.2.15 단서삭제)
1. 지배주주등이 발행주식총수등의 100분의 30 이상을 출자하고 있는 법인(2014.2.21 본호개정)
2. 지배주주등 및 제1호에 해당하는 법인이 발행주식총수등의 100분의 50 이상을 출자하고 있는 법인
3. 제1호 및 제2호의 법인과 수혜법인 사이에 주식등의 보유를 통하여 하나 이상의 법인이 개재되어 있는 경우에는 해당 법인
⑲ 특수관계법인이 둘 이상인 경우에도 하나의 법인으로부터 이익을 얻은 것으로 본다.
(2012.2.2 본조신설)

제34조의4【특수관계법인으로부터 제공받은 사업기회로 발생한 이익의 증여 의제】
① 법 제45조의4제1항에서 "대통령령으로 정하는 특수관계에 있는 법인"이란 지배주주와 제2조의2제1항제3호부터 제8호까지의 규정에 따른 관계에 있는 자(이하 이 조에서 "특수관계법인"이라 한다)를 말한다.
② 법 제45조의4제1항에서 "대통령령으로 정하는 방법으로 사업기회를 제공받는 경우"란 특수관계법인이 직접 수행하거나 다른 사업자가 수행하고 있던 사업기회를 임대차계약, 입점계약 등 기획재정부령으로 정하는 방법으로 제공받는 경우를 말한다.
③ 법 제45조의4제1항 및 제3항을 적용할 때 "수혜법인의 이익"이란 사업기회를 제공받은 해당 사업부문의 영업이익(「법인세법」 제43조의 기업회계기준에 따라 계산한 매출액에서 매출원가 및 판매비와 관리비를 차감한 영업이익을 말한다. 이하 이 항에서 같다)에 「법인세법」 제23조·제33조·제34조·제40조·제41조 및 같은 법 시행령 제44조의2·제74조에 따른 세무조정사항을 반영한 금액을 말한다. 다만, 사업부문별로 회계를 구분하여 기록하지 아니하는 등의 사유로 해당 사업부문의 영업이익을 계산할 수 없는 경우에는 기획재정부령으로 정하는 방법에 따라 계산한 금액을 말한다.(2017.2.7 단서신설)
④ 법 제45조의4제1항 및 제3항에서 "법인세 납부세액 중 상당액"이란 제1호의 세액에 제2호의 비율을 곱하여 계산한 금액을 말한다.
1. 법 제45조의4제1항에 따른 수혜법인(이하 이 조에서 "수혜법인"이라 한다)의 「법인세법」 제55조에 따른 산출세액(같은 법 제55조의2에 따른 토지등 양도소득에 대한 법인세액은 제외한다)에서 법인세액의 공제·감면액을 뺀 세액(2017.2.7 본호개정)

2. 제3항에 따른 가액이 수혜법인의 「법인세법」 제14조에 따른 각 사업연도의 소득금액에서 차지하는 비율(1을 초과하는 경우에는 1로 한다)

⑤ 법 제45조의4제1항에 따른 지배주주등(이하 이 조 및 제34조의5에서 "지배주주등"이라 한다)이 수혜법인의 사업연도 말일부터 법 제68조제1항에 따른 증여세 과세표준 신고기한까지 수혜법인으로부터 배당받은 소득이 있는 경우에는 다음의 계산식에 따라 계산한 금액을 증여의제이익에서 공제[공제 후의 금액이 음수(陰數)인 경우에는 영으로 본다]한다.

> 배당소득 × 법 제45조의4제1항에 따라 계산한 증여의제이익 ÷ (수혜법인의 사업연도 말일의 「법인세법 시행령」 제86조의2제1항에 따른 배당가능이익 × 지배주주등의 수혜법인에 대한 주식보유비율)

(2020.2.11 본항개정)

⑥ 지배주주등이 수혜법인의 법 제45조의4제1항에 따른 개시사업연도 말일부터 같은 조 제5항에 따른 과세표준 신고기한까지 수혜법인으로부터 배당받은 소득이 있는 경우에는 다음의 계산식에 따라 계산한 금액을 같은 조 제3항의 정산증여의제이익에서 공제(공제 후의 금액이 음수인 경우에는 영으로 본다)한다.

> (법 제45조의4제1항에 따른 개시사업연도 말일부터 같은 조 제5항에 따른 과세표준 신고기한 종료일까지 수혜법인으로부터 배당받은 소득의 합계) ÷ [(수혜법인의 법 제45조의4제1항에 따른 개시사업연도 말일부터 같은 조 제3항에 따른 정산사업연도 말일까지의 기간에 각 사업연도 말일을 기준으로 각 사업연도 단위로 계산한 「법인세법 시행령」 제86조의2제1항에 따른 배당가능이익의 합계) × (지배주주등의 수혜법인에 대한 주식보유비율)]

(2018.2.13 본항신설)

⑦ 법 제45조의4제1항에서 "대통령령으로 정하는 중소기업"이란 「조세특례제한법」 제6조제1항 각 호 외의 부분에 따른 중소기업을 말한다.(2021.2.17 본항개정)

⑧ 법 제45조의4제1항에서 "대통령령으로 정하는 법인"이란 수혜법인의 주식보유비율이 100분의 50 이상인 법인을 말한다.(2017.2.7 본항신설)

(2016.2.5 본조신설)

제34조의5【특정법인과의 거래를 통한 이익의 증여의제】 ①~③ (2020.2.11 삭제)

④ 법 제45조의5제2항에서 "특정법인의 이익"이란 제1호의 금액에서 제2호의 금액을 뺀 금액을 말한다.

1. 다음 각 목의 구분에 따른 금액
   가. 재산을 증여하거나 해당 법인의 채무를 면제·인수 또는 변제하는 경우 : 증여재산가액 또는 그 면제·인수 또는 변제로 인하여 해당 법인이 얻는 이익에 상당하는 금액
   나. 가목 외의 경우 : 제7항에 따른 시가와 대가와의 차액에 상당하는 금액

2. 가목의 금액에 나목의 비율을 곱하여 계산한 금액
   가. 특정법인의 「법인세법」 제55조제1항에 따른 산출세액(같은 법 제55조의2에 따른 토지등 양도소득에 대한 법인세액은 제외한다)에서 법인세액의 공제·감면액을 뺀 금액
   나. 제1호에 따른 이익이 특정법인의 「법인세법」 제14조에 따른 각 사업연도의 소득금액에서 차지하는 비율(1을 초과하는 경우에는 1로 한다)

⑤ 법 제45조의5제1항을 적용할 때 특정법인의 주주등이 증여받은 것으로 보는 경우는 같은 항에 따른 증여의제이익이 1억원 이상인 경우로 한정한다.

(2020.2.11 본항개정)

1.~2. (2020.2.11 삭제)

⑥ 법 제45조의5제1항제4호에서 "대통령령으로 정하는 것"이란 다음 각 호의 어느 하나에 해당하는 것을 말한다.(2020.2.11 본문개정)

1. 해당 법인의 채무를 면제·인수 또는 변제하는 것. 다만, 해당 법인이 해산(합병 또는 분할에 의한 해산은 제외한다) 중인 경우로서 주주등에게 분배할 잔여재산이 없는 경우는 제외한다.

2. 시가보다 낮은 가액으로 해당 법인에 현물출자하는 것

⑦ 법 제45조의5제1항제2호 및 제3호에서 "현저히 낮은 대가" 및 "현저히 높은 대가"란 각각 해당 재산 및 용역의 시가와 대가(제6항제2호에 해당하는 경우에는 출자한 재산에 대하여 교부받은 주식등의 액면가액의 합계액을 말한다)와의 차액이 시가의 100분의 30 이상이거나 그 차액이 3억원 이상인 경우의 해당 가액을 말한다. 이 경우 금전을 대부하거나 대부받는 경우에는 법 제41조의4를 준용하여 계산한 이익으로 한다.(2020.2.11 전단개정)

⑧ 제7항을 적용할 때 재산 또는 용역의 시가는 「법인세법 시행령」 제89조에 따른다.(2019.2.12 본항개정)

⑨ 법 제45조의5제2항을 적용할 때 증여세 상당액은 같은 조 제1항의 증여일에 제4항제1호의 금액에 해당 지배주주등의 주식보유비율을 곱한 금액을 해당 주주가 직접 증여받은 것으로 볼 때의 증여세로 하고, 법인세 상당액은 제4항제2호의 금액에 해당 지배주주등의 주식보유비율을 곱한 금액으로 한다.(2022.2.15 본항개정)

(2016.2.5 본조신설)

제3절 증여세과세가액

제35조【비과세되는 증여재산의 범위 등】 ① 법 제46조제2호에서 "우리사주조합"이란 「근로복지기본법」 또는 「자본시장과 금융투자업에 관한 법률」에 따른 우리사주조합을 말한다.(2010.12.7 본항개정)

② 법 제46조제2호에서 "대통령령으로 정하는 소액주주"란 제29조제5항에 따른 주주등을 말한다.(2017.2.7 본항개정)

③ 법 제46조제4호에서 "대통령령으로 정하는 단체"란 「근로복지기본법」에 따른 우리사주조합, 공동근로복지기금 및 근로복지진흥기금을 말한다.(2019.2.12 본항개정)

④ 법 제46조제5호에서 "대통령령으로 정하는 것"이란 다음 각 호의 어느 하나에 해당하는 것으로서 해당 용도에 직접 지출한 것을 말한다.(2010.2.18 본문개정)

1. (2003.12.30 삭제)
2. 학자금 또는 장학금 기타 이와 유사한 금품
3. 기념품·축하금·부의금 기타 이와 유사한 금품으로서 통상 필요하다고 인정되는 금품
4. 혼수용품으로서 통상 필요하다고 인정되는 금품
5. 타인으로부터 기증을 받아 외국에서 국내에 반입된 물품으로서 당해 물품의 관세의 과세가격이 100만원 미만인 물품
6. 무주택근로자가 건물의 총연면적이 85제곱미터 이하인 주택(주택에 부수되는 토지로서 건물연면적의 5배 이내의 토지를 포함한다)을 취득 또는 임차하기 위하여 법 제46조제4호의 규정에 의한 사내근로복지기금 및 공동근로복지기금으로부터 증여받은 주택취득보조금중 그 주택취득가액의 100분의 5 이하의 것과 주택임차보조금중 전세가액의 100분의 10 이하의 것(2019.2.12 본호개정)
7. 불우한 자를 돕기 위하여 언론기관을 통하여 증여한 금품(2003.12.30 본호신설)

⑤ 법 제46조제6호에서 "대통령령으로 정하는 단체"란 다음 각 호의 어느 하나에 해당하는 단체를 말한다.(2010.2.18 본문개정)

1. 「기술보증기금법」에 따른 기술보증기금
(2016.5.31 본호개정)
2. 「지역신용보증재단법」에 따른 신용보증재단 및 동법 제35조에 따른 신용보증재단중앙회(2011.7.25 본호개정)
3. 「예금자보호법」 제24조제1항에 따른 예금보험기금 및 동법 제26조의3제1항에 따른 예금보험기금채권상환기금(2007.2.28 본호신설)
4. 「한국주택금융공사법」 제55조에 따른 주택금융신용보증기금(동법 제59조의2에 따라 설치된 주택담보노후연금보증계정을 포함한다)(2007.2.28 본호신설)
5. 「서민의 금융생활 지원에 관한 법률」 제3조에 따른 서민금융진흥원(같은 법 제46조에 따라 설치된 신용보증계정에 출연하는 경우로 한정한다)
(2021.2.17 본호신설)
⑥ 법 제46조제8호에서 "대통령령으로 정하는 보험의 보험금"이란 「소득세법 시행령」 제107조제1항 각 호의 어느 하나에 해당하는 자를 수익자로 한 보험의 보험금을 말한다. 이 경우 비과세되는 보험금은 연간 4천만원을 한도로 한다.(2016.2.5 전단개정)
제36조【증여세 과세가액에서 공제되는 채무】① 법 제47조제1항에서 "그 증여재산에 관련된 채무 등 대통령령으로 정하는 채무"란 증여자가 해당 재산을 타인에게 임대한 경우의 해당 임대보증금을 말한다.
② 법 제47조제3항 단서에서 "국가 및 지방자치단체에 대한 채무 등 대통령령으로 정하는 바에 따라 객관적으로 인정되는 것인 경우"란 제10조제1항 각 호의 어느 하나에 따라 증명되는 경우를 말한다.
(2010.2.18 본조개정)

제4절 공익목적 출연재산의 과세가액 불산입

제37조【내국법인 주식등의 초과보유 계산방법 등】① 법 제48조제1항 각 호 외의 부분 단서 및 같은 조 제2항제2호 본문에 따른 주식등의 초과부분은 다음 각 호의 어느 하나에 해당하는 날을 기준으로 하여 계산한다.(2010.2.18 본문개정)
1. 공익법인등이 매매 또는 출연에 의하여 주식등을 취득하는 경우에는 그 취득일
2. 공익법인등이 보유하고 있는 주식등을 발행한 내국법인이 자본 또는 출자액을 증가시키기 위하여 발행한 신주 중 공익법인등에게 배정된 신주를 유상으로 취득하는 경우에는 그 취득하는 날이 속하는 과세기간 또는 사업연도 중 「상법」 제354조의 규정에 의한 주주명부의 폐쇄일 또는 권리행사 기준일(주식회사 외의 회사의 경우에는 과세기간 또는 사업연도의 종료일로 한다)(2013.2.15 본호개정)
3. 공익법인등이 보유하고 있는 주식등을 발행한 내국법인이 자본 또는 출자액을 감소시킨 경우에는 감자를 위한 주주총회결의일이 속하는 연도의 주주명부폐쇄일(주식회사외의 회사의 경우에는 과세기간 또는 사업연도의 종료일로 한다)(2002.12.30 본호신설)
4. 공익법인등이 보유하고 있는 주식등을 발행한 내국법인이 합병을 함에 따라 그 합병법인이 발행한 주식등을 취득하는 경우에는 합병등기일이 속하는 과세기간 또는 사업연도 중 「상법」 제354조에 따른 주주명부의 폐쇄일 또는 권리행사 기준일(주식회사 외의 회사의 경우에는 과세기간 또는 사업연도의 종료일로 한다)(2023.2.28 본호신설)
② 법 제48조제2항제2호나목 및 다목에서 "해당 내국법인과 특수관계에 있는 출연자"란 출연자가 해당 내국법인과 제2조의2제3항 각 호의 어느 하나에 해당하는 관계에 있는 경우 그 출연자를 말한다.(2017.2.7 본항개정)

③ (2021.2.17 삭제)
④~⑤ (2017.2.7 삭제)
⑥ 법 제48조제2항제2호 각 목 외의 부분 단서에서 "대통령령으로 정하는 요건을 갖춘 경우"란 다음 각 호의 요건을 모두 갖춘 경우를 말한다.(2017.2.7 본문개정)
1. 「산업교육진흥 및 산학연협력촉진에 관한 법률」에 따른 산학협력단(이하 "산학협력단"이라 한다)이 보유한 기술을 출자하여 같은 법에 따른 기술지주회사(이하 이 조에서 "기술지주회사"라 한다) 또는 「벤처기업 육성에 관한 특별조치법」에 따른 신기술창업전문회사(이하 이 조에서 "신기술창업전문회사"라 한다)를 설립할 것(2012.1.25 본호개정)
2. 산학협력단이 출자하여 취득한 주식등이 기술지주회사인 경우에는 발행주식총수의 100분의 50 이상(「산업교육진흥 및 산학연협력촉진에 관한 법률」 제36조의2제1항에 따라 각 산학협력단이 공동으로 기술지주회사를 설립하는 경우에는 각 산학협력단이 출자하여 취득한 주식등의 합계가 발행주식총수의 100분의 50 이상을 말한다), 신기술창업전문회사인 경우에는 발행주식총수의 100분의 30 이상일 것
(2018.2.13 본호개정)
3. 기술지주회사 또는 신기술창업전문회사는 자회사 외의 주식등을 보유하지 아니할 것
(2008.2.22 본항신설)
⑦ (2017.2.7 삭제)
제38조【공익법인등이 출연받은 재산의 사후관리】
① 법 제48조제2항 각 호 외의 부분 단서에서 "대통령령으로 정하는 재산"이란 법 제12조제1호에 따른 종교사업에 출연하는 헌금(부동산 및 주식등으로 출연하는 경우를 제외한다)을 말한다.(2015.2.3 본항개정)
② 법 제48조제2항제1호・제7호, 같은 조 제11항제1호 및 제2호에서 직접 공익목적사업에 사용하는 것은 공익법인등의 정관상 고유목적사업에 사용(다음 각 호의 어느 하나에 해당하는 경우는 제외한다)하는 것으로 한다. 다만, 출연받은 재산을 해당 직접 공익목적사업에 효율적으로 사용하기 위하여 주무관청의 허가를 받아 다른 공익법인등에게 출연하는 것을 포함한다.
(2021.2.17 본문개정)
1. 「법인세법 시행령」 제56조제11항에 따라 고유목적에 지출한 것으로 보지 아니하는 금액(2012.2.2 본호신설)
2. 해당 공익법인등의 정관상 고유목적사업에 직접 사용하는 시설에 소요되는 수선비, 전기료 및 전화사용료 등의 관리비를 제외한 관리비(2013.2.15 본호신설)
③ 법 제48조제2항제1호 단서에서 "직접 공익목적사업 등에 사용하는 데에 장기간이 걸리는 등 대통령령으로 정하는 부득이한 사유"란 다음 각 호의 어느 하나에 해당하는 사유로 출연 받은 재산을 3년 이내에 직접 공익목적사업 등에 전부 사용하거나 3년 이후 직접 공익목적사업 등에 계속하여 사용하는 것이 곤란한 경우를 말한다.
1. 법령상 또는 행정상의 부득이한 사유 등으로 사용이 곤란한 경우로서 주무부장관(권한을 위임받은 자를 포함한다)이 인정한 경우
2. 해당 공익목적사업 등의 인가・허가 등과 관련한 소송 등으로 사용이 곤란한 경우
(2021.2.17 본항개정)
④ 법 제48조제2항제4호에서 "대통령령으로 정하는 바에 따라 사용하지 아니한 경우"란 매각한 날이 속하는 과세기간 또는 사업연도의 종료일부터 3년 이내에 매각대금 중 직접 공익목적사업에 사용한 실적(매각대금으로 직접 공익목적사업용, 수익용 또는 수익사업용 재산을 취득한 경우를 포함하며, 「독점규제 및 공정거래에 관한 법률」 제31조에 따른 공시대상기업집단에 속하는 법인과 같은 법 시행령 제4조제1호에 따른 동일

인 관련자의 관계에 있는 공익법인등이 매각대금으로 해당 기업집단에 속하는 법인의 의결권 있는 주식등을 취득하는 경우는 제외한다. 이하 이 항 및 제7항에서 같다)이 매각대금의 100분의 90에 미달하는 경우를 말한다. 이 경우 해당 매각대금 중 직접 공익목적사업용, 수익용 또는 수익사업용 재산(공익목적사업용, 수익용 또는 수익사업용 재산을 취득하기 전에 일시 취득한 재산을 제외한다. 이하 이 항 및 제7항에서 같다)을 취득한 가액이 매각대금의 사용기준에 상당하는 금액에 미달하는 경우에는 그 차액에 대하여 이를 적용한다. (2021.12.28 전단개정)

⑤ 법 제48조제2항제5호에서 운용소득과 관련된 "대통령령으로 정하는 기준금액"이란 제1호에 따라 계산한 금액에서 제2호의 금액을 뺀 금액(이하 이 항에서 "운용소득"이라 한다)의 100분의 80에 상당하는 금액(이하 이 항에서 "사용기준금액"이라 한다)을 말한다. 이 경우 직전 과세기간 또는 사업연도에서 발생한 운용소득을 사용기준금액에 미달하게 사용한 경우에는 그 미달하게 사용한 금액(법 제78조제9항에 따른 가산세를 뺀 금액을 말한다)을 운용소득에 가산한다.(2021.2.17 전단개정)
1. 해당 과세기간 또는 사업연도의 수익사업에서 발생한 소득금액(「법인세법」 제29조제1항 각 호 외의 부분에 따른 고유목적사업준비금과 해당 과세기간 또는 사업연도 중 고유목적사업비로 지출된 금액으로서 손금에 산입된 금액을 포함하며, 다음 각 목의 어느 하나에 해당하는 금액은 제외한다)과 출연재산을 수익의 원천에 사용함으로써 생긴 소득금액의 합계액(2021.2.17 본문개정)
가. 출연재산과 관련이 없는 수익사업에서 발생한 소득금액
나. 법 제48조제2항제4호에 따른 출연재산 매각금액
다. 「법인세법」 제16조제1항제5호 또는 「소득세법」 제17조제2항제4호에 해당하는 금액(합병대가 중 주식등으로 받은 부분으로 한정한다)으로서 해당 과세기간 또는 사업연도의 소득금액에 포함된 금액
라. 「법인세법」 제16조제1항제6호 또는 「소득세법」 제17조제2항제6호에 해당하는 금액(분할대가 중 주식으로 받은 부분으로 한정한다)으로서 해당 과세기간 또는 사업연도의 소득금액에 포함된 금액
(2021.2.17 가목~라목신설)
2. 해당 과세기간 또는 사업연도의 법인세 또는 소득세·농어촌특별세·주민세 및 이월결손금(2013.2.15 본호개정)

⑥ 법 제48조제2항제5호에 따른 운용소득의 사용은 그 소득이 발생한 과세기간 또는 사업연도 종료일부터 1년 이내에 직접 공익목적사업에 사용한 실적(제5항제1호에 따라 해당 과세기간 또는 사업연도 중 고유목적사업비로 지출된 금액으로서 손금에 산입된 금액을 포함한다)을 말한다. 이 경우 그 실적 및 기준금액은 각각 해당 과세기간 또는 사업연도와 직전 4과세기간 또는 사업연도와의 5년간의 평균금액을 기준으로 계산할 수 있으며 사업개시 후 5년이 경과되지 아니한 경우에는 사업개시 후 5년이 경과한 때부터 이를 계산한다. (2010.2.18 본항개정)

⑦ 법 제48조제2항제5호에서 "매각대금을 매각한 날부터 3년 동안 대통령령으로 정하는 기준금액에 미달하게 사용한 경우"란 매각대금 중 직접 공익목적사업에 사용한 실적이 매각한 날이 속하는 과세기간 또는 사업연도 종료일부터 1년 이내에 매각대금의 100분의 30, 2년 이내에 매각대금의 100분의 60에 미달하게 사용한 경우를 말한다. 이 경우 해당 매각대금 중 직접 공익목적사업용 또는 수익사업용 재산을 취득한 가액이 매연도별 매각대금의 사용기준에 상당하는 금액에 미달하는 경우에는 그 차액에 대하여 이를 적용한다. (2010.2.18 본항개정)

⑧ 법 제48조제2항제8호에서 "대통령령으로 정하는 바에 따라 운용하지 아니하는 경우"란 다음 각 호의 어느 하나에 해당하는 경우를 말한다.(2018.2.13 본문개정)
1. 공익법인등이 사업을 종료한 때의 잔여재산을 국가·지방자치단체 또는 해당 공익법인등과 동일하거나 주무부장관이 유사한 것으로 인정하는 공익법인등에 귀속시키지 아니한 때(2019.2.12 본호개정)
2. 직접 공익목적사업에 사용하는 것이 사회적 지위·직업·근무처 및 출생지 등에 의하여 일부에게만 혜택을 제공하는 것일 때. 다만, 주무부장관이 기획재정부장관과 협의(「행정권한의 위임 및 위탁에 관한 규정」 제3조제1항에 따라 공익법인등의 설립허가등에 관한 권한이 위임된 경우에는 해당 권한을 위임받은 기관과 해당 공익법인등의 관할 세무서장의 협의를 말한다)하여 따로 수혜자의 범위를 정하는 것을 다음 각 목의 어느 하나에 해당하는 조건으로 한 경우를 제외한다.(2013.2.15 단서개정)
가. 해당 공익법인등의 설립허가의 조건으로 붙인 경우(2013.2.15 본목개정)
나. 정관상의 목적사업을 효율적으로 수행하기 위하여 또는 정관상의 목적사업에 새로운 사업을 추가하기 위하여 재산을 추가출연함에 따라 정관의 변경허가를 받는 경우로서 그 변경허가조건으로 붙인 경우(1998.12.31 본호개정)

⑨ 법 제48조제2항제1호, 제3호부터 제5호까지, 제7호 및 제8호를 적용할 때 출연받은 재산·운용소득·출연받은 재산의 매각대금 및 제8항제1호에 따른 잔여재산(이하 이 항에서 "출연받은 재산등"이라 한다)중 일부가 다음 각 호의 어느 하나에 해당하는 사유로 인하여 직접 공익목적사업에 사용할 수 없거나 제8항제1호에 따른 국가·지방자치단체 및 공익법인등에 귀속시킬 수 없는 경우에는 해당 금액을 출연받은 재산등의 가액에서 뺀 금액을 기준으로 한다.(2018.2.13 본문개정)
1. 공익법인등의 이사 또는 사용인의 불법행위로 인하여 출연받은 재산등이 감소된 경우. 다만, 출연자 및 그 출연자와 제2조의2제1항제1호의 관계에 있는 자의 불법행위로 인한 경우를 제외한다.(2016.2.5 단서개정)
2. 출연받은 재산등을 분실하거나 도난당한 경우(2003.12.30 본호개정)

⑩ 법 제48조제8항에서 "출연자"란 재산출연일 현재 해당 공익법인등의 총출연재산가액의 100분의 1에 상당하는 금액과 2천만원 중 적은 금액을 초과하여 출연한 자를 말한다.(2012.2.2 본항개정)

⑪ 법 제48조제8항에서 "대통령령으로 정하는 공익법인등"이란 다음 각 호의 법인(제12조제4호에 해당하는 공익법인을 제외한다)을 말한다.
1. 출연자와 제2조의2제1항제3호의 관계에 있는 자가 이사의 과반수를 차지하거나 재산을 출연하여 설립한 비영리법인
2. 출연자와 제2조의2제1항제4호의 관계에 있는 자가 재산을 출연하여 설립한 비영리법인
3. 출연자와 제2조의2제1항제5호 또는 제8호의 관계에 있는 비영리법인
(2016.2.5 1호~3호개정)
(2012.2.2 본항개정)

⑫ 법 제48조제8항 단서에서 "사망 등 대통령령으로 정하는 부득이한 사유"란 다음 각 호의 어느 하나에 해당하는 사유를 말한다.
1. 이사의 사망 또는 사임
2. 특수관계인에 해당하지 아니하던 이사가 특수관계인에 해당하는 경우
(2016.2.5 본항신설)

⑬ 법 제48조제9항 본문 및 제10항 본문에서 "특수관계에 있는 내국법인"이란 다음 각 호의 어느 하나에 해당하는 자가 제1호에 해당하는 기업의 주식등을 출연하거나 보유한 경우의 해당 기업(해당 기업과 함께 제1호에 해당하는 자에 속하는 다른 기업을 포함한다)을 말한다.(2013.2.15 본문개정)
1. 기획재정부령으로 정하는 기업집단의 소속 기업(해당 기업의 임원 및 퇴직임원을 포함한다)과 다음 각 목의 어느 하나에 해당하는 관계에 있는 자 또는 해당 기업의 임원에 대한 임면권의 행사 및 사업방침의 결정 등을 통하여 그 경영에 관하여 사실상의 영향력을 행사하고 있다고 인정되는 자(2019.2.12 본문개정)
 가. 기업집단 소속의 다른 기업
 나. 기업집단을 사실상 지배하는 자
 다. 나목의 자와 제2조의2제1항제1호의 관계에 있는 자(2016.2.5 본목개정)
 (2012.2.2 본호개정)
2. 제1호 각 목 외의 부분에 따른 소속 기업 또는 같은 호 가목에 따른 기업의 임원 및 퇴직임원이 이사장인 비영리법인(2019.2.12 본호개정)
3. 제1호 및 제2호에 해당하는 자가 이사의 과반수이거나 재산을 출연하여 설립한 비영리법인(1999.12.31 본호신설)
⑭ 법 제48조제9항 후단에서 "그 초과하는 내국법인의 주식등의 가액"이란 각 사업연도 종료일 현재 제1호의 가액에서 제2호의 가액의 100분의 30(법 제50조제3항에 따른 외부감사, 법 제50조의2에 따른 전용계좌의 개설 및 사용과 법 제50조의3에 따른 결산서류등의 공시를 이행하는 공익법인등에 해당하면 100분의 50)에 해당하는 금액을 차감하여 계산한 가액을 말한다.(2013.2.15 본문개정)
1. 「법인세법 시행령」 제74조제1항제1호마목의 규정에 의한 당해 내국법인의 주식등의 취득가액과 재무상표상의 가액 중 적은 금액(2022.2.15 본호개정)
2. 공익법인등의 총재산(당해 내국법인의 주식등을 제외한다)에 대한 재무상태표상의 가액에 제1호의 가액을 가산한 가액(2022.2.15 본호개정)
⑮ 법 제48조제10항에 따라 가산세를 부과하는 광고·홍보는 공익법인등이 다음 각 호의 어느 하나에 해당하는 행위를 하는 경우를 말한다.(2013.2.15 본문개정)
1. 신문·잡지·텔레비전·라디오·인터넷 또는 전자광고판 등을 이용하여 내국법인을 위하여 홍보하거나 내국법인의 특정상품에 관한 정보를 제공하는 행위. 다만, 내국법인의 명칭만을 사용하는 홍보를 제외한다.(2004.12.31 단서신설)
2. 팜플렛·입장권 등에 내국법인의 특정상품에 관한 정보를 제공하는 행위. 다만, 내국법인의 명칭만을 사용하는 홍보를 제외한다.(2004.12.31 본호개정)
3. (2004.12.31 삭제)
⑯ 이 조를 적용함에 있어 주무부장관 또는 주무관청을 알 수 없는 경우에는 관할 세무서장을 주무부장관 또는 주무관청으로 본다.(2013.2.15 본항신설)
⑰ 법 제48조제2항제2호 각 목 외의 부분 본문에서 "대통령령으로 정하는 공과금 등"이란 출연받은 재산의 매각에 따라 부담하는 국세 및 지방세를 말한다.(2017.2.7 본항신설)
⑱ 법 제48조제2항제7호에서 "대통령령으로 정하는 공익법인등"이란 다음 각 호의 어느 하나에 해당하는 공익법인등을 말한다.
1. 제43조의5제1항 및 제2항에 따른 공익법인등(2022.2.15 본호개정)
2. 「법인세법 시행령」 제39조제1항제1호바목에 따른 공익법인등 중 「공공기관의 운영에 관한 법률」 제4조에 따른 공공기관 또는 법률에 따라 직접 설립된 기관(2021.2.17 본호개정)
(2020.2.11 본항신설)

⑲ 법 제48조제2항제7호에서 "대통령령으로 정하는 출연재산가액"이란 직접 공익목적사업에 사용해야 할 과세기간 또는 사업연도의 직전 과세기간 또는 사업연도 종료일 현재 재무상태표 및 운영성과표를 기준으로 다음의 계산식에 따라 계산한 가액을 말한다. 다만, 공익법인등이 제41조의2제6항에 따른 공익법인등에 해당하거나 제43조제3항에 따른 공익법인등에 해당하지 않는 경우로서 재무상태표상 자산가액이 법 제4장에 따라 평가한 가액의 100분의 70 이하인 경우에는 같은 장에 따라 평가한 가액을 기준으로 다음의 계산식에 따라 계산한 가액을 말한다.(2016.2.5 본문개정)

> 수익용 또는 수익사업용으로 운용하는 재산(직접 공익목적사업용 재산은 제외한다)의 [총자산가액 - (부채가액 + 당기 순이익)]
>
> * 총자산가액 중 해당 공익법인이 3년 이상 보유한 유가증권시장 또는 코스닥시장에 상장된 주권상장법인의 주식의 가액은 직전 3개 과세기간 또는 사업연도 종료일 현재 각 재무상태표 및 운영성과표를 기준으로 한 가액의 평균액으로 한다.

(2022.2.15 본항개정)
⑳ (2021.2.17 삭제)

제39조【공익법인등의 자기내부거래에 대한 증여세 과세】 ① 법 제48조제3항제3호에서 "대통령령으로 정하는 특수관계에 있는 자"란 다음 각 호의 어느 하나에 해당하는 관계에 있는 자를 말하며, 제2호부터 제5호까지의 규정에 따른 출연자에는 제2조의2제1항제1호에 따른 관계가 있는 자를 포함한다.(2016.2.5 본문개정)
1. 출연자가 「민법」 제32조에 따라 설립된 법인인 경우에는 그 법인에 대한 출연자 및 그 출연자와 제2조의2제1항제1호의 관계에 있는 자(2016.2.5 본호개정)
2. 출연자가 제1호 외의 법인인 경우에는 해당 법인을 출자에 의하여 지배하고 있는 자 및 그와 제2조의2제1항제1호의 관계에 있는 자(2016.2.5 본호개정)
3. 출연자의 사용인(2002.12.30 본호개정)
4. 출연자로부터 재산을 출연받은 다른 공익법인등의 임원
5. 출연자가 출자에 의하여 지배하고 있는 법인
6. 제28조제2호 및 제3호에 해당하는 관계에 있는 자(2013.2.15 본호개정)
② 법 제48조제3항 각 호 외의 부분 단서에서 "공익법인등이 직접 공익목적사업과 관련하여 용역을 제공받고 정상적인 대가를 지급하는 등 대통령령으로 정하는 경우"란 다음 각 호의 어느 하나에 해당하는 경우를 말한다.(2010.2.18 본문개정)
1. 출연받은 재산을 출연받은 날부터 3개월 이내에 법 제48조제3항 각 호의 어느 하나에 해당하는 자가 사용하는 경우(2013.2.15 본호개정)
1의2. 법 제48조제3항 각 호의 어느 하나에 해당하는 자가 다음 각 목의 어느 하나에 해당하는 금액을 지급하고 공익법인등이 출연받은 부동산을 사용하는 경우
 가. 제32조제3항에 따른 시가
 나. 「법인세법」 제52조제2항에 따른 시가로서 같은 조 제1항에 따른 부당행위계산의 부인이 적용되지 아니하는 범위에 있는 금액(2018.2.13 본호신설)
2. 제12조제2호에 따른 교육사업을 영위하는 교육기관이 기획재정부령이 정하는 연구시험용 건물 및 시설 등을 출연받아 이를 해당 공익법인등과 출연자가 공동으로 사용하는 경우(2019.2.12 본호개정)
3. 해당 공익법인등이 의뢰한 연구용역 등의 대가 또는 직접 공익목적사업의 수행과 관련한 경비 등을 지급하는 경우(2013.2.15 본호개정)

③ 법 제48조제3항 각 호 외의 부분 본문에서 "대통령령으로 정하는 가액"이란 같은 항 각 호의 어느 하나에 해당하는 자에게 무상으로 사용·수익하게 한 경우에는 해당 출연재산가액을 말하며, 다음 각 호의 금액 중 적은 금액보다 낮은 대가로 사용·수익하게 한 경우에는 그 차액에 상당하는 출연재산가액을 말한다. (2018.2.13 본문개정)
1. 제32조제3항에 따른 시가(2018.2.13 본호신설)
2. 「법인세법」제52조제2항에 따른 시가(2018.2.13 본호신설)

제40조【공익법인등에게 부과되는 증여세 과세가액의 계산 등】 ① 법 제48조제2항 각 호 외의 부분 본문에서 "대통령령으로 정하는 가액"이란 다음 각 호의 어느 하나에 해당하는 가액을 말한다.(2010.2.18 본문개정)
1. 법 제48조제2항제1호 본문에 해당하게 되는 경우에는 다음 각 목의 구분에 따른 가액(2021.2.17 본문개정)
   가. 직접 공익목적사업 등외에 사용한 경우에는 그 사용한 재산의 가액
   나. 3년 이내에 직접 공익목적사업 등에 사용하지 아니하거나 미달하게 사용한 경우에는 그 사용하지 아니하거나 미달한 재산의 가액
   다. 3년 이후 직접 공익목적사업 등에 계속하여 사용하지 않는 경우에는 그 사용하지 않는 재산의 가액 (2021.2.17 본목신설)
   (1999.12.31 본호개정)
2. 법 제48조제2항제2호의 규정에 해당하게 되는 경우에는 그 초과부분을 취득하는데 사용한 재산의 가액
2의2. 법 제48조제2항제3호의 규정에 해당하게 되는 경우에는 다음 산식에 의하여 계산한 재산가액
기획재정부령이 정하는 출연재산(직접 공익목적사업에 사용한 분을 제외한다)의 평가가액 ×
$$\frac{\text{공익목적사업외에 사용한 금액}}{\text{제38조제5항의 규정에 의한 운용소득}}$$
(2008.2.29 본호개정)
3. 법 제48조제2항제4호의 규정에 해당하게 되는 경우에는 다음 각목의 구분에 따라 계산한 재산가액
   가. 공익목적사업외에 사용한 분 :
   제38조제4항의 규정에 의한 사용기준금액 ×
$$\frac{\text{공익목적사업외에 사용한 금액}}{\text{제38조제4항의 규정에 의한 매각대금}}$$
   나. 제38조제4항의 규정에 의한 사용기준금액에 미달하게 사용한 분 : 당해 미달사용금액
   (2003.12.30 본호개정)
3의2. 법 제48조제2항제6호에 해당하게 되는 경우에는 해당 공익법인 등이 출연받은 주식등의 의결권을 행사한 날에 발행주식총수등의 100분의 10을 초과하여 보유하고 있는 주식등의 가액(2018.2.13 본호신설)
4. 제38조제8항제1호의 규정에 해당하게 되는 경우에는 국가·지방자치단체 또는 당해 공익법인등과 동일하거나 유사한 공익법인등에 귀속시키지 아니한 재산가액(2000.12.29 본호개정)
5. 제38조제8항제2호의 본문의 규정에 해당하게 되는 경우에는 혜택을 받은 일부에게만 제공된 재산가액 또는 경제적 이익에 상당하는 가액(2000.12.29 본호개정)
② 법 제48조제11항 및 제12항에 따라 상속세 또는 증여세 과세가액에 산입하거나 즉시 증여세를 부과해야 하는 경우에는 그 과세가액에 산입하거나 증여세를 부과해야 할 사유가 발생한 날 현재 해당 공익법인등이 초과하여 보유하고 있는 주식등의 가액을 기준으로 한다. 이 경우 "증여세를 부과해야 할 사유가 발생한 날"

이란 다음 각 호의 어느 하나에 해당하는 날을 말한다.
1. 법 제48조제11항 각 호의 요건을 충족하지 못하게 된 경우에는 해당 요건을 충족하지 못한 과세기간 또는 사업연도의 종료일
2. 법 제48조제12항에 따른 공익법인등에 해당하지 않게 된 경우에는 해당 공익법인등에 해당하지 않는 과세기간 또는 사업연도의 종료일(2021.2.17 본호신설)
3. 법 제48조제12항에 따라 해당 법인의 발행주식총수 등의 100분의 5를 초과하여 보유하게 된 날 (2021.2.17 본호신설)
(2010.2.18 본항제목개정)

제41조【출연재산 명세의 보고 등】 ① 법 제48조제5항에 따라 재산을 출연받은 공익법인등은 결산에 관한 서류[「공익법인의 설립·운영에 관한 법률」및 그 밖의 법령에 따라 공익법인등이 주무관청에 제출하는 재무상태표 및 손익계산서(손익계산서에 준하는 수지계산서 등을 포함한다)로 한정한다] 및 기획재정부령으로 정하는 다음 각 호에 규정하는 사항에 관한 서류를 과세기간 또는 사업연도 종료일부터 4개월 이내에 납세지 관할세무서장에게 제출해야 한다.(2022.2.15 본문개정)
1. 출연받은 재산의 명세
2. 출연재산의 운용소득을 포함한다)의 사용계획 및 진도현황
3. 법 제48조제2항제4호 및 같은 항 제5호(제38조제7항에 해당하는 경우에 한정한다)에 해당하는 경우에는 매각재산 및 그 사용명세(2010.2.18 본호개정)
4. 운용소득의 직접 공익목적사업 사용명세
5. 그 밖에 기획재정부령으로 정하는 필요한 서류 (2010.2.18 본호개정)
② 법 제48조제6항의 규정에 의한 주무관청에의 통보는 기획재정부령이 정하는 통보서에 의하여 상속세 또는 증여세를 부과한 날이 속하는 달의 다음 달 말일까지 하여야 한다.(2008.2.29 본항개정)
③ 법 제48조제7항의 규정에 의한 통보를 하고자 하는 주무관청은 기획재정부령이 정하는 통보서에 의하여 설립허가 등을 한 날이 속하는 달의 다음 달 말일까지 그 통보를 하여야 한다.(2008.2.29 본항개정)

제41조의2【공익법인등의 주식보유 요건 및 의무이행 신고】 ① 법 제48조제11항제1호에서 "대통령령으로 정하는 비율"이란 100분의 80을 말한다.
② 법 제48조제11항제2호에서 "대통령령으로 정하는 비율"이란 100분의 1을 말한다.
③ 법 제48조제11항제3호에서 "공익법인등의 이사의 구성 등 대통령령으로 정하는 요건"이란 다음 각 호의 요건을 말한다.
1. 출연자(재산출연일 현재 해당 공익법인등의 총 출연재산가액의 100분의 1에 상당하는 금액과 2천만원 중 적은 금액 이하를 출연한 자는 제외한다) 또는 그의 특수관계인이 공익법인등의 이사 현원(이사 현원이 5명 미만인 경우에는 5명으로 본다)의 5분의 1을 초과하지 않을 것. 다만, 제38조제12항 각 호의 사유로 출연자 또는 그의 특수관계인이 이사 현원의 5분의 1을 초과하여 이사가 된 경우로서 해당 사유가 발생한 날부터 2개월 이내에 이사를 보충하거나 교체 임명하여 출연자 또는 그의 특수관계인인 이사가 이사 현원의 5분의 1을 초과하지 않게 된 경우에는 계속하여 본문의 요건을 충족한 것으로 본다.
2. 법 제48조제3항에 해당하지 않을 것
3. 법 제48조제10항 전단에 따른 광고·홍보를 하지 않을 것
④ 법 제48조제11항제1호를 적용할 때 직접 공익목적 사업에 사용한 실적, 운용소득 및 기준금액에 관하여는 제38조제5항 및 제6항을 준용한다.

⑤ 공익법인등이 법 제48조제11항 각 호의 요건을 모두 충족했는지 여부는 해당 과세기간 또는 사업연도 전체를 기준으로 판단한다.

⑥ 법 제48조제13항에서 "내국법인의 발행주식총수등의 100분의 5를 초과하여 주식등을 출연받은 자 등 대통령령으로 정하는 공익법인등"이란 같은 조 제11항 각 호의 요건을 모두 충족하여 법 제16조제2항, 제48조제1항, 같은 조 제2항제2호, 같은 조 제9항 및 제49조제1항에 따른 주식등의 출연·취득 및 보유에 대한 증여세 및 가산세 등의 부과대상에서 제외되는 공익법인등으로서 기획재정부령으로 정하는 공익법인등을 말한다.(2023.2.28 본항개정)

⑦ 법 제48조제13항에 따라 의무이행 여부 등에 관한 사항을 신고하려는 공익법인등은 해당 과세기간 또는 사업연도 종료일부터 4개월 이내에 기획재정부령으로 정하는 신고서 및 관련 서류를 납세지 관할 지방국세청장에게 제출해야 한다.

⑧ 납세지 관할 지방국세청장은 제7항에 따른 신고내용을 확인하여 법 제48조제11항 각 호의 요건 충족 여부를 국세청장에게 보고해야 하고, 국세청장은 그 결과를 해당 공익법인등과 주무관청에 통보해야 한다.

⑨ 공익법인등의 법 제48조제11항 각 호의 요건 충족 여부 확인을 위한 추가적인 자료제출 및 그 밖에 필요한 사항은 기획재정부령으로 정한다.
(2021.2.17 본조신설)

제42조【주식등의 보유기준의 적용대상에서 제외되는 공익법인등】① (2021.2.17 삭제)

② 법 제48조제9항 전단에서 "대통령령으로 정하는 공익법인등"과 법 제49조제1항 각 호 외의 부분 단서에서 "대통령령으로 정하는 공익법인등"이란 다음 각 호의 어느 하나에 해당하는 것을 말한다.(2010.2.18 본문개정)
1. 국가·지방자치단체가 재산을 출연하여 설립한 공익법인등이 재산을 출연하여 설립한 공익법인등
2. 「공공기관의 운영에 관한 법률」 제4조제1항제3호에 따른 공공기관이 재산을 출연하여 설립한 공익법인등(2008.2.22 본호개정)
3. 제2호의 공익법인등이 재산을 출연하여 설립한 공익법인등
③~④ (2008.2.22 삭제)
⑤ 법 제49조제1항에 따른 주식등의 보유기준의 계산은 법 제48조제1항 각 호 외의 부분 단서 및 같은 조 제2항제2호에 따른 주식 출연 및 취득에 관한 기준을 준용한다.(2017.2.7 본항개정)

제43조【공익법인등에 대한 외부전문가의 세무확인 등】① 법 제50조제1항 본문에서 "대통령령으로 정하는 기준"이란 다음 각 호의 어느 하나에도 해당하지 아니하는 경우를 말한다.
1. 공익법인등의 출연자(재산출연일 현재 해당 공익법인등의 총 출연재산가액의 100분의 1에 해당하는 금액과 2천만원 중 적은 금액 이하의 금액을 출연한 사람은 제외한다), 설립자(이하 이 항에서 "출연자등"이라 한다) 또는 임직원(퇴직 후 5년이 지나지 아니한 사람을 포함한다)인 경우(2013.2.15 본호개정)
2. 출연자등과 제2조의2제1항제1호 또는 제2호의 관계에 있는 사람인 경우(2016.2.5 본호개정)
3. 출연자등 또는 그가 경영하는 회사(해당 회사가 법인인 경우에는 출연자등이 최대주주등인 회사를 말한다)와 소송대리, 회계감사, 세무대리, 고문 등의 거래가 있는 사람인 경우(2015.2.3 본호개정)
4. 해당 공익법인등과 채권·채무 관계에 있는 사람인 경우
5. 제1호부터 제4호까지의 사유 외에 해당 공익법인등과 이해관계가 있는 등의 사유로 그 직무의 공정한 수행을 기대하기 어렵다고 인정되는 사람인 경우

6. 제1호(임직원은 제외한다) 및 제3호부터 제5호까지의 규정에 따른 관계에 있는 법인에 소속된 사람인 경우
(2011.7.25 본항개정)

② 법 제50조제1항 단서에서 "대통령령으로 정하는 공익법인등"이란 다음 각 호의 어느 하나에 해당하는 공익법인 등을 말한다.(2010.2.18 본문개정)
1. 법 제50조제1항에 따라 외부전문가의 세무확인을 받아야 하는 과세기간 또는 사업연도의 종료일 현재 재무상태표상 총자산가액(부동산인 경우 법 제60조·제61조 및 제66조에 따라 평가한 가액이 재무상태표상의 가액보다 큰 경우에는 그 평가한 가액을 말한다)의 합계액이 5억원 미만인 공익법인등. 다만, 해당 과세기간 또는 사업연도의 수입금액(해당 공익사업과 관련된 「소득세법」에 따른 수입금액과 「법인세법」에 따라 법인세 과세대상이 되는 수익사업과 관련된 수입금액을 말한다. 이하 이 조 및 제43조의5제2항 단서에서 같다)과 그 과세기간 또는 사업연도에 출연받은 재산가액의 합계액이 3억원 이상인 공익법인등은 제외한다.(2022.2.15 본호개정)
2. 불특정다수인으로부터 재산을 출연받은 공익법인등(출연자 1명과 그의 특수관계인이 출연한 출연재산가액의 합계액이 공익법인 등이 출연받은 총재산가액의 100분의 5에 미달하는 경우로 한정한다)
3. 국가 또는 지방자치단체가 재산을 출연하여 설립한 공익법인등으로서 「감사원법」 또는 관련 법령에 따라 감사원의 회계검사를 받는 공익법인 등(회계검사를 받는 연도분으로 한정한다)
(2013.2.15 2호~3호개정)

③ 법 제50조제3항제1호에서 "대통령령으로 정하는 규모 미만인 공익법인등"이란 회계감사를 받아야 하는 과세기간 또는 사업연도의 직전 과세기간 또는 직전 사업연도의 총자산가액 등이 다음 각 호를 모두 충족하는 공익법인등을 말한다. 다만, 제41조의2제6항에 해당하는 공익법인등은 제외한다.(2021.2.17 단서신설)
1. 과세기간 또는 사업연도 종료일의 재무상태표상 총자산가액(부동산인 경우 법 제60조·제61조 및 제66조에 따라 평가한 가액이 재무상태표상의 가액보다 크면 그 평가한 가액을 말한다)의 합계액이 100억원 미만일 것
2. 해당 과세기간 또는 사업연도의 수입금액과 그 과세기간 또는 사업연도에 출연받은 재산가액의 합계액이 50억원 미만일 것
3. 해당 과세기간 또는 사업연도에 출연받은 재산가액이 20억원 미만일 것
(2020.2.11 본항개정)

④ 법 제50조제3항제2호에서 "대통령령으로 정하는 공익법인등"이란 제12조제1호 또는 제2호의 사업을 하는 공익법인등을 말한다. 다만, 제41조의2제6항에 해당하는 공익법인등은 제외한다.(2021.2.17 본항개정)

⑤ 법 제50조제6항에 따른 외부전문가의 세무확인 항목은 다음 각 호의 어느 하나에 따른다.(2021.2.17 본문개정)
1. 출연받은 재산의 공익목적 사용여부
2. 법 제48조·이 영 제37조 및 제39조에 따른 의무사항 이행여부(2013.2.15 본호개정)
3. (2000.12.29 삭제)
4. 그 밖에 공익목적사업운영 등에 관하여 기획재정부령이 정하는 것(2013.2.15 본호개정)

⑥ 외부전문가의 세무확인을 받은 공익법인등은 그 결과를 기획재정부령이 정하는 보고서에 의하여 세무확인을 받은 해당 공익법인등의 과세기간 또는 사업연도의 종료일부터 4개월 이내에 해당 공익법인등을 관할하는 세무서장에게 보고해야 한다.(2022.2.15 본항개정)

⑦ 법 제50조제3항에 따라 회계감사를 받은 공익법인 등은 감사인이 작성한 감사보고서를 해당 공익법인등의 과세기간 또는 사업연도 종료일부터 4개월 이내에 관할 세무서장에게 제출해야 한다. 이 경우 관할 세무서장은 제출받은 감사보고서를 일반인이 열람할 수 있도록 해야 한다.(2022.2.15 본항개정)
⑧ 법 제50조제6항에 따른 세무확인절차·방법 및 외부감사를 위한 외부전문가 및 감사인의 선임·선임의 제한, 외부전문가의 의무, 세무확인서 및 세무확인기간 등 외부전문가의 세무확인 및 감사인의 외부감사에 필요한 세부사항은 기획재정부령으로 정한다.
(2021.2.17 본항개정)

제43조의2【공익법인등에 대한 감사인 지정 등】① 법 제50조제4항 전단에서 "대통령령으로 정하는 공익법인등"이란 제4항에 따른 지정기준일이 속하는 과세연도(과세기간 또는 사업연도를 말한다. 이하 이 조에서 같다)의 직전 과세연도 종료일 현재 재무상태표상 총자산가액이 1,000억원 이상인 공익법인등을 말한다. 다만, 다음 각 호의 공익법인등은 제외한다.
1. 제4항에 따른 지정기준일 이전 4년 이내에 법 제50조제3항에 따른 감리를 받은 공익법인등으로서 그 감리 결과 법 제50조의4제1항에 따른 회계기준(다른 법령에 따라 별도의 회계기준이 적용되는 공익법인등의 경우에는 해당 회계기준을 말한다)을 위반한 사실이 발견되지 않은 공익법인등
2. 「공공기관의 운영에 관한 법률」 제4조에 따른 공공기관인 공익법인등
② 직전 과세연도 종료일 현재 재무상태표상 총자산가액이 1,000억원 이상인 공익법인등(제1항 각 호의 공익법인등은 제외한다)은 과세연도가 시작된 후 9개월째 되는 달의 초일부터 2주 이내에 법 제50조제4항에 따른 회계감사(이하 "지정회계감사"라 한다)에 필요한 자료로서 기획재정부령으로 정하는 자료를 기획재정부장관에게 제출해야 한다. 다만, 지정회계감사 대상인 2개 과세연도 중 두 번째 과세연도 및 그 직후 3개 과세연도에는 제출하지 않을 수 있다.
③ 기획재정부장관은 「주식회사 등의 외부감사에 관한 법률」에 따른 감사인 중에서 신청을 받아 법 제50조제4항 전단에 따른 감사인(이하 "지정감사인"이라 한다)을 지정하되, 다음 각 호의 자는 지정감사인으로 지정하지 않을 수 있다.
1. 감사보고서에 기재해야 할 사항을 기재하지 않았거나 거짓으로 작성한 혐의로 공소가 제기된 자
2. 특별한 사유 없이 제7항(제10항에 따라 준용되는 경우를 포함한다)에 따른 기간 내에 감사계약을 체결하지 않은 자
3. 제43조의3제3항에 따라 회계감사기준 또는 회계기준을 위반한 것으로 주무관청, 국세청장 및 금융위원회에 통보된 자
4. 그 밖에 과도한 감사보수를 요구하는 등의 사유로 제6항에 따라 의견이 제출된 자 등 지정감사인으로 지정하는 것이 적절하지 않다고 기획재정부장관이 인정하는 자 (2023.2.28 본항개정)
④ 기획재정부장관은 지정회계감사의 대상이 되는 과세연도의 직전 과세연도 개시일부터 11개월 15일이 되는 날(이하 이 조에서 "지정기준일"이라 한다)까지 지정감사인을 지정하고 이를 지정회계감사 대상 공익법인등 및 지정감사인에게 각각 통지해야 한다.
⑤ 기획재정부장관은 지정감사인을 지정하기 전에 도 지정회계감사 대상 공익법인등과 지정감사인으로 지정하려는 감사인에게 지정기준일 4주 전까지 지정 예정 사실을 문서로 통지해야 한다. 다만, 신속하게 지정감사인을 지정할 필요가 있는 경우에는 그 기간을 단축할 수 있다.

⑥ 제5항에 따른 통지를 받은 공익법인등과 지정 예정 감사인은 통지를 받은 날부터 2주 이내에 기획재정부장관에게 의견을 제출할 수 있으며, 기획재정부장관은 그 의견에 상당한 이유가 있는 경우 그 의견을 반영할 수 있다.
⑦ 제4항에 따라 지정감사인 지정 통지를 받은 공익법인등은 지정기준일부터 2주 이내에 지정감사인과 감사계약을 체결해야 한다. 다만, 다음 각 호의 경우에는 지정감사인을 다시 지정해 줄 것을 기획재정부장관에게 요청할 수 있다.
1. 지정감사인이 특별한 사유 없이 지정기준일부터 2주 이내에 감사계약을 체결하지 않은 경우
2. 지정감사인이 「공인회계사법」 제33조 및 그 밖의 법령에 따라 해당 공익법인등의 감사인이 될 수 없는 경우
⑧ 기획재정부장관은 제7항 단서에 따른 요청에 상당한 이유가 있는 경우 지정감사인을 다시 지정할 수 있다.
⑨ 기획재정부장관은 제8항에 따라 지정감사인을 다시 지정한 경우에는 그 사실을 해당 공익법인등 및 새로 지정된 지정감사인에게 각각 통지해야 한다.
⑩ 제8항에 따라 지정감사인을 다시 지정한 경우의 감사계약 체결 등에 관하여는 제7항을 준용한다. 이 경우 "지정기준일"은 "통지일"로 본다.
⑪ 제7항(제10항에 따라 준용되는 경우를 포함한다)에 따라 감사계약을 체결한 지정감사인은 감사계약을 체결한 날부터 2주 이내에 감사계약서 사본을 기획재정부장관에게 제출해야 한다.
⑫ 기획재정부장관은 법 제50조제4항 후단에 따라 이 조에 따른 지정감사인 지정에 관한 업무를 국세청장에게 위탁한다.
⑬ 제1항부터 제12항까지에서 규정한 사항 외에 지정감사인의 지정 절차, 그 밖에 지정감사인 지정에 필요한 세부사항은 기획재정부령으로 정한다.
(2022.2.15 본조신설)

제43조의3【감사보고서 등에 대한 감리】① 기획재정부장관은 법 제50조제5항 전단에 따라 공익법인등이 공시한 감사보고서와 그 감사보고서에 첨부된 재무제표가 다음 각 호의 어느 하나에 해당하는 경우에는 그 감사보고서와 재무제표에 대하여 감리할 수 있다.
1. 계량적 분석 또는 무작위 표본 추출 등의 방법에 따라 감리 대상으로 선정된 경우
2. 기획재정부장관이 공익법인등의 회계 관련 법령 위반사실의 확인을 위하여 감리가 필요하다고 인정하는 경우
② 기획재정부장관은 제1항에 따른 감리에 필요한 경우 해당 공익법인등 또는 감사인에게 자료 제출이나 의견 진술 등을 요구할 수 있다.
③ 기획재정부장관은 제1항에 따른 감리 결과 해당 감사보고서 또는 재무제표가 「주식회사 등의 외부감사에 관한 법률」 제16조에 따른 회계감사기준 또는 법 제50조의4제1항에 따른 회계기준(다른 법령에 따라 별도의 회계기준이 적용되는 공익법인등의 경우에는 해당 회계기준을 말한다)을 위반한 것으로 인정되는 경우 해당 공익법인등과 감사인의 명단 및 위반 내용 등을 해당 공익법인등의 주무관청, 국세청장 및 금융위원회에 통보해야 한다.
④ 제3항에 따른 통보를 받은 금융위원회는 그 통보 내용에 따라 해당 감사인에 대하여 징계 등의 조치를 하는 경우 그 내용을 기획재정부장관에게 통보해야 한다.
⑤ 기획재정부장관은 법 제50조제5항 후단에 따라 이 조 제1항 및 제2항에 따른 감리 및 자료 제출 등의 요구 업무를 「공인회계사법」 제41조에 따른 한국공인회계사회에 위탁한다.

⑥ 제1항부터 제5항까지에서 규정한 사항 외에 감리 대상 선정 및 감리 방법 등에 관하여 필요한 세부사항은 기획재정부령으로 정한다.
(2022.2.15 본조신설)

제43조의4【공익법인등의 전용계좌의 개설·사용의무】 ① 법 제50조의2제1항 각 호 외의 부분에서 "대통령령으로 정하는 공익법인등"이란 제12조제1호의 사업을 하는 공익법인등을 말한다. 다만, 제41조의2제6항에 해당하는 공익법인등은 제외한다.(2021.2.17 본항개정)
② 법 제50조의2제1항 각 호 외의 부분에서 "대통령령으로 정하는 직접 공익목적사업용 전용계좌"란 다음 각 호의 요건을 모두 갖춘 것을 말한다.
1. 금융회사등에 개설한 계좌일 것(2015.2.3 본호개정)
2. 공익법인등의 공익목적사업 외의 용도로 사용되지 아니할 것
③ 법 제50조의2제1항 각 호 외의 부분에 따른 전용계좌(이하 "전용계좌"라 한다)는 공익법인등별로 둘 이상 개설할 수 있다.
④ 법 제50조의2제1항제1호에 따라 전용계좌를 사용하여야 하는 거래의 범위에는 금융회사등의 중개 또는 금융회사등에 대한 위탁 등을 통하여 다음 각 호의 어느 하나에 해당하는 방법으로 그 대금을 결제하는 경우를 포함한다.(2015.2.3 본문개정)
1. 송금 및 계좌 간 자금이체
2. 「수표법」 제1조에 따른 수표로 이루어진 거래대금의 지급 및 수취
3. 「어음법」 제1조 및 제75조에 따른 어음으로 이루어진 거래대금의 지급 및 수취
4. 「여신전문금융업법」 또는 「전자금융거래법」에 따른 신용카드·선불카드(선불전자지급수단 및 전자화폐를 포함한다)·직불카드(직불전자지급수단을 포함한다)를 통하여 이루어진 거래대금의 지급 및 수취
⑤ 법 제50조의2제1항제2호 단서에서 "대통령령으로 정하는 경우"란 현금으로 직접 지급받은 기부금·출연금 또는 회비를 지급받는 날부터 5일(5일이 되는 날이 공휴일·토요일 또는 「근로자의 날 제정에 관한 법률」에 따른 근로자의 날에 해당하면 그 다음 날)까지 전용계좌에 입금하는 경우를 말한다. 이 경우 기부금·출연금 또는 회비의 현금수입 명세서를 작성하여 보관하여야 한다.
⑥ 법 제50조의2제1항제4호 본문에서 "대통령령으로 정하는 직접 공익목적사업비를 지출하는 경우"란 공익목적 사업과 관련된 기부금·장학금·연구비·생활비 등을 지출하는 경우를 말한다.
⑦ 공익법인등은 법 제50조의2제1항 각 호의 어느 하나에 해당되지 아니하는 거래의 경우 같은 조 제2항에 따라 그 거래일자, 거래상대방(확인이 가능한 경우에 한한다) 및 거래금액 등을 기재한 기획재정부령으로 정하는 전용계좌 외 거래명세서(이하 "전용계좌외거래명세서"라 한다)를 작성하여 보관하여야 한다. 이 경우 전산처리된 테이프 또는 디스크 등에 수록·보관하여 즉시 출력할 수 있는 상태에 둔 때에는 전용계좌외거래명세서를 작성하여 보관한 것으로 본다.
⑧ 법 제50조의2제2항 단서에서 "대통령령으로 정하는 수입과 지출"이란 다음 각 호의 어느 하나에 해당하는 수입과 지출을 말한다.
1. 「소득세법」 제160조의2제2항제3호 또는 제4호에 해당하는 증거서류를 받은 지출
2. 거래건당 금액(부가가치세를 포함한다)이 1만원(2008년 12월 31일까지는 3만원) 이하인 수입과 지출
3. 그 밖에 증거서류를 받기 곤란한 거래 등으로서 기획재정부령으로 정하는 수입과 지출(2008.2.29 본호개정)
⑨ 공익법인등은 해당 과세기간 또는 사업연도별로 전

용계좌를 사용하여야 할 수입과 지출, 실제 사용한 금액 및 미사용 금액을 구분하여 기록·관리하여야 한다.
⑩ 공익법인등은 법 제50조의2제3항에 따라 해당 기간에 기획재정부령으로 정하는 전용계좌개설(변경·추가)신고서를 납세지 관할 세무서장에게 제출하여야 한다. 이 경우 전용계좌를 변경·추가하는 때에는 사유발생일부터 1개월 이내에 납세지 관할 세무서장에게 신고하여야 한다.(2008.2.29 전단개정)
⑪ 법 제50조의2제3항을 적용할 때 설립일부터 1년 이내에 「법인세법 시행령」 제39조제1항제1호바목의 사업을 지정·고시된 공익법인등의 경우에는 이 영 제12조 각 호 외의 부분 단서에도 불구하고 공익법인등으로 고시된 날을 공익법인등에 해당하게 된 날로 본다.
(2023.2.28 본항신설)
⑫ 국세청장은 납세관리상 필요한 범위에서 전용계좌의 개설, 신고, 명세서 작성 등에 필요한 세부적인 사항을 정할 수 있다.
(2008.2.22 본조신설)

제43조의5【공익법인등의 결산서류등의 공시의무】 ① 법 제50조의3제1항 각 호 외의 부분 본문에서 "대통령령으로 정하는 공익법인등"이란 제12조제1호의 사업을 하는 공익법인등을 말한다. 다만, 제41조의2제6항에 해당하는 공익법인등은 제외한다.(2021.2.17 본항개정)
② 법 제50조의3제1항 각 호 외의 부분 단서에서 "대통령령으로 정하는 공익법인등"이란 법 제50조의3제1항에 따른 결산서류등(이하 이 조에서 "결산서류등"이라 한다)의 과세대상 과세기간 또는 사업연도의 종료일 현재 재무상태표상 총자산가액(부동산인 경우 법 제60조·제61조 및 제66조에 따라 평가한 가액이 재무상태표상의 가액보다 크면 그 평가한 가액을 말한다)의 합계액이 5억원 미만인 공익법인등을 말한다. 다만, 해당 과세기간 또는 사업연도의 수입금액과 그 과세기간 또는 사업연도에 출연받은 재산가액의 합계액이 3억원 이상인 공익법인등과 제41조의2제6항에 해당하는 공익법인등은 제외한다.(2021.2.17 단서개정)
③ 법 제50조의3제1항제6호에서 "대통령령으로 정하는 사항"이란 다음 각 호의 어느 하나에 해당하는 것을 말한다.(2020.2.11 본문개정)
1. 공익법인등의 주식등의 출연·취득·보유 및 처분 사항
2. 공익법인등에 주식등을 출연한 자와 그 주식등의 발행법인과의 관계
3. 주식등의 보유로 인한 배당현황, 보유한 주식등의 처분에 따른 수익현황 등
4. 법 제16조제2항, 제48조제1항 및 같은 조 제2항제2호에 따라 내국법인의 의결권 있는 주식등을 그 내국법인의 발행주식총수등의 100분의 5를 초과하여 보유하고 있는 공익법인등으로서 제41조의2제6항에 해당하는 경우에는 보유주식에 대한 의결권의 행사 결과(2021.2.17 본호개정)
5. 법 제50조제3항에 따른 외부감사를 받는 공익법인등의 경우에는 출연받은 재산의 공익목적사용 현황(2013.2.15 본호신설)
④ 법 제50조의3제1항에 따른 공익법인등은 국세청의 인터넷 홈페이지에 접속하여 기획재정부령으로 정하는 표준서식(법 제50조의3제1항 각 호 외의 부분 단서에 따른 공익법인등의 경우 기획재정부령으로 정하는 간편서식을 말한다)에 따라 작성된 결산서류등을 직접 공시해야 한다.(2020.2.11 본항개정)
⑤ 국세청장은 법 제50조의3제2항에 따라 공시요구를 하거나 오류시정을 요구할 때에는 문서로 하여야 하며, 요구를 이행하지 아니하는 공익법인등에 대하여는 법 제78조제11항에 따라 가산세를 부과하고 해당 공익법인등의 주무부장관에게 관련 사실을 통보하여야 한다.

⑥ 법 제50조의3제3항에서 "대통령령으로 정하는 자"란 다음 각 호의 어느 하나에 해당하는 자로서 결산서류등의 제공을 신청한 자를 말한다.
1.「정부출연연구기관 등의 설립·운영 및 육성에 관한 법률」제8조제1항 또는「과학기술분야 정부출연연구기관 등의 설립·운영 및 육성에 관한 법률」제8조제1항에 따라 설립된 연구기관
2. 법 제50조의3에 따라 공시의무를 이행한 공익법인등
3.「기부금품의 모집 및 사용에 관한 법률」제4조제1항에 따른 등록청이「전자정부법」제72조제4항에 따라 기부금을 통합하여 관리하는 시스템의 구축 및 운영에 관한 업무를 위탁한 기관(2021.2.17 본호신설)
(2019.2.12 본항개정)
⑦ 국세청장은 국세청의 인터넷 홈페이지에 공시하는 방법, 제4항에 따른 표준서식과 간편서식의 작성방법, 공시하지 않거나 허위공시할 때의 처리 등 공익법인등의 결산서류등의 공시에 필요한 세부적인 사항을 정할 수 있다.(2021.2.17 본항개정)
(2008.2.22 본조신설)

제43조의6【공익법인등에 적용되는 회계기준】① 기획재정부장관은 법 제50조의4에 따라 공익법인등에 적용되는 회계기준과 그 밖에 회계제도의 운영과 절차 등에 관하여 필요한 사항을 정한다.(2022.10.4 본항개정)
② 법 제50조의4제1항에서 "대통령령으로 정하는 공익법인등"이란「의료법」에 따른 의료법인 또는「사립학교법」에 따른 학교법인, 그 밖에 이와 유사한 공익법인등으로서 기획재정부령으로 정하는 공익법인등을 말한다.
③ 기획재정부장관은 제1항에 따라 공익법인등에 적용되는 회계기준의 제정·개정과 그 밖에 회계제도의 운영에 필요한 사항을 국세청 등 관계 기관과 협의하기 위하여 필요한 경우에는 공익법인회계기준협의회를 구성·운영할 수 있다.(2022.10.4 본항신설)
④ 제3항에 따른 공익법인회계기준협의회의 구성 및 운영에 필요한 사항은 기획재정부장관이 정한다.
(2022.10.4 본항신설)
(2017.2.7 본조신설)

제43조의7 (2022.10.4 삭제)
제44조【장부의 작성·비치】① 법 제51조제1항의 규정에 의한 장부는 출연받은 재산의 보유 및 운용상태와 수익사업의 수입 및 지출내용의 변동을 빠짐없이 이중으로 기록하여 계산하는 부기 형식의 장부이어야 하며, 동항의 규정에 의한 중요한 증빙서류에는 수혜자에 대한 지급명세가 포함되어야 한다.(2003.12.30 본항개정)
② 다음 각호의 1에 해당하는 경우에는 제1항의 규정에 의한 장부를 작성·비치한 것으로 본다.
1. 이중으로 대차평균하게 기표된 전표와 이에 대한 증빙서류가 완비되어 제1항의 재산의 보유 및 운용상태와 수입 및 지출내용의 변동을 빠짐없이 기록한 경우
2. 당해 수입과 지출에 대한 계산서(「부가가치세법」에 의한 세금계산서를 포함한다)와 영수증 등에 의하여 제1항의 재산의 보유 및 운용상태와 수입 및 지출내용의 변동을 빠짐없이 보관하고 있는 경우
(2005.8.5 본항개정)

제45조【준용규정】제14조의 규정은 증여세에 관하여 이를 준용한다.
제45조의2【장애인이 증여받은 재산의 과세가액 불산입】① 법 제52조의2제1항 각 호 외의 부분에서 "대통령령으로 정하는 장애인"이란「소득세법 시행령」제107조제1항 각 호의 어느 하나에 해당하는 자를 말한다.(2010.2.18 본항개정)
② (2017.2.7 삭제)
③ 법 제52조의2제1항 각 호 외의 부분에서 "대통령령으로 정하는 것"이란 다음 각 호의 어느 하나에 해당하는 것을 말한다.(2010.2.18 본문개정)

1. 금전
2. 유가증권
3. 부동산
④ 법 제52조의2제4항 각 호 외의 부분 본문에서 "대통령령으로 정하는 날"이란 다음 각 호의 날을 말한다.(2020.2.11 본문개정)
1. 법 제52조의2제4항제1호의 경우에는 그 신탁해지일 또는 신탁기간의 만료일(2020.2.11 본호개정)
2. 신탁의 수익자를 변경한 경우에는 수익자를 변경한 날
3. 신탁의 이익의 전부 또는 일부가 장애인외의 자에게 귀속되는 것으로 확인된 경우에는 그 확인된 날
4. 신탁의 원본이 감소한 경우에는 신탁재산을 인출하거나 처분한 날(2020.2.11 본호개정)
⑤ 법 제52조의2제4항 각 호 외의 부분 단서에서 "대통령령으로 정하는 장애인"이란 다음 각 호의 어느 하나에 해당하는 사람을 말한다.(2020.2.11 본문개정)
1.「5·18민주화운동 관련자 보상 등에 관한 법률」에 따라 장해등급 3급 이상으로 판정된 사람
2.「고엽제후유의증 등 환자지원 및 단체설립에 관한 법률」에 따른 고엽제후유의증환자로서 장애등급 판정을 받은 사람
3.「장애인고용촉진 및 직업재활법」제2조제2호에 따른 중증장애인
(2018.2.13 본항신설)
⑥ 법 제52조의2제4항 각 호 외의 부분 단서에서 "본인의 의료비 등 대통령령으로 정하는 용도"란 다음 각 호의 어느 하나에 해당하는 비용에 사용하는 용도를 말한다.(2020.2.11 본문개정)
1.「소득세법 시행령」제118조의5제1항 및 제2항에 따른 장애인 본인의 의료비 및 간병인 비용
2.「소득세법 시행령」제118조의6제11항에 따른 장애인 본인의 특수교육비
3. 장애인 본인의 생활비(월 150만원 이하의 금액으로 한정한다)(2020.2.11 본호신설)
(2018.2.13 본항신설)
⑦ 법 제52조의2제4항 각 호 외의 부분 단서에 따라 본인의 의료비 등의 용도로 신탁재산을 인출하는 장애인은 기획재정부령으로 정하는 장애인신탁 원금 인출신청서와 관련 증빙 서류를 인출일 전 3개월부터 인출일 후 3개월까지의 기간 이내에 신탁업자에게 제출하여야 한다.(2020.2.11 본항개정)
⑧ 신탁업자는 제7항에 따라 제출받은 서류를 해당 의료비 등의 인출일부터 5년간 보관하여야 하며, 기획재정부령으로 정하는 장애인신탁 원금 인출내역서를 인출일이 속하는 연도의 말일부터 3개월 이내에 관할 세무서장에게 제출하여야 한다.(2018.2.13 본항신설)
⑨ 법 제52조의2제4항 각 호 외의 부분 단서에서 "대통령령으로 정하는 부득이한 사유"란 다음 각 호의 어느 하나에 해당하는 때를 말한다.
1. 신탁회사가 관계법령 또는 감독기관의 지시·명령 등에 의하여 영업정지·영업폐쇄·허가취소 기타 기획재정부령이 정하는 사유로 신탁을 중도해지하고 신탁해지일부터 2개월 이내에 신탁에 다시 가입한 경우
2. 신탁회사가 증여재산을 신탁받아 운영하는 중에 그 재산가액이 감소한 경우
3.「도시 및 주거환경정비법」에 따른 재개발사업·재건축사업 또는「빈집 및 소규모주택 정비에 관한 특례법」에 따른 소규모재건축사업으로 인해 종전의 신탁을 중도해지하고, 준공인가일부터 2개월 이내에 신탁에 다시 가입한 경우
(2020.2.11 본항개정)
⑩ (2020.2.11 삭제)

⑪ 법 제52조의2제4항 및 제7항의 규정에 의한 증여세는 제4항 각호에 규정된 날 현재 법 제4장의 규정에 의하여 평가한 다음 각호의 가액에 법 제56조의 규정에 의한 세율을 곱하여 계산한다.
1. 법 제52조의2제4항제1호 및 제2호의 규정에 해당하는 경우에는 당해 신탁재산의 가액 전액
2. 법 제52조의2제4항제3호의 규정에 해당하는 경우에는 다음 산식에 의하여 계산한 가액

$$신탁재산의 가액 \times \frac{장애인외의 자에게 귀속된 것으로 확인된 신탁이익}{신탁이익 전액}$$

3. 법 제52조의2제4항제4호의 규정에 해당하는 경우에는 그 감소한 재산의 가액
(2020.2.11 본항개정)
⑫ 법 제52조의2제5항에 따라 증여세과세가액 불산입을 받고자 하는 자는 제65조제1항에 따른 증여세과세표준신고및자진납부계산서에 다음 각 호의 서류를 첨부하여 납세지 관할세무서장에게 제출하여야 한다. (2020.2.11 본문개정)
1. 증여재산명세서 및 증여계약서 사본
2. 신탁계약서(「자본시장과 금융투자업에 관한 법률 시행령」 제103조제2호에 따른 불특정금전신탁의 계약에 있어서는 신탁증서 사본 또는 수익증권 사본으로 갈음할 수 있다)(2010.2.18 본호개정)
3. 제1항에 해당하는 자임을 증명하는 서류
(1998.12.31 본조신설)

제5절 증여공제

제46조【증여재산공제의 방법 등】 ① 법 제53조를 적용할 때 증여세과세가액에서 공제할 금액의 계산은 다음 각 호의 어느 하나의 방법에 따른다.(2010.2.18 본문개정)
1. 2 이상의 증여가 그 증여시기를 달리하는 경우에는 2 이상의 증여중 최초의 증여세과세가액에서부터 순차로 공제하는 방법
2. 2 이상의 증여가 동시에 있는 경우에는 각각의 증여세과세가액에 대하여 안분하여 공제하는 방법
② (2012.2.2 삭제)
제46조의2【감정평가 수수료 공제】 법 제55조제1항 각 호 외의 부분에서 "대통령령으로 정하는 증여재산의 감정평가 수수료"란 제20조의3에 따른 수수료를 말한다. 이 경우 제20조의3 중 "상속재산"은 "증여재산"으로, "상속세"는 "증여세"로, "상속세과세표준신고"는 "증여세과세표준신고"로 본다.(2010.2.18 본조개정)
제46조의3【직계비속에 대한 증여의 할증과세액 계산 방법】 ① 법 제57조제1항을 적용할 때 증여재산가액은 법 제47조제2항에 따라 증여세 과세가액에 가산하는 증여재산을 포함한다.
② 법 제57조제1항에 따른 할증과세액은 다음 각 호의 구분에 따른 금액으로 한다. 이 경우 그 금액이 음수(陰數)인 경우에는 영으로 한다.
1. 수증자가 미성년자인 경우로서 증여재산가액이 20억원을 초과하는 경우

[증여세 산출세액 × (수증자의 부모를 제외한 직계존속으로부터 증여받은 재산가액/총증여재산가액) × 40/100] － 종전에 납부한 할증과세액

2. 제1호 외의 경우

[증여세 산출세액 × (수증자의 부모를 제외한 직계존속으로부터 증여받은 재산가액/총증여재산가액) × 30/100] － 종전에 납부한 할증과세액

(2016.2.5 본조신설)

제47조【준용규정】 제20조의 규정은 증여세에 관하여 이를 준용한다. 이 경우 제20조제2항중 "상속세과세가액"은 "증여세과세가액"으로, "상속재산"은 "증여재산"으로 하고, 동조제3항중 "상속세과세표준신고"는 "제65조의 규정에 의한 신고(이하 "증여세과세표준신고"라 한다)"로 본다.

제6절 세액공제

제48조【준용규정】 제21조의 규정은 증여세에 관하여 이를 준용한다. 이 경우 제21조제1항중 "상속세산출세액"은 "증여세산출세액"으로, "상속재산"은 "증여재산"으로, "상속세"는 "증여세"로 하고, 동조제2항중 "상속세과세표준신고"는 "증여세과세표준신고"로 본다.

제4장 재산의 평가

제49조【평가의 원칙 등】 ① 법 제60조제2항에서 "수용가격·공매가격 및 감정가격 등 대통령령으로 정하는 바에 따라 시가로 인정되는 것"이란 상속개시일 또는 증여일(이하 "평가기준일"이라 한다) 전후 6개월(증여재산의 경우에는 평가기준일 전 6개월부터 평가기준일 후 3개월까지로 한다. 이하 이 항에서 "평가기간"이라 한다) 이내의 기간 중 매매·감정·수용·경매(「민사집행법」에 따른 경매를 말한다. 이하 이 항에서 같다) 또는 공매(이하 이 조 및 제49조의2에서 "매매등"이라 한다)가 있는 경우에 다음 각 호의 어느 하나에 따라 확인되는 가액을 말한다. 다만, 평가기간에 해당하지 않는 기간으로서 평가기준일 전 2년 이내의 기간 중에 매매등이 있거나 평가기간이 경과한 후부터 제78조제1항에 따른 기한까지의 기간 중에 매매등이 있는 경우에도 평가기준일부터 제2항 각 호의 어느 하나에 해당하는 날까지의 기간 중에 주식발행회사의 경영상태, 시간의 경과 및 주위환경의 변화 등을 고려하여 가격변동의 특별한 사정이 없다고 보아 상속세 또는 증여세 납부의무가 있는 자(이하 이 조 및 제54조에서 "납세자"라 한다), 지방국세청장 또는 관할세무서장이 신청하는 때에는 제49조의2제1항에 따른 평가심의위원회의 심의를 거쳐 해당 매매등의 가액을 다음 각 호의 어느 하나에 따라 확인되는 가액에 포함시킬 수 있다. (2022.2.15 본문개정)
1. 해당 재산에 대한 매매사실이 있는 경우에는 그 거래가액. 다만, 다음 각 목의 어느 하나에 해당하는 경우는 제외한다.
   가. 특수관계인과의 거래 등으로 그 거래가액이 객관적으로 부당하다고 인정되는 경우(2016.2.5 본목개정)
   나. 거래된 비상장주식의 가액(액면가액의 합계액을 말한다)이 다음의 금액 중 적은 금액 미만인 경우(제49조의2제1항에 따른 평가심의위원회의 심의를 거쳐 그 거래가액이 거래의 관행상 정당한 사유가 있다고 인정되는 경우는 제외한다)(2016.2.5 본문개정)
      1) 액면가액의 합계액으로 계산한 해당 법인의 발행주식총액 또는 출자총액의 100분의 1에 해당하는 금액
      2) 3억원
   (2012.2.2 본호개정)
2. 해당 재산(법 제63조제1항제1호에 따른 재산을 제외한다)에 대하여 둘 이상의 기획재정부령으로 정하는 공신력 있는 감정기관(이하 "감정기관"이라 한다)이 평가한 감정가액이 있는 경우에는 그 감정가액의 평균액. 다만, 다음 각 목의 어느 하나에 해당하는 것은 제외하며, 해당 감정가액이 법 제61조·제62조·제64조 및 제65조에 따라 평가한 가액과 제4항에 따른 시

가의 100분의 90에 해당하는 가액 중 적은 금액(이하 이 호에서 "기준금액"이라 한다)에 미달하는 경우(기준금액 이상인 경우에도 제49조의2제1항에 따른 평가심의위원회의 심의를 거쳐 감정평가목적 등을 고려하여 해당 가액이 부적정하다고 인정되는 경우를 포함하며, 이하 "세무서장등"이라 한다)이 다른 감정기관에 의뢰하여 감정한 가액에 의하되, 그 가액이 납세자가 제시한 감정가액보다 낮은 경우에는 그렇지 아니하다.(2021.1.5 본문개정)
　가. 일정한 조건이 충족될 것을 전제로 당해 재산을 평가하는 등 상속세 및 증여세의 과세목적에 적합하지 아니한 감정가액(2000.12.29 본목개정)
　나. 평가기준일 현재 당해 재산의 원형대로 감정하지 아니한 경우의 당해 감정가액
　(1999.12.31 본호개정)
3. 해당 재산에 대하여 수용·경매 또는 공매사실이 있는 경우에는 그 보상가액·경매가액 또는 공매가액. 다만, 다음 각 목의 어느 하나에 해당하는 경우에는 해당 경매가액 또는 공매가액은 이를 제외한다.
(2016.2.5 본문개정)
　가. 법 제73조 및 제73조의2에 따라 물납한 재산을 상속인 또는 그의 특수관계인이 경매 또는 공매로 취득한 경우(2023.2.28 본목개정)
　나. 경매 또는 공매로 취득한 비상장주식의 가액(액면가액의 합계액을 말한다)이 다음의 금액 중 적은 금액 미만인 경우
　　(1) 액면가액의 합계액으로 계산한 당해 법인의 발행주식총액 또는 출자총액의 100분의 1에 해당하는 금액
　　(2) 3억원
　다. 경매 또는 공매절차의 개시 후 관련 법령이 정한 바에 따라 수의계약에 의하여 취득하는 경우
　라. 제15조제3항에 따른 최대주주등의 상속인 또는 최대주주등의 특수관계인이 최대주주등이 보유하고 있던 제54조제1항에 따른 비상장주식등을 경매 또는 공매로 취득한 경우(2020.2.11 본목신설)
　(2006.2.9 본호개정)
② 제1항을 적용할 때 제1항 각 호의 어느 하나에 따른 가액이 평가기준일 전후 6개월(증여재산의 경우에는 평가기준일 전 6개월부터 평가기준일 후 3개월까지로 한다) 이내에 해당하는지는 다음 각 호의 구분에 따른 날을 기준으로 하여 판단하며, 제1항에 따라 시가로 보는 가액이 둘 이상인 경우에는 평가기준일을 전후하여 가장 가까운 날에 해당하는 가액(그 가액이 둘 이상인 경우에는 그 평균액을 말한다)을 적용한다. 다만, 해당 재산의 매매등의 가액이 있는 경우에는 제4항에 따른 가액을 적용하지 아니한다.(2019.2.12 본문개정)
1. 제1항제1호의 경우에는 매매계약일
2. 제1항제2호의 경우에는 가격산정기준일과 감정가액 평가서 작성일(2014.2.21 본호개정)
3. 제1항제3호의 경우에는 보상가액·경매가액 또는 공매가액이 결정된 날(2006.2.9 본호개정)
(2002.12.30 본항개정)
③ 제1항 각호의 가액에 2 이상의 재산가액이 포함됨으로써 각각의 재산가액이 구분되지 아니하는 경우에는 각각의 재산을 법 제61조 내지 제65조의 규정에 의하여 평가한 가액에 비례하여 안분계산하되 각각의 재산에 대하여 감정가액(동일감정기관이 동일한 시기에 감정한 각각의 감정가액)이 있는 경우에는 감정가액에 비례하여 안분계산한다. 다만, 토지와 그 토지에 정착된 건물 기타 구축물의 가액이 구분되지 아니하는 경우에는 「부가가치세법 시행령」 제64조에 따라 안분계산한다.(2013.6.28 단서개정)

④ 제1항을 적용할 때 기획재정부령으로 정하는 해당 재산과 면적·위치·용도·종목 및 기준시가가 동일하거나 유사한 다른 재산에 대한 같은 항 각 호의 어느 하나에 해당하는 가액〔법 제67조 또는 제68조에 따라 상속세 또는 증여세 과세표준을 신고한 경우에는 평가기준일 전 6개월부터 제1항에 따른 평가기간 이내의 신고일까지 가액을 말한다〕이 있는 경우에는 해당 가액을 법 제60조제2항에 따른 시가로 본다.(2019.2.12 본항개정)
⑤ 제1항을 적용할 때 제2항 각 호에 따른 날이 평가기준일 전에 해당하는 경우로서 그 날부터 평가기준일까지 해당 재산에 대한 자본적지출액이 확인되는 경우에는 그 자본적지출액을 제1항에 따른 가액에 더할 수 있다.(2014.2.21 본항신설)
⑥ 법 제60조제5항 전단에서 "대통령령으로 정하는 금액 이하의 부동산"이란 「소득세법」 제99조제1항제1호에 따른 부동산 중 기준시가 10억원 이하의 것을 말한다.(2018.2.13 본항신설)
⑦ 법 제60조제5항 후단에서 "대통령령으로 정하는 사유"란 납세자가 제시한 감정기관(이하 이 조에서 "원감정기관"이라 한다)의 감정가액(이하 이 조에서 "원감정가액"이라 한다)이 세무서장등이 다른 감정기관에 의뢰하여 평가한 감정가액(이하 이 조에서 "재감정가액"이라 한다)의 100분의 80에 미달하는 경우를 말한다.(2016.2.5 본항신설)
⑧ 제7항의 사유에 해당하는 경우 세무서장등은 제49조의2제1항에 따른 평가심의위원회의 심의를 거쳐 부실감정의 고의성 및 원감정가액이 재감정가액에 미달하는 정도 등을 고려하여 1년의 범위 안에서 기획재정부령으로 정하는 기간 동안 원감정기관을 시가불인정 감정기관으로 지정할 수 있다. 이 경우 그 기간은 세무서장등이 원감정기관을 시가불인정 감정기관으로 지정하여 통지한 날부터 기산한다.(2021.1.5 전단개정)
⑨ 세무서장 등은 제8항에 따른 평가심의위원회의 심의 전에 다음 각 호의 내용 등을 해당 감정기관에 통지하고 의견을 청취하여야 한다. 이 경우 통지를 받은 감정기관은 통지를 받은 날부터 20일 이내에 의견을 제출하여야 하며, 정당한 사유 없이 의견을 제출하지 아니한 경우에는 의견이 없는 것으로 본다.(2018.2.13 전단개정)
1. 시가불인정 감정기관 지정내용 및 법적근거
2. 제1호에 대하여 의견을 제출할 수 있다는 뜻과 의견을 제출하지 아니하는 경우의 처리방법
3. 의견제출기한
4. 그 밖에 의견제출에 필요한 사항
(2016.2.5 본항신설)
⑩ 제7항부터 제9항까지에서 규정한 사항 외에 시가불인정 감정기관의 지정 및 통지 등에 필요한 사항은 국세청장이 정하여 고시한다.(2018.2.13 본항개정)
⑪ 기획재정부장관은 상속·증여재산을 평가함에 있어서 평가의 공정성을 확보하기 위하여 재산별 평가기준·방법·절차 등에 관한 세부사항을 정할 수 있다.(2010.2.18 본항개정)
제49조의2【평가심의위원회의 구성 등】 ① 다음 각 호의 심의를 위하여 국세청과 지방국세청에 각각 평가심의위원회를 둔다.
1. 제49조제1항 각 호 외의 부분 단서에 따른 매매등의 가액의 시가인정(2017.2.7 본호개정)
1의2. 제49조제8항에 따른 시가불인정 감정기관의 지정(2018.2.13 본호개정)
2. 제54조제1항에 따른 비상장주식등(이하 이 조에서 "비상장주식등"이라 한다)의 같은 조 제6항에 따른 가액평가 및 평가방법(2017.2.7 본호개정)

3. 제15조제11항제2호나목 및 「조세특례제한법 시행령」 제27조의6제6항제2호나목에 따른 업종의 변경 (2020.2.11 본호신설)
4. 법 제61조제1항제2호 및 제3호에 따른 건물, 오피스텔 및 상업용 건물 가치의 산정·고시를 하기 위한 자문(2020.2.11 본호신설)
② 평가심의위원회는 다음 각 호의 구분에 따른 위원으로 구성한다.
1. 국세청에 두는 평가심의위원회 : 다음 각 목에 따른 위원
   가. 국세청장이 소속 공무원 중에서 임명하는 사람 3명
   나. 다음의 어느 하나에 해당하는 사람 중 국세청장이 성별을 고려하여 위촉하는 9명 이내의 사람 (2020.2.11 본문개정)
      1) 변호사
      2) 공인회계사
      3) 세무사
      4) 감정평가사
      5) 그 밖에 기업의 인수·합병과 관련하여 학식과 경험이 풍부한 사람
   다. 관련 업종에 학식과 경험이 풍부한 전문가 중에서 국세청장이 위촉하는 사람 2명(제1항제3호의 심의에 한정한다)(2020.2.11 본목신설)
2. 지방국세청에 두는 평가심의위원회 : 다음 각 목에 따른 위원
   가. 지방국세청장이 소속 공무원 중에서 임명하는 사람 2명
   나. 제1호나목1)부터 5)까지에 해당하는 사람 중 지방국세청장이 위촉하는 사람 3명
   다. 국세청에 두는 평가심의위원회의 위원 중 각 회의별로 국세청장이 지정하는 공무원인 위원 1명 및 공무원이 아닌 위원 1명
③ 제2항에 따른 공무원이 아닌 위원의 임기는 2년으로 하며, 한차례만 연임할 수 있다. 다만, 제2항제1호다목에 따른 위원의 임기는 위촉 시부터 해당 심의 종료 시까지로 한다.(2020.2.11 단서신설)
④ 국세청장 또는 지방국세청장은 위원이 다음 각 호의 어느 하나에 해당하는 경우에는 해당 위원을 해임 또는 해촉할 수 있다.
1. 심신장애로 인하여 직무를 수행할 수 없게 된 경우
2. 직무와 관련된 비위사실이 있는 경우
3. 직무태만, 품위손상이나 그 밖의 사유로 인하여 위원으로 적합하지 아니하다고 인정되는 경우
4. 위원 스스로 직무를 수행하는 것이 곤란하다고 의사를 밝히는 경우
⑤ 납세자는 제1항의 심의가 필요한 경우에는 다음 각 호의 구분에 따른 자료를 첨부하여 평가심의위원회에 신청해야 하고, 제1항제1호 및 제2호의 심의가 필요한 경우 법 제67조에 따른 상속세 과세표준 신고기한 만료 4개월 전(증여의 경우에는 법 제68조에 따른 증여세 과세표준 신고기한 만료 70일 전)까지 신청해야 한다. 다만, 제1항제1호의 경우 중에서 평가기간이 경과한 후부터 제78조제1항에 따른 기한까지의 기간 중에 매매등이 있는 경우에는 해당 매매등이 있는 날부터 6개월 이내에 다음 각 호의 구분에 따른 자료를 첨부하여 평가심의위원회에 신청해야 한다.(2020.2.11 본문개정)
1. 제1항제1호의 경우 : 매매등의 가액의 입증자료
2. 제1항제2호의 경우 : 다음 각 목의 자료
   가. 제54조제1항·제4항, 제55조 및 제56조에 따라 평가한 비상장주식등의 평가액(이하 이 조 및 제54조에서 "보충적 평가방법에 따른 주식평가액"이라 한다) 및 그 평가 부속서류
   나. 보충적 평가방법에 따른 주식평가액이 불합리하다고 인정할 수 있는 근거자료

다. 제54조제6항 각 호의 어느 하나의 방법에 따라 평가한 비상장주식등의 평가액 및 그 평가 부속서류 (2017.2.7 본호개정)
3. 제1항제3호의 경우 : 업종 변경의 승인 필요성을 인정할 수 있는 근거자료(2020.2.11 본호신설)
⑥ 제5항에 따른 신청을 받은 평가심의위원회는 해당 상속세 과세표준 신고기한 만료 1개월 전(증여의 경우에는 증여세 과세표준 신고기한 만료 20일 전)까지 그 결과를 납세자에게 서면으로 통지해야 한다. 다만, 제5항 각 호 외의 부분 단서의 경우에는 신청을 받은 날부터 3개월 이내에 그 결과를 납세자에게 서면으로 통지해야 한다.(2019.2.12 본항개정)
⑦ 평가심의위원회가 비상장주식등의 가액평가 및 평가방법의 심의를 할 경우에는 다음 각 호의 사항을 고려하여야 한다.(2017.2.7 본문개정)
1. 법 제63조에 따른 유가증권등의 평가방법을 준용하여 평가할 경우 예상되는 적정 평가가액
2. 제54조부터 제56조까지의 규정에 따라 해당 비상장주식등을 평가할 경우의 적정성 여부(2017.2.7 본호개정)
3. 그 밖에 해당 법인의 업종·사업규모·자산상태 및 사회적인 인식 등을 고려할 때 적정하다고 인정되는 평가가액
⑧ 평가심의위원회가 제1항제3호의 심의를 할 경우에는 기존 기술 등의 활용 가능성 및 기존 고용인력의 승계 가능성을 고려해야 한다.(2020.2.11 본항신설)
⑨ 평가심의위원회는 공정하고 객관적인 심의를 위하여 필요하다고 인정되는 경우에는 제56조제2항에 따른 신용평가전문기관에 평가를 의뢰하거나 심의에 앞서 관계인의 증언을 청취할 수 있다. 이 경우 납세자가 신용평가전문기관의 평가에 따른 평가수수료를 부담하여야 한다.
⑩ 평가심의위원회의 설치·운영, 심의신청절차, 비상장주식등의 가액평가 및 평가방법 등에 관하여 필요한 사항은 국세청장이 정하여 고시한다.(2017.2.7 본항개정) (2016.2.5 본조신설)

제50조【부동산의 평가】① 법 제61조제1항제1호 단서에서 "대통령령으로 정하는 방법으로 평가한 금액"이란 다음 각 호의 어느 하나에 해당하는 개별공시지가가 없는 해당 토지와 지목·이용상황 등 지가형성요인이 유사한 인근토지를 표준지로 보고 「부동산 가격공시에 관한 법률」 제3조제8항에 따른 비교표에 따라 납세지 관할세무서장(납세지 관할세무서장과 해당 토지의 소재지를 관할하는 세무서장이 서로 다른 경우로서 납세지 관할세무서장의 요청이 있는 경우에는 해당 토지의 소재지를 관할하는 세무서장으로 한다)이 평가한 가액을 말한다. 이 경우 납세지 관할세무서장은 「지방세법」 제4조제1항 단서에 따라 시장·군수가 산정한 가액 또는 둘 이상의 감정기관에 의뢰하여 감정한 가액의 평균액을 평가가액으로 할 수 있다.(2020.10.8 전단개정)
1. 「공간정보의 구축 및 관리 등에 관한 법률」에 의한 신규등록토지(2015.6.1 본호개정)
2. 「공간정보의 구축 및 관리 등에 관한 법률」에 의하여 분할 또는 합병된 토지(2015.6.1 본호개정)
3. 토지의 형질변경 또는 용도변경으로 인하여 「공간정보의 구축 및 관리 등에 관한 법률」상의 지목이 변경된 토지(2015.6.1 본호개정)
4. 개별공시지가의 결정·고시가 누락된 토지(국·공유지를 포함한다)(2002.12.30 본항개정)
② 법 제61조제1항제1호 단서에서 "대통령령으로 정하는 지역"이란 각종 개발사업 등으로 지가가 급등하거나 급등할 우려가 있는 지역으로서 국세청장이 지정한 지역을 말한다.(2010.2.18 본항개정)

③ 법 제61조제1항제3호에서 "대통령령으로 정하는 오피스텔 및 상업용 건물(이들에 딸린 토지를 포함한다)"이란 국세청장이 해당 건물의 용도·면적 및 구분소유하는 건물의 수(數) 등을 고려하여 지정하는 지역에 소재하는 오피스텔 및 상업용 건물(이들에 부수되는 토지를 포함한다)을 말한다.(2021.1.5 본항개정)

④ 법 제61조제1항제4호 단서에서 "대통령령으로 정하는 방법에 따라 평가한 금액"이란 다음 각 호의 어느 하나에 해당하는 가액을 말한다.

1. 다음 각 목의 어느 하나에 해당하는 가액

가. 「부동산 가격공시에 관한 법률」에 따른 개별주택가격이 없는 단독주택의 경우에는 해당 주택과 구조·용도·이용 상황 등 이용가치가 유사한 인근주택을 표준주택으로 보고 같은 법 제16조제6항에 따른 주택가격 비준표에 따라 납세지 관할세무서장(납세지 관할세무서장과 해당 주택의 소재지를 관할하는 세무서장이 서로 다른 경우로서 납세지 관할세무서장의 요청이 있는 경우에는 해당 주택의 소재지를 관할하는 세무서장)이 평가한 가액(2016.8.31 본목개정)

나. 「부동산 가격공시에 관한 법률」에 따른 공동주택가격이 없는 공동주택의 경우에는 인근 유사 공동주택의 거래가격·임대료 및 해당 공동주택과 유사한 이용가치를 지닌다고 인정되는 공동주택의 건설에 필요한 비용추정액 등을 종합적으로 고려하여 납세지 관할세무서장(납세지 관할세무서장과 해당 주택의 소재지를 관할하는 세무서장이 서로 다른 경우로서 납세지 관할세무서장의 요청이 있는 경우에는 해당 주택의 소재지를 관할하는 세무서장)이 평가한 가액(2016.8.31 본목개정)

2. 「지방세법」 제4조제1항 단서에 따라 시장·군수가 산정한 가액이나 둘 이상의 감정평가기관에 해당 주택에 대한 감정을 의뢰하여 산정한 감정가액을 고려하여 납세지 관할세무서장이 평가한 가액(2011.7.25 본호개정)
(2010.2.18 본항개정)

⑤ 법 제61조제2항에서 "대통령령으로 정하는 배율"이란 국세청장이 평가기준일 현재의 개별공시지가에 지역마다 그 지역에 있는 가격사정이 유사한 토지의 매매실례가액을 고려하여 고시하는 배율을 말한다.(2021.1.5 본항개정)

⑥ 법 제61조제1항제1호의 규정을 적용함에 있어서 개별공시지가는 평가기준일 현재 고시되어 있는 것을 적용한다.

⑦ 법 제61조제5항에서 "대통령령으로 정하는 바에 따라 평가한 가액"이란 다음 계산식에 따라 계산한 금액(이하 이 조에서 "임대료 등의 환산가액"이라 한다)을 말한다.

(1년간의 임대료 ÷ 기획재정부령으로 정하는 율) + 임대보증금

(2012.2.2 본항개정)

⑧ 제7항의 임대료 등의 환산가액을 적용하여 토지와 건물의 소유현황 등에 따른 가액을 계산할 때에는 다음 각 호의 방법으로 한다.

1. 토지와 건물의 소유자가 동일한 경우
토지 및 건물의 소유자가 타인으로부터 받은 임대료 등의 환산가액을 법 제61조제1항부터 제4항까지의 규정으로 평가한 토지와 건물의 가액(이하 이 항에서 "기준시가"라 한다)으로 나누어 계산한 금액을 각각 토지와 건물의 평가가액으로 한다.

2. 토지와 건물의 소유자가 다른 경우

가. 토지 소유자와 건물 소유자가 제3자와의 임대차계약 당사자인 경우에는 토지 소유자와 건물 소유자에게 구분되어 귀속되는 임대료 등의 환산가액을 각각 토지와 건물의 평가가액으로 한다.

나. 토지 소유자와 건물 소유자 중 어느 한 사람만이 제3자와의 임대차계약의 당사자인 경우에는 토지 소유자와 건물 소유자 사이의 임대차계약의 존재 여부 및 그 내용에 상관없이 제3자가 지급하는 임대료와 임대보증금을 토지와 건물 전체에 대한 것으로 보아 제3자가 지급하는 임대료 등의 환산가액을 토지와 건물의 기준시가로 나누어 계산한 금액을 각각 토지와 건물의 평가가액으로 한다.
(2010.2.18 본항신설)

제51조【지상권 등의 평가】① 법 제61조제3항에 따른 지상권의 가액은 지상권이 설정되어 있는 토지의 가액에 기획재정부령으로 정하는 율을 곱하여 계산한 금액을 해당 지상권의 잔존연수를 고려하여 기획재정부령으로 정하는 방법에 따라 환산한 가액으로 한다. 이 경우 그 잔존연수에 관하여는 「민법」 제280조 및 제281조에 규정된 지상권의 존속기간을 준용한다.
(2021.1.5 전단개정)

② 법 제61조제3항에 따른 부동산을 취득할 수 있는 권리(건물이 완성되는 때에 그 건물과 이에 부수되는 토지를 취득할 수 있는 권리를 포함한다) 및 특정시설물을 이용할 수 있는 권리의 가액은 평가기준일까지 납입한 금액(「소득세법」 제89조제2항에 따른 조합원입주권의 경우 「도시 및 주거환경정비법」 제74조제1항에 따른 관리처분계획을 기준으로 하여 기획재정부령으로 정하는 조합원권리가액과 평가기준일까지 납입한 계약금, 중도금 등을 합한 금액으로 한다)과 평가기준일 현재의 프리미엄에 상당하는 금액을 합한 금액으로 한다. 다만, 해당 권리에 대하여 「소득세법 시행령」 제165조제8항제3호에 따른 가액이 있는 경우에는 해당 가액으로 한다.(2020.2.11 본문개정)

③ 제2항의 규정을 적용함에 있어서 특정시설물을 이용할 수 있는 권리라 함은 특정시설물이용권·회원권 기타 명칭여하를 불문하고 당해 시설물을 배타적으로 이용하거나 일반이용자에 비하여 유리한 조건으로 이용할 수 있도록 약정한 단체의 일원이 된 자에게 부여되는 권리를 말한다.

④ 법 제61조제4항에서 "대통령령으로 정하는 방법"이란 그 밖의 시설물 및 구축물(토지 또는 건물과 일괄하여 평가하는 것을 제외한다)에 대하여 그것을 다시 건축하거나 다시 취득할 경우에 소요되는 가액(이하 이 항에서 "재취득가액등"이라 한다)에서 그것의 설치일부터 평가기준일까지의 기획재정부령으로 정하는 감가상각비상당액을 뺀 것을 말한다. 이 경우 재취득가액등을 산정하기 어려운 경우에는 「지방세법 시행령」 제4조제1항에 따른 가액을 해당 시설물 및 구축물의 가액(「지방세법 시행령」 제6조 각 호에 규정된 특수부대설비에 대하여 「지방세법 시행령」 제4조제1항에 따라 해당 시설물 및 구축물과 별도로 평가한 가액이 있는 경우에는 이를 가산한 가액을 말한다)으로 할 수 있다.(2010.9.20 후단개정)

⑤ 제4항의 규정을 적용함에 있어서 공동주택에 부속 또는 부착된 시설물 및 구축물은 토지 또는 건물과 일괄하여 평가한 것으로 본다.(1998.12.31 본항신설)

제52조【그 밖의 유형재산의 평가】① 법 제62조제1항에서 "대통령령으로 정하는 방법"이란 해당 선박·항공기·차량·기계장비 및 「입목에 관한 법률」의 적용을 받는 입목을 처분할 경우 다시 취득할 수 있다고 예상되는 가액을 말하되, 그 가액이 확인되지 아니하는 경우에는 장부가액(취득가액에서 감가상각비를 뺀 가액을 말하며, 이하 이 조에서 같다) 및 「지방세법 시행령」 제4조제1항의 시가표준액에 따른 가액을 순차로 적용한 가액을 말한다.(2010.9.20 본항개정)

② 법 제62조제2항의 규정에 의한 평가는 다음 각 호의 어느 하나에 의한다.(2008.2.22 본문개정)

1. 상품·제품·반제품·재공품·원재료 기타 이에 준하는 동산 및 소유권의 대상이 되는 동산의 평가는 그것을 처분할 때에 취득할 수 있다고 예상되는 가액. 다만, 그 가액이 확인되지 아니하는 경우에는 장부가액으로 한다.(2002.12.30 단서신설)
2. 판매용이 아닌 서화·골동품 등 예술적 가치가 있는 유형재산의 평가는 다음 각목의 구분에 의한 전문분야별로 2인 이상의 전문가가 감정한 가액의 평균액. 다만, 그 가액이 국세청장이 위촉한 3인 이상의 전문가로 구성된 감정평가심의회에서 감정한 감정가액에 미달하는 경우에는 그 감정가액에 의한다.(2011.7.25 본문개정)
   가. 서화·전적
   나. 도자기·토기·철물
   다. 목공예·민속장신구
   라. 선사유물
   마. 석공예
   바. 기타 골동품
   사. 가목부터 바목까지에 해당하지 아니하는 미술품
   (2011.7.25 본목신설)
   (1999.12.31 본호개정)
3. 소유권의 대상이 되는 동물 및 이 영에서 따로 평가방법을 규정하지 아니한 기타 유형재산의 평가는 제1호의 규정을 준용하여 평가한 가액에 의한다.
③ 법 제62조제3항에서 "대통령령으로 정하는 바에 따라 평가한 가액"이란 다음 각 호의 구분에 따른 금액을 말한다.(2022.2.15 본항신설)
1. 선박, 항공기, 차량 및 기계장비 : 임대보증금 및 평가기준일 이후 해당 재산의 사용가능기간까지의 연도별 임대료를 기획재정부령으로 정하는 방법에 따라 환산한 금액(2022.2.15 본호신설)
2. 제1호 외의 유형재산 : 제50조제7항을 준용하여 평가한 금액(2022.2.15 본호신설)
(2010.2.18 본조제목개정)

제52조의2【유가증권시장 및 코스닥시장에서 거래되는 주식등의 평가】① 법 제60조제1항제1호 및 제63조제1항제1호가목 본문에서 "대통령령으로 정하는 증권시장"이란 각각 유가증권시장과 코스닥시장을 말한다.(2021.2.17 본항개정)
② 법 제63조제1항제1호가목 본문에서 "대통령령으로 정하는 바에 따라 계산한 기간의 평균액"이란 다음 각 호의 구분에 따라 계산한 기간의 평균액을 말한다.(2017.2.7 본항개정)
1. 평가기준일 이전에 증자·합병 등의 사유가 발생한 경우에는 동 사유가 발생한 날(증자·합병의 사유가 2회 이상 발생한 경우에는 평가기준일에 가장 가까운 날을 말한다. 이하 이 조에서 같다)의 다음날부터 평가기준일 이후 2월이 되는 날까지의 기간
2. 평가기준일 이후에 증자·합병 등의 사유가 발생한 경우에는 평가기준일 이전 2월이 되는 날부터 동 사유가 발생한 날의 전일까지의 기간
3. 평가기준일 이전·이후에 증자·합병 등의 사유가 발생한 경우에는 평가기준일 이전 동 사유가 발생한 날의 다음날부터 평가기준일 이후 동 사유가 발생한 날의 전일까지의 기간
③ 법 제60조제1항제1호 및 제63조제1항제1호가목 본문에서 "대통령령으로 정하는 주식등"이란 각각 평가기준일 전후 2개월 이내에 거래소가 정하는 기준에 따라 매매거래가 정지되거나 관리종목으로 지정된 기간의 일부 또는 전부가 포함되는 주식등(적정하게 시가를 반영하여 정상적으로 매매거래가 이루어지는 경우로서 기획재정부령으로 정하는 경우는 제외한다)을 제외한 주식등을 말한다.(2021.2.17 본항개정)
④ 법 제63조제1항제1호가목 본문에서 "공휴일 등 대통령령으로 정하는 매매가 없는 날"이란 다음 각 호의 날을 말한다.

1. 「관공서의 공휴일에 관한 규정」에 따른 공휴일 및 대체공휴일
2. 토요일
(2017.2.7 본항신설)
(2017.2.7 본조제목개정)
(2000.12.29 본조신설)

제53조【코스닥시장에 상장신청을 한 법인의 주식등의 평가 등】①~② (2017.2.7 삭제)
③ 법 제63조제2항제2호에서 "대통령령으로 정하는 증권시장"이란 코스닥시장을 말한다.(2013.8.27 본항신설)
④ 법 제63조제3항 전단에서 "대통령령으로 정하는 최대주주 또는 최대출자자"란 최대주주등 중 보유주식등의 수가 가장 많은 1인을 말한다.(2016.2.5 본항개정)
⑤ 법 제63조제3항의 규정에 의한 최대주주등이 보유하는 주식등의 지분을 계산함에 있어서는 평가기준일부터 소급하여 1년 이내에 양도하거나 증여한 주식등을 최대주주등이 보유하는 주식등에 합산하여 이를 계산한다.
⑥ 법 제63조제3항 전단에서 "대통령령으로 정하는 중소기업"이란 「중소기업기본법」 제2조에 따른 중소기업을 말한다.(2010.2.18 본항개정)
⑦ 법 제63조제3항 전단에서 "대통령령으로 정하는 중견기업"이란 「중견기업 성장촉진 및 경쟁력 강화에 관한 특별법」 제2조에 따른 중견기업으로서 평가기준일이 속하는 과세기간 또는 사업연도의 직전 3개 과세기간 또는 사업연도의 매출액의 평균이 5천억원 미만인 기업을 말한다. 이 경우 매출액은 기업회계기준에 따라 작성한 손익계산서상의 매출액을 기준으로 하며, 과세기간 또는 사업연도가 1년 미만인 과세기간 또는 사업연도의 매출액은 1년으로 환산한다.(2023.2.28 본항신설)
⑧ 법 제63조제3항 전단에서 "대통령령으로 정하는 중소기업, 대통령령으로 정하는 중견기업 및 평가기준일이 속하는 사업연도 전 3년 이내의 사업연도부터 계속하여 「법인세법」 제14조제2항에 따른 결손금이 있는 법인의 주식등 대통령령으로 정하는 주식등"이란 다음 각 호의 어느 하나에 해당하는 경우의 그 주식등을 말한다.(2023.2.28 본문개정)
1. 평가기준일이 속하는 사업연도 전 3년 이내의 사업연도부터 계속하여 「법인세법」 제14조제2항에 따른 결손금이 있는 경우(2015.2.3 본호신설)
2. 평가기준일 전후 6개월(증여재산의 경우에는 평가기준일 전 6개월부터 평가기준일 후 3개월로 한다) 이내의 기간중 최대주주등이 보유하는 주식등이 전부 매각된 경우(제49조제1항제1호의 규정에 적합한 경우에 한정한다)(2020.2.11 본호개정)
3. 제28조, 제29조, 제29조의2, 제29조의3 및 제30조에 따른 이익을 계산하는 경우(2015.2.3 본호개정)
4. 평가대상인 주식등을 발행한 법인이 다른 법인이 발행한 주식등을 보유함으로써 그 다른 법인의 최대주주등에 해당하는 경우로서 그 다른 법인의 주식등을 평가하는 경우(2021.2.17 본호개정)
5. 평가기준일부터 소급하여 3년 이내에 사업을 개시한 법인으로서 사업개시일이 속하는 사업연도부터 평가기준일이 속하는 사업연도의 직전사업연도까지 각 사업연도의 기업회계기준에 의한 영업이익이 모두 영 이하인 경우
6. 법 제67조의 규정에 의한 상속세과세표준신고기한 또는 법 제68조의 규정에 의한 증여세과세표준신고기한 이내에 평가대상 주식등을 발행한 법인의 청산이 확정된 경우
7. 최대주주등이 보유하고 있는 주식등을 최대주주등의 의 자가 법 제47조제2항에서 규정하고 있는 기간 이내에 상속 또는 증여받은 경우로서 상속 또는 증여로 인하여 최대주주등에 해당되지 아니하는 경우

8. 주식등의 실제소유자와 명의자가 다른 경우로서 법 제45조의2에 따라 해당 주식등을 명의자가 실제소유자로부터 증여받은 것으로 보는 경우(2016.2.5 본호신설)
9. 제6항에 따른 중소기업 또는 제7항에 따른 중견기업이 발행한 주식등(2023.2.28 본호개정)
(2017.2.7 본조제목개정)
(2002.12.30 본조개정)

제54조【비상장주식등의 평가】 ① 법 제63조제1항제1호나목에 따른 주식등(이하 이 조에서 "비상장주식등"이라 한다)은 1주당 다음의 계산식에 따라 평가한 가액(이하 "순손익가치"라 한다)과 1주당 순자산가치를 각각 3과 2의 비율[부동산과다보유법인(「소득세법」 제94조제1항제4호다목에 해당하는 법인을 말한다)의 경우에는 1주당 순손익가치와 순자산가치의 비율을 각각 2와 3으로 한다]로 가중평균한 가액으로 한다. 다만, 그 가중평균한 가액이 1주당 순자산가치에 100분의 80을 곱한 금액 보다 낮은 경우에는 1주당 순자산가치에 100분의 80을 곱한 금액을 비상장주식등의 가액으로 한다.

> 1주당 가액 = 1주당 최근 3년간의 순손익액의 가중평균액 ÷ 3년 만기 회사채의 유통수익률을 고려하여 기획재정부령으로 정하는 이자율

(2021.1.5 본항개정)
② 제1항의 규정에 의한 1주당 순자산가치는 다음의 산식에 의하여 평가한 가액으로 한다.

> 1주당 가액 = 당해 법인의 순자산가액 ÷ 발행주식총수 (이하 "순자산가치"라 한다)

(2003.12.30 본항개정)
③ 제1항 및 제2항을 적용할 때 법 제63조제1항제1호나목의 주식등을 발행한 법인이 비상장주식등을 발행한 법인의 발행주식총수등(자기주식과 자기출자지분은 제외한다)의 100분의 10 이하의 주식 및 출자지분을 소유하고 있는 경우에는 그 다른 비상장주식등의 평가는 제1항 및 제2항에도 불구하고 「법인세법 시행령」 제74조제1항제1호마목에 따른 취득가액에 의할 수 있다. 다만, 법 제60조제1항에 따른 시가가 있으면 시가를 우선하여 적용한다.(2017.2.7 본문개정)
④ 다음 각 호의 어느 하나에 해당하는 경우에는 제1항에도 불구하고 제2항에 따른 순자산가치에 따른다.
(2015.2.3 본문개정)
1. 법 제67조 및 법 제68조에 따른 상속세 및 증여세 과세표준신고기한 이내에 평가대상 법인의 청산절차가 진행 중이거나 사업자의 사망 등으로 인하여 사업의 계속이 곤란하다고 인정되는 법인의 주식등
(2015.2.3 본호개정)
2. 사업개시 전의 법인, 사업개시 후 3년 미만의 법인 또는 휴업·폐업 중인 법인의 주식등. 이 경우 「법인세법」 제46조의3, 제46조의5 및 제47조의 요건을 갖춘 적격분할 또는 적격물적분할로 신설된 법인의 사업기간은 분할 전 동일 사업부분의 사업개시일부터 기산한다.(2017.2.7 후단신설)
3. 법인의 자산총액 중 「소득세법」 제94조제1항제4호다목1) 및 2)의 합계액이 차지하는 비율이 100분의 80 이상인 법인의 주식등(2018.2.13 본호개정)
4. (2018.2.13 삭제)
5. 법인의 자산총액 중 주식등의 가액의 합계액이 차지하는 비율이 100분의 80 이상인 법인의 주식등
6. 법인의 설립 시 정관에 존속기한이 확정된 법인으로서 평가기준일 현재 잔여 존속기한이 3년 이내인 법인의 주식등
(2017.2.7 5호~6호신설)

⑤ 제2항을 적용할 때 "발행주식총수"는 평가기준일 현재의 발행주식총수에 따른다.(2015.2.3 본항개정)
⑥ 비상장주식등을 평가할 때 납세자가 다음 각 호의 어느 하나에 해당하는 방법으로 평가한 평가가액을 첨부하여 제49조의2제1항에 따른 평가심의위원회에 비상장주식등의 평가가액 및 평가방법에 대한 심의를 신청하는 경우에는 제54조제1항·제4항, 제55조 및 제56조에도 불구하고 평가심의위원회가 심의하여 제시하는 평가가액에 의하거나 그 위원회가 제시하는 평가방법 등을 고려하여 계산한 평가가액에 의할 수 있다. 다만, 납세자가 평가한 가액이 보충적 평가방법에 따른 주식평가액의 100분의 70에서 100분의 130까지의 범위 안의 가액인 경우로 한정한다.
1. 해당 법인의 자산·매출액 규모 및 사업의 영위기간 등을 고려하여 같은 업종을 영위하고 있는 다른 법인(제52조의2제1항에 따른 유가증권시장과 코스닥시장에 상장된 법인을 말한다)의 주식가액을 이용하여 평가하는 방법
2. 향후 기업에 유입될 것으로 예상되는 현금흐름에 일정한 할인율을 적용하여 평가하는 방법
3. 향후 주주가 받을 것으로 예상되는 배당수익에 일정한 할인율을 적용하여 평가하는 방법
4. 그 밖에 제1호부터 제3호까지의 규정에 준하는 방법으로서 일반적으로 공정하고 타당한 것으로 인정되는 방법
(2017.2.7 3호~4호신설)
(2017.2.7 본항개정)
(2017.2.7 본조제목개정)

제55조【순자산가액의 계산방법】 ① 제54조제2항의 규정에 의한 순자산가액은 평가기준일 현재 당해 법인의 자산을 법 제60조 내지 제66조의 규정에 의하여 평가한 가액에서 부채를 차감한 가액으로 하며, 순자산가액이 0원 이하인 경우에는 0원으로 한다. 이 경우 당해 법인의 자산을 법 제60조제3항 및 법 제66조의 규정에 의하여 평가한 가액이 장부가액(취득가액에서 감가상각비를 차감한 가액을 말한다. 이하 이 항에서 같다)보다 적은 경우에는 장부가액으로 하되, 장부가액보다 적은 정당한 사유가 있는 경우에는 그러하지 아니하다.
(2009.2.4 전단개정)
② 제1항의 규정을 적용함에 있어서 기획재정부령이 정하는 무형고정자산·준비금·충당금 등 기타 자산 및 부채의 평가와 관련된 금액은 이를 자산과 부채의 가액에서 각각 차감하거나 가산한다.(2008.2.29 본항개정)
③ 제1항을 적용할 때 제59조제2항에 따른 영업권평가액은 해당 법인의 자산가액에 이를 합산한다. 다만, 다음 각 호의 경우에는 그러하지 아니하다.
1. 제54조제4항제1호 또는 제3호에 해당하는 경우
(2018.2.13 본호개정)
2. 제54조제4항제2호에 해당하는 경우. 다만, 다음 각 목에 모두 해당하는 경우는 제외한다.
  가. 개인사업자가 제59조에 따른 무체재산권을 현물출자하거나 「조세특례제한법 시행령」 제29조제2항에 따른 사업 양도·양수의 방법에 따라 법인으로 전환하는 경우로서 그 법인이 해당 사업용 무형자산을 소유하면서 사업용으로 계속 사용하는 경우
  나. 가목에 따른 개인사업자와 법인의 사업 영위기간의 합계가 3년 이상인 경우
3. 해당 법인이 평가기준일이 속하는 사업연도 전 3년 내의 사업연도부터 계속하여 「법인세법」에 따라 각 사업연도에 속하거나 속하게 될 손금의 총액이 그 사업연도에 속하거나 속하게 될 익금의 총액을 초과하는 결손금이 있는 법인인 경우(2018.2.13 본호신설)
(2015.2.3 본항개정)

제56조【1주당 최근 3년간의 순손익액의 계산방법】
① 제54조제1항에 따른 1주당 최근 3년간의 순손익액의 가중평균액은 다음 계산식에 따라 계산한 가액으로 한다. 이 경우 그 가액이 음수(陰數)인 경우에는 영으로 한다.

1주당 최근 3년간의 순손익액의 가중평균액 = {(평가기준일 이전 1년이 되는 사업연도의 1주당 순손익액 × 3) + (평가기준일 이전 2년이 되는 사업연도의 1주당 순손익액 × 2) + (평가기준일 이전 3년이 되는 사업연도의 1주당 순손익액 × 1)} ÷ 6

(2014.2.21 본항개정)
② 제1항에도 불구하고 다음 각 호의 요건을 모두 갖춘 경우에는 제54조제1항에 따른 1주당 최근 3년간의 순손익액의 가중평균액을 기획재정부령으로 정하는 신용평가전문기관, 「공인회계사법」에 따른 회계법인 또는 「세무사법」에 따른 세무법인 중 둘 이상의 신용평가전문기관, 「공인회계사법」에 따른 회계법인 또는 「세무사법」에 따른 세무법인이 기획재정부령으로 정하는 기준에 따라 산출한 1주당 추정이익의 평균가액으로 할 수 있다.
1. 일시적이고 우발적인 사건으로 해당 법인의 최근 3년간 순손익액이 증가하는 등 기획재정부령으로 정하는 경우에 해당할 것
2. 법 제67조 및 제68조에 따른 상속세 과세표준 신고기한 및 증여세 과세표준 신고기한까지 1주당 추정이익의 평균가액을 신고할 것
3. 1주당 추정이익의 산정기준일과 평가서작성일이 해당 과세표준 신고기한 이내일 것
4. 1주당 추정이익의 산정기준일과 상속개시일 또는 증여일이 같은 연도에 속할 것
(2014.2.21 본항개정)
③ 제1항을 적용할 때 각 사업연도의 주식수는 각 사업연도 종료일 현재의 발행주식총수에 의한다. 다만, 평가기준일이 속하는 사업연도 이전 3년 이내에 증자 또는 감자를 한 사실이 있는 경우에는 증자 또는 감자전의 각 사업연도 종료일 현재의 발행주식총수는 기획재정부령으로 정하는 바에 따른다.(2015.2.3 본항개정)
④ 제1항에 따른 순손익액은 「법인세법」 제14조에 따른 각 사업연도소득(이하 이 조에서 "각 사업연도소득"이라 한다)에 제1호의 금액을 더한 금액에서 제2호의 금액을 뺀 금액으로 한다. 이 경우 각 사업연도소득을 계산할 때 손금에 산입된 충당금 또는 준비금이 세법의 규정에 따라 일시 환입되는 경우에는 해당 금액이 환입될 연도를 기준으로 안분한 금액을 환입될 각 사업연도소득에 가산한다.(2019.2.12 전단개정)
1. 다음 각 목에 따른 금액
  가. 「법인세법」 제18조제4호에 따른 금액
  나. 「법인세법」 제18조의2 및 제18조의4에 따른 수입배당금액 중 익금불산입액 (2023.2.28 본목개정)
  다. 「법인세법」 제24조제5항, 제27조의2제3항 및 제4항, 「조세특례제한법」(법률 제10406호로 개정되기 전의 것을 말한다) 제73조제4항에 따라 해당 사업연도의 손금에 산입한 금액(2020.2.11 본목개정)
  라. 각 사업연도소득을 계산할 때 「법인세법 시행령」 제76조에 따른 화폐성외화자산·부채 또는 통화선도등(이하 이 조에서 "화폐성외화자산등"이라 한다)에 대하여 해당 사업연도 종료일 현재의 같은 조 제1항에 따른 매매기준율등(이하 이 조에서 "매매기준율등"이라 한다)으로 평가하지 아니한 경우 해당 화폐성외화자산등에 대하여 해당 사업연도 종료일 현재의 매매기준율등으로 평가하여 발생한 이익
  마. 그 밖에 기획재정부령으로 정하는 금액 (2019.2.12 본호개정)
2. 다음 각 목에 따른 금액(2014.2.21 본문개정)

  가. 해당 사업연도의 법인세액(「법인세법」 제18조의4에 따른 익금불산입의 적용 대상이 되는 수입배당금액에 대하여 외국에 납부한 세액과 같은 법 제57조에 따라 세액공제를 적용하는 경우의 외국법인세액을 포함한다), 법인세액의 감면액 또는 과세표준에 부과되는 농어촌특별세액 및 지방소득세액 (2023.2.28 본목개정)
  나. 「법인세법」 제21조제3호·제4호, 제21조의2 및 제27조에 따라 손금에 산입되지 않은 금액과 각 세법에서 규정하는 징수불이행으로 인하여 납부하였거나 납부할 세액(2020.2.11 본목개정)
  다. 「법인세법」 제24조부터 제26조까지, 제27조의2 및 제28조에 따라 손금에 산입되지 않은 금액과 「조세특례제한법」(법률 제10406호 조세특례제한법 일부개정법률로 개정되기 전의 것을 말한다) 제73조제3항에 따라 기부금 손금산입 한도를 넘어 손금에 산입하지 아니한 금액, 같은 법 제136조의 금액, 그 밖에 기획재정부령으로 정하는 금액(2020.2.11 본목개정)
  라. 「법인세법 시행령」 제32조제1항에 따른 시인부족액에서 같은 조에 따른 상각부인액을 손금으로 추인한 금액을 뺀 금액(2014.2.21 본목신설)
  마. 각 사업연도소득을 계산할 때 화폐성외화자산등에 대하여 해당 사업연도 종료일 현재의 매매기준율등으로 평가하지 않은 경우 해당 화폐성외화자산등에 대해 해당 사업연도 종료일 현재의 매매기준율등으로 평가하여 발생한 손실(2019.2.12 본목신설)
⑤ 제4항에 따라 순손익액을 계산할 때 평가기준일이 속하는 사업연도 이전 3년 이내에 해당 법인의 자본(출자액을 포함한다. 이하 이 항에서 같다)을 증가시키기 위하여 새로운 주식 또는 지분(이하 이 항에서 "주식등"이라 한다)을 발행(이하 이 항에서 "유상증자"라 한다)하거나 해당 법인의 자본을 감소시키기 위하여 주식등을 소각(이하 이 항에서 "유상감자"라 한다)한 사실이 있는 경우에는 유상증자 또는 유상감자를 한 사업연도와 그 이전 사업연도의 순손익액은 제4항에 따라 계산한 금액에 제1호에 따른 금액을 더하고 제2호에 따른 금액을 뺀 금액으로 한다. 이 경우 유상증자 또는 유상감자를 한 사업연도의 순손익액은 사업연도 개시일부터 유상증자 또는 유상감자를 한 날까지의 기간에 대하여 월할로 계산하며, 1개월 미만은 1개월로 하여 계산한다.(2015.2.3 전단개정)
1. 유상증자한 주식등 1주당 납입금액 × 유상증자에 의하여 증가한 주식등 수 × 기획재정부령으로 정하는 율
2. 유상감자 시 지급한 1주당 금액 × 유상감자에 의하여 감소된 주식등 수 × 기획재정부령으로 정하는 율
(2011.7.25 본항신설)

제56조의2 (2016.2.5 삭제)

제57조【기업공개준비 중인 주식등의 평가 등】① 법 제63조제2항제1호에서 "대통령령으로 정하는 기간"이란 평가기준일 현재 유가증권 신고(유가증권 신고를 하지 아니하고 상장신청을 하는 경우에는 상장신청을 말한다) 직전 6개월(증여세가 부과되는 주식등의 경우에는 3개월로 한다)부터 거래소에 최초로 주식등을 상장하기 전까지의 기간을 말하며, 해당 주식등은 제1호의 가액과 제2호의 가액 중 큰 가액으로 평가한다.
(2015.2.3 본문개정)
1. 「자본시장과 금융투자업에 관한 법률」에 따라 금융위원회가 정하는 기준에 따라 결정된 공모가격 (2010.2.18 본호개정)
2. 법 제63조제1항제1호가목에 따라 평가한 해당 주식등의 가액(같은 목의 가액이 없는 경우에는 같은 호 나목의 가액을 말한다)(2017.2.7 본호개정)

② 법 제63조제2항제2호에서 "대통령령으로 정하는 기간"이란 평가기준일 현재 유가증권 신고(유가증권 신고를 하지 아니하고 등록신청을 한 경우에는 등록신청을 말한다) 직전 6개월(증여세가 부과되는 주식등의 경우에는 3개월로 한다)부터 한국금융투자협회에 등록하기 전까지의 기간을 말하며, 해당 주식등은 제1항제1호의 가액과 법 제63조제1항제1호나목에 따라 평가한 가액 중 큰 가액으로 평가한다.(2017.2.7 본항개정)

③ 법 제63조제2항제3호에 따른 주식의 평가는 거래소에 상장되어 있는 법인의 주식에 대하여 법 제63조제1항제1호가목에 따라 평가한 가액에서 기획재정부령으로 정하는 배당차액을 뺀 가액으로 한다.(2017.2.7 본항개정)

제58조【국채·공채 등 그 밖의 유가증권의 평가】 ① 법 제63조제1항제2호에 따른 유가증권 중 국채·공채 및 사채(법 제40조제1항 각 호 외의 부분에 따른 전환사채등을 제외하며, 이하 이 항에서 "국채등"이라 한다)는 다음 각 호의 어느 하나에 따라 평가한 가액으로 한다.(2010.2.18 본문개정)

1. 거래소에서 거래되는 국채등은 법 제63조제1항제1호가목 본문을 준용하여 평가한 가액과 평가기준일 이전 최근일의 최종 시세가액 중 큰 가액으로 하되, 평가기준일 이전 2개월의 기간 중 거래실적이 없는 국채등은 제2호에 따른다. 이 경우 법 제63조제1항제1호가목 본문 중 "주식등"은 "국채등"으로, "평가기준일 이전·이후 각 2개월"은 "평가기준일 이전 2개월"로 본다.(2017.2.7 후단개정)

2. 제1호외의 국채등은 다음 각목의 1의 가액에 의한다.
   가. 타인으로부터 매입한 국채등(국채등의 발행기관 및 발행회사로부터 액면가액으로 직접 매입한 것을 제외한다)은 매입가액에 평가기준일까지의 미수이자상당액을 가산한 금액
   나. 가목외의 국채등은 평가기준일 현재 이를 처분하는 경우에 받을 수 있다고 예상되는 금액(이하 "처분예상금액"이라 한다). 다만, 처분예상금액을 산정하기 어려운 경우에는 당해 국채등의 상환기간·이자율·이자지급방법 등을 참작하여 기획재정부령이 정하는 바에 따라 평가한 가액으로 할 수 있다.(2008.2.29 단서개정)

② 대부금·외상매출금 및 받을어음 등의 채권가액과 입금금·보증금 등의 채무가액은 원본의 회수기간·약정이자율 및 금융시장에서 형성되는 평균이자율 등을 고려하여 기획재정부령으로 정하는 바에 따라 평가한 가액으로 한다. 다만, 채권의 전부 또는 일부가 평가기준일 현재 회수불가능한 것으로 인정되는 경우에는 그 가액을 산입하지 않는다.(2021.1.5 본항개정)

③ 「자본시장과 금융투자업에 관한 법률」에 따른 집합투자증권의 평가는 평가기준일 현재의 거래소의 기준가격으로 하거나 집합투자업자 또는 투자회사가 같은 법에 따라 산정 또는 공고한 기준가격으로 한다. 다만, 평가기준일 현재의 기준가격이 없는 경우에는 평가기준일 현재의 환매가격 또는 평가기준일전 가장 가까운 날의 기준가격으로 한다.(2017.2.7 본문개정)
(2010.2.18 본조제목개정)

제58조의2【전환사채등의 평가】 ① 법 제63조제1항제2호에 따른 유가증권 중 거래소에서 거래되는 전환사채등(법 제40조제1항 각 호 외의 부분에 따른 전환사채등을 말한다. 이하 이 조에서 같다)은 제58조제1항제1호에 따른 국채등의 평가방법을 준용하여 평가한 가액으로 한다.(2015.2.3 본항개정)

② 법 제63조제1항제2호에 따른 유가증권 중 제1항에 해당하지 아니하는 전환사채등 및 신주인수권증서는 다음 각 호의 어느 하나에 따라 평가한 가액으로 하되, 제58조제1항제2호나목 단서에 따라 평가한 가액이 있는 경

우에는 해당 가액으로 할 수 있다.(2015.2.3 본문개정)

1. 주식으로의 전환등이 불가능한 기간 중인 경우에는 다음 각 목의 구분에 따라 평가한 가액으로 한다.(2015.2.3 본문개정)
   가. 전환사채 및 신주인수권증권 : 신주인수권부사채의 만기상환금액(만기 전에 발생하는 이자상당액을 포함한다. 이하 이 호에서 같다)을 사채발행이율에 따라 발행 당시의 현재가치로 할인한 가액에서 그 만기상환금액을 3년 만기 회사채의 유통수익률을 고려하여 기획재정부령으로 정하는 이자율(이하 이 호에서 "적정할인율"이라 한다)에 따라 발행 당시의 현재가치로 할인한 가액을 뺀 가액. 이 경우 그 가액이 음수인 경우에는 영으로 한다.(2016.2.5 전단개정)
   나. 가목외의 전환사채등 : 만기상환금액을 사채발행이율과 적정할인율중 낮은 이율에 의하여 발행 당시의 현재가치로 할인한 가액에서 발행후 평가기준일까지 발생한 이자상당액을 가산한 가액

2. 주식으로의 전환등이 가능한 기간 중인 경우에는 다음 각목의 구분에 따라 평가한 가액으로 한다.
   가. 전환사채 : 제1호나목의 규정에 의하여 평가한 가액과 당해 전환사채로 전환할 수 있는 주식가액에서 제57조제3항의 규정에 의한 배당차액을 차감한 가액중 큰 가액
   나. 신주인수권부사채 : 제1호나목의 규정에 의하여 평가한 가액과 동가액에서 동호가목의 규정을 준용하여 평가한 신주인수권가액을 차감하고 다목의 규정을 준용하여 평가한 신주인수권가액을 가산한 가액 중 큰 가액
   다. 신주인수권증권 : 제1호가목의 규정에 의하여 평가한 가액과 당해 신주인수권증권으로 인수할 수 있는 주식가액에서 제57조제3항의 규정에 의한 배당차액과 신주인수가액을 차감한 가액중 큰 금액
   라. 신주인수권증서 : 다음의 구분에 따른 가액
      1) 거래소에서 거래되는 경우 : 거래소에 상장되어 거래되는 전체 거래일의 종가 평균
      2) 그 밖의 경우 : 해당 신주인수권증서로 인수할 수 있는 주식의 권리락 전 가액에서 제57조제3항에 따른 배당차액과 신주인수가액을 차감한 가액. 다만, 해당 주식이 주권상장법인등의 주식인 경우로서 권리락 후 주식가액이 권리락 전 주식가액에서 배당차액을 차감한 가액보다 적은 경우에는 권리락 후 주식가액에서 신주인수가액을 차감한 가액으로 한다.
(2018.2.13 본문개정)
   마. 기타 : 가목 내지 다목의 규정을 준용하여 평가한 가액
(2000.12.29 본조개정)

제58조의3【국외재산에 대한 평가】 ① 외국에 있는 상속 또는 증여재산으로서 법 제60조 내지 법 제65조의 규정을 적용하는 것이 부적당한 경우에는 당해 재산이 소재하는 국가에서 양도소득세·상속세 또는 증여세 등의 부과목적으로 평가한 가액을 평가액으로 한다.

② 제1항에 따른 평가액이 없는 경우에는 세무서장등이 둘 이상의 국내 또는 외국의 감정기관(주식등에 대한 평가의 경우에는 기획재정부령으로 정하는 신용평가전문기관, 「공인회계사법」에 따른 회계법인 또는 「세무사법」에 따른 세무법인을 포함한다)에 의뢰하여 감정한 가액을 참작하여 평가한 가액을 평가액으로 한다.(2022.2.15 본항개정)
(1999.12.31 본조신설)

제58조의4【외화자산 및 부채의 평가】 외화자산 및 부채는 평가기준일 현재 「외국환거래법」 제5조제1항에 따른 기준환율 또는 재정환율에 따라 환산한 가액을 기준으로 평가한다.(2012.2.2 본조신설)

제59조【무체재산권의 평가】 ① (2014.2.21 삭제)
② 영업권의 평가는 다음 산식에 의하여 계산한 초과이익금액을 평가기준일 이후의 영업권지속연수(원칙적으로 5년으로 한다)를 고려하여 기획재정부령으로 정하는 방법에 따라 환산한 가액에 의한다. 다만, 매입한 무체재산권으로서 그 성질상 영업권에 포함시켜 평가되는 무체재산권의 경우에는 이를 별도로 평가하지 않되, 해당 무체재산권의 평가액이 환산한 가액보다 큰 경우에는 해당 가액을 영업권의 평가액으로 한다.

〔최근 3년간(3년에 미달하는 경우에는 해당 연수로 하고, 제55조제3항제2호 각 목에 모두 해당하는 경우에는 개인사업자로서 사업을 영위한 기간을 포함한다)의 순손익액의 가중평균액의 100분의 50에 상당하는 가액 − (평가기준일 현재의 자기자본×1년만기정기예금이자율을 고려하여 기획재정부령으로 정하는 율)〕
(2021.1.5 본항개정)
③ 제2항을 적용함에 있어서 최근 3년간의 순손익액의 가중평균액은 제56조제1항 및 제2항을 준용하여 평가한다. 이 경우 같은 조 제1항 중 "1주당 순손익액"과 같은 조 제2항 중 "1주당 추정이익"은 "순손익액"으로 본다.(2014.2.21 본항개정)
④ 어업권 및 양식업권의 가액은 제2항의 영업권에 포함하여 계산한다.(2020.8.26 본항개정)
⑤ 특허권・실용신안권・상표권・디자인권 및 저작권 등은 그 권리에 의하여 장래에 받을 각 연도의 수입금액을 기준으로 기획재정부령이 정하는 바에 의하여 계산한 금액의 합계액에 의한다. 이 경우 각 연도의 수입금액이 확정되지 아니한 것은 평가기준일전 3년간의 각 연도 수입금액의 합계액을 기획재정부령이 정하는 바에 따라 평균한 금액을 각 연도의 수입금액으로 할 수 있다.(2008.2.29 본항개정)
⑥ 광업권 및 채석권 등은 평가기준일 이후의 채굴가능연수에 대하여 평가기준일전 3년간 평균소득(실적이 없는 경우에는 예상순소득으로 한다)을 각 연도마다 기획재정부령이 정하는 방법에 의하여 환산한 금액의 합계액을 그 가액으로 한다. 다만, 조업할 가치가 없는 경우에는 설비 등에 의하여만 평가한 가액으로 한다.(2008.2.29 본문개정)
⑦ 제2항의 규정에 의하여 영업권을 평가함에 있어서 제시한 증빙에 의하여 자기자본을 확인할 수 없는 경우에는 다음 각호의 산식에 의하여 계산한 금액중 많은 금액으로 한다.
1. 사업소득금액 ÷「소득세법 시행령」제165조제10항제1호에서 규정하는 자기자본이익률
2. 수입금액 ÷「소득세법 시행령」제165조제10항제2호에서 규정하는 자기자본회전율
(2005.8.5 1호~2호개정)
(2004.12.31 본항신설)
(2014.2.21 본조제목개정)

제60조【조건부 권리 등의 평가】 ① 법 제65조제1항에 따른 조건부 권리, 존속기간이 확정되지 않은 권리 및 소송 중인 권리의 가액은 다음 각 호의 어느 하나에 따라 평가한 가액으로 한다.
1. 조건부 권리는 본래의 권리의 가액을 기초로 하여 평가기준일 현재의 조건내용을 구성하는 사실, 조건 성취의 확실성, 그 밖의 모든 사정을 고려한 적정가액
2. 존속기간이 확정되지 않은 권리의 가액은 평가기준일 현재의 권리의 성질, 목적물의 내용연수, 그 밖의 모든 사정을 고려한 적정가액
3. 소송 중인 권리의 가액은 평가기준일 현재의 분쟁관계의 진상을 조사하고 소송진행의 상황을 고려한 적정가액
② 법 제65조제2항에 따른 가상자산(「특정 금융거래정보의 보고 및 이용 등에 관한 법률」제2조제3호의 가상

자산을 말한다. 이하 이 항에서 같다)의 가액은 다음 각 호의 구분에 따라 평가한 가액으로 한다.
1.「특정 금융거래정보의 보고 및 이용 등에 관한 법률」제7조에 따라 신고가 수리된 가상자산사업자(이하 이 호에서 "가상자산사업자"라 한다) 중 국세청장이 고시하는 가상자산사업자의 사업장에서 거래되는 가상자산 : 평가기준일 전・이후 각 1개월 동안에 해당 가상자산사업자가 공시하는 일평균가액의 평균액
2. 그 밖의 가상자산 : 제1호에 해당하는 가상자산사업자 외의 가상자산사업자 및 이에 준하는 사업자의 사업장에서 공시하는 거래일의 일평균가액 또는 종료시각에 공시된 시세가액 등 합리적으로 인정되는 가액
(2021.2.17 본항신설)
(2021.2.17 본조개정)

제61조【신탁의 이익을 받을 권리의 평가】 ① 법 제65조제1항에 따른 신탁의 이익을 받을 권리의 가액은 다음 각 호의 어느 하나에 따라 평가한 가액으로 한다. 다만, 평가기준일 현재 신탁계약의 철회, 해지, 취소 등을 통해 받을 수 있는 일시금이 다음 각 호에 따라 평가한 가액보다 큰 경우에는 그 일시금의 가액으로 한다.
1. 원본을 받을 권리와 수익을 받을 권리의 수익자가 같은 경우에는 평가기준일 현재 법에 따라 평가한 신탁재산의 가액
2. 원본을 받을 권리와 수익을 받을 권리의 수익자가 다른 경우에는 다음 각 목에 따른 가액
가. 원본을 받을 권리를 수익하는 경우에는 평가기준일 현재 법에 따라 평가한 신탁재산의 가액에서 나목의 계산식에 따라 계산한 금액의 합계액을 뺀 금액
나. 수익을 받을 권리를 수익하는 경우에는 평가기준일 현재 기획재정부령으로 정하는 방법에 따라 추산한 장래에 받을 각 연도의 수익금에 대하여 수익의 이익에 대한 원천징수세액상당액등을 고려하여 다음의 계산식에 따라 계산한 금액의 합계액

$$\frac{\text{각 연도에 받을 수익의 이익} - \text{원천징수세액상당액}}{(1 + \text{신탁재산의 평균 수익률 등을 고려하여 기획재정부령으로 정하는 이자율})^n}$$
$$n : \text{평가기준일부터 수익시기까지의 연수}$$

② 제1항나목에 따라 계산할 때 수익시기가 정해지지 않은 경우 평가기준일부터 수익시기까지의 연수는 제62조제2호 또는 제3호를 준용하여 20년 또는 기대여명의 연수로 계산한다.(2021.2.17 본항신설)
(2021.2.17 본조개정)

제62조【정기금을 받을 권리의 평가】 법 제65조제1항에 따른 정기금을 받을 권리의 가액은 다음 각 호의 어느 하나에 따라 평가한 가액으로 한다. 다만, 평가기준일 현재 계약의 철회, 해지, 취소 등을 통해 받을 수 있는 일시금이 다음 각 호에 따라 평가한 가액보다 큰 경우에는 그 일시금의 가액에 의한다.(2019.2.12 단서신설)
1. 유기정기금 : 잔존기간에 각 연도에 받을 정기금액을 기준으로 다음 계산식에 따라 계산한 금액의 합계액. 다만, 1년분 정기금액의 20배를 초과할 수 없다.

$$\frac{\text{각 연도에 받을 정기금액}}{(1 + \text{보험회사의 평균공시이율 등을 고려하여 기획재정부령으로 정하는 이자율})^n}$$
$$n : \text{평가기준일부터의 경과연수}$$

(2021.1.5 본호개정)
2. 무기정기금 : 1년분 정기금액의 20배에 상당하는 금액
3. 종신정기금 : 정기금을 받을 권리가 있는 자의 「통계법」제18조에 따라 통계청장이 승인하여 고시하는 통계표에 따른 성별・연령별 기대여명의 연수(소수점 이하는 버린다)까지의 기간중 각 연도에 받을 정기금액을 기준으로 제1호의 계산식에 따라 계산한 금액의 합계액
(2016.2.5 본조개정)

제63조【저당권 등이 설정된 재산의 평가】① 법 제66조에서 "대통령령으로 정하는 바에 따라 평가한 가액"이란 다음 각 호의 어느 하나에 해당하는 금액을 말한다.(2010.2.18 본문개정)
1. 저당권(공동저당권 및 근저당권을 제외한다)이 설정된 재산의 가액은 당해 재산이 담보하는 채권액
2. 공동저당권이 설정된 재산의 가액은 당해 재산이 담보하는 채권액을 공동저당권 재산의 평가기준일 현재의 가액으로 안분하여 계산한 가액
3. 근저당권이 설정된 재산의 가액은 평가기준일 현재 당해 재산이 담보하는 채권액(1998.12.31 본호개정)
4. 질권이 설정된 재산 및 양도담보재산의 가액은 당해 재산이 담보하는 채권액
5. 전세권이 등기된 재산의 가액은 등기된 전세금(임대보증금을 받고 임대한 경우에는 임대보증금)
(1998.12.31 본호개정)
6. 법 제66조제4호에 따른 신탁계약을 체결한 재산의 가액은 신탁계약 또는 수익증권에 따른 우선수익자인 채권자의 수익한도금액(2019.2.12 본호신설)
② 제1항 각호의 규정에 의하여 법 제66조제1호의 재산을 평가함에 있어서 당해 재산에 설정된 근저당의 채권최고액이 담보하는 채권액보다 적은 경우에는 채권최고액으로 하고, 당해 재산에 설정된 물적담보외에 기획재정부령이 정하는 신용보증기관의 보증이 있는 경우에는 담보하는 채권액에서 당해 신용보증기관이 보증한 금액을 차감한 가액으로 하며, 동일한 재산이 다수의 채권(전세금채권과 임차보증금채권을 포함한다)의 담보로 되어 있는 경우에는 그 재산이 담보하는 채권액의 합계액으로 한다.(2008.2.29 본항개정)
③ 법 제66조제4호에서 "대통령령으로 정하는 신탁계약"이란 수탁자가 위탁자로부터「자본시장과 금융투자업에 관한 법률」제103조제1항제5호 또는 제6호의 재산을 위탁자의 채무이행을 담보하기 위하여 수탁으로 운용하는 내용으로 체결되는 신탁계약을 말한다.
(2019.2.12 본항신설)

제5장 신고와 납부

제1절 신 고

제64조【상속세 과세표준신고】① 법 제67조제1항의 규정에 의한 상속세과세표준신고는 기획재정부령이 정하는 상속세과세표준신고및자진납부계산서에 의한다.
(2008.2.29 본항개정)
② 법 제67조제2항에서 "상속재산의 종류, 수량, 평가가액, 재산분할 및 각종 공제 등을 증명할 수 있는 서류 등 대통령령으로 정하는 것"이란 다음 각 호의 어느 하나에 해당하는 것을 말한다.(2010.2.18 본문개정)
1. 피상속인의 제적등본 및 상속인의 가족관계기록사항에 관한 증명서(2010.11.2 본호개정)
2. 기획재정부령이 정하는 상속재산명세 및 그 평가명세서(2008.2.29 본호개정)
3. 제10조제1항의 규정에 의한 채무사실을 입증할 수 있는 서류
4. 배우자의 상속재산이 분할된 경우에는 상속재산분할명세 및 그 평가명세서
5. 제15조제22항, 제16조제11항, 제17조제3항, 제18조제2항·제4항, 제19조제3항, 제20조제3항 및 제21조제3항에 따른 서류 및 그 밖에 이 법에 따라 제출하는 서류(2023.2.28 본호개정)
③ (2010.11.2 삭제)
(2010.2.18 본조제목개정)

제65조【증여세 과세표준신고】① 법 제68조제1항의 규정에 의한 증여세과세표준신고는 기획재정부령이 정하는 증여세과세표준신고및자진납부계산서에 의한다.(2008.2.29 본항개정)
② 법 제68조제2항에서 "증여재산의 종류, 수량, 평가가액 및 각종 공제 등을 증명할 수 있는 서류 등 대통령령으로 정하는 것"이란 다음 각 호의 어느 하나에 해당하는 것을 말한다.(2010.2.18 본문개정)
1. 제64조제2항제1호 및 제2호의 규정에 의한 서류. 이 경우 동항제1호중 "피상속인 및 상속인"은 "증여자 및 수증자"로 하고, 동항제2호중 "상속재산"은 "증여재산"으로 본다.
2. (1998.12.31 삭제)
3. 제36조의 규정에 의한 채무사실을 입증할 수 있는 서류
4. 제47조 및 제48조의 규정에 의한 서류 및 기타 이 법에 의하여 제출하는 서류
(2010.2.18 본조제목개정)

제65조의2【신고세액공제】법 제69조제1항 각호외의 부분 및 동조제2항의 상속세산출세액 및 증여세산출세액은 법 제67조의 규정에 의한 상속세과세표준신고기한 및 법 제68조의 규정에 의한 증여세과세표준신고기한 이내에 신고한 과세표준에 대한 각각의 산출세액을 말한다.(2002.12.30 본조신설)

제2절 납 부

제66조【자진납부】① 법 제70조의 규정에 의하여 자진납부를 하는 자는 상속세과세표준신고 또는 증여세과세표준신고와 함께 납세지 관할세무서장에게 납부하거나「국세징수법」에 의한 납부서에 의하여 한국은행 또는 체신관서에 납부하여야 한다.(2005.8.5 본항개정)
② 법 제70조제2항의 규정에 의하여 분납할 수 있는 세액은 다음 각호에 의한다.
1. 납부할 세액이 2천만원 이하인 때에는 1천만원을 초과하는 금액
2. 납부할 세액이 2천만원을 초과하는 때에는 그 세액의 100분의 50 이하의 금액
(2000.12.29 본항신설)

제67조【연부연납의 신청 및 허가】① 법 제71조제1항에 따라 연부연납을 신청하려는 자는 법 제67조 및 제68조에 따른 상속세 과세표준신고 및 증여세 과세표준신고를 하는 경우(「국세기본법」제45조에 따른 수정신고 또는 같은 법 제45조의3에 따른 기한 후 신고를 하는 경우를 포함한다)에는 납부해야 할 세액에 대하여 기획재정부령으로 정하는 연부연납신청서를 상속세과세표준신고 또는 증여세과세표준신고와 함께 납세지 관할세무서장에게 제출해야 한다. 다만, 법 제77조에 따른 과세표준과 세액의 결정통지를 받은 자는 해당 납부고지서의 납부기한(법 제4조의2제6항에 따른 연대납세의무자가 같은 조 제7항에 따라 통지를 받은 경우에는 해당 납부고지서상의 납부기한을 말한다)까지 그 신청서를 제출할 수 있다. (2021.2.17 본항개정)
② 제1항에 따른 연부연납신청서를 받은 세무서장은 다음 각 호에 따른 기간 이내에 신청인에게 그 허가 여부를 서면으로 결정·통지해야 한다. 이 경우 해당 기간까지 그 허가 여부에 대한 서면을 발송하지 않은 때에는 허가를 한 것으로 본다. (2021.2.17 본문개정)
1. 법 제67조에 따른 상속세 과세표준신고 또는 법 제68조에 따른 증여세 과세표준신고를 받은 경우 : 법 제67조에 따른 상속세 과세표준신고기한 또는 법 제68조에 따른 증여세 과세표준신고기한이 경과한 날부터 제78조제1항 각 호의 구분에 따른 기간

2. 「국세기본법」 제45조에 따른 수정신고 또는 같은 법 제45조의3에 따른 기한 후 신고를 한 경우 : 신고한 날이 속하는 달의 말일부터 9개월(증여의 경우에는 6개월로 한다)(2020.2.11 본호개정)
3. 제1항 단서의 경우 : 납부고지서에 따른 납부기한이 지난 날부터 14일(2021.2.17 본호개정)
(2010.12.30 본항개정)
③ 제1항 단서의 경우에 납부기한을 경과하여 연부연납허가여부통지를 하는 경우 그 연부연납액에 상당한 세액을 징수할 때에는 연부연납허가여부통지일 이전에 한정하여 「국세기본법」 제47조의4제1항제1호(납부고지서에 따른 납부기한의 다음 날부터 성립하는 부분으로 한정한다) 및 제3호의 납부지연가산세를 부과하지 않는다.(2021.2.17 본항개정)
④ 법 제71조제1항에 따른 담보의 제공 및 해제에 관하여는 「국세징수법」 제18조부터 제23조까지의 규정을 준용한다.(2021.2.17 본항개정)

제68조【연부연납금액 등의 계산】① 법 제71조제2항에 따라 연부연납하는 경우의 납부금액은 매년 납부할 금액이 1천만원을 초과하는 금액 범위에서 다음 각 호에 따라 계산된 금액으로 한다.
1. 법 제71조제2항제1호가목에 따라 연부연납 허가 후 10년이 되는 날부터 10년간 납부하는 경우 연부연납 금액 : 연부연납허가 후 10년이 되는 날부터 연부연납 기간에 매년 납부할 금액은 다음 계산식으로 계산한 금액
연부연납 대상금액 / (연부연납기간 + 1)
(2023.2.28 본호개정)
2. (2023.2.28 삭제)
3. 법 제71조제2항제1호(이 항 제1호에 해당하는 경우는 제외한다) 또는 제2호에 따른 연부연납 금액 : 신고납부기한 또는 납부고지서에 따른 납부기한(이하 이 호에서 "납부기한"이라 한다)과 납부기한 경과 후 연부연납 기간에 매년 납부할 금액은 제1호의 계산식에 따라 계산한 금액(2023.2.28 본호개정)
(2021.2.17 본항개정)
② 법 제71조제2항제1호가목에 따라 연부연납할 수 있는 상속세납부세액은 다음 계산식에 따른다. 이 경우 기업상속재산가액이란 제3항제3호에 해당하는 상속인 (요건을 갖춘 것으로 보는 경우를 포함한다)이 받거나 받을 제4항에 따른 상속재산의 가액을 말한다.

상속세 납부 세액	×	(기업상속재산가액 − 법 제18조의2제1항에 따른 가업상속공제 금액) / (총 상속재산가액 − 법 제18조의2제1항에 따른 가업상속공제 금액)

(2023.2.28 본항개정)
③ 법 제71조제2항제1호가목에서 "대통령령으로 정하는 요건에 따라 중소기업 또는 중견기업을 상속받은 경우"란 다음 각 호의 요건을 모두 갖춘 경우를 말한다.(2023.2.28 본문개정)
1. 「조세특례제한법 시행령」 제2조제1항에 따른 중소기업 또는 같은 영 제9조제4항에 따른 중견기업을 상속받은 경우(2022.2.15 본호개정)
2. 피상속인이 다음 각 목의 요건을 모두 갖춘 경우
가. 제1호에 따른 중소기업 또는 중견기업의 최대주주등인 경우로서 피상속인과 그의 특수관계인의 주식등을 합하여 해당 기업의 발행주식총수등의 100분의 40(거래소에 상장되어 있는 법인이면 100분의 20) 이상을 5년 이상 계속하여 보유할 것 (2023.2.28 본목개정)
나. 피상속인이 해당 기업을 5년 이상 계속하여 경영한 경우로서 해당 기업의 영위기간 중 다음의 어느 하나에 해당하는 기간을 대표이사등으로 재직할 것

1) 100분의 30 이상의 기간
2) 5년 이상의 기간(상속인이 피상속인의 대표이사 등의 직을 승계하여 승계한 날부터 상속개시일까지 계속 재직한 경우로 한정한다)
3) 상속개시일부터 소급하여 5년 중 3년 이상의 기간
3. 상속인이 다음 각 목의 요건을 모두 갖춘 경우. 이 경우 상속인의 배우자가 다음 각 목의 요건을 모두 갖춘 경우에는 상속인이 그 요건을 갖춘 것으로 본다.
가. 상속개시일 현재 18세 이상일 것
나. 상속세과세표준 신고기한까지 임원으로 취임하고, 상속세 신고기한부터 2년 이내에 대표이사등으로 취임할 것
(2020.2.11 본항개정)
④ 법 제71조제2항제1호가목에서 "대통령령으로 정하는 상속재산"이란 다음 각 호의 구분에 따라 제3항제3호에 해당하는 상속인(요건을 갖춘 것으로 보는 경우를 포함한다)이 받거나 받을 상속재산을 말한다. (2023.2.28 본문개정)
1. 「소득세법」을 적용받는 기업 : 기업활동에 직접 사용되는 토지, 건축물, 기계장치 등 사업용 자산[타인에게 임대하고 있는 부동산(지상권, 부동산임차권 등 부동산에 관한 권리를 포함한다)은 제외한다]의 가액에서 해당 자산에 담보된 채무액을 뺀 가액 (2021.2.17 본호개정)
2. 「법인세법」을 적용받는 기업 : 법인의 주식등의 가액[해당 주식등의 가액에 그 법인의 총자산가액(상속개시일 현재 법 제4장에 따라 평가한 가액을 말한다) 중 상속개시일 현재 사업무관자산을 제외한 자산가액이 차지하는 비율을 곱하여 계산한 금액에 해당하는 것을 말한다]
(2020.2.11 본호개정)
⑤ 법 제71조제2항제1호가목 및 같은 조 제4항제5호에서 "사립유치원에 직접 사용하는 재산 등 대통령령으로 정하는 재산"이란 「유아교육법」 제7조제3호에 따른 사립유치원에 직접 사용하는 교지(校地), 실습지(實習地), 교사(校舍) 등의 상속재산을 말한다.(2023.2.28 본항개정)
⑥ 법 제71조제4항제4호에서 "상속받은 사업을 폐업하거나 해당 상속인이 그 사업에 종사하지 아니하게 된 경우 등 대통령령으로 정하는 사유에 해당하는 경우"란 다음 각 호의 어느 하나에 해당하는 경우를 말한다. (2020.2.11 본문개정)
1. 제4항에 따른 상속재산의 100분의 50 이상을 처분하는 경우. 다만, 제15조제8항제1호 각 목의 어느 하나에 해당하는 경우는 제외한다.(2020.2.11 본호개정)
2. 다음 각 목의 어느 하나에 해당하는 경우. 다만, 제15조제8항제2호 각 목의 어느 하나에 해당하는 경우는 제외한다.
가. 상속인(제15조제3항제2호 후단에 해당하는 경우에는 상속인의 배우자)이 대표이사등으로 종사하지 아니하는 경우
나. 해당 사업을 1년 이상 휴업(실적이 없는 경우를 포함한다)하거나 폐업하는 경우(2020.2.11 본목개정)
3. 상속인이 최대주주등에 해당되지 아니하게 되는 경우. 다만, 제15조제8항제3호다목 및 라목에 해당하는 경우는 제외한다.
(2018.2.13 본항신설)
⑦ 법 제71조제4항제5호에서 "재산을 해당 사업에 직접 사용하지 아니하는 경우 등 대통령령으로 정하는 경우"란 다음 각 호의 경우를 말한다.
1. 사립유치원이 폐쇄되는 경우

2. 상속받은 사립유치원 재산을 사립유치원에 직접 사용하지 아니하는 경우
(2016.2.5 본항신설)
⑧ 연부연납 허가 후 법 제71조제4항 각 호의 어느 하나에 해당하면 다음 각 호의 어느 하나의 방법에 따라 당초 허가한 연부연납을 취소하거나 변경한다. 이 경우 제1호 및 제2호에 따라 연부연납을 변경하여 허가하는 경우의 연부연납 금액에 관하여는 제1항제3호를 준용한다.(2023.2.28 후단신설)
1. 연부연납 허가일부터 10년 이내에 법 제71조제4항제4호 또는 제5호에 해당하는 경우에는 연부연납기간(10년을 초과하는 경우에는 10년으로 한다)에서 허가일부터 같은 항 제4호 또는 제5호에 해당하게 된 날까지의 기간을 뺀 기간의 범위에서 연부연납을 변경하여 허가한다.(2023.2.28 본호개정)
2. 납세의무자가 공동으로 연부연납 허가를 받은 경우로서 납세의무자 중 일부가 연부연납 세액을 납부하지 않아 법 제71조제4항제1호에 해당하는 경우에는 연부연납 세액을 납부하지 않은 납세의무자(이하 이 호에서 "미납자"라 한다)에 대한 연부연납 허가를 취소하고, 나머지 납세의무자에 대해서는 연부연납기간에서 허가일부터 법 제71조제4항제1호에 해당하게 된 날까지의 기간을 뺀 기간의 범위에서 연부연납을 변경하여 허가하며, 미납자가 납부해야 할 연부연납 세액을 일시에 징수한다. 이 경우 법 제71조제1항 단서에 따라 제공한 담보로써 해당 세액을 징수하려는 경우에는 먼저 미납자가 제공한 담보(미납자가 다른 납세의무자와 공동으로 담보를 제공한 경우로서 미납자의 담보에 해당하는 부분을 특정할 수 있는 경우에는 그 부분을 말한다)로써 해당 세액을 징수해야 한다.(2023.2.28 본호신설)
3. 그 밖의 경우에는 연부연납 허가를 취소하고 연부연납에 관계되는 세액을 일시에 징수한다.
(2008.2.22 본항신설)
제69조【연부연납 가산금의 가산율】 ① 법 제72조제1호 및 제2호에서 "대통령령으로 정하는 비율"이란 각각 각 회분의 분할납부세액의 납부일 현재 「국세기본법 시행령」 제43조의3제2항 본문에 따른 이자율(이하 이 조에서 "가산율"이라 한다)을 말한다.(2023.3.28 본항개정)
② 제1항에도 불구하고 법 제72조를 적용할 때 같은 조 각 호에 따른 가산금 납부의 대상이 되는 기간 중에 가산율이 1회 이상 변경된 경우 그 변경 전의 기간에 대해서는 변경 전의 가산율을 적용하여 계산한 금액을 각 회분의 분할납부 세액에 가산한다.(2023.2.28 본항신설)
제69조의2【가업상속에 대한 상속세의 납부유예 신청 등】 ① 법 제72조의2제1항 또는 제6항에 따라 납부유예를 신청하려는 자는 법 제67조 또는 제68조에 따른 상속세 과세표준신고 또는 증여세 과세표준신고(「국세기본법」 제45조에 따른 수정신고 또는 법 제45조의3에 따른 기한 후 신고를 포함한다)를 할 때 다음 각 호의 서류를 납세지 관할 세무서장에게 제출해야 한다. 다만, 법 제77조에 따라 과세표준과 세액의 결정 통지를 받은 자는 해당 납부고지서에 따른 납부기한까지 그 서류를 제출할 수 있다.
1. 기획재정부령으로 정하는 납부유예신청서
2. 제15조제22항에 따른 가업상속재산명세서 및 가업상속 사실을 입증할 수 있는 서류(법 제72조의2제1항에 따라 신청하는 경우만 해당한다)
3. 「조세특례제한법」 제30조의6에 따른 과세특례를 적용받거나 같은 법 제30조의7에 따른 납부유예 허가를 받았음을 증명할 수 있는 서류(법 제72조의2제6항제1호에 따라 신청하는 경우만 해당한다)
4. 가업상속공제를 받거나 법 제72조의2제1항에 따른 납부유예 허가를 받았음을 증명할 수 있는 서류(법 제72조의2제6항제2호에 따라 신청하는 경우만 해당한다)

② 제1항에 따른 신청을 받은 납세지 관할 세무서장은 다음 각 호의 구분에 따른 기간 이내에 신청인에게 그 허가 여부를 서면으로 통지해야 한다.
1. 법 제67조에 따른 상속세 과세표준신고를 한 경우 : 같은 조 제1항에 따른 신고기한이 지난 날부터 9개월
2. 법 제68조에 따른 증여세 과세표준신고를 한 경우 : 같은 조 제1항에 따른 신고기한이 지난 날부터 6개월
3. 「국세기본법」 제45조에 따른 수정신고 또는 같은 법 제45조의3에 따른 기한 후 신고를 한 경우 : 수정신고 또는 기한 후 신고를 한 날이 속하는 달의 말일부터 9개월(법 제72조의2제6항제1호에 따라 신청하는 경우에는 6개월)
4. 제1항 단서의 경우 : 납부고지서에 따른 납부기한이 지난 날부터 14일
③ 제2항제4호에 따른 통지가 납부고지서에 따른 납부기한을 경과한 경우에는 그 통지일 이전의 기간에 대해서는 「국세기본법」 제47조의4제1항제1호(납부고지서에 따른 납부기한의 다음 날부터 성립하는 부분으로 한정한다) 및 제3호에 따른 납부지연가산세를 부과하지 않는다.(2023.2.28 본조신설)
제69조의3【납부유예 금액의 계산 등】 ① 법 제72조의2제1항 각 호 외의 부분에서 "대통령령으로 정하는 금액"이란 다음 계산식에 따라 계산한 금액을 말한다.

$$\text{상속세 납부세액} \times \frac{\text{제15조제5항에 따른 가업상속 재산가액}}{\text{총 상속재산가액}}$$

② 법 제72조의2제3항 각 호 외의 부분에서 "대통령령으로 정하는 정당한 사유"란 다음 각 호에 해당하는 사유를 말한다.
1. 법 제72조의2제3항제1호를 적용할 때 : 제15조제8항제1호 각 목(같은 호 다목은 제외한다)의 어느 하나에 해당하는 경우
2. 법 제72조의2제3항제2호를 적용할 때 : 제15조제8항제2호 각 목(같은 호 가목은 제외한다)의 어느 하나에 해당하는 경우
3. 법 제72조의2제3항제3호를 적용할 때 : 제15조제8항제3호 각 목(같은 호 다목은 제외한다)의 어느 하나에 해당하는 경우
③ 법 제72조의2제3항제1호에서 "처분 비율을 고려하여 대통령령으로 정하는 바에 따라 계산한 세액"이란 다음 계산식에 따라 계산한 금액을 말한다. 이 경우 가업용 자산의 범위 및 그 처분 비율의 계산에 관하여는 제15조제9항 및 제10항을 준용한다.

법 제72조의2제1항에 따라 납부유예된 세액 × 가업용 자산의 처분 비율

④ 법 제72조의2제3항제2호를 적용할 때 다음 각 호의 경우는 해당 상속인이 가업에 종사하지 않게 된 것으로 본다.
1. 상속인(제15조제3항제2호 후단에 해당하는 경우에는 상속인의 배우자)이 대표이사등으로 종사하지 않는 경우(상속개시일부터 5년 이내의 기간 중으로 한정한다)
2. 해당 가업을 1년 이상 휴업(실적이 없는 경우를 포함한다)하거나 폐업하는 경우
⑤ 법 제72조의2제3항제3호 각 목 외의 부분에서 "상속인의 지분이 감소한 경우"란 제15조제12항 각 호의 어느 하나에 해당하는 경우를 포함한다.
⑥ 법 제72조의2제3항제3호나목 및 같은 조 제7항 후단에서 "지분 감소 비율을 고려하여 대통령령으로 정하는 바에 따라 계산한 세액"이란 각각 다음 계산식에 따라 계산한 금액을 말한다.

$$\text{세액} = A \times (B \div C)$$

A : 법 제72조의2제1항에 따라 납부유예된 세액
B : 감소한 지분율
C : 상속개시일 현재 지분율

⑦ 법 제72조의2제3항 각 호 외의 부분에서 "대통령령으로 정하는 바에 따라 계산한 이자상당액"이란 제1호의 금액에 제2호의 기간과 제3호의 율(법 제72조의2제6항에 따라 납부유예 허가를 받은 경우에는 제3호의 율에 100분의 50을 곱한 율)을 곱하여 계산한 금액을 말한다.
1. 법 제72조의2제3항 각 호에 따른 상속세액
2. 당초 상속받은 가업상속재산에 대한 상속세 과세표준신고기한의 다음 날부터 법 제72조의2제3항 각 호의 사유가 발생한 날까지의 기간
3. 법 제72조의2제3항에 따른 납부유예 허가의 취소 또는 변경 당시의 「국세기본법 시행령」 제43조의3제2항 본문에 따른 이자율을 365로 나눈 율. 다만, 제2호의 기간 중에 「국세기본법 시행령」 제43조의3제2항 본문에 따른 이자율이 1회 이상 변경된 경우 그 변경 전의 기간에 대해서는 변경 전의 이자율을 365로 나눈 율을 적용한다.
⑧ 법 제72조의2제4항 본문에 따라 상속세와 이자상당액을 납부하려는 자는 같은 항 본문에 따른 신고를 할 때 기획재정부령으로 정하는 납부유예 사후관리추징사유 신고 및 자진납부 계산서를 납세지 관할 세무서장에게 제출해야 한다.
⑨ 법 제72조의2제5항 각 호 외의 부분에서 "대통령령으로 정하는 바에 따라 계산한 이자상당액"이란 제1호의 금액에 제2호의 기간과 제3호의 율(법 제72조의2제6항에 따라 납부유예 허가를 받은 경우에는 제3호의 율에 100분의 50을 곱한 율)을 곱하여 계산한 금액을 말한다.
1. 법 제72조의2제5항에 따른 상속세액
2. 당초 상속받은 가업상속재산에 대한 상속세 과세표준신고기한의 다음 날부터 법 제72조의2제5항 각 호의 사유가 발생한 날까지의 기간
3. 법 제72조의2제5항에 따른 납부유예 허가의 취소 또는 변경 당시의 「국세기본법 시행령」 제43조의3제2항 본문에 따른 이자율을 365로 나눈 율. 다만, 제2호의 기간 중에 「국세기본법 시행령」 제43조의3제2항 본문에 따른 이자율이 1회 이상 변경된 경우 그 변경 전의 기간에 대해서는 변경 전의 이자율을 365로 나눈 율을 적용한다.
⑩ 납세지 관할 세무서장은 납부유예 허가를 받은 상속인이 법 제72조의2제3항 각 호에 해당하는지를 매년 확인·관리해야 한다.
(2023.2.28 본조신설)
제70조【물납의 신청 및 허가】 ① 법 제73조에 따른 물납의 신청 등에 관하여는 제67조제1항 및 같은 조 제3항을 준용한다. 이 경우 제67조제1항 및 같은 조 제3항 중 "연부연납"은 "물납"으로, 제67조제3항 중 "연부연납허가통지일"은 "물납재산의 수납일"로 본다. (2013.2.15 본항개정)
② 법 제71조에 따라 상속세의 연부연납허가를 받은 자가 연부연납기간 중 분납세액[첫 회분 분납세액은「조세특례제한법 시행령」 제28조제1항 각 호 외의 부분 전단에 따른 중소기업자는 5회분 분납세액으로 한정하되 법 제72조에 따른 연부연납가산금을 제외한 것을 말한다]에 대하여 법 제73조에 따라 물납하려는 경우에는 분납세액 납부기한 30일전까지 납세지 관할세무서장에게 신청할 수 있다.(2016.2.5 본항개정)
③ 제1항 및 제2항에 따른 물납신청에 대한 허가기한 및 그 절차 등에 관하여는 제67조제2항을 준용(제2항에 따른 물납신청의 경우의 허가기한은 그 신청을 받은 날부터 14일 이내로 하며, 이 경우 "연부연납"은「물납"으로 본다)하되, 물납신청한 재산의 평가 등에 소요되는 시일을 고려하여 그 기간을 연장하고자 하는 때에는 그 기간 연장에 관한 서면을 발송하고 1회 30일의 범위 내에서 연장할 수 있다. 이 경우 해당 기간까지 그 허가여부에 대한 서면을 발송하지 아니한 때에는 허가를 한 것으로 본다.(2021.1.5 전단개정)

④ 제3항 후단은 물납신청을 한 재산이 「국유재산법」 제11조에 따라 국유재산으로 취득할 수 없는 재산인 경우에는 이를 적용하지 아니한다.(2013.2.15 본항개정)
⑤ 납세지 관할세무서장은 제3항에 따라 물납을 허가하는 때에는 그 허가를 한 날부터 30일 이내의 범위에서 물납재산의 수납일을 지정하여야 한다. 이 경우 물납재산의 분할 등의 사유로 해당 기간내에 물납재산의 수납이 어렵다고 인정되는 경우에는 1회만 20일 이내의 범위에서 물납재산의 수납일을 다시 지정할 수 있다.(2015.2.3 본문개정)
1.∼2. (1999.12.31 삭제)
⑥ 제5항에 따른 물납재산의 수납일까지 물납재산의 수납이 이루어지지 아니하는 때에는 해당 물납허가는 그 효력을 상실한다.(2013.2.15 본항개정)
⑦ 재산을 분할하거나 재산의 분할을 전제로 하여 물납신청을 하는 경우에는 물납을 신청한 재산의 가액이 분할 전보다 감소되지 아니하는 경우에만 물납을 허가할 수 있다.(2013.2.15 본항개정)
⑧ 물납을 신청한 납세자는 물납이 허가되기 전에 신청한 물납재산이 제71조제1항 각 호의 어느 하나에 해당하는 경우에는 기획재정부령으로 정하는 바에 따라 납세지 관할세무서장에게 물납신청을 철회해야 하며, 제75조제1항제3호 각 목의 어느 하나에 해당하는 사유가 발생하는 경우에는 기획재정부령으로 정하는 바에 따라 납세지 관할세무서장에게 물납 재산 수납가액 재평가를 신청해야 한다.(2020.2.11 본항신설)
⑨ 국세청장은 물납에 관한 업무의 원활한 수행을 위하여 물납의 신청·허가, 물납재산의 변경 등에 관한 세부사항을 정할 수 있다.
(1998.12.31 본조개정)
제71조【관리·처분이 부적당한 재산의 물납】 ① 세무서장은 법 제73조제1항에 따라 물납신청을 받은 재산이 다음 각 호의 구분에 따른 사유로 관리·처분상 부적당하다고 인정하는 경우에는 그 재산에 대한 물납허가를 하지 않거나 관리·처분이 가능한 다른 물납대상 재산의 변경을 명할 수 있다.(2021.2.17 본문개정)
1. 제74조제1항제1호에 따른 부동산의 경우 : 다음 각 목의 어느 하나에 해당하는 경우
   가. 지상권·지역권·전세권·저당권 등 재산권이 설정된 경우
   나. 물납신청한 토지와 그 지상건물의 소유자가 다른 경우
   다. 토지의 일부에 묘지가 있는 경우
   라. 가목부터 다목까지의 규정에 따른 사유와 유사한 사유로서 관리·처분이 부적당하다고 기획재정부령으로 정하는 경우
2. 제74조제1항제2호에 따른 유가증권 : 다음 각 목의 어느 하나에 해당하는 경우
   가. 유가증권을 발행한 회사의 폐업 등으로 「부가가치세법」 제8조제9항에 따라 관할 세무서장이 사업자등록을 말소한 경우(2021.2.17 본목개정)
   나. 유가증권을 발행한 회사가 「상법」에 따른 해산사유가 발생하거나 「채무자 회생 및 파산에 관한 법률」에 따른 회생절차 중에 있는 경우
   다. 유가증권을 발행한 회사의 물납신청일 전 2년 이내 또는 물납신청일부터 허가일까지의 기간이 속하는 사업연도에 「법인세법」 제14조제2항에 따른 결손금이 발생한 경우. 다만, 납세지 관할 세무서장이 「한국자산관리공사 설립 등에 관한 법률」에 따라 설립된 한국자산관리공사와 공동으로 물납 재산의 적정성을 조사하여 물납을 허용하는 경우는 제외한다.
   라. 유가증권을 발행한 회사가 물납신청일 전 2년 이내 또는 물납신청일부터 허가일까지의 기간이 속하는 사업연도에 「주식회사 등의 외부감사에 관한 법률」에 따른 회계감사 대상임에도 불구하고 감사인의 감사보고서가 작성되지 않은 경우

마. 가목부터 라목까지의 규정에 따른 사유와 유사한 사유로서 관리·처분이 부적당하다고 기획재정부령으로 정하는 경우
3.~4. (2020.2.11 삭제)
(2020.2.11 본항개정)
② 제1항의 경우에는 그 사유를 납세의무자에게 통보하여야 한다.
제72조【물납재산의 변경 등】① 제71조제1항에 따라 물납재산의 변경명령을 받은 자는 같은 조 제2항의 통보를 받은 날부터 20일 이내에 상속재산 중 물납에 충당하고자 하는 다른 재산의 명세서를 첨부하여 납세지 관할세무서장에게 신청하여야 한다.(2016.2.5 본항개정)
② 제1항의 기간내에 동항의 규정에 의한 신청이 없는 경우에는 당해 물납의 신청은 그 효력을 상실한다.
③ 납세의무자가 국외에 주소를 둔 때에는 제1항의 기간은 3월로 한다.
④ 제1항의 규정에 의하여 물납재산의 변경명령을 받은 자의 물납신청에 대한 물납허가 등에 관하여는 제70조제3항 내지 제7항의 규정을 준용한다.(1998.12.31 본항개정)
⑤ 제70조제3항의 규정에 의한 물납허가후 동조제5항의 규정에 의한 물납재산의 수납일까지의 기간중 관리·처분이 부적당하다고 인정되는 사유가 발견되는 때에는 다른 재산으로의 변경을 명할 수 있다. 이 경우 물납재산의 변경 등에 관하여는 제71조 및 이 조 제1항 내지 제4항의 규정을 준용한다.(2003.12.31 본항신설)
(2003.12.30 본조제목개정)
제72조의2 (1999.12.31 삭제)
제73조【물납신청의 범위】① 법 제73조에 따라 물납을 신청할 수 있는 납부세액은 다음 각 호의 금액 중 적은 금액을 초과할 수 없다.(2018.2.13 본문개정)
1. 상속재산 중 제74조제1항에 따라 물납에 충당할 수 있는 부동산 및 유가증권의 가액에 대한 상속세 납부세액
2. 상속세 납부세액에서 상속재산 중 제5항에 따른 금융재산의 가액(제10조제1항제1호에 따라 증명되는 금융회사등에 대한 채무의 금액을 차감한 금액을 말한다)과 거래소에 상장된 유가증권(법령에 따라 처분이 제한된 것은 제외한다)의 가액을 차감한 금액
(2018.2.13 1호~2호신설)
② 상속재산인 부동산 및 유가증권 중 제1항의 납부세액을 납부하는데 적합한 가액의 물건이 없을 때에는 세무서장은 제1항에도 불구하고 해당 납부세액을 초과하는 납부세액에 대해서도 물납을 허가할 수 있다.
③ 제1항을 적용할 때 상속개시일 이후 물납신청 이전까지의 기간 중에 해당 상속재산이 정당한 사유없이 관리·처분이 부적당한 재산으로 변경되는 경우에는 해당 관리·처분이 부적당한 재산가액에 상당하는 상속세 납부세액은 제1항의 납부세액에서 제외한다.
④ 제1항 및 제2항에도 불구하고 거래소에 상장되어 있지 아니한 법인의 주식등(이하 이 항에서 "비상장주식등"이라 한다)으로 물납할 수 있는 납부세액은 상속세 납부세액에서 상속세 과세가액[비상장주식등과 상속개시일 현재 상속인이 거주하는 주택 및 그 부수토지의 가액(해당 자산에 담보된 채무를 차감한 가액을 말한다)을 차감한 금액을 말한다]을 차감한 금액을 초과할 수 없다.(2018.2.13 본항신설)
⑤ 법 제73조제1항제3호에서 "대통령령으로 정하는 금융재산"이란 금전과 금융회사등에 취급하는 예금·적금·부금·계금·출자금·특정금전신탁·보험금·공제금 및 어음을 말한다.(2016.2.5 본항신설)
(2016.2.5 본조개정)
제74조【물납에 충당할 수 있는 재산의 범위 등】① 법 제73조에 따라 물납에 충당할 수 있는 부동산 및 유가증권은 다음 각 호의 것으로 한다.(2010.2.18 본문개정)

1. 국내에 소재하는 부동산
2. 국채·공채·주권 및 내국법인이 발행한 채권 또는 증권과 그 밖에 기획재정부령으로 정하는 유가증권. 다만, 다음 각 목의 어느 하나에 해당하는 유가증권은 제외한다.(2010.2.18 본문개정)
가. 거래소에 상장된 것. 다만, 최초로 거래소에 상장되어 물납허가통지서 발송일 전일 현재「자본시장과 금융투자업에 관한 법률」에 따라 처분이 제한된 경우에는 그러하지 아니하다.(2015.2.3 본문개정)
나. 거래소에 상장되어 있지 아니한 법인의 주식등. 다만, 상속의 경우로서 그 밖의 다른 상속재산이 없거나 제2항제1호부터 제3호까지의 상속재산으로 상속세 물납에 충당하더라도 부족하면 그러하지 아니하다.(2017.2.7 본문개정)
② 제1항에 따라 물납에 충당하는 재산은 세무서장이 인정하는 정당한 사유가 없는 한 다음 각 호의 순서에 따라 신청 및 허가하여야 한다.(2010.2.18 본문개정)
1. 국채 및 공채
2. 제1항제2호가목 단서에 해당하는 유가증권(제1호의 재산을 제외한다)으로서 거래소에 상장된 것
(2015.2.3 본호개정)
3. 국내에 소재하는 부동산(제6호의 재산을 제외한다)
(2016.2.5 본호개정)
4. 제1항제2호에 해당하는 유가증권(제1호, 제2호 및 제5호의 재산은 제외한다)(2016.2.5 본호신설)
5. 제1항제2호나목 단서에 해당하는 거래소에 상장되어 있지 아니한 법인의 주식등(2017.2.7 본호개정)
6. 상속개시일 현재 상속인이 거주하는 주택 및 그 부수토지
제75조【물납에 충당할 재산의 수납가액의 결정】① 법 제73조에 따라 물납에 충당할 부동산 및 유가증권의 수납가액은 다음 각 호의 어느 하나에 해당하는 경우를 제외하고는 상속재산의 가액으로 한다.(2016.2.5 본문개정)
1. 주식의 경우에 있어서 상속개시일부터 수납할 때까지의 기간 중에 해당 주식을 발행한 법인이 신주를 발행하거나 주식을 감소시킨 때에는 기획재정부령이 정하는 산식에 의하여 계산한 가액을 수납가액으로 한다. 다만, 기획재정부령이 정하는 경우에는 그러하지 아니하다.(2016.2.5 본항개정)
가.~나. (1999.12.31 삭제)
2. 제70조제2항에 따라 연부연납기간 중 분납세액에 대하여 물납에 충당하는 부동산 및 유가증권의 수납가액은 법 제76조제1항에 따른 과세표준과 세액의 결정시 해당 부동산 및 유가증권에 대하여 적용한 평가방법에 따라 다음 각 목의 어느 하나에 해당하는 가액으로 한다.
가. 법 제60조제2항에 따라 상속세 과세가액을 산정한 경우에는 물납허가통지서 발송일 전일 현재 같은 항에 따라 평가한 가액(2016.2.5 본목개정)
나. 법 제60조제3항에 의하여 상속세 과세가액을 산정한 경우에는 물납허가통지서 발송일 전일 현재 같은 항에 따라 평가한 가액(2016.2.5 본목개정)
3. 물납에 충당할 유가증권의 가액이 평가기준일부터 물납허가통지서 발송일 전일까지의 기간(이하 이 호에서 "물납기간"이라 한다) 중 정당한 사유 없이 다음 각 목의 어느 하나에 해당하는 사유로 해당 유가증권의 가액이 평가기준일 현재의 상속재산의 가액에 비하여 100분의 30 이상 하락한 경우에는 제2호 각 목의 어느 하나에 해당하는 가액으로 한다. 이 경우 물납신청한 유가증권(물납신청한 것과 동일한 종목의 유가증권을 포함한다. 이하 이 호에서 같다)의 전체평가액이 물납신청세액에 미달하는 경우로서 물납신청한 유가증권 외의 상속받은 다른 재산의 가액을 합산하더라도 해당 물납신청세액에 미달하는 경우에는 해당 미달하는 세액을 물납신청한 유가증권의 전체평가액에 가산한다.(2020.2.11 전단개정)

가. 물납기간 중 유가증권을 발행한 회사가 합병 또는 분할하는 경우
나. 물납기간 중 유가증권을 발행한 회사가 주요 재산을 처분하는 경우
다. 물납기간 중 유가증권을 발행한 회사의 배당금이 물납을 신청하기 직전 사업연도의 배당금에 비하여 증가한 경우
라. 가목부터 다목까지의 규정에 따른 사유와 유사한 사유로서 유가증권의 수납가액을 재평가할 필요가 있다고 기획재정부령으로 정하는 경우
(2020.2.11 가목~라목신설)
② 법 제73조제1항제1호에서 상속재산에 가산하는 증여재산의 수납가액은 상속개시일 현재 법 제4장에 따라 평가한 가액으로 한다.(2016.2.5 본항신설)
(2013.2.15 본조개정)

제75조의2【문화재 등에 대한 물납 신청】
① 법 제73조의2제1항 각 호 외의 부분에서 "대통령령으로 정하는 문화재 및 미술품"(이하 이 조, 제75조의3부터 제75조의5까지에서 "문화재등"이라 한다)이란 다음 각 호의 것(부동산은 제외한다)을 말한다.
1. 「문화재보호법」에 따른 유형문화재 또는 민속문화재로서 같은 법에 따라 지정 또는 등록된 문화재
2. 회화, 판화, 조각, 공예, 서예 등 미술품
② 법 제73조의2제1항 및 제2항에서 "대통령령으로 정하는 금융재산"이란 제73조제5항에 따른 금융재산을 말한다.
③ 법 제73조의2에 따른 물납의 신청에 관하여는 제67조제1항·제3항 및 제70조제2항을 준용한다. 이 경우 제67조제1항 중 "법 제71조제1항에 따라 연부연납"은 "법 제73조의2에 따라 물납"으로, "기획재정부령으로 정하는 연부연납신청서"는 "기획재정부령으로 정하는 물납신청서"로 보고, 같은 조 제3항 중 "연부연납허가여부통지"는 "물납허가여부통지"로, "연부연납액"은 "물납액"으로, "연부연납허가여부통지일"은 "물납재산의 수납일"로 보며, 제70조제2항 중 "법 제73조"는 "법 제73조의2"로, "30일"은 "9개월"로 본다.
④ 제3항에 따른 물납 신청을 받은 납세지 관할 세무서장은 법 제73조의2제2항에 따라 그 신청을 받은 날부터 2주 이내에 물납신청서 사본 및 관련 자료를 첨부하여 문화체육관광부장관에게 물납 신청 사실을 통보해야 한다.
⑤ 법 제73조의2제5항을 적용할 때 상속개시일 이후 물납 신청 이전까지의 기간 중 문화재등이 정당한 사유 없이 제75조의4제1항 각 호의 어느 하나에 해당하게 된 경우에는 해당 문화재등의 가액에 대한 상속세 납부세액은 물납을 신청할 수 있는 납부세액에서 제외한다.
(2023.2.28 본조신설)

제75조의3【문화재등에 대한 물납의 허가】
① 문화체육관광부장관은 법 제73조의2제3항에 따라 납세지 관할 세무서장에게 문화재등에 대한 물납을 요청하려는 경우 제75조의2제4항에 따른 통보일이 속하는 달의 말일부터 120일 이내에 다음 각 호의 자료를 납세지 관할 세무서장에게 제출해야 한다. 다만, 해당 문화재등에 대한 조사가 지연되는 등의 사유로 제출 기한을 연장할 필요가 있는 경우에는 30일 이내의 범위에서 한 차례만 연장할 수 있다.
1. 문화재등의 역사적·학술적·예술적 가치를 입증하는 자료 등 물납의 필요성을 입증하는 자료
2. 문화재등의 활용 방안 및 계획에 관한 자료
3. 그 밖에 물납 허가 여부 판단에 필요한 자료
② 제1항에 따라 물납 요청을 받은 납세지 관할 세무서장은 다음 각 호의 구분에 따른 기간 이내에 물납 신청인에게 그 허가 여부를 서면으로 통지해야 한다.
1. 법 제67조에 따른 상속세 과세표준신고를 한 경우 : 같은 조 제1항에 따른 신고기한이 지난 날부터 9개월

2. 「국세기본법」 제45조에 따른 수정신고 또는 같은 법 제45조의3에 따른 기한 후 신고를 한 경우 : 수정신고 또는 기한 후 신고를 한 날이 속하는 달의 말일부터 9개월
3. 법 제77조에 따른 과세표준과 세액의 결정통지를 받은 경우 : 납부고지서에 따른 납부기한이 지난 날부터 9개월
③ 제1항에 따라 물납 요청을 받은 납세지 관할 세무서장은 법 제73조의2제4항에 따른 국고 손실의 위험 여부를 판단하기 위하여 필요한 경우에는 문화체육관광부장관과의 협의를 거쳐 물납 허가 여부를 결정할 수 있다.
④ 법 제73조의2제4항에 따라 물납을 허가한 경우의 물납재산 수납에 관하여는 제70조제5항부터 제7항까지를 준용한다.
⑤ 법 제73조의2제1항에 따라 물납을 신청한 납세의무자는 물납 허가를 받기 전에 해당 문화재등이 제75조의4제1항 각 호의 어느 하나에 해당하게 된 경우에는 기획재정부령으로 정하는 바에 따라 물납 신청을 철회해야 한다.
(2023.2.28 본조신설)

제75조의4【문화재등의 물납 허가 거부 등】
① 납세지 관할 세무서장은 법 제73조의2제1항에 따라 물납 신청을 받은 문화재등이 다음 각 호의 어느 하나에 해당하는 경우에는 물납을 허가하지 않을 수 있고, 물납 허가일부터 물납재산의 수납일까지의 기간 중 문화재등이 다음 각 호의 어느 하나에 해당하는 경우에는 물납 허가를 취소할 수 있다. 이 경우 물납을 허가하지 않거나 허가를 취소하는 경우에는 물납 신청인에게 그 사유를 통지해야 한다.
1. 문화재등에 질권 등 재산권이 설정된 경우
2. 문화재등을 다른 사람과 공유하는 경우
3. 문화재등이 훼손, 변질 등으로 가치가 감소한 경우
4. 제1호부터 제3호까지의 경우와 유사한 경우로서 기획재정부령으로 정하는 경우
② 제1항 각 호 외의 부분 후단에 따른 통지를 받은 자 또는 제75조의3제5항에 따라 물납 신청을 철회한 자는 통지일 또는 철회일부터 20일 이내에 다른 문화재등에 대한 물납을 다시 신청할 수 있다. 다만, 다른 문화재등에 대한 물납 신청이 다시 제1항에 따라 허가 거부·취소되거나 납세의무자가 제75조의3제5항에 따라 그 신청을 철회한 경우에는 다른 문화재등에 대한 물납을 다시 신청할 수 없다.
③ 물납 신청인이 국외에 주소를 둔 경우 제2항 본문에 따른 기간은 통지일 또는 철회일부터 3개월로 한다.
④ 제2항 본문에 따라 다시 물납 신청을 받은 납세지 관할 세무서장은 제75조의3제2항 각 호에도 불구하고 이 조 제2항 본문에 따른 신청일부터 9개월 이내에 물납 신청인에게 그 허가 여부를 서면으로 통지해야 한다.
(2023.2.28 본조신설)

제75조의5【물납에 충당할 문화재등의 수납가액의 결정】
법 제73조의2에 따라 물납에 충당할 문화재등의 수납가액은 다음 각 호의 가액으로 한다.
1. 제75조의2제3항에 따라 준용되는 제70조제2항에 따라 연부연납기간 중 분납세액에 대하여 물납을 충당하는 문화재등의 경우 : 제73조제1항제2호를 준용하여 결정한 가액. 이 경우 "부동산 및 유가증권"은 "문화재등"으로 본다.
2. 제1호 외의 경우 : 상속재산의 가액
(2023.2.28 본조신설)

제76조【문화재자료 등의 징수유예액의 계산 등】
① 법 제74조제1항에 따라 징수를 유예하는 상속세액은 상속세산출세액에 상속재산(법 제13조에 따라 상속재산에 가산하는 증여재산을 포함한다) 중 법 제74조제1항 각 호의 어느 하나에 해당하는 재산이 차지하는 비율을 곱하여 계산한 금액으로 한다.(2023.2.28 본항개정)

② 법 제74조제1항제1호에서 "대통령령으로 정하는 토지"란 같은 호에 따른 문화재자료등의 보호를 위하여 「문화재보호법」에 따라 지정된 보호구역의 토지를 말한다.(2023.2.28 본항신설)
③ 법 제74조제1항제3호에서 "대통령령으로 정하는 토지"란 「문화재보호법」에 따른 국가지정문화재 및 시 · 도지정문화재의 보호를 위하여 같은 법에 따라 지정된 보호구역의 토지를 말한다.(2023.2.28 본항신설)
④ 법 제74조제2항에서 "대통령령으로 정하는 사유"란 다음 각 호의 어느 하나에 해당하는 경우를 말한다.(2010.2.18 본문개정)
1. 박물관 또는 미술관의 등록이 취소된 경우
2. 박물관 또는 미술관을 폐관한 경우
3. 문화체육관광부에 등록된 박물관 자료 또는 미술관 자료에서 제외되는 경우(2008.2.29 본호개정)
⑤ 법 제74조제5항에 따라 납세담보를 제공하지 않은 자는 같은 조 제6항에 따라 매년 말까지 기획재정부령으로 정하는 국가지정문화재등 보유현황명세서를 납세지 관할 세무서장에게 제출해야 한다.(2023.2.28 본항신설)
⑥ 법 제74조제5항에 따라 납세담보를 제공하지 않은 자가 같은 조 제7항에 따라 국가지정문화재등의 양도 사실을 납세지 관할 세무서장에게 신고하는 경우에는 기획재정부령으로 정하는 국가지정문화재등 양도거래 신고서를 납세지 관할 세무서장에게 제출해야 한다.(2023.2.28 본항신설)
⑦ 법 제74조제8항에 따라 상속인이 박물관 또는 미술관을 설립하여 상속재산중 박물관자료 또는 미술관자료를 당해 박물관 또는 미술관에 전시 · 보존하는 경우에는 상속세과세표준신고기한까지 박물관 또는 미술관을 설립하여 전시 · 보존하여야 한다. 다만, 박물관 또는 미술관의 설립에 있어 법령상 또는 행정상의 사유로 지연되는 경우에는 그 사유가 종료된 날부터 6개월 이내로 한다.(2023.2.28 본항개정)
(2010.2.18 본조제목개정)
제77조【준용규정】 법 제74조제1항제2호에 따른 박물관자료등에 대한 증여세의 징수유예에 관하여는 제76조제1항 및 제4항을 준용한다. 이 경우 제76조제1항 중 "상속세액"은 "증여세액"으로, "상속세산출세액"은 "증여세산출세액"으로, "법 제13조에 따라 상속재산에 가산하는 증여재산"은 "법 제47조제2항 본문에 따라 증여세과세가액에 가산하는 증여재산"으로 본다.
(2023.2.28 본조개정)

제6장 결정과 경정

제78조【결정 · 경정】 ① 법 제76조제3항의 규정에 의한 법정결정기한은 다음 각호의 1에 의한다.
1. 상속세
   법 제67조의 규정에 의한 상속세과세표준신고기한부터 9개월
2. 증여세
   법 제68조의 규정에 의한 증여세과세표준신고기한부터 6개월
(2018.2.13 1호~2호개정)
② 법 제76조제5항 본문에서 "대통령령으로 정하는 기간"이란 상속개시일부터 5년이 되는 날(이하 이 조에서 "조사기준일"이라 한다)까지의 기간을 말한다.
(2010.2.18 본항개정)
③ 법 제76조제5항 본문에서 "대통령령으로 정하는 주요 재산"이란 금융재산, 서화, 골동품, 그 밖에 유형재산 및 제59조에 따른 무체재산권등을 말한다.
(2010.2.18 본항개정)
④ 법 제76조제5항의 규정에 의한 조사는 제3항의 규정에 의한 재산의 가액이 상속개시일부터 조사기준일까지의 경제상황 등의 변동에 비추어 보아 정상적

인 증가규모를 현저하게 초과하였다고 인정되는 경우로서 그 증가요인이 객관적으로 명백하지 아니한 경우에 한한다.(2003.12.30 본항개정)
⑤ 제34조제1항 각호의 경우는 법 제76조제5항 단서의 규정에 의한 자금출처의 입증에 관하여 이를 준용한다.(1998.12.31 본항개정)
제79조【과세표준과 세액의 결정통지】 세무서장등은 법 제77조에 따라 과세표준과 세액을 통지하는 경우에는 납부고지서에 과세표준과 세액의 산출근거를 적어 통지해야 한다. 이 경우 지방국세청장이 과세표준과 세액을 결정한 것에 대하여는 지방국세청장이 조사 · 결정했다는 것을 적어야 한다.(2021.2.17 본조개정)
제80조【가산료 등】 ①~④ (2007.2.28 삭제)
⑤ 법 제78조제3항에서 "대통령령으로 정하는 바에 따라 불분명한 경우"란 제출된 보고서에 출연재산 · 운용소득 및 매각재산 등의 명세를 누락하거나 잘못 기재하여 사실을 확인할 수 없는 경우를 말한다.
(2010.2.18 본항개정)
⑥ 법 제78조제4항의 규정에 의한 보유기준을 초과하여 보유하는 주식등에 대한 가산세를 부과함에 있어서는 나중에 취득한 주식등부터 이를 부과한다.
(1999.12.31 본항신설)
⑦ 법 제78조제5항 본문에서 "대통령령으로 정하는 소득세 과세기간 또는 법인세 사업연도의 수입금액"이란 다음 각 호의 금액의 합계액을 말한다.
1. 법 제50조제1항에 따른 외부전문가의 세무확인을 받지 아니하거나 같은 조 제2항에 따른 보고를 이행하지 아니한 소득세 과세기간 또는 법인세 사업연도의 수입금액
2. 법 제50조제3항에 따른 회계감사를 이행하지 아니한 소득세 과세기간 또는 법인세 사업연도의 수입금액
3. 법 제51조에 따른 장부의 작성 · 비치의무를 이행하지 아니한 소득세 과세기간 또는 법인세 사업연도의 수입금액
(2017.2.7 본항개정)
⑧ 법 제78조제5항 각 호 외의 부분 본문에서 "출연받은 재산가액"이란 법 제50조제1항 및 제2항에 따른 외부전문가의 세무확인에 대한 보고를 이미 이행한 분으로서 계속 공익목적사업에 직접 사용하는 분을 차감한 가액과 법 제50조제3항에 따른 회계감사를 이미 이행한 분으로서 계속 공익목적사업에 직접 사용하는 분을 차감한 가액의 합계액을 말한다.(2017.2.7 본항개정)
⑨ 법 제78조제5항 각 호 외의 부분 단서에서 "대통령령으로 정하는 경우"란 다음 각 호의 어느 하나에 해당하는 경우를 말한다.
1. 법 제78조제5항제1호 및 제2호의 경우 : 공익법인등이 제43조제2항 각 호의 어느 하나에 해당하는 공익법인등인 경우. 다만, 법 제78조제5항제2호의 경우에는 제41조의2제6항에 해당하는 공익법인등은 제외한다.
(2021.2.17 단서신설)
2. 법 제78조제5항제3호의 경우 : 공익법인등이 제43조제3항 및 제4항에 해당하는 공익법인등인 경우
(2017.2.7 본항개정)
⑩ 법 제78조제6항에서 "대통령령으로 정하는 직접경비 또는 간접경비"란 해당 이사 또는 임직원을 위하여 지출된 급료, 판공비, 비서실 운영경비 및 차량유지비 등〔의사, 학교의 교직원(교직원 중 직원은 「사립학교법」 제29조에 따른 학교에 속하는 회계로 경비를 지급하는 직원만 해당한다), 아동복지시설의 보육사, 도서관의 사서, 박물관 · 미술관의 학예사, 사회복지시설의 사회복지사 자격을 가진 사람, 「국가과학기술 경쟁력 강화를 위한 이공계지원 특별법」 제2조제3호에 따른 연구기관의 연구원으로서 기획재정부령으로 정하는 연구원과 관련된 경비는 제외한다〕을 말한다. 이 경우 이사의 취임시기가 다른 경우에는 나중에 취임한 이사에 대한 분

부터, 취임시기가 동일한 경우에는 지출경비가 큰 이사에 대한 분부터 가산세를 부과한다.(2021.2.17 전단개정)
⑪ 제6항의 규정은 법 제78조제7항의 규정에 의한 가산세의 부과에 관하여 이를 준용한다.(2003.12.30 본항개정)
⑫ 법 제78조제8항에서 "직접 지출된 경비"라 함은 다음 각호의 경비를 말한다.
1. 제38조제15항제1호의 경우에는 당해 광고·홍보매체의 이용비용(2016.2.5 본호개정)
2. 제38조제15항제2호 및 제3호의 경우에는 당해 행사비용 전액(2016.2.5 본호개정)
(1999.12.31 본항신설)
⑬ 법 제78조제9항제1호에서 "대통령령으로 정하는 기준금액"이란 제38조제5항에 따른 사용기준금액을 말한다.(2017.2.7 본항개정)
⑭ 법 제78조제9항제2호에서 "대통령령으로 정하는 기준금액"이란 제38조제7항에 따른 사용기준에 상당하는 금액을 말한다.(2017.2.7 본항신설)
⑮ 법 제78조제10항제2호가목에서 "직접 공익목적사업과 관련한 수입금액"이란 해당 공익법인등의 수입금액 총액에서 「법인세법」에 따라 법인세가 과세되는 수익사업 관련 수입금액을 뺀 금액을 말한다.(2008.2.22 본항신설)
⑯ 법 제78조제11항에서 "자산총액"이란 공시하여야 할 과세기간 또는 사업연도의 종료일 현재 재무상태표상 총자산가액(부동산인 경우 법 제60조·제61조 및 제66조에 따라 평가한 가액이 재무상태표상의 가액보다 크면 그 평가한 가액을 말한다)의 합계액을 말한다.(2022.2.15 본항개정)
⑰ 법 제78조제12항 전단에서 "대통령령으로 정하는 불분명한 부분이 있는 경우"란 제출된 지급명세서 등에 지급자 및 소득자의 주소, 성명, 고유번호(주민등록번호로 갈음하는 경우에는 주민등록번호를 말한다), 사업자등록번호, 소득의 종류, 소득귀속연도 또는 지급액을 기재하지 아니하였거나 잘못 기재하여 지급사실을 확인할 수 없는 경우 또는 제출된 지급명세서와 이자·배당소득지급명세서에서 유가증권표준코드를 기재하지 아니하였거나 잘못 기재한 경우를 말한다. 다만, 다음 각 호의 어느 하나에 해당하는 경우는 제외한다.
1. 지급일 현재 사업자등록증을 교부받은 자 또는 고유번호를 부여받은 자에게 지급한 경우
2. 제1호 외의 지급으로서 지급 후 그 지급받은 자가 소재불명으로 확인된 경우
(2009.2.4 본항신설)
⑱ 세무서장은 공익법인등이 법 제48조제13항에 따른 신고를 하지 않은 경우에는 신고해야 할 과세기간 또는 사업연도의 종료일 현재 제16항에 따른 자산총액의 1천분의 5에 상당하는 금액을 공익법인등이 납부할 세액에 가산하여 부과한다.(2023.2.28 본항개정)
(2016.2.5 본조제목개정)

제81조 【경정청구 등의 인정사유 등】 ① 법 제79조에 따른 결정 또는 경정의 청구를 하고자 하는 자는 다음 각 호의 사항을 기재한 결정 또는 경정청구서를 제출하여야 한다.(2013.2.15 본문개정)
1. 청구인의 성명과 주소 또는 거소
2. 결정 또는 경정전의 과세표준 및 세액
3. 결정 또는 경정후의 과세표준 및 세액
4. 제2항 및 법 제79조제1항 각 호 및 같은 조 제2항의 사유에 해당됨을 입증하는 서류
5. 제1호부터 제4호까지 외에 기타 필요한 사항
(2013.2.15 4호~5호개정)
② 법 제79조제1항제1호에서 "상속회복청구소송 등 대통령령으로 정하는 사유"란 피상속인 또는 상속인과 그 외의 제3자와의 분쟁으로 인한 상속회복청구소송 또는 유류분반환청구소송의 확정판결이 있는 경우를 말한다.(2013.2.15 본항개정)

③ 법 제79조제1항제2호에서 "상속재산의 수용 등 대통령령으로 정하는 사유"란 다음 각 호의 어느 하나에 해당하는 경우를 말한다.(2010.2.18 본문개정)
1. 상속재산이 수용·경매(「민사집행법」에 의한 경매를 말한다) 또는 공매된 경우로서 그 보상가액·경매가액 또는 공매가액이 상속세과세가액보다 하락한 경우(2020.2.11 본호개정)
2. 법 제63조제3항에 따라 주식등을 할증평가하였으나 일괄하여 매각(피상속인 및 상속인과 제2조의2제1항제1호의 관계에 있는 자에게 일괄하여 매각한 경우를 제외한다)함으로써 최대주주등의 주식등에 해당되지 아니하는 경우(2020.2.11 본호개정)
3. 상속재산이 다음 각 목의 주식에 해당하여 그 주식을 의무적으로 보유하여야 하는 기간의 만료일부터 2개월 이내에 매각한 경우로서 그 매각가액이 상속세 과세가액보다 낮은 경우. 이 경우 보유하고 있었던 사실을 증명할 수 있는 서류를 국세청장에게 제출한 경우로 한정한다.
   가. 「자본시장과 금융투자업에 관한 법률」에 따라 처분이 제한되어 의무적으로 보유해야 하는 주식
   나. 「채무자 회생 및 파산에 관한 법률」 및 「기업구조조정 촉진법」에 따른 절차에 따라 발행된 주식으로서 법원의 결정에 따라 보호예수(保護預受)해야 하는 주식
   (2021.2.17 본호신설)
④ 제3항제2호에 해당하는 사유로 결정 또는 경정의 청구를 하는 때에는 법 제63조제3항에 따른 할증평가된 가액에 대하여 하여야 한다.(2013.2.15 본항개정)
⑤ 법 제79조제2항제1호에서 "대통령령으로 정하는 부동산무상사용기간"이란 제27조제3항 후단과 같은 조 제5항 후단에 따른 기간을 말한다.(2019.2.12 본항개정)
⑥ 법 제79조제2항제1호에서 "대통령령으로 정하는 사유"란 다음 각 호의 어느 하나에 해당하는 경우를 말한다.(2010.2.18 본문개정)
1. 부동산소유자가 당해 토지를 양도한 경우(2003.12.30 본호개정)
2. (2003.12.30 삭제)
3. 부동산소유자가 사망한 경우(2003.12.30 본호개정)
4. 제1호 내지 제3호의 경우와 유사한 경우로서 부동산무상사용자가 당해 부동산을 무상으로 사용하지 아니하게 되는 경우(2003.12.30 본호개정)
⑦ 법 제79조제2항제2호에서 "대통령령으로 정하는 사유"란 다음 각호의 어느 하나에 해당하는 경우를 말한다.
1. 해당 금전에 대한 채권자의 지위가 이전된 경우
2. 금전대출자가 사망한 경우
3. 제1호 및 제2호와 유사한 경우로서 금전을 무상으로 또는 적정이자율보다 낮은 이자율로 대출받은 자가 해당 금전을 무상으로 또는 적정이율보다 낮은 이자율로 대출받지 아니하게 되는 경우
(2010.2.18 본항신설)
⑧ 법 제79조제2항제3호에서 "대통령령으로 정하는 사유"란 다음 각 호의 어느 하나에 해당하는 경우를 말한다.
1. 담보제공자가 사망한 경우
2. 제1호와 유사한 경우로서 해당 재산을 담보로 사용하지 아니하게 되는 경우
(2017.2.7 본항신설)
⑨ 법 제79조제2항에 따라 결정 또는 경정의 청구를 함에 있어서는 제1호의 금액에 제2호의 비율을 곱하여 계산한 금액에 대하여 이를 하여야 한다. 이 경우 월수는 역에 따라 계산하되, 1개월 미만의 일수는 1개월로 한다.(2010.2.18 본문개정)
1. 증여세산출세액(법 제57조에 따른 산출세액에 가산하는 금액을 포함한다)(2013.2.15 본호개정)
2. 다음 각 목의 구분에 따른 비율
   가. 법 제79조제2항제1호의 경우 : 다음의 계산식에 따라 계산한 비율

법 제79조제2항제1호에 따른 사유발생일부터 제5
항에 따른 부동산무상사용기간의 종료일까지의
월수
─────────────────────────────────
제5항에 따른 부동산무상사용기간의 월수

나. 법 제79조제2항제2호의 경우 : 다음의 계산식에
따라 계산한 비율

법 제79조제2항제2호에 따른 사유발생일부터 법
제41조의4에 따른 금전을 무상으로 또는 적정이자
율보다 낮은 이자율로 대출받은 기간의 종료일까
지의 월수
─────────────────────────────────
법 제41조의4에 따른 금전을 무상으로 또는 적정
이자율보다 낮은 이자율로 대출받은 기간의 월수

다. 법 제79조제2항제3호의 경우 : 다음의 계산식에
따라 계산한 비율

법 제79조제2항제3호에 따른 사유발생일부터 법
제42조에 따른 담보를 제공받은 기간의 종료일까
지의 월수
─────────────────────────────────
법 제42조에 따른 담보를 제공받은 기간의 월수

(2017.2.7 본호개정)

제7장 보 칙

제82조【자료의 제공】 행정안전부장관, 특별시장, 광역
시장, 특별자치시장, 도지사 또는 특별자치도지사는 재
산세의 과세대상 토지·건축물 및 주택, 납세의무자의
명세와 그 과세현황을 해당 연도 10월 31일까지 국세
청장에게 통보하여야 한다.(2022.2.15 본조개정)
제83조【고유식별정보의 처리】 법 제50조의3제1항에
따른 공익법인등은 같은 조에 따른 결산서류등의 공시
를 이행하기 위하여「개인정보 보호법 시행령」제19조
제1호에 따른 주민등록번호가 포함된 자료를 처리할
수 있다.(2020.2.11 본조신설)
제84조【지급명세서 등의 제출】 ① 법 제82조제1항에
따라 지급명세서 또는 명의변경 내용을 제출하는 경우
에는 지급자 또는 명의변경을 취급하는 자별로 기획재
정부령으로 정하는 지급명세서 또는 명의변경명세서를
그 지급일 또는 명의변경일이 속하는 분기종료일의 다
음달 말일까지 본점 또는 주된 사무소의 소재지를 관
할하는 세무서장에게 제출하여야 한다. 다만, 법 제82
조제1항제1호를 적용할 때 보험금수취인과 보험료납입
자가 같은 경우로서 보험금 지급누계액이 1천만원 미
만인 경우에는 그러하지 아니하다.(2015.2.3 본항개정)
② 법 제82조제2항의 규정에 의하여 제출하는 지급명세
서는 기획재정부령이 정하는 사항을 포함하고 있어야
한다.(2020.2.11 본항개정)
③ 법 제82조제3항에 따라 명의개서 또는 변경을 취급
하는 자와 외화증권을 한국예탁결제원에 예탁하는 자
(이하 이 항에서 "명의개서 취급자"라 한다)는 명의개
서 취급자별로 명의개서 또는 변경 내용을 기획재정부
령으로 정하는 바에 따라 명의개서 또는 변경된 날이
속하는 분기종료일의 다음달 말일까지 본점 또는 주된
사무소의 소재지를 관할하는 세무서장에게 제출하여야
한다.(2017.2.7 본항개정)
④ 법 제82조제4항의 규정에 의하여 신탁업무를 취급하
는 자는 신탁업무를 취급하는 자별로 다음 각호의 기준
에 따라 당해 신탁의 내역을 본점 또는 주된 사무소의
소재지를 관할하는 세무서장에게 제출하여야 한다.
1. 위탁자와 수익자가 다른 신탁재산의 수탁계약을 체
결하는 날(계약을 체결하는 날에 원본 및 수익의 이
익이 확정되지 아니하는 경우에는 실제로 원본 및 수
익의 이익이 확정되어 지급하는 날)이 속하는 분기종
료일의 다음달 말일까지
2. 계약기간중에 수익자 또는 신탁재산가액이 변경된

경우에는 그 변경된 날이 속하는 분기종료일의 다음
달 말일까지
(1999.12.31 본항개정)
⑤ 법 제82조제6항에 따른 전환사채등의 발행 및 인수
자의 구체적 사항은 전환사채등을 발행한 날이 속하는
분기종료일의 다음 달 말일까지 기획재정부령으로 정
하는 바에 따라 해당 법인(「자본시장과 금융투자업에
관한 법률」에 따른 인수인을 포함한다)의 본점 또는 주
된 사무소의 소재지를 관할하는 세무서장에게 제출하여
여야 한다.(2010.2.18 본항개정)
⑥ 법 제82조제7항에 따라「자본시장과 금융투자업에
관한 법률」제8조제1항에 따른 금융투자업자(이하 이
항에서 "금융투자업자"라 한다)는 그가 관리하는 증권
계좌를 통하여 주식등이 계좌 간 이체된 경우(개인에
게 이체된 경우로 한정한다) 다음 각 호의 사항을 모두
적은 이체명세서를 이체한 날이 속하는 분기의 말일부
터 2개월 이내에 관할 세무서장에게 제출해야 한다.
1. 이체명세서를 제출하는 금융투자업자의 상호
2. 이체한 자 및 이체받은 자의 상호 또는 성명
3. 이체 연월일
4. 이체 대상 주식등의 종목명
5. 이체 수량
(2022.2.15 본항신설)
(2008.2.22 본조제목개정)
제85조 (1999.12.31 삭제)
제86조【질문·조사】 세무에 종사하는 공무원이 상속
세 또는 증여세에 관한 조사를 하는 경우에 장부·서
류·기타 물건의 조사를 할 때에는 조사원증을 관계자
에게 제시하여야 한다.
제87조【인별 재산과세자료의 수집·관리대상】 ① 법 제
85조제1항에서 "대통령령으로 정하는 자"란 다음 각 호의
어느 하나에 해당하는 자를 말한다.(2010.2.18 본문개정)
1. 부동산과다보유자로서 재산세를 일정금액 이상 납
부한 자 및 그 배우자(2005.1.5 본호개정)
2. 부동산임대에 대한 소득세를 일정금액 이상 납부한
자 및 그 배우자
3. 종합소득세(부동산임대에 대한 소득세를 제외한다)
를 일정금액 이상 납부한 자 및 그 배우자
4. 납입자본금 또는 자산규모가 일정금액 이상인 법인
의 최대주주등 및 그 배우자(1999.12.31 본호개정)
5. 기타 상속세 또는 증여세의 부과·징수업무를 수행
하기 위하여 필요하다고 인정되는 자로서 기획재정
부령이 정하는 자(2008.2.29 본호개정)
② 제1항에서 규정하는 인별재산과세자료를 수집·관
리하는 대상자의 선정·부동산과다보유기준 및 금액기
준의 설정에 대하여는 기획재정부령이 정하는 바에 의
한다.(2008.2.29 본항개정)

부 칙 (2017.2.7)

제1조【시행일】 이 영은 공포한 날부터 시행한다. 다
만, 제54조제1항 단서의 개정규정은 2017년 4월 1일부
터 시행하고, 제13조제7항, 제37조제3항, 제49조제7항·
제8항, 제49조의2제1항제1호의2, 같은 조 제5항제2호
및 제54조제6항의 개정규정은 2017년 7월 1일부터 시
행하며, 제38조제2항·제9항·제18항·제19항, 제43조
제2항, 제43조의3제1항·제2항, 제43조의4제2항 및 제
80조제13항·제14항의 개정규정은 2018년 1월 1일부터
시행한다.
제2조【일반적 적용례】 이 영은 이 영 시행 이후 상속
이 개시되거나 증여받는 분부터 적용한다.
**제3조【특수관계법인과의 거래를 통한 이익의 증여
의제에 관한 적용례】** 제34조의2제5항의 개정규정은 이
영 시행일이 속하는 연도에 개시하는 사업연도부터 적
용한다.

제4조【특수관계법인으로부터 제공받은 사업기회로 발생한 이익의 증여 의제에 관한 적용례】제34조의3제3항 단서의 개정규정은 이 영 시행 이후 증여세 과세표준을 신고하는 경우부터 적용한다.
제5조【공익법인등의 결산서류등의 공시의무에 관한 적용례】제43조의3제3항제4호의 개정규정은 이 영 시행일이 속하는 연도에 개시하는 사업연도에 의결권을 행사하는 분부터 적용한다.
제6조【평가심의위원회의 구성 등에 관한 적용례】제49조제7항·제8항 및 제49조의2제1항제1호의2의 개정규정은 2017년 7월 1일 이후 세무서장등이 원감정기관이 아닌 감정기관에 시가의 감정을 의뢰하는 분부터 적용한다.
제7조【비상장주식등의 평가에 관한 특례】2017년 4월 1일부터 2018년 3월 31일까지의 기간 동안에 상속이 개시되거나 증여받는 비상장주식등에 대해서는 제54조제1항 단서의 개정규정을 적용할 때 100분의 80을 100분의 70으로 한다.

부　칙 (2018.2.13)

제1조【시행일】이 영은 공포한 날부터 시행한다. 다만, 제45조의2제5항부터 제8항까지, 제49조, 제49조의2제1항제1호의2 및 제73조제1항·제4항의 개정규정은 2018년 4월 1일부터 시행하고, 제12조 및 제15조제6항·제7항의 개정규정은 2019년 1월 1일부터 시행한다.
제2조【일반적 적용례】이 영은 이 영 시행 이후 상속이 개시되거나 증여받는 분부터 적용한다.
제3조【성실공익법인등의 확인에 관한 적용례】제13조제5항의 개정규정은 이 영 시행 이후 성실공익법인등으로 확인받으려는 경우부터 적용한다.
제4조【특수관계법인과의 거래를 통한 이익의 증여 의제에 관한 적용례】제34조의2의 개정규정은 이 영 시행일이 속하는 연도에 개시하는 사업연도부터 적용한다.
제5조【특수관계법인으로부터 제공받은 사업기회로 발생한 이익의 정산증여의제이익에 대한 공제에 관한 적용례】제34조의3제6항의 개정규정은 이 영 시행 이후 법 제45조의4제3항 및 제5항에 따라 정산증여의제이익을 신고하는 경우부터 적용한다.
제6조【공익법인 등에 대한 사후관리에 관한 적용례】제38조제19항 단서의 개정규정은 이 영 시행일이 속하는 사업연도분부터 적용한다.
제7조【공익법인등의 자기내부거래에 대한 증여세 과세에 관한 적용례】제39조제2항제1호의2 및 같은 조 제3항의 개정규정은 이 영 시행 이후 결정 또는 경정하는 분부터 적용한다.
제8조【비상장주식등의 평가에 관한 적용례】제54조제4항의 개정규정은 이 영 시행 이후 평가하는 경우부터 적용한다.
제9조【신주인수권증서 평가에 관한 적용례】제58조의2제2항제2호라목의 개정규정은 이 영 시행 이후 평가하는 경우부터 적용한다.
제10조【연부연납할 수 있는 상속세 납부세액에 관한 적용례】제68조제2항의 개정규정은 이 영 시행 이후 연부연납을 신청하는 경우부터 적용한다.
제11조【물납신청에 관한 적용례】제73조제1항 및 제4항의 개정규정은 2018년 4월 1일 이후 물납을 신청하는 경우부터 적용한다.
제12조【공익법인등의 범위에 관한 경과조치】2018년 12월 31일에 종전의 제12조제5호부터 제8호까지 및 제11호에 따라 공익법인등에 해당하는 자는 제12조의 개정규정에도 불구하고 2020년 12월 31일까지 공익법인등에 해당하는 것으로 본다.

부　칙 (2019.2.12)

제1조【시행일】이 영은 공포한 날부터 시행한다.
제2조【일반적 적용례】이 영은 이 영 시행 이후 상속이 개시되거나 증여받는 분부터 적용한다.
제3조【가업상속공제 등에 관한 적용례】① 제15조제8항의 개정규정은 이 영 시행 이후 감자하거나 채무를 출자전환하는 경우부터 적용한다.
② 제15조제16항의 개정규정은 이 영 시행 이후 분할하거나 합병하는 경우부터 적용한다.
제4조【영농상속공제 등에 관한 적용례】제16조제2항 및 제3항의 개정규정은 이 영 시행 이후 결정 또는 경정하는 경우부터 적용한다.
제5조【특수관계법인과의 거래를 통한 이익의 증여 의제에 관한 적용례】제34조의2제1항의 개정규정은 이 영 시행 이후 개시하는 사업연도분부터 적용한다.
제6조【특정법인과의 거래를 통한 이익의 증여 의제에 관한 적용례】제34조의4제8항의 개정규정은 이 영 시행 이후 결정 또는 경정하는 분부터 적용한다.
제7조【공익법인등이 출연받은 재산의 사후관리에 관한 적용례】제38조제4항의 개정규정은 매각대금으로 이 영 시행 이후 주식등을 취득하는 경우부터 적용한다.
제8조【공익법인등의 결산서류등의 공시의무에 관한 적용례】제43조의3제6항의 개정규정은 이 영 시행 이후 공시한 자료의 제공을 신청하는 경우부터 적용한다.
제9조【장애인이 증여받은 재산의 과세가액불산입에 관한 적용례】제45조의2제9항제3호의 개정규정은 이 영 시행 이후 결정 또는 경정하는 분부터 적용한다.
제10조【평가에 관한 적용례】제56조제4항, 제61조 및 제62조의 개정규정은 이 영 시행 이후 상속이 개시되거나 증여받는 분을 평가하는 경우부터 적용한다.

부　칙 (2020.2.11)

제1조【시행일】이 영은 공포한 날부터 시행한다. 다만, 제38조제19항의 개정규정은 2021년 1월 1일부터 시행한다.
제2조【일반적 적용례】이 영은 이 영 시행 이후 상속이 개시되거나 증여받는 분부터 적용한다.
제3조【가업상속공제 사후관리에 관한 적용례】제15조제8항 및 제11항의 개정규정은 이 영 시행 전에 법률 제16846호 상속세 및 증여세법 일부개정법률 부칙 제3조제2항에 따른 사후관리를 받고 있는 상속인에 대해서도 적용한다.
제4조【동거주택 상속공제에 관한 적용례】제20조의2제1항의 개정규정은 이 영 시행 이후 결정 또는 경정하는 경우부터 적용한다.
제5조【재산 취득자금 등의 증여추정에 관한 적용례】제34조제2항의 개정규정은 이 영 시행 이후 증여세를 결정하는 분부터 적용한다.
제6조【특수관계법인과의 거래를 통한 이익의 증여 의제에 관한 적용례】제34조의3제8항 및 제12항의 개정규정은 이 영 시행 이후 개시하는 사업연도부터 적용한다.
제7조【공익법인등이 출연받은 재산의 사후관리에 관한 적용례】제38조제19항의 개정규정은 2021년 1월 1일 이후 개시하는 사업연도부터 적용한다.
제8조【장애인이 증여받은 재산의 과세가액불산입에 관한 적용례】제45조의2제6항제3호의 개정규정은 이 영 시행 이후 인출하는 분부터 적용한다.
제9조【재산평가에 관한 적용례】① 제49조제1항제3호라목의 개정규정은 이 영 시행 이후 상속이 개시되거나 증여받는 분을 평가하는 경우부터 적용한다.
② 제53조제7항제2호의 개정규정은 이 영 시행 이후 증여받는 분을 평가하는 분부터 적용한다.

③ 제56조제4항 및 제59조제2항의 개정규정은 이 영 시행 이후 상속이 개시되거나 증여받는 분을 평가하는 경우부터 적용한다.

제10조【평가심의위원회의 구성 등에 관한 적용례】 제49조의2의 개정규정은 이 영 시행 이후 평가심의위원회를 개최하는 분부터 적용한다.

제11조【연부연납 신청 등에 관한 적용례】 제67조제2항제2호의 개정규정은 이 영 시행 이후 연부연납을 신청하는 경우부터 적용한다.

제12조【연부연납 가산금의 가산율에 관한 적용례】 제69조의 개정규정은 이 영 시행 이후 연부연납을 신청하는 분부터 적용한다. 다만, 이 영 시행 전에 연부연납 기간 중에 있는 분에 대해서는 이 영 시행 이후 납부하는 분부터 제69조의 개정규정을 적용할 수 있으며, 같은 개정규정을 적용하는 경우에 대해 연부연납 기간에 대해서는 개정규정을 계속하여 적용해야 한다.

제13조【물납에 관한 적용례】 제70조제8항, 제71조제1항 및 제75조제1항제3호의 개정규정은 이 영 시행일 이후 물납을 신청하는 분부터 적용한다.

제14조【경정청구등의 인정사유에 관한 적용례】 제81조제3항의 개정규정은 이 영 시행 이후 결정 또는 경정을 청구하는 경우부터 적용한다.

제15조【고유식별정보의 처리에 관한 적용례】 제83조의 개정규정은 이 영 시행 이후 주민등록번호가 포함된 자료를 처리하는 분부터 적용한다.

제16조【가업상속공제 사후관리에 관한 특례】 법률 제16846호 상속세 및 증여세법 일부개정법률 부칙 제3조제2항에 따라 법 제18조제6항제1호라목의 개정규정(정규직 근로자의 범위에 관한 부분에 한정한다. 이하 이 조에서 같다), 같은 호 마목의 개정규정(정규직 근로자의 범위에 관한 부분에 한정한다. 이하 이 조에서 같다) 및 제15조제13항의 개정규정은 다음 각 호에 따라 적용한다.

1. 법 제18조제6항제1호라목의 개정규정은 2020년 1월 1일 이후 개시하는 과세기간 또는 사업연도 분부터 적용할 수 있으며, 같은 개정규정을 적용하는 경우에 2020년 1월 1일 이후 개시하는 전체 과세기간 또는 사업연도분에 대해 동일하게 같은 개정규정을 적용해야 한다.

2. 제1호에 따라 법 제18조제6항제1호라목의 개정규정을 적용하는 경우에는 법 제18조제6항제1호마목의 개정규정도 동일하게 적용해야 한다.

제17조【가업상속공제 사후관리에 관한 경과조치】 이 영 시행 전에 상속이 개시된 경우에 대해서는 제15조제15항제2호의 개정규정에도 불구하고 종전의 규정에 따른다.

제18조【재산평가에 관한 경과조치】 이 영 시행 전에 상속이 개시되거나 증여받은 분을 평가하는 경우에 대해서는 제53조제7항제2호, 제56조제4항 및 제59조제2항의 개정규정에도 불구하고 종전의 규정에 따른다.

　　부　칙　(2020.8.26)

제1조【시행일】 이 영은 2020년 8월 28일부터 시행한다.(이하 생략)

　　부　칙　(2020.10.8)

제1조【시행일】 이 영은 2020년 10월 8일부터 시행한다.(이하 생략)

　　부　칙　(2021.1.5)

이 영은 공포한 날부터 시행한다.(이하 생략)

　　부　칙　(2021.2.17)

제1조【시행일】 이 영은 공포한 날부터 시행한다. 다만, 제38조제5항 각 호 외의 부분 전단, 제41조의2제2항, 제43조제5항·제8항, 제60조제2항 및 제71조제1항제2호가목의 개정규정은 2022년 1월 1일부터 시행한다.

제2조【신탁이익의 계산방법에 관한 적용례】 제25조제1항제3호나목의 개정규정은 이 영 시행 이후 상속이 개시되거나 증여받는 분부터 적용한다.

제3조【비과세되는 증여재산의 범위에 관한 적용례】 제35조제5항제5호의 개정규정은 이 영 시행 이후 증여세를 결정하는 분부터 적용한다.

제4조【공익법인등이 출연 받은 재산의 사후관리에 관한 적용례】 ① 제38조제3항제2호의 개정규정은 이 영 시행 이후 해당 사유가 발생하는 분부터 적용한다.
② 제38조제5항 각 호 외의 부분 전단의 개정규정은 2022년 1월 1일 이후 개시하는 과세기간 또는 사업연도 분부터 적용한다.
③ 제38조제5항제1호의 개정규정은 이 영 시행 이후 가산세를 결정하는 분부터 적용한다.

제5조【공익법인등의 회계감사의무에 관한 적용례】 제43조제3항 각 호 외의 부분 단서 및 같은 조 제4항 단서의 개정규정은 2021년 1월 1일 이후 개시하는 과세기간 또는 사업연도 분부터 적용한다.

제6조【공익법인등의 전용계좌의 개설·사용의무에 관한 적용례】 제43조의2제1항 단서의 개정규정은 2021년 1월 1일 이후 개시하는 과세기간 또는 사업연도 분부터 적용한다.

제7조【공익법인등의 결산서류등의 공시의무에 관한 적용례】 제43조의3제1항 단서, 같은 조 제2항 단서 및 같은 조 제3항제4호의 개정규정은 2021년 1월 1일 이후 개시하는 과세기간 또는 사업연도 분부터 적용한다.

제8조【최대주주등의 주식등의 할증평가에 관한 적용례】 제53조제7항제4호의 개정규정은 이 영 시행 이후 상속세과세표준신고 또는 증여세과세표준신고를 하는 경우부터 적용한다.

제9조【신탁의 이익을 받을 권리의 평가에 관한 적용례】 제61조제1항 및 제2항의 개정규정은 이 영 시행 이후 상속세과세표준신고 또는 증여세과세표준신고를 하는 경우부터 적용한다.

제10조【연부연납기간의 산정에 관한 적용례】 제68조제4항제1호의 개정규정은 이 영 시행 이후 상속이 개시되거나 증여받는 분부터 적용한다.

제11조【공익법인등의 장부 작성·비치 의무 위반 등에 대한 가산세에 관한 적용례】 ① 제80조제9항제1호 단서의 개정규정은 2021년 1월 1일 이후 개시하는 과세기간 또는 사업연도 분부터 적용한다.
② 제80조제10항의 개정규정은 이 영 시행일이 속하는 과세기간 또는 사업연도에 경비를 지출하는 분부터 적용한다.

제12조【경정청구등의 인정사유에 관한 적용례】 제81조제3항제3호의 개정규정은 이 영 시행 이후 결정 또는 경정을 청구하는 경우부터 적용한다.

제13조【성실공익법인등의 확인에 관한 경과조치】 2021년 1월 1일 전에 개시한 과세기간 또는 사업연도분에 대해서는 제13조제5항 및 제6항의 개정규정에도 불구하고 종전의 제13조제5항 및 제6항에 따른다.

　　부　칙　(2021.10.19)

제1조【시행일】 이 영은 2021년 10월 21일부터 시행한다.(이하 생략)

제1조 【시행일】 이 영은 2021년 12월 30일부터 시행한다.(이하 생략)

부 칙 (2022.1.21)

제1조 【시행일】 이 영은 2022년 1월 21일부터 시행한다.(이하 생략)

부 칙 (2022.2.15)

제1조 【시행일】 이 영은 공포한 날부터 시행한다.
제2조 【일반적 적용례】 이 영은 이 영 시행 이후 상속이 개시되거나 증여받는 경우부터 적용한다.
제3조 【공익법인등의 결산에 관한 서류 제출 등에 관한 적용례】 제41조제1항 각 호 외의 부분, 제43조제6항 및 같은 조 제7항 전단의 개정규정은 이 영 시행 전에 공익법인등의 과세기간 또는 사업연도가 종료한 경우로서 이 영 시행 당시 그 종료일부터 4개월이 지나지 않은 경우에도 적용한다.
제4조 【지정회계감사에 관한 특례】 2022년 12월 31일이 속하는 과세연도에 대한 지정회계감사를 실시하기 위하여 제43조의2의 개정규정을 적용할 때 2022년 12월 31일이 속하는 과세연도의 직전전 과세연도 종료일 현재 재무상태표상 총자산가액이 1,000억원 이상인 공익법인등에 대해서는 같은 개정규정에도 불구하고 다음 각 호의 사항은 해당 호에서 정하는 바에 따른다.
1. 공익법인등의 자료제출 기한 : 2022년 12월 31일이 속하는 과세연도가 시작된 후 3개월째 되는 달의 초일부터 2주 이내에 제43조의2제2항 본문의 개정규정에 따른 자료를 제출
2. 지정감사인 지정기준일 : 2022년 12월 31일이 속하는 과세연도 개시일부터 5개월 15일이 되는 날까지 지정
3. 지정 예정 통지 및 감사계약 기한 : 제2호에 따른 지정기준일을 기준으로 계산
제5조 【가업의 영위기간에 관한 경과조치】 이 영 시행 전에 상속이 개시된 경우의 가업의 영위기간에 관하여는 제15조제3항제1호나목 및 같은 항 제2호나목의 개정규정에도 불구하고 종전의 규정에 따른다.
제6조 【증여세 상당액의 계산에 관한 경과조치】 이 영 시행 전에 상속이 개시된 경우의 가업상속재산 또는 증여재산의 평가에 관하여는 제52조제3항의 개정규정에도 불구하고 종전의 규정에 따른다.
제7조 【직접 공익목적사업에 사용해야 하는 금액의 계산에 관한 경과조치】 이 영 시행 전에 개시한 과세기간 또는 사업연도에 직접 공익목적사업에 사용해야 하는 금액의 계산에 관하여는 제38조제19항의 개정규정에도 불구하고 종전의 규정에 따른다.
제8조 【선박 등 그 밖의 유형재산의 평가에 관한 경과조치】 이 영 시행 전에 상속이 개시되었거나 증여받은 경우의 상속재산 또는 증여재산의 평가에 관하여는 제52조제3항의 개정규정에도 불구하고 종전의 규정에 따른다.
제9조 【주식등의 평가에 관한 경과조치】 이 영 시행 전에 상속이 개시되었거나 증여받은 경우의 국외재산 중 주식등의 평가에 관하여는 제58조의3제2항의 개정규정에도 불구하고 종전의 규정에 따른다.

부 칙 (2022.2.17)

제1조 【시행일】 이 영은 2022년 2월 18일부터 시행한다.(이하 생략)

부 칙 (2022.10.4)

제1조 【시행일】 이 영은 공포 후 3개월이 경과한 날부터 시행한다.(이하 생략)

부 칙 (2022.12.27)

제1조 【시행일】 이 영은 공포한 날부터 시행한다.(이하 생략)

부 칙 (2023.1.10)

제1조 【시행일】 이 영은 2023년 1월 12일부터 시행한다.(이하 생략)

부 칙 (2023.2.28)

제1조 【시행일】 이 영은 공포한 날부터 시행한다.
제2조 【가업상속공제 요건에 관한 적용례 등】 ① 제15조제2항제3호 및 같은 조 제3항제1호가목의 개정규정은 2023년 1월 1일 이후 상속이 개시되는 경우부터 적용한다.
② 2023년 1월 1일 전에 상속이 개시된 경우의 가업상속공제 요건에 관하여는 제15조제2항제3호 및 같은 조 제3항제1호가목의 개정규정에도 불구하고 종전의 규정에 따른다.
제3조 【특수관계법인과의 거래를 통한 이익의 증여 의제에 관한 적용례】 제34조의3제10항제5호, 제5호의2, 제5호의3 및 같은 조 제15항의 개정규정은 이 영 시행 이후 제68조제1항 단서에 따른 증여세 과세표준신고를 하는 경우부터 적용한다.
제4조 【공익법인등의 내국법인 주식등의 초과보유 계산기준일에 관한 적용례】 제37조제1항제4호의 개정규정은 이 영 시행 이후 합병법인의 주식등을 취득하는 경우부터 적용한다.
제5조 【공익법인등의 전용계좌 개설 기한에 관한 적용례】 제43조의4제11항의 개정규정은 이 영 시행 전에 「법인세법 시행령」 제39조제1항제1호바목에 따라 지정·고시된 공익법인등의 경우에도 적용한다.
제6조 【1주당 최근 3년간의 순손익액 계산에 관한 적용례】 제56조제4항제1호나목 및 같은 항 제2호가목의 개정규정은 2023년 1월 1일 이후 상속이 개시되거나 증여받는 경우부터 적용한다.
제7조 【연부연납 허가 요건에 관한 적용례 등】 ① 제68조제3항제2호가목의 개정규정은 2023년 1월 1일 이후 상속이 개시되는 경우부터 적용한다.
② 2023년 1월 1일 전에 상속이 개시된 경우의 연부연납 허가 요건에 관하여는 제68조제3항제2호가목의 개정규정에도 불구하고 종전의 규정에 따른다.
제8조 【연부연납의 취소 및 변경에 관한 적용례】 제68조제8항 각 호 외의 부분 후단 및 같은 항 제2호의 개정규정은 이 영 시행 이후 연부연납 허가를 취소·변경하는 경우부터 적용한다.
제9조 【연부연납 가산금의 가산율에 관한 적용례 등】 ① 제69조제2항의 개정규정은 이 영 시행 이후 연부연납 가산금을 납부하는 경우부터 적용한다.
② 제1항에도 불구하고 이 영 시행 전에 연부연납 허가를 받은 자가 이 영 시행 이후 연부연납 가산금을 납부하는 경우에는 연부연납 허가를 받은 자의 선택에 따라 제69조제2항의 개정규정을 적용하지 않을 수 있다.
③ 제2항에 따라 제69조제2항의 개정규정을 적용하지 않는 경우에는 이후의 연부연납 기간 동안에도 같은 개정규정을 계속하여 적용하지 않는다.
제10조 【가업상속공제 대상 업종에 관한 적용례】 별표 제1호가목의 개정규정은 이 영 시행 이후 상속이 개시되는 경우부터 적용한다.

제11조【영농상속공제 요건에 관한 경과조치】 이 영 시행 전에 상속이 개시된 경우의 영농상속공제 요건에 관하여는 제16조제2항제1호가목 및 같은 항 제2호가목의 개정규정에도 불구하고 종전의 규정에 따른다.

〔별표〕

<u>가업상속공제를 적용받는 중소·중견기업의</u>
<u>해당업종</u>(제15조제1항 및 제2항 관련)

(2023.2.28 개정)

1. 한국표준산업분류에 따른 업종

표준산업분류상 구분	가업 해당 업종
가. 농업, 임업 및 어업(01~03)	작물재배업(011) 중 종자 및 묘목생산업(01123)을 영위하는 기업으로서 다음의 계산식에 따라 계산한 비율이 100분의 50 미만인 경우 〔제15조제7항에 따른 가업용 자산 중 토지(「공간정보의 구축 및 관리 등에 관한 법률」에 따라 지적공부에 등록하여야 할 지목에 해당하는 것을 말한다) 및 건물(건물에 부속된 시설물과 구축물을 포함한다)의 자산의 가액〕÷(제15조제7항에 따른 가업용 자산의 가액)
나. 광업(05~08)	광업 전체
다. 제조업 (10~33)	제조업 전체. 이 경우 자기가 제품을 직접 제조하지 않고 제조업체(사업장이 국내 또는 「개성공업지구 지원에 관한 법률」 제2조제1호에 따른 개성공업지구에 소재하는 업체에 한정한다)에 의뢰하여 제조하는 사업으로서 그 사업이 다음의 요건을 모두 충족하는 경우를 포함한다. 1) 생산할 제품을 직접 기획(고안·디자인 및 견본제작 등을 말한다)할 것 2) 해당 제품을 자기명의로 제조할 것 3) 해당 제품을 인수하여 자기책임하에 직접 판매할 것
라. 하수 및 폐기 물 처리, 원료 재 생, 환경정화 및 복원업(37~39)	하수·폐기물 처리(재활용을 포함한다), 원료 재생, 환경정화 및 복원업 전체
마. 건설업(41~42)	건설업 전체
바. 도매 및 소매 업(45~47)	도매 및 소매업 전체
사. 운수업 (49~52)	여객운송업[육상운송 및 파이프라인 운송업(49), 수상 운송업(50), 항공 운송업(51) 중 여객을 운송하는 경우]
아. 숙박 및 음식 점업(55~56)	음식점 및 주점업(56) 중 음식점업(561)
자. 정보통신업 (58~63)	출판업(58)
	영상·오디오 기록물제작 및 배급업(59). 다만, 비디오물 감상실 운영업(59142)을 제외한다.
	방송업(60)
	우편 및 통신업(61) 중 전기통신업(612)
	컴퓨터 프로그래밍, 시스템 통합 및 관리업(62)
	정보서비스업(63)
차. 전문, 과학 및 기술서비스업 (70~73)	연구개발업(70)
	전문서비스업(71) 중 광고업(713), 시장조사 및 여론조사업(714)

	건축기술, 엔지니어링 및 기타 과학기술 서비스업(72) 중 기타 과학기술 서비스업(729)
	기타 전문, 과학 및 기술 서비스업(73) 중 전문디자인업(732)
카. 사업시설관리 및 사업지원 서 비스업(74~75)	사업시설 관리 및 조경 서비스업(74) 중 건물 및 산업설비 청소업(7421), 소독, 구충 및 방제 서비스업(7422)
	사업지원 서비스업(75) 중 고용알선 및 인력 공급업(751, 농업노동자 공급업을 포함한다), 경비 및 경호 서비스업(7531), 보안시스템 서비스업(7532), 콜센터 및 텔레마케팅 서비스업(75991), 전시, 컨벤션 및 행사 대행업(75992), 포장 및 충전업(75994)
타. 임대업:부동 산 제외(76)	무형재산권 임대업(764, 「지식재산 기본법」 제3조제1호에 따른 지식재산을 임대하는 경우로 한정한다)
파. 교육서비스업 (85)	교육 서비스업(85) 중 유아 교육기관(8511), 사회교육시설(8564), 직원훈련기관(8565), 기타 기술 및 직업훈련학원(85669)
하. 사회복지 서비 스업(87)	사회복지서비스업 전체
거. 예술, 스포츠 및 여가관련 서 비스업(90~91)	창작, 예술 및 여가관련 서비스업(90) 중 창작 및 예술관련 서비스업(901), 도서관, 사적지 및 유사 여가관련 서비스업(902). 다만, 독서실 운영업(90212)은 제외한다.
너. 협회 및 단체, 수리 및 기타 개인 서비스업 (94~96)	기타 개인 서비스업(96) 중 개인 간병인 및 유사 서비스업(96993)

2. 개별법률의 규정에 따른 업종

가업 해당 업종
가. 「조세특례제한법」 제7조제1항제1호커목에 따른 직업기술 분야 학원
나. 「조세특례제한법 시행령」 제5조제9항에 따른 엔지니어링사업
다. 「조세특례제한법 시행령」 제5조제7항에 따른 물류산업
라. 「조세특례제한법 시행령」 제6조제1항에 따른 수탁생산업
마. 「조세특례제한법 시행령」 제54조제1항에 따른 자동차정비공장을 운영하는 사업
바. 「해운법」에 따른 선박관리업
사. 「의료법」에 따른 의료기관을 운영하는 사업
아. 「관광진흥법」에 따른 관광사업(카지노업, 관광유흥음식점업 및 외국인전용 유흥음식점업은 제외한다)
자. 「노인복지법」에 따른 노인복지시설을 운영하는 사업
차. 법률 제15881호 노인장기요양보험법 부칙 제4조에 따라 재가장기요양기관을 운영하는 사업
카. 「전시산업발전법」에 따른 전시산업
타. 「에너지이용 합리화법」 제25조에 따른 에너지절약전문기업이 하는 사업
파. 「국민 평생 직업능력 개발법」에 따른 직업능력개발훈련시설을 운영하는 사업
하. 「도시가스사업법」 제2조제4호에 따른 일반도시가스사업
거. 「연구산업진흥법」 제2조제1호나목의 산업
너. 「민간임대주택에 관한 특별법」에 따른 주택임대관리업
더. 「신에너지 및 재생에너지 개발·이용·보급 촉진법」에 따른 신·재생에너지 발전사업

상속세 및 증여세법 시행규칙

(1997년 4월 19일)
(전개총리령 제629호)

개정
1998. 3.20재정경제부령 9호   1999. 5. 7재정경제부령 79호
1999.12.31농림부령   1354호(농업·농촌기본법시규)
2000. 4. 3재정경제부령137호   2000.12.18재정경제부령170호
2001. 4. 3재정경제부령195호   2002. 4. 4재정경제부령256호
2002.12.31재정경제부령288호   2003.12.31재정경제부령342호
2005. 3.19재정경제부령425호   2006. 4.25재정경제부령505호
2006. 7. 5재정경제부령512호(행정정보이용감축개정령)
2006.10.27산업자원부령302호(산업기술혁신촉진법시규)
2006.12.28재정경제부령534호
2007.10.29재정경제부령579호(행정정보이용감축개정령)
2008. 2.28재정경제부령603호   2008. 4.30기획재정부령 20호
2009. 4.23기획재정부령 74호   2010. 3.31기획재정부령141호
2010. 9.20기획재정부령169호   2011. 7.26기획재정부령223호
2011. 7.29기획재정부령226호(법인세법시규)
2012. 2.28기획재정부령267호   2012.12.31기획재정부령310호
2013. 2.23기획재정부령327호   2014. 3.14기획재정부령412호
2015. 3.13기획재정부령481호   2016. 3.21기획재정부령557호
2016.12.27기획재정부령586호   2017. 3.10기획재정부령605호
2018. 3.19기획재정부령658호   2019. 3.20기획재정부령719호
2020. 3.13기획재정부령780호   2021. 3.16기획재정부령832호
2022. 3.18기획재정부령899호   2023. 3.20기획재정부령979호

제1조 【목적】 이 규칙은 「상속세 및 증여세법」 및 「상속세 및 증여세법 시행령」에서 위임된 사항과 그 시행에 필요한 사항을 규정함을 목적으로 한다.(2016.3.21 본조신설)

제2조 【특수관계인의 범위】 ① 「상속세 및 증여세법 시행령」(이하 "영"이라 한다) 제2조의2제1항제3호 및 영 제38조제13항제1호에서 "기획재정부령으로 정하는 기업집단의 소속 기업"이란 「독점규제 및 공정거래에 관한 법률 시행령」 제3조 각 호의 어느 하나에 해당하는 기업집단에 속하는 계열회사를 말한다.(2016.3.21 본항개정)

② 기획재정부장관은 제1항을 적용할 때 필요한 경우에는 「독점규제 및 공정거래에 관한 법률 시행령」 제3조제2호라목에 따른 사회통념상 경제적 동일체로 인정되는 회사의 범위에 관한 기준을 정하여 고시할 수 있다.(2014.3.14 본조개정)

제2조의2 【공과금】 영 제9조제1항에서 "기획재정부령이 정하는 것"이란 「국세기본법」 제2조제8호에 따른 공과금(공공요금에 해당하는 경우를 제외한다)을 말한다.(2016.3.21 본조개정)

제2조의3 【통장 등의 범위】 영 제11조제1항제2호에서 "기획재정부령이 정하는 통장 또는 위탁자계좌등"이란 금융기관을 통하여 계속 반복적으로 금융거래를 하는 사실 및 그 거래내역을 확인할 수 있는 문서를 말한다.(2016.3.21 본조개정)

제3조 (2018.3.19 삭제)

제4조 (2021.3.16 삭제)

제4조의2 【매출액의 계산방법】 영 제15조제2항제3호에 따른 매출액은 기업회계기준에 따라 작성한 손익계산서상의 매출액으로 한다.(2017.3.10 본조신설)

제5조 【가업상속의 공제한도 및 순서】 「상속세 및 증여세법」(이하 "법"이라 한다) 제18조의2제1항 각 호의 가업상속의 공제한도를 적용할 때 영 제15조제4항에 따른 피상속인이 둘 이상의 독립된 가업을 영위한 경우에는 해당 기업 중 계속하여 경영한 기간이 긴 기업의 계속 경영기간에 대한 공제한도를 적용하며, 상속세 과세가액에서 피상속인이 계속하여 경영한 기간이 긴 기업의 가업상속 재산가액부터 순차적으로 공제한다.(2023.3.20 본조개정)

제6조 【상속세를 추징하지 아니하는 사유】 영 제15조제8항제2호다목 및 영 제16조제6항제7호에서 "기획재정부령으로 정하는 부득이한 사유"란 상속인이 법률의 규정에 의한 병역의무의 이행, 질병의 요양, 취학상 형편 등으로 가업 또는 영농에 직접 종사할 수 없는 사유가 있는 경우를 말한다. 다만, 그 부득이한 사유가 종료된 후 가업 또는 영농에 종사하지 아니하거나 가업상속 또는 영농상속받은 재산을 처분하는 경우를 제외한다.(2018.3.19 본문개정)

제6조의2 【가업상속입증서류】 영 제15조제22항에서 "기획재정부령으로 정하는 가업상속 사실을 입증할 수 있는 서류"란 다음 각 호에 따른 서류로서 해당 상속이 가업상속에 해당됨을 증명할 수 있는 것을 말한다.(2023.3.20 본문개정)

1. 영 제15조제3항제1호가목에 따른 최대주주등에 해당하는 자임을 입증하는 서류(2016.3.21 본호개정)
2. 기타 상속인이 당해 가업에 직접 종사한 사실을 입증할 수 있는 서류(2001.4.3 본호신설)

제7조 【영농상속】 ① 영 제16조제3항 각 호 외의 부분에서 "기획재정부령으로 정하는 영농·영어 및 임업후계자"란 다음 각 호의 어느 하나에 해당하는 자를 말한다.(2016.3.21 본문개정)

1. 「후계농업인 및 청년농어업인 육성·지원에 관한 법률」 제8조제1항 및 제2항에 따른 후계농업경영인, 후계어업경영인, 청년창업형 후계농업경영인 및 청년창업형 후계어업경영인(2023.3.20 본호개정)
2. 「임업 및 산촌 진흥촉진에 관한 법률」 제2조제4호의 규정에 의한 임업후계자
3. 「초·중등교육법」 및 「고등교육법」에 의한 농업 또는 수산계열의 학교에 재학중이거나 졸업한 자(2005.3.19 2호~3호개정)

② 영 제16조제11항에서 "기획재정부령으로 정하는 영농상속사실을 입증할 수 있는 서류"라 함은 다음 각 호의 서류로서 해당 상속이 영농상속에 해당됨을 증명할 수 있는 것을 말한다.(2023.3.20 본문개정)

1. 영 제16조제2항제2호나목에 따른 최대주주등에 해당하는 자임을 입증하는 서류(2016.3.21 본호신설)
2. 농업소득세 과세사실증명서 또는 영농사실 증명서류(2003.12.31 본호개정)
3. (2006.7.5 삭제)
4. 어선의 선적증서 사본
5. 어업권 면허증서 사본
6. 영농상속인의 농업 또는 수산계열 학교의 재학증명서 또는 졸업증명서
7. 「임업 및 산촌 진흥촉진에 관한 법률」에 의한 임업후계자임을 증명하는 서류(2005.3.19 본호개정)

③ 영 제16조제11항에 따라 신고를 받은 납세지 관할 세무서장은 「전자정부법」 제36조제1항에 따른 행정정보의 공동이용을 통하여 다음 각 호의 서류를 확인하여야 한다.(2023.3.20 본문개정)

1. 농지·초지 또는 산림지의 등기사항증명서(2015.3.13 본호신설)
2. 영 제16조제5항제1호바목에 따른 건축물과 이에 딸린 토지의 등기사항증명서(2016.3.21 본호개정)(2016.3.21 본조제목개정)

제8조 【금융재산의 범위】 영 제19조제1항에서 "그 밖에 기획재정부령으로 정하는 것"이란 다음 각 호의 어느 하나에 해당하는 것을 말한다.(2014.3.14 본문개정)

1. 「자본시장과 금융투자업에 관한 법률」 제8조의2제2항에 따른 거래소(이하 "거래소"라 한다)에 상장되지 아니한 주식 및 출자지분(이하 "주식등"이라 한다)으로서 금융기관이 취급하지 아니하는 것(2015.3.13 본호개정)
2. 발행회사가 금융기관을 통하지 아니하고 직접 모집하거나 매출하는 방법으로 발행한 회사채

제9조 → 제2조로 이동

제9조의2【동거주택 인정범위】 영 제20조의2제2항제2호에서 "기획재정부령으로 정하는 사유"란 다음 각 호의 어느 하나에 해당하는 경우를 말한다.(2011.7.26 본문개정)
1. 「초·중등교육법」에 따른 학교(유치원·초등학교 및 중학교는 제외한다) 및 「고등교육법」에 따른 학교에의 취학
2. 직장의 변경이나 전근 등 근무상의 형편
3. 1년 이상의 치료나 요양이 필요한 질병의 치료 또는 요양
(2009.4.23 본조신설)

제9조의3【양수일 또는 양도일의 예외사유】 영 제26조에서 "매매계약 후 환율의 급격한 변동 등 기획재정부령으로 정하는 사유가 있는 경우"란 매매계약일부터 대금청산일 전일까지 환율이 100분의 30이상 변동하는 경우를 말한다.(2016.3.21 본조신설)

제10조【부동산 무상사용 이익률 등】 ① 영 제27조제2항에서 "기획재정부령으로 정하는 대표사용자"란 해당 부동산사용자들 중 부동산소유자와 최근친인 사람을 말하며, 최근친인 사람이 2명 이상인 경우에는 그 중 최연장자를 말한다.(2019.3.20 본항신설)
② 영 제27조제3항 계산식 및 영 제32조제3항제1호에서 "기획재정부령으로 정하는 율"이란 연간 100분의 2를 말한다.
③ 영 제27조제3항 전단에서 "기획재정부령으로 정하는 방법에 따라 환산한 가액"이란 다음의 계산식에 따라 환산한 금액의 합계액을 말한다.

$$\frac{\text{각 연도 부동산 무상사용 이익}}{\left(1 + \dfrac{10}{100}\right)^n}$$

n : 평가기준일부터의 경과연수
(2019.3.20 본조개정)

제10조의2【이자손실분 계산방법】 영 제30조제1항제2호 각 목 외의 부분 본문에서 "기획재정부령으로 정하는 바에 따라 계산한 이자손실분"이란 제1호의 가액에서 제2호의 가액을 차감한 가액을 말한다. 다만, 신주인수권증권에 의하여 전환등을 한 경우에는 영 제58조의2제2항제1호가목에 따라 평가한 신주인수권증권의 가액을 말한다.(2021.3.16 본문개정)
1. 전환사채등의 만기상환금액을 사채발행이율에 의하여 취득당시의 현재가치로 할인한 가액
2. 전환사채등의 만기상환금액을 영 제58조의2제2항제1호가목의 규정에 의한 이자율에 의하여 취득당시의 현재가치로 할인한 금액(2002.12.31 본호개정)
(2001.4.3 본조신설)

제10조의3【소득세 상당액의 계산】 ① 영 제31조의2제3항제2호에서 "기획재정부령으로 정하는 율"이란 다음 표의 구분에 따른 율을 말한다.

초과배당금액	율
5천220만원 이하	초과배당금액 × 100분의 14
5천220만원 초과 8천800만원 이하	731만원 + (5천220만원을 초과하는 초과배당금액 × 100분의 24)
8천800만원 초과 1억5천만원 이하	1천590만원 + (8천800만원을 초과하는 초과배당금액 × 100분의 35)
1억5천만원 초과 3억원 이하	3천760만원 + (1억5천만원을 초과하는 초과배당금액 × 100분의 38)
3억원 초과 5억원 이하	9천460만원 + (3억원을 초과하는 초과배당금액 × 100분의 40)
5억원 초과 10억원 이하	1억7천460만원 + (5억원을 초과하는 초과배당금액 × 100분의 42)
10억원 초과	3억8천460만원 + (10억원을 초과하는 초과배당금액 × 100분의 45)

(2021.3.16 본항개정)

② 영 제31조의2제4항제2호에서 "기획재정부령으로 정하는 바에 따라 계산한 소득세액"이란 다음 각 호의 구분에 따른 금액을 말한다.
1. 「소득세법 시행령」 제26조의3제6항에 따라 배당소득에 포함되지 않는 경우 등 소득세 과세대상에서 제외되거나 비과세 대상인 초과배당금액의 경우 : 0
2. 「소득세법」 제14조제5항에 따른 분리과세배당소득에 해당하는 경우 등 초과배당금액이 분리과세된 경우 : 해당 분리과세된 세액
3. 「소득세법」 제14조제2항에 따라 종합과세되는 경우 : 다음 각 목의 금액 중 큰 금액
가. 다음 계산식에 따라 계산한 금액

초과배당금액이 발생한 연도의 종합소득과세표준에 「소득세법」 제55조제1항의 세율(이하 이 호에서 "종합소득세율"이라 한다)을 적용하여 계산한 금액 − 해당 연도의 종합소득과세표준에서 초과배당금액을 뺀 금액에 종합소득세율을 적용하여 계산한 금액(0보다 작은 경우 0으로 한다)

나. 초과배당금액에 100분의 14를 곱한 금액
(2021.3.16 본항신설)

제10조의4【기업가치의 실질적 증가로 인한 이익의 계산】 ① 영 제31조의3제5항 각 호 외의 부분 전단에서 "재무제표 등 기획재정부령으로 정하는 서류"란 다음 각 호의 서류를 말한다.(2021.3.16 본문개정)
1. 대차대조표
2. 손익계산서
3. 그 밖에 기업가치의 실질적인 증가를 확인할 수 있는 서류
(2016.3.21 본조신설)
② 영 제31조의3제5항제1호에 따른 1주당 순손익액의 합계액을 계산할 때 거래소에 상장되지 않은 주식등의 증여일 또는 취득일이 속하는 사업연도 개시일부터 해당 주식의 상장일이 속하는 사업연도까지의 기간에 대한 순손익액은 영 제56조제4항에 따라 각 사업연도 단위별로 계산한 1주당 순손익액으로 한다.
(2021.3.16 본항개정)
③ 영 제31조의3제5항제1호에 따른 1주당 순손익액의 합계액을 계산할 때 주식등의 상장일이 속하는 사업연도 개시일부터 상장일의 전일까지의 1주당 순손익액을 산정하기 어려운 경우에는 제2항에 따라 계산한 상장일이 속하는 사업연도의 직전 사업연도의 1주당 순손익액을 해당 사업연도의 월수로 나눈 금액에 상장일이 속하는 사업연도 개시일부터 상장일의 전일까지의 월수를 곱한 금액으로 할 수 있다.(2021.3.16 본항개정)

제10조의5【금전 무상대출 등에 따른 이익의 계산시 적정이자율】 영 제31조의4제1항 본문에서 "기획재정부령으로 정하는 이자율"이란 「법인세법 시행규칙」 제43조제2항에 따른 이자율을 말한다.(2016.3.21 본조신설)

제10조의6【시간외시장 매매의 범위】 영 제33조제2항에서 "기획재정부령으로 정하는 시간외시장에서 매매된 것"이란 「자본시장과 금융투자업에 관한 법률」 제393조제1항에 따른 거래소의 증권시장업무규정에 따라 시간외대량매매 방법으로 매매된 것(당일 종가로 매매된 것은 제외한다)을 말한다.(2015.3.13 본조개정)

제10조의7【지배주주의 판정】 영 제34조의3제1항 각 호 외의 부분 후단에서 "기획재정부령으로 정하는 자"란 다음 각 호의 순서에 따른 자를 말한다.
(2021.3.16 본문개정)
1. 본인과 그 친족의 수혜법인에 대한 주식보유비율(영 제34조의3제1항제1호에 따라 계산된 직접보유비율과 같은 조 제8항에 따라 계산된 간접보유비율을 합하여 계산한 비율을 말한다)을 합하여 계산한 비율이 더 큰 경우의 그 본인(2023.3.20 본호개정)

2. 본인의 영 제34조의3제5항에 따른 특수관계법인에 대한 수혜법인의 매출액이 더 큰 경우의 그 본인 (2023.3.20 본호개정)
3. 사업연도 종료일을 기준으로 가장 최근에 수혜법인의 대표이사였던 자
(2014.3.14 본조신설)

제10조의8【수혜법인의 사업부문별 회계의 구분경리】 법 제45조의3제1항 각 호 외의 부분 후단을 적용받으려는 수혜법인은 영 제34조의3제3항제1호에 따라 사업부문별로 자산·부채 및 손익을 「법인세법 시행규칙」 제77조제1항을 준용하여 계산하고, 이를 각각 독립된 계정과목으로 구분기장해야 한다. (2023.3.20 본조신설)

제10조의9【사업기회 제공방법】 ① 영 제34조의4제2항에서 "임대차계약, 입점계약 등 기획재정부령으로 정하는 방법"이란 임대차계약, 입점계약, 대리점계약 및 프랜차이즈계약 등 명칭 여하를 불문한 약정을 말한다. (2021.3.16 본항개정)
② 영 제34조의4제3항 단서에서 "기획재정부령으로 정하는 방법에 따라 계산한 금액"이란 제1호의 금액에 제2호의 비율을 곱한 금액을 말한다. (2021.3.16 본문개정)
1. 수혜법인의 영업이익(「법인세법」 제43조의 기업회계기준에 따라 계산한 매출액에서 매출원가 및 판매비와 관리비를 차감한 영업이익을 말한다)에 「법인세법」 제23조·제33조·제34조·제40조·제41조 및 같은 법 시행령 제44조의2·제74조에 따른 세무조정사항을 반영한 금액
2. 수혜법인의 전체 매출액에서 사업기회를 제공받은 해당 사업부문의 매출액이 차지하는 비율
(2017.3.10 본항신설)

제11조【공익법인등의 과세기간 등】 공익법인등(영 제12조 각 호 외의 부분 본문에 따른 공익법인등을 말한다. 이하 같다)의 과세기간 또는 사업연도는 해당 공익법인등에 관한 법률 또는 정관의 규정에 따르되, 과세기간 또는 사업연도가 따로 정해지지 않은 경우에는 매년 1월 1일부터 12월 31일까지로 한다. (2022.3.18 본조개정)

제11조의2【직접 고유목적사업에의 사용 등】 영 제38조제4항 후단에 따른 일시 취득한 재산은 매각대금으로 취득한 수익용 또는 수익사업용 재산으로서 그 운용기간이 6월 미만인 재산으로 한다. (2016.3.21 본조개정)

제12조【공익법인등의 자기내부거래에 대한 증여세 과세】 영 제39조제2항제2호에서 "기획재정부령이 정하는 연구시험용 건물 및 시설등"이란 다음 각 호의 어느 하나에 해당하는 것을 말한다. (2019.3.20 본문개정)
1. 출연받은 기부금에 의하여 설립한 시설 및 건물 (2019.3.20 본호개정)
2. 「법인세법 시행규칙」 별표2 시험연구용 자산의 내용연수표에 규정된 시설 및 설비(2005.3.19 본호개정)

제13조【출연재산의 평가】 ① 영 제40조제1항제2호의 규정을 적용함에 있어 해당 초과부분을 취득하는데 사용한 재산의 가액산정이 곤란한 경우에는 그 초과부분은 법 제60조 내지 제66조의 규정에 의한 재산의 평가방법에 따른다. (2002.12.31 본항신설)
② 영 제40조제1항제2호의2 계산식에서 "기획재정부령이 정하는 출연재산(직접 공익목적사업에 사용한 분을 제외한다)의 평가가액"이란 운용소득을 사용하여야 할 과세기간 또는 사업연도의 직전 과세기간 또는 사업연도 말 현재 수익용이나 수익사업용으로 운용하는 출연재산에 대한 재무상태표상 가액을 말한다. 다만, 그 가액이 법 제4장에 따라 평가한 가액의 100분의 70 이하인 경우에는 법 제4장에 따라 평가한 가액으로 한다. (2015.3.13 본항개정)
③ 제2항에 따른 출연재산 중 공익법인등이 1년 이상 보유한 주식등의 평가가액은 제2항에도 불구하고 그

액면가액으로 한다. (2017.3.10 본항개정)
④ (2001.4.3 삭제)

제13조의2【공익법인등의 의무이행 신고대상 등】 ① 영 제41조의2제6항에서 "기획재정부령으로 정하는 공익법인등"이란 다음 각 호의 어느 하나에 해당하는 공익법인등을 말한다.
1. 법 제16조제2항 및 제48조제1항에 따라 내국법인의 발행주식총수등의 100분의 5를 초과하여 주식등을 출연받은 공익법인등. 다만, 다음 각 목의 어느 하나에 해당하는 경우는 제외한다.
  가. 다음의 어느 하나에 해당하는 공익법인등으로서 법 제16조제3항제1호에 해당하는 경우
    1) 국가·지방자치단체가 출연하여 설립한 공익법인등
    2) 영 제42조제2항 각 호의 어느 하나에 해당하는 공익법인등
  나. 법 제16조제3항제3호에 해당하는 경우
2. 법 제48조제2항제2호에 따라 내국법인의 발행주식총수등의 100분의 5를 초과하여 주식등을 취득한 공익법인등. 다만, 다음 각 목의 어느 하나에 해당하는 경우는 제외한다.
  가. 공익법인등[제1호가목1) 또는 2)에 따른 공익법인등이 영 제13조제6항에 해당하는 경우로 한정한다]이 영 제13조제7항에 따른 내국법인의 주식등을 취득하는 경우로서 주무관청이 공익법인등의 목적사업을 효율적으로 수행하기 위하여 필요하다고 인정하는 경우
    1) 국가·지방자치단체가 출연하여 설립한 공익법인등
    2) 영 제42조제2항 각 호의 어느 하나에 해당하는 공익법인등
  나. 「공익법인의 설립·운영에 관한 법률」 및 그 밖의 법령에 따라 내국법인의 주식등을 취득하는 경우
  다. 「산업교육진흥 및 산학연협력촉진에 관한 법률」 제25조에 따른 산학협력단이 주식등을 취득하는 경우로서 영 제37조제6항 각 호의 요건을 모두 갖춘 경우
3. 법 제48조제9항에 따른 가산세가 부과되지 않는 공익법인등이 영 제38조제13항에 따른 특수관계에 있는 내국법인의 주식등을 보유하는 경우로서 같은 조 제14항에 따른 가액이 0보다 큰 공익법인등. 다만, 국가·지방자치단체가 출연하여 설립한 공익법인등이거나 영 제42조제2항 각 호의 어느 하나에 해당하는 공익법인등은 제외한다.
4. 법 제49조제1항에 따라 1996년 12월 31일 현재 의결권 있는 발행주식총수등의 100분의 5를 초과하는 동일한 내국법인의 의결권 있는 주식등을 보유하고 있는 공익법인등으로서 해당 주식등을 발행주식총수등의 100분의 5를 초과하여 계속하여 보유하고 있는 공익법인등. 다만, 국가·지방자치단체가 출연하여 설립한 공익법인등이거나 영 제42조제2항 각 호의 어느 하나에 해당하는 공익법인등은 제외한다.
② 영 제41조의2제7항에서 "기획재정부령으로 정하는 신고서 및 관련 서류"란 다음 각 호의 신고서 및 서류를 말한다.
1. 별지 제22호서식에 따른 공익법인등 주식 보유 관련 의무이행 신고서(2022.3.18 본호개정)
2. 해당 공익법인등의 설립허가서 및 정관
3. 별지 제25호의4서식에 따른 운용소득 사용명세서
4. 별지 제26조의2서식에 따른 이사등 선임명세서
5. 별지 제26호의3서식에 따른 특정기업광고 등 명세서
6. 별지 제31호서식 부표4에 따른 출연받은 재산의 공익목적사용 현황

7. 별지 제32호서식 부표2에 따른 출연자 등 특수관계인 사용수익명세서

③ 영 제41조의2제7항에 따라 신고를 받은 납세지 관할 지방국세청장은 「전자정부법」 제36조제1항에 따른 행정정보의 공동이용을 통하여 법인 등기사항증명서를 확인해야 한다.

④ 납세지 관할 지방국세청장은 법 제48조제11항 각 호의 요건 충족 여부 확인을 위하여 해당 공익법인등 또는 주무관청에 추가 자료제출을 요구할 수 있다.

⑤ 국세청장은 영 제41조의2제8항에 따라 공익법인등의 의무이행 여부 등을 보고받으면 해당 공익법인등의 과세기간 또는 사업연도 종료일부터 9개월 이내에 해당 공익법인등 및 주무관청에 통보해야 한다. (2021.3.16 본조신설)

제14조【외부전문가의 세무확인】 ① 영 제43조제5항제4호에서 "기획재정부령이 정하는 것"이란 다음 각호의 1에 해당하는 것을 말한다.(2008.4.30 본문개정)
1. 출연받은 재산의 운영 및 수익사업내역의 적정성 여부
2. 장부의 작성·비치의무의 준수여부
3. 공익법인등의 수혜자 선정의 적정성 여부

② 영 제43조제6항에서 "기획재정부령이 정하는 보고서"란 영 제43조제5항 각 호의 어느 하나에 규정된 사항에 대하여 영 제43조제8항에 따른 외부전문가의 공익법인등에 대한 세무확인서를 말한다.(2012.2.28 본항개정)

③ 공익법인등은 과세기간별로 또는 사업연도별로 외부전문가의 세무확인을 받아야 한다. 이 경우 외부전문가의 세무확인은 해당 공익법인등의 과세기간 또는 사업연도 종료일부터 2개월 이내에 실시하여야 한다. (2009.4.23 본항개정)

④ (2002.12.31 삭제)

제14조의2【공익법인등에 대한 감사인 지정 등】 ① 영 제43조의2제2항 본문에 따라 직전 과세연도(과세기간 또는 사업연도를 말한다. 이하 이 조 및 별표에서 같다) 종료일 현재 재무상태표상 총자산가액이 1,000억원 이상인 공익법인등(영 제43조의2제1항 각 호의 공익법인등은 제외한다)은 별지 제35호서식의 감사인 지정을 위한 기초자료 내역서에 직전 과세연도 종료일 현재 재무상태표상 총자산가액을 확인할 수 있는 자료를 첨부하여 국세청장에게 제출해야 한다. 이 경우 「주식회사 등의 외부감사에 관한 법률」에 따른 감사인(이하 "감사인"이라 한다) 중에서 해당 공익법인등과의 관계에서 다음 각 호의 어느 하나에 해당하는 사유가 있는 경우에는 그 감사인에 대한 자료를 함께 제출할 수 있다.
1. 「공인회계사법」 제33조 및 그 밖의 법령에 따라 해당 공익법인등의 감사인이 될 수 없는 자
2. 「공인회계사법」 제43조제1항에 따른 직업윤리에 관한 규정에 위반될 우려가 있는 등 해당 공익법인등의 감사인이 되는 것이 적절하지 않은 자

② 국세청장은 법 제50조제4항 전단에 따라 공익법인등에 대하여 같은 항 전단에 따른 회계감사(이하 "지정회계감사"라 한다)를 받도록 하는 경우 매 과세연도마다 일정 수 이상의 공익법인등이 고르게 지정회계감사를 받을 수 있도록 영 제43조의2제1항의 요건을 충족하는 공익법인등을 그 재무상태표상 총자산가액이 큰 순서에 따라 지정회계감사 대상으로 안분하여 지정회계감사를 받도록 할 수 있다. 다만, 영 제43조의2제4항에 따른 지정기준일 현재 다음 각 호의 사유가 있는 공익법인등에 대해서는 해당 호에서 정하는 바에 따라 지정회계감사를 받도록 해야 한다.
1. 법 제50조제3항에 따른 회계감사의 감사계약이 체결되어 있는 경우로서 그 계약체결일이 속하는 과세연도의 직전 과세연도 종료일 현재 재무상태표상 총자

산가액이 1,000억원 미만이고, 그 감사계약에 따른 감사 대상 과세연도와 지정회계감사 대상이 될 과세연도가 중복되는 경우 : 중복되는 최대 2개 과세연도 직후의 과세연도에 대해 지정회계감사를 받도록 할 것
2. 법 제50조제5항에 따라 감사보고서와 재무제표에 대하여 감리가 진행 중인 경우 : 감리가 종료된 날이 속하는 과세연도의 다음 과세연도에 법 제50조제4항 전단에 따른 감사인(이하 "지정감사인"이라 한다)을 지정하여 그 다음 과세연도에 지정회계감사를 받도록 할 것

③ 영 제43조의2제3항에 따라 지정감사인으로 지정받으려는 감사인은 매년 9월 1일부터 2주 이내에 별지 제36호서식의 지정감사인 지정 신청서에 다음 각 호의 서류를 첨부하여 국세청장에게 제출해야 한다.
1. 감사인 등록증 사본
2. 제4항제1호 또는 제2호의 요건을 충족함을 확인할 수 있는 서류
3. 별표 제4호 및 제5호에 따른 지정감사인 지정 점수 산정을 위한 소속 공인회계사별 경력기간 세부 현황 자료

④ 제3항에 따른 신청서를 제출받은 국세청장은 다음 각 호의 어느 하나에 해당하는 요건을 갖춘 감사인 중에서 별표에서 정하는 방법에 따라 지정감사인을 지정한다.
1. 제3항에 따른 신청서를 제출한 해의 9월 1일부터 과거 2년 이내에 3인 이상의 소속 공인회계사(「주식회사 등의 외부감사에 관한 법률」 제9조제4항에 따른 실무수습 등을 이수한 자로 한정한다. 이하 같다)가 「공인회계사법」 제41조에 따라 설립된 한국공인회계사회(이하 "한국공인회계사회"라 한다)가 실시하는 공익법인등에 대한 감사실무교육을 이수하였을 것
2. 제3항에 따른 신청서를 제출한 해의 9월 1일이 속하는 감사인의 사업연도의 직전 5개 사업연도 중 3개 이상의 사업연도에 법 제50조제3항에 따른 회계감사를 수행하였을 것

⑤ 국세청장은 영 제43조의2제6항에 따라 다음 각 호의 사유로 의견이 제출된 경우에는 지정 예정 감사인을 변경할 수 있다.
1. 지정 예정 감사인이 「공인회계사법」 제33조 및 그 밖의 법령에 따라 해당 공익법인등의 감사인이 될 수 없는 경우
2. 보수 등 감사계약의 조건에 대하여 공익법인등과 지정 예정 감사인 간의 이견이 큰 경우
3. 지정 예정 감사인이 「공인회계사법」 제43조제1항에 따른 직업윤리에 관한 규정에 위반될 우려가 있는 등 해당 공익법인등의 감사인이 되는 것이 적절하지 않은 경우 (2022.3.18 본조신설)

제14조의3【감사보고서 등에 대한 감리를 위한 보고】 영 제43조의3제5항에 따라 같은 조 제1항에 따른 감리 업무를 위탁받은 한국공인회계사회는 매년 1분기 내에 감리 대상 선정 계획과 연간 감리 계획을 기획재정부장관 및 국세청장에게 보고해야 한다.(2022.3.18 본조신설)

제14조의4【증거서류를 받기 곤란한 수입과 지출의 범위】 영 제43조의4제8항제3호에서 "기획재정부령으로 정하는 수입과 지출"이란 다음 각 호의 어느 하나에 해당하는 거래에 따른 수입과 지출을 말한다.(2022.3.18 본문개정)
1. 「소득세법 시행령」 제208조의2제1항제2호부터 제8호까지의 경우에 해당하는 거래(2010.3.31 본호신설)
2. 「소득세법 시행규칙」 제95조의3제2호부터 제4호까지, 제7호 및 제8호의2부터 제8호의6까지의 경우에 해당하는 거래(2021.3.16 본호개정)

제14조의5【회계기준이 적용되는 공익법인등】영 제43조의6제2항에서 "기획재정부령으로 정하는 공익법인등"이란 다음 각 호의 공익법인등을 말한다. (2022.3.18 본문개정)
1. 「국립대학법인 서울대학교 설립·운영에 관한 법률」에 따른 국립대학법인 서울대학교
2. 「국립대학법인 인천대학교 설립·운영에 관한 법률」에 따른 국립대학법인 인천대학교
(2017.3.10 본조신설)

제14조의6【공익법인회계기준 심의위원회】① 영 제43조의7제3항제2호에 따라 위촉된 위원의 임기는 2년으로 한다.(2022.3.18 본항개정)
② 제1항에서 규정한 사항 외에 위원회의 운영에 필요한 사항은 기획재정부장관이 정한다.
(2017.3.10 본조신설)

제14조의7【신탁재산의 변경】영 제45조의2제9항제1호에서 "기타 기획재정부령이 정하는 사유"란 「자본시장과 금융투자업에 관한 법률」에 따른 신탁업자에게 신탁된 재산이 수용 등의 사유로 처분된 경우를 말한다.
(2021.3.16 본조개정)

제15조【평가의 원칙 등】① 영 제49조제1항제2호 각 목 외의 부분 본문에서 "기획재정부령으로 정하는 공신력 있는 감정기관"이란 「감정평가 및 감정평가사에 관한 법률」 제2조제4호의 감정평가법인등을 말한다.
(2021.3.16 본항개정)
② 영 제49조 내지 영 제63조의 규정에 의하여 재산을 평가함에 있어서 국외재산의 가액은 평가기준일 현재 「외국환거래법」에 의한 기준환율 또는 재정환율에 의하여 환산한 가액으로 이를 평가한다.(2005.3.19 본항개정)
③ 영 제49조제4항에서 "기획재정부령으로 정하는 해당 재산과 면적·위치·용도·종목 및 기준시가가 동일하거나 유사한 다른 재산"이란 다음 각 호의 구분에 따른 재산을 말한다.
1. 「부동산 가격공시에 관한 법률」에 따른 공동주택가격(새로운 공동주택가격이 고시되기 전에는 직전의 공동주택가격을 말한다. 이하 이 항에서 같다)이 있는 공동주택의 경우 : 다음 각 목의 요건을 모두 충족하는 주택. 다만, 해당 주택이 둘 이상인 경우에는 평가대상 주택과 공동주택가격 차이가 가장 작은 주택을 말한다.(2019.3.20 단서신설)
   가. 평가대상 주택과 동일한 공동주택단지(「공동주택관리법」에 따른 공동주택단지를 말한다) 내에 있을 것
   나. 평가대상 주택과 주거전용면적(「주택법」에 따른 주거전용면적을 말한다)의 차이가 평가대상 주택의 주거전용면적의 100분의 5 이내일 것
   다. 평가대상 주택과 공동주택가격의 차이가 평가대상 주택의 공동주택가격의 100분의 5 이내일 것
2. 제1호 외의 재산의 경우 : 평가대상 재산과 면적·위치·용도·종목 및 기준시가가 동일하거나 유사한 다른 재산
(2017.3.10 본항신설)
④ 영 제49조제8항 전단에서 "기획재정부령으로 정하는 기간"이란 다음 각 호의 구분에 따른 기간으로 하되, 제1호 및 제2호에 모두 해당하는 경우에는 해당 기간 중 가장 긴 기간으로 한다.(2018.3.19 본문개정)
1. 고의 또는 중대한 과실로 다음 각 목의 어느 하나에 해당하는 부실감정을 한 경우 : 1년
   가. 평가대상 재산의 위치·지형·이용상황·주변환경 등 객관적 가치에 영향을 미치는 요인을 사실과 다르게 조사한 경우
   나. 「감정평가 및 감정평가사에 관한 법률」 제2조 및 제25조제2항을 위반한 경우(2017.3.10 본목개정)
   다. 납세자와 담합하여 상속세 및 증여세를 부당하게 감소시킬 목적으로 감정평가한 경우

2. 원감정가액이 재감정가액에 미달하는 경우 : 재감정가액에 대한 원감정가액의 비율에 따른 다음 각 목의 기간
   가. 100분의 70이상 100분의 80미만인 경우 : 6월
   나. 100분의 60이상 100분의 70미만인 경우 : 9월
   다. 100분의 60미만인 경우 : 1년
(2016.3.21 본항개정)

제15조의2【임대가액의 계산】영 제50조제7항에서 "기획재정부령으로 정하는 율"이란 100분의 12를 말한다.
(2010.3.31 본조개정)

제16조【지상권의 평가 등】① 영 제51조제1항 전단에서 "기획재정부령으로 정하는 율"이란 연간 100분의 2를 말한다.
② 영 제51조제1항 전단에서 "기획재정부령으로 정하는 방법에 따라 환산한 가액"과 영 제59조제2항 계산식 외의 부분 본문에서 "기획재정부령이 정하는 방법에 의하여 환산한 가액"이란 다음의 산식에 따라 환산한 금액의 합계액을 말한다.

$$\frac{각\ 연도의\ 수입금액}{(1 + \frac{10}{100})^n}$$

n : 평가기준일부터의 경과연수
(2017.3.10 본항개정)
③ 영 제51조제2항 본문에서 "기획재정부령으로 정하는 조합원권리가액"이란 「도시 및 주거환경정비법」 제74조제1항에 따라 인가받은 관리처분계획을 기준으로 다음 계산식에 따라 계산한 가액을 말한다.

분양대상자의 종전 토지 및 건축물 가격 × 〔(정비산업완료 후의 대지 및 건축물의 총 수입추산액 - 총 소요사업비) ÷ 종전의 토지 및 건축물의 총 가액〕

(2020.3.13 본항신설)
④ 영 제51조제4항 전단에서 "기획재정부령으로 정하는 감가상각비상당액"이라 함은 「법인세법」 제23조 및 같은 법 시행령 제24조·제26조 및 제28조의 규정에 의하여 계산한 금액을 말한다. 이 경우 감가상각자산의 내용연수는 「법인세법 시행령」 제28조제1항제2호의 규정에 의한 기준내용연수를 적용한다.(2019.3.20 전단개정)
⑤ (2001.4.3 삭제)
(2010.3.31 본조개정)

제16조의2【선박 등 유형재산의 평가】영 제52조제3항제1호에서 "기획재정부령으로 정하는 방법에 따라 환산한 금액"이란 다음 각 호의 금액을 합한 금액을 말한다.
1. 다음 계산식에 따라 계산한 금액

임대보증금 × (1 - 「소득세법 시행령」 제145조제1항에 따른 기준경비율)

2. 다음 계산식에 따라 계산한 각 연도별 금액의 합계액

$$각\ 연도의\ 임대료 × (1 - 기준경비율)$$
$$(1 + \frac{30}{1,000})^n$$

각 연도의 임대료 : 임대차계약에 따라 각 연도에 받을 임대료
기준경비율 : 「소득세법 시행령」 제145조제1항에 따른 기준경비율
n : 평가기준일부터 사용가능기한(「법인세법 시행령」 제26조의3제2항제1호에 따른 기준내용연수를 말한다. 이하 이 계산식에서 같다)까지의 경과연수. 다만, 사용가능기한 도래 전에 임대차계약이 종료되는 경우에는 평가기준일부터 임대차계약 종료일까지의 경과연수로 한다.
(2023.3.20 본조개정)

제16조의3 【유가증권시장 및 코스닥시장에서 거래되는 주식등의 평가】 ① 법 제63조제1항제1호가목을 적용할 때 평가기준일 이전·이후 각 2월간의 합산기간이 4월에 미달하는 경우에는 해당 합산기간을 기준으로 한다.
② 영 제52조의2제3항에서 "기획재정부령으로 정하는 경우"란 공시의무 위반 및 사업보고서제출의무 위반 등으로 인하여 관리종목으로 지정·고시되거나 등록신청서 허위기재 등으로 인하여 일정 기간동안 매매거래가 정지된 경우로서 적정하게 시가를 반영하여 정상적으로 매매거래가 이루어지는 경우를 말한다. (2017.3.10 본조개정)
제17조 【비상장주식의 평가】 영 제54조제1항의 계산식에서 "기획재정부령으로 정하는 이자율"이란 연간 100분의 10을 말한다.(2016.3.21 본조신설)
제17조의2 【순자산가액의 계산방법】 영 제55조제2항에 따라 무형고정자산·준비금·충당금 등 기타 자산 및 부채를 평가할 때 해당 법인의 자산 또는 부채에 차감하거나 가산하는 방법은 다음 각 호의 구분에 따른다.(2019.3.20 본문개정)
1. 평가기준일 현재 지급받을 권리가 확정된 가액은 이를 자산에 가산하여 계산할 것
2. 선급비용(평가기준일 현재 비용으로 확정된 것에 한한다)과 「법인세법 시행령」 제24조제1항제2호바목에 따른 무형자산의 가액은 이를 자산에서 차감하여 계산할 것(2019.3.20 본호개정)
3. 다음 각목의 가액은 이를 각각 부채에 가산하여 계산할 것
   가. 평가기준일까지 발생된 소득에 대한 법인세액, 법인세액의 감면액 또는 과세표준에 부과되는 농어촌특별세액 및 지방소득세액(2011.7.26 본목개정)
   나. 평가기준일 현재 이익의 처분으로 확정된 배당금·상여금 및 기타 지급의무가 확정된 금액
   다. 평가기준일 현재 재직하는 임원 또는 사용인 전원이 퇴직할 경우에 퇴직급여로 지급되어야 할 금액의 추계액
4. 평가기준일 현재의 제충당금과 「조세특례제한법」 및 기타 법률에 의한 제준비금은 이를 각각 부채에서 차감하여 계산할 것. 다만, 다음 각 목의 어느 하나에 해당하는 것은 그렇지 않다.(2019.3.20 단서개정)
   가. 충당금중 평가기준일 현재 비용으로 확정된 것
   나. 「법인세법」 제30조제1항 및 제31조제1항에 따른 보험사업을 하는 법인의 책임준비금과 비상위험준비금으로서 같은 법 시행령 제57조제1항·제2항 및 제58조제1항·제3항에 따른 범위안의 것(2019.3.20 본목개정)
(2001.4.3 본조신설)
제17조의3 【1주당 최근 3년간의 순손익액의 계산방법】 ① 영 제56조제2항제1호에서 "일시적이고 우발적인 사건으로 해당 법인의 최근 3년간 순손익액이 증가하는 등 기획재정부령으로 정하는 경우"란 다음 각 호의 어느 하나에 해당하는 경우를 말한다.(2015.3.13 본문개정)
1. (2005.3.19 삭제)
2. 기업회계기준의 자산수증이익, 채무면제이익, 보험차익 및 재해손실(이하 이 조에서 "자산수증이익등"이라 한다)의 합계액에 대한 최근 3년간 가중평균액이 법인세 차감전 손익에서 자산수증이익등을 뺀 금액에 대한 최근 3년간 가중평균액의 50퍼센트를 초과하는 경우(2010.3.31 본호개정)
3. 평가기준일전 3년이 되는 날이 속하는 사업연도 개시일부터 평가기준일까지의 기간 중 합병 또는 분할을 하였거나 주요 업종이 바뀐 경우(2015.3.13 본호개정)

4. 법 제38조의 규정에 의한 증여받은 이익을 산정하기 위하여 합병당사법인의 주식가액을 산정하는 경우
5. 최근 3개 사업연도중 1년 이상 휴업한 사실이 있는 경우(2003.12.31 본호신설)
6. 기업회계기준상 유가증권·유형자산의 처분손익과 자산수증이익등의 합계액에 대한 최근 3년간 가중평균액이 법인세 차감전 손익에 대한 최근 3년간 가중평균액의 50퍼센트를 초과하는 경우(2010.3.31 본호개정)
7. 주요 업종(당해 법인이 영위하는 사업중 직접 사용하는 유형고정자산의 가액이 가장 큰 업종을 말한다)에 있어서 정상적인 매출발생기간이 3년 미만인 경우(2003.12.31 본호신설)
8. 제1호부터 제7호까지와 유사한 경우로서 기획재정부장관이 정하여 고시하는 사유에 해당하는 경우(2010.3.31 본호개정)
② 영 제56조제1항의 계산식에 따라 1주당 최근 3년간의 순손익액의 가중평균액을 계산할 때 사업연도가 1년 미만인 경우에는 1년으로 계산한 가액으로 한다.(2014.3.14 본항개정)
③ 영 제56조제2항 각 호 외의 부분에서 "기획재정부령으로 정하는 신용평가전문기관"이란 「자본시장과 금융투자업에 관한 법률」 제335조의3에 따라 신용평가업인가를 받은 자를 말한다.(2015.3.13 본항개정)
④ 영 제56조제2항 각 호 외의 부분에서 "기획재정부령으로 정하는 기준에 따라 산출한 1주당 추정이익의 평균가액"이란 「자본시장과 금융투자업에 관한 법률 시행령」 제176조의5제2항에 따라 금융위원회가 정한 수익가치에 영 제54조제1항 따른 순손익가치환원율을 곱한 금액을 말한다.(2014.3.14 본항개정)
⑤ 영 제56조제3항 단서에 따른 증자 또는 감자 전의 각 사업연도 종료일 현재의 발행주식총수는 다음 각 호의 계산식에 따라 환산한 주식수로 한다.(2012.2.28 본문개정)
1. 증자의 경우

$$\text{환산 주식수} = \text{증자 전 각 사업연도 말 주식 수} \times \frac{(\text{증자 직전 사업연도말 주식 수} + \text{증자 주식 수})}{\text{증자 직전 사업 연도말 주식 수}}$$

2. 감자의 경우

$$\text{환산 주식수} = \text{감자 전 각 사업연도 말 주식 수} \times \frac{(\text{감자 직전 사업연도말 주식 수} - \text{감자 주식 수})}{\text{감자 직전 사업연도말 주식 수}}$$

⑥ 영 제56조제5항제1호 및 제2호에서 "기획재정부령으로 정하는 율"이란 제17조에 따른 이자율을 말한다.(2016.3.21 본항개정)
(2000.4.3 본조신설)
제18조 【매매기준가격 등】① (2000.4.3 삭제)
② 영 제57조제3항에서 "기획재정부령으로 정하는 배당차액"이란 다음의 산식에 의하여 계산한 금액을 말한다. 다만, 해당 법인의 정관에 의하여 해당 법인의 증자로 인하여 취득한 새로운 주식등에 대한 이익을 배당함에 있어서 평가기준일 현재 상장되어 있는 해당 법인의 주식등과 배당기산일을 동일하게 정하는 경우를 제외한다.

$$\text{주식등 1주당 액면가액} \times \text{직전기 배당률} \times \left(\frac{\text{신주발행일이 속하는 사업연도개시일부터 배당기산일 전일까지의 일수}}{365} \right)$$

(2015.3.13 본항개정)
제18조의2 【액면가액으로 직접 매입한 국채등의 평가】① 영 제58조제1항제2호나목 단서에서 "기획재정부령이 정하는 바에 따라 평가한 가액"이란 영 제58조제1항제2호가목외의 국채등을 「자본시장과 금융투자업에 관

한 법률」에 따라 인가를 받은 투자매매업자, 투자중개업자, 「공인회계사법」에 따른 회계법인 또는 「세무사법」에 따른 세무법인 중 둘 이상의 자가 상환기간·이자율·이자지급방법 등을 감안하여 평가한 금액의 평균액을 말한다.(2010.3.31 본항개정)

② 영 제58조제2항 본문에서 "기획재정부령으로 정하는 바에 따라 평가한 가액"이란 다음 각호의 1의 방법에 의하여 평가한 가액을 말한다.(2010.3.31 본문개정)

1. 원본의 회수기간이 5년을 초과하거나 회사정리절차 또는 화의절차의 개시 등의 사유로 당초 채권의 내용이 변경된 경우에는 각 연도에 회수할 금액(원본에 이자상당액을 가산한 금액을 말한다)을 영 제58조의2 제2항제1호가목에 따른 적정할인율에 의하여 현재가치로 할인한 금액의 합계액. 이 경우 「소득세법」 제94조제1항제4호나목의 규정에 의한 시설물이용권에 대한 입회금·보증금 등으로서 원본의 회수기간이 정하여지지 아니한 것은 그 회수기간을 5년으로 본다.(2011.7.26 전단개정)

2. 제1호외의 채권의 경우에는 원본의 가액에 평가기준일까지의 미수이자상당액을 가산한 금액(2001.4.3 본항신설)

③ (2002.12.31 삭제)

제18조의3 【전환사채등의 평가】 영 제58조의2제2항제1호가목에서 "기획재정부령으로 정하는 이자율"이란 연간 100분의 8을 말한다.(2016.3.21 본조신설)

제18조의4 【국외재산에 대한 평가】 영 제58조의3제2항에서 "기획재정부령으로 정하는 신용평가전문기관"이란 「자본시장과 금융투자업에 관한 법률」 제335조의3에 따라 신용평가업인가를 받은 자를 말한다.(2022.3.18 본조신설)

제19조 【무체재산권 등의 평가】 ① 영 제59조제2항 산식에서 "기획재정부령이 정하는 율"이라 함은 100분의 10을 말한다.(2008.4.30 본항개정)

② 영 제59조제5항 전단에 따른 특허권·실용신안권·상표권·디자인권 및 저작권 등의 가액은 다음의 산식에 의하여 환산한 금액의 합계액으로 한다.

$$\frac{각 연도의 수입금액}{(1 + \frac{10}{100})^n}$$

n : 평가기준일부터의 경과연수
(2009.4.23 본항개정)

③ 제2항의 산식을 적용함에 있어서 평가기준일부터의 최종 경과연수는 당해 권리의 존속기간에서 평가기준일 전일까지 경과된 연수를 차감하여 계산한다. 이 경우 평가기준일부터의 최종 경과연수가 20년을 초과하는 때에는 20년으로 한다.

④ 영 제59조제5항 후단에 따라 특허권·실용신안권·상표권·디자인권 및 저작권 등의 권리에 의한 각 연도의 수입금액이 확정되지 아니한 경우에는 평가기준일전 최근 3년간(3년에 미달하는 경우에는 그 미달하는 연수로 한다. 이하 이 항에서 같다)의 각 연도의 수입금액의 합계액을 평균한 금액을 각 연도의 수입금액으로 하되, 최근 3년간 수입금액이 없거나 저작권(저작인접권을 포함한다)으로서 평가기준일 현재 장래에 받을 각 연도의 수입금액이 하락할 것이 명백한 경우에는 법 제61조제1항 본문에 따른 세무서장등이 2 이상의 공신력 있는 감정기관(「감정평가 및 감정평가사에 관한 법률」에 따른 감정평가법인등을 말한다) 또는 전문가의 감정가액 및 해당 권리의 성질 기타 제반사정을 감안하여 적정한 가액으로 평가할 수 있다.(2022.3.18 본항개정)

⑤ 영 제59조제6항의 규정에 의한 광업권 및 채석권 등의 가액은 다음의 산식에 의하여 환산한 금액의 합계액으로 한다.

$$\frac{평가기준일전 3년간 평균소득}{(1 + \frac{10}{100})^n}$$

n : 평가기준일부터의 채굴가능연수
(1999.5.7 본조개정)

제19조의2 【신탁의 이익 및 정기금을 받을 권리의 평가】 ① 영 제61조제1항제2호나목의 계산식에서 "기획재정부령으로 정하는 이자율"이란 연간 1,000분의 30을 말한다.(2021.3.16 본항개정)

② 영 제61조제1항제2호나목 계산식 외의 부분에서 "기획재정부령으로 정하는 방법에 따라 추산한 장래에 받을 각 연도의 수익"이란 평가기준일 현재 신탁재산의 수익에 대한 수익률이 확정되지 않은 경우 원본의 가액에 1,000분의 30을 곱하여 계산한 금액을 말한다.(2021.3.16 본항개정)

③ 영 제62조제1호의 계산식에서 "기획재정부령으로 정하는 이자율"이란 연간 1,000분의 30을 말한다.(2003.12.31 본조제목개정)(2017.3.10 본조개정)

제19조의3 【신용보증기관의 범위】 영 제63조제2항에서 "기획재정부령이 정하는 신용보증기관"이라 함은 「법인세법 시행령」 제63조제1항 각호에서 규정하는 법인을 말한다.(2008.4.30 본조개정)

제19조의4 【물납신청 철회 및 수납가액 재평가 신청】 ① 물납을 신청한 납세자가 물납이 허가되기 전에 신청한 물납재산이 영 제71조제1항 각 호의 어느 하나에 해당하는 사유가 발생하여 영 제70조제8항에 따라 물납신청을 철회해야 하는 경우 별지 제13호서식에 따른 상속세 물납 철회 신청서를 납세지 관할 세무서장에게 제출해야 한다.

② 영 제75조제1항제3호 각 목의 어느 하나에 해당하는 사유가 발생하여 영 제70조제8항에 따라 물납 재산 수납가액 재평가를 신청해야 하는 경우 재평가 신청 사유 발생 증명서류를 첨부하여 별지 제13호의2서식에 따른 물납 재산 재평가 신청서를 납세지 관할 세무서장에게 제출해야 한다.(2020.3.13 본조신설)

제19조의5 【관리·처분이 부적당한 재산의 범위】 ① 영 제71조제1항제1호라목에서 "기획재정부령이 정하는 경우"란 다음 각 호의 어느 하나에 해당하는 것을 말한다.(2020.3.13 본문개정)

1. 건축허가를 받지 아니하고 건축된 건축물 및 그 부수토지
2. 소유권이 공유로 되어 있는 재산
3. 제1호 및 제2호와 유사한 것으로서 국세청장이 인정하는 것(2020.3.13 본호개정)

② 영 제71조제1항제2호마목에서 "기획재정부령으로 정하는 경우"란 다음 각 호의 어느 하나에 해당하는 것을 말한다.

1. 「자본시장과 금융투자업에 관한 법률」에 따라 상장이 폐지된 경우의 해당 주식등
2. 제1호와 유사한 것으로서 국세청장이 인정하는 것(2020.3.13 본항신설)(2002.12.31 본조신설)

제20조 【물납에 충당할 수 있는 유가증권의 범위 등】 ① 영 제74조제1항제2호 각 목 외의 부분 본문에서 "기획재정부령으로 정하는 유가증권"이란 다음 각 호의 어느 하나에 해당하는 것을 말한다.(2010.3.31 본문개정)

1. 「자본시장과 금융투자업에 관한 법률」에 따른 신탁업자가 발행하는 수익증권
2. 「자본시장과 금융투자업에 관한 법률」에 따른 집합투자증권
3. 「자본시장과 금융투자업에 관한 법률」에 따른 종합

금융회사가 발행하는 수익증권
(2009.4.23 본항개정)
② (2000.4.3 삭제)

제20조의2【물납에 충당한 재산의 수납가액의 결정】
① 영 제75조제1항제1호 본문에서 "기획재정부령이 정하는 산식"이라 함은 다음 각호의 산식을 말한다. (2020.3.13 본문개정)
1. 주식을 발행한 경우
가. 무상으로 주식을 발행한 경우

$$\text{구주식 1주당 수납가액} = \frac{\text{구주식 1주당 과세가액}}{1 + \text{구주식 1주당 신주배정수}}$$

나. 유상으로 주식을 발행한 경우

$$\text{구주식 1주당 수납가액} = \frac{\text{구주식 1주당 과세가액} + (\text{신주 1주당 주금납입액} \times \text{구주식 1주당 신주배정수})}{1 + \text{구주식 1주당 신주배정수}}$$

2. 주식을 감소시킨 경우
가. 무상으로 주식을 감소시킨 경우

$$\text{구주식 1주당 수납가액} = \frac{\text{구주식 1주당 과세가액}}{1 - \text{구주식 1주당 감자주식수}}$$

나. 유상으로 주식을 감소시킨 경우

$$\text{구주식 1주당 수납가액} = \frac{\text{구주식 1주당 과세가액} - (1주당 지급액 \times \text{구주식 1주당 감자주식수})}{1 - \text{구주식 1주당 감자주식수}}$$

② 영 제75조제1항제1호 단서에서 "기획재정부령이 정하는 경우"란 다음 각 호의 어느 하나에 해당하는 경우를 말한다.(2020.3.13 본문개정)
1. 「자본시장과 금융투자업에 관한 법률」 제119조에 따라 공모증자하는 경우의 신주의 발행(2009.4.23 본호개정)
2. (2009.4.23 삭제)
3. 특별법에 의하여 증자하는 경우의 신주의 발행 (2000.4.3 본조신설)

제21조【공익법인등 임직원 등에 대한 가산세의 예외가 되는 연구원의 요건】 ① 영 제80조제10항에서 "기획재정부령으로 정하는 연구원"이란 다음 각 호의 요건을 모두 충족하는 사람을 말한다. 이 경우 제1호 및 제2호의 요건을 충족했는지 여부는 공익법인등에서 근무를 시작한 시점을 기준으로 판단한다.
1. 자연계 · 이공계 · 의학계 분야의 학사 학위 이상을 소지한 사람일 것. 이 경우 각 분야의 예시는 「조세특례제한법 시행규칙」 별표1의2와 같다.
2. 다음 각 목의 어느 하나의 기관(이하 이 조에서 "연구기관등"이라 한다)에서 5년(박사 학위를 소지한 사람의 경우 2년을 말한다) 이상 연구개발 및 기술개발 경험이 있을 것
가. 「국가과학기술 경쟁력 강화를 위한 이공계지원 특별법」 제2조제3호의 연구기관
나. 외국의 대학과 그 부설연구소, 국책연구기관 및 기업부설연구소
3. 해당 공익법인등에서 연구원(행정 사무만을 담당하는 사람은 제외한다. 이하 이 조에서 같다)으로 근무하는 사람일 것
② 제1항제2호 각 목 외의 부분을 적용할 때 연구기관등에서 연구원으로 근무(학위 취득 기간 및 휴직 등으로 인해 실제로 연구원으로 근무하지 않은 기간은 제외한다)한 경우 연구개발 및 기술개발 경험이 있는 것으로 본다.
③ 제1항제2호나목의 연구기관등에서 연구원으로 근무했는지에 대한 증명에 관하여는 「조세특례제한법 시행

규칙」 제10조제4항을 준용한다. 이 경우 "국외연구기관등"은 "연구기관등"으로 본다.
(2021.3.16 본조신설)

제21조의2 → 제20조의2로 이동

제22조【지급명세서 등의 제출】 ① 영 제84조제2항에서 "기획재정부령이 정하는 사항"이란 보험의 종류 · 지급보험금액 · 보험금지급사유 · 보험계약일 · 보험사고발생일(중도해지일) · 보험금수취인 · 보험계약자 및 명의변경일자 등 보험금(해약환급금 및 중도인출금을 포함한다) 지급 내용과 명의변경 내용을 확인할 수 있는 사항을 말한다.(2014.3.14 본항개정)
② 영 제84조제3항에 따라 세무서장에게 제출하는 명의개서 또는 변경내역에는 명의개서 또는 변경전후의 명의자의 인적사항, 발행회사 또는 예금기관, 수량 및 금액 등을 적어야 한다. 이 경우 권리관계의 확정을 위하여 주주명부(「자본시장과 금융투자업에 관한 법률」 제309조 및 제310조에 따라 주권을 직접 보유하지 아니하고 한국예탁결제원에 예탁한 주식의 경우에는 같은 법 제316조에 따른 실질주주명부를 말한다. 이하 이 항에서 같다)의 기재사항 변경이 있는 경우에는 해당 주주명부를 작성할 때마다 주주명부에 등재된 명의자의 인적사항, 발행회사, 수량 및 금액 등을 별도로 적어야 한다.(2009.4.23 본항개정)
③ 전자계산조직에 의하여 명의개서 또는 변경을 취급하는 자는 법 제82조제3항의 규정에 의한 명의개서내역 또는 변경내역과 동조제4항의 규정에 의한 신탁의 내역을 전산처리된 테이프 또는 디스켓 등으로 제출할 수 있다.(2000.4.3 본항개정)
(2008.4.30 본조제목개정)

제23조【인별 재산과세자료의 수집 · 관리대상】 ① 영 제87조제1항제5호에서 "기획재정부령이 정하는 자"라 함은 다음 각호의 1에 해당하는 자를 말한다.
(2008.4.30 본문개정)
1. 고액의 배우자 상속공제를 받거나 증여에 의하여 일정금액 이상의 재산을 취득한 자
2. 일정금액 이상의 재산을 상속받은 상속인
3. (2002.12.31 삭제)
4. 일정금액 이상의 재산을 처분하거나 재산이 수용된 자로서 일정 연령 이상인 자
5. 기타 상속세 또는 증여세를 포탈할 우려가 있다고 인정되는 자
(1998.3.20 본항신설)
② 영 제87조제1항제1호 내지 제5호의 규정에 의한 대상자의 선정 · 부동산과다보유 및 금액기준은 납세자 등이 제출한 과세자료나 과세 자료는 징수목적으로 수집한 재산 및 소득자료중 부동산보유현황 · 주식변동상황 · 소득세 및 법인세의 납부실적의 분석 등을 통하여 국세청장이 정하는 기준에 의한다.(2002.4.4 본항개정)

제24조【일반서식】 법 및 영에 따른 신고서 등의 서식은 다음 각 호에 따른다.(2021.3.16 본문개정)
1. 영 제15조제2항에 따른 가업상속공제신고서 : 별지 제1호서식(2023.3.20 본호개정)
1의2. 영 제15조제23항에 따른 가업상속공제 사후관리 추정사유 신고 및 자진납부 계산서, 영 제16조제12항에 따른 영농상속공제 사후관리추정사유 신고 및 자진납부 계산서 : 별지 제9호서식 부표6(2023.3.20 본호개정)
2. 영 제16조제11항에 따른 영농상속공제신고서 : 별지 제2호서식(2023.3.20 본호개정)
3. 영 제17조제3항에 따른 배우자 상속재산 미분할 신고서 : 별지 제3호서식(2016.3.21 본호개정)
3의2. 영 제18조제2항에 따른 임신 사실을 확인할 수 있는 서류 : 별지 제3호의2서식(2023.3.20 본호신설)

4. 영 제18조제4항 및 영 제45조의2제12항제3호의 규정에 의한 장애인증명서 : 별지 제4호서식(2023.3.20 본호개정)
5. 영 제19조제3항의 규정에 의한 금융재산상속공제신고서 : 별지 제5호서식
6. 영 제20조제3항 및 영 제47조의 규정에 의한 재해손실공제신고서 : 별지 제6호서식
6의2. 영 제20조의2에 따른 동거주택상속공제신고서 : 별지 제6호의2서식(2009.4.23 본호신설)
7. 영 제21조제2항 및 영 제48조의 규정에 의한 외국납부세액공제신청서 : 별지 제7호서식
8. 영 제45조의2제7항에 따른 장애인신탁 원금 인출신청서 : 별지 제33호서식(2018.3.19 본호신설)
8의2. 영 제45조의2제8항에 따른 장애인신탁 원금 인출내역서 : 별지 제34호서식(2018.3.19 본호신설)
9. 영 제64조제1항의 규정에 의한 상속세과세표준신고 및자진납부계산서 : 별지 제9호서식
10. 영 제65조제1항의 규정에 의한 증여세과세표준신고 및 자진납부계산서(기본세율 적용 증여재산 신고용) : 별지 제10호서식(2008.4.30 본호개정)
10의2. 영 제65조제1항에 따른 증여세과세표준신고 및 자진납부계산서(창업자금 및 가업승계주식 등 특례세율 적용 증여재산 신고용) : 별지 제10호의2서식(2016.3.21 본호개정)
10의3. 영 제65조제1항에 따른 증여세과세표준신고 및 자진납부계산서(특수관계법인과의 거래를 통한 증여의제이익 신고용) : 별지 제10호의3서식(2012.2.28 본호신설)
10의4. 영 제65조제1항에 따른 증여세과세표준신고 및 자진납부계산서(특수관계법인으로부터 제공받은 사업기회로 발생한 증여의제이익 신고용) : 별지 제10호의4서식(2017.3.10 본호신설)
11. 영 제67조제1항의 규정에 의한 상속세 또는 증여세 연부연납허가신청서 : 별지 제11호서식
12. 영 제67조제2항의 규정에 의한 상속세 또는 증여세 연부연납허가통지서 : 별지 제12호서식
12의2. 영 제69조의2제1항제1호에 따른 가업상속 납부유예 신청서 : 별지 제12호의2서식(2023.3.20 본호신설)
12의3. 영 제69조의2제2항에 따른 가업상속 납부유예 허가·불허가 통지서 : 별지 제12호의3서식(2023.3.20 본호신설)
12의4. 영 제69조의3제8항에 따른 납부유예 사후관리 추징사유 신고 및 자진납부 계산서 : 별지 제9호서식 부표7(2023.3.20 본호신설)
13. 영 제70조제1항·제2항·제8항 및 영 제72조제1항·제5항에 따른 상속세 물납신청서, 상속세 물납변경신청서 및 상속세 물납철회신청서 : 별지 제13호서식(2020.3.13 본호개정)
13의2. 영 제70조제8항에 따른 물납 재산 재평가 신청서 : 별지 제13호의2서식(2020.3.13 본호신설)
14. 영 제70조제3항, 영 제71조, 영 제72조제4항·제5항 및 영 제75조의3제2항에 따른 상속세 물납허가·불허가 통지서, 물납변경허가·불허가 통지서 및 물납재산변경명령통지서 : 별지 제14호서식(2023.3.20 본호개정)
14의2. 영 제75조의2제3항 및 제75조의3제5항에 따른 문화재 등 물납 신청서 및 문화재 등 물납 철회 신청서 : 별지 제14호의2서식(2023.3.20 본호신설)
14의3. 영 제76조제5항 및 제6항에 따른 국가지정문화재등 보유현황명세서 및 국가지정문화재등 양도거래신고서 : 별지 제14호의3서식(2023.3.20 본호신설)
15. 법 제76조제3항의 적용을 받는 결정지연통지서 : 별지 제15호서식

16. 영 제81조제1항의 규정에 의한 상속세(증여세) 과세표준 및 세액의 결정(경정)청구서 : 별지 제16호서식(2008.4.30 본호개정)
17. (2020.3.13 삭제)
18.~18의2. (2008.4.30 삭제)
19. 영 제84조제1항에 따른 지급명세서 : 별지 제18호서식, 별지 제19호서식 및 별지 제19호의2서식(2014.3.14 본호개정)
20. 영 제84조제3항에 따른 주권(출자증권, 공채, 사채, 집합투자증권, 은행예금, 그 밖의 예금) 명의개서 명세서(변경 명세서) : 별지 제20호서식(2021.3.16 본호개정)
20의2. 영 제84조제3항에 따른 특정시설물(골프장회원권 등)이용권 명의개서 명세서(변경 명세서) : 별지 제20호의2서식(2014.3.14 본호개정)
21. 영 제84조제4항의 규정에 의한 타인신탁재산 수탁명세서 : 별지 제21호서식
21의2. 영 제84조제5항의 규정에 의한 전환사채등 발행 및 인수인 명세서 : 별지 제21호의2서식(2011.7.26 본호개정)
22. 영 제84조제6항에 따른 이체명세서 : 별지 제21호의3서식(2022.3.18 본호신설)

제25조【공익법인관련서식】 ① 영 제41조제1항 각 호 외의 부분에서 "기획재정부령으로 정하는 다음 각 호에 규정하는 사항에 관한 서류"란 다음 각 호의 어느 하나에 해당하는 것을 말한다.(2010.3.31 본문개정)
1. 별지 제23호서식에 따른 공익법인 출연재산 등에 대한 보고서(2006.4.25 본호개정)
1의2. (2009.4.23 삭제)
2. 별지 제24호서식에 따른 출연재산·운용소득·매각대금의 사용계획 및 진도내역서(2006.4.25 본호개정)
3. (2006.4.25 삭제)
3의2. 별지 제25호의2서식에 의한 출연받은 재산의 사용명세서(2006.4.25 본호개정)
3의3. 별지 제25호의3서식에 의한 출연재산 매각대금 사용명세서(2010.3.31 본호개정)
3의4. 별지 제25호의4서식에 의한 운용소득 사용명세서(2010.3.31 본호개정)
4. 별지 제26호서식에 의한 주식(출자지분)보유명세서(2006.4.25 본호개정)
5. 별지 제26호의2서식에 의한 이사등선임명세서
6. 별지 제26호의3서식에 의한 특정기업광고등명세서
② 영 제41조제2항의 규정에 의한 공익법인과세내용통보서는 별지 제27호서식과 같다.
③ 영 제41조제3항의 규정에 의한 공익법인설립허가등통보서는 별지 제28호서식과 같다.
④ 영 제43조의2제6항에 따른 지정 예정 통지에 대한 의견서 및 같은 조 제7항에 따른 지정 통지에 대한 재지정 요청서는 각각 별지 제28호의2서식 및 별지 제28호의3서식과 같다.(2022.3.18 본항신설)
⑤ 영 제43조의4제7항에 따른 전용계좌외거래명세서는 별지 제29호서식과 같다.(2022.3.18 본항개정)
⑥ 영 제43조의4제10항에 따른 전용계좌개설(변경·추가)신고서는 별지 제30호서식과 같다.(2022.3.18 본항개정)
⑦ 영 제43조의5제4항에 따른 표준서식은 별지 제31호서식과 같다.(2022.3.18 본항개정)
⑧ 영 제43조의5제4항에 따른 간편서식은 별지 제31호의2서식과 같다.(2022.3.18 본항개정)
⑨ 영 제43조제6항에 따른 보고서 및 같은 조 제8항에 따른 공익법인등의 세무확인서는 별지 제32호서식에 따른다.(2012.2.28 본항신설)

부　칙 (2015.3.13)

제1조【시행일】이 규칙은 공포한 날부터 시행한다.
제2조【일반적 적용례】이 규칙은 이 규칙 시행 이후
상속이 개시되거나 증여받는 경우부터 적용한다.
제3조【공익법인등의 범위에 관한 적용례】제3조제5
호 및 제6호의 개정규정은 이 규칙 시행 이후 출연받는
경우부터 적용한다.
제4조【서식에 관한 적용례】서식에 관한 개정규정은
이 규칙 시행 이후 제출하거나 통지하는 경우부터 적
용한다.

부　칙 (2016.3.21)

제1조【시행일】이 규칙은 공포한 날부터 시행한다.
제2조【일반적 적용례】이 규칙은 이 규칙 시행 이후
상속이 개시되거나 증여받는 경우부터 적용한다.
제3조【무체재산권등의 평가 관련 공신력 있는 감정
기관에 관한 적용례】제19조제4항의 개정규정은 이 규
칙 시행 이후 평가하는 분부터 적용한다.
제4조【서식에 관한 적용례】서식에 관한 개정규정은
이 규칙 시행 이후 제출하거나 통지하는 경우부터 적
용한다.

부　칙 (2016.12.27)

제1조【시행일】이 규칙은 공포한 날부터 시행한다.
제2조【공익법인등의 범위에 관한 적용례】제3조제7
호의 개정규정은 이 규칙 시행일이 속하는 소득세과세
기간 또는 법인세 사업연도부터 적용한다.

부　칙 (2017.3.10)

제1조【시행일】이 규칙은 공포한 날부터 시행한다.
다만, 제14조의4의 개정규정은 2018년 1월 1일부터 시
행한다.
제2조【일반적 적용례】이 규칙은 이 규칙 시행 이후
상속이 개시되거나 증여받는 분부터 적용한다.
제3조【초과배당금액에서 공제하는 소득세 상당액의
계산에 관한 적용례】제10조의3의 개정규정은 이 규칙
시행 전 2017년 1월 1일 이후 증여받는 경우에도 적용
한다.
제4조【서식에 관한 적용례】서식에 관한 개정규정은
이 규칙 시행 이후 제출하는 경우부터 적용한다.

부　칙 (2018.3.19)

제1조【시행일】이 규칙은 공포한 날부터 시행한다.
다만, 제3조 및 제6조의 개정규정은 2019년 1월 1일부
터 시행한다.
제2조【초과배당금액에서 공제하는 소득세 상당액의
계산에 관한 적용례】제10조의3의 개정규정은 이 규칙
시행 전 2018년 1월 1일 이후 증여받는 경우에도 적용
한다.

부　칙 (2019.3.20)

제1조【시행일】이 규칙은 공포한 날부터 시행한다.
제2조【평가의 원칙등에 관한 적용례】제15조제3항제
1호의 개정규정은 이 규칙 시행 이후 상속이 개시되거
나 증여받는 분을 평가하는 경우부터 적용한다.

제3조【서식에 관한 적용례】서식에 관한 개정규정은
이 규칙 시행 이후 제출하거나 공시하는 경우부터 적
용한다.

부　칙 (2020.3.13)

제1조【시행일】이 규칙은 공포한 날부터 시행한다.
제2조【일반적 적용례】이 규칙은 이 규칙 시행 이후
상속이 개시되거나 증여받는 분부터 적용한다.
제3조【공익법인관련서식에 관한 적용례】제25조제7항
및 별지 제31호의2서식의 개정규정은 2020년 1월 1일
이후 개시하는 사업연도분에 대해 공시하는 분부터 적
용한다.
제4조【서식에 관한 적용례】서식에 관한 개정규정은
이 규칙 시행 이후 신고, 신청, 제출, 공시 또는 통지하
는 경우부터 적용한다.
제5조【연부연납 가산금의 가산율에 관한 특례】대통령
령 제30391호 상속세 및 증여세법 시행령 일부개정령
부칙 제12조 단서에 따라 영 제69조의 개정규정(이하
이 조에서 "개정규정"이라 한다)은 다음 각 호에 따라
적용한다.
1. 대통령령 제30391호 상속세 및 증여세법 시행령 일
   부개정령 시행 전에 연부연납 기간 중에 있는 분에
   대해서 개정규정에 따라 가산금을 납부하려는 납세
   의무자는 분할납부세액의 납부기한이 속하는 달의
   전전월 말일까지 납세지 관할세무서장에게 개정규정
   의 적용을 신청해야 한다. 다만, 2020년 4월 30일 이
   전에 납부기한이 도래하는 분에 대하여 개정규정의
   적용을 신청하려는 경우에는 납부기한까지 납세지
   관할세무서장에게 개정규정의 적용을 신청해야 한다.
2. 제1호에 따른 신청을 받은 관할세무서장은 납세자에
   게 개정규정의 적용을 신청한 이후의 연부연납 기간
   에 대해서는 계속해서 개정규정에 따라 가산금을 납
   부해야 함을 통지해야 한다.

부　칙 (2021.3.16)

이 규칙은 공포한 날부터 시행한다. 다만, 제13조의2제2
항제6호의 개정규정은 2022년 1월 1일부터 시행한다.

부　칙 (2022.3.18)

제1조【시행일】이 규칙은 공포한 날부터 시행한다.
제2조【서식에 관한 적용례】서식에 관한 개정규정은
이 규칙 시행 이후 신고, 신청, 제출 또는 공시하는 경
우부터 적용한다.
제3조【지정회계감사에 관한 특례】① 공익법인등이
이 규칙 시행 전에 2022년 12월 31일이 속하는 과세연
도 및 그 직후 과세연도에 대하여 법 제50조제3항에 따
른 회계감사의 감사계약을 체결한 경우 국세청장은 제
14조의2제2항 각 호 외의 부분 및 같은 항 제1호의 개
정규정에도 불구하고 해당 과세연도의 다음 과세연도
에 대해 지정회계감사를 받을 수 있도록 해야 한다.
② 2022년 12월 31일이 속하는 과세연도에 대한 지정
회계감사의 지정감사인으로 지정받으려는 감사인은 제
14조의2제3항의 개정규정에도 불구하고 이 규칙 시행
일부터 2주 이내에 별지 제36호서식의 개정규정에 따
른 지정감사인 지정 신청서를 국세청장에게 제출해야
한다. 이 경우 별지 제36호서식의 개정규정 중 "9월 1일"
은 "신청서 제출일"로 본다.
③ 국세청장은 2022년 12월 31일이 속하는 과세연도에
대한 지정회계감사의 지정감사인을 지정하는 때에는

제14조의2제4항 각 호의 개정규정에도 불구하고 다음 각 호의 요건을 적용한다.
1. 제2항에 따른 신청서 제출일부터 과거 2년 이내에 3인 이상의 소속 공인회계사가 한국공인회계사회가 실시한 공익법인등에 대한 감사실무교육을 이수하였을 것
2. 이 규칙 시행일이 속하는 감사인의 사업연도의 직전 5개 사업연도 중 3개 이상의 사업연도에 법 제50조제3항에 따른 회계감사를 수행하였을 것
④ 2022년 12월 31일이 속하는 과세연도에 대한 지정회계감사의 지정감사인을 지정하는 때에는 별표 제4호 및 제5호의 개정규정에도 불구하고 다음 각 호의 사항은 해당 호에서 정하는 바에 따른다.
1. 별표 제4호의 개정규정의 계산식 중 "경력기간별 감사인 점수" : 같은 표 제5호가목의 개정규정에 따른 점수만으로 산정할 것
2. 별표 제4호의 개정규정의 계산식 중 "n" : 2022년 4월 1일부터 2023년 3월 31일까지 해당 감사인이 지정감사인으로 지정되거나 지정 예정인 공익법인등의 수로 할 것
3. 별표 제5호가목의 개정규정의 점수 산정 대상 : 2022년 3월 1일 현재 감사인에 소속된 공인회계사를 대상으로 할 것

부   칙 (2023.3.20)

제1조【시행일】 이 규칙은 공포한 날부터 시행한다.
제2조【서식에 관한 적용례 등】 서식에 관한 개정규정은 이 규칙 시행 이후 신고, 신청, 제출 또는 공시하는 경우부터 적용하되, 개정 서식으로는 종전의 법 또는 영에 따른 신고 등을 할 수 없는 경우에는 종전의 서식에 따른다.
제3조【선박 등 유형재산의 평가에 관한 경과조치】 이 규칙 시행 전에 상속이 개시되었거나 증여받은 경우의 선박 등 유형재산의 평가에 관하여는 제16조의2의 개정규정에도 불구하고 종전의 규정에 따른다.

〔별표〕

지정감사인 지정 방법(제14조의2제4항 관련)

(2022.3.18 신설)

1. 국세청장은 제14조의2제2항에 따른 지정회계감사 대상 공익법인등에 대하여 영 제43조의2제4항에 따른 지정기준일이 속하는 과세연도의 직전 과세연도 종료일 현재 재무상태표상 총자산가액이 큰 순서대로 제4호 및 제5호에 따라 산정한 지정감사인 지정 점수(이하 이 표에서 "지정감사인 지정점수"라 한다)가 높은 감사인을 차례대로 지정한다.
2. 제1호에도 불구하고 다음 각 목에 해당하는 경우에는 해당 목에서 정하는 바에 따라 지정감사인을 지정한다.
   가. 제1호에 따라 지정감사인으로 결정된 감사인이 지정회계감사 대상 과세연도의 직전 과세연도에 해당 공익법인등에 대하여 법 제50조제3항에 따른 회계감사를 실시한 감사인인 경우에는 지정감사인 지정점수가 그 다음으로 높은 감사인을 지정감사인으로 지정
   나. 지정회계감사 대상인 2개 과세연도 중 두 번째 과세연도에 대해서는 첫 번째 과세연도에 대해 지정회계감사를 실시한 지정감사인을 다시 지정
3. 제1호 및 제2호가목을 적용할 때 지정감사인 지정점수가 동일한 감사인이 있는 경우에는 다음 각 목의 순서에 따라 지정감사인을 지정한다.
   가. 제5호가목의 점수가 높은 감사인
   나. 해당 감사인에 소속된 공인회계사의 수가 많은 감사인
   다. 「공인회계사법」 제24조에 따른 등록을 먼저 한 감사인
4. 지정감사인 지정 점수는 다음의 계산식에 따른다. 다만, 계산식에서 n이 0인 경우에는 경력기간별 감사인 점수를 지정감사인 지정 점수로 한다.

$$\text{지정감사인 지정 점수} = \frac{\text{경력기간별 감사인 점수}}{1 + 3^n}$$

n : 제14조의2제3항에 따른 지정감사인 지정 신청서를 제출한 해의 10월 1일부터 다음 해 9월 30일까지 해당 감사인이 지정감사인으로 지정된 공익법인등의 수를 말하며, 같은 과세연도에 같은 감사인을 하나 이상의 공익법인등의 지정감사인으로 지정할 경우 그 지정 예정 대상 공익법인등의 수를 포함한다.

5. 제4호의 계산식에서 "경력기간별 감사인 점수"란 다음 각 목의 점수를 합산한 점수를 말한다.
   가. 매년 9월 1일 현재 감사인에 소속된 공인회계사별로 다음 표의 경력기간별 가중치를 곱하여 계산한 점수를 모두 더한 점수

경력기간 15년 이상	경력기간 10년 이상	경력기간 6년 이상	경력기간 2년 이상	경력기간 2년 미만
120	115	110	100	80
경력기간 : 감사인에 소속되어 감사업무를 수행한 기간				

   나. 매년 9월 1일부터 과거 2년 이내에 한국공인회계사회가 실시한 공익법인등에 대한 감사실무교육을 이수한 소속 공인회계사의 수에 110을 곱한 점수

〔별지서식〕 ➡ 「www.hyeonamsa.com」 참조

종합부동산세법

(2005년 1월 5일)
(법 률 제7328호)

개정
2005.12.31법 7836호
2007. 5.17법 8435호(가족관계 등록)
2007.12.31법 8830호(국세)
2008. 2.29법 8852호(정부조직)
2008.12.26법 9273호
2009. 5.27법 9710호
2010. 3.31법 10220호(지방세특례제한법)
2010. 3.31법 10221호(지방세)
2011. 6. 7법 10789호(영유아보육법)
2013. 3.23법 11690호(정부조직)
2014. 1. 1법 12153호(지방세)
2014.11.19법 12844호(정부조직)
2015. 8.28법 13499호(민간임대주택에관한특별법)
2016. 1.19법 13796호(부동산가격공시에관한법)
2016. 3. 2법 14050호
2017. 7.26법 14839호(정부조직)
2018.12.31법 16109호
2020. 6. 9법 17339호(법률용어정비)
2020. 8.18법 17478호
2021. 9.14법 18449호
2022.12.31법 19200호
2023. 3.14법 19230호(지방세)
2023. 4.18법 19342호
2007. 1.11법 8235호
2009. 4. 1법 9555호
2020.12.29법 17760호
2022. 9.15법 18977호

제1장 총 칙

제1조 【목적】 이 법은 고액의 부동산 보유자에 대하여 종합부동산세를 부과하여 부동산보유에 대한 조세부담의 형평성을 제고하고, 부동산의 가격안정을 도모함으로써 지방재정의 균형발전과 국민경제의 건전한 발전에 이바지함을 목적으로 한다.

제2조 【정의】 이 법에서 사용하는 용어의 정의는 다음 각호와 같다.

1. "시·군·구"라 함은 「지방자치법」 제2조에 따른 지방자치단체인 시·군 및 자치구(이하 "시·군"이라 한다)를 말한다.(2020.6.9 본호개정)
2. "시장·군수·구청장"이라 함은 지방자치단체의 장인 시장·군수 및 자치구의 구청장(이하 "시장·군수"라 한다)을 말한다.
3. "주택"이라 함은 「지방세법」 제104조제3호에 의한 주택을 말한다.(2023.3.14 단서삭제)
4. "토지"라 함은 「지방세법」 제104조제1호에 따른 토지를 말한다.(2010.3.31 본호개정)
5. "주택분 재산세"라 함은 「지방세법」 제105조 및 제107조에 따라 주택에 대하여 부과하는 재산세를 말한다.(2010.3.31 본호개정)
6. "토지분 재산세"라 함은 「지방세법」 제105조 및 제107조에 따라 토지에 대하여 부과하는 재산세를 말한다.(2010.3.31 본호개정)
7. (2005.12.31 삭제)
8. "세대"라 함은 주택 또는 토지의 소유자 및 그 배우자와 그들과 생계를 같이하는 가족으로서 대통령령으로 정하는 것을 말한다.(2020.6.9 본호개정)
9. "공시가격"이라 함은 「부동산 가격공시에 관한 법률」에 따라 가격이 공시되는 주택 및 토지에 대하여 같은 법에 따라 공시된 가액을 말한다. 다만, 같은 법에 따라 가격이 공시되지 아니한 경우에는 「지방세법」 제4조제1항 단서 및 같은 조 제2항에 따른 가액으로 한다.(2020.6.9 본호개정)

제3조 【과세기준일】 종합부동산세의 과세기준일은 「지방세법」 제114조에 따른 재산세의 과세기준일로 한다.(2010.3.31 본조개정)

제4조 【납세지】 ① 종합부동산세의 납세의무자가 개인 또는 법인으로 보지 아니하는 단체인 경우에는 소득세법 제6조의 규정을 준용하여 납세지를 정한다.

② 종합부동산세의 납세의무자가 법인 또는 법인으로 보는 단체인 경우에는 「법인세법」 제9조제1항부터 제3항까지의 규정을 준용하여 납세지를 정한다.(2020.6.9 본항개정)

③ 종합부동산세의 납세의무자가 비거주자인 개인 또는 외국법인으로서 국내사업장이 없고 국내원천소득이 발생하지 아니하는 주택 및 토지를 소유한 경우에는 그 주택 또는 토지의 소재지(주택 또는 토지가 둘 이상인 경우에는 공시가격이 가장 높은 주택 또는 토지의 소재지를 말한다)를 납세지로 정한다.(2008.12.26 본항신설)

제5조 【과세구분 및 세액】 ① 종합부동산세는 주택에 대한 종합부동산세와 토지에 대한 종합부동산세의 세액을 합한 금액을 그 세액으로 한다.

② 토지에 대한 종합부동산세의 세액은 제14조제1항 및 제3항에 따른 토지분 종합합산세액과 같은 조 제4항 및 제6항에 따른 토지분 별도합산세액을 합한 금액으로 한다.(2022.12.31 본항개정)

제6조 【비과세 등】 ① 「지방세특례제한법」 또는 「조세특례제한법」에 의한 재산세의 비과세·과세면제 또는 경감에 관한 규정(이하 "재산세의 감면규정"이라 한다)은 종합부동산세를 부과하는 경우에 준용한다.

② 「지방세특례제한법」 제4조에 따른 시·군의 감면조례에 의한 재산세의 감면규정은 종합부동산세를 부과하는 경우에 준용한다.

③ 제1항 및 제2항에 따라 재산세의 감면규정을 준용하는 경우 그 감면대상인 주택 또는 토지의 공시가격에서 그 공시가격에 재산세 감면비율(비과세 또는 과세면제의 경우에는 이를 100분의 100으로 본다)을 곱한 금액을 공제한 금액을 공시가격으로 본다.

④ 제1항 및 제2항의 재산세의 감면규정 또는 분리과세규정에 따라 종합부동산세를 경감하는 것이 종합부동산세를 부과하는 취지에 비추어 적합하지 않은 것으로 인정되는 경우 등 대통령령으로 정하는 경우에는 종합부동산세를 부과할 때 제1항 및 제2항 또는 그 분리과세규정을 적용하지 아니한다.(2020.6.9 본조개정)

제2장 주택에 대한 과세

제7조 【납세의무자】 ① 과세기준일 현재 주택분 재산세의 납세의무자는 종합부동산세를 납부할 의무가 있다.(2020.8.18 본항개정)

② 「신탁법」 제2조에 따른 수탁자(이하 "수탁자"라 한다)의 명의로 등기 또는 등록된 신탁재산으로서 주택(이하 "신탁주택"이라 한다)의 경우에는 제1항에도 불구하고 같은 조에 따른 위탁자(「주택법」 제2조제11호 가목에 따른 지역주택조합 및 같은 호 나목에 따른 직장주택조합이 조합원이 납부한 금전으로 매수하여 소유하고 있는 신탁주택의 경우에는 해당 지역주택조합 및 직장주택조합을 말한다. 이하 "위탁자"라 한다)가 종합부동산세를 납부할 의무가 있다. 이 경우 위탁자가 신탁주택을 소유한 것으로 본다.(2020.12.29 본항신설)

③ (2008.12.26 삭제)

제7조의2 【신탁주택 관련 수탁자의 물적납세의무】 신탁주택의 위탁자가 다음 각 호의 어느 하나에 해당하는 종합부동산세 또는 강제징수비(이하 "종합부동산세등"이라 한다)를 체납한 경우로서 그 위탁자의 다른 재산에 대하여 강제징수를 하여도 징수할 금액에 미치지 못할 때에는 해당 신탁주택의 수탁자는 그 신탁주택으로써 위탁자의 종합부동산세등을 납부할 의무가 있다.

1. 신탁 설정일 이후에 「국세기본법」 제35조제2항에 따른 법정기일이 도래하는 종합부동산세로서 해당 신탁주택과 관련하여 발생한 것
2. 제1호의 금액에 대한 강제징수 과정에서 발생한 강제징수비
(2020.12.29 본조신설)

제8조 【과세표준】 ① 주택에 대한 종합부동산세의 과세표준은 납세의무자별로 주택의 공시가격을 합산한 금액에서 다음 각 호의 금액을 공제한 금액에 부동산 시장의 동향과 재정 여건 등을 고려하여 100분의 60부터 100분의 100까지의 범위에서 대통령령으로 정하는 공정시장가액비율을 곱한 금액으로 한다. 다만, 그 금액이 영보다 작은 경우에는 영으로 본다.
1. 대통령령으로 정하는 1세대 1주택자(이하 "1세대 1주택자"라 한다) : 12억원
2. 제9조제2항제3호 각 목의 세율이 적용되는 법인 또는 법인으로 보는 단체 : 0원(2023.4.18 본호개정)
3. 제1호 및 제2호에 해당하지 아니하는 자 : 9억원
(2022.12.31 본항개정)
② 다음 각 호의 어느 하나에 해당하는 주택은 제1항에 따른 과세표준 합산의 대상이 되는 주택의 범위에 포함되지 아니하는 것으로 본다.
1. 「민간임대주택에 관한 특별법」에 따른 민간임대주택, 「공공주택 특별법」에 따른 공공임대주택 또는 대통령령으로 정하는 다가구 임대주택으로서 임대기간, 주택의 수, 가격, 규모 등을 고려하여 대통령령으로 정하는 주택
2. 제1호의 주택외에 종업원의 주거에 제공하기 위한 기숙사 및 사원용 주택, 주택건설사업자가 건축하여 소유하고 있는 미분양주택, 가정어린이집용 주택, 「수도권정비계획법」 제2조제1호에 따른 수도권 외 지역에 소재하는 1주택 등 종합부동산세를 부과하는 목적에 적합하지 아니한 것으로서 대통령령으로 정하는 주택. 이 경우 수도권 외 지역에 소재하는 1주택의 경우에는 2009년 1월 1일부터 2011년 12월 31일까지의 기간 중 납세의무가 성립하는 분에 한정한다.
(2020.6.9 본항개정)
③ 제2항의 규정에 따른 주택을 보유한 납세의무자는 해당 연도 9월 16일부터 9월 30일까지 대통령령으로 정하는 바에 따라 납세지 관할세무서장(이하 "관할세무서장"이라 한다)에게 해당 주택의 보유현황을 신고하여야 한다.(2020.6.9 본항개정)
④ 제1항을 적용할 때 다음 각 호의 어느 하나에 해당하는 경우에는 1세대 1주택자로 본다.
1. 1주택(주택의 부속토지만을 소유한 경우는 제외한다)과 다른 주택의 부속토지(주택의 건물과 부속토지의 소유자가 다른 경우의 그 부속토지를 말한다)를 함께 소유하고 있는 경우
2. 1세대 1주택자가 1주택을 양도하기 전에 다른 주택을 대체취득하여 일시적으로 2주택이 된 경우로서 대통령령으로 정하는 경우
3. 1주택과 상속받은 주택으로서 대통령령으로 정하는 주택(이하 "상속주택"이라 한다)을 함께 소유하고 있는 경우
4. 1주택과 주택 소재 지역, 주택 가액 등을 고려하여 대통령령으로 정하는 지방 저가주택(이하 "지방 저가주택"이라 한다)을 함께 소유하고 있는 경우
(2022.9.15 본항개정)
⑤ 제4항제2호부터 제4호까지의 규정을 적용받으려는 납세의무자는 해당 연도 9월 16일부터 9월 30일까지 대통령령으로 정하는 바에 따라 관할세무서장에게 신청하여야 한다.(2022.9.15 본항신설)

제9조 【세율 및 세액】 ① 주택에 대한 종합부동산세는 다음 각 호와 같이 납세의무자가 소유한 주택 수에 따라 과세표준에 해당 세율을 적용하여 계산한 금액을 그 세액(이하 "주택분 종합부동산세액"이라 한다)으로 한다.

1. 납세의무자가 2주택 이하를 소유한 경우

과세표준	세율
3억원 이하	1천분의 5
3억원 초과 6억원 이하	150만원 + (3억원을 초과하는 금액의 1천분의 7)
6억원 초과 12억원 이하	360만원 + (6억원을 초과하는 금액의 1천분의 10)
12억원 초과 25억원 이하	960만원 + (12억원을 초과하는 금액의 1천분의 13)
25억원 초과 50억원 이하	2천650만원 + (25억원을 초과하는 금액의 1천분의 15)
50억원 초과 94억원 이하	6천400만원 + (50억원을 초과하는 금액의 1천분의 20)
94억원 초과	1억5천200만원 + (94억원을 초과하는 금액의 1천분의 27)

2. 납세의무자가 3주택 이상을 소유한 경우

과세표준	세율
3억원 이하	1천분의 5
3억원 초과 6억원 이하	150만원 + (3억원을 초과하는 금액의 1천분의 7)
6억원 초과 12억원 이하	360만원 + (6억원을 초과하는 금액의 1천분의 10)
12억원 초과 25억원 이하	960만원 + (12억원을 초과하는 금액의 1천분의 20)
25억원 초과 50억원 이하	3천560만원 + (25억원을 초과하는 금액의 1천분의 30)
50억원 초과 94억원 이하	1억1천60만원 + (50억원을 초과하는 금액의 1천분의 40)
94억원 초과	2억8천660만원 + (94억원을 초과하는 금액의 1천분의 50)

(2022.12.31 1호~2호개정)
② 납세의무자가 법인 또는 법인으로 보는 단체인 경우 제1항에도 불구하고 과세표준에 다음 각 호에 따른 세율을 적용하여 계산한 금액을 주택분 종합부동산세액으로 한다.
1. 「상속세 및 증여세법」 제16조에 따른 공익법인등(이하 이 조에서 "공익법인등"이라 한다)이 직접 공익목적사업에 사용하는 주택만을 보유한 경우, 「공공주택 특별법」 제4조에 따른 공공주택사업자 등 사업의 특성을 고려하여 대통령령으로 정하는 경우 : 제1항제1호에 따른 세율
2. 공익법인등으로서 제1호에 해당하지 아니하는 경우 : 제1항 각 호에 따른 세율
3. 제1호 및 제2호 외의 경우 : 다음 각 목에 따른 세율
가. 2주택 이하를 소유한 경우 : 1천분의 27
나. 3주택 이상을 소유한 경우 : 1천분의 50
(2023.4.18 본항개정)
③ 주택분 과세표준 금액에 대하여 해당 과세대상 주택의 주택분 재산세로 부과된 세액(「지방세법」 제111조제3항에 따라 가감조정된 세율이 적용된 경우에는 그 세율이 적용된 세액, 같은 법 제122조에 따라 세부담 상한을 적용받은 경우에는 그 상한을 적용받은 세액을 말한다)은 주택분 종합부동산세액에서 이를 공제한다.(2010.3.31 본항개정)
④ 주택분 종합부동산세액을 계산할 때 주택 수 계산 및 주택분 재산세로 부과된 세액의 공제 등에 관하여 필요한 사항은 대통령령으로 정한다.(2020.6.9 본항개정)
⑤ 주택분 종합부동산세 납세의무자가 1세대 1주택자에 해당하는 경우의 주택분 종합부동산세액은 제1항·

제3항 및 제4항에 따라 산출된 세액에서 제6항부터 제9항까지의 규정에 따른 1세대 1주택자에 대한 공제액을 공제한 금액으로 한다. 이 경우 제6항부터 제9항까지는 공제율 합계 100분의 80의 범위에서 중복하여 적용할 수 있다.(2022.9.15 본항개정)
⑥ 과세기준일 현재 만 60세 이상인 1세대 1주택자의 공제액은 제1항·제3항 및 제4항에 따라 산출된 세액에 다음 표에 따른 연령별 공제율을 곱한 금액으로 한다.

연령	공제율
만 60세 이상 만 65세 미만	100분의 20
만 65세 이상 만 70세 미만	100분의 30
만 70세 이상	100분의 40

(2022.9.15 본항개정)
⑦ 과세기준일 현재 만 60세 이상인 1세대 1주택자가 제8조제4항 각 호의 어느 하나에 해당하는 경우 제6항에도 불구하고 해당 1세대 1주택자의 공제액은 제1항·제3항 및 제4항에 따라 산출된 세액에 다음 각 호에 해당하는 산출세액(공시가격합계액으로 안분하여 계산한 금액을 말한다)을 제외한 금액에 제6항의 표에 따른 연령별 공제율을 곱한 금액으로 한다.
1. 제8조제4항제1호에 해당하는 경우 : 주택의 부속토지(주택의 건물과 부속토지의 소유자가 다른 경우의 그 부속토지를 말한다)분에 해당하는 산출세액
2. 제8조제4항제2호에 해당하는 경우 : 1주택을 양도하기 전 대체취득한 주택분에 해당하는 산출세액
3. 제8조제4항제3호에 해당하는 경우 : 상속주택분에 해당하는 산출세액
4. 제8조제4항제4호에 해당하는 경우 : 지방 저가주택분에 해당하는 산출세액
(2022.9.15 본항개정)
⑧ 1세대 1주택자로서 해당 주택을 과세기준일 현재 5년 이상 보유한 자의 공제액은 제1항·제3항 및 제4항에 따라 산출된 세액에 다음 표에 따른 보유기간별 공제율을 곱한 금액으로 한다.

보유기간	공제율
5년 이상 10년 미만	100분의 20
10년 이상 15년 미만	100분의 40
15년 이상	100분의 50

(2022.9.15 본항신설)
⑨ 1세대 1주택자로서 해당 주택을 과세기준일 현재 5년 이상 보유한 자가 제8조제4항 각 호의 어느 하나에 해당하는 경우 제8항에도 불구하고 해당 1세대 1주택자의 공제액은 제1항·제3항 및 제4항에 따라 산출된 세액에서 제7항 각 호에 해당하는 산출세액(공시가격합계액으로 안분하여 계산한 금액을 말한다)을 제외한 금액에 제8항의 표에 따른 보유기간별 공제율을 곱한 금액으로 한다.(2022.9.15 본항신설)
제10조【세부담의 상한】 종합부동산세의 납세의무자가 해당 연도에 납부하여야 할 주택분 재산세액상당액(신탁주택의 경우 재산세의 납세의무자가 납부하여야 할 주택분 재산세액상당액을 말한다)과 주택분 종합부동산세액상당액의 합계액(이하 이 조에서 "주택에 대한 총세액상당액"이라 한다)으로서 대통령령으로 정하는 바에 따라 계산한 세액이 해당 납세의무자에게 직전년도에 해당 주택에 부과된 주택에 대한 총세액상당액으로서 대통령령으로 정하는 바에 따라 계산한 세액의 100분의 150을 초과하는 경우에는 그 초과하는 세액에 대해서는 제9조에도 불구하고 이를 없는 것으로 본다. 다만, 납세의무자가 법인 또는 법인으로 보는 단체로서 제9조제2항제3호 각 목의 세율이 적용되는 경우는 그러하지 아니하다.(2023.4.18 단서개정)

1.～2. (2022.12.31 삭제)
  가.～나. (2020.8.18 삭제)
제10조의2【공동명의 1주택자의 납세의무 등에 관한 특례】 ① 제7조제1항에도 불구하고 과세기준일 현재 세대원 중 1인이 그 배우자와 공동으로 1주택을 소유하고 다른 세대원 및 다른 세대원이 다른 주택(제8조제2항 각 호의 어느 하나에 해당하는 주택 중 대통령령으로 정하는 주택을 제외한다)을 소유하지 아니한 경우로서 대통령령으로 정하는 경우에는 배우자와 공동으로 1주택을 소유한 자 또는 그 배우자 중 대통령령으로 정하는 자(이하 "공동명의 1주택자"라 한다)를 해당 1주택에 대한 납세의무자로 할 수 있다.
② 제1항을 적용받으려는 납세의무자는 당해 연도 9월 16일부터 9월 30일까지 대통령령이 정하는 바에 따라 관할세무서장에게 신청하여야 한다.
③ 제1항을 적용하는 경우에는 공동명의 1주택자를 1세대 1주택자로 보아 제8조에 따른 과세표준과 제9조에 따른 세율 및 세액을 계산한다.
④ 제1항부터 제3항까지를 적용할 때 해당 주택에 대한 과세표준의 계산, 세율 및 세액, 세부담의 상한의 구체적인 계산방식, 부과절차 및 그 밖에 필요한 사항은 대통령령으로 정한다.
(2020.12.29 본조신설)

제3장 토지에 대한 과세

제11조【과세방법】 토지에 대한 종합부동산세는 국내에 소재하는 토지에 대하여 「지방세법」 제106조제1항제1호에 따른 종합합산과세대상(이하 "종합합산과세대상"이라 한다)과 같은 법 제106조제1항제2호에 따른 별도합산과세대상(이하 "별도합산과세대상"이라 한다)으로 구분하여 과세한다.(2010.3.31 본조개정)
제12조【납세의무자】 ① 과세기준일 현재 토지분 재산세의 납세의무자로서 다음 각호의 어느 하나에 해당하는 자는 해당 토지에 대한 종합부동산세를 납부할 의무가 있다.
1. 종합합산과세대상인 경우에는 국내에 소재하는 해당 과세대상토지의 공시가격을 합한 금액이 5억원을 초과하는 자
2. 별도합산과세대상인 경우에는 국내에 소재하는 해당 과세대상토지의 공시가격을 합한 금액이 80억원을 초과하는 자
(2008.12.26 본항개정)
② 수탁자의 명의로 등기 또는 등록된 신탁재산으로서 토지(이하 "신탁토지"라 한다)의 경우에는 제1항에도 불구하고 위탁자가 종합부동산세를 납부할 의무가 있다. 이 경우 위탁자가 신탁토지를 소유한 것으로 본다.
(2020.12.29 본항신설)
제12조의2【신탁토지 관련 수탁자의 물적납세의무】 신탁토지의 위탁자가 다음 각 호의 어느 하나에 해당하는 종합부동산세등을 체납한 경우로서 그 위탁자의 다른 재산에 대하여 강제징수를 하여도 징수할 금액에 미치지 못할 때에는 해당 신탁토지의 수탁자는 그 신탁토지로써 위탁자의 종합부동산세등을 납부할 의무가 있다.
1. 신탁 설정일 이후에 「국세기본법」 제35조제2항에 따른 법정기일이 도래하는 종합부동산세로서 해당 신탁토지와 관련하여 발생한 것
2. 제1호의 금액에 대한 강제징수 과정에서 발생한 강제징수비
(2020.12.29 본조신설)
제13조【과세표준】 ① 종합합산과세대상인 토지에 대한 종합부동산세의 과세표준은 납세의무자별로 해당

과세대상토지의 공시가격을 합산한 금액에서 5억원을 공제한 금액에 부동산 시장의 동향과 재정 여건 등을 고려하여 100분의 60부터 100분의 100까지의 범위에서 대통령령으로 정하는 공정시장가액비율을 곱한 금액으로 한다.(2008.12.26 본항개정)

② 별도합산과세대상인 토지에 대한 종합부동산세의 과세표준은 납세의무자별로 해당 과세대상토지의 공시가격을 합산한 금액에서 80억원을 공제한 금액에 부동산 시장의 동향과 재정 여건 등을 고려하여 100분의 60부터 100분의 100까지의 범위에서 대통령령으로 정하는 공정시장가액비율을 곱한 금액으로 한다.
(2008.12.26 본항개정)

③ 제1항 또는 제2항의 금액이 영보다 작은 경우에는 영으로 본다.

제14조【세율 및 세액】
① 종합합산과세대상인 토지에 대한 종합부동산세의 세액은 과세표준에 다음의 세율을 적용하여 계산한 금액(이하 "토지분 종합합산세액"이라 한다)으로 한다.

과세표준	세율
15억원 이하	1천분의 10
15억원 초과 45억원 이하	1천500만원 + (15억원을 초과하는 금액의 1천분의 20)
45억원 초과	7천500만원 + (45억원을 초과하는 금액의 1천분의 30)

(2018.12.31 본항개정)

② (2008.12.26 삭제)

③ 종합합산과세대상인 토지의 과세표준 금액에 대하여 해당 과세대상 토지의 토지분 재산세로 부과된 세액(「지방세법」 제111조제3항에 따라 가감조정된 세율이 적용된 경우에는 그 세율이 적용된 세액, 같은 법 제122조에 따라 세부담 상한을 적용받은 경우에는 그 상한을 적용받은 세액을 말한다)은 토지분 종합합산세액에서 이를 공제한다.(2010.3.31 본항개정)

④ 별도합산과세대상인 토지에 대한 종합부동산세의 세액은 과세표준에 다음의 세율을 적용하여 계산한 금액(이하 "토지분 별도합산세액"이라 한다)으로 한다.

    <과세표준>   <세율>

200억원 이하   1천분의 5

200억원 초과   1억원 + (200억원을 초과하는 금액의
400억원 이하   1천분의 6)

400억원 초과   2억2천만원 + (400억원을 초과하는
                  금액의 1천분의 7)

(2008.12.26 본항개정)

⑤ (2008.12.26 삭제)

⑥ 별도합산과세대상인 토지의 과세표준 금액에 대하여 해당 과세대상 토지의 토지분 재산세로 부과된 세액(「지방세법」 제111조제3항에 따라 가감조정된 세율이 적용된 경우에는 그 세율이 적용된 세액, 같은 법 제122조에 따라 세부담 상한을 적용받은 경우에는 그 상한을 적용받은 세액을 말한다)은 토지분 별도합산세액에서 이를 공제한다.(2010.3.31 본항개정)

⑦ 토지분 종합부동산세를 계산할 때 토지분 재산세로 부과된 세액의 공제 등에 관하여 필요한 사항은 대통령령으로 정한다.(2020.6.9 본항개정)

제15조【세부담의 상한】
① 종합부동산세의 납세의무자가 종합합산과세대상인 토지에 대하여 해당 연도에 납부하여야 할 재산세액상당액(신탁토지의 경우 재산세의 납세의무자가 종합합산과세대상인 해당 토지에 대하여 납부하여야 할 재산세액상당액을 말한다)과 토지분 종합합산세액상당액의 합계액(이하 이 조에서 "종합합산과세대상인 토지에 대한 총세액상당액"이라 한다)으로서 대통령령으로 정하는 바에 따라 계산한 세액

이 해당 납세의무자에게 직전년도에 해당 토지에 부과된 종합합산과세대상인 토지에 대한 총세액상당액으로서 대통령령으로 정하는 바에 따라 계산한 세액의 100분의 150을 초과하는 경우에는 그 초과하는 세액에 대해서는 제14조제1항에도 불구하고 이를 없는 것으로 본다.

② 종합부동산세의 납세의무자가 별도합산과세대상인 토지에 대하여 해당 연도에 납부하여야 할 재산세액상당액(신탁토지의 경우 재산세의 납세의무자가 별도합산과세대상인 해당 토지에 대하여 납부하여야 할 재산세액상당액을 말한다)과 토지분 별도합산세액상당액의 합계액(이하 이 조에서 "별도합산과세대상인 토지에 대한 총세액상당액"이라 한다)으로서 대통령령으로 정하는 바에 따라 계산한 세액이 해당 납세의무자에게 직전년도에 해당 토지에 부과된 별도합산과세대상인 토지에 대한 총세액상당액으로서 대통령령으로 정하는 바에 따라 계산한 세액의 100분의 150을 초과하는 경우에는 그 초과하는 세액에 대해서는 제14조제4항에도 불구하고 이를 없는 것으로 본다.
(2020.12.29 본조개정)

제4장 부과·징수 등
(2007.1.11 본장제목개정)

제16조【부과·징수 등】
① 관할세무서장은 납부하여야 할 종합부동산세의 세액을 결정하여 해당 연도 12월 1일부터 12월 15일(이하 "납부기간"이라 한다)까지 부과·징수한다.(2020.6.9 본항개정)

② 관할세무서장은 종합부동산세를 징수하려면 납부고지서에 주택 및 토지로 구분한 과세표준과 세액을 기재하여 납부기간 개시 5일 전까지 발급하여야 한다.(2020.12.29 본항개정)

③ 제1항 및 제2항에도 불구하고 종합부동산세를 신고납부방식으로 납부하고자 하는 납세의무자는 종합부동산세의 과세표준과 세액을 해당 연도 12월 1일부터 12월 15일까지 대통령령으로 정하는 바에 따라 관할세무서장에게 신고하여야 한다. 이 경우 제1항의 규정에 따른 결정은 없었던 것으로 본다.(2020.6.9 본항개정)

④ 제3항의 규정에 따라 신고한 납세의무자는 신고기한까지 대통령령으로 정하는 바에 따라 관할세무서장·한국은행 또는 체신관서에 종합부동산세를 납부하여야 한다.(2020.6.9 본항개정)

⑤ 제1항 및 제2항의 규정에 따른 종합부동산세의 부과절차 및 징수에 관하여 필요한 사항은 대통령령으로 정한다.
(2007.1.11 본조개정)

제16조의2【물적납세의무에 대한 납부특례】
① 제7조제2항 또는 제12조제2항에 따라 종합부동산세를 납부하여야 하는 위탁자의 관할 세무서장은 제7조의2 또는 제12조의2에 따라 수탁자로부터 위탁자의 종합부동산세등을 징수하려면 다음 각 호의 사항을 적은 납부고지서를 수탁자에게 발급하여야 한다. 이 경우 수탁자의 주소 또는 거소를 관할하는 세무서장과 위탁자에게 그 사실을 통지하여야 한다.

1. 종합부동산세등의 과세기간, 세액 및 그 산출근거
2. 납부하여야 할 기한 및 납부장소
3. 그 밖에 종합부동산세등의 징수를 위하여 필요한 사항

② 제1항에 따른 납부고지가 있은 후 납세의무자인 위탁자가 신탁의 이익을 받을 권리를 포기 또는 이전하거나 신탁재산을 양도하는 등의 경우에도 제1항에 따라 고지된 부분에 대한 납세의무에는 영향을 미치지 아니한다.

③ 신탁재산의 수탁자가 변경되는 경우에 새로운 수탁자는 제1항에 따라 이전의 수탁자에게 고지된 납세의무를 승계한다.

④ 제1항에 따른 납세의무자인 위탁자의 관할 세무서장은 최초의 수탁자에 대한 신탁 설정일을 기준으로 제7조의2 및 제12조의2에 따라 그 신탁재산에 대한 현재 수탁자에게 위탁자의 종합부동산세등을 징수할 수 있다.

⑤ 신탁재산에 대하여 「국세징수법」에 따라 강제징수를 하는 경우 「국세기본법」 제35조제1항에도 불구하고 수탁자는 「신탁법」 제48조제1항에 따른 신탁재산의 보존 및 개량을 위하여 지출한 필요비 또는 유익비의 우선변제를 받을 권리가 있다.

⑥ 제1항부터 제5항까지에서 규정한 사항 외에 물적납세의무의 적용에 필요한 사항은 대통령령으로 정한다. (2020.12.29 본조신설)

제17조【결정과 경정】 ① 관할세무서장 또는 납세지 관할 지방국세청장(이하 "관할지방국세청장"이라 한다)은 과세대상 누락, 위법 또는 착오 등으로 인하여 종합부동산세를 새로 부과할 경우 또는 이미 부과한 세액을 경정할 경우에는 다시 부과ㆍ징수할 수 있다. (2007.1.11 본항개정)

② 관할세무서장 또는 관할지방국세청장은 제16조제3항에 따른 신고를 한 자의 신고내용에 탈루 또는 오류가 있는 때에는 해당 연도의 과세표준과 세액을 경정한다. (2020.6.9 본항개정)

③ 관할세무서장 또는 관할지방국세청장은 과세표준과 세액을 결정 또는 경정한 후 그 결정 또는 경정에 탈루 또는 오류가 있는 것이 발견된 때에는 이를 경정 또는 재경정하여야 한다. (2008.12.26 본항개정)

④ 관할세무서장 또는 관할지방국세청장은 제2항 및 제3항에 따른 경정 및 재경정 사유가 「지방세법」 제115조제2항에 따른 재산세의 세액변경 또는 수시부과사유에 해당되는 때에는 대통령령으로 정하는 바에 따라 종합부동산세의 과세표준과 세액을 경정 또는 재경정하여야 한다. (2010.3.31 본항개정)

⑤ 관할세무서장 또는 관할지방국세청장은 다음 각 호의 어느 하나에 해당하는 경우에는 대통령령으로 정하는 바에 따라 경감받은 세액과 이자상당가산액을 추징하여야 한다. (2022.9.15 본문개정)

1. 제8조제2항에 따라 과세표준 합산의 대상이 되는 주택에서 제외된 주택 중 같은 항 제1호의 임대주택 또는 같은 항 제2호의 가정어린이집용 주택이 추후 그 요건을 충족하지 아니하게 된 경우

2. 제8조제4항제2호에 따라 1세대 1주택자로 본 납세의무자가 추후 그 요건을 충족하지 아니하게 된 경우 (2022.9.15 1호~2호신설)

제18조 (2007.1.11 삭제)
제19조 (2016.3.2 삭제)
제20조【분납】 관할세무서장은 종합부동산세로 납부하여야 할 세액이 250만원을 초과하는 경우에는 대통령령으로 정하는 바에 따라 그 세액의 일부를 납부기한이 지난 날부터 6개월 이내에 분납하게 할 수 있다. (2020.6.9 본조개정)

제20조의2【납부유예】 ① 관할세무서장은 다음 각 호의 요건을 모두 충족하는 납세의무자가 주택분 종합부동산세액의 납부유예를 그 납부기한 만료 3일 전까지 신청하는 경우 이를 허가할 수 있다. 이 경우 납부유예를 신청한 납세의무자는 그 유예할 주택분 종합부동산세액에 상당하는 담보를 제공하여야 한다.

1. 과세기준일 현재 1세대 1주택자일 것
2. 과세기준일 현재 만 60세 이상이거나 해당 주택을 5년 이상 보유하고 있을 것
3. 다음 각 목의 어느 하나에 해당하는 소득 기준을 충족할 것
   가. 직전 과세기간의 총급여액이 7천만원 이하일 것 (직전 과세기간에 근로소득만 있거나 근로소득 및

종합소득과세표준에 합산되지 아니하는 종합소득이 있는 자로 한정한다)
   나. 직전 과세기간의 종합소득과세표준에 합산되는 종합소득금액이 6천만원 이하일 것(직전 과세기간의 총급여액이 7천만원을 초과하지 아니하는 자로 한정한다)

4. 해당 연도의 주택분 종합부동산세액이 100만원을 초과할 것

② 관할세무서장은 제1항에 따른 신청을 받은 경우 납부기한 만료일까지 대통령령으로 정하는 바에 따라 납세의무자에게 납부유예 허가 여부를 통지하여야 한다.

③ 관할세무서장은 제1항에 따라 주택분 종합부동산세액의 납부가 유예된 납세의무자가 다음 각 호의 어느 하나에 해당하는 경우에는 그 납부유예 허가를 취소하여야 한다.

1. 해당 주택을 타인에게 양도하거나 증여하는 경우
2. 사망하여 상속이 개시되는 경우
3. 제1항제1호의 요건을 충족하지 아니하게 된 경우
4. 담보의 변경 또는 그 밖에 담보 보전에 필요한 관할세무서장의 명령에 따르지 아니한 경우
5. 「국세징수법」 제9조제1항 각 호의 어느 하나에 해당되어 그 납부유예와 관계되는 세액의 전액을 징수할 수 없다고 인정되는 경우
6. 납부유예된 세액을 납부하려는 경우

④ 관할세무서장은 제3항에 따라 납부유예의 허가를 취소하는 경우 납세의무자(납세의무자가 사망한 경우에는 그 상속인 또는 상속재산관리인을 말한다. 이하 이 조에서 같다)에게 그 사실을 즉시 통지하여야 한다.

⑤ 관할세무서장은 제3항에 따라 주택분 종합부동산세액의 납부유예 허가를 취소한 경우에는 대통령령으로 정하는 바에 따라 해당 납세의무자에게 납부를 유예받은 세액과 이자상당가산액을 징수하여야 한다. 다만, 상속인 또는 상속재산관리인은 상속으로 받은 재산의 한도에서 납부를 유예받은 세액과 이자상당가산액을 납부할 의무를 진다.

⑥ 관할세무서장은 제1항에 따라 납부유예를 허가한 연도의 납부기한이 지난 날부터 제5항에 따라 징수할 세액의 고지일까지의 기간 동안에는 「국세기본법」 제47조의4에 따른 납부지연가산세를 부과하지 아니한다.

⑦ 제1항부터 제6항까지에서 규정한 사항 외에 납부유예에 필요한 절차 등에 관한 사항은 대통령령으로 정한다. (2022.9.15 본조신설)

제5장 보 칙

제21조【과세자료의 제공】 ① 시장ㆍ군수는 「지방세법」에 따른 해당 연도 재산세의 부과자료 중 주택분 재산세의 부과자료는 7월 31일까지, 토지분 재산세의 부과자료는 9월 30일까지 행정안전부장관에게 제출하여야 한다. 다만, 시장ㆍ군수는 「지방세법」 제115조제2항에 따른 재산세의 세액변경 또는 수시부과사유가 발생한 때에는 그 부과자료를 매 반기별로 해당 반기의 종료일부터 10일 이내에 행정안전부장관에게 제출하여야 한다.

② 행정안전부장관은 제7조에 규정된 주택에 대한 종합부동산세의 납세의무자를 조사하여 납세의무자별로 과세표준과 세액을 계산한 후, 매년 8월 31일까지 대통령령으로 정하는 바에 따라 국세청장에게 통보하여야 한다. (2020.6.9 본항개정)

③ 행정안전부장관은 제12조에 규정된 토지에 대한 종합부동산세의 납세의무자를 조사하여 납세의무자별로 과세표준과 세액을 계산한 후, 매년 10월 15일까지 대

통령령으로 정하는 바에 따라 국세청장에게 통보하여야 한다.(2020.6.9 본항개정)

④ 행정안전부장관은 「지방세법」 제115조제2항에 따른 재산세의 세액변경 또는 수시부과사유가 발생한 때에는 재산세 납세의무자별로 재산세 과세대상이 되는 주택 또는 토지에 대한 재산세 및 종합부동산세 과세표준과 세액을 재계산하여 매 반기별로 해당 반기의 종료일이 속하는 달의 다음다음 달 말일까지 대통령령으로 정하는 바에 따라 국세청장에게 통보하여야 한다.

⑤ 행정안전부장관은 제1항에 따라 시장·군수로부터 제출받은 재산세 부과자료를 제1항에서 정한 날부터 10일 이내에 국세청장에게 통보하여야 한다.(2020.6.9 본항개정)

⑥ 행정안전부장관 또는 국세청장은 종합부동산세 납세의무자의 세대원 확인 등을 위하여 필요한 경우 관련 기관의 장에게 가족관계등록전산자료의 제출을 요구할 수 있고, 자료 제출의 요구를 받은 관련 기관의 장은 정당한 사유가 없으면 그 요구를 따라야 한다. (2020.6.9 본항개정)

(2017.7.26 본조개정)

제22조 【시장·군수의 협조의무】 ① 관할세무서장 또는 관할지방국세청장은 종합부동산세의 과세와 관련하여 대통령령으로 정하는 바에 따라 과세물건 소재지 관할 시장·군수에게 의견조회를 할 수 있다.

② 제1항에 따라 의견조회를 받은 시장·군수는 의견조회 요청을 받은 날부터 20일 이내에 대통령령으로 정하는 바에 따라 관할세무서장 또는 관할지방국세청장에게 회신하여야 한다.

(2020.6.9 본조개정)

제23조 【질문·조사】 종합부동산세에 관한 사무에 종사하는 공무원은 그 직무수행을 위하여 필요한 때에는 다음 각호의 어느 하나에 해당하는 자에 대하여 질문하거나 해당 장부·서류 그 밖의 물건을 조사하거나 그 제출을 명할 수 있다. 이 경우 직무를 위하여 필요한 범위 외에 다른 목적 등을 위하여 그 권한을 남용해서는 아니 된다.(2020.6.9 본문개정)

1. 납세의무자 또는 납세의무가 있다고 인정되는 자
2. 「법인세법」 제109조제2항제3호에 따른 경영 또는 관리책임자(2020.6.9 본호개정)
3. 제1호에서 규정하는 자와 거래관계가 있다고 인정되는 자(2020.6.9 본호개정)

제24조 【매각·등기·등록관계 서류의 열람 등】 관할세무서장, 관할지방국세청장 또는 그 위임을 받은 세무공무원이 종합부동산세를 부과·징수하기 위하여 주택 및 토지 등 과세물건의 매각·등기·등록 그 밖의 현황에 대한 관계서류의 열람 또는 복사를 요청하는 경우에는 관계기관은 그 요청을 따라야 한다. (2020.6.9 본조개정)

제25조 (2007.12.31 삭제)

부 칙 (2018.12.31)

제1조 【시행일】 이 법은 2019년 1월 1일부터 시행한다.

제2조 【일반적 적용례】 이 법은 이 법 시행 이후 납세의무가 성립하는 분부터 적용한다.

제3조 【분납에 관한 적용례】 제20조의 개정규정은 이 법 시행 이후 종합부동산세의 세액을 신고 또는 부과결정하는 분부터 적용한다.

부 칙 (2020.6.9)

이 법은 공포한 날부터 시행한다.(이하 생략)

부 칙 (2020.8.18)

제1조 【시행일】 이 법은 2021년 1월 1일부터 시행한다.

제2조 【일반적 적용례】 이 법은 이 법 시행 이후 납세의무가 성립하는 분부터 적용한다.

부 칙 (2020.12.29)

제1조 【시행일】 이 법은 2021년 1월 1일부터 시행한다.

제2조 【신탁재산의 납세의무자 등에 관한 적용례】 제7조제2항, 제7조의2, 제10조 각 호 외의 부분, 제12조제2항, 제12조의2, 제15조제1항·제2항 및 제16조의2의 개정규정은 이 법 시행 이후 납세의무가 성립하는 분부터 적용한다.

제3조 【공공주택사업자 등의 적용세율에 관한 적용례】 제9조제2항의 개정규정은 이 법 시행 이후 납세의무가 성립하는 분부터 적용한다.

제4조 【공동명의 1주택자의 납세의무 등에 관한 적용례】 제10조의2의 개정규정은 이 법 시행 이후 신청 또는 신고한 분부터 적용한다.

부 칙 (2021.9.14)

제1조 【시행일】 이 법은 공포한 날부터 시행한다.

제2조 【일반적 적용례】 이 법은 이 법 시행일이 속하는 연도에 납세의무가 성립하는 분부터 적용한다.

부 칙 (2022.9.15)

제1조 【시행일】 이 법은 공포한 날부터 시행한다.

제2조 【일반적 적용례】 이 법은 이 법 시행일이 속하는 연도에 납세의무가 성립하는 분부터 적용한다.

부 칙 (2022.12.31)

제1조 【시행일】 이 법은 2023년 1월 1일부터 시행한다.

제2조 【일반적 적용례】 이 법은 이 법 시행 이후 납세의무가 성립하는 분부터 적용한다.

부 칙 (2023.3.14)

제1조 【시행일】 이 법은 공포한 날부터 시행한다.(이하 생략)

부 칙 (2023.4.18)

제1조 【시행일】 이 법은 공포한 날부터 시행한다.

제2조 【일반적 적용례】 이 법은 이 법 시행일이 속하는 연도에 납세의무가 성립하는 분부터 적용한다.

종합부동산세법 시행령

(2005년 5월 31일)
(대통령령 제18848호)

개정
2005.12.31영19253호
2007. 2.28영19893호(국세시)
2007. 8. 6영20210호   2008. 2.22영20625호
2008. 2.29영20720호(직제)
2008. 7.24영20932호
2008.10.29영21098호(건축시)
2008.12.26영21193호   2009. 2. 4영21293호
2009. 4.21영21432호
2009. 7.27영21641호(국유재산시)
2009. 9.29영21749호   2009.12.31영21936호
2010. 2.18영22045호   2010. 6. 8영22183호
2010. 9.20영22392호
2010. 9.20영22395호(지방세시)
2010.12.29영22560호(문화재시)
2010.12.30영22586호(지방세시)
2011. 3.31영22813호   2011. 6. 3영22952호
2011.10.14영23219호
2011.12. 8영23356호(영유아보육법시)
2012. 2. 2영23594호   2013. 2.22영24392호
2013. 3.23영24441호(직제)
2014. 2.21영25208호
2014. 4.22영25317호(지방세시)
2014. 7.16영25483호(임대주택법시)
2014.11.19영25751호(직제)
2015. 6.30영26369호(주택도시기금법시)
2015.11.30영26670호
2015.12.28영26763호(민간임대주택에관한특별법시)
2016. 2. 5영26948호
2016. 8.11영27444호(주택법시)
2017. 2. 7영27836호
2017. 7.26영28211호(직제)
2018. 2.13영28645호   2018. 6. 5영28930호
2018. 7.16영29045호(민간임대주택에관한특별법시)
2018.10.23영29243호   2019. 2.12영29524호
2019.12.31영30285호(문화재시)
2020. 2.11영30404호   2020. 8. 7영30921호
2020.10. 7영31085호   2021. 2.17영31447호
2022. 2.15영32425호   2022. 8. 2영32831호
2022. 9.23영32918호   2023. 2.28영33026호
2023. 7. 7영33621호(지방자치분권및지역균형발전에관한특
별법시)
2023. 9. 5영33696호

제1장 총 칙

제1조【목적】 이 영은 「종합부동산세법」에서 위임된 사항과 동법의 시행에 관하여 필요한 사항을 규정함을 목적으로 한다.

제1조의2【세대의 범위】 ① 「종합부동산세법」(이하 "법" 이라 한다) 제2조제8호에서 "대통령령이 정하는 것"이라 함은 주택 또는 토지의 소유자 및 그 배우자가 그들과 동일한 주소 또는 거소에서 생계를 같이하는 가족과 함께 구성하는 1세대를 말한다.

② 제1항에서 "가족"이라 함은 주택 또는 토지의 소유자와 그 배우자의 직계존비속(그 배우자를 포함한다) 및 형제자매를 말하며, 취학, 질병의 요양, 근무상 또는 사업상의 형편으로 본래의 주소 또는 거소를 일시퇴거한 자를 포함한다.

③ 다음 각 호의 어느 하나에 해당하는 경우에는 배우자가 없는 때에도 이를 제1항에 따른 1세대로 본다. (2016.2.5 본문개정)

1. 30세 이상인 경우
2. 배우자가 사망하거나 이혼한 경우
3. 「소득세법」 제4조에 따른 소득이 「국민기초생활 보장법」 제2조제11호에 따른 기준 중위소득의 100분의 40 이상으로서 소유하고 있는 주택 또는 토지를 관리·유지하면서 독립된 생계를 유지할 수 있는 경우. 다만, 미성년자의 경우를 제외하되, 미성년자의 결혼, 가족의 사망 그 밖에 기획재정부령이 정하는 사유로 1세대의 구성이 불가피한 경우에는 그러하지 아니하다.(2016.2.5 본문개정)

④ 혼인함으로써 1세대를 구성하는 경우에는 혼인한 날부터 5년 동안은 제1항에도 불구하고 주택 또는 토지를 소유하는 자와 그 혼인한 자별로 각각 1세대로 본다.(2009.2.4 본항개정)

⑤ 동거봉양(同居奉養)하기 위하여 합가(合家)함으로써 과세기준일 현재 60세 이상의 직계존속(직계존속 중 어느 한 사람이 60세 미만인 경우를 포함한다)과 1세대를 구성하는 경우에는 제1항에도 불구하고 합가한 날부터 10년 동안(합가한 날 당시는 60세 미만이었으나, 합가한 후 과세기준일 현재 60세에 도달하는 경우는 합가한 날부터 10년의 기간 중에서 60세 이상인 기간 동안) 주택 또는 토지를 소유하는 자와 그 합가한 자별로 각각 1세대로 본다.(2018.2.13 본항개정)

(2005.12.31 본조신설)

제2조【시·군의 감면조례의 적용배제 등】 법 제6조제4항에서 "대통령령이 정하는 경우"란 다음 각 호의 어느 하나에 해당하는 경우를 말한다.

1. 시·군의 감면조례에 따른 재산세의 감면규정 또는 분리과세규정 중 다음 각 목의 요건을 모두 충족하는 경우로서 행정안전부장관이 기획재정부장관과 협의하여 고시하는 경우
   가. 전국 공통으로 적용되는 것이 아닌 것
   나. 해당 규정이 전국적인 과세형평을 저해하는 것으로 인정되는 것
2. 「지방세특례제한법」 또는 「조세특례제한법」에 따른 재산세의 비과세, 과세면제 또는 경감에 관한 규정이 제3조제1항제8호 각 목 외의 부분 단서 및 같은 호 나목에 따라 종합부동산세가 합산배제되지 않는 임대주택에 적용되는 경우(2020.8.7 본호개정)

(2019.2.12 본조개정)

제2장 주택에 대한 과세

제2조의2 (2009.2.4 삭제)

제2조의3【1세대 1주택의 범위】 ① 법 제8조제1항제1호에서 "대통령령으로 정하는 1세대 1주택자"란 세대원 중 1명만이 주택분 재산세 과세대상인 1주택만을 소유한 경우로서 그 주택을 소유한 「소득세법」 제1조의2제1항제1호에 따른 거주자를 말한다. 이 경우 「건축법 시행령」 별표1 제1호다목에 따른 다가구주택은 1주택으로 보되, 제3조에 따른 합산배제 임대주택으로 같은 조 제9항에 따라 신고한 경우에는 1세대가 독립하여 구분 사용할 수 있도록 구획된 부분을 각각 1주택으로 본다.(2023.2.28 전단개정)

② 제1항에 따른 1세대 1주택자 여부를 판단할 때 다음 각 호의 주택은 1세대가 소유한 주택 수에서 제외한다. 다만, 제1호는 각 호 외의 주택을 소유하는 자가 과세기준일 현재 그 주택에 주민등록이 되어 있고 실제로 거주하고 있는 경우에 한정하여 적용한다.(2011.10.14 단서신설)

1. 제3조제1항 각 호(제5호는 제외한다)의 어느 하나에 해당하는 주택으로서 같은 조 제9항에 따른 합산배제 신고를 한 주택(2020.2.11 본호개정)
2. (2012.2.2 삭제)
3. 제4조제1항 각 호에 해당하는 주택으로서 같은 조 제4항에 따라 합산배제 신고를 한 주택(2022.2.15 본호개정)

제2조의4【공정시장가액비율】 ① 법 제8조제1항 각 호 외의 부분 본문에서 "대통령령으로 정하는 공정시장가액비율"이란 100분의 60을 말하되, 2019년부터 2021년까지 납세의무가 성립하는 종합부동산세에 대해서는 다음 각 호의 연도별 비율을 말한다.(2023.2.28 본문개정)
1. 2019년 : 100분의 85
2. 2020년 : 100분의 90
3. 2021년 : 100분의 95
(2019.2.12 1호~3호신설)
② 법 제13조제1항 및 제2항에서 "대통령령으로 정하는 공정시장가액비율"이란 100분의 100을 말하되, 2019년부터 2021년까지 납세의무가 성립하는 종합부동산세에 대해서는 다음 각 호의 연도별 비율을 말한다.
(2022.8.2 본문개정)
1. 2019년 : 100분의 85
2. 2020년 : 100분의 90
3. 2021년 : 100분의 95
(2019.2.12 본조개정)

제3조【합산배제 임대주택】 ① 법 제8조제2항제1호에서 "대통령령으로 정하는 주택"이란 「공공주택 특별법」 제4조에 따른 공공주택사업자(이하 "공공주택사업자"라 한다) 또는 「민간임대주택에 관한 특별법」 제2조제7호에 따른 임대사업자(이하 "임대사업자"라 한다)로서 과세기준일 현재 「소득세법」 제168조 또는 「법인세법」 제111조에 따른 주택임대업 사업자등록(이하 이 조에서 "사업자등록"이라 한다)을 한 자가 과세기준일 현재 임대(제1호부터 제3호까지, 제5호부터 제8호까지의 주택을 임대한 경우를 말한다)하거나 소유(제4호 또는 제9호의 주택을 소유한 경우를 말한다)하고 있는 다음 각 호의 주택(이하 "합산배제 임대주택"이라 한다)을 말한다. 이 경우 과세기준일 현재 임대를 개시한 자가 법 제8조제3항에 따른 주택의 보유현황 신고기간 종료일까지 임대사업자로서 사업자등록을 하는 경우에는 해당 연도 과세기준일 현재 임대사업자로서 사업자등록을 한 것으로 본다.(2023.9.5 본문개정)
1. 「민간임대주택에 관한 특별법」 제2조제2호에 따른 민간건설임대주택과 「공공주택 특별법」 제2조제1호의2에 따른 공공건설임대주택(이하 이 조에서 "건설임대주택"이라 한다)으로서 다음 각 목의 요건을 모두 갖춘 주택이 2호 이상인 경우 그 주택. 다만, 「공공주택 특별법」 제49조제4항에 따라 임대보증금 또는 임대료(이하 이 항에서 "임대료등"이라 한다)를 증액하는 경우에는 다목 전단을 적용하지 않으며, 「민간임대주택에 관한 특별법」 제2조제2호에 따른 민간건설임대주택의 경우에는 2018년 3월 31일 이전에 같은 법 제5조에 따른 임대사업자 등록과 사업자등록(이하 이 조에서 "사업자등록등"이라 한다)을 한 주택으로 한정한다.(2022.2.15 단서개정)
가. 전용면적이 149제곱미터 이하로서 2호 이상의 주택의 임대를 개시한 날(2호 이상의 주택의 임대를 개시한 날 이후 임대를 개시한 주택의 경우에는 그 주택의 임대개시일을 말한다) 또는 최초로 제9항에 따른 합산배제신고를 한 연도의 과세기준일의 공시가격이 9억원 이하일 것(2021.2.17 본목개정)
나. 5년 이상 계속하여 임대하는 것일 것(2010.2.18 단서삭제)
다. 임대료등의 증가율이 100분의 5를 초과하지 않을 것. 이 경우 임대료등 증액 청구는 임대차계약의 체결 또는 약정한 임대료등의 증액이 있은 후 1년 이내에는 하지 못하고, 임대사업자가 임대료등의 증액을 청구하면서 임대보증금과 월임대료를 상호 간에 전환하는 경우에는 「민간임대주택에 관한 특별법」 제44조제4항 및 「공공주택 특별법 시행령」 제44조제3항에 따라 정한 기준을 준용한다.(2022.2.15 전단개정)

2. 「민간임대주택에 관한 특별법」 제2조제3호에 따른 민간매입임대주택과 「공공주택 특별법」 제2조제1호의3에 따른 공공매입임대주택(이하 이 조에서 "매입임대주택"이라 한다)으로서 다음 각 목의 요건을 모두 갖춘 주택. 다만, 「공공주택 특별법」 제49조제4항에 따라 임대료등을 증액하는 경우에는 다목 전단을 적용하지 않으며, 「민간임대주택에 관한 특별법」 제2조제3호에 따른 민간매입임대주택의 경우에는 2018년 3월 31일 이전에 사업자등록등을 한 주택으로 한정한다.(2022.2.15 단서개정)
가. 해당 주택의 임대개시일 또는 최초로 제9항에 따른 합산배제신고를 한 연도의 과세기준일의 공시가격이 6억원(「수도권정비계획법」 제2조제1호에 따른 수도권(이하 "수도권"이라 한다) 밖의 지역인 경우에는 3억원) 이하일 것(2020.2.11 본목개정)
나. 5년 이상 계속하여 임대하는 것일 것
다. 임대료등의 증가율이 100분의 5를 초과하지 않을 것. 이 경우 임대료등 증액 청구는 임대차계약의 체결 또는 약정한 임대료등의 증액이 있은 후 1년 이내에는 하지 못하고, 임대사업자가 임대료등의 증액을 청구하면서 임대보증금과 월임대료를 상호 간에 전환하는 경우에는 「민간임대주택에 관한 특별법」 제44조제4항 및 「공공주택 특별법 시행령」 제44조제3항에 따라 정한 기준을 준용한다.(2020.2.11 본목개정)
(2011.3.31 본호개정)
3. 임대사업자의 지위에서 2005년 1월 5일 이전부터 임대하고 있던 임대주택으로서 다음 각목의 요건을 모두 갖춘 주택이 2호 이상인 경우 그 주택
가. 국민주택 규모 이하로서 2005년도 과세기준일의 공시가격이 3억원 이하일 것(2005.12.31 본목개정)
나. 5년 이상 계속하여 임대하는 것일 것
4. 「민간임대주택에 관한 특별법」 제2조제2호에 따른 민간건설임대주택으로서 다음 각 목의 요건을 모두 갖춘 주택(2015.12.28 본문개정)
가. 전용면적이 149제곱미터 이하일 것
나. 제9항에 따른 합산배제신고를 한 연도의 과세기준일 현재의 공시가격이 9억원 이하일 것(2021.2.17 본목개정)
다. 「건축법」 제22조에 따른 사용승인을 받은 날 또는 「주택법」 제49조에 따른 사용검사 후 사용검사필증을 받은 날부터 과세기준일 현재까지의 기간 동안 임대된 사실이 없고, 그 임대되지 아니한 기간이 2년 이내일 것(2016.8.11 본목개정)
(2007.8.6 본호신설)
5. 「부동산투자회사법」 제2조제1호에 따른 부동산투자회사(이하 "부동산투자회사"라 한다) 또는 「간접투자자산 운용업법」 제27조제3호에 따른 부동산간접투자기구가 2008년 1월 1일부터 2008년 12월 31일까지 취득 및 임대하는 매입임대주택으로서 다음 각 목의 요건을 모두 갖춘 주택이 5호 이상인 경우의 그 주택(2023.9.5 본문개정)
가. 전용면적이 149제곱미터 이하로서 2008년도 과세기준일의 공시가격이 9억원 이하일 것(2021.2.17 본목개정)
나. 10년 이상 계속하여 임대하는 것일 것
다. 수도권 밖의 지역에 위치할 것(2011.3.31 본목개정)
(2008.2.22 본호신설)
6. 매입임대주택[미분양주택(「주택법」 제54조에 따른 사업주체가 같은 조에 따라 공급하는 주택으로서 입주자모집공고에 따른 입주자의 계약일이 지난 주택단지에서 2008년 6월 10일까지 분양계약이 체결되지 아니하여 선착순의 방법으로 공급하는 주택을 말한다. 이하 이 조에서 같다)으로서 2008년 6월 11일부터

2009년 6월 30일까지 최초로 분양계약을 체결하고 계약금을 납부한 주택에 한정한다]으로서 다음 각 목의 요건을 모두 갖춘 주택. 이 경우 가목부터 다목까지의 요건을 모두 갖춘 매입임대주택(이하 이 조에서 "미분양매입임대주택"이라 한다)이 5호 이상이거나 제3호에 따른 매입임대주택이 5호 이상이거나 제3호에 따른 매입임대주택이 2호 이상이거나 제5호에 따른 임대주택이 5호 이상인 경우에는 제2호·제3호 또는 제5호에 따른 매입임대주택과 미분양매입임대주택을 합산하여 5호 이상(제3호에 따른 매입임대주택과 합산하는 경우에는 그 미분양매입임대주택이 같은 특별시·광역시 또는 도 안에 있는 경우에 한정한다)을 말한다)이어야 한다.(2020.10.7 후단개정)

가. 전용면적이 149제곱미터 이하로서 5호 이상의 주택의 임대를 개시한 날(5호 이상의 주택의 임대를 개시한 날 이후 임대를 개시한 주택의 경우에는 그 주택의 임대개시일을 말한다) 또는 최초로 제9항에 따른 합산배제신고를 한 연도의 과세기준일의 공시가격이 3억원 이하일 것. 다만, 다음의 어느 하나에 해당하는 주택은 제외한다.(2020.10.7 단서신설)

1) 2020년 7월 11일 이후 종전의 「민간임대주택에 관한 특별법」(법률 제17482호 민간임대주택에 관한 특별법 일부개정법률로 개정되기 전의 것을 말한다. 이하 이 항에서 같다) 제5조제1항에 따라 등록 신청(같은 조 제3항에 따라 임대할 주택을 추가하기 위한 등록사항의 변경신고를 포함한다. 이하 이 항에서 같다)한 같은 법 제2조제6호에 따른 단기민간임대주택(2020.10.7 신설)

2) 2020년 7월 11일 이후 종전의 「민간임대주택에 관한 특별법」 제5조제1항에 따라 등록 신청한 같은 법 제2조제5호에 따른 장기일반민간임대주택 중 아파트를 임대하는 민간매입임대주택(2020.10.7 신설)

3) 종전의 「민간임대주택에 관한 특별법」 제2조제6호에 따른 단기민간임대주택으로서 2020년 7월 11일 이후 같은 법 제5조제3항에 따라 같은 법 제2조제4호에 따른 공공지원민간임대주택 또는 같은 조 제5호에 따른 장기일반민간임대주택으로 변경 신고한 주택(2020.10.7 신설)

나. 5년 이상 계속하여 임대하는 것일 것

다. 수도권 밖의 지역에 위치할 것(2009.2.4 본목개정)

라. 해당 주택을 보유한 납세의무자가 법 제8조제3항에 따른 신고와 함께 시장·군수 또는 구청장이 발행한 미분양주택 확인서 사본 및 미분양주택 매입 시의 매매계약서 사본을 제출할 것(2020.10.7 본목개정)

(2008.7.24 본호신설)

7. 건설임대주택 중 「민간임대주택에 관한 특별법」 제2조제4호에 따른 공공지원민간임대주택 또는 같은 조 제5호에 따른 장기일반민간임대주택(이하 이 조에서 "장기일반민간임대주택등"이라 한다)으로서 다음 각 목의 요건을 모두 갖춘 주택이 2호 이상인 경우 그 주택. 다만, 종전의 「민간임대주택에 관한 특별법」 제2조제6호에 따른 단기민간임대주택으로서 2020년 7월 11일 이후 같은 법 제5조제3항에 따라 같은 법 제2조제4호에 따른 공공지원민간임대주택 또는 같은 조 제5호에 따른 장기일반민간임대주택으로 변경신고한 주택은 제외한다.(2020.10.7 단서신설)

가. 전용면적이 149제곱미터 이하로서 2호 이상의 주택의 임대를 개시한 날(2호 이상의 주택의 임대를 개시한 날 이후 임대를 개시한 주택의 경우에는 그 주택의 임대개시일을 말한다) 또는 최초로 제9항에 따른 합산배제신고를 한 연도의 과세기준일의 공시가격이 9억원 이하일 것(2021.2.17 본목개정)

나. 10년 이상 계속하여 임대하는 것일 것. 이 경우 임대기간을 계산할 때 「민간임대주택에 관한 특별법」 제5조제3항에 따라 같은 법 제2조제6호의 단기민간임대주택을 장기일반민간임대주택등으로 변경 신고한 경우에는 제7항제1호에도 불구하고 같은 법 시행령 제34조제1항제3호에 따른 시점부터 그 기간을 계산한다.(2020.10.7 전단개정)

다. 임대료등의 증가율이 100분의 5를 초과하지 않을 것. 이 경우 임대료등 증액 청구는 임대차계약의 체결 또는 약정한 임대료등의 증액이 있은 후 1년 이내에는 하지 못하고, 임대사업자가 임대료등의 증액을 청구하면서 임대보증금과 월임대료를 상호 간에 전환하는 경우에는 「민간임대주택에 관한 특별법」 제44조제4항에 따라 정한 기준을 준용한다.(2020.2.11 본목개정)

8. 매입임대주택 중 장기일반민간임대주택등으로서 가목1)부터 3)까지의 요건을 모두 갖춘 주택. 다만, 나목1)부터 4)까지에 해당하는 주택의 경우는 제외한다.(2020.10.7 단서개정)

가. 적용요건

1) 해당 주택의 임대개시일 또는 최초로 제9항에 따른 합산배제신고를 한 연도의 과세기준일의 공시가격이 6억원(수도권 밖의 지역인 경우에는 3억원) 이하일 것

2) 10년 이상 계속하여 임대하는 것일 것. 이 경우 임대기간을 계산할 때 「민간임대주택에 관한 특별법」 제5조제3항에 따라 같은 법 제2조제6호의 단기민간임대주택을 장기일반민간임대주택으로 변경 신고한 경우에는 제7항제1호에도 불구하고 같은 법 시행령 제34조제1항제3호에 따른 시점부터 그 기간을 계산한다.(2020.10.7 전단개정)

3) 임대료등의 증가율이 100분의 5를 초과하지 않을 것. 이 경우 임대료등 증액 청구는 임대차계약의 체결 또는 약정한 임대료등의 증액이 있은 후 1년 이내에는 하지 못하고, 임대사업자가 임대료등의 증액을 청구하면서 임대보증금과 월임대료를 상호 간에 전환하는 경우에는 「민간임대주택에 관한 특별법」 제44조제4항에 따라 정한 기준을 준용한다.

나. 제외되는 주택

1) 1세대가 국내에 1주택 이상을 보유한 상태에서 세대원이 새로 취득(제7항제2호 또는 제7호에 따라 임대기간이 합산되는 경우의 취득은 제외한다)한 조정대상지역(「주택법」 제63조의2제1항제1호에 따른 조정대상지역을 말한다. 이하 같다)에 있는 「민간임대주택에 관한 특별법」 제2조제5호에 따른 장기일반민간임대주택[조정대상지역의 공고가 있은 날 이전에 주택(주택을 취득할 수 있는 권리를 포함한다)을 취득하거나 취득하기 위하여 매매계약을 체결하고 계약금을 지급한 사실이 증빙서류에 의하여 확인되는 경우는 제외한다]

2) 법인 또는 법인으로 보는 단체가 조정대상지역의 공고가 있은 날(이미 공고된 조정대상지역의 경우 2020년 6월 17일을 말한다)이 지난 후에 사업자등록등을 신청(임대할 주택을 추가하기 위한 등록사항의 변경신고를 포함하며, 제7항제7호에 따라 임대기간이 합산되는 경우에는 멸실된 주택에 대한 신청을 말한다)한 조정대상지역에 있는 「민간임대주택에 관한 특별법」 제2조제5호에 따른 장기일반민간임대주택

3) 2020년 7월 11일 이후 종전의 「민간임대주택에 관한 특별법」 제5조제1항에 따라 등록 신청한 같은 법 제2조제5호에 따른 장기일반민간임대주택 중 아파트를 임대하는 민간매입임대주택(2020.10.7 신설)

4) 종전의 「민간임대주택에 관한 특별법」 제2조제6호에 따른 단기민간임대주택으로서 2020년 7월 11일 이후 같은 법 제5조제3항에 따라 같은 법 제2조제4호에 따른 공공지원민간임대주택 또는 같은 조 제5호에 따른 장기일반민간임대주택으로 변경신고한 주택(2020.10.7 신설)
(2020.8.7 본호개정)
9. 제1호에 해당하는 공공건설임대주택 또는 제2호에 해당하는 공공매입임대주택 중 「공공주택 특별법 시행령」 제2조제1항제5호에 따른 분양전환공공임대주택으로서 같은 영 제54조에 따른 임대의무기간이 만료된 후 분양전환이 이루어지지 않은 주택(임대의무기간 만료일의 다음 날부터 2년 이내인 경우로 한정한다)(2023.9.5 본호신설)
② 법 제8조제2항제1호에서 "대통령령으로 정하는 다가구 임대주택"이란 임대사업자로서 사업자등록을 한 자가 임대하는 「건축법 시행령」 별표1 제1호다목에 따른 다가구주택(이하 이 조에서 "다가구주택"이라 한다)을 말한다.(2020.8.7 본항개정)
③~④ (2020.2.11 삭제)
⑤ 제1항제1호, 제6호 및 제7호를 적용할 때 임대주택의 수(數)는 같은 특별시·광역시 또는 도에 소재하는 주택별로 각각 합산하여 계산한다.(2018.2.13 본항개정)
⑥ 제1항의 규정을 적용함에 있어서 다가구주택은 「지방세법 시행령」 제112조에 따른 1구를 1호의 주택으로 본다.(2010.9.20 본항개정)
⑦ 제1항을 적용할 때 합산배제 임대주택의 임대기간의 계산은 다음 각 호에 따른다.(2009.2.4 본문개정)
1. 제1항제1호나목, 같은 항 제3호나목 및 같은 항 제7호나목에 따른 임대기간은 임대사업자로서 2호 이상의 주택의 임대를 개시한 날(2호 이상의 주택의 임대를 개시한 날 이후 임대를 개시한 주택의 경우에는 그 주택의 임대개시일을 말한다)부터, 제1항제2호나목 및 같은 항 제8호가목2)에 따른 임대기간은 임대사업자로서 해당 주택의 임대를 개시한 날부터, 제1항제5호나목 및 같은 항 제6호나목에 따른 임대기간은 임대사업자로서 5호 이상의 주택의 임대를 개시한 날(5호 이상의 주택의 임대를 개시한 날 이후 임대를 개시한 주택의 경우에는 그 주택의 임대개시일을 말한다)부터 계산한다.(2020.8.7 본호개정)
2. 상속으로 인하여 피상속인의 합산배제 임대주택을 취득하여 계속 임대하는 경우에는 당해 피상속인의 임대기간을 상속인의 임대기간에 합산한다.
3. 합병·분할 또는 조직변경을 한 법인(이하 이 조에서 "합병법인등"이라 한다)이 합병·분할 또는 조직변경전의 법인(이하 이 조에서 "피합병법인등"이라 한다)의 합산배제 임대주택을 취득하여 계속 임대하는 경우에는 당해 피합병법인등의 임대기간을 합병법인등의 임대기간에 합산한다.
4. 기존 임차인의 퇴거일부터 다음 임차인의 입주일까지의 기간이 2년 이내인 경우에는 계속 임대하는 것으로 본다.(2011.6.3 본호개정)
5. 다음 각 목의 어느 하나에 해당하는 사유로 제1항 각 호(제4호는 제외한다. 이하 이 조에서 같다)의 주택이 같은 항의 요건을 충족하지 못하게 되는 때에는 제1호에 따른 기산일부터 제1항 각 호의 나목에 따른 기간이 되는 날까지는 각각 해당 사유로 임대하지 못하는 주택에 한하여 계속 임대하는 것으로 본다.
(2018.2.13 본문개정)
가. 「공익사업을 위한 토지 등의 취득 및 보상에 관한 법률」이나 그 밖의 법률에 따른 협의매수 또는 수용
나. 건설임대주택으로서 「공공주택 특별법 시행령」 제54조제2항제2호에 따른 임차인에 대한 분양전환(2015.12.28 본목개정)

다. 천재·지변, 그 밖에 이에 준하는 사유의 발생
(2007.8.6 본호개정)
6. 제1항제1호 및 같은 항 제7호에 해당하는 건설임대주택은 제1호에도 불구하고 「건축법」 제22조에 따른 사용승인을 받은 날 또는 「주택법」 제49조에 따른 사용검사 후 사용검사필증을 받은 날부터 「민간임대주택에 관한 특별법」 제43조 또는 「공공주택 특별법」 제50조의2에 따른 임대의무기간의 종료일까지의 기간(해당 주택을 보유한 기간에 한정한다) 동안은 계속 임대하는 것으로 본다.(2018.2.13 본호개정)
7. 「도시 및 주거환경정비법」에 따른 재개발사업·재건축사업 또는 「빈집 및 소규모주택 정비에 관한 특례법」에 따른 소규모주택정비사업에 따라 당초의 합산배제 임대주택이 멸실되어 새로운 주택을 취득하게 된 경우에는 멸실된 주택의 임대기간과 새로 취득한 주택의 준공일부터 6개월 이내에 임대를 개시해야 한다.(2020.2.11 본호개정)
7의2. 「주택법」에 따른 리모델링을 하는 경우에는 해당 주택의 같은 법에 따른 허가일 또는 사업계획승인일 전의 임대기간과 준공일 후의 임대기간을 합산한다. 이 경우 준공일부터 6개월 이내에 임대를 개시해야 한다.(2020.2.11 본호신설)
8. 공공주택사업자가 소유한 임대주택의 경우 제1호 및 제4호에도 불구하고 다음 각 목의 주택별로 규정한 기간 동안 계속 임대하는 것으로 본다.(2023.9.5 본문개정)
가. 제1항제2호에 해당하는 공공매입임대주택 : 취득일부터 「공공주택 특별법」 제50조의2에 따른 임대의무기간의 종료일까지의 기간(해당 주택을 보유한 기간에 한정한다)
나. 제1항제3호에 해당하는 임대주택 : 최초 임대를 개시한 날부터 양도일까지의 기간
(2019.2.12 본호신설)
⑧ 제1항을 적용할 때 같은 항 제1호다목, 같은 항 제2호다목, 같은 항 제7호다목 및 같은 항 제8호가목3)의 요건을 충족하지 않게 된 때에는 해당 과세연도를 포함하여 연속하는 2개 과세연도까지는 합산배제 임대주택에서 제외한다.(2020.8.7 본항개정)
⑨ 법 제8조제2항제1호에 따른 주택을 보유한 자가 합산배제 임대주택의 규정을 적용받으려는 때에는 기획재정부령으로 정하는 임대주택 합산배제 신고서에 따라 신고하여야 한다. 다만, 최초의 합산배제 신고를 한 연도의 다음 연도부터는 그 신고한 내용 중 기획재정부령으로 정하는 사항에 변동이 없는 경우에는 신고하지 아니할 수 있다.(2008.2.29 본항개정)
⑩ 제7항제7호 및 제7호의2에 따라 주택의 임대기간의 합산을 받으려는 자는 주택이 멸실(리모델링의 경우에는 허가일 또는 사업계획승인일)된 후에 최초로 도래하는 과세기준일이 속하는 과세연도의 법 제8조제3항에 따른 기간에 기획재정부령으로 정하는 서류를 관할세무서장에게 제출해야 한다.(2020.2.11 본항신설)

제4조【합산배제 사원용주택등】 ① 법 제8조제2항제1호 전단에서 "대통령령으로 정하는 주택"이란 다음 각 호의 주택(이하 "합산배제 사원용주택등"이라 한다)을 말한다.(2022.2.15 본문개정)
1. 종업원에게 무상이나 저가로 제공하는 사용자 소유의 주택으로서 국민주택규모 이하이거나 과세기준일 현재 공시가격이 6억원 이하인 주택. 다만, 다음 각목의 어느 하나에 해당하는 종업원에게 제공하는 주택을 제외한다.(2023.2.28 본문개정)
가. 사용자가 개인인 경우에는 그 사용자와의 관계에 있어서 「국세기본법 시행령」 제1조의2제1항 각 호

의 어느 하나에 해당하는 친족관계에 해당하는 자
(2023.2.28 본목개정)
나. 사용자가 법인인 경우에는 「국세기본법」 제39조
제2호에 따른 과점주주(2012.2.2 본목개정)
2. 「건축법 시행령」 별표1 제2호라목의 기숙사
3. 과세기준일 현재 사업자등록을 한 다음 각목의 어느
하나에 해당하는 자가 건축하여 소유하는 주택으로
서 기획재정부령이 정하는 미분양 주택(2008.2.29 본
문개정)
가. 「주택법」 제15조에 따른 사업계획승인을 얻은 자
(2016.8.11 본목개정)
나. 「건축법」 제11조에 따른 허가를 받은 자
(2008.10.29 본목개정)
4. 다음 각 목의 어린이집으로 사용하는 주택으로서 세
대원이 「소득세법」 제168조제5항에 따른 고유번호를
부여받은 후 과세기준일 현재 5년(각 목의 어린이집
을 상호 전환하여 운영하는 경우에는 전환하기 전의
운영기간을 포함하며, 이하 "의무운영기간"이라 한
다) 이상 계속하여 어린이집으로 운영하는 주택(이하
"어린이집용 주택"이라 한다)
가. 세대원이 「영유아보육법」 제13조제1항에 따라 시
장·군수 또는 구청장(자치구의 구청장을 말한다)
의 인가를 받은 국공립어린이집 외의 어린이집
나. 세대원이 「영유아보육법」 제24조제2항에 따라 운
영을 위탁받은 국공립어린이집
(2022.2.15 본호개정)
5. 주택의 시공자가 제3호가목 또는 나목의 자로부터
해당 주택의 공사대금으로 받은 제3호에 따른 미분양
주택(해당 주택을 공사대금으로 받은 날 이후 해당
주택의 주택분 재산세의 납세의무가 최초로 성립한
날부터 5년이 경과하지 않은 주택으로 한정한다)
(2022.8.2 본호개정)
6. (2012.2.2 삭제)
7. 「정부출연연구기관 등의 설립·운영 및 육성에 관한
법률」에 따른 연구기관 등 기획재정부령으로 정하는
정부출연연구기관이 해당 연구기관의 연구원에게 제
공하는 주택으로서 2008년 12월 31일 현재 보유하고
있는 주택(2009.2.4 본호신설)
8. 「문화재보호법」에 따른 등록문화재(2022.2.15 본호
개정)
9. 다음 각 호의 요건을 모두 갖춘 「부동산투자회사법」
제2조제1호다목에 따른 기업구조조정부동산투자회
사 또는 「자본시장과 금융투자업에 관한 법률」 제229
조제2호에 따른 부동산집합투자기구(이하 이 항에서
"기업구조조정부동산투자회사등"이라 한다)가 2010
년 2월 11일까지 직접 취득(2010년 2월 11일까지 매
매계약을 체결하고 계약금을 납부한 경우를 포함한
다)을 하는 미분양주택(「주택법」 제54조에 따른 사업
주체가 같은 조에 따라 공급하는 주택으로서 입주자
모집공고에 따른 입주자의 계약일이 지나 선착순의
방법으로 공급하는 주택을 말한다. 이하 이 항에서 같
다)(2016.8.11 본문개정)
가. 취득하는 부동산이 모두 서울특별시 밖의 지역(「소
득세법」 제104조의2에 따른 지정지역은 제외한다.
이하 이 조에서 같다)에 있는 미분양주택으로서 그
중 수도권 밖의 지역에 있는 주택수의 비율이 100분
의 60 이상일 것(2009.9.29 본목개정)
나. 존립기간이 5년 이내일 것
(2009.4.21 본호신설)
10. 제9호, 제14호 또는 제16호에 따라 기업구조조정부
동산투자회사등이 미분양주택을 취득할 당시 매입약
정을 체결한 자가 그 매입약정에 따라 미분양주택(제
14호의 경우에는 수도권 밖의 지역에 있는 미분양주

택만 해당한다)을 취득한 경우로서 그 취득일부터 3년
이내인 주택(2011.6.3 본호개정)
11. 다음 각 목의 요건을 모두 갖춘 신탁계약에 따른 신
탁재산으로 「자본시장과 금융투자업에 관한 법률」에
따른 신탁업자(이하 이 호에서 "신탁업자"라 한다)가
2010년 2월 11일까지 직접 취득(2010년 2월 11일까지
매매계약을 체결하고 계약금을 납부한 경우를 포함
한다)을 하는 미분양주택(2009.12.31 본문개정)
가. 주택의 시공자(이 조에서 "시공자"라 한다)
가 채권을 발행하여 조달한 금전을 신탁업자에게
신탁하고, 해당 시공자가 발행하는 채권을 「한국주
택금융공사법」에 따른 한국주택금융공사의 신용보
증을 받아 「자산유동화에 관한 법률」에 따라 유동
화 할 것
나. 신탁업자가 신탁재산으로 취득하는 부동산은 모
두 서울특별시 밖의 지역에 있는 미분양주택(「주택
도시기금법」에 따른 주택도시보증공사가 분양보증
을 하여 준공하는 주택만 해당한다)으로서 그 중 수
도권 밖의 지역에 있는 주택수의 비율(신탁업자가
다수의 시공자로부터 금전을 신탁받은 경우에는 해
당 신탁업자가 신탁재산으로 취득한 전체 미분양주
택을 기준으로 한다)이 100분의 60 이상일 것
(2015.6.30 본목개정)
다. 신탁재산의 운용기간(신탁계약이 연장되는 경우
그 연장되는 기간을 포함한다)이 5년 이내일 것
(2009.9.29 본호개정)
12. 「노인복지법」 제32조제1항제3호에 따른 노인복지
주택을 같은 법 제33조제2항에 따라 설치한 자가 소
유한 해당 노인복지주택(2009.12.31 본호신설)
13. 「향교재산법」에 따른 향교 또는 향교재단이 소유한
주택의 부속토지(주택의 건물과 부속토지의 소유자
가 다른 경우의 그 부속토지를 말한다)
(2009.12.31 본호신설)
14. 다음 각 목의 요건을 모두 갖춘 기업구조조정부동
산투자회사등이 2011년 4월 30일까지 직접 취득(2011
년 4월 30일까지 매매계약을 체결하고 계약금을 납부
한 경우를 포함한다)하는 수도권 밖의 지역에 있는
미분양주택
가. 취득하는 부동산이 모두 서울특별시 밖의 지역에
있는 2010년 2월 11일 현재 미분양주택으로서 그 중
수도권 밖의 지역에 있는 주택수의 비율이 100분의
50 이상일 것
나. 존립기간이 5년 이내일 것
15. 다음 각 목의 요건을 모두 갖춘 신탁계약에 따른 신
탁재산으로 「자본시장과 금융투자업에 관한 법률」에
따른 신탁업자(이하 이 호에서 "신탁업자"라 한다)가
2011년 4월 30일까지 직접 취득(2011년 4월 30일까지
매매계약을 체결하고 계약금을 납부한 경우를 포함
한다)하는 수도권 밖의 지역에 있는 미분양주택
가. 시공자가 채권을 발행하여 조달한 금전을 신탁업
자에게 신탁하고, 해당 시공자가 발행하는 채권을
「한국주택금융공사법」에 따른 한국주택금융공사의
신용보증을 받아 「자산유동화에 관한 법률」에 따라
유동화할 것
나. 신탁업자가 신탁재산으로 취득하는 부동산은 모두
서울특별시 밖의 지역에 있는 2010년 2월 11일 현재
미분양주택(「주택도시기금법」에 따른 주택도시보증
공사가 분양보증을 하여 준공하는 주택만 해당한다)
으로서 그 중 수도권 밖의 지역에 있는 주택수의 비
율(신탁업자가 다수의 시공자로부터 금전을 신탁받
은 경우에는 해당 신탁업자가 신탁재산으로 취득한
전체 미분양주택을 기준으로 한다)이 100분의 50 이
상일 것(2015.6.30 본목개정)

다. 신탁재산의 운용기간(신탁계약이 연장되는 경우 그 연장되는 기간을 포함한다)은 5년 이내일 것 (2010.6.8 14호~15호신설)
16. 다음 각 목의 요건을 모두 갖춘 기업구조조정부동산투자회사등이 2014년 12월 31일까지 직접 취득(2014년 12월 31일까지 매매계약을 체결하고 계약금을 납부한 경우를 포함한다)하는 미분양주택 (2014.2.21 본문개정)
  가. 취득하는 부동산이 모두 미분양주택일 것
  나. 존립기간이 5년 이내일 것
17. 다음 각 목의 요건을 모두 갖춘 신탁계약에 따른 신탁재산으로 「자본시장과 금융투자업에 관한 법률」에 따른 신탁업자(이하 이 호에서 "신탁업자"라 한다)가 2012년 12월 31일까지 직접 취득(2012년 12월 31일까지 매매계약을 체결하고 계약금을 납부한 경우를 포함한다)하는 미분양주택(「주택도시기금법」에 따른 주택도시보증공사가 분양보증을 하여 준공하는 주택만 해당한다)(2015.6.30 본문개정)
  가. 시공자가 채권을 발행하여 조달한 금전을 신탁업자에게 신탁하고, 해당 시공자가 발행하는 채권을 「한국주택금융공사법」에 따른 한국주택금융공사의 신용보증을 받아 「자산유동화에 관한 법률」에 따라 유동화할 것
  나. 신탁재산의 운용기간(신탁계약이 연장되는 경우 그 연장되는 기간을 포함한다)이 5년 이내일 것 (2011.6.3 16호~17호신설)
18. 「송・변전설비 주변지역의 보상 및 지원에 관한 법률」 제5조에 따른 주택매수의 청구에 따라 사업자가 취득하여 보유하는 주택(2015.11.30 본호신설)
19. 「주택도시기금법」 제3조에 따른 주택도시기금(이하 "주택도시기금"이라 한다)과 「한국토지주택공사법」에 따라 설립된 한국토지주택공사가 공동으로 출자하여 설립한 부동산투자회사 또는 기획재정부령으로 정하는 기관이 매입하는 주택으로서 다음 각 목의 요건을 모두 갖춘 주택(2023.9.5 본문개정)
  가. 매입 시점에 거주자가 거주하고 있는 주택으로서 해당 주택 외에 거주자가 속한 세대가 보유하고 있는 주택이 없을 것
  나. 해당 거주자에게 매입한 주택을 5년 이상 임대하고 임대기간 종료 후에 그 주택을 재매입할 수 있는 권리를 부여할 것
  다. 매입 당시 해당 주택의 공시가격이 5억원 이하일 것 (2018.2.13 본호신설)
20. 「주택법」 제2조제9호에 따른 토지임대부 분양주택의 부속토지(2021.2.17 본호신설)
21. 다음 각 목의 자가 주택건설사업을 위하여 멸실시킬 목적으로 취득하여 그 취득일부터 3년 이내에 멸실시키는 주택(기획재정부령으로 정하는 정당한 사유로 3년 이내에 멸실시키지 못한 주택을 포함한다)
  가. 공공주택사업자(2023.9.5 본목개정)
  나. 「도시 및 주거환경정비법」 제24조부터 제28조까지의 규정에 따른 사업시행자
  다. 「도시재생 활성화 및 지원에 관한 특별법」 제44조에 따라 지정된 혁신지구재생사업의 시행자
  라. 「빈집 및 소규모주택 정비에 관한 특례법」 제17조, 제18조 및 제19조에 따른 사업시행자
  마. 「주택법」에 따른 주택조합 및 같은 법 제4조제1항 본문에 따라 등록한 주택건설사업자(같은 항 단서에 해당하여 등록하지 않은 자를 포함한다) (2022.2.15 본호신설)
22. 제3조제1항제1호에 해당하는 공공건설임대주택 또는 같은 항 제2호에 해당하는 공공매입임대주택의 부속토지(주택의 건물과 부속토지의 소유자가 다른 경우의 그 부속토지를 말한다)(2023.9.5 본호신설)
23. 제3조제1항제7호 또는 제8호에 해당하는 장기일반민간임대주택등의 부속토지(주택의 건물과 부속토지의 소유자가 다른 경우의 그 부속토지를 말한다)로서 그 소유자가 다음 각 목의 어느 하나에 해당하는 부속토지
  가. 공공주택사업자
  나. 공공주택사업자 또는 주택도시기금이 단독 또는 공동으로 직접 출자하여 설립하고 출자지분의 전부를 소유하고 있는 부동산투자회사 (2023.9.5 본호신설)
24. 「전통사찰의 보존 및 지원에 관한 법률」 제2조제3호에 따른 전통사찰보존지 내 주택의 부속토지(주택의 건물과 부속토지의 소유자가 다른 경우의 그 부속토지를 말한다)로서 그 연간 사용료가 해당 부속토지 공시가격의 1천분의 20 이하인 부속토지(2023.9.5 본호신설)
② 다음 각 호에 해당하는 경우에는 어린이집용 주택의 의무운영기간을 충족하는 것으로 본다.
1. 어린이집용 주택의 소유자 또는 어린이집을 운영하던 세대원이 사망한 경우
2. 어린이집용 주택이 「공익사업을 위한 토지 등의 취득 및 보상에 관한 법률」 또는 그 밖의 법률에 따라 협의매수 또는 수용된 경우
3. 그 밖에 천재・지변 등 기획재정부령으로 정하는 부득이한 사유로 더 이상 어린이집을 운영할 수 없는 경우 (2022.2.15 본항개정)
③ 다음 각 호에 해당하는 경우에는 계속하여 어린이집을 운영하는 것으로 본다.
1. 어린이집용 주택에서 이사하여 입주한 주택을 3개월 이내에 어린이집으로 운영하는 경우
2. 어린이집용 주택의 소유자 또는 어린이집을 운영하던 세대원의 사망으로 어린이집을 운영하지 않은 기간이 3개월 이내인 경우 (2022.2.15 본항개정)
④ 제8조제2항제2호에 따른 주택(제1항제13호에 해당하는 주택은 제외한다)을 보유한 자가 합산배제 사원용주택등의 규정을 적용받으려는 때에는 기획재정부령으로 정하는 사원용주택등 합산배제 신고서에 따라 신고해야 한다. 다만, 최초의 합산배제 신고를 한 연도의 다음 연도부터는 그 신고한 내용 중 기획재정부령으로 정하는 사항에 변동이 없는 경우에는 신고하지 않을 수 있다.(2022.2.15 본항개정)
(2014.2.21 본조제목개정)

제4조의2【1세대 1주택자의 범위】 ① 법 제8조제4항제2호에서 "대통령령으로 정하는 경우"란 1세대 1주택자가 보유하고 있는 주택을 양도하기 전에 다른 주택(이하 이 항에서 "신규주택"이라 한다)을 취득(자기가 건설하여 취득하는 경우를 포함한다)하여 2주택이 된 경우로서 과세기준일 현재 신규주택을 취득한 날부터 3년이 경과하지 않은 경우를 말한다.(2023.2.28 본항개정)
② 법 제8조제4항제3호에서 "대통령령으로 정하는 주택"이란 상속을 원인으로 취득한 주택(「소득세법」 제88조제9호에 따른 조합원입주권 또는 같은 조 제10호에 따른 분양권을 상속받아 사업시행 완료 후 취득한 신축주택을 포함한다)으로서 다음 각 호의 어느 하나에 해당하는 주택을 말한다.
1. 과세기준일 현재 상속개시일부터 5년이 경과하지 않은 주택
2. 지분율이 100분의 40 이하인 주택

3. 지분율에 상당하는 공시가격이 6억원(수도권 밖의 지역에 소재하는 주택의 경우에는 3억원) 이하인 주택
③ 법 제8조제4항제4호에서 "대통령령으로 정하는 지방 저가주택"이란 다음 각 호의 요건을 모두 충족하는 1주택을 말한다.
1. 공시가격이 3억원 이하일 것
2. 다음 각 목의 어느 하나에 해당하는 지역에 소재하는 주택일 것
  가. 수도권 밖의 지역 중 광역시 및 특별자치시가 아닌 지역
  나. 수도권 밖의 지역 중 광역시에 소속된 군
  다. 「세종특별자치시 설치 등에 관한 특별법」 제6조제3항에 따른 읍·면
  라. 서울특별시를 제외한 수도권 중 「지방자치분권 및 지역균형발전에 관한 특별법」 제2조제9호에 따른 인구감소지역이면서 「접경지역 지원 특별법」 제2조제1호에 따른 접경지역에 해당하는 지역으로서 부동산 가격의 동향 등을 고려하여 기획재정부령으로 정하는 지역(2023.7.7 본목개정)
  (2023.2.28 본호개정)
④ 법 제8조제5항에 따라 1세대 1주택자의 적용을 신청하려는 납세의무자는 기획재정부령으로 정하는 신청서를 관할세무서장에게 제출해야 한다.
⑤ 법 제8조제5항에 따른 신청을 한 납세의무자는 최초의 신청을 한 연도의 다음 연도부터는 그 신청 사항에 변동이 없으면 신청하지 않을 수 있다.
(2022.9.23 본조신설)

제4조의3 【주택분 종합부동산세에서 공제되는 재산세액의 계산】 ① 법 제9조제1항 및 제2항에 따른 주택분 종합부동산세액(이하 "주택분 종합부동산세액"이라 한다)에서 같은 조 제3항에 따라 공제하는 주택분 과세표준 금액에 대한 주택분 재산세로 부과된 세액은 다음 계산식에 따라 계산한 금액으로 한다.

「지방세법」 제112조제1항제1호에 따라 주택분 재산세로 부과된 세액의 합계액	×	(법 제8조제1항에 따른 주택분 종합부동산세의 과세표준 × 「지방세법 시행령」 제109조제2호에 따른 공정시장가액비율) × 「지방세법」 제111조제1항제3호에 따른 표준세율 주택을 합산하여 주택분 재산세 표준세율로 계산한 재산세 상당액

(2022.9.23 본항개정)
② (2021.2.17 삭제)
③ 법 제9조제1항 및 제2항에 따라 주택분 종합부동산세액을 계산할 때 적용해야 하는 주택 수는 다음 각 호에 따라 계산한다.(2022.9.23 본문개정)
1. 1주택을 여러 사람이 공동으로 소유한 경우 공동 소유자 각자가 그 주택을 소유한 것으로 본다.(2022.2.15 단서삭제)
  가.~나. (2022.2.15 삭제)
2. 「건축법 시행령」 별표1 제1호다목에 따른 다가구주택은 1주택으로 본다.
3. 다음 각 목의 주택은 주택 수에 포함하지 않는다. (2022.2.15 본문개정)
  가. 제3조제2항 각 호 및 제4조제1항 각 호에 해당하는 주택(2022.2.15 본목신설)
  나. 상속을 원인으로 취득한 주택(「소득세법」 제88조제9호에 따른 조합원입주권 또는 같은 조 제10호에 따른 분양권을 상속받아 사업시행 완료 후 취득한 신축주택을 포함한다)으로서 다음의 어느 하나에 해당하는 주택
    1) 과세기준일 현재 상속개시일부터 5년이 경과하지 않은 주택

2) 지분율이 100분의 40 이하인 주택
3) 지분율에 상당하는 공시가격이 6억원(수도권 밖의 지역에 소재한 주택의 경우에는 3억원) 이하인 주택
  (2022.9.23 본목개정)
  다. 토지의 소유권 또는 지상권 등 토지를 사용할 수 있는 권원이 없는 자가 「건축법」 등 관계 법령에 따른 허가 등을 받지 않거나 신고를 하지 않고 건축하여 사용 중인 주택(주택을 건축한 자와 사용 중인 자가 다른 주택을 포함한다)의 부속토지(2022.8.2 본목신설)
  라. 법 제8조제4항제2호에 따라 1세대 1주택자로 보는 자가 소유한 제4조의2제1항에 따른 신규주택
  마. 법 제8조제4항제4호에 따라 1세대 1주택자로 보는 자가 소유한 제4조의2제3항에 따른 지방 저가주택
  (2022.9.23 라목~마목신설)
  (2019.2.12 본항신설)
④ 제3항제3호나목 또는 다목을 적용받으려는 자는 법 제8조제3항에 따른 주택의 보유현황 신고기간에 기획재정부령으로 정하는 서류를 관할세무서장에게 제출해야 한다. 다만, 최초로 제출한 연도의 다음 연도부터는 그 제출 사항에 변동이 없으면 제출하지 않을 수 있다. (2023.9.5 단서신설)
⑤ 주택분 재산세 표준세율의 적용 등 제1항에 따른 계산에 필요한 사항은 기획재정부령으로 정한다. (2015.11.30 본조개정)

제4조의4 【일반 누진세율이 적용되는 법인 등】 ① 법 제9조제2항제1호에서 "대통령령으로 정하는 경우"란 납세의무자가 다음 각 호의 법인 또는 법인으로 보는 단체인 경우를 말한다.(2023.9.5 본문개정)
1. 공공주택사업자(「공공주택 특별법」 제4조제1항 각 호에 해당하는 자로 한정한다)(2023.9.5 본호개정)
2. (2023.9.5 삭제)
3. 「주택법」 제2조제11호의 주택조합
4. 「도시 및 주거환경정비법」 제24조부터 제28조까지 및 「빈집 및 소규모주택 정비에 관한 특례법」 제17조부터 제19조까지의 규정에 따른 사업시행자
5. 「민간임대주택에 관한 특별법」 제2조제2호의 민간건설임대주택을 2호 이상 보유하고 있는 임대사업자로서 해당 민간건설임대주택과 다음 각 목에서 정하는 주택만을 보유한 경우
  가. 법 제6조제1항에 따라 재산세 비과세 규정을 준용하는 주택 및 「지방세법」 제109조에 따라 재산세 비과세 대상이 되는 주택
  나. 「공공주택 특별법」 제2조제1호가목에 따른 공공임대주택
  다. 제4조제1항 각 호의 어느 하나에 해당하는 주택
5의2. 「도시개발법」 제21조의3제1항에 따라 임대주택을 건설·공급해야 하는 사업시행자나 「도시재정비 촉진을 위한 특별법」 제30조제4항 또는 제31조에 따라 임대주택을 건설·공급해야 하는 사업시행자로서 「민간임대주택에 관한 특별법」 제2조제2호의 민간건설임대주택 2호 이상과 다음 각 목의 주택만을 보유한 경우
  가. 법 제6조제1항에 따라 재산세 비과세 규정을 준용하는 주택 및 「지방세법」 제109조에 따라 재산세 비과세 대상이 되는 주택
  나. 「공공주택 특별법」 제2조제1호가목에 따른 공공임대주택
  다. 제4조제1항 각 호의 어느 하나에 해당하는 주택
  (2023.2.28 본호신설)
6. 다음 각 목의 요건을 모두 갖춘 「사회적기업 육성법」에 따른 사회적기업 또는 「협동조합 기본법」에 따른

사회적협동조합(이하 이 호에서 "사회적기업등"이라 한다)
가. 정관 또는 규약상의 설립 목적이 다음의 어느 하나에 해당할 것
　1) 사회적기업등 구성원의 주택 공동 사용
　2) 「사회적기업 육성법」에 따른 취약계층이나 「주거기본법」 제3조제2호에 따른 주거지원이 필요한 계층에 대한 주거지원
나. 가목에 따른 설립 목적에 사용되는 주택만을 보유하고 있을 것
(2022.2.15 본호신설)
7. 종중(宗中)(2022.2.15 본호신설)
② 법 제9조제2항제1호 및 제2호에 해당하는 법인 또는 법인으로 보는 단체는 법 제8조제3항에 따른 주택의 보유현황 신고기간에 기획재정부령으로 정하는 서류를 관할세무서장에게 제출해야 한다. 다만, 최초로 제출한 연도의 다음 연도부터는 그 제출 사항에 변동이 없으면 제출하지 않을 수 있다.(2023.9.5 본항개정)
(2021.2.17 본조신설)

제4조의5 【주택 보유기간의 산정】 ① 법 제9조제8항 및 제9항을 적용할 때 소실(燒失)·도괴(倒壞)·노후(老朽) 등으로 인하여 멸실되어 재건축 또는 재개발하는 주택에 대하여는 그 멸실된 주택을 취득한 날부터 보유기간을 계산한다.
② 법 제9조제8항 및 제9항을 적용할 때 배우자로부터 상속받은 주택에 대하여는 피상속인이 해당 주택을 취득한 날부터 보유기간을 계산한다.
(2022.9.23 본조개정)

제5조【주택에 대한 세부담의 상한】 ① 법 제10조에서 해당 연도에 납부하여야 할 주택에 대한 총세액상당액으로서 "대통령령으로 정하는 바에 따라 계산한 세액"이란 해당 연도의 종합부동산세 과세표준 합산의 대상이 되는 주택(이하 "과세표준합산주택"이라 한다)에 대한 제1호에 따른 재산세와 제2호에 따른 종합부동산세의 합계액을 말한다.
1. 「지방세법」에 따라 부과된 재산세(같은 법 제112조제1항제1호에 따른 재산세를 말하며, 같은 법 제122조에 따라 세부담의 상한이 적용되는 경우에는 그 상한을 적용한 후의 세액을 말한다)
2. 법 제9조에 따라 계산한 종합부동산세액
(2012.2.2 본항개정)
② 법 제10조에서 직전 연도에 해당 주택에 부과된 주택에 대한 총세액상당액으로서 "대통령령으로 정하는 바에 따라 계산한 세액"이란 납세의무자가 해당 연도의 과세표준합산주택을 직전 연도 과세기준일에 실제로 소유하였는지의 여부를 불문하고 직전 연도 과세기준일 현재 소유한 것으로 보아 해당 연도의 과세표준합산주택에 대한 제1호에 따른 재산세액상당액과 제2호에 따른 종합부동산세액상당액의 합계액을 말한다.
(2009.4.21 본문개정)
1. 재산세액상당액
　해당 연도의 과세표준합산주택에 대하여 직전 연도의 「지방세법」(같은 법 제111조제3항, 제112조제1항제2호 및 제122조는 제외한다)을 적용하여 산출한 금액의 합계액
2. 종합부동산세액상당액
　해당 연도의 과세표준합산주택에 대하여 직전 연도의 법(법 제10조는 제외한다)을 적용하여 산출한 금액(1세대 1주택자의 경우에는 직전 연도 과세기준일 현재 연령 및 주택 보유기간을 적용하여 산출한 금액). 이 경우 법 제9조제3항 중 "세율(「지방세법」제111조제3항에 따라 가감조정된 세율이 적용된 경우에는 그 세율이 적용된 세액, 같은 법 제122조에 따라

세부담 상한을 적용받는 경우에는 그 상한을 적용받는 세액을 말한다)"을 "세액〔「지방세법」(같은 법 제111조제3항, 제112조제1항제2호 및 제122조는 제외한다)을 적용하여 산출한 세액을 말한다]"으로 하여 해당 규정을 적용한다.
(2010.9.20 1호~2호개정)
③ 주택의 신축·증축 등으로 인하여 해당 연도의 과세표준합산주택에 대한 직전 연도 과세표준액이 없는 경우에는 해당 연도 과세표준합산주택이 직전 연도 과세기준일 현재 존재하는 것으로 보아 직전 연도 「지방세법」과 전년도 법을 적용하여 과세표준액을 산출한 후 제2항의 규정을 적용한다.
④ 제2항 및 제3항의 규정을 적용함에 있어서 해당 연도의 과세표준합산주택에 대하여 법 제6조에 따른 재산세의 감면규정 또는 분리과세규정을 적용받지 아니하거나 적용받은 경우에는 직전 연도에도 동일하게 이를 적용받지 아니하거나 적용받은 것으로 본다.(2017.2.7 본항개정)
⑤ 해당 연도의 과세표준합산주택이 직전 연도에 법 제8조제2항에 따라 과세표준합산주택에 포함되지 아니한 경우에는 직전 연도에 과세표준합산주택에 포함된 것으로 보아 제2항을 적용한다.(2017.2.7 본항신설)
(2007.8.6 본조개정)

제5조의2【공동명의 1주택자에 대한 납세의무 등에 관한 특례】 ① 법 제10조의2제1항에서 "대통령령으로 정하는 주택"이란 제2조의3제2항에 따른 주택을 말한다.
② 법 제10조의2제1항에서 "대통령령으로 정하는 경우"란 세대원 중 1명과 그 배우자만이 주택분 재산세 과세대상인 1주택만을 소유한 경우로서 주택을 소유한 세대원 중 1명과 그 배우자가 모두 「소득세법」제1조의2제1항제1호의 거주자인 경우를 말한다. 다만, 제3항에 따른 공동명의 1주택자의 배우자가 다른 주택의 부속토지(주택의 건물과 부속토지의 소유자가 다른 경우의 그 부속토지를 말한다)를 소유하고 있는 경우는 제외한다.
③ 법 제10조의2제1항에서 "대통령령으로 정하는 자"란 해당 1주택을 소유한 세대원 1명과 그 배우자 중 주택에 대한 지분율이 높은 사람(지분율이 같은 경우에는 공동 소유자간 합의에 따른 사람을 말하며, 이하 "공동명의 1주택자"라 한다)을 말한다.
④ 법 제10조의2제2항에 따라 1세대 1주택자로 적용받으려는 공동명의 1주택자는 기획재정부령으로 정하는 공동명의 1주택자 신청서를 관할세무서장에게 제출해야 한다.
⑤ 제4항에 따라 신청한 공동명의 1주택자는 신청을 한 연도의 다음 연도부터는 기획재정부령으로 정하는 사항이 변경된 경우 법 제10조의2제2항에서 정한 기간에 변경신청을 해야 한다.
⑥ 법 제10조의2제3항에 따라 공동명의 1주택자에 대한 과세표준 및 세액을 산정하는 경우에는 그 배우자 소유의 주택지분을 합산하여 계산한다.
⑦ 공동명의 1주택자에 대하여 법 제9조제3항에 따라 주택분 종합부동산세액에서 주택분 재산세로 부과된 세액을 공제하거나 법 제10조에 따라 세부담의 상한을 적용할 경우 적용되는 재산세 부과액 및 재산세상당액은 해당 과세대상 1주택 지분 전체에 대하여 계산한 금액으로 한다.
⑧ 공동명의 1주택자에 대하여 법 제9조제5항에 따라 같은 조 제6항부터 제9항까지의 규정에 따른 1세대 1주택자에 대한 공제액을 정할 때 공동명의 1주택자의 연령 및 보유기간을 기준으로 한다.(2022.9.23 본항개정)
(2021.2.17 본조신설)

제3장 토지에 대한 과세

제5조의3【토지분 종합부동산세의 재산세 공제】 ① 법 제14조제1항에 따른 토지분 종합합산세액에서 같은 조 제3항에 따라 공제하는 종합합산과세대상인 토지의 과세표준 금액에 대한 토지분 재산세로 부과된 세액은 다음 계산식에 따라 계산한 금액으로 한다.

「지방세법」 제112조제1항제1호에 따라 종합합산과세대상인 토지분 재산세로 부과된 세액의 합계액 ×	〔(법 제13조제1항에 따른 종합합산과세대상인 토지의 공시가격을 합산한 금액 − 5억원) × 제2조의4제1항에 따른 공장시장가액비율 × 「지방세법 시행령」 제109조제1호에 따른 공정시장가액비율〕 × 「지방세법」 제111조제1항제1호가목에 따른 표준세율
	종합합산과세대상인 토지를 합산하여 종합합산과세대상 토지분 재산세 표준세율로 계산한 재산세 상당액

② 법 제14조제4항에 따른 토지분 별도합산세액에서 같은 조 제6항에 따라 공제하는 별도합산과세대상인 토지에 대한 토지분 재산세로 부과된 세액은 다음 계산식에 따라 계산한 금액으로 한다.

「지방세법」 제112조제1항제1호에 따라 별도합산과세대상인 토지분 재산세로 부과된 세액의 합계액 ×	〔(법 제13조제2항에 따른 별도합산과세대상인 토지의 공시가격을 합산한 금액 − 80억원) × 제2조의4제2항에 따른 공장시장가액비율 × 「지방세법 시행령」 제109조제1호에 따른 공정시장가액비율〕 × 「지방세법」 제111조제1항제1호나목에 따른 표준세율
	별도합산과세대상인 토지를 합산하여 별도합산과세대상 토지분 재산세 표준세율로 계산한 재산세 상당액

③ 토지분 재산세 표준세율의 적용 등 제1항과 제2항에 따른 계산에 필요한 사항은 기획재정부령으로 정한다. (2015.11.30 본조개정)

제6조【종합합산과세대상인 토지에 대한 세부담의 상한】 ① 법 제15조제1항에서 해당 연도에 납부하여야 할 종합합산과세대상인 토지에 대한 총세액상당액으로서 "대통령령으로 정하는 바에 따라 계산한 세액"이란 해당 연도에 종합부동산세의 과세대상이 되는 종합합산과세대상인 토지(이하 이 조에서 "종합합산과세토지"라 한다)에 대한 제1호에 따른 재산세액과 제2호에 따른 종합부동산세액의 합계액을 말한다.

1. 「지방세법」에 따라 부과된 재산세액(같은 법 제112조제1항제1호에 따른 재산세액을 말하며, 같은 법 제122조에 따라 세부담의 상한이 적용되는 경우에는 그 상한을 적용한 후의 세액을 말한다)

2. 법 제14조제1항, 제3항 및 제7항에 따라 계산한 종합부동산세액

(2012.2.2 본항개정)

② 법 제15조제1항에서 직전 연도에 해당 토지에 부과된 종합합산과세대상인 토지에 대한 총세액상당액으로서 "대통령령으로 정하는 바에 따라 계산한 세액"이란 납세의무자가 해당 연도의 종합합산과세토지를 직전 연도 과세기준일에 실제로 소유하였는지의 여부를 불문하고 직전 연도 과세기준일 현재 소유한 것으로 보아 해당 연도의 종합합산과세토지에 대한 제1호에 따른 재산세액상당액과 제2호에 따른 종합부동산세액상당액의 합계액을 말한다.(2009.4.21 본문개정)

1. 재산세액상당액
  해당 연도의 종합합산과세토지에 대하여 직전 연도

의 「지방세법」(같은 법 제111조제3항, 제112조제1항제2호 및 제122조는 제외한다)을 적용하여 산출한 금액의 합계액

2. 종합부동산세액상당액
  해당 연도의 종합합산과세토지에 대하여 직전 연도의 법(법 제15조는 제외한다)을 적용하여 산출한 금액. 이 경우 법 제14조제3항 중 "세액(「지방세법」 제111조제3항에 따라 가감조정된 세율이 적용된 경우에는 그 세율이 적용된 세액, 같은 법 제122조에 따라 세부담 상한을 적용받는 경우에는 그 상한을 적용받는 세액을 말한다)"을 "세액(「지방세법」(같은 법 제111조제3항, 제112조제1항제2호 및 제122조는 제외한다)을 적용하여 산출한 세액을 말한다)"으로 하여 해당 규정을 적용한다.
(2010.9.20 1호~2호개정)

③ 토지의 분할·합병·지목변경·신규등록·등록전환 등으로 인하여 해당 연도의 종합합산과세토지에 대한 직전 연도 과세표준액이 없는 경우에는 해당 연도 종합합산과세토지가 직전 연도 과세기준일 현재 존재하는 것으로 보아 직전 연도의 「지방세법」과 직전 연도 법을 적용하여 과세표준액을 산출한 후 제2항의 규정을 적용한다.(2007.8.6 본항개정)

④ 제5조제4항 및 제5항은 해당 연도의 종합합산과세토지에 대하여 제2항 및 제3항을 적용함에 있어서 이를 준용한다. 이 경우 "과세표준합산주택"은 "종합합산과세토지"로, 법 제8조제2항"은 "「조세특례제한법」 제104조의19제1항"으로 본다.(2017.2.7 본항개정)

제7조【별도합산과세대상인 토지에 대한 세부담의 상한】 ① 법 제15조제2항에서 해당 연도에 납부하여야 할 별도합산과세대상인 토지에 대한 총세액상당액으로서 "대통령령으로 정하는 바에 따라 계산한 세액"이란 해당 연도에 종합부동산세의 과세대상이 되는 별도합산과세대상인 토지(이하 이 조에서 "별도합산과세토지"라 한다)에 대한 제1호에 따른 재산세액과 제2호에 따른 종합부동산세액의 합계액을 말한다.

1. 「지방세법」에 따라 부과된 재산세액(같은 법 제112조제1항제1호에 따른 재산세액을 말하며, 같은 법 제122조에 따라 세부담의 상한이 적용되는 경우에는 그 상한을 적용한 후의 세액을 말한다)

2. 법 제14조제4항, 제6항 및 제7항에 따라 계산한 종합부동산세액

(2012.2.2 본항개정)

② 법 제15조제2항에서 직전 연도에 해당 토지에 부과된 별도합산과세대상인 토지에 대한 총세액상당액으로서 "대통령령으로 정하는 바에 따라 계산한 세액"이란 납세의무자가 해당 연도의 별도합산과세토지를 직전 연도 과세기준일에 실제로 소유하였는지의 여부를 불문하고 직전 연도 과세기준일 현재 소유한 것으로 보아 해당 연도의 별도합산과세토지에 대한 제1호에 따른 재산세액상당액과 제2호에 따른 종합부동산세액상당액의 합계액을 말한다.(2009.4.21 본문개정)

1. 재산세액상당액
  해당 연도의 별도합산과세토지에 대하여 직전 연도의 「지방세법」(같은 법 제111조제3항, 제112조제1항제2호 또는 제122조는 제외한다)을 적용하여 산출한 금액의 합계액

2. 종합부동산세액상당액
  해당 연도의 별도합산과세토지에 대하여 직전 연도의 법(법 제15조는 제외한다)을 적용하여 산출한 금액. 이 경우 법 제14조제6항 중 "세액(「지방세법」 제111조제3항에 따라 가감조정된 세율이 적용된 경우에는 그 세율이 적용된 세액, 같은 법 제122조에 따라 세부담 상한을 적용받은 경우에는 그 상한을 적용받은 세액을 말한다)"을 "세액(「지방세법」(같은 법 제

111조제3항, 제112조제1항제2호 및 제122조는 제외한
다)을 적용하여 산출한 세액을 말한다]"으로 하여 해
당 규정을 적용한다.
(2010.9.20 1호~2호개정)
③ 토지의 분할·합병·지목변경·신규등록·등록전
환 등으로 인하여 해당 연도의 별도합산과세토지에 대
한 직전 연도 과세표준액이 없는 경우에는 해당 연도
별도합산과세토지가 직전 연도 과세기준일 현재 존재
하는 것으로 보아 직전 연도 「지방세법」과 직전 연도
법을 적용하여 과세표준액을 산출한 후 제2항의 규정
을 적용한다.(2007.8.6 본항개정)
④ 제5조제4항의 규정은 해당 연도의 별도합산과세토
지에 대하여 제2항 및 제3항을 적용함에 있어서 이를
준용한다. 이 경우 "과세표준합산주택"은 이를 "별도합
산과세토지"로 본다.(2007.8.6 전단개정)

제4장 부과·징수 등
(2007.8.6 본장제목개정)

제8조【부과와 징수 등】 ① 관할세무서장은 법 제16
조제2항에 따라 납부고지서를 발급하는 경우 기획재정
부령으로 정하는 세액산출명세서를 첨부해야 한다.
(2021.2.17 본항개정)
② 법 제16조제3항에 따라 종합부동산세의 과세표준과
세액을 신고하는 때에는 기획재정부령이 정하는 다음
각 호의 서류를 관할세무서장에게 제출하여야 한다.
(2008.2.29 본문개정)
1. 다음 각목의 사항이 포함된 종합부동산세 신고서
  가. 납세의무자의 성명·주민등록번호·사업자등록번
    호·주소(납세의무자가 법인인 경우에는 법인명·
    법인등록번호·사업자등록번호·본점소재지) 등 납
    세의무자를 확인할 수 있는 사항(이하 "납세의무자
    의 인적사항"이라 한다)
  나. 종합부동산세 과세표준
  다. 공제세액 및 가산세액
  라. 납부세액
  마. 그 밖에 분납 등에 관한 사항(2017.2.7 본목개정)
2. 과세대상 물건명세서(2007.8.6 본호개정)
3. 세부담 상한 초과세액계산명세서(세부담 상한을 신
  청하는 경우에 한한다)(2007.8.6 본호개정)
4. (2007.8.6 삭제)
③ 법 제16조제4항에 따라 종합부동산세를 납부하는
때에는 관할세무서에 납부하거나 「국세징수법」에 의한
납부서에 의하여 한국은행(그 대리점을 포함한다) 또
는 체신관서에 납부하여야 한다.(2007.8.6 본항개정)
(2007.8.6 본조제목개정)
제9조【결정·경정】 ① 법 제17조제1항의 규정에 의한
결정은 법 제21조제2항 내지 제4항의 규정에 의하여
행정안전부장관이 국세청장에게 통보한 과세자료에 의
한다.(2017.7.26 본항개정)
② 법 제17조제2항 및 동조제3항의 규정에 의한 경정·
재경정 또는 추징은 법 제8조의 규정에 의한 신고서 및
첨부서류에 의하거나 현황 등에 대한 실지조사에 의한
다.
③ 법 제17조제4항의 규정에 의한 경정·재경정 또는
추징은 법 제22조의 규정에 의하여 시장·군수가 관할
세무서장 또는 관할지방국세청장에게 회신한 자료에
의한다.
④ 관할세무서장 또는 관할지방국세청장은 제2항 및
제3항의 규정에 의한 경정·재경정 또는 추징을 함에
있어서 행정안전부장관에게 의견조회를 할 수 있다.
(2017.7.26 본항개정)
제10조【추징액】 ① 법 제17조제5항제1호에 따라
추징해야 하는 경감받은 세액은 제1호의 금액에서 제2
호의 금액을 뺀 금액으로 한다.(2022.9.23 본항개정)

1. 합산배제 임대주택 또는 가정어린이집용 주택(이하
  "합산배제 임대주택등"이라 한다)으로 보아 왔던 매
  과세연도마다 해당 주택을 종합부동산세 과세표준
  합산의 대상이 되는 주택으로 보고 계산한 세액
  (2011.12.8 본호개정)
2. 합산배제 임대주택등으로 보아 왔던 매 과세연도마
  다 해당 주택을 종합부동산세 과세표준 합산의 대상
  에서 제외되는 주택으로 보고 계산한 세액
② 법 제17조제5항제1호에 따라 추징해야 하는 이자상
당가산액은 제1항에 따라 계산한 금액에 제1호의 기간
과 제2호의 율을 곱하여 계산한 금액으로 한다.
(2022.9.23 본문개정)
1. 합산배제 임대주택등으로 신고한 매 과세연도(제3조
  제9항 단서 및 제4조제4항 단서에 따라 신고하지 않
  은 과세연도를 포함한다)의 납부기한 다음 날부터 법
  제17조제5항제1호에 따라 추징할 세액의 고지일까지
  의 기간(2022.9.23 본호개정)
2. 1일당 10만분의 22(2022.2.15 본호개정)
③ 제1항에도 불구하고 다음 각 호의 어느 하나에 해당
하는 경우에는 경감받은 세액과 이자상당가산액을 추
징하지 않는다.
1. 제3조제1항제1호나목, 같은 항 제2호나목, 같은 항
  제7호나목 및 같은 항 제8호가목2)에 따른 최소 임대
  의무기간이 지난 후에 같은 항 제1호다목, 같은 항 제2
  호다목, 같은 항 제7호다목 및 같은 항 제8호가목3)의
  요건을 충족하지 않게 된 경우
2. 「민간임대주택에 관한 특별법」 제6조제1항제11호
  또는 같은 조 제5항에 따라 임대사업자 등록이 말소
  된 경우
3. 「도시 및 주거환경정비법」에 따른 재개발사업·재
  건축사업, 「빈집 및 소규모주택 정비에 관한 특례법」
  에 따른 소규모주택정비사업으로 당초의 합산배제
  임대주택이 멸실되어 새로 취득하거나 「주택법」에
  따른 리모델링으로 새로 취득한 주택이 다음 각 목의
  어느 하나에 해당하는 요건을 갖춘 경우. 다만, 새로
  취득한 주택의 준공일부터 6개월이 되는 날이 2020년
  7월 10일 이전인 경우는 제외한다.
  가. 새로 취득한 주택에 대하여 2020년 7월 11일 이후
    종전의 「민간임대주택에 관한 특별법」(법률 제17482
    호 민간임대주택에 관한 특별법 일부개정법률로 개
    정되기 전의 것을 말한다) 제2조제5호에 따른 장기
    일반민간임대주택 중 아파트를 임대하는 민간매입
    임대주택 또는 같은 조 제6호에 따른 단기민간임대
    주택으로 같은 법 제5조제1항에 따라 등록 신청(같
    은 조 제3항에 따라 임대할 주택을 추가하기 위해
    등록사항의 변경신고를 한 경우를 포함한다)을 했
    을 것
  나. 새로 취득한 주택이 아파트(당초의 합산배제 임
    대주택이 단기민간임대주택인 경우에는 모든 주택
    을 말한다)인 경우로서 해당 주택에 대하여 임대사
    업자 등록을 하지 않았을 것
(2020.10.7 본항신설)
④ 법 제17조제5항제2호에 따라 추징해야 하는 경감받
은 세액은 제1호의 금액에서 제2호의 금액을 뺀 금액으
로 한다.
1. 법 제8조제4항제2호에 해당하여 1세대 1주택자로 보
  아 왔던 매 과세연도마다 1세대 1주택자가 아닌 것으
  로 보고 계산한 세액
2. 법 제8조제4항제2호에 해당하여 1세대 1주택자로 보
  아 왔던 매 과세연도마다 1세대 1주택자인 것으로 보
  고 계산한 세액
(2022.9.23 본항신설)

⑤ 법 제17조제5항제2호에 따라 추징해야 하는 이자상당가산액은 제4항에 따라 계산한 금액에 제1호의 기간과 제2호의 율을 곱하여 계산한 금액으로 한다.
1. 법 제8조제3항에 따라 1세대 1주택자의 적용을 신청한 매 과세연도(제4조의2제5항에 따라 신청하지 않은 과세연도를 포함한다)의 납부기한 다음 날부터 법 제17조제5항제2호에 따라 추징할 세액의 고지일까지의 기간
2. 1일당 10만분의 22
(2022.9.23 본항신설)
(2009.2.4 본조개정)
제11조 (2007.2.28 삭제)
제12조~제15조 (2017.2.7 삭제)
제16조【종합부동산세의 분납】 ① 법 제20조에 따라 분납할 수 있는 세액은 법 제16조에 따라 납부하여야 할 세액으로서 다음 각 호의 금액을 말한다.
(2007.8.6 본문개정)
1. 납부하여야 할 세액이 250만원 초과 5백만원 이하인 때에는 해당 세액에서 250만원을 차감한 금액
2. 납부하여야 할 세액이 5백만원을 초과하는 때에는 해당 세액의 100분의 50 이하의 금액
(2019.2.12 1호~2호개정)
② 법 제16조제2항에 따른 납부고지서를 받은 자가 법 제20조에 따라 분납하려는 때에는 종합부동산세의 납부기한까지 기획재정부령으로 정하는 신청서를 관할세무서장에게 제출해야 한다.(2021.2.17 본항개정)
③ 관할세무서장은 제2항에 따라 분납신청을 받은 때에는 이미 고지한 납부고지서를 납부기한까지 납부해야 할 세액에 대한 납부고지서와 분납기간 내에 납부해야 할 세액에 대한 납부고지서로 구분하여 수정 고지해야 한다.(2021.2.17 본항개정)
제16조의2【주택분 종합부동산세액의 납부유예】 ① 법 제20조의2제1항에 따라 주택분 종합부동산세액의 납부유예를 신청하려는 납세의무자는 기획재정부령으로 정하는 납부유예 신청서를 관할세무서장에게 제출해야 한다.
② 제1항에 따른 신청서를 받은 관할세무서장은 납부기간의 만료일까지 신청인에게 허가 여부를 서면으로 통지해야 한다.
③ 관할세무서장은 법 제20조의2제3항에 따라 납부유예 허가를 취소한 경우에는 해당 납세의무자(납세의무자가 사망한 경우에는 그 상속인 또는 상속재산관리인을 말한다)에게 다음 각 호의 금액을 더한 금액을 징수해야 한다.
1. 납부유예를 허가받은 금액에서 납부한 금액을 뺀 금액
2. 제1호에 따라 계산한 금액에 가목의 기간과 나목의 율을 곱하여 계산한 금액
가. 납부유예를 허가한 연도의 납부기한이 지난 날부터 법 제20조의2제5항에 따라 징수할 세액의 고지일까지의 기간
나.「국세기본법 시행령」 제43조의3제2항 본문에 따른 이자율
(2022.9.23 본조신설)

제5장 보 칙

제17조【과세자료의 제공】 ① 행정안전부장관이 법 제21조제2항 및 동조제5항의 규정에 의하여 주택에 대한 종합부동산세 과세자료 및 재산세 부과자료를 국세청장에게 통보하는 때에는 기획재정부령이 정하는 바에 따라 다음 각호의 사항이 포함된 자료를 전산매체에 의하여 통보하여야 한다.(2017.7.26 본문개정)

1. 납세의무자의 인적사항
2. 주택의 소재지
3. 재산세 과세표준
4. 표준세율을 적용하여 산출한 개별 주택에 대한 재산세액 및 총재산세액
4의2.「지방세법」제111조제3항의 규정에 따라 가감조정된 세율이 적용되어 재산세액이 산출된 경우 그 재산세액(2010.9.20 본호개정)
5. 종합부동산세 과세표준
6. 주택분 종합부동산세액
7. 종합부동산세가 적용되는 과세표준 구간에서의 재산세액
8. 세부담 상한을 초과하는 세액
9. 종합부동산세 산출세액
10. 그 밖에 주택에 대한 종합부동산세 산출을 위하여 필요한 사항
② 행정안전부장관이 법 제21조제3항 및 동조제5항의 규정에 의하여 토지에 대한 종합부동산세 과세자료 및 재산세 부과자료를 국세청장에게 통보하는 때에는 기획재정부령이 정하는 바에 따라 다음 각호의 사항이 포함된 자료를 전산매체에 의하여 통보하여야 한다.
(2017.7.26 본문개정)
1. 납세의무자의 인적사항
2. 토지의 소재지
3. 재산세 과세표준
4. 표준세율을 적용하여 산출한 재산세액
4의2.「지방세법」제111조제3항의 규정에 따라 가감조정된 세율이 적용되어 재산세액이 산출된 경우 그 재산세액(2010.9.20 본호개정)
5. 종합부동산세 과세표준
6. 토지분 종합부동산세액
7. 종합부동산세가 적용되는 과세표준 구간에서의 재산세액
8. 세부담 상한을 초과하는 세액
9. 종합부동산세 산출세액
10. 그 밖에 토지에 대한 종합부동산세 산출을 위하여 필요한 사항
③ 행정안전부장관이 법 제21조제4항의 규정에 의하여 납세의무자별로 주택 또는 토지에 대한 재산세 및 종합부동산세 과세표준과 세액을 재계산하여 국세청장에게 통보하는 때에는 제1항 및 제2항의 자료를 통보하되, 당초에 통보한 내용과 재계산시 조정된 내용을 구분 표시하여 전산매체에 의하여 통보하여야 한다.
(2017.7.26 본항개정)
④ 행정안전부장관은 법 제21조제2항 내지 제5항의 규정에 의하여 과세자료를 통보하는 때에는 기획재정부령이 정하는 바에 따라 종합부동산세 납세의무자의 부동산에 관한 다음 각호의 자료를 국세청장에게 통보하여야 한다.(2017.7.26 본문개정)
1. 법 제6조의 규정에 의하여 재산세의 감면규정 또는 분리과세규정을 적용받는 부동산
2.「지방세법」제106조제1항제3호에 해당하는 분리과세대상토지 및 같은 법 제13조제5항제1호에 따른 별장(2010.12.30 본호개정)
3. 그 밖에 제1호 및 제2호외의 납세의무자 소유의 부동산
⑤ 국세청장은 종합부동산세의 과세와 관련하여 그 밖의 필요한 자료를 행정안전부장관에게 요청할 수 있다.
(2017.7.26 본항개정)
⑥ 행정안전부장관 또는 국세청장은 종합부동산세 납세의무자의 세대원 확인을 위하여 필요한 경우 관련 기관의 장에게 「주민등록법」제30조에 따른 주민등록전산정보자료의 제출을 요구할 수 있고, 주민등록전산정보자료의 제출을 요구받은 관련 기관의 장은 정당한

사유가 없으면 이에 따라야 한다.(2017.7.26 본항개정)
⑦ 행정안전부장관은 법 제21조에 따라 종합부동산세의 과세표준과 세액을 계산하기 위하여 불가피한 경우 「개인정보 보호법 시행령」 제19조에 따른 주민등록번호, 여권번호, 운전면허의 면허번호 또는 외국인등록번호가 포함된 자료를 처리할 수 있다.(2017.7.26 본항개정)
제18조【의견조회 및 회신】① 관할세무서장 또는 관할지방국세청장은 법 제22조제1항의 규정에 의하여 시장·군수에게 의견조회를 하는 때에는 기획재정부령이 정하는 바에 따라 다음 각호의 사항을 포함하여 의견조회를 하여야 한다.(2008.2.29 본문개정)
1. 납세의무자의 인적사항
2. 의견조회 사유
3. 의견조회 내용
② 시장·군수는 법 제22조제2항의 규정에 의하여 관할세무서장 또는 관할지방국세청장에게 회신하는 때에는 기획재정부령이 정하는 바에 따라 다음 각호의 사항을 포함하여 회신하여야 한다.(2008.2.29 본문개정)
1. 납세의무자의 인적사항
2. 의견조회 내용에 대한 사실관계 확인내용
3. 재산세액 변동에 따른 과세물건 세부 조정내역
4. 재산세 세액조정 전산처리일
제19조【질문·조사】종합부동산세에 관한 사무에 종사하는 공무원이 법 제23조의 규정에 의하여 질문 또는 조사를 하는 때에는 기획재정부령이 정하는 조사원증을 제시하여야 한다.(2008.2.29 본조개정)
제20조~제21조 (2009.2.4 삭제)

부 칙 (2017.2.7)

제1조【시행일】이 영은 공포한 날부터 시행한다.
제2조【합산배제 사원용주택등에 관한 적용례】제4조제1항제1호 각 목 외의 부분 본문의 개정규정은 이 영 시행 이후 납세의무가 성립하는 분부터 적용한다.

부 칙 (2018.2.13)

제1조【시행일】이 영은 공포한 날부터 시행한다. 다만, 제3조제1항제7호 및 제8호, 제3조제5항 및 제7항의 개정규정(같은 조 제1항제7호 및 제8호와 관련된 것으로 한정한다)은 2018년 4월 1일부터 시행한다.
제2조【일반적 적용례】이 영은 이 영 시행 이후 납세의무가 성립하는 분부터 적용한다.

부 칙 (2018.6.5)

제1조【시행일】이 영은 공포한 날부터 시행한다.
제2조【1세대 1주택의 범위에 관한 적용례】제2조의3 제2항제1호의 개정규정은 이 영 시행일이 속하는 연도에 납세의무가 성립하는 분부터 적용한다.

부 칙 (2018.10.23)

제1조【시행일】이 영은 공포한 날부터 시행한다.
제2조【합산배제 임대주택에 관한 적용례】① 제3조제1항제8호의 개정규정은 이 영 시행 이후 납세의무가 성립하는 분부터 적용한다.
② 다음 각 호의 어느 하나에 해당하는 경우에는 제3조제1항제8호의 개정규정 및 이 조 제1항에도 불구하고 종전의 규정에 따른다.
1. 2018년 9월 13일 이전에 주택(주택을 취득할 수 있는 권리를 포함한다. 이하 이 항에서 같다)을 취득한 경우

2. 2018년 9월 13일 이전에 주택을 취득하기 위하여 매매계약을 체결하고 계약금을 지급한 사실이 증빙서류에 의하여 확인되는 경우

부 칙 (2019.2.12)

제1조【시행일】이 영은 공포한 날부터 시행한다.
제2조【일반적 적용례】이 영은 이 영 시행 이후 납세의무가 성립하는 분부터 적용한다.
제3조【합산배제 임대주택에 관한 적용례】제3조제1항의 개정규정은 이 영 시행 이후 주택 임대차계약을 갱신하거나 새로 체결하는 분부터 적용한다.
제4조【추징액 등에 대한 이자율 인하에 관한 경과조치】이 영 시행 이후 납부 또는 부과하는 경우로서 제10조제2항제1호에 따른 기간 중 이 영 시행일 전일까지의 기간에 대한 이자율은 제10조제2항제2호의 개정규정에도 불구하고 종전의 규정에 따른다.

부 칙 (2019.12.31)

제1조【시행일】이 영은 공포한 날부터 시행한다.(이하 생략)

부 칙 (2020.2.11)

제1조【시행일】이 영은 공포한 날부터 시행한다.
제2조【일반적 적용례】이 영은 이 영 시행 이후 납세의무가 성립하는 분부터 적용한다.
제3조【합산배제 임대주택의 임대료 증액제한 등에 관한 적용례】제3조제1항의 개정규정은 이 영 시행 이후 주택 임대차계약을 갱신하거나 새로 체결하는 분부터 적용하고, 임대보증금과 월임대료 상호 간 전환은 이 영 시행 이후 전환하는 분부터 적용한다.
제4조【합산배제 임대주택 제외기간에 관한 적용례】제3조제8항의 개정규정은 이 영 시행 이후 위반하는 분부터 적용한다.
제5조【합산배제 임대주택 추징액에 관한 적용례】제10조제1항의 개정규정은 이 영 시행 이후 추징하는 분부터 적용한다.
제6조【다가구주택 임대사업자 등록에 관한 경과조치】이 영 시행 전에 종전의 제3조제3항 및 제4항에 따라 임대사업자로 보는 자가 임대하는 다가구주택이 합산배제 임대주택에 해당하는 경우에는 제3조제3항 및 제4항의 개정규정에도 불구하고 종전의 규정에 따른다.

부 칙 (2020.8.7)

제1조【시행일】이 영은 공포한 날부터 시행한다.
제2조【재산세의 감면규정의 적용배제 및 합산배제 임대주택에 관한 적용례】제2조제2호 및 제3조제1항제8호의 개정규정은 이 영 시행 이후 납세의무가 성립하는 분부터 적용한다.

부 칙 (2020.10.7)

제1조【시행일】이 영은 공포한 날부터 시행한다.
제2조【합산배제 장기일반민간임대주택에 관한 적용례】제3조제1항제6호, 같은 항 제7호 각 목 외의 부분 단서, 같은 항 제8호나목3) 및 4)의 개정규정은 이 법 시행 이후 납세의무가 성립하는 분부터 적용한다.
제3조【의무임대기간에 대한 적용례】제3조제1항제7호나목 같은 항 제8호가목2)의 개정규정은 2020년 8월 18일 이후 「민간임대주택에 관한 특별법」제5조제1

항에 따라 등록 신청(같은 조 제3항에 따라 임대할 주택을 추가하기 위한 등록사항의 변경신고를 포함한다)한 경우부터 적용한다.

제4조 【의무임대기간에 관한 경과조치】 2020년 8월 18일 전에 종전의 「민간임대주택에 관한 특별법」(법률 제17482호 민간임대주택에 관한 특별법 일부개정법률로 개정되기 전의 것을 말한다) 제5조제1항에 따라 등록 신청(같은 조 제3항에 따라 임대할 주택을 추가하기 위한 등록사항의 변경신고를 포함한다)한 경우의 의무임대기간에 관하여는 제3조제1항제7호나목 및 같은 항 제8호가목2)의 개정규정에도 불구하고 종전의 규정에 따른다.

　　　부　칙 (2021.2.17)

제1조 【시행일】 이 영은 공포한 날부터 시행한다.
제2조 【합산배제 임대주택에 관한 적용례】 제3조제1항제1호가목, 같은 항 제4호나목 및 같은 항 제7호가목의 개정규정은 다음 각 호의 주택에 대하여 적용한다.
1. 2021년 2월 17일 이후 「건축법」 제22조에 따라 사용승인을 받거나 「주택법」 제49조에 따라 사용검사 확인증을 받는 「공공주택 특별법」에 따른 공공건설임대주택(2022.8.2 본호개정)
2. 다음 각 목의 구분에 따른 「민간임대주택에 관한 특별법」에 따른 민간건설임대주택
　가. 2021년도에 납세의무가 성립하는 경우 : 2021년 2월 17일 이후 「민간임대주택에 관한 특별법」 제5조에 따라 등록하는 민간건설임대주택
　나. 2022년도 이후에 납세의무가 성립하는 경우 : 2021년 2월 17일 이후 「건축법」 제22조에 따라 사용승인을 받거나 「주택법」 제49조에 따라 사용검사 확인증을 받는 민간건설임대주택 (2022.8.2 본호개정)
제3조 【합산배제 사원용주택등에 관한 적용례】 제4조제1항제20호의 개정규정은 이 영 시행 이후 납세의무가 성립하는 분부터 적용한다.

　　　부　칙 (2022.2.15)

제1조 【시행일】 이 영은 공포한 날부터 시행한다.
제2조 【일반적 적용례】 이 영은 이 영 시행 이후 납세의무가 성립하는 경우부터 적용한다.
제3조 【합산배제 공공건설임대주택 등의 범위에 관한 경과조치】 이 영 시행 전에 임대보증금 또는 임대료의 100분의 5를 초과하여 임대차계약을 체결하거나 갱신한 경우로서 이 영 시행 전에 납세의무가 성립한 경우의 법 제8조제2항에 따른 과세표준 합산배제를 적용받을 수 있는 공공건설임대주택 및 공공매입임대주택의 범위에 관하여는 제3조제1항제1호 및 제2호의 개정규정에도 불구하고 종전의 규정에 따른다.
제4조 【주택분 종합부동산세액 계산 시 적용되는 주택 수에 관한 경과조치】 이 영 시행 전에 상속이 개시된 주택으로서 과세기준일 현재 종전의 제4조의2제3항제1호 단서에 따른 요건을 모두 갖춘 주택에 적용되는 주택 수 계산 방법에 관하여는 제4조의2제3항의 개정규정에도 불구하고 종전의 규정에 따른다.
제5조 【이자상당가산액 계산에 관한 경과조치】 이 영 시행 이후 법 제17조제5항에 따라 경감받은 세액과 이자상당가산액을 납부하거나 부과하는 경우 합산배제 임대주택등으로 신고한 매 과세연도의 납부기한 다음 날부터 이 영 시행일 전까지의 기간분에 대한 이자상당가산액 계산은 제10조제2항제2호의 개정규정에도 불구하고 종전의 규정에 따르고, 이 영 시행 이후의 기간

분에 대한 이자상당가산액 계산은 제10조제2항제2호의 개정규정에 따른다.

　　　부　칙 (2022.8.2)

제1조 【시행일】 이 영은 공포한 날부터 시행한다.
제2조 【일반적 적용례】 이 영은 이 영 시행일이 속하는 연도에 납세의무가 성립하는 경우부터 적용한다.
제3조 【과세표준 합산배제 주택의 범위에 관한 경과조치】 이 영 시행일이 속하는 연도 전의 연도에 부과했거나 부과했어야 할 종합부동산세의 산정을 위한 과세표준 합산배제 주택의 범위에 관하여는 제4조제1항제5호의 개정규정에도 불구하고 종전의 규정에 따른다.

　　　부　칙 (2022.9.23)

제1조 【시행일】 이 영은 공포한 날부터 시행한다.
제2조 【주택분 종합부동산세액 계산 시 적용되는 주택 수 계산에 관한 적용례】 제4조의3제3항제3호나목, 라목 및 마목의 개정규정은 법률 제18977호 종합부동산세법 일부개정법률의 시행일이 속하는 연도에 납세의무가 성립하는 경우부터 적용한다.

　　　부　칙 (2023.2.28)

제1조 【시행일】 이 영은 공포한 날부터 시행한다.
제2조 【합산배제 사원용주택등의 범위에 관한 적용례】 제4조제1항의 개정규정은 이 영 시행 이후 납세의무가 성립하는 경우부터 적용한다.
제3조 【1세대 1주택자의 범위에 관한 적용례】 제4조의2제1항의 개정규정은 이 영 시행 전에 법 제8조제4항제2호를 적용받기 위하여 같은 조 제5항에 따라 납세지 관할세무서장에게 신청을 한 납세의무자에 대해서도 적용한다.
제4조 【지방 저가주택의 범위에 관한 적용례】 제4조의2제3항제2호의 개정규정은 이 영 시행 이후 납세의무가 성립하는 경우부터 적용한다.
제5조 【일반 누진세율이 적용되는 법인 등에 관한 적용례】 제4조의4제1항의 개정규정은 이 영 시행 이후 과세표준 및 세액을 신고하거나 결정·경정하는 경우부터 적용한다.

　　　부　칙 (2023.7.7)

제1조 【시행일】 이 영은 2023년 7월 10일부터 시행한다.(이하 생략)

　　　부　칙 (2023.9.5)

제1조 【시행일】 이 영은 공포한 날부터 시행한다.
제2조 【합산배제 임대주택 및 사원용주택등에 관한 적용례】 제3조제1항제9호 및 제4조제1항제22호부터 제24호까지의 개정규정은 이 영 시행일이 속하는 연도에 납세의무가 성립하는 경우부터 적용한다.

종합부동산세법 시행규칙

(2005년　5월　31일)
(재정경제부령 제441호)

개정
2006. 7. 5재정경제부령 512호(행정정보이용감축개정령)
2006. 7.13재정경제부령 515호　2007. 9.27재정경제부령 576호
2008. 4.29기획재정부령 19호　2009. 5.12기획재정부령 80호
2009. 9.23기획재정부령 102호　2010. 4.12기획재정부령 146호
2011. 9. 7기획재정부령 235호　2012. 2.28기획재정부령 268호
2013. 2.23기획재정부령 328호
2013. 6.28기획재정부령 355호(부가세구)
2014. 3.14기획재정부령 411호
2014.11.19기획재정부령 444호(직제시규)
2015. 3. 6기획재정부령 469호　2017. 3.10기획재정부령 600호
2019. 3.20기획재정부령 727호　2020. 3.13기획재정부령 782호
2021. 3.16기획재정부령 836호　2022. 3.18기획재정부령 900호
2022. 7.27기획재정부령 927호　2023. 9.23기획재정부령 939호
2023. 3.20기획재정부령 980호　2023. 9.27기획재정부령1020호

제1조 【목적】 이 규칙은 「종합부동산세법」 및 동법 시행령에서 위임된 사항과 그 시행에 관하여 필요한 사항을 규정함을 목적으로 한다.

제2조 【임대주택 등의 과세표준 합산배제신고】 ① 「종합부동산세법 시행령」(이하 "영"이라 한다) 제3조제9항 본문에서 "기획재정부령으로 정하는 임대주택 합산배제신고서"란 별지 제1호서식(1) 및 별지 제1호서식(2)를 말한다.(2020.3.13 본항개정)
② 영 제3조제9항 단서에서 "기획재정부령으로 정하는 사항"이란 임대주택의 소유권 또는 전용면적을 말한다.(2020.3.13 본항개정)
③ 영 제4조제4항 본문에서 "기획재정부령으로 정하는 사원용주택등 합산배제 신고서"란 별지 제2호서식(1) 및 별지 제2호서식(2)를 말한다.(2014.3.14 본항개정)
④ 영 제4조제4항 단서에서 "기획재정부령으로 정하는 사항"이란 사원주택의 소유권 또는 전용면적을 말한다.(2008.4.29 본조개정)

제2조의2 (2009.5.12 삭제)

제2조의3 【저가로 제공하는 주택의 범위】 영 제4조제1항제1호 각 목 외의 부분 본문에서 "저가로 제공하는 사용자 소유의 주택"이란 과세기준일 현재의 전세금 또는 임대보증금(종업원이 부담하는 월세 등 임차료가 있는 경우에는 이를 「부가가치세법 시행규칙」 제47조에 따라 국세청장이 정한 계약기간 1년의 정기예금이자율을 적용하여 1년으로 환산한 금액을 포함한다)이 해당주택 공시가격의 100분의 10 이하인 주택을 말한다.(2013.6.28 본조개정)

제3조 (2006.7.13 삭제)

제4조 【합산배제 미분양 주택의 범위】 영 제4조제1항제3호 각 목 외의 부분에서 "기획재정부령이 정하는 미분양 주택"이란 주택을 신축하여 판매하는 자가 소유한 다음 각 호의 어느 하나에 해당하는 미분양 주택을 말한다.
1. 「주택법」 제15조에 따른 사업계획승인을 얻은 자가 건축하여 소유하는 미분양 주택으로서 2005년 1월 1일 이후에 주택분 재산세의 납세의무가 최초로 성립하는 날부터 5년이 경과하지 않은 주택(2022.7.27 본호개정)
2. 「건축법」 제11조에 따른 허가를 받은 자가 건축하여 소유하는 미분양 주택으로서 2005년 1월 1일 이후에 주택분 재산세의 납세의무가 최초로 성립하는 날부터 5년이 경과하지 않은 주택(2022.7.27 본호개정)
(2009.5.12 본조개정)

제4조의2 【정부출연연구기관의 범위】 영 제4조제1항제7호에서 "기획재정부령으로 정하는 정부출연연구기관"이란 「정부출연연구기관 등의 설립·운영 및 육성에 관한 법률」, 「과학기술분야 정부출연연구기관 등의 설립·운영 및 육성에 관한 법률」, 「한국국방연구원법」 및 「국방과학연구소법」에 따라 설립되거나 「특정연구기관육성법」의 적용을 받는 연구기관을 말한다.(2009.5.12 본조신설)

제4조의3 【주택매입기관의 범위】 영 제4조제1항제19호에서 "기획재정부령으로 정하는 기관"이란 「한국자산관리공사 설립 등에 관한 법률」에 따라 설립된 한국자산관리공사가 출자하여 설립한 부동산투자회사를 말한다.(2020.3.13 본조신설)

제4조의4 【주택을 멸실시키지 못한 정당한 사유】 영 제4조제1항제21호 각 목 외의 부분에서 "기획재정부령으로 정하는 정당한 사유"란 다음 각 호에 해당하는 경우를 말한다.
1. 법령에 따른 제한으로 주택의 멸실이 지연되거나 주택을 멸실시킬 수 없는 경우
2. 천재지변이나 이에 준하는 재해로 주택의 멸실이 지연되거나 주택을 멸실시킬 수 없는 경우
3. 그 밖에 주택 취득 당시 예측할 수 없었던 사유가 발생하여 주택의 멸실이 지연되거나 주택을 멸실시킬 수 없는 경우로서 통상적인 주택건설사업 시행방식을 고려할 때 해당 사유가 발생하면 주택의 멸실이 곤란하다고 관할 세무서장이 인정하는 경우
(2022.3.18 본조신설)

제4조의5 【수도권에 소재하는 지방 저가주택의 지역 범위】 영 제4조의2제3항제2호라목에서 "기획재정부령으로 정하는 지역"이란 다음 각 호의 지역을 말한다.
1. 경기도 연천군
2. 인천광역시 강화군 및 옹진군
(2023.3.20 본조신설)

제4조의6 【1세대 1주택자 판단 시 주택 수 산정 제외 신청】 ① 영 제4조의2제4항에서 "기획재정부령으로 정하는 신청서"란 별지 제2호의2서식의 1세대 1주택자 판단 시 주택 수 산정 제외 신청서를 말한다.
② 영 제4조의2제4항에 따라 제1항의 신청서를 제출받은 관할세무서장은 「전자정부법」 제36조제1항에 따른 행정정보의 공동이용을 통하여 해당 주택의 건물등기사항증명서 및 건축물대장을 확인해야 한다.
(2022.9.23 본조신설)

제4조의7 【세율 적용 시 주택 수 산정 제외 신청】 ① 영 제4조의3제4항에서 "기획재정부령으로 정하는 서류"란 별지 제2호의3서식의 세율 적용 시 주택 수 산정 제외 신청서를 말한다.
② 영 제4조의3제4항에 따라 제1항의 신청서를 제출받은 관할세무서장은 「전자정부법」 제36조제1항에 따른 행정정보의 공동이용을 통하여 해당 주택의 건물등기사항증명서 및 건축물대장을 확인해야 한다.
(2022.9.23 본조개정)

제4조의8 【법인 등의 일반 누진세율 적용 신고】 ① 영 제4조의4제2항에서 "기획재정부령으로 정하는 서류"란 별지 제2호의4서식의 법인 주택분 종합부동산세 일반 누진세율 적용 신고서 및 다음 각 호의 구분에 따른 서류를 말한다.(2023.3.20 본문개정)
1. 법 제9조제2항제1호의 경우[「상속세 및 증여세법」 제16조에 따른 공익법인등(이하 이 항에서 "공익법인등"이라 한다)이 직접 공익목적사업에 사용하는 주택만을 보유한 경우만 해당한다] : 공익법인등임을 확인할 수 있는 서류 및 직접 공익목적사업에 사용하는 주택만을 보유하고 있음을 확인할 수 있는 서류
(2023.9.27 본호신설)

1의2. 법 제9조제2항제2호의 경우 : 공익법인등임을 확인할 수 있는 서류(2023.9.27 본호신설)
2. 영 제4조의4제1항제1호의 경우 : 「공공주택 특별법 시행규칙」 제10조제5항에 따른 사업계획승인서 사본
3. 영 제4조의4제1항제3호의 경우 : 「주택법」 제2조제11호의 주택조합임을 확인할 수 있는 서류
4. 영 제4조의4제1항제4호의 경우 : 「도시 및 주거환경 정비법」 제24조부터 제28조까지 및 「빈집 및 소규모 주택 정비에 관한 특례법」 제17조부터 제19조까지의 규정에 따른 사업시행자임을 확인할 수 있는 서류
5. 영 제4조의4제1항제5호의 경우 : 「민간임대주택에 관한 특별법 시행규칙」 제2조제4항에 따른 임대사업자 등록증 사본
(2022.9.23 2호~5호개정)
5의2. 영 제4조의4제1항제5호의2의 경우 : 「도시개발법」 제21조의3제1항이나 「도시재정비 촉진을 위한 특별법」 제30조제4항 또는 제31조에 따라 임대주택 건설·공급 의무가 있는 사업시행자임을 확인할 수 있는 서류(2023.3.20 본호신설)
6. 영 제4조의4제1항제6호의 경우 : 정관 또는 규약 사본과 다음 각 목의 구분에 따른 서류(2022.9.23 본문개정)
　가. 「사회적기업 육성법」에 따른 사회적기업의 경우 : 같은 법 시행규칙 제10조 또는 제11조에 따라 발급받거나 재발급받은 사회적기업 인증서 사본
　나. 「협동조합 기본법」에 따른 사회적협동조합의 경우 : 같은 법 시행규칙 제14조에 따라 발급받은 사회적협동조합 설립인가증 사본
(2022.3.18 본호신설)
7. 영 제4조의4제1항제7호의 경우 : 종중(宗中)이 발급받은 「법인 아닌 사단·재단 및 외국인의 부동산등기용 등록번호 부여절차에 관한 규정 시행규칙」 제6조에 따른 부동산등기용 등록번호 등록증명서 사본(2022.9.23 본호개정)
② 영 제4조의4제2항에 따라 서류를 제출받은 관할세무서장은 「전자정부법」 제36조제1항에 따른 행정정보의 공동이용을 통하여 다음 각 호의 정보를 확인해야 한다.(2022.9.23 본문개정)
1. 법인등기사항증명서
2. 건물등기사항증명서
3. 건축물대장
(2021.3.16 본조신설)
제4조의9 【공동명의 1주택자 적용 신청 등】 ① 영 제5조의2제4항에서 "기획재정부령으로 정하는 공동명의 1주택자 신청서"란 별지 제2호의5서식의 종합부동산세 공동명의 1주택자 특례 (변경)신청서를 말하며, 해당 신청서를 제출할 때에는 혼인관계증명서를 첨부해야 한다. (2022.9.23 본항개정)
② 영 제5조의2제4항 및 제5항에 따라 서류를 제출받은 관할세무서장은 「전자정부법」 제36조제1항에 따른 행정정보의 공동이용을 통하여 부부 공동명의 주택의 건물등기사항증명서를 확인해야 한다.
③ 영 제5조의2제5항에서 "기획재정부령으로 정하는 사항이 변경된 경우"란 다음 각 호의 사항을 말한다.
1. 해당 주택의 소유자가 변경된 경우
2. 해당 주택의 지분율이 변경된 경우
3. 영 제5조의2제3항에 따른 공동명의 1주택자를 변경하려는 경우
4. 법 제10조의2제1항의 적용을 받지 않으려는 경우
(2021.3.16 본조신설)

제5조 【종합부동산세 부과·징수관련 서식】 ① 영 제8조제1항에서 "기획재정부령으로 정하는 세액산출명세서"란 「국세징수법 시행규칙」 별지 제3호서식을 말한다.(2021.3.16 본항개정)
② 영 제8조제2항제1호에 따른 종합부동산세 신고서는 별지 제3호서식에 의한다.(2009.5.12 단서삭제)
③ 영 제8조제2항제2호에 따른 과세대상 물건명세서는 별지 제4호의2 서식(1), 별지 제4호의2 서식(2), 별지 제4호의3 서식(1), 별지 제4호의3 서식(2), 별지 제4호의4 서식(1) 및 별지 제4호의4서식(2)에 의한다. (2009.5.12 단서삭제)
④ 영 제8조제2항제3호에 따른 세부담 상한 초과세액계산명세서는 별지 제5호서식에 의한다.(2009.5.12 단서삭제)
(2008.4.29 본조제목개정)
제6조 (2017.3.10 삭제)
제6조의2 (2020.3.13 삭제)
제6조의3 【분납신청관련 서식】 영 제16조제2항에서 "기획재정부령으로 정하는 신청서"란 별지 제16호 서식을 말한다.(2009.5.12 본조신설)
제6조의4 【주택분 종합부동산세액의 납부유예 관련 서식】 ① 영 제16조의2제1항에서 "기획재정부령으로 정하는 납부유예 신청서"란 별지 제17호서식의 납부유예 신청서를 말하며, 해당 신청서를 제출할 때에는 「국세징수법」 제20조에 따른 담보 관련 서류 및 같은 법 시행규칙 제18조제1항에 따른 납세담보제공서를 첨부해야 한다.
② 영 제16조의2제2항에 따른 납부유예 허가 또는 불허가 통지는 별지 제18호서식에 따른다.(2023.3.20 본항신설)
③ 법 제20조의2제4항에 따른 납부유예 허가 취소의 통지는 별지 제19호서식에 따른다.(2023.3.20 본항신설)
(2023.3.20 본조제목개정)
(2022.9.23 본조신설)
제7조 【과세자료의 제공관련 서식】 ① 영 제17조제1항의 규정에 의한 통보는 별지 제8호서식에 의한다.
② 영 제17조제2항에 따른 통보는 별지 제9호서식(1), 별지 제9호서식(2), 별지 제9호서식(3), 별지 제9호서식(4), 별지 제9호서식(5) 또는 별지 제9호서식(6)에 따른다.(2006.7.13 본항개정)
③ 영 제17조제3항의 규정에 의한 통보는 별지 제10호서식(1) 내지 별지 제10호서식(3)에 의한다.
④ 영 제17조제4항에 따른 통보는 별지 제11호서식(1), 별지 제11호서식(2), 별지 제11호서식(3) 또는 별지 제11호서식(4)에 따른다.(2006.7.13 본항개정)
제8조 【의견조회관련 서식】 ① 영 제18조제1항의 규정에 의한 의견조회는 별지 제12호서식에 의한다.
② 영 제18조제2항의 규정에 의한 회신은 별지 제13호서식에 의한다.
제9조 【조사원증】 영 제19조의 규정에 의한 조사원증은 별지 제14호서식에 의한다.
제10조~제11조 (2009.5.12 삭제)

　　　　부　칙　(2015.3.6)

제1조 【시행일】 이 규칙은 공포한 날부터 시행한다.
제2조 【시가로 인정되는 부동산가액 평가에 관한 적용례】 제6조의2제1항제2호의 개정규정은 이 규칙 시행 이후 평가하는 분부터 적용한다.

부 칙 (2017.3.10)

이 규칙은 공포한 날부터 시행한다.

부 칙 (2019.3.20)

제1조【시행일】 이 규칙은 공포한 날부터 시행한다.
제2조【서식에 관한 적용례】 서식에 관한 개정규정은
이 규칙 시행 이후 신고 또는 신청하는 분부터 적용한
다.
제3조【서식 개정에 관한 경과조치】 서식의 개정에
따라 종합부동산세 신고 등을 할 수 없는 경우에는 종
전의 서식에 따른다.

부 칙 (2020.3.13)

제1조【시행일】 이 규칙은 공포한 날부터 시행한다.
제2조【주택매입기관에 관한 적용례】 제4조의3의 개
정규정은 이 규칙 시행 이후 납세의무가 성립하는 분
부터 적용한다.
제3조【서식에 관한 적용례】 서식에 관한 개정규정은
이 규칙 시행 이후 신고 또는 신청하는 분부터 적용한
다.

부 칙 (2021.3.16)
(2022.3.18)

이 규칙은 공포한 날부터 시행한다.

부 칙 (2022.7.27)

제1조【시행일】 이 규칙은 공포한 날부터 시행한다.
**제2조【과세표준 합산배제 주택의 범위에 관한 적용
례】** 제4조제2호의 개정규정은 이 규칙 시행일이 속하
는 연도에 납세의무가 성립하는 경우부터 적용한다.
**제3조【과세표준 합산배제 주택의 범위에 관한 경과
조치】** 이 규칙 시행일이 속하는 연도 전의 연도에 부
과했거나 부과해야 할 종합부동산세의 산정을 위한
과세표준 합산배제 주택의 범위에 관하여는 제4조제2
호의 개정규정에 불구하고 종전의 규정에 따른다.

부 칙 (2022.9.23)
(2023.3.20)
(2023.9.27)

이 규칙은 공포한 날부터 시행한다.

〔별지서식〕➡「www.hyeonamsa.com」참조

국제조세조정에 관한 법률
(약칭 : 국제조세조정법)

(2020년 12월 22일
전부개정법률 제17651호)

개정
2021.12.21법18588호→2022년 1월 1일 시행하는 부분은 가제
수록 하였고 2025년 1월 1일 시행하는 부분은 추후 수록
2022.12.31법19191호→시행일 부칙 참조
2023. 7.18법19563호(가상자산이용자보호등에관한법)→2024
년 7월 19일시행
2023.12.31법19928호→2024년 1월 1일 시행하는 부분은 가제
수록 하였고 2025년 1월 1일 시행하는 부분은 추후 수록

제1장 총 칙

제1조【목적】 이 법은 국제거래에 관한 조세의 조정,
국가 간의 조세행정 협조, 해외자산의 신고 및 자료 제
출과 글로벌최저한세의 과세에 관한 사항을 규정함으
로써 국가 간의 이중과세 및 조세 회피를 방지하고 원
활한 조세협력을 도모함을 목적으로 한다.(2022.12.31
본조개정)
제2조【정의】 ① 이 법에서 사용하는 용어의 뜻은 다
음과 같다.
1. "국제거래"란 거래 당사자 중 어느 한쪽이나 거래 당
사자 양쪽이 비거주자 또는 외국법인(비거주자 또는
외국법인의 국내사업장은 제외한다)인 거래로서 유
형자산 또는 무형자산의 매매·임대차, 용역의 제공,
금전의 대차(貸借), 그 밖에 거래자의 손익(損益) 및
자산과 관련된 모든 거래를 말한다.
2. "국내사업장"이란 다음 각 목에 따른 국내사업장을
말한다.
가. 「소득세법」 제120조에 따른 비거주자의 국내사업장
나. 「법인세법」 제94조에 따른 외국법인의 국내사업장
3. "특수관계"란 다음 각 목의 어느 하나에 해당하는 관
계를 말하며, 그 세부 기준은 대통령령으로 정한다.
가. 거래 당사자 중 어느 한쪽이 다른 쪽의 의결권 있
는 주식(출자지분을 포함한다. 이하 같다)의 50퍼센
트 이상을 직접 또는 간접으로 소유하고 있는 경우
그 거래 당사자 간의 관계
나. 제3자와 그 친족 등 대통령령으로 정하는 자가 거
래 당사자 양쪽의 의결권 있는 주식의 50퍼센트 이
상을 직접 또는 간접으로 각각 소유하고 있는 경우
그 거래 당사자 간의 관계
다. 거래 당사자 간에 자본의 출자관계, 재화·용역의
거래관계, 금전의 대차관계 등에 따라 소득을 조정
할 만한 공통의 이해관계가 있고, 거래 당사자 중 어
느 한쪽이 다른 쪽의 사업 방침을 실질적으로 결정
할 수 있는 경우 그 거래 당사자 간의 관계
라. 거래 당사자 간에 자본의 출자관계, 재화·용역의
거래관계, 금전의 대차관계 등에 따라 소득을 조정
할 만한 공통의 이해관계가 있고, 제3자가 거래 당
사자 양쪽의 사업 방침을 실질적으로 결정할 수 있
는 경우 그 거래 당사자 간의 관계
4. "국외특수관계인"이란 거주자, 내국법인 또는 국내
사업장과 특수관계에 있는 비거주자 또는 외국법인
(비거주자 또는 외국법인의 국내사업장은 제외한다)
을 말한다.
5. "정상가격"이란 거주자, 내국법인 또는 국내사업장이
국외특수관계인이 아닌 자와의 통상적인 거래에서 적
용하거나 적용할 것으로 판단되는 가격을 말한다.
6. "과세당국"이란 납세지 관할 세무서장 또는 지방국
세청장을 말한다.
7. "조세조약"이란 소득·자본·재산에 대한 조세 또는

조세행정의 협력에 관하여 우리나라가 다른 국가(고유한 세법이 적용되는 지역을 포함한다)와 체결한 조약·협약·협정·각서 등 국제법에 따라 규율되는 모든 유형의 국제적 합의를 말한다.

8. "체약상대국"(締約相對國)이란 우리나라와 조세조약을 체결한 국가를 말한다.

9. "권한 있는 당국"이란 다음 각 목의 구분에 따른 자를 말한다.
   가. 우리나라의 경우 : 기획재정부장관 또는 그의 권한을 위임받은 자
   나. 체약상대국의 경우 : 조세조약에서 권한 있는 당국으로 지정된 자

10. "상호합의절차"란 조세조약의 적용 및 해석이나 부당한 과세처분 또는 과세소득의 조정에 대하여 우리나라의 권한 있는 당국과 체약상대국의 권한 있는 당국 간에 협의를 통하여 해결하는 절차를 말한다.

② 제1항과 이 법의 다른 규정에서 특별히 정하지 아니한 용어에 관하여는「조세특례제한법」제2조제1항에 따른 용어의 예와 같은 법 제3조제1항제1호부터 제12호까지, 제18호 및 제19호에 규정된 법률에 따른 용어의 예에 따른다.

제3조【국제거래에 관한 실질과세】 ① 국제거래에서 과세의 대상이 되는 소득, 수익, 재산, 행위 또는 거래의 귀속이 명의(名義)일 뿐이고 사실상 귀속되는 자가 따로 있는 경우에는 사실상 귀속되는 자를 납세의무자로 하여 조세조약을 적용한다.

② 국제거래에서 과세표준의 계산에 관한 규정은 소득, 수익, 재산, 행위 또는 거래의 명칭이나 형식과 관계없이 그 실질 내용에 따라 조세조약을 적용한다.

③ 국제거래에서 이 법 및 조세조약의 혜택을 부당하게 받기 위하여 제3자를 통한 간접적인 방법으로 거래하거나 둘 이상의 행위 또는 거래를 거친 것(이하 이 조에서 "우회거래"라 한다)으로 인정되는 경우에는 그 경제적 실질에 따라 당사자가 직접 거래한 것으로 보거나 연속된 하나의 행위 또는 거래를 한 것으로 보아 이 법 및 조세조약을 적용한다.

④ 우회거래를 통하여 우리나라에 납부할 조세부담이 대통령령으로 정하는 비율 이상으로 현저히 감소하는 경우(해당 우회거래의 금액 및 우리나라에 납부할 조세부담의 감소된 금액 등이 대통령령으로 정하는 요건에 해당하는 경우는 제외한다) 납세의무자가 해당 우회거래에 정당한 사업 목적이 있다는 사실 등 조세를 회피할 의도가 없음을 입증하지 아니하면 이 법 및 조세조약의 혜택을 부당하게 받기 위하여 거래한 것으로 추정하여 제3항을 적용한다.

⑤ 제4항을 적용할 때 우리나라에 납부할 조세부담의 계산과 그 밖에 필요한 사항은 대통령령으로 정한다.

제4조【다른 법률과의 관계】 ① 이 법은 국세와 지방세에 관하여 규정하는 다른 법률보다 우선하여 적용한다.

② 국제거래에 대해서는「소득세법」제41조와「법인세법」제52조를 적용하지 아니한다. 다만, 대통령령으로 정하는 자산의 증여 등에 대해서는 그러하지 아니하다.

제5조【세법과 조세조약의 관계】 조세조약에서 정의하지 아니한 용어 및 문구에 대해서는「국세기본법」제2조제2호에 따른 세법에서 정의하거나 사용하는 의미에 따라 조세조약을 해석·적용한다.

제2장 국제거래에 관한 조세의 조정

제1절 국외특수관계인과의 거래에 대한 과세조정

제1관 정상가격 등에 의한 과세조정

제6조【정상가격에 의한 신고 및 경정청구】 거주자(내국법인과 국내사업장을 포함한다. 이하 이 절에서

같다)는 국외특수관계인과의 국제거래에서 그 거래가격이 정상가격보다 낮거나 높은 경우에는 정상가격을 기준으로 조정한 과세표준 및 세액을 다음 각 호의 어느 하나에 해당하는 기한까지 기획재정부령으로 정하는 거래가격 조정신고서를 첨부하여 납세지 관할 세무서장에게 신고하거나 경정청구를 할 수 있다.

1. 「소득세법」제70조·제70조의2·제71조·제73조·제74조 또는「법인세법」제60조제1항·제76조의17제1항에 따른 신고기한
2. 「국세기본법」제45조에 따른 수정신고기한
3. 「국세기본법」제45조의2제1항에 따른 경정청구기한
4. 「국세기본법」제45조의3제1항에 따른 기한 후 신고기한(2021.12.21 본호신설)

제7조【정상가격에 의한 결정 및 경정】 ① 과세당국은 거주자와 국외특수관계인 간의 국제거래에서 그 거래가격이 정상가격보다 낮거나 높은 경우에는 정상가격을 기준으로 거주자의 과세표준 및 세액을 결정하거나 경정할 수 있다.

② 과세당국은 제1항을 적용할 때 제8조에 따른 정상가격 산출방법 중 같은 정상가격 산출방법을 적용하여 둘 이상의 과세연도에 대하여 정상가격을 산출하고 그 정상가격을 기준으로 일부 과세연도에 대한 과세표준 및 세액을 결정하거나 경정하는 경우에는 나머지 과세연도에 대해서도 그 정상가격을 기준으로 과세표준 및 세액을 결정하거나 경정하여야 한다.

③ 납세자가 제2조제1항제3호다목 및 라목에 따른 특수관계에 해당하지 아니한다는 명백한 사유를 제시한 경우에는 제1항 및 제2항을 적용하지 아니한다.

제8조【정상가격의 산출방법】 ① 정상가격은 국외특수관계인이 아닌 자와의 통상적인 거래에서 적용되거나 적용될 것으로 판단되는 재화 또는 용역의 특성·기능 및 경제환경 등 거래조건을 고려하여 다음 각 호의 산출방법 중 가장 합리적인 방법으로 계산한 가격으로 한다. 다만, 제6호의 방법은 제1호부터 제5호까지의 규정에 따른 방법으로 정상가격을 산출할 수 없는 경우에만 적용한다.

1. 비교가능 제3자 가격방법 : 거주자와 국외특수관계인 간의 국제거래와 유사한 거래 상황에서 특수관계가 없는 독립된 사업자 간의 거래가격을 정상가격으로 보는 방법
2. 재판매가격방법 : 거주자와 국외특수관계인 간의 국제거래에서 거래 당사자 중 어느 한쪽인 구매자가 특수관계가 없는 자에 대한 판매자가 되는 경우 그 판매가격에서 그 구매자가 판매자로서 얻는 통상의 이윤으로 볼 수 있는 금액을 뺀 가격을 정상가격으로 보는 방법
3. 원가가산방법 : 거주자와 국외특수관계인 간의 국제거래에서 거래 당사자 중 어느 한쪽이 자산을 제조·판매하거나 용역을 제공하는 경우 자산의 제조·판매나 용역의 제공 과정에서 발생한 원가에 자산 판매자나 용역 제공자의 통상의 이윤으로 볼 수 있는 금액을 더한 가격을 정상가격으로 보는 방법
4. 거래순이익률방법 : 거주자와 국외특수관계인 간의 국제거래와 유사한 거래 중 거주자와 특수관계가 없는 자 간의 거래에서 실현된 통상의 거래순이익률을 기초로 산출한 거래가격을 정상가격으로 보는 방법
5. 이익분할방법 : 거주자와 국외특수관계인 간의 국제거래에서 거래 당사자 양쪽이 함께 실현한 거래순이익을 합리적인 배부기준에 따라 측정된 거래당사자들 간의 상대적 공헌도에 따라 배부하고, 이와 같이 배부된 이익을 기초로 산출한 거래가격을 정상가격으로 보는 방법
6. 그 밖에 대통령령으로 정하는 바에 따라 합리적이라고 인정되는 방법

② 과세당국은 제1항을 적용할 때 거주자와 국외특수관계인 간의 상업적 또는 재무적 관계 및 해당 국제거래의 중요한 거래조건을 고려하여 해당 국제거래의 실질적인 내용을 명확하게 파악하여야 하며, 해당 국제거래가 그 거래와 유사한 거래 상황에서 특수관계가 없는 독립된 사업자 간의 거래와 비교하여 상업적으로 합리적인 거래인지를 판단하여야 한다.
③ 과세당국은 제2항을 적용하여 거주자와 국외특수관계인 간의 국제거래가 상업적으로 합리적인 거래가 아닌 것으로 판단하고, 해당 국제거래에 기초하여 정상가격을 산출하는 것이 현저히 곤란한 경우 그 경제적 실질에 따라 해당 국제거래를 없는 것으로 보거나 합리적인 방법에 따라 새로운 거래로 재구성하여 제1항을 적용할 수 있다.
④ 제1항부터 제3항까지의 규정에 따른 정상가격 산출방법에 관한 구체적인 사항은 대통령령으로 정한다.

제9조【정상원가분담액 등에 의한 결정 및 경정】 ① 과세당국은 거주자와 국외특수관계인이 사전에 원가·비용·위험(이하 이 조에서 "원가등"이라 한다)의 분담에 대한 약정을 체결하고 이에 따라 무형자산을 공동으로 개발 또는 확보(이하 이 조에서 "공동개발"이라 한다)하는 경우 거주자의 원가등의 분담액이 정상원가분담액보다 적거나 많을 때에는 정상원가분담액을 기준으로 거주자의 과세표준과 세액을 결정하거나 경정할 수 있다.
② 제1항에 따른 정상원가분담액은 거주자가 국외특수관계인이 아닌 자와의 통상적인 원가등의 분담에 대한 약정에서 적용하거나 적용할 것으로 판단되는 분담액으로서 무형자산의 공동개발을 위한 원가등을 그 무형자산으로부터 기대되는 편익(이하 이 조에서 "기대편익"이라 한다)에 비례하여 배분한 금액으로 한다. 다만, 천재지변이나 그 밖의 불가항력적인 사유로 원가등이 당초 약정대로 분담되지 못하였다고 인정되는 경우에는 해당 사유를 고려하여 재산정한 금액을 정상원가분담액으로 할 수 있다.(2021.12.21 단서신설)
③ 과세당국은 거주자와 국외특수관계인이 공동개발한 무형자산에 대하여 적정하게 원가등을 배분하여 각 참여자의 지분을 결정하는 약정을 체결한 후 공동개발한 무형자산으로부터의 기대편익이 약정 체결 시 예상한 기대편익과 비교하여 대통령령으로 정하는 비율 이상 변동된 경우에는 원래 결정된 각 참여자의 지분을 변동된 기대편익을 기준으로 조정하여 거주자의 과세표준과 세액을 결정하거나 경정할 수 있다.
④ 제1항부터 제3항까지의 규정을 적용할 때 무형자산의 범위, 정상원가분담액과 기대편익의 산정, 참여자의 지분 변동 산출 및 그 밖에 필요한 사항은 대통령령으로 정한다.

제10조【제3자 개입 거래】 거주자가 국외특수관계인이 아닌 자와 국제거래를 할 때에도 그 거래가 다음 각 호의 요건을 모두 갖춘 경우에는 국외특수관계인과 국제거래를 하는 것으로 보아 그 거래에 대하여 제6조부터 제8조까지의 규정을 적용한다.
1. 해당 거주자와 국외특수관계인 간에 그 거래에 대한 사전계약(거래와 관련된 증거에 따라 사전에 실질적인 합의가 있는 것으로 인정되는 경우를 포함한다)이 있을 것
2. 해당 거주자와 국외특수관계인 간에 그 거래의 조건이 실질적으로 결정될 것

제11조【상계거래의 인정 등】 ① 국제거래에서 그 거래가격이 정상가격보다 낮거나 높은 경우에도 다음 각 호의 요건을 모두 갖춘 경우에는 상계(相計)되는 모든 국제거래를 하나의 국제거래로 보아 제6조부터 제8조까지의 규정을 적용한다.
1. 거주자가 같은 국외특수관계인과 같은 과세연도 내

의 다른 국제거래를 통하여 그 차액을 상계하기로 사전에 합의할 것
2. 해당 거주자가 사전 합의의 사실과 상계거래 내용을 증명할 것
② 제1항제2호에 따라 증명되는 상계거래 중「소득세법」제156조 및 제156조의2부터 제156조의7까지의 규정과「법인세법」제98조 및 제98조의2부터 제98조의6까지의 규정에 따라 원천징수의 대상이 되는 거래의 경우에는 상계거래가 없는 것으로 보아 해당 원천징수 규정을 적용한다.

제12조【체약상대국의 과세조정에 대한 대응조정】 ① 체약상대국이 거주자와 국외특수관계인의 거래가격을 정상가격으로 조정하고, 이에 대한 상호합의절차가 종결된 경우에는 과세당국은 그 합의에 따라 거주자의 각 과세연도 과세표준 및 세액을 조정하여 계산할 수 있다.
② 제1항에 따라 각 과세연도 과세표준 및 세액의 조정을 받으려는 거주자는 대통령령으로 정하는 바에 따라 수정신고 또는 경정청구를 하여야 한다.

제13조【소득처분 및 세무조정】 ① 제6조, 제7조, 제9조, 제12조 및 제15조에 따라 내국법인의 익금(益金)에 산입(算入)된 금액이 대통령령으로 정하는 바에 따라 국외특수관계인으로부터 내국법인에 반환된 것임이 확인되지 아니하는 경우에는 그 금액은「법인세법」제67조에도 불구하고 대통령령으로 정하는 바에 따라 국외특수관계인에 대한 배당으로 처분하거나 출자로 조정한다.
② 제6조, 제7조, 제9조, 제12조 및 제15조에 따라 감액조정된 거주자의 소득금액 중 국외특수관계인에게 반환되지 아니한 금액은「법인세법」제18조제2호에 따라 익금에 산입하지 아니하거나 거주자(내국법인이 아닌 거주자를 말한다)의 소득금액으로 보지 아니한다.
③ 제1항과 제2항을 적용할 때 소득처분의 방법과 그 밖에 필요한 사항은 대통령령으로 정한다.

제2관 정상가격 산출방법의 사전승인

제14조【사전승인의 신청 및 승인】 ① 거주자는 일정 기간의 과세연도에 대하여 일정한 정상가격 산출방법을 적용하려는 경우에는 대통령령으로 정하는 바에 따라 그 정상가격 산출방법을 적용하려는 일정 기간의 과세연도 중 최초의 과세연도 개시일의 전날까지 국세청장에게 사전승인을 신청할 수 있다.
② 국세청장은 거주자가 제1항에 따라 정상가격 산출방법에 대한 사전승인을 신청하는 경우 대통령령으로 정하는 바에 따라 체약상대국의 권한 있는 당국과의 상호합의절차를 거쳐 합의하는 때에는 정상가격 산출방법을 사전승인할 수 있다. 다만, 대통령령으로 정하는 경우에는 상호합의절차를 거치지 아니하고 정상가격 산출방법을 사전승인(이하 "일방적 사전승인"이라 한다)할 수 있다.
③ 국세청장은 거주자가 승인신청 대상 기간 전의 과세연도에 대하여 정상가격 산출방법을 소급하여 적용해 줄 것을 제1항에 따른 사전승인 신청과 동시에 신청하는 경우「국세기본법」제26조의2제1항 단서에 따른 국세부과의 제척기간(일방적 사전승인의 경우 같은 법 제45조의2제1항 각 호 외의 부분 본문에 따른 기한)이 지나지 아니한 범위에서 소급하여 적용하도록 승인할 수 있다.

제15조【사전승인 방법의 준수 등】 ① 거주자와 국세청장은 제14조에 따라 정상가격 산출방법이 승인된 경우 그 승인된 방법을 준수하여야 한다. 다만, 대통령령으로 정하는 경우에는 그 승인된 방법을 준수하지 아니할 수 있다.

② 거주자는 제14조에 따라 정상가격 산출방법이 승인된 경우 매년 제6조제1호에 따른 기간까지 그 승인된 방법에 따른 과세표준 및 세액을 납세지 관할 세무서장에게 신고하여야 하며, 필요한 경우 대통령령으로 정하는 바에 따라 수정신고 또는 경정청구를 하여야 한다.
③ 거주자는 제14조에 따라 정상가격 산출방법이 승인된 경우 이에 따라 산출된 정상가격 및 그 산출 과정 등이 포함된 보고서를 대통령령으로 정하는 바에 따라 매년 「소득세법」 제5조에 따른 과세기간 또는 「법인세법」 제6조에 따른 사업연도 종료일이 속하는 달의 말일부터 12개월 이내에 국세청장에게 제출하여야 한다.

제3관 국제거래 자료 제출 및 가산세 적용 특례

제16조【국제거래에 대한 자료 제출의무】 ① 다음 각 호에 해당하는 납세의무자는 그 구분에 따라 사업활동 및 거래내용 등에 관한 대통령령으로 정하는 통합기업보고서, 개별기업보고서 및 국가별보고서(이하 "국제거래정보통합보고서"라 한다)를 「법인세법」 제6조에 따른 사업연도 종료일이 속하는 달의 말일부터 12개월 이내에 납세지 관할 세무서장에게 제출하여야 한다.
1. 매출액 및 국외특수관계인과의 국제거래 규모 등이 대통령령으로 정하는 요건을 갖춘 납세의무자 : 통합기업보고서 및 개별기업보고서
2. 매출액 등이 대통령령으로 정하는 요건을 갖춘 납세의무자 : 국가별보고서
② 국외특수관계인과 국제거래를 하는 납세의무자는 다음 각 호의 서류를 「소득세법」 제5조에 따른 과세기간 또는 「법인세법」 제6조에 따른 사업연도 종료일이 속하는 달의 말일부터 6개월 이내에 납세지 관할 세무서장에게 제출하여야 한다. 다만, 대통령령으로 정하는 요건에 해당하는 경우에는 제1호부터 제3호까지의 규정에 따른 서류의 제출의무를 면제한다.(2023.12.31 본문개정)
1. 기획재정부령으로 정하는 국제거래명세서(이하 "국제거래명세서"라 한다)
2. 기획재정부령으로 정하는 국외특수관계인의 요약손익계산서(이하 이 조에서 "요약손익계산서"라 한다)
3. 기획재정부령으로 정하는 정상가격 산출방법 신고서(이하 이 조에서 "정상가격 산출방법 신고서"라 한다)
③ 납세지 관할 세무서장은 납세의무자가 대통령령으로 정하는 부득이한 사유로 제1항 또는 제2항에 따른 기한까지 국제거래정보통합보고서, 국제거래명세서, 요약손익계산서 및 정상가격 산출방법 신고서를 제출할 수 없는 경우로서 납세의무자의 신청을 받은 경우에는 1년의 범위에서 그 제출기한의 연장을 승인할 수 있다.
④ 과세당국은 대통령령으로 정하는 바에 따라 제7조부터 제9조까지의 규정을 적용하기 위하여 필요한 거래가격 산정방법 등의 관련 자료를 제출할 것을 납세의무자에게 요구할 수 있다.
⑤ 제4항에 따라 자료 제출을 요구받은 납세의무자는 그 요구를 받은 날부터 60일 이내에 해당 자료를 제출하여야 한다. 다만, 대통령령으로 정하는 부득이한 사유로 제출기한의 연장을 신청하는 경우에는 과세당국은 60일의 범위에서 한 차례만 그 제출기한의 연장을 승인할 수 있다.
⑥ 제4항에 따라 자료 제출을 요구받은 납세의무자가 대통령령으로 정하는 부득이한 사유 없이 자료를 기한까지 제출하지 아니하고, 불복신청 또는 상호합의절차 시 자료를 제출하는 경우 과세당국과 관련 기관은 그 자료를 과세 자료로 이용하지 아니할 수 있다.
⑦ 제1항제1호에 따라 통합기업보고서 및 개별기업보고서를 제출하여야 하는 납세의무자와 제4항에 따른

자료 중 정상가격 산출에 관한 대통령령으로 정하는 자료의 제출을 요구받은 납세의무자가 대통령령으로 정하는 부득이한 사유 없이 자료를 기한까지 제출하지 아니하는 경우 과세당국은 유사한 사업을 하는 사업자로부터 입수하는 자료 등 과세당국이 확보할 수 있는 자료에 근거하여 합리적으로 정상가격 및 정상원가분담액을 추정하여 제7조 및 제9조를 적용할 수 있다.
⑧ 국제거래정보통합보고서 또는 국제거래명세서 제출의 구체적인 범위, 방법 및 절차 등에 관하여 필요한 사항은 대통령령으로 정한다.

제17조【가산세 적용의 특례】 ① 과세당국은 이 절의 규정을 적용할 때 다음 각 호의 어느 하나에 해당하는 경우에는 「국세기본법」 제47조의3에 따른 과소신고가산세를 부과하지 아니한다.
1. 납세의무자가 신고한 거래가격과 정상가격의 차이에 대하여 납세의무자의 과실이 없다고 상호합의절차의 결과에 따라 확인되는 경우
2. 납세의무자가 일방적 사전승인을 받은 경우로서 신고한 거래가격과 정상가격의 차이에 대하여 납세의무자의 과실이 없다고 국세청장이 판정하는 경우
3. 납세의무자가 소득세나 법인세를 신고할 때 적용한 정상가격 산출방법에 관하여 증명자료를 보관·비치하거나 제16조제1항에 따른 개별기업보고서를 기한까지 제출하고, 합리적 판단에 따라 그 정상가격 산출방법을 선택하여 적용한 것으로 인정되는 경우
② 제1항 각 호에 따른 과실 여부 또는 합리적 판단 여부의 판정은 대통령령으로 정하는 기준에 따른다.

제4관 국세의 정상가격과 관세의 과세가격의 조정

제18조【국세의 정상가격 산출방법과 관세의 과세가격 결정방법의 사전조정】 ① 제14조제1항에 따라 국세의 정상가격 산출방법에 대하여 사전승인(일방적 사전승인의 대상인 경우로 한정한다)을 신청하는 거주자는 국세의 정상가격과 관세의 과세가격을 사전에 조정(이하 이 조에서 "사전조정"이라 한다)받기 위하여 「관세법」 제37조제1항제3호에 따라 관세 과세가격 결정방법의 사전심사(이하 이 조에서 "관세가격 사전심사"라 한다)를 국세청장에게 신청할 수 있다.
② 국세청장은 제1항에 따른 신청을 받은 경우에는 관세청장에게 관세가격 사전심사 신청서류를 첨부하여 그 신청을 받은 사실을 통보하고, 관세청장과 정상가격 산출방법, 과세가격 결정방법 및 사전조정 가격의 범위에 대하여 대통령령으로 정하는 바에 따라 협의하여야 한다.
③ 국세청장은 제2항에 따른 협의가 이루어진 경우에는 사전조정을 하여야 한다.
④ 국세청장은 제1항에 따른 신청의 처리 결과를 사전조정을 신청한 자와 기획재정부장관에게 통보하여야 한다.
⑤ 제1항부터 제4항까지의 규정에 따른 사전조정 신청의 방법 및 절차 등에 관하여 필요한 사항은 대통령령으로 정한다.

제19조【관세의 경정처분에 따른 국세의 경정청구】 ① 국외특수관계인으로부터 물품을 수입하는 거래와 관련하여 납세의무자가 과세당국에 소득세 또는 법인세의 과세표준신고서를 제출한 후 「관세법」 제38조의3 제6항에 따른 세관장의 경정처분으로 인하여 신고한 소득세 또는 법인세의 과세표준 및 세액의 산정기준이 된 거래가격과 관세의 과세가격 간에 차이가 발생한 경우 납세의무자는 대통령령으로 정하는 바에 따라 과세당국에 소득세 또는 법인세의 과세표준 및 세액의 경정을 청구할 수 있다. 이 경우 납세의무자는 세관장의 경정처분이 있음을 안 날(처분의 통지를 받은 때에는 그 받은 날)부터 3개월 이내에 경정을 청구하여야 한다.

② 제1항에 따른 경정청구를 받은 과세당국은 해당 거래와 관련된 소득세 또는 법인세의 과세표준 및 세액의 산정기준이 된 해당 수입물품의 거래가격 산출방법과 계산근거 등이 제8조에 적합하다고 인정되는 경우에는 세액을 경정할 수 있다.

③ 과세당국은 제1항에 따른 경정청구를 받은 날부터 2개월 이내에 과세표준 및 세액을 경정하거나, 경정하여야 할 이유가 없다는 뜻을 그 청구를 한 자에게 통지하여야 한다.

제20조【국세의 정상가격과 관세의 과세가격에 대한 과세의 조정】 ① 납세의무자는 제19조제3항에 따른 통지를 받은 날(2개월 이내에 통지를 받지 못한 경우에는 2개월이 지난 날)부터 30일 이내에 기획재정부장관에게 국세의 정상가격과 관세의 과세가격 간 조정을 신청할 수 있다.

② 기획재정부장관은 납세의무자가 제1항에 따른 조정을 신청한 경우 과세당국 또는 세관장에게 국세의 정상가격과 관세의 과세가격에 대한 과세의 조정을 권고할 수 있다. 이 경우 기획재정부장관은 그 조정 권고에 대한 과세당국 또는 세관장의 이행계획(이행하지 아니할 경우 그 이유를 포함한다)을 받아 납세의무자에게 그 조정의 신청을 받은 날부터 90일 이내에 통지하여야 한다.

③ 제1항 및 제2항에 따른 조정의 신청, 조정의 방법 등에 관하여 필요한 사항은 대통령령으로 정한다.

④ 제1항 및 제2항에 따라 조정을 신청한 날부터 통지를 받은 날까지의 기간은 「국세기본법」 제61조·제66조·제68조 및 「관세법」 제121조·제131조·제132조의 청구기간 또는 신청기간에 산입하지 아니한다.

제21조【관세의 과세정보 제공】 ① 과세당국은 국제거래에 관한 조세의 부과·징수 및 국세의 정상가격과 관세의 과세가격 간의 조정을 위하여 필요한 경우에는 세관장에게 대통령령으로 정하는 정보 또는 자료를 요구할 수 있다.

② 제1항에 따른 요구를 받은 세관장은 정당한 사유가 없으면 과세당국의 요구에 따라야 한다.

제2절 국외지배주주 등에게 지급하는 이자에 대한 과세조정

제22조【출자금액 대비 과다차입금 지급이자의 손금불산입】 ① 이 절에서 "국외지배주주"란 내국법인이나 외국법인의 국내사업장을 실질적으로 지배하는 다음 각 호의 구분에 따른 자를 말하며 그 세부 기준은 대통령령으로 정한다.

1. 내국법인의 경우 : 다음 각 목의 어느 하나에 해당하는 자
   가. 외국의 주주·출자자(이하 "외국주주"라 한다)
   나. 가목의 외국주주가 출자한 외국법인
2. 외국법인의 국내사업장의 경우 : 다음 각 목의 어느 하나에 해당하는 자
   가. 그 외국법인의 본점 또는 지점
   나. 그 외국법인의 외국주주
   다. 그 외국법인과 나목의 외국주주가 출자한 다른 외국법인

② 내국법인(외국법인의 국내사업장을 포함한다. 이하 이 절에서 같다)의 차입금 중 다음 각 호의 금액을 합한 금액이 해당 국외지배주주가 출자한 출자금액의 2배를 초과하는 경우에는 그 초과분에 대한 지급이자 및 할인료(이하 이 절에서 "이자등"이라 한다)는 그 내국법인의 손금(損金)에 산입하지 아니하며 대통령령으로 정하는 바에 따라 「법인세법」 제67조에 따른 배당 또는 기타사외유출로 처분된 것으로 본다. 이 경우 차입

금의 범위와 출자금액 및 손금에 산입하지 아니하는 금액의 산정방법은 대통령령으로 정한다.
1. 국외지배주주로부터 차입한 금액
2. 국외지배주주의 「국세기본법」 제2조제20호가목 또는 나목에 따른 특수관계인으로부터 차입한 금액
3. 국외지배주주의 지급보증(담보의 제공 등 실질적으로 지급을 보증하는 경우를 포함한다)에 의하여 제3자로부터 차입한 금액

③ 제2항에 따른 국외지배주주의 출자금액에 대한 차입금의 배수(倍數)는 업종의 특성 등에 따라 필요한 경우 업종별로 구분하여 따로 대통령령으로 정할 수 있다.

④ 내국법인이 제2항 각 호에 따라 차입한 금액의 규모 및 차입 조건이 특수관계가 없는 자 간의 통상적인 차입 규모 및 차입 조건과 같거나 유사한 것임을 대통령령으로 정하는 바에 따라 증명하는 경우 그 차입금에 대한 이자등에 대해서는 제2항 및 제3항을 적용하지 아니한다.

⑤ 제2항을 적용받는 내국법인이 각 사업연도 중에 지급한 이자등에 대하여 국외지배주주에 대한 소득세 또는 법인세를 원천징수하는 경우에는 제2항에 따른 배당에 대한 소득세 또는 법인세를 계산할 때 이미 원천징수한 세액과 상계하여 조정한다.

⑥ 제2항부터 제5항까지의 규정을 적용할 때 서로 다른 이자율이 적용되는 이자등이 함께 있는 경우에는 높은 이자율이 적용되는 것부터 먼저 손금에 산입한다.

제23조【제3자 개입 차입 거래】 내국법인이 국외지배주주가 아닌 자로부터 차입한 금액이 다음 각 호의 요건을 모두 갖춘 경우에는 국외지배주주로부터 직접 차입한 금액으로 보아 제22조를 적용한다. 다만, 내국법인이 국외지배주주가 아닌 국외특수관계인으로부터 차입한 경우에는 제2호의 요건만 갖추어도 제22조를 적용한다.

1. 해당 내국법인과 국외지배주주 간에 그 차입에 대한 사전계약(차입과 관련된 증거에 따라 사전에 실질적인 합의가 있는 것으로 인정되는 경우를 포함한다)이 있을 것
2. 해당 내국법인과 국외지배주주 간에 그 차입의 조건이 실질적으로 결정될 것

제24조【소득 대비 과다 지급이자의 손금불산입】 ① 이 조에서 사용하는 용어의 뜻은 다음과 같다.
1. "순이자비용"이란 국외특수관계인에게 지급한 이자 등에서 국외특수관계인으로부터 받은 이자수익을 뺀 금액을 말한다.
2. "조정소득금액"이란 감가상각비와 순이자비용을 빼기 전 소득금액을 말한다.

② 내국법인이 국외특수관계인으로부터 차입한 금액에 대한 순이자비용이 조정소득금액의 30퍼센트를 초과하는 경우에는 그 초과하는 금액은 손금에 산입하지 아니하며 「법인세법」 제67조에 따른 기타사외유출로 처분된 것으로 본다.

③ 제2항은 금융업 및 이와 유사한 업종 등을 하는 내국법인으로서 대통령령으로 정하는 내국법인에는 적용하지 아니한다.

④ 제2항을 적용할 때 서로 다른 이자율이 적용되는 이자등이 함께 있는 경우에는 높은 이자율이 적용되는 것부터 먼저 손금에 산입하지 아니한다.

⑤ 순이자비용 및 조정소득금액의 계산방법과 그 밖에 필요한 사항은 대통령령으로 정한다.

제25조【혼성금융상품 거래에 따른 지급이자의 손금불산입】 ① 이 조에서 "혼성금융상품"이란 자본 및 부채의 성격을 동시에 갖고 있는 금융상품으로서 대통령령으로 정하는 금융상품을 말한다.

② 내국법인이 국외특수관계인과의 혼성금융상품 거래에 따라 지급한 이자등 중 대통령령으로 정하는 기간(이하 이 조에서 "적정기간"이라 한다) 이내에 그 거래상대방이 소재한 국가에서 거래 상대방의 소득에 포함되지 아니하여 그 과세되지 아니한 금액은 적정기간 종료일이 속하는 사업연도의 소득금액을 계산할 때 대통령령으로 정하는 바에 따라 익금에 산입하며「법인세법」제67조에 따른 기타사외유출로 처분된 것으로 본다. 이 경우 내국법인은 대통령령으로 정하는 바에 따라 계산한 이자 상당액을 적정기간 종료일이 속하는 사업연도의 법인세에 더하여 납부하여야 한다.
③ 제2항 전단에 따라 익금에 산입하는 내국법인은 대통령령으로 정하는 바에 따라 혼성금융상품 거래에 관한 자료를 적정기간 종료일이 속하는 사업연도를 기준으로 하여「법인세법」제60조제1항 및 제76조의17제1항에 따른 신고기한까지 납세지 관할 세무서장에게 제출하여야 한다.(2022.12.31 본항신설)
④ 혼성금융상품 거래의 범위, 과세되지 아니한 금액의 범위, 그 밖에 필요한 사항은 대통령령으로 정한다.
제26조【지급이자의 손금불산입 적용 순서】 ① 제22조와 제24조가 동시에 적용되는 경우에는 그 중 손금에 산입하지 아니하는 금액이 크게 계산되는 것 하나만을 적용한다. 이 경우 그 금액이 같은 경우에는 제22조를 적용한다.
② 제22조 또는 제24조는 제6조, 제7조, 제25조 및「법인세법」제28조보다 우선하여 적용한다.
③ 제25조는 제6조, 제7조 및「법인세법」제28조보다 우선하여 적용한다.

제3절 특정외국법인의 유보소득에 대한 합산과세

제27조【특정외국법인의 유보소득 배당간주】 ① 다음 각 호의 요건을 모두 충족하는 외국법인(이하 "특정외국법인"이라 한다)에 대하여 내국인이 출자한 경우에는 특정외국법인의 각 사업연도 말 현재 배당 가능한 유보소득(留保所得) 중 내국인에게 귀속될 금액은 내국인이 배당받은 것으로 본다.(2021.12.21 본문개정)
1. 본점, 주사무소 또는 실질적 관리장소를 둔 국가 또는 지역에서의 실제부담세액이 다음 계산식에 따라 산출한 금액 이하일 것

> 외국법인의 실제발생소득 ×「법인세법」제55조에 따른 세율 중 최고세율의 70퍼센트

2. 해당 법인에 출자한 내국인과 특수관계(제2조제1항제3호가목의 관계에 해당하는지를 판단할 때에는 내국인의 친족 등 대통령령으로 정하는 자가 직접 또는 간접으로 보유하는 것을 포함한다)에 있을 것(2021.12.21 1호~2호신설)
② 제1항을 적용받는 내국인의 범위는 특정외국법인의 각 사업연도 말 현재 발행주식의 총수 또는 출자총액의 10퍼센트 이상을 직접 또는 간접으로 보유한 자로 한다. 이 경우 발행주식의 총수 또는 출자총액의 10퍼센트 이상을 보유하는 경우에는「국세기본법」제2조제20호가목 및 나목에 따른 내국인의 특수관계인이 직접 보유하는 발행주식 또는 출자지분을 포함한다.
③ 내국인이 외국신탁(외국의 법령에 따라 설정된 신탁으로서「법인세법」제5조제2항 각 호의 어느 하나에 해당하는 신탁과 유사한 것을 말한다)의 수익권을 직접 또는 간접으로 보유하고 있는 경우에는 신탁재산별로 각각을 하나의 외국법인으로 보아 제1항 및 제2항을 적용한다.(2021.12.21 본항개정)
④ 제1항제1호에 따른 특정외국법인의 실제부담세액 및 실제발생소득의 범위 등은 대통령령으로 정한다.(2021.12.21 본항개정)

제28조【특정외국법인의 유보소득 배당간주 적용의 배제】 특정외국법인이 다음 각 호의 어느 하나에 해당하는 경우에는 제27조를 적용하지 아니한다.
1. 특정외국법인의 각 사업연도 말 현재 실제발생소득이 대통령령으로 정하는 금액 이하인 경우
2. 특정외국법인이 소재한 국가 또는 지역에 사업을 위하여 필요한 사무소, 점포, 공장 등의 고정된 시설을 가지고 있고, 그 법인이 스스로 사업을 관리하거나 지배 또는 운영을 하며, 그 국가 또는 지역에서 주로 사업을 하는 경우(2021.12.21 본호개정)
3. 특정외국법인이 대통령령으로 정하는 요건에 따라 주식의 보유를 주된 사업으로 하면서 그 특정외국법인(이하 이 호에서 "해외지주회사"라 한다)이 다음 각 목의 요건을 모두 갖추어 자회사(대통령령으로 정하는 요건을 모두 갖춘 외국법인을 말한다. 이하 이 호에서 같다)의 주식을 보유하고 있는 경우(2022.12.31 본문개정)
가. 해외지주회사가 모든 자회사의 주식을 그 자회사의 배당기준일 현재 6개월 이상 계속하여 보유하고 있을 것
나. 해외지주회사가 가목의 요건을 갖추어 주식을 보유하고 있는 자회사로부터 받은 이자소득, 배당소득 등을 고려하여 다음 계산식에 따라 계산한 소득금액비율이 각 사업연도 말 현재 대통령령으로 정하는 비율 이상일 것

> 소득금액비율 = $\dfrac{A}{B - C - D}$
>
> A : 해외지주회사가 가목의 요건을 갖추어 주식을 보유하고 있는 자회사 중 해당 해외지주회사와 같은 국가 또는 기획재정부령으로 정하는 같은 지역(이하 제29조에서 "같은 국가등"이라 한다)에 본점 또는 주사무소를 두고 있는 자회사로부터 받은 이자소득, 배당소득, 그 밖에 대통령령으로 정하는 소득을 합친 금액
> B : 해외지주회사의 소득금액
> C : 해외지주회사가 사무실, 점포, 공장 등의 고정된 시설을 가지고 그 시설을 통하여 제29조제1항 각 호에 해당하는 사업 외의 사업을 실질적으로 운영함에 따라 발생하는 소득금액
> D : 해외지주회사가 가목의 요건을 갖추어 보유하고 있는 자회사의 주식을 처분함에 따라 발생하는 소득금액

(2022.12.31 본목개정)
제29조【특정외국법인의 유보소득 배당간주의 예외적 적용】 ① 제28조제2호에 따라 제27조를 적용받지 아니하는 특정외국법인의 경우에도 다음 각 호의 어느 하나에 해당하는 경우에는 제27조를 적용한다. 다만, 제1호가목에 해당하는 도매업을 하는 특정외국법인이 같은 국가등에 있는 특수관계가 없는 자에게 판매하는 경우로서 대통령령으로 정하는 요건을 갖춘 경우에는 제27조를 적용하지 아니한다.
1.「통계법」제22조에 따라 통계청장이 작성·고시하는 한국표준산업분류에 따른 다음 각 목의 업종을 하는 특정외국법인으로서 대통령령으로 정하는 요건에 해당하는 법인(2022.12.31 본문개정)
가. 도매업
나. 금융 및 보험업
다. 부동산업
라. 전문, 과학 및 기술 서비스업(건축 기술, 엔지니어링 및 관련 기술 서비스업은 제외한다)
마. 사업시설관리, 사업지원 및 임대서비스업
2. 다음 각 목의 행위를 주된 사업으로 하는 법인. 이 경우 주된 사업의 판단기준은 대통령령으로 정한다.

가. 주식 또는 채권의 보유
나. 지식재산권의 제공
다. 선박·항공기·장비의 임대
라. 투자신탁 또는 기금에 대한 투자
② 제28조제2호 또는 이 조 제1항 각 호 외의 부분 단서에 따라 제27조를 적용받지 아니하는 특정외국법인의 경우에도 다음 각 호의 소득(이하 이 절에서 "수동소득"이라 한다)이 대통령령으로 정하는 기준을 갖춘 경우에는 해당 소득에 대하여 제27조를 적용한다. (2022.12.31 본문개정)
1. 제1항제2호 각 목의 행위에서 발생하는 소득
2. 제1항제2호 각 목의 행위에서 발생하는 소득과 관련된 자산(「통계법」 제22조에 따라 통계청장이 작성·고시하는 한국표준산업분류에 따른 금융 및 보험업을 하는 특정외국법인이 제1항제2호가목의 행위에서 발생하는 소득과 관련된 자산을 금융 및 보험업의 수행과 관련하여 보유하는 경우 및 특정외국법인이 같은 호 다목의 행위에서 발생하는 소득과 관련된 자산을 특정외국법인의 사업에 직접 사용하는 경우의 해당 자산은 제외한다)의 매각손익 (2022.12.31 본호개정)
제30조【배당 가능한 유보소득 및 배당간주금액의 산출】 ① 제27조제1항에 따라 내국인이 배당받은 것으로 보는 금액(이하 이 절에서 "배당간주금액"이라 한다)은 다음 계산식에 따른 금액으로 한다.

> 특정외국법인의 각 사업연도 말 현재 배당 가능한 유보소득 × 해당 내국인의 특정외국법인 주식 보유비율

② 제1항에도 불구하고 제29조제2항을 적용하는 경우의 배당간주금액은 다음 계산식에 따른 금액으로 한다.

특정 외국법인의 각 사업연도 말 현재 배당 가능한 유보소득	×	해당 내국인의 특정외국법인 주식 보유 비율	×	(수동소득의 합계금액 – 대통령령으로 정하는 금액) / 특정외국법인의 총 수입금액

③ 제1항 및 제2항에 따른 배당 가능한 유보소득 및 주식 보유비율의 계산방법 등 배당간주금액을 산출하는 데 필요한 사항은 대통령령으로 정한다.
제31조【배당간주금액의 익금 귀속 시기】 배당간주금액은 특정외국법인의 해당 사업연도 종료일의 다음 날부터 60일이 되는 날이 속하는 내국인의 과세연도의 익금 또는 배당소득(이하 이 절에서 "익금등"이라 한다)에 산입한다.
제32조【실제 배당금액 등의 익금불산입】 ① 제31조에 따라 배당간주금액이 내국인의 익금등으로 산입된 후 해당 특정외국법인이 그 유보소득을 실제로 배당(「법인세법」 제16조에 따라 배당금 또는 분배금으로 보는 금액을 포함한다)한 경우에는 「법인세법」 제18조제2호에 따라 익금에 산입하지 아니하는 소득으로 보거나 「소득세법」 제17조제1항에 따른 배당소득에 해당하지 아니하는 것으로 본다.
② 제31조에 따라 배당간주금액이 내국인의 익금등으로 산입된 후 그 내국인이 해당 특정외국법인의 주식을 양도한 경우에는 양도차익을 한도로 다음 계산식에 따른 금액〔그 금액이 영(零) 이하인 경우에는 영으로 본다〕을 「법인세법」 제18조제2호에 따라 익금에 산입하지 아니하는 소득으로 보거나 「소득세법」 제94조제1항제3호다목에 따른 양도소득에 해당하지 아니하는 것으로 본다.

> (양도한 주식에 대한 배당간주금액의 합계에 상당하는 금액) – (양도한 주식에 대하여 실제로 배당한 금액)

③ 제1항과 제2항에 따른 금액의 계산에 필요한 장부 및 증거서류는 「국세기본법」 제85조의3제2항에도 불구하고 배당일 또는 양도일이 속하는 과세연도의 법정신고기한까지는 보존하여야 한다.
제33조【외국납부세액의 공제 및 경정청구】 ① 특정외국법인이 내국인에게 실제로 배당할 때에 외국에 납부한 세액이 있는 경우 제31조에 따라 익금등에 산입한 과세연도의 배당간주금액은 국외원천소득으로 보고, 실제 배당 시 외국에 납부한 세액은 제31조에 따라 익금등에 산입한 과세연도에 외국에 납부한 세액으로 보아 「소득세법」 제57조제1항·제2항 또는 「법인세법」 제57조제1항·제2항을 적용한다.
② 제1항을 적용받으려는 자는 실제로 배당을 받은 과세연도의 소득세 또는 법인세 신고기한부터 1년 이내에 대통령령으로 정하는 바에 따라 납세지 관할 세무서장에게 경정을 청구하여야 한다.
③ 제1조에 따라 익금등에 산입한 배당간주금액은 「법인세법」 제57조제4항을 적용할 때 이를 익금등에 산입한 과세연도의 수입배당금액으로 본다.
제34조【특정외국법인에 대한 자료의 제출】 제27조부터 제33조까지의 규정의 적용대상이 되는 내국인은 대통령령으로 정하는 바에 따라 다음 각 호의 서류를 「소득세법」 제70조제1항 및 제70조의2제2항 또는 「법인세법」 제60조제1항 및 제76조의17제1항에 따른 신고기한까지 납세지 관할 세무서장에게 제출하여야 한다.
1. 특정외국법인의 재무제표
2. 특정외국법인의 법인세 신고서 및 부속서류
3. 특정외국법인의 유보소득 계산 명세서
4. 그 밖에 대통령령으로 정하는 서류

제3절의2   국외투과단체에 귀속되는 소득에 관한 과세특례
(2022.12.31 본절신설)

제34조의2【국외투과단체에 귀속되는 소득에 관한 과세특례】 ① 이 조에서 "국외투과단체"란 다음 각 호의 요건을 모두 충족하는 단체를 말한다.
1. 「법인세법」 제2조제3호의 외국법인, 같은 법 제93조의2의 국외투자기구 또는 「국세기본법」 제13조제1항에 따른 법인 아닌 단체와 유사한 단체로서 국외에서 설립된 단체(이하 이 항에서 "외국법인등"이라 한다)일 것
2. 외국법인등이 설립되었거나 외국법인등의 본점 또는 주사무소가 소재하는 국가의 세법에 따라 그 외국법인등의 소득에 대하여 해당 외국법인등이 아닌 외국법인등의 주주, 출자자 또는 수익자(이하 이 조에서 "출자자등"이라 한다)가 직접 납세의무를 부담할 것
② 국외투과단체의 출자자등에 해당하는 대통령령으로 정하는 거주자 또는 내국법인이 제3항에 따라 이 조에서 규정한 과세특례(이하 이 조에서 "국외투과단체과세특례"라 한다)의 적용 신청을 한 경우 국외투과단체에 귀속되는 소득은 그 출자자등에게 귀속되는 소득으로 보아 「소득세법」 또는 「법인세법」을 적용한다.
③ 제2항을 적용받으려는 출자자등은 대통령령으로 정하는 바에 따라 납세지 관할 세무서장에게 국외투과단체과세특례의 적용 신청을 하여야 한다.
④ 제2항을 적용받은 출자자등은 적용 신청 이후 국외투과단체가 제1항 각 호의 요건을 충족하지 못하게 된 경우 등 대통령령으로 정하는 경우를 제외하고는 국외투과단체과세특례의 적용을 포기할 수 없다.
⑤ 「자본시장과 금융투자업에 관한 법률」에 따른 투자신탁, 투자합자조합 및 투자익명조합(이하 이 항에서 "투자신탁등"이라 한다)의 경우에는 그 투자신탁등을 내국법인으로 보아 제2항부터 제4항까지를 적용한다.
⑥ 제2항을 적용하는 경우 출자자등에게 귀속되는 소득은 국외투과단체에 귀속되는 소득의 소득구분에 따

르며, 국외투과단체에 그 소득이 귀속될 때에 즉시 그 출자자등에게 그 소득이 귀속되는 것으로 본다.
⑦ 제2항에 따라 국외투과단체의 소득이 출자자등의 총수입금액 또는 익금으로 산입된 후 해당 국외투과단체가 출자자등에게 실제로 분배하는 소득은 총수입금액 또는 익금에 산입되지 아니하는 소득으로 본다.
⑧ 국외투과단체의 소득으로서 제2항에 따라 출자자등에게 직접 귀속되는 것으로 보는 소득에 대하여 외국에서 출자자등에게 부과된 세액은 대통령령으로 정하는 바에 따라 「소득세법」 제57조제1항 또는 「법인세법」 제57조제1항에 따른 세액공제의 적용 대상이 되는 외국소득세액 또는 외국법인세액으로 본다.
⑨ 제2항이 적용되는 경우 제27조에 따른 특정외국법인의 유보소득 배당간주 규정은 적용하지 아니한다.
⑩ 제2항의 적용을 받는 출자자등의 소득금액 및 결손금 등의 계산 및 배분, 그 밖에 필요한 사항은 대통령령으로 정한다.

제4절 국외 증여에 대한 증여세 과세특례

제35조【국외 증여에 대한 증여세 과세특례】 ① 이 절에서 사용하는 용어의 뜻은 다음과 같다.
1. "거주자"란 「상속세 및 증여세법」 제2조제8호에 따른 거주자를 말하며, 본점이나 주된 사무소의 소재지가 국내에 있는 비영리법인을 포함한다.
2. "비거주자"란 「상속세 및 증여세법」 제2조제8호에 따른 비거주자를 말하며, 본점이나 주된 사무소의 소재지가 국내에 없는 비영리법인을 포함한다.
② 거주자가 비거주자에게 국외에 있는 재산을 증여(증여자의 사망으로 효력이 발생하는 증여는 제외한다)하는 경우 그 증여자는 이 법에 따라 증여세를 납부할 의무가 있다.
③ 제2항에도 불구하고 다음 각 호의 요건을 모두 갖춘 경우에는 증여세 납부의무를 면제한다.
1. 수증자가 증여자의 「국세기본법」 제2조제20호에 따른 특수관계인이 아닐 것
2. 해당 증여재산에 대하여 외국의 법령에 따라 증여세(실질적으로 같은 성질을 가지는 조세를 포함한다)가 부과될 것. 이 경우 세액을 면제받은 경우를 포함한다.
④ 제2항을 적용할 때 증여재산의 가액은 해당 재산이 있는 국가의 증여 당시 현황을 반영한 시가(時價)에 따르되, 그 시가의 산정에 관한 사항은 대통령령으로 정한다. 다만, 시가를 산정하기 어려운 경우에는 해당 재산의 종류, 규모, 거래 상황 등을 고려하여 대통령령으로 정하는 방법에 따른다.
⑤ 제2항을 적용할 때 외국의 법령에 따라 증여세를 납부한 경우에는 대통령령으로 정하는 바에 따라 그 납부한 증여세에 상당하는 금액을 증여세 산출세액에서 공제한다.
⑥ 제2항에 따라 증여세를 과세하는 경우에는 「상속세 및 증여세법」 제4조의2제3항, 제47조, 제53조, 제54조부터 제58조까지, 제68조, 제69조제2항, 제70조부터, 제72조까지 및 제76조를 준용한다.(2023.12.31 본항개정)

제3장 국가 간 조세 행정 협조

제1절 국가 간 조세협력

제36조【조세정보 및 금융정보 등의 교환】 ① 우리나라의 권한 있는 당국은 조세의 부과와 징수, 조세 불복에 대한 심리(審理) 및 형사 소추 등을 위하여 필요한 조세정보〔납세의무자를 최종적으로 지배하거나 통제

하는 개인(이하 "실제소유자"라 한다)에 대한 정보를 포함한다. 이하 같다)와 국제적 관행으로 일반화되어 있는 조세정보를 다른 법률에 어긋나지 아니하는 범위에서 획득하여 체약상대국과 교환할 수 있다.
② 과세당국은 제1항에 따른 조세정보의 교환을 위하여 필요한 경우 납세의무자의 실제소유자 정보를 납세의무자에게 요구할 수 있으며, 과세당국이 납세의무자에게 요구할 수 있는 실제소유자 정보의 범위 및 실제소유자 정보의 요구·제출 등에 필요한 사항은 대통령령으로 정한다.
③ 우리나라의 권한 있는 당국은 체약상대국의 권한 있는 당국이 조세조약에 따라 거주자·내국법인 또는 비거주자·외국법인의 금융정보(「금융실명거래 및 비밀보장에 관한 법률」 제2조제3호에 따른 금융거래의 내용에 대한 정보 또는 자료를 말한다. 이하 같다)를 요청하는 경우 「금융실명거래 및 비밀보장에 관한 법률」 제4조에도 불구하고 다음 각 호의 어느 하나에 해당하는 금융정보의 제공을 금융회사등(같은 법 제2조제1호에 따른 금융회사등을 말한다. 이하 같다)의 특정 점포에 요구할 수 있다. 이 경우 그 금융회사등에 종사하는 사람은 요구받은 금융정보를 제공하여야 한다.(2023.12.31 전단개정)
1. 조세에 관한 법률에 따라 제출의무가 있는 과세자료에 해당하는 금융정보
2. 상속·증여재산의 확인에 필요한 금융정보
3. 체약상대국의 권한 있는 당국이 조세 탈루 혐의를 인정할 만한 명백한 자료를 확인하기 위하여 필요한 금융정보
4. 체약상대국 체납자의 재산조회에 필요한 금융정보
5. 체약상대국의 권한 있는 당국이 「국세징수법」 제9조제1항 각 호의 어느 하나에 해당하는 사유로 필요한 금융정보
④ 우리나라의 권한 있는 당국은 제3항에 따라 체약상대국의 권한 있는 당국이 요청하는 정보가 다음 각 호에 해당하는 경우에는 그 금융정보의 제공을 금융회사등의 장에게 요구할 수 있다. 이 경우 그 금융회사등에 종사하는 사람은 요구받은 금융정보를 제공하여야 한다.
1. 특정 금융거래와 관련된 명의인의 인적 사항을 특정할 수 없는 집단과 관련된 정보인 경우
2. 「상속세 및 증여세법」 제83조제1항에 따른 금융재산 일괄 조회에 해당하는 정보인 경우
⑤ 제3항 및 제4항에도 불구하고 우리나라의 권한 있는 당국은 상호주의 원칙에 따라 체약상대국에 금융정보를 제공하는 것을 제한할 수 있다.
⑥ 우리나라의 권한 있는 당국은 조세조약에 따라 체약상대국과 상호주의에 따른 정기적인 금융정보등(금융정보 및 그 밖에 금융거래의 내용에 관한 정보 또는 자료로서 대통령령으로 정하는 정보 또는 자료를 말한다. 이하 같다)의 교환을 위하여 필요한 경우 「금융실명거래 및 비밀보장에 관한 법률」 제4조 및 그 밖에 금융거래 정보·자료의 제공에 관한 법률에도 불구하고 체약상대국의 조세 부과 및 징수와 납세의 관리에 필요한 거주자·내국법인 또는 비거주자·외국법인의 금융정보등을 금융거래회사등(금융거래를 하는 법인 또는 단체로서 대통령령으로 정하는 법인 또는 단체를 말한다. 이하 같다)의 장에게 요구할 수 있다. 이 경우 그 금융거래회사등에 종사하는 사람은 대통령령으로 정하는 바에 따라 이를 제공하여야 한다.(2023.12.31 본항개정)
⑦ 금융거래회사등은 국가 간 금융정보등의 교환을 지원하기 위하여 제6항에 따른 요구가 없는 경우에도 그 사용 목적에 필요한 최소한의 범위에서 해당 금융거래회사등의 금융거래 상대방(조세조약에 따른 체약상대국이 아닌 다른 국가의 금융거래 상대방을 포함한다.

이하 같다)에 대한 납세자번호(개별 국가에서 납세자 식별을 위하여 부여된 고유번호를 말한다)를 포함한 인적 사항 등을 미리 확인·보유할 수 있다.(2023.12.31 본항개정)

⑧ 제6항에 따라 금융정보등을 제공하거나 제7항에 따라 금융정보등을 확인하려는 금융거래회사등의 장은 금융거래 상대방에게 인적 사항 등의 확인을 위하여 필요한 자료의 제출을 요청할 수 있다.(2023.12.31 본항개정)

⑨ 금융거래회사등의 장은 제8항에 따라 자료 제출을 요청받은 금융거래 상대방이 요청받은 자료를 제출하지 아니하여 제6항에 따른 금융정보등을 우리나라의 권한 있는 당국에 제공할 수 없거나 제7항에 따라 인적 사항 등을 확인할 수 없는 경우에는 해당 금융거래 상대방의 계좌 개설을 거절할 수 있다.(2023.12.31 본항개정)

⑩ 제1항에 따른 조세정보의 교환, 제3항·제4항에 따른 금융정보 및 제6항에 따른 금융정보등의 교환·제공, 제8항에 따른 인적 사항 등의 확인에 관한 구체적인 사항은 대통령령으로 정한다.(2023.12.31 본항개정)
(2023.12.31 본조제목개정)

제37조【질문·확인】① 세무공무원은 제36조제6항에 따른 금융정보등의 제공과 관련하여 필요하다고 인정할 때에는 금융거래회사등에 종사하는 사람에게 같은 조 제8항에 따른 금융거래 상대방의 인적 사항 등의 확인에 대하여 질문을 할 수 있으며 서류 등을 확인할 수 있다.(2023.12.31 본항개정)

② 세무공무원은 제1항에 따른 질문 또는 확인을 하는 경우 직무상 필요한 범위 외에 다른 목적 등을 위하여 그 권한을 남용해서는 아니 된다.

제38조【비밀유지의무 등】① 다음 각 호의 어느 하나에 해당하는 자는 제36조제1항에 따른 조세정보, 같은 조 제3항·제4항에 따른 금융정보 또는 같은 조 제6항에 따른 금융정보등의 획득, 교환 또는 제공을 부당하게 방해하거나 지연시켜서는 아니 된다.(2023.12.31 본문개정)

1. 제36조제1항에 따른 조세정보, 같은 조 제3항·제4항에 따른 금융정보 또는 같은 조 제6항에 따른 금융정보등과 관련된 자(2023.12.31 본호개정)
2. 제36조제7항에 따른 금융거래 상대방

② 금융회사등 또는 금융거래회사등에 종사하는 사람은 제36조제3항·제4항 및 제6항을 위반하여 금융정보 또는 금융정보등의 제공을 요구받으면 그 요구를 거부하여야 한다.(2023.12.31 본항개정)

③ 제36조제3항·제4항·제6항 및 제7항에 따라 금융정보 또는 금융정보등을 알게 된 사람은 그 금융정보 또는 금융정보등을 체약상대국의 권한 있는 당국 외의 자에게 제공 또는 누설하거나 그 목적 외의 용도로 이용해서는 아니 되며, 누구든지 금융정보 또는 금융정보등을 알게 된 사람에게 그 금융정보 또는 금융정보등의 제공을 요구해서는 아니 된다.(2023.12.31 본항개정)

④ 제3항과 제36조제3항, 제4항 및 제6항을 위반하여 제공되거나 누설된 금융정보 또는 금융정보등을 취득한 사람은 그 위반 사실을 알게 된 경우 그 금융정보 또는 금융정보등을 타인에게 제공하거나 누설해서는 아니 된다.(2023.12.31 본항개정)

제39조【세무조사 협력】① 우리나라의 권한 있는 당국은 조세조약이 적용되는 자와의 거래에 대하여 세무조사가 필요하다고 판단되는 경우에는 그 거래에 대하여 다음 각 호의 행위를 할 수 있다.
1. 체약상대국과 동시에 세무조사를 하는 행위
2. 체약상대국에 세무공무원을 파견하여 직접 세무조사를 하게 하거나 체약상대국의 세무조사에 참여하게 하는 행위

② 우리나라의 권한 있는 당국은 체약상대국이 조세조약에 따라 세무조사 협력을 요청하는 경우 수락할 수 있다.

제40조【조세 징수의 위탁】① 납세지 관할 세무서장 또는 지방자치단체의 장은 국내에서 납부할 조세를 징수하기 곤란하여 체약상대국에서 징수하는 것이 불가피하다고 판단되는 경우에는 국세청장에게 체약상대국에 대한 조세 징수를 위하여 필요한 조치를 하도록 요청할 수 있다.

② 국세청장은 제1항의 요청을 받은 경우에는 대통령령으로 정하는 바에 따라 체약상대국의 권한 있는 당국에 그 조세의 징수를 위탁할 수 있다.

③ 기획재정부장관이나 국세청장은 조세조약에 따라 체약상대국의 권한 있는 당국으로부터 체약상대국에 납부할 조세를 우리나라에서 징수하도록 위탁받은 경우 대통령령으로 정하는 바에 따라 납세지 관할 세무서장에게 국세 징수의 예에 따라 징수하도록 할 수 있다.

제41조【거주자증명서의 발급】과세당국은 거주자 또는 내국법인이 다음 각 호의 어느 하나에 해당하는 사유로 거주자 또는 내국법인에 해당함을 증명하는 서류의 발급을 신청하는 경우 대통령령으로 정하는 바에 따라 그 증명서를 발급할 수 있다.
1. 조세조약에 따른 비과세·면제 또는 제한세율(조세조약에 따라 체약상대국이 거주자 또는 법인에 대하여 과세할 수 있는 최고세율을 말한다)을 적용받으려는 경우
2. 제36조제1항에 따른 조세정보, 같은 조 제3항·제4항에 따른 금융정보 또는 같은 조 제6항에 따른 금융정보등의 교환 등 조세조약의 이행을 위하여 필요한 경우(2023.12.31 본호개정)
3. 그 밖에 조세 목적상 거주자 또는 내국법인임을 증명할 필요가 있는 경우
(2021.12.21 본조개정)

제2절 상호합의절차

제42조【상호합의절차의 개시 요건】① 거주자 또는 내국법인과 비거주자 또는 외국법인은 다음 각 호의 구분에 따른 자에게 대통령령으로 정하는 바에 따라 상호합의절차의 개시를 신청할 수 있다.
1. 조세조약의 적용 및 해석에 관하여 체약상대국과 협의할 필요성이 있는 경우 : 기획재정부장관
2. 체약상대국의 과세당국으로부터 조세조약의 규정에 부합하지 아니하는 과세처분을 받았거나 받을 우려가 있는 경우 : 국세청장
3. 조세조약에 따라 우리나라와 체약상대국 간에 조세 조정이 필요한 경우 : 국세청장

② 기획재정부장관이나 국세청장은 제1항에 따라 상호합의절차 개시를 신청받은 경우에는 다음 각 호의 어느 하나에 해당하는 경우를 제외하고는 체약상대국의 권한 있는 당국에 상호합의절차 개시를 요청하여야 하고, 상호합의절차의 개시 신청을 한 거주자 또는 내국법인과 비거주자 또는 외국법인(이하 이 절에서 "신청인"이라 한다)에게 그 요청 사실을 통지하여야 한다.
1. 국내 또는 국외에서 법원의 확정판결이 있는 경우. 다만, 체약상대국의 과세조정에 대한 대응조정이 필요한 경우 등 대통령령으로 정하는 경우는 제외한다.
2. 조세조약상 신청 자격이 없는 자가 신청한 경우
3. 납세자가 조세 회피를 목적으로 상호합의절차를 이용하려고 하는 사실이 인정되는 경우
4. 과세 사실을 안 날부터 3년이 지나 신청한 경우

③ 기획재정부장관은 제1항제1호에 해당하는 경우에는 직권으로 체약상대국의 권한 있는 당국에 상호합의절차 개시를 요청할 수 있다.

④ 국세청장은 제1항제2호 및 제3호에 해당하는 경우에는 직권으로 체약상대국의 권한 있는 당국에 상호합의절차 개시를 요청할 수 있다.
⑤ 국세청장은 제1항의 신청을 받거나 제4항에 따라 직권으로 상호합의절차 개시를 요청할 때에는 기획재정부장관에게 보고하여야 하며, 기획재정부장관은 필요한 경우 상호합의절차와 관련된 지시를 할 수 있다.

제43조【상호합의에 따른 중재】 ① 신청인은 상호합의절차 개시 이후 조세조약에서 정한 기간이 지날 때까지 우리나라와 체약상대국의 권한 있는 당국 사이에 합의가 이루어지지 못한 경우에는 기획재정부장관으로 정하는 바에 따라 권한 있는 당국이 각각 선정한 중재인단을 통하여 분쟁을 해결(이하 "중재"라 한다)하는 절차의 개시를 기획재정부장관이나 국세청장에게 요청할 수 있다.
② 중재의 신청 대상, 신청 시기, 적용 가능 사건의 범위, 중재인단의 구성, 의사결정 방법, 중재 결정의 효력 등 중재에 관한 구체적인 사항은 조세조약에서 정하는 바에 따른다.
③ 중재 신청 절차, 중재인 임명, 비용의 부담 등 중재에 관한 구체적인 사항을 정하고 있는 조세조약을 시행하기 위하여 필요한 구체적인 절차는 대통령령으로 정한다.

제44조【신청인의 협조의무】 ① 기획재정부장관이나 국세청장은 신청인에게 상호합의절차의 진행에 필요한 자료의 제출을 요구할 수 있다.
② 기획재정부장관이나 국세청장은 신청인이 제1항에 따른 자료 제출 요구에 성실하게 협조하지 아니하는 경우에는 상호합의절차를 직권으로 종료할 수 있다.

제45조【상호합의절차의 개시일】 상호합의절차의 개시일은 다음 각 호의 어느 하나에 해당하는 날로 한다.
1. 체약상대국의 권한 있는 당국으로부터 상호합의절차 개시 요청을 받은 경우 : 이를 수락하는 의사를 체약상대국의 권한 있는 당국에 통보한 날
2. 체약상대국의 권한 있는 당국에 상호합의절차 개시를 요청한 경우 : 체약상대국의 권한 있는 당국으로부터 이를 수락하는 의사를 통보받은 날

제46조【상호합의절차의 종료일】 ① 상호합의절차의 종료일은 우리나라와 체약상대국의 권한 있는 당국 간에 문서로 합의가 이루어진 날로 한다. 다만, 상호합의가 이루어지지 아니한 경우에는 개시일의 다음 날부터 5년이 되는 날을 상호합의절차의 종료일로 한다.
② 우리나라와 체약상대국의 권한 있는 당국 간에 상호합의절차를 계속 진행하기로 합의하는 경우에는 제1항 단서에도 불구하고 상호합의절차가 종료되지 아니한다. 이 경우 상호합의절차의 종료일은 개시일의 다음 날부터 8년을 초과할 수 없다.
③ 제1항 및 제2항에도 불구하고 다음 각 호의 어느 하나에 해당하는 경우에는 그 구분에 따른 날을 상호합의절차의 종료일로 한다. 다만, 체약상대국의 과세조정에 대한 대응조정이 필요한 경우 등 대통령령으로 정하는 경우에는 제1호를 적용하지 아니한다.
1. 상호합의절차 진행 중 법원의 확정판결이 있는 경우 : 확정판결일
2. 상호합의절차 진행 중 신청인이 상호합의절차 개시 신청을 철회하는 경우 : 신청 철회일
3. 제44조제2항에 따라 기획재정부장관이나 국세청장이 상호합의절차를 직권으로 종료하는 경우 : 신청인이 상호합의절차가 종료되었음을 통지받은 날

제47조【상호합의 결과의 시행】 ① 국세청장은 상호합의절차가 종료된 경우에는 그 결과를 기획재정부장관에게 보고하여야 한다.
② 기획재정부장관이나 국세청장은 상호합의절차가 종결된 경우에는 과세당국, 지방자치단체의 장, 조세심판원장, 그 밖의 관계 기관 및 신청인에게 그 결과를 상호합의절차 종료일의 다음 날부터 15일 이내에 통보하여

야 한다. 이 경우 기획재정부장관은 제42조제1항제1호에 따른 합의내용을 즉시 고시하여야 한다.
③ 기획재정부장관이나 국세청장은 상호합의절차를 개시하여 문서로 합의에 도달하고 다음 각 호의 요건을 모두 갖춘 경우에는 지체 없이 그 합의를 이행하여야 한다.
1. 신청인이 상호합의 내용을 수락하는 경우
2. 상호합의절차와 불복쟁송(不服爭訟)이 동시에 진행되는 경우로서 신청인이 상호합의 결과와 관련된 불복쟁송을 취하하는 경우
④ 과세당국이나 지방자치단체의 장은 상호합의 결과에 따라 부과처분, 경정결정 또는 그 밖에 세법에 따른 필요한 조치를 하여야 한다.

제48조【상호합의 결과의 확대 적용 등】 ① 신청인은 제47조제2항에 따른 상호합의절차 종결 통보를 받은 날부터 3년 이내에 상호합의의 결과를 신청인과 상호합의의 대상국 외의 국가에 있는 국외특수관계인 간의 거래에 대해서도 적용하여 줄 것을 대통령령으로 정하는 바에 따라 과세당국이나 지방자치단체의 장에게 신청할 수 있다.
② 과세당국이나 지방자치단체의 장은 제1항에 따른 신청이 다음 각 호의 요건을 모두 갖춘 경우에는 그 상호합의의 결과를 상호합의의 대상국 외의 국가에 있는 국외특수관계인과의 거래에 대해서도 적용할 수 있다.
1. 상호합의의 결과와 같은 유형의 거래일 것
2. 상호합의의 결과와 같은 방식으로 과세되었을 것
3. 그 밖에 대통령령으로 정하는 요건을 갖출 것
③ 제1항 및 제2항에 따라 상호합의의 결과를 상호합의의 대상국 외의 국가에 있는 국외특수관계인에게 확대 적용하는 경우에는 제47조를 준용한다.

제49조【납부기한등의 연장 등의 적용 특례】 ① 신청인은 대통령령으로 정하는 바에 따라 납세지 관할 세무서장 또는 지방자치단체의 장에게 「국세징수법」 제13조에 따른 납부기한등의 연장(「지방세징수법」 제25조에 따른 징수유예를 포함하며, 이하 이 조에서 "납부기한등의 연장"이라 한다) 또는 「국세징수법」 제105조에 따른 압류·매각의 유예(「지방세징수법」 제105조에 따른 체납처분 유예를 포함하며, 이하 이 조에서 "압류·매각의 유예"라 한다)의 적용 특례를 신청할 수 있다.
② 제1항에 따른 신청을 받은 납세지 관할 세무서장 또는 지방자치단체의 장은 납부할 세액을 고지(告知)하기 전에 상호합의절차가 개시된 경우에는 상호합의절차의 종료일까지 「국세징수법」 제14조에 따른 납부고지의 유예(「지방세징수법」 제25조에 따른 고지유예와 분할고지를 포함하며, 이하 이 조에서 "납부고지의 유예"라 한다)를 할 수 있다. 이 경우 납세지 관할 세무서장 및 지방자치단체의 장은 납부할 세액을 상호합의절차 종료일의 다음 날부터 30일 이내에 고지하여야 한다.
③ 제1항에 따른 신청을 받은 납세지 관할 세무서장 또는 지방자치단체의 장은 납세자가 납부의 고지 또는 독촉을 받은 후 상호합의절차가 개시된 경우에는 상호합의절차의 개시일부터 종료일까지는 납부기한등의 연장 또는 압류·매각의 유예를 할 수 있다. 이 경우 납세지 관할 세무서장 및 지방자치단체의 장은 상호합의절차 종료일의 다음 날부터 30일 이내에 납부기한을 다시 정하여 연장 또는 유예된 세액을 징수하여야 한다.
④ 제2항과 제3항은 체약상대국이 상호합의절차의 진행 중에 납부기한등의 연장 또는 압류·매각의 유예를 허용하는 경우에만 적용한다.
⑤ 납세지 관할 세무서장 및 지방자치단체의 장은 제3항에 따라 납부기한등의 연장 또는 압류·매각의 유예를 허용하는 경우에는 그 기간에 대하여 대통령령으로 정하는 바에 따라 계산한 이자 상당액을 더하여 징수한다.

⑥ 제2항 또는 제3항에 따라 소득세액 또는 법인세액에 대하여 납부고지의 유예, 납부기한등의 연장 또는 압류·매각의 유예(이하 이 항에서 "고지유예등"이라 한다) 중 하나가 적용되는 그 소득세액 또는 법인세액에 부가되는 지방세액에 대해서도 이 조에서 정한 별도의 절차를 거치지 아니하고 그 고지유예등이 그대로 적용되는 것으로 한다. 이 경우 국세청장은 대통령령으로 정하는 바에 따라 지방자치단체의 장에게 고지유예등의 사실을 통지하여야 한다.

제50조 【불복청구기간과 불복결정기간의 적용 특례】 상호합의절차가 개시된 경우 상호합의절차의 개시일부터 종료일까지의 기간은 다음 각 호의 기간에 산입하지 아니한다.
1. 「국세기본법」 제56조제3항·제61조·제68조 및 「지방세기본법」 제91조의 청구기간
2. 「국세기본법」 제65조·제80조의2 및 「지방세기본법」 제96조의 결정기간(2022.12.31 본호개정)

제51조 【부과제척기간의 특례】 ① 상호합의절차가 개시된 경우에 다음 각 호에 해당하는 기간 중 나중에 도래하는 기간의 만료일 후에는 국세를 부과할 수 없다.
1. 상호합의절차 종료일의 다음 날부터 1년의 기간
2. 「국세기본법」 제26조의2제1항부터 제4항까지의 규정에 따른 부과제척기간
② 상호합의절차가 개시된 경우에 다음 각 호에 해당하는 기간 중 나중에 도래하는 기간의 만료일 후에는 지방세를 부과할 수 없다.
1. 상호합의절차 종료일의 다음 날부터 1년의 기간
2. 「지방세기본법」 제38조제1항에 따른 부과의 제척기간

제51조의2 【상호합의절차의 이행 등을 위한 협의기구】 기획재정부장관은 다음 각 호의 사항을 협의하기 위하여 필요한 경우에는 체약상대국의 권한 있는 당국과 공동으로 협의기구를 구성하여 운영할 수 있다.
1. 상호합의절차의 원활한 이행에 관한 사항
2. 우리나라와 체약상대국 세법의 주요 개정내용 통보에 관한 사항
3. 그 밖에 우리나라와 체약상대국 간의 조세조약 이행과 조세협력에 관한 사항
(2023.12.31 본조신설)

제4장 해외자산의 신고 및 자료 제출

제1절 해외금융계좌의 신고

제52조 【정의】 이 장에서 사용하는 용어의 뜻은 다음과 같다.
1. "해외금융회사등"이란 국외에 소재하는 다음 각 목에 해당하는 자로서 대통령령으로 정하는 자를 말한다. 이 경우 내국법인의 국외사업장을 포함하고, 외국법인의 국내사업장은 제외한다.
  가. 금융 및 보험업과 이와 유사한 업종을 하는 금융회사
  나. 「가상자산 이용자 보호 등에 관한 법률」 제2조제2호의 가상자산사업자 및 이와 유사한 사업자 (2023.7.18 본목개정)
2. "해외금융계좌"란 해외금융회사등과 금융거래(「금융실명거래 및 비밀보장에 관한 법률」 제2조제3호의 금융거래 및 이와 유사한 거래를 포함한다) 및 가상자산거래(「특정 금융거래정보의 보고 및 이용 등에 관한 법률」 제2조제2호라목의 가상자산거래 및 이와 유사한 거래를 포함한다)를 위하여 해외금융회사등에 개설한 계좌로서 다음 각 목의 계좌를 말한다.
  가. 「은행법」 제27조에 따른 은행업무와 관련하여 개설한 계좌

  나. 「자본시장과 금융투자업에 관한 법률」 제4조에 따른 증권 및 이와 유사한 해외증권의 거래를 위하여 개설한 계좌
  다. 「자본시장과 금융투자업에 관한 법률」 제5조에 따른 파생상품 및 이와 유사한 해외파생상품의 거래를 위하여 개설한 계좌
  라. 「가상자산 이용자 보호 등에 관한 법률」 제2조제1호의 가상자산 및 이와 유사한 자산의 거래를 위하여 국외에 있는 같은 조 제2호의 가상자산사업자 및 이와 유사한 사업자에 개설한 계좌(2023.7.18 본목개정)
  마. 가목부터 라목까지에서 규정한 계좌 외의 계좌로서 그 밖에 금융거래 또는 가상자산거래를 위하여 해외금융회사등에 개설한 계좌
3. "해외금융계좌정보"란 다음 각 목의 정보를 말한다.
  가. 보유자의 성명·주소 등 신원에 관한 정보
  나. 계좌번호, 해외금융회사등의 이름, 매월 말일의 보유계좌 잔액의 최고금액 등 보유계좌에 관한 정보
  다. 제53조제2항에 따른 해외금융계좌 관련자에 관한 정보

제53조 【해외금융계좌의 신고】 ① 해외금융계좌를 보유한 거주자 및 내국법인 중에서 해당 연도의 매월 말일 중 어느 하루의 해외금융계좌 잔액(해외금융계좌가 여러 개인 경우에는 각 해외금융계좌 잔액을 합산한 금액을 말한다)이 대통령령으로 정하는 금액을 초과하는 자(이하 "계좌신고의무자"라 한다)는 해외금융계좌정보를 다음 연도 6월 1일부터 30일까지 납세지 관할 세무서장에게 신고하여야 한다.
② 제1항을 적용할 때 다음 각 호의 구분에 따른 자(이하 이 장에서 "해외금융계좌 관련자"라 한다)는 해당 해외금융계좌를 각각 보유한 것으로 본다.
1. 해외금융계좌 중 실지명의에 의하지 아니한 계좌 등 그 계좌의 명의자와 실질적 소유자가 다른 경우 : 그 명의자와 실질적 소유자
2. 해외금융계좌가 공동명의계좌인 경우 : 각 공동명의자
③ 제1항 및 제2항에 따른 계좌신고의무자 판정기준, 해외금융계좌 잔액 산출방법, 신고방법 및 실질적 소유자의 판단기준 등 해외금융계좌 신고에 관하여 필요한 사항은 대통령령으로 정한다.

제54조 【해외금융계좌 신고의무의 면제】 계좌신고의무자 중 다음 각 호의 어느 하나에 해당하는 경우에는 제53조에 따른 신고의무를 면제한다.
1. 다음 각 목의 어느 하나에 해당하는 사람
  가. 「소득세법」 제3조제1항 단서에 따른 외국인 거주자
  나. 「재외동포의 출입국과 법적 지위에 관한 법률」 제2조제1호에 따른 재외국민으로서 해당 신고대상 연도 종료일 1년 전부터 국내에 거소를 둔 기간의 합계가 183일 이하인 사람. 이 경우 국내에 거소를 둔 기간의 계산은 대통령령으로 정하는 방법에 따른다.
  다. 대통령령으로 정하는 국제기관에 근무하는 사람 중 대통령령으로 정하는 사람
  (2023.12.31 본호개정)
2. 다음 각 목의 어느 하나에 해당하는 기관
  가. 국가, 지방자치단체 및 「공공기관의 운영에 관한 법률」에 따른 공공기관
  나. 우리나라가 다른 국가와 체결한 조약·협약·협정·각서 등 국제법에 따라 규율되는 모든 유형의 국제적 합의에 의하여 설립된 기관
  (2023.12.31 본호개정)
3. 금융회사등
4. 해외금융계좌 관련자 중 다른 공동명의자 등의 신고를 통하여 본인의 해외금융계좌정보를 확인할 수 있게 되는 등 대통령령으로 정하는 요건에 해당하는 자

5. 다른 법령에 따라 국가의 관리·감독이 가능한 기관으로서 대통령령으로 정하는 자

제55조【해외금융계좌 수정신고 및 기한 후 신고】 ① 제53조제1항에 따른 신고기한까지 해외금융계좌정보를 신고한 자로서 과소 신고한 자는 과세당국이 제90조제1항에 따른 과태료를 부과하기 전까지 해외금융계좌정보를 수정신고할 수 있다.(2022.12.31 본항개정)
② 제53조제1항에 따른 신고기한까지 해외금융계좌정보를 신고하지 아니한 자는 과세당국이 제90조제1항에 따른 과태료를 부과하기 전까지 해외금융계좌정보를 신고할 수 있다.(2022.12.31 본항개정)
③ 제1항 및 제2항에 따른 해외금융계좌 수정신고 및 기한 후 신고의 신고방법 등에 관하여 필요한 사항은 대통령령으로 정한다.

제56조【해외금융계좌 신고의무 위반금액의 출처에 대한 소명】 ① 제53조제1항에 따라 계좌신고의무자가 신고기한까지 해외금융계좌정보를 신고하지 아니하거나 과소 신고한 경우에는 해당 과세당국은 그 계좌신고의무자에게 신고기한까지 신고하지 아니한 금액이나 과소 신고한 금액(이하 "신고의무 위반금액"이라 한다)의 출처에 대하여 소명을 요구할 수 있다.
② 제1항에 따른 소명을 요구받은 해당 계좌신고의무자는 그 요구를 받은 날부터 90일 이내(이하 이 항에서 "소명기간"이라 한다)에 대통령령으로 정하는 방법에 따라 소명을 하여야 한다. 다만, 계좌신고의무자가 자료의 수집·작성에 상당한 기간이 걸리는 등 대통령령으로 정하는 부득이한 사유로 소명기간의 연장을 신청하는 경우에는 과세당국은 60일의 범위에서 한 차례만 그 소명기간의 연장을 승인할 수 있다.
③ 계좌신고의무자가 제55조에 따라 수정신고 및 기한 후 신고를 한 경우에는 제1항과 제2항을 적용하지 아니한다. 다만, 과세당국이 과태료를 부과할 것을 미리 알고 신고한 경우에는 제1항 및 제2항을 적용한다.

제57조【해외금융계좌정보의 비밀유지】 ① 세무공무원은 해외금융계좌정보를 타인에게 제공 또는 누설하거나 목적 외의 용도로 사용해서는 아니 된다. 다만, 「국세기본법」 제81조의13제1항 각 호의 어느 하나에 해당하는 경우에는 그 사용 목적에 맞는 범위에서 해외금융계좌정보를 제공할 수 있다.
② 제1항에 따라 해외금융계좌정보를 알게 된 자는 이를 타인에게 제공 또는 누설하거나 그 목적 외의 용도로 사용해서는 아니 된다.

제2절 해외현지법인 등의 자료 제출

제58조【해외현지법인 등에 대한 자료 제출의무】 ① 「외국환거래법」 제3조제1항제18호에 따른 해외직접투자(이하 이 항에서 "해외직접투자"라 한다)를 한 거주자(「소득세법」 제3조제1항 단서에 따른 외국인 거주자는 제외한다. 이하 이 절에서 같다) 또는 내국법인은 「소득세법」에 따른 과세기간 또는 「법인세법」에 따른 사업연도 종료일이 속하는 달의 말일부터 6개월 이내에 다음 각 호의 자료(이하 "해외직접투자명세등"이라 한다)를 대통령령으로 정하는 바에 따라 납세지 관할 세무서장에게 제출하여야 한다. 「소득세법」에 따른 과세기간 또는 「법인세법」에 따른 사업연도 중 해외직접투자를 받은 외국법인의 주식 또는 출자지분을 양도하거나 해외직접투자를 받은 외국법인이 청산하여 해외직접투자에 해당하지 아니하게 되는 경우에도 또한 같다.(2022.12.31 본문개정)
1. 해외직접투자의 명세
2. 해외직접투자를 받은 외국법인의 재무 상황(해외직접투자를 받은 외국법인이 투자한 외국법인의 재무 상황을 포함한다)

3. 해외직접투자를 한 거주자 또는 내국법인의 손실거래(해외직접투자를 받은 외국법인과의 거래에서 발생한 손실거래로 한정한다)
4. 해외직접투자를 받은 외국법인의 손실거래(해외직접투자를 한 내국법인과의 거래에서 발생한 손실거래는 제외한다)
5. 해외 영업소의 설치 현황
6. 그 밖에 해외직접투자와 관련하여 대통령령으로 정하는 자료(2021.12.21 본항개정)
7. (2021.12.21 삭제)
② 「외국환거래법」 제3조제1항제19호에 따른 자본거래 중 외국에 있는 부동산 또는 이에 관한 권리(이하 "해외부동산등"이라 한다)를 취득하여 보유하고 있거나 처분한 거주자 또는 내국법인이 다음 각 호의 어느 하나에 해당하는 경우에는 「소득세법」에 따른 과세기간 또는 「법인세법」에 따른 사업연도 종료일이 속하는 달의 말일부터 6개월 이내에 다음 각 호의 구분에 따른 자료(이하 "해외부동산등명세"라 한다)를 대통령령으로 정하는 바에 따라 납세지 관할 세무서장에게 제출하여야 한다.
1. 해외부동산등의 취득가액이 2억원 이상인 경우 : 해외부동산등의 취득·투자운용(임대를 포함한다)·처분 명세 및 과세기간 또는 사업연도 종료일 현재 보유현황
2. 해외부동산등의 취득가액이 2억원 미만으로서 처분가액이 2억원 이상인 경우 : 해외부동산등의 처분 명세(2021.12.21 본항개정)
③ 과세당국은 거주자 또는 내국법인이 해외직접투자명세등·해외부동산등명세(이하 "해외현지법인명세서등"이라 한다)를 제출하지 아니하거나 거짓된 해외현지법인명세서등을 제출한 경우에는 해외현지법인명세서등의 제출이나 보완을 요구할 수 있다. 다만, 제1항 각 호 외의 부분 또는 제2항 각 호 외의 부분에 따른 기한의 다음 날부터 2년이 지난 경우에는 해외현지법인명세서등의 제출이나 보완을 요구할 수 없다.(2021.12.21 본항개정)
④ 제3항에 따라 자료 제출 또는 보완을 요구받은 자는 그 요구를 받은 날부터 60일 이내에 해당 자료를 제출하여야 한다.(2021.12.21 본항개정)
⑤ 제2항을 적용할 때 취득가액 및 처분가액은 다음 각 호에 따라 계산한다. 이 경우 외화의 원화 환산은 외화를 수령하거나 지급한 날의 「외국환거래법」에 따른 기준환율 또는 재정환율을 적용하여 계산한다.(2021.12.21 전단개정)
1. 취득가액 : 다음 각 목의 구분에 따른 금액
  가. 거주자 : 「소득세법」 제118조의4제1항제1호에 따른 취득가액
  나. 내국법인 : 「법인세법」 제41조에 따른 취득가액
2. 처분가액 : 「소득세법」 제118조의3에 따른 양도가액

제59조【해외현지법인 등의 자료 제출의무 불이행 시 취득자금 출처에 대한 소명】 ① 과세당국은 거주자 또는 내국법인이 소명 요구일 전 10년 이내에 해외직접투자를 받은 외국법인의 주식 또는 출자지분을 취득하거나 해외부동산등을 취득한 경우로서 다음 각 호의 어느 하나에 해당하는 경우에 그 거주자 또는 내국법인에 다음 각 호의 구분에 따른 금액(「외국환거래법」 제18조에 따라 신고한 금액은 제외하며, 이하 "취득자금출처소명대상금액"이라 한다)의 출처에 관하여 소명을 요구할 수 있다.
1. 「외국환거래법」 제3조제1항제18호가목에 따른 해외직접투자를 한 거주자 또는 내국법인이 해외직접투자를 받은 법인의 발행주식 총수 또는 출자총액의 10퍼센트 이상을 직접 또는 간접으로 소유한 경우로서 제58조제1항 각 호 외의 부분 전단에 따른 기한까지

같은 항 제1호의 자료를 제출하지 아니하거나 거짓된 자료를 제출한 경우 : 「외국환거래법」 제3조제1항제18호가목에 따른 해외직접투자를 받은 외국법인의 주식 또는 출자지분의 취득에 든 금액(2022.12.31 본호개정)
2. 제58조제2항 각 호 외의 부분에 따른 기한까지 같은 항 제1호 또는 제2호의 자료를 제출하지 아니하거나 거짓된 자료를 제출한 경우 : 해외부동산등의 취득에 든 금액
(2021.12.21 본항개정)
② 제1항에 따른 소명을 요구받은 거주자 또는 내국법인은 통지를 받은 날부터 90일 이내(이하 이 조에서 "소명기간"이라 한다)에 대통령령으로 정하는 방법에 따라 소명을 하여야 한다. 이 경우 소명을 요구받은 거주자 또는 내국법인이 소명을 요구받은 금액의 80퍼센트 이상에 대하여 출처를 소명한 경우에는 소명을 요구받은 전액에 대하여 소명한 것으로 본다.
③ 제2항에도 불구하고 거주자 또는 내국법인이 자료의 수집·작성에 상당한 기간이 걸리는 등 대통령령으로 정하는 부득이한 사유로 소명기간의 연장을 신청하는 경우에는 과세당국은 60일의 범위에서 한 차례만 그 소명기간의 연장을 승인할 수 있다.

제5장 글로벌최저한세의 과세
(2022.12.31 본장신설)

제1절 통 칙

제60조 【글로벌최저한세의 목적】 이 장은 다국적기업그룹의 소득이전을 통한 조세회피와 세원잠식에 대응하기 위하여 국제적으로 합의된 글로벌최저한세 규칙(Global anti-Base Erosion Rules)을 적용하는 데 필요한 사항을 규정함으로써 다국적기업그룹이 소득에 대하여 적정한 수준의 조세를 부담하도록 함을 목적으로 한다.

제61조 【정의】 ① 이 장에서 사용하는 용어의 뜻은 다음과 같다.
1. "기업"(Entity)이란 다음 각 목의 것을 말한다.
  가. 법인. 다만, 국가 및 지방자치단체는 제외한다. (2023.12.31 본목개정)
  나. 별도의 회계계정이 있는 조합 또는 신탁 등 약정 (arrangement)
2. "그룹"이란 다음 각 목의 집단 등을 말한다.
  가. 소유 또는 지배를 통하여 서로 연결된 기업들의 집단으로서 대통령령으로 정하는 집단
  나. 가목의 그룹에 속하지 아니하는 기업으로서 해당 기업이 소재하는 국가[재정자치권(fiscal autonomy)을 보유하는 지역을 포함하며, 그 지역은 별개의 국가로 본다. 이하 이 장에서 같다] 외의 국가에 하나 이상의 고정사업장을 가지고 있는 기업(제3호라목의 고정사업장만을 가지고 있는 기업은 제외한다) (2023.12.31 본목개정)
3. "고정사업장"(Permanent Establishment)이란 사업의 전부 또는 일부를 수행하는 고정된 장소로서 다음 각 목의 사업장을 말한다.
  가. 적용가능하고 유효한 조세조약(우리나라가 체약 당사자가 아닌 조세조약을 포함한다. 이하 이 장에서 같다)에 따라 고정된 사업장이 있는 것으로 인정되고 국제적으로 합의된 소득과 자본에 관한 경제협력개발기구모델조세조약(Model Tax Convention on Income and on Capital)에 따른 사업소득의 계산방법이나 이와 유사한 방법으로 그 사업장의 소재지국이 해당 사업장에 귀속되는 소득에 대하여 과세하는 사업장(2023.12.31 본목개정)

나. 적용가능하고 유효한 조세조약이 없는 경우의 사업장으로서 그 사업장의 소재지국 세법에 따른 거주자에 대한 과세방법과 유사한 방법으로 그 사업장의 소재지국이 해당 사업장에 귀속되는 소득에 대하여 과세하는 사업장(2023.12.31 본목개정)
  다. 사업장 소재지국의 세법에 따라 그 사업장에 귀속되는 소득에 대하여 과세하지 아니하는 사업장으로서 국제적으로 합의된 소득과 자본에 관한 경제협력개발기구모델조세조약에 따르면 그 사업장의 소재지국이 해당 사업장에 귀속되는 소득에 대하여 과세권을 가지는 것으로 인정되는 사업장 (2023.12.31 본목개정)
  라. 가목부터 다목까지에서 규정한 사업장 외의 사업장으로서 그 사업장의 소재지국이 해당 사업장에 귀속되는 소득에 대하여 과세하지 아니하는 사업장 (2023.12.31 본목개정)
4. "다국적기업그룹"이란 최종모기업이 소재하는 국가 외의 국가에 기업 또는 고정사업장을 가지고 있는 그룹을 말한다.
5. "모기업"이란 제62조제3항에 따른 제외기업이 아닌 최종모기업, 중간모기업 또는 부분소유중간모기업을 말한다.
6. "최종모기업"이란 다음 각 목의 기업을 말한다.
  가. 다음의 요건을 모두 갖춘 기업
    1) 해당 기업이 다른 기업에 대한 지배지분을 직접 또는 간접으로 소유할 것
    2) 다른 기업이 해당 기업에 대한 지배지분을 직접 또는 간접으로 소유하지 아니할 것
  나. 제2호나목의 그룹 본점(2023.12.31 본목개정)
7. "중간모기업"이란 같은 다국적기업그룹에 속하는 다른 구성기업의 소유지분을 직접 또는 간접으로 보유하는 구성기업으로서 최종모기업, 고정사업장, 부분소유중간모기업 또는 투자구성기업이 아닌 모기업을 말한다.(2023.12.31 본호개정)
8. "부분소유중간모기업"이란 같은 다국적기업그룹에 속하는 다른 구성기업의 소유지분을 직접 또는 간접으로 보유하는 구성기업 중 다국적기업그룹에 속하지 아니하는 자가 그 구성기업의 소유지분에 대한 것의 100분의 20을 초과하여 보유하는 중간모기업으로서 최종모기업, 고정사업장 또는 투자구성기업이 아닌 중간모기업을 말한다.(2023.12.31 본호개정)
9. "구성기업"이란 다국적기업그룹의 최종모기업, 최종모기업에 연결된 기업과 그 기업을 본점(재무제표에 고정사업장의 회계상 순손익을 포함하는 기업을 말한다. 이하 이 장에서 같다)으로 하는 고정사업장을 말한다. 이 경우 각각의 고정사업장은 본점과 그 본점의 다른 고정사업장과는 별개의 기업으로 본다. (2023.12.31 본호개정)
10. "소유지분"이란 기업의 이익, 자본금 또는 준비금(본점의 고정사업장의 이익, 자본금 또는 준비금을 포함한다)에 대한 권리를 수반하는 주식 또는 출자지분 및 이와 유사한 지분에 대한 권리를 말한다. 이 경우 본점은 고정사업장의 소유지분을 전부 보유하는 것으로 본다.(2023.12.31 본호개정)
11. "지배지분"이란 기업의 소유지분을 보유한 자(제62조제3항제1호의 정부기업 중 대통령령으로 정하는 정부기업은 제외한다)가 회계기준 등을 통하여 대통령령으로 정하는 바에 따라 해당 기업을 연결하여야 하는 경우의 해당 소유지분을 말한다. 이 경우 본점은 고정사업장의 지배지분을 보유하는 것으로 본다. (2023.12.31 본호개정)
12. "연결재무제표"란 「주식회사 등의 외부감사에 관한 법률」 제2조제3호에 따른 연결재무제표와 그와 유사한 재무제표를 포함하는 것으로서 하나의 기업이 다

른 기업에 대한 지배지분을 소유하는 경우 그 기업들을 연결하여 작성하는 재무제표 등 대통령령으로 정하는 재무제표를 말한다.
13. "회계상 순손익"이란 최종모기업의 연결재무제표를 작성하기 위하여 산정한 해당 구성기업의 순손익으로서 내부거래의 제거 등을 위한 연결조정(consolidation adjustments)을 반영하기 전의 금액을 말한다.
14. "신고구성기업"이란 제83조에 따라 글로벌최저한세정보신고서를 제출하는 기업(국외에 소재하는 구성기업이 글로벌최저한세정보신고서를 그 기업이 소재하는 국가의 과세당국에 제출하는 경우에는 그 제출하는 구성기업으로 한다)을 말한다.
15. "주주구성기업"이란 같은 다국적기업그룹에 속하는 다른 구성기업의 소유지분을 직접 또는 간접으로 보유하는 구성기업을 말한다.
16. "소수지분구성기업"이란 최종모기업이 같은 다국적기업그룹에 속하는 구성기업에 대하여 직접 또는 간접으로 보유하는 소유지분의 비율이 100분의 30 이하인 경우 그 구성기업을 말한다.
17. "저율과세구성기업"이란 제69조에 따라 계산한 실효세율이 최저한세율(100분의 15를 말한다. 이하 이 장에서 같다)보다 낮은 국가에 소재하는 구성기업을 말한다.(2023.12.31 본호개정)
18. "투자구성기업"이란 투자펀드, 부동산투자기구인 구성기업 등 대통령령으로 정하는 구성기업을 말한다.(2023.12.31 본호신설)
② 제1항과 이 장의 다른 규정에서 특별히 정하지 아니한 용어로서 국제회계기준에서 그 뜻을 정하는 용어에 관하여는 국제회계기준에서 정하는 용어의 예에 따른다.

제62조 【적용대상】 ① 이 장은 각 사업연도(다국적기업그룹의 최종모기업이 연결재무제표를 작성하는 대상이 되는 회계기간을 말한다. 이하 이 장에서 같다)의 직전 4개 사업연도 중 2개 이상 사업연도의 다국적기업그룹 최종모기업의 연결재무제표상 매출액(이하 이 장에서 "연결매출액"이라 한다)이 각각 7억5천만유로 이상인 경우 그에 해당하는 사업연도 다국적기업그룹의 구성기업에 대하여 적용한다. 이 경우 사업연도가 12개월이 아닌 경우에는 12개월로 환산하여 연결매출액을 계산한다.
② 합병, 분할 등 대통령령으로 정하는 사유가 발생한 경우 제1항을 적용하는 방법과 연결매출액 등 이 장을 적용하는 데 필요한 금액을 유로로 환산하기 위한 환율에 관하여는 대통령령으로 정한다.
③ 다음 각 호의 기관 등(이하 이 장에서 "제외기업"이라 한다)에 대해서는 구성기업이 아닌 것으로 보아 이 장을 적용하지 아니한다.
1. 정부기업(Governmental Entity)(2023.12.31 본호개정)
2. 국제기구(International Organization)
3. 비영리기구(Non-profit Organization)
4. 연금펀드(Pension Fund)
5. 최종모기업인 투자펀드(Investment Fund)
6. 최종모기업인 부동산투자기구(Real Estate Investment Vehicle)
7. 그 밖에 제1호부터 제6호까지에서 규정한 기관 등이 소유지분가치(기업이 발행하는 모든 종류의 소유지분에 대한 가치의 합계를 말한다)를 직접 또는 간접으로 소유하는 기업으로서 대통령령으로 정하는 기업
④ 제3항에도 불구하고 신고구성기업에 대해서는 해당 신고구성기업의 선택에 따라 제3항제7호의 제외기업을 구성기업으로 보아 이 장을 적용할 수 있다.(2023.12.31 본항개정)

⑤ 제3항에 따른 제외기업의 구체적인 범위와 제4항에 따른 신고구성기업의 선택 등에 필요한 사항은 대통령령으로 정한다.

제63조 【납세의무자】 같은 다국적기업그룹에 속하는 구성기업으로서 국내에 소재하는 구성기업(이하 "국내구성기업"이라 한다)은 제72조에 따라 모기업인 국내구성기업에 대한 추가세액배분액과 제73조에 따라 국내구성기업에 배분되는 추가세액배분액을 법인세로서 납부할 의무가 있다.
('제73조에 따라 국내구성기업에 배분되는 추가세액배분액'의 개정부분은 2025.1.1 시행)

제64조 【기업의 소재지】 ① 이 장을 적용할 때 기업이 소재하는 국가(이하 이 장에서 "소재지국"이라 한다)는 다음 각 호의 구분에 따른다.
1. 기업의 소득 등이 해당 기업의 소유자에게 귀속되는 것으로 보는 기업으로서 대통령령으로 정하는 기업(이하 이 장에서 "투과기업"이라 한다)이 아닌 경우 : 다음 각 목의 구분에 따른 국가(2023.12.31 본문개정)
가. 실질적 관리장소 또는 설립 장소나 이와 유사한 기준에 따라 국가에 납세의무(해당 국가 내의 원천으로부터 발생한 소득에 대해서만 그 국가에 납세할 의무가 있는 경우는 제외한다)가 있는 기업인 경우 : 해당 국가
나. 가목 외의 기업인 경우 : 해당 기업이 법령에 따라 설립·등록된 국가
2. 투과기업으로서 다국적기업그룹의 최종모기업이거나 제72조제4항제1호에 따른 적격소득산입규칙을 적용하여야 하는 구성기업인 경우 : 해당 기업이 법령에 따라 설립·등록된 국가
② 제1항제2호 외의 투과기업은 소재지국이 없는 것으로 본다.
③ 고정사업장의 소재지국은 조세조약의 적용 여부 및 그 내용 등을 고려하여 대통령령으로 정한다.(2023.12.31 본항개정)
④ 제1항부터 제3항까지에서 규정한 사항 외에 소재지국이 둘 이상인 경우에 대한 소재지국의 결정 등 기업의 소재지국에 관하여 필요한 사항은 대통령령으로 정한다.

제65조 【기업의 납세지】 국내구성기업의 납세지, 납세지의 지정·변경 등에 관하여는 「법인세법」 제9조부터 제12조까지의 규정을 준용한다.

제2절 추가세액의 계산

제66조 【글로벌최저한세소득·결손의 계산】 ① 구성기업의 각 사업연도 글로벌최저한세소득·결손(제69조에 따라 실효세율을 계산하기 위한 구성기업의 소득·결손을 말하며, 그 금액이 양수일 때는 "글로벌최저한세소득", 영 또는 음수(陰數)일 때는 "글로벌최저한세결손"이라 한다. 이하 이 장에서 같다)은 해당 사업연도의 회계상 순손익에 순조세비용의 가산, 배당소득의 차감, 뇌물 등 정책적 부인(否認)비용의 가산 등 대통령령으로 정하는 조정사항을 반영하여 계산한다.
② 최종모기업의 연결재무제표를 작성하는 데 사용되는 회계기준(이하 이 장에서 "최종모기업회계기준"이라 한다)에 따라 제1항에 따른 구성기업의 회계상 순손익을 산정하기 어려운 경우로서 대통령령으로 정하는 요건을 갖춘 경우에는 최종모기업회계기준이 아닌 대통령령으로 정하는 회계기준을 사용하여 해당 구성기업의 회계상 순손익을 산정할 수 있다.
③ 구성기업의 회계상 순손익에 포함된 국제항행 선박을 통한 여객 또는 화물의 운송 소득 등 대통령령으로

정하는 국제해운소득·결손과 국제항행 선박을 통한 여객 또는 화물의 운송과 관련하여 수행하는 활동에서 발생하는 소득·결손으로서 대통령령으로 정하는 적격국제해운부수소득·결손은 해당 구성기업의 글로벌최저한세소득·결손의 계산에서 제외한다.

④ 구성기업인 고정사업장의 회계상 순손익은 고정사업장이 별도로 재무제표를 작성하는지 여부, 고정사업장에 귀속되어야 할 수익 및 비용 등을 고려하여 대통령령으로 정하는 바에 따라 계산한다.

⑤ 제4항에 따라 계산한 고정사업장의 회계상 순손익은 해당 고정사업장 본점의 글로벌최저한세소득·결손 계산에는 포함하지 아니한다. 다만, 고정사업장의 결손이 본점의 국내 과세소득 산정에서 손금으로 산입되는 경우 등 대통령령으로 정하는 경우에는 해당 고정사업장 본점의 글로벌최저한세소득·결손 계산에 포함한다.(2023.12.31 본항개정)

⑥ 구성기업인 투과기업의 회계상 순손익은 대통령령으로 정하는 바에 따라 사업이 수행되는 고정사업장이나 주주구성기업 등 다른 구성기업에 배분하고, 그 배분된 금액은 해당 투과기업의 회계상 순손익에서 차감한다.

⑦ 제1항부터 제6항까지에서 규정한 사항 외에 글로벌최저한세소득·결손 및 회계상 순손익의 계산 등에 필요한 사항은 대통령령으로 정한다.

제67조 【조정대상조세의 계산】 ① 각 사업연도 구성기업의 조정대상조세는 해당 사업연도 구성기업의 소득 또는 이익에 부과되는 세금 등 대통령령으로 정하는 조세(이하 이 장에서 "대상조세"라 한다) 중 해당 사업연도 구성기업의 회계상 당기법인세비용으로 계상된 금액에 총이연법인세조정금액과 그 밖에 대통령령으로 정하는 조정사항을 반영하여 계산한다. 이 경우 고정사업장의 소득, 다른 구성기업으로부터 받은 배당소득 등과 관련된 대상조세는 관련된 소득의 배분 등을 고려하여 대통령령으로 정하는 바에 따라 다른 구성기업에 배분한다.

② 제1항에 따라 대상조세에 조정사항을 반영할 때 각 사업연도 구성기업의 총이연법인세조정금액은 해당 사업연도의 회계상 이연법인세비용에 글로벌최저한세소득·결손의 계산에 포함되지 아니하는 손익에 대한 이연법인세비용을 제외하는 등 대통령령으로 정하는 조정사항을 반영하여 계산한다. 이 경우 회계상 이연법인세비용의 산정에 적용되는 세율이 최저한세율을 초과하는 경우에는 최저한세율을 적용하여 다시 계산한다.

③ 제2항을 적용할 때 구성기업인 총이연법인세조정금액에 반영된 이연법인세부채(유형자산의 감가상각과 관련된 이연법인세부채의 변동 금액 등 대통령령으로 정하는 금액은 제외한다)를 계상한 날부터 5년이 지난 날이 속하는 사업연도의 종료일까지 해당 이연법인세부채와 관련된 법인세를 납부하지 아니하는 경우에는 해당 금액을 그 계상한 날이 속하는 사업연도의 대상조세에서 차감하여 해당 사업연도의 제69조에 따른 실효세율과 제70조 및 제71조에 따른 추가세액을 다시 계산한다.

④ 제1항부터 제3항까지에서 규정한 사항 외에 조정대상조세 및 총이연법인세조정금액의 계산 등에 필요한 사항은 대통령령으로 정한다.

제68조 【신고 후 조정 및 세율변경】 ① 각 사업연도에 구성기업의 이전 사업연도 회계상 계상된 대상조세 금액이 제83조제1항에 따른 글로벌최저한세정보신고서의 제출 이후에 결정이나 경정 등으로 증가 또는 감소되는 경우에는 다음 각 호의 구분에 따라 결정이나 경정 등이 이루어진 날이 속하는 사업연도(이하 이 조에서 "경정사업연도"라 한다)의 대상조세 또는 결정이나 경정의 대상이 되는 이전 사업연도(이하 이 조에서 "경

정대상사업연도"라 한다)의 조정대상조세에 가산하거나 조정대상조세에서 차감한다.

1. 경정대상사업연도의 대상조세 금액이 증가되는 경우 : 대상조세 금액의 증가액을 경정사업연도의 대상조세에 가산한다.
2. 경정대상사업연도의 대상조세 금액이 감소되는 경우 : 대상조세 금액의 감소액을 경정대상사업연도의 조정대상조세에서 차감하고 대통령령으로 정하는 바에 따라 경정대상사업연도의 제69조에 따른 실효세율과 제70조 및 제71조에 따른 추가세액을 다시 계산한다.

② 제1항제2호에도 불구하고 경정대상사업연도 대상조세의 감소액이 대통령령으로 정하는 경미한 감액에 해당하는 경우에는 신고구성기업의 선택에 따라 그 감소액을 해당 구성기업의 경정사업연도 대상조세에서 차감할 수 있다.

③ 구성기업의 소재지국에서 구성기업의 이연법인세비용 산정에 적용되는 세율이 변경되는 경우에는 대통령령으로 정하는 바에 따라 대상조세를 조정한다.

④ 구성기업이 이전 사업연도에 회계상 당기법인세비용으로 계상하고 조정대상조세에 포함한 금액으로서 1백만유로를 초과하는 금액을 그 이전 사업연도의 종료일부터 3년 이내에 납부하지 아니하는 경우에는 미납된 금액을 그 이전 사업연도의 조정대상조세에서 차감하여 해당 이전 사업연도의 제69조에 따른 실효세율과 제70조 및 제71조에 따른 추가세액을 다시 계산한다.(2023.12.31 본항개정)

⑤ 제1항부터 제4항까지에서 규정한 사항 외에 이전 사업연도의 제83조제1항에 따른 글로벌최저한세정보신고서의 제출 이후 대상조세, 조정대상조세 등의 조정 등에 필요한 사항은 대통령령으로 정한다.

제69조 【실효세율의 계산】 ① 각 사업연도 다국적기업그룹의 실효세율은 국가별로 계산한다.

② 다국적기업그룹의 국가별 실효세율은 제1호의 금액을 제2호의 금액으로 나누어 계산한다.
1. 해당 국가에 소재하는 각 구성기업의 제67조제1항에 따른 조정대상조세 금액의 합계액
2. 다음 계산식에 따라 계산한 금액(이하 이 장에서 "순글로벌최저한세소득금액"이라 한다)

> 순글로벌최저한세소득금액 = A - B
>
> A : 해당 국가에 소재하는 각 구성기업 해당 사업연도의 글로벌최저한세소득 금액 합계액
> B : 해당 국가에 소재하는 각 구성기업 해당 사업연도의 글로벌최저한세결손 금액 합계액

(2023.12.31 본호개정)

③ 제2항제1호의 금액이 음수일 때에는 같은 항에 따라 계산되는 실효세율은 영으로 본다.(2023.12.31 본항신설)

④ 제3항에 따라 실효세율을 영으로 보아 실효세율 계산에 산입되지 아니한 금액은 그 후 사업연도의 실효세율을 계산할 때 대통령령으로 정하는 방법에 따라 제2항제1호의 금액에 산입한다.(2023.12.31 본항신설)

⑤ 제2항제2호의 금액이 영이거나 음수일 때에는 순글로벌최저한세소득금액은 없는 것으로 보아 해당 국가에 대해서는 실효세율을 계산하지 아니한다.

(2023.12.31 본항개정)

⑥ 제1항부터 제5항까지의 규정을 적용할 때 제64조제2항에 따라 소재지국이 없는 것으로 보는 투과기업 등 대통령령으로 정하는 구성기업(이하 이 장에서 "무국적구성기업"이라 한다)은 무국적구성기업별로 별도의 국가를 가정하여 그 국가에 소재하는 구성기업으로 본다.(2023.12.31 본항개정)

⑦ 제1항부터 제6항까지의 규정에 따라 실효세율을 계산할 때 해당 국가에 소재하는 소수지분구성기업 또는 투자구성기업의 제66조제1항에 따른 글로벌최저한세소득·결손과 제67조제1항에 따른 조정대상조세는 해당 국가의 순글로벌최저한세소득금액 및 조정대상조세 금액의 합계를 계산할 때 제외한다.(2023.12.31 본항개정)

제70조 【구성기업 소재지국의 추가세액 계산】 ① 각 사업연도 해당 다국적기업그룹의 구성기업이 소재한 국가의 추가세액은 다음 계산식에 따라 계산한 금액으로 한다.

> 해당 다국적기업그룹의
> 구성기업이 소재한 국가 = (A × B) + C − D
> 의 추가세액
>
> A : 해당 다국적기업그룹의 구성기업이 소재한 국가의
>   추가세액비율
> B : 해당 다국적기업그룹의 구성기업이 소재한 국가의
>   초과이익 금액
> C : 해당 다국적기업그룹의 구성기업이 소재한 국가의
>   당기추가세액가산액
> D : 해당 다국적기업그룹의 구성기업이 소재한 국가의
>   적격소재국추가세액

② 제1항의 계산식에서 "해당 다국적기업그룹의 구성기업이 소재한 국가의 추가세액비율"이란 최저한세율에서 제69조에 따른 실효세율을 차감하여 계산한 비율을 말하며, 그 계산 결과가 음수인 경우 추가세액비율은 영으로 본다.

③ 제1항의 계산식에서 "해당 다국적기업그룹의 구성기업이 소재한 국가의 초과이익 금액"이란 순글로벌최저한세소득금액에서 해당 국가에 소재하는 구성기업의 대통령령으로 정하는 인건비 관련 제외금액과 유형자산 장부가액 관련 제외금액의 합계액(이하 이 장에서 "실질기반제외소득금액"이라 한다)을 차감한 금액을 말하며, 그 계산 결과가 음수인 경우 초과이익 금액은 영으로 본다.(2023.12.31 본항개정)

④ 제1항의 계산식에서 "해당 다국적기업그룹의 구성기업이 소재한 국가의 당기추가세액가산액"이란 이전 사업연도의 제69조에 따른 실효세율을 다시 계산하는 경우 발생하는 추가세액의 가산금액 등 대통령령으로 정하는 바에 따라 해당 사업연도의 추가세액에 가산하는 금액을 말한다.(2023.12.31 본항개정)

⑤ 제1항의 계산식에서 "해당 다국적기업그룹의 구성기업이 소재한 국가의 적격소재국추가세액"이란 추가세액을 영으로 만들기 위하여 소재지국에서 부과하는 세금으로서 대통령령으로 정하는 해당 국가의 적격소재국추가세제도에 따라 납부하였거나 납부할 금액을 말하며, 다음 각 호의 어느 하나에 해당하는 경우에는 해당 사업연도 추가세액은 없는 것으로 본다.(2023.12.31 본문개정)

1. 해당 다국적기업그룹의 구성기업이 소재한 국가의 적격소재국추가세액을 차감한 결과 해당 국가의 추가세액이 영이거나 음수인 경우(2023.12.31 본호신설)
2. 해당 다국적기업그룹의 구성기업이 소재한 국가의 적격소재국추가세제도가 해당 사업연도의 추가세액을 없는 것으로 보기 위한 회계요건 등 대통령령으로 정하는 요건을 충족하는 경우(2023.12.31 본호신설)

⑥ 제1항부터 제5항까지에서 규정한 사항 외에 각 사업연도 해당 다국적기업그룹의 구성기업이 소재한 국가의 추가세액 계산에 필요한 사항은 대통령령으로 정한다.

제71조 【구성기업의 추가세액 계산】 각 사업연도 구성기업의 추가세액은 다음 계산식에 따라 계산한다. 이 경우 다음 계산식을 적용하는 데 필요한 사항은 대통령령으로 정한다.

> 구성기업의 추가세액 = A × B/C
>
> A : 제70조에 따른 각 사업연도 해당 다국적기업그룹의
>   구성기업이 소재한 국가의 추가세액
> B : 각 사업연도 해당 구성기업의 글로벌최저한세소득
>   금액
> C : 각 사업연도 해당 국가에 소재하는 각 구성기업의
>   글로벌최저한세소득 금액 합계

제3절 추가세액의 과세

제72조 【소득산입규칙의 적용】 ① 제71조에 따라 계산한 저율과세구성기업의 추가세액에 대해서는 추가세액배분액(발생한 추가세액을 제2항 또는 제73조제3항부터 제5항까지의 규정에 따라 모기업 또는 다른 구성기업들에 배분한 후의 그 배분된 추가세액을 말한다. 이하 이 장에서 같다)을 제2항부터 제8항까지의 규정에 따라 계산하여 모기업에 과세하는 소득산입규칙을 우선 적용한다.
('제73조제3항부터 제5항까지의 규정'의 개정부분은 2025.1.1 시행)

② 각 사업연도 저율과세구성기업의 추가세액 중 모기업에 대한 추가세액배분액은 다음 계산식에 따라 계산한다.

> 모기업에 대한 추가세액배분액 = A × B
>
> A : 제71조에 따라 계산한 저율과세구성기업의 추가세액
> B : 저율과세구성기업의 글로벌최저한세소득 중 해당 모
>   기업에 귀속되는 비율로서 대통령령으로 정하는 비율

③ 국내구성기업인 최종모기업이 해당 사업연도 중 저율과세구성기업의 소유지분을 직접 또는 간접으로 보유하는 경우 해당 최종모기업은 그 최종모기업에 대한 추가세액배분액을 납부하여야 한다.

④ 국내구성기업인 중간모기업이 해당 사업연도 중 저율과세구성기업의 소유지분을 직접 또는 간접으로 보유하는 경우(해당 중간모기업의 고정사업장이 보유하는 해당 저율과세구성기업의 소유지분을 포함한다) 해당 중간모기업은 그 중간모기업에 대한 추가세액배분액을 납부하여야 한다. 다만, 다음 각 호에 해당하는 경우에는 그러하지 아니한다.

1. 해당 사업연도에 저율과세구성기업이 속하는 다국적기업그룹의 최종모기업이 소득산입규칙으로서 대통령령으로 정하는 요건을 갖춘 규칙(이하 이 장에서 "적격소득산입규칙"이라 한다)을 적용받는 경우
2. 해당 사업연도에 중간모기업의 지배지분을 직접 또는 간접으로 보유하는 다른 중간모기업이 적격소득산입규칙을 적용받는 경우

⑤ 국내구성기업인 부분소유중간모기업이 해당 사업연도 중 저율과세구성기업의 소유지분을 직접 또는 간접으로 보유하는 경우 해당 부분소유중간모기업은 그 부분소유중간모기업에 대한 추가세액배분액을 납부하여야 한다.

⑥ 해당 사업연도에 적격소득산입규칙을 적용하여야 하는 부분소유중간모기업이 다른 부분소유중간모기업의 소유지분을 직접 또는 간접으로 모두 보유하고 있는 경우 그 다른 부분소유중간모기업에 대해서는 제5항을 적용하지 아니한다.

⑦ 국내 저율과세구성기업에 대해서는 제3항부터 제6항까지의 규정을 적용하지 아니한다.

⑧ 모기업이 적격소득산입규칙을 적용받는 기업으로서 중간모기업 또는 부분소유중간모기업을 통하여 저율과세구성기업의 소유지분을 간접으로 보유하는 경우 해

당 모기업에 대한 추가세액배분액은 제2항에 따라 계산된 추가세액배분액에서 해당 중간모기업 또는 부분소유중간모기업이 납부하는 추가세액배분액을 고려하여 대통령령으로 정하는 금액을 차감하여 계산한다. (2023.12.31 본항개정)

제73조【소득산입보완규칙의 적용】 ① 저율과세구성기업의 추가세액 중 적격소득산입규칙이 적용되지 아니하는 금액에 대해서는 제2항부터 제5항까지의 규정에 따라 계산한 추가세액배분액을 해당 다국적기업그룹의 구성기업들에 과세하는 소득산입보완규칙을 적용한다.

② 각 사업연도 다국적기업그룹의 소득산입보완규칙 추가세액은 모든 저율과세구성기업의 추가세액 합계액으로 한다.

③ 제2항에 따른 저율과세구성기업의 추가세액은 다음 각 호의 구분에 따른 금액으로 한다.

1. 최종모기업이 직접 또는 간접으로 보유하고 있는 저율과세구성기업의 소유지분을 해당 사업연도에 그 저율과세구성기업에 대하여 적격소득산입규칙을 적용하는 하나 이상의 모기업이 직접 또는 간접으로 모두 보유하는 경우 : 영

2. 제1호에 해당되지 아니하는 경우 : 적격소득산입규칙에 따라 해당 저율과세구성기업의 모기업에 부과된 추가세액배분액만큼 차감한 금액

④ 각 사업연도 다국적기업그룹의 소득산입보완규칙 추가세액 국내 배분액은 제2항 및 제3항에 따라 산정된 소득산입보완규칙 추가세액에 다음 계산식에 따라 계산한 소득산입보완규칙 국내 배분비율을 곱하여 계산한다. 이 경우 다음 계산식을 적용하는 데 필요한 사항은 대통령령으로 정한다.

$$\text{소득산입보완규칙 국내배분비율} = \left(\frac{A}{B} \times \frac{50}{100}\right) + \left(\frac{C}{D} \times \frac{50}{100}\right)$$

A : 해당 다국적기업그룹 각 국내구성기업의 종업원 수 합계

B : 적격소득산입규칙을 시행하는 국가에 소재하는 해당 다국적기업그룹 구성기업의 종업원 수 합계

C : 해당 다국적기업그룹 국내구성기업의 유형자산 순장부가액 합계액

D : 적격소득산입규칙을 시행하는 국가에 소재하는 해당 다국적기업그룹 구성기업의 유형자산 순장부가액 합계액

⑤ 각 사업연도 다국적기업그룹의 각 국내구성기업에 배분되는 소득산입보완규칙 추가세액배분액은 제4항에 따른 소득산입보완규칙 추가세액 국내 배분액에 다음 계산식에 따라 계산한 해당 국내구성기업의 소득산입보완규칙 추가세액배분비율을 곱하여 구한다.

$$\text{국내구성기업의 소득산입보완규칙 추가세액배분비율} = \left(\frac{A}{B} \times \frac{50}{100}\right) + \left(\frac{C}{D} \times \frac{50}{100}\right)$$

A : 해당 국내구성기업의 종업원 수

B : 해당 다국적기업그룹 각 국내구성기업의 종업원 수 합계

C : 해당 국내구성기업의 유형자산 순장부가액

D : 해당 다국적기업그룹의 유형자산 순장부가액 합계액

⑥ 다국적기업그룹의 국내구성기업(제79조제1항에 따른 투자구성기업은 제외한다)은 제5항에 따라 계산한 소득산입보완규칙 추가세액배분액을 납부하여야 한다.
<2025.1.1 시행>

제4절 특 례

제74조【최소적용제외 특례】 ① 제69조부터 제71조까지의 규정에도 불구하고 신고구성기업은 각 사업연도에 다음 각 호의 요건을 모두 갖춘 국가의 경우 대통령령으로 정하는 바에 따라 해당 국가에 소재하는 각 구성기업의 추가세액을 영으로 할 수 있다.

1. 해당 국가의 해당 사업연도와 그 직전 2개 사업연도의 대통령령으로 정하는 매출액 평균이 1천만유로 미만일 것

2. 해당 국가의 해당 사업연도와 그 직전 2개 사업연도의 대통령령으로 정하는 글로벌최저한세소득·결손 금액 평균이 1백만유로 미만일 것

② 무국적구성기업 또는 투자구성기업에 대해서는 제1항을 적용하지 아니한다.(2023.12.31 본항개정)

제75조【소수지분구성기업에 대한 특례】 ① 소수지분구성기업으로 이루어진 그룹으로서 대통령령으로 정하는 그룹(이 장에서 "소수지분하위그룹"이라 한다)에 해당하는 경우에는 그 소수지분하위그룹을 별개의 다국적기업그룹으로 보아 제66조부터 제71조까지 및 제76조부터 제81조까지의 규정에 따라 그 실효세율과 추가세액을 계산한다.(2023.12.31 본항개정)

② 소수지분하위그룹에 속하지 아니하는 소수지분구성기업에 대해서는 해당 소수지분구성기업별로 제66조부터 제71조까지, 제76조부터 제78조까지, 제80조 및 제81조에 따라 그 실효세율과 추가세액을 계산한다. (2023.12.31 본항개정)

③ 소수지분하위그룹에 속하지 아니하는 소수지분구성기업이 투자구성기업인 경우에는 제79조를 적용한다. (2023.12.31 본항개정)

④ 같은 다국적기업그룹의 다른 구성기업에 대하여 순글로벌최저한세소득금액 및 제69조에 따른 실효세율을 계산하는 경우에는 소수지분하위그룹과 제2항을 적용하는 소수지분구성기업의 조정대상조세 및 글로벌최저한세소득·결손은 제외하고 계산한다.

제76조【조직재편에 대한 특례】 ① 기업에 대한 직접 또는 간접 소유지분이 이전되어 그 이전되는 기업(이하 이 항에서 "이전대상기업"이라 한다)이 다국적기업그룹의 구성기업이 되거나 다국적기업그룹의 구성기업에서 제외되는 경우에는 해당 기업이 다국적기업그룹의 최종모기업의 연결재무제표에 포함되는지 여부와 연결되는 금액 등을 고려하여 대통령령으로 정하는 바에 따라 이 장을 적용한다. 다만, 이전대상기업의 소재지국에서 해당 소유지분의 이전을 자산 및 부채의 이전과 같거나 유사한 방법으로 과세하는 경우로서 대통령령으로 정하는 경우에는 제2항 또는 제3항에 따른다.

② 자산 및 부채를 처분하는 구성기업(이하 이 조에서 "처분구성기업"이라 한다)과 자산 및 부채를 취득하는 구성기업(이하 이 조에서 "취득구성기업"이라 한다)의 글로벌최저한세소득·결손의 계산은 다음 각 호의 구분에 따른다.

1. 처분구성기업 : 해당 자산 및 부채의 처분으로 발생한 이익 또는 손실(이하 이 조에서 "처분손익"이라 한다)을 글로벌최저한세소득·결손 계산에 포함한다.

2. 취득구성기업 : 연결재무제표를 작성할 때 적용하는 회계기준에 따른 해당 자산 및 부채의 취득가액을 사용하여 취득 이후의 글로벌최저한세소득·결손을 계산한다.

③ 제2항에도 불구하고 자산·부채의 이전 대가가 주식 또는 출자지분일 것 등 대통령령으로 정하는 요건

을 갖춘 조직재편의 일부로 자산 및 부채의 처분·취득이 이루어진 경우에 대한 글로벌최저한세소득·결손의 계산은 다음 각 호의 구분에 따른다. 이 경우 처분구성기업이 대통령령으로 정하는 바에 따라 조직재편에 따른 손익의 일부를 인식하는 경우에는 그 손익을 대통령령으로 정하는 바에 따라 글로벌최저한세소득·결손을 계산할 때 산입한다.
1. 처분구성기업 : 처분손익을 글로벌최저한세소득·결손의 계산에서 제외한다.
2. 취득구성기업 : 처분구성기업이 해당 자산 및 부채를 처분할 당시의 장부가액을 사용하여 취득 이후의 글로벌최저한세소득·결손을 계산한다.
④ 제1항부터 제3항까지에도 불구하고 구성기업의 자산 및 부채의 처분·취득이 이루어진 경우로서 해당 구성기업의 소재지국 세법에서 자산 및 부채(재고자산 등 통상적인 자산 및 부채는 제외한다)의 장부가액을 공정가액으로 조정하도록 하거나 조정할 수 있도록 규정한 경우에는 신고구성기업의 선택에 따라 대통령령으로 정하는 방법으로 글로벌최저한세소득·결손을 계산할 수 있다.(2023.12.31 본항신설)

제77조【공동기업 등에 대한 특례】 ① 다국적기업그룹의 최종모기업이 그 소유지분의 100분의 50 이상을 직접 또는 간접으로 보유하는 기업으로서 해당 최종모기업이 연결재무제표를 작성할 때 그 소유지분의 100분의 50 이상을 보유하고 있는 기업에 대한 투자를 지분법을 사용하여 회계처리하는 기업 중 대통령령으로 정하는 기업(이하 이 장에서 "공동기업"이라 한다) 및 대통령령으로 정하는 공동기업의 자회사(이하 이 장에서 "공동기업자회사"라 한다)에 대해서는 다음 각 호의 방법에 따라 이 장을 적용한다.
1. 공동기업 및 공동기업자회사는 별개의 다국적기업그룹의 구성기업으로 보고, 해당 공동기업을 해당 다국적기업그룹의 최종모기업으로 보아 제66조부터 제71조까지, 제74조부터 제76조까지 및 제78조부터 제81조까지의 규정을 적용한다.
2. 공동기업 또는 공동기업자회사의 소유지분을 직접 또는 간접으로 보유하는 모기업에 대해서는 대통령령으로 정하는 바에 따라 제72조 및 제73조를 적용한다.<'제73조'의 개정부분은 2025.1.1 시행>
② 다음 각 호의 요건을 모두 갖춘 둘 이상의 그룹 및 해당 각 그룹에 속하는 기업들은 대통령령으로 정하는 바에 따라 하나의 다국적기업그룹 및 그 구성기업으로 보아 이 장을 적용한다.
1. 각 그룹의 최종모기업 사이에서 다음 각 목의 어느 하나에 해당하는 약정이 체결되었을 것
  가. 최종모기업 중 하나가 각 그룹에 속하는 모든 기업을 연결하는 하나의 연결재무제표를 작성하도록 하는 약정으로서 대통령령으로 정하는 약정(이하 이 조에서 "결합구조약정"이라 한다)
  나. 각 그룹의 사업을 결합하도록 하는 약정으로서 대통령령으로 정하는 약정(이하 이 조에서 "이중상장약정"이라 한다)
2. 결합구조약정 또는 이중상장약정에 따라 결합된 그룹의 기업 또는 고정사업장이 그 결합된 그룹 중 적어도 한 개 이상의 다른 기업과 다른 국가에 소재할 것
③~④ (2023.12.31 삭제)

제77조의2【배당공제제도 등에 대한 특례】 ① 다국적기업그룹의 최종모기업이 배당금액을 배당지급자의 과세소득에서 공제하는 제도로서 대통령령으로 정하는 제도를 적용받는 경우 해당 최종모기업의 각 사업연도 글로벌최저한세소득은 해당 사업연도의 종료일부터 12개월 이내에 분배되는 배당액으로서 대통령령으로 정하는 배당액을 차감하여 계산하며, 그 차감하고 남은 금액이 음수일 경우 글로벌최저한세소득은 영으로 본다.
② 다국적기업그룹의 최종모기업이 투과기업인 경우 그 투과기업의 각 사업연도 글로벌최저한세소득·결손은 다음 각 호의 구분에 따른 금액을 차감하여 계산한다.
1. 각 사업연도의 글로벌최저한세소득 : 해당 투과기업의 각 소유지분에 귀속되는 글로벌최저한세소득 금액 중 최저한세율 이상으로 과세되는 등 대통령령으로 정하는 소유지분에 귀속되는 글로벌최저한세소득 금액
2. 각 사업연도의 글로벌최저한세결손 : 해당 투과기업의 각 소유지분에 귀속되는 글로벌최저한세결손 금액 중 그 소유지분을 보유한 자가 과세소득을 산정할 때 해당 글로벌최저한세결손 금액을 공제할 수 있는 경우 해당 금액
(2023.12.31 본조신설)

제78조【적격분배과세제도에 대한 특례】 ① 적격분배과세제도(법인의 이익 분배 시점에 법인세를 과세하는 제도로서 대통령령으로 정하는 과세제도를 말한다)의 적용을 받는 구성기업의 경우 해당 구성기업이 소재하는 국가의 조정대상조세 합계액을 계산할 때에는 신고구성기업의 선택에 따라 실효세율이 최저한세율에 도달하기 위하여 필요한 금액 등 대통령령으로 정하는 금액(이하 이 장에서 "간주분배세액"이라 한다)을 가산할 수 있다.
② 제1항에 따라 간주분배세액이 가산된 구성기업은 대통령령으로 정하는 기간 이내에 그 가산한 간주분배세액에 상응하는 금액이 실제로 과세되지 아니한 경우 등 대통령령으로 정하는 경우에는 그 간주분배세액을 가산한 사업연도의 실효세율과 추가세액을 대통령령으로 정하는 바에 따라 다시 계산하여야 한다.

제79조【투자구성기업에 대한 특례】 ① 최종모기업이 아닌 투자구성기업〔투시과세기업(투과기업의 소유지분에 귀속되는 소득이 그 소유자가 소재하는 국가에서 과세되는 등 대통령령으로 정하는 요건을 충족하는 기업을 말한다. 이하 이 조에서 같다)은 제외한다. 이하 이 조에서 같다〕의 소재지국에 대해서는 각 사업연도별로 제69조에 따른 실효세율과는 별개로 투자구성기업들의 실효세율을 다음 계산식에 따라 계산한다. 이 경우 다음 계산식을 적용하는 데 필요한 사항은 대통령령으로 정한다.

$$\text{해당 국가에 소재하는 투자구성기업들의 실효세율} = \frac{A}{(B - C)}$$

A : 각 투자구성기업의 조정대상조세 금액의 합계액
B : 각 투자구성기업의 글로벌최저한세소득 배분액의 합계액
C : 각 투자구성기업의 글로벌최저한세결손 배분액의 합계액

(2023.12.31 본항개정)
② 제1항의 계산식을 적용할 때 해당 사업연도에 B에서 C를 차감한 값이 영이거나 음수인 경우에는 해당 국가에 소재하는 투자구성기업들의 실효세율을 계산하지 아니한다.
③ 각 사업연도 해당 국가에 소재하는 투자구성기업들의 추가세액은 다음 계산식에 따라 계산한다. 이 경우 다음 계산식을 적용하는 데 필요한 사항은 대통령령으로 정한다.

$$\text{해당 국가에 소재하는 투자구성기업들의 추가} = (A \times B) + C - D \text{세액}$$

A : 해당 국가에 소재하는 투자구성기업들의 추가세액 비율
B : 해당 국가에 소재하는 투자구성기업들의 초과이익 금액
C : 해당 국가에 소재하는 투자구성기업들의 당기추가 세액가산액
D : 해당 국가에 소재하는 투자구성기업들의 적격소재 국추가세액

④ 각 사업연도 해당 투자구성기업의 추가세액은 다음 계산식에 따라 계산한다.

$$\text{해당 투자구성기업의 추가세액} = A \times \frac{B}{C}$$

A : 제3항에 따른 해당 국가에 소재하는 투자구성기업들의 추가세액
B : 해당 투자구성기업의 글로벌최저한세소득 배분액
C : 해당 국가에 소재하는 각 투자구성기업의 글로벌최저한세소득 배분액의 합계액

⑤ 제1항부터 제4항까지의 규정에도 불구하고 투자구성기업의 주주구성기업이 해당 투자구성기업에 대한 소유지분의 공정가치에 기초하여 과세되는 경우 등 대통령령으로 정하는 경우에는 신고구성기업의 선택에 따라 해당 투자구성기업을 투시과세기업으로 보아 대통령령으로 정하는 바에 따라 이 장을 적용할 수 있다. (2023.12.31 본항개정)
⑥ 제1항부터 제4항까지의 규정에도 불구하고 투자구성기업이 주주구성기업(투자구성기업인 경우는 제외한다. 이하 이 항에서 같다)에 이익 등을 분배하고 주주구성기업이 그 분배받은 금액에 대하여 최저한세율 이상으로 과세될 것이 합리적으로 예상되는 등 대통령령으로 정하는 경우에는 신고구성기업의 선택에 따라 다음 각 호의 방법을 대통령령으로 정하는 바에 따라 적용할 수 있다. (2023.12.31 본문개정)
1. 투자구성기업의 글로벌최저한세소득 중 주주구성기업에 분배되는 금액 등 대통령령으로 정하는 금액은 해당 주주구성기업의 글로벌최저한세소득을 계산할 때 포함한다.
2. 각 사업연도 종료일에 해당 사업연도 개시 전 세 번째 사업연도 투자구성기업의 글로벌최저한세소득 금액 중 아직 분배되지 아니한 금액 등 대통령령으로 정하는 금액이 있는 경우에는 해당 투자구성기업을 저율과세구성기업으로 보고, 그 금액 중 주주구성기업에 귀속되는 금액에 최저한세율을 곱하여 계산하는 등 대통령령으로 정하는 방법으로 계산한 금액을 그 투자구성기업의 추가세액으로 보아 제72조 및 제73조를 적용한다. (2023.12.31 본호개정 : 2022.12.31 법19191호 개정 중 '제73조'의 개정부분은 2025.1.1 시행)

제80조【전환기 적용면제】 제70조제1항에도 불구하고 대통령령으로 정하는 적용면제 요건을 갖춘 국가에 대해서는 신고구성기업의 선택에 따라 2026년 12월 31일 이전에 개시하고 2028년 6월 30일 이전에 종료하는 각 사업연도(이하 이 장에서 "전환기사업연도"라 한다) 해당 국가의 추가세액을 영으로 볼 수 있다. 다만, 대통령령으로 정하는 요건을 갖추었는지에 대하여 소명하지 못하는 경우로서 대통령령으로 정하는 경우에는 그러하지 아니하다. (2023.12.31 본조개정)
제81조【최초적용연도에 대한 특례】 ① 다국적기업그룹이 제69조에 따라 국가별 실효세율을 계산할 때 해

당 국가에 대하여 이 장이나 그에 상당하는 다른 국가의 법령(이하 이 장에서 "글로벌최저한세제도"라 한다)이 적용되는 첫 번째 사업연도(이하 이 장에서 "최초적용연도"라 한다)와 그 후 사업연도 다국적기업그룹의 총이연법인세조정금액은 제67조제2항에도 불구하고 해당 국가에 소재하는 모든 구성기업의 최초적용연도 개시일의 회계계정에 계상되거나 공시된 모든 이연법인세자산과 이연법인세부채를 산입하여 산정한다. (2023.12.31 본항개정)
② 제1항에 따른 총이연법인세조정금액의 산정 등 최초적용연도 실효세율의 계산에 필요한 사항은 대통령령으로 정한다.
제82조【해외진출 초기의 다국적기업그룹에 대한 특례】 ① 각 사업연도에 해외진출 초기의 다국적기업그룹으로서 대통령령으로 정하는 다국적기업그룹에 대해서는 제73조를 적용하지 아니한다. 다만, 해당 다국적기업그룹이 최초적용연도에 그 다국적기업그룹이 소유한 국가별 유형자산의 순장부가액 합계가 가장 큰 국가가 우리나라인 경우에는 다음 각 호의 방법에 따라 제73조를 적용한다. (2023.12.31 본문개정)
1. 우리나라에 저율과세구성기업이 소재하는 경우에는 제73조제2항 및 제3항을 적용할 때 해당 저율과세구성기업의 추가세액을 영으로 본다.
2. 다른 국가에 저율과세구성기업이 소재하는 경우에는 제73조제4항을 적용할 때 소득산입보완규칙 국내 배분비율을 1로 본다. (2023.12.31 본호개정)
② 다국적기업그룹이 처음으로 소득산입보완규칙을 적용받는 사업연도의 개시일 이후 5년이 되는 날의 다음 날 이후에 개시하는 사업연도부터는 제1항을 적용하지 아니한다. (2023.12.31 본항개정)
<2025.1.1 시행>

제5절 신고 및 납부 등

제83조【글로벌최저한세정보신고서의 제출】 ① 국내구성기업은 각 사업연도의 글로벌최저한세정보신고서를 대통령령으로 정하는 바에 따라 해당 사업연도 종료일부터 15개월(최초적용연도의 경우에는 18개월) 이내에 납세지 관할 세무서장에게 제출하여야 한다.
② 제1항에 따라 국내구성기업이 제출하여야 하는 글로벌최저한세정보신고서는 해당 국내구성기업과 같은 다국적기업그룹에 속하는 국내구성기업으로서 대통령령으로 정하는 기업(이하 이 장에서 "지정국내기업"이라 한다)이 대신하여 제출할 수 있다.
③ 제1항 및 제2항에도 불구하고 국내구성기업은 해당 국내구성기업과 같은 다국적기업그룹에 속하는 국외소재 구성기업이 제1항에 따른 글로벌최저한세정보신고서에 해당하는 신고서를 그 소재지국 과세당국에 제출하는 경우로서 대통령령으로 정하는 경우에는 제1항 및 제2항에 따른 글로벌최저한세정보신고서를 제출하지 아니할 수 있다.
④ 국내구성기업이 제3항에 따라 글로벌최저한세정보신고서를 제출하지 아니하는 경우에도 해당 국내구성기업 또는 지정국내기업은 제3항에 따른 신고서를 제출하는 국외 소재 구성기업에 관한 사항을 해당 사업연도 종료일부터 15개월(최초적용연도의 경우에는 18개월) 이내에 납세지 관할 세무서장에게 신고하여야 한다. (2023.12.31 본항개정)
⑤ 납세지 관할 세무서장 또는 관할 지방국세청장은 제1항 및 제2항에 따라 제출된 글로벌최저한세정보신고서 또는 그 밖의 제출서류에 미비한 점이 있거나 오류가 있을 때에는 보정할 것을 요구할 수 있다.

제84조 【추가세액배분액의 신고 및 납부】 ① 제72조에 따라 모기업인 국내구성기업에 대한 추가세액배분액 및 제73조에 따라 국내구성기업에 배분되는 추가세액배분액을 우리나라에 납부할 의무가 있는 국내구성기업은 해당 사업연도 종료일부터 15개월(최초적용연도의 경우에는 18개월) 이내에 대통령령으로 정하는 바에 따라 추가세액배분액을 납세지 관할 세무서장에게 신고하여야 한다. 이 경우 추가세액배분액의 원화 환산에 사용되는 환율에 관하여는 대통령령으로 정한다.
('제73조에 따라 국내구성기업에 배분되는 추가세액배분액'의 개정부분은 2025.1.1 시행)
② 추가세액배분액을 우리나라에 납부할 의무가 있는 국내구성기업은 제1항에 따른 신고기한까지 대통령령으로 정하는 바에 따라 납세지 관할 세무서, 한국은행(그 대리점을 포함한다) 또는 체신관서에 그 금액을 납부하여야 한다.
③ 국내구성기업이 제2항에 따라 납부할 추가세액배분액이 1천만원을 초과하는 경우에는 대통령령으로 정하는 바에 따라 납부할 금액의 일부를 납부기한이 지난 날부터 1개월(「조세특례제한법」 제6조제1항에 따른 중소기업의 경우에는 2개월) 이내에 분납할 수 있다.
④ 제1항에 따라 추가세액배분액을 신고한 경우에는 「국세기본법」을 적용할 때 국세의 과세표준과 세액을 신고한 것으로 본다.
⑤ 전환기사업연도의 추가세액배분액을 우리나라에 신고·납부할 의무가 있는 국내구성기업에 대해서는 「국세기본법」 제47조의2 및 제47조의3을 각각 적용하지 아니하며, 해당 국내구성기업에 대한 추가세액배분액의 납부지연가산세는 같은 법 제47조의4제1항에 따른 금액의 100분의 50에 해당하는 금액으로 한다.(2023.12.31 본항신설)
제85조 【결정·경정·통지 및 징수】 ① 납세지 관할 세무서장 또는 관할 지방국세청장은 국내구성기업이 제84조에 따른 신고를 하지 아니한 경우에는 그 기업의 각 사업연도 추가세액배분액을 결정한다.
② 납세지 관할 세무서장 또는 관할 지방국세청장은 국내구성기업이 제84조에 따라 신고한 내용에 오류 또는 누락이 있는 경우에는 그 기업의 추가세액배분액을 경정한다.
③ 납세지 관할 세무서장 또는 관할 지방국세청장은 제1항과 제2항에 따라 추가세액배분액을 결정 또는 경정하는 경우에는 장부나 그 밖의 증명서류를 근거로 하여야 한다.
④ 납세지 관할 세무서장 또는 관할 지방국세청장은 제1항과 제2항에 따라 추가세액배분액을 결정 또는 경정한 후 그 결정 또는 경정에 오류나 누락이 있는 것을 발견한 경우에는 즉시 그 추가세액배분액을 다시 경정한다.
⑤ 납세지 관할 세무서장 또는 관할 지방국세청장은 국내구성기업이 그 사업연도 중에 대통령령으로 정하는 사유(이하 이 조에서 "수시부과사유"라 한다)로 추가세액배분액을 포탈할 우려가 있다고 인정되는 경우에는 수시로 그 기업에 대한 추가세액배분액의 부과(이하 "수시부과"라 한다)를 할 수 있다. 이 경우 추가세액배분액을 우리나라에 납부할 의무가 있는 국내구성기업은 수시부과된 세액을 납부한 경우에도 각 사업연도 추가세액배분액에 대하여 제84조에 따른 신고를 하여야 한다.
⑥ 제5항은 그 사업연도 개시일부터 수시부과사유가 발생한 날까지를 수시부과 기간으로 하여 적용한다. 다만, 직전 사업연도에 대한 제84조에 따른 추가세액배분액 신고기한 이전에 수시부과사유가 발생한 경우(직전

사업연도에 대한 추가세액배분액의 신고를 한 경우는 제외한다)에는 직전 사업연도 개시일부터 수시부과사유가 발생한 날까지를 수시부과 기간으로 한다.
⑦ 수시부과에 필요한 사항은 대통령령으로 정한다.
⑧ 납세지 관할 세무서장 또는 관할 지방국세청장은 제1항과 제2항에 따라 기업의 추가세액배분액을 결정 또는 경정한 경우에는 대통령령으로 정하는 바에 따라 그 사실을 해당 기업에 알려야 한다.
⑨ 납세지 관할 세무서장은 국내구성기업이 추가세액배분액의 전부 또는 일부를 납부하지 아니하면 그 미납된 추가세액배분액을 「국세징수법」에 따라 징수하여야 한다.
제86조 【질문·조사】 글로벌최저한세에 관한 사무에 종사하는 공무원은 그 직무수행에 필요한 경우에는 다음 각 호의 어느 하나에 해당하는 자에 대하여 질문하거나 해당 장부·서류 또는 그 밖의 물건을 조사하거나 그 제출을 명할 수 있다. 이 경우 직무상 필요한 범위 외에 다른 목적 등을 위하여 그 권한을 남용해서는 아니 된다.
1. 국내구성기업
2. 제1호의 국내구성기업과 거래가 있다고 인정되는 자

제6장 벌 칙

제87조 【국제거래에 대한 자료 제출의무 불이행에 대한 과태료】 ① 다음 각 호의 어느 하나에 해당하는 자가 대통령령으로 정하는 부득이한 사유 없이 자료를 기한까지 제출하지 아니하거나 거짓의 자료를 제출하는 경우에는 1억원 이하의 과태료를 부과한다.
1. 제16조제1항에 따른 국제거래정보통합보고서 또는 같은 조 제2항제1호에 따른 국제거래명세서를 제출할 의무가 있는 자
2. 제16조제4항에 따라 자료 제출을 요구받은 자
3. 제83조제1항에 따라 글로벌최저한세정보신고서를 제출할 의무가 있는 국내구성기업 또는 같은 조 제4항에 따라 신고할 의무가 있는 국내구성기업. 다만, 해당 국내구성기업이 전환기사업연도의 글로벌최저한세 소득·결손 계산 내용을 공개하는 등 대통령령으로 정하는 조치를 한 경우에는 해당 전환기사업연도의 글로벌최저한세정보신고서 제출과 관련한 의무 위반행위에 대한 과태료를 부과하지 아니한다.(2023.12.31 단서신설)
② 과세당국은 제1항에 따라 과태료를 부과받은 자에게 30일의 이행기간을 정하여 자료의 제출 또는 거짓 자료의 시정을 요구할 수 있으며, 그 기간 내에 자료 제출이나 시정 요구를 이행하지 아니하는 경우에는 지연기간에 따라 2억원 이하의 과태료를 추가로 부과할 수 있다.
③ 제1항 및 제2항에 따른 과태료는 대통령령으로 정하는 바에 따라 과세당국이 부과·징수한다.
제88조 【혼성금융상품 거래 관련 자료 제출의무 불이행 등에 대한 과태료】 ① 제25조제3항에 따라 혼성금융상품 거래에 관한 자료 제출 의무가 있는 내국법인이 자료를 제출하지 아니하거나 거짓의 자료를 제출하는 경우에는 상품별로 3천만원 이하의 과태료를 부과한다.
② 제1항에 따른 과태료는 대통령령으로 정하는 바에 따라 과세당국이 부과·징수한다.
(2022.12.31 본조신설)
제89조 【금융정보의 제공 불이행 등에 대한 과태료】 ① 다음 각 호의 어느 하나에 해당하는 자가 정당한 사유 없이 요구받은 정보를 제공하지 아니하거나 거짓으로 제공하는 경우에는 3천만원 이하의 과태료를 부과한다.

1. 제36조제2항에 따른 실제소유자 정보의 제공을 요구받은 자
2. 제36조제3항·제4항에 따른 금융정보 또는 같은 조 제6항에 따른 금융정보등의 제공을 요구받은 금융회사등 또는 금융거래회사등(2023.12.31 본호개정)
② 제1항에 따른 과태료는 대통령령으로 정하는 바에 따라 과세당국이 부과·징수한다.

제90조【해외금융계좌 신고의무 불이행 등에 대한 과태료】 ① 제53조제1항에 따라 계좌신고의무자가 신고기한까지 해외금융계좌정보를 신고하지 아니하거나 과소 신고한 경우에는 신고 대상 계좌별로 다음 각 호의 구분에 따라 계산한 금액을 합하여 그 합계액의 20퍼센트 이하에 상당하는 과태료를 부과한다.(2022.12.31 본문개정)
1. 신고를 하지 아니한 경우 : 미신고 금액
2. 과소 신고한 경우 : 실제 신고한 금액과 신고하여야 할 금액과의 차액
② 제56조제2항에 따라 계좌신고의무자가 신고의무 위반금액의 출처에 대하여 소명하지 아니하거나 거짓으로 소명한 경우에는 소명하지 아니하거나 거짓으로 소명한 금액의 20퍼센트에 상당하는 과태료를 부과한다. 다만, 천재지변 등 대통령령으로 정하는 부득이한 사유가 있는 경우에는 과태료를 부과하지 아니한다.
③ 제1항과 제2항에 따른 과태료는 대통령령으로 정하는 바에 따라 과세당국이 부과·징수한다.
④ 「조세범 처벌법」 제16조제1항에 따라 처벌되거나 「조세범 처벌절차법」 제15조제1항에 따른 통고처분을 받고 그 통고대로 이행한 경우에는 제1항에 따른 과태료를 부과하지 아니한다.

제91조【해외현지법인 등의 자료 제출의무 불이행 등에 대한 과태료】 ① 제58조제1항에 따라 해외직접투자명세등의 자료 제출의무가 있는 거주자 또는 내국법인(같은 항 제1호부터 제4호까지의 규정에 따른 자료는 「외국환거래법」 제3조제1항제18호에 따른 해외직접투자를 한 거주자 또는 내국법인이 해외직접투자를 받은 법인의 발행주식 총수 또는 출자총액의 10퍼센트 이상을 직접 또는 간접으로 소유한 경우만 해당한다)이 다음 각 호의 어느 하나에 해당하는 경우 그 거주자 또는 그 내국법인에는 5천만원 이하의 과태료를 부과한다. 다만, 제58조제1항 또는 제4항에 따른 기한까지 자료 제출이 불가능하다고 인정되는 경우 등 대통령령으로 정하는 부득이한 사유가 있는 경우에는 과태료를 부과하지 아니한다.
1. 제58조제1항에 따른 기한까지 해외직접투자명세등을 제출하지 아니하거나 거짓된 해외직접투자명세등을 제출하는 경우
2. 제58조제3항에 따라 자료 제출 또는 보완을 요구받고 같은 조 제4항에 따른 기한까지 해당 자료를 제출하지 아니하거나 거짓된 자료를 제출하는 경우 (2021.12.21 본항개정)
② 제58조제2항에 따라 해외부동산등명세를 제출할 의무가 있는 거주자 또는 내국법인이 다음 각 호의 어느 하나에 해당하는 경우 그 거주자 또는 내국법인에는 대통령령으로 정하는 해외부동산등의 취득가액, 처분가액 및 투자운용 소득의 10퍼센트 이하의 과태료(1억원을 한도로 한다)를 부과한다. 다만, 제58조제2항 또는 제4항에 따른 기한까지 자료 제출이 불가능하다고 인정되는 경우 등 대통령령으로 정하는 부득이한 사유가 있는 경우에는 과태료를 부과하지 아니한다.
1. 제58조제2항 각 호 외의 부분에 따른 기한까지 해외부동산등명세를 제출하지 아니하거나 거짓된 해외부동산등명세를 제출하는 경우
2. 제58조제3항에 따라 자료 제출 또는 보완을 요구받고 같은 조 제4항에 따른 기한까지 해당 자료를 제출

하지 아니하거나 거짓된 자료를 제출하는 경우 (2021.12.21 본항개정)
③ 거주자 또는 내국법인이 제59조제2항 및 3항을 위반하여 취득자금출처소명대상금액의 출처에 대하여 소명하지 아니하거나 거짓으로 소명한 경우에는 소명하지 아니하거나 거짓으로 소명한 금액의 20퍼센트에 상당하는 과태료를 부과한다. 다만, 천재지변 등 대통령령으로 정하는 부득이한 사유가 있는 경우에는 과태료를 부과하지 아니한다.(2021.12.21 본문개정)
④ 제1항부터 제3항까지의 규정에 따른 과태료는 대통령령으로 정하는 바에 따라 과세당국이 부과·징수한다.

부 칙

제1조【시행일】 이 법은 2021년 1월 1일부터 시행한다. 다만, 제52조제1호·제2호의 개정규정(가상자산사업자, 가상자산 및 가상자산거래에 관한 부분에 한정한다)은 2022년 1월 1일부터 시행한다.
제2조【일반적 적용례】 이 법은 이 법 시행 이후 개시하는 과세연도분부터 적용한다.
제3조【특수관계의 범위에 관한 적용례】 ① 법률 제6779호 국제조세조정에관한법률중개정법률 제2조제1항제8호라목의 개정규정은 2003년 1월 1일 후 최초로 거래되는 분부터 적용한다.
② 법률 제7956호 국제조세조정에관한법률 일부개정법률 제2조제1항제8호다목 및 라목의 개정규정은 2006년 5월 24일 후 최초로 거래되는 분부터 적용한다.
제4조【정상가격 산출방법에 관한 적용례】 법률 제10410호 국제조세조정에 관한 법률 일부개정법률 제5조제1항의 개정규정은 2010년 12월 27일 후 최초로 신고하는 과세연도분부터 적용한다.
제5조【국제거래정보통합보고서의 제출에 관한 적용례】 ① 제16조제2항 각 호 외의 부분 본문의 개정규정(자료 제출기한에 관한 부분에 한정한다)은 이 법 시행 전에 개시한 과세기간 또는 사업연도에 대한 같은 항 각 호의 자료를 제출하여야 할 의무가 발생한 경우로서 종전의 「국제조세조정에 관한 법률」(법률 제17651호로 전부개정되기 전의 것을 말하며, 이하 "종전 법률"이라 한다) 제11조제1항 본문에 따른 제출기한이 지나지 아니한 경우에도 적용한다.
② 제16조제2항 각 호 외의 부분 본문의 개정규정(통합기업보고서 및 개별기업보고서를 제출하여야 하는 납세의무자에 관한 부분에 한정한다)은 이 법 시행 전에 통합기업보고서 및 개별기업보고서를 제출하여야 할 의무가 발생한 경우로서 종전 법률 제11조제1항 본문에 따른 국제거래명세서 제출기한이 지나지 아니한 경우에도 적용한다.
③ 법률 제13553호 국제조세조정에 관한 법률 일부개정법률 제11조제1항·제2항·제6항 및 제12조제1항의 개정규정은 2016년 1월 1일 이후 개시하는 과세연도분에 대한 국제거래정보통합보고서 제출의무가 있는 경우부터 적용한다.
④ 법률 제14384호 국제조세조정에 관한 법률 일부개정법률 제11조제1항 및 제2항의 개정규정은 2017년 1월 1일 이후 국제거래정보통합보고서를 제출하는 경우부터 적용한다.
제6조【소득 대비 과다이자비용의 손금불산입에 관한 적용례】 법률 제15221호 국제조세조정에 관한 법률 일부개정법률 제15조의2 및 제16조(제15조의2에 관한 부분에 한정한다)의 개정규정은 2019년 1월 1일 이후 개시하는 과세연도분부터 적용한다.
제7조【특정외국법인의 유보소득에 대한 합산과세 적용범위 등에 관한 적용례】 법률 제11126호 국제조세조정에 관한 법률 일부개정법률 제18조제1항 및 제18조

의2의 개정규정은 2011년 12월 31일이 속하는 사업연도부터 적용한다.

제8조【특정외국법인의 유보소득 배당간주의 예외적 적용에 관한 적용례】 ① 법률 제6779호 국제조세조정에 관한법률중개정법률 제18조제1항제1호의 개정규정은 2003년 1월 1일 후 최초로 개시하는 과세연도부터 적용한다.

② 법률 제11606호 국제조세조정에 관한 법률 일부개정법률 제18조제1항제1호의 개정규정은 2013년 1월 1일이 속하는 과세연도부터 적용한다.

③ 법률 제12164호 국제조세조정에 관한 법률 일부개정법률 제18조제5항의 개정규정은 2015년 1월 1일 이후 개시하는 과세연도부터 적용한다.

제9조【특정외국법인에 대한 자료의 제출에 관한 적용례】 법률 제13553호 국제조세조정에 관한 법률 일부개정법률 제20조의2의 개정규정은 2016년 1월 1일 이후 연결납세법인의 신고기한이 속하는 과세연도의 직전 과세연도에 대한 자료를 제출하는 분부터 적용한다.

제10조【국외 증여에 대한 증여세 과세특례에 관한 적용례】 ① 법률 제12849호 국제조세조정에 관한 법률 일부개정법률 제21조제1항의 개정규정은 2015년 1월 1일 이후 증여하는 분부터 적용한다.

② 법률 제14384호 국제조세조정에 관한 법률 일부개정법률 제21조제1항의 개정규정은 2017년 1월 1일 이후 거주자가 비거주자에게 국외에 있는 재산을 증여하는 분부터 적용한다.

제11조【금융거래 상대방에 대한 금융회사등의 인적사항 확인 등에 관한 적용례】 법률 제13553호 국제조세조정에 관한 법률 일부개정법률 제31조제4항, 제5항 및 제10항의 개정규정은 2016년 1월 1일 당시 금융회사등의 금융거래 상대방에 대해서도 적용한다.

제12조【상호합의절차의 개시 요건에 관한 적용례】 제42조제2항제1호 단서의 개정규정은 이 법 시행 이후 상호합의절차의 개시를 요청하는 경우부터 적용한다.

제13조【상호합의절차의 종료일에 관한 적용례】 ① 제46조제3항 각 호 외의 부분 단서의 개정규정은 이 법 시행 당시 상호합의절차가 진행 중인 경우로서 이 법 시행 이후 법원의 확정판결이 있는 경우에 대해서도 적용한다.

② 법률 제14384호 국제조세조정에 관한 법률 일부개정법률 제23조제4항제2호의 개정규정은 2017년 1월 1일 당시 상호합의절차가 진행 중이거나 2017년 1월 1일 이후 신청인이 해당 상호합의절차 개시 신청을 철회하는 경우에 대해서도 적용한다.

제14조【상호합의 결과의 시행에 관한 적용례】 제47조제3항의 개정규정은 이 법 시행 이후 우리나라와 체약상대국간 문서로 합의가 이루어진 경우부터 적용한다.

제15조【해외금융계좌 등의 범위에 관한 적용례】 제52조제1호·제2호의 개정규정(가상자산사업자, 가상자산 및 가상자산거래에 관한 부분에 한정한다)은 부칙 제3조 단서에 따른 시행일 이후 해외금융계좌 신고의무가 발생하는 경우부터 적용한다.

제16조【해외금융계좌 신고의무 위반금액의 출처에 대한 소명에 관한 적용례】 제56조의 개정규정(과세당국에 관한 부분에 한정한다)은 이 법 시행 이후 소명을 요구하는 경우부터 적용한다.

제17조【해외현지법인 등에 대한 자료 제출의무에 관한 적용례】 제58조제1항 및 제2항의 개정규정(제출기한 및 과세당국에 관한 부분에 한정한다)은 이 법 시행 전에 개시한 과세기간 또는 사업연도에 대한 같은 조 제1항 각 호의 자료를 제출하는 경우로서 종전의 규정〔「소득세법」(법률 제17757호로 일부개정되기 전의 것을 말한다) 제165조의2제1항 및 「법인세법」(법률 제17652

호로 일부개정되기 전의 것을 말한다) 제121조의2제1항을 말한다〕에 따른 제출기한이 지나지 아니한 경우에도 적용한다.

제18조【해외현지법인 등의 자료 제출의무 불이행 시 취득자금 출처에 대한 소명에 관한 적용례】 제59조제1항 및 제3항의 개정규정(과세당국에 관한 부분에 한정한다)은 이 법 시행 이후 소명을 요구하는 경우부터 적용한다.

제19조【자료 제출의무 불이행에 대한 제재에 관한 적용례】 법률 제16843호 국제조세조정에 관한 법률 일부개정법률 제12조제2항 및 제3항의 개정규정은 2020년 1월 1일 이후 같은 조 제1항에 따른 과태료를 부과받는 자부터 적용한다.

제20조【해외금융계좌 신고의무 불이행 등에 대한 과태료에 관한 적용례】 법률 제16843호 국제조세조정에 관한 법률 일부개정법률 제35조제4항의 개정규정은 2019년 1월 1일 이후 「조세범 처벌절차법」제15조제1항에 따라 통고처분을 하는 경우부터 적용한다.

제21조【일반적 경과조치】 이 법 시행 당시 종전의 규정에 따라 과세하였거나 과세하여야 할 소득세 및 법인세에 대해서는 이 법의 개정규정에도 불구하고 종전의 규정에 따른다.

제22조【사전승인의 신청 및 승인에 관한 경과조치】 이 법 시행 전에 승인을 신청한 경우에는 제14조제3항의 개정규정에도 불구하고 종전 법률 제6조제3항에 따른다.

제23조【국제거래정보통합보고서의 제출에 관한 경과조치】 ① 이 법 시행 전에 개시한 과세기간 또는 사업연도에 대한 자료로서 이 법 시행 당시 이미 종전 법률 제11조제1항 본문에 따른 제출기한이 지난 경우에는 제16조제2항 각 호 외의 부분 본문의 개정규정(자료 제출기한에 관한 부분에 한정한다)에도 불구하고 종전 법률 제11조제1항 본문에 따른다.

② 이 법 시행 전에 통합기업보고서 및 개별기업보고서를 제출하여야 할 의무가 발생한 경우로서 이 법 시행 당시 이미 종전 법률 제11조제1항 본문에 따른 국제거래명세서 제출기한이 지난 경우에는 제16조제2항 각 호 외의 부분 본문의 개정규정(통합기업보고서 및 개별기업보고서를 제출하여야 하는 납세의무자에 관한 부분에 한정한다)에도 불구하고 종전 법률 제11조제1항 단서에 따른다.

제24조【혼성금융상품 거래에 따른 지급이자의 손금 불산입에 관한 경과조치】 이 법 시행 전에 지급한 이자분에 대해서는 제25조제2항의 개정규정에도 불구하고 종전 법률 제15조의3에 따른다.

제25조【특정외국법인의 유보소득 배당간주의 예외적 적용에 관한 경과조치】 이 법 시행 전에 개시한 사업연도분에 대해서는 제29조제2항제2호의 개정규정에도 불구하고 종전 법률 제17조의3제2항에 따른다.

제26조【해외금융계좌 신고의무의 면제에 관한 경과조치】 ① 2016년 1월 1일 전에 보유하고 있는 해외금융계좌를 2016년 1월 1일 이후에 신고하는 경우에는 제54조제1호의 개정규정에도 불구하고 종전의 「국제조세조정에 관한 법률」(법률 제13553호로 일부개정되기 전의 것을 말한다) 제34조제5항제1호에 따른다.

② 2019년 1월 1일 전에 보유하고 있는 해외금융계좌를 2019년 1월 1일 이후에 신고하는 경우에는 제54조제1호의 개정규정에도 불구하고 종전의 「국제조세조정에 관한 법률」(법률 제16099호로 일부개정되기 전의 것을 말한다) 제34조제5항제1호에 따른다.

제27조【해외금융계좌 신고의무 위반금액의 출처에 대한 소명에 관한 경과조치】 2019년 1월 1일 전에 보유하고 있는 해외금융계좌를 신고하는 경우에는 제56조제1항의 개정규정에도 불구하고 종전의 「국제조세조정

에 관한 법률」(법률 제16099호로 일부개정되기 전의 것을 말한다) 제34조의3제1항에 따른다.

제28조【해외현지법인 등에 대한 자료 제출의무에 관한 경과조치】 이 법 시행 전에 개시한 과세기간 또는 사업연도에 대한 자료로서 이 법 시행 당시 이미 종전의 규정(「소득세법」(법률 제17757호로 일부개정되기 전의 것을 말한다) 제165조의2제1항 및 「법인세법」(법률 제17652호로 일부개정되기 전의 것을 말한다) 제121조의2제1항을 말하며, 이하 이 조에서 같다)에 따른 제출기한이 지난 경우에는 제58조제1항 및 제2항의 개정규정(제출기한 및 과세당국에 관한 부분에 한정한다)에도 불구하고 종전의 규정에 따른다.

제29조【벌칙에 관한 경과조치】 2019년 1월 1일 전의 위반행위에 대하여 벌칙 규정을 적용할 때에는 종전의 「국제조세조정에 관한 법률」(법률 제16099호로 일부개정되기 전의 것을 말한다) 제31조의2, 제31조의3 및 제34조의2에 따른다.

제30조【종전 부칙의 적용범위에 관한 경과조치】 종전의 「국제조세조정에 관한 법률」의 개정에 따라 규정했던 종전의 부칙은 이 법 시행 전에 그 효력이 이미 상실된 경우를 제외하고는 이 법 시행 이후에도 계속하여 적용한다.

제31조【다른 법률의 개정】 ①~⑦ ※(해당 법령에 가제정리 하였음)

제32조【다른 법령과의 관계】 이 법 시행 당시 다른 법령에서 종전의 「국제조세조정에 관한 법률」 또는 그 규정을 인용하고 있는 경우 이 법 가운데 그에 해당하는 규정이 있을 때에는 종전의 규정을 갈음하여 이 법의 해당 규정을 인용한 것으로 본다.

부 칙 (2021.12.21)

제1조【시행일】 이 법은 2022년 1월 1일부터 시행한다. 다만, 제32조제2항의 개정규정은 2025년 1월 1일부터 시행한다.(2022.12.31 단서개정)

제2조【정상가격에 의한 신고에 관한 적용례】 제6조제4호의 개정규정은 이 법 시행 전의 거래에 대하여 이 법 시행 이후 신고하는 경우에도 적용한다.

제3조【정상원가분담액 재산정에 관한 적용례】 제9조제2항 단서의 개정규정은 이 법 시행 전에 체결한 약정에 따른 원가등의 분담액을 이 법 시행 이후 재산정하는 경우에도 적용한다.

제4조【특정외국법인의 유보소득 배당간주에 관한 적용례】 제27조제1항 및 제3항의 개정규정은 이 법 시행 이후 개시하는 과세연도분부터 적용한다.

제5조【해외부동산등에 대한 자료 제출의무에 관한 적용례】 제58조제2항제1호의 개정규정은 이 법 시행 전에 해외부동산등을 취득(취득 당시 취득가액이 2억원 이상인 경우로 한정한다)하여 이 법 시행 당시 보유하고 있는 경우로서 이 법 시행 전에 개시한 과세기간·사업연도에 대하여 이 법 시행 이후 자료제출 기한이 도래하는 경우부터 적용한다.

제6조【해외부동산등 관련 자료 제출의무 불이행에 대한 과태료에 관한 적용례】 제58조제2항·제59조(해외부동산등의 보유현황 자료에 관한 부분으로 한정한다) 위반에 대한 제63조제2항·제3항에 따른 과태료는 2023년 1월 1일 이후 해외부동산등의 보유현황 자료 제출의무를 위반하는 경우부터 적용한다.

부 칙 (2022.12.31)

제1조【시행일】 이 법은 2023년 1월 1일부터 시행한다. 다만, 다음 각 호의 개정규정은 해당 호에서 정하는 날부터 시행한다.(2023.12.31 단서개정)

1. 제5장〔제60조부터 제86조까지(제63조의 개정규정 중 "제73조에 따라 국내구성기업에 배분되는 추가세액배분액"의 개정부분, 제72조제1항의 개정규정 중 "제73조제3항부터 제5항까지의 규정"의 개정부분, 제73조의 개정규정, 제77조제1항제2호의 개정규정 중 "제73조"의 개정부분, 제79조제6항제2호의 개정규정 중 "제73조"의 개정부분, 제82조의 개정규정 및 제84조제1항 전단의 개정규정 중 "제73조에 따라 국내구성기업에 배분되는 추가세액배분액"의 개정부분은 제외한다)〕 및 제87조제1항제3호의 개정규정 : 2024년 1월 1일(2023.12.31 본호신설)

2. 제63조의 개정규정 중 "제73조에 따라 국내구성기업에 배분되는 추가세액배분액"의 개정부분, 제72조제1항의 개정규정 중 "제73조제3항부터 제5항까지의 규정"의 개정부분, 제73조의 개정규정, 제77조제1항제2호의 개정규정 중 "제73조"의 개정부분, 제79조제6항제2호의 개정규정 중 "제73조"의 개정부분, 제82조의 개정규정 및 제84조제1항 전단의 개정규정 중 "제73조에 따라 국내구성기업에 배분되는 추가세액배분액"의 개정부분 : 2025년 1월 1일(2023.12.31 본호신설)

제2조【국제거래명세서의 제출의무 면제에 관한 적용례】 제16조제2항 각 호 외의 부분 단서의 개정규정은 이 법 시행 이후 개시하는 과세연도에 국제거래를 하는 경우부터 적용한다.

제3조【특정외국법인 유보소득 배당간주 적용의 배제에 관한 적용례】 제28조제3호의 개정규정은 이 법 시행 이후 과세표준 및 세액을 신고하는 경우부터 적용한다.

제4조【특정외국법인 유보소득 배당간주의 예외적 적용 시 수동소득의 범위에 관한 적용례】 제29조제2항제2호의 개정규정은 이 법 시행 이후 과세표준 및 세액을 신고하는 경우부터 적용한다.

제5조【국외투과단체과세특례에 관한 적용례】 제34조의2의 개정규정은 이 법 시행 이후 국외투과단체과세특례의 적용 신청을 하거나 법인세 또는 소득세 과세표준을 신고하는 분부터 적용한다.

제6조【글로벌최저한세의 과세에 관한 적용례】 제5장(제60조부터 제86조까지)의 개정규정은 부칙 제1조 각 호에 따른 시행일 이후 개시하는 사업연도분에 대하여 과세하는 경우부터 적용한다.(2023.12.31 본조개정)

제7조【혼성금융상품 거래 관련 자료제출 불이행 등에 대한 과태료에 관한 적용례】 제88조의 개정규정은 이 법 시행 이후 개시하는 사업연도에 혼성금융상품 거래에 따라 이자등을 지급하는 경우부터 적용한다.

부 칙 (2023.7.18)

제1조【시행일】 이 법은 공포 후 1년이 경과한 날부터 시행한다.(이하 생략)

부 칙 (2023.12.31)

제1조【시행일】 이 법은 2024년 1월 1일부터 시행한다. 다만, 다음 각 호의 개정규정은 2025년 1월 1일부터 시행한다.

1. 제58조제3항부터 제8항까지, 제59조제1항 및 제91조제1항·제2항·제4항·제5항의 개정규정

2. 법률 제19191호 국제조세조정에 관한 법률 일부개정법률 제72조제1항, 제73조제1항, 같은 조 제4항부터 제7항까지 및 제82조의 개정규정

제2조【해외금융계좌 신고의무의 면제에 관한 적용례】 제54조제1호다목의 개정규정은 2023년에 보유한 해외금융계좌에 대해서도 적용한다.

제3조【해외신탁명세의 제출에 관한 적용례】① 제58조제3항제1호의 개정규정은 2025년 1월 1일이 속하는 과세기간 또는 사업연도의 종료일 전에 설정하여 2025년 1월 1일 이후 개시하는 과세기간 또는 사업연도의 개시일 현재 유지하는 해외신탁에 대하여 해당 개시일이 속하는 과세기간 또는 사업연도의 해외신탁명세를 제출하는 경우부터 적용한다.

② 제58조제3항제2호의 개정규정은 2025년 1월 1일 이후 개시하는 과세기간 또는 사업연도에 설정하는 해외신탁부터 적용한다.

제4조【글로벌최저한세의 과세에 관한 적용례】① 법률 제19191호 국제조세조정에 관한 법률 일부개정법률 제61조제1항, 제62조제3항·제4항, 제64조제1항·제3항, 제66조제5항, 제68조제4항, 제69조제2항부터 제7항까지, 제70조제3항부터 제5항까지, 제72조제8항, 제74조제2항, 제75조제1항부터 제3항까지, 제76조제4항, 제77조제3항·제4항, 제79조제1항·제5항·제6항, 제80조, 제81조제1항, 제83조제4항, 제84조제5항 및 제87조제1항의 개정규정은 2024년 1월 1일 이후 개시하는 사업연도분에 대하여 과세하는 경우부터 적용한다.

② 제77조의2의 개정규정은 2024년 1월 1일 이후 개시하는 사업연도분에 대하여 과세하는 경우부터 적용한다.

③ 법률 제19191호 국제조세조정에 관한 법률 일부개정법률 제72조제1항, 제73조제1항, 같은 조 제4항부터 제7항까지 및 제82조의 개정규정은 2025년 1월 1일 이후 개시하는 사업연도분에 대하여 과세하는 경우부터 적용한다.

제5조【국제거래 자료의 제출에 관한 경과조치】이 법 시행 전에 개시한 과세기간 또는 사업연도에 대한 국제거래명세서, 요약손익계산서 및 정상가격 산출방법 신고서를 제출하여야 하는 납세의무자의 범위에 관하여는 제16조제2항 각 호 외의 부분 본문의 개정규정에도 불구하고 종전의 규정에 따른다.

국제조세조정에 관한 법률 시행령

(2021년　　2월　　17일)
(전부개정대통령령 제31448호)

개정
2021.12.28영령32274호(독점시)
2022. 2.15영령32423호
2022.12.27영령33140호(독점시)
2023. 2.28영령33272호
2023.12.29영령34064호→2024년 1월 1일 및 2025년 1월 1일 시행

제1장　총　칙

제1조【목적】이 영은 「국제조세조정에 관한 법률」에서 위임된 사항과 그 시행에 필요한 사항을 규정함을 목적으로 한다.

제2조【특수관계의 세부 기준】① 「국제조세조정에 관한 법률」(이하 "법"이라 한다) 제2조제1항제3호나목에서 "친족 등 대통령령으로 정하는 자"란 「국세기본법」 제2조제20호가목에 따른 친족관계에 있는 자(이하 이 조에서 "친족등"이라 한다)를 말한다.

② 법 제2조제1항제3호에 따른 특수관계는 다음 각 호의 어느 하나에 해당하는 관계로 한다.

1. 법 제2조제1항제3호가목에 따른 관계 : 다음 각 목의 어느 하나에 해당하는 관계
   가. 거주자·내국법인 또는 국내사업장을 두고 있는 외국법인이 다른 외국법인의 의결권 있는 주식(출자지분을 포함한다. 이하 같다)의 50퍼센트 이상을 직접 또는 간접으로 소유한 경우 그 거주자·내국법인 또는 국내사업장과 다른 외국법인의 관계
   나. 외국에 거주하거나 소재하는 자가 내국법인 또는 국내사업장을 두고 있는 외국법인의 의결권 있는 주식의 50퍼센트 이상을 직접 또는 간접으로 소유한 경우 그 자와 내국법인 또는 국내사업장의 관계
2. 법 제2조제1항제3호나목에 따른 관계 : 내국법인 또는 국내사업장을 두고 있는 외국법인의 의결권 있는 주식의 50퍼센트 이상을 직접 또는 간접으로 소유하고 있는 제3자와 그의 친족등이 다른 외국법인의 의결권 있는 주식의 50퍼센트 이상을 직접 또는 간접으로 소유한 경우 그 내국법인 또는 국내사업장과 다른 외국법인의 관계
3. 법 제2조제1항제3호다목에 따른 관계 : 거래 당사자가 거주자·내국법인 또는 국내사업장과 비거주자·외국법인 또는 이들의 국외사업장이고, 거래 당사자 한쪽이 다음 각 목의 어느 하나의 방법으로 다른 쪽의 사업 방침 전부 또는 중요한 부분을 실질적으로 결정할 수 있는 경우 그 거래 당사자 간의 관계
   가. 다른 쪽 법인의 대표임원이나 전체 임원 수의 절반 이상에 해당하는 임원이 거래 당사자 한쪽 법인의 임원 또는 종업원의 지위에 있거나 사업연도 종료일부터 소급하여 3년 이내에 거래 당사자 한쪽 법인의 임원 또는 종업원의 지위에 있었을 것
   나. 거래 당사자 한쪽이 조합이나 신탁을 통하여 다른 쪽의 의결권 있는 주식의 50퍼센트 이상을 소유할 것
   다. 다른 쪽이 사업활동의 50퍼센트 이상을 거래 당사자 한쪽과의 거래에 의존할 것
   라. 다른 쪽이 사업활동에 필요한 자금의 50퍼센트 이상을 거래 당사자 한쪽으로부터 차입하거나 거래 당사자 한쪽의 지급보증을 통하여 조달할 것
   마. 다른 쪽이 사업활동의 50퍼센트 이상을 거래 당사자 한쪽으로부터 제공되는 지식재산권에 의존할 것

4. 법 제2조제1항제3호라목에 따른 관계 : 거래 당사자
가 거주자·내국법인은 국내사업장과 비거주자·
외국법인 또는 이들의 국외사업장과, 제3자가 다음
각 목의 어느 하나의 방법으로 거래 당사자 양쪽의
사업 방침을 실질적으로 결정할 수 있는 경우 그 거
래 당사자 간의 관계
  가. 제3자가 거래 당사자 한쪽의 의결권 있는 주식의
  50퍼센트 이상을 직접 또는 간접으로 소유하고, 다
  른 쪽 사업 방침의 전부 또는 중요한 부분을 제3호
  각 목의 어느 하나의 방법으로 실질적으로 결정할
  수 있을 것
  나. 제3자가 거래 당사자 양쪽의 사업 방침 전부 또는
  중요한 부분을 제3호 각 목의 어느 하나의 방법으로
  실질적으로 결정할 수 있을 것
  다. 거래 당사자 한쪽이 「독점규제 및 공정거래에 관
  한 법률 시행령」 제4조제1항 각 호의 어느 하나에
  해당하는 기업집단에 속하는 계열회사이고, 그 기업
  집단 소속의 다른 계열회사가 다른 쪽의 의결권 있
  는 주식의 50퍼센트 이상을 직접 또는 간접으로 소
  유할 것 (2022.12.27 본목개정)
③ 제2항제1호·제2호 및 제4호를 적용할 때 어느 한
쪽(거주자, 내국법인, 비거주자 또는 외국법인을 말한
다. 이하 이 항에서 같다)의 다른 쪽(내국법인 또는 외
국법인을 말한다. 이하 이 항에서 같다)에 대한 주식의
간접소유비율은 다음 각 호의 구분에 따른 방법으로
계산한 비율로 한다.
1. 다른 쪽의 주주인 법인(이하 "주주법인"이라 한다)
의 의결권 있는 주식의 50퍼센트 이상을 어느 한쪽이
소유하고 있는 경우 : 주주법인이 소유하고 있는 다
른 쪽의 의결권 있는 주식이 그 다른 쪽의 의결권 있
는 주식에서 차지하는 비율(이하 이 항에서 "주주법
인의주식소유비율"이라 한다)
2. 주주법인의 의결권 있는 주식의 50퍼센트 미만을 어
느 한쪽이 소유하고 있는 경우 : 그 소유비율에 주주
법인의주식소유비율을 곱한 비율
3. 제1호 및 제2호를 적용할 때 주주법인이 둘 이상인
경우 : 주주법인별로 제1호 및 제2호에 따라 계산한
비율을 더한 비율
4. 어느 한쪽과 주주법인, 그리고 이들 사이의 하나 이
상의 법인이 주식소유관계를 통하여 연결되어 있는
경우 : 제1호부터 제3호까지의 계산방법을 준용하여
계산한 비율
제3조【국제거래에 대한 실질과세】① 법 제3조제4항
에서 "우회거래를 통하여 우리나라에 납부할 조세부담
이 대통령령으로 정하는 비율 이상으로 현저히 감소하
는 경우"란 우회거래를 통해 우리나라에 납부할 조세
부담(이하 이 조에서 "조세부담"이라 한다)이 그 거래
의 경제적 실질에 따라 계산한 조세부담의 50퍼센트
이하가 되는 경우를 말한다.
② 법 제3조제4항에서 "대통령령으로 정하는 요건에
해당하는 경우"란 다음 각 호의 요건을 모두 갖춘 경우
를 말한다.
1. 우회거래의 금액이 10억원 이하일 것
2. 우회거래를 통한 조세부담 감소액이 1억원 이하일 것
③ 제1항 및 제2항제2호에 따른 조세부담은 다음 각 호
의 조세만 포함하여 산정한다.
1. 소득세
2. 법인세
3. 그 밖에 조세조약의 적용대상이 되는 조세
④ 제1항부터 제3항까지에서 규정한 사항 외에 조세부
담 계산 등에 필요한 사항은 기획재정부령으로 정한다.
제4조【부당행위계산 부인의 적용 범위】법 제4조제2
항 단서에서 "대통령령으로 정하는 자산의 증여 등"이
란 다음 각 호의 경우를 말한다.

1. 자산을 무상(無償)으로 이전(현저히 저렴한 대가를
받고 이전하는 경우는 제외한다)하거나 채무를 면제
하는 경우
2. 수익이 없는 자산을 매입하거나 현물출자를 받는 경
우 또는 그 자산에 대한 비용을 부담하는 경우
3. 출연금을 대신 부담하는 경우
4. 그 밖의 자본거래로서 「법인세법 시행령」 제88조제1
항제8호 각 목의 어느 하나 또는 같은 항 제8호의2에
해당하는 경우

제2장 국제거래에 관한 조세의 조정

제1절 국외특수관계인과의 거래에 대한 과세조정

제1관 정상가격 등에 의한 과세조정

제5조【비교가능 제3자 가격방법】법 제8조제1항제1
호에 따른 비교가능 제3자 가격방법을 국내 또는 국외
의 공개시장(이하 이 조에서 "공개시장"이라 한다)에서
거래되는 원유, 농산물, 광물 등에 대하여 적용할 때에
는 다음 각 호의 사항을 고려해야 한다.
1. 거주자(내국법인과 국내사업장을 포함한다. 이하 이
절에서 같다)와 국외특수관계인 간의 물품거래와 공
개시장에서 특수관계가 없는 독립된 사업자 간의 물
품거래를 비교하여 물품의 물리적 특성 및 품질, 공급
물량·시기, 계약기간, 운송조건 등 거래조건에 상당
한 차이가 있는 경우에는 이러한 차이를 합리적으로
조정할 것
2. 가격 산출의 기준이 되는 시점(이하 이 조에서 "가격
결정시점"이라 한다)은 다음 각 목의 구분에 따라 결
정할 것
  가. 거주자가 가격결정시점에 대한 신뢰할 만한 자료
  를 제출하는 경우 : 거주자가 제출한 자료에 근거하
  여 결정
  나. 거주자가 가격결정시점에 대한 자료를 제출하지
  않았거나 거주자가 제출한 자료에 근거하여 가격결
  정시점을 결정하는 것이 실제 거래에 비추어 합리
  적이지 않은 경우 : 선하증권에 적힌 선적일 등 과
  세당국이 이용할 수 있는 자료에 근거하여 결정
제6조【재판매가격방법】① 법 제8조제1항제2호에 따
른 재판매가격방법을 적용할 때 구매자가 판매자로서
얻는 통상의 이윤은 그 구매자가 특수관계가 없는 자
에게 판매한 금액에 판매기준 통상이익률을 곱하여 계
산한 금액으로 한다. 이 경우 판매기준 통상이익률은
구매자와 특수관계가 없는 자 간의 거래 중 해당 거래
와 수행된 기능, 사용된 자산 및 부담한 위험의 정도가
유사한 거래에서 실현된 매출액에 대한 매출 총이익
(매출액에서 매출원가를 뺀 금액을 말한다. 이하 이 관
에서 같다)의 비율로 한다.
② 제1항에 따른 구매자와 특수관계가 없는 자 간의 거
래에서 적정한 판매기준 통상이익률을 산출할 수 없는
경우에는 특수관계가 없는 자 간의 제3의 거래 중 해당
거래와 수행된 기능, 사용된 자산 및 부담한 위험의 정
도가 유사한 거래에서 발생한 판매기준 통상이익률을
제1항에 따른 판매기준 통상이익률로 사용할 수 있다.
제7조【원가가산방법】① 법 제8조제1항제3호에 따른
원가가산방법을 적용할 때 자산 판매자나 용역 제공자
의 통상의 이윤은 다음 각 호의 구분에 따른 원가에 원
가기준 통상이익률을 곱하여 계산한 금액으로 한다. 이
경우 원가기준 통상이익률은 자산 판매자 또는 용역
제공자와 특수관계가 없는 자 간의 거래 중 해당 거래
와 수행된 기능, 사용된 자산 및 부담한 위험의 정도가
유사한 거래에서 발생한 원가에 대한 매출 총이익의
비율로 한다.

1. 자산 판매자의 경우 : 그 자산을 정상가격으로 구입·건설 또는 제조하는 데 필요한 원가
2. 용역 제공자의 경우 : 그 용역을 제공하는 과정에서 정상가격에 의하여 발생한 원가
② 제1항에 따른 자산 판매자나 용역 제공자와 특수관계가 없는 자 간의 거래에서 적정한 원가기준 통상이익률을 산출할 수 없는 경우에는 특수관계가 없는 자 간의 제3의 거래 중 해당 거래와 수행된 기능, 사용된 자산 및 부담한 위험의 정도가 유사한 거래에서 발생한 원가기준 통상이익률을 제1항에 따른 원가기준 통상이익률로 사용할 수 있다.

제8조【거래순이익률방법】 ① 법 제8조제1항제4호에 따른 거래순이익률방법을 적용할 때 거주자와 특수관계가 없는 자 간의 거래에서 실현된 통상의 거래순이익률은 다음 각 호의 어느 하나에 해당하는 지표를 기초로 산출한다.
1. 매출액에 대한 거래순이익(매출 총이익에서 영업비용을 뺀 금액을 말하며, 영업비용은 판매비와 일반관리비를 말한다. 이하 이 관에서 같다)의 비율
2. 자산에 대한 거래순이익의 비율
3. 매출원가 및 영업비용에 대한 거래순이익의 비율
4. 영업비용에 대한 매출 총이익의 비율
5. 그 밖에 합리적이라고 인정될 수 있는 거래순이익률
② 제1항에 따른 거주자와 특수관계가 없는 자 간의 거래에서 실현된 통상의 거래순이익률을 산출할 수 없는 경우에는 다음 각 호의 거래 중 해당 거래와 수행된 기능, 사용된 자산 및 부담한 위험의 정도가 유사한 거래에서 발생한 통상의 거래순이익률을 제1항에 따른 통상의 거래순이익률로 사용할 수 있다.
1. 국외특수관계인과 특수관계에 있는 자 간의 거래
2. 특수관계가 없는 자 간의 제3의 거래

제9조【이익분할방법】 ① 법 제8조제1항제5호에 따른 이익분할방법을 적용할 때에는 다음 각 호의 사항을 고려해야 한다.
1. 거래 당사자 양쪽이 함께 실현한 거래순이익은 제3자와의 거래에서 실현한 거래순이익으로 할 것
2. 상대적 공헌도는 다음 각 목의 기준과 각 기준이 거래순이익의 실현에 미치는 중요도를 고려하여 유사한 상황에서 특수관계가 없는 독립된 사업자 간의 거래에 적용될 것으로 판단되는 합리적인 배부기준에 따라 측정할 것
   가. 사용된 자산과 부담한 위험을 고려하여 평가된 거래 당사자가 수행한 기능의 상대적 가치
   나. 영업자산, 유형·무형의 자산 또는 사용된 자본
   다. 연구·개발, 설계, 마케팅 등 핵심 분야에 지출·투자된 비용
   라. 그 밖에 판매 증가량, 핵심 분야의 고용인원 또는 노동 투입시간, 매장 규모 등 거래순이익의 실현과 관련하여 합리적으로 측정할 수 있는 배부기준
② 법 제8조제1항제5호에 따른 이익분할방법은 거래 형태별로 거래 당사자들의 적절한 기본수입을 우선 배부하고, 잔여이익을 상대적 공헌도에 따라 배부하는 방법을 포함한다.

제10조【그 밖의 정상가격 산출방법】 법 제8조제1항제6호에서 "그 밖에 대통령령으로 정하는 바에 따라 합리적이라고 인정되는 방법"이란 법에서 정한 산출방법 외에 거래의 실질 및 관행에 비추어 합리적이라고 인정되는 방법을 말한다.

제11조【금전대차거래의 정상가격 산출방법】 ① 거주자와 국외특수관계인 간의 금전대차거래에 대한 정상가격으로서의 이자율(이하 이 조에서 "정상이자율"이라 한다)을 산출하는 경우에는 다음 각 호의 요소를 고려해야 한다. 이 경우 거주자와 국외특수관계인 간의 금전대차거래는 통상적인 회수기간 및 지급기간이 지

난 채권의 회수 및 채무의 지급 등 사실상의 금전대차거래를 포함한다.
1. 채무액
2. 채무의 만기
3. 채무의 보증 여부
4. 채무자의 신용 정도
② 거주자와 국외특수관계인 간의 금전대차거래에 대한 정상이자율의 산출방법으로 법 제8조제1항제6호를 적용할 때에는 다음 각 호에서 정하는 이자율을 따를 수 있다.
1. 『자본시장과 금융투자업에 관한 법률』 제5조에 따른 파생상품 및 이와 유사한 해외파생상품 중 채무불이행 등 신용위험에 대비하기 위한 신용부도스왑 거래에서 적용되는 보험료율 성격의 율에 제1항 각 호의 요소를 고려하여 산출한 이자율
2. 국제금융시장에서 통용되는 이자율 산정 모형을 기반으로 무위험이자율, 부도위험, 유동성위험, 채무의 만기, 물가상승률 등의 변수를 반영하여 산정한 이자율에 제1항 각 호의 요소를 고려하여 산출한 이자율
3. 거래금액 및 국제금융시장의 실세(實勢)이자율 등을 고려하여 기획재정부령으로 정하는 이자율
(2022.2.15 본항개정)

제11조의2【자금통합거래의 정상가격 산출방법】 ① 이 조에서 "자금통합거래"란 거주자와 국외특수관계인으로 구성된 기업들의 집단(이하 "기업집단"이라 한다)이 유동성을 통합적으로 관리하기 위해 그 구성 기업 중에서 기업집단의 자금을 통합적으로 관리하는 자(이하 "자금통합거래관리자"라 한다)를 선정하여 각 구성 기업이 개설·보유하고 있는 예금계좌를 기업집단 차원에서 관리함에 따라 기업집단 내부의 거주자와 국외특수관계인 간에 편익(자금거래에 따른 수수료 취득, 이자비용 감소 등의 이익을 말한다. 이하 같다)이 발생하는 거래로서 다음 각 호의 어느 하나에 해당하는 거래를 말한다.
1. 기업집단에서 자금통합거래관리자가 아닌 구성기업(이하 "자금통합거래참여자"라 한다)이 자금통합거래관리자의 예금계좌(이하 "자금통합모계좌"라 한다)에 자금을 이체하거나 자금통합모계좌로부터 자금을 이체받음으로써 자금통합거래참여자와 자금통합거래관리자 간에 편익이 발생하는 거래
2. 자금통합거래관리자가 자금통합모계좌를 개설·보유함이 없이 자금통합거래참여자 간의 자금대여를 중개하거나 각 자금통합거래참여자의 예금계좌에 있는 모든 자금을 합산한 금액을 기준으로 금융회사로부터 자금을 조달하는 등 실질적으로 기업집단 내에서 자금을 통합하여 관리함으로써 자금통합거래참여자와 자금통합거래관리자 간 또는 자금통합거래참여자 간에 편익이 발생하는 거래
② 자금통합거래에 대해 법 제8조에 따른 정상가격의 산출방법을 적용할 때에는 다음 각 호에 따라야 한다.
1. 자금통합거래관리자와 자금통합거래참여자가 자금통합거래에서 얻는 편익을 각각 고려할 것
2. 자금통합거래관리자의 편익을 산정할 때에는 다음 각 목의 구분에 따른 산출방법을 적용할 것
   가. 자금통합거래관리자가 기업집단 수준의 자금조달 전략 수립, 유동성 관리, 신용위험·유동성위험·환율변동위험 관리 등 적극적으로 자금을 통합관리하는 경우 : 제11조에 따른 금전대차거래의 정상가격 산출방법
   나. 가목 외의 경우 : 제12조에 따른 용역거래의 정상가격 산출방법
3. 자금통합거래참여자의 편익을 산정할 때에는 다음 각 목의 구분에 따른 산출방법을 적용할 것
   가. 제1항제1호에 해당하는 자금통합거래의 경우 : 제11조에 따른 금전대차거래의 정상가격 산출방법. 이

경우 자금통합거래의 기간, 기업집단 수준의 위험관리 정책 등 기획재정부령으로 정하는 사항을 고려해야 한다.

나. 제1항제2호에 해당하는 자금통합거래의 경우 : 자금통합거래참여자의 기대편익과 기여도 등 기획재정부령으로 정하는 사항을 고려한 정상가격 산출방법

(2022.2.15 본조신설)

제12조【용역거래의 정상가격 산출방법】① 거주자와 국외특수관계인 간의 용역거래(경영관리, 금융자문, 지급보증, 전산지원 및 기술지원, 그 밖에 사업상 필요하다고 인정되는 용역의 거래를 말한다. 이하 이 조에서 같다)의 정상가격 산출방법으로 법 제8조제1항제3호에 따른 원가가산방법 또는 이 영 제8조제1항제3호에 따른 거래순이익률방법을 적용할 때에는 다음 각 호의 기준에 따라 산정한다.

1. 발생한 원가에는 그 용역 제공을 위하여 직접 또는 간접으로 발생한 비용 모두를 포함시킬 것
2. 용역 제공자가 그 용역을 수행하기 위하여 제3자에게 그 용역의 일부 또는 전부를 대행할 것을 의뢰하고 제3자에게 대금을 한꺼번에 지급한 후 이에 대한 비용을 용역을 제공받는 자에게 재청구하는 경우에는 용역 제공자는 자신이 그 용역과 관련하여 직접 수행한 활동으로부터 발생한 원가에 대해서만 통상의 이윤을 더할 것. 다만, 용역의 내용과 거래 상황 및 관행에 비추어 합리적이라고 인정되는 경우는 제외한다.

② 거주자가 다음 각 호의 요건을 모두 갖춘 용역거래(이하 이 조에서 "저부가가치용역거래"라 한다)에 대하여 해당 용역의 원가에 5퍼센트를 가산한 금액을 용역거래의 가격으로 적용한 경우에는 그 금액을 정상가격으로 본다. 이 경우 해당 용역의 원가는 제1항 각 호의 기준에 따라 산정한다.

1. 거래대상 용역은 다음 각 목의 어느 하나에 해당하지 않는 용역으로서 거주자와 국외특수관계인의 핵심사업활동과 직접 관련되지 않는 지원적 성격의 용역일 것
   가. 연구개발
   나. 천연자원의 탐사·채취 및 가공
   다. 원재료 구입, 제조, 판매, 마케팅 및 홍보
   라. 금융, 보험 및 재보험
2. 용역이 제공되는 과정에서 다음 각 목의 어느 하나에 해당하는 사실이 없을 것
   가. 독특하고 가치 있는 무형자산의 사용 또는 창출
   나. 용역 제공자가 중대한 위험을 부담 또는 관리·통제
3. 용역 제공자 및 용역을 제공받는 자는 특수관계가 없는 제3자와 유사한 용역거래를 하지 않을 것

③ 해당 과세연도에 저부가가치용역거래의 원가에 5퍼센트를 가산한 금액의 합계가 기획재정부령으로 정하는 금액을 초과하는 경우에는 제2항을 적용하지 않는다.

④ 거주자와 국외특수관계인 간의 용역거래 중 지급보증 용역거래의 정상가격 산출방법으로 법 제8조제1항제6호를 적용할 때에는 다음 각 호의 어느 하나에 해당하는 방법에 따른다.

1. 보증인의 예상 위험과 비용을 기초로 하여 정상가격을 산출하는 방법
2. 피보증인의 기대편익을 기초로 하여 정상가격을 산출하는 방법
3. 보증인의 예상 위험 및 비용과 피보증인의 기대편익을 기초로 하여 정상가격을 산출하는 방법

⑤ 제4항을 적용할 때 거주자가 다음 각 호의 어느 하나에 해당하는 금액을 지급보증 용역거래의 가격으로 적용한 경우에는 그 금액을 정상가격으로 본다.

1. 지급보증계약 체결 당시 해당 금융회사가 산정한 지급보증 유무에 따른 이자율 차이를 근거로 하여 산출한 수수료의 금액(해당 금융회사가 작성한 이자율 차이 산정 내역서에 의해 확인되는 것으로 한정한다)
2. 제4항 각 호의 방법으로서 국세청장이 정하는 바에 따라 산출한 수수료의 금액

⑥ 제4항 및 제5항을 적용할 때 예상 위험 및 비용과 기대편익 등의 산출에 관한 구체적인 사항은 기획재정부령으로 정한다.

⑦ 거주자와 국외특수관계인 간의 용역거래가 다음 각 호의 요건 중 어느 하나라도 갖추지 않은 경우에는 그 용역거래의 비용을 필요경비 또는 손금에 산입하지 않는다.

1. 용역 제공자가 사전에 약정을 체결하고 그 약정에 따라 용역을 실제로 제공할 것
2. 용역을 제공받는 자가 제공받는 용역으로 추가적인 수익이 발생하거나 비용이 절감되기를 기대할 수 있을 것
3. 용역을 제공받는 자가 제공받는 용역과 같은 용역을 다른 특수관계인이 자체적으로 수행하고 있거나 특수관계가 없는 제3자가 다른 특수관계인을 위하여 제공하고 있지 않을 것. 다만, 사업 및 조직구조의 개편, 구조조정 및 경영의사 결정의 오류를 줄이는 등의 합리적인 사유로 일시적으로 중복된 용역을 제공받는 경우는 제외한다.
4. 제1호 및 제2호의 사실을 증명하는 문서를 보관·비치하고 있을 것

제13조【무형자산거래의 정상가격 산출방법】① 이 조에서 "무형자산"이란 사업활동에 사용가능한 자산(유형자산 또는 금융자산 외의 것을 말한다)으로서 특정인에 의해 소유 또는 통제가 가능하고 특수관계가 없는 독립된 사업자 간에 이전 또는 사용권 허락 등의 거래가 이루어지는 경우 통상적으로 적정한 대가가 지급되는 것을 말하며, 다음 각 호의 어느 하나에 해당하는 것을 포함한다.

1. 「특허법」에 따른 특허권
2. 「실용신안법」에 따른 실용신안권
3. 「디자인보호법」에 따른 디자인권
4. 「상표법」에 따른 상표권
5. 「저작권법」에 따른 저작권
6. 서비스표권, 상호, 브랜드, 노하우, 영업비밀 및 고객정보·고객망
7. 계약에 따른 권리 및 채권권, 유료도로관리권 등 정부로부터 부여 받은 사업권
8. 영업권 및 계속기업가치

② 거주자와 국외특수관계인 간의 무형자산거래에 대한 정상가격을 산출하는 경우에는 다음 각 호의 사항을 고려해야 한다.

1. 해당 무형자산의 법적 소유 여부와 관계없이 해당 무형자산의 개발, 향상, 유지, 보호 및 활용과 관련하여 수행한 기능 및 수익 창출에 기여한 상대적 가치에 상응하여 특수관계가 없는 독립된 사업자 간에 적용될 것으로 판단되는 합리적인 보상을 받았는지 여부
2. 거래의 특성에 따른 다음 각 목의 요소
   가. 무형자산으로 인하여 기대되는 추가적 수입 또는 절감되는 비용의 크기
   나. 권리행사에 대한 제한 여부
   다. 다른 사람에게 이전하거나 재사용을 허락할 수 있는지 여부

③ 거주자와 국외특수관계인 간의 무형자산거래에 대한 정상가격 산출방법은 제14조제1항에서 정한 기준을 고려하여 다음 각 호의 어느 하나에 해당하는 방법을 우선적으로 적용해야 한다.

1. 법 제8조제1항제1호에 따른 비교가능 제3자 가격방법
2. 법 제8조제1항제5호에 따른 이익분할방법
④ 거주자와 국외특수관계인 간의 무형자산거래에 대한 정상가격 산출방법으로 법 제8조제1항제6호를 적용할 때에는 해당 무형자산의 사용으로 창출할 수 있는 미래의 현금흐름 예상액을 현재가치로 할인하는 방법에 따른다. 이 경우 미래의 현금흐름 예상액, 성장률, 할인율, 무형자산의 내용연수 및 잔존가치, 조세부담 등 제반 요소들이 객관적이고 합리적인 방법으로 수집 또는 산출되어야 하며, 거주자는 이를 증명할 수 있는 자료를 보관·비치해야 한다.
⑤ 다음 각 호의 요건을 모두 갖춘 가치측정이 어려운 무형자산의 당초 거래가격과 사후에 평가된 가격의 차이가 당초 거래가격의 20퍼센트를 초과하는 등 현저한 차이가 발생한 경우 과세당국은 당초 거래가격이 합리적이지 않은 것으로 추정하고, 해당 무형자산과 관련하여 실제로 발생한 경제적 편익 등 사후에 변경된 거래 상황 및 경제 여건 등을 바탕으로 정상가격을 다시 산출할 수 있다.
1. 무형자산을 거래할 당시에 비교가능성이 높은 특수관계가 없는 독립된 사업자간 거래가 없을 것
2. 개발 중인 무형자산으로서 상업적으로 활용되기 위하여 많은 기간이 소요되거나 무형자산의 높은 혁신성 등으로 거래 당시에 해당 무형자산으로부터 예상되는 경제적 편익 등에 대한 불확실성이 높을 것
⑥ 다음 각 호의 어느 하나에 해당하는 경우에는 제5항을 적용하지 않는다.
1. 무형자산의 당초 거래가격과 사후에 평가된 가격의 차이가 당초 거래를 할 때에 거래 당사자가 합리적으로 예측할 수 없는 사유에 기인한 것으로서 거래 당사자가 당초 거래 시 예측을 위하여 고려한 가정이 합리적임을 입증한 경우
2. 무형자산의 당초 거래가격과 사후에 평가된 가격의 차이가 당초 거래가격의 20퍼센트를 넘지 않는 경우
3. 무형자산거래에 대한 정상가격 산출방법에 대하여 법 제14조제2항 본문에 따라 체약상대국의 권한 있는 당국과의 상호합의절차에 의한 사전승인을 받은 경우

제14조 【정상가격 산출방법의 선택】
① 법 제8조제1항에 따라 정상가격을 산출할 때에는 다음 각 호의 기준을 고려하여 가장 합리적인 방법을 선택해야 한다.
1. 다음 각 목의 어느 하나에 해당하여 특수관계가 있는 자 간의 국제거래와 특수관계가 없는 자 간의 거래 사이에 비교가능성이 높을 것
   가. 비교되는 상황 간의 차이가 비교되는 거래의 가격이나 순이익에 중대한 영향을 주지 않는 경우
   나. 비교되는 상황 간의 차이가 비교되는 거래의 가격이나 순이익에 중대한 영향을 주는 경우에도 그 영향에 의한 차이를 제거할 수 있는 합리적 조정이 가능한 경우
2. 사용되는 자료의 확보·이용 가능성이 높을 것
3. 특수관계가 있는 자 간의 국제거래와 특수관계가 없는 자 간의 거래를 비교하기 위하여 설정된 경제 여건, 경영 환경 등에 대한 가정(假定)이 현실에 부합하는 정도가 높을 것
4. 사용되는 자료 또는 설정된 가정의 결함이 산출된 정상가격에 미치는 영향이 적을 것
5. 특수관계가 있는 자 간의 국제거래와 정상가격 산출방법의 적합성이 높을 것
② 제1항제1호에 따라 비교가능성이 높은지를 평가하는 경우에는 가격이나 이윤에 영향을 미칠 수 있는 재화나 용역의 종류 및 특성, 사업활동의 기능, 거래에 수반되는 위험, 사용되는 자산, 계약 조건, 경제 여건, 사

업전략 등의 요소에 관하여 기획재정부령으로 정하는 사항을 분석해야 한다.
③ 제1항제5호에 따라 적합성이 높은지를 평가하는 경우에는 특수관계 거래에서 가격·이윤 또는 거래순이익 중 어느 지표가 산출하기 쉬운지 여부, 특수관계 거래를 구별하는 요소가 거래되는 재화나 용역인지 또는 수행되는 기능의 특성인지 여부, 거래순이익률방법 적용 시 거래순이익률 지표와 영업활동의 상관관계 등에 관하여 기획재정부령으로 정하는 바에 따라 분석해야 한다.
④ 과세당국은 특수관계가 없는 자 간의 거래가 거래당사자에 의하여 임의로 조작되어 정상적인 거래로 취급될 수 없는 경우에는 그 거래를 비교가능한 거래로 선택하지 않을 수 있다.

제15조 【정상가격 산출방법의 적용】
① 제14조제1항에 따라 가장 합리적인 방법을 선택하여 정상가격을 산출하는 경우에는 기획재정부령으로 정하는 바에 따라 납세자의 사업 환경 및 특수관계 거래 분석, 내부 및 외부의 비교가능한 거래에 대한 자료 수집, 정상가격 산출방법의 선택 및 가격·이윤 또는 거래순이익 산출, 비교가능한 거래의 선정 및 합리적인 차이 조정 등의 분석절차를 거쳐야 한다.
② 법 제8조제1항에 따라 정상가격 산출방법을 적용할 때 개별 거래들이 서로 밀접하게 연관되거나 연속되어 있어 거래별로 구분하여 가격·이윤 또는 거래순이익을 산출하는 것이 합리적이지 않을 경우에는 개별 거래들을 통합하여 평가할 수 있다.
③ 법 제8조제1항에 따라 정상가격 산출방법을 적용할 때 경제적 여건이나 사업전략 등의 영향이 여러 해에 걸쳐 발생함으로써 해당 사업연도의 자료만으로 가격·이윤 또는 거래순이익을 산출하는 것이 합리적이지 않을 경우에는 여러 사업연도의 자료를 사용할 수 있다.
④ 법 제8조에 따라 정상가격을 산출하는 경우 해당 거래와 특수관계가 없는 자 간의 거래 사이에서 제14조제2항에 따른 비교가능성 분석요소의 차이로 가격·이윤 또는 거래순이익에 차이가 발생할 때에는 그 가격·이윤 또는 거래순이익의 차이를 합리적으로 조정해야 한다.
⑤ 법 제8조에 따라 정상가격을 산출하는 경우에는 특수관계가 없는 자 간에 있었던 둘 이상의 거래를 토대로 정상가격 범위를 산정하여 이를 법 제6조에 따라 거주자가 정상가격에 의한 신고 또는 수정신고 여부를 결정하거나 법 제7조에 따라 과세당국이 정상가격에 의한 결정 및 경정 여부를 판정할 때 사용할 수 있다.
⑥ 거주자 또는 과세당국이 제5항에 따른 정상가격 범위를 벗어난 거래가격에 대하여 법 제6조 또는 제7조에 따라 신고 또는 결정 및 경정 등을 하는 경우에는 그 정상가격 범위의 거래에서 산정된 평균값, 중위값, 최빈값, 그 밖의 합리적인 특정 가격을 기준으로 해야 한다.
⑦ 법 제8조제1항에 따라 정상가격을 산출할 때 경기침체, 대량실업 등 특수한 경제위기 상황을 고려할 필요가 있을 때에는 경제 상황의 변동으로 손실이 발생한 기업이 한쪽 또는 양쪽의 당사자인 거래도 거주자와 국외특수관계인 간 거래의 비교대상 거래로 삼을 수 있다.(2022.2.15 본항신설)

제16조 【국외특수관계인과의 거래의 실질적 내용과 상업적 합리성】
① 과세당국은 법 제8조제2항에 따라 거주자와 국외특수관계인 간의 국제거래의 실질적인 내용을 명확하게 파악하기 위하여 다음 각 호의 요소를 고려해야 한다.
1. 계약조건
2. 사용된 자산과 부담한 위험 등을 고려하여 평가된

거래 당사자가 수행한 기능. 이 경우 부담한 위험은 거래 당사자의 위험에 대한 관리·통제 활동 및 위험을 부담할 재정적 능력 등을 고려하여 기획재정부령으로 정하는 바에 따라 분석해야 하며, 거래 당사자가 수행한 기능은 거래 당사자뿐만 아니라 거래 당사자와 특수관계가 있는 자 모두를 고려하여 전체적으로 사업활동이 수행되고 있는 방식, 거래 상황 및 관행을 종합적으로 고려해야 한다.

3. 거래된 재화나 용역의 종류 및 특성

4. 경제 여건 및 사업전략

② 과세당국은 법 제8조제2항 및 제3항에 따라 거주자와 국외특수관계인 간의 국제거래가 상업적으로 합리적인 거래인지 여부를 판단할 때에는 다음 각 호의 기준을 고려해야 한다.

1. 특수관계가 없는 독립된 사업자 간에는 해당 거래조건에 대한 합의가 이루어지지 않을 것으로 예상할 수 있을 것. 이 경우 유사한 거래 상황에서 특수관계가 없는 독립된 사업자 간 해당 거래와 유사한 거래가 체결된 사례가 없다는 사실만으로 해당 거래조건에 대한 합의가 이루어지지 않을 것으로 판단해서는 안 된다.

2. 해당 거래를 체결하지 않거나 다른 방식으로 거래를 체결하는 것이 거주자 또는 국외특수관계인에게 사업 목적상 유리할 것

3. 해당 거래로 인하여 거주자 또는 국외특수관계인의 조세부담이 상당히 감소하는 등 조세 혜택을 고려하지 않는다면 해당 거래가 발생하지 않을 것으로 예상할 수 있을 것

제17조【정상원가분담액과 기대편익의 산정】 ① 법 제9조에 따른 무형자산은 제13조제1항에 따른 무형자산을 말한다.

② 법 제9조제2항에 따라 같은 조 제1항의 정상원가분담액(이하 이 관에서 "정상원가분담액"이라 한다)을 계산할 때 다음 각 호의 금액은 제외한다.

1. 원가·비용 및 위험(이하 "원가등"이라 한다)의 분담 약정 참여자가 소유한 무형자산의 사용대가

2. 분담액 차입 시 발생하는 지급이자

③ 정상원가분담액은 그에 대한 약정을 체결하고 원가등을 분담한 경우에만 거주자의 필요경비 또는 손금에 산입한다.

④ 법 제9조제2항 및 제3항에 따른 기대편익은 무형자산을 공동개발한 후 실현될 것으로 추정되는 다음 각 호의 어느 하나에 해당하는 편익을 사용하여 산정한다.

1. 원가의 절감

2. 무형자산의 활용으로 인한 다음 각 목의 어느 하나에 해당하는 것의 증가

가. 매출액

나. 영업이익

다. 사용량, 생산량 또는 판매량

제18조【기대편익 변동에 따른 참여자 지분 및 원가등의 분담액 조정】 ① 법 제9조제3항에서 "대통령령으로 정하는 비율 이상 변동된 경우"란 무형자산 개발 후 실현되는 총 기대편익에 대한 거주자의 기대편익 비율이 처음 약정 체결 시 예상한 총 기대편익에 대한 거주자의 기대편익 비율에 비해 20퍼센트 이상 증가하거나 감소한 경우를 말한다.

② 과세당국이 법 제9조제3항에 따라 참여자인 거주자의 지분을 조정하는 경우 거주자가 부담한 총원가등의 분담액을 조정된 거주자의 지분에 따라 다시 계산하여 초과 부담한 원가등의 분담액은 그 변동이 발생한 사업연도의 과세표준을 계산할 때 조정한다.

③ 제2항에 따라 과세당국이 원가등의 분담액을 조정한 후 제1항에 따른 기대편익 변동이 다시 발생한 경우 거주자는 법 제6조 각 호의 어느 하나에 해당하는 기한까지 신고하거나 경정을 청구할 수 있다.

④ 과세당국은 법 제9조제3항에 따라 거주자의 과세표준과 세액을 결정하거나 경정하려는 경우에는 무형자산을 공동개발한 날이 속하는 과세연도에 대한 과세표준 신고기한의 다음 날부터 5년을 초과하여 거주자의 과세표준과 세액을 결정하거나 경정할 수 없다.

제19조【중도 참여자 또는 중도 탈퇴자의 대가 수수에 대한 과세표준 결정 등】 과세당국은 법 제9조제1항에 따른 원가등의 분담에 대한 약정에 새로 참여하는 자가 참여함으로써 얻게 되는 기대편익의 대가를 지급하거나 약정에서 중도에 탈퇴하는 자가 탈퇴함으로써 다른 참여자가 얻게 되는 기대편익의 대가를 지급받은 경우로서 그 대가가 정상가격보다 낮거나 높을 때에는 정상가격을 기준으로 거주자의 과세표준 및 세액을 결정하거나 경정할 수 있다.

제20조【원가등의 분담액 조정 명세서 제출】 ① 법 제9조를 적용받으려는 거주자는 「소득세법」 제70조 및 제70조의2 또는 「법인세법」 제60조 및 제76조의17제1항에 따른 신고를 할 때 기획재정부령으로 정하는 원가등의 분담액 조정 명세서를 과세당국에 제출해야 한다.

② 거주자는 제37조제1항 각 호의 어느 하나에 해당하는 사유로 원가등의 분담액 조정 명세서를 제1항에 따른 과세표준 및 세액의 확정신고를 할 때 제출할 수 없는 경우에는 제출기한 15일 전까지 기획재정부령으로 정하는 제출기한 연장 신청서에 따라 제출기한의 연장을 과세당국에 신청할 수 있다.

③ 제2항에 따른 신청을 받은 과세당국은 1년의 범위에서 그 제출기한의 연장을 승인할 수 있으며, 연장 신청이 접수된 날부터 7일 이내에 연장 여부를 신청인에게 통지해야 한다. 이 경우 7일 이내에 통지하지 않은 경우에는 연장을 신청한 기한까지 제출기한이 연장된 것으로 본다.

제21조【대응조정 신청절차】 ① 법 제12조에 따라 과세표준 및 세액을 조정받으려는 거주자는 법 제47조제2항에 따른 통보를 받은 날부터 3개월 이내에 기획재정부령으로 정하는 소득금액 계산특례 신청서에 제88조제2항에 따라 국세청장이 발급한 상호합의 종결 통보서를 첨부하여 납세지 관할 세무서장에게 수정신고 또는 경정청구[국세정보통신망(「국세기본법」 제2조제18호에 따른 국세정보통신망을 말한다. 이하 같다)을 활용한 청구를 포함한다]를 해야 한다.

② 제1항에 따른 경정청구를 받은 납세지 관할 세무서장은 경정청구를 받은 날부터 2개월 이내에 과세표준 및 세액을 경정할 수 있다. 이 경우 경정해야 할 이유가 없을 때에는 그 사실을 경정청구를 한 자에게 통지해야 한다.

제22조【익금에 산입된 금액의 반환 여부 확인】 ① 법 제13조제1항에서 "대통령령으로 정하는 바에 따라 국외특수관계인으로부터 내국법인에 반환될 것임이 확인되지 아니하는 경우"란 법 제6조, 제7조, 제9조, 제12조 및 제15조에 따라 내국법인의 익금에 산입된 금액(이하 "익금산입액"이라 한다) 중 국외특수관계인이 내국법인에 반환하려는 금액에 제2항에 따라 산출한 반환이자를 더하여 반환하였음을 확인하는 서류(기획재정부령으로 정하는 이전소득금액 반환 확인서를 말한다)를 다음 각 호의 구분에 따른 날부터 90일 이내에 과세당국에 제출하지 않은 경우를 말한다.

1. 내국법인이 법 제6조, 제9조, 제12조 및 제15조에 따라 과세표준 및 세액을 신고한 경우 : 신고한 날

2. 과세당국이 법 제7조, 제9조, 제12조 및 제15조에 따라 과세표준 및 세액을 결정하거나 경정한 경우 : 제24조제2항에 따른 임시유보 처분 통지서를 받은 날(임시유보 처분 통지서를 받은 날부터 90일 이내에 법 제45조에 따른 상호합의절차가 개시된 경우에는 법 제47조제2항에 따른 결과를 통보받은 날을 말한다)

② 제1항에 따라 국외특수관계인이 내국법인에 반환하려는 금액에 더하는 반환이자는 다음 계산식에 따라 산출한다.

반환이자 = 반환하려는 금액 × 거래일이 속하는 사업연도 종료일 다음 날부터 이전소득금액 반환일까지의 기간 × 국제금융시장의 실세이자율을 고려하여 기획재정부령으로 정하는 이자율 ÷ 365(윤년의 경우에는 366)

③ 내국법인이 익금산입액 중 일부를 국외특수관계인으로부터 반환받는 경우에는 익금에 산입된 금액의 발생순서에 따라 먼저 발생된 금액(해당 금액에 대한 반환이자를 포함한다)부터 반환된 것으로 본다.

제23조【반환이 확인되지 아니한 금액의 처분 및 조정 등】 ① 제22조에 따라 반환된 것이 확인되지 않은 경우 그 반환이 확인되지 않은 금액은 다음 각 호의 구분에 따라 처분하거나 조정한다.
1. 국제거래의 상대방인 국외특수관계인이 내국법인에 출자한 법인에 해당하는 경우(제2조제2항제1호가목에 해당하는 경우를 포함한다) : 그 국외특수관계인에 대한 출자의 증가
2. 국제거래의 상대방인 국외특수관계인이 내국법인의 주주에 해당하는 경우(제2조제2항제1호나목에 해당하는 경우를 포함한다) : 그 국외특수관계인에게 귀속되는 배당
3. 국제거래의 상대방인 국외특수관계인이 제1호 및 제2호 외의 자에 해당하는 경우 : 그 국외특수관계인에게 귀속되는 배당
② 제1항에 따라 과세당국이 처분이나 조정을 하는 경우에는 그 사실을 제22조제1항에 따른 이전소득금액 반환 확인서의 제출기한 만료일부터 15일 이내에 「소득세법 시행령」 제192조제1항 및 제4항을 준용하여 통지해야 한다. 이 경우 기획재정부령으로 정하는 이전소득금액 통지서(이하 "이전소득금액통지서"라 한다)에 따른다.
③ 제1항에 따른 처분을 한 경우 배당은 제2항에 따른 이전소득금액통지서를 받은 날에 지급한 것으로 본다. (2023.2.28 본항개정)
④ 익금산입액 중 제1항제3호의 국외특수관계인으로부터 내국법인에 반환되지 않아 2006년 5월 24일 전에 그 국외특수관계인에 대한 대여금으로 보아 사내유보(社內留保)로 처분한 금액은 내국법인이 제1항제3호에 따른 배당으로 처분할 수 있다.

제24조【임시유보 처분】 ① 내국법인 또는 과세당국은 법 제13조제1항에 따른 소득처분 및 세무조정을 하는 경우 제22조에 따른 반환 여부를 확인하기 전까지는 임시유보로 처분한다.
② 과세당국은 제1항에 따라 임시유보로 처분하는 경우 그 사실을 「소득세법 시행령」 제192조제1항 및 제4항을 준용하여 통지해야 한다. 이 경우 기획재정부령으로 정하는 임시유보 처분 통지서에 따른다.

제25조【임시유보 처분 적용 배제 특례】 ① 제22조제1항 및 제24조제1항에도 불구하고 다음 각 호의 어느 하나에 해당하는 경우에는 내국법인 또는 과세당국이 법 제6조, 제7조, 제9조, 제12조 및 제15조에 따라 과세표준 및 세액을 결정 또는 경정할 당시 익금산입액이 국외특수관계인으로부터 내국법인에 반환된 것임이 확인되지 않은 금액을 임시유보로 처분하지 않고 제23조제1항 각 호에 따라 처분하거나 조정한다.
1. 해당 내국법인이 기획재정부령으로 정하는 이전소득금액 처분 요청서를 과세당국에 제출하는 경우
2. 해당 내국법인이 폐업한 경우(사실상 폐업한 경우를 포함한다)
3. 과세당국이 법 제7조, 제9조, 제12조 및 제15조에 따라 과세표준 및 세액을 결정하거나 경정한 날부터 4개월 이내에 부과제척기간이 만료되는 경우

4. 내국법인이 과세표준 및 세액을 신고할 당시 익금산입액이 국외특수관계인으로부터 내국법인에 반환된 것임이 확인되지 않은 금액을 임시유보로 처분하지 않고 제23조제1항 각 호에 따라 처분하거나 조정하기를 원하는 경우(2023.2.28 본호신설)
② 제24조제1항에 따라 임시유보 처분을 한 후에 제1항제1호 또는 제2호에 해당하는 사유가 발생한 경우에는 제23조제1항 각 호에 따라 다시 처분하거나 조정한다.
③ 제1항 또는 제2항에 따라 과세당국이 처분이나 조정을 하는 경우에는 그 사실을 법 제7조, 제9조, 제12조 및 제15조에 따라 과세표준 및 세액을 결정한 날부터 15일 이내에 「소득세법 시행령」 제192조제1항 및 제4항을 준용하여 통지해야 한다. 이 경우 이전소득금액통지서에 따른다.
④ 제1항 또는 제2항에 따른 처분을 한 경우 배당은 다음 각 호의 구분에 따른 날에 지급한 것으로 본다. (2023.2.28 본문개정)
1. 내국법인이 제1항 또는 제2항에 따른 처분을 한 경우 : 내국법인이 과세표준 및 세액을 신고한 날
2. 과세당국이 제1항 또는 제2항에 따른 처분을 한 경우 : 내국법인이 제3항에 따라 이전소득금액통지서를 받은 날
(2023.2.28 1호~2호신설)
⑤ 납세자가 제3항에 따라 이전소득금액통지서를 받은 날부터 90일 이내에 제22조제1항에 따른 이전소득금액 반환 확인서를 제출한 경우에는 제1항 또는 제2항에 따른 처분이나 조정이 없었던 것으로 본다.

제2관   정상가격 산출방법의 사전승인

제26조【정상가격 산출방법의 사전승인 신청】 ① 법 제14조제1항에 따라 정상가격 산출방법을 사전승인하여 줄 것을 신청하는 거주자(이하 이 관에서 "신청인"이라 한다)는 국제거래의 전부 또는 일부에 대하여 기획재정부령으로 정하는 정상가격 산출방법의 사전승인 신청서에 다음 각 호의 서류를 첨부하여 정상가격 산출방법 사전승인 신청 대상기간의 최초 과세연도 개시일의 전날까지 국세청장에게 제출해야 한다. 이 경우 제3호에 해당하는 서류는 이동식 저장장치 등 전자적 정보저장매체에 수록하여 제출할 수 있다.
1. 거래 당사자의 사업 연혁, 사업 내용, 조직 및 출자관계 등에 관한 설명자료
2. 거래 당사자의 최근 3년 동안의 재무제표, 세무신고서 사본, 국제거래에 관한 계약서 사본 및 이에 부수되는 서류
3. 신청된 정상가격의 세부 산출방법을 구체적으로 설명하는 다음 각 목의 자료
   가. 제14조제2항 및 제15조제4항에 따른 비교가능성 평가방법 및 요소별 차이 조정방법
   나. 비교대상 기업의 재무제표를 사용하는 경우 적용된 회계처리기준의 차이와 그 조정방법
   다. 거래별로 구분한 재무자료 또는 원가자료를 사용하는 경우 그 작성기준
   라. 두 개 이상의 비교대상 거래를 사용하는 경우 정상가격으로 판단되는 범위와 그 도출방법
   마. 정상가격 산출방법의 전제가 되는 조건 또는 가정에 대한 설명자료
4. 국제거래의 거래가격과 정상가격의 차이를 조정하는 방법에 관한 설명자료
5. 승인 신청된 정상가격 산출방법에 관하여 관련 체약상대국과의 상호합의를 신청하는 경우에는 기획재정부령으로 정하는 상호합의절차 개시 신청서

6. 그 밖에 사전승인 신청된 정상가격 산출방법의 적정성을 증명하는 자료

② 신청인은 체약상대국의 권한 있는 당국에 제출한 서류가 제1항에 따라 제출한 서류와 다른 경우에는 체약상대국의 권한 있는 당국에 제출한 서류를 추가로 제출해야 한다.

③ 정상가격 산출방법의 사전승인 신청 대상기간은 납세자가 정상가격 산출방법의 사전승인을 받으려는 기간으로 한다.

④ 신청인은 국세청장의 사전승인을 받기 전까지는 처음의 사전승인 신청 내용을 변경하거나 사전승인 신청을 철회할 수 있다. 이 경우 국세청장은 신청이 철회되었을 때에는 제1항 또는 제2항에 따라 제출된 모든 자료를 신청인에게 반환해야 한다.

⑤ 국세청장은 제1항 또는 제2항에 따라 제출된 자료를 사전승인의 심사, 사후관리 및 체약상대국의 권한 있는 당국과의 정보교환 외의 용도로는 사용할 수 없다.

⑥ 거주자 또는 국외특수관계인이 체약상대국의 권한 있는 당국에 법 제14조에 상응하는 정상가격 산출방법의 사전승인을 신청한 경우로서 우리나라와 상호합의 절차를 개시할 필요가 있는 경우에는 그 거주자는 국세청장에게 법 제14조에 따라 지체 없이 정상가격 산출방법의 사전승인을 신청해야 한다.

제27조【사전승인 신청의 심사】 ① 국세청장은 사전승인 신청을 심사할 때 신청인의 납세지 관할 세무서장 및 지방국세청장의 검토의견을 참고할 수 있다.

② 국세청장은 사전승인 신청을 심사할 때 신청인이 동의하는 경우에는 신청인과 중립적 관계에 있는 전문가를 지정하여 신청된 정상가격 산출방법에 관한 전문가의 검토의견을 참고할 수 있다. 이 경우 국세청장은 신청인이 동의하는 경우에는 그 비용의 일부를 신청인에게 부담하게 할 수 있다.

③ 제2항에 따른 전문가는 사전승인 신청과 관련된 정보를 신청인 및 그 대리인과 국세청장을 제외하고는 타인에게 제공하거나 공개해서는 안 된다.

제28조【상호합의절차에 의한 사전승인 절차】 ① 국세청장은 사전승인 신청이 부적절하다고 판단하여 사전승인을 하지 않는 경우에는 제26조제1항 및 제2항에 따라 제출된 모든 자료를 신청인에게 반환해야 한다.

② 국세청장은 신청인이 사전승인 신청을 할 때 상호합의절차의 개시 신청을 한 경우에는 체약상대국의 권한 있는 당국에 상호합의절차 개시를 요청하고 요청 사실을 신청인에게 통지해야 한다.

③ 국세청장은 제2항의 요청에 따른 상호합의절차에서 체약상대국과 합의가 이루어진 경우에는 상호합의절차 종료일의 다음 날부터 15일 이내에 합의 내용을 신청인에게 통지해야 한다.

④ 신청인은 제3항에 따른 통지를 받은 날부터 2개월 이내에 그에 대한 동의 여부를 국세청장에게 서면으로 제출해야 한다.

⑤ 제4항에 따라 신청인이 상호합의절차에 의한 합의 내용에 동의하는 경우에는 처음의 사전승인 신청 내용과 다르더라도 신청인이 그 내용을 처음부터 신청한 것으로 본다.

⑥ 국세청장은 제4항에 따라 상호합의의 내용에 대한 동의서를 신청인으로부터 받은 경우에는 받은 날부터 15일 이내에 정상가격 산출방법에 대하여 사전승인하고 그 사실을 신청인에게 통지해야 한다.

⑦ 신청인이 제4항에 따른 기한까지 동의 여부를 국세청장에게 통보하지 않은 경우에는 동의하지 않은 것으로 보며, 처음의 사전승인 신청은 신청인이 철회한 것으로 본다.

⑧ 국세청장은 다음 각 호의 어느 하나에 해당하는 경우에는 각 호의 경우에 해당하게 된 날부터 15일 이내에 상호합의절차의 중단을 신청인에게 통지해야 한다.

1. 사전승인 신청 접수일부터 3년이 지날 때까지 상호합의가 이루어지지 않아 국세청장이 직권으로 상호합의절차를 중단하는 경우
2. 상호합의절차에 의한 합의가 불가능하여 체약상대국과 상호합의절차를 종료하기로 한 경우

제29조【일방적 사전승인 절차】 ① 법 제14조제2항 단서에서 "대통령령으로 정하는 경우"란 다음 각 호의 경우를 말한다.

1. 신청인이 법 제14조제1항에 따른 정상가격 산출방법의 사전승인 신청을 할 때 상호합의절차를 거치지 않고 정상가격 산출방법을 사전승인(이하 "일방적사전승인"이라 한다)해 줄 것을 신청하는 경우
2. 제28조제8항 각 호의 어느 하나에 해당하는 사유로 정상가격 산출방법의 상호합의절차가 중단된 경우

② 신청인이 제1항제2호에 해당되어 일방적사전승인을 받으려는 경우에는 제28조제8항에 따른 통지를 받은 날부터 15일 이내에 국세청장에게 일방적사전승인을 서면으로 신청해야 하며, 그 신청을 하지 않았을 때에는 처음의 사전승인 신청은 신청인이 철회한 것으로 본다.

③ 국세청장은 신청인이 제1항제1호 및 제2항에 따라 일방적사전승인을 신청하는 경우에는 신청일부터 2년 이내에 사전승인 여부를 결정해야 한다. 이 경우 국세청장은 상호합의절차가 개시되는 경우에는 일방적사전승인이 취소될 수 있다는 내용의 조건을 붙일 수 있다.

④ 일방적사전승인에 관하여 제출된 서류의 반환, 사전승인의 결정 내용 통지 및 그에 대한 동의 여부, 동의에 따른 승인신청 내용 변경, 사전승인의 통지 및 사전승인 신청의 철회에 관하여는 제28조제1항 및 제3항부터 제7항까지의 규정을 준용한다.

제30조【사전승인의 취소 등】 ① 법 제15조제1항 단서에서 "대통령령으로 정하는 경우"란 다음 각 호의 경우를 말한다.

1. 제26조제1항·제2항 또는 제32조에 따른 자료의 중요한 부분이 제출되지 않거나 거짓으로 작성된 경우
2. 신청인이 사전승인 내용 또는 그 조건을 준수하지 않은 경우
3. 사전승인된 정상가격 산출방법의 전제가 되는 조건이나 가정의 중요한 부분이 실현되지 않은 경우
4. 관련 법령 또는 조세조약이 변경되어 사전승인 내용이 적절하지 않게 된 경우

② 국세청장은 제1항 각 호의 어느 하나에 해당하는 경우에는 사전승인을 취소하거나 철회할 수 있다.

③ 국세청장은 사전승인을 취소하거나 철회하는 경우에는 관련된 체약상대국의 권한 있는 당국에 그 사실을 지체 없이 통보해야 한다.

④ 신청인은 제1항제3호 또는 제4호에 해당하는 경우에는 그 사유가 발생한 과세연도의 과세표준 및 세액의 확정신고기한까지 해당 과세연도를 포함한 그 이후의 잔여 대상기간에 대하여 처음 사전승인 내용의 변경을 신청할 수 있다. 이 경우 제26조부터 제29조까지, 제31조 및 제32조를 준용하되, 제26조제1항에 따른 제출 자료는 변경된 부분으로 한정한다.

제31조【사전승인에 따른 과세표준 및 세액 조정 신청】 ① 법 제15조제2항에 따라 과세표준 및 세액을 조정받으려는 신청인은 기획재정부령으로 정하는 소득금액 계산특례 신청서에 제28조제6항 및 제29조제4항에 따라 국세청장이 발급한 사전승인 통지서를 첨부하여 통지서를 받은 날부터 3개월 이내에 납세지 관할 세무서장에게 수정신고 또는 경정청구(국세정보통신망을 활용한 청구를 포함한다)를 해야 한다.

② 제1항에 따른 경정청구를 받은 납세지 관할 세무서장은 경정청구를 받은 날부터 2개월 이내에 과세표준 및 세액을 경정할 수 있다. 이 경우 경정해야 할 이유가

없을 때에는 그 사실을 경정청구를 한 자에게 통지해야 한다.

제32조【사전승인에 따른 연례보고서 제출】 ① 정상가격 산출방법의 사전승인을 받은 신청인은 법 제15조제3항에 따라 국세청장에게 다음 각 호의 사항이 포함된 연례보고서를 제출(국세정보통신망을 통한 제출을 포함한다)해야 한다. 이 경우 법 제6조제1호에 따른 신고기한이 지난 과세기간의 연례보고서는 사전승인 이후 최초로 연례보고서를 제출할 때 함께 제출한다.
1. 사전승인된 정상가격 산출방법의 전제가 되는 근거 또는 가정의 실현 여부
2. 사전승인된 정상가격 산출방법을 적용하여 산출된 정상가격 및 그 산출 과정
3. 국제거래 거래가격과 정상가격이 다른 경우에는 그 차이에 대한 처리 내용
4. 그 밖에 사전승인 시에 연례보고서에 포함하도록 정한 사항
② 국세청장은 제1항에 따른 연례보고서를 검토할 때 추가적인 자료가 필요한 경우에는 해당 신청인에게 자료를 요구할 수 있다.

제3관 국제거래 자료 제출 및 가산세 적용 특례

제33조【국제거래정보통합보고서의 종류】 법 제16조제1항에서 "대통령령으로 정하는 통합기업보고서, 개별기업보고서 및 국가별보고서"란 다음 각 호의 구분에 따른 보고서로서 기획재정부령으로 정하는 보고서를 말한다.
1. 통합기업보고서 : 법 제16조제1항제1호에 해당하는 납세의무자 및 그 납세의무자와 기획재정부령으로 정하는 특수관계에 있는 법인 전체에 대한 다음 각 목의 사항을 포함하는 보고서
  가. 조직구조
  나. 사업내용
  다. 무형자산 내역
  라. 자금조달 활동
  마. 재무현황
2. 개별기업보고서 : 법 제16조제1항제1호에 해당하는 납세의무자에 대한 다음 각 목의 사항을 포함하는 보고서. 다만, 법 제14조에 따라 정상가격 산출방법의 사전승인을 받은 경우에는 사전승인이 적용되는 대상기간 동안의 해당 국제거래에 대한 내용을 개별기업보고서에서 제외할 수 있다.
  가. 조직구조
  나. 사업내용
  다. 국외특수관계인과의 거래내역
  라. 다목의 거래에 관한 가격산출정보
  마. 재무현황
3. 국가별보고서 : 법 제16조제1항제2호에 해당하는 납세의무자 및 그 납세의무자와 기획재정부령으로 정하는 특수관계에 있는 법인 등에 대한 다음 각 목의 사항을 포함하는 보고서
  가. 국가별 수익 내역
  나. 국가별 세전(稅前)이익 및 손실
  다. 국가별 납부세액
  라. 국가별 자본금
  마. 국가별 주요 사업활동

제34조【통합기업보고서 및 개별기업보고서의 제출】
① 법 제16조제1항제1호에서 "대통령령으로 정하는 요건을 갖춘 납세의무자"란 내국법인 또는 국내사업장이 있는 외국법인으로서 다음 각 호의 요건을 모두 갖춘 납세의무자를 말한다. 이 경우 납세의무자가 국내사업장이 있는 외국법인인 경우 다음 각 호의 요건은 그 외국법인의 국내사업장 기준으로 판단한다.

1. 해당 과세연도 매출액이 1천억원을 초과할 것
2. 국외특수관계인과의 해당 과세연도 재화거래, 용역거래, 무형자산거래 및 대차거래 규모(이하 이 조에서 "거래규모"라 한다)의 합계액이 500억원을 초과할 것. 이 경우 거래규모의 합계액을 계산할 때 외국법인의 국내사업장의 경우에는 그 외국법인의 본점 및 그 외국법인의 국외에 있는 지점(이하 "본점·지점"이라 한다)과의 거래규모를 포함한다.(2023.2.28 전단개정)
② 제1항에 따른 둘 이상의 납세의무자가 동일한 통합기업보고서를 작성하는 경우에는 해당 납세의무자 중 기획재정부령으로 정하는 납세의무자가 대표로 통합기업보고서를 제출할 수 있다.
③ 통합기업보고서 및 개별기업보고서는 한글로 작성하여「국세기본법」제2조제18호에 따른 정보통신망(이하 "정보통신망"이라 한다)을 통해 제출해야 한다.
④ 제3항에도 불구하고 통합기업보고서는 영문으로 작성하여 제출할 수 있다. 이 경우 제출한 날부터 1개월 이내에 한글로 작성한 통합기업보고서를 추가로 제출해야 한다.
⑤ 제1항부터 제4항까지에서 규정한 사항 외에 해당 과세연도 매출액 및 거래규모의 합계액의 계산방법과 통합기업보고서 및 개별기업보고서의 세부적 작성방법 등에 관하여 필요한 사항은 기획재정부령으로 정한다.

제35조【국가별보고서의 제출】 ① 법 제16조제1항제2호에서 "대통령령으로 정하는 요건을 갖춘 납세의무자"란 다음 각 호의 구분에 따른 납세의무자를 말한다.
1. 기획재정부령으로 정하는 최종 모회사(이하 이 조에서 "최종모회사"라 한다)가 국내에 소재하는 경우로서 직전 과세연도 연결재무제표의 매출액이 1조원을 초과하는 경우 : 국내의 최종모회사
2. 최종모회사가 외국에 소재하는 경우로서 직전 과세연도 연결재무제표의 매출액이 다음 각 목의 구분에 따른 금액을 초과하는 경우 : 국내의 기획재정부령으로 정하는 관계회사(이하 이 조에서 "국내관계회사"라 한다)
  가. 최종모회사가 소재하는 국가의 법령상 국가별보고서 제출의무가 있는 경우 : 해당 법령으로 정한 기준 금액
  나. 최종모회사가 소재하는 국가의 법령상 국가별보고서 제출의무가 없는 경우 : 7억5천만유로
② 국내의 최종모회사 및 국내관계회사는 각 사업연도 종료일이 속하는 달의 말일부터 6개월 이내에 국가별보고서 제출의무자에 대한 자료로서 기획재정부령으로 정하는 자료를 납세지 관할 세무서장에게 제출(정보통신망을 활용한 제출을 포함한다)해야 한다.
③ 제2항에 따른 자료를 제출기한까지 제출한 국내관계회사는 다음 각 호의 어느 하나에 해당하는 경우 국가별보고서를 제출하지 않을 수 있다.
1. 최종모회사가 소재하는 국가의 법령상 국가별보고서의 제출의무가 있고 그 국가별보고서가 우리나라와 조세조약에 따라 교환되는 경우
2. 다른 국내관계회사가 국가별보고서를 대표하여 제출하는 경우
3. 최종모회사가 제3국에 소재하는 관계회사로 하여금 해당 소재지국에 국가별보고서를 대리 제출하도록 하고 그 국가별보고서가 우리나라와 조세조약에 따라 교환되는 경우
④ 국가별보고서는 한글 및 영문으로 작성하여 정보통신망을 통해 제출해야 한다.
⑤ 제1항부터 제4항까지에서 규정한 사항 외에 직전 과세연도 연결 재무제표 매출액 계산방법 및 국가별보고서의 세부적 작성방법 등에 관하여 필요한 사항은 기획재정부령으로 정한다.

제36조【국제거래에 관한 자료 제출의무의 면제】법 제16조제2항 각 호 외의 부분 단서에서 "대통령령으로 정하는 요건"이란 다음 각 호의 구분에 따른 요건을 말한다.
1. 법 제16조제2항제1호에 따른 국제거래명세서의 제출의무를 면제하는 경우 : 해당 사업연도의 국외특수관계인과의 국제거래 유형별 거래금액의 합계가 다음 각 목의 요건을 모두 충족할 것
   가. 재화거래 금액의 합계 : 5억원 이하
   나. 용역거래 금액의 합계 : 1억원 이하
   다. 무형자산거래 금액의 합계 : 1억원 이하
2. 법 제16조제2항제2호에 따른 요약손익계산서의 제출의무를 면제하는 경우 : 다음 각 목의 어느 하나에 해당할 것
   가. 해당 사업연도의 국외특수관계인과의 국제거래 유형별 거래금액의 합계가 다음의 요건을 모두 충족할 것
      1) 재화거래 금액의 합계 : 10억원 이하
      2) 용역거래 금액의 합계 : 2억원 이하
      3) 무형자산거래 금액의 합계 : 2억원 이하
   나. 제98조제1항에 따른 해외현지법인 명세서와 해외현지법인 재무상황표를 제출할 것
3. 법 제16조제2항제3호에 따른 정상가격 산출방법 신고서의 제출의무를 면제하는 경우 : 다음 각 목의 어느 하나에 해당할 것
   가. 해당 사업연도의 국제거래 유형별 거래금액의 합계가 다음의 요건을 모두 충족할 것
      1) 재화거래 금액의 합계 : 50억원 이하
      2) 용역거래 금액의 합계 : 10억원 이하
      3) 무형자산거래 금액의 합계 : 10억원 이하
   나. 해당 사업연도의 국외특수관계인과의 국제거래 유형별 거래금액의 합계가 국외특수관계인별로 다음의 요건을 모두 충족할 것
      1) 재화거래 금액의 합계 : 10억원 이하
      2) 용역거래 금액의 합계 : 2억원 이하
      3) 무형자산거래 금액의 합계 : 2억원 이하
(2023.2.28 본조개정)

제37조【국제거래에 대한 자료 제출기한 연장】 ① 법 제16조제3항, 같은 조 제5항 단서, 같은 조 제6항 및 제7항에서 "대통령령으로 정하는 부득이한 사유"란 각각 다음 각 호의 사유를 말한다.
1. 화재·재난 및 도난 등의 사유로 자료를 제출할 수 없는 경우
2. 사업이 중대한 위기에 처하여 자료를 제출하기 매우 곤란한 경우
3. 관련 장부·서류가 권한 있는 기관에 압수되거나 영치(領置)된 경우
4. 국외특수관계인의 과세연도 종료일이 도래하지 않은 경우
5. 자료의 수집·작성에 상당한 기간이 걸려 기한까지 자료를 제출할 수 없는 경우
6. 그 밖에 제1호부터 제5호까지에서 규정한 사유에 준하는 사유가 있어 기한까지 자료를 제출할 수 없다고 판단되는 경우
② 법 제16조제3항 및 같은 조 제5항 단서에 따라 제출기한의 연장을 신청하려는 자는 제출기한 15일 전까지 기획재정부령으로 정하는 제출기한 연장 신청서를 과세당국에 제출(국세정보통신망을 활용한 제출을 포함한다)해야 한다.
③ 과세당국은 제2항에 따른 제출기한 연장 신청이 접수된 날부터 7일 이내에 연장 여부를 신청인에게 통지해야 한다. 이 경우 7일 이내에 통지를 하지 않은 경우에는 연장을 신청한 기한까지 제출기한이 연장된 것으로 본다.

제38조【과세당국이 요구하는 자료의 범위와 제출방법】 ① 법 제16조제4항에 따라 과세당국이 납세의무자에게 요구할 수 있는 자료의 범위는 납세의무자 또는 그의 국외특수관계인의 자료로서 다음 각 호의 자료로 한다.
1. 법인의 조직도 및 사무 분장표
2. 해당 거래와 관련된 자의 사업활동 내용
3. 특수관계가 있는 자와의 상호출자 현황
4. 자산의 양도·매입 등에 관한 각종 관련 계약서
5. 제품의 가격표
6. 제조원가계산서
7. 특수관계가 있는 자와 특수관계가 없는 자를 구별한 품목별 거래 명세표
8. 용역의 제공이나 그 밖의 거래의 경우에는 제4호부터 제7호까지에서 규정한 자료에 준하는 서류 (2022.2.15 본호개정)
9. 국제거래 가격 결정자료
10. 특수관계가 있는 자 간의 가격 결정에 관한 내부 지침
11. 해당 거래와 관련된 회계처리 기준 및 방법
12. 제12조에 따른 용역거래와 관련하여 그 거래 내용을 파악할 수 있는 자료로서 기획재정부령으로 정하는 자료
13. 법 제9조에 따른 정상원가분담액 등에 의한 결정 및 경정과 관련하여 원가분담 약정서 등 기획재정부령으로 정하는 자료
14. 법인세 및 소득세 신고 시 누락된 서식 또는 항목
② 법 제16조제7항에서 "대통령령으로 정하는 자료"란 제1항제4호부터 제14호까지에서 규정한 자료를 말한다.
③ 제1항 및 제2항에 해당하는 자료는 한글로 작성하여 제출해야 한다. 다만, 과세당국이 허용하는 경우에는 영문으로 작성된 자료를 제출할 수 있다.

제39조【납세의무자의 과실 여부 등 판정】 ① 법 제17조제1항제1호 및 제2호에 따라 납세의무자의 과실 여부를 판정할 때 다음 각 호의 요건을 모두 갖춘 경우에는 납세의무자의 과실이 없는 것으로 본다.
1. 납세의무자가 과세표준 및 세액의 확정신고를 할 때 작성된 서류를 통하여 법 제8조제1항 각 호에 따른 방법 중 가장 합리적인 방법을 선택한 과정을 제시할 것
2. 납세의무자가 제1호에 따라 선택된 방법을 실제로 적용할 것
3. 제1호 및 제2호의 정상가격 산출방법과 관련하여 필요한 자료를 보관·비치할 것
② 법 제17조제1항제3호에 따른 정상가격 산출방법에 관한 증명자료는 다음 각 호의 자료를 말하며, 납세의무자는 과세당국이 해당 자료를 요구하는 경우 그 요구를 받은 날부터 30일 이내에 그 자료를 제출해야 한다.
1. 사업에 관한 개략적 설명자료(자산 및 용역의 가격에 영향을 미치는 요소에 관한 분석자료를 포함한다)
2. 이전가격(移轉價格)에 영향을 미칠 수 있는 국외특수관계인 및 관련자와의 구조 등을 설명하는 자료
3. 신고할 때 적용한 정상가격 산출방법을 선택하게 된 경위를 확인할 수 있는 다음 각 목의 자료
   가. 신고할 때 적용한 정상가격 산출방법을 선택한 근거가 되는 경제적 분석 및 예측 자료
   나. 정상가격을 산출하기 위하여 사용된 비교대상 수치와 수치의 비교평가 과정에서 조정된 내용에 대한 설명자료
   다. 대안으로 적용될 수 있었던 정상가격 산출방법 및 그 대안을 선택하지 않은 이유에 대한 설명자료
   라. 과세기간 종료 후 소득세 또는 법인세 신고를 할 때 정상가격을 산출하기 위하여 추가된 관련 자료 등

③ 법 제17조제1항제3호에 따른 납세의무자의 합리적 판단 여부는 다음 각 호의 요건을 고려하여 판정한다.
1. 과세기간 종료 시점을 기준으로 수집된 비교대상 수치들이 대표성 있는 자료여야 하며, 반드시 포함되어야 할 특정 비교대상 수치가 누락되어 납세자에게 유리한 결과가 도출되지 않았을 것
2. 수집된 자료를 체계적으로 분석하여 정상가격 산출방법을 선택·적용했을 것
3. 이전 과세연도 사전승인 시 합의되었거나 과세당국이 세무조사 과정에서 선택한 정상가격 산출방법이 있음에도 불구하고 다른 정상가격 산출방법을 선택·적용하는 경우에는 다른 방법을 선택·적용할 타당한 이유가 있을 것
④ 법 제14조에 따라 정상가격 산출방법의 사전승인을 받은 거주자가 제31조에 따라 법인세 과세표준 및 세액을 수정신고하는 경우에는 법 제17조에 따라 가산세를 부과하지 않는다.
⑤ 신고 시점에는 확인할 수 없었던 정상가격 산출방법 관련 중요 자료가 신고기한이 지난 후 확인된 경우로서 그 사실을 알게 된 때부터 60일 이내에 법인세 과세표준 및 세액을 수정신고하는 경우에는 법 제17조에 따라 가산세를 부과하지 않는다. 이 경우 수정신고에 관하여는 제2항 및 제3항을 준용한다.

제4관 국세의 정상가격과 관세의 과세가격의 조정

제40조 【사전조정의 절차 등】 ① 국세청장은 법 제18조제1항에 따른 국세의 정상가격과 관세의 과세가격에 대한 사전 조정(이하 이 조에서 "사전조정"이라 한다)을 신청받은 경우에는 그 신청받은 날부터 90일 이내에 같은 조 제2항에 따른 사전조정 절차를 시작하고, 그 사실을 신청인에게 통지해야 한다. 다만, 국세청장은 제26조제1항 및 제2항에 따른 자료가 제출되지 않거나 거짓으로 작성되는 등의 사유로 사전조정 절차를 시작할 수 없으면 그 사유를 신청인에게 통지해야 한다.
② 신청인은 제1항 단서에 따라 사전조정 절차를 시작할 수 없다는 통지를 받은 경우에는 그 통지를 받은 날부터 30일 이내에 자료를 보완하여 제출하거나 일방적 사전승인 절차와 「관세법」 제37조제1항제3호의 사항에 관한 사전심사를 따로 진행할 것인지를 국세청장에게 통지할 수 있다. 이 경우 통지를 받은 국세청장은 그 통지받은 사항을 지체 없이 관세청장에게 알려야 한다.
③ 국세청장과 관세청장은 사전조정을 위하여 공동으로 협의회를 구성·운영할 수 있다.
④ 법 제18조제5항에 따른 사전조정 신청의 방법 및 절차 등에 관하여는 제26조, 제27조, 제29조부터 제32조까지 및 「관세법 시행령」 제31조를 준용한다.
⑤ 제1항부터 제4항까지에서 규정한 사항 외에 사전조정의 실시, 그 밖에 사전조정에 필요한 사항은 기획재정부령으로 정한다.
제41조 【관세의 경정처분에 따른 국세의 경정청구의 절차】 법 제19조제1항에 따라 경정청구를 하려는 자는 다음 각 호의 사항을 적은 경정청구서에 관련 증명자료를 첨부하여 과세당국에 제출(국세정보통신망을 활용한 제출을 포함한다)해야 한다.
1. 청구인의 성명과 주소 또는 거소
2. 경정 전의 법인세 또는 소득세의 과세표준 및 세액
3. 경정 후의 법인세 또는 소득세의 과세표준 및 세액
4. 경정청구를 하는 이유
5. 그 밖에 경정청구에 필요한 사항
제42조 【국제거래가격과세조정협의회】 ① 법 제20조제2항에 따른 국세의 정상가격과 관세의 과세가격에 대한 과세의 조정 권고에 필요한 사항을 협의하기 위하여 기획재정부장관 소속으로 국제거래가격과세조정협의회(이하 "과세조정협의회"라 한다)를 둔다.

② 과세조정협의회의 위원장은 기획재정부에서 세제 관련 업무를 담당하는 고위공무원단에 속하는 일반직 공무원(이에 상당하는 특정직·별정직 공무원을 포함한다. 이하 이 조에서 같다)으로 하고, 과세조정협의회의 위원은 기획재정부, 국세청 및 관세청 소속의 고위공무원단에 속하는 일반직공무원 중에서 소속 기관의 장이 지명하는 사람 각 1명으로 한다.
③ 제2항에서 규정한 사항 외에 과세조정협의회 구성 및 운영에 필요한 사항은 기획재정부장관이 정한다.(2022.2.15 본조개정)
제43조 【국세의 정상가격과 관세의 과세가격에 대한 과세조정 신청 등】 ① 법 제20조제1항에 따라 국세의 정상가격과 관세의 과세가격 간 조정을 신청하려는 납세의무자는 다음 각 호의 사항을 적은 국제거래가격과세조정 신청서에 관련 증명자료를 첨부하여 제출해야 한다.
1. 신청인의 성명과 주소 또는 거소
2. 세관장의 경정처분 내용
3. 과세조정 신청의 이유 및 내용
4. 그 밖에 국세의 정상가격과 관세의 과세가격 간 조정에 필요한 사항
② 기획재정부장관은 과세조정 신청을 받은 해당 거래가 다음 각 호의 어느 하나에 해당하는 경우에는 조정 권고를 하지 않을 수 있다.(2022.2.15 본문개정)
1. 해당 거래에 대하여 「국세기본법」 제55조 및 「관세법」 제119조에 따른 이의신청, 심사청구 또는 심판청구, 「감사원법」 제43조에 따른 심사의 청구가 제기되어 있거나 「행정소송법」에 따른 소송이 계속(係屬) 중인 경우
2. 해당 거래가 법 제14조에 따른 정상가격 산출방법의 사전승인 및 「관세법」 제37조에 따른 과세가격 결정방법의 사전심사에 따른 것인 경우
3. 해당 거래에 대하여 법 제42조 및 조세조약에 따른 상호합의절차가 진행 중이거나 종료된 경우
4. 해당 거래에 대한 국세의 정상가격 및 관세의 과세가격 간 산출방법의 차이 등으로 조정 권고하기 곤란하다고 판단되는 경우(2022.2.15 본호개정)
③ 제2항에 따라 과세조정 신청을 심의하지 않는 경우에는 납세의무자에게 그 내용을 통지해야 한다.(2022.2.15 본항신설)
④ 기획재정부장관은 제1항에 따른 과세조정 신청 내용의 사실관계나 과세가격 산정근거 등이 명확하지 않다고 인정되는 경우에는 상당한 기간을 정하여 납세의무자·국세청장 또는 관세청장에게 이를 보정할 것을 요구할 수 있다.(2022.2.15 본항개정)
⑤ 제4항에 따른 보정기간은 법 제20조제2항 후단에 따른 조정기간에 산입하지 않는다.(2022.2.15 본항신설)
⑥ 기획재정부장관은 제3항 전단에 따라 국세청장 또는 관세청장에게 보정을 요구한 경우에는 납세의무자에게 그 사실을 통보해야 한다.(2022.2.15 본항개정)
제44조 【관세의 과세정보 제공의 범위】 법 제21조제1항에서 "대통령령으로 정하는 정보 또는 자료"란 다음 각 호의 정보 또는 자료를 말한다.
1. 「관세법」 제116조제1항에 따른 과세정보
2. 그 밖에 관세의 과세가격 결정 또는 경정과 관련된 자료

제2절 국외지배주주 등에게 지급하는 이자에 대한 과세조정

제1관 출자금액 대비 과다차입금 지급이자의 손금불산입

제45조 【국외지배주주의 세부 기준】 ① 법 제22조제1항제1호에 따른 내국법인의 국외지배주주는 각 사업연

도 종료일 현재 다음 각 호의 어느 하나에 해당하는 자로 한다.

1. 내국법인의 의결권 있는 주식의 50퍼센트 이상을 직접 또는 간접으로 소유하고 있는 외국의 주주ㆍ출자자(이하 "외국주주"라 한다)
2. 제1호에 따른 외국주주가 의결권 있는 주식의 50퍼센트 이상을 직접 또는 간접으로 소유하고 있는 외국법인
3. 내국법인과 제2조제2항제3호의 관계가 있는 외국주주

② 법 제22조제1항제2호에 따른 외국법인의 국내사업장에 대한 국외지배주주는 다음 각 호의 어느 하나에 해당하는 자로 한다.

1. 국내사업장이 있는 외국법인의 본점ㆍ지점
2. 제1호에 따른 외국법인의 의결권 있는 주식의 50퍼센트 이상을 직접 또는 간접으로 소유하는 외국주주
3. 제1호에 따른 본점 또는 제2호에 따른 외국주주가 의결권 있는 주식의 50퍼센트 이상을 직접 또는 간접으로 소유하는 외국법인

③ 제1항과 제2항에서 규정하는 주식의 간접소유비율의 계산방법은 제2조제3항을 준용한다.

제46조【차입금의 범위】
① 법 제22조제2항 각 호에 따라 내국법인(외국법인의 국내사업장을 포함한다. 이하 이 절에서 같다)이 차입한 금액(이하 이 관에서 "국외지배주주등차입금"이라 한다)의 범위는 이자 및 할인료(이하 이 절에서 "이자등"이라 한다)를 발생시키는 부채로 한다. 다만, 「은행법」에 따른 외국은행의 국내지점이 차입한 금액 중 다음 각 호의 금액은 제외한다.

1. 정부(「한국은행법」에 따른 한국은행을 포함한다)의 요청에 따라 외화로 차입한 금액
2. 다음 각 목의 어느 하나의 방법으로 사용하기 위하여 해당 외국은행의 본점ㆍ지점으로부터 외화로 예수(豫受)하거나 차입한 금액
   가. 「외국환거래법」에 따른 비거주자 또는 외국환업무취급기관에 외화로 예치하거나 대출하는 방법
   나. 「외국환거래법」에 따른 비거주자 또는 외국환업무취급기관이 발행한 외화표시증권을 인수하거나 매매하는 방법

② 제1항제2호를 적용할 때 외국은행의 본점ㆍ지점으로부터 외화로 예수하거나 차입한 금액인지가 불분명한 경우로서 해당 사업연도의 재무상태표(연평균 잔액을 기준으로 한다) 등에 계상(計上)된 자금의 원천비율로 그 구분이 가능한 경우에는 그 원천비율에 따라 계산된 금액을 본점ㆍ지점으로부터 차입한 금액으로 본다. 이 경우 연평균 잔액은 일별 또는 월별로 계산할 수 있다.

③ 법 제22조를 적용할 때 국외지배주주에 제45조제1항제1호에 따른 외국주주와 같은 항 제2호에 따른 외국법인이 모두 포함된 경우에는 외국법인과 관련된 국외지배주주등차입금을 외국주주와 관련된 국외지배주주등차입금에 더한다.

④ 법 제22조를 적용할 때 국외지배주주등차입금은 사업연도 종료일 현재의 「외국환거래법」에 따른 기준환율 또는 재정환율을 적용하여 환산한다.

⑤ 제4항에도 불구하고 「통계법」 제22조에 따라 통계청장이 고시하는 한국표준산업분류에 따른 금융업(이하 이 관에서 "금융업"이라 한다)에 종사하는 내국법인은 차입한 금액을 환산할 때 다음 각 호의 환율 중 어느 하나를 선택하여 적용할 수 있다.

1. 사업연도 종료일 현재의 「외국환거래법」에 따른 기준환율 또는 재정환율
2. 「외국환거래법」에 따른 일별 기준환율 또는 재정환율

⑥ 내국법인이 제5항에 따라 선택하여 적용한 환산방식은 그 후의 사업연도에도 계속하여 적용해야 한다.

다만, 제5항에 따라 선택한 환산방식을 적용한 사업연도를 포함하여 5개 사업연도가 지난 후에는 다른 방법을 선택하여 적용할 수 있다.

제47조【국외지배주주의 출자금액 산정방법】
① 법 제22조제2항에 따른 국외지배주주의 내국법인 출자금액은 해당 내국법인의 해당 사업연도 종료일 현재 제1호의 금액에 제2호의 비율을 곱하여 산출한 금액으로 한다. 다만, 외국법인의 국내사업장의 경우에는 해당 사업연도 종료일 현재 그 국내사업장의 재무상태표상 자산총액에서 부채총액을 뺀 금액을 국외지배주주인 외국법인의 국내사업장 출자금액으로 본다.

1. 다음 각 목의 금액 중 큰 금액
   가. 재무상태표상 자산의 합계에서 부채(충당금을 포함하며, 미지급 법인세는 제외한다)의 합계를 뺀 금액
   나. 다음 계산식에 따라 계산한 금액(이하 이 조에서 "납입자본금"이라 한다)

   > 자본금 + (주식발행액면초과액 및 감자차익) - (주식할인발행차금 및 감자차손)

2. 총 납입자본금에서 국외지배주주의 납입자본금이 차지하는 비율(이하 이 조에서 "납입자본금비율"이라 한다). 다만, 국외지배주주에 제46조제3항에 따라 차입금을 합산하는 외국주주와 외국법인이 모두 포함되어 있는 경우에는 외국주주의 납입자본금비율을 외국주주와 외국법인의 납입자본금비율로 본다.

② 사업연도 중 합병ㆍ분할 또는 증자ㆍ감자 등에 따라 자본이 변동된 경우에는 제1항에도 불구하고 해당 사업연도 개시일부터 자본 변동일 전날까지의 기간과 그 변동일부터 해당 사업연도 종료일까지의 기간으로 각각 나누어 계산한 자본의 적수(積數)를 합한 금액을 제1항제1호가목에 따른 금액의 적수 또는 같은 호 나목에 따른 납입자본금의 적수로 한다.

③ 제1항제2호를 적용할 때 국외지배주주가 내국법인의 주식을 간접적으로 소유하는 경우 국외지배주주의 내국법인에 대한 납입자본금비율은 다음 각 호의 방법으로 계산한 비율로 한다.

1. 국외지배주주와 내국법인, 그리고 이들 사이의 하나 이상의 법인이 모두 하나의 일련의 주식소유관계를 통해 연결되어 있는 경우 : 각 단계의 지분비율을 모두 곱하여 산출한 비율. 다만, 일련의 주식소유관계에 제46조제3항에 따라 차입금을 합산하는 외국주주와 외국법인이 모두 포함된 경우에는 제2조제3항을 준용하여 산출하며, 이 경우 "간접소유비율"은 "납입자본금비율"로 본다.
2. 국외지배주주와 내국법인 사이에 둘 이상의 일련의 주식소유관계가 있는 경우 : 각 일련의 주식소유관계에 대하여 제1호에 따라 산출한 납입자본금비율을 모두 더하여 산출한 비율

제48조【지급이자 손금불산입액의 산정방법】
① 법 제22조제2항에 따른 손금에 산입하지 않는 금액은 다음 계산식에 따른 초과차입금적수에 각 차입금에 대한 이자율을 곱하여 더한 이자등의 금액으로 한다.

> 초과차입금적수 = 국외지배주주등차입금 적수 - 〔제47조에 따른 국외지배주주의 내국법인 출자금액 적수 × 기준배수(2배 또는 제50조에 따른 업종별 배수)〕

② 제1항을 적용할 때 높은 이자율이 적용되는 차입금의 적수가 초과차입금적수에 먼저 포함되는 것으로 하고, 같은 이자율이 적용되는 차입금이 둘 이상인 경우에는 차입시기가 늦은 차입금의 적수부터 초과차입금적수에 포함하며, 이자율과 차입시기가 모두 같은 경우에는 차입금의 비율에 따라 안분하여 초과차입금적수에 포함한다.

③ 제1항에서 더하는 이자등의 범위는 국외지배주주등 차입금에서 발생한 모든 이자소득으로서 내국법인이 국외지배주주에게 지급해야 할 사채할인발행차금 상각액, 융통어음 할인료 등 그 경제적 실질이 이자에 해당하는 것을 모두 포함한다. 다만, 건설자금이자는 이자등의 범위에서 제외한다.

제49조【지급이자 손금불산입액의 소득처분】 법 제22조제2항을 적용할 때 같은 항 제1호의 국외지배주주로부터 차입한 금액에 대한 지급이자 손금불산입액은 「법인세법」 제67조에 따른 배당으로 처분된 것으로 보며, 법 제22조제2항제2호에 따른 국외지배주주의 특수관계인으로부터 차입한 금액 및 같은 항 제3호에 따른 제3자로부터 차입한 금액에 대한 지급이자 손금불산입액은 「법인세법」 제67조에 따른 기타사외유출(其他社外流出)로 처분된 것으로 본다.

제50조【업종별 배수】 ① 법 제22조제3항에 따라 금융업에 적용하는 국외지배주주의 출자금액에 대한 차입금의 배수는 6배로 한다.
② 내국법인이 금융업과 금융업이 아닌 업종을 겸영(兼營)하고, 그 내국법인의 출자금액 또는 차입금이 업종별로 구분되지 않는 경우에는 다음 각 호의 구분에 따라 출자금액 또는 차입금을 배분한 후 각각 제1항 및 법 제22조제2항 각 호 외의 부분 전단에 따른 업종별 배수를 적용한다.
1. 금융업과 금융업이 아닌 업종에서 영업이익(기업회계기준에 따른 영업이익을 말한다. 이하 이 항에서 같다)이 각각 발생한 경우: 각 영업이익에 비례하여 출자금액 또는 차입금을 배분(2022.2.15 본호개정)
2. 금융업과 금융업이 아닌 업종 중 어느 하나의 업종에서 영업이익이 발생하지 않은 경우:「법인세법 시행령」 제94조제2항제2호를 준용하여 출자금액 또는 차입금을 배분(2022.2.15 본호개정)

제51조【통상적인 조건에 의한 차입금】 ① 국외지배주주의 출자금액에 대한 차입금의 배수가 2배 또는 제50조제1항에서 정한 업종별 배수를 초과하는 내국법인이 법 제22조제4항을 적용받으려는 경우에는 다음 각 호의 자료를 「법인세법」 제60조제1항 및 제76조의17제1항에 따른 신고기한까지 과세당국에 제출해야 한다.
1. 이자율, 만기일, 지급방법, 자본전환 가능성, 다른 채권과의 우선순위 등을 고려할 때 해당 차입금이 사실상 출자에 해당되지 않는다는 것을 증명하는 자료
2. 해당 내국법인과 같은 종류의 사업을 하는 비교가능한 법인의 자기자본에 대한 차입금의 배수(이하 이 조에서 "비교대상배수"라 한다)에 관한 자료. 이 경우 비교가능한 법인은 해당 내국법인과 사업 규모 및 경영 여건 등이 유사한 내국법인 중 차입금의 배수를 기준으로 대표성이 있는 법인으로 한다.
② 국외지배주주의 내국법인 출자금액에 대한 차입금의 배수가 비교대상배수를 초과하는 경우 내국법인의 손금불산입액의 산정방법은 제48조를 준용한다. 이 경우 "기준배수"는 "비교대상배수"로 본다.

제52조【원천징수세액 조정】 내국법인은 법 제22조제5항에 따라 원천징수세액에 대한 상계조정을 한 결과 납부할 세액이 있는 경우에는 「법인세법」 제60조제1항 및 제76조의17제1항에 따른 신고기한이 속하는 달의 다음 달 10일까지 납세지 관할 세무서장에게 납부해야 하며, 환급받을 세액이 있는 경우에는 납세지 관할 세무서장에게 환급을 신청할 수 있다.

제53조【국외지배주주 지급이자 등에 관한 서식 제출】 ① 국외지배주주등차입금이 있는 내국법인은 기획재정부령으로 정하는 국외지배주주에게 지급하는 차입금의 조정 명세서를 「법인세법」 제60조제1항 및 제76조의17제1항에 따른 법인세의 과세표준과 세액의 확정신고를 할 때 납세지 관할 세무서장에게 제출해야 한다.
② 제52조에 따라 추가로 납부해야 하는 세액이 있거나 환급을 신청할 세액이 있는 내국법인은 기획재정부령으로 정하는 국외지배주주에 대한 원천징수세액 조정 명세서를 「법인세법」 제60조제1항 및 제76조의17제1항에 따른 법인세의 과세표준과 세액의 확정신고를 할 때 납세지 관할 세무서장에게 제출해야 한다.

제2관 소득 대비 과다 지급이자의 손금불산입

제54조【순이자비용 및 조정소득금액의 계산】 ① 법 제24조제1항제1호에 따른 순이자비용은 내국법인이 모든 국외특수관계인으로부터 차입한 전체 차입금에 대하여 지급하는 이자등의 총액에서 내국법인이 모든 국외특수관계인으로부터 수취하는 이자수익의 총액을 차감한 금액으로 한다. 이 경우 순이자비용이 음수인 경우에는 이를 영(零)으로 본다.
② 제1항을 적용할 때 이자등의 범위에 관하여는 제48조제3항을 준용한다.
③ 법 제24조제1항제2호의 감가상각비와 소득금액은 다음 각 호의 구분에 따른 금액으로 한다.(2022.2.15 본문개정)
1. 감가상각비:「법인세법」 제23조에 따라 손비로 계상한 감가상각비
2. 소득금액: 법 제6조, 제7조, 제22조, 제23조, 제25조 및 「법인세법」 제28조를 적용하기 전의 각 사업연도의 소득금액
④ 법 제24조제1항제2호에 따라 계산한 조정소득금액이 음수인 경우에는 이를 영(零)으로 본다.
(2022.2.15 본항신설)
⑤ 법 제24조제3항을 적용할 때 같은 이자율이 적용되는 차입금이 둘 이상인 경우에는 차입시기가 늦은 차입금부터 손금에 산입하지 않으며, 이자율과 차입시기가 모두 같은 경우에는 차입금의 비율에 따라 안분하여 손금에 산입하지 않는다.(2022.2.15 본항신설)

제55조【소득 대비 과다지급이자 손금불산입의 적용배제】 법 제24조제3항에서 "대통령령으로 정하는 내국법인"이란 「통계법」 제22조에 따라 통계청장이 고시하는 한국표준산업분류에 따른 금융 및 보험업을 영위하는 내국법인을 말한다.

제56조【순이자비용에 대한 서식 제출】 국외특수관계인으로부터 자금을 차입한 내국법인은 기획재정부령으로 정하는 국외특수관계인에게 지급하는 순이자비용에 대한 조정 명세서를 「법인세법」 제60조제1항 및 제76조의17제1항에 따른 법인세의 과세표준과 세액의 확정신고를 할 때 납세지 관할 세무서장에게 제출해야 한다.

제3관 혼성금융상품 거래에 따른 지급이자의 손금불산입

제57조【혼성금융상품의 범위】 법 제25조제1항에서 "대통령령으로 정하는 금융상품"이란 다음 각 호의 구분에 따른 요건을 모두 갖춘 금융상품을 말한다. 다만, 「통계법」 제22조에 따라 통계청장이 고시하는 한국표준산업분류에 따른 금융 및 보험업을 영위하는 내국법인이 발행하는 금융상품은 제외한다.
1. 우리나라의 경우: 우리나라의 세법에 따라 해당 금융상품을 부채로 보아 내국법인이 해당 금융상품의 거래에 따라 국외특수관계인인 외국법인(이하 이 관에서 "거래상대방"이라 한다)에게 지급하는 이자등을 이자비용으로 취급할 것

2. 거래상대방이 소재한 국가의 경우 : 그 국가의 세법에 따라 해당 금융상품을 자본으로 보아 거래상대방이 내국법인으로부터 지급받는 이자등을 배당소득으로 취급할 것

제58조【적정기간】 법 제25조제2항에서 "대통령령으로 정하는 기간"이란 내국법인이 제57조에 따른 혼성금융상품(이하 "혼성금융상품"이라 한다)의 거래에 따라 이자등을 지급하는 사업연도의 종료일부터 12개월 이내에 개시하는 거래상대방의 사업연도의 종료일까지의 기간을 말한다.(2023.2.28 본조개정)

제59조【과세되지 않은 금액의 범위 등】 ① 법 제25조제2항에 따른 과세되지 않은 금액의 범위는 내국법인이 지급하는 이자등이 거래상대방이 소재한 국가의 세법에 따라 배당소득으로 취급되어 과세소득에 포함되지 않은 금액으로서 다음 각 호의 구분에 따른다.
1. 해당 이자등의 전부가 거래상대방의 과세소득에 포함되지 않은 경우 : 전체 금액
2. 해당 이자등의 10퍼센트 미만의 금액만 거래상대방의 과세소득에 포함되는 경우 : 과세소득에 포함되지 않은 금액
② 법 제25조제2항에 따라 적정기간 종료일이 속하는 사업연도의 소득금액을 계산할 때 익금에 산입하는 금액은 제1호의 금액에 제2호의 비율을 곱하여 산출한 금액으로 한다.
1. 내국법인이 거래상대방에게 지급하는 이자등의 금액
2. 거래상대방이 내국법인으로부터 지급받는 배당소득 금액 중 제1항에 따른 과세되지 않은 금액이 차지하는 비율
③ 법 제25조제2항 후단에서 "대통령령으로 정하는 바에 따라 계산한 이자 상당액"이란 제1호의 금액에 제2호의 비율을 곱하여 계산한 금액을 말한다.
1. 거래상대방에게 지급한 이자등을 손금에 산입한 사업연도에 제2항에 따라 계산한 금액을 손금에 산입하지 않았을 경우 발생했을 법인세액의 차액
2. 이자등을 손금에 산입한 사업연도의 다음 사업연도 개시일부터 익금에 산입한 사업연도의 종료일까지의 기간에 대하여 1일당 10만분의 22의 율(2022.2.15 본호개정)

제60조【혼성금융상품 거래에 관한 자료 제출】 법 제25조제3항에 따라 혼성금융상품 거래에 관한 자료를 제출해야 하는 내국법인은 기획재정부령으로 정하는 혼성금융상품 관련 이자비용에 대한 조정 명세서를 작성하여 제출해야 한다.(2023.2.28 본조개정)

제3절 특정외국법인의 유보소득에 대한 합산과세

제61조【실제발생소득의 범위】 ① 법 제27조제1항제1호 표의 실제발생소득은 해당 외국법인의 본점, 주사무소 또는 실질적 관리장소가 있는 국가 또는 지역(이하 이 절에서 "거주지국"이라 한다)에서 재무제표를 작성할 때에 일반적으로 인정되는 회계원칙(우리나라의 기업회계기준과 현저히 다른 경우에는 우리나라의 기업회계기준으로 한다)에 따라 산출한 해당 사업연도를 포함한 최근 3개 사업연도에 실제로 발생한 소득을 합계한 액수의 연평균액으로 한다. 이 경우 각 사업연도에 실제로 발생한 소득은 법인세 차감 전 당기순이익(해당 외국법인의 거주지국 세법에 따라 산출한 법인소득에 대한 조세 및 이에 부수되는 조세에 의하여 부담되는 금액을 빼기 전의 순이익을 말한다. 이하 이 절에서 "세전이익"이라 한다)에 다음 각 호의 구분에 따른 사항을 반영하여 조정한 금액을 말하며, 세전이익이 결손인 사업연도는 실제로 발생한 소득은 영으로 본다.(2022.2.15 본문개정)

1. 세전이익에 주식 또는 출자증권의 평가이익 및 평가손실(이하 이 조에서 "평가손익"이라 한다)이 반영되어 있는 경우 : 그 평가이익을 빼고 평가손실을 더할 것. 다만, 거주지국에서 그 자산의 평가손익의 전부 또는 일부가 해당 외국법인의 과세소득을 계산할 때 반영되어 있는 경우에는 그 평가손익은 빼거나 더하지 않는다.
2. 주식 또는 출자증권을 매각하거나 그 자산에서 생기는 배당금 또는 분배금을 받은 경우로서 그 사업연도 이전에 그 자산에 대한 평가손익이 있는 경우 : 그 평가손익을 포함할 것
② 제1항 전단에 따른 최근 3개 사업연도에는 법 제29조제1항제1호 각 목의 업종을 하는 사업연도 또는 같은 항 제2호 각 목의 행위를 주된 사업으로 하는 사업연도만 포함되며, 3개 사업연도에 미달하는 경우에는 해당 사업연도만으로 제1항에 따른 연평균액을 계산한다.(2022.2.15 본항신설)

제62조【실제부담세액의 범위】 법 제27조제1항제1호 표 외의 부분의 실제부담세액은 외국법인의 해당 사업연도를 포함한 최근 3개 사업연도(제61조제2항에 따라 계산한 기간을 말한다)에 실제로 부담한 세액을 합계한 액수의 연평균액으로서 해당 외국법인의 거주지국 세법에 따라 산정한 금액으로 한다. 이 경우 실제로 부담한 세액은 그 외국법인의 세전이익에 대한 조세를 말하며, 해당 거주지국 외의 국가에서 납부한 세액과 이월결손금 공제로 인한 감소세액을 포함한다.(2022.2.15 본조개정)

제63조【특수관계인의 범위 등】 ① 법 제27조제1항제2호에서 "내국인의 친족 등 대통령령으로 정하는 자"란 다음 각 호의 관계에 있는 자(이하 이 조에서 "특수관계인"이라 한다)를 말한다.(2022.2.15 본문개정)
1. 내국인과「국세기본법」제2조제20호가목 또는 나목의 관계에 있는 자
2. 내국인과 법 제2조제1항제3호의 특수관계에 있는 자
② 특수관계인이 간접으로 보유하는 주식을 제2조제3항에 따라 계산하는 경우 특수관계인이 해당 내국인을 통하여 간접으로 보유하는 주식은 제외한다.
③ 법 제27조제2항을 적용할 때 발행주식의 총수 또는 출자총액의 간접 보유비율의 계산에 관하여는 제2조제3항을 준용한다.

제64조【특정외국법인의 유보소득 배당간주 적용 배제의 판정】 ① 법 제28조제1호에서 "각 사업연도 말 현재 실제발생소득이 대통령령으로 정하는 금액 이하인 경우"란 제61조에 따라 계산한 실제발생소득을 각 사업연도 말 현재「외국환거래법」에 따른 기준환율 또는 재정환율로 환산한 금액이 2억원 이하인 경우를 말한다. 다만, 사업연도가 1년 미만인 경우에는 다음 계산식에 따라 산출한 금액 이하인 경우를 말한다.

$$2억원 \times \frac{해당\ 사업연도의\ 개월\ 수}{12}$$

② 법 제28조제3호 각 목 외의 부분에 따른 주된 사업은 해당 특정외국법인의 총 수입금액 중 50퍼센트를 초과하는 수입금액을 발생시키는 사업으로 한다.
③ 법 제28조제3호 각 목 외의 부분에서 "대통령령으로 정하는 요건을 모두 갖춘 외국법인"이란 다음 각 호의 요건을 모두 갖춘 외국법인을 말한다.
1. 특정외국법인이 발행주식 총수 또는 출자총액의 40퍼센트 이상을 보유하고 있을 것
2. 법 제27조를 적용받지 않을 것
④ 법 제28조제3호나목에서 "대통령령으로 정하는 비율"이란 90퍼센트를 말한다.

제65조【특정외국법인의 유보소득 배당간주의 예외적 적용의 판정】 ① 법 제29조제1항 각 호 외의 부분

단서에서 "대통령령으로 정하는 요건"이란 같은 항 각 호 외의 부분 단서에 따른 같은 국가등에 있는 특수관계가 없는 자에게 판매한 금액이 해당 사업연도 총 수입금액의 50퍼센트를 초과하는 경우를 말한다. 이 경우 특수관계에 관하여 제2조를 적용할 때 "내국법인"은 "특정외국법인"으로 본다.
② 법 제29조제1항제1호 각 목 외의 부분에서 "대통령령으로 정하는 요건에 해당하는 법인"이란 다음 각 호의 요건을 모두 갖춘 법인을 말한다.
1. 해당 사업연도에 법 제29조제1항제1호 각 목의 업종에서 발생한 수입금액의 합계 또는 매입가액에 부대비용을 가산한 금액(이하 이 조에서 "매입원가"라 한다)의 합계가 그 특정외국법인의 총 수입금액 또는 총 매입원가의 50퍼센트를 초과하는 법인일 것. 다만, 도매업의 경우에는 해당 사업연도를 포함한 최근 3개 사업연도(3개 사업연도에 미달하는 경우에는 해당 사업연도까지의 기간으로 한다)의 평균금액을 기준으로 한다.
2. 해당 사업연도에 법 제29조제1항제1호 각 목의 업종에서 발생한 수입금액의 합계 또는 매입원가의 합계 중 특수관계가 있는 자와 거래한 금액이 해당 업종에서 발생한 수입금액 또는 매입원가의 합계의 50퍼센트를 초과하는 법인일 것. 이 경우 특수관계에 관하여 제2조를 적용할 때에는 "내국법인"은 "특정외국법인"으로 본다.
③ 법 제29조제1항제2호에 따른 주된 사업은 해당 특정외국법인의 총 수입금액 중 50퍼센트를 초과하는 수입금액을 발생시키는 사업으로 한다.
④ 법 제29조제2항 각 호 외의 부분에서 "대통령령으로 정하는 기준을 갖춘 경우"란 해당 사업연도에 법 제29조제2항 각 호에 해당하는 소득(이하 "수동소득"이라 한다)의 합계가 해당 특정외국법인의 총 수입금액의 5퍼센트를 초과하는 경우를 말한다. 다만, 해당 특정외국법인이 다음 각 호의 어느 하나에 해당하는 외국법인의 주식을 10퍼센트 이상 보유한 경우에는 그 주식에서 발생하는 배당금을 해당 수동소득에서 제외한 금액을 기준으로 한다.
1. 법 제29조제1항 각 호 외의 사업을 하는 외국법인
2. 법 제29조제1항제1호가목에 해당하는 도매업을 하는 외국법인으로서 제1항의 요건을 갖춘 외국법인

제66조【배당 가능한 유보소득의 산출】 ① 법 제30조제1항 및 제2항에 따른 특정외국법인의 각 사업연도 말 현재 배당 가능한 유보소득은 해당 특정외국법인의 거주지국에서 재무제표를 작성할 때에 일반적으로 인정되는 회계원칙(우리나라의 기업회계기준과 현저히 다른 경우에는 우리나라의 기업회계기준을 말한다)에 따라 산출한 처분 전 이익잉여금(해당 사업연도 중에 있었던 이익잉여금 처분에 의한 중간배당이 있는 경우 이를 빼기 전의 금액을 말한다)으로부터 기획재정부령으로 정하는 사항을 조정한 금액에서 다음 각 호의 금액을 뺀 금액으로 한다.
1. 해당 사업연도에 대한 이익잉여금 처분액 중 이익의 배당금(해당 사업연도 중에 있었던 이익잉여금 처분에 의한 중간배당액을 포함한다) 또는 잉여금의 분배금
2. 해당 사업연도에 대한 이익잉여금 처분액 중 상여금, 퇴직급여 및 그 밖의 사외유출
3. 해당 사업연도에 대한 이익잉여금 처분액 중 거주지국의 법령으로 정하는 의무적립금 또는 의무적인 이익잉여금 처분액
4. 해당 사업연도 개시일 이전에 법 제27조에 따라 해당 내국인에게 배당된 것으로 보아 이미 과세된 금액 중 제1호에 따른 이익잉여금 처분이 되지 않은 금액
5. 법 제27조가 적용되지 않을 때 발생한 이익잉여금

(제6호의 금액은 제외한다) 중 제1호 및 제2호에 따른 이익잉여금 처분이 되지 않은 금액
6. 주식 또는 출자증권의 평가이익 중 해당 사업연도 말 현재 실현되지 않은 금액
7. 제64조제1항에 따른 금액
② 다음 각 호의 금액을 보유하고 있는 특정외국법인이 제1항제1호 및 제2호에 따른 이익잉여금 처분을 하는 때에는 다음 각 호의 금액 중 먼저 발생한 것부터 우선적으로 처분된 것으로 본다.
1. 1997년 1월 1일 이전에 보유한 배당 가능한 유보소득
2. 해당 사업연도 개시일 이전에 보유하고 있는 제1항제4호 및 제5호의 금액

제67조【주식 보유비율의 계산방법 등】 ① 법 제30조제1항 및 제2항에서 내국인이 배당받은 것으로 보는 금액(이하 이 장에서 "배당간주금액"이라 한다)을 산출하기 위한 내국인의 특정외국법인 주식 보유비율은 다음 각 호의 구분에 따른 방법으로 계산한 비율로 한다.
1. 내국인과 특정외국법인, 그리고 이들 사이의 하나 이상의 법인이 모두 하나의 일련의 주식소유관계를 통해 연결되어 있는 경우 : 각 단계의 주식 보유비율을 모두 곱하여 산출한 비율
2. 내국인과 특정외국법인 사이에 둘 이상의 일련의 주식소유관계가 있는 경우 : 각 일련의 주식소유관계에 대하여 제1호에 따라 산출한 주식 보유비율을 모두 더하여 산출한 비율
② 제1항제1호를 적용할 때 내국인과 특정외국법인 사이에 주식 보유를 통해 하나 이상의 내국법인이 끼어 있는 경우 내국인 간 주식 보유비율은 없는 것으로 본다.
③ 법 제30조제1항 및 제2항을 적용할 때 배당간주금액은 해당 특정외국법인의 각 사업연도 종료일의 다음 날부터 60일이 되는 날 현재의 「외국환거래법」에 따른 기준환율 또는 재정환율을 적용하여 환산한다.
④ 법 제30조제2항의 계산식에서 "대통령령으로 정하는 금액"이란 제65조제4항 각 호 외의 부분 단서에 따른 배당금을 말한다.

제68조【실제 배당금액의 익금불산입 방법】 ① 특정외국법인이 내국인에게 실제로 배당(「법인세법」 제16조에 따라 배당금 또는 분배금으로 보는 금액을 포함한다. 이하 이 조에서 같다)을 한 경우에는 배당 가능한 유보소득이 발생한 순서에 따라 그 유보소득으로부터 실제로 배당이 이루어진 것으로 본다.
② 내국인이 출자한 외국법인(이하 이 조에서 "중간외국법인"이라 한다)이 특정외국법인에 다시 출자한 경우로서 중간외국법인이 내국인에게 실제로 배당을 할 때에는 그 배당금액은 「법인세법」 제18조제2호에 따라 익금에 산입하지 않는 소득으로 보거나 「소득세법」 제17조제1항에 따른 배당소득에 해당되지 않는 것으로 본다. 이 경우 익금에 산입하지 않는 소득으로 보거나 배당소득에 해당되지 않는 것으로 보는 금액은 다음 계산식에 따라 계산한 금액을 한도로 한다.

[특정외국법인이 유보소득을 중간외국법인에 실제로 배당한 금액 × 실제배당 당시의 중간외국법인에 대한 주식 보유비율]의 합계액 − 과거 사업연도에 중간외국법인이 내국인에게 이미 실제로 배당하여 익금에 산입하지 않는 소득으로 보거나 배당소득에 해당하지 않는 것으로 본 금액

③ 내국인과 특정외국법인 사이에 둘 이상의 중간외국법인이 끼어 있는 경우에도 제2항에 따라 배당금액을 처리한다.

제69조【외국납부세액 공제를 위한 경정청구】 ① 법 제33조제1항을 적용받으려는 자는 기획재정부령으로 정하는 외국납부세액 공제세액 계산서를 첨부하여 법

제31조에 따라 배당간주금액으로 익금에 산입한 과세연도의 소득세·법인세 과세표준 및 세액을 다시 계산하여 그 금액의 환급에 대하여 경정을 청구해야 한다.
② 제1항에 따라 경정을 청구하려는 자가 외국정부의 배당소득에 대한 세액의 결정·통지가 지연되거나 과세기간이 다르다는 사유 등으로 법 제33조제2항에 따른 기한까지 경정청구를 할 수 없는 경우에는 외국정부의 국외배당소득에 대한 세액결정 통지를 받은 날부터 3개월 이내에 증명서류를 첨부하여 경정을 청구할 수 있다.

제70조【특정외국법인 관련 과세자료의 제출】 ① 법 제27조, 제29조(같은 조 제1항 각 호 외의 부분 단서에 해당하는 경우는 제외한다), 제30조부터 제33조까지에 따른 규정의 적용대상이 되는 내국인은 법 제34조에 따라 다음 각 호의 서류를 납세지 관할 세무서장에게 제출해야 한다.
1. 특정외국법인의 재무제표
2. 특정외국법인의 법인세 신고서 및 부속서류(특정외국법인이 소재한 국가 또는 지역의 과세당국이 요구하는 부속서류를 말한다)
3. 기획재정부령으로 정하는 특정외국법인의 유보소득 계산 명세서
4. 기획재정부령으로 정하는 특정외국법인의 유보소득 합산과세 판정 명세서
5. 기획재정부령으로 정하는 특정외국법인의 유보소득 합산과세 적용범위 판정 명세서
6. 기획재정부령으로 정하는 국외 출자 명세서
② 법 제28조 및 제29조제1항 각 호 외의 부분 단서에 따라 법 제27조의 적용이 배제되는 내국인은 법 제34조에 따라 제1항제4호부터 제6호까지에서 규정하는 서류를 납세지 관할 세무서장에게 제출해야 한다.

제3절의2 국외투과단체에 귀속되는 소득에 대한 과세특례
(2023.2.28 본절신설)

제70조의2【국외투과단체에 귀속되는 소득에 대한 과세특례】 ① 법 제34조의2제1항제2호를 적용할 때 같은 항 제1호에 따른 외국법인등(이하 이 항에서 "외국법인등"이라 한다)이 설립되었거나 외국법인등의 본점 또는 주사무소가 소재하는 국가의 법률에 따라 개인과 법인의 소득 전부에 대해 납세의무가 없는 경우에는 같은 항 제2호에 따라 그 외국법인등의 소득에 대해 해당 외국법인등의 주주, 출자자 또는 수익자(이하 이 조에서 "출자자등"이라 한다)가 직접 납세의무를 부담하는 것으로 한다.
② 법 제34조의2제2항에서 "대통령령으로 정하는 거주자 또는 내국법인"이란 「소득세법」 제1조의2제1항제1호에 따른 거주자 또는 「법인세법」 제2조제1호에 따른 내국법인을 말한다.
③ 법 제34조의2제3항에 따른 국외투과단체과세특례의 적용 신청은 다음 각 호의 구분에 따른 자가 해야 한다.
1. 「국가재정법」 별표2에서 규정하는 법률에 따라 설치된 기금 중 중앙관서의 장이 관리·운용하는 기금의 자산을 운용하는 경우 : 해당 기금을 관리·운용하는 중앙관서의 장(기금의 관리·운용 업무가 위탁된 경우에는 위탁받은 자로 한다)
2. 「한국투자공사법」에 따라 정부·한국은행이나 「국가재정법」에 따른 기금의 관리주체가 보유하는 자산을 운용하는 경우 : 해당 자산을 위탁받아 관리·운용하는 「한국투자공사법」에 따른 한국투자공사
3. 「우체국예금·보험에 관한 법률」에 따른 우체국예금 자금 또는 「우체국보험특별회계법」에 따른 우체국보험적립금을 운용하는 경우 : 「우정사업 운영에

관한 특례법」 제2조제2호에 따른 우정사업총괄기관
4. 제1호부터 제3호까지에서 규정한 경우 외의 경우 : 제2항에 따른 거주자 또는 내국법인(이하 이 조에서 "거주자등"이라 한다) 중 법 제34조의2제2항에 따른 국외투과단체과세특례(이하 이 조에서 "국외투과단체과세특례"라 한다)를 적용받으려는 거주자등
④ 국외투과단체과세특례를 적용받으려는 거주자등이 법 제34조의2제3항에 따라 국외투과단체과세특례의 적용을 신청하는 경우에는 기획재정부령으로 정하는 국외투과단체과세특례 적용신청서에 국외투과단체과세특례를 적용받으려는 최초의 과세연도(「자본시장과 금융투자업에 관한 법률」에 따른 투자신탁, 투자합자조합 및 투자익명조합의 경우에는 회계기간으로 한다. 이하 이 조에서 같다)를 적어 납세지 관할 세무서장에게 제출해야 한다.
⑤ 법 제34조의2제3항에 따른 국외투과단체과세특례의 적용 신청은 국외투과단체과세특례를 적용받으려는 국외투과단체(법 제34조의2제1항에 따른 국외투과단체를 말한다. 이하 이 조에서 같다) 각각에 대해 해야 한다.
⑥ 제5항에도 불구하고 국외투과단체가 다른 국외투과단체에 투자하고 있는 경우 등 다수의 국외투과단체가 연속적으로 투자관계에 있는 경우는 거주자등이 직접 투자한 국외투과단체에 대해 국외투과단체과세특례의 적용을 신청할 때 해당 국외투과단체와 연속적인 투자관계에 있는 국외투과단체 전부를 국외투과단체과세특례의 적용 대상으로 신청한 것으로 본다. 다만, 기획재정부령으로 정하는 국외투과단체과세특례 적용제외 신청서를 납세지 관할 세무서장에게 제출한 경우에는 그렇지 않다.
⑦ 법 제34조의2제4항에서 "국외투과단체가 제1항 각 호의 요건을 충족하지 못하게 된 경우 등 대통령령으로 정하는 경우"란 국외투과단체가 다음 각 호의 어느 하나에 해당하는 요건을 충족하지 못하게 된 경우를 말한다.
1. 법 제34조의2제1항제1호
2. 법 제34조의2제1항제2호
⑧ 국외투과단체과세특례를 적용받은 거주자등은 국외투과단체(제6항에 따라 국외투과단체과세특례의 적용 대상으로 신청된 것으로 보는 국외투과단체를 포함한다)가 제7항에 해당하게 된 경우에는 기획재정부령으로 정하는 국외투과단체과세특례 포기신청서를 납세지 관할 세무서장에게 제출해야 한다.
⑨ 법 제34조의2제6항에 따른 출자자등에게의 즉시 귀속은 국외투과단체에 그 소득이 귀속되는 날이 속하는 거주자등의 과세연도에 그 소득이 귀속되는 것으로 한다.

제4절 국외 증여에 대한 증여세 과세특례

제71조【국외 증여재산의 시가 산정 등】 ① 법 제35조제4항 본문에 따라 증여재산의 시가(時價)를 산정하는 경우 다음 각 호의 어느 하나에 해당하는 가액이 확인될 때에는 그 가액을 해당 증여재산의 시가로 한다.
1. 증여재산의 증여일 전후 6개월 이내에 이루어진 실제 매매가액
2. 증여재산의 증여일 전후 6개월 이내에 공신력 있는 감정기관이 평가한 감정가액
3. 증여재산의 증여일 전후 6개월 이내에 수용 등을 통해 확정된 증여재산의 보상가액
② 법 제35조제4항 단서에서 "대통령령으로 정하는 방법"이란 「상속세 및 증여세법」 제61조부터 제65조까지의 규정을 준용하여 증여재산가액을 평가하는 것을 말한다. 다만, 그 평가방법이 적절하지 않은 경우에는 「감정평가 및 감정평가사에 관한 법률」 제2조제4호에 따른 감정평가법인등이 평가하는 것을 말한다.

③ 유가증권가액의 산정에 관하여는 「상속세 및 증여세법」 제63조에 따른 평가방법을 준용한다.

제72조【외국납부세액공제】 ① 법 제35조제5항에 따라 증여세 산출세액에서 공제할 증여세 납부액은 다음 각 호의 세액(가산세는 제외한다)으로서 법 제35조제2항에 따른 증여세 납부의무자가 실제로 외국정부(지방자치단체를 포함하며, 이하 이 조에서 같다)에 납부한 세액(이하 이 조에서 "외국납부세액"이라 한다)으로 한다.(2022.2.15 본문개정)
1. 증여를 원인으로 과세하고, 그 증여한 재산의 가액을 과세표준으로 하여 외국의 법령에 따라 부과된 조세(실질적으로 이와 같은 성질을 가지는 조세를 포함한다)의 세액
2. 제1호에 따른 세액의 부가세액
② 외국납부세액은 다음 계산식에 따라 산출한 금액(이하 이 조에서 "공제한도"라 한다)을 한도로 증여세 산출세액에서 공제한다. 이 경우 공제한도는 「상속세 및 증여세법」에 따른 증여세 산출세액을 초과할 수 없다.

$$
\text{「상속세 및 증여세법」에 따른 증여세 산출세액} \times \frac{\text{외국의 법령에 따라 증여세를 납부한 증여재산의 과세표준(해당 외국의 법령에 따른 증여세의 과세표준을 말한다)}}{\text{「상속세 및 증여세법」에 따른 증여세 과세표준}}
$$

③ 제1항 및 제2항을 적용할 때 증여재산의 과세표준에 대한 원화환산은 증여일 현재의 「외국환거래법」에 따른 기준환율 또는 재정환율에 따르고, 외국납부세액에 대한 원화환산은 기획재정부령으로 정하는 바에 따른다.
④ 제1항부터 제3항까지의 규정에 따라 외국납부세액을 공제받으려는 자는 증여세 과세표준을 신고할 때 기획재정부령으로 정하는 외국납부세액공제신청서와 증명서류를 납세지 관할 세무서장에게 제출해야 한다.
⑤ 제4항에도 불구하고 외국정부의 증여세 결정·통지의 지연, 납부기간의 차이 등의 사유로 증여세 과세표준을 신고할 때 증명서류를 제출할 수 없는 경우에는 외국정부의 증여세 결정통지를 받은 날부터 3개월 이내에 제4항에 따른 외국납부세액공제신청서와 증명서류를 납세지 관할 세무서장에게 제출할 수 있다.
(2022.2.15 본항개정)
⑥ 외국정부가 해당 증여재산에 대하여 결정한 증여세액을 경정함으로써 외국납부세액에 변동이 생긴 경우에도 제5항을 준용한다. 이 경우 환급세액이 발생하면 「국세기본법」 제51조에 따라 충당하거나 환급할 수 있다.

제3장 국가 간 조세 행정 협조

제1절 국가 간 조세협력

제1관 조세정보 및 금융정보의 교환

제73조【실제소유자 정보의 범위】 법 제36조제2항에 따라 납세의무자에게 요구할 수 있는 실제소유자 정보의 범위는 다음 각 호의 구분에 따른다.
1. 납세의무자가 법인 또는 단체인 경우: 「특정 금융거래정보의 보고 및 이용 등에 관한 법률 시행령」 제10조의5제2항부터 같은 조 제4항 본문까지의 규정에 따른 확인 대상자(소유주식 또는 출자지분을 기준으로 실제소유자를 판단하기 어려운 경우에는 해당 법인 또는 단체의 대표자 및 임원을 말하며, 사실상 지배하는 자가 따로 있는 경우에는 그 사람을 포함한다)의 성명, 생년월일, 주민등록번호(외국인의 경우 국적 및 여권번호 또는 외국인등록번호를 말한다)
(2022.2.15 본호개정)

2. 납세의무자가 「신탁법」에 따른 신탁에 관여한 경우: 다음 각 목의 구분에 따른 개인의 성명, 생년월일, 주민등록번호(외국인의 경우 국적 및 여권번호 또는 외국인등록번호를 말한다)
가. 「신탁법」에 따른 위탁자, 수탁자, 수익자, 신탁관리인 및 신탁을 실질적으로 통제하는 사람
나. 가목에 해당하는 자가 법인 또는 단체인 경우에는 제1호에 따라 확인하는 사람

제74조【요청에 따른 조세정보 및 금융정보의 교환】 ① 우리나라의 권한 있는 당국이 법 제36조제3항 및 제4항에 따라 금융회사등(「금융실명거래 및 비밀보장에 관한 법률」 제2조제1호에 따른 금융회사등을 말한다. 이하 같다)의 특정 점포 및 장에게 금융정보 제공을 요구하는 경우에는 같은 법 제4조제2항에 따른 표준양식(이하 이 절에서 "금융거래정보제공요구서"라 한다)에 따라야 한다. 이 경우 법 제36조제4항제1호에 따른 특정 금융거래와 관련된 명의인의 인적 사항을 특정할 수 없는 집단에 대한 금융정보의 제공을 요구하는 경우에는 금융거래정보제공요구서에 명의인의 인적사항을 작성하지 않을 수 있다.
② 우리나라의 권한 있는 당국은 법 제36조제1항, 제3항 및 제4항에 따라 체약상대국의 권한 있는 당국의 요청을 받아 특정 납세의무자의 조세정보 또는 금융정보를 제공한 경우에는 제공한 날(제3항에 따라 통지를 유예한 경우에는 그 유예기간이 끝난 날을 말한다)부터 10일 이내에 조세정보 또는 금융정보 등의 제공 사실 및 제공 내용 등을 기획재정부령으로 정하는 정보제공 내용 통지서에 따라 해당 납세의무자 또는 그 대리인에게 통지해야 한다.
③ 제2항에도 불구하고 우리나라의 권한 있는 당국은 체약상대국의 권한 있는 당국으로부터 다음 각 호의 사유에 의한 통지의 유예를 서면으로 요청받은 경우에는 유예 요청기간(제2호 또는 제3호의 사유에 의한 요청을 받은 경우로서 그 유예 기간이 6개월 이상인 경우에는 6개월을 말한다) 동안 통지를 유예할 수 있다.
1. 해당 통지가 사람의 생명이나 신체의 안전을 위협할 우려가 있는 경우
2. 해당 통지가 증거인멸, 증인 위협 등 공정한 사법절차의 진행을 방해할 우려가 명백한 경우
3. 해당 통지가 질문·조사 등의 행정절차 진행을 방해하거나 지나치게 지연시킬 우려가 명백한 경우

제75조【정기적인 금융정보의 교환】 ① 우리나라의 권한 있는 당국이 법 제36조제6항에 따라 금융회사등의 장에게 정기적인 금융정보 제공을 요구하는 경우에는 금융거래정보제공요구서에 따라야 한다. 이 경우 금융정보의 제공을 요구하는 명의인의 인적사항을 특정할 수 없는 경우에는 금융거래정보제공요구서에 명의인의 인적사항을 작성하지 않을 수 있다.
② 제1항을 적용할 때 금융거래정보제공요구서에 요구·제공과 관련된 기간을 정한 경우에는 그 금융거래정보제공요구서로 그 기간 중의 정보제공요구를 갈음할 수 있다. 다만, 요구대상이 되는 금융회사등이나 요구내용에 변동이 생긴 경우에는 새로운 금융거래정보제공요구서를 보내야 한다.
③ 법 제36조제6항에 따라 금융정보를 제공하는 금융회사등에 종사하는 사람은 우리나라의 권한 있는 당국이 금융정보의 제공을 요구하는 날부터 3개월 이내에(제2항에 해당하는 경우에는 금융거래정보제공요구서에 정기적으로 제출하도록 지정한 날까지를 말한다) 해당 금융정보를 기획재정부령으로 정하는 정보제공명세서에 따라 금융회사등의 본점에서 작성하여 국세청장에게 정보통신망을 활용하여 제출해야 한다.
④ 금융회사등의 장이 법 제36조제6항에 따라 금융정보를 제공하는 경우에 확인해야 하는 인적 사항과 같

은 조 제8항에 따라 금융거래의 상대방에게 요청할 수 있는 인적 사항은 다음 각 호의 구분에 따른다.
1. 개인의 경우 : 성명, 주소, 체약상대국의 납세자번호 (납세자번호가 없는 경우에는 생년월일을 말한다) 및 그 밖에 인적 사항의 확인을 위하여 조세조약에서 정하는 사항
2. 법인의 경우 : 법인명, 본점 또는 주사무소의 주소, 실질적 지배자 및 그 밖에 인적 사항의 확인을 위하여 조세조약에서 정하는 사항
⑤ 우리나라의 권한 있는 당국은 법 제36조제6항에 따라 금융회사등으로부터 제공받은 정보에 명백한 오류가 있다고 판단되거나 체약상대국의 권한 있는 당국이 같은 항에 따라 교환받은 정보에 대하여 조세조약에 따라 그 오류의 시정을 요구하는 경우에는 금융회사등의 장에게 해당 정보의 오류에 대한 시정을 지체 없이 요구해야 한다.
⑥ 제5항에 따라 시정을 요구받은 금융회사등의 장은 시정을 요구받은 날부터 30일 이내에 시정을 요구한 우리나라의 권한 있는 당국에 정보통신망을 활용하여 시정된 정보를 제출하거나 오류가 없음을 소명해야 한다.
⑦ 금융회사등의 장은 제97조제3항 각 호의 어느 하나에 해당하는 사유로 제6항에 따른 기한 내에 시정된 정보를 제출하거나 소명할 수 없는 경우에는 기획재정부령으로 정하는 제출기한 연장 신청서에 따라 그 시정을 요구한 우리나라의 권한 있는 당국에 30일의 범위에서 그 제출기한의 연장을 신청할 수 있다.
제76조【정보교환 세부사항 등】 이 관에서 규정한 사항 외에 실제소유자의 정보요구 및 제출, 인적 사항의 확인 등에 필요한 사항은 기획재정부장관이 정하여 고시한다. 이 경우 기획재정부장관은 해당 고시의 제정 또는 개정 시 금융위원회 위원장 및 국세청장(제73조에 해당하는 정보의 경우 국세청장으로 한정한다)과 미리 협의해야 한다.

제2관 조세 징수의 위탁 등

제77조【세무조사 협력】 우리나라의 권한 있는 당국은 법 제39조에 따라 세무조사 협력의 절차·방법 및 범위 등 국가 간 세무조사 협력을 위하여 필요한 사항을 체약상대국의 권한 있는 당국과 합의할 수 있다.
제78조【조세 징수의 위탁 절차】 ① 법 제40조제1항에 따라 납세지 관할 세무서장 또는 지방자치단체의 장은 국세청장에게 체약상대국에 대한 조세 징수를 위하여 필요한 조치를 하도록 요청하려는 경우에는 다음 각 호의 서류를 제출해야 한다. 다만, 제2호의 서류는 국내에서 수집 가능한 것만 제출한다.
1. 기획재정부령으로 정하는 국가 간 조세 징수 위탁 요청서
2. 다음 각 목에 해당하는 자의 국적 및 거주 현황 관련 서류와 국내외 재산 보유 현황 관련 서류
   가. 납세의무자
   나. 「국세기본법」 제25조 또는 「지방세기본법」 제44조에 따른 연대납세의무자
   다. 「국세기본법」 제38조부터 제41조까지 또는 「지방세기본법」 제45조부터 제48조까지 및 「지방세징수법」 제15조에 따른 제2차 납세의무자
② 국세청장은 제1항에 따른 요청을 받은 경우에는 다음 각 호의 사항을 검토하여 체약상대국의 권한 있는 당국에 조세 징수의 위탁을 요청할 것인지를 결정해야 한다.
1. 납세의무자의 국적 및 거주 현황, 재산 보유 현황
2. 연대납세의무 및 납세담보 현황
3. 조세를 징수할 수 없게 될 가능성
4. 조세채권의 소멸시효
5. 그 밖에 조세 징수에 필요한 사항
③ 국세청장은 제2항에 따라 조세 징수 위탁의 결정을 한 경우에는 체약상대국의 권한 있는 당국에 조세 징수의 위탁을 요청해야 한다.
④ 국세청장은 위탁한 조세 징수의 처리 결과를 체약상대국으로부터 통지받은 경우에는 그 내용을 납세지 관할 세무서장 또는 지방자치단체의 장에게 통지해야 한다.
제79조【위탁받은 조세 징수의 처리절차】 ① 기획재정부장관은 체약상대국의 권한 있는 당국으로부터 조세 징수를 위탁받은 경우에 국세청장에게 그 처리를 하도록 할 수 있다. 이 경우 국세청장은 그 처리 결과를 기획재정부장관에게 보고해야 한다.
② 국세청장은 체약상대국의 권한 있는 당국으로부터 조세 징수를 위탁받거나 제1항에 따라 기획재정부장관으로부터 조세 징수의 위탁 처리를 요청받은 경우에는 국내에 거주하는 조세 징수 대상자에게 조세 징수를 위탁받은 사실을 지체 없이 통지해야 한다. 이 경우 국세청장은 그 대상자에게 소명자료의 제출을 요구할 수 있다.
③ 국세청장은 위탁받은 조세 징수와 관련된 법원의 확정판결문, 불복쟁송의 처리 결과 등 조세 징수 대상자의 납세의무를 확인할 수 있는 자료를 체약상대국의 권한 있는 당국에 요구할 수 있다.
④ 국세청장은 다음 각 호의 사항을 고려하여 체약상대국의 권한 있는 당국으로부터 위탁받은 조세 징수에 관하여 협조할 것인지를 심사해야 한다.
1. 제2항 및 제3항에 따라 확보된 자료
2. 제78조제2항 각 호의 사항
3. 체약상대국이 상호주의에 따라 조세 징수에 관하여 우리나라에 협조하는지 여부
⑤ 국세청장은 제4항에 따른 심사와 관련하여 필요한 경우에는 체약상대국에 협의를 요청할 수 있다.
⑥ 국세청장은 조세 징수에 관하여 체약상대국에 협조하기로 결정한 경우에는 지체 없이 납세지 관할 세무서장에게 그 조세 징수를 지시해야 한다.
⑦ 제6항에 따라 조세 징수 지시를 받은 납세지 관할 세무서장은 「국세징수법」에서 정하는 바에 따라 조세를 징수하여 그 결과를 국세청장에게 보고해야 한다. 이 경우 조세 징수와 관련하여 통상적인 징수 경비를 초과하여 발생한 경비는 징수된 조세에서 차감(差減)하여 국고에 납입하고 그 계산 명세를 국세청장에게 보고해야 한다.
제80조【징수된 조세의 송금】 ① 제79조제7항에 따라 납세지 관할 세무서장의 보고를 받은 국세청장은 위탁받은 조세의 징수 결과를 징수경비 차감 명세와 함께 체약상대국에 통지해야 한다.
② 우리나라에서 징수된 체약상대국 조세 또는 체약상대국에서 징수된 우리나라 조세의 송금방법은 체약상대국의 권한 있는 당국과 협의하여 정한다.
③ 국세청장은 체약상대국에서 징수된 우리나라의 조세를 송금받은 경우에는 그 금액을 국고 또는 지방자치단체의 세입금에 귀속시켜야 한다.
제81조【거주자증명서 발급절차】 ① 법 제41조에 따라 거주자 또는 내국법인에 해당함을 증명하는 서류 (이하 이 조에서 "거주자증명서"라 한다)의 발급을 신청하려는 자는 기획재정부령으로 정하는 거주자증명서 발급 신청서를 납세지 관할 세무서장에게 제출해야 한다. (2022.2.15 본항개정)
② 납세지 관할 세무서장은 제1항에 따른 거주자증명서 발급 신청을 받은 경우에는 사실 확인을 거쳐 기획재정부령으로 정하는 거주자증명서를 발급해야 한다. 다만, 체약상대국 정부가 발행한 거주자증명서 서식에

따라 발급해 줄 것을 신청 받은 경우에는 그 서식에 따라 거주자증명서를 발급할 수 있다.

제2절 상호합의절차

제82조 【상호합의절차의 개시 신청】 법 제42조제1항에 따라 상호합의절차의 개시를 신청하는 거주자 또는 내국법인과 비거주자 또는 외국법인(이하 이 절에서 "신청인"이라 한다)은 기획재정부령으로 정하는 상호합의절차 개시 신청서에 다음 각 호의 서류를 첨부하여 기획재정부장관 또는 국세청장에게 제출해야 한다.
1. 상호합의절차의 개시 신청과 관련된 결산서 및 세무신고서
2. 국내 또는 국외에서 이의신청·심사청구·심판청구 또는 소송제기 등의 불복절차를 신청했거나 신청 예정인 경우 그 신청서
3. 상호합의절차 개시 신청 사유에 대한 신청인 의견서 등 그 밖에 기획재정부령으로 정하는 자료

제83조 【상호합의절차 개시 신청의 처리】 ① 기획재정부장관 또는 국세청장은 법 제42조제1항에 따라 상호합의절차의 개시를 신청 받은 경우에는 다음 각 호의 사항을 고려하여 신청을 받은 날부터 3개월 이내에 체약상대국의 권한 있는 당국에 상호합의절차 개시를 요청할 것인지 여부를 결정해야 한다.
1. 법 제42조제1항제1호부터 제3호까지의 규정 및 같은 조 제2항제1호부터 제4호까지의 규정에 해당하는지 여부
2. 과세당국이 상호합의절차를 개시하지 않고도 필요한 조치를 함으로써 합리적인 조정을 할 수 있는지 여부

② 법 제42조제2항제1호 단서 및 법 제46조제3항 각 호 외의 부분 단서에서 "체약상대국의 과세조정에 대한 대응조정하는 경우 등 대통령령으로 정하는 경우"란 다음 각 호의 경우를 말한다.
1. 체약상대국이 거주자(내국법인과 국내사업장을 포함한다. 이하 이 항에서 같다)와 국외특수관계인의 거래가격을 정상가격으로 조정한 것에 대응하여 과세당국이 각 사업연도 과세표준 및 세액을 조정하여 계산할 필요가 있는 경우
2. 과세당국이 거주자와 국외특수관계인의 거래가격을 정상가격으로 조정한 것에 대응하여 체약상대국이 국외특수관계인의 각 사업연도 과세표준 및 세액을 조정하여 계산할 필요가 있는 경우

③ 기획재정부장관 또는 국세청장은 제1항에 따른 검토 결과 상호합의절차 신청 요건을 갖추지 못한 경우에는 신청인에게 이를 보완하여 다시 신청하도록 요구할 수 있다.

④ 기획재정부장관 또는 국세청장은 상호합의절차 개시 신청을 받은 이후에도 신청인이 동의하는 경우에는 체약상대국의 권한 있는 당국에 상호합의절차 개시를 요청하지 않거나 개시된 상호합의절차를 중단할 수 있다.

⑤ 기획재정부장관 또는 국세청장은 상호합의절차 개시 신청을 거부하는 경우 그 사실을 신청인 및 체약상대국의 권한 있는 당국에 통지해야 한다.

제84조 【상호합의절차 진행 현황 보고】 국세청장은 법 제42조제5항에 따라 상호합의절차의 종료일까지 매 분기 경과 후 15일 이내에 기획재정부령으로 정하는 분기별 상호합의절차 진행 현황 보고서를 기획재정부장관에게 제출해야 한다. 이 경우 진행 현황에는 체약상대국으로부터 개시 요청을 받은 상호합의절차의 진행 현황을 포함해야 한다.

제85조 【중재절차의 개시 신청 등】 ① 법 제43조제1항에 따른 중재절차(이하 이 절에서 "중재절차"라 한다)의 개시 신청을 하려는 자(이하 이 절에서 "중재신청인"이라 한다)는 기획재정부령으로 정하는 중재절차 개시 신청서를 기획재정부장관 또는 국세청장에게 제출해야 한다.

② 기획재정부장관 또는 국세청장은 제1항에 따라 중재절차의 개시 신청을 받은 경우에는 중재신청인에게 중재절차의 진행에 필요한 서류를 제출하도록 요구할 수 있다.

제86조 【중재절차에 대한 의견제출】 ① 중재신청인은 조세조약에서 정하는 바에 따라 중재절차의 개시일부터 종료일까지의 기간 동안 조세조약의 해석 및 적용, 소득금액의 조정, 중재인 선정 및 그 밖에 중재절차의 진행 등에 관한 의견을 기획재정부장관 또는 국세청장에게 제출할 수 있다.

② 중재신청인은 조세조약에서 정하는 바에 따라 중재절차에서 직접 서면으로 의견을 제출하거나 구두(口頭)로 의견을 개진할 수 있다. 이 경우 의견제출 등과 관련하여 발생하는 비용은 모두 중재신청인이 부담한다.

제87조 【중재인의 자격 요건】 기획재정부장관 또는 국세청장은 조세·법률·회계분야에 관한 전문지식과 경험이 풍부하게 있는 등 기획재정부장관이 정하는 기준을 충족하는 사람으로서 중재절차의 공정성 및 독립성을 확보할 수 있는 사람을 중재인으로 임명해야 한다. 다만, 중재신청인 및 상호합의 대상 과세처분 등과 관련하여 이해관계가 있는 자 등 기획재정부장관이 정하는 사람은 제외한다.

제88조 【상호합의 결과의 보고 및 통보】 ① 국세청장은 상호합의절차가 종결된 경우에는 법 제47조제1항에 따라 지체 없이 상호합의서 사본을 기획재정부장관에게 제출해야 한다.

② 법 제47조제2항에 따른 상호합의절차의 종결 통보는 기획재정부령으로 정하는 상호합의 종결 통보서에 따른다.

③ 과세당국 및 지방자치단체의 장은 법 제47조제4항에 따라 부과처분, 경정결정 또는 그 밖에 세법상 필요한 조치를 한 경우에는 그 조치를 한 날의 다음 날부터 15일 이내에 기획재정부장관 또는 국세청장에게 그 사실을 통보해야 한다.

제89조 【상호합의 결과에 대한 수락 여부 등 제출】 ① 기획재정부장관 또는 국세청장은 체약상대국과 문서로 합의가 이루어진 경우에는 법 제46조제1항 본문에 따른 상호합의절차 종료일의 다음 날부터 15일 이내에 합의 내용을 신청인에게 법 제47조제2항 본문에 따라 통보해야 한다.

② 신청인은 제1항에 따라 통보받은 경우 법 제47조제3항 각 호에 따른 상호합의 내용에 대한 수락 여부 및 관련 불복쟁송의 취하 여부를 그 통보를 받은 날부터 2개월 이내에 기획재정부장관 또는 국세청장에게 서면으로 제출해야 한다.

③ 신청인이 제2항에 따른 제출기한까지 합의 내용에 대하여 동의하지 않는다는 의사를 제출하거나 관련 쟁송을 취하하지 않는 경우 또는 수락 여부나 관련 불복쟁송의 취하 여부를 서면으로 제출하지 않는 경우에는 해당 상호합의절차 개시의 신청은 철회한 것으로 본다.

제90조 【상호합의 결과의 확대 적용 등】 ① 법 제48조제1항에 따라 상호합의의 결과의 확대 적용을 신청하려는 자는 다음 각 호의 서류를 과세당국 또는 지방자치단체의 장에게 제출해야 한다.
1. 기획재정부령으로 정하는 상호합의 결과 확대 적용 신청서
2. 법 제48조제2항 각 호의 요건을 갖추고 있음을 증명하는 서류

② 법 제48조제2항제3호에서 "대통령령으로 정하는 요건"이란 정상가격을 산출할 때 적용하는 통상의 이윤 또는 거래순이익률이 같아야 하는 것을 말한다.

제91조【납부기한등의 연장 등의 적용 특례】 ① 법 제49조제1항에 따른 납부기한등의 연장 또는 압류·매각의 유예의 적용 특례를 신청하려는 자는 다음 각 호의 서류를 갖추어 납세지 관할 세무서장 또는 지방자치단체의 장에게 신청해야 한다.
1. 기획재정부령으로 정하는 납부기한등의 연장 등의 적용특례 신청서
2. 국세청장이 발행한 상호합의절차 개시 통보서 사본
② 제1항에 따라 신청을 받은 납세지 관할 세무서장 또는 지방자치단체의 장은 법 제49조제2항 및 제3항을 적용할 때 다음 각 호의 어느 하나에 해당하는 경우에는 납부고지의 유예, 납부기한등의 연장 또는 압류·매각의 유예(이하 이 조에서 "고지유예등"이라 한다)를 허용해서는 안 된다. 이 경우 고지유예등이 이미 허용되었을 때에는 즉시 취소하고 유예에 관계되는 세액 및 체납액을 한꺼번에 징수해야 한다.
1. 신청인이 제1항에 따른 신청일 현재 국세 또는 지방세를 체납하고 있는 경우
2. 신청인이 다음 각 목에 따른 자료 제출의무를 이행하지 않은 경우
  가. 법 제16조제1항에 따른 국제거래정보통합보고서
  나. 법 제16조제2항제1호에 따른 국제거래명세서
  다. 법 제16조제4항에 따라 과세당국이 제출을 요구하는 자료
3. 조세를 징수할 수 없게 될 가능성이 매우 높은 경우
③ 법 제49조제5항에 따라 납부기한등의 연장 또는 압류·매각의 유예가 허용되는 경우 국세 또는 지방세에 더할 이자 상당액의 계산방법은 다음과 같다.

> 이자 상당 가산액 = 납부기한등의 연장 또는 압류·매각의 유예를 한 해당 국세 또는 지방세 금액(상호합의절차에 의한 조정이 이루어진 경우에는 그 조정금액) × 세액 납부기한의 다음 날 또는 상호합의절차 개시일 중 나중에 도래하는 날부터 상호합의절차 종료일까지의 기간(이하 이 항에서 "유예기간"이라 한다) × 「국세기본법 시행령」 제27조의4에 따른 이자율(유예기간이 2년을 초과하는 경우 그 초과기간에 대해서는 같은 영 제43조의3제2항 본문에 따른 이자율을 적용한다)

④ 법 제49조제6항에 따라 소득세액 또는 법인세액에 대하여 고지유예등을 적용하는 경우로서 「국세징수법」 제13조제3항, 제14조제3항 또는 제105조제4항에 따라 납세자에게 고지유예등을 통지할 때에는 같은 법 시행령 제15조를 준용하여 고지유예등의 사실을 해당 소득세액 또는 법인세액에 부가되는 지방세를 관할하는 지방자치단체의 장에게 통지해야 한다.

제4장 해외자산의 신고 및 자료 제출

제1절 해외금융계좌의 신고

제92조【해외금융계좌의 신고 등】 ① 법 제52조제1호 각 목 외의 부분 전단에서 "대통령령으로 정하는 자"란 금융회사등 또는 외국의 금융 관련 법령에 따라 설립된 금융회사등 중 이와 유사한 금융회사등과 「특정 금융거래정보의 보고 및 이용 등에 관한 법률」 제2조제1호차목의 가상자산사업자 또는 외국의 가상자산 관련 법령에 따라 설립된 가상자산사업자 중 이와 유사한 가상자산사업자(이하 "가상자산사업자등"이라 한다)를 말한다.
② 법 제53조제1항을 적용할 때 거주자 및 내국법인의 판정은 신고대상 연도 종료일을 기준으로 한다.
③ 법 제53조제1항에서 "대통령령으로 정하는 금액"이란 5억원을 말한다.
④ 법 제53조제1항에 따른 계좌신고의무자(이하 이 절에서 "계좌신고의무자"라 한다)는 기획재정부령으로

정하는 해외금융계좌 신고서를 신고기한까지 납세지 관할 세무서장에게 제출해야 한다.
⑤ 계좌신고의무자는 제4항에 따른 해외금융계좌 신고서에서 정하는 바에 따라 본인 외의 해외금융계좌 관련자 정보를 함께 제출해야 한다.
⑥ 법 제53조제2항에 따른 해외금융계좌 관련자는 해당 계좌의 잔액 전부를 각각 보유한 것으로 본다.

제93조【해외금융계좌 잔액 산출방법】 ① 계좌신고의무자의 매월 말일 해외금융계좌 잔액은 계좌신고의무자가 보유한 각 해외금융계좌의 자산에 대하여 다음 각 호의 구분에 따라 산정한 금액을 해당 표시통화의 환율(「외국환거래법」에 따른 일별 기준환율 또는 재정환율을 말한다)로 각각 환산한 후 더하여 산출한다. 이 경우 피상속인 명의의 해외금융계좌를 여러 사람이 공동으로 상속받은 경우에는 계좌잔액 중 공동상속인 각자의 상속분에 해당하는 금액만큼 환산하여 더한다.
1. 현금 : 해당하는 매월 말일의 종료시각 현재의 잔액
2. 「자본시장과 금융투자업에 관한 법률」에 따른 증권시장 또는 이와 유사한 해외 증권시장에 상장된 주식과 그 주식을 기초로 발행한 예탁증서 : 해당하는 매월 말일의 종료시각 현재의 수량 × 해당하는 매월 말일의 최종 가격(해당하는 매월 말일이 거래일이 아닌 경우에는 그 직전 거래일의 최종 가격)
3. 「자본시장과 금융투자업에 관한 법률」에 따른 증권시장 또는 이와 유사한 해외 증권시장에 상장된 채권 : 해당하는 매월 말일의 종료시각 현재의 수량 × 해당하는 매월 말일의 최종 가격(해당하는 매월 말일이 거래일이 아닌 경우에는 그 직전 거래일의 최종 가격)
4. 「자본시장과 금융투자업에 관한 법률」에 따른 집합투자증권 및 이와 유사한 해외집합투자증권 : 해당하는 매월 말일의 종료시각 현재의 수량 × 해당하는 매월 말일의 기준가격(해당하는 매월 말일의 기준가격이 없는 경우에는 해당하는 매월 말일 현재의 환매가격 또는 해당하는 매월 말일 전 가장 가까운 날의 기준가격)
5. 「보험업법」에 따른 보험상품 및 이와 유사한 해외보험상품 : 해당하는 매월 말일의 종료시각 현재의 납입금액
6. 가상자산사업자등으로서 본점 또는 주사무소가 외국에 있는 국외 가상자산사업자등(사업의 실질적 관리장소가 국내에 있지 않는 경우만 해당한다)이 보관·관리하는 「특정 금융거래정보의 보고 및 이용 등에 관한 법률」 제2조제3호의 가상자산 및 이와 유사한 가상자산 : 해당하는 매월 말일의 종료시각 현재의 수량 × 해당하는 매월 말일의 최종 가격(해당하는 매월 말일이 거래일이 아닌 경우에는 그 직전 거래일의 최종 가격)
7. 제1호부터 제6호까지에서 규정한 자산 외의 자산 : 해당하는 매월 말일의 종료시각 현재의 수량 × 해당하는 매월 말일의 시가(시가 산정이 곤란한 경우에는 취득가액)
② 제1항의 해외금융계좌에는 거래실적 등이 없는 계좌, 연도 중에 해지된 계좌 등 해당 연도 전체 기간 중에 보유한 모든 계좌를 포함한다. 다만, 다음 각 호의 계좌는 제외한다.
1. 「보험업법」에 따른 보험상품 및 이와 유사한 해외보험상품으로서 순보험료가 위험보험료만으로 구성되는 보험계약에 해당하는 금융계좌
2. 「근로자퇴직급여 보장법」에 따른 퇴직연금제도 및 이와 유사한 해외퇴직연금제도에 따라 설정하는 퇴직연금계좌로서 다음 각 목의 요건을 모두 갖춘 계좌
  가. 계좌가 해당 국가에서 다음의 어느 하나에 해당하는 세제 혜택 대상일 것

1) 계좌에 대한 납입금이 계좌 보유자의 총소득에서 공제 또는 제외되는 경우
2) 계좌에 대한 납입금이 감면된 세율로 과세되는 경우(계좌에 대한 납입금의 전부 또는 일부가 종합소득산출세액에서 공제되는 경우를 포함한다)
3) 계좌로부터 발생하는 투자소득에 대한 과세가 이연되거나 감면된 세율로 과세되는 경우
나. 계좌와 관련하여 해당 외국 과세당국에 매년 정보보고가 이루어질 것
다. 특정 퇴직연령 도달, 장애 또는 사망과 같은 특정 사건이 발생하는 경우에만 인출이 허용되거나 특정 사건이 발생하기 전에 인출을 할 경우 불이익이 있을 것
라. 계좌에 대한 연간 납입금이 5천만원 이내로 제한되거나 전체 납입금이 10억원 이내로 제한될 것. 이 경우 해외퇴직연금제도에 따른 퇴직연금계좌가 여러 개인 경우에는 합계액을 기준으로 판단한다.

제94조【해외금융계좌의 실질적 소유자】 ① 법 제53조제2항제1호에 따른 실질적 소유자란 해당 계좌의 명의와는 관계없이 해당 해외금융계좌와 관련한 거래에서 경제적 위험을 부담하거나 이자·배당 등의 수익을 받거나 해당 계좌를 처분할 권한을 가지는 등 해당 계좌를 사실상 관리하는 자를 말한다.
② 제1항을 적용할 때 내국인이 외국법인의 의결권 있는 주식의 100퍼센트를 직접 또는 간접으로 소유(내국인과「국세기본법」제2조제20호가목 또는 나목의 관계에 있는 자가 직접 또는 간접으로 소유한 주식을 포함한다)한 경우에는 그 내국인을 실질적 소유자로 포함한다. 다만, 해당 외국법인이 우리나라와 조세조약을 체결하고 시행하는 국가에 소재하는 경우에는 그렇지 않다.
③ 제1항 및 제2항 본문에도 불구하고 다음 각 호의 어느 하나에 해당하는 자를 명의인으로 하는 해외금융계좌를 통해 투자하는 자는 실질적 소유자로 보지 않는다.
1.「자본시장과 금융투자업에 관한 법률」제9조제18항에 따른 집합투자기구 또는 이와 유사한 외국에서 설립된 집합투자기구(같은 법 제279조제1항에 따라 금융위원회에 등록된 것으로 한정한다)
2.「자본시장과 금융투자업에 관한 법률」제8조제3항에 따른 투자중개업자 또는 같은 법 제294조에 따른 한국예탁결제원
3.「자본시장과 금융투자업에 관한 법률 시행령」제103조에 따른 금전신탁계약의 신탁업자
4.「벤처투자 촉진에 관한 법률」제2조제11호에 따른 벤처투자조합

제95조【해외금융계좌 신고의무의 면제】 ① 법 제54조제1호 후단에서 "대통령령으로 정하는 방법"이란「소득세법 시행령」제4조제1항, 제2항 및 제4항에 따른 거주기간 계산방법을 말한다.
② 법 제54조제4호에서 "해외금융계좌 관련자 중 다른 공동명의자 등의 신고를 통하여 본인의 해외금융계좌정보를 확인할 수 있게 되는 등 대통령령으로 정하는 요건에 해당하는 자"란 법 제53조제2항에 따른 해외금융계좌 관련자 중 어느 하나가 제92조제5항에 따라 본인의 해외금융계좌정보를 함께 제출함에 따라 납세지 관할 세무서장이 본인이 보유한 모든 해외금융계좌정보를 확인할 수 있는 자를 말한다.
③ 법 제54조제5호에서 "대통령령으로 정하는 자"란 다음 각 호의 자를 말한다.
1.「자본시장과 금융투자업에 관한 법률」에 따른 금융투자관계기관, 집합투자기구, 집합투자기구평가회사 및 채권평가회사
2.「금융지주회사법」에 따른 금융지주회사
3.「외국환거래법」에 따른 외국환업무취급기관 및 외국환중개회사

4.「신용정보의 이용 및 보호에 관한 법률」에 따른 신용정보회사 및 채권추심회사

제96조【해외금융계좌 수정신고 및 기한 후 신고】 ① 법 제55조제1항에 따라 해외금융계좌정보를 수정신고하려는 자는 기획재정부령으로 정하는 해외금융계좌 수정신고서에 다음 각 호의 사항을 적어 납세지 관할 세무서장에게 제출해야 한다.
1. 처음 신고한 해외금융계좌정보
2. 수정신고하는 해외금융계좌정보
② 법 제55조제2항에 따라 해외금융계좌정보를 기한 후 신고하려는 자는 기획재정부령으로 정하는 해외금융계좌 기한 후 신고서를 납세지 관할 세무서장에게 제출해야 한다.

제97조【해외금융계좌 신고의무 위반금액의 출처에 대한 소명】 ① 법 제56조제1항에 따라 소명을 요구받은 계좌신고의무자가 신고의무 위반금액의 출처에 대하여 소명하려는 경우에는 기획재정부령으로 정하는 해외금융계좌 신고의무 위반금액 출처 확인서를 납세지 관할 세무서장에게 제출해야 한다.
② 법 제56조제1항에 따라 소명을 요구받은 계좌신고의무자가 소명을 요구받은 금액의 80퍼센트 이상에 대하여 출처를 소명한 해외금융계좌에 대해서는 신고의무 위반으로 소명을 요구받은 전액에 대하여 소명한 것으로 본다.
③ 법 제56조제2항 단서에서 "계좌신고의무자가 자료의 수집·작성에 상당한 기간이 걸리는 등 대통령령으로 정하는 부득이한 사유"란 다음 각 호의 사유를 말한다.
1. 계좌신고의무자가 화재·재난 및 도난 등의 사유로 자료를 제출할 수 없는 경우
2. 계좌신고의무자가 사업이 중대한 위기에 처하여 자료를 제출하기 매우 곤란한 경우
3. 관련 장부·서류가 권한 있는 기관에 압수되거나 영치된 경우
4. 자료의 수집·작성에 상당한 기간이 걸려 기한까지 자료를 제출할 수 없는 경우
5. 제1호부터 제4호까지의 규정에 따른 사유와 유사한 사유가 있어 기한까지 자료를 제출할 수 없다고 판단되는 경우

제2절 해외현지법인 등의 자료 제출

제98조【해외현지법인 등에 대한 자료 제출의무】 ① 법 제58조제1항 각 호 외의 부분 전단에 따른 해외직접투자명세등은 다음 각 호의 구분에 따른 자료로 한다. 〈2023.2.28 본문개정〉
1.「외국환거래법」제3조제1항제18호가목에 따른 해외직접투자를 한 거주자 또는 내국법인 : 기획재정부령으로 정하는 해외현지법인 명세서
2. 제1호에 해당하는 거주자 또는 내국법인 중 다음 각 목의 어느 하나에 해당하는 거주자 또는 내국법인 : 기획재정부령으로 정하는 해외현지법인 명세서와 해외현지법인 재무상황표
가.「외국환거래법」제3조제1항제18호가목에 따른 해외직접투자를 받은 법인(이하 이 조에서 "피투자법인"이라 한다)의 발행주식 총수 또는 출자총액의 10퍼센트 이상을 소유하고 그 투자금액이 1억원 이상인 거주자 또는 내국법인
나. 피투자법인의 발행주식 총수 또는 출자총액의 10퍼센트 이상을 직접 또는 간접으로 소유하고 있고, 피투자법인과 법 제2조제1항제3호에 따른 특수관계에 있는 거주자 또는 내국법인
3. 제2호나목에 해당하는 거주자 또는 내국법인 중 법 제58조제1항제3호 또는 제4호에 해당하는 거래의 건별 손실금액(이하 이 조에서 "손실거래액"이라 한다)이 다음 각 목의 구분에 따른 요건을 갖춘 거주자 또

는 내국법인 : 기획재정부령으로 정하는 해외현지법인 명세서, 해외현지법인 재무상황표와 손실거래명세서
가. 거주자 : 손실거래금액이 단일 과세기간에 10억원 이상이거나 최초 손실이 발생한 과세기간부터 5년이 되는 날이 속하는 과세기간까지의 누적 손실금액이 20억원 이상일 것
나. 내국법인 : 손실거래금액이 단일 사업연도에 50억원 이상이거나 최초 손실이 발생한 사업연도부터 5년이 되는 날이 속하는 사업연도까지의 누적 손실금액이 100억원 이상일 것
4. 「외국환거래법」 제3조제1항제18호나목에 따른 해외직접투자를 한 거주자 또는 내국법인 : 기획재정부령으로 정하는 해외영업소 설치현황표
5. (2022.2.15 삭제)
② 「외국환거래법」에 따른 자본거래로서 해당 과세연도에 외국에 있는 부동산이나 이에 관한 권리(이하 "해외부동산등"이라 한다)를 취득하여 보유하고 있거나 처분한 거주자 또는 내국법인은 법 제58조제2항에 따라 기획재정부령으로 정하는 해외부동산등의 취득·보유·투자운용(임대) 및 처분 명세서를 납세지 관할 세무서장에게 제출해야 한다. (2022.2.15 본항신설)
③ 제1항제3호를 적용할 때 손실거래금액은 다음 각 호에 따른 손실로서 거주자 또는 내국법인의 경우에는 기업회계기준에 따라 산출하고, 피투자법인의 경우에는 피투자법인의 거주지국에서 재무제표를 작성할 때에 일반적으로 인정되는 회계원칙(우리나라의 기업회계기준과 현저히 다른 경우에는 우리나라의 기업회계기준을 말한다)에 따라 산출한다.
1. 자산의 매입·처분·증여·평가·감액 등으로 인한 손실. 다만, 다음 각 목에 해당하는 손실은 제외한다.
가. 사업 목적에 따른 재고자산의 매입·판매로 인한 손실
나. 사업 목적으로 사용되는 유형자산 및 무형자산의 감가상각비
다. 유가증권시장(외국유가증권시장을 포함한다)에서 거래되는 유가증권의 처분·평가·감액으로 인한 손실
라. 화폐성 외화자산의 환율 변동에 의한 손실(환율변동에 의한 평가 손실을 포함한다)(2022.2.15 본목개정)
2. 부채(충당금을 포함하며, 미지급 법인세는 제외한다) 인식·평가·상환 등으로 인한 손실. 다만, 화폐성 외화부채의 환율 변동에 의한 손실(환율변동에 의한 평가 손실을 포함한다)은 제외한다. (2022.2.15 단서개정)
3. 증자·감자·합병·분할 등 자본거래로 인한 손실

제99조 【해외현지법인 등의 자료 제출의무 불이행 시 취득자금 출처에 대한 소명】 ① 법 제59조제1항에 따라 소명을 요구받은 거주자 또는 내국법인이 같은 조 제2항에 따라 소명대상 금액의 출처에 대하여 소명하려는 경우에는 기획재정부령으로 정하는 취득자금 소명대상 금액의 출처 확인서를 납세지 관할 세무서장에게 제출해야 한다.
② 법 제59조제3항에서 "자료의 수집·작성에 상당한 기간이 걸리는 등 대통령령으로 정하는 부득이한 사유"란 제97조제3항 각 호의 사유를 말한다.

제5장 글로벌최저한세의 과세
(2023.12.29 본장신설)

제1절 통 칙

제100조 【정의】 ① 법 제61조제1항제2호가목에서 "대통령령으로 정하는 집단"이란 기업의 자산, 부채, 수익, 비용 및 현금흐름이 최종모기업의 연결재무제표에 항목별로 포함되어 있는 기업(최종모기업이 소유 또는 지배하고 있는 기업으로서 기업의 규모가 작은 경우 등 기획재정부령으로 정하는 사유에 해당하여 그 자산, 부채, 수익, 비용 및 현금흐름이 최종모기업의 연결재무제표에 항목별로 포함되어 있지 않은 기업을 포함한다)들의 집단을 말한다.
② 법 제61조제1항제11호 전단에서 "소유지분을 보유한 자가 회계기준 등을 통하여 대통령령으로 정하는 바에 따라 다른 기업을 연결하여야 하는 경우"란 다음 각 호의 어느 하나에 해당하는 경우를 말한다.
1. 다른 기업의 소유지분을 보유한 자가 제105조제2항제1호에 따른 회계기준(이하 이 장에서 "인정회계기준"이라 한다)에 따라 해당 기업의 자산, 부채, 수익, 비용 및 현금흐름을 각 항목별로 연결해야 하는 경우
2. 다른 기업의 소유지분을 보유한 자가 연결재무제표를 작성할 의무는 없으나 연결재무제표를 작성한다고 가정할 때 해당 기업의 자산, 부채, 수익, 비용 및 현금흐름을 항목별로 연결해야 하는 경우
③ 법 제61조제1항제12호에서 "하나의 기업이 다른 기업의 지배지분을 소유하는 경우 그 기업들을 연결하여 작성하는 재무제표 등 대통령령으로 정하는 재무제표"란 다음 각 호의 어느 하나에 해당하는 재무제표를 말한다.
1. 모기업이 인정회계기준에 따라 작성하는 재무제표로서 해당 기업과 그 기업이 지배지분을 보유하는 다른 기업의 자산, 부채, 수익, 비용 및 현금흐름이 연결되어 하나의 경제적 실체로 표시되는 재무제표
2. 최종모기업(법 제61조제1항제6호나목에 해당하는 기업으로 한정한다)이 인정회계기준에 따라 작성하는 재무제표
3. 최종모기업이 인정회계기준이 아닌 회계기준에 따라 작성하는 재무제표로서 중대한 왜곡을 방지하기 위한 기획재정부령으로 정하는 조정(이하 이 장에서 "중대왜곡방지조정"이라 한다)을 거친 재무제표
4. 제1호부터 제3호까지의 재무제표를 작성할 의무가 없는 최종모기업이 다음 각 목의 어느 하나에 해당하는 재무제표를 작성한다고 가정할 때 그 재무제표. 이 경우 해당 재무제표의 사업연도는 1역년(歷年)으로 한다.
가. 인정회계기준에 따라 작성하는 재무제표
나. 제105조제2항제2호에 따른 회계기준(이하 이 장에서 "공인회계기준"이라 한다)에 따라 작성하는 재무제표로서 중대왜곡방지조정을 거친 재무제표

제101조 【합병, 분할 등 사유 발생 시 연결매출액 기준의 적용 방법】 ① 법 제62조제2항에서 "합병, 분할 등 대통령령으로 정하는 사유"란 다음 각 호의 사유를 말한다.
1. 합병 : 둘 이상의 그룹이 합쳐져 하나의 그룹을 이루게 되거나, 그룹의 구성기업이 아닌 기업이 다른 기업 또는 그룹에 합쳐져 하나의 그룹을 이루게 되는 경우
2. 분할 : 하나의 그룹이 둘 이상의 그룹으로 분리되어 각 그룹에 속하는 구성기업이 더 이상 같은 최종모기업을 기준으로 연결되지 않는 경우
3. 신설 : 그룹이 새로 설립되는 경우(제1호 또는 제2호에 해당하는 경우는 제외한다)
② 법 제62조제2항에 따라 같은 조 제1항을 적용할 때 이 조 제1항 각 호의 사유가 발생한 경우에는 다음 각 호에서 정하는 바에 따른다.
1. 합병 : 다음 각 목의 구분에 따른다.
가. 각 사업연도(다국적기업그룹의 최종모기업이 연결재무제표를 작성하는 대상이 되는 회계기간을 말한다. 이하 이 장에서 같다)의 직전 4개 사업연도 중에 둘 이상의 그룹이 합병된 경우 : 직전 4개 사업연도 중에 합병 전 각 그룹의 연결매출액(그룹이 다국적기

업그룹인 경우에는 최종모기업의 연결재무제표상 매출액을 말한다. 이하 이 조에서 같다) 합계가 7억5천만유로 이상인 사업연도는 합병으로 설립되거나 합병 이후 존속하는 그룹(이하 이 호에서 "합병그룹"이라 한다)의 해당 사업연도 연결매출액이 7억5천만유로 이상인 것으로 보아 법 제62조제1항을 적용한다.
　나. 각 사업연도의 직전 4개 사업연도 중에 그룹의 구성기업이 아닌 기업(이하 이 호에서 "피인수기업"이라 한다)이 다른 기업 또는 그룹(이하 이 호에서 "인수기업등"이라 한다)에 합병된 경우 : 직전 4개 사업연도 중에 피인수기업의 매출액과 인수기업등의 매출액 또는 연결매출액의 합계가 7억5천만유로 이상인 사업연도는 합병그룹의 해당 사업연도 연결매출액이 7억5천만유로 이상인 것으로 보아 법 제62조제1항을 적용한다.
　다. 가목 및 나목을 적용할 때 합병 전의 그룹, 피인수기업, 인수기업등의 사업연도가 합병그룹의 사업연도와 일치하지 않는 경우 : 합병 전의 그룹, 피인수기업, 인수기업등의 합병일이 속하는 사업연도의 직전 4개 사업연도의 매출액 또는 연결매출액의 합계는 그 각 사업연도의 종료일이 속하는 합병그룹의 각 사업연도의 연결매출액으로 본다.
2. 분할 : 분할이 없었다면 분할이 이루어진 사업연도에 법 제5장 및 이 장이 적용되었을 다국적기업그룹이 둘 이상의 그룹으로 분할된 경우, 그 분할일이 속하는 사업연도(이하 이 호에서 "분할사업연도"라 한다)에 분할에 따라 설립된 그룹(이하 이 호에서 "분할그룹"이라 한다)의 연결매출액이 7억5천만유로 이상인 분할그룹에 대해서는 법 제62조제1항을 적용하고, 분할사업연도 다음의 3개 사업연도에 대해서는 분할사업연도 및 그 직후 3개 사업연도 중 둘 이상의 사업연도에 분할그룹의 연결매출액이 7억5천만유로 이상인 때 법 제62조제1항을 적용한다.
3. 신설 : 그룹이 새로 설립된 경우에는 그 설립일이 속하는 사업연도(이하 이 호에서 "신설사업연도"라 한다)와 그 직후 사업연도의 연결매출액이 7억5천만유로 이상인 때 또는 신설사업연도와 그 직후 2개 사업연도 중 둘 이상의 사업연도의 연결매출액이 7억5천만유로 이상인 때 법 제62조제1항을 적용한다.
③ 법 제62조제2항에 따른 연결매출액 등 법 제5장을 적용하는 데 필요한 금액을 유로로 환산하기 위한 환율은 유럽중앙은행(European Central Bank)이 해당 사업연도의 직전 사업연도 12월에 고시하는 매일 환율의 평균을 사용한다. 다만, 유럽중앙은행이 이를 고시하지 않은 경우에는 유로로 환산하려는 해당 통화의 발행국 중앙은행(Central Bank)이 해당 사업연도의 직전 사업연도 12월에 고시하는 매일 환율의 평균을 사용한다.
제102조【제외기업의 범위 등】① 법 제62조제3항에 따른 제외기업(이하 이 장에서 "제외기업"이라 한다)은 다음 각 호에서 정하는 기관 등으로 한다.
1. 정부기관 : 다음 각 목의 요건을 모두 갖춘 기관을 말한다.
　가. 정부〔국가(재정자치권을 보유하는 지역을 포함하며, 그 지역은 별개의 국가로 본다. 이하 이 장에서 같다), 지방자치단체 및 이에 준하는 정부의 정치적 하부조직 또는 지방정부를 포함한다. 이하 이 장에서 같다〕에 속하거나 정부가 전부 소유할 것
　나. 그 활동의 주된 목적이 정부의 기능을 수행하거나 정부의 자산을 관리하고 투자하는 것으로서 영리 목적의 사업을 영위하지 않을 것
　다. 그 활동의 성과에 대해 정부에 책임을 지고 연간 성과를 정부에 보고할 것
　라. 그 순이익을 분배하는 경우 전부를 정부에 분배하고, 해산 시에는 잔여재산이 정부에 귀속될 것

2. 국제기구 : 다음 각 목의 요건을 모두 갖춘 정부 간 기구(초국가 기구를 포함한다. 이하 이 장에서 같다) 또는 그 기구가 전부 소유하는 기관 또는 조직을 말한다.
　가. 주로 정부로 구성될 것
　나. 본부협정(정부 간 기구와 그 본부의 소재국 간에 체결하는 협정을 말한다) 또는 이와 유사한 협정이 체결되어 발효 중일 것
　다. 그 소득이 사인(私人)에게 귀속되는 것이 법률이나 자체 규정에 따라 금지되어 있을 것
3. 비영리기구 : 다음 각 목의 요건을 모두 갖춘 단체를 말한다. 다만, 해당 단체의 설립 목적과 직접 관련되지 않은 사업을 영위하는 단체는 제외한다.
　가. 다음의 어느 하나에 해당하는 단체일 것
　　1) 종교, 자선, 과학, 예술, 문화, 체육, 교육, 그 밖에 이와 유사한 목적을 위해 설립 · 운영되는 단체
　　2) 전문직업단체, 사업연맹, 상공회의소, 노동단체, 농업 또는 원예단체, 시민단체, 그 밖에 이와 유사한 단체로서 사회복지 증진을 위해 설립 · 운영되는 단체
　나. 단체의 거의 모든 소득이 해당 단체가 설립 · 운영되는 국가에서 과세되지 않을 것
　다. 단체의 소득이나 자산에 대한 소유권 또는 사용 · 수익권을 전유(專有)하는 주주나 구성원이 없을 것
　라. 단체의 소득이나 자산이 다음의 어느 하나에 해당하는 경우를 제외하고는 사인이나 자선사업을 영위하지 않는 기업에 분배되거나 제공되지 않을 것
　　1) 해당 단체의 자선 활동의 수행에 따른 경우
　　2) 해당 단체가 제공받은 용역이나 사용하는 재산 또는 자본에 대해 합리적 대가를 지불하는 경우
　　3) 해당 단체가 구매한 자산에 대해 공정가치에 상당하는 대가를 지불하는 경우
　마. 단체가 폐쇄, 해산 또는 청산할 때 잔여재산이 그 단체가 설립 · 운영되던 국가의 다른 단체(가목부터 라목까지의 요건을 갖춘 단체로 한정한다), 정부 또는 정부기관에 귀속될 것
4. 연금펀드 : 다음 각 목의 어느 하나에 해당하는 기업을 말한다.
　가. 개인에 대한 급부〔퇴직급여(그에 부수하여 지급되는 급부를 포함한다) 및 사망 · 상해 등 우발적 상황에서 지급되는 급부를 말한다. 이하 이 호에서 같다〕를 관리하고 제공하기 위해 설립 · 운영되는 기업으로서 다음의 어느 하나의 요건을 갖춘 기업
　　1) 해당 기업이 설립 · 운영되는 국가에서 그 기업의 설립 · 운영 목적에 맞도록 규제할 것
　　2) 해당 급부가 안정적으로 이행될 수 있도록 신탁을 통해 보유되는 집합자산 등으로 재원이 조달되고, 그 이행 불능을 대비하여 적절한 담보 수단이나 제도적 보장책을 갖추고 있을 것
　나. 다음의 어느 하나에 해당하는 목적으로 설립 · 운영되는 기업
　　1) 가목에 따른 기업을 위해 자금을 투자할 것
　　2) 가목에 따른 기업과 같은 그룹에 속한 기업으로서 가목에 따른 기업이 수행하는 급부의 지급을 위한 부수적인 활동을 수행할 것
5. 최종모기업인 투자펀드 : 다음 각 목의 요건을 모두 갖춘 기업을 말한다.
　가. 최종모기업에 해당할 것
　나. 「자본시장과 금융투자업에 관한 법률」 제9조제18항에 따른 집합투자기구 또는 이와 유사한 투자기구로서 다음의 요건을 모두 갖춘 기업에 해당할 것
　　1) 다수의 투자자들〔투자자들이 모두 기획재정부령으로 정하는 특수관계자(이하 이 장에서 "특수관계자"라 한다)들로만 구성된 경우는 제외한다〕로

부터 자산을 모으도록 설계되고 정해진 투자 정책에 따라 투자를 실행할 것

2) 투자자들의 조사·분석 및 거래의 비용을 줄이거나 위험을 분산할 수 있도록 하고, 주로 투자수익의 창출이나 특정적 또는 일반적인 사건 및 결과에 대한 보호를 위해 설계될 것

3) 투자자들이 각자의 기여에 기초하여 펀드자산으로부터의 수익에 대한 권리를 보유할 것

4) 해당 기업이나 그 경영자에게 해당 기업이 설립·운영되는 국가의 규제 체제(자금세탁방지 및 투자자 보호 규제를 포함한다)가 적용될 것

5) 투자펀드 관리 전문가가 투자자들을 대신하여 펀드를 관리할 것

6. 최종모기업인 부동산투자기구 : 다음 각 목의 요건을 모두 갖춘 기업을 말한다.

가. 최종모기업에 해당할 것

나. 투자 대상이 주로 부동산(그 가치가 부동산에 연계된 증권을 포함한다)이고, 해당 투자기구에 대한 소유가 분산된 기업으로서 해당 기업과 그 지분의 소유자 중 하나에 대해서만 과세(최대 1년까지 과세가 이연되는 경우를 포함한다)할 것

7. 기타제외기업 : 제1호부터 제6호까지에 해당하는 제외기업 중 하나 이상의 제외기업(제4호나목의 기업은 제외하며, 이하 이 호에서 "지배기업"이라 한다)이 직접 또는 다른 제외기업을 통해 간접으로 소유하는 기업(이하 이 호에서 "피지배기업"이라 한다)으로서 다음 각 목의 어느 하나에 해당하는 기업을 말한다.

가. 지배기업이 소유하고 있는 피지배기업 지분의 비율(기획재정부령으로 정하는 바에 따라 계산하며, 이하 이 호에서 "소유지분가치비율"이라 한다)이 100분의 95 이상인 기업으로서 다음의 어느 하나에 해당하는 기업(해당 기업의 고정사업장을 포함한다)

1) 지배기업을 위해 자산을 보유하거나 자금을 투자하기 위한 사업활동만을 수행하는 기업(해당 사업활동 외의 사업활동을 적극적으로 수행하지 않는 경우를 포함한다). 이 경우 같은 그룹에 속한 기업이 아닌 자로부터 차입한 자금으로 자산을 보유하거나 투자하는 때에도 이를 지배기업을 위한 것으로 본다.

2) 지배기업이 수행하는 활동에 대한 부수적 활동만을 수행하는 기업. 이 경우 하나 이상의 제3호의 비영리기구가 소유지분가치비율의 전부를 직접 또는 간접으로 소유하고 있는 기업으로서 기획재정부령으로 정하는 요건을 갖춘 기업이 수행하는 활동은 부수적 활동에 해당하는 것으로 본다.

3) 1)에 해당하는 사업활동과 2)에 해당하는 부수적 활동을 모두 수행하는 기업

나. 소유지분가치비율이 100분의 85 이상인 기업으로서 소득의 전부 또는 거의 전부가 제104조제1항제2호의 배당수익 또는 같은 항 제4호의 지분손익인 기업

② 법 제62조제4항에 따라 신고구성기업이 제외기업의 구성기업 포함 여부를 선택하는 경우에는 다음 각 호에서 정하는 기준(이하 이 장에서 "5년선택"이라 한다)에 따른다.

1. 신고구성기업의 선택은 그 선택의 대상이 되는 첫 번째 사업연도와 그 다음 4개 사업연도에 대해 적용한다.

2. 신고구성기업은 제1호에 따른 적용 대상 사업연도에 대해서는 그 선택을 취소할 수 없다.

3. 신고구성기업이 제1호에 따른 마지막 적용 대상 사업연도의 다음 사업연도에 대해 그 선택을 취소한다는 의사를 표시하지 않으면 해당 선택은 제1호에 따른 마지막 적용 대상 사업연도 후의 사업연도에도 1년 단위로 다시 적용된다.

4. 신고구성기업이 제1호에 따른 적용 대상 사업연도 후의 사업연도에 대해 그 선택을 취소하면 해당 취소가 적용되는 첫 번째 사업연도(이하 이 장에서 "취소사업연도"라 한다)와 그 다음 4개 사업연도에 대해서는 동일한 선택을 다시 할 수 없다.

제103조【기업의 소재지】 ① 법 제64조제1항제1호 각 목 외의 부분에서 "대통령령으로 정하는 기업"이란 해당 기업이 설립·운영되는 국가에서 과세상 투시(해당 기업의 소득, 지출 및 손익을 그 기업의 지분을 직접 보유하는 자에게 지분비율에 따라 귀속시켜 과세하는 것을 말한다. 이하 이 장에서 같다)되는 기업을 말한다. 다만, 실질적 관리장소 또는 설립 장소나 이와 유사한 기준에 따라 다른 국가의 세법상 거주자인 기업(해당 국가에 납세의무가 있는 경우로서 해당 국가 내의 원천으로부터 발생한 소득에 대해서만 그 국가에서 납세할 의무가 있는 경우는 제외한다)으로서 그 소득 또는 이익에 대해 그 다른 국가에서 법 제67조제1항 전단에 따른 대상조세(이하 이 장에서 "대상조세"라 한다) 또는 법 제70조제5항에 따른 적격소재국추가세액이 과세되는 기업은 제외한다.

② 법 제64조제3항에 따른 고정사업장의 소재지국은 다음 각 호의 구분에 따른 국가로 한다. 다만, 제1호부터 제3호까지에서 정한 사업장 외의 사업장으로서 해당 사업장에 귀속되는 소득에 대해 과세되지 않는 사업장(이하 이 장에서 "제4형고정사업장"이라 한다)의 경우에는 소재지국이 없는 것으로 본다.

1. 적용 가능하고 유효한 조세조약(우리나라가 체약당사자가 아닌 조세조약을 포함한다. 이하 이 장에서 같다)에 따라 고정된 사업장이 있는 것으로 인정되고 국제적으로 합의된 소득과 자본에 관한 경제협력개발기구모델조세조약(Model Tax Convention on Income and on Capital)에 따른 사업소득의 계산 방법이나 이와 유사한 방법으로 해당 사업장에 귀속되는 소득에 대해 과세되는 사업장(이하 이 장에서 "제1형고정사업장"이라 한다)의 경우 : 해당 조세조약에 따라 고정사업장으로서 과세하는 국가

2. 적용 가능하고 유효한 조세조약이 없는 경우의 사업장으로서 세법상 거주자에 대한 과세 방법과 유사한 방법으로 해당 사업장에 귀속되는 소득에 대해 과세되는 사업장(이하 이 장에서 "제2형고정사업장"이라 한다)의 경우 : 사업 장소에 기초한 순소득을 기준으로 과세하는 국가

3. 해당 사업장에 대한 법인세제가 없는 국가에 소재하는 사업장으로서 국제적으로 합의된 소득과 자본에 관한 경제협력개발기구모델조세조약에 따르면 그 사업장이 실재하는 국가가 해당 사업장에 귀속되는 소득에 대해 과세권을 가지는 것으로 인정되는 사업장(이하 이 장에서 "제3형고정사업장"이라 한다)의 경우 : 해당 사업장이 실재하는 국가

③ 법 제64조제4항에 따라 기업의 소재지국이 둘 이상인 경우에는 다음 각 호의 구분에 따른 방법으로 소재지국을 결정한다.

1. 적용 가능하고 유효한 조세조약이 있는 경우 : 해당 조세조약에 따라 결정

2. 적용 가능하고 유효한 조세조약이 있지만 그에 따라 소재지국을 결정할 수 없는 경우 또는 적용 가능하고 유효한 조세조약이 없는 경우 : 다음 각 목의 순서에 따라 결정

가. 해당 사업연도에 더 큰 금액의 대상조세(제111조제1항제5호에 따른 피지배외국법인인과세제도의 적용에 따라 발생한 세액은 제외한다)를 납부한 국가가 있는 경우에는 그 국가로 결정

나. 해당 사업연도에 국가별로 납부한 대상조세 금액이 같거나 납부한 금액이 없는 경우에는 제118조에

따라 국가별로 계산한 실질기반제외소득금액이 더 큰 국가로 결정

　다. 해당 사업연도에 국가별로 납부한 대상조세 금액이 같거나 납부한 금액이 없고, 제118조에 따라 국가별로 계산한 실질기반제외소득금액도 같거나 없는 경우에는 소재지국이 없는 것으로 결정하되, 해당 기업이 다국적기업그룹의 최종모기업인 경우에는 해당 기업이 설립·운영되는 국가에 소재하는 것으로 결정

④ 제3항에 따라 결정된 모기업의 소재지국에서 법 제72조제4항제1호의 적격소득산입규칙을 시행하지 않는 경우 제3항에 따른 결정에서 제외된 다른 소재지국은 해당 모기업에 대해 그 적격소득산입규칙을 적용할 수 있다. 다만, 적용 가능하고 유효한 조세조약에서 그 적용을 제한하고 있는 경우에는 그렇지 않다.

⑤ 기업이 사업연도 중에 소재지국을 변경한 경우에는 그 사업연도 개시일 당시의 소재지국을 해당 사업연도의 소재지국으로 본다.

제2절 추가세액의 계산

제104조【글로벌최저한세소득·결손의 계산을 위한 회계상 순손익의 조정사항】
① 법 제66조제1항에서 "순조세비용의 가산, 배당소득의 차감, 뇌물 등 정책적 부인(否認)비용의 가산 등 대통령령으로 정하는 조정사항"이란 다음 각 호의 조정사항을 말한다.

1. 순조세비용(구성기업의 회계상 비용으로 계상된 대상조세, 당기법인세 및 이연법인세 등 금액을 말한다)의 가산
2. 배당수익(구성기업이 보유하는 소유지분에 대한 이익의 배당금 또는 그 밖의 분배금을 말한다)의 차감
3. 정책적 부인비용(뇌물 등 불법적 지출과 5만유로 이상의 벌금 및 과태료를 말한다)의 가산
4. 지분손익(구성기업이 보유하는 소유지분의 처분이나 공정가치평가 등과 관련하여 발생하는 손익을 말한다)의 조정
5. 재평가손익(구성기업의 유형자산을 공정가치로 재평가한 가액과 장부가액 간의 차이에 따른 손익을 말한다)의 조정
6. 비대칭외환손익(구성기업의 재무제표 작성에 사용된 통화와 세무상 소득금액 계산에 사용된 통화가 서로 다른 경우 발생하는 외환손익을 말한다)의 조정
7. 연금손익(구성기업의 퇴직연금제도와 관련하여 발생하는 손익을 말한다)의 조정
8. 주식기준보상비용(구성기업이 소속 임직원 등에게 상여금으로 지급하는 주식이나 주식가치에 상당하는 금전과 관련하여 발생하는 비용을 말한다)의 조정
9. 그룹내부금융약정비용(구성기업 간에 직접 또는 간접으로 신용을 공여하거나 투자하기로 하는 약정을 체결하는 경우 그와 관련하여 발생하는 비용을 말한다)의 조정
10. 총자산처분이익(구성기업이 해당 국가에서 보유하는 부동산을 처분함에 따른 이익의 합계액이 손실의 합계액을 초과하는 경우 그 이익을 말한다)의 조정
11. 채무면제이익(구성기업이 채무를 면제받게 되는 경우에 발생하는 이익을 말한다)의 조정
12. 적격환급가능세액공제(구성기업이 수혜조건을 갖춘 때부터 4년 이내에 현금 또는 현금등가물로 지급받는 세액공제를 말한다. 이하 이 장에서 같다) 및 적격양도가능세액공제(구성기업이 양도 가능하고 시장성 있는 자산으로 지급받는 세액공제를 말한다. 이하 이 장에서 같다) 금액의 조정
13. 전기 오류수정(구성기업이 제139조제1항의 글로벌최저한세제도가 적용되었던 과거 사업연도의 회계상

오류를 수정하여 회계상 순손익에 증감이 발생하는 경우를 말한다) 또는 회계정책 변경(구성기업이 해당 사업연도에 적용하는 회계정책이나 회계원칙을 변경하여 해당 사업연도의 직전 사업연도까지 회계상 순손익에 증감이 발생하는 경우를 말한다)에 따른 조정
14. 구성기업 간 연결회계조정(같은 국가 내 연결납세대상 구성기업 간의 내부거래에서 발생하는 소득, 비용, 이익 및 손실을 제거하기 위해 실시하는 회계조정)의 결과의 반영에 따른 조정
15. 실현주의(연결재무제표상 공정가치평가 및 손상차손평가가 회계처리의 대상이 되는 구성기업의 자산 및 부채에 대해 그 자산이 양도되거나 부채가 상환되는 등의 시점에 손익을 인식하는 것을 말한다)의 적용에 따른 조정
16. 정상가격 및 동일가격 원칙(과세목적상 서로 다른 국가에 소재하는 구성기업 간 거래가격은 실제 거래가격이 아니라 비교가능한 제3자 간 거래에서 설정되었을 조건을 적용하여 계산한 가격으로 결정하고, 다른 국가에 소재하는 구성기업들 간의 모든 거래는 각자의 회계장부에 동일한 금액으로 기록되어야 한다는 원칙을 말한다)의 적용에 따른 조정
17. 보험계약자 관련 손익(보험업을 영위하는 구성기업이 보험계약자에게 귀속되는 수익에 대해 납부한 세금 등 보험계약자와 관련하여 발생하는 손익을 말한다)의 조정
18. 기타기본자본 등에 대한 배당(은행업 또는 보험업을 영위하는 구성기업이 관련 법령에 따른 자본건전성 규제 또는 지급 여력 규제에 따라 발행하거나 취득하는 기타기본자본 또는 제한기본자본에 대해 지급하거나 지급할 배당 또는 수취하거나 수취할 배당을 말한다)의 조정
19. 기타 연결조정 사항(구성기업의 별도 회계상 계상되지 않은 연결조정 사항으로서 내부거래의 제거를 위한 목적 및 매수법회계의 적용을 위한 목적 외의 것을 말한다)의 반영에 따른 조정
② 제1항 각 호의 조정사항별 조정 방법에 관한 세부사항 등은 기획재정부령으로 정한다.

제105조【회계상 순손익의 산정 시 적용 가능한 회계기준】
① 법 제66조제2항에서 "대통령령으로 정하는 요건을 갖춘 경우"란 다음 각 호의 요건을 모두 갖춘 경우를 말한다.

1. 구성기업의 회계가 제2항에 따른 회계기준에 따라 기록 및 관리되고 있을 것
2. 구성기업의 회계에 포함된 정보를 신뢰할 수 있을 것
3. 수익, 비용 또는 거래 항목에 대해 제2항에 따른 회계기준을 적용한 결과와 최종모기업회계기준(최종모기업의 연결재무제표를 작성하는 데 사용되는 회계기준을 말한다. 이하 이 장에서 같다)을 적용한 결과를 비교하였을 때 1백만유로를 넘는 영구적 차이가 발생하는 경우 해당 항목에 대해서는 최종모기업회계기준을 적용하여 처리할 것
② 법 제66조제2항에서 "대통령령으로 정하는 회계기준"이란 다음 각 호의 어느 하나에 해당하는 회계기준을 말한다.

1. 국제회계기준과 우리나라 및 기획재정부령으로 정하는 국가에 의해 일반적으로 인정되는 회계기준
2. 재무 보고 목적의 회계기준을 제시, 수립 또는 채택할 수 있는 권한이 있는 공인회계기구에 의해 승인된 회계기준

제106조【글로벌최저한세소득·결손의 계산에서 제외되는 국제해운소득·결손 등의 범위】
① 법 제66조제3항에서 "국제항행 선박을 통한 여객 또는 화물의 운송 소득 등 대통령령으로 정하는 국제해운소득·결손"

이란 다음 각 호의 어느 하나에 해당하는 사업(이하 이 조에서 "국제해운사업"이라 한다)을 영위함에 따라 발생하는 구성기업의 순손익을 말한다. 다만, 국제해운사업의 내용 중 선박의 운송활동(여객 또는 화물을 운송하는 활동을 말한다. 이하 이 조에서 같다)에 같은 국가의 내륙수로에서 이루어지는 부분이 포함되어 있는 경우 그 부분의 사업을 영위함에 따라 발생하는 소득·결손 금액은 본문에 따른 순손익에서 제외한다.

1. 구성기업이 소유 또는 임차하거나 처분 권한을 가지고 있는 국제항행 선박을 통한 운송활동
2. 일부용선 계약에 따른 국제항행 선박의 운송활동
3. 국제항행 운송활동에 사용될 선박(선박장비, 선원 및 선용품을 포함한다)의 임대
4. 다른 구성기업에 대해 국제항행 운송활동에 사용될 선박을 나용선으로 임대
5. 국제항행 선박의 운송활동을 위한 공동운항, 공동사업 또는 국제해운기구에의 참여
6. 국제항행 운송활동에 사용된 선박으로서 구성기업이 1년 이상 보유한 선박의 매각

② 법 제66조제3항에서 "대통령령으로 정하는 적격국제해운부수소득·결손"이란 국제항행 운송활동과 관련하여 수행되는 다음 각 호의 어느 하나에 해당하는 활동에서 발생하는 순손익을 말한다. 다만, 한 국가에 소재한 구성기업의 적격국제해운부수소득·결손의 합계가 제1항에 따른 국제해운소득·결손 합계의 100분의 50을 초과하는 경우 그 초과 금액은 본문에 따른 순손익에서 제외한다.

1. 구성기업 외의 해운기업에 대한 나용선 임대(용선 기간이 3년을 초과하지 않는 경우로 한정한다)
2. 국제항행 여정의 국내 구간을 항행하는 다른 해운기업이 발권하는 표의 판매
3. 컨테이너 임대(그 반납 지연에 따른 지체료 청구를 포함한다) 및 통상 5일 이하의 단기 보관
4. 엔지니어, 유지보수 인력, 화물 처리 인력, 급식서비스 인력 및 고객서비스 인력이 다른 해운기업에 제공하는 서비스
5. 국제해운사업의 영위를 위한 필수적인 투자[국제해운사업 영위에 필요한 예금 또는 단기 운전자금의 운용, 법률상 요구되는 보증채권의 위탁 등을 포함하고, 다른 구성기업을 위한 자금흐름 관리(cash flow management) 및 재무관리(treasury activity)는 제외한다]

③ 제2항 각 호 외의 부분 단서에 따라 같은 항 각 호 외의 부분 본문에 따른 순손익에서 제외되는 금액은 각 구성기업의 적격국제해운부수소득·결손 금액에 비례하여 해당 구성기업의 글로벌최저한세소득·결손의 계산에 포함한다.

④ 제1항부터 제3항까지에서 규정한 사항 외에 국제해운사업에서 발생하는 순손익의 구체적 계산 방법 등에 관하여는 기획재정부령으로 정한다.

제107조【고정사업장의 회계상 순손익의 계산】 법 제66조제4항에 따른 고정사업장의 회계상 순손익의 계산 방법은 다음 각 호와 같다.

1. 제1형고정사업장, 제2형고정사업장 및 제3형고정사업장의 회계상 순손익(해당 고정사업장의 별도 회계상 순손익을 말하며, 해당 사업장에 별도 회계가 없는 경우에는 최종모기업회계기준에 따라 별도 회계를 기록·관리한다고 가정할 때 그 회계상 순손익으로 한다) : 다음 각 목의 구분에 따른 조약 또는 세법에서 정하는 바에 따라 해당 고정사업장에 귀속되어야 할 수익 및 비용만을 반영하여 계산한다.
   가. 제1형고정사업장의 경우 : 해당 고정사업장의 소재지국과 본사 소재지국 간의 유효한 조세조약
   나. 제2형고정사업장의 경우 : 해당 고정사업장 소재지국의 세법

다. 제3형고정사업장의 경우 : 국제적으로 합의한 소득과 자본에 관한 경제협력개발기구모델조세조약
2. 제4형고정사업장의 회계상 순손익 : 다음 계산식에 따라 계산한다.

> 회계상 순손익 = A - B
> A : 본사의 소재지국에서 과세되지 않는 소득으로서 그 소재지국 밖에서 수행하는 활동에 귀속되는 소득
> B : 본사의 소재지국에서 세무상 공제되지 않는 비용으로서 그 소재지국 밖에서 수행하는 활동에 귀속되는 비용

제108조【투과기업의 회계상 순손익의 배분】 ① 법 제66조제6항에 따라 투과기업의 회계상 순손익은 해당 투과기업의 사업 전부 또는 일부가 고정사업장을 통해 수행되는 경우 해당 고정사업장에 배분하고, 그 배분 후 남는 순손익은 다음 각 호의 구분에 따라 배분한다.

1. 투과기업이 투시과세기업(투과기업으로서 그 소유지분 보유자의 소재지국에서 과세상 투시되는 기업을 말한다. 이하 이 장에서 같다)에 해당하는 경우 : 다음 각 목의 구분에 따라 배분
   가. 투과기업이 최종모기업인 경우 : 해당 투과기업에 배분
   나. 투과기업이 최종모기업이 아닌 경우 : 주주구성기업이 보유하는 소유지분에 따라 주주구성기업에 배분
2. 투과기업이 역혼성기업(투과기업으로서 그 소유지분 보유자의 소재지국에서 과세상 투시되지 않는 기업을 말한다)에 해당하는 경우 : 해당 투과기업에 배분

② 제1항을 적용할 때 해당 투과기업의 투시과세기업 해당 여부 또는 역혼성기업 해당 여부는 그 투과기업의 소유지분을 보유한 주주구성기업별로 판단한다.

③ 제1항을 적용할 때 같은 다국적기업그룹에 속하지 않는 자가 직접 또는 간접(하나 이상의 투시과세기업을 통한 간접 보유로 한정한다. 이하 이 항에서 같다)으로 투과기업의 소유지분을 보유하는 경우 그 소유지분에 귀속되는 회계상 순손익은 같은 항에 따라 배분되는 회계상 순손익에서 제외한다. 다만, 해당 투과기업이 최종모기업(직접 또는 간접으로 다른 투과기업을 소유하고 있는 최종모기업을 포함한다)인 경우 글로벌최저한세소득·결손의 계산에 관하여는 법 제77조제3항에 따른다.

제109조【대상조세의 범위】 ① 법 제67조제1항 전단에서 "구성기업의 소득 또는 이익에 부과되는 세금 등 대통령령으로 정하는 조세"란 다음 각 호의 세금을 말한다.

1. 해당 구성기업의 소득 또는 이익에 부과되는 세금
2. 해당 구성기업이 소유지분을 보유한 다른 구성기업의 소득 또는 이익 중 그 소유지분의 보유 비율에 해당하는 금액에 부과되는 세금
3. 법 제78조제1항의 적격배당과세제도(이하 이 장에서 "적격배당과세제도"라 한다)를 적용받는 구성기업이 분배하는 금액(분배하는 것으로 간주되는 금액을 포함한다) 또는 지출하는 업무무관비용에 부과되는 세금
4. 일반적으로 적용되는 법인세에 대신에 부과되는 세금 (원천징수세액 등 기획재정부령으로 정하는 것을 포함한다)
5. 이익잉여금 및 자본과 관련하여 부과되는 세금(소득 및 자본에 기초한 복수의 구성요소에 대한 세금을 포함한다)

② 제1항에도 불구하고 다음 각 호에 해당하는 것은 대상조세로 보지 않는다.

1. 법 제70조제5항에 따라 구성기업이 납부하는 적격소재국추가세액
2. 법 제72조제4항제1호의 적격소득산입규칙에 따라 모기업이 납부하는 추가세액

3. 법 제73조제4항의 적격소득산입보완규칙에 따라 구성기업이 납부하는 추가세액<2025.1.1 시행>
4. 구성기업이 지급하는 배당과 관련하여 납부하는 세금으로서 기획재정부령으로 정하는 비적격환급가능귀속세액
5. 보험계약자에게 귀속되는 수익에 대해 보험회사가 납부하는 세금
③ 법 제67조제1항에 따라 조정대상조세를 계산할 때에는 같은 대상조세를 중복하여 산입할 수 없다.

제110조【대상조세의 조정사항】 법 제67조제1항 전단에서 "대통령령으로 정하는 조정사항"이란 다음 각 호의 조정사항을 말한다.
1. 다음 각 목의 금액의 가산
  가. 회계상 세전이익의 계산에서 비용으로 계상한 대상조세 금액
  나. 이전 사업연도에 제2호에 따라 차감하는 것으로 처리했던 세무처리 항목(세무상 처리 기준이 명확하지 않거나 과세당국의 세법 해석·적용과 일치하지 않는 등 과세당국의 수용 여부가 확실하지 않은 세무처리 항목으로서 최종모기업회계기준에 따라 대상조세를 계상한 경우를 말한다. 이하 이 장에서 같다)과 관련된 대상조세로서 해당 사업연도에 납부된 금액
  다. 적격환급가능세액공제 금액 또는 적격양도가능세액공제 금액으로서 당기법인세비용의 차감으로 처리된 세액공제액 또는 환급세액
  라. 그 밖에 기획재정부령으로 정하는 금액
2. 다음 각 목의 금액의 차감
  가. 법 제66조제1항 및 제3항에 따라 글로벌최저한세소득·결손의 계산에서 제외되는 소득에 대한 당기법인세비용
  나. 비적격환급가능세액공제(전부 또는 부분적으로 환급 가능한 세액공제로서 적격환급가능세액공제에 해당하지 않는 세액공제를 말한다. 이하 이 장에서 같다) 금액으로서 당기법인세비용의 차감으로 처리되지 않은 세액공제액 또는 환급세액
  다. 비적격양도가능세액공제(양도는 가능하나 시장성이 없는 자산으로 지급받는 세액공제를 말한다) 금액으로서 당기법인세비용의 차감으로 처리되지 않은 세액공제액 등 기획재정부령으로 정하는 금액
  라. 적격환급가능세액공제 금액 및 적격양도가능세액공제 금액을 제외한 대상조세 환급액 또는 공제액으로서 회계상 당기법인세비용에서 차감되지 않은 금액
  마. 불확실한 세무처리 항목과 관련된 당기법인세비용
  바. 해당 사업연도 종료일의 다음 날부터 3년 이내에 납부되지 않을 것으로 예상되는 당기법인세비용
3. 다음 각 목의 요건을 모두 갖춘 대상조세 증감액의 가산 또는 차감
  가. 구성기업의 글로벌최저한세소득·결손을 계산할 때 포함된 금액일 것
  나. 해당 구성기업의 소재지국에서 과세대상인 손익에 대응되는 것으로서 회계상 자본 항목 또는 기타포괄손익 항목에 반영되는 금액일 것

제111조【구성기업 간 대상조세의 배분】 ① 법 제67조제1항 후단에 따라 다음 각 호의 구분에 따른 구성기업의 대상조세는 해당 호에서 정하는 다른 구성기업에 배분한다.
1. 본사인 구성기업의 회계상 계상된 대상조세로서 고정사업장의 글로벌최저한세소득·결손에 귀속되는 것 : 해당 고정사업장에 배분
2. 투시과세기업의 회계상 계상된 대상조세로서 주주구성기업에 귀속되는 글로벌최저한세소득·결손에 대응되는 것 : 해당 주주구성기업에 배분

3. 혼성기업(해당 기업이 소재하는 국가에서 과세되는 기업으로서 그 소유지분 보유자의 소재지국에서 과세상 투시되는 기업을 말한다)이 얻은 소득에 대한 대상조세로서 그 주주구성기업의 회계상 계상된 것 : 해당 혼성기업에 배분
4. 사업연도 중에 구성기업으로부터 받는 배당(주주구성기업 소재지국 세법상 배당으로 간주되는 것을 포함한다)에 대한 대상조세로서 해당 구성기업의 소유지분을 직접 보유한 주주구성기업의 회계상 계상된 것 : 해당 배당을 지급하는 구성기업에 배분
5. 피지배외국법인과세제도[주주가 소유지분을 직접 또는 간접으로 보유하는 외국에 소재하는 기업(이하 이 호에서 "피지배외국법인"이라 한다)의 소득 중 그 소유지분에 상응하는 금액에 대한 대상조세를 해당 주주가 그 소득의 발생일이 속하는 사업연도의 세금으로 납부하는 제도(법 제27조에 따른 특정외국법인의 유보소득에 대한 합산과세 제도 등 기획재정부령으로 정하는 제도를 포함한다)를 말한다]의 적용에 따라 주주구성기업이 납부하는 대상조세 : 해당 대상조세에 대응되는 소득을 얻은 피지배외국법인에 배분
② 제1항에 따른 배분 시 그 배분 한도에 관한 사항 등은 기획재정부령으로 정한다.

제112조【총이연법인세조정금액의 계산】 ① 법 제67조제2항 전단에서 "글로벌최저한세소득·결손의 계산에 포함되지 아니하는 손익에 대한 이연법인세비용을 제외하는 등 대통령령으로 정하는 조정사항"이란 다음 각 호의 조정사항을 말한다.
1. 다음 각 목에 해당하는 금액의 제외
  가. 법 제66조제1항 및 제3항에 따라 글로벌최저한세소득·결손의 계산에서 제외되는 손익에 대한 이연법인세비용
  나. 다음의 항목과 관련한 이연법인세비용
    1) 향후 사업연도 과세소득에 대한 전망의 조정 등에 따른 이연법인세자산에 대한 평가 조정 또는 인식 조정
    2) 법인세 세율의 변동에 따른 재계산
    3) 이월 세액공제(기획재정부령으로 정하는 것은 제외한다)의 발생 또는 사용
    4) 법 제67조제3항에 따른 이연법인세부채 관련 법인세의 납부기간 내에 해당 금액이 납부될 것으로 예상되지 않는 이연법인세부채의 발생. 다만, 신고구성기업의 매년선택(해당 선택의 대상인 사업연도에만 그 선택이 적용되는 선택을 말한다. 이하 이 장에서 같다)에 따라 해당 이연법인세비용을 총이연법인세조정금액에 포함하지 않는 경우만 해당한다.
  다. 불확실한 세무처리 항목에 따른 이연법인세비용 등 기획재정부령으로 정하는 사항의 금액
2. 다음 각 목에 해당하는 금액의 가산
  가. 이전 사업연도에 제1호나목4)에 해당하였던 이연법인세비용으로서 해당 사업연도 중 납부한 금액
  나. 이전 사업연도에 발생한 이연법인세부채환입액(법 제67조제3항에 따른 이연법인세부채 관련 법인세의 납부기간 내에 납부되지 않은 이연법인세부채 관련 법인세의 금액을 말한다)으로서 해당 사업연도 중 납부한 금액
3. 다음 각 목의 요건을 모두 갖춘 총이연법인세조정금액 감소액의 차감
  가. 해당 사업연도의 세무상 결손금이 회계상 이연법인세자산의 인식 기준을 충족하지 못하여 관련 이연법인세자산이 회계상 계상되지 않았을 것
  나. 해당 사업연도의 세무상 결손금을 회계상 이연법인세자산으로 인식하여 관련 이연법인세자산이 회계상 계상되었다면 총이연법인세조정금액이 감소하였을 것

② 제1항을 적용할 때 최저한세율 미만의 세율로 계상한 이연법인세자산이 글로벌최저한세결손으로 인한 것임을 구성기업이 소명하는 경우에는 해당 이연법인세자산을 최저한세율로 계산하여 그 증가액을 해당 이연법인세자산이 발생한 사업연도의 총이연법인세조정금액에서 차감할 수 있다.

제113조 【이연법인세부채의 환입 제외】 법 제67조제3항에서 "유형자산의 감가상각과 관련된 이연법인세부채의 변동 금액 등 대통령령으로 정하는 금액"이란 다음 각 호의 사항이 발생함에 따른 이연법인세부채의 변동 금액으로서 법인세비용으로 계상된 금액을 말한다.
1. 유형자산의 원가(취득원가 등에 자본화된 금액과 임차한 유형자산의 사용료를 포함한다)를 회수하기 위해 설정된 충당금
2. 부동산의 사용권 등 기획재정부령으로 정하는 사용권 또는 이와 유사한 인허가를 정부로부터 취득하는 데 든 비용
3. 연구개발비
4. 발전소, 유정(油井), 광산 등의 경제적 내용연수(耐用年數)가 종료할 때 발생할 해체 또는 복구 비용
5. 공정가치 회계처리로 발생하는 미실현 순이익
6. 기획재정부령으로 정하는 외화환산차익
7. 보험 책임준비금 및 보험계약 이연신계약비(인수하는 보험사업의 가치에 따른 자산 및 부채를 고려하여 계상하는 금액을 포함한다)
8. 기획재정부령으로 정하는 유형자산의 매각 차익
9. 제1호부터 제8호까지의 사항과 관련된 회계기준의 변경에 따라 증가하는 금액

제114조 【대상조세 감액에 따른 글로벌최저한세소득·결손의 조정】 법 제68조제1항제2호에 따라 경정대상사업연도의 대상조세 금액이 감소되어 경정대상사업연도 및 그 이후 사업연도의 글로벌최저한세소득·결손 금액을 조정할 필요가 있는 때에는 제104조제1항제13호의 전기오류수정에 따른 조정에도 불구하고 해당 글로벌최저한세소득·결손 금액을 대상조세 금액의 감소에 상응하여 조정한다.

제115조 【경정대상사업연도 대상조세의 경미한 감액】 ① 법 제68조제2항에서 "대통령령으로 정하는 경미한 감액"이란 같은 국가 내 구성기업들의 경정대상사업연도 조정대상조세의 합계액에서 감액되는 총금액이 1백만유로 미만인 경우를 말한다.
② 법 제68조제2항에 따른 신고구성기업의 선택은 매년선택으로 한다.

제116조 【세율 변동으로 인한 대상조세의 조정】 법 제68조제3항에 따라 구성기업의 소재지국에서 구성기업의 이연법인세비용 산정에 적용되는 세율이 변경되는 경우에는 다음 각 호의 구분에 따른 방법으로 대상조세를 조정한다.
1. 해당 구성기업에 적용되는 세율이 최저한세율 미만으로 인하되어 이전 사업연도에 계상된 이연법인세비용이 감소하는 경우 : 그 감소액을 해당 이연법인세비용이 발생한 사업연도의 대상조세에서 차감하고 그 사업연도의 법 제69조에 따른 실효세율과 법 제70조 및 제71조에 따른 추가세액을 다시 계산한다. 이 경우 법 제68조제2항을 준용한다.
2. 해당 구성기업에 적용되는 세율이 인상되어 이전 사업연도에 최저한세율 미만으로 계상된 이연법인세비용이 증가하는 경우 : 그 증가액(최저한세율을 적용한 금액을 한도로 한다)을 해당 법인세를 납부하는 사업연도의 대상조세에 가산한다.

제117조 【무국적구성기업의 범위】 법 제69조제4항에서 "소재지국이 없는 것으로 보는 투과기업 등 대통령령으로 정하는 구성기업"이란 다음 각 호의 어느 하나에 해당하는 구성기업(이하 이 장에서 "무국적구성기업"이라 한다)을 말한다.
1. 법 제64조제1항제2호 외의 투과기업
2. 제4형고정사업장

제118조 【실질기반제외소득금액의 계산】 ① 법 제70조제3항에서 "대통령령으로 정하는 인건비 관련 제외금액과 유형자산 장부가액 관련 제외금액의 합계액"이란 제1호의 금액과 제2호의 금액을 더한 금액(이하 이 장에서 "실질기반제외소득금액"이라 한다)을 말한다.
1. 각 구성기업이 소재하는 국가에서 해당 다국적기업그룹을 위해 근로를 제공하는 기획재정부령으로 정하는 종업원(이하 이 장에서 "적격종업원"이라 한다)에게 지급되는 기획재정부령으로 정하는 인건비(이하 이 장에서 "적격인건비"라 한다)에 다음 각 목의 구분에 따른 비율을 곱하여 산정한 금액
   가. 2024년에 시작하는 사업연도의 경우 : 1000분의 98
   나. 2025년에 시작하는 사업연도의 경우 : 1000분의 96
   다. 2026년에 시작하는 사업연도의 경우 : 1000분의 94
   라. 2027년에 시작하는 사업연도의 경우 : 1000분의 92
   마. 2028년에 시작하는 사업연도의 경우 : 1000분의 90
   바. 2029년에 시작하는 사업연도의 경우 : 1000분의 82
   사. 2030년에 시작하는 사업연도의 경우 : 1000분의 74
   아. 2031년에 시작하는 사업연도의 경우 : 1000분의 66
   자. 2032년에 시작하는 사업연도의 경우 : 1000분의 58
   차. 2033년 이후에 시작하는 사업연도의 경우 : 1000분의 50
2. 기획재정부령으로 정하는 유형자산(이하 이 장에서 "적격유형자산"이라 한다) 장부가액에 다음 각 목의 구분에 따른 비율을 곱하여 산정한 금액
   가. 2024년에 시작하는 사업연도의 경우 : 1000분의 78
   나. 2025년에 시작하는 사업연도의 경우 : 1000분의 76
   다. 2026년에 시작하는 사업연도의 경우 : 1000분의 74
   라. 2027년에 시작하는 사업연도의 경우 : 1000분의 72
   마. 2028년에 시작하는 사업연도의 경우 : 1000분의 70
   바. 2029년에 시작하는 사업연도의 경우 : 1000분의 66
   사. 2030년에 시작하는 사업연도의 경우 : 1000분의 62
   아. 2031년에 시작하는 사업연도의 경우 : 1000분의 58
   자. 2032년에 시작하는 사업연도의 경우 : 1000분의 54
   차. 2033년 이후에 시작하는 사업연도의 경우 : 1000분의 50
② 적격인건비 및 적격유형자산 정부가액의 구체적 계산 방법 등은 기획재정부령으로 정한다.

제119조 【당기추가세액가산액의 계산】 ① 법 제70조제4항에 따른 국가의 당기추가세액가산액은 다음 각 호의 규정에 따라 법 제69조에 따른 실효세율 또는 법 제70조 및 제71조에 따른 추가세액을 다시 계산한 결과 이전 사업연도의 추가세액이 증가하는 경우 그 증가액을 해당 사업연도 국가의 추가세액에 가산하는 금액으로 한다.
1. 법 제67조제3항
2. 법 제68조제1항제2호 및 같은 조 제4항
3. 법 제78조제2항
4. 그 밖에 기획재정부령으로 정하는 규정
② 각 사업연도에 법 제69조제2항제2호에 따른 순글로벌최저한세소득금액이 없는 국가의 경우 해당 국가의 조정대상조세가 음수로서 조정대상조세예상액(구성기업 소재지국의 글로벌최저한세소득·결손 금액에 최저한세율을 곱한 금액을 말한다. 이하 이 조에서 같다)보다 작을 때에는 조정대상조세와 조정대상조세예상액과의 차액을 해당 국가의 법 제70조제4항에 따른 당기추가세액가산액으로 한다.
③ 제2항의 경우 신고구성기업은 같은 항에 따라 당기추가세액가산액으로 보는 차액을 매년선택에 따라 그 차액이 발생한 이후 순글로벌최저한세소득금액이 있는 첫 번째 사업연도의 조정대상조세에서 차감할 수 있다. 이 경우 해당 차액에서 차감되지 않고 남은 금액은 순

글로벌최저한세소득금액이 있는 다음 사업연도로 이월한다.

제120조【적격소재국추가세제도의 요건】 법 제70조제5항에서 "대통령령으로 정하는 해당 국가의 적격소재국추가세제도"란 다음 각 호의 요건을 모두 갖춘 제도를 말한다.

1. 국제적으로 합의한 글로벌최저한세 규칙(Global anti-Base Erosion Rules)과 부합하는 방식으로 인정회계기준 또는 중대왜곡방지조정을 거친 공인회계기준에 따라 해당 국가의 초과이익 금액을 산정할 것
2. 해당 국가의 제1호에 따른 초과이익에 대한 세 부담을 해당 초과이익 금액에 최저한세율을 곱하여 계산되는 금액까지 증가시킬 것
3. 국제적으로 합의한 글로벌최저한세 규칙을 적용한 결과에 부합하는 결과를 가져오는 방식으로 시행되고 해당 규칙에 따라 추가세액을 부담하는 기업에 해당 규칙과 연관된 편익(세제 혜택 및 보조금을 포함한다)을 제공하지 않을 것

제121조【구성기업의 추가세액 계산】 ① 법 제71조에 따라 각 사업연도 구성기업의 추가세액을 계산할 때 해당 사업연도에 해당 국가의 법 제69조제2항제2호에 따른 순글로벌최저한세소득금액이 없는 경우에는 다음 각 호의 구분에 따른 방법으로 해당 국가의 당기추가세액가산액을 각 구성기업에 배분한다.

1. 제119조제1항에 따른 당기추가세액가산액의 경우 : 해당 국가의 각 구성기업에 다음 계산식에 따른 배분 기준액에 비례하여 배분

> 배분 기준액 = A ÷ B
>
> A : 당기추가세액가산액이 발생한 이전 사업연도의 해당 구성기업의 글로벌최저한세소득 금액
> B : 당기추가세액가산액이 발생한 이전 사업연도의 해당 국가에 소재하는 각 구성기업이 글로벌최저한세소득 금액 합계액

2. 제119조제2항에 따른 당기추가세액가산액의 경우 : 해당 국가의 각 구성기업(해당 사업연도의 해당 구성기업의 조정대상조세 금액이 음수로서 해당 사업연도의 해당 구성기업의 조정대상조세예상액보다 작은 경우의 구성기업으로 한정한다)에 다음 계산식에 따른 배분 기준액에 비례하여 배분

> 배분 기준액 = A - B
>
> A : 해당 사업연도의 해당 구성기업의 조정대상조세예상액
> B : 해당 사업연도의 해당 구성기업의 조정대상조세 금액

② 제1항에 따라 당기추가세액가산액이 배분되는 구성기업은 법 제72조 및 제73조를 적용할 때 저율과세구성기업으로 본다.<"및 제73조"의 개정부분은 2025.1.1 시행>

제3절 추가세액의 과세

122조【모기업에 대한 추가세액배분액의 계산】 ① 법 제72조제2항의 계산식에서 "대통령령으로 정하는 비율"이란 다음 계산식에 따라 계산한 비율(이하 이 장에서 "소득산입비율"이라 한다)을 말한다.

> 소득산입비율 = 1 - $\dfrac{A}{B}$
>
> A : 저율과세구성기업의 글로벌최저한세소득 금액 중 모기업 외의 소유지분 보유자에게 귀속되는 금액
> B : 저율과세구성기업의 글로벌최저한세소득 금액

② 소득산입비율의 구체적 계산 방법 등은 기획재정부령으로 정한다.

제123조【적격소득산입규칙의 요건】 법 제72조제4항제1호에서 "대통령령으로 정하는 요건을 갖춘 규칙"이란 다음 각 호의 요건을 모두 갖춘 법 제72조에 따른 소득산입규칙 또는 그에 상당하는 다른 국가의 규칙(이하 이 장에서 "적격소득산입규칙"이라 한다)을 말한다.

1. 국제적으로 합의한 글로벌최저한세 규칙에 따른 결과와 부합하도록 시행될 것
2. 해당 국가가 제139조제1항에 따른 글로벌최저한세제도에 따라 추가세액을 부담하는 기업에 해당 제도와 연관된 편익(세제 혜택 및 보조금을 포함한다)을 제공하지 않을 것

제124조【추가세액배분액의 차감액】 법 제72조제8항에서 "대통령령으로 정하는 금액"이란 적격소득산입규칙이 적용되는 그룹의 구성기업인 중간모기업 또는 부분소유중간모기업이 납부하는 추가세액배분액 중 해당 모기업이 직접 또는 간접으로 보유하는 해당 중간모기업 또는 해당 부분소유중간모기업의 소유지분에 귀속되는 금액을 말한다.

제125조【종업원 수의 계산 등】 ① 법 제73조제4항의 계산식 중 A 및 B의 종업원 수는 각각 해당종업원에 대해 해당 사업연도의 기획재정부령으로 정하는 상시 근로시간 기준에 따라 환산하여 산정한다.
② 법 제73조제4항의 계산식 중 C 및 D의 유형자산 순장부가액은 각각 적격유형자산 장부가액으로 한다.
③ 제1항에 따른 종업원 수 및 제2항에 따른 유형자산 순장부가액의 국내구성기업 간 배분 방법 등은 기획재정부령으로 정한다.
<2025.1.1 시행>

제4절 특 례

제126조【최소적용제외 특례】 ① 법 제74조제1항 각 호 외의 부분에 따라 신고구성기업은 매년선택의 방법으로 해당 국가에 소재하는 각 구성기업의 추가세액을 영으로 할 수 있다.
② 법 제74조제1항제1호에서 "대통령령으로 정하는 매출액 평균"이란 해당 국가에 소재하는 각 구성기업의 해당 사업연도 및 그 직전 2개 사업연도의 매출액(법 제66조제1항에 따른 조정사항을 반영하여 계산한 것을 말한다)의 평균을 말한다.
③ 법 제74조제1항제2호에서 "대통령령으로 정하는 글로벌최저한세소득ㆍ결손 금액 평균"이란 해당 국가에 소재하는 각 구성기업의 해당 사업연도 및 그 직전 2개 사업연도의 글로벌최저한세소득 금액 또는 글로벌최저한세결손 금액의 평균을 말한다.
④ 제2항 및 제3항에 따른 평균 금액의 구체적 계산 방법 등은 기획재정부령으로 정한다.

제127조【소수지분하위그룹】 법 제75조제1항에서 "대통령령으로 정하는 그룹"이란 제1호의 소수지분모기업과 제2호의 소수지분자회사로 구성되는 그룹을 말한다.

1. 소수지분모기업 : 다음 각 목의 요건을 모두 갖춘 소수지분구성기업을 말한다.
   가. 해당 소수지분구성기업이 다른 소수지분구성기업에 대한 지배지분을 직접 또는 간접으로 소유할 것
   나. 다른 소수지분구성기업이 해당 소수지분구성기업에 대한 지배지분을 직접 또는 간접으로 소유하지 않을 것
2. 소수지분자회사 : 그 지배지분을 제1호의 소수지분모기업이 직접 또는 간접으로 소유하고 있는 소수지분구성기업을 말한다.

제128조【조직재편 시 구성기업의 처리】 ① 법 제76조제1항 본문에 따른 이전대상기업(이하 이 조에서 "이전대상기업"이라 한다)이 다국적기업그룹의 구성기업이 되거나(새로운 다국적기업그룹의 최종모회사가 되는 경우를 포함한다) 다국적기업그룹의 구성기업에

서 제외되는 경우에는 다음 각 호의 구분에 따른 방법으로 이전사업연도(이전대상기업에 대한 직접 또는 간접 소유지분이 이전되는 사업연도를 말한다. 이하 이 조에서 같다)에 대해 법 제5장 및 이 장을 적용한다. 이 경우 해당 규정의 구체적 적용 방법 등에 관하여는 기획재정부령으로 정한다.
1. 이전대상기업의 경우 : 해당 기업의 자산, 부채, 수익, 비용 또는 현금흐름의 일부가 다국적기업그룹의 최종모기업 연결재무제표에 항목별로 포함되는 경우에는 해당 기업을 해당 다국적기업그룹의 구성기업으로 취급
2. 다국적기업그룹의 경우 : 이전대상기업의 회계상 순손익 및 조정대상조세 중 해당 다국적기업그룹의 최종모기업 연결재무제표에 포함된 금액만을 해당 이전대상기업의 글로벌최저한세소득·결손 및 조정대상조세의 계산에 산입
② 법 제76조제1항 단서에서 "대통령령으로 정하는 경우"란 구성기업인 이전대상기업의 소재지국(이전대상기업이 투시과세기업인 경우에는 해당 자산이 소재하는 국가를 말한다)에서 이전대상기업에 대한 소유지분의 이전을 세무상 해당 이전대상기업의 자산 및 부채의 이전과 유사한 것으로 보아 해당 자산 및 부채의 세무상 가액과 해당 소유지분의 이전대가 또는 해당 자산 및 부채의 공정가액 간의 차액을 해당 소유지분을 처분하는 기업에 과세하는 경우를 말한다.

제129조【글로벌최저한세조직재편에 대한 특례】① 법 제76조제3항 각 호 외의 부분 전단에서 "자산·부채의 이전 대가가 주식 또는 출자지분일 것 등 대통령령으로 정하는 요건을 갖춘 조직재편"이란 다음 각 호의 요건을 모두 갖춘 합병, 분할, 청산 및 이와 유사한 거래에 따른 자산 및 부채의 이전 또는 조직변경(이하 이 조에서 "글로벌최저한세조직재편"이라 한다)을 말한다. 이 경우 「법인세법」 제44조제2항에 따른 적격합병, 같은 법 제46조제2항에 따른 적격분할 및 같은 법 제78조에 따른 조직변경은 글로벌최저한세조직재편으로 본다.
1. 자산 및 부채 이전 대가의 전부 또는 일부가 자산 및 부채를 취득하는 구성기업(이하 이 조에서 "취득구성기업"이라 한다) 또는 그 특수관계자의 출자지분[청산의 경우에는 자산 및 부채를 처분하는 구성기업(이하 이 조에서 "처분구성기업"이라 한다)의 출자지분을 말하며, 출자지분의 경제적 가치 유무는 불문한다]일 것
2. 처분구성기업의 자산 처분손익 전부 또는 일부에 대해 과세되지 않을 것
3. 취득구성기업이 그 소재지국의 세법에 따라 처분구성기업 자산의 처분 전 장부가액에 제3항제2호에 따라 비적격처분손익을 조정한 후의 가액을 사용하여 취득일 이후의 과세소득을 계산할 것
② 법 제76조제3항 각 호 외의 부분 후단에서 "대통령령으로 정하는 바에 따라 조직재편에 따른 손익의 일부를 인식하는 경우"란 다음 각 호의 금액 중 작은 금액(이하 이 조에서 "비적격처분손익"이라 한다)을 인식하는 경우를 말한다.
1. 글로벌최저한세조직재편과 관련하여 처분구성기업의 소재지국에서 과세되는 처분손익 금액
2. 글로벌최저한세조직재편과 관련하여 회계상 발생하는 처분손익 금액
③ 법 제76조제3항 각 호 외의 부분 후단에 따라 비적격처분손익은 다음 각 호의 구분에 따른 방법으로 처리한다.
1. 처분구성기업 : 비적격처분손익을 글로벌최저한세소득·결손의 계산에 포함
2. 취득구성기업 : 처분구성기업의 장부가액에 비적격처분손익을 조정(자산의 경우에는 비적격처분이익 금

액을 가산하고 비적격처분손실 금액을 차감하는 것을 말하고, 부채의 경우에는 비적격처분이익 금액을 차감하고 비적격처분손실 금액을 가산하는 것을 말한다)한 후의 가액을 사용하여 취득 이후의 글로벌최저한세소득·결손을 계산

제130조【공동기업 등에 대한 특례】① 법 제77조제1항 각 호 외의 부분에서 "대통령령으로 정하는 기업"이란 다음 각 호에 해당하지 않는 기업을 말한다.
1. 법 제5장이 적용되는 다국적기업그룹의 최종모기업
2. 제102조제1항제1호부터 제6호까지의 어느 하나에 해당하는 제외기업
3. 제102조제1항제7호에 따른 기타제외기업(같은 호에 따른 지배기업이 소유지분을 직접 보유하는 경우로 한정한다)으로서 다음 각 목의 어느 하나에 해당하는 기업
가. 전적으로 또는 거의 전적으로 투자자들을 위하여 자산을 보유하거나 자금을 투자하는 사업활동만을 수행하는 기업
나. 제102조제1항제7호에 따른 지배기업이 수행하는 활동에 부수적인 활동을 수행하는 기업
다. 소득의 전부 또는 거의 전부가 제104조제1항제2호의 배당수익 또는 같은 항 제4호의 지분손익인 기업
4. 제외기업으로만 구성된 다국적기업그룹이 그 소유지분을 보유하는 기업
5. 제2항에 따른 공동기업자회사
② 법 제77조제1항 각 호 외의 부분에서 "대통령령으로 정하는 공동기업의 자회사"란 인정회계기준에 따라 같은 항 각 호 외의 부분에 따른 공동기업(이하 "공동기업"이라 한다)에 연결되거나 인정회계기준을 적용한다고 가정할 때 공동기업에 연결되어야 하는 기업(이하 이 조에서 "공동기업자회사"라 한다)을 말한다. 이 경우 공동기업 또는 공동기업자회사의 고정사업장은 별개의 공동기업자회사로 본다.
③ 법 제77조제1항제2호에 따라 공동기업 또는 공동기업자회사의 소유지분을 직접 또는 간접으로 보유하는 모기업에 대해서는 다음 각 호에서 정하는 바에 따라 법 제72조 및 제73조를 적용한다.<"및 제73조"의 개정부분은 2025.1.1 시행>
1. 해당 모기업은 공동기업 및 공동기업자회사를 구성기업으로 하는 다국적기업그룹의 각 구성기업에 대한 모기업 중 법 제72조에 따른 추가세액배분액을 납부해야 한다.
2. 제1호에 따른 다국적기업그룹의 각 구성기업에 대한 추가세액 중 최종모기업에 대한 추가세액배분액의 합계액에서 적격소득산입규칙에 따라 각 모기업에 부과되는 금액을 차감한 후 남은 금액은 법 제73조에 따른 다국적기업그룹의 소득산입보완규칙 추가세액에 산입한다.<2025.1.1 시행>

제131조【복수모기업다국적기업그룹에 대한 특례】① 법 제77조제2항에 따라 하나의 다국적기업그룹 및 그 구성기업으로 보는 둘 이상의 그룹(이하 이 조에서 "복수모기업다국적기업그룹"이라 한다) 및 그에 속하는 기업들에 대해서는 다음 각 호에서 정하는 바에 따라 법 제5장 및 이 장을 적용한다.
1. 복수모기업다국적기업그룹을 구성하는 각 그룹의 최종모기업 각각을 해당 복수모기업다국적기업그룹의 최종모기업으로 본다.
2. 복수모기업다국적기업그룹을 구성하는 각 그룹의 최종모기업이 법 제77조제2항제1호가목의 결합구조약정 또는 같은 호 나목의 이중상장약정에 따라 작성한 연결재무제표를 해당 복수모기업다국적기업그룹의 연결재무제표로 본다.
3. 국내에 소재하는 복수모기업다국적기업그룹의 모기

업(최종모기업을 포함한다)에 대해 법 제72조에 따른 소득산입규칙을 적용한다.

4. 국내에 소재하는 복수모기업다국적기업그룹의 구성기업에 대해 법 제73조에 따른 소득산입보완규칙을 적용한다.<2025.1.1 시행>

5. 복수모기업다국적기업그룹은 법 제83조에 따른 글로벌최저한세정보신고서를 기획재정부령으로 정하는 바에 따라 납세지 관할 세무서장에게 제출한다.

② 법 제77조제2항제1호가목에서 "대통령령으로 정하는 약정"이란 다음 각 호의 요건을 모두 갖춘 약정을 말한다.

1. 각 그룹 최종모기업 소유지분의 100분의 50 이상이 소유권의 형식, 이전의 제한 또는 그 밖의 제약 및 조건에 따라 상호 결합되어 있어 자본시장에서 독립적으로 이전되거나 거래될 수 없고, 증권거래소에 상장된 소유지분에 대해서는 단일 가격으로 호가(呼價)될 것

2. 최종모기업 중 하나가 해당 약정의 모든 그룹에 속한 기업에 대해 연결재무제표(기업의 자산, 부채, 수익, 비용 및 현금흐름이 하나의 경제단위로 함께 표시되는 연결재무제표를 말한다)를 인정회계기준에 따라 작성하고, 이에 대한 외부감사가 의무화되어 있을 것

③ 법 제77조제2항제1호나목에서 "대통령령으로 정하는 약정"이란 다음 각 호의 요건을 모두 갖춘 약정을 말한다.

1. 최종모기업들이 그 주주에게 배당 및 청산을 하는 경우에는 상호 간에 고정된 비율로 분배하기로 할 것

2. 각 그룹이 별도의 법적 정체성을 유지하거나 해당 약정에 따라 그 모든 활동이 하나의 경제적 실체에 의한 것으로 관리될 것

3. 각 최종모기업의 소유지분이 서로 다른 자본시장에서 독립적으로 호가, 거래 및 이전될 것

4. 최종모기업들이 해당 약정의 모든 그룹에 속한 기업에 대해 연결재무제표(기업의 자산, 부채, 수익, 비용 및 현금흐름이 하나의 경제단위로 함께 표시되는 연결재무제표를 말한다)를 인정회계기준에 따라 작성하고, 이에 대한 외부감사가 의무화되어 있을 것

제132조【투과기업인 최종모기업에 대한 특례】 법 제77조제3항제1호에서 "최저한세율 이상으로 과세되는 등 대통령령으로 정하는 소유지분"이란 다음 각 호의 어느 하나에 해당하는 자에게 귀속되는 소유지분을 말한다.

1. 투과기업인 최종모기업의 해당 사업연도 종료일의 다음 날부터 12개월 이내에 종료하는 과세기간에 그 소유지분에 귀속되는 글로벌최저한세소득 금액(이하 이 조에서 "귀속소득금액"이라 한다)이 다음 각 목의 어느 하나에 해당하는 경우 그 소유지분의 보유자
가. 귀속소득금액 전액에 대해 최저한세율 이상의 명목세율(누진세율이 적용되는 경우 귀속소득금액이 해당 소유지분 보유자의 과세소득 전부라고 가정할 때 그 소유지분 보유자에게 적용되는 최고세율을 말한다. 이하 제133조에서 같다)로 과세되는 경우
나. 귀속소득금액에 대한 해당 투과기업의 조정대상조세 금액과 그 소유지분 보유자에게 과세되는 세액의 합계액이 해당 귀속소득금액 전액에 최저한세율을 곱하여 계산한 금액 이상이 될 것으로 합리적으로 예상되는 경우

2. 다음 각 목의 요건을 모두 갖춘 자연인
가. 해당 최종모기업 소재지국의 세법상 거주자일 것
나. 해당 사업연도 종료일 현재 해당 최종모기업의 이익과 자산 각각에 대해 100분의 5 이하의 권리를 수반하는 소유지분을 직접 보유할 것

3. 다음 각 목의 요건을 모두 갖춘 제102조제1항제1호의 정부기관, 같은 항 제2호의 국제기구, 같은 항 제3호의 비영리기구 또는 같은 항 제4호의 연금펀드

가. 해당 최종모기업 소재지국의 세법상 거주자일 것
나. 해당 사업연도 종료일 현재 해당 최종모기업의 이익과 자산 각각에 대해 100분의 5 이하의 권리를 수반하는 소유지분을 직접 보유할 것

제133조【배당공제제도를 적용받는 최종모기업에 대한 특례】 ① 법 제77조제4항에서 "대통령령으로 정하는 제도"란 해당 기업이 그 주주, 사원 또는 출자자(이하 이 조에서 "주주등"이라 한다)에게 이익을 분배〔기획재정부령으로 정하는 협동조합(이하 이 조에서 "협동조합"이라 한다)의 조합원에 대한 이용고배당을 포함한다〕하는 경우 그 분배액을 해당 기업의 소득에서 공제하는 제도로서 이익의 분배액이 기업의 주주등 단계에서만 과세되도록 하는 제도(협동조합에 대한 면세제도를 포함하며, 이하 이 조에서 "배당공제제도"라 한다)를 말한다.

② 법 제77조제4항에서 "대통령령으로 정하는 배당액"이란 배당공제제도를 적용받는 최종모기업이 이익의 분배액을 지급할 때 해당 최종모기업 소재지국의 세법에 따라 해당 최종모기업의 과세소득에서 공제되는 이익의 분배액(협동조합의 조합원에 대한 이용고배당액을 포함한다)으로서 다음 각 호의 어느 하나에 해당하는 자에게 분배되는 배당액을 말한다.

1. 다국적기업그룹의 글로벌최저한세소득이 발생한 사업연도 종료일의 다음 날부터 12개월 이내에 종료하는 과세기간에 배당수취인에게 분배되는 금액(이하 이 조에서 "귀속분배금액"이라 한다)이 다음 각 목의 어느 하나에 해당하는 경우 그 배당수취인
가. 귀속분배금액 전액에 대해 최저한세율 이상의 명목세율로 과세(협동조합으로부터 자연인 외의 조합원이 분배받는 이용고배당의 경우에는 그 배당수취인의 과세소득 계산에서 공제되는 비용 또는 원가를 감액하는 경우에 과세되는 것으로 본다. 이하 이 조에서 같다)되는 경우
나. 귀속분배금액의 원천이 되는 소득에 대한 최종모기업의 조정대상조세 금액과 해당 귀속분배금액에 대해 그 배당수취인에게 과세되는 세액의 합계액이 해당 귀속분배금액 전액에 최저한세율을 곱하여 계산되는 금액 이상이 될 것으로 합리적으로 예상되는 경우
다. 배당수취인이 자연인이고 해당 귀속분배금액이 협동조합(협동조합으로서 제3자로부터 재화 또는 용역을 구매하여 조합원에 공급하는 협동조합으로 한정한다)으로부터 받는 이용고배당인 경우

2. 다음 각 목의 요건을 모두 갖춘 자연인
가. 해당 최종모기업 소재지국의 세법상 거주자일 것
나. 해당 사업연도 종료일 현재 해당 최종모기업의 이익과 자산 각각에 대해 100분의 5 이하의 권리를 수반하는 소유지분을 보유할 것

3. 최종모기업의 소재지국에서 설립·운영되는 제102조제1항제1호의 정부기관, 같은 항 제2호의 국제기구, 같은 항 제3호의 비영리기구 또는 같은 항 제4호의 연금펀드(같은 호 나목의 연금펀드는 제외한다)

제134조【적격분배과세제도에 대한 특례】 ① 법 제78조제1항에서 "대통령령으로 정하는 과세제도"란 다음 각 호의 요건을 모두 갖춘 과세제도(이하 이 조에서 "적격분배과세제도"라 한다)를 말한다.

1. 법인의 이익을 주주에게 분배(분배하는 것으로 간주되는 경우를 포함한다)하는 때에만 해당 이익에 대해 법인세를 부과하거나 법인의 이익 발생 시점에 법인세를 과세하는 국가에서 정하는 특정 업무무관비용을 지출하는 때에만 해당 비용에 대해 법인세를 부과할 것

2. 최저한세율 이상의 세율을 적용하여 과세할 것

3. 2021년 7월 1일 이전부터 시행되었을 것

② 법 제78조제1항에서 "실효세율이 최저한세율에 도달하기 위하여 필요한 금액 등 대통령령으로 정하는 금액"이란 다음 각 호의 금액 중 작은 금액(이하 이 조에서 "간주분배세액"이라 한다)을 말한다.
1. 해당 사업연도 해당 국가의 법 제69조에 따른 실효세율(법 제67조에 따른 총이연법인세조정금액 중 지급할 배당과 관련된 금액을 포함하지 않고 산정한 것을 말한다)이 최저한세율에 도달하기 위해 추가적으로 필요한 조정대상조세 금액
2. 해당 국가의 모든 구성기업이 해당 사업연도에 발생한 적격분배과세제도 적용대상 소득의 전부를 그 사업연도 중에 분배하였다면 발생할 법인세액
③ 법 제78조제1항에 따른 신고구성기업의 선택은 매년선택으로 하고, 국가별로 적용한다.
④ 제3항에 따라 신고구성기업이 간주분배세액을 가산하기로 선택한 경우 다국적기업그룹은 그 선택 대상 사업연도별로 해당 사업연도의 간주분배세액과 같은 금액의 별도 계정(이하 이 조에서 "간주분배세액환입계정"이라 한다)을 국가별로 설정해야 한다.
⑤ 법 제78조제2항에서 "대통령령으로 정하는 기간"이란 제4항에 따라 간주분배세액환입계정이 설정된 날이 속하는 사업연도의 개시일부터 그 후 세 번째 사업연도의 종료일까지를 말한다.
⑥ 법 제78조제2항에서 "가산한 간주분배세액에 상응하는 금액이 실제로 과세되지 아니한 경우 등 대통령령으로 정하는 경우"란 가산한 간주분배세액에 상응하는 금액이 제5항에 따른 기간 내에 과세되지 않은 경우로서 그 기간의 종료일 현재 해당 간주분배세액환입계정에 잔액이 남아 있는 경우를 말한다.
⑦ 제6항에 해당하게 된 경우에는 법 제78조제2항에 따라 간주분배세액환입계정에 남아 있는 잔액을 해당 계정을 설정한 사업연도의 해당 국가 조정대상조세 금액에서 차감한 후 그 실효세율과 추가세액을 다시 계산한다.
⑧ 제4항부터 제7항까지에서 규정한 사항 외에 간주분배세액환입계정의 운용 방법 등에 관하여는 기획재정부령으로 정한다.

제135조 【투자구성기업에 대한 특례】
① 법 제79조제1항 계산식 외의 부분 전단에서 "투자펀드·부동산투자기구인 구성기업 등 대통령령으로 정하는 구성기업"이란 다음 각 호의 어느 하나에 해당하는 구성기업(투시과세기업에 해당하는 경우는 제외한다)을 말한다.
1. 투자기업 : 다음 각 목의 어느 하나에 해당하는 기업을 말한다.
  가. 제102조제1항제5호나목의 투자펀드 또는 같은 항 제6호나목의 부동산투자기구
  나. 가목에 따른 기업이 직접 또는 가목에 따른 하나 이상의 다른 기업을 통해 간접으로 보유하는 소유지분의 비율(기획재정부령으로 정하는 바에 따라 계산하며, 이하 이 호에서 "소유지분가치비율"이라 한다)이 100분의 95 이상인 기업으로서 가목에 따른 기업의 계산으로 자산을 보유하거나 자금을 투자하기 위한 사업활동만을 수행하는 기업
  다. 소유지분가치비율이 100분의 85 이상인 기업으로서 소득의 전부 또는 거의 전부가 제104조제1항제2호의 배당수익 또는 같은 항 제4호의 지분손익인 기업
2. 보험투자기업 : 다음 각 목의 요건을 모두 갖춘 기업을 말한다.
  가. 제102조제1항제5호나목의 투자펀드 또는 같은 항 제6호나목의 부동산투자기구에 해당하는 기업일 것
  나. 보험 또는 연금보험 계약에 따른 채무와 관련하여 설립되고 그 소재지국에서 보험회사로 규제받는 기업이 전부 소유하는 기업일 것
② 법 제79조제1항의 계산식을 적용할 때 다음 각 호의 금액은 해당 호에서 정하는 금액으로 한다.

1. 각 투자구성기업의 조정대상조세 금액 : 제2호에 따른 해당 투자구성기업의 글로벌최저한세소득 배분액에 해당하는 조정대상조세 금액 및 해당 투자구성기업에 대한 법 제67조에 따른 조정대상조세 배분액
2. 각 투자구성기업의 글로벌최저한세소득 배분액 : 가목의 금액에 나목의 비율을 곱하여 계산한 금액
  가. 해당 투자구성기업의 글로벌최저한세소득 금액
  나. 해당 다국적기업그룹 최종모기업의 해당 투자구성기업에 대한 소득산입비율을 法 제79조제5항 또는 제6항에 따른 선택이 적용되지 않는 소유지분에 해당하는 소득산입비율(이하 이 조에서 "조정소득산입비율"이라 한다)
3. 각 투자구성기업의 글로벌최저한세결손 배분액 : 해당 투자구성기업의 글로벌최저한세결손 금액에 조정소득산입비율을 곱하여 계산한 금액
③ 법 제79조제3항의 계산식을 적용할 때 다음 각 호의 비율 및 금액은 해당 호에서 정하는 비율 및 금액으로 한다.
1. 해당 국가에 소재하는 투자구성기업들의 추가세액 비율 : 최저한세율에서 법 제79조제1항에 따른 투자구성기업들의 실효세율을 차감한 비율(그 계산 결과가 음수인 경우에는 영으로 본다)
2. 해당 국가에 소재하는 투자구성기업들의 초과이익 금액 : 가목의 금액에서 나목의 금액을 차감한 금액 (그 계산 결과가 음수인 경우에는 영으로 본다)
  가. 1)에서 2)를 차감한 금액
    1) 제2항제2호에 따른 각 투자구성기업의 글로벌최저한세소득 배분액의 합계액
    2) 제2항제3호에 따른 각 투자구성기업의 글로벌최저한세결손 배분액의 합계액
  나. 각 투자구성기업의 실질기반제외소득금액 배분액(각 투자구성기업에 대한 실질기반제외소득금액에 해당 투자구성기업의 조정소득산입비율을 적용하여 감액한 금액을 말한다)의 합계액
3. 해당 국가에 소재하는 투자구성기업들의 당기추가세액가산액 : 각 투자구성기업에 대해 제119조를 준용하여 계산한 당기추가세액가산액을 합산한 금액
4. 해당 국가에 소재하는 투자구성기업들의 적격소재국추가세액 : 해당 투자구성기업들과 관련하여 법 제70조제5항에 따른 적격소재국추가세제도에 따라 납부하였거나 납부할 금액
④ 법 제79조제3항의 계산식을 적용할 때 이 조 제3항제4호에 따른 적격소재국추가세액을 차감한 결과 해당 국가에 소재하는 투자구성기업들의 추가세액이 영이거나 음수인 경우에는 해당 사업연도의 추가세액은 없는 것으로 본다.
⑤ 법 제79조제4항에 따른 투자구성기업의 추가세액에 대해 법 제72조제2항에 따른 모기업의 추가세액배분액을 계산할 때 소득산입비율은 제122조제1항에도 불구하고 다음 각 호의 구분에 따른 값으로 한다.
1. 최종모기업에 대한 추가세액배분액을 계산하는 경우 : 1
2. 최종모기업이 아닌 모기업에 대한 추가세액배분액을 계산하는 경우 : 기획재정부령으로 정하는 율

제136조 【투시과세기업 취급 선택】
① 법 제79조제5항에 따라 신고구성기업이 투자구성기업을 투과기업으로 보기로 선택한 경우에는 해당 투자구성기업을 투과기업 중 투시과세기업으로 보아 제108조제1항 및 제111조제1항제2호를 적용한다.
② 제1항에 따른 신고구성기업의 선택은 5년선택으로 하고, 해당 주주구성기업별로 주주구성기업이 보유하는 투자구성기업의 소유지분 전부에 대해 적용한다.
③ 신고구성기업이 제2항에 따른 선택을 취소하는 경우 해당 투자구성기업의 글로벌최저한세소득·결손을

계산할 때 자산 또는 부채의 처분손익은 취소사업연도 개시일의 해당 자산 또는 부채의 공정가치를 기준으로 산정한다.

제137조【과세분배방법 적용 선택】 ① 법 제79조제6항 각 호 외의 부분에 따라 같은 항 각 호의 방법을 적용할 때 해당 투자구성기업이 납부해야 하는 대상조세 금액으로서 제2항에 따른 분배금등과 관련하여 그 주주구성기업에 발생한 조세 금액에서 공제되는 금액이 있는 경우에는 그 금액을 해당 주주구성기업의 글로벌최저한세소득과 조정대상조세에 각각 산입한다.
② 법 제79조제6항제1호에서 "투자구성기업의 글로벌최저한세소득 중 주주구성기업에 분배되는 금액 등 대통령령으로 정하는 금액"이란 투자구성기업이 주주구성기업에 분배하거나 분배하는 것으로 간주되는 이익, 잉여금 등(이하 이 조에서 "분배금등"이라 한다)을 말한다. 이 경우 분배하는 것으로 간주되는 금액에는 주주구성기업이 직접 또는 간접으로 보유하는 투자구성기업의 소유지분을 해당 다국적기업그룹에 속하지 않는 기업에 이전하는 경우 그 이전하는 날의 직전일의 해당 투자구성기업의 제3항에 따른 미분배글로벌최저한세소득금액 중 이전 대상 소유지분에 귀속되는 금액을 포함한다.
③ 법 제79조제6항제2호에서 "해당 사업연도 개시 전 세 번째 사업연도 투자구성기업의 글로벌최저한세소득금액 중 아직 분배되지 아니한 금액 등 대통령령으로 정하는 금액"이란 각 사업연도 개시 전 세 번째 사업연도(이하 이 조에서 "대상사업연도"라 한다) 투자구성기업의 글로벌최저한세소득 금액에서 다음 각 호의 금액을 차감하여 계산한 금액(해당 글로벌최저한세소득 금액이 영이 될 때까지만 차감하며, 이하 이 조에서 "미분배글로벌최저한세소득금액"이라 한다)을 말한다.
1. 해당 투자구성기업의 대상조세 금액
2. 대상기간(대상사업연도의 개시일부터 각 사업연도 종료일까지의 기간으로서 해당 투자구성기업이 속한 다국적기업그룹이 해당 투자구성기업의 소유지분을 보유하고 있는 기간을 말한다. 이하 이 조에서 같다) 중 해당 투자구성기업의 주주구성기업에 대한 분배금등(해당 분배금등이 이전 대상사업연도의 미분배순글로벌최저한세소득금액을 계산하는 데 사용된 경우 그 금액은 제외한다)
3. 대상기간 중 해당 투자구성기업의 글로벌최저한세결손 금액(해당 금액이 이전 사업연도에 미분배순글로벌최저한세소득금액을 계산하는 데 사용된 경우 그 금액은 제외하며, 대상기간이 지난 후 남은 잔액은 다음 사업연도로 이월한다)
④ 법 제79조제6항에 따른 신고구성기업의 선택은 5년 선택으로 하고, 해당 주주구성기업별로 주주구성기업이 보유하는 투자구성기업의 소유지분 전부에 대해 적용한다.
⑤ 신고구성기업이 제4항에 따른 선택을 취소하는 경우 취소사업연도의 직전 사업연도 말에 해당 주주구성기업이 보유하는 소유지분에 귀속되는 미분배순글로벌최저한세소득금액의 잔액이 있는 때에는 그 잔액을 취소사업연도의 해당 투자구성기업의 글로벌최저한세소득으로 보며, 그 금액에 최저한세율을 곱하여 계산한 금액을 법 제71조에 따른 해당 투자구성기업의 추가세액으로 본다.
⑥ 제1항부터 제5항까지에서 규정한 사항 외에 투자구성기업에 대해 법 제79조제6항 각 호의 방법을 적용하여 신고구성기업이 법 제79조제6항 각 호의 방법을 적용하는 데 필요한 세부사항 등은 기획재정부령으로 정한다.

제138조【전환기 적용면제】 ① 법 제80조 본문에서 "대통령령으로 정하는 적용면제 요건을 갖춘 국가"란 2026년 12월 31일 이전에 개시하고 2028년 6월 30일 이

전에 종료하는 각 사업연도(이하 이 조에서 "전환기사업연도"라 한다)에 대해 다음 각 호의 어느 하나에 해당하는 요건을 갖춘 국가를 말한다.
1. 소액 요건 : 다국적기업그룹이 기획재정부령으로 정하는 재무제표를 기초로 작성하여 제출한 국가별보고서(이하 이 조에서 "적격국가별보고서"라 한다)에 따를 때 해당 국가의 기획재정부령으로 정하는 총수익금액 및 세전손익금액이 각각 1천만유로 및 1백만유로 보다 작을 것
2. 간이 실효세율 요건 : 기획재정부령으로 정하는 바에 따라 계산한 실효세율이 다음 각 목의 구분에 따른 비율 이상일 것
 가. 사업연도 개시일이 2024년에 속하는 전환기사업연도의 경우 : 15퍼센트
 나. 사업연도 개시일이 2025년에 속하는 전환기사업연도의 경우 : 16퍼센트
 다. 사업연도 개시일이 2026년에 속하는 전환기사업연도의 경우 : 17퍼센트
3. 초과이익 요건 : 제1호에 따른 세전손익금액이 다음 각 목의 어느 하나에 해당할 것
 가. 손실액이 발생한 경우일 것
 나. 이익액이 발생한 경우로서 그 금액이 적격국가별보고서에 따른 해당 국가 모든 구성기업의 실질적반제외소득금액 합계보다 작거나 같은 경우일 것
② 법 제80조 본문에 따른 신고구성기업의 선택은 매년선택으로 한다.
③ 법 제80조 단서에서 "대통령령으로 정하는 요건"이란 다음 각 호의 요건을 말한다.
1. 해당 국가가 제1항 각 호의 어느 하나에 해당할 것
2. 해당 국가가 법 제78조제1항에 따라 신고구성기업이 간주분배세액을 가산하기로 선택한 국가에 해당하지 않을 것
3. 해당 다국적기업그룹이 복수모기업다국적기업그룹인 경우에는 하나의 적격국가별보고서에 그 둘 이상의 그룹에 관한 사항이 일부라도 누락되어 있는 경우에 해당하지 않을 것
4. 해당 구성기업이 무국적구성기업에 해당하지 않을 것
5. 해당 전환기사업연도가 국제적으로 합의된 글로벌최저한세 규칙의 적용 대상이 되는 다국적기업그룹의 전환기사업연도에 해당 국가에 법 제80조 본문에 따른 적용면제가 적용되지 않는 경우(해당 다국적기업그룹이 첫 전환기사업연도에 해당 국가에 구성기업을 두지 않은 경우는 제외한다) 해당 국가의 그 이후 전환기사업연도에 해당하지 않을 것
④ 법 제80조 단서에서 "대통령령으로 정하는 경우"란 다음 각 호에 모두 해당하는 경우를 말한다.
1. 해당 국가의 실효세율이 최저한세율보다 낮은 경우로서 우리나라가 추가세액배분액을 부과할 수 있을 것
2. 우리나라 과세당국이 법 제80조 본문에 따른 적용면제가 없었다면 추가세액배분액의 납부의무를 지게 되는 국내구성기업에 대해 제3항에 따른 요건의 충족 여부에 중대한 영향을 미칠 수 있는 사항을 기획재정부령으로 정하는 바에 따라 통보하고 그 영향 여부에 대해 소명을 요구하였을 것
3. 제2호에 따른 통보를 받은 국내구성기업이 그 통보를 받은 날부터 6개월 이내에 해당 사항이 제3항에 따른 요건의 충족 여부에 중대한 영향을 미치지 않았다는 사실을 소명하지 못하였을 것
⑤ 공동기업에 대해 제1항을 적용할 때 같은 항 제1호에 따른 총수익금액 및 세전손익금액의 산정 방법 등 같은 항 각 호의 요건을 적용하는 데 필요한 세부사항 등은 기획재정부령으로 정한다.

제139조【최초적용연도의 총이연법인세조정금액의 산정 등】 ① 법 제81조제1항에 따라 법 제5장 및 이 장이나 그에 상당하는 다른 국가의 법령(이하 이 장에서 "글로벌최저한세제도"라 한다)이 적용되는 첫 번째 사업연도(이하 이 조에서 "최초적용연도"라 한다)의 총이연법인세조정금액을 산정할 때 산입하는 이연법인세자산 및 이연법인세부채에 대해서는 그 소재지국의 국내세율과 최저한세율 중 낮은 세율을 적용한다.

② 제1항에도 불구하고 최저한세율보다 낮은 국내세율이 적용된 이연법인세자산으로서 그 발생 사업연도에 글로벌최저한세제도가 적용되었다고 가정할 경우 해당 이연법인세자산이 글로벌최저한세결손으로 인하여 발생하였을 것임을 해당 다국적기업그룹이 소명하는 경우에는 해당 이연법인세자산에 최저한세율을 적용하여 다시 계산할 수 있다.

③ 제1항에 따른 최초적용연도의 총이연법인세조정금액을 산정할 때에는 다음 각 호의 기준에 따른다.

1. 제112조제1항제1호나목3)에 따른 이월 세액공제 금액으로 인하여 발생하는 이연법인세자산은 다음 각 목의 구분에 따라 처리한다. 이 경우 다음 각 목에 따라 다시 계산함으로 인한 이연법인세자산 금액의 변동은 총이연법인세조정금액의 계산에 산입하지 않는다.
   가. 해당 이연법인세자산의 산정에 적용되는 국내세율이 최저한세율 이상인 경우 : 해당 이연법인세자산 금액에 최저한세율을 국내세율로 나눈 비율을 곱하여 다시 계산
   나. 해당 이연법인세자산의 산정에 적용된 국내세율이 최초적용연도 이후 변경(최저한세율 이상의 세율이 유지되는 경우로 한정한다)되는 경우 : 변경된 국내세율이 적용되기 직전의 회계상 잔존 이연법인세자산 금액에 최저한세율을 변경된 국내세율로 나눈 비율을 곱하여 다시 계산

2. 최초적용연도 전 사업연도에 발생하였으나 해당 발생 사업연도 또는 그 후 사업연도(최초적용연도 전 사업연도로 한정한다)에 회계상 인식기준을 충족하지 못하여 최초적용연도 개시일의 회계에 이연법인세자산으로 계상되지 않은 것도 법 제81조제1항에 따른 이연법인세자산에 포함한다.

3. 최초적용연도 전 사업연도에 발생한 비적격환급가능세액공제가 최초적용연도에 세액공제 또는 현금지급으로 정산되는 경우에는 제110조제2호나목에도 불구하고 그 금액을 해당 사업연도의 대상조세에서 차감하지 않는다.

4. 법 제81조제1항이 적용되는 이연법인세부채에 대해서는 법 제67조제3항을 적용하지 않는다.

④ 제1항부터 제3항까지에서 규정한 사항 외에 최초적용연도 총이연법인세조정금액의 산정 등 최초적용연도 실효세율의 계산에 필요한 세부사항은 기획재정부령으로 정한다.

제140조【해외진출 초기의 다국적기업그룹】 법 제82조제1항 각 호 외의 부분 본문에서 "대통령령으로 정하는 다국적기업그룹"이란 각 사업연도에 다음 각 호의 요건을 모두 갖춘 다국적기업그룹을 말한다.

1. 해당 다국적기업그룹의 구성기업이 6개국 이하의 국가에 소재할 것. 이 경우 해당 다국적기업그룹에 속한 무국적구성기업은 소재하는 국가가 없는 것으로 본다.

2. 준거국가(해당 다국적기업그룹이 글로벌최저한세제도를 적용받는 사업연도에 그 다국적기업그룹이 소유한 국가별 유형자산의 순장부가액 합계가 가장 큰 국가를 말한다. 이하 이 조에서 같다) 외의 국가에 소재하는 해당 다국적기업그룹의 모든 구성기업에 대한 제125조제2항에 따른 유형자산 순장부가액

합계가 5천만유로 이하일 것. 이 경우 해당 다국적기업그룹에 속한 무국적구성기업의 유형자산은 그 유형자산이 준거국가에 소재한다는 것을 해당 다국적기업그룹이 소명하지 못하는 경우에는 준거국가 외의 국가에 소재하는 것으로 보아 전단에 따른 유형자산 순장부가액의 계산에 산입한다.
<2025.1.1 시행>

제5절 신고 및 납부 등

제141조【글로벌최저한세정보신고서의 제출】 ① 법 제83조제1항에 따라 국내구성기업은 기획재정부령으로 정하는 글로벌최저한세정보신고서를 각 사업연도 종료일부터 15개월(최초적용연도의 경우에는 18개월) 이내에 납세지 관할 세무서장에게 정보통신망을 통해 제출해야 한다. 이 경우 글로벌최저한세정보신고서에 포함되는 모든 금액은 해당 다국적기업그룹의 연결재무제표에서 사용되는 통화로 표시해야 한다.

② 법 제83조제2항에서 "대통령령으로 정하는 기업"이란 같은 다국적기업그룹에 속하는 국내구성기업을 대신하여 법 제83조제1항에 따라 글로벌최저한세정보신고서를 제출하거나 같은 조 제4항에 따라 국외 소재 구성기업에 관한 사항을 신고할 수 있는 다른 국내구성기업으로서 기획재정부령으로 정하는 바에 따라 지정된 기업을 말한다.

③ 법 제83조제3항에서 "대통령령으로 정하는 경우"란 같은 항에 따른 국외 소재 구성기업이 해당 신고대상 사업연도에 대해 글로벌최저한세정보신고서의 연례 자동정보교환을 규정한 권한 있는 당국 간의 약정이 발효 중인 국가에 소재하는 경우를 말한다.

제142조【추가세액배분액의 신고 및 납부】 ① 법 제84조제1항 전단에 따라 납세지 관할 세무서장에게 추가세액배분액을 신고하려는 국내구성기업은 기획재정부령으로 정하는 추가세액신고서를 제출해야 한다. 이 경우 법 제84조제1항 후단에 따라 추가세액배분액을 원화로 환산할 때에는 기획재정부령으로 정하는 해당 사업연도의 평균환율을 적용한다.

② 법 제84조제2항에 따라 추가세액배분액을 납부하는 국내구성기업은 같은 조 제1항에 따른 신고와 함께 납세지 관할 세무서장에게 납부하거나「국세징수법」제5조에 따른 납부서를 첨부하여 한국은행(그 대리점을 포함한다) 또는 체신관서에 납부해야 한다.

③ 법 제84조제3항에 따른 분납에 관하여는「법인세법 시행령」제101조제2항을 준용한다.

제143조【수시부과의 사유 등】 ① 법 제85조제5항 전단에서 "대통령령으로 정하는 사유"란 국내구성기업이 다음 각 호의 어느 하나에 해당하는 경우를 말한다.

1. 신고를 하지 않고 사업장을 이전한 경우
2. 사업부진이나 그 밖의 사유로 휴업 또는 폐업 상태에 있는 경우
3. 그 밖에 조세를 포탈할 우려가 있다고 인정되는 상당한 이유가 있는 경우

② 납세지 관할 세무서장 또는 관할 지방국세청장은 법 제85조제5항 전단에 따라 이 조 제1항 각 호의 사유가 발생한 국내구성기업에 대해 수시부과를 하는 경우에는 장부나 그 밖의 증명서류를 근거로 해야 한다.

③ 납세지 관할 세무서장 또는 관할 지방국세청장은 법 제85조제8항에 따라 같은 조 제1항 및 제2항에 따라 결정 또는 경정한 추가세액배분액을 해당 기업에 통지하는 경우에는 그 납부고지서에 추가세액배분액 계산명세서를 첨부해야 하며, 각 사업연도의 추가세액배분액이 없는 경우에는 그 내용을 통지해야 한다.

④ 제3항을 적용할 때 납세지가 분명하지 않은 국내구성기업에 대해서는 공시송달의 방법으로 통지해야 한다.

제6장 벌 칙

제144조【국제거래에 관한 자료 제출의무 불이행에 대한 과태료 부과기준】 ① 법 제87조제1항 각 호 외의 부분에서 "대통령령으로 정하는 부득이한 사유"란 제37조제1항 각 호의 사유를 말한다.(2023.2.28 본항개정)
② 법 제87조제1항에 따라 다음 각 호의 자료 전부 또는 일부를 제출하지 않거나 거짓으로 제출하는 경우에 대한 과태료의 부과기준은 각 호의 구분에 따른다.(2023.2.28 본문개정)
1. 법 제16조제1항에 따른 통합기업보고서, 개별기업보고서 또는 국가별보고서 : 보고서별 3천만원
2. 법 제16조제2항제1호에 따른 국제거래명세서 : 국외특수관계인별 500만원
3. 법 제16조제4항에 따라 과세당국이 요구한 자료 : 다음 각 목의 구분에 따른 금액(2023.12.29 본문개정)
  가. 제38조제1항제1호부터 제3호까지의 자료 : 3천만원
  나. 제38조제4호부터 제13호까지의 자료 : 5천만원
  다. 제38조제14호의 자료 : 7천만원
4. 법 제83조제1항에 따른 글로벌최저한세정보신고서 : 1억원(2023.12.29 본호신설)
5. 법 제83조제4항에 따른 국외 소재 구성기업에 관한 사항의 신고 자료 : 1억원(2023.12.29 본호신설)
③ 법 제87조제2항에 따른 과태료는 다음 계산식에 따라 산정한다. 이 경우 법 제87조제2항에 따른 과태료의 상한을 넘을 수 없다.

$$\left(1 + \frac{\text{지연기간}}{30} \right) \times \begin{array}{c} \text{제1항} \\ \text{각 호에 따른 금액} \end{array}$$

※ 지연기간(과세당국이 정한 30일의 이행기간의 말일 다음 날부터 자료 제출이나 시정요구를 이행하는 날까지의 기간)을 30으로 나눈 결과 소수점 이하는 버린다.

(2023.2.28 본항개정)
④ 제2항 또는 제3항에 따라 산정된 과태료는 그 위반행위의 정도, 위반 횟수, 위반행위의 동기와 결과 등을 고려하여 해당 과태료의 50퍼센트 범위에서 줄이거나 늘릴 수 있다. 다만, 과태료를 늘리는 경우에는 법 제87조제1항 및 제2항에 따른 과태료의 상한을 넘을 수 없다.(2023.2.28 단서개정)
⑤ 다음 각 호의 경우에는 제2항부터 제4항까지의 규정에 따라 산정된 과태료를 해당 호에서 정하는 비율만큼 감경하여 부과한다. 다만, 납세의무자가 과세당국의 과태료 부과를 미리 알고 자료를 제출한 경우는 제외한다.
1. 법 제16조제1항 및 제2항에 따른 제출기한(이하 이 조에서 "제출기한"이라 한다)이 지난 후 누락한 자료를 추가하거나 거짓된 자료를 정정하는 등 보완하여 제출한 경우 : 다음 표의 구분에 따른 비율

보완 제출일	감경비율
가. 제출기한 후 6개월 이내	90퍼센트
나. 제출기한 후 6개월 초과 1년 이내	70퍼센트
다. 제출기한 후 1년 초과 2년 이내	50퍼센트
라. 제출기한 후 2년 초과 4년 이내	30퍼센트

2. 제출기한이 지난 후에 자료를 제출한 경우 : 다음 표의 구분에 따른 비율

기한 후 제출일	감경비율
가. 제출기한 후 1개월 이내	90퍼센트
나. 제출기한 후 1개월 초과 6개월 이내	70퍼센트
다. 제출기한 후 6개월 초과 1년 이내	50퍼센트
라. 제출기한 후 1년 초과 2년 이내	30퍼센트

(2022.2.15 본항신설)

⑥ 제2항 또는 제3항에 따른 과태료를 부과할 때 자료를 제출하는 자가 경미한 착오로 자료의 일부를 제출하지 않거나 일부 항목에 오류를 발생시킨 경우에는 과세당국은 보정 자료를 받고 과태료를 부과하지 않을 수 있다.
(2022.2.15 본조제목개정)
제145조【혼성금융상품 거래 관련 자료 제출의무 불이행 등에 대한 과태료 부과기준】 ① 법 제88조제1항에 따른 과태료의 부과기준은 다음 각 호의 구분에 따른다.
1. 법 제25조제3항에 따른 신고기한까지 제60조에 따른 혼성금융상품 관련 이자비용에 대한 조정 명세서(이하 이 항에서 "조정명세서"라 한다)를 제출하지 않은 경우 : 혼성금융상품별 2천만원
2. 거짓의 조정명세서를 제출한 경우 : 혼성금융상품별 1천만원
② 제1항에 따른 과태료는 그 위반행위의 정도, 위반 횟수, 위반행위의 동기와 결과 등을 고려하여 해당 과태료의 50퍼센트 범위에서 줄이거나 늘릴 수 있다. 다만, 과태료를 늘리는 경우에는 법 제88조제1항에 따른 과태료의 상한을 넘을 수 없다.
(2023.2.28 본조신설)
제146조【금융정보의 제공 불이행 등에 대한 과태료 부과기준】 ① 법 제89조제1항에 따른 과태료의 부과기준은 다음 각 호의 구분에 따른다. 다만, 금융회사등의 장이 제75조제5항에 따른 우리나라의 권한 있는 당국의 시정 요구에 따라 기한까지 시정한 경우에는 해당 과태료를 부과하지 않을 수 있다.(2023.2.28 본문개정)
1. 권한 있는 당국이 요구한 금융정보 전부를 제공하지 않거나 거짓으로 제공한 경우 : 2천만원
2. 권한 있는 당국이 요구한 금융정보 중 일부를 제공하지 않은 경우 : 1천만원
② 제1항에 따라 산정된 과태료는 그 위반행위의 정도, 위반 횟수, 위반행위의 동기와 결과 등을 고려하여 해당 과태료의 50퍼센트 범위에서 줄이거나 늘릴 수 있다. 다만, 과태료를 늘리는 경우에는 법 제89조제1항에 따른 과태료의 상한을 넘을 수 없다.(2023.2.28 단서개정)
제147조【해외금융계좌 신고의무 불이행 등에 대한 과태료 부과기준】 ① 법 제90조제1항 및 같은 조 제2항 본문에 따른 과태료의 부과기준은 각 호의 구분에 따른다.(2023.2.28 본문개정)
1. 계좌신고의무자가 신고기한까지 해외금융계좌정보를 미신고·과소신고한 경우 : 다음 표의 구분에 따른 과태료

신고 대상 계좌별 미신고·과소신고한 금액의 합계액		과태료
가. 신고 대상 계좌별 미신고·과소신고한 금액의 합계액이 20억원 이하인 경우		
	1) 미신고한 경우	신고 대상 계좌별 미신고한 금액의 합계액 × 10퍼센트
	2) 과소신고한 경우	신고 대상 계좌별 과소신고한 금액(신고해야 할 금액에서 신고한 금액을 뺀 금액을 말한다. 이하 같다)의 합계액 × 10퍼센트
나. 신고 대상 계좌별 미신고·과소신고한 금액의 합계액이 20억원 초과 50억원 이하인 경우		

1) 미신고한 경우	2억원 + (신고 대상 계좌별 미신고한 금액의 합계액 − 20억원) × 15퍼센트
2) 과소신고한 경우	2억원 + (신고 대상 계좌별 과소신고한 금액의 합계액 − 20억원) × 15퍼센트

다. 신고 대상 계좌별 미신고·과소신고한 금액의 합계액이 50억원 초과인 경우

1) 미신고한 경우	[6억5천만원 + (신고 대상 계좌별 미신고한 금액의 합계액 − 50억원) × 20퍼센트]와 20억원 중 적은 금액
2) 과소신고한 경우	[6억5천만원 + (신고 대상 계좌별 과소신고한 금액의 합계액 − 50억원) × 20퍼센트]와 20억원 중 적은 금액

(2023.2.28 본호개정)

2. 계좌신고의무자가 신고의무 위반금액의 출처에 대해 소명하지 않거나 거짓으로 소명한 경우 : 소명하지 않거나 거짓으로 소명한 금액 × 20퍼센트

② 제1항에 따라 산정된 과태료는 그 위반행위의 정도, 위반 횟수, 위반행위의 동기와 결과 등을 고려하여 그 금액의 50퍼센트 범위에서 줄이거나 늘릴 수 있다. 다만, 과태료를 늘리는 경우에는 법 제90조제1항 및 제2항에 따른 과태료의 상한을 넘을 수 없다.(2023.2.28 단서개정)

③ 과세당국은 법 제90조제1항에 따른 과태료 부과 대상자가 「외국환거래법」 제20조에 따라 해외에서 거래한 예금의 잔액현황보고서를 제출한 경우 제1항에 따른 과태료의 50퍼센트 범위에서 그 금액을 줄여 부과할 수 있다.(2023.2.28 본항개정)

④ 제1항부터 제3항까지의 규정에 따라 산정된 과태료는 다음 각 호의 어느 하나에 해당하는 경우 해당 과태료에 다음 각 호에서 정하는 감경비율을 적용해야 한다. 다만, 계좌신고의무자가 과세당국의 과태료 부과를 미리 알고 신고한 경우는 제외한다.

1. 법 제53조제1항에 따른 신고기한(이하 이 조에서 "신고기한"이라 한다)이 지난 후 법 제55조제1항에 따라 수정신고한 경우 : 다음 표의 구분에 따른 비율

수정신고한 날	감경비율
가. 신고기한 후 6개월 이내	90퍼센트
나. 신고기한 후 6개월 초과 1년 이내	70퍼센트
다. 신고기한 후 1년 초과 2년 이내	50퍼센트
라. 신고기한 후 2년 초과 4년 이내	30퍼센트

2. 신고기한이 지난 후 법 제55조제2항에 따라 기한 후 신고한 경우 : 다음 표의 구분에 따른 비율

기한 후 신고한 날	감경비율
가. 신고기한 후 1개월 이내	90퍼센트
나. 신고기한 후 1개월 초과 6개월 이내	70퍼센트
다. 신고기한 후 6개월 초과 1년 이내	50퍼센트
라. 신고기한 후 1년 초과 2년 이내	30퍼센트

⑤ 법 제90조제2항 단서에서 "천재지변 등 대통령령으로 정하는 부득이한 사유가 있는 경우"란 다음 각 호의 경우를 말한다.(2023.2.28 본문개정)

1. 천재지변, 화재·재난, 도난 등 불가항력적 사유로 증명서류 등이 없어져 소명이 불가능한 경우

2. 해외금융계좌 소재 국가의 사정 등으로 신고의무자가 신고의무 위반금액의 출처에 대하여 소명하는 것이 불가능한 경우

⑥ 제1항에 따른 과태료를 부과할 때 해외금융계좌 잔액 합산의 오류 등 단순 착오에 따라 신고하지 않았다고 인정할 만한 사유가 있는 경우에는 과태료를 부과하지 않을 수 있다.

⑦ 제1항에 따른 과태료를 부과할 때 신고하지 않거나 과소 신고한 계좌가 추가로 확인되는 경우 추가로 부과하는 과태료는 신고하지 않거나 과소 신고한 전체 금액을 기준으로 부과할 과태료에서 이미 부과한 과태료를 뺀 금액으로 한다.

제148조 【해외현지법인 등의 자료 제출의무 불이행에 대한 과태료 부과기준 등】 ① 법 제91조제1항 및 제2항에 따른 과태료의 부과기준은 별표와 같다.(2023.2.28 본항개정)

② 법 제91조제1항 각 호 외의 부분 단서 및 같은 조 제2항 각 호 외의 부분 단서에서 "기한까지 자료 제출이 불가능하다고 인정되는 경우 등 대통령령으로 정하는 부득이한 사유"란 각각 제97조제3항 각 호의 사유를 말한다.(2023.2.28 본항개정)

③ 법 제91조제2항 각 호 외의 부분 본문에서 "대통령령으로 정하는 해외부동산등의 취득가액, 처분가액 및 투자운용 소득"이란 다음 각 호의 구분에 따른 금액을 말한다.(2023.2.28 본문개정)

1. 취득가액 : 다음 각 목의 구분에 따른 취득가액에서 해당 해외부동산등의 취득과 관련해 「외국환거래법」 제18조에 따라 신고한 금액을 뺀 가액

가. 거주자 : 「소득세법」 제118조의4제1항제1호에 따른 취득가액

나. 내국법인 : 「법인세법」 제41조에 따른 취득가액

2. 처분가액 : 「소득세법」 제118조의3에 따른 양도가액에서 해당 해외부동산등의 처분과 관련해 「외국환거래법」 제20조에 따라 보고한 금액을 뺀 가액

3. 투자운용 소득 : 해외부동산등의 투자운용과 관련된 다음 각 목의 구분에 따른 금액

가. 거주자 : 「소득세법」 제24조에 따른 총수입금액

나. 내국법인 : 「법인세법」 제15조에 따른 익금

④ 법 제91조제3항 단서에서 "천재지변 등 대통령령으로 정하는 부득이한 사유가 있는 경우"란 다음 각 호의 경우를 말한다.(2023.2.28 본항개정)

1. 천재지변, 화재·재난, 도난 등 불가항력적인 사유로 증명서류 등이 없어져 소명이 불가능한 경우

2. 해당 해외현지법인 또는 해외부동산등의 소재 국가의 사정 등으로 소명이 불가능한 경우

⑤ 납세지 관할 세무서장은 위반행위의 정도, 위반 횟수, 위반행위의 동기 및 그 결과 등을 고려하여 법 제91조제3항 및 별표에 따른 과태료 금액의 50퍼센트의 범위에서 그 금액을 줄이거나 늘려 부과할 수 있다. 다만, 늘려 부과하는 경우에는 법 제91조제1항부터 제3항까지의 규정에 따른 과태료의 상한을 넘을 수 없다.(2023.2.28 본항개정)

부 칙

제1조 【시행일】 이 영은 공포한 날부터 시행한다. 다만, 제92조제1항(가상자산사업자 및 가상자산에 관한 부분에 한정한다) 및 제93조제1항제6호의 개정규정은 2022년 1월 1일부터 시행한다.

제2조 【국제거래가격과세조정심의위원회의 존속기한】 국제거래가격과세조정심의위원회에 관한 제42조 및 제43조의 개정규정은 2022년 6월 30일까지 효력을 가진다.

제3조 【일반적 적용례】 이 영은 2021년 1월 1일 이후 개시하는 과세연도 분부터 적용한다.

제4조 【국제거래에 대한 실질과세에 관한 적용례】 제3조의 개정규정은 2020년 1월 1일 이후 개시한 과세연도 분부터 적용한다.

제5조【무형자산의 정상가격 산출방법에 관한 적용례】 제13조제2항제1호 및 같은 조 제3항부터 제6항까지의 개정규정은 2019년 1월 1일 이후 개시한 과세연도 분부터 적용한다.

제6조【정상가격 산출방법의 사전승인 신청에 관한 적용례】 제26조제1항의 개정규정은 이 영 시행 이후 정상가격 사전승인을 신청하는 경우부터 적용한다.

제7조【사전승인에 따른 과세표준 및 세액 조정 신청에 관한 적용례】 제31조제1항의 개정규정은 이 영 시행 이후 사전승인 통지서를 받은 경우부터 적용한다.

제8조【사전승인에 따른 연례보고서 제출에 관한 적용례】 제32조제1항의 개정규정은 이 영 시행 이후 연례보고서를 제출해야 하는 경우부터 적용한다.

제9조【통합기업보고서 및 개별기업보고서의 제출에 관한 적용례】 제34조제1항제2호 후단의 개정규정은 이 영 시행일이 속하는 과세연도에 대한 통합기업보고서 및 개별기업보고서를 제출해야 하는 경우부터 적용한다.

제10조【과세당국이 요구하는 자료의 범위와 제출방법에 관한 적용례】 제38조제2항의 개정규정은 2020년 1월 1일 이후 개시한 과세연도 분부터 적용한다.

제11조【실제소유자 정보 범위에 관한 적용례】 제73조의 개정규정은 2020년 1월 1일 이후 개시한 과세연도 분부터 적용한다.

제12조【상호합의절차의 개시 신청 등에 관한 적용례】 제83조제5항의 개정규정은 2017년 2월 7일부터 이 영 시행 전까지 상호합의절차 개시 신청을 한 경우에도 적용한다.

제13조【상호합의에 따른 납부기한 등의 연장 등에 관한 적용례】 제91조제2항제1호의 개정규정은 이 영 시행 이후 상호합의에 따른 납부기한등의 연장 등을 신청하는 경우부터 적용한다.

제14조【해외금융계좌 신고의무 불이행 등에 대한 과태료 부과기준에 관한 적용례】 제102조제3항의 개정규정은 이 영 시행일이 속하는 연도에 보유하고 있는 해외금융계좌를 신고해야 하는 경우부터 적용한다.

제15조【일반적 경과조치】 이 영 시행 당시 종전의 규정에 따라 과세하였거나 과세해야 할 소득세 및 법인세에 대해서는 이 영의 개정규정에도 불구하고 종전의 규정에 따른다.

제16조【특수관계의 범위 등에 관한 경과조치】 ① 2021년 1월 1일 전에 개시한 과세연도 분에 대해서는 제2조의 개정규정에도 불구하고 이 영 시행 전「국제조세조정에 관한 법률 시행령」(기간의 경과 등으로 이미 그 효력이 상실된 규정을 제외한 모든 종전의 규정을 말한다)에 따른다.
② 제1항을 적용할 때 대통령령 제19650호 국제조세조정에관한법률시행령 일부개정령 제2조제1항제4호 및 제5호는 2006년 8월 24일이 속하는 과세연도부터 적용한다.
③ 제1항을 적용할 때 대통령령 제17832호 국제조세조정에관한법률시행령중개정령 제2조제1항 및 제2항은 2003년 1월 1일 후 최초로 거래한 분부터 적용한다.
④ 제1항을 적용할 때 대통령령 제17045호 국제조세조정에관한법률시행령중개정령 제2조제1항제4호가목은 2001년 1월 1일 이전에 일방법인의 임원 또는 종업원이었던 자가 2001년 1월 1일 후 최초로 타방법인의 대표임원 또는 임원의 지위에 있게 된 경우부터 적용한다.

제17조【정상가격 산출방법의 보완 등에 관한 경과조치】 2017년 2월 7일 전에 거주자와 국외특수관계인이 자금거래한 분에 대해서는 제11조의 개정규정에도 불구하고 대통령령 제27837호로 개정되기 전의「국제조세조정에 관한 법률 시행령」제6조제7항에 따른다.

제18조【용역거래 정상가격의 산출방법에 관한 경과조치】 ① 2020년 1월 1일 전에 개시한 과세연도분에

대해서는 제12조의 개정규정에도 불구하고 대통령령 제30405호로 개정되기 전의「국제조세조정에 관한 법률 시행령」제6조의2에 따른다.
② 제1항을 적용할 때 2019년 2월 12일 전에 지급보증계약을 체결한 경우에는 대통령령 제29525호 국제조세조정에 관한 법률 시행령 일부개정령 제6조의2제4항에도 불구하고 대통령령 제29525호로 개정되기 전의「국제조세조정에 관한 법률 시행령」제6조의2에 따른다. 이 경우 대통령령 제24365호 국제조세조정에 관한 법률 시행령 일부개정령 제6조의2제3항부터 제5항까지의 규정은 2013년 2월 15일 후 지급보증한 경우부터 적용한다.

제19조【익금에 산입되는 금액의 반환순서에 관한 경과조치】 2013년 2월 15일 전에 익금에 산입된 금액을 반환받은 경우에는 제22조제3항의 개정규정에도 불구하고 대통령령 제24365호로 개정되기 전의「국제조세조정에 관한 법률 시행령」제15조의2에 따른다.

제20조【사전승인에 따른 과세표준 및 세액 조정 신청에 관한 경과조치】 이 영 시행 전에 법 제47조제2항에 따라 상호합의의 결과를 통보받은 날부터 3개월이 지난 경우에는 제31조제1항의 개정규정에도 불구하고 종전의 제17조제1항에 따른다.

제21조【정보통신망을 활용한 국제거래정보통합보고서의 제출에 관한 경과조치】 2020년 2월 11일 전에 제출할 의무가 있었던 통합기업보고서 및 개별기업보고서에 대해서는 제34조제3항 및 제35조제4항의 개정규정에도 불구하고 대통령령 제30405호로 개정되기 전의「국제조세조정에 관한 법률 시행령」제21조의2제5항에 따른다.

제22조【손금불산입액의 계산방법 등에 관한 경과조치】 ① 2015년 1월 1일 전에 개시한 과세연도분에 대해서는 제45조, 제48조 및 제50조의 개정규정에도 불구하고 대통령령 제26078호로 개정되기 전의「국제조세조정에 관한 법률 시행령」제25조 및 제27조에 따른다.
② 제1항을 적용할 때 대통령령 제22574호 국제조세조정에 관한 법률 시행령 일부개정령 제25조제1항 및 제27조제2항은 2010년 12월 30일 후 최초로 손금불산입한 분부터 적용한다.

제23조【혼성금융상품 거래에 따라 발생하는 이자상당액에 관한 경과조치】 2019년 2월 12일 이후 납부 또는 부과할 경우로서 제59조제3항제2호의 개정규정에 따른 이자상당액 계산의 기준이 되는 기간 중 2019년 2월 12일 전일까지의 기간에 대한 이자율은 대통령령 제29525호 국제조세조정에 관한 법률 시행령 일부개정령 제28조의4제7항제2호에도 불구하고 대통령령 제29525호로 개정되기 전의「국제조세조정에 관한 법률 시행령」제28조의4제7항제2호에 따른다.

제24조【특정국가등의 범위에 관한 경과조치】 ① 2010년 2월 18일 전에 대통령령 제19650호 국제조세조정에관한법률시행령 일부개정령 제30조제1항에 따라 지정·고시된 지역은 제62조의 개정규정에 따른 특정국가등으로 본다.
② 2005년 1월 1일 전에 개시한 과세연도 분에 대해서는 제62조제1항의 개정규정에도 불구하고 대통령령 제18628호로 개정되기 전의「국제조세조정에관한법률시행령」제30조제2항에 따른다.

제25조【특수관계인의 범위 등에 관한 경과조치】 2015년 1월 1일 전에 개시한 과세연도 분에 대해서는 제63조의 개정규정에도 불구하고 대통령령 제26078호로 개정되기 전의「국제조세조정에 관한 법률 시행령」제30조의2에 따른다. 이 경우 대통령령 제24365호 국제조세조정에 관한 법률 시행령 일부개정령 제30조의2는 2013년 2월 15일이 속하는 과세연도부터 적용한다.

제26조【유보소득 합산과세가 배제되는 특정외국법인의 범위에 관한 경과조치】2012년 2월 2일 전에 신고한 과세연도의 유보소득에 대한 합산과세가 적용되지 않는 특정외국법인의 범위에 관한 요건은 제64조제3항의 개정규정에도 불구하고 대통령령 제23600호로 개정되기 전의「국제조세조정에 관한 법률 시행령」제36조의3제1항에 따른다.

제27조【적용범위의 판정요건에 관한 경과조치】① 2013년 2월 15일 전에 개시한 과세연도로서 2013년 2월 15일이 속하는 과세연도가 아닌 경우에는 제65조의 개정규정에도 불구하고 대통령령 제24365호로 개정되기 전의「국제조세조정에 관한 법률 시행령」제35조에 따른다.
② 제1항을 적용할 때 대통령령 제19650호 국제조세조정에관한법률시행령 일부개정령 제35조제1항제1호 단서는 2006년 8월 24일이 속하는 사업연도부터 기산하여 적용하고, 대통령령 제17832호 국제조세조정에관한법률시행령중개정령 제35조제2항은 2003년 1월 1일 후 최초로 거래한 분부터 적용한다.

제28조【특정외국법인의 유보소득 배당간주의 예외적 적용의 판정에 관한 경과조치】① 2020년 1월 1일 전에 개시한 과세연도 분에 대해서는 제65조제4항의 개정규정에도 불구하고 대통령령 제30405호로 개정되기 전의「국제조세조정에 관한 법률 시행령」제36조의3제1항에 따른다.
② 제1항을 적용할 때 대통령령 제25200호 국제조세조정에 관한 법률 시행령 일부개정령 제36조의3제1항의 개정규정은 2015년 1월 1일이 속하는 과세연도부터 적용한다.

제29조【실제 배당액의 익금불산입 방법에 관한 경과조치】① 2012년 2월 2일 전에 신고한 과세연도로서 2012년 2월 2일이 속하는 과세연도가 아닌 경우에는 제68조의 개정규정에도 불구하고 대통령령 제23600호로 개정되기 전의「국제조세조정에 관한 법률 시행령」제36조의5에 따른다.
② 제1항을 적용할 때 대통령령 제19650호 국제조세조정에관한법률시행령 일부개정령 제36조의5제1항 및 제2항은 2006년 8월 24일 후 최초로 특정외국법인이 내국인에게 실제로 배당한 분부터 적용한다.

제30조【특정외국법인 관련 과세자료의 제출에 관한 경과조치】2020년 1월 1일 전에 개시한 과세연도 분에 대해서는 제70조제2항의 개정규정에도 불구하고 대통령령 제30405호로 개정되기 전의「국제조세조정에 관한 법률 시행령」제37조제2항에 따른다.

제31조【종전의 규정에 따른 고시에 관한 경과조치】대통령령 제26958호 국제조세조정에 관한 법률 시행령 일부개정령 제47조제11항에 따라 기획재정부장관이 한 고시(2016년 2월 5일 전 대통령령 제26958호로 개정되기 전의「국제조세조정에 관한 법률 시행령」제47조제9항에 따라 금융위원회가 한 고시를 포함한다)는 제76조의 개정규정에 따라 기획재정부장관이 고시한 것으로 본다.

제32조【해외금융계좌의 신고 등에 관한 경과조치】① 2019년 2월 12일이 속하는 과세연도 전에 해외금융계좌 신고의무가 발생한 경우에 대해서는 제93조제2항 및 제94조의 개정규정에도 불구하고 대통령령 제29525호로 개정되기 전의「국제조세조정에 관한 법률 시행령」제50조제2항 및 제4항에 따른다.
② 2018년 2월 13일 전의 과세연도로서 2018년 2월 13일이 속하는 과세연도가 아닌 연도에 보유하고 있던 해외금융계좌를 신고한 경우에는 제92조제3항의 개정규정에도 불구하고 대통령령 제28643호로 개정되기 전의「국제조세조정에 관한 법률 시행령」제49조제1항에 따른다.

제33조【해외금융계좌 신고의무 불이행 등에 대한 과태료의 감면비율 변경에 관한 경과조치】2020년 2월

11일 전에 수정신고 또는 기한 후 신고한 분에 대해서는 제102조제4항제1호 및 제2호의 개정규정에도 불구하고 대통령령 제30405호로 개정되기 전의「국제조세조정에 관한 법률 시행령」제51조제6항제1호 및 제2호에 따른다.

제34조【종전 부칙의 적용범위에 관한 경과조치】이 영 시행 전의「국제조세조정에 관한 법률 시행령」의 개정에 따른 부칙의 규정은 기간의 경과 등으로 이미 그 효력이 상실된 규정을 제외하고는 이 영 시행 이후에도 계속하여 효력을 가진다.

제35조【다른 법령의 개정】①~⑤ ※(해당 법령에 가제정리 하였음)

제36조【다른 법령과의 관계】이 영 시행 당시 다른 법령에서 종전의「국제조세조정에 관한 법률 시행령」의 규정을 인용하고 있는 경우 이 영 가운데 그에 해당하는 규정이 있을 때에는 종전의 규정을 갈음하여 이 영의 해당 규정을 인용한 것으로 본다.

부 칙 (2021.12.28)

제1조【시행일】이 영은 2021년 12월 30일부터 시행한다.(이하 생략)

부 칙 (2022.2.15)

제1조【시행일】이 영은 공포한 날부터 시행한다. 다만, 제42조 및 제43조의 개정규정은 2022년 7월 1일부터 시행한다.

제2조【일반적 적용례】이 영은 2022년 1월 1일 이후 개시하는 과세연도부터 적용한다.

제3조【금전대차거래의 정상이자율 산출방법에 관한 적용례】제11조제2항제1호 및 제2호의 개정규정은 이 영 시행일이 속하는 과세연도에 발생한 금전대차거래의 정상이자율을 산출하는 경우에도 적용한다.

제4조【자금통합거래의 정상가격 산출방법에 관한 적용례】제11조의2의 개정규정은 이 영 시행일이 속하는 과세연도에 발생한 자금통합거래에 대한 정상가격을 산출하는 경우에도 적용한다.

제5조【정상가격 산출방법의 적용에 관한 적용례】제15조제7항의 개정규정은 이 영 시행 이후 과세표준과 세액을 신고하거나 결정·경정하는 경우부터 적용한다.

제6조【국외 증여에 대한 외국납부세액 공제 신청의 기한에 관한 적용례】제72조제5항의 개정규정은 이 영 시행 전에 외국정부의 증여세 결정통지를 받고 이 영 시행 당시 통지받은 날부터 3개월이 지나지 않은 경우에도 적용한다.

제7조【과세조정심의위원회의 존속기한 만료에 따른 경과조치】① 부칙 제1조 단서의 시행일 전에 납세의무자가 법 제20조제1항에서 국세의 정상가격과 관세의 과세가격 간 조정을 신청한 경우 해당 과세조정은 제42조 및 제43조의 개정규정에도 불구하고 종전의 규정에 따라 과세조정심의위원회가 처리한다.
② 과세조정심의위원회는 대통령령 제31448호 국제조세조정에 관한 법률 시행령 전부개정령 부칙 제2조에도 불구하고 제1항에 따라 과세조정을 처리할 때까지 존속한다.

제8조【혼성금융상품 지급이자 등 익금산입에 따른 이자 상당액 계산에 적용되는 율에 관한 경과조치】이 영 시행 이후 법 제25조제2항 후단에 따라 이자 상당액을 법 인세액에 더하여 납부하는 경우 이 영 시행일 전일까지의 기간분에 대한 이자 상당액 계산에 적용되는 율은 제59조제3항제2호의 개정규정에도 불구하고 종전의 규정에 따르고, 이 영 시행 이후의 기간분에 대한 이자 상당액 계산에 적용되는 율은 제59조제3항제2호의 개정규정에 따른다.

부　칙 (2022.12.27)

제1조【시행일】 이 영은 공포한 날부터 시행한다.(이하 생략)

부　칙 (2023.2.28)

제1조【시행일】 이 영은 공포한 날부터 시행한다.
제2조【국제거래 자료 제출의무 면제에 관한 적용례】 제36조의 개정규정은 2023년 1월 1일 이후 개시하는 과세연도에 국제거래를 하는 경우부터 적용한다.

부　칙 (2023.12.29)

이 영은 2024년 1월 1일부터 시행한다. 다만, 다음 각 호의 개정규정은 2025년 1월 1일부터 시행한다.
1. 제109조제2항제3호의 개정규정
2. 제121조제2항의 개정규정 중 "및 제73조"의 개정부분
3. 제125조의 개정규정
4. 제130조제3항 각 호 외의 부분의 개정규정 중 "및 제73조"의 개정부분 및 같은 항 제2호의 개정규정
5. 제131조제1항제4호의 개정규정
6. 제140조의 개정규정

〔별표〕

과태료의 부과기준(제148조제1항 관련)

(2023.12.29 개정)

위반행위		근거 법조문	과태료 거주자인 경우	과태료 내국법인인 경우
1. 해외직접투자명세서 등의 자료 제출의무가 있는 거주자 또는 내국법인인 경우	가. 법 제58조제1항에 따른 기한까지 다음의 자료를 제출하지 않거나 거짓된 자료를 제출한 경우 1) 해외현지법인명세서 2) 해외현지법인재무상황표 3) 손실거래명세서 4) 해외영업소 설치 현황표	법 제91조제1항제1호	건별 500만원	건별 1천만원
	나. 법 제58조제3항에 따라 자료 제출 또는 보완을 요구받은 날부터 60일 이내에 다음의 자료를 제출하지 않거나 거짓된 자료를 제출한 경우 1) 해외현지법인명세서 2) 해외현지법인재무상황표 3) 손실거래명세서 4) 해외영업소 설치 현황표	법 제91조제1항제2호	건별 500만원	건별 1천만원
2. 해외부동산등 명세의 자료 제출의무가 있는 거주자 또는 내국법인인 경우	가. 법 제58조제2항 각 호 외의 부분에 따른 기한까지 다음의 자료를 제출하지 않거나 거짓된 자료를 제출한 경우	법 제91조제2항제1호		
	1) 해외부동산등 취득명세		해외부동산등 취득가액의 10퍼센트 (1억원을 한도로 한다)	
	2) 해외부동산등 보유명세		해외부동산등 취득가액의 10퍼센트 (1억원을 한도로 한다)	
	3) 해외부동산등 투자운용(임대)명세		해외부동산등 투자운용 소득의 10퍼센트 (1억원을 한도로 한다)	
	4) 해외부동산등 처분명세		해외부동산등 처분가액의 10퍼센트 (1억원을 한도로 한다)	
	나. 법 제58조제3항에 따라 자료 제출 또는 보완을 요구받은 날부터 60일 이내에 다음의 자료를 제출하지 않거나 거짓된 자료를 제출한 경우	법 제91조제2항제2호		
	1) 해외부동산등 취득명세		해외부동산등 취득가액의 10퍼센트 (1억원을 한도로 한다)	
	2) 해외부동산등 보유명세		해외부동산등 취득가액의 10퍼센트 (1억원을 한도로 한다)	
	3) 해외부동산등 투자운용(임대)명세		해외부동산등 투자운용 소득의 10퍼센트 (1억원을 한도로 한다)	
	4) 해외부동산등 처분명세		해외부동산등 처분가액의 10퍼센트 (1억원을 한도로 한다)	

국제조세조정에 관한 법률 시행규칙

(2021년 3월 16일)
(전부개정기획재정부령 제840호)

개정
2022. 3.18기획재정부령901호 2023. 3.20기획재정부령983호

제1장 총 칙

제1조【목적】 이 규칙은 「국제조세조정에 관한 법률」 및 같은 법 시행령에서 위임된 사항과 그 시행에 필요한 사항을 규정함을 목적으로 한다.

제2장 국제거래에 관한 조세의 조정

제1절 국외특수관계인과의 거래에 대한 과세조정

제1관 정상가격 등에 의한 과세조정

제2조【거래가격 조정신고서】 「국제조세조정에 관한 법률」(이하 "법"이라 한다) 제6조 각 호 외의 부분에 따른 거래가격 조정신고서는 별지 제1호서식에 따른다.

제2조의2【채무자의 신용 정도 평가 시 고려사항】 「국제조세조정에 관한 법률 시행령」(이하 "영"이라 한다) 제11조에 따른 정상가격으로서의 이자율을 산출하기 위하여 채무자의 신용 정도를 판단하려는 경우에는 다음 각 호의 사항을 고려해야 한다.
1. 과거의 재무정보와 합리적으로 예측 가능한 미래의 재무정보
2. 국가·지역·업종·기술수준·시장지위 등 비재무적 정보
3. 거주자와 국외특수관계인으로 구성된 기업들의 집단(이하 "기업집단"이라 한다)의 구성원으로서 누리게 되는 신용등급 상승 등 부수적 이익
(2022.3.18 본조신설)

제3조【정상이자율로 간주되는 이자율】 영 제11조제2항제3호에서 "기획재정부령으로 정하는 이자율"이란 다음 각 호의 구분에 따른 이자율을 말한다.
(2022.3.18 본문개정)
1. 거주자가 국외특수관계인에게 자금을 대여하는 경우 : 「법인세법 시행규칙」 제43조제2항에 따른 당좌대출이자율
2. 거주자가 국외특수관계인에게 자금을 차입하는 경우 : 직전 사업연도 종료일의 다음 표의 구분에 따른 통화별 지표금리에 1.5퍼센트를 더한 이자율. 다만, 다음 표에 없는 통화의 경우에는 다음 표 제2호에 해당하는 지표금리에 1.5퍼센트를 더한 이자율로 한다.

통 화	지표금리
1. 한국 (KRW)	KOFR(The Korea Overnight Financing Repo rate)
2. 미합중국 (USD)	SOFR(Secured Overnight Financing Rate)
3. 유럽연합 (EUR)	ESTR(Euro Short-Term Rate)
4. 영국 (GBP)	SONIA(Sterling Overnight Index Average)
5. 스위스 (CHF)	SARON(Swiss Average Rate Overnight)
6. 일본 (JPY)	TONA(Tokyo Overnight Average Rate)

(2022.3.18 본호개정)

제3조의2【자금통합거래에 대한 편익 산정 방법 등】 ① 영 제11조의2제2항제3호가목에 따른 자금통합거래 참여자의 편익을 산정할 때에는 자금통합거래의 기간, 기업집단 수준의 위험관리 정책, 상호보증 여부 등을 고려한 신용 정도 및 자금통합거래에 참여한 각 당사자가 수행한 기능, 사용한 자산 및 부담한 위험의 정도 등을 고려해야 한다.
② 영 제11조의2제2항제3호나목에 따른 자금통합거래 참여자의 편익을 산정할 때에는 자금통합거래에 참여함에 따라 절감되는 이자비용에 비례하여 산출하는 기대편익과 자금통합거래 참여자의 기여도 등을 고려해야 한다.
(2022.3.18 본조신설)

제4조【저부가가치용역거래에 대한 정상가격 산출방법 특례의 적용범위】 영 제12조제3항에서 "기획재정부령으로 정하는 금액"이란 다음 각 호의 금액 중 작은 금액을 말한다.
1. 거주자 매출액의 5퍼센트
2. 거주자 영업비용의 15퍼센트

제5조【지급보증에 대한 예상 위험 및 비용과 기대편익 등의 산출방법】 ① 영 제12조제4항제1호의 방법에 따른 정상가격은 지급보증에 따른 보증인의 예상 위험에 보증인이 보증으로 인하여 실제로 부담할 비용을 더한 금액으로 한다. 이 경우 보증인의 예상 위험은 피보증인의 신용등급에 따른 예상 부도율과 부도 발생 시 채권자가 피보증인으로부터 채권을 회수할 수 있는 비율(이하 이 조에서 "보증금액예상회수율"이라 한다)을 기초로 하여 산출한 금액으로 한다.
② 영 제12조제4항제2호의 방법에 따른 정상가격은 지급보증이 없는 경우의 피보증인의 자금조달비용에서 지급보증이 있는 경우의 피보증인의 자금조달비용을 뺀 금액으로 한다. 이 경우 피보증인의 자금조달비용은 보증인과 피보증인의 신용등급을 기초로 하여 보증인의 지급보증 유무에 따라 산출한 차입 이자율 또는 회사채 이자율 등을 고려하여 산출한 금액으로 한다.
③ 영 제12조제4항제3호의 방법에 따른 정상가격은 제1항 및 제2항의 방법에 따라 가격을 각각 산정한 경우로서 제2항의 방법에 따라 산정된 가격이 제1항의 방법에 따라 산정된 가격보다 큰 경우에 적용하되, 제1항 및 제2항의 방법에 따라 산출한 가격의 범위에서 보증인의 예상 위험 및 비용과 피보증인의 기대편익 및 지급보증계약 조건 등을 고려하여 합리적으로 조정한 금액으로 한다.
④ 제1항부터 제3항까지의 방법에 따라 정상가격을 산출하는 경우 신용등급, 예상 부도율, 보증금액예상회수율, 차입 이자율, 회사채 이자율 등은 자료의 확보와 이용 가능성, 신뢰성, 비교가능성 등을 고려한 합리적인 자료를 이용해야 한다. 이 경우 신용등급, 예상 부도율 및 보증금액예상회수율은 다음 각 호의 사항을 고려하여 관점 또는 산출해야 한다.
1. 신용등급관련 고려사항 : 과거의 재무정보와 합리적으로 예측 가능한 미래의 재무정보, 국가·지역·업종·기술수준·시장지위·보증인과 피보증인이 속한 기업군(이하 이 항에서 "기업군"이라 한다)의 신용위험 등 비재무적 정보 및 기업집단의 구성원으로서 누리게 되는 신용등급 상승 등 부수적 이익(2022.3.18 본호개정)
2. 예상 부도율관련 고려사항 : 피보증인의 신용등급, 기업군의 지원가능성 등
3. 보증금액예상회수율관련 고려사항 : 피보증인의 재무상태와 유형자산의 규모, 산업의 특성, 담보제공 여부·시기·만기 등

제6조【비교가능성 및 적합성 평가 등】 ① 영 제14조제2항에 따라 비교가능성이 높은지를 평가하는 경우에는 다음 각 호의 사항을 분석해야 한다.

1. 재화나 용역의 종류 및 특성
  가. 유형자산의 거래인 경우 : 재화의 물리적 특성, 품질 및 신뢰도, 공급 물량·시기 등 공급 여건
  나. 무형자산의 거래인 경우 : 거래 유형(사용허락 또는 판매를 말한다), 자산의 형태(특허권, 상표권, 노하우 등을 말한다), 보호기간과 보호 정도, 자산 사용으로 인한 기대편익
  다. 용역의 제공인 경우 : 제공되는 용역의 특성 및 범위
2. 사업활동의 기능 : 설계, 제조, 조립, 연구·개발, 용역, 구매, 유통, 마케팅, 광고, 운송, 재무 및 관리 등 수행하고 있는 핵심 기능
3. 거래에 수반되는 위험 : 제조원가 및 제품가격 변동 등 시장의 불확실성에 따른 위험, 유형자산에 대한 투자·사용 및 연구·개발 투자의 성공 여부 등에 따른 투자위험, 환율 및 이자율 변동 등에 따른 재무위험, 매출채권 회수 등과 관련된 신용위험
4. 사용되는 자산 : 자산의 유형(유형자산·무형자산 등을 말한다)과 자산의 특성(내용연수, 시장가치, 사용지역, 법적 보호장치 등을 말한다)
5. 계약 조건 : 거래에 수반되는 책임, 위험, 기대편익 등이 거래 당사자 간에 배분되는 형태(사실상의 계약관계를 포함한다)
6. 경제 여건 : 시장 여건(시장의 지리적 위치, 시장 규모, 도매·소매 등 거래단계, 시장의 경쟁 정도 등을 말한다)과 경기 순환변동의 특성(경기·제품 주기 등을 말한다)
7. 사업전략 : 시장침투, 기술혁신 및 신제품 개발, 사업다각화, 위험 회피 등 기업의 전략
② 영 제14조제3항에 따라 적합성이 높은지를 평가하는 경우에는 다음 각 호의 구분에 따른 사항을 고려하여 분석해야 한다.
1. 비교가능 제3자 가격방법을 적용할 경우 : 비교대상 재화나 용역 간에 동질성이 있는지 여부. 이 경우 거래 시기, 거래 시장, 거래 조건, 무형자산의 사용 여부 등에 따른 차이는 합리적으로 조정될 수 있어야 한다.
2. 재판매가격방법을 적용할 경우 : 분석대상 당사자가 중요한 가공기능 또는 제조기능 없이 판매 등을 하는지 여부. 이 경우 거래되는 재화나 용역의 특성보다는 분석대상 당사자와 비교가능 대상 간에 기능상 동질성이 있는지를 우선적으로 고려해야 하며, 고유한 무형자산(상표권이나 고유한 마케팅 조직 등을 말한다)의 사용 등에 따른 차이는 합리적으로 조정될 수 있어야 한다.
3. 원가가산방법을 적용할 경우 : 특수관계인 간에 반제품(半製品) 등의 중간재(中間材)가 거래되거나 용역이 제공되는지 여부. 이 경우 분석대상 당사자와 비교가능 대상 간에 기능상 동질성이 있는지를 우선적으로 고려해야 하며, 분석대상 당사자와 비교가능 대상 사이에서 비교되는 총이익은 원가와의 관련성이 높고 동일한 회계기준에 따라 측정될 수 있어야 한다.
4. 거래순이익률방법을 적용할 경우 : 거래순이익률 지표(영 제8조제1항 각 호의 거래순이익률 지표를 말한다. 이하 같다)와 영업활동의 상관관계가 높은지 여부. 이 경우 그 밖의 정상가격 산출방법보다 더 엄격하게 특수관계 거래와 비교가능 거래의 유사성이 확보될 수 있거나 비교되는 상황 간의 차이가 합리적으로 조정될 수 있어야 한다.
5. 이익분할방법을 적용할 경우 : 특수관계인 양쪽이 특수한 무형자산 형성에 관여하는 등 고도로 통합된 기능을 수행하는 경우에 특수관계 없는 독립된 당사자 사이에서도 각자의 기여에 비례하여 그 이익을 분할하는 것이 합리적으로 기대되는지 여부

③ 제2항제4호에 따른 거래순이익률의 각 지표(영 제8조제1항제5호의 경우는 제외한다)는 다른 특별한 사정이 없으면 다음 각 호의 구분에 따른 사항을 고려하여 선택해야 한다. 이 경우 선택된 거래순이익률 지표는 분석대상 당사자와 독립된 제3자 사이에서 같은 기준으로 측정하되, 특수관계 거래와의 직접적·간접적 관련성 및 영업활동과의 관련성 등을 고려하여 합리적인 수준까지 전체 기업의 재무정보를 세분화하여 측정해야 한다.
1. 매출액에 대한 거래순이익의 비율의 경우 : 특수관계인으로부터 구매한 제품을 독립된 제3자에게 재판매하는 경우에 사용할 것. 이 경우 판매장려금, 매출할인, 외환손익에 대해서는 분석대상 당사자와 비교가능 대상에 대하여 동일한 회계기준을 적용해야 한다.
2. 자산에 대한 거래순이익의 비율의 경우 : 유형자산 집약적인 제조활동, 자본집약적인 재무활동 등과 같이 영업자산이 창출한 거래순이익과 자산의 관련성이 큰 경우에 사용할 것. 이 경우 자산의 범위에는 다음 각 목의 것을 포함하되, 투자자산 및 현금은 금융산업인 경우에만 영업자산으로 한다.
  가. 토지·건물·설비·장비 등 유형의 영업자산
  나. 특허권·노하우 등 영업활동에 사용되는 무형의 영업자산
  다. 재고자산·매출채권(매입채무는 제외한다) 등 운전자본(運轉資本)
3. 매출원가 및 영업비용에 대한 거래순이익의 비율의 경우 : 거래순이익과 매출원가 및 영업비용의 관련성이 높은 경우에 사용할 것. 이 경우 매출원가 및 영업비용은 분석대상 당사자가 사용한 자산, 부담한 위험, 수행한 기능 및 영업활동과의 관련성을 고려하여 측정한다.
4. 영업비용에 대한 매출 총이익의 비율의 경우 : 분석대상 당사자가 재고에 대한 부담 없이 단순 판매활동을 하는 경우(특수관계인으로부터 재화를 구입하여 다른 특수관계인에게 판매하는 단순 중개활동을 하는 경우 등을 말한다)에 사용할 것

제7조 【분석절차】 ① 영 제15조제1항에 따른 분석절차는 다음 각 호의 순서에 따른다.
1. 분석대상 연도의 선정
2. 사업 환경 분석 : 산업, 경쟁, 규제 요소 등 거래와 관련된 일반적인 사업 환경 분석
3. 특수관계 거래 분석 : 국내외 분석대상 당사자, 적합한 정상가격 산출방법의 선택, 핵심적인 비교가능성 분석요소의 식별 등을 위한 분석
4. 내부의 비교가능한 거래에 대한 자료 수집과 검토 : 분석대상 당사자가 특수관계 없는 독립된 사업자와 한 거래의 자료 수집과 이에 대한 검토
5. 외부의 비교가능한 거래에 대한 자료 수집과 검토 : 특수관계가 없는 제3자 간의 거래를 파악하기 위한 상업용 데이터베이스 등 이용 가능한 자료의 수집 및 특수관계 거래와의 관련성 검토
6. 가장 합리적인 정상가격 산출방법의 선택 및 선택된 산출방법에 따라 요구되는 재무 지표(거래순이익률 지표를 포함한다)의 선정
7. 비교가능한 거래의 선정 : 분석대상 당사자가 특수관계 없는 독립된 사업자와 한 거래 또는 특수관계가 없는 제3자 간의 거래가 비교가능한 거래로 선정되기 위하여 갖추어야 할 특성을 비교가능성 분석요소를 바탕으로 검토하여 선정
8. 합리적인 차이 조정 : 회계기준, 재무정보, 수행한 기능, 사용된 자산, 부담한 위험 등 특수관계 거래와 독립된 제3자 거래 간의 가격 및 이윤 등에 실질적인 차이를 유발하는 요인들의 합리적인 조정
9. 수집된 자료의 해석 및 정상가격의 결정

② 제1항에도 불구하고 제1항에 따른 분석절차보다 합리적이라고 인정될 만한 분석절차가 있는 경우에는 그 분석절차를 적용할 수 있다.

제8조【개별 거래 통합평가】 영 제15조제2항에 따라 다음 각 호의 경우에는 정상가격 산출방법을 적용할 때 개별 거래들을 통합하여 평가할 수 있다.
1. 제품라인이 같은 경우 등 서로 밀접하게 연관된 제품군(製品群)인 경우
2. 제조기업에 노하우를 제공하면서 핵심 부품을 공급하는 경우
3. 특수관계인을 이용한 우회거래(迂回去來)인 경우
4. 프린터와 토너, 커피 제조기와 커피 캡슐 등의 경우처럼 어떤 제품의 판매가 다른 제품의 판매와 직접 관련되어 있는 경우
5. 그 밖에 거래의 실질 및 관행에 비추어 개별 거래들을 통합하여 평가하는 것이 합리적이라고 인정되는 경우

제9조【다년도 자료 사용】 영 제15조제3항에 따라 다음 각 호의 경우에는 정상가격 산출방법을 적용할 때 여러 사업연도의 자료를 사용할 수 있다.
1. 경기 변동 등 경제 여건의 변화에 따른 효과가 여러 사업연도에 걸쳐 제품의 가격에 영향을 미치는 경우
2. 시장 침투전략, 제품 수명 주기를 고려한 판매전략 등 사업전략이 여러 사업연도에 걸쳐 제품의 가격에 영향을 미치는 경우
3. 그 밖에 거래의 실질 및 관행에 비추어 여러 사업연도의 자료를 사용하는 것이 합리적이라고 인정되는 경우

제10조【기능 평가를 위한 위험 분석】 ① 영 제16조제1항제2호에 따라 거래 당사자가 수행한 기능을 평가할 때 거래 당사자가 부담한 위험은 다음 각 호의 순서에 따라 분석한다.
1. 거래에 수반되는 경제적으로 중요한 위험의 식별
2. 계약 조건에 따라 거래 당사자가 부담하는 위험의 결정
3. 다음 각 목의 사항을 고려한 위험에 관한 기능 분석
  가. 거래 당사자의 행위 및 거래와 관련된 그 밖의 사실 관계를 바탕으로 해당 거래를 통해 발생한 경제적 이익 또는 손실이 실제로 귀속되는 거래 당사자의 식별
  나. 거래 당사자가 수행한 위험에 대한 다음의 관리·통제 기능
   1) 연구·개발 투자 또는 사업용 자산에 대한 투자 등 위험이 수반되는 활동의 개시 여부에 관한 의사결정
   2) 위험과 관련된 거래 상황의 변화에 적절히 대응하고 위험을 감소시키기 위한 의사결정
  다. 거래 당사자의 위험을 부담할 수 있는 다음의 재정적 능력
   1) 위험이 수반되는 활동을 개시하기 위한 자금을 동원할 수 있는 능력
   2) 위험을 감소시키기 위한 활동에 사용되는 비용을 부담할 수 있는 능력
   3) 거래 상황의 변화에 따라 발생한 손실을 부담할 수 있는 능력
4. 제2호 및 제3호의 분석 결과를 종합하여 다음 각 목에 따라 거래 당사자가 부담한 위험의 재배분
  가. 제2호 및 제3호가목에 따른 분석 결과의 비교. 이 경우 제2호와 제3호가목에 따른 분석 결과가 다른 경우에는 제3호가목에 따라 위험을 부담하는 것으로 본다.
  나. 거래 당사자가 부담한 위험의 최종 결정. 이 경우 이 호 가목에 따라 위험을 부담하는 거래 당사자가 제3호나목에 따른 위험에 대한 관리·통제 기능을 하지 않거나 같은 호 다목에 따른 위험을 부담할 재정적 능력이 없는 경우에는 해당 거래에서 실제로 위험에 대한 관리·통제 기능을 하고 위험을 부담할 재정적 능력을 가진 거래 당사자가 위험을 부담하는 것으로 본다.

제11조【원가등의 분담액 조정 명세서】 영 제20조제1항에 따른 원가등의 분담액 조정 명세서는 별지 제2호서식에 따른다.

제12조【제출기한 연장 신청서 등】 ① 영 제20조제2항, 제37조제2항 및 제75조제7항에 따른 제출기한 연장 신청서는 별지 제3호서식에 따른다.
② 영 제20조제3항 및 제37조제3항에 따른 제출기한 연장의 승인·기각에 관한 통지는 별지 제4호서식에 따른다.

제13조【소득금액 계산특례 신청서】 영 제21조제1항 및 제31조제1항에 따른 소득금액 계산특례 신청서는 별지 제5호서식에 따른다.

제14조【이전소득금액 반환 확인서 등】 ① 영 제22조제1항 각 호 외의 부분에 따른 이전소득금액 반환 확인서는 별지 제6호서식에 따른다.
② 제1항에 따른 이전소득금액 반환 확인서를 제출하는 경우에는 국외특수관계인이 내국법인에 실제로 반환한 금액의 송금 명세서를 첨부해야 한다.
③ 영 제22조제2항의 계산식에서 "기획재정부령으로 정하는 이자율"이란 반환이자 계산 대상 기간이 속하는 각 사업연도의 직전 사업연도 종료일을 기준으로 하는 다음 표의 구분에 따른 통화별 지표금리를 말한다. 다만, 다음 표에 없는 통화의 경우에는 해당 표 제2호의 지표금리로 한다.

통 화	지표금리
1. 한국 (KRW)	KOFR(The Korea Overnight Financing Repo rate)
2. 미합중국 (USD)	SOFR(Secured Overnight Financing Rate)
3. 유럽연합 (EUR)	ESTR(Euro Short-Term Rate)
4. 영국 (GBP)	SONIA(Sterling Overnight Index Average)
5. 스위스 (CHF)	SARON(Swiss Average Rate Overnight)
6. 일본 (JPY)	TONA(Tokyo Overnight Average Rate)

(2023.3.20 본항개정)

제15조【이전소득금액 통지서】 영 제23조제2항 후단 및 제25조제3항 후단에 따른 이전소득금액 통지서는 별지 제7호서식에 따른다.

제16조【임시유보 처분 통지서】 영 제24조제2항 후단에 따른 임시유보 처분 통지서는 별지 제8호서식에 따른다.

제17조【이전소득금액 처분 요청서】 영 제25조제1항제1호에 따른 이전소득금액 처분 요청서는 별지 제9호서식에 따른다.

제2관 정상가격 산출방법의 사전승인

제18조【정상가격 산출방법의 사전승인 신청서 등】 ① 영 제26조제1항 각 호 외의 부분 전단에 따른 정상가격 산출방법의 사전승인 신청서는 별지 제10호서식에 따른다.
② 영 제26조제1항제5호에 따른 상호합의절차 개시 신청서는 별지 제11호서식에 따른다.

제3관 국제거래 자료 제출 및 가산세 적용 특례

제19조【국제거래정보통합보고서】 영 제33조 각 호 외의 부분에 따른 보고서는 다음 각 호의 구분에 따른다.

1. 통합기업보고서 : 별지 제12호서식
2. 개별기업보고서 : 별지 제13호서식
3. 국가별보고서 : 별지 제14호서식

제20조【통합기업보고서 작성 대상 특수관계 법인의 범위】 ① 영 제33조제1호 각 목 외의 부분에서 "기획재정부령으로 정하는 특수관계가 있는 법인"이란 국제회계기준(국제회계기준위원회가 공표하는 국제회계기준을 말하며, 그 국제회계기준에 따라 각 국가에서 채택한 국제회계기준을 포함한다)에 따라 그 납세의무자가 포함되는 최상위 연결재무제표 작성 대상에 해당하는 법인을 말한다.
② 제1항에도 불구하고 다음 각 호에 해당하는 경우에는 그 구분에 따른 연결재무제표 작성 대상에 해당하는 법인으로 할 수 있다.
1. 서로 다른 국가(고유한 세법이 적용되는 지역을 포함한다)에서 과세대상이 되는 사업을 수행하는 집단으로서 소유권 또는 지배력을 통해 관련된 기업들의 집단(이하 "다국적기업그룹"이라 한다)이 수행하는 사업이 2개 이상의 사업군으로 분류되는 경우 : 해당 사업군 내 최상위 연결재무제표
2. 「독점규제 및 공정거래에 관한 법률」 제2조제1호의2에 따른 지주회사에 의해 지배되는 다국적기업그룹이 자회사별로 수행하는 사업이 서로 다른 경우 : 해당 자회사의 연결재무제표

제21조【국가별보고서 제출 대상 특수관계 법인 등의 범위】 영 제33조제3호 각 목 외의 부분에서 "기획재정부령으로 정하는 특수관계에 있는 법인 등"이란 그 납세의무자가 포함되는 다국적기업그룹을 구성하는 다음 각 호의 법인 등(이하 "관계회사"라 한다)을 말한다.
1. 다국적기업그룹의 연결재무제표에 포함되는 법인
2. 다국적기업그룹 내 지배법인에 종속되지만 규모나 중요성을 이유로 제1호에 따른 연결재무제표에서 제외된 법인
3. 제1호 또는 제2호에 따른 법인의 고정사업장으로서 별도의 재무제표를 작성하는 경우 해당 고정사업장

제22조【매출액 및 거래규모 합계액 계산방법】 영 제34조제1항을 적용할 때 해당 과세연도에 사업을 경영한 기간이 1년 미만인 납세의무자의 매출액 및 거래규모의 합계액은 그 금액을 1년으로 환산하여 계산한다.

제23조【통합기업보고서 대표제출자】 영 제34조제2항에서 "기획재정부령으로 정하는 납세의무자"란 다음 각 호의 구분에 따른 납세의무자를 말한다.
1. 납세의무자 간 지배·종속관계에 있는 경우 : 지배법인
2. 납세의무자 간 지배·종속관계는 없으나 최상위 지배법인과 지배·종속관계상 위치가 다른 경우 : 최상위 지배법인과 지배·종속관계상 가장 가까운 위치에 있는 납세의무자
3. 납세의무자 간 지배·종속관계가 없으며 최상위 지배법인과 지배·종속관계상 위치가 같은 경우 : 납세의무자 중 하나

제24조【최종 모회사와 관계회사】 ① 영 제35조제1항제1호에서 "기획재정부령으로 정하는 최종 모회사"란 다국적기업그룹의 최상위 지배법인으로서 관련 회계원칙 등에 따라 재무 보고 목적의 최상위 연결재무제표를 작성하는 자를 말한다.
② 영 제35조제1항제2호 각 목 외의 부분에서 "기획재정부령으로 정하는 관계회사"란 제21조 각 호에 따른 관계회사를 말한다.

제25조【연결 재무제표 매출액의 계산방법】 영 제35조제1항 각 호를 적용할 때 연결재무제표의 매출액에는 영업외수익 및 특별수익 등 손익계산서상 수익항목을 모두 포함하고, 직전 과세연도 연결재무제표의 회계기간이 1년 미만인 경우 매출액은 그 금액을 1년으로 환산하여 계산한다.

제26조【국가별보고서 제출의무자에 대한 자료】 영 제35조제2항에서 "기획재정부령으로 정하는 자료"란 별지 제15호서식에 따른 자료를 말한다.

제27조【국제거래명세서 등】 ① 법 제16조제2항제1호에 따른 국제거래명세서는 별지 제16호서식(갑)에 따른다. 이 경우 영 제12조제5항에 따른 지급보증 용역거래가 있는 경우에는 별지 제16호서식(을)의 지급보증 용역거래 명세서를 함께 제출해야 한다.
② 법 제16조제2항제2호에 따른 국외특수관계인의 요약손익계산서는 별지 제17호서식에 따른다.
③ 법 제16조제2항제3호에 따른 정상가격 산출방법 신고서는 국제거래의 종류별로 다음 각 호의 구분에 따른다.
1. 영 제12조에 따른 용역거래인 경우 : 별지 제18호서식
2. 영 제13조에 따른 무형자산거래인 경우 : 별지 제19호서식
3. 제1호 및 제2호 외의 국제거래인 경우 : 별지 제20호서식

제28조【용역거래 등에 대한 과세당국의 요구 자료】 ① 영 제38조제1항제12호에서 "기획재정부령으로 정하는 자료"란 다음 각 호의 자료를 말한다.
1. 용역거래계약서
2. 거주자와 국외특수관계인 간의 관계도(關係圖)
3. 용역거래 당사자의 내부 조직도 및 조직별 설명자료
4. 용역 제공을 위하여 발생한 비용의 지출항목별 명세서(영 제12조제1항에 따라 용역의 대가를 산정하는 경우만 해당한다)
5. 용역 제공 일정표, 용역공정표, 용역 제공자 및 직원 현황 등 용역을 제공한 사실을 확인할 수 있는 자료
6. 간접적 청구방식(용역 제공자가 국내 또는 국외의 복수 특수관계인들에게 동일 또는 유사한 용역을 제공하고 발생한 비용을 용역을 제공받은 특수관계인들 사이에서 합리적으로 배분 또는 할당하는 방식을 말한다)으로 용역의 대가를 산출하는 경우에는 그 비용 배분 또는 할당에 관한 자료
② 영 제38조제1항제13호에서 "기획재정부령으로 정하는 자료"란 다음 각 호의 자료를 말한다.
1. 다음 각 목의 사항이 포함된 원가분담 약정서
   가. 계약 참여자의 명단
   나. 계약 참여자가 제공하는 자산의 유형 및 명세
   다. 계약 참여자 간의 권리관계
2. 제1호 각 목의 사항이 포함된 원가분담 수정약정서(영 제19조에 따라 원가등의 분담에 대한 약정에 새로 참여하거나 중도에 탈퇴하는 경우만 해당한다)
3. 제공되는 자산의 평가와 관련하여 적용하는 회계원칙 및 평가 명세
4. 참여자 및 수혜자가 얻을 기대편익의 평가 명세
5. 실제로 실현된 기대편익(이하 이 항에서 "실제편익"이라 한다)의 측정 명세
6. 기대편익과 실제편익의 차이에 따른 정산 명세

제4관 국세의 정상가격과 관세의 과세가격의 조정

제29조【사전조정 신청서의 제출】 법 제18조제1항 및 영 제40조제1항에 따라 국세의 정상가격 산출방법과 관세의 과세가격 결정방법의 사전조정을 신청하려는 자는 별지 제16호서식의 국세의 정상가격 산출방법과 관세의 과세가격 결정방법의 사전조정 신청서에 다음 각 호의 서류를 첨부하여 제출해야 한다.
1. 영 제26조제1항 및 이 규칙 제18조제1항에 따른 정상가격 산출방법의 사전승인 신청서 및 첨부서류
2. 「관세법 시행령」 제31조제1항에 따른 신청서 및 첨부서류

제30조【경정의 청구】영 제41조에 따른 경정청구서는 별지 제22호서식에 따른다.

제31조【과세조정 신청】영 제43조제1항에 따른 국제거래가격 과세조정 신청서는 별지 제23호서식에 따른다.

제2절 국외지배주주 등에게 지급하는 이자에 대한 과세조정

제1관 출자금액 대비 과다차입금 지급이자의 손금불산입

제32조【국외지배주주에게 지급하는 이자등에 대한 조정 명세서 등】① 영 제53조제1항에 따른 국외지배주주에게 지급하는 이자등에 대한 조정 명세서는 별지 제24호서식(갑), 별지 제24호서식(을), 별지 제24호서식(병) 및 별지 제24호서식(정)에 따른다.
② 영 제53조제2항에 따른 국외지배주주에 대한 원천징수세액 조정 명세서는 별지 제25호서식에 따른다.

제2관 소득 대비 과다 지급이자의 손금불산입

제33조【국외특수관계인에게 지급하는 순이자비용에 대한 조정 명세서】영 제56조에 따른 국외특수관계인에게 지급하는 순이자비용에 대한 조정 명세서는 별지 제26호서식(갑) 및 별지 제26호서식(을)에 따른다.

제3관 혼성금융상품 거래에 따른 지급이자의 손금불산입

제34조【혼성금융상품 관련 이자비용에 대한 조정 명세서】영 제60조에 따른 혼성금융상품 관련 이자비용에 대한 조정 명세서는 별지 제27호서식에 따른다.

제3절 특정외국법인의 유보소득에 대한 합산과세

제35조【일반적으로 인정되는 회계원칙 등】① 영 제61조제1항 각 호 외의 부분, 제66조제1항 각 호 외의 부분 및 제98조제3항 각 호 외의 부분에 따른 재무제표를 작성할 때에 일반적으로 인정되는 회계원칙은 거주지국 정부 또는 그 정부의 위임을 받은 기관이 제정하거나 승인한 회계기준으로서 그 거주지국 기업이 재무제표를 작성할 때에 적용해야 하는 회계처리 및 보고에 관한 일반적인 기준으로 한다.
② 영 제61조제1항 각 호 외의 부분, 제66조제1항 각 호 외의 부분 및 제98조제3항 각 호 외의 부분에 따른 우리나라의 기업회계기준은 「법인세법 시행령」 제79조 각 호에서 정하는 것으로 한다.
(2022.3.18 본조개정)

제36조【거주지국 세법】영 제61조제1항 각 호 외의 부분 및 제62조 전단에 따른 거주지국의 세법은 과세권의 주체인 국가 또는 지방자치단체가 국민 또는 주민에게 부과·징수하는 조세에 관한 종목과 세율을 정한 법으로 한다.(2022.3.18 본조개정)

제37조【같은 지역의 범위】법 제28조제3호나목의 계산식에서 "기획재정부령으로 정하는 같은 지역"이란 다음 각 호에 해당하는 지역을 말한다.
1. 유럽연합(EU)
2. 중국과 홍콩
3. 동남아시아국가연합(ASEAN)

제38조【잉여금의 조정】① 영 제66조제1항 각 호 외의 부분에서 "기획재정부령으로 정하는 사항"이란 다음 각 호에 해당하는 것을 말한다.
1. 해당 사업연도 전의 이익잉여금 처분 명세 중 임의적립금으로 취급되는 금액을 포함시키는 것

2. 해당 사업연도 전의 이익잉여금 처분 명세 중 임의적립금 이입액으로 취급되는 금액을 제외시키는 것
3. 특정외국법인이 1997년 1월 1일 이전에 산출한 배당가능한 유보소득을 보유한 경우에는 다음 계산식에 따라 계산한 금액을 제외시키는 것

> 해당 배당 가능한 유보소득 - 1997년 1월 1일 후에 있었던 영 제66조제1항제1호 및 제2호에 따른 이익잉여금 처분 누계액

제39조【실제 배당금액의 익금불산입】① 내국인이 법 제32조제1항 및 영 제68조제2항에 따라 실제 배당금액 중 익금에 산입하지 않는 소득으로 보거나 배당소득에 해당되지 않는 것으로 보는 금액을 산출하는 경우에는 별지 제28호서식의 실제 배당금액의 익금불산입(배당소득에 해당되지 않는 금액) 명세서를 작성·제출해야 한다.
② 내국인이 법 제32조제2항에 따라 익금에 산입하지 않는 소득으로 보거나 양도소득에 해당되지 않는 것으로 보는 금액을 산출하는 경우에는 별지 제29호서식의 실제 배당 전 주식등 양도 시의 익금불산입(양도소득에 해당되지 않는 금액) 명세서를 작성·제출해야 한다.

제40조【국외납부세액 공제세액 계산서】영 제69조제1항에서 "기획재정부령으로 정하는 외국납부세액 공제세액 계산서"는 「법인세법 시행규칙」 별지 제8호서식 부표5 및 부표5의2를 준용하여 작성한 계산서를 말한다.

제41조【특정외국법인 관련 자료의 제출】① 영 제70조제1항제3호에 따른 특정외국법인의 유보소득 계산 명세서는 별지 제30호서식(갑) 및 별지 제30호서식(을)에 따른다.
② 영 제70조제1항제4호에 따른 특정외국법인의 유보소득 합산과세 판정 명세서는 별지 제31호서식(갑), 별지 제31호서식(을) 및 별지 제31호서식(병)에 따른다.
③ 영 제70조제1항제5호에 따른 특정외국법인의 유보소득 합산과세 적용범위 판정 명세서는 별지 제32호서식(갑) 및 별지 제32호서식(을)에 따른다.
④ 영 제70조제1항제6호에 따른 국외 출자 명세서는 별지 제33호서식에 따른다.

제3절의2 국외투과단체에 귀속되는 소득에 대한 과세특례
(2023.3.20 본절신설)

제41조의2【국외투과단체에 귀속되는 소득에 대한 과세특례 적용신청서 등】① 영 제70조의2제4항에 따른 국외투과단체과세특례 적용신청서 및 같은 조 제6항 단서에 따른 국외투과단체과세특례 적용제외 신청서는 별지 제33호의2서식에 따른다.
② 영 제70조의2제8항에 따른 국외투과단체과세특례 포기신청서는 별지 제33호의3서식에 따른다.

제4절 국외 증여에 대한 증여세 과세특례

제42조【외국납부세액의 원화환산】① 영 제72조제1항에 따른 외국납부세액에 대한 원화환산은 외국의 법령에 따라 증여세를 납부한 날의 「외국환거래법」 제5조에 따른 기준환율 또는 재정환율에 따른다.
② 제1항에도 불구하고 증여세의 납부의무자가 외국의 법령에 따른 증여세의 납부기간을 경과하여 증여세를 납부한 경우에는 그 납부기간의 마지막 날의 「외국환거래법」 제5조에 따른 기준환율 또는 재정환율에 따른다.
③ 증여세의 납부의무자가 국내에서 외국납부세액을 공제받은 후 외국에서 경정 등의 사유로 국내에 추가로 증여세를 납부하거나 환급해야 하는 경우에는 다음

각 호의 구분에 따른 날의 「외국환거래법」 제5조에 따른 기준환율 또는 재정환율에 따른다.
1. 제1항에 따라 외국납부세액을 공제받을 때 증여세를 납부한 날의 기준환율 또는 재정환율을 적용한 경우 : 제1항에 따른 증여세를 납부한 날
2. 제2항에 따라 외국납부세액을 공제받을 때 납부기간의 마지막 날의 기준환율 또는 재정환율을 적용한 경우 : 제2항에 따른 증여세 납부기간의 마지막 날

제43조【외국납부세액공제신청서】 영 제72조제4항에 따른 외국납부세액공제신청서는 별지 제34호서식에 따른다.

제3장 국가 간 조세 행정 협조

제1절 국가 간 조세협력

제44조【정보제공 내용 통지서】 영 제74조제2항에 따른 정보제공 내용 통지서는 별지 제35호서식에 따른다.
제45조【정보제공명세서】 영 제75조제3항에 따른 정보제공명세서는 별지 제36호서식에 따른다.
제46조【국가 간 조세 징수 위탁 요청서】 영 제78조제1항제1호에 따른 국가 간 조세 징수 위탁 요청서는 별지 제37호서식에 따른다.
제47조【거주자증명서 등】 ① 영 제81조제1항에 따른 거주자증명서 발급 신청서는 별지 제38호서식에 따른다.
② 영 제81조제2항에 따른 거주자증명서는 별지 제39호서식에 따른다.

제2절 상호합의절차

제48조【상호합의절차 개시 신청서 등】 ① 영 제82조 각 호 외의 부분에 따른 상호합의절차 개시 신청서는 별지 제11호서식에 따른다.
② 영 제82조제3호에서 "기획재정부령으로 정하는 자료"란 다음 각 호의 자료를 말한다.
1. 권한 있는 당국이 상호합의 신청대상 과세내역을 확인할 수 있는 서류
2. 적용대상 조세조약 및 관련 조항에 관한 설명자료
3. 과세내용 요약, 과세대상 기간에 대한 체약상대국 부과제척기간 도과 여부, 과세대상 거래의 사실관계, 납세자가 해당 과세처분이 조세조약에 부합하지 않는다고 판단하는 근거 및 해당 과세처분에 대한 신청인 또는 관련 기업의 입장에 대한 설명자료를 포함한 납세자 의견서
4. 상호합의 대상이 되는 과세의 고지세액을 납부한 경우 그 납부확인서
5. 체약상대국의 권한 있는 당국에 상호합의를 신청했거나 신청예정인 경우 그 신청서 사본
6. 국내 또는 국외에서 상호합의 외의 권리구제절차를 신청했거나 신청 예정인 경우 그 신청서와 결정서 사본(불복신청서 외의 서류에 한정한다) 및 권리구제절차 신청 시 제출한 증명자료 사본
7. 국내 또는 국외에서 사전분쟁해결절차를 경유하였거나 진행 중인 경우 그 신청서 및 결정서 등 관련 자료의 사본

제49조【분기별 상호합의절차 진행 현황 보고서】 영 제84조에 따른 분기별 상호합의절차 진행 현황 보고서는 별지 제40호서식에 따른다.
제50조【중재절차 개시 신청서】 영 제85조제1항에 따른 중재절차 개시 신청서는 별지 제41호서식에 따른다.
제51조【상호합의 종결 통보서】 ① 영 제88조제2항에 따른 상호합의 종결 통보서는 별지 제42호서식(1) 및 별지 제42호서식(2)에 따른다.

② 영 제89조제1항에 따라 통보를 받은 신청인은 같은 조 제2항에 따라 상호합의 종결 통보서와 불복쟁송 취하서류(상호합의 내용을 수락하는 경우로 한정한다)를 첨부하여 별지 제42호서식(3)에 따른 수락여부 통보서를 제출해야 한다.
제52조【상호합의 결과 확대 적용 신청서】 영 제90조제1항제1호에 따른 상호합의 결과 확대 적용 신청서는 별지 제43호서식에 따른다.
제53조【납부기한등의 연장 등의 적용특례 신청서】 영 제91조제1항제1호에 따른 납부기한등의 연장 등의 적용특례 신청서는 별지 제44호서식에 따른다.

제4장 해외자산의 신고 및 자료 제출

제1절 해외금융계좌의 신고

제54조【해외금융계좌 신고서】 다음 각 호에 해당하는 신고서는 별지 제45호서식에 따른다.
1. 영 제92조제4항에 따른 해외금융계좌 신고서
2. 영 제96조제1항에 따른 해외금융계좌 수정신고서
3. 영 제96조제2항에 따른 해외금융계좌 기한 후 신고서
제55조【해외금융계좌 신고의무 위반금액 출처 확인서】 영 제97조제1항에 따른 해외금융계좌 신고의무 위반금액 출처 확인서는 별지 제46호서식에 따른다.

제2절 해외현지법인 등의 자료 제출

제56조【해외현지법인 등에 대한 자료제출】 ① 영 제98조제1항 각 호에 따른 해외직접투자명세등은 다음 각 호의 구분에 따른다.(2022.3.18 본문개정)
1. 해외현지법인 명세서 : 별지 제47호서식
2. 해외현지법인 재무상황표 : 별지 제48호서식
3. 손실거래명세서 : 별지 제49호서식
4. 해외영업소 설치현황표 : 별지 제50호서식
5. (2022.3.18 삭제)
② 영 제98조제2항에 따른 해외부동산등의 취득·보유·투자운용(임대) 및 처분 명세서 : 별지 제51호서식(2022.3.18 본항신설)
(2022.3.18 본조제목개정)
제57조【취득자금 소명대상 금액의 출처 확인서】 영 제99조제1항에 따른 취득자금 소명대상 금액의 출처 확인서는 별지 제52호서식에 따른다.

부 칙

제1조【시행일】 이 규칙은 공포한 날부터 시행한다.
제2조【지급보증에 대한 예상 위험 및 비용과 기대편익 등의 산출방법에 관한 적용례】 제5조의 개정규정은 2013년 2월 23일이 속하는 과세연도부터 적용한다.
제3조【서식에 관한 적용례】 서식[별지 제24호서식(갑), 별지 제24호서식(병) 및 별지 제27호서식은 제외한다]의 개정규정은 이 규칙 시행 이후 신고·신청하거나 제출·통지·통보하는 경우부터 적용한다.
제4조【일반적 경과조치】 이 규칙 시행 당시 종전의 규정에 따라 과세했거나 과세해야 할 소득세 및 법인세에 대해서는 이 규칙의 개정규정에도 불구하고 종전의 규정에 따른다.
제5조【국제거래정보통합보고서에 관한 경과조치】 2018년 1월 1일 전에 개시한 과세연도 분에 대해서는 제22조 및 제25조의 개정규정에도 불구하고 기획재정부령 제663호로 개정되기 전의 「국제조세조정에 관한 법률 시행규칙」 제6조의2제2항 및 제3항에 따른다.

제6조【용역거래 등에 대한 과세당국의 요구 자료에 관한 경과조치】 2019년 1월 1일 전에 개시한 과세연도에 대해서는 제28조제1항의 개정규정에도 불구하고 기획재정부령 제717호로 개정되기 전의 「국제조세조정에 관한 법률 시행규칙」 제6조의3제1항에 따른다.

제7조【같은 지역의 범위에 관한 경과조치】 ① 2019년 1월 1일 전에 개시한 과세연도분에 대해서는 제37조의 개정규정에도 불구하고 이 규칙 시행 전 「국제조세조정에 관한 법률 시행규칙」(기간의 경과 등으로 이미 그 효력이 상실된 규정을 제외한 모든 종전의 규정을 말한다)에 따른다.

② 제1항을 적용할 때 기획재정부령 제189호 국제조세조정에 관한 법률 시행규칙 일부개정령 제10조의3은 2011년 3월 18일이 속하는 과세연도 분부터 적용하고, 재정경제부령 제533호 국제조세조정에 관한 법률 시행규칙 일부개정령 제10조의3은 2006년 12월 15일부터 적용한다.

제8조【잉여금의 조정에 관한 경과조치】 2013년 2월 23일 전에 특정외국법인이 이익잉여금을 이익잉여금처분에 의하여 상여금 또는 퇴직급여로 지급했거나 그 밖의 사외유출을 한 경우에는 제38조제1항제3호의 개정규정에도 불구하고 기획재정부령 제336호로 개정되기 전의 「국제조세조정에 관한 법률 시행규칙」 제9조의2제1항제3호에 따른다.

제9조【서식에 관한 경과조치】 ① 2020년 1월 1일 전에 개시한 과세연도분에 대해서는 별지 제13호서식의 개정에도 불구하고 기획재정부령 제772호로 개정되기 전의 「국제조세조정에 관한 법률 시행규칙」 별지 제8호의3서식에 따른다.

② 2021년 1월 1일 전에 개시한 과세연도분에 대해서는 별지 제24호서식(갑) 및 별지 제24호서식(병)의 개정규정에도 불구하고 종전의 「국제조세조정에 관한 법률 시행규칙」(기획재정부령 제840호로 전부개정되기 전의 것을 말하며, 이하 이 조에서 "종전 규칙"이라 한다) 별지 제10호의2서식(갑) 및 별지 제10호의2서식(병)에 따른다.

③ 2021년 1월 1일 전에 지급한 혼성금융상품 관련 이자비용에 대해서는 별지 제27호서식의 개정규정에도 불구하고 종전 규칙 별지 제10호의11서식에 따른다.

제10조【종전 부칙의 적용범위에 관한 경과조치】 이 규칙 시행 전의 「국제조세조정에 관한 법률 시행규칙」의 개정에 따른 부칙의 규정은 기간의 경과 등으로 이미 그 효력이 상실된 규정을 제외하고는 이 규칙 시행 이후에도 계속하여 효력을 가진다.

제11조【다른 법령의 개정】 ※(해당 법령에 가제정리하였음)

제12조【다른 법령과의 관계】 이 규칙 시행 당시 다른 법령에서 종전의 「국제조세조정에 관한 법률 시행규칙」의 규정을 인용하고 있는 경우 이 규칙 가운데 그에 해당하는 규정이 있을 때에는 종전의 규정을 갈음하여 이 규칙의 해당 규정을 인용한 것으로 본다.

  부 칙 (2022.3.18)

제1조【시행일】 이 규칙은 공포한 날부터 시행한다.

제2조【채무자의 신용 정도 평가 시 고려사항에 관한 적용례】 제2조의2의 개정규정은 이 규칙 시행일이 속하는 과세연도에 발생한 금전대차거래에 대한 정상이자율을 산출하여 채무자의 신용 정도를 평가하는 경우에도 적용한다.

제3조【용역거래 정상가격 산출 시 신용등급 산출에 관한 적용례】 제5조제4항제1호의 개정규정은 이 규칙 시행일이 속하는 과세연도에 용역거래의 정상가격을 산출하기 위하여 신용등급을 산출하려는 경우에도 적용한다.

제4조【서식에 관한 적용례】 서식에 관한 개정규정은 이 규칙 시행 이후 신고 및 제출하는 분부터 적용한다.

제5조【정상이자율로 간주되는 이자율에 관한 경과조치】 이 규칙 시행 전에 거주자와 국외특수관계인 간 자금거래분에 대해서는 제3조제2호의 개정규정에도 불구하고 종전의 규정에 따른다.

  부 칙 (2023.3.20)

제1조【시행일】 이 규칙은 공포한 날부터 시행한다.

제2조【서식에 관한 적용례 등】 ① 별지 제1호서식, 별지 제10호서식, 별지 제13호서식 부표4, 같은 서식 부표5, 별지 제16호서식(을), 별지 제22호서식, 별지 제33호의2서식, 별지 제33호의3서식 및 별지 제45호서식의 개정규정은 이 규칙 시행 이후 신고·청구 또는 신청하거나 제출하는 경우부터 적용한다.

② 별지 제13호서식 부표1, 같은 서식 부표2, 별지 제16호서식(갑), 별지 제17호서식, 별지 제18호서식, 별지 제19호서식 및 별지 제20호서식의 개정규정은 2023년 1월 1일 이후 개시하는 과세연도의 국제거래에 관한 자료를 제출하는 경우부터 적용한다.

③ 2023년 1월 1일 전에 개시한 과세연도의 국제거래에 관한 자료 중 개별기업보고서와 국제거래명세서를 이 규칙 시행 이후 법 제16조제1항 및 제2항에 따라 제출하는 경우에는 별지 제13호서식 부표2 및 별지 제16호서식(갑)의 개정규정에도 불구하고 별지 제13호서식 부표2(2) 및 별지 제16호서식(갑-2)에 따라 제출해야 한다.

④ 제3항에 따라 별지 제13호서식 부표2(2) 및 별지 제16호서식(갑-2)을 제출할 때 별지 제13호서식 부표4 및 별지 제16호서식(을)을 함께 제출하는 경우 2023년 1월 1일 전에 개시한 과세연도의 국제거래에 관한 자료를 제출할 때까지는 별지 제13호서식 부표4의 개정규정 중 "별지 제13호서식 부표2"는 "별지 제13호서식 부표2(2)"로 보고, 별지 제16호서식(을)의 개정규정 중 "별지 제16호서식(갑)"은 "별지 제16호서식(갑-2)"로 본다.

⑤ 2023년 1월 1일 전에 개시한 과세연도의 국제거래에 관한 자료를 이 규칙 시행 이후 제출하는 경우에는 별지 제13호서식 부표1, 별지 제17호서식, 별지 제18호서식, 별지 제19호서식 및 별지 제20호서식의 개정규정에도 불구하고 종전의 서식에 따른다.

제3조【이전소득금액에 대한 반환이자 계산 시 적용되는 이자율 변경에 따른 경과조치】 이 규칙 시행 전에 내국법인의 익금에 산입된 금액을 이 규칙 시행 이후 영 제22조제1항에 따라 국외특수관계인이 내국법인에 반환하는 경우 이 규칙 시행일이 속하는 사업연도까지의 기간분에 대한 반환이자를 계산하는 데에 적용되는 이자율은 제14조제3항의 개정규정에도 불구하고 종전의 규정에 따르고, 이 규칙 시행 이후 개시되는 사업연도의 기간분에 대한 반환이자를 계산하는 데에 적용되는 이자율은 제14조제3항의 개정규정에 따른다.

〔별지서식〕 ➡ 「www.hyeonamsa.com」 참조

부가가치세법

(2013년   6월   7일)
(전부개정법률 제11873호)

개정
2013. 7.26법 11944호
2014. 1. 1법 12167호
2015. 8.11법 13474호(공동주택관리법)
2015.12.15법 13556호
2016. 1.19법 13805호(주택법)
2016.12.20법 14387호
2018.12.24법 16008호(법인세법)
2018.12.31법 16101호
2020.12.22법 17653호
2020.12.29법 17758호(국세징수)
2021.12. 8법 18577호
2023.12.31법 19931호→2024년 1월 1일 및 2024년 7월 1일 시행

2013.12.24법 12113호
2014.12.23법 12851호

2017.12.19법 15223호

2019.12.31법 16845호

2022.12.31법 19194호

제1장 총 칙

제1조【목적】 이 법은 부가가치세의 과세(課稅) 요건 및 절차를 규정함으로써 부가가치세의 공정한 과세, 납세의무의 적정한 이행 확보 및 재정수입의 원활한 조달에 이바지함을 목적으로 한다.

제2조【정의】 이 법에서 사용하는 용어의 뜻은 다음과 같다.

1. "재화"란 재산 가치가 있는 물건 및 권리를 말한다. 물건과 권리의 범위에 관하여 필요한 사항은 대통령령으로 정한다.
2. "용역"이란 재화 외에 재산 가치가 있는 모든 역무(役務)와 그 밖의 행위를 말한다. 용역의 범위에 관하여 필요한 사항은 대통령령으로 정한다.
3. "사업자"란 사업 목적이 영리이든 비영리이든 관계없이 사업상 독립적으로 재화 또는 용역을 공급하는 자를 말한다.
4. "간이과세자(簡易課稅者)란 제61조제1항에 따라 직전 연도의 재화와 용역의 공급에 대한 대가(부가가치세가 포함된 대가를 말한다. 이하 "공급대가"라 한다)의 합계액이 대통령령으로 정하는 금액에 미달하는 사업자로서, 제7장에 따라 간편한 절차로 부가가치세를 신고·납부하는 개인사업자를 말한다. (2020.12.22 본호개정)
5. "일반과세자"란 간이과세자가 아닌 사업자를 말한다.
6. "과세사업"이란 부가가치세가 과세되는 재화 또는 용역을 공급하는 사업을 말한다.
7. "면세사업"이란 부가가치세가 면제되는 재화 또는 용역을 공급하는 사업을 말한다.
8. "비거주자"란 「소득세법」 제1조의2제1항제2호에 따른 비거주자를 말한다.
9. "외국법인"이란 「법인세법」 제2조제3호에 따른 외국법인을 말한다. (2018.12.24 본호개정)

제3조【납세의무자】 ① 다음 각 호의 어느 하나에 해당하는 자로서 개인, 법인(국가·지방자치단체와 지방자치단체조합을 포함한다), 법인격이 없는 사단·재단 또는 그 밖의 단체는 이 법에 따라 부가가치세를 납부할 의무가 있다.

1. 사업자
2. 재화를 수입하는 자

② 제1항에도 불구하고 대통령령으로 정하는 신탁재산(이하 "신탁재산"이라 한다)과 관련된 재화 또는 용역을 공급하는 때에는 「신탁법」 제2조에 따른 수탁자(이하 이 조, 제3조의2, 제8조, 제10조제9항제4호, 제29조제4항, 제52조의2 및 제58조의2에서 "수탁자"라 한다)가 신탁재산별로 각각 별도의 납세의무자로서 부가가

치세를 납부할 의무가 있다.(2021.12.8 본항개정)

③ 제1항 및 제2항에도 불구하고 다음 각 호의 어느 하나에 해당하는 경우에는 「신탁법」 제2조에 따른 위탁자(이하 이 조, 제3조의2, 제10조제8항, 같은 조 제9항제4호, 제29조제4항 및 제52조의2에서 "위탁자"라 한다)가 부가가치세를 납부할 의무가 있다.(2021.12.8 본문개정)

1. 신탁재산과 관련된 재화 또는 용역을 위탁자 명의로 공급하는 경우
2. 위탁자가 신탁재산을 실질적으로 지배·통제하는 경우로서 대통령령으로 정하는 경우
3. 그 밖에 신탁의 유형, 신탁설정의 내용, 수탁자의 임무 및 신탁사무 범위 등을 고려하여 대통령령으로 정하는 경우

(2020.12.22 본항신설)

④ 제2항에 따라 수탁자가 납세의무자가 되는 신탁재산에 둘 이상의 수탁자(이하 "공동수탁자"라 한다)가 있는 경우 공동수탁자는 부가가치세를 연대하여 납부할 의무가 있다. 이 경우 공동수탁자 중 신탁사무를 주로 처리하는 수탁자(이하 "대표수탁자"라 한다)가 부가가치세를 신고·납부하여야 한다.(2020.12.22 본항신설)

⑤ 제2항부터 제4항까지에서 규정한 사항 외에 신탁 관련 납세의무의 적용에 필요한 사항은 대통령령으로 정한다.(2020.12.22 본항신설)

제3조의2【신탁 관련 제2차 납세의무 및 물적납세의무】 ① 제3조제2항에 따라 수탁자가 납부하여야 하는 다음 각 호의 어느 하나에 해당하는 부가가치세 또는 강제징수비(이하 "부가가치세등"이라 한다)를 신탁재산으로 충당하여도 부족한 경우에는 그 신탁의 수익자(「신탁법」 제101조에 따라 신탁이 종료되어 신탁재산이 귀속되는 자를 포함한다)는 지급받은 수익과 귀속된 재산의 가액을 합한 금액을 한도로 하여 그 부족한 금액에 대하여 납부할 의무(이하 "제2차 납세의무"라 한다)를 진다.

1. 신탁 설정일 이후에 「국세기본법」 제35조제2항에 따른 법정기일이 도래하는 부가가치세로서 해당 신탁재산과 관련하여 발생한 것
2. 제1호의 금액에 대한 강제징수 과정에서 발생한 강제징수비

② 제3조제3항에 따라 부가가치세를 납부하여야 하는 위탁자가 제1항 각 호의 어느 하나에 해당하는 부가가치세등을 체납한 경우로서 그 위탁자의 다른 재산에 대하여 강제징수를 하여도 징수할 금액에 미치지 못할 때에는 해당 신탁재산의 수탁자는 그 신탁재산으로써 이 법에 따라 위탁자의 부가가치세등을 납부할 의무(이하 "물적납세의무"라 한다)가 있다.

③ 제1항 및 제2항에서 정한 사항 외에 제2차 납세의무 및 물적납세의무의 적용에 필요한 사항은 대통령령으로 정한다.

(2020.12.22 본조개정)

제4조【과세대상】 부가가치세는 다음 각 호의 거래에 대하여 과세한다.

1. 사업자가 행하는 재화 또는 용역의 공급
2. 재화의 수입

제5조【과세기간】 ① 사업자에 대한 부가가치세의 과세기간은 다음 각 호와 같다.

1. 간이과세자 : 1월 1일부터 12월 31일까지
2. 일반과세자

구분	과세기간
제1기	1월 1일부터 6월 30일까지
제2기	7월 1일부터 12월 31일까지

② 신규로 사업을 시작하는 자에 대한 최초의 과세기간은 사업 개시일부터 그 날이 속하는 과세기간의 종료일까지로 한다. 다만, 제8조제1항 단서에 따라 사업 개시일 이전에 사업자등록을 신청한 경우에는 그 신청한 날부터 그 신청일이 속하는 과세기간의 종료일까지로 한다.
③ 사업자가 폐업하는 경우의 과세기간은 폐업일이 속하는 과세기간의 개시일부터 폐업일까지로 한다. 이 경우 폐업일의 기준은 대통령령으로 정한다.
④ 제1항제1호에도 불구하고 제62조제1항 및 제2항에 따라 간이과세자에 관한 규정이 적용되거나 적용되지 아니하게 되어 일반과세자가 간이과세자로 변경되거나 간이과세자가 일반과세자로 변경되는 경우 그 변경되는 해에 간이과세자에 관한 규정이 적용되는 기간의 부가가치세의 과세기간은 다음 각 호의 구분에 따른 기간으로 한다.
1. 일반과세자가 간이과세자로 변경되는 경우 : 그 변경 이후 7월 1일부터 12월 31일까지
2. 간이과세자가 일반과세자로 변경되는 경우 : 그 변경 이전 1월 1일부터 6월 30일까지
(2014.1.1 본항신설)
⑤ 간이과세자가 제70조에 따라 간이과세자에 관한 규정의 적용을 포기함으로써 일반과세자로 되는 경우 다음 각 호의 기간을 각각 하나의 과세기간으로 한다. 이 경우 제1호의 기간은 간이과세자의 과세기간으로, 제2호의 기간은 일반과세자의 과세기간으로 한다.
1. 제70조제1항에 따른 간이과세자의 적용 포기의 신고일이 속하는 과세기간의 개시일부터 그 신고일이 속하는 달의 마지막 날까지의 기간
2. 제1호에 따른 신고일이 속하는 달의 다음 달 1일부터 그 날이 속하는 과세기간의 종료일까지의 기간

제6조【납세지】① 사업자의 부가가치세 납세지는 각 사업장의 소재지로 한다.
② 제1항에 따른 사업장은 사업자가 사업을 하기 위하여 거래의 전부 또는 일부를 하는 고정된 장소로 하며, 사업장의 범위에 관하여 필요한 사항은 대통령령으로 정한다.
③ 사업자가 제2항에 따른 사업장을 두지 아니하면 사업자의 주소 또는 거소(居所)를 사업장으로 한다.
④ 제1항에도 불구하고 제8조제3항 후단에 따른 사업자 단위 과세 사업자는 각 사업장을 대신하여 그 사업자의 본점 또는 주사무소의 소재지를 부가가치세 납세지로 한다.
⑤ 다음 각 호의 장소는 사업장으로 보지 아니한다.
1. 재화를 보관하고 관리할 수 있는 시설만 갖춘 장소로서 대통령령으로 정하는 바에 따라 하치장(荷置場)으로 신고된 장소
2. 각종 경기대회나 박람회 등 행사가 개최되는 장소에 개설한 임시사업장으로서 대통령령으로 정하는 바에 따라 신고된 장소
⑥ 재화를 수입하는 자의 부가가치세 납세지는 「관세법」에 따라 수입을 신고하는 세관의 소재지로 한다.
제7조【과세 관할】① 사업자에 대한 부가가치세는 제6조제1항부터 제5항까지의 규정에 따른 납세지를 관할하는 세무서장 또는 지방국세청장이 과세한다.
② 재화를 수입하는 자에 대한 부가가치세는 제6조제6항에 따른 납세지를 관할하는 세관장이 과세한다.
제8조【사업자등록】① 사업자는 사업장마다 대통령령으로 정하는 바에 따라 사업 개시일부터 20일 이내에 사업장 관할 세무서장에게 사업자등록을 신청하여야 한다. 다만, 신규로 사업을 시작하려는 자는 사업 개시일 이전이라도 사업자등록을 신청할 수 있다.
② 사업자는 제1항에 따른 사업자등록의 신청을 사업장 관할 세무서장이 아닌 다른 세무서장에게도 할 수 있다. 이 경우 사업장 관할 세무서장에게 사업자등록을 신청한 것으로 본다.
③ 제1항에도 불구하고 사업장이 둘 이상인 사업자(사업장이 하나이나 추가로 사업장을 개설하려는 사업자를 포함한다)는 사업자 단위로 해당 사업자의 본점 또는 주사무소 관할 세무서장에게 등록을 신청할 수 있다. 이 경우 등록한 사업자를 사업자 단위 과세 사업자라 한다.(2018.12.31 전단개정)
④ 제1항에 따라 사업장 단위로 등록한 사업자가 제3항에 따라 사업자 단위 과세 사업자로 변경하려면 사업자 단위 과세 사업자로 적용받으려는 과세기간 개시 20일 전까지 사업자의 본점 또는 주사무소 관할 세무서장에게 변경등록을 신청하여야 한다. 사업자 단위 과세 사업자가 사업장 단위로 등록을 하려는 경우에도 또한 같다.
⑤ 제4항 전단에도 불구하고 사업장이 하나인 사업자가 추가로 사업장을 개설하면서 추가 사업장의 사업 개시일이 속하는 과세기간부터 사업자 단위 과세 사업자로 적용받으려는 경우에는 추가 사업장의 사업 개시일부터 20일 이내(추가 사업장의 사업 개시일이 속하는 과세기간 이내로 한정하는다)에 사업자의 본점 또는 주사무소 관할 세무서장에게 변경등록을 신청하여야 한다.(2018.12.31 본항신설)
⑥ 제3조제2항에 따라 수탁자가 납세의무자가 되는 경우 수탁자(공동수탁자가 있는 경우 대표수탁자를 말한다)는 해당 신탁재산을 사업장으로 보아 대통령령으로 정하는 바에 따라 제1항에 따른 사업자등록을 신청하여야 한다.(2020.12.22 본항신설)
⑦ 제1항부터 제6항까지의 규정에 따라 신청을 받은 사업장 관할 세무서장(제3항부터 제5항까지의 규정에서는 본점 또는 주사무소 관할 세무서장을 말한다. 이하 이 조에서 같다)은 사업자등록을 하고, 대통령령으로 정하는 바에 따라 등록된 사업자에게 등록번호가 부여된 등록증(이하 "사업자등록증"이라 한다)을 발급하여야 한다.(2020.12.22 본항개정)
⑧ 제7항에 따라 등록한 사업자는 휴업 또는 폐업을 하거나 등록사항이 변경되면 대통령령으로 정하는 바에 따라 지체 없이 사업장 관할 세무서장에게 신고하여야 한다. 제1항 단서에 따라 등록을 신청한 자가 사실상 사업을 시작하지 아니하게 되는 경우에도 또한 같다.(2020.12.22 전단개정)
⑨ 사업장 관할 세무서장은 제7항에 따라 등록된 사업자가 다음 각 호의 어느 하나에 해당하면 지체 없이 사업자등록을 말소하여야 한다.(2020.12.22 본문개정)
1. 폐업(사실상 폐업한 경우로서 대통령령으로 정하는 경우를 포함한다)한 경우(2023.12.31 본호개정)
2. 제1항 단서에 따라 등록신청을 하고 사실상 사업을 시작하지 아니하게 되는 경우로서 대통령령으로 정하는 경우(2023.12.31 본호개정)
⑩ 사업장 관할 세무서장은 필요하다고 인정하면 대통령령으로 정하는 바에 따라 사업자등록증을 갱신하여 발급할 수 있다.
⑪ 개별소비세 또는 교통·에너지·환경세의 납세의무가 있는 사업자가 「개별소비세법」 또는 「교통·에너지·환경세법」에 따라 다음 각 호의 구분에 따른 신고를 한 경우에는 해당 각 호의 구분에 따른 등록신청 또는 신고를 한 것으로 본다.
1. 「개별소비세법」 제21조제1항 전단 또는 「교통·에너지·환경세법」 제18조제1항 전단에 따른 개업 신고를 한 경우 : 제1항 및 제2항에 따른 사업자 등록의 신청
2. 「개별소비세법」 제21조제1항 후단 또는 「교통·에너지·환경세법」 제18조제1항 후단에 따른 휴업·폐업·변경 신고를 한 경우 : 제8항에 따른 해당 휴업·폐업 신고 또는 등록사항 변경 신고(2020.12.22 본호개정)

3. 「개별소비세법」제21조제2항 및 제3항 또는 「교통·에너지·환경세법」제18조제3항 및 제4항에 따른 사업자단위과세사업자 신고를 한 경우 : 제3항에 따른 사업자 단위 과세 사업자 등록 신청 또는 제4항에 따른 사업자 단위 과세 사업장 변경등록 신청
4. 「개별소비세법」제21조제4항 및 제5항 또는 「교통·에너지·환경세법」제18조제2항에 따른 양수, 상속, 합병 신고를 한 경우 : 제8항에 따른 등록사항 변경 신고(2020.12.22 본호개정)
(2014.12.23 본항개정)
⑫ 제1항부터 제11항까지에서 규정한 사항 외에 사업자등록, 사업자등록증 발급, 등록사항의 변경 및 등록의 말소 등에 필요한 사항은 대통령령으로 정한다. (2020.12.22 본항개정)

제2장 과세거래

제1절 과세대상 거래

제9조【재화의 공급】① 재화의 공급은 계약상 또는 법률상의 모든 원인에 따라 재화를 인도(引渡)하거나 양도(讓渡)하는 것으로 한다.
② 제1항에 따른 재화의 공급의 범위에 관하여 필요한 사항은 대통령령으로 정한다.
제10조【재화 공급의 특례】① 사업자가 자기의 과세사업과 관련하여 생산하거나 취득한 재화로서 다음 각 호의 어느 하나에 해당하는 재화(이하 이 조에서 "자기생산·취득재화"라 한다)를 자기의 면세사업과 부가가치세가 과세되지 아니하는 재화 또는 용역을 공급하는 사업(이하 "면세사업등"이라 한다)을 위하여 직접 사용하거나 소비하는 것은 재화의 공급으로 본다. (2023.12.31 본문개정)
1. 제38조에 따른 매입세액, 그 밖에 이 법 및 다른 법률에 따른 매입세액이 공제된 재화
2. 제9조제2호에 따른 사업양도로 취득한 재화로서 사업양도자가 제38조에 따른 매입세액, 그 밖에 이 법 및 다른 법률에 따른 매입세액을 공제받은 재화 (2018.12.31 본호개정)
3. 제21조제2항제3호에 따른 수출에 해당하여 영(零)퍼센트의 세율을 적용받는 재화(2018.12.31 본호신설)
② 다음 각 호의 어느 하나에 해당하는 자기생산·취득재화의 사용 또는 소비는 재화의 공급으로 본다.
1. 사업자가 자기생산·취득재화를 제39조제1항제5호에 따라 매입세액이 매출세액에서 공제되지 아니하는 「개별소비세법」제1조제2항제3호에 따른 자동차로 사용 또는 소비하거나 그 자동차의 유지를 위하여 사용 또는 소비하는 것
2. 운수업, 자동차 판매업 등 대통령령으로 정하는 업종의 사업을 경영하는 사업자가 자기생산·취득재화 중 「개별소비세법」제1조제2항제3호에 따른 자동차와 그 자동차의 유지를 위한 재화를 해당 업종에 직접 영업으로 사용하지 아니하고 다른 용도로 사용하는 것
(2014.1.1 본항개정)
③ 사업장이 둘 이상인 사업자가 자기의 사업과 관련하여 생산 또는 취득한 재화를 판매할 목적으로 자기의 다른 사업장에 반출하는 것은 재화의 공급으로 본다. 다만, 다음 각 호의 어느 하나에 해당하는 경우는 재화의 공급으로 보지 아니한다.
1. 사업자가 제8조제3항 후단에 따른 사업자 단위 과세 사업자로 적용을 받는 과세기간에 자기의 다른 사업장에 반출하는 경우

2. 사업자가 제51조에 따라 주사업장 총괄 납부의 적용을 받는 과세기간에 자기의 다른 사업장에 반출하는 경우. 다만, 제32조에 따른 세금계산서를 발급하고 제48조 또는 제49조에 따라 관할 세무서장에게 신고한 경우는 제외한다.
④ 사업자가 자기생산·취득재화를 사업과 직접적인 관계없이 자기의 개인적인 목적이나 그 밖의 다른 목적을 위하여 사용·소비하거나 그 사용인 또는 그 밖의 자가 사용·소비하는 것으로서 사업자가 그 대가를 받지 아니하거나 시가보다 낮은 대가를 받는 경우는 재화의 공급으로 본다. 이 경우 사업자가 실비변상적이거나 복리후생적인 목적으로 그 사용인에게 대가를 받지 아니하거나 시가보다 낮은 대가를 받고 제공하는 것으로서 대통령령으로 정하는 경우는 재화의 공급으로 보지 아니한다.(2018.12.31 후단신설)
⑤ 사업자가 자기생산·취득재화를 자기의 고객이나 불특정 다수에게 증여하는 경우(증여하는 재화의 대가가 주된 거래인 재화의 공급에 대한 대가에 포함되는 경우는 제외한다)는 재화의 공급으로 본다. 다만, 사업자가 사업을 위하여 증여하는 것으로서 대통령령으로 정하는 것은 재화의 공급으로 보지 아니한다.
⑥ 사업자가 폐업할 때 자기생산·취득재화 중 남아 있는 재화는 자기에게 공급하는 것으로 본다. 제8조제1항 단서에 따라 사업 개시일 이전에 사업자등록을 신청한 자가 사실상 사업을 시작하지 아니하게 되는 경우에도 또한 같다.
⑦ 위탁매매 또는 대리인에 의한 매매를 할 때에는 위탁자 또는 본인이 직접 재화를 공급하거나 공급받은 것으로 본다. 다만, 위탁자 또는 본인을 알 수 없는 경우로서 대통령령으로 정하는 경우에는 수탁자 또는 대리인에게 재화를 공급하거나 수탁자 또는 대리인으로부터 재화를 공급받은 것으로 본다.
⑧ 「신탁법」제10조에 따라 위탁자의 지위가 이전되는 경우에는 기존 위탁자가 새로운 위탁자에게 신탁재산을 공급한 것으로 본다. 다만, 신탁재산에 대한 실질적인 소유권의 변동이 있다고 보기 어려운 경우로서 대통령령으로 정하는 경우에는 신탁재산의 공급으로 보지 아니한다.(2021.12.8 본항신설)
⑨ 다음 각 호의 어느 하나에 해당하는 것은 재화의 공급으로 보지 아니한다.
1. 재화를 담보로 제공하는 것으로서 대통령령으로 정하는 것
2. 사업을 양도하는 것으로서 대통령령으로 정하는 것. 다만, 제52조제4항에 따라 그 사업을 양수받는 자가 대가를 지급하는 때에 그 대가를 받은 자로부터 부가가치세를 징수하여 납부한 경우는 제외한다.(2014.1.1 단서신설)
3. 법률에 따라 조세를 물납(物納)하는 것으로서 대통령령으로 정하는 것
4. 신탁재산의 소유권 이전으로서 다음 각 목의 어느 하나에 해당하는 것
가. 위탁자로부터 수탁자에게 신탁재산을 이전하는 경우
나. 신탁의 종료로 인하여 수탁자로부터 위탁자에게 신탁재산을 이전하는 경우
다. 수탁자가 변경되어 새로운 수탁자에게 신탁재산을 이전하는 경우
(2017.12.19 본호신설)
⑩ 제1항부터 제9항까지에서 규정된 사항 외에 재화 공급의 특례에 관하여 필요한 사항은 대통령령으로 정한다.(2017.12.19 본항개정)
제11조【용역의 공급】① 용역의 공급은 계약상 또는 법률상의 모든 원인에 따른 것으로서 다음 각 호의 어느 하나에 해당하는 것으로 한다.

間接稅

1. 역무를 제공하는 것
2. 시설물, 권리 등 재화를 사용하게 하는 것
② 제1항에 따른 용역의 공급의 범위에 관하여 필요한 사항은 대통령령으로 정한다.

제12조【용역 공급의 특례】 ① 사업자가 자신의 용역을 자기의 사업을 위하여 대가를 받지 아니하고 공급함으로써 다른 사업자와의 과세형평이 침해되는 경우에는 자기에게 용역을 공급하는 것으로 본다. 이 경우 그 용역의 범위는 대통령령으로 정한다.
② 사업자가 대가를 받지 아니하고 타인에게 용역을 공급하는 것은 용역의 공급으로 보지 아니한다. 다만, 사업자가 대통령령으로 정하는 특수관계인(이하 "특수관계인"이라 한다)에게 사업용 부동산의 임대용역 등 대통령령으로 정하는 용역을 공급하는 것은 용역의 공급으로 본다.
③ 고용관계에 따라 근로를 제공하는 것은 용역의 공급으로 보지 아니한다.
④ 제1항부터 제3항까지에서 규정된 사항 외에 용역의 공급에 관하여 필요한 사항은 대통령령으로 정한다.

제13조【재화의 수입】 재화의 수입은 다음 각 호의 어느 하나에 해당하는 물품을 국내에 반입하는 것[대통령령으로 정하는 보세구역(이하 이 조에서 "보세구역"이라 한다)을 거치는 것은 보세구역에서 반입하는 것을 말한다]으로 한다.
1. 외국으로부터 국내에 도착한 물품[외국 선박에 의하여 공해(公海)에서 채집되거나 잡힌 수산물을 포함한다]으로서 수입신고가 수리(受理)되기 전의 것
2. 수출신고가 수리된 물품[수출신고가 수리된 물품으로서 선적(船積)되지 아니한 물품을 보세구역에서 반입하는 것은 제외한다]

제14조【부수 재화 및 부수 용역의 공급】 ① 주된 재화 또는 용역의 공급에 부수되어 공급되는 것으로서 다음 각 호의 어느 하나에 해당하는 재화 또는 용역의 공급은 주된 재화 또는 용역의 공급에 포함되는 것으로 본다.
1. 해당 대가가 주된 재화 또는 용역의 공급에 대한 대가에 통상적으로 포함되어 공급되는 재화 또는 용역
2. 거래의 관행으로 보아 통상적으로 주된 재화 또는 용역의 공급에 부수하여 공급되는 것으로 인정되는 재화 또는 용역
② 주된 사업에 부수되는 다음 각 호의 어느 하나에 해당하는 재화 또는 용역의 공급은 별도의 공급으로 보되, 과세 및 면세 여부 등은 주된 사업의 과세 및 면세 여부 등을 따른다.
1. 주된 사업과 관련하여 우연히 또는 일시적으로 공급되는 재화 또는 용역
2. 주된 사업과 관련하여 주된 재화의 생산 과정이나 용역의 제공 과정에서 필연적으로 생기는 재화

제2절 공급시기와 공급장소

제15조【재화의 공급시기】 ① 재화가 공급되는 시기는 다음 각 호의 구분에 따른 때로 한다. 이 경우 구체적인 거래 형태에 따른 재화의 공급시기에 관하여 필요한 사항은 대통령령으로 정한다.
1. 재화의 이동이 필요한 경우 : 재화가 인도되는 때
2. 재화의 이동이 필요하지 아니한 경우 : 재화가 이용 가능하게 되는 때
3. 제1호와 제2호를 적용할 수 없는 경우 : 재화의 공급이 확정되는 때
② 제1항에도 불구하고 할부 또는 조건부로 재화를 공급하는 경우 등의 재화의 공급시기는 대통령령으로 정한다.

제16조【용역의 공급시기】 ① 용역이 공급되는 시기는 다음 각 호의 어느 하나에 해당하는 때로 한다.
1. 역무의 제공이 완료되는 때
2. 시설물, 권리 등 재화가 사용되는 때
② 제1항에도 불구하고 할부 또는 조건부로 용역을 공급하는 경우 등의 용역의 공급시기는 대통령령으로 정한다.

제17조【재화 및 용역의 공급시기의 특례】 ① 사업자가 제15조 또는 제16조에 따른 재화 또는 용역의 공급시기(이하 이 조에서 "재화 또는 용역의 공급시기"라 한다)가 되기 전에 재화 또는 용역에 대한 대가의 전부 또는 일부를 받고, 그 받은 대가에 대하여 제32조에 따른 세금계산서 또는 제36조에 따른 영수증을 발급하면 그 세금계산서 등을 발급하는 때를 각각 그 재화 또는 용역의 공급시기로 본다.(2017.12.19 본항개정)
② 사업자가 재화 또는 용역의 공급시기가 되기 전에 제32조에 따른 세금계산서를 발급하고 그 세금계산서 발급일부터 7일 이내에 대가를 받으면 해당 세금계산서를 발급한 때를 재화 또는 용역의 공급시기로 본다.
③ 제2항에도 불구하고 다음 각 호의 어느 하나에 해당하는 경우에는 재화 또는 용역을 공급하는 사업자가 그 재화 또는 용역의 공급시기가 되기 전에 제32조에 따른 세금계산서를 발급하고 그 세금계산서 발급일부터 7일이 지난 후 대가를 받더라도 해당 세금계산서를 발급한 때를 재화 또는 용역의 공급시기로 본다.(2021.12.8 본문개정)
1. 거래 당사자 간의 계약서·약정서 등에 대금 청구시기(세금계산서 발급일을 말한다)와 지급시기를 따로 적고, 대금 청구시기와 지급시기 사이의 기간이 30일 이내인 경우
2. 재화 또는 용역의 공급시기가 세금계산서 발급일이 속하는 과세기간 내(공급받는 자가 제59조제2항에 따라 조기환급을 받은 경우에는 세금계산서 발급일부터 30일 이내)에 도래하는 경우(2021.12.8 본호개정)(2018.12.31 본항개정)
④ 사업자가 할부로 재화 또는 용역을 공급하는 경우 등으로서 대통령령으로 정하는 경우의 공급시기가 되기 전에 제32조에 따른 세금계산서 또는 제36조에 따른 영수증을 발급하는 경우에는 그 발급한 때를 각각 그 재화 또는 용역의 공급시기로 본다.

제18조【재화의 수입시기】 재화의 수입시기는 「관세법」에 따른 수입신고가 수리된 때로 한다.

제19조【재화의 공급장소】 ① 재화가 공급되는 장소는 다음 각 호의 구분에 따른 곳으로 한다.
1. 재화의 이동이 필요한 경우 : 재화의 이동이 시작되는 장소
2. 재화의 이동이 필요하지 아니한 경우 : 재화가 공급되는 시기에 재화가 있는 장소
② 제1항에서 규정한 사항 외의 재화가 공급되는 장소에 관하여 필요한 사항은 대통령령으로 정한다.

제20조【용역의 공급장소】 ① 용역이 공급되는 장소는 다음 각 호의 어느 하나에 해당하는 곳으로 한다.
1. 역무가 제공되거나 시설물, 권리 등 재화가 사용되는 장소
2. 국내 및 국외에 걸쳐 용역이 제공되는 국제운송의 경우 사업자가 비거주자 또는 외국법인이면 여객이 탑승하거나 화물이 적재되는 장소
3. 제53조의2제1항에 따른 전자적 용역의 경우 용역을 공급받는 자의 사업장 소재지, 주소지 또는 거소지(2020.12.22 본호신설)
② 제1항에서 규정한 사항 외의 용역이 공급되는 장소에 관하여 필요한 사항은 대통령령으로 정한다.

제3장 영세율과 면세

제1절 영세율의 적용

제21조【재화의 수출】 ① 재화의 공급이 수출에 해당하면 그 재화의 공급에 대하여는 30조에도 불구하고 영(零) 퍼센트의 세율(이하 "영세율"이라 한다)을 적용한다.
② 제1항에 따른 수출은 다음 각 호의 것으로 한다.
1. 내국물품(대한민국 선박에 의하여 채집되거나 잡힌 수산물을 포함한다)을 외국으로 반출하는 것
2. 중계무역 방식의 거래 등 대통령령으로 정하는 것으로서 국내 사업장에서 계약과 대가 수령 등 거래가 이루어지는 것
3. 기획재정부령으로 정하는 내국신용장 또는 구매확인서에 의하여 재화〔금지금(金地金)은 제외한다〕를 공급하는 것 등으로서 대통령령으로 정하는 것

제22조【용역의 국외공급】 국외에서 공급하는 용역에 대하여는 제30조에도 불구하고 영세율을 적용한다.

제23조【외국항행용역의 공급】 ① 선박 또는 항공기에 의한 외국항행용역의 공급에 대하여는 제30조에도 불구하고 영세율을 적용한다.
② 제1항에 따른 외국항행용역은 선박 또는 항공기에 의하여 여객이나 화물을 국내에서 국외로, 국외에서 국내 또는 국외에서 국외로 수송하는 것을 말하며, 외국항행사업자가 자기의 사업에 부수하여 공급하는 재화 또는 용역으로서 대통령령으로 정하는 것을 포함한다.
③ 제1항에 따른 외국항행용역의 범위에 관하여 필요한 사항은 대통령령으로 정한다.

제24조【외화 획득 재화 또는 용역의 공급 등】 ① 제21조부터 제23조까지의 규정에 따른 재화 또는 용역의 공급 외에 외화를 획득하기 위한 재화 또는 용역의 공급으로서 다음 각 호의 어느 하나에 해당하는 경우에는 제30조에도 불구하고 영세율을 적용한다.
1. 우리나라에 상주하는 외교공관, 영사기관(명예영사관원을 장으로 하는 영사기관은 제외한다), 국제연합과 이에 준하는 국제기구(우리나라가 당사국인 조약과 그 밖의 국내법령에 따라 특권과 면제를 부여받을 수 있는 경우만 해당한다) 등(이하 이 조에서 "외교공관등"이라 한다)에 재화 또는 용역을 공급하는 경우
2. 외교공관등의 소속 직원으로서 해당 국가로부터 공무원 신분을 부여받은 자 또는 외교부장관으로부터 이에 준하는 신분임을 확인받은 자 중 내국인이 아닌 자에게 대통령령으로 정하는 방법에 따라 재화 또는 용역을 공급하는 경우
3. 그 밖에 외화를 획득하는 재화 또는 용역의 공급으로서 대통령령으로 정하는 경우
② 제1항에 따른 외화 획득의 증명에 필요한 사항은 대통령령으로 정한다.

제25조【영세율에 대한 상호주의 적용】 ① 제21조부터 제24조까지의 규정을 적용할 때 사업자가 비거주자 또는 외국법인이면 그 해당 국가에서 대한민국의 거주자(「소득세법」 제1조의2제1항제1호의 거주자를 말한다. 이하 같다) 또는 내국법인(「법인세법」 제2조제1호에 따른 내국법인을 말한다)에 대하여 동일하게 면세하는 경우에만 영세율을 적용한다.(2018.12.24 본항개정)
② 사업자가 제24조제1항제2호에 따라 재화 또는 용역을 공급하는 경우에는 해당 외국에서 대한민국의 외교공관 및 영사기관 등의 직원에게 공급하는 재화 또는 용역에 대하여 동일하게 면세하는 경우에만 영세율을 적용한다.
③ 제1항 및 제2항에서 "동일하게 면세하는 경우"는 해당 외국의 조세로서 우리나라의 부가가치세 또는 이와 유사한 성질의 조세를 면세하는 경우와 그 외국에 우리나라의 부가가치세 또는 이와 유사한 성질의 조세가 없는 경우로 한다.

제2절 면 세

제26조【재화 또는 용역의 공급에 대한 면세】 ① 다음 각 호의 재화 또는 용역의 공급에 대하여는 부가가치세를 면제한다.
1. 가공되지 아니한 식료품〔식용(食用)으로 제공되는 농산물, 축산물, 수산물과 임산물을 포함한다〕 및 우리나라에서 생산되어 식용으로 제공되지 아니하는 농산물, 축산물, 수산물과 임산물로서 대통령령으로 정하는 것
2. 수돗물
3. 연탄과 무연탄
4. 여성용 생리 처리 위생용품
5. 의료보건 용역(수의사의 용역을 포함한다)으로서 대통령령으로 정하는 것과 혈액
6. 교육 용역으로서 대통령령으로 정하는 것
7. 여객운송 용역. 다만, 다음 각 목의 어느 하나에 해당하는 여객운송 용역으로서 대통령령으로 정하는 것은 제외한다.(2018.12.31 단서개정)
   가. 항공기, 고속버스, 전세버스, 택시, 특수자동차, 특종선박(特種船舶) 또는 고속철도에 의한 여객운송 용역(2018.12.31 본목신설)
   나. 삭도, 유람선 등 관광 또는 유흥 목적의 운송수단에 의한 여객운송 용역(2018.12.31 본목신설)
8. 도서(도서대여 및 실내 도서열람 용역을 포함한다), 신문, 잡지, 관보(官報), 「뉴스통신 진흥에 관한 법률」에 따른 뉴스통신 및 방송으로서 대통령령으로 정하는 것. 다만, 광고는 제외한다.(2022.12.31 본문개정)
9. 우표(수집용 우표는 제외한다), 인지(印紙), 증지(證紙), 복권 및 공중전화
10. 「담배사업법」 제2조에 따른 담배로서 다음 각 목의 어느 하나에 해당하는 것
    가. 「담배사업법」 제18조제1항에 따른 판매가격이 대통령령으로 정하는 금액 이하인 것
    나. 「담배사업법」 제19조에 따른 특수용담배로서 대통령령으로 정하는 것
11. 금융·보험 용역으로서 대통령령으로 정하는 것
12. 주택과 이에 부수되는 토지의 임대 용역으로서 대통령령으로 정하는 것
13. 「공동주택관리법」 제18조제2항에 따른 관리규약에 따라 같은 법 제2조제1항제10호에 따른 관리주체 또는 같은 법 제2조제1항제8호에 따른 입주자대표회의가 제공하는 「주택법」 제2조제14호에 따른 복리시설인 공동주택 어린이집의 임대 용역(2016.1.19 본호개정)
14. 토지
15. 저술가·작곡가나 그 밖의 자가 직업상 제공하는 인적(人的) 용역으로서 대통령령으로 정하는 것
16. 예술창작품, 예술행사, 문화행사 또는 아마추어 운동경기로서 대통령령으로 정하는 것
17. 도서관, 과학관, 박물관, 미술관, 동물원, 식물원, 그 밖에 대통령령으로 정하는 곳에 입장하게 하는 것
18. 종교, 자선, 학술, 구호(救護), 그 밖의 공익을 목적으로 하는 단체가 공급하는 재화 또는 용역으로서 대통령령으로 정하는 것
19. 국가, 지방자치단체 또는 지방자치단체조합이 공급하는 재화 또는 용역으로서 대통령령으로 정하는 것
20. 국가, 지방자치단체, 지방자치단체조합 또는 대통령령으로 정하는 공익단체에 무상(無償)으로 공급하는 재화 또는 용역

② 제1항에 따라 면세되는 재화 또는 용역의 공급에 통상적으로 부수되는 재화 또는 용역의 공급은 그 면세되는 재화 또는 용역의 공급에 포함되는 것으로 본다.

제27조【재화의 수입에 대한 면세】 다음 각 호에 해당하는 재화의 수입에 대하여는 부가가치세를 면제한다.
1. 가공되지 아니한 식료품(식용으로 제공되는 농산물, 축산물, 수산물 및 임산물을 포함한다)으로서 대통령령으로 정하는 것
2. 도서, 신문 및 잡지로서 대통령령으로 정하는 것
3. 학술연구단체, 교육기관, 「한국교육방송공사법」에 따른 한국교육방송공사 또는 문화단체가 과학용·교육용·문화용으로 수입하는 재화로서 대통령령으로 정하는 것
4. 종교의식, 자선, 구호, 그 밖의 공익을 목적으로 외국으로부터 종교단체·자선단체 또는 구호단체에 기증되는 재화로서 대통령령으로 정하는 것
5. 외국으로부터 국가, 지방자치단체 또는 지방자치단체조합에 기증되는 재화
6. 거주자가 받는 소액물품으로서 관세가 면제되는 재화
7. 이사, 이민 또는 상속으로 인하여 수입하는 재화로서 관세가 면제되거나 「관세법」 제81조제1항에 따른 간이세율이 적용되는 재화
8. 여행자의 휴대품, 별송(別送) 물품 및 우송(郵送) 물품으로서 관세가 면제되거나 「관세법」 제81조제1항에 따른 간이세율이 적용되는 재화
9. 수입하는 상품의 견본과 광고용 물품으로서 관세가 면제되는 재화
10. 국내에서 열리는 박람회, 전시회, 품평회, 영화제 또는 이와 유사한 행사에 출품하기 위하여 무상으로 수입하는 물품으로서 관세가 면제되는 재화
11. 조약·국제법규 또는 국제관습에 따라 관세가 면제되는 재화로서 대통령령으로 정하는 것
12. 수출된 후 다시 수입하는 재화로서 관세가 감면되는 것 중 대통령령으로 정하는 것. 다만, 관세가 경감(輕減)되는 경우에는 경감되는 비율만큼만 면제한다.
13. 다시 수출하는 조건으로 일시 수입하는 재화로서 관세가 감면되는 것 중 대통령령으로 정하는 것. 다만, 관세가 경감되는 경우에는 경감되는 비율만큼만 면제한다.
14. 제26조제1항제10호에 따른 담배
15. 제6호부터 제13호까지의 규정에 따른 재화 외에 관세가 무세(無稅)이거나 감면되는 재화로서 대통령령으로 정하는 것. 다만, 관세가 경감되는 경우에는 경감되는 비율만큼만 면제한다.

제28조【면세의 포기】 ① 사업자는 제26조 또는 「조세특례제한법」 제106조 등에 따라 부가가치세가 면세되는 재화 또는 용역의 공급으로서 다음 각 호에 해당하는 것에 대하여는 대통령령으로 정하는 바에 따라 면세의 포기를 신고하여 부가가치세의 면제를 받지 아니할 수 있다.
1. 제21조부터 제24조까지의 규정에 따라 영세율의 적용 대상이 되는 것
2. 제26조제1항제12호·제15호 및 제18호에 따른 재화 또는 용역의 공급
② 제1항에 따라 면세의 포기를 신고한 사업자는 신고한 날부터 3년간 부가가치세를 면제받지 못한다.
③ 제1항에 따라 면세의 포기를 신고한 사업자가 제2항의 기간이 지난 뒤 부가가치세를 면제받으려면 대통령령으로 정하는 바에 따라 면세적용신고서를 제출하여야 하며, 면세적용신고서를 제출하지 아니하면 계속하여 면세를 포기한 것으로 본다.
④ 제1항에 따른 면세의 포기 절차에 관하여 필요한 사항은 대통령령으로 정한다.

제4장 과세표준과 세액의 계산

제1절 과세표준과 세율

제29조【과세표준】 ① 재화 또는 용역의 공급에 대한 부가가치세의 과세표준은 해당 과세기간에 공급한 재화 또는 용역의 공급가액을 합한 금액으로 한다.
② 재화의 수입에 대한 부가가치세의 과세표준은 그 재화에 대한 관세의 과세가격과 관세, 개별소비세, 주세, 교육세, 농어촌특별세 및 교통·에너지·환경세를 합한 금액으로 한다.
③ 제1항의 공급가액은 다음 각 호의 가액을 말한다. 이 경우 대금, 요금, 수수료, 그 밖에 어떤 명목이든 상관없이 재화 또는 용역을 공급받는 자로부터 받는 금전적 가치 있는 모든 것을 포함하되, 부가가치세는 포함하지 아니한다.
1. 금전으로 대가를 받는 경우 : 그 대가. 다만, 그 대가를 외국통화나 그 밖의 외국환으로 받은 경우에는 대통령령으로 정한 바에 따라 환산한 가액
2. 금전 외의 대가를 받는 경우 : 자기가 공급한 재화 또는 용역의 시가
3. 폐업하는 경우 : 폐업 시 남아 있는 재화의 시가
4. 제10조제1항·제2항·제4항·제5항 및 제12조제1항에 따라 재화 또는 용역을 공급한 것으로 보는 경우 : 자기가 공급한 재화 또는 용역의 시가
5. 제10조제3항에 따라 재화를 공급하는 것으로 보는 경우 : 해당 재화의 취득가액 등을 기준으로 대통령령으로 정하는 가액
6. 외상거래, 할부거래, 대통령령으로 정하는 마일리지 등으로 대금의 전부 또는 일부를 결제하는 거래 등 그 밖의 방법으로 재화 또는 용역을 공급하는 경우 : 공급 형태 등을 고려하여 대통령령으로 정하는 가액 (2017.12.19 본호개정)
④ 제3항에도 불구하고 특수관계인에 대한 재화 또는 용역(수탁자가 위탁자의 특수관계인에게 공급하는 신탁재산과 관련된 재화 또는 용역을 포함한다)의 공급이 다음 각 호의 어느 하나에 해당하는 경우로서 조세의 부담을 부당하게 감소시킬 것으로 인정되는 경우에는 공급한 재화 또는 용역의 시가를 공급가액으로 본다.(2021.12.8 본문개정)
1. 재화의 공급에 대하여 부당하게 낮은 대가를 받거나 아무런 대가를 받지 아니한 경우
2. 용역의 공급에 대하여 부당하게 낮은 대가를 받는 경우
3. 용역의 공급에 대하여 대가를 받지 아니하는 경우로서 제12조제2항 단서가 적용되는 경우
⑤ 다음 각 호의 금액은 공급가액에 포함하지 아니한다.
1. 재화나 용역을 공급할 때 그 품질이나 수량, 인도조건 또는 공급대가의 결제방법이나 그 밖의 공급조건에 따라 통상의 대가에서 일정액을 직접 깎아 주는 금액
2. 환입된 재화의 가액
3. 공급받는 자에게 도달하기 전에 파손되거나 훼손되거나 멸실한 재화의 가액
4. 재화 또는 용역의 공급과 직접 관련되지 아니하는 국고보조금과 공공보조금
5. 공급에 대한 대가의 지급이 지체되었음을 이유로 받는 연체이자
6. 공급에 대한 대가를 약정기일 전에 받았다는 이유로 사업자가 당초의 공급가액에서 할인해 준 금액
⑥ 사업자가 재화 또는 용역을 공급받는 자에게 지급하는 장려금이나 이와 유사한 금액 및 제45조제1항에

따른 대손금액(貸損金額)은 과세표준에서 공제하지 아니한다.
⑦ 사업자가 재화 또는 용역을 공급하고 그 대가로 받은 금액에 부가가치세가 포함되어 있는지가 분명하지 아니한 경우에는 그 대가로 받은 금액에 110분의 100을 곱한 금액을 공급가액으로 한다.
⑧ 사업자가 과세사업과 면세사업등에 공통적으로 사용된 재화를 공급하는 경우에는 대통령령으로 정하는 바에 따라 계산한 금액을 공급가액으로 한다.(2023.12.31 본항개정)
⑨ 사업자가 토지와 그 토지에 정착된 건물 또는 구축물 등을 함께 공급하는 경우에는 건물 또는 구축물 등의 실지거래가액을 공급가액으로 한다. 다만, 다음 각 호의 어느 하나에 해당하는 경우에는 대통령령으로 정하는 바에 따라 안분계산한 금액을 공급가액으로 한다.(2018.12.31 단서개정)
1. 실지거래가액 중 토지의 가액과 건물 또는 구축물 등의 가액의 구분이 불분명한 경우(2018.12.31 본호신설)
2. 사업자가 실지거래가액으로 구분한 토지와 건물 또는 구축물 등의 가액이 대통령령으로 정하는 바에 따라 안분계산한 금액과 100분의 30 이상 차이가 있는 경우. 다만, 다른 법령에서 정하는 바에 따라 가액을 구분한 경우 등 대통령령으로 정하는 사유에 해당하는 경우는 제외한다.(2021.12.8 본호개정)
⑩ 사업자가 다음 각 호의 어느 하나에 해당하는 부동산 임대용역을 공급하는 경우의 공급가액은 대통령령으로 정하는 바에 따라 계산한 금액으로 한다.
1. 사업자가 부동산 임대용역을 공급하고 전세금 또는 임대보증금을 받는 경우
2. 과세되는 부동산 임대용역과 면세되는 주택 임대용역을 함께 공급하여 그 임대구분과 임대료 등의 구분이 불분명한 경우
3. 사업자가 둘 이상의 과세기간에 걸쳐 부동산 임대용역을 공급하고 그 대가를 선불 또는 후불로 받는 경우
⑪ 제10조제1항·제2항 및 제4항부터 제6항까지의 규정에 따라 재화의 공급으로 보는 재화가 대통령령으로 정하는 감가상각자산(이하 "감가상각자산"이라 한다)인 경우에는 제3항제3호 및 제4호에도 불구하고 대통령령으로 정하는 바에 따라 계산한 금액을 공급가액으로 한다.
⑫ 시가와 그 밖에 공급가액 및 과세표준의 계산에 필요한 사항은 대통령령으로 정한다.

[판례] GS홈쇼핑과 제휴사는 업무 제휴 계약에 따라 제휴사 회원인 고객이 1차 쇼핑몰 등 제휴사의 가맹점에서 재화나 용역을 구입하는 1차 거래 시 고객에게 포인트를 적립해 주고, 2차 거래 시 적립된 포인트를 사용해 결제 대금을 할인받을 수 있도록 했다. 이때 GS홈쇼핑이 제휴사로부터 지급받는 제휴사 포인트 사용액(정산금)은 결국 GS홈쇼핑을 포함한 제휴관계에 있는 사업자들이 고객과의 1차 거래에서 공급대가로 받았던 금전의 일부여서, 이를 다시 2차 거래의 공급가액에 포함시키게 되면 사업자들 전체를 놓고 볼 때 실제로 받은 금전보다 공급가액 합계액이 더 커지게 되어 실질과세원칙상 부당한 결과가 발생하게 된다. 따라서 고객이 GS홈쇼핑에서 제휴사 포인트로 구매한 금액은 부가가치세법상 에누리액에 해당되어 부가가치세를 부과해선 안 된다.(대판 2023.6.1, 2019두58766)
[판례] 이동통신사업자가 대리점을 통해 자사가 제공하는 이동통신용역을 일정 기간 이용하기로 약정하는 이용자에게 단말기 구입 보조금을 지원한 경우, 해당 보조금이 이동통신사업자가 제공하는 이동통신용역과 구분되어 단말기 구입을 위해 지급되었다면 이동통신용역의 공급가액에서 직접 공제된 것이 아니므로 이에 대한 에누리액에 해당하지 않는다. 따라서 이동통신사업자가 이용자에게 제공한 단말기 구입 보조금은 부과가치세 공제 대상이 아니다.(대판 2022.8.31, 2017두53170)

제30조【세율】 부가가치세의 세율은 10퍼센트로 한다.

제2절 거래징수와 세금계산서

제31조【거래징수】 사업자가 재화 또는 용역을 공급하는 경우에는 제29조제1항에 따른 공급가액에 제30조에 따른 세율을 적용하여 계산한 부가가치세를 재화 또는 용역을 공급받는 자로부터 징수하여야 한다.
제32조【세금계산서 등】 ① 사업자가 재화 또는 용역을 공급(부가가치세가 면제되는 재화 또는 용역의 공급은 제외한다)하는 경우에는 다음 각 호의 사항을 적은 계산서(이하 "세금계산서"라 한다)를 그 공급을 받는 자에게 발급하여야 한다.
1. 공급하는 사업자의 등록번호와 성명 또는 명칭
2. 공급받는 자의 등록번호. 다만, 공급받는 자가 사업자가 아니거나 등록한 사업자가 아닌 경우에는 대통령령으로 정하는 고유번호 또는 공급받는 자의 주민등록번호
3. 공급가액과 부가가치세액
4. 작성 연월일
5. 그 밖에 대통령령으로 정하는 사항
② 법인사업자와 대통령령으로 정하는 개인사업자는 제1항에 따라 세금계산서를 발급하려면 대통령령으로 정하는 전자적 방법으로 세금계산서(이하 "전자세금계산서"라 한다)를 발급하여야 한다.
③ 제2항에 따라 전자세금계산서를 발급하였을 때에는 대통령령으로 정하는 기한까지 대통령령으로 정하는 전자세금계산서 발급명세를 국세청장에게 전송하여야 한다.
④ 제2항에도 불구하고 「전기사업법」 제2조제2호에 따른 전기사업자가 산업용 전력을 공급하는 경우 등 대통령령으로 정하는 경우 해당 사업자는 대통령령으로 정하는 바에 따라 전자세금계산서임을 적은 계산서를 발급하고 전자세금계산서 파일을 국세청장에게 전송할 수 있다. 이 경우 제2항에 따라 전자세금계산서를 발급하고 제3항에 따른 발급명세를 전송한 것으로 본다.
⑤ 전자세금계산서를 발급하여야 하는 사업자가 아닌 사업자도 제2항 및 제3항에 따라 전자세금계산서를 발급하고 전자세금계산서 발급명세를 전송할 수 있다.
⑥ 위탁판매 또는 대리인에 의한 판매 등 대통령령으로 정하는 경우에는 제1항에도 불구하고 해당 재화 또는 용역을 공급하는 자이거나 공급받는 자가 아닌 경우에도 대통령령으로 정하는 바에 따라 세금계산서를 전자세금계산서를 발급하거나 발급받을 수 있다.
⑦ 세금계산서 또는 전자세금계산서의 기재사항을 착오로 잘못 적거나 세금계산서 또는 전자세금계산서를 발급한 후 그 기재사항에 관하여 대통령령으로 정하는 사유가 발생하면 대통령령으로 정하는 바에 따라 수정한 세금계산서(이하 "수정세금계산서"라 한다) 또는 수정한 전자세금계산서(이하 "수정전자세금계산서"라 한다)를 발급할 수 있다.
⑧ 세금계산서, 전자세금계산서, 수정세금계산서 및 수정전자세금계산서의 작성과 발급에 필요한 사항은 대통령령으로 정한다.

[판례] 등록되지 않은 사업자는 부가가치세법에 의한 세금계산서를 발급하여 교부할 수 있는 방법이 없는 것이 사실이고, 부가가치세법에도 등록하지 않은 사업자의 세금계산서 발급 절차나 방법이 규정되어 있지 않다. 그러나 사업자등록 여부나 사업 목적의 영리성과 상관없이 독립적으로 재화 또는 용역을 공급하는 자는 부가가치세법상의 사업자에 해당하고 따라서 세금계산서를 작성하여 발급하여야 한다.(대판 2019.7.24, 2018도16168)
제33조【세금계산서 발급의무의 면제 등】 ① 제32조에도 불구하고 세금계산서(전자세금계산서를 포함한

間接税

다. 이하 같다)를 발급하기 어렵거나 세금계산서의 발급이 불필요한 경우 등 대통령령으로 정하는 경우에는 세금계산서를 발급하지 아니할 수 있다.

② 제32조에도 불구하고 대통령령으로 정하는 사업자가 제46조제1항에 따른 신용카드매출전표등을 발급한 경우에는 세금계산서를 발급하지 아니한다.

제34조【세금계산서 발급시기】 ① 세금계산서는 사업자가 제15조 및 제16조에 따른 재화 또는 용역의 공급시기에 재화 또는 용역을 공급받는 자에게 발급하여야 한다.

② 제1항에도 불구하고 사업자는 제15조 또는 제16조에 따른 재화 또는 용역의 공급시기가 되기 전 제17조에 따른 때에 세금계산서를 발급할 수 있다.

③ 제1항에도 불구하고 다음 각 호의 어느 하나에 해당하는 경우에는 재화 또는 용역의 공급일이 속하는 달의 다음 달 10일(그 날이 공휴일 또는 토요일인 경우에는 바로 다음 영업일을 말한다)까지 세금계산서를 발급할 수 있다.

1. 거래처별로 달의 1일부터 말일까지의 공급가액을 합하여 해당 달의 말일을 작성 연월일로 하여 세금계산서를 발급하는 경우(2023.12.31 본호개정)

2. 거래처별로 달의 1일부터 말일까지의 기간 이내에서 사업자가 임의로 정한 기간의 공급가액을 합하여 그 기간의 종료일을 작성 연월일로 하여 세금계산서를 발급하는 경우(2023.12.31 본호개정)

3. 관계 증명서류 등에 따라 실제거래사실이 확인되는 경우로서 해당 거래일을 작성 연월일로 하여 세금계산서를 발급하는 경우

제34조의2【매입자발행세금계산서에 따른 매입세액 공제 특례】 ① 제32조에도 불구하고 납세의무자로 등록한 사업자로서 대통령령으로 정하는 사업자(이하 이 항에서 "사업자"라 한다)가 재화 또는 용역을 공급하고 제34조에 따른 세금계산서 발급 시기에 세금계산서를 발급하지 아니한 경우(사업자의 부도·폐업, 공급 계약의 해제·변경 또는 그 밖에 대통령령으로 정하는 사유가 발생한 경우로서 사업자가 수정세금계산서 또는 수정전자세금계산서를 발급하지 아니한 경우를 포함한다) 그 재화 또는 용역을 공급받은 자는 대통령령으로 정하는 바에 따라 관할 세무서장의 확인을 받아 세금계산서를 발행할 수 있다.(2021.12.8 본항개정)

② 제1항에 따른 세금계산서(이하 "매입자발행세금계산서"라 한다)에 기재된 부가가치세액은 대통령령으로 정하는 바에 따라 제37조, 제38조 및 제63조제3항에 따른 공제를 받을 수 있는 매입세액으로 본다.

③ 제1항 및 제2항에서 정한 사항 외에 매입자발행세금계산서의 발급 대상 및 방법, 그 밖에 필요한 사항은 대통령령으로 정한다.

(2016.12.20 본조신설)

제35조【수입세금계산서】 ① 세관장은 수입되는 재화에 대하여 부가가치세를 징수할 때(제50조의2에 따라 부가가치세의 납부가 유예되는 때를 포함한다)에는 수입된 재화에 대하여 대통령령으로 정하는 바에 따라 수입하는 자에게 발급하여야 한다.(2015.12.15 본항개정)

② 세관장은 다음 각 호의 어느 하나에 해당하는 경우에는 수입하는 자에게 대통령령으로 정하는 바에 따라 수정한 수입세금계산서(이하 "수정수입세금계산서"라 한다)를 발급하여야 한다.

1. 「관세법」에 따라 세관장이 과세표준 또는 세액을 결정 또는 경정하기 전에 수입하는 자가 대통령령으로 정하는 바에 따라 수정신고 등을 하는 경우(제3호에 따라 수정신고하는 경우는 제외한다)(2022.12.31 본호개정)

2. 「관세법」에 따라 세관장이 과세표준 또는 세액을 결정 또는 경정하는 경우(수입하는 자가 해당 재화의 수입과 관련하여 다음 각 목의 어느 하나에 해당하지 아니하는 경우로 한정한다)

가. 「관세법」 제270조(제271조제2항에 따른 미수범의 경우를 포함한다), 제270조의2 또는 제276조를 위반하여 고발되거나 같은 법 제311조에 따라 통고처분을 받은 경우

나. 「관세법」 제42조제2항에 따른 부정한 행위 또는 「자유무역협정의 이행을 위한 관세법의 특례에 관한 법률」 제36조제1항제1호 단서에 따른 부정한 행위로 관세의 과세표준 또는 세액을 과소신고한 경우 (2023.12.31 본목개정)

다. 수입자가 과세표준 또는 세액을 신고하면서 관세조사 등을 통하여 이미 통지받은 오류를 다음 신고 시에도 반복하는 등 대통령령으로 정하는 중대한 잘못이 있는 경우

(2022.12.31 본호개정)

3. 수입하는 자가 세관공무원의 관세조사 등 대통령령으로 정하는 행위가 발생하여 과세표준 또는 세액이 결정 또는 경정될 것을 미리 알고 그 결정·경정 전에 「관세법」에 따라 수정신고하는 경우(해당 재화의 수입과 관련하여 제2호 각 목의 어느 하나에 해당하지 아니하는 경우로 한정한다)(2022.12.31 본항신설)

③ 세관장은 제2항제2호 또는 제3호의 결정·경정 또는 수정신고에 따라 수정수입세금계산서를 발급한 후 수입하는 자가 제2항제2호의 어느 하나에 해당하는 사실을 알게 된 경우에는 이미 발급한 수정수입세금계산서를 그 수정 전으로 되돌리는 내용의 수정수입세금계산서를 발급하여야 한다.(2022.12.31 본항신설)

④ 세관장은 제2항제2호가목에 해당하여 같은 항 제2호 또는 제3호에 따라 수정수입세금계산서를 발급하지 아니하였거나 제3항에 따라 수정수입세금계산서를 다시 발급한 이후에 수입하는 자가 무죄 취지의 불기소 처분이나 무죄 확정판결을 받은 경우에는 당초 세관장이 결정 또는 경정한 내용이나 수입하는 자가 수정신고한 내용으로 수정수입세금계산서를 발급하여야 한다. (2022.12.31 본항신설)

⑤ 수입하는 자는 제2항 또는 제4항에도 불구하고 세관장이 수정수입세금계산서를 발급하지 아니하는 경우 「국세기본법」 제26조의2제1항이나 같은 조 제6항제1호에 따른 기간 내에 대통령령으로 정하는 바에 따라 세관장에게 수정수입세금계산서의 발급을 신청할 수 있다.(2022.12.31 본항개정)

⑥ 제2항부터 제4항까지의 규정에 따라 수정수입세금계산서를 발급한 세관장은 제54조를 준용하여 작성한 수정된 매출처별 세금계산서합계표를 해당 세관 소재지를 관할하는 세무서장에게 제출하여야 한다. (2022.12.31 본항개정)

⑦ 제1항부터 제6항까지에서 규정한 사항 외에 수입세금계산서 또는 수정수입세금계산서의 작성과 발급 등에 필요한 사항은 대통령령으로 정한다.(2022.12.31 본항개정)

(2013.7.26 본조개정)

제36조【영수증 등】 ① 제32조에도 불구하고 다음 각 호의 어느 하나에 해당하는 자가 재화 또는 용역을 공급(부가가치세가 면제되는 재화 또는 용역의 공급은 제외한다)하는 경우에는 제15조 및 제16조에 따른 재화 또는 용역의 공급시기에 대통령령으로 정하는 바에 따라 그 공급을 받은 자에게 세금계산서를 발급하는 대신 영수증을 발급하여야 한다.

1. 주로 사업자가 아닌 자에게 재화 또는 용역을 공급하는 사업자로서 대통령령으로 정하는 사업자

2. 간이과세자 중 다음 각 목의 어느 하나에 해당하는 자

가. 직전 연도의 공급대가의 합계액(직전 과세기간에 신규로 사업을 시작한 개인사업자의 경우 제61조제2항에 따라 환산한 금액)이 4천800만원 미만인 자
나. 신규로 사업을 시작하는 개인사업자로서 제61조제4항에 따라 간이과세자로 하는 최초의 과세기간 중에 있는 자
(2020.12.22 1호~2호개정)
② 제32조에도 불구하고 「전기사업법」 제2조제2호에 따른 전기사업자가 산업용이 아닌 전력을 공급하는 경우 등 대통령령으로 정하는 경우 사업자는 영수증을 발급할 수 있다. 이 경우 해당 사업자가 영수증을 발급하지 아니하면 세금계산서를 발급하여야 한다.
③ 제1항 및 제2항에도 불구하고 재화 또는 용역을 공급받는 자가 사업자등록증을 제시하고 세금계산서의 발급을 요구하는 경우로서 대통령령으로 정하는 경우에는 세금계산서를 발급하여야 한다.
④ 제1항 및 제2항에도 불구하고 영수증을 발급하는 사업자는 금전등록기를 설치하여 영수증을 대신하여 공급대가를 적은 계산서를 발급할 수 있다. 이 경우 사업자가 계산서를 발급하고 해당 감사테이프를 보관한 경우에는 제1항에 따른 영수증을 발급하고 제7조에 따른 장부의 작성을 이행한 것으로 보며, 현금수입을 기준으로 부가가치세를 부과할 수 있다.(2020.12.22 본항개정)
⑤ 제46조제1항에 따른 신용카드매출전표등은 제1항에 따른 영수증으로 본다.
⑥ 영수증 및 계산서의 기재사항 및 작성 등에 필요한 사항은 대통령령으로 정한다.
제36조의2【간이과세자의 영수증 발급 적용기간】①
제36조제1항제2호가목에 따라 영수증 발급에 관한 규정이 적용되거나 적용되지 아니하게 되는 기간은 해의 1월 1일부터 12월 31일까지의 공급대가의 합계액(신규로 사업을 시작한 개인사업자의 경우 제61조제2항에 따라 환산한 금액)이 4천800만원에 미달하거나 그 이상이 되는 해의 다음 해의 7월 1일부터 그 다음 해의 6월 30일까지로 한다.(2023.12.31 본항개정)
② 제36조제1항제2호나목에 따라 영수증 발급에 관한 규정이 적용되는 기간은 사업 개시일부터 사업을 시작한 해의 다음 해의 6월 30일까지로 한다.
③ 제1항 및 제2항에서 규정한 영수증 발급 적용기간에 관하여 필요한 사항은 대통령령으로 정한다.
(2020.12.22 본조신설)

제3절 납부세액 등

제37조【납부세액 등의 계산】①
매출세액은 제29조에 따른 과세표준에 제30조의 세율을 적용하여 계산한 금액으로 한다.
② 납부세액은 제1항에 따른 매출세액(제45조제1항에 따른 대손세액을 뺀 금액으로 한다)에서 제38조에 따른 매입세액, 그 밖에 이 법 및 다른 법률에 따라 공제되는 매입세액을 뺀 금액으로 한다. 이 경우 매출세액을 초과하는 부분의 매입세액은 환급세액으로 한다.
③ 제2항에 따른 납부세액을 기준으로 사업자가 최종 납부하거나 환급받을 세액은 다음 계산식에 따라 계산한다.

납부하거나 환급받을 세액 = A - B + C
A : 제2항에 따른 납부세액 또는 환급세액 B : 제46조, 제47조 및 그 밖에 이 법 및 다른 법률에서 정하는 공제세액 C : 제60조 및 「국세기본법」 제47조의2부터 제47조의5까지의 규정에 따른 가산세

제38조【공제하는 매입세액】①
매출세액에서 공제하는 매입세액은 다음 각 호의 금액을 말한다.
1. 사업자가 자기의 사업을 위하여 사용하였거나 사용할 목적으로 공급받은 재화 또는 용역에 대한 부가가치세액(제52조제4항에 따라 납부한 부가가치세액을 포함한다)(2014.1.1 본호개정)
2. 사업자가 자기의 사업을 위하여 사용하였거나 사용할 목적으로 수입하는 재화의 수입에 대한 부가가치세액
② 제1항제1호에 따른 매입세액은 재화 또는 용역을 공급받는 시기가 속하는 과세기간의 매출세액에서 공제한다.
③ 제1항제2호에 따른 매입세액은 재화의 수입시기가 속하는 과세기간의 매출세액에서 공제한다.
제39조【공제하지 아니하는 매입세액】①
제38조에도 불구하고 다음 각 호의 매입세액은 매출세액에서 공제하지 아니한다.
1. 제54조제1항 및 제3항에 따라 매입처별 세금계산서합계표를 제출하지 아니한 경우의 매입세액 또는 제출한 매입처별 세금계산서합계표의 기재사항 중 거래처별 등록번호 또는 공급가액의 전부 또는 일부가 적히지 아니하였거나 사실과 다르게 적힌 경우 그 기재사항이 적히지 아니한 부분 또는 사실과 다르게 적힌 부분의 매입세액. 다만, 대통령령으로 정하는 경우의 매입세액은 제외한다.
2. 세금계산서 또는 수입세금계산서를 발급받지 아니한 경우 또는 그 발급받은 세금계산서 또는 수입금계산서에 제32조제1항제1호부터 제4호까지의 규정에 따른 기재사항(이하 "필요적 기재사항"이라 한다)의 전부 또는 일부가 적히지 아니하였거나 사실과 다르게 적힌 경우의 매입세액(공급가액이 사실과 다르게 적힌 경우에는 실제 공급가액과 사실과 다르게 적힌 금액의 차액에 해당하는 세액을 말한다). 다만, 대통령령으로 정하는 경우의 매입세액은 제외한다.(2019.12.31 본문개정)
3. (2014.1.1 삭제)
4. 사업과 직접 관련이 없는 지출로서 대통령령으로 정하는 것에 대한 매입세액
5. 「개별소비세법」 제1조제2항제3호에 따른 자동차(운수업, 자동차판매업 등 대통령령으로 정하는 업종에 직접 영업으로 사용되는 것은 제외한다)의 구입과 임차 및 유지에 관한 매입세액
6. 기업업무추진비 및 이와 유사한 비용으로서 대통령령으로 정하는 비용의 지출에 관련된 매입세액(2022.12.31 본호개정)
7. 면세사업등에 관련된 매입세액(면세사업등을 위한 투자에 관련된 매입세액을 포함한다)과 대통령령으로 정하는 토지에 관련된 매입세액
8. 제8조에 따른 사업자등록을 신청하기 전의 매입세액. 다만, 공급시기가 속하는 과세기간이 끝난 후 20일 이내에 등록을 신청한 경우 등록신청일부터 공급시기가 속하는 과세기간 기산일(제5조제1항에 따른 과세기간의 기산일을 말한다)까지 역산한 기간 내의 것은 제외한다.(2017.12.19 단서개정)
② 제1항에 따라 공제하지 아니하는 매입세액의 범위에 관하여 필요한 사항은 대통령령으로 정한다.
제40조【공통매입세액의 안분】
사업자가 과세사업과 면세사업등을 겸영(兼營)하는 경우에 과세사업과 면세사업등에 관련된 매입세액의 계산은 실지귀속(實地歸屬)에 따라 하되, 실지귀속을 구분할 수 없는 매입세액(이하 "공통매입세액"이라 한다)은 총공급가액에 대한 면세공급가액의 비율 등 대통령령으로 정하는 기준(이하 "공통매입세액 안분기준"이라 한다)을 적용하여 대통령령으로 정하는 바에 따라 안분(按分)하여 계산한다.

間接税

第41조【공통매입세액 재계산】감가상각자산에 대하여 공통매입세액의 안분계산에 따라 매입세액이 공제된 후 공통매입세액 안분기준에 따른 비율과 감가상각자산의 취득일이 속하는 과세기간(그 후의 과세기간에 재계산한 때는 그 재계산한 과세기간)에 적용되었던 공통매입세액 안분기준에 따른 비율이 5퍼센트 이상 차이가 나면 대통령령으로 정하는 바에 따라 납부세액 또는 환급세액을 다시 계산하여 제49조에 따른 해당 과세기간의 확정신고와 함께 관할 세무서장에게 신고·납부하여야 한다.

第42조【면세농산물등 의제매입세액 공제특례】① 사업자가 제26조제1항제1호 또는 제27조제1호에 따라 부가가치세를 면제받아 공급받거나 수입한 농산물·축산물·수산물 또는 임산물(이하 "면세농산물등"이라 한다)을 원재료로 하여 제조·가공한 재화 또는 창출한 용역의 공급에 대하여 부가가치세가 과세되는 경우(제28조에 따라 면세를 포기하고 영세율을 적용받는 경우는 제외한다)에는 면세농산물등을 공급받거나 수입할 때 매입세액이 있는 것으로 보아 면세농산물등의 가액(대통령령으로 정하는 금액을 한도로 한다)에 다음 표의 구분에 따른 율을 곱하여 계산한 금액을 매입세액으로 공제할 수 있다.

구분		율
1. 음식점업	가. 「개별소비세법」 제1조제4항에 따른 과세유흥장소의 경영자	102분의 2
	나. 가목 외의 음식점을 경영하는 사업자 중 개인사업자	108분의 8 (과세표준 2억원 이하인 경우에는 2026년 12월 31일까지 109분의 9)
	다. 가목 및 나목 외의 사업자	106분의 6
2. 제조업	가. 과자점업, 도정업, 제분업 및 떡류 제조업 중 떡방앗간을 경영하는 개인사업자	106분의 6
	나. 가목 외의 제조업을 경영하는 사업자 중 「조세특례제한법」 제6조제1항에 따른 중소기업 및 개인사업자	104분의 4
	다. 가목 및 나목 외의 사업자	102분의 2
3. 제1호 및 제2호 외의 사업		102분의 2

(2023.12.31 본항개정)
② 제1항을 적용받으려는 사업자는 제48조 및 제49조에 따른 신고와 함께 대통령령으로 정하는 바에 따라 면세농산물등을 공급받은 사실을 증명하는 서류를 납세지 관할 세무서장에게 제출하여야 한다. (2019.12.31 본항개정)
③ 제1항 및 제2항에서 규정한 사항 외에 면세농산물의 범위 등 면세농산물등의 의제매입세액공제액 계산에 필요한 사항은 대통령령으로 정한다. (2017.12.19 본항신설)

第43조【면세사업등을 위한 감가상각자산의 과세사업 전환 시 매입세액공제 특례】사업자는 제39조제1항제7호에 따라 매입세액이 공제되지 아니한 면세사업등을 위한 감가상각자산을 과세사업에 사용하거나 소비하는 경우 대통령령으로 정하는 바에 따라 계산한 금액을 그 과세사업에 사용하거나 소비하는 날이 속하는 과세기간의 매입세액으로 공제할 수 있다.

第44조【일반과세자로 변경 시 재고품등에 대한 매입세액 공제특례】① 간이과세자가 일반과세자로 변경되면 그 변경 당시의 재고품, 건설 중인 자산 및 감가상각자산(이하 이 조에서 "재고품등"이라 한다)에 대하여 대통령령으로 정하는 바에 따라 계산한 금액을 매입세액으로 공제할 수 있다.
② 재고품등의 범위, 그 적용시기 등 재고품등의 매입세액의 공제에 필요한 사항은 대통령령으로 정한다.

第45조【대손세액의 공제특례】① 사업자는 부가가치세가 과세되는 재화 또는 용역을 공급하고 외상매출금이나 그 밖의 매출채권(부가가치세를 포함한 것을 말한다)의 전부 또는 일부가 공급을 받은 자의 파산·강제집행이나 그 밖에 대통령령으로 정하는 사유로 대손되어 회수할 수 없는 경우에는 다음의 계산식에 따라 계산한 금액(이하 "대손세액"이라 한다)을 그 대손이 확정된 날이 속하는 과세기간의 매출세액에서 뺄 수 있다. 다만, 그 사업자가 대손되어 회수할 수 없는 금액(이하 "대손금액"이라 한다)의 전부 또는 일부를 회수한 경우에는 회수한 대손금액에 관련된 대손세액을 회수한 날이 속하는 과세기간의 매출세액에 더한다.

대손세액 = 대손금액 × 110분의 10

② 제1항을 적용받고자 하는 사업자는 제49조에 따른 신고와 함께 대통령령으로 정하는 바에 따라 대손금액이 발생한 사실을 증명하는 서류를 제출하여야 한다. (2019.12.31 본항개정)
③ 제1항 및 제2항을 적용할 때 재화 또는 용역을 공급받은 사업자가 대손세액에 해당하는 금액의 전부 또는 일부를 제38조에 따라 매입세액으로 공제받은 경우로서 그 사업자가 폐업하기 전에 재화 또는 용역을 공급한 자가 제1항에 따른 대손세액공제를 받은 경우에는 그 재화 또는 용역을 공급받은 사업자는 관련 대손세액에 해당하는 금액을 대손이 확정된 날이 속하는 과세기간에 자신의 매입세액에서 뺀다. 다만, 그 공급을 받은 사업자가 대손세액에 해당하는 금액을 빼지 아니한 경우에는 대통령령으로 정하는 바에 따라 그 사업자의 관할 세무서장이 빼야 할 매입세액을 결정 또는 경정(更正)하여야 한다.
④ 제3항에 따라 매입세액에서 대손세액에 해당하는 금액을 뺀(관할 세무서장이 결정 또는 경정한 경우를 포함한다) 해당 사업자가 대손금액의 전부 또는 일부를 변제한 경우에는 대통령령으로 정하는 바에 따라 변제한 대손금액에 관련된 대손세액에 해당하는 금액을 변제한 날이 속하는 과세기간의 매입세액에 더한다.
⑤ 제1항부터 제3항까지에서 규정한 사항 외에 대손세액 공제의 범위 및 절차에 관하여 필요한 사항은 대통령령으로 정한다.

第4절 세액공제

第46조【신용카드 등의 사용에 따른 세액공제 등】① 제1호에 해당하는 사업자가 부가가치세가 과세되는 재화 또는 용역을 공급하고 제34조제1항에 따른 세금계산서의 발급시기에 제2호에 해당하는 거래증빙서류(이하 이 조에서 "신용카드매출전표등"이라 한다)를 발급하거나 대통령령으로 정하는 전자적 결제수단에 의하여 대금을 결제받는 경우에는 제3호에 따른 금액을 납부세액에서 공제한다.
1. 사업자 : 다음 각 목의 어느 하나에 해당하는 사업자
  가. 주로 사업자가 아닌 자에게 재화 또는 용역을 공급하는 사업으로서 대통령령으로 정하는 사업을 하는 사업자(법인사업자와 직전 연도의 재화 또는 용역의 공급가액의 합계액이 대통령령으로 정하는 금액을 초과하는 개인사업자는 제외한다)
  나. 제36조제1항제2호에 해당하는 간이과세자 (2020.12.22 가목~나목개정)
2. 거래증빙서류 : 다음 각 목의 어느 하나에 해당하는 서류

가. 「여신전문금융업법」에 따른 신용카드매출전표
나. 「조세특례제한법」 제126조의3에 따른 현금영수증
다. 그 밖에 이와 유사한 것으로 대통령령으로 정하는 것
3. 공제금액(연간 500만원을 한도로 하되, 2026년 12월 31일까지는 연간 1천만원을 한도로 한다) : 발급금액 또는 결제금액의 1퍼센트(2026년 12월 31일까지는 1.3퍼센트로 한다)(2023.12.31 본문개정)
가. ~ 나. (2020.12.22 삭제)
(2019.12.31 본항개정)
② 제1항을 적용할 때 공제받는 금액이 그 금액을 차감하기 전의 납부할 세액[제37조제2항에 따른 납부세액에서 이 법, 「국세기본법」 및 「조세특례제한법」에 따라 빼거나 더할 세액(제60조 및 「국세기본법」 제47조의2부터 제47조의4까지의 규정에 따른 가산세는 제외한다)을 빼거나 더하여 계산한 세액을 말하며, 그 계산한 세액이 "0"보다 작으면 "0"으로 본다]을 초과하면 그 초과하는 부분은 없는 것으로 본다.
③ 사업자가 대통령령으로 정하는 사업자로부터 재화 또는 용역을 공급받고 부가가치세액이 별도로 구분되는 신용카드매출전표등을 발급받은 경우로서 다음 각 호의 요건을 모두 충족하는 경우 그 부가가치세액은 제38조제1항 또는 제63조제3항에 따라 공제할 수 있는 매입세액으로 본다.(2020.12.22 본문개정)
1. 대통령령으로 정하는 신용카드매출전표등 수령명세서를 제출할 것
2. 신용카드매출전표등을 제71조제3항을 준용하여 보관할 것. 이 경우 대통령령으로 정하는 방법으로 증명자료를 보관하는 경우에는 신용카드매출전표등을 보관하는 것으로 본다.
3. 간이과세자가 제36조의2제1항 및 제2항에 따라 영수증을 발급하여야 하는 기간에 발급한 신용카드매출전표등이 아닐 것(2020.12.22 본호신설)
④ 국세청장은 주로 사업자가 아닌 소비자에게 재화 또는 용역을 공급하는 사업자로서 대통령령으로 정하는 자에 대하여 납세관리에 필요하다고 인정하면 「여신전문금융업법」에 따른 신용카드가맹점 가입 대상자 또는 「조세특례제한법」 제126조의3에 따른 현금영수증 가맹점 가입 대상자로 지정하여 신용카드가맹점 또는 현금영수증가맹점으로 가입하도록 지도할 수 있다.
⑤ 제1항부터 제4항까지에서 규정한 사항 외에 신용카드매출전표등에 따른 세액공제의 범위, 신용카드가맹점 가입 대상자 또는 현금영수증가맹점 가입 대상자의 지정 및 그 밖에 필요한 사항은 대통령령으로 정한다.
제47조【전자세금계산서 발급 전송에 대한 세액공제 특례】① 재화 및 용역의 공급가액 등을 고려하여 대통령령으로 정하는 개인사업자가 전자세금계산서를 2024년 12월 31일까지 발급(전자세금계산서 발급명세를 제32조제3항에 따른 기한까지 국세청장에게 전송한 경우로 한정한다)하는 경우에는 전자세금계산서 발급 건수 등을 고려하여 대통령령으로 정하는 금액을 해당 과세기간의 부가가치세 납부세액에서 공제할 수 있다. 이 경우 공제한도는 연간 100만원으로 한다.(2021.12.8 본항개정)
② 제1항을 적용할 때 공제받는 금액이 그 금액을 차감하기 전의 납부할 세액[제37조제2항에 따른 납부세액에서 이 법, 「국세기본법」 및 「조세특례제한법」에 따라 빼거나 더할 세액(제60조 및 「국세기본법」 제47조의2부터 제47조의4까지의 규정에 따른 가산세는 제외한다)을 빼거나 더하여 계산한 세액을 말하며, 그 계산한 세액이 0보다 작으면 0으로 본다]을 초과하면 그 초과하는 부분은 없는 것으로 본다.(2021.12.8 본항신설)
③ 제1항에 따른 세액공제를 적용받으려는 개인사업자는 제48조 및 제49조에 따라 신고할 때 기획재정부령

으로 정하는 전자세금계산서 발급세액공제신고서를 납세지 관할 세무서장에게 제출하여야 한다.
(2014.1.1 본조개정)

제5장 신고와 납부 등

제1절 신고와 납부

제48조【예정신고와 납부】① 사업자는 각 과세기간 중 다음 표에 따른 기간(이하 "예정신고기간"이라 한다)이 끝난 후 25일 이내에 대통령령으로 정하는 바에 따라 각 예정신고기간에 대한 과세표준과 납부세액 또는 환급세액을 납세지 관할 세무서장에게 신고하여야 한다. 다만, 신규로 사업을 시작하거나 시작하려는 자에 대한 최초의 예정신고기간은 사업 개시일(제8조제1항 단서에 따라 사업 개시일 이전에 사업자등록을 신청한 경우에는 그 신청일을 말한다)부터 그 날이 속하는 예정신고기간의 종료일까지로 한다.

구분	예정신고기간
제1기	1월 1일부터 3월 31일까지
제2기	7월 1일부터 9월 30일까지

② 사업자는 제1항에 따른 신고(이하 "예정신고"라 한다)를 할 때 그 예정신고기간의 납부세액을 부가가치세 예정신고서와 함께 각 납세지 관할 세무서장(제51조의 경우에는 주된 사업장의 관할 세무서장을 말한다)에게 납부하거나 「국세징수법」에 따른 납부서를 작성하여 한국은행(그 대리점을 포함한다) 또는 체신관서(이하 "한국은행등"이라 한다)에 납부하여야 한다.
③ 납세지 관할 세무서장은 제1항 및 제2항에도 불구하고 개인사업자와 대통령령으로 정하는 법인사업자에 대하여는 각 예정신고기간마다 직전(直前) 과세기간에 대한 납부세액(제46조제1항, 제47조제1항 또는 「조세특례제한법」 제104조의8제2항, 제106조의7제1항에 따라 납부세액에서 공제하거나 경감한 세액이 있는 경우에는 그 세액을 뺀 금액으로 하고, 제57조에 따른 결정 또는 경정과 「국세기본법」 제45조 및 제45조의2에 따른 수정신고 및 경정청구에 따른 결정이 있는 경우에는 그 내용이 반영된 금액으로 한다)의 50퍼센트(1천원 미만인 단수가 있을 때에는 그 단수금액은 버린다)로 결정하여 대통령령으로 정하는 바에 따라 해당 예정신고기간이 끝난 후 25일까지 징수한다. 다만, 다음 각 호의 어느 하나에 해당하는 경우에는 징수하지 아니한다.
(2021.12.8 단서개정)
1. 징수하여야 할 금액이 50만원 미만인 경우
2. 간이과세자에서 해당 과세기간 개시일 현재 일반과세자로 변경된 경우
3. 「국세징수법」 제13조제1항 각 호의 어느 하나에 해당하는 사유로 관할 세무서장이 징수하여야 할 금액을 사업자가 납부할 수 없다고 인정되는 경우
(2021.12.8 1호~3호신설)
④ 제3항에도 불구하고 휴업 또는 사업 부진으로 인하여 사업실적이 악화된 경우 등 대통령령으로 정하는 사유가 있는 사업자는 제1항에 따라 예정신고를 하고 제2항에 따라 예정신고기간의 납부세액을 납부할 수 있다. 이 경우 제3항 본문에 따른 결정은 없었던 것으로 본다.(2019.12.31 전단개정)
제49조【확정신고와 납부】① 사업자는 각 과세기간에 대한 과세표준과 납부세액 또는 환급세액을 그 과세기간이 끝난 후 25일(폐업하는 경우 제5조제3항에 따른 폐업일이 속한 달의 다음 달 25일) 이내에 대통령령으로 정하는 바에 따라 납세지 관할 세무서장에게 신고하여야 한다. 다만, 제48조제1항 및 제4항에 따라 예정신고를 한 사업자 또는 제59조제2항에 따라 조기

間接稅

에 환급을 받기 위하여 신고한 사업자는 이미 신고한 과세표준과 납부한 납부세액 또는 환급받은 환급세액은 신고하지 아니한다.

② 사업자는 제1항에 따른 신고(이하 "확정신고"라 한다)를 할 때 다음 각 호의 금액을 확정신고 시의 납부세액에서 빼고 부가가치세 확정신고와 함께 각 납세지 관할 세무서장(제51조의 경우에는 주된 사업장 소재지의 관할 세무서장을 말한다)에게 납부하거나 「국세징수법」에 따른 납부서를 작성하여 한국은행등에 납부하여야 한다.

1. 제59조제2항에 따라 조기 환급을 받을 환급세액 중 환급되지 아니한 세액
2. 제48조제3항 본문에 따라 징수되는 금액

제50조【재화의 수입에 대한 신고·납부】 제3조제1항제2호의 납세의무자가 재화의 수입에 대하여 「관세법」에 따라 관세를 세관장에게 신고하고 납부하는 경우에는 재화의 수입에 대한 부가가치세를 함께 신고하고 납부하여야 한다.(2020.12.22 본조개정)

제50조의2【재화의 수입에 대한 부가가치세 납부의 유예】 ① 세관장은 매출액에서 수출액이 차지하는 비율 등 대통령령으로 정하는 요건을 충족하는 중소·중견사업자(이하 이 조에서 "중소·중견사업자"라 한다)가 물품을 제조·가공하기 위한 원재료 등 대통령령으로 정하는 재화의 수입에 대하여 부가가치세의 납부유예를 미리 신청하는 경우에는 제50조에도 불구하고 해당 재화를 수입할 때 부가가치세의 납부를 유예할 수 있다.(2016.12.20 본항개정)

② 제1항에 따라 납부를 유예받은 중소·중견사업자는 납세지 관할 세무서장에게 제48조에 따른 예정신고 또는 제49조에 따른 확정신고 등을 할 때 대통령령으로 정하는 바에 따라 그 납부가 유예된 세액을 정산하거나 납부하여야 한다. 이 경우 납세지 관할 세무서장에게 납부한 세액은 세관장에게 납부한 것으로 본다.(2016.12.20 전단개정)

③ 세관장은 제1항에 따라 부가가치세의 납부가 유예된 중소·중견사업자가 국세를 체납하는 등 대통령령으로 정하는 사유에 해당하는 경우에는 그 납부의 유예를 취소할 수 있다. 이 경우 세관장은 해당 중소·중견사업자에게 그 취소 사실을 통지하여야 한다.(2016.12.20 본항개정)

④ 제1항부터 제3항까지의 규정에 따른 납부유예의 신청 절차, 납부유예 기간 및 그 밖에 납부유예에 필요한 사항은 대통령령으로 정한다.(2015.12.15 본조신설)

제51조【주사업장 총괄 납부】 ① 사업장이 둘 이상인 사업자(사업장이 하나이나 추가로 사업장을 개설하려는 사업자를 포함한다)가 대통령령으로 정하는 바에 따라 주된 사업장의 관할 세무서장에게 주사업장 총괄 납부를 신청한 경우에는 대통령령으로 정하는 바에 따라 납부할 세액을 주된 사업장에서 총괄하여 납부할 수 있다.(2018.12.31 본항개정)

② 주사업장 총괄 납부의 변경 및 적용 제외 등에 필요한 사항은 대통령령으로 정한다.

제52조【대리납부】 ① 다음 각 호의 어느 하나에 해당하는 자(이하 이 조, 제53조의2 및 제60조제1항에서 "국외사업자"라 한다)로부터 국내에서 용역 또는 권리(이하 이 조 및 제53조에서 "용역등"이라 한다)를 공급(국내에 반입하는 것으로서 제50조에 따라 관세와 함께 부가가치세를 신고·납부하여야 하는 재화의 수입에 해당하지 아니하는 경우를 포함한다. 이하 이 조 및 제53조에서 같다)받는 자(공급받은 그 용역등을 과세사업에 제공하는 경우는 제외하되, 제39조에 따라 매입세액이 공제되지 아니하는 용역등을 공급받는 경우는 포함한다)는 그 대가를 지급하는 때에 그 대가

를 받은 자로부터 부가가치세를 징수하여야 한다.(2023.12.31 본문개정)

1. 「소득세법」 제120조 또는 「법인세법」 제94조에 따른 국내사업장(이하 이 조에서 "국내사업장"이라 한다)이 없는 비거주자 또는 외국법인
2. 국내사업장이 있는 비거주자 또는 외국법인(비거주자 또는 외국법인의 국내사업장과 관련없이 용역등을 공급하는 경우로서 대통령령으로 정하는 경우만 해당한다)

② 제1항에 따라 부가가치세를 징수한 자는 대통령령으로 정하는 바에 따라 부가가치세 대리납부신고서를 제출하고, 제48조제2항 및 제49조제2항을 준용하여 부가가치세를 납부하여야 한다.

③ 제1항과 제2항을 적용할 때 공급받은 용역등을 과세사업과 면세사업등에 공통으로 사용하여 그 실지귀속을 구분할 수 없는 경우의 안분계산방법 등에 관하여 필요한 사항은 대통령령으로 정한다.

④ 제10조제9항제2호 본문에 따른 사업의 양도(이에 해당하는지 여부가 분명하지 아니한 경우를 포함한다)에 따라 그 사업을 양수받는 자는 그 대가를 지급하는 때에 같은 호 본문 및 제31조에도 불구하고 그 대가를 받은 자로부터 부가가치세를 징수하여 그 대가를 지급하는 날이 속하는 달의 다음 달 25일까지 제49조제2항을 준용하여 대통령령으로 정하는 바에 따라 사업장 관할 세무서장에게 납부할 수 있다.(2018.12.31 본항개정)

제52조의2【신탁 관련 제2차 납세의무 등에 대한 납부 특례】 ① 제3조제2항에 따라 부가가치세를 납부하여야 하는 수탁자의 관할 세무서장은 제3조의2제1항에 따른 제2차 납세의무자로부터 수탁자의 부가가치세등을 징수하려면 다음 각 호의 사항을 적은 납부고지서를 제2차 납세의무자에게 발급하여야 한다. 이 경우 수탁자의 관할 세무서장은 제2차 납세의무자의 관할 세무서장과 수탁자에게 그 사실을 통지하여야 한다.

1. 징수하려는 부가가치세등의 과세기간, 세액 및 그 산출근거
2. 납부하여야 할 기한 및 납부장소
3. 제2차 납세의무자로부터 징수할 금액 및 그 산출 근거
4. 그 밖에 부가가치세등의 징수를 위하여 필요한 사항
(2020.12.22 본항신설)

② 제3조제3항에 따라 부가가치세를 납부하여야 하는 위탁자의 관할 세무서장은 제3조의2제2항에 따라 수탁자로부터 위탁자의 부가가치세등을 징수하려면 다음 각 호의 사항을 적은 납부고지서를 수탁자에게 발급하여야 한다. 이 경우 수탁자의 관할 세무서장과 위탁자에게 그 사실을 통지하여야 한다.

1. 부가가치세등의 과세기간, 세액 및 그 산출 근거
2. 납부하여야 할 기한 및 납부장소
3. 그 밖에 부가가치세등의 징수를 위하여 필요한 사항

③ 제2항에 따른 고지가 있은 후 납세의무자인 위탁자가 신탁의 이익을 받을 권리를 포기 또는 이전하거나 신탁재산을 양도하는 등의 경우에도 제2항에 따라 고지된 부분에 대한 납세의무에는 영향을 미치지 아니한다.

④ 신탁재산의 수탁자가 변경되는 경우에 새로운 수탁자는 제2항에 따라 이전의 수탁자에게 고지된 납세의무를 승계한다.

⑤ 제2항에 따른 납세의무자인 위탁자의 관할 세무서장은 최초의 수탁자에 대한 신탁 설정일을 기준으로 제3조의2제2항에 따라 그 신탁재산에 대한 현재 수탁자에게 위탁자의 부가가치세등을 징수할 수 있다.

⑥ 신탁재산에 대하여 「국세징수법」에 따라 강제징수를 하는 경우 「국세기본법」 제35조제1항에도 불구하고 수탁자는 「신탁법」 제48조제1항에 따른 신탁재산의 보존 및 개량을 위하여 지출한 필요비 또는 유익비의 우선변제를 받을 권리가 있다.(2020.12.29 본항개정)

間接稅

⑦ 제1항부터 제6항까지에서 규정한 사항 외에 제2차 납세의무 및 물적납세의무의 납부 등에 필요한 사항은 대통령령으로 정한다.
(2020.12.22 본조개정)

제53조 【국외사업자의 용역등 공급에 관한 특례】 ① 국외사업자가 제8조에 따른 사업자등록의 대상으로서 다음 각 호의 어느 하나에 해당하는 자(이하 "위탁매매인등"이라 한다)를 통하여 국내에서 용역등을 공급하는 경우에는 해당 위탁매매인등이 해당 용역등을 공급한 것으로 본다.(2020.12.22 본문개정)
1. 위탁매매인(2016.12.20 본호신설)
2. 준위탁매매인(2016.12.20 본호신설)
3. 대리인(2016.12.20 본호신설)
4. 중개인(구매자로부터 거래대금을 수취하여 판매자에게 지급하는 경우에 한정한다)(2016.12.20 본호신설)
② 국외사업자로부터 권리를 공급받는 경우에는 제19조제1항에도 불구하고 용역을 공급받는 자의 국내에 있는 사업장의 소재지 또는 주소지를 해당 권리가 공급되는 장소로 본다.(2020.12.22 본항개정)

제53조의2 【전자적 용역을 공급하는 국외사업자의 사업자등록 및 납부 등에 관한 특례】 ① 국외사업자가 정보통신망(「정보통신망 이용촉진 및 정보보호 등에 관한 법률」 제2조제1항제1호에 따른 정보통신망을 말한다. 이하 이 조에서 같다)을 통하여 이동통신단말장치 또는 컴퓨터 등으로 공급하는 용역으로서 다음 각 호의 어느 하나에 해당하는 용역(이하 "전자적 용역"이라 한다)을 국내에 제공하는 경우[제8조, 「소득세법」 제168조제1항 또는 「법인세법」 제111조제1항에 따라 사업자등록을 한 자(이하 이 조에서 "등록사업자"라 한다)의 과세사업 또는 면세사업에 대하여 용역을 공급하는 경우는 제외한다]에는 사업의 개시일부터 20일 이내에 대통령령으로 정하는 간편한 방법으로 사업자등록(이하 "간편사업자등록"이라 한다)을 하여야 한다.(2021.12.8 본문개정)
1. 게임·음성·동영상 파일 또는 소프트웨어 등 대통령령으로 정하는 용역
2. 광고를 게재하는 용역
3. 「클라우드컴퓨팅 발전 및 이용자 보호에 관한 법률」 제2조제3호에 따른 클라우드컴퓨팅서비스
4. 재화 또는 용역을 중개하는 용역으로서 대통령령으로 정하는 용역
5. 그 밖에 제1호부터 제4호까지와 유사한 용역으로서 대통령령으로 정하는 용역
(2018.12.31 1호~5호신설)
② 국외사업자가 다음 각 호의 어느 하나에 해당하는 제3자(제52조제1항 각 호의 어느 하나에 해당하는 비거주자 또는 외국법인을 포함한다)를 통하여 국내에 전자적 용역을 공급하는 경우(등록사업자의 과세사업 또는 면세사업에 대하여 용역을 공급하는 경우나 국외사업자의 용역등 공급 특례에 관한 제53조가 적용되는 경우는 제외한다)에는 그 제3자가 해당 전자적 용역을 공급한 것으로 보며, 그 제3자는 사업의 개시일부터 20일 이내에 간편사업자등록을 하여야 한다.(2021.12.8 본문개정)
1. 정보통신망 등을 이용하여 전자적 용역의 거래가 가능하도록 오픈마켓이나 그와 유사한 것을 운영하고 관련 서비스를 제공하는 자
2. 전자적 용역의 거래에서 중개에 관한 행위 등을 하는 자로서 구매자로부터 거래대금을 수취하여 판매자에게 지급하는 자
3. 그 밖에 제1호 및 제2호와 유사하게 전자적 용역의 거래에 관여하는 자로서 대통령령으로 정하는 자
③ (2020.12.22 삭제)

④ 제52조에도 불구하고 간편사업자등록을 한 자는 대통령령으로 정하는 방법으로 제48조제1항·제2항 및 제49조에 따른 신고 및 납부를 하여야 한다.
⑤ 간편사업자등록을 한 자는 해당 전자적 용역의 공급과 관련하여 제38조 및 제39조에 따라 공제되는 매입세액 외에는 매출세액 또는 납부세액에서 공제하지 아니한다.
⑥ 간편사업자등록을 한 자는 전자적 용역의 공급에 대한 거래명세(등록사업자의 과세사업 또는 면세사업에 대하여 용역을 공급하는 경우의 거래명세를 포함한다)를 그 거래사실이 속하는 과세기간에 대한 확정신고 기한이 지난 후 5년간 보관하여야 한다. 이 경우 거래명세에 포함되어야 할 구체적인 내용은 대통령령으로 정한다.(2021.12.8 본항신설)
⑦ 국세청장은 부가가치세 신고의 적정성을 확인하기 위하여 간편사업자등록을 한 자에게 기획재정부령으로 정하는 전자적 용역 거래명세서(이하 이 조에서 "전자적 용역 거래명세서"라 한다)를 제출할 것을 요구할 수 있다.(2021.12.8 본항신설)
⑧ 간편사업자등록을 한 자는 제7항에 따른 요구를 받은 날부터 60일 이내에 전자적 용역 거래명세서를 국세청장에게 제출하여야 한다.(2021.12.8 본항신설)
⑨ 국세청장은 제1항 또는 제2항에 따라 간편사업자등록을 한 자가 국내에서 폐업한 경우(사실상 폐업한 경우로서 대통령령으로 정하는 경우를 포함한다) 간편사업자등록을 말소할 수 있다.(2021.12.8 본항신설)
⑩ 간편사업자등록을 한 자의 납세지, 전자적 용역의 공급시기와 간편사업자등록 등에 관하여 그 밖에 필요한 사항은 대통령령으로 정한다.
(2020.12.22 본조제목개정)
(2014.12.23 본조신설)

제2절 제출서류 등

제54조 【세금계산서합계표의 제출】 ① 사업자는 세금계산서 또는 수입세금계산서를 발급하였거나 발급받은 경우에는 다음 각 호의 사항을 적은 매출처별 세금계산서합계표와 매입처별 세금계산서합계표(이하 "매출·매입처별 세금계산서합계표"라 한다)를 해당 예정신고 또는 확정신고(제48조제3항 본문이 적용되는 경우는 해당 과세기간의 확정신고를 말한다)를 할 때 함께 제출하여야 한다.
1. 공급하는 사업자 및 공급받는 사업자의 등록번호와 성명 또는 명칭
2. 거래기간
3. 작성 연월일
4. 거래기간의 공급가액의 합계액 및 세액의 합계액
5. 그 밖에 대통령령으로 정하는 사항
② 제32조제2항 또는 제5항에 따라 전자세금계산서를 발급하거나 발급받고 제32조제3항 및 제5항에 따른 전자세금계산서 발급명세를 해당 재화 또는 용역의 공급시기가 속하는 과세기간(예정신고의 경우는 예정신고기간) 마지막 날의 다음 달 11일까지 국세청장에게 전송한 경우에는 제1항에도 불구하고 해당 예정신고 또는 확정신고(제48조제3항 본문이 적용되는 경우는 해당 과세기간의 확정신고) 시 매출·매입처별 세금계산서합계표를 제출하지 아니할 수 있다.
③ 제48조제1항 및 제4항에 따라 예정신고를 하는 사업자가 각 예정신고와 함께 매출·매입처별 세금계산서합계표를 제출하지 못하는 경우에는 해당 예정신고기간이 속하는 과세기간의 확정신고를 할 때 함께 제출할 수 있다.

間接稅

④ 수입세금계산서를 발급한 세관장은 제1항과 제2항을 준용하여 매출처별 세금계산서합계표를 해당 세관 소재지를 관할하는 세무서장에게 제출하여야 한다.
⑤ 세금계산서를 발급받은 국가, 지방자치단체, 지방자치단체조합, 그 밖에 대통령령으로 정하는 자는 매입처별 세금계산서합계표를 해당 과세기간이 끝난 후 25일 이내에 납세지 관할 세무서장에게 제출하여야 한다.
⑥ 제1항부터 제5항까지에서 규정한 사항 외에 매출·매입처별 세금계산서합계표의 작성과 제출에 필요한 사항은 대통령령으로 정한다.
제55조【현금매출명세서 등의 제출】① 다음 각 호의 사업 중 해당 업종의 특성 및 세원관리(稅源管理)를 고려하여 대통령령으로 정하는 사업을 하는 사업자는 예정신고 또는 확정신고를 할 때 기획재정부령으로 정하는 현금매출명세서를 함께 제출하여야 한다.
1. 부동산업
2. 전문서비스업, 과학서비스업 및 기술서비스업
3. 보건업
4. 그 밖의 개인서비스업
② 부동산임대업자는 기획재정부령으로 정하는 부동산임대공급가액명세서를 예정신고 또는 확정신고를 할 때 함께 제출하여야 한다.(2014.1.1 본항개정)
③ 현금매출명세서 및 부동산임대공급가액명세서의 작성과 제출 등에 필요한 사항은 대통령령으로 정한다.
제56조【영세율 첨부서류의 제출】① 제21조부터 제24조까지의 규정에 따라 영세율이 적용되는 재화 또는 용역을 공급하는 사업자는 제48조제1항·제4항 및 제49조에 따라 예정신고 또는 확정신고를 할 때 예정신고서 및 확정신고서에서 수출실적명세서 등 대통령령으로 정하는 서류를 첨부하여 제출하여야 한다.
② 제1항에 따른 서류를 첨부하지 아니한 부분에 대하여는 제48조제1항·제4항 및 제49조에 따른 예정신고 및 확정신고로 보지 아니한다.
③ 제1항에 따른 서류의 작성과 제출 등에 필요한 사항은 대통령령으로 정한다.

제6장 결정·경정·징수와 환급

제1절 결정 등

제57조【결정과 경정】① 납세지 관할 세무서장, 납세지 관할 지방국세청장 또는 국세청장(이하 이 조에서 "납세지 관할 세무서장등"이라 한다)은 사업자가 다음 각 호의 어느 하나에 해당하는 경우에만 해당 예정신고기간 및 과세기간에 대한 부가가치세의 과세표준과 납부세액 또는 환급세액을 조사하여 결정 또는 경정한다.
1. 예정신고 또는 확정신고를 하지 아니한 경우
2. 예정신고 또는 확정신고를 한 내용에 오류가 있거나 내용이 누락된 경우
3. 확정신고를 할 때 매출처별 세금계산서합계표 또는 매입처별 세금계산서합계표를 제출하지 아니하거나 제출한 매출처별 세금계산서합계표 또는 매입처별 세금계산서합계표에 기재사항의 전부 또는 일부가 적혀 있지 아니하거나 사실과 다르게 적혀 있는 경우
4. 그 밖에 대통령령으로 정하는 사유로 부가가치세를 포탈(逋脫)할 우려가 있는 경우
② 납세지 관할 세무서장등은 제1항에 따라 각 예정신고기간 및 과세기간에 대한 과세표준과 납부세액 또는 환급세액을 조사하여 결정 또는 경정하는 경우에는 세금계산서, 수입세금계산서, 장부 또는 그 밖의 증명 자료를 근거로 하여야 한다. 다만, 다음 각 호의 어느 하나에 해당하면 대통령령으로 정하는 바에 따라 추계(推計)할 수 있다.

1. 과세표준을 계산할 때 필요한 세금계산서, 수입세금계산서, 장부 또는 그 밖의 증명 자료가 없거나 그 중요한 부분이 갖추어지지 아니한 경우
2. 세금계산서, 수입세금계산서, 장부 또는 그 밖의 증명 자료의 내용이 시설규모, 종업원 수와 원자재·상품·제품 또는 각종 요금의 시가에 비추어 거짓임이 명백한 경우
3. 세금계산서, 수입세금계산서, 장부 또는 그 밖의 증명 자료의 내용이 원자재 사용량, 동력(動力) 사용량이나 그 밖의 조업 상황에 비추어 거짓임이 명백한 경우
③ 납세지 관할 세무서장등은 제1항 및 제2항에 따라 결정하거나 경정한 과세표준과 납부세액 또는 환급세액에 오류가 있거나 누락된 내용이 발견되면 즉시 다시 경정한다.
제58조【징수】① 납세지 관할 세무서장은 사업자가 예정신고 또는 확정신고를 할 때에 신고한 납부세액을 납부하지 아니하거나 납부하여야 할 세액보다 적게 납부한 경우에는 그 세액을 「국세징수법」에 따라 징수하고, 제57조에 따라 결정 또는 경정을 한 경우에는 추가로 납부하여야 할 세액을 「국세징수법」에 따라 징수한다.
② 재화의 수입에 대한 부가가치세는 세관장이 「관세법」에 따라 징수한다.
제58조의2【신탁재산에 대한 강제징수의 특례】제3조제2항에 따라 수탁자가 납부하여야 하는 부가가치세가 체납된 경우에는 「국세징수법」 제31조에도 불구하고 해당 신탁재산에 대해서만 강제징수를 할 수 있다.
(2020.12.22 본조신설)
제59조【환급】① 납세지 관할 세무서장은 각 과세기간별로 그 과세기간에 대한 환급세액을 확정신고한 사업자에게 그 확정신고기한이 지난 후 30일 이내(제2항 각 호의 어느 하나에 해당하는 경우에는 15일 이내)에 대통령령으로 정하는 바에 따라 환급하여야 한다.
② 제1항에도 불구하고 납세지 관할 세무서장은 다음 각 호의 어느 하나에 해당하여 환급을 신고한 사업자에게 대통령령으로 정하는 바에 따라 환급세액을 조기에 환급할 수 있다.
1. 사업자가 제21조부터 제24조까지의 규정에 따른 영세율을 적용받는 경우
2. 사업자가 대통령령으로 정하는 사업 설비를 신설·취득·확장 또는 증축하는 경우
3. 사업자가 대통령령으로 정하는 재무구조개선계획을 이행 중인 경우(2016.12.20 본호신설)

제2절 가산세

제60조【가산세】① 사업자 또는 국외사업자가 다음 각 호의 어느 하나에 해당하면 각 호에 따른 금액을 납부세액에 더하거나 환급세액에서 뺀다.(2023.12.31 본문개정)
1. 제8조제1항 본문에 따른 기한까지 등록을 신청하지 아니한 경우에는 사업 개시일부터 등록을 신청한 날의 직전일까지의 공급가액 합계액의 1퍼센트(2016.12.20 본호개정)
1의2. 제53조의2제1항 및 제2항에 따른 기한까지 등록을 하지 아니한 경우에는 사업 개시일부터 등록을 한 날의 직전일까지의 공급가액 합계액의 1퍼센트(2023.12.31 본호신설)
2. 대통령령으로 정하는 타인의 명의로 제8조에 따른 사업자등록을 하거나 그 타인 명의의 제8조에 따른 사업자등록을 이용하여 사업을 하는 것으로 확인되는 경우 그 타인 명의의 사업 개시일부터 실제 사업을 하는 것으로 확인되는 날의 직전일까지의 공급가액 합계액의 1퍼센트(2016.12.20 본호개정)

② 사업자가 다음 각 호의 어느 하나에 해당하면 각 호에 따른 금액을 납부세액에 더하거나 환급세액에서 뺀다. 이 경우 제1호 또는 제2호가 적용되는 부분은 제3호부터 제5호까지를 적용하지 아니하고, 제5호가 적용되는 부분은 제3호 및 제4호를 적용하지 아니한다.

1. 제34조에 따른 세금계산서의 발급시기가 지난 후 해당 재화 또는 용역의 공급시기가 속하는 과세기간에 대한 확정신고 기한까지 세금계산서를 발급하는 경우 그 공급가액의 1퍼센트(2016.12.20 본호개정)
2. 제34조에 따른 세금계산서의 발급시기가 지난 후 해당 재화 또는 용역의 공급시기가 속하는 과세기간에 대한 확정신고 기한까지 세금계산서를 발급하지 아니한 경우 그 공급가액의 2퍼센트. 다만, 다음 각 목의 어느 하나에 해당하는 경우에는 그 공급가액의 1퍼센트로 한다.(2019.12.31 단서개정)
   가. 제32조제2항에 따라 전자세금계산서를 발급하여야 할 의무가 있는 자가 전자세금계산서를 발급하지 아니하고 제34조에 따른 세금계산서의 발급시기에 전자세금계산서 외의 세금계산서를 발급한 경우(2019.12.31 본목신설)
   나. 둘 이상의 사업장을 가진 사업자가 재화 또는 용역을 공급한 사업장 명의로 세금계산서를 발급하지 아니하고 제34조에 따른 세금계산서의 발급시기에 자신의 다른 사업장 명의로 세금계산서를 발급한 경우(2019.12.31 본목신설)
3. 제32조제3항에 따른 기한이 지난 후 재화 또는 용역의 공급시기가 속하는 과세기간에 대한 확정신고기한까지 국세청장에게 전자세금계산서 발급명세를 전송하는 경우 그 공급가액의 0.3퍼센트(2018.12.31 본호개정)
4. 제32조제3항에 따른 기한이 지난 후 재화 또는 용역의 공급시기가 속하는 과세기간에 대한 확정신고기한까지 국세청장에게 전자세금계산서 발급명세를 전송하지 아니한 경우 그 공급가액의 0.5퍼센트(2018.12.31 본호개정)
5. 세금계산서의 필요적 기재사항의 전부 또는 일부가 착오 또는 과실로 적혀 있지 아니하거나 사실과 다른 경우 그 공급가액의 1퍼센트. 다만, 대통령령으로 정하는 바에 따라 거래사실이 확인되는 경우는 제외한다.(2016.12.20 본호개정)

③ 사업자가 다음 각 호의 어느 하나에 해당하는 경우에는 해당 각 호에 따른 금액을 납부세액에 더하거나 환급세액에서 뺀다.

1. 재화 또는 용역을 공급하지 아니하고 세금계산서 또는 제46조제3항에 따른 신용카드매출전표등(이하 "세금계산서등"이라 한다)을 발급한 경우 : 그 세금계산서등에 적힌 공급가액의 3퍼센트(2019.12.31 본호개정)
2. 재화 또는 용역을 공급받지 아니하고 세금계산서등을 발급받은 경우 : 그 세금계산서등에 적힌 공급가액의 3퍼센트(2019.12.31 본호개정)
3. 재화 또는 용역을 공급하고 실제로 재화 또는 용역을 공급하는 자가 아닌 자 또는 실제로 재화 또는 용역을 공급받는 자가 아닌 자의 명의로 세금계산서등을 발급한 경우 : 그 공급가액의 2퍼센트
4. 재화 또는 용역을 공급받고 실제로 재화 또는 용역을 공급하는 자가 아닌 자의 명의로 세금계산서등을 발급받은 경우 : 그 공급가액의 2퍼센트
5. 재화 또는 용역을 공급하고 세금계산서등의 공급가액을 과다하게 기재한 경우 : 실제보다 과다하게 기재한 부분에 대한 공급가액의 2퍼센트(2017.12.19 본호신설)
6. 재화 또는 용역을 공급받고 제5호가 적용되는 세금계산서등을 발급받은 경우 : 실제보다 과다하게 기재된 부분에 대한 공급가액의 2퍼센트(2017.12.19 본호신설)
(2017.12.19 본항개정)

④ 사업자가 아닌 자가 재화 또는 용역을 공급하지 아니하고 세금계산서를 발급하거나 재화 또는 용역을 공급받지 아니하고 세금계산서를 발급받으면 사업자로 보고 그 세금계산서에 적힌 공급가액의 3퍼센트를 그 세금계산서를 발급하거나 발급받은 자에게 납세지 관할 세무서장이 가산세로 징수한다. 이 경우 제37조제2항에 따른 납부세액은 0으로 본다.(2023.12.31 전단개정)

⑤ 사업자가 다음 각 호의 어느 하나에 해당하는 경우에는 각 호의 구분에 따른 금액을 납부세액에 더하거나 환급세액에서 뺀다.

1. 제46조제3항에 따라 발급받은 신용카드매출전표등을 제48조제1항·제4항 또는 제49조제1항에 따라 예정신고 또는 확정신고를 할 때 제출하여 매입세액을 공제받지 아니하고 대통령령으로 정하는 사유로 매입세액을 공제받은 경우 : 그 공급가액의 0.5퍼센트
2. 매입세액을 공제받기 위하여 제46조제3항제1호에 따라 제출한 신용카드매출전표등 수령명세서에 공급가액을 과다하게 적은 경우 : 실제보다 과다하게 적은 공급가액(착오로 기재된 경우로서 신용카드매출전표등에 따라 거래사실이 확인되는 부분의 공급가액은 제외한다)의 0.5퍼센트
(2021.12.8 본항개정)

⑥ 사업자가 다음 각 호의 어느 하나에 해당하면 각 호에 따른 금액을 납부세액에 더하거나 환급세액에서 뺀다. 다만, 제54조제1항에 따라 제출한 매출처별 세금계산서합계표의 기재사항이 착오로 적힌 경우로서 사업자가 발급한 세금계산서에 따라 거래사실이 확인되는 부분의 공급가액에 대하여는 그러하지 아니하다.

1. 제54조제1항 및 제3항에 따른 매출처별 세금계산서합계표를 제출하지 아니한 경우에는 매출처별 세금계산서합계표를 제출하지 아니한 부분에 대한 공급가액의 0.5퍼센트(2016.12.20 본호개정)
2. 제54조제1항 및 제3항에 따라 제출한 매출처별 세금계산서합계표의 기재사항 중 거래처별 등록번호 또는 공급가액의 전부 또는 일부가 적혀 있지 아니하거나 사실과 다르게 적혀 있는 경우에는 매출처별 세금계산서합계표의 기재사항이 적혀 있지 아니하거나 사실과 다르게 적혀 있는 부분에 대한 공급가액의 0.5퍼센트(2016.12.20 본호개정)
3. 제54조제3항에 따라 예정신고를 할 때 제출하지 못하여 해당 예정신고기간이 속하는 과세기간에 확정신고를 할 때 매출처별 세금계산서합계표를 제출하는 경우로서 제2호에 해당하지 아니하는 경우에는 그 공급가액의 0.3퍼센트(2016.12.20 본호개정)

⑦ 사업자가 다음 각 호의 어느 하나에 해당하면 각 호에 따른 금액을 납부세액에 더하거나 환급세액에서 뺀다. 다만, 매입처별 세금계산서합계표의 기재사항이 착오로 적힌 경우로서 사업자가 수령한 세금계산서 또는 수입세금계산서에 따라 거래사실이 확인되는 부분의 공급가액에 대하여는 그러하지 아니하다.

1. 제39조제1항제2호 단서에 따라 매입세액을 공제받는 경우로서 대통령령으로 정하는 경우에는 매입처별 세금계산서합계표에 따르지 아니하고 세금계산서 또는 수입세금계산서에 따라 공제받은 매입세액에 해당하는 공급가액의 0.5퍼센트
2. 제54조제1항 및 제3항에 따른 매입처별 세금계산서합계표를 제출하지 아니한 경우 또는 제출한 매입처별 세금계산서합계표의 기재사항 중 거래처별 등록번호 또는 공급가액의 전부 또는 일부가 적혀 있지 아니하거나 사실과 다르게 적혀 있는 경우에는 매입처별 세금계산서합계표에 따르지 아니하고 세금계산서 또는 수입세금계산서에 따라 공제받은 매입세액에 해당하는 공급가액의 0.5퍼센트. 다만, 대통령령으로 정하는 경우는 제외한다.

間接稅

3. 제54조제1항 및 제3항에 따라 제출한 매입처별 세금계산서합계표의 기재사항 중 공급가액을 사실과 다르게 과다하게 적어 신고한 경우에는 제출한 매입처별 세금계산서합계표의 기재사항 중 사실과 다르게 과다하게 적어 신고한 공급가액의 0.5퍼센트 (2016.12.20 1호~3호개정)
⑧ 사업자가 제55조제1항에 따른 현금매출명세서 또는 같은 조 제2항에 따른 부동산임대공급가액명세서를 제출하지 아니하거나 제출한 수입금액(현금매출명세서의 경우에는 현금매출을 말한다. 이하 이 항에서 같다)이 사실과 다르게 적혀 있으면 제출하지 아니한 부분의 수입금액 또는 제출한 수입금액과 실제 수입금액과의 차액의 1퍼센트를 납부세액에 더하거나 환급세액에서 뺀다.(2016.12.20 본항개정)
⑨ 제1항부터 제7항까지를 적용할 때에 제1항부터 제3항까지의 규정이 적용되는 부분에는 다음 각 호의 구분에 따른 규정을 각각 적용하지 아니한다. (2018.12.31 본문개정)
1. 제1항이 적용되는 부분 : 제2항(제2호는 제외한다)·제5항 및 제6항
2. 제2항(제2호는 제외한다)이 적용되는 부분 : 제6항 (2018.12.31 본호개정)
3. 제2항제2호 또는 제3항이 적용되는 부분 : 제1항·제6항 및 제7항
4. 제3항제3호가 적용되는 부분 : 제2항제2호 본문 (2017.12.19 본호신설)
5. 제3항제5호가 적용되는 부분 : 제2항제5호 본문 (2019.12.31 본호신설)
(2014.12.23 본항개정)
⑩ 「법인세법」 제75조의6제2항제3호 또는 「소득세법」 제81조의9제2항제3호의 가산세를 적용받는 부분은 제2항제2호 및 제6항제2호의 가산세를 적용하지 아니한다. (2019.12.31 본항개정)

[판례] 역삼 본점과 용인 소재 물류센터의 각 사업장을 보유한 A사가 B사와 물류대행서비스 계약을 체결하고 역삼 본점에서 용역을 공급받았다면 '공급받는 자'를 용인사업장으로 해서 작성된 세금계산서는 '사실과 다른 세금계산서'에 해당하므로, 이 세금계산서로 매입세액을 공제해 부가가치세 확정신고 및 환급신고를 한 사업장에 과세관청이 세금계산서불성실가산세 등을 부과한 것은 적법하다. (대판 2021.10.28, 2021두39447)

제7장 간이과세

제61조【간이과세의 적용 범위】 ① 직전 연도의 공급대가의 합계액이 8천만원부터 8천만원의 130퍼센트에 해당하는 금액까지의 범위에서 대통령령으로 정하는 금액에 미달하는 개인사업자는 이 법에서 달리 정하고 있는 경우를 제외하고는 제4장부터 제6장까지의 규정에도 불구하고 이 장의 규정을 적용받는다. 다만, 다음 각 호의 어느 하나에 해당하는 사업자는 간이과세자로 보지 아니한다.(2020.12.22 본문개정)
1. 간이과세가 적용되지 아니하는 다른 사업장을 보유하고 있는 사업자
2. 업종, 규모, 지역 등을 고려하여 대통령령으로 정하는 사업자
3. 부동산임대업 또는 「개별소비세법」 제1조제4항에 따른 과세유흥장소(이하 "과세유흥장소"라 한다)를 경영하는 사업자로서 해당 업종의 직전 연도의 공급대가의 합계액이 4천800만원 이상인 사업자
4. 둘 이상의 사업장이 있는 사업자로서 그 둘 이상의 사업장의 직전 연도의 공급대가의 합계액이 제1항 각 호 외의 부분 본문에 따른 금액 이상인 사업자. 다만, 부동산임대업 또는 과세유흥장소에 해당하는 사업장

을 둘 이상 경영하고 있는 사업자의 경우 그 둘 이상의 사업장의 직전 연도의 공급대가(하나의 사업장에서 둘 이상의 사업을 겸영하는 사업자의 경우 부동산임대업 또는 과세유흥장소의 공급대가만을 말한다)의 합계액이 4천800만원 이상인 사업자로 한다. (2020.12.22 3호~4호신설)
② 직전 과세기간에 신규로 사업을 시작한 개인사업자에 대하여는 그 사업 개시일부터 그 과세기간 종료일까지의 공급대가를 합한 금액을 12개월로 환산한 금액을 기준으로 하여 제1항을 적용한다. 이 경우 1개월 미만의 끝수가 있으면 1개월로 한다.
③ 신규로 사업을 시작하는 개인사업자는 사업을 시작한 날이 속하는 연도의 공급대가의 합계액이 제1항 및 제2항에 따른 금액에 미달될 것으로 예상되면 제8조제1항 또는 제3항에 따른 등록을 신청할 때 대통령령으로 정하는 바에 따라 납세지 관할 세무서장에게 간이과세의 적용 여부를 함께 신고하여야 한다.
④ 제3항에 따른 신고를 한 개인사업자는 최초의 과세기간에는 간이과세자로 한다. 다만, 제1항 단서에 해당하는 사업자인 경우는 그러하지 아니하다.(2014.1.1 본문개정)
⑤ 제8조제1항 또는 제3항에 따른 등록을 하지 아니한 개인사업자로서 사업을 시작한 날이 속하는 연도의 공급대가의 합계액이 제1항 및 제2항에 따른 금액에 미달하면 최초의 과세기간에는 간이과세자로 한다. 다만, 제1항 단서에 해당하는 사업자는 그러하지 아니하다.
⑥ 제68조제1항에 따라 결정 또는 경정한 공급대가의 합계액이 제1항 및 제2항에 따른 금액 이상인 개인사업자는 그 결정 또는 경정한 날이 속하는 과세기간까지 간이과세자로 본다.

제62조【간이과세와 일반과세의 적용기간】 ① 제61조에 따라 간이과세자에 관한 규정이 적용되거나 적용되지 아니하게 되는 기간은 해의 1월 1일부터 12월 31일까지의 공급대가의 합계액이 대통령령으로 정하는 금액에 미달하거나 그 이상이 되는 해의 다음 해의 7월 1일부터 그 다음 해의 6월 30일까지로 한다.(2023.12.31 본항개정)
② 제1항에도 불구하고 신규로 사업을 개시한 사업자의 경우 제61조에 따라 간이과세자에 관한 규정이 적용되거나 적용되지 아니하게 되는 기간은 최초로 사업을 개시한 해의 다음 해의 7월 1일부터 그 다음 해의 6월 30일까지로 한다.(2014.1.1 본항개정)
③ 간이과세 및 일반과세의 적용시기에 관하여 필요한 사항은 대통령령으로 정한다.
(2014.1.1 본조제목개정)

제63조【간이과세자의 과세표준과 세액】 ① 간이과세자의 과세표준은 해당 과세기간(제66조제2항 또는 제3항에 따라 신고하고 납부하는 경우에는 같은 조 제1항에 따른 예정부과기간을 말한다. 이하 이 조에서 같다)의 공급대가의 합계액으로 한다.(2020.12.22 본항개정)
② 간이과세자의 납부세액은 다음의 계산식에 따라 계산한 금액으로 한다. 이 경우 둘 이상의 업종을 겸영하는 간이과세자의 경우에는 각각의 업종별로 계산한 금액의 합계액을 납부세액으로 한다.

> 납부세액 = 제1항에 따른 과세표준 × 직전 3년간 신고된 업종별 평균 부가가치율 등을 고려하여 5퍼센트에서 50퍼센트의 범위에서 대통령령으로 정하는 해당 업종의 부가가치율 × 10퍼센트

③ 간이과세자가 다른 사업자로부터 세금계산서등을 발급받아 대통령령으로 정하는 바에 따라 제54조제1항에 따른 매입처별 세금계산서합계표 또는 대통령령으로 정하는 신용카드매출전표등 수령명세서를 납세지 관할 세무서장에게 제출하는 경우에는 다음 각 호에

따라 계산한 금액을 과세기간에 대한 납부세액에서 공제한다. 다만, 제39조에 따라 공제되지 아니하는 매입세액은 그러하지 아니하다.
1. 해당 과세기간에 세금계산서등을 발급받은 재화와 용역의 공급대가에 0.5퍼센트를 곱한 금액(2020.12.22 본호개정)
2. (2020.12.22 삭제)
3. 간이과세자가 과세사업과 면세사업등을 겸영하는 경우에는 대통령령으로 정하는 바에 따라 계산한 금액
④ 간이과세자(제36조제1항제2호 각 목의 어느 하나에 해당하는 간이과세자는 제외한다)가 전자세금계산서를 2024년 12월 31일까지 발급(전자세금계산서 발급명세를 제32조제3항에 따른 기한까지 국세청장에게 전송한 경우로 한정한다)하고 기획재정부령으로 정하는 전자세금계산서 발급세액공제신고서를 납세지 관할 세무서장에게 제출한 경우의 해당 과세기간에 대한 부가가치세액 공제에 관하여는 제47조제1항을 준용한다. (2022.12.31 본항신설)
⑤ 간이과세자에 대한 과세표준의 계산은 제29조를 준용한다.
⑥ 간이과세자의 경우 제3항, 제4항 및 제46조제1항에 따라 공제하는 금액의 합계액이 각 과세기간의 납부세액을 초과하는 경우에는 그 초과하는 부분은 없는 것으로 본다.(2022.12.31 본항개정)
⑦ 제68조제1항에 따라 결정 또는 경정하거나 「국세기본법」 제45조에 따라 수정신고한 간이과세자의 해당 연도의 공급대가의 합계액이 제61조제1항에 따른 금액 이상인 경우 대통령령으로 정하는 과세기간의 납부세액은 제2항에도 불구하고 제37조를 준용하여 계산한 금액으로 한다. 이 경우 공급가액은 공급대가에 110분의 100을 곱한 금액으로 하고, 매입세액을 공제할 때에는 세금계산서등을 받은 부분에 대하여 제3항에 따라 공제받은 세액은 매입세액으로 공제하지 아니한다.
제64조【간이과세자로 변경되는 경우의 재고품 등 매입세액 가산】 일반과세자가 간이과세자로 변경되면 변경 당시의 재고품, 건설 중인 자산 및 감가상각자산(제38조부터 제43조까지의 규정에 따라 공제받은 경우만 해당하되, 제10조제9항제2호에 따른 사업양도에 의하여 사업양수자가 양수한 자산으로서 사업양도자가 매입세액을 공제받은 재화를 포함한다)에 대하여 대통령령으로 정하는 바에 따라 계산한 금액을 제63조제2항에 따른 납부세액에 더하여야 한다.(2017.12.19 본조개정)
제65조 (2020.12.22 삭제)
제66조【예정부과와 납부】 ① 사업장 관할세무서장은 제67조에도 불구하고 간이과세자에 대하여 직전 과세기간에 대한 납부세액(제46조제1항, 제63조제3항·제4항 또는 「조세특례제한법」 제104조의8제2항에 따라 납부세액에서 공제하거나 경감한 세액이 있는 경우에는 그 세액을 뺀 금액으로 하고, 제68조에 따른 결정 또는 경정과 「국세기본법」 제45조 및 제45조의2에 따른 수정신고 및 경정청구에 따른 결정이 있는 경우에는 그 내용이 반영된 금액으로 한다)의 50퍼센트(직전 과세기간이 제5조제4항제1호의 과세기간에 해당하는 경우에는 직전 과세기간에 대한 납부세액의 전액을 말하며, 1천원 미만의 단수가 있을 때에는 그 단수금액은 버린다)를 1월 1일부터 6월 30일(이하 이 조에서 "예정부과기간"이라 한다)까지의 납부세액으로 결정하여 대통령령으로 정하는 바에 따라 예정부과기간이 끝난 후 25일 이내(이하 "예정부과기한"이라 한다)까지 징수한다. 다만, 다음 각 호의 어느 하나에 해당하는 경우에는 징수하지 아니한다.(2022.12.31 본문개정)
1. 징수하여야 할 금액이 50만원 미만인 경우
2. 제5조제4항제2호의 과세기간이 적용되는 간이과세자의 경우

3. 「국세징수법」 제13조제1항 각 호의 어느 하나에 해당하는 사유로 관할 세무서장이 징수하여야 할 금액을 간이과세자가 납부할 수 없다고 인정되는 경우(2021.12.8 1호~3호신설)
② 제1항에도 불구하고 대통령령으로 정하는 간이과세자는 예정부과기간의 과세표준과 납부세액을 예정부과기한까지 사업장 관할 세무서장에게 신고할 수 있다.
③ 제1항에도 불구하고 제32조 또는 제36조제3항에 따라 예정부과기간에 세금계산서를 발급한 간이과세자는 예정부과기간의 과세표준과 납부세액을 예정부과기한까지 사업장 관할 세무서장에게 신고하여야 한다. (2020.12.22 본항신설)
④ 제1항 본문에 따른 결정이 있는 경우 간이과세자가 제2항 또는 제3항에 따라 신고를 한 경우에는 그 결정이 없었던 것으로 본다.(2020.12.22 본항개정)
⑤ 제2항 또는 제3항에 따라 신고하는 간이과세자는 예정부과기간의 납부세액을 대통령령으로 정하는 바에 따라 사업장 관할 세무서장에게 납부하여야 한다. (2020.12.22 본항개정)
⑥ 제2항 또는 제3항에 따라 신고하는 간이과세자는 대통령령으로 정하는 바에 따라 매출·매입처별 세금계산서합계표를 제2항 또는 제3항에 따른 신고를 할 때 제출하여야 한다. 다만, 매출·매입처별 세금계산서합계표를 제2항 또는 제3항에 따른 신고를 할 때 제출하지 못하는 경우에는 제67조제1항에 따른 신고를 할 때 이를 제출할 수 있다.(2020.12.22 본항개정)
제67조【간이과세자의 신고와 납부】 ① 간이과세자는 과세기간의 과세표준과 납부세액을 그 과세기간이 끝난 후 25일(폐업하는 경우 제5조제3항에 따른 폐업일이 속한 달의 다음 달 25일) 이내에 대통령령으로 정하는 바에 따라 납세지 관할 세무서장에게 확정신고를 하고 납세지 관할 세무서장 또는 한국은행등에 납부하여야 한다.
② 제1항에 따라 부가가치세를 납부하는 경우 제66조제1항 본문 및 같은 조 제5항에 따라 납부한 세액은 공제하고 납부한다.(2020.12.22 본항개정)
③ 간이과세자는 대통령령으로 정하는 바에 따라 매출·매입처별 세금계산서합계표를 제1항에 따른 해당 신고를 할 때 함께 제출하여야 한다.(2020.12.22 본항개정)
제68조【간이과세자에 대한 결정·경정과 징수】 ① 간이과세자에 대한 과세표준과 납부세액의 결정 또는 경정에 관하여는 제57조를 준용한다.
②~③ (2020.12.22 삭제)
④ 간이과세자에 대한 부가가치세의 징수에 관하여는 제58조를 준용한다.
제68조의2【간이과세자에 대한 가산세】 ① 간이과세자에 대한 가산세 부과에 관하여는 제60조제1항, 제2항 및 제3항제1호·제3호·제5호를 준용한다. 이 경우 제60조제1항 각 호 중 "공급가액"은 "공급대가"로, "1퍼센트"는 "0.5퍼센트"로 본다.
② 간이과세자가 다음 각 호의 어느 하나에 해당하는 경우 다음 각 호의 구분에 따른 금액을 납부세액에 더하거나 환급세액에서 뺀다.
1. 제32조에 따라 세금계산서를 발급하여야 하는 사업자로부터 재화 또는 용역을 공급받고 세금계산서를 발급받지 아니한 경우(제36조의2제1항 및 제2항에 따라 영수증을 발급하여야 하는 기간에 세금계산서를 발급받지 아니한 경우는 제외한다) : 그 공급대가의 0.5퍼센트
2. 세금계산서등을 발급받고 제63조제3항에 따라 공제받지 아니한 경우로서 제57조제1항에 따른 해당 결정 또는 경정 기관의 확인을 거쳐 제63조제7항 전단에 따라 납부세액을 계산할 때 매입세액으로 공제받는 경우 : 그 공급가액의 0.5퍼센트(2022.12.31 본호개정)

③ 간이과세자가 다음 각 호의 어느 하나에 해당하는 경우 다음 각 호의 구분에 따른 금액을 납부세액에 더하거나 환급세액에서 뺀다. 다만, 제66조제6항 또는 제67조제3항에 따라 제출한 매출처별 세금계산서합계표의 기재사항이 착오로 적힌 경우로서 사업자가 발급한 세금계산서에 따라 거래사실이 확인되는 부분의 공급가액에 대해서는 그러하지 아니하다.
1. 제66조제6항 또는 제67조제3항에 따라 매출처별 세금계산서합계표를 제출하지 아니한 경우 : 매출처별 세금계산서합계표를 제출하지 아니한 부분에 대한 공급가액의 0.5퍼센트
2. 제66조제6항 또는 제67조제3항에 따라 제출한 매출처별 세금계산서합계표의 기재사항 중 거래처별 등록번호 또는 공급가액의 전부 또는 일부가 적혀 있지 아니하거나 사실과 다르게 적혀 있는 경우 : 매출처별 세금계산서합계표의 기재사항이 적혀 있지 아니하거나 사실과 다르게 적혀 있는 부분에 대한 공급가액의 0.5퍼센트
3. 제66조제6항 단서에 따라 신고를 할 때 제출하지 못하여 해당 예정부과기간이 속하는 과세기간에 확정신고를 할 때 매출처별 세금계산서합계표를 제출하는 경우로서 제2호에 해당하지 아니하는 경우 : 그 공급가액의 0.3퍼센트
④ 제1항부터 제3항까지를 적용할 때에 제1항에 따라 준용을 하는 부분에 대해서는 다음 각 호의 구분에 따른 규정을 각각 적용하지 아니한다.
1. 제60조제1항이 준용되는 부분 : 제60조제2항(제2호는 제외한다), 이 조 제2항제2호 및 제3항
2. 제60조제2항(제2호는 제외한다)이 준용되는 부분 : 이 조 제3항
3. 제60조제2항제2호 또는 제3항제1호·제3호·제5호가 준용되는 부분 : 제60조제1항 및 이 조 제3항
4. 제60조제3항제3호가 준용되는 부분 : 제60조제2항제2호 본문
5. 제60조제3항제5호가 준용되는 부분 : 제60조제2항제5호 본문
⑤ 「소득세법」 제81조의9제2항제3호의 가산세를 적용받는 부분에 대해서는 제60조제2항제2호 및 이 조 제3항제2호의 가산세를 적용하지 아니한다.
(2020.12.22 본조신설)

제69조【간이과세자에 대한 납부의무의 면제】 ① 간이과세자의 해당 과세기간에 대한 공급대가의 합계액이 4천800만원 미만이면 제66조 및 제67조에도 불구하고 제63조제2항에 따른 납부의무를 면제한다. 다만, 제64조에 따라 납부세액에 더하여야 할 세액은 그러하지 아니하다. (2020.12.22 본문개정)
② 제1항에 따라 납부할 의무를 면제하는 경우에 대하여는 제60조제1항을 적용하지 아니한다. 다만, 제8조제1항에 따른 기한까지 사업자등록을 신청하지 아니한 경우(대통령령으로 정하는 고정 사업장이 없는 경우는 제외한다)에는 제60조제1항제1호를 적용하되, 제60조제1항제1호 중 "1퍼센트"를 "0.5퍼센트와 5만원 중 큰 금액"으로 한다. (2016.12.20 단서개정)
③ 제1항을 적용할 때 다음 각 호의 경우에는 같은 호의 공급대가의 합계액을 12개월로 환산한 금액을 기준으로 한다. 이 경우 1개월 미만의 끝수가 있으면 1개월로 한다.
1. 해당 과세기간에 신규로 사업을 시작한 간이과세자는 그 사업 개시일부터 그 과세기간 종료일까지의 공급대가의 합계액
2. 휴업자·폐업자 및 과세기간 중 과세유형을 전환한 간이과세자는 그 과세기간 개시일부터 휴업일·폐업일 및 과세유형 전환일까지의 공급대가의 합계액

3. 제5조제4항 각 호에 따른 과세기간의 적용을 받는 간이과세자는 해당 과세기간의 공급대가의 합계액 (2014.1.1 본호신설)
④ 제1항에 따라 납부의무가 면제되는 사업자가 자진 납부한 사실이 확인되면 납세지 관할 세무서장은 납부한 금액을 환급하여야 한다.

제70조【간이과세의 포기 및 재적용】 ① 간이과세자 또는 제62조에 따라 간이과세자에 관한 규정을 적용받게 되는 일반과세자가 간이과세자에 관한 규정의 적용을 포기하고 일반과세자에 관한 규정을 적용받으려는 경우에는 제61조제1항에도 불구하고 제4장부터 제6장까지의 규정을 적용받을 수 있다. 이 경우 적용받으려는 달의 전달의 마지막 날까지 대통령령으로 정하는 바에 따라 납세지 관할 세무서장에게 신고하여야 한다.
② 신규로 사업을 시작하는 개인사업자가 제8조제1항 또는 제3항에 따른 사업자등록을 신청할 때 대통령령으로 정하는 바에 따라 납세지 관할 세무서장에게 간이과세자에 관한 규정의 적용을 포기하고 일반과세자에 관한 규정을 적용받으려고 신고한 경우에는 제61조제1항에도 불구하고 제4장부터 제6장까지의 규정을 적용받을 수 있다. (2014.1.1 본항신설)
③ 제1항과 제2항에 따라 신고한 개인사업자는 다음 각 호의 구분에 따른 날부터 3년이 되는 날이 속하는 과세기간까지는 간이과세자에 관한 규정을 적용받지 못한다.
1. 제1항에 따라 신고한 경우 : 일반과세자에 관한 규정을 적용받으려는 달의 1일(2014.1.1 본호신설)
2. 제2항에 따라 신고한 경우 : 사업 개시일이 속하는 달의 1일(2014.1.1 본호신설)
④ 제3항에도 불구하고 제1항 및 제2항에 따라 신고한 개인사업자 중 직전 연도의 공급대가의 합계액이 4천8백만원 이상 제61조제1항 본문 외의 부분 본문에서 금액 미만인 개인사업자 등 대통령령으로 정하는 개인사업자는 제3항에 따른 과세기간 이전이라도 간이과세자에 관한 규정을 적용받을 수 있다. (2023.12.31 본항신설)
⑤ 제4항에 따라 간이과세자에 관한 규정을 적용받으려는 개인사업자는 적용받으려는 과세기간 개시 10일 전까지 대통령령으로 정하는 바에 따라 납세지 관할 세무서장에게 신고하여야 한다. (2023.12.31 본항신설)
(2023.12.31 본조제목개정)
(2014.1.1 본조개정)

제8장 보 칙

제71조【장부의 작성·보관】 ① 사업자는 자기의 납부세액 또는 환급세액과 관계되는 모든 거래사실을 대통령령으로 정하는 바에 따라 장부에 기록하여 사업장에 갖추어 두어야 한다.
② 사업자가 부가가치세가 과세되는 재화 또는 용역의 공급과 함께 부가가치세가 면제되는 재화 또는 용역을 공급하거나 제42조제1항을 적용받는 경우에는 과세되는 공급과 면세되는 공급 및 면세농산물등을 공급받은 사실을 각각 구분하여 장부에 기록하여야 한다.
③ 사업자는 제1항 및 제2항에 따라 기록한 장부와 제32조, 제35조 및 제36조에 따라 발급하거나 발급받은 세금계산서, 수입세금계산서 또는 영수증을 그 거래사실이 속하는 과세기간에 대한 확정신고 기한 후 5년간 보존하여야 한다. 다만, 제32조에 따라 전자세금계산서를 발급한 사업자가 국세청장에게 전자세금계산서 발급명세를 전송한 경우에는 그러하지 아니하다.
④ 사업자가 「법인세법」 제112조 및 「소득세법」 제160조에 따라 장부기록의무를 이행한 경우에는 제1항에 따른 장부기록의무를 이행한 것으로 본다.

제72조【부가가치세의 세액 등에 관한 특례】① 제37조 및 제63조에도 불구하고 납부세액에서 이 법 및 다른 법률에서 규정하고 있는 부가가치세의 감면세액 및 공제세액을 빼고 가산세를 더한 세액의 1천분의 747을 부가가치세로, 1천분의 253을 지방소비세로 한다. (2021.12.8 본항개정)
② 부가가치세와 「지방세법」에 따른 지방소비세를 신고·납부·경정 및 환급할 경우에는 부가가치세와 지방소비세를 합한 금액을 신고·납부·경정 및 환급한다.
제73조【납세관리인】① 개인사업자가 다음 각 호의 어느 하나에 해당하는 경우에는 부가가치세에 관한 신고·납부·환급, 그 밖에 필요한 사항을 처리하는 납세관리인을 정하여야 한다.
1. 사업자가 사업장에 통상적으로 머무르지 아니하는 경우
2. 사업자가 6개월 이상 국외에 체류하려는 경우
② 사업자는 제1항의 경우 외에도 부가가치세에 관한 신고·납부·환급, 그 밖에 필요한 사항을 처리하게 하기 위하여 대통령령으로 정하는 자를 납세관리인으로 정할 수 있다.
③ 제1항과 제2항에 따라 납세관리인을 정한 사업자는 대통령령으로 정하는 바에 따라 납세지 관할 세무서장에게 신고하여야 한다. 이를 변경한 경우에도 또한 같다.
제74조【질문·조사】① 부가가치세에 관한 사무에 종사하는 공무원은 부가가치세에 관한 업무를 위하여 필요하면 납세의무자, 납세의무자와 거래를 하는 자, 납세의무자가 가입한 동업조합 또는 이에 준하는 단체에 부가가치세와 관계되는 사항을 질문하거나 그 장부·서류나 그 밖의 물건을 조사할 수 있다.
② 납세지 관할 세무서장은 부가가치세의 납세보전 또는 조사를 위하여 납세의무자에게 장부·서류 또는 그 밖의 물건을 제출하거나 그 밖에 필요한 사항을 명할 수 있다.
③ 부가가치세에 관한 사무에 종사하는 공무원이 제1항에 따른 질문 또는 조사를 할 때에는 그 권한을 표시하는 조사원증을 지니고 이를 관계인에게 보여주어야 한다.
④ 제1항 또는 제2항을 적용하는 경우 부가가치세에 관한 사무에 종사하는 공무원은 직무상 필요한 범위 외에 다른 목적 등을 위하여 그 권한을 남용해서는 아니 된다.(2018.12.31 본항신설)
제75조【자료제출】① 다음 각 호의 어느 하나에 해당하는 자는 재화 또는 용역의 공급과 관련하여 국내에서 판매 또는 결제를 대행하거나 중개하는 경우 대통령령으로 정하는 바에 따라 관련 명세를 매 분기 말일의 다음 달 15일까지 국세청장, 납세지 관할 지방국세청장 또는 납세지 관할 세무서장에게 제출하여야 한다. (2022.12.31 본문개정)
1. 「전기통신사업법」 제5조에 따른 부가통신사업자로서 「전자상거래 등에서의 소비자보호에 관한 법률」 제2조제3호에 따른 통신판매업자의 판매를 대행 또는 중개하는 자
2. 「여신전문금융업법」 제2조제5호나목에 따른 결제대행업체
3. 「전자금융거래법」 제2조제4호에 따른 전자금융업자
4. 「외국환거래법」 제8조제4항에 따른 전문외국환업무취급업자
5. 그 밖에 제1호부터 제4호까지의 사업자와 유사한 사업을 수행하는 자로서 대통령령으로 정하는 자
② 국세청장, 납세지 관할 지방국세청장 또는 납세지 관할 세무서장은 제1항에 따라 관련 명세를 제출하여야 하는 자가 관련 명세를 제출하지 아니하거나 사실과 다르게 제출한 경우 그 시정에 필요한 사항을 명할 수 있다.(2022.12.31 본항신설)
(2017.12.19 본조신설)

제9장 벌 칙
(2018.12.31 본장신설)

제76조【과태료】① 국세청장, 납세지 관할 지방국세청장 또는 납세지 관할 세무서장은 다음 각 호의 어느 하나에 해당하는 자에게 2천만원 이하의 과태료를 부과한다.
1. 제74조제2항에 따른 납세보전 또는 조사를 위한 명령을 위반한 자
2. 제75조제2항에 따른 시정 명령을 위반한 자
(2022.12.31 본항개정)
② 제1항에 따른 과태료의 부과기준에 대해서는 대통령령으로 정한다.(2021.12.8 본항신설)

부 칙 (2016.12.20)

제1조【시행일】이 법은 2017년 1월 1일부터 시행한다.
제2조【일반적 적용례】이 법은 이 법 시행 이후 재화나 용역을 공급하거나 공급받는 분 또는 재화를 수입신고하는 분부터 적용한다.
제3조【재화의 수입에 대한 부가가치세 납부유예에 관한 적용례】제50조의2의 개정규정은 이 법 시행 이후 납부유예를 신청하여 납부를 유예받은 중견사업자가 2017년 4월 1일 이후 재화를 수입신고하는 분부터 적용한다.
제4조【대리납부에 관한 경과조치】이 법 시행 전에 사업을 양수받은 경우에는 제52조제4항의 개정규정에도 불구하고 종전의 규정에 따른다.
제5조【가산세에 관한 경과조치】이 법 시행 전에 재화나 용역을 공급하거나 공급받는 분 또는 재화를 수입신고하는 분에 대해서는 제60조제2항·제6항 및 제7항의 개정규정에도 불구하고 종전의 규정에 따른다.

부 칙 (2017.12.19)

제1조【시행일】이 법은 2018년 1월 1일부터 시행한다.
제2조【일반적 적용례】이 법은 이 법 시행 이후 재화나 용역을 공급하거나 공급받는 분 또는 재화를 수입신고하는 분부터 적용한다.
제3조【재화의 공급으로 보지 아니하는 신탁재산의 이전에 관한 적용례】제10조제9항제4호의 개정규정은 이 법 시행 이후 신탁재산을 이전하는 경우부터 적용한다.
제4조【수입세금계산서에 관한 적용례】제35조제2항 및 제3항의 개정규정은 이 법 시행 이후 세관장이 결정 또는 경정하거나 수입하는 자가 수정신고하는 분부터 적용한다.
제5조【대리납부에 관한 적용례】제52조제4항의 개정규정은 이 법 시행 이후 제10조제9항제2호 본문에 따라 사업을 양도하는 경우부터 적용한다.
제6조【가산세에 관한 경과조치】이 법 시행 전에 재화나 용역을 공급하거나 공급받는 분 또는 재화를 수입신고하는 분에 대해서는 제60조제3항 및 같은 조 제1항제4호의 개정규정에도 불구하고 종전의 규정에 따른다.

부 칙 (2018.12.31)

제1조【시행일】이 법은 2019년 1월 1일부터 시행한다. 다만, 제53조의2제1항의 개정규정은 2019년 7월 1일부터 시행한다.

제2조【일반적 적용례】 이 법은 이 법 시행 이후 재화나 용역을 공급하거나 공급받는 분 또는 재화를 수입신고하는 분부터 적용한다.

제3조【재화 공급의 특례에 관한 적용례】 제10조제1항제3호의 개정규정은 이 법 시행 이후 재화를 사용하거나 소비하는 분부터 적용한다.

제4조【신용카드 등 사용에 따른 세액공제에 관한 적용례】 제46조제1항의 개정규정은 이 법 시행 이후 신고하는 분부터 적용한다.

제5조【예정고지 · 부과와 납부 면제에 관한 적용례】 제48조제3항 단서 및 제66조제1항 단서의 개정규정은 이 법 시행 이후 결정하는 분부터 적용한다.

제6조【간이과세자에 대한 납부의무의 면제에 관한 적용례】 제69조제1항의 개정규정은 이 법 시행 이후 신고하는 분부터 적용한다.

제7조【부가가치세 세액에 관한 적용례】 제72조제1항의 개정규정은 이 법 시행 이후 최초로 납부 또는 환급하는 분부터 적용한다.

제8조【대리납부 기한에 관한 경과조치】 제52조제4항의 개정규정에도 불구하고 이 법 시행 전에 제10조제9항제2호 본문에 따른 사업의 양도(이에 해당하는지 여부가 분명하지 아니한 경우를 포함한다)에 따라 그 사업을 양수받은 자에 대해서는 종전의 규정에 따른다.

제9조【전자적 용역을 공급하는 국외사업자의 사업개시에 관한 경과조치】 제53조의2제1항제2호부터 제5호까지의 개정규정에 따른 전자적 용역을 공급하는 자(이 법 시행 전에 같은 조 제3항에 따라 간편사업자등록을 한 자는 제외한다)의 사업 개시일이 2019년 6월 30일 이전인 경우에는 2019년 7월 1일을 사업 개시일로 보아 제53조의2제3항을 적용한다.

제10조【가산세에 관한 경과조치】 ① 이 법 시행 전에 재화나 용역을 공급하는 분에 대해서는 제60조제2항제3호 및 제4호의 개정규정에도 불구하고 종전의 규정에 따른다.
② 이 법 시행 전에 재화나 용역을 공급받는 분에 대해서는 제60조제5항의 개정규정에도 불구하고 종전의 규정에 따른다.

제11조【다른 법률의 개정】 ①~⑭ ※(해당 법령에 가제정리 하였음)

부 칙 (2019.12.31)

제1조【시행일】 이 법은 2020년 1월 1일부터 시행한다. 다만, 제48조제3항의 개정규정 및 같은 조 제4항의 개정규정은 2021년 1월 1일부터 시행한다.

제2조【일반적 적용례】 이 법은 이 법 시행 이후 재화나 용역을 공급하거나 공급받는 분 또는 재화를 수입신고하는 분부터 적용한다.

제3조【재화의 공급의 특례에 관한 적용례】 제10조제8항의 개정규정은 이 법 시행 이후 신탁재산을 수탁자 명의로 매매하는 분부터 적용한다.

제4조【면세농산물등 의제매입세액 공제특례에 관한 적용례】 제42조제1항의 개정규정은 이 법 시행 이후 개시하는 과세기간부터 적용한다.

제5조【예정고지 · 부과에 관한 적용례】 제48조제3항의 개정규정은 2021년 1월 1일 이후 결정하는 분부터 적용한다.

제6조【부가가치세 세액에 관한 적용례】 제72조제1항의 개정규정은 이 법 시행 이후 최초로 납부 또는 환급하는 분부터 적용한다.

제7조【가산세에 관한 경과조치】 이 법 시행 전에 재화나 용역을 공급하거나 공급받는 분에 대해서는 제60조제2항제2호나목의 개정규정에도 불구하고 종전의 규정에 따른다.

부 칙 (2020.12.22)

제1조【시행일】 이 법은 2021년 1월 1일부터 시행한다. 다만, 제36조제1항 · 제4항, 제36조의2, 제46조제1항 · 제3항, 제63조제1항 · 제3항 · 제5항, 제65조, 제66조제1항 · 제3항부터 제6항까지, 제67조제2항 · 제3항, 제68조제2항 · 제12항 · 제2항제1호 · 제3항부터 제5항까지의 개정규정은 2021년 7월 1일부터 시행하고, 제3조, 제3조의2, 제8조제6항부터 제12항까지, 제10조제8항, 제50조, 제52조의2 및 제58조의2의 개정규정은 2022년 1월 1일부터 시행한다.

제2조【일반적 적용례】 이 법은 이 법 시행 이후 재화나 용역을 공급하거나 공급받는 분 또는 재화를 수입신고하는 분부터 적용한다.

제3조【신탁 관련 제2차 납세의무에 관한 적용례】 제3조의2제1항의 개정규정은 2022년 1월 1일 이후 납세의무가 성립하는 분부터 적용한다.

제4조【간이과세자에 대한 가산세에 관한 적용례】 제68조제3항 및 제68조의2제2항제2호의 개정규정은 이 법 시행 이후 결정 또는 경정하는 분부터 적용한다.

제5조【종전 신탁의 납세의무자에 관한 특례】 2022년 1월 1일 전에 설정한 신탁의 경우 다음 각 호의 구분에 따른 자를 제3조제2항 및 제3항의 개정규정에 따른 납세의무자로 본다.
1. 다음 각 목의 처분을 하는 경우 : 수탁자
   가. 수탁자가 위탁자로부터 「자본시장과 금융투자업에 관한 법률」 제103조제1항제5호 또는 제6호의 재산을 위탁자의 채무이행을 담보하기 위하여 수탁으로 운용하는 내용으로 체결되는 신탁계약을 체결한 경우로서 그 채무이행을 위하여 신탁재산을 처분하는 경우
   나. 수탁자가 「도시 및 주거환경정비법」 제27조제1항 또는 「빈집 및 소규모주택 정비에 관한 특례법」 제19조제1항에 따라 지정개발자로서 재개발사업 · 재건축사업 또는 가로주택정비사업 · 소규모재건축사업을 시행하는 과정에서 신탁재산을 처분하는 경우
2. 제1호 외의 경우 : 위탁자

제6조【물적납세의무 관련 가산금에 관한 경과조치】 2020년 1월 1일 전에 납세의무가 성립된 분에 대해서는 제3조의2제2항의 개정규정에도 불구하고 종전의 규정에 따른다.

제7조【간이과세자의 영수증 발급 대상에 관한 경과조치】 2021년 7월 1일 전에 재화 또는 용역을 공급한 분에 대해서는 제36조제1항의 개정규정에도 불구하고 종전의 규정에 따른다.

제8조【신용카드 등의 사용에 따른 세액공제 등에 관한 경과조치】 2021년 7월 1일 전에 재화 또는 용역을 공급한 분에 대해서는 제46조제1항의 개정규정에도 불구하고 종전의 규정에 따른다.

제9조【간이과세의 적용 범위에 관한 경과조치】 이 법 시행 전에 개시된 과세기간에 대해서는 제61조제1항의 개정규정에도 불구하고 종전의 규정에 따른다.

제10조【간이과세자의 과세표준과 세액에 관한 경과조치】 2021년 7월 1일 전에 재화 또는 용역을 공급받은 분 또는 수입신고한 분에 대해서는 제63조제1항 · 제3항 및 제5항의 개정규정에도 불구하고 종전의 규정에 따른다.

제11조【간이과세자의 의제매입세액 공제에 관한 경과조치】 2021년 7월 1일 전에 재화 또는 용역을 공급받은 분 또는 수입신고한 분에 대해서는 제65조 및 제66조제1항의 개정규정에도 불구하고 종전의 규정에 따른다.

제12조【간이과세자에 대한 가산세에 관한 경과조치】 2021년 7월 1일 전에 재화나 용역을 공급하거나 공급받은 분에 대해서는 제68조제2항 및 제68조의2(같은 조 제2항제2호는 제외한다)의 개정규정에도 불구하고 종전의 제68조제2항에 따른다.

제13조【간이과세자에 대한 납부의무의 면제에 관한 경과조치】 이 법 시행 전에 개시된 과세기간에 대해서는 제69조제1항의 개정규정에도 불구하고 종전의 규정에 따른다.

제14조【다른 법률의 개정】 ①~⑬ ※(해당 법령에 가제정리 하였음)

      부   칙 (2020.12.29)

제1조【시행일】 이 법은 2021년 1월 1일부터 시행한다.(이하 생략)

      부   칙 (2021.12.8)

제1조【시행일】 이 법은 2022년 1월 1일부터 시행한다. 다만, 제47조 및 제53조의2제6항부터 제8항까지의 개정규정은 2022년 7월 1일부터 시행한다.

제2조【일반적 적용례】 이 법은 이 법 시행 이후 재화나 용역을 공급하거나 공급받는 경우 또는 재화를 수입신고하는 경우부터 적용한다.

제3조【전자세금계산서 발급 전송에 대한 세액공제 특례에 관한 적용례】 제47조의 개정규정은 2022년 7월 1일 이후 공급하는 재화 또는 용역에 대한 전자세금계산서를 발급하는 경우부터 적용한다.

제4조【부가가치세 세액에 관한 적용례】 제72조제1항의 개정규정은 이 법 시행 이후 최초로 납부 또는 환급하는 분부터 적용한다.

제5조【부가가치세의 세액 등에 관한 특례에 관한 특례】 제72조제1항의 개정규정에도 불구하고 2022년 1월 1일부터 2022년 12월 31일까지의 기간 동안 부가가치세의 납부세액에서 이 법 및 다른 법률에서 규정하고 있는 부가가치세의 감면세액 및 공제세액을 빼고 가산세를 더한 세액의 1천분의 763을 부가가치세로, 1천분의 237을 지방소비세로 한다.

제6조【재화 및 용역의 공급시기의 특례에 관한 경과조치】 이 법 시행 전에 재화 또는 용역을 공급한 경우의 공급시기에 관하여는 제17조제3항제2호의 개정규정에도 불구하고 종전의 규정에 따른다.

제7조【토지와 건물 등을 함께 공급하는 경우의 공급가액에 관한 경과조치】 이 법 시행 전에 토지와 건물 등을 함께 공급한 경우의 공급가액에 관하여는 제29조제9항제2호의 개정규정에도 불구하고 종전의 규정에 따른다.

제8조【자료제출에 관한 경과조치】 이 법 시행 전에 국내에서 판매 또는 결제를 대행하거나 중개한 경우에 대한 관련 명세의 제출 시기에 관하여는 제75조의 개정규정에도 불구하고 종전의 규정에 따른다.

      부   칙 (2022.12.31)

제1조【시행일】 이 법은 2023년 1월 1일부터 시행한다. 다만, 다음 각 호의 개정규정은 해당 호에서 정한 날부터 시행한다.
1. 제63조제4항부터 제7항까지, 제66조제1항, 제68조의2 제2항제2호, 제75조제1항·제2항 및 제76조제1항의 개정규정 : 2023년 7월 1일
2. 제39조제1항제6호의 개정규정 : 2024년 1월 1일

제2조【실내 도서열람 용역의 공급에 대한 면세에 관한 적용례】 제26조제1항제8호의 개정규정은 이 법 시

행 이후 용역을 공급하는 경우부터 적용한다.

제3조【간이과세자의 전자세금계산서 발급에 대한 세액공제에 관한 적용례】 제63조제4항의 개정규정은 2023년 7월 1일 이후 공급하는 재화 또는 용역에 대한 전자세금계산서를 발급하는 경우부터 적용한다.

제4조【자료제출 및 시정 명령에 관한 적용례】 제75조제1항 및 제2항의 개정규정은 2023년 7월 1일 이후 국내에서 판매 또는 결제를 대행하거나 중개하는 경우부터 적용한다.

제5조【수정수입세금계산서의 발급에 관한 경과조치】 이 법 시행 전에 세관장이 결정 또는 경정하였거나 수입하는 자가 수정신고한 경우에 대한 수정수입세금계산서의 발급에 관하여는 제35조제2항의 개정규정에도 불구하고 종전의 규정에 따른다.

제6조【접대비 명칭의 변경에 관한 경과조치】 2024년 1월 1일 전에 지출한 접대비는 제39조제1항제6호의 개정규정에 따른 기업업무추진비로 본다.

      부   칙 (2023.12.31)

제1조【시행일】 이 법은 2024년 1월 1일부터 시행한다. 다만, 제70조제4항 및 제5항의 개정규정은 2024년 7월 1일부터 시행한다.

제2조【간편사업자등록 지연 가산세에 관한 적용례】 제60조제1항제1호의2의 개정규정은 제53조의2제1항 및 제2항에 따른 간편사업자등록을 하지 아니한 사업자 또는 국외사업자가 2024년 1월 1일 이후 재화나 용역을 공급하는 경우부터 적용한다.

제3조【간이과세의 재적용에 관한 적용례】 제70조제4항 및 제5항의 개정규정은 부칙 제1조 단서에 따른 시행일 이후 간이과세자에 관한 규정을 다시 적용받기 위하여 신고하는 경우부터 적용한다.

부가가치세법 시행령

(2013년 6월 28일)
(전부개정대통령령 제24638호)

개정
2014. 1. 1영25057호
2014. 1.28영25133호(축산물위생관리법시)
2014. 2.21영25196호
2014.12.30영25945호(한국산업은행법시)
2015. 3영26071호
2015.10.23영26600호(자본시장금융투자업시)
2016. 2.17영26983호
2016. 3.11영27037호(예금자보호법시)
2016. 8. 2영27433호(국민보험시)
2016. 8.31영27472호(감정평가감정평가사시)
2017. 2. 7영27838호
2017. 3.29영27970호(항공사업법시)
2017. 7.26영28211호(직제)
2017.12.19영28475호(군무원시)
2018. 2.13영28641호   2018. 9.28영29183호
2019. 2.12영29535호
2019. 3.12영29617호(철도의건설및철도시설유지관리에관한법시)
2019. 6.25영29886호(전기통신사업법시)
2019.12.24영30256호(산업안전시)
2020. 2.11영30397호
2020. 2.18영30423호(건설산업시)
2020. 8.11영30934호(벤처투자촉진에관한법시)
2020. 8.19영30954호(수산업협동조합의부실예방및구조개선에관한법시)
2020. 9.10영31012호(국가철도공단법시)
2020.10. 7영31087호
2020.12. 8영31222호(전자서명법시)
2021. 1. 5영31380호(법령용어정비)
2021. 2.17영31445호
2021. 2.17영31450호(주류면허등에관한법시)
2021. 3.23영31543호(관광진흥법시)
2022. 1.21영32352호(감정평가감정평가사시)
2022. 2.15영32419호
2022. 2.17영32449호(한국자산관리공사설립등에관한법시)
2022. 6.30영32734호   2023. 2.28영33271호
2023. 5.16영33474호(주택저당채권유동화회사법시폐지령)
2023. 9.26영33735호   2023.12.26영34019호

제1장 총 칙

제1조【목적】 이 영은 「부가가치세법」에서 위임된 사항과 그 시행에 필요한 사항을 규정함을 목적으로 한다.
제2조【재화의 범위】 ① 「부가가치세법」(이하 "법"이라 한다) 제2조제1호의 물건은 다음 각 호의 것으로 한다.
1. 상품, 제품, 원료, 기계, 건물 등 모든 유체물(有體物)
2. 전기, 가스, 열 등 관리할 수 있는 자연력
② 법 제2조제1호의 권리는 광업권, 특허권, 저작권 등 제1항에 따른 물건 외에 재산적 가치가 있는 모든 것으로 한다.
제3조【용역의 범위】 ① 법 제2조제2호에 따른 용역은 재화 외에 재산 가치가 있는 다음 각 호의 사업에 해당하는 모든 역무(役務)와 그 밖의 행위로 한다.
1. 건설업
2. 숙박 및 음식점업
3. 운수 및 창고업(2020.2.11 본호개정)
4. 정보통신업(출판업과 영상·오디오 기록물 제작 및 배급업은 제외한다)(2020.2.11 본호개정)
5. 금융 및 보험업
6. 부동산업. 다만, 다음 각 목의 사업은 제외한다.
(2020.2.11 본문개정)
가. 전·답·과수원·목장용지·임야 또는 염전 임대업(2019.2.12 본목신설)
나. 「공익사업을 위한 토지 등의 취득 및 보상에 관한 법률」 제4조에 따른 공익사업과 관련해 지역권·지

상권(지하 또는 공중에 설정된 권리를 포함한다)을 설정하거나 대여하는 사업(2019.2.12 본목신설)
7. 전문, 과학 및 기술 서비스업과 사업시설 관리, 사업지원 및 임대서비스업(2020.2.11 본호개정)
8. 공공행정, 국방 및 사회보장 행정
9. 교육 서비스업
10. 보건업 및 사회복지 서비스업
11. 예술, 스포츠 및 여가관련 서비스업
12. 협회 및 단체, 수리 및 기타 개인서비스업과 제조업 중 산업용 기계 및 장비 수리업(2020.2.11 본호개정)
13. 가구내 고용활동 및 달리 분류되지 않은 자가소비 생산활동
14. 국제 및 외국기관의 사업
② 제1항제1호 및 제6호에도 불구하고 건설업과 부동산업 중 기획재정부령으로 정하는 사업은 재화(財貨)를 공급하는 사업으로 본다.
제4조【사업의 구분】 ① 재화나 용역을 공급하는 사업의 구분은 이 영에 특별한 규정이 있는 경우를 제외하고는 통계청장이 고시하는 해당 과세기간 개시일 현재의 한국표준산업분류에 따른다.
② 용역을 공급하는 경우 제3조제1항에 따른 사업과 유사한 사업은 한국표준산업분류에도 불구하고 같은 항의 사업에 포함되는 것으로 본다.
③ 제1항과 제2항에서 규정한 사항 외에 사업의 구분에 필요한 사항은 기획재정부령으로 정한다.
제5조【간이과세자의 범위】 법 제2조제4호에서 "대통령령으로 정하는 금액"이란 제109조제1항에 따른 금액을 말한다.
제5조의2【신탁 관련 납세의무】 ① 법 제3조제2항에서 "대통령령으로 정하는 신탁재산"이란 「신탁법」 또는 다른 법률에 따른 신탁재산(해당 신탁재산의 관리, 처분 또는 운용 등을 통하여 발생한 소득 및 재산을 포함한다)을 말한다.
② 법 제3조제3항제2호에서 "대통령령으로 정하는 경우"란 다음 각 호의 어느 하나에 해당하는 경우를 말한다.
1. 수탁자가 위탁자로부터 「자본시장과 금융투자업에 관한 법률」 제103조제1항제5호 또는 제6호의 재산을 수탁받아 같은 조 제4항에 따라 부동산개발사업을 목적으로 하는 신탁계약을 체결한 경우로서 그 신탁계약에 따른 부동산개발사업비의 조달의무를 수탁자가 부담하지 않는 경우. 다만, 수탁자가 「도시 및 주거환경정비법」 제27조제1항 또는 「빈집 및 소규모주택 정비에 관한 특례법」 제19조제1항에 따른 재개발사업·재건축사업 또는 가로주택정비사업·소규모재건축사업·소규모재개발사업의 사업시행자인 경우는 제외한다.(2022.6.30 단서개정)
2. 수탁자가 「도시 및 주거환경정비법」 제28조제1항 또는 「빈집 및 소규모주택 정비에 관한 특례법」 제56조제1항에 따른 재개발사업·재건축사업 또는 가로주택정비사업·소규모재건축사업·소규모재개발사업의 사업대행자인 경우(2022.6.30 본호개정)
3. 수탁자가 위탁자의 지시로 위탁자와 「국세기본법 시행령」 제1조의2제1항, 제2항, 같은 조 제3항제1호 또는 「법인세법 시행령」 제2조제5항 각 호의 관계에 있는 자에게 신탁재산과 관련된 재화 또는 용역을 공급하는 경우(2022.2.15 본호신설)
4. 「자본시장과 금융투자업에 관한 법률」 제9조제18항제1호에 따른 투자신탁의 경우(2022.6.30 본호신설)
③ 법 제10조제8항에 따라 위탁자의 지위 이전을 신탁재산의 공급으로 보는 경우에는 법 제3조제1항에 따라 기존 위탁자가 해당 공급에 대한 부가가치세의 납세의무자가 된다.(2022.2.15 본항신설)
(2021.2.17 본조신설)

제5조의3【신탁 관련 제2차 납세의무】① 법 제3조의2 제1항 각 호 외의 부분에 따라 신탁의 수익자가 제2차 납세의무를 지는 경우에 신탁의 수익자에게 귀속된 재산의 가액은 신탁재산이 해당 수익자에게 이전된 날 현재의 시가(時價)로 하며, 시가의 기준은 제62조에 따른다.
② 법 제3조의2제1항제1호에 따른 신탁 설정일은 「신탁법」 제4조에 따라 해당 재산이 신탁재산에 속한 것임을 제3자에게 대항할 수 있게 된 날로 한다. 다만, 다른 법률에서 제3자에게 대항할 수 있게 된 날을 「신탁법」과 달리 정하고 있는 경우에는 그 날로 한다.
(2020.2.17 본조개정)

제6조【사업 개시일의 기준】법 제5조제2항에 따른 사업 개시일은 다음 각 호의 구분에 따른다. 다만, 해당 사업이 법령 개정 등으로 면세사업에서 과세사업으로 전환되는 경우에는 그 과세 전환일을 사업 개시일로 한다.
1. 제조업 : 제조장별로 재화의 제조를 시작하는 날
2. 광업 : 사업장별로 광물의 채취·채광을 시작하는 날
3. 제1호와 제2호 외의 사업 : 재화나 용역의 공급을 시작하는 날

제7조【폐업일의 기준】① 법 제5조제3항에 따른 폐업일은 다음 각 호의 구분에 따른다.
1. 합병으로 인한 소멸법인의 경우 : 합병법인의 변경등기일 또는 설립등기일
2. 분할로 인하여 사업을 폐업하는 경우 : 분할법인의 분할변경등기일(분할법인이 소멸하는 경우에는 분할신설법인의 설립등기일)
3. 제1호 및 제2호 외의 경우 : 사업장별로 그 사업을 실질적으로 폐업하는 날. 다만, 폐업한 날이 분명하지 아니한 경우에는 제13조제1항에 따른 폐업신고서의 접수일
② 제1항제3호에도 불구하고 해산으로 청산 중인 내국법인(「법인세법」 제2조제1호에 따른 내국법인을 말한다. 이하 이 항에서 같다) 또는 「채무자 회생 및 파산에 관한 법률」에 따라 법원으로부터 회생계획인가 결정을 받고 회생절차를 진행 중인 내국법인이 사업을 실질적으로 폐업하는 날부터 25일 이내에 납세지 관할 세무서장에게 신고하여 승인을 받은 경우에는 잔여재산가액 확정일(해산일부터 365일이 되는 날까지 잔여재산가액이 확정되지 아니한 경우에는 그 해산일부터 365일이 되는 날)을 폐업일로 할 수 있다.(2019.2.12 본항개정)
③ 법 제8조제1항 단서에 따라 사업 개시일 전에 사업자등록을 한 자로서 사업자등록을 한 날부터 6개월이 되는 날까지 재화와 용역의 공급실적이 없는 자에 대해서는 그 6개월이 되는 날을 폐업일로 본다. 다만, 사업장의 설치기간이 6개월 이상이거나 그 밖의 정당한 사유로 인하여 사업 개시가 지연되는 경우에는 그러하지 아니하다.

제8조【사업장】① 법 제6조제2항에 따른 사업장의 범위는 다음 표와 같다.

사업	사업장의 범위		
1. 광업	광업사무소의 소재지. 이 경우 광업사무소가 광구(鑛區) 밖에 있을 때에는 그 광업사무소에서 가장 가까운 광업 원부의 맨 처음에 등록된 광구 소재지에 광업사무소가 있는 것으로 본다.		
2. 제조업	최종제품을 완성하는 장소. 다만, 따로 제품 포장만을 하거나 용기에 충전만을 하는 장소와 「개별소비세법」 제10조의5에 따른 저유소(貯油所)는 제외한다.		
3. 건설업·운수업과 부동산매매업	가. 법인인 경우	법인의 등기부상 소재지(등기부상의 지점 소재지를 포함한다)	
	나. 개인인 경우	사업에 관한 업무를 총괄하는 장소	
	다. 법인의 명의로 등록된 차량을 개인이 운용하는 경우	법인의 등기부상 소재지(등기부상의 지점 소재지를 포함한다)	
	라. 개인의 명의로 등록된 차량을 다른 개인이 운용하는 경우	그 등록된 개인이 업무를 총괄하는 장소	
4. 수자원을 개발하여 공급하는 사업	사업에 관한 업무를 총괄하는 장소		
5. 「지방공기업법」 제76조에 따라 설립된 대구시설관리공단이 공급하는 사업	사업에 관한 업무를 총괄하는 장소		
6. 「방문판매 등에 관한 법률」에 따른 다단계판매원(이하 "다단계판매원"이라 한다)이 재화나 용역을 공급하는 사업	해당 다단계판매원이 「방문판매 등에 관한 법률」 제13조에 따라 등록한 다단계판매업자(이하 "다단계판매업자"라 한다)의 주된 사업장의 소재지. 다만, 다단계판매원이 상시 주재하여 거래의 전부 또는 일부를 하는 별도의 장소가 있는 경우에는 그 장소로 한다.		
7. 「전기통신사업법」에 따른 전기통신사업자가 기획재정부령으로 정하는 통신요금 통합청구의 방법으로 요금을 청구하는 전기통신사업	사업에 관한 업무를 총괄하는 장소		
8. 「전기통신사업법」에 따른 전기통신사업자가 기획재정부령으로 정하는 이동통신역무를 제공하는 전기통신사업	가. 법인인 경우	법인의 본점 소재지	
	나. 개인인 경우	사업에 관한 업무를 총괄하는 장소	
9. 무인자동판매기를 통하여 재화·용역을 공급하는 사업	사업에 관한 업무를 총괄하는 장소		
10. 「한국철도공사법」에 따른 한국철도공사가 경영하는 사업	사업에 관한 업무를 지역별로 총괄하는 장소		
11. 「우정사업 운영에 관한 특례법」에 따른 우정사업조직이 「우편법」 제1조의2제3호의 소포우편물을 방문접수하여 배달하는 용역을 공급하는 사업	사업에 관한 업무를 총괄하는 장소		
12. 「전기사업법」에 따른 전기판매사업자가 기획재정부령으로 정하는 전기요금 통합청구의 방법으로 요금을 청구하는 전기판매사업	사업에 관한 업무를 총괄하는 장소		
13. 국가, 지방자치단체 또는 지방자치단체조합이 공급	사업에 관한 업무를 총괄하는 장소. 다만, 위임 또는 위탁 또는		

하는 제46조제3호에 따른 사업	대리에 의하여 재화나 용역을 공급하는 경우에는 수임자·수탁자 또는 대리인이 그 업무를 총괄하는 장소를 사업장으로 본다.
14. 「송유관 안전관리법」 제2조제3호의 송유관설치자가 송유관을 통하여 재화 또는 용역을 공급하는 사업	사업에 관한 업무를 총괄하는 장소
15. 부동산임대업	부동산의 등기부상 소재지

(2016.2.17 본항개정)
② 제1항의 표 제15호에도 불구하고 부동산상의 권리만을 대여하거나 다음 각 호의 어느 하나에 해당하는 사업자가 부동산을 임대하는 경우에는 그 사업에 관한 업무를 총괄하는 장소를 사업장으로 한다.
1. 「한국자산관리공사 설립 등에 관한 법률」에 따른 한국자산관리공사(2022.2.17 본호개정)
2. 「농업협동조합의 구조개선에 관한 법률」에 따른 농업협동조합자산관리회사
3. 「부동산투자회사법」에 따른 기업구조조정 부동산투자회사
4. 「예금자보호법」에 따른 예금보험공사 및 정리금융회사(2016.3.11 본호개정)
5. 「전기사업법」에 따른 전기사업자
6. 「전기통신사업법」에 따른 전기통신사업자
7. 「지방공기업법」에 따라 설립된 지방공사로서 기획재정부령으로 정하는 지방공사
8. 「한국농어촌공사 및 농지관리기금법」에 따른 한국농어촌공사
9. 「한국도로공사법」에 따른 한국도로공사
10. 「국가철도공단법」에 따른 국가철도공단(2020.9.10 본호개정)
11. 「한국토지주택공사법」에 따른 한국토지주택공사
③ 사업자가 자기의 사업과 관련하여 생산하거나 취득한 재화를 직접 판매하기 위하여 특별히 판매시설을 갖춘 장소(이하 "직매장"이라 한다)는 사업장으로 본다.
④ 제1항부터 제3항까지의 규정에 따른 사업장 외의 장소도 사업자의 신청에 따라 추가로 사업장으로 등록할 수 있다. 다만, 제1항의 표 제9호에 따른 무인자동판매기를 통하여 재화·용역을 공급하는 사업의 경우에는 그러하지 아니하다.
⑤ 사업장을 설치하지 아니하고 법 제8조제1항 및 제3항에 따른 등록도 하지 아니한 경우에는 과세표준 및 세액을 결정하거나 경정할 당시의 사업자의 주소 또는 거소를 사업장으로 한다.
⑥ 사업자가 비거주자인 경우에는 「소득세법」 제120조에 따른 장소를 사업장으로 하고, 외국법인인 경우에는 「법인세법」 제94조에 따른 장소를 사업장으로 한다.
⑦ 법 제8조제6항에 따라 사업자등록을 신청하는 경우에는 해당 신탁재산의 등기부상 소재지, 등록부상 등록지 또는 신탁사업에 관한 업무를 총괄하는 장소를 사업장으로 한다.(2021.2.17 본항신설)
제9조【하치장】① 법 제6조제5항제1호에 따른 하치장(荷置場)을 둔 사업자는 다음 각 호의 사항을 적은 하치장 설치 신고서를 하치장을 둔 날부터 10일 이내에 하치장 관할 세무서장에게 제출하여야 한다. 다만, 「주류 면허 등에 관한 법률 시행령」 제36조제4항에 따라 관할 세무서장의 승인을 받은 주류하치장의 경우에는 하치장 설치 신고서의 제출을 생략할 수 있다.
(2021.2.17 단서개정)
1. 사업자의 상호, 성명(법인의 경우에는 대표자 성명), 주소, 사업자등록번호, 주민등록번호 및 사업장 소재지와 사업의 종류(이하 "인적사항"이라 한다)
2. 하치장의 설치일자, 소재지 및 소속 구분

3. 그 밖의 참고 사항
② 제1항의 하치장 설치 신고를 받은 하치장 관할 세무서장은 하치장 설치 신고를 받은 날부터 10일 이내에 납세지 관할 세무서장에게 그 사실을 통보하여야 한다.
제10조【임시사업장】① 법 제6조제5항제2호에 따른 임시사업장은 사업자가 임시사업장을 개설하기 전에 두고 있던 제8조에 따른 사업장(이하 이 조에서 "기존사업장"이라 한다)에 포함되는 것으로 한다.
② 법 제6조제5항제2호에 따라 임시사업장을 개설하려는 자는 다음 각 호의 사항을 적은 임시사업장 개설 신고서를 해당 임시사업장의 사업 개시일부터 10일 이내에 임시사업장의 관할 세무서장에게 제출〔「국세기본법」 제2조제19호에 따른 국세정보통신망(이하 "국세정보통신망"이라 한다)에 의한 제출을 포함한다〕해야 한다. 다만, 임시사업장의 설치기간이 10일 이내인 경우에는 임시사업장 개설 신고를 하지 않을 수 있다.
(2021.2.17 본문개정)
1. 사업자의 인적사항
2. 임시사업장의 소재지
3. 임시사업장의 설치기간
4. 그 밖의 참고 사항
③ 제2항에 따른 신고서를 제출받은 세무서장은 임시사업장 설치의 타당성을 확인하여 그 결과를 신청인과 기존사업장의 관할 세무서장에게 통지하여야 한다.
④ 임시사업장을 개설한 자가 임시사업장을 폐쇄하였을 때에는 폐쇄일부터 10일 이내에 다음 각 호의 사항을 적은 임시사업장 폐쇄 신고서를 그 임시사업장 관할 세무서장에게 제출하여야 한다.
1. 사업자의 인적사항
2. 폐쇄 연월일 및 폐쇄 사유
3. 그 밖의 참고 사항
제11조【사업자등록 신청과 사업자등록증 발급】① 법 제8조제1항에 따라 사업자등록을 하려는 사업자는 사업장마다 다음 각 호의 사항을 적은 사업자등록 신청서를 관할 세무서장이나 그 밖에 신청인의 편의에 따라 선택한 세무서장에게 제출(국세정보통신망에 의한 제출을 포함한다)해야 한다.(2021.2.17 본문개정)
1. 사업자의 인적사항
2. 사업자등록 신청 사유
3. 사업 개시 연월일 또는 사업장 설치 착수 연월일
4. 그 밖의 참고 사항
② 제1항에도 불구하고 법 제8조제3항부터 제5항까지의 규정에 따라 사업자 단위 과세 사업자로 등록을 신청하려는 사업자는 본점 또는 주사무소(이하 "사업자 단위 과세 적용 사업장"이라 한다)에 대하여 제1항 각 호의 사항을 적은 사업자등록 신청서를 사업자 단위 과세 적용 사업장 관할 세무서장에게 제출하여야 한다.
(2019.2.12 본항개정)
③ 제1항과 제2항의 신청서에는 다음 표의 구분에 따른 서류를 첨부하여야 한다.

구분	첨부서류
1. 법령에 따라 허가를 받거나 등록 또는 신고를 하여야 하는 사업의 경우	사업허가증 사본, 사업등록증 사본 또는 신고확인증 사본
2. 사업장을 임차한 경우	임대차계약서 사본
3. 「상가건물 임대차보호법」 제2조제1항에 따른 상가건물의 일부분만 임차한 경우	해당 부분의 도면
4. 「조세특례제한법」 제106조의3제1항에 따른 금지금(이하 "금지금"이라 한다) 도매 및 소매업	사업자금 명세 또는 재무상황 등을 확인할 수 있는 서류로서 기획재정부령으로 정하는 서류

5. 「개별소비세법」 제1조제4 항에 따른 과세유흥장소에 서 영업을 경영하는 경우	사업자금 명세 또는 재무상 황 등을 확인할 수 있는 서 류로서 기획재정부령으로 정 하는 서류	
6. 법 제8조제3항부터 제5항 까지의 규정에 따라 사업 자 단위로 등록하려는 사 업자	사업자 단위 과세 적용 사업 장 외의 사업장(이하 "종된 사업장"이라 한다)에 대한 이 표 제1호부터 제5호까지의 규정에 따른 서류 및 사업장 소재지 · 업태(業態) · 종목 등이 적힌 기획재정부령으로 정하는 서류	
7. 액체연료 및 관련제품 도 매업, 기체연료 및 관련제 품 도매업, 차량용 주유소 운영업, 차량용 가스 충전 업, 가정용 액체연료 소매 업과 가정용 가스연료 소 매업	사업자금 명세 또는 재무상 황 등을 확인할 수 있는 서 류로서 기획재정부령으로 정 하는 서류	
8. 재생용 재료 수집 및 판 매업	사업자금 명세 또는 재무상 황 등을 확인할 수 있는 서 류로서 기획재정부령으로 정 하는 서류	

(2019.2.12 본항개정)

④ 법 제8조제1항 단서의 경우 해당 법인의 설립등기 전 또는 사업의 허가 · 등록이나 신고 전에 사업자등록 을 할 때에는 법인 설립을 위한 사업허가신청서 사본, 사업등록신청서 사본, 사업신고서 사본 또는 사업계획 서로 제3항의 표 제1호의 서류를 대신할 수 있다.

⑤ 제1항이나 제2항의 신청을 받은 사업장 관할 세무 서장은 사업자의 인적사항과 그 밖에 필요한 사항을 적은 사업자등록증을 신청일부터 2일 이내(「국세기본 법」 제5조제1항 각 호에 해당하는 날은 산정에서 제외 한다. 이하 이 항에서 같다)에 신청자에게 발급하여야 한다. 다만, 사업장시설이나 사업현황을 확인하기 위하 여 국세청장이 필요하다고 인정하는 경우에는 발급기 한을 5일 이내에서 연장하고 조사한 후에 사업자 등록증을 발급할 수 있다.(2023.2.28 본문개정)

⑥ 사업자가 법 제8조제1항부터 제3항까지의 규정에 따라 사업자등록을 하지 아니하는 경우에는 사업장 관 할 세무서장이 조사하여 등록할 수 있다.

⑦ 법 제8조제1항 단서에 따라 사업자등록의 신청을 받은 사업장 관할 세무서장은 신청자가 사업을 사실상 시작하지 아니할 것이라고 인정될 때에는 등록을 거부 할 수 있다.

⑧ 다단계판매원이 「방문판매 등에 관한 법률」 제15조 에 따라 다단계판매업자에게 등록을 하고 도매 및 소 매업을 경영할 목적으로 다단계판매업자에게 도매 및 소매업을 신고한 경우 그 다단계판매원에 대하여 다 단계판매업자가 그 신고일이 속하는 달의 다음 달 10 일까지 사업장 관할 세무서장에게 그 다단계판매원의 인적사항, 사업 개시 연월일과 그 밖에 국세청장이 정 하는 사항을 신고하였을 때에는 해당 다단계판매원이 제1항에 따른 등록신청을 한 것으로 본다. 다만, 법 제 69조에 따라 납부의무가 면제되지 아니하는 다단계판 매원과 이 영 제8조제1항의 표 제6호의 사업장의 범위 란 단서에 해당하는 다단계판매원에 대해서는 그러하 지 아니하다.

⑨ 제8항 본문에 따라 신고한 다단계판매원에 대해서 는 다단계판매업자가 「방문판매 등에 관한 법률」 제15 조에 따라 발급한 다단계판매원 등록증을 관할 세무서 장이 제5항에 따라 해당 다단계판매원에게 발급한 사 업자등록증으로 본다.

⑩ 「소득세법」 제168조 및 「법인세법」 제111조에 따라 등록한 자로서 면세사업을 경영하는 자가 추가로 과세 사업을 경영하려는 경우 제14조제1항을 준용하여 사업 자등록 정정신고서를 제출하면 제1항 및 제2항에 따른 사업신청을 한 것으로 본다.

⑪ 수탁자가 법 제8조제6항에 따라 사업자등록을 신청 하는 경우로서 다음 각 호의 요건을 모두 갖춘 경우에 는 둘 이상의 신탁재산을 하나의 사업장으로 보아 신 탁사업에 관한 업무를 총괄하는 장소를 관할하는 세무 서장에게 사업자등록을 신청할 수 있다.

1. 수탁자가 하나 또는 둘 이상의 위탁자와 둘 이상의 신탁계약을 체결하였을 것
2. 신탁계약이 수탁자가 위탁자로부터 「자본시장과 금 융투자업에 관한 법률」 제103조제1항제5호 또는 제6 호의 재산을 위탁자의 채무이행을 담보하기 위해 수 탁으로 운용하는 내용으로 체결되는 신탁계약일 것 (2022.2.15 본항신설)

⑫ 법 제8조제1항 단서에 따라 사업자등록을 신청받은 사업장 관할 세무서장은 「전자정부법」에 따른 행정정 보의 공동이용을 통하여 발기인의 주민등록표 등본을 확인하여야 한다. 다만, 등록을 신청하는 자가 확인에 동의하지 아니하는 경우에는 발기인의 주민등록표 등 본을 첨부하여야 한다.

⑬ 사업장 관할 세무서장은 제1항부터 제4항까지의 규 정에 따른 사업자등록의 신청 내용을 보정(補正)할 필 요가 있다고 인정될 때에는 10일 이내의 기간을 정하 여 보정을 요구할 수 있다. 이 경우 해당 보정기간은 제 5항 본문 및 단서에 따른 기간에 산입하지 아니한다.

제12조 【등록번호】 ① 법 제8조제7항에 따른 등록번 호는 사업장마다 관할 세무서장이 부여한다. 다만, 법 제8조제3항부터 제5항까지의 규정에 따라 사업자 단위 로 등록신청을 한 경우에는 사업자 단위 과세 적용 사 업장에 한 개의 등록번호를 부여한다.(2021.2.17 본문개 정)

② 관할 세무서장은 과세자료를 효율적으로 처리하기 위하여 법 제54조제4항 또는 제5항에 따른 자에게도 등록번호에 준하는 고유번호를 부여할 수 있다.

③ 제11조제8항 본문에 따라 신고한 다단계판매원에 대해서는 다단계판매업자가 「방문판매 등에 관한 법률」 제15조에 따라 다단계판매원에게 부여한 등록번호를 제1항에 따른 등록번호로 본다.

제13조 【휴업 · 폐업의 신고】 ① 법 제8조제1항 본문 및 같은 조 제3항부터 제7항까지의 규정에 따라 사업 자등록을 한 사업자가 휴업 또는 폐업을 하거나 같은 조 제1항 단서 및 같은 조 제7항에 따라 사업자등록을 한 자가 사실상 사업을 시작하지 않게 되는 경우에는 같은 조 제8항에 따라 지체 없이 다음 각 호의 사항을 적은 휴업(폐업)신고서를 관할 세무서장이나 그 밖에 신고인의 편의에 따라 선택한 세무서장에게 제출(국세 정보통신망에 의한 제출을 포함한다)해야 한다. (2021.2.17 본문개정)

1. 사업자의 인적사항
2. 휴업 연월일 또는 폐업 연월일과 그 사유
3. 그 밖의 참고 사항

② 제1항의 폐업신고서에는 사업자등록증을 첨부해야 한다.(2021.2.17 본항개정)

③ 제1항에도 불구하고 폐업을 하는 사업자가 제91조에 따른 부가가치세 확정신고서에 폐업 연월일과 그 사유 를 적고 사업자등록증을 첨부하여 제출하는 경우에는 폐업신고서를 제출한 것으로 본다.(2021.2.17 본항개정)

④ 법인이 합병할 때에는 합병 후 존속하는 법인(신설 합병의 경우에는 합병으로 설립된 법인) 또는 합병 후 소멸하는 법인(이 항에서 "소멸법인"이라 한다)이 다음

각 호의 사항을 적은 법인합병신고서에 사업자등록증을 첨부하여 소멸법인의 폐업 사실을 소멸법인의 관할 세무서장에게 신고하여야 한다.
1. 합병 후 존속하는 법인 또는 합병으로 설립된 법인의 인적사항
2. 소멸법인의 인적사항
3. 합병연월일
4. 그 밖의 참고 사항
⑤ 법령에 따라 허가를 받거나 등록 또는 신고 등을 하여야 하는 사업을 하는 경우에는 허가, 등록, 신고 등이 필요한 사업의 주무관청에 제1항의 휴업(폐업)신고서를 제출할 수 있으며, 휴업(폐업)신고서를 받은 주무관청은 지체 없이 관할 세무서장에게 그 서류를 송부(정보통신망을 이용한 송부를 포함한다. 이하 이 항에서 같다)하여야 하고, 허가, 등록, 신고 등이 필요한 사업의 주무관청에 제출하여야 하는 해당 법령에 따른 신고서를 관할 세무서장에게 제출한 경우에는 관할 세무서장은 지체 없이 그 서류를 관할 주무관청에 송부하여야 한다.
⑥ 제1항에 따른 휴업을 하는 날은 사업장별로 그 사업을 실질적으로 휴업한 날(실질적으로 휴업한 날이 분명하지 아니한 경우에는 제1항에 따른 휴업신고서의 접수일)로 한다.
⑦ 제1항에 따른 휴업신고서에 적힌 휴업기간을 산정할 때에는 계절적인 사업의 경우 그 계절이 아닌 기간은 휴업기간으로 본다.

제14조【사업자등록 사항의 변경】 ① 사업자가 다음 각 호의 어느 하나에 해당하는 경우에는 지체 없이 사업자의 인적사항, 사업자등록의 변경 사항 및 그 밖의 필요한 사항을 적은 사업자등록 정정신고서를 관할 세무서장이나 그 밖에 신고인의 편의에 따라 선택한 세무서장에게 제출(국세정보통신망에 따른 제출을 포함한다)해야 한다.(2021.2.17 본문개정)
1. 상호를 변경하는 경우
2. 법인 또는 「국세기본법」 제13조제1항 및 제2항에 따라 법인으로 보는 단체 외의 단체로서 기획재정부령으로 정하는 단체가 대표자를 변경하는 경우
3. 기획재정부령으로 정하는 사업의 종류에 변동이 있는 경우
4. 사업장[법 제8조제3항에 따른 사업자 단위 과세 사업자(이하 "사업자 단위 과세 사업자"라 한다)의 경우에는 사업자 단위 과세 적용 사업장을 말한다]을 이전하는 경우
5. 상속으로 사업자의 명의가 변경되는 경우
6. 공동사업자의 구성원 또는 출자지분이 변경되는 경우
7. 임대인, 임대차 목적물 및 그 면적, 보증금, 임차료 또는 임대차기간이 변경되거나 새로 상가건물을 임차한 경우(「상가건물 임대차보호법」 제3조제1항에 따른 상가건물의 임차인이 사업자등록 정정신고를 하려는 경우, 임차인이 같은 법 제5조제2항에 따른 확정일자를 신청하려는 경우 및 확정일자를 받은 임차인에게 변경 등이 있는 경우로 한정한다)
8. 사업자 단위 과세 사업자가 사업자 단위 과세 적용 사업장을 변경하는 경우
9. 사업자 단위 과세 사업자가 종된 사업장을 신설하거나 이전하는 경우
10. 사업자 단위 과세 사업자가 종된 사업장의 사업을 휴업하거나 폐업하는 경우
11. 사이버몰(「전기통신사업법」 제5조에 따른 부가통신사업을 하는 사업자(이하 "부가통신사업자"라 한다)가 컴퓨터 등과 정보통신설비를 이용하여 재화 등을 거래할 수 있도록 설정한 가상의 영업장을 말한다. 이하 같다)에 인적사항 등의 정보를 등록하고 재화 또는 용역을 공급하는 사업을 하는 사업자(이하 "통

신판매업자"라 한다)가 사이버몰의 명칭 또는 「인터넷주소자원에 관한 법률」에 따른 인터넷 도메인이름을 변경하는 경우
② 제1항의 사업자등록정정신고서에는 사업자등록증을 첨부하여야 한다. 이 경우 제11조제3항 각 호의 구분란에 해당하는 내용이 변경된 사업자는 해당 각 호의 첨부서류를 제출하여야 한다.(2018.2.13 후단개정)
③ 제1항의 신고를 받은 세무서장은 다음 각 호의 구분에 따른 기한 이내에 변경 내용을 확인하고 사업자등록증의 기재사항을 정정하여 재발급해야 한다.
1. 제1항제1호 및 제11호의 경우 : 신고일 당일
2. 제1항제2호부터 제10호까지의 경우 : 신고일부터 2일 이내
(2021.2.17 본항개정)
④ 제1항제4호 또는 제8호에 따른 사유로 사업자등록 정정신고를 한 경우 사업장 관할 세무서장은 종전의 사업장 관할 세무서장에게 지체 없이 사업장의 이전 또는 변경 사실을 통지하여야 한다.
⑤ 사업장과 주소지가 동일한 사업자가 사업자등록 신청서 또는 사업자등록 정정신고서를 제출하면서 「주민등록법」에 따른 주소가 변경되면 사업장의 주소도 변경되는 것에 동의한 경우에는 사업자가 「주민등록법」 제16조제1항에 따른 전입신고를 하면 제1항에 따른 사업자등록 정정신고서를 제출한 것으로 본다.
(2020.2.11 본항신설)

제15조【등록말소】 ① 법 제8조제9항에 따라 등록을 말소하는 경우 관할 세무서장은 지체 없이 등록증을 회수해야 하며, 등록증을 회수할 수 없는 경우에는 등록말소 사실을 공시해야 한다.(2021.2.17 본항개정)
② 법 제8조제9항제2호에 따른 사실상 사업을 시작하지 않게 되는 경우는 다음 각 호의 어느 하나에 해당하는 경우로 한다.(2021.2.17 본문개정)
1. 사업자가 사업자등록을 한 후 정당한 사유 없이 6개월 이상 사업을 시작하지 아니하는 경우
2. 사업자가 부도발생, 고액체납 등으로 도산하여 소재불명인 경우
3. 사업자가 인가·허가의 취소 또는 그 밖의 사유로 사업을 수행할 수 없어 사실상 폐업상태에 있는 경우
4. 사업자가 정당한 사유 없이 계속하여 둘 이상의 과세기간에 걸쳐 부가가치세를 신고하지 아니하고 사실상 폐업상태에 있는 경우
5. 그 밖에 제1호부터 제4호까지의 규정과 유사한 사유로 사실상 사업을 시작하지 아니하는 경우

제16조【사업자등록증의 갱신】 관할 세무서장은 법 제8조제10항에 따라 부가가치세의 업무를 효율적으로 처리하기 위하여 필요하다고 인정되면 사업자등록증을 갱신하여 발급할 수 있다.(2021.2.17 본조개정)

제17조【사업자 단위 과세의 포기】 ① 사업자 단위 과세 사업자가 각 사업장별로 신고·납부하거나 제92조에 따른 주사업장 총괄 납부를 하려는 경우에는 그 납부하려는 과세기간 개시 20일 전에 다음 각 호의 사항을 적은 사업자 단위 과세 포기신고서를 사업자 단위 과세 적용 사업장 관할 세무서장에게 제출하여야 한다.
1. 사업자의 인적사항
2. 사업자 단위 과세 포기사유
3. 그 밖의 참고 사항
② 사업자 단위 과세 적용 사업장 관할 세무서장은 제1항에 따른 사업자 단위 과세 포기신고서의 처리결과를 지체 없이 해당 사업자와 종된 사업장의 관할 세무서장에게 통지하여야 한다.
③ 제1항에 따라 사업자 단위 과세를 포기한 경우에는 그 포기한 날이 속하는 과세기간의 다음 과세기간부터 사업자 단위 과세 포기신고서에 적은 내용에 따라 각

사업장별로 신고·납부하거나 제92조에 따른 주사업장 총괄 납부를 하여야 한다.

제2장 과세거래

제1절 과세대상 거래

제18조【재화 공급의 범위】 ① 법 제9조제1항에 따른 재화의 공급은 다음 각 호의 것으로 한다.
1. 현금판매, 외상판매, 할부판매, 장기할부판매, 조건부 및 기한부 판매, 위탁판매와 그 밖의 매매계약에 따라 재화를 인도하거나 양도하는 것
2. 자기가 주요자재의 전부 또는 일부를 부담하고 상대방으로부터 인도받은 재화를 가공하여 새로운 재화를 만드는 가공계약에 따라 재화를 인도하는 것
3. 재화의 인도 대가로서 다른 재화를 인도받거나 용역을 제공받는 교환계약에 따라 재화를 인도하거나 양도하는 것
4. 경매, 수용, 현물출자와 그 밖의 계약상 또는 법률상의 원인에 따라 재화를 인도하거나 양도하는 것
5. 국내로부터 보세구역에 있는 창고(제2항제1호 및 제2호에 따른 창고로 한정한다)에 임치된 임치물을 국내로 다시 반입하는 것
② 제1항제1호에도 불구하고 다음 각 호의 어느 하나에 해당하는 것은 재화의 공급으로 보지 아니한다.
1. 보세구역에 있는 조달청 창고(조달청장이 개설한 것으로서 「관세법」 제174조에 따라 세관장의 특허를 받은 보세창고를 말한다. 이하 같다)에 보관된 물품에 대하여 조달청장이 발행하는 창고증권의 양도로서 임치물의 반환이 수반되지 아니하는 것(창고증권을 가진 사업자가 보세구역의 다른 사업자에게 인도하기 위하여 조달청 창고에서 임치물을 넘겨받는 경우를 포함한다)
2. 보세구역에 있는 기획재정부령으로 정하는 거래소의 지정창고에 보관된 물품에 대하여 같은 거래소의 지정창고가 발행하는 창고증권의 양도로서 임치물의 반환이 수반되지 아니하는 것(창고증권을 가진 사업자가 보세구역의 다른 사업자에게 인도하기 위하여 지정창고에서 임치물을 넘겨받는 경우를 포함한다)
3. 사업자가 위탁가공을 위하여 원자재를 국외의 수탁가공 사업자에게 대가 없이 반출하는 것〔제31조제1항제5호에 따라 영(零) 퍼센트의 세율(이하 "영세율"이라 한다)이 적용되는 것은 제외한다〕
4. 「한국석유공사법」에 따른 한국석유공사가 「석유 및 석유대체연료 사업법」에 따라 비축된 석유를 수입통관하지 아니하고 보세구역에 보관하면서 제8조제6항에 따른 국내사업장이 없는 비거주자 또는 외국법인과 무위험차익거래 방식으로 소비대차(消費貸借)하는 것
③ 제1항제4호에도 불구하고 다음 각 호의 어느 하나에 해당하는 것은 재화의 공급으로 보지 않는다.
(2021.2.17 본문개정)
1. 「국세징수법」 제66조에 따른 공매(같은 법 제67조에 따른 수의계약에 따라 매각하는 것을 포함한다)에 따라 재화를 인도하거나 양도하는 것(2021.2.17 본호개정)
2. 「민사집행법」에 따른 경매(같은 법에 따른 강제경매, 담보권 실행을 위한 경매와 「민법」·「상법」 등 그 밖의 법률에 따른 경매를 포함한다)에 따라 재화를 인도하거나 양도하는 것
3. 「도시 및 주거환경정비법」, 「공익사업을 위한 토지 등의 취득 및 보상에 관한 법률」 등에 따른 수용절차에서 수용대상 재화의 소유자가 수용된 재화에 대한 대가를 받는 경우
4. 「도시 및 주거환경정비법」 제64조제4항에 따른 사업

시행자의 매도청구에 따라 재화를 인도하거나 양도하는 것(2023.2.28 본호신설)

제19조【자기생산·취득재화 중 영업 외의 용도로 사용하는 것을 재화의 공급으로 보는 자동차 관련 업종 등의 범위】 법 제10조제2항제2호에서 "운수업, 자동차판매업 등 대통령령으로 정하는 업종"이란 다음 각 호의 업종을 말한다.(2014.2.21 본문개정)
1. 운수업
2. 자동차 판매업
3. 자동차 임대업
4. 운전학원업
5. 「경비업법」 제2조제1호라목에 따른 기계경비업무를 하는 경비업. 이 경우 법 제10조제2항제2호에서의 자동차는 「경비업법」 제16조의3에 따른 출동차량에 한정하여 적용한다.(2015.2.3 본호개정)
6. 제1호부터 제5호까지의 업종과 유사한 업종(2015.2.3 본호신설)
(2015.2.3 본조제목개정)

제19조의2【실비변상적이거나 복리후생적인 목적으로 제공해 재화의 공급으로 보지 않는 경우】 법 제10조제4항 후단에서 "대통령령으로 정하는 경우"란 다음 각 호의 어느 하나에 해당하는 경우를 말한다. 이 경우 시가보다 낮은 대가를 받고 제공하는 것은 시가와 받은 대가의 차액에 한정한다.
1. 사업을 위해 착용하는 작업복, 작업모 및 작업화를 제공하는 경우
2. 직장 연예 및 직장 문화와 관련된 재화를 제공하는 경우
3. 다음 각 목의 어느 하나에 해당하는 재화를 제공하는 경우. 이 경우 각 목별로 각각 사용인 1명당 연간 10만원을 한도로 하며, 10만원을 초과하는 경우 해당 초과액에 대해서는 재화의 공급으로 본다.
   가. 경조사와 관련된 재화
   나. 설날·추석, 창립기념일 및 생일 등과 관련된 재화
   (2020.10.7 본호개정)
(2019.2.12 본조신설)

제20조【사업을 위한 증여로서 재화의 공급으로 보지 아니하는 것의 범위】 법 제10조제5항 단서에서 "대통령령으로 정하는 것"이란 다음 각 호의 어느 하나에 해당하는 것을 증여하는 것을 말한다.
1. 사업을 위하여 대가를 받지 아니하고 다른 사업자에게 인도하거나 양도하는 견본품
2. 「재난 및 안전관리 기본법」의 적용을 받아 특별재난지역에 공급하는 물품
3. 제61조제2항제9호나목에 따른 자기적립마일리지등으로만 전부를 결제받고 공급하는 재화(2018.2.13 본호개정)

제21조【위탁판매 등의 경우 수탁자 또는 대리인이 재화를 공급하거나 공급받는 것으로 보는 경우】 법 제10조제7항 단서에서 "대통령령으로 정하는 경우"란 위탁매매 또는 대리인에 의한 매매를 하는 해당 거래 또는 재화의 특성상 또는 보관·관리상 위탁자 또는 본인을 알 수 없는 경우를 말한다.

제21조의2【위탁자 지위의 이전을 신탁재산의 공급으로 보지 않는 경우】 법 제10조제8항 단서에서 "대통령령으로 정하는 경우"란 다음 각 호의 경우를 말한다.
1. 「자본시장과 금융투자업에 관한 법률」에 따른 집합투자기구의 집합투자업자가 다른 집합투자업자에게 위탁자의 지위가 이전되는 경우
2. 신탁재산의 실질적인 소유권이 위탁자가 아닌 제3자에게 있는 경우 등 위탁자의 지위 이전에도 불구하고 신탁재산에 대한 실질적인 소유권의 변동이 있다고 보기 어려운 경우
(2022.2.15 본조신설)

제22조【재화의 공급으로 보지 아니하는 담보 제공】
법 제10조제9항제1호에서 "대통령령으로 정하는 것"이란 질권, 저당권 또는 양도담보의 목적으로 동산, 부동산 및 부동산상의 권리를 제공하는 것을 말한다. (2018.2.13 본조개정)

제23조【재화의 공급으로 보지 아니하는 사업 양도】 법 제10조제9항제2호 본문에서 "대통령령으로 정하는 것"이란 사업장별(「상법」에 따라 분할하거나 분할합병하는 경우에는 같은 사업장 안에서 사업부문별로 구분하는 경우를 포함한다)로 그 사업에 관한 모든 권리와 의무를 포괄적으로 승계시키는 것(「법인세법」 제46조제2항 또는 제47조제1항의 요건을 갖춘 분할의 경우 및 양수자가 승계받은 사업 외에 새로운 사업의 종류를 추가하거나 사업의 종류를 변경한 경우를 포함한다)을 말한다. 이 경우 그 사업에 관한 권리와 의무 중 다음 각 호의 것을 포함하지 아니하고 승계시킨 경우에도 그 사업을 포괄적으로 승계시킨 것으로 본다. (2018.2.13 전단개정)
1. 미수금에 관한 것
2. 미지급금에 관한 것
3. 해당 사업과 직접 관련이 없는 토지·건물 등에 관한 것으로서 기획재정부령으로 정하는 것

제24조【재화의 공급으로 보지 아니하는 조세의 물납】 법 제10조제9항제3호에서 "대통령령으로 정하는 것"이란 사업용 자산을 「상속세 및 증여세법」 제73조 및 「지방세법」 제117조에 따라 물납(物納)하는 것을 말한다.(2019.2.12 본조개정)

제25조【용역 공급의 범위】 다음 각 호의 어느 하나에 해당하는 것은 법 제11조에 따른 용역의 공급으로 본다.
1. 건설업의 경우 건설사업자가 건설자재의 전부 또는 일부를 부담하는 것(2020.2.18 본호개정)
2. 자기가 주요자재를 전혀 부담하지 아니하고 상대방으로부터 인도받은 재화를 단순히 가공해 주는 것
3. 산업상·상업상 또는 과학상의 지식·경험 또는 숙련에 관한 정보를 제공하는 것

제26조【용역의 공급으로 보는 특수관계인에 대한 사업용 부동산의 임대용역】 ① 법 제12조제2항 단서에서 "대통령령으로 정하는 특수관계인"이란 「소득세법 시행령」 제98조제1항 또는 「법인세법 시행령」 제2조제5항 각 호에 따른 자(이하 "특수관계인"이라 한다)를 말한다.(2019.2.12 본항개정)
② 법 제12조제2항 단서에서 "사업용 부동산의 임대용역 등 대통령령으로 정하는 용역"이란 사업용 부동산의 임대용역 중 다음 각 호에 해당하는 것을 제외한 것으로 한다.(2018.2.13 본문개정)
1. 「산업교육진흥 및 산학연협력촉진에 관한 법률」 제25조에 따라 설립된 산학협력단과 같은 법 제2조제2호다목의 대학 간 사업용 부동산의 임대용역
2. 「공공주택 특별법」 제4조제1항제1호부터 제4호까지의 규정에 해당하는 자와 같은 항 제6호에 따른 부동산투자회사 간 사업용 부동산의 임대용역
(2018.2.13 1호~2호신설)

제27조【보세구역】 법 제13조에서 "대통령령으로 정하는 보세구역"이란 다음 각 호의 구역 또는 지역을 말한다.
1. 「관세법」에 따른 보세구역
2. 「자유무역지역의 지정 및 운영에 관한 법률」에 따른 자유무역지역

제2절 공급시기와 공급장소

제28조【구체적인 거래 형태에 따른 재화의 공급시기】 ① 법 제15조제1항 후단에 따른 구체적인 거래 형태별 재화의 공급시기는 다음 표에 따른다.

구분	공급시기
1. 현금판매, 외상판매 또는 할부판매의 경우	재화가 인도되거나 이용가능하게 되는 때
2. 상품권 등을 현금 또는 외상으로 판매하고 그 후 그 상품권 등이 현물과 교환되는 경우	재화가 실제로 인도되는 때
3. 재화의 공급으로 보는 가공의 경우	가공된 재화를 인도하는 때

② 반환조건부 판매, 동의조건부 판매, 그 밖의 조건부 판매 및 기한부 판매의 경우에는 그 조건이 성취되거나 기한이 지나 판매가 확정되는 때를 공급시기로 본다.
③ 다음 각 호의 어느 하나에 해당하는 경우에는 대가의 각 부분을 받기로 한 때를 재화의 공급시기로 본다. 다만, 제2호와 제3호의 경우 재화가 인도되거나 이용가능하게 되는 날 이후에 받기로 한 대가의 부분에 대해서는 재화가 인도되거나 이용가능하게 되는 날을 그 재화의 공급시기로 본다.
1. 기획재정부령으로 정하는 장기할부판매의 경우
2. 완성도기준지급조건부로 재화를 공급하는 경우
3. 기획재정부령으로 정하는 중간지급조건부로 재화를 공급하는 경우
4. 전력이나 그 밖에 공급단위를 구획할 수 없는 재화를 계속적으로 공급하는 경우
④ 법 제10조에 따라 재화의 공급으로 보는 경우에는 다음 표의 구분에 따른 때를 재화의 공급시기로 본다.

구분	공급시기
1. 법 제10조제1항·제2항 및 제4항에 따라 재화의 공급으로 보는 경우	재화를 사용하거나 소비하는 때
2. 법 제10조제3항에 따라 공급으로 보는 경우	재화를 반출하는 때
3. 법 제10조제5항에 따라 재화의 공급으로 보는 경우	재화를 증여하는 때
4. 법 제10조제6항에 따라 재화의 공급으로 보는 경우	제7조에 따른 폐업일

⑤ 무인판매기를 이용하여 재화를 공급하는 경우 해당 사업자가 무인판매기에서 현금을 꺼내는 때를 재화의 공급시기로 본다.
⑥ 수출재화의 경우 다음 표의 구분에 따른 때를 재화의 공급시기로 본다.

구분	공급시기
1. 법 제21조제2항제1호 또는 이 영 제31조제1항제1호·제6호에 해당하는 경우	수출재화의 선(기)적일
2. 원양어업 또는 제31조제1항제2호에 해당하는 경우	수출재화의 공급가액이 확정되는 때
3. 제31조제1항제3호부터 제5호까지의 규정 중 어느 하나에 해당하는 경우	외국에서 해당 재화가 인도되는 때

(2019.2.12 본항개정)
⑦ 사업자가 보세구역 안에서 보세구역 밖의 국내에 재화를 공급하는 경우가 재화의 수입에 해당할 때에는 수입신고 수리일을 재화의 공급시기로 본다.
⑧ 제18조제2항제1호 및 제2호에 따른 조달청 창고 또는 거래소의 지정창고에 보관된 임치물의 반환이 수반되어 재화를 공급하는 경우에는 다음 표의 구분에 따른 때를 재화의 공급시기로 본다.

구분	공급시기
1. 창고증권을 소지한 사업자가 해당 조달청 창고 또는 거래소의 지정창고에서 실물을 넘겨받은 후	해당 재화를 인도하는 때

보세구역의 다른 사업자에게 해당 재화를 인도하는 경우	
2. 해당 재화를 실물로 넘겨받는 것이 재화의 수입에 해당하는 경우	그 수입신고 수리일
3. 국내로부터 조달청 창고 또는 거래소의 지정창고에 임치된 임치물이 국내로 반입되는 경우	그 반입신고 수리일

⑨ 제1항부터 제8항까지의 규정에도 불구하고 사업자가 폐업 전에 공급한 재화의 공급시기가 폐업일 이후에 도래하는 경우에는 그 폐업일을 공급시기로 본다.

⑩ 법 제10조제7항 본문에 따른 위탁판매 또는 대리인에 의한 매매의 경우에는 수탁자 또는 대리인의 공급을 기준으로 하여 제1항부터 제9항까지의 규정을 적용한다. 다만, 법 제10조제7항 단서에 따른 위탁자 또는 본인을 알 수 없는 경우에는 위탁자와 수탁자 또는 본인과 대리인 사이에도 별개의 공급이 이루어진 것으로 보아 제1항부터 제9항까지의 규정을 적용한다.

⑪ 납세의무가 있는 사업자가 「여신전문금융업법」에 따라 등록한 시설대여업자로부터 시설 등을 임차하고 그 시설 등을 공급자 또는 세관장으로부터 직접 인도받은 경우에는 그 사업자가 공급자로부터 재화를 직접 공급받거나 외국으로부터 재화를 직접 수입한 것으로 보아 제1항부터 제9항까지의 규정을 적용한다.

제29조【할부 또는 조건부로 용역을 공급하는 경우 등의 용역의 공급시기】

① 다음 각 호의 어느 하나에 해당하는 경우에는 대가의 각 부분을 받기로 한 때를 법 제16조제2항에 따른 할부 또는 조건부로 용역을 공급하는 경우 등의 용역의 공급시기로 본다. 다만, 제2호와 제3호의 경우 역무의 제공이 완료되는 날 이후 받기로 한 대가의 부분에 대해서는 역무의 제공이 완료되는 날을 그 용역의 공급시기로 본다.

1. 기획재정부령으로 정하는 장기할부조건부 또는 그 밖의 조건부로 용역을 공급하는 경우
2. 완성도기준지급조건부로 용역을 공급하는 경우
3. 기획재정부령으로 정하는 중간지급조건부로 용역을 공급하는 경우
4. 공급단위를 구획할 수 없는 용역을 계속적으로 공급하는 경우

② 법 제16조제2항에 따른 용역의 공급시기는 다음 각 호의 구분에 따른다.

1. 역무의 제공이 완료되는 때 또는 대가를 받기로 한 때를 공급시기로 볼 수 없는 경우 : 역무의 제공이 완료되고 그 공급가액이 확정되는 때
2. 사업자가 부동산 임대용역을 공급하는 경우로서 다음 각 목의 어느 하나에 해당하는 경우 : 예정신고기간 또는 과세기간의 종료일
   가. 법 제29조제10항제1호에 따른 경우
   나. 법 제29조제10항제3호에 따른 경우
   다. 사업자가 부동산을 임차하여 다시 임대용역을 제공하는 경우로서 제65조제2항에 따라 과세표준을 계산하는 경우
3. 다음 각 목의 어느 하나에 해당하는 용역을 둘 이상의 과세기간에 걸쳐 계속적으로 제공하고 그 대가를 선불로 받는 경우 : 예정신고기간 또는 과세기간의 종료일
   가. 헬스클럽 등 스포츠센터를 운영하는 사업자가 연회비를 미리 받고 회원들에게 시설을 이용하게 하는 것
   나. 사업자가 다른 사업자와 상표권 사용계약을 할 때 사용대가 전액을 일시불로 받고 상표권을 사용하게 하는 것
   다. 「노인복지법」에 따른 노인복지시설(유료인 경우에만 해당한다)을 설치·운영하는 사업자가 그 시설을 분양받은 자로부터 입주 후 수영장·헬스클럽

장 등을 이용하는 대가를 입주 전에 미리 받고 시설 내 수영장·헬스클럽장 등을 이용하게 하는 것
   라. 그 밖에 가목부터 다목까지의 규정과 유사한 용역
4. 사업자가 「사회기반시설에 대한 민간투자법」 제4조제3호의 방식을 준용하여 설치한 시설에 대하여 둘 이상의 과세기간에 걸쳐 계속적으로 시설을 이용하게 하고 그 대가를 받는 경우 : 예정신고기간 또는 과세기간의 종료일

③ 제1항과 제2항에도 불구하고 폐업 전에 공급한 용역의 공급시기가 폐업일 이후에 도래하는 경우에는 폐업일을 공급시기로 본다.

제30조【할부로 공급하는 경우 등의 세금계산서 등 발급에 의한 재화 또는 용역 공급시기의 특례】

법 제17조제4항에서 "대통령령으로 정하는 경우의 공급시기"란 다음 각 호의 공급시기를 말한다.

1. 장기할부판매로 재화를 공급하거나 장기할부조건부로 용역을 공급하는 경우의 공급시기
2. 제28조제3항제4호에 따라 전력이나 그 밖에 공급단위를 구획할 수 없는 재화를 계속적으로 공급하는 경우의 공급시기
3. 제29조제1항제4호에 따라 그 공급단위를 구획할 수 없는 용역을 계속적으로 공급하는 경우의 공급시기

제3장 영세율과 면세

제1절 영세율의 적용

제31조【수출의 범위】

① 법 제21조제2항제2호에서 "중계무역 방식의 거래 등 대통령령으로 정하는 것"이란 다음 각 호의 것을 말한다.

1. 중계무역 방식의 수출(수출할 것을 목적으로 물품 등을 수입하여 「관세법」 제154조에 따른 보세구역 및 같은 법 제156조에 따라 보세구역 외 장치의 허가를 받은 장소 또는 「자유무역지역의 지정 및 운영에 관한 법률」 제4조에 따른 자유무역지역 외의 국내에 반입하지 아니하는 방식의 수출을 말한다)
2. 위탁판매수출(물품 등을 무환(無換)으로 수출하여 해당 물품이 판매된 범위에서 대금을 결제하는 계약에 의한 수출을 말한다)
3. 외국인도수출(수출대금은 국내에서 영수(領收)하지만 국내에서 통관되지 아니한 수출물품 등을 외국으로 인도하거나 제공하는 수출을 말한다)
4. 위탁가공무역 방식의 수출(가공임(加工賃)을 지급하는 조건으로 외국에서 가공(제조, 조립, 재성, 개조를 포함한다. 이하 같다)할 원료의 전부 또는 일부를 거래 상대방에게 수출하거나 외국에서 조달하여 가공한 후 가공물품 등을 외국으로 인도하는 방식의 수출을 말한다)
5. 원료를 대가 없이 국외의 수탁가공 사업자에게 반출하여 가공한 재화를 양도하는 경우에 그 원료의 반출
6. 「관세법」에 따른 수입신고 수리 전의 물품으로서 보세구역에 보관하는 물품의 외국으로의 반출 (2019.2.12 본호신설)

② 법 제21조제2항제3호에서 "대통령령으로 정하는 것"이란 다음 각 호의 재화를 말한다.

1. 사업자가 기획재정부령으로 정하는 내국신용장 또는 구매확인서에 의하여 공급하는 재화(금지금은 제외한다)
2. 사업자가 「한국국제협력단법」에 따른 한국국제협력단에 공급하는 재화(한국국제협력단이 같은 법 제7조에 따른 사업을 위하여 외국에 무상으로 반출하는 재화로 한정한다)

3. 사업자가 「한국국제보건의료재단법」에 따른 한국국제보건의료재단에 공급하는 재화(한국국제보건의료재단이 같은 법 제7조에 따른 사업을 위하여 외국에 무상으로 반출하는 재화로 한정한다)
4. 사업자가 「대한적십자사 조직법」에 따른 대한적십자사에 공급하는 재화(대한적십자사가 같은 법 제7조에 따른 사업을 위하여 외국에 무상으로 반출하는 재화로 한정한다)
5. 사업자가 다음 각 목의 요건에 따라 공급하는 재화
가. 국외의 비거주자 또는 외국법인(이하 이 호에서 "비거주자등"이라 한다)과 직접 계약에 따라 공급할 것
나. 대금을 외국환은행에서 원화로 받을 것
다. 비거주자등이 지정하는 국내의 다른 사업자에게 인도할 것
라. 국내의 다른 사업자가 비거주자등과 계약에 따라 인도받은 재화를 그대로 반출하거나 제조·가공한 후 반출할 것

제32조【선박 또는 항공기에 의한 외국항행용역의 범위】 ① 법 제23조제2항에서 "대통령령으로 정하는 것"이란 다음 각 호의 것을 말한다.
1. 다른 외국항행사업자가 운용하는 선박 또는 항공기의 탑승권을 판매하거나 화물운송계약을 체결하는 것
2. 외국을 항행하는 선박 또는 항공기 내에서 승객에게 공급하는 것
3. 자기의 승객만이 전용(專用)하는 버스를 탑승하게 하는 것
4. 자기의 승객만이 전용하는 호텔에 투숙하게 하는 것
② 다음 각 호의 어느 하나에 해당하는 용역은 법 제23조제3항에 따라 외국항행용역의 범위에 포함된다.
1. 운송주선업자가 국제복합운송계약에 의하여 화주(貨主)로부터 위탁을 인수하고 자기 책임과 계산으로 타인의 선박 또는 항공기 등의 운송수단을 이용하여 화물을 운송하고 화주로부터 운임을 받는 국제운송용역
2. 「항공사업법」에 따른 상업서류 송달용역
(2017.3.29 본호개정)

제33조【그 밖의 외화 획득 재화 또는 용역 등의 범위】 ① 법 제24조제1항제2호에서 "대통령령으로 정하는 방법에 따라 재화 또는 용역을 공급하는 경우"란 국세청장이 정하는 바에 따라 관할 세무서장으로부터 외교관면세점으로 지정받은 사업장(「개별소비세법 시행령」 제28조에 따라 지정받은 판매장을 포함한다)에서 외교부장관이 발행하는 외교관 면세카드를 제시받아 다음 각 호의 어느 하나에 해당하는 재화 또는 용역을 공급하는 경우로서 법 제24조제1항제2호에 따른 자(이하 이 항에서 "외교관등"이라 한다)의 성명, 국적, 외교관 면세카드 번호, 품명, 수량, 공급가액 등이 적힌 외교관면세 판매기록표에 의하여 외교관등에게 공급한 것이 확인되는 경우를 말한다.
1. 음식·숙박 용역
2. 「개별소비세법 시행령」 제24조제1항 및 제27조에 따른 물품
3. 「교통·에너지·환경세법 시행령」 제20조제1항에 따른 석유류
4. 「주세법」에 따른 주류
5. 전력
6. 외교부장관의 승인을 받아 구입하는 자동차
② 법 제24조제1항제3호에서 "대통령령으로 정하는 경우"란 다음 각 호의 어느 하나에 해당하는 것을 공급하는 경우를 말한다.
1. 국내에서 국내사업장이 없는 비거주자(국내에 거소를 둔 개인, 법 제24조제1항제1호에 따른 외교공관등

의 소속 직원, 우리나라에 상주하는 국제연합군 또는 미합중국군대의 군인 또는 군무원은 제외한다. 이하 이 항에서 같다) 또는 외국법인에 공급되는 다음 각 목의 어느 하나에 해당하는 재화 또는 사업에 해당하는 용역으로서 그 대금을 외국환은행에서 원화로 받거나 기획재정부령으로 정하는 방법으로 받는 것. 다만, 나목 중 전문서비스업과 아목 및 자목에 해당하는 용역의 경우에는 해당 국가에서 우리나라의 거주자 또는 내국법인에 대하여 동일하게 면세하는 경우(우리나라의 부가가치세 또는 이와 유사한 성질의 조세가 없거나 면세하는 경우를 말한다. 이하 이 항에서 같다)에 한정한다.(2020.2.11 단서개정)
가. 비거주자 또는 외국법인이 지정하는 국내사업자에게 인도되는 재화로서 해당 사업자의 과세사업에 사용되는 재화
나. 전문, 과학 및 기술 서비스업[수의업(獸醫業), 제조업 회사본부 및 기타 산업 회사본부는 제외한다]
다. 사업지원 및 임대서비스업 중 무형재산권 임대업(2020.2.11 본목개정)
라. 통신업
마. 컨테이너수리업, 보세구역 내의 보관 및 창고업, 「해운법」에 따른 해운대리점업, 해운중개업 및 선박관리업(2016.2.17 본목개정)
바. 정보통신업 중 뉴스 제공업, 영상·오디오 기록물 제작 및 배급업(영화관 운영업과 비디오물 감상실 운영업은 제외한다), 소프트웨어 개발업, 컴퓨터 프로그래밍, 시스템 통합관리업, 자료처리, 호스팅, 포털 및 기타 인터넷 정보매개서비스업, 기타 정보 서비스업(2020.2.11 본목개정)
사. 상품 중개업 및 전자상거래 소매 중개업(2022.2.15 본목개정)
아. 사업시설관리 및 사업지원 서비스업(조경 관리 및 유지 서비스업, 여행사 및 기타 여행보조 서비스업은 제외한다)
자. 「자본시장과 금융투자업에 관한 법률」 제6조제1항제4호에 따른 투자자문업(2020.2.11 본목신설)
차. 교육 서비스업(교육지원 서비스업으로 한정한다)
카. 보건업(임상시험용역을 공급하는 경우로 한정한다)(2015.2.3 본목개정)
타. 그 밖에 가목부터 차목까지의 규정과 유사한 재화 또는 용역으로서 기획재정부령으로 정하는 것(2015.2.3 본목신설)
2. 비거주자 또는 외국법인의 국내사업장이 있는 경우에 국내에서 국외의 비거주자 또는 외국법인과 직접 계약하여 공급하는 재화 또는 용역 중 제1호 각 목의 어느 하나에 해당하는 재화 또는 사업(제1호나목 중 전문서비스업과 같은 호 아목 및 자목에 해당하는 용역의 경우에는 해당 국가에서 우리나라의 거주자 또는 내국법인에 대하여 동일하게 면세하는 경우에 한정한다)에 해당하는 용역. 다만, 그 대금을 해당 국외 비거주자 또는 외국법인으로부터 외국환은행에서 원화로 받거나 기획재정부령으로 정하는 방법으로 받는 경우로 한정한다.(2020.2.11 본문개정)
3. 수출업자와 직접 도급계약에 의하여 수출재화를 임가공하는 수출재화임가공용역(수출재화염색임가공을 포함한다. 이하 같다). 다만, 사업자가 법 제32조에 따라 부가가치세를 별도로 적은 세금계산서를 발급한 경우는 제외한다.
4. 기획재정부령으로 정하는 내국신용장 또는 구매확인서에 의하여 공급하는 수출재화임가공용역
5. 외국을 항행하는 선박 및 항공기 또는 원양어선에 공급하는 재화 또는 용역. 다만, 사업자가 법 제32조에 따라 부가가치세를 별도로 적은 세금계산서를 발급한 경우는 제외한다.

6. 우리나라에 상주(常住)하는 국제연합군 또는 미합중국군대[「대한민국과 아메리카합중국간의 상호방위조약」 제4조에 의한 시설과 구역 및 대한민국에서의 합중국 군대의 지위에 관한 협정」 제16조제3항에 따른 공인 조달기관(公認 調達機關)을 포함한다)에 공급하는 재화 또는 용역(2021.2.17 본호개정)
7. 「관광진흥법 시행령」에 따른 종합여행업자가 외국인 관광객에게 공급하는 관광알선용역. 다만, 그 대가를 다음 각 목의 어느 하나의 방법으로 받는 경우로 한정한다.(2021.3.23 본문개정)
　가. 외국환은행에서 원화로 받는 것
　나. 외화 현금으로 받은 것 중 국세청장이 정하는 관광알선수수료명세서와 외화매입증명서에 의하여 외국인 관광객과의 거래임이 확인되는 것
8. (2015.2.3 삭제)
9. 다음 각 목의 어느 하나에 해당하는 사업자가 국내에서 공급하는 재화 또는 용역. 다만, 그 대가를 외화로 받고 그 외화를 외국환은행에서 원화로 환전하는 경우로 한정한다.
　가. 「개별소비세법」 제17조제1항에 따른 지정을 받아 외국인전용판매장을 경영하는 자
　나. 「조세특례제한법」 제115조에 따른 주한외국군인 및 외국인선원 전용 유흥음식점업을 경영하는 자

제2절 면 세

제34조【면세하는 미가공식료품 등의 범위】 ① 법 제26조제1항제1호에 따른 가공되지 아니한 식료품(이하 이 조에서 "미가공식료품"이라 한다)은 다음 각 호의 것으로서 가공되지 아니하거나 탈곡·정미·정맥·정분·정육·건조·냉동·염장·포장이나 그 밖에 원생산물 본래의 성질이 변하지 아니하는 정도의 1차 가공을 거쳐 식용으로 제공하는 것으로 한다. 이 경우 다음 각 호에 따른 미가공식료품의 범위에 관하여 필요한 사항은 기획재정부령으로 정한다.
1. 곡류
2. 서류
3. 특용작물류
4. 과실류
5. 채소류
6. 수축류
7. 수육류
8. 유란류(우유와 분유를 포함한다)
9. 생선류(고래를 포함한다)
10. 패류
11. 해조류
12. 제1호부터 제11호까지의 것 외에 식용으로 제공되는 농산물, 축산물, 수산물 또는 임산물
13. 소금[「식품위생법」 제7조제1항에 따라 식품의약품안전처장이 정한 식품의 기준 및 규격에 따른 천일염(天日鹽) 및 재제(再製)소금을 말한다. 이하 같다]
② 미가공식료품에는 다음 각 호의 것을 포함한다.
1. 김치, 두부 등 기획재정부령으로 정하는 단순 가공식료품
2. 원생산물 본래의 성질이 변하지 아니하는 정도로 1차 가공을 하는 과정에서 필수적으로 발생하는 부산물
3. 미가공식료품을 단순히 혼합한 것
4. 쌀에 식품첨가물 등을 첨가 또는 코팅하거나 버섯균 등을 배양한 것으로서 기획재정부령으로 정하는 것
③ 법 제26조제1항제1호에 따른 농산물, 축산물, 수산물과 임산물은 다음 각 호의 것으로 한다.
1. 원생산물
2. 원생산물 본래의 성상(性狀)이 변하지 아니하는 정도의 원시가공을 거친 것

3. 제2호에 따른 원시가공을 하는 과정에서 필수적으로 발생하는 부산물
제35조【면세하는 의료보건 용역의 범위】 법 제26조제1항제5호에 따른 의료보건 용역은 다음 각 호의 용역(「의료법」 또는 「수의사법」에 따라 의료기관 또는 동물병원을 개설한 자가 제공하는 것을 포함한다)으로 한다.
1. 「의료법」에 따른 의사, 치과의사, 한의사, 조산사 또는 간호사가 제공하는 용역. 다만, 「국민건강보험법」 제41조제4항에 따라 요양급여의 대상에서 제외되는 다음 각 목의 진료용역은 제외한다.(2016.8.2 단서개정)
　가. 쌍꺼풀수술, 코성형수술, 유방확대·축소수술(유방암 수술에 따른 유방 재건술은 제외한다), 지방흡입술, 주름살제거술, 안면윤곽술, 치아성형(치아미백, 라미네이트와 잇몸성형술을 말한다) 등 성형수술(성형수술로 인한 후유증 치료, 선천성 기형의 재건수술과 종양 제거에 따른 재건수술은 제외한다)과 악안면 교정술(치아교정치료가 선행되는 악안면 교정술은 제외한다)
　나. 색소모반·주근깨·흑색점·기미 치료술, 여드름 치료술, 제모술, 탈모치료술, 모발이식술, 문신술 및 문신제거술, 피어싱, 지방융해술, 피부재생술, 피부미백술, 항노화치료술 및 모공축소술
　(2014.1.1 가목~나목개정)
2. 「의료법」에 따른 접골사(接骨士), 침사(鍼士), 구사(灸士) 또는 안마사가 제공하는 용역
3. 「의료기사 등에 관한 법률」에 따른 임상병리사, 방사선사, 물리치료사, 작업치료사, 치과기공사 또는 치과위생사가 제공하는 용역
4. 「약사법」에 따른 약사가 제공하는 의약품의 조제용역
5. 「수의사법」에 따른 수의사가 제공하는 용역. 다만, 동물의 진료용역은 다음 각 목의 어느 하나에 해당하는 진료용역으로 한정한다.
　가. 「축산물 위생관리법」에 따른 가축에 대한 진료용역(2014.1.28 본목개정)
　나. 「수산생물질병 관리법」에 따른 수산동물에 대한 진료용역
　다. 「장애인복지법」 제40조제2항에 따른 장애인 보조견표지를 발급받은 장애인 보조견에 대한 진료용역
　라. 「국민기초생활 보장법」 제2조제2호에 따른 수급자가 기르는 동물의 진료용역
　마. 가목부터 라목까지의 규정에 따른 진료용역 외에 질병 예방 및 치료를 목적으로 하는 동물의 진료용역으로서 농림축산식품부장관 또는 해양수산부장관이 기획재정부장관과 협의하여 고시하는 용역(2023.9.26 본목개정)
6. 장의업자가 제공하는 장의용역
7. 「장사 등에 관한 법률」 제14조부터 제16조까지의 규정에 따라 사설묘지, 사설화장시설, 사설봉안시설 또는 사설자연장지를 설치·관리 또는 조성하는 자가 제공하는 묘지분양, 화장, 유골 안치, 자연장지분양 및 관리업 관련 용역(2022.2.15 본호개정)
8. 지방자치단체로부터 「장사 등에 관한 법률」 제13조제1항에 따른 공설묘지, 공설화장시설, 공설봉안시설 또는 공설자연장지의 관리를 위탁받은 자가 제공하는 묘지분양, 화장, 유골 안치, 자연장지분양 및 관리업 관련 용역(2022.2.15 본호개정)
9. 「응급의료에 관한 법률」 제2조제8호에 따른 응급환자이송업자가 제공하는 응급환자이송용역
10. 「하수도법」 제45조에 따른 분뇨수집·운반업의 허가를 받은 사업자와 「가축분뇨의 관리 및 이용에 관한 법률」 제28조에 따른 가축분뇨수집·운반업 또는 가축분뇨처리업의 허가를 받은 사업자가 공급하는 용역

11. 「감염병의 예방 및 관리에 관한 법률」 제52조에 따라 소독업의 신고를 한 사업자가 공급하는 소독용역
12. 「폐기물관리법」 제25조에 따라 생활폐기물 또는 의료폐기물의 폐기물처리업 허가를 받은 사업자가 공급하는 생활폐기물 또는 의료폐기물의 수집·운반 및 처리용역과 같은 법 제29조에 따라 폐기물처리시설의 설치승인을 받거나 그 설치의 신고를 한 사업자가 공급하는 생활폐기물의 재활용용역
13. 「산업안전보건법」 제21조에 따라 보건관리전문기관으로 지정된 자가 공급하는 보건관리용역 및 같은 법 제126조에 따른 작업환경측정기관이 공급하는 작업환경측정용역(2019.12.24 본호개정)
14. 「노인장기요양보험법」 제2조제4호에 따른 장기요양기관이 같은 법에 따라 장기요양인정을 받은 자에게 제공하는 신체활동·가사활동의 지원 또는 간병 등의 용역
15. 「사회복지사업법」 제5조의2제2항에 따라 보호대상자에게 지급되는 사회복지서비스 이용권을 대가로 국가 및 지방자치단체 외의 자가 공급하는 용역 (2019.2.12 본호개정)
16. 「모자보건법」에 따른 산후조리원에서 분만 직후의 임산부나 영유아에게 제공하는 급식·요양 등의 용역 (2022.2.15 본호개정)
17. 「사회적기업 육성법」 제7조에 따라 인증받은 사회적기업 또는 「협동조합기본법」 제85조제1항에 따라 설립인가를 받은 사회적협동조합이 직접 제공하는 간병·산후조리·보육 용역(2020.2.11 본호개정)
18. 「정신건강증진 및 정신질환자 복지서비스 지원에 관한 법률」 제15조제6항에 따라 국가 및 지방자치단체로부터 같은 법 제3조제3호에 따른 정신건강증진사업등을 위탁받은 자가 제공하는 정신건강증진사업 등의 용역(2018.2.13 본호신설)

제36조【면세하는 교육 용역의 범위】 ① 법 제26조제1항제6호에 따른 교육 용역은 다음 각 호의 어느 하나에 해당하는 시설 등에서 학생, 수강생, 훈련생, 교습생 또는 청강생에게 지식, 기술 등을 가르치는 것으로 한다.
1. 주무관청의 허가 또는 인가를 받거나 주무관청에 등록되거나 신고된 학교, 학원, 강습소, 훈련원, 교습소 또는 그 밖의 비영리단체
2. 「청소년활동진흥법」 제10조제1호에 따른 청소년수련시설
3. 「산업교육진흥 및 산학연협력촉진에 관한 법률」 제25조에 따른 산학협력단
4. 「사회적기업 육성법」 제7조에 따라 인증받은 사회적기업
5. 「과학관의 설립·운영 및 육성에 관한 법률」 제6조에 따라 등록한 과학관(2016.2.17 본호신설)
6. 「박물관 및 미술관 진흥법」 제16조에 따라 등록한 박물관·미술관(2016.2.17 본호신설)
7. 「협동조합기본법」 제85조제1항에 따라 설립인가를 받은 사회적 협동조합(2020.2.11 본호신설)
② 제1항에도 불구하고 다음 각 호의 어느 하나에 해당하는 학원에서 가르치는 것은 법 제26조제1항제6호에 따른 교육 용역에서 제외한다.
1. 「체육시설의 설치·이용에 관한 법률」 제10조제1항제2호의 무도학원
2. 「도로교통법」 제2조제32호의 자동차운전학원

제37조【면세하지 않는 여객운송 용역의 범위】 법 제26조제1항제7호 각 목 외의 부분 단서에서 "대통령령으로 정하는 것"이란 다음 각 호의 구분에 따른 것을 말한다.

1. 항공기, 고속버스, 전세버스, 택시, 특수자동차, 특종선박(特種船舶) 또는 고속철도에 의한 여객운송 용역의 경우에는 다음 각 목의 어느 하나에 해당하는 것
가. 「항공사업법」에 따른 항공기에 의한 여객운송 용역
나. 「여객자동차 운수사업법」에 따른 여객자동차 운수사업 중 다음의 여객자동차 운수사업에 제공되는 자동차에 의한 여객운송 용역
 1) 시외우등고속버스를 사용하는 시외버스운송사업 (2020.10.7 개정)
 2) 전세버스운송사업
 3) 일반택시운송사업 및 개인택시운송사업
 4) 자동차대여사업
다. 다음의 선박에 의한 여객운송 용역. 다만, 기획재정부령으로 정하는 차도선형여객선에 의한 여객운송 용역은 제외한다.
 1) 수중익선(水中翼船)
 2) 에어쿠션선
 3) 자동차운송 겸용 여객선
 4) 항해시속 20노트 이상의 여객선
라. 「철도의 건설 및 철도시설 유지관리에 관한 법률」에 따른 고속철도에 의한 여객운송 용역(2019.3.12 본목개정)
2. 삭도, 유람선 등 관광 또는 유흥 목적의 운송수단에 의한 여객운송 용역의 경우에는 다음 각 목의 어느 하나에 해당하는 것
가. 「궤도운송법」에 따른 삭도에 의한 여객운송 용역
나. 「관광진흥법 시행령」 제2조에 따른 관광유람선업, 관광순환버스업 또는 관광궤도업에 제공되는 운송수단에 의한 여객운송 용역
다. 관광 사업을 목적으로 운영하는 「철도의 건설 및 철도시설 유지관리에 관한 법률」에 따른 일반철도에 의한 여객운송 용역(「철도사업법」 제9조에 따라 철도사업자가 국토교통부장관에게 신고한 여객 운임·요금을 초과해 용역의 대가를 받는 경우로 한정한다)(2019.3.12 본목개정)
(2019.2.12 본조개정)

제38조【면세하는 도서, 신문, 잡지 등의 범위】 ① 법 제26조제1항제8호에 따른 도서에는 도서에 부수하여 그 도서의 내용을 담은 음반, 녹음테이프 또는 비디오테이프를 첨부하여 통상 하나의 공급단위로 하는 것과 기획재정부령으로 정하는 전자출판물을 포함한다.
② 법 제26조제1항제8호에 따른 신문, 잡지는 「신문 등의 진흥에 관한 법률」 제2조제1호 및 제2호에 따른 신문 및 인터넷 신문과 「잡지 등 정기간행물의 진흥에 관한 법률」에 따른 정기간행물로 한다.(2015.2.3 본항개정)
③ 법 제26조제1항제8호에 따른 관보(官報)는 「관보규정」의 적용을 받는 것으로 한다.
④ 법 제26조제1항제8호에 따른 뉴스통신은 「뉴스통신 진흥에 관한 법률」에 따른 뉴스통신(뉴스통신사업을 경영하는 법인이 특정회원을 대상으로 하는 금융정보 등 특정한 정보를 제공하는 경우는 제외한다)과 외국의 뉴스통신사가 제공하는 뉴스통신 용역으로서 「뉴스통신 진흥에 관한 법률」에 따른 뉴스통신과 유사한 것을 포함한다.

제39조【면세하는 특수용담배 등의 범위】 ① 법 제26조제1항제10호가목에서 "대통령령으로 정하는 금액"이란 200원(20개비를 기준으로 한다)을 말한다.
② 법 제26조제1항제10호나목에서 "대통령령으로 정하는 것"이란 「담배사업법」 제19조에 따른 특수용담배 중 법 제21조부터 제24조까지의 규정에 따라 영세율이 적용되는 것을 제외한 것을 말한다.

제40조【면세하는 금융·보험 용역의 범위】 ① 법 제26조제1항제11호에 따른 금융·보험 용역은 다음 각

호의 용역, 사업 및 업무에 해당하는 역무로 한다.
(2016.2.17 본문개정)
1. 「은행법」에 따른 은행업무 및 부수업무로서 다음 각 목의 용역
　가. 예금·적금의 수입 또는 유가증권 및 그 밖의 채무증서 발행
　나. 자금의 대출 또는 어음의 할인
　다. 내국환·외국환
　라. 채무의 보증 또는 어음의 인수
　마. 상호부금
　바. 팩토링(기업의 판매대금 채권의 매수·회수 및 이와 관련된 업무)
　사. (2015.2.3 삭제)
　아. 수납 및 지급 대행
　자. 지방자치단체의 금고대행
　차. 전자상거래와 관련한 지급대행
2. 「자본시장과 금융투자업에 관한 법률」에 따른 다음 각 목의 사업
　가.～나. (2015.2.3 삭제)
　다. 집합투자업. 다만, 집합투자업자가 투자자로부터 자금 등을 모아서 부동산, 실물자산 및 그 밖에 기획재정부령으로 정하는 자산에 운용하는 경우는 제외한다.
　라. 신탁업. 다만, 다음의 구분에 따른 업무로 한정한다.(2015.2.3 단서신설)
　　1) 신탁업자가 위탁자로부터 「자본시장과 금융투자업에 관한 법률」 제103조제1항제1호부터 제4호까지 또는 제7호의 재산(같은 법 제9조제20항의 집합투자재산을 포함한다. 이하 이 목에서 같다)을 수탁받아 운용(집합투자업자의 지시에 따라 보관·관리하는 업무를 포함한다. 이하 이 목에서 같다)하는 업무. 다만, 같은 법 제103조제1항제1호의 재산을 수탁받아 부동산, 실물자산 및 그 밖에 기획재정부령으로 정하는 자산에 운용하는 업무는 제외한다.
　　2) 신탁업자가 위탁자로부터 「자본시장과 금융투자업에 관한 법률」 제103조제1항제5호 또는 제6호의 재산을 수익자에 대한 채무이행을 담보하기 위하여 수탁받아 운용하는 업무
　　3) 신탁업자가 위탁자로부터 「자본시장과 금융투자업에 관한 법률」 제103조제1항제5호 또는 제6호의 재산을 수탁받아 같은 조 제4항에 따른 부동산개발사업을 하는 업무
　　(2015.2.3 1)～3)신설)
　마. 투자매매업 및 투자중개업과 이와 관련된 다음의 구분에 따른 업무
　　1) 「자본시장과 금융투자업에 관한 법률」 제8조의2 제5항의 다자간매매체결회사의 업무
　　2) 「자본시장과 금융투자업에 관한 법률」 제283조에 따라 설립된 한국금융투자협회의 같은 법 제286조제1항제5호에 따른 증권시장에 상장되지 아니한 주권의 장외매매거래에 관한 업무
　　3) 「자본시장과 금융투자업에 관한 법률」 제294조에 따라 설립된 한국예탁결제원의 업무
　　4) 「자본시장과 금융투자업에 관한 법률」 제373조의2제1항에 따라 허가를 받은 한국거래소의 업무
　　(2016.2.17 본목개정)
　바. 일반사무관리회사업(집합투자기구 또는 집합투자업자에게 제공하는 용역으로 한정한다)(2015.2.3 본목개정)
　사. 투자일임업. 다만, 투자일임업자가 투자자로부터 자금 등을 모아서 부동산, 실물자산 및 그 밖에 기획재정부령으로 정하는 자산에 운용하는 경우는 제외한다.(2015.2.3 본목개정)

　아. (2015.2.3 삭제)
　자. 기관전용 사모집합투자기구(법률 제18128호 자본시장과 금융투자업에 관한 법률 일부개정법률 부칙 제8조제1항부터 제4항까지의 규정에 따라 기관전용 사모집합투자기구, 기업재무안정 사모집합투자기구 및 창업·벤처전문 사모집합투자기구로 보아 존속하는 종전의 경영참여형 사모집합투자기구를 포함한다. 이하 같다)에 기관전용 사모집합투자기구 집합투자재산의 운용 및 보관·관리, 기관전용 사모집합투자기구 지분의 판매 또는 환매 등 용역을 공급하는 업무(기관전용 사모집합투자기구의 업무집행사원이 제공하는 용역으로 한정한다)(2022.2.15 본목개정)
　차.～파. (2015.2.3 삭제)
　하. 단기금융업
　거. 종합금융투자사업자의 사업(기업에 대한 신용공여 업무로 한정한다)(2014.2.21 본목신설)
3. (2015.2.3 삭제)
4. 「외국환거래법」에 따른 전문외국환업무취급업자의 외국환 업무용역(2018.2.13 본호개정)
5. 「상호저축은행법」에 따른 상호저축은행업
6. 「신용보증기금법」에 따른 신용보증기금업
7. 「주택도시기금법」에 따른 주택도시보증공사의 보증업무 및 주택도시기금의 운용·관리 업무(2018.2.13 본호개정)
8. 「보험업법」에 따른 보험업(보험중개·대리와 보험회사에 제공하는 손해사정용역, 보험조사 및 보고용역을 포함하되, 보험계리용역 및 「근로자퇴직급여 보장법」에 따른 연금계리용역은 제외한다)(2015.2.3 본호개정)
9. 「여신전문금융업법」에 따른 여신전문금융업(여신전문금융업을 공동으로 수행하는 사업자 간에 상대방 사업자의 여신전문금융업무를 위임받아 수행하는 경우를 포함한다)
10. 「자산유동화에 관한 법률」 제2조제5호에 따른 유동화전문회사가 하는 자산유동화사업(2020.2.11 본호개정)
10의2. 「자산유동화에 관한 법률」 제10조제1항에 따른 자산관리자가 하는 자산관리사업(2020.2.11 본호신설)
11. (2023.5.16 삭제)
12. 「한국주택금융공사법」에 따른 채권관리자가 하는 주택저당채권·학자금대출채권의 관리·운용 및 처분사업
13. 다음 각 목의 어느 하나에 해당하는 자산 관리·운용 용역. 다만, 해당 목의 용역을 제공하는 자가 자금을 부동산, 실물자산 및 그 밖에 기획재정부령으로 정하는 자산에 운용하는 경우는 제외한다.(2022.2.15 단서개정)
　가. 「벤처투자 촉진에 관한 법률」 제2조제9호에 따른 창업기획자가 같은 조 제8조에 따른 개인투자조합에 제공하는 자산 관리·운용 용역
　나. 「벤처투자 촉진에 관한 법률」 제2조제9호에 따른 창업기획자 또는 같은 법 제50조제1항제2호·제4호 또는 제5호에 따른 자가 같은 법 제2조제11호에 따른 벤처투자조합(같은 법 제63조의2에 따라 등록한 조합을 포함한다)에 제공하는 자산 관리·운용 용역(2023.9.26 본목개정)
　다. 「벤처투자 촉진에 관한 법률」 제66조에 따른 한국벤처투자가 같은 법 제70조제1항에 따른 벤처투자모태조합에 제공하는 자산 관리·운용 용역(2022.2.15 본목신설)
　라. 「벤처투자 촉진에 관한 법률」 제63조의2제1항제1호부터 제3호까지의 자가 같은 법 제2조제12호에 따른 민간재간접벤처투자조합(이하 이 호에서 "민간재간접벤처투자조합"이라 한다)에 제공하는 자산 관리·운용 용역(2023.9.26 본목신설)

마. 「벤처투자 촉진에 관한 법률」 제63조의2제3항에 따라 공동으로 업무집행조합원이 되는 자로서 기획재정부령으로 정하는 자가 민간재간접벤처투자조합에 제공하는 자산 관리·운용 용역. 다만, 기획재정부령으로 정하는 자가 제공하는 자산 운용 용역의 경우에는 같은 조 제4항에 따른 다른 벤처투자조합에 대한 출자와 관련하여 민간재간접벤처투자조합에 제공하는 자산 관리·운용 용역으로 한정한다.(2023.9.26 본목신설)
(2020.8.11 본호개정)
14. (2015.2.3 삭제)
15. 「한국투자공사법」에 따른 한국투자공사가 같은 법에 따라 제공하는 위탁자산 관리·운용 용역
16. 「농림수산식품투자조합 결성 및 운용에 관한 법률」에 따른 투자관리전문기관 또는 업무집행조합원이 같은 법에 따른 농식품투자모조합, 농식품투자조합에 제공하는 자산 관리·운용 용역. 다만, 투자관리전문기관 또는 업무집행조합원이 자금을 부동산, 실물자산 및 그 밖에 기획재정부령으로 정하는 자산에 운용하는 경우는 제외한다.
17. 「민법」 제32조에 따라 설립된 금융결제원이 「한국은행법」 제81조제2항에 따른 지급결제제도의 운영기관으로서 수행하는 지급결제제도 운영업무
18. 금전대부업(어음 할인, 양도담보, 그 밖에 비슷한 방법을 통한 금전의 교부를 업으로 하는 경우를 포함한다)(2015.2.3 본호개정)
19. 「중소기업협동조합법」에 따른 중소기업중앙회의 공제사업 계약 체결을 대리하는 용역(2018.2.13 본호신설)
20. 「한국해양진흥공사법」에 따른 한국해양진흥공사가 같은 법에 따라 수행하는 보증 업무(2022.6.30 본호신설)
② 제1항 각 호에 따른 사업 외의 사업을 하는 자가 주된 사업에 부수하여 같은 항의 금융·보험 용역과 같거나 유사한 용역을 제공하는 경우에도 법 제26조제1항제11호의 금융·보험 용역에 포함되는 것으로 본다.
③ 다음 각 호의 어느 하나에 해당하는 기관 등의 사업은 제1항제1호에 따른 은행업에 포함되는 것으로 한다.
1. 「은행법」 외의 다른 법률에 따라 설립된 은행
2. 「한국자산관리공사 설립 등에 관한 법률」에 따른 한국자산관리공사(2022.2.17 본호개정)
3. 「한국주택금융공사법」에 따른 한국주택금융공사
4. 「예금자보호법」에 따른 예금보험공사 및 정리금융회사(2016.3.11 본호개정)
5. 「농업협동조합의 구조개선에 관한 법률」에 따른 농업협동조합자산관리회사 및 상호금융예금자보호기금
6. 「수산업협동조합의 부실예방 및 구조개선에 관한 법률」에 따른 상호금융예금자보호기금(2020.8.19 본호개정)
7. 「산림조합의 구조개선에 관한 법률」에 따른 상호금융예금자보호기금
8. (2014.12.30 삭제)
④ 제1항에도 불구하고 다음 각 호의 어느 하나에 해당하는 용역은 법 제26조제1항제11호에 따른 금융·보험 용역으로 보지 아니한다.
1. 복권, 입장권, 상품권, 지급형주화 또는 금지금에 관한 대행용역. 다만, 수익증권 등 금융업자의 금융상품 판매대행용역, 유가증권의 명의개서 대행용역, 수납·지급 대행용역 및 국가·지방자치단체의 금고대행용역은 제외한다.
2. 기업합병 또는 기업매수의 중개·주선·대리, 신용정보서비스 및 은행업에 관련된 전산시스템과 소프

트웨어의 판매·대여 용역
3. 부동산 임대용역
4. 제1호와 제2호에 따른 용역과 유사한 용역
5. 그 밖에 기획재정부령으로 정하는 용역

제41조【주택과 이에 부수되는 토지의 임대 용역으로서 면세하는 것의 범위】 ① 법 제26조제1항제12호에 따른 주택과 이에 부수되는 토지의 임대는 상시주거용(사업을 위한 주거용의 경우는 제외한다)으로 사용하는 건물(이하 "주택"이라 한다)과 이에 부수되는 토지로서 다음 각 호의 면적 중 넓은 면적을 초과하지 아니하는 토지의 임대로 하며, 이를 초과하는 부분은 토지의 임대로 본다.
1. 주택의 연면적(지하층의 면적, 지상층의 주차용으로 사용되는 면적 및 「주택건설기준 등에 관한 규정」 제2조제3호에 따른 주민공동시설의 면적은 제외한다)
2. 건물이 정착된 면적에 5배(「국토의 계획 및 이용에 관한 법률」 제6조에 따른 도시지역 밖의 토지의 경우에는 10배)를 곱하여 산정한 면적
② 임대주택에 부가가치세가 과세되는 사업용 건물(이하 "사업용건물"이라 한다)이 함께 설치되어 있는 경우에는 주택과 이에 부수되는 토지의 임대의 범위는 다음 각 호에 따른다.
1. 주택 부분의 면적이 사업용 건물 부분의 면적보다 큰 경우에는 그 전부를 주택의 임대로 본다. 이 경우 그 주택에 부수되는 토지임대의 범위는 제1항과 같다.
2. 주택 부분의 면적이 사업용 건물 부분의 면적과 같거나 그보다 작은 때에는 주택 부분 외의 사업용 건물 부분은 주택의 임대로 보지 아니한다. 이 경우 그 주택에 부수되는 토지의 면적은 총토지면적에 주택 부분의 면적이 총건물면적에서 차지하는 비율을 곱하여 계산하며, 그 범위는 제1항과 같다.

제42조【저술가 등이 직업상 제공하는 인적 용역으로서 면세되는 것의 범위】 법 제26조제1항제15호에 따른 인적(人的) 용역은 독립된 사업(여러 개의 사업을 겸영하는 사업자가 과세사업에 필수적으로 부수되지 아니하는 용역을 독립하여 공급하는 경우를 포함한다)으로 공급하는 다음 각 호의 용역으로 한다.
1. 개인이 기획재정부령으로 정하는 물적 시설 없이 근로자를 고용하지 아니하고 독립된 자격으로 용역을 공급하고 대가를 받는 다음 각 목의 인적 용역
가. 저술·서화·도안·조각·작곡·음악·무용·만화·삽화·만담·배우·성우·가수 또는 이와 유사한 용역
나. 연예에 관한 감독·각색·연출·촬영·녹음·장치·조명 또는 이와 유사한 용역
다. 건축감독·학술 용역 또는 이와 유사한 용역
라. 음악·재단·무용(사교무용을 포함한다)·요리·바둑의 교수 또는 이와 유사한 용역
마. 직업운동가·역사·기수·운동지도가(심판을 포함한다) 또는 이와 유사한 용역
바. 접대부·댄서 또는 이와 유사한 용역
사. 보험가입자의 모집, 저축의 장려 또는 집금(集金) 등을 하고 실적에 따라 보험회사 또는 금융기관으로부터 모집수당·장려수당·집금수당 또는 이와 유사한 성질의 대가를 받는 용역과 서적·음반 등의 외판원이 판매실적에 따라 대가를 받는 용역
아. 저작자가 저작권에 의하여 사용료를 받는 용역
자. 교정·번역·고증·속기·필경(筆耕)·타자·음반취입 또는 이와 유사한 용역
차. 고용관계 없는 사람이 다수인에게 강연을 하고 강연료·강사료 등의 대가를 받는 용역
카. 라디오·텔레비전 방송 등을 통하여 해설·계몽 또는 연기를 하거나 심사를 하고 사례금 또는 이와 유사한 성질의 대가를 받는 용역

타. 작명·관상·점술 또는 이와 유사한 용역
파. 개인이 일의 성과에 따라 수당이나 이와 유사한
　성질의 대가를 받는 용역
2. 개인, 법인 또는 법인격 없는 사단·재단, 그 밖의 단
체가 독립된 자격으로 용역을 공급하고 대가를 받는
다음 각 목의 인적 용역
　가.「형사소송법」및「군사법원법」등에 따른 국선변
　호인의 국선변호,「국세기본법」에 따른 국선대리인
　의 국선대리 및 기획재정부령으로 정하는 법률구조
　(法律救助) (2019.2.12 본목개정)
　나. 기획재정부령으로 정하는 학술연구용역과 기술연
　구용역
　다. 직업소개소가 제공하는 용역 및 상담소 등을 경영
　하는 자가 공급하는 용역으로서 기획재정부령으로
　정하는 용역
　라.「장애인복지법」제40조에 따른 장애인보조견 훈
　련 용역
　마. 외국 공공기관 또는「국제금융기구에의 가입조치
　에 관한 법률」제2조에 따른 국제금융기구로부터
　받은 차관자금으로 국가 또는 지방자치단체가 시행
　하는 국내사업을 위하여 공급하는 용역(국내사업장
　이 없는 외국법인 또는 비거주자가 공급하는 용역
　을 포함한다)
　바.「민법」에 따른 후견인과 후견감독인이 제공하는
　후견사무 용역 (2019.2.12 본목신설)
　사.「가사근로자의 고용개선 등에 관한 법률」에 따른
　가사서비스 제공기관이 가사서비스 이용자에게 제
　공하는 서비스 (2022.2.15 본목신설)
제43조【면세하는 예술창작품 등의 범위】법 제26조
제1항제16호에 따른 예술창작품, 예술행사, 문화행사
또는 아마추어 운동경기는 다음 각 호의 것으로 한다.
1. 예술창작품 : 미술, 음악, 사진, 연극 또는 무용에 속
하는 창작품. 다만, 골동품(「관세법」별표 관세율표
번호 제9706호의 것을 말한다)은 제외한다.
(2016.2.17 본문개정)
2. 예술행사 : 영리를 목적으로 하지 아니하는 발표회,
연구회, 경연대회 또는 그 밖에 이와 유사한 행사
3. 문화행사 : 영리를 목적으로 하지 아니하는 전시회,
박람회, 공동행사 또는 그 밖에 이와 유사한 행사
4. 아마추어 운동경기 : 대한체육회 및 그 산하 단체와
「태권도 진흥 및 태권도공원 조성 등에 관한 법률」에
따른 국기원이 주최, 주관 또는 후원하는 운동경기나
승단·승급·승품 심사로서 영리를 목적으로 하지
아니하는 것
제44조【면세하는 입장 장소의 범위】법 제26조제1항
제17호에 따른 "대통령령으로 정하는 곳"이란 다음 각
호의 장소를 말한다.
1. 민속문화자원을 소개하는 장소
2.「전쟁기념사업회법」에 따른 전쟁기념관
**제45조【종교, 자선, 학술, 구호 등의 공익 목적 단체
가 공급하는 재화 또는 용역으로서 면세하는 것의 범
위】**법 제26조제1항제18호에 따른 종교, 자선, 학술, 구
호(救護), 그 밖의 공익을 목적으로 하는 단체가 공급
하는 재화 또는 용역은 다음 각 호의 재화 또는 용역으
로 한다.
1. 주무관청의 허가 또는 인가를 받거나 주무관청에 등
록된 단체(종교단체의 경우에는 그 소속단체를 포함
한다)로서「상속세 및 증여세법 시행령」제12조 각
호의 어느 하나에 따른 사업 또는 기획재정부령으로
정하는 사업을 하는 단체가 그 고유의 사업목적을 위
하여 일시적으로 공급하거나 실비(實費) 또는 무상으
로 공급하는 재화 또는 용역 (2021.2.17 본호개정)
2. 학술 및 기술 발전을 위하여 학술 및 기술의 연구
와 발표를 주된 목적으로 하는 단체(이하 "학술등

연구단체"라 한다)가 그 연구와 관련하여 실비 또는
무상으로 공급하는 재화 또는 용역 (2015.2.3 본호개정)
3.「문화재보호법」에 따른 지정문화재(지방문화재를
포함하며, 무형문화재는 제외한다)를 소유하거나 관리
하고 있는 종교단체(주무관청에 등록된 종교단체로
한정하되, 그 소속단체를 포함한다)의 경내지(境內
地) 및 경내지 안의 건물과 공작물의 임대용역
(2021.2.17 본호개정)
4. 공익을 목적으로 기획재정부령으로 정하는 기숙사
를 운영하는 자가 학생이나 근로자를 위하여 실비 또
는 무상으로 공급하는 음식 및 숙박 용역
5.「저작권법」제105조제1항에 따라 문화체육관광부장
관의 허가를 받아 설립된 저작권위탁관리업자로서
기획재정부령으로 정하는 사업자가 저작권자를 위하
여 실비 또는 무상으로 공급하는 신탁관리 용역
6.「저작권법」제25조제7항(같은 법 제31조제6항, 제75
조제2항, 제76조제2항, 제76조의2제2항, 제82조제2
항, 제83조제2항 및 제83조의2제2항에 따라 준용되
는 경우를 포함한다)에 따라 문화체육관광부장관이
지정한 보상금수령단체로서 기획재정부령으로 정하
는 단체인 사업자가 저작권자를 위하여 실비 또는
무상으로 공급하는 보상금 수령 관련 용역 (2022.2.15
본목신설)
7.「법인세법」제24조제2항제1호라목2)에 따른 비영리
교육재단이「초·중등교육법」제60조의2제1항에 따
른 외국인학교의 설립·경영 사업을 하는 자에게 제공
하는 학교시설 이용 등 교육환경 개선과 관련된 용역
(2021.2.17 본호개정)
**제46조【국가, 지방자치단체 또는 지방자치단체조합
이 공급하는 재화 또는 용역으로서 면세하는 것의 범
위】**법 제26조제1항제19호에 따른 국가, 지방자치단체
또는 지방자치단체조합이 공급하는 재화 또는 용역은
다음 각 호의 재화 또는 용역을 제외한 것으로 한다.
1.「우정사업 운영에 관한 특례법」에 따른 우정사업조
직이 제공하는 다음 각 목의 용역
　가.「우편법」제1조의2제3호의 소포우편물을 방문접
　수하여 배달하는 용역
　나.「우편법」제15조제1항에 따른 선택적 우편역무
　중 기획재정부령으로 정하는 우편주문판매를 대행
　하는 용역
　(2017.2.7 본호개정)
2.「철도의 건설 및 철도시설 유지관리에 관한 법률」에 따
른 고속철도에 의한 여객운송용역 (2019.3.12 본호개정)
3. 부동산임대업, 도매 및 소매업, 음식점업·숙박업,
골프장 및 스키장 운영업, 기타 스포츠시설 운영업.
다만, 다음 각 목의 어느 하나에 해당하는 경우는 제
외한다.
　가. 국방부 또는「국군조직법」에 따른 국군이「군인
　사법」제2조에 따른 군인,「군무원인사법」제3조제1
　항에 따른 일반군무원, 그 밖에 이들의 직계존속·
　비속 등 기획재정부령으로 정하는 사람에게 제공하
　는 소매업, 음식점업·숙박업, 기타 스포츠시설 운
　영업(골프 연습장 운영업은 제외한다) 관련 재화 또
　는 용역 (2018.2.13 본목개정)
　나. 국가, 지방자치단체 또는 지방자치단체조합이 그
　소속 직원의 복리후생을 위하여 구내에서 식당을
　직접 경영하여 음식을 공급하는 용역
　다. 국가 또는 지방자치단체가「사회기반시설에 대한
　민간투자법」에 따른 사업시행자로부터 같은 법 제4
　조제1호 및 제2호의 방식에 따라 사회기반시설 또
　는 사회기반시설의 건설용역을 기부채납받고 그 대
　가로 부여하는 시설관리운영권 (2022.2.15 본목개정)
4. 다음 각 목의 어느 하나에 해당하는 의료보건 용역
　가. 제35조제1호 단서에 따른 진료용역

나. 제35조제5호에 해당하지 아니하는 동물의 진료용역

제47조【공익단체의 범위】 ① 법 제26조제1항제20호에서 "대통령령으로 정하는 공익단체"란 주무관청의 허가 또는 인가를 받거나 주무관청에 등록된 단체로서 「상속세 및 증여세법 시행령」 제12조 각 호의 어느 하나에 해당하는 사업을 하는 단체를 말한다.

② 공익사업을 위하여 주무관청의 승인을 받아 금품을 모집하는 단체는 제1항에 해당하지 아니하더라도 법 제26조제1항제20호를 적용할 때에는 공익단체로 본다.

제48조【비영리 출판물과 관련되는 용역의 범위】 영리 아닌 사업을 목적으로 하는 법인이나 그 밖의 단체가 발행하는 기획재정부령으로 정하는 기관지 또는 이와 유사한 출판물과 관련되는 용역은 법 제26조제2항에 따라 면세되는 것으로 본다.

제49조【면세하는 수입 미가공식료품의 범위】 ① 법 제27조제1호에 따른 가공되지 아니한 식료품(이하 이 조에서 "수입 미가공식료품"이라 한다)의 범위에 관하여는 제34조제1항 및 제2항을 준용한다. 다만, 관세가 감면되지 아니하는 수입 미가공식료품으로서 기획재정부령으로 정하는 것은 제외한다.

② 제1항에서 규정한 사항 외에 수입 미가공식료품의 범위에 관하여 필요한 사항은 기획재정부령으로 정한다.

제50조【면세하는 수입 도서, 신문 및 잡지의 범위】 법 제27조제2호에 따른 도서, 신문 및 잡지는 「관세법」 별표 관세율표 제49류의 인쇄된 서적, 신문, 잡지나 그 밖의 정기간행물, 수제(手製)문서 및 타자문서와 기획재정부령으로 정하는 전자출판물로 한다.

제51조【과학용 등으로 수입하는 재화로서 면세하는 것의 범위】 법 제27조제3호에 따른 과학용·교육용·문화용으로 수입하는 재화는 다음 각 호의 어느 하나에 해당하는 재화로 한다. 이 경우 제1호부터 제5호까지의 재화는 관세가 감면되는 것으로 한정하여 적용하되, 관세가 경감되는 경우에는 경감되는 부분으로 한정하여 적용한다.

1. 학교(「서울대학교병원 설치법」에 따라 설립된 서울대학교병원, 「국립대학병원 설치법」에 따라 설립된 국립대학병원, 「서울대학교치과병원 설치법」에 따라 설립된 서울대학교치과병원 및 「국립대학치과병원 설치법」에 따라 설립된 국립대학치과병원을 포함한다), 박물관 또는 그 밖에 기획재정부령으로 정하는 시설에서 진열하는 표본 및 참고품·교육용의 촬영된 필름, 슬라이드, 레코드, 테이프 또는 그 밖에 이와 유사한 매개체와 이러한 시설에서 사용되는 물품 (2017.2.7 본호개정)

2. 연구원, 연구기관 등 기획재정부령으로 정하는 과학기술 연구개발 시설에서 과학기술의 연구개발에 제공하기 위하여 수입하는 물품

3. 과학기술의 연구개발을 지원하는 단체에서 수입하는 과학기술의 연구개발에 사용되는 시약류

4. 「정부출연연구기관 등의 설립·운영 및 육성에 관한 법률」 제8조에 따라 설립된 한국교육개발원이 학술연구를 위하여 수입하는 물품

5. 「한국교육방송공사법」에 따른 한국교육방송공사가 교육방송을 위하여 수입하는 물품

6. 외국으로부터 기획재정부령으로 정하는 영상 관련 공익단체에 기증되는 재화로서 그 단체가 직접 사용하는 것

제52조【종교단체 등에 기증되는 재화로서 면세하는 것의 범위】 법 제27조제4호에 따른 종교단체·자선단체 또는 구호단체에 기증되는 재화는 다음 각 호의 것으로 한다.

1. 사원(寺院)이나 그 밖의 종교단체에 기증되는 물품으로서 관세가 면제되는 것

2. 자선이나 구호의 목적으로 기증되는 급여품으로서 관세가 면제되는 것

3. 구호시설 및 사회복리시설에 기증되는 구호 또는 사회복리용에 직접 제공하는 물품으로서 관세가 면제되는 것

제53조【조약 등에 따라 관세가 면제되는 재화의 범위】 법 제27조제11호에 따른 관세가 면제되는 재화는 다음 각 호의 것으로 한다.

1. 대한민국을 방문하는 외국의 원수와 그 가족 및 수행원이 사용하는 물품

2. 국내에 있는 외국의 대사관·공사관, 그 밖에 이에 준하는 기관의 업무용품

3. 국내에 주재하는 외국의 대사·공사, 그 밖에 이에 준하는 사절 및 그 가족이 사용하는 물품

4. 국내에 있는 외국의 영사관, 그 밖에 이에 준하는 기관의 업무 용품

5. 국내에 있는 외국의 대사관·공사관·영사관, 그 밖에 이에 준하는 기관의 직원과 그 가족이 사용하는 물품

6. 정부와의 사업계약을 수행하기 위하여 외국계약자가 계약조건에 따라 수입하는 업무 용품

7. 국제기구나 외국정부로부터 정부에 파견된 고문관·기술단원, 그 밖에 이에 준하는 자가 직접 사용할 물품

제54조【다시 수입하는 재화로서 관세가 감면되는 것의 범위】 법 제27조제12호 본문에 따른 수출된 후 다시 수입하는 재화로서 관세가 감면되는 것은 사업자가 재화를 사용하거나 소비할 권한을 이전하지 아니하고 외국으로 반출하였다가 다시 수입하는 재화로서 「관세법」 제99조에 따라 관세가 면제되거나 같은 법 제101조에 따라 관세가 경감되는 재화로 한다.

제55조【일시 수입하는 재화로서 관세가 감면되는 것의 범위】 법 제27조제13호 본문에 따른 다시 수출하는 조건으로 일시 수입하는 재화로서 관세가 감면되는 것은 「관세법」 제97조에 따라 관세가 감면되는 것으로 한다.

제56조【그 밖에 관세가 무세이거나 감면되는 재화의 범위】 법 제27조제15호 본문에서 "대통령령으로 정하는 것"이란 다음 각 호의 어느 하나에 해당되는 재화로 한다.(2020.2.11 본문개정)

1. 정부가 직접 수입하는 군수품(정부의 위탁을 받아 정부 외의 자가 수입하는 경우를 포함한다)(2019.2.12 본호개정)

2. 국가원수 경호용으로 사용할 물품

3. 국내 거주자에게 수여된 훈장·기장 또는 이에 준하는 표창장과 상패

4. 기록문서와 그 밖의 서류

5. 외국에 주둔하거나 주재하는 국군 또는 재외공관으로부터 반환된 공용품

6. 대한민국의 선박 또는 그 밖의 운수기관이 조난으로 인하여 해체된 경우 그 해체재 및 장비품

7. 대한민국 수출물품의 품질·규격·안전도 등이 수입국의 권한 있는 기관이 정하는 조건을 충족하는 것임을 표시하는 수출물품 첨부용 라벨

8. 항공기의 제작·수리 또는 정비에 필요한 부분품 (2020.2.11 본호신설)

9. 항공기의 제작·수리 또는 정비에 필요한 원재료로서 소관 중앙행정기관의 장이 국내 생산이 곤란한 것으로 확인하는 것

10. 국제 올림픽 및 아시아 운동 경기 대회 종목에 해당하는 운동용구(부분품을 포함한다)로서 대회 참가 선수의 훈련에 직접 사용되는 물품

11. 대한민국과 외국 간의 교량, 통신시설, 해저통로, 그 밖에 이에 준하는 시설의 건설 또는 수리에 쓰이는 물품

12. 국제적십자사, 그 밖의 국제기구 및 외국적십자사가 국제평화봉사활동 또는 국제친선활동을 위하여 기증하는 물품
13. 박람회, 국제경기대회, 그 밖에 이에 준하는 행사에 사용하기 위하여 그 행사 참가자가 수입하는 물품 (2016.2.17 본호개정)
14. 과학기술정보통신부장관이 국가안전보장에 긴요하다고 인정하여 수입하는 비상통신용 및 전파관리용 물품(2017.7.26 본호개정)
15. 수입신고한 물품으로서 수입신고 수리 전에 변질 또는 손상된 것
16. 「관세법」 외의 법령(「조세특례제한법」은 제외한다)에 따라 관세가 감면되는 물품
17. 지도, 설계도, 도안, 우표, 수입인지, 화폐, 유가증권, 서화, 판화, 조각, 주상, 수집품, 표본 또는 그 밖에 이와 유사한 물품
18. (2015.2.3 삭제)
19. 시각·청각 및 언어의 장애인, 지체장애인, 만성신부전증 환자, 희귀난치성 질환자 등을 위한 용도로 특수하게 제작되거나 제조된 물품(협정관세율이 0인 것을 포함한다) 중 기획재정부령으로 정하는 물품 (2020.2.11 본호개정)
20. 국가정보원장 또는 그 위임을 받은 자가 국가안전보장 목적의 수행에 긴요하다고 인정하여 수입하는 물품
21. (2015.2.3 삭제)
22. 그 밖에 관세의 기본세율이 무세인 물품으로서 기획재정부령으로 정하는 것과 관세의 협정세율이 무세인 철도용 내연기관, 디젤기관차 및 이식용 각막

제57조【면세 포기의 신고】 법 제26조제1항에 따라 부가가치세가 면제되는 재화 또는 용역의 공급이 법 제28조제1항제1호에 해당하는 경우나 제45조제2호에 따라 학술연구단체나 그 연구와 관련하여 실비 또는 무상으로 공급하는 재화 또는 용역에 대하여 법 제28조제1항에 따라 부가가치세의 면제를 받지 아니하려는 사업자는 다음 각 호의 사항을 적은 면세포기신고서를 관할 세무서장에게 제출(국세정보통신망에 의한 제출을 포함한다)하여야 한다. 이 경우 법 제8조에 따라 지체 없이 사업자등록을 하여야 한다.(2015.2.3 전단개정)
1. 사업자의 인적사항
2. 면세를 포기하려는 재화 또는 용역
3. 그 밖의 참고 사항

제58조【면세 재적용 신고의 절차】 법 제28조제1항과 이 영 제57조에 따라 면세 포기를 신고한 사업자가 법 제28조제2항의 기간이 지난 후 부가가치세의 면제를 받으려면 같은 조 제3항에 따라 다음 각 호의 사항을 적은 면세적용신고서와 함께 제11조제5항에 따라 발급받은 사업자등록증을 제출하여야 한다.
1. 사업자의 인적사항
2. 면세를 받으려는 재화 또는 용역
3. 그 밖의 참고 사항

제4장 과세표준과 세액의 계산

제1절 과세표준과 세율

제59조【외화의 환산】 법 제29조제3항제1호 단서에 따라 대가를 외국통화나 그 밖의 외국환으로 받은 경우에는 다음 각 호의 구분에 따른 금액을 그 대가로 한다.
1. 법 제15조부터 제17조까지의 규정에 따른 공급시기가 되기 전에 원화로 환가(換價)한 경우 : 환가한 금액
2. 법 제15조부터 제17조까지의 규정에 따른 공급시기

이후에 외국통화나 그 밖의 외국환 상태로 보유하거나 지급받는 경우 : 법 제15조부터 제17조까지의 규정에 따른 공급시기의 「외국환거래법」에 따른 기준환율 또는 재정환율에 따라 계산한 금액

제60조【취득가액 등을 기준으로 한 공급가액】 ① 법 제29조제3항제5호에서 "대통령령으로 정하는 가액"이란 「소득세법 시행령」 제89조 또는 「법인세법 시행령」 제72조제2항 및 제4항에 따른 취득가액을 말한다. 다만, 취득가액에 일정액을 더하여 공급하거나 자기의 다른 사업장에 반출하는 경우에는 그 취득가액에 일정액을 더한 금액을 공급가액으로 본다.(2014.2.21 본문개정)
② 제1항에도 불구하고 개별소비세, 주세 및 교통·에너지·환경세가 부과되는 재화에 대해서는 개별소비세, 주세 및 교통·에너지·환경세의 과세표준에 해당 개별소비세, 주세, 교육세, 농어촌특별세 및 교통·에너지·환경세 상당액을 합계한 금액을 공급가액으로 한다.

제61조【외상거래 등 그 밖의 공급가액의 계산】 ① 법 제29조제3항제6호에서 "대통령령으로 정하는 마일리지 등"이란 재화 또는 용역의 구입실적에 따라 마일리지, 포인트 또는 그 밖에 이와 유사한 형태로 별도의 대가 없이 적립받은 후 다른 재화 또는 용역 구입 시 결제수단으로 사용할 수 있는 것과 재화 또는 용역의 구입실적에 따라 별도의 대가 없이 교부받으며 전산시스템 등을 통하여 그 밖의 상품권과 구분 관리되는 상품권(이하 이 조에서 "마일리지등"이라 한다)을 말한다.(2018.2.13 본항신설)
② 법 제29조제3항제6호에서 "대통령령으로 정하는 가액"이란 다음 각 호의 구분에 따른 가액을 말한다.
1. 외상판매 및 할부판매의 경우 : 공급한 재화의 총가액
2. 다음 각 목의 어느 하나에 해당하는 경우 : 계약에 따라 받기로 한 대가의 각 부분
   가. 장기할부판매의 경우
   나. 완성도기준지급조건부 또는 중간지급조건부로 재화나 용역을 공급하는 경우
   다. 계속적으로 재화나 용역을 공급하는 경우
3. 기부채납의 경우 : 해당 기부채납의 근거가 되는 법률에 따라 기부채납된 가액. 다만, 기부채납된 가액에 부가가치세가 포함된 경우 그 부가가치세는 제외한다.
4. 「공유수면 관리 및 매립에 관한 법률」에 따라 매립용역을 제공하는 경우 : 「공유수면 관리 및 매립에 관한 법률」에 따라 산정한 해당 매립공사에 든 총사업비
5. 사업자가 보세구역 내에 보관된 재화를 다른 사업자에게 공급하고, 그 재화를 공급받은 자가 그 재화를 보세구역으로부터 반입하는 경우 : 그 재화의 공급가액에서 세관장이 법 제58조제2항에 따라 부가가치세를 징수하고 발급한 수입세금계산서에 적힌 공급가액을 뺀 금액. 다만, 세관장이 법 제58조제2항에 따라 부가가치세를 징수하기 전에 같은 재화에 대한 선하증권이 양도되는 경우에는 선하증권의 양수인으로부터 받은 대가를 공급가액으로 할 수 있다.(2015.2.3 단서개정)
6. 사업자가 제29조제2항제3호에 따라 둘 이상의 과세기간에 걸쳐 용역을 제공하고 그 대가를 선불로 받는 경우 : 해당 금액을 계약기간의 개월 수로 나눈 금액의 각 과세대상기간의 합계액. 이 경우 개월 수의 계산에 관하여는 해당 계약기간의 개시일이 속하는 달이 1개월 미만이면 1개월로 하고, 해당 계약기간의 종료일이 속하는 달이 1개월 미만이면 산입하지 아니한다.
7. 사업자가 제29조제2항제4호에 따라 둘 이상의 과세기간에 걸쳐 용역을 제공하는 경우 : 그 용역을 제공하는 기간 동안 지급받는 대가와 그 시설의 설치가액을 그 용역제공 기간의 개월 수로 나눈 금액의 각 과세

대상기간의 합계액. 이 경우 개월 수의 계산에 관하여는 해당 용역제공 기간의 개시일이 속하는 달이 1개월 미만이면 1개월로 하고, 해당 용역제공 기간의 종료일이 속하는 달이 1개월 미만이면 산입하지 아니한다.

8. 제31조제1항제4호에 따른 위탁가공무역 방식으로 수출하는 경우 : 완성된 제품의 인도가액

9. 마일리지등으로 대금의 전부 또는 일부를 결제받은 경우(제10호에 해당하는 경우는 제외한다) : 다음 각 목의 금액을 합한 금액(2018.2.13 본문개정)

　가. 마일리지등 외의 수단으로 결제받은 금액

　나. 자기적립마일리지등〔당초 재화 또는 용역을 공급하고 마일리지등을 적립(다른 사업자를 통하여 적립하여 준 경우를 포함한다)하여 준 사업자에게 사용한 마일리지등(여러 사업자가 적립하여 줄 수 있거나 여러 사업자를 대상으로 사용할 수 있는 마일리지등의 경우 다음의 요건을 모두 충족한 경우로 한정한다)을 말한다. 이하 이 항에서 같다〕 외의 마일리지등으로 결제받은 부분에 대하여 재화 또는 용역을 공급받는 자 외의 자로부터 보전(補塡)받았거나 보전받을 금액

　　1) 고객별·사업자별로 마일리지등의 적립 및 사용 실적을 구분하여 관리하는 등의 방법으로 당초 공급자와 이후 공급자가 같다는 사실이 확인될 것

　　2) 사업자가 마일리지등으로 결제받은 부분에 대하여 재화 또는 용역을 공급받는 자 외의 자로부터 보전받지 아니할 것

10. 자기적립마일리지등 외의 마일리지등으로 대금의 전부 또는 일부를 결제받은 경우로서 다음 각 목의 어느 하나에 해당하는 경우 : 공급한 재화 또는 용역의 시가(제62조에 따른 시가를 말한다)

　가. 제9호나목에 따른 금액을 보전받지 아니하고 법 제10조제1항에 따른 자기생산·취득재화를 공급한 경우

　나. 제9호나목과 관련하여 특수관계인으로부터 부당하게 낮은 금액을 보전받거나 아무런 금액을 받지 아니하여 조세의 부담을 부당하게 감소시킬 것으로 인정되는 경우

(2017.2.7 9호~10호신설)

③ 통상적으로 용기 또는 포장을 해당 사업자에게 반환할 것을 조건으로 그 용기대금과 포장비용을 공제한 금액으로 공급하는 경우에는 그 용기대금과 포장비용은 공급가액에 포함하지 아니한다.

④ 사업자가 음식·숙박 용역이나 개인서비스 용역을 공급하고 그 대가와 함께 받는 종업원(자유직업소득자를 포함한다)의 봉사료를 세금계산서, 영수증 또는 법 제46조제1항에 따른 신용카드매출전표등에 그 대가와 구분하여 적은 경우로서 봉사료를 해당 종업원에게 지급한 사실이 확인되는 경우에는 그 봉사료는 공급가액에 포함하지 아니한다. 다만, 사업자가 그 봉사료를 자기의 수입금액에 계상하는 경우에는 그러하지 아니하다.

제62조【시가의 기준】 법 제29조제3항 및 제4항에 따른 시가는 다음 각 호의 가격으로 한다.(2021.2.17 본항개정)

1. 사업자가 특수관계인이 아닌 자와 해당 거래와 유사한 상황에서 계속적으로 거래한 가격 또는 제3자 간에 일반적으로 거래된 가격

2. 제1호의 가격이 없는 경우에는 사업자가 그 대가로 받은 재화 또는 용역의 가격(공급받은 사업자가 특수관계인이 아닌 자와 해당 거래와 유사한 상황에서 계속적으로 거래한 해당 재화 및 용역의 가격 또는 제3자 간에 일반적으로 거래된 가격을 말한다)

3. 제1호나 제2호에 따른 가격이 없거나 시가가 불분명한 경우에는 「소득세법 시행령」 제98조제3항 및 제4항 또는 「법인세법 시행령」 제89조제2항 및 제4항에 따른 가격

제63조【과세사업과 면세사업등에 공통으로 사용된 재화의 공급가액 계산】 ① 법 제29조제8항에 따른 과세표준에 포함되는 공급가액은 다음 계산식에 따라 계산한다. 이 경우 휴업 등으로 인하여 직전 과세기간의 공급가액이 없을 때에는 그 재화를 공급한 날에 가장 가까운 과세기간의 공급가액으로 계산한다.

$$\text{공급가액} = \text{해당 재화의 공급가액} \times \frac{\text{재화를 공급한 날이 속하는 과세기간의 직전 과세기간의 과세된 공급가액}}{\text{재화를 공급한 날이 속하는 과세기간의 직전 과세기간의 총공급가액}}$$

② 제1항에도 불구하고 제81조제4항제3호, 같은 조 제5항 또는 제82조제2호를 적용받은 재화 또는 제83조에 따라 납부세액이나 환급세액을 사용면적비율에 따라 재계산한 재화로서 과세사업과 법 제29조제8항에 따른 면세사업등(이하 "면세사업등"이라 한다)에 공통으로 사용되는 재화를 공급하는 경우에 과세표준에 포함되는 공급가액은 다음 계산식에 따라 계산한다. 이 경우 휴업 등으로 인하여 직전 과세기간의 사용면적비율이 없을 때에는 그 재화를 공급한 날에 가장 가까운 과세기간의 사용면적비율에 의하여 계산한다.

$$\text{공급가액} = \text{해당 재화의 공급가액} \times \frac{\text{재화를 공급한 날이 속하는 과세기간의 직전 과세기간의 과세사용면적}}{\text{재화를 공급한 날이 속하는 과세기간의 직전 과세기간의 총사용면적}}$$

③ 제1항에도 불구하고 다음 각 호의 어느 하나에 해당하는 경우에는 해당 재화의 공급가액 전부를 과세표준으로 한다.

1. 재화를 공급하는 날이 속하는 과세기간의 직전 과세기간의 총공급가액 중 면세공급가액이 5퍼센트 미만인 경우. 다만, 해당 재화의 공급가액이 5천만원 이상인 경우는 제외한다.

2. 재화의 공급가액이 50만원 미만인 경우

3. 재화를 공급하는 날이 속하는 과세기간에 신규로 사업을 시작하여 직전 과세기간이 없는 경우

제64조【토지와 건물 등을 함께 공급하는 경우 건물 등의 공급가액 계산】 ① 법 제29조제9항 각 호 외의 부분 단서 및 같은 항 제2호 본문에 따른 안분계산한 금액은 다음 각 호의 구분에 따라 계산한 금액으로 한다.(2022.2.15 본문개정)

1. 토지와 건물 또는 구축물 등(이하 이 조에서 "건물 등"이라 한다)에 대한 「소득세법」 제99조에 따른 기준시가(이하 이 조에서 "기준시가"라 한다)가 모두 있는 경우 : 공급계약일 현재의 기준시가에 따라 계산한 가액에 비례하여 안분(按分) 계산한 금액. 다만, 감정평가가액〔제28조에 따른 공급시기(중간지급조건부 또는 장기할부판매의 경우는 최초 공급시기)가 속하는 과세기간의 직전 과세기간 개시일부터 공급시기가 속하는 과세기간의 종료일까지 「감정평가 및 감정평가사에 관한 법률」에 따른 감정평가법인등이 평가한 감정평가가액을 말한다. 이하 이 조에서 같다〕이 있는 경우에는 그 가액에 비례하여 안분 계산한 금액으로 한다.(2022.1.21 단서개정)

2. 토지와 건물등 중 어느 하나 또는 모두의 기준시가가 없는 경우로서 감정평가가액이 있는 경우 : 그 가액에 비례하여 안분 계산한 금액. 다만, 감정평가가액이 없는 경우에는 장부가액(장부가액이 없는 경우에는 취득가액)에 비례하여 안분 계산한 후 기준시가가 있는 자산에 대해서는 그 합계액을 다시 기준시가에 의하여 안분 계산한 금액으로 한다.

3. 제1호와 제2호를 적용할 수 없거나 적용하기 곤란한 경우 : 국세청장이 정하는 바에 따라 안분하여 계산한 금액
② 법 제29조제9항제2호 단서에 따라 다음 각 호의 어느 하나에 해당하는 경우에는 건물등의 실지거래가액을 공급가액으로 한다.
1. 다른 법령에서 정하는 바에 따라 토지와 건물등의 가액을 구분한 경우
2. 토지와 건물등을 함께 공급받은 후 건물등을 철거하고 토지만 사용하는 경우
(2022.2.15 본항신설)

제65조【부동산 임대용역의 공급가액 계산】 ① 법 제29조제10항제1호에 따라 전세금이나 임대보증금을 받는 경우에는 법 제29조제3항제2호에 따른 금전 외의 대가를 받는 것으로 보아 다음 계산식에 따라 계산한 금액을 공급가액으로 한다. 이 경우 국가나 지방자치단체의 소유로 귀속되는 지하도의 건설비를 전액 부담한 자가 지하도로 점용허가(1차 무상점용기간으로 한정한다)를 받아 대여하는 경우에 기획재정부령으로 정하는 건설비상당액은 전세금이나 임대보증금으로 보지 아니한다.

$$\text{공급}\atop\text{가액} = {\text{해당 기간의}\atop\text{전세금 또는}\atop\text{임대보증금}} \times {\text{과세대}\atop\text{상 기간}\atop\text{의 일수}} \times \frac{\text{계약기간 1년의 정기}\atop\text{예금 이자율(해당 예}\atop\text{정신고기간 또는 과}\atop\text{세기간 종료일 현재)}}{365(윤년에는 366)}$$

② 사업자가 부동산을 임차하여 다시 임대용역을 제공하는 경우에는 제1항의 계산식 중 "해당 기간의 전세금 또는 임대보증금"을 "해당 기간의 전세금 또는 임대보증금 – 임차 시 지급한 전세금 또는 임차보증금"으로 한다. 이 경우 임차한 부동산 중 직접 자기의 사업에 사용하는 부분이 있는 경우 임차 시 지급한 전세금 또는 임차보증금은 다음 계산식에 따른 금액을 제외한 금액으로 한다.

$$\text{임차 시 지급한}\atop\text{전세금 또는 임}\atop\text{차보증금} \times \frac{\text{예정신고기간 또는 과세기간 종료일 현}\atop\text{재 직접 자기의 사업에 사용하는 면적}}{\text{예정신고기간 또는 과세기간 종료일}\atop\text{현재 임차한 부동산의 총면적}}$$

(2021.1.5 본항개정)
③ 제1항과 제2항의 경우에 사업자가 계약에 따라 전세금이나 임대보증금을 임대료에 충당하였을 때에는 그 금액을 제외한 가액을 전세금 또는 임대보증금으로 한다.
④ 법 제29조제10항제2호에 따라 과세되는 부동산 임대용역과 면세되는 주택 임대용역을 함께 공급하여 그 임대구분과 임대료 등의 구분이 불분명한 경우에는 다음 각 호의 계산식을 순차로 적용하여 공급가액을 계산한다.
1.

$$\text{임대료 등의}\atop\text{대가 및 제}\atop\text{1항에 따라}\atop\text{계산한 금액} \times \frac{\text{토지가액 또는}\atop\text{건물가액}}{\text{토지가액과 정}\atop\text{착된 건물가액}\atop\text{의 합계액}} = \text{토지분에 대한 임대}\atop\text{료 상당액 또는 건물}\atop\text{분에 대한 임대료상}\atop\text{당액}$$

2.

$$\text{제1호에 따}\atop\text{른 금액} \times \frac{\text{과세되는 토지임}\atop\text{대 면적}}{\text{총토지임대면적}} = \text{토지임대공급가액}$$

3.

$$\text{제1호에 따}\atop\text{른 금액} \times \frac{\text{과세되는 건물임}\atop\text{대 면적}}{\text{총건물임대면적}} = \text{건물임대공급가액}$$

⑤ 법 제29조제10항제3호에 따라 사업자가 둘 이상의 과세기간에 걸쳐 부동산 임대용역을 공급하고 그 대가를 선불이나 후불로 받는 경우에는 해당 금액을 계약기간의 개월 수로 나눈 금액의 각 과세대상기간의 합계액을 공급가액으로 한다. 이 경우 개월 수의 계산에 관하여는 제61조제2항제6호 후단을 준용한다.
(2018.2.13 후단개정)
⑥ 제1항부터 제5항까지에서 규정한 사항 외에 부동산 임대용역의 공급가액 계산에 필요한 사항은 기획재정부령으로 정한다.

제66조【감가상각자산 자가공급 등의 공급가액 계산】 ① 법 제29조제11항에서 "대통령령으로 정하는 감가상각자산"이란 「소득세법 시행령」 제62조 또는 「법인세법 시행령」 제24조에 따른 감가상각자산(이하 "감가상각자산"이라 한다)을 말한다.
② 과세사업에 제공한 재화가 감가상각자산에 해당하고, 해당 재화를 법 제10조제1항·제2항 및 제4항부터 제6항까지의 규정에 따라 공급한 것으로 보는 경우에는 다음 각 호의 계산식에 따라 계산한 금액을 공급가액으로 본다. 이 경우 경과된 과세기간의 수는 법 제5조에 따른 과세기간 단위로 계산하되, 건물 또는 구축물의 경과된 과세기간의 수가 20을 초과할 때에는 20으로, 그 밖의 감가상각자산의 경과된 과세기간의 수가 4를 초과할 때에는 4로 한다.
1. 건물 또는 구축물

$$\text{공급}\atop\text{가액} = \text{해당 재화의}\atop\text{취득가액} \times (1 - \frac{5}{100} \times \text{경과된}\atop\text{과세기간의 수})$$

2. 그 밖의 감가상각자산

$$\text{공급}\atop\text{가액} = \text{해당 재화의}\atop\text{취득가액} \times (1 - \frac{25}{100} \times \text{경과된}\atop\text{과세기간의 수})$$

③ 과세사업에 제공한 감가상각자산을 면세사업에 일부 사용하는 경우에는 다음 각 호의 계산식에 따라 계산한 금액을 공급가액으로 하되, 그 면세사업에 의한 면세공급가액이 총공급가액 중 5퍼센트 미만인 경우에는 공급가액이 없는 것으로 본다. 이 경우 경과된 과세기간의 수에 관하여는 제2항 후단을 준용한다.
1. 건물 또는 구축물

$$\text{공급}\atop\text{가액} = \text{해당}\atop\text{재화}\atop\text{의}\atop\text{취득}\atop\text{가액} \times (1 - \frac{5}{100} \times \text{경과된}\atop\text{과세기}\atop\text{간의 수}) \times \frac{\text{면세사업에 일부}\atop\text{사용한 날이 속하}\atop\text{는 과세기간의 면}\atop\text{세공급가액}}{\text{면세사업에 일부}\atop\text{사용한 날이 속하}\atop\text{는 과세기간의 총}\atop\text{공급가액}}$$

2. 그 밖의 감가상각자산

$$\text{공급}\atop\text{가액} = \text{해당}\atop\text{재화}\atop\text{의}\atop\text{취득}\atop\text{가액} \times (1 - \frac{25}{100} \times \text{경과된}\atop\text{과세기}\atop\text{간의 수}) \times \frac{\text{면세사업에 일}\atop\text{부 사용한 날이}\atop\text{속하는 과세기}\atop\text{간의 면세공급}\atop\text{가액}}{\text{면세사업에 일}\atop\text{부 사용한 날이}\atop\text{속하는 과세기}\atop\text{간의 총공급가액}}$$

④ 제2항 및 제3항 각 호의 재화의 취득가액은 법 제38조에 따라 매입세액을 공제받은 해당 재화의 가액으로 한다.
⑤ 제2항과 제3항에 따라 경과된 과세기간의 수를 계산할 때 과세기간의 개시일 후에 감가상각자산을 취득하거나 해당 재화가 공급된 것으로 보게 되는 경우에는 그 과세기간의 개시일에 해당 재화를 취득하거나 해당 재화가 공급된 것으로 본다.

제2절 거래징수와 세금계산서

제67조【세금계산서】 ① 법 제32조제1항제2호 단서에

서 "대통령령으로 정하는 고유번호"란 제12조제2항에 따라 부여받는 고유번호를 말한다.

② 법 제32조제1항제5호에 따라 세금계산서에 적을 그 밖의 사항은 다음 각 호와 같다.

1. 공급하는 자의 주소
2. 공급받는 자의 상호·성명·주소
3. 공급하는 자와 공급받는 자의 업태와 종목
4. 공급품목
5. 단가와 수량
6. 공급 연월일
7. 거래의 종류
8. 사업자 단위 과세 사업자의 경우 실제로 재화 또는 용역을 공급하거나 공급받는 종된 사업장의 소재지 및 상호

③ 사업자는 제73조제5항에 따라 세금계산서를 발급하는 경우 비고란에 영수증 취소분이라고 적어야 한다.

④ 사업자는 법 제32조제1항제1호부터 제4호까지의 기재사항과 그 밖에 필요하다고 인정되는 사항 및 국세청장에게 신고한 계산서임을 적은 계산서를 국세청장에게 신고한 후 발급할 수 있다.

⑤ 제1항부터 제4항까지에서 규정한 사항 외에 세금계산서의 발급절차 및 보관요건, 신청절차, 제출형식 등에 관하여 필요한 사항은 국세청장이 정한다.

제68조 【전자세금계산서의 발급 등】 ① 법 제32조제2항에서 "대통령령으로 정하는 개인사업자"란 직전 연도의 사업장별 재화 및 용역의 공급가액(면세공급가액을 포함한다. 이하 이 조에서 같다)의 합계액이 8천만원 이상인 개인사업자(그 이후 직전 연도의 사업장별 재화 및 용역의 공급가액이 8천만원 미만이 된 개인사업자를 포함하며, 이하 이 조에서 "전자세금계산서 의무발급 개인사업자"라 한다)를 말한다.(2023.2.28 본항개정)

② 전자세금계산서 의무발급 개인사업자는 사업장별 재화 및 용역의 공급가액의 합계액이 8천만원 이상인 해의 다음 해 제2기 과세기간이 시작하는 날부터 전자세금계산서를 발급해야 한다. 다만, 사업장별 재화 및 용역의 공급가액의 합계액이 「국세기본법」 제45조에 따른 수정신고 또는 법 제57조에 따른 결정과 경정(이하 이 항에서 "수정신고등"이라 한다)으로 8천만원 이상이 된 경우에는 수정신고등을 한 날이 속하는 과세기간의 다음 과세기간이 시작하는 날부터 전자세금계산서를 발급해야 한다.(2023.2.28 본항개정)

③ 관할 세무서장은 개인사업자가 전자세금계산서 의무발급 개인사업자에 해당하는 경우에는 제2항에 따라 전자세금계산서를 발급해야 하는 날이 시작되기 1개월 전까지 그 사실을 해당 개인사업자에게 통지하여야 한다.(2023.2.28 본항개정)

④ 제2항에도 불구하고 개인사업자가 전자세금계산서를 발급해야 하는 날이 시작되기 1개월 전까지 제3항에 따른 통지를 받지 못한 경우에는 통지서를 수령한 날이 속하는 달의 다음 다음 달 1일부터 전자세금계산서를 발급하여야 한다.(2023.2.28 본항개정)

⑤ 법 제32조제2항에서 "대통령령으로 정하는 전자적 방법"이란 다음 각 호의 어느 하나에 해당하는 방법으로 같은 조 제1항 각 호의 기재사항을 계산서 작성자의 신원 및 계산서의 변경 여부 등을 확인할 수 있는 인증시스템을 거쳐 정보통신망으로 발급하는 것을 말한다.(2020.12.8 본문개정)

1. 「조세특례제한법」 제5조의2제1호에 따른 전사적(全社的) 기업자원 관리설비를 이용하는 방법
2. 재화 또는 용역을 실제 공급하는 사업자를 대신하여 전자세금계산서 발급업무를 대행하는 사업자의 전자세금계산서 발급 시스템을 이용하는 방법 (2020.2.11 1호~2호개정)

3. 국세청장이 구축한 전자세금계산서 발급 시스템을 이용하는 방법
4. 전자세금계산서 발급이 가능한 현금영수증 발급장치 및 그 밖에 국세청장이 지정하는 전자세금계산서 발급 시스템을 이용하는 방법

⑥ 제5항제1호·제2호 및 제4호에 따른 설비 또는 시스템을 구축하고 운영하려는 자는 미리 기획재정부령으로 정하는 바에 따라 국세청장 또는 관할 세무서장에게 등록하여야 한다.(2018.2.13 본항개정)

⑦ 법 제32조제3항에서 "대통령령으로 정하는 기한"이란 전자세금계산서 발급일의 다음 날을 말한다.

⑧ 법 제32조제3항에서 "대통령령으로 정하는 전자세금계산서 발급명세"란 법 제32조제1항 각 호의 사항을 말한다.

⑨ 사업자의 사업이 다음 각 호의 어느 하나에 해당하는 경우 해당 사업자는 법 제32조제4항에 따라 해당 사업과 관련하여 법 제32조제1항제1호부터 제4호까지의 기재사항과 그 밖에 필요하다고 인정되는 사항 및 관할 세무서장에게 신고한 전자세금계산서임을 적은 계산서를 관할 세무서장에게 신고한 후 발급할 수 있다. 이 경우 사업자는 제5항 각 호에 따른 표준인증을 받고 공급일의 다음 달 11일까지 전자세금계산서 파일을 국세청장에게 전산매체로 제출하여야 한다.(2018.2.13 후단개정)

1. 「전기사업법」에 따른 전기사업자가 산업용 전력을 공급하는 경우
2. 「전기통신사업법」에 따른 전기통신사업자가 사업자에게 같은 법 제2조제11호에 따른 기간통신역무(이하 이 호에서 "기간통신역무"라 한다)를 제공하는 경우와 같은 조 제12호에 따른 부가통신역무 중 월단위 요금형 서비스를 제공하는 경우로서 기간통신역무와 공급시기가 동일하여 통합하여 비용을 청구하는 경우(2018.2.13 본호개정)
3. 「도시가스사업법」에 따른 도시가스사업자가 산업용 도시가스를 공급하는 경우
4. 「집단에너지사업법」에 따라 집단에너지를 공급하는 사업자가 산업용 열 또는 산업용 전기를 공급하는 경우
5. 「방송법」 제2조제3호에 따른 방송사업자가 사업자에게 방송용역을 제공하는 경우
6. 일반과세자가 농어민에게 「조세특례제한법」 제105조의2에 따른 농어업용 기자재를 공급하는 경우
7. 「인터넷 멀티미디어 방송사업법」 제2조제5호가목에 따른 인터넷 멀티미디어 방송 제공사업자가 사업자에게 방송용역을 제공하는 경우

⑩ 법 제32조제5항에 따라 법인사업자 및 전자세금계산서 의무발급 개인사업자 외의 사업자도 제5항부터 제8항까지의 규정에 따라 전자세금계산서를 발급하고 전송할 수 있다.(2018.2.13 본항개정)

⑪ 재화 또는 용역을 공급받는 자가 전자세금계산서를 발급받을 수신함을 가지고 있지 아니하거나 지정하지 아니한 경우 또는 제5항제4호의 시스템 등 수신함이 적용될 수 없는 시스템을 사용하는 경우에는 제5항제3호에 따른 전자세금계산서 발급 시스템을 수신함으로 지정한 것으로 본다.(2018.2.13 본항개정)

⑫ 전자세금계산서가 재화 또는 용역을 공급받는 자가 지정하는 수신함에 입력되거나 제5항제3호에 따른 전자세금계산서 발급 시스템에 입력된 때에 재화 또는 용역을 공급받는 자가 그 전자세금계산서를 수신한 것으로 본다.(2018.2.13 본항개정)

⑬ 제1항부터 제12항까지에서 규정한 사항 외에 전자세금계산서의 발급절차 및 보관요건, 각 설비 및 시스템을

구축하여 운영하는 사업자에 관한 등록절차 및 등록요건, 제출서류, 등록 취소 사유 등에 관하여 필요한 사항은 기획재정부령으로 정한다. (2018.2.13 본항개정)

제69조【위탁판매 등에 대한 세금계산서 발급】 ① 위탁판매 또는 대리인에 의한 판매의 경우 수탁자 또는 대리인이 재화를 인도할 때에는 법 제32조제6항에 따라 수탁자 또는 대리인이 위탁자 또는 본인의 명의로 세금계산서를 발급하며, 위탁자 또는 본인이 직접 재화를 인도하는 때에는 위탁자 또는 본인이 세금계산서를 발급할 수 있다. 이 경우 수탁자 또는 대리인의 등록번호를 덧붙여 적어야 한다.

② 위탁매입 또는 대리인에 의한 매입의 경우에는 법 제32조제6항에 따라 공급자가 위탁자 또는 본인을 공급받는 자로 하여 세금계산서를 발급한다. 이 경우 수탁자 또는 대리인의 등록번호를 덧붙여 적어야 한다.

③ 법 제10조제7항 단서의 경우에는 제1항과 제2항을 적용하지 아니한다.

④ 수용으로 인하여 재화가 공급되는 경우에는 제1항을 준용하여 해당 사업시행자가 세금계산서를 발급할 수 있다.

⑤ 용역의 공급에 대한 주선·중개의 경우에는 제1항과 제2항을 준용한다.

⑥ 「조달사업에 관한 법률」에 따라 물자가 공급되는 경우에는 법 제32조제6항에 따라 공급자 또는 세관장이 해당 실수요자에게 직접 세금계산서를 발급하여야 한다. 다만, 물자를 조달할 때에 그 물자의 실수요자를 알 수 없는 경우에는 조달청장에게 세금계산서를 발급하고, 조달청장이 실제로 실수요자에게 그 물자를 인도할 때에는 그 실수요자에게 세금계산서를 발급할 수 있다.

⑦ 「한국가스공사법」에 따른 한국가스공사가 기획재정부령으로 정하는 가스도입판매사업자를 위하여 천연가스(액화한 것을 포함한다)를 직접 수입하는 경우에는 법 제32조제6항에 따라 세관장이 해당 가스도입판매사업자에게 직접 세금계산서를 발급할 수 있다.

⑧ 납세의무가 있는 사업자가 「여신전문금융업법」 제3조에 따라 등록한 시설대여업자로부터 시설 등을 임차하고, 그 시설 등을 공급자 또는 세관장으로부터 직접 인도받는 경우에는 법 제32조제6항에 따라 공급자 또는 세관장이 그 사업자에게 직접 세금계산서를 발급할 수 있다.

⑨ 제18조제2항제1호에 따라 조달청장이 발행한 창고증권의 양도로서 임치물의 반환이 수반되는 경우의 세금계산서 발급에 관하여는 제6항 단서를 준용한다. 이 경우 제6항 단서 중 "실수요자"는 "창고증권과의 교환으로 임치물을 반환받는 자"로 본다.

⑩ 「감정평가 및 감정평가사에 관한 법률」에 따른 감정평가법인등 또는 「신문 등의 진흥에 관한 법률」에 따른 신문 발행업자 및 「잡지 등 정기간행물의 진흥에 관한 법률」에 따른 정기간행물 발행업자 및 「뉴스통신 진흥에 관한 법률」에 따른 뉴스통신사업을 경영하는 법인이 법원의 의뢰를 받아 감정평가용역 또는 광고용역을 제공하는 경우로서 그 용역을 실제로 공급받는 자를 알 수 없을 때에는 법 제32조제6항에 따라 감정평가법인등 또는 신문 발행업자 및 정기간행물 발행업자 또는 뉴스통신사업을 경영하는 법인은 법원에 세금계산서를 발급하고, 그 법원이 감정평가용역 또는 광고용역을 실제로 공급받는 자로부터 그 용역에 대한 대가를 징수할 때에는 법원이 그 자에게 세금계산서를 발급할 수 있다. (2022.1.21 본항개정)

⑪ 「전기통신사업법」에 따른 전기통신사업자가 다른 전기통신사업자의 이용자(「전기통신사업법」 제2조제1항제9호에 따른 이용자를 말한다. 이하 이 조에서 같다)에게 전기통신역무를 제공하고 그 대가의 징수를 다른 전기통신사업자에게 대행하게 하는 경우에는 법 제32조제6항에 따라 해당 전기통신역무를 제공한 사업자가 다른 전기통신사업자에게 세금계산서를 발급하고, 다른 전기통신사업자가 이용자에게 세금계산서를 발급할 수 있다.

⑫ 「전기사업법」에 따른 발전사업자가 전력시장을 통하여 같은 법에 따른 전기판매사업자 또는 전기사용자에게 전력을 공급하고 그 대가를 같은 법에 따른 한국전력거래소를 통하여 받는 경우에는 법 제32조제6항에 따라 그 발전사업자가 한국전력거래소에 세금계산서를 발급하고 한국전력거래소가 그 전기판매사업자 또는 전기사용자에게 세금계산서를 발급할 수 있다.

⑬ 「방송법 시행령」 제1조의2제4호 및 제5호에 따른 위성이동멀티미디어방송사업자 및 일반위성방송사업자가 「전기통신사업법」에 따른 전기통신사업자의 이용자에게 각각 위성이동멀티미디어방송용역 또는 일반위성방송용역을 제공하고 그 대가의 징수를 전기통신사업자에게 대행하게 하는 경우에는 법 제32조제6항에 따라 위성이동멀티미디어방송사업자 및 일반위성방송사업자는 전기통신사업자에게 세금계산서를 발급하고, 전기통신사업자가 이용자에게 세금계산서를 발급할 수 있다.

⑭ 「전기사업법」에 따른 전기사업자가 전력을 공급하는 경우로서 전력을 공급받는 명의자와 전력을 실제로 소비하는 자가 서로 다른 경우에 그 전기사업자가 전력을 공급받는 명의자를 공급받는 자로 하여 세금계산서를 발급하고 그 명의자는 발급받은 세금계산서에 적힌 공급가액의 범위에서 전력을 실제로 소비하는 자를 공급받는 자로 하여 세금계산서를 발급하였을 때(세금계산서의 발급이 면제되는 경우로서 기획재정부령으로 정하는 경우에 그 세금계산서를 발급하였을 때를 포함한다)에는 그 전기사업자가 전력을 실제로 소비하는 자를 공급받는 자로 하여 세금계산서를 발급한 것으로 본다.

⑮ 동업자가 조직한 조합 또는 이와 유사한 단체가 그 조합원이나 그 밖의 구성원을 위하여 재화 또는 용역을 공급하거나 공급받는 경우와 「국가를 당사자로 하는 계약에 관한 법률」에 따른 공동 도급계약에 의하여 용역을 공급하고 그 공동 수급체의 대표자가 그 대가를 지급받는 경우 및 「도시가스사업법」에 따른 도시가스사업자가 도시가스를 공급할 때 도시가스를 공급받는 명의자와 도시가스를 실제로 소비하는 자가 서로 다른 경우에 관하여는 제14항을 준용한다.

⑯ 제18조제2항제1호에 따른 조달청 창고 및 같은 항 제2호에 따른 거래소의 지정창고에 보관된 물품이 국내로 반입되는 경우에는 세관장이 수입세금계산서를 발급한다.

⑰ 법 제52조제1항에 따른 용역등(이하 "용역등"이라 한다)을 법 제53조제1항에 따라 공급하는 경우에는 세금계산서를 발급할 때 그 용역등을 공급하는 법 제52조제1항 각 호의 어느 하나에 해당하는 자의 상호 및 주소를 덧붙여 적어야 한다.

⑱ 「온실가스 배출권의 할당 및 거래에 관한 법률」에 따라 배출권 거래계정을 등록한 자(이하 "할당대상업체등"이라 한다)가 같은 법에 따른 배출권 거래소가 개설한 배출권 거래시장을 통하여 다른 할당대상업체등에게 같은 법 제2조제3호에 따른 배출권(같은 법 제29조제3항에 따른 상쇄배출권을 포함한다)을 공급하고 그 대가를 배출권 거래소를 통하여 받는 경우에는 법 제32조제6항에 따라 그 할당대상업체등이 배출권 거래소에 세금계산서를 발급하고 배출권 거래소가 공급받는 할당대상업체등에 세금계산서를 발급할 수 있다. (2015.2.3 본항신설)

⑲ 합병에 따라 소멸하는 법인이 합병계약서에 기재된 합병을 할 날부터 합병등기일까지의 기간에 재화 또는

용역을 공급하거나 공급받는 경우 합병 이후 존속하는 법인 또는 합병으로 신설되는 법인이 세금계산서를 발급하거나 발급받을 수 있다.(2020.2.11 본항신설)

제70조【수정세금계산서 또는 수정전자세금계산서의 발급사유 및 발급절차】 ① 법 제32조제7항에 따른 수정세금계산서 또는 수정전자세금계산서는 다음 각 호의 구분에 따른 사유 및 절차에 따라 발급할 수 있다.

1. 처음 공급한 재화가 환입(還入)된 경우 : 재화가 환입된 날을 작성일로 적고 비고란에 처음 세금계산서 작성일을 덧붙여 적은 후 붉은색 글씨로 쓰거나 음(陰)의 표시를 하여 발급

2. 계약의 해제로 재화 또는 용역이 공급되지 아니한 경우 : 계약이 해제된 때에 그 작성일은 계약해제일로 적고 비고란에 처음 세금계산서 작성일을 덧붙여 적은 후 붉은색 글씨로 쓰거나 음(陰)의 표시를 하여 발급

3. 계약의 해지 등에 따라 공급가액에 추가되거나 차감되는 금액이 발생한 경우 : 증감 사유가 발생한 날을 작성일로 적고 추가되는 금액은 검은색 글씨로 쓰고, 차감되는 금액은 붉은색 글씨로 쓰거나 음(陰)의 표시를 하여 발급

4. 재화 또는 용역을 공급한 후 공급시기가 속하는 과세기간 종료 후 25일(과세기간 종료 후 25일이 되는 날이 「국세기본법」 제5조제1항 각 호에 해당하는 날인 경우에는 바로 다음 영업일을 말한다) 이내에 내국신용장이 개설되었거나 구매확인서가 발급된 경우 : 내국신용장 등이 개설된 때에 그 작성일은 처음 세금계산서 작성일을 적고 비고란에 내국신용장 개설일 등을 덧붙여 적어 영세율 적용분은 검은색 글씨로 세금계산서를 작성하여 발급하고, 추가하여 처음에 발급한 세금계산서의 내용대로 세금계산서를 붉은색 글씨로 또는 음(陰)의 표시를 하여 작성하고 발급(2023.2.28 본호개정)

5. 필요적 기재사항 등이 착오로 잘못 적힌 경우(다음 각 목의 어느 하나에 해당하는 경우로서 과세표준 또는 세액을 경정할 것을 미리 알고 있는 경우는 제외한다) : 처음에 발급한 세금계산서의 내용대로 세금계산서를 붉은색 글씨로 쓰거나 음(陰)의 표시를 하여 발급하고, 수정하여 발급하는 세금계산서는 검은색 글씨로 작성하여 발급
  가. 세무조사의 통지를 받은 경우
  나. 세무공무원이 과세자료를 수집 또는 민원 등을 처리하기 위하여 현지출장이나 확인업무에 착수한 경우
  다. 세무서장으로부터 과세자료 해명안내 통지를 받은 경우
  라. 그 밖에 가목부터 다목까지의 규정에 따른 사항과 유사한 경우
  (2016.2.17 본호개정)

6. 필요적 기재사항 등이 착오 외의 사유로 잘못 적힌 경우(제5호 각 목의 어느 하나에 해당하는 경우로서 과세표준 또는 세액을 경정할 것을 미리 알고 있는 경우는 제외한다) : 재화나 용역의 공급일이 속하는 과세기간에 대한 확정신고기한 다음 날부터 1년 이내에 세금계산서를 작성하되, 처음에 발급한 세금계산서의 내용대로 세금계산서를 붉은색 글씨로 쓰거나 음(陰)의 표시를 하여 발급하고, 수정하여 발급하는 세금계산서는 검은색 글씨로 작성하여 발급
  (2022.2.15 본호개정)

7. 착오로 전자세금계산서를 이중으로 발급한 경우 : 처음에 발급한 세금계산서의 내용대로 음(陰)의 표시를 하여 발급

8. 면세 등 세금계산서 발급대상이 아닌 거래 등에 대하여 발급한 경우 : 처음에 발급한 세금계산서의 내용대로 붉은색 글씨로 쓰거나 음(陰)의 표시를 하여 발급
  (2014.2.21 본호개정)

9. 세율을 잘못 적용하여 발급한 경우(제5호 각 목의 어느 하나에 해당하는 경우로서 과세표준 또는 세액을 경정할 것을 미리 알고 있는 경우는 제외한다) : 처음에 발급한 세금계산서의 내용대로 세금계산서를 붉은색 글씨로 쓰거나 음(陰)의 표시를 하여 발급하고, 수정하여 발급하는 세금계산서는 검은색 글씨로 작성하여 발급(2016.2.17 본호개정)

② 일반과세자에서 간이과세자로 과세유형이 전환된 후 과세유형전환 전에 공급한 재화 또는 용역에 제1항제1호부터 제3호까지의 사유가 발생한 경우에는 제1항제1호부터 제3호까지의 절차에도 불구하고 처음에 발급한 세금계산서 작성일을 수정세금계산서 또는 수정전자세금계산서의 작성일로 적고, 비고란에 사유 발생일을 덧붙여 적은 후 추가되는 금액은 검은색 글씨로 쓰고 차감되는 금액은 붉은색 글씨로 쓰거나 음(陰)의 표시를 하여 수정세금계산서나 수정전자세금계산서를 발급할 수 있다.(2021.2.17 본항개정)

③ 간이과세자에서 일반과세자로 과세유형이 전환된 후 과세유형전환 전에 공급한 재화 또는 용역에 제1항제1호부터 제3호까지의 사유가 발생하여 수정세금계산서나 수정전자세금계산서를 발급하는 경우에는 제1항제1호부터 제3호까지의 절차에도 불구하고 처음에 발급한 세금계산서 작성일을 수정세금계산서 또는 수정전자세금계산서의 작성일로 적고, 비고란에 사유 발생일을 덧붙여 적은 후 추가되는 금액은 검은색 글씨로 쓰고 차감되는 금액은 붉은색 글씨로 쓰거나 음(陰)의 표시를 해야 한다.(2021.2.17 본항신설)

제71조【세금계산서 발급의무의 면제 등】 ① 법 제33조제1항에서 "세금계산서를 발급하기 어렵거나 세금계산서의 발급이 불필요한 경우 등 대통령령으로 정하는 경우"란 다음 각 호의 어느 하나에 해당하는 재화 또는 용역을 공급하는 경우를 말한다.

1. 택시운송 사업자, 노점 또는 행상을 하는 사람, 그 밖에 기획재정부령으로 정하는 사업자가 공급하는 재화 또는 용역

2. 소매업 또는 미용, 욕탕 및 유사 서비스업을 경영하는 자가 공급하는 재화 또는 용역. 다만, 소매업의 경우에는 공급받는 자가 세금계산서 발급을 요구하지 아니하는 경우로 한정한다.

3. 법 제10조제1항, 제2항 및 제4항부터 제6항까지의 규정에 따른 재화

4. 법 제21조(제31조제1항제5호에 따른 원료, 같은 조 제2항제1호에 따른 내국신용장 또는 구매확인서에 의하여 공급하는 재화와 같은 항 제2호부터 제4호까지의 규정에 따른 한국국제협력단, 한국국제보건의료재단 및 대한적십자사에 공급하는 재화는 제외한다), 제22조 및 제23조(공급받는 자가 국내에 사업장이 없는 비거주자 또는 외국법인인 경우와 법 제23조제2항에 따른 외국항행용역으로서 항공기의 외국항행용역 및 「항공사업법」에 따른 상업서류 송달용역으로 한정한다)에 따른 재화 또는 용역(2017.3.29 본호개정)

5. 제33조제2항제1호, 제2호, 제5호(공급받는 자가 국내에 사업장이 없는 비거주자 또는 외국법인인 경우로 한정한다), 제6호 및 제7호에 따른 재화 또는 용역과 법 제24조제1항제1호에 따른 외교공관등에 공급하는 재화 또는 용역(2021.3.23 본호개정)

6. 부동산 임대용역 중 제65조제1항 및 제2항이 적용되는 부분

7. 「전자서명법」 제2조제8호에 따른 전자서명인증사업자가 같은 조 제6호에 따른 인증서를 발급하는 용역. 다만, 공급받는 자가 사업자로서 세금계산서 발급을 요구하는 경우는 제외한다. (2020.12.8 본문개정)

8. 법 제53조의2제1항 또는 제2항에 따라 간편사업자등록을 한 사업자가 국내에 공급하는 전자적 용역(2021.2.17 본호개정)

9. 그 밖에 국내사업장이 없는 비거주자 또는 외국법인에 공급하는 재화 또는 용역. 다만, 다음 각 목의 어느 하나에 해당하는 경우는 제외한다.(2023.2.28 단서개정)

가. 국내사업장이 없는 비거주자 또는 외국법인이 해당 외국의 개인사업자 또는 법인사업자임을 증명하는 서류를 제시하고 세금계산서 발급을 요구하는 경우(2023.2.28 본목신설)

나. 「법인세법」 제94조의2에 따른 외국법인연락사무소에 재화 또는 용역을 공급하는 경우(2023.2.28 본목신설)

② 법 제33조제2항에서 "대통령령으로 정하는 사업자"란 제88조제5항에 따른 사업자를 말한다.(2021.2.17 본항개정)

제71조의2【매입자발행세금계산서의 발행대상 사업자 및 매입세액공제 절차 등】 ① 법 제34조의2제1항에서 "대통령령으로 정하는 사업자"란 법 제32조에 따른 세금계산서 발급의무가 있는 사업자(제73조제3항 및 제4항에 따라 세금계산서 발급의무가 있는 사업자를 포함한다)를 말한다.(2021.2.17 본항개정)

② 법 제34조의2제2항에 따른 매입자발행세금계산서를 발행하려는 자(이하 이 조에서 "신청인"이라 한다)는 해당 재화 또는 용역의 공급시기가 속하는 과세기간의 종료일부터 6개월 이내에 기획재정부령으로 정하는 거래사실확인신청서에 거래사실을 객관적으로 입증할 수 있는 서류를 첨부하여 신청인 관할 세무서장에게 거래사실의 확인을 신청하여야 한다.(2019.2.12 본항개정)

③ 제2항에 따른 거래사실의 확인신청 대상이 되는 거래는 거래건당 공급대가가 5만원 이상인 경우로 한다.(2023.2.28 본항개정)

④ 제2항에 따른 신청을 받은 관할 세무서장은 신청서에 재화 또는 용역을 공급한 자(이하 이 조에서 "공급자"라 한다)의 인적사항이 부정확하거나 신청서 기재방식에 흠이 있는 경우에는 신청일부터 7일 이내에 일정한 기간을 정하여 보정요구를 할 수 있다.

⑤ 신청인이 제4항의 기간 이내에 보정요구에 응하지 아니하거나 다음 각 호의 어느 하나에 해당하는 경우에는 신청인 관할 세무서장은 거래사실의 확인을 거부하는 결정을 하여야 한다.

1. 제2항의 신청기간을 넘긴 것이 명백한 경우
2. 신청서의 내용으로 보아 거래 당시 미등록사업자 또는 휴·폐업자와 거래한 것이 명백한 경우

⑥ 신청인 관할 세무서장은 제5항에 따른 확인을 거부하는 결정을 하지 아니한 신청에 대해서는 거래사실확인신청서가 제출된 날(제4항에 따라 보정을 요구하였을 때에는 보정이 된 날)부터 7일 이내에 신청서와 제출된 증빙서류를 공급자 관할 세무서장에게 송부하여야 한다.

⑦ 제6항에 따라 신청서를 송부받은 공급자 관할 세무서장은 신청인의 신청내용, 제출된 증빙자료를 검토하여 거래사실여부를 확인하여야 한다. 이 경우 거래사실의 존재 및 그 내용에 대한 입증책임은 신청인에게 있다.

⑧ 공급자 관할 세무서장은 신청일의 다음 달 말일까지 거래사실여부를 확인한 후 다음 각 호의 구분에 따른 통지를 공급자와 신청인 관할 세무서장에게 하여야 한다. 다만, 공급자의 부도, 일시 부재 등 기획재정부령으로 정하는 불가피한 사유가 있는 경우에는 거래사실 확인기간을 20일 이내의 범위에서 연장할 수 있다.

1. 거래사실이 확인되는 경우 : 공급자 및 공급받는 자의 사업자등록번호, 작성연월일, 공급가액 및 부가가치세액 등을 포함한 거래사실 확인 통지
2. 거래사실이 확인되지 아니하는 경우 : 거래사실 확인불가 통지

⑨ 신청인 관할 세무서장은 공급자 관할 세무서장으로부터 제8항의 통지를 받은 후 즉시 신청인에게 그 확인결과를 통지하여야 한다.

⑩ 제9항에 따라 신청인 관할 세무서장으로부터 제8항제1호에 따른 거래사실 확인 통지를 받은 신청인은 공급자 관할 세무서장이 확인한 거래일자를 작성일자로 하여 매입자발행세금계산서를 발행하여 공급자에게 교부하여야 한다.

⑪ 제10항에도 불구하고 신청인 및 공급자가 관할 세무서장으로부터 제8항제1호의 통지를 받은 때에는 신청인이 매입자발행세금계산서를 공급자에게 교부한 것으로 본다.

⑫ 제10항 또는 제11항에 따라 매입자발행세금계산서를 공급자에게 교부하였거나 교부한 것으로 보는 경우 신청인은 법 제48조에 따른 예정신고, 법 제49조에 따른 확정신고 또는 「국세기본법」 제45조의2제1항에 따른 경정청구를 할 때 기획재정부령으로 정하는 매입자발행세금계산서합계표를 제출하는 경우에는 매입자발행세금계산서에 기재된 매입세액을 법 제37조, 제38조 및 제63조제3항에 따라 해당 재화 또는 용역의 공급시기에 해당하는 과세기간의 매출세액 또는 납부세액에서 매입세액으로 공제받을 수 있다.

(2017.2.7 본조신설)

제72조【수입세금계산서】 ① 법 제35조제1항에 따른 수입세금계산서는 법 제32조제1항에 따른 세금계산서 발급에 관한 규정을 준용하여 발급한다. 이 경우 법 제50조의2제1항에 따라 부가가치세 납부가 유예되는 때에는 수입세금계산서에 부가가치세 납부유예 표시를 하여 발급한다.(2016.2.17 후단신설)

② 세관장은 「관세법」에 따라 과세표준 또는 세액을 결정 또는 경정하기 전에 같은 법 제28조제2항, 제38조의2제1항·제2항, 제38조의3제1항부터 제3항까지, 제38조의4제1항, 제46조, 제47조, 제106조 및 제106조의2에 따라 부가가치세를 납부받거나 징수 또는 환급하는 경우에는 법 제35조제2항에 따라 수입자에게 수정한 수입세금계산서를 발급하여야 한다.(2023.2.28 본항개정)

③ 법 제35조제2항제3호에서 "세관공무원의 관세 조사 등 대통령령으로 정하는 행위"란 다음 각 호의 어느 하나에 해당하는 행위를 말한다.(2023.2.28 본문개정)

1. 관세 조사 또는 관세 범칙사건에 대한 조사를 통지하는 행위
2. 세관공무원이 과세자료의 수집 또는 민원 등을 처리하기 위하여 현지출장이나 확인업무에 착수하는 행위
3. 그 밖에 제1호 또는 제2호와 유사한 행위

④ 법 제35조제2항제2호다목에서 "수입자가 과세표준 또는 세액을 신고하면서 관세조사 등을 통하여 이미 통지받은 오류를 다음 신고 시에도 반복하는 등 대통령령으로 정하는 중대한 잘못이 있는 경우"란 다음 각 호의 어느 하나에 해당하는 경우를 말한다.

1. 「관세법」 제37조의4제1항 및 제2항에 따라 세관장이 과세가격의 결정과 관계되는 자료 및 증명자료를 제출하도록 요구하였으나 수입자가 같은 조 제3항에 따른 기한까지 제출하지 않거나 거짓의 자료를 제출하는 경우
2. 다음 각 목의 어느 하나에 해당하는 심사 또는 조사를 통하여 과세표준 또는 세액의 과소신고에 관한 오류를 통지받은 후에도 법 제50조에 따른 부가가치세에 관한 다음 신고 시에도 그 오류를 반복하는 경우
   가. 「관세법」 제38조제2항에 따른 심사
   나. 「관세법」 제110조제2항제1호 및 제2호에 따른 조사 중 과세표준 또는 세액의 결정·경정을 위한 조사

다. 「관세법」제255조의2에 따른 심사(같은 법 시행령 제259조의2제1항제1호의 기준에 따라 과세표준 또는 세액의 결정·경정에 관련하여 심사하는 경우로 한정한다)

라. 「자유무역협정의 이행을 위한 관세법의 특례에 관한 법률」제17조제1항에 따른 조사

3. 「관세법」제38조의2제2항에 따라 보정신청을 하도록 통지하였으나 정당한 사유 없이 수입자가 같은 조 제1항에 따른 신청 또는 같은 법 제38조의3제1항에 따른 수정신고를 하지 아니한 경우

4. 「관세법 시행령」제15조제1항제1호에 따른 사항을 적은 서류 또는 같은 조 제5항 각 호에 해당하는 과세자료의 내용이 객관적 사실과 명백히 다른 경우 등 해당 서류 또는 과세자료에 중대한 하자가 있는 경우(수입자의 착오 또는 경미한 과실로 인한 경우는 제외한다)

(2023.2.28 본항개정)

⑤ 세관장이 제2항과 제3항에 따라 수정한 수입세금계산서를 발급하는 경우에는 부가가치세를 납부받거나 징수 또는 환급한 날을 작성일로 적고 비고란에 최초 수입세금계산서 발급일 등을 덧붙여 적은 후 추가되는 금액은 검은색 글씨로 쓰고, 차감되는 금액은 붉은색 글씨로 쓰거나 음(陰)의 표시를 하여 발급한다.

⑥ 법 제35조제5항에 따라 수정수입세금계산서를 발급받으려는 자는 기획재정부령으로 정하는 수정수입세금계산서 발급신청서를 해당 부가가치세를 징수한 세관장에게 제출하여야 한다.(2023.2.28 본항개정)

⑦ 제6항에 따라 신청을 받은 세관장은 신청을 받은 날부터 2개월 이내에 수정수입세금계산서를 발급하거나 발급할 이유가 없다는 뜻을 신청인에게 통지하여야 한다.(2018.2.13 본항신설)

⑧ 세관장이 제7항에 따라 수정한 수입세금계산서를 발급하는 경우에는 그 작성일은 발급결정일로 적고 비고란에 최초 수입세금계산서 발급일 등을 덧붙여 적은 후 추가되는 금액은 검은색 글씨로 쓰며, 차감되는 금액은 붉은색 글씨로 쓰거나 음(陰)의 표시를 하여 발급한다.(2018.2.13 본항신설)

⑨ 제1항부터 제8항까지에서 규정한 사항 외에 수입세금계산서 또는 수정한 수입세금계산서의 작성과 발급 등에 필요한 사항은 기획재정부령으로 정한다.

(2018.2.13 본항개정)

제73조【영수증 등】 ① 법 제36조제1항제1호에서 "대통령령으로 정하는 사업자"란 다음 각 호의 사업을 하는 사업자를 말한다.(2021.2.17 본문개정)

1. 소매업
2. 음식점업(다과점업을 포함한다)
3. 숙박업
4. 미용, 욕탕 및 유사 서비스업
5. 여객운송업
6. 입장권을 발행하여 경영하는 사업
7. 제109조제2항제7호에 따른 사업 및 행정사업(법 제3조 및 「소득세법」제160조의2제2항에 따른 사업자에게 공급하는 것은 제외한다)
8. 「우정사업 운영에 관한 특례법」에 따른 우정사업조직이 「우편법」제15조제1항에 따른 선택적 우편업무 중 소포우편물을 방문접수하여 배달하는 용역을 공급하는 사업
9. 제35조제1호 단서의 용역을 공급하는 사업
10. 제35조제5호 단서의 용역을 공급하지 아니하는 것으로서 수의사가 제공하는 동물의 진료용역
11. 제36조제2항제1호 및 제2호의 용역을 공급하는 사업
12. 제71조제1항제7호에 따라 인증서를 발급하는 사업(2020.12.8 본호개정)
13. 법 제53조의2제1항 및 제2항에 따라 간편사업자등록

을 한 사업자가 국내에 전자적 용역을 공급하는 사업(2021.2.17 본호개정)

14. 주로 사업자가 아닌 소비자에게 재화 또는 용역을 공급하는 사업으로서 기획재정부령으로 정하는 사업

② 법 제36조제2항에서 "「전기사업법」제2조제2호에 따른 전기사업자가 산업용이 아닌 전력을 공급하는 경우 등 대통령령으로 정하는 경우"란 다음 각 호의 어느 하나에 해당하는 경우를 말한다.

1. 제10조에 따른 임시사업장을 개설한 사업자가 그 임시사업장에서 사업자가 아닌 소비자에게 재화 또는 용역을 공급하는 경우
2. 「전기사업법」에 따른 전기사업자가 산업용이 아닌 전력을 공급하는 경우
3. 「전기통신사업법」에 따른 전기통신사업자가 전기통신용역을 제공하는 경우. 다만, 부가통신사업자가 통신판매업자에게 「전기통신사업법」제5조제3항에 따른 부가통신용역를 제공하는 경우는 제외한다.(2019.6.25 단서개정)
4. 「도시가스사업법」에 따른 도시가스사업자가 산업용이 아닌 도시가스를 공급하는 경우
5. 「집단에너지사업법」에 따라 집단에너지를 공급하는 사업자가 산업용이 아닌 열 또는 산업용이 아닌 전기를 공급하는 경우
6. 「방송법」제2조제3호에 따른 방송사업자가 사업자가 아닌 자에게 방송용역을 제공하는 경우
7. 「인터넷 멀티미디어 방송사업법」제2조제5호가목에 따른 인터넷 멀티미디어 방송 제공사업자가 사업자가 아닌 자에게 방송용역을 제공하는 경우

③ 제1항제1호부터 제3호까지, 제5호(「여객자동차 운수사업법 시행령」제3조제2호가목에 따른 전세버스운송사업으로 한정한다)제7호, 제8호, 제12호 또는 제14호의 사업을 하는 사업자와 제2항 각 호의 어느 하나에 해당하는 사업자가 재화 또는 용역을 공급하는 경우로서 그 재화 또는 용역을 공급받는 사업자가 법 제36조제3항에 따라 세금계산서의 발급을 요구하는 경우에는 세금계산서를 발급해야 한다.(2021.2.17 본항개정)

④ 제1항제4호, 제5호(「여객자동차 운수사업법 시행령」제3조제2호가목에 따른 전세버스운송사업은 제외한다), 제6호 또는 제9호부터 제11호까지의 사업을 하는 사업자가 감가상각자산을 공급하거나 제1항 각 호·제2항 각 호에 따른 역무 외의 역무를 공급하는 경우로서 그 재화 또는 용역을 공급받는 사업자가 법 제36조제3항에 따라 세금계산서의 발급을 요구하는 경우에는 세금계산서를 발급해야 한다.(2021.2.17 본항개정)

⑤ 제1항제14호의 사업을 하는 사업자 중 자동차 제조업 및 자동차 판매업을 경영하는 사업자가 법 제36조제1항에 따라 영수증을 발급하였으나, 그 사업자로부터 재화를 공급받는 사업자가 해당 재화를 공급받는 날이 속하는 과세기간의 다음 달 10일까지 법 제36조제3항에 따라 세금계산서의 발급을 요구하는 경우에는 세금계산서를 발급해야 한다. 이 경우 처음에 발급한 영수증은 발급되지 않은 것으로 본다.(2021.2.17 본항개정)

⑥ 제1항제1호 각 호에 따른 재화 또는 용역을 공급하는 경우에는 영수증을 발급하지 아니한다. 다만, 제71조제1항제2호에 따른 자가 재화 또는 용역을 공급하는 경우에는 공급받는 자가 영수증 발급을 요구하지 아니하는 경우로 한정한다.

⑦ 법 제36조에 따른 영수증에는 다음 각 호의 사항을 적어야 한다. 이 경우 영수증의 서식과 그 밖에 필요한 사항은 국세청장이 정한다.

1. 공급자의 등록번호·상호·성명(법인의 경우 대표자의 성명)
2. 공급대가

3. 작성 연월일
4. 그 밖에 필요한 사항
⑧ 제1항 각 호의 사업을 하는 사업자와 제2항 각 호의 어느 하나에 해당하는 사업자가 신용카드기 또는 직불카드기 등 기계적 장치(금전등록기는 제외한다)를 사용하여 영수증을 발급할 때에는 제7항에도 불구하고 영수증에 공급가액과 세액을 별도로 구분하여 적어야 한다.(2021.2.17 본항개정)
⑨ 법 제36조에 따른 영수증은 다음 각 호의 어느 하나에 해당하는 방법으로 발급할 수 있다.
1. 신용카드단말기 또는 현금영수증 발급장치 등을 통해 법 제46조제1항에 따른 신용카드매출전표등을 출력하여 공급받는 자에게 발급하는 방법
2. 제7항 각 호에 따른 사항이 기재된 결제내역(이하 "결제내역"이라 한다)을 「전자문서 및 전자거래 기본법」 제2조제1호에 따른 전자문서의 형태로 공급받는 자에게 송신하는 방법(공급받는 자가 동의한 경우에 한정한다). 이 경우 전자적 방법으로 생성·저장된 결제내역을 「국세기본법」 제2조제18호에 따른 정보통신망 등을 통하여 확인할 수 있는 경우에는 공급받는 자에게 송신한 것으로 본다.
(2020.2.11 본항신설)
⑩ 간이과세자인 사업자가 법 제36조의2제1항 또는 제2항에 따른 영수증 발급 적용기간에 재화 또는 용역을 공급한 경우에는 제3항부터 제5항까지 및 제8항을 적용하지 않는다.(2021.2.17 본항신설)
제73조의2【간이과세자의 영수증 발급 적용기간 통지】① 법 제36조제1항제2호가목에 따라 영수증 발급에 관한 규정이 적용되거나 적용되지 않게 되는 사업자의 관할 세무서장은 법 제36조의2제1항에 따른 기간이 시작되기 20일 전까지 영수증 발급에 관한 규정이 적용되거나 적용되지 않게 되는 사실을 그 사업자에게 통지해야 하고, 사업자등록증을 정정하여 과세기간 개시 당일까지 발급해야 한다.
② 법 제36조제1항제2호가목에 따라 영수증 발급에 관한 규정이 적용되지 않게 되는 사업자의 관할 세무서장이 법 제110조제1항에 따라 간이과세자에 대한 규정이 적용되지 않게 되는 사실을 그 사업자에게 통지하고 사업자등록증을 정정하여 발급한 경우에는 제1항에 따른 통지·발급을 하지 않는다.
(2021.2.17 본조신설)

제3절 납부세액 등

제74조【매입처별 세금계산서합계표를 제출하지 아니한 경우 등에 대한 매입세액 공제】 법 제39조제1항제1호 단서에서 "대통령령으로 정하는 경우"란 다음 각 호의 어느 하나에 해당하는 경우를 말한다.
1. 법 제32조에 따라 발급받은 세금계산서에 대한 매입처별 세금계산서합계표 또는 법 제46조제1항에 따른 신용카드매출전표등의 수령명세서(정보처리시스템으로 처리된 전산매체를 포함하며, 이하 "신용카드매출전표등 수령명세서"라 한다)를 「국세기본법 시행령」 제25조제1항에 따라 과세표준수정신고서와 함께 제출하는 경우
2. 법 제32조에 따라 발급받은 세금계산서에 대한 매입처별 세금계산서합계표 또는 신용카드매출전표등 수령명세서를 「국세기본법 시행령」 제25조의3에 따라 경정청구서와 함께 제출하여 제102조에 따른 경정기관이 경정하는 경우
3. 법 제32조에 따라 발급받은 세금계산서에 대한 매입처별 세금계산서합계표 또는 신용카드매출전표등 수령명세서를 「국세기본법 시행령」 제25조의4에 따라 기한후과세표준신고서와 함께 제출하여 관할 세무

장이 결정하는 경우
4. 법 제32조에 따라 발급받은 세금계산서에 대한 매입처별 세금계산서합계표의 거래처별 등록번호 또는 공급가액이 착오로 사실과 다르게 적힌 경우로서 발급받은 세금계산서에 의하여 거래사실이 확인되는 경우
5. 법 제57조에 따른 경정을 하는 경우 사업자가 법 제32조에 따라 발급받은 세금계산서 또는 법 제46조제3항에 따라 발급받은 신용카드매출전표등을 제102조에 따른 경정기관의 확인을 거쳐 해당 경정기관에 제출하는 경우
제75조【세금계산서 등의 필요적 기재사항이 사실과 다르게 적힌 경우 등에 대한 매입세액 공제】 법 제39조제1항제2호 단서에서 "대통령령으로 정하는 경우"란 다음 각 호의 어느 하나에 해당하는 경우를 말한다.
1. 제11조제1항 또는 제2항에 따라 사업자등록을 신청한 사업자가 제11조제5항에 따른 사업자등록증 발급일까지의 거래에 대하여 해당 사업자 또는 대표자의 주민등록번호를 적어 발급받은 경우
2. 법 제32조에 따라 발급받은 세금계산서의 필요적 기재사항 중 일부가 착오로 사실과 다르게 적혔으나 그 세금계산서에 적힌 나머지 필요적 기재사항 또는 임의적 기재사항으로 보아 거래사실이 확인되는 경우
3. 재화 또는 용역의 공급시기 이후에 발급받은 세금계산서로서 해당 공급시기가 속하는 과세기간의 확정신고기한까지 발급받은 경우(2016.2.17 본호개정)
4. 법 제32조제2항에 따라 발급받은 전자세금계산서로서 국세청장에게 전송되지 아니하였으나 발급한 사실이 확인되는 경우
5. 법 제32조제2항에 따른 전자세금계산서 외의 세금계산서로서 재화 또는 용역의 공급시기가 속하는 과세기간에 대한 확정신고기한까지 발급받았으나, 그 거래사실도 확인되는 경우(2016.2.17 본호개정)
6. 실제로 재화 또는 용역을 공급하거나 공급받은 사업장이 아닌 사업장을 적은 세금계산서를 발급받았더라도 그 사업장이 법 제51조제1항에 따라 총괄하여 납부하거나 사업자 단위 과세 사업자에 해당하는 사업장인 경우로서 그 재화 또는 용역을 실제로 공급한 사업자가 법 제48조·제49조 또는 제66조·제67조에 따라 납세지 관할 세무서장에게 해당 과세기간에 대한 납부세액을 신고하고 납부한 경우(2021.2.17 본호개정)
7. 재화 또는 용역의 공급시기가 속하는 과세기간에 대한 확정신고기한이 지난 후 세금계산서를 발급받았더라도 그 세금계산서의 발급일이 확정신고기한 다음 날부터 1년 이내이고 다음 각 목의 어느 하나에 해당하는 경우(2022.2.15 본문개정)
가. 「국세기본법 시행령」 제25조제1항에 따른 과세표준수정신고서와 같은 영 제25조의3에 따른 경정 청구서를 세금계산서와 함께 제출하는 경우
나. 해당 거래사실이 확인되어 법 제57조에 따라 납세지 관할 세무서장, 납세지 관할 지방국세청장 또는 국세청장(이하 이 조에서 "납세지 관할 세무서장등"이라 한다)이 결정 또는 경정하는 경우
(2019.2.12 본호신설)
8. 재화 또는 용역의 공급시기 전에 세금계산서를 발급받았더라도 재화 또는 용역의 공급시기가 그 세금계산서의 발급일부터 6개월 이내에 도래하고 해당 거래사실이 확인되어 법 제57조에 따라 납세지 관할 세무서장등이 결정 또는 경정하는 경우(2022.2.15 본호개정)
9. 다음 각 목의 경우로서 그 거래사실이 확인되고 거래 당사자가 법 제48조·제49조 또는 제66조·제67조에 따라 납세지 관할 세무서장에게 해당 납부세액을 신고하고 납부한 경우

가. 거래의 실질이 위탁매매 또는 대리인에 의한 매매에 해당함에도 불구하고 거래 당사자 간 계약에 따라 위탁매매 또는 대리인에 의한 매매가 아닌 거래로 하여 세금계산서를 발급받은 경우

나. 거래의 실질이 위탁매매 또는 대리인에 의한 매매에 해당하지 않음에도 불구하고 거래 당사자 간 계약에 따라 위탁매매 또는 대리인에 의한 매매로 하여 세금계산서를 발급받은 경우

다. 거래의 실질이 용역의 공급에 대한 주선·중개에 해당함에도 불구하고 거래 당사자 간 계약에 따라 용역의 공급에 대한 주선·중개가 아닌 거래로 하여 세금계산서를 발급받은 경우

라. 거래의 실질이 용역의 공급에 대한 주선·중개에 해당하지 않음에도 불구하고 거래 당사자 간 계약에 따라 용역의 공급에 대한 주선·중개로 하여 세금계산서를 발급받은 경우

마. 다른 사업자로부터 사업(용역을 공급하는 사업으로 한정한다. 이하 이 호에서 같다)을 위탁받아 수행하는 사업자가 위탁받은 사업의 수행에 필요한 비용을 사업을 위탁한 사업자로부터 지급받아 지출한 경우로서 해당 비용을 공급가액에 포함하여야 함에도 불구하고 거래 당사자 간 계약에 따라 이를 공급가액에서 제외하여 세금계산서를 발급받은 경우

바. 다른 사업자로부터 사업을 위탁받아 수행하는 사업자가 위탁받은 사업의 수행에 필요한 비용을 사업을 위탁한 사업자로부터 지급받아 지출한 경우로서 해당 비용을 공급가액에서 제외하여야 함에도 불구하고 거래 당사자 간 계약에 따라 이를 공급가액에 포함하여 세금계산서를 발급받은 경우

사. 법 제29조제5항제1호에 따라 같은 호에 따른 금액을 공급가액에 포함하지 않아야 함에도 불구하고 거래 당사자 간 계약에 따라 해당 금액을 같은 조 제6항에 따른 장려금이나 이와 유사한 금액으로 보고 이를 공급가액에 포함하여 세금계산서를 발급받은 경우(2023.2.28 본목신설)
(2022.2.15 본호개정)

10. (2022.2.15 삭제)

11. 법 제3조제2항에 따라 부가가치세를 납부해야 하는 수탁자가 위탁자를 재화 또는 용역을 공급받는 자로 하여 발급된 세금계산서의 부가가치세액을 매출세액에서 공제받으려는 경우로서 그 거래사실이 확인되고 재화 또는 용역을 공급한 자가 법 제48조·제49조 또는 제66조·제67조에 따라 납세지 관할 세무서장에게 해당 납부세액을 신고하고 납부한 경우(2021.2.17 본호신설)

12. 법 제3조제3항에 따라 부가가치세를 납부해야 하는 위탁자가 수탁자를 재화 또는 용역을 공급받는 자로 하여 발급된 세금계산서의 부가가치세액을 매출세액에서 공제받으려는 경우로서 그 거래사실이 확인되고 재화 또는 용역을 공급한 자가 법 제48조·제49조 또는 제66조·제67조에 따라 납세지 관할 세무서장에게 해당 납부세액을 신고하고 납부한 경우
(2021.2.17 본호신설)

제76조 (2014.2.21 삭제)

제77조【사업과 직접 관련이 없는 지출】 법 제39조제1항제4호에 따른 사업과 직접 관련이 없는 지출의 범위는 「소득세법 시행령」 제78조 또는 「법인세법 시행령」 제48조, 제49조제3항 및 제50조에서 정하는 바에 따른다.

제78조【운수업 등】 법 제39조제1항제5호에서 "운수업, 자동차판매업 등 대통령령으로 정하는 업종"이란 제19조 각 호에 따른 업종을 말한다.

제79조【기업업무추진비 등】 법 제39조제1항제6호에서 "대통령령으로 정하는 비용의 지출"이란 「소득세법」 제35조 및 「법인세법」 제25조에 따른 기업업무추진비 및 이와 유사한 비용의 지출을 말한다.(2023.2.28 본조개정)

제80조【토지에 관련된 매입세액】 법 제39조제1항제7호에서 "대통령령으로 정하는 토지에 관련된 매입세액"이란 토지의 조성 등을 위한 자본적 지출에 관련된 매입세액으로서 다음 각 호의 어느 하나에 해당하는 경우를 말한다.

1. 토지의 취득 및 형질변경, 공장부지 및 택지의 조성 등에 관련된 매입세액

2. 건축물이 있는 토지를 취득하여 그 건축물을 철거하고 토지만 사용하는 경우에는 철거한 건축물의 취득 및 철거 비용과 관련된 매입세액

3. 토지의 가치를 현실적으로 증가시켜 토지의 취득원가를 구성하는 비용에 관련된 매입세액

제81조【공통매입세액 안분 계산】 ① 법 제40조에 따라 과세사업과 면세사업등을 겸영(兼營)하는 경우로서 실지귀속(實地歸屬)을 구분할 수 없는 매입세액(이하 "공통매입세액"이라 한다)이 있는 경우 면세사업등에 관련된 매입세액은 인원 수 등에 따르는 등 기획재정부령으로 정하는 경우를 제외하고 다음 계산식에 따라 안분하여 계산한다. 다만, 예정신고를 할 때에는 예정신고기간에 있어서 총공급가액에 대한 면세공급가액(면세사업등에 대한 공급가액과 사업자가 해당 면세사업등과 관련하여 받았으나 법 제29조의 과세표준에 포함되지 아니하는 국고보조금과 공공보조금 및 이와 유사한 금액의 합계액을 말한다. 이하 이 조부터 제83조까지의 규정에서 같다)의 비율에 따라 안분하여 계산하고, 확정신고를 할 때에 정산한다.

$$\text{면세사업등에 관련된 매입세액} = \text{공통매입세액} \times \frac{\text{면세공급가액}}{\text{총공급가액}}$$

(2019.2.12 단서개정)

② 제1항에도 불구하고 다음 각 호의 어느 하나에 해당하는 경우에는 해당 재화 또는 용역의 매입세액은 공제되는 매입세액으로 한다.

1. 해당 과세기간의 총공급가액 중 면세공급가액이 5퍼센트 미만인 경우의 공통매입세액. 다만, 공통매입세액이 5백만원 이상인 경우는 제외한다.

2. 해당 과세기간 중의 공통매입세액이 5만원 미만인 경우의 매입세액

3. 제63조제3항제3호가 적용되는 재화에 대한 매입세액

③ 제1항을 적용할 때 「전기통신사업법」에 따른 전기통신사업자 및 「한국철도공사법」에 따른 한국철도공사는 실지귀속을 구분하기 어려운 재화 또는 용역에 대해서만 다음 계산식에 따라 공통매입세액을 안분하여 계산할 수 있다.

$$\text{면세사업등에 관련된 매입세액} = \text{공통매입세액} \times \frac{\text{전 사업장의 면세공급가액}}{\text{전 사업장의 총공급가액}}$$

④ 제1항을 적용할 때 해당 과세기간 중 과세사업과 면세사업등의 공급가액이 없거나 그 어느 한 사업의 공급가액이 없는 경우에 해당 과세기간에 대한 안분 계산은 다음 각 호의 순서에 따른다. 다만, 건물 또는 구축물을 신축하거나 취득하여 과세사업과 면세사업등에 제공할 예정면적을 구분할 수 있는 경우에는 제3호를 제1호 및 제2호에 우선하여 적용한다.

1. 총매입가액(공통매입가액은 제외한다)에 대한 면세사업등에 관련된 매입가액의 비율

2. 총예정공급가액에 대한 면세사업등에 관련된 예정 공급가액의 비율

3. 총예정사용면적에 대한 면세사업등에 관련된 예정 사용면적의 비율

⑤ 제4항 단서에 따라 토지를 제외한 건물 또는 구축물에 대하여 같은 항 제3호를 적용하여 공통매입세액 안분 계산을 하였을 때에는 그 후 과세사업과 면세사업등의 공급가액이 모두 있게 되어 제1항의 계산식에 따라 공통매입세액을 계산할 수 있는 경우에도 과세사업과 면세사업등의 사용면적이 확정되기 전의 과세기간까지는 제4항제3호를 적용하고, 과세사업과 면세사업등의 사용면적이 확정되는 과세기간에 제82조제2호에 따라 공통매입세액을 정산한다.

⑥ 제1항부터 제5항까지에서 규정한 사항 외에 공통매입세액의 안분 계산에 필요한 사항은 기획재정부령으로 정한다.

제82조 【공통매입세액의 정산】 사업자가 제81조제4항에 따라 매입세액을 안분하여 계산한 경우에는 해당 재화의 취득으로 과세사업과 면세사업등의 공급가액, 과세사업과 면세사업등의 사용면적이 확정되는 과세기간에 대한 납부세액을 확정신고할 때에 다음 각 호의 계산식에 따라 정산한다. 다만, 예정신고를 할 때에는 예정신고기간에 있어서 총공급가액에 대한 면세공급가액의 비율, 총사용면적에 대한 면세 또는 비과세 사용면적의 비율에 따라 안분하여 계산하고, 확정신고를 할 때에 정산한다.

1. 제81조제4항제1호 및 제2호에 따라 매입세액을 안분하여 계산한 경우

$$\text{가산되거나 공제되는 세액} = \text{총공통매입세액} \times \left(1 - \frac{\text{과세사업과 면세사업등의 공급가액이 확정되는 과세기간의 면세공급가액}}{\text{과세사업과 면세사업등의 공급가액이 확정되는 과세기간의 총공급가액}}\right) - \text{이미 공제한 세액}$$

2. 제81조제4항제3호에 따라 매입세액을 안분하여 계산한 경우

$$\text{가산되거나 공제되는 세액} = \text{총공통매입세액} \times \left(1 - \frac{\text{과세사업과 면세사업등의 사용면적이 확정되는 과세기간의 면세사용면적}}{\text{과세사업과 면세사업등의 사용면적이 확정되는 과세기간의 총사용면적}}\right) - \text{이미 공제한 세액}$$

제83조 【납부세액 또는 환급세액의 재계산】 ① 법 제41조에 따른 납부세액 또는 환급세액의 재계산은 감가상각자산에 대한 매입세액이 법 제38조제1항, 이 영 제81조 및 제82조에 따라 공제된 후 총공급가액에 대한 면세공급가액의 비율 또는 총사용면적에 대한 면세사용면적의 비율과 해당 감가상각자산의 취득일이 속하는 과세기간(그 후의 과세기간에 재계산하였을 때에는 그 재계산한 기간)에 적용하였던 비율 간의 차이가 5퍼센트 이상인 경우에만 적용한다.

② 제1항에 따른 납부세액 또는 환급세액의 재계산에 따라 납부세액에 가산 또는 공제하거나 환급세액에 가산 또는 공제하는 세액은 다음 각 호의 계산식에 따라 계산한 금액으로 한다. 이 경우 경과된 과세기간의 수에 관하여는 제66조제2항 후단을 준용한다.

1. 건물 또는 구축물

$$\text{가산되거나 공제되는 세액} = \text{해당 재화의 매입세액} \times \left(1 - \frac{5}{100} \times \text{경과된 과세기간의 수}\right) \times \text{증가되거나 감소된 면세공급가액의 비율 또는 증가되거나 감소된 면세사용면적의 비율}$$

2. 그 밖의 감가상각자산

$$\text{가산되거나 공제되는 세액} = \text{해당 재화의 매입세액} \times \left(1 - \frac{25}{100} \times \text{경과된 과세기간의 수}\right) \times \text{증가되거나 감소된 면세공급가액의 비율 또는 증가되거나 감소된 면세사용면적의 비율}$$

③ 제1항 및 제2항을 적용할 때 해당 취득일이 속하는 과세기간의 총공급가액에 대한 면세공급가액의 비율로 안분하여 계산한 경우에는 증가되거나 감소된 면세공급가액의 비율에 따라 재계산하고, 해당 취득일이 속하는 과세기간의 총사용면적에 대한 면세사용면적의 비율로 안분하여 계산한 경우에는 증가되거나 감소된 면세사용면적의 비율에 따라 재계산한다.

④ 제66조가 적용되는 경우에는 제1항 및 제2항을 적용하지 아니한다.

⑤ 제2항에 따른 경과된 과세기간의 수를 계산할 때 과세기간의 개시일 후에 감가상각자산을 취득하거나 해당 재화가 제1항에 해당하게 된 경우에는 그 과세기간의 개시일에 해당 재화를 취득하거나 해당 재화가 제1항에 해당하게 된 것으로 본다.

⑥ 제1항부터 제5항까지에서 규정한 사항 외에 납부세액 또는 환급세액의 재계산에 필요한 사항은 기획재정부령으로 정한다.

제84조 【의제매입세액 계산】 ① 법 제42조제1항에 따라 매입세액으로서 공제할 수 있는 면세농산물등(이하 "면세농산물등"이라 한다)은 부가가치세를 면제받아 공급받은 농산물, 축산물, 수산물 또는 임산물(제34조제1항에 따른 1차 가공을 거친 것, 같은 조 제2항 각 호의 것 및 소금을 포함한다)로 한다.(2018.2.13 본항개정)

② 법 제42조제1항 표 외의 부분에서 "대통령령으로 정하는 금액"이란 해당 과세기간에 해당 사업자가 면세농산물등과 관련하여 공급한 과세표준(이하 이 항에서 "과세표준"이라 한다)에 100분의 30(개인사업자에 대해서는 과세표준이 2억원 이하인 경우에는 100분의 50, 과세표준이 2억원 초과인 경우에는 100분의 40)을 곱하여 계산한 금액을 말한다. 다만, 2025년 12월 31일까지는 사업자별로 매입세액으로서 공제할 수 있는 금액의 한도를 다음 각 호의 구분에 따라 계산한 금액으로 한다.(2023.12.26 단서개정)

1. 법인사업자 : 과세표준에 100분의 50을 곱하여 계산한 금액에 공제율을 곱한 금액(2022.6.30 본호개정)

2. 음식점업을 경영하는 개인사업자는 다음 각 목의 구분에 따라 계산한 금액에 공제율을 곱한 금액
가. 과세표준이 1억원 이하인 경우 : 과세표준에 100분의 75를 곱하여 계산한 금액(2022.6.30 본목개정)
나. 과세표준이 1억원 초과 2억원 이하인 경우 : 과세표준에 100분의 70을 곱하여 계산한 금액(2022.6.30 본목개정)
다. 과세표준이 2억원 초과인 경우 : 과세표준에 100분의 60을 곱하여 계산한 금액(2022.6.30 본목개정)
(2016.2.17 본호신설)

3. 제2호 외의 사업을 경영하는 개인사업자는 다음 각목의 구분에 따라 계산한 금액에 공제율을 곱한 금액
가. 과세표준이 2억원 이하인 경우 : 과세표준에 100분의 65를 곱하여 계산한 금액(2022.6.30 본목개정)
나. 과세표준이 2억원 초과인 경우 : 과세표준에 100분의 55를 곱하여 계산한 금액(2022.6.30 본목개정)
(2018.9.28 본호신설)
③ 제1항 및 제2항에도 불구하고 다음 각 호의 요건을 모두 충족하는 사업자는 제2기 과세기간에 대한 납부세액을 확정신고할 때, 1역년(曆年)에 공급받은 면세농산물등의 가액에 공제율을 곱한 금액에서 제1기 과세기간에 제1항 및 제2항에 따라 매입세액으로 공제받은 금액을 차감한 금액을 매입세액으로 공제할 수 있다. 이 경우 1역년의 매입세액으로서 공제할 수 있는 금액의 한도는 1역년에 면세농산물등과 관련하여 공급한 과세표준 합계액(이하 "과세표준 합계액"이라 한다)에 100분의 30〔개인사업자에 대해서는 과세표준 합계액이 4억원 이하인 경우에는 100분의 50, 과세표준 합계액이 4억원 초과인 경우에는 100분의 40(2025년 12월 31일까지는 과세표준 합계액이 4억원 이하인 경우에는 100분의 65, 과세표준 합계액이 4억원 초과인 경우에는 100분의 55), 2025년 12월 31일까지 법인사업자에 대해서는 100분의 50〕을 곱하여 계산한 금액에 공제율을 곱한 금액으로 한다.(2023.12.26 후단개정)
1. 제1기 과세기간에 공급받은 면세농산물등의 가액을 1역년에 공급받은 면세농산물등의 가액으로 나누어 계산한 비율이 100분의 75 이상이거나 100분의 25 미만일 것
2. 해당 과세기간이 속하는 1역년 동안 계속하여 제조업을 영위하였을 것
(2015.2.3 본항신설)
④ 제1항부터 제3항까지의 규정에 따라 매입세액으로서 공제한 면세농산물등을 그대로 양도 또는 인도하거나 부가가치세가 면제되는 재화 또는 용역을 공급하는 사업, 그 밖의 목적에 사용하거나 소비할 때에는 그 공제한 금액을 납부세액에 가산하거나 환급세액에서 공제하여야 한다.(2015.2.3 본항개정)
⑤ 법 제42조제1항에 따라 매입세액을 공제받으려는 사업자는 기획재정부령으로 정하는 의제매입세액 공제신고서와 다음 각 호의 어느 하나에 해당하는 서류를 관할 세무서장에게 제출(국세정보통신망에 의한 제출을 포함한다)하여야 한다. 다만, 제조업을 경영하는 사업자가 농어민으로부터 면세농산물등을 직접 공급받는 경우에는 의제매입세액 공제신고서만 제출한다.
1. 「소득세법」 제163조 또는 「법인세법」 제121조에 따른 매입처별 계산서합계표
2. 기획재정부령으로 정하는 신용카드매출전표등 수령명세서
3. 「소득세법 시행령」 제212조의4 또는 「법인세법 시행령」 제164조의2에 따른 매입자발행계산서합계표 (2023.2.28 본호신설)
⑥ 제5항 단서에 따른 농어민은 통계청장이 고시하는 한국표준산업분류상의 농업 중 작물 재배업, 축산업, 작물재배 및 축산 복합농업에 종사하거나 임업, 어업 및 소금 채취업에 종사하는 개인을 말한다.(2016.2.17 본항개정)
⑦ 제5항에 따른 매입세액의 공제에 관하여는 제74조와 제75조를 준용한다.(2015.2.3 본항개정)
⑧ 제1항부터 제7항까지에서 규정한 사항 외에 의제매입세액의 계산에 필요한 사항은 기획재정부령으로 정한다.(2015.2.3 본항개정)
제85조 【면세사업등을 위한 감가상각자산의 과세사업 전환 시 매입세액 공제 특례】 ① 사업자가 법 제39조제1항제7호에 따라 매입세액이 공제되지 아니한 감가상각자산을 과세사업에 사용하거나 소비하는 경우 법 제43조에 따라 공제되는 세액은 다음 각 호의 계산식에 따라 계산한 금액으로 한다. 이 경우 경과된 과세기간의 수에 관하여는 제66조제2항 후단을 준용한다.
1. 건물 또는 구축물

$$공제되는 세액 = \begin{matrix}취득 \ 당시 \ 해당 \\ 재화의 \ 면세사 \\ 업등과 \ 관련하 \\ 여 \ 공제되지 \ 아 \\ 니한 \ 매입세액\end{matrix} \times (1 - \frac{5}{100} \times \begin{matrix}경과된 \ 과 \\ 세기간의 \\ 수\end{matrix})$$

2. 그 밖의 감가상각자산

$$공제되는 세액 = \begin{matrix}취득 \ 당시 \ 해당 \\ 재화의 \ 면세사 \\ 업등과 \ 관련하 \\ 여 \ 공제되지 \ 아 \\ 니한 \ 매입세액\end{matrix} \times (1 - \frac{25}{100} \times \begin{matrix}경과된 \ 과 \\ 세기간의 \\ 수\end{matrix})$$

② 사업자가 법 제43조에 따라 매입세액이 공제되지 아니한 감가상각자산을 과세사업과 면세사업등에 공통으로 사용하거나 소비하는 경우에 공제되는 세액은 다음 각 호의 계산식에 따라 계산한 금액으로 하되, 그 과세사업에 의한 과세공급가액이 총공급가액 중 5퍼센트 미만일 때에는 공제세액이 없는 것으로 한다. 이 경우 경과된 과세기간의 수에 관하여는 제66조제2항 후단을 준용한다.
1. 건물 또는 구축물

$$공제되는 세액 = \begin{matrix}취득 \ 당시 \\ 해당 \ 재화 \\ 의 \ 면세사 \\ 업등과 \ 관 \\ 련하여 \ 공 \\ 제되지 \ 아 \\ 니한 \ 매입 \\ 세액\end{matrix} \times (1 - \frac{5}{100} \times \begin{matrix}경과된 \\ 과세기 \\ 간의 \ 수\end{matrix}) \times \frac{과세사업에 \ 사용·소비한 \ 날이 \ 속하는 \ 과세기간의 \ 과세공급가액}{과세사업에 \ 사용·소비한 \ 날이 \ 속하는 \ 과세기간의 \ 총공급가액}$$

2. 그 밖의 감가상각자산

$$공제되는 세액 = \begin{matrix}취득 \ 당시 \\ 해당 \ 재화 \\ 의 \ 면세사 \\ 업등과 \ 관 \\ 련하여 \ 공 \\ 제되지 \ 아 \\ 니한 \ 매입 \\ 세액\end{matrix} \times (1 - \frac{25}{100} \times \begin{matrix}경과된 \\ 과세기 \\ 간의 \ 수\end{matrix}) \times \frac{과세사업에 \ 사용·소비한 \ 날이 \ 속하는 \ 과세기간의 \ 과세공급가액}{과세사업에 \ 사용·소비한 \ 날이 \ 속하는 \ 과세기간의 \ 총공급가액}$$

③ 제2항을 적용할 때 해당 과세기간 중 과세사업과 면세사업등의 공급가액이 없거나 그 어느 한 사업의 공급가액이 없는 경우에 그 과세기간에 대한 안분 계산은 다음 각 호의 순서에 따른다. 다만, 취득 시 면세사업등과 관련하여 매입세액이 공제되지 아니한 건물에 대하여 과세사업과 면세사업등에 제공할 예정면적을 구분할 수 있는 경우에는 제3호를 제1호 및 제2호에 우선하여 적용한다.

1. 총매입가액에 대한 과세사업에 관련된 매입가액의 비율
2. 총예정공급가액에 대한 과세사업에 관련된 예정공급가액의 비율
3. 총예정사용면적에 대한 과세사업에 관련된 예정사용면적의 비율

④ 제3항에 따라 안분하여 계산한 매입세액을 공제한 경우에는 면세사업용 감가상각자산의 과세사업용 사용 또는 소비로 과세사업과 면세사업등의 공급가액 또는 과세사업과 면세사업의 사용면적이 확정되는 과세기간에 대한 납부세액을 확정신고할 때에 다음 각 호의 계산식에 따라 정산한다.

1. 제3항제1호 및 제2호에 따라 공제매입세액을 안분하여 계산한 경우

가. 건물 또는 구축물

$$\text{가산되거나 공제되는 세액} = \text{취득 당시 해당 재화의 면세사업등과 관련하여 공제되지 아니한 매입세액} \times (1 - \frac{5}{100})$$

$$\times \text{경과된 과세기간의 수} \times \left(\frac{\text{과세사업과 면세사업등의 공급가액이 확정되는 과세기간의 과세공급가액}}{\text{과세사업과 면세사업등의 공급가액이 확정되는 과세기간의 총공급가액}} \right) - \text{이미 공제한 매입세액}$$

나. 그 밖의 감가상각자산

$$\text{가산되거나 공제되는 세액} = \text{취득 당시 해당 재화의 면세사업등과 관련하여 공제되지 아니한 매입세액} \times (1 - \frac{25}{100})$$

$$\times \text{경과된 과세기간의 수} \times \left(\frac{\text{과세사업과 면세사업등의 공급가액이 확정되는 과세기간의 과세공급가액}}{\text{과세사업과 면세사업등의 공급가액이 확정되는 과세기간의 총공급가액}} \right) - \text{이미 공제한 매입세액}$$

2. 제3항제3호에 따라 공제매입세액을 안분하여 계산한 경우

$$\text{가산되거나 공제되는 세액} = \text{취득 당시 해당 재화의 면세사업등과 관련하여 공제되지 아니한 매입세액} \times (1 - \frac{5}{100})$$

$$\times \text{경과된 과세기간의 수} \times \left(\frac{\text{과세사업과 면세사업등의 사용면적이 확정되는 과세기간의 과세사용면적}}{\text{과세사업과 면세사업등의 사용면적이 확정되는 과세기간의 총사용면적}} \right) - \text{이미 공제한 매입세액}$$

(2015.2.3 본호개정)

⑤ 사업자가 법 제43조에 따라 매입세액이 공제되지 아니한 감가상각자산을 과세사업에 사용하거나 소비할 때에는 그 과세사업에 사용하거나 소비하는 날이 속하는 과세기간에 대한 확정신고와 함께 기획재정부령으로 정하는 과세사업전환 감가상각자산 신고서를 작성하여 각 납세지 관할 세무서장에게 신고하여야 한다.
⑥ 제1항부터 제4항까지의 규정에 따라 경과된 과세기간의 수를 계산할 때 과세기간 개시일 후에 감가상각자산을 취득하는 경우에는 그 과세기간 개시일에 그 재화를 취득한 것으로 본다.
⑦ 제1항부터 제6항까지의 규정에 따라 매입세액이 공제된 후 총공급가액에 대한 면세공급가액의 비율 또는

총사용면적에 대한 면세사용면적의 비율과 해당 감가상각자산의 취득일이 속하는 과세기간(그 후의 과세기간에 재계산하였을 때에는 그 재계산한 기간)에 적용되었던 비율 간의 차이가 5퍼센트 이상인 경우에는 제83조를 준용하여 매입세액을 재계산한다.
⑧ 제1항부터 제7항까지에서 규정한 사항 외에 면세사업등을 위한 감가상각자산의 과세사업 전환 시 매입세액 공제 특례에 관하여 필요한 사항은 기획재정부령으로 정한다.

제86조【일반과세자로 변경 시 재고품등에 대한 매입세액 공제 특례】① 법 제44조제1항에 따라 간이과세자가 일반과세자로 변경되는 경우에는 그 변경되는 날 현재에 있는 다음 각 호의 재고품, 건설 중인 자산 및 감가상각자산(법 제38조부터 제43조까지의 규정에 따른 매입세액 공제 대상인 것만 해당하며, 이하 이 조에서 "재고품등"이라 한다)에 대하여 일반과세 전환 시의 재고품등 신고서를 작성하여 그 변경되는 날의 직전 과세기간에 대한 신고와 함께 각 납세지 관할 세무서장에게 신고(국세정보통신망에 의한 신고를 포함한다)하여야 한다.
1. 상품
2. 제품[반제품 및 재공품(在工品)을 포함한다]
3. 재료(부재료를 포함한다)
4. 건설 중인 자산
5. 감가상각자산(건물 또는 구축물의 경우에는 취득, 건설 또는 신축 후 10년 이내의 것, 그 밖의 감가상각자산의 경우에는 취득 또는 제작 후 2년 이내의 것으로 한정한다)
② 제1항에 따른 재고품등의 금액은 장부 또는 세금계산서에 의하여 확인되는 해당 재고품등의 취득가액(부가가치세를 포함한다)으로 한다.
③ 제1항에 따라 신고한 자에 대해서는 다음 각 호의 방법에 따라 계산한 금액을 매입세액(이하 "재고매입세액"이라 한다)으로 공제한다. 이 경우 제3호와 제4호에 따른 경과된 과세기간의 수에 관하여는 제66조제2항 후단 및 같은 조 제5항을 준용한다.
1. 제1항제1호부터 제3호까지의 규정에 따른 재고품

$$\text{재고매입세액} = \text{재고금액} \times \frac{10}{110} \times (1 - 0.5\text{퍼센트} \times \frac{110}{10})$$

2. 제1항제4호에 따른 건설 중인 자산

$$\text{재고매입세액} = \text{해당 건설 중인 자산과 관련된 공제 대상 매입세액} \times (1 - 0.5\text{퍼센트} \times \frac{110}{10})$$

(2021.2.17 1호~2호개정)
3. 제1항제5호에 따른 자산으로서 다른 사람으로부터 매입한 자산

가. 건물 또는 구축물

$$\text{재고매입세액} = \text{취득가액} \times (1 - 10/100 \times \text{경과된 과세기간의 수}) \times 10/100 \times (1 - 0.5\text{퍼센트} \times 110/10)$$

나. 그 밖의 감가상각자산

$$\text{재고매입세액} = \text{취득가액} \times (1 - 50/100 \times \text{경과된 과세기간의 수}) \times 10/100 \times (1 - 0.5\text{퍼센트} \times 110/10)$$

(2021.2.17 가목~나목개정)
4. 제1항제5호에 따른 자산으로서 사업자가 직접 제작, 건설 또는 신축한 자산

가. 건물 또는 구축물

$$\text{재고매입세액} = \text{해당 자산의 건설 또는 신축과 관련된 공제 대상 매입세액} \times (1 - 10/100 \times \text{경과된 과세기간의 수}) \times (1 - 0.5\text{퍼센트} \times 110/10)$$

(2021.2.17 본목개정)

나. 그 밖의 감가상각자산

> 재고매입세액 = 해당 자산의 제작과 관련된 공제 대상 매입세액 × (1 − 50/100 × 경과된 과세기간의 수) × (1 − 0.5퍼센트 × 110/10)

(2021.2.17 본목개정)
④ (2021.2.17 삭제)
⑤ 일반과세자가 간이과세자로 변경된 후에 다시 일반과세자로 변경되는 경우에는 간이과세자로 변경된 때에 제112조제7항을 적용받지 않는 재고품등에 대해서는 제1항부터 제3항까지의 규정을 적용하지 않는다. (2021.2.17 본항개정)
⑥ 제1항에 따른 신고를 받은 관할 세무서장은 재고매입세액으로서 공제할 수 있는 재고금액을 조사하여 승인하고 제1항에 따른 기한이 지난 후 1개월 이내에 해당 사업자에게 공제될 재고매입세액을 통지하여야 한다. 이 경우 그 기한 이내에 통지하지 아니하면 해당 사업자가 신고한 재고금액을 승인한 것으로 본다.
⑦ 제6항에 따라 결정된 재고매입세액은 그 승인을 받은 날이 속하는 예정신고기간 또는 과세기간의 매출세액에서 공제한다.
⑧ 제6항에 따라 승인하거나 승인한 것으로 보는 재고매입세액의 내용에 오류가 있거나 내용이 누락된 경우에는 법 제57조에 따라 재고매입세액을 조사하여 경정한다.

제87조【대손세액 공제의 범위】 ① 법 제45조제1항 본문에서 "파산·강제집행이나 그 밖에 대통령령으로 정하는 사유"란 다음 각 호의 어느 하나에 해당하는 경우를 말한다.(2019.2.12 본문개정)
1. 「소득세법 시행령」 제55조제2항 및 「법인세법 시행령」 제19조의2제1항에 따라 대손금(貸損金)으로 인정되는 경우(2019.2.12 본호신설)
2. 「채무자 회생 및 파산에 관한 법률」에 따른 법원의 회생계획인가 결정에 따라 채무를 출자전환하는 경우. 이 경우 대손되어 회수할 수 없는 금액은 출자전환하는 시점의 출자전환된 매출채권 장부가액과 출자전환으로 취득한 주식 또는 출자지분의 시가와의 차액으로 한다.(2019.2.12 본호신설)
② 법 제45조에 따른 대손세액 공제의 범위는 사업자가 부가가치세가 과세되는 재화 또는 용역을 공급한 후 그 공급일부터 10년이 지난 날이 속하는 과세기간에 대한 확정신고 기한까지 제1항의 사유로 확정되는 대손세액(법 제57조에 따른 결정 또는 경정으로 증가된 과세표준에 대하여 부가가치세액을 납부한 경우 해당 대손세액을 포함한다)으로 한다.(2020.2.11 본항개정)
③ 법 제45조제1항 본문에 따라 공급자가 대손세액을 매출세액에서 차감한 경우 공급자의 관할 세무서장은 대손세액 공제사실을 공급받는 자의 관할 세무서장에게 통지하여야 하며, 법 제45조제3항 본문에 따라 공급받은 자가 관련 대손세액에 해당하는 금액을 매입세액에서 차감하여 신고하지 아니한 경우 같은 항 단서에 따라 결정하거나 경정하여야 한다.
④ 법 제45조제1항에 따라 대손세액 공제를 받으려거나 법 제45조제4항에 따라 대손세액을 매입세액에 더하려는 사업자는 제91조제1항에 따른 부가가치세 확정신고서에 기획재정부령으로 정하는 대손세액 공제(변제)신고서와 대손사실 또는 변제사실을 증명하는 서류를 첨부하여 관할 세무서장에게 제출(국세정보통신망에 의한 제출을 포함한다)하여야 한다.

제4절 세액공제

제88조【신용카드 등의 사용에 따른 세액공제 등】 ① 법 제46조제1항 각 호 외의 부분에서 "대통령령으로 정하는 전자적 결제 수단"이란 다음 각 호의 요건을 모두

갖춘 것을 말한다.
1. 카드 또는 컴퓨터 등 전자적인 매체에 화폐가치를 저장했다가 재화 또는 용역을 구매할 때 지급하는 결제 수단(이하 이 조에서 "전자화폐"라 한다)일 것
2. 전자화폐를 발행하는 사업자가 결제 명세를 가맹 사업자별로 구분하여 관리할 것
(2020.2.11 본항신설)
② 법 제46조제1항제1호가목에서 "대통령령으로 정하는 사업을 하는 사업자"란 제73조제1항 및 제2항에 따른 사업을 하는 사업자를 말한다.(2020.2.11 본항개정)
③ 법 제46조제1항제1호가목에서 "대통령령으로 정하는 금액"이란 사업장을 기준으로 10억원을 말한다. (2020.2.11 본항개정)
④ 법 제46조제1항제2호다목에서 "대통령령으로 정하는 것"이란 다음 각 호의 어느 하나에 해당하는 것을 말한다.(2020.2.11 본문개정)
1. 「여신전문금융업법」에 따른 다음 각 목의 것
  가. 직불카드영수증
  나. 결제대행업체를 통한 신용카드매출전표
  다. 선불카드영수증(실제 명의가 확인되는 것으로 한정한다)
2. 「조세특례제한법」 제126조의3에 따른 현금영수증(부가통신사업자가 통신판매업자를 대신하여 발급하는 현금영수증을 포함한다)
3. 「전자금융거래법」에 따른 다음 각 목의 것
  가. 직불전자지급수단 영수증
  나. 선불전자지급수단 영수증(실제 명의가 확인되는 것으로 한정한다)
  다. 전자지급결제대행에 관한 업무를 하는 금융회사 또는 전자금융업자를 통한 신용카드매출전표
(2019.2.12 본호신설)
⑤ 법 제46조제3항에서 "대통령령으로 정하는 사업자"란 다음 각 호에 해당하지 않는 사업을 경영하는 사업자로서 법 제36조제1항제2호에 해당하지 않는 사업자를 말한다.(2021.2.17 본항개정)
1. 목욕·이발·미용업
2. 여객운송업(「여객자동차 운수사업법 시행령」 제3조에 따른 전세버스운송사업은 제외한다)
3. 입장권을 발행하여 경영하는 사업
4. 제35조제1호 단서의 용역을 공급하는 사업
5. 제35조제5호 단서에 해당하지 아니하는 것으로서 수의사가 제공하는 동물의 진료용역
6. 제36조제2항제1호 및 제2호의 용역을 공급하는 사업
⑥ 법 제46조제3항제1호에서 "대통령령으로 정하는 신용카드매출전표등 수령명세서"란 제74조제1항에 따른 신용카드매출전표등 수령명세서를 말한다.
⑦ 법 제46조제3항제2호에서 "대통령령으로 정하는 방법"이란 「소득세법」 제160조의2제4항 또는 「법인세법」 제116조제4항에 따른 방법을 말한다.
⑧ 법 제46조제4항에서 "대통령령으로 정하는 자"란 소매업, 음식점업, 숙박업 그 밖에 주로 사업자가 아닌 소비자를 대상으로 하는 사업을 경영하는 자로서 사업규모 및 지역 등을 고려하여 국세청장이 정하는 자를 말한다.
⑨ 국세청장은 납세보전에 필요한 범위에서 다음 각 호의 사항을 정할 수 있다.
1. 신용카드매출전표와 현금영수증의 발행 및 보급
2. 신용카드가맹점과 현금영수증가맹점 가입 대상자의 지정절차
3. 그 밖에 납세보전 관련 업무의 집행에 필요한 사항

제89조【전자세금계산서 발급 전송에 대한 세액공제 특례】 ① 법 제47조제1항 전단에서 "대통령령으로 정하는 개인사업자"란 직전 연도의 사업장별 재화 및 용

역의 공급가액(부가가치세 면세공급가액을 포함한다)
의 합계액이 3억원 미만인 개인사업자를 말한다.
② 법 제47조제1항 전단에서 "대통령령으로 정하는 금
액"이란 전자세금계산서 발급 건수 당 200원을 곱하여
계산한 금액을 말한다.
(2022.2.15 본조개정)

제5장 신고와 납부 등

제1절 신고와 납부

제90조【예정신고와 납부】 ① 법 제48조제1항·제2
항 및 제4항에 따른 부가가치세의 예정신고와 납부를
할 때에는 가산세에 관한 법 제60조와 「국세기본법」
제47조의2부터 제47조의4까지의 규정은 적용하지 아니
하고, 공제세액에 관한 법 제46조제1항·제2항 및 제47
조제1항은 적용한다.
② 법 제48조제1항 및 제4항에 따른 부가가치세의 예
정신고를 할 때에는 기획재정부령으로 정하는 다음 각
호의 사항을 적은 부가가치세 예정신고서를 각 납세지 관
할 세무서장에게 제출(국세정보통신망에 의한 제출을 포
함한다)하여야 한다. 다만, 제107조제4항에 따른 신고를
할 때 이미 신고한 내용은 예정신고 대상에서 제외한다.
1. 사업자의 인적사항
2. 납부세액 및 그 계산 근거
3. 공제세액 및 그 계산 근거
4. 법 제54조제1항에 따른 매출·매입처별 세금계산서
   합계표(이하 "매출·매입처별 세금계산서합계표"라
   한다)의 제출 내용
5. 그 밖의 참고 사항
③ 제2항에 따라 부가가치세 예정신고서를 제출할 때
에는 기획재정부령으로 정하는 다음 표의 구분에 따른
서류를 함께 제출하여야 한다.

구분	제출 서류
1. 법 제39조에 따라 공제 받지 못할 매입세액이 있 는 경우	공제받지 못할 매입세액 명 세서
2. 법 제46조제1항에 따라 신용카드매출전표등을 발행한 사업자의 경우	신용카드매출전표등 발행금 액 집계표
3. 법 제46조제1항에 따른 전자적 결제 수단으로 매 출하여 공제받는 경우	전자화폐결제명세서
4. 법 제45조제3항에 따라 매입세액을 공제받는 경우	신용카드매출전표등 수령명 세서
5. 부동산임대업자의 경우	법 제55조제2항에 따른 부동 산임대공급가액명세서와 임 대차계약서 사본(사업장을 임 대한 후 임대차계약을 갱신 한 경우에 해당한다)
6. 법 제55조제1항에 따른 사업의 경우	현금매출명세서
7. 건물·기계장치 등을 취 득하는 경우	건물 등 감가상각자산 취득 명세서
8. 사업자 단위 과세 사업 자인 경우	사업자 단위 과세의 사업장별 부가가치세 과세표준 및 납부 세액(환급세액) 신고명세서
9. 법 제21조부터 제24조까 지 또는 「조세특례제한법」 제105조제1항, 제107조 및 제121조의13에 따라 영세 율을 적용하여 재화 또는 용역을 공급한 경우	영세율 매출명세서

④ 법 제48조제3항에서 "대통령령으로 정하는 법인사
업자"란 직전 과세기간 공급가액의 합계액이 1억5천만
원 미만인 법인사업자를 말한다.(2020.2.11 본항신설)
⑤ 관할 세무서장은 법 제48조제3항 본문에 따른 부가
가치세액에 대하여 다음 표의 구분에 따른 기간 이내
에 납부고지서를 발부해야 한다.

구분	기간
1. 제1기분 예정신고기간분	4월 1일부터 4월 10일까지
2. 제2기분 예정신고기간분	10월 1일부터 10월 10일까지

(2021.2.17 본항개정)
⑥ 법 제48조제4항에서 "휴업 또는 사업 부진으로 인하
여 사업실적이 악화되는 경우 등 대통령령으로 정하는
사유가 있는 사업자"란 다음 각 호의 어느 하나에 해당
하는 자를 말한다.(2020.2.11 본문개정)
1. 휴업 또는 사업 부진 등으로 인하여 각 예정신고기
   간의 공급가액 또는 납부세액이 직전 과세기간의 공
   급가액 또는 법 제48조제3항에 따른 납부세액의 3분
   의 1에 미달하는 자
2. 각 예정신고기간분에 대하여 제107조에 따라 조기환
   급을 받으려는 자
⑦ 비거주자 또는 외국법인의 대리인은 해당 비거주자
또는 외국법인을 대리하여 법 제48조, 제49조 및 제54
조에 따른 예정신고 및 납부, 확정신고 및 납부, 매출·
매입처별 세금계산서합계표의 제출을 하여야 한다.
⑧ 제2항에 따라 예정신고를 하는 경우에 다음 각 호의
구분에 따른 서류를 해당 신고서에 첨부하지 아니한
부분은 제2항의 신고로 보지 아니한다.
1. 법 제21조부터 제24조까지의 규정에 따라 영세율이
   적용되는 과세표준의 경우 : 제101조에 따른 서류
2. 「조세특례제한법」 제105조제1항에 따라 영세율이
   적용되는 과세표준의 경우 : 「조세특례제한법 시행령」
   제106조제12항 및 「농·축산·임·어업용 기자재 및
   석유류에 대한 부가가치세 영세율 및 면세 적용 등에
   관한 특례규정」 제4조에 따른 서류
⑨ 제35조제5호 각 목의 어느 하나에 해당하는 용역을
공급하는 사업자는 법 제48조 및 제49조에 따른 예정신
고 또는 확정신고를 할 때(부가가치세가 면제되는 용역
만을 공급하는 경우에는 「소득세법」 제78조에 따른 사
업장 현황신고를 할 때)에 기획재정부령으로 정하는 매
출명세서를 첨부하여 제출하여야 한다.
제91조【확정신고와 납부】 ① 법 제49조제1항에 따른
부가가치세의 확정신고를 할 때에는 기획재정부령으
로 정하는 다음 각 호의 사항을 적은 부가가치세 확정
신고서를 각 납세지 관할 세무서장에게 제출하여야
한다.
1. 사업자의 인적사항
2. 납부세액 및 그 계산근거
3. 가산세액·공제세액 및 그 계산근거
4. 매출·매입처별 세금계산서합계표의 제출 내용
5. 그 밖의 참고 사항
② 제1항에 따라 부가가치세 확정신고서를 제출하는
경우에는 기획재정부령으로 정하는 다음 표의 구분에
따른 서류를 함께 제출하여야 한다.

구분	제출 서류
1. 법 제10조제9항제2호에 따 라 사업을 양도하는 경우	사업양도신고서
2. 법 제39조에 따라 공제받 지 못할 매입세액이 있는 경우	공제받지 못할 매입세액 명 세서
3. 법 제46조제1항에 따라 신 용카드매출전표등을 발행 한 사업자의 경우	신용카드매출전표등 발행금 액 집계표

4. 법 제46조제1항에 따른 전자적 결제 수단으로 매출하여 공제받는 경우	전자화폐결제명세서
5. 법 제46조제1항에 따라 매입세액을 공제받는 경우	신용카드매출전표등 수령명세서
6. 부동산임대업자의 경우	법 제55조제2항에 따른 부동산임대공급가액명세서와 임대차계약서 사본(사업장을 임대한 후 임대차계약을 갱신한 경우에만 제출한다)
7. 부동산관리업을 경영하는 사업의 경우. 다만, 주거용 건물관리는 제외한다.	건물관리명세서
8. 음식·숙박업자 및 그 밖의 서비스업자의 경우	사업장현황명세서
9. 법 제55조제1항에 따른 사업의 경우	현금매출명세서
10. 건물·기계장치 등을 취득하는 경우	건물 등 감가상각자산 취득명세서
11. 사업자 단위 과세 사업자인 경우	사업자 단위 과세의 사업장별 부가가치세 과세표준 및 납부세액(환급세액) 신고명세서
12. 법 제21조부터 제24조까지 또는 「조세특례제한법」 제105조제1항, 제107조 및 제121조의13에 따라 영세율을 적용하여 재화 또는 용역을 공급한 경우	영세율 매출명세서

(2020.2.11 본항개정)

③ 제1항에 따라 확정신고를 하는 경우에 다음 각 호의 구분에 따른 서류를 해당 신고서에 첨부하지 아니한 부분은 제1항의 신고로 보지 아니한다.

1. 법 제21조부터 제24조까지의 규정에 따라 영세율이 적용되는 과세표준의 경우 : 제101조에 따른 서류
2. 「조세특례제한법」 제105조제1항에 따라 영세율이 적용되는 과세표준의 경우 : 「조세특례제한법 시행령」 제106조제12항 및 「농·축산·임·어업용 기자재 및 석유류에 대한 부가가치세 영세율 및 면세 적용 등에 관한 특례 규정」 제4조에 따른 서류

제91조의2 【재화의 수입에 대한 부가가치세 납부 유예】 ① 법 제50조의2제1항에서 "매출액에서 수출액이 차지하는 비율 등 대통령령으로 정하는 요건을 충족하는 중소·중견사업자"란 다음 각 호의 요건을 모두 충족하는 중소·중견사업자(이하 이 조에서 "중소·중견사업자"라 한다)를 말한다.(2017.2.7 본문개정)

1. 직전 사업연도에 「조세특례제한법 시행령」 제2조에 따른 중소기업 또는 같은 영 제6조의4제1항에 따른 중견기업에 해당하는 법인(「조세특례제한법」 제6조제3항제2호에 따른 제조업을 주된 사업으로 경영하는 기업에 한정한다)일 것(2017.2.17 본호개정)
2. 직전 사업연도에 법 제21조에 따라 영세율을 적용받은 재화의 공급가액의 합계액(이하 이 호에서 "수출액"이라 한다)이 다음 각 목에 해당할 것
가. 직전 사업연도에 「조세특례제한법 시행령」 제2조에 따른 중소기업인 경우 : 직전 사업연도에 공급한 재화 또는 용역의 공급가액의 합계액에서 수출액이 차지하는 비율이 30퍼센트 이상이거나 수출액이 50억원 이상일 것(2021.2.17 본목개정)
나. 직전 사업연도에 「조세특례제한법 시행령」 제6조의4제1항에 따른 중견기업인 경우 : 직전 사업연도에 공급한 재화 또는 용역의 공급가액의 합계액에서 수출액이 차지하는 비율이 30퍼센트 이상일 것 (2021.2.17 본목개정)
(2017.2.7 본호개정)

3. 제3항에 따른 확인 요청일 현재 다음 각 목의 요건에 모두 해당할 것
가. 최근 3년간 계속하여 사업을 경영하였을 것
나. 최근 2년간 국세(관세를 포함한다. 이하 이 조에서 같다)를 체납(납부고지서에 따른 납부기한의 다음 날부터 15일 이내에 체납된 국세를 모두 납부한 경우는 제외한다)한 사실이 없을 것(2021.2.17 본목개정)
다. 최근 3년간 「조세범처벌법」 또는 「관세법」 위반으로 처벌받은 사실이 없을 것
라. 최근 2년간 법 제50조의2제3항에 따라 납부유예가 취소된 사실이 없을 것

② 법 제50조의2제1항에서 "원재료 등 대통령령으로 정하는 재화"란 중소·중견사업자가 자기의 과세사업에 사용하기 위한 재화를 말한다. 다만, 법 제39조제1항에 따라 매출세액에서 공제되지 아니하는 매입세액과 관련된 재화는 제외한다.(2017.2.7 본문개정)

③ 중소·중견사업자는 다음 각 호의 신고기한의 만료일 중 늦은 날부터 3개월 이내에 관할 세무서장에게 제1항 각 호의 요건의 충족 여부의 확인을 요청할 수 있다.(2020.2.11 본문개정)

1. 직전 사업연도에 대한 「법인세법」 제60조 또는 제76조의17에 따른 신고기한
2. 직전 사업연도에 대한 법 제49조에 따른 신고기한

④ 관할 세무서장은 중소·중견사업자가 제3항에 따른 확인을 요청한 경우에는 해당 중소·중견사업자가 제1항 각 호에 해당하는지 여부를 확인한 후 요청일부터 1개월 이내에 기획재정부령으로 정하는 확인서를 해당 중소·중견사업자에게 발급하여야 한다.(2017.2.7 본항개정)

⑤ 법 제50조의2제1항에 따라 부가가치세의 납부를 유예받으려는 중소·중견사업자는 제4항에 따라 발급받은 확인서를 첨부하여 기획재정부령으로 정하는 부가가치세 납부유예 적용 신청서를 관할 세관장에게 제출하여야 한다.(2017.2.7 본항개정)

⑥ 법 제50조의2제1항에 따른 납부유예는 「관세법」 제38조에 따른 납세신고를 할 때 납부하여야 하는 부가가치세에 한정하여 적용한다.(2017.2.7 본항개정)

⑦ 제5항에 따라 신청을 받은 관할 세관장은 신청일부터 1개월 이내에 납부유예의 승인 여부를 결정하여 해당 중소·중견사업자에게 통지하여야 한다.(2017.2.7 본항개정)

⑧ 제7항에 따라 납부유예를 승인하는 경우 그 유예기간은 1년으로 한다.

⑨ 중소·중견사업자는 법 제48조제1항, 법 제49조제1항 또는 법 제59조제2항에 따른 신고를 할 때 해당 재화에 대하여 법 제38조제1항제2호에 따라 공제하는 매입세액과 납부가 유예된 세액을 정산하여 납부하여야 한다.(2017.2.7 본항개정)

⑩ 법 제50조의2제3항에서 "국세를 체납하는 등 대통령령으로 정하는 사유"란 해당 중소·중견사업자가 납부유예를 승인받은 후 다음 각 호의 어느 하나에 해당하게 된 경우를 말한다.

1. 해당 중소·중견사업자가 국세를 체납한 경우
2. 해당 중소·중견사업자가 「조세범처벌법」 또는 「관세법」 위반으로 국세청장·지방국세청장·세무서장 또는 관세청장·세관장으로부터 고발된 경우
3. 제1항 각 호의 요건을 충족하지 아니한 중소·중견사업자에게 납부유예를 승인한 사실을 관할 세관장이 알게 된 경우
(2017.2.7 본항개정)

⑪ 국세청장, 지방국세청장, 세무서장은 해당 중소·중견사업자가 제10항 각 호의 어느 하나에 해당하는 사실을 알게 되었을 때에는 지체 없이 그 사실을 관세청장에게 통보하여야 한다.(2017.2.7 본항개정)

⑫ 법 제50조의2제3항에 따른 납부유예 취소는 중소·중견사업자가 부가가치세 납부를 유예받고 수입한 재화에 대해서는 영향을 미치지 아니한다.(2017.2.7 본항개정)
⑬ 법 제50조의2제1항에 따라 납부가 유예된 후 세액을 정정하기 위한 수정신고 등에 관하여는 「관세법」에서 정하는 바에 따른다.
(2016.2.17 본조신설)
제92조【주사업장 총괄 납부】 ① 법 제51조에 따른 주된 사업장은 법인의 본점(주사무소를 포함한다. 이하 같다) 또는 개인의 주사무소로 한다. 다만, 법인의 경우에는 지점(분사무소를 포함한다)을 주된 사업장으로 할 수 있다.
② 법 제51조에 따라 주된 사업장에서 총괄하여 납부하는 사업자(이하 "주사업장 총괄 납부 사업자"라 한다)가 되려는 자는 그 납부하려는 과세기간 개시 20일 전에 다음 각 호의 사항을 적은 주사업장 총괄 납부 신청서를 주된 사업장의 관할 세무서장에게 제출(국세정보통신망에 의한 제출을 포함한다)하여야 한다.
1. 사업자의 인적사항
2. 총괄 납부 신청사유
3. 그 밖의 참고 사항
③ 제2항에도 불구하고 다음 각 호의 어느 하나에 해당하는 사업자가 주된 사업장에서 총괄하여 납부하려는 경우에는 다음 각 호의 구분에 따른 기한까지 제2항에 따른 주사업장 총괄 납부 신청서를 주된 사업장의 관할 세무서장에게 제출(국세정보통신망에 의한 제출을 포함한다)하여야 한다.(2019.2.12 본문개정)
1. 신규로 사업을 시작하는 자 : 주된 사업장의 사업자등록증을 받은 날부터 20일(2019.2.12 본호신설)
2. 사업장이 하나이나 추가로 사업장을 개설하는 자 : 추가 사업장의 사업 개시일부터 20일(추가 사업장의 사업 개시일이 속하는 과세기간 이내로 한정한다)(2019.2.12 본호신설)
④ 제3항에 따라 주사업장 총괄 납부를 신청한 자는 해당 신청일이 속하는 과세기간부터 총괄하여 납부한다.(2019.2.12 본항개정)
제93조【주사업장 총괄 납부의 변경】 ① 주사업장 총괄 납부 사업자는 다음 각 호의 사유가 발생한 경우에는 법 제51조제2항에 따라 다음 각 호의 구분에 따른 관할 세무서장에게 사업자의 인적사항, 변경사유 등이 적힌 주사업장 총괄 납부 변경신청서를 제출(국세정보통신망에 의한 제출을 포함한다)하여야 한다. 이 경우 제1호와 제3호에 따라 신청서를 받은 종된 사업장의 관할 세무서장은 주된 사업장의 관할 세무서장에게 그 신청서를 지체 없이 보내야 한다.
1. 종된 사업장을 신설하는 경우 : 그 신설하는 종된 사업장 관할 세무서장
2. 종된 사업장을 주된 사업장으로 변경하려는 경우 : 주된 사업장으로 변경하려는 사업장 관할 세무서장
3. 제14조제1항 각 호의 어느 하나에 해당하는 경우 : 그 정정사유가 발생한 사업장 관할 세무서장(같은 항 제2호에 해당하는 경우에는 주된 사업장 관할 세무서장)
4. 일부 종된 사업장을 총괄 납부 대상 사업장에서 제외하려는 경우 : 주된 사업장 관할 세무서장
5. 기존의 사업장을 총괄 납부 대상 사업장에 추가하려는 경우 : 주된 사업장 관할 세무서장
② 제1항에 따라 주사업장 총괄 납부 변경신청서를 제출하였을 때에는 그 변경신청서를 제출한 날이 속하는 과세기간부터 총괄하여 납부한다.
제94조【주사업장 총괄 납부의 적용 제외 및 포기】
① 주사업장 총괄 납부 사업자가 다음 각 호의 어느 하나에 해당하는 경우 주된 사업장 관할 세무서장은 주

사업장 총괄 납부를 적용하지 아니할 수 있다.
1. 사업내용의 변경으로 총괄 납부가 부적당하다고 인정되는 경우
2. 주된 사업장의 이동이 빈번한 경우
3. 그 밖의 사정변경으로 인하여 총괄 납부가 적당하지 아니하게 된 경우
② 주사업장 총괄 납부 사업자가 법 제51조에 따른 주사업장 총괄 납부를 포기할 때에는 각 사업장에서 납부하려는 과세기간 개시 20일 전에 다음 각 호의 사항을 적은 주사업장 총괄 납부 포기신고서를 주된 사업장 관할 세무서장에게 제출(국세정보통신망에 의한 제출을 포함한다)하여야 한다.
1. 사업자의 인적사항
2. 총괄 납부 포기사유
3. 그 밖의 참고 사항
③ 제1항과 제2항에 따라 주사업장 총괄 납부를 적용하지 아니하게 되거나 포기한 경우에 주된 사업장 관할 세무서장은 지체 없이 그 내용을 해당 사업자와 주된 사업장 외의 사업장 관할 세무서장에게 통지하여야 한다.
④ 제1항과 제2항에 따라 주사업장 총괄 납부를 적용하지 아니하게 되거나 포기한 경우에는 그 적용을 하지 아니하게 된 날 또는 포기한 날이 속하는 과세기간의 다음 과세기간부터 각 사업장에서 납부하여야 한다.
제95조【대리납부】 ① 법 제52조제1항에 따라 징수한 부가가치세는 다음 각 호의 사항을 적은 부가가치세 대리납부신고서와 함께 부가가치세를 징수한 사업장 또는 주소지 관할 세무서장에게 납부하거나 「국세징수법」에 따른 납부서를 작성하여 한국은행(그 대리점을 포함한다. 이하 같다) 또는 체신관서에 납부하여야 한다.
1. 용역등 공급자의 상호·주소·성명
2. 대리납부하는 사업자의 인적사항
3. 공급가액 및 부가가치세액
4. 그 밖의 참고 사항
② 법 제52조제1항을 적용할 때 비거주자 또는 외국법인으로부터 공급받은 용역등이 과세사업과 면세사업등에 공통으로 사용되어 그 실지귀속을 구분할 수 없는 경우 그 면세사업등에 사용된 용역등의 과세표준은 다음 계산식에 따라 계산한 금액으로 한다. 다만, 과세기간 중 과세사업과 면세사업등의 공급가액이 없거나 그 어느 한 사업에 공급가액이 없으면 그 과세기간에 대한 안분 계산은 제81조제4항과 제82조를 준용한다.

$$과세표준 = 해당\ 용역등의\ 총공급가액 \times \frac{대가의\ 지급일이\ 속하는\ 과세기간의\ 면세공급가액}{대가의\ 지급일이\ 속하는\ 과세기간의\ 총공급가액}$$

③ 법 제52조제1항을 적용할 때 대가를 외화로 지급하는 경우에는 다음 각 호의 구분에 따른 금액을 그 대가로 한다.
1. 원화로 외화를 매입하여 지급하는 경우 : 지급일 현재의 대고객외국환매도율에 따라 계산한 금액(2021.2.17 본호개정)
2. 보유 중인 외화로 지급하는 경우 : 지급일 현재의 「외국환거래법」에 따른 기준환율 또는 재정환율에 따라 계산한 금액
④ 법 제52조제1항제2호에서 "대통령령으로 정하는 경우"란 다음 각 호의 어느 하나에 해당하는 경우를 말한다.
1. 「소득세법」 제156조제1항 각 호 외의 부분 또는 「법인세법」 제98조제1항 각 호 외의 부분에 해당하는 경우(2019.2.12 본호개정)
2. 제1호 외의 경우로서 해당 용역등의 제공이 국내사업장에 귀속되지 아니하는 경우

⑤ 법 제52조제4항에 따라 사업을 양수받는 자가 그 대가를 받은 자로부터 징수한 부가가치세는 다음 각 호의 사항을 적은 부가가치세 대리납부신고서와 함께 사업장 관할 세무서장에게 납부하거나 「국세징수법」에 따른 납부서를 작성하여 한국은행 또는 체신관서에 납부하여야 한다.
1. 사업양수자의 인적사항
2. 사업의 양수에 따른 대가를 받은 자의 인적사항
3. 사업의 양수에 따른 대가의 가액과 부가가치세액
4. 그 밖의 참고 사항
(2014.2.21 본항신설)

제96조 (2016.2.17 삭제)

제96조의2【전자적 용역을 공급하는 국외사업자의 용역 공급과 사업자등록 등에 관한 특례】① 법 제53조의2제1항제1호에서 "게임·음성·동영상 파일 또는 소프트웨어 등 대통령령으로 정하는 용역"이란 이동통신단말장치 또는 컴퓨터 등에 저장되어 구동되거나, 저장되지 아니하고 실시간으로 사용할 수 있는 것으로서 다음 각 호의 어느 하나에 해당하는 것을 말한다.
(2019.2.12 본문개정)
1. 게임·음성·동영상 파일, 전자 문서 또는 소프트웨어와 같은 저작물 등으로서 광(光) 또는 전자적 방식으로 처리하여 부호·문자·음성·음향 및 영상 등의 형태로 제작 또는 가공된 것
2. 제1호에 따른 전자적 용역을 개선시키는 것
② 법 제53조의2제1항제4호에서 "대통령령으로 정하는 용역"이란 다음 각 호의 어느 하나에 해당하는 것을 말한다. 다만, 재화 또는 용역의 공급에 대한 대가에 중개용역의 대가가 포함되어 법 제3조에 따른 납세의무자가 부가가치세를 신고하고 납부하는 경우는 제외한다.
1. 국내에서 물품 또는 장소 등을 대여하거나 사용·소비할 수 있도록 중개하는 것
2. 국내에서 재화 또는 용역을 공급하거나 공급받을 수 있도록 중개하는 것
(2019.2.12 본항신설)
③ 법 제53조의2제1항 또는 제2항에 따라 간편사업자등록을 하려는 사업자는 국세정보통신망에 접속하여 다음 각 호의 사항을 입력하는 방식으로 국세청장에게 간편사업자등록을 해야 한다.(2021.2.17 본문개정)
1. 사업자 및 대표자의 이름과 전화번호, 우편주소, 이메일 주소 및 웹사이트 주소 등의 연락처. 이 경우 법인인 사업자가 법인 이름과 다른 이름으로 거래하는 경우 거래이름을 포함한다.
2. 등록국가·주소 및 등록번호 등 용역을 제공하는 사업장이 소재하는 국외 사업자 등록 관련 정보
3. 제공하는 전자적 용역의 종류, 국내에 전자적 용역을 공급하는 사업개시일 및 그 밖에 간편사업자등록을 위하여 필요한 사항으로서 기획재정부령으로 정하는 것
④ 국세청장은 제3항에 따른 간편사업자등록을 한 자(이하 "간편사업자등록자"라 한다)에 대하여 간편사업자등록번호를 부여하고, 사업자(납세관리인이 있는 경우 납세관리인을 포함한다)에게 통지(정보통신망을 이용한 통지를 포함한다)하여야 한다.(2022.2.15 본항개정)
⑤ 법 제53조의2제4항에 따라 부가가치세를 신고하려는 사업자는 국세정보통신망에 접속하여 다음 각 호의 사항을 입력하는 방식으로 부가가치세 예정신고 및 확정신고를 하여야 한다.
1. 사업자이름 및 간편사업자등록번호
2. 신고기간 동안 국내에 공급한 전자적 용역의 총 공급가액, 공제받을 매입세액 및 납부할 세액
3. 그 밖에 필요한 사항으로서 기획재정부령으로 정하는 것

⑥ 법 제53조의2제4항에 따른 납부는 국세청장이 정하는 바에 따라 외국환은행의 계좌에 납입하는 방식으로 한다.
⑦ 제59조에도 불구하고 간편사업자등록자가 국내에 공급한 전자적 용역의 대가를 외국통화나 그 밖의 외국환으로 받은 경우에는 과세기간 종료일(예정신고 및 납부에 대해서는 예정신고기간 종료일을 말한다)의 기준환율을 적용하여 환가한 금액을 과세표준으로 할 수 있다. 이 경우 국세청장은 정보통신망을 이용하여 통지하거나 국세정보통신망에 고시하는 방법 등으로 사업자(납세관리인이 있는 경우 납세관리인을 포함한다)에게 기준환율을 알려야 한다.
⑧ 법 제53조의2제6항에 따른 전자적 용역의 공급에 대한 거래명세에는 다음 각 호의 사항이 포함되어야 한다.
1. 공급한 전자적 용역의 종류
2. 공급가액과 부가가치세액
3. 제11항 각 호의 시기
4. 공급받는 자의 등록번호(사업자인 경우로 한정한다) 및 성명·상호
5. 그 밖에 기획재정부령으로 정하는 사항
(2022.2.15 본항신설)
⑨ 간편사업자등록자는 법 제53조의2제6항에 따른 전자적 용역의 공급에 대한 거래명세를 정보처리장치 등의 전자적 형태로 보관할 수 있다.(2022.2.15 본항신설)
⑩ 법 제53조의2제9항에서 "대통령령으로 정하는 경우"란 다음 각 호의 경우를 말한다.
1. 간편사업자등록자가 부도발생, 고액체납 등으로 도산하여 소재 불명인 경우
2. 간편사업자등록자가 사업의 영위에 필요한 인허가 등이 취소되는 등의 사유로 대한민국 또는 제3항제2호에 따른 등록국가에서 사업을 수행할 수 없는 경우
3. 간편사업자등록자가 전자적 용역을 공급하기 위한 인터넷 홈페이지[이동통신단말장치에서 사용되는 애플리케이션(Application), 그 밖에 이와 비슷한 응용프로그램을 통하여 가상의 공간에 개설한 장소를 포함한다]를 폐쇄한 경우
4. 간편사업자등록자가 정당한 사유 없이 계속하여 둘 이상의 과세기간에 걸쳐 부가가치세를 신고하지 않은 경우
5. 그 밖에 제1호부터 제4호까지의 경우와 유사한 경우로서 국세청장이 간편사업자등록자가 사실상 폐업상태에 있다고 인정하는 경우
(2022.2.15 본항신설)
⑪ 법 제53조의2제10항에 따라 국내로 공급되는 전자적 용역의 공급시기는 다음 각 호의 시기 중 빠른 때로 한다.(2022.2.15 본문개정)
1. 구매자가 공급하는 자로부터 전자적 용역을 제공받은 때
2. 구매자가 전자적 용역을 구매하기 위하여 대금의 결제를 완료한 때
⑫ 법 제53조의2제10항에 따라 간편사업자등록을 한 사업자의 납세지는 사업자의 신고·납부의 효율과 편의를 고려하여 국세청장이 지정한다.(2022.2.15 본항개정)
(2015.2.3 본조신설)

제2절 제출서류 등

제97조【세금계산서합계표의 제출방법】① 사업자가 국세청장이 정하는 바에 따라 매출·매입처별 세금계산서합계표의 기재사항을 모두 적은 것으로서 전자계산조직을 이용하여 처리된 테이프 또는 디스켓을 제출하는 경우에는 법 제54조에 따른 매출·매입처별 세금계산서합계표를 제출한 것으로 본다.

② 제1항에서 규정한 사항 외에 세금계산서합계표의 제출 방법에 관하여 필요한 사항은 기획재정부령으로 정한다.

제98조【세금계산서합계표】 법 제54조제1항제5호에 따라 매출·매입처별 세금계산서합계표에 적을 사항은 거래처별 세금계산서 발급매수와 그 밖에 기획재정부령으로 정하는 것으로 한다.(2023.2.28 본조개정)

제99조【매입처별 세금계산서합계표 제출의무자의 범위】 법 제54조제5항에서 "대통령령으로 정하는 자"란 다음 각 호의 자를 말한다.
1. 부가가치세가 면제되는 사업자 중 소득세 또는 법인세의 납세의무가 있는 자(「조세특례제한법」에 따라 소득세 또는 법인세가 면제되는 자를 포함한다)
2. 「민법」 제32조에 따라 설립된 법인
3. 특별법에 따라 설립된 법인
4. 각급학교 기성회, 후원회 또는 이와 유사한 단체
5. 「법인세법」 제94조의2에 따른 외국법인연락사무소
(2022.2.15 본조신설)
(2022.2.15 본조제목개정)

제100조【현금매출명세서의 제출】 법 제55조제1항에서 "대통령령으로 정하는 사업"이란 예식장업, 부동산중개업, 보건업(병원과 의원으로 한정한다)과 제109조제2항제7호의 사업을 말한다.

제101조【영세율 첨부서류의 제출】 ① 법 제21조부터 제24조까지의 규정에 따라 영세율이 적용되는 경우에는 부가가치세 예정신고서에 다음 표의 구분에 따른 서류를 첨부하여 제출하여야 한다. 다만, 부득이한 사유로 해당 서류를 첨부할 수 없을 때에는 국세청장이 정하는 서류로 대신할 수 있다.

구분		제출 서류
1. 법 제21조제2항제1호의 경우		기획재정부령으로 정하는 수출실적명세서(전자계산조직을 이용하여 처리된 테이프 또는 디스켓을 포함한다). 다만, 소포우편을 이용하여 수출한 경우에는 해당 국장이 발행하는 소포수령증으로 한다.
2. 법 제21조제2항제2호의 경우		수출계약서 사본 또는 외국환은행이 발행하는 외화입금증명서. 이 경우 제31조제1항제3호를 적용받는 사업자가 같은 항 제4호를 적용받는 사업자로부터 매입하는 경우는 매입계약서를 추가로 첨부한다.
3. 제31조제2항제1호 및 제33조제2항제4호의 경우	가. 내국신용장 또는 구매확인서가 「전자무역 촉진에 관한 법률」 제12조제1항제3호 및 제5호에 따라 전자무역기반시설을 통하여 개설되거나 발급된 경우	기획재정부령으로 정하는 내국신용장·구매확인서 전자발급명세서
	나. 가목 외의 경우	내국신용장 사본
4. 제31조제2항제2호의 경우		한국국제협력단이 교부한 공급사실을 증명할 수 있는 서류
5. 제31조제2항제3호의 경우		한국국제보건의료재단이 교
6. 제31조제2항제4호의 경우		대한적십자사가 교부한 공급사실을 증명할 수 있는 서류
7. 제31조제2항제5호의 경우		가. 제31조제2항제5호라목의 사실을 입증할 수 있는 관계 증명서류 나. 외국환은행이 발행하는 외화입금증명서
8. 법 제22조의 경우		외국환은행이 발급하는 외화입금증명서 또는 국외에서 제공하는 용역에 관한 계약서
9. 법 제23조의 경우		외국환은행이 발급하는 외화입금증명서. 다만, 항공기의 외국항행용역의 경우는 공급가액확정명세서로 한다.
10. 제33조제2항제1호 및 제2호의 경우		가. 외국환은행이 발급하는 외화입금증명서 나. 해당 국가의 현행 법령 등 해당 국가에서 우리나라의 거주자 또는 내국법인에 대하여 동일하게 면세한다는 사실을 입증할 수 있는 관계 증명서류(제33조제2항제1호나목 중 전문서비스업과 같은 호 아목 및 자목에 해당하는 용역의 경우로 한정한다) 다. 정보통신망을 통해 제33조제2항제1호바목에 해당하는 용역을 법 제52조제1항 각 호의 어느 하나에 해당하는 자에게 제공하였음을 증명하는 서류(제33조제2항제1호바목의 경우만 해당한다)
11. 제33조제2항제3호의 경우		가. 임가공계약서 사본(수출재화임가공용역을 해당 수출업자와 같은 장소에서 제공하는 경우는 제외한다) 나. 해당 수출업자가 교부한 납품사실을 증명할 수 있는 서류(수출업자와 직접 도급계약을 한 부분으로 한정한다) 또는 수출대금입금증명서
12. 제33조제2항제5호의 경우		관할 세관장이 발급하는 선(기)적완료증명서. 다만, 「전기통신사업법」에 따른 전기통신사업의 경우에는 용역공급기록표로 하고, 「개별소비세법 시행령」 제20조제2항제3호 및 「교통·에너지·환경세법 시행령」 제17조제2항제2호에 따른 석유류 면세의 경우에는 유류공급명세서로 한다.
13. 법 제24조제1항제1호 및 제33조제2항제6호의 경우		외국환은행이 발급하는 수출(군납)대금입금증명서 또는 법 제24조제1항제1호에 따른 해당 외교공관등이 발급한 납품 또는 용역 공급사실을 증명할 수 있는 서류. 다만, 전력, 가스 또는 그 밖에 공급단위를 구획할 수 없는 재화를 계속적으로 공급하는

		사업의 경우에는 재화공급기록표, 「전기통신사업법」에 따른 전기통신사업의 경우에는 용역공급기록표로 한다.
14.	제33조제2항제7호의 경우	외국환은행이 발급하는 외화입금증명서. 다만, 외화 현금으로 받는 경우에는 관광알선수수료명세표 및 외화매입증명서로 한다.
15.	(2023.2.28 삭제)	
16.	제33조제2항제9호의 경우	외국환은행이 발급하는 외화입금증명서 또는 외화매입증명서
17.	법 제24조제1항제2호 및 「조세특례제한법 시행령」 제108조의 경우	외교관면세판매기록표

(2023.2.28 본항개정)

② 법 제21조부터 제24조까지의 규정과 이 영 제33조에 따라 영세율이 적용되는 경우에는 부가가치세 확정신고서에 제1항의 서류를 첨부하여 제출하여야 한다. 다만, 부가가치세 예정신고 및 제107조제4항에 따른 신고를 할 때 이미 제출한 서류는 제외한다.

③ 「개별소비세법」에 따른 수출면세의 적용을 받기 위하여 제1항 각 호의 서류를 관할 세무서장에게 이미 제출한 경우에는 기획재정부령으로 정하는 영세율 첨부서류 제출명세서로 제1항의 표 각 호의 서류를 대신할 수 있다.

④ 사업자가 국세청장이 정하는 바에 따라 제1항의 표 제1호의 제출 서류란 단서에 따른 소포수령증 및 같은 항의 표 제2호부터 제17호까지의 서류를 복사하여 저장한 테이프 또는 디스켓을 제3항의 영세율첨부서류제출 명세서(전자계산조직을 이용하여 처리된 테이프 또는 디스켓을 포함한다)와 함께 제출하는 경우에는 제1항의 표 각 호의 서류를 제출한 것으로 본다.

제6장 결정·경정·징수와 환급

제1절 결정 등

제102조【결정·경정 기관】 ① 법 제57조에 따른 부가가치세의 과세표준과 납부세액 또는 환급세액의 결정·경정은 각 납세지 관할 세무서장이 한다. 다만, 국세청장이 특히 중요하다고 인정하는 경우에는 납세지 관할 지방국세청장 또는 국세청장이 결정하거나 경정할 수 있다.

② 법 제51조에 따라 주사업장 총괄 납부를 하는 경우 각 납세지 관할 세무서장, 납세지 관할 지방국세청장 또는 국세청장이 제1항에 따라 과세표준과 납부세액 또는 환급세액을 결정하거나 경정하였을 때에는 지체 없이 납세지 관할 세무서장 또는 총괄 납부를 하는 주된 사업장의 관할 세무서장에게 통지하여야 한다.

제103조【결정·경정 사유의 범위】 ① 법 제57조제1항제4호에서 "대통령령으로 정하는 사유로 부가가치세를 포탈(逋脫)할 우려가 있는 경우"란 다음 각 호의 어느 하나에 해당하는 경우를 말한다.
1. 사업장의 이동이 빈번한 경우
2. 사업장의 이동이 빈번하다고 인정되는 지역에 사업장이 있을 경우
3. 휴업 또는 폐업 상태에 있을 경우
4. 법 제46조제4항에 따라 신용카드가맹점 또는 현금영수증가맹점 가입 대상자로 지정받은 사업자가 정당한 사유 없이 신용카드가맹점 또는 현금영수증가맹점으로 가입하지 아니한 경우로서 사업 규모나 영업 상황

으로 보아 신고 내용이 불성실하다고 판단되는 경우
5. 법 제59조제2항에 따른 조기환급 신고의 내용에 오류가 있거나 내용이 누락된 경우
② 제73조제1항 각 호의 사업 중 국세청장이 정하는 업종을 경영하는 사업자로서 같은 장소에서 계속하여 5년 이상 사업을 경영한 자에 대해서는 객관적인 증명자료로 보아 과소하게 신고한 것이 분명한 경우에만 경정할 수 있다.

제104조【추계 결정·경정 방법】 ① 법 제57조제2항 단서에 따른 추계는 다음 각 호의 방법에 따른다.
1. 장부의 기록이 정당하다고 인정되고 신고가 성실하여 법 제57조제1항에 따른 경정을 받지 아니한 같은 업종과 같은 현황의 다른 사업자와 권형(權衡)에 따라 계산하는 방법
2. 국세청장이 업종별로 투입원재료에 대하여 조사한 생산수율(生産收率)이 있을 때에는 생산수율을 적용하여 계산한 생산량에 그 과세기간 중에 공급한 수량의 시가를 적용하여 계산하는 방법
3. 국세청장이 사업의 종류·지역 등을 고려하여 사업과 관련된 종업원, 객실, 사업장, 차량, 수도, 전기 등 인적·물적 시설의 수량 또는 가액과 매출액의 관계를 정한 영업효율이 있을 때에는 영업효율을 적용하여 계산하는 방법(2021.1.5 본호개정)
4. 국세청장이 사업의 종류별·지역별로 정한 다음 각 목 중 어느 하나에 해당하는 기준에 따라 계산하는 방법
   가. 생산에 투입되는 원재료, 부재료 중에서 일부 또는 전체의 수량과 생산량의 관계를 정한 원단위 투입량
   나. 인건비, 임차료, 재료비, 수도광열비, 그 밖의 영업비용 중에서 일부 또는 전체의 비용과 매출액의 관계를 정한 비용관계비율
   다. 일정기간 동안의 평균재고금액과 매출액 또는 매출원가의 관계를 정한 상품회전율
   라. 일정기간 동안의 매출액과 매출총이익의 비율을 정한 매매총이익률
   마. 일정기간 동안의 매출액과 부가가치액의 비율을 정한 부가가치율
5. 추계 경정·결정 대상 사업자에 대하여 제2호부터 제4호까지의 비율을 계산할 수 있는 경우에는 그 비율을 적용하여 계산하는 방법
6. 주로 최종소비자를 대상으로 거래하는 음식 및 숙박업과 서비스업에 대해서는 국세청장이 정하는 입회조사기준에 따라 계산하는 방법
② 제1항에 따라 납부세액을 계산할 때 공제하는 매입세액은 법 제32조에 따라 발급받은 세금계산서를 관할 세무서장에게 제출하고 그 기재내용이 분명한 부분으로 한정한다. 다만, 재해 또는 그 밖의 불가항력으로 인하여 발급받은 세금계산서가 소멸되어 세금계산서를 제출하지 못하게 되었을 때에는 해당 사업자에게 공급한 거래상대방이 제출한 세금계산서에 의하여 확인되는 것을 납부세액에서 공제하는 매입세액으로 한다.

제105조【재화의 수입에 대한 징수】 세관장이 법 제58조제2항에 따라 부가가치세를 징수할 때(납부받거나 환급할 때를 포함한다)에는 「관세법」 제11조, 제16조부터 제19조까지, 제38조, 제38조의2부터 제38조의4까지, 제39조, 제41조, 제43조, 제46조, 제47조, 제106조 및 제106조의2에 따른다. (2023.2.28 본조개정)

제106조【환급】 ① 법 제59조에 따라 환급하여야 할 세액은 법 제48조·제49조 또는 이 영 제107조제5항에 따라 제출한 신고서 및 이에 첨부된 증명서류와 법 제54조에 따라 제출한 매입처별 세금계산서합계표, 신용카드매출전표등 수령명세서에 의하여 확인되는 금액으로 한정한다.

② 관할 세무서장은 법 제57조에 따른 결정·경정에 의하여 추가로 발생한 환급세액이 있는 경우에는 지체 없이 사업자에게 환급하여야 한다.

제107조【조기환급】① 관할 세무서장은 법 제59조제2항에 따른 환급세액을 각 예정신고기간별로 그 예정신고 기한이 지난 후 15일 이내에 예정신고한 사업자에게 환급하여야 한다.

② 법 제59조제2항제2호에서 "대통령령으로 정하는 사업 설비"란 「소득세법 시행령」 제62조 및 「법인세법 시행령」 제24조에 따른 감가상각자산을 말한다.

③ 제1항에 따라 조기환급을 받으려는 사업자가 제90조제2항 또는 제91조제1항에 따른 신고서를 제출한 경우에는 법 제59조제2항에 따라 조기환급을 신고한 것으로 본다. 다만, 법 제59조제2항제2호에 해당하는 경우에는 다음 각 호의 사항을 적은 건물 등 감가상각자산 취득명세서를, 같은 항 제3호에 해당하는 경우에는 기획재정부령으로 정하는 재무구조개선계획서를 각각 그 신고서에 첨부하여야 한다. (2017.2.7 단서개정)

1. 사업 설비의 종류, 용도, 설비예정일자 및 설비일자
2. 공급받은 재화 또는 용역과 그 매입세액
3. 그 밖의 참고 사항

④ 법 제59조제2항이 적용되는 사업자가 예정신고기간 중 또는 과세기간 최종 3개월 중 매월 또는 매 2월(이하 "조기환급기간"이라 한다)에 조기환급기간이 끝난 날부터 25일 이내(이하 이 항에서 "조기환급신고기한"이라 한다)에 조기환급기간에 대한 과세표준과 환급세액을 관할 세무서장에게 신고하는 경우에는 제1항에도 불구하고 조기환급기간에 대한 환급세액을 각 조기환급기간별로 해당 조기환급신고기한이 지난 후 15일 이내에 사업자에게 환급하여야 한다.

⑤ 제4항에 따라 조기환급을 신고할 때에는 다음 각 호의 사항을 적은 영세율 등 조기환급신고서에 해당 과세표준에 대한 영 제101조제1항의 표의 구분에 따른 서류와 매출·매입처별 세금계산서합계표를 첨부하여 제출하여야 한다. 다만, 법 제59조제2항제2호 또는 제3호에 해당하는 경우에는 제3항 단서에 따른 건물 등 감가상각자산 취득명세서 또는 재무구조개선계획서를 그 신고서에 첨부하여야 한다. (2017.2.7 단서개정)

1. 사업자의 인적사항
2. 과세표준과 환급세액 및 그 계산근거
3. 매출·매입처별 세금계산서합계표의 제출 내용
4. 그 밖의 참고 사항

⑥ 제5항에 따라 매출·매입처별 세금계산서합계표를 제출한 경우에는 법 제54조제1항에 따라 매출·매입처별 세금계산서합계표를 제출한 것으로 본다.

⑦ 법 제59조제2항제3호에서 "대통령령으로 정하는 재무구조개선계획을 이행 중인 경우"란 조기환급기간, 예정신고기간 또는 과세기간의 종료일 현재 「조세특례제한법 시행령」 제34조제7항에 따른 재무구조개선계획 승인권자가 승인한 같은 조 제6항제1호, 제2호 또는 제4호에 따른 계획을 이행 중인 경우를 말한다. (2017.2.7 본항신설)

제2절 가산세

제108조【가산세】① 법 제60조제1항제2호에서 "대통령령으로 정하는 타인"이란 자기의 계산과 책임으로 사업을 경영하지 아니하는 자를 말한다. 다만, 다음 각 호의 어느 하나에 해당하는 자와 기획재정부령으로 정하는 자는 제외한다. (2017.2.7 단서개정)

1. 사업자의 배우자
2. 「상속세 및 증여세법」 제2조제1호에 따른 상속으로 인하여 피상속인이 경영하던 사업이 승계되는 경우 그

피상속인(같은 조 제2호에 따른 상속개시일부터 같은 법 제67조에 따른 상속세 과세표준 신고기한까지의 기간 동안 상속인이 피상속인 명의의 사업자등록을 활용하여 사업을 하는 경우로 한정한다) (2017.2.7 1호~2호신설)

② (2019.2.12 삭제)

③ 법 제32조에 따라 발급한 세금계산서의 필요적 기재사항 중 일부가 착오나 과실로 사실과 다르게 적혔으나 해당 세금계산서에 적힌 나머지 필요적 기재사항으로 보아 거래사실이 확인되는 경우에는 법 제60조제2항제5호에 따른 사실과 다른 세금계산서로 보지 아니한다.

④ 법 제60조제5항제1호에서 "대통령령으로 정하는 사유"란 제74조제5호에 따라 법 제57조에 따른 경정을 하는 경우로서 사업자가 법 제46조제3항에 따라 발급받은 신용카드매출전표등을 제102조에 따른 경정기관의 확인을 거쳐 해당 경정기관에 제출하는 경우를 말한다. (2022.2.15 본항개정)

⑤ 법 제60조제7항제1호에서 "대통령령으로 정하는 경우"란 제75조제3호·제7호 또는 제8호에 해당하는 경우를 말한다. (2019.2.12 본항개정)

⑥ 법 제60조제8항제2호 단서에서 "대통령령으로 정하는 경우"란 매입처별 세금계산서합계표를 제출하지 아니한 경우 등에 대한 매입세액 공제에 관하여 규정한 제74조제1호부터 제4호까지의 경우 중 어느 하나에 해당하는 경우를 말한다.

제7장 간이과세

제109조【간이과세의 적용 범위】① 법 제61조제1항 본문 및 제62조제1항에서 "대통령령으로 정하는 금액"이란 8천만원을 말한다. (2021.2.17 본항개정)

② 법 제61조제1항제2호에서 "대통령령으로 정하는 사업자"란 다음 각 호의 어느 하나에 해당하는 사업을 경영하는 자를 말한다. (2021.2.17 본문개정)

1. 광업
2. 제조업. 다만, 주로 최종소비자에게 직접 재화를 공급하는 사업으로서 기획재정부령으로 정하는 것은 제외한다.
3. 도매업(소매업을 겸영하는 경우를 포함하되, 재생용 재료수집 및 판매업은 제외한다) 및 상품중개업 (2021.2.17 본호개정)
4. 부동산매매업
5. 「개별소비세법」 제1조제4항에 해당하는 과세유흥장소(이하 "과세유흥장소"라 한다)를 경영하는 사업으로서 기획재정부령으로 정하는 것 (2019.2.12 본호개정)
6. 부동산임대업으로서 기획재정부령으로 정하는 것
7. 변호사업, 심판변론인업, 변리사업, 법무사업, 공인회계사업, 세무사업, 경영지도사업, 기술지도사업, 감정평가사업, 손해사정인업, 통관업, 기술사업, 건축사업, 도선사업, 측량사업, 공인노무사업, 의사업, 한의사업, 약사업, 한약사업, 수의사업과 그 밖에 이와 유사한 사업서비스업으로서 기획재정부령으로 정하는 것
8. 제23조에 따라 일반과세자로부터 양수한 사업. 다만, 제1호부터 제7호까지의 규정과 제9호부터 제14호까지의 규정에 해당하지 않는 경우로서 사업을 양수한 이후 법 제2조제4호에 따른 공급대가(이하 "공급대가"라 한다)의 합계액이 제1항에 따른 금액에 미달하는 경우는 제외한다. (2023.2.28 단서개정)
9. 사업장의 소재 지역과 사업의 종류·규모 등을 고려하여 국세청장이 정하는 기준에 해당하는 것

10. 「소득세법 시행령」 제208조제5항에 해당하지 아니하는 개인사업자(이하 이 호에서 "전년도 기준 복식부기의무자"라 한다)가 경영하는 사업. 이 경우 「소득세법 시행령」 제208조제5항을 적용할 때 같은 항 제1호 중 "해당 과세기간"은 "해당 과세기간 또는 직전 과세기간"으로, 같은 항 제2호 각 목 외의 부분 중 "직전 과세기간"은 "전전 과세기간"으로, "수입금액(결정 또는 경정으로 증가된 수입금액을 포함한다)의 합계액"은 "수입금액(결정 또는 경정으로 증가된 수입금액을 포함하되, 과세유형 전환일 현재 폐업한 사업장의 수입금액은 제외한다)의 합계액"으로 보며, 결정·경정 또는 수정신고로 인하여 수입금액의 합계액이 증가함으로써 전년도 기준 복식부기의무자에 해당하게 되는 경우에는 그 결정·경정 또는 수정신고한 날이 속하는 과세기간까지는 전년도 기준 복식부기의무자로 보지 아니한다.(2015.2.3 후단개정)
11. (2021.2.17 삭제)
12. 전기·가스·증기 및 수도 사업(2021.2.17 본호신설)
13. 건설업. 다만, 주로 최종소비자에게 직접 재화 또는 용역을 공급하는 사업으로서 기획재정부령으로 정하는 사업은 제외한다.(2021.2.17 본호신설)
14. 전문·과학·기술서비스업, 사업시설 관리·사업 지원 및 임대 서비스업. 다만, 주로 최종소비자에게 직접 용역을 공급하는 사업으로서 기획재정부령으로 정하는 사업은 제외한다.(2021.2.17 본호신설)
③ 제1항과 제2항제8호 단서에 따른 금액을 계산할 때 직전 1역년을 휴업하거나 신규로 사업을 시작한 사업자나 사업을 양수한 사업인 경우에는 휴업기간, 사업 개시 전의 기간이나 사업 양수 전의 기간을 제외한 나머지 기간에 대한 재화 또는 용역의 공급대가의 합계액을 12개월로 환산한 금액을 기준으로 하며, 휴업한 개인사업자인 경우로서 직전 1역년 중 공급대가가 없는 경우에는 신규로 사업을 시작한 것으로 본다. 이 경우 1개월 미만의 끝수가 있으면 1개월로 한다.(2018.9.28 전단개정)
④ 법 제61조제3항에 따라 법 제7장을 적용받으려는 사업자는 제11조제1항에 따른 사업자등록신청서와 함께 다음 각 호의 사항을 적은 간이과세적용신고서를 관할 세무서장에게 제출(국세정보통신망에 의한 제출을 포함한다)하여야 한다. 다만, 사업자등록 신청서에 연간공급대가예상액과 그 밖의 참고 사항을 적어 제출한 경우에는 간이과세적용신고서를 제출한 것으로 본다.
1. 사업자의 인적사항
2. 사업시설착수 연월일 또는 사업 개시 연월일
3. 연간공급대가예상액
4. 그 밖의 참고 사항
제110조【간이과세와 일반과세의 적용시기】 ① 법 제62조제1항 및 제2항의 경우 해당 사업자의 관할 세무서장은 법 제61조에 따라 간이과세자에 관한 규정이 적용되거나 적용되지 아니하게 되는 과세기간 개시 20일 전까지 그 사실을 통지하여야 하며, 사업자등록증을 정정하여 과세기간 개시 당일까지 발급하여야 한다.
② 법 제62조제1항 및 제2항에 따른 시기에 법 제61조에 따라 간이과세자에 관한 규정이 적용되는 사업자에게는 제1항에 따른 통지와 관계없이 법 제62조제1항에 따른 시기에 법 제61조에 따라 간이과세자에 관한 규정을 적용한다. 다만, 부동산임대업을 경영하는 사업자의 경우에는 법 제62조제1항을 불구하고 제1항에 따른 통지를 받은 날이 속하는 과세기간까지는 일반과세자에 관한 규정을 적용한다.
③ 법 제62조제1항 및 제2항에 따른 시기에 법 제61조가 적용되지 아니하는 사업자에 대해서는 법 제62조제1항에도 불구하고 제1항에 따른 통지를 받은 날이 속

하는 과세기간까지는 법 제61조에 따라 간이과세자에 관한 규정을 적용한다.
④ 간이과세자가 제109조제2항에 따른 사업을 신규로 겸영하는 경우에는 해당 사업의 개시일이 속하는 과세기간의 다음 과세기간부터 간이과세자에 관한 규정을 적용하지 아니한다.
⑤ 제4항에 따라 일반과세자로 전환된 사업자로서 해당 연도 공급대가의 합계액이 제109조제1항에 따른 금액 미만인 사업자가 같은 조 제2항에 따른 사업을 폐지하는 경우에는 해당 사업의 폐지일이 속하는 연도의 다음 연도 7월 1일부터 간이과세자에 관한 규정을 적용한다.(2020.2.11 본항신설)
⑥ 법 제61조제1항제1호에 따른 간이과세가 적용되지 아니하는 다른 사업장(이하 이 조에서 "기준사업장"이라 한다)의 1역년의 공급대가의 합계액이 제109조제1항에 따른 금액에 미달하는 경우에는 법 제62조제1항에 따른 기간 동안에 기준사업장과 법 제61조제1항제1호에 따라 일반과세로 전환된 사업장 모두에 간이과세에 관한 규정을 적용한다. 다만, 법 제61조제1항제1호에 따라 일반과세로 전환된 사업장의 1역년의 공급대가의 합계액이 제109조제1항에 따른 금액 이상이거나 법 제61조제1항제2호에 해당하는 경우에는 그러하지 아니하다.
⑦ 간이과세자가 법 제70조에 따른 간이과세의 포기신고를 하는 경우에는 일반과세자에 관한 규정을 적용받으려는 달이 속하는 과세기간의 다음 과세기간부터 해당 사업장 외의 사업장에 간이과세자에 관한 규정을 적용하지 아니한다.
⑧ 간이과세자가 일반과세자에 관한 규정을 적용받는 사업장을 신규로 개설하는 경우에는 해당 사업 개시일이 속하는 과세기간의 다음 과세기간부터 간이과세자에 관한 규정을 적용하지 아니한다.
⑨ 기준사업장이 폐업되는 경우에는 법 제61조제1항제1호에 따라 일반과세로 전환된 사업장에 대하여 기준사업장의 폐업일이 속하는 연도의 다음 연도 7월 1일부터 간이과세자에 관한 규정을 적용한다. 다만, 법 제61조제1항제1호에 따라 일반과세로 전환된 사업장의 1역년의 공급대가의 합계액이 제109조제1항에 따른 금액 이상이거나 법 제61조제1항제2호에 해당하는 경우에는 그러하지 아니하다.(2020.2.11 본항개정)
제111조【간이과세자의 과세표준 및 세액의 계산】 ① 간이과세자에 대한 과세표준의 계산에 관하여는 제59조부터 제66조까지의 규정을 준용한다. 이 경우 "공급가액"은 "공급대가"로 본다.
② 법 제63조제2항에서 "대통령령으로 정하는 해당 업종의 부가가치율"이란 다음 표의 구분에 따른 부가가치율을 말한다.(2020.2.11 본항개정)

구분	부가가치율
1. 소매업, 재생용 재료수집 및 판매업, 음식점업	15퍼센트
2. 제조업, 농업·임업 및 어업, 소화물 전문 운송업	20퍼센트
3. 숙박업	25퍼센트
4. 건설업, 운수 및 창고업(소화물 전문 운송업은 제외한다), 정보통신업	30퍼센트
5. 금융 및 보험 관련 서비스업, 전문·과학 및 기술서비스업(인물사진 및 행사용 영상 촬영업은 제외한다), 사업시설 관리·사업지원 및 임대서비스업, 부동산 관련 서비스업, 부동산임대업	40퍼센트
6. 그 밖의 서비스업	30퍼센트

(2021.2.17 본항개정)

③ 간이과세자가 다음 각 호의 어느 하나에 해당하는 서류를 법 제63조제3항에 따라 제출하거나 법 제68조에 따른 결정ㆍ경정을 할 때 해당 간이과세자가 보관하고 있는 해당 서류를 제102조에 따른 결정ㆍ경정 기관의 확인을 거쳐 관할 세무서장에게 제출하는 경우에는 법 제63조제3항 각 호에 따라 계산한 금액을 납부세액에서 공제한다. 다만, 법 제63조제6항에 따라 매입세액으로 공제받는 경우에는 그러하지 아니하다.
1. 법 제54조제1항 및 제3항에 따른 매입처별 세금계산서합계표
2. 신용카드매출전표등 수령명세서
④ 법 제63조제3항 본문에서 "대통령령으로 정하는 신용카드매출전표등 수령명세서"란 신용카드매출전표등 수령명세서를 말한다.
⑤ 간이과세자가 둘 이상의 업종에 공통으로 사용하던 재화를 공급하여 업종별 실지귀속을 구분할 수 없는 경우에 적용할 부가가치율은 다음 계산식에 따라 계산한 율의 합계로 한다. 이 경우 휴업 등으로 인하여 해당 과세기간의 공급대가가 없을 때에는 그 재화를 공급한 날에 가장 가까운 과세기간의 공급대가에 따라 계산한다.

해당 재화와 관련된 각 업종별 부가가치율 × 해당 재화의 공급일이 속하는 과세기간의 해당 재화와 관련된 각 업종의 공급대가 / 해당 재화의 공급일이 속하는 과세기간의 해당 재화와 관련된 각 업종의 총공급대가

⑥ (2021.2.17 삭제)
⑦ 법 제63조제3항제3호에 따른 공제액을 계산할 때 간이과세자가 과세사업과 면세사업등을 겸영하는 경우에는 과세사업과 면세사업등의 실지귀속에 따르되, 과세사업과 면세사업등의 실지귀속을 구분할 수 없는 부분은 다음 계산식에 따라 계산한다. 이 경우 다음 계산식에서 "세금계산서등"이란 법 제60조제3항제1호에 따른 세금계산서등을 말한다.

납부세액에서 공제할 세액 = 해당 과세기간에 세금계산서등을 발급받은 재화와 용역의 공급대가 합계액 × 해당 과세기간의 과세공급대가/해당 과세기간의 총공급대가 × 0.5퍼센트

(2021.2.17 본항개정)
⑧ 법 제63조제6항 전단에서 "대통령령으로 정하는 과세기간"이란 결정ㆍ경정 과세기간의 다음 과세기간을 말한다. 다만, 결정ㆍ경정 과세기간이 신규로 사업을 시작한 자의 최초 과세기간인 경우에는 해당 과세기간의 다음 과세기간을 말한다.(2020.2.11 본항개정)

제112조【간이과세자로 변경되는 경우의 재고품등 특례】
① 법 제64조에 따라 일반과세자가 간이과세자로 변경되는 경우 그 변경되는 날 현재 있는 다음 각 호의 재고품, 건설 중인 자산 및 감가상각자산(법 제38조부터 제43조까지의 규정에 따라 공제받은 경우만 해당하되, 법 제10조제9항제2호 본문에 따른 사업양도에 의하여 사업양수자가 양수한 자산으로서 사업양도자가 매입세액을 공제받은 재화를 포함한다. 이하 이 조에서 "재고품등"이라 한다)을 그 변경되는 날의 직전 과세기간에 대한 확정신고와 함께 간이과세 전환 시의 재고품등 신고서를 작성하여 각 납세지 관할 세무서장에게 신고(국세정보통신망에 의한 신고를 포함한다)하여야 한다.(2018.2.13 본문개정)
1. 상품
2. 제품(반제품 및 재공품을 포함한다)
3. 재료(부재료를 포함한다)
4. 건설 중인 자산

5. 감가상각자산(건물 또는 구축물의 경우에는 취득, 건설 또는 신축 후 10년 이내의 것, 그 밖의 감가상각자산의 경우에는 취득 또는 제작 후 2년 이내의 것으로 한정한다)
② 제1항에 따른 재고품등의 금액은 장부 또는 세금계산서에 의하여 확인되는 해당 재고품등의 취득가액으로 한다. 다만, 장부 또는 세금계산서가 없거나 장부에 기록이 누락된 경우 해당 재고품등의 가액은 시가에 따른다.
③ 일반과세자가 간이과세자로 변경되는 경우에 해당 사업자는 다음 각 호의 방법에 따라 계산한 금액(이하 "재고납부세액"이라 한다)을 납부세액에 더하여 납부해야 한다. 이 경우 제3호와 제4호에 따른 경과된 과세기간의 수에 관하여는 제66조제2항 후단 및 같은 조 제5항을 준용한다.(2021.2.17 전단개정)
1. 제1항제1호부터 제3호까지의 규정에 따른 재고품

$$재고납부세액 = 재고금액 \times \frac{10}{100} \times (1 - \frac{0.5}{퍼센트} \times \frac{110}{10})$$

2. 제1항제4호에 따른 건설 중인 자산

$$재고납부세액 = 해당\ 건설\ 중인\ 자산과\ 관련하여\ 공제받은\ 매입세액 \times (1 - \frac{0.5}{퍼센트} \times \frac{110}{10})$$

(2021.2.17 1호~2호개정)
3. 제1항제5호에 따른 자산으로서 다른 사람으로부터 매입한 자산
가. 건물 또는 구축물

$$재고납부세액 = 취득가액 \times (1 - 5/100 \times 경과된\ 과세기간의\ 수) \times 10/100 \times (1 - 0.5퍼센트 \times 110/10)$$

나. 그 밖의 감가상각자산

$$재고납부세액 = 취득가액 \times (1 - 25/100 \times 경과된\ 과세기간의\ 수) \times 10/100 \times (1 - 0.5퍼센트 \times 110/10)$$

(2021.2.17 가목~나목개정)
4. 제1항제5호에 따른 자산으로서 사업자가 직접 제작, 건설 또는 신축한 자산
가. 건물 또는 구축물

$$재고납부세액 = 해당\ 자산의\ 건설\ 또는\ 신축과\ 관련하여\ 공제받은\ 매입세액(제2항\ 단서가\ 적용되는\ 경우에는\ 시가의\ 10퍼센트에\ 상당하는\ 세액) \times (1 - 5/100 \times 경과된\ 과세기간의\ 수) \times (1 - 0.5퍼센트 \times 110/10)$$

나. 그 밖의 감가상각자산

$$재고납부세액 = 해당\ 자산의\ 제작과\ 관련하여\ 공제받은\ 매입세액(제2항\ 단서가\ 적용되는\ 경우에는\ 시가의\ 10퍼센트에\ 상당하는\ 세액) \times (1 - 25/100 \times 경과된\ 과세기간의\ 수) \times (1 - 0.5퍼센트 \times 110/10)$$

(2021.2.17 가목~나목개정)
④ (2021.2.17 삭제)
⑤ 제1항에 따른 신고를 받은 관할 세무서장은 재고금액을 조사ㆍ승인하고 간이과세자로 변경된 날부터 90일 이내에 해당 사업자에게 재고납부세액을 통지하여야 한다. 이 경우 그 기한 이내에 통지하지 아니할 때에는 해당 사업자가 신고한 재고금액을 승인한 것으로 본다.
⑥ 해당 사업자가 제1항에 따라 신고를 하지 아니하거나 과소하게 신고한 경우에는 관할 세무서장이 재고금액을 조사하여 해당 재고납부세액을 결정하고 통지하여야 한다.
⑦ 제5항과 제6항에 따라 결정된 재고납부세액은 간이과세자로 변경된 날이 속하는 과세기간에 대한 확정신고를 할 때 납부할 세액에 더하여 납부한다.
(2014.2.21 본항개정)

⑧ 제5항에 따라 승인하거나 승인한 것으로 보는 재고납부세액의 내용에 오류가 있거나 내용이 누락된 경우에는 법 제57조에 따라 재고납부세액을 조사하여 경정한다.

제113조 (2021.2.17 삭제)

제114조【간이과세자의 신고와 납부】 ① 관할 세무서장은 법 제66조제1항 본문에 따른 부가가치세액에 대하여 7월 1일부터 7월 10일까지 납부고지서를 발부해야 한다.(2021.2.17 본항개정)

② 법 제66조제2항에서 "대통령령으로 정하는 간이과세자"란 휴업 또는 사업 부진 등으로 인하여 법 제66조제1항에 따른 예정부과기간(이하 이 조에서 "예정부과기간"이라 한다)의 공급대가의 합계액 또는 납부세액이 직전 과세기간의 공급대가의 합계액 또는 법 제66조제1항에 따른 납부세액의 3분의 1에 미달하는 자를 말한다.

③ 간이과세자는 법 제66조제2항·제3항 및 제67조제1항에 따른 부가가치세의 신고를 할 때에는 다음 각 호의 사항을 적은 간이과세자 부가가치세 신고서와 기획재정부령으로 정하는 서류를 관할 세무서장에게 제출(국세정보통신망에 의한 제출을 포함한다)해야 한다.(2021.2.17 본문개정)
1. 사업자의 인적사항
2. 납부세액 및 그 계산 근거
3. 가산세액 및 그 계산 근거
4. 매출·매입처별 세금계산서합계표의 제출 내용 (2021.2.17 본호개정)
5. 그 밖의 참고 사항

④ 간이과세자는 법 제66조제5항 및 제67조제1항에 따라 부가가치세를 신고할 때에는 해당 예정부과기간 또는 과세기간의 납부세액에서 법 제68조의2 및 「국세기본법」 제47조의2부터 제47조의4까지의 규정에 따라 계산한 가산세를 더하고, 다음 각 호의 세액을 차감한 금액을 간이과세자 부가가치세 신고서와 함께 관할 세무서장에게 제출하고 「국세징수법」에 따른 납부서를 작성하여 한국은행 또는 체신관서에 납부해야 한다.(2021.2.17 본문개정)
1. 법 제46조제1항에 따른 금액
2. 법 제63조제3항에 따른 금액
3. 법 제63조제4항에 따른 금액 (2023.2.28 본호신설)

⑤ 간이과세자가 다른 사업자로부터 발급받아 법 제66조제6항 및 제67조제3항에 따라 관할 세무서장에게 제출하는 매입처별세금계산서합계표의 기재사항 중 거래처별 등록번호, 공급가액의 전부 또는 일부가 적히지 않았거나 사실과 다르게 적힌 경우에는 법 제63조제3항에 따른 공제를 적용하지 않는다.(2021.2.17 본항개정)

⑥ 법 제67조제1항에 따라 신고를 하는 간이과세자는 법 제21조부터 제24조까지의 규정에 따라 영세율을 적용받는 경우에는 그 신고서에 제101조제1항의 표의 구분에 따른 서류를 첨부하여 제출하여야 한다.

⑦ 제6항의 서류를 해당 신고서에 첨부하지 아니한 부분은 법 제67조제1항의 신고로 보지 아니한다.

제115조【사업자미등록가산세가 부과되지 아니하는 납부의무 면제자의 범위】 법 제69조제2항 단서에서 "대통령령으로 정하는 고정 사업장이 없는 경우"란 고정된 물적 시설을 갖추지 아니하고 공부(公簿)에 등록된 사업장 소재지가 없는 경우를 말한다.

제116조【간이과세의 포기】 ① 간이과세자 또는 법 제62조에 따라 간이과세자에 관한 규정을 적용받게 되는 일반과세자로서 간이과세자에 관한 규정의 적용을 포기하려고 하거나, 법 제70조제2항에 따라 사업자등록을 신청할 때 간이과세자에 관한 규정의 적용을 포기하려는 자는 법 제70조제1항 및 제2항에 따른 신고를 할 때 다음 각 호의 사항을 적은 간이과세포기신고서를 관할 세

무서장에게 제출(국세정보통신망에 의한 제출을 포함한다)하여야 한다.(2014.2.21 본문개정)
1. 사업자의 인적사항
2. 간이과세를 포기하려는 과세기간
3. 그 밖의 참고 사항

② 제1항의 신고서를 제출한 개인사업자가 법 제70조제3항에 따른 기간이 지난 후 법 제7장을 적용받으려면 그 적용받으려는 과세기간 개시 10일 전까지 제109조제4항의 신고서를 관할 세무서장에게 제출하여야 한다. 이 경우 그 적용을 받을 수 있는 자는 해당 과세기간 직전 1역년의 재화 또는 용역의 공급대가의 합계액이 법 제61조제1항에 해당하는 개인사업자로 한정한다.(2014.2.21 전단개정)

제8장 보 칙

제117조【장부의 작성·보관】 ① 법 제71조제1항 및 제2항에 따라 장부에 기록하여야 할 거래사실은 다음 각 호의 것으로 한다.
1. 공급한 자와 공급받은 자
2. 공급한 품목과 공급받은 품목
3. 공급가액과 공급받은 가액
4. 매출세액과 매입세액
5. 공급한 시기와 공급받은 시기
6. 그 밖의 참고 사항

② 법 제36조제1항제2호에 해당하는 간이과세자는 공급가액과 부가가치세액을 합계한 공급대가를 장부에 기록할 수 있다.(2021.2.17 본항개정)

③ 법 제36조제1항제2호에 해당하는 간이과세자가 법 제32조 및 제36조에 따라 발급받았거나 발급한 세금계산서 또는 영수증을 보관하였을 때에는 법 제71조에 따른 장부기록의무를 이행한 것으로 본다.(2021.2.17 본항개정)

④ 사업자는 법 제71조제3항에 따른 장부, 세금계산서 또는 영수증을 정보처리장치, 전산테이프 또는 디스켓 등의 전자적 형태로 보존할 수 있다.

⑤ 제35조제5호 각 목의 어느 하나에 해당하는 용역을 공급하는 사업자는 기획재정부령으로 정하는 매출대장을 작성하여 사업장에 갖추어 두어야 한다. 이 경우 매출대장을 정보처리장치, 전산테이프 또는 디스켓 등의 전자적 형태로 작성할 수 있다.

⑥ 제5항 전단에도 불구하고 사업자가 「수의사법」 제13조제1항에 따른 진료부에 기획재정부령으로 정하는 매출대장의 기재사항을 모두 적는 경우에는 그 진료부로 매출대장을 대신할 수 있다.

제118조【납세관리인의 선정과 신고】 ① 법 제73조제2항에서 "대통령령으로 정하는 자"란 다음 각 호의 어느 하나에 해당하는 자를 말한다.
1. 「세무사법」 제6조에 따라 등록한 자
2. 다단계판매업자(해당 다단계판매업자에게 등록한 「방문판매 등에 관한 법률」 제13조제8항 단서에 따른 다단계판매원 외의 다단계판매원이 다단계판매업자를 납세관리인으로 선정하는 경우로 한정한다)
3. 「자본시장과 금융투자업에 관한 법률」에 따른 신탁업자(같은 법에 따른 신탁업 중 부동산에 관한 신탁업으로 한정한다)

② 법 제73조에 따라 납세관리인을 선정하거나 변경한 사업자(제1항제2호에 따른 다단계판매업자를 포함한다)는 다음 각 호의 사항을 적은 납세관리인 선정(변경)신고서를 지체 없이 관할 세무서장에게 제출하여야 한다. 납세관리인의 주소나 거소가 변경되었을 때에도 또한 같다.
1. 사업자의 인적사항
2. 납세관리인의 주소, 성명 및 주민등록번호
3. 그 밖의 참고 사항

제119조【질문·조사 및 명령 사항】 국세청장, 관할 지방국세청장 또는 관할 세무서장은 법 제74조제2항에 따라 납세의무자에게 다음 각 호의 사항을 명할 수 있다.
1. 세금계산서의 발급
2. 금전등록기의 설치·사용
3. 신용카드 조회기의 설치·사용
4. 현금영수증 발급장치의 설치·사용
5. 표찰(標札)의 게시(揭示)
6. 업종별 표시
7. 그 밖에 납세보전을 위한 단속에 필요한 사항
제120조【서식】 이 영의 규정에 따른 신청서, 신고서 또는 그 밖의 서류의 작성에 필요한 사항은 기획재정부령으로 정한다.
제121조【자료제출】 ① 법 제75조에 따라 해당 사업자는 기획재정부령으로 정하는 월별 거래 명세를 매 분기 말일의 다음 달 말일까지 국세청장에게 전자적 방법으로 제출하여야 한다.
② 법 제75조제1항제5호에서 "대통령령으로 정하는 자"란 「정보통신망 이용촉진 및 정보보호 등에 관한 법률」 제2조제1항제9호의 게시판을 운영하여 재화 또는 용역의 공급을 중개하는 자로서 국세청장이 고시하는 자를 말한다.(2023.2.28 본항신설)
③ 제1항 및 제2항에서 규정한 사항 외에 자료제출 등에 관하여 필요한 사항은 국세청장이 정한다.(2023.2.28 본항개정)
(2018.2.13 본조신설)

제9장 벌 칙
(2022.2.15 본장신설)

제122조【과태료】 법 제76조에 따른 과태료의 부과기준은 별표와 같다.

부 칙 (2016.2.17)

제1조【시행일】 이 영은 공포한 날부터 시행한다. 다만, 제33조제2항제1호·제2호 및 제101조제1항제10호의 개정규정은 2016년 7월 1일부터 시행한다.
제2조【일반적 적용례】 이 영은 이 영 시행 이후 재화나 용역을 공급하거나 공급받는 분 또는 재화를 수입신고하는 분부터 적용한다.
제3조【외화획득 재화 또는 용역의 영세율 적용방식에 관한 적용례】 제33조제2항제1호·제2호 및 제101조제1항제10호의 개정규정은 2016년 7월 1일 이후 용역계약을 체결·수정·변경·갱신하는 분부터 적용한다.
제4조【매입세액 공제 등에 관한 적용례】 제75조제3호·제5호 및 제108조제5항의 개정규정은 2016년 1월 1일 이후 개시하는 과세기간에 재화나 용역을 공급받는 분부터 적용한다.
제5조【공통매입세액 안분 계산에 관한 적용례】 제81조제1항의 개정규정은 2016년 1월 1일 이후 개시하는 과세기간에 재화나 용역을 공급받는 분부터 적용한다.
제6조【의제매입세액 계산에 관한 적용례】 제84조제2항 및 제3항의 개정규정은 2016년 1월 1일 이후 개시하는 과세기간부터 적용한다.
제7조【신용카드 등의 사용에 따른 세액공제 등에 관한 적용례】 제88조제2항의 개정규정은 2016년 1월 1일 이후 재화나 용역을 공급하는 분부터 적용한다.
제8조【수정세금계산서 또는 수정전자세금계산서의 발급사유에 관한 경과조치】 이 영 시행 전에 수정세금계산서 또는 수정전자세금계산서를 발급한 분에 대해서는 제70조제1항제9호의 개정규정에도 불구하고 종전의 규정에 따른다.

부 칙 (2017.2.7)

제1조【시행일】 이 영은 공포한 날부터 시행한다. 다만, 제20조제3호, 제61조제1항제9호·제10호 및 같은 조 제4항의 개정규정은 2017년 4월 1일부터 시행한다.
제2조【일반적 적용례】 이 영은 이 영 시행 이후 재화나 용역을 공급하거나 공급받는 분 또는 재화를 수입신고하는 분부터 적용한다.
제3조【수정수입세금계산서에 관한 적용례】 제72조제4항의 개정규정은 이 영 시행 이후 수정신고하거나 결정·경정하는 분부터 적용한다.
제4조【가산세에 관한 적용례】 제108조제1항의 개정규정은 이 영 시행 이후 신고하거나 결정·경정하는 분부터 적용한다.

부 칙 (2018.2.13)

제1조【시행일】 이 영은 공포한 날부터 시행한다. 다만, 제46조제3호가목의 개정규정은 2018년 7월 1일부터 시행한다.
제2조【일반적 적용례】 이 영은 이 영 시행 이후 재화나 용역을 공급하거나 공급받는 분 또는 재화를 수입신고하는 분부터 적용한다.
제3조【사업자등록 사항의 변경에 관한 적용례】 제14조제2항의 개정규정은 이 영 시행 이후 사업자등록정정신고서를 제출하는 분부터 적용한다.
제4조【전자세금계산서 발급 등에 관한 적용례】 ① 제68조제1항의 개정규정은 이 영 시행일이 속하는 연도에 공급된 사업장별 재화 및 용역의 공급가액의 합계액을 기준으로 2019년 7월 1일 이후 재화 또는 용역을 공급하는 분부터 적용한다.
② 제68조제4항의 개정규정은 이 영 시행 이후 통지하는 분부터 적용한다.
제5조【간이과세자의 의제매입세액 공제에 관한 적용례】 제113조제2항제2호의 개정규정은 2018년 1월 1일 이후 재화 또는 용역을 공급받는 분부터 적용한다.

부 칙 (2019.2.12)

제1조【시행일】 이 영은 공포한 날부터 시행한다. 다만, 제96조의2의 개정규정은 2019년 7월 1일부터 시행한다.
제2조【일반적 적용례】 이 영은 이 영 시행 이후 재화나 용역을 공급하거나 공급받는 분 또는 재화를 수입신고하는 분부터 적용한다.
제3조【신용카드 등의 사용에 따른 세액공제 등에 관한 적용례】 제88조제3항제3호의 개정규정은 2019년 1월 1일 이후 재화 또는 용역을 공급하는 분부터 적용한다.
제4조【간이과세자의 의제매입세액 공제에 관한 적용례】 제113조제2항의 개정규정은 2019년 1월 1일 이후 재화를 공급받는 분부터 적용한다.

부 칙 (2019.12.24)

제1조【시행일】 이 영은 2020년 1월 16일부터 시행한다.(이하 생략)

부 칙 (2020.2.11)

제1조【시행일】 이 영은 공포한 날부터 시행한다. 다만, 제11조제5항, 제33조제2항제1호 각 목 외의 부분 단

서 및 같은 호 자목, 같은 항 제2호 본문, 제35조제17호, 제36조제1항제7호 및 제56조제19호의 개정규정은 2020년 7월 1일부터 시행하고, 제90조제4항 및 제6항의 개정규정은 2021년 1월 1일부터 시행한다.

제2조【일반적 적용례】이 영은 이 영 시행 이후 재화나 용역을 공급하거나 공급받는 분 또는 재화를 수입신고하는 분부터 적용한다.

제3조【사업자등록 정정신고서 제출의제에 관한 적용례】제14조제5항의 개정규정은 이 영 시행 이후 사업자등록신청서 또는 사업자등록 정정신고서를 제출하면서 「주민등록법」에 따른 주소가 변경되면 사업상의 주소도 변경되는 것으로 동의하는 사업자부터 적용한다.

제4조【의제매입세액 공제한도에 관한 적용례】제84조제2항 및 제3항의 개정규정은 이 영 시행 이후 신고하는 분부터 적용한다.

제5조【대손세액 공제 신청 적용례】제87조제2항의 개정 규정은 이 영 시행일이 속하는 과세기간에 대손이 확정되는 분부터 적용한다.

제6조【재화의 수입에 대한 부가가치세 납부유예에 대한 적용례】제91조의2제1항 및 제3항의 개정규정은 이 영 시행 이후 수입부가가치세에 대한 납부유예를 신청하는 분부터 적용한다.

제7조【간이과세자와 일반과세의 적용시기에 관한 적용례】제110조제5항의 개정규정은 이 영 시행 이후 제109조제2항에 따른 사업을 폐지하는 분부터 적용한다.

제8조【간이과세자의 과세표준 및 세액의 계산에 관한 적용례】제111조 제8항의 개정규정은 이 영 시행 이후 납부하는 분부터 적용한다.

제9조【간이과세자의 의제매입세액 공제에 관한 적용례】제113조제2항의 개정규정은 2020년 1월 1일 이후 재화 또는 용역을 공급받는 분부터 적용한다.

제10조【간이과세자의 과세표준 및 세액의 계산에 관한 경과조치】이 영 시행 전에 결정 또는 경정하거나 수정신고한 분에 대해서는 제111조제8항의 개정규정에도 불구하고 종전의 규정에 따른다.

제11조【간이과세자의 의제매입세액 공제에 관한 경과조치】2020년 1월 1일 전에 재화를 공급받은 분에 대해서는 제113조제2항의 개정규정에도 불구하고 종전의 규정에 따른다.

부   칙 (2020.2.18)

제1조【시행일】이 영은 공포한 날부터 시행한다.(이하 생략)

부   칙 (2020.8.11)

제1조【시행일】이 영은 2020년 8월 12일부터 시행한다.(이하 생략)

부   칙 (2020.8.19)

제1조【시행일】이 영은 2020년 8월 19일부터 시행한다.(이하 생략)

부   칙 (2020.9.10)

제1조【시행일】이 영은 2020년 9월 10일부터 시행한다.(이하 생략)

부   칙 (2020.10.7)

제1조【시행일】이 영은 공포한 날부터 시행한다.
제2조【재화 공급 제외 대상의 범위에 관한 적용례】

제19조의2제3호의 개정규정은 이 영 시행일이 속하는 과세기간에 재화를 공급하는 분부터 적용한다.

부   칙 (2020.12.8)

제1조【시행일】이 영은 2020년 12월 10일부터 시행한다.(이하 생략)

부   칙 (2021.1.5)

이 영은 공포한 날부터 시행한다.(이하 생략)

부   칙 (2021.2.17 제31445호)

제1조【시행일】이 영은 공포한 날부터 시행한다. 다만, 다음 각 호의 개정규정은 각 호의 구분에 따른 날부터 시행한다.

1. 제70조제3항, 제71조제2항, 제71조의2제1항, 제73조제1항(제13호는 제외한다)·제3항부터 제5항까지·제8항·제10항, 제73조의2, 제75조제6호·제9호·제10호, 제86조제3항부터 제5항까지, 제88조제5항, 제109조제2항(제11호는 제외한다), 제111조제2항·제6항·제7항, 제112조제3항·제4항, 제113조, 제114조제3항부터 제5항까지 및 제117조제2항·제3항의 개정규정 : 2021년 7월 1일
2. 제5조의2, 제5조의3, 제8조제7항, 제12조제1항, 제13조제1항, 제15조제1항·제2항, 제16조, 제21조의2 및 제75조제11호·제12호의 개정규정 : 2022년 1월 1일
3. 제68조제1항 및 제2항의 개정규정 : 2022년 7월 1일

제2조【일반적 적용례】이 영은 이 영 시행 이후 재화나 용역을 공급하거나 공급받는 분 또는 재화를 수입신고하는 분부터 적용한다.

제3조【신탁 관련 납세의무자에 관한 적용례】제5조의2제2항의 개정규정은 2022년 1월 1일 이후 신탁을 설정한 경우부터 적용한다.

제4조【신탁 관련 제2차 납세의무에 관한 적용례】제5조의3제1항의 개정규정은 2022년 1월 1일 이후 납세의무가 성립하는 분부터 적용한다.

제5조【폐업신고에 관한 적용례】제13조제2항 및 제3항의 개정규정은 이 영 시행 이후 폐업신고하는 경우부터 적용한다.

제6조【사업자등록 정정 처리기한에 관한 적용례】제14조제3항제2호의 개정규정은 이 영 시행 이후 사업자등록 사항의 변경을 신고하는 경우부터 적용한다.

제7조【전자세금계산서의 발급 등에 관한 적용례 등】① 제68조제1항 및 같은 조 제2항 본문의 개정규정은 2021년에 공급된 사업장별 재화 및 용역의 공급가액(면세공급가액을 포함한다)의 합계액을 기준으로 판단하여 2022년 7월 1일 이후 재화 또는 용역을 공급하는 경우부터 적용한다.
② 제68조제1항 및 같은 조 제2항 본문의 개정규정에도 불구하고 2022년 7월 1일부터 2023년 6월 30일까지는 같은 개정규정 중 "1억원"을 각각 "2억원"으로 보아 같은 개정규정을 적용한다.
③ 제68조제2항 단서의 개정규정에도 불구하고 2021년 1월 1일부터 2021년 12월 31일까지의 기간 동안의 사업장별 재화와 용역의 공급가액(면세공급가액을 포함한다)의 합계액이 수정신고등으로 변경된 경우에는 같은 개정규정 중 "1억원"을 "2억원"으로 보아 같은 개정규정을 적용한다.
④ 2020년 12월 31일 이전의 사업장별 재화와 용역의 공급가액(면세공급가액을 포함한다)의 합계액이 수정신고등으로 변경된 경우에는 제68조제2항 단서의 개정규정에도 불구하고 종전의 규정에 따른다.
(2022.2.15 본조개정)

제8조 【수정세금계산서 또는 수정수입세금계산서의 발급사유 및 발급절차에 관한 적용례】 제70조제3항의 개정규정은 2021년 7월 1일 이후 세금계산서를 발급하는 경우부터 적용한다.

제9조 【간이과세자의 영수증 발급 적용시기 통지에 관한 적용례】 ① 제73조의2제1항의 개정규정은 2021년 7월 1일 이후 영수증 발급에 관한 규정이 적용되거나 적용되지 않게 되는 사실을 통지하는 경우부터 적용한다.
② 제73조의2제2항의 개정규정은 2021년 7월 1일 이후 간이과세자에 관한 규정이 적용되지 않게 되는 사실을 통지하는 경우부터 적용한다.

제10조 【재화의 수입에 대한 부가가치세 납부유예에 관한 적용례】 제91조의2제1항제2호의 개정규정은 이 영 시행 이후 납부유예 요건 확인서를 발급하는 경우부터 적용한다.

제11조 【간이과세 배제업종 추가에 따른 적용례】 제109조제2항의 개정규정은 2021년 7월 1일 이후 재화나 용역을 공급하는 경우부터 적용한다.

제12조 (2022.2.15 삭제)

제13조 【매입자발행세금계산서 발행 대상 사업자 변경에 관한 경과조치】 2021년 7월 1일 전에 재화나 용역을 공급받은 분에 대해서는 제71조의2제1항의 개정규정에도 불구하고 종전의 규정에 따른다.

제14조 【세금계산서 발급 사업자 범위 조정에 관한 경과조치】 ① 2021년 7월 1일 전에 재화나 용역을 공급한 분에 대해서는 제73조제3항부터 제5항까지 및 제8항의 개정규정에도 불구하고 종전의 규정에 따른다.
② 제73조제10항의 개정규정은 2021년 7월 1일 이후 재화나 용역을 공급하는 분부터 적용한다.

제15조 【재고매입세액의 계산방식 변경에 따른 경과조치】 2021년 7월 1일 전에 재화를 공급받은 분에 대해서는 제86조제3항부터 제5항까지의 개정규정에도 불구하고 종전의 규정에 따른다.

제16조 【신용카드 등의 사용에 따른 세액공제 등에 관한 경과조치】 2021년 7월 1일 전에 재화나 용역을 공급한 분에 대해서는 제88조제5항의 개정규정에도 불구하고 종전의 규정에 따른다.

제17조 【간이과세자의 과세표준 및 세액의 계산에 관한 경과조치】 2021년 7월 1일 전에 재화나 용역을 공급하거나 공급받은 분 또는 재화를 수입신고하는 분에 대해서는 제111조제2항, 제6항 및 제7항의 개정규정에도 불구하고 종전의 규정에 따른다.

제18조 【재고납부세액의 계산방식 변경에 따른 경과조치】 2021년 7월 1일 전에 일반과세자에서 간이과세자로 변경된 사업자에 대해서는 제112조제3항 및 제4항의 개정규정에도 불구하고 종전의 규정에 따른다.

제19조 【간이과세자의 신고와 납부에 관한 경과조치】 2021년 7월 1일 전에 재화나 용역을 공급하거나 공급받은 분 또는 재화를 수입신고하는 분에 대해서는 제114조제3항부터 제5항까지의 개정규정에도 불구하고 종전의 규정에 따른다.

제20조 【장부의 작성ㆍ보관에 관한 경과조치】 2021년 7월 1일 전에 재화나 용역을 공급하거나 공급받은 분 또는 재화를 수입신고하는 분에 대해서는 제117조제2항 및 제3항의 개정규정에도 불구하고 종전의 규정에 따른다.

제21조 【다른 법령의 개정】 ①∼⑩ ※(해당 법령에 가제정리 하였음)

부 칙 (2021.2.17 영31450호)

제1조 【시행일】 이 영은 공포한 날부터 시행한다.(이하 생략)

부 칙 (2021.3.23)

제1조 【시행일】 이 영은 공포 후 6개월이 경과한 날부터 시행한다.(이하 생략)

부 칙 (2022.1.21)

제1조 【시행일】 이 영은 2022년 1월 21일부터 시행한다.(이하 생략)

부 칙 (2022.2.15)

제1조 【시행일】 이 영은 공포한 날부터 시행한다. 다만, 다음 각 호의 개정규정은 해당 호에서 정한 날부터 시행한다.
1. 제42조의 개정규정 : 2022년 6월 16일
2. 대통령령 제31445호 부가가치세법 시행령 일부개정령 제68조제1항ㆍ제2항의 개정규정, 대통령령 제31445호 부가가치세법 시행령 일부개정령 부칙 제7조ㆍ제12조의 개정규정, 이 영 제89조, 제96조의2제8항ㆍ제9항 및 제99조의 개정규정 : 2022년 7월 1일

제2조 【일반적 적용례】 이 영은 부칙 제1조에 따른 각 해당 개정규정의 시행일 이후 재화나 용역을 공급하거나 공급받는 경우 또는 재화를 수입신고하는 경우부터 적용한다.

제3조 【신탁재산 관련 납세의무자에 관한 적용례】 ① 제5조의2제2항제3호의 개정규정은 2022년 1월 1일 이후부터 이 영 시행 전까지 수탁자가 재화 또는 용역을 공급한 경우에도 적용한다.
② 제5조의2제3항의 개정규정은 2022년 1월 1일 이후부터 이 영 시행 전까지 위탁자의 지위가 이전된 경우에도 적용한다.

제4조 【수탁자의 사업자등록 신청에 관한 적용례】 제11조제11항의 개정규정은 이 영 시행 전에 사업자등록을 신청하여 이 영 시행 당시 그 절차가 진행 중인 경우에도 적용한다.

제5조 【영세율을 적용하는 외화 획득 용역의 공급에 관한 적용례】 제33조제2항제1호사목의 개정규정은 이 영 시행 전의 용역의 공급분에 대하여 이 영 시행 이후 부가가치세의 과세표준과 세액을 신고하거나 결정 또는 경정하는 경우에도 적용한다.

제6조 【의제매입세액 공제한도에 관한 적용례】 제84조제2항 및 제3항의 개정규정은 이 영 시행일이 속하는 과세기간분부터 적용한다.

제7조 【간편사업자등록의 말소에 관한 적용례】 제96조의2제10항제4호의 개정규정은 이 영 시행 전에 둘 이상의 과세기간에 걸쳐 부가가치세를 신고하지 않은 경우에도 적용한다.

제8조 【과태료 부과기준에 관한 적용례】 이 영 시행 전의 위반행위로 받은 과태료의 부과처분은 별표 제3호의 개정규정에 따른 위반행위의 횟수 산정에 포함하지 않는다.

제9조 【수정세금계산서 또는 수정전자세금계산서의 발급기한에 관한 경과조치】 이 영 시행 전에 재화 또는 용역을 공급한 경우에 대한 수정세금계산서 또는 수정전자세금계산서의 발급기한에 관하여는 제70조제1항제6호의 개정규정에도 불구하고 종전의 규정에 따른다.

제10조 【매입세액 공제에 관한 경과조치】 이 영 시행 전에 재화 또는 용역을 공급한 경우에 대한 매입세액 공제에 관하여는 제75조제7호 및 제8호의 개정규정에도 불구하고 종전의 규정에 따른다.

부   칙 (2022.2.17)

제1조【시행일】 이 영은 2022년 2월 18일부터 시행한다.(이하 생략)

부   칙 (2022.6.30)

제1조【시행일】 이 영은 2022년 7월 1일부터 시행한다.

제2조【금융·보험 용역에 대한 부가가치세 면세에 관한 적용례】 제40조제1항제20호의 개정규정은 이 영 시행 이후 용역을 공급하는 경우부터 적용한다.

제3조【의제매입세액 공제한도에 관한 적용례】 제84조제2항 및 제3항의 개정규정은 이 영 시행 이후 법 제49조제1항에 따라 부가가치세의 과세표준과 세액을 신고하는 경우부터 적용한다.

부   칙 (2023.2.28)

제1조【시행일】 이 영은 공포한 날부터 시행한다. 다만, 제68조, 제71조제1항제9호, 제84조제5항제3호 및 제109조제2항제8호의 개정규정은 2023년 7월 1일부터 시행하고, 제79조의 개정규정은 2024년 1월 1일부터 시행한다.

제2조【재화 공급의 범위 등에 관한 적용례】 제18조제3항제4호, 제71조제1항제9호, 제71조의2제3항, 제75조제9호사목, 제101조제1항의 개정규정은 이 영 시행 이후 재화나 용역을 공급하거나 공급받는 경우 또는 재화를 수입신고하는 경우부터 적용한다.

제3조【전자세금계산서의 발급 등에 관한 적용례 등】
① 제68조제1항부터 제4항까지의 개정규정은 2023년 7월 1일 이후 재화 및 용역을 공급하는 경우부터 적용한다. 이 경우 제68조제1항 및 같은 조 제2항 본문의 사업장별 재화 및 용역의 공급가액(면세공급가액을 포함한다)의 합계액은 2022년에 공급된 사업장별 재화 및 용역을 기준으로 판단한다.
② 제68조제1항 및 같은 조 제2항 본문의 개정규정에도 불구하고 2023년 7월 1일부터 2024년 6월 30일까지는 같은 개정규정 중 "8천만원"을 "1억원"으로 보아 같은 개정규정을 적용한다.
③ 제68조제2항 단서의 개정규정에도 불구하고 2022년 1월 1일부터 2022년 12월 31일까지의 기간 동안의 사업장별 재화 및 용역의 공급가액(면세공급가액을 포함한다)의 합계액이 수정신고등으로 변경된 경우에는 같은 개정규정 중 "8천만원"을 "1억원"으로 보아 같은 개정규정을 적용한다.

제4조【수정수입세금계산서 발급에 관한 적용례】 제72조제4항의 개정규정은 2023년 1월 1일 이후 세관장이 결정 또는 경정하였거나 수입하는 자가 수정신고한 경우부터 적용한다.

제5조【의제매입세액 계산에 관한 적용례】 제84조제5항제3호의 개정규정은 2023년 7월 1일 이후 재화 또는 용역을 거래하는 경우부터 적용한다.

제6조【간이과세의 적용 범위에 관한 적용례】 제109조제2항제8호의 개정규정은 2023년 7월 1일 이후 일반과세자로부터 사업을 양수하는 경우부터 적용한다.

부   칙 (2023.5.16)

제1조【시행일】 이 영은 공포한 날부터 시행한다.(이하 생략)

부   칙 (2023.9.26)

제1조【시행일】 이 영은 2023년 10월 1일부터 시행한다. 다만, 제40조제1항제13호나목·라목 및 마목의 개정규정은 2023년 10월 19일부터 시행한다.

제2조【동물의 진료용역에 대한 부가가치세 면세에 관한 적용례 등】 ① 제35조제5호마목의 개정규정은 이 영 시행 이후 용역을 공급하는 경우부터 적용한다.
② 이 영 시행 당시 제35조제5호마목의 개정규정에 따라 부가가치세의 면세사업이 추가되는 사업자가 이 영 시행 전에 생산하거나 취득한 재화를 이 영 시행 이후 그 면세사업을 위하여 사용하는 경우 법 제10조제1항, 제40조 및 제41조의 적용과 관련해서는 제35조제5호마목의 개정규정에도 불구하고 해당 사업을 과세사업으로 본다.

제3조【자산 관리·운용 용역에 대한 부가가치세 면세에 관한 적용례】 제40조제1항제13호나목·라목 및 마목의 개정규정은 2023년 10월 19일 이후 용역을 공급하는 경우부터 적용한다.

부   칙 (2023.12.26)

이 영은 공포한 날부터 시행한다.

〔별표〕

과태료의 부과기준(제122조 관련)

(2023.2.28 개정)

1. 일반기준

가. 관할 세무서장은 다음의 어느 하나에 해당하는 경우 제2호 및 제3호의 개별기준에 따른 과태료 금액의 2분의 1 범위에서 그 금액을 줄여 부과할 수 있다. 다만, 과태료를 체납하고 있는 위반행위자의 경우에는 그렇지 않다.
1) 위반행위가 사소한 부주의나 오류로 인한 것으로 인정되는 경우
2) 위반행위자가 법 위반상태를 시정하거나 해소하기 위해 노력한 사실이 인정되는 경우
3) 그 밖에 위반행위의 정도·동기·결과 등을 고려하여 과태료 금액을 줄일 필요가 있다고 인정되는 경우
나. 관할 세무서장은 다음의 어느 하나에 해당하는 경우 제2호 및 제3호의 개별기준에 따른 과태료 금액의 2분의 1 범위에서 그 금액을 늘려 부과할 수 있다. 다만, 늘리는 경우에도 법 제76조에 따른 과태료 금액의 상한을 넘을 수 없다.
1) 위반행위가 고의나 중대한 과실에 따른 것으로 인정되는 경우
2) 그 밖에 위반행위의 정도·동기·결과 등을 고려하여 과태료 금액을 늘릴 필요가 있다고 인정되는 경우

2. 개별기준

위반행위	근거 법조문	수입금액별 과태료금액			
		1,000억원 초과	500억원 초과 1,000억원 이하	100억원 초과 500억원 이하	100억원 이하
가. 법 제74조제2항에 따른 납세보전 또는 조사를 위한 명령을 위반한 경우	법 제76조 제1항 제1호	2,000만원	1,500만원	1,000만원	500만원
나. 법 제75조제2항에 따른 시정 명령을 위반한 경우	법 제76조 제1항 제2호				

1364   間接稅/부가가치세법 시행령

비고
1. 위 표에서 "수입금액"이란 위반행위를 한 날이 속한 연도의 직전 연도 연간 부가가치세 과세표준(면세사업 수입금액을 포함한다)을 말한다.
2. 수입금액은 신고금액을 기준으로 하되, 결정ㆍ경정된 금액이 있는 경우 결정ㆍ경정된 금액을 기준으로 한다.
3. 위반행위를 한 날이 속한 연도의 직전 연도 중에 사업을 시작한 경우에는 해당 연도의 수입금액을 연간 금액으로 환산한 금액을 수입금액으로 한다.
4. 수입금액이 확인되지 않는 경우에는 연간 수입금액이 100억원 이하인 것으로 본다.

3. 제2호에도 불구하고 다음 각 목의 위반행위에 대해서는 해당 목에 따른 부과기준을 적용한다.

위반행위	과태료 금액		
	1차 위반	2차 위반	3차 이상 위반
가. 신용카드 거래승인 대행사업자 또는 신용카드 조회기 판매사업자가 신용카드 거래승인 또는 신용카드 조회기의 설치 등에 관한 명령을 위반한 경우	100만원	200만원	500만원
나. 전자세금계산서 발급 시스템을 구축ㆍ운영하는 사업자가 전자세금계산서 발급 방법 등 전자세금계산서 발급 시스템의 구축ㆍ운영에 관한 명령을 위반한 경우	100만원	200만원	500만원
다. 제61조제4항에 따라 봉사료를 공급가액에서 제외하려는 사업자가 봉사료 지급대장 작성에 관한 명령을 위반하여 이를 작성하지 않거나 거짓으로 작성한 경우	미작성 또는 거짓작성 금액의 8/100에 해당하는 금액 (2,000만원을 한도로 한다)	미작성 또는 거짓작성 금액의 16/100에 해당하는 금액 (2,000만원을 한도로 한다)	미작성 또는 거짓작성 금액의 24/100에 해당하는 금액 (2,000만원을 한도로 한다)

비고
1. 위반행위의 횟수에 따른 과태료의 가중된 부과기준은 최근 3년간 같은 위반행위로 과태료 부과처분을 받은 경우에 적용한다. 이 경우 기간의 계산은 위반행위에 대하여 과태료 부과처분을 받은 날과 그 처분 후에 다시 같은 위반행위를 하여 적발한 날을 기준으로 한다.
2. 가중된 부과처분을 하는 경우 가중처분의 적용 차수는 그 위반행위 전 부과처분 차수(비고 제1호에 따른 기간에 과태료 부과처분이 둘 이상 있었던 경우에는 높은 차수를 말한다)의 다음 차수로 한다.

부가가치세법 시행규칙

(2013년   6월   28일)
(전부개정기획재정부령 제355호)

개정
2014. 3.14기획재정부령 413호   2014.10.31기획재정부령 442호
2015. 3. 6기획재정부령 470호   2016. 3. 9기획재정부령 546호
2017. 3.10기획재정부령 598호   2018. 1. 9기획재정부령 652호
2018. 3.19기획재정부령 662호   2019. 2.11기획재정부령 708호
2019. 3.20기획재정부령 718호   2020. 3.13기획재정부령 775호
2020. 4.21기획재정부령 793호   2021. 3.16기획재정부령 846호
2021.10.28기획재정부령 867호(법령용어정비)
2022. 3.18기획재정부령 906호   2022. 6.28기획재정부령 918호
2022. 7.20기획재정부령 924호   2022. 9. 6기획재정부령 934호
2023. 3.20기획재정부령 973호   2023. 6.30기획재정부령1002호
2023.10.19기획재정부령1021호   2023.12.27기획재정부령1030호

제1장 총 칙

제1조【목적】이 규칙은 「부가가치세법」 및 같은 법 시행령에서 위임된 사항과 그 시행에 필요한 사항을 규정함을 목적으로 한다.
제2조【사업의 범위】① 「부가가치세법 시행령」(이하 "영"이라 한다) 제3조제1항제6호 단서에 따른 전ㆍ답ㆍ과수원ㆍ목장용지ㆍ임야 또는 염전은 지적공부상의 지목과 관계없이 실제로 경작하거나 해당 토지의 고유 용도에 사용하는 것으로 한다.
② 건설업과 부동산업 중 재화를 공급하는 사업으로 보는 사업에 관한 영 제3조제2항에서 "기획재정부령으로 정하는 사업"이란 다음 각 호의 어느 하나에 해당하는 사업을 말한다.
1. 부동산 매매(주거용 또는 비거주용 건축물 및 그 밖의 건축물을 자영건설하여 분양ㆍ판매하는 경우를 포함한다) 또는 그 중개를 사업목적으로 나타내어 부동산을 판매하는 사업
2. 사업상 목적으로 1과세기간 중에 1회 이상 부동산을 취득하고 2회 이상 판매하는 사업
③ 「소득세법 시행령」 제9조제1항에 따라 소득세가 과세되지 아니하는 농가부업은 영 제4조에 따라 사업을 구분할 때에 독립된 사업으로 보지 아니한다. 다만, 「소득세법 시행령」 제9조제1항에 따른 민박, 음식물 판매, 특산물 제조, 전통차 제조 및 그 밖에 이와 유사한 활동은 독립된 사업으로 본다.
제3조【통신요금 통합청구의 방법】영 제8조제1항의 표 제7호에서 "기획재정부령으로 정하는 통신요금 통합청구의 방법"이란 「전기통신사업법」에 따른 전기통신사업자가 둘 이상의 단말기기(회선의 단말에 설치하여 전기통신에 이용되는 기기를 말한다)를 통하여 각 사업장에서 이용자에게 전기통신역무를 제공하고, 각 사업장의 업무를 총괄하는 장소에서 통신요금을 일괄하여 청구하는 방법을 말한다.
제4조【이동통신역무】영 제8조제1항의 표 제8호에서 "기획재정부령으로 정하는 이동통신역무"란 「전기통신사업법」에 따른 기간통신사업자가 제공하는 다음 각 호의 역무를 말한다.
1. 주파수를 이용하여 이동 중에 송신ㆍ수신할 수 있는 설비를 가진 자에게 교환설비를 통하여 음성 등을 송신하거나 수신하는 이동통신역무. 다만, 「전기통신사업법 시행령」 별표2에 따른 설비미보유 재판매사업은 제외한다.
2. 무선호출수신기를 휴대한 사람에게 용건을 알려주기 위하여 무선통신방식으로 신호ㆍ신호음 또는 전화번호나 문자를 보내는 역무

3. 주파수를 공용하는 무선통신방식으로 이동체에 장착하는 송신·수신할 수 있는 설비를 가진 자에게 전용 교환설비를 통하여 주로 음성을 송신하거나 수신하는 역무
4. 데이터통신을 위한 전용 교환설비를 설치하고 무선통신방식으로 데이터를 송신하거나 수신하는 역무

제5조【전기요금 통합청구의 방법】 영 제8조제1항의 표 제12호에서 "기획재정부령으로 정하는 전기요금 통합청구의 방법"이란 「전기사업법」에 따른 전기판매사업자가 둘 이상의 전기사용계약단위를 통하여 전기를 공급하고, 각 사업장의 업무를 총괄하는 장소에서 전기요금을 일괄하여 청구하는 방법을 말한다.

제6조【지방공사의 범위】 영 제8조제2항제7호에서 "기획재정부령으로 정하는 지방공사"란 다음 각 호의 지방공사를 말한다.
1. 서울주택도시공사(2023.3.20 본호개정)
2. 부산도시공사
3. 대구도시공사
4. 인천도시공사
5. 광주광역시도시공사
6. 대전도시공사
(2014.3.14 2호~6호개정)
7. 울산광역시도시공사
8. 강원도개발공사
9. 전북개발공사
10. 경상북도개발공사
11. 경남개발공사(2014.3.14 본호개정)
12. 경기주택도시공사(2023.3.20 본호개정)
13. 제주특별자치도개발공사
14. 충북개발공사
15. 충청남도개발공사
16. 전남개발공사
(2014.3.14 14호~16호신설)

제7조【하치장 설치 신고서】 영 제9조제1항에 따른 하치장 설치 신고서는 별지 제1호서식과 같다.

제8조【임시사업장 개설 및 폐쇄 신고서】 ① 영 제10조제2항에 따른 임시사업장 개설 신고서는 별지 제2호서식과 같다.
② 영 제10조제4항에 따른 임시사업장 폐쇄 신고서는 별지 제3호서식과 같다.

제9조【사업자등록 신청서와 사업자등록증 등】 ① 영 제11조제1항에 따른 사업자등록 신청서는 다음 각 호의 구분에 따른 서식과 같다.
1. 사업자등록 신청서(개인사업자용, 법인이 아닌 단체의 고유번호 신청서) : 별지 제4호서식. 이 경우 다음 각 목의 어느 하나에 해당하는 경우에는 사업자등록을 신청할 때 별지 제4호서식 부표 1의 공동사업자 명세, 종업원 현황 또는 서류를 송달받을 장소를 추가로 적어 제출하여야 한다.
   가. 공동사업자가 있는 경우
   나. (2018.3.19 삭제)
   다. 사업장 외의 장소에서 서류를 송달받으려는 경우
2. 사업자등록 신청서(법인사업자용) : 「법인세법 시행규칙」 별지 제73호서식
② 영 제11조제2항에 따른 사업자등록 신청서는 다음 각 호의 구분에 따른 서식과 같다.
1. 「부가가치세법」(이하 "법"이라 한다) 제8조제3항에 따른 사업자 단위 과세 사업자(이하 "사업자 단위 과세 사업자"라 한다)로 같은 항에 따라 사업자등록을 신청하는 경우 : 별지 제4호서식. 이 경우 제1항제1호 각 목의 어느 하나에 해당하는 경우에는 사업자등록

을 신청할 때 별지 제4호서식 부표1의 공동사업자 명세 또는 서류를 송달받을 장소를 추가로 적어 제출하여야 한다.(2018.3.19 후단개정)
2. 법 제8조제4항 및 제5항에 따라 사업자 단위 과세 사업자로 변경하기 위하여 사업자등록을 신청하는 경우 : 별지 제5호서식(2019.3.20 본항개정)
③ 영 제11조제3항의 표 제4호·제5호·제7호 및 제8호에서 "기획재정부령으로 정하는 서류"란 별지 제6호서식의 자금출처명세서를 말한다.(2014.3.14 본항개정)
④ 영 제11조제5항에 따른 사업자등록증은 다음 각 호의 구분에 따른 서식과 같다. 이 경우 제2항에 따라 사업자 단위 과세 사업자로 사업자등록을 신청한 자에 대해서는 별지 제7호서식(1) 부표(개인사업자용) 또는 별지 제7호서식(2) 부표(법인사업자용)에 따른 사업자 단위 과세 사업장 종된 사업장 명세를 추가로 발급한다.
1. 개인사업자용 사업자등록증 : 별지 제7호서식(1)
2. 법인사업자용 사업자등록증 : 별지 제7호서식(2)
⑤ 영 제11조제8항 본문에 따른 신고는 별지 제8호서식의 다단계판매원 (등록·폐업) 현황신고서에 따른다.

제10조【휴업·폐업 신고서 등】 ① 영 제13조제1항에 따른 휴업(폐업)신고서는 별지 제9호서식과 같다.
② 영 제13조제4항에 따른 법인합병신고서는 별지 제10호서식과 같다.

제11조【사업자등록 정정신고서】 영 제14조제1항에 따른 사업자등록 정정신고서는 별지 제11호서식과 같다. 이 경우 사업자 단위 과세 사업자의 영 제11조제3항의 표 제6호에 따른 종된 사업장에 변경할 사항이 있을 때에는 별지 제11호서식 부표1(개인사업자용) 또는 별지 제11호서식 부표2(법인사업자용)에 따른 사업자 단위 과세 사업자의 종된 사업장 정정신고서를 추가로 제출하여야 한다.

제12조【대표자 변경에 의한 사업자등록 사항의 변경】 영 제14조제1항제2호에서 "기획재정부령으로 정하는 단체"란 「소득세법」 제2조제3항에 따라 1거주자로 보는 단체를 말한다.(2022.3.18 본조개정)

제13조【사업 종류의 변동 기준】 영 제14조제1항제3호에서 "기획재정부령으로 정하는 사업의 종류에 변동이 있는 경우"란 다음 각 호의 사유가 발생한 경우를 말한다.
1. 사업의 종류를 완전히 다른 종류로 변경한 경우
2. 새로운 사업의 종류를 추가하거나 사업의 종류 중 일부를 폐지한 경우

제14조【사업자 단위 과세 포기신고서】 영 제17조제1항에 따른 사업자 단위 과세 포기신고서는 별지 제12호서식과 같다.

제2장 과세거래

제1절 과세대상 거래

제15조【재화의 공급으로 보지 아니하는 창고증권의 범위】 영 제18조제2항제2호에서 "기획재정부령으로 정하는 거래소"란 런던금속거래소를 말한다.

제16조【사업과 직접 관련이 없는 토지·건물 등의 범위】 영 제23조제3호에서 "기획재정부령으로 정하는 것"이란 다음 각 호의 구분에 따른 자산을 말한다.
1. 사업양도자가 법인인 경우 : 「법인세법 시행령」 제49조제1항에 따른 자산
2. 사업양도자가 법인이 아닌 사업자인 경우 : 제1호의 자산에 준하는 자산

제2절 공급시기와 공급장소

제17조【장기할부판매】 영 제28조제3항제1호에서 "기획재정부령으로 정하는 장기할부판매"란 재화를 공급하

고 그 대가를 월부, 연부 또는 그 밖의 할부의 방법에 따라 받는 것 중 다음 각 호의 요건을 모두 갖춘 것을 말한다.
1. 2회 이상으로 분할하여 대가를 받는 것
2. 해당 재화의 인도일의 다음 날부터 최종 할부금 지급기일까지의 기간이 1년 이상인 것
제18조【중간지급조건부 재화의 공급】 영 제28조제3항제3호에서 "기획재정부령으로 정하는 중간지급조건부로 재화를 공급하는 경우"란 다음 각 호의 어느 하나에 해당하는 경우를 말한다.
1. 계약금을 받기로 한 날의 다음 날부터 재화를 인도하는 날 또는 재화를 이용가능하게 하는 날까지의 기간이 6개월 이상인 경우로서 그 기간 이내에 계약금 외의 대가를 분할하여 받는 경우
2. 「국고금 관리법」 제26조에 따라 경비를 미리 지급받는 경우
3. 「지방회계법」 제35조에 따라 선금급(先金給)을 지급받는 경우(2019.3.20 본호개정)
제19조【장기할부조건부 용역의 공급】 영 제29조제1항제1호에 따른 장기할부조건부로 용역을 공급하는 경우는 용역을 공급하고 그 대가를 월부, 연부 또는 그 밖의 할부의 방법에 따라 받는 것 중 다음 각 호의 요건을 모두 갖춘 것으로 한다.
1. 2회 이상으로 분할하여 대가를 받는 것
2. 해당 용역의 제공이 완료되는 날의 다음 날부터 최종 할부금 지급기일까지의 기간이 1년 이상인 것
제20조【중간지급조건부 용역의 공급】 영 제29조제1항제3호에서 "기획재정부령으로 정하는 중간지급조건부로 용역을 공급하는 경우"란 다음 각 호의 어느 하나에 해당하는 경우를 말한다.
1. 계약금을 받기로 한 날의 다음 날부터 용역의 제공을 완료하는 날까지의 기간이 6개월 이상인 경우로서 그 기간 이내에 계약금 외의 대가를 분할하여 받는 경우
2. 「국고금 관리법」 제26조에 따라 경비를 미리 지급받는 경우
3. 「지방회계법」 제35조에 따라 선금급을 지급받는 경우(2021.3.16 본호개정)

제3장 영세율과 면세

제1절 영세율의 적용

제21조【내국신용장 등의 범위】 법 제21조제2항제3호와 영 제31조제2항제1호 및 제33조제2항제4호에서 "기획재정부령으로 정하는 내국신용장 또는 구매확인서"란 다음 각 호의 내국신용장 또는 구매확인서를 말한다.
1. 내국신용장 : 사업자가 국내에서 수출용 원자재, 수출용 완제품 또는 수출재화임가공용역을 공급받으려는 경우에 해당 사업자의 신청에 따라 외국환은행의 장이 재화나 용역의 공급시기가 속하는 과세기간이 끝난 후 25일(그 날이 공휴일 또는 토요일인 경우에는 바로 다음 영업일을 말한다) 이내에 개설하는 신용장
2. 구매확인서 : 「대외무역법 시행령」 제31조 및 제91조제11항에 따라 외국환은행의 장이나 전자무역기반사업자가 제1호의 내국신용장에 준하여 재화나 용역의 공급시기가 속하는 과세기간이 끝난 후 25일(그 날이 공휴일 또는 토요일인 경우에는 바로 다음 영업일을 말한다) 이내에 발급하는 확인서
(2014.10.31 1호~2호개정)
제22조【대가의 지급방법에 따른 영세율의 적용 범위】 영 제33조제2항제1호 각 목 외의 부분 본문 및 같은 항 제2호 단서에서 "기획재정부령으로 정하는 방법"이란

다음 각 호의 어느 하나에 해당하는 방법을 말한다.
(2020.3.13 본문개정)
1. 국외의 비거주자 또는 외국법인으로부터 외화를 직접 송금받아 외국환은행에 매각하는 방법
2. 국내사업장이 없는 비거주자 또는 외국법인에 재화 또는 용역을 공급하고 그 대가를 해당 비거주자 또는 외국법인에 지급할 금액에서 빼는 방법(2020.3.13 본호개정)
3. 국내사업장이 없는 비거주자 또는 외국법인에 재화 또는 용역을 공급하고 그 대가를 국외에서 발급된 신용카드로 결제하는 방법(2020.3.13 본호신설)
4. 국내사업장이 없는 비거주자 또는 외국법인에 재화 또는 용역을 공급하고 그 대가로서 국외 금융기관이 발행한 개인수표를 받아 외국환은행에 매각하는 방법(2020.3.13 본호신설)
5. 국내사업장이 없는 비거주자 또는 외국법인에 재화 또는 용역을 공급하고 그 대가로서 외화를 외국환은행을 통하여 직접 송금받아 외화예금 계좌에 예치하는 방법(외국환은행이 발급한 외화입금증명서에 따라 외화 입금사실이 확인되는 경우에 한정한다)(2020.3.13 본호신설)
제23조【영세율이 적용되는 그 밖의 재화 또는 용역】 영 제33조제2항제1호타목에서 "기획재정부령으로 정하는 것"이란 「관세법」에 따른 보세운송업자가 제공하는 보세운송용역을 말한다.(2020.3.13 본조개정)

제2절 면세

제24조【면세하는 미가공식료품의 범위】 ① 영 제34조제1항 및 제2항(영 제49조제1항 본문에서 준용하는 경우를 포함한다)에 따른 미가공식료품의 범위는 별표1의 면세하는 미가공식료품 분류표에 따른다.
② 제1항에 따른 미가공식료품 분류표를 적용할 때에는 「관세법」 별표의 관세율표를 기준으로 한다.
제25조【면세하는 차도선형여객선의 범위】 영 제37조제1호다목1)부터 4)까지의 규정 외의 부분 단서에서 "기획재정부령으로 정하는 차도선형여객선"이란 같은 목 3)에 따른 자동차운송 겸용 여객선 중 차량탑재구역이 상시 개방되어 있고 주로 선수문(船首門)을 통하여 승객이 타고 내리거나 차량을 싣고 내리게 되어 있는 여객선을 말한다.(2019.3.20 본조개정)
제26조【면세하는 전자출판물의 범위】 영 제38조제1항에서 "기획재정부령으로 정하는 전자출판물"이란 도서나 영 제38조제2항에 따른 간행물의 형태로 출간된 내용 또는 출간될 수 있는 내용이 음향이나 영상과 함께 전자적 매체에 수록되어 컴퓨터 등 전자장치를 이용하여 그 내용을 보고 듣고 읽을 수 있는 것으로서 문화체육관광부장관이 정하는 것을 말한다. 다만, 「음악산업진흥에 관한 법률」, 「영화 및 비디오물의 진흥에 관한 법률」 및 「게임산업진흥에 관한 법률」의 적용을 받는 것은 제외한다.
제27조【면세하지 아니하는 집합투자업자 등의 투자대상 자산의 범위】 영 제40조제2항제2호다목 단서, 같은 호 라목1) 단서, 같은 호 사목 단서, 같은 항 제13호 각 목 외의 부분 단서 및 같은 항 제16호 단서에서 "기획재정부령으로 정하는 자산"이란 다음 각 호의 어느 하나에 해당하는 자산을 말한다.(2019.3.20 본문개정)
1. 지상권·전세권·임차권 등 부동산 관련 권리(2015.3.6 본호개정)
2. 어업권
3. 광업권
4. 그 밖에 제1호부터 제3호까지의 자산과 유사한 재산 가치가 있는 자산

제27조의2【면세하는 자산 관리ㆍ운용 용역을 제공하는 민간재간접벤처투자조합 공동 업무집행조합원의 범위】 ① 영 제40조제1항제13호마목 본문에서 "기획재정부령으로 정하는 자"란 다음 각 호의 어느 하나에 해당하는 자를 말한다.

1. 「자본시장과 금융투자업에 관한 법률」 제8조제2항에 따른 투자매매업자
2. 「자본시장과 금융투자업에 관한 법률」 제8조제3항에 따른 투자중개업자
3. 「자본시장과 금융투자업에 관한 법률」 제8조제4항에 따른 집합투자업자

② 영 제40조제1항제13호마목 단서에서 "기획재정부령으로 정하는 자"란 제1항제1호 또는 제2호의 자를 말한다. (2023.10.19 본조신설)

제28조【금융ㆍ보험 용역에서 제외되어 면세하지 아니하는 그 밖의 용역의 범위】 영 제40조제4항제5호에서 "기획재정부령으로 정하는 용역"이란 「소득세법 시행령」 제62조 또는 「법인세법 시행령」 제24조에 따른 감가상각자산(이하 "감가상각자산"이라 한다)의 대여용역(「여신전문금융업법」에 따른 시설대여업자가 제공하는 시설대여용역은 제외하되, 그 시설대여업자가 「자동차관리법」 제3조에 따른 자동차를 대여하고 정비용역을 함께 제공하는 경우는 포함한다)을 말한다.

제29조【물적 시설의 범위】 영 제42조제1호에서 "기획재정부령으로 정하는 물적 시설"이란 계속적ㆍ반복적으로 사업에만 이용될 수 있는 건축물ㆍ기계장치 등의 사업설비(임차한 것을 포함한다)를 말한다.

제30조【외판원이 판매실적에 따라 대가를 받는 용역의 범위】 영 제42조제1호사목을 적용할 때 외판원이 판매실적에 따라 대가를 받는 용역은 「방문판매 등에 관한 법률」에 따른 다음 각 호의 자가 판매실적에 따라 대가를 받는 용역으로 한다. 다만, 제3호의 경우에는 후원수당을 지급받는 부분으로 한정한다.

1. 방문판매원 또는 후원방문판매원
2. 방문판매업자 또는 후원방문판매업자로부터 사업장 관리ㆍ운영의 위탁을 받은 자
3. 다단계판매원

제31조【법률구조의 범위】 영 제42조제2호가목에서 "기획재정부령으로 정하는 법률구조(法律救助)"란 「법률구조법」에 따른 법률구조 및 「변호사법」에 따른 법률구조사업을 말한다.

제32조【학술연구용역과 기술연구용역의 범위】 영 제42조제2호나목에서 "기획재정부령으로 정하는 학술연구용역과 기술연구용역"이란 새로운 학술 또는 기술개발을 위하여 수행하는 새로운 이론ㆍ방법ㆍ공법 또는 공식 등에 관한 연구용역을 말한다.

제33조【직업 소개 용역 등의 범위】 영 제42조제2호다목에서 "기획재정부령으로 정하는 용역"이란 다음 각 호의 어느 하나에 해당하는 용역을 말한다.

1. 인생상담, 직업재활상담 및 그 밖에 이와 유사한 상담(결혼상담은 제외한다) 용역
2. 「중소기업창업 지원법」에 따른 중소기업상담회사가 제공하는 창업상담용역

제34조【종교, 자선, 학술, 구호 등의 공익 목적 단체가 공급하는 재화 또는 용역으로서 면세하는 것의 범위】 ① 영 제45조제1호에서 "기획재정부령으로 정하는 사업"이란 비영리법인의 사업으로서 종교, 자선, 학술, 구호, 사회복지, 교육, 문화, 예술 등 공익을 목적으로 하는 사업을 말한다.

② 영 제45조제4호에서 "기획재정부령으로 정하는 기숙사를 운영하는 자"란 다음 각 호의 자를 말한다.

1. 교육부장관이나 교육부장관이 지정하는 자의 추천을 받은 자로서 학생을 위하여 기숙사를 운영하는 자
2. 고용노동부장관이나 고용노동부장관이 지정하는 자의 추천을 받은 자로서 근로자를 위하여 기숙사를 운영하는 자

③ 영 제45조제5호에서 "기획재정부령으로 정하는 사업자"란 다음 각 호의 사업자를 말한다.

1. 사단법인 한국음악저작권협회
2. 사단법인 한국문학예술저작권협회(2022.3.18 본호개정)
3. 사단법인 한국방송작가협회
4. 사단법인 한국음악실연자연합회
5. 사단법인 한국음반산업협회(2017.3.10 본호개정)
6. (2022.3.18 삭제)
7. 사단법인 한국시나리오작가협회
8. 사단법인 한국방송실연자권리협회(2022.3.18 본호개정)
9. 재단법인 한국문화정보원(2017.3.10 본호개정)
10. 사단법인 한국영화배급협회(2017.3.10 본호개정)
11. 재단법인 한국언론진흥재단
12. 사단법인 함께하는음악저작인협회
13. 사단법인 한국영화제작가협회 (2017.3.10 11호~13호신설)

④ 영 제45조제6호에서 "기획재정부령으로 정하는 단체인 사업자"란 다음 각 호의 사업자를 말한다.

1. 사단법인 한국음악실연자연합회
2. 사단법인 한국문학예술저작권협회
3. 사단법인 한국연예제작자협회 (2022.3.18 본항신설)

제35조【국가, 지방자치단체 또는 지방자치단체조합이 공급하는 재화 또는 용역으로서 면세하는 것의 범위】 ① 영 제46조제1호나목에서 "선택적 우편업무 중 기획재정부령으로 정하는 우편주문판매를 대행하는 용역"이란 「우편법 시행규칙」 제25조제1항제10호에 따른 우편주문판매를 말한다.(2017.3.10 본항신설)

② 영 제46조제3호가목에서 "직계존속ㆍ비속 등 기획재정부령으로 정하는 사람"이란 「군인사법」 제2조에 따른 군인 또는 「군무원인사법」 제3조제1항에 따른 일반군무원과 생계를 같이하는 사람으로서 다음 각 호의 어느 하나에 해당하는 사람을 말한다.(2022.3.18 본문개정)

1. 배우자
2. 직계존속ㆍ비속

제36조【면세하는 기관지 등의 범위】 영 제48조에서 "기획재정부령으로 정하는 기관지 또는 이와 유사한 출판물"이란 불특정인에게 판매할 목적이 아니라 그 단체의 목적이나 정신을 널리 알리기 위하여 발행하는 것을 말한다. 다만, 그 기관의 명칭이나 별칭이 해당 출판물의 명칭에 포함되어 있는 것으로 한정한다.

제37조【면세하지 아니하는 수입 미가공식료품의 범위】 ① 영 제49조제1항 단서에 따른 관세가 감면되지 아니하여 과세되는 수입 미가공식료품의 범위는 별표2의 면세하지 아니하는 수입 미가공식료품 분류표(2025년 12월 31일까지 수입하는 물품은 제외한다)에 따른다.(2023.12.27 본항개정)

② 제1항에 따른 면세하지 아니하는 수입 미가공식료품 분류표를 적용할 때에는 「관세법」 별표의 관세율표를 기준으로 한다.

제38조【면세하는 전자출판물의 범위】 영 제50조에서 "기획재정부령으로 정하는 전자출판물"이란 제26조에 따른 전자출판물을 말한다.

제39조【면세하는 과학용 등의 수입 재화와 관련한 과학용 시설 등의 범위】 ① 영 제51조제1호에서 "기획재정부령으로 정하는 시설"이란 다음 각 호의 시설을 말한다.

1. 「정부조직법」 제4조 또는 지방자치단체의 조례에 따라 설치된 기관이 운영하는 시험소, 연구소, 공공직업훈련원, 공공도서관, 동물원, 식물원 및 전시관

2. 「대한무역투자진흥공사법」에 따른 대한무역투자진흥공사의 전시관
3. 「산업집적활성화 및 공장설립에 관한 법률」 제31조제2항에 따라 설립된 산업단지관리공단의 전시관
4. 「정부출연연구기관 등의 설립·운영 및 육성에 관한 법률」에 따라 설립된 산업연구원과 「과학기술분야 정부출연연구기관 등의 설립·운영 및 육성에 관한 법률」에 따라 설립된 한국생산기술연구원 및 한국과학기술정보연구원
5. 수출조합의 전시관. 다만, 산업통상자원부장관이 면세를 추천한 부분으로 한정한다.
6. 「중소기업진흥에 관한 법률」에 따라 설립된 중소기업진흥공단이 개설한 전시관 및 연수원
7. 「소비자기본법」에 따른 한국소비자원
8. 디자인 및 포장에 관한 연구개발사업을 추진하기 위하여 비영리법인이 개설한 전시관
9. 「과학관의 설립·운영 및 육성에 관한 법률」에 따른 과학관(사립과학관의 경우에는 같은 법에 따라 등록한 것으로 한정한다)
② 영 제51조제1호에 따른 물품에는 제1항제1호에 따른 시설에서 사용하기 위하여 소관 중앙행정기관의 장이 수입하는 것을 포함한다.

제40조【면세하는 과학용 등의 수입 재화와 관련한 과학기술 연구개발 시설의 범위】 영 제51조제2호에서 "연구원, 연구기관 등 기획재정부령으로 정하는 과학기술 연구개발 시설"이란 다음 각 호의 어느 하나에 해당하는 연구원 등을 말한다.
1. 「관세법 시행규칙」 제37조제2항제22호부터 제24호까지 및 제27호의 기관과 같은 조 제3항제2호의 산업기술연구조합
2. 「과학기술분야 정부출연연구기관 등의 설립·운영 및 육성에 관한 법률」에 따라 설립된 한국생산기술연구원, 한국건설기술연구원, 한국철도기술연구원, 한국한의학연구원 및 한국식품연구원
3. 「국방과학연구소법」에 따라 설립된 국방과학연구소 (2020.3.13 본호신설)

제41조【면세하는 과학용 등의 수입 재화와 관련한 영상 관련 공익단체의 범위】 영 제51조제6호에서 "기획재정부령으로 정하는 영상 관련 공익단체"란 다음 각 호의 것을 말한다.
1. 「방송통신위원회의 설치 및 운영에 관한 법률」에 따른 방송통신위원회
2. 「영화 및 비디오물의 진흥에 관한 법률」 제4조에 따른 영화진흥위원회
3. 「영화 및 비디오물의 진흥에 관한 법률」 제71조에 따른 영상물등급위원회
4. 「민법」 제32조에 따라 설립된 재단법인 한국영상자료원, 재단법인 한국방송진흥원 및 사단법인 한국영상미디어협회

제42조【그 밖에 관세가 무세이거나 감면되는 장애인용품 등의 범위】 영 제56조제19호에서 "기획재정부령으로 정하는 물품"이란 별표2의2의 부가가치세가 면제되는 장애인용품을 말한다.(2020.3.13 본조개정)

제43조【그 밖에 관세의 기본세율이 무세인 품목으로서 면세하는 품목의 범위】 영 제56조제22호에서 "기획재정부령으로 정하는 것"이란 별표3의 면세품목의 분류표에 따른 물품을 말한다.

제44조【면세포기신고서 등】 ① 영 제57조에 따른 면세포기신고서는 별지 제13호서식과 같다.
② 면세 포기의 신고에 관한 영 제57조를 적용할 때 신규로 사업을 시작하는 경우에는 면세포기신고서를 영 제11조에 따른 사업자등록 신청서와 함께 제출할 수 있다.

제45조【면세적용신고서】 영 제58조에 따른 면세적용신고서는 별지 제13호서식과 같다.

제4장 과세표준과 세액의 계산

제1절 과세표준과 세율

제46조【전세금이나 임대보증금으로 보지 아니하는 건설비】 영 제65조제1항 후단에서 "기획재정부령으로 정하는 건설비상당액"이란 다음 계산식에 따라 계산한 금액을 말한다.

$$\text{해당 기간 종료일까지의 국가 또는 지방자치단체에 기부채납된 지하도의 건설비} \times \frac{\text{전세금 또는 임대보증금을 받고 임대한 면적}}{\text{임대가능면적}}$$

제47조【정기예금 이자율】 영 제65조제1항의 계산식에 따른 계약기간 1년의 정기예금 이자율은 1,000분의 29로 한다.(2023.3.20 본조개정)

제48조【토지가액 등】 ① 영 제65조제4항제1호의 계산식에 따른 토지가액 또는 건물가액은 예정신고기간 또는 과세기간이 끝난 날 현재의 「소득세법」 제99조에 따른 기준시가에 따른다.
② 영 제65조제4항제2호의 계산식에 따른 토지임대면적 및 같은 항 제3호의 계산식에 따른 건물임대면적이 예정신고기간 또는 과세기간 중에 변동된 경우에는 그 예정신고기간 또는 과세기간 중의 해당 면적의 적수(積數)에 따라 계산한 면적으로 한다.

제2절 거래징수와 세금계산서

제49조【세금계산서】 법 제32조제1항에 따른 세금계산서는 별지 제14호서식과 같다.

제50조【전자세금계산서】 ① 법 제32조제2항에 따른 전자세금계산서는 「전자문서 및 전자거래 기본법」 제24조제1항에 따른 전자문서 및 전자거래의 표준화 사업에 따라 제정된 전자세금계산서의 표준에 따라 생성하여 발급·전송되어야 한다.
② 영 제68조제6항에 따라 전자세금계산서 설비 또는 시스템을 등록하려는 사업자는 국세청장으로부터 표준인증을 받아야 한다.(2022.3.18 본항신설)
③ 제2항에 따른 표준인증(이하 이 조에서 "표준인증"이라 한다)의 기준 및 절차 등에 필요한 사항은 인증시스템의 기능 및 상호 운용성 등을 고려하여 국세청장이 정한다.(2022.3.18 본항신설)
④ 국세청장은 다음 각 호의 어느 하나에 해당하는 경우 표준인증을 취소할 수 있다.
가. 거짓이나 그 밖의 부정한 방법으로 표준인증을 받은 경우
나. 국세청장이 정한 표준인증기준에 미달하게 된 경우
다. 전자세금계산서 설비 또는 시스템이 정당한 사유 없이 전자세금용 인증서나 다른 발행시스템에서 발행된 세금계산서를 인식하지 못하는 경우
(2022.3.18 본항신설)
⑤ 영 제68조제6항에 따라 전자세금계산서 설비 또는 시스템을 등록하려는 사업자는 국세청장으로부터 표준인증을 받은 후 등록신청서에 다음 각 호의 서류를 첨부하여 국세청장 또는 관할 세무서장에게 제출해야 한다.(2021.3.16 본문개정)
1. 위험관리계획서
2. 전산조직운용명세서
3. 대표자 보안 서약서
4. (2021.3.16 삭제)

5. 제1호부터 제3호까지의 서류 외에 전자세금계산서를 안정적으로 운영하기 위하여 국세청장이 필요하다고 인정하는 서류(2021.3.16 본호개정)
⑥ 제5항에 따라 등록신청서를 제출받은 국세청장 또는 관할 세무서장은 해당 사업자가 다음 각 호의 어느 하나에 해당하는 경우를 제외하고는 등록을 거부할 수 없다. 다만, 제1호부터 제3호까지의 요건은 영 제68조제5항제2호에 따른 실거래 사업자를 대신하여 전자세금계산서 발급업무를 대행하는 사업자(이하 제8항에서 "전자세금계산서 발급대행사업자"라 한다)에 대해서만 적용한다.(2022.3.18 본문개정)
1. 재무상태표상의 자본금과 재무상태표상의 자산에서 부채를 차감한 금액 중 큰 금액(이하 이 조에서 "자본금"이라 한다)이 2억원 미만인 경우(2018.3.19 본호개정)
2. 사업자 또는 사업자의 대표자가 신청일 직전 5년 이내에 「조세범 처벌법」에 따른 처벌을 받은 사실이 있는 경우
3. 사업자 또는 사업자의 대표자가 신청일 직전 2년 이내에 국세를 3회 이상 체납하거나 신청일 직전 5년 이내에 결손처분을 받은 사실이 있는 경우
4. 해당 전자세금계산서 설비 또는 시스템의 안전성과 보안성이 미흡한 경우
⑦ 제5항에 따라 등록신청서를 제출받은 국세청장 또는 관할 세무서장은 그 신청일부터 14일 이내에 등록 여부를 결정하여 사업자에게 알려야 한다.(2022.3.18 본항개정)
⑧ 국세청장 또는 관할 세무서장은 다음 각 호의 어느 하나에 해당하는 경우에는 제7항에 따른 등록을 취소할 수 있다. 다만, 제1호의 경우에는 등록을 취소하여야 하며, 제6호부터 제9호까지의 사유는 전자세금계산서 발급대행 사업자에 대해서만 적용한다.(2022.3.18 본문개정)
1. 거짓이나 그 밖의 부정한 방법으로 등록하거나 제4항에 따라 표준인증이 취소된 경우(2022.3.18 본호개정)
2. 국세청장으로부터 받은 표준인증이 취소된 경우(2021.3.16 본호개정)
3. (2022.3.18 삭제)
4. 사업자가 보안점검에 응하지 아니하거나 보안점검에 따른 결과를 이행하지 아니하는 경우
5. 사업자가 국세청장 또는 관할 세무서장의 전산자료 요청에 응하지 아니하는 경우
6. 자본금이 2억원 미만인 경우
7. 사업자 또는 사업자의 대표자가 「조세범 처벌법」에 따른 처벌을 받은 경우
8. 사업자 또는 사업자의 대표자가 정당한 사유 없이 3회 이상 국세를 체납한 경우
9. 연속하여 3년 이상 결손이 발생하여 등록을 취소하는 것이 타당하다고 인정되는 경우
10. 그 밖에 전자세금계산서 제도의 목적에 위배되는 행위를 한 경우
⑨ 제1항부터 제8항까지에서 규정한 사항 외에 전자세금계산서 발급과 그 설비·시스템의 등록 등에 필요한 세부적인 사항은 국세청장이 정한다.(2022.3.18 본항개정)

제51조【공동매입 등에 대한 세금계산서 발급】 영 제69조제14항에서 "세금계산서의 발급이 면제되는 경우로서 기획재정부령으로 정하는 경우"란 제52조제2호에 따른 사업자가 전력이나 도시가스를 공급하는 경우에 영 제71조제1항제1호에 따라 세금계산서 발급이 면제되는 경우를 말한다.

제52조【세금계산서 발급의무의 면제】 영 제71조제1항제1호에서 "기획재정부령으로 정하는 사업자"란 다음 각 호의 사업자를 말한다.

1. 무인자동판매기를 이용하여 재화나 용역을 공급하는 자
2. 전력이나 도시가스를 실제로 소비하는 자(사업자가 아닌 자로 한정한다)를 위하여 「전기사업법」에 따른 전기사업자 또는 「도시가스사업법」에 따른 도시가스사업자로부터 전력이나 도시가스를 공급받는 명의자
3. 도로 및 관련시설 운영용역을 공급하는 자. 다만, 공급받는 자로부터 세금계산서 발급을 요구받은 경우는 제외한다.

제52조의2【매입자발행세금계산서】 ① 영 제71조의2제2항에 따른 거래사실확인신청서는 별지 제14호의2서식과 같다.
② 영 제71조의2제8항 단서에서 "기획재정부령으로 정하는 불가피한 사유가 있는 경우"란 다음 각 호의 어느 하나에 해당하는 경우를 말한다.
1. 공급자의 부도, 질병, 장기출장 등으로 거래사실 확인이 곤란하여 공급자가 연기를 요청한 경우
2. 세무공무원이 거래사실의 확인을 위하여 2회 이상 공급자를 방문하였으나 폐문·부재 등으로 인하여 공급자를 만나지 못한 경우
③ 영 제71조의2제10항에 따른 매입자발행세금계산서는 별지 제14호의3서식과 같다.
④ 영 제71조의2제12항에 따른 매입자발행세금계산서합계표는 별지 제14호의4서식과 같다.
(2017.3.10 본조신설)

제52조의3【수정수입세금계산서 발급신청서】 영 제72조제6항에 따른 수정수입세금계산서 발급신청서는 별지 제14호의5서식과 같다.(2018.3.19 본조신설)

제53조【영수증을 발급하는 소비자 대상 사업의 범위】 영 제73조제1항제14호에서 "기획재정부령으로 정하는 사업"이란 다음 각 호의 사업을 말한다.(2015.3.6 본문개정)

1. 도정업과 떡류 제조업 중 떡방앗간
2. 양복점업, 양장점업 및 양화점업
3. 주거용 건물공급업(주거용 건물을 자영건설하는 경우를 포함한다)
4. 운수업과 주차장 운영업
5. 부동산중개업
6. 사회서비스업과 개인서비스업
7. 가사서비스업
8. 도로 및 관련시설 운영업
9. 자동차 제조업 및 자동차 판매업
10. 주거용 건물 수리·보수 및 개량업
11. 그 밖에 제1호부터 제10호까지와 유사한 사업으로서 세금계산서를 발급할 수 없거나 발급하는 것이 현저히 곤란한 사업

제3절 납부세액 등

제54조【공통매입세액 안분 계산】 ① 영 제81조제1항에 따른 "인원 수 등에 따르는 등 기획재정부령으로 정하는 경우"란 도축업을 영위하는 사업자가 법 제40조에 따른 공통매입세액(이하 "공통매입세액"이라 한다)을 과세사업과 면세사업에 관련된 도축 두수(頭數)에 따라 안분하여 계산하는 경우를 말한다.(2016.3.9 본항신설)
② 영 제81조제1항 및 제2항에 따른 총공급가액은 공통매입세액과 관련된 해당 과세기간의 과세사업에 대한 공급가액과 영 제81조제1항 단서에 따른 면세공급가액의 합계액으로 한다.(2018.3.19 본항개정)
③ 과세사업과 면세사업등에 공통으로 사용되는 재화를 공급받은 과세기간 중에 그 재화를 공급하여 영 제

63조제1항 및 제2항에 따라 공급가액을 계산한 경우 그 재화에 대한 매입세액의 안분(按分) 계산은 영 제63조제1항 및 제2항에 따라 계산한다.

④ 영 제81조제3항의 계산식에 따른 전 사업장의 총공급가액은 해당 과세기간의 모든 사업장(「전기통신사업법」에 따른 전기통신사업자의 경우에는 공통매입세액과 관련된 해당 과세기간의 모든 사업장)의 과세사업에 대한 공급가액과 면세사업등에 대한 수입금액의 합계액으로 하고, 같은 항의 계산식에 따른 전 사업장의 면세공급가액은 해당 과세기간의 모든 사업장(「전기통신사업법」에 따른 전기통신사업자의 경우에는 공통매입세액과 관련된 해당 과세기간의 모든 사업장)의 면세사업등에 대한 수입금액으로 한다.

제55조【납부세액 또는 환급세액의 재계산】 ① 영 제83조제1항에 따른 총공급가액은 해당 재화와 관련된 과세기간의 과세사업에 대한 공급가액과 면세사업등에 대한 수입금액의 합계액으로 하고, 같은 항에 따른 면세공급가액은 해당 재화와 관련된 과세기간의 면세사업등에 대한 수입금액으로 한다.

② 영 제83조제1항에 따른 총사용면적은 해당 재화와 관련된 과세기간의 과세사업에 사용되는 면적과 면세사업등에 사용되는 면적을 합한 면적으로 하고, 같은 항에 따른 면세사용면적은 해당 재화와 관련된 과세기간의 면세사업등에 사용되는 면적으로 한다.

③ 영 제63조제1항부터 제3항까지의 규정이 적용되는 재화를 공급하는 경우에 해당 재화를 공급하는 날이 속하는 과세기간에는 그 재화에 대한 영 제83조에 따른 납부세액 또는 환급세액의 재계산을 하지 아니한다.

제56조【의제매입세액 계산】 ① 수입되는 영 제84조제1항부터 제3항까지의 규정에 따른 면세농산물등에 대하여 같은 항에 따라 의제매입세액을 계산할 때 그 수입가액은 관세의 과세가격으로 한다.(2015.3.6 본항개정)

② 영 제84조제5항에 따른 의제매입세액 공제신고서는 별지 제15호서식과 같다.(2015.3.6 본항개정)

③ 영 제84조제5항제2호에 따른 신용카드매출전표등 수령명세서는 별지 제16호서식(1)과 같다. 다만, 적을 내용이 많아 별지 제16호서식(1)에 모두 적을 수 없는 내용은 별지 제16호서식(2)에 연속하여 적을 수 있다.(2015.3.6 본문개정)

④ 영 제84조를 적용할 때 과세사업과 면세사업등을 겸영하는 경우에는 영 제81조를 준용하여 매입세액을 안분하여 계산한다.

제57조【면세사업등을 위한 감가상각자산의 과세사업 전환 시 공제되는 매입세액의 안분 계산】 영 제85조제2항 및 제4항에 따른 총공급가액은 면세사업등을 위한 감가상각자산을 과세사업에 사용·소비한 날이 속하는 과세기간의 과세사업에 대한 공급가액과 면세사업등에 대한 수입금액의 합계액으로 한다.

제58조【과세사업전환 감가상각자산 신고서】 영 제85조제5항에 따른 과세사업전환 감가상각자산 신고서는 별지 제17호서식과 같다.

제59조【일반과세 전환 시의 재고품등 신고서】 영 제86조제1항에 따른 일반과세 전환 시의 재고품등 신고서는 별지 제18호서식과 같다.

제4절 세액공제

제60조【대손세액 공제 및 변제 신고서】 영 제87조제4항에 따른 대손세액 공제(변제)신고서는 별지 제19호서식(1)과 같다. 다만, 대손세액 계산신고 내용 또는 변제세액 계산신고 내용이 많아 별지 제19호서식(1)에 모두 적을 수 없는 경우에는 별지 제19호서식(2) 또는 별

지 제19호서식(3)에 연속하여 적을 수 있다.

제61조【전자세금계산서 발급세액공제신고서】 법 제47조제2항에 따른 전자세금계산서 발급세액공제신고서는 별지 제20호서식과 같다.

제5장 신고와 납부 등

제1절 신고와 납부

제62조【부가가치세 예정신고 및 확정신고】 ① 영 제90조제2항에 따른 부가가치세 예정신고서와 영 제91조제1항에 따른 부가가치세 확정신고서는 별지 제21호서식과 같다.

② 영 제90조제3항의 표 제1호 및 영 제91조제2항의 표 제2호에 따른 공제받지 못할 매입세액 명세서는 별지 제22호서식과 같다.

③ 영 제90조제3항의 표 제2호 및 영 제91조제2항의 표 제3호에 따른 신용카드매출전표등 발행금액 집계표는 별지 제23호서식과 같다.

④ 영 제90조제3항의 표 제3호 및 영 제91조제2항의 표 제4호에 따른 전자화폐결제명세서는 별지 제24호서식과 같다.

⑤ 영 제90조제3항의 표 제4호 및 영 제91조제2항의 표 제5호에 따른 신용카드매출전표등 수령명세서는 별지 제16호서식(1)과 같다. 다만, 적을 내용이 많아 별지 제16호서식(1)에 모두 적을 수 없는 내용은 별지 제16호서식(2)에 연속하여 적을 수 있다.

⑥ 영 제90조제3항의 표 제5호 및 영 제91조제2항의 표 제6호에 따른 부동산임대공급가액명세서는 별지 제25호서식과 같다.

⑦ 영 제90조제3항의 표 제6호 및 영 제91조제2항의 표 제9호에 따른 현금매출명세서는 별지 제26호서식과 같다.

⑧ 영 제90조제3항의 표 제7호 및 영 제91조제2항의 표 제10호에 따른 건물 등 감가상각자산 취득명세서는 별지 제27호서식과 같다.

⑨ 영 제90조제3항의 표 제8호 및 영 제91조제2항의 표 제11호에 따른 사업자 단위 과세의 사업장별 부가가치세 과세표준 및 납부세액(환급세액) 신고명세서는 별지 제28호서식과 같다.

⑩ 영 제90조제3항의 표 제9호 및 제91조제2항의 표 제12호에 따른 영세율 매출명세서는 별지 제29호서식과 같다.

⑪ 영 제90조제9항에 따른 매출명세서는 별지 제30호서식과 같다.(2020.3.13 본항개정)

⑫ 영 제91조제2항의 표 제1호에 따른 사업양도신고서는 별지 제31호서식과 같다.

⑬ 영 제91조제2항의 표 제7호에 따른 건물관리명세서는 별지 제32호서식과 같다.

⑭ 영 제91조제2항의 표 제8호에 따른 사업장현황명세서는 별지 제33호서식과 같다.

⑮ 영 제91조의2제3항 및 제4항에 따른 부가가치세 납부유예 요건 확인요청서 및 확인서는 별지 제33호의2서식과 같다.(2016.3.9 본항신설)

⑯ 영 제91조의2제5항에 따른 부가가치세 납부유예 적용 신청서는 별지 제33호의3서식과 같다.(2016.3.9 본항신설)

⑰ 영 제92조제2항에 따라 주된 사업장에서 총괄 납부를 하는 경우에는 제1항에 따른 신고서에 별지 제34호서식의 사업장별 부가가치세 과세표준 및 납부세액(환급세액) 신고명세서를 첨부하여야 한다.

제63조【주사업장 총괄 납부 신청서】 영 제92조제2항에 따른 주사업장 총괄 납부 신청서는 별지 제35호서식과 같다.

제64조【주사업장 총괄 납부 변경신청서】 영 제93조 제1항에 따른 주사업장 총괄 납부 변경신청서는 별지 제36호서식과 같다.

제65조【주사업장 총괄 납부 포기신고서】 영 제94조 제2항에 따른 주사업장 총괄 납부 포기신고서는 별지 제35호서식과 같다.

제66조【부가가치세 대리납부신고서】 ① 영 제95조 제1항에 따른 부가가치세 대리납부신고서는 별지 제37호서식과 같다.

② 영 제95조제5항에 따른 부가가치세 대리납부신고서는 별지 제37호의2서식과 같다.(2014.3.14 본항신설)

제66조의2【간편사업자등록】 ① 영 제96조의2제3항제3호에서 "기획재정부령으로 정하는 것"이란 다음 각 호의 것을 말한다.(2019.3.20 본문개정)

1. 영 제96조의2제4항에 따른 납세관리인이 있는 경우 납세관리인의 성명, 주민등록번호 또는 사업자등록번호, 주소 또는 거소 및 전화번호(2019.3.20 본호개정)

2. 부가가치세 환급금을 지급받기 위하여 금융회사 또는 체신관서에 계좌를 개설한 경우 그 계좌번호

② 법 제53조의2제7항에 따른 전자적 용역 거래명세서는 별지 제37호의3서식과 같다.(2022.3.18 본항신설)

③ 국세청장은 자료제출의 효율성 및 사업자의 편의 등을 고려하여 필요하다고 인정하는 경우 제2항에 따른 서식을 갈음하여 간편사업자등록을 한 자가 전자적 형태로 보관하고 있는 거래명세를 전자적 방식으로 제출하게 할 수 있다.(2022.3.18 본항신설)

(2015.3.6 본조신설)

제66조의3【물적납세의무에 대한 납부통지서】 법 제52조의2제2항제1항에 따른 납부통지서는 「국세징수법 시행규칙」 별지 제6호서식에 따른다.(2021.3.16 본조개정)

제2절 제출서류 등

제67조【세금계산서합계표의 제출 등】 ① 영 제69조 제9항 및 제10항에 따른 자는 법 제54조제1항에 따른 매출·매입처별 세금계산서합계표(이하 "매출·매입처별 세금계산서합계표"라 한다)를 영 제99조 각 호에 따른 자의 매출·매입처별 세금계산서합계표 제출과 관련된 규정을 준용하여 납세지 관할 세무서장에게 제출할 수 있다.

② 영 제69조제14항 및 제15항에 따라 실제로 재화를 공급하거나 공급받는 자를 위하여 세금계산서를 발급받고 발급한 자는 제1항을 준용하여 매출·매입처별 세금계산서합계표를 납세지 관할 세무서장에게 제출하여야 한다.

③ 법 제54조제1항에 따른 매출처별 세금계산서합계표는 별지 제38호서식(1)과 같다. 다만, 매출처가 많아 별지 제38호서식(1)에 모두 적을 수 없는 매출처별 거래분은 별지 제38호서식(2)에 연속하여 적을 수 있다.

④ 법 제54조제1항에 따른 매입처별 세금계산서합계표는 별지 제39호서식(1)과 같다. 다만, 매입처가 많아 별지 제39호서식(1)에 모두 적을 수 없는 매입처별 거래분은 별지 제39호서식(2)에 연속하여 적을 수 있다.

제68조【현금매출명세서 등의 서식】 ① 법 제55조제1항에서 "기획재정부령으로 정하는 현금매출명세서"란 제62조제7항에 따른 별지 제26호서식의 현금매출명세서를 말한다.

② 법 제55조제2항에서 "기획재정부령으로 정하는 부동산임대공급가액명세서"는 제62조제6항에 따른 별지 제25호서식의 부동산임대공급가액명세서를 말한다.

제69조【영세율 첨부서류】 ① 영 제101조제1항의 표

제1호에 따른 수출실적명세서는 별지 제40호서식(1)과 같다. 다만, 수출실적이 많아 별지 제40호서식(1)에 모두 적을 수 없는 수출실적분은 별지 제40호서식(2)에 연속하여 적을 수 있다.

② 영 제101조제1항의 표 제3호가목에 따른 내국신용장·구매확인서 전자발급명세서는 별지 제41호서식(1)과 같다. 다만, 발급실적이 많아 별지 제41호서식(1)에 모두 적을 수 없는 발급실적분은 별지 제41호서식(2)에 연속하여 적을 수 있다.

③ 영 제101조제3항에 따른 영세율 첨부서류 제출명세서는 별지 제42호서식과 같다.

제6장 결정·경정·징수와 환급

제70조【조기환급 신고】 ① 영 제107조제3항 단서에 따른 건물 등 감가상각자산 취득명세서는 별지 제27호서식과 같다.

② 영 제107조제3항 단서에 따른 재무구조개선계획서는 별지 제27호의2서식과 같다.(2017.3.10 본항신설)

③ 영 제107조제5항에 따른 영세율 등 조기환급신고서는 별지 제21호서식과 같다.

제7장 간이과세

제71조【간이과세의 적용 범위】 ① 영 제109조제2항제2호 단서에서 "기획재정부령으로 정하는 것"이란 다음 각 호의 어느 하나에 해당하는 사업을 말한다.
(2021.3.16 본문개정)

1. 과자점업

2. 도정업, 제분업 및 떡류 제조업 중 떡방앗간

3. 양복점업

4. 양장점업

5. 양화점업

6. 그 밖에 최종소비자에 대한 매출비중, 거래유형 등을 고려하여 주로 최종소비자에게 직접 재화를 공급하는 사업에 해당한다고 국세청장이 인정하여 고시하는 사업(2021.3.16 본호개정)

② 간이과세로 보지 아니하는 사업자로서 과세유흥장소를 경영하는 자에 관한 영 제109조제2항제5호에서 "기획재정부령으로 정하는 것"이란 다음 각 호의 어느 하나에 해당하는 지역에서 「개별소비세법」 제1조제4항에 해당하는 과세유흥장소를 경영하는 사업으로 한다.

1. 특별시, 광역시, 특별자치시, 「제주특별자치도 설치 및 국제자유도시 조성을 위한 특별법」 제10조제2항에 따라 설치된 행정시(이하 이 조에서 "행정시"라 한다) 및 시 지역(광역시, 특별자치시, 행정시 및 도농복합형태의 시 지역의 읍·면 지역은 제외한다. 이하 이 조에서 같다)(2019.3.20 본호개정)

2. 국세청장이 사업 현황과 사업 규모 등을 고려하여 간이과세 적용 대상에서 제외할 필요가 있다고 인정하여 고시하는 지역

③ 영 제109조제2항제6호에서 "기획재정부령으로 정하는 것"이란 특별시, 광역시, 특별자치시, 행정시 및 시 지역에 소재하는 부동산임대사업장을 경영하는 사업으로서 국세청장이 정하여 고시하는 규모 이상의 사업을 말한다.(2021.3.16 본항개정)

④ 영 제109조제2항제13호 단서에서 "기획재정부령으로 정하는 사업"이란 다음 각 호의 어느 하나에 해당하는 사업을 말한다.

1. 도배, 실내 장식 및 내장 목공사업

2. 배관 및 냉·난방 공사업

3. 그 밖에 최종소비자에 대한 매출비중, 거래유형 등을 고려하여 주로 최종소비자에게 직접 재화 또는 용역을 공급하는 사업에 해당한다고 국세청장이 인정하여 고시하는 사업
(2021.3.16 본항신설)
⑤ 영 제109조제2항제14호 단서에서 "기획재정부령으로 정하는 사업"이란 다음 각 호의 어느 하나에 해당하는 사업을 말한다.
1. 개인 및 가정용품 임대업
2. 인물사진 및 행사용 영상 촬영업
3. 복사업
4. 그 밖에 최종소비자에 대한 매출비중, 거래유형 등을 고려하여 주로 최종소비자에게 직접 용역을 공급하는 사업에 해당한다고 국세청장이 인정하여 고시하는 사업
(2021.3.16 본항신설)
⑥ 영 제109조제4항에 따른 간이과세적용신고서는 별지 제43호서식과 같다.
제72조【간이과세 전환 시의 재고품등 신고서】영 제112조제1항에 따른 간이과세 전환 시의 재고품등 신고서는 별지 제18호서식과 같다.
제73조 (2021.3.16 삭제)
제74조【간이과세자의 부가가치세 신고】① 영 제114조제3항에 따른 간이과세자 부가가치세 신고서는 별지 제44호서식과 같다. 다만, 다음 각 호의 요건을 모두 충족하는 사업자는 국세청장이 정하는 바에 따라 별지 제45호서식 또는 별지 제46호서식을 이용하여 신고할 수 있다.(2021.3.16 단서개정)
1. 해당 예정부과기간 또는 과세기간에 1개 업종의 사업만을 경영하였을 것
2. 영세율, 영 제112조제3항에 따른 재고납부세액, 가산세 또는 신용카드매출전표에 따른 매입세액에 대하여 신고사항이 없을 것
3. 해당 예정부과기간 또는 과세기간에 세금계산서를 발급하지 않았을 것
(2021.3.16 1호~3호신설)
② 간이과세자가 영 제114조제3항에 따라 간이과세자 부가가치세 신고서를 관할 세무서장에게 제출하는 경우에는 다음 각 호의 구분에 따른 서류를 함께 제출해야 한다. 다만, 제1항 단서에 따라 신고하는 경우에는 제출하지 않을 수 있다.(2021.3.16 본문개정)
1. 법 제46조제1항에 따라 전자적 결제 수단에 의하여 대금을 지급받는 경우 : 별지 제24호서식의 전자화폐 결제명세서
2. 법 제46조제3항에 따라 매입세액을 공제받는 경우 : 별지 제16호서식의 신용카드매출전표등 수령명세서
3. 부동산임대업자인 경우 : 별지 제25호서식의 부동산임대공급가액명세서
4. 부동산을 취득하는 경우 : 별지 제27호서식의 건물 등 감가상각자산 취득명세서
5. 법 제10조제9항제2호에 따라 사업을 양도하는 경우 : 별지 제31호서식의 사업양도신고서
(2021.3.16 본호개정)
6. 음식ㆍ숙박업자 및 그 밖의 서비스업자인 경우 : 별지 제33호서식의 사업장현황명세서
제75조【간이과세포기신고서】영 제116조제1항에 따른 간이과세포기신고서는 별지 제43호서식과 같다.

제8장 보 칙

제76조【동물 진료용역 매출대장】영 제117조제5항 및 제6항에 따른 매출대장은 별지 제47호서식(1)과 같다. 다만, 매출분이 많아 별지 제47호서식(1)에 모두 적

을 수 없는 경우에는 매출분을 별지 제47호서식(2)에 연속하여 적을 수 있다.
제77조【납세관리인 선정 및 변경 신고서】영 제118조제1항 및 제2항에 따른 납세관리인 선정(변경)신고서는「국세기본법 시행규칙」제33조에 따른 별지 제43호서식과 같다.
제78조【월별 거래 명세서】영 제121조제1항에 따른 월별 거래 명세서의 제출은 별지 제48호서식 및 별지 제48호의2서식부터 별지 제48호의5서식까지에 따른다.
(2023.6.30 본조개정)

부 칙 (2015.3.6)

제1조【시행일】이 규칙은 공포한 날부터 시행한다. 다만, 제27조, 제53조 및 제66조의2의 개정규정은 2015년 7월 1일부터 시행한다.
제2조【일반적 적용례】이 규칙은 이 규칙 시행 이후 재화나 용역을 공급하거나 공급받는 분 또는 재화를 수입신고하는 분부터 적용한다.
제3조【정기예금 이자율에 관한 적용례】제47조의 개정규정은 이 규칙 시행일이 속하는 과세기간에 대하여 과세표준을 신고하는 분부터 적용한다.
제4조【서식에 관한 적용례】서식에 관한 개정규정은 이 규칙 시행 이후 신고하거나 신청하는 분부터 적용한다.

부 칙 (2016.3.9)

제1조【시행일】이 규칙은 공포한 날부터 시행한다.
제2조【일반적 적용례】이 규칙은 이 규칙 시행 이후 재화나 용역을 공급하거나 공급받는 분 또는 재화를 수입신고하는 분부터 적용한다.
제3조【정기예금 이자율에 관한 적용례】제47조의 개정규정은 이 규칙 시행일이 속하는 과세기간에 대하여 과세표준을 신고하는 분부터 적용한다.
제4조【공통매입세액 안분 계산에 관한 적용례】제54조의 개정규정은 이 규칙 시행일이 속하는 과세기간에 대하여 과세표준을 신고하는 분부터 적용한다.
제5조【서식에 관한 적용례】서식에 관한 개정규정은 이 규칙 시행 이후 신고하거나 신청하는 분부터 적용한다.

부 칙 (2017.3.10)

제1조【시행일】이 규칙은 공포한 날부터 시행한다.
제2조【일반적 적용례】이 규칙은 이 규칙 시행 이후 재화나 용역을 공급하거나 공급받는 분 또는 재화를 수입신고하는 분부터 적용한다.
제3조【부가가치세가 면제되는 저작권위탁관리업자에 관한 적용례】제34조제3항제5호, 제6호, 제9호 및 제10호의 개정규정은 이 규칙 시행 전 해당 저작권위탁관리업자의 명칭이 변경된 이후 재화나 용역을 공급하였거나 공급받은 분에 대해서도 적용한다.
제4조【정기예금 이자율에 관한 적용례】제47조의 개정규정은 이 규칙 시행일이 속하는 과세기간에 대하여 과세표준을 신고하는 분부터 적용한다.
제5조【별표에 관한 적용례】별표3 제6호의 개정규정은 이 규칙 시행일이 속하는 과세기간에 재화를 수입신고하는 분부터 적용한다.
제6조【서식에 관한 적용례】서식에 관한 개정규정은 이 규칙 시행 이후 신고하거나 신청하는 분부터 적용한다.

부 칙 (2018.3.19)

제1조【시행일】이 규칙은 공포한 날부터 시행한다.
제2조【정기예금 이자율에 관한 적용례】제47조의 개정규정은 이 규칙 시행일이 속하는 과세기간에 대하여 과세표준을 신고하는 분부터 적용한다.

부 칙 (2019.2.11)

제1조【시행일】이 규칙은 공포한 날부터 시행한다.
제2조【서식에 관한 적용례】별지 제21호서식의 개정규정은 이 규칙 시행 이후 신고하는 분부터 적용한다.

부 칙 (2019.3.20)

제1조【시행일】이 규칙은 공포한 날부터 시행한다. 다만, 제66조의2의 개정규정은 2019년 7월 1일부터 시행한다.
제2조【정기예금 이자율에 관한 적용례】제47조의 개정규정은 이 규칙 시행일이 속하는 과세기간에 대해 과세표준을 신고하는 분부터 적용한다.
제3조【서식에 관한 적용례】서식에 관한 개정규정은 이 규칙 시행 이후 신고하거나 신청하는 분부터 적용한다.

부 칙 (2020.3.13)

제1조【시행일】이 규칙은 공포한 날부터 시행한다. 다만, 제42조 및 별표2의2의 개정규정은 2020년 7월1일부터 시행한다.
제2조【일반적 적용례】이 규칙은 이 규칙 시행 이후 재화나 용역을 공급하거나 공급받는 분 또는 재화를 수입신고하는 분부터 적용한다.
제3조【정기예금 이자율에 관한 적용례】제47조의 개정규정은 이 규칙 시행일이 속하는 과세기간에 대해 과세표준을 신고하는 분부터 적용한다.
제4조【서식에 관한 적용례】서식에 관한 개정규정은 이 규칙 시행 이후 신고, 신청 또는 요청하는 분부터 적용한다.
제5조【관세가 무세이거나 감면되는 장애인용품 등에 관한 경과조치】이 규칙 시행 전에 재화를 수입신고한 분에 대해서는 제42조 및 별표2의2의 개정규정에도 불구하고 종전의 규정에 따른다.
제6조【면세하는 미가공식료품의 범위에 관한 경과조치】이 규칙 시행 전에 재화를 공급하거나 공급받은 분에 대해서는 별표1의 개정규정에도 불구하고 종전의 규정에 따른다.

부 칙 (2020.4.21)

이 규칙은 공포한 날부터 시행한다.

부 칙 (2021.3.16)

제1조【시행일】이 규칙은 공포한 날부터 시행한다. 다만, 다음 각 호의 개정규정은 각 호의 구분에 따른 날부터 시행한다.
1. 제71조제1항, 같은 조 제4항부터 제6항까지, 제73조, 제74조제1항 및 별지 제44호서식부터 별지 제46호서식까지의 개정규정 : 2021년 7월 1일
2. 별지 제9호서식, 별지 제10호서식 및 별지 제11호서식 부표 외의 부분 뒤쪽의 개정규정 : 2022년 1월 1일
제2조【정기예금 이자율에 관한 적용례】제47조의 개정규정은 이 규칙 시행일이 속하는 과세기간에 대한 과세표준을 신고하는 분부터 적용한다.
제3조【간이과세의 적용 범위에 관한 적용례】제71조제1항의 개정규정은 2021년 7월 1일 이후 재화를 공급하는 분부터 적용한다.
제4조【간이과세자의 부가가치세 신고에 관한 적용례】제74조제1항의 개정규정은 2021년 7월 1일 이후 간이과세자가 부가가치세를 신고하는 경우부터 적용한다.
제5조【서식에 관한 적용례】서식에 관한 개정규정은 이 규칙 시행 이후 신고하거나 신청하는 분부터 적용한다.
제6조【전자세금계산서 설비 또는 시스템의 표준인증 수행기관의 변경에 따른 경과조치】① 이 규칙 시행 당시 종전의 규정에 따라 전자세금계산서 설비 또는 시스템에 대하여 한국인터넷진흥원 표준인증을 받은 자는 제50조제2항의 개정규정에 따라 국세청장으로부터 표준인증을 받은 것으로 본다.
② 이 규칙 시행 당시 전자세금계산서 설비 또는 시스템에 대하여 한국인터넷진흥원으로부터 표준인증이 취소된 자는 제50조제5항제2호의 개정규정에 해당하는 것으로 본다.

부 칙 (2021.10.28)

이 규칙은 공포한 날부터 시행한다.

부 칙 (2022.3.18)

제1조【시행일】이 규칙은 공포한 날부터 시행한다. 다만, 제66조의2, 별지 제20호서식, 별지 제21호서식 제4쪽의 (55) 및 별지 제37호의3서식의 개정규정은 2022년 7월 1일부터 시행한다.
제2조【별표에 관한 적용례】별표1 제9호 및 별표3 제6호·제11호의 개정규정은 이 규칙 시행일이 속하는 과세기간에 재화를 수입신고하는 분부터 적용한다.

부 칙 (2022.6.28)

제1조【시행일】이 규칙은 2022년 7월 1일부터 시행한다. 다만, 제37조제1항의 개정규정은 공포한 날부터 시행한다.
제2조【면세하는 수입 미가공식료품에 관한 적용례】제37조제1항의 개정규정은 부칙 제1조 단서에 따른 시행일 이후 재화를 수입신고하는 경우부터 적용한다.
제3조【면세하는 미가공식료품에 관한 적용례】별표1 제12호의 개정규정은 이 규칙 시행 이후 재화를 공급하는 경우부터 적용한다.
제4조【면세하는 미가공식료품에 관한 경과조치】이 규칙 시행 당시 별표1 제12호의 개정규정에 따라 부가가치세의 면세사업자로 전환되거나 면세사업이 추가되는 사업자가 이 규칙 시행 전에 취득하거나 생산한 재화를 이 규칙 시행 이후 그 면세사업을 위하여 직접 사용하는 경우 법 제10조제1항, 제41조 및 영 제84조제4항의 적용과 관련해서는 별표1 제12호의 개정규정에도 불구하고 해당 사업을 과세사업으로 본다.
(2022.7.20 본조개정)

부 칙 (2022.7.20)

이 규칙은 공포한 날부터 시행한다.

부 칙 (2022.9.6)

이 규칙은 2022년 9월 6일부터 시행한다.

부　칙　(2023.3.20)

제1조【시행일】 이 규칙은 공포한 날부터 시행한다.
제2조【정기예금 이자율에 관한 적용례】 제47조의 개정규정은 이 규칙 시행일이 속하는 과세기간에 대한 과세표준을 신고하는 분부터 적용한다.

부　칙　(2023.6.30)

이 규칙은 공포한 날부터 시행한다. 다만, 별지 제44호 서식의 개정규정은 2023년 7월 1일부터 시행한다.

부　칙　(2023.10.19)

이 규칙은 2023년 10월 19일부터 시행한다.

부　칙　(2023.12.27)

이 규칙은 공포한 날부터 시행한다.

〔별표1〕

면세하는 미가공식료품 분류표(제24조제1항 관련)

(2023.12.27 개정)

구　분	관세율표 번호	품　명
1. 곡류	1001	① 밀과 메슬린(meslin)
	1002	② 호밀
	1003	③ 보리
	1004	④ 귀리
	1005	⑤ 옥수수
	1006	⑥ 쌀(벼를 포함한다)
	1007	⑦ 수수
	1008	⑧ 메밀·밀리트(millet)·카나리시드(canary seed)와 그 밖의 곡물
	1101	⑨ 밀가루나 메슬린(meslin) 가루
	1102	⑩ 곡물가루〔밀가루나 메슬린(meslin) 가루는 제외한다〕
	1103	⑪ 곡물의 부순 알곡, 거친 가루, 펠릿(pellet)
	1104	⑫ 그 밖의 가공한 곡물〔예 : 껍질을 벗긴 것, 압착한 것, 플레이크(flake) 모양인 것, 진주 모양인 것, 얇은 조각으로 만든 것, 거칠게 빻은 것(관세율표 제1006호의 쌀은 제외한다)〕, 곡물의 씨눈으로서 원래 모양인 것, 압착한 것, 플레이크(flake) 모양인 것, 잘게 부순 것
	1106	⑬ 관세율표 제1106호에 해당하는 물품 중 건조한 채두류(菜豆類)(관세율표 제0713호의 것)의 거친 가루, 가루
2. 서류	0714	① 매니옥(manioc)·칡뿌리·살렙(salep)·돼지감자

		(Jerusalem artichoke)·고구마와 그 밖에 이와 유사한 전분이나 이눌린(inulin)을 다량 함유한 뿌리·괴경(塊莖)〔자른 것인지 또는 펠릿(pellet) 모양인지에 상관없으며 신선한 것, 냉장·냉동한 것, 건조한 것으로 한정한다〕, 사고야자(sago)의 심(pith)
	1106	② 관세율표 제1106호에 해당하는 물품 중 사고(sago)·뿌리나 괴경(塊莖)(관세율표 제0714호의 것)의 고운 가루 및 거친 가루
	0701	③ 감자(신선한 것이나 냉장한 것으로 한정한다)
	1105	④ 감자의 고운 가루, 거친 가루, 가루, 플레이크(flake), 알갱이, 펠릿(pellet)
3. 특용작물류	0901	① 관세율표 제0901호에 해당하는 물품 중 커피(원래 모양이나 분쇄한 것으로서 볶은 것은 제외한다) 및 커피의 껍데기·껍질과 웨이스트(waste)
	0902	② 차류(소매용으로 포장한 것은 제외한다)
	0904	③ 후추〔파이퍼(Piper)속의 것으로 한정한다〕, 건조하거나 부수거나 잘게 부순 고추류〔캡시컴(Capsicum)속〕의 열매나 피멘타(Pimenta)속의 열매
	1201	④ 대두(부수었는지에 상관없다)
	1202	⑤ 땅콩(볶거나 그 밖의 조리를 한 것은 제외하며, 껍데기를 벗겼는지, 부수었는지에 상관없다)
	1206	⑥ 해바라기씨(부수었는지에 상관없다)
	1207	⑦ 그 밖의 채유(採油)에 적합한 종자와 과실〔팜너트(palm nut)와 핵(核), 목화씨, 피마자, 잇꽃 종자, 양귀비씨는 제외하며, 부수었는지는 상관없다〕
	1208	⑧ 채유(採油)에 적합한 종자와 과실의 고운 가루 및 거친 가루(겨자의 고운 가루 및 거친 가루는 제외한다)
	1212	⑨ 관세율표번호 제1212호에 해당하는 물품 중 사탕무와 사탕수수(신선한 것·냉장이나 냉동한 것·건조한 것으로서 잘게 부수었는지에 상관없다)
	1211	⑩ 관세율표 제1211호에 해당하는 물품 중 인삼류
	1801	⑪ 코코아두(원래 모양이나 부순 것으로 한정한다)
	1802	⑫ 코코아의 껍데기와 껍질, 그 밖의 코코아 웨이스트(waste)

	2401	⑬ 잎담배와 담배 부산물
	0910	⑭ 관세율표 제0910호에 해당하는 물품 중 생강
4. 과실류	0801	① 코코넛·브라질너트·캐슈너트(cashew nut)(신선한 것이나 건조한 것으로 한정하며, 껍데기나 껍질을 벗겼는지에 상관없다)
	0802	② 그 밖의 견과류(신선하거나 건조한 것으로 한정하며, 껍데기나 껍질을 벗겼는지에 상관없다)
	0803	③ 바나나[플랜틴(plantain)을 포함하며, 신선하거나 건조한 것으로 한정한다]
	0804	④ 대추야자·무화과·파인애플·아보카도(avocado)·구아바(guava)·망고(mango)·망고스틴(mangosteen)(신선하거나 건조한 것으로 한정한다)
	0805	⑤ 감귤류의 과실(신선하거나 건조한 것으로 한정한다)
	0806	⑥ 포도(신선한 것으로 한정한다)
	0807	⑦ 멜론(수박을 포함한다)과 포포(papaw)[파파야(papaya)](신선한 것으로 한정한다)
	0808	⑧ 사과·배·마르멜로(quince)(신선한 것으로 한정한다)
	0809	⑨ 살구·체리·복숭아[넥터린(nectarine)을 포함한다]·자두·슬로(sloe)(신선한 것으로 한정한다)
	0810	⑩ 그 밖의 과실(신선한 것으로 한정한다)
	0811	⑪ 냉동 과실과 냉동 견과류(물에 삶거나 찐 것과 설탕이나 그 밖의 감미료를 첨가한 것은 제외한다)
	0812	⑫ 일시적으로 보존하기 위하여 처리(예: 이산화유황가스·염수·유황수나 그 밖의 저장용액으로 보존처리)한 과실과 견과류(그 상태로는 식용에 적합하지 않은 것으로 한정한다)
	0813	⑬ 건조한 과실(관세율표 제0801호부터 제0806호까지에 해당하는 것은 제외한다)과 관세율표 제8류의 견과류나 건조한 과실의 혼합물
5. 채소류	0702	① 토마토(신선한 것이나 냉장한 것으로 한정한다)
	0703	② 양파·쪽파·마늘·리크(leek)와 그 밖의 파속의 채소(신선한 것이나 냉장한 것으로 한정한다)
	0704	③ 양배추·꽃양배추·구경(球莖)양배추·케일(kale)과 그 밖에 이와 유사한 식용 배추속(신선한 것이나 냉장한 것으로 한정한다)
	0705	④ 상추[락투카 사티바(Lactuca sativa)]와 치커리(chicory)[시커리엄(Cichorium)종](신선한 것이나 냉장한 것으로 한정한다)
	0706	⑤ 당근, 순무, 샐러드용 사탕무뿌리, 선모(仙茅), 셀러리액(celeriac), 무와 그 밖에 이와 유사한 식용 뿌리(신선한 것이나 냉장한 것으로 한정한다)
	0707	⑥ 오이류(신선한 것이나 냉장한 것으로 한정한다)
	0708	⑦ 채두류(菜豆類)(꼬투리가 있는지에 상관없으며 신선한 것이나 냉장한 것으로 한정한다)
	0709	⑧ 그 밖의 채소(신선한 것이나 냉장한 것으로 한정한다)
	0710	⑨ 냉동채소(조리한 것은 제외한다)
	0711	⑩ 일시적으로 보존하기 위하여 처리(예: 이산화유황가스·염수·유황수나 그 밖의 저장용액으로 보존처리)한 채소(그 상태로는 식용에 적합하지 않은 것으로 한정한다)
	0712	⑪ 건조한 채소(원래 모양인 것, 절단한 것, 얇게 썬 것, 부순 것, 가루 모양인 것으로 한정하며, 더 이상 조제한 것은 제외한다)
	0713	⑫ 건조한 채두류(菜豆類)(꼬투리가 없는 것으로서 껍질을 제거한 것인지 또는 쪼갠 것인지에 상관없다)
6. 수축류	0101	① 말(경주마, 승용마 및 번식용 말은 제외한다), 당나귀, 노새와 버새
	0102	② 소(물소를 포함한다)
	0103	③ 돼지
	0104	④ 면양과 산양
	0105	⑤ 가금(家禽)류[닭·오리·거위·칠면조 및 기니아새로 한정한다]
	0106	⑥ 그 밖의 살아 있는 동물(식용에 적합한 것으로 한정한다)
7. 수육류	0201	① 쇠고기(신선한 것이나 냉장한 것으로 한정한다)
	0202	② 쇠고기(냉동한 것으로 한정한다)
	0203	③ 돼지고기(신선한 것, 냉장하거나 냉동한 것으로 한정한다)
	0204	④ 면양과 산양의 고기(신선한 것, 냉장하거나 냉동한 것으로 한정한다)
	0205	⑤ 말·당나귀·노새·버새의 고기(신선한 것, 냉장하

구분	호	내용
		거나 냉동한 것으로 한정한다)
	0206	⑥ 소·돼지·면양·산양·말·당나귀·노새·버새의 식용 설육(屑肉)(신선한 것, 냉장하거나 냉동한 것으로 한정한다)
	0207	⑦ 관세율표 제0105호의 가금(家禽)류의 육과 식용 설육(屑肉)(신선한 것, 냉장하거나 냉동한 것으로 한정한다)
	0208	⑧ 그 밖의 육과 식용 설육(屑肉)(신선한 것, 냉장하거나 냉동한 것으로 한정한다)
	0209	⑨ 살코기가 없는 돼지 비계와 가금(家禽)의 비계(기름을 빼지 않은 것이나 그 밖의 방법으로 추출하지 않은 것으로서 신선한 것, 냉장하거나 냉동한 것, 염장하거나 염수장한 것, 건조하거나 훈제한 것으로 한정한다)
	0210	⑩ 육과 식용 설육(屑肉)(염장하거나 염수장한 것이나 건조하거나 훈제한 것으로 한정한다), 육이나 설육(屑肉)의 식용 고운 가루 및 거친 가루
	0504	⑪ 동물(어류는 제외한다)의 장·방광·위의 전체나 부분(식용에 적합한 것으로 한정한다)
	0511	⑫ 관세율표 제0511호에 해당하는 물품 중 건(腱)·근(筋)과 원피의 웨이스트(waste) 및 누에가루(식용에 적합한 것으로 한정한다)
	0506	⑬ 뼈와 혼코어(horn-core)〔가공하지 않은 것, 탈지(脫脂)한 것, 단순히 정리한 것(특정한 형상으로 깎은 것은 제외한다), 산(酸)처리를 하거나 탈교한(degelatinised) 것〕, 이들의 가루와 웨이스트(waste)
8. 유란류	0401	① 밀크(관세율표 제0401호에 해당하는 물품 중 신선한 것으로 한정하며 농축·건조·가당 또는 발효된 것은 제외한다)
	0402	② 관세율표 제0402호에 해당하는 물품 중 농축유·연유와 분유
	0407	③ 새의 알(껍질이 붙은 것으로서 신선하거나 저장에 적합한 처리를 한 것으로 한정한다)
	0408	④ 새의 알(껍질이 붙지 않은 것)과 알의 노른자위(신선한 것, 건조한 것, 그 밖의 저장에 적합한 처리를 한 것으로 한정한다)
	1901	⑤ 관세율표 제1901호에 해당하는 물품 중 유아용 조제 분유로 한정한다.
	3502	⑥ 알의 흰자위(egg albumin)(신선한 것, 건조한 것, 그 밖의 저장에 적합한 처리를 한 것으로 한정한다)
9. 생선류	0301	① 활어(관상용은 제외한다)
	0302	② 신선하거나 냉장한 어류〔관세율표 제0304호의 어류의 필레(fillet)와 그 밖의 어육은 제외한다〕
	0303	③ 냉동어류〔기름치(Oilfish, 학명 Ruvettus pretiosus)와 관세율표 제0304호의 어류의 필레(fillet)와 기타 어육은 제외한다〕
	0304	④ 어류의 필레(fillet)와 그 밖의 어육(잘게 썰었는지에 상관없으며 신선한 것, 냉장·냉동한 것으로 한정한다)
	0305	⑤ 건조한 어류, 염장이나 염수장한 어류, 훈제한 어류(훈제과정 중이나 훈제 전에 조리한 것인지에 상관없다)
	0306	⑥ 갑각류(껍데기가 붙어 있는 것인지에 상관없으며 살아 있는 것과 신선한 것, 냉장이나 냉동한 것, 건조한 것, 염장이나 염수장한 것으로 한정하며, 껍데기가 붙어 있는 상태로 물에 찌거나 삶아서 냉장이나 냉동한 것, 건조한 것, 염장이나 염수장한 것을 포함한다)
	0307	⑦ 연체동물(껍데기가 붙어 있는지에 상관없으며 살아 있는 것과 신선한 것, 냉장이나 냉동한 것, 건조한 것, 염장이나 염수장한 것을 포함한다)
	0308	⑧ 수생(水生) 무척추동물(갑각류와 연체동물은 제외하며, 살아 있는 것과 신선한 것, 냉장이나 냉동한 것, 건조한 것, 염장이나 염수장한 것을 포함한다)
	0309	⑨ 어류·연체동물 및 수생(水生) 무척추동물(갑각류는 제외한다)의 고운 가루 및 거친 가루와 펠릿(pellet)(식용에 적합한 것으로 한정한다)
	0511	⑩ 관세율표 제0511호에 해당하는 물품 중 어류의 웨이스트(waste)(식용에 적합한 것으로 한정한다)
10. 패류	0307	관세율표 제0307호에 해당하는 물품 중 조개·바지락·백합·홍합·전복과 그 밖의 패류(살아 있는 것과 신선한

품목	관세율표 번호	품목
		것, 냉장이나 냉동한 것, 건조한 것, 염장이나 염수장한 것으로 한정한다)
11. 해조류	1212	관세율표 제1212호에 해당하는 물품 중 김·미역·톳·파래·다시마와 그 밖의 식용에 적합한 해조류(신선한 것과 냉장이나 냉동한 것, 건조한 것, 염장이나 염수장한 것으로 한정한다)
12. 그 밖에 식용으로 제공되는 농산물, 축산물, 수산물 또는 임산물과 단순가공식료품	0409	① 천연꿀
	0410	② 따로 분류되지 않은 식용인 동물성 생산품
	1212	③ 관세율표 제1212호에 해당하는 물품 중 주로 식용에 적합한 과실의 핵(核)과 그 밖의 식물성 생산품으로서 따로 분류되지 아니한 것(산채류를 포함한다)
	2501	④ 관세율표 제2501호에 해당하는 물품 중 소금
		⑤ 데친 채소류·김치·단무지·장아찌·젓갈류·게장·두부·메주·간장·된장·고추장(제조시설을 갖추고 판매목적으로 독립된 거래단위로 관입·병입 또는 이와 유사한 형태로 포장하여 2026년 1월 1일부터 공급하는 것은 제외하되, 단순하게 운반편의를 위하여 일시적으로 관입·병입 등의 포장을 하는 경우를 포함한다)
	1209	⑥ 관세율표 제1209호에 해당하는 물품 중 채소 종자
		⑦ 쌀에 인산추출물·아미노산 등 식품첨가물을 첨가·코팅하거나 버섯균 등을 배양시킨 것으로서 쌀의 원형을 유지하고 있어야 하고(쌀을 분쇄한 후 식품첨가물을 혼합하여 다시 알곡모양을 낸 것은 제외한다), 쌀의 함량이 90퍼센트 이상인 것

〔별표2〕

면세하지 아니하는 수입 미가공식료품 분류표(제37조제1항 관련)

관세율표 번호	품목
0901	관세율표 제0901호에 해당하는 물품 중 커피 및 커피의 껍데기·껍질과 웨이스트(waste)
1801	코코아두(원래 모양이나 부순 것으로서 볶은 것을 포함한다)
1802	코코아의 껍데기와 껍질과 코코아 웨이스트(waste)

〔별표2의2〕

부가가치세가 면제되는 장애인용품(제42조 관련)

(2022.9.6 개정)

1. 장애인을 위한 용도로 특수하게 제작되거나 제조된 다음 각 목의 물품과 그 수리용 부분품
   가. 「장애인·노인등을 위한 보조기기 지원 및 활용촉진에 관한 법률 시행규칙」 제2조에 따른 보조기기로서 다음의 것
      (1) 음성 또는 점자 체온계, 체중계, 혈압계
      (2) 점자교육용 보조기기
      (3) 점자 읽기자료
      (4) 지각 훈련용 보조기기 중 청각 훈련용 보조기기
      (5) 음성 및 언어능력 훈련용 보조기기
      (6) 팔, 몸통, 다리 운동 장치 및 스포츠용 보조기기
      (7) 기립틀 및 기립 의자용 지지대
      (8) 팔 보조기, 다리 보조기, 척추 및 머리보조기
      (9) 팔의지(義肢), 다리의지(義肢)
      (10) 기타 의지[의이(義耳), 의비(義鼻), 안면보형물, 구개보형물, 가슴보형물로 한정한다]
      (11) 호흡용 보조기(산소통 없이 사용하는 것에 한정한다)
      (12) 대화 장치, 의사소통용 증폭기(휴대용인 것에 한정한다)
      (13) 헤드폰(텔레비전용, 전화용, 강연청취용에 한정한다)
      (14) 청각보조기기(청각보조기용 액세서리를 포함한다)
      (15) 시각 신호 표시기
      (16) 읽기 및 독서용 시력 보조기
      (17) 영상 확대 비디오 시스템
      (18) 확대용 돋보기 안경, 렌즈 및 렌즈시스템
      (19) 양팔 조작형 보행용 보조기
      (20) 수동휠체어, 전동휠체어
      (21) 시계 및 시간 측정 장치
      (22) 나침반, 타이머(시각장애인용으로 한정한다)
      (23) 문자판독기
      (24) 촉각막대기 또는 흰지팡이
      (25) 대소변 흡수용 보조기구
      (26) 욕창방지 방석 및 커버
      (27) 욕창 예방용 등받이 및 패드
      (28) 와상용 욕창 예방 보조기구
      (29) 침대 및 침대장비(욕창방지용으로 한정한다)
      (30) 목욕통, 목욕의자, 바퀴가 있거나 없는 샤워의자
      (31) 소변 처리기기
      (32) 안경 및 콘택트렌즈(선천성 시각장애를 가진 만 19세 미만 아동의 시력발달 위하여 공급하는 것으로 한정한다)
      (33) 타자기 중 점자타자기
      (34) 촉각 화면 표시기
      (35) 특수 키보드(점자키보드에 한정한다)
      (36) 프린터(점자프린터, 점자 또는 입체복사기, 점자라벨기, 점자제판기, 점자인쇄기를 포함한다)
      (37) 사람을 제외한, 질량 측정용 보조기기 및 도구(음성저울 및 음성 전자계산기에 한정한다)
      (38) 특수 출력 소프트웨어
      (39) 음성 화면 표시기
   나. 「장애인복지법」 제40조에 따른 장애인보조견
   다. 「의료기기법」 제2조에 따른 의료기기로서 다음의 것
      (1) 인공후두
      (2) 인공달팽이관장치(연결사용하는 외부 장치 및 배터리를 포함한다)
      (3) 인조인체부분(심장병 환자의 것, 연결사용하는 외부 보조장치를 포함한다)
      (4) 보청기[인공중이(中耳)를 포함한다]
   라. 장애인용 특수차량(관세율표 번호 제8713호의 물품과 장애인을 수송하기 위하여 특수하게 제작·설계된 수송용의 자동차로 한정한다)

마.「식품위생법」제7조에 따른 식품 중 선천성 대사질환자용으로 사용할 특수의료용도등식품
(1) 선천성 대사질환자용 식품
2. 질병치료를 위한 용도로 특수하게 제작되거나 제조된 다음 각 목의 물품
가. 만성신부전증환자가 사용할 물품
(1) 인공신장기
(2) 인공신장기용 투석여과기 및 혈액운송관
(3) 인공신장기용 투석액을 제조하기 위한 원자재·부자재
(4) 인공신장기용 투석여과기를 재사용하기 위한 의료용 화학소독기 및 멸균액
(5) 복막투석액을 제조하기 위한 원자재·부자재
(6) 인공신장기용 혈액운송관을 제조하기 위한 원자재·부자재
나. 희귀난치성 질환자가 사용할 물품
(1) 세레자임 등 고쉐병환자가 사용할 치료제
(2) 로렌조오일 등 부신백질디스트로피환자가 사용할 치료제
(3) 근육이양증환자의 치료에 사용할 치료제
(4) 윌슨병환자의 치료에 사용할 치료제
(5) 후천성면역결핍증으로 인한 심신장애인이 사용할 치료제
(6) 혈우병으로 인한 심신장애인이 사용할 열처리된 혈액응고인자 농축제
(7) 장애인의 음식물섭취에 사용할 삼킴장애제거제
(8) 장기이식 후 면역억제제의 합병증으로 생긴 림프구 증식증 환자의 치료에 사용할 치료제
(9) 니티시논 등 타이로신혈증환자가 사용할 치료제
(10) 발작성 야간 헤모글로빈뇨증, 비정형 용혈성 요독 증후군, 전신 중증 근무력증 또는 시신경 척수염 범주질환 환자의 치료에 사용할 치료제
(11) 신경섬유종증 1형 환자의 치료에 사용할 치료제
3. 장애인 교육용 물품(사회복지법인이 수입하는 경우만 해당한다)
(1) 핸드벨 및 차임벨
(2) 프뢰벨
(3) 몬테소리교구
(4) 디·엠·엘교구

[별표3]

면세하는 품목(관세의 기본세율이 무세인 품목)의 분류표
(제43조 관련)

(2022.3.18 개정)

구분	관세율표번호	품명
1. 살아 있는 동물	0102	① 번식용 소
	0103	② 번식용 돼지
	0105	③ 번식용 닭
2. 다른 류에 분류되지 않은 동물성 생산품	0511	① 소의 정액
		② 동물의 정액(소의 것은 제외한다)
		③ 수정란
3. 식용의 채소·뿌리·괴경(塊莖)	0701	종자용 감자
4. 곡물		
5. 채유(採油)에 적합한 종자와 과실, 각종 종자와 과실, 공업용·의약용 식물, 짚과 사료용 식물	1005	종자용 옥수수
	1209	파종용의 종자·과실·포자(胞子)
6. 의료용품	3001	① 피부와 뼈(이식용으로 한정한다)
	3002	② 면역혈청
		③ 혈장과 혈장(합성인 것은 제외한다)
		④ HSK번호 제3002.12.3000호, 제3002.13.0000호, 제3002.14.0000호의 것
		⑤ 사람의 피
		⑥ 동물의 피(치료용·예방용·진단용으로 조제된 것으로 한정한다)
	3822	⑦ 말라리아용 진단 시험 도구모음
7. 인쇄서적·신문·회화·그 밖의 인쇄물, 수제(手製)문서·타자문서·도면	4901	① 인쇄서적·소책자·리플릿(leaflet)과 이와 유사한 인쇄물(단매인지에 상관없다)
	4902	② 신문·잡지·정기간행물(그림이나 광고 선전물이 있는지에 상관없다)
	4903	③ 아동용 그림책과 습화책
	4904	④ 악보[인쇄나 수제(手製)의 것으로서 제본되었는지 또는 그림이 있는지에 상관없다]
	4905	⑤ 지도·해도나 이와 유사한 차트(제본된 것, 벽걸이용의 것, 지형도와 지구의를 포함하며, 인쇄한 것으로 한정한다)
	4906	⑥ 설계도와 도안[건축용·공학용·공업용·상업용·지형학용이나 이와 유사한 용도에 사용하는 것으로서 수제(手製) 원도(原圖)로 한정한다], 손으로 쓴 책자와 이들을 감광지에 사진복사·카본복사한 것
	4907	⑦ 사용하지 않은 우표·수입인지나 이와 유사한 물품(해당국에서 통용되거나 발행된 것으로 한정한다), 스탬프를 찍은 종이, 지폐, 수표, 주식·주권·채권과 이와 유사한 유가증권
	4911	⑧ 광고 선전물, 상업용 카탈로그(catalogue)와 이와 유사한 것 ⑨ 서화·디자인 및 사진을 제외한 그 밖의 인쇄물(인쇄된 설계도와 도안을 포함한다)
8. 원자로 및 그 부분품	8401	원자로, 방사선을 조사(照射)하지 않은 원자로용 연료 요소(카트리지)와 동위원소 분리용 기기
9. 차량·항공기·선박과 수송기 관련품	8609	컨테이너(액체운반용 컨테이너를 포함하며, 하나 이상의 운송수단으로 운반할 수 있도록 특별히 설계되거나 구조를 갖춘 것으로 한정한다)
10. 철도용이나 궤도용 외의 차량과 그 부분품·부속품	8710	전차와 그 밖의 장갑차량[자주식(自走式)으로 한정하며, 무기를 장비하였는지에 상관없다], 이들의 부분품
11. 항공기와 우주선, 이들의 부분	8802	① 그 밖의 항공기(헬리콥터는 제외한다), 우주선(인공위성을 포함한다), 우주선 운반로켓

	8804	③ 로토슈트(rotochute) 및 로토슈트의 부분품과 부속품
	8805	④ 항공기 발진장치, 갑판 착륙장치나 이와 유사한 장치, 지상비행 훈련장치, 이들의 부분품(군용·경찰용의 것으로 한정한다)
	8806	④ 무인기
	8807	⑤ 관세율표 제8801호·제8802호·제8806호 물품의 부분품
12. 선박과 수상 구조물	8901	① 순항선·유람선·페리보트(ferry-boat)·화물선·부선(barge)과 이와 유사한 선박(사람이나 화물 수송용으로 한정한다) 중 수리선박
	8902	② 어선과 어획물의 가공용이나 저장용 선박 중 수리선박
	8906	③ 군함을 제외한 그 밖의 선박(노를 젓는 보트 외의 구명보트를 포함한다) 중 수리선박
		④ 군함(수리선박을 포함한다)
13. 무기·총포탄과 이들의 부분품과 부속품	9301	① 군용 무기[리볼버(revolver)·피스톨(pistol)과 관세율표 제9307호의 무기는 제외한다]
	9302	② 리볼버(revolver)와 피스톨(pistol)(관세율표 제9303호·제9304호의 것은 제외한다)
	9305	③ 리볼버(revolver) 또는 피스톨(pistol)(관세율표 제9302호의 것)의 부분품과 부속품
		④ 군용 무기(관세율표 제9301호의 것)의 부분품과 부속품
	9306	⑤ 폭탄·유탄·어뢰·지뢰·미사일과 이와 유사한 군수품과 이들의 부분품, 탄약, 그 밖의 총포탄·탄두와 이들의 부분품[산탄알과 탄약 안에 충전되는 와드(wad)를 포함한다]
	9307	⑥ 검류·창과 이와 유사한 무기, 이들의 부분품과 집
14. 예술품·수집품·골동품	9701	① 회화·데생·파스텔(손으로 직접 그린 것으로 한정하며, 관세율표 제4906호의 도안과 손으로 그렸거나 장식한 가공품은 제외한다), 콜라주(collage)와 이와 유사한 장식판
	9702	② 오리지널 판화·인쇄화·석판화
	9703	③ 오리지널 조각과 조상(彫像)(어떤 재료라도 가능하다)
	9706	④ 골동품

비고 : 제6호의 품명란에서 "HSK번호"란 기획재정부장관이 고시하는 관세통계통합품목분류상의 번호를 말한다.

[별지서식] ➡ 「www.hyeonamsa.com」 참조

외국인관광객 등에 대한 부가가치세 및 개별소비세 특례규정

(약칭 : 외국인관광객면세규정)

[1986년 1월 9일
  대통령령 제11844호]

개정
1994.12.23영14438호(직제)
1994.12.31영14472호(특별소비세법시)
1998.12.31영15974호
1999.12. 3영16607호(특별소비세법시)
1999.12.31영16655호   2000.12.29영17042호
2001.12.31영17466호   2004.12.31영18631호
2007.12.31영20516호(개별소비세법시)
2008. 2.29영20720호(직제)
2010.12.30영22581호   2013. 2.15영24370호
2013. 6.28영24638호(부가세시)
2015. 8.18영26488호   2015.12.31영26831호
2017. 2. 7영27840호   2017.12.29영28514호
2020. 2.11영30393호
2021. 1. 5영31380호(법령용어정비)
2021. 2.17영31445호(부가세시)
2022. 2.15영32417호   2023.12.26영34020호

제1장 총 칙

제1조 【목적】 이 영은 「조세특례제한법」 제107조제1항부터 제4항까지의 규정에서 위임된 사항과 그 시행에 관하여 필요한 사항을 정함을 목적으로 한다. (2017.2.7 본조개정)

제2조 【외국인관광객 등의 범위】 ① 「조세특례제한법」(이하 "법"이라 한다) 제107조제4항에서 규정하는 외국인관광객 등의 범위는 「외국환거래법」에 따른 비거주자(이하 "외국인관광객"이라 한다)로 한다. 다만, 다음 각호의 자를 제외한다.(2017.2.7 본문개정)
1. 법인
2. 국내에 주재하는 외교관(이에 준하는 외국공관원을 포함한다)
3. 국내에 주재하는 국제연합군 및 미국군의 장병 및 군무원
② 주한국제연합군 또는 미국군이 주둔하는 지역중 관광진흥법에 의한 관광특구안에서 소매업·양복점업·양장점업 및 양화점업을 영위하는 사업자(제4조제1항의 규정에 의한 면세판매자에 한한다)로부터 재화를 구입하는 경우에는 제1항제3호의 규정을 적용하지 아니한다.(2004.12.31 본항신설)

제3조 【대상재화의 범위】 ① 법 제107조제4항에서 규정하는 대상재화의 범위는 다음 각호의 재화를 제외한 물품(이하 "면세물품"이라 한다)으로 한다.(1998.12.31 본문개정)
1. (1999.12.31 삭제)
2. 「총포·도검·화약류 등의 안전관리에 관한 법률」에 따른 총포·도검 및 화약류
3. 「문화재보호법」에 따라 문화재로 지정을 받은 물품
4. 「약사법」에 따른 중독성·습관성 의약품 (2017.2.7 2호~4호개정)
5. 부가가치세 및 개별소비세(개별소비세에 부과되는 교육세 및 농어촌특별세를 포함한다. 이하 같다)를 포함한 1회 거래가액이 기획재정부령이 정하는 금액에 미달하는 물품(2008.2.29 본조개정)
6. 법령에 의하여 거래가 제한되는 물품
7. 외화도피 또는 부정유통 방지 등의 사유로 판매의 제한이 필요한 것으로서 기획재정부령이 정하는 물품(2015.12.31 본호개정)
② (2010.12.30 삭제)

제4조【면세판매자 등의 범위】 ① 법 제107조제1항에서 "대통령령으로 정하는 사업자"란 제2항에 따른 면세판매장을 경영하는 사업자(이하 "면세판매자"라 한다)를 말한다.

② 법 제107조제2항에서 "대통령령으로 정하는 판매장"이란 제5조제1항에 따라 관할세무서장의 지정을 받은 외국인관광객면세판매장(이하 "면세판매장"이라 한다)을 말한다.
(2010.12.30 본조개정)

제5조【면세판매장의 지정 및 취소】 ① 면세판매장의 지정을 받으려는 자는 기획재정부령으로 정하는 지정신청서를 관할 세무서장에게 제출하여야 한다. 이 경우 다른 법령에 의하여 허가 또는 지정을 받거나 등록을 하여야 하는 사업의 경우에는 해당 허가증·지정증 또는 등록증 사본을 첨부하여야 한다.(2015.8.18 본항개정)

② 제1항의 신청을 받은 관할 세무서장은 신청인이 다음 각 호의 요건을 모두 갖춘 경우에만 면세판매장을 지정할 수 있다. 다만, 주한국제연합군 또는 미국군이 주둔하는 지역 중 「관광진흥법」에 따른 관광특구 안에서 소매업·양복점업·양장점업 및 양화점업을 영위하는 사업자의 경우에는 제1호의 요건을 적용하지 않는다.
(2021.1.5 단서개정)

1. 간이과세자가 아닐 것(2000.12.29 본호개정)

2. 외국인관광객의 예상이용도, 판매인원 및 시설의 규모, 면세판매장의 경영에 필요한 자금력 및 신용 등을 고려하여 국세청장이 정하는 기준에 적합할 것 (2021.1.5 본호개정)

3.~4. (2000.12.29 삭제)

③ 제1항의 신청을 받은 관할 세무서장은 신청일부터 7일 이내에 면세판매장의 지정여부를 결정하여야 하며, 면세판매장의 지정을 한 때에는 기획재정부령으로 정하는 면세판매장지정증(이하 "지정증"이라 한다)을 신청인에게 교부하여야 한다. 다만, 지정하지 아니하는 경우에는 그 사유를 지체 없이 신청인에게 통지하여야 한다.(2015.8.18 본항개정)

④ 관할 세무서장은 면세판매자가 다음 각 호의 어느 하나에 해당하는 경우에는 그 지정을 취소할 수 있다. 이 경우 관할 세무서장은 그 사실을 지체 없이 해당 사업자에게 통지하고 지정증을 회수하여야 한다.

1. 관계 법령에 따른 허가·지정 또는 등록이 취소된 경우

2. 해당 면세판매장을 양도 또는 대여한 경우

3. 국세 또는 지방세를 50만원 이상 포탈하여 처벌 또는 처분을 받은 경우

4. 면세판매자가 제10조에 따른 송금을 하지 아니하여 「조세범 처벌법」에 따라 「부가가치세법」에 따른 1과세 기간에 2회 이상 처벌을 받은 경우

5. 「외국환거래법」에 따라 처벌을 받은 경우

6. 제2항의 지정요건에 해당되지 아니하게 된 경우

7. 면세판매자가 면세판매장의 지정의 취소를 요구한 경우

8. 면세판매장의 지정을 받은 후 6월이 되는 날까지 외국인관광객에게 면세물품을 판매한 실적이 없는 경우

9. 「부가가치세법」에 따른 1과세기간 동안의 제8조제1항 후단에 따른 물품판매 수기확인서의 발급 건수가 제10조제1항에 따른 판매확인서 총 발급 건수의 100분의 10 이상일 경우. 다만, 해당 과세기간 중에 면세판매장의 지정을 받았거나 해당 과세기간 동안의 제10조제1항에 따른 판매확인서 총 발급 건수가 20건 미만인 경우는 제외한다.(2015.12.31 본호개정)

10. 하나의 면세물품 가액을 분할하여 2개 이상의 다음 각 목의 확인서로 발급한 사실이 「부가가치세법」에 따른 1과세기간 동안 2회 이상인 경우

가. 제8조제4항에 따른 즉시환급전자판매확인서

나. 제10조제1항에 따른 판매확인서
 (2015.12.31 본호신설)
 (2015.8.18 본항개정)

⑤ 제4항제3호부터 제5호까지 및 제10호의 사유로 면세판매장의 지정이 취소된 때에는 그 지정이 취소된 날부터 2년간 면세판매장의 지정을 받을 수 없다.(2015.12.31 본항개정)

⑥ 면세판매자가 휴업 또는 폐업하거나 지정증의 기재사항에 변경이 있는 경우에는 「부가가치세법」 제8조제8항 또는 「개별소비세법」 제21조를 준용하여 신고하여야 하며, 신고를 하는 때에는 기획재정부령으로 정하는 외국인관광객 면세판매장의 휴업·폐업 또는 지정사항 변경신고서에 지정증을 첨부하여 관할 세무서장(면세판매장을 이전한 때에는 이전 후의 면세판매장 관할 세무서장을 말한다)에게 제출하여야 한다.(2021.2.17 본항개정)

⑦ 제6항에 따라 신고서를 받은 관할 세무서장은 변경내용을 확인하고 지정증의 기재사항을 정정하여 재교부하여야 한다.(2015.8.18 본항개정)

제5조의2【환급창구운영사업자】 ① 관할지방국세청장은 외국인관광객이 면세물품을 구입하여 부담한 부가가치세 및 개별소비세상당액(이하 "세액상당액"이라 한다)을 제10조의2 및 제10조의4에 따라 환급 또는 송금하는 사업을 영위하는 자(이하 "환급창구운영사업자"라 한다)를 지정할 수 있다.(2013.2.15 본항개정)

② 환급창구운영사업자의 지정을 받고자 하는 자는 기획재정부령이 정하는 지정신청서를 관할지방국세청장에게 제출하여야 한다. 이 경우 다른 법령에 의하여 허가 또는 지정을 받거나 등록을 하여야 하는 사업에 있어서는 당해 허가증·지정증 또는 등록증 사본을 첨부하여야 한다.(2008.2.29 전단개정)

③ 제2항의 규정에 의한 신청을 받은 관할지방국세청장은 신청인이 다음 각호의 요건을 모두 갖춘 경우에 한하여 환급창구운영사업자로 지정할 수 있다.

1. 당해 사업에 필요한 자력 및 신용이 있을 것

2. 환급에 필요한 인원 및 시설을 갖출 것

3. 기타 환급창구의 운영에 필요한 것으로서 기획재정부령이 정하는 요건을 갖출 것(2008.2.29 본호개정)

④ 제2항의 규정에 의한 신청을 받은 관할지방국세청장은 신청일부터 30일이내에 환급창구운영사업자의 지정여부를 결정하여야 하며, 환급창구운영사업자로 지정을 한 경우에는 환급창구운영사업자지정증을 교부하여야 한다.

⑤ 관할지방국세청장은 다음 각호의 1에 해당하는 경우에는 환급창구운영사업자의 지정을 취소할 수 있다.

1. 제5조제4항제1호·제3호 또는 제5호에 해당하게 된 경우

2. 제3항의 규정에 의한 지정요건에 해당하지 아니하게 된 경우

3. 환급창구운영사업자가 당해 사업을 하지 아니하게 된 경우

4. 환급창구운영사업자가 지정취소를 요청한 경우

5. 제10조의2부터 제10조의4까지의 규정에 따른 환급절차 또는 송금절차를 위반한 경우(2013.2.15 본호개정)

⑥ 제5조제6항 및 제7항의 규정은 환급창구운영사업의 휴·폐업과 지정증의 기재사항변경에 관하여 이를 준용한다.
(1998.12.31 본조신설)

제2장 영세율적용과 세액의 환급

제6조【부가가치세 영세율적용 및 개별소비세액의 환급】 ① 면세판매자는 면세판매장에서 외국인관광객에

게 면세물품을 세액상당액을 포함한 가격으로 판매한 후 다음 각호의 규정에 해당하는 경우에는 부가가치세 영세율을 적용받거나 당해 면세물품에 대한 개별소비세액을 환급받을 수 있다.(2007.12.31 본문개정)

1. 외국인관광객이 면세물품을 구입한 날로부터 3월 이내에 국외로 반출한 사실이 제9조 또는 제10조의4에 따라 확인되는 경우(2013.2.15 본호개정)

2. 면세판매자가 제10조의 규정에 의하여 당해 세액상당액을 외국인관광객에 송금하거나 제10조의2 또는 제10조의4에 따라 환급창구운영사업자를 통하여 환급 또는 송금한 것이 확인되는 경우(2013.2.15 본호개정)

② 면세판매자는 외국인관광객이 다음 각 호의 요건을 모두 충족하여 면세물품을 구입하는 경우에는 면세판매장에서 외국인관광객에게 면세물품을 세액상당액을 차감(이하 "즉시환급"이라 한다)한 가격으로 판매한 후 부가가치세 영세율을 적용하거나 해당 면세물품에 대한 개별소비세액을 환급받을 수 있다.

1. 세액상당액을 포함한 1회 거래가액이 100만원 미만일 것(2023.12.26 본호개정)

2. 입국 후 즉시환급을 받은 세액상당액을 포함한 총 거래가액이 500만원 이하일 것(2023.12.26 본호개정)(2015.12.31 본항신설)

③ 면세판매자는 제2항에 따라 세액상당액을 즉시환급하는 경우 해당 세액상당액에서 환급에 따른 제비용 등으로서 환급창구운영사업자가 제10조의2제2항에 따라 국세청장의 승인을 얻은 금액을 공제할 수 있다.(2015.12.31 본항신설)

④ 외국인관광객이 입국 후 제1항 또는 제2항에 따라 면세물품을 구입한 날부터 3개월(이하 이 항에서 "면세물품반출기간"이라 한다) 이내에 국외로 반출하지 아니한 물품이 있는 경우에는 그 면세물품반출기간 후에 구입하는 면세물품에 대해서는 제2항의 규정을 적용하지 아니한다.(2015.12.31 본항신설)(2007.12.31 본조제목개정)

제7조【영세율 및 환급적용 배제】 ① 면세판매자가 면세물품을 판매한 날로부터 3월이 되는 날이 속하는 과세기간(예정신고기간 및 영세율등 조기환급기간을 포함한다. 이하 같다)의 종료후 20일까지 제10조제1항에 따른 판매확인서나 제10조의3 또는 제10조의4제5항에 따른 환급·송금증명서를 송부(정보통신망을 이용한 전송을 포함한다. 이하 같다)받지 못한 경우에는 제6조제1항에 따른 부가가치세 영세율을 적용하지 아니한다.

② 면세판매자가 면세물품을 판매한 날로부터 3월이 되는 날이 속하는 달의 다음달 20일까지 제10조제1항에 따른 판매확인서나 제10조의3 또는 제10조의4제5항에 따른 환급·송금증명서를 송부받지 못하거나 제12조제1항의 규정에 의한 개별소비세 환급신청을 하지 아니한 경우(첨부서류를 제출하지 아니한 경우 이와 관련된 환급세액을 포함한다)에는 제6조제1항에 따른 개별소비세액의 환급을 하지 아니한다.(2015.12.31 본조개정)

제3장 면세물품의 판매·반출확인 및 송금절차

제8조【면세물품의 판매절차】 ① 면세판매자가 외국인관광객에게 면세물품을 판매할 때에는 여권 등에 의하여 해당 물품을 구입하는 자의 신분을 확인한 후 기획재정부령으로 정하는 외국인관광객 물품판매확인서(이하 "물품판매확인서"라 한다) 2부와 반송용봉투를 내주어야 한다. 이 경우 전산장애 등 부득이한 사유가 있는 경우에는 물품판매확인서 대신 기획재정부령으로 정하는 외국인관광객 물품판매 수기확인서(이하 "물품판매 수기확인

서"라 한다)를 내줄 수 있다.(2015.8.18 본항개정)

② 제1항에도 불구하고 면세판매자가 환급창구운영사업자 또는 출국항 관할 세관장에게 정보통신망을 이용하여 전자적 방식의 외국인관광객 물품판매확인서(이하 "전자판매확인서"라 한다)를 전송한 경우에는 물품판매확인서 또는 물품판매 수기확인서와 반송용봉투를 내주지 아니할 수 있다.(2015.8.18 본항신설)

③ 면세판매자가 제1항에 따라 면세물품을 판매할 때에는 해당 외국인관광객에게 송금절차 및 환급절차 등을 알려주어야 한다.

④ 면세판매자는 제6조제2항에 따라 외국인관광객에게 즉시환급하여 물품을 판매하는 경우에는 여권을 확인하고 정보통신망을 이용하여 전자적 방식의 기획재정부령으로 정하는 외국인관광객 즉시환급용 물품판매확인서(이하 "즉시환급 전자판매확인서"라 한다)를 출국항 관할 세관장에게 전송하여야 한다.(2015.12.31 본항신설)(2010.12.30 본조개정)

제9조【세관장의 반출확인】 ① 외국인관광객이 면세물품을 구입하는 때에 부담한 세액상당액을 환급 또는 송금받았거나 환급 또는 송금받으려는 경우에는 출국하는 때에 출국항 관할 세관장에게 물품판매확인서 또는 물품판매 수기확인서 1부와 함께 구입물품을 제시하고 확인을 받아야 한다. 다만, 구입물품을 우편 등 그 밖의 방법에 의하여 따로 송부하는 경우에는 기획재정부령으로 정하는 서류를 구입물품에 갈음하여 제시할 수 있다.

② 제1항에도 불구하고 출국항 관할 세관장은 면세판매자 또는 환급창구운영사업자로부터 전자판매확인서 또는 즉시환급 전자판매확인서를 전송받은 경우에는 외국인관광객에게 물품판매확인서 또는 물품판매 수기확인서의 제시를 생략하게 할 수 있다. 다만, 전송받은 전자판매확인서 또는 즉시환급 전자판매확인서의 내용에 오류가 있거나 사실 확인이 필요하다고 판단되는 경우에는 외국인관광객에게 면세판매자로부터 받은 해당 물품에 대한 영수증 등의 제시를 요구할 수 있다.(2015.12.31 본항개정)

③ 출국항 관할 세관장은 물품판매확인서, 물품판매 수기확인서, 전자판매확인서 또는 즉시환급 전자판매확인서에 기획재정부령으로 정하는 면세물품의 반출에 관한 확인인을 날인(정보통신망을 통한 전자적 처리를 포함한다. 이하 같다)하여 지체 없이 다음 각 호의 자에게 송부하거나 내주어야 한다.

1. 면세판매자
2. 외국인관광객
3. 환급창구운영사업자
(2015.12.31 본항개정)

④ 출국항 관할 세관장은 제3항에 따라 확인인을 날인하는 경우 외국인관광객이 제시한 면세물품(제1항 단서의 경우에는 기획재정부령으로 정하는 서류로 한다)과 물품판매확인서, 물품판매 수기확인서, 전자판매확인서 또는 즉시환급 전자판매확인서 기재사항의 일치 여부를 출국항 관할 세관장이 정하는 기준에 따라 선별하여 검사할 수 있다.(2015.12.31 본항신설)

⑤ 국제연합군 및 미국군의 장병 및 군무원이 제2조제2항에 따라 구입한 면세물품을 소포우편에 의하여 제2조제2항에 따른 주한국제연합군 또는 미국군이 주둔하는 지역에서 반출하는 경우에는 관세청장이 정하는 바에 따라 제1항부터 제4항까지의 규정을 준용한다. 이 경우 "출국"을 "반출"로, "출국항 관할 세관장"을 "관할 세관장"으로 본다.(2015.12.31 전단개정)(2015.12.31 본조제목개정)(2015.8.18 본조개정)

제10조【세액상당액의 송금】① 면세판매자는 제9조제3항에 따라 출국항 관할세관장(제2조제2항의 규정에 의한 경우에는 관할세관장을 말한다. 이하 같다)이 확인인을 날인한 물품판매확인서, 물품판매 수기확인서 또는 전자판매확인서(이하 "판매확인서"라 한다)를 출국항 관할세관장 또는 외국인관광으로부터 송부받은 날부터 20일 이내에 외국인관광객이 면세물품을 구입한 때에 부담한 세액상당액을 당해 외국인 관광객에게 송금하여야 한다.(2015.12.31 본항개정)
② 면세판매자가 제1항의 세액상당액을 송금하는 때에는 당해 세액상당액에서 송금에 따른 제비용(송금수수료, 송금을 위한 국제우편요금 및 기타 송금에 따른 비용으로서 국세청장이 정하는 금액)을 공제할 수 있다.
제10조의2【세액상당액의 환급 또는 송금】① 환급창구운영사업자는 출국항 관할세관장이 확인한 판매확인서를 제출받은 때에는 지체없이 외국인관광객이 면세물품을 구입한 때에 부담한 세액상당액을 면세판매자를 대리하여 당해 외국인관광객에게 환급 또는 송금하여야 한다. 다만, 그 외국인관광객이 제10조의4제3항에 따라 환급 또는 송금받는 경우에는 그러하지 아니하다.(2013.2.15 단서신설)
② 환급창구운영사업자가 제1항의 규정에 의하여 세액상당액을 환급 또는 송금하는 때에는 당해 세액상당액에서 환급 또는 송금에 따른 제비용 등으로서 환급창구운영사업자가 국세청장의 승인을 얻은 금액을 공제할 수 있다.(2001.12.31 본항개정)
제10조의3【환급·송금증명서의 송부 등】① 제10조의2의 규정에 의하여 외국인관광객에게 세액상당액을 환급 또는 송금한 환급창구운영사업자는 기획재정부령이 정하는 바에 따라 환급 또는 송금에 관한 사실을 증명하는 서류(이하 "환급·송금증명서"라 한다)를 면세판매자에게 송부하여야 한다.
② 환급·송금증명서를 송부받은 면세판매자는 환급창구운영사업자가 제10조의2제1항에 따라 환급 또는 송금한 세액상당액(같은 조 제2항에 따라 환급 또는 송금에 따른 제비용을 공제한 전의 금액을 말한다)을 환급창구운영사업자에게 지급해야 한다.(2020.2.11 본항신설)
(2020.2.11 본조제목개정)
(2008.2.29 본조개정)
제10조의4【전자판매확인서를 통한 세액상당액 환급 등의 특례】① 제8조제1항에도 불구하고 면세판매자는 부가가치세 및 개별소비세를 포함한 1회 거래가액이 600만원 이하이고, 외국인관광객이 제9조 및 이 조 제4항에 따라 출국항 관할 세관장의 반출확인을 받기로 하고 면세물품을 구입하는 때에 부담한 세액상당액을 환급 또는 송금하여 줄 것을 요구하는 경우에는 전자판매확인서를 환급창구운영사업자에게 전송하여야 한다.(2023.12.26 본항개정)
② 제1항에 따라 전자판매확인서를 전송받은 환급창구운영사업자는 전송받은 전자판매확인서를 출국항 관할세관장에게 전송하여야 한다.
③ 제1항에 따라 전자판매확인서를 전송받은 환급창구운영사업자는 외국인관광객이 요구하는 경우 제10조의2제1항 본문에도 불구하고 면세물품(부가가치세 및 개별소비세를 포함한 1회 거래가액이 600만원 이하인 경우로 한정한다)을 구입한 때에 부담한 세액상당액을 면세판매자를 대리하여 외국인관광객에게 환급하거나 송금하여야 한다. 이 경우 환급창구운영사업자는 해당 외국인관광객에게 제9조 및 이 조 제4항에 따른 출국항 관할 세관장의 반출확인을 담보하기 위하여 환급 또는 송금하는 세액상당액을 한도로 담보를 제공할 것을 요구할 수 있다.(2023.12.26 전단개정)
④ 제8조제2항 또는 이 조 제2항에 따라 전자판매확인

서를 전송받은 출국항 관할 세관장은 제9조제3항에 따라 전자판매확인서에 확인인을 날인하고 그 확인 결과를 환급창구운영사업자에게 전송하여야 하며, 국세청장에게 그 확인을 한 날이 속하는 달의 다음 달 10일까지 그 결과를 통보하여야 한다.(2015.12.31 본항개정)
⑤ 제10조의2 또는 이 조 제3항에 따라 외국인관광객에게 세액상당액을 환급하거나 송금한 환급창구운영사업자는 관할 세관장으로부터 제4항에 따른 확인 결과를 전송받은 경우 환급·송금증명서를 면세판매자에게 전송하여야 한다.
⑥ 제3항에 따라 환급창구운영사업자가 세액상당액을 외국인관광객에게 환급 또는 송금하는 경우에는 제10조의2제2항을 준용하며, 제5항에 따라 환급·송금증명서를 전송받은 자에 대하여는 제10조의3제2항을 준용한다.(2020.2.11 본항개정)
(2013.2.15 본조신설)

제4장 신고 및 환급절차

제11조【부가가치세 신고】① 면세판매자가 제6조제1항에 따라 부가가치세 영세율을 적용받기 위하여는 판매확인서 또는 환급·송금증명서를 송부받은 날이 속하는 과세기간의 과세표준과 납부세액 또는 환급세액을 관할 세무서장에게 신고하는 때에 당해 판매확인서에 제10조의 규정에 의하여 송금한 사실을 증명하는 서류(이하 "송금증명서"라 한다) 또는 환급·송금증명서를 첨부하여 제출하여야 한다. 다만, 세액상당액을 송금한 경우로서 부득이한 사유로 송금증명서를 첨부할 수 없는 때에는 국세청장이 정하는 서류로써 이에 갈음할 수 있다.(2015.12.31 본문개정)
② 제1항에도 불구하고 제10조의4제5항에 따라 환급창구운영사업자로부터 환급·송금증명서를 전송받은 면세판매자는 제6조제1항에 따라 부가가치세 영세율을 적용받기 위해서는 제1항 전단에 따라 관할 세무서장에게 신고하는 때에 기획재정부령으로 정하는 외국인관광객 면세물품 판매 및 환급실적명세서(이하 "면세물품 판매 및 환급실적명세서"라 한다)를 첨부하여 제출하여야 한다.(2015.12.31 본항개정)
③ 면세판매자가 제6조제1항에 따라 영세율이 적용되는 과세표준 신고시 제1항 또는 제2항에 따른 서류를 당해 신고서에 첨부하여 제출하지 아니한 경우에는 이와 관련된 과세표준은 제1항 또는 제2항에 따른 신고로 보지 아니한다.(2015.12.31 본항개정)
④ 면세판매자가 제7조제1항에 해당하는 경우에는 면세물품을 판매한 날로부터 3월이 되는 날이 속하는 과세기간의 신고기한까지 부가가치세의 과세표준과 세액을 신고납부 하여야 한다.
⑤ 면세판매자는 제6조제2항에 따라 부가가치세 영세율을 적용받으려는 경우에는 면세물품을 판매하는 날이 속하는 과세기간의 과세표준과 납부세액 또는 환급세액을 관할 세무서장에게 신고할 때 기획재정부령으로 정하는 외국인관광객 즉시환급 물품 판매실적명세서를 첨부하여 제출하여야 한다.(2015.12.31 본항신설)
제12조【개별소비세 환급신청】① 면세판매자가 제6조에 따라 개별소비세액을 환급받고자 하는 경우에는 즉시환급 전자판매확인서를 발급하거나 판매확인서 또는 는 환급·송금증명서를 송부받은 날이 속하는 달의 다음달 말일까지 기획재정부령이 정하는 개별소비세 환급신청서에 다음 각호의 1에 해당하는 서류를 첨부하여 제출하여야 한다. 다만, 제1호에 해당하는 경우로서 부득이한 사유로 송금증명서를 첨부할 수 없는 때에는 국세청장이 정하는 서류로써 이에 갈음할 수 있다.(2015.12.31 본문개정)

1. 세액상당액을 외국인관광객에게 송금한 경우에는 판매확인서 및 송금증명서
2. 환급창구운영사업자를 통하여 환급 또는 송금한 경우에는 판매확인서 및 환급·송금증명서. 다만, 면세판매자가 제10조의4제5항에 따라 환급창구운영사업자로부터 환급·송금증명서를 전송받은 경우에는 면세물품 판매 및 환급실적명세서를 말한다.(2013.2.15 단서신설)
3. 외국인관광객에게 즉시환급을 한 경우에는 즉시환급 전자판매확인서(2015.12.31 본호신설)
(1998.12.31 본항개정)
② 제1항의 규정에 의하여 개별소비세 환급신청서를 받은 관할 세무서장은 환급신청을 받은 날로부터 20일 이내에 면세판매자에게 개별소비세를 환급하여야 한다. 이 경우 납부할 세액이 있는 때에는 이를 공제한다.(2007.12.31 전단개정)
③ 제3조제1항제1호 단서에 해당하는 물품의 면세판매자가 제7조제2항에 해당하는 경우에는 면세물품을 판매한 날로부터 3월이 되는 날이 속하는 달의 다음달 말일까지 개별소비세의 과세표준과 세액을 신고 납부하여야 한다.(2007.12.31 본항개정)
(2007.12.31 본조제목개정)

제5장 보 칙

제13조【다른 법령과의 관계】면세물품에 대한 부가가치세 및 개별소비세에 관하여 이 영에서 특별히 규정한 것을 제외하고는 부가가치세와 개별소비세에 관한 법령이 정하는 바에 의한다.(2007.12.31 본조개정)
제14조【명령사항】① 국세청장·관할 지방국세청장 또는 관할 세무서장은 면세판매자에게 다음 각호에 관한 사항을 명할 수 있다.(1998.12.31 본문개정)
1. 면세판매장의 표시
2. 외국인관광객이 알아야 할 사항에 관한 안내문의 게시 또는 고지
3. 송금비용의 부담, 송금방법 등 송금에 따른 세부사항
4. 기타 단속상 필요한 사항
② 국세청장·관할 지방국세청장 또는 관할 세무서장은 환급창구운영사업자에게 다음 각호의 사항을 명할 수 있다.
1. 환급창구의 표시
2. 외국인관광객이 알아야 할 사항에 관한 안내문의 게시 또는 고지
3. 납세보전상 필요한 서류의 제출 및 영업에 관한 보고
(1998.12.31 본항신설)
제15조【개별소비세 과세물품반출(판매)명세서 교부】① 개별소비세 과세대상물품을 면세판매장에 반출 또는 판매하는 자는 기획재정부령이 정하는 개별소비세 과세물품반출(판매)명세서(수입물품의 경우에는 수입신고필증사본으로 한다)를 면세판매자에게 교부하여야 한다.(2008.2.29 본항개정)
② 개별소비세 과세물품반출(판매)명세서를 교부받은 면세판매자는 이를 면세판매장에 비치하여야 한다.(2007.12.31 본조개정)
제16조 (1998.12.31 삭제)

부 칙 (2013.2.15)

제1조【시행일】이 영은 2013년 7월 1일부터 시행한다. 다만, 제9조제5항의 개정규정은 공포한 날부터 시행한다.

제2조【일반적 적용례】이 영은 2013년 7월 1일 이후 외국인관광객 등이 면세판매장에서 면세물품을 구입하는 분부터 적용한다.
제3조【세관장의 반출확인 등에 관한 적용례】제9조제5항의 개정규정은 부칙 제1조 단서에 따른 시행일 이후 출국항 관할 세관장이 반출확인하는 분부터 적용한다.
제4조【부가가치세 신고에 관한 적용례】제11조제2항 및 제3항의 개정규정은 2013년 7월 1일 이후 외국인관광객 등이 면세판매장에서 면세물품을 구입하는 분에 대하여 부가가치세를 신고하는 분부터 적용한다.
제5조【개별소비세 환급신청에 관한 적용례】제12조제1항제2호 단서의 개정규정은 2013년 7월 1일 이후 외국인관광객 등이 면세판매장에서 면세물품을 구입하는 분에 대하여 개별소비세 환급신청을 하는 분부터 적용한다.

부 칙 (2015.8.18)

제1조【시행일】이 영은 공포한 날부터 시행한다.
제2조【면세판매장의 지정 취소에 관한 적용례】제5조제4항제9호의 개정규정은 이 영 시행 이후 발급하는 판매확인서부터 적용한다. 이 경우 이 영 시행일이 속하는 과세기간의 경우에는 이 영 시행일부터 2015년 12월 31일까지를 1과세기간으로 본다.
제3조【세관장의 반출확인에 관한 적용례】제9조제5항 전단의 개정규정은 이 영 시행 전에 구입한 면세물품을 이 영 시행 이후에 출국항 관할 세관장에게 확인받으려는 경우에 대해서도 적용한다.

부 칙 (2015.12.31)

제1조【시행일】이 영은 2016년 1월 1일부터 시행한다.
제2조【면세판매장의 지정 취소에 관한 적용례】제5조제4항제10호의 개정규정은 이 영 시행 이후 발급하는 즉시환급 전자판매확인서 또는 판매확인서부터 적용한다.
제3조【면세판매장의 즉시환급에 관한 적용례】제6조 및 제8조제4항의 개정규정은 이 영 시행 이후 외국인관광객이 면세판매장에서 면세물품을 구입하고 즉시환급을 받는 경우부터 적용한다.
제4조【세관장의 반출확인에 관한 적용례】제9조 및 제10조의4제4항의 개정규정은 이 영 시행 전에 외국인관광객이 면세판매장에서 구입한 면세물품을 이 영 시행 이후에 출국항 관할 세관장에게 확인받는 경우에 대해서도 적용한다.
제5조【부가가치세 신고에 관한 적용례】제11조제5항의 개정규정은 이 영 시행 이후 외국인관광객이 면세판매장에서 즉시환급을 받은 분에 대하여 부가가치세를 신고하는 경우부터 적용한다.
제6조【개별소비세 환급신청에 관한 적용례】제12조제1항의 개정규정(즉시환급분에 대한 환급신청에 관한 부분으로 한정한다)은 이 영 시행 이후 외국인관광객이 면세판매장에서 즉시환급을 받은 분에 대하여 개별소비세 환급신청을 하는 경우부터 적용한다.

부 칙 (2017.2.7)

제1조【시행일】이 영은 공포한 날부터 시행한다.
제2조【전자판매확인서를 통한 세액상당액 환급 등에

관한 적용례】 제10조의4제1항 및 제3항의 개정규정은 이 영 시행 이후 외국인관광객이 면세판매장에서 구입하는 면세물품부터 적용한다.

　　　　부　칙 (2017.12.29)

제1조【시행일】이 영은 공포한 날부터 시행한다.
제2조【면세판매장의 즉시환급에 관한 적용례】 제6조제2항제1호의 개정규정은 이 영 시행 이후 외국인관광객이 면세판매장에서 면세물품을 구입하고 즉시환급을 받는 경우부터 적용한다.

　　　　부　칙 (2020.2.11)

제1조【시행일】이 영은 2020년 4월 1일부터 시행한다. 다만, 제10조의3 및 제10조의4제6항의 개정규정은 공포한 날부터 시행한다.
제2조【면세판매장의 즉시환급에 관한 적용례】 제6조제2항의 개정규정은 2020년 4월 1일 이후 외국인관광객이 면세판매장에서 면세물품을 구입하는 경우부터 적용한다.

　　　　부　칙 (2021.1.5)

이 영은 공포한 날부터 시행한다.(이하 생략)

　　　　부　칙 (2021.2.17)

제1조【시행일】이 영은 공포한 날부터 시행한다.(이하 생략)

　　　　부　칙 (2022.2.15)

제1조【시행일】이 영은 2022년 4월 1일부터 시행한다.
제2조【면세판매장의 즉시환급 한도 상향조정에 따른 적용례】 제6조제2항제2호의 개정규정은 이 영 시행 이후 외국인관광객이 면세판매장에서 면세물품을 구입하는 경우부터 적용한다.

　　　　부　칙 (2023.12.26)

제1조【시행일】이 영은 2024년 1월 1일부터 시행한다.
제2조【면세판매장의 즉시환급 등에 관한 적용례】 제6조제2항제1호·제2호, 제10조의4제1항 및 같은 조 제3항 전단의 개정규정은 이 영 시행 이후 외국인관광객이 면세판매장에서 면세물품을 구입하는 경우부터 적용한다.

외국인관광객 등에 대한 부가가치세 및 개별소비세 특례규정 시행규칙

(1986년 3월 24일)
(재무부령 제1670호)

개정
1987. 7. 7교통부령　　857호(관광진흥법시규)
1999. 5. 4재정경제부령　65호
2000.12.30재정경제부령 175호(관세시규)
2001. 3.31재정경제부령 187호　2010. 4.13기획재정부령 148호
2011. 3.21기획재정부령 190호　2013. 2.23기획재정부령 332호
2015. 3. 6기획재정부령 472호　2015. 8.19기획재정부령 496호
2015.12.31기획재정부령 529호　2016. 3. 9기획재정부령 548호
2021.10.28기획재정부령 867호(법령용어정비)
2023.12.29기획재정부령1031호

제1조【목적】이 규칙은「외국인관광객 등에 대한 부가가치세 및 개별소비세 특례규정」에서 위임된 사항과 그 시행에 필요한 사항을 규정함을 목적으로 한다. (2010.4.13 본조개정)
제2조【면세물품의 범위】① 「외국인관광객 등에 대한 부가가치세 및 개별소비세 특례규정」(이하 "영"이라 한다) 제3조제1항제5호에서 "기획재정부령이 정하는 금액"이란 1만5천원을 말한다.(2023.12.29 본항개정)
② 영 제3조제1항제7호에서 "기획재정부령이 정하는 물품"이란 다음 각 호의 어느 하나에 해당하는 것을 말한다.
1. 담배사업법 제2조에 따른 담배
2. 관세법 제234조에 따른 수출입 금지 물품
(2015.12.31 본항신설)
제3조 (2001.3.31 삭제)
제4조【면세판매장의 지정 및 취소】① 영 제5조제1항에 따른 지정신청서는 별지 제1호서식에 따른다.
② 영 제5조제3항에 따른 면세판매장 지정증은 별지 제2호서식에 따른다.
③ 영 제5조제4항제7호에 따라 면세판매장의 지정취소를 요구하려는 자는 별지 제3호서식의 외국인관광객 면세판매장 지정취소 요구서에 외국인면세판매장 지정증을 첨부하여 관할 세무서장에게 제출하여야 한다.
④ 영 제5조제6항에 따른 외국인관광객 면세판매장의 휴업·폐업 또는 지정사항 변경 신고서는 별지 제4호서식에 따른다.(2015.8.19 본항개정)
⑤ 면세판매장 지정신청을 받은 세무서장은 신청인이 영 제5조제2항 각 호의 요건 중 일부를 갖추지 아니한 경우에 이를 보완할 수 있다고 인정할 때에는 상당한 기간을 정하여 보완할 것을 요구할 수 있다.
⑥ 제5항에 따른 보완 기간은 영 제5조제3항에 따른 지정 결정 기간에 포함되지 아니한다.
(2010.4.13 본조개정)
제4조의2【환급창구운영사업자의 지정 및 취소】①영 제5조의2제2항에 따른 환급창구운영사업자 지정신청서는 별지 제4호의2서식에 따른다.
② 영 제5조의2제4항에 따른 환급창구운영사업자 지정증은 별지 제4호의3서식에 따른다.
③ 영 제5조의2제5항제4호에 따른 환급창구운영사업자 지정취소를 요청하려는 자는 별지 제3호서식의 환급창구운영사업자 지정취소 요청서에 환급창구운영사업자 지정증을 첨부하여 관할 지방국세청장에게 제출하여야 한다.
④ 영 제5조의2제6항에 따른 환급창구운영사업자의 휴업·폐업 또는 지정사항 변경 신고는 별지 제4호서식에 따른다.

⑤ 환급창구운영사업자의 지정에 관하여는 제4조제5항 및 제6항을 준용한다.
(2010.4.13 본조개정)

제5조【외국인관광객 물품판매확인서】 영 제8조제1항에 따른 외국인관광객 물품판매확인서 및 외국인관광객 물품판매 수기확인서는 각각 별지 제5호서식 및 별지 제5호의2서식에 따른다. 다만, 면세판매장이 환급창구운영사업자의 가맹점인 경우에는 국세청장이 인정하는 환급전표(정보통신망을 이용하여 전송하는 전자문서를 포함한다)에 따를 수 있다.(2015.8.19 본조개정)

제5조의2【외국인관광객 즉시환급용 물품판매확인서】 영 제8조제4항에 따른 외국인관광객 즉시환급용 물품판매확인서는 별지 제5호의3서식에 따른다.
(2015.12.31 본조신설)

제6조【세관장의 반출 확인】 ① 영 제9조제1항 단서에서 "기획재정부령이 정하는 서류"란 다음 각 호의 어느 하나에 해당하는 서류를 말한다.
1. 소포우편으로 보낸 경우에는 해당 우체국장이 발행하는 소포 수령증
2. 그 밖의 경우에는 관할 세관장이 발급하는 수출신고 필증
② 영 제9조제3항에 따른 확인인은 별지 제6호서식에 따르며, 세관장이 영 제9조제3항에 따른 확인 내용을 정보통신망을 이용하여 입력한 경우에는 같은 항에 따라 확인인을 날인한 것으로 본다.(2013.2.23 본항개정)
(2010.4.13 본조개정)

제6조의2【환급·송금증명서】 환급창구운영사업자가 영 제10조의3 또는 제10조의4제5항에 따라 면세판매자에게 송부하는 환급·송금증명서는 구입자의 성명, 물품내용, 환급세액 등이 적힌 것으로서 국세청장이 인정하는 것(정보통신망을 이용하여 전송하는 전자문서를 포함한다)이어야 한다.(2013.2.23 본조개정)

제6조의3【면세물품 판매 및 환급실적명세서】 영 제11조제2항 및 제12조제1항제2호 단서에 따른 외국인관광객 면세물품 판매 및 환급실적명세서는 별지 제6호의2서식에 따른다.(2013.2.23 본조신설)

제6조의4【즉시환급 물품 판매실적 명세서】 영 제11조제5항에 따른 외국인관광객 즉시환급 물품 판매실적명세서는 별지 제6호의3서식에 따른다.(2015.12.31 본조신설)

제7조【개별소비세 환급신청】 영 제12조제1항에 따라 개별소비세액을 환급받으려는 자는 별지 제7호서식의 외국인관광객 면세판매장 개별소비세 환급신청서에 별지 제8호서식의 개별소비세 과세물품 반출(판매) 명세서를 첨부하여 관할 세무서장에게 제출하여야 한다.
(2010.4.13 본조개정)

제8조【개별소비세 과세물품 반출(판매) 명세서】 영 제15조제1항에 따른 개별소비세 과세물품 반출(판매) 명세서는 별지 제8호서식에 따른다.(2010.4.13 본조개정)

부 칙 (2010.4.13)

제1조【시행일】 이 규칙은 공포한 날부터 시행한다. 다만, 제5조, 제6조 및 제6조의2의 개정규정은 2010년 7월 1일부터 시행한다.
제2조【물품판매 확인서, 반출 확인 및 환급·송금증명서에 관한 적용례】 제5조, 제6조 및 제6조의2의 개정규정은 이 규칙 시행 후 최초로 교부·확인 또는 송부하는 분부터 적용한다.

부 칙 (2011.3.21)

제1조【시행일】 이 규칙은 2011년 4월 1일부터 시행한다.
제2조【적용례】 이 규칙은 이 규칙 시행 후 최초로 구입하는 재화부터 적용한다.

부 칙 (2013.2.23)

제1조【시행일】 이 규칙은 2013년 7월 1일부터 시행한다. 다만, 제6조제2항의 개정규정은 공포한 날부터 시행한다.
제2조【서식에 관한 적용례】 별지 제6호의2서식의 개정규정은 2013년 7월 1일 이후 외국인관광객 등이 면세판매장에서 면세물품을 구입하는 분에 대하여 부가가치세를 신고하거나 개별소비세를 환급신청 하는 분부터 적용한다.

부 칙 (2015.3.6)

제1조【시행일】 이 규칙은 공포한 날부터 시행한다.
제2조【서식에 관한 적용례】 별지 제4호의2서식 및 별지 제7호서식의 개정규정은 이 규칙 시행 이후 신청하는 경우부터 적용한다.

부 칙 (2015.8.19)

제1조【시행일】 이 규칙은 공포한 날부터 시행한다.
제2조【서식에 관한 적용례】 별지 제5호서식 및 별지 제5호의2서식의 개정규정은 이 규칙 시행 이후 물품을 판매하는 경우부터 적용한다.

부 칙 (2015.12.31)

제1조【시행일】 이 규칙은 2016년 1월 1일부터 시행한다.
제2조【면세물품의 범위에 관한 적용례】 제2조제2항의 개정규정은 이 규칙 시행 이후 면세판매장에서 외국인관광객 등에게 물품을 판매하는 분부터 적용한다.

부 칙 (2016.3.9)

제1조【시행일】 이 규칙은 공포한 날부터 시행한다.
제2조【서식에 관한 적용례】 서식에 관한 개정규정은 이 규칙 시행 이후 신고하는 분부터 적용한다.

부 칙 (2021.10.28)

이 규칙은 공포한 날부터 시행한다.

부 칙 (2023.12.29)

제1조【시행일】 이 규칙은 2024년 1월 1일부터 시행한다.
제2조【면세물품의 범위에 관한 적용례】 제2조제1항의 개정규정은 이 규칙 시행 이후 외국인관광객 등이 물품을 구입하는 경우부터 적용한다.

〔별지서식〕 ➡ 「www.hyeonamsa.com」 참조

개별소비세법

(1976년 12월 22일)
(법　률　제2935호)

개정
1978.12. 5법 3103호　　　　　　　　<중략>
2000.12.29법 6294호
2001.12.15법 6521호　　　　　　　2003. 7.26법 6945호
2004.10.16법 7224호　　　　　　　2005. 7. 8법 7575호
2005.12.31법 7840호
2006. 9.27법 7988호(소비자기본법)
2006.12.30법 8138호(교통·에너지·환경세법)
2006.12.30법 8139호(국세)
2007.12.31법 8829호　　　　　　　2008. 3.28법 8987호
2008.12.26법 9259호
2009. 1.30법 9346호(교통·에너지·환경세법폐지법)→2025년
1월 1일 시행이므로 추후 수록
2010. 1. 1법 9909호
2010. 5.25법 10310호(축산물위생관리법)
2010.12.27법 10404호
2011. 3. 9법 10445호(기초연구진흥개발)
2011. 6. 7법 10789호(영유아보육법)
2011.12. 2법 11106호　　　　　　2011.12.31법 11120호
2013. 1. 1법 11601호
2013. 1.23법 11620호(과학관의설립·운영및육성에관한법)
2013. 3.23법 11690호(정부조직)
2014. 1. 1법 12157호　　　　　　2014.12.23법 12846호
2015. 3.27법 13246호(국민체육진흥법)
2015.12.15법 13547호
2016. 3.22법 14079호(기초연구진흥개발)
2016.12.20법 14378호　　　　　　2017.11.16법 15036호
2017.12.19법 15217호　　　　　　2018.12.31법 16091호
2020. 6. 9법 17339호(법률용어정비)
2020.12. 8법 17580호(국민체육진흥법)
2020.12.22법 17647호　　　　　　2021.12.21법 18582호
2022. 8.12법 18973호　　　　　　2022.12.31법 19185호

제1조 【과세대상과 세율】 ① 개별소비세는 특정한 물품, 특정한 장소 입장행위(入場行爲), 특정한 장소에서의 유흥음식행위(遊興飮食行爲) 및 특정한 장소에서의 영업행위에 대하여 부과한다.

② 개별소비세를 부과할 물품(이하 "과세물품"이라 한다)과 그 세율은 다음과 같다.

1. 다음 각 목의 물품에 대해서는 그 물품가격에 100분의 20의 세율을 적용한다.
　가. 투전기(投錢機), 오락용 사행기구(射倖器具), 그 밖의 오락용품
　나. 수렵용 총포류
　(2016.12.20 본호개정)

2. 다음 각 목의 물품에 대해서는 그 물품가격 중 대통령령으로 정하는 기준가격(이하 "기준가격"이라 한다)을 초과하는 부분의 가격(이하 이 호에서 "과세가격"이라 한다)에 해당 세율을 적용한다.
　가. 다음의 물품에 대해서는 과세가격의 100분의 20
　　1) 보석〔공업용 다이아몬드, 가공하지 아니한 원석(原石) 및 나석(裸石)은 제외한다〕, 진주, 별갑(鼈甲), 산호, 호박(琥珀) 및 상아와 이를 사용한 제품(나석을 사용한 제품은 포함한다)(2018.12.31 개정)
　　2) 귀금속 제품
　　3) (2015.12.15 삭제)
　　4) 고급 시계
　　5) 고급 융단
　　6) 고급 가방(2013.1.1 신설)
　나. 다음의 물품에 대해서는 과세가격의 100분의 20
　　1) 고급 모피와 그 제품〔토끼 모피 및 그 제품과 생모피(生毛皮)는 제외한다〕
　　2) 고급 가구

3. 다음 각 목의 자동차에 대해서는 그 물품가격에 해당 세율을 적용한다.
　가. 배기량이 2천시시를 초과하는 승용자동차와 캠핑용자동차 : 100분의 5(2020.6.9 본목개정)
　나. 배기량이 2천시시 이하인 승용자동차(배기량이 1천시시 이하인 것으로서 대통령령으로 정하는 규격의 것은 제외한다)와 이륜자동차 : 100분의 5(2020.6.9 본목개정)
　다. 전기승용자동차(「자동차관리법」 제3조제2항에 따른 세부기준을 고려하여 대통령령으로 정하는 규격의 것은 제외한다) : 100분의 5(2011.12.31 본목신설)

4. 다음 각 목의 물품에 대해서는 그 수량에 해당 세율을 적용한다.
　가. 휘발유 및 이와 유사한 대체유류(代替油類) : 리터당 475원
　나. 경유 및 이와 유사한 대체유류 : 리터당 340원
　다. 등유 및 이와 유사한 대체유류 : 리터당 90원
　라. 중유(重油) 및 이와 유사한 대체유류 : 리터당 17원
　마. 석유가스〔액화(液化)한 것을 포함한다. 이하 같다〕 중 프로판(프로판과 부탄을 혼합한 것으로서 대통령령으로 정하는 것을 포함한다) : 킬로그램당 20원
　바. 석유가스 중 부탄(부탄과 프로판을 혼합한 것으로서 마목에 해당하지 아니하는 것을 포함한다) : 킬로그램당 252원
　사. 천연가스(액화한 것을 포함한다. 이하 같다) : 킬로그램당 12원. 다만, 발전용 외의 천연가스(기획재정부령으로 정하는 것을 말한다)는 킬로그램당 60원으로 한다.(2018.12.31 본목개정)
　아. 석유제품 외의 물품을 제조하는 과정에서 부산물(副産物)로 생산되는 유류로서 대통령령으로 정하는 것 : 리터당 90원
　자. 유연탄 : 킬로그램당 46원(2018.12.31 본목개정)

5. (2016.12.20 삭제)

6. 담배(다음 각 목의 어느 하나를 말한다)에 대한 종류별 세율은 별표와 같다.
　가. 「담배사업법」 제2조제1호에 따른 담배
　나. 가목과 유사한 것으로서 연초(煙草)의 잎이 아닌 다른 부분을 원료의 전부 또는 일부로 하여 피우거나, 빨거나, 증기로 흡입하거나, 씹거나, 냄새 맡기에 적합한 상태로 제조한 것
　다. 그 밖에 가목과 유사한 것으로서 대통령령으로 정하는 것
　(2020.12.22 본호개정)

③ 입장행위(관련 설비 또는 용품의 이용을 포함한다. 이하 같다)에 대하여 개별소비세를 부과할 장소(이하 "과세장소"라 한다)와 그 세율은 다음과 같다.

1. 경마장 : 1명 1회 입장에 대하여 1천원. 다만, 장외발매소는 2천원으로 한다.(2015.12.15 본호개정)

2. 경륜장(競輪場)·경정장(競艇場) : 1명 1회 입장에 대하여 400원. 다만, 장외매장은 800원으로 한다.(2015.12.15 본호개정)

3. 투전기를 설치한 장소 : 1명 1회 입장에 대하여 1만원

4. 골프장 : 1명 1회 입장에 대하여 1만2천원

5. 카지노 : 1명 1회 입장에 대하여 5만원(「폐광지역 개발 지원에 관한 특별법」 제11조에 따라 허가를 받은 카지노의 경우에는 1명 1회 입장에 대하여 6천300원). 다만, 외국인은 1명 1회 입장에 대하여 2천원으로 한다.(2014.1.1 본문개정)

④ 유흥음식행위에 대하여 개별소비세를 부과하는 장소(이하 "과세유흥장소"라 한다)와 그 세율은 다음과 같다.
　유흥주점, 외국인전용 유흥음식점, 그 밖에 이와 유사한 장소 : 유흥음식요금의 100분의 10

⑤ 영업행위에 대하여 개별소비세를 부과하는 장소(이하 "과세영업장소"라 한다)와 그 세율은 다음과 같다. 「관광진흥법」 제5조제1항에 따라 허가를 받은 카지노(「폐광지역개발 지원에 관한 특별법」 제11조에 따라 허가를 받은 카지노를 포함한다) : 연간 총매출액(「관광진흥법」 제30조제1항에 따른 총매출액을 말한다. 이하 같다)에 따른 다음 각 호의 어느 하나의 세율

호별	연간 총매출액	세 율
1	500억원 이하	100분의 0
2	500억원 초과 1천억원 이하	500억원을 초과하는 금액의 100분의 2
3	1천억원 초과	10억원 + (1천억원을 초과하는 금액의 100분의 4)

⑥ 과세물품〔제2항제2호나목1), 같은 항 제4호바목·사목 및 같은 항 제6호는 제외한다〕, 과세장소, 과세유흥장소 및 과세영업장소의 세목(細目)과 종류는 대통령령으로 정한다.(2014.12.23 본항개정)
⑦ 제2항과 제3항의 세율은 국민경제의 효율적 운용을 위하여 경기 조절, 가격 안정, 수급 조정에 필요한 경우와 유가변동에 따른 지원사업의 재원 조달에 필요한 경우 그 세율의 100분의 30(제2항제4호 각 목의 경우 2024년 12월 31일까지는 100분의 50)의 범위에서 대통령령으로 조정할 수 있다. 다만, 제2항제1호부터 제3호까지의 과세물품 중 대통령령으로 정하는 과세물품에 대해서는 본문에 따라 세율을 조정하는 경우 제2항에서 정한 세율에 따른 산출세액과 조정 후 세율에 따른 산출세액 간 차액의 한도를 과세물품당 100만원의 범위에서 대통령령으로 정할 수 있다.(2022.8.12 본문개정)
⑧ 과세물품의 판정은 그 명칭이 무엇이든 상관없이 그 물품의 형태·용도·성질이나 그 밖의 중요한 특성에 의한다.
⑨ 동일한 과세물품이 제2항의 품목 중 둘 이상에 해당하는 경우에는 그 과세물품의 특성에 맞는 물품으로 취급하되 그 특성이 명확하지 아니한 경우에는 주된 용도로 사용되는 물품으로 취급하고, 주된 용도가 명확하지 아니한 경우에는 높은 세율이 적용되는 물품으로 취급한다.
⑩ 과세물품이 분해되었거나 미조립(未組立) 상태로 반출(搬出)되는 경우에는 이를 완제품으로 취급한다.
⑪ 「식품위생법」, 「관광진흥법」, 그 밖의 법령에 따라 허가를 받지 아니하고 제4항 또는 제5항에 해당하는 과세유흥장소 또는 과세영업장소를 경영하는 경우에도 그 장소를 과세대상인 과세유흥장소 또는 과세영업장소로 본다.
⑫ 제8항부터 제11항까지에서 규정한 사항 외에 과세물품, 과세장소, 과세유흥장소, 과세영업장소 및 유흥음식행위의 판정에 필요한 사항은 대통령령으로 정한다.(2010.12.27 본항개정)
(2010.1.1 본조개정)

제1조의2【잠정세율】 ① 과세물품 중 기술개발을 선도하거나 환경친화적인 물품으로서 대통령령으로 정하는 물품에 대해서는 다음 각 호의 세율을 적용한다.
1. 대통령령으로 정하는 날부터 4년간 : 제1조제2항의 세율(이하 이 조에서 "기본세율"이라 한다)의 100분의 10
2. 제1호에 따른 기간이 지난 날부터 1년간 : 기본세율의 100분의 40
3. 제2호에 따른 기간이 지난 날부터 1년간 : 기본세율의 100분의 70
② 제1항에 따른 세율은 대통령령으로 정하는 바에 따라 그 적용을 단축 또는 중지하거나 기본세율의 범위에서 인상할 수 있다.

③ 제1항과 제2항에 따른 세율은 기본세율 및 제1조제7항의 세율에 우선하여 적용한다.
(2010.1.1 본조개정)
제2조【비과세】 다음 각 호의 어느 하나에 해당하는 물품에 대해서는 개별소비세를 부과하지 아니한다.
1. 자기(법인은 제외한다)와 자기 가족만이 사용하기 위하여 자기가 직접 제조하는 물품
2. 「관세법」에 따라 간이세율을 적용하는 물품
3. 「축산물위생관리법」·「약사법」 또는 「식품위생법」에 따라 제조장에서 수거되는 물품(2010.5.25 본호개정)
4. 알코올분 1도 이상을 함유하는 물품으로서 「주세법」에 따라 주세(酒稅)가 부과되는 물품
(2010.1.1 본조개정)
제3조【납세의무자】 다음 각 호의 어느 하나에 해당하는 자는 이 법에 따라 개별소비세를 납부할 의무가 있다.
1. (2015.12.15 삭제)
2. 과세물품을 제조하여 반출하는 자
3. 「관세법」에 따라 관세를 납부할 의무가 있는 자로서 과세물품을 「관세법」에 따른 보세구역(保稅區域, 이하 "보세구역"이라 한다)에서 반출하는 자
4. 제3호의 경우 외에 관세를 징수하는 물품에 대해서는 그 관세를 납부할 의무가 있는 자
5. 제1조제3항의 과세장소의 경영자
6. 제1조제4항의 과세유흥장소의 경영자
7. 제1조제5항의 과세영업장소의 경영자
(2010.1.1 본조개정)
제4조【과세시기】 개별소비세는 다음 각 호에 따른 반출, 수입신고, 입장, 유흥음식행위 또는 영업행위를 할 때에 그 행위 당시의 법령에 따라 부과한다. 다만, 제3조제4호의 경우에는 「관세법」에 따른다.
(2015.12.15 본문개정)
1. 물품에 대한 개별소비세 : 과세물품을 제조장에서 반출할 때 또는 수입신고를 할 때(2015.12.15 본호개정)
2. 입장행위에 대한 개별소비세 : 과세장소에 입장할 때
3. 유흥음식행위에 대한 개별소비세 : 유흥음식행위를 할 때
4. 영업행위에 대한 개별소비세 : 과세영업장소의 영업행위를 할 때
(2010.1.1 본조개정)
제5조【제조로 보는 경우】 다음 각 호의 어느 하나에 해당하는 경우에는 해당 물품을 제조하는 것으로 본다.
1. 제조장이 아닌 장소에서 판매 목적으로 다음 각 목의 어느 하나에 해당하는 행위를 하는 것
   가. 대통령령으로 정하는 물품을 용기에 충전(充塡)하거나 재포장하는 것(2020.6.9 본목개정)
   나. 과세물품에 가치를 높이기 위한 장식, 조립, 첨가 등의 가공을 하는 것
   다. 제1조제2항제4호마목 및 바목의 물품을 혼합하는 것(그 혼합물이 제1조제2항제4호바목의 물품인 석유가스 중 부탄인 경우만 해당한다)
2. 중고품을 신품(新品)과 동등한 정도로 그 가치를 높이기 위하여 대부분의 재료를 대체 또는 보완하거나 중고품의 부분품의 전부 또는 일부를 재료로 하여 새로운 물품으로 가공 또는 개조하는 것
(2010.1.1 본조개정)
제6조【반출 등으로 보는 경우】 ① 과세물품이 다음 각 호의 어느 하나에 해당하는 경우에는 제조장에서 반출하는 것으로 본다.
1. 제조장에서 사용되거나 소비되는 경우. 다만, 대통령령으로 정하는 사유에 해당하는 경우는 제외한다.
2. 제조장에 있다가 공매(公賣), 경매 또는 파산절차로 환가(換價)되는 경우

3. 과세물품의 제조를 사실상 폐지한 경우에 제조장에 남아있는 경우. 다만, 대통령령으로 정하는 사유에 해당하여 관할 세무서장의 승인을 받은 경우는 제외한다. (2022.12.31 본항개정)

② 과세유흥장소의 경영자가 과세유흥장소 외의 장소에서 유흥음식행위를 하게 한 경우에는 그 유흥음식행위를 과세유흥장소에서 한 것으로 본다.

③ 과세영업장소의 경영자가 과세영업장소 외의 장소에서 영업행위를 하게 한 경우에는 그 영업행위를 과세영업장소에서 한 것으로 본다. (2022.12.31 본조제목개정)

(2010.1.1 본조개정)

제7조 【유흥음식요금을 전액 받은 것으로 보는 경우】 과세유흥장소의 경영자가 유흥음식 요금의 전부 또는 일부를 받지 아니하고 유흥음식행위를 하게 한 경우에는 그 요금의 전액을 받은 것으로 본다. (2010.1.1 본조개정)

제8조 【과세표준】 ① 개별소비세의 과세표준은 다음 각 호에 따른다. 다만, 제1조제2항제2호의 과세물품은 다음 제1호부터 제4호까지의 가격 중 기준가격을 초과하는 부분의 가격을 과세표준으로 한다.

1. (2015.12.15 삭제)
2. 제3조제2호의 납세의무자가 제조하여 반출하는 물품 : 제조장에서 반출할 때의 가격 또는 수량. 다만, 제1조제2항제4호가목의 물품인 휘발유 및 이와 유사한 대체유류의 경우에는 제조장에서 반출한 후 소비자에게 판매할 때까지 수송 및 저장 과정에서 증발 등으로 자연 감소되는 정도를 고려하여 대통령령으로 정하는 비율을 제조장에서 반출할 때의 수량에 곱하여 계산한 수량을 반출할 때의 수량에서 뺀 수량으로 한다.
3. 제3조제3호의 납세의무자가 보세구역에서 반출하는 물품 : 수입신고를 할 때의 관세의 과세가격과 관세를 합한 금액 또는 수량. 다만, 제1조제2항제4호가목의 물품인 휘발유 및 이와 유사한 대체유류의 경우에는 제2호 단서를 준용한다. (2011.12.31 본문개정)
4. 제3조제4호의 물품 : 해당 관세를 징수할 때의 관세의 과세가격과 관세를 합한 금액 또는 수량 (2011.12.31 본조개정)
5. 과세장소 입장행위 : 입장할 때의 인원
6. 과세유흥장소에서의 유흥음식행위 : 유흥음식행위를 할 때의 요금. 다만, 제23조의3에 따라 금전등록기를 설치·사용하는 과세유흥장소는 대통령령으로 정하는 바에 따라 현금 수입금액을 과세표준으로 할 수 있다.
7. 과세영업장소에서의 영업행위 : 총매출액

② 제1항제2호부터 제6호까지의 가격이나 요금에는 해당 물품 또는 유흥음식행위에 대한 개별소비세와 부가가치세를 포함하지 아니하며, 제1항제2호부터 제4호까지의 가격에는 그 용기 대금과 포장 비용(대통령령으로 정하는 것은 제외한다)을 포함한다. (2015.12.15 본항개정)

③ 과세표준이 되는 가격·수량·요금·인원 또는 총매출액의 계산에 필요한 사항은 대통령령으로 정한다. (2010.1.1 본조개정)

제9조 【과세표준의 신고】 ① 제3조제2호와 제6조제1항제1호에 따라 납세의무가 있는 자는 매 분기(제1조제2항제4호 또는 같은 항 제6호에 해당하는 물품은 매월) 제조장에서 반출한 물품의 물품별 수량, 가격, 과세표준, 산출세액, 미납세액, 면제세액, 공제세액, 환급세액, 납부세액 등을 적은 신고서를 반출한 날이 속하는 분기의 다음 달 25일(제1조제2항제4호 또는 같은 항 제6호에 해당하는 물품은 반출한 날이 속하는 달의 다음 달 말일)까지 제조장 관할 세무서장에게 제출(국세정보통신망을 통하여 제출하는 경우는 국세정보통신망에

입력하는 것을 말한다. 이하 같다)하여야 한다. (2022.12.31 본항개정)

② 제3조제3호의 납세의무자가 보세구역 관할 세관장에게 수입신고를 한 경우에는 제1항에 따른 신고를 한 것으로 본다.

③ 제3조제4호의 납세의무자에 관하여는 「관세법」을 준용한다.

④ 제3조제5호의 납세의무자는 매 분기 과세장소의 종류별·세율별로 입장 인원과 입장 수입을 적은 신고서를 입장한 날이 속하는 분기의 다음 달 25일까지 과세장소 관할 세무서장에게 제출하여야 한다.

⑤ 제3조제6호의 납세의무자는 매 월 과세유흥장소의 종류별로 인원, 유흥음식 요금, 산출세액, 면제세액, 공제세액, 납부세액 등을 적은 신고서를 유흥음식행위를 한 날이 속하는 달의 다음 달 25일까지 과세유흥장소의 관할 세무서장에게 제출하여야 한다. (2010.12.27 본항개정)

⑥ 제3조제7호의 납세의무자는 매년 과세영업장소의 고객으로부터 받은 총금액, 고객에게 지급한 총금액, 총매출액, 총세액 등을 적은 신고서와 공인회계사의 감사보고서가 첨부된 전년도 재무제표를 영업행위를 한 날이 속하는 해의 다음 해 3월 31일까지 과세영업장소의 관할세무서장에게 제출하여야 한다. (2020.6.9 본항개정)

⑦ 제1항 및 제4항부터 제6항까지의 규정에도 불구하고 다음 각 호의 어느 하나에 해당하는 경우에는 그 사유가 발생한 날이 속한 달의 다음 달 25일까지 해당 신고서를 제출하여야 한다.

1. 제3조제2호의 납세의무자가 제6조제1항제2호 및 제3호에 해당하게 된 경우(2015.12.15 본호개정)
2. 제3조제2호 및 제5호부터 제7호까지의 납세의무자가 제조장·과세장소·과세유흥장소 및 과세영업장소의 영업을 폐업한 경우(2022.12.31 본호개정)

(2011.12.31 본조개정)

⑧ 제1항, 제2항 및 제4항부터 제7항까지의 규정에 따른 과세표준의 신고에 필요한 사항은 대통령령으로 정한다.

(2010.1.1 본조개정)

제10조 【납부】 ① 제3조제2호 및 제5호부터 제7호까지의 규정과 제6조제1항제1호에 따라 납세의무가 있는 자는 매 분기분(제1조제2항제4호 또는 같은 항 제6호에 해당하는 물품 및 제1조제4항에 해당하는 과세유흥장소는 매월분, 제1조제5항에 해당하는 과세영업장소는 매 연도분)의 개별소비세를 제9조제1항 및 제4항부터 제6항까지의 규정에 따른 신고서 제출 기한까지 관할 세무서장에게 납부하여야 한다. (2015.12.15 본항개정)

② 다음 각 호의 어느 하나에 해당하는 자는 개별소비세를 제9조제7항에 따른 신고서 제출 기한까지 관할 세무서장에게 납부하여야 한다.

1. 제6조제1항제2호 및 제3호에 따라 납세의무가 있는 자
2. 제조장·과세장소·과세유흥장소 또는 과세영업장소의 영업을 사실상 폐업한 자(2022.12.31 본호개정)

③ 제3조제3호 및 제4호의 납세의무자의 개별소비세 납부에 관하여는 「관세법」에 따른다.

④ 과세물품을 「관세법」에 따라 수입신고 수리 전에 보세구역에서 반출하려는 자는 「관세법」으로 정하는 바에 따라 해당 개별소비세액에 상당하는 담보를 제공하여야 한다.

⑤ 제3조제6호 또는 제7호에 해당하는 과세유흥장소 또는 과세영업장소의 경영자에 대하여 관할 세무서장은 납세 보전(保全)을 위하여 필요하다고 인정하면 대통령령으로 정하는 바에 따라 해당 개별소비세액에 상당하는 담보의 제공을 요구할 수 있다.

(2010.1.1 본조개정)

제10조의2【총괄납부】 ① 제3조제2호에 따른 납세의무자로서 제5조제1호다목, 제14조제4항 및 제20조의2제1항에 따라 개별소비세를 납부하거나 환급받는 자는 대통령령으로 정하는 바에 따라 해당 물품을 제조·반출한 제조장에서 총괄하여 납부하거나 환급받을 수 있다.
② 제1항에 따라 해당 물품을 제조·반출한 제조장에서 총괄하여 납부하려는 자는 대통령령으로 정하는 바에 따라 관할 세무서장에게 신청하여 승인을 받아야 한다.
(2010.1.1 본조개정)

제10조의3【사업자 단위 신고·납부】 제9조제1항, 같은 조 제4항부터 제7항까지 및 제10조제1항·제2항에도 불구하고 제21조제2항에 따라 사업자 단위로 신고한 사업자(이하 제21조제3항에서 "사업자단위과세사업자"라 한다)는 그 사업자의 본점 또는 주사무소(主事務所)에서 총괄하여 신고·납부할 수 있다. 이 경우 그 사업자의 본점 또는 주사무소는 신고·납부와 관련하여 이 법을 적용할 때 각 제조장·과세장소·과세유흥장소 또는 과세영업장소로 본다.(2022.12.31 후단개정)

제10조의4【미납세반출 후 반입지에서 판매 또는 반출한 물품의 신고·납부 특례】 제14조제1항 및 제20조의3제1항에 따라 개별소비세를 납부하지 아니하고 반출 등을 한 자(이하 이 조에서 "미납세반출자"라 한다)와 그 반출된 물품을 반입한 자가 동일한 사업자인 경우에는 해당 물품을 반입지에서 판매 또는 반출할 때 제14조제4항에도 불구하고 미납세반출자가 대통령령으로 정하는 바에 따라 해당 물품에 대한 개별소비세를 관할 세무서장 또는 세관장에게 신고·납부할 수 있다.
(2014.12.23 본조개정)

제10조의5【저유소에서의 서로 다른 유류의 혼합 등에 대한 특례】 제3조제2호 또는 제3조의 납세의무자(이하 이 조에서 "제조자등"이라 한다)가 제1조제2항제4호가목부터 다목까지의 유류를 해당 제조자등의 제조장 또는 보세구역에서 「송유관 안전관리법」에 따른 송유관 또는 선박·탱크로리 등 운송수단을 통하여 반출한 후 제조자등이 소유 또는 임차한 저유소(貯油所)에서 다시 반출하는 경우로서 해당 저유소에서 서로 다른 유류의 혼합 등 대통령령으로 정하는 사유(이하 이 조에서 "혼유등"이라 한다)가 발생하는 경우에는 다음 각 호의 구분에 따라 이 법을 적용한다.(2013.1.1 본문개정)
1. 납세의무자 : 제3조제2호에도 불구하고 제조자등
2. 과세시기 : 제4조제1호에도 불구하고 혼유등이 발생한 때
3. 과세표준 : 제8조제1항제2호에도 불구하고 혼유등이 발생한 때의 수량
(2011.12.31 본조신설)

제11조【결정·경정결정 및 재경정】 ① 제9조에 따른 신고서를 제출하지 아니하거나 신고한 내용에 오류 또는 탈루(脫漏)가 있는 경우에는 관할 세무서장, 관할 지방국세청장 또는 세관장은 그 과세표준과 세액을 결정 또는 경정결정(更正決定)한다.
② 제1항에 따른 결정 또는 경정결정은 장부나 그 밖의 증명 자료를 근거로 하여야 한다. 다만, 다음 각 호의 어느 하나에 해당하는 사유가 있는 경우에는 대통령령으로 정하는 바에 따라 추계(推計)할 수 있다.
1. 과세표준을 계산할 때 필요한 장부나 그 밖의 증명 자료가 없거나 중요한 부분이 갖추어지지 아니한 경우
2. 장부나 그 밖의 증명 자료의 내용이 시설규모, 종업원 수와 원자재·상품·제품 또는 각종 요금의 시가(時價) 등에 비추어 거짓임이 명백한 경우
3. 장부나 그 밖의 증명 자료의 내용이 원자재 사용량, 동력(動力) 사용량 또는 그 밖의 조업 상황 등에 비추어 거짓임이 명백한 경우
③ 관할 세무서장, 관할 지방국세청장 또는 세관장은 제1항 및 제2항에 따라 결정 또는 경정결정한 과세표준과 세액에 오류 또는 탈루가 있는 것이 발견된 경우에는 이를 다시 경정한다.(2011.12.31 본항신설)
(2011.12.31 본항개정)

제12조【수시부과】 납세의무자가 개별소비세를 포탈(逋脫)할 우려가 있다고 인정되거나, 사업 부진이나 그 밖의 사유로 휴업 또는 폐업 상태인 경우에는 제9조에도 불구하고 수시로 그 과세표준과 세액을 결정할 수 있다. 이 경우에는 제11조제2항을 준용한다.
(2010.1.1 본조개정)

제13조 (2006.12.30 삭제)

제14조【미납세반출】 ① 다음 각 호의 어느 하나에 해당하는 물품에 대해서는 대통령령으로 정하는 바에 따라 개별소비세를 징수하지 아니한다.
1. 수출할 물품을 다른 장소에 반출하는 것
2. 국내에서 개최하는 박람회·전시회·품평회·전람회나 그 밖에 이에 준하는 곳(이하 "박람회등"이라 한다)에 출품하기 위하여 제조장에서 반출하는 것, 국내 또는 국외에서 개최한 박람회등에 출품한 물품을 제조장에 환입(還入)하거나 보세구역에서 반출하는 것, 국제적인 박람회등에 출품할 것을 조건으로 외국에서 수입하는 것 또는 국내에서 개최하는 박람회등에 출품하기 위하여 무상으로 수입하는 것으로서 관세가 면세되는 것
3. 원료를 공급받거나 위탁 공임만을 받고 제조한 물품을 제조장에서 위탁자의 제품 저장창고에 반출하는 것
4. 제조장 외의 장소에서 규격 검사를 받기 위하여 과세물품을 제조장에서 반출하거나 그 제조장에 환입하는 것
5. 제1호·제3호·제15조제1항·제16조제1항·제17조제1항·제18조제1항 또는 제19조를 적용받아 반입(搬入)된 물품으로서 품질 불량이나 그 밖의 사유로 제조장에 반환하는 것
6. 개별소비세 보전이나 그 밖에 단속에 지장이 없다고 인정되는 것으로서 대통령령으로 정하는 것
② 제1항의 물품으로서 반입 장소에 반입된 사실 또는 정해진 용도로 제공한 사실을 대통령령으로 정하는 바에 따라 증명하지 아니한 것에 대해서는 반출자 또는 수입신고인으로부터 개별소비세를 징수한다.
(2022.12.31 본항개정)
③ 제1항의 물품이 반입 장소에 반입되기 전에 재해나 그 밖의 부득이한 사유로 멸실(滅失)된 경우에는 대통령령으로 정하는 바에 따라 개별소비세를 징수하지 아니한다.
④ 제1항의 경우에는 해당 물품의 반입 장소를 제조장으로 보고, 반입자를 제3조에 따른 제조자로 본다.
(2022.12.31 본항개정)
⑤ 제1항을 적용받아 과세물품을 반입 장소에 반입한 자는 반입한 날이 속하는 분기의 다음 달 15일(제1조제2항제4호 또는 같은 항 제6호에 해당하는 물품은 반입한 날이 속하는 달의 다음 달 15일)까지 반입 사실을 반입지 관할 세무서장 또는 세관장에게 신고하여야 한다.(2014.12.23 본항개정)
(2010.1.1 본조개정)

[판례] 담배회사가 2015년 1월 담뱃값 인상을 앞두고 담배 재고를 축적했다가 실제 담뱃값이 오르자 이를 반출·판매하여 이득을 취한 사건에서, 담뱃세는 공장에서 제조된 담배가 반출될 때 부과된다. 그러나 제조장에서 일시적인 방편으로 마련된 장소로 담배를 옮긴 것에 불과하다면, 이를 제조장에서 반출한 것으로 볼 수 없다. 제조공장에서 임시

창고로 옮긴 때가 아니라, 이 사건 임시창고에서 각 물류센터로 옮긴 때 비로소 제조장에서 반출한 것으로 보아야 하므로 2015년 1월 1일 이후에 임시창고에서 물류센터로 옮겨진 담배에 대해서는 개별소비세를 부과할 수 있다. (대판 2023.7.13, 2020두51341)

제15조【수출 및 군납 면세】 ① 다음 각 호의 어느 하나에 해당하는 물품에 대해서는 대통령령으로 정하는 바에 따라 개별소비세를 면제한다.
1. 수출하는 것
2. 우리나라에 주둔하는 외국군대(이하 "주한외국군"이라 한다)에 납품하는 것
② 제1항의 물품으로서 정해진 용도로 제공한 사실을 대통령령으로 정하는 바에 따라 증명하지 아니한 것에 대해서는 반출자 또는 수입신고인으로부터 개별소비세를 징수한다. 다만, 해당 물품의 용도를 변경한 사실이 확인된 경우에는 대통령령으로 정하는 바에 따라 즉시 개별소비세를 징수한다.(2022.12.31 본문개정)
③ 제1항제1호에 따라 개별소비세를 면제받은 물품을 반입하는 자에 대해서는 대통령령으로 정하는 일정한 사유가 발생한 경우에 그 반입자로부터 개별소비세를 징수한다.
④ 제1항제2호에 따라 개별소비세를 면제받은 물품을 대통령령으로 정하는 바에 따라 면제의 승인을 받은 날부터 5년 내에 타인에게 양도한 경우에는 이를 양수한 자가, 면제의 승인을 받은 날부터 5년 내에 타인이 소지한 경우에는 이를 소지한 자가 반출 또는 수입신고를 한 것으로 보아 개별소비세를 징수한다.
⑤ 제1항에 따라 개별소비세를 면제받아 반출한 물품에 관하여는 제14조제3항을 준용한다.
(2010.1.1 본조개정)

제16조【외교관 면세】 ① 다음 각 호의 어느 하나에 해당하는 물품에 대해서는 대통령령으로 정하는 바에 따라 개별소비세를 면제한다.
1. 우리나라에 주재하는 외교공관과 이에 준하는 대통령령으로 정하는 기관(이하 "주한외교공관등"이라 한다)에서 공용품(公用品)으로 수입하거나 제조장에서 구입하는 것(2010.12.27 본호개정)
2. 우리나라에 주재하는 외교관과 이에 준하는 사람으로서 대통령령으로 정하는 사람(이하 "주한외교관등"이라 한다)과 그 가족이 자가용품(自家用品)으로 수입하는 것(2010.12.27 본호개정)
3. 주한외교공관등과 주한외교관등이 사용하는 자동차에 사용되는 석유류(2010.12.27 본호개정)
② 제1항에 따라 개별소비세를 면제받은 물품을 대통령령으로 정하는 바에 따라 면세 승인을 받은 날부터 3년 내에 타인에게 양도한 경우에는 이를 양수한 자가, 면세 승인을 받은 날부터 3년 내에 타인이 소지한 경우에는 이를 소지한 자가 반출 또는 수입신고를 한 것으로 보아 개별소비세를 징수한다. 다만, 제1항에 따라 개별소비세를 면제받은 물품 중 자동차에 대해서는 주한외교관등이 이임(移任)하는 등 대통령령으로 정하는 부득이한 사유가 있는 경우에는 면세 승인을 받은 날부터 3년 내에 타인에게 양도하거나 타인이 소지한 경우에도 개별소비세를 징수하지 아니한다.
(2014.12.23 단서신설)
③ 제1항에 따라 개별소비세를 면제받아 반출한 물품에 관하여는 제14조제3항을 준용한다.
④ 외교부장관은 기획재정부장관과 협의하여 제1항제3호에 따른 석유류에 대한 매 연도분의 면세할당량을 그 전년도 12월 31일까지 정하여야 한다.(2013.3.23 본항개정)
⑤ 제1항과 제2항은 해당 국가에서 우리나라의 공관 또는 외교관 등에게 그 국가의 조세로서 우리나라의 개별소비세 또는 이와 유사한 성질의 조세를 면제하는

경우(제2항 단서는 해당 국가에서 우리나라의 공관 또는 외교관 등에게 동일하게 징수를 면제하는 경우로 한정한다)와 해당 국가에 우리나라의 개별소비세 또는 이와 유사한 성질의 조세가 없는 경우에만 적용한다.
(2014.12.23 본항개정)
(2010.1.1 본조개정)

제17조【외국인전용판매장 면세】 ① 관할 세무서장이 지정하는 외국인전용판매장에서 비거주자(非居住者) 또는 국내에 주소나 거소(居所)를 둔 주한외교관등에게 판매할 목적으로 그 판매장에 반입하게 하기 위하여 제조장에서 반출하는 그 물품에 대해서는 대통령령으로 정하는 바에 따라 개별소비세를 면제한다.
(2022.12.31 본항개정)
② 제1항에 따라 개별소비세를 면제받아 반출된 물품에 관한 반입 증명, 멸실, 납세의무의 성립 및 반입 사실의 신고에 관하여는 제14조제2항부터 제5항까지를 준용한다.
③ 제1항의 외국인전용판매장의 경영자는 매 분기(제1조제2항제4호에 해당하는 물품은 매월) 판매한 면세물품에 대하여 제9조제1항을 준용하여 관할 세무서장에게 면세판매신고서를 제출하여야 한다.
④ (1999.12.3 삭제)
⑤ 외국인전용판매장에서 개별소비세가 면제되는 물품을 구입한 자가 출국 당시 그 물품을 소지하지 아니한 경우에는 그 구입자로부터 개별소비세를 징수한다.
⑥ 제1항에 따라 개별소비세를 면제받아 반입된 물품을 해당 판매장에서 구입할 수 없는 자가 소지한 경우에는 그 소지자로부터 개별소비세를 징수한다. 다만, 해당 경영자나 구입자로부터 개별소비세를 징수한 사실이 확인된 경우에는 그러하지 아니한다.
⑦ 외국인전용판매장의 지정 및 그 취소, 비거주자, 면세물품, 구입자가 출국 당시 소지하지 아니하는 경우에 해당 세액을 징수하는 물품의 종류·판매의 절차 및 보고에 관한 사항은 대통령령으로 정한다.
(2010.1.1 본조개정)

제18조【조건부면세】 ① 다음 각 호의 어느 하나에 해당하는 물품에 대해서는 대통령령으로 정하는 바에 따라 개별소비세를 면제한다. 다만, 제3호가목의 물품에 대한 개별소비세(장애인을 위한 특수장비 설치비용을 과세표준에서 제외하고 산출한 금액을 말한다)는 500만원을 한도로 하여 면제하고, 같은 호 바목의 물품에 대한 개별소비세는 300만원을 한도로 하여 면제한다.(2022.12.31 단서개정)
1. 원자로, 원자력 또는 동위원소의 생산·사용·개발에 제공하거나 그 물품의 제조용 원료로 사용하는 물품
2. 보석으로서 이화학(理化學) 실험연구용, 공업용 및 축음기(蓄音機) 침(針) 제작용인 것
3. 승용자동차로서 다음 각 목의 어느 하나에 해당하는 것
가. 대통령령으로 정하는 장애인이 구입하는 것(장애인 1명당 1대로 한정한다)
나. 환자 수송을 전용으로 하는 것
다. 「여객자동차 운수사업법」에 따른 여객자동차운송사업에 사용하는 것
라. 「여객자동차 운수사업법」제2조제4호에 따른 자동차대여사업에 사용되는 것. 다만, 구입일부터 3년 이내에 동일인 또는 동일 법인에 대여한 기간의 합이 6개월을 초과하는 것은 제외한다.(2014.1.1 본목개정)
마. 「기초연구진흥 및 기술개발지원에 관한 법률」제14조의2제1항에 따라 인정받은 기업부설연구소 및 기업의 연구개발전담부서가 신제품 또는 신기술을 개발하기 위하여 시험·연구용으로 수입하여 사용하는 것(2016.3.22 본목개정)

바. 18세 미만의 자녀(가족관계등록부를 기준으로 하고, 양자 및 배우자의 자녀를 포함하되, 입양된 자녀는 친생부모의 자녀 수에는 포함하지 아니한다) 3명 이상을 양육하는 사람이 구입하는 것(2022.12.31 본목신설)

4. 외국으로부터 자선 또는 구호를 위하여 자선 또는 구호기관·단체에 기증되는 물품

5. 외국으로부터 사원·교회 등에 기증되는 의식용품(儀式用品) 또는 예배용품으로서 대통령령으로 정하는 것

6. 학교, 「영유아보육법」에 따른 어린이집(이하 이 조에서 "어린이집"이라 한다), 「과학관의 설립·운영 및 육성에 관한 법률」에 따른 과학관, 「박물관 및 미술관 진흥법」에 따른 박물관, 물품 진열장소 등에 진열하거나 교재로 사용하기 위한 표본 또는 참고품(2013.1.23 본호개정)

7. 외국으로부터 학술연구용 또는 교육용으로 사용하게 하기 위하여 학술연구단체 또는 교육기관에 기증되는 물품

8. 재수출할 물품을 보세구역에서 반출하는 것으로서 관세가 면제되는 것

9. 외국항행선박, 원양어업선박 또는 항공기에 사용하는 석유류

10. 의료용, 의약품 제조용, 비료 제조용, 농약 제조용 또는 석유화학공업용 원료로 사용하는 석유류

11. 외국 무역선, 원양어업선박 또는 외국항행 항공기에서 사용할 것으로 인정되는 연료 외의 소모품

12. (2015.12.15 삭제)

13. 산업용 등 대통령령으로 정하는 용도로 사용하는 유연탄(2014.1.1 본호신설)

② 제1항의 물품으로서 대통령령으로 정하는 바에 따라 반입지에 반입한 사실을 증명하지 아니한 것에 대해서는 관할 세무서장 또는 세관장이 그 반출자 또는 수입신고인으로부터 개별소비세를 징수한다.(2022.12.31 본항개정)

③ 제1항의 물품으로서 반입지에 반입한 후에 면세를 받은 물품의 용도를 변경하는 등 대통령령으로 정하는 사유가 발생하는 경우에는 반입자는 사유가 발생한 날이 속하는 분기의 다음 달 25일까지(제1조제2항제4호 또는 같은 항 제6호에 해당하는 물품은 그 사유가 발생한 날이 속하는 달의 다음 달 말일까지) 제9조에 따른 신고서를 반입지 관할 세무서장 또는 세관장에게 제출하고 개별소비세를 납부하여야 한다.(2014.12.23 본항개정)

④ 제1항제3호라목 단서에 해당되는 승용자동차의 경우 반입자는 동일인 또는 동일 법인에 대여한 기간의 합이 6개월을 초과하는 날이 속하는 분기의 다음 달 25일까지 제9조에 따른 신고서를 반입지 관할 세무서장에게 제출하고 면제받은 개별소비세 전액을 납부하여야 한다. 다만, 대통령령으로 정하는 요건에 해당하는 경우에는 같은 목 단서에 해당하는 동일인 또는 동일 법인에게 최초로 대여한 날에 제3항의 용도변경이 된 것으로 보아 납부할 개별소비세액을 계산한다.(2014.1.1 본항신설)

⑤ 제1항에 따라 개별소비세를 면제받아 반출한 물품에 관하여는 제14조제3항 및 제5항을 준용한다.

⑥ 제1항에 따라 개별소비세를 면제받아 반입지에 반입한 물품을 같은 항 각 호 또는 제19조 각 호의 용도로 재반출하기 위하여 반출하면 제1항부터 제4항까지 및 제19조에 따라 개별소비세를 면제한다.(2010.1.1 본조개정)

제19조 【무조건 면세】 다음 각 호의 어느 하나에 해당하는 물품에 대해서는 대통령령으로 정하는 바에 따라 개별소비세를 면제한다.

1. 외국의 자선 또는 구호기관·단체에 기증하는 물품

2. 외국으로부터 수여되는 훈장·기장(記章) 또는 이에 준하는 표창품(表彰品)과 상패

3. 외국에 항행 중인 군함 또는 재외공관으로부터 송부되는 공용품

4. 우리나라의 선박이나 그 밖의 운송기관이 조난으로 해체되어서 생긴 해체재(解體材)와 장비품(裝備品)

5. 수출 물품용 용기로서 재수입하는 것

6. 외국 무역선 또는 원양어업 선박이 세관장의 승인을 받아 내항선(內航船)이 된 경우에 선박에 실린 것으로서 그 선박에서 사용할 것으로 인정되는 연료나 그 밖의 소모품 중 관세가 부과되지 아니하는 것(2020.6.9 본호개정)

7. 국가 또는 지방자치단체에 기증하는 물품

8. 군사원조로 수입하는 원조 물품 또는 그 물품을 원료로 하여 제조하는 군수용 물품. 다만, 원조 물품 외의 물품을 원료로 섞어 사용하는 경우 그 원료에 대해서는 면제하지 아니한다.

9. 거주 이전(移轉) 외의 목적으로 우리나라에 입국하는 사람이 입국할 때에 휴대하여 수입하거나 따로 수입하는 물품으로서 자기가 직접 사용할 것으로 인정되어 관세가 면제되는 것

10. 거주 이전을 목적으로 입국하는 사람이 입국할 때에 휴대하여 수입하거나 따로 수입하는 이사(移徙) 화물로서 관세가 면제되는 것

11. 거주자가 받는 소액물품으로서 해당 거주자가 사용할 것으로 인정되어 관세가 면제되는 물품(2014.12.23 본호개정)

12. 외국으로부터 수입하는 상업용 견본 또는 광고용 물품으로서 관세가 면제되는 것

13. 외국에서 개최하는 박람회등에 출품하기 위하여 해외로 반출하는 물품

14. 개별소비세가 부과된 물품으로서 수출한 후 이 법에 따른 환급(還給)이나 공제를 받은 사실이 없다는 것을 관할 세무서장이 증명하는 물품이 재수입되어 보세구역에서 반출하는 것

15. 국내에서 제조한 물품으로서 개별소비세가 부과되지 아니한 물품이 국외로 반출된 후 수출신고 수리일부터 6개월 내에 재수입됨으로써 과세물품이 되는 경우에 그 물품의 제조·가공에 사용한 원재료에 대하여 이 법에 따른 면제·환급 또는 공제를 받은 사실이 없다는 것을 관할 세무서장이 증명하는 물품이 재수입되어 보세구역에서 반출하는 것

16. 국가원수(國家元首)의 경호용으로 사용할 물품(2010.1.1 본조개정)

제19조의2 【입장행위의 면세】 다음 각 호의 어느 하나에 해당하는 입장행위에 대해서는 대통령령으로 정하는 바에 따라 개별소비세를 면제한다.

1. 「국민체육진흥법」에 따른 대한체육회 및 그 회원인 단체 또는 대통령령으로 정하는 단체가 개최하는 경기대회에 참가하는 선수가 대회 기간 중 경기 시설을 이용하거나 입장하는 경우(2020.12.8 본호개정)

2. 대통령령으로 정하는 골프선수가 골프장에 입장하는 경우

3. 외국인이나 대통령령으로 정하는 해외 거주 국민이 「폐광지역개발 지원에 관한 특별법」 제11조에 따라 허가받은 카지노에 입장하는 경우(2010.1.1 본조개정)

제19조의3 【유흥음식행위의 면세】 주한 국제연합군이나 미국군이 주둔하는 지역의 과세유흥장소의 경영자로서 관할 세무서장의 지정을 받은 자가 외국군인에게 외화를 받고 제공하는 유흥음식행위에 대하여는 대통령령으로 정하는 바에 따라 개별소비세를 면제한다.(2010.12.27 본조개정)

제20조【세액의 공제와 환급】 ① 이미 개별소비세가 납부되었거나 납부될 물품 또는 그 원재료가 다음 각 호의 어느 하나에 해당하는 경우에는 해당 세액을 대통령령으로 정하는 바에 따라 납부 또는 징수할 세액에서 공제한다.

1. 과세물품의 제조장 또는 보세구역으로부터 과세물품을 반입(다른 법령에서 바에 따르는 경우 등 대통령령으로 정하는 부득이한 사유로 제조장 또는 보세구역이 아닌 장소로부터 반입하는 경우를 포함한다)하여 다른 과세물품의 제조·가공에 직접 사용하거나 제5조제1호 각 목의 어느 하나에 해당하는 것으로서 해당 세액을 납부 또는 징수하는 경우(2021.12.21 본호개정)

2. (2015.12.15 삭제)

3. 제1조제10항에 따라 과세물품을 제조장 또는 보세구역으로부터 반입하여 가공 또는 조립한 물품을 반출하는 것으로서 해당 세액을 납부 또는 징수하는 경우

② 이미 개별소비세가 납부되었거나 납부될 물품 또는 그 원재료가 다음 각 호의 어느 하나에 해당하는 경우에는 대통령령으로 정하는 바에 따라 이미 납부된 세액을 환급한다. 이 경우 납부 또는 징수할 세액이 있으면 이를 공제한다.

1. 과세물품 또는 과세물품을 사용하여 제조·가공한 물품을 수출하거나 주한외국군에 납품하는 경우

2. 개별소비세가 면제되는 물품과 그 물품의 원재료로 사용되는 물품

3. 제조장으로부터 반출된 과세물품을 품질 불량, 변질, 자연재해, 그 밖에 대통령령으로 정하는 사유로 같은 제조장(제1조제2항제4호 각 목의 물품은 같은 회사의 다른 제조장을 포함한다) 또는 하치장(荷置場)에 환입한 것(중고품은 제외하되, 「소비자기본법」에 따라 교환이나 환불되어 환입한 중고품을 포함한다)로서 그 환입한 날이 속하는 분기의 다음 달 25일(제1조제2항제4호에 해당하는 물품은 환입한 날이 속하는 달의 다음 달 말일)까지 환입된 사실을 관할 세무서장에게 신고하여 대통령령으로 정하는 바에 따라 확인을 받은 경우. 이 경우 하치장에 환입해서 확인을 받으면 같은 제조장에 환입한 것으로 본다. (2022.12.31 전단개정)

③ 제14조제2항, 제17조제2항 및 제18조제2항·제3항에 따라 지정된 기한까지 반입 사실을 증명하지 아니하여 개별소비세를 징수하거나 면세한 용도 외의 용도를 변경하는 등의 사유로 개별소비세를 신고·납부하는 경우에는 그 물품의 원재료에 대하여 납부되었거나 납부될 세액은 공제하거나 환급하지 아니한다. (2011.12.31 본항개정)

④ 제1항과 제2항에 따른 공제 또는 환급을 받으려는 자는 해당 사유가 발생한 날부터 6개월이 지난 날이 속하는 달의 말일까지 대통령령으로 정하는 서류를 제9조에 따른 신고와 함께 관할 세무서장 또는 세관장에게 제출하여야 한다.(2011.12.31 본항개정)

⑤ 개별소비세가 납부되었거나 납부될 물품에 대하여 부과하였거나 부과할 가산세는 공제하거나 환급하지 아니한다.

⑥ 제1항에 따른 공제를 할 때 해당 원재료 또는 구입물품에 대한 세액이 그 원재료를 사용하여 제조한 물품에 대한 세액을 초과하는 경우에는 그 초과 부분의 세액은 공제하지 아니한다.(2022.12.31 본항개정)

⑦ 제2항제1호 및 제2호에 해당하여 환급 또는 공제를 받은 물품이 정해진 용도로 사용되지 아니한 사실이 확인된 경우에는 환급 또는 공제된 개별소비세를 징수한다.

(2010.1.1 본조개정)

제20조의2【가정용부탄에 대한 개별소비세 환급 특례】 ① 액화석유가스판매사업자 등 대통령령으로 정하

는 사업자에게 취사난방용 등 대통령령으로 정하는 용도로 사용되는 제1조제2항제4호바목의 물품(이하 이 조에서 "가정용부탄"이라 한다)을 판매하는 액화석유가스충전사업자와 가정용부탄을 제조하거나 수입하는 제3조의 납세의무자에 대해서는 다음 계산식에 따라 계산된 개별소비세액(이하 이 조에서 "환급세액"이라 한다)을 환급하거나, 납부 또는 징수할 세액에서 이를 공제할 수 있다.

환급세액 = 가정용부탄으로 판매한 수량 × (제1조제2항제4호바목의 세액 − 같은 호 마목의 세액)

② (2020.12.22 삭제)

③ 제1항에 따라 환급 또는 공제를 받으려는 자는 매월 가정용부탄으로 판매한 수량 및 환급세액 등을 적은 환급신청서를 다음 달 말일까지 해당 사업자의 관할 세무서장 또는 세관장에게 제출하여야 한다. (2020.12.22 본문개정)

1.～2. (2020.12.22 삭제)

④ 관할 세무서장 또는 세관장은 다음 각 호의 어느 하나의 경우에는 해당 호에서 정한 금액과 그 금액의 100분의 40(단순착오에 의한 경우에는 100분의 10)에 상당하는 금액의 가산세를 합친 금액을 개별소비세로 징수한다.

1. 제1항에 따라 세액을 환급 또는 공제받은 자가 허위 세금계산서를 발급하는 등 대통령령으로 정하는 사유로 과다하게 환급 또는 공제받은 경우 : 그 과다환급세액 또는 과다공제금액(2020.12.22 본호개정)

2. 제1항에 따라 해당 물품을 공급받은 사업자가 그 물품을 같은 항에 따른 용도 외로 사용하는 경우 : 용도 외 사용량에 해당하는 환급세액(2020.12.22 본호개정) (2011.12.31 본항개정)

⑤ 제4항에 해당하는 자에 관하여는 대통령령으로 정하는 기준에 따라 「국세징수법」 제112조제2항 및 제4항을 준용한다.(2020.12.22 본항개정)

⑥ 제1항 및 제3항부터 제5항까지를 적용할 때 환급 또는 공제의 절차, 제출 서류, 세액 징수 등에 관하여 필요한 사항은 대통령령으로 정한다.(2020.12.22 본항개정) (2020.12.22 본조제목개정)

(2010.1.1 본조개정)

제20조의3【담배에 대한 미납세반출, 면제와 세액의 공제 및 환급에 관한 특례】 ① 제14조제1항에도 불구하고 제1조제2항제6호에 해당하는 물품(이하 이 조에서 "담배"라 한다)에 대하여 개별소비세를 징수하지 아니하는 사유에 관하여는 「지방세법」 제53조를 준용하며, 그 절차 및 추징 등에 관하여는 제14조제1항 각 호 외의 부분, 같은 조 제2항부터 제5항까지의 규정에 따른다.

② 제15조제1항, 제16조제1항, 제18조제1항 및 제19조에도 불구하고 담배에 대하여 개별소비세를 면제하는 사유에 관하여는 「지방세법」 제54조를 준용하며, 그 절차 및 추징 등에 관하여는 다음 각 호의 구분에 따른다. 다만, 개별소비세를 면제받은 담배를 반출한 후 해당 용도에 사용하지 아니하고 매도, 판매, 소비와 그 밖의 처분을 한 경우에는 그 처분을 한 자로부터 개별소비세를 징수한다.

1. 「지방세법」 제54조제1항제1호에 따른 수출(수출 상담을 위한 견본용 담배는 제외한다)의 경우 : 제15조제1항 각 호 외의 부분과 같은 조 제2항부터 제5항까지의 규정에 따른다.(2016.12.20 본호개정)

2. 제1호 외의 경우 : 제18조제1항 각 호 외의 부분 본문, 같은 조 제2항, 제3항 및 제5항의 규정에 따른다.

③ 제20조제1항 및 제2항에도 불구하고 개별소비세가 납부되었거나 납부될 담배에 대하여 개별소비세의 세액을 공제하거나 환급하는 사유는 다음 각 호와 같으며, 그 절차 및 추징 등에 관하여는 제20조제1항 각 호

외의 부분, 같은 조 제2항 각 호 외의 부분 및 같은 조 제3항부터 제7항까지의 규정에 따른다.(2016.12.20 본문개정)

1. 제조장 또는 보세구역에서 반출된 담배가 천재지변이나 그 밖의 부득이한 사유로 멸실되거나 훼손된 경우
2. 제조장 또는 보세구역에서 반출된 담배가 포장 또는 품질의 불량, 판매부진, 그 밖의 부득이한 사유로 제조장 또는 「지방세법」 제47조제6호에 따른 수입판매업자의 담배보관 장소로 반입된 경우
3. 이미 신고·납부한 세액이 초과 납부된 경우
4. 제2항에 따라 개별소비세가 면제되는 담배와 그 담배의 원재료로 사용되는 담배
(2016.12.20 1호~4호신설)
(2014.12.23 본조신설)

제21조 【개업·폐업 등의 신고】 ① 과세물품을 제조하려는 자와 과세장소·과세유흥장소 또는 과세영업장소의 영업을 하려는 자는 대통령령으로 정하는 바에 따라 제조장·과세장소·과세유흥장소 또는 과세영업장소(이하 이 조에서 "사업장"이라 한다) 관할 세무서장에게 신고하여야 한다. 이를 휴업 또는 폐업하거나 신고 내용이 변경된 경우에도 또한 같다.(2022.12.31 전단개정)
② 제1항에도 불구하고 둘 이상의 사업장이 있는 사업자는 사업자 단위로 해당 사업자의 본점 또는 주사무소 관할 세무서장에게 신고할 수 있다.(2010.12.27 본항신설)
③ 제1항에 따라 개업 신고를 한 사업자가 제2항에 따라 사업자 단위로 신고하려는 사업장단위과세사업자로 적용받으려는 제9조제1항 및 같은 조 제4항부터 제6항까지의 규정에 따른 과세기간이 시작되기 20일 전까지 신고하여야 한다.(2010.12.27 본항신설)
④ 과세물품의 제조업 또는 과세장소·과세유흥장소·과세영업장소의 영업을 양수하거나 상속으로 승계한 자는 그 사실을 즉시 관할 세무서장에게 신고하여야 한다. 이 경우 양수인은 양도인과 연명(連名)하여 신고하여야 한다.(2022.12.31 전단개정)
⑤ 법인을 합병하는 경우에 합병 후 존속하는 법인 또는 합병으로 설립된 법인(이하 이 항에서 "합병법인"이라 한다)이 합병으로 소멸된 법인(이하 이 항에서 "피합병법인"이라 한다)의 제조장 또는 과세장소·과세유흥장소·과세영업장소의 영업을 승계한 경우에 합병법인은 그 사실을 즉시 관할 세무서장에게 신고하여야 한다. 이 경우 합병법인은 피합병법인과 연명(連名)하여 신고하여야 한다.(2022.12.31 전단개정)
⑥ 제1항부터 제5항까지에서 규정한 사항 외에 개업·폐업 등의 신고에 필요한 사항은 대통령령으로 정한다.(2010.12.27 본항신설)

제22조 【폐업으로 보지 아니하는 경우】 제조장 또는 과세장소·과세유흥장소·과세영업장소를 사실상 이전하지 아니하고 제조업 또는 과세장소·과세유흥장소·과세영업장소의 영업을 포괄승계(包括承繼) 하는 경우에는 이 법을 적용할 때 해당 제조업 또는 영업을 폐업한 것으로 보지 아니한다.(2022.12.31 본조개정)

제23조 【장부 기록의 의무】 ① 과세물품의 판매자 또는 제조자와 과세장소·과세유흥장소·과세영업장소의 경영자는 대통령령으로 정하는 바에 따라 장소별로 장부를 갖춰 두고 장부에 그 제조·저장·판매·입장·유흥음식행위 또는 영업행위에 관한 사항을 기재하여야 한다.
② 과세유흥장소의 경영자는 과세분과 면세분을 구분해서 장부에 기록하여야 한다.
③ 제23조의3제1항에 따른 경영자는 대통령령으로 정하는 바에 따라 해당 감사(監査) 테이프를 보관하여야

한다. 이 경우에는 제1항에 따른 장부를 갖추고 장부에 기록한 것으로 본다.
(2010.1.1 본조개정)

제23조의2 【영수증의 발급】 과세유흥장소의 경영자가 유흥음식요금을 받은 경우에는 대통령령으로 정하는 바에 따라 영수증을 발급하고 그 사본을 보관하여야 한다.(2010.1.1 본조개정)

제23조의3 【금전등록기의 설치】 ① 과세유흥장소의 경영자로서 대통령령으로 정하는 자는 금전등록기를 설치·사용하고 금전등록기로 영수증을 발급할 수 있다. 이 경우에는 제23조의2에 따른 영수증을 발급한 것으로 본다.
② 금전등록기의 설치·운영에 필요한 사항은 대통령령으로 정한다.
(2010.1.1 본조개정)

제24조 【권리·의무의 승계】 ① 제조장 또는 과세장소·과세유흥장소·과세영업장소를 사실상 이전하지 아니하고 제조장·과세장소·과세유흥장소 또는 과세영업장소의 영업을 포괄승계 하는 경우 승계인은 피승계인(被承繼人)에게 속하였던 다음의 권리·의무를 승계한다.(2022.12.31 본문개정)
1. 제9조에 따른 과세표준의 신고, 제10조·제10조의2에 따른 세액 및 「국세기본법」 제47조의2부터 제47조의4까지의 규정에 따른 가산세 납부 등의 의무(2011.12.31 본호개정)
2. 제20조에 따른 공제와 환급에 관한 권리·의무
3. 제23조에 따른 장부의 비치·기록의 의무
4. 이 법에 따라 미납세(未納稅) 또는 면세로 반입된 물품으로서 사후관리를 받고 있는 것에 관한 권리·의무
② 제1항 외의 경우로서 제14조제1항 또는 제18조제1항에 따라 미납세 또는 면세로 물품을 반입한 자에 대해서도 제1항을 적용한다.
(2010.1.1 본조개정)

제25조 【명령 사항 등】 ① 관할 지방국세청장 또는 관할 세무서장은 개별소비세의 납세 보전을 위하여 필요하다고 인정하면 대통령령으로 정하는 바에 따라 과세물품의 판매자 및 제조자와 과세장소·과세유흥장소·과세영업장소의 경영자에게 세금계산서 발행, 입장권 사용, 영수증 발행, 표지판의 게시(揭示), 그 밖에 단속상 필요한 사항에 관한 명령을 할 수 있다.(2020.6.9 본항개정)
② (2004.10.16 삭제)
③ 관할 지방국세청장 또는 관할 세무서장은 개별소비세의 납세 보전을 위하여 필요하다고 인정하면 다음 각 호의 어느 하나에 해당하는 자에게 해당 물품의 구분·적재(積載)·보관, 과세자료 제출, 그 밖에 단속을 위하여 필요한 사항에 관한 명령을 할 수 있다.
1. 제17조제7항에 따라 판매업 지정을 받은 자
2. 제24조제2항에 해당하는 미납세 또는 면세로 물품을 반입한 자
3. 과세물품의 부분품을 제조·가공하는 자
④ (2004.10.16 삭제)
(2010.1.1 본조개정)

제26조 【질문검사권】 ① 세무공무원은 개별소비세에 관한 조사를 위하여 필요하다고 인정하면 과세물품의 판매자 또는 제조자와 과세장소·과세유흥장소·과세영업장소의 경영자에 대하여 다음 각 호의 사항에 관하여 질문을 하거나 그 장부, 서류 또는 그 밖의 물건을 검사할 수 있다.
1. 과세물품 또는 이를 사용한 제품으로서 과세물품의 판매자 또는 제조자가 소지하는 것
2. 과세물품 또는 이를 사용한 제품의 제조·저장 또는 판매에 관한 장부·서류

3. 과세물품 또는 이를 사용한 제품을 제조·저장 또는 판매하기 위하여 필요한 건축물·기계·기구·재료나 그 밖의 물건
4. 과세장소 입장에 관한 장부·서류나 그 밖의 물건
5. 과세유흥장소의 유흥음식행위에 관한 장부·서류나 그 밖의 물건
6. 과세영업장소에서의 영업행위에 관한 장부·서류나 그 밖의 물건
② 세무공무원은 운반 중인 과세물품과 이를 사용한 제품의 출처 또는 도착지를 질문할 수 있다. 이 경우 단속을 위하여 필요하다고 인정하면 세무공무원은 그 운반을 정지시키거나 화물 또는 선박·차량을 봉인하거나 그 밖에 필요한 조치를 할 수 있다.
③ 세무공무원이 제1항 또는 제2항에 따라 질문·검사하거나 그 밖의 필요한 조치를 할 때에는 그 권한을 표시하는 증표를 지니고 관계인에게 보여주어야 하며, 직무상 필요한 범위 외에 다른 목적 등을 위하여 그 권한을 남용해서는 아니 된다.(2018.12.31 본항개정)
(2010.1.1 본조개정)
제27조【영업정지 및 허가취소의 요구】① 다음 각 호의 어느 하나에 해당하는 경우에는 관할 세무서장은 대통령령으로 정하는 바에 따라 지방국세청장을 거쳐 해당 과세장소·과세유흥장소 및 과세영업장소의 영업정지나 허가취소를 그 영업의 허가관청에 요구할 수 있다.
1. 과세장소·과세유흥장소 및 과세영업장소의 영업에 관하여 「조세범 처벌법」 또는 「조세범 처벌절차법」에 따른 처벌이나 처분을 받은 경우
2. 과세장소 입장행위, 과세유흥장소에서의 유흥음식행위 및 과세영업장소에서의 영업행위에 대한 개별소비세의 전부 또는 일부를 3회 이상 신고·납부하지 아니한 경우
3. 과세유흥장소 및 과세영업장소의 경영자가 제10조제5항에 따른 납세담보 요구를 따르지 아니한 경우
② 제1항의 요구를 받은 허가관청은 정당한 사유가 없으면 요구에 따라 영업정지나 허가취소를 하여야 한다.
(2010.1.1 본조개정)
제28조【개별소비세의 사무 관할】보세구역에서 반출하거나 보세공장으로 반입한 물품에 대한 부과·징수에 관한 사무는 보세구역의 관할 세관장이 처리한다.
(2010.1.1 본조개정)
제29조【과태료】① 관할 세무서장은 제18조제1항제9호에 따라 외국항행선박 또는 원양어업선박에 사용할 목적으로 개별소비세를 면제받는 석유류 중 외국항행선박 또는 원양어업선박 외의 용도로 반출한 석유류를 판매하거나 그 사실을 알면서 취득한 자에게 판매가액 또는 취득가액의 3배 이하의 과태료를 부과·징수한다.
② 관할 세무서장은 제25조에 따른 납세 보전을 위한 명령을 위반한 자에게 2천만원 이하의 과태료를 부과·징수한다.
③ 제1항 및 제2항에 따른 과태료의 부과기준은 대통령령으로 정한다.(2021.12.21 본항신설)
(2018.12.31 본조신설)

부 칙 (2010.1.1)

제1조【시행일】이 법은 2010년 1월 1일부터 시행한다. 다만, 제1조제5항·제3조제7호·제6조제3항·제8조제1항제7호 및 제9조제6항의 개정규정은 2014년 1월 1일부터(「폐광지역개발 지원에 관한 특별법」 제11조에 따라 허가를 받은 카지노의 경우 2012년 1월 1일부터)

시행하고, 제20조(제3항, 제4항 및 제8항의 개정부분만 해당한다)의 개정규정은 법률 제9346호 교통·에너지·환경세법 폐지법률의 시행일부터 시행한다.
(2011.12.31 본조개정)
제2조【일반적 적용례】이 법은 이 법 시행 후 최초로 과세물품을 판매장에서 판매하거나 제조장으로부터 반출 또는 수입신고하는 분, 입장행위를 하는 분, 유흥음식행위를 하는 분 또는 영업행위를 하는 분부터 적용한다.
제3조【유류세율 적용에 관한 특례】제1조제2항제4호 아목의 개정규정에도 불구하고 2010년 1월 1일부터 2012년 12월 31일까지의 기간 동안 제조장에서 반출하거나 수입신고하는 같은 목의 과세물품에 대하여는 리터당 72원의 세율을 적용한다.(2010.12.27 본조개정)
제4조【전기냉방기 등 물품의 과세에 관한 적용례 및 유효기간】제1조제2항제5호의 개정규정은 2010년 4월 1일부터 2015년 12월 31일까지 제조장으로부터 반출 또는 수입신고하는 분에 한정하여 적용한다.
(2013.1.1 본조개정)
제5조【미납세 반출의 반입신고에 관한 적용례】제14조제5항의 개정규정은 이 법 시행 후 최초로 반입되는 물품부터 적용한다.
제6조【조건부면세에 관한 적용례】제18조제3항의 개정규정은 이 법 시행 후 최초로 신고의무가 발생한 분부터 적용한다.
제7조【세액의 공제와 환급에 관한 적용례】제20조제2항제3호의 개정규정은 이 법 시행 후 최초로 환입되는 분부터 적용한다.
제8조【일반적 경과조치】이 법 시행 당시 종전의 규정에 따라 부과하였거나 부과하여야 할 개별소비세에 대하여는 종전의 규정에 따른다.
제9조【다른 법률의 개정】 ※(해당 법령에 가제정리하였음)

부 칙 (2011.12.2)

제1조【시행일】이 법은 「대한민국과 미합중국 간의 자유무역협정 및 대한민국과 미합중국 간의 자유무역협정에 관한 서한교환」이 발효되는 날부터 시행한다. <2012.3.15 발효>
제2조【세율 개정에 따른 경과조치】배기량이 2천씨씨를 초과하는 승용자동차와 캠핑용자동차에 대한 세율은 제1조제2항제3호가목의 개정규정에도 불구하고 「대한민국과 미합중국 간의 자유무역협정 및 대한민국과 미합중국 간의 자유무역협정에 관한 서한교환」이 발효된 이후에는 다음 표의 기간 동안 제조장에서 반출하거나 수입신고하는 분에 대하여는 각각의 적용기간에 해당하는 세율을 적용한다.

적용기간 및 세율		
발효일부터 발효한 해의 12월 31일까지	발효한 해의 다음 해 1월 1일부터 12월 31일까지	발효한 해의 다음다음 해 1월 1일부터 12월 31일까지
100분의 8	100분의 7	100분의 6

부 칙 (2011.12.31)

제1조【시행일】이 법은 2012년 1월 1일부터 시행한다. 다만, 법률 제9909호 개별소비세법 일부개정법률 제20조제3항 및 제4항의 개정규정은 법률 제9346호 교통·에너지·환경세법 폐지법률의 시행일부터 시행한다.

제2조【일반적 적용례】이 법은 2012년 1월 1일 이후 최초로 판매장에서 판매하거나 제조장에서 반출하거나 수입신고하는 과세물품 또는 이 법 시행 후 최초로 하는 입장행위·유흥음식행위·영업행위부터 적용한다.

제3조【과세표준, 공제·환급 및 취사난방용 천연가스에 대한 개별소비세 환급·공제의 신고기한 등에 관한 적용례】제9조제7항의 개정규정(신고기한에 관한 개정부분만 해당한다), 제20조의 개정규정(제4항의 신청기한에 관한 개정부분만 해당한다) 및 제20조의2제3항제2호의 개정규정은 2012년 1월 1일 현재 신고·신청기한이 만료되지 아니한 분에 대해서도 적용한다.

제4조【미납세반출 후 반입지에서 판매 또는 반출한 물품의 신고·납부 특례에 관한 적용례】제10조의4의 개정규정은 2012년 1월 1일 이후 최초로 미납세반출한 물품부터 적용한다.

제5조【저유소에서의 서로 다른 유류의 혼합 등에 대한 특례에 관한 적용례】제10조의5의 개정규정은 2012년 1월 1일 이후 최초로 혼유등이 발생하는 분부터 적용한다.

제6조【결정·경정결정 및 재경정에 관한 적용례】제11조제1항 및 제3항의 개정규정은 2012년 1월 1일 이후 최초로 과세표준 및 세액을 결정·경정결정하거나 다시 경정하는 분부터 적용한다.

제7조【법률 제9909호 개별소비세법 일부개정법률 부칙 제1조 단서의 개정에 따른 세액의 공제와 환급에 관한 적용례】제20조제2항제3호(법률 제9909호로 개정된 것을 말한다)는 2010년 1월 1일 이후 최초로 환입되는 분부터 적용한다.

제8조【가정용부탄 등에 대한 개별소비세 환급·공제 불성실가산세에 관한 적용례】제20조의2제4항의 개정규정은 2012년 1월 1일 이후 최초로 신청하는 공제·환급 또는 용도 외로 사용하는 가정용부탄 및 취사난방용 천연가스부터 적용한다.

제9조【일반적 경과조치】2012년 1월 1일 현재 종전의 규정에 따라 부과 또는 면제하였거나 부과 또는 면제하여야 할 개별소비세에 대해서는 종전의 규정에 따른다.

제10조【판매장·제조장 폐업 및 물품의 용도변경 등에 따른 신고·납부기한에 관한 경과조치】2012년 1월 1일 전에 신고·납부 사유가 발생한 분에 대해서는 제9조제7항제2호·제10조제2항제2호 및 제18조제3항(신고·납부기한에 관한 개정부분만 해당한다)의 개정규정에도 불구하고 종전의 규정에 따른다.

부　칙 (2014.1.1)

제1조【시행일】이 법은 2014년 1월 1일부터 시행한다. 다만, 제1조제2항제4호자목 및 제18조제1항제13호의 개정규정은 2014년 7월 1일부터 시행한다.

제2조【일반적 적용례】이 법은 이 법 시행 후 제조장에서 반출하거나 수입신고하는 과세물품 또는 과세장소에의 입장행위부터 적용한다.

제3조【일반적 경과조치】이 법 시행 전에 종전의 규정에 따라 부과하였거나 부과하였어야 할 개별소비세에 대해서는 종전의 규정에 따른다.

제4조【조건부 면세에 관한 경과조치】이 법 시행 전에 제조장에서 반출하여 자동차대여사업용으로 사용되는 승용자동차에 대해서는 제18조제1항제3호라목 단서의 개정규정에도 불구하고 종전의 규정에 따른다.

제5조【카지노 입장행위에 대한 세율 적용에 관한 특례】제1조제3항제5호의 개정규정에도 불구하고 2014년 1월 1일부터 2015년 12월 31일까지의 기간 동안 입장행위에 대하여는 5천250원의 세율을 적용한다.

제6조【다른 법률의 개정】※(해당 법령에 가제정리 하였음)

부　칙 (2014.12.23)

제1조【시행일】이 법은 2015년 1월 1일부터 시행한다. 다만, 제16조제2항 단서 및 같은 조 제5항의 개정규정은 2015년 4월 1일부터 시행한다.

제2조【일반적 적용례】이 법은 이 법 시행 이후 제조장에서 반출하거나 수입신고하는 경우부터 적용한다.

제3조【주한외교관등이 면세 받은 자동차에 대한 추징 예외에 관한 적용례】제16조제2항 단서 및 같은 조 제5항의 개정규정은 2015년 4월 1일 당시 면세 승인을 받은 자동차로서 2015년 4월 1일 이후 타인에게 양도하거나 타인이 소지한 경우에도 적용한다.

제4조【다른 법률의 개정】※(해당 법령에 가제정리 하였음)

부　칙 (2015.12.15)

제1조【시행일】이 법은 2016년 1월 1일부터 시행한다.

제2조【녹용, 방향용화장품 및 사진기와 그 관련제품에 대한 개별소비세의 부과에 관한 경과조치】이 법 시행 전에 제조장에서 반출되었거나 수입신고된 녹용 및 방향용화장품 및 사진기와 그 관련제품에 대해서는 제1조제2항제1호나목 및 다목, 제1조제2항제2호가목3) 및 제18조제1항제12호의 개정규정에도 불구하고 종전의 규정에 따른다.

부　칙 (2016.12.20)

제1조【시행일】이 법은 2017년 1월 1일부터 시행한다. 다만, 제1조제2항제4호자목의 개정규정은 2017년 4월 1일부터 시행한다.

제2조【담배에 대한 개별소비세의 면제 특례 절차 등에 관한 적용례】제20조의3제2항제1호의 개정규정은 이 법 시행 이후 제조장에서 반출하거나 수입신고하는 경우부터 적용한다.

제3조【개별소비세가 면제되는 담배에 대한 세액의 공제 및 환급에 관한 적용례】제20조의3제3항제4호의 개정규정은 이 법 시행 전에 개별소비세가 납부되었거나 납부될 담배(그 담배의 원재료로 사용되는 담배도 포함한다)에 대해서도 적용한다.

제4조【로열젤리에 대한 개별소비세의 부과에 관한 경과조치】이 법 시행 전에 제조장에서 반출되었거나 수입신고된 로열젤리에 대해서는 제1조제2항제1호의 개정규정에도 불구하고 종전의 규정에 따른다.

제5조【유연탄에 대한 개별소비세의 부과에 관한 경과조치】제1조제2항제4호자목의 개정규정 시행일 전에 제조장에서 반출되었거나 수입신고된 유연탄에 대해서는 같은 개정규정에도 불구하고 종전의 규정에 따른다.

부　칙 (2017.11.16)

제1조【시행일】이 법은 공포한 날부터 시행한다.

제2조【연초 및 연초고형물을 사용한 전자담배에 대한 적용례】별표의 개정규정은 이 법 시행 이후 제조장에서 반출하거나 수입신고하는 분부터 적용한다.

부　칙 (2017.12.19)

제1조【시행일】이 법은 2018년 4월 1일부터 시행한다.

제2조【유연탄에 대한 개별소비세의 부과에 관한 경과조치】 이 법 시행 전에 제조장에서 반출되었거나 수입신고된 유연탄에 대해서는 제1조제2항제4호자목의 개정규정에도 불구하고 종전의 규정에 따른다.

부　칙 (2020.6.9)

이 법은 공포한 날부터 시행한다.(이하 생략)

부　칙 (2020.12.8)

제1조【시행일】 이 법은 공포 후 6개월이 경과한 날부터 시행한다.(이하 생략)

부　칙 (2020.12.22)

제1조【시행일】 이 법은 2021년 1월 1일부터 시행한다.
제2조【일반적 적용례】 이 법은 이 법 시행 이후 제조장에서 반출하거나 수입신고하는 분부터 적용한다.
제3조【취사난방용 천연가스에 대한 개별소비세 환급특례에 관한 경과조치】 이 법 시행 전에 판매된 취사난방용 천연가스에 대한 개별소비세 환급·공제와 과다하게 환급·공제받은 경우 등에 대한 징수에 대해서는 제20조의2의 개정규정에도 불구하고 종전의 규정에 따른다.

부　칙 (2021.12.21)

제1조【시행일】 이 법은 2022년 1월 1일부터 시행한다.
제2조【개별소비세 세액 공제 대상 확대에 따른 적용례】 제20조제1항제1호의 개정규정은 제조장 또는 보세구역이 아닌 장소로부터 개별소비세가 납부되었거나 납부될 물품 또는 그 원재료를 반입한 후 제조·가공 등에 사용하여 완성된 다른 과세물품을 이 법 시행 이후 제조장에서 반출하거나 수입신고하는 경우부터 적용한다.

부　칙 (2022.8.12)

제1조【시행일】 이 법은 공포한 날부터 시행한다.
제2조【과세대상과 세율에 관한 적용례】 제1조제7항의 개정규정은 이 법 시행 이후 제조장에서 반출하거나 수입신고하는 분부터 적용한다.

부　칙 (2022.12.31)

제1조【시행일】 이 법은 2023년 1월 1일부터 시행한다.
제2조【조건부면세에 관한 적용례】 제18조제1항 각 호 외의 부분 단서 및 같은 항 제3호바목의 개정규정은 이 법 시행 이후 제조장에서 반출하거나 수입신고하는 분부터 적용한다.
제3조【조건부면세에 따른 세액의 환급 등에 관한 경과조치】 부칙 제2조에도 불구하고 납세의무자는 이 법 시행 전에 제조장에서 반출하거나 수입신고한 승용자동차에 대하여 개별소비세를 납부하였거나 납부할 세액이 있는 경우로서 다음 각 호의 요건을 모두 갖춘 경우에는 면세분에 해당하는 세액을 환급받거나 납부하여야 할 세액에서 공제받을 수 있다.
1. 자동차 제조업자, 수입업자 또는 도·소매업자가 이 법 시행일 현재 하치장·직매장·보세구역 등 국세청장 또는 관세청장이 정하는 장소에 해당 승용자동차를 보유하고 있을 것
2. 자동차 제조업자, 수입업자 또는 도·소매업자가 이 법 시행 이후 제18조제1항제3호바목의 개정규정에 따른 사람에게 해당 승용자동차를 인도할 것
3. 납세의무자는 해당 승용자동차를 인도한 날이 속하는 분기의 다음 달 25일까지 국세청장 또는 관세청장이 정하는 바에 따라 자동차등록증 등 증명서류를 첨부하여 관할 세무서장 또는 관할 세관장에게 신고할 것

〔별표〕

담배에 대한 종류별 세율(제1조제2항제6호 관련)

(2017.11.16 개정)

구 분	종 류	세 율	
피우는 담배	제1종 궐련	20개비당 594원	
	제2종 파이프담배	1그램당 21원	
	제3종 엽궐련	1그램당 61원	
	제4종 각련	1그램당 21원	
	제5종 전자담배	니코틴 용액 1밀리리터당 370원	
		연초 및 연초고형물을 사용하는 경우	1. 궐련형 : 20개비당 529원
			2. 기타유형 : 1그램당 51원
	제6종 물담배	1그램당 422원	
씹거나 머금는 담배		1그램당 215원	
냄새 맡는 담배		1그램당 15원	

1. 궐련 : 잎담배에 향료 등을 첨가하여 일정한 폭으로 썬 후 궐련제조기를 이용하여 궐련지로 말아서 피우기 쉽게 만들어진 담배 및 이와 유사한 형태의 것으로서 흡연용으로 사용할 수 있는 것
2. 파이프담배 : 고급 특수 잎담배를 중가향(重加香) 처리하고 압착·열처리 등 특수가공을 하여 각 폭을 비교적 넓게 썰어서 파이프를 이용하여 피울 수 있도록 만든 담배
3. 엽궐련 : 흡연 맛의 주체가 되는 전충엽을 체제와 형태를 잡아 주는 중권엽으로 싸고 겉모습을 아름답게 하기 위하여 외권엽으로 만 잎말음 담배
4. 각련 : 하급 잎담배를 경가향(輕加香)하거나 다소 고급인 잎담배를 가향하여 가늘게 썰어, 담뱃대를 이용하거나 흡연자가 직접 궐련지로 말아 피울 수 있도록 만든 담배
5. 전자담배 : 니코틴이 포함된 용액 또는 연초 및 연초고형물을 전자장치를 이용하여 호흡기를 통하여 체내에 흡입함으로써 흡연과 같은 효과를 낼 수 있도록 만든 담배
6. 물담배 : 장치를 이용하여 담배연기를 물로 거른 후 흡입할 수 있도록 만든 담배
7. 씹는 담배 : 입에 넣고 씹음으로써 흡연과 같은 효과를 낼 수 있도록 가공처리된 담배
8. 머금는 담배 : 입에 넣고 빨거나 머금으면서 흡연과 같은 효과를 낼 수 있도록 특수가공하여 포장된 담배가루, 니코틴이 포함된 사탕 및 이와 유사한 형태로 만든 담배
9. 냄새 맡는 담배 : 특수 가공된 담배 가루를 코 주위 등에 발라 냄새를 맡음으로써 흡연과 같은 효과를 낼 수 있도록 만든 가루 형태의 담배

개별소비세법 시행령

(1976년 12월 31일)
대통령령 제8408호

개정
1977. 6.29영 8608호   <중략>
2013. 2.15영24360호
2013. 3.23영24441호(직제)
2013. 6.28영24638호(부가세시)
2014. 2.21영25197호   2014. 6.30영25405호
2014. 6.30영25435호(장애인비하용어개선)
2014. 7.16영25476호(전기용품안전관리법시)
2015. 2. 3영26073호   2015. 6.30영26343호
2015. 7.24영26438호(액화석유가스의안전관리및사업법시)
2015. 9. 7영26557호   2015.11.27영26668호
2016. 2. 5영26950호   2016. 2.19영26987호
2016. 3.25영27056호(무형문화재보전및진흥에관한법시)
2017. 1.26영27841호(전기용품및생활용품안전관리법시)
2017. 2. 7영27841호   2018. 2.13영28649호
2018. 8. 7영29078호   2018.11. 6영29272호
2018.12.31영29450호(장애인복지법시)
2019. 1.15영29482호   2019. 2.12영29532호
2019. 7영29724호   2019. 6.25영29885호
2020. 2.11영30402호   2020. 6.30영30805호
2021. 1. 5영31380호(법령용어정비)
2021. 1.12영31383호   2021. 2.17영31451호
2021.4. 6영31614호(5·18민주유공자예우및단체설립에관한법시)
2021. 6. 1영31715호(국민체육진흥법시)
2021. 6.29영31830호   2021.11.12영32116호
2021.12.28영32248호   2022. 2.15영32416호
2022. 4.27영32604호   2022. 6.28영32719호
2022. 6.30영32735호   2022. 7.29영32827호
2022.11. 3영32978호(체육시설의설치·이용에관한법시)
2022.12.30영33181호   2023. 2.28영33273호
2023. 3.14영33325호(지방세시)
2023. 4.28영33438호
2023. 5.23영33481호(국가유공자등예우시)
2023. 6.30영33607호   2023. 8.31영33693호
2023.10.31영33832호   2023.12.29영34062호

제1조【과세물품·과세장소 및 과세유흥장소의 세목 등】「개별소비세법」제1조제6항에 따른 과세물품의 세목은 별표1과 같이 하고, 과세장소의 종류는 별표2와 같이 하며, 과세유흥장소의 종류는 유흥주점·외국인전용 유흥음식점 및 그 밖에 이와 유사한 장소로 하고, 과세영업장소의 종류는 「관광진흥법」제5조제1항에 따라 허가를 받은 카지노(「폐광지역개발 지원에 관한 특별법」제11조에 따라 허가를 받은 카지노를 포함한다)로 한다.(2009.2.4 본조개정)

제2조【용어의 정의】①「개별소비세법」(이하 "법"이라 한다) 또는 이 영에서 사용하는 용어의 뜻은 다음과 같다.
1. "수출"이란 다음 각 목의 어느 하나에 해당하는 것을 말한다.
  가. 내국물품을 국외로 반출하는 것
  나. 외국공공기관 또는 국제금융기관으로부터 받은 차관자금으로 물품을 구매하기 위하여 실시되는 국제경쟁입찰의 낙찰자가 해당 계약 내용에 따라 국내에서 생산된 물품을 납품하는 것
2. "주한외국군에 납품하는 것"이란 주한외국군기관에 매각하거나 그 기관의 공사 및 용역의 시공을 위하여 사용하는 물품을 말한다.
3. "조"란 2개 이상이 함께 사용되는 물품으로서 보통 짝을 이루어 거래되는 것을 말한다.
4. "이미 개별소비세가 납부되었거나 납부될 물품의 원재료"란 다음 각 목의 어느 하나에 해당하는 것을 말한다.
  가. 과세물품 또는 수출물품을 형성하는 원재료

나. 과세물품 또는 수출물품을 상품화하는 데에 필요한 포장 또는 용기
다. 과세물품 또는 수출물품을 형성하지는 아니하나 해당 물품의 제조·가공에 직접적으로 사용되는 것으로서 화학반응을 하는 물품과 해당 과세물품과 해당 과세물품 또는 수출물품의 제조·가공 과정에서 해당 물품이 직접적으로 사용되는 단용(單用)원자재
5. "비거주자"란 「외국환거래법」에 따라 비거주자로 인정되는 자를 말한다.
6. "제조장과 특수한 관계에 있는 곳"이란 다음 각 목의 어느 하나에 해당하는 장소를 말한다.
  가. 제조자가 자기의 제품을 직접 판매하기 위하여 특별히 설치한 판매장(하치장을 포함한다)
  나. 제조자와 「국세기본법」제2조제20호에 따른 특수관계인에 해당하는 자가 경영하는 판매장 (2014.2.21 본목개정)
7. "공예창작품"이란 「무형문화재 보전 및 진흥에 관한 법률」에 따라 문화재청장이 국가무형문화재의 보유자로 인정한 사람의 작품과 전통적인 공예 기능·기술·기법으로 옻칠을 하여 제작한 물품을 말한다. (2016.3.25 본호개정)
8. "유흥음식요금"이란 음식료, 연주료, 그 밖에 명목이 무엇이든 상관없이 과세유흥장소의 경영자가 유흥음식행위를 하는 사람으로부터 받는 금액을 말한다. 다만, 그 받는 금액 중 종업원(자유직업소득자를 포함한다)의 봉사료가 포함되어 있는 경우에는 「부가가치세법」에 따른 세금계산서·영수증·신용카드매출전표 또는 직불카드영수증에 봉사료 금액을 구분하여 기재하고, 봉사료가 해당 종업원에게 지급된 사실이 확인되는 경우에는 그 봉사료는 유흥음식요금에 포함하지 아니하되, 과세유흥장소의 경영자가 그 봉사료를 자기의 수입금액에 계상(計上)하는 경우에는 이를 포함하는 것으로 한다.
② (1999.12.3 삭제)
③ 법 제1조제4항에서 "그 밖에 이와 유사한 장소"란 「식품위생법 시행령」에 따른 유흥주점과 사실상 유사한 영업을 하는 장소(유흥종사자를 두지 않고, 별도의 춤추는 공간이 없는 장소는 제외한다)를 말한다. (2019.2.12 본항개정)
(2010.2.18 본조개정)

제2조의2【탄력세율】① 법 제1조제7항 본문에 따라 탄력세율을 적용할 과세대상과 세율은 다음 각 호와 같다. (2021.1.12 본문개정)
1. 별표1 제6호다목 및 아목에 해당하는 물품 : 리터당 63원(2014.6.30 본호개정)
2. 별표1 제6호마목에 해당하는 물품으로서 기획재정부령으로 정하는 가정용·상업용 물품 : 킬로그램당 14원(2014.2.21 본호개정)
3. 별표1 제6호바목에 해당하는 물품 : 킬로그램당 275원. 다만, 2024년 2월 29일까지는 킬로그램당 176.4원으로 한다.(2023.12.29 단서개정)
4. 별표1 제6호사목에 해당하는 물품에 적용할 탄력세율은 다음 각 목과 같다.
  가. 다음의 어느 하나에 해당하는 자에게 열과 전기를 동시에 생산하는 시설의 연료용으로 공급하는 물품 : 킬로그램당 8.4원
  1)「집단에너지사업법」제2조제3호에 따른 사업자
  2)「신에너지 및 재생에너지 개발·이용·보급 촉진법」제2조제5호에 따른 신·재생에너지 발전사업자. 다만, 「도시가스사업법」제2조제3호에 따른 대량수요자에게 공급하는 경우는 제외한다.

3) 「전기사업법」 제2조제19호에 따른 자가용전기설비를 설치한 자
나. 발전용 외의 물품(기획재정부령으로 정하는 것을 말한다) : 킬로그램당 42원
다. 수소를 제조하기 위하여 다음의 설비에 공급(연료용으로 공급하는 것은 제외한다)하는 물품 : 킬로그램당 8.4원
  1) 수소추출설비
  2) 「수소경제 육성 및 수소 안전관리에 관한 법률」에 따른 연료전지(가목에 해당하는 것은 제외한다)(2022.2.15 본목신설)
라. 발전용 물품(가목 및 다목의 물품은 제외한다) : 2024년 6월 30일까지 킬로그램당 10.2원(2023.12.29 본목개정)
(2019.2.12 본호개정)
5. 별표1 제6호자목에 해당하는 물품 : 다음 각 목의 구분에 따른 세율
가. 순발열량(純發熱量, 연료의 연소과정에서 발생하는 수증기가 흡수한 열을 제외한 발열량을 말한다. 이하 이 호에서 같다)이 킬로그램당 5,500킬로칼로리 이상인 물품 : 킬로그램당 49원. 다만, 2024년 6월 30일까지는 킬로그램당 41.6원으로 한다. (2023.12.29 단서개정)
나. 순발열량이 킬로그램당 5,000킬로칼로리 이상 5,500킬로칼로리 미만인 물품 : 2024년 6월 30일까지 킬로그램당 39.1원(2023.12.29 본목개정)
다. 순발열량이 킬로그램당 5,000킬로칼로리 미만인 물품 : 킬로그램당 43원. 다만, 2024년 6월 30일까지는 킬로그램당 36.5원으로 한다.(2023.12.29 단서개정)
(2022.7.29 본목개정)
6. 별표1 제5호가목부터 라목까지의 규정에 해당하는 물품 : 물품가격의 1천분의 35(2021.1.12 본호개정) <2023.6.30까지 유효>
② 법 제1조제7항 단서에 따라 같은 조 제2항에서 정한 세율에 따른 산출세액과 제1항제6호에 정한 세율에 따른 산출세액 간 차액의 한도는 과세물품당 100만원으로 한다.(2021.1.12 본항신설)<2023.6.30까지 유효>
③ 제1항제2호 및 제4호에 해당하는 물품에 대하여 탄력세율을 적용받으려는 자는 해당 물품을 제조장에서 반출하는 날이 속하는 다음 달 말일까지(수입물품의 경우에는 그 수입신고를 할 때) 다음 각 호의 사항을 적은 용도별 탄력세율 적용 물품 사용예정서를 관할 세무서장 또는 세관장에게 제출[「국세기본법」 제2조제19호에 따른 국세정보통신망(이하 "국세정보통신망"이라 한다)을 통한 제출을 포함한다]하여야 한다. (2016.2.5 본문개정)
1. 반출자 또는 수입신고인의 인적사항
2. 반출 장소
3. 탄력세율 대상 물품의 명세 및 사용 계획
4. 그 밖의 참고사항
(2015.6.30 본항신설)
(2011.12.31 본조개정)
제2조의3 (1999.12.3 삭제)
제3조 【과세물품과 과세장소의 판정】 법 제1조제12항에 따라 과세물품과 과세장소의 판정은 다음 각 호의 기준에 따른다.
1. 별표1 제3호의 물품의 판정은 다음 각 목의 기준에 따른다.
가. 물품에 사용된 원재료의 전부 또는 대부분이 보석·진주·별갑(鼈甲)·산호·호박·상아 또는 귀금속으로 제조된 것으로 한다.
나. 가목에 해당하는 물품의 판정은 물품 원가의 구성비율에 따라 판정함을 원칙으로 하되, 원가구성비율

이 같은 경우에는 그 물품에 사용된 원재료의 구성비율이 높은 것에 따라 판정한다.
2. 과세물품이 불완전 또는 미완성 상태로 반출되는 경우에 해당 물품의 주된 부분을 갖추어 그 기능을 나타낼 수 있는 물품은 완제품으로 취급한다.
3. 하나의 물품이 과세물품과 비과세물품으로 결합되어 있는 경우에는 해당 물품의 특성 및 주된 용도에 따라 판정하고, 이에 따라 판정할 수 없는 경우에는 원가가 높은 것에 따라 판정한다.
(2010.2.18 본조개정)
제4조 【기준가격】 법 제1조제2항제2호의 물품에 대하여 적용하는 기준가격은 다음 각 호의 구분에 따른다.
1. 법 제1조제2항제2호가목1) 및 2)의 물품과 같은 호 나목1)의 물품 : 1개당 500만원
2. 법 제1조제2항제2호가목4)부터 6)까지의 물품 : 1개당 200만원. 다만, 같은 목 5)의 물품은 그 물품의 면적에 제곱미터당 10만원을 곱하여 계산한 금액이 200만원을 초과하는 경우에는 그 금액으로 한다. (2016.2.5 본문개정)
3. 법 제1조제2항제2호나목2)의 물품 : 1조당 800만원 또는 1개당 500만 원
(2015.11.27 본조개정)
제4조의2 (2007.2.28 삭제)
제5조 (2017.2.7 삭제)
제6조 【반출로 보지 않는 경우와 그 승인신청】 ① 법 제6조제1항제1호 단서에서 "대통령령으로 정하는 사유"란 다음 각 호의 어느 하나에 해당하는 경우를 말한다.
1. 동일 제조장에서 과세물품의 원재료로 사용되는 경우
2. 동일 제조장에서 과세물품이 시험·연구 및 검사의 목적으로 사용되는 경우. 이 경우 「기초연구진흥 및 기술개발지원에 관한 법률」에 따른 기업부설연구소 및 연구개발전담부서는 제조장 밖에 있는 경우에도 동일 제조장에 있는 것으로 본다.(2011.6.24 후단개정)
3. 개별소비세가 과세되지 않는 석유류의 제조용 원재료로 정유공정에 그대로 사용되는 경우
② 법 제6조제1항제3호 단서에서 "대통령령으로 정하는 사유"란 제조를 폐지한 당시 해당 제조장에 남아 있는 과세물품이 매월분의 통상적인 반출 수량보다 많은 경우를 말한다.(2023.2.28 본항개정)
③ 법 제6조제1항제3호 단서에 따른 승인을 받으려는 자는 제조를 폐지한 날이 속한 달의 다음 달 25일까지 다음 각 호의 사항을 적은 신청서를 관할 세무서장에게 제출(국세정보통신망을 통한 제출을 포함한다)하여야 한다.(2023.2.28 본문개정)
1. 신청인의 인적사항
2. 제조장 소재지
3. 제조 폐지 연월일
4. 제조를 폐지한 때에 남아 있는 물품의 명세
5. 반출 완료 예정 연월일
(2023.2.28 2호~5호개정)
6. 신청 사유
④ 제3항의 신청을 받은 관할 세무서장은 개별소비세의 보전 또는 단속에 지장을 주지 아니한다고 인정하는 경우에는 6개월의 범위에서 그 신청을 승인할 수 있다. (2023.2.28 본조제목개정)
(2010.2.18 본조개정)
제7조 (1999.12.3 삭제)
제8조 【제조장에서 반출하는 물품의 가격 계산】 ① 법 제8조제1항제2호에 따른 반출할 때의 가격은 제조자가 실제로 반출하는 금액으로 한다. 다만, 다음 각 호의 어느 하나에 해당하는 경우에는 다음 각 호의 구분에 따른 해당 금액으로 한다.(2016.2.5 본문개정)

1. 외상 또는 할부로 반출하는 경우 : 해당 물품을 인도한 날의 실제 반출가격에 상당하는 금액
2. 원재료 또는 자금의 공급을 조건으로 낮은 가격으로 반출하거나 자가제조물품을 다른 제조자의 제품과 저렴한 가격으로 교환하는 경우 : 반출 또는 교환한 날의 실제 반출가격에 상당하는 금액
3. 물품을 반출한 후 일정한 금액을 매수자에게 되돌려주는 경우 : 처음의 반출가격에 상당하는 금액
4. 반출되는 물품의 운송비를 그 운송거리나 운송방법에 상관없이 같은 금액으로 하여 그 반출가격에 포함시키거나 그 금액을 별도로 받는 경우(운송기관이 운송을 담당하는 경우를 포함한다) : 그 운송비를 포함한 가격에 상당하는 금액
5. 입찰의 방법으로 물품을 반출할 때 입찰견적서에 운송비가 따로 계상되어 있더라도 그 낙찰가격에 운송비를 포함하고 있는 경우 : 그 운송비를 포함한 가격에 상당하는 금액
6. 제조장에서 무상으로 반출하는 경우 : 그 물품을 반출한 날의 실제 반출가격에 상당하는 금액
(2016.2.5 1호~6호개정)
7. 법 제6조제1항제9호에 따라 환가되는 경우 : 환가된 때의 가격(해당 물품에 대한 개별소비세와 부가가치세를 포함하지 않은 금액으로 한다)에 상당하는 금액
8. 법 제6조제1항제3호 본문에 따라 제조장에 현존하는 물품의 경우 : 폐지한 때의 실제 반출가격에 상당하는 금액. 이 경우 법 제6조제1항제3호 단서에 해당하는 경우에는 해당 물품이 실제로 반출되거나 반출된 것으로 보아 개별소비세를 부과하게 되는 때의 실제 반출가격에 상당하는 금액으로 한다.(2023.2.28 본호개정)
9. 다음 각 목의 어느 하나에 해당하는 경우 : 해당 물품의 판매가격(해당 물품에 대한 개별소비세와 부가가치세를 포함하는 금액으로 한다. 이하 이 호에서 같다)에서 제8조의2에 따른 기준판매비율과 판매가격을 곱하여 계산한 금액을 뺀 금액
   가. 제조장과 특수한 관계에 있는 곳에 판매를 위탁하거나 판매를 전담하게 하는 경우로서 통상적인 거래를 할 때 실제 판매가격이 없거나 실제 판매가격에 상당하는 금액보다 저렴한 가격으로 반출하는 경우
   나. 제조장에서 별도의 판매장을 거치지 않고 소비자에게 직접 반출하는 경우
   다. 제조자와 판매자가 동일한 경우
   (2023.2.28 본호개정)
10. 수탁가공(위탁자가 물품을 직접 제조하지 아니하고 수탁자에게 의뢰하여 제조하는 경우로서 다음 각 목의 요건을 모두 충족하는 것을 말한다)한 물품〔법 제1조제2항제2호가목1)·2)의 물품은 제외한다〕에 대하여 수탁자가 해당 물품 세액을 납부하는 경우 : 그 물품을 인도한 날에 위탁자가 실제로 판매하는 가격에 상당하는 금액(2012.2.2 본문개정)
   가. 위탁자가 생산할 물품을 직접 기획(고안·디자인 및 견본제작 등을 말한다)할 것
   나. 해당 물품을 위탁자의 명의로 제조할 것
   다. 해당 물품을 인수하여 위탁자의 책임하에 직접 판매할 것
   (2012.2.2 가목~다목신설)
② 제1항제9호 및 제10호의 판매가격은 제1항제1호부터 제8호까지의 반출하는 경우의 금액 산정 기준을 준용하여 산정할 수 있다.(2016.2.5 본항신설)
(2016.2.5 본조제목개정)
(2010.2.18 본조개정)
제8조의2 【기준판매비율】 ① 제8조제1항제9호 각 목외의 부분에 따른 기준판매비율은 업종 및 기업의 특성에 따라 조사한 평균적인 판매비용(제조단계 후 발생하는 비용을 말한다) 등을 고려해 기획재정부령으로 정하는 절차를 거쳐 국세청장이 고시하는 비율로 한다. 이 경우 국세청장은 품목(법 제1조제2항에 따라 분류된 물품을 말한다)을 구분해 기준판매비율을 고시할 수 있다.
② 제1항에 따라 고시한 기준판매비율은 그 고시한 날이 속하는 분기의 종료일 다음 날부터 3년간 적용한다.
(2023.2.28 본조신설)
제9조 【반출가격계산의 특례】 ① 제8조제1항제9호가목에 따른 해당 판매장의 판매가격에 상당하는 금액의 계산은 제조장에서 반출한 날이 속하는 분기 중에 해당 판매장에서 판매한 동종·동질 물품을 기준으로 다음 산식에 따라 계산한 금액으로 한다.

$$\text{과세표준} = \frac{\text{동종·동질 물품의 판매 금액의 합계}}{\text{동종·동질 물품의 판매 수량의 합계}} \times \text{제조장에서 반출한 수량}$$

(2023.2.28 본항개정)
② 원재료의 일부 또는 전부를 제공하여 과세물품의 제조를 위탁하는 경우에는 그 수탁자를 제조자로 보아 제8조를 적용한다.
③ 제2항에도 불구하고 과세물품의 제조를 위탁하는 경우로서 다음 각 호에 해당하는 경우에는 반출가격을 다음 각 호의 구분에 따른 금액으로 한다.
1. 법 제1조제2항제2호가목1)·2)의 물품 또는 같은 항 제3호가목의 캠핑용자동차(별표1 제5호에 해당하는 자동차를 「자동차관리법」 제34조에 따라 튜닝한 경우로 한정한다) : 다음 각 목의 구분에 따른 금액
   가. 위탁자가 제공한 원재료만으로 제조·가공 또는 수리한 경우 : 그 위탁 공임에 상당하는 금액
   나. 위탁자가 제공한 것 외의 원재료를 수탁자가 보충·첨가한 경우 : 보충·첨가된 원재료의 가격과 위탁 공임을 합산한 금액
2. 법 제1조제2항제3호가목의 캠핑용자동차(별표1 제5호에 해당하지 않는 자동차를 「자동차관리법」 제34조에 따라 튜닝한 경우로 한정한다) : 다음 각 목의 금액을 합산한 금액
   가. 위탁자가 제공한 자동차의 가격(수탁자의 제조장에서 반출한 때의 「지방세법 시행령」 제4조제1항제3호에 따라 산정된 시가표준액을 말한다)
   나. 수탁자가 보충·첨가한 원재료의 가격
   다. 위탁 공임
(2023.2.28 본항개정)
④ 조에 해당하는 물품을 개별로 판매 또는 반출하는 경우에는 조를 이루어 판매 또는 반출하는 것으로 보아 그 개별가격을 과세표준으로 한다.
(2010.2.18 본조개정)
제10조 【제조장에서 소비하는 물품의 가격 계산】 ① 법 제6조제1항제1호 본문에 따라 제조장에서 소비되거나 과세물품이 아닌 물품의 제조용 원재료로 제공되어 제8조제1항 본문에 따른 가격을 그 물품의 가격으로 할 수 없는 경우에는 해당 물품의 제조 총원가에 통상적인 이윤에 상당하는 금액(제조 총원가의 100분의 10)을 더한 금액으로 한다. 이 경우 제조 총원가는 원재료비, 보조재료비, 노무비, 경비, 일반관리비 및 판매비로서 해당 물품에 배부되어야 할 부분으로 구성되는 총금액으로 한다.(2023.2.28 전단개정)
② 제1항의 원재료비에는 부산물 가액은 포함되지 않으며, 그 구성 비목(費目)과 원재료 구입가격의 평가방법은 다음 각 호에 따른다.
1. 원재료비를 구성하는 비목은 다음 각 목과 같다.
   가. 원재료 구입가격
   나. 관세

다. 원재료 구입을 위하여 협회·조합 등에 납부하는 모든 비용
라. 원재료 구입을 위한 신용장 개설에 드는 모든 비용
마. 하역비, 운반비, 보험료 및 보관료
바. 원재료 구입을 위한 융자에 대한 지급이자 및 수수료
2. 제1호가목의 원재료 구입가격에 대한 평가는 다음 각 목의 가격에 따른다.
가. 국산원재료는 실제 구입가격에도 불구하고 원재료로 사용된 때를 기준으로 하여 최종 구입한 원재료의 가격
나. 수입원재료는 원재료로 사용된 때를 기준으로 하여 최종 수입한 원재료의 도착가격을 해당 월의 「외국환거래법」에 따른 기준환율 또는 재정환율을 적용하여 환산한 가격
(2023.2.28 본조제목개정)
(2010.2.18 본조개정)

제10조의2 [휘발유의 자연감소율] 법 제8조제1항제2호 단서에서 "대통령령으로 정하는 비율"이란 해당 과세물품의 1천분의 2를 말한다.(2020.2.11 본조개정)

제11조 [보세구역에서 반출하는 물품의 가격 계산] ①~② (2012.2.2 삭제)
③ 수입물품의 수입신고가격에 그 물품의 가격에 산입할 수 없는 출판권, 판매권, 공연권 등 무체재산권의 인수대가로 지급하는 금액이 포함되어 있는 경우에는 그 수입신고가격에서 해당 권리의 대가로 지급하는 금액을 뺀 금액을 과세가격으로 한다.
④ 법 제8조제1항제3호를 적용하는 경우 보세공장에서 제조한 과세물품이 「관세법」 제189조에 따라 원료과세를 받는 물품인 경우에는 보세공장에서 해당 과세물품의 실제 반출가격에 상당하는 금액으로 한다.
(2012.2.2 본항개정)
(2010.2.18 본조개정)

제11조의2 [골프장 입장행위 시 과세표준이 되는 인원의 계산] 강설, 폭우, 안개 등 천재지변 또는 그 밖의 불가항력적인 사유로 골프행위를 중단하는 경우 법 제8조제1항제5호에 따라 과세표준이 되는 입장할 때의 인원은 다음 계산식에 따라 계산한다.

당초 골프장에 입장할 때의 인원 × $\dfrac{\text{실제 이용한 홀 수}}{\text{전체 홀 수}}$

(2019.2.12 본조신설)

제12조 [용도변경 등으로 세액을 징수 또는 신고·납부하는 물품의 가격 계산 등] ① 미납세(법 제14조에 따라 개별소비세를 납부하지 않는 것을 말한다. 이하 같다) 또는 면세(개별소비세가 면제되는 것을 말한다. 이하 같다)로 반출 또는 반입한 자가 해당 물품의 용도를 변경하거나 타인에게 양도하는 등의 사유로 개별소비세를 징수하거나 신고·납부하는 경우에 해당 물품의 가격은 다음 각 호의 구분에 따른다.(2012.2.2 본문개정)
1. 법 제14조제2항에 따라 세액을 징수하는 경우 : 미납세된 때의 가격
2. 법 제15조제2항에 따라 세액을 징수하는 경우 : 면세된 때의 가격
3. 법 제15조제3항에 따라 세액을 징수하는 경우 : 면세된 때의 가격
4. 법 제15조제4항 및 제16조제2항에 따라 제조장에서 구입한 물품에 대한 세액을 징수하는 경우 : 양수한 금액(수입한 물품에 대한 세액을 징수하는 경우에는 양수한 금액과 이를 과세가격으로 하는 관세를 합한 금액). 다만, 증여를 받았거나 소지한 것에 대해서는 「관세법」 제33조부터 제35조까지의 규정을 준용한다.
(2012.2.2 본문개정)

5. 법 제17조제5항에 따라 세액을 징수하는 경우 : 면세로 판매장에서 구입한 가격에 상당하는 금액
6. 법 제17조제6항에 따라 세액을 징수하는 경우 : 소지 당시 면세판매장의 판매가격에 상당하는 금액
7. 법 제17조제2항 및 제18조제2항에 따라 세액을 징수하는 경우 : 면세된 물품의 가격
8. 법 제18조제3항에 따라 제33조제1항 각 호의 어느 하나의 사유에 해당하여 개별소비세를 신고·납부하는 경우 : 판매가격에 상당하는 금액(개별소비세를 신고·납부하는 물품이 법 제18조제1항제3호 각 목의 어느 하나에 해당하는 물품인 경우에는 「지방세법」 제4조제2항에 따라 결정한 취득세 시가표준액을 준용하여 국세청장이 정하여 고시하는 금액)
(2010.9.20 본호개정)
② 제1항제8호에 따라 개별소비세를 신고·납부하는 경우에 해당 세율은 용도변경 등의 사유가 발생할 때의 세율을 적용한다. 다만, 해당 세율이 법 제18조제1항에 따라 면세받은 때의 세율보다 높은 경우에는 면세받은 때의 세율을 적용한다.(2012.2.2 본항신설)
(2012.2.2 본조제목개정)

제13조 [용기 대금과 포장 비용의 계산] ① 법 제8조제2항에 따라 용기 대금과 포장 비용이 과세표준에서 제외되는 경우는 과세물품의 용기 또는 포장을 장래 해당 제조장에 반환할 것을 조건으로 그 용기 대금 또는 포장 비용을 뺀 금액으로 반출하는 것으로서 국세청장이 지정하는 종류와 절차에 따라 관할 세무서장의 승인을 받은 경우로 한다. 다만, 수입물품의 용기 또는 포장의 경우에는 용기 대금 또는 포장 비용이 그 내용물인 과세물품의 가격보다 비싼 것으로서 수입신고 수리일부터 6개월 내에 수출자에게 반환할 것을 조건으로 보세구역의 관할 세관장의 승인을 받은 것으로 한정한다.(2023.2.28 본문개정)
② 제1항 본문의 승인을 받으려는 자는 해당 용기 또는 포장을 반출하기 전에 다음 각 호의 사항을 적은 신청서를 관할 세무서장에게 제출(국세정보통신망을 통한 제출을 포함한다)하여야 한다.
1. 신청인의 인적사항
2. 제조장의 소재지
3. 구입연월일
4. 용기 또는 포장의 명세
③ 제1항 단서의 승인을 받으려는 자는 해당 물품의 수입신고를 하는 때에 다음 각 호의 사항을 적은 신청서를 보세구역의 관할 세관장에게 제출(국세정보통신망을 통한 제출을 포함한다)하여야 한다.
1. 신청인의 인적사항
2. 용도 및 사용장소
3. 수출 예정시기, 수출지 및 수출 예정 세관명
4. 용기 또는 포장의 명세
④ 과세물품과 비과세물품을 1개의 용기에 함께 넣거나 포장하여 반출하는 경우에는 물품의 과세 전 가격을 기준으로 산출한 가격구성비율에 따라 용기 대금과 포장 비용을 계산한다.(2023.2.28 본항개정)
⑤ 제2항 및 제3항에 따라 승인을 한 관할 세무서장 또는 세관장은 해당 승인사항에 대한 이행 사실을 확인하여야 하며, 그 승인사항을 위반하였음이 확인되었을 경우에는 그 위반된 용기 대금 또는 포장 비용에 대하여 개별소비세를 즉시 징수하여야 한다.
(2010.2.18 본조개정)
제14조 (1999.12.3 삭제)

제14조의2 [유흥음식요금계산의 특례] 법 제23조의3 제1항에 따라 금전등록기를 설치한 자가 금전등록기에 의하여 계산서(영수증)를 교부하고, 감사테이프를 보관한 때에는 법 제8조제1항제6호 단서에 따라 과세표준

을 계산할 수 있다. 다만, 유흥음식행위를 무상 또는 외상으로 하게 한 경우에는 다음 각 호에 따라 과세표준을 계산한다.
1. 무상으로 유흥행위를 하게 한 것은 해당 월분의 과세표준에 합산한다.(2010.12.30 본호개정)
2. 외상으로 유흥음식행위를 하게 한 것으로서 경영을 폐지한 때의 외상매출금잔액은 법 제9조제7항에 따른 신고 시의 과세표준에 합산한다.
(2009.2.4 본조개정)

제15조【과세표준의 신고】 ① 법 제9조제1항에 따라 과세표준을 신고해야 할 자는 다음 각 호의 사항을 적은 신고서에 과세물품 총반출 명세서(면세 석유류 구입추천서를 포함한다), 제품 출납 상황표, 개별소비세 공제(환급)신청서를 첨부하여 관할 세무서장에게 제출(국세정보통신망을 통한 제출을 포함한다)해야 한다.
(2023.2.28 본문개정)
1. 사업자의 인적사항
2. 총반출물품의 세액과 그 계산근거(2023.2.28 본호개정)
3. 미납세 또는 면세 반출물품의 세액 상당액과 그 계산근거(2023.2.28 본호개정)
4. 환급세액 또는 공제세액과 그 계산근거
5. 자진납부세액
(2010.2.18 본항개정)
② 법 제9조제4항에 따라 과세표준을 신고하여야 할 자는 다음 각 호의 사항을 적은 신고서를 관할 세무서장에게 제출(국세정보통신망을 통한 제출을 포함한다)하여야 한다.
1. 사업자의 인적사항
2. 과세장소별 자진납부세액 및 그 계산근거
(2010.2.18 본항개정)
③ 법 제9조제5항에 따라 과세표준을 신고하여야 할 자는 다음 각 호의 사항을 적은 신고서를 관할 세무서장에게 제출(국세정보통신망을 통한 제출을 포함한다)하여야 한다.
1. 사업자의 인적사항
2. 과세유흥장소별 자진납부세액 및 그 계산근거
(2010.2.18 본항개정)
④ 법 제9조제6항에 따라 신고하여야 할 자는 다음 각 호의 사항을 기재한 신고서를 관할 세무서장에게 제출(국세정보통신망에 의한 제출을 포함한다)하여야 한다.
1. 사업자의 인적사항
2. 과세영업장소별 자진납부세액 및 그 계산근거
(2009.2.4 본항신설)
⑤ 법 제9조제7항에 따라 과세표준을 신고해야 할 자는 제1항부터 제4항까지의 규정에 준한 서류에 해당 사유를 명확하게 적어 신고(국세정보통신망을 통한 신고를 포함한다)해야 한다.(2021.1.5 본항개정)

제16조【납부】 법 제10조에 따라 개별소비세를 납부하려는 자는 법 제9조에 따른 기한까지 납부할 세액을 관할 세무서장에게 납부하거나 「국세징수법」 제5조에 따른 납부서로 한국은행(그 대리점을 포함한다) 또는 체신관서에 납부해야 한다.(2021.2.17 본조개정)

제16조의2【총괄납부】 ① 법 제10조의2제1항에 따라 제조장에서 총괄하여 납부할 수 있는 경우는 다음 각 호의 어느 하나에 해당하는 경우로 한다.
1. 법 제5조제1호다목에 따라 제조장이 아닌 장소에서 법 제1조제2항제4호마목 및 바목의 물품을 혼합함으로써 개별소비세를 납부하게 되는 경우
2. 법 제14조제1항제2호 및 제4호에 따라 제조장에서 미납세반출한 물품이 반입된 장소에서 용도가 변경되어 개별소비세를 납부하게 되는 경우
3. 제19조제3항제5호에 따라 하치장에 미납세반출한 물품을 판매하기 위하여 같은 하치장에서 반출하는 경우

4. 법 제20조의2제1항에 따라 개별소비세를 환급 또는 공제받으려는 경우
② 법 제10조의2제1항에 따라 제조장에서 총괄하여 납부하려는 자는 그 납부하려는 기간이 시작되기 20일 전에 다음 각 호의 사항을 적은 총괄납부 승인신청서를 해당 물품을 제조·반출하는 제조장의 관할 세무서장에게 제출(국세정보통신망을 통한 제출을 포함한다)하여야 한다.
1. 사업자의 인적사항
2. 총괄하여 납부하려는 장소
3. 총괄납부 신청 사유
4. 그 밖의 참고사항
③ (2007.12.31 삭제)
④ 제2항의 신청을 받은 관할 세무서장은 납세의무자가 다음 각 호의 어느 하나에 해당하여 납세관리에 지장이 없다고 인정하는 경우를 제외하고는 그 신청을 승인하고 신청일부터 20일 이내에 해당 납세의무자와 제조장 및 하치장 등의 관할 세무서장에게 승인 사실을 통지하여야 한다.
1. 하치장 설치신고를 하지 아니한 경우
2. 신청일부터 기산(起算)하여 과거 2년 이내에 「조세범 처벌법」에 따른 처분 또는 처벌을 받은 사실이 있는 경우
3. 신청일부터 기산하여 과거 2년 이내에 세법에 따른 경정조사 시 매출누락금액이 1억원 이상 발견된 경우
4. 신청일부터 기산하여 과거 2년 이내에 국세 또는 지방세를 체납한 사실이 있는 경우
⑤ 총괄납부의 승인을 받은 내용을 변경하려는 경우 그 신청 및 승인에 관하여는 제2항 및 제4항을 준용한다.
(2010.2.18 본조개정)

제16조의3【총괄납부 승인의 철회 및 포기】 ① 총괄납부를 승인한 관할 세무서장은 제16조의2제4항에 따라 총괄납부의 승인을 받은 자가 사업 내용의 변경, 그 밖의 사정변경으로 제조장에서 총괄하여 납부하는 것이 적당하지 않다고 인정되는 경우에는 총괄납부의 승인을 철회할 수 있다.
② 제1항에 따라 총괄납부의 승인을 철회한 경우 해당 세무서장은 철회 사실을 해당 납세의무자와 제조장 및 하치장 등의 관할 세무서장에게 통지하여야 한다.
③ 제16조의2제4항에 따라 총괄납부의 승인을 받은 자가 사정 변경으로 총괄납부를 포기하고 각 사업장별로 납부하려는 경우에는 그 납부하려는 기간이 시작되기 20일 전에 다음 각 호의 사항을 적은 총괄납부 포기신고서를 제조장 관할 세무서장에게 제출(국세정보통신망을 통한 제출을 포함한다)하여야 한다.
1. 사업자의 인적사항
2. 총괄납부 포기 사유
3. 그 밖의 참고사항
④ 제3항에 따라 총괄납부의 포기신고를 받은 제조장 관할 세무서장은 제조장 및 하치장 등의 관할 세무서장에게 즉시 그 사실을 통지하여야 한다.
(2010.2.18 본조개정)

제16조의4【미납세반출 특례에 따른 신고절차 등】 ① 법 제10조의4에 따른 미납세반출자(이하 이 항에서 "미납세반출자"라 한다)가 반입지에서 판매 또는 반출한 물품에 대하여 개별소비세를 신고·납부하려는 경우에는 법 제9조에 따른 과세표준 신고를 할 때 제15조제1항에 따른 신고서에 다음 각 호의 서류를 첨부하여 미납세반출자 관할 세무서장에게 제출(국세정보통신망을 통한 제출을 포함한다)하여야 한다. 다만, 제1호의 신청서는 법 제10조의4를 적용하여 처음으로 과세표준을 신고할 때 제출하여야 하며, 이미 제출한 내용이 변경되거나 법 제10조의4에 따른 특례를 적용받지 아니하려는 경우에는 이를 다시 제출하여야 한다.

1. 다음 각 목의 사항을 적은 미납세반출특례신청서
   가. 미납세반출자의 인적사항
   나. 반입자의 소재지 및 관할 세무서
   다. 미납세반출한 물품
   라. 그 밖의 참고사항
2. 반입지별 과세표준신고서
② 제1항제1호에 따른 신청서를 받은 관할 세무서장은 반입지 관할 세무서장에게 그 사실을 통지하여야 한다.
(2012.2.2 본조신설)

제16조의5【저유소에서의 서로 다른 유류의 혼합 등에 대한 특례 사유 등】 ① 법 제10조의5 각 호 외의 부분에서 "대통령령으로 정하는 사유"란 다음 각 호의 어느 하나에 해당하는 사유를 말한다.
1. 법 제1조제2항제4호가목부터 다목까지의 유류가 저유소(貯油所)에서 서로 다른 유류와 혼합되는 경우
2. 저유소에서 법 제1조제2항제4호가목부터 다목까지의 유류에 첨가제〔옥탄값 향상제, 부식방지제, 조연제(助燃劑), 착색제 등 유류의 성능을 향상시키거나 그 밖의 필요에 따라 유류에 첨가하는 모든 물질을 말한다〕를 혼합하는 경우
② 법 제10조의5에 따른 제조자등(이하 이 항에서 "제조자등"이라 한다)은 제1항 각 호의 어느 하나에 해당하는 사유가 발생한 경우에는 법 제9조에 따른 과세표준 신고를 할 때 제15조제1항에 따른 신고서에 다음 각 호의 서류를 첨부하여 제조자등 관할 세무서장에게 제출(국세정보통신망에 의한 제출을 포함한다)하여야 한다. 다만, 제1호의 신청서는 법 제10조의5를 적용하여 처음으로 과세표준을 신고할 때에 제출하여야 하며, 이미 제출한 내용이 변경되는 경우에는 다시 제출하여야 한다.
1. 다음 각 목의 사항을 적은 저유소혼유등특례신청서
   가. 제조자등의 인적사항
   나. 저유소의 소재지 및 관할 세무서
   다. 그 밖의 참고사항
2. 저유소별 과세표준신고서
③ 제2항제1호에 따른 신청서를 받은 관할 세무서장은 저유소 관할 세무서장에게 그 사실을 통지하여야 한다.
(2012.2.2 본조신설)

제17조【납세담보의 제공 및 처분】 ① 법 제10조제5항에 따라 관할세무서장이 과세유흥장소 또는 과세영업장소의 경영자에게 납세담보의 제공을 요구하려면 납세담보를 요구한 날부터 30일 이내에 관할세무서장에게 납세담보를 제공하도록 통지하여야 한다.
(2009.2.4 본항개정)
② 제1항의 납세담보를 요구할 수 있는 최고한도의 금액은 전월(과세영업장소는 전년도)에 납부한 개별소비세액〔전월(과세영업장소는 전년도)에 납부한 세액이 없는 경우에는 해당 월(과세영업장소는 해당 연도)에 납부할 개별소비세액의 추정액〕의 100분의 120(납세담보가 현금 또는 납세보험증권의 경우에는 100분의 110)에 상당하는 금액으로 한다.(2022.2.15 본항개정)
③ 법 제10조제4항 및 제5항에 따라 담보를 제공한 자가 납부 기한까지 해당 개별소비세를 납부하지 아니하거나 해당 용도에 제공한 사실을 증명하지 아니하였을 경우에는 그 담보물로 해당 개별소비세에 충당한다. 이 경우 부족한 금액이 있을 때에는 이를 징수하며, 남은 금액이 있을 때에는 이를 환급한다.(2010.2.18 본항개정)

제18조【추계결정의 방법】 ① (2012.2.2 삭제)
② 법 제11조제2항 단서에 따라 추계를 할 때에는 다음 각 호의 어느 하나에 해당하는 방법에 따른다.
1. 기장이 정당하다고 인정되고 신고가 성실하여 법 제11조제1항에 따라 결정 및 경정을 받지 아니한 다른

동업자와 비교하여 계산하는 방법
2. 국세청장이 사업의 종류·지역 등을 고려하여 다음 각 목의 관계에 대하여 조사한 비율이 있는 경우에는 그 비율을 적용하여 계산하는 방법
   가. 투입 원재료 또는 부재료의 전부 또는 일부의 수량 및 가액과 생산량 및 매출액과의 관계
   나. 사업과 관련된 인적·물적 시설(종업원·사업장·차량·수도·전기 등)의 전부 또는 일부의 수량 및 가액과 생산량 및 매출액과의 관계
   다. 일정한 기간의 평균 재고량 및 재고금액과 생산량 및 매출액과의 관계
   라. 일정한 기간의 매출 총이익 또는 부가가치액과 매출액과의 관계
3. 추계결정·경정대상 사업자에 대하여 제2호의 비율을 직접 산정할 수 있는 경우에는 그 비율을 적용하여 계산하는 방법
4. 유흥음식행위에 대해서는 「부가가치세법 시행령」 제104조제1항제6호에 따라 국세청장이 정하는 입회조사기준에 따라 계산하는 방법(2013.6.28 본호개정)
(2012.2.2 본항개정)
(2012.2.2 본조제목개정)

제18조의2 (2007.2.28 삭제)

제19조【미납세반출 승인신청】 ① 법 제14조제1항 각 호의 어느 하나에 해당하는 물품을 판매장, 제조장 또는 하치장에서 반출하거나 보세구역에서 반출하려는 자는 해당 물품을 반출할 때에(수입물품의 경우에는 그 수입신고 시부터 수입신고 수리 전까지) 다음 각 호의 사항을 적은 신청서를 관할 세무서장 또는 세관장에게 제출(국세정보통신망을 통한 제출을 포함한다)하여 그 승인을 받아야 한다.
1. 신청인의 인적사항
2. 판매 또는 반출 장소
3. 반출할 물품의 명세
4. 반입장소
5. 반입자의 인적사항
6. 반출 예정 연월일
7. 반입증명서 제출기한
8. 신청 사유
9. 그 밖의 참고사항
② 제1항의 신청을 받은 관할 세무서장 또는 세관장이 이를 승인하였을 때에는 그 신청서에 준하는 내용의 승인서를 발급하고, 반입지 관할 세무서장 또는 세관장에게 그 사실을 통지하여야 한다.
③ 법 제14조제1항제6호에서 "대통령령으로 정하는 것"이란 다음 각 호의 어느 하나에 해당하는 것을 말한다.
1. 수출물품 또는 수출물품의 제조·가공을 위한 물품을 내국신용장(원내국신용장과 제2차 내국신용장으로 한정한다)에 의하여 수출업자 또는 수출물품의 제조·가공업자에게 반출하는 것
2. 수출물품을 제조·가공하기 위하여 동일 제조장에서 다른 제품의 원료로 사용하는 것
3. 수출물품을 제조·가공하기 위하여 다른 제조장으로 반출하는 것
4. 판매장 또는 제조장을 이전하기 위하여 반출하는 것
5. 별표1 제5호의 물품을 보관·관리하기 위하여 제조장에서 하치장으로 또는 하치장에서 다른 하치장으로 반출하거나 해당 제조장에 환입(還入)하는 것
6. 과세품을 제조·가공하기 위한 원료로 사용하기 위하여 다른 제조장으로 반출하는 것
7. 법 제1조제2항제4호의 물품을 「석유 및 석유대체연료 사업법」 제16조에 따른 석유비축시책의 일환으로 「한국석유공사법」에 따라 설립된 한국석유공사(이하

이 호에서 "한국석유공사"라 한다)에 공급하기 위하여 제조장 또는 보세구역에서 반출하는 것과 제조장 또는 보세구역에서 반출한 후 제조자 또는 수입업자의 저유소를 거쳐 한국석유공사에 공급하는 것으로서 국세청장이 정하는 방법으로 공급하는 것 (2012.2.2 본호개정)

8. 별표1 제6호아목의 물품으로서 「석유 및 석유대체연료 사업법」 제2조제7호에 따른 석유정제업자에게 석유제품 원료용으로 공급하기 위하여 제조장 또는 보세구역에서 반출하는 것

9. 별표1 제5호가목의 물품으로서 제조자 또는 수입업자의 판매장에 30일 이상 전시하기 위하여 제조장 또는 보세구역에서 반출하거나 해당 제조장 또는 보세구역으로 환입하는 것(2014.2.21 본호개정)

10. 별표1 제6호의 물품을 제조·가공하기 위하여 동일한 제조자의 다른 제조장으로 반출하는 것 (2010.12.30 본호신설)

④ 제3항 각 호에 따른 물품을 반출하려는 자는 신청서에 다음 각 호의 서류를 첨부하여 관할 세무서장 또는 세관장에게 제출(국세정보통신망을 통한 제출을 포함한다)하여 그 승인을 받아야 한다. 다만, 제3항제2호 및 제7호의 경우에는 그러하지 아니하다.

1. 제3항제1호 및 제3호의 경우 : 내국신용장 또는 수출신용장의 사본, 그 밖에 수출물품임을 증명할 수 있는 서류

2. 제3항제5호의 경우 : 반입지의 하치장 설치신고 확인서

⑤ 제4항에 따른 신청서를 제출받은 관할 세무서장 또는 세관장은 「전자정부법」 제36조제1항에 따른 행정정보의 공동이용을 통하여 다음 각 호의 행정정보를 확인하여야 한다. 다만, 신청인이 확인에 동의하지 않는 경우에는 해당 서류의 사본을 첨부하도록 하여야 한다. (2010.5.4 본문개정)

1. 제3항제1호 및 제3호의 경우 : 사업자등록증

2. 제3항제4호·제6호 및 제8호의 경우 : 반입지의 사업자등록증

⑥ 제3항제1호부터 제3호까지에 따라 반입한 물품으로 제조·가공한 과세물품 또는 비과세물품(그 비과세물품의 원재료가 과세물품인 경우로 한정한다)을 재반출하려는 경우에도 제4항 및 제5항과 같다. (2010.2.18 본조개정)

제19조의2【미납세 및 면세 반출 승인신청에 대한 특례】 법 제14조제1항, 제15조제1항, 제17조제1항 및 제18조제1항에 따른 용도에 사용하기 위하여 제조장 또는 하치장에서 반출(타인을 통해 지체 없이 반출하는 경우를 포함한다)하는 물품에 대하여 면세를 받으려는 자는 제19조제1항·제4항 및 제5항, 제20조제4항, 제22조제1항, 제26조제1항 및 제30조제1항에도 불구하고 해당 물품을 반출한 날이 속하는 분기의 다음 달 25일까지 해당 분기분(별표1 제6호에 해당하는 과세물품은 반출한 날이 속하는 달의 다음 달 말일까지 해당 월분)의 과세표준신고서에 제20조제2항 또는 제3항에 따른 서류와 제30조제2항에 따른 서류(법 제18조제1항의 면세 사유에 해당하는 물품만 해당한다)를 첨부하여 제출하여야 한다.(2023.2.28 본조개정)

제19조의3【장애인 등에 대한 승용자동차 면세 특례】 ① 법 제18조제1항제3호에 따른 용도에 사용하기 위하여 제조장 또는 보세구역에서 반출하는 승용자동차에 대하여 면세를 받으려는 자는 제20조제4항 및 제30조제1항에도 불구하고 반출할 때 해당 과세표준의 신고서에 다음 각 호의 서류를 첨부하여 관할 세무서장 또는 세관장에게 제출(국세정보통신망을 통한 제출을 포함한다)하여야 한다. 다만, 제1호의 신고서를 국세청장 또는 관세청장이 정하는 서식과 절차에 따라 전자문서로 제출하는 경우로서 관할 세무서장 또는 세관장이

정보통신망을 이용하여 그 신고서에 기재된 사실을 확인할 수 있는 경우에는 제2호의 증명서류를 제출하지 아니п하게 할 수 있다.

1. 승용자동차 개별소비세 면세반출 신고서
2. 자동차매매계약서 사본(같은 용도의 것으로 양도한 경우만 해당한다)

② 법 제18조제1항제3호에 따른 용도에 사용하기 위하여 「자동차관리법」에 따른 자동차등록을 한 자는 해당 승용자동차를 제조장 또는 보세구역에서 반출한 날이 속하는 달의 다음 달 20일까지 자동차등록증 사본을 제조장에서 반출한 경우에는 승용자동차 제조자에게, 보세구역에서 반출한 경우에는 관할 세무서장에게 제출(국세정보통신망을 통한 제출을 포함한다)하여야 한다.

③ 제1항에 따라 과세표준신고를 접수한 반출지 관할 세무서장 또는 세관장은 다음 각 호의 사항을 적은 승용자동차 개별소비세 면세반출 통보서를 과세표준신고를 접수한 달의 다음 달 말일까지 반입지 관할 세무서장에게 통보하여야 한다.

1. 반출자의 인적사항
2. 반출장소
3. 반출연월일
4. 반입자의 인적사항
5. 반입장소
6. 자동차등록 연월일
7. 면세대상 물품의 명세
8. 면세 사유
9. 그 밖의 참고사항

④ 제1항에 따라 과세표준의 신고를 받은 관할 세무서장 또는 세관장은 「전자정부법」 제36조제1항에 따른 행정정보의 공동이용을 통하여 다음 각 호의 행정정보를 확인하여야 한다. 다만, 신고인이 확인에 동의하지 않는 경우에는 해당 서류(제1호, 제2호 및 제4호의 경우에는 그 사본)를 첨부하여야 한다. (2010.5.4 본문개정)

1. 사업자등록증(환자수송용 또는 영업용의 경우만 해당한다)

2. 자동차등록증(제조장에서 반출하는 경우만 해당한다)

3. 다음 각 목의 경우에는 주민등록표 등본 또는 외국인등록사실증명

가. 주민등록표, 외국인등록표 또는 국내거소신고원부를 통해 장애인과 세대를 함께 하는 것이 확인되는 배우자, 직계존비속, 형제자매 또는 직계비속의 배우자와 공동명의로 장애인 전용 승용자동차를 구입하는 경우

나. 법 제18조제1항제3호바목의 경우 (2023.2.28 본호개정)

4. 장애인등록증 또는 상이등급이 적힌 국가보훈등록증(2023.5.23 본호개정)

5. 국내거소신고 사실증명(제3호에 따라 확인할 수 없는 경우만 해당한다)

6. 가족관계등록부(법 제18조제1항제3호바목의 경우만 해당한다)(2023.2.28 본호신설)
(2010.2.18 본조개정)

제20조【반입신고·반입증명 및 용도증명】 ① 법 제14조제5항, 제17조제2항 및 제18조제5항에 따라 반입사실을 신고하는 경우에는 다음 각 호의 사항을 적은 신고서를 반입지 관할 세무서장 또는 세관장에게 제출(국세정보통신망을 통한 제출을 포함한다)하여야 한다. 다만, 법 제18조제1항제3호에 따른 승용자동차의 경우에는 「자동차관리법」에 따른 자동차등록으로 반입 사실 신고를 갈음한다.(2014.2.21 본문개정)

1. 신고인의 인적사항
2. 승인번호 및 승인연월일

3. 반입물품의 명세
4. 반입장소
5. 반입 사유
6. 반입연월일
7. 반출자의 인적사항(2023.2.28 본호개정)
8. 반입증명서 제출기한
9. 그 밖의 참고사항
② 법 제14조제2항, 제17조제2항 및 제18조제2항에 따른 반입 사실의 증명은 제1항의 신고서에 준하는 내용의 증명서로 한다. 다만, 다음 각 호의 물품의 경우에는 다음 각 호의 구분에 따른 서류로 증명한다.
1. 보세구역과 수출자유지역에 반입되는 물품의 경우 : 관할 세관장이 발행하는 물품반입확인서
2. 법 제18조제1항제3호에 따른 승용자동차의 경우 : 자동차등록증. 이 경우 반입지 관할 세무서장 또는 세관장은「전자정부법」제36조제1항에 따른 행정정보의 공동이용을 통하여 자동차등록증을 확인하여야 하며, 신고인이 확인에 동의하지 않는 경우에는 그 사본을 제출하도록 하여야 한다.(2010.5.4 후단개정)
3. 법 제18조제1항제9호에 따른 외국항행선박 또는 원양어업선박에 사용하는 석유류의 경우 : 유류공급명세서(내항선인 원양어업선박의 경우에는 반입자의 반입보고서)(2013.2.15 본호개정)
4. 법 제18조제1항제9호에 따른 항공기에 사용하는 석유류 및 같은 항 제11호에 따른 소모품의 경우 : 관할 세관장이 발행하는 선(기)적허가서(내항선인 원양어업선박의 경우에는 반입자의 반입보고서)
(2013.2.15 본호신설)
5. 법 제20조의3제1항 및 제2항에 따라 개별소비세를 징수하지 아니하거나 면제하는 담배의 경우 : 다음 각 목의 구분에 따른 서류
가.「지방세법」제53조제1항 각 호에 따라 반출되어 보세구역에 반입되는 경우 및 같은 법 제54조제1항제3호부터 제5호까지의 규정에 따른 용도에 해당하는 경우 : 관할 세관장이 발행하는 물품반입확인서
(2023.3.14 본목개정)
나.「지방세법」제54조제1항제1호(수출 상담을 위한 견본용 담배는 제외한다) 및 제7호의 용도에 해당하는 경우 : 수출신고를 수리한 세관장이 발급한 신고필증
다.「지방세법 시행령」제62조제3호에 따라 반출되어 폐기장소로 반입되는 경우 : 기획재정부령으로 정하는 폐기사실 확인 서류
라.「지방세법 시행령」제63조 각 호의 용도에 해당하는 경우 : 납품을 받은 군(軍) 기관의 장이 발행한 납품증명서(사용확인서를 포함한다)
마. 가목부터 라목까지의 규정에 해당하지 아니하는 경우 : 제1항의 신고서에 준하는 내용의 증명서
(2016.2.5 본호신설)
③ 법 제15조제2항에 따른 정해진 용도로 제공한 사실의 증명은 다음 각 호의 어느 하나에 해당하는 서류로 한다. 다만,「부가가치세법」에 따른 수출 영세율(零稅率) 조기환급을 받기 위하여 다음 각 호의 어느 하나에 해당하는 서류를 이미 관할 세무서장에게 제출한 경우에는 기획재정부령으로 정하는 수출증명 명세서로 증명할 수 있다.
1. 수출신고를 수리한 세관장이 발급한 신고필증
2. 소포우편으로 수출한 경우에는 해당 우체국장이 발행한 소포수령증
3. 납품을 받은 군(軍) 기관의 장이 발행한 납품증명서(사용확인서를 포함한다)
4. 그 밖에 수출 사실을 증명할 수 있는 서류로서 국세청장이 정하는 것
④ 법 제14조제2항, 제15조제2항 본문, 제17조제2항 및

제18조제2항에 따른 반입된 사실 또는 정해진 용도로 제공한 사실을 증명하기 위한 서류는 해당 물품을 반출한 날부터 3개월의 범위에서 반출지 관할 세무서장 또는 세관장이 지정하는 날까지 제출하여야 한다.(2023.2.28 본항개정)
⑤ 제4항과 제19조의2 및 제19조의3에 따른 기한까지 해당 사실을 증명하기 위한 서류를 부득이한 사정으로 제출할 수 없는 경우에는 관할 세무서장 또는 세관장에게 제출기한의 연장을 신청할 수 있다. 이 경우 관할 세무서장 또는 세관장은 해당 사실을 증명하기 위한 서류의 제출기한이 경과한 날부터 3개월의 범위에서 그 기한을 연장할 수 있다.
⑥ 관할 세무서장 또는 세관장은 법 제14조제2항, 제15조제2항 본문, 제17조제2항 및 제18조제2항에 따라 해당 사실을 증명하기 위한 서류를 제출하지 않을 때에는 해당 세액을 징수한다는 뜻을 지체 없이 통지하여야 한다.(2023.2.28 본항개정)
(2010.2.18 본조개정)
제21조【멸실 승인신청】① 법 제14조제3항에 따라 개별소비세를 면제받으려는 자는 해당 반입증명서의 제출기한까지 다음 각 호의 사항을 적은 멸실승인신청서에 해당 물품의 멸실 사실을 증명하는 서류를 첨부하여 반출지 관할 세무서장 또는 세관장에게 지체 없이 제출하여야 그 승인을 받아야 한다.
1. 신청인의 인적사항
2. 제조장의 소재지, 승인번호 및 승인연월일
3. 멸실물품의 명세
4. 멸실연월일, 멸실장소 및 멸실물품의 처리방법
5. 반입증명서 제출기한
6. 그 밖의 참고사항
② 제1항의 경우에 멸실한 장소가 다른 세무서장의 관할에 속하는 경우에는 해당 멸실지 관할 세무서장이 발급하는 다음 각 호의 사항을 적은 증명서를 첨부하여야 한다.
1. 신청인의 인적사항
2. 제조장의 소재지
3. 원(原) 승인 세무서명, 승인연월일 및 승인번호
4. 멸실물품의 명세
5. 반출자 또는 인도자의 인적사항
6. 멸실연월일, 멸실장소 및 멸실 사유
7. 그 밖의 참고사항
(2010.2.18 본조개정)
제22조【수출 및 군납 면세 승인신청】① 법 제15조제1항 각 호의 물품에 대하여 면세를 받으려는 자는 다음 각 호의 사항을 적은 신청서에 수출신용장, 그 밖에 수출물품임을 증명하는 서류 또는 납품계약서의 사본을 첨부하여 해당 물품을 반출할 때에(수입물품의 경우에는 그 수입신고 시부터 수입신고 수리 전까지) 관할 세무서장 또는 세관장에게 제출하여 그 승인을 받아야 한다. 이 경우 해당 물품의 제조자와 수출 또는 납품하는 자가 다른 경우에는 제조자와 수출 또는 납품하는 자가 연명(連名)으로 신청하여야 한다.
(2023.2.28 본문개정)
1. 신청인의 인적사항
2. 반출 장소(2023.2.28 본호개정)
3. 면세대상 물품의 명세
4. 수출처 또는 군납처
5. 수출세관
6. 수출자의 인적사항
7. 반출 예정 연월일(2023.2.28 본호개정)
8. 수출증명서 또는 군납증명서 제출기한
9. 그 밖의 참고사항

② 제1항의 신청을 받은 관할 세무서장 또는 세관장이 이를 승인하였을 때에는 그 신청서에 준하는 내용의 승인서를 발급하여야 한다.
(2010.2.18 본조개정)

제22조의2 (1999.12.3 삭제)

제23조【외교관 면세승인 신청】 ① 법 제16조제1항 각 호의 물품에 대하여 면세를 받으려는 자는 다음 각 호의 사항을 적은 신청서에 법 제16조제1항제1호에 따른 주한외교공관등의 장이 해당 사실을 증명한 서류를 첨부하여 해당 물품을 반출할 때에(수입물품의 경우에는 그 수입신고 시부터 수입신고 수리 전까지) 관할 세무서장 또는 세관장에게 제출(국세정보통신망을 통한 제출을 포함한다)하여 그 승인을 받아야 한다.
(2023.2.28 본문개정)
1. 신청인의 인적사항
2. 반출 장소(2023.2.28 본호개정)
3. 면세대상 물품의 명세
4. 반입장소
5. 반입자의 인적사항
6. 반출 예정 연월일
7. 신청 사유
8. 그 밖의 참고사항
② 법 제16조제2항 단서에 따라 개별소비세의 징수를 면제받으려는 자는 다음 각 호의 사항을 적은 신청서에 외교부장관이 제25조의2 각 호의 어느 하나에 해당하는 사유가 있다는 것을 증명하는 서류를 첨부하여 관할 세무서장 또는 세관장에게 제출하여 그 승인을 받아야 한다.
1. 신청인의 인적사항
2. 면세대상 물품의 명세
3. 면세 승인 연월일
4. 양도 또는 소지 예정 연월일
5. 신청 사유
6. 그 밖의 참고사항
(2015.2.3 본항신설)
③ 제1항 및 제2항의 신청을 받은 관할 세무서장 또는 세관장이 이를 승인하였을 때에는 그 신청서에 준하는 내용의 승인서를 발급하여야 한다.(2015.2.3 본항개정)
(2010.2.18 본조개정)

제24조【외교공관용 석유류에 대한 면세 특례】 ① 법 제16조제1항제3호에 따라 개별소비세가 면제되는 석유류를 제조장 또는 석유류판매장에서 구입하는 경우 제조자 또는 석유류의 판매자(이하 이 조에서 "판매자"라 한다)는 외교부장관이 발행한 외교공관명, 유류의 종류별 사용량, 그 밖의 필요한 사항을 적은 면세석유류 구입추천서를 받고 개별소비세에 상당하는 금액을 그 가격에서 공제한 후 해당 석유류를 인도하여야 한다.
(2013.3.23 본항개정)
② 제1항의 경우에 판매자는 해당 면세석유류 구입추천서를 갖추어 매월분 판매량을 제조자에게 통보하여야 하며, 그 통보를 받은 제조자는 공제된 개별소비세에 상당하는 금액을 판매자에게 지급하여야 한다.
③ 제조자는 주한외교공관에 직접 판매한 석유류의 매월분 판매량과 제2항에 따라 통보받은 개별소비세의 매월분 판매량을 면세석유류 구입추천서를 갖추어 관할 세무서장에게 보고(국세정보통신망을 통한 보고를 포함한다)하여야 한다.(2010.12.30 본항개정)
④ 제3항의 보고를 받은 관할 세무서장은 판매자가 판매한 석유류에 대하여 이미 납부한 개별소비세액을 제조자에게 환급하여야 한다. 다만, 환급받을 자의 신청(국세정보통신망을 통한 신청을 포함한다)에 따라 이후에 납부할 세액에서 공제할 수 있다.
(2010.12.30 본조제목개정)
(2010.2.18 본조개정)

제25조【주한외교공관 등의 범위】 ① 법 제16조제1항제1호에서 "대통령령으로 정하는 기관"이란 우리나라에 상주하는 영사기관(명예영사관원을 장으로 하는 영사기관은 제외한다), 국제연합과 이에 준하는 국제기구(우리나라가 당사국인 조약과 그 밖의 국내법령에 따라 특권과 면제를 부여받을 수 있는 경우만 해당한다)를 말한다.
② 법 제16조제1항제2호에서 "대통령령으로 정하는 사람"이란 제1항에 따른 기관의 소속 직원으로서 해당 국가로부터 공무원 신분을 부여받은 자 또는 외교부장관으로부터 이에 준하는 신분임을 확인받은 자 중 내국인이 아닌 자를 말한다.(2013.3.23 본항개정)
(2010.12.30 본조개정)

제25조의2【외교관 면세차량 양도 등에 관한 개별소비세 징수 면제 사유】 법 제16조제2항 단서에서 "주한외교관이 이임(移任)하는 등 대통령령으로 정하는 부득이한 사유가 있는 경우"란 다음 각 호의 어느 하나에 해당하는 경우를 말한다.
1. 법 제16조제1항제2호에 따른 주한외교관등(이하 "주한외교관등"이라 한다)이 본국이나 제3국으로 이임하는 경우
2. 주한외교관등의 직무가 종료되거나 직위를 상실한 경우
3. 주한외교관등이 사망한 경우
4. 법 제16조제1항제1호에 따른 주한외교공관등이 우리나라와의 외교관계 단절 등으로 인하여 폐쇄되는 경우
(2015.2.3 본조신설)

제26조【외국인전용판매장에서 판매할 물품의 면세 승인신청】 ① 법 제17조제1항에 따라 면세를 받으려는 자는 다음 각 호의 사항을 적은 신청서에 외국인전용판매장 지정증 사본을 첨부하여 해당 물품을 반출할 때에 관할 세무서장에게 제출(국세정보통신망을 통한 제출을 포함한다)하여 그 승인을 받아야 한다. 이 경우 관할 세무서장은 「전자정부법」 제36조제1항에 따른 행정정보의 공동이용을 통하여 사업자등록증을 확인하여야 하며, 신청인이 확인에 동의하지 않는 경우에는 사업자등록증 사본을 첨부하도록 하여야 한다.
(2023.2.28 전단개정)
1. 신청인의 인적사항
2. 반출 장소(2023.2.28 본호개정)
3. 면세대상 물품의 명세
4. 반입장소
5. 반입자의 인적사항
6. 반출 예정 연월일(2023.2.28 본호개정)
7. 반입증명서 제출기한
8. 신청 사유
9. 그 밖의 참고사항
② 제1항의 신청을 받은 관할 세무서장이 이를 승인하였을 때에는 그 신청서에 준하는 내용의 승인서를 발급하고 반입지 관할 세무서장에게 그 사실을 통지하여야 한다.
(2010.2.18 본조개정)

제27조【외국인전용판매장에서 판매하는 면세물품의 범위】 법 제17조제1항에 따라 개별소비세를 면제받을 수 있는 물품은 다음 각 호와 같다.
1. 보석과 이를 사용한 제품
2. 귀금속 제품
3. 골패(骨牌)와 화투류
4. 고급 가구
5. (2017.2.7 삭제)
6. 고급 융단
7. 고급 가방(2013.2.15 본호신설)
(2010.2.18 본조개정)

제28조【외국인전용판매장의 지정 및 지정취소】 ① 법 제17조제1항에 따라 외국인전용판매장의 지정을 받으려는 자는 다음 각 호의 사항을 적은 신청서를 판매장 관할 세무서장에게 제출하여야 한다. 이 경우 외국인만 이용하는 판매장으로서 법령에 따라 정부의 허가 또는 등록을 받아야 하는 것에 대해서는 해당 허가증 또는 등록증 사본을 첨부하여 제출(국세정보통신망을 통한 제출을 포함한다)하여야 한다.
1. 신청인의 인적사항
2. 판매장의 소재지 및 상호
3. 면세판매하려는 물품명
② 제1항의 지정을 한 관할 세무서장은 다음 각 호의 사항을 적은 지정증을 발급하여야 한다.
1. 지정번호
2. 판매장의 소재지 및 상호
3. 대표자의 인적사항
4. 면세판매할 물품명
③ 관할 세무서장은 제1항의 지정을 받은 자가 다음 각 호의 어느 하나에 해당하는 경우에는 그 지정을 취소할 수 있다.
1. 면세물품을 부정하게 판매한 사실이 있는 경우
2. 법 제25조에 따른 관할 지방국세청장 또는 관할 세무서장의 명령을 위반하여 처벌 또는 처분을 받은 경우
3. 관계 법령에 따른 허가 또는 등록이 취소되거나 그 밖의 처분을 받은 경우
4. 사업자 또는 법인의 임원이 국세 또는 지방세를 50만원 이상 포탈하여 처벌 또는 처분을 받은 경우
5. 해당 판매장을 양도하거나 대여한 경우
6. 제1항의 서류에 거짓 내용을 적은 사실이 발견된 경우
7. 국내에 거주하지 아니하거나 실종된 사실이 발견된 경우. 다만, 관리인이 따로 있는 경우는 제외한다.
④ 제1항의 신청을 받은 관할 세무서장은 신청인이 다음 각 호의 어느 하나에 해당하는 경우에는 그 지정을 하지 않을 수 있다.
1. 외국인의 이용도가 낮다고 인정되는 장소에서 판매장을 경영하려는 경우
2. 판매에 필요한 인원 및 물적 시설을 갖추지 못한 경우
3. 신청일부터 기산하여 과거 1년 이내에 국세에 관한 범칙행위를 한 경우
4. 판매장 경영에 필요한 자력(資力) 및 신용을 갖추지 못하였다고 인정되는 경우
(2010.2.18 본조개정)
제29조【외국인전용판매장에서 판매하는 면세물품의 구입방법 및 판매보고】 ① 제28조제1항에 따라 외국인전용판매장의 지정을 받은 자가 면세물품을 판매할 때에는 해당 물품 구입자의 신분을 확인한 후 다음 각 호의 사항을 적은 개별소비세 면세물품 구입기록표를 작성하여 구입자의 여권에 첨부하고 간인(間印)하여야 한다.
1. 판매자의 인적사항, 판매장 소재지 및 관할 세무서
2. 구입자의 인적사항, 입국 및 출국 관련 사항
3. 면세구입물품의 명세
② 제1항의 물품을 판매한 자는 같은 항 각 호의 사항 외에 면세구매물품의 휴대 여부 또는 세액의 징수 내용을 적은 개별소비세 면세물품 판매확인서 2통을 작성하여 그 중 1통은 구입자(주한외교관 및 주한외국군 장병의 경우는 제외한다)의 출국 예정항 관할 세관장에게 판매한 때마다 제출하고, 다른 1통은 판매장 관할 세무서장에게 법 제17조제3항에 따른 신고를 할 때에 과세물품 총판매명세서(면세분으로 구분하여 적는다)에 첨부하여 각각 제출하여야 한다. 다만, 보세구역에 있는 판매장에서 판매한 경우에는 해당 관할 세관장에게는 제출하지 않아도 된다.

③ 제2항의 확인서를 받은 세관장은 구입자가 출국할 때에 제1항의 기록표를 제출받아 구입 사실을 확인한 후 해당 물품의 소지 사실을 확인하여야 한다.
(2017.2.7 본항개정)
④ 세관장은 매 분기분의 개별소비세 면세물품 구입기록표와 개별소비세 면세물품 판매확인서를 판매장 관할 세무서장에게 해당 분기의 다음 달 10일까지 송부하여야 한다.
⑤ 제3항에 따라 세관장이 구입 사실을 확인하는 경우에 재해나 그 밖의 사정으로 해당 구입물품이 멸실되었다는 사실을 멸실한 즉시 세관장에게 신고하였거나 우편 등의 방법으로 출국 전에 외국으로 반출한 물품에 대해서는 그 사실에 관하여 세관장 또는 우체국장이 발행한 증명서류를 제출한 경우에만 그 물품을 휴대한 것으로 본다.
⑥ 관할 세무서장은 판매자가 제출한 개별소비세 면세물품 판매확인서와 구매자의 출국항 관할 세관장이 송부한 개별소비세 면세물품 구입기록표 및 개별소비세 면세물품 판매확인서를 대조ㆍ확인한 후 면세로 반입한 물품의 판매량과 재고량을 조사하여 차이가 있는 경우에는 그 차이에 상당하는 물품에 대한 개별소비세를 판매자로부터 징수한다.
(2010.2.18 본조개정)
제30조【면세 승인신청】 ① 법 제18조제1항 각 호 및 제19조 각 호에 따른 물품에 대하여 면세를 받으려는 자는 다음 각 호의 사항을 적은 신청서를 해당 물품을 반출할 때에(수입물품의 경우에는 그 수입신고 시부터 수입신고수리 전까지) 관할 세무서장 또는 세관장에게 제출(국세정보통신망을 통한 제출을 포함한다)하여 그 승인을 받아야 한다.(2023.2.28 본문개정)
1. 신청인의 인적사항
2. 반출 장소(2023.2.28 본호개정)
3. 면세대상물품의 명세
4. 반입장소
5. 반입자의 인적사항
6. 반출 예정 연월일
7. 반입증명서, 물품반입확인서, 유류공급명세서, 선(기)적허가서(내항선인 원양어업선박의 경우에는 반입자의 반입보고서) 제출기한(2013.2.15 본호개정)
8. 신청 사유
9. 그 밖의 참고사항
② 제1항의 신청서에는 다음 각 호의 구분에 따른 서류를 첨부하여야 한다. 다만, 관세의 감면을 위하여 증명된 사항에 관하여는 해당 서류를 첨부하지 않아도 된다.
1. 법 제18조제1항제1호, 제4호부터 제7호까지, 제9호부터 제11호까지 및 제13호와 제19조제1호부터 제3호까지, 제8호 및 제16호의 경우 : 소관 중앙행정기관의 장이 발행한 해당 사실을 증명하는 서류. 다만, 다음 각 목의 어느 하나에 해당되는 증명서류는 학교의 경우에는 해당 학교장이 발행하는 것으로 하고, 어린이집의 경우에는 특별자치도지사 또는 시장ㆍ군수ㆍ구청장이 발행하는 것으로 한다.
(2016.2.5 본문개정)
가. 법 제18조제1항제6호에 따른 학교 또는 어린이집에 진열하거나 교재로 사용하기 위한 표본 또는 참고품(2011.12.8 본목개정)
나. 법 제18조제1항제7호에 따라 교육용으로 사용하게 하기 위하여 교육기관(학교로 한정한다)에 기증되는 물품(2010.12.30 본목신설)
다. (2016.2.5 삭제)
1의2. 법 제18조제1항제2호의 경우 : 특별시장ㆍ광역시장ㆍ도지사 또는 특별자치도지사가 발행한 해당 사실을 증명하는 서류(2010.12.30 본호신설)

2. 법 제19조제13호의 경우 : 소관 중앙행정기관의 장, 한국무역협회 또는 대한상공회의소의 장이 발행한 해당 사실을 증명하는 서류
3. 법 제18조제1항제8호와 제19조제4호부터 제6호까지 및 제9호부터 제12호까지의 경우 : 「관세법」에 따른 면세신청에 필요한 서류
4. 법 제19조제7호의 경우 : 해당 물품을 기증받은 정부기관 또는 지방자치단체의 장이 발행한 기증받은 사실을 증명하는 서류
5. 법 제19조제14호 및 제15호의 경우 : 관할 세무서장이 발행한 해당 사실을 증명하는 서류
6. 관수용(官需用) 물품의 경우 : 면제를 받으려는 기관의 장이 발행한 해당 사실을 증명하는 서류
③ 제1항의 신청을 받은 관할 세무서장 또는 세관장이 해당 물품에 대한 면세를 승인하였을 때에는 그 신청서에 준하는 내용의 승인서를 발급하여야 하며, 법 제18조제1항에 해당하는 경우에는 반입지 관할 세무서장 또는 세관장에게 그 뜻을 통지하여야 한다. (2010.2.18 본조개정)

제31조【장애인의 범위 등】① 법 제18조제1항제3호가목에서 "대통령령으로 정하는 장애인"이란 다음 각 호의 어느 하나에 해당하는 사람을 말한다.
1. 「국가유공자 등 예우 및 지원에 관한 법률」에 따른 국가유공자 중 장애인
2. 「장애인복지법」에 따른 장애인(장애의 정도가 심한 장애인으로 한정한다)(2018.12.31 본호개정)
3. 「5·18민주유공자예우 및 단체설립에 관한 법률」에 따른 5·18민주화운동부상자로서 같은 법 제7조에 따라 등록된 사람(2021.4.6 본호개정)
4. 「고엽제후유의증 등 환자지원 및 단체설립에 관한 법률」에 따른 고엽제후유의증환자로서 경도 장애 이상의 장애등급 판정을 받은 사람(2012.12.21 본호개정)
② (1991.12.3 삭제)
③ 법 제18조제1항제3호가목에 따라 개별소비세를 면세할 승용자동차는 제1항에 해당하는 장애인이 본인 명의로 구입하거나 그 장애인과 주민등록표, 외국인등록표 또는 국내거소신고원부에 의하여 세대를 함께 하는 것이 확인되는 배우자, 직계존비속, 형제자매 또는 직계비속의 배우자와 공동명의로 구입하는 것으로 한정한다. 다만, 노후한 장애인 전용 승용차를 교체하거나 폐차하기 위하여 장애인 전용 승용자동차를 취득하여 1인 2대가 된 경우에는 종전의 승용자동차를 새로 취득한 장애인 전용 승용자동차의 취득일부터 3개월 이내에 처분하고, 같은 기간 내에 그 처분 사실을 기획재정부령으로 정하는 신고서로 반입지 관할 세무서장에게 알려야(국세정보통신망을 통하여 알리는 경우를 포함한다) 한다. (2010.2.18 본조개정)

제31조의2 (1994.12.31 삭제)
제32조【의식용품 등】법 제18조제1항제5호에 따라 개별소비세를 면제할 물품은 탁자류, 불기(佛器), 화병, 염주, 다기, 솥, 교단, 촛대, 성찬용(聖餐用) 각종 기구, 법의[가사(袈裟)를 포함한다], 예복, 성포(聖布), 성막(聖幕) 및 베일로 한다.(2010.2.18 본조개정)

제32조의2【조건부면세가 적용되는 유연탄의 범위】법 제18조제1항제13호에서 "산업용 등 대통령령으로 정하는 용도에 사용하는 유연탄"이란 「전기사업법」 제2조제3호에 따른 발전사업(「집단에너지사업법」 제2조제2호에 따른 사업을 하는 과정에서 생산한 전기 및 「신에너지 및 재생에너지 개발·이용·보급 촉진법」 제2조제1호다목에 따른 석탄을 액화·가스화한 에너지를 사용하여 생산한 전기를 공급하는 발전사업은 제외한다) 외의 용도로만 사용되는 유연탄을 말한다.(2017.2.7 본조개정)

제32조의3 ~ 제32조의4 (2005.2.19 삭제)
제33조【조건부 면세물품의 반입자에 의한 용도변경 등】① 법 제18조제1항의 물품으로서 반입지에 반입된 후에 해당 물품에 대하여 다음 각 호의 어느 하나에 해당하는 사유가 발생하는 경우 반입자는 법 제18조제3항에 따라 반입지 관할 세무서장(제4호의 경우에는 관할 세관장)에게 개별소비세를 신고·납부해야 한다. (2021.2.17 본문개정)
1. 법 제18조제1항제1호·제2호, 제4호부터 제8호까지 및 제13호에 해당하는 물품 : 반입자가 반입한 날부터 5년 이내(법 제18조제6항에 따라 재반출한 물품을 반입한 경우에는 재반출자의 사용기간을 포함한다. 이하 제2호에서 같다)에 그 용도를 변경하거나 양도한 경우(2016.2.5 본호개정)
2. 법 제18조제1항제3호에 해당하는 물품 : 반입자가 반입한 날부터 5년 이내에 그 용도를 변경하거나 양도한 경우. 다만, 다음 각 목의 어느 하나에 해당하는 경우는 제외한다.
   가. 법 제18조제1항제3호가목 및 바목의 물품 : 반입자가 반입한 날부터 5년 이내에 사망한 경우 (2023.2.28 본목개정)
   나. 법 제18조제1항제3호다목의 물품 : 반입자가 반입한 날부터 5년 이내에 사망하여 그 상속인이 상속개시일부터 3개월 이내에 법 제18조제1항제3호의 용도로 양도하는 경우(2012.2.2 본목개정)
3. 법 제18조제1항제9호(항공기에 사용하는 석유류로 한정한다) 및 제10호에 따른 석유류 : 해당 석유류를 반입한 날부터 6개월 이내에 다음 각 목의 구분에 따른 서류를 반입지 관할 세무서장에게 제출하지 아니한 경우. 다만, 부득이한 사유가 있는 경우에는 반입지 관할 세무서장은 3개월의 범위에서 그 기한을 연장할 수 있다.
   가. 법 제18조제1항제9호의 석유류 : 사용자의 사용보고서
   나. 법 제18조제1항제10호의 석유류 : 사용자의 사용보고서와 소관 중앙행정기관의 장이 발행한 사용확인서
4. 법 제18조제1항제9호(항공기에 사용하는 석유류는 제외한다) 및 제11호에 따른 물품 : 제20조제2항제3호 및 제4호에 따른 유류공급명세서, 선(기)적허가서(내항선인 원양어업선박의 경우에는 반입자의 반입보고서)를 제출한 후 그 용도를 변경하거나 양도한 경우. 다만, 외국항행선박 및 원양어업선박이 외국항행 및 원양어업을 종료하여 사용하고 남은 석유류를 다시 국내로 반입함에 따라 「관세법」 제14조에 따른 과세물건에 해당하게 되어 개별소비세 또는 「교통·에너지·환경세법」에 따른 교통·에너지·환경세가 부과된 경우는 제외한다.(2021.2.17 본호개정)
5. 법 제18조제1항제3호가목에 따른 물품 : 제31조제3항 단서에 따라 종전의 승용자동차를 새로 취득한 장애인 전용 승용자동차의 취득일부터 3개월 이내에 처분하지 않은 경우
② 법 제18조제1항 각 호에 따른 사실을 증명하려는 자는 제1항 각 호의 사유가 발생하였을 때에는 그 사실을 즉시 국세청장 또는 관세청장에게 통지하여야 한다.
③ 법 제18조제1항 각 호에 따른 물품으로서 제30조에 따른 승인을 받아 반입지에 반입한 물품이 부패·파손 또는 이와 유사한 사유로 정해진 용도로 계속하여 사용할 수 없게 된 경우로서 다음 각 호의 사항을 적은 신청서를 관할 세무서장에게 제출(국세정보통신망을 통한 제출을 포함한다)하여 그 승인을 받은 후 해당 물품을 폐기한 경우에는 해당 개별소비세를 징수하지 아니한다. 다만, 법 제18조제1항제3호에 해당하는 물품의 경우 「자동차관리법」 제13조제1항·제2항

및 제7항에 따라 말소등록을 하고 그 사실을 증명하는 서류를 해당 물품을 폐기한 날이 속하는 달의 다음 달 말일까지 제출하는 경우에는 그 승인을 받은 것으로 본다.
1. 신청인의 인적사항
2. 폐기하려는 물품의 명세
3. 폐기 사유
4. 반입 사유 및 반입연월일
5. 그 밖의 참고사항
④ 법 제18조제1항제3호라목 단서에 따라 동일인 또는 동일 법인에 승용자동차를 대여한 기간의 합을 계산할 때 시간단위로 해당 자동차를 대여한 경우에는 시간단위로 합산해 24시간을 1일로 계산한다.(2019.2.12 본항신설)
⑤ 법 제18조제4항 단서에서 "대통령령으로 정하는 요건에 해당하는 경우"란 승용자동차의 구입일부터 3개월 이상의 기간 동안 법 제18조제1항제3호라목에 해당하는 동일인 또는 동일 법인에 대여한 사실이 없는 경우를 말한다.(2014.2.21 본항신설)
(2010.2.18 본조개정)
제33조의2【입장행위의 면세】 ① 법 제19조의2제1호에서 "대통령령으로 정하는 단체"란 「민법」 제32조에 따라 설립한 프로골프선수를 회원으로 하는 사단법인으로서 문화체육관광부장관이 지정하는 단체를 말한다.
② 법 제19조의2제2호에서 "대통령령으로 정하는 골프선수"란 다음 각 호의 어느 하나에 해당하는 사람을 말한다.(2019.2.12 본문개정)
1. 「국민체육진흥법」에 따른 대한체육회 및 그 회원인 단체에 등록된 학생선수(2021.6.1 본호개정)
2. 제1항에 따른 단체에 등록된 정회원인 선수
③ (2019.2.12 삭제)
④ 골프장의 경영자는 제2항 각 호에 따른 선수의 입장 내역을 기록할 장부를 갖춰 두어야 한다.
⑤ 법 제19조의2제3호에서 "대통령령으로 정하는 해외거주 국민"이란 「해외이주법」 제2조에 따른 해외이주자를 말한다.
(2010.2.18 본조개정)
제33조의3【유흥음식행위 면세절차】 ① 법 제19조의3에 따른 유흥음식행위에 대하여 개별소비세를 면제받으려는 과세유흥장소의 경영자는 외국군인에게 판매한 영수증 등의 서류를 갖춰 두어 기록하고 해당 월분의 과세표준신고서의 제출기한까지 외국환 매입증명서를 첨부하여 관할 세무서장에게 제출하여야 한다.
(2010.12.30 본항개정)
② (2010.12.30 삭제)
③ 법 제19조의3에 따라 관할 세무서장의 지정을 받으려는 자는 다음 사항을 적은 신청서를 관할 세무서장에게 제출하여야 한다. 이 경우 법령에 따라 정부의 허가 · 등록(사업자등록은 제외한다) · 지정을 받아야 하는 것에 대해서는 해당 허가증 · 등록증 또는 지정증 사본을 첨부하여 제출하여야 한다.(2010.12.30 전단개정)
1. 신청인의 인적사항
2. 면세받으려는 과세유흥장소의 소재지, 상호 및 대표자의 인적사항
3. 신청 사유
④ 법 제19조의3에 따른 지정의 경우 지정증의 발급 · 지정의 취소 또는 지정의 거부에 관하여는 제28조제2항부터 제4항까지의 규정을 준용한다. 이 경우 제28조제2항 중 "판매장의 소재지"는 "과세유흥장소의 소재지"로, 같은 조 제3항 및 제4항 중 "판매장"은 "과세유흥장소"로 본다.(2010.12.30 전단개정)
(2010.2.18 본조개정)
제34조【세액의 공제 또는 환급신청】 ① 법 제20조제1항 · 제2항 및 제20조의3제3항에 따른 사유가 발생하

여 공제 또는 환급을 받으려는 자는 기획재정부령으로 정하는 신청서에 해당 사유의 발생 사실을 증명하는 서류와 개별소비세가 이미 납부되었거나 납부될 사실을 증명하는 서류를 첨부하여 다음 각 호의 구분에 따라 관할 세무서장 또는 세관장에게 신청(국세정보통신망을 포함한다)하여야 한다. 다만, 과세된 석유류가 주한외국공관, 그 밖에 이에 준하는 기관에서 사용된 경우에는 제24조를 적용한다.
1. 법 제20조제1항 및 제20조의3제3항에 따른 공제의 경우 : 공제 신청인의 관할 세무서장
2. 법 제20조제2항 및 제20조의3제3항에 따른 환급의 경우 : 해당 물품에 대하여 개별소비세를 부과하였거나 부과할 관할 세무서장 또는 세관장
(2016.2.5 본항개정)
② 법 제20조제1항제1호에서 "다른 법령에서 정하는 바에 따르는 경우 등 대통령령으로 정하는 부득이한 사유로 제조장 또는 보세구역이 아닌 장소로부터 반입하는 경우"란 다음 각 호의 어느 하나에 해당하는 경우를 말한다.
1. 「도시가스사업법」에 따른 자가소비용직수입자가 같은 법 제10조의9제1항 또는 제2항에 따라 천연가스를 수입할 수 있는 경우에 해당하지 않아 같은 법에 따른 도시가스사업자로부터 천연가스를 공급받는 경우
2. 제1호에 따른 자가소비용직수입자가 아닌 자가 「도시가스사업법」에 따른 도시가스사업자로부터 천연가스를 공급받는 경우
(2022.2.15 본항신설)
③ 법 제20조제2항 및 제20조의3제3항에 따라 환급을 받으려는 자가 개별소비세를 납부한 자가 아닌 경우에는 개별소비세를 납부한 자와 연명으로 신청하여야 한다. 다만, 환급을 받으려는 자가 개별소비세를 실제 부담하지 아니한 경우에는 개별소비세를 실제 부담한 자가 개별소비세를 납부한 자와 연명으로 신청할 수 있다.(2016.2.5 본항신설)
④ 제1항에 따른 해당 사실을 증명하는 서류는 다음 각 호의 구분에 따른다.
1. 법 제20조제1항제1호의 경우 : 해당 물품에 소요된 물품의 명세서
2. (2016.2.5 삭제)
3. 법 제20조제1항제3호 또는 이 영 제3조제2호에 따라 과세된 물품을 제조장 또는 보세구역에서 반입하여 가공 또는 조립한 물품의 경우 : 해당 물품의 가공 또는 조립에 사용된 물품의 명세서
4. 법 제20조제2항제1호의 경우 : 수출 또는 납품 사실 증명서, 해당 물품의 제조 또는 가공에 사용된 물품의 명세서와 산업통상자원부장관이 정하는 바에 따라 산업통상자원부장관이 지정하는 기관이 발행한 원료사용량 증명서(2013.3.23 본호개정)
5. 법 제20조제2항제2호의 경우 : 다음 각 목의 어느 하나에 해당하는 서류
가. 제30조제2항의 해당 사실을 증명하는 서류(면세되는 물품의 원재료로 사용된 경우에는 해당 물품에 소요된 물품의 명세서)
나. 법 제18조제1항제3호의 승용자동차의 경우 제19조의3제1항제1호의 서류(2014.2.21 본목개정)
다. 법 제18조제1항제9호의 항공기용 석유류의 경우 사용자의 사용보고서
라. 법 제18조제1항제9호의 외국항행선박 · 원양어업 선박용 석유류의 경우 제20조제2항제3호에 따른 유류공급명세서(내항선인 원양어업선박용은 반입자의 사용보고서)(2013.2.15 본목개정)
마. 법 제18조제1항제10호의 석유류의 경우 사용자의 사용보고서와 소관 중앙행정기관의 장이 발행한 사용확인서

바. 법 제18조제1항제11호의 소모품의 경우 제20조제2항제4호에 따른 선(기)적허가서(내항선인 원양어업선박의 경우에는 반입자의 사용보고서)(2013.2.15 본목신설)
6. 법 제20조제2항제3호의 경우 : 해당 환입 사실을 확인하는 서류
7. 법 제20조의3제3항의 경우 : 다음 각 목의 구분에 따른 서류
  가. 법 제20조의3제3항제1호의 경우 : 해당 물품의 멸실승인서 또는 훼손 사실을 증명하는 서류
  나. 법 제20조의3제3항제2호의 경우 : 해당 물품의 환입확인서
  다. 법 제20조의3제3항제3호의 경우 : 세액이 초과 납부된 사실을 증명하는 서류
  (2017.2.7 가목~다목개정)
  라. 법 제20조의3제3항제4호의 경우 : 제20조제2항제5호 각 목의 구분에 따른 서류(2017.2.7 본목신설)
  (2016.2.5 본호신설)
⑤ 법 제20조제2항에 따라 제1항의 신청을 받은 경우에 관할 세무서장은 그 신청인이 장래에 납부할 금액이 있는 경우에는 그 납부할 세액에서 이미 납부한 세액을 공제하며, 신청인이 제조를 폐지하거나 그 밖의 사유로 장래에 납부할 세액이 없는 경우에는 이미 납부한 세액을 제1항의 신청을 받은 날부터 30일 내에 환급하여야 한다.(2023.2.28 본항개정)
⑥ 법 제20조제2항제3호 전단에서 "대통령령으로 정하는 사유"란 「소비자기본법」에 따른 교환 또는 환급을 말한다.
⑦ 법 제20조제2항제3호에 따라 관할 세무서장에게 신고하려는 자는 기획재정부령으로 정하는 신고서 및 확인신청서를 관할 세무서장에게 제출(국세정보통신망을 통한 제출을 포함한다)하여야 한다. 이 경우 관할 세무서장은 즉시 그 사실을 확인하고 확인서를 발급하여야 한다.
⑧ 법 제20조제7항의 경우에는 해당 물품을 정해진 용도로 사용하지 않은 자로부터 해당 개별소비세를 징수한다. 이 경우 법 제18조제1항제9호(항공기에 사용하는 석유류는 제외한다) 및 제11호의 물품에 대해서는 해당 물품을 정해진 용도로 사용하지 않은 자의 관할 세관장이 징수한다.
(2010.2.18 본조개정)

제34조의2 [가정용부탄에 대한 개별소비세 환급 특례] ① 법 제20조의2제1항에서 "액화석유가스판매사업자 등 대통령령으로 정하는 사업자"란 다음 각 호의 어느 하나에 해당하는 자를 말한다.
1. 「액화석유가스의 안전관리 및 사업법」 제2조제5호·제9호 및 제44조제2항에 따른 액화석유가스 충전사업자, 액화석유가스 판매사업자 및 액화석유가스 특정사용자(2015.7.24 본호개정)
2. 「고압가스 안전관리법」 제4조에 따른 고압가스제조자
② 법 제20조의2제1항에서 "취사난방용 등 대통령령으로 정하는 용도"란 다음 각 호의 어느 하나에 해당하는 것을 말한다.
1. 액화석유가스의 안전관리 및 사업법령에 따라 산업통상자원부장관이 고시하는 기준에 적합한 용기내장형 가스난방기용으로 사용되는 것
2. 「고압가스 안전관리법」 제5조에 따라 산업통상자원부령으로 정하는 이동식 부탄연소기용으로 사용되는 것과 접합 또는 납붙임용기용으로 사용되는 것 (2013.3.23 1호~2호개정)
3. 「전기용품 및 생활용품 안전관리법」 제2조제10호나목에 따라 산업통상자원부령으로 정하는 1회용 가스라이터용으로 사용되는 것(2017.1.26 본호개정)

③ (2021.2.17 삭제)
④ 법 제20조의2제3항에 따라 환급 또는 공제를 받으려는 자는 기획재정부령으로 정하는 신청서에 가정용부탄 판매명세서, 세금계산서, 그 밖에 국세청장 또는 관세청장이 정하는 서류를 첨부하여 관할 세무서장 또는 세관장에게 신청해야 한다.(2021.2.17 본항개정)
⑤ 법 제20조의2제4항에서 "허위세금계산서를 발급하는 등 대통령령으로 정하는 사유"란 다음 각 호의 어느 하나에 해당하는 경우를 말한다.
1. 재화의 공급 없이 발행된 세금계산서로 환급신청서를 제출하는 경우
2. 재화의 공급시기가 속하는 과세기간에 대한 확정신고기한 후에 발행된 세금계산서로 환급신청서를 제출하는 경우(2021.2.17 본호개정)
3. 동일한 재화의 공급에 대하여 이중으로 발행된 세금계산서로 환급신청서를 제출하는 경우
4. 「부가가치세법」 제32조제1항제1호부터 제4호까지의 기재사항의 일부 또는 전부가 누락되거나 사실과 다르게 적힌 세금계산서로 환급신청서를 제출하는 경우. 다만, 기재사항이 착오로 적힌 것으로서 그 밖의 증명서류로 그 거래 사실이 확인되는 경우는 제외한다.(2013.6.28 본호개정)
5. 법 제20조의2제1항에 따른 가정용부탄(이하 "가정용부탄"이라 한다)을 제1항 각 호에 해당하는 자 외의 자에게 판매하고 환급신청서를 제출하는 경우
6. 가정용부탄을 제2항의 용도 외의 용도로 판매하고 환급신청서를 제출하는 경우
7. (2021.2.17 삭제)
⑥ (2012.2.2 삭제)
⑦ 법 제20조의2제5항에서 "대통령령으로 정하는 기준"이란 다음 각 호의 어느 하나에 해당하는 경우를 말한다.
1. 법 제20조의2제4항에 따라 최근 2년 이내에 3회 이상 개별소비세액을 추징당한 경우
2. 법 제20조의2제4항에 따라 최근 2년 이내에 추징된 세액의 합계액이 200만원 이상인 경우
(2021.2.17 본조제목개정)
(2010.2.18 본조개정)

제35조 [개업·폐업등의 신고] ① 법 제21조제1항 전단 또는 제2항에 따라 과세물품을 제조하려는 자는 사업개시 5일 전까지, 과세장소·과세유흥장소 또는 과세영업장소의 영업을 경영하려는 자는 영업개시 전까지 기획재정부령으로 정하는 신고서를 제조장·과세장소·과세유흥장소 또는 과세영업장소(이하 "사업장"이라 한다)의 관할 세무서장이나 본점 또는 주사무소의 관할 세무서장에게 제출하여야 한다.(2023.2.28 본항개정)
② 법령에 따라 허가 등을 받아야 하는 사업의 경우에는 허가 등을 받기 전인 경우에는 허가신청서 등의 사본 또는 사업계획서를 제1항의 신고서에 첨부하여 제출하여야 한다. 다만, 「부가가치세법」 제8조에 따라 등록을 한 자는 그러하지 아니하다.(2013.6.28 단서개정)
③ 법 제21조제1항 후단 또는 제2항에 따라 과세물품의 제조자와 과세장소·과세유흥장소 또는 과세영업장소의 영업의 경영자가 해당 영업을 1개월 이상 휴업하려면 기획재정부령으로 정하는 신고서를 휴업을 개시하기 전까지 사업장의 관할 세무서장이나 본점 또는 주사무소의 관할 세무서장에게 제출하여야 한다.(2023.2.28 본항개정)
④ 제1항부터 제3항까지의 규정에 따라 신고한 사항에 변동이 생긴 경우 또는 해당 영업을 폐지한 경우에는 기획재정부령으로 정하는 신고서를 지체 없이 관할 세무서장에게 제출하여야 한다. 다만, 과세물품의 제조자

와 과세장소 또는 과세유흥장소의 경영자가 제15조에 따른 신고서에 폐업연월일 및 사유를 적어 제출하는 경우에는 폐업신고서를 제출한 것으로 본다. (2023.2.28 단서개정)
⑤ 법 제21조제2항 또는 제3항에 따라 사업자단위과세 사업자로 신고한 사업자가 각 사업장별로 법 제9조에 따른 과세표준의 신고를 하려는 경우에는 사업장 단위 과세사업자로 적용받으려는 과세기간이 시작되기 20일 전까지 기획재정부령으로 정하는 사업장 단위 과세 전환신고서를 본점 또는 주사무소의 관할 세무서장에게 제출하여야 한다.(2014.2.21 본항신설)
⑥ 제5항에 따라 사업장 단위 과세 전환신고서를 제출받은 관할 세무서장은 그 처리결과를 지체 없이 해당 사업자와 다른 사업장의 관할 세무서장에게 통지하여야 한다.(2014.2.21 본항신설)

제36조【장부 기록의 의무】 ① 과세물품의 판매자 또는 제조자는 법 제23조에 따라 다음 각 호의 사항을 장부에 기록하여야 한다.
1. 매입한 원재료 또는 물품의 품명, 종류, 수량, 규격, 매입연월일과 판매자의 인적사항
2. 사용한 원재료 또는 물품의 품명, 종류, 수량, 규격 및 사용연월일
3. 제조 또는 판매한 물품의 품명, 수량, 규격 및 제조연월일
4. 반출한 물품의 품명, 수량, 규격, 가격, 반출연월일과 구입자의 인적사항(법 제1조제2항제2호가목1) · 2)에 해당하는 과세물품을 소비자에게 판매하는 경우는 제외한다)
(2010.2.18 본항개정)
② 과세장소의 경영자는 법 제23조에 따라 다음 각 호의 사항을 장부에 기록하여야 한다.
1. 입장한 인원과 입장요금의 총액
2. 입장권의 사용 상황(2014.2.21 본호개정)
3. 세액
4. 영수증용지 및 발행한 영수증에 관한 사항(제37조제1항에 따라 영수증의 발행 명령을 받은 경우로 한정한다)
(2010.2.18 본항개정)
③ 과세유흥장소의 경영자는 법 제23조에 따라 다음 각 호의 사항을 장부에 기록하여야 한다.
1. 유흥음식행위 연월일
2. 입장한 인원과 유흥음식요금의 총액 및 세액
3. 구입한 주류(酒類)의 구입처 · 종류 · 수량 · 금액 및 구입연월일
(2010.2.18 본항개정)
④ 과세영업장소의 경영자는 법 제23조에 따라 다음 각 호의 사항을 장부에 기재해야 한다.(2021.1.5 본문개정)
1. 영업연월일
2. 영업일별로 입장한 인원, 영업일별로 고객으로부터 받은 총금액, 영업일별로 고객에게 지급한 총금액 및 세액(2021.1.5 본호개정)
(2009.2.4 본항신설)
(2010.2.18 본조제목개정)

제36조의2【감사 테이프 및 영수증의 보관 등】 ① 법 제23조제3항에 따른 감사 테이프의 보관에 관하여는 「부가가치세법」의 규정을 준용한다.
② 법 제23조의2에 따른 영수증(세금계산서)의 발급 및 보관에 관하여는 「부가가치세법 시행령」의 규정을 준용한다.
③ 법 제23조의3에 따라 금전등록기를 설치하는 자 및 금전등록기의 설치 · 사용에 관하여는 「부가가치세법 시행령」의 규정을 준용한다.
(2010.2.18 본조개정)

제37조【명령 사항 등】 ① 관할지방국세청장 또는 관할세무서장은 법 제25조제1항에 따라 과세물품의 제조자 또는 판매자와 과세장소의 경영자, 과세유흥장소의 경영자 또는 과세영업장소의 경영자에게 세금계산서의 발행, 입장권의 사용, 영수증의 발행, 표찰의 게시, 장부의 작성 · 보존 및 제출에 관한 사항을 명할 수 있다. (2009.2.4 본항개정)
②~③ (2002.12.11 삭제)
④ (1999.12.3 삭제)
⑤ 관할 지방국세청장 또는 관할 세무서장은 법 제25조제3항에 따라 법 제17조제1항에 따른 외국인전용판매장의 경영자와 법 제24조제2항에 해당하는 자에게 면세로 반입한 물품의 구분 · 적재 및 보관, 장부의 작성 · 보존, 게시물의 부착 및 물품교환권의 사용에 관한 사항을 명할 수 있다.(2010.2.18 본항개정)
⑥ 관할 지방국세청장 또는 관할 세무서장은 법 제25조제3항에 따라 세원(稅源)을 조사하기 위하여 특히 필요하다고 인정되는 과세물품의 부분품을 제조 · 가공하는 자에게 과세자료의 제출을 명할 수 있다.
(2010.2.18 본항개정)
(2010.2.18 본조제목개정)

제37조의2【영업의 정지 또는 허가취소의 요구기준】 ① 법 제27조제1항 각 호에 따른 영업의 정지 또는 허가취소의 요구는 다음 각 호의 구분에 따른다.
1. 법 제27조제1항제1호에 따른 처벌이나 처분을 받은 경우
가. 처벌이나 처분을 받은 횟수가 1회인 경우 : 15일간의 영업정지 요구
나. 처벌이나 처분을 받은 횟수가 2회인 경우 : 영업허가의 취소 요구
2. 법 제27조제1항제2호의 신고 · 납부를 이행하지 않은 경우
가. 신고 · 납부를 3회 이상 이행하지 않은 경우 : 15일간의 영업정지 요구
나. 신고 · 납부를 6회 이상 이행하지 않은 경우 : 영업허가의 취소 요구
3. 법 제27조제1항제3호의 납세담보 요구에 따르지 않은 경우 : 15일간의 영업정지의 요구. 다만, 영업의 정지기간이 지난 날부터 30일이 지날 때까지 이에 따르지 않은 경우에는 영업허가의 취소를 요구할 수 있다.
② 제1항제1호 및 제2호에 따른 횟수는 해당 사유가 처음 발생한 날부터 1년을 단위로 하여 계산한다.
(2010.2.18 본조개정)

제38조【서식】 법 또는 이 영에 따른 신청서, 신고서, 그 밖의 서류의 서식은 기획재정부령으로 정한다.
(2010.2.18 본조개정)

제39조【과태료의 부과기준】 법 제29조제1항 및 제2항에 따른 과태료의 부과기준은 별표3과 같다.
(2022.2.15 본조신설)

부 칙 (2015.9.7)

제1조【시행일】 이 영은 공포한 날부터 시행한다.
제2조【탄력세율의 유효기간 등】 ① 제2조의2제1항제1호 · 제2호 및 제8호의 개정규정은 2015년 12월 31일까지 효력을 가진다.
② 제2조의2제1항제1호 · 제2호 및 제8호의 개정규정은 2015년 12월 31일 이전 제조장에서 반출하거나 수입신고하는 분에 한정하여 적용한다.
제3조【일반적 적용례】 이 영은 2015년 8월 27일 이후 판매장에서 판매 또는 제조장에서 반출하거나 수입신고하는 분부터 적용한다.

제4조【세액의 환급 등에 관한 경과조치】 ① 법 제3조에 따른 납세의무자가 제2조의2제1항제1호·제2호 및 제8호의 개정규정에 따라 세율이 인하된 물품을 2015년 8월 27일부터 이 영 시행일 전일까지 반출하거나 수입신고한 분에 대해서는 그 사실을 확인할 수 있는 세금계산서 등 국세청장 또는 관세청장이 정하는 증명서류를 첨부하여 2015년 10월 25일까지 관할 세무서장 또는 세관장에게 신고하면 세율이 인하된 분에 해당하는 세액을 환급하거나 납부하여야 할 세액에서 공제한다. ② 제2조의2제1항제1호·제2호 및 제8호의 개정규정에 따라 세율이 인하된 물품으로서 2015년 8월 26일 이전에 제조장 또는 보세구역으로부터 반출되어 개별소비세가 납부되었거나 납부될 물품을 2015년 8월 27일 당시 보유하는 제조업자, 도·소매업자 또는 수입업자에 대해서는 해당 물품에 대한 판매확인서, 재고물품확인서, 환급신청서 등 국세청장 또는 관세청장이 정하는 증명서류를 첨부하고, 제조장·하치장·직매장·보세구역 또는 그 밖에 납세편의 등을 고려하여 국세청장 또는 관세청장이 정하는 장소로 환입하여 2015년 10월 5일까지 관할 세무서장 또는 세관장에게 신고하여 확인을 받으면 세율이 인하된 분에 해당하는 세액을 환급하거나 납부하여야 할 세액에서 공제한다.

제5조【기준가격에 관한 경과조치】 2015년 8월 26일 이전 판매장에서 판매 또는 제조장에서 반출하거나 수입신고하는 분에 대해서는 제4조의 개정규정에도 불구하고 종전의 규정에 따른다.

부　칙 (2015.11.27)

제1조【시행일】 이 영은 공포한 날부터 시행한다.
제2조【고급 시계 등의 기준가격 변경에 관한 경과조치】 이 영 시행 전 제조장에서 반출하였거나 수입신고한 분에 대해서는 제4조의 개정규정에도 불구하고 종전의 규정에 따른다.

부　칙 (2016.2.5)

제1조【시행일】 이 영은 공포한 날부터 시행한다.
제2조【탄력세율의 과세대상 및 세율에 관한 경과조치】 이 영 시행 당시 종전의 규정에 따라 부과하였거나 부과하여야 할 개별소비세에 관하여는 제2조의2제1항제5호의 개정규정에도 불구하고 종전의 규정에 따른다.

부　칙 (2016.2.19)

제1조【시행일】 이 영은 공포한 날부터 시행한다.
제2조【탄력세율의 유효기간 등】 ① 제2조의2제1항제6호의 개정규정은 2016년 6월 30일까지 효력을 가진다.
② 제2조의2제1항제6호의 개정규정은 2016년 6월 30일 이전에 제조장에서 반출하거나 수입신고하는 분에 한정하여 적용한다.
제3조【탄력세율의 적용에 관한 적용례】 제2조의2제1항제6호의 개정규정은 2016년 1월 1일 이후 제조장에서 반출하거나 수입신고하는 분부터 적용한다.
제4조【세액의 환급 등에 관한 경과조치】 관할 세무서장 또는 세관장은 법 제3조에 따른 납세의무자가 제2조의2제1항제6호의 개정규정에 따라 세율이 인하된 물품을 2016년 1월 1일부터 이 영 시행일 전일까지 반출하거나 수입신고한 분에 대하여 그 사실을 확인할 수 있는 세금계산서 등 국세청장 또는 관세청장이 정하는 증명서류를 첨부하여 2016년 4월 25일까지 신고하면 세율이 인하된 분에 해당하는 세액을 환급하거나 납부하여야 할 세액에서 공제하여야 한다.

부　칙 (2017.2.7)

제1조【시행일】 이 영은 공포한 날부터 시행한다. 다만, 제2조의2제1항제5호의 개정규정은 2017년 4월 1일부터 시행한다.
제2조【조건부면세가 적용되는 유연탄의 범위에 관한 적용례】 제32조의2의 개정규정은 이 영 시행 이후 제조장에서 반출하거나 수입신고하는 유연탄부터 적용한다.
제3조【유연탄에 대한 개별소비세 탄력세율에 관한 경과조치】 부칙 제1조 단서에 따른 시행일 전에 제조장에서 반출하였거나 수입신고한 유연탄에 대해서는 제2조의2제1항제5호의 개정규정에도 불구하고 종전의 규정에 따른다.

부　칙 (2018.2.13)

제1조【시행일】 이 영은 2018년 4월 1일부터 시행한다.
제2조【유연탄에 대한 개별소비세 탄력세율에 관한 경과조치】 이 영 시행 전에 제조장에서 반출되었거나 수입신고된 유연탄에 대해서는 제2조의2제1항제5호가목 및 나목의 개정규정에도 불구하고 종전의 규정에 따른다.

부　칙 (2018.8.7)

제1조【시행일】 이 영은 공포한 날부터 시행한다.
제2조【탄력세율의 유효기간 등】 ① 제2조의2제1항제6호의 개정규정은 2018년 12월 31일까지 효력을 가진다.
② 제2조의2제1항제6호의 개정규정은 2018년 12월 31일 이전에 제조장에서 반출하거나 수입신고하는 분에 한정하여 적용한다.
제3조【탄력세율의 적용에 관한 적용례】 제2조의2제1항제6호의 개정규정은 2018년 7월 19일 이후 제조장에서 반출하거나 수입신고하는 분부터 적용한다.
제4조【세액의 환급 등에 관한 경과조치】 ① 관할 세무서장 또는 세관장은 법 제3조에 따른 납세의무자가 제2조의2제1항제6호의 개정규정에 따라 세율이 인하된 물품을 2018년 7월 19일부터 이 영 시행일 전일까지 반출하거나 수입신고한 분에 대하여 그 사실을 확인할 수 있는 세금계산서 등 국세청장 또는 관세청장이 정하는 증명서류를 첨부하여 2018년 10월 25일까지 신고하면 세율이 인하된 분에 해당하는 세액을 환급하거나 납부하여야 할 세액에서 공제한다.
② 부칙 제3조에도 불구하고 제2조의2제1항제6호의 개정규정에 따라 세율이 인하된 물품으로서 2018년 7월 18일 이전에 제조장 또는 보세구역에서 반출되어 개별소비세가 납부되었거나 납부될 물품을 2018년 7월 19일 당시 보유하고 있는 제조업자, 도·소매업자 또는 수입업자에 대해서는 해당 물품에 대한 판매확인서, 재고물품확인서, 환급신청 등 국세청장 또는 관세청장이 정하는 증명서류를 첨부하고, 제조장·하치장·직매장·보세구역 또는 그 밖에 납세편의 등을 고려하여 국세청장 또는 관세청장이 정하는 장소로 해당 물품을 환입한 후 2018년 10월 5일까지 관할 세무서장 또는 세관장에게 신고하여 확인을 받으면 세율이 인하된 분에 해당하는 세액을 환급하거나 납부하여야 할 세액에서 공제한다.

부 칙 (2018.11.6)

제1조【시행일】이 영은 공포한 날부터 시행한다.
제2조【탄력세율 조정에 관한 적용례】제2조의2제1항제3호의 개정규정은 이 영 시행 이후 제조장에서 반출하거나 수입신고하는 물품부터 적용한다.
제3조【탄력세율 조정에 관한 경과조치】이 영 시행 당시 종전의 규정에 따라 부과하였거나 부과하여야 할 개별소비세에 관하여는 제2조의2제1항제3호의 개정규정에도 불구하고 종전의 규정에 따른다.

부 칙 (2019.1.15)

제1조【시행일】이 영은 공포한 날부터 시행한다.
제2조【탄력세율의 유효기간 등】① 제2조의2제1항제6호의 개정규정은 2019년 12월 31일까지 효력을 가진다.
② 제2조의2제1항제6호의 개정규정은 2019년 12월 31일 이전에 제조장에서 반출하거나 수입신고하는 분에 한정하여 적용한다.
(2019.6.25 본조개정)
제3조【탄력세율의 적용에 관한 적용례】제2조의2제1항제6호의 개정규정은 2019년 1월 1일 이후 제조장에서 반출하거나 수입신고하는 분부터 적용한다.
제4조【세액의 환급 등에 관한 경과조치】관할 세무서장 또는 세관장은 법 제3조에 따른 납세의무자가 제2조의2제1항제6호의 개정규정에 따라 세율이 인하된 물품을 2019년 1월 1일부터 이 영 시행일 전일까지 반출하거나 수입신고한 분에 대하여 그 사실을 확인할 수 있는 세금계산서 등 국세청장 또는 관세청장이 정하는 증명서류를 첨부하여 2019년 4월 25일까지 신고하면 세율이 인하된 분에 해당하는 세액을 환급하거나 납부하여야 할 세액에서 공제하여야 한다.

부 칙 (2019.2.12)

제1조【시행일】이 영은 공포한 날부터 시행한다. 다만, 제2조의2제1항제4호 및 제5호의 개정규정은 2019년 4월 1일부터 시행한다.
제2조【일반적 적용례】이 영은 이 영 시행 이후 제조장에서 반출하거나 수입신고하는 과세물품 또는 유흥음식행위·입장행위를 하는 분부터 적용한다.
제3조【천연가스 및 유연탄에 대한 개별소비세 탄력세율에 관한 경과조치】부칙 제1조 단서에 따른 시행일 전에 제조장에서 반출되었거나 수입신고된 천연가스 및 유연탄에 대해서는 제2조의2제1항제4호 및 제5호의 개정규정에도 불구하고 종전의 규정에 따른다.

부 칙 (2019.5.7)

제1조【시행일】이 영은 2019년 5월 7일부터 시행한다.
제2조【탄력세율 조정에 관한 적용례】제2조의2제1항제3호의 개정규정은 이 영 시행 이후 최초로 제조장에서 반출하거나 수입신고하는 물품부터 적용한다.
제3조【탄력세율 조정에 따른 경과조치】이 영 시행 당시 종전의 규정에 따라 부과했거나 부과해야 할 개별소비세에 관하여는 종전의 규정에 따른다.

부 칙 (2019.6.25)

이 영은 공포한 날부터 시행한다.

부 칙 (2020.2.11)

제1조【시행일】이 영은 2020년 4월 1일부터 시행한다.
제2조【휘발유의 자연감소율에 관한 적용례】제10조의의 개정규정은 이 영 시행 이후 제조장에서 반출하거나 수입신고하는 분부터 적용한다.

부 칙 (2020.6.30)

제1조【시행일】이 영은 2020년 7월 1일부터 시행한다.
제2조【탄력세율의 유효기간 등】① 제2조의2제1항제6호의 개정규정은 2020년 12월 31일까지 효력을 가진다.
② 제2조의2제1항제6호의 개정규정은 2020년 12월 31일 이전에 제조장에서 반출하거나 수입신고하는 분에 한정하여 적용한다.
제3조【탄력세율의 적용에 관한 적용례】제2조의2제1항제6호의 개정규정은 이 영 시행 이후 제조장에서 반출하거나 수입신고하는 분부터 적용한다.

부 칙 (2021.1.5)

이 영은 공포한 날부터 시행한다.(이하 생략)

부 칙 (2021.1.12)

제1조【시행일】이 영은 공포한 날부터 시행한다.
제2조【탄력세율의 유효기간 등】① 제2조의2제1항제6호 및 같은 조 제2항의 개정규정은 2023년 6월 30일까지 효력을 가진다.
② 제2조의2제1항제6호 및 같은 조 제2항의 개정규정은 2023년 6월 30일 이전에 제조장에서 반출하거나 수입신고하는 분에 한정하여 적용한다.
(2022.12.30 본조개정)
제3조【탄력세율의 적용에 관한 적용례】제2조의2제1항제6호 및 같은 조 제2항의 개정규정은 2021년 1월 1일 이후 제조장에서 반출하거나 수입신고하는 분부터 적용한다.
제4조【세액의 환급 등에 관한 경과조치】관할 세무서장 또는 세관장은 납세의무자가 제2조의2제1항제6호의 개정규정에 따라 세율이 인하되는 물품을 2021년 1월 1일부터 이 영 시행 전까지 반출하거나 수입신고한 분에 대해 그 사실을 확인할 수 있는 세금계산서 등 국세청장 또는 관세청장이 정하는 증명서류를 2021년 4월 25일까지 신고하면 세율이 인하된 분(제2조의2제2항의 개정규정에 따른 한도가 적용된 분을 말한다)에 해당하는 세액을 환급하거나 납부해야 할 세액에서 공제해야 한다.

부 칙 (2021.2.17)

제1조【시행일】이 영은 공포한 날부터 시행한다.
제2조【반출가격계산의 특례 대상 추가에 따른 적용례】제9조제3항 각 호 외의 부분의 개정규정은 이 영 시행 이후 과세표준을 신고하는 분부터 적용한다.
제3조【조건부 면세물품 반입자의 개별소비세 신고·납부 면제에 관한 적용례】제33조제1항제4호의 개정규정은 이 영 시행 이후 「관세법」에 따른 수입신고를 하는 경우부터 적용한다.

제4조【가정용부탄에 대한 개별소비세 환급 특례에 관한 적용례】제34조의2제5항제2호의 개정규정은 이 영 시행 이후 환급신청서를 제출하는 분부터 적용한다.

　　　부　칙 (2021.4.6)

제1조【시행일】이 영은 2021년 4월 6일부터 시행한다.(이하 생략)

　　　부　칙 (2021.6.1)

제1조【시행일】이 영은 2021년 6월 9일부터 시행한다.(이하 생략)

　　　부　칙 (2021.6.29)

이 영은 공포한 날부터 시행한다.

　　　부　칙 (2021.11.12)

제1조【시행일】이 영은 공포한 날부터 시행한다.
제2조【석유가스 중 부탄에 대한 탄력세율 조정에 관한 경과조치】이 영 시행 전에 제조장에서 반출했거나 수입신고한 석유가스 중 부탄에 대한 개별소비세 세율은 제2조의2제1항제3호 단서의 개정규정에도 불구하고 종전의 제2조의2제1항제3호에 따른다.

　　　부　칙 (2021.12.28)

이 영은 공포한 날부터 시행한다.

　　　부　칙 (2022.2.15)

제1조【시행일】이 영은 공포한 날부터 시행한다.
제2조【천연가스에 대한 탄력세율 적용에 관한 적용례】제2조의2제1항제4호다목의 개정규정은 이 영 시행 이후 제조장에서 반출하거나 수입신고를 하는 천연가스(액화한 것을 포함한다)부터 적용한다.
제3조【과태료 부과 시 위반 횟수 산정에 관한 적용례】이 영 시행 전에 받은 과태료 부과처분은 별표3의 개정규정에 따른 위반행위의 횟수 산정에 포함한다.
제4조【납세담보를 요구할 수 있는 최고한도 금액에 관한 경과조치】이 영 시행 전에 종전의 제17조제2항에 따라 관할세무서장이 과세유흥장소 또는 과세영업장소의 경영자에게 납세담보의 제공을 통지하였으나 납세담보가 제공되지 않은 경우의 납세담보를 요구할 수 있는 최고한도 금액 산정에 관하여는 제17조제2항의 개정규정에도 불구하고 종전의 규정에 따른다.
제5조【다른 법령의 개정】※(해당 법령에 가제정리 하였음)

　　　부　칙 (2022.4.27)

제1조【시행일】이 영은 2022년 5월 1일부터 시행한다.
제2조【탄력세율 조정에 따른 적용례 등】① 제2조의2제1항제3호 단서의 개정규정은 법 제4조제1호에 따라 이 영 시행일부터 2022년 7월 31일까지 제조장에서 반출하거나 수입신고하는 부탄에 대하여 적용한다.
② 2021년 11월 12일부터 이 영 시행 전까지 제조장에서 반출했거나 수입신고한 부탄에 대한 개별소비세 세율은 법 제4조제1호에 따라 제2조의2제1항제3호 단서의 개정규정에도 불구하고 종전의 규정에 따른다.

　　　부　칙 (2022.6.28)

이 영은 공포한 날부터 시행한다.

　　　부　칙 (2022.6.30)

제1조【시행일】이 영은 2022년 7월 1일부터 시행한다.
제2조【탄력세율 조정에 따른 적용례 등】① 제2조의2제1항제3호 단서의 개정규정은 법 제4조제1호에 따라 이 영 시행일부터 2022년 12월 31일까지 제조장에서 반출하거나 수입신고하는 부탄에 대하여 적용한다.
② 이 영 시행 전에 제조장에서 반출했거나 수입신고한 부탄에 대한 개별소비세 세율은 법 제4조제1호에 따라 제2조의2제1항제3호 단서의 개정규정에도 불구하고 종전의 규정에 따른다.

　　　부　칙 (2022.7.29)

제1조【시행일】이 영은 2022년 8월 1일부터 시행한다.
제2조【탄력세율 조정에 따른 적용례】제2조의2제1항제4호라목, 같은 항 제5호가목 단서, 같은 호 나목 및 같은 호 다목 단서의 개정규정은 법 제4조제1호에 따라 이 영 시행일부터 2022년 12월 31일까지 제조장에서 반출하거나 수입신고하는 물품에 대하여 적용한다.
제3조【유연탄에 대한 탄력세율 조정에 따른 경과조치】이 영 시행 전에 제조장에서 반출했거나 수입신고한 종전의 제2조의2제1항제5호가목 및 나목에 따른 유연탄에 대한 개별소비세 세율은 법 제4조제1호에 따라 제2조의2제1항제5호가목 단서 및 같은 호 다목 단서의 개정규정에도 불구하고 종전의 제2조의2제1항제5호가목 및 나목에 따른다.

　　　부　칙 (2022.11.3)

제1조【시행일】이 영은 2022년 11월 4일부터 시행한다.(이하 생략)

　　　부　칙 (2022.12.30)

제1조【시행일】이영은 2023년 1월 1일부터 시행한다.
제2조【부탄의 한시적인 탄력세율 조정 기한의 변경에 따른 적용례 등】① 제2조의2제1항제3호 단서의 개정규정은 이 영 시행일부터 2023년 4월 30일까지 제조장에서 반출하거나 수입신고하는 부탄에 대하여 적용한다.
② 이 영 시행 전에 제조장에서 반출했거나 수입신고한 부탄에 대한 개별소비세 세율은 제2조의2제1항제3호 단서의 개정규정에도 불구하고 종전의 규정에 따른다.
제3조【천연가스 및 유연탄의 한시적인 탄력세율 조정 기한의 변경에 따른 적용례 등】① 제2조의2제1항제4호라목, 같은 항 제5호가목 단서, 같은 호 나목 및 같은 호 다목 단서의 개정규정은 이 영 시행일부터 2023년 6월 30일까지 제조장에서 반출하거나 수입신고하는 천연가스 및 유연탄에 대하여 적용한다.
② 이 영 시행 전에 제조장에서 반출했거나 수입신고한 천연가스 및 유연탄에 대한 개별소비세 세율은 제2조의2제1항제4호라목, 같은 항 제5호가목 단서, 같은 호 나목 및 같은 호 다목 단서의 개정규정에도 불구하고 종전의 규정에 따른다.

부 칙 (2023.2.28)

제1조【시행일】이 영은 공포한 날부터 시행한다. 다만, 제8조제1항제9호, 제8조의2 및 별표2 제3호나목의 개정규정은 2023년 7월 1일부터 시행한다.
제2조【제조장에서 반출하는 물품의 가격 계산 등에 관한 적용례】제8조제1항제9호 및 제8조의2의 개정규정은 부칙 제1조 단서에 따른 시행일 이후 제조장에서 반출하는 물품부터 적용한다.
제3조【반출가격계산의 특례에 관한 적용례】제9조제3항의 개정규정은 이 영 시행 이후 과세표준을 신고하는 분부터 적용한다.
제4조【조건부 면세 승용차의 용도변경 등에 관한 적용례】제33조제1항제2호가목의 개정규정은 2023년 1월 1일 이후 제조장에서 반출하거나 수입신고한 승용자동차를 반입한 자(법률 제19185호 개별소비세법 일부개정법률 부칙 제3조에 따라 면세분에 해당하는 세액을 환급받거나 납부해야 할 세액에서 공제받은 경우를 포함한다)가 이 영 시행 전에 사망한 경우에도 적용한다.
제5조【과세장소에 관한 적용례】별표2 제3호나목의 개정규정은 부칙 제1조 단서에 따른 시행일 이후 입장 행위부터 적용한다.

부 칙 (2023.3.14)

제1조【시행일】이 영은 공포한 날부터 시행한다.(이하 생략)

부 칙 (2023.4.28)

제1조【시행일】이 영은 2023년 5월 1일부터 시행한다.
제2조【탄력세율 조정 기한의 변경에 따른 적용례 등】① 제2조의2제1항제3호 단서의 개정규정은 이 영 시행일부터 2023년 8월 31일까지 제조장에서 반출하거나 수입신고하는 부탄에 대하여 적용한다.
② 이 영 시행 전에 제조장에서 반출했거나 수입신고한 부탄에 대한 개별소비세 세율은 제2조의2제1항제3호 단서의 개정규정에도 불구하고 종전의 규정에 따른다.

부 칙 (2023.5.23)

제1조【시행일】이 영은 2023년 6월 5일부터 시행한다.(이하 생략)

부 칙 (2023.6.30)

이 영은 2023년 7월 1일부터 시행한다.

부 칙 (2023.8.31)

이 영은 2023년 9월 1일부터 시행한다.

부 칙 (2023.10.31)

이 영은 2023년 11월 1일부터 시행한다.

부 칙 (2023.12.29)

이 영은 2024년 1월 1일부터 시행한다.

〔별표1〕

과세물품(제1조 관련)

(2023.2.28 개정)

구 분	과 세 물 품
1. 법 제1조제2항제1호가목에 해당하는 물품	슬롯머신, 핀볼머신(호스 스피너와 빙고를 포함한다), 룰렛머신, 카지노용 기구, 골패와 화투류(마작·투전 및 트럼프류를 포함한다)
2. 법 제1조제2항제1호나목에 해당하는 물품	수렵용 총포류(공기총은 제외한다)

3. 법 제1조제2항제2호가목1)·2)에 해당하는 물품	가. 보석〔공업용 다이아몬드, 가공하지 않은 원석 및 나석(裸石)은 제외한다), 진주, 별갑, 산호, 호박 및 상아와 이를 사용한 제품(나석을 사용한 제품을 포함한다)
	1) 보석 및 보석을 사용한 제품
	 가) 보석(합성 또는 재생의 것을 포함한다)
	  다이아몬드, 루비, 사파이어, 알렉산드라이트, 크리소베릴, 토파즈, 스피넬, 에메랄드, 아콰마린, 베릴, 투르말린, 지르콘, 크리소라이트, 가넷, 오팔, 비취(연옥은 제외한다), 마노, 묘안석, 공작석, 터키석, 월장석, 청금석, 쿤자이트, 블러드스톤, 헤마타이트
	 나) 보석을 사용한 제품
	  장신용구, 화장용구
	2) 진주 및 진주를 사용한 제품
	 가) 진주
	 나) 진주를 사용한 제품
	  장신용구, 화장용구
	3) 별갑(귀갑을 포함한다), 산호(흑산호는 제외한다), 호박 및 상아와 이를 사용한 제품
	 가) 별갑(별갑 또는 귀갑을 피복한 것을 포함한다), 산호, 호박 및 상아
	 나) 별갑, 산호, 호박 및 상아를 사용한 제품
	  장신용구, 화장용구, 끽연용구, 식탁용구
	나. 귀금속제품(중고품인 귀금속제품을 사용하여 가공한 것과 국가적 기념행사용으로 특별히 제작한 것은 제외한다)
	 장신용구, 화장용구, 끽연용구, 식탁용구, 우승배, 우승패, 실내장식용품, 기념품, 그 밖에 이와 유사한 용품

4. 법 제1조제2항제2호가목4)부터 6)까지 및 나목에 해당하는 물품	가. (2016.2.5 삭제) 나. 고급시계〔스톱워치, 시각장애인용·차량용·항공기용·선박용·옥외용·시각기록(측정)용·중앙집중식 시계 및 위치추브먼트는 제외한다) 다. 고급 모피와 그 제품〔토끼모피 및 그 제품과 생모피(生毛皮)는 제외한다) 라. 고급 융단(섬유를 부착·압착 또는 식모(植毛)한 카펫과 표면깔개인 섬유매트를 포함한다) 마. 고급 가방 핸드백, 서류가방, 배낭, 여행가방, 지갑 및 이와 유사한 제품으로서 물품을 운반 또는 보관하기 위한 용도로 제조된 것(악기가방 등 제품의 외형 또는 구조가 특정한 물품을 전용으로 운반 또는 보관에 적합하도록 제조된 것은 제외한다)

	바. 고급 가구(공예창작품은 제외한다) 　1) 응접용의자, 의자, 걸상류 　2) 장롱, 장롱 외의 장류, 침대, 상자류, 　　화장대, 책상, 탁자류, 경대, 목조조각 　　병풍, 조명기구, 실내장식용품, 보석상 　　자, 식탁용품
5. 법 제1조제 2항제3호에 해 당 하 는 물품	자동차 가. 「자동차관리법」 제3조에 따른 구분기 준에 따라 승용자동차로 구분되는 자동 차(정원 8명 이하의 자동차로 한정하되, 배기량이 1,000씨씨 이하의 것으로서 길 이가 3.6미터 이하이고 폭이 1.6미터 이 하인 것은 제외한다) 나. 「자동차관리법」 제3조에 따른 구분기 준에 따라 이륜자동차로 구분되는 자동 차(내연기관을 원동기로 하는 것은 그 총배기량이 125씨씨를 초과하는 것으로 한정하며, 내연기관 외의 것을 원동기로 하는 것은 그 최고정격출력이 12킬로와 트를 초과하는 것으로 한정한다. 다만, 국방용 또는 경찰용으로서 해당 기관의 장이 증명하는 것은 제외한다. 다. 「자동차관리법」 제29조제3항에 따른 캠핑용자동차로 구분되는 자동차(캠핑 용 트레일러를 포함한다) 라. 「환경친화적 자동차의 개발 및 보급 촉진에 관한 법률」 제2조제3호, 제5호 또는 제6호에 따른 전기자동차, 하이브 리드자동차(배기량 1,000씨씨를 초과하 는 것으로 한정한다) 또는 수소전기자동 차로서 「자동차관리법」 제3조에 따른 구분기준에 따라 승용자동차로 구분되 는 자동차(정원 8명 이하의 자동차로 한 정하되, 길이가 3.6미터 이하이고 폭이 1.6미터 이하인 것은 제외한다)
6. 법 제1조제 2항제4호에 해 당 하 는 물품	가. 휘발유 및 휘발유와 유사한 대체유류 　1) 휘발유 　2) 휘발유와 유사한 대체유류(「석유 및 　　석유대체연료 사업법」 제2조제10호에 따 　　른 가짜석유제품에 해당하는 것을 말한 　　다) 나. 경유 및 경유와 유사한 대체유류 　1) 경유 　2) 경유와 유사한 대체유류(「석유 및 석 　　유대체연료 사업법」 제2조제10호에 따른 　　가짜석유제품에 해당하는 것을 말한다) 다. 등유 라. 중유 및 중유와 유사한 대체유류 　1) 중유 　2) 중유와 유사한 대체유류(「석유 및 석 　　유대체연료 사업법」 제24조제2항에 따 　　라 산업통상자원부장관이 고시하는 석 　　유제품 중 부생연료유에 해당하는 것을 　　말한다) 마. 석유가스(액화한 것을 포함한다. 이하 같다) 중 프로판(프로판과 부탄을 혼합 한 것으로서 탄소수 3개인 탄화수소의 혼합률이 몰백분율 기준으로 100분의 90 이상인 것을 포함한다) 바. 석유가스 중 부탄(부탄과 프로판을 혼 합한 것으로서 마목에 해당하지 않는 것 을 포함한다) 사. 천연가스(액화한 것을 포함한다) 아. 석유제품 외의 물품을 제조하는 과정 에서 부산물로 생산되는 유류로서 「석 유 및 석유대체연료 사업법」 제24조제2 항에 따라 산업통상자원부장관이 고시

하는 석유제품 중 등유를 대체하여 사용
되는 부생연료유
　자. 유연탄(「관세법」 별표 관세율표 번호
제2701.12호 및 제2701.19호에 해당하는
것을 말한다)
7. (2016.2.5 삭제)

〔별표2〕

과세장소(제1조 관련)

(2023.2.28 개정)

1. 경마장(장외발매소를 포함한다)
2. 투전기를 시설한 장소
3. 골프장. 다만, 다음 각 목의 어느 하나에 해당하는 골프
장은 제외한다.
　가. 「체육시설의 설치·이용에 관한 법률 시행령」 제5조
제3항 단서에 따라 국방부장관이 지도·감독하는 골프
장
　나. 「체육시설의 설치·이용에 관한 법률」 제10조의2제2
항에 따라 문화체육관광부장관이 지정한 대중형 골프장
4. 카지노. 다만, 「관광진흥법」 제5조에 따라 허가를 받은 외
국인전용의 카지노로서 외국인(「해외이주법」 제2조에 따
른 해외이주자를 포함한다)이 입장하는 경우는 제외한
다.
5. 경륜장(장외매장을 포함한다)·경정장(장외매장을 포함
한다)

〔별표3〕

과태료의 부과기준(제39조 관련)

(2022.2.15 신설)

1. 일반기준
　가. 위반행위의 횟수에 따른 과태료의 가중된 부과기준
은 최근 3년간 같은 위반행위로 과태료 부과처분을 받
은 경우에 적용한다. 이 경우 기간의 계산은 위반행위
에 대하여 과태료 처분을 받은 날과 그 처분 후에 다
시 같은 위반행위를 하여 적발한 날을 기준으로 한다.
　나. 가목에 따라 가중된 부과처분을 하는 경우 가중처분
의 적용 차수는 그 위반행위 전 부과처분 차수(가목에
따른 기간에 과태료 부과처분이 둘 이상 있었던 경우
에는 높은 차수를 말한다)의 다음 차수로 한다.
　다. 부과권자는 다음의 어느 하나에 해당하는 경우 제2
호의 개별기준에 따른 과태료 금액의 2분의 1 범위에
서 그 금액을 줄여 부과할 수 있다. 다만, 과태료를 체
납하고 있는 위반행위자의 경우에는 그렇지 않다.
　　1) 위반행위가 사소한 부주의나 오류로 인한 것으로
인정되는 경우
　　2) 위반행위의 내용·정도가 경미하여 그 피해가 적다
고 인정되는 경우
　　3) 위반행위자가 법 위반상태를 시정하거나 해소하기
위해 노력한 사실이 인정되는 경우
　　4) 그 밖에 위반행위의 정도·동기·결과 등을 고려하
여 과태료 금액을 줄일 필요가 있다고 인정되는 경우
　라. 부과권자는 다음의 어느 하나에 해당하는 경우 제2
호의 개별기준에 따른 과태료 금액의 2분의 1 범위에
서 그 금액을 늘려 부과할 수 있다. 다만, 늘리는 경우
에도 법 제29조제1항 또는 제2항에 따른 과태료 금액
의 상한을 넘을 수 없다.
　　1) 위반행위가 고의나 중대한 과실에 따른 것으로 인
정되는 경우
　　2) 위반행위의 내용·정도가 중대하여 그 피해가 크다
고 인정되는 경우
　　3) 그 밖에 위반행위의 정도·동기·결과 등을 고려하
여 과태료 금액을 늘릴 필요가 있다고 인정되는 경우

2. 개별기준
가. 법 제29조제1항에 따른 과태료

위반행위	근거 법조문	과태료 금액 1차 위반	2차 위반	3차 이상 위반
법 제18조제1항제9호에 따라 외국항행선박 또는 원양어업선박에 사용할 목적으로 개별소비세를 면제받는 석유류 중 외국항행선박 또는 원양어업선박 외의 용도로 반출한 석유류를 판매하거나 그 사실을 알면서 취득한 경우로서 다음에 해당하는 경우	법 제29조제1항			
1) 판매가액 또는 취득가액이 1억원 이하인 경우		판매가액 또는 취득가액의 100분의 50에 해당하는 금액	판매가액 또는 취득가액의 100분의 200에 해당하는 금액	판매가액 또는 취득가액의 100분의 300에 해당하는 금액
2) 판매가액 또는 취득가액이 1억원을 초과하는 경우		판매가액 또는 취득가액에서 5천만원을 뺀 금액	판매가액 또는 취득가액의 100분의 200에 해당하는 금액	판매가액 또는 취득가액의 100분의 300에 해당하는 금액

나. 법 제29조제2항에 따른 과태료

위반행위	근거 법조문	과태료 금액 (단위 : 만원)
1) 과세물품의 제조자가 법 제25조제1항에 따른 납세보전을 위한 명령을 위반한 경우로서 다음에 해당하는 경우	법 제29조제2항	
가) 직전 사업연도 수입금액이 50억원 미만인 경우		300
나) 직전 사업연도 수입금액이 50억원 이상 1백억원 미만인 경우		500
다) 직전 사업연도 수입금액이 1백억원 이상인 경우		1,000
2) 과세장소의 경영자가 법 제25조제1항에 따른 납세보전을 위한 명령을 위반한 경우로서 다음에 해당하는 경우	법 제29조제2항	
가) 직전 사업연도 수입금액이 50억원 미만인 경우		300
나) 직전 사업연도 수입금액이 50억원 이상 1백억원 미만인 경우		500
다) 직전 사업연도 수입금액이 1백억원 이상인 경우		1,000
3) 과세유흥장소의 경영자가 법 제25조제1항에 따른 납세보전 명령을 위반한 경우로서 다음에 해당하는 경우	법 제29조제2항	
가) 직전 사업연도 수입금액이 5억원 미만인 경우		300
나) 직전 사업연도 수입금액이 5억원 이상 10억원 미만인 경우		500
다) 직전 사업연도 수입금액이 10억원 이상인 경우		1,000
4) 법 제17조제1항에 따라 지정받은 외국인전용판매장의 경영자가 법 제25조제3항에 따른 납세보전을 위한 명령을 위반한 경우	법 제29조제2항	300
5) 법 제18조제1항제3호 각 목에 해당하여 개별소비세를 면제받는 승용차를 제조하여 반출하는 사업자가 법 제25조제3항에 따른 납세보전 명령을 위반한 경우	법 제29조제2항	1,000
6) 법 제18조제1항제3호다목 또는 라목에 해당하여 개별소비세를 면제받은 승용차를 반입한 자가 법 제25조제3항에 따른 납세보전 명령을 위반한 경우로서 다음에 해당하는 경우	법 제29조제2항	
가) 직전 사업연도 수입금액이 50억원 미만인 경우		300
나) 직전 사업연도 수입금액이 50억원 이상 100억원 미만인 경우		500
다) 직전 사업연도 수입금액이 100억원 이상인 경우		1,000
7) 법 제20조 또는 제20조의2에 따라 개별소비세 공제나 환급을 신청하는 자가 법 제25조에 따른 납세보전을 위한 명령을 위반한 경우	법 제29조제2항	300

비고

위 표 제2호에서 "수입금액"이란 다음 각 호의 구분에 따른 금액을 말한다. 다만, 「법인세법」 제66조 또는 「소득세법」 제80조에 따라 결정·경정된 금액이 있는 경우에는 그 결정·경정된 금액을 말하며, 직전연도의 기간이 신규 사업 개시, 휴업 등으로 1년에 미달하는 경우에는 해당 기간 동안의 수입금액만을 직전 사업연도 수입금액으로 본다.
1. 법인의 경우 : 「법인세법」 제60조제1항(같은 법 제97조제1항제2호에 따라 준용하는 경우를 포함한다)에 따라 신고된 수입금액
2. 개인의 경우 : 「소득세법」 제24조에 따른 총수입금액(같은 법 제70조, 제70조의2, 제71조 및 제74조에 따라 신고된 금액으로서 사업소득에 따른 금액으로 한정한다)

개별소비세법 시행규칙

(1977년 3월 11일)
(재무부령 제1247호)

개정
1979. 1. 4재무부령   1378호   1980. 2. 9재무부령   1420호
1981. 6.26재무부령   1481호   1982. 1. 8재무부령   1508호
1982. 8.30재무부령   1535호   1984. 5. 1재무부령   1608호
1987. 4. 1재무부령   1705호   1987.12.31재무부령   1733호
1989. 2.20재무부령   1774호   1993. 5. 7재무부령   1924호
1993.12.31재무부령   1953호   1994. 7. 1재무부령   1988호
1994.12.31총리령   479호   1995.12.30총리령   537호
1998. 3.21재정경제부령   11호   2000. 7. 1재정경제부령149호
2001. 4. 3재정경제부령194호   2002. 2.21재정경제부령244호
2006. 7. 5재정경제부령512호(행정정보이용감축개정령)
2007.10.29재정경제부령579호(행정정보이용감축개정령)
2008. 2.27재정경제부령602호   2009. 4. 2기획재정부령 68호
2010. 4.26기획재정부령152호   2011. 4. 1기획재정부령201호
2012. 2.28기획재정부령270호   2013. 2.23기획재정부령333호
2014. 3.14기재부령415호
2014. 5.26기획재정부령424호(개인정보보호일부개정령)
2015. 3. 6기획재정부령473호   2015. 6.30기획재정부령490호
2016. 3.23기획재정부령558호   2017. 3.10기획재정부령607호
2019. 3.20기획재정부령728호   2020. 3.13기획재정부령768호
2021. 3.16기획재정부령834호
2021.10.28기획재정부령867호(법령용어정비)
2022. 3.18기획재정부령909호   2023. 3.20기획재정부령975호

제1조【용도별 탄력세율을 적용하는 물품의 범위 등】 ①「개별소비세법 시행령」(이하 "영"이라 한다) 제2조의2제1항제2호에서 "기획재정부령으로 정하는 가정용·상업용 물품"이란 다음 각 호의 어느 하나에 해당하는 자에게 공급하는 물품을 말한다.(2015.6.30 본문개정)
1.「액화석유가스의 안전관리 및 사업법」제2조제5호에 따른 액화석유가스 충전사업자(2016.3.23 본호개정)
2.「도시가스사업법」제2조제4호에 따른 일반도시가스사업을 하는 자로서 같은 법 시행령 제1조의2제2호가목에 따른 석유가스를 공급하는 자
3.「고압가스 안전관리법」에 따른 고압가스 제조(액화석유가스 제조만 해당한다)허가를 받은 자. 다만, 공급받은 물품을「액화석유가스의 안전관리 및 사업법」제2조제5호에 따른 액화석유가스 충전사업자에게 재공급하는 경우에 한정한다.(2016.3.23 본호신설)
②「개별소비세법」(이하 "법"이라 한다) 제1조제2항제4호사목 단서 및 영 제2조의2제1항제4호나목에서 "기획재정부령으로 정하는 것"이란 다음 각 호의 물품을 말한다.
1.「도시가스사업법」제2조제8호에 따른 천연가스수출입업자(이하 이 항에서 "천연가스수출입업자"라 한다)가 수입하는 천연가스 또는 국내에서 제조하는 천연가스로서 다음 각 목의 어느 하나에 해당하는 자에게 공급하는 물품(2020.3.13 본문개정)
가.「도시가스사업법」제2조제2호에 따른 가스도매사업자(영 제2조의2제1항제4호가목 및 다목의 물품 또는「도시가스사업법 시행규칙」제2조제2항제2호가목의 물품을 공급하기 위한 경우는 제외한다) (2022.3.18 본목개정)
나.「도시가스사업법」제2조제2호에 따른 일반도시가스사업자 및 도시가스충전사업자(영 제2조의2제1항제4호가목 및 다목의 물품을 공급하기 위한 경우는 제외한다)(2022.3.18 본목개정)
다.「도시가스사업법 시행규칙」제2조제2항제1호 또는 제3호에 해당하는 자(영 제2조의2제1항제4호가목 및 다목의 물품을 공급하기 위한 경우는 제외한다)(2023.3.20 본목개정)
2.「도시가스사업법」제2조제2호에 따른 도시가스사업자인 천연가스수출입업자가 수입하는 천연가스로서

설비 시운전 등 같은 조 제3호에 따른 가스도매사업 외의 용도로 사용하는 물품
3.「도시가스사업법」제2조제9호에 따른 자가소비용직수입자가 수입하는 천연가스로서 같은 법 시행령 제1조의4제2호 및 제4호의 용도로 사용하는 물품(영 제2조의2제1항제4호다목에 해당하는 물품은 제외한다)(2023.3.20 본호개정)
(2019.3.20 본항개정)
③ 영 제2조의2제2항에 따른 용도별 탄력세율 적용 물품(영 제2조의2제1항제4호다목에 해당하는 물품은 제외한다) 사용예정서는 별지 제2호서식에 따른다.
(2023.3.20 본항개정)
(2015.6.30 본조제목개정)
(2014.3.14 본조신설)
제2조【반출로 보지 아니하는 승인신청 등】 영 제6조제3항에 따른 신청 및 승인은 별지 제1호서식의 반출의제 적용유예 승인신청서 및 그 승인서에 따른다.
(2023.3.20 본조개정)
제2조의2【기준판매비율의 결정】 ① 국세청장은 영 제8조의2제1항에 따른 기준판매비율을 결정하려면 기준판매비율심의회(이하 이 조에서 "심의회"라 한다)의 심의를 거쳐야 한다.
② 심의회는 국세청장 소속으로 설치하고, 심의회의 위원장은 국세청차장이 되며, 위원은 다음 각 호의 사람이 된다.
1. 경상계대학, 학술연구단체, 경제단체 등으로부터 추천을 받아 국세청장이 위촉하는 사람 4명
2. 기획재정부장관의 추천을 받아 국세청장이 위촉하는 사람 3명
3. 국세청 소속 공무원 중에서 국세청장이 지명하는 사람 1명
③ 심의회의 구성·운영에 관하여 필요한 사항은 국세청장이 정한다.
(2023.3.20 본조신설)
제3조【용기 대금 승인신청 등】 영 제13조제2항 및 제3항에 따른 신청 및 승인은 별지 제4호서식 및 별지 제5호서식의 용기 대금(포장 비용) 승인신청서 및 그 승인서에 따른다.(2010.4.26 본조개정)
제4조【과세표준의 신고】 ① 영 제15조제1항에 따른 신고는 별지 제6호서식의 과세물품 과세표준 신고서에 따른다.
② 영 제15조제2항에 따른 신고는 별지 제7호서식의 과세장소 과세표준 신고서에 따른다.
③ 영 제15조제3항에 따른 신고는 별지 제7호의2서식의 과세유흥장소 과세표준 신고서에 따른다.
④ 영 제15조제4항에 따른 신고는 별지 제7호의3서식의 과세영업장소 과세표준 신고서에 따른다.
(2010.4.26 본조개정)
제5조【총괄납부의 승인신청 등】 ① 영 제16조의2제2항에 따른 총괄납부의 승인신청 및 승인과 영 제16조의3제3항에 따른 총괄납부의 포기신고는 별지 제8호서식의 개별소비세 총괄납부 승인신청서(포기신고서) 및 그 승인서에 따른다.(2011.4.1 본항개정)
② 영 제16조의2제5항에 따른 총괄납부 변경 승인신청 및 승인은 별지 제8호의2서식의 개별소비세 총괄납부 변경 승인신청서 및 그 승인서에 따른다.
(2010.4.26 본조개정)
제5조의2【미납세반출 특례 신청 등】 영 제16조의4제1항에 따른 특례의 신청·변경신청 또는 제외신청은 별지 제8호의3서식의 미납세반출 특례 신청(변경신청·제외신청)서에 따른다.(2012.2.28 본조신설)
제5조의3【저유소 혼유등 특례 신청 등】 영 제16조의5제2항에 따른 특례의 신청 또는 변경신청은 별지 제8호의4서식의 저유소 혼유등 특례 신청(변경신청)서에 따른다.(2012.2.28 본조신설)

제6조【미납세 및 면세 반출 승인신청 등】① 영 제19조제1항·제2항, 영 제26조 또는 영 제30조(조건부 면세의 경우만 해당한다)에 따른 신청, 승인 및 통보는 별지 제9호서식의 개별소비세 미납세(외국인전용판매장 면세, 조건부 면세) 반출 승인신청서, 그 승인서 및 그 통보서에 따른다.

② 영 제22조에 따른 신청 및 승인은 별지 제10호서식의 개별소비세 수출(군납) 면세 반출 승인신청서 및 그 승인서에 따른다.

③ 영 제23조제1항 및 영 제30조(무조건 면세의 경우만 해당한다)에 따른 신청 및 승인은 별지 제11호서식의 개별소비세 외교관(무조건) 면세 반출 승인신청서 및 그 승인서에 따른다.(2015.3.6 본항개정)

④ 영 제23조제2항에 따른 신청 및 승인은 별지 제11호의2서식의 외교관등 면세차량 개별소비세 징수 면제 승인신청서 및 그 승인서에 따른다.(2015.3.6 본항신설)
(2010.4.26 본조개정)

제6조의2 (2000.7.1 삭제)

제6조의3【승용자동차 개별소비세 면세 반출 신고 등】영 제19조의3제1항 또는 제3항에 따른 승용자동차 개별소비세 면세 반출 신고 또는 통보는 별지 제42호서식의 승용자동차 개별소비세 면세 반출 신고서 또는 그 통보서에 따른다.(2010.4.26 본조개정)

제7조【반입신고 및 반입증명】① 영 제20조제1항 및 제2항에 따른 신고 및 증명은 별지 제12호서식의 개별소비세 미납세(면세)물품 반입 신고서와, 그 증명신청서 및 그 증명서(영 제20조제2항제1호에 따른 물품반입확인서 및 같은 항 제4호에 따른 선(기)적허가서는 관세청장이 정하는 서류로 하고, 같은 항 제3호에 따른 유류공급명세서는 별지 제12호의2서식의 외국항행선박·원양어업선박용 면세유류공급명세서로 하며, 같은 항 제5호다목에 따른 폐기사실 확인 서류는 별지 제12호서식 및 「지방세법 시행규칙」 제31조의2에 따른 담배 폐기 확인서로 한다)에 따른다.(2016.3.23 본항개정)

② 영 제20조제3항 각 호 외의 부분 단서에 따른 수출증명 명세서는 별지 제13호서식을 사용한다.
(2010.4.26 본조개정)

제7조의2 (2000.7.1 삭제)

제8조【멸실 승인신청 등】① 영 제21조제1항에 따른 신청 및 승인은 별지 제14호서식의 개별소비세 미납세(면세) 반출물품 멸실 승인신청서 및 그 승인서에 따른다.

② 영 제21조제2항에 따른 증명은 별지 제15호서식의 개별소비세 미납세(면세) 반출물품 멸실 증명신청서 및 그 증명서에 따른다.
(2010.4.26 본조개정)

제9조【외교공관용 석유류 판매통보 등】① 영 제24조제2항에 따른 통보는 별지 제16호서식의 외교공관용 석유류 판매통보서에 따른다.

② 영 제24조제3항 및 제4항에 따른 보고 및 신청은 별지 제17호서식의 외교공관용 석유류 판매보고 및 개별소비세 공제(환급) 신청서에 따른다.
(2011.4.1 본조개정)

제10조【외국인전용판매장 지정신청】① 영 제28조제1항에 따른 신청은 별지 제18호서식의 외국인전용판매장 지정신청서에 따른다.

② 영 제28조제2항에 따른 지정증은 별지 제19호서식의 외국인전용판매장 지정증에 따른다.
(2010.4.26 본조개정)

제11조【면세물품 구입기록표 등】① 영 제29조제1항에 따른 개별소비세 면세물품 구입기록표는 별지 제20호서식에 따른다.

② 영 제29조제2항에 따른 개별소비세 면세물품 판매확인서는 별지 제21호서식에 따른다.
(2010.4.26 본조개정)

제12조【면세용도물품 증명】영 제30조제2항 각 호에 따른 증명은 별지 제22호서식의 개별소비세 면세용도물품 증명신청서 및 그 증명서에 따른다.(2010.4.26 본조개정)

제12조의2【장애인 전용 승용자동차 처분사실 신고】① 영 제31조제3항 단서에 따른 신고서는 별지 제22호의2서식의 장애인 전용 승용자동차 처분 사실 신고서에 따른다.

② 영 제31조제3항 단서에 따른 제1항에 따른 장애인 전용 승용자동차 처분 사실 신고서를 제출받은 반입지 관할 세무서장은 「전자정부법」 제36조제1항에 따른 행정정보의 공동이용을 통하여 자동차등록증 또는 자동차등록원부를 확인해야 한다. 다만, 신고인이 확인에 동의하지 않는 경우에는 그 서류를 첨부하도록 해야 한다.(2022.3.18 본항신설)
(2010.4.26 본조신설)

제13조【유류 면세용도 사용보고 등】영 제33조제1항제3호가목에 따른 보고는 별지 제23호서식의 유류 면세용도 사용보고서에 따르고, 영 제33조제1항제3호나목에 따른 확인신청 및 확인은 별지 제24호서식의 유류 면세용도 사용 확인신청서 및 그 확인서에 따른다.
(2010.4.26 본조개정)

제14조【면세물품 폐기 승인신청 등】영 제33조제3항에 따른 신청 및 승인은 별지 제25호서식의 개별소비세 면세물품 폐기 승인신청서 및 그 승인서에 따르되, 승인신청일부터 10일 이내에 승인 여부에 대한 통지가 없으면 승인을 받은 것으로 본다.(2010.4.26 본조개정)

제14조의2【유흥음식행위의 면세신청 등】① (2011.4.1 삭제)

② 영 제33조의3제3항에 따른 신청은 별지 제25호의3서식의 과세유흥장소 면세지정 신청서에 따른다.
(2010.4.26 본항개정)

③ 영 제33조의3제4항에 따른 지정증은 별지 제25호의4서식의 과세유흥장소 면세지정증에 따른다.
(2009.4.2 본조개정)

제15조【공제 및 환급 신청 등】① 영 제34조제1항 및 제34조제2항에 따른 신청은 별지 제26호서식의 개별소비세 공제(환급) 신청서에 따르고, 영 제34조제1항에 따른 개별소비세가 이미 납부되었거나 납부될 사실의 증명은 별지 제27호서식의 개별소비세 부과(납부) 사실 증명신청서 및 그 증명서에 따른다.

② 영 제34조제4항제1호·제3호·제4호 및 제5호가목에 따른 명세서는 별지 제28호서식의 과세물품 소요명세서에 따르고, 같은 항 제7호가목에 따른 해당 물품의 멸실승인서는 별지 제28호의2서식에 따른다.(2022.3.18 본항개정)

③ 영 제34조제4항제7호나목에 따른 해당 물품의 환입확인서 및 영 제34조제7항에 따른 신고서 및 확인신청서(확인서)는 별지 제28호의3서식에 따른다.(2022.3.18 본항개정)
(2010.4.26 본조개정)

제16조【개업·폐업 등의 신고】① 법 제21조와 영 제35조제1항, 제3항 및 제4항 본문에 따른 신고는 별지 제29호서식의 과세물품제조업·과세장소·과세유흥장소·과세영업장소의 개업·변경·폐업 신고서에 따른다.(2023.3.20 본항개정)

② 법 제21조제2항 및 제3항에 따라 사업자단위로 신고하려는 자는 제1항에 따른 신고서에 별지 제29호서식 부표의 사업자단위 적용 신고자의 종된사업장 명세서를 첨부하여 제출하여야 한다.(2011.4.1 본항신설)

③ 영 제35조제5항에 따른 신고는 별지 제30호서식의 사업장 단위 과세 전환신고서에 따른다.(2014.3.14 본항신설)

제17조~제18조 (1994.12.31 삭제)

제19조 (2009.4.2 삭제)

부 칙 (2015.3.6)

제1조【시행일】이 규칙은 공포한 날부터 시행한다. 다만, 제6조제4항 및 별지 제11호의2서식의 개정규정은 2015년 4월 1일부터 시행한다.
제2조【서식에 관한 적용례】서식에 관한 개정규정은 이 규칙 시행 이후 신청하는 경우부터 적용한다.

부 칙 (2016.3.23)

제1조【시행일】이 규칙은 공포한 날부터 시행한다.
제2조【용도별 탄력세율을 적용하는 물품의 범위 등에 관한 적용례】제1조제1항제3호의 개정규정은 이 규칙 시행 이후 제조장에서 반출하거나 수입신고하는 과세물품부터 적용한다.
제3조【서식에 관한 적용례】서식에 관한 개정규정은 이 규칙 시행 이후 신청하는 경우부터 적용한다.

부 칙 (2019.3.20)

제1조【시행일】이 규칙은 2019년 4월 1일부터 시행한다.
제2조【용도별 탄력세율을 적용하는 물품의 범위 등에 관한 경과조치】이 규칙 시행 전에 제조장에서 반출되었거나 수입신고된 천연가스에 대해서는 제1조제2항의 개정규정에도 불구하고 종전의 규정에 따른다.

부 칙 (2020.3.13)

제1조【시행일】이 규칙은 공포한 날부터 시행한다. 다만, 제1조제2항제1호의 개정규정은 2020년 4월 1일부터 시행한다.
제2조【서식에 관한 적용례】서식에 관한 개정규정은 이 규칙 시행 이후 신고하는 분부터 적용한다.
제3조【용도별 탄력세율을 적용하는 물품의 범위 등에 관한 경과조치】부칙 제1조 단서에 따른 시행일 전에 제조장에서 반출하거나 수입신고 된 천연가스에 대해서는 제1조제2항제1호의 개정규정에도 불구하고 종전의 규정에 따른다.

부 칙 (2021.3.16)

제1조【시행일】이 규칙은 공포한 날부터 시행한다.
제2조【서식에 관한 적용례】서식에 관한 개정규정은 이 규칙 시행 이후 제출하는 경우부터 적용한다.

부 칙 (2021.10.28)
(2022.3.18)

이 규칙은 공포한 날부터 시행한다.

부 칙 (2023.3.20)

제1조【시행일】이 규칙은 공포한 날부터 시행한다. 다만, 제1조제2항제1호다목의 개정규정은 2023년 4월 1일부터 시행하고, 제2조의2의 개정규정은 2023년 7월 1일부터 시행한다.
제2조【용도별 탄력세율을 적용하는 물품의 범위에 관한 적용례】제1조제2항제1호다목의 개정규정은 2023년 4월 1일 이후 제조장에서 반출하거나 수입신고하는 천연가스부터 적용한다.

[별지서식] ➡「www.hyeonamsa.com」참조

(2024년 12월 31일까지 유효)

교통 · 에너지 · 환경세법

(1993年 12月 31日
 法 律 第4667號)

改正
1994.12.22法 4809號(특별소비세법)
1995.12.29法 5035號   1998. 1. 8法 5494號
1998. 9.16法 5554號
1999.12. 3法 6032號(특별소비세법)
2000.12.29法 6295號   2003.12.30法 7011號
2005. 7. 8法 7576號   2006.12.30法 8138號
2007.12.31 法 8829號(개별 소비세법)
2008. 9.26法 9132號
2009. 1.30法 9346號→2025년 1월 1일 시행
2009.12.31 法 9901號   2010.12.27法 10403號
2011.12.31法11123號   2013. 1. 1法11603號
2013. 3.23法11690號(정부조직)
2015.12.15法13550號   2015.12.29法13621號
2018.12.16法16096號   2019.12.31法16840號
2021.12.21法18584號   2022. 8.12法18974號

第1條【目的】이 법은 도로 · 도시철도 등 교통시설의 확충 및 대중교통 육성을 위한 사업, 에너지 및 자원 관련 사업, 환경의 보전과 개선을 위한 사업에 필요한 재원(財源)을 확보함을 목적으로 한다.(2006.12.30 본조개정)
第2條【課稅對象과 稅率】① 교통 · 에너지 · 환경세를 賦課할 物品(이하 "과세물품"이라 한다)과 그 稅率은 다음과 같다.(2018.12.31 본문개정)
1. 휘발유와 이와 유사한 대체유류
   리터당 475원
2. 경유 및 이와 유사한 대체유류
   리터당 340원
(2008.9.26 1호∼2호개정)
② 課稅物品의 細目과 種類는 大統領令으로 정한다.
③ 제1항에 따른 세율은 국민경제의 효율적 운용을 위하여 교통시설의 확충과 대중교통 육성 사업, 에너지 및 자원 관련 사업, 환경의 보전 · 개선사업 및 유가 변동에 따른 지원 사업에 필요한 재원의 조달과 해당 물품의 수급상 필요한 경우에는 그 세율의 100분의 30(2024년 12월 31일까지는 100분의 50)의 범위에서 대통령령으로 조정할 수 있다.(2022.8.12 본항개정)
④ 課稅物品의 판정은 그 명칭여하에 불구하고 당해 物品의 형태 · 用途 · 성질 기타 중요한 특성에 의한다.
⑤ 課稅物品이 第1項 및 第2項의 規定에 의하여 구분된 2 이상의 物品에 해당하는 경우에는 당해 物品의 특성에 따라 이를 판정하고, 그 특성이 명확하지 아니한 경우에는 주된 用途에 따라 판정하며, 특성과 주된 用途가 명확하지 아니한 경우에는 높은 稅率이 적용되는 物品으로 취급한다.
⑥ 第4項 및 第5項외에 課稅物品의 판정에 관하여 필요한 사항은 大統領令으로 정한다.
第3條【納稅義務者】다음 각 호의 어느 하나에 해당하는 者는 이 法의 規定에 의하여 교통 · 에너지 · 환경세를 납부할 義務가 있다.(2006.12.30 본문개정)
1. 과세물품을 제조하여 搬出하는 者(2011.12.31 본호개정)
2. 과세물품을「관세법」에 의한 보세구역(이하 "보세구역"이라 한다)으로부터 搬出하는 자(「관세법」에 의하여 관세를 납부할 의무가 있는 자를 말한다. 이하 같다)(2018.12.31 본호개정)
3. 第2號의 경우외에 關稅를 徵收하는 物品에 대하여는 그 關稅를 납부할 義務가 있는 者
第4條【課稅時期】교통 · 에너지 · 환경세는 課稅物品을 製造場으로부터 搬出하거나 輸入申告를 하는 때에 賦課한다. 다만, 第3條第3號의 物品에 대하여는「관세법」에 의한다.(2006.12.30 본문개정)

第5條【제조등으로 보는 경우】① 製造場외의 場所에서 販賣의 目的으로 課稅物品에 價值增大를 위한 첨가 등의 加工을 하는 경우에는 당해 物品을 제조하는 것으로 본다.

② 課稅物品이 다음 各號의 1에 해당하는 경우에는 이를 製造場으로부터 搬出하는 것으로 본다.

1. 製造場안에서 사용되거나 消費되는 경우. 다만, 大統領令이 정하는 사유에 해당하는 경우를 제외한다.

2. 製造場안에 남아 있는 것으로서 公賣·競賣 또는 破産節次에 의하여 換價되는 경우.

3. 課稅物品의 제조를 事實上 廢止한 경우에 製造場에 남아 있는 경우. 다만, 大統領令이 정하는 사유에 해당되어 管轄稅務署長의 승인을 얻은 경우를 제외한다.

第6條【課稅標準】① 교통·에너지·환경세의 課稅標準은 다음 各 호의 規定에 의한다.(2006.12.30 본문개정)

1. 第3條第1號의 規定에 의한 納稅義務者가 제조하여 搬出하는 物品은 製造場으로부터 搬出하는 때의 數量. 다만, 第2條第1項第1號의 物品의 경우에는 製造場에서 搬出한 후 消費者에게 판매할 때까지 輸送 및 貯藏過程에서 蒸發 등으로 自然減少되는 정도를 감안하여 大統領令이 정하는 率을 製造場에서 搬出한 때의 數量에 곱하여 산출한 數量을 공제한 數量으로 한다.(2000.12.29 본호개정)

2. 第3條第2號의 規定에 의한 納稅義務者가 保稅區域으로부터 搬出하는 物品은 輸入申告를 하는 때의 數量. 다만, 第2條第1項第1號의 物品의 경우에는 第1號 단서의 규정을 준용한다.(2000.12.29 본호개정)

3. 第3條第3號의 規定에 의한 物品은 당해 關稅를 徵收하는 때의 數量(2000.12.29 본호개정)

② (2000.12.29 삭제)

③ 課稅標準이 되는 數量의 계산에 관하여 필요한 사항은 大統領令으로 정한다.(2000.12.29 본항개정)

第7條【課稅標準의 申告】① 第3條第1號의 規定에 의한 納稅義務者는 매월 製造場으로부터 搬出한 物品의 物品別 數量 및 價格과 算出稅額·未納稅額·免除稅額·控除稅額·還給稅額·納付稅額등을 기재한 申告書를 다음달 末日까지 製造場을 관할하는 稅務署長에게 제출하여야 한다.

② 第3條第2號의 規定에 의한 納稅義務者가 保稅區域을 관할하는 稅關長에게 輸入申告를 한 때에는 第1項의 規定에 의한 申告를 한 것으로 본다.

③ 第3條第3號의 規定에 의한 納稅義務者에 대하여는 「관세법」의 規定을 準用한다.(2005.7.8 본항개정)

④ (2011.12.31 삭제)

⑤ 제1항 및 제2항에 따른 課稅標準의 申告에 관하여 필요한 사항은 大統領令으로 정한다.(2011.12.31 본항개정)

第8條【納付】① 第3條第1號에 따른 納稅義務者는 每月分의 교통·에너지·환경세를 第7條第1項에 따른 申告書의 提出期限내에 납부하여야 한다.(2011.12.31 본항개정)

② 第3條第2號 및 第3號의 規定에 의한 納稅義務者의 교통·에너지·환경세 납부에 관하여는 「관세법」에 의한다.(2006.12.30 본항개정)

③ 課稅物品을 「관세법」에 의하여 수입신고 수리전에 保稅區域으로부터 搬出하고자 하는 者는 「관세법」이 정하는 바에 따라 당해 교통·에너지·환경세에 상당하는 擔保를 제공하여야 한다.(2006.12.30 본항개정)

第8條의2【사업자 단위 신고·납부】제7조제1항에도 불구하고 제18조제3항에 따라 사업자 단위로 신고한 사업자(이하 "사업자단위과세사업자"라 한다)는 그 사업자의 본점 또는 주사무소(主事務所)에서 총괄하여 신고·납

부할 수 있다. 이 경우 그 사업자의 본점 또는 주사무소는 신고·납부와 관련하여 이 법을 적용할 때 제조장으로 본다.(2010.12.27 본조신설)

第8條의3【저유소에서의 서로 다른 유류의 혼합 등에 대한 특례】제3조제1호 또는 제2호의 납세의무자(이하 이 조 및 제11조에서 "제조자등"이라 한다)가 과세물품을 해당 제조자등의 제조장 또는 보세구역에서 「송유관안전관리법」에 따른 송유관 또는 선박·탱크로리 등 운송수단을 통하여 반출한 후 제조자등이 소유 또는 임차한 저유소(貯油所)에서 다시 반출하는 경우로서 해당 저유소에서 서로 다른 유류의 혼합 등 대통령령으로 정하는 사유(이하 이 조에서 "혼유등"이라 한다)가 발생하는 경우에는 다음 각 호의 구분에 따라 이 법을 적용한다.(2013.1.1 본문개정)

1. 납세의무자 : 제3조제1호에도 불구하고 제조자등

2. 과세시기 : 제4조에도 불구하고 혼유등이 발생한 때

3. 과세표준 : 제6조제1항제1호에도 불구하고 혼유등이 발생한 때의 수량

(2011.12.31 본조신설)

第9條【결정·경정결정 및 재경정】① 제7조에 따른 申告書를 제출하지 아니하거나 申告의 내용에 誤謬 또는 脫漏가 있는 때에는 관할 세무서장, 관할 지방국세청장 또는 稅關長은 그 課稅標準과 稅額을 결정 또는 更正決定한다.

② 제1항에 따른 결정 또는 경정결정은 장부나 그 밖의 증명 자료를 근거로 하여야 한다. 다만, 다음 각 호의 어느 하나에 해당하는 사유가 있는 경우에는 대통령령으로 정하는 바에 따라 추계(推計)할 수 있다.

1. 과세표준을 계산할 때 필요한 장부나 그 밖의 증명 자료가 없거나 중요한 부분이 갖추어지지 아니한 경우

2. 장부나 그 밖의 증명 자료의 내용이 시설규모, 종업원 수와 원자재·상품·제품 또는 각종 요금의 시가(時價) 등에 비추어 거짓임이 명백한 경우

3. 장부나 그 밖의 증명 자료의 내용이 원자재 사용량, 동력(動力) 사용량 또는 그 밖의 조업 상황 등에 비추어 거짓임이 명백한 경우

③ 관할 세무서장, 관할 지방국세청장 또는 세관장은 제1항 및 제2항에 따라 결정 또는 경정결정한 과세표준과 세액에 오류 또는 탈루가 있는 것이 발견된 경우에는 이를 다시 경정한다.(2011.12.31 본항신설)

(2011.12.31 본조개정)

第10條【隨時賦課】納稅義務者가 교통·에너지·환경세를 逋脫할 우려가 있다고 인정되거나 事業 廢止 기타의 사유로 休業 또는 廢業할 때에는 第7條의 規定에 불구하고 수시로 그 課稅標準과 稅額을 결정할 수 있다. 이 경우 第9條第2項의 規定을 準用한다.(2006.12.30 전단개정)

第11條【가짜석유제품 등의 판매자등에 대한 과세 특례】① 제3조 및 제4조에도 불구하고 다음 각 호의 어느 하나에 해당하는 자(이하 "판매자등"이라 한다)로부터 교통·에너지·환경세를 징수할 수 있다.

1. 「석유 및 석유대체연료 사업법」 제2조제10호에 따른 가짜석유제품을 판매하거나 판매하기 위하여 보관하는 자

2. 등유, 부생연료유(副生燃料油) 또는 용제(溶劑)를 다음 각 목의 차량 또는 기계 중 경유를 연료로 사용하는 차량 또는 기계의 연료로 판매한 자

가. 「자동차관리법」 제2조제1호에 따른 자동차

나. 「건설기계관리법」 제2조제1항제1호에 따른 건설기계

다. 「농업기계화 촉진법」 제2조제1호에 따른 농업기계

라. 「군수품관리법」 제2조에 따른 군수품인 차량

(2019.12.31 본항개정)

② 제3조 및 제4조 또는 제1항에 따라 제조자등 또는 판매자등 중 어느 하나의 당사자로부터 교통·에너지·환경세를 징수한 경우에는 다른 당사자로부터는 이를 징수하지 아니한다.

③ 판매자등으로부터 제1항에 따라 교통·에너지·환경세를 징수하는 경우의 과세표준은 제6조에도 불구하고 다음 각 호의 구분에 따른 수량으로 한다. (2019.12.31 본문개정)

1. 제1항제1호의 경우 : 판매수량과 보관수량을 모두 합한 수량(2019.12.31 본호신설)

2. 제1항제2호의 경우 : 판매수량(2019.12.31 본호신설)

④ 제1항에 따라 판매자등으로부터 교통·에너지·환경세를 징수하는 경우에 관하여는 제17조를 준용한다. (2019.12.31 본조제목개정)
(2019.12.31 본조신설)

第12條【未納稅搬出】 ① 다음 各 號의 어느 하나에 해당하는 物品에 대하여 大統領令이 정하는 바에 따라 管轄稅務署長 또는 稅關長의 승인을 얻은 경우에는 교통·에너지·환경세를 徵收하지 아니한다. (2006.12.30 본문개정)

1. 輸出할 物品을 다른 場所로 搬出하는 것

2. 原料를 供給받거나 委託工賃만을 받고 제조한 物品을 製造場으로부터 委託者의 製品貯藏倉庫에 搬出하는 것

3. 製造場외의 場所에서 規格檢査를 받기 위하여 課稅物品을 製造場으로부터 搬出하거나 당해 製造場에 還入하는 것

4. 第1號·第2號·第13條第1項·第14條第1項·第15條第1項 또는 第16條의 規定의 적용을 받아 搬入된 物品으로서 品質不良 기타의 사유로 因하여 당해 用途에 供하지 아니하고 製造場에 반환하는 것

5. 교통·에너지·환경세의 保全 기타 단속상의 지장이 없다고 인정되어 大統領令이 정하는 搬出이 이루어지는 것(2006.12.30 본호개정)

② 第1項의 規定을 적용받고자 하는 物品의 搬出者 또는 輸入申告人은 당해 物品이 搬入場所에 搬入된 사실 또는 소정의 用途에 供한 사실을 大統領令이 정하는 바에 따라 증명하여야 하며, 이를 증명하지 아니한 것에 대하여는 搬出者 또는 輸入申告人으로부터 교통·에너지·환경세를 徵收한다. (2006.12.30 본항개정)

③ 第1項의 規定에 의한 物品이 搬入場所에 搬入되기 전에 災害 기타 부득이한 사유로 因하여 멸실된 경우에는 大統領令이 정하는 바에 따라 교통·에너지·환경세를 徵收하지 아니한다. (2006.12.30 본항개정)

④ 第1項의 規定에 의하여 搬入된 物品에 대하여는 그 搬入場所를 製造場으로 보고 第3條의 規定에 의한 製造者로 보아 교통·에너지·환경세의 賦課 또는 免除에 관한 規定을 적용한다. (2006.12.30 본항개정)

⑤ 課稅物品을 第1項의 規定의 적용을 받아 搬入場所에 搬入한 者는 搬入한 날이 속하는 달의 다음달 15日까지 그 搬入事實을 搬入地를 관할하는 稅務署長 또는 稅關長에게 申告하여야 한다.

第13條【輸出 및 軍納免稅】 ① 다음 各 號의 어느 하나에 해당하는 物品에 대하여 大統領令이 정하는 바에 따라 管轄 稅務署長 또는 稅關長의 승인을 얻은 경우에는 교통·에너지·환경세를 免除한다. (2006.12.30 본문개정)

1. 輸出하는 것

2. 우리나라에 주둔하는 外國軍隊(이하 "주한외국군"이라 한다)에 納品하는 것(2018.12.31 본호개정)

② 第1項의 規定에 의한 物品으로서 소정의 用途에 供한 사실을 大統領令이 정하는 바에 따라 증명하지 아니한 것에 대하여는 搬出者 또는 輸入申告人으로부터 교통·에너지·환경세를 徵收한다. (2006.12.30 본항개정)

③ 第1項의 規定에 의하여 免除된 物品의 用途를 변경

한 사실이 확인된 때에는 大統領令이 정하는 바에 따라 즉시 교통·에너지·환경세를 徵收한다. (2006.12.30 본항개정)

④ 第1項第1號의 規定에 의하여 교통·에너지·환경세의 免除를 받은 物品의 搬入者에 대하여 大統領令이 정하는 사유가 발생한 때에는 그 搬入者로부터 교통·에너지·환경세를 徵收한다. (2006.12.30 본항개정)

⑤ 第1項第2號의 規定에 의하여 교통·에너지·환경세의 免除를 받은 物品을 다른 사람에게 讓渡한 때에는 그 讓受者가 搬出을 輸入申告한 것으로 보아 교통·에너지·환경세를 徵收한다. (2006.12.30 본항개정)

⑥ 第12條第3項의 規定은 第1項의 規定에 의하여 교통·에너지·환경세의 免除를 받아 搬出한 物品에 관하여 이를 準用한다. (2006.12.30 본항개정)

第14條【外交官免稅】 ① 우리나라에 주재하는 외교공관 및 이에 준하는 대통령령으로 정하는 기관(이하 "주한외국공관등"이라 한다)과 우리나라에 주재하는 외교관 및 이에 준하는 대통령령으로 정하는 사람(이하 "주한외국관등"이라 한다)이 소유한 자동차에 사용하는 물품에 대하여는 교통·에너지·환경세를 면제한다. (2010.12.27 본항개정)

② 외교부장관은 기획재정부장관과 협의하여 제1항에 따른 물품에 대한 매 연도분의 면세한도량을 그 전년도 12월 31일까지 정하여야 한다. (2013.3.23 본항개정)

③ 제1항은 해당 국가에서 우리나라의 공관 또는 외교관 등에게 그 국가의 조세로서 우리나라의 교통·에너지·환경세 또는 이와 유사한 성질의 조세를 면제하는 경우와 해당 국가에 우리나라의 교통·에너지·환경세 또는 이와 유사한 성질의 조세가 없는 경우에만 적용한다. (2010.12.27 본항신설)

④ 第12條第3項 및 第13條第5項의 規定은 第1項의 規定에 의하여 교통·에너지·환경세의 免除를 받아 搬出한 物品에 관하여 이를 準用한다.
(2006.12.30 본조개정)

第15條【條件附免稅】 ① 다음 各 號의 어느 하나에 해당하는 物品에 대하여 大統領令이 정하는 바에 따라 管轄稅務署長 또는 稅關長의 승인을 얻은 경우에는 교통·에너지·환경세를 免除한다. (2006.12.30 본문개정)

1. 外國으로부터 慈善 또는 救護를 위하여 慈善 또는 救護機關·團體에 기증되는 것

2. 再輸出할 物品을 保稅區域으로부터 搬出하는 것으로서 關稅가 免除되는 것

3. 醫療用·醫藥品製造用·肥料製造用·農藥製造用 또는 石油化學工業用 原料로 사용하는 것과 外國航行船舶·遠洋漁業船舶 또는 航空機에 사용하는 것

② 제1항에 따른 물품으로서 大統領令이 정하는 바에 따라 搬入地에 搬入한 사실을 증명하지 아니한 것에 대하여는 관할 세무서장 또는 세관장이 그 반출자 또는 는 수입신고인으로부터 교통·에너지·환경세의 金額을 徵收하며, 搬入地에 搬入된 후에 면세를 받은 물품의 용도를 변경하는 등 대통령령으로 정하는 사유가 발생한 경우에 반입자는 그 사유가 발생한 날이 속하는 달의 다음 달 말일까지 제7조에 따른 신고서를 반입지 관할 세무서장 또는 세관장에게 제출하고 그 교통·에너지·환경세를 납부하여야 한다. (2011.12.31 본항개정)

③ 第12條第3項·第5項 및 第13條第4項의 規定은 第1項의 規定에 의하여 교통·에너지·환경세의 免除를 받아 搬出한 物品에 관하여 이를 準用한다.
(2006.12.30 본항개정)

④ 第1項의 規定에 의하여 교통·에너지·환경세의 免除를 받아 搬入地에 搬入한 物品을 동항 各 號 또는 제16조 各 호의 用途에 供하기 위하여 再搬出하는 때에는 第1項 내지 第3項 및 第16條의 規定에 의하여 교통·에너지·환경세를 免除한다. (2006.12.30 본항개정)

第16條【無條件免稅】다음 각 호의 어느 하나에 해당하는 物品에 대하여 大統領令이 정하는 바에 따라 管轄稅務署長 또는 稅關長의 승인을 얻은 경우에는 교통·에너지·환경세를 免除한다.(2006.12.30 본문개정)
1. 外國의 慈善 또는 救護機關·團體에 기증하는 것
2. 外國貿易船 또는 遠洋漁業船舶이 稅關長의 승인을 얻어 內國貿易船이 된 경우에 船舶에 적재된 것으로서 그 船舶안에서 사용할 것으로 인정되는 燃料중 關稅가 賦課되지 아니하는 것
3. 國家 또는 地方自治團體에 기증하는 것
4. 軍事援助에 의하여 輸入하는 援助物品 또는 그 物品을 原料로 하여 제조하는 軍需用 物品
5. 교통·에너지·환경세가 賦課된 物品으로서 輸出한 후 이 法의 規定에 의한 還給 또는 공제를 받은 사실이 없다는 것을 管轄稅務署長이 증명하는 物品이 再輸入되어 保稅區域으로부터 搬出하는 것 (2006.12.30 본호개정)
6. 國內에서 제조한 物品으로서 교통·에너지·환경세가 賦課되지 아니한 物品이 國外로 搬出된 후 輸出免許日부터 6月이내에 再輸入됨으로써 物品이 되는 경우에 그 物品의 제조·加工에 사용된 原材料에 대하여 이 法 또는 「수출용원재료에 대한 관세 등 환급에 관한 특례법」에 의한 免除·還給 또는 공제를 받은 사실이 없다는 것을 管轄稅務署長 또는 稅關長이 증명하는 物品이 再輸入되어 保稅區域으로부터 搬出하는 것(2006.12.30 본호개정)

第17條【稅額의 공제와 還給】① 이미 교통·에너지·환경세가 납부되었거나 납부할 物品 또는 原材料를 그 製造場 또는 保稅區域으로부터 搬入하여 課稅物品의 제조·加工에 직접 사용하는 경우 당해 課稅物品에 대한 교통·에너지·환경세를 納付 또는 徵收함에 있어서는 이미 납부되었거나 납부할 物品 또는 原材料에 대한 稅額을 大統領令이 정하는 바에 따라 납부 또는 徵收할 稅額에서 공제한다.(2006.12.30 본항개정)
② 이미 교통·에너지·환경세가 납부되었거나 납부할 物品 또는 原材料가 다음 각 호의 어느 하나에 해당하는 경우에는 大統領令이 정하는 바에 따라 이미 납부한 稅額을 還給한다. 이 경우 납부할 稅額이 있는 때에는 이를 공제한다.(2006.12.30 전단개정)
1. 課稅物品 또는 課稅物品을 사용하여 제조·加工한 物品을 輸出하거나 駐韓外國軍에 納品하는 경우
2. 製造場 또는 保稅區域으로부터 搬出한 課稅物品을 原材料로 하여 제조·加工한 課稅物品이 교통·에너지·환경세가 免除되는 경우(2006.12.30 본호개정)
3. 製造場으로부터 搬出한 課稅物品을 製造場에 還入한 것으로서 大統領令이 정하는 바에 따라 管轄稅務署長의 확인을 받은 경우(2009.12.31 본호개정)
4. 課稅物品이 醫療用·醫藥品製造用·肥料製造用 또는 農藥製造用 原料로 사용되는 경우와 航空機·外國航行船舶·遠洋漁業船舶 또는 주한외교공관등에 사용되는 경우(2010.12.27 본호개정)
③ 第2項第3號의 規定에 의한 확인을 받고자 하는 者는 당해 課稅物品이 還入된 날이 속하는 달의 다음 달 말일까지 還入된 사실을 管轄稅務署長에게 申告하여야 한다. 다만, 교통·에너지·환경세율을 引下하는 경우로서 당해 課稅物品을 製造者의 荷置場에 還入하고 稅率 引下日부터 5日이내에 荷置場 管轄稅務署長에게 申告하여 확인을 받은 경우에는 동일한 製造場에 還入된 것으로 본다.(2015.12.29 본문개정)
④ 제12조제2항 또는 제15조제2항에 따라 지정된 期限내에 搬入事實을 증명하지 아니하여 교통·에너지·환경세를 징수하거나 면세를 받은 물품의 용도를 변경하는 등의 사유로 교통·에너지·환경세를 신고·납부하는 경우에는 그 物品의 原材料에 대하여 납부되었거나

납부될 稅額은 공제 또는 還給하지 아니한다.(2011.12.31 본항개정)
⑤ 제1항 및 제2항에 따른 공제 또는 환급을 받으려는 자는 해당 사유가 발생한 날부터 6개월이 지난 날이 속하는 달의 말일까지 대통령령으로 정하는 서류를 갖추어 제7조에 따른 신고와 함께 이를 관할 세무서장 또는 세관장에게 제출하여야 한다.(2011.12.31 본항개정)
⑥ 교통·에너지·환경세가 납부되었거나 납부될 物品에 대하여 賦課하였거나 賦課할 加算稅에 대하여는 공제 또는 還給하지 아니한다.(2006.12.30 본항개정)
⑦ 第1項의 規定에 의한 공제에 있어서 당해 原材料 또는 購入物品에 대한 稅額이 그 原材料를 사용하여 제조한 物品에 대한 稅額을 초과하는 경우에는 그 초과하는 分의 稅額은 이를 공제하지 아니한다.
⑧ 第2項第4號의 規定에 의하여 還給 또는 공제를 받은 物品이 소정의 用途에 사용되지 아니한 사실이 확인된 때에는 還給 또는 공제된 교통·에너지·환경세를 徵收한다.(2006.12.30 본항개정)
⑨ 개별소비세 課稅物品이 교통·에너지·환경세 課稅物品의 原材料로 사용된 경우에는 第1項 내지 第7項의 規定에 준하여 당해 개별소비세액을 납부 또는 徵收할 교통·에너지·환경세액에서 공제하거나 이를 還給할 수 있다.(2007.12.31 본항개정)

第18條【開業·廢業등의 申告】① 課稅物品을 제조하고자 하는 者는 大統領令이 정하는 바에 따라 管轄稅務署長에게 申告하여야 한다. 이를 休業 또는 廢業하거나 申告內容의 변경이 있는 때에도 또한 같다.
② 課稅物品의 製造業의 營業을 讓受·相續하거나 法人의 合倂으로 인하여 당해 營業을 承繼한 경우 讓受人, 相續人, 合倂후 존속하는 法人 또는 合倂으로 인하여 設立된 法人은 그 사실을 즉시 管轄稅務署長에게 申告하여야 한다. 이 경우 讓受人은 讓渡人과 連名으로 申告하여야 한다.
③ 제1항에도 불구하고 둘 이상의 제조장이 있는 사업자는 사업자 단위로 해당 사업자의 본점 또는 주사무소의 관할세무서장에게 신고할 수 있다.(2010.12.27 본항신설)
④ 제1항에 따라 개업 신고를 한 사업자가 제3항에 따라 사업자 단위로 신고하려면 사업자단위과세사업자로 적용받으려는 달이 시작되기 20일 전까지 신고하여야 한다.(2010.12.27 본항신설)
⑤ 제1항부터 제4항까지에서 규정한 사항 외에 개업·폐업 등의 신고에 필요한 사항은 대통령령으로 정한다.(2010.12.27 본항신설)

第19條【記帳義務】課稅物品의 製造者는 大統領令이 정하는 바에 따라 製造場別로 帳簿를 비치하고 이에 그 제조·저장·販賣에 관한 사항을 기재하여야 한다.

第20條【權利·義務의 承繼】製造業을 사실상 移轉하지 아니하고 製造業의 營業에 관하여 包括承繼가 있는 경우에 承繼人은 被承繼人에 속하였던 다음의 權利·義務를 承繼한다. 第12條第1項 또는 第15條第1項의 規定에 의하여 未納稅 또는 免稅로 搬入한 者의 지위를 包括承繼한 경우에도 또한 같다.
1. 제7조에 따른 과세표준의 신고, 제8조에 따른 세액 및 「국세기본법」 제47조의2부터 제47조의4까지의 규정에 따른 가산세 납부 등의 의무(2011.12.31 본호개정)
2. 第19條의 規定에 의한 帳簿備置·記帳의 義務
3. 이 法의 規定에 의하여 未納稅 또는 免稅로 搬入된 物品으로서 사후관리를 받고 있는 것에 관한 權利
4. 第17條의 規定에 의한 공제와 還給에 관한 權利·義務

第21條【命令】① 政府는 교통·에너지·환경세의 納稅保全을 위하여 필요하다고 인정하는 때에는 大統領令이 정하는 바에 따라 課稅物品의 제조자 및 판매자

등에 대하여 稅金計算書의 발행 기타 단속상 필요한 사항에 관한 命令을 할 수 있다.(2015.12.29 본항개정)
② 政府는 교통·에너지·환경세의 納稅保全을 위하여 필요하다고 인정하는 때에는 第12條第1項 또는 第15條第1項의 規定에 의하여 未納稅 또는 免稅로 搬入한 者에 대하여 課稅資料의 제출 기타 단속상 필요한 사항에 관한 命令을 할 수 있다.
(2006.12.30 본조개정)
第22條【質問·檢査】① 稅務公務員은 교통·에너지·환경세에 관한 調査를 위하여 필요하다고 인정하는 때에는 課稅物品의 제조자 및 판매자등에 대하여 다음 각호의 사항에 관하여 質問을 하거나 그 帳簿·書類 기타의 物件을 檢査할 수 있다.(2015.12.29 본문개정)
1. 課稅物品 또는 이를 사용한 製品으로서 課稅物品의 제조자 또는 판매자등이 소지하는 것(2015.12.29 본호개정)
2. 課稅物品 또는 이를 사용한 製品의 제조·저장 또는 販賣에 관한 帳簿·書類
3. 課稅物品 또는 이를 사용한 製品의 제조·저장 또는 販賣상 필요한 建築物·機械·器具·材料 기타의 物件
② 稅務公務員은 운반 중의 課稅物品과 이를 사용한 製品의 出處 또는 到達地를 質問할 수 있다. 이 경우에 단속상 필요하다고 인정하는 때에는 稅務公務員은 그 운반을 정지하게 하거나 荷物 또는 船車에 封印을 하는 등 필요한 조치를 할 수 있다.
第23條【證票의 제시】稅務公務員은 第22條의 規定에 의하여 質問·檢査 기타 필요한 조치를 하는 때에는 그 권한을 표시하는 證票를 지니고 관계인에게 이를 내보여야 한다.
第24條【교통·에너지·환경세의 사무 관할】保稅區域으로부터 搬出하거나 保稅工場으로 搬入한 物品의 賦課徵收에 관한 事務는 保稅區域의 管轄稅關長이 처리한다.(2006.12.30 본조제목개정)
第25條【과태료】① 관할 세무서장은 제15조제1항제3호에 따라 외국항행선박 또는 원양어업선박에 사용할 목적으로 교통·에너지·환경세를 면제받는 석유류 중 외국항행선박 또는 원양어업선박 외의 용도로 반출한 석유류를 판매하거나 그 사실을 알면서 취득한 자에게 판매가액 또는 취득가액의 3배 이하의 과태료를 부과·징수한다.
② 관할 세무서장은 제21조에 따른 납세보전을 위한 명령을 위반한 자에게 2천만원 이하의 과태료를 부과·징수한다.
③ 제1항 및 제2항에 따른 과태료의 부과기준은 대통령령으로 정한다.(2021.12.21 본항신설)
(2018.12.31 본조신설)

附 則

第1條【시행일】이 법은 1994년 1월 1일부터 시행한다.
第2條【유효기간】이 법은 2024년 12월 31일까지 효력을 가진다.(2021.12.21 본조개정)
第3條【일반적 적용례】이 법은 1994년 1월 1일 이후 최초로 제조장으로부터 반출하거나 수입신고를 하는 분부터 적용한다.
第4條【일반적 경과조치】이 법 시행당시 종전의 특별소비세법에 의하여 부과하였거나 부과할 특별소비세에 관하여는 종전의 특별소비세법에 의한다.
第5條【세액의 환급 등에 관한 경과조치】이 법 시행당시 종전의 특별소비세법에 의하여 공제 또는 환급할 세액에 관하여는 종전의 특별소비세법에 의한다. 다만, 공제 또는 환급을 받을 자의 신청이 있는 때에는 이 법에 의하여 납부하여야 할 교통세액에서 공제하거나 환급할 수 있다.

第6條【면세물품 등의 사후관리에 관한 경과조치】이 법 시행당시 종전의 특별소비세법에 의한 미납세반출 물품 또는 면세물품으로서 사후관리 중에 있는 물품에 대하여는 종전의 특별소비세법에 의한다.
第7條【세액의 환급특례에 관한 일반적 경과조치】교통세의 과세물품으로서 이 법 시행당시 수출용원재료에대한관세등환급에관한특례법에 의하여 징수되었거나 징수될 특별소비세액의 상계 또는 환급에 관하여는 종전의 특별소비세법에 의한다.
第8條【개업신고에 관한 경과조치】종전의 특별소비세법 제21조의 규정에 의한 개업신고를 한 자는 이 법에 의한 신고를 한 것으로 본다.
第9條【특별소비세법의 적용배제】특별소비세법 제1조제2항제4호가목 및 나목의 규정에 의한 물품에 대하여는 이 법 시행 중에는 특별소비세법을 적용하지 아니한다.(1999.12.3 본조개정)
第10條【다른 법률의 개정】①∼⑤ ※(해당 법령에 가제정리 하였음)

附 則 (2000.12.29)

①【시행일】이 법은 2001년 7월 1일부터 시행한다.
②【일반적 적용례】이 법은 이 법 시행후 최초로 과세대상물품을 제조장에서 반출하거나 수입신고하는 분부터 적용한다.
③【경유 등에 대한 교통세율 적용의 특례】제2조제1항제2호의 개정규정에 불구하고 2001년 7월 1일부터 2003년 6월 30일까지의 기간동안 제조장에서 반출하거나 수입신고하는 분에 대하여는 다음 표상 각각의 적용기간에 해당하는 세율을 적용한다.

과세대상	단위	적용기간 및 세율		
		2001.7.1∼ 2001.12.31	2002.1.1∼ 2002.6.30	2002.7.1∼ 2003.6.30
제2조 제1항 제2호 해당물	리터당	185원	191원	234원

④【경과조치】이 법 시행당시 종전의 규정에 의하여 부과하였거나 부과하여야 할 교통세에 대하여는 종전의 규정에 의한다.

附 則 (2003.12.30)

第1條【시행일】이 법은 2004년 1월 1일부터 시행한다.
第2條【일반적 적용례】이 법은 이 법 시행후 과세대상물품을 제조장에서 반출하거나 수입신고하는 분부터 적용한다.
第3條【경유 등에 대한 교통세율 적용의 특례】제2조제1항제2호의 개정규정에 불구하고 2004년 1월 1일부터 2006년 6월 30일까지의 기간동안 제조장에서 반출하거나 수입신고하는 분에 대하여는 다음 표상 각각의 적용기간에 해당하는 세율을 적용한다.

과세대상	단위	적용기간 및 세율			
		2004.1.1∼ 2004.6.30	2004.7.1∼ 2005.6.30	2005.7.1 법률 제7576호 교통세법 일부개정 법률의 시행일 전일	법률 제7576호 교통세법 개정법률의 시행일∼ 2006.6.30
제2조제1항제2호 해당물품	리터당	276원	319원	362원	365원

(2005.7.8 본조개정)

第4條【경과조치】이 법 시행당시 종전의 규정에 의하여 부과하였거나 부과하여야 할 교통세에 대하여는 종전의 규정에 의한다.
第5條【다른 법률의 개정】※(해당 법령에 가제정리 하였음)

附　則 (2009.1.30)

第1條【시행일】이 법은 2025년 1월 1일부터 시행한다.(2021.12.21 본조개정)
第2條【일반적 경과조치】이 법 시행 당시 종전의「교통·에너지·환경세법」에 따라 부과하였거나 부과 또는 환급하여야 할 교통·에너지·환경세에 관하여는 종전의 규정에 따른다.
第3條【다른 법률의 개정】①~⑪ ※(해당 법령에 가제정리 하였음)

附　則 (2009.12.31)

第1條【시행일】이 법은 2009년 12월 31일부터 시행한다. 다만, 제17조제2항제3호의 개정규정은 2010년 1월 1일부터 시행한다.
第2條【세액의 공제와 환급에 관한 적용례】제17조제2항제3호의 개정규정은 부칙 제1조 단서에 따른 같은 규정의 시행 후 최초로 제조장에 환입되는 분부터 적용한다.
第3條【다른 법률의 개정】※(해당 법령에 가제정리 하였음)

附　則 (2010.12.27)

①【시행일】이 법은 2011년 1월 1일부터 시행한다. 다만, 제8조의2 및 제18조제3항부터 제5항까지의 개정규정은 2011년 7월 1일부터 시행한다.
②【외교관 면세 대상 제외 석유류에 대한 적용례】제14조제1항의 개정규정은 이 법 시행 후 최초로 주한외교공관등과 주한외교관등이 판매장 또는 제조장에서 구입하는 석유류부터 적용한다.

附　則 (2011.12.31)

第1條【시행일】이 법은 2012년 1월 1일부터 시행한다.
第2條【일반적 적용례】이 법은 2012년 1월 1일 이후 최초로 과세물품을 제조장으로부터 반출하거나 수입신고하는 것부터 적용한다.
第3條【공매·경매 시 또는 제조의 사실상 폐지 시 신고·납부기한 등에 관한 적용례】제7조제4항 및 제8조제1항의 개정규정은 이 법 시행일 현재 종전의 규정에 따른 신고·납부기한이 만료되지 아니한 것에 대해서도 적용한다.
② 제17조제5항의 개정규정은 이 법 시행 후 최초로 세액의 공제 및 환급을 신청하는 것부터 적용한다.
第4條【저유소에서의 서로 다른 유류의 혼합 등에 대한 특례에 관한 적용례】제8조의3의 개정규정은 이 법 시행 후 최초로 혼유등이 발생하는 것부터 적용한다.
第5條【과세표준 및 세액의 결정 또는 경정결정 등에 관한 적용례】제9조의 개정규정 중 같은 조 제1항 및 제3항에 대해서는 이 법 시행 후 최초로 과세표준 및 세액을 결정 또는 경정결정 및 다시 경정하는 것부터 적용한다.
第6條【유사석유제품 판매자등에 대한 과세특례에 관한 적용례】제11조의 개정규정은 이 법 시행 후 최초로 유사석유제품을 판매하거나 판매하기 위하여 보관하는 것부터 적용한다.

第7條【조건부면세 물품의 신고·납부 등에 관한 적용례】제15조제2항 및 제17조제4항의 개정규정은 이 법 시행 후 최초로 면세를 받은 물품의 용도를 변경하는 등의 사유가 발생하는 것부터 각각 적용한다.
第8條【일반적 경과조치】이 법 시행 당시 종전의 규정에 따라 부과 또는 면세하였거나 부과 또는 면세하여야 할 교통·에너지·환경세에 대해서는 종전의 규정에 따른다.

附　則 (2013.1.1)

第1條【시행일】이 법은 2013년 1월 1일부터 시행한다.
第2條【저유소에서의 서로 다른 유류의 혼합 등의 특례에 관한 적용례】제8조의3의 개정규정은 이 법 시행 후 혼유등이 발생하는 분부터 적용한다.
第3條【다른 법률의 개정】①~⑤ ※(해당 법령에 가제정리 하였음)

附　則 (2015.12.15)

第1條【시행일】이 법은 2015년 12월 31일부터 시행한다.
第2條【다른 법률의 개정】①~④ ※(해당 법령에 가제정리 하였음)

附　則 (2015.12.29)

第1條【시행일】이 법은 공포한 날부터 시행한다.
第2條【환입신고 기한에 관한 적용례】제17조제3항의 개정규정은 이 법 시행 후 제조장에 환입하는 분부터 적용한다.

附　則 (2018.12.31)

第1條【시행일】이 법은 2019년 1월 1일부터 시행한다.
第2條【다른 법률의 개정】①~④ ※(해당 법령에 가제정리 하였음)

附　則 (2019.12.31)

第1條【시행일】이 법은 2020년 1월 1일부터 시행한다.
第2條【가짜석유제품 등 판매자등에 대한 과세 특례에 관한 적용례】제11조의 개정규정은 이 법 시행 이후 판매하는 등유, 부생연료유 및 용제부터 적용한다.

附　則 (2021.12.21)

第1條【시행일】이 법은 2022년 1월 1일부터 시행한다.
第2條【다른 법률의 개정】①~④ ※(해당 법령에 가제정리 하였음)

附　則 (2022.8.12)

第1條【시행일】이 법은 공포한 날부터 시행한다.
第2條【과세대상과 세율에 관한 적용례】제2조제3항의 개정규정은 이 법 시행 이후 제조장에서 반출하거나 수입신고하는 분부터 적용한다.

교통·에너지·환경세법 시행령

(1993년 12월 31일)
(대통령령 제14078호)

개정
1994. 2.15영14164호   <중략>
2005. 4.22영18796호(석유대체연료사업시)
2005. 7. 8영18941호   2006. 6.30영19581호
2007. 2.28영19897호
2007. 6.28영20120호(행정정보이용감축개정령)
2007. 7.23영20181호   2008. 2.22영20627호
2008. 2.29영20720호(직제)
2008. 3.10영20744호   2008.10. 7영21065호
2008.12.31영21215호(행정정보이용감축개정령)
2009. 4.30영21462호(석유대체연료사업시)
2009. 5.21영21494호
2010. 5. 4영22151호(전자정부법시)
2010.12.30영22571호   2012. 2. 2영23599호
2013. 2.15영24362호
2013. 3.23영24441호(직제)
2013. 6.28영24868호(부가세시)
2014. 2.21영25198호   2016. 2. 5영26951호
2018.11. 6영29273호
2019. 2.12영29529호(법인세법시)
2019. 5. 7영29725호   2020. 2.11영30403호
2021. 1. 5영31380호(법령용어정비)
2021. 2.17영31456호   2021.11.12영32115호
2022. 2.15영32429호   2022. 4.27영32603호
2022. 6.30영32736호   2022.12.30영33182호
2023. 4.28영33439호   2023. 8.31영33694호
2023.10.31영33833호   2023.12.29영34063호

제1조【목적】 이 영은 「교통·에너지·환경세법」에서 위임된 사항과 그 시행에 관하여 필요한 사항을 규정함을 목적으로 한다.(2007.2.28 본조개정)
제2조【정의】 「교통·에너지·환경세법」(이하 "법"이라 한다) 및 이 영을 적용함에 있어서 사용하는 용어의 정의는 다음과 같다.(2007.2.28 본문개정)
1. "수출"이라 함은 다음 각목의 것을 말한다.
　가. 내국물품을 국외로 반출하는 것(1999.12.31 본목개정)
　나. 외국공공기관 또는 국제금융기관으로부터 받은 차관자금으로 물품을 구매하기 위하여 실시되는 국제경쟁입찰의 낙찰자가 당해 계약내용에 따라 국내에서 생산된 물품을 납품하는 것(1999.12.31 본목개정)
　다.~라. (2000.12.29 삭제)
2. "주한외국군에 납품하는 것"이라 함은 주한외국군의 기관에 매각하거나 그 기관의 공사의 시공 또는 용역의 제공을 위하여 사용하는 물품을 말한다.
3. "이미 교통·에너지·환경세가 납부되었거나 납부될 물품의 원재료"라 함은 다음 각목의 것을 말한다.(2007.2.28 본문개정)
　가. 과세물품 또는 수출물품을 형성하는 원재료
　나. 과세물품 또는 수출물품을 형성하지는 아니하나 당해 물품의 제조·가공에 직접 사용되는 것으로서 화학반응을 하는 물품과 당해 과세물품 또는 수출물품의 제조·가공과정에서 당해 물품이 직접 사용되는 단용원자재
4. "제조장과 특수한 관계가 있는 곳"이라 함은 다음 각목의 장소를 말한다.
　가. 제조자가 자기의 제품을 직접 판매하기 위하여 설치한 특설판매장(하치장을 포함한다)
　나. 제조자와 「소득세법 시행령」 제98조제1항 또는 「법인세법 시행령」 제2조제5항 각 호의 어느 하나에 해당하는 관계에 있는 자가 경영하는 판매장(2019.2.12 본목개정)
　다.~사. (1999.12.31 삭제)

제3조【과세물품의 세목】 법 제2조제2항에 따른 과세물품의 세목은 다음과 같다.(2020.2.11 본문개정)
1. 휘발유와 이와 유사한 대체유류
　가. 휘발유
　나. 「석유 및 석유대체연료 사업법」 제2조제10호의 규정에 의한 휘발유와 유사한 가짜석유제품(2013.2.15 본목개정)
　다. 「자동차관리법」 제2조제1호에 따른 자동차, 같은 법 시행령 제2조 각 호에 따른 기계 또는 차량(휘발유를 연료로 사용하는 것으로 한정한다)의 연료로 사용이 가능한 것으로서 가목 및 나목에 해당하지 않는 것. 다만, 「석유 및 석유대체연료 사업법」 제29조제2항제6호에 따라 산업통상자원부장관이 고시한 것은 제외한다.(2020.2.11 본목개정)
2. 경유 및 이와 유사한 대체유류
　가. 경유
　나. 「석유 및 석유대체연료 사업법」 제2조제10호의 규정에 의한 경유와 유사한 가짜석유제품(2013.2.15 본목개정)
　다. 법 제11조제1항제2호 각 목에 따른 차량 또는 기계 중 경유를 연료로 사용하는 것의 연료로 판매되는 등유, 부생연료유(副生燃料油) 및 용제(溶劑)(2020.2.11 본목개정)
　라. 「자동차관리법」 제2조제1호에 따른 자동차, 같은 법 시행령 제2조 각 호에 따른 기계 또는 차량(경유를 연료로 사용하는 것으로 한정한다)의 연료로 사용이 가능한 것으로서 가목부터 다목까지의 규정에 해당하지 않는 것(2020.2.11 본목신설)
(2000.12.29 본호개정)
제3조의2【탄력세율】 법 제2조제3항에 따라 탄력세율을 적용할 과세물품과 그 세율은 다음 각 호와 같다.
1. 제3조제1호의 휘발유와 이와 유사한 대체유류 : 리터당 529원. 다만, 2024년 2월 29일까지는 리터당 396.7원으로 한다.(2023.12.29 단서개정)
2. 제3조제2호의 경유 및 이와 유사한 대체유류 : 리터당 375원. 다만, 2024년 2월 29일까지는 리터당 238원으로 한다.(2023.12.29 단서개정)
(2006.6.30 본조개정)
제4조【과세물품의 판정】 법 제2조의 규정에 의한 과세물품의 판정에 있어서, 당해 물품이 불완전 또는 미완성 상태로 반출되는 경우에도 그 물품의 주된 성분을 갖추어 그 기능을 나타낼 수 있는 것은 이를 완제품으로 취급한다.
제5조【반출로 보지 아니하는 경우와 그 승인신청】
① 법 제5조제2항제1호 단서의 규정에 의하여 제조장으로부터 반출하는 것으로 보지 아니하는 경우는 다음과 같다.
1. 동일한 제조장안에서 과세물품의 원재료로 사용되는 경우
2. 동일한 제조장안에서 과세물품의 품질 또는 성능의 검사를 위하여 사용되는 경우
3. 정유공정상 교통·에너지·환경세가 과세되지 아니하는 석유류의 제조용 원재료로 직접 사용되는 경우(2007.2.28 본호개정)
② 법 제5조제2항제3호 단서의 규정에 의하여 제조장으로부터 반출하는 것으로 보지 아니하는 경우는 제조를 폐지한 당시 당해 제조장안에 남아있는 과세물품이 매월분의 통상적인 반출수량보다 많은 경우로 한다.
③ 법 제5조제2항제3호 단서의 규정에 의한 승인을 얻고자 하는 자는 제조를 폐지한 날이 속하는 달의 다음 달 말일까지 다음 각호의 사항을 기재한 신청서를 관할세무서장에게 제출(국세정보통신망에 의한 제출을 포함한다)하여야 한다.(2012.2.2 본문개정)

1. 신청인의 주소·성명·명칭·주민등록번호 또는 사업자 등록번호
2. 제조장의 소재지
3. 제조자의 주소·성명 및 명칭
4. 제조폐지연월일
5. 제조를 폐지한 때에 남아 있는 물품의 품명·수량·규격·단가 및 가격
6. 반출완료예정연월일
7. 신청사유
④ 제3항의 규정에 의한 승인신청을 받은 관할세무서장은 교통·에너지·환경세의 보전 기타 단속상 지장이 없다고 인정되는 때에 한하여 6월의 범위안에서 이를 승인할 수 있다.(2007.2.28 본항개정)

제6조【휘발유의 자연감소율】 법 제6조제1항제1호 단서에서 "증발 등으로 자연감소되는 정도를 감안하여 대통령령이 정하는 율"이란 해당 과세물품의 1천분의 2를 말한다.(2020.2.11 본조신설)

제7조 (2012.2.2 삭제)

제8조~제11조 (2000.12.29 삭제)

제12조【과세표준의 신고】 ① 법 제7조제1항의 규정에 의하여 과세표준을 신고하여야 하는 자는 다음 각호의 사항을 기재한 신고서에 미납세 또는 면세반출명세서(면세석유류구입추천서를 포함한다), 과세반출명세서, 제품수불상황표 및 환급 또는 공제신청서를 첨부하여 관할세무서장에게 제출(국세정보통신망에 의한 제출을 포함한다)하여야 한다.(2004.3.17 본문개정)
1. 신고인의 제조장소재지와 주소·성명·명칭·주민등록번호 또는 사업자등록번호
2. 반출한 물품의 종류별 품명·수량·규격·단가·반출가격 및 세액
3. 미납세 또는 면세반출물품의 세액상당액
4. 환급 또는 공제세액상당액
5. 자진납부하여야 할 세액
② 법 제5조제2항제2호 또는 제3호에 해당하게 되어 과세표준을 신고해야 하는 자는 제1항에 준하는 서류에 해당 사유를 명확하게 적어 신고해야 한다.
(2021.1.5 본항개정)

제13조【납부】 법 제8조의 규정에 의하여 교통·에너지·환경세를 납부하고자 하는 자는 법 제7조의 규정에 의한 기한내에 납부할 세액을 관할세무서장, 한국은행(그 대리점을 포함한다) 또는 체신관서에 납부하여야 한다.(2007.2.28 본조개정)

제13조의2【저유소에서의 서로 다른 유류의 혼합 등에 대한 특례사유 등】 ① 법 제8조의3 각 호 외의 부분에서 "대통령령으로 정하는 사유"란 다음 각 호의 어느 하나에 해당하는 사유를 말한다.
1. 과세물품이 저유소에서 서로 다른 유류와 혼합되는 경우
2. 저유소에서 과세물품에 첨가제[옥탄값 향상제, 부식방지제, 조연제(助燃劑), 착색제 등 유류의 성능을 향상시키거나 그 밖의 필요에 따라 유류에 첨가하는 모든 물질을 말한다]를 혼합하는 경우
② 법 제8조의3에 따른 이 항에서 "제조자등"이라 한다)은 제1항 각 호의 어느 하나에 해당하는 사유가 발생한 경우에는 법 제7조에 따른 과세표준 신고를 할 때 제12조제1항에 따른 신고서에 다음 각 호의 서류를 첨부하여 제조자등 관할 세무서장에게 제출(국세정보통신망에 의한 제출을 포함한다)하여야 한다. 다만, 제1호의 신청서는 법 제8조의3를 적용하여 처음으로 과세표준을 신고할 때에 제출하여야 하며, 이미 제출한 내용이 변경되는 경우에는 다시 제출하여야 한다.
1. 다음 각 목의 사항을 적은 저유소혼유등특례신청서
가. 제조자등의 주소·성명·명칭·주민등록번호 또는 사업자등록번호

나. 저유소의 소재지 및 관할 세무서
다. 그 밖의 참고사항
2. 저유소별 과세표준신고서
③ 제2항제1호에 따른 신청서를 받은 관할 세무서장은 저유소 관할 세무서장에게 그 사실을 통지하여야 한다.(2012.2.2 본조신설)

제14조【추계결정】 ① (2012.2.2 삭제)
② 법 제9조제2항 단서에 따라 추계를 할 때에는 다음 각 호의 어느 하나에 해당하는 방법에 따른다.
1. 기장이 정당하다고 인정되고 신고가 성실하여 법 제9조제1항에 따라 결정 및 경정을 받지 아니한 다른 동업자와 비교하여 계산하는 방법
2. 국세청장이 사업의 종류·지역 등을 고려하여 다음 각 목의 관계에 대하여 조사한 비율이 있는 경우에는 그 비율을 적용하여 계산하는 방법
가. 투입 원재료 또는 부재료의 전부 또는 일부의 수량과 생산량과의 관계
나. 사업과 관련된 인적·물적 시설(종업원·사업장·차량·수도·전기 등)의 전부 또는 일부의 수량과 생산량과의 관계
다. 일정한 기간의 평균 재고량과 생산량과의 관계
라. 일정한 기간의 매출 총이익 또는 부가가치액과 매출액과의 관계
3. 추계결정·경정대상 사업자에 대하여 제2호의 비율을 직접 산정할 수 있는 경우에는 그 비율을 적용하여 계산하는 방법
(2012.2.2 본항개정)

제14조의2 (2007.2.28 삭제)

제15조【미납세반출승인신청】 ① 법 제12조제1항 각호의 규정에 의한 물품을 제조장에서 반출하거나 보세구역에서 반출하고자 하는 자는 당해 물품을 반출할 때에(수입물품의 경우에는 그 수입신고시부터 수입면허 전까지) 다음 각호의 사항을 기재한 신청서를 관할세무서장 또는 세관장에게 제출하여 그 승인을 얻어야 한다.
1. 신청인의 주소·성명·명칭·주민등록번호 또는 사업자등록번호
2. 반출장소
3. 품명·수량·규격·단가·가격 및 세액
4. 반입장소
5. 반입자의 주소·성명 및 명칭
6. 반출예정연월일
7. 반입증명서제출기한
8. 신청사유
9. 기타 참고사항
② 제1항의 규정에 의한 신청을 받은 관할세무서장 또는 세관장은 이를 승인한 때에는 그 신청서에 준하는 내용의 승인서를 교부하고, 반입지관할세무서장 또는 세관장에게 그 뜻을 통지하여야 한다.
③ 법 제12조제1항제5호에서 "대통령령이 정하는 반출이 이루어지는 것"이라 함은 다음 각호의 1에 해당하는 것을 말한다.
1. 수출물품 또는 수출물품의 제조·가공을 위한 물품을 내국신용장(원내국신용장과 제2차 내국신용장에 한한다)에 의하여 수출업자 또는 수출물품의 제조·가공업자에게 반출하는 경우
2. 수출물품을 제조·가공하기 위하여 동일한 제조장에서 다른 제품의 원료로 사용하는 경우
3. 수출물품을 제조·가공하기 위하여 다른 제조장으로 반출하는 경우
4. 제조장을 이전하기 위하여 반출하는 경우
5. 과세물품을 제조·가공하기 위한 원료로 사용하기 위하여 다른 제조장으로 반출하는 경우

6. 법 제2조제1항의 규정에 의한 물품을 「석유 및 석유대체연료 사업법」 제16조의 규정에 의한 석유비축시책의 일환으로 「한국석유공사법」에 의하여 설립된 한국석유공사에 공급하기 위하여 제조장 또는 보세구역으로부터 반출하는 것과 제조장 또는 보세구역에서 반출한 후 제조자 또는 수입업자의 저유소를 경유하여 한국석유공사에 공급하는 것으로서 국세청장이 정하는 방법에 의하여 공급하는 것(2005.7.8 본호개정)

7. 과세물품을 제조·가공하기 위하여 동일한 제조자의 다른 제조장으로 반출하는 경우(2010.12.30 본호신설)

④ 제3항제1호 또는 제3호에 해당하는 물품을 반출하려고 하는 자는 신청서에 내국신용장 또는 수출신용장의 사본, 그 밖의 수출물품임을 증명할 수 있는 서류를 첨부하여 관할 세무서장 또는 세관장에게 제출(국세청보통신망을 통한 제출을 포함한다)하여 그 승인을 얻어야 한다. 이 경우 관할 세무서장 또는 세관장은 「전자정부법」 제36조제1항에 따른 행정정보의 공동이용을 통하여 사업자등록증을 확인하여야 하며, 신청인이 확인에 동의하지 아니하는 경우에는 이를 첨부하도록 하여야 한다.(2010.5.4 후단개정)

⑤ 제3항제4호, 제5호 또는 제7호에 해당하는 물품을 반출하려고 하는 자는 신청서를 관할 세무서장 또는 세관장에게 제출(국세정보통신망을 통한 제출을 포함한다)하여 그 승인을 얻어야 한다. 이 경우 관할 세무서장 또는 세관장은 「전자정부법」 제36조제1항에 따른 행정정보의 공동이용을 통하여 반입지의 사업자등록증을 확인하여야 한다.(2010.12.30 본항개정)

⑥ 제3항 및 제4항의 규정은 제3항제1호 내지 제3호의 규정에 의하여 반입한 물품으로 제조·가공한 과세물품 또는 비과세물품(그 비과세물품의 원재료가 과세물품인 경우에 한한다)을 재반출하고자 하는 경우에 이를 준용한다.

제16조 【면세반출승인신청 등에 대한 특례】 법 제12조제1항·법 제13조제1항 또는 법 제15조제1항의 규정에 의한 용도에 제공하기 위하여 제조장으로부터 반출하는 물품에 대하여 면세를 받고자 하는 자는 제15조제1항·제4항 및 제5항·제17조제4항·제19조제1항 및 제22조제1항의 규정에 불구하고 당해 물품을 반출한 날이 속하는 달의 다음달 말일까지 당해 월분의 과세표준신고서에 제17조제2항 또는 제3항의 규정에 의한 반입증명서 또는 용도증명서를 첨부하여 제출하여야 한다.

제17조 【반입신고·반입증명 및 용도증명】 ① 법 제12조제5항 또는 법 제15조제3항의 규정에 의한 반입사실의 신고에 있어서는 다음 각호의 사항을 기재한 신고서를 반입지관할 세무서장 또는 세관장에게 제출하여야 한다.
1. 신고인의 주소·성명·명칭·주민등록번호 또는 사업자등록번호
2. 승인번호 및 승인연월일
3. 품명·수량·규격·단가·가격 및 세액
4. 반입장소
5. 반입사유
6. 반입연월일
7. 반출자의 주소·성명 및 명칭
8. 반입증명서제출기한
9. 기타 참고사항

② 법 제12조제2항 및 법 제15조제2항 전단의 규정에 의한 반입사실의 증명은 제1항의 규정에 의한 신고서에 준하는 내용의 증명서에 의한다. 다만, 다음 각 호의 어느 하나에 해당하는 경우에는 다음 각 호의 구분에

따른 서류에 의한다.(2013.2.15 단서개정)
1. 보세구역과 수출자유지역에 반입되는 물품의 경우 : 관할 세관장이 발행하는 물품반입확인서
2. 법 제15조제1항제3호에 따른 외국항행선박 또는 원양어업선박에 사용하는 석유류 : 유류공급명세서(내항선인 원양어업선박의 경우에는 반입자의 반입보고서)
3. 법 제15조제1항제3호에 따른 항공기에 사용하는 석유류 : 관할 세관장이 발행하는 기적(機積)허가서 (2013.2.15 1호~3호신설)

③ 법 제13조제2항의 규정에 의한 소정의 용도에 공한 사실의 증명은 다음 각호의 1에 해당하는 서류에 의한다.
1. 수출을 면허한 세관장이 발행한 수출면장
2. 납품을 받은 군기관의 장이 발행한 납품증명서(사용확인서를 포함한다)
3. 기타 수출사실을 증명할 수 있는 서류로서 국세청장이 정하는 것

④ 법 제12조제2항, 법 제13조제2항 또는 법 제15조제2항 전단의 규정에 의한 반입된 사실 또는 소정의 용도에 공한 사실의 증명은 당해 물품을 반출한 날부터 3월의 범위내에서 반출지관할 세무서장 또는 세관장이 지정하는 날까지 제출하여야 한다.(2013.2.15 1호~3호신설)

⑤ 제4항 및 제16조의 규정에 의한 기한내에 당해 사실증명을 부득이한 사정으로 제출할 수 없는 경우에는 관할 세무서장 또는 세관장에게 제출기한의 연기를 신청할 수 있다. 이 경우 관할 세무서장 또는 세관장은 당해 사실증명의 제출기한이 경과된 날부터 3월의 범위내에서 그 기한을 연장할 수 있다.

⑥ 관할 세무서장 또는 세관장은 법 제12조제2항, 법 제13조제2항 또는 법 제15조제2항 전단의 규정에 의하여 당해 세액을 징수하고자 함에 있어서 반출자 또는 수입신고인이 당해 세액을 징수할 수 있는 날부터 30일 이내에 당해 사실증명을 제출하지 아니할 때에는 당해 세액을 징수한다는 뜻을 지체없이 통지하여야 한다.

제18조 【멸실승인신청】 ① 법 제12조제3항의 규정을 적용받고자 하는 자는 당해 반입증명서의 제출기한내에 다음 각호의 사항을 기재한 멸실승인신청서에 당해 물품의 멸실사실을 증명하는 서류를 첨부하여 반출지관할세무서장 또는 세관장에게 지체없이 제출하여 그 승인을 얻어야 한다.
1. 신청인의 주소·성명·명칭·주민등록번호 또는 사업자등록번호
2. 제조장의 소재지·승인번호 및 승인연월일
3. 멸실물품의 품명·수량·규격·단가·가격 및 세액
4. 멸실연월일·멸실장소 및 멸실물품의 처리방법
5. 반입증명서제출기한
6. 기타 참고사항

② 제1항의 경우 멸실한 장소가 다른 세무서장의 관할에 속하는 때에는 당해 멸실지관할세무서장이 발급하는 다음 각호의 사항을 기재한 증명서를 첨부하여야 한다.
1. 신청인의 주소·성명·명칭·주민등록번호 또는 사업자등록번호
2. 제조장의 소재지
3. 원승인세무서명·승인연월일 및 승인번호
4. 멸실물품의 품명·수량·규격·단가 및 가격
5. 반출자 또는 인도자의 주소·성명 및 명칭
6. 멸실연월일·멸실장소 및 멸실사유
7. 기타 참고사항

제19조 【수출 및 군납면세승인 신청】 ① 법 제13조제1항 각호의 물품에 대하여 면세를 받고자 하는 자는 다음의 사항을 기재한 신청서에 수출신용장 기타 수출품임을 증명하는 서류 또는 납품계약서의 사본을 첨부하여 당해 물품을 반출할 때에(수입물품의 경우에

는 그 수입신고시부터 수입면허전까지) 관할세무서장 또는 세관장에게 제출하여 그 승인을 얻어야 한다. 이 경우 당해 물품의 제조자와 수출 또는 납품하는 자가 다를 때에는 제조자와 수출 또는 납품하는 자가 연명으로 신청하여야 한다.

1. 신청인의 주소·성명·명칭·주민등록번호 또는 사업자등록번호
2. 반출장소
3. 품명·수량·규격·단가·가격 및 세액
4. 수출 또는 군납처
5. 수출세관명
6. 수출자의 주소·성명 및 명칭
7. 반출예정연월일
8. 수출 또는 군납증명서제출기한
9. 기타 참고사항

② 제1항의 규정에 의한 신청을 받은 관할세무서장 또는 세관장은 이를 승인한 때에는 그 신청서에 준하는 내용의 승인서를 교부하여야 한다.(2013.3.23 본항개정)

제20조【외교공관용 석유류에 대한 면세특례】 ① 석유류의 제조장 또는 판매장에서 법 제14조제1항의 규정에 의하여 교통·에너지·환경세가 면제되는 석유류를 판매함에 있어서는 그 제조자 또는 석유류 판매자(이하 이 조에서 "판매자"라 한다)는 외교부장관이 발행한 외교공관별·유류별 사용량 기타 필요한 사항을 기재한 면세석유류구입추천서를 받고, 교통·에너지·환경세 상당액을 그 가격에서 공제한 후 인도하여야 한다.(2013.3.23 본항개정)

② 제1항의 경우 판매자는 당해 면세석유류구입추천서를 갖추어 매월분 판매량을 제조자에게 통보하여야 하며, 그 통보를 받은 제조자는 공제된 교통·에너지·환경세 상당액을 판매자에게 교부하여야 한다.(2007.2.28 본항개정)

③ 제조자는 주한외교공관에 직접 판매한 석유류의 매월분 판매량과 제2항의 규정에 의하여 통보받은 판매자의 매월분 판매량을 관할세무서장에게 보고하여야 한다. 이 경우 면세석유류구입추천서를 첨부하여야 한다.(2010.12.30 전단개정)

④ 제3항의 규정에 의한 보고를 받은 관할세무서장은 판매자가 판매한 석유류에 대하여 이미 납부한 교통·에너지·환경세액을 제조자에게 환급하여야 한다. 다만, 환급을 받을 자의 신청에 의하여 그 이후에 납부할 세액에서 공제할 수 있다.(2007.2.28 본문개정)

(2010.12.30 본조제목개정)

제21조【주한외교공관 등의 범위】 ① 법 제14조제1항에서 "대통령령으로 정하는 기관"이란 우리나라에 상주하는 영사기관(명예영사관원을 장으로 하는 영사기관은 제외한다), 국제연합과 이에 준하는 국제기구(우리나라가 당사국인 조약과 그 밖의 국내 법령에 따라 특권과 면제를 부여받을 수 있는 경우만 해당한다)를 말한다.

② 법 제14조제1항에서 "대통령령으로 정하는 사람"이란 제1항에 따른 기관의 소속 직원으로서 해당 국가로부터 공무원 신분을 부여받은 자 또는 외교부장관으로부터 이에 준하는 신분임을 확인받은 자 중 내국인이 아닌 자를 말한다.(2013.3.23 본항개정)

(2010.12.30 본조개정)

제22조【면세승인신청】 ① 법 제15조제1항 각호 또는 법 제16조 각호의 규정에 의하여 면세를 받고자 하는 자는 다음 각호의 사항을 기재한 신청서를 당해 물품을 반출할 때에(수입물품의 경우에는 그 수입신고시부터 수입면허전까지) 관할세무서장 또는 세관장에게 제출하여 그 승인을 얻어야 한다.

1. 신청인의 주소·성명·명칭·주민등록번호 또는 사업자등록번호
2. 반출장소
3. 품명·수량·규격·단가·가격 및 세액
4. 반입장소
5. 반입자의 주소·성명 및 명칭
6. 반출예정연월일
7. 반입증명서, 물품반입확인서, 유류공급명세서(내항선인 원양어업선박의 경우에는 반입자의 반입보고서) 또는 기적허가서 제출기한(2013.2.15 본호개정)
8. 신청사유
9. 기타 참고사항

② 제1항의 규정에 의한 신청서에는 다음 각호의 서류를 첨부하여야 한다. 다만, 관세의 면제를 위하여 증명된 사항에 관하여는 당해 서류를 생략할 수 있다.

1. 법 제15조제1항제1호 및 제3호, 법 제16조제1호 및 제4호의 경우에는 주무부처의 장이 발행한 당해 사실을 증명하는 서류
2. 법 제15조제1항제2호 및 법 제16조제2호의 경우에는 「관세법」에 의한 면세신청에 필요한 서류(2005.7.8 본호개정)
3. 법 제16조제3호의 경우에는 당해 물품을 기증받은 정부기관 또는 지방자치단체의 장이 발행한 수증사실을 증명하는 서류
4. 법 제16조제5호 및 제6호의 경우에는 관할세무서장이 발행한 당해 사실을 증명하는 서류

③ 제1항의 규정에 의한 신청을 받은 관할 세무서장 또는 세관장이 이를 승인한 때에는 그 신청서에 준하는 내용의 승인서를 교부하여야 하며, 법 제15조제1항의 규정에 해당하는 경우에는 반입지관할 세무서장 또는 세관장에게 그 뜻을 통지하여야 한다.

제23조【조건부 면세물품의 반입자에 의한 용도변경 등】 ① 법 제15조제1항의 물품이 반입지에 반입된 후에 해당 물품에 대하여 다음 각호의 어느 하나에 해당하는 사유가 발생하는 때에는 반입자는 법 제15조제2항에 따라 반입지 관할 세무서장(제3호의 경우에는 관할 세관장)에게 교통·에너지·환경세를 신고·납부해야 한다.(2021.2.17 본문개정)

1. 법 제15조제1항제1호 및 제2호의 규정에 해당하는 물품에 있어서 반입자가 그 용도를 변경하거나 다른 사람에게 양도한 때
2. 법 제15조제1항제3호(외국항행선박 및 원양어업선박에 사용하는 석유류를 제외한다)의 규정에 해당하는 석유류에 있어서 당해 석유류를 반입한 날부터 6월 이내에 다음 각목의 서류를 반입지관할세무서장에게 제출하지 아니할 때. 다만, 부득이한 사유가 있는 경우에는 반입지관할세무서장은 3월의 범위내에서 그 기한을 연장할 수 있다.(2003.12.30 본문개정)
   가. 항공기에 사용하는 석유류에 있어서는 사용자의 사용보고서
   나. 의료용·의약품제조용·비료제조용·농약제조용 또는 석유화학공업용 원료로 사용하는 석유류에 있어서는 사용자의 사용보고서와 주무부처의 장이 발행한 사용확인서
3. 법 제15조제1항제3호 중 외국항행선박 및 원양어업선박에 사용하는 석유류에 대하여 법 제17조제2항제2호에 따른 유류공급명세서(내항선인 원양어업선박의 경우에는 반입자의 반입보고서)를 제출한 후 그 용도를 변경하거나 양도한 때. 다만, 외국항행선박 및 원양어업선박이 외국항행 및 원양어업을 종료하여 사용하고 남은 석유류를 다시 국내로 반입함에 따라 「관세법」 제14조에 따른 과세물건에 해당하게 되어 교통·에너지·환경세 또는 「개별소비세법」에 따른 개별소비세가 부과될 때는 제외한다.(2021.2.17 본호개정)

② 법 제15조제1항 각호의 규정에 해당하는 사실을 증명하는 자는 제1항 각호의 사유가 발생한 때에는 그 사실을 즉시 국세청장 또는 관세청장에게 통지하여야 한다.(2003.12.30 본항개정)
③ 법 제15조제1항 각호의 규정에 해당하는 물품으로서 제22조의 규정에 의한 승인을 얻어 반입지에 반입한 물품이 부패·파손 또는 이와 유사한 사유로 소정의 용도에 계속하여 사용할 수 없게 되어 이를 폐기하고자 하는 경우에 다음 각호의 사항을 기재한 신청서를 관할세무서장에게 제출하여 그 승인을 얻은 때에는 당해 교통·에너지·환경세를 징수하지 아니한다.(2007.2.28 본문개정)
1. 신청인의 주소·성명·명칭·주민등록번호 또는 사업자등록번호
2. 품명·수량·규격·단가·가격 및 세액
3. 폐기수량 및 폐기사유
4. 반입사유 및 반입연월일
5. 기타 참고사항

제24조【세액의 공제 또는 환급신청】 ① 법 제17조제1항 및 제2항의 규정에 해당하는 사유가 발생하여 공제 또는 환급을 받고자 하는 자는 기획재정부령이 정하는 신청서에 당해 사유의 발생사실을 증명하는 서류와 교통·에너지·환경세가 이미 납부되었거나 납부될 사실을 증명하는 서류를 첨부하여 다음 각호의 규정에 따라 관할세무서장 또는 세관장에게 신청(국세정보통신망에 의한 신청을 포함한다)하여야 한다. 다만, 과세된 석유류가 주한외국공관 기타 이에 준하는 기관에서 사용된 경우에는 제20조의 규정에 의한다.(2008.2.29 본문개정)
1. 법 제17조제1항 및 제2항제2호의 경우에는 신청인의 관할세무서장
2. 법 제17조제2항제1호·제3호 및 제4호의 경우에는 당해 물품에 대하여 교통·에너지·환경세를 납부한 자와 연명으로 당해 교통세를 부과하였거나 부과할 관할 세무서장 또는 세관장. 다만, 신청인과 실제 교통·에너지·환경세를 부담한 자가 다른 경우에는 실제 부담한 자가 교통·에너지·환경세를 납부한 자와 연명으로 신청할 수 있다.(2007.2.28 본호개정)
② 제1항의 규정에 의한 증명서류는 다음과 같다.
1. 법 제17조제1항 및 제2항제2호의 경우에는 당해 물품에 소요된 물품의 명세서
2. 법 제17조제2항제1호의 경우에는 수출신고필증 또는 납품사실증명서, 해당 물품에 소요된 명세서 및 산업통상자원부장관이 정하는 바에 따라 산업통상자원부장관이 지정하는 기관이 발행한 원료소요량증명서. 다만, 수출신고필증의 경우에는 관할세무서장 또는 세관장이「전자정부법」제36조제1항에 따른 행정정보의 공동이용을 통하여 확인하는 것으로 첨부를 갈음하여, 신청인이 확인에 동의하지 아니하면 첨부하도록 하여야 한다.(2013.3.23 본문개정)
3. 법 제17조제2항제3호의 경우에는 당해 환입사실을 확인하는 서류
4. 법 제17조제2항제4호의 규정에 의한 의료용 원료 또는 의약품·비료·농약제조용 원료의 경우에는 사용자의 사용보고서 및 주무부처의 장이 발행한 사용확인서, 항공기용의 경우에는 사용자의 사용보고서, 외국항행선박 및 원양어업선박용의 경우에는 제17조제2항제2호에 따른 유류공급명세서(내항선인 원양어업선박용의 경우에는 반입자의 사용보고서)(2013.2.15 본호개정)
③ 제1항의 규정에 의한 신청을 받은 관할세무서장은 그 신청인이 장래에 납부할 금액이 있는 때에는 그 납

부할 세액에서 이미 납부한 세액을 공제하고, 신청인이 판매 또는 제조의 폐기 기타의 사유로 인하여 장래에 납부할 세액이 없는 때에는 이미 납부한 세액을 신청을 받은 날부터 30일 이내에 환급하여야 한다.
④ 법 제17조제2항제3호 및 동조제3항의 규정에 의하여 관할세무서장에게 신고를 하고자 하는 자는 기획재정부령이 정하는 신고서 및 확인신청서를 관할세무서장에게 제출(국세정보통신망에 의한 제출을 포함한다)하여야 한다. 이 경우 관할세무서장은 즉시 그 사실을 확인하고 확인서를 교부하여야 한다.(2008.2.29 전단개정)
⑤ 법 제17조제8항의 규정에 해당하는 경우에는 당해 물품을 소정의 용도에 사용하지 아니한 자로부터 당해 교통·에너지·환경세를 징수한다. 이 경우 법 제17조제2항제4호중 외국항행선박 및 원양어업선박에서 사용하는 석유류에 있어서는 당해 물품을 소정의 용도에 사용하지 아니한 자의 관할세관장이 징수한다.(2007.2.28 전단개정)

제25조【개업·폐업 등의 신고】 ① 법 제18조제1항 전단 또는 같은 조 제3항에 따른 신고를 하려는 자는 사업개시 5일전까지 기획재정부령이 정하는 신고서를 제조장관할세무서장이나 본점 또는 주사무소의 관할세무서장에게 제출하여야 한다.(2010.12.30 본항개정)
② 법령에 의하여 허가·인가·등록등(이하 이 항에서 "인·허가"라 한다)을 요하는 사업의 경우에는 그 인·허가에 관한 증서사본(인·허가전인 경우에는 그인·허가신청서의 사본 또는 사업계획서)을 제1항의 신고서에 첨부하여 제출하여야 한다. 다만,「부가가치세법」제8조에 따라 등록을 한 자는 첨부를 생략할 수 있다.(2013.6.28 단서개정)
③ 법 제18조제1항 후단의 규정에 의하여 과세물품제조자가 당해 영업을 1월이상 휴업하고자 하는 경우에는 기획재정부령이 정하는 신고서를 휴업을 개시하기 전까지 관할세무서장에게 제출하여야 한다.(2008.2.29 본항개정)
④ 제1항 내지 제3항의 규정에 의한 신고를 한 자는 그 신고사항에 변동이 생긴 때 또는 당해 영업을 폐지한 때에는 기획재정부령이 정하는 신고서를 지체없이 제조장관할세무서장이나 본점 또는 주사무소의 관할세무서장에게 제출하여야 한다. 다만, 과세물품의 제조자가 제12조에 따른 신고서에 폐업연월일 및 폐업사유를 적어 제출하는 경우에는 폐업신고서를 제출한 것으로 본다.(2010.12.30 본항개정)
⑤ 법 제18조제3항 또는 제4항에 따라 사업자단위과세사업자로 신고한 사업자가 각 제조장별로 법 제7조에 따른 과세표준의 신고를 하려는 경우에는 제조장 단위 과세사업자로 적용받으려는 달이 시작되기 20일 전까지 기획재정부령으로 정하는 제조장 단위 과세 전환신고서를 본점 또는 주사무소의 관할세무서장에게 제출하여야 한다.(2014.2.21 본항신설)
⑥ 제5항에 따라 제조장 단위 과세 전환신고서를 제출받은 관할세무서장은 그 처리결과를 지체없이 해당 사업자와 다른 제조장관할세무서장에게 통지하여야 한다.(2014.2.21 본항신설)

제26조【기장의무】 과세물품의 제조자는 법 제19조의 규정에 의하여 다음 각호의 사항을 장부에 기재하여야 한다.
1. 매입한 원재료 또는 물품의 품명·종류·수량·규격·매입연월일과 판매자의 주소·성명·명칭
2. 사용한 원재료 또는 물품의 품명·종류·수량·규격 및 사용연월일

3. 제조한 물품의 품명·수량·규격 및 제조연월일
4. 반출한 물품의 품명·수량·규격·가격·반출연월일과 구입자의 주소·성명·명칭
제27조 【명령사항】 ① 관할지방국세청장 또는 관할세무서장은 법 제21조제1항에 따라 다음 각 호의 자에게 세금계산서의 발행, 장부의 작성·보존과 그 밖에 단속상 필요한 사항에 관한 명령을 할 수 있다.
1. 과세물품의 제조자
2. 법 제11조제1항에 따른 판매자등
(2016.2.5 본항개정)
② 관할지방국세청장 또는 관할세무서장은 법 제21조제2항에 따라 법 제20조 각 호 외의 부분 후단에 해당하는 자에게 면세로 반입한 물품의 구분·적재 및 보관과 장부의 작성 및 보존 기타 단속상 필요한 사항을 명할 수 있다.(2009.5.21 본항개정)
제28조 【과태료의 부과기준】 법 제25조제1항 및 제2항에 따른 과태료의 부과기준은 별표와 같다.
(2022.2.15 본조신설)

　　　부　칙 (2008.3.10)

제1조 【시행일】 이 영은 공포한 날부터 시행한다.
제2조 【탄력세율 조정에 관한 적용례】 제3조의2의 개정규정은 이 영 시행 후 최초로 제조장에서 반출하거나 수입신고하는 물품부터 적용한다.
제3조 【탄력세율 조정에 따른 경과조치】 이 영 시행 당시 종전의 규정에 따라 부과하였거나 부과하여야 할 교통·에너지·환경세에 관하여는 종전의 규정에 따른다.
제4조 【탄력세율 적용의 특례】 2008년 12월 31일까지 제조장에서 반출하거나 수입신고하는 물품에 대하여는 제3조의2제1호 및 제2호의 개정규정에도 불구하고 다음 각 호의 세율을 적용한다.
1. 제3조제1호의 휘발유와 이와 유사한 대체유류 : 리터당 462원
2. 제3조제2호의 경유와 이와 유사한 대체유류 : 리터당 328원
(2008.10.7 1호~2호개정)
제5조 【경유세율 조정에 따른 계약금액의 조정】 ① 국가·지방자치단체 및 「공공기관의 운영에 관한 법률」에 따른 공공기관[종전의 「정부투자기관 관리기본법」(법률 제8258호 공공기관의 운영에 관한 법률에 따라 폐지되기 전의 것을 말한다)에 따른 정부투자기관이었던 공공기관에 한정한다]을 당사자로 하는 계약에 대하여는 해당 계약금액에 「건설기계관리법」에 따른 건설기계에 소요되는 경유대금이 포함되어 있는 경우 계약발주기관은 제3조의2제2호의 개정규정 및 부칙 제4조에 따라 경유세율이 변동되는 경우의 경유대금을 계약금액에 반영하여 조정하여야 한다. 다만, 2007년 7월 23일 이후에 체결된 계약(입찰서 제출 마감일이 2007년 7월 22일 이전인 계약은 제외한다) 또는 2007년 7월 23일 이후 「국가를 당사자로 하는 계약에 관한 법률」 제19조 및 같은 법 시행령 제64조에 따른 물가변동으로 인한 계약금액의 조정을 받은 계약에 대하여는 그러하지 아니하다.
② 제1항에도 불구하고 2006년 7월 1일부터 2007년 7월 22일까지의 기간 동안 체결된 계약, 같은 기간 중 「국가를 당사자로 하는 계약에 관한 법률」 제19조 및 같은 법 시행령 제64조에 따른 물가변동으로 인한 계약금액의 조정을 받은 계약 및 2007년 7월 23일 이후 체결된 계약 중 입찰서 제출 마감일이 2007년 7월 22일 이전인 계약에 대한 경유 대금의 조정 범위는 대통령

령 제20181호 교통·에너지·환경세법 시행령 일부개정령 부칙 제4조에 따른 계약금액 조정을 할 때 산출한 리터당 경유 대금의 추가분을 초과하지 아니한다.

　　　부　칙 (2012.2.2)

제1조 【시행일】 이 영은 공포한 날부터 시행한다.
제2조 【과세물품의 제조를 사실상 폐지한 경우의 승인신청 기한 조정에 관한 적용례】 제5조제3항의 개정규정은 이 영 시행일 현재 종전의 규정에 따른 승인신청 기한이 만료되지 아니한 것에 대해서도 적용한다.
제3조 【저유소에서의 서로 다른 유류의 혼합 등에 대한 특례사유 등에 관한 적용례】 제13조의2의 개정규정은 이 영 시행 후 최초로 특례사유가 발생하는 것부터 적용한다.
제4조 【추계결정 방법에 관한 적용례】 제14조제2항의 개정규정은 이 영 시행 후 최초로 과세표준 및 세액을 추계하는 것부터 적용한다.
제5조 【일반적 경과조치】 이 영 시행 당시 종전의 규정에 따라 부과 또는 면제하였거나 부과 또는 면제하여야 할 교통·에너지·환경세에 대해서는 종전의 규정에 따른다.

　　　부　칙 (2018.11.6)

제1조 【시행일】 이 영은 공포한 날부터 시행한다.
제2조 【탄력세율 조정에 관한 적용례】 제3조의2의 개정규정은 이 영 시행 이후 제조장에서 반출하거나 수입신고하는 물품부터 적용한다.
제3조 【탄력세율 조정에 관한 경과조치】 이 영 시행 당시 종전의 규정에 따라 부과하였거나 부과하여야 할 교통·에너지·환경세에 관하여는 제3조의2의 개정규정에도 불구하고 종전의 규정에 따른다.

　　　부　칙 (2019.2.12)

제1조 【시행일】 이 영은 공포한 날부터 시행한다.(이하 생략)

　　　부　칙 (2019.5.7)

제1조 【시행일】 이 영은 2019년 5월 7일부터 시행한다.
제2조 【탄력세율 조정에 관한 적용례】 제3조의2의 개정규정은 이 영 시행 이후 최초로 제조장에서 반출하거나 수입신고하는 물품부터 적용한다.
제3조 【탄력세율 조정에 따른 경과조치】 이 영 시행 당시 종전의 규정에 따라 부과했거나 부과해야 할 교통·에너지·환경세에 관하여는 종전의 규정에 따른다.

　　　부　칙 (2020.2.11)

제1조 【시행일】 이 영은 공포한 날부터 시행한다. 다만, 제6조의 개정규정은 2020년 4월 1일부터 시행한다.
제2조 【휘발유의 자연감소율에 관한 적용례】 제6조의 개정규정은 부칙 제1조 단서에 따른 시행일 이후 제조장에서 반출하거나 수입신고하는 분부터 적용한다.

　　　부　칙 (2021.1.5)

이 영은 공포한 날부터 시행한다.(이하 생략)

부 칙 (2021.2.17)

제1조【시행일】이 영은 공포한 날부터 시행한다.
제2조【조건부 면세물품 반입자의 교통·에너지·환경세 신고·납부 면제에 관한 적용례】 제23조제1항제3호의 개정규정은 이 영 시행 이후 「관세법」에 따른 수입신고를 하는 경우부터 적용한다.

부 칙 (2021.11.12)

제1조【시행일】이 영은 공포한 날부터 시행한다.
제2조【탄력세율 조정에 관한 경과조치】이 영 시행 전에 제조장에서 반출했거나 수입신고한 물품에 대한 교통·에너지·환경세 세율은 제3조의2제1호 단서 및 같은 조 제2호 단서의 개정규정에도 불구하고 종전의 제3조의2제1호 및 제2호에 따른다.

부 칙 (2022.2.15)

제1조【시행일】이 영은 공포한 날부터 시행한다.
제2조【과태료 부과 시 위반 횟수 산정에 관한 적용례】이 영 시행 전에 받은 과태료 부과처분은 별표의 개정규정에 따른 위반행위의 횟수 산정에 포함한다.

부 칙 (2022.4.27)

제1조【시행일】이 영은 2022년 5월 1일부터 시행한다.
제2조【탄력세율 조정에 따른 적용례 등】 ① 제3조의2제1호 단서 및 같은 조 제2호 단서의 개정규정은 이 영 시행일부터 2022년 7월 31일까지 제조장에서 반출하거나 수입신고하는 물품에 대하여 적용한다.
② 2021년 11월 12일부터 이 영 시행 전까지 제조장에서 반출했거나 수입신고한 물품에 대한 교통·에너지·환경세 세율은 제3조의2제1호 단서 및 같은 조 제2호 단서의 개정규정에도 불구하고 종전의 규정에 따른다.

부 칙 (2022.6.30)

제1조【시행일】이 영은 2022년 7월 1일부터 시행한다.
제2조【탄력세율 조정에 따른 적용례 등】 ① 제3조의2제1호 단서 및 같은 조 제2호 단서의 개정규정은 이 영 시행일부터 2022년 12월 31일까지 제조장에서 반출하거나 수입신고하는 물품에 대하여 적용한다.
② 이 영 시행 전에 제조장에서 반출했거나 수입신고한 물품에 대한 교통·에너지·환경세 세율은 제3조의2제1호 단서 및 같은 조 제2호 단서의 개정규정에도 불구하고 종전의 규정에 따른다.

부 칙 (2022.12.30)

제1조【시행일】이 영은 2023년 1월 1일부터 시행한다.
제2조【탄력세율 조정 등에 따른 적용례 등】 ① 제3조의2제1호 단서 및 같은 조 제2호 단서의 개정규정은 이 영 시행일부터 2023년 4월 30일까지 제조장에서 반출하거나 수입신고하는 물품에 대하여 적용한다.
② 이 영 시행 전에 제조장에서 반출했거나 수입신고한 물품에 대한 교통·에너지·환경세 세율은 제3조의2제1호 단서 및 같은 조 제2호 단서의 개정규정에도 불구하고 종전의 규정에 따른다.

부 칙 (2023.4.28)

제1조【시행일】이 영은 2023년 5월 1일부터 시행한다.
제2조【탄력세율 조정 기한의 변경에 따른 적용례 등】 ① 제3조의2제1호 단서 및 같은 조 제2호 단서의 개정규정은 이 영 시행일부터 2023년 8월 31일까지 제조장에서 반출하거나 수입신고하는 물품에 대하여 적용한다.
② 이 영 시행 전에 제조장에서 반출했거나 수입신고한 물품에 대한 교통·에너지·환경세 세율은 제3조의2제1호 단서 및 같은 조 제2호 단서의 개정규정에도 불구하고 종전의 규정에 따른다.

부 칙 (2023.8.31)

이 영은 2023년 9월 1일부터 시행한다.

부 칙 (2023.10.31)

이 영은 2023년 11월 1일부터 시행한다.

부 칙 (2023.12.29)

이 영은 2024년 1월 1일부터 시행한다.

〔**별표**〕

과태료의 부과기준(제28조 관련)

(2022.2.15 신설)

1. 일반기준
   가. 위반행위의 횟수에 따른 과태료의 가중된 부과기준은 최근 3년간 같은 위반행위로 과태료 부과처분을 받은 경우에 적용한다. 이 경우 기간의 계산은 위반행위에 대하여 과태료 처분을 받은 날과 그 처분 후 다시 같은 위반행위를 하여 적발한 날을 기준으로 한다.
   나. 가목에 따라 가중된 부과처분을 하는 경우에는 가중처분의 적용 차수는 그 위반행위 전 부과처분 차수(가목에 따른 기간에 과태료 부과처분이 둘 이상 있었던 경우에는 높은 차수를 말한다)의 다음 차수로 한다.
   다. 부과권자는 다음의 어느 하나에 해당하는 경우 제2호의 개별기준에 따른 과태료의 2분의 1 범위에서 그 금액을 줄여 부과할 수 있다. 다만, 과태료를 체납하고 있는 위반행위자에 대해서는 그렇지 않다.
   1) 위반행위가 사소한 부주의나 오류로 인한 것으로 인정되는 경우
   2) 위반행위의 내용·정도가 경미하여 그 피해가 적다고 인정되는 경우
   3) 위반행위자가 법 위반상태를 시정하거나 해소하기 위해 노력한 것이 인정되는 경우
   4) 그 밖에 위반행위의 정도, 위반행위의 동기와 그 결과 등을 고려하여 줄일 필요가 있다고 인정되는 경우
   라. 부과권자는 다음의 어느 하나에 해당하는 경우에는 제2호의 개별기준에 따른 과태료 금액의 2분의 1 범위에서 그 금액을 늘려 부과할 수 있다. 다만, 늘려 부과하는 경우에도 법 제25조제1항 또는 제2항에 따른 과태료의 상한을 넘을 수 없다.
   1) 위반행위가 고의나 중대한 과실에 따른 것으로 인정되는 경우
   2) 위반행위의 내용·정도가 중대하여 그 피해가 크다고 인정되는 경우
   3) 그 밖에 위반행위의 정도, 위반행위의 동기와 그 결과 등을 고려하여 늘릴 필요가 있다고 인정되는 경우

2. 개별기준
가. 법 제25조제1항에 따른 과태료

위반행위	근거 법조문	과태료 1차 위반	과태료 2차 위반	과태료 3차 이상 위반
법 제15조제1항제3호에 따라 외국항행선박 또는 원양어업선박에 사용할 목적으로 교통·에너지·환경세를 면제받는 석유류 중 외국항행선박 또는 원양어업선박 외의 용도로 반출한 석유류를 판매하거나 그 사실을 알면서 취득한 경우로서 다음의 어느 하나에 해당하는 경우	법 제25조 제1항			
1) 판매가액 또는 취득가액이 1억원 이하인 경우		판매가액 또는 취득가액의 100분의 50에 해당하는 금액	판매가액 또는 취득가액의 100분의 200에 해당하는 금액	판매가액 또는 취득가액의 100분의 300에 해당하는 금액
2) 판매가액 또는 취득가액이 1억원을 초과하는 경우		판매가액 또는 취득가액에서 5천만원을 뺀 금액	판매가액 또는 취득가액의 100분의 200에 해당하는 금액	판매가액 또는 취득가액의 100분의 300에 해당하는 금액

나. 법 제25조제2항에 따른 과태료

위반행위	근거 법조문	과태료 (단위 : 만원)
법 제21조에 따른 납세보전을 위한 명령을 위반한 경우로서 다음의 어느 하나에 해당하는 경우	법 제25조 제2항	
1) 직전 사업연도 수입금액이 50억원 미만인 경우		300
2) 직전 사업연도 수입금액이 50억원 이상 100억원 미만인 경우		500
3) 직전 사업연도 수입금액이 100억원 이상인 경우		1,000

비고

위 표 제2호나목에서 "수입금액"이란 다음 각 호의 구분에 따른 금액을 말한다. 다만, 「법인세법」 제66조 또는 「소득세법」 제80조에 따라 결정·경정된 금액이 있는 경우에는 그 결정·경정된 금액을 말하며, 직전연도의 기간이 신규사업 개시, 휴업 등으로 1년에 미달하는 경우에는 해당 기간 동안의 수입금액만을 직전 사업연도 수입금액으로 본다.

1. 법인의 경우 : 「법인세법」 제60조제1항(같은 법 제97조제1항제2호에 따라 준용하는 경우를 포함한다)에 따라 신고된 수입금액
2. 개인의 경우 : 「소득세법」 제24조에 따른 총수입금액(같은 법 제70조, 제70조의2, 제71조 및 제74조에 따라 신고된 금액으로서 사업소득에 따른 금액으로 한정한다)

(2034년 6월 30일까지 유효)

농어촌특별세법

(1994년 3월 24일
법 률 제4743호)

개정
1994.12.22법 4794호(지방세)   <중략>
2004. 7.26법 7216호(조세)
2004.12.31법 7316호   2005. 1. 5법 7330호
2006.12.30법 8139호(국세)
2007.12.31법 8829호(개별소비세법)
2009. 3.18법 9484호
2009. 4. 1법 9620호(농어업경영체육성및지원에관한법)
2010. 1. 1법 9909호(개별소비세법)
2010. 3.31법10220호(지방세특례제한법)
2010. 3.31법10221호(지방세)
2010.12.30법10422호   2011.12.31법11127호
2013. 5.28법11845호(자본시장금융투자업)
2014. 1. 1법12165호   2014. 5.14법12569호
2014.12.31법12955호(지방세특례제한법)
2015. 6.22법13383호(수산업·어촌발전기본법)
2015.12.15법13554호   2016.12.20법14385호
2018.12.24법16008호(법인세법)
2018.12.31법16100호   2019.12.31법16844호
2021.12.21법18589호→시행일 부칙 참조. 2025년 1월 1일 시행하는 부분은 추후 수록
2022.12.31법19192호
2022.12.31법19196호(소득)
2023.12.31법19929호

제1조 【목적】 이 법은 농어업의 경쟁력강화와 농어촌산업기반시설의 확충 및 농어촌지역 개발사업을 위하여 필요한 재원을 확보함을 목적으로 한다.
(2010.12.30 본조개정)

제2조 【정의】 ① 이 법에서 "감면"이란 「조세특례제한법」·「관세법」·「지방세법」 또는 「지방세특례제한법」에 따라 소득세·법인세·관세·취득세 또는 등록에 대한 등록면허세가 부과되지 아니하거나 경감되는 경우로서 다음 각 호의 어느 하나에 해당하는 것을 말한다.

1. 비과세·세액면제·세액감면·세액공제 또는 소득공제
2. 「조세특례제한법」 제72조제1항에 따른 조합법인 등에 대한 법인세 특례세율의 적용 또는 같은 법 제89조제1항 및 제89조의3에 따른 이자소득·배당소득에 대한 소득세 특례세율의 적용
3. 「지방세법」 제15조제1항에 따른 취득세 특례세율의 적용

② 이 법에서 "본세"란 다음 각 호의 것을 말한다.

1. 제5조제1항제1호에 따른 농어촌특별세의 경우에는 감면을 받는 해당 소득세·법인세·관세·취득세 또는 등록에 대한 등록면허세
2. 제5조제1항제2호에 따른 농어촌특별세의 경우에는 소득세
3. (2010.12.30 삭제)
4. 제5조제1항제4호에 따른 농어촌특별세의 경우에는 개별소비세
5. 제5조제1항제5호에 따른 농어촌특별세의 경우에는 증권거래세
6. 제5조제1항제6호에 따른 농어촌특별세의 경우에는 취득세
7. 제5조제1항제7호에 따른 농어촌특별세의 경우에는 레저세
8. 제5조제1항제8호에 따른 농어촌특별세의 경우에는 종합부동산세

③ 제1항 및 제2항에 규정된 용어 외의 용어에 대한 정의는 본세에 관한 법률이 정하는 바에 따른다.
(2010.12.30 본조개정)

제3조【납세의무자】다음 각 호의 어느 하나에 해당하는 자는 이 법에 따라 농어촌특별세를 납부할 의무를 진다.
1. 제2조제1항 각 호 외의 부분에 규정된 법률에 따라 소득세·법인세·관세·취득세 또는 등록에 대한 등록면허세의 감면을 받는 자
2. (2010.12.30 삭제)
3. 「개별소비세법」제1조제2항의 물품 중 같은 항 제1호가목·나목, 같은 항 제2호나목1)·2)의 물품 또는 같은 조 제3항제4호의 입장행위에 대한 개별소비세 납세의무자(2021.12.21 본호개정)
4. 「증권거래세법」제3조제1호에 규정된 증권거래세 납세의무자
5. 「지방세법」에 따른 취득세 또는 레저세의 납세의무자
6. 「종합부동산세법」에 따른 종합부동산세의 납세의무자
(2010.12.30 본조개정)

제4조【비과세】다음 각 호의 어느 하나에 해당하는 경우에는 농어촌특별세를 부과하지 아니한다.
1. 국가(외국정부를 포함한다)·지방자치단체 또는 지방자치단체조합에 대한 감면
2. 농어업인(「농업·농촌 및 식품산업 기본법」제3조제2호의 농업인과 「수산업·어촌 발전 기본법」제3조제3호의 어업인을 말한다. 이하 같다) 또는 농어업인을 조합원으로 하는 단체(「농어업경영체 육성 및 지원에 관한 법률」에 따른 영농조합법인, 농업회사법인 및 영어조합법인을 포함한다)에 대한 감면으로서 대통령령으로 정하는 것(2015.6.22 본호개정)
3. 「조세특례제한법」제6조·제7조에 따른 중소기업에 대한 세액감면·특별세액감면(2023.12.31 본호개정)
3의2. 「조세특례제한법」제40조에 따른 양도소득세의 감면
3의3. 「조세특례제한법」제16조의 소득공제에 따른 감면(2016.12.20 본호신설)
4. 「조세특례제한법」제86조의3·제86조의4·제87조·제87조의2·제87조의5·제88조의2·제88조의4·제88조의5·제91조의14, 제91조의16부터 제91조의22까지에 따른 저축이나 배당에 대한 감면(2022.12.31 본호개정)
4의2. 「지방세특례제한법」제58조의3제1항제1호 및 같은 조 제2항제1호에 따른 취득세의 감면(2023.12.31 본호신설)
4의3. 「지방세특례제한법」제58조의3제3항에 따른 등록면허세의 감면(2023.12.31 본호신설)
5. 「조세특례제한법」제21조에 따른 이자소득 등에 대한 감면 중 비거주자 또는 외국법인에 대한 감면
6. 국제협약·국제관례 등에 따른 관세의 감면으로서 대통령령으로 정하는 것
7. 「증권거래세법」제6조에 따라 증권거래세가 부과되지 아니하거나 같은 법 제8조제2항에 따라 영의 세율이 적용되는 경우. 다만, 「자본시장과 금융투자업에 관한 법률」에 따른 증권시장으로서 대통령령으로 정하는 증권시장에서 양도되는 증권의 양도가액에 대하여 영의 세율이 적용되는 경우는 제외한다.
(2021.12.21 단서신설)
7의2. 「조세특례제한법」제117조제1항 및 제2항에 해당하는 경우(2021.12.21 본호개정)
8. 「지방세법」과 「지방세특례제한법」에 따른 형식적인 소유권의 취득, 단순한 표시변경 등기 또는 등록, 임시건축물의 취득, 천재지변 등으로 인한 대체취득 등에 대한 취득세 및 등록면허세의 감면으로서 대통령령으로 정하는 것

8의2. (2014.12.31 삭제)
9. 대통령령으로 정하는 서민주택에 대한 취득세 또는 등록에 대한 등록면허세의 감면
10. 「지방세특례제한법」제6조제1항의 적용대상이 되는 농지 및 임야에 대한 취득세
10의2. 「지방세법」제124조에 따른 자동차에 대한 취득세
10의3. 「지방세특례제한법」제35조제1항에 따른 등록면허세의 감면
10의4. 「지방세법」제15조제1항제1호부터 제3호까지의 규정에 따른 취득세
10의5. 「지방세특례제한법」제8조제4항에 따른 취득세
(2010.12.30 본호신설)
11. 대통령령으로 정하는 서민주택 및 농가주택에 대한 취득세
11의2. 「조세특례제한법」제20조·제100조·제140조 및 제141조에 따른 감면
11의3. 「조세특례제한법」제30조의2 및 제30조의4에 따른 감면
11의4. 「조세특례제한법」제121조의24에 따른 감면(2014.5.14 본호신설)
12. 기술 및 인력개발, 저소득자의 재산형성, 공익사업 등 국가경쟁력의 확보 또는 국민경제의 효율적 운영을 위하여 농어촌특별세를 비과세할 필요가 있다고 인정되는 경우로서 대통령령으로 정하는 것
(2010.12.30 본조개정)

제5조【과세표준과 세율】① 농어촌특별세는 다음 각 호의 과세표준에 대한 세율을 곱하여 계산한 금액을 그 세액으로 한다.

호별	과세표준	세율
1	「조세특례제한법」·「관세법」·「지방세법」 및 「지방세특례제한법」에 따라 감면을 받는 소득세·법인세·관세·취득세 또는 등록에 대한 등록면허세의 감면세액(제2호의 경우는 제외한다)	100분의 20
2	「조세특례제한법」에 따라 감면받은 이자소득·배당소득에 대한 소득세의 감면세액	100분의 10
3	(2010.12.30 삭제)	
4	「개별소비세법」에 따라 납부하여야 할 개별소비세액	
	가. 「개별소비세법」제1조제3항제4호의 경우	100분의 30
	나. 가목 외의 경우	100분의 10
5	「자본시장과 금융투자업에 관한 법률」에 따른 증권시장으로서 대통령령으로 정하는 증권시장에서 거래된 증권의 양도가액(2013.5.28 본호개정)	1만분의 15
6	「지방세법」제11조 및 제12조의 표준세율을 100분의 2로 적용하여 「지방세법」, 「지방세특례제한법」 및 「조세특례제한법」에 따라 산출한 취득세액	100분의 10
7	「지방세법」에 따라 납부하여야 할 레저세액	100분의 20
8	「종합부동산세법」에 따라 납부하여야 할 종합부동산세액	100분의 20

② 「조세특례제한법」제72조제1항에 따른 조합법인등의 경우에는 제1호에 규정된 세액에서 제2호에 규정된 세액을 차감한 금액을 감면을 받는 세액으로 보아 제1항제1호를 적용한다.
1. 해당 법인의 각 사업연도 과세표준금액에 「법인세법」제55조제1항에 규정된 세율을 적용하여 계산한 법인세액

2. 해당 법인의 각 사업연도 과세표준금액에 「조세특례제한법」 제72조제1항에 규정된 세율을 적용하여 계산한 법인세액
③ 비과세 및 소득공제를 받는 경우에는 대통령령으로 정하는 계산방법에 의하여 계산한 금액을 감면을 받는 세액으로 보아 제1항제1호를 적용한다.
④ 「조세특례제한법」에 따라 이자소득·배당소득에 대한 소득세가 부과되지 아니하거나 소득세특례세율이 적용되는 경우에는 제1호에 규정된 세액에서 제2호에 규정된 세액을 차감한 금액을 감면을 받는 세액으로 보아 제1항제2호를 적용한다.
1. 이자소득·배당소득에 다음 각 목의 어느 하나의 율을 곱하여 계산한 금액
  가. 이자소득의 경우에는 100분의 14
  나. 배당소득의 경우에는 100분의 14
2. 「조세특례제한법」에 따라 납부하는 소득세액(소득세가 부과되지 아니하는 경우에는 영으로 한다)
⑤ 제1항제6호에도 불구하고 「지방세법」 제15조제2항에 해당하는 경우에는 같은 항에 따라 계산한 취득세액을 제1항제6호의 과세표준으로 본다.(2010.12.30 본항신설)
(2010.12.30 본조개정)
제6조【납세지】 농어촌특별세의 납세지는 해당 본세의 납세지로 한다.(2010.12.30 본조개정)
제7조【신고·납부 등】 ① 제5조제1항제1호에 따른 농어촌특별세는 해당 본세를 신고·납부(중간예납은 제외한다)하는 때에 그에 대한 농어촌특별세도 함께 신고·납부하여야 하며, 신고·납부할 본세가 없는 경우에는 해당 본세의 신고·납부의 예에 따라 신고·납부하여야 한다. 다만, 제3항이 적용되는 경우에는 그러하지 아니하다.
② 제1항에도 불구하고 「법인세법」에 따른 연결납세방식을 적용받는 법인의 경우에는 같은 법 제1조제9호에 따른 연결모법인이 신고·납부하여야 한다. 이 경우 그 납부의무에 관하여는 「법인세법」 제3조제3항을 준용한다.(2018.12.24 후단개정)
③ 「소득세법」에 따른 원천징수의무자가 제5조제1항제1호 또는 제2호를 적용받는 소득금액을 지급하는 때에는 「소득세법」의 원천징수의 예에 따라 농어촌특별세를 징수하여 신고·납부하여야 한다.
④ 제5조제1항제4호부터 제8호까지의 규정에 따른 농어촌특별세는 해당 본세를 신고·납부하거나 거래징수(「증권거래세법」 제9조에 따른 거래징수를 말한다. 이하 같다)하여 납부하는 때에 그에 대한 농어촌특별세도 함께 신고·납부하여야 한다.
⑤ 제1항부터 제4항까지의 규정에 따른 신고·납부 등에 관하여 필요한 사항은 대통령령으로 정한다.
(2011.12.31 본항개정)
(2010.12.30 본조개정)
제8조【부과·징수】 ① (2005.1.5 삭제)
② 제7조에 따라 농어촌특별세의 신고·납부 및 원천징수 등을 하여야 할 자가 신고를 하지 아니하거나 신고내용에 오류 또는 누락이 있는 경우와 납부하여야 할 세액을 납부하지 아니하거나 미달하게 납부한 경우에는 다음 각 호에 따른다.
1. 제3조제1호의 납세의무자 중 소득세 또는 법인세의 감면을 받는 자와 제3조제3호·제4호 및 제6호의 납세의무자(같은 조 제3호의 납세의무자 중 물품을 수입하는 자는 제외한다)에 대하여는 세무서장이 해당 본세의 결정·경정 및 징수의 예에 따라 결정·경정 및 징수한다.
2. 제3조제1호의 납세의무자 중 관세의 감면을 받는 자와 제3조제3호의 납세의무자 중 물품을 수입하는 자에 대하여는 세관장이 관세의 부과·징수의 예에 따

라 부과·징수한다.
3. 제3조제1호의 납세의무자 중 취득세 또는 등록에 대한 등록면허세의 감면을 받는 자와 제3조제5호에 따른 납세의무자에 대하여는 시장·군수 및 자치구의 구청장(이하 "시장·군수"라 한다)이 해당 본세의 부과·징수의 예에 따라 부과·징수한다.
(2010.12.30 본조개정)
제9조【분납】 ① 제3조 각 호의 납세의무자가 본세를 해당 세법에 따라 분납하는 경우에는 농어촌특별세도 그 분납금액의 비율에 의하여 해당 본세의 분납의 예에 따라 분납할 수 있다.
② 본세가 해당 세법에 따른 분납기준액에 미달하여 그 본세를 분납하지 아니하는 경우에도 농어촌특별세의 세액이 500만원을 초과하는 경우에는 대통령령으로 정하는 바에 따라 분납할 수 있다.
(2010.12.30 본조개정)
제10조【국고납입】 시장·군수가 농어촌특별세를 징수한 때에는 대통령령으로 정하는 바에 따라 이를 국고에 납입하여야 한다.(2010.12.30 본조개정)
제11조【불복】 지방세를 본세로 하는 농어촌특별세에 대한 이의신청, 심사청구 및 심판청구에 대해서는 「지방세기본법」의 예에 따른다.(2014.1.1 본조신설)
제12조【환급】 농어촌특별세의 과오납금 등(감면을 받은 세액을 추징함에 따라 발생하는 환급금을 포함한다)에 대한 환급은 본세의 환급의 예에 따른다.
(2010.12.30 본조개정)
제13조【필요경비 또는 손금불산입】 「소득세법」 또는 「법인세법」에 따라 필요경비 또는 손금에 산입되지 아니하는 본세에 대한 농어촌특별세는 「소득세법」 또는 「법인세법」에 따른 소득금액계산에 있어서 필요경비 또는 손금에 산입하지 아니한다.(2010.12.30 본조개정)

부 칙

제1조【시행일】 이 법은 1994년 7월 1일부터 시행한다.
제2조【유효기간】 이 법은 2034년 6월 30일까지 효력을 가진다. 다만, 제5조제1항제3호의 규정에 의한 농어촌특별세에 관한 규정은 1996년 12월 31일까지 효력을 가진다.(2023.12.31 본문개정)
제3조【소득세 또는 법인세를 본세로 하는 농어촌특별세에 관한 적용례 등】 ① 제5조제1항제1호에 규정된 소득세 또는 법인세의 감면을 받는 세액에 부과되는 농어촌특별세는 이 법 시행일부터 2034년 6월 30일까지의 기간(이하 "시행기간"이라 한다)중에 종료하는 과세연도분에 대하여 적용한다. 다만, 조세감면규제법 제15조의 규정에 의한 감면의 경우에는 이 법 시행기간중에 발생하는 소득에 대하여 적용하며, 양도소득세 및 특별부가세(양도차익에 대한 법인세를 포함한다)의 감면의 경우에는 시행기간중에 양도하는 분에 대하여 적용한다.(2023.12.31 본문개정)
② 제5조제1항제2호에 규정된 소득세의 감면을 받는 세액에 부과되는 농어촌특별세는 이자·배당소득에 대한 감면의 경우에는 이 법 시행기간중에 발생하는 소득분, 세액공제의 경우에는 이 법 시행기간중에 저축 또는 상환하는 금액분에 대하여 적용한다.
③ 제5조제1항제3호의 규정에 의한 농어촌특별세는 동 규정의 적용을 받는 법인의 사업연도중 이 법 시행일이후 최초로 종료하는 사업연도의 개시일(1994년 7월 1일부터 1994년 12월 30일까지 사업연도가 종료하는 경우에는 당해 사업연도 종료후 최초로 개시하는 사업연도의 개시일을 말한다)부터 적용하되, 그 적용기간은 2년

이내에 종료하는 사업연도분까지로 한다.

제4조~제8조 (생략)

부 칙 (2015.12.15)

제1조【시행일】이 법은 2016년 1월 1일부터 시행한다.

제2조【비과세에 관한 적용례】① 제4조제4호의 개정규정(「조세특례제한법」 제91조의14·제91조의17 및 제91조의18에 따른 저축 또는 배당에 대한 감면에 한정한다)은 이 법 시행 이후 감면받는 분부터 적용한다.
② 제4조제4호의 개정규정(「조세특례제한법」 제91조의16에 따른 저축의 감면에 한정한다)은 이 법 시행 이후 이 법 제7조제1항 본문에 따라 신고하는 분부터 적용한다.

부 칙 (2018.12.31)

제1조【시행일】이 법은 2019년 1월 1일부터 시행한다.

제2조【비과세에 관한 적용례】제4조제4호의 개정규정은 이 법 시행 이후 감면받는 분부터 적용한다.

부 칙 (2019.12.31)

제1조【시행일】이 법은 2020년 1월 1일부터 시행한다.

제2조【비과세에 관한 적용례】제4조제4호의 개정규정은 이 법 시행 이후 감면받는 분부터 적용한다.

부 칙 (2021.12.21)

제1조【시행일】이 법은 2023년 1월 1일부터 시행한다. 다만, 제3조제3호 및 제4조제4호(「조세특례제한법」 제91조의20 및 제91조의21의 개정부분으로 한정한다)의 개정규정은 2022년 1월 1일부터 시행하고, 제2조제1항제2호, 제4조제3호의2·제4호(「조세특례제한법」 제91조의20 및 제91조의21의 개정부분은 제외한다), 제5조제1항제2호 및 같은 조 제4항의 개정규정은 2025년 1월 1일부터 시행한다.(2022.12.31 단서개정)

제2조【비과세에 관한 적용례】제4조제7호 및 제7조의2의 개정규정은 2023년 1월 1일 이후 증권시장에서 양도되는 증권의 양도가액에 대하여 「증권거래세법」 제8조제2항에 따라 증권거래세에 영의 세율이 적용되는 경우부터 적용한다.

부 칙 (2022.12.31 법19192호)

이 법은 2023년 1월 1일부터 시행한다.

부 칙 (2022.12.31 법19196호)

제1조【시행일】이 법은 2023년 1월 1일부터 시행한다.(이하 생략)

부 칙 (2023.12.31)

제1조【시행일】이 법은 2024년 1월 1일부터 시행한다.

제2조【비과세에 관한 적용례】제4조제4호의2의 개정규정은 이 법 시행 이후 과세표준 및 세액을 신고하거나 결정·경정하는 경우부터 적용한다.

농어촌특별세법 시행령

(1994년 7월 1일)
(대통령령 제14313호)

개정
1994.12.23영14438호(직제)   <중략>
2013. 8.27영24697호(자본시장금융투자업시)
2013.10.22영24801호   2014. 2.21영25205호
2014.11.19영25751호(직제)
2014.12.30영25945호(한국산업은행법시)
2015. 2.27영26125호
2015.12.31영26837호(지방세특례제한법시)
2016. 2. 5영26954호
2016. 8.11영27444호(주택법시)
2016.12. 1영27650호
2016.12.30영27711호(지방세특례제한법시)
2017. 3.27영27959호(지방세징수법시)
2017. 6.27영28152호(농협시)
2017. 7.26영28211호(직제)
2018. 2.27영28686호(혁신도시조성및발전에관한특별법시)
2018.12.31영29438호(지방세특례제한법시)
2019. 2.12영29528호
2020. 1.15영30355호(지방세특례제한법시)
2020. 2.11영30407호   2020. 4.14영30610호
2021. 2.17영31458호   2022. 2.15영32431호
2022. 2.17영32449호(한국자산관리공사설립등에관한법시)
2023. 2.28영33282호
2023. 3.14영33324호(지방세특례제한법시)

제1조【목적】이 영은 「농어촌특별세법」에서 위임된 사항과 그 시행에 관하여 필요한 사항을 규정함을 목적으로 한다.(2005.12.31 본조개정)

제2조【정의】이 영에서 사용하는 용어의 정의는 「농어촌특별세법」(이하 "법"이라 한다)이 정하는 바에 의한다.(2005.12.31 본조개정)

제3조 (1994.12.31 삭제)

제4조【비과세】① 법 제4조제2호에서 "대통령령으로 정하는 것"이란 다음 각 호의 어느 하나에 해당하는 감면을 말한다.(2010.12.30 본문개정)
1. 「조세특례제한법」 제66조부터 제70조까지, 제72조제1항(제1호, 제5호 및 제8호의 법인은 제외한다), 제77조[「조세특례제한법」 제69조제1항 본문에 따른 거주자가 직접 경작한 토지(8년 이상 경작할 것의 요건은 적용하지 아니한다)로 한정한다] 및 제102조, 제104조의2, 「지방세특례제한법」 제57조의3제1항제2호(「농업협동조합법」에 따른 조합이 양수한 재산으로 한정한다)·제3호(「수산업협동조합법」에 따른 조합이 양수한 재산으로 한정한다)에 따른 감면(2019.2.12 본호개정)
2. 「관세법」 제93조제1호에 따른 감면(2015.2.27 본호개정)
3. 「지방세특례제한법」 제6조제1항·제2항 및 제4항, 제7조부터 제9조까지, 제10조제1항, 제11조, 제12조, 제14조제1항부터 제3항까지 및 제14조의2에 따른 감면(2016.2.5 본호개정)
4. 「지방세특례제한법」 제4조의 조례에 따른 지방세 감면 중 제1호부터 제3호까지와 유사한 감면으로서 행정안전부장관이 기획재정부장관과 협의하여 고시하는 것(2017.7.26 본호개정)
② 법 제4조제6호에서 "대통령령으로 정하는 것"이란 「관세법」 제88조, 제92조, 제93조제4호부터 제7호까지 및 제9호부터 제14호까지, 제94조, 제96조부터 제101조까지의 규정에 따른 감면을 말한다.(2010.12.30 본항개정)
③ 법 제4조제7호 단서에서 "대통령령으로 정하는 증권시장"이란 「자본시장과 금융투자업에 관한 법률 시

행령」제176조의9제1항에 따른 유가증권시장을 말한다. (2022.2.15 본항신설)

④ 법 제4조제8호에서 "대통령령으로 정하는 것"이란 「지방세특례제한법」제4조제4항, 제57조의2제2항·제6항, 제66조제1항·제2항, 제68조제2항, 제3항(「대외무역법」에 따른 무역을 하는 자가 수출용으로 취득하는 중고자동차로 한정한다), 제73조제3항, 제74조제4항·제5항, 제92조, 「지방세법」제9조제3항부터 제5항까지, 제15조제1항제1호부터 제4호까지, 제7호 및 제26조제2항제1호·제2호에 따른 감면을 말한다. (2020.1.15 본항개정)

⑤ 법 제4조제9호 및 제11호에서 "대통령령으로 정하는 서민주택"이란 「주택법」제2조제6호에 따른 국민주택 규모(「건축법 시행령」별표1 제1호다목에 따른 다가구주택의 경우에는 가구당 전용면적을 기준으로 한다) 이하의 주거용 건물과 이에 부수되는 토지(국가, 지방자치단체 또는 「한국토지주택공사법」에 따라 설립된 한국토지주택공사가 해당 주택을 건설하기 위하여 취득하거나 개발·공급하는 토지를 포함한다)로서 주택바닥면적(아파트·연립주택 등 공동주택의 경우에는 1세대가 독립하여 구분·사용할 수 있도록 구획된 부분의 바닥면적을 말한다)에 다음 표의 용도지역별 적용배율을 곱하여 산정한 면적 이내의 토지를 말한다.

구 분	용도지역	적용배율
도시지역	1. 전용주거지역	5배
	2. 상업지역·준주거지역	3배
	3. 일반주거지역·공업지역	4배
	4. 녹지지역	7배
	5. 미계획지역	4배
도시지역 외의 용도지역		7배

(2016.8.11 본항개정)

⑥ 법 제4조제11호에서 "대통령령으로 정하는 농가주택"이란 영농에 종사하는 자가 영농을 위하여 소유하는 주거용 건물과 이에 부수되는 토지로서 농지의 소재지와 동일한 시·군·구(자치구를 말한다. 이하 이 항에서 같다) 또는 그와 연접한 시·군·구의 지역에 소재하는 것을 말한다. 다만, 「소득세법 시행령」제156조에 따른 고가주택을 제외한다.(2015.2.27 단서개정)

⑦ 법 제4조제12호에서 "대통령령으로 정하는 것"이란 다음 각 호의 감면을 말한다.(2022.2.15 본문개정)

1. 「조세특례제한법」제10조, 제10조의2, 제12조, 제12조의2, 제13조, 제14조, 제16조의2, 제18조, 제18조의2, 제18조의3, 제19조제2항, 제29조의6, 제30조, 제30조의3, 제33조, 제63조의2, 제76조제1항, 제99조, 제95조의2, 제98조의3, 제98조의5, 제99조의9, 제99조의11, 제104조의8제1항·제3항, 제104조의21, 제104조의24, 제104조의28, 제104조의31, 제118조의2, 제121조의2부터 제121조의4까지, 제121조의13, 제126조의2, 제126조의6 및 제126조의7제9항에 따른 감면 (2023.2.28 본호개정)

1의2. 「한국철도공사법」에 의하여 설립되는 한국철도공사가 현물출자받은 국유재산에 대한 취득세 또는 등록에 대한 등록면허세의 감면(2010.9.20 본호개정)

1의3. (2014.12.30 삭제)

1의4. 「방송광고판매대행 등에 관한 법률」제24조에 따라 설립되는 한국방송광고진흥공사에 대한 「지방세특례제한법」제57조의2제3항제1호에 따른 감면 (2015.2.27 본호개정)

1의5. (2014.12.30 삭제)

1의6. 「농업협동조합법」제161조의2 또는 제161조의10에 따라 설립되는 농협경제지주회사 또는 농협금융지주회사에 대한 「지방세특례제한법」제57조의2제5항제3호에 따른 감면(2017.6.27 본호개정)

1의7. 법률 제10522호 농업협동조합법 일부개정법률 부칙 제6조에 따라 농협경제지주회사가 농업협동조합중앙회로부터 경제사업을 현물출자로 이관받은 경우에 대한 「지방세특례제한법」제57조의2제3항제3호에 따른 감면(2016.12.1 본호개정)

2. 「한국자산관리공사 설립 등에 관한 법률」에 따른 한국자산관리공사와 「한국농어촌공사 및 농지관리기금법」에 따른 한국농어촌공사가 「혁신도시 조성 및 발전에 관한 특별법」제43조에 따라 종전부동산을 매입한 경우에 대한 「지방세특례제한법」제13조제2항제5호 및 제57조의3제2항에 따른 취득세의 면제 (2022.2.17 본호개정)

3. 「조세특례제한법」제89조의3에 따른 조합등예탁금의 이자소득의 소득세에 대한 감면 중 다음 각 목의 어느 하나에 해당하는 사람에 대한 감면
가. 「농어가 목돈마련저축에 관한 법률 시행령」제2조제1항에 따른 농어민
나. 「산림조합법 시행령」제2조에 따른 임업인. 다만, 5헥타르 이상의 산림을 소유한 사람은 제외한다.
다. 「한국주택금융공사법 시행령」제2조제1항제1호 및 제2호에 따른 근로자
(2012.2.2 본호개정)

4. 「관세법」제90조제1항제2호부터 제4호까지, 제91조, 제93조제2호·제3호 및 제15호에 따른 감면 (2010.12.30 본호개정)

5. 「지방세법」제9조제2항, 「지방세특례제한법」제13조제2항제1호의2, 제15조제2항, 제16조제1항, 제17조, 제17조의2, 제19조, 제20조, 제21조, 제22조제1항·제4항·제7항·제8항, 제22조의2제1항·제2항, 제22조의3, 제23조, 제28조제1항, 제29조, 제30조제3항, 제31조제1항부터 제3항까지, 제31조의4, 제33조제1항·제2항, 제34조, 제36조, 제37조, 제38조제1항, 제40조, 제40조의3, 제41조제1항·제5항·제7항, 제42조제1항·제3항, 제43조제1항, 제44조제1항, 제44조의2, 제45조제1항, 같은 조 제2항제1호, 제46조, 제50조제1항, 제52조제1항·제2항, 제53조, 제54조제5항, 제57조의2제1항(「법인세법」제44조제2항 각 호의 요건을 충족하거나 같은 조 제3항에 해당하여 양도손익이 없는 것으로 한 합병의 경우로 한정한다), 제57조의2제3항제2호, 같은 조 제9항, 제58조의2, 제60조제4항, 제63조, 제64조제1항, 제66조제3항·제4항, 제67조제1항·제2항, 제72조제1항, 제73조제1항·제2항, 제73조의2, 제74조제1항·제3항, 제76조제1항, 제79조, 제80조, 제81조제1항·제2항, 제83조제1항·제2항, 제85조제1항, 제85조의2, 제89조 및 제90조제1항에 따른 감면(2023.3.14 본호개정)

6. 「지방세특례제한법」제4조의 조례에 따른 지방세 감면 중 제1호부터 제5호까지와 유사한 감면으로서 행정안전부장관이 기획재정부장관과 협의하여 고시하는 것(2017.7.26 본호개정)

⑧ 법 또는 이 영에서 농어촌특별세 비과세대상으로 규정된 「조세특례제한법」의 해당 규정과 같은 취지의 감면을 규정한 법률 제4666호 조세감면규제법개정법률의 해당 규정에 대하여 동법 부칙 제13조 내지 제19조의 규정에 의한 경과조치 또는 특례가 적용되는 경우에 동 경과조치 또는 특례에 대하여는 농어촌특별세를 부과하지 아니한다.(2005.12.31 본항개정)

제5조【과세표준의 계산】① 법 제5조제1항제5호의 과세표준란에서 "대통령령으로 정하는 증권시장"이란 「자본시장과 금융투자업에 관한 법률 시행령」제176조의9제1항에 따른 유가증권시장을 말한다.(2013.8.27 본항신설)

② 법 제5조제3항에서 "대통령령으로 정하는 계산방법에 의하여 계산한 금액"이란 다음 산식에 의하여 계산한 금액을 말한다.

　(비과세소득 및 소득공제액을 과세표준에 산입하여 계산한 세액) − (비과세소득·소득공제액을 과세표준에서 제외하고 계산한 세액)

(2010.12.30 본항개정)

③ 개별소비세 또는 증권거래세를 본세로 하는 농어촌특별세는 「개별소비세법」 또는 「증권거래세법」상의 과세표준에 산입하여 계산한다.(2007.12.31 본항개정)

④ 본세를 납부하지 아니함으로써 본세에 가산세가 가산된 때에 그 가산세액은 농어촌특별세의 과세표준에 산입하지 아니한다.

⑤ 개별소비세를 본세로 하는 농어촌특별세의 과세표준을 계산함에 있어서 농어촌특별세가 부과되는 물품을 원재료로 하여 제조·가공한 물품에 대하여는 그 제조·가공한 물품의 개별소비세 산출세액에서 그 원재료에 대하여 납부한 개별소비세액을 공제한 것을 과세표준으로 한다.(2007.12.31 본항개정)

제6조【신고·납부 등】① 법 제7조의 규정에 의하여 농어촌특별세를 신고·납부하는 때에는 당해 본세의 신고·납부서에 당해 본세의 세액과 농어촌특별세의 세액 및 그 합계액을 각각 기재하여야 한다.

② 농어촌특별세를 「국세기본법」 제45조 및 제46조의 규정에 의하여 수정신고 및 추가자진납부를 하는 경우 수정신고의 기한·납부방법, 가산세 경감 등은 당해 본세의 예에 의한다.(2005.12.31 본항개정)

제7조【부과·징수】① 법 제8조의 규정에 의하여 농어촌특별세를 부과·징수하는 때에는 당해 본세의 납세고지서에 당해 세액과 농어촌특별세액 및 그 합계액을 각각 기재하여 고지하여야 한다.

② 시장·군수 및 자치구의 구청장(이하 "시장·군수"라 한다) 또는 세무서장은 농어촌특별세만을 고지하는 경우에는 농어촌특별세의 과세표준을 표시하여 고지하여야 한다.

제8조【분납】법 제9조제2항의 규정에 의한 농어촌특별세의 분납은 당해 본세의 분납기간 이내에 다음 각 호에 의하여 분납할 수 있다.

1. 농어촌특별세의 세액이 1천만원 이하인 때에는 500만원을 초과하는 금액
2. 농어촌특별세의 세액이 1천만원을 초과하는 때에는 그 세액의 100분의 50 이하의 금액

제9조 (2014.2.21 삭제)

제10조【국고납입】① 시장·군수가 징수한 농어촌특별세는 납부서를 첨부하여 기획재정부장관이 행정안전부장관과 협의하여 별도로 정한 절차에 따라 한국은행(국고대리점을 포함한다. 이하 이 조에서 같다) 또는 체신관서에 납입하여야 한다.(2017.7.26 본항개정)

② 지방자치단체의 금고 또는 그 수납대리점에서 농어촌특별세를 수납한 경우에는 영수필통지서를 시장·군수에게 송부하고 수납한 농어촌특별세는 이를 직접 국고에 납입하여야 한다.

③ 「지방세징수법 시행령」 제24조제1항은 지방세액에 부과되는 농어촌특별세에 관하여 이를 준용한다.(2017.3.27 본항개정)

제11조【환급】① 시장·군수가 법 제12조의 규정에 의하여 농어촌특별세를 환급하는 경우에는 시·군의 수입금중에서 환급세액에 상당하는 금액을 충당한다.

② 제1항의 규정에 의하여 시·군의 수입금에서 농어촌특별세의 환급세액에 상당하는 금액을 충당하고자 하는 경우에는 시·군 금고가 수납한 농어촌특별세중 환급세액에 상당하는 금액을 국고에 납입하지 아니하

고 시·군 금고의 수입금이 되도록 조치한다. 이 경우 시·군 공무원이 농어촌특별세를 징수한 경우에는 환급세액에 상당하는 금액을 직접 시·군 금고에 납입할 수 있다.

제12조【부과·징수상황의 보고】시장·군수는 매월 농어촌특별세의 부과·징수 상황을 다음달 20일까지 기획재정부장관에게 보고하여야 한다.

(2008.2.29 본조개정)

　　　부　칙 (2015.2.27)

제1조【시행일】이 영은 공포한 날부터 시행한다.

제2조【농어촌특별세의 비과세에 관한 적용례】제4조제1항제1호, 같은 조 제3항 및 같은 조 제6항제1호(「조세특례제한법」 제126조의7제9항에 따른 감면은 제외한다)·제1호의4·제1호의6·제1호의7·제2호의 개정규정은 법률 제12955호 지방세특례제한법 일부개정법률 시행 이후 납세의무가 성립하는 경우부터 적용한다.

제3조【수입 금지금에 대한 관세 면제분에 대한 농어촌특별세 비과세에 관한 적용례】제4조제6항제1호(「조세특례제한법」 제126조의7제9항에 따른 감면이 해당한다)의 개정규정은 이 영 시행 이후 수입신고하는 경우부터 적용한다.

제4조【프로젝트금융투자회사에 대한 취득세 감면분에 대한 농어촌특별세 비과세에 관한 경과조치】① 법률 제9921호 조세특례제한법 일부개정법률 부칙 제76조에 따라 2010년 1월 1일 전에 설립·등기한 프로젝트금융투자회사가 2016년 12월 31일까지 취득하는 부동산에 대한 취득세 감면분에 대한 농어촌특별세 비과세에 대해서는 제4조제6항제1호의 개정규정에도 불구하고 종전의 규정에 따른다.

② 법률 제12853호 조세특례제한법 일부개정법률 부칙 제72조에 따라 2014년 12월 31일 이전에 설립·등기한 프로젝트금융투자회사가 2015년 12월 31일까지 취득하는 부동산에 대한 취득세 감면분에 대한 농어촌특별세 비과세에 대해서는 제4조제6항제1호의 개정규정에도 불구하고 종전의 규정에 따른다.

　　　부　칙 (2016.2.5)

제1조【시행일】이 영은 공포한 날부터 시행한다.

제2조【농어촌특별세의 비과세에 관한 적용례】① 제4조제1항제3호, 같은 조 제6항제1호(「조세특례제한법」 제29조의6에 따른 감면만 해당한다) 및 같은 항 제5호의 개정규정은 이 영 시행 이후 소득세 또는 지방세를 감면받는 경우부터 적용한다.

② 제4조제6항제1호(「조세특례제한법」 제104조의28에 따른 감면만 해당한다)의 개정규정은 법률 제13560호 조세특례제한법 일부개정법률 시행 이후 소득이 발생하는 경우부터 적용한다.

　　　부　칙 (2016.12.1)

제1조【시행일】이 영은 공포한 날부터 시행한다.

제2조【농어촌특별세의 비과세에 관한 적용례】제4조제3항, 같은 조 제6항제1호의7 및 제5호의 개정규정은 이 영 시행 이후 지방세를 감면받는 경우부터 적용한다.

　　　부　칙 (2017.3.27)

제1조【시행일】이 영은 2017년 3월 28일부터 시행한다.(이하 생략)

　　　부　칙 (2017.6.27)
　　　　　　(2017.7.26)

제1조【시행일】 이 영은 공포한 날부터 시행한다.(이하 생략)

　　　부　칙 (2018.2.27)

제1조【시행일】 이 영은 2018년 3월 27일부터 시행한다.(이하 생략)

　　　부　칙 (2018.12.31)

제1조【시행일】 이 영은 2019년 1월 1일부터 시행한다.(이하 생략)

　　　부　칙 (2019.2.12)

제1조【시행일】 이 영은 공포한 날부터 시행한다.
제2조【농어촌특별세의 비과세에 관한 적용례】 ① 제4조제1항제1호의 개정규정은 이 영 시행 이후 시작하는 사업연도 분부터 적용한다.
② 제4조제3항의 개정규정은 이 영 시행 이후 수출용으로 중고자동차를 취득하는 경우부터 적용한다.
③ 제4조제6항제1호의 개정규정 중「조세특례제한법」제19조제2항에 따른 감면 부분은 2019년 1월 1일부터 지급받는 분부터 적용하고, 같은 법 제99조의9에 따른 감면 부분은 2018년 1월 1일 이후 지정 또는 선포된 위기지역의 지정일 또는 선포일이 속하는 과세연도의 과세표준을 2019년 1월 1일 이후 신고하는 경우부터 적용하며, 같은 법 제104조의24에 따른 감면 부분은 이 영 시행 이후 과세표준을 신고하는 경우부터 적용한다.

　　　부　칙 (2020.1.15)

제1조【시행일】 이 영은 공포한 날부터 시행한다.(이하 생략)

　　　부　칙 (2020.2.11)

제1조【시행일】 이 영은 공포한 날부터 시행한다.
제2조【농어촌특별세의 비과세에 관한 적용례】 제4조제6항제1호의 개정규정 중「조세특례제한법」제18조의3에 따른 감면 부분은 2020년 1월 1일 이후 같은 조 제1항에 따른 연구기관등에 취업하는 경우부터 적용하고, 같은 법 제25조제1항제1호에 따른 감면 부분은 이 영 시행 이후 과세표준을 신고하는 경우부터 적용하며, 같은 법 제118조의2에 따른 감면 부분은 이 영 시행 이후 수입신고하는 경우부터 적용한다.

　　　부　칙 (2020.4.14)

이 영은 공포한 날부터 시행한다.

　　　부　칙 (2021.2.17)

제1조【시행일】 이 영은 공포한 날부터 시행한다.
제2조【농어촌특별세의 비과세에 관한 적용례 등】 ① 제4조제6항제1호의 개정규정은 2021년 1월 1일 이후 과세표준을 신고하는 경우부터 적용한다.
② 법률 제17759호 조세특례제한법 일부개정법률 부칙 제36조제1항에 따라 종전의「조세특례제한법」(법률 제17759호 조세특례제한법 일부개정법률로 개정되기 전의 것을 말한다) 제25조를 적용받는 경우에는 제4조제6항제1호의 개정규정에도 불구하고 종전의 규정에 따른다.

　　　부　칙 (2022.2.15)

제1조【시행일】 이 영은 공포한 날부터 시행한다. 다만, 제4조제3항의 개정규정은 2023년 1월 1일부터 시행한다.
제2조【농어촌특별세의 비과세에 관한 적용례】 제4조제7항제1호의 개정규정은 2021년 1월 1일 이후에 개시된 사업연도분에 대하여「조세특례제한법」제104조의31에 따라 소득공제를 받은 프로젝트금융투자회사에 대해서도 적용한다.
제3조【다른 법령의 개정】 ※(해당 법령에 가제정리하였음)

　　　부　칙 (2022.2.17)

제1조【시행일】 이 영은 2022년 2월 18일부터 시행한다.(이하 생략)

　　　부　칙 (2023.2.28)

제1조【시행일】 이 영은 공포한 날부터 시행한다.
제2조【농어촌특별세의 비과세에 관한 적용례】 제4조제7항제1호의 개정규정은 이 영 시행 이후 과세표준 및 세액을 신고하거나 결정·경정하는 경우부터 적용한다.

　　　부　칙 (2023.3.14)

제1조【시행일】 이 영은 공포한 날부터 시행한다.(이하 생략)

［별표］ (2012.2.2 삭제)

인지세법

(1991년 12월 27일)
전개법률 제4452호

개정
1997. 8.28법 5374호(여신전문금융업법)
2001.12.29법 6537호   2004.12.31법 7320호
2006.12.30법 8139호(국세)
2007. 4.11법 8343호(관광진흥법)
2008. 1. 9법 8839호
2008. 2.29법 8852호(정부조직)
2010. 1. 1법 9917호
2012. 6. 1법11461호(전자문서및전자거래기본법)
2012.12.18법11551호(수입인지에관한법)
2014. 1. 1법12171호
2014.12.30법12865호(수입인지에관한법)
2016. 3. 2법14048호   2017.12.30법15331호
2018.12.31법16106호
2019. 8.27법16568호(양식산업발전법)
2020. 3.31법17151호
2020. 6. 9법17339호(법률용어정비)
2022.12.31법19198호   2023.12.31법19934호

제1조【납세의무】 ① 국내에서 재산에 관한 권리 등의 창설·이전 또는 변경에 관한 계약서나 이를 증명하는 그 밖의 문서를 작성하는 자는 이 법에 따라 그 문서에 대한 인지세를 납부할 의무가 있다.(2022.12.31 본항개정)
② 2인 이상이 공동으로 문서를 작성하는 경우 그 작성자는 해당 문서에 대한 인지세를 연대(連帶)하여 납부할 의무가 있다.
(2010.1.1 본조개정)

제2조【정의】 이 법에서 사용하는 용어의 뜻은 다음과 같다.
1. "증서"란 재산에 관한 권리의 창설·이전 또는 변경에 관한 계약서나 그 밖에 이를 증명할 목적으로 작성하는 문서를 말한다.
2. "통장"이란 하나의 문서로서 반복적인 거래 사실을 표시할 수 있도록 철한 문서를 말한다.(2020.6.9 본호개정)
(2010.1.1 본조개정)

제3조【과세문서 및 세액】 ① 인지세를 납부하여야 할 문서(이하 "과세문서"라 한다) 및 세액은 다음과 같다.

과 세 문 서	세 액
1. 부동산·선박·항공기의 소유권 이전에 관한 증서	기재금액이 1천만원 초과 3천만원 이하인 경우 : 2만원
	기재금액이 3천만원 초과 5천만원 이하인 경우 : 4만원
	기재금액이 5천만원 초과 1억원 이하인 경우 : 7만원
	기재금액이 1억원 초과 10억원 이하인 경우 : 15만원
	기재금액이 10억원을 초과하는 경우 : 35만원
2. 대통령령으로 정하는 금융·보험기관과의 금전소비대차에 관한 증서	제1호에 규정된 세액
3. 도급 또는 위임에 관한 증서 중 법률에 따라 작성하는 문서로서 대통령령으로 정하는 것	제1호에 규정된 세액
4. 소유권에 관하여 법률에 따라 등록 등을 하여야 하는 동산으로서 대통령령으로 정하는 자산의 양도에 관한 증서	3,000원
5. 광업권, 무체재산권, 어업권, 양식업권, 출판권, 저작인접권 또는 상호권의 양도에 관한 증서	제1호에 규정된 세액
6. 다음 각 목의 어느 하나에 해당하는 시설물이용권의 입회 또는 양도에 관한 증서 가. 「체육시설의 설치·이용에 관한 법률」에 따른 회원제골프장이나 종합체육시설 또는 승마장을 이용할 수 있는 회원권에 관한 증서 나. 「관광진흥법」에 따른 휴양콘도미니엄을 이용할 수 있는 회원권에 관한 증서	제1호에 규정된 세액
7. 계속적·반복적 거래에 관한 증서로서 다음 각 목의 어느 하나에 해당하는 것 가. 「여신전문금융업법」 제2조에 따른 신용카드회원으로 가입하기 위한 신청서	300원
나. (2020.3.31 삭제)	
다. 「여신전문금융업법」 제2조제5호에 따른 신용카드 가맹점으로 가입하기 위한 신청서와 그 밖에 대통령령으로 정하는 것	300원
8. 대통령령으로 정하는 상품권(모바일 상품권은 제외한다) 및 선불카드	권면금액이 1만원인 경우 : 50원
	권면금액이 1만원 초과 5만원 이하인 경우 : 200원
	권면금액이 5만원 초과 10만원 이하인 경우 : 400원
	권면금액이 10만원을 초과하는 경우 : 800원
8의2. 모바일 상품권(판매일부터 7일 이내에 판매가 취소되어 전액 환불되고 폐기되는 것은 제외한다)	권면금액이 5만원 초과 10만원 이하인 경우 : 400원
	권면금액이 10만원을 초과하는 경우 : 800원
9. 「자본시장과 금융투자업에 관한 법률」 제4조제2항에 따른 채무증권, 지분증권 및 수익증권	400원
10. 예금·적금에 관한 증서 또는 통장, 환매조건부채권 매도약정서, 보험증권 및 신탁에 관한 증서 또는 통장	100원
11. 「여신전문금융업법」 제2조제10호에 따른 시설대여를 위한 계약서	1만원
12. 채무의 보증에 관한 증서 가. 사채보증에 관한 증서 또는 그 밖에 이와 유사한 것으로서 대통령령으로 정하는 채무의 보증에 관한 증서	1만원
나. 「신용보증기금법」에 따른 신용보증기금이 발행	1,000원

하는 채무의 보증에 관한 증서 또는 그 밖에 이와 유사한 것으로서 대통령령으로 정하는 채무의 보증에 관한 증서 다.「보험업법」에 따른 보험업을 영위하는 자가 발행하는 보증보험증권,「농림수산업자 신용보증법」제4조에 따른 농림수산업자신용보증기금이 발행하는 채무의 보증에 관한 증서 또는 그 밖에 이와 유사한 것으로서 대통령령으로 정하는 채무의 보증에 관한 증서	200원

(2020.3.31 본항개정)

② 제1항 각 호의 과세문서는 통장의 경우 1권마다, 통장 외의 과세문서의 경우 1통마다 해당 인지세를 납부하여야 한다.

③ 제1항 각 호의 과세문서에는「전자문서 및 전자거래 기본법」제2조에 따른 전자문서(「주식·사채 등의 전자등록에 관한 법률」제2조제1호나목에 따른 사채로서 같은 법 제59조 각 호의 요건을 모두 갖추고 전자등록된 것 등 대통령령으로 정하는 전자문서는 제외하며, 이하 "과세대상 전자문서"라 한다)를 포함한다. (2022.12.31 본항개정)

④ 제1항 각 호의 과세문서에 대해서는 명칭이 무엇이든 그 실질적인 내용에 따라 이를 적용한다.

⑤ 제1항부터 제4항까지에서 규정한 사항 외에 과세문서의 판단 및 구분에 필요한 사항은 대통령령으로 정한다. (2010.1.1 본조개정)

제4조【기재금액의 계산】 ① 제3조제1항제1호부터 제3호까지, 제5호 및 제6호의 과세문서로서 기재금액이 없는 경우에는 다음 각 호에 따른 금액을 기재금액으로 본다.

1. 해당 과세문서에 표기된 기재사항을 통하여 그 금액을 계산할 수 있을 때 : 그에 따라 계산해 낸 금액
2. 제1호에 따라 기재금액을 계산할 수 없을 때 : 제3조제1항제1호의 최저 기재금액

② 제1항에서 규정한 사항 외에 기재금액 계산에 필요한 사항은 대통령령으로 정한다. (2010.1.1 본조개정)

제5조【보완문서】 하나의 문서의 내용을 다른 하나 이상의 문서(이하 "보완문서"라 한다)가 보완하여 하나의 계약 내용을 이루는 경우 그 보완문서는 그 계약 내용을 증명하는 과세문서로 본다. 다만, 제3조제1항제7호의 문서를 보완하는 경우와 그 밖에 대통령령으로 정하는 경우에는 그러하지 아니하다.(2010.1.1 본조개정)

제6조【비과세문서】 다음 각 호의 문서에 대해서는 인지세를 납부하지 아니한다.

1. 국가나 지방자치단체(지방자치단체조합을 포함한다. 이하 같다)가 작성하는 증서 또는 통장
2. 국고금의 취급에 관하여 작성하는 증서 또는 통장
3. 공공사업을 위한 기부를 위하여 국가나 지방자치단체에 제출하는 증서
4. 자선이나 구호를 목적으로 하는 단체가 그 사업에 관하여 작성하는 증서
5. 주택의 소유권 이전에 관한 증서로서 기재금액이 1억원 이하인 것
6. 어음의 인수 또는 보증

7.「자본시장과 금융투자업에 관한 법률」제4조제1항에 따른 증권의 복본(複本) 또는 등본
8. 금전소비대차에 관한 증서로서 기재금액이 5천만원 이하인 것(2016.3.2 본호개정)
9.「우편법」에 따른 우편전용의 물건에 관한 증서
10.「공익사업을 위한 토지 등의 취득 및 보상에 관한 법률」의 적용을 받는 토지 등을 국가, 지방자치단체 또는 그 밖의 특별법에 따라 설립된 법인에 양도하는 경우 그 양도 절차에서 필요하여 작성하는 증서 (2020.6.9 본호개정)
11.「한국은행통화안정증권법」에 따라 한국은행이 발행하는 통화안정증권
12.「국제금융기구에의 가입조치에 관한 법률」에서 정한 국제금융기구가 발행하는 채권 및 그 채권의 발행과 관련하여 작성하는 증서 (2010.1.1 본조개정)

제7조【국가등이 공동으로 작성하는 문서】 국가, 지방자치단체 또는 제6조제4호에 규정된 단체(이하 이 조에서 "국가등"이라 한다)와 그 밖의 자가 공동으로 작성하여 각각 가지는 문서에 관하여는 국가등이 가지는 것은 그 밖의 자가 작성한 것으로 보고, 그 밖의 자가 가지는 것은 국가등이 작성한 것으로 본다. (2010.1.1 본조개정)

제8조【납부】 ① 인지세는 과세문서에「수입인지에 관한 법률」제2조제2항제1호에 따른 종이문서용 전자수입인지(이하 "종이문서용 전자수입인지"라 한다)를 첨부하여 납부한다. 다만, 대통령령으로 정하는 바에 따라 인지세액에 해당하는 금액을 납부하고 과세문서에 인지세를 납부한 사실을 표시함으로써 종이문서용 전자수입인지를 첨부하는 것을 갈음할 수 있다. (2014.12.30 본항개정)

② 과세대상 전자문서의 인지세는 제1항 단서 또는 그 밖에 대통령령으로 정하는 방법으로 납부한다. (2022.12.31 본항개정)

③ 제1조에 따라 인지세를 납부할 의무가 있는 자는 과세문서 작성일이 속하는 달의 다음 달 10일까지 인지세를 납부하여야 한다. 다만,「전자조달의 이용 및 촉진에 관한 법률」제12조에 따른 전자조달시스템 또는 같은 법 제14조에 따른 자체전자조달시스템을 이용하여 과세문서를 작성하는 경우 등 대통령령으로 정하는 경우에는 과세문서 작성일에 인지세를 납부하여야 한다. (2023.12.31 단서신설)

제8조의2【결정 및 경정】 인지세 납세의무자의 관할 세무서장 또는 관할 지방국세청장은 제8조에 따른 인지세를 납부하지 아니하였거나 납부한 세액이 납부하여야 할 세액에 미치지 못하는 경우에는 그 납부하지 아니한 세액 또는 부족하게 납부한 세액을 결정하거나 경정결정한다.(2010.1.1 본조개정)

제8조의3【세액의 환급 및 공제】 ① 제8조에 따라 인지세액을 납부한 후 과세문서를 작성하지 아니한 경우에는 납부한 세액을 환급하거나 납부할 세액에서 공제한다.

② 제1항에 따른 환급신청 절차 등에 관하여 필요한 사항은 대통령령으로 정한다. (2010.1.1 본조개정)

제8조의4【납부특례】 제8조에도 불구하고 제3조제1항제5호의 무체재산권 중 특허권, 실용신안권, 디자인권 및 상표권의 양도증서에 관한 인지세는 특허청장이 징수하여 기획재정부령으로 정하는 납부시기와 납부방법에 따라 과세관청에 납부하여야 한다.(2010.1.1 본조개정)

제9조【세액의 재계산】 제3조제1항제1호부터 제3호까지, 제5호 및 제6호의 과세문서를 작성한 후에 그 기재금액을 변경한 경우의 인지세액 계산에 관하여는 대통령령으로 정하는 바에 따른다.(2010.1.1 본조개정)

제10조【소인】 제8조제1항 본문에 따라 종이문서용 전자수입인지를 첨부하는 경우 「수입인지에 관한 법률」 제3조제2항에 따른 전자수입인지업무대행기관이 제공하는 정보통신망(전자수입인지를 판매하는 인터넷사이트를 말한다)에 종이문서용 전자수입인지를 사용하였음을 입력하는 방식으로 소인(消印)하여야 한다.
(2014.12.30 본조개정)

제11조【질문·검사】 ① 인지세에 관한 사무에 종사하는 세무공무원은 인지세에 관한 조사를 위하여 필요하다고 인정할 때에는 인지세의 납세의무자나 납세의무자와 거래가 있는 자 등에 대하여 과세문서에 관한 질문을 하거나 검사를 할 수 있다.
② 인지세에 관한 사무에 종사하는 세무공무원은 제1항에 따른 질문 또는 검사를 하는 경우 직무 수행에 필요한 범위 외에 다른 목적 등을 위하여 그 권한을 남용해서는 아니 된다.(2020.6.9 본항개정)
(2010.1.1 본조개정)

제12조 (2010.1.1 삭제)

부   칙 (2014.1.1)

제1조【시행일】 이 법은 2014년 1월 1일부터 시행한다.
제2조【일반적 적용례】 이 법은 이 법 시행 후 과세문서를 작성하는 경우부터 적용한다.
제3조【과세대상 전자문서에 관한 적용례】 제3조제3항의 개정규정은 2015년 1월 1일 이후 과세문서를 작성하는 경우부터 적용한다.
제4조【전자수입인지의 첨부에 관한 경과조치】 제8조제1항 및 제10조의 개정규정에도 불구하고 2014년 12월 31일까지는 종전의 규정에 따라 전자수입인지 외의 수입인지로도 인지세를 납부하고 소인할 수 있다.

부   칙 (2016.3.2)

제1조【시행일】 이 법은 공포한 날부터 시행한다.
제2조【비과세문서에 관한 적용례】 제6조제8호의 개정규정은 이 법 시행 후 과세문서를 작성하는 분부터 적용한다.

부   칙 (2017.12.30)

제1조【시행일】 이 법은 2018년 1월 1일부터 시행한다.
제2조【과세문서 및 세액에 관한 적용례】 제3조제1항제7호가목의 개정규정은 이 법 시행 후 최초로 신용카드회원으로 가입하기 위한 신청서를 작성하는 경우부터 적용한다.

부   칙 (2018.12.31)

제1조【시행일】 이 법은 2019년 1월 1일부터 시행한다. 다만, 제3조제1항제8호의 개정규정은 2020년 1월 1일부터 시행한다.
제2조【과세대상 모바일 상품권에 관한 적용례】 제3조제1항제8호의 개정규정은 같은 개정규정 시행일 이후 최초로 발행되는 모바일 상품권부터 적용한다.

부   칙 (2019.8.27)

제1조【시행일】 이 법은 공포 후 1년이 경과한 날부터 시행한다.(이하 생략)

부   칙 (2020.3.31)

제1조【시행일】 이 법은 공포일이 속하는 달의 다음달 1일부터 시행한다.
제2조【기간통신역무 이용을 위한 계약서 또는 가입신청서 비과세에 관한 적용례】 제3조제1항제7호나목의 개정규정은 이 법 시행 이후 기간통신역무를 이용하기 위하여 작성하는 계약서 또는 가입신청서부터 적용한다.
제3조【과세대상인 모바일 상품권에 관한 적용례】 제3조제1항제8호의2의 개정규정은 이 법 시행 이후 최초로 발행되는 모바일 상품권부터 적용한다.

부   칙 (2020.6.9)

이 법은 공포한 날부터 시행한다.(이하 생략)

부   칙 (2022.12.31)

제1조【시행일】 이 법은 2023년 1월 1일부터 시행한다.
제2조【인지세 납부기한에 관한 적용례 등】 ① 제8조제3항의 개정규정은 이 법 시행 이후 작성하는 과세문서부터 적용한다.
② 이 법 시행 전에 종전의 제8조제2항에 따라 계속적·반복적으로 작성한 과세문서의 인지세 납부기한에 관하여는 종전의 규정에 따른다.

부   칙 (2023.12.31)

제1조【시행일】 이 법은 2024년 1월 1일부터 시행한다.
제2조【인지세 납부기한에 관한 적용례】 제8조제3항의 개정규정은 이 법 시행 이후 작성하는 과세문서부터 적용한다.

인지세법 시행령

(1991년 12월 31일)
전개대통령령 제13544호

개정
1994.12.23영 14438호(직제)
1997.12.31영 15569호(여신전문금융업법시)
2001.12.31영 17463호
2002.12. 5영 17791호(기술신용보증기금법시)
2004. 2.28영 18297호(한국주택금융공사법시)
2004. 3.17영 18312호(전자적민원처리를위한가석방자관리규정등)
2007. 2.28영 19900호
2007. 9.10영 20261호(중소기업진흥시)
2008. 2.29영 20720호(직제)
2009.11.20영 21835호(중소기업진흥시)
2009.12.14영 21881호(측량·수로지적시)
2010. 2.18영 22039호
2010.10. 1영 22424호(전기통신사업법시)
2010.11.15영 22493호(은행법시)
2013. 2.15영 24363호
2013. 8.27영 24697호(자본시장금융투자업시)
2014. 2.21영 25199호
2014.12.30영 25945호(한국산업은행법시)
2015. 2. 3영 26075호
2015. 6. 1영 26302호(공간정보구축관리시)
2016. 5.31영 27205호(기술보증기금법시)
2016. 8.31영 27472호(감정평가감정평가사시)
2017. 2. 7영 27844호   2019. 2.12영 29536호
2021. 2.17영 31457호
2021. 4. 6영 31611호(경영지도사및기술지도사에관한법시)
2023. 2.28영 33281호

제1조【목적】 이 영은 「인지세법」에서 위임된 사항과 그 시행에 필요한 사항을 규정함을 목적으로 한다. (2010.2.18 본조개정)

제2조【정의】 이 영에서 사용하는 용어의 정의는 「인지세법」(이하 "법"이라 한다)에서 정하는 바에 따른다. (2010.2.18 본조개정)

제2조의2【금전소비대차증서의 범위】 법 제3조제1항제2호에서 "대통령령으로 정하는 금융·보험기관"이란 다음 각 호의 어느 하나에 해당하는 것을 말한다.
1. 「은행법」 제2조제1항제2호에 따른 은행 (2010.11.15 본호개정)
2. 「한국산업은행법」에 따른 한국산업은행
3. (2014.12.30 삭제)
4. 「한국수출입은행법」에 따른 한국수출입은행
5. 「중소기업은행법」에 따른 중소기업은행
6. 「여신전문금융업법」 제2조제15호에 따른 여신전문금융회사
7. 「신용협동조합법」에 따른 신용협동조합
8. 「상호저축은행법」에 따른 상호저축은행
9. 「새마을금고법」에 따른 새마을금고
10. 「자본시장과 금융투자업에 관한 법률」 제8조제7항에 따른 신탁업자
11. 「자본시장과 금융투자업에 관한 법률」 제8조제4항에 따른 집합투자업자
12. 「보험업법」에 따른 보험회사
13. 「자본시장과 금융투자업에 관한 법률」 제8조제2항·제3항에 따른 투자매매업자·투자중개업자 및 같은 법 제9조제17항제3호에 따른 증권금융회사
14. 「자본시장과 금융투자업에 관한 법률」 제336조에 따른 종합금융회사
15. 「농업협동조합법」에 따른 조합, 중앙회 및 농협은행(2013.2.15 본호개정)
16. 「수산업협동조합법」에 따른 조합, 중앙회 및 수협은행(2017.2.7 본호개정)

17. 「산림조합법」에 따른 산림조합 및 그 중앙회
18. 그 밖에 여신업무를 수행하는 금융기관 또는 보험기관으로서 기획재정부령으로 정하는 기관 (2010.2.18 본조개정)

제2조의3【도급 및 위임 문서의 범위】 법 제3조제1항제3호에서 "대통령령으로 정하는 것"이란 다음 각 호의 어느 하나에 해당하는 것을 말한다.
1. 「건설산업기본법」 제22조에 따라 작성하는 도급문서
2. 「전기공사업법」 제12조에 따라 작성하는 도급문서
3. 「정보통신공사업법」 제26조에 따라 작성하는 도급문서
4. 「국가를 당사자로 하는 계약에 관한 법률」 제11조 또는 「지방자치단체를 당사자로 하는 계약에 관한 법률」 제14조에 따라 작성하는 도급문서
4의2. 「공공기관의 운영에 관한 법률」 제15조 또는 제39조제3항에 따라 작성하는 도급문서(2019.2.12 본호신설)
4의3. 「지방공기업법」 제64조의2제3항(제76조제2항에서 준용하는 경우를 포함한다)에 따라 작성하는 도급문서(2019.2.12 본호신설)
5. 「변호사법」 제3조에 따라 변호사가 작성하는 수임(受任)계약서
6. 「해양사고의 조사 및 심판에 관한 법률」 제29조에 따라 심판변론인이 작성하는 수임계약서
7. 「변리사법」 제2조에 따라 변리사가 작성하는 수임계약서
8. 「법무사법」 제2조에 따라 법무사가 작성하는 수임계약서
9. 「공인회계사법」 제2조에 따라 공인회계사가 작성하는 수임계약서
10. 「세무사법」 제2조에 따라 세무사가 작성하는 수임계약서
11. 「중소기업진흥에 관한 법률」 제55조에 따라 경영지도사 및 기술지도사가 작성하는 수임계약서 (2021.4.6 본호개정)
12. 「감정평가 및 감정평가사에 관한 법률」 제4조에 따라 감정평가사가 작성하는 수임계약서(2016.8.31 본호개정)
13. 「보험업법」 제188조에 따라 손해사정사가 작성하는 수임계약서
14. 「관세사법」 제2조에 따라 관세사가 작성하는 수임계약서
15. 「기술사법」 제3조에 따라 기술사가 작성하는 수임계약서
16. 「건축사법」 제19조에 따라 건축사가 작성하는 수임계약서
17. 「도선법」 제18조에 따라 도선사가 작성하는 수임계약서
18. 「공간정보의 구축 및 관리 등에 관한 법률」 제39조에 따라 측량기술자가 작성하는 수임계약서 (2015.6.1 본호개정)
(2010.2.18 본조개정)

제3조【동산 양도증서의 범위】 법 제3조제1항제4호에서 "대통령령으로 정하는 자산"이란 국내에서 사용되는 다음 각 호의 어느 하나에 해당하는 것을 말한다.
1. 「자동차관리법」 제2조제1호에 따른 자동차
2. 「건설기계관리법」 제2조제1항제1호에 따른 건설기계
3. 총톤수 20톤 미만의 선박(모터보트와 요트를 포함하되, 5톤 미만의 무동력선은 제외한다)
(2010.2.18 본조개정)

제4조 (2021.2.17 삭제)

제5조【계속적·반복적 거래에 관한 증서의 범위】 법 제3조제1항제7호다목에서 "대통령령으로 정하는 것"

이란 다음 각 호의 어느 하나에 해당하는 것을 말한다.
1. 금융위원회가 「자본시장과 금융투자업에 관한 법률」 제72조제2항 및 같은 법 시행령 제69조제2항에 따라 정하는 신용공여에 관한 금융위원회의 고시에 따른 투자매매업자 또는 투자중개업자의 신용거래 계좌설정 약정서
2. 「자본시장과 금융투자업에 관한 법률」에 따른 거래소 또는 다자간매매체결회사가 같은 법 제393조제1항에 따라 정하는 증권시장에 관한 업무규정 또는 같은 법 시행령 제78조에 따라 정하는 업무규정에 따른 매매거래 계좌설정 약정서(2013.8.27 본호개정)
3. 「자본시장과 금융투자업에 관한 법률」 제373조에 따른 거래소가 같은 법 제393조제2항에 따라 정하는 파생상품시장업무규정에 따른 파생상품 계좌설정 약정서(2013.8.27 본호개정)
(2010.2.18 본조개정)

제5조의2 【상품권과 선불카드의 범위】 ① 법 제3조제1항제8호에서 "대통령령으로 정하는 상품권"이란 그 명칭 또는 형태에 관계없이 발행자가 일정한 금액이나 물품 또는 용역의 수량을 기재하여 발행·매출한 증표로서, 그 소지자가 발행자 또는 발행자가 지정하는 자(이하 "발행자등"이라 한다)에게 이를 제시 또는 교부하거나 그 밖의 방법으로 사용함으로써 그 증표에 기재된 내용에 따라 발행자등으로부터 물품 또는 용역을 제공받을 수 있는 증표를 말한다.(2021.2.17 본항개정)
② 법 제3조제1항제8호에서 "대통령령으로 정하는 선불카드"란 상품권의 일종으로서 일정한 금액이나 물품 또는 용역의 수량이 전자적 또는 자기적 방법으로 기록되어 발행·매출한 증표를 말한다.(2021.2.17 본항개정)
③ 제1항 및 제2항에도 불구하고 다음 각 호의 어느 하나에 해당하는 것은 상품권이나 선불카드에 해당하지 아니한다.
1. 국가, 지방자치단체 또는 「공공기관의 운영에 관한 법률」 제4조에 따른 공공기관이 발행하는 것
2. 교통수단, 공연장, 경마장, 운동경기장, 유원지, 박람회장 등 불특정 다수인이 이용하는 시설 또는 장소의 입장권 또는 이용권
3. 그 밖에 유통을 목적으로 하지 아니하거나 그 성질상 인지세를 과세하는 것이 적합하지 않다고 인정되는 것으로서 기획재정부령으로 정하는 것
(2010.2.18 본조신설)

제6조 【채무의 보증에 관한 증서의 범위】 ① 법 제3조제1항제12호가목에서 "대통령령으로 정하는 채무의 보증에 관한 증서"란 「은행법」에 따른 인가를 받아 설립된 은행과 기획재정부령으로 정하는 금융보험업을 영위하는 자가 발행하는 채무의 보증에 관한 증서를 말한다. 다만, 신용장은 제외한다.(2010.11.15 본문개정)
② 법 제3조제1항제12호나목에서 "대통령령으로 정하는 채무의 보증에 관한 증서"란 「기술보증기금법」에 따른 기술보증기금이 발행하는 채무의 보증에 관한 증서를 말한다.(2016.5.31 본항개정)
③ 법 제3조제1항제12호다목에서 "대통령령으로 정하는 채무의 보증에 관한 증서"란 「한국주택금융공사법」에 따라 설립된 한국주택금융공사(같은 법 제45조제7항에 따라 그 업무를 위탁받은 기관을 포함한다)가 발행하는 주택자금의 융자에 대한 신용을 보증하기 위한 증서를 말한다.
(2010.2.18 본조개정)

제6조의2 【과세대상에서 제외되는 전자문서의 범위】
법 제3조제3항에서 "「주식·사채 등의 전자등록에 관한 법률」 제2조제1호나목에 따른 사채로서 같은 법 제59조 각 호의 요건을 모두 갖추고 전자등록된 것 등 대

통령령으로 정하는 전자문서"란 법 제3조제1항제9호에 따른 문서로서 다음 각 호의 어느 하나에 해당하는 것을 말한다.
1. 「주식·사채 등의 전자등록에 관한 법률」 제2조제1호나목에 따른 사채로서 같은 법 제59조 각 호의 요건을 모두 갖추고 전자등록된 것
2. 「주식·사채 등의 전자등록에 관한 법률」 제2조제1호마목에 따른 권리로서 같은 법 제59조 각 호의 요건을 모두 갖추고 전자등록된 것
3. 「주식·사채 등의 전자등록에 관한 법률」 제2조제4호에 따른 전자등록주식등(제1호 및 제2호에 해당하는 것은 제외한다)
4. 「자본시장과 금융투자업에 관한 법률」 제309조에 따른 예탁자계좌부와 같은 법 제310조에 따른 투자자계좌부에 기재된 증권
5. 「은행법」 제33조의5에 따라 등록된 사채등
6. 「상법」 제358조의2에 따라 불소지 신고되어 주주명부에 기재된 주권
7. 법률 제14096호 주식·사채 등의 전자등록에 관한 법률 부칙 제6조에 따라 종전의 「공사채 등록법」(법률 제14096호 주식·사채 등의 전자등록에 관한 법률 부칙 제2조제1항에 따라 폐지되기 전의 것을 말한다)을 적용하는 공사채
(2023.2.28 본조개정)

제7조 【과세문서의 판단 및 구분】 ① 하나의 문서가 법 제3조제1항제1호부터 제3호까지, 제5호 또는 제6호에 따른 과세문서와 같은 항 제4호, 제8호부터 제10호까지 또는 제12호에 따른 과세문서에 해당하는 경우(하나의 문서에 이들 내용이 같이 기재된 경우를 포함한다)에는 같은 항 제1호부터 제3호까지, 제5호 또는 제6호에 따른 과세문서로 보고, 하나의 문서가 법 제3조제1항제1호부터 제3호까지, 제5호 또는 제6호에 따른 과세문서와 같은 항 제7호 또는 제11호에 따른 과세문서에 해당하는 경우(하나의 문서에 이들 내용이 같이 기재된 경우를 포함한다)에는 같은 항 제7호 또는 제11호에 따른 과세문서로 본다.
② 하나의 문서가 법 제3조제1항제4호, 제7호부터 제12호까지에 따른 과세문서 중 둘 이상의 과세문서에 해당하는 경우(하나의 문서에 이들 내용이 같이 기재된 경우를 포함한다)에는 둘 이상의 규정 중에서 세액이 큰 규정의 과세문서로 본다.
(2010.2.18 본조개정)

제8조 【기재금액의 계산】 법 제3조제1항제1호부터 제3호까지, 제5호 또는 제6호에 따른 과세문서로서 당사자 간에 일정한 한도금액을 약정하고 그 한도금액 내에서 거래를 하는 경우에는 그 한도금액을 기재금액으로 본다.(2010.2.18 본조개정)

제9조 【보완문서의 범위】 법 제5조 단서에서 "대통령령으로 정하는 경우"란 다음 각 호의 어느 하나에 해당하는 경우를 말한다.
1. 법 제3조제1항제10호의 과세문서를 보완하는 경우
2. 제2조의2 각 호에 따른 금융·보험기관과의 금전소비대차에 관한 계약에 따라 약정된 일정 금액을 분할 지급하기 위하여 보완문서를 작성하는 경우
(2010.2.18 본조개정)

제10조 (2007.2.28 삭제)

제11조 【현금납부】 ① 법 제8조제1항 단서에 따라 인지세를 납부하려는 자는 과세문서명, 납부세액, 납부방법, 과세문서를 인쇄할 인쇄소 등이 포함된 기획재정부령으로 정하는 신청서(전자문서로 된 신청서를 포함한다)를 납세의무자의 사업장(「소득세법」, 「법인세법」 또는 「부가가치세법」상 사업장이 없는 경우에는 주소지

를 말한다. 이하 같다) 관할 세무서장에게 제출하여 승인을 받아야 한다. 다만, 다음 각 호의 자는 법 제3조제1항제10호에 따른 과세문서에 대한 인지세를 법 제8조제1항 단서에 따라 현금납부하려는 경우 해당 중앙회를 통하여 그 중앙회의 사업장 관할 세무서장에게 신청서를 제출하고 승인을 받을 수 있다.(2023.2.28 본문개정)

1. 「농업협동조합법」 제2조제1호에 따른 조합
2. 「수산업협동조합법」 제2조제4호에 따른 조합
3. 「산림조합법」 제2조제1호에 따른 조합
4. 「새마을금고법」 제2조제1항에 따른 금고
5. 「신용협동조합법」 제2조제1호에 따른 신용협동조합 (2015.2.3 1호~5호신설)

② 납세의무자의 사업장 관할 세무서장(제1항 각 호 외의 부분 단서에 따른 신청의 경우에는 그 중앙회의 사업장 관할 세무서장을 말한다. 이하 같다)은 제1항에 따른 신청이 다음 각 호의 어느 하나에 해당하는 경우에는 그 승인을 거부할 수 있으며, 이 경우에는 신청일로부터 10일 이내에 거부 사유를 첨부하여 신청인에게 이를 알려야 한다.(2015.2.3 본문개정)

1. 과세문서 작성 통수의 객관적 검증이 곤란하여 현금납부가 부적합하다고 판단되는 경우
2. 신청인의 회계부서·영업부서 간, 본점·지점 간, 가맹점(거래처) 간의 상호 견제장치가 투명하지 못하고 객관적이지 아니하여 과세문서의 작성 통수, 인계·인수 통수, 거래 통수를 명백하게 검증할 수 없는 경우
3. 과세문서 작성자 외의 자에게 교부하여 거래·유통되는 과세문서로서 위조·변조 방지대책이 마련되지 아니한 경우
4. 현금납부보다 「수입인지에 관한 법률」 제2조제1항에 따른 전자수입인지를 첨부하고 소인(消印)하여 인지세를 납부하는 방법이 더 효율적인 경우(2014.2.21 본조개정)
5. 그 밖에 인지세 납세보전에 지장이 있다고 인정되는 경우

③ 제1항에 따라 제출한 신청서를 승인받은 자는 납부세액을 납세의무자의 사업장 관할 세무서장에게 법 제8조제3항에 따라 과세문서 작성일이 속하는 달의 다음 달 10일까지 납부하여야 한다.(2023.2.28 본항개정)
④ 제1항 및 제3항에 따라 인지세액을 납부한 자는 해당 문서에 인지세를 납부한 사실을 표시하여야 한다.
⑤ 제1항에 따른 현금납부를 승인한 관할 세무서장은 해당 과세문서를 인쇄할 인쇄업자에게 인지세 현금납부 표시의 승인내역을 통보하고, 인쇄업자는 인쇄종료 후 3일 이내에 납세의무자의 관할 세무서장에게 인쇄한 내용과 그 견본을 보고하여야 한다.
⑥ 제1항부터 제5항까지의 규정에 따른 신청서의 제출, 현금납부 및 인지세 납부 사실의 표시 등에 필요한 세부사항은 국세청장이 정하여 고시한다. (2010.2.18 본조개정)

제11조의2【과세대상 전자문서의 인지세 납부방법】 법 제8조제2항에서 "대통령령으로 정하는 방법"이란 「수입인지에 관한 법률」 제2조제2항제2호에 따른 전자문서용 전자수입인지를 첨부하여 납부하는 방법을 말한다.(2023.2.28 본조개정)

제11조의3【환급절차】 법 제8조의3에 따라 환급 또는 공제를 받으려는 자는 기획재정부령으로 정하는 환급신청서와 인지세를 납부한 후 작성하지 아니한 과세문서를 첨부하여 납세의무자의 사업장 관할 세무서장에게 신청하여야 한다.(2015.2.3 본조개정)

제12조【기재금액 변경 시의 세액 계산】 법 제3조제1항제1호부터 제3호까지, 제5호 및 제6호에 따른 과세문서를 작성한 후에 그 기재금액을 증액하여 변경한 경우의 인지세액은 변경 전의 계약금액과 증액한 금액의 합계액을 기재금액으로 한 세액에서 변경 전의 계약금액을 기재금액으로 하여 납부한 세액을 뺀 금액으로 한다. 다만, 그 기재금액을 감액하여 변경한 경우에는 기재금액의 변경이 없는 것으로 본다.(2010.2.18 본조개정)

부 칙 (2015.2.3)

제1조【시행일】 이 영은 공포한 날부터 시행한다.
제2조【현금납부의 승인 등에 관한 적용례】 제11조의 개정규정은 이 영 시행 이후 인지세를 현금납부하는 경우부터 적용한다.

부 칙 (2017.2.7)

이 영은 공포한 날부터 시행한다.

부 칙 (2019.2.12)

제1조【시행일】 이 영은 공포한 날부터 시행한다. 다만, 제11조의2의 개정규정은 2019년 3월 1일부터 시행한다.
제2조【과세대상 전자문서의 인지세 납부방법에 관한 적용례】 제11조의2의 개정규정은 부칙 제1조 단서에 따른 시행일 이후 과세대상 전자문서를 작성하는 경우부터 적용한다.

부 칙 (2021.2.17)

제1조【시행일】 이 영은 2021년 3월 1일부터 시행한다. 다만, 제4조의 개정규정은 공포한 날부터 시행한다.
제2조【과세대상 상품권 및 선불카드의 범위 확대에 따른 적용례】 제5조의2제1항 및 제2항의 개정규정은 이 영 시행 이후 발행되는 상품권 및 선불카드부터 적용한다.

부 칙 (2021.4.6)

제1조【시행일】 이 영은 2021년 4월 8일부터 시행한다.(이하 생략)

부 칙 (2023.2.28)

제1조【시행일】 이 영은 공포한 날부터 시행한다.
제2조【과세대상에서 제외되는 전자문서의 범위에 관한 적용례】 제6조의2의 개정규정은 이 영 시행 이후 작성하는 과세문서부터 적용한다.
제3조【현금납부에 관한 경과조치】 이 영 시행 전에 인지세 현금납부를 신청한 과세문서의 승인 및 현금납부에 관하여는 제11조제1항 및 같은 조 제3항 단서의 개정규정에도 불구하고 종전의 규정에 따른다.

인지세법 시행규칙

(1992년 2월 29일)
(전개재무부령 제1874호)

개정
1997.12.31총리령   674호(여신전문금융업법시규)
2002. 2.26재정경제부령245호   2008. 5. 8기획재정부령 23호
2010. 4.13기획재정부령147호   2013. 2.23기획재정부령330호
2015. 3. 6기획재정부령471호   2017. 3.10기획재정부령603호
2019. 3.20기획재정부령722호
2021. 3.16기획재정부령835호(국세징수시규)
2023. 3.20기획재정부령981호

제1조【목적】 이 규칙은「인지세법」및 같은 법 시행령에서 위임된 사항과 그 시행에 필요한 사항을 규정함을 목적으로 한다.(2010.4.13 본조개정)

제2조【정의】 이 규칙에서 사용하는 용어의 뜻은「인지세법」(이하「법」이라 한다) 및 같은 법 시행령(이하「영」이라 한다)에서 정하는 바에 따른다.(2010.4.13 본조개정)

제3조【부동산 등의 소유권 이전에 관한 증서의 범위】 법 제3조제1항제1호에 따른 부동산·선박·항공기의 소유권 이전에 관한 증서는 그 소유권 이전에 관한 등기 또는 등록 신청을 할 때 제출하는 계약서나 그 밖의 등기 또는 등록 원인서류로 한다.(2010.4.13 본조개정)

제4조【금전소비대차에 관한 증서의 범위】 법 제3조제1항제2호에 따른 금전소비대차에 관한 증서에는 다음 각 호의 어느 하나에 해당하는 경우로서 계약당사자의 변경 없이 이율, 상환기간 및 담보에 관한 사항을 변경하는 증서는 포함되지 않는다. 대출의 최장기한이 경과하여 변경하는 증서의 경우에도 또한 같다.
1. 대출금액의 변경이 없는 경우
2. 대출금을 일부 상환하여 그 대출금액을 변경하는 경우

(2023.3.20 본조개정)

제5조~제7조 (2002.2.26 삭제)

제8조【기재금액】 법 제3조제1항제1호부터 제3호까지, 제5호 및 제6호에 규정된 기재금액은 다음 각 호의 구분에 따른 금액으로 한다.
1. 부동산·선박·항공기의 소유권 이전에 관한 증서 : 이전의 대가액. 이 경우 이전과 관련된 비용은 포함되지 아니한다.
2. 금전소비대차에 관한 증서 : 금전소비대차금액. 이 경우 이자는 포함되지 아니한다.
3. 도급에 관한 증서 : 당사자 어느 한쪽이 어떤 일을 완성할 것을 약정하고 상대방이 그 일의 결과에 대하여 지급할 것을 약정한 보수인 도급금액 또는 수수료
4. 위임에 관한 증서 : 당사자 어느 한쪽이 상대방에게 사무의 처리를 위탁하고 상대방이 이를 승낙한 경우 위탁자가 지급할 것을 약정한 보수인 수임금액 또는 수수료
5. 광업권, 무체재산권, 어업권, 출판권, 저작인접권 또는 상호권의 양도에 관한 증서 : 양도의 대가액
6. 법 제3조제1항제6호의 시설물이용권의 입회 또는 양도에 관한 증서 : 시설물이용권의 취득 또는 양도의 대가액

(2010.4.13 본조개정)

제8조의2【선불카드 등의 범위】 영 제5조의2제3항제3호에서 "기획재정부령으로 정하는 것"이란 충전식 선불카드로서 최초의 권면금액을 사용한 후 충전하는 경우의 선불카드를 말한다.(2019.3.20 본조개정)

제9조【금융보험업을 영위하는 자의 범위】 영 제6조제1항에서 "기획재정부령으로 정하는 금융보험업을 영위하는 자"란 다음 각 호의 어느 하나에 해당하는 자를 말한다.
1. 「한국산업은행법」에 따른 한국산업은행
2. 「한국정책금융공사법」에 따른 한국정책금융공사
3. 「중소기업은행법」에 따른 중소기업은행
4. 「한국수출입은행법」에 따른 한국수출입은행
5. 「자본시장과 금융투자업에 관한 법률」제8조제7항에 따른 신탁업자
6. 「자본시장과 금융투자업에 관한 법률」제336조에 따른 종합금융회사
7. 「농업협동조합법」에 따른 농협은행(2013.2.23 본호개정)
8. 「수산업협동조합법」에 따른 수협은행(2017.3.10 본호개정)
9. 「자본시장과 금융투자업에 관한 법률」제9조제17항제3호에 따른 증권금융회사
10. 「여신전문금융업법」제2조제15호에 따른 여신전문금융회사
11. 「자본시장과 금융투자업에 관한 법률」제8조제2항 및 제3항에 따른 투자매매업자 및 투자중개업자
12. 「중소기업창업 지원법」제2조제4호에 따른 중소기업창업투자회사

(2010.4.13 본조개정)

제10조【서식】 ① 영 제11조제1항에 따른 인지세 납부 신청은 별지 제1호서식의 인지세 현금납부표시 신청(승인)서에 따른다.(2023.3.20 본항개정)
② 영 제11조제5항에 따른 세무서장의 현금납부표시 승인내역의 통보는 별지 제2호의2서식의 인지세 현금납부표시 승인내역 통보서에 따르고, 같은 항에 따른 인쇄업자의 인쇄내용 및 견본의 보고는 별지 제2호의3서식의 인지세 현금납부표시 인쇄종료 보고서에 따른다.
③ 영 제11조의3에 따른 인지세 환급(공제) 신청은 별지 제3호서식의 인지세 환급(공제)신청서에 따른다.
(2010.4.13 본조개정)

제11조【납부특례】 법 제8조의4에 따라 특허청장은 무체재산권 중 특허권, 실용신안권, 디자인권 및 상표권을 양도하는 서류의 접수일이 속하는 달의 다음 달 25일까지 별지 제4호서식의 인지세 대리납부 신고서를 관할 세무서장에게 제출하여야 하며, 「국세징수법 시행규칙」별지 제1호서식의 납부서를 한국은행(국고대리점을 포함한다) 또는 체신관서에 제시하고 징수한 인지세를 납부하여야 한다.(2021.3.16 본조개정)

부 칙 (2010.4.13)

제1조【시행일】 이 규칙은 공포한 날부터 시행한다.
제2조【일반적 적용례】 이 규칙은 이 규칙 시행 후 최초로 작성하는 과세문서부터 적용한다.

부 칙 (2013.2.23)

이 규칙은 공포한 날부터 시행한다.

부 칙 (2015.3.6)

제1조【시행일】 이 규칙은 공포한 날부터 시행한다.

제2조【서식에 관한 적용례】별지 제1호서식 및 별지 제2호서식의 개정규정은 이 규칙 시행 이후 신청하는 경우부터 적용한다.

부　칙 (2017.3.10)

이 규칙은 공포한 날부터 시행한다.

부　칙 (2019.3.20)

이 규칙은 공포한 날부터 시행한다. 다만, 제8조의2의 개정규정은 2020년 1월 1일부터 시행한다.

부　칙 (2021.3.16)

제1조【시행일】이 규칙은 공포한 날부터 시행한다. (이하 생략)

부　칙 (2023.3.20)

제1조【시행일】이 규칙은 공포한 날부터 시행한다. 다만, 제4조의 개정규정은 2023년 7월 1일부터 시행한다.

제2조【금전소비대차에 관한 증서의 범위에 관한 적용례】제4조의 개정규정은 부칙 제1조 단서에 따른 시행일 이후 작성하는 금전소비대차에 관한 증서부터 적용한다.

제3조【서식에 관한 적용례】별지 제3호서식의 개정규정은 이 규칙 시행 이후 신청하는 경우부터 적용한다.

〔별지서식〕➡ 「www.hyeonamsa.com」 참조

증권거래세법

(1978년 12월 5일)
(법 률 제3104호)

개정
1993.12.31법 4670호　　　　1996. 8.14법 5156호
2000.12.29법 6302호　　　　2004.12.31법 7324호
2006.12.30법 8139호(국세)
2008. 1. 9법 8838호　　　　2008.12.26법 9274호
2010.12.27법10401호　　　　2013. 1. 1법11615호
2013. 5.28법11845호(자본시장금융투자업)
2013. 6. 7법11873호(부가세)
2015.12.29법13628호
2016. 3.22법14096호(주식·사채등의전자등록에관한법)
2017.12.19법15229호　　　　2018.12.31법16111호
2019.12.31법16837호　　　　2020.12.22법17655호
2022. 1. 6법18724호

제1조【목적】이 법은 주권(株券) 또는 지분(持分)의 양도에 대하여 적정하게 과세함으로써 재정 수입의 원활한 조달에 이바지함을 목적으로 한다.(2015.12.29 본조신설)

제1조의2【정의】① 이 법에서 "주권"이란 다음 각 호의 어느 하나에 해당하는 것을 말한다.
1. 「상법」 또는 특별한 법률에 따라 설립된 법인의 주권
2. 외국법인이 발행한 주권으로서 「자본시장과 금융투자업에 관한 법률」 제8조의2제4항제1호에 따른 증권시장(이하 "증권시장"이라 한다)에 상장된 것
② 이 법에서 "지분"이란 「상법」에 따라 설립된 합명회사·합자회사·유한책임회사 및 유한회사의 사원 지분을 말한다.
③ 이 법에서 "양도"(讓渡)란 계약상 또는 법률상의 원인에 의하여 유상(有償)으로 소유권이 이전되는 것을 말한다.
④ 「주식·사채 등의 전자등록에 관한 법률」에 따라 전자등록된 주식, 주권 발행 전의 주식, 주식 인수로 인한 권리, 신주인수권(新株引受權)과 특별한 법률에 따라 설립된 법인이 발행하는 출자증권 및 「자본시장과 금융투자업에 관한 법률」 제4조제8항에 따른 증권예탁증권(같은 법 제4조제2항제2호의 지분증권을 예탁받은 자가 발행한 것만 해당한다)은 이 법을 적용할 때 주권으로 본다.(2016.3.22 본항개정)
⑤ 이 법을 적용할 때 거주자, 비거주자, 내국법인, 외국법인, 비거주자의 국내사업장 및 외국법인의 국내사업장은 「소득세법」과 「법인세법」에서 사용하는 용어의 예에 따른다.
(2015.12.29 본조개정)

제2조【과세대상】주권 또는 지분(이하 "주권등"이라 한다)의 양도에 대해서는 이 법에 따라 증권거래세를 부과한다. 다만, 다음 각 호의 어느 하나에 해당하는 양도에 대해서는 증권거래세를 부과하지 아니한다.
1. 증권시장과 비슷한 시장으로서 외국에 있는 시장(대통령령으로 정하는 시장만 해당하며, 이하 이 조에서 "외국증권시장"이라 한다)에 상장된 주권등을 양도하는 경우
2. 외국증권시장에 주권등을 상장하기 위하여 인수인(「자본시장과 금융투자업에 관한 법률」 제9조제12항에 따른 인수인을 말한다. 이하 같다)에게 주권등을 양도하는 경우
3. 「자본시장과 금융투자업에 관한 법률」에 따라 거래소허가를 받은 거래소로서 금융위원회가 지정하는 거래소(이하 "지정거래소"라 한다)가 같은 법 제377조제1항제3호에 따라 채무인수를 하면서 주권등을 양도하는 경우
(2015.12.29 본조개정)

제3조【납세의무자】 증권거래세의 납세의무자는 다음 각 호의 어느 하나에 해당하는 자로 한다.
1. 다음 각 목의 어느 하나에 해당하는 주권을 계좌 간 대체(對替)로 매매결제하는 경우에는 「주식·사채 등의 전자등록에 관한 법률」 제2조제6호에 따른 전자등록기관(이하 "전자등록기관"이라 한다) 또는 「자본시장과 금융투자업에 관한 법률」 제294조에 따라 설립된 한국예탁결제원(2016.3.22 본문개정)
   가. 증권시장에서 양도되는 주권
   나. 증권시장 밖에서 대통령령으로 정하는 방법에 따라 양도되는 주권
2. 제1호 외에 「자본시장과 금융투자업에 관한 법률」 제8조제1항에 따른 금융투자업자(이하 "금융투자업자"라 한다)를 통하여 주권등을 양도하는 경우에는 해당 금융투자업자
3. 제1호 및 제2호 외의 방법으로 주권등을 양도하는 경우에는 그 주권등의 양도자. 다만, 국내사업장을 가지고 있지 아니한 비거주자 또는 국내사업장을 가지고 있지 아니한 외국법인이 주권등을 금융투자업자를 통하지 아니하고 양도하는 경우에는 그 주권등의 양수인을 증권거래세 납세의무자로 한다.
(2015.12.29 본조개정)
제4조【납세지】 ① 증권거래세의 납세지는 다음 각 호의 구분에 따른다.
1. 제3조제1호 및 제2호의 경우에는 해당 납세의무자의 각 사업장소재지. 다만, 대통령령으로 정하는 경우에는 본점 또는 주사무소의 소재지를 증권거래세의 납세지로 할 수 있다.
2. 제3조제3호의 경우에는 다음 각 목의 구분에 따른 것
   가. 납세의무자가 거주자인 경우에는 그 주소지. 다만, 주소지가 없는 경우에는 그 거소지로 한다.
   나. 납세의무자가 내국법인인 경우에는 등기부에 적힌 본점 또는 주사무소의 소재지
   다. 납세의무자가 비거주자 또는 외국법인으로서 국내사업장을 가지고 있는 경우에는 그 국내사업장(국내사업장이 둘 이상인 경우에는 주된 국내사업장)의 소재지
   라. 납세의무자가 비거주자 또는 외국법인으로서 국내사업장을 가지고 있지 아니한 경우에는 증권거래세의 과세대상이 되는 주권등을 발행한 법인의 본점 또는 주사무소의 소재지
② 납세지가 불분명한 경우에는 대통령령으로 정하는 바에 따라 결정한다.
(2015.12.29 본조개정)
제5조【양도의 시기】 ① 이 법을 적용할 때 주권등의 양도 시기는 해당 매매거래가 확정되는 때로 한다.
② 제1항의 매매거래 확정에 필요한 사항은 대통령령으로 정한다.
(2015.12.29 본조개정)
제6조【비과세양도】 다음 각 호의 어느 하나에 해당하는 경우에는 증권거래세를 부과하지 아니한다.
1. 국가나 지방자치단체가 주권등을 양도하는 경우. 다만, 「국가재정법」 별표2에서 규정하는 법률에 따라 설치된 기금으로서 기금관리주체가 중앙행정기관의 장인 기금에서 취득한 주권등을 양도하는 경우 및 「우정사업 운영에 관한 특례법」 제2조제2호에 따른 우정사업총괄기관이 주권등을 양도하는 경우는 제외한다.
2. 「자본시장과 금융투자업에 관한 법률」 제119조에 따라 주권을 매출하는 경우[청약된 주권의 총수(總數)가 매출하려는 주권 총수에 미달된 경우, 그 청약되지 아니한 주권을 인수인이 인수하는 경우를 포함한다]
3. 제1호 및 제2호 외에 대통령령으로 정하는 주권등을 양도하는 경우
(2015.12.29 본조개정)

제7조【과세표준】 ① 증권거래세의 과세표준은 다음 각 호의 구분에 따른다.
1. 제3조제1호 각 목에 따른 주권을 양도하는 경우에는 그 주권의 양도가액
2. 제1호 외의 주권등을 양도하는 경우에는 다음 각 목의 구분에 따른 가액
   가. 주권등의 양도가액을 알 수 있는 경우 : 해당 주권등의 양도가액. 다만, 다음의 어느 하나에 해당하는 경우에는 그 가액에 규정하는 가액으로 한다.
   1)「소득세법」 제101조, 「법인세법」 제52조 또는 「상속세 및 증여세법」 제35조에 따라 주권등이 시가(時價)보다 낮은 가액으로 양도된 것으로 인정되는 경우(「국제조세조정에 관한 법률」 제7조가 적용되는 경우는 제외한다)에는 그 시가액
   2)「소득세법」 제126조, 「법인세법」 제92조 또는 「국제조세조정에 관한 법률」 제7조에 따라 주권등이 정상가격보다 낮은 가액으로 양도된 것으로 인정되는 경우에는 그 정상가격
   (2020.12.22 1)~2)개정)
   나. 주권등의 양도가액을 알 수 없는 경우 : 대통령령으로 정하는 양도가액 평가방법에 따라 평가한 가액
② 제1항을 적용할 때 시가 및 정상가격의 산정 등에 필요한 사항은 대통령령으로 정한다.
(2015.12.29 본조개정)
제8조【세율】 ① 증권거래세의 세율은 1만분의 35로 한다. 다만, 2021년 1월 1일부터 2022년 12월 31일까지는 1만분의 43으로 한다.(2020.12.22 본항개정)
② 제1항의 세율은 자본시장 육성을 위하여 긴급히 필요하다고 인정될 때에는 증권시장에서 거래되는 주권에 한정하여 종목별로 대통령령으로 정하는 바에 따라 낮추거나 영(零)으로 할 수 있다.
(2015.12.29 본조개정)
제9조【거래징수】 ① 제3조제1호·제2호 및 같은 조 제3호 단서에 따른 납세의무자는 주권등을 양도하는 자로부터 제7조에 따른 과세표준에 제8조에 따른 세율을 적용하여 계산한 증권거래세를 주권등의 매매결제 또는 양도를 할 때에 징수하여야 한다.
② 지정거래소는 증권시장에서 주권등의 매매거래가 체결되었을 때에는 전자등록기관이 제1항에 따른 과세표준을 확정할 수 있도록 양도 건별 주권의 종목 명, 수량, 1주 당 가액, 매매금액, 매매연월일, 양도자의 계좌번호 및 투자자를 분류할 수 있는 정보 등 대통령령으로 정하는 사항을 매매일 다음 날까지 전자등록기관에 알려야 한다.(2022.1.6 본항개정)
(2015.12.29 본조개정)
제9조의2【증권계좌 간 이체내용 등 제출】 금융투자업자는 그가 관리하는 증권계좌를 통하여 제3조제3호에 해당하는 납세의무자가 주권등을 양도한 경우에 해당 거래의 증권계좌 간 이체내용 등을 이체한 날이 속하는 분기의 말일부터 2개월 이내에 관할 세무서장에게 제출하여야 한다. 이 경우 이체내용 등 제출할 사항은 대통령령으로 정한다.(2015.12.29 본조개정)
제10조【신고·납부 및 환급】 ① 증권거래세의 납세의무자는 다음 각 호의 구분에 따라 과세표준과 세액을 대통령령으로 정하는 바에 따라 관할 세무서장에게 신고하여야 한다.
1. 제3조제1호 및 제2호의 경우에는 매월분의 과세표준과 세액을 다음 달 10일까지 신고할 것
2. 제3조제3호의 경우에는 매 반기(半期)분의 과세표준과 세액을 양도일이 속하는 반기의 말일부터 2개월 이내에 신고할 것(2017.12.19 본호개정)
② 납세의무자는 제1항 각 호에 따른 신고와 동시에 해당 월분 또는 반기분의 증권거래세를 대통령령으로 정

하는 바에 따라 납세지 관할 세무서, 한국은행(그 대리점을 포함한다) 또는 체신관서에 내야 한다. (2017.12.19 본항개정)

③ 제3조제1호에 따른 납세의무자가 제2항에 따라 낸 증권거래세액 중 잘못 내거나 초과하여 낸 금액이 있어 주권등을 양도한 자에게 환급할 때에는 그 납세의무자가 거래징수하여 낼 증권거래세액에서 조정하여 환급할 수 있다.

④ 제3항에 따른 환급의 요건 등에 관하여 필요한 사항은 대통령령으로 정한다. (2015.12.29 본조개정)

제10조의2 【본점 등의 총괄신고·납부】 증권거래세의 납세의무자가 「부가가치세법」 제8조제3항 후단에 따른 사업자 단위 과세 사업자인 경우에는 제4조제1항제1호, 제10조제1항 및 제2항에도 불구하고 그 사업자의 본점 또는 주사무소에서 총괄하여 신고·납부할 수 있다.(2015.12.29 본조개정)

제11조 【경정】 ① 관할 세무서장은 제10조에 따른 과세표준과 세액의 신고가 없거나 그 신고내용에 잘못되었거나 빠진 부분이 있으면 그 과세표준과 세액을 조사하여 결정하거나 경정(更正)할 수 있다.

② 제1항에 따라 결정하거나 경정할 때에는 장부나 그 밖의 증명자료를 근거로 하여야 한다. 다만, 장부나 그 밖의 증명자료를 근거로 할 수 없는 경우로서 대통령령으로 정하는 경우에는 추계(推計)하여 결정하거나 경정할 수 있다.

③ 관할 세무서장은 제1항과 제2항에 따라 결정하거나 경정한 과세표준과 세액에 잘못되었거나 빠진 것이 발견되었을 때에는 즉시 재경정한다. (2015.12.29 본조개정)

제12조 【수시부과】 관할 세무서장은 납세의무자가 휴업 또는 폐업하거나 그 밖에 증권거래세를 포탈할 우려가 있다고 인정될 때에는 제10조에도 불구하고 수시로 그 과세표준과 세액을 조사·결정할 수 있다. 이 경우에는 제11조제2항을 준용한다.(2015.12.29 본조개정)

제13조 【징수】 관할 세무서장은 증권거래세의 납세의무자가 신고한 세액을 내지 아니하거나 덜 낸 경우에는 그 내지 아니한 세액 또는 덜 낸 세액을 징수하고, 제11조 또는 제12조에 따라 결정·경정 또는 수시부과를 한 경우에는 그 내야 할 세액을 징수한다. (2015.12.29 본조개정)

제14조 (2006.12.30 삭제)

제15조 【장부의 비치·기록】 ① 증권거래세의 납세의무자인 법인은 관계 장부를 갖추어 두고 주권등의 종류·수량·거래금액과 그 밖에 대통령령으로 정하는 사항을 적어야 한다.

② 제1항의 장부는 해당 신고일부터 5년간 보존하여야 한다. (2015.12.29 본조개정)

제16조 【명령사항】 정부는 증권거래세의 납세 보전(保全)을 위하여 필요하다고 인정될 때에는 대통령령으로 정하는 바에 따라 그 납세의무자 및 금융투자업자에게 주권등의 매매거래(제9조의2에 해당하는 양도를 포함한다), 비과세양도 등에 관하여 단속에 필요한 사항을 명할 수 있다.(2015.12.29 본조개정)

제17조 【질문·검사】 증권거래세에 관한 사무에 종사하는 세무공무원은 증권거래세의 납세의무자와 그 거래상대방에 대하여 증권거래세와 관련되는 사항을 질문하거나 그 업무에 관한 장부·서류나 그 밖의 물건을 검사할 수 있다. 이 경우 직무상 필요한 범위 외에 다른 목적 등을 위하여 그 권한을 남용해서는 아니 된다.(2018.12.31 후단신설)

제18조 (1996.8.14 삭제)

부 칙 (2016.3.22)

제1조 【시행일】 이 법은 공포 후 4년을 넘지 아니하는 범위에서 대통령령으로 정하는 날부터 시행한다.(이하 생략)

부 칙 (2017.12.19)

제1조 【시행일】 이 법은 2018년 1월 1일부터 시행한다.

제2조 【증권거래세 과세표준 및 세액의 신고·납부에 관한 적용례】 제10조제1항제2호 및 같은 조 제2항의 개정규정은 이 법 시행 이후 주권등을 양도하는 경우부터 적용한다.

부 칙 (2018.12.31)

이 법은 공포한 날부터 시행한다.

부 칙 (2019.12.31)

제1조 【시행일】 이 법은 2020년 4월 1일부터 시행한다.

제2조 【세율 인하에 관한 적용례】 제8조제1항의 개정규정은 이 법 시행 이후 주권등을 양도하는 분부터 적용한다.

부 칙 (2020.12.22)

제1조 【시행일】 이 법은 2021년 1월 1일부터 시행한다.

제2조 【세율 인하에 관한 적용례】 제8조제1항의 개정규정은 이 법 시행 이후 주권등을 양도하는 분부터 적용한다.

부 칙 (2022.1.6)

제1조 【시행일】 이 법은 2022년 7월 1일부터 시행한다.

제2조 【거래징수에 관한 적용례】 제9조제2항의 개정규정은 이 법 시행 이후 증권시장에서 주권등의 매매거래가 체결되었을 때부터 적용한다.

증권거래세법 시행령

(1978년 12월 30일)
(대통령령 제9236호)

개정
1979. 3. 3영 9356호
1983. 9. 6영11221호
1990. 6. 4영13016호
1994. 2.18영14170호
1994.12.23영14438호(직제)
1995. 7.14영14734호
1995.12.30영14860호(소득세시)
1996. 3.30영14963호
1996.12.31영15193호(상속세시)
1998.12.31영15970호(법인세법시)
1998.12.31영15976호(조세시)
2000.12.29영17040호
2007. 2.28영19893호(국세시)
2008. 2.22영20629호
2008. 2.29영20720호(직제)
2009. 2. 3영21286호
2013. 6.28영24641호
2013. 8.27영24697호(자본시장금융투자업시)
2017. 2. 7영27843호
2019. 5.28영29788호
2020.12.29영31290호
2021. 2.17영31448호(국제조세조정에관한법령)
2022. 2.15영32430호

1981. 8.10영10445호
1984. 9.17영11508호
1993.12.31영14086호

1996. 8.22영15139호

2005. 2.19영18710호

2013. 2.15영24364호

2019. 2.12영29540호
2020. 2.11영30406호

2022.12.31영33209호

제1조【외국의 유가증권시장】「증권거래세법」(이하 "법"
이라 한다) 제2조제1호에서 "대통령령으로 정하는 시
장"이란 다음 각 호의 어느 하나에 해당하는 시장을 말
한다.(2020.2.11 본문개정)
1. 뉴욕증권거래소
2. 전미증권업협회중개시장
3. 기타 제1호 또는 제2호의 시장과 유사한 시장으로서
  기획재정부령이 정하는 시장(2008.2.29 본호개정)
(2000.12.29 본조개정)

제1조의2【납세의무자】 ① 법 제3조제1호나목에서 "대
통령령으로 정하는 방법"이란 「자본시장과 금융투자업
에 관한 법률 시행령」 제78조 또는 제178조제1항에 따
른 기준에 따라 주권을 매매하는 것을 말한다.
(2013.8.27 본항개정)
② 법 제3조제2호에서 "금융투자업자"란 「자본시장과
금융투자업에 관한 법률」에 따른 투자매매업자 또는
투자중개업자를 말한다.
③ 법 제3조제2호에서 "금융투자업자를 통하여 주권등
을 양도하는 경우"란 금융투자업자가 주권 또는 지분
(이하 "주권등"이라 한다)의 매매·위탁매매 또는 매매
의 중개나 대리를 하는 경우를 말한다.
(2009.2.3 본조개정)

제1조의3【본점일괄납부】 ① 법 제4조제1항제1호 단서
에서 "대통령령이 정하는 경우"란 법 제3조제2호에 따
른 납세의무자가 본점 또는 주사무소 관할 세무서장에
게 본점 또는 주사무소의 소재지를 그 납세의무자의
지점·영업소 또는 그 밖의 사업장(이하 "지점등"이라
한다)의 증권거래세액의 납세지로 제2항에 따라 신고
하여 수리된 경우를 말한다.
② 법 제4조제1항제1호 단서에 따라 본점 또는 주사무
소 소재지에서 해당 납세의무자의 지점등의 증권거래
세액을 납부(이하 "본점일괄납부"라 한다)하려는 자는
본점일괄납부하려는 달의 전달 20일까지 다음 각 호의
사항을 적은 본점일괄납부 신고서를 본점 또는 주사무
소 관할 세무서장에게 제출(국세정보통신망을 통한 제
출을 포함한다)하여야 한다.
1. 납세의무자의 인적사항
2. 지점등의 현황

3. 본점 또는 주사무소 소재지
4. 「자본시장과 금융투자업에 관한 법률」 제13조에 따
  른 금융투자업 인가서
5. 지방세 완납증명서
③ 본점일괄납부를 하는 납세의무자는 다음 각 호의 사유
가 발생한 경우에는 본점 또는 주사무소 관할 세무서
장에게 납세의무자의 인적사항, 변경 사유 등을 적은
본점일괄납부 변경신고서를 제출(국세정보통신망을 통
한 제출을 포함한다)하여야 한다.
1. 본점 또는 주사무소의 변경
2. 지점등의 신설·폐지
④ 본점 또는 주사무소 관할 세무서장은 제2항에 따라
본점일괄납부를 신고한 자가 다음 각 호의 어느 하나
에 해당하는 경우를 제외하고는 본점일괄납부 신고를
수리하여야 한다.
1. 본점일괄납부를 신고한 자가 신고일부터 과거 2년
  이내에 「조세범처벌법」에 따라 처벌받은 경우
2. 본점일괄납부를 신고한 자가 신고일 현재 국세 또는
  지방세를 체납하고 있는 경우
3. 그 밖에 사정의 변경으로 인하여 본점일괄납부가 적
  당하지 아니한 경우
⑤ 본점 또는 주사무소 관할 세무서장은 제4항에 따라
본점일괄납부 신고를 수리하거나 거부하는 경우에는
본점일괄납부를 신고한 달의 말일까지 신고인에게 그
사실을 알려야 한다.
⑥ 본점일괄납부를 하는 납세의무자가 본점일괄납부를
포기하고 각 지점등에서 납부하려는 경우에는 그 납부
하려는 달의 전달 20일까지 다음 각 호의 사항을 적은
본점일괄납부 포기신고서를 본점 또는 주사무소 관할
세무서장에게 제출(국세정보통신망을 통한 제출을 포
함한다)하여야 한다.
1. 납세의무자의 인적사항
2. 본점일괄납부 포기 사유
(2013.2.15 본조개정)

제1조의4【납세지의 판정기준】 ① 법 제4조제1항제2
호가목의 규정에 의한 주소 또는 거소는 「소득세법 시
행령」 제2조에 규정된 바에 따른다.
② 법 제4조제2항의 규정에 의한 납세지의 결정은 「소득
세법 시행령」 제5조 또는 「법인세법 시행령」 제8조의
규정에 의한다.
(2005.2.19 본조개정)

제2조【양도의 시기】 주권등의 법 제5조제2항에 따른
매매거래의 확정시기는 다음 각 호에 따른다.
(2009.2.3 본문개정)
1. 「자본시장과 금융투자업에 관한 법률」에 따른 증권
  시장에서 거래(다자간매매체결회사에서의 거래를 포
  함한다)된 주권에 대하여는 그 양도가액이 결제되는
  때(2013.8.27 본호개정)
2. 제1호에 따른 주권 외의 주권등을 금융투자업자가 매
  매·위탁매매 또는 매매의 중개나 대리를 하는 경우에
  는 그 대금의 전부를 결제하거나 결제받는 때
  (2009.2.3 본호개정)
3. 제1호 및 제2호 이외의 경우에는 당해 주권등을 인
  도하거나 대가의 전부를 받는 때. 다만, 그 주권등을
  인도하거나 대가의 전부를 받기 전에 권리가 이전되
  는 때에는 그 권리가 이전되는 때로 한다.

제3조【비과세양도】 법 제6조제3호에 따라 주권을 목
적물로 하는 소비대차의 경우에는 증권거래세를 부과
하지 않는다.(2020.2.11 본조개정)

제4조【양도가액평가방법】 ① 법 제7조제1항제2호가
목1)에 따른 시가액 또는 같은 목 2)에 따른 정상가격
은 다음 각 호의 가액을 말한다.(2020.2.11 본문개정)
1. 시가액 : 「소득세법 시행령」 제167조, 「법인세법 시

「행령」제89조 또는 「상속세 및 증여세법 시행령」제26조에 따라 시가로 인정된 해당 주권등의 가액
2. 정상가격 : 「소득세법 시행령」제183조의2, 「법인세법 시행령」제131조 또는 「국제조세조정에 관한 법률」제8조 및 같은 법 시행령 제5조부터 제16조까지의 규정에 따라 정상가격으로 인정된 해당 주권등의 가액 (2021.2.17 본호개정)
(2008.2.22 본항개정)
② 법 제7조제1항제2호나목에서 "대통령령으로 정하는 양도가액평가방법"이란 다음 각 호의 가액에 양도된 주권등의 거래수량을 곱하여 계산하는 것을 말한다. (2022.2.15 본문개정)
1. 「자본시장과 금융투자업에 관한 법률」에 따른 상장법인의 주권등을 증권시장 및 다자간매매체결회사 밖에서 양도하는 경우 : 「자본시장과 금융투자업에 관한 법률」에 따른 거래소가 공표하는 양도일의 매매거래 기준가액(2013.8.27 본호개정)
2. (2009.2.3 삭제)
3. 「자본시장과 금융투자업에 관한 법률」제283조에 따른 한국금융투자협회(이하 "금융투자협회"라 한다)가 같은 법 시행령 제178조제1항에 따른 기준에 따라 거래되는 종목으로 지정한 주권등을 같은 항에 따른 기준 외의 방법으로 양도하는 경우 : 금융투자협회가 공표하는 양도일의 매매거래 기준가액(2009.2.3 본호개정)
4. 제1호 및 제3호 외의 방식으로 주권등을 양도하는 경우 : 「소득세법 시행령」제150조의22에 따라 계산한 가액(2022.2.15 본호개정)
제5조 【탄력세율】 법 제8조제2항을 적용받는 주권과 그 세율은 다음 각 호와 같다.
1. 유가증권시장(「자본시장과 금융투자업에 관한 법률 시행령」제176조의9제1항에 따른 유가증권시장을 말한다)에서 양도되는 주권 : 영(零). 다만, 2021년 1월 1일부터 2022년 12월 31일까지는 1만분의 8로 하고, 2023년 1월 1일부터 2023년 12월 31일까지는 1만분의 5로 하며, 2024년 1월 1일부터 2024년 12월 31일까지는 1만분의 3으로 한다.(2022.12.31 단서개정)
2. 코넥스시장(「자본시장과 금융투자업에 관한 법률 시행령」제11조제2항에 따른 코넥스시장을 말한다)에서 양도되는 주권 : 1만분의 10(2020.12.29 본호신설)
3. 다음 각 목의 어느 하나에 해당하는 주권의 경우 : 1만분의 15. 다만, 2021년 1월 1일부터 2022년 12월 31일까지는 1만분의 23으로 하고, 2023년 1월 1일부터 2023년 12월 31일까지는 1만분의 20으로 하며, 2024년 1월 1일부터 2024년 12월 31일까지는 1만분의 18로 한다.(2022.12.31 단서개정)
   가. 코스닥시장(대통령령 제24697호 자본시장과 금융투자업에 관한 법률 시행령 일부개정령 부칙 제8조에 따른 코스닥시장을 말한다)에서 양도되는 주권
   나. 「자본시장과 금융투자업에 관한 법률 시행령」제178조제1항에 따른 기준에 따라 금융투자협회를 통하여 양도되는 주권
(2017.2.7 본호개정)
(2013.6.28 본조개정)
제6조 【거래징수】 법 제3조제1호의 납세의무자가 법 제9조에 따라 증권거래세를 징수하려는 경우 법 제6조제1호에 해당하는 부분에 대해서는 제6조의2 각 호의 사항을 기재한 비과세양도명세서를 금융투자업자로부터 제출받은 분에 대해서만 증권거래세를 징수하지 않는다.(2022.2.15 본조개정)
제6조의2 【주권매매 관련 사항의 통지】 법 제9조제2항에서 "양도 건별 주권의 종목 명, 수량, 1주 당 가액, 매매금액, 매매연월일, 양도자의 계좌번호 및 투자자를 분류할 수 있는 정보 등 대통령령으로 정하는 사항"이

란 다음 각 호의 사항을 말한다.
1. 양도 건별 주권의 종목명, 수량, 1주당 가액, 매매금액, 매매연월일과 양도자의 계좌번호
2. 법 제2조제3호에 따른 지정거래소가 「자본시장과 금융투자업에 관한 법률」제393조에 따른 증권시장업무규정으로 정하는 사항으로서 투자자를 분류할 수 있는 정보에 관한 사항
(2022.2.15 본조개정)
제6조의3 【증권계좌간 이체내역 등 제출】 금융투자업자는 법 제9조의2에 따라 그가 관리하는 증권계좌를 통하여 법 제3조제3호에 해당하는 납세의무자가 주권등을 양도한 경우에 다음 각 호의 사항을 적은 주권등의 거래명세서를 관할 세무서장에게 제출하여야 한다.
1. 제출자의 인적사항
2. 거래자의 인적사항
3. 거래 연월일
4. 거래대상 주권등 종목명
5. 거래 수량
6. 증권거래세 신고・납부세액(2019.2.12 본호신설)
(2013.2.15 본조신설)
제7조 【신고・납부 및 환급】 ① 법 제10조제1항의 규정에 의한 증권거래세의 과세표준신고에 있어서는 다음 각호의 사항을 기재한 증권거래세과세표준신고서를 관할세무서장에게 제출하여야 한다.(1996.8.22 본문개정)
1. 납세의무자의 인적사항
2. 세율별 과세표준・세율・세액
3. 거래자의 인적사항(법 제3조제3호의 규정에 의한 납세의무자에 한한다)
4. 주권등 매매계약서 사본(법 제3조제3호의 규정에 의한 납세의무자에 한한다)
5. 비과세양도명세서(법 제3조제1호의 규정에 의한 납세의무자에 한한다)
6. 기타 참고사항
② 법 제10조제2항의 규정에 의한 증권거래세의 납부에 있어서는 증권거래세과세표준신고서와 함께 관할세무서장에게 납부하거나 「국세징수법」에 의한 납부서에 증권거래세과세표준신고서를 첨부하여 한국은행(그 대리점을 포함한다) 또는 체신관서에 납부하여야 한다.(2005.2.19 본항개정)
③ 납세의무자가 사업장을 폐지한 때에는 그날부터 25일 이내에 폐지한 날이 속하는 달의 과세표준과 세액을 제1항 및 제2항의 규정에 의하여 신고하고 납부하여야 한다.(2009.2.3 본항개정)
④ 법 제3조제1호의 규정에 의한 납세의무자는 증권거래세 신고・납부기한 종료일의 다음날부터 6월이내에 법 제10조제3항의 규정에 의한 환급을 할 수 있다.(2000.12.29 본항신설)
(2000.12.29 본조제목개정)
제8조 【경정】 ① 법 제11조제2항 단서에서 "대통령령이 정하는 경우"라 함은 다음 각호의 1에 해당하는 경우를 말한다.(2000.12.29 본문개정)
1. 과세표준을 계산함에 있어서 필요한 장부 기타 증빙서류가 없거나 중요한 부분이 미비 또는 허위인 때
2. 장부 기타의 증빙서류의 내용이 주권등의 거래량에 비추어 신빙성이 없다고 인정될 때
② 법 제11조제2항 단서의 규정에 의하여 추계에 의하여 결정하는 때에는 조사에 의하여 확인된 주권등의 거래량에 제4조 각호의 규정에 의하여 계산한 주권등의 단위당 금액을 곱하여 과세표준과 세액을 계산한다.(2000.12.29 본항개정)
(2000.12.29 본조제목개정)
제8조의2 (2007.2.28 삭제)

제9조【장부의 비치·기장】법 제15조제1항에서 규정하는 관계 장부에는 다음 각 호의 사항을 기재해야 한다.(2022.2.15 본문개정)
1. 과세 및 비과세양도의 구분
2. 제6조의2 각 호의 사항 및 세액(2022.2.15 본호개정)
3. (2009.2.3 삭제)
4. 기타 참고 사항
제10조【명령사항】국세청장·관할지방국세청장 또는 관할세무서장은 법 제16조에 따라 납세의무자 및 금융투자업자에게 전자계산조직의 사용방법, 과세 및 비과세양도의 구분표시, 주권등의 매매거래(법 제9조의2에 해당하는 양도를 포함한다)상황보고, 그 밖에 납세보전상 필요한 한도내에서 단속상 필요한 사항을 명령할 수 있다.(2013.2.15 본조개정)
제11조【질문·검사】증권거래세에 관한 사무에 종사하는 공무원이 법 제17조의 규정에 의하여 질문 또는 검사를 할 때에는 그 권한을 표시하는 증표를 휴대하여 이를 관계인에게 제시하여야 한다.
제12조【서식】이 영의 규정에 의한 신고서 기타 필요한 서식은 기획재정부령으로 정한다.(2008.2.29 본조개정)
제13조 (2000.12.29 삭제)

부 칙 (2019.2.12)

제1조【시행일】이 영은 공포한 날부터 시행한다.
제2조【증권계좌 간 이체내역 등 제출에 관한 적용례】제6조의3제6호의 개정규정은 이 영 시행일이 속한 분기에 주권등을 양도하는 분부터 적용한다.

부 칙 (2019.5.28)

제1조【시행일】이 영은 2019년 6월 3일부터 시행한다.
제2조【탄력세율에 관한 적용례】제5조의 개정규정은 이 영 시행 이후 주권을 양도하는 분부터 적용한다.

부 칙 (2020.2.11)

이 영은 공포한 날부터 시행한다.

부 칙 (2020.12.29)

제1조【시행일】이 영은 2021년 1월 1일부터 시행한다.
제2조【탄력세율에 관한 적용례】제5조의 개정규정은 이 영 시행 이후 주권을 양도하는 분부터 적용한다.

부 칙 (2021.2.17)

제1조【시행일】이 영은 공포한 날부터 시행한다(이하 생략)

부 칙 (2022.2.15)

이 영은 2022년 7월 1일부터 시행한다. 다만, 제4조제2항제4호의 개정규정은 2023년 1월 1일부터 시행한다.

부 칙 (2022.12.31)

이 영은 2023년 1월 1일부터 시행한다.

증권거래세법 시행규칙

【1979년 1월 4일】
【재무부령 제1377호】

개정
1993. 5. 7재무부령   1926호   1993.12.31재무부령   1956호
1994. 7. 1재무부령   1989호   2001. 4. 2재정경제부령192호
2004.10. 1재정경제부령394호   2009. 5.11기획재정부령 81호
2010. 4.14기획재정부령150호   2011. 4. 1기획재정부령200호
2012. 2.23기획재정부령324호   2014. 3.14기획재정부령408호
2018. 3.19기획재정부령659호   2019. 3.20기획재정부령723호
2019. 7. 3기획재정부령740호   2020. 3.13기획재정부령778호
2021. 3.16기획재정부령845호   2022. 3.18기획재정부령897호
2023. 3.20기획재정부령969호

제1조【외국의 유가증권시장】「증권거래세법 시행령」(이하 "영"이라 한다) 제1조제3호에서 "기획재정부령이 정하는 시장"이란 다음 각 호의 어느 하나에 해당하는 시장을 말한다.(2009.5.11 본문개정)
1. 동경증권거래소
2. 런던증권거래소
3. 도이치증권거래소
4. 제1호부터 제3호까지와 기능이 유사한 거래소로서 「자본시장과 금융투자업에 관한 법률」 제406조제1항제2호의 외국 거래소(2009.5.11 본호개정)
(2004.10.1 본조신설)
제1조의2【본점일괄납부】① 영 제1조의3제2항에 따른 본점일괄납부 신고서는 별지 제1호서식에 따른다.
② 영 제1조의3제3항에 따른 본점일괄납부 변경신고서는 별지 제1호의2서식에 따른다.
③ 영 제1조의3제6항에 따른 본점일괄납부 포기신고서는 별지 제1호의3서식에 따른다.
(2013.2.23 본조신설)
제1조의3【거래징수】영 제6조에 따른 비과세양도명세서는 별지 제1호의4서식에 따른다.(2013.2.23 본조개정)
제1조의4【증권계좌간 이체내역 등 제출】영 제6조의3에 따른 주권등의 거래명세서는 별지 제1호의5서식에 따른다.(2013.2.23 본조신설)
제2조【증권거래세 과세표준 신고】영 제7조제1항에 따른 증권거래세 과세표준신고서는 별지 제2호서식에 따른다. 이 경우 다음 각 호의 구분에 따른 자료를 첨부하여야 한다.
1. 법 제10조제3항에 따라 증권거래세액에서 조정하여 환급할 세액이 있는 경우 : 별지 제2호서식 부표1의 조정환급명세서
2. 법 제10조의2에 따른 사업자 단위 과세 사업자와 영 제1조의3에 따른 본점 또는 주사무소 일괄납부 사업자의 경우 : 별지 제2호서식 부표2의 사업장별 증권거래세 과세표준 및 산출세액 신고명세서(지점별 증권거래세 납부명세서)
3. 법 제3조제3호에 따른 납세의무자의 경우 : 별지 제2호서식 부표3의 주권 또는 지분의 양도거래명세서 및 주권 또는 지분의 매매계약서 사본
4. 법 제6조제1호에 따라 증권거래세를 부과하지 않는 경우(법 제3조제1호의 납세자만 해당한다) : 별지 제1호의4서식의 비과세양도명세서(2021.3.16 본호신설)
5. 「조세특례제한법」 제117조제1항에 따라 증권거래세를 면제하는 경우 : 「조세특례제한법 시행규칙」 별지 제70호서식의 증권거래세 세액면제신청서(2021.3.16 본호신설)
(2014.3.14 본조개정)

제3조【장부의 비치기장】① 영 제9조에 규정하는 주권등의 거래장부는 별지 제3호서식에 의한다. 다만, 증권거래세법 제3조제1호의 납세의무자는 거래권별, 양도금액, 증권거래세, 과세 및 비과세 구분을 기재한다.
② 제1항에 규정하는 서식에 의하지 아니한 경우에도 영 제9조에 규정하는 기재사항의 전부가 기재된 경우에는 법 제15조의 규정에 의한 기장으로 본다.
제4조【조사증】영 제11조에 규정하는 증표는 별지 제4호서식에 의한다.

부 칙 (2014.3.14)

제1조【시행일】이 규칙은 공포한 날부터 시행한다.
제2조【서식에 관한 적용례】서식에 관한 개정규정은 이 규칙 시행 후 신고 또는 제출하는 분부터 적용한다.

부 칙 (2018.3.19)
(2019.3.20)

이 규칙은 공포한 날부터 시행한다.

부 칙 (2019.7.3)

제1조【시행일】이 규칙은 공포한 날부터 시행한다.
제2조【서식에 관한 적용례】별지 제2호서식의 개정규정은 2019년 6월 3일 이후 주권을 양도한 분에 대해 신고하는 경우부터 적용한다.
제3조【서식 개정에 관한 경과조치】별지 제2호서식의 개정에 따라 신고를 할 수 없는 경우에는 종전의 서식에 따른다.

부 칙 (2020.3.13)

제1조【시행일】이 규칙은 2020년 4월 1일부터 시행한다.
제2조【서식에 관한 적용례】별지 제2호서식의 개정규정은 이 규칙 시행 이후 주권 등을 양도하는 분에 대해 신고하는 경우부터 적용한다.

부 칙 (2021.3.16)

이 규칙은 공포한 날부터 시행한다.

부 칙 (2022.3.18)

제1조【시행일】이 규칙은 2022년 7월 1일부터 시행한다.
제2조【서식에 관한 경과조치】이 규칙 시행 전에 증권시장에서 주권등의 매매거래가 체결된 경우에는 별지 제1호의4서식의 개정규정에도 불구하고 종전의 서식에 따른다.

부 칙 (2023.3.20)

이 규칙은 공포한 날부터 시행한다.

〔별지서식〕➡「www.hyeonamsa.com」참조

주세법

(2020년   12월   29일)
(전부개정법률 제17762호)

개정
2021.12.21법 18593호   2022.12.31법 19201호
2023. 8. 8법 19588호(무형유산의보전및진흥에관한법)
2023.12.31법 19937호

제1장 총 칙

제1조【목적】이 법은 주세의 과세 요건 및 절차를 규정함으로써 주세를 공정하게 과세하고, 납세의무의 적정한 이행을 확보하며, 재정수입의 원활한 조달에 이바지함을 목적으로 한다.
제2조【정의】이 법에서 사용하는 용어의 뜻은 다음과 같다.
1. "주류"란 다음 각 목의 것을 말한다.
  가. 주정(酒精)〔희석하여 음용할 수 있는 에틸알코올을 말하며, 불순물이 포함되어 있어서 직접 음용할 수는 없으나 정제하면 음용할 수 있는 조주정(粗酒精)을 포함한다〕
  나. 알코올분 1도 이상의 음료〔용해하여 음용할 수 있는 가루 상태인 것을 포함하되, 「약사법」에 따른 의약품 및 알코올을 함유한 조미식품으로서 대통령령으로 정하는 것은 제외한다〕
  다. 나목과 유사한 것으로서 대통령령으로 정하는 것
2. "알코올분"이란 전체용량에 포함되어 있는 에틸알코올(섭씨 15도에서 0.7947의 비중을 가진 것을 말한다)을 말한다.
3. "주류의 규격"이란 주류를 구분하는 다음 각 목의 기준을 말한다.
  가. 주류의 제조에 사용되는 원료의 사용량
  나. 주류에 첨가할 수 있는 재료의 종류 및 비율
  다. 주류의 알코올분 및 불휘발분의 함량
  라. 주류를 나무통에 넣어 저장하는 기간
  마. 주류의 여과 방법
  바. 그 밖의 주류 구분 기준
4. "불휘발분"이란 전체용량에 포함되어 있는 휘발되지 아니하는 성분을 말한다.
5. "밑술"이란 효모를 배양·증식한 것으로서 당분이 포함되어 있는 물질을 알코올 발효시킬 수 있는 재료를 말한다.
6. "술덧"이란 주류의 원료가 되는 재료를 발효시킬 수 있는 수단을 재료에 사용한 때부터 주류를 제성(製成 : 조제하여 만듦)하거나 증류(蒸溜)하기 직전까지의 상태에 있는 재료를 말한다.
7. "주조연도"란 매년 1월 1일부터 12월 31일까지의 기간을 말한다.
8. "전통주"란 다음 각 목의 어느 하나에 해당하는 주류를 말한다.
  가. 「무형유산의 보전 및 진흥에 관한 법률」 제17조에 따라 인정된 주류부문의 국가무형유산 보유자 및 같은 법 제32조에 따라 인정된 주류부문의 시·도 무형유산 보유자가 제조하는 주류(2023.8.8 본목개정)
  나. 「식품산업진흥법」 제14조에 따라 지정된 주류부문의 대한민국식품명인이 제조하는 주류
  다. 「농업·농촌 및 식품산업 기본법」 제3조에 따른 농업경영체 및 생산자단체와 「수산업·어촌 발전 기본법」 제3조에 따른 어업경영체 및 생산자단체가

직접 생산하거나 주류제조장 소재지 관할 특별자치시·특별자치도 또는 시·군·구(자치구를 말한다. 이하 같다) 및 그 인접 특별자치시 또는 시·군·구에서 생산한 농산물을 주원료로 하여 제조하는 주류로서「전통주 등의 산업진흥에 관한 법률」제8조제1항에 따라 특별시장·광역시장·특별자치시장·도지사·특별자치도지사의 추천을 받아 제조하는 주류

9. "국(麴)"이란 다음 각 목의 것을 말한다.
   가. 녹말이 포함된 재료에 곰팡이류를 번식시킨 것
   나. 녹말이 포함된 재료와 그 밖의 재료를 섞은 것에 곰팡이류를 번식시킨 것
   다. 효소로서 녹말이 포함된 재료를 당화(糖化)시킬 수 있는 것
10. "주류 제조 위탁자"란 자신의 상표명으로 자기 책임과 계산에 따라 주류를 판매하기 위하여「주류 면허 등에 관한 법률」제3조제8항에 따라 주류의 제조를 다른 자에게 위탁하는 자를 말한다.
11. "주류 제조 수탁자"란 주류 제조 위탁자로부터「주류 면허 등에 관한 법률」제3조제8항에 따라 주류의 제조를 위탁받아 해당 주류를 제조하는 자를 말한다.

제3조【납세의무자】 다음 각 호의 어느 하나에 해당하는 자는 이 법에 따라 주세를 납부할 의무가 있다.
1. 주류를 제조하여 제조장으로부터 반출하는 자(위탁 제조하는 주류의 경우에는 주류 제조 위탁자를 말한다)
2. 주류를 수입하여「관세법」에 따라 관세를 납부할 의무가 있는 자

제4조【과세대상】 주류에 대해서는 이 법에 따라 주세를 부과한다.

제5조【주류의 종류】 ① 주류의 종류는 다음과 같다.
1. 주정
2. 발효주류
   가. 탁주
   나. 약주
   다. 청주
   라. 맥주
   마. 과실주
3. 증류주류
   가. 소주
   나. 위스키
   다. 브랜디
   라. 일반 증류주
   마. 리큐르
4. 기타 주류
② 제1항에 따른 주류의 종류별 세부 내용은 별표와 같다.

제6조【주류의 규격】 ① 알코올분의 도수는 섭씨 15도에서 전체용량 100분(分) 중에 포함되어 있는 알코올분의 용량으로 한다.
② 불휘발분의 도수는 섭씨 15도에서 전체용량 100세제곱센티미터 중에 포함되어 있는 불휘발분의 그램 수로 한다.
③ 주류에는「식품위생법」이나 그 밖에 대통령령으로 정하는 위생 관계 법령에 위반되는 유해한 성분이 포함되어서는 아니 된다.
④ 주류의 규격에 필요한 사항은 대통령령으로 정한다.

제2장 과세표준과 세율

제7조【과세표준】 ① 주정, 탁주 및 맥주에 대한 주세의 과세표준은 다음 각 호의 구분에 따른 주류 수량으로 한다.

1. 주류 제조장에서 반출하는 경우 : 반출한 수량
2. 수입하는 경우 : 수입신고하는 수량
② 주정, 탁주 및 맥주 외의 주류에 대한 주세의 과세표준은 다음 각 호의 구분에 따른 주류 가격으로 한다.
1. 주류 제조장에서 반출하는 경우 : 반출할 때의 가격
2. 수입하는 경우 : 수입신고를 하는 때의 가격
③ 제2항에 따른 주류 제조장에서 반출하는 때의 가격에는 그 주류의 주세액에 해당하는 금액은 포함하지 아니하며, 그 용기 대금과 포장비용을 포함한다. 다만, 대통령령으로 정하는 용기 대금 또는 포장비용은 포함하지 아니한다.
④ 제1항에 따른 주류 수량과 제2항에 따른 주류 가격의 계산에 필요한 사항은 대통령령으로 정한다.

제8조【세율】 ① 주류에 대한 세율은 다음과 같다.
1. 주정 : 1킬로리터당 5만 7천원(알코올분 95도를 초과하는 경우에는 그 초과하는 1도마다 600원을 더하여 계산한다)
2. 발효주류 : 다음 각 목에 따른 세율
   가. 탁주 : 1킬로리터당 4만4400원(2023.12.31 본목개정)
   나. 약주·과실주·청주 : 100분의 30
   다. 맥주 : 1킬로리터당 88만5700원. 다만, 별도의 추출장치를 사용하는 8리터 이상의 용기에 담아 판매되는 맥주로서 2026년 12월 31일 이전에 주류 제조장에서 반출하거나 수입신고하는 맥주에 대한 세율은 본문에 따른 세율의 100분의 80으로 하며, 100원 미만은 버린다.(2023.12.31 본목개정)
3. 증류주류 : 100분의 72
4. 기타 주류
   가. 별표 제4호가목 및 다목부터 마목까지의 주류 : 100분의 72. 다만, 별표 제4호다목의 주류 중 불휘발분이 30도 이상인 것은 100분의 10으로 한다.
   나. 별표 제4호나목의 주류 : 100분의 30
② 탁주 또는 맥주의 세율은 다른 주류와의 과세형평성, 조세부담 수준, 주류의 가격안정 등을 고려하여 제1항제2호가목 또는 다목에 따른 세율의 100분의 30의 범위에서 대통령령으로 조정할 수 있다.(2023.12.31 본항신설)
③ 전통주로서 대통령령으로 정하는 주류 중 대통령령으로 정하는 반출 수량 이하의 것에 대한 세율은 제1항 또는 제2항에 따른 세율의 100분의 50으로 한다.
(2023.12.31 본항개정)

제3장 신고와 납부

제9조【과세표준 등의 신고】 ① 주류 제조장에서 주류를 반출한 자는 매 분기 주류 제조장에서 반출한 주류의 종류, 알코올분, 수량, 가격, 세율, 산출세액, 공제세액, 환급세액, 납부세액 등을 적은 신고서를 반출한 날이 속하는 분기의 다음 달 25일까지 관할 세무서장에게 제출하여야 한다.
② 주류 제조자는 제15조제2호·제3호 또는 제16조에 해당하는 경우에는 그 사유가 발생한 날이 속하는 달의 다음 달 말일까지 반출된 것으로 보는 주류에 대하여 제1항에 따른 신고서를 관할 세무서장에게 제출하여야 한다.
③ 주류를 수입하는 자는 수입신고하는 때에「관세법」에 따른 신고서를 관할 세관장에게 제출하여야 한다.

제10조【납부】 ① 주류 제조장에서 주류를 반출한 자는 반출한 주류의 수량 또는 가격에 세율을 곱하여 산출한 세액을 관할 세무서장에게 납부하여야 한다.

② 주류를 수입하는 자는 수입한 주류의 수량 또는 가격에 세율을 곱하여 산출한 세액을 관할 세관장에게 납부하여야 한다.

제11조【납부기한】 ① 주세는 매 분기 분을 제9조제1항에 따른 신고서 제출기한까지 관할 세무서장에게 납부하여야 한다. 다만, 수입하는 주류에 관하여는 「관세법」에 따른다.

② 제9조제2항에 따른 신고를 하는 경우에는 주세를 해당 신고서 제출기한까지 관할 세무서장에게 납부하여야 한다.

제4장 결정·경정과 징수 및 환급

제12조【결정 및 경정】 ① 관할 세무서장 또는 관할 지방국세청장(이하 "관할 세무서장등"이라 한다)은 제9조제1항 또는 제2항에 따른 신고서의 제출이 없는 경우에는 과세표준과 세액을 결정한다.

② 관할 세무서장등은 제9조제1항 또는 제2항에 따라 제출된 내용에 오류 또는 누락이 있는 경우에는 과세표준과 세액을 경정한다.

③ 관할 세무서장등이 제1항 또는 제2항에 따라 과세표준과 세액을 결정하거나 경정하는 경우에는 장부나 그 밖의 증명서류를 근거로 하여야 한다. 다만, 다음 각 호의 어느 하나에 해당하는 사유가 있는 경우에는 대통령령으로 정하는 바에 따라 추계할 수 있다.

1. 과세표준을 계산할 때 필요한 장부 또는 그 밖의 증명 자료가 없거나 그 중요한 부분이 갖추어지지 아니한 경우
2. 장부 또는 그 밖의 증명 자료의 내용이 시설규모, 종업원 수와 원자재·상품·제품 또는 각종 요금의 시가 등에 비추어 거짓임이 명백한 경우
3. 장부 또는 그 밖의 증명 자료의 내용이 원자재 사용량, 동력 사용량이나 그 밖의 조업상황 등에 비추어 거짓임이 명백한 경우

④ 관할 세무서장등은 과세표준과 세액을 결정 또는 경정한 후 그 결정 또는 경정에 오류 또는 누락이 있는 것을 발견한 경우에는 지체 없이 이를 다시 경정한다.

제13조【주세의 징수】 제10조에 따라 주세를 납부하여야 할 자가 그 납부하여야 할 세액의 전부 또는 일부를 납부하지 아니한 경우에는 관할 세무서장 또는 관할 세관장은 그 납부하지 아니한 세액을 「국세징수법」 또는 「관세법」에 따라 징수한다.

제14조【수입 주류에 대한 과세】 수입하는 주류에 대한 주세의 부과 및 징수에 관하여 이 법에서 정하지 아니한 사항에 관하여는 「관세법」에 따른다.

제15조【반출된 것으로 보는 경우】 주류가 다음 각 호의 어느 하나에 해당하는 경우에는 제조장에서 반출된 것으로 본다.

1. 제조장에서 마신 경우
2. 「주류 면허 등에 관한 법률」 제13조에 따라 주류 제조면허가 취소된 경우로서 주류가 제조장에 남아 있는 경우. 다만, 대통령령으로 정하는 경우는 제외한다.
3. 제조장에 있는 주류가 공매 또는 경매되거나 파산절차에 따라 환가(換價)된 경우
4. 제조장에 있는 주류가 「부가가치세법」 제10조에 따라 재화의 공급으로 보는 경우에 해당하는 경우

제16조【담보 미제공 등의 주세 징수】 제21조에 따라 주세에 대한 담보를 제공하거나 주류를 보존할 것을 명한 경우로서 해당 담보의 제공 또는 주류의 보존을 하지 아니한 경우에는 제조장에 있는 주류를 제조장에서 반출된 것으로 보아 지체 없이 그 주세를 징수한다.

제17조【미납세 반출 등】 ① 다음 각 호의 어느 하나에 해당하는 주류에 대해서는 대통령령으로 정하는 바에 따라 주세를 징수하지 아니한다.

1. 제20조제1항제1호에 따른 주류를 수출하기 위하여 다른 장소로 반출하는 것(내국신용장 또는 「대외무역법」에 따른 구매확인서가 있는 경우만 해당한다)
2. 주류를 제조 또는 가공하기 위한 원료로 사용하기 위하여 주류 제조장에서 반출하거나 또는 보세구역에서 반출하는 것

② 주류 제조장 또는 보세구역에서 제1항 각 호의 어느 하나에 해당하는 주류를 반출하려는 자는 대통령령으로 정하는 바에 따라 관할 세무서장 또는 관할 세관장의 승인을 받아야 한다.(2021.12.21 본항신설)

③ 제1항 각 호에 따른 주류로서 반입 장소에 반입된 사실을 대통령령으로 정하는 바에 따라 증명하지 아니한 것에 대해서는 반출자로부터 그 주세를 징수한다.

④ 제1항에 따른 주류가 반입 장소에 반입되기 전에 자연재해나 그 밖의 부득이한 사유로 멸실된 경우에는 대통령령으로 정하는 바에 따라 그 주세를 징수하지 아니한다.

⑤ 제1항에 따른 주류를 반입한 자는 반입한 날이 속한 달의 다음 달 10일까지 그 반입 사실을 반입지 관할 세무서장 또는 관할 세관장에게 신고하여야 한다.

⑥ 제1항에 따른 주류에 대하여 제13조를 적용할 때에는 그 주류의 반입 장소를 주류 제조장으로 보고, 반입자를 주류 제조장에서 주류를 반출한 자로 본다.

제18조【환입 주류에 대한 세액공제 및 환급】 ① 이미 주세가 납부되었거나 납부되어야 할 주류가 다음 각 호의 어느 하나의 경우에 해당하면 납부 또는 징수하여야 할 세액에서 그 세액을 공제하고, 납부 또는 징수할 세액이 없는 경우에는 이미 납부한 세액을 환급한다.

1. 변질, 품질불량, 대통령령으로 정하는 생산 중단이나 그 밖의 부득이한 사유로 동일한 주류 제조자의 주류 제조장 중 어느 한 곳으로 다시 들어온 경우
2. 변질, 품질불량, 대통령령으로 정하는 수입 중단이나 그 밖의 부득이한 사유로 수입신고자의 본점 소재지 또는 하치장(荷置場 : 주류의 제조자가 직접 생산한 주류와 주류판매업자가 직접 구입한 주류의 보관·관리시설을 갖춘 장소를 말한다)에서 폐기된 경우
3. 유통과정 중 파손 또는 자연재해로 멸실된 경우

② 제1항에 따른 공제 또는 환급을 받으려는 자는 해당 사유가 발생한 날이 속하는 분기 다음 달 25일(주류를 수입하는 자는 해당 사유가 발생한 날이 속한 달의 다음다음 달 말일)까지 대통령령으로 정하는 바에 따라 제9조제1항 또는 같은 조 제3항에 따른 신고와 함께 공제 또는 환급을 신청하여야 한다.

③ 이미 납부하였거나 납부하여야 할 가산세는 제1항에도 불구하고 공제 또는 환급하지 아니한다.

제19조【원료용 주류에 대한 세액공제 및 환급】 ① 이미 과세되었거나 과세되어야 할 주류를 원료로 하여 제조한 주류(용기주입제조장에서 제조한 주류를 포함한다)에 대해서는 제7조 및 제8조에 따라 산출한 세액에서 그 원료용 주류에 대한 주세액에 해당하는 금액을 공제한 것을 그 세액으로 한다.

② 제1항에 따라 공제하여야 할 금액이 해당 주류에 대한 세액을 초과하는 경우에는 납부할 주세액이 없는 것으로 한다.

③ 제20조제1항제1호부터 제5호까지의 규정에 해당하는 주류의 원료용 주류에 대한 주세액에 해당하는 금액은 제2항에도 불구하고 환급한다. 다만, 납부할 주세액이 있는 경우에는 공제하여야 한다.

④ 제1항과 제3항에 따른 원료용 주류에 대한 주세액의 공제 및 환급에 필요한 사항은 대통령령으로 정한다.
⑤ 이미 납부하였거나 납부하여야 할 가산세는 제1항과 제3항에도 불구하고 공제 또는 환급하지 아니한다.

제5장 면 세

제20조【면세】 ① 다음 각 호의 어느 하나에 해당하는 주류에 대해서는 대통령령으로 정하는 바에 따라 주세를 면제한다.
1. 수출하는 것
2. 우리나라에 주둔하는 외국 군대에 납품하는 것
3. 외국에 주둔하는 국군부대에 납품하는 것
4. 주한외국공관이나 그 밖에 이에 준하는 기관으로서 대통령령으로 정하는 기관에 납품하는 것
5. 외국 선원 휴게소에 납품하는 것
6. 「주류 면허 등에 관한 법률」 또는 「식품위생법」에 따라 검사 목적으로 수거하는 것
7. 「무형유산의 보전 및 진흥에 관한 법률」에 따른 무형유산으로 지정받은 기능보유자가 제조한 주류로서 같은 법에 따라 무형유산 공개에 사용되는 것 (2023.8.8 본호개정)
8. 「약사법」에 따라 의약품을 제조할 때 원료로서 사용되는 것
9. 주정으로서 국가의 화약 제조용, 연초 발효용(수출용에 한정한다), 연료용, 의료 의약품용이나 그 밖의 공업용으로 사용되는 것
② 다음 각 호의 어느 하나에 해당하는 주류의 수입에 대해서는 대통령령으로 정하는 바에 따라 주세를 면제한다.
1. 주한외국공관이나 그 밖에 이에 준하는 기관으로서 대통령령으로 정하는 기관이 공용품(公用品)으로 직접 수입하는 것
2. 주한외교관 및 이에 준하는 자로서 대통령령으로 정하는 자가 자가 소비용으로 직접 수입하는 것
3. 사원, 교회나 그 밖의 종교 단체에 의식용(儀式用)으로 외국에서 기증한 것
4. 여행자가 입국할 때에 직접 가지고 들어오는 주류로서 관세가 면제되는 것
5. 「약사법」에 따라 의약품을 제조하기 위한 원료로서 수입하는 것
6. 「주류 면허 등에 관한 법률」 또는 「수입식품안전관리 특별법」에 따라 검사 목적으로 수거하는 것
7. 수출된 주류가 변질, 품질불량이나 그 밖의 부득이한 사유로 해당 주류를 제조한 자의 주류 제조장 중 어느 한 곳으로 다시 들어온 것
③ 관할 세무서장 또는 관할 세관장은 제1항과 제2항에 따라 지정한 기한까지 수출, 수입 또는 납품에 관한 증명을 하지 아니한 것에 대해서는 제조자 또는 수입신고를 한 자로부터 지체 없이 주세를 징수한다. 다만, 자연재해나 그 밖의 부득이한 사유로 멸실된 것에 대해서는 대통령령으로 정하는 바에 따라 주세를 면제할 수 있다.
④ 관할 세무서장 또는 관할 세관장은 제1항 또는 제2항에 따라 주세가 면제되는 주류에 대하여 필요하다고 인정되면 대통령령으로 정하는 바에 따라 그 주세액에 상당하는 담보물의 제공을 명할 수 있다.
⑤ 제1항 또는 제2항에 따라 주세가 면제된 주류가 원래 목적에 사용되지 아니한 경우에는 지체 없이 그 주세를 징수한다. 이 경우 제1항(같은 항 제9호는 제외한다) 또는 제2항에 따라 면세된 주류를 사용하고 있는 자를 주류를 제조한 자로, 그 면세된 주류를 수입한 자를 주류를 수입한 자로 보고, 제1항제9호에 따라 주세를 면제받은 주정의 경우에는 반입 장소 또는 인수 장소

를 주류 제조장으로, 해당 장소의 영업자를 주류를 제조한 자로 본다.

제6장 납세의 담보 등

제21조【주세의 담보 및 보증】 관할 세무서장은 주세 보전을 위하여 필요하다고 인정되면 주류 제조자에 대하여 대통령령으로 정하는 바에 따라 주세에 대한 담보를 제공하거나 납세 보증으로서 주세액에 상당하는 가액의 주류(이하 "납세보증주류"라 한다)를 보존할 것을 명할 수 있다.
제22조【납세보증주류의 주세 충당】 관할 세무서장은 납세의무자가 이 법에 따라 납부기한까지 주세를 납부하지 아니하는 경우에는 납세보증주류를 「국세징수법」에서 정하는 바에 따라 공매하고, 그 금액으로 주세를 충당하여야 한다.
제23조【납세보증주류의 보존】 주류 제조자는 제21조에 따라 관할 세무서장이 보존을 명한 납세보증주류를 처분하거나 제조장에서 반출할 수 없다.
제24조【「국세징수법」의 준용】 납세 담보에 관하여 이 법에 규정된 사항을 제외하고는 「국세징수법」 제18조부터 제23조까지의 규정을 준용한다.
제25조【질문·조사】 ① 주세에 관한 사무에 종사하는 공무원은 주세에 관한 업무를 위하여 필요하면 주류·밑술 또는 술덧의 제조자나 주류 판매업자에게 주세와 관계되는 사항을 질문하거나 그 장부·서류나 그 밖의 물건을 조사하거나 그 제출을 명할 수 있다.
② 제1항을 적용하는 경우 주세에 관한 사무에 종사하는 공무원은 직무를 위하여 필요한 범위 외에 다른 목적 등을 위하여 그 권한을 남용해서는 아니 된다.
제26조【주류 제조 위탁 관련 적용】 「주류 면허 등에 관한 법률」 제3조제8항에 따라 위탁 제조하는 주류와 관련하여 제2장부터 제6장까지를 적용할 때에는 다음과 같이 한다.
1. 제7조제1항부터 제3항까지, 제8조제1항, 제9조제1항, 제10조제1항, 제15조, 제16조, 제17조제1항·제2항 또는 제23조에서 "주류 제조장" 또는 "제조장"은 주류 제조 수탁자가 해당 주류의 제조를 위탁받아 제조하는 제조장으로 한다.(2022.12.31 본호개정)
2. 제7조제1항·제4항, 제8조제3항, 제9조제1항 또는 제10조제1항에서 "반출한 수량" 또는 "수량"은 주류 제조 수탁자의 제조장에서 반출한 수량으로 한다.
3. 제7조제2항·제3항, 제9조제1항 또는 제10조제1항에서 "반출하는 때의 가격" 또는 "가격"은 주류 제조 위탁자가 제3자에게 판매하는 가격으로 한다.
4. 제9조제1항·제2항, 제10조제1항, 제17조제2항·제3항·제6항, 제18조제1항제1호, 제20조제2항제7호, 같은 조 제3항·제5항, 제21조 또는 제23조에서 "주류를 반출한 자", "주류를 반출하려는 자", "반출자", "주류 제조자", "주류를 제조한 자" 또는 "제조자"는 주류 제조 위탁자로 한다.(2021.12.21 본호개정)

제7장 벌 칙

제27조【과태료】 ① 제20조에 따라 면세한 주류를 판매의 목적으로 소지하거나 판매한 자에게는 2천만원 이하의 과태료를 부과한다.
② 제1항에 따른 과태료는 대통령령으로 정하는 바에 따라 관할 세무서장이 부과·징수한다.

부 칙

제1조【시행일】 이 법은 2021년 1월 1일부터 시행한다. 다만, 제8조제2항의 개정규정은 2021년 3월 1일부터 시행한다.

제2조 【일반적 적용례】 이 법은 이 법 시행 이후 제조장으로부터 반출하거나 수입신고하는 주류부터 적용한다.

제3조 【일반적 경과조치】 이 법 시행 전에 종전의 규정에 따라 부여하였거나 부여하여야 할 제조, 판매 면허에 대해서는 종전의 규정에 따른다.

제4조 【주류의 범위 확대에 관한 경과조치】 종전의 「주세법」(법률 제16847호로 개정되기 전의 것을 말한다) 시행 전에 제조된 것으로서 제2조제1호다목의 개정규정에 해당하는 것은 법률 제16847호 주세법 일부개정법률 시행일부터 제2조제1호다목의 개정규정에 따른 주류로 보아 같은 개정규정을 적용한다.

제5조 【납세보증에 관한 경과조치】 종전의 「주세법」(법률 제6055호로 개정되기 전의 것을 말한다) 시행 전 종전의 규정에 따라 납세보증을 한 납세보증인에 대해서는 같은 법으로 개정되기 전의 규정에 따른다.

제6조 【종전 부칙의 적용범위에 관한 경과조치】 종전의 「주세법」의 개정에 따라 규정하였던 종전의 부칙은 이 법 시행 전에 그 효력이 이미 상실된 경우를 제외하고는 이 법의 규정에 위배되지 아니하는 범위에서 이 법 시행 이후에도 계속하여 적용한다.

제7조 【다른 법령과의 관계】 이 법 시행 당시 다른 법령에서 종전의 「주세법」의 규정을 인용한 경우에 이 법 가운데 그에 해당하는 규정이 있을 때에는 종전의 규정을 갈음하여 이 법의 해당 규정을 인용한 것으로 본다.

    부   칙 (2021.12.21)

이 법은 2022년 1월 1일부터 시행한다.

    부   칙 (2022.12.31)

제1조 【시행일】 이 법은 2023년 4월 1일부터 시행한다.

제2조 【탁주와 맥주의 세율에 관한 경과조치】 이 법 시행 전에 주류 제조장에서 반출하였거나 수입신고한 탁주와 맥주의 세율에 관하여는 제8조제1항제2호가목·다목 및 같은 조 제2항의 개정규정에도 불구하고 종전의 규정에 따른다.

제3조 【다른 법률의 개정】 ※(해당 법령에 가제정리하였음)

    부   칙 (2023.8.8)

제1조 【시행일】 이 법은 2024년 5월 17일부터 시행한다.(이하 생략)

    부   칙 (2023.12.31)

제1조 【시행일】 이 법은 2024년 1월 1일부터 시행한다.

제2조 【탁주와 맥주의 세율에 관한 경과조치】 ① 이 법 시행 전에 주류 제조장에서 반출하였거나 수입신고한 탁주의 세율에 관하여는 제8조제1항제2호가목, 같은 조 제2항 및 제3항의 개정규정에도 불구하고 종전의 제8조제1항제2호가목에 따른다.

② 이 법 시행 전에 주류 제조장에서 반출하였거나 수입신고한 맥주의 세율에 관하여는 제8조제1항제2호다목 및 같은 조 제2항의 개정규정에도 불구하고 종전의 제8조제1항제2호다목에 따른다.

〔별표〕

주류의 종류별 세부 내용(제5조제2항 관련)

1. 주정
  가. 녹말 또는 당분이 포함된 재료를 발효시켜 알코올분 85도 이상으로 증류한 것
  나. 알코올분이 포함된 재료를 알코올분 85도 이상으로 증류한 것

2. 발효주류
  가. 탁주
    1) 녹말이 포함된 재료(발아시킨 곡류는 제외한다), 국(麴) 및 물을 원료로 하여 발효시킨 술덧을 여과하지 아니하고 혼탁하게 제성한 것
    2) 녹말이 포함된 재료(발아시킨 곡류는 제외한다), 국(麴), 다음의 어느 하나 이상의 재료 및 물을 원료로 하여 발효시킨 술덧을 여과하지 아니하고 혼탁하게 제성한 것
      가) 당분
      나) 과일·채소류
    3) 1) 또는 2)에 따른 주류의 발효·제성 과정에 대통령령으로 정하는 재료를 첨가한 것
  나. 약주
    1) 녹말이 포함된 재료(발아시킨 곡류는 제외한다), 국(麴) 및 물을 원료로 하여 발효시킨 술덧을 여과하여 제성한 것
    2) 녹말이 포함된 재료(발아시킨 곡류는 제외한다), 국(麴), 다음의 어느 하나 이상의 재료 및 물을 원료로 하여 발효시킨 술덧을 여과하여 제성한 것
      가) 당분
      나) 과일·채소류
    3) 1) 또는 2)에 따른 주류의 발효·제성 과정에 대통령령으로 정하는 재료를 첨가한 것
    4) 1)부터 3)까지의 규정에 따른 주류의 발효·제성 과정에 대통령령으로 정하는 주류를 혼합하여 제성한 것으로서 알코올분 도수가 대통령령으로 정하는 도수 범위 내인 것
  다. 청주
    1) 곡류 중 쌀(찹쌀을 포함한다), 국(麴) 및 물을 원료로 하여 발효시킨 술덧을 여과하여 제성한 것 또는 그 발효·제성 과정에 대통령령으로 정하는 재료를 첨가한 것
    2) 1)에 따른 주류의 발효·제성 과정에 대통령령으로 정하는 주류 또는 재료를 혼합하거나 첨가하여 여과하여 제성한 것으로서 알코올분 도수가 대통령령으로 정하는 도수 범위 내인 것
  라. 맥주
    1) 발아된 맥류(麥類), 홉(홉 성분을 추출한 것을 포함한다. 이하 같다) 및 물을 원료로 하여 발효시켜 제성하거나 여과하여 제성한 것
    2) 발아된 맥류, 홉, 다음의 어느 하나 이상의 재료 및 물을 원료로 하여 발효시켜 제성하거나 여과하여 제성한 것
      가) 녹말이 포함된 재료
      나) 당분
      다) 캐러멜
      라) 그 밖에 대통령령으로 정하는 재료
    3) 1) 또는 2)에 따른 주류의 발효·제성 과정에 대통령령으로 정하는 주류 또는 재료를 혼합하거나 첨가하여 인공적으로 탄산가스가 포함되게 제성한 것으로서 알코올분 도수가 대통령령으로 정하는 도수 범위 내인 것
    4) 1)부터 3)까지의 규정에 따른 주류를 나무통에 넣어 저장한 것
  마. 과실주
    1) 과실(과실즙과 건조시킨 과실을 포함한다. 이하 같다) 또는 과실과 물을 원료로 하여 발효시킨 술덧을 여과하여 제성하거나 나무통에 넣어 저장한 것

2) 과실을 주된 원료로 하여 당분과 물을 혼합하여 발효시킨 술덧을 여과하여 제성하거나 나무통에 넣어 저장한 것
3) 1) 또는 2)에 따른 주류의 발효·제성 과정에 과실 또는 당분을 첨가하여 발효시켜 인공적으로 탄산가스가 포함되게 하여 제성한 것
4) 1) 또는 2)에 따른 주류의 발효·제성 과정에 과실즙을 첨가한 것 또는 이에 대통령령으로 정하는 재료를 첨가한 것
5) 1)부터 4)까지의 규정에 따른 주류에 대통령령으로 정하는 주류 또는 재료를 혼합하거나 첨가하여 제성한 것으로서 알코올분 도수가 대통령령으로 정하는 도수 범위 내인 것
6) 1)부터 5)까지의 규정에 따른 주류의 발효·제성 과정에 대통령령으로 정하는 재료를 첨가한 것

3. 증류주류
가. 소주(불휘발분이 2도 미만이어야 한다)
1) 녹말이 포함된 재료, 국과 물을 원료로 하여 발효시켜 연속식증류 외의 방법으로 증류한 것. 다만, 다음의 어느 하나에 해당하는 것은 제외한다.
　가) 발아시킨 곡류(대통령령으로 정하는 것은 제외한다)를 원료의 전부 또는 일부로 한 것
　나) 곡류에 물을 뿌려 섞어 밀봉·발효시켜 증류한 것
　다) 자작나무숯(다른 재료를 혼합한 숯을 포함한다. 이하 같다)으로 여과한 것
2) 1)에 따른 주류의 발효·제성 과정에 대통령령으로 정하는 재료를 첨가한 것
3) 1) 또는 2)에 따른 주류에 대통령령으로 정하는 바에 따라 주정 또는 대통령령으로 정하는 곡물주정(이하 "곡물주정"이라 한다)을 혼합한 것
4) 1)부터 3)까지의 규정에 따른 주류를 나무통에 넣어 저장한 것
5) 주정 또는 곡물주정을 물로 희석한 것
6) 주정과 곡물주정을 혼합한 것을 물로 희석한 것
7) 5) 또는 6)에 따른 주류에 대통령령으로 정하는 재료를 첨가한 것
8) 5)부터 7)까지의 규정에 따른 주류에 대통령령으로 정하는 바에 따라 1) 또는 4)에 따른 주류를 혼합한 것
9) 5)부터 8)까지의 규정에 따른 주류를 나무통에 넣어 저장한 것
나. 위스키(불휘발분이 2도 미만이어야 한다)
1) 발아된 곡류와 물을 원료로 하여 발효시킨 술덧을 증류해서 나무통에 넣어 저장한 것
2) 발아된 곡류와 물로 곡류를 발효시킨 술덧을 증류하여 나무통에 넣어 저장한 것
3) 1)에 따른 주류의 술덧을 증류한 것과 2)에 따른 주류의 술덧을 증류한 것을 혼합하여 나무통에 넣어 저장한 것
4) 1)과 2)에 따른 주류를 혼합한 것
5) 1)부터 3)까지의 규정에 따른 주류에 대통령령으로 정하는 주류 또는 재료를 혼합하거나 첨가한 것
다. 브랜디(불휘발분이 2도 미만이어야 한다)
1) 제5조제1항제2호마목에 따른 주류를(과실주지게미를 포함한다) 증류하여 나무통에 넣어 저장한 것
2) 1)에 따른 주류에 대통령령으로 정하는 주류 또는 재료를 혼합하거나 첨가한 것
라. 일반증류주(불휘발분이 2도 미만이어야 한다)
다음 중 어느 하나에 규정된 것으로서 제1호 또는 제3호가목부터 다목까지의 규정에 따른 주류 외의 것. 다만, 6)부터 10)까지의 규정에 따라 첨가하는 재료에 과실·채소류가 포함되는 경우에는 과실·채소류를 발효시키지 아니하고 사용하여야 한다.
1) 수수 또는 옥수수, 그 밖에 녹말이 포함된 재료와 국을 원료(고량주지게미를 첨가하는 경우를 포함한다)로 하여 물을 뿌려 섞은 것을 밀봉하여 발효시켜 증류한 것
2) 사탕수수, 사탕무, 설탕(원당을 포함한다) 또는 당밀 중 하나 이상의 재료를 주된 원료로 하여 물과 함께 발효시킨 술덧을 증류한 것

3) 술덧이나 그 밖에 알코올분이 포함된 재료를 증류한 주류에 노간주나무열매 및 식물을 첨가하여 증류한 것
4) 주정이나 그 밖에 알코올분이 포함된 재료를 증류한 주류를 자작나무숯으로 여과하여 무색·투명하게 제성한 것
5) 녹말 또는 당분이 포함된 재료를 주된 원료로 하여 발효시켜 증류한 것
6) 1)부터 5)까지의 규정에 따른 주류의 발효·증류·제성 과정에 대통령령으로 정하는 재료를 첨가한 것
7) 1)부터 5)까지의 규정에 따른 주류를 혼합한 것 또는 이들 혼합한 주류의 증류·제성 과정에 대통령령으로 정하는 재료를 첨가한 것
8) 제1호, 제3호가목부터 다목까지의 규정에 따른 주류의 발효·증류·제성 과정에 대통령령으로 정하는 재료를 첨가한 것
9) 제1호, 제3호가목부터 다목까지의 규정에 따른 주류를 혼합한 것 또는 이들 혼합한 주류의 증류·제성 과정에 대통령령으로 정하는 재료를 첨가한 것
10) 1)부터 5)까지, 제1호, 제3호가목부터 다목까지의 규정에 따른 주류를 혼합한 것 또는 이들 혼합한 주류의 증류·제성 과정에 대통령령으로 정하는 재료를 첨가한 것
11) 1)부터 10)까지의 규정에 따른 주류를 나무통에 넣어 저장한 것
마. 리큐르(불휘발분이 2도 이상이어야 한다)
제5조제1항제3호가목부터 라목까지의 규정에 따른 주류로서 대통령령으로 정하는 재료를 첨가한 것

4. 기타 주류
가. 용해하여 알코올분 1도 이상의 음료로 할 수 있는 가루상태인 것
나. 발효에 의하여 제성한 주류로서 제2호에 따른 주류 외의 것
다. 쌀 및 입국(粒麴 : 쌀에 곰팡이류를 접종하여 번식시킨 것)에 주정을 첨가해서 여과한 것 또는 이에 대통령령으로 정하는 재료를 첨가하여 여과한 것
라. 발효에 의하여 만든 주류와 제1호 또는 제3호에 따른 주류를 섞은 것으로서 제2호에 따른 주류 외의 것
마. 그 밖에 제1호부터 제3호까지 및 제4호가목부터 라목까지의 규정에 따른 주류 외의 것

주세법 시행령

(2021년 2월 17일)
(전부개정대통령령 제31449호)

개정
2021.11.23영32148호(자원의절약과재활용촉진에관한법시)
2022. 2.15영32426호
2023.12.14영33965호
2023. 2.28영33270호

제1장 총 칙

제1조【목적】 이 영은 「주세법」에서 위임된 사항과 그 시행에 필요한 사항을 규정함을 목적으로 한다.

제2조【주류의 범위】 ① 「주세법」(이하 "법"이라 한다) 제2조제1호나목에서 "대통령령으로 정하는 것"이란 다음 각 호의 것을 말한다.

1. 「약사법」에 따른 의약품으로서 알코올분 6도 미만인 것
2. 법 별표 제4호다목에 해당하는 주류 중 불휘발분 30도 이상인 것으로서 다른 식품의 조리과정에 첨가하여 풍미를 증진시키는 용도로 사용하기 위하여 제조된 식품일 것(2022.2.15 본호개정)

② 법 제2조제1호나목에서 "대통령령으로 정하는 것"이란 주류 제조 원료가 용기에 담긴 상태로 제조장에서 반출되거나 수입신고된 후 추가적인 원료 주입 없이 용기 내에서 주류 제조 원료가 발효되어 최종적으로 법 제2조제1호나목에 따른 음료가 되는 것을 말한다.

③ 제2항에 따른 주류의 종류는 최종 제품을 기준으로 한다.

제3조【주류의 규격 등】 ① 법 제5조, 제6조 및 별표에 따라 주류의 종류별로 혼합 또는 첨가할 수 있는 주류 또는 재료는 별표1과 같다.

② 법 제5조, 제6조 및 별표에 따른 주류의 종류별 알코올분 도수는 별표2와 같다.

③ 법 제5조, 제6조 및 별표에 따라 주류를 제조할 때의 주류의 종류별 원료 사용량 및 여과방법 등은 별표3과 같다.

제2장 과세표준과 세율

제4조【주류수량의 계산】 법 제7조제1항에 따른 주류의 수량은 다음 각 호의 구분에 따라 산정한다.

1. 「주류 면허 등에 관한 법률 시행령」 제2조제3항에 따른 소규모주류제조자(이하 "소규모주류제조자"라 한다)가 제조하는 맥주[「주류 면허 등에 관한 법률」 제3조제8항에 따라 위탁 제조된 주류(이하 "위탁제조주류"라 한다)는 제외한다. 이하 이 호에서 같다]의 과세대상 수량 : 해당 주조연도에 주류 제조장에서 실제 반출한 수량에 다음 각 목의 구분에 따른 인정비율을 곱한 수량. 다만, 맥주의 원료곡류 중 쌀의 사용중량이 녹말이 포함된 재료, 당분 또는 캐러멜의 중량과 발아된 맥류의 합계중량을 기준으로 하여 100분의 20 이상인 경우 반출 수량별 인정비율은 100분의 30으로 한다.
   가. 먼저 반출된 200킬로리터 이하의 수량 : 100분의 40
   나. 가목의 수량 반출 후 반출된 200킬로리터 초과 500킬로리터 이하의 수량 : 100분의 60
   다. 나목의 수량 반출 후 반출된 500킬로리터 초과 수량 : 100분의 80
2. 「주류 면허 등에 관한 법률 시행령」 별표1 제1호라목에 따른 시설기준을 갖추고 「주류 면허 등에 관한 법률」 제3조에 따라 주류 제조면허를 받은 「조세특례제한법 시행령」 제2조에 따른 중소기업 중 가목에 해당하는 중소기업(소규모주류제조자는 제외한다)이 제조하는 맥주(위탁제조주류는 제외한다)의 과세대상 수량 : 나목에 따른 수량

   가. 적용대상 중소기업 : 다음에 해당하는 중소기업
   1) 해당 주조연도에 신규로 맥주 제조면허를 받은 중소기업
   2) 직전 주조연도의 반출 수량이 3천킬로리터 이하인 중소기업

   나. 과세대상 수량 : 다음의 구분에 따른 수량
   1) 먼저 반출된 500킬로리터 이하의 수량 : 주류 제조장에서 실제 반출한 수량에 100분의 70을 곱한 수량
   2) 1)의 수량 반출 후 반출된 500킬로리터 초과의 수량 : 주류 제조장에서 실제 반출한 수량

3. 소규모주류제조자가 제조하는 탁주(위탁제조주류는 제외한다)의 과세대상 수량 : 해당 주조연도에 주류 제조장에서 실제 반출한 수량에 다음 각 목의 구분에 따른 인정비율을 곱한 수량
   가. 먼저 반출된 5킬로리터 이하의 수량 : 100분의 60
   나. 가목의 수량 반출 후 반출된 5킬로리터 초과 수량 : 100분의 80
4. 제1호부터 제3호까지에서 규정한 사항 외의 과세대상 수량 : 주류 제조장에서 반출한 수량 또는 수입신고하는 수량

제5조【주류가격의 계산】 ① 법 제7조제2항제1호에 따른 주류의 가격은 다음 각 호의 구분에 따라 산정한 금액(이하 이 조에서 "제조장판매가격"이라 한다)에서 제5조의2에 따른 기준판매비율과 제조장판매가격을 곱하여 계산한 금액을 뺀 금액으로 한다.(2023.12.14 본문개정)

1. 일반적인 거래 방식(제2호 외의 방식을 말한다)으로 주류 제조장에서 반출하는 주류의 가격 : 주류 제조자가 통상의 도매 수량과 거래 방식으로 판매하는 가격(이하 "통상가격"이라 한다)
2. 다음 각 목의 구분에 따른 특수한 거래 방식으로 주류 제조장에서 반출하는 주류의 가격 : 다음 각 목의 금액
   가. 외상 방식으로 통상가격보다 높은 가격에 반출하는 경우 : 그 반출하는 가격에 상당하는 금액
   나. 선매 방식으로 통상가격보다 낮은 가격에 반출하거나 상거래 관습상 일정한 금액을 통상가격에서 공제하여 반출하는 경우 : 그 통상가격에 상당하는 금액
   다. 반출된 주류에 대해 일정한 기간이 지난 후 매수자에게 일정한 금액을 돌려주는 경우 : 당초 반출했을 때의 가격에 상당하는 금액
   라. 무상으로 반출하는 경우 : 해당 주류와 동일한 규격과 용량을 가진 주류의 통상가격으로 하되, 동일한 규격과 용량을 가진 주류를 기준으로 가격을 산출할 수 없을 때에는 그 주류의 제조원가에 통상이윤상당액(제조원가의 100분의 10을 말하며, 이하 이 조에서 같다)을 가산한 금액. 이 경우 제조원가는 회계학상의 개념에도 불구하고 원료비·부원료비·노무비·경비 및 일반관리비(판매비를 포함한다) 중 해당 주류에 배분되어야 할 부분으로 구성되는 총금액으로 한다.
   마. 주류 제조자가 다음의 어느 하나에 해당하는 특수관계에 있는 판매장에 무상으로 또는 통상가격보다 낮은 가격으로 반출하는 경우 : 그 통상가격에 상당하는 금액

1) 주류 제조자가 자기가 생산한 주류를 직접 판매하기 위하여 특설한 판매장(법 제18조제1항제2호에 따른 하치장을 포함한다)

2) 주류 제조자와 「소득세법 시행령」 제98조제1항 또는 「법인세법 시행령」 제2조제5항 각 호의 어느 하나에 해당하는 관계에 있는 자가 경영하는 판매장

바. 주류의 가격에 운송비가 포함(운송비를 주류의 가격과 별도로 수령하는 경우는 포함한다)되어 있음에도 불구하고 거리와 상관없이 주류 제조자가 상대방으로부터 받는 운송비가 동일한 경우 : 그 운송비를 포함하는 가격에 상당하는 금액

사. 소규모주류제조자가 약주·청주를 제조하는 경우(위탁제조주류를 제조하는 경우는 제외한다. 이하 이 목에서 같다) : 다음의 구분에 따른 금액

1) 「주류 면허 등에 관한 법률 시행령」 별표1 제4호의 비고 제1호가목부터 다목까지의 규정에 따라 판매하는 경우 : 통상의 제조수량에 따라 계산되는 제조원가(라목 후단에 따른 제조원가를 말한다)에 통상이윤상당액을 가산한 금액과 해당 주조연도의 과세대상인 약주·청주의 반출 수량을 기준으로 하여 다음의 구분에 따른 가격비율을 곱한 금액

가) 먼저 반출된 5킬로리터 이하의 수량 : 100분의 60

나) 가)의 수량 반출 후 반출된 5킬로리터 초과 수량 : 100분의 80

2) 「주류 면허 등에 관한 법률 시행령」 별표1 제4호의 비고 제1호라목에 따라 판매하는 경우 : 통상가격(가목부터 바목까지의 규정에 따른 거래 방식으로 반출하는 경우에는 해당 목에서 규정하는 금액을 말한다)에 해당 주조연도의 과세대상인 약주·청주의 반출 수량을 기준으로 하여 다음의 구분에 따른 가격비율을 곱한 금액

가) 먼저 반출된 5킬로리터 이하의 수량 : 100분의 60

나) 가)의 수량 이후 반출된 5킬로리터 초과 수량 : 100분의 80

아. 전통주의 경우로서 「전자상거래 등에서의 소비자보호에 관한 법률」 제2조제2호에 따른 통신판매 방식으로 통상가격보다 높은 가격에 반출하는 경우 : 그 통상가격에 상당하는 금액

② 법 제7조제2항에 따라 수입하는 주류의 가격은 「관세법」 제241조에 따라 수입신고를 하는 때의 가격(관세의 과세가격과 관세를 합한 금액을 말한다)으로 한다.

③ 제1항에 따라 주류의 가격을 산정할 때 국군부대 또는 공신력이 있다고 인정되는 판매기관과의 직접계약에 따라 반출하는 경우에는 그 계약금액을 통상가격으로 한다.

제5조의2 【기준판매비율】 ① 제5조제1항 각 호 외의 부분에 따른 기준판매비율은 주류의 종류 및 주류제조자의 판매 방식에 따라 조사한 평균적인 판매비용(제조단계 후 발생하는 비용을 말한다) 등을 고려해 기획재정부령으로 정하는 절차를 거쳐 국세청장이 고시하는 비율로 한다. 이 경우 국세청장은 주류의 종류(법 제5조제1항에 따라 분류된 주류를 말한다)를 구분해 기준판매비율을 고시할 수 있다.

② 제1항에 따른 기준판매비율의 적용기간은 2년의 범위에서 국세청장이 정하여 고시한다.

(2023.12.14 본조신설)

제6조 【용기 대금과 포장비용 등의 계산】 ① 제5조제1항에 따라 주류의 가격을 산정할 때 병입(瓶入)반출하지 않는 주류에 대하여 용기 또는 포장물을 해당 주류의 제조장에 반환할 조건으로 그 용기 대금과 포장비용을 공제한 금액으로 반출하는 경우에는 그 금액을 통상가격으로 한다.

② 주류 제조자가 주류를 반출할 때 반복하여 사용할 수 있는 용기 또는 포장물을 회수나 재사용하기 위하여 「자원의 절약과 재활용촉진에 관한 법률」 제15조의2에 따라 자원순환보증금을 받는 경우에는 해당 자원순환보증금은 법 제7조제2항제1호에 따른 반출하는 때의 가격에 포함하지 않는다.(2021.11.23 본항개정)

③ 법 제7조제3항 단서에서 "대통령령으로 정하는 용기 대금 또는 포장비용"이란 다음 각 호의 것을 말한다.

1. 주류를 넣을 목적으로 특별히 제조된 도자기병과 이를 포장하기 위한 포장물의 가격

2. 주류의 용기 또는 포장에 붙여 반출되는 것으로서 상품정보를 무선으로 식별하도록 제작된 전자인식표의 가격

3. 전통주에 사용되는 모든 용기 대금과 포장비용

④ 제3항에 따른 용기 대금 및 포장비용은 주류의 가격과 구분하여 계산해야 한다.

제7조 【세율】 ① 법 제8조제1항제2호가목 및 다목에 따라 2023년 4월 1일부터 2024년 3월 31일까지 주류 제조장으로부터 반출하거나 수입신고하는 탁주와 맥주에 적용하는 세율 및 가격변동지수는 다음 각 호의 구분에 따른다.

1. 탁주 : 1킬로리터당 44,400원(가격변동지수 : 3.57퍼센트)

2. 맥주 : 1킬로리터당 885,700원(가격변동지수 : 3.57퍼센트)

(2023.2.28 본항개정)

② 법 제8조제3항에서 "대통령령으로 정하는 주류"란 법 제5조제1항제2호·제3호, 법 별표제4호가목부터 마목까지의 규정에 따른 주류(이하 이 조에서 "경감세율적용대상주류"라 한다)로서 다음 각 호의 구분에 따른 기준(이하 이 조에서 "경감세율적용기준"이라 한다)을 충족하는 주류를 말한다.

1. 법 제5조제1항제2호 또는 법 별표제4호나목에 따른 주류의 경우 : 직전 주조연도의 과세대상 반출 수량을 기준으로 500킬로리터 이하로 제조할 것

2. 법 제5조제1항제3호, 별표제4호가목 또는 같은 호 다목부터 마목까지의 규정에 따른 주류의 경우 : 직전 주조연도의 과세대상 반출 수량을 기준으로 250킬로리터 이하로 제조할 것

③ 제2항을 적용할 때 다음 각 호의 구분에 따른 주류는 경감세율적용기준을 충족한 것으로 본다.

1. 경감세율적용대상주류의 제조면허를 신규로 받은 경우 : 해당 주류제조자가 제조면허를 받은 주조연도에 제조하는 주류

2. 경감세율적용대상주류의 직전 주조연도 과세대상 반출 수량이 최초로 경감세율적용기준을 초과한 경우 : 그 초과사유가 발생한 주조연도와 그 다음 2주조연도까지 제조하는 주류

④ 법 제8조제3항에서 "대통령령으로 정하는 반출 수량"이란 다음 각 호의 구분에 따른 수량을 말한다.

1. 법 제5조제1항제2호 또는 법 별표제4호나목에 따른 주류의 경우 : 해당 주조연도의 과세대상 반출 수량 중 먼저 반출된 200킬로리터

2. 법 제5조제1항제3호, 별표제4호가목 또는 같은 호 다목부터 마목까지의 규정에 따른 주류의 경우 : 해당 주조연도의 과세대상 반출 수량 중 먼저 반출된 100킬로리터

제3장 신고와 납부

제8조 【과세표준의 신고】 법 제9조제1항 및 제2항에 따른 신고는 기획재정부령으로 정하는 주세과세표준신고서에 따른다.

제9조 【납부】 법 제10조제1항에 따라 주세를 납부하는 자는 법 제11조에 따른 기한까지 납부할 세액을 관할 세무서장, 한국은행(그 대리점을 포함한다) 또는 체신관서에 납부해야 한다.

제10조 【반출주류의 수량 산정방법】 ① 법 제10조에 따라 주류 제조장으로부터 반출한 주류의 수량을 산정할 때에는 「주류 면허 등에 관한 법률」 제27조에 따라 검정한 주류의 수량에서 앙금분리·여과·저장·용기주입 및 반출과정 중 생기는 실감량(實減量)을 인정할 수 있다. 다만, 「주류 면허 등에 관한 법률」 제22조에 따른 납세증명표지를 붙이지 않은 주류의 경우에는 다음 각 호의 범위에서 실감량을 인정할 수 있다.

1. 주정 : 검정 수량의 100분의 1 이내
2. 청주 : 검정 수량의 100분의 5 이내
3. 맥주 : 검정 수량의 1천분의 35 이내(소규모주류제조자가 제조하는 맥주의 경우에는 1천분의 70 이내)
4. 제1호부터 제3호까지에서 규정한 주류 외의 주류 : 검정 수량의 100분의 2 이내

② 위스키 또는 브랜디의 원액(물을 혼합하지 않은 것을 말한다)을 나무통에 넣어 저장하는 경우에는 제1항 제4호에 따른 실감량 외에 연간 100분의 2 이내에서 실감량을 추가로 인정할 수 있다.

제4장 결정·경정과 징수 및 환급

제11조 【추계결정의 방법】 법 제12조제3항 단서에 따라 추계를 할 때에는 다음 각 호의 구분에 따른 방법에 따른다.

1. 국세청장이 사업의 종류·지역 등을 고려하여 다음 각 목의 관계에 대하여 조사한 비율이 있는 경우 : 그 비율을 적용하여 계산하는 방법
   가. 투입 원재료·부재료의 전부 또는 일부의 수량 및 가액과 생산량 및 매출액과의 관계
   나. 사업과 관련된 인적·물적 시설(종업원, 사업장, 차량, 수도 및 전기 등을 말한다)의 전부 또는 일부의 수량 및 가액과 생산량 및 매출액과의 관계
   다. 일정한 기간의 평균 재고량 및 재고금액과 생산량 및 매출액과의 관계
   라. 일정한 기간의 매출 총이익 또는 부가가치액과 매출액과의 관계
2. 추계결정·경정대상 사업자에 대하여 제1호의 비율을 직접 산정할 수 있는 경우 : 직접 산정한 비율을 적용하여 계산하는 방법
3. 제1호 및 제2호 외의 경우 : 기장(記帳)이 정당하다고 인정되고 신고가 성실하여 법 제12조제1항 및 제2항에 따른 결정 및 경정을 받지 않은 다른 동업자와 비교하여 계산하는 방법

제12조 【반출된 것으로 보는 주류 가격 등의 계산】 ① 법 제15조제1호·제2호·제4호 및 제16조에 따라 반출된 것으로 보는 주류(이하 이 조에서 "반출간주주류"라 한다)의 가격(과세표준이 되는 가격을 말한다. 이하 이 조에서 같다)은 반출된 것으로 보는 날이 속하는 달 또는 그 직전 달의 해당 주류와 동일한 규격과 용량에 대한 통상가격으로 한다.

② 제1항을 적용할 때 반출간주주류를 용기에 넣지 않거나 포장하지 않은 상태로 둔 경우에는 반출된 것으로 보는 날이 속하는 달 또는 그 직전 달 중 가장 많은 양의 판매실적을 가진 용기의 종류에 따라 그 주류의 수량(과세표준이 되는 수량을 말한다)을 환산한다.

③ 법 제15조제3호에 따라 반출된 것으로 보는 주류의 가격은 공매·경매 또는 파산절차에 따라 환가(換價)된 금액으로 한다.

제13조 【반출간주 배제】 ① 법 제15조제2호 단서에서 "대통령령으로 정하는 경우"란 다음 각 호의 경우를 말한다.

1. 관할 세무서장이 주류의 제조면허를 취소하고 「주류 면허 등에 관한 법률 시행령」 제12조제3항에 따라 기간을 정하여 주류 제조장에 현존하는 반제품에 대하여 제조·반출과 그 밖에 필요한 행위를 계속하게 한 경우
2. 주류 제조자가 「주류 면허 등에 관한 법률 시행령」 제14조제1항에 따라 면허취소신청서를 제출하는 때에 주류 제조장에 현존하는 주류를 반출기간을 정하여 계속 반출하는 것에 대하여 관할 세무서장의 승인을 받은 경우

② 제1항 각 호에 따른 기간 내에 제조·반출과 그 밖에 필요한 행위를 끝내지 않은 경우에는 그 기간이 끝난 날을 면허를 취소한 날로 보아 법 제15조제2호 본문을 적용한다.

제14조 【미납세 반출승인신청】 ① 법 제17조제1항 각 호의 어느 하나에 해당하는 주류를 주류 제조장 또는 보세구역에서 반출하려는 자는 해당 주류를 반출하는 때에 다음 각 호의 사항을 적은 신청서를 관할 세무서장 또는 관할 세관장에게 제출하여 그 승인을 받아야 한다.

1. 신청인의 인적사항
2. 반출장소
3. 주류의 종류별·용량별·알코올분별 수량 및 가격
4. 주세 상당액
5. 반입장소
6. 반입자의 인적사항
7. 반출예정 연월일
8. 반입증명서의 제출기한
9. 신청사유

② 제1항에 따른 신청서에는 다음 각 호의 구분에 따른 서류를 첨부해야 한다.

1. 법 제17조제1항제1호에 해당하는 경우 : 내국신용장 또는 「대외무역법」에 따른 구매확인서
2. 법 제17조제1항제2호에 해당하는 경우 : 원료용 주류임을 증명할 수 있는 서류

③ 제1항에 따른 신청을 받은 관할 세무서장 또는 관할 세관장은 반출승인을 한 경우 해당 신청인에게 승인서를 발급하고, 반입지 관할 세무서장 또는 관할 세관장에게 그 사실을 통지해야 한다.

④ 관할 세무서장 또는 관할 세관장은 제3항에 따라 승인서를 발급하는 경우 주류를 반출하는 날부터 2개월이 되는 날까지 신청인에게 반입증명서(제16조제2항에 따라 반입신고를 한 자가 발급받은 것을 말한다. 이하 같다)를 제출하도록 해야 한다.

제15조 【재해 등으로 인한 멸실승인신청】 ① 법 제17조제4항을 적용받으려는 자는 제14조제4항에 따른 반입증명서 제출기한(이하 "반입증명서제출기한"이라 한다)까지 다음 각 호의 사항을 적은 신청서를 관할 세무서장 또는 관할 세관장에게 제출하여 그 승인을 받아야 한다.(2022.2.15 본문개정)

1. 신청인의 인적사항
2. 주류 제조장의 위치·승인번호 및 승인 연월일(수입주류의 경우에는 수출국명)

3. 멸실 주류의 종류별·용량별·알코올분별 수량 및 가격
4. 주세 상당액
5. 멸실된 연월일·장소·사유 및 멸실 주류의 처리방법
6. 반입증명서제출기한
② 법 제20조제3항 단서를 적용받으려는 자는 해당 사유가 발생한 날부터 30일 이내에 다음 각 호의 사항을 적은 신청서를 주류 제조장 관할 세무서장 또는 관할 세관장에게 제출하여 그 승인을 받아야 한다.
1. 신청인의 인적사항
2. 주류 제조장의 위치(수입주류의 경우에는 수출국명)
3. 주류의 멸실 장소
4. 주세의 면제를 승인한 연월일과 승인번호
5. 주류의 종류별·용량별·알코올분별 수량 및 가격
6. 주세 상당액
③ 제1항 또는 제2항의 경우에 멸실된 장소가 주류 제조장 소재지 관할 세무서 또는 관할 세관의 관할구역 외의 지역일 때에는 멸실된 장소 관할 세무서장 또는 관할 세관장이 발급하는 다음 각 호의 사항을 적은 증명서를 제1항 또는 제2항에 따른 신청서에 첨부해야 한다.
1. 신청인의 인적사항
2. 주류 제조장의 소재지(수입주류의 경우에는 수출국명)
3. 면세 또는 반출승인 세무서명(세관명), 승인 연월일 및 승인번호
4. 멸실 주류의 종류별·용량별·알코올분별 수량 및 가격
5. 멸실된 연월일·장소 및 사유
6. 반출자의 인적사항

제16조【반입신고 및 반입증명】 ① 법 제17조제5항에 따라 반입사실을 신고하려는 자는 다음 각 호의 사항을 적은 신고서를 반입지 관할 세무서장 또는 관할 세관장에게 제출해야 한다.(2022.2.15 본문개정)
1. 신고인의 인적사항
2. 승인번호 및 승인 연월일
3. 주류의 종류별·용량별·알코올분별 수량 및 가격
4. 반입장소
5. 반입사유
6. 반입 연월일
7. 반출자의 인적사항
8. 반입증명서제출기한
9. 그 밖의 참고사항
② 제1항에 따른 신고를 받은 반입지 관할 세무서장 또는 관할 세관장은 반입신고를 한 자에게 반입증명서를 발급해야 한다.
③ 법 제17조제1항에 따른 주류를 주류 제조장 또는 보세구역에서 반출한 자는 반입증명서제출기한까지 반입증명서를 관할 세무서장 또는 관할 세관장에게 제출해야 한다.

제17조【환입 주류에 대한 세액공제 및 환급】 ① 법 제18조제1항제1호에서 "대통령령으로 정하는 생산 중단"이란 주류 제조자가 법 제9조제1항에 따라 신고한 주류의 상품을 2주조연도 이상 계속하여 제조하지 않은 경우를 말한다.
② 법 제18조제1항제2호에서 "대통령령으로 정하는 수입 중단"이란 주류를 수입하는 자가 법 제9조제3항에 따라 신고한 주류의 상품을 2주조연도 이상 계속하여 수입하지 않은 경우를 말한다.
③ 법 제18조제2항에 따라 세액공제 또는 환급을 신청하려는 자는 다음 각 호의 사항을 적은 신청서를 제8조

또는 법 제9조제3항에 따른 신고서와 함께 관할 세무서장 또는 관할 세관장에게 제출해야 한다.
1. 신청인의 인적사항
2. 환입·폐기(수입신고자의 본점 소재지 또는 하치장에서 폐기하는 경우를 말한다. 이하 같다)·파손 또는 멸실된 주류의 종류별·용량별·알코올분별 수량 및 가격
3. 공제 또는 환급받을 주세 상당액
4. 환입·폐기 사유
5. 반출·수입 연월일 및 환입·폐기 연월일
④ 제3항에 따른 신청서에는 다음 각 호의 서류를 첨부해야 한다.
1. 주류가 변질, 품질불량, 생산·수입 중단이나 그 밖의 부득이한 사유로 환입 또는 폐기되었거나 유통과정 중 파손 또는 자연재해로 멸실된 사실을 증명하는 서류
2. 이미 납부되었거나 납부해야 할 세액을 증명하는 서류
⑤ 제4항제1호에 따른 서류는 관할 세무서장, 관할 세관장 또는 권한 있는 행정기관이 변질, 품질불량, 생산·수입 중단이나 그 밖의 부득이한 사유로 환입·폐기되었거나 유통과정 중 파손 또는 자연재해로 인하여 멸실되었음을 확인한 것이어야 한다.

제18조【원료용 주류에 대한 세액공제 및 환급】 ① 법 제19조제1항에 따라 주세액의 공제를 받으려는 자는 다음 각 호의 사항을 적은 신청서를 제8조에 따른 신고서와 함께 주류 제조장 관할 세무서장에게 제출해야 한다.
1. 신청인의 인적사항
2. 반출한 주류의 종류별·용량별·알코올분별 수량 및 가격
3. 반출한 주류에 사용된 원료용 주류의 종류별·용량별·알코올분별 수량·가격·구입처 및 구입 연월일
4. 공제해야 할 주세 상당액
② 법 제19조제3항에 따라 주세액의 공제 또는 환급을 받으려는 자(제1항에 해당하는 자는 제외한다)는 다음 각 호의 사항을 적은 신청서에 법 제20조제1항제1호부터 제5호까지의 규정에 해당하는 사실을 증명하는 서류를 첨부하여 제8조에 따른 신고서와 함께 주류 제조장 관할 세무서장에게 제출해야 한다.
1. 신청인의 인적사항
2. 수출 또는 납품한 주류의 종류별·용량별·알코올분별 수량 및 가격
3. 수출 또는 납품한 주류에 사용된 원료용 주류의 종류별·용량별·알코올분별 수량·가격·구입처 및 구입 연월일
4. 수출 또는 납품 연월일
5. 수출 또는 납품처
6. 공제 또는 환급해야 할 주세 상당액
③ 제2항에 따라 주세액의 환급신청을 받은 주류 제조장 관할 세무서장은 법 제11조에 따른 납부기한이 지난 후 10일 이내에 환급해야 한다.

제5장 면 세

제19조【수출의 정의 등】 ① 법 제20조제1항제1호에서 "수출"이란 다음 각 호의 어느 하나에 해당하는 것을 말한다.
1. 주류를 외국으로 반출하는 것(내국신용장 또는 「대외무역법」에 따른 구매확인서에 따라 공급하는 주류를 포함한다)

2. 외국을 항행하는 선박·항공기 또는 원양어선에 공급하는 것
3. 출입국항의 보세구역 안에서 출국하는 자에게 판매하는 것

② 법 제20조제1항제4호 또는 같은 조 제2항제1호에 따라 다음 각 호의 어느 하나에 해당하는 기관에 납품하거나 해당 기관이 공용품으로 직접 수입하는 주류의 경우에는 주세가 면제된다.
1. 다음 각 목의 어느 하나에 해당하는 기관(이하 이 조에서 "주한외국공관"이라 한다)
   가. 대사관
   나. 공사관
   다. 총영사관
   라. 영사관(명예영사관은 제외한다)
2. 협정에 따라 제1호에 준하는 대우를 받는 주한외국기관
3. 문화체육관광부장관의 허가를 받아 설립한 외신기자클럽

③ 법 제20조제1항제5호에 따른 주세의 면제는 외국선원 휴게소 안에서 음용에 제공되는 경우로 한정한다.
④ 법 제20조제2항제2호에 따라 주한외국공관에 근무하는 외국인으로서 해당국의 공무원의 신분을 가진 자와 주한외국공관이나 그 밖에 이에 준하는 기관에 근무하는 외국인이 소비용으로 직접 수입하는 주류의 경우에는 주세가 면제된다.

제20조【수출·납품 주류의 면세승인 신청】① 법 제20조제1항제1호부터 제3호까지 및 제5호에 따른 주류의 주세를 면제받으려는 자는 그 주류의 반출 전에 다음 각 호의 사항을 적은 신청서를 주류 제조장 관할 세무서장에게 제출하여 그 승인을 받아야 한다. 이 경우 주류 제조자와 수출 또는 납품하는 자가 다르고 해당 주류가 제조장에서 직접 수출 또는 납품되는 경우에는 주류 제조자와 수출 또는 납품하는 자가 연명(連名)으로 신청해야 한다.
1. 신청인의 인적사항
2. 수출 또는 납품하는 주류의 제조장의 위치
3. 수출 또는 납품하는 주류의 종류별·용량별·알코올분별 수량 및 가격
4. 주세 상당액
5. 수출 또는 납품 연월일
6. 수출항·수입지 또는 납품처·납품지
7. 수출주류의 적송(積送)방법

② 제1항에 따라 주세의 면제승인을 받은 자는 그 승인을 받은 날부터 3개월의 범위에서 주류 제조장 관할 세무서장이 정하는 기간 내에 수출신고필증·납품증명서·선(기)적완료증명서 또는 이를 갈음하는 국세청장이 정하는 서류를 주류 제조장 관할 세무서장에게 제출해야 한다. 이 경우 주류 제조장 관할 세무서장은 부득이한 사유가 있다고 인정될 때에는 3개월의 범위에서 그 기간을 연장할 수 있다.
③ 제2항의 수출신고필증의 경우에는 관할 세무서장이 「전자정부법」 제36조제1항에 따른 행정정보의 공동이용을 통하여 확인하는 것으로 제출을 갈음한다. 다만, 제1항에 따른 면세승인을 받은 자가 확인에 동의하지 않으면 해당 서류를 제출하도록 해야 한다.
④ 법 제20조제1항제4호에 따른 주세를 면제받는 주류를 납품하려는 자는 같은 호의 해당 기관이 신청하여 주무부장관이 발행하는 면세주류구입추천서에 따라 주류를 반출해야 한다.
⑤ 제4항에 따라 주류를 납품한 자는 제8조에 따른 신고서에 해당 기관에 납품한 사실을 증명하는 서류를 첨부해야 한다.

⑥ 법 제20조제1항제6호에 따른 주류의 주세를 면제받으려는 자는 제8조에 따른 신고서에 검사기관이 발급하는 수거한 사실을 증명하는 서류를 첨부해야 한다.
⑦ 법 제20조제1항제7호에 따른 주류의 주세를 면제받으려는 자는 제8조에 따른 신고서에 문화재청장 또는 특별시장·광역시장·특별자치시장·도지사·특별자치도지사(시·도무형문화재의 경우로 한정한다)가 발급하는 무형문화재의 공개에 사용되는 것임을 증명하는 서류를 첨부해야 한다.
⑧ 법 제20조제1항제8호에 따른 주류의 주세를 면제받으려는 자는 다음 각 호의 사항을 적은 신청서에 식품의약품안전처장이 발급하는 해당 사실을 증명하는 서류를 첨부하여 주류 제조장 관할 세무서장에게 제출하고 그 승인을 받아야 한다.
1. 신청인의 인적사항
2. 수입하는 의약품 원료의 경우에는 수출국명
3. 의약품 원료의 종류·알코올분·수량 및 가격
4. 의약품 원료의 용도
5. 반출 연월일
6. 주세 상당액

⑨ 제1항에 따른 면세승인을 받지 않은 자가 법 제20조제1항제1호에 따른 주류의 면제를 받으려는 경우에는 해당 주류를 반출한 날이 속하는 분기의 마지막 달의 다음 달 25일까지 해당 분기분의 과세표준신고서에 제2항에 따른 서류와 기획재정부령으로 정하는 서류를 첨부하여 주류 제조장 관할 세무서장에게 제출해야 한다.

제21조【수출용 면세주류의 구입승인 신청 등】① 제19조제1항제2호 및 제3호의 목적으로 주류를 구입하려는 자는 다음 각 호의 사항을 적은 신청서를 판매장 관할 세무서장 또는 관할 세관장에게 제출하여 그 승인을 받아야 한다.
1. 신청인의 인적사항
2. 판매장의 위치
3. 구입할 주류의 종류·규격·용량·수량 및 가격
4. 주세 상당액
5. 구입처 및 구입일자
6. 주류 판매업면허 또는 신고확인증을 받은 연월일

② 제1항에 따라 승인을 받은 자가 주류를 구입하여 판매장에 반입한 경우에는 기획재정부령으로 정하는 수출용면세주류 반입신고서를 반입한 날부터 5일 이내에 판매장 관할 세무서장 또는 관할 세관장에게 제출해야 한다.
③ 제2항에 따른 신고를 받은 판매장 관할 세무서장 또는 관할 세관장은 주류의 반입 사실을 확인하고 그 사실을 반출지 관할 세무서장에게 지체 없이 통보해야 한다.

제22조【주정에 대한 면세】① 법 제20조제1항제9호에 따른 주정의 주세면제는 매회 20리터 이상의 주정을 별표4에서 규정하는 물품의 제조에 사용하거나 식음용 외의 공업용에 사용하는 것을 대상으로 한다.(2022.2.15 본항개정)
② 제1항에 해당하는 주정의 주세를 면제받으려면 관할 세무서장 또는 관할 세관장의 승인을 받아야 한다. 다만, 공업용 합성주정(에틸렌을 원료로 하여 합성의 방법으로 제조한 주정을 말한다)의 경우에는 승인을 받지 않아도 된다.(2022.2.15 본항신설)
③ 제2항 본문에 따른 승인을 받아 반출한 주정은 음용하지 못하며 관할 세무서장, 관할 세관장 또는 반입지 관할 세무서장이 지정하는 방법으로 변성(變性)하고 「주류 면허 등에 관한 법률」 제27조에 따른 검정을 받아야

한다. 다만, 수출용품·시약용품·시험연구용품·관수용품 또는 의료의약용품의 제조용에 사용하는 것은 변성하지 않을 수 있다.(2022.2.15 본문개정)

④ 제2항 본문에 따른 주세의 면제의 승인절차는 다음 각 호의 순서에 따라야 한다.(2022.2.15 본문개정)

1. 제1항에 해당하는 주정을 구입하려는 자는 해당 주류 제조장의 명칭 또는 제조자의 성명, 구입연월일, 알코올분 수량 및 용도를 적은 신청서(주정을 구입하려는 자가「주류 면허 등에 관한 법률 시행령」제8조제2항제7호의 주정소매업 면허를 받은 자로서 시약용 알코올을 제조하려는 자인 경우에는 시약용 알코올 제조공정도 및 제조방법 설명서를 첨부한 신청서로 한다)를 본인의 소재지 관할 세무서장에게 제출하여 실수요자증명을 받을 것. 이 경우「초·중등교육법」및「고등교육법」에 따른 학교,「기초연구진흥 및 기술개발지원에 관한 법률」제14조제1항 각 호의 기관 및 단체와 비영리법인인 연구기관이 연구 목적으로 사용하는 10리터 이하의 용기로 포장된 시약용 알코올에 대해서는 3개월분을 일괄하여 실수요자증명을 받을 수 있다.(2022.2.15 전단개정)

2. 제1호에 따른 실수요자증명을 받은 자(이하 "실수요자"라 한다)에게 주정을 반출하려는 자는 기획재정부령으로 정하는 신청서와 제1호에 따른 실수요자증명 서류를 관할 세무서장 또는 관할 세관장에게 제출하여 주정의 반출을 승인받을 것(2022.2.15 본호개정)

3. 제2호에 따른 승인 신청을 받은 반출지 관할 세무서장 또는 관할 세관장은 제1호에 따른 실수요자증명이 없을 때에는 주정의 반출을 승인할 수 없으며, 별표4 제47호에 해당하는 물품의 제조에 사용하는 주정에 대해 승인을 할 때에는 승인을 한 날부터 6개월 내에 해당 주정을 사용할 것을 조건으로 할 것 (2022.2.15 본호신설)

4. 반출지 관할 세무서장 또는 관할 세관장은 제2호에 따른 승인을 한 경우에는 실수요자 소재지 관할 세무서장에게 지체 없이 그 승인사항과 변성여부를 통보할 것

5. 실수요자 소재지 관할 세무서장은 제3호의 통보를 받은 경우에는 주정의 변성과 실수요자의 사용처분을 확인할 것. 다만, 별표4 제47호에 해당하는 물품의 경우「전자정부법」제36조제1항에 따른 행정정보의 공동이용을 통하여 수출신고필증을 확인해야 하며, 해당 실수요자가 확인에 동의하지 않을 때에는 해당 실수요자에게 수출신고필증 또는 이를 대신하는 서류를 수출한 후 1개월 이내에 제출하도록 해야 한다.

⑤ 법 제20조제1항제9호에 따른 주정으로서 주세를 면제받은 주정을 반입하거나 보세구역에서 반출한 후 해당 용도에 사용하지 않은 경우(제3항의 따른 기간 내에 사용하지 않은 경우를 포함한다)에는 반입 장소 또는 인수 장소를 제조장으로, 반입 장소 또는 인수 장소의 영업자를 주류 제조자로 보아 그 주세를 지체 없이 징수해야 한다.(2022.2.15 본항개정)

제23조【수입주류의 면세승인 신청】① 법 제20조제2항제1호 및 제2호에 따른 주류의 주세를 면제받으려는 자는 다음 각 호의 사항을 적은 신청서에 외교부장관이 발급하는 면세주류구입추천서를 첨부하여 관할 세관장에게 제출하고 그 승인을 받아야 한다.

1. 신청인의 인적사항
2. 수출국명
3. 수입주류의 종류·알코올분·수량 및 가격
4. 수입주류의 용도
5. 반출 연월일

6. 주세 상당액

② 법 제20조제2항제3호에 따른 주류의 주세를 면제받으려는 자는 제1항에 따른 신청서에 문화체육관광부장관이 발급하는 해당 사실을 증명하는 서류를 첨부하여 관할 세관장에게 제출하고 그 승인을 받아야 한다.

③ 법 제20조제2항제5호에 따른 주류의 주세 면제는 제20조제8항을 준용한다.

④ 법 제20조제2항제6호에 따른 주류의 주세를 면제받으려는 자는 제1항에 따른 신청서에 검사기관이 발급하는 수거 사실을 증명하는 서류를 첨부하여 관할 세관장에게 제출하고 그 승인을 받아야 한다.

⑤ 법 제20조제2항제7호에 따른 주류의 주세를 면제받으려는 자는 제1항에 따른 신청서에 제20조제1항에 따라 관할 세무서장이 발급하는 수출 주류로서 면세를 승인한 사실을 증명하는 서류를 첨부하여 관할 세관장에게 제출하고 그 승인을 받아야 한다.

⑥ 관할 세관장은 제5항에 따라 주세면제의 승인을 한 경우 그 승인사실을 주류 제조장 관할 세무서장에게 통보해야 한다.

⑦ 제5항에 따라 주세를 면제받은 자는 수입신고가 수리된 날부터 7일 이내에 주류를 제조장으로 환입(換入)해야 한다.

제24조【제출기일 미준수에 따른 주세징수】제15조제1항·제2항 또는 제20조제2항·제3항에 따라 제출해야 할 서류를 지정기일까지 제출하지 않은 경우에는 주세를 징수한다.

제25조【납세담보물의 종류】법 제20조제4항에 따른 담보물의 종류는「국세징수법」제18조제1호부터 제3호까지의 규정에 따른 담보물로 한정한다.

제6장 납세의 담보 등

제26조【담보금액 및 기간의 지정 및 변경】① 법 제21조에 따라 관할 세무서장은 주세 보존을 위하여 필요하다고 인정하는 경우에는 주류 제조자에 대해 금액(담보물의 금액 또는 납세 보증으로 보존해야 하는 주류의 가격을 말한다) 및 기간(명령이 개시되는 날과 주류를 보존해야 하는 기간을 말한다)을 정하여 주세에 대한 담보의 제공이나 주류의 보존을 명할 수 있다.

② 관할 세무서장은「국세징수법」제21조제2항에 따른 사유에 준하여 필요하다고 인정하는 경우에는 제1항에 따른 금액 또는 기간을 변경할 수 있다.

제27조【주류의 보존 및 방법】① 제26조에 따라 주류보존의 명을 받은 자는 보존할 주류 및 보존의 방법을 정하여 관할 세무서장에게 신청해야 한다.

② 관할 세무서장은 납세의 보증으로 보존하는 주류를 봉함할 수 있다.

제28조【납세보증주류의 가격】법 제21조에 따른 납세의 보증으로 주세액에 상당하는 가액을 판단할 때의 주류 가격은 통상가격으로 한다.

제29조【납세보증주류의 보존조치】관할 세무서장은 제26조에 따라 담보의 제공이나 주류의 보존을 명한 경우로서 같은 조 제1항에 따른 기간이 개시될 때까지 주류 제조자가 담보의 제공이나 제27조에 따른 주류의 보존 신청을 하지 않은 경우에는 주류 제조장에 있는 주류를 봉하고 그 처분 또는 반출을 금지할 수 있다.

제30조【세무공무원의 질문 및 검사】법 제25조제1항에 따라 공무원이 질문 또는 검사를 하는 경우에는 그 권한을 표시하는 증표를 관계인에게 내보여야 한다.

제31조【고유식별정보의 처리】국세청장, 세무서장 및 세관장은 법 제20조제2항 각 호의 어느 하나에 해당하는 주류의 수입에 대한 주세의 면제에 관한 사무를 수행하기 위하여 불가피한 경우 「개인정보 보호법 시행령」 제19조에 따른 주민등록번호 또는 여권번호가 포함된 자료를 처리할 수 있다.

제7장 벌 칙

제32조【과태료의 부과기준】① 법 제27조제1항에 따른 과태료의 부과기준은 별표5와 같다.
② 관할 세무서장은 위반 정도, 위반 횟수, 위반행위의 동기 및 그 결과 등을 고려하여 별표5에 따른 과태료 금액의 2분의 1의 범위에서 그 금액을 줄이거나 늘릴 수 있다. 다만, 과태료 금액을 늘리는 경우에는 법 제27조제1항에 따른 과태료 금액의 상한을 넘을 수 없다.

부 칙

제1조【시행일】이 영은 공포한 날부터 시행한다. 다만, 제7조제1항의 개정규정은 2021년 3월 1일부터 시행한다.
제2조【일반적 적용례】이 영은 이 영 시행 이후 제조장으로부터 반출하거나 수입신고하는 주류부터 적용한다.
제3조【주류수량 및 가격의 계산에 관한 적용례】제4조제1호부터 제3호까지 및 제5조제1항제1호사목의 개정규정은 2021년 1월 1일 이후 제조장으로부터 반출하거나 수입신고하는 주류부터 적용한다.
제4조【전통주에 사용되는 용기 대금과 포장비용에 관한 적용례】제6조제3항제3호의 개정규정은 2014년 4월 1일 후 제조장으로부터 출고한 주류부터 적용한다.
제5조【경감세율 적용대상 전통주에 관한 적용례】제7조제3항제2호의 개정규정은 2013년 2월 15일이 속하는 주조연도에 출고하는 주류부터 적용한다.
제6조【일반적 경과조치】이 영 시행 당시 종전의 규정에 따라 과세했거나 과세해야 할 주세에 대해서는 이 영의 개정규정에도 불구하고 종전의 규정에 따른다.
제7조【주류가격의 계산에 관한 경과조치】① 2021년 1월 1일 전에 제조장으로부터 출고한 주류에 대해서는 제5조제1항의 개정규정에도 불구하고 종전의 제20조제1항에 따른다.
② 제1항을 적용할 때 대통령령 제30392호 주세법 시행령 일부개정령 제20조제1항제2호는 2020년 1월 1일 이후 제조장으로부터 출고한 주류부터 적용한다.
③ 제1항을 적용할 때 2020년 1월 1일 전 제조장으로부터 출고한 주류에 대해서는 대통령령 제30392호 주세법 시행령 일부개정령 제20조제1항제3호 및 제4호에 불구하고 대통령령 제30392호로 개정되기 전의 「주세법 시행령」 제20조제1항제3호 및 제4호에 따른다. 이 경우 대통령령 제23598호 주세법 시행령 일부개정령 제20조제1항제3호사목 전단은 2012년 2월 2일 이후 최초로 제조한 주류부터 적용하고, 대통령령 제25223호 주세법 시행령 일부개정령 제20조제1항제3호사목 및 같은 항 제4호는 2014년 4월 1일 이후 제조장으로부터 출고한 주류부터 적용하며, 대통령령 제26952호 주세법 시행령 일부개정령 제20조제1항제3호사목은 2016년 2월 5일이 속하는 주조연도에 출고한 주류부터 적용하고, 대통령령 제28639호 주세법 시행령 일부개정령 제20조제1항제3호 및 제4호의 개정규정은 2018년 4월 1일 이후 제조장으로부터 출고한 주류부터 적용한다.

제8조【추계결정의 방법에 관한 경과조치】2012년 2월 2일 전 과세표준 및 세액을 추계하는 분에 대해서는 제11조의 개정규정에도 불구하고 대통령령 제23598호로 개정되기 전의 「주세법 시행령」 제24조제1항에 따른다.
제9조【종전 부칙의 적용범위에 관한 경과조치】이 영 시행 전의 「주세법 시행령」의 개정에 따른 부칙의 규정은 기간의 경과 등으로 이미 그 효력이 상실된 규정을 제외하고는 이 영 시행 이후에도 계속하여 효력을 가진다.
제10조【다른 법령의 개정】①~④ (생략)
제11조【다른 법령과의 관계】이 영 시행 당시 다른 법령에서 종전의 「주세법 시행령」의 규정을 인용한 경우에 이 영 가운데 그에 해당하는 규정이 있을 때에는 종전의 규정을 갈음하여 이 영의 해당 규정을 인용한 것으로 본다.

부 칙 (2021.11.23)

제1조【시행일】이 영은 2022년 6월 10일부터 시행한다.(이하 생략)

부 칙 (2022.2.15)

제1조【시행일】이 영은 공포한 날부터 시행한다.
제2조【맥주 제조 시 과실 사용량에 관한 적용례】별표3 제1호라목2)나)의 개정규정은 이 영 시행 이후 제조장으로부터 반출하거나 수입신고하는 주류부터 적용한다.

부 칙 (2023.2.28)

제1조【시행일】이 영은 공포한 날부터 시행한다. 다만, 제7조제1항의 개정규정은 2023년 4월 1일부터 시행한다.
제2조【탁주와 맥주의 세율에 관한 경과조치】부칙 제1조 단서에 따른 시행일 전에 주류 제조장에서 반출하였거나 수입신고한 탁주와 맥주의 세율에 관하여는 제7조제1항의 개정규정에도 불구하고 종전의 규정에 따른다.

부 칙 (2023.12.14)

제1조【시행일】이 영은 공포한 날부터 시행한다.
제2조【제조장에서 반출하는 주류의 가격 계산에 관한 적용례 등】① 제5조제1항 각 호 외의 부분의 개정규정은 다음 각 호의 구분에 따른 날 이후 제조장에서 반출하는 주류부터 적용한다.
1. 법 제5조제1항제3호 각 목의 증류주류 : 2024년 1월 1일
2. 법 제5조제1항제2호나목·다목·마목의 발효주류 및 같은 항 제4호의 기타주류 : 2024년 2월 1일
② 제1항 각 호의 구분에 따른 날 전에 주류 제조장에서 반출한 주류의 가격 계산에 관하여는 제5조제1항 각 호 외의 부분의 개정규정에도 불구하고 종전의 규정에 따른다.

〔별표5〕

과태료의 부과기준(제32조제1항 및 제2항 관련)

1. 과태료 부과대상자 및 근거 법조문

과태료 부과대상자	근거 법조문
법 제20조에 따라 면세한 주류를 판매의 목적으로 소지하거나 판매한 자	법 제27조제1항

2. 과태료 부과기준

제1호에 따른 과태료 부과대상자에 대해 부과하는 과태료는 위반 주류 종류별, 위반 물량별로 구분한 다음 표에 따른 금액으로 한다.

주류 종류별 / 물량별	탁주	위스키 및 브랜디	그 밖의 주류
50리터(ℓ) 이하	10만원	40만원	20만월
50리터 초과 100리터 이하	20만원	60만원	40만원
100리터 초과 500리터 이하	40만원	140만원	80만원
500리터 초과 1,000리터 이하	60만원	200만원	120만원
1,000리터 초과 3,000리터 이하	100만원	400만원	200만원
3,000리터 초과 5,000리터 이하	200만원	500만원	400만원
5,000리터 초과 10,000리터 이하	400만원	500만원	500만원
10,000리터 초과 15,000리터 이하	500만원	500만원	500만원
15,000리터 초과 20,000리터 이하	1,000만원	1,000만원	1,000만원
20,000리터 초과	2,000만원	2,000만원	2,000만원

주세법 시행규칙

(2021년 3월 16일)
(전부개정기획재정부령 제838호)

개정
2022. 3.18기획재정부령 910호   2023. 3.20기획재정부령 974호
2023.12.14기획재정부령1025호

제1조【목적】 이 규칙은 「주세법」 및 같은 법 시행령에서 위임된 사항과 그 시행에 필요한 사항을 규정함을 목적으로 한다.

제2조【계약금액에 따른 주류가격의 산정】 ① 「주류 면허 등에 관한 법률」 제3조에 따른 주류 제조면허를 받은 자(이하 "주류제조자"라 한다)가 「주세법 시행령」(이하 "영"이라 한다) 제5조제3항을 적용받으려는 경우에는 납품계약을 한 주류의 종류, 수량, 계약기간, 계약상대기관 및 계약금액 등을 적은 서류를 관할 세무서장에게 제출해야 한다.

② 제1항에 따라 서류를 제출받은 관할 세무서장은 해당 납품계약의 금액을 영 제5조제1항제1호에 따른 통상가격(이하 "통상가격"이라 한다)으로 하기에 적정한지를 확인해야 한다.

③ 주류제조자가 제2항에 따라 관할 세무서장의 확인을 거쳐 납품계약의 금액을 통상가격으로 하는 경우에는 「주세법」(이하 "법"이라 한다) 제9조에 따른 신고서를 제출할 때에 계약상대기관의 장이 발행하는 납품증명서를 함께 제출해야 한다.

제2조의2【기준판매비율의 결정】 국세청장은 영 제5조의2제1항에 따른 기준판매비율을 결정하려면 「개별소비세법 시행규칙」 제2조의2에 따른 기준판매비율심의회의 심의를 거쳐야 한다.(2023.12.14 본조신설)

제3조【과세표준의 신고】 ① 법 제9조제1항 및 제2항에 따라 과세표준을 신고하려는 자는 별지 제1호서식의 주세과세표준신고서에 다음 각 호의 서류를 첨부하여 관할 세무서장에게 제출해야 한다.

1. 별지 제2호서식의 주류반출명세서 1부(2023.3.20 본호개정)
2. 별지 제3호서식의 주류 수불상황표 1부
3. 별지 제4호서식의 전통주 주세율 경감기준 검토표 1부(경감대상에 해당하는 경우로 한정한다)
4. 별지 제5호서식의 환입·폐기 주류 세액공제(환급) 신청서 1부(세액공제신청을 하는 경우로 한정한다)
5. 별지 제6호서식의 원료용 주류 세액공제 신청서 1부(세액공제신청을 하는 경우로 한정한다)
6. 별지 제7호서식의 수출·납품용 원료주류 세액공제(환급) 신청서 1부(공제세액이 납부세액을 초과하는 경우로 한정한다)

② 별지 제1호서식의 주세과세표준 신고서에 적어야 할 주류의 수량을 계산할 때 주류별·규격별 또는 용량별로 합계하여 산출한 수량에서 10밀리리터 단위 미만의 단수가 생기는 경우에는 이를 계산하지 않는다.

제4조【면세승인 절차】 ① 관할 세무서장은 영 제20조제1항에 따라 면세승인을 하려는 경우 주류의 종류·용량·수량·알코올분이나 그 밖에 필요한 사항을 검사·확인해야 한다.

② 관할 세무서장은 제1항에 따른 검사·확인을 하고 난 후 주류의 포장에 봉인을 하거나 날인을 하고 주류의 종류·용량·수량·알코올분과 검사연월일 및 관할세무서명을 표시한 표지를 붙여야 한다.

③ 관할 세무서장은 영 제20조제1항에 따라 면세승인을 하는 경우 주류의 종류·용량·수량·알코올분, 포장, 용기의 종류 및 개수, 신청인의 주소·성명 또는 명칭, 승인연월일이나 그 밖에 필요한 사항을 다음 각 호의 구분에 따른 자에게 통지해야 한다.
1. 법 제20조제1항제1호 또는 제3호에 해당하는 주류의 경우: 해당 세관장
2. 법 제20조제1항제2호 또는 제5호에 해당하는 주류의 경우: 해당 납품처
④ 제3항에 따른 통지는 별지 제8호서식의 수출·납품 주류 면세(승인신청·승인·승인통지)서에 따른다.
⑤ 영 제20조제9항에서 "기획재정부령으로 정하는 서류"란 별지 제9호서식에 따른 수출용 면세주류 반출 명세서를 말한다.
제5조【납세담보의 제공 등】 ① 관할 세무서장은 영 제26조제1항에 따른 담보의 제공이나 주류를 보존해야 하는 기간이 2주조연도 이상에 걸치는 경우에는 매년 1월에 담보 또는 보증의 내용과 그 적정성 여부를 조사해야 한다.
② 관할 세무서장은 법 제21조에 따라 담보를 제공하거나 납세보증주류를 보존하고 있던 주류제조자가 사망하여 그 면허 등을 상속한 자가 「주류 면허 등에 관한 법률」 제10조제2항에 해당하는 경우에는 그 상속인에게 주세 보전을 위하여 필요한 담보의 제공이나 주류의 보존을 새로 명해야 한다.
③ 관할 세무서장은 법 제21조에 따라 보존한 주류의 가액이 미납부세액을 초과할 때에는 그 초과하는 가액에 상당하는 주류의 보존을 해제할 수 있다.
제6조【서식】 주세의 신고 및 납부 등에 관한 서식은 다음 각 호와 같다.
1. 영 제17조제3항에 따른 환입·폐기 주류 세액공제(환급) 신청서: 별지 제5호서식
2. 영 제18조제1항에 따른 원료용 주류 세액공제 신청서: 별지 제6호서식
3. 영 제18조제2항에 따른 수출·납품용 원료주류 세액공제(환급) 신청서: 별지 제7호서식
4. 영 제20조제1항에 따른 수출·납품 주류 면세(승인신청·승인·승인통지)서 및 영 제21조제1항에 따른 수출용 면세주류 구입(승인신청·승인)서: 별지 제8호서식
5. 영 제14조제1항 및 제3항에 따른 주세 미납세 주류 반출 승인(신청·통지)서: 별지 제10호서식
6. 영 제15조제1항에 따른 주세 미납세 반출 주류 멸실 승인(신청)서: 별지 제11호서식
7. 영 제15조제2항에 따른 면세주류 멸실 승인(신청)서: 별지 제12호서식
8. 영 제15조제3항에 따른 주류 멸실 증명(신청)서: 별지 제13호서식
9. 영 제16조제1항 및 제2항에 따른 주세 미납세 주류 반입 신고(증명)서: 별지 제14호서식
9의2. 영 제20조제8항에 따른 의약품 제조원료용 주류 면세(승인신청·승인)서: 별지 제14호의2서식 (2022.3.18 본호신설)
10. 영 제21조제2항에 따른 수출용 면세주류 반입신고서 및 같은 조 제3항에 따른 수출용 면세주류 반입사실 확인통보서: 별지 제15호서식
10의2. 영 제22조제4항제1호에 따른 주정 실수요자(증명신청·증명)서: 별지 제15호의2서식(2022.3.18 본호신설)

10의3. 영 제22조제4항제2호에 따른 특수용도 주정 면세반출(승인신청·승인·승인통지)서: 별지 제15호의3서식(2022.3.18 본호신설)
11. 영 제23조제1항에 따른 수입주류면세 (승인신청·승인)서: 별지 제16호서식
12. 영 제30조에 따른 조사원증: 별지 제17호서식

부 칙

제1조【시행일】 이 규칙은 공포한 날부터 시행한다.
제2조【종전 부칙의 적용범위에 관한 경과조치】 이 규칙 시행 전의 「주세법 시행규칙」의 개정에 따른 부칙의 규정은 기간의 경과 등으로 이미 그 효력이 상실된 규정을 제외하고는 이 규칙 시행 이후에도 계속하여 효력을 가진다.
제3조【다른 법령의 개정】 ①~② ※(해당 법령에 가제정리 하였음)
제4조【다른 법령과의 관계】 이 규칙 시행 당시 다른 법령에서 종전의 「주세법 시행규칙」의 규정을 인용한 경우에 이 규칙 가운데 그에 해당하는 규정이 있을 때에는 종전의 규정을 갈음하여 이 규칙의 해당 규정을 인용한 것으로 본다.

부 칙 (2022.3.18)
(2023.3.20)
(2023.12.14)

이 규칙은 공포한 날부터 시행한다.

〔별지서식〕➡ 「www.hyeonamsa.com」 참조

주류 면허 등에 관한 법률

(약칭 : 주류면허법)

(2020년 12월 29일
법 률 제17761호)

개정
2022. 1. 6법18723호   2024. 2.13법20249호

제1장 총 칙

제1조【목적】 이 법은 주류 제조 및 판매업 면허에 대한 기준과 절차, 주류의 검정 등에 관한 사항을 규정함으로써 주류 거래의 안전과 원활한 주세 수입 확보를 목적으로 한다.

제2조【정의】 이 법에서 사용하는 용어의 뜻은 별도의 규정이 없으면 「주세법」에서 정하는 바에 따른다.

제2장 주류의 제조 및 판매 등

제1절 주류 제조면허 및 주류 판매업면허

제3조【주류 제조면허】 ① 주류를 제조하려는 자는 「주세법」 제5조에 따른 주류의 종류별로 주류 제조장마다 대통령령으로 정하는 시설기준과 그 밖의 요건을 갖추어 관할 세무서장의 면허를 받아야 한다. 같은 주류 제조장에서 면허받은 주류의 종류 외에 다른 주류를 제조하려는 경우에도 또한 같다.
② 제1항에 따른 주류의 제조에 관한 면허(이하 "주류 제조면허"라 한다)를 받은 자가 다음 각 호의 어느 하나에 해당하는 행위를 하는 경우에는 주류의 제조로 보지 아니한다. 다만, 제1호 및 제2호를 적용할 때 「주세법」 별표 제3호가목5)부터 9)까지의 규정에 따른 경우에는 주류의 제조로 본다.
1. 주류 제조면허를 받은 주류를 제조하기 위하여 주류 제조장에서 주류를 물로 희석하는 경우
2. 제조면허를 받은 주류를 제조하기 위하여 주류 제조장에서 제조면허를 받은 주류에 첨가할 수 있는 재료를 섞는 경우
3. 주류 제조장을 방문한 사람에게 판매 목적 없이 무상으로 제공하기 위하여 주류 제조장에서 제조면허를 받아 제조한 주류에 다른 종류의 주류를 첨가할 수 있는 재료 또는 「식품위생법」에 따라 식용할 수 있는 식품을 첨가하는 경우. 다만, 주류 제조장을 방문한 사람이 해당 주류를 제조장 밖으로 가져가는 경우 등 해당 주류를 주류 제조장에서 반출하는 경우(「주세법」 제15조제1호에 해당하는 경우는 제외한다)는 제외한다.
③ 주류 제조면허를 받은 자는 관할 세무서장의 허가를 받아 해당 주류를 용기에 넣는 제조장(이하 "용기주입제조장"이라 한다)을 따로 설치할 수 있다. 이 경우 그 주류를 용기에 넣는 행위는 주류 제조로 보고, 용기주입제조장은 주류 제조장으로 본다.
④ 관할 세무서장은 대통령령으로 정하는 주류 제조면허를 받은 자 2명 이상이 공동으로 주류를 제조하게 하는 것이 주세 보전(保全)을 위하여 필요하다고 인정되면 그 면허를 취소하고 새로 공동면허를 할 수 있다.
⑤ 주세 보전상 그 공동면허를 존속시킬 필요가 없다고 인정될 때에는 관할 세무서장은 대통령령으로 정하는 바에 따라 그 공동면허를 취소하고 공동면허를 받았던 자의 신청을 받아 종전의 주류 제조면허를 할 수 있다.

⑥ 관할 세무서장은 주류 제조면허를 받은 자가 운영하는 주류 제조장 시설이 제1항에 따른 시설기준에 미달하게 된 경우에는 대통령령으로 정하는 바에 따라 그 보완을 명할 수 있다.
⑦ 제1항에도 불구하고 다음 각 호의 어느 하나에 해당하는 경우에는 주류 제조면허를 받지 아니하고 주류를 제조할 수 있다.
1. 국가 및 지방자치단체가 시험 목적으로 주류를 제조하는 경우
2. 국공립연구기관 및 「고등교육법」 제2조에 따른 학교가 학술연구 목적으로 주류를 제조하는 경우
3. 제5조제2항에 따라 같은 조 제1항의 주류 판매업의 면허를 받은 것으로 보는 자가 「주세법」 제2조제1호다목에 따른 주류를 이용하여 같은 호 나목에 따른 주류를 제조하는 경우
⑧ 주류 제조면허를 받은 자는 제1항에도 불구하고 계약으로 다른 자에게 주류(주류 제조 위탁자 및 주류 제조 수탁자 모두 자신이 받은 주류 제조면허에 따라 제조할 수 있는 주류로 한정한다)의 제조를 위탁할 수 있다. 이 경우 주류 제조 수탁자는 위탁받은 주류의 제조를 제3자에게 다시 위탁해서는 아니 된다.
⑨ 주류 제조 위탁자는 제8항에 따라 주류의 제조를 위탁하는 경우 대통령령으로 정하는 바에 따라 관할 세무서장에게 신고하여야 한다.

제4조【밑술 또는 술덧의 제조면허】 밑술 또는 술덧을 제조하려는 자는 제조장별로 대통령령으로 정하는 시설기준과 그 밖의 요건을 갖추어 관할 세무서장의 면허를 받아야 한다. 다만, 주류 제조면허를 받은 자가 그 주류 제조장에서 원료용으로 제조하는 경우에는 그러하지 아니하다.

제5조【주류 판매업면허】 ① 주류 판매업(판매중개업 또는 접객업을 포함한다. 이하 같다)을 하려는 자는 대통령령으로 정하는 주류 판매업의 종류별로 판매장마다 대통령령으로 정하는 시설기준과 그 밖의 요건을 갖추어 관할 세무서장의 면허를 받아야 한다.
② 다음 각 호의 어느 하나에 해당하는 자가 대통령령으로 정하는 바에 따라 관할 세무서장에게 주류 판매에 관한 신고를 한 경우에는 제1항에 따른 주류 판매업의 면허(이하 "주류 판매업면허"라 한다)를 받은 것으로 본다.
1. 「식품위생법」에 따른 영업허가를 받은 장소에서 주류 판매업을 하는 자
2. 주류 판매를 주된 업종으로 하지 아니하는 자로서 대통령령으로 정하는 자
③ 주류 판매업면허를 받은 자에 관하여는 제3조제6항을 준용한다.

제6조【주류 제조 및 판매업 면허의 조건】 ① 관할 세무서장은 주류·밑술 또는 술덧의 제조면허나 주류 판매업면허(이하 "면허등"이라 한다)를 할 때 주세 보전을 위하여 필요하다고 인정되면 면허 기한, 제조 범위 또는 판매 범위, 제조 또는 판매를 할 때의 준수사항 등을 조건으로 정할 수 있다.
② 관할 세무서장은 제1항에 따른 조건을 정하는 경우에는 그 이유를 구체적으로 명시하여야 하고, 주세 보전을 위하여 해당 조건이 존속할 필요가 없다고 인정하는 경우에는 이를 철회하여야 한다.

제7조【면허등의 제한】 관할 세무서장은 제3조부터 제5조까지 및 제9조에 따른 면허 신청 또는 법인전환 신고가 있는 경우 다음 각 호의 어느 하나에 해당하면 면허등을 하지 않거나 신고를 수리하지 아니할 수 있다.
1. 면허 신청인이 제13조, 제14조 및 제14조의2에 따라 면허가 취소된 후 2년이 지나지 아니한 경우
(2024.2.13 본호개정)

1의2. 면허 신청인이 제13조, 제14조 및 제14조의2에 따라 면허가 취소된 자(이하 이 호에서 "종전 면허자"라 한다)와 면허 신청 당시 「국세기본법」 제2조제20호에 따른 특수관계인(이하 이 호에서 "특수관계인"이라 한다)에 해당하는 자로서 종전 면허자의 면허가 취소된 후 2년이 지나기 전에 같은 장소에서 같은 면허를 신청하는 경우. 이 경우 법인인 종전 면허자가 이미 해산한 경우에는 해산 당시 특수관계인에 해당하는 자를 면허 신청 당시 특수관계인으로 본다.(2024.2.13 본호신설)
2. 면허 신청인 또는 제9조에 따라 전환되는 법인(이하 "전환법인"이라 한다)의 신고인이 미성년자, 피한정후견인 또는 피성년후견인인 경우로서 그 법정대리인이 제1호 또는 제7호부터 제10호까지의 어느 하나에 해당하는 경우
3. 면허 신청법인 또는 전환법인의 경우 대통령령으로 정하는 임원 중에 제1호 또는 제7호부터 제10호까지의 어느 하나에 해당하는 사람이 있는 경우(2024.2.13 본호개정)
4. 면허 신청인 또는 전환법인 신고인이 제1호 또는 제7호부터 제10호까지의 어느 하나에 해당하는 사람을 제조장 또는 판매장의 지배인으로 하려는 경우
5. 면허 신청인 또는 전환법인 신고인이 국내에 주소 또는 거소(居所)를 두지 아니한 경우 그 대리인 또는 지배인이 제1호 또는 제7호부터 제10호까지의 어느 하나에 해당하는 경우
6. 면허 신청인 또는 전환법인 신고인이 신청 또는 신고 당시 국세 또는 지방세를 체납한 경우
7. 면허 신청인이 국세 또는 지방세를 100만원 이상 포탈(逋脫)하여 처벌 또는 처분을 받은 후 5년이 지나지 아니한 경우(2024.2.13 본호개정)
8. 면허 신청인이 「조세범 처벌법」 제10조제3항 또는 제4항에 따라 처벌을 받은 후 5년이 지나지 아니한 경우
9. 면허 신청인이 다음 각 목의 어느 하나의 법률을 위반하여 금고 이상의 실형을 선고받고 그 집행이 끝나거나(집행이 끝난 것으로 보는 경우를 포함한다) 집행이 면제된 날부터 5년이 지나지 아니한 경우
   가. 「조세범 처벌법」
   나. 「국민건강증진법」 제31조의2제1호
   다. 「전통주 등의 산업진흥에 관한 법률」
   라. 「식품위생법」
   마. 「수입식품안전관리 특별법」
   바. 「청소년 보호법」 제56조(같은 법 제30조제2호를 위반한 경우에 한한다), 제58조제3호·제6호 및 제59조제1호·제2호·제6호·제7호·제7호의2 및 제7호의3
10. 면허 신청인이 제9호 각 목의 어느 하나의 법률을 위반하여 금고 이상의 형의 집행유예를 선고받고 그 유예기간 중에 있는 경우
11. 국세청장이 세수 보전, 주류의 유통·판매 관리 등에 부적당하다고 인정하여 지정·고시하는 장소에 면허 신청인이 정당한 이유 없이 판매장을 설치하려는 경우
12. 면허 신청인이 파산선고를 받고 복권되지 아니한 경우
13. 국세청장이 인구, 주류 소비량 및 판매장의 수 등을 고려하여 주류의 수급(需給) 균형을 현저히 해칠 우려가 있다고 인정하여 지정·고시한 지역에 면허 신청인이 판매장을 설치하려는 경우
제8조【제조장 및 판매장의 이전】 ① 면허등을 받은 자가 그 제조장 또는 판매장을 이전하려는 경우에는

대통령령으로 정하는 바에 따라 전입지 관할 세무서장에게 신고하여야 한다. 다만, 대통령령으로 정하는 주류 판매업면허를 받은 자가 판매장을 이전하려는 장소가 제7조제11호 또는 제13호에 해당하는 장소인 경우에는 전입지 관할 세무서장의 허가를 받아야 한다.
② 관할 세무서장은 제1항 본문에 따른 신고를 받은 경우 해당 신고가 제3조제1항, 제4조 및 제5조제1항에 따른 시설기준에 적합하지 아니하면 신고를 수리하여서는 아니 된다.(2022.1.6 본항신설)
③ 관할 세무서장은 제1항 본문에 따른 신고를 받은 날부터 15일 이내에 신고수리 여부를 신고인에게 통지하여야 한다.(2022.1.6 본항신설)
④ 관할 세무서장이 제3항에서 정한 기간 내에 신고수리 여부 또는 민원 처리 관련 법령에 따른 처리기간의 연장을 신고인에게 통지하지 아니하면 그 기간(민원 처리 관련 법령에 따라 처리기간이 연장 또는 재연장된 경우에는 해당 처리기간을 말한다)이 끝난 날의 다음 날에 신고를 수리한 것으로 본다.(2022.1.6 본항신설)

제2절 면허등 승계, 상속 등

제9조【법인 전환에 따른 면허등의 승계】 면허등을 받은 자가 그 사업에 관한 모든 권리와 의무를 포괄적으로 승계시켜 법인으로 전환하는 경우에는 제3조제1항, 제4조 및 제5조제1항에서 정한 시설기준과 그 밖의 요건을 갖추어 관할 세무서장에게 면허등의 승계를 신고하여야 한다. 이 경우 제7조에 따른 면허등의 제한에 해당하지 아니한 경우에는 해당 법인이 면허등을 받은 것으로 본다.
제10조【면허등의 상속】 ① 주류·밑술 또는 술덧의 제조 또는 주류 판매업을 상속한 자는 지체 없이 그 사실을 관할 세무서장에게 신고하여야 한다.
② 제1항에 따라 신고한 상속인이 제7조제1호·제2호 및 제5호부터 제10호까지의 어느 하나에 해당하지 아니하는 경우에는 그 조에 따른 주류 판매업의 면허를 받은 것으로 본다. 이 경우 제7조제6호 중 "면허 신청인 또는 전환법인 신고인이 신청 또는 신고 당시"는 "면허 신고인이 신고 당시"로 본다.

제3절 주류 제조·반출 및 판매 정지

제11조【주류의 제조 또는 반출의 정지】 ① 관할 세무서장은 주류 제조면허를 받은 자가 다음 각 호의 어느 하나에 해당하는 경우에는 3개월 이내의 기간(제10호 또는 제12호에 해당하는 경우에는 그 원인이 제거될 때까지의 기간)을 정하여 주류의 제조 또는 반출의 정지처분을 하여야 한다.
1. 제3조제8항 전단을 위반하여 자신이 받은 주류 제조면허에 따라 제조할 수 있는 주류가 아닌 주류의 제조를 위탁하였거나 위탁받은 경우
2. 제3조제8항 후단을 위반하여 주류의 제조를 제3자에게 다시 위탁하는 경우
3. 제3조제9항에 따른 신고를 하지 아니한 경우
4. 「주세법」 제6조(제3항은 제외한다)에 따른 주류의 규격을 위반하여 주류를 제조한 경우
5. 「주세법」 제6조제3항을 위반하여 주류를 제조한 경우
6. 제8조제1항 본문에 따른 신고를 하지 않거나 거짓 신고를 하고 주류 제조장을 이전한 경우(2022.1.6 본호개정)
7. 제21조에 따른 지정 사항을 위반한 경우

8. 제25조에 따른 장부 기록의무를 고의로 위반한 경우(제16조제1항에 따른 직매장의 장부 기록의무를 고의로 위반한 경우를 포함한다)
9. 「조세범 처벌법」 제12조제1호부터 제3호까지의 어느 하나에 해당한 경우
10. 「주세법」 제21조에 따라 관할 세무서장이 명한 담보의 제공이나 납세보증주류의 보존을 하지 아니한 경우
11. 주세를 포탈한 경우
12. 주세 체납이 발생한 날부터 3개월을 초과한 경우
13. 「부가가치세법」 제5조제1항에 따른 과세기간별로 「조세범 처벌법」 제10조제1항부터 제3항까지에 따른 세금계산서 발급의무 등을 위반한 금액이 총주류매출금액(총주류매입금액이 총주류매출금액보다 큰 경우에는 총주류매입금액을 말한다)의 1천분의 5 이상 1천분의 50 미만인 경우
② 관할 세무서장은 제1항에 따라 주류의 제조 또는 반출의 정지처분을 한 경우 반제품이 있을 때에는 대통령령으로 정하는 바에 따라 주류의 제조나 그 밖에 필요한 행위를 계속하게 할 수 있다. 이 경우 주세를 다 낼 때까지 그 주류의 제조에 관하여는 이 법을 적용한다.

제12조【주류 판매 정지】 관할 세무서장은 주류 판매업허가를 받은 자가 다음 각 호의 어느 하나에 해당하는 경우에는 3개월 이내의 기간을 정하여 판매 정지처분을 하여야 한다.
1. 제8조제1항 본문에 따른 신고를 하지 아니하거나 거짓 신고를 하고 판매장을 이전한 경우
2. 제22조에 따른 납세증명표지가 없는 주류를 판매하거나 보유한 경우
3. 제25조에 따른 장부 기록의무를 고의로 위반한 경우
4. 「부가가치세법」 제5조제1항에 따른 과세기간별로 「조세범 처벌법」 제10조제1항부터 제3항까지에 따른 세금계산서 발급의무 등을 위반한 금액이 총주류매출금액(총주류매입금액이 총주류매출금액보다 큰 경우에는 총주류매입금액을 말한다)의 1천분의 10 이상 1천분의 100 미만인 경우
(2024.2.13 본조개정)

제4절 주류 제조면허 및 주류 판매업면허의 취소 등

제13조【주류 제조면허의 취소】 ① 관할 세무서장은 주류 제조면허를 받은 자가 다음 각 호의 어느 하나에 해당하는 경우에는 그 주류 제조장에 대한 모든 주류 제조면허(제3호, 제4호 또는 제13호에 해당하는 경우에는 해당 주류의 주류 제조면허로 한정한다)를 취소하여야 한다.
1. 부정한 방법으로 주류 제조면허를 받은 경우
2. 주류 제조자가 허가받은 직매장 중 하나 이상의 직매장에서 「부가가치세법」 제5조제1항에 따른 과세기간별로 「조세범 처벌법」 제10조제1항부터 제3항까지에 따른 세금계산서 발급의무 등을 위반한 금액이 그 주류 제조자가 허가받은 모든 직매장의 총주류매출금액(총주류매입금액이 총주류매출금액보다 큰 경우에는 총주류매입금액을 말한다)의 1천분의 50 이상인 경우
3. 제3조제1항에 따른 면허 요건을 갖추지 못하게 된 경우. 다만, 시설기준에 미달한 경우에는 같은 조 제6항에 따른 보완 명령을 받고 이를 이행하지 아니한 경우로 한정한다.
4. 제6조에 따른 면허등의 조건을 위반한 경우
5. 제7조제2호부터 제4호까지 또는 제7호부터 제10호까지의 어느 하나에 해당하게 된 경우

6. 제11조제1항에 따라 주류의 제조 정지처분 또는 반출 정지처분을 받은 자가 그 기간에 다시 같은 조 제1항을 위반한 경우
7. 제22조에 따른 납세증명표지를 위조·변조 또는 파손해서 사용하거나 위조·변조 또는 파손된 납세증명표지를 가지고 있는 경우
8. 「부가가치세법」 제5조제1항에 따른 과세기간별로 「조세범 처벌법」 제10조제1항부터 제3항까지에 따른 세금계산서 발급의무 등을 위반한 금액이 총주류매출금액(총주류매입금액이 총주류매출금액보다 큰 경우에는 총주류매입금액을 말한다)의 1천분의 50 이상인 경우
9. 「조세범 처벌법」 제10조제4항에 따른 범칙행위를 한 경우
10. 다음 각 목의 구분에 따른 주류에 대한 주세를 포탈한 경우
  가. 탁주 : 500만원 이상(2024.2.13 본목개정)
  나. 탁주·맥주를 제외한 발효주류 및 기타 주류 : 500만원 이상(2024.2.13 본목개정)
  다. 주정 및 증류주류 : 1천만원 이상(2024.2.13 본목개정)
  라. 맥주 : 2천만원 이상(2024.2.13 본목개정)
11. 2주조연도(酒造年度) 이상 계속하여 주류를 제조하지 아니한 경우(2024.2.13 본호개정)
12. 1주조연도 중 3회 이상 주세를 포탈한 경우
13. 같은 주류 제조장에서 제조면허를 받은 주류가 아닌 주류를 제조한 경우
14. 주류 제조면허를 타인에게 양도 또는 대여한 경우
15. 타인과 동업 경영을 한 경우
16. 주류 제조면허를 받은 자가 부재자인 경우로서 공증인의 공증에 의하여 주류의 제조에 관한 모든 권한을 위임받은 대리인 또는 지배인을 선임하지 아니하고 국내에 거주하지 아니하게 되었거나 실종된 경우
17. 주류 제조면허를 받은 자가 부재자이면서 미성년자, 피한정후견인, 피성년후견인인 경우로서 「상법」 제8조에 따른 법정대리인이 없는 경우
18. 「전통주 등의 산업진흥에 관한 법률」 제8조제1항에 따른 제조면허 추천을 받아 주류 제조면허를 받은 자가 같은 조 제5항에 따른 추천요건을 위반한 경우
② 제1항에 따라 주류 제조면허를 취소한 경우에는 제11조제2항을 준용한다.

제14조【밑술 또는 술덧의 제조면허의 취소 등】 밑술 또는 술덧의 제조면허를 받은 자에 관하여는 제11조 및 제13조를 준용한다.

제14조의2【주류 판매업면허의 취소】 ① 관할 세무서장은 주류 판매업면허를 받은 자가 다음 각 호의 어느 하나에 해당하는 경우에는 그 면허를 취소하여야 한다.
1. 부정한 방법으로 주류 판매업면허를 받은 경우
2. 제5조제1항에 따른 면허 요건을 갖추지 못하게 된 경우. 다만, 시설기준에 미달된 경우에는 같은 조 제3항에 따른 보완 명령을 받고도 이를 이행하지 아니하는 경우로 한정한다.
3. 제6조에 따른 면허등의 조건을 위반한 경우
4. 제8조제1항 단서에 따른 허가를 받지 아니하거나 부정한 방법으로 허가를 받고 판매장을 이전한 경우
5. 「부가가치세법」 제5조제1항에 따른 과세기간별로 「조세범 처벌법」 제10조제1항부터 제3항까지에 따른 세금계산서 발급의무 등을 위반한 금액이 총주류매출금액(총주류매입금액이 총주류매출금액보다 큰 경우에는 총주류매입금액을 말한다)의 1천분의 100 이상인 경우

6. 「조세범 처벌법」 제10조제4항에 따른 범칙행위를 한 경우
7. 2주조연도 이상 계속하여 주류를 판매하지 아니한 경우
8. 주류를 가공하거나 조작한 경우. 다만, 「식품위생법」 제36조제1항제3호에 따른 식품접객업 중 음주행위가 허용되는 영업을 하는 장소에서 소비자의 요구에 따라 주류를 술잔 등 빈 용기에 나누어 담아 판매하는 경우 등 대통령령으로 정하는 단순한 가공이나 조작을 하는 경우는 제외한다.
9. 주류 제조면허 없이 제조한 주류나 주세를 면제받은 주류를 판매 또는 보유한 경우
10. 주류 판매업면허를 타인에게 양도 또는 대여한 경우. 다만, 제9조에 따라 법인으로 전환한 경우에는 양도로 보지 아니한다.
11. 타인과 동업 경영을 한 경우
② 관할 세무서장은 제1항에 따라 주류 판매업면허를 취소한 경우 재고품이 있을 때에는 대통령령으로 정하는 바에 따라 판매나 그 밖에 필요한 행위를 계속하게 할 수 있다.
(2024.2.13 본조신설)
제15조【면허등의 취소 및 중단 신청】 ① 주류 제조면허를 받은 자가 그 제조를 그만두려는 경우에는 관할 세무서장에게 면허의 취소를 신청하여야 한다.
② 밑술 또는 술덧의 제조면허나 주류 판매업면허를 받은 자가 그 제조 또는 판매를 그만둔 경우에는 이를 관할 세무서장에게 신고하여야 한다.
③ 면허등을 받은 자가 그 제조 또는 판매를 잠시 중단하려는 경우에는 이를 관할 세무서장에게 신고하여야 한다.
④ 제2항에도 불구하고 제5조제2항에 따라 주류 판매업면허를 받은 것으로 보는 자가 「부가가치세법」 제8조제7항에 따른 폐업신고를 한 경우에는 제2항에 따른 신고를 한 것으로 본다.
제16조【직매장 설치 허가 및 취소 등】 ① 주류 제조면허를 받은 자는 주류의 원거리 공급을 원활하게 하기 위하여 관할 세무서장의 허가를 받아 직매장(주류의 제조자가 자기의 사업과 관련하여 제조 또는 취득한 주류를 직접 판매하기 위하여 판매시설을 갖춘 장소를 말한다)을 설치할 수 있다.
② 제1항에 따른 직매장은 대통령령으로 정하는 시설기준에 적합하여야 한다.
③ 직매장에 관하여는 제6조부터 제8조까지, 제12조, 제14조의2 및 제15조제2항·제3항을 준용한다. 이 경우 제12조제4호 중 "1천분의 100 미만"은 "1천분의 50 미만"으로 보고, 제14조의2제1항제5호 중 "1천분의 100 이상"은 "1천분의 50 이상"으로 본다.(2024.2.13 본항개정)

제3장 주세의 보전

제17조【주세 보전명령】 ① 국세청장은 주세 보전을 위하여 필요하다고 인정되면 대통령령으로 정하는 바에 따라 다음 각 호의 사항에 관한 명령을 할 수 있다.
1. 주류의 용도 분류 및 그 분류의 표시에 관한 사항
2. 주류 운반용 차량의 표시에 관한 사항
3. 주류·밑술 또는 술덧의 제조원료 및 주류 품질 관리 등에 관한 사항
4. 주류·밑술 또는 술덧 제조시설 및 설비의 변동신고에 관한 사항
5. 주류·밑술 또는 술덧의 제조·저장·판매 설비의 사용 등에 관한 사항
6. 그 밖에 제1호부터 제5호까지에서 규정한 사항에 준하는 사항으로서 주류·밑술 또는 술덧의 제조, 저장,

양도, 양수, 이동, 설비 또는 반출 수량 등에 관한 사항(2022.1.6 본항개정)
② 제1항의 명령을 하는 경우에는 그 목적 달성에 필요한 최소한의 범위에서 하여야 하고, 주류·밑술 또는 술덧의 제조자나 주류 판매업자에 대하여 합리적인 이유 없이 차별하거나 부당하게 이익을 침해하여서는 아니 된다.
③ 국세청장은 제1항에 따른 사무의 일부를 관할 지방국세청장 또는 관할 세무서장에게 위임할 수 있다.(2022.1.6 본항신설)
제18조【주류 가격 등에 관한 신고】 ① 주류 제조자는 탁주 및 맥주를 제외한 주류에 대하여 그 가격을 변경하거나 신규로 제조하여 반출한 경우 대통령령으로 정하는 바에 따라 그 가격을 국세청장에게 신고하여야 한다.
② 주류 제조자(위탁 제조하는 경우에는 주류 제조 위탁자를 말한다) 및 제5조제1항에 따라 주류를 수입하는 업의 면허를 받은 자는 상표를 사용하거나 변경하려는 경우에는 사용개시 2일 전까지 대통령령으로 정하는 바에 따라 관할 세무서장에게 신고하여야 한다. 다만, 외국으로 반출하는 주류의 상표를 단순 변경하는 경우 또는 수입주류를 「관세법」에 따라 수입하는 경우에는 그러하지 아니하다.(2022.1.6 본항신설)
(2022.1.6 본조제목개정)
제19조【밑술 등의 처분 또는 반출의 승인】 ① 밑술 또는 술덧은 대통령령으로 정하는 바에 따라 관할 세무서장의 승인을 받은 경우에만 처분하거나 주류 제조장에서 반출할 수 있다.
② 제1항에 따라 관할 세무서장의 승인을 받은 경우 해당 밑술 또는 술덧을 탁주로 보아 그 제조자로부터 주세를 지체 없이 징수한다. 다만, 관할 세무서장의 승인을 받아 주류로서 마시지 못하게 조치한 경우에는 그러하지 아니하다.
제20조【주정 구입 등의 제한】 주정은 대통령령으로 정하는 바에 따르지 아니하고는 구입·사용 또는 보유하거나 제조장에서 반출할 수 없다.
제21조【주류 제조 원료의 종류 등의 지정】 국세청장은 다음 각 호에 해당하는 경우 대통령령으로 정하는 바에 따라 주류 제조면허를 받은 자의 주류 제조에 필요한 원료의 종류와 수량을 지정할 수 있다.
1. 농림축산식품부장관이 양곡의 수급 조절을 위하여 필요하다고 인정하여 요구하는 경우
2. 주류의 품질 관리 또는 수급 조절을 위하여 필요하다고 인정되는 경우
제22조【납세증명표지】 ① 국세청장은 주세 보전을 위하여 필요하다고 인정되면 대통령령으로 정하는 바에 따라 반출하는 주류의 용기에 「주세법」 제10조 및 제13조에 따른 납세 또는 「주세법」 제20조에 따른 면세 사실을 증명하는 표지(이하 "납세증명표지"라 한다)를 하게 할 수 있다.
② 국세청장은 납세증명표지의 규격, 사용방법 및 절차 등에 관하여 제조자에게 필요한 명령을 할 수 있다.
제23조【주류 보유의 제한】 ① 납세증명표지가 없는 주류, 면허 없이 제조한 주류 또는 「주세법」 제20조에 따라 면세받은 주류는 판매의 목적으로 가질 수 없다.
② 주류 판매업면허를 받은 자가 제1항에 따른 주류를 가지고 있는 경우에는 이를 판매의 목적으로 가지고 있는 것으로 본다.
제24조【제조·판매 등의 신고】 주류·밑술 또는 술덧의 제조자나 주류 판매업자는 대통령령으로 정하는 바에 따라 제조·저장 또는 판매에 관한 사항을 관할 세무서장에게 신고하여야 한다.

제25조【장부 기록의무】주류·밑술 또는 술덧의 제조자나 주류 판매업자는 대통령령으로 정하는 바에 따라 제조·저장 또는 판매에 관한 사항을 장부에 기록하여야 한다.

제26조【영업정지 등의 요구】① 관할 세무서장은「식품위생법」에 따른 영업허가를 받은 장소에서 주류 판매업을 하는 자가 납세증명지가 없는 주류, 면허 없이 제조한 주류 또는「주세법」제20조에 따른 면제받은 주류를 가지고 있거나 판매한 경우에는 해당 주무관청에 그 영업의 정지 또는 허가취소를 요구할 수 있다.
② 제1항에 따른 요구를 받은 해당 주무관청은 특별한 사유가 없으면 영업의 정지 또는 허가취소를 하여야 한다.

제4장 주류의 검정 및 검사와 승인

제27조【주류의 검정】관할 세무서장은 주류 제조면허를 받은 자가 주류를 제조한 경우에는 대통령령으로 정하는 바에 따라 그 수량과 알코올분을 검정한다.

제28조【기기 등의 검정】주류·밑술 또는 술덧의 제조자나 주류 판매업자는 대통령령으로 정하는 바에 따라 제조·저장 또는 판매에 사용하는 기계, 기구와 용기의 검정을 받아야 한다.

제29조【검사와 승인】주류·밑술 또는 술덧의 제조자나 주류 판매업자는 대통령령으로 정하는 바에 따라 제조·저장 또는 판매에 관한 사항에 대하여 관할 세무서장의 검사 또는 승인을 받아야 한다.

제5장 보 칙

제30조【국세기본법의 적용】① 이 법에 특별한 규정이 있는 경우를 제외하고「국세기본법」제2조, 제4조, 제5조, 제5조의2, 제6조, 제8조부터 제12조까지, 제18조, 제18조의2, 제19조, 제20조, 제76조, 제81조의16, 제81조의17, 제84조, 제85조의4, 제86조 및 제86조부터 제90조까지의 규정을 준용한다.(2022.1.6 본항개정)
② 이 법에 따른 처분으로서 위법 또는 부당한 처분을 받거나 필요한 처분을 받지 못함으로 인하여 권리나 이익을 침해당한 자는「국세기본법」제7장의 규정에 따라 그 처분의 취소 또는 변경을 청구하거나 필요한 처분을 청구할 수 있다.

제31조【주류 제조 위탁 관련 적용】제3조제8항에 따라 위탁 제조하는 주류와 관련하여 제3장을 적용할 때에는 다음과 같이 한다.
1. 제17조에서 "수량"은 주류 제조 수탁자의 제조장에서 반출한 수량으로 한다.
2. 제18조에서 "가격"은 주류 제조 위탁자가 제3자에게 판매하는 가격으로 한다.
3. 제18조 또는 제19조에서 "주류 제조자" 또는 "제조자"는 주류 제조 위탁자로 한다.
4. 제19조 또는 제20조에서 "주류 제조장" 또는 "제조장"은 주류 제조 수탁자가 해당 주류의 제조를 위탁받아 제조하는 제조장으로 한다.

제32조【세무공무원의 질문·검사 및 처분】① 세무공무원은 주류·밑술 또는 술덧의 제조자나 주류 판매업자에게 질문을 하거나 다음 각 호의 물건에 대하여 검사를 하는 등 단속을 위하여 필요한 처분을 할 수 있다.
1. 주류·밑술 또는 술덧의 제조자가 보유하는 주류·밑술 또는 술덧이나 주류 판매업자가 보유하는 주류
2. 주류·밑술 또는 술덧의 제조·저장 또는 판매에 관한 모든 관련 장부나 그 밖의 서류
3. 주류·밑술 또는 술덧의 제조·저장 또는 판매를 위하여 필요한 건축물, 기계, 기구, 용기, 원료나 그 밖의 물건
② 세무공무원은 운반 중인 주류, 밑술 또는 술덧을 검사하거나 그 출처 또는 도착지를 질문할 수 있다.
③ 세무공무원은 제1항 또는 제2항에 따라 질문, 검사 등 단속을 위하여 필요한 처분을 하는 경우 직무상 필요한 범위 외에 다른 목적 등을 위하여 그 권한을 남용해서는 아니 된다.

제33조【견본 제출 요구】세무공무원은 필요하다고 인정하면 주류·밑술 또는 술덧의 제조자나 주류 판매업자가 가지고 있는 주류·밑술 또는 술덧의 견본을 제출하게 할 수 있다.

제34조【몰취】① 관할 지방국세청장 또는 관할 세무서장은 다음 각 호의 어느 하나에 해당하는 것으로서 제조자나 판매자가 소지하는 물품을 몰취(沒取)할 수 있다.(2022.1.6 본문개정)
1. 제3조 및 제4조에 따른 면허를 받지 아니하고 제조한 물품
2. 제1호에 따른 물품의 제조에 사용된 기계, 기구 또는 용기
3. 제22조에 따른 납세증명지를 하지 아니한 물품
② 관할 지방국세청장 또는 관할 세무서장은 제1항에 따라 몰취한 물품, 기계, 기구 및 용기를「국세징수법」의 압류재산 매각에 관한 규정을 준용하여 매각한다. 다만, 유통기한 임박 등 부득이한 사유가 있는 경우에는 몰취한 물품을 폐기할 수 있다.(2022.1.6 본항신설)

제35조【면허등의 수수료】① 다음 각 호의 어느 하나에 해당하는 면허를 신청하는 자는 기획재정부령으로 정하는 바에 따라 수수료를 납부하여야 한다.
1. 제3조제1항에 따른 주류 제조면허
2. 제4조에 따른 밑술 또는 술덧의 제조면허
3. 제5조제1항에 따른 주류 판매업면허
② 제1항에 따른 수수료는 수입인지 또는「전자정부법」제14조에 따른 정보통신망을 이용한 전자화폐·전자결제 등의 방법으로 낼 수 있다.

제36조【청문】국세청장 또는 관할 세무서장은 다음 각 호의 어느 하나에 해당하는 처분을 하려면 청문을 하여야 한다.
1. 제11조에 따른 주류의 제조 또는 반출의 정지
2. 제12조에 따른 주류 판매 정지(2024.2.13 본호개정)
3. 제13조에 따른 주류 제조면허의 취소
4. 제14조에 따른 밑술·술덧의 제조 또는 반출의 정지 및 밑술·술덧 제조면허의 취소
4의2. 제14조의2에 따른 주류 판매업면허의 취소 (2024.2.13 본호신설)
5. 제16조에 따른 직매장 설치 허가의 취소

제37조【주류업단체】① 주류 제조면허를 받은 자 또는 주류 판매업면허를 받은 자는 주세 보전에 협력하고 상호 복리를 증진하기 위하여 주류업단체를 설립할 수 있다.
② 제1항에 따른 주류업단체는 법인으로 하며, 그 설립과 운영에 필요한 사항은 대통령령으로 정한다.
③ 주류업단체에 관하여 이 법에 규정된 사항을 제외하고는「민법」중 사단법인에 관한 규정을 준용한다.

제37조의2【주류 거래질서 확립을 위한 금품 제공 등의 금지】건전한 주류 거래질서를 확립하기 위하여 주류 제조면허를 받은 자와 대통령령으로 정하는 주류 판매업면허를 받은 자는 다음 각 호의 경우를 제외하고는 주류의 거래와 관련하여 금품을 제공하거나 그 밖에 이와 유사한 행위로서 대통령령으로 정하는 행위를 하여서는 아니 된다.
1. 대통령령으로 정하는 일정 금액 이하의 소규모 경품 등을 판매 홍보 등의 목적으로 제공하는 경우

2. 주류의 품질유지를 위하여 제공하는 내구소비재로서 주류보관을 위한 냉장진열장 등 대통령령으로 정하는 물품을 제공하는 경우
3. 상호, 로고 또는 상품명이 표시되어 제공자가 명확히 확인되며, 주류 판매에 직접 사용되는 소모품을 국세청장이 정하는 자에게 제공하는 경우
(2022.1.6 본조신설)

제6장 벌 칙

제38조【과태료】 ① 다음 각 호의 어느 하나에 해당하는 자에게는 2천만원 이하의 과태료를 부과한다. (2022.1.6 본문개정)
1. 다음 각 목의 어느 하나에 해당하는 명령을 위반한 자
   가. 제17조에 따른 주세 보전명령
   나. 제22조에 따른 납세증명표지에 관한 명령
2. 다음 각 목의 어느 하나에 해당하는 주류를 판매의 목적으로 소지하거나 판매한 자
   가. 제3조에 따른 면허를 받지 아니하고 제조한 주류
   나. 제22조에 따른 납세증명표지가 붙어 있지 아니한 주류
3. 제28조에 따른 검정을 받지 아니한 기계, 기구 또는 용기를 사용한 자
4. 제37조의2에 따른 금품 제공 등의 금지 의무를 위반한 자(2024.2.13 본호신설)
② 제1항에 따른 과태료는 대통령령으로 정하는 바에 따라 관할 세무서장이 부과·징수한다.(2022.1.6 본항신설)

부 칙

제1조【시행일】 이 법은 2021년 1월 1일부터 시행한다.
제2조【일반적 경과조치】 이 법 시행 전에 종전의 규정에 따라 부여하였거나 부여하여야 할 제조, 판매 면허에 대해서는 종전의 규정에 따른다.
제3조【주류제조관리사 면허 취득자에 대한 경과조치】 이 법 시행 전에 주류제조관리사 면허를 취득한 자에 대해서는 종전의 「주세법」(법률 제16847호로 개정되기 전의 것을 말한다) 제19조 및 제54조제4호의 개정규정에도 불구하고 종전의 규정에 따른다.
제4조【금치산자 등의 면허의 제한에 관한 경과조치】 이 법 시행 전 금치산자 또는 한정치산의 선고를 받은 자는 종전의 「주세법」(법률 제14051호로 개정되기 전의 것을 말한다) 제10조제2호의 개정규정에도 불구하고 법률 제14051호 주세법 일부개정법률 시행 당시 이미 금치산 또는 한정치산의 선고를 받은 자에 대하여 법률 제10429호 민법 일부개정법률 부칙 제2조에 따라 그 선고의 효력이 유지되는 경우에는 같은 법으로 개정되기 전의 규정을 적용한다.
제5조【주류 제조면허에 관한 경과조치】 종전의 「주세법」(법률 제11718호로 개정되기 전의 것을 말한다) 시행 당시 종전의 규정에 따라 주류 제조면허를 받은 자는 이 법에 따른 주류의 종류 중 해당 주류의 제조면허를 받은 것으로 본다.
제6조【직매장에 관한 경과조치】 종전의 「주세법」(법률 제11718호로 개정되기 전의 것을 말한다) 시행 당시의 직매장은 제16조제1항의 개정규정에 따라 허가를 받은 것으로 본다.
제7조【주류업단체에 관한 경과조치】 종전의 「주세법」(법률 제11718호로 개정되기 전의 것을 말한다) 시행 당시 종전의 규정에 따라 설립된 주류업단체는 제37조

의 개정규정에 따라 설립된 것으로 본다.
제8조【출고된 것으로 보는 주류에 관한 경과조치】 종전의 「주세법」(법률 제6055호로 개정되기 전의 것을 말한다) 시행 전 종전의 제22조의 규정에 따라 동일한 제조장 안에서 다른 주류의 제조원료로 사용된 주류에 대해서는 같은 법으로 개정되기 전의 규정에 따른다.
제9조【과태료에 관한 경과조치】 이 법 시행 전의 행위에 대한 과태료의 적용은 종전의 「주세법」(법률 제17762호로 개정되기 전의 것을 말한다) 제56조에 따른다.
제10조【다른 법률의 개정】 ①~⑪ ※(해당 법령에 가제정리 하였음)
제11조【다른 법령과의 관계】 이 법 시행 당시 다른 법령에서 종전의 「주세법」의 규정을 인용한 경우에 이 법 가운데 그에 해당하는 규정이 있으면 종전의 규정을 갈음하여 이 법의 해당 규정을 인용한 것으로 본다.

부 칙 (2022.1.6)

제1조【시행일】 이 법은 공포한 날부터 시행한다.
제2조【몰취한 물품 등의 매각·폐기에 관한 적용례】 제34조제2항의 개정규정은 이 법 시행 전에 몰취된 물품 등에 대해서도 적용한다.

부 칙 (2024.2.13)

제1조【시행일】 이 법은 공포한 날부터 시행한다.
제2조【면허등의 제한에 관한 적용례】 제7조제1호의2의 개정규정은 이 법 시행 이후 제3조부터 제5조까지의 규정에 따른 면허를 신청하는 경우부터 적용한다.
제3조【주류 제조면허의 취소에 관한 경과조치】 이 법 시행 전의 주세 포탈로 인한 주류 제조면허의 취소에 관하여는 제13조제1항제10호의 개정규정에도 불구하고 종전의 규정에 따른다.

주류 면허 등에 관한 법률 시행령

(2021년 2월 17일)
(대통령령 제31450호)

개정
2022. 2.15영32415호   2023. 2. 28영33280호

제1장 총 칙

제1조【목적】 이 영은 「주류 면허 등에 관한 법률」에서 위임된 사항과 그 시행에 필요한 사항을 규정함을 목적으로 한다.

제2장 주류의 제조 및 판매 등

제2조【주류 제조의 면허】 ① 「주류 면허 등에 관한 법률」(이하 "법"이라 한다) 제3조제1항에 따라 주류 제조의 면허를 받으려는 자는 다음 각 호의 사항을 적은 신청서에 기획재정부령으로 정하는 서류를 첨부하여 주류 제조장 관할 세무서장에게 제출해야 한다.
1. 신청인의 인적사항
2. 주류 제조장의 위치
3. 제조할 주류의 종류 및 규격
4. 제조방법
5. 매 주조연도의 제조 예정수량
6. 시험 또는 시음행사를 하거나 기획재정부령으로 정하는 축제 또는 경연대회에 사용하기 위하여 주류를 제조하려는 경우에는 그 사유, 제조 기간 및 제조 예정 수량
② 제1항에 따라 주류 제조의 면허신청을 받은 관할 세무서장은 제3조제1항 및 별표1에 따른 제조시설을 갖출 것을 조건으로 하여 면허를 할 수 있다.
③ 제2항에 따라 면허를 받은 자는 면허를 받은 날부터 1년[별표1 제4호에 따른 소규모주류제조자(이하 "소규모주류제조자"라 한다) 면허를 받은 경우에는 6개월로 한다] 이내에 제조시설의 공사에 착수하여 면허를 받은 날부터 3년(소규모주류제조자 면허를 받은 경우에는 1년으로 한다) 이내에 완공해야 한다. 다만, 관할 세무서장은 부득이한 사유가 있다고 인정하는 경우에는 1년(소규모주류제조자 면허를 받은 경우에는 6개월로 한다)의 범위에서 그 기간을 연장할 수 있다.
④ 제2항에 따라 면허를 받은 자는 제조시설의 공사에 착수한 때와 이를 완공한 때에는 지체 없이 관할 세무서장에게 신고해야 한다.
⑤ 제2항에 따라 면허를 받은 자가 제3항에 따른 기간 내에 제조시설의 공사에 착수하지 않거나 이를 완공하지 않은 경우에는 그 면허는 효력을 잃는다.
⑥ 관할 세무서장은 시험 또는 시음행사를 하거나 기획재정부령으로 정하는 축제 또는 경연대회에 사용하기 위하여 주류를 제조하려는 자에 대해서는 제3조제1항 및 별표1에 따른 제조시설을 갖추지 못한 경우에도 면허를 할 수 있다.
⑦ 관할 세무서장은 제6항에 따라 면허를 하는 경우에는 제조의 기간 및 수량을 지정해야 하며, 면허를 받은 자의 신청을 받아 국세청장이 정하는 기간의 범위에서 제조 기간을 연장할 수 있다.

제3조【주류 제조시설의 기준】 ① 법 제3조제1항에 따른 주류 제조장의 시설기준은 별표1과 같다.
② 하나의 주류 제조장에서 두 종류 이상의 주류를 제조할 수 있도록 면허를 받은 자나 연접된 장소에 위치한 주류 제조장에서 각각 다른 종류의 주류를 제조하도록 면허를 받은 자가 주류 제조장에 주류 제조시설

세척 전문설비를 갖춘 경우에는 주류의 종류별로 제조시설을 따로 설치하지 않고 하나의 시설을 공동으로 이용할 수 있다.
③ 관할 세무서장은 법 제3조제1항에 따라 주류 제조의 면허를 받은 제조장의 시설이 제1항에 따른 시설기준에 미달하게 된 경우에는 법 제3조제6항에 따라 보완할 사항 및 기간을 정하여 해당 시설의 보완을 명할 수 있다.

제4조【용기주입제조장의 허가】 ① 법 제3조제1항에 따라 주류 제조의 면허를 받은 자(이하 "주류제조자"라 한다)가 같은 조 제3항에 따라 용기주입제조장 설치의 허가를 받으려는 경우에는 제2조제1항제1호부터 제5호까지의 사항을 적은 신청서에 기획재정부령으로 정하는 서류를 첨부하여 관할 세무서장에게 제출해야 한다.
② 법 제3조제3항에 따른 용기주입제조장의 설치허가에 관하여는 제2조제2항부터 제5항까지의 규정을 준용한다.

제5조【공동면허】 ① 법 제3조제4항에 따른 공동면허를 받을 수 있는 자는 탁주 또는 약주의 제조자로 한정한다.
② 관할 세무서장은 법 제3조제5항에 따라 공동면허를 취소하려는 경우에는 취소 예정일 60일 전에 해당 공동면허를 받은 자에게 통지해야 한다.
③ 제2항에 따라 통지를 받은 법 제3조제4항에 따른 공동면허를 받은 자는 같은 조 제5항에 따라 종전의 주류 제조면허를 받으려면 그 통지를 받은 날부터 30일 이내에 관할 세무서장에게 신청해야 한다.

제6조【주류 제조 위탁 신고】 ① 주류 제조 위탁자는 법 제3조제8항에 따라 주류의 제조를 위탁하는 경우 다음 각 호의 사항을 적은 신고서에 기획재정부령으로 정하는 서류를 첨부하여 주류의 위탁 제조가 개시된 날이 속하는 분기의 다음 달 25일까지 관할 세무서장에게 제출해야 한다.
1. 주류 제조 위탁자의 인적사항
2. 주류 제조 수탁자의 인적사항
3. 위탁 제조하는 주류 제조장의 위치
4. 위탁 제조할 주류의 종류 및 규격
5. 제조방법
6. 위탁 제조 기간 및 위탁 제조 주류의 수량
② 주류 제조 위탁자는 제1항에 따른 신고서 등을 제출한 이후 주류의 위탁 제조와 관련하여 다음 각 호의 어느 하나에 해당하는 사항이 변경된 경우 해당 사항을 적은 변경신고서에 기획재정부령으로 정하는 서류를 첨부하여 그 변경된 날이 속하는 분기의 다음 달 25일까지 관할 세무서장에게 제출해야 한다.
1. 주류 제조 수탁자
2. 위탁 제조하는 주류 제조장
3. 위탁 제조할 주류의 종류
4. 위탁 제조 기간 및 위탁 제조 주류의 수량
5. 그 밖에 주류의 위탁 제조에 관한 사항으로서 기획재정부령으로 정하는 사항

제7조【밑술 또는 술덧의 제조면허】 ① 법 제4조에 따라 밑술 또는 술덧의 제조면허를 받으려는 자는 그 제조할 종류별로 다음 각 호의 사항을 적은 신청서에 기획재정부령으로 정하는 서류를 첨부하여 제조장 관할 세무서장에게 제출해야 한다.
1. 신청인의 인적사항
2. 제조장의 위치
3. 제조방법
4. 제조의 목적
② 법 제4조에 따른 밑술 또는 술덧의 제조장의 시설기준은 별표2와 같다.
③ 제1항 및 제2항에서 규정한 사항 외에 밑술 또는 술덧의 제조면허에 관하여는 제2조제2항부터 제5항까지

의 규정(제3항 중 소규모주류제조자에 관한 부분은 제외한다)을 준용한다. 이 경우 "별표1"은 "별표2"로 본다.

제8조【주류 판매업의 면허】 ① 법 제5조제1항에 따라 주류 판매업의 면허를 받으려는 자는 별표3의 요건을 갖춰야 한다.

② 법 제5조제1항에 따른 주류 판매업의 종류는 다음 각 호와 같다.

1. 종합주류도매업 : 주류제조자 또는 제4호에 따른 주류수입업의 면허를 받은 자(이하 "주류수입업자"라 한다)로부터 주류(주정은 제외한다)를 구입하여 도매하는 업

2. 특정주류도매업 : 다음 각 목의 어느 하나에 해당하는 주류를 주류제조자로부터 구입하여 도매하는 업(이 호에 따른 면허를 받은 자로부터 나목의 주류를 구입하여 도매하는 경우를 포함한다)(2023.2.28 본문개정)
   가. 발효주류 중 탁주·약주 및 청주
   나. 전통주
   다. 소규모주류제조자가 제조한 맥주
   라. 「주세법 시행령」 제4조제2호에 따라 주류 수량을 산정하는 중소기업이 제조한 맥주
   마. 「주세법」 별표 제2호가목에 따른 주류의 발효·제성(製成) : 조제하여 만듦) 과정에 같은 법 시행령 별표1 제2호가목1)의 첨가재료 외의 재료를 첨가한 기타 주류

3. 주정도매업 : 주류제조자 또는 주류수입업자로부터 주정을 구입하여 도매하는 업(2023.2.28 본호개정)

4. 주류수출입업 : 주류를 수출하거나 수입하는 업

5. 주류중개업 : 주류의 수출입을 중개하거나 국내에서 주류의 매매를 중개하는 업

6. 주류소매업 : 주류제조자, 주류수입업자, 제1호에 따른 종합주류도매업의 면허를 받은 자, 제2호에 따른 특정주류도매업의 면허를 받은 자 또는 제5호에 따른 주류중개업의 면허를 받은 자로부터 주류(주정은 제외한다)를 구입하여 주류소비자에게 판매하는 업

7. 주정소매업 : 주류제조자, 주류수입업자 또는 제3호에 따른 주정도매업의 면허를 받은 자(이하 "주정도매업자"라 한다)로부터 주정을 구입하여 제28조제1항제1호 단서에 따라 실수요자 증명을 받거나 주정 구입에 대한 승인을 받은 자에게 판매하는 업(시약용 알코올을 제조·판매하는 업을 포함한다)

(2023.2.28 6호~7호개정)

③ 법 제5조제1항에 따라 주류 판매업의 면허를 받으려는 자는 제2항에 따른 주류 판매업의 종류별로 다음 각 호의 사항을 적은 신청서에 기획재정부령으로 정하는 서류를 첨부하여 판매장 관할 세무서장에게 제출해야 한다.

1. 신청인의 인적사항
2. 판매장의 위치
3. 창고면적(별표3 제1호 및 제2호의 경우와 같은 표 제4호 중 주류를 수입하는 경우로 한정한다)

④ 주류의 판매장을 가지지 않고 주류를 판매하려는 자는 그 사유를 적은 제3항의 신청서에 기획재정부령으로 정하는 서류를 첨부하여 주소지 또는 거소지 관할 세무서장에게 제출해야 한다. 이 경우 제3항제2호의 사항은 적지 않는다.

⑤ 관할 세무서장은 법 제5조제1항에 따라 주류 판매업의 면허를 받은 판매장의 시설이 제1항에 따른 기준에 미달하게 된 경우에는 법 제5조제3항에 따라 보완사항 및 기간을 정하여 해당 시설의 보완을 명할 수 있다.

제9조【주류 판매업면허의 의제】 ① 법 제5조제2항에 따라 주류 판매에 관한 신고를 하려는 자는 영업허가를 받은 날 또는 영업을 시작한 날부터 30일 이내에 다음 각 호의 사항을 적은 신고서를 판매장 관할 세무서

장에게 제출해야 한다. 이 경우 「식품위생법」에 따른 영업허가를 받거나 영업신고를 한 자는 영업허가증 사본 또는 영업신고증 사본을 첨부해야 한다.

1. 신고인의 인적사항
2. 판매장의 위치
3. 영업허가 연월일 또는 영업 시작 연월일

② 관할 세무서장은 제1항의 신고를 받은 경우에는 신고인에게 주류 판매업 신고확인증을 발급해야 한다.

③ 법 제5조제2항에 따라 신고하려는 자가 「부가가치세법 시행령」 제11조에 따른 사업자등록 신청서에 주류 판매 사실을 적어 관할 세무서장에게 제출한 경우에는 제1항에 따른 신고를 한 것으로 보며, 그 사업자등록 신청서에 따라 사업자등록증을 발급받은 경우에는 제2항에 따른 주류 판매업 신고확인증을 발급받은 것으로 본다.

④ 법 제5조제2항에 따라 신고하려는 자의 사업장이 「부가가치세법 시행령」 제11조제2항에 따른 사업자 단위 과세 적용 사업장의 종된 사업장인 경우에는 사업자 단위 과세 적용 사업장의 등록 사실을 종된 사업장의 관할 세무서장에게 신고한 때에 제1항에 따른 신고를 한 것으로 본다.

⑤ 법 제5조제2항제2호에서 "대통령령으로 정하는 자"란 다음 각 호의 자를 말한다.

1. 주류를 주류제조자로부터 직접 구입하지 않는 자로서 다음 각 목의 어느 하나에 해당하는 자. 다만, 제8조제2항제2호 각 목에 따른 주류 및 「주세법」 제8조제1항제6호가목 단서에 따른 주류를 구입하는 경우에는 주류제조자로부터 직접 구입할 수 있다.
   가. 백화점, 슈퍼마켓, 편의점 또는 이와 유사한 상점에서 주류를 소매하는 자
   나. 「관광진흥법」 제5조제1항 또는 「폐광지역 개발지원에 관한 특별법」 제11조에 따라 허가받은 카지노업의 사업장에서 무상으로 주류를 제공하는 카지노사업자
   다. 외국을 왕래하는 항공기 또는 선박에서 무상으로 주류를 제공하는 항공사업자 또는 선박사업자

2. 「식품위생법」 제37조제4항에 따라 영업신고를 한 일반음식점영업자

제10조【이전신고 또는 이전허가의 신청】 ① 주류제조자, 법 제4조에 따라 밑술 또는 술덧의 제조면허를 받은 자(이하 "밑술등제조자"라 한다)나 법 제5조제1항에 따라 주류 판매업의 면허를 받은 자(이하 "주류판매업자"라 한다)가 그 제조장 또는 판매장을 이전하려는 경우에는 법 제8조제1항 본문에 따라 이전의 사유 및 다음 각 호의 구분에 따른 사항을 적은 신고서에 기획재정부령으로 정하는 서류를 첨부하여 이전 예정일 15일 전까지 전입지 관할 세무서장에게 제출해야 한다. (2022.2.15 본문개정)

1. 주류제조자의 경우 : 제2조제1항제1호부터 제5호까지에서 규정하는 사항
2. 밑술등제조자의 경우 : 제7조제1항 각 호의 사항
3. 주류판매업자의 경우 : 제8조제3항 각 호의 사항

② (2022.2.15 삭제)

③ 법 제8조제1항 단서에서 "대통령령으로 정하는 주류 판매업면허를 받은 자"란 제8조제2항제1호에 따른 종합주류도매업의 면허를 받은 자를 말한다. (2022.2.15 본항개정)

④ 제3항에 따른 자가 법 제7조제11호 또는 제13호에 해당하는 장소 또는 지역으로 판매장을 이전하는 경우에는 법 제8조제1항 단서에 따라 이전의 사유 및 제1항제3호에 해당하는 사항을 적은 신청서에 기획재정부령으로 정하는 서류를 첨부하여 이전 예정일 15일 전까지 전입지 관할 세무서장에게 제출해야 한다. (2022.2.15 본항개정)

⑤ 법 제5조제2항에 따라 주류 판매업의 면허를 받은 것으로 의제된 자가 「부가가치세법 시행령」 제14조제1항제4호에 따라 사업장 이전에 대한 사업자등록 정정신고서를 세무서장에게 제출한 경우에는 제1항에 따른 신고를 한 것으로 보고, 같은 조 제3항에 따라 사업자등록증의 기재사항을 정정하여 재발급받은 경우에는 제1항에 따른 신고를 수리한 것으로 본다.(2022.2.15 본항개정)

제11조【주류 등의 제조 또는 판매업 상속의 신고】 주류 또는 밑술·술덧의 제조나 주류 판매업을 상속한 자는 법 제10조제1항에 따라 상속개시일부터 3개월 이내에 관할 세무서장에게 신고해야 한다.

제11조의2【면허등의 상속 제한 및 포기 시의 계속행위】 관할 세무서장은 법 제10조에 따라 주류·밑술 또는 술덧의 제조 또는 주류 판매업을 상속하는 자가 법 제7조제1호·제2호 및 제5호부터 제10호까지의 규정에 해당하여 면허를 받을 수 없거나 상속을 포기한 경우에는 상속인의 신청을 받아 3개월의 범위에서 기간을 정하여 제조·반출·판매나 그 밖에 필요한 행위를 계속하게 할 수 있다.(2022.2.15 본조신설)

제12조【주류 등의 제조 또는 반출 정지 시의 계속행위】 ① 관할 세무서장은 법 제11조 또는 제14조에 따라 주류, 밑술 또는 술덧의 제조 정지처분을 한 경우 반제품이 있을 때에는 제조면허를 받은 자[법 제3조제8항에 따라 주류의 제조를 위탁하거나 주류의 제조를 위탁받아 제조하고 있는 경우에는 면허를 받은 자와 주류 제조 위탁 계약을 체결한 상대방(이하 "주류위탁제조계약상대방"이라 한다)을 포함한다. 이하 이 조에서 같다]의 신청을 받아 1개월의 범위에서 기간을 정하여 제조·반출이나 그 밖에 필요한 행위를 계속하게 할 수 있다.
② 관할 세무서장은 법 제11조 또는 제14조에 따라 주류, 밑술 또는 술덧의 반출 정지처분을 한 경우 반제품이 있을 때에는 제조면허를 받은 자의 신청을 받아 1개월의 범위에서 기간을 정하여 해당 반제품의 제조를 계속하게 할 수 있다.
③ 관할 세무서장은 법 제13조 또는 제14조에 따라 주류, 밑술 또는 술덧의 제조면허를 취소한 경우 반제품이 있을 때에는 제조면허를 받은 자의 신청을 받아 3개월의 범위에서 기간을 정하여 제조·반출이나 그 밖에 필요한 행위를 계속하게 할 수 있다.

제13조【주류 판매업면허 취소 시의 계속행위】 관할 세무서장은 법 제12조제2항에 따라 주류 판매업면허를 취소한 경우 재고품이 있을 때에는 주류판매업자의 신청을 받아 1개월의 범위에서 기간을 정하여 판매나 그 밖에 필요한 행위를 계속하게 할 수 있다.

제14조【주류 제조면허의 취소 신청 등】 ① 주류제조자가 그 제조를 그만두려는 경우에는 법 제15조제1항에 따라 면허취소신청서를 폐업 예정일 15일 전까지 관할 세무서장에게 제출해야 한다.
② 밑술등제조자 또는 주류판매업자가 그 제조 또는 판매를 그만둔 경우에는 법 제15조제2항에 따라 그 사유를 적은 신고서를 폐업일부터 15일 이내에 관할 세무서장에게 제출해야 한다.
③ 주류제조자, 밑술등제조자나 주류판매업자가 그 제조 또는 판매를 3개월 이상 중단하려는 경우에는 법 제15조제3항에 따라 그 사유를 적은 신고서를 휴업 예정일 전날까지 관할 세무서장에게 제출해야 한다.

제15조【제조·반출 정지처분 및 면허 취소 등의 통지】 ① 관할 세무서장은 법 제11조 또는 제13조에 따라 주류의 제조·반출의 정지처분을 하거나 주류 제조면허를 취소한 경우로서 해당 주류제조자가 법 제3조제8항에 따라 주류의 제조를 위탁하거나 주류의 제조를 위탁받아 제조하고 있는 경우에는 주류위탁제조계약상대방에게 그 정지처분을 한 사실이나 면허를 취소한 사실을 통지해야 한다.
② 관할 세무서장은 주류제조자가 법 제15조제1항 또는 제3항에 따라 그 면허의 취소를 신청하거나 제조의 중단을 신고한 경우로서 해당 주류제조자가 법 제3조제8항에 따라 주류의 제조를 위탁하거나 주류의 제조를 위탁받아 제조하고 있는 경우에는 주류위탁제조계약상대방에게 그 취소 신청 또는 제조 중단의 사실을 통지해야 한다.
③ 제1항 및 제2항에 따른 통지를 받은 주류위탁제조계약상대방이 주류 제조 수탁자인 경우에는 관할 세무서장이 지정한 날부터 해당 위탁 제조 주류의 제조 또는 반출을 정지해야 한다.

제16조【직매장의 시설기준등】 ① 법 제16조제2항에 따른 직매장의 시설기준은 다음 각 호와 같다.
1. 대지 200제곱미터 이상
2. 창고 100제곱미터 이상
② 제1항에도 불구하고 탁주, 약주 또는 전통주를 제조하는 주류제조자와 청주 또는 맥주를 제조하는 소규모주류제조자의 경우에는 제1항 각 호에 따른 면적에 미치지 못하는 대지 또는 창고를 갖춘 경우에도 직매장을 설치할 수 있다.

제3장 주세의 보전

제17조【주세 보전명령의 범위】 국세청장은 법 제17조제1항에 따라 주세 보전명령을 하려는 경우에는 기획재정부장관과의 협의를 거쳐야 하며, 제18조, 제18조의2 및 제19조부터 제22조까지의 규정에서 정하는 바에 따라야 한다.(2022.2.15 본조개정)

제18조【용도 구분 등 주류 표시에 관한 사항】 ① 주류제조자 또는 주류수입업자는 주류의 용도를 가정용·면세용 등으로 분류하고, 용기에 주류의 용도, 용량, 제조장소와 알코올 도수 등을 표시해야 한다.
② 제1항에 따른 주류의 용도 분류 및 그 분류 등의 표시에 관하여 필요한 세부사항은 국세청장이 정하여 고시한다.
(2022.2.15 본조개정)

제18조의2【주류의 반출·판매에 관한 명령】 국세청장은 주류제조자 또는 법 제5조제1항에 따른 주류 판매면허를 받은 자에게 법 제18조제1항에 따라 분류된 주류를 용도별로 구분하여 반출·판매할 수 있도록 필요한 명령을 할 수 있다.(2022.2.15 본조신설)

제19조【주류 운반방법 등】 ① 주류제조자, 주류수입업자, 제8조제2항제1호 또는 제5호에 따른 판매업의 면허를 받은 종합주류도매업자 또는 주류중개업자는 주류(주정은 제외한다. 이하 이 항에서 같다)를 판매하는 경우 소유차량 또는 임차차량(주류 운반을 위탁받은 운수사업자가 운행하는 차량을 포함한다)에 국세청장이 정하는 바에 따라 주류 운반용 차량임을 표시하여 운반해야 한다. 다만, 다음 각 호의 어느 하나에 해당하는 경우에는 표시를 하지 않을 수 있다.(2022.2.15 본문개정)
1. 수출용 주류를 컨테이너로 운반하는 경우
2. 주류제조자·주류수입업자가 「화물자동차 운수사업법」에 따라 허가받은 화물자동차 운송사업자나 화물자동차 운송가맹사업자를 통하여 운반하는 경우
3. 그 밖에 국세청장이 필요하다고 인정하여 고시하는 경우
② 주류제조자, 주류수입업자, 주정도매업자 또는 같은 항 제7호에 따른 주정소매업의 면허를 받은 자(이하 "주정소매업자"라 한다)는 주정을 판매하는 경우 국세청장이 정하여 고시하는 특수차량 또는 특수용기를 이용하여 운반해야 한다.(2023.2.28 본항개정)

③ 제1항 및 제2항에서 규정한 사항 외에 주류 운반 차량의 종류, 운반 및 인도 장소, 운반 방법·시설 및 장비 등 주류 운반에 필요한 세부사항은 국세청장이 정하여 고시한다.(2022.2.15 본항신설)

제20조【원료·품질 등에 관한 명령】 국세청장은 주류제조자 또는 밑술등제조자나 주류판매업자에 대하여 주류 또는 밑술·술덧을 제조·저장·양도·양수 또는 이동할 때 원료·품질·수량·시기·방법·상대방과 그 밖의 사항에 관하여 필요한 명령을 할 수 있다.

제21조【제조 및 판매 시설·설비 등의 변동신고】 ① 주류제조자 또는 밑술등제조자는 제조시설 및 설비(제조장의 건물 또는 대지를 포함한다)를 신설·확장 또는 개량하는 경우에는 그 사실을 신설·확장 또는 개량한 날부터 20일 이내에 관할 세무서장에게 신고해야 한다.
② 주정도매업자는 주정을 저장하거나 판매 시설 및 설비(판매장의 건물 및 대지를 포함한다)를 신설·확장 또는 개량하는 경우에는 그 사실을 저장·신설·확장 또는 개량한 날부터 20일 이내에 관할 세무서장에게 신고해야 한다.(2022.2.15 본항신설)
(2022.2.15 본조제목개정)

제22조【설비의 사용 등에 관한 명령】 국세청장은 주류 생산량의 측정, 제조·운반 및 제조설비 등의 합리적인 관리를 위하여 주류제조자 또는 밑술등제조자나 주류판매업자의 제조설비 또는 판매설비의 사용·양도·양수·임대·출자 또는 이동에 관하여 필요한 명령을 할 수 있다.

제23조【주류 가격에 관한 신고】 법 제18조제1항에 따라 주류 가격을 신고하려는 자는 주류 가격의 변경일(신규로 제조한 주류의 경우에는 그 주류의 반출일을 말한다)이 속하는 분기의 다음 달 25일까지 기획재정부령으로 정하는 신고서를 국세청장에게 제출해야 한다.(2022.2.15 본조개정)

제24조【주류 상표의 사용 또는 변경에 관한 신고】 주류제조자(위탁 제조하는 경우에는 주류 제조 위탁자를 말한다) 및 주류수입업자는 법 제18조제2항에 따라 주류 상표를 사용 또는 변경하려는 경우에는 기획재정부령으로 정하는 신고서를 작성하여 관할 세무서장에게 신고해야 한다.(2022.2.15 본조개정)

제25조【밑술 등의 처분 또는 반출의 승인】 밑술등제조자 또는 주류제조자는 법 제19조제1항에 따라 다음 각 호의 어느 하나에 해당하는 경우에는 관할 세무서장의 승인을 받아 밑술 또는 술덧을 처분하거나 제조장에서 반출할 수 있다.
1. 밑술등제조자가 제7조제1항제4호에 따른 제조의 목적으로 사용하는 경우
2. 제조면허가 취소된 경우
3. 부패·변질 등으로 제조를 계속하지 못하는 상태에 이른 경우
4. 그 밖에 관할 세무서장이 필요하다고 인정하는 경우

제26조【밑술 등의 처분 또는 반출의 승인 제외】 주류제조자는 다음 각 호의 어느 하나에 해당하는 경우에는 법 제19조제1항에 따른 승인을 받지 않고 밑술 또는 술덧을 처분하거나 제조장에서 반출할 수 있다.
1. 자기 제조장에서 주류 제조에 사용하는 경우
2. 같은 주류장에서 제조업을 승계하는 자의 주류 제조에 사용하기 위하여 양도하는 경우

제27조【주정 구입 등의 제한】 법 제20조에 따라 주정은 제28조 또는 「주세법 시행령」 제14조·제16조·제20조·제22조·제23조에 따르지 않고는 구입·사용 또는 보유하거나 제조장에서 반출할 수 없다.

제28조【원료용 주류 및 주정의 구입과 반출】 ① 주류 제조의 원료용 주류 및 주정의 구입과 반출에 관하

여는 다음 각 호의 절차에 따라야 한다.
1. 주류 제조 원료용 주류 및 주정을 구입하려는 자는 구입 예정일 전에 그 사실을 반입 장소 관할 세무서장에게 신고할 것. 다만, 주정소매업자로부터 주정(시약용 알코올 제조를 위한 주정은 제외한다)을 구입하려는 자는 구입 예정일 전에 관할 세무서장으로부터 실수요자 증명을 받거나 주정 구입에 대한 승인을 받아야 한다.(2022.2.15 단서신설)
2. 주류 제조 원료용 주류 및 주정을 반출한 자는 그 반출 사실을 반출한 달의 다음 달 10일까지 관할 세무서장에게 신고할 것
② 제8조제2항제3호에 따른 주정도매업 또는 같은 항 제7호에 따른 주정소매업의 면허를 받지 않은 자에게는 주정을 반출할 수 없다. 다만, 국세청장은 법 제17조에 따라 주세 보전을 위하여 필요하다고 인정하는 경우에는 주류제조자에게 직접 반출하게 할 수 있다.
③ 주정도매업자 및 주정소매업자는 주정을 구입하거나 판매장에서 주정을 반출하는 경우에는 다음 각 호의 구분에 따른 날까지 관할 세무서장에게 그 사실을 신고해야 한다.
1. 주정을 구입한 경우 : 입고한 달의 다음달 10일
2. 판매장에서 주정을 반출하는 경우 : 반출한 달의 다음달 10일
(2022.2.15 본항개정)
④ 주정도매업자는 구입한 주정을 주류제조자 또는 주정소매업자에게만 판매할 수 있다.(2022.2.15 본항신설)

제29조【주류 제조 원료의 배정 및 신고】 ① 국세청장은 법 제21조에 따라 주류 제조에 필요한 원료의 종류와 수량을 지정한 경우에는 관할 세무서장으로 하여금 지정된 주류 제조 원료를 주류제조자에게 배정하게 할 수 있다.
② 제1항에 따라 관할 세무서장이 주류 제조 원료를 배정할 때에는 주류의 수급(需給) 사정, 제조장 분포 상황, 제조능력 등을 고려하여 국세청장이 관할 세무서별로 정하는 주류 제조 원료의 종류와 수량의 범위에서 각 주류제조자의 주류 제조 예정 수량, 전년도 제조실적 등을 기준으로 하여 배정한다.
③ 주류제조자가 주류 제조장에 제2항에 따라 배정받은 주류 제조 원료를 반입한 경우에는 그 반입에 따른 매 분기분의 계산서·송장 또는 반입 사실을 증명하는 서류를 주류 제조 원료를 반입한 날이 속하는 분기의 다음 달 25일까지 「주세법 시행령」 제8조에 따른 신고서와 함께 관할 세무서장에게 제출해야 한다.
④ 법 제21조에 따라 지정을 받아 구입한 주류 제조 원료의 부패·손상 또는 그 밖에 부득이한 사유로 그 용도를 변경하려는 자는 그 사유·종류 및 수량과 용도를 적은 신청서를 관할 세무서장에게 제출하여 그 승인을 받아야 한다.

제30조【납세증명표지】 ① 국세청장은 주세 보전을 위하여 필요하다고 인정하는 경우에는 기획재정부령으로 정하는 주류에 대하여 법 제22조제1항에 따라 「주세법」 제10조 및 제13조에 따른 납부 또는 같은 법 제20조에 따른 면세 사실을 증명하는 표지(이하 "납세증명표지"라 한다)로서 납부 또는 면세 사실을 증명하는 증지(이하 "납세증지"라 한다)를 그 용기에 붙이도록 할 수 있다. 이 경우 주류제조자가 납부 또는 면세 사실을 증명하는 병마개(이하 "납세병마개"라 한다) 또는 증표(이하 "납세증표"라 한다)를 사용하는 경우에는 납세증지를 붙인 것으로 본다.
② 제1항에도 불구하고 주류제조자가 주류의 반출을 객관적으로 확인할 수 있는 자동계수기(自動計數器)를 설치한 경우에는 관할 지방국세청장의 승인을 받아 납세증지를 붙이지 않을 수 있다.

③ 주류제조자가 제1항 후단에 따라 납세병마개 또는 납세증표를 사용하려는 경우에는 그 납세병마개 또는 납세증표를 사용한 주류의 반출 예정일 1일 전까지 사용신고서를 관할 세무서장에게 제출해야 한다. 위탁 제조하는 경우에는 주류 제조 위탁자가 제출해야 한다. (2023.2.28 후단신설)
④ 주류제조자가 제2항에 따라 자동계수기를 사용하려는 경우에는 그 사용 예정일 7일 전까지 납세증지 면제 승인신청서를 관할 지방국세청장에게 제출해야 한다. 위탁 제조하는 경우에는 주류 제조 위탁자가 제출해야 한다.(2023.2.28 후단신설)
⑤ 제4항에 따라 승인 신청을 받은 관할 지방국세청장은 주류의 반출을 객관적으로 확인할 수 있어 주세 보전에 지장이 없다고 인정되는 경우에는 자동계수기 사용을 승인해야 하며, 승인 신청일부터 5일 이내에 승인 여부를 신청인에게 통지해야 한다.
⑥ 주류제조자는 제5항에 따라 자동계수기 사용 승인을 받아 사용하는 경우에는 기획재정부령으로 정하는 바에 따라 사용 점검 및 기록 등을 해야 한다.
(2022.2.15 본항신설)
⑦ 주류제조자가 제1항에 따라 납세증지를 붙이거나 납세병마개 또는 납세증표를 사용하는 경우에는 납세증지·납세병마개 또는 납세증표의 입고·반출·반품·결감(缺減) 및 폐기 수량을 적은 신고서를 「주세법 시행령」 제8조에 따른 신고서와 함께 제출해야 한다. 위탁 제조하는 경우에는 주류 제조 위탁자가 제출해야 한다.(2023.2.28 후단신설)
⑧ 납세병마개는 국세청장이 지정하는 자가 제조한 것을 사용해야 한다.
⑨ 국세청장은 제8항에 따라 납세병마개의 제조자를 지정하는 경우에는 주세 보전 및 국민 보건을 위하여 필요하다고 인정하여 고시하는 시설을 갖춘 자 중에서 지정해야 한다. 다만, 법 제7조제2호·제6호부터 제10호까지 및 제12호의 어느 하나에 해당하는 자의 경우(법인의 경우 대표자 또는 임원 중 법 제7조제2호·제9호 또는 제10호에 해당하는 자가 있는 경우를 포함한다)에는 납세병마개의 제조자로 지정해서는 안 된다.(2022.2.15 본문개정)
⑩ 주류제조자가 납세증명표지의 방법을 변경하려는 경우에는 제3항부터 제5항까지를 준용한다.
⑪ 납세병마개 제조자는 운영난, 그 밖의 부득이한 사유로 제조 또는 출고를 중단하려는 경우에는 3개월 전에 국세청장에게 그 사실을 통보해야 한다.
(2022.2.15 본항신설)
⑫ 납세병마개 제조자의 지정 기준 및 절차, 납세증명표지의 모형·양식·표시사항·품질기준과 그 밖에 납세증명표지의 사용 및 관리 등에 필요한 세부사항은 국세청장이 정하여 고시한다. (2022.2.15 본항개정)
제31조【변경신고】① 주류제조자는 제2조제1항제1호의 사항 또는 다음 각 호의 사항이 변경된 경우에는 법 제24조에 따라 즉시 그 사유 및 변경사항을 관할 세무서장에게 신고해야 한다.
1. 제조장 대지의 상황 및 건물의 구조
2. 제조·저장 또는 판매에 사용하는 기계·기구 및 용기
② 밑술등제조자 또는 주류판매업자는 제7조제1항제1호·제4호의 사항, 제8조제3항제1호의 사항 또는 제1항 각 호의 사항이 변경된 경우에는 법 제24조에 따라 즉시 그 사유 및 변경사항을 관할 세무서장에게 신고해야 한다.
제32조【제조자의 장부 기록의무】① 주류제조자 또는 밑술등제조자는 법 제25조에 따라 다음 각 호의 사항을 장부에 기록해야 한다.
1. 입수한 원료의 종류별 수량·입수일, 인도인(引渡人)의 인적사항

2. 입수한 밑술 또는 술덧의 종류별 수량·가격·입수일, 인도인의 인적사항
3. 사용한 원료의 종류별 수량 및 사용일
4. 사용한 원료용 주류, 밑술 또는 술덧의 종류별 수량 및 사용일
5. 제조한 주류나 밑술·술덧의 종류별 수량 및 제성일
6. 주류나 밑술·술덧의 제조 중에 생긴 부산물의 종류별 수량 및 제성일
7. 반출한 주류 또는 밑술·술덧이나 제6호의 부산물의 종류별 수량·가격 및 반출일, 수취인의 인적사항
8. 그 밖에 제조·저장 또는 판매에 관하여 관할 세무서장이 지정하는 사항
② 제1항에도 불구하고 주류제조자 또는 밑술등제조자가 소매하는 경우에는 제1항제7호의 수취인의 인적사항을 장부에 기록하지 않아도 된다. 다만, 관할 세무서장이 단속에 필요하다고 인정하여 그 기록을 명한 경우에는 기록해야 한다.
제33조【주류판매업자의 장부 기록의무】① 주류판매업자는 법 제25조에 따라 다음 각 호의 사항을 장부에 기록해야 한다.
1. 입수한 주류의 종류별 수량·가격·입수일, 인도인의 인적사항
2. 판매한 주류의 종류별 수량·가격·판매일, 매수인의 인적사항
3. 매매를 중개한 주류의 종류별 수량·가격·매매일, 매매 당사자의 인적사항
4. 그 밖에 저장 또는 판매에 관하여 국세청장이 정하여 고시하는 사항
② 주류판매업자가 다음 각 호의 어느 하나에 해당하는 경우에는 제1항제2호의 사항에 대한 기록의무를 이행한 것으로 본다.
1. 「부가가치세법」 제36조제4항에 따라 금전등록기를 설치하여 계산서를 발급하고 해당 감사테이프를 보관한 경우
2. 「여신전문금융업법」에 따른 신용카드가맹점으로 가입하여 신용카드매출전표(직불카드영수증을 포함한다. 이하 이 호에서 같다)를 발급하고 그 신용카드매출전표를 보관한 경우
③ 주류판매업자가 소매하는 경우에는 제1항제2호의 매수인의 인적사항을 기록하지 않아도 된다. 다만, 관할 세무서장이 단속에 필요하다고 인정하여 그 기록을 명한 경우에는 기록해야 한다.

제4장 주류의 검정 및 검사와 승인

제34조【주류의 검정】① 관할 세무서장은 법 제27조에 따라 주류제조자가 제조한 주류의 수량 및 알코올분(「주세법 시행령」 제2조제2항에 해당하는 주류의 경우에는 최종 제품의 수량 및 알코올분을 말한다)을 검정한다. 다만, 주세 보전에 필요한 경우에는 발효·증류·제성 중인 주류의 수량 또는 알코올분을 검정할 수 있다.
② 주류제조자의 법령 위반 또는 그 밖의 사유로 제성을 완료한 때의 수량 또는 알코올분을 검정하기 어려운 경우에는 남아 있는 주류 또는 증빙물건을 바탕으로 그 수량 또는 알코올분을 검정한다.
③ 제1항 및 제2항에 규정한 사항 외에 주류의 수량과 알코올분의 검정에 필요한 사항은 국세청장이 정한다.
제35조【기기 등의 검정】① 주류제조자 또는 밑술등제조자나 주류판매업자는 법 제28조에 따라 제조·저장 또는 판매에 사용하는 기계, 기구와 용기에 대하여 해당 기계 등을 사용하기 전에 관할 세무서장의 검정을 받아야 한다.

② 관할 세무서장이 제1항의 검정을 한 경우에는 기계·기구 및 용기에 번호·용량과 그 밖에 필요한 사항을 표시할 수 있다.

③ 제1항에 따른 기계·기구 및 용기 검정의 구체적인 방법은 국세청장이 정한다.

제36조【주류 등의 검사·승인】 ① 주류 또는 밑술·술덧이 제조장에서 망실(亡失)된 경우에는 주류제조자 또는 밑술등제조자는 법 제29조에 따라 즉시 그 사유를 관할 세무서장에게 신고하고 검사를 받아야 한다.

② 주류제조자가 증류한 주류를 재증류하려는 경우에는 법 제29조에 따라 해당 주류의 알코올분 및 수량에 대하여 관할 세무서장의 검사를 받아야 한다.

③ 주류제조자 또는 밑술등제조자나 주류판매업자는 제1항 및 제2항에 따라 주류 외에 제조·저장 또는 판매에 관하여 관할 세무서장이 법 제6조제1항에 따라 정한 조건의 준수 여부 등에 대하여 관할 세무서장의 검사를 받아야 한다.

④ 주류제조자 또는 주류판매업자가 주류 저장을 위한 주류하치장('주세법」 제18조제1항제2호에 따른 하치장을 말한다)을 설치하려는 경우에는 법 제29조에 따라 관할 세무서장의 승인을 받아야 한다.(2023.2.28 본항개정)

제37조【제조방법 등의 승인】 ① 주류제조자 또는 밑술등제조자가 제조방법을 변경 또는 추가하려는 경우에는 법 제29조에 따라 변경 또는 추가 예정일 15일 전까지 관할 세무서장에게 승인을 신청해야 한다.

② 제1항에 따른 신청을 받은 관할 세무서장이 그 신청을 받은 날부터 15일 이내에 승인 여부를 통지하지 않은 경우에는 제조자가 신청한 방법에 대한 승인을 한 것으로 본다.

③ 제1항에도 불구하고 「주세법」 제5조, 제6조 및 별표에 따라 주류의 종류별로 허용되는 알코올분의 도수, 첨가재료의 배합비율 및 주류 원료의 사용량에 대하여 같은 법 시행령 별표1부터 별표3까지에 규정된 범위에서 국세청장이 정하여 고시하는 경미한 사항을 변경 또는 추가하려는 경우에는 제1항에 따른 승인 신청 기한까지 관할 세무서장에게 그 변경·추가 사항을 신고해야 한다.

④ 주류제조자는 제조장에 있는 주류가 부패 또는 그 밖의 사유로 음용하기 어려운 경우에는 법 제29조에 따라 관할 세무서장의 승인을 받아 이를 주류로서 음용하지 못하게 하거나 원료용 주류로 사용할 수 있다.

제5장 보 칙

제38조【세무공무원의 질문 및 검사】 법 제32조에 따라 세무공무원이 질문 또는 검사를 하는 경우에는 그 권한을 표시하는 증표를 관계인에게 내보여야 한다.

제39조【고유식별정보의 처리】 국세청장, 세무서장 및 세관장은 다음 각 호의 사무를 수행하기 위하여 불가피한 경우 「개인정보 보호법 시행령」 제19조에 따른 주민등록번호 또는 여권번호가 포함된 자료를 처리할 수 있다.

1. 법 제3조에 따른 주류 제조면허에 관한 사무
2. 법 제4조에 따른 밑술 또는 술덧의 제조면허에 관한 사무
3. 법 제5조에 따른 주류 판매업면허에 관한 사무

제40조【주류업단체의 설립 등】 ① 법 제37조제1항에 따라 주류업단체를 설립하려는 자는 다음 각 호의 서류를 국세청장에게 제출해야 한다.

1. 창립총회 회의록
2. 정관
3. 회원가입서
4. 사업계획서

5. 임원 명부

② 주류업단체의 조직단위 등 단체의 설립·운영에 필요한 사항은 국세청장이 정한다.

제41조【주류 거래질서 확립을 위한 금품 제공 등의 금지】 ① 법 제37조의2 각 호 외의 부분에서 "대통령령으로 정하는 주류 판매업 면허를 받은 자"란 법 제5조제1항에 따른 주류 판매업면허를 받은 자를 말한다. 다만, 법 제37조의2제1호를 적용하는 경우에는 주류수입업자 및 제8조제2항제6호에 따른 주류소매업의 면허를 받은 자(이하 "주류소매업자"라 한다)를 말한다.

② 법 제37조의2 각 호 외의 부분에서 "대통령령으로 정하는 행위"란 다음 각 호의 행위를 말한다.

1. 주류의 거래와 관련하여 장려금, 할인, 외상매출금 또는 수수료 경감 등 그 명칭이나 형식에 관계없이 금품(대여금은 제외한다) 또는 주류를 제공하거나 제공받는 행위
2. 시음주 또는 주류 교환권을 관할 세무서장의 사전승인 없이 무상으로 제공하는 행위
3. 주류 또는 주류 교환권을 경품으로 제공하거나 제공받는 행위

③ 법 제37조의2제1호에 따라 주류제조자, 주류수입업자 또는 주류소매업자가 제공할 수 있는 소규모 경품 등은 주종별 직전년도 매출액(부가가치세·주세·교육세는 제외한다)에 3퍼센트 이내의 범위에서 국세청장이 주종별로 정하여 고시하는 비율을 곱한 금액으로 한다. 다만, 주종별 직전년도의 매출액이 없거나 직전년도의 사업기간이 12개월 미만인 경우에는 다음 각 호의 구분에 따른 금액을 직전년도 매출액으로 본다.(2023.2.28 단서신설)

1. 직전년도의 매출액이 없는 경우 : 매출이 최초로 발생한 날이 속하는 분기의 매출액을 1년으로 환산한 금액(2023.2.28 본호신설)
2. 직전년도의 사업기간이 12개월 미만인 경우(직전년도 매출액이 없는 경우는 제외한다) : 매출이 최초로 발생한 날부터 직전년도 말일까지의 매출액을 합한 금액을 12개월로 환산한 금액. 이 경우 1개월 미만의 끝수가 있으면 1개월로 한다.(2023.2.28 본호신설)

④ 제3항에 따른 소규모 경품 등의 가액 산정 기준 및 1회에 제공할 수 있는 가액 기준 등 소규모 경품 등의 제공에 필요한 세부사항은 국세청장이 정하여 고시한다.

⑤ 법 제37조의2제2호에서 "주류보관을 위한 냉장진열장 등 대통령령으로 정하는 물품"이란 다음 각 호의 물품을 말한다.

1. 냉장진열장
2. 생맥주 추출기
3. 그 밖에 주류 판매에 필수적으로 사용되는 물품으로서 국세청장이 정하여 고시하는 물품

(2022.2.15 본조신설)

제42조【주류유통정보체계의 구축 및 운영】 ① 국세청장은 주류 유통의 투명한 관리를 위하여 주류유통정보체계를 구축·운영할 수 있다.

② 주류유통정보체계를 통하여 관리할 수 있는 정보는 다음 각 호와 같다.

1. 전자태그(RFID tag)를 활용한 주류의 유통과정에 관한 정보
2. 주류소비자가 주류의 진품 여부를 확인할 수 있는 정보
3. 그 밖에 주류 유통의 투명한 관리를 위하여 필요한 정보

③ 제1항 및 제2항에서 규정한 사항 외에 주류유통정보체계의 운영에 필요한 세부사항은 국세청장이 정하여 고시한다.

(2022.2.15 본조신설)

제6장 벌 칙
(2022.2.15 본장신설)

제43조【과태료의 부과기준】 법 제38조제1항에 따른 과태료의 부과기준은 별표4와 같다.

부 칙

제1조【시행일】 이 영은 공포한 날부터 시행한다.

제2조【제조방법 변경 등의 승인 신청에 관한 경과조치】 이 영 시행 전에 종전의 「주세법 시행령」(대통령령 제31449호로 개정되기 전의 것을 말한다)제65조제1항 전단에 따라 한 승인 신청(그 승인 기간이 이 영 시행 이후 도래하는 경우만 해당한다)이 제37조제3항에 따른 경미한 사항의 변경 또는 추가에 관한 것인 경우 그 승인 신청은 제37조제3항에 따른 신고로 본다.

제3조【맥주 제조장의 시설기준에 관한 경과조치】 ① 2014년 3월 5일 전에 맥주의 주류 제조면허를 신청한 자로서 종전의 「주세법 시행령」(대통령령 제25223호로 개정되기 전의 것을 말한다. 이하 이 조에서 같다) 별표3 제4호1)나)에 따른 시설을 75킬로리터 이상으로 신청한 자가 갖추어야 하는 시설기준에 관해서는 별표1 제4호나목1)나)의 시설기준에도 불구하고 종전의 「주세법 시행령」 별표3 제4호1)나)의 시설기준을 적용한다.
② 제1항에 따라 맥주의 주류 제조면허를 신청하여 그 주류 제조면허를 받은 자는 2014년 3월 5일 이후 종전의 「주세법 시행령」 별표3 제4호1)나)에 따른 시설의 용량을 늘릴 수 없다.

제4조【소규모맥주제조자에 관한 경과조치】 2016년 2월 5일 전에 종전의 「주세법 시행령」(대통령령 제26952호로 개정되기 전의 것을 말한다) 별표3 제4호에 따라 소규모맥주제조자 면허를 받은 자는 별표1 제4호나목에 따른 소규모주류제조자 면허를 받은 자로 본다.

제5조【다른 법령의 개정】 ①~⑧ ※(해당 법령에 가제정리 하였음)

제6조【다른 법령과의 관계】 이 영 시행 당시 다른 법령에서 종전의 「주세법 시행령」 또는 그 규정을 인용하고 있는 경우에 이 영 가운데 그에 해당하는 규정이 있을 때에는 종전의 「주세법 시행령」 또는 그 규정을 갈음하여 이 영 또는 이 영의 해당 규정을 인용한 것으로 본다.

부 칙 (2022.2.15)

이 영은 공포한 날부터 시행한다.

부 칙 (2023.2.28)

제1조【시행일】 이 영은 공포한 날부터 시행한다.
제2조【주류중개업 면허의 요건에 관한 적용례】 별표3 제5호나목1)의 개정규정은 이 영 시행 이후 법 제5조제1항에 따라 주류중개업의 면허를 신청하는 경우부터 적용한다.

〔별표1〕

주류 제조장의 시설기준(제3조제1항 관련)

(2022.2.15 개정)

1. 일반적 시설기준

주류 종류	시설구분	시설기준
가. 주정	1) 발효 및 증류시설 　가) 발효조 총용량 　나) 술덧탑 　다) 정제탑 2) 시험시설 　가) 현미경 　나) 항온항습기 　다) 간이증류기	275㎘ 이상 1기 이상 1기 이상 1,000배 이상 1대 0~65℃ 1대 1대
나. 탁주 및 약주	1) 담금·저장·제성용기 　가) 담금(발효)조 총용량 　나) 제성조 총용량 2) 시험시설 　가) 간이증류기 　나) 주정계	3㎘ 이상 2㎘ 이상 1대 0.2도 눈금 0~30도 1조
다. 청주	1) 담금·저장·제성용기 　가) 담금(발효)조 총용량 　나) 저장 및 검정조 총용량 2) 시험시설 　가) 현미경 　나) 항온항습기 　다) 간이증류기 　라) 무균상자	5㎘ 이상 7.2㎘ 이상 500배 이상 1대 0~65℃ 1대 1대 1대
라. 맥주	1) 담금·저장·제성용기 　가) 용기 총용량 　(1) 전발효조 　(2) 후발효조(저장조) 2) 시험시설 　가) 현미경 　나) 항온항습기 　다) 가스압측정기 　라) 간이증류기	 25㎘ 이상 50㎘ 이상 500배 이상 1대 0~65℃ 1대 1대 1대
마. 과실주	1) 담금·저장·제성용기 　가) 담금(발효)조 총용량 　나) 저장 및 검정조 총용량 2) 시험시설 　가) 현미경 　나) 항온항습기 　다) 간이증류기	21㎘ 이상 22.5㎘ 이상 500배 이상 1대 0~65℃ 1대 1대
바. 소주〔「주세법」별표 제3호가목1)부터 4)까지의 규정에 따른 주류〕	1) 담금·저장·제성용기 　가) 담금(발효)조 총용량 　나) 저장 및 검정조 총용량 2) 시험시설 　가) 현미경 　나) 항온항습기 　다) 간이증류기	5㎘ 이상 25㎘ 이상 500배 이상 1대 0~65℃ 1대 1대
사. 소주〔「주세법」별표 제3호가목5)부터 9)까지의 규	1) 담금·저장·제성용기 　가) 희석조 및 검정조 총용량 2) 시험시설 　가) 현미경	25㎘ 이상 500배 이상 1대

	나) 항온항습기	0~65℃ 1대
	다) 간이증류기	1대
아. 위스키 및 브랜디	1) 담금·저장·제성용기	
	가) 담금(발효)조 총용량	5㎘ 이상
	나) 원액 숙성용 나무통 총용량	나)와 다)를 합해 25㎘ 이상
	다) 저장 및 제성조의 총용량	
	2) 시험시설	
	가) 현미경	500배 이상 1대
	나) 항온항습기	0~65℃ 1대
	다) 간이증류기	1대
자. 일반증류주, 리큐르 및 기타주류	1) 담금·저장·제성용기	
	가) 담금(발효)조 총용량	5㎘ 이상
	나) 저장, 침출, 제성조 총용량	25㎘ 이상
	2) 시험시설	
	가) 현미경	500배 이상 1대
	나) 항온항습기	0~65℃ 1대
	다) 간이증류기	1대

비고
1. 이 호는 이 별표 제2호부터 제4호까지의 규정에 해당하지 않는 경우에만 적용한다.
2. 공업용 합성주정만을 제조하는 경우에는 이 호 가목의 시설 중 1)가)·나) 및 2)가)부터 다)까지의 규정을 적용하지 않는다.
3. 이 호 가목을 제외한 주류의 담금·저장·제성용기는 제조방법상 필요한 경우에만 설치한다.
4. 담금·저장·제성용기 중 합성수지 용기는 「식품 등의 약품분야 시험·검사 등에 관한 법률」 제6조제2항제1호에 따른 식품 등 시험·검사기관의 시험분석에서 사용 적격 판정을 받은 것을 사용해야 한다.

2. 「주세법」 제2조제8호가목 또는 나목에 해당하는 주류의 제조장 시설기준

시설구분	시설기준
1) 건물	
가) 담금실(밑술실·제성실·저장실 포함)	10㎡ 이상
2) 부대시설	
가) 세척 또는 세병장 시설	
나) 병입 또는 타전 시설	
3) 시험시설	
가) 온도계	0.2℃ 눈금 1개
나) 주정계	0.2도 눈금 0~100도 1조
다) 간이증류기	1대

3. 「주세법」 제2조제8호다목에 해당하는 주류의 제조장 시설기준

주류 종류	시설구분	시설기준
가. 탁주·약주 및 청주	1) 건물	
	가) 담금실	10㎡ 이상
	2) 시험시설	
	가) 간이증류기	1대
	나) 주정계	0.2도 눈금 0~30도 1조
나. 과실주	1) 건물	
	가) 원료처리실	6㎡ 이상
	나) 담금실(밑술실·제성실·저장실 포함)	20㎡ 이상
	2) 부대시설	
	가) 여과시설	
	나) 세병시설(제품용기를 세척하는 시설을	

	말한다)	
	다) 병입시설(용기에 내용물을 넣는 시설을 말한다)	
	라) 타전시설(용기를 마개 등으로 봉하는 시설을 말한다)	
	3) 시험시설	
	가) 온도계	0.2℃ 눈금 1개
	나) 주정계	0.2도 눈금 0~100도 1조
	다) 간이증류기	1대
다. 소주[「주세법」 별표 제3호가목 1)부터 4) 까지의 규정에 따른 주류]·일반증류주·리큐르 및 기타 주류	1) 건물	
	가) 담금실(원료처리실·침출실·발효실·저장실·제성실 포함)	25㎡ 이상
	2) 부대시설	
	가) 여과시설	
	나) 세병시설	
	다) 병입시설	
	라) 타전시설	
	3) 시험시설	
	가) 온도계	0.2℃ 눈금 1개
	나) 주정계	0.2도 눈금 0~100도 1조
	다) 간이증류기	1대

4. 소규모주류제조자가 제조하는 주류의 제조장 시설기준

주류 종류	시설구분	시설기준
가. 탁주·약주·청주 및 과실주	1) 담금·저장·제성용기 : 담금(발효)조·제성조 총용량(청주의 경우 저장 및 검정조를 포함한다)	1㎘ 이상 5㎘ 미만
	2) 시험시설	
	가) 간이증류기	1대
	나) 주정계	0.2도 눈금 0~30도 1조
나. 맥주	1) 담금·저장·제성용기	
	가) 당화조·여과조·자비조 등의 총용량	0.5㎘ 이상
	나) 담금 및 저장조	5㎘ 이상 120㎘ 미만
	2) 시험시설	
	가) 간이증류기	1대
	나) 주정계	0.2도 눈금 0~30도 1조

비고
1. "소규모주류제조자"란 탁주, 약주, 청주, 맥주를 제조하거나 과실(과실즙은 제외한다)을 이용하여 과실주를 제조하여 다음 각 목의 어느 하나에 해당하는 방법으로 판매할 수 있는 자를 말한다.
  가. 병입(甁入)한 주류를 제조장에서 최종소비자에게 판매하는 방법
  나. 영업장(해당 제조자가 직접 운영하는 다른 장소의 영업장을 포함한다) 안에서 마시는 고객에게 판매하는 방법
  다. 해당 제조자 외에 「식품위생법」에 따른 식품접객업 영업허가를 받거나 영업신고를 한 자의 영업장에 판매(제8조제2항제1호 또는 제2호에 해당하는 자를 통하여 판매하는 것을 포함한다)하는 방법
  라. 제8조제2항제6호에 따른 주류소매업의 면허를 받은 자 또는 제9조제5항 각 호의 어느 하나에 해당하는 자에게 판매(제8조제2항제1호, 제2호 또는 제5호에 해당하는 자를 통하여 판매하는 것을 포함한다)하는 방법
2. 담금·저장·제성용기 중 합성수지 용기는 「식품 등의 약품분야 시험·검사 등에 관한 법률」 제6조제2항제1

호에 따른 식품 등 시험·검사기관의 시험분석에서 사용 적격 판정을 받은 것을 사용해야 한다.
3. 「주세법 시행령」제2조제2항에 따른 주류의 담금·저장·제성 용기는 제조 방법상 필요한 경우에만 설치한다.

[별표2]

밀술 또는 술덧 제조장의 시설기준(제7조제2항 관련)

구분	시설기준
1. 제조장시설의 면적	가. 창고 : 25㎡ 이상 나. 원료처리실 : 20㎡ 이상 다. 제국[국(麴)을 만드는 곳]실 : 20㎡ 이상 라. 당화실(糖化室) : 20㎡ 이상 마. 배양실 : 30㎡ 이상 바. 포장실 : 20㎡ 이상 사. 저온저장실 : 10㎡ 이상 아. 시험실 : 30㎡ 이상 자. 무균실 : 9㎡ 이상 차. 사무실 : 20㎡ 이상
2. 제조장에 갖춰야 할 기계·기구	가. 증자기(蒸煮機 : 찌거나 삶는 기기) : 200ℓ용 1개 나. 당화조(糖化槽) : 300ℓ용 1대 다. 가압여과기 : 1개 라. 배양탱크 : 300ℓ용 3대 마. 컴프레셔(공기압축기) : 1개

[별표3]

주류 판매업면허의 요건(제8조제1항 관련)

(2023.2.28 개정)

1. 종합주류도매업

자본금 (개인의 경우 자산평가액)	5천만원 이상
창고면적	66㎡ 이상
그 밖의 사항	가. 종합주류도매업만을 전업으로 할 것 나. 면허 신청인(법인인 경우에는 그 임원을 포함한다. 이하 같다)의 자격 요건 　1) 미성년자가 아닐 것. 다만, 그 법정대리인이 법 제7조제1호 또는 제7호부터 제10호까지의 규정에 해당하지 않는 경우는 예외로 한다. 　2) 다른 주류 제조업체 또는 주류 판매업체의 대표자 또는 임원이 아닐 것 　3) 「조세범 처벌법」제6조 또는 제12조에 따라 처벌받은 경우에는 그 집행이 끝나거나(집행이 끝난 것으로 보는 경우를 포함한다) 집행이 면제된 날부터 5년이 경과되었을 것 　4) 「신용정보의 이용 및 보호에 관한 법률」제25조제2항제1호에 따른 종합신용정보집중기관이 취급하는 신용불량정보상에 부도, 대출금 연체 등의 사유로 신규여신의 취급을 중단받은 경우에는 그 중단 사유가 해제되었을 것

비고 : 면허 신청 당시에 다음 각 호의 어느 하나에 해당하는 경우에도 면허를 신청할 수 있다. 다만, 국세청장이 정하여 공고하는 기간 내에 해당 요건을 갖춰야 한다.

1. 창고로 사용하려는 건물이 창고면적란의 면적 기준은 충족하나 벽, 문 등 주류를 보관하는 창고로서 기능하기 위하여 필요한 외형을 갖추고 있지 않은 경우
2. 그 밖의 사항란 가목의 요건을 갖추고 있지 않은 경우
3. 그 밖의 사항란 나목2)의 요건을 갖추고 있지 않은 경우

2. 특정주류도매업

창고면적	22㎡ 이상
판매시설	저장용기 및 방충설비(병입된 주류만을 판매하는 경우에는 제외한다)
그 밖의 사항	면허 신청인의 자격 요건 : 제1호 그 밖의 사항란 나목1), 3) 및 4)

3. 주정(공업용 합성주정은 제외한다)도매업
　가. 주정도매업만을 전업으로 할 것
　나. 시설기준

구분	시설구분	시설기준
1) 주류의 품질과 규격을 분석할 수 있는 기계·기구	가) 가스크로마토그래피	1대
	나) 화학천칭	감도 0.1mg 1대
	다) 현미경	1,000배 이상 1대
	라) 항온항습기	0~65℃ 1대
	마) 건조기	110℃ 1대
	바) P.H메타	감도 0.1 1대
	사) 고압살균기	20파운드 이상 1대
	아) 증류수채취기	시간당 2ℓ 이상 1대
	자) 무균상자	1대
	차) 간이증류기	1회 2점 이상 증류 1대
	카) 주정계	0.2도 눈금 0~100도 1조
	타) 비중계	0.7~1.85 SG 1대
2) 저장조	주정의 종류별로 330드럼 이상 용량의 저장조 1개 이상	
3) 탱크로리	용량 합계 330드럼 이상	

　다. 면허 신청인의 자격 요건 : 제1호 그 밖의 사항란 나목4)

4. 주류수출입업
「대외무역법 시행령」제21조제1항제1호에 따른 무역업고유번호를 받은 자일 것. 다만, 주류(주정은 제외한다)를 수입하려는 자는 다음의 요건을 추가로 갖춰야 하며, 주정(공업용 주정은 제외한다)을 수입하려는 자는 제3호나목 및 다목의 요건을 추가로 갖춰야 한다.

창고면적	22㎡ 이상
그 밖의 사항	면허 신청인의 자격 요건 : 제1호 그 밖의 사항란 나목4)

5. 주류중개업
　가. 「대외무역법 시행령」제21조제1항제1호에 따른 무역업고유번호를 받은 자일 것
　나. 국내에서 주류중개업을 하려는 자는 다음의 어느 하나에 해당하는 자일 것
　　1) 「유통산업발전법」제2조제6호에 따른 체인사업을 경영하는 자로서 면허신청일 직전 6개월간 소속 가맹점 및 직영점에 대한 상품공급가액의 합계액이 1억원 이상이고 매월 상품공급가액이 1천만원 이상인 자. 다만, 주류중개업의 면허를 받은 자가 판매장(기존에 상품을 공급받던 소속 가맹점 및 직영점 일부를 포함하여 상품을 공급하는 판매장으로 한정한다)을 새롭게 설치하여 주류중개업의 면허를 받으려는 경우에는 기존 판매장의 상품공급가액(새롭게 설치한 판매장으로부터 상품을 공급받으려는 기존의 소속 가맹점 및 직영점에 대한 상품공급가액으로 한정한다)을 합산할 수 있다.

2) 다음의 어느 하나에 해당하는 자
  가) 「농업협동조합법」에 따른 조합 및 중앙회
  나) 「농업협동조합법」에 따른 농협경제지주회사 및 그 자회사(법률 제10522호 농업협동조합법 일부개정법률 부칙 제6조제1항에 따라 농협경제지주회사에 이관된 판매·유통 관련 경제사업을 수행하는 자회사로 한정한다)
  3) 「수산업협동조합법」에 따른 조합 및 중앙회
  4) 「산림조합법」에 따른 조합 및 중앙회
  5) 「신용협동조합법」에 따른 신용협동조합 및 신용협동조합중앙회

6. 주류소매업
「부가가치세법」에 따라 사업자등록을 한 자일 것. 다만, 다음 각 목의 어느 하나에 해당하는 자는 사업자등록을 면허 요건으로 하지 않는다.
  가. 법 제5조제2항에 따라 신고하려는 자
  나. 「부가가치세법」 제6조제4항에 따른 사업자 단위 과세 사업자의 본점 또는 주사무소 외의 판매장에서 주류소매업 면허를 받으려는 자

7. 주정소매업
  가. 「부가가치세법」에 따라 사업자등록을 한 자일 것
  나. 「위험물안전관리법」에 따른 취급소 시설을 갖출 것

〔별표4〕

과태료의 부과기준(제43조 관련)

(2022.2.15 신설)

1. 일반기준
  가. 하나의 위반행위가 둘 이상의 과태료 부과기준에 해당하는 경우에는 그 중 금액이 큰 과태료 부과기준을 적용한다.
  나. 부과권자는 다음의 어느 하나에 해당하는 경우 제2호의 개별기준에 따른 과태료 금액의 2분의 1 범위에서 그 금액을 줄여 부과할 수 있다. 다만, 과태료를 체납하고 있는 위반행위자의 경우에는 그렇지 않다.
    1) 위반행위가 사소한 부주의나 오류로 인한 것으로 인정되는 경우
    2) 위반행위의 내용·정도가 경미하여 그 피해가 적다고 인정되는 경우
    3) 위반행위자가 법 위반상태를 시정하거나 해소하기 위해 노력한 사실이 인정되는 경우
    4) 그 밖에 위반행위의 정도·동기·결과 등을 고려하여 과태료 금액을 줄일 필요가 있다고 인정되는 경우
  다. 부과권자는 다음의 어느 하나에 해당하는 경우 제2호의 개별기준에 따른 과태료 금액의 2분의 1 범위에서 그 금액을 늘려 부과할 수 있다. 다만, 늘리는 경우에도 법 제38조제1항에 따른 과태료 금액의 상한을 넘을 수 없다.
    1) 위반행위가 고의나 중대한 과실에 따른 것으로 인정되는 경우
    2) 위반행위의 내용·정도가 중대하여 그 피해가 크다고 인정되는 경우
    3) 그 밖에 위반행위의 정도·동기·결과 등을 고려하여 과태료 금액을 늘릴 필요가 있다고 인정되는 경우

2. 개별기준
  가. 법 제38조제1항제1호에 따른 과태료

위반행위	근거 법조문	세부위반행위	과태료 금액 (단위: 만원)
1) 법 제17조에 따른 주세 보전명령을 위반한 경우	법 제38조 제1항 제1호 가목	가) 주류의 상표사용에 관한 명령을 위반한 경우	
		(1) 직전 사업연도 수입금액이 50억원 미만인 경우	100
		(2) 직전 사업연도 수입금액이 50억원 이상 100억원 미만인 경우	300
		(3) 직전 사업연도 수입금액이 100억원 이상 500억원 미만인 경우	500
		(4) 직전 사업연도 수입금액이 500억원 이상인 경우	1,000
		나) 주류제조자, 종합주류도매업자, 특정주류도매업자, 주류중개업자, 주류수입업자 및 수입주류전문도매업자가 주류의 양도·양수방법 및 그 밖에 주류의 양도·양수와 관련하여 지켜야 할 사항에 관한 명령을 위반한 경우	
		(1) 직전 사업연도 수입금액이 50억원 미만인 경우	100
		(2) 직전 사업연도 수입금액이 50억원 이상 100억원 미만인 경우	500
		(3) 직전 사업연도 수입금액이 100억원 이상 500억원 미만인 경우	1,000
		(4) 직전 사업연도 수입금액이 500억원 이상인 경우	2,000
		다) 주류소매업자가 주류의 양도·양수방법 및 그 밖에 주류의 양도·양수와 관련하여 지켜야 할 사항에 관한 명령을 위반한 경우	
		(1) 용도를 위반하여 주류를 판매 또는 보관하고 있는 경우	50
		(2) (1) 이외의 경우로서 직전 사업연도 수입금액이 100억원 미만인 경우	100
		(3) (1) 이외의 경우로서 직전 사업연도 수입금액이 100억원 이상인 경우	200
		라) 주정도매업자가 주정의 구입·판매·운반 및 설비변경 등과 관련하여 지켜야 할 사항을 위반한 경우	1,000
		마) 공업용주정 및 발효주정 소매업자가 주정의 구입·판매 및 표시 등과 관련하여 지켜야 할 사항을 위반한 경우	
		(1) 직전 사업연도 수입금액이 50억원 미만인 경우	100
		(2) 직전 사업연도 수입금액이 50억원 이상 500억원 미만인 경우	500
		(3) 직전 사업연도 수입금액이 500억원 이상인 경우	1,000

바) 주류제조자(소규모주류제조자는 제외한다)가 주류의 제조, 저장, 이동, 원료, 설비 및 반출 수량 등에 관한 명령을 위반한 경우

(1) 직전 사업연도 수입금액이 50억원 미만인 경우	100
(2) 직전 사업연도 수입금액이 50억원 이상 100억원 미만인 경우	500
(3) 직전 사업연도 수입금액이 100억원 이상 500억원 미만인 경우	1,000
(4) 직전 사업연도 수입금액이 500억원 이상인 경우	2,000

사) 소규모주류제조자가 주류의 제조, 저장, 이동, 원료, 설비 및 반출 수량 등에 관한 명령을 위반한 경우

(1) 직전 사업연도 수입금액이 50억원 미만인 경우	100
(2) 직전 사업연도 수입금액이 50억원 이상 100억원 미만인 경우	300
(3) 직전 사업연도 수입금액이 100억원 이상인 경우	500

아) 주류제조업자 및 주류수입업자가 주류거래질서 확립에 관한 명령을 위반한 경우

(1) 직전 사업연도 수입금액이 50억원 미만인 경우	100
(2) 직전 사업연도 수입금액이 50억원 이상 100억원 미만인 경우	500
(3) 직전 사업연도 수입금액이 100억원 이상 500억원 미만인 경우	1,000
(4) 직전 사업연도 수입금액이 500억원 이상인 경우	2,000

자) 종합주류도매업자, 특정주류도매업자, 주류중개업자, 수입주류전문도매업자 및 주류소매업자가 주류거래질서 확립에 관한 명령을 위반한 경우

(1) 직전 사업연도 수입금액이 50억원 미만인 경우	100
(2) 직전 사업연도 수입금액이 50억원 이상 100억원 미만인 경우	500
(3) 직전 사업연도 수입금액이 100억원 이상인 경우	1,000

차) 주류제조자 또는 주류수입업자가 출고(판매) 감량 기준을 위반한 경우 — 2,000

카) 주류 매출세금계산서(합계표) 작성 및 제출에 관한 명령을 위반한 경우 — 100

2) 법 제22조에 따른 납세증명표지에 관한 명령을 위반한 경우 (법 제38조제1항제1호 나목)

가) 주류제조자가 납세증명표지에 관하여 지켜야 할 사항을 준수하지 않은 경우

(1) 직전 사업연도 수입금액이 50억원 미만인 경우	100
(2) 직전 사업연도 수입금액이 50억원 이상 100억원 미만인 경우	500
(3) 직전 사업연도 수입금액이 100억원 이상 500억원 미만인 경우	1,000
(4) 직전 사업연도 수입금액이 500억원 이상인 경우	2,000

나) 납세병마개 제조자 등이 납세증명표지에 관하여 지켜야 할 사항을 준수하지 않은 경우 — 1,000

나. 법 제38조제1항제2호에 따른 과태료

위반행위	근거 법조문	과태료 금액(단위 : 만원)		
		주류 종류 / 물량	탁주	위스키 및 브랜디	그 밖의 주류
법 제3조에 따른 면허를 받지 않고 제조한 주류 또는 법 제22조에 따른 납세증명표지가 붙어 있지 않은 주류를 판매의 목적으로 소지하거나 판매한 경우	법 제38조제1항제2호	50리터(ℓ) 이하	10	40	20
		50리터 초과 100리터 이하	20	60	40
		100리터 초과 500리터 이하	40	140	80
		500리터 초과 1,000리터 이하	60	200	120
		1,000리터 초과 3,000리터 이하	100	400	200
		3,000리터 초과 5,000리터 이하	200	500	400
		5,000리터 초과 10,000리터 이하	400	500	500
		10,000리터 초과 15,000리터 이하	500	500	500
		15,000리터 초과 20,000리터 이하	1,000	1,000	1,000
		20,000리터 초과	2,000	2,000	2,000

다. 법 제38조제1항제3호에 따른 과태료

위반행위	근거 법조문	과태료 금액 (단위 : 만원)
법 제28조에 따른 검정을 받지 않은 기계, 기구 또는 용기를 사용한 경우로서 다음에 해당하는 경우	법 제38조 제1항제3호	
1) 직전 사업연도 수입금액이 50억원 미만인 경우		100
2) 직전 사업연도 수입금액이 50억원 이상 100억원 미만인 경우		300
3) 직전 사업연도 수입금액이 100억원 이상 500억원 미만인 경우		500
4) 직전 사업연도 수입금액이 500억원 이상인 경우		1,000

비고
제2호가목 및 다목에서 "수입금액"이란 다음 각 호의 구분에 따른 금액을 말한다. 다만, 「법인세법」 제66조 또는 「소득세법」 제80조에 따라 결정·경정된 금액이 있는 경우에는 그 결정·경정된 금액을 말하며, 직전연도의 기간이 신규 사업 개시, 휴업 등으로 1년에 미달하는 경우에는 해당 기간 동안의 수입금액만을 직전 사업연도 수입금액으로 본다.
1. 법인의 경우 : 「법인세법」 제60조제1항(같은 법 제97조제1항제2호에 따라 준용하는 경우를 포함한다)에 따라 신고된 수입금액
2. 개인의 경우 : 「소득세법」 제24조에 따른 총수입금액(같은 법 제70조, 제70조의2, 제71조 및 제74조에 따라 신고된 금액으로서 사업소득에 따른 금액으로 한정한다)

주류 면허 등에 관한 법률 시행규칙

(2021년 3월 16일
기획재정부령 제839호)

개정
2022. 3.18기획재정부령908호

제1조【목적】 이 규칙은 「주류 면허 등에 관한 법률」 및 같은 법 시행령에서 위임된 사항과 그 시행에 필요한 사항을 규정함을 목적으로 한다.

제2조【주류 제조면허 신청서 등의 첨부서류】 「주류 면허 등에 관한 법률 시행령」(이하 "영"이라 한다) 제2조제1항 각 호 외의 부분, 제4조제1항, 제6조제1항 각 호 외의 부분 및 같은 조 제2항 각 호 외의 부분, 제7조제1항 각 호 외의 부분, 제8조제3항 각 호 외의 부분 및 같은 조 제4항 전단, 제10조제1항 각 호 외의 부분 및 같은 조 제4항에서 "기획재정부령으로 정하는 서류"란 별표의 구분에 따른 첨부서류를 말한다.

제3조【축제 또는 경연대회의 범위】 영 제2조제1항제6호 및 같은 조 제6항에서 "기획재정부령으로 정하는 축제 또는 경연대회"란 다음 각 호의 어느 하나에 해당하는 자가 주관하는 축제 또는 경연대회를 말한다.
1. 국가 또는 지방자치단체
2. 「공공기관의 운영에 관한 법률」에 따른 공공기관(「고등교육법」 제2조에 따른 학교는 제외한다)
3. 「지방공기업법」에 따른 지방공기업
4. 「주류 면허 등에 관한 법률」(이하 "법"이라 한다) 제37조에 따른 주류업단체
5. 「전통주 등의 산업진흥에 관한 법률」 제17조에 따른 단체

제4조【주류 제조 위탁 변경신고】 영 제6조제2항제5호에서 "기획재정부령으로 정하는 사항"이란 다음 각 호의 사항을 말한다.
1. 주류 제조 위탁자(합병·분할 또는 분할합병으로 변경되는 경우만 해당한다)
2. 위탁 제조 주류의 제조에 사용하는 원료용 주류를 구입하는 자

제5조【면세주류 판매업자의 준수사항】 ① 법 제5조제1항에 따라 주류 판매면허를 받은 자(이하 "주류 판매업자"라 한다)는 「조세특례제한법」 제115조에 따라 주세가 면제되는 주류를 판매한 경우에는 빈병 등의 용기를 회수하여 해당 주류를 반출한 주류 제조자에게 반환해야 한다.
② 주류 판매장 관할 세무서장은 법 제32조제1항에 따라 물건을 검사한 결과 주류판매업자가 제1항에 따른 빈병 등 용기의 회수 및 반환을 소홀히 하여 면세주류의 공급질서를 문란하게 하고 있다고 인정되는 경우에는 해당 주류판매업자의 판매장에 반입되지 않은 주류에 대하여 「주세법 시행령」 제21조제1항에 따른 면세주류 구입승인을 취소하고 반출지 관할 세무서장에게 이를 통보할 수 있다.

제6조【직매장 설치허가 신청】 법 제16조제1항에 따라 직매장 설치허가를 받으려는 자는 별지 제1호서식의 신청서에 영 제16조제1항에 따른 시설기준을 갖추었음을 증명하는 서류를 첨부하여 관할 세무서장에게 제출해야 한다.

제7조【주류 가격 신고】 법 제18조제1항 및 영 제23조에 따라 주류 가격을 신고하려는 자는 별지 제2호서식의 신고서에 제조·판매원가 계산서 및 산출근거를 첨부하여 관할 세무서장에게 제출해야 한다.(2022.3.18 본조개정)

제8조【주류 제조 원료】 영 제29조에 따른 주류 제조 원료에는 주류 제조 원료용 주류와 주류 제조용 주정이 포함되는 것으로 한다.

제9조【납세증지를 붙이는 주류】 영 제30조제1항 전단에서 "기획재정부령으로 정하는 주류"란 다음 각 호의 주류를 말한다. 다만, 주류 제조 원료로 반출하는 경우와 직전 주조연도의 반출량 등을 고려하여 국세청장이 정하여 고시하는 경우는 제외한다.(2022.3.18 단서개정)

1. 탁주·약주(2022.3.18 본호개정)
2. 청주
3. 맥주
4. 과실주
5. 소주
6. 위스키
7. 브랜디
8. 일반증류주
9. 리큐르
10. 기타 주류

제9조의2【자동계수기의 사용점검】 영 제30조제6항에 따라 자동계수기를 사용하는 자는 별지 제2호의2서식의 기록부에 자동계수기의 사용점검에 관한 사항을 기록해야 한다.(2022.3.18 본조신설)

제10조【끝수의 처리】 영 제34조에 따라 주류의 수량을 검정하는 경우 용기당 수량에서 리터단위 미만은 계산하지 않는다.

제11조【수수료】 법 제35조제1항에 따라 납부해야 하는 면허 수수료는 다음 각 호의 구분에 따른다.

1. 법 제3조제1항에 따른 주류 제조면허 : 5만원
2. 법 제4조에 따른 밑술 또는 술덧의 제조면허 : 5만원
3. 법 제5조제1항에 따른 주류 판매업면허 : 다음 각 목의 구분에 따른 금액
   가. 영 제8조제2항제1호부터 제5호까지에 따른 종합주류도매업·특정주류도매업·주정도매업·주류수출입업 또는 주류중개업 : 5만원
   나. 영 제8조제2항제6호에 따른 주류소매업 : 3만원
   다. 영 제8조제2항제7호에 따른 주정소매업 : 3만원

제12조【서식】 주류 제조면허 및 판매업면허의 신청 등에 관한 서식은 다음 각 호와 같다.

1. 영 제2조제1항 및 제7조제1항에 따른 주류 제조면허 신청서 및 밑술·술덧 제조면허 신청서 : 별지 제3호서식
2. 영 제4조제1항에 따른 용기주입제조장 설치허가 신청서 : 별지 제4호서식
3. 영 제6조제1항 및 제2항에 따른 주류 제조 위탁 신고서 및 변경신고서 : 별지 제5호서식
4. 영 제8조제3항·제4항 및 제9조제1항에 따른 주류 판매업면허 신청서 및 의제 주류 판매업면허 신고서 : 별지 제6호서식
5. 영 제10조제1항 및 제4항에 따른 제조장·판매장 이전신고서 및 이전허가 신청서 : 별지 제7호서식
5의2. 영 제24조에 따른 주류 상표 사용 및 변경 신고

서 : 별지 제7호의2서식(2022.3.18 본호신설)
6. 영 제30조제4항 및 제5항에 따른 납세증지 면제 승인신청서 및 승인서 : 별지 제8호서식
7. 영 제38조에 따른 세무공무원의 권한을 표시하는 증표 : 별지 제9호서식

　　　　부　칙

제1조【시행일】 이 규칙은 공포한 날부터 시행한다.
제2조【다른 법령의 개정】 ①~③ ※(해당 법령에 가제정리 하였음)
제3조【다른 법령과의 관계】 이 규칙 시행 당시 다른 법령에서 종전의 「주세법 시행규칙」 또는 그 규정을 인용하고 있는 경우에 이 규칙 가운데 그에 해당하는 규정이 있을 때에는 종전의 「주세법 시행규칙」 또는 그 규정을 갈음하여 이 규칙 또는 이 규칙의 해당 규정을 인용한 것으로 본다.

　　　　부　칙　(2022.3.18)

이 규칙은 공포한 날부터 시행한다.

〔별표·별지서식〕 ➡ 「www.hyeonamsa.com」 참조

관세법

(2000년 12월 29일)
(전개법률 제6305호)

개정
2002. 8.26법 6705호(기술신용보증기금법) <중략>
2009. 5.27법 9709호   2010. 1. 1법 9910호
2010. 1. 1법 9924호(지방세)
2010. 1.25법 9968호(행정심판)
2010. 3.31법10195호   2010.12.30법10424호
2011. 7.25법10897호   2011.12.31법11121호
2012. 6. 1법11458호(식물신품종보호법)
2013. 1. 1법11602호
2013. 3.23법11690호(정부조직)
2013. 6. 7법11873호(부가세)
2013. 8.13법12027호   2014. 1. 1법12159호
2014. 1.21법12307호(중견기업성장촉진및경쟁력강화에관한특별법)
2014.11.19법12844호(정부조직)
2014.12.23법12847호   2015.12.15법13548호
2015.12.29법13636호(지방세)
2016. 1.27법13856호(자유무역지역의지정및운영에관한법)
2016. 3.29법14127호(여신전문금융업법)
2016.12.20법14379호
2017. 7.26법14839호(정부조직)
2017.12.19법15218호   2018.12.31법16093호
2019.12.31법16838호
2020. 2. 4법16957호(신용정보의이용및보호에관한법)
2020. 6. 9법17339호(법률용어정비)
2020.12.22법17649호
2020.12.22법17689호(국가자치경찰)
2020.12.29법17758호(국세징수)
2020.12.29법17799호(독점)
2021.11.30법18525호(농수산물의원산지표시등에관한법)
2021.12.21법18583호   2022. 9.15법18976호
2022.12.31법19186호
2023. 3. 4법19228호(정부조직)
2023.12.31법19924호→시행일 부칙 참조

關
稅

제1장 총 칙

(2010.12.30 본장개정)

제1절 통 칙

제1조【목적】 이 법은 관세의 부과·징수 및 수출입물품의 통관을 적정하게 하고 관세수입을 확보함으로써 국민경제의 발전에 이바지함을 목적으로 한다.

제2조【정의】 이 법에서 사용하는 용어의 뜻은 다음과 같다.

1. "수입"이란 외국물품을 우리나라에 반입(보세구역을 경유하는 것은 보세구역으로부터 반입하는 것을 말한다)하거나 우리나라에서 소비 또는 사용하는 것(우리나라의 운송수단 안에서의 소비 또는 사용을 포함하며, 제239조 각 호의 어느 하나에 해당하는 소비 또는 사용은 제외한다)을 말한다.

2. "수출"이란 내국물품을 외국으로 반출하는 것을 말한다.

3. "반송"이란 국내에 도착한 외국물품이 수입통관절차를 거치지 아니하고 다시 외국으로 반출되는 것을 말한다.

4. "외국물품"이란 다음 각 목의 어느 하나에 해당하는 물품을 말한다.

   가. 외국으로부터 우리나라에 도착한 물품[외국의 선박 등이 공해(公海, 외국의 영해가 아닌 경제수역을 포함한다. 이하 같다)에서 채집하거나 포획한 수산물 등을 포함한다]으로서 제241조제1항에 따른 수입의 신고(이하 "수입신고"라 한다)가 수리(受理)되기 전의 것

   나. 제241조제1항에 따른 수출의 신고(이하 "수출신고"라 한다)가 수리된 물품

5. "내국물품"이란 다음 각 목의 어느 하나에 해당하는 물품을 말한다.

   가. 우리나라에 있는 물품으로서 외국물품이 아닌 것

   나. 우리나라의 선박 등이 공해에서 채집하거나 포획한 수산물 등

   다. 제244조제1항에 따른 입항전수입신고(이하 "입항전수입신고"라 한다)가 수리된 물품

   라. 제252조에 따른 수입신고수리전 반출승인을 받아 반출된 물품

   마. 제253조제1항에 따른 수입신고전 즉시반출신고를 하고 반출된 물품

6. "국제무역선"이란 무역을 위하여 우리나라와 외국 간을 운항하는 선박을 말한다.(2020.12.22 본호개정)

7. "국제무역기"란 무역을 위하여 우리나라와 외국 간을 운항하는 항공기를 말한다.(2020.12.22 본호개정)

8. "국내운항선"이란 국내에서만 운항하는 선박을 말한다.(2020.12.22 본호개정)

9. "국내운항기"란 국내에서만 운항하는 항공기를 말한다.(2020.12.22 본호개정)

10. "선박용품"이란 음료, 식품, 연료, 소모품, 밧줄, 수리용 예비부분품 및 부속품, 집기, 그 밖에 이와 유사한 물품으로서 해당 선박에서만 사용되는 것을 말한다.(2020.12.22 본호개정)

11. "항공기용품"이란 선박용품에 준하는 물품으로서 해당 항공기에서 사용되는 것을 말한다.
(2020.12.22 본호개정)

12. "차량용품"이란 선박용품에 준하는 물품으로서 해당 차량에서만 사용되는 것을 말한다.(2020.12.22 본호개정)

13. "통관"(通關)이란 이 법에 따른 절차를 이행하여 물품을 수출·수입 또는 반송하는 것을 말한다.

14. "환적"(換積)이란 동일한 세관의 관할구역에서 입국 또는 입항하는 운송수단에서 출국 또는 출항하는 운송수단으로 물품을 옮겨 싣는 것을 말한다.

15. "복합환적"(複合換積)이란 입국 또는 입항하는 운송수단의 물품을 다른 세관의 관할구역으로 운송하여 출국 또는 출항하는 운송수단으로 옮겨 싣는 것을 말한다.

16. "운영인"이란 다음 각 목의 어느 하나에 해당하는 자를 말한다.

   가. 제174조제1항에 따라 특허보세구역의 설치·운영에 관한 특허를 받은 자

   나. 제198조제1항에 따라 종합보세사업장의 설치·운영에 관한 신고를 한 자

17. "세관공무원"이란 다음 각 목의 사람을 말한다.

   가. 관세청장, 세관장 및 그 소속 공무원

   나. 그 밖에 관세청 소속기관의 장 및 그 소속 공무원

18. "탁송품"(託送品)이란 상업서류, 견본품, 자가사용물품, 그 밖에 이와 유사한 물품으로서 국제무역선·국제무역기 또는 국경출입차량을 이용한 물품의 송달을 업으로 하는 자(물품을 휴대하여 반출입하는 것을 업으로 하는 자는 제외한다)에게 위탁하여 우리나라에 반입하거나 외국으로 반출하는 물품을 말한다.
(2020.12.22 17호~18호신설)

19. "전자상거래물품"이란 사이버몰[컴퓨터 등과 정보통신설비를 이용하여 재화를 거래할 수 있도록 설정된 가상의 영업장을 말한다. 이하 같다] 등을 통하여 전자적 방식으로 거래가 이루어지는 수출입물품을 말한다.(2022.12.31 본호신설)

20. "관세조사"란 관세의 과세표준과 세액을 결정 또는 경정하기 위하여 방문 또는 서면으로 납세자의 장부·서류 또는 그 밖의 물건을 조사(제110조의2에 따라 통합하여 조사하는 것을 포함한다)하는 것을 말한다.(2023.12.31 본호신설)

제3조【관세징수의 우선】 ① 관세를 납부하여야 하는 물품에 대하여는 다른 조세, 그 밖의 공과금 및 채권에 우선하여 그 관세를 징수한다.

② 국세징수의 예에 따라 관세를 징수하는 경우 강제징수의 대상이 해당 관세를 납부하여야 하는 물품이 아닌 재산인 경우에는 관세의 우선순위는 「국세기본법」에 따른 국세와 동일하게 한다.(2020.12.29 본항개정)

〔판례〕 관세법 규정의 우선 적용에 관한 관세법 제4조 제1항은 수입물품에 대하여 세관장이 부과·징수하는 내국세의 부과·징수·환급·결손처분 등의 절차적인 사항에 관하여는 관세법 규정을 우선 적용하는 것이 납세편의 및 그 절차의 간소화를 도모할 수 있다는 취지에서 규정된 것일 뿐, 실체적인 사항에 관하여까지 관세법 규정을 우선 적용하라는 취지로 규정된 것은 아니고, 같은 법 제3조 제1항이 관세를 납부하여야 하는 물품에 대하여는 다른 조세 기타 공과금과 채권에 우선하여 그 관세를 징수한다고 규정하고 있는 것은 관세의 특수성에서 유래된 것이므로, 비록 부가가치세법 제23조 제3항에서 재화의 수입에 대한 부가가치세는 세관장이 관세징수의 예에 의하여 징수하도록 규정하고 있다고 하더라도, 내국세인 부가가치세의 징수에 관하여는 관세법 제3조제1항이 적용되지 않는다. (대판 2007.2.22, 2005다10845)

제4조【내국세등의 부과·징수】 ① 수입물품에 대하여 세관장이 부과·징수하는 부가가치세, 지방소비세, 담배소비세, 지방교육세, 개별소비세, 주세, 교육세, 교통·에너지·환경세 및 농어촌특별세(이하 "내국세등"이라 하되, 내국세등의 가산세 및 강제징수비를 포함한다)의 부과·징수·환급 등에 관하여 「국세기본법」, 「국세징수법」, 「부가가치세법」, 「지방세법」, 「개별소비세법」, 「주세법」, 「교육세법」, 「교통·에너지·환경세법」 및 「농어촌특별세법」의 규정과 이 법의 규정이 상충되는 경우에는 이 법의 규정을 우선하여 적용한다.
(2020.12.29 본항개정)

② 수입물품에 대하여 세관장이 부과·징수하는 내국세등의 체납이 발생하였을 때에는 징수의 효율성 등을 고려하여 필요하다고 인정되는 경우 대통령령으로 정하는 바에 따라 납세의무자의 주소지(법인의 경우 그 법인의 등기부에 따른 본점이나 주사무소의 소재지)를 관할하는 세무서장이 체납세액을 징수할 수 있다. (2013.1.1 본항신설)
③ 이 법에 따른 가산세 및 강제징수비의 부과·징수·환급 등에 관하여는 이 법 중 관세의 부과·징수·환급 등에 관한 규정을 적용한다.(2020.12.29 본항개정)
④ 수입물품에 대하여 세관장이 부과·징수하는 내국세등에 대한 담보제공 요구, 국세충당, 담보해제, 담보금액 등에 관하여는 이 법 중 관세에 대한 담보 관련 규정을 적용한다.(2013.1.1 본항신설)

제2절 법 적용의 원칙 등

제5조【법 해석의 기준과 소급과세의 금지】① 이 법을 해석하고 적용할 때에는 과세의 형평과 해당 조항의 합목적성에 비추어 납세자의 재산권을 부당하게 침해하지 아니하도록 하여야 한다.
② 이 법의 해석이나 관세행정의 관행이 일반적으로 납세자에게 받아들여진 후에는 그 해석이나 관행에 따른 행위 또는 계산은 정당한 것으로 보며, 새로운 해석이나 관행에 따라 소급하여 과세되지 아니한다.
③ 제1항 및 제2항의 기준에 맞는 이 법의 해석에 관한 사항은「국세기본법」제18조의2에 따른 국세예규심사위원회에서 심의할 수 있다.(2011.12.31 본항신설)
④ 이 법의 해석에 관한 질의회신의 처리 절차 및 방법 등에 관하여 필요한 사항은 대통령령으로 정한다. (2011.12.31 본항신설)
제6조【신의성실】납세자가 그 의무를 이행할 때에는 신의에 따라 성실하게 하여야 한다. 세관공무원이 그 직무를 수행할 때에도 또한 같다.
제7조【세관공무원 재량의 한계】세관공무원은 그 재량으로 직무를 수행할 때에는 과세의 형평과 이 법의 목적에 비추어 일반적으로 타당하다고 인정되는 한계를 엄수하여야 한다.

제3절 기간과 기한

제8조【기간 및 기한의 계산】① 이 법에 따른 기간을 계산할 때 제252조에 따른 수입신고수리전 반출승인을 받은 경우에는 그 승인일을 수입신고의 수리일로 본다.
② 이 법에 따른 기간의 계산은 이 법에 특별한 규정이 있는 것을 제외하고는 「민법」에 따른다.
③ 이 법에 따른 기한이 다음 각 호의 어느 하나에 해당하는 경우에는 그 다음 날을 기한으로 한다. (2022.12.31 본문개정)
1. 토요일 및 일요일
2.「공휴일에 관한 법률」에 따른 공휴일 및 대체공휴일
3.「근로자의 날 제정에 관한 법률」에 따른 근로자의 날
4. 그 밖에 대통령령으로 정하는 날
(2022.12.31 1호~4호신설)
④ 제327조에 따른 국가관세종합정보시스템, 연계정보통신망 또는 전산처리설비가 대통령령으로 정하는 장애로 가동이 정지되어 이 법에 따른 기한까지 이 법에 따른 신고, 신청, 승인, 허가, 수리, 교부, 통지, 통고, 납부 등을 할 수 없게 되는 경우에는 그 장애가 복구된 날의 다음 날을 기한으로 한다.(2023.12.31 본항개정)

제9조【관세의 납부기한 등】① 관세의 납부기한은 이 법에서 달리 규정하는 경우를 제외하고는 다음 각 호의 구분에 따른다.
1. 제38조제1항에 따른 납세신고를 한 경우 : 납세신고 수리일부터 15일 이내
2. 제39조제3항에 따른 납부고지를 한 경우 : 납부고지를 받은 날부터 15일 이내(2020.12.22 본호개정)
3. 제253조제1항에 따른 수입신고전 즉시반출신고를 한 경우 : 수입신고일부터 15일 이내
② 납세의무자는 제1항에도 불구하고 수입신고가 수리되기 전에 해당 세액을 납부할 수 있다.
③ 세관장은 납세실적 등을 고려하여 관세청장이 정하는 요건을 갖춘 성실납세자가 대통령령으로 정하는 바에 따라 신청을 할 때에는 제1항제1호 및 제3호에도 불구하고 납부기한이 동일한 달에 속하는 세액에 대하여는 그 기한이 속하는 달의 말일까지 한꺼번에 납부하게 할 수 있다. 이 경우 세관장은 필요하다고 인정하는 경우에는 납부할 관세에 상당하는 담보를 제공하게 할 수 있다.(2016.12.20 후단신설)
제10조【천재지변 등으로 인한 기한의 연장】세관장은 천재지변이나 그 밖에 대통령령으로 정하는 사유로 이 법에 따른 신고, 신청, 청구, 그 밖의 서류의 제출, 통지, 납부 또는 징수를 정하여진 기한까지 할 수 없다고 인정되는 경우에는 1년을 넘지 아니하는 기간을 정하여 대통령령으로 정하는 바에 따라 그 기한을 연장할 수 있다. 이 경우 세관장은 필요하다고 인정하는 경우에는 납부할 관세에 상당하는 담보를 제공하게 할 수 있다.(2016.12.20 후단신설)

제4절 서류의 송달 등

제11조【납부고지서의 송달】① 관세 납부고지서의 송달은 납세의무자에게 직접 발급하는 경우를 제외하고는 인편(人便), 우편 또는 제327조에 따른 전자송달의 방법으로 한다.
② 납부고지서를 송달받아야 할 자가 다음 각 호의 어느 하나에 해당하는 경우에는 납부고지사항을 공고한 날부터 14일이 지나면 제1항의 납부고지서의 송달이 된 것으로 본다.
1. 주소, 거소(居所), 영업소 또는 사무소가 국외에 있고 송달하기 곤란한 경우
2. 주소, 거소, 영업소 또는 사무소가 분명하지 아니한 경우
3. 납세의무자가 송달할 장소에 없는 경우로서 등기우편으로 송달하였으나 수취인 부재로 반송되는 경우 등 대통령령으로 정하는 경우
(2022.12.31 본항개정)
③ 제2항에 따른 공고는 다음 각 호의 어느 하나에 해당하는 방법으로 게시하거나 게재하여야 한다. 이 경우 제1호에 따라 공시송달을 하는 경우에는 다른 공시송달 방법과 함께 하여야 한다.
1. 제327조의 국가관세종합정보시스템에 게시하는 방법(2023.12.31 본호개정)
2. 관세청 또는 세관의 홈페이지, 게시판이나 그 밖의 적절한 장소에 게시하는 방법
3. 해당 서류의 송달 장소를 관할하는 특별자치시·특별자치도·시·군·구(자치구를 말한다)의 홈페이지, 게시판이나 그 밖의 적절한 장소에 게시하는 방법
4. 관보 또는 일간신문에 게재하는 방법
(2022.12.31 본항개정)
(2020.12.22 본조개정)
제12조【장부 등의 보관】① 이 법에 따라 가격신고, 납세신고, 수출입신고, 반송신고, 보세화물반출입신고, 보세운송신고를 하거나 적재화물목록을 제출한 자는 신고 또는 제출한 자료의 내용을 증빙할 수 있는 장부

및 증거서류(신고필증을 포함한다. 이하 이 조에서 같다)를 성실하게 작성하여 신고 또는 자료를 제출한 날부터 5년의 범위에서 대통령령으로 정하는 기간 동안 갖추어 두어야 한다. 이 경우 장부 및 증거서류 중 제37조의4 제1항 및 제2항에 따라 세관장이 제30조제3항제4호에 따른 특수관계에 있는 자에게 제출하도록 요구할 수 있는 자료의 경우에는 「소득세법」 제6조 또는 「법인세법」 제9조에 따른 납세지(「소득세법」 제9조 또는 「법인세법」 제10조에 따라 국세청장이나 관할지방국세청장이 지정하는 납세지를 포함한다)에 갖추어 두어야 한다.
② 제1항에 따라 장부 및 증거서류를 작성·보관하여야 하는 자는 그 장부와 증거서류의 전부 또는 일부를 「전자문서 및 전자거래 기본법」에 따른 정보처리시스템을 이용하여 작성할 수 있다. 이 경우 그 처리과정 등을 대통령령으로 정하는 기준에 따라 디스켓 또는 그 밖의 정보보존 장치에 보존하여야 한다.
③ 제1항을 적용하는 경우 「전자문서 및 전자거래 기본법」에 따른 전자문서로 작성하거나 같은 법 제5조제2항에 따른 전자화문서로 변환하여 같은 법 제31조의2에 따른 공인전자문서센터에 보관한 경우에는 제1항에 따라 장부 및 증거서류를 갖춘 것으로 본다. 다만, 계약서 등 위조·변조하기 쉬운 장부 및 증거서류로서 대통령령으로 정하는 것은 그러하지 아니하다. (2023.12.31 본조개정)

제5절 관세심의위원회

제13조 (2008.12.26 삭제)

제2장 과세가격과 관세의 부과·징수 등
         (2010.12.30 본장개정)

제1절 통 칙

제14조【과세물건】 수입물품에는 관세를 부과한다.
제15조【과세표준】 관세의 과세표준은 수입물품의 가격 또는 수량으로 한다.
제16조【과세물건 확정의 시기】 관세는 수입신고(입항전수입신고를 포함한다. 이하 이 조에서 같다)를 하는 때의 물품의 성질과 그 수량에 따라 부과한다. 다만, 다음 각 호의 어느 하나에 해당하는 물품에 대하여는 각 해당 호에 규정된 때의 물품의 성질과 그 수량에 따라 부과한다.
1. 제143조제6항(제151조제2항에 따라 준용되는 경우를 포함한다)에 따라 관세를 징수하는 물품 : 하역을 허가받은 때(2018.12.31 본호개정)
2. 제158조제7항에 따라 관세를 징수하는 물품 : 보세구역 밖에서 하는 보수작업을 승인받은 때 (2018.12.31 본호개정)
3. 제160조제2항에 따라 관세를 징수하는 물품 : 해당 물품이 멸실되거나 폐기된 때
4. 제187조제7항(제195조제2항과 제202조제3항에 따라 준용되는 경우를 포함한다)에 따라 관세를 징수하는 물품 : 보세공장 외 작업, 보세건설장 외 작업 또는 종합보세구역 외 작업을 허가받거나 신고한 때 (2018.12.31 본호개정)
5. 제217조에 따라 관세를 징수하는 물품 : 보세운송을 신고하거나 승인받은 때
6. 수입신고가 수리되기 전에 소비하거나 사용하는 물품(제239조에 따라 소비 또는 사용을 수입으로 보지 아니하는 물품은 제외한다) : 해당 물품을 소비하거나 사용한 때
7. 제253조제1항에 따른 수입신고전 즉시반출신고를 하

고 반출한 물품 : 수입신고전 즉시반출신고를 한 때
8. 우편으로 수입되는 물품(제258조제2항에 해당하는 우편물은 제외한다) : 제256조에 따른 통관우체국(이하 "통관우체국"이라 한다)에 도착한 때
9. 도난물품 또는 분실물품 : 해당 물품이 도난되거나 분실된 때
10. 이 법에 따라 매각되는 물품 : 해당 물품이 매각된 때
11. 수입신고를 하지 아니하고 수입된 물품(제1호부터 제10호까지에 규정된 것은 제외한다) : 수입된 때
제17조【적용 법령】 관세는 수입신고 당시의 법령에 따라 부과한다. 다만, 다음 각 호의 어느 하나에 해당하는 물품에 대하여는 각 해당 호에 규정된 날에 시행되는 법령에 따라 부과한다.
1. 제16조 각 호의 어느 하나에 해당되는 물품 : 그 사실이 발생한 날
2. 제192조에 따라 보세건설장에 반입된 외국물품 : 사용 전 수입신고가 수리된 날
제18조【과세환율】 과세가격을 결정하는 경우 외국통화로 표시된 가격을 내국통화로 환산할 때에는 제17조에 따른 날(보세건설장에 반입된 물품의 경우에는 수입신고를 한 날을 말한다)이 속하는 주의 전주(前週)의 기준환율 또는 재정환율을 평균하여 관세청장이 그 율을 정한다.(2022.9.15 본조개정)
제19조【납세의무자】 ① 다음 각 호의 어느 하나에 해당하는 자는 관세의 납세의무자가 된다.
1. 수입신고를 한 물품인 경우에는 그 물품을 수입신고 하는 때의 화주(화주가 불분명할 때에는 다음 각 목의 어느 하나에 해당하는 자를 말한다. 이하 이 조에서 같다). 다만, 수입신고가 수리된 물품 또는 제252조에 따른 수입신고수리전 반출승인을 받아 반출된 물품에 대하여 납부하였거나 납부하여야 할 관세액이 부족한 경우 해당 물품을 수입신고하는 때의 화주의 주소 및 거소가 분명하지 아니하거나 수입신고인이 화주를 명백히 하지 못하는 경우에는 그 신고인이 해당 물품을 수입신고하는 때의 화주와 연대하여 해당 관세를 납부하여야 한다.(2017.12.19 본문개정)
  가. 수입을 위탁받아 수입업체가 대행수입한 물품인 경우 : 그 물품의 수입을 위탁한 자
  나. 수입을 위탁받아 수입업체가 대행수입한 물품이 아닌 경우 : 대통령령으로 정하는 상업서류에 적힌 물품수신인(2020.12.22 본목개정)
  다. 수입물품을 수입신고 전에 양도한 경우 : 그 양수인
2. 제143조제6항(제151조제2항에 따라 준용되는 경우를 포함한다)에 따라 관세를 징수하는 물품인 경우에는 하역허가를 받은 자(2018.12.31 본호개정)
3. 제158조제7항에 따라 관세를 징수하는 물품인 경우에는 보세구역 밖에서 하는 보수작업을 승인받은 자 (2018.12.31 본호개정)
4. 제160조제2항에 따라 관세를 징수하는 물품인 경우에는 운영인 또는 보관인
5. 제187조제7항(제195조제2항 또는 제202조제3항에 따라 준용되는 경우를 포함한다)에 따라 관세를 징수하는 물품인 경우에는 보세공장 외 작업, 보세건설장 외 작업 또는 종합보세구역 외 작업을 허가받거나 신고한 자(2018.12.31 본호개정)
6. 제217조에 따라 관세를 징수하는 물품인 경우에는 보세운송을 신고하였거나 승인을 받은 자
7. 수입신고가 수리되기 전에 소비하거나 사용하는 물품(제239조에 따라 소비 또는 사용을 수입으로 보지 아니하는 물품은 제외한다)인 경우에는 그 소비자 또는 사용자(2013.1.1 본호개정)
8. 제253조제4항에 따라 관세를 징수하는 물품인 경우에는 해당 물품을 즉시 반출한 자(2013.1.1 본호개정)

9. 우편으로 수입되는 물품인 경우에는 그 수취인
10. 도난물품이나 분실물품인 경우에는 다음 각 목에 규정된 자
　가. 보세구역의 장치물품(藏置物品) : 그 운영인 또는 제172조제2항에 따른 화물관리인(이하 "화물관리인"이라 한다)
　나. 보세운송물품 : 보세운송을 신고하거나 승인을 받은 자
　다. 그 밖의 물품 : 그 보관인 또는 취급인
11. 이 법 또는 다른 법률에 따라 따로 납세의무자로 규정된 자
12. 제1호부터 제11호까지 외의 물품인 경우에는 그 소유자 또는 점유자
② 제1항제1호에 따른 화주 또는 신고인과 제1항제2호부터 제11호까지에 규정된 자가 경합되는 경우에는 제1항제2호부터 제11호까지에 규정된 자를 납세의무자로 한다.
③ 이 법 또는 다른 법령, 조약, 협약 등에 따라 관세의 납부를 보증한 자는 보증액의 범위에서 납세의무를 진다.
④ 법인이 합병하거나 상속이 개시된 경우에는 「국세기본법」 제23조 및 제24조를 준용하여 관세·가산세 및 강제징수비의 납세의무를 승계한다. 이 경우 같은 법 제24조제2항 및 제4항의 "세무서장"은 "세관장"으로 본다.(2020.12.22 전단개정)
⑤ 다음 각 호의 어느 하나에 관계되는 관세·가산세 및 강제징수비에 대해서는 다음 각 호에 규정된 자가 연대하여 납부할 의무를 진다.(2020.12.22 본문개정)
1. 제1항제1호에 따른 수입신고물품의 경우 다음 각 목에 규정된 자
　가. 수입신고물품이 공유물이거나 공동사업에 속하는 물품인 경우 : 그 공유자 또는 공동사업자인 납세의무자
　나. 수입신고인이 수입신고를 하면서 수입신고하는 때의 화주가 아닌 자를 납세의무자로 신고한 경우 : 수입신고인 또는 납세의무자로 신고된 자가 제270조제1항 또는 제4항에 따른 관세포탈 또는 부정감면의 범죄를 저지르거나 제271조제1항(제270조제1항 또는 제4항에 따른 행위를 교사하거나 방조한 경우에 한정한다)에 따른 범죄를 저질러 유죄의 확정판결을 받은 경우 그 수입신고인 및 납세의무자로 신고된 자와 해당 물품을 수입신고하는 때의 화주. 다만, 관세포탈 또는 부정감면으로 얻은 이득이 없는 수입신고인 또는 납세의무자로 신고된 자는 제외한다.(2020.6.9 본문개정)
　다. 다음 중 어느 하나를 업으로 하는 자(이하 "구매대행업자"라 한다)가 화주로부터 수입물품에 대하여 납부할 관세 등에 상당하는 금액을 수령하고, 수입신고인 등에게 과세가격 등의 정보를 거짓으로 제공한 경우 : 구매대행업자와 수입신고하는 때의 화주
　　1) 자가사용물품을 수입하려는 화주의 위임에 따라 해외 판매자로부터 해당 수입물품의 구매를 대행하는 것
　　2) 사이버몰 등을 통하여 해외로부터 구매 가능한 물품의 정보를 제공하고 해당 물품을 자가사용물품으로 수입하려는 화주의 요청에 따라 그 물품을 구매해서 판매하는 것(2022.12.31 개정)
　　(2021.12.21 본목개정)
　(2017.12.19 본호개정)
2. 제1항제2호부터 제12호까지의 규정에 따른 물품에 대한 납세의무자가 2인 이상인 경우 그 2인 이상의 납세의무자
(2014.1.1 본항신설)

⑥ 다음 각 호의 어느 하나에 해당되는 경우 「국세기본법」 제25조제2항부터 제4항까지의 규정을 준용하여 분할되는 법인이나 분할 또는 분할합병으로 설립되는 법인, 존속하는 분할합병의 상대방 법인 및 신회사가 관세·가산세 및 강제징수비를 연대하여 납부할 의무를 진다.(2020.12.22 본문개정)
1. 법인이 분할되거나 분할합병되는 경우
2. 법인이 분할 또는 분할합병으로 해산하는 경우
3. 법인이 「채무자 회생 및 파산에 관한 법률」 제215조에 따라 신회사를 설립하는 경우
(2014.1.1 본항신설)
⑦ 이 법에 따라 관세·가산세 및 강제징수비를 연대하여 납부할 의무에 관하여는 「민법」 제413조부터 제416조까지, 제419조, 제421조, 제423조 및 제425조부터 제427조까지의 규정을 준용한다.(2020.12.22 본항개정)
⑧ 관세의 징수에 관하여는 「국세기본법」 제38조부터 제41조까지의 규정을 준용한다.
⑨ 제8항에 따라 준용되는 「국세기본법」 제38조부터 제41조까지의 규정에 따른 제2차 납세의무자는 관세의 담보로 제공된 것이 없고 납세의무자와 관세의 납부를 보증한 자가 납세의무를 이행하지 아니하는 경우에 납세의무를 진다.(2014.1.1 본항개정)
⑩ 납세의무자(관세의 납부를 보증한 자와 제2차 납세의무자를 포함한다. 이하 이 조에서 같다)가 관세·가산세 및 강제징수비를 체납한 경우 그 납세의무자에게 「국세기본법」 제42조제3항에 따른 양도담보재산이 있을 때에는 그 납세의무자의 다른 재산에 대하여 강제징수를 하여도 징수하여야 하는 금액에 미치지 못한 경우에만 「국세징수법」 제7조를 준용하여 그 양도담보재산으로써 납세의무자의 관세·가산세 및 강제징수비를 징수할 수 있다. 다만, 그 관세의 납세신고일(제39조에 따라 부과고지하는 경우에는 그 납부고지서의 발송일을 말한다) 전에 담보의 목적이 된 양도담보재산에 대해서는 그러하지 아니하다.(2020.12.22 본항개정)

제2절 납세의무의 소멸 등

제20조【납부의무의 소멸】 관세 또는 강제징수비를 납부하여야 하는 의무는 다음 각 호의 어느 하나에 해당되는 때에는 소멸한다.(2020.12.29 본문개정)
1. 관세를 납부하거나 관세에 충당한 때
2. 관세부과가 취소된 때
3. 제21조에 따라 관세를 부과할 수 있는 기간에 관세가 부과되지 아니하고 그 기간이 만료된 때
4. 제22조에 따라 관세징수권의 소멸시효가 완성된 때

제21조【관세부과의 제척기간】 ① 관세는 해당 관세를 부과할 수 있는 날부터 5년이 지나면 부과할 수 없다. 다만, 부정한 방법으로 관세를 포탈하였거나 환급 또는 감면받은 경우에는 관세를 부과할 수 있는 날부터 10년이 지나면 부과할 수 없다.(2013.8.13 본문개정)
1.~2. (2013.8.13 삭제)
② 다음 각 호의 어느 하나에 해당하는 경우에는 제1항에도 불구하고 해당 호에 규정된 기간까지는 해당 결정·판결·회신결과 또는 경정청구에 따라 경정이나 그 밖에 필요한 처분을 할 수 있다.
1. 다음 각 목의 어느 하나에 해당하는 경우 : 그 결정·판결이 확정된 날부터 1년
　가. 제5장제2절(제119조부터 제132조까지)에 따른 이의신청, 심사청구 또는 심판청구에 대한 결정이 있은 경우
　나. 「감사원법」에 따른 심사청구에 대한 결정이 있은 경우
　다. 「행정소송법」에 따른 소송에 대한 판결이 있은 경우

라. 제313조에 따른 압수물품의 반환결정이 있은 경우

2. 이 법과 「자유무역협정의 이행을 위한 관세법의 특례에 관한 법률」 및 조약·협정 등에서 정하는 바에 따라 양허세율의 적용여부 및 세액 등을 확정하기 위하여 원산지증명서를 발급한 국가의 세관이나 그 밖에 발급권한이 있는 기관에게 원산지증명서 및 원산지증명서확인자료의 진위 여부, 정확성 등의 확인을 요청한 경우 : 다음 각 목의 날 중 먼저 도래하는 날부터 1년
가. 해당 요청에 따라 회신을 받은 날
나. 이 법과 「자유무역협정의 이행을 위한 관세법의 특례에 관한 법률」 및 조약·협정 등에서 정한 회신기간이 종료된 날

3. 다음 각 목의 어느 하나에 해당하는 경우 : 경정청구일 또는 결정통지일부터 2개월
가. 제38조의3제2항·제3항 또는 제38조의4제1항에 따른 경정청구가 있는 경우
나. 제38조의4제4항에 따른 조정 신청에 대한 결정통지가 있는 경우
(2020.12.22 본항개정)

③ 제1항에도 불구하고 제2항제1호가목부터 다목까지의 결정 또는 판결에 따라 명의대여 사실이 확인된 경우에는 당초의 부과처분을 취소하고 그 결정 또는 판결이 확정된 날부터 1년 이내에 실제로 사업을 경영한 자에게 경정이나 그 밖에 필요한 처분을 할 수 있다. (2023.12.31 본항신설)

④ 제1항에 따른 관세를 부과할 수 있는 날은 대통령령으로 정한다.

제22조【관세징수권 등의 소멸시효】① 관세의 징수권은 이를 행사할 수 있는 날부터 다음 각 호의 구분에 따른 기간 동안 행사하지 아니하면 소멸시효가 완성된다. (2014.12.23 본문개정)

1. 5억원 이상의 관세(내국세를 포함한다. 이하 이 항에서 같다) : 10년
2. 제1호 외의 관세 : 5년
(2014.12.23 1호~2호신설)

② 납세자가 납부한 금액 중 잘못 납부하거나 초과하여 납부한 금액 또는 그 밖의 관세의 환급청구권은 그 권리를 행사할 수 있는 날부터 5년간 행사하지 아니하면 소멸시효가 완성된다.(2023.12.31 본항개정)

③ 제1항에 따른 관세의 징수권과 제2항에 따른 잘못 납부하거나 초과하여 납부한 금액은 그 밖의 관세의 환급청구권을 행사할 수 있는 날은 대통령령으로 정한다.(2023.12.31 본항개정)

제23조【시효의 중단 및 정지】① 관세징수권의 소멸시효는 다음 각 호의 어느 하나에 해당하는 사유로 중단된다.

1. 납부고지(2020.12.22 본호개정)
2. 경정처분
3. 납부독촉(2020.12.22 본호개정)
4. 통고처분
5. 고발
6. 「특정범죄 가중처벌 등에 관한 법률」제16조에 따른 공소제기
7. 교부청구
8. 압류

② 환급청구권의 소멸시효는 환급청구권의 행사로 중단된다.

③ 관세징수권의 소멸시효는 관세의 분할납부기간, 징수유예기간, 압류·매각의 유예기간 또는 사해행위(詐害行爲) 취소소송기간 중에는 진행하지 아니한다. (2020.12.22 본항개정)

④ 제3항에 따른 사해행위 취소소송으로 인한 시효정지의 효력은 소송이 각하, 기각 또는 취하된 경우에는 효력이 없다.

⑤ 관세징수권과 환급청구권의 소멸시효에 관하여 이 법에서 규정한 것을 제외하고는 「민법」을 준용한다.

제3절 납세담보

제24조【담보의 종류 등】① 이 법에 따라 제공하는 담보의 종류는 다음 각 호와 같다.

1. 금전
2. 국채 또는 지방채
3. 세관장이 인정하는 유가증권
4. 납세보증보험증권
5. 토지
6. 보험에 가입된 등기 또는 등록된 건물·공장재단·광업재단·선박·항공기 또는 건설기계
7. 세관장이 인정하는 보증인의 납세보증서

② 제1항제4호에 따른 납세보증보험증권 및 제7호에 따른 납세보증서는 세관장이 요청하면 특정일이 납부하여야 하는 금액을 일정 기일 이후에는 언제든지 세관장에게 지급한다는 내용의 것이어야 한다.

③ 제1항에 따른 담보의 제공에 필요한 사항은 대통령령으로 정한다.

④ 납세의무자(관세의 납부를 보증한 자를 포함한다)는 이 법에 따라 계속하여 담보를 제공하여야 하는 사유가 있는 경우에는 관세청장이 정하는 바에 따라 일정 기간에 제공하여야 하는 담보를 포괄하여 미리 세관장에게 제공할 수 있다.

제25조【담보의 관세충당】① 세관장은 담보를 제공한 납세의무자가 그 납부기한까지 해당 관세를 납부하지 아니하면 기획재정부령으로 정하는 바에 따라 그 담보를 해당 관세에 충당할 수 있다. 이 경우 담보로 제공된 금전을 해당 관세에 충당할 때에는 납부기한이 지난 후에 충당하더라도 제42조를 적용하지 아니한다. (2019.12.31 후단개정)

② 세관장은 제1항에 따라 담보를 관세에 충당하고 남은 금액이 있을 때에는 담보를 제공한 자에게 이를 돌려주어야 하며, 돌려줄 수 없는 경우에는 이를 공탁할 수 있다.

③ 세관장은 관세의 납세의무자가 아닌 자가 관세의 납부를 보증한 경우 그 담보로 관세에 충당하고 남은 금액이 있을 때에는 그 보증인에게 이를 직접 돌려주어야 한다.

제26조【담보 등이 없는 경우의 관세징수】① 담보 제공이 없거나 징수한 금액이 부족한 관세의 징수에 관하여는 이 법에 규정된 것을 제외하고는 「국세기본법」과 「국세징수법」의 예에 따른다.

② 세관장은 관세의 강제징수를 할 때에는 재산의 압류, 보관, 운반 및 공매에 드는 비용에 상당하는 강제징수비를 징수할 수 있다.(2020.12.29 본항개정)

제26조의2【담보의 해제】세관장은 납세담보의 제공을 받은 관세 및 강제징수비가 납부되었을 때에는 지체 없이 담보해제의 절차를 밟아야 한다.(2020.12.29 본조개정)

제4절 과세가격의 신고 및 결정

제1관 가격신고 등

제27조【가격신고】① 관세의 납세의무자는 수입신고를 할 때 대통령령으로 정하는 바에 따라 세관장에게 해당 물품의 가격에 대한 신고(이하 "가격신고"라 한

다)를 하여야 한다. 다만, 통관의 능률을 높이기 위하여 필요하다고 인정되는 경우에는 대통령령으로 정하는 바에 따라 물품의 수입신고를 하기 전에 가격신고를 할 수 있다.
② 가격신고를 할 때에는 대통령령으로 정하는 바에 따라 과세가격의 결정과 관계되는 자료(이하 "과세가격결정자료"라 한다)를 제출하여야 한다.(2020.6.9 본항개정)
③ 과세가격을 결정하기가 곤란하지 아니하다고 인정하여 기획재정부령으로 정하는 물품에 대하여는 가격신고를 생략할 수 있다.

제28조【잠정가격의 신고 등】① 납세의무자는 가격신고를 할 때 신고하여야 할 가격이 확정되지 아니한 경우로서 대통령령으로 정하는 경우에는 잠정가격으로 가격신고를 할 수 있다. 이 경우 신고의 방법과 그 밖에 필요한 사항은 대통령령으로 정한다.
② 납세의무자는 제1항에 따른 잠정가격으로 가격신고를 하였을 때에는 대통령령으로 정하는 기간 내에 해당 물품의 확정된 가격을 세관장에게 신고하여야 한다.
③ 세관장은 납세의무자가 제2항에 따른 기간 내에 확정된 가격을 신고하지 아니하는 경우에는 해당 물품에 적용될 가격을 확정할 수 있다. 다만, 납세의무자가 폐업, 파산신고, 법인해산 등의 사유로 확정된 가격을 신고하지 못할 것으로 인정되는 경우에는 제2항에 따른 기간 중에도 해당 물품에 적용될 가격을 확정할 수 있다.(2015.12.15 단서신설)
④ 세관장은 제2항에 따라 확정된 가격을 신고받거나 제3항에 따라 가격을 확정하였을 때에는 대통령령으로 정하는 바에 따라 잠정가격을 기초로 신고납부한 세액과 확정된 가격에 따른 세액의 차액을 징수하거나 환급하여야 한다.

제29조【가격조사 보고 등】① 기획재정부장관 또는 관세청장은 과세가격을 결정하기 위하여 필요하다고 인정되는 경우에는 수출입자, 경제단체 또는 그 밖의 관계인에게 과세가격 결정에 필요한 자료를 제출할 것을 요청할 수 있다. 이 경우 그 요청을 받은 자는 정당한 사유가 없으면 이에 따라야 한다.
② 관세청장은 다음 각 호의 어느 하나에 해당하는 경우 국민 생활에 긴요한 물품으로서 국내물품과 비교 가능한 수입물품의 평균 신고가격이나 반입 수량에 관한 자료를 대통령령으로 정하는 바에 따라 집계하여 공표할 수 있다.
1. 원활한 물자수급을 위하여 특정물품의 수입을 촉진시킬 필요가 있는 경우
2. 수입물품의 국내가격을 안정시킬 필요가 있는 경우

제2관 과세가격의 결정

제30조【과세가격 결정의 원칙】① 수입물품의 과세가격은 우리나라에 수출하기 위하여 판매되는 물품에 대하여 구매자가 실제로 지급하였거나 지급하여야 할 가격에 다음 각 호의 금액을 더하여 조정한 거래가격으로 한다. 다만, 다음 각 호의 금액을 더할 때에는 객관적이고 수량화할 수 있는 자료에 근거하여야 하며, 이러한 자료가 없는 경우에는 이 조에 규정된 방법으로 과세가격을 결정하지 아니하고 제31조부터 제35조까지에 규정된 방법으로 과세가격을 결정한다.
1. 구매자가 부담하는 수수료와 중개료. 다만, 구매수수료는 제외한다.
2. 해당 수입물품과 동일체로 취급되는 용기의 비용과 해당 수입물품의 포장에 드는 노무비와 자재비로서 구매자가 부담하는 비용(2013.1.1 본호개정)
3. 구매자가 해당 수입물품의 생산 및 수출거래를 위하

여 대통령령으로 정하는 물품 및 용역을 무료 또는 인하된 가격으로 직접 또는 간접으로 공급한 경우에는 그 물품 및 용역의 가격 또는 인하차액을 해당 수입물품의 총생산량 등 대통령령으로 정하는 요소를 고려하여 적절히 배분한 금액(2013.1.1 본호개정)
4. 특허권, 실용신안권, 디자인권, 상표권 및 이와 유사한 권리를 사용하는 대가로 지급하는 것으로서 대통령령으로 정하는 바에 따라 산출된 금액
5. 해당 수입물품을 수입한 후 전매·처분 또는 사용하여 생긴 수익금액 중 판매자에게 직접 또는 간접으로 귀속되는 금액(2013.1.1 본호개정)
6. 수입항(輸入港)까지의 운임·보험료와 그 밖에 운송과 관련되는 비용으로서 대통령령으로 정하는 바에 따라 결정된 금액. 다만, 기획재정부령으로 정하는 수입물품의 경우에는 이의 전부 또는 일부를 제외할 수 있다.(2013.1.1 본호개정)
② 제1항 각 호 외의 부분 본문에서 "구매자가 실제로 지급하였거나 지급하여야 할 가격"이란 해당 수입물품의 대가로서 구매자가 지급하였거나 지급하여야 할 총금액을 말하며, 구매자가 해당 수입물품의 대가와 판매자의 채무를 상계(相計)하는 금액, 구매자가 판매자의 채무를 변제하는 금액, 그 밖의 간접적인 지급액을 포함한다. 다만, 구매자가 지급하였거나 지급하여야 할 총금액에서 다음 각 호의 어느 하나에 해당하는 금액을 명백히 구분할 수 있을 때에는 그 금액을 뺀 금액을 말한다.
1. 수입 후에 하는 해당 수입물품의 건설, 설치, 조립, 정비, 유지 또는 해당 수입물품에 관한 기술지원에 필요한 비용
2. 수입항에 도착한 후 해당 수입물품을 운송하는 데에 필요한 운임·보험료와 그 밖에 운송과 관련되는 비용
3. 우리나라에서 해당 수입물품에 부과된 관세 등의 세금과 그 밖의 공과금
4. 연불조건(延拂條件)의 수입인 경우에는 해당 수입품에 대한 연불이자
③ 다음 각 호의 어느 하나에 해당하는 경우에는 제1항에 따른 거래가격을 해당 물품의 과세가격으로 하지 아니하고 제31조부터 제35조까지에 규정된 방법으로 과세가격을 결정한다. 이 경우 세관장은 다음 각 호의 어느 하나에 해당하는 것으로 판단하는 근거를 납세의무자에게 미리 서면으로 통보하여 의견을 제시할 기회를 주어야 한다.(2011.12.31 후단신설)
1. 해당 물품의 처분 또는 사용에 제한이 있는 경우. 다만, 세관장이 제1항에 따른 거래가격에 실질적으로 영향을 미치지 아니한다고 인정하는 제한이 있는 경우 등 대통령령으로 정하는 경우는 제외한다.(2014.12.23 단서개정)
2. 해당 물품에 대한 거래의 성립 또는 가격의 결정이 금액으로 계산할 수 없는 조건 또는 사정에 따라 영향을 받은 경우
3. 해당 물품을 수입한 후에 전매·처분 또는 사용하여 생긴 수익의 일부가 판매자에게 직접 또는 간접으로 귀속되는 경우. 다만, 제1항에 따라 적절히 조정할 수 있는 경우는 제외한다.
4. 구매자와 판매자 간에 대통령령으로 정하는 특수관계(이하 "특수관계"라 한다)가 있어 그 특수관계가 해당 물품의 가격에 영향을 미친 경우. 다만, 해당 산업부문의 정상적인 가격결정 관행에 부합하는 방법으로 결정된 경우 등 대통령령으로 정하는 경우는 제외한다.(2014.12.23 단서신설)
④ 세관장은 납세의무자가 제1항에 따른 거래가격으로 가격신고를 한 경우 해당 신고가격이 동종·동질물품 또는 유사물품의 거래가격과 현저한 차이가 있는 등 이

關
稅

를 과세가격으로 인정하기 곤란한 경우로서 대통령령으로 정하는 경우에는 대통령령으로 정하는 바에 따라 납세의무자에게 신고가격이 사실과 같음을 증명할 수 있는 자료를 제출할 것을 요구할 수 있다.

⑤ 세관장은 납세의무자가 다음 각 호의 어느 하나에 해당하면 제1항과 제2항에 규정된 방법으로 과세가격을 결정하지 아니하고 제31조부터 제35조까지에 규정된 방법으로 과세가격을 결정한다. 이 경우 세관장은 빠른 시일 내에 과세가격 결정을 하기 위하여 납세의무자와 정보교환 등 적절한 협조가 이루어지도록 노력하여야 하고, 신고가격을 과세가격으로 인정하기 곤란한 사유와 과세가격 결정 내용을 해당 납세의무자에게 통보하여야 한다.(2013.1.1 후단개정)

1. 제4항에 따라 요구받은 자료를 제출하지 아니한 경우
2. 제4항의 요구에 따라 제출한 자료가 일반적으로 인정된 회계원칙에 부합하지 아니하게 작성된 경우
3. 그 밖에 대통령령으로 정하는 사유에 해당하여 신고가격을 과세가격으로 인정하기 곤란한 경우

[판례] 수입물품의 과세가격에 포함되는 하자보증비의 범위 : 하자보증비는 그것이 당해 수입물품의 거래조건으로 지급된 경우에만 과세가격에 포함되며, '유지'의 개념에는 하자보증기간이 경과한 이후 그 내구연한 동안 당해 수입물품이 구매목적에 부합하는 기능을 수행할 수 있도록 보장하기 위하여 수시로 이루어지는 수리가 포함된다.
(대판 2006.1.27, 2004두11305)

제31조【동종ㆍ동질물품의 거래가격을 기초로 한 과세가격의 결정】 ① 제30조에 따른 방법으로 과세가격을 결정할 수 없는 경우에는 과세가격으로 인정된 사실이 있는 동종ㆍ동질물품의 거래가격으로서 다음 각 호의 요건을 갖춘 가격을 기초로 하여 과세가격을 결정한다.

1. 과세가격을 결정하려는 해당 물품의 생산국에서 생산된 것으로서 해당 물품의 선적일(船積日)에 선적되거나 해당 물품의 선적일을 전후하여 가격에 영향을 미치는 시장조건이나 상관행(商慣行)에 변동이 없는 기간 중에 선적되어 우리나라에 수입된 것일 것
2. 거래 단계, 거래 수량, 운송 거리, 운송 형태 등이 해당 물품과 같아야 하며, 두 물품 간에 차이가 있는 경우에는 그에 따른 가격차이를 조정한 가격일 것

② 제1항에 따라 과세가격으로 인정된 사실이 있는 동종ㆍ동질물품의 거래가격이라 하더라도 그 가격의 정확성과 진실성을 의심할만한 합리적인 사유가 있는 경우 그 가격은 과세가격 결정의 기초자료에서 제외한다.
(2013.1.1 본항신설)

③ 제1항을 적용할 때 동종ㆍ동질물품의 거래가격이 둘 이상 있는 경우에는 생산자, 거래 시기, 거래 단계, 거래 수량 등(이하 "거래내용등"이라 한다)이 해당 물품과 가장 유사한 것에 해당하는 물품의 가격을 기초로 하고, 거래내용등이 같은 물품이 둘 이상 있고 그 가격도 둘 이상 있는 경우에는 가장 낮은 가격을 기초로 하여 과세가격을 결정한다.

제32조【유사물품의 거래가격을 기초로 한 과세가격의 결정】 ① 제30조와 제31조에 따른 방법으로 과세가격을 결정할 수 없는 경우에는 과세가격으로 인정된 사실이 있는 유사물품의 거래가격으로서 제31조제1항 각 호의 요건을 갖춘 가격을 기초로 하여 과세가격을 결정한다.

② 제1항에 따라 과세가격으로 인정된 사실이 있는 유사물품의 거래가격이라 하더라도 그 가격의 정확성과 진실성을 의심할만한 합리적인 사유가 있는 경우 그 가격은 과세가격 결정의 기초자료에서 제외한다.
(2013.1.1 본항신설)

③ 제1항을 적용할 때 유사물품의 거래가격이 둘 이상이 있는 경우에는 거래내용등이 해당 물품과 가장 유사한 것에 해당하는 물품의 가격을 기초로 하고, 거래

내용등이 같은 물품이 둘 이상 있고 그 가격도 둘 이상이 있는 경우에는 가장 낮은 가격을 기초로 하여 과세가격을 결정한다.

제33조【국내판매가격을 기초로 한 과세가격의 결정】 ① 제30조부터 제32조까지에 규정된 방법으로 과세가격을 결정할 수 없을 때에는 제1호의 금액에서 제2호부터 제4호까지의 금액을 뺀 가격을 과세가격으로 한다. 다만, 납세의무자가 요청하면 제34조에 따라 과세가격을 결정하되 제34조에 따라 결정할 수 없는 경우에는 이 조, 제35조의 순서에 따라 과세가격을 결정한다.
(2011.12.31 단서개정)

1. 해당 물품, 동종ㆍ동질물품 또는 유사물품이 수입된 것과 동일한 상태로 해당 물품의 수입신고일 또는 수입신고일과 거의 동시에 특수관계가 없는 자에게 가장 많은 수량으로 국내에서 판매되는 단위가격을 기초로 하여 산출한 금액
2. 국내판매와 관련하여 통상적으로 지급하였거나 지급하여야 할 것으로 합의된 수수료 또는 동종ㆍ동류의 수입물품이 국내에서 판매되는 때에 통상적으로 부가되는 이윤 및 일반경비에 해당하는 금액
3. 수입항에 도착한 후 국내에서 발생한 통상의 운임ㆍ보험료와 그 밖의 관련 비용
4. 해당 물품의 수입 및 국내판매와 관련하여 납부하였거나 납부하여야 하는 조세와 그 밖의 공과금

② 제1항제1호에 따른 국내에서 판매되는 단위가격이라 하더라도 그 가격의 정확성과 진실성을 의심할만한 합리적인 사유가 있는 경우에는 제1항을 적용하지 아니할 수 있다.(2014.12.23 본항신설)

③ 해당 물품, 동종ㆍ동질물품 또는 유사물품이 수입된 것과 동일한 상태로 국내에서 판매되는 사례가 없는 경우 납세의무자가 요청할 때에는 해당 물품이 국내에서 가공된 후 특수관계가 없는 자에게 가장 많은 수량으로 판매되는 단위가격을 기초로 하여 산출된 금액에서 다음 각 호의 금액을 뺀 가격을 과세가격으로 한다.

1. 제1항제2호부터 제4호까지의 금액
2. 국내 가공에 따른 부가가치

제34조【산정가격을 기초로 한 과세가격의 결정】 ① 제30조부터 제33조까지에 규정된 방법으로 과세가격을 결정할 수 없을 때에는 다음 각 호의 금액을 합한 가격을 기초로 하여 과세가격을 결정한다.

1. 해당 물품의 생산에 사용된 원자재 비용 및 조립이나 그 밖의 가공에 드는 비용 또는 그 가격
2. 수출국 내에서 해당 물품과 동종ㆍ동류의 물품의 생산자가 우리나라에 수출하기 위하여 판매할 때 통상적으로 반영하는 이윤 및 일반 경비에 해당하는 금액
(2013.1.1 본호개정)
3. 해당 물품의 수입항까지의 운임ㆍ보험료와 그 밖에 운송과 관련된 비용으로서 제30조제1항제6호에 따라 결정된 금액

② 납세의무자가 제1항 각 호의 금액을 확인하는데 필요한 자료를 제출하지 않은 경우에는 제1항을 적용하지 않을 수 있다.(2013.1.1 본항신설)

제35조【합리적 기준에 따른 과세가격의 결정】 ① 제30조부터 제34조까지에 규정된 방법으로 과세가격을 결정할 수 없을 때에는 대통령령으로 정하는 바에 따라 제30조부터 제34조까지에 규정된 원칙과 부합되는 합리적인 기준에 따라 과세가격을 결정한다.

② 제1항에 따른 방법으로 과세가격을 결정할 수 없을 때에는 국제거래시세ㆍ산지조사가격을 조정한 가격을 적용하는 방법 등 거래의 실질 및 관행에 비추어 합리적으로 인정되는 방법에 따라 과세가격을 결정한다.
(2013.8.13 본조개정)

제36조【과세가격 결정방법 등의 통보】 세관장은 납세의무자가 서면으로 요청하면 과세가격을 결정하는

데에 사용한 방법과 과세가격 및 그 산출근거를 그 납세의무자에게 서면으로 통보하여야 한다.

제37조 【과세가격 결정방법의 사전심사】 ① 제38조제1항에 따라 납세신고를 하여야 하는 자는 과세가격 결정과 관련하여 다음 각 호의 사항에 관하여 의문이 있을 때에는 가격신고를 하기 전에 대통령령으로 정하는 바에 따라 관세청장에게 미리 심사하여 줄 것을 신청할 수 있다.
1. 제30조제1항부터 제3항까지에 규정된 사항
2. 제30조에 따른 방법으로 과세가격을 결정할 수 없는 경우에 적용되는 과세가격 결정방법 (2018.12.31 1호~2호개정)
3. 특수관계가 있는 자들 간에 거래되는 물품의 과세가격 결정방법
② 제1항에 따른 신청을 받은 관세청장은 대통령령으로 정하는 기간 이내에 과세가격의 결정방법을 심사한 후 그 결과를 신청인에게 통보하여야 한다.
③ 제2항에 따라 결과를 통보받은 자가 그 결과에 이의가 있는 경우에는 그 결과를 통보받은 날부터 30일 이내에 대통령령으로 정하는 바에 따라 관세청장에게 재심사를 신청할 수 있다. 이 경우 재심사의 기간 및 결과의 통보에 관하여는 제2항을 준용한다.(2018.12.31 전단개정)
④ 세관장은 관세의 납세의무자가 제2항 또는 제3항에 따라 통보된 과세가격의 결정방법에 따라 납세신고를 한 경우 대통령령으로 정하는 요건을 갖추었을 때에는 그 결정방법에 따라 과세가격을 결정하여야 한다.(2014.12.23 본항개정)
⑤ 제1항제3호에 따라 사전심사를 신청하여 제2항에 따라 결과를 통보받은 자는 심사결과 결정된 과세가격 결정방법을 적용하여 산출한 과세가격 및 그 산출과정 등이 포함된 보고서를 대통령령으로 정하는 바에 따라 관세청장에게 제출하여야 한다.(2018.12.31 본항신설)
⑥ 관세청장은 제5항에 따른 보고서를 제출하지 아니하는 등 대통령령으로 정하는 사유에 해당하는 경우에는 제2항에 따른 사전심사 결과를 변경, 철회 또는 취소할 수 있다. 이 경우 관세청장은 사전심사를 신청한 자에게 그 사실을 즉시 통보하여야 한다.(2018.12.31 본항신설)

제37조의2 【관세의 과세가격 결정방법과 국세의 정상가격 산출방법의 사전조정】 ① 제37조제1항제3호에 관하여 의문이 있어 같은 항에 따른 사전심사를 신청하는 자는 관세의 과세가격과 국세의 정상가격을 사전에 조정(이하 이 조에서 "사전조정"이라 한다)받기 위하여 「국제조세조정에 관한 법률」 제14조제1항에 따른 정상가격 산출방법의 사전승인(같은 조 제2항 단서에 따른 일방적 사전승인의 대상인 경우에 한정한다)을 관세청장에게 동시에 신청할 수 있다.(2020.12.22 본항개정)
② 관세청장은 제1항에 따른 신청을 받은 경우에는 국세청장에게 정상가격 산출방법의 사전승인 신청서류를 첨부하여 신청을 받은 사실을 통보하고, 국세청장과 과세가격 결정방법, 정상가격 산출방법 및 사전조정 가격의 범위에 대하여 대통령령으로 정하는 바에 따라 협의하여야 한다.(2017.12.19 본항개정)
③ 관세청장은 제2항에 따른 협의가 이루어진 경우에는 사전조정을 하여야 한다.(2017.12.19 본항개정)
④ 관세청장은 제1항에 따른 신청의 처리결과를 사전조정을 신청한 자와 기획재정부장관에게 통보하여야 한다.(2017.12.19 본항개정)
⑤ 제1항부터 제4항까지의 규정에 따른 사전조정 신청 방법 및 절차 등에 관하여 필요한 사항은 대통령령으로 정한다.(2014.12.23 본조신설)

제37조의3 【관세의 부과 등을 위한 정보제공】 관세청장 또는 세관장은 과세가격의 결정·조정 및 관세의 부과·징수를 위하여 필요한 경우에는 국세청장, 지방국세청장 또는 관할 세무서장에게 대통령령으로 정하는 정보 또는 자료를 요청할 수 있다. 이 경우 요청을 받은 기관은 정당한 사유가 없으면 요청에 따라야 한다.(2011.12.31 본조신설)

제37조의4 【특수관계자의 수입물품 과세가격결정자료 등 제출】 ① 세관장은 관세조사 및 제38조제2항에 따른 세액심사시 특수관계에 있는 자가 수입하는 물품의 과세가격의 적정성을 심사하기 위하여 해당 특수관계자에게 과세가격결정자료(전산화된 자료를 포함한다)를 제출할 것을 요구할 수 있다. 이 경우 자료의 제출범위, 제출방법 등은 대통령령으로 정한다.(2023.12.31 전단개정)
② 세관장은 제1항에 따라 제출받은 과세가격결정자료에서 제30조제1항 각 호의 어느 하나에 해당하는 금액이 이에 해당하지 아니하는 금액과 합산되어 있는지 불분명한 경우에는 이를 구분하여 계산할 수 있는 객관적인 증명자료(전산화된 자료를 포함한다)의 제출을 요구할 수 있다.(2022.12.31 본항개정)
③ 제1항에 따른 과세가격결정자료 또는 제2항에 따른 증명자료(이하 "과세가격결정자료등"이라 한다)의 제출을 요구받은 자는 자료제출을 요구받은 날부터 60일 이내에 해당 자료를 제출하여야 한다. 다만, 대통령령으로 정하는 부득이한 사유로 제출기한의 연장을 신청하는 경우에는 세관장은 한 차례만 60일까지 연장할 수 있다.(2022.12.31 본문개정)
④ 세관장은 특수관계에 있는 자가 다음 각 호의 어느 하나에 해당하는 경우에는 제31조부터 제35조까지의 규정에 따른 방법으로 과세가격을 결정할 수 있다. 이 경우 세관장은 과세가격을 결정하기 전에 특수관계에 있는 자와 대통령령으로 정하는 바에 따라 협의를 하여야 하며 의견을 제시할 기회를 주어야 한다.(2022.12.31 전단개정)
1. 과세가격결정자료등을 제3항에 따른 기한까지 제출하지 아니하는 경우
2. 과세가격결정자료등을 거짓으로 제출하는 경우 (2022.12.31 1호~2호신설)
⑤ 제4항에도 불구하고 세관장은 특수관계에 있는 자가 제30조제3항제4호 단서에 해당하는 경우임을 증명하는 경우에는 같은 조 제1항 및 제2항에 따라 과세가격을 결정하여야 한다.(2018.12.31 본항신설)
⑥ 세관장은 과세가격결정자료등의 제출을 요구받은 자가 제277조제1항에 따라 과태료를 부과받고도 자료를 제출하지 아니하거나 거짓의 자료를 시정하여 제출하지 아니하는 경우에는 미제출된 자료를 제출하도록 요구하거나 거짓의 자료를 시정하여 제출하도록 요구할 수 있다.(2022.12.31 본항개정)
⑦ 제6항에 따라 자료제출을 요구받은 자는 그 요구를 받은 날부터 30일 이내에 그 요구에 따른 자료를 제출하여야 한다.(2021.12.21 본항신설)
(2022.12.31 본조제목개정)

제5절 부과와 징수

제1관 세액의 확정

제38조 【신고납부】 ① 물품(제39조에 따라 세관장이 부과고지하는 물품은 제외한다)을 수입하려는 자는 수입신고를 할 때에 세관장에게 관세의 납부에 관한 신고(이하 "납세신고"라 한다)를 하여야 한다.

② 세관장은 납세신고를 받으면 수입신고서에 기재된 사항과 이 법에 따른 확인사항 등을 심사하되, 신고한 세액 등 납세신고 내용에 대한 심사(이하 "세액심사"라 한다)는 수입신고를 수리한 후에 한다. 다만, 신고한 세액에 대하여 관세채권을 확보하기 곤란하거나, 수입신고를 수리한 후 세액심사를 하는 것이 적당하지 아니하다고 인정하여 기획재정부령으로 정하는 물품의 경우에는 수입신고를 수리하기 전에 이를 심사한다. (2023.12.31 본문개정)
③ 세관장은 제2항 본문에도 불구하고 납세실적과 수입규모 등을 고려하여 관세청장이 정하는 요건을 갖춘 자가 신청할 때에는 납세신고한 세액을 자체적으로 심사(이하 "자율심사"라 한다)하게 할 수 있다. 이 경우 해당 납세의무자는 자율심사한 결과를 세관장에게 제출하여야 한다.
④ 납세의무자는 납세신고한 세액을 납부하기 전에 그 세액이 과부족(過不足)하다는 것을 알게 되었을 때에는 납세신고한 세액을 정정할 수 있다. 이 경우 납부기한은 당초의 납부기한(제9조에 따른 납부기한을 말한다)으로 한다.
⑤ 납세신고, 자율심사 및 제4항에 따른 세액의 정정과 관련하여 그 방법 및 절차 등 필요한 사항은 대통령령으로 정한다.
⑥ 관세의 납부에 관하여는 「국세징수법」 제12조제1항제3호, 같은 조 제2항 및 제3항을 준용한다. (2020.12.22 본항개정)

제38조의2 【보정】
① 납세의무자는 신고납부한 세액이 부족하다는 것을 알게 되거나 세액산출의 기초가 되는 과세가격 또는 품목분류 등에 오류가 있는 것을 알게 되었을 때에는 신고납부한 날부터 6개월 이내(이하 "보정기간"이라 한다)에 대통령령으로 정하는 바에 따라 해당 세액을 보정(補正)하여 줄 것을 세관장에게 신청할 수 있다. (2011.12.31 본항개정)
② 세관장은 신고납부한 세액이 부족하다는 것을 알게 되거나 세액산출의 기초가 되는 과세가격 또는 품목분류 등에 오류가 있다는 것을 알게 되었을 때에는 대통령령으로 정하는 바에 따라 납세의무자에게 해당 보정기간에 보정신청을 하도록 통지할 수 있다. 이 경우 세액보정을 신청하려는 납세의무자는 대통령령으로 정하는 바에 따라 세관장에게 신청하여야 한다. (2011.12.31 전단개정)
③ (2011.12.31 삭제)
④ 납세의무자가 제1항과 제2항 후단에 따라 부족한 세액에 대한 세액의 보정을 신청한 경우에는 해당 보정신청을 한 날의 다음 날까지 해당 관세를 납부하여야 한다.
⑤ 세관장은 제1항과 제2항 후단에 따른 신청에 따라 세액을 보정한 결과 부족한 세액이 있을 때에는 제42조에도 불구하고 납부기한(제9조에 따른 납부기한을 말한다) 다음 날부터 보정신청을 한 날까지의 기간과 금융회사의 정기예금에 대하여 적용하는 이자율을 고려하여 대통령령으로 정하는 이율에 따라 계산한 금액을 더하여 해당 부족세액을 징수하여야 한다. 다만, 다음 각 호의 어느 하나에 해당하는 경우에는 그러하지 아니하다. (2021.12.21 본문개정)
1. 국가 또는 지방자치단체가 직접 수입하는 물품 등 대통령령으로 정하는 물품의 경우
2. 신고납부한 세액의 부족 등에 대하여 납세의무자에게 대통령령으로 정하는 정당한 사유가 있는 경우 (2019.12.31 1호~2호개정)
⑥ 제5항에도 불구하고 납세의무자가 제42조제2항에 따른 부정한 행위로 과소신고를 한 후 제1항과 제2항 후단에 따른 신청을 한 경우에는 세관장은 제42조제2항에 따른 가산세를 징수하여야 한다. (2022.12.31 본항개정)

제38조의3 【수정 및 경정】
① 납세의무자는 신고납부한 세액이 부족한 경우에는 대통령령으로 정하는 바에 따라 수정신고(보정기간이 지난 날부터 제21조제1항에 따른 기간이 끝나기 전까지의 기간을 말한다)를 할 수 있다. 이 경우 납세의무자는 수정신고한 날의 다음 날까지 해당 관세를 납부하여야 한다. (2013.1.1 전단개정)
② 납세의무자는 신고납부한 세액, 제38조의2제1항에 따라 보정신청한 세액 및 이 조 제1항에 따라 수정신고한 세액이 과다한 것을 알게 되었을 때에는 최초로 납세신고를 한 날부터 5년 이내에 대통령령으로 정하는 바에 따라 신고한 세액의 경정을 세관장에게 청구할 수 있다. (2022.12.31 본항개정)
③ 납세의무자는 최초의 신고 또는 경정에서 과세표준 및 세액의 계산근거가 된 거래 또는 행위 등이 그에 관한 소송에 대한 판결(판결과 같은 효력을 가지는 화해나 그 밖의 행위를 포함한다)에 의하여 다른 것으로 확정되는 등 대통령령으로 정하는 사유가 발생하여 납부한 세액이 과다한 것을 알게 되었을 때에는 제2항에 따른 기간에도 불구하고 그 사유가 발생한 것을 안 날부터 2개월 이내에 대통령령으로 정하는 바에 따라 납부한 세액의 경정을 세관장에게 청구할 수 있다. (2016.12.20 본항개정)
④ 세관장은 제2항 또는 제3항에 따른 경정의 청구를 받은 날부터 2개월 이내에 세액을 경정하거나 경정하여야 할 이유가 없다는 뜻을 그 청구를 한 자에게 통지하여야 한다. (2016.12.20 본항신설)
⑤ 제2항 또는 제3항에 따라 경정을 청구한 자가 제4항에 따라 2개월 이내에 통지를 받지 못한 경우에는 그 2개월이 되는 날의 다음 날부터 제5장에 따른 이의신청, 심사청구, 심판청구 또는 「감사원법」에 따른 심사청구를 할 수 있다. (2016.12.20 본항신설)
⑥ 세관장은 납세의무자가 신고납부한 세액, 납세신고한 세액 또는 제2항 및 제3항에 따라 경정청구한 세액을 심사한 결과 과부족하다는 것을 알게 되었을 때에는 대통령령으로 정하는 바에 따라 그 세액을 경정하여야 한다. (2011.12.31 본항개정)

[판례] 형사사건의 판결이 관세법 제38조의3제3항에서 말하는 '판결'에 해당하는지 여부 : 형사소송은 국가 형벌권의 존부 및 적정한 처벌범위를 확정하는 것을 목적으로 하는 것으로서 과세표준 및 세액의 계산근거가 된 거래 또는 행위 등에 관해 발생한 분쟁의 해결을 목적으로 하는 소송이라고 보기 어렵고 형사사건의 확정판결만으로는 사법상 거래 또는 행위가 무효로 되거나 취소되지도 아니한다. 따라서 형사사건의 재판절차에서 납세의무의 존부나 범위에 관한 판단을 기초로 판결이 확정되었다 하더라도 이 판결에 의하여 '최초의 신고 또는 경정에서 과세표준 및 세액의 계산근거가 된 거래 또는 행위의 존부나 그 법률효과 등이 다른 내용의 것으로 확정되었다'고 볼 수 없다. (대판 2020.1.9, 2018두61888)

제38조의4 【수입물품의 과세가격 조정에 따른 경정】
① 납세의무자는 「국제조세조정에 관한 법률」 제7조제1항에 따라 관할 지방국세청장 또는 세무서장이 해당 수입물품의 거래가격을 조정하여 과세표준 및 세액을 결정·경정 처분하거나 같은 법 제14조제3항(일방적 사전승인의 대상인 경우에 한정한다)에 따라 국세청장이 해당 수입물품의 거래가격과 관련하여 소급하여 적용하도록 사전승인을 함에 따라 그 거래가격과 이 법에 따라 신고납부·경정한 세액의 산정기준이 된 과세가격 간 차이가 발생한 경우에는 그 결정·경정 처분 또는 사전승인이 있음을 안 날(처분 또는 사전승인의 통지를 받은 경우에는 그 받은 날)부터 3개월 또는 최초로 납세신고를 한 날부터 5년 내에 대통령령으로 정하는 바에 따라 세관장에게 세액의 경정을 청구할 수 있다. (2020.12.22 본항개정)

② 제1항에 따른 경정청구를 받은 세관장은 대통령령으로 정하는 바에 따라 해당 수입물품의 거래가격 조정방법과 계산근거 등이 제30조부터 제35조까지의 규정에 적합하다고 인정하는 경우에는 세액을 경정할 수 있다.

③ 세관장은 제1항에 따른 경정청구를 받은 날부터 2개월 내에 세액을 경정하거나 경정하여야 할 이유가 없다는 뜻을 청구인에게 통지하여야 한다.

④ 제3항에 따른 세관장의 통지에 이의가 있는 청구인은 그 통지를 받은 날(2개월 내에 통지를 받지 못한 경우에는 2개월이 지난 날)부터 30일 내에 기획재정부장관에게 국세의 정상가격과 관세의 과세가격 간의 조정을 신청할 수 있다. 이 경우 「국제조세조정에 관한 법률」 제20조를 준용한다.(2020.12.22 후단개정)

⑤ 청구인은 제3항에 따라 2개월 이내에 통지를 받지 못한 경우에는 그 2개월이 되는 날의 다음 날부터 제5장에 따른 이의신청, 심사청구, 심판청구 또는 「감사원법」에 따른 심사청구를 할 수 있다.(2016.12.20 본항신설)

⑥ 세관장은 제2항에 따라 세액을 경정하기 위하여 필요한 경우에는 관할 지방국세청장 또는 세무서장과 협의할 수 있다.
(2011.12.31 본조신설)

제38조의5【경정청구서 등 우편제출에 따른 특례】 제38조의2제1항, 제38조의3제1항부터 제3항까지, 제38조의4제1항 및 제4항에 따른 각각의 기한까지 우편으로 발송(「국세기본법」 제5조의2에서 정한 날을 기준으로 한다)한 청구서 등이 세관장 또는 기획재정부장관에게 기간을 지나서 도달한 경우 그 기간의 만료일에 신청·신고 또는 청구된 것으로 본다.(2014.1.1 본조신설)

제39조【부과고지】 ① 다음 각 호의 어느 하나에 해당하는 경우에는 제38조에도 불구하고 세관장이 관세를 부과·징수한다.
1. 제16조제1호부터 제6호까지 및 제8호부터 제11호까지에 해당되어 관세를 징수하는 경우
2. 보세건설장에서 건설된 시설로서 제248조에 따라 수입신고가 수리되기 전에 가동된 경우
3. 보세구역(제156조제1항에 따라 보세구역 외 장치를 허가받은 장소를 포함한다)에 반입된 물품이 제248조제3항을 위반하여 수입신고가 수리되기 전에 반출된 경우(2011.12.31 본호개정)
4. 납세의무자가 관세청장이 정하는 사유로 과세가격이나 관세율 등을 결정하기 곤란하여 부과고지를 요청하는 경우
5. 제253조에 따라 즉시 반출한 물품을 같은 조 제3항의 기간 내에 수입신고를 하지 아니하여 관세를 징수하는 경우
6. 그 밖에 제38조에 따른 납세신고가 부적당한 것으로서 기획재정부령으로 정하는 경우

② 제1항은 과세표준, 세율, 관세의 감면 등에 관한 규정의 적용 착오 또는 그 밖의 사유로 이미 징수한 금액이 부족한 것을 알게 되었을 때에는 그 부족액을 징수한다.

③ 제1항과 제2항에 따라 세관장이 관세를 징수하려는 경우에는 대통령령으로 정하는 바에 따라 납세의무자에게 납부고지를 하여야 한다.(2020.12.22 본항개정)

제40조【징수금액의 최저한】 세관장은 납세의무자가 납부하여야 하는 세액이 대통령령으로 정하는 금액 미만인 경우에는 이를 징수하지 아니한다.

제41조 (2019.12.31 삭제)

제42조【가산세】 ① 세관장은 납세의무자가 제9조에 따른 납부기한(이하 이 조에서 "법정납부기한"이라 한다)까지 납부하지 아니한 관세액(이하 이 조에서 "미납부세액"이라 한다)을 징수하거나 제38조의3제1항 또는

제6항에 따라 부족한 관세액(이하 이 조에서 "부족세액"이라 한다)을 징수할 때에는 다음 각 호의 금액을 합한 금액을 가산세로 징수한다.
1. 부족세액의 100분의 10
2. 다음 각 목의 금액을 합한 금액
   가. 미납부세액 또는 부족세액 × 법정납부기한의 다음 날부터 납부일까지의 기간(납부고지일부터 납부고지서에 따른 납부기한까지의 기간은 제외한다) × 금융회사 등이 연체대출금에 대하여 적용하는 이자율 등을 고려하여 대통령령으로 정하는 이자율
   나. 법정납부기한까지 납부하여야 할 세액 중 납부고지서에 따른 납부기한까지 납부하지 아니한 세액 × 100분의 3(관세를 납부고지서에 따른 납부기한까지 완납하지 아니한 경우에 한정한다)
   (2020.12.22 가목~나목개정)
(2019.12.31 본항개정)

② 제1항에도 불구하고 납세자가 부정한 행위(납세자가 관세의 과세표준 또는 세액계산의 기초가 되는 사실의 전부 또는 일부를 은폐하거나 가장하는 것에 기초하여 관세의 과세표준 또는 세액의 신고의무를 위반하는 것으로서 대통령령으로 정하는 행위를 말한다)로 과소신고한 경우에는 세관장은 부족세액의 100분의 40에 상당하는 금액과 제1항제2호의 금액을 합한 금액을 가산세로 징수한다.(2022.12.31 본항개정)

③ 세관장은 제16조제11호에 따른 물품에 대하여 관세를 부과·징수할 때에는 다음 각 호의 금액을 합한 금액을 가산세로 징수한다. 다만, 제241조제5항에 따라 가산세를 징수하는 경우와 천재지변 등 수입신고를 하지 아니하고 수입한 데에 정당한 사유가 있는 것으로 세관장이 인정하는 경우는 제외한다.
1. 해당 관세의 100분의 20(제269조의 죄에 해당하여 처벌받거나 통고처분을 받은 경우에는 100분의 40)
2. 다음 각 목의 금액을 합한 금액
   가. 해당 관세액 × 수입된 날부터 납부일까지의 기간(납부고지일부터 납부고지서에 따른 납부기한까지의 기간은 제외한다) × 금융회사 등이 연체대출금에 대하여 적용하는 이자율 등을 고려하여 대통령령으로 정하는 이자율
   나. 해당 관세액 중 납부고지서에 따른 납부기한까지 납부하지 아니한 세액 × 100분의 3(관세를 납부고지서에 따른 납부기한까지 완납하지 아니한 경우에 한정한다)
   (2020.12.22 가목~나목개정)
(2019.12.31 본호개정)
(2015.12.15 본항신설)

④ 제1항부터 제3항까지의 규정을 적용할 때 납부고지서에 따른 납부기한의 다음 날부터 납부일까지의 기간이 5년을 초과하는 경우에는 그 기간은 5년으로 한다.(2020.12.22 본항개정)

⑤ 체납된 관세(세관장이 징수하는 내국세가 있을 때에는 그 금액을 포함한다)가 150만원 미만인 경우에는 제1항제2호가목 및 제3항제2호가목의 가산세를 적용하지 아니한다.(2021.12.21 본항개정)

⑥ 제1항제2호 및 제3항제2호에 따른 가산세(이하 "납부지연가산세"라 한다) 중 납부고지서에 따른 납부기한 후의 납부지연가산세를 징수하는 경우에는 납부고지서를 발급하지 아니할 수 있다.(2020.12.22 본항개정)

⑦ 납부지연가산세(납부고지서에 따른 납부기한 후의 납부지연가산세에 한정한다)의 납세의무의 성립 및 확정에 관하여는 「국세기본법」 제21조제2항제11호나목·다목 및 제22조제4항제5호를 준용한다. 이 경우 「국세기본법」 제21조제2항제11호나목의 "제47조의4제1항제1호·제2호에 따른 납부지연가산세" 및 "법정납부기

關
稅

한"은 각각 "제1항제2호가목 및 제3항제2호가목에 따른 가산세" 및 "납부고지서에 따른 납부기한"으로, 같은 호 다목의 "제47조의4제1항제3호에 따른 납부지연가산세"는 "제1항제2호나목 및 제3항제2호나목에 따른 가산세"로 본다.(2020.12.22 본항개정)

제42조의2【가산세의 감면】 ① 세관장은 다음 각 호의 어느 하나에 해당하는 경우에는 제42조제1항에 따른 가산세액에서 다음 각 호에서 정하는 금액을 감면한다.
1. 제9조제2항에 따라 수입신고가 수리되기 전에 관세를 납부한 결과 부족세액이 발생한 경우로서 수입신고가 수리되기 전에 납세의무자가 해당 세액에 대하여 수정신고를 하거나 세관장이 경정하는 경우 : 제42조제1항제1호 및 제2호의 금액을 합한 금액
2. 제28조제1항에 따른 잠정가격신고를 기초로 납세신고를 하고 이에 해당하는 세액을 납부한 경우(납세의무자가 제출한 자료가 사실과 다름이 판명되어 추징의 사유가 발생한 경우는 제외한다) : 제42조제1항제1호 및 제2호의 금액을 합한 금액
3. 제37조제1항제3호에 관한 사전심사의 결과를 통보받은 경우 그 통보일부터 2개월 이내에 통보된 과세가격의 결정방법에 따라 해당 사전심사의 결과를 통보받은 날 전에 신고납부한 세액을 수정신고하는 경우 : 제42조제1항제1호의 금액(2021.12.21 본호개정)
4. 제38조제2항 단서에 따라 기획재정부령으로 정하는 물품 중 감면대상 및 감면율을 잘못 적용하여 부족세액이 발생한 경우 : 제42조제1항제1호의 금액
5. 제38조의3제1항에 따라 수정신고(제38조의2제1항에 따른 보정기간이 지난 날부터 1년 6개월이 지나기 전에 한 수정신고로 한정한다)를 한 경우에는 다음 각 목의 구분에 따른 금액. 다만, 해당 관세에 대하여 과세표준과 세액을 경정할 것을 미리 알고 수정신고를 한 경우로서 대통령령으로 정하는 경우는 제외한다.
  가. 제38조의2제1항에 따른 보정기간이 지난 날부터 6개월 이내에 수정신고한 경우 : 제42조제1항제1호의 금액의 100분의 30(2023.12.31 본목개정)
  나. 제38조의2제1항에 따른 보정기간이 지난 날부터 6개월 초과 1년 이내에 수정신고한 경우 : 제42조제1항제1호의 금액의 100분의 20(2023.12.31 본목개정)
  다. 제38조의2제1항에 따른 보정기간이 지난 날부터 1년 초과 1년 6개월 이내에 수정신고한 경우 : 제42조제1항제1호의 금액의 100분의 10(2023.12.31 본목신설)
6. 국가 또는 지방자치단체가 직접 수입하는 물품 등 대통령령으로 정하는 물품의 경우 : 제42조제1항제1호 및 제2호의 금액을 합한 금액
7. 제118조의4제9항 전단에 따른 관세심사위원회가 제118조제3항 본문에 따른 기간 내에 과세전적부심사의 결정·통지(이하 이 호에서 "결정·통지"라 한다)를 하지 아니한 경우 : 결정·통지가 지연된 기간에 대하여 부과되는 가산세(제42조제1항제2호가목에 따른 계산식에 결정·통지가 지연된 기간을 적용하여 계산한 금액에 해당하는 가산세를 말한다) 금액의 100분의 50(2022.12.31 본호개정)
8. 신고납부한 세액의 부족 등에 대하여 납세의무자에게 대통령령으로 정하는 정당한 사유가 있는 경우 : 제42조제1항제1호 및 제2호의 금액을 합한 금액
② 제1항에 따른 가산세 감면을 받으려는 자는 대통령령으로 정하는 바에 따라 감면을 신청할 수 있다.
(2019.12.31 본조신설)

제43조【관세의 현장 수납】 ① 다음 각 호의 어느 하나에 해당하는 물품에 대한 관세는 그 물품을 검사한 공무원이 검사 장소에서 수납할 수 있다.
1. 여행자의 휴대품

2. 조난 선박에 적재된 물품으로서 보세구역이 아닌 장소에 장치된 물품
② 제1항에 따라 물품을 검사한 공무원이 관세를 수납할 때에는 부득이한 사유가 있는 경우를 제외하고는 다른 공무원을 참여시켜야 한다.
③ 출납공무원이 아닌 공무원이 제1항에 따라 관세를 수납하였을 때에는 지체 없이 출납공무원에게 인계하여야 한다.
④ 출납공무원이 아닌 공무원이 선량한 관리자로서의 주의를 게을리하여 제1항에 따라 수납한 현금을 잃어버린 경우에는 변상하여야 한다.

제2관 강제징수 등
(2020.12.22 본관제목개정)

제43조의2【압류·매각의 유예】 ① 세관장은 재산의 압류나 압류재산의 매각을 유예함으로써 사업을 정상적으로 운영할 수 있게 되어 체납액의 징수가 가능하다고 인정되는 경우에는 그 체납액에 대하여 강제징수로 의한 재산의 압류나 압류재산의 매각을 대통령령으로 정하는 바에 따라 유예할 수 있다.(2020.12.22 본항개정)
② 세관장은 제1항에 따라 유예하는 경우에 필요하다고 인정하면 이미 압류한 재산의 압류를 해제할 수 있다.
③ 세관장은 제1항 및 제2항에 따라 재산의 압류를 유예하거나 압류한 재산의 압류를 해제하는 경우에는 그에 상당하는 납세담보의 제공을 요구할 수 있다.
④ 제3항에도 불구하고 세관장은 압류 또는 매각의 유예 결정일 기준으로 최근 3년 이내 이 법, 「자유무역협정의 이행을 위한 관세법의 특례에 관한 법률」, 「수출용 원재료에 대한 관세 등 환급에 관한 특례법」, 또는 「조세범 처벌법」 위반으로 처벌받은 사실이 없는 체납자로부터 체납액 납부계획서를 제출받고 그 납부계획의 타당성을 인정하는 경우에는 납세담보의 제공을 요구하지 아니할 수 있다.(2020.12.22 본항개정)
⑤ 세관장은 압류 또는 매각의 유예를 받은 체납자가 다음 각 호의 어느 하나에 해당하는 경우에는 그 압류 또는 매각의 유예를 취소하고, 유예에 관계되는 체납액을 한꺼번에 징수할 수 있다. 다만, 제1호에 정당한 사유가 있는 것으로 세관장이 인정하는 경우에는 압류 또는 매각의 유예를 취소하지 아니할 수 있다.
(2020.12.22 본문개정)
1. 체납액을 분납계획에 따라 납부하지 아니한 경우
2. 담보의 변경이나 그 밖에 담보 보전에 필요한 세관장의 명령에 따르지 아니한 경우
3. 재산상황이나 그 밖의 사정의 변화로 유예할 필요가 없다고 인정될 경우
4. 다음 각 목 중 어느 하나의 경우에 해당되어 그 유예한 기한까지 유예에 관계되는 체납액의 전액을 징수할 수 없다고 인정될 경우
  가. 국세·지방세 또는 공과금의 체납으로 강제징수 또는 체납처분이 시작된 경우(2020.12.22 본목개정)
  나. 「민사집행법」에 따른 강제집행·담보권 실행 등을 위한 경매가 시작된 경우(2020.12.22 본목개정)
  다. 「어음법」 및 「수표법」에 따른 어음교환소에서 거래정지처분을 받은 경우
  라. 「채무자 회생 및 파산에 관한 법률」에 따른 파산선고를 받은 경우(2020.12.22 본목개정)
  마. 법인이 해산된 경우
  바. 관세의 체납이 발생되거나 관세를 포탈하려는 행위가 있다고 인정되는 경우

⑥ 세관장은 제1항에 따라 압류 또는 매각을 유예하였거나 제5항에 따라 압류 또는 매각의 유예를 취소하였을 때에는 체납자에게 그 사실을 통지하여야 한다. (2020.12.22 본항개정)
⑦ 세관장은 다음 각 호의 어느 하나에 해당하는 경우에는 제1항에 따라 압류 또는 매각의 유예를 받은 체납액에 대하여 유예기간이 지난 후 다시 압류 또는 매각의 유예를 할 수 있다.
1. 제5항 각 호 외의 부분 단서에 따라 압류 또는 매각의 유예를 취소하지 아니한 경우
2. 제5항제3호에 따라 압류 또는 매각의 유예를 취소한 경우
(2020.12.22 본항개정)
⑧ 관세청장은 제4항에 따른 법 위반 사실을 확인하기 위하여 관계 기관의 장에게 범죄경력자료(이 법, 「자유무역협정의 이행을 위한 관세법의 특례에 관한 법률」, 「수출용 원재료에 대한 관세 등 환급에 관한 특례법」 또는 「조세범 처벌법」 위반에 한정한다)의 조회를 요청할 수 있으며, 그 요청을 받은 관계 기관의 장은 정당한 사유가 없으면 이에 따라야 한다. (2020.12.22 본항신설)
⑨ 제1항부터 제8항까지에서 규정한 사항 외에 압류 또는 매각의 유예 신청, 통지 및 유예기간 등 압류 또는 매각의 유예에 필요한 세부사항은 대통령령으로 정한다. (2020.12.22 본항개정)
(2020.12.22 본조제목개정)
(2018.12.31 본조신설)
제44조【체납자료의 제공】 ① 세관장은 관세징수 또는 공익목적을 위하여 필요한 경우로서 「신용정보의 이용 및 보호에 관한 법률」 제2조제6호에 따른 신용정보집중기관, 그 밖에 대통령령으로 정하는 자가 다음 각 호의 어느 하나에 해당하는 체납자의 인적사항 및 체납액에 관한 자료(이하 "체납자료"라 한다)를 요구한 경우에는 이를 제공할 수 있다. 다만, 체납된 관세 및 내국세등과 관련하여 이 법에 따른 이의신청 · 심사청구 또는 심판청구 및 행정소송이 계류 중인 경우나 그 밖에 대통령령으로 정하는 경우에는 체납자료를 제공하지 아니한다. (2020.2.4 본문개정)
1. 체납 발생일부터 1년이 지나고 체납액이 대통령령으로 정하는 금액 이상인 자
2. 1년에 3회 이상 체납하고 체납액이 대통령령으로 정하는 금액 이상인 자
② 제1항에 따른 체납자료의 제공 절차 등에 필요한 사항은 대통령령으로 정한다.
③ 제1항에 따라 체납자료를 제공받은 자는 이를 업무 목적 외의 목적으로 누설하거나 이용하여서는 아니 된다. (2013.1.1 본조개정)
제45조【관세체납정리위원회】 ① 관세(세관장이 징수하는 내국세등을 포함한다)의 체납정리에 관한 사항을 심의하기 위하여 세관에 관세체납정리위원회를 둘 수 있다.
② 제1항에 따른 관세체납정리위원회의 조직과 운영에 필요한 사항은 대통령령으로 정한다.

제3관 관세환급금의 환급 등
(2013.1.1 본관개정)

제46조【관세환급금의 환급】 ① 세관장은 납세의무자가 관세 · 가산세 또는 강제징수비로 납부한 금액 중 잘못 납부하거나 초과하여 납부한 금액 또는 이 법에 따라 환급하여야 할 환급세액의 환급을 청구할 때에는 대통령령으로 정하는 바에 따라 지체 없이 이를 관세환급금으로 결정하고 30일 이내에 환급하여야 하며, 세

관장이 확인한 관세환급금은 납세의무자가 환급을 청구하지 아니하더라도 환급하여야 한다. (2023.12.31 본항개정)
② 세관장은 제1항에 따라 관세환급금을 환급하는 경우에 환급받을 자가 세관에 납부하여야 하는 관세와 그 밖의 세금, 가산세 또는 강제징수비가 있을 때에는 환급하여야 하는 금액에서 이를 충당할 수 있다. (2020.12.29 본항개정)
③ 납세의무자의 관세환급금에 관한 권리는 대통령령으로 정하는 바에 따라 제3자에게 양도할 수 있다.
④ 제1항에 따른 관세환급금의 환급은 「국가재정법」 제17조에도 불구하고 대통령령으로 정하는 바에 따라 「한국은행법」에 따른 한국은행의 해당 세관장의 소관 세입금에서 지급한다.
제47조【과다환급관세의 징수】 ① 세관장은 제46조에 따른 관세환급금의 환급에 있어서 그 환급액이 과다한 것을 알게 되었을 때에는 해당 관세환급금을 지급받은 자로부터 과다지급된 금액을 징수하여야 한다.
② 세관장은 제1항에 따라 관세환급금의 과다환급액을 징수할 때에는 과다환급을 한 날의 다음 날부터 징수결정을 하는 날까지의 기간에 대하여 대통령령으로 정하는 이율에 따라 계산한 금액을 과다환급액에 더하여야 한다.
제48조【관세환급가산금】 세관장은 제46조에 따라 관세환급금을 환급하거나 충당할 때에는 대통령령으로 정하는 관세환급가산금 기산일부터 환급결정 또는 충당결정을 하는 날까지의 기간과 대통령령으로 정하는 이율에 따라 계산한 금액을 관세환급금에 더하여야 한다. 다만, 국가 또는 지방자치단체가 직접 수입하는 물품 등 대통령령으로 정하는 물품에 대하여는 그러하지 아니하다. (2019.12.31 단서개정)

제3장 세율 및 품목 분류

제1절 통 칙
(2010.12.30 본절개정)

제49조【세율의 종류】 제14조에 따라 수입물품에 부과되는 관세의 세율은 다음 각 호와 같다.
1. 기본세율
2. 잠정세율
3. 제51조부터 제67조까지, 제67조의2 및 제68조부터 제77조까지의 규정에 따라 대통령령 또는 기획재정부령으로 정하는 세율
제50조【세율 적용의 우선순위】 ① 기본세율과 잠정세율은 별표 관세율표에 따르되, 잠정세율을 기본세율에 우선하여 적용한다.
② 제49조제3호의 세율은 다음 각 호의 순서에 따라 별표 관세율표의 세율에 우선하여 적용한다.
1. 제51조, 제57조, 제63조, 제65조, 제67조의2, 제68조 및 제69조제2호에 따른 세율 (2018.12.31 본호개정)
2. 제73조 및 제74조에 따른 세율
3. 제69조제1호 · 제3호 · 제4호, 제71조 및 제72조에 따른 세율 (2018.12.31 본호개정)
4. 제76조에 따른 세율
③ 제2항에도 불구하고 제2항제2호의 세율은 기본세율, 잠정세율, 제2항제3호 및 제4호의 세율보다 낮은 경우에만 우선하여 적용하고, 제2항제3호의 세율 중 제71조에 따른 세율은 제2항제4호의 세율보다 낮은 경우에만 우선하여 적용한다. 다만, 제73조에 따라 국제기구와의 관세에 관한 협상에서 국내외의 가격차에 상당하는 율로 양허(讓許)하거나 국내시장 개방과 함께 기본세율보다 높은 세율로 양허한 농림축산물 중

대통령령으로 정하는 물품에 대하여 양허한 세율(시장접근물량에 대한 양허세율을 포함한다)은 기본세율 및 잠정세율에 우선하여 적용한다.

④ 별표 관세율표 중 잠정세율을 적용받는 물품에 대하여는 대통령령으로 정하는 바에 따라 그 물품의 전부 또는 일부에 대하여 잠정세율의 적용을 정지하거나 기본세율과의 세율차를 좁히도록 잠정세율을 올리거나 내릴 수 있다.

⑤ 제49조제3호에 따른 세율을 적용할 때 별표 관세율표 중 종량세인 경우에는 해당 세율에 상당하는 금액을 적용한다.

제2절 세율의 조정

제1관 덤핑방지관세
(2010.12.30 본관개정)

제51조【덤핑방지관세의 부과대상】 국내산업과 이해관계가 있는 자로서 대통령령으로 정하는 자 또는 주무부장관이 부과요청을 한 경우로서 외국의 물품이 대통령령으로 정하는 정상가격 이하로 수입(이하 "덤핑"이라 한다)되어 다음 각 호의 어느 하나에 해당하는 것(이하 이 관에서 "실질적 피해등"이라 한다)으로 조사를 통하여 확인되고 해당 국내산업을 보호할 필요가 있다고 인정되는 경우에는 기획재정부령으로 그 물품과 공급자 또는 공급국을 지정하여 해당 물품에 대하여 정상가격과 덤핑가격 간의 차액(이하 "덤핑차액"이라 한다)에 상당하는 금액 이하의 관세(이하 "덤핑방지관세"라 한다)를 추가하여 부과할 수 있다.(2020.6.9 본문개정)
1. 국내산업이 실질적인 피해를 받거나 받을 우려가 있는 경우
2. 국내산업의 발전이 실질적으로 지연된 경우
제52조【덤핑 및 실질적 피해등의 조사】 ① 제51조에 따른 덤핑 사실과 실질적 피해등의 사실에 관한 조사는 대통령령으로 정하는 바에 따른다.
② 기획재정부장관은 덤핑방지관세를 부과할 때 관련 산업의 경쟁력 향상, 국내 시장구조, 물가안정, 통상협력 등을 고려할 필요가 있는 경우에는 이를 조사하여 반영할 수 있다.(2016.12.20 본항개정)
제53조【덤핑방지관세를 부과하기 전의 잠정조치】 ① 기획재정부장관은 덤핑방지관세의 부과 여부를 결정하기 위하여 조사가 시작된 경우로서 다음 각 호의 어느 하나에 해당하는 경우에는 조사기간 중에 발생하는 피해를 방지하기 위하여 해당 조사가 종결되기 전이라도 대통령령으로 정하는 바에 따라 그 물품과 공급자 또는 공급국 및 기간을 정하여 잠정적으로 추계(推計)된 덤핑차액에 상당하는 금액 이하의 잠정덤핑방지관세를 추가하여 부과하도록 명하거나 담보를 제공하도록 명하는 조치(이하 이 관에서 "잠정조치"라 한다)를 할 수 있다.
1. 해당 물품에 대한 덤핑 사실 및 그로 인한 실질적 피해등의 사실이 있다고 추정되는 충분한 증거가 있는 경우
2. 제54조에 따른 약속을 위반하거나 약속의 이행에 관한 자료제출 요구 및 제출자료의 검증 허용 요구를 따르지 아니한 경우로서 이용할 수 있는 최선의 정보가 있는 경우(2020.6.9 본호개정)
② 다음 각 호의 어느 하나에 해당하는 경우에는 대통령령으로 정하는 바에 따라 납부된 잠정덤핑방지관세를 환급하거나 제공된 담보를 해제하여야 한다.
1. 잠정조치를 한 물품에 대한 덤핑방지관세의 부과요청이 철회되어 조사가 종결된 경우

2. 잠정조치를 한 물품에 대한 덤핑방지관세의 부과 여부가 결정된 경우
3. 제54조에 따른 약속이 수락된 경우
③ 제2항에 불구하고 다음 각 호의 어느 하나에 해당하는 경우 덤핑방지관세액이 잠정덤핑방지관세액 또는 제공된 담보금액을 초과할 때에는 그 차액을 징수하지 아니하며, 덤핑방지관세액이 잠정덤핑방지관세액 또는 제공된 담보금액에 미달될 때에는 그 차액을 환급하거나 차액에 해당하는 담보를 해제하여야 한다.(2023.12.31 본문개정)
1. 덤핑과 그로 인한 산업피해를 조사한 결과 해당 물품에 대한 덤핑 사실 및 그로 인한 실질적 피해등의 사실이 있는 것으로 판정된 이후에 제54조에 따른 약속이 수락된 경우
2. 제55조 단서에 따라 덤핑방지관세를 소급하여 부과하는 경우
제54조【덤핑방지관세와 관련된 약속의 제의】 ① 덤핑방지관세의 부과 여부를 결정하기 위하여 예비조사를 한 결과 해당 물품에 대한 덤핑 사실 및 그로 인한 실질적 피해등의 사실이 있는 것으로 판정된 경우 해당 물품의 수출자는 다음 각 호의 기획재정부장관은 대통령령으로 정하는 바에 따라 덤핑으로 인한 피해가 제거될 정도의 가격수정이나 덤핑수출의 중지에 관한 약속을 제의할 수 있다.
② 제1항에 따른 약속이 수락된 경우 기획재정부장관은 잠정조치 또는 덤핑방지관세의 부과 없이 조사가 중지 또는 종결되도록 하여야 한다. 다만, 기획재정부장관이 필요하다고 인정하거나 수출자가 조사를 계속하여 줄 것을 요청한 경우에는 그 조사를 계속할 수 있다.
제55조【덤핑방지관세의 부과 시기】 덤핑방지관세의 부과와 잠정조치는 각각의 조치일 이후 수입되는 물품에 대하여 적용된다. 다만, 잠정조치가 적용된 물품에 대하여 국제협약에서 달리 정하는 경우와 그 밖에 대통령령으로 정하는 경우에는 그 물품에 대하여도 덤핑방지관세를 부과할 수 있다.
제56조【덤핑방지관세에 대한 재심사 등】 ① 기획재정부장관은 필요하다고 인정될 때에는 대통령령으로 정하는 바에 따라 다음 각 호의 조치(이하 이 조에서 "덤핑방지조치"라 한다)에 대하여 재심사를 할 수 있으며, 재심사의 결과에 따라 덤핑방지조치의 변경, 환급 등 필요한 조치를 할 수 있다.
1. 덤핑방지관세의 부과
2. 제54조에 따른 약속
(2023.12.31 본항개정)
② 기획재정부장관은 제1항에 따른 재심사에 필요한 사항으로서 덤핑방지조치 물품의 수입 및 징수실적 등 대통령령으로 정하는 사항을 조사할 수 있다.
(2021.12.21 본항신설)
③ 덤핑방지조치는 기획재정부령으로 그 적용시한을 따로 정하는 경우를 제외하고는 해당 덤핑방지조치의 시행일부터 5년이 지나면 그 효력을 잃으며, 제1항에 따라 덤핑과 산업피해를 재심사하고 그 결과에 따라 내용을 변경할 때에는 기획재정부령으로 그 적용시한을 따로 정하는 경우를 제외하고는 변경된 내용의 시행일부터 5년이 지나면 그 효력을 잃는다. 다만, 대통령령으로 정하는 사유로 재심사하는 경우에는 재심사가 끝나기 전에 해당 덤핑방지조치의 적용시한이 종료되더라도 재심사기간 동안 그 덤핑방지조치는 효력을 잃지 아니한다.(2023.12.31 본항개정)
④ 제1항부터 제3항까지의 규정과 제51조부터 제55조까지의 규정에 따른 덤핑방지관세의 부과 및 시행 등에 필요한 사항은 대통령령으로 정한다.(2021.12.21 본항개정)

제56조의2【우회덤핑 물품에 대한 덤핑방지관세의 부과】 ① 다음 각 호의 어느 하나에 해당하는 경우로서 제51조에 따라 덤핑방지관세가 부과되는 물품의 물리적 특성이나 형태 등을 경미하게 변경하는 행위 등 대통령령으로 정하는 행위를 통하여 해당 덤핑방지관세의 부과를 회피(이하 "우회덤핑"이라 한다)하려는 사실이 조사를 통하여 확인되는 경우에는 기획재정부령으로 그 물품을 지정하여 같은 조에 따른 덤핑방지관세를 부과할 수 있다.
1. 제51조에 따른 부과요청을 한 자가 우회덤핑 해당 여부에 대한 조사를 신청하는 경우
2. 그 밖에 대통령령으로 정하는 경우
② 제1항에 따른 물품(이하 이 조에서 "우회덤핑 물품"이라 한다)에 대해서는 제53조 및 제54조를 적용하지 아니한다.
③ 제55조에도 불구하고 제1항에 따른 덤핑방지관세의 부과는 해당 우회덤핑에 대한 조사의 개시일 이후 수입되는 물품에 대해서도 적용한다.
④ 우회덤핑에 관한 조사, 우회덤핑 물품에 대한 덤핑방지관세의 부과 및 시행 등에 필요한 사항은 대통령령으로 정한다.
(2023.12.31 본조신설 : 2025.1.1 시행)

제2관 상계관세
(2010.12.30 본관개정)

제57조【상계관세의 부과대상】 국내산업과 이해관계가 있는 자로서 대통령령으로 정하는 자 또는 주무부장관이 부과요청을 한 경우로서, 외국에서 제조·생산 또는 수출에 관하여 직접 또는 간접으로 보조금이나 장려금(이하 "보조금등"이라 한다)을 받은 물품의 수입으로 인하여 다음 각 호의 어느 하나에 해당하는 것(이하 이 관에서 "실질적 피해등"이라 한다)으로 조사를 통하여 확인되고 해당 국내산업을 보호할 필요가 있다고 인정되는 경우에는 기획재정부령으로 그 물품과 수출자 또는 수출국을 지정하여 그 물품에 대하여 해당 보조금등의 금액 이하의 관세(이하 "상계관세"라 한다)를 추가하여 부과할 수 있다.(2020.6.9 본문개정)
1. 국내산업이 실질적인 피해를 받거나 받을 우려가 있는 경우
2. 국내산업의 발전이 실질적으로 지연된 경우
제58조【보조금등의 지급과 실질적 피해등의 조사】 ① 보조금등의 지급과 실질적 피해등의 사실에 관한 조사는 대통령령으로 정하는 바에 따른다.
② 기획재정부장관은 상계관세를 부과할 때 관련 산업의 경쟁력 향상, 국내 시장구조, 물가안정, 통상협력 등을 고려할 필요가 있는 경우에는 이를 조사하여 반영할 수 있다.(2016.12.20 본항개정)
제59조【상계관세를 부과하기 전의 잠정조치】 ① 기획재정부장관은 상계관세의 부과 여부를 결정하기 위하여 조사가 시작된 물품이 보조금등을 받아 수입되어 다음 각 호의 어느 하나에 해당한다고 인정되는 경우에는 대통령령으로 정하는 바에 따라 국내산업의 보호를 위하여 조사가 종결되기 전이라도 그 물품의 수출자 또는 수출국 및 기간을 정하여 보조금등의 추정액에 상당하는 금액 이하의 잠정상계관세를 부과하도록 명하거나 담보를 제공하도록 명하는 조치(이하 이 관에서 "잠정조치"라 한다)를 할 수 있다.
1. 국내산업에 실질적 피해등이 발생한 사실이 있다고 추정되는 충분한 증거가 있음이 확인되는 경우
2. 제60조에 따른 약속을 철회하거나 위반한 경우와 그 약속의 이행에 관한 자료를 제출하지 아니한 경우로서 이용할 수 있는 최선의 정보가 있는 경우

② 잠정조치가 취하여진 물품에 대하여 상계관세의 부과요청이 철회되어 조사가 종결되거나 상계관세의 부과 여부가 결정된 경우 또는 제60조에 따른 약속이 수락된 경우에는 대통령령으로 정하는 바에 따라 납부된 잠정상계관세를 환급하거나 제공된 담보를 해제하여야 한다. 다만, 다음 각 호의 어느 하나에 해당하는 경우 상계관세액이 잠정상계관세액 또는 제공된 담보금액을 초과할 때에는 그 차액을 징수하지 아니하며, 상계관세액이 잠정상계관세액 또는 제공된 담보금액에 미달될 때에는 그 차액을 환급하거나 차액에 해당하는 담보를 해제하여야 한다.(2023.12.31 단서개정)
1. 보조금등의 지급과 그로 인한 산업피해를 조사한 결과 해당 물품에 대한 보조금등의 지급과 그로 인한 실질적 피해등의 사실이 있다고 판정된 이후에 제60조에 따른 약속이 수락된 경우
2. 제61조 단서에 따라 상계관세를 소급하여 부과하는 경우
제60조【상계관세와 관련된 약속의 제의】 ① 제57조에 따른 상계관세의 부과 여부를 결정하기 위하여 예비조사를 한 결과 보조금등의 지급과 그로 인한 실질적 피해등의 사실이 있는 것으로 판정된 경우 해당 물품의 수출국 정부 또는 기획재정부장관은 대통령령으로 정하는 바에 따라 해당 물품에 대한 보조금등을 철폐 또는 삭감하거나 보조금등의 국내산업에 대한 피해효과를 제거하기 위한 적절한 조치에 관한 약속을 제의할 수 있으며, 해당 물품의 수출자는 수출국 정부의 동의를 받아 보조금등의 국내산업에 대한 피해효과가 제거될 수 있을 정도로 가격을 수정하겠다는 약속을 제의할 수 있다.
② 제1항에 따른 약속이 수락된 경우 기획재정부장관은 잠정조치 또는 상계관세의 부과 없이 조사가 중지 또는 종결되도록 하여야 한다. 다만, 기획재정부장관이 필요하다고 인정하거나 수출국 정부가 피해 조사를 계속하여 줄 것을 요청한 경우에는 그 조사를 계속할 수 있다.
제61조【상계관세의 부과 및 잠정조치의 부과와 시기】 상계관세의 부과와 잠정조치는 각각의 조치일 이후 수입되는 물품에 대하여 적용된다. 다만, 잠정조치가 적용된 물품에 대하여 국제협약에서 달리 정하고 있는 경우와 그 밖에 대통령령으로 정하는 경우에는 그 물품에 대하여도 상계관세를 부과할 수 있다.
제62조【상계관세에 대한 재심사 등】 ① 기획재정부장관은 필요하다고 인정될 때에는 대통령령으로 정하는 바에 따라 다음 각 호의 조치(이하 이 조에서 "상계조치"라 한다)에 대하여 재심사를 할 수 있으며, 재심사의 결과에 따라 상계조치의 변경, 환급 등 필요한 조치를 할 수 있다.
1. 상계관세의 부과
2. 제60조에 따른 약속
(2023.12.31 본항개정)
② 기획재정부장관은 제1항에 따른 재심사에 필요한 사항으로서 상계조치 물품의 수입 및 징수실적 등 대통령령으로 정하는 사항을 조사할 수 있다.
(2021.12.21 본항신설)
③ 상계조치는 기획재정부령으로 그 적용시한을 따로 정하는 경우를 제외하고는 해당 상계조치의 시행일부터 5년이 지나면 그 효력을 잃으며, 제1항에 따라 보조금등의 지급과 산업피해를 재심사하고 그 결과에 따라 내용을 변경할 때에는 기획재정부령으로 그 적용시한을 따로 정하는 경우를 제외하고는 변경된 내용의 시행일부터 5년이 지나면 그 효력을 잃는다. 다만, 대통령령으로 정하는 사유로 재심사하는 경우에는 재심사가 끝나기 전에 해당 상계조치의 적용시한이 종료되더라도 재심사기간 동안 그 상계조치는 효력을 잃지 아니한다.(2023.12.31 본항개정)

④ 제1항부터 제3항까지의 규정과 제57조부터 제61조까지의 규정에 따른 상계관세의 부과 및 시행 등에 필요한 사항은 대통령령으로 정한다.(2021.12.21 본항개정)

제3관 보복관세
(2010.12.30 본관개정)

제63조【보복관세의 부과대상】① 교역상대국이 우리나라의 수출물품 등에 대하여 다음 각 호의 어느 하나에 해당하는 행위를 하여 우리나라의 무역이익이 침해되는 경우에는 그 나라로부터 수입되는 물품에 대하여 피해상당액의 범위에서 관세(이하 "보복관세"라 한다)를 부과할 수 있다.
1. 관세 또는 무역에 관한 국제협정이나 양자 간의 협정 등에 규정된 우리나라의 권익을 부인하거나 제한하는 경우
2. 그 밖에 우리나라에 대하여 부당하거나 차별적인 조치를 하는 경우
② 보복관세를 부과하여야 하는 대상 국가, 물품, 수량, 세율, 적용시한, 그 밖에 필요한 사항은 대통령령으로 정한다.

제64조【보복관세의 부과에 관한 협의】기획재정부장관은 보복관세를 부과할 때 필요하다고 인정되는 경우에는 관련 국제기구 또는 당사국과 미리 협의할 수 있다.

제4관 긴급관세

제65조【긴급관세의 부과대상 등】① 특정물품의 수입증가로 인하여 동종물품 또는 직접적인 경쟁관계에 있는 물품을 생산하는 국내산업(이하 이 조에서 "국내산업"이라 한다)이 심각한 피해를 받거나 받을 우려(이하 이 조에서 "심각한 피해등"이라 한다)가 있음이 조사를 통하여 확인되고 해당 국내산업을 보호할 필요가 있다고 인정되는 경우에는 해당 물품에 대하여 심각한 피해등을 방지하거나 치유하고 조정을 촉진(이하 "피해의 구제등"이라 한다)하기 위하여 필요한 범위에서 관세(이하 "긴급관세"라 한다)를 추가하여 부과할 수 있다.
② 긴급관세는 해당 국내산업의 보호 필요성, 국제통상관계, 긴급관세 부과에 따른 보상 수준 및 국민경제 전반에 미치는 영향 등을 검토하여 부과 여부와 그 내용을 결정한다.
③ 기획재정부장관은 긴급관세를 부과하는 경우에는 이해당사국과 긴급관세부과의 부정적 효과에 대한 적절한 무역보상방법에 관하여 협의를 할 수 있다.
④ 긴급관세의 부과와 제66조제1항에 따른 잠정긴급관세의 부과는 각각의 부과조치 결정 시행일 이후 수입되는 물품에 한정하여 적용한다.
⑤ 긴급관세의 부과기간은 4년을 초과할 수 없으며, 제66조제1항에 따른 잠정긴급관세는 200일을 초과하여 부과할 수 없다. 다만, 제67조에 따른 재심사의 결과에 따라 부과기간을 연장하는 경우에는 잠정긴급관세의 부과기간, 긴급관세의 부과기간, 「대외무역법」 제39조제1항에 따른 수입수량제한 등(이하 이 조와 제66조에서 "수입수량제한등"이라 한다)의 적용기간 및 그 연장기간을 포함한 총 적용기간은 8년을 초과할 수 없다.
⑥ 긴급관세 또는 제66조제1항에 따른 잠정긴급관세를 부과하여야 하는 대상 물품, 세율, 적용기간, 수량, 수입관리방안, 그 밖에 필요한 사항은 기획재정부령으로 정한다.
⑦ 기획재정부장관은 긴급관세 또는 제66조제1항에 따른 잠정긴급관세의 부과 여부를 결정하기 위하여 필요하다고 인정되는 경우에는 관계 행정기관의 장 및 이해관계인 등에게 관련 자료의 제출 등 필요한 협조를

요청할 수 있다.
(2010.12.30 본조개정)

제66조【잠정긴급관세의 부과 등】① 긴급관세의 부과 여부를 결정하기 위하여 조사가 시작된 물품 또는 「불공정무역행위 조사 및 산업피해구제에 관한 법률」 제7조제1항에 따라 잠정조치가 건의된 물품에 대하여 조사기간 중에 발생하는 심각한 피해등을 방지하지 아니하는 경우 회복하기 어려운 피해가 초래되거나 초래될 우려가 있다고 판단될 때에는 조사가 종결되기 전에 피해의 구제등을 위하여 필요한 범위에서 잠정긴급관세를 추가하여 부과할 수 있다.
② 긴급관세의 부과 또는 수입수량제한등의 조치 여부를 결정한 때에는 제1항에 따른 잠정긴급관세의 부과를 중단한다.
③ 긴급관세의 부과 또는 수입수량제한등의 조치 여부를 결정하기 위하여 조사한 결과 수입증가가 국내산업에 심각한 피해를 초래하거나 초래할 우려가 있다고 판단되지 아니하는 경우에는 제1항에 따라 납부된 잠정긴급관세를 환급하여야 한다.
(2010.12.30 본조개정)

제67조【긴급관세에 대한 재심사 등】기획재정부장관은 필요하다고 인정되는 때에는 긴급관세의 부과결정에 대하여 재심사를 할 수 있으며, 재심사결과에 따라 부과내용을 변경할 수 있다. 이 경우 변경된 내용은 최초의 조치내용보다 더 강화되어서는 아니된다.
(2008.2.29 전단개정)

제67조의2【특정국물품 긴급관세의 부과】① 국제조약 또는 일반적인 국제법규에 따라 허용되는 한도에서 대통령령으로 정하는 국가를 원산지로 하는 물품(이하 이 조에서 "특정국물품"이라 한다)이 다음 각 호의 어느 하나에 해당하는 것으로 조사를 통하여 확인된 경우에는 피해를 구제하거나 방지하기 위하여 필요한 범위에서 관세(이하 "특정국물품 긴급관세"라 한다)를 추가하여 부과할 수 있다.
1. 해당 물품의 수입증가가 국내시장의 교란 또는 교란우려의 중대한 원인이 되는 경우
2. 세계무역기구 회원국이 해당 물품의 수입증가에 대하여 자국의 피해를 구제하거나 방지하기 위하여 한 조치로 인하여 중대한 무역전환이 발생하여 해당 물품이 우리나라로 수입되거나 수입될 우려가 있는 경우
② 제1항제1호에서 "국내시장의 교란 또는 교란우려"란 특정국물품의 수입증가로 인하여 동종물품 또는 직접적인 경쟁관계에 있는 물품을 생산하는 국내산업이 실질적 피해를 받거나 받을 우려가 있는 경우를 말한다.
③ 특정국물품 긴급관세 또는 제5항에 따른 특정국물품 잠정긴급관세를 부과하여야 하는 대상 물품, 세율, 적용기간, 수량, 수입관리방안 등에 관하여 필요한 사항은 기획재정부령으로 정한다.
④ 기획재정부장관은 특정국물품 긴급관세를 부과할 때에는 이해당사국과 해결책을 모색하기 위하여 사전협의를 할 수 있다.
⑤ 제1항제1호에 따라 특정국물품 긴급관세의 부과 여부를 결정하기 위한 조사가 시작된 물품에 대하여 조사기간 중에 발생하는 국내시장의 교란을 방지하지 아니하는 경우 회복하기 어려운 피해가 초래되거나 초래될 우려가 있다고 판단될 때에는 조사가 종결되기 전에 피해를 구제하거나 방지하기 위하여 필요한 범위에서 특정국물품에 대한 잠정긴급관세(이하 "특정국물품 잠정긴급관세"라 한다)를 200일의 범위에서 부과할 수 있다.
⑥ 특정국물품 긴급관세의 부과 여부를 결정하기 위하여 조사한 결과 국내시장의 교란 또는 교란우려가 있다고 판단되지 아니하는 경우에는 제5항에 따라 납부된 특정국물품 잠정긴급관세를 환급하여야 한다.

⑦ 제1항제2호에 따른 특정국물품 긴급관세 부과의 원인이 된 세계무역기구 회원국의 조치가 종료된 때에는 그 종료일부터 30일 이내에 특정국물품 긴급관세 부과를 중지하여야 한다.
⑧ 특정국물품 긴급관세 또는 특정국물품 잠정긴급관세의 부과에 관하여는 제65조제2항·제4항·제7항, 제66조제2항 및 제67조를 준용한다.
(2010.12.30 본조개정)

제5관 농림축산물에 대한 특별긴급관세
(2010.12.30 본관개정)

제68조【농림축산물에 대한 특별긴급관세】 ① 제73조에 따라 국내의 가격차에 상당하는 율로 양허한 농림축산물의 수입물량이 급증하거나 수입가격이 하락하는 경우에는 대통령령으로 정하는 바에 따라 양허한 세율을 초과하여 관세(이하 "특별긴급관세"라 한다)를 부과할 수 있다.
② 특별긴급관세를 부과하여야 하는 대상 물품, 세율, 적용시한, 수량 등은 기획재정부령으로 정한다.

제6관 조정관세
(2010.12.30 본관개정)

제69조【조정관세의 부과대상】 다음 각 호의 어느 하나에 해당하는 경우에는 100분의 100에서 해당 물품의 기본세율을 뺀 율을 기본세율에 더한 율의 범위에서 관세를 부과할 수 있다. 다만, 농림축산수산물 또는 이를 원재료로 하여 제조된 물품의 국내외 가격차가 해당 물품의 과세가격을 초과하는 경우에는 국내외 가격차에 상당하는 율의 범위에서 관세를 부과할 수 있다.
1. 산업구조의 변동 등으로 물품 간의 세율 불균형이 심하여 이를 시정할 필요가 있는 경우
2. 공중도덕 보호, 인간·동물·식물의 생명 및 건강 보호, 환경보전, 한정된 천연자원 보존 및 국제평화와 안전보장 등을 위하여 필요한 경우(2020.12.22 본호개정)
3. 국내에서 개발된 물품을 일정 기간 보호할 필요가 있는 경우
4. 농림축산수산물 등 국제경쟁력이 취약한 물품의 수입 증가로 인하여 국내시장이 교란되거나 산업기반이 붕괴될 우려가 있어 이를 시정하거나 방지할 필요가 있는 경우

제70조【조정관세의 적용 세율 등】 ① 제69조에 따른 관세(이하 "조정관세"라 한다)는 해당 국내산업의 보호 필요성, 국제통상관계, 국제평화·국가안보·사회질서·국민경제 전반에 미치는 영향 등을 검토하여 부과 여부와 그 내용을 정한다.(2018.12.31 본항개정)
② 조정관세를 부과하여야 하는 대상 물품, 세율 및 적용시한 등은 대통령령으로 정한다.

제7관 할당관세
(2010.12.30 본관개정)

제71조【할당관세】 ① 다음 각 호의 어느 하나에 해당하는 경우에는 100분의 40의 범위의 율을 기본세율에서 빼고 관세를 부과할 수 있다. 이 경우 필요하다고 인정될 때에는 그 수량을 제한할 수 있다.
1. 원활한 물자수급 또는 산업의 경쟁력 강화를 위하여 특정물품의 수입을 촉진할 필요가 있는 경우
2. 수입가격이 급등한 물품 또는 이를 원재료로 한 제품의 국내가격을 안정시키기 위하여 필요한 경우
3. 유사물품 간의 세율이 현저히 불균형하여 이를 시정할 필요가 있는 경우
② 특정물품의 수입을 억제할 필요가 있는 경우에는 일정한 수량을 초과하여 수입되는 분에 대하여 100분의 40의 범위의 율을 기본세율에 더하여 관세를 부과할 수 있다. 다만, 농림축수산물인 경우에는 기본세율에 동종물품·유사물품 또는 대체물품의 국내외 가격차에 상당하는 율을 더한 율의 범위에서 관세를 부과할 수 있다.
③ 제1항과 제2항에 따른 관세를 부과하여야 하는 대상 물품, 수량, 세율, 적용기간 등은 대통령령으로 정한다.
④ 기획재정부장관은 매 회계연도 종료 후 5개월 이내에 제1항부터 제3항까지의 규정에 따른 관세의 전년도 부과 실적 및 그 결과(관세 부과의 효과 등을 조사·분석한 보고서를 포함한다)를 국회 소관 상임위원회에 보고하여야 한다.(2014.1.1 본항개정)

제8관 계절관세
(2010.12.30 본관개정)

제72조【계절관세】 ① 계절에 따라 가격의 차이가 심한 물품으로서 동종물품·유사물품 또는 대체물품의 수입으로 인하여 국내시장이 교란되거나 생산 기반이 붕괴될 우려가 있을 때에는 계절에 따라 해당 물품의 국내외 가격차에 상당하는 율의 범위에서 기본세율보다 높게 관세를 부과하거나 100분의 40의 범위의 율을 기본세율에서 빼고 관세를 부과할 수 있다.
② 제1항에 따른 관세를 부과하여야 하는 대상 물품, 세율 및 적용시한 등은 기획재정부령으로 정한다.

제9관 국제협력관세
(2010.12.30 본관개정)

제73조【국제협력관세】 ① 정부는 우리나라의 대외무역 증진을 위하여 필요하다고 인정될 때에는 특정 국가 또는 국제기구와 관세에 관한 협상을 할 수 있다.
② 제1항에 따른 협상을 수행할 때 필요하다고 인정되면 관세를 양허할 수 있다. 다만, 특정 국가와 협상할 때에는 기본 관세율의 100분의 50의 범위를 초과하여 관세를 양허할 수 없다.
③ 제2항에 따른 관세를 부과하여야 하는 대상 물품, 세율 및 적용기간 등은 대통령령으로 정한다.

제10관 편익관세
(2010.12.30 본관개정)

제74조【편익관세의 적용기준 등】 ① 관세에 관한 조약에 따른 편익을 받지 아니하는 나라의 생산물로서 우리나라에 수입되는 물품에 대하여 이미 체결된 외국과의 조약에 따른 편익의 한도에서 관세에 관한 편익(이하 "편익관세"라 한다)을 부여할 수 있다.
② 편익관세를 부여할 수 있는 대상 국가, 대상 물품, 적용 세율, 적용방법, 그 밖에 필요한 사항은 대통령령으로 정한다.
제75조【편익관세의 적용 정지 등】 기획재정부장관은 다음 각 호의 어느 하나에 해당하는 경우에는 국가, 물품 및 기간을 지정하여 편익관세의 적용을 정지시킬 수 있다.
1. 편익관세의 적용으로 국민경제에 중대한 영향이 초래되거나 초래될 우려가 있는 경우
2. 그 밖에 편익관세의 적용을 정지시켜야 할 긴급한 사태가 있는 경우

제11관 일반특혜관세
(2010.12.30 본관개정)

제76조【일반특혜관세의 적용기준】 ① 대통령령으로 정하는 개발도상국가(이하 이 조에서 "특혜대상국"이라 한다)를 원산지로 하는 물품 중 대통령령으로 정하는 물품(이하 이 조에서 "특혜대상물품"이라 한다)에 대하여는 기본세율보다 낮은 세율의 관세(이하 이 관에서 "일반특혜관세"라 한다)를 부과할 수 있다.
② 일반특혜관세를 부과할 때 해당 특혜대상물품의 수입이 국내산업에 미치는 영향 등을 고려하여 그 물품에 적용되는 세율에 차등을 두거나 특혜대상물품의 수입수량 등을 한정할 수 있다.
③ 국제연합총회의 결의에 따른 최빈(最貧) 개발도상국 중 대통령령으로 정하는 국가를 원산지로 하는 물품에 대하여는 다른 특혜대상국보다 우대하여 일반특혜관세를 부과할 수 있다.
④ 특혜대상물품에 적용되는 세율 및 적용기간과 그 밖에 필요한 사항은 대통령령으로 정한다.

제77조【일반특혜관세의 적용 정지 등】 ① 기획재정부장관은 특정한 특혜대상 물품의 수입이 증가하여 이와 동종의 물품 또는 직접적인 경쟁관계에 있는 물품을 생산하는 국내산업에 중대한 피해를 주거나 줄 우려가 있는 등 일반특혜관세를 부과하는 것이 적당하지 아니하다고 판단될 때에는 대통령령으로 정하는 바에 따라 해당 물품과 그 물품의 원산지인 국가를 지정하여 일반특혜관세의 적용을 정지할 수 있다.
② 기획재정부장관은 특정한 특혜대상국의 소득수준, 우리나라의 총수입액 중 특정한 특혜대상국으로부터의 수입액이 차지하는 비중, 특정한 특혜대상국의 특정한 특혜대상물품이 지니는 국제경쟁력의 정도, 그 밖의 사정을 고려하여 일반특혜관세를 부과하는 것이 적당하지 아니하다고 판단될 때에는 대통령령으로 정하는 바에 따라 해당 국가를 지정하거나 해당 국가 및 물품을 지정하여 일반특혜관세의 적용을 배제할 수 있다.

제12관 관세양허에 대한 조치 등
(2010.12.30 본관개정)

제78조【양허의 철회 및 수정】 ① 정부는 외국에서의 가격 하락이나 그 밖에 예상하지 못하였던 사정의 변화 또는 조약상 의무의 이행으로 인하여 특정물품의 수입이 증가됨으로써 이와 동종의 물품 또는 직접 경쟁관계에 있는 물품을 생산하는 국내 생산자에게 중대한 피해를 가져오거나 가져올 우려가 있다고 인정되는 경우에는 다음 각 호의 구분에 따른 조치를 할 수 있다.
1. 조약에 따라 관세를 양허하고 있는 경우 : 해당 조약에 따라 이루어진 특정물품에 대한 양허를 철회하거나 수정하여 이 법에 따른 세율이나 수정 후의 세율에 따라 관세를 부과하는 조치
2. 특정물품에 대하여 제1호의 조치를 하려고 하거나 그 조치를 한 경우 : 해당 조약에 의한 협의에 따라 그 물품 외에 이미 양허한 물품의 관세율을 수정하거나 양허품목을 추가하여 새로 관세의 양허를 하고 수정 또는 양허한 후의 세율을 적용하는 조치
② 제1항제2호의 조치는 같은 항 제1호의 조치에 대한 보상으로서 필요한 범위에서만 할 수 있다.
③ 제1항에 따른 조치의 시기 및 내용과 그 밖에 필요한 사항은 대통령령으로 정한다.

제79조【대항조치】 ① 정부는 외국이 특정물품에 관한 양허의 철회·수정 또는 그 밖의 조치를 하려고 하거나 그 조치를 한 경우 해당 조약에 따라 대항조치를 할 수 있다고 인정될 때에는 다음 각 호의 조치를 할 수 있다.
1. 특정물품에 대하여 이 법에 따른 관세 외에 그 물품의 과세가격 상당액의 범위에서 관세를 부과하는 조치
2. 특정물품에 대하여 관세의 양허를 하고 있는 경우에는 그 양허의 적용을 정지하고 이 법에 따른 세율의 범위에서 관세를 부과하는 조치
② 제1항 각 호의 조치는 외국의 조치에 대한 대항조치로서 필요한 범위에서만 할 수 있다.
③ 제1항에 따른 조치의 대상 국가, 시기, 내용, 그 밖에 필요한 사항은 대통령령으로 정한다.

제80조【양허 및 철회의 효력】 ① 조약에 따라 우리나라가 양허한 품목에 대하여 그 양허를 철회한 경우에는 해당 조약에 따라 철회의 효력이 발생한 날부터 이 법에 따른 세율을 적용한다.
② 제1항에 따른 양허의 철회에 대한 보상으로 우리나라가 새로 양허한 품목에 대하여는 그 양허의 효력이 발생한 날부터 이 법에 따른 세율을 적용하지 아니한다.

제3절 세율의 적용 등
(2010.12.30 본절개정)

제81조【간이세율의 적용】 ① 다음 각 호의 어느 하나에 해당하는 물품 중 대통령령으로 정하는 물품에 대하여는 다른 법령에도 불구하고 간이세율을 적용할 수 있다.
1. 여행자 또는 외국을 오가는 운송수단의 승무원이 휴대하여 수입하는 물품
2. 우편물. 다만, 제258조제2항에 따라 제241조제1항에 따른 수입신고를 하여야 하는 우편물은 제외한다. (2021.12.21 단서개정)
3. (2018.12.31 삭제)
4. 탁송품 또는 별송품
② (2018.12.31 삭제)
③ 간이세율은 수입물품에 대한 관세, 임시수입부가세 및 내국세의 세율을 기초로 하여 대통령령으로 정한다. (2018.12.31 본항개정)
④ 제1항제1호에 해당하는 물품으로서 그 총액이 대통령령으로 정하는 금액 이하인 물품에 대하여는 일반적으로 휴대하여 수입하는 물품의 관세, 임시수입부가세 및 내국세의 세율을 고려하여 제3항에 따른 세율을 단일한 세율로 할 수 있다.

제82조【합의에 따른 세율 적용】 ① 일괄하여 수입신고가 된 물품으로서 물품별 세율이 다른 물품에 대하여는 신고인의 신청에 따라 그 세율 중 가장 높은 세율을 적용할 수 있다.
② 제1항을 적용할 때에는 제5장제2절(제119조부터 제132조까지)은 적용하지 아니한다.

제83조【용도세율의 적용】 ① 별표 관세율표나 제50조제4항, 제51조, 제57조, 제63조, 제65조, 제67조의2, 제68조, 제70조부터 제74조까지 및 제76조에 따른 대통령령 또는 기획재정부령으로 용도에 따라 세율을 다르게 정하는 물품을 세율이 낮은 용도에 사용하여 해당 물품의 낮은 세율(이하 "용도세율"이라 한다)의 적용을 받으려는 자는 대통령령으로 정하는 바에 따라 세관장에게 신청하여야 한다. 다만, 대통령령으로 정하는 바에 따라 미리 세관장으로부터 해당 용도로만 사용할 것을 승인받은 경우에는 신청을 생략할 수 있다. (2023.12.31 본항개정)
② 용도세율이 적용된 물품은 그 수입신고의 수리일부터 3년의 범위에서 대통령령으로 정하는 기준에 따라 관세청장이 정하는 기간에는 해당 용도 외의 다른 용도에 사용하거나 양도할 수 없다. 다만, 대통령령으로

정하는 바에 따라 미리 세관장의 승인을 받은 경우에는 그러하지 아니하다.(2023.12.31 단서개정)
1.~2. (2023.12.31 삭제)
③ 제1항의 물품을 제2항에 따른 기간에 해당 용도 외의 다른 용도에 사용하거나 그 용도 외의 다른 용도에 사용하려는 자에게 양도한 경우에는 해당 물품을 특정용도 외에 사용한 자 또는 그 양도인으로부터 해당 물품을 특정용도에 사용할 것을 요건으로 하지 아니하는 세율에 따라 계산한 관세액과 해당 용도세율에 따라 계산한 관세액의 차액에 상당하는 관세를 즉시 징수하며, 양도인으로부터 해당 관세를 징수할 수 없을 때에는 그 양수인으로부터 즉시 징수한다. 다만, 재해나 그 밖의 부득이한 사유로 멸실되었거나 미리 세관장의 승인을 받아 폐기한 경우에는 그러하지 아니하다.

제4절 품목분류
(2010.12.30 본절개정)

제84조【품목분류체계의 수정】 기획재정부장관은 「통일상품명 및 부호체계에 관한 국제협약」에 따른 관세협력이사회의 권고 또는 결정 등 대통령령으로 정하는 사유로 다음 각 호에 따른 표 또는 품목분류의 품목을 수정할 필요가 있는 경우 그 세율이 변경되지 아니하는 경우에는 대통령령으로 정하는 바에 따라 품목을 신설 또는 삭제하거나 다시 분류할 수 있다.
1. 별표 관세율표
2. 제73조 및 제76조에 따라 대통령령으로 정한 품목분류
3. 「통일상품명 및 부호체계에 관한 국제협약」 및 별표 관세율표를 기초로 기획재정부장관이 품목을 세분하여 고시하는 관세·통계통합품목분류표(이하 "품목분류표"라 한다)
(2023.12.31 본조개정)

제85조【품목분류의 적용기준 등】 ① 기획재정부장관은 대통령령으로 정하는 바에 따라 품목분류를 적용하는 데에 필요한 기준을 정할 수 있다.(2014.12.23 본항개정)
② 다음 각 호의 사항을 심의하기 위하여 관세청에 관세품목분류위원회(이하 이 조에서 "분류위원회"라 한다)를 둔다.
1. 제1항에 따른 품목분류 적용기준의 신설 또는 변경과 관련하여 관세청장이 기획재정부장관에게 요청할 사항(2014.12.23 본호개정)
2. 제86조에 따른 특정물품에 적용될 품목분류의 사전심사 및 재심사(2014.12.23 본호개정)
3. 제87조에 따른 특정물품에 적용될 품목분류의 변경 및 재심사(2014.12.23 본호개정)
4. 그 밖에 품목분류에 관하여 관세청장이 분류위원회에 부치는 사항
③ (2003.12.30 삭제)
④ 분류위원회의 구성, 기능, 운영 등에 필요한 사항은 대통령령으로 정한다.

제86조【특정물품에 적용될 품목분류의 사전심사】 ① 다음 각 호의 어느 하나에 해당하는 자는 제241조제1항에 따른 수출입신고를 하기 전에 대통령령으로 정하는 서류를 갖추어 관세청장에게 해당 물품에 적용될 별표 관세율표 또는 품목분류표상의 품목분류를 미리 심사하여 줄 것을 신청할 수 있다.
1. 물품을 수출입하려는 자
2. 수출할 물품의 제조자
3. 「관세사법」에 따른 관세사·관세법인 또는 통관취급법인(이하 "관세사등"이라 한다)
(2023.12.31 본항개정)
② 제1항에 따른 심사(이하 "사전심사"라 한다)의 신청을 받은 관세청장은 해당 물품에 적용될 품목분류를 심사하여 대통령령으로 정하는 기간 이내에 이를 신청인에게 통지하여야 한다. 다만, 제출자료의 미비 등으로 품목분류를 심사하기 곤란한 경우에는 그 뜻을 통지하여야 한다.(2015.12.15 본문개정)
③ 제2항에 따라 통지를 받은 자는 통지받은 날부터 30일 이내에 대통령령으로 정하는 서류를 갖추어 관세청장에게 재심사를 신청할 수 있다. 이 경우 관세청장은 해당 물품에 적용될 품목분류를 재심사하여 대통령령으로 정하는 기간 이내에 이를 신청인에게 통지하여야 하며, 제출자료의 미비 등으로 품목분류를 심사하기 곤란한 경우에는 그 뜻을 통지하여야 한다.(2018.12.31 후단개정)
④ 관세청장은 제2항 본문에 따라 품목분류를 심사한 물품 및 제3항에 따른 재심사 결과 적용할 품목분류가 변경된 물품에 대하여는 해당 물품에 적용될 품목분류와 품명, 용도, 규격, 그 밖에 필요한 사항을 고시 또는 공표하여야 한다. 다만, 신청인의 영업 비밀을 포함하는 등 해당 물품에 적용될 품목분류를 고시 또는 공표하는 것이 적당하지 아니하다고 인정되는 물품에 대하여는 고시 또는 공표하지 아니할 수 있다.(2015.12.15 단서개정)
⑤ 세관장은 제241조제1항에 따른 수출입신고가 된 물품이 제2항 본문 및 제3항에 따라 통지한 물품과 같을 때에는 그 통지 내용에 따라 품목분류를 적용하여야 한다.(2023.12.31 후단삭제)
1.~2. (2023.12.31 삭제)
⑥ 관세청장은 제2항 본문 및 제3항에 따라 품목분류를 심사 또는 재심사하기 위하여 해당 물품에 대한 구성재료의 물리적·화학적 분석이 필요한 경우에는 해당 품목분류를 심사 또는 재심사해 줄 것을 신청한 자에게 기획재정부령으로 정하는 수수료를 납부하게 할 수 있다.(2014.12.23 본항개정)
⑦ 제2항 본문에 따라 통지받은 사전심사 결과 또는 제3항에 따라 통지받은 재심사 결과는 제87조제1항 또는 제3항에 따라 품목분류가 변경되기 전까지 유효하다.(2020.12.22 본항개정)
⑧ 품목분류 사전심사 및 재심사의 절차, 방법과 그 밖에 필요한 사항은 대통령령으로 정한다.(2014.12.23 본항신설)
⑨ 관세청장은 사전심사의 신청이 없는 경우에도 수출입신고된 물품에 적용될 품목분류를 결정할 수 있다. 이 경우 제85조제2항제4호에 따라 관세품목분류위원회의 심의를 거쳐 품목분류가 결정된 물품에 대해서는 제4항을 준용하여 해당 물품의 품목분류에 관한 사항을 고시 또는 공표하여야 한다.(2023.12.31 본항신설)

제87조【특정물품에 적용되는 품목분류의 변경 및 적용】 ① 관세청장은 제86조에 따라 사전심사 또는 재심사한 품목분류를 변경하여야 할 필요가 있거나 그 밖에 관세청장이 직권으로 한 품목분류를 변경하여야 할 부득이한 사유가 생겼을 경우 등 대통령령으로 정하는 경우에는 해당 물품에 적용할 품목분류를 변경할 수 있다.(2019.12.31 본항개정)
② 관세청장은 제1항에 따라 품목분류를 변경하였을 때에는 그 내용을 고시 또는 공표하고, 제86조제2항 및 제3항에 따라 통지한 신청인에게는 그 내용을 통지하여야 한다. 다만, 신청인의 영업 비밀을 포함하는 등 해당 물품에 적용될 품목분류를 고시 또는 공표하는 것이 적당하지 아니하다고 인정되는 물품에 대해서는 고시하지 아니할 수 있다.(2023.12.31 본항개정)
③ 제2항에 따라 통지를 받은 자는 통지받은 날부터 30일 이내에 대통령령으로 정하는 서류를 갖추어 관세청장에게 재심사를 신청할 수 있다. 이 경우 재심사의 기간, 재심사 결과의 통지 및 고시·공표, 수수료 및 재심

사의 절차·방법 등에 관하여는 제86조제3항, 제4항, 제6항 및 제8항을 준용한다.

④ 제1항 및 제3항에 따라 품목분류가 변경된 경우에는 제86조에 따른 신청인이 변경 내용을 통지받은 날과 변경 내용의 고시 또는 공표일 중 빠른 날(이하 "변경일"이라 한다)부터 변경된 품목분류를 적용한다. 다만, 다음 각 호의 구분에 따라 변경 내용을 달리 적용할 수 있다.
1. 변경일부터 30일이 지나기 전에 우리나라에 수출하기 위하여 선적된 물품에 대하여 변경 전의 품목분류를 적용하는 것이 수입신고인에게 유리한 경우 : 변경 전의 품목분류 적용
2. 다음 각 목의 어느 하나에 해당하는 경우 : 제86조에 따라 품목분류가 결정된 이후 변경일 전까지 수출입신고가 수리된 물품에 대해서도 소급하여 변경된 품목분류 적용
   가. 제86조에 따른 사전심사 또는 재심사 과정에서 거짓자료 제출 등 신청인에게 책임 있는 사유로 해당 물품의 품목분류가 결정되었으나 이를 이유로 품목분류가 변경된 경우
   나. 다음의 어느 하나에 해당하는 경우로서 수출입신고인에게 유리한 경우
      1) 제86조에 따른 사전심사 또는 재심사 과정에서 신청인에게 자료제출 미비 등의 책임 있는 사유 없이 해당 물품의 품목분류가 결정되었으나 다른 이유로 품목분류가 변경된 경우
      2) 제86조에 따른 신청인이 아닌 자가 관세청장이 결정하여 고시하거나 공표한 품목분류에 따라 수출입신고를 하였으나 품목분류가 변경된 경우
(2023.12.31 본항개정)
⑤ 제86조에 따라 사전심사 또는 재심사한 품목분류가 제1항 또는 제3항에 따라 변경된 경우 그 변경된 품목분류는 제1항 또는 제3항에 따라 다시 변경되기 전까지 유효하다.(2020.12.22 본항개정)
(2015.12.15 본조개정)

제4장 감면·환급 및 분할납부등
(2010.12.30 본장개정)

제1절 감 면

제88조【외교관용 물품 등의 면세】① 다음 각 호의 어느 하나에 해당하는 물품이 수입될 때에는 그 관세를 면제한다.
1. 우리나라에 있는 외국의 대사관·공사관 및 그 밖에 이에 준하는 기관의 업무용품
2. 우리나라에 주재하는 외국의 대사·공사 및 그 밖에 이에 준하는 사절과 그 가족이 사용하는 물품
3. 우리나라에 있는 외국의 영사관 및 그 밖에 이에 준하는 기관의 업무용품
4. 우리나라에 있는 외국의 대사관·공사관·영사관 및 그 밖에 이에 준하는 기관의 직원 중 대통령령으로 정하는 직원과 그 가족이 사용하는 물품
5. 정부와 체결한 사업계약을 수행하기 위하여 외국계약자가 계약조건에 따라 수입하는 업무용품
6. 국제기구 또는 외국 정부로부터 우리나라 정부에 파견된 고문관·기술단원 및 그 밖에 기획재정부령으로 정하는 자가 사용하는 물품
② 제1항에 따라 관세를 면제받은 물품 중 기획재정부령으로 정하는 물품은 수입신고 수리일부터 3년의 범위에서 대통령령으로 정하는 기준에 따라 관세청장이 정하는 기간에 제1항의 용도 외의 다른 용도로 사용하기 위하여 양수할 수 없다. 다만, 대통령령으로 정하는 바에 따라 미리 세관장의 승인을 받았을 때에는 그러하지 아니하다.

③ 제2항에 따라 기획재정부령으로 정하는 물품을 제2항에 따른 기간에 제1항에 따른 용도 외의 다른 용도로 사용하기 위하여 양수한 경우에는 그 양수자로부터 면제된 관세를 즉시 징수한다.

제89조【세율불균형물품의 면세】① 세율불균형을 시정하기 위하여 「조세특례제한법」 제6조제1항에 따른 중소기업(이하 이 조에서 "중소기업"이라 한다)이 대통령령으로 정하는 바에 따라 세관장이 지정하는 공장에서 다음 각 호의 어느 하나에 해당하는 물품을 제조 또는 수리하기 위하여 사용하는 부분품과 원재료(수출한 후 외국에서 수리·가공되어 수입되는 부분품과 원재료의 가공수리분을 포함한다. 이하 이 조에서 같다) 중 기획재정부령으로 정하는 물품에 대해서는 그 관세를 면제할 수 있다.(2020.12.22 본문개정)
1. 항공기(부분품을 포함한다)
2. 반도체 제조용 장비(부속기기를 포함한다)
② 다음 각 호의 어느 하나에 해당하는 자는 제1항에 따른 지정을 받을 수 없다.
1. 제175조제1호부터 제5호까지 및 제7호의 어느 하나에 해당하는 자
2. 제4항에 따라 지정이 취소(제175조제1호부터 제3호까지의 어느 하나에 해당하여 취소된 경우는 제외한다)된 날부터 2년이 지나지 아니한 자
3. 제1호 또는 제2호에 해당하는 사람이 임원(해당 공장의 운영업무를 직접 담당하거나 이를 감독하는 자로 한정한다)으로 재직하는 법인
(2015.12.15 본항신설)
③ 제1항에 따른 지정기간은 3년 이내로 하되, 지정받은 자의 신청에 의하여 연장할 수 있다.
④ 세관장은 제1항에 따라 지정을 받은 자가 다음 각 호의 어느 하나에 해당하는 경우에는 그 지정을 취소할 수 있다. 다만, 제1호 또는 제2호에 해당하는 경우에는 지정을 취소하여야 한다.
1. 제2항 각 호의 어느 하나에 해당하는 경우. 다만, 제2항제3호에 해당하는 경우로서 제175조제2호 또는 제3호에 해당하는 사람을 임원으로 하는 법인이 3개월 이내에 해당 임원을 변경하는 경우에는 그러하지 아니하다.(2018.12.31 단서신설)
2. 거짓이나 그 밖의 부정한 방법으로 지정을 받은 경우
3. 1년 이상 휴업하여 세관장이 지정된 공장의 설치목적을 달성하기 곤란하다고 인정하는 경우
(2015.12.15 본항신설)
⑤ 제1항에 따라 지정된 공장에 대하여는 제179조, 제180조제2항, 제182조 및 제187조를 준용한다.
(2013.1.1 본항개정)
⑥ 중소기업이 아닌 자가 제1항의 대통령령으로 정하는 바에 따라 세관장이 지정하는 공장에서 제1항제1호의 물품을 제조 또는 수리하기 위하여 사용하는 부분품과 원재료에 대해서는 다음 각 호에 따라 그 관세를 감면한다.(2020.12.22 본문개정)
1. 「세계무역기구 설립을 위한 마라케쉬 협정 부속서 4의 민간항공기 무역에 관한 협정」 대상 물품 중 기획재정부령으로 정하는 물품의 관세 감면에 관하여는 다음 표의 기간 동안 수입신고하는 분에 대하여는 각각의 적용기간에 해당하는 감면율을 적용한다.

2022년 1월 1일부터 2024년 12월 31일까지	2025년 1월 1일부터 12월 31일까지	2026년 1월 1일부터 12월 31일까지	2027년 1월 1일부터 12월 31일까지	2028년 1월 1일부터 12월 31일까지
100분의 100	100분의 80	100분의 60	100분의 40	100분의 20

(2021.12.21 본호개정)

2. 제1호 이외의 물품의 관세감면에 관하여는 다음 표의 기간 동안 수입신고하는 분에 대하여는 각각의 적용기간에 해당하는 감면율을 적용한다.

2019년 5월 1일부터 12월 31일까지	2020년 1월 1일부터 12월 31일까지	2021년 1월 1일부터 12월 31일까지	2022년 1월 1일부터 12월 31일까지	2023년 1월 1일부터 12월 31일까지	2024년 1월 1일부터 12월 31일까지	2025년 1월 1일부터 12월 31일까지
100분의 90	100분의 80	100분의 70	100분의 60	100분의 50	100분의 40	100분의 20

(2018.12.31 본항신설)
⑦ 국가 및 지방자치단체가 제1항제1호의 물품을 제조 또는 수리하기 위하여 사용하는 부분품과 원재료에 관하여는 제6항에도 불구하고 제1항을 준용한다.
(2020.12.22 본항신설)
⑧ 제1항에 따라 지정을 받은 자가 지정사항을 변경하려는 경우에는 관세청장이 정하는 바에 따라 세관장에게 변경신고하여야 한다.(2020.12.22 본항신설)
(2013.1.1 본조제목개정)

제90조【학술연구용품의 감면】 ① 다음 각 호의 어느 하나에 해당하는 물품이 수입될 때에는 그 관세를 감면할 수 있다.
1. 국가기관, 지방자치단체 및 기획재정부령으로 정하는 기관에서 사용할 학술연구용품·교육용품 및 실험실습용품으로서 기획재정부령으로 정하는 물품
2. 학교, 공공의료기관, 공공직업훈련원, 박물관, 그 밖에 이에 준하는 기획재정부령으로 정하는 기관에서 학술연구용·교육용·훈련용·실험실습용 및 과학기술연구용으로 사용할 물품 중 기획재정부령으로 정하는 물품
3. 제2호의 기관에서 사용할 학술연구용품·교육용품·훈련용품·실험실습용품 및 과학기술연구용품으로서 외국으로부터 기증되는 물품. 다만, 기획재정부령으로 정하는 물품은 제외한다.
4. 기획재정부령으로 정하는 자가 산업기술의 연구개발에 사용하기 위하여 수입하는 물품으로서 기획재정부령으로 정하는 물품
② 제1항에 따라 관세를 감면하는 경우 그 감면율은 기획재정부령으로 정한다.
(2020.12.22 본조제목개정)

제91조【종교용품, 자선용품, 장애인용품 등의 면세】 다음 각 호의 어느 하나에 해당하는 물품이 수입될 때에는 그 관세를 면제한다.
1. 교회, 사원 등 종교단체의 의식(儀式)에 사용되는 물품으로서 외국으로부터 기증되는 물품. 다만, 기획재정부령으로 정하는 물품은 제외한다.(2020.12.22 본문개정)
2. 자선 또는 구호의 목적으로 기증되는 물품 및 기획재정부령으로 정하는 자선시설·구호시설 또는 사회복지시설에 기증되는 물품으로서 해당 용도로 직접 사용하는 물품. 다만, 기획재정부령으로 정하는 물품은 제외한다.
3. 국제적십자사·외국적십자사 및 기획재정부령으로 정하는 국제기구가 국제평화봉사활동 또는 국제친선활동을 위하여 기증하는 물품
4. 시각장애인, 청각장애인, 언어장애인, 지체장애인, 만성신부전증환자, 희귀난치성질환자 등을 위한 용도로 특수하게 제작되거나 제조된 물품 중 기획재정부령으로 정하는 물품
5. 「장애인복지법」 제58조에 따른 장애인복지시설 및 장애인의 재활의료를 목적으로 국가·지방자치단체 또는 사회복지법인이 운영하는 재활 병원·의원에서 장애인을 진단하고 치료하기 위하여 사용하는 의료용구

제92조【정부용품 등의 면세】 다음 각 호의 어느 하나에 해당하는 물품이 수입될 때에는 그 관세를 면제할 수 있다.
1. 국가기관이나 지방자치단체에 기증된 물품으로서 공용으로 사용하는 물품. 다만, 기획재정부령으로 정하는 물품은 제외한다.
2. 정부가 외국으로부터 수입하는 군수품(정부의 위탁을 받아 정부 외의 자가 수입하는 경우를 포함한다). 다만, 기획재정부령으로 정하는 물품은 제외한다.(2021.12.21 본문개정)
2의2. 국가원수의 경호용으로 사용하기 위하여 수입하는 물품(2021.12.21 본호신설)
3. 외국에 주둔하는 국군이나 재외공관으로부터 반환된 공용품
4. 과학기술정보통신부장관이 국가의 안전보장을 위하여 긴요하다고 인정하여 수입하는 비상통신용 물품 및 전파관리용 물품(2017.7.26 본호개정)
5. 정부가 직접 수입하는 간행물, 음반, 녹음된 테이프, 녹화된 슬라이드, 촬영된 필름, 그 밖에 이와 유사한 물품 및 자료
6. 국가 또는 지방자치단체(이들이 설립하였거나 출연 또는 출자한 법인을 포함한다)가 환경오염(소음 및 진동을 포함한다)을 측정하거나 분석하기 위하여 수입하는 기계·기구 중 기획재정부령으로 정하는 물품
7. 상수도 수질을 측정하거나 이를 보전·향상하기 위하여 국가나 지방자치단체(이들이 설립하였거나 출연 또는 출자한 법인을 포함한다)가 수입하는 물품으로서 기획재정부령으로 정하는 물품
8. 국가정보원장 또는 그 위임을 받은 자가 국가의 안전보장 목적의 수행상 긴요하다고 인정하여 수입하는 물품

제93조【특정물품의 면세 등】 다음 각 호의 어느 하나에 해당하는 물품이 수입될 때에는 그 관세를 면제할 수 있다.
1. 동식물의 번식·양식 및 종자개량을 위한 물품 중 기획재정부령으로 정하는 물품
2. 박람회, 국제경기대회, 그 밖에 이에 준하는 행사 중 기획재정부령으로 정하는 행사에 사용하기 위하여 그 행사에 참가하는 자가 수입하는 물품 중 기획재정부령으로 정하는 물품
3. 핵사고 또는 방사능 긴급사태 시 그 복구지원과 구호를 목적으로 외국으로부터 기증되는 물품으로서 기획재정부령으로 정하는 물품
4. 우리나라 선박이 외국 정부의 허가를 받아 외국의 영해에서 채집하거나 포획한 수산물(이를 원료로 하여 우리나라 선박에서 제조하거나 가공한 것을 포함한다. 이하 이 조에서 같다)
5. 우리나라 선박이 외국과의 선박과 협력하여 기획재정부령으로 정하는 방법으로 채집하거나 포획한 수산물로서 해양수산부장관이 추천하는 것(2013.3.23 본호개정)
6. 해양수산부장관의 허가를 받은 자가 기획재정부령으로 정하는 요건에 적합하게 외국인과 합작하여 채집하거나 포획한 수산물 중 해양수산부장관이 기획재정부장관과 협의하여 추천하는 것(2013.3.23 본호개정)
7. 우리나라 선박 등이 채집하거나 포획한 수산물과 제5호 및 제6호에 따른 수산물의 포장에 사용된 물품으로서 재사용이 불가능한 것 중 기획재정부령으로 정하는 물품
8. 「중소기업기본법」 제2조에 따른 중소기업이 해외구매자의 주문에 따라 제작한 기계·기구가 해당 구매자가 요구한 규격 및 성능에 일치하는지를 확인하기 위하여 하는 시험생산에 필요한 원재료로서 기획재정부령으로 정하는 요건에 적합한 물품

9. 우리나라를 방문하는 외국의 원수와 그 가족 및 수행원의 물품
10. 우리나라의 선박이나 그 밖의 운송수단이 조난으로 인하여 해체된 경우 그 해체재(解體材) 및 장비
11. 우리나라와 외국 간에 건설될 교량, 통신시설, 해저통로, 그 밖에 이에 준하는 시설의 건설 또는 수리에 필요한 물품
12. 우리나라 수출물품의 품질, 규격, 안전도 등이 수입국의 권한 있는 기관이 정하는 조건에 적합한 것임을 표시하는 수출물품에 붙이는 증표로서 기획재정부령으로 정하는 물품(2020.6.9 본호개정)
13. 우리나라의 선박이나 항공기가 해외에서 사고로 발생한 피해를 복구하기 위하여 외국의 보험회사 또는 외국의 가해자의 부담으로 하는 수리 부분에 해당하는 물품
14. 우리나라의 선박이나 항공기가 매매계약상의 하자보수 보증기간 중에 외국에서 발생한 고장에 대하여 외국의 매도인의 부담으로 하는 수리 부분에 해당하는 물품
15. 국제올림픽 · 장애인올림픽 · 농아인올림픽 및 아시아운동경기 · 장애인아시아운동경기 종목에 해당하는 운동용구(부분품을 포함한다)로서 기획재정부령으로 정하는 물품
16. 국립묘지의 건설 · 유지 또는 장식을 위한 자재와 국립묘지에 안장되는 자의 관 · 유골함 및 장례용 물품
17. 피상속인이 사망하여 국내에 주소를 둔 자에게 상속되는 피상속인의 신변용품
18. 보석의 원석(原石) 및 나석(裸石)으로서 기획재정부령으로 정하는 것(2019.12.31 본호신설)

제94조【소액물품 등의 면세】 다음 각 호의 어느 하나에 해당하는 물품이 수입될 때에는 그 관세를 면제할 수 있다.
1. 우리나라의 거주자에게 수여된 훈장 · 기장(紀章) 또는 이에 준하는 표창장 및 상패
2. 기록문서 또는 그 밖의 서류
3. 상업용견본품 또는 광고용품으로서 기획재정부령으로 정하는 물품(2020.12.22 본호개정)
4. 우리나라 거주자가 받는 소액물품으로서 기획재정부령으로 정하는 물품

제95조【환경오염방지물품 등에 대한 감면】 ① 다음 각 호의 어느 하나에 해당하는 물품으로서 국내에서 제작하기 곤란한 물품이 수입될 때에는 그 관세를 감면할 수 있다.
1. 오염물질(소음 및 진동을 포함한다)의 배출 방지 또는 처리를 위하여 사용하는 기계 · 기구 · 시설 · 장비로서 기획재정부령으로 정하는 것
2. 폐기물 처리(재활용을 포함한다)를 위하여 사용하는 기계 · 기구로서 기획재정부령으로 정하는 것
3. 기계 · 전자기술 또는 정보처리기술을 응용한 공장자동화 기계 · 기구 · 설비(그 구성기기를 포함한다) 및 그 핵심부분품으로서 기획재정부령으로 정하는 것
② 제1항에 따라 관세를 감면하는 경우 그 감면기간과 감면율은 기획재정부령으로 정한다.
(2020.12.22 본조제목개정)

제96조【여행자 휴대품 및 이사물품 등의 감면】 ① 다음 각 호의 어느 하나에 해당하는 물품이 수입될 때에는 그 관세를 면제할 수 있다.
1. 여행자의 휴대품 또는 별송품으로서 여행자의 입국 사유, 체재기간, 직업, 그 밖의 사정을 고려하여 기획재정부령으로 정하는 기준에 따라 세관장이 타당하다고 인정하는 물품
2. 우리나라로 거주를 이전하기 위하여 입국하는 자가 입국할 때 수입하는 이사물품으로서 거주 이전의 사

유, 거주기간, 직업, 가족 수, 그 밖의 사정을 고려하여 기획재정부령으로 정하는 기준에 따라 세관장이 타당하다고 인정하는 물품
3. 국제무역선 또는 국제무역기의 승무원이 휴대하여 수입하는 물품으로서 항행일수, 체재기간, 그 밖의 사정을 고려하여 기획재정부령으로 정하는 기준에 따라 세관장이 타당하다고 인정하는 물품
(2020.12.22 본호개정)
② 여행자가 휴대품 또는 별송품(제1항제1호에 해당하는 물품은 제외한다)을 기획재정부령으로 정하는 방법으로 자진신고하는 경우에는 20만원을 넘지 아니하는 범위에서 해당 물품에 부과될 관세(제81조에 따라 간이세율을 적용하는 물품의 경우에는 간이세율을 적용하여 산출된 세액을 말한다)의 100분의 30에 상당하는 금액을 경감할 수 있다.(2022.12.31 본항개정)
(2020.12.22 본조제목개정)

제97조【재수출면세】 ① 수입신고 수리일부터 다음 각 호의 어느 하나의 기간에 다시 수출하는 물품에 대하여는 그 관세를 면제할 수 있다.
1. 기획재정부령으로 정하는 물품 : 1년의 범위에서 대통령령으로 정하는 기준에 따라 세관장이 정하는 기간. 다만, 세관장은 부득이한 사유가 있다고 인정될 때에는 1년의 범위에서 그 기간을 연장할 수 있다.
2. 1년을 초과하여 수출하여야 할 부득이한 사유가 있는 물품으로서 기획재정부령으로 정하는 물품 : 세관장이 정하는 기간
② 제1항에 따라 관세를 면제받은 물품은 같은 항의 기간에 같은 항에서 정한 용도 외의 다른 용도로 사용되거나 양도될 수 없다. 다만, 대통령령으로 정하는 바에 따라 미리 세관장의 승인을 받았을 때에는 그러하지 아니하다.
③ 다음 각 호의 어느 하나에 해당하는 경우에는 수출하지 아니한 자, 용도 외로 사용한 자 또는 양도를 한 자로부터 면제된 관세를 즉시 징수하며, 양도인으로부터 해당 관세를 징수할 수 없을 때에는 양수인으로부터 면제된 관세를 즉시 징수한다. 다만, 재해나 그 밖의 부득이한 사유로 멸실되었거나 미리 세관장의 승인을 받아 폐기하였을 때에는 그러하지 아니하다.
1. 제1항에 따라 관세를 면제받은 물품을 같은 항에 규정된 기간 내에 수출하지 아니한 경우
2. 제1항에서 정한 용도 외의 다른 용도로 사용하거나 해당 용도 외의 다른 용도로 사용하려는 자에게 양도한 경우
④ 세관장은 제1항에 따라 관세를 면제받은 물품 중 기획재정부령으로 정하는 물품이 같은 항에 규정된 기간 내에 수출되지 아니한 경우에는 500만원을 넘지 아니하는 범위에서 해당 물품에 부과될 관세의 100분의 20에 상당하는 금액을 가산세로 징수한다.(2013.1.1 본항개정)

제98조【재수출 감면】 ① 장기간에 걸쳐 사용할 수 있는 물품으로서 그 수입이 임대차계약에 의하거나 도급계약 또는 수출계약의 이행과 관련하여 국내에서 일시적으로 사용하기 위하여 수입하는 물품 중 기획재정부령으로 정하는 물품이 그 수입신고 수리일부터 2년(장기간의 사용이 부득이한 물품으로서 기획재정부령으로 정하는 것 중 수입하기 전에 세관장의 승인을 받은 것은 4년의 범위에서 대통령령으로 정하는 기준에 따라 세관장이 정하는 기간을 말한다) 이내에 재수출되는 것에 대해서는 다음 각 호의 구분에 따라 그 관세를 경감할 수 있다. 다만, 외국과 체결한 조약 · 협정 등에 따라 수입되는 것에 대해서는 상호 조건에 따라 그 관세를 면제한다.(2020.12.22 본문개정)
1. 재수출기간이 6개월 이내인 경우 : 해당 물품에 대한 관세액의 100분의 85

2. 재수출기간이 6개월 초과 1년 이내인 경우 : 해당 물품에 대한 관세액의 100분의 70
3. 재수출기간이 1년 초과 2년 이내인 경우 : 해당 물품에 대한 관세액의 100분의 55
4. 재수출기간이 2년 초과 3년 이내인 경우 : 해당 물품에 대한 관세액의 100분의 40
5. 재수출기간이 3년 초과 4년 이내인 경우 : 해당 물품에 대한 관세액의 100분의 30
② 제1항에 따라 관세를 감면한 물품에 대하여는 제97조제2항부터 제4항까지의 규정을 준용한다.
(2020.12.22 본조제목개정)

제99조【재수입면세】 다음 각 호의 어느 하나에 해당하는 물품이 수입될 때에는 그 관세를 면제할 수 있다. (2014.1.1 본문개정)
1. 우리나라에서 수출(보세가공수출을 포함한다)된 물품으로서 해외에서 제조·가공·수리 또는 사용(장기간에 걸쳐 사용할 수 있는 물품으로서 임대차계약 또는 도급계약 등에 따라 해외에서 일시적으로 사용하기 위하여 수출된 물품이나 박람회, 전시회, 품평회, 국제경기대회, 그 밖에 이에 준하는 행사에 출품 또는 사용된 물품 등 기획재정부령으로 정하는 물품의 경우는 제외한다)되지 아니하고 수출신고 수리일부터 2년 내에 다시 수입(이하 이 조에서 "재수입"이라 한다)되는 물품. 다만, 다음 각 목의 어느 하나에 해당하는 경우에는 관세를 면제하지 아니한다. (2019.12.31 본문개정)
   가. 해당 물품 또는 원자재에 대하여 관세를 감면받은 경우
   나. 이 법 또는 「수출용원재료에 대한 관세 등 환급에 관한 특례법」에 따른 환급을 받은 경우
   다. 이 법 또는 「수출용 원재료에 대한 관세 등 환급에 관한 특례법」에 따른 환급을 받을 수 있는 자의 의 자가 해당 물품을 재수입하는 경우. 다만, 재수입하는 물품에 대하여 환급을 받을 수 있는 자가 환급받을 권리를 포기하였음을 증명하는 서류를 재수입하는 자가 세관장에게 제출하는 경우는 제외한다. (2014.1.1 본목신설)
   라. 보세가공 또는 장치기간경과물품을 재수출조건으로 매각함에 따라 관세가 부과되지 아니한 경우
2. 수출물품의 용기로서 다시 수입하는 물품
3. 해외시험 및 연구를 목적으로 수출된 후 재수입되는 물품(2014.1.1 본호개정)

제100조【손상물품에 대한 감면】 ① 수입신고한 물품이 수입신고가 수리되기 전에 변질되거나 손상되었을 때에는 대통령령으로 정하는 바에 따라 그 관세를 경감할 수 있다.
② 이 법이나 그 밖의 법률 또는 조약·협정 등에 따라 관세를 감면받은 물품에 대하여 관세를 추징하는 경우 그 물품이 변질 또는 손상되거나 사용되어 그 가치가 떨어졌을 때에는 대통령령으로 정하는 바에 따라 그 관세를 경감할 수 있다.(2011.12.31 단서삭제)
(2020.12.22 본조제목개정)

제101조【해외임가공물품 등의 감면】 ① 다음 각 호의 어느 하나에 해당하는 물품이 수입될 때에는 대통령령으로 정하는 바에 따라 그 관세를 경감할 수 있다.
1. 원재료 또는 부분품을 수출하여 기획재정부령으로 정하는 물품으로 제조하거나 가공한 물품
2. 가공 또는 수리할 목적으로 수출한 물품으로서 기획재정부령으로 정하는 기준에 적합한 물품
② 제1항의 물품이 다음 각 호의 어느 하나에 해당하는 경우에는 그 관세를 경감하지 아니한다.
1. 해당 물품 또는 원자재에 대하여 관세를 감면받은 경우. 다만, 제1항제2호의 경우는 제외한다.

2. 이 법 또는 「수출용원재료에 대한 관세 등 환급에 관한 특례법」에 따른 환급을 받은 경우
3. 보세가공 또는 장치기간경과물품을 재수출조건으로 매각함에 따라 관세가 부과되지 아니한 경우
(2020.12.22 본조제목개정)

제102조【관세감면물품의 사후관리】 ① 제89조부터 제91조까지와 제93조 및 제95조에 따라 관세를 감면받은 물품은 수입신고 수리일부터 3년의 범위에서 대통령령으로 정하는 기준에 따라 관세청장이 정하는 기간에는 그 감면받은 용도 외의 다른 용도로 사용하거나 양도(임대를 포함한다. 이하 같다)할 수 없다. 다만, 기획재정부령으로 정하는 물품과 대통령령으로 정하는 바에 따라 미리 세관장의 승인을 받은 물품의 경우에는 그러하지 아니하다.
② 다음 각 호의 어느 하나에 해당하면 그 용도 외의 다른 용도로 사용한 자나 그 양도인(임대인을 포함한다. 이하 같다)으로부터 감면된 관세를 즉시 징수하며, 양도인으로부터 해당 관세를 징수할 수 없을 때에는 양수인(임차인을 포함한다. 이하 같다)으로부터 감면된 관세를 징수한다. 다만, 재해나 그 밖의 부득이한 사유로 멸실되었거나 미리 세관장의 승인을 받아 폐기하였을 때에는 그러하지 아니하다.
1. 제1항에 따라 관세를 감면받은 물품을 제1항에 따른 기간에 감면받은 용도 외의 다른 용도로 사용한 경우
2. 제1항에 따라 관세를 감면받은 물품을 제1항에 따른 기간에 감면받은 용도 외의 다른 용도로 사용하려는 자에게 양도한 경우

제103조【관세감면물품의 용도 외 사용】 ① 법령, 조약, 협정 등에 따라 관세를 감면받은 물품을 감면받은 용도 외의 다른 용도로 사용하거나 감면받은 용도 외의 다른 용도로 사용하려는 자에게 양도하는 경우(해당 물품을 다른 용도로 사용하는 자나 해당 물품을 다른 용도로 사용하기 위하여 양수하는 자가 그 물품을 다른 용도로 사용하기 위하여 수입하는 경우에는 그 물품에 대하여 법령 또는 조약, 협정 등에 따라 관세를 감면받을 수 있는 경우로 한정한다)에는 대통령령으로 정하는 바에 따라 제83조제3항, 제88조제3항, 제97조제3항, 제102조제2항, 제102조제2항 또는 제109조제2항에 따라 징수하여야 하는 관세를 감면할 수 있다. 다만, 이 법 외의 법령, 조약, 협정 등에 따라 그 감면된 관세를 징수할 때에는 그러하지 아니하다.(2011.12.31 본문개정)
② 제98조제2항과 제102조제1항에도 불구하고 제90조, 제93조, 제95조 또는 제98조에 따라 관세를 감면받은 물품은 「대·중소기업 상생협력 촉진에 관한 법률」 제2조제4호에 따른 수탁·위탁거래의 관계에 있는 기업에 양도할 수 있으며, 이 경우 제98조제2항과 제102조제2항에 따라 징수할 관세를 감면할 수 있다. 다만, 이 법 외의 법령, 조약, 협정 등에 따라 그 감면된 관세를 징수할 때에는 그러하지 아니하다.
③ 제1항과 제2항에 따라 관세를 감면받은 경우 그 사후관리기간은 당초의 수입신고 수리일부터 계산한다.

제104조 (2011.12.31 삭제)

제105조【시설대여업자에 대한 감면 등】 ① 「여신전문금융업법」에 따른 시설대여업자(이하 이 조에서 "시설대여업자"라 한다)가 이 법에 따라 관세가 감면되거나 분할납부되는 물품을 수입할 때에는 제19조에도 불구하고 대여시설 이용자를 납세의무자로 하여 수입신고를 할 수 있다. 이 경우 납세의무자는 대여시설 이용자가 된다.(2016.3.29 전단개정)
② 제1항에 따라 관세를 감면받거나 분할납부를 승인받은 물품에 대하여 관세를 징수하는 경우 납세의무자인 대여시설 이용자로부터 관세를 징수할 수 없을 때에는 시설대여업자로부터 징수한다.

제2절 환급 및 분할납부 등

제106조【계약 내용과 다른 물품 등에 대한 관세 환급】① 수입신고가 수리된 물품이 계약 내용과 다르고 수입신고 당시의 성질이나 형태가 변경되지 아니한 경우로서 다음 각 호의 어느 하나에 해당하는 경우에는 그 관세를 환급한다.

1. 외국으로부터 수입된 물품 : 보세구역(제156조제1항에 따라 세관장의 허가를 받았을 때에는 그 허가받은 장소를 포함한다. 이하 이 조에서 같다) 또는 「자유무역지역의 지정 및 운영에 관한 법률」에 따른 자유무역지역 중 관세청장이 수출물품을 일정기간 보관하기 위하여 필요하다고 인정하여 고시하는 장소에 해당 물품을 반입(수입신고 수리일부터 1년 이내에 반입한 경우로 한정한다)하였다가 다시 수출한 경우
2. 보세공장에서 생산된 물품 : 수입신고 수리일부터 1년 이내에 보세공장에 해당 물품을 다시 반입한 경우
(2022.12.31 본항개정)

② 제1항에 따른 수입물품으로서 세관장이 환급세액을 산출하는 데에 지장이 없다고 인정하여 승인한 경우에는 그 수입물품의 일부를 수출하였을 때에도 제1항에 따라 그 관세를 환급할 수 있다.

③ 제1항과 제2항에 따른 수입물품의 수출을 갈음하여 이를 폐기하는 것이 부득이하다고 인정하여 그 물품을 수입신고 수리일부터 1년 내에 보세구역에 반입하여 미리 세관장의 승인을 받아 폐기하였을 때에는 그 관세를 환급한다.

④ 수입신고가 수리된 물품이 수입신고 수리 후에도 지정보세구역에 계속 장치되어 있는 중에 재해로 멸실되거나 변질 또는 손상되어 그 가치가 떨어졌을 때에는 대통령령으로 정하는 바에 따라 그 관세의 전부 또는 일부를 환급할 수 있다.

⑤ 제1항부터 제4항까지의 규정을 적용할 때 해당 수입물품에 대한 관세의 납부기한이 종료되기 전이거나 징수유예 중 또는 분할납부기간이 끝나지 아니하여 해당 물품에 대한 관세가 징수되지 아니한 경우에는 세관장은 해당 관세의 부과를 취소할 수 있다.
(2013.1.1 본항개정)

⑥ 제1항부터 제4항까지에서 규정한 관세의 환급에 관하여는 제46조와 제47조를 준용한다.

제106조의2【수입한 상태 그대로 수출되는 자가사용 물품 등에 대한 관세 환급】① 수입신고가 수리된 개인의 자가사용물품이 수입한 상태 그대로 수출되는 경우로서 다음 각 호의 어느 하나에 해당하는 경우에는 수입할 때 납부한 관세를 환급한다. 이 경우 수입한 상태 그대로 수출되는 경우의 기준은 대통령령으로 정한다.

1. 수입신고 수리일부터 6개월 이내에 보세구역 또는 「자유무역지역의 지정 및 운영에 관한 법률」에 따른 자유무역지역 중 관세청장이 수출물품을 일정기간 보관하기 위하여 필요하다고 인정하여 고시하는 장소에 반입하였다가 다시 수출하는 경우(2022.12.31 본호개정)
2. 수입신고 수리일부터 6개월 이내에 관세청장이 정하는 바에 따라 세관장의 확인을 받고 다시 수출하는 경우
3. 제241조제2항에 따라 수출신고가 생략되는 탁송품 또는 우편물로서 기획재정부령으로 정하는 금액 이하인 물품을 수입신고 수리일부터 6개월 이내에 수출한 후 관세청장이 정하는 바에 따라 세관장의 확인을 받은 경우(2021.12.21 본호신설)

② 여행자가 제96조제2항에 따라 자진신고한 물품이 다음 각 호의 어느 하나에 해당하게 된 경우에는 자진

신고할 때 납부한 관세를 환급한다.

1. 제143조제1항제2호에 따른 국제무역선 또는 국제무역기 안에서 구입한 물품이 환불된 경우
2. 제196조에 따른 보세판매장에서 구입한 물품이 환불된 경우
(2021.12.21 본항개정)

③ 제1항 및 제2항에 따른 관세 환급에 관하여는 제46조, 제47조 및 제106조제2항 · 제5항을 준용한다.
(2019.12.31 본항개정)
(2019.12.31 본조제목개정)
(2015.12.15 본조신설)

제107조【관세의 분할납부】① 세관장은 천재지변이나 그 밖에 대통령령으로 정하는 사유로 이 법에 따른 신고, 신청, 청구, 그 밖의 서류의 제출, 통지, 납부 또는 징수를 정하여진 기한까지 할 수 없다고 인정될 때에는 1년을 넘지 아니하는 기간을 정하여 대통령령으로 정하는 바에 따라 관세를 분할하여 납부하게 할 수 있다.

② 다음 각 호의 어느 하나에 해당하는 물품이 수입될 때에는 세관장은 기획재정부령으로 정하는 바에 따라 5년을 넘지 아니하는 기간을 정하여 관세의 분할납부를 승인할 수 있다.

1. 시설기계류, 기초설비품, 건설용 재료 및 그 구조물과 공사용 장비로서 기획재정부장관이 고시하는 물품. 다만, 기획재정부령으로 정하는 업종에 소요되는 물품은 제외한다.
2. 정부나 지방자치단체가 수입하는 물품으로서 기획재정부령으로 정하는 물품
3. 학교나 직업훈련원에서 수입하는 물품과 비영리법인이 공익사업을 위하여 수입하는 물품으로서 기획재정부령으로 정하는 물품
4. 의료기관 등 기획재정부령으로 정하는 사회복지기관 및 사회복지시설에서 수입하는 물품으로서 기획재정부장관이 고시하는 물품
5. 기획재정부령으로 정하는 기업부설연구소, 산업기술연구조합 및 비영리법인인 연구기관, 그 밖에 이와 유사한 연구기관에서 수입하는 기술개발연구용품 및 실험실습용품으로서 기획재정부장관이 고시하는 물품
6. 기획재정부령으로 정하는 중소제조업체가 직접 사용하려고 수입하는 물품. 다만, 기획재정부령으로 정하는 기준에 적합한 물품이어야 한다.
7. 기획재정부령으로 정하는 기업부설 직업훈련원에서 직업훈련에 직접 사용하려고 수입하는 교육용품 및 실험실습용품 중 국내에서 제작하기가 곤란한 물품으로서 기획재정부장관이 고시하는 물품

③ 제2항에 따라 관세의 분할납부를 승인받은 자가 해당 물품의 용도를 변경하거나 그 물품을 양도하려는 경우에는 미리 세관장의 승인을 받아야 한다.

④ 관세의 분할납부를 승인받은 법인이 합병 · 분할 · 분할합병 또는 해산을 하거나 파산선고를 받은 경우 또는 관세의 분할납부를 승인받은 자가 파산선고를 받은 경우에는 제6항부터 제8항까지의 규정에 따라 그 관세를 납부하여야 하는 자는 지체 없이 그 사유를 세관장에게 신고하여야 한다.

⑤ 관세의 분할납부를 승인받은 물품을 동일한 용도로 사용하려는 자에게 양도한 경우에는 그 양수인이 관세를 납부하여야 하며, 해당 용도 외의 다른 용도로 사용하려는 자에게 양도한 경우에는 그 양도인이 관세를 납부하여야 한다. 이 경우 양도인으로부터 해당 관세를 징수할 수 없을 때에는 그 양수인으로부터 징수한다.

⑥ 관세의 분할납부를 승인받은 법인이 합병 · 분할또는 분할합병된 경우에는 합병 · 분할 또는 분할합병 후에 존속하거나 합병 · 분할 또는 분할합병으로 설립된 법인이 연대하여 관세를 납부하여야 한다.

⑦ 관세의 분할납부를 승인받은 자가 파산선고를 받은 경우에는 그 파산관재인이 관세를 납부하여야 한다.
⑧ 관세의 분할납부를 승인받은 법인이 해산한 경우에는 그 청산인이 관세를 납부하여야 한다.
⑨ 다음 각 호의 어느 하나에 해당하는 경우에는 납부하지 아니한 관세의 전액을 즉시 징수한다.
1. 관세의 분할납부를 승인받은 물품을 제2항에서 정한 기간에 해당 용도 외의 다른 용도로 사용하거나 해당 용도 외의 다른 용도로 사용하려는 자에게 양도한 경우
2. 관세를 지정된 기한까지 납부하지 아니한 경우. 다만, 관세청장이 부득이한 사유가 있다고 인정하는 경우는 제외한다.
3. 파산선고를 받은 경우
4. 법인이 해산한 경우

제108조【담보 제공 및 사후관리】 ① 세관장은 필요하다고 인정될 때에는 대통령령으로 정하는 범위에서 관세청장이 정하는 바에 따라 이 법이나 그 밖의 법령·조약·협정 등에 따라 관세를 감면받거나 분할납부를 승인받은 물품에 대하여 그 물품을 수입할 때에 감면받거나 분할납부하는 관세액(제97조제4항 및 제98조제2항에 따른 가산세는 제외한다)에 상당하는 담보를 제공하게 할 수 있다.
② 이 법이나 그 밖의 법률·조약·협정 등에 따라 용도세율을 적용(제83조제1항 단서에 해당하는 경우는 제외한다)받거나 관세의 감면 또는 분할납부를 승인받은 자는 대통령령으로 정하는 바에 따라 해당 조건의 이행 여부를 확인(이하 이 조에서 "사후관리"라 한다)하는 데에 필요한 서류를 세관장에게 제출하여야 한다. (2023.12.31 본항개정)
③ 관세청장은 사후관리를 위하여 필요한 경우에는 대통령령으로 정하는 바에 따라 해당 물품의 사후관리에 관한 업무를 주무부장관에게 위탁할 수 있으며, 주무부장관은 물품의 사후관리를 위하여 필요한 경우에는 미리 관세청장과 협의한 후 위탁받은 사후관리에 관한 업무를 관계 기관이나 법인·단체에 재위임하거나 재위탁할 수 있다. (2023.12.31 본항개정)
④ 용도세율을 적용받거나 관세를 감면받은 물품을 세관장의 승인을 받아 수출한 경우에는 이 법을 적용할 때 용도 외의 사용으로 보지 아니하고 사후관리를 종결한다. 다만, 용도세율을 적용받거나 관세를 감면받은 물품을 가공하거나 수리할 목적으로 수출한 후 다시 수입하거나 해외시험 및 연구를 목적으로 수출한 후 다시 수입하여 제99조제3호 또는 제101조제1항제2호에 따른 감면을 받은 경우에는 사후관리를 계속한다.

제109조【다른 법령 등에 따른 감면물품의 관세징수】 ① 이 법 외의 법령이나 조약·협정 등에 따라 관세가 감면된 물품을 그 수입신고 수리일부터 3년 내에 해당 법령이나 조약·협정 등에 규정된 용도 외의 다른 용도로 사용하거나 양도하려는 경우에는 세관장의 확인을 받아야 한다. 다만, 해당 법령이나 조약·협정 등에 다른 용도로 사용하거나 양도한 경우에 해당 관세의 징수를 면제하는 규정이 있을 때에는 그러하지 아니하다. (2011.12.31 본항개정)
② 제1항에 따라 세관장의 확인을 받아야 하는 물품에 대하여는 해당 용도 외의 다른 용도로 사용한 자 또는 그 양도를 한 자로부터 감면된 관세를 즉시 징수하여야 하며, 양도인으로부터 해당 관세를 징수할 수 없을 때에는 그 양수인으로부터 감면된 관세를 즉시 징수한다. 다만, 그 물품이 재해나 그 밖의 부득이한 사유로 멸실되었거나 미리 세관장의 승인을 받아 그 물품을 폐기하였을 때에는 예외로 한다.

제5장 납세자의 권리 및 불복절차
(2010.12.30 본장개정)

제1절 납세자의 권리

제110조【납세자권리헌장의 제정 및 교부】 ① 관세청장은 제111조부터 제116조까지, 제116조의2 및 제117조에서 규정한 사항과 그 밖에 납세자의 권리보호에 관한 사항을 포함하는 납세자권리헌장(이하 이 조에서 "납세자권리헌장"이라 한다)을 제정하여 고시하여야 한다.
② 세관공무원은 다음 각 호의 어느 하나에 해당하는 경우에는 납세자권리헌장의 내용이 수록된 문서를 납세자에게 내주어야 하며, 조사사유, 조사기간, 제118조의4제1항에 따른 납세자보호위원회에 대한 심의 요청 사항·절차 및 권리구제 절차 등을 설명하여야 한다. (2019.12.31 본항개정)
1. 제283조에 따른 관세범(「수출용 원재료에 대한 관세 등 환급에 관한 특례법」 제23조제1항부터 제4항까지의 규정에 따른 죄를 포함한다)에 관한 조사를 하는 경우(2017.12.19 본호개정)
2. 관세조사를 하는 경우(2023.12.31 본호개정)
3. 그 밖에 대통령령으로 정하는 경우
③ 세관공무원은 납세자를 긴급히 체포·압수·수색하는 경우 또는 현행범인 납세자가 도주할 우려가 있는 등 조사목적을 달성할 수 없다고 인정되는 경우에는 납세자권리헌장을 내주지 아니할 수 있다.

제110조의2【통합조사의 원칙】 세관공무원은 특정한 분야만을 조사할 필요가 있는 등 대통령령으로 정하는 경우를 제외하고는 신고납부세액과 이 법 및 다른 법령에서 정하는 수출입 관련 의무 이행과 관련하여 그 권한에 속하는 사항을 통합하여 조사하는 것을 원칙으로 한다.(2011.12.31 본조신설)

제110조의3【관세조사 대상자 선정】 ① 세관장은 다음 각 호의 어느 하나에 해당하는 경우에 정기적으로 신고의 적정성을 검증하기 위하여 대상을 선정(이하 "정기선정"이라 한다)하여 조사를 할 수 있다. 이 경우 세관장은 객관적 기준에 따라 공정하게 그 대상을 선정하여야 한다.
1. 관세청장이 수출입업자의 신고 내용에 대하여 정기적으로 성실도를 분석한 결과 불성실 혐의가 있다고 인정하는 경우
2. 최근 4년 이상 조사를 받지 아니한 납세자에 대하여 업종, 규모 등을 고려하여 대통령령으로 정하는 바에 따라 신고 내용이 적정한지를 검증할 필요가 있는 경우
3. 무작위추출방식으로 표본조사를 하려는 경우
② 세관장은 정기선정에 의한 조사 외에 다음 각 호의 어느 하나에 해당하는 경우에는 조사를 할 수 있다.
1. 납세자가 이 법에서 정하는 신고·신청, 과세가격결정자료의 제출 등의 납세협력의무를 이행하지 아니한 경우(2013.8.13 본호개정)
2. 수출입업자에 대한 구체적인 탈세제보 등이 있는 경우
3. 신고내용에 탈세나 오류의 혐의를 인정할 만한 자료가 있는 경우
4. 납세자가 세관공무원에게 직무와 관련하여 금품을 제공하거나 금품제공을 알선한 경우(2017.12.19 본호신설)
③ 세관장은 제39조제1항에 따라 부과고지를 하는 경우 과세표준과 세액을 결정하기 위한 조사를 할 수 있다.

④ 세관장은 최근 2년간 수출입신고 실적이 일정금액 이하인 경우 등 대통령령으로 정하는 요건을 충족하는 자에 대해서는 제1항에 따른 조사를 하지 아니할 수 있다. 다만, 객관적인 증거자료에 의하여 과소 신고한 것이 명백한 경우에는 그러하지 아니하다. (2011.12.31 본조신설)

제111조【관세조사권 남용 금지】 ① 세관공무원은 적정하고 공평한 과세를 실현하고 통관의 적법성을 보장하기 위하여 필요한 최소한의 범위에서 관세조사를 하여야 하며 다른 목적 등을 위하여 조사권을 남용하여서는 아니 된다.
② 세관공무원은 다음 각 호의 어느 하나에 해당하는 경우를 제외하고는 해당 사안에 대하여 이미 조사받은 자를 다시 조사할 수 없다.
1. 관세탈루 등의 혐의를 인정할 만한 명백한 자료가 있는 경우(2023.12.31 본호개정)
2. 이미 조사받은 자의 거래상대방을 조사할 필요가 있는 경우
3. 제118조제4항제2호 후단 또는 제128조제1항제3호 후단(제132조제4항 본문에서 준용하는 경우를 포함한다)에 따른 재조사 결정에 따라 재조사를 하는 경우(결정서 주문에 기재된 범위의 재조사에 한정된다) (2017.12.19 본호개정)
4. 납세자가 세관공무원에게 직무와 관련하여 금품을 제공하거나 금품제공을 알선한 경우(2017.12.19 본호신설)
5. 그 밖에 탈세혐의가 있는 자에 대한 일제조사 등 대통령령으로 정하는 경우
(2011.12.31 본조개정)

제112조【관세조사의 경우 조력을 받을 권리】 납세자는 제110조제2항 각 호의 어느 하나에 해당하여 세관공무원에게 조사를 받는 경우에 변호사, 관세사로 하여금 조사에 참여하게 하거나 의견을 진술하게 할 수 있다.(2014.1.1 본조개정)

제113조【납세자의 성실성 추정 등】 ① 세관공무원은 납세자가 이 법에 따른 의무를 이행하지 아니한 경우 또는 다음 각 호의 어느 하나에 해당하는 경우 등 대통령령으로 정하는 경우를 제외하고는 납세자가 성실하며 납세자가 제출한 신고서 등이 진실한 것으로 추정하여야 한다.
② 제1항은 세관공무원이 납세자가 제출한 신고서 등의 내용에 관하여 질문을 하거나 신고한 물품에 대하여 확인을 하는 행위 등 대통령령으로 정하는 행위를 하는 것을 제한하지 아니한다.

제114조【관세조사의 사전통지와 연기신청】 ① 세관공무원은 제110조제2항 각 호의 어느 하나에 해당하는 조사를 하기 위하여 해당 장부, 서류, 전산처리장치 또는 그 밖의 물품 등을 조사하는 경우에는 조사를 받게 될 납세자(그 위임을 받은 자를 포함한다. 이하 이 조에서 같다)에게 조사 시작 15일 전에 조사 대상, 조사 사유, 그 밖에 대통령령으로 정하는 사항을 통지하여야 한다. 다만, 다음 각 호의 어느 하나에 해당하는 경우에는 그러하지 아니하다.(2017.12.19 본문개정)
1. 범칙사건에 대하여 조사하는 경우
2. 사전에 통지하면 증거인멸 등으로 조사 목적을 달성할 수 없는 경우
② 제1항에 따른 통지를 받은 납세자가 천재지변이나 그 밖에 대통령령으로 정하는 사유로 조사를 받기가 곤란한 경우에는 대통령령으로 정하는 바에 따라 해당 세관장에게 조사를 연기하여 줄 것을 신청할 수 있다.

제114조의2【장부·서류 등의 보관 금지】 ① 세관공무원은 관세조사의 목적으로 납세자의 장부·서류 또

는 그 밖의 물건(이하 이 조에서 "장부등"이라 한다)을 세관관서에 임의로 보관할 수 없다.
② 제1항에도 불구하고 세관공무원은 제110조의3제2항 각 호의 어느 하나의 사유에 해당하는 경우에는 조사목적에 필요한 최소한의 범위에서 납세자, 소지자 또는 보관자 등 정당한 권한이 있는 자가 임의로 제출한 장부등을 납세자의 동의를 받아 세관관서에 일시 보관할 수 있다.
③ 세관공무원은 제2항에 따라 납세자의 장부등을 세관관서에 일시 보관하려는 경우 납세자로부터 일시 보관 동의서를 받아야 하며, 일시 보관증을 교부하여야 한다.
④ 세관공무원은 제2항에 따라 일시 보관하고 있는 장부등에 대하여 납세자가 반환을 요청한 경우에는 납세자가 그 반환을 요청한 날부터 14일을 초과하여 장부등을 보관할 수 없다. 다만, 조사목적을 달성하기 위하여 필요한 경우에는 제118조의4제1항에 따른 납세자보호위원회의 심의를 거쳐 본 차례만 14일 이내의 범위에서 보관 기간을 연장할 수 있다.(2019.12.31 본항개정)
⑤ 제4항에도 불구하고 세관공무원은 납세자가 제2항에 따라 일시 보관하고 있는 장부등의 반환을 요청한 경우로서 관세조사에 지장이 없다고 판단될 때에는 요청한 장부등을 즉시 반환하여야 한다.
⑥ 제4항 및 제5항에 따라 납세자에게 장부등을 반환하는 경우 세관공무원은 장부등의 사본을 보관할 수 있고, 그 사본이 원본과 다름없다는 사실을 확인하는 납세자의 서명 또는 날인을 요구할 수 있다.
⑦ 제1항부터 제6항까지에서 규정한 사항 외에 장부등의 일시 보관 방법 및 절차 등에 관하여 필요한 사항은 대통령령으로 정한다.
(2017.12.19 본조신설)

제115조【관세조사의 결과 통지】 세관공무원은 제110조제2항 각 호의 어느 하나에 해당하는 조사를 종료하였을 때에는 종료 후 20일 이내에 그 조사 결과를 서면으로 납세자에게 통지하여야 한다. 다만, 납세자가 폐업한 경우 등 대통령령으로 정하는 경우에는 그러하지 아니하다.(2017.12.19 본문개정)

제116조【비밀유지】 ① 세관공무원은 납세자가 이 법에서 정한 납세의무를 이행하기 위하여 제출한 자료나 관세의 부과·징수 또는 통관을 목적으로 업무상 취득한 자료 등(이하 "과세정보"라 한다)을 타인에게 제공하거나 누설하여서는 아니 되며, 사용 목적 외의 용도로 사용하여서도 아니 된다. 다만, 다음 각 호의 어느 하나에 해당하는 경우에는 그 사용 목적에 맞는 범위에서 납세자의 과세정보를 제공할 수 있다.
1. 국가기관이 관세에 관한 쟁송이나 관세범에 대한 소추(訴追)를 목적으로 과세정보를 요구하는 경우
2. 법원의 제출명령이나 법관이 발부한 영장에 따라 과세정보를 요구하는 경우
3. 세관공무원 상호간에 관세를 부과·징수, 통관 또는 질문·검사하는 데에 필요하여 과세정보를 요구하는 경우
4. 통계청장이 국가통계작성 목적으로 과세정보를 요구하는 경우(2017.12.19 본호신설)
5. 다음 각 목에 해당하는 자가 급부·지원 등의 대상자 선정 및 그 자격을 조사·심사하는데 필요한 과세정보를 당사자의 동의를 받아 요구하는 경우
  가. 국가행정기관 및 지방자치단체
  나. 「공공기관의 운영에 관한 법률」에 따른 공공기관 중 대통령령으로 정하는 공공기관
  다. 「은행법」에 따른 은행
  라. 그 밖에 급부·지원 등의 업무와 관련된 자로서 대통령령으로 정하는 자
  (2022.12.31 본호신설)

6. 제5호나목 또는 다목에 해당하는 자가 「대외무역법」 제2조제3호에 따른 무역거래자의 거래, 지급, 수령 등을 확인하는데 필요한 과세정보를 당사자의 동의를 받아 요구하는 경우(2022.12.31 본호신설)
7. 다른 법률에 따라 과세정보를 요구하는 경우
② 제1항제5호 및 제6호에 해당하는 경우에 제공할 수 있는 과세정보의 구체적인 범위는 대통령령으로 정한다.(2022.12.31 본항신설)
③ 제1항제1호 및 제4호부터 제7호까지의 규정에 따라 과세정보의 제공을 요구하는 자는 대통령령으로 정하는 바에 따라 문서로 관세청장 또는 해당 세관장에게 요구하여야 한다.(2022.12.31 본항개정)
④ 세관공무원은 제1항부터 제3항까지의 규정에 위반되게 과세정보의 제공을 요구받으면 이를 거부하여야 한다.(2022.12.31 본항개정)
⑤ 관세청장은 제1항제5호부터 제7호까지에 따른 과세정보의 제공 업무를 제322조제5항에 따른 대행기관에 대행하게 할 수 있다. 이 경우 관세청장은 과세정보 제공 업무를 위한 기초자료를 대행기관에 제공하여야 한다.(2022.12.31 본항신설)
⑥ 제1항에 따라 과세정보를 알게 된 자 또는 제5항에 따라 과세정보의 제공 업무를 대행하는 자는 과세정보를 타인에게 제공하거나 누설하여서는 아니 되며, 그 목적 외의 용도로 사용하여서도 아니 된다.(2022.12.31 본항개정)
⑦ 제1항에 따라 과세정보를 알게 된 자 또는 제5항에 따라 과세정보의 제공 업무를 대행하는 자는 과세정보의 유출을 방지하기 위한 시스템 구축 등 대통령령으로 정하는 바에 따라 과세정보의 안전성 확보를 위한 조치를 하여야 한다.(2022.12.31 본항신설)
⑧ 이 조에 따라 과세정보를 제공받아 알게 된 자 또는 과세정보의 제공 업무를 대행하는 자 중 공무원이 아닌 자는 「형법」이나 그 밖의 법률에 따른 벌칙을 적용할 때 공무원으로 본다.(2022.12.31 본항신설)

제116조의2 【고액·상습체납자 등의 명단 공개】 ① 관세청장은 제116조에도 불구하고 다음 각 호의 구분에 따라 해당 사항을 공개할 수 있다.
1. 체납발생일부터 1년이 지난 관세 및 내국세등(이하 이 항에서 "체납관세등"이라 한다)이 2억원 이상인 체납자 : 해당 체납자의 인적사항과 체납액 등. 다만, 체납관세등에 대하여 이의신청·심사청구 등 불복청구가 진행 중이거나 체납액의 일정금액 이상을 납부한 경우 등 대통령령으로 정하는 사유에 해당하는 경우에는 그러하지 아니하다.
2. 제270조제1항·제4항 및 제5항에 따른 범죄로 유죄판결이 확정된 자로서 같은 조에 따른 포탈, 감면, 면탈 또는 환급받은 관세 및 내국세등의 금액(이하 이 조에서 "포탈관세액"이라 한다)이 연간 2억원 이상인 자(이하 이 조에서 "관세포탈범"이라 한다) : 해당 관세포탈범의 인적사항과 포탈관세액 등. 다만, 제2항에 따른 관세정보위원회가 공개할 실익이 없거나 공개하는 것이 부적절하다고 인정하는 경우 등 대통령령으로 정하는 사유에 해당하는 경우에는 그러하지 아니하다.
(2023.12.31 본항개정)
② 제1항과 제4항에 따른 체납자의 인적사항과 체납액 또는 관세포탈범의 인적사항과 포탈관세액 등에 대한 공개 여부를 심의 또는 재심의하고 제116조의4제1항제3호에 따른 체납자에 대한 감치 필요성 여부를 의결하기 위하여 관세청에 관세정보위원회(이하 이 조에서 "심의위원회"라 한다)를 둔다.(2023.12.31 본항개정)
③ 관세청장은 심의위원회의 심의를 거친 공개대상예정자에게 체납자 또는 관세포탈범 명단 공개대상예정자임을 통지하여 소명할 기회를 주어야 한다. (2023.12.31 본항개정)
④ 관세청장은 제3항에 따라 통지한 날부터 6개월이 지나면 심의위원회로 하여금 체납액 또는 포탈관세액의 납부이행 등을 고려하여 체납자 또는 관세포탈범의 명단 공개 여부를 재심의하게 한다.(2023.12.31 본항개정)
⑤ 제1항에 따른 공개는 관보에 게재하거나 관세청장이 지정하는 정보통신망 또는 관할 세관의 게시판에 게시하는 방법으로 한다.
⑥ 제1항부터 제5항까지의 규정에 따른 체납자·관세포탈범 명단 공개 및 심의위원회의 구성·운영 등에 필요한 사항은 대통령령으로 정한다.(2023.12.31 본항개정)
(2023.12.31 본조제목개정)

제116조의3 【납세증명서의 제출 및 발급】 ① 납세자(미과세된 자를 포함한다. 이하 이 조에서 같다)는 다음 각 호의 어느 하나에 해당하는 경우에는 대통령령으로 정하는 바에 따라 납세증명서를 제출하여야 한다.
1. 국가, 지방자치단체 또는 대통령령으로 정하는 정부관리기관으로부터 대금을 지급받을 경우
2. 「출입국관리법」 제31조에 따른 외국인등록 또는 「재외동포의 출입국과 법적 지위에 관한 법률」 제6조에 따른 국내거소신고를 한 외국인이 체류기간 연장허가 등 대통령령으로 정하는 체류허가를 법무부장관에게 신청하는 경우(2018.12.31 본호개정)
3. 내국인이 해외이주 목적으로 「해외이주법」 제6조에 따라 재외동포청장에게 해외이주신고를 하는 경우(2023.3.4 본호개정)
② 세관장은 납세자로부터 납세증명서의 발급신청을 받았을 때에는 그 사실을 확인하고 즉시 납세증명서를 발급하여야 한다.
(2014.12.23 본조신설)

제116조의4 【고액·상습체납자의 감치】 ① 법원은 검사의 청구에 따라 체납자가 다음 각 호의 사유에 모두 해당하는 경우 결정으로 30일의 범위에서 체납된 관세(세관장이 부과·징수하는 내국세등을 포함한다. 이하 이 조에서 같다)가 납부될 때까지 그 체납자를 감치(監置)에 처할 수 있다.
1. 관세를 3회 이상 체납하고 있고, 체납발생일부터 각 1년이 경과하였으며, 체납금액의 합계가 2억원 이상인 경우
2. 체납된 관세의 납부능력이 있음에도 불구하고 정당한 사유 없이 체납한 경우
3. 제116조의2제2항에 따른 관세정보위원회의 의결에 따라 해당 체납자에 대한 감치 필요성이 인정되는 경우
② 관세청장은 체납자가 제1항 각 호의 사유에 모두 해당하는 경우에는 체납자의 주소 또는 거소를 관할하는 지방검찰청 또는 지청의 검사에게 체납자의 감치를 신청할 수 있다.
③ 관세청장은 제2항에 따라 체납자의 감치를 신청하기 전에 체납자에게 대통령령으로 정하는 바에 따라 소명자료를 제출하거나 의견을 진술할 수 있는 기회를 주어야 한다.
④ 제1항의 결정에 대하여는 즉시항고를 할 수 있다.
⑤ 제1항에 따라 감치에 처하여진 체납자는 동일한 체납사실로 인하여 재차 감치되지 아니한다.
⑥ 제1항에 따라 감치에 처하는 재판을 받은 체납자가 그 감치의 집행 중에 체납된 관세를 납부한 경우에는 감치집행을 종료하여야 한다.
⑦ 제1항에 따른 감치집행시 세관공무원은 감치대상자에게 감치사유, 감치기간, 제6항에 따른 감치집행의 종료 등 감치결정에 대한 사항을 설명하고 그 밖의 감치집행에 필요한 절차에 협력하여야 한다.

⑧ 제1항에 따른 감치에 처하는 재판 절차 및 그 집행, 그 밖에 필요한 사항은 대법원규칙으로 정한다.
(2019.12.31 본조신설)

제116조의5【출국금지 요청 등】 ① 관세청장은 정당한 사유 없이 5천만원 이상의 관세(세관장이 부과·징수하는 내국세등을 포함한다. 이하 이 조에서 같다)를 체납한 자 중 대통령령으로 정하는 자에 대하여 법무부장관에게 「출입국관리법」제4조제3항 및 같은 법 제29조제2항에 따라 출국금지 또는 출국정지를 즉시 요청하여야 한다.
② 법무부장관은 제1항에 따른 출국금지 또는 출국정지 요청에 따라 출국금지 또는 출국정지를 한 경우에는 관세청장에게 그 결과를 「정보통신망 이용촉진 및 정보보호 등에 관한 법률」제2조제1항제1호에 따른 정보통신망 등을 통하여 통보하여야 한다.
③ 관세청장은 제2항 각 호의 어느 하나에 해당하는 경우에는 즉시 법무부장관에게 출국금지 또는 출국정지의 해제를 요청하여야 한다.
1. 체납자가 체납액을 전부 또는 일부 납부하여 체납된 관세가 5천만원 미만으로 된 경우
2. 체납자 재산의 압류, 담보 제공 등으로 출국금지 사유가 해소된 경우
3. 관세징수권의 소멸시효가 완성된 경우
4. 그 밖에 대통령령으로 정하는 사유가 있는 경우
④ 제1항부터 제3항까지에서 규정한 사항 외에 출국금지 및 출국정지 요청 등의 절차에 관하여 필요한 사항은 대통령령으로 정한다.
(2019.12.31 본조신설)

제116조의6【납세자 본인에 관한 과세정보의 전송 요구】 ① 납세자는 관세청장에 대하여 본인에 관한 정보로서 제116조에 따른 과세정보를 본인이나 본인이 지정하는 자로서 본인정보를 이용하여 업무를 처리하려는 다음 각 호에 해당하는 자에게 전송하여 줄 것을 요구할 수 있다.
1. 납세자 본인
2. 「관세사법」제7조에 따라 등록한 관세사, 같은 법 제17조의2에 따라 등록한 관세법인 또는 같은 법 제19조에 따라 등록한 통관취급법인등
3. 「세무사법」제6조에 따라 등록한 세무사 또는 같은 법 제16조의4에 따라 등록한 세무법인
4. 「세무사법」에 따라 세무대리를 할 수 있는 공인회계사 또는 변호사
5. 「전기통신사업법」제2조제8호에 따른 전기통신사업자로서 대통령령으로 정하는 자
② 관세청장은 제1항에 따른 전송 요구를 받은 경우에는 대통령령으로 정하는 범위에서 해당 정보를 컴퓨터 등 정보처리장치를 이용하여 처리 가능한 형태로 전송하여야 한다.
③ 납세자는 제1항에 따른 전송 요구를 철회할 수 있다.
④ 제2항에도 불구하고 관세청장은 납세자의 본인 여부가 확인되지 아니하는 경우 등 대통령령으로 정하는 경우에는 제1항에 따른 전송 요구를 거절하거나 전송을 중단할 수 있다. 이 경우 관세청장은 지체 없이 해당 사실을 납세자에게 통지하여야 한다.
⑤ 납세자는 제1항 각 호의 어느 하나에 해당하는 자에게 제1항에 따른 전송 요구를 할 때에는 다음 각 호의 사항을 모두 특정하여 전자문서나 그 밖에 안전성과 신뢰성이 확보된 방법으로 하여야 한다.
1. 전송을 요구하는 본인의 과세정보
2. 본인의 과세정보를 제공받는 자
3. 정기적인 전송을 요구하는지 여부 및 요구하는 경우 그 주기
4. 그 밖에 제1호부터 제3호까지에서 정한 사항과 유사한 사항으로서 관세청장이 정하는 사항

⑥ 납세자는 제1항에 따른 전송 요구로 인하여 타인의 권리나 정당한 이익을 침해하여서는 아니 된다.
⑦ 제1항부터 제6항까지에서 규정한 사항 외에 전송 요구의 방법, 전송의 기한·주기 및 방법, 전송 요구 철회의 방법 등 필요한 사항은 대통령령으로 정한다.
⑧ 관세청장은 이 조에 따른 과세정보의 전송 업무를 제322조제5항에 따른 대행기관에 대행하게 할 수 있다. 이 경우 관세청장은 과세정보 전송 업무를 위하여 기초자료를 대행기관에 제공하여야 한다.
⑨ 제2항에 따라 전송된 과세정보를 알게 된 제1항 각 호(제1호는 제외한다)의 자 또는 제8항에 따라 과세정보의 전송 업무를 대행하는 자는 대통령령으로 정하는 바에 따라 과세정보의 유출을 방지하기 위한 시스템 구축 등 과세정보의 안정성 확보를 위한 조치를 하여야 한다.
⑩ 제2항에 따라 전송된 과세정보를 알게 된 제1항 각 호(제1호는 제외한다)의 자 또는 제8항에 따라 과세정보의 전송 업무를 대행하는 자는 과세정보를 타인에게 제공 또는 누설하거나 그 목적 외의 용도로 사용하여서는 아니 된다.
⑪ 제1항에 따른 과세정보를 전송 요구하려는 자는 기획재정부령으로 정하는 바에 따라 관세청장에게 수수료를 납부하여야 한다. 다만, 제8항에 따라 대행기관이 업무를 대행하는 경우에는 대행기관이 정하는 수수료를 해당 대행기관에 납부하여야 한다.
(2023.12.31 본조신설)

제117조【정보의 제공】 세관공무원은 납세자가 납세자의 권리행사에 필요한 정보를 요구하면 신속하게 제공하여야 한다. 이 경우 세관공무원은 납세자가 요구한 정보와 관련되어 있어 관세청장이 정하는 바에 따라 납세자가 반드시 알아야 한다고 판단되는 그 밖의 정보도 함께 제공하여야 한다.

제118조【과세전적부심사】 ① 세관장은 제38조의3제6항 또는 제39조제2항에 따라 납부세액이나 납부하여야 하는 세액에 미치지 못한 금액을 징수하려는 경우에는 미리 납세의무자에게 그 내용을 서면으로 통지하여야 한다. 다만, 다음 각 호의 어느 하나에 해당하는 경우에는 통지를 생략할 수 있다. (2021.12.21 단서개정)
1. 통지하려는 날부터 3개월 이내에 제21조에 따른 관세부과의 제척기간이 만료되는 경우
2. 제28조제2항에 따라 납세의무자가 확정가격을 신고한 경우
3. 제38조제2항 단서에 따라 수입신고 수리 전에 세액을 심사하는 경우로서 그 결과에 따라 부족세액을 징수하는 경우
4. 제97조제3항(제98조제2항에 따라 준용되는 경우를 포함한다)에 따라 면제된 관세를 징수하거나 제102조제2항에 따라 감면된 관세를 징수하는 경우 (2021.12.21 본호개정)
5. 제270조에 따른 관세포탈죄로 고발되어 포탈세액을 징수하는 경우
6. 그 밖에 관세의 징수가 곤란하게 되는 등 사전통지가 적당하지 아니한 경우로서 대통령령으로 정하는 경우
② 납세의무자는 제1항에 따른 통지를 받았을 때에는 그 통지를 받은 날부터 30일 이내에 기획재정부령으로 정하는 세관장에게 통지 내용이 적법한지에 대한 심사(이하 이 조에서 "과세전적부심사"라 한다)를 청구할 수 있다. 다만, 법령에 대한 관세청장의 유권해석을 변경하여야 하거나 새로운 해석이 필요한 경우 등 대통령령으로 정하는 경우에는 관세청장에게 이를 청구할 수 있다.

③ 과세전적부심사를 청구받은 세관장이나 관세청장은 그 청구를 받은 날부터 30일 이내에 제118조의4제9항 전단에 따른 관세심사위원회의 심사를 거쳐 결정을 하고, 그 결과를 청구인에게 통지하여야 한다. 다만, 과세전적부심사 청구기간이 지난 후 과세전적부심사청구가 제기된 경우 등 대통령령으로 정하는 사유에 해당하는 경우에는 해당 위원회의 심사를 거치지 아니하고 결정할 수 있다.(2022.12.31 본항개정)
④ 과세전적부심사 청구에 대한 결정은 다음 각 호의 구분에 따른다.
1. 청구가 이유 없다고 인정되는 경우 : 채택하지 아니한다는 결정
2. 청구가 이유 있다고 인정되는 경우 : 청구의 전부 또는 일부를 채택하는 결정. 이 경우 구체적인 채택의 범위를 정하기 위하여 사실관계 확인 등 추가적으로 조사가 필요한 경우에는 제1항 본문에 따른 통지를 한 세관장으로 하여금 이를 재조사하여 그 결과에 따라 당초 통지 내용을 수정하여 통지하도록 하는 재조사 결정을 할 수 있다.(2017.12.19 본호개정)
3. 청구기간이 지났거나 보정기간 내에 보정하지 아니하는 경우 또는 적법하지 아니한 청구를 하는 경우 : 심사하지 아니한다는 결정(2017.12.19 본호개정)
⑤ 제1항 각 호 외의 부분 본문에 따른 통지를 받은 자는 과세전적부심사를 청구하지 아니하고 통지를 한 세관장에게 통지받은 내용의 전부 또는 일부에 대하여 조기에 경정해 줄 것을 신청할 수 있다. 이 경우 해당 세관장은 즉시 신청받은 대로 세액을 경정하여야 한다. (2011.12.31 본항신설)
⑥ 과세전적부심사에 관하여는 제121조제3항, 제122조제2항, 제123조, 제126조, 제127조제3항, 제128조제4항부터 제6항까지, 제129조의2 및 제130조를 준용한다. (2020.12.22 본항개정)
⑦ 과세전적부심사에 관하여는 「행정심판법」 제15조, 제16조, 제20조부터 제22조까지, 제29조, 제39조 및 제40조를 준용한다. 이 경우 "위원회"는 "관세심사위원회"로 본다.(2011.12.31 본항신설)
⑧ 과세전적부심사의 방법과 그 밖에 필요한 사항은 대통령령으로 정한다.
제118조의2【관세청장의 납세자 권리보호】 ① 관세청장은 직무를 수행할 때 납세자의 권리가 보호되고 실현될 수 있도록 성실하게 노력하여야 한다.
② 납세자의 권리보호를 위하여 관세청에 납세자 권리보호업무를 총괄하는 납세자보호관을 두고, 대통령령으로 정하는 세관에 납세자 권리보호업무를 수행하는 담당관을 각각 1명을 둔다.
③ 관세청장은 제2항에 따른 납세자보호관을 개방형직위로 운영하고 납세자보호관 및 담당관이 업무를 수행할 때 독립성이 보장될 수 있도록 하여야 한다. 이 경우 납세자보호관은 관세·법률·재정 분야의 전문지식과 경험을 갖춘 사람으로서 다음 각 호의 어느 하나에 해당하지 아니하는 사람을 대상으로 공개모집한다.
1. 세관공무원
2. 세관공무원으로 퇴직한 지 3년이 지나지 아니한 사람
④ 관세청장은 납세자 권리보호업무의 추진실적 등의 자료를 일반 국민에게 정기적으로 공개하여야 한다.
⑤ 납세자보호관 및 담당관은 세금 관련 고충민원의 처리 등 대통령령으로 정하는 직무 및 권한을 가지며, 납세자보호관 및 담당관의 자격 등 납세자보호관 제도의 운영에 필요한 사항은 대통령령으로 정한다.
(2019.12.31 본조신설)
제118조의3【납세자의 협력의무】 납세자는 세관공무원의 적법한 질문·조사, 제출명령에 대하여 성실하게 협력하여야 한다.(2019.12.31 본조신설)

제118조의4【납세자보호위원회】 ① 다음 각 호의 사항을 심의(제3호의 사항은 의결을 포함한다)하기 위하여 제118조의2제2항의 세관 및 관세청에 납세자보호위원회(이하 "납세자보호위원회"라 한다)를 둔다.
1. 납세자 권리보호에 관한 사항
2. 제118조제2항에 따른 과세전적부심사
3. 제122조제1항에 따른 심사청구
4. 제132조제1항에 따른 이의신청
(2022.12.31 본항개정)
② 제1항에 따라 제118조의2제2항의 세관에 두는 납세자보호위원회(이하 "세관 납세자보호위원회"라 한다)는 다음 각 호의 사항을 심의한다.
1. 관세조사 범위의 확대
2. 관세조사 기간 연장에 대한 납세자의 관세조사 일시중지 또는 중지 요청
3. 위법·부당한 관세조사 및 관세조사 중 세관공무원의 위법·부당한 행위에 대한 납세자의 관세조사 일시중지 또는 중지 요청
4. 제114조의2제4항 단서에 따른 장부등의 일시 보관 기간 연장
5. 제118조제2항 본문에 따른 과세전적부심사
6. 제132조제1항에 따른 이의신청
(2022.12.31 5호~6호신설)
7. 그 밖에 고충민원의 처리 등 납세자의 권리보호를 위하여 납세자보호담당관이 심의가 필요하다고 인정하는 안건
③ 제1항에 따라 관세청에 두는 납세자보호위원회(이하 "관세청 납세자보호위원회"라 한다)는 다음 각 호의 사항을 심의(제3호의 사항은 의결을 포함한다)한다. (2022.12.31 본문개정)
1. 제2항제1호부터 제3호까지의 사항에 대하여 세관 납세자보호위원회의 심의를 거친 해당 세관장의 결정에 대한 납세자의 취소 또는 변경 요청
2. 제118조제2항 단서에 따른 과세전적부심사
3. 제122조제1항에 따른 심사청구
(2022.12.31 2호~3호신설)
4. 그 밖에 고충민원의 처리 또는 납세자 권리보호를 위한 관세행정의 제도 및 절차 개선 등으로서 납세자보호위원회의 위원장 또는 납세자보호관이 심의가 필요하다고 인정하는 사항
④ (2022.12.31 삭제)
⑤ 납세자보호위원회의 위원장은 다음 각 호의 구분에 따른 사람이다.
1. 세관 납세자보호위원회 : 공무원이 아닌 사람 중에서 해당 세관장의 추천을 받아 관세청장이 위촉하는 사람
2. 관세청 납세자보호위원회 : 공무원이 아닌 사람 중에서 기획재정부장관의 추천을 받아 관세청장이 위촉하는 사람
⑥ 납세자보호위원회의 위원은 관세·법률·재정 분야에 전문적인 학식과 경험이 풍부한 사람과 관계 공무원 중에서 관세청장(세관 납세자보호위원회의 위원은 해당 세관장)이 임명 또는 위촉한다.
⑦ 납세자보호위원회의 위원은 업무 중 알게 된 과세정보를 타인에게 제공 또는 누설하거나 목적 외의 용도로 사용해서는 아니 된다.
⑧ 납세자보호위원회의 위원은 공정한 심의를 기대하기 어려운 사정이 있다고 인정될 때에는 대통령령으로 정하는 바에 따라 위원회 회의에서 제척되거나 회피하여야 한다.
⑨ 제2항제5호·제6호 및 제3항제2호·제3호의 사항을 심의하거나 심의·의결하기 위하여 세관 납세자보호위원회 및 관세청 납세자보호위원회에 각각 분과위원회로 관세심사위원회(이하 "관세심사위원회"라 한다)를

둔다. 이 경우 관세심사위원회의 심의 또는 심의·의결은 납세자보호위원회의 심의 또는 심의·의결로 본다. (2022.12.31 본항신설)
⑩ 납세자보호위원회의 구성 및 운영 등에 필요한 사항은 대통령령으로 정한다.
⑪ 납세자보호관은 납세자보호위원회의 의결사항에 대한 이행여부 등을 감독한다.
(2019.12.31 본조신설)

제118조의5【납세자보호위원회에 대한 납세자의 심의 요청 및 결과 통지 등】 ① 납세자는 관세조사 기간이 끝나는 날까지 제118조의2제2항의 세관의 세관장 (이하 이 조에서 "세관장"이라 한다)에게 제118조의4제2항제2호 또는 제3호에 해당하는 사항에 대한 심의를 요청할 수 있다.
② 세관장은 제118조의4제2항제1호부터 제4호까지의 사항에 대하여 세관 납세자보호위원회의 심의를 거쳐 결정을 하고, 납세자에게 그 결과를 통지하여야 한다. 이 경우 제118조의4제2항제2호 또는 제3호에 대한 결과는 제1항에 따른 요청을 받은 날부터 20일 이내에 통지하여야 한다.
③ 납세자는 제2항에 따라 통지를 받은 날부터 7일 이내에 제118조의4제2항제1호부터 제3호까지의 사항으로서 세관 납세자보호위원회의 심의를 거친 세관장의 결정에 대하여 관세청장에게 취소 또는 변경을 요청할 수 있다.
④ 제3항에 따른 납세자의 요청을 받은 관세청장은 관세청 납세자보호위원회의 심의를 거쳐 세관장의 결정을 취소하거나 변경할 수 있다. 이 경우 관세청장은 요청받은 날부터 20일 이내에 그 결과를 납세자에게 통지하여야 한다.
⑤ 제118조의2제2항에 따른 납세자보호관 또는 담당관은 납세자가 제1항 또는 제3항에 따른 요청을 하는 경우에는 납세자보호위원회의 심의 전까지 세관공무원에게 관세조사의 일시중지 등을 요구할 수 있다. 다만, 납세자가 관세조사를 기피하려는 것이 명백한 경우 등 대통령령으로 정하는 경우에는 그러하지 아니하다.
⑥ 납세자보호위원회는 제118조의4제2항제2호 또는 제3호에 따른 요청이 있는 경우 그 의결로 관세조사의 일시중지 또는 중지를 세관공무원에게 요구할 수 있다. 이 경우 납세자보호위원회는 정당한 사유 없이 위원회의 요구에 따르지 아니하는 세관공무원에 대하여 관세청장에게 징계를 건의할 수 있다.
⑦ 제1항 및 제3항에 따른 요청을 한 납세자는 대통령령으로 정하는 바에 따라 세관장 또는 관세청장에게 의견을 진술할 수 있다.
⑧ 제1항부터 제7항까지에서 규정한 사항 외에 납세자보호위원회에 대한 납세자의 심의 요청 및 결과 통지 등에 관하여 필요한 사항은 대통령령으로 정한다.
(2019.12.31 본조신설)

제2절 심사와 심판

제119조【불복의 신청】 ① 이 법이나 그 밖의 관세에 관한 법률 또는 조약에 따른 처분으로서 위법한 처분 또는 부당한 처분을 받거나 필요한 처분을 받지 못하여 권리나 이익을 침해당한 자는 이 절의 규정에 따라 그 처분의 취소 또는 변경을 청구하거나 필요한 처분을 청구할 수 있다. 다만, 다음 각 호의 처분에 대해서는 그러하지 아니하다.
1. 이 법에 따른 통고처분
2. 「감사원법」에 따라 심사청구를 한 처분이나 그 심사청구에 대한 처분
3. 이 법이나 그 밖의 관세에 관한 법률에 따른 과태료 부과처분(2020.12.22 본호신설)
(2018.12.31 본항개정)

② 제1항 각 호 외의 부분 본문에 따른 처분이 관세청장이 조사·결정 또는 처리하거나 하였어야 할 것인 경우를 제외하고는 그 처분에 대하여 심사청구 또는 심판청구에 앞서 이 절의 규정에 따른 이의신청을 할 수 있다.(2018.12.31 본항개정)
③ 이 절의 규정에 따른 심사청구 또는 심판청구에 대한 처분에 대해서는 이의신청, 심사청구 또는 심판청구를 제기할 수 없다. 다만, 제128조제1항제3호 후단(제131조에서 「국세기본법」을 준용하는 경우를 포함한다)의 재조사 결정에 따른 처분청의 처분에 대해서는 해당 재조사 결정을 한 재결청에 심사청구 또는 심판청구를 제기할 수 있다.(2018.12.31 본항신설)
④ 이 절의 규정에 따른 이의신청에 대한 처분과 제128조제1항제3호 후단(제132조제4항에서 준용하는 경우를 포함한다)의 재조사 결정에 따른 처분청의 처분에 대해서는 이의신청을 할 수 없다.(2018.12.31 본항신설)
⑤ 제1항제2호의 심사청구는 그 처분을 한 것을 안 날(처분의 통지를 받았을 때에는 그 통지를 받은 날을 말한다)부터 90일 이내에 하여야 한다.(2018.12.31 본항개정)
⑥ 제1항제2호의 심사청구를 거친 처분에 대한 행정소송은 「행정소송법」 제18조제2항·제3항 및 같은 법 제20조에도 불구하고 그 심사청구에 따른 결정을 통지받은 날부터 90일 내에 처분청을 당사자로 하여 제기하여야 한다.(2018.12.31 본항개정)
⑦ 제5항과 제6항의 기간은 불변기간으로 한다.
(2018.12.31 본항개정)
⑧ 수입물품에 부과하는 내국세등의 부과, 징수, 감면, 환급 등에 관한 세관장의 처분에 불복하는 자는 이 절에 따른 이의신청·심사청구 및 심판청구를 할 수 있다.
⑨ 이 법이나 그 밖의 관세에 관한 법률 또는 조약에 따른 처분으로 권리나 이익을 침해받게 되는 제2차납세의무자 등 대통령령으로 정하는 이해관계인은 그 처분에 대하여 이 절에 따른 심사청구 또는 심판청구를 하여 그 처분의 취소 또는 변경이나 그 밖에 필요한 처분을 청구할 수 있다. 이 경우 제2항부터 제4항까지 및 제8항을 준용한다.(2018.12.31 후단개정)
⑩ 동일한 처분에 대하여는 심사청구와 심판청구를 중복하여 제기할 수 없다.

제120조【「행정소송법」 등과의 관계】 ① 제119조에 따른 처분에 대하여는 「행정심판법」을 적용하지 아니한다. 다만, 심사청구 또는 심판청구에 관하여는 「행정심판법」 제15조, 제16조, 제20조부터 제22조까지, 제29조, 제39조, 제40조, 제42조 및 제51조를 준용하며, 이 경우 "위원회"는 "관세심사위원회", "조세심판관회의" 또는 "조세심판관합동회의"로 본다.(2011.12.31 단서개정)
② 제119조에 따른 위법한 처분에 대한 행정소송은 「행정소송법」 제18조제1항 본문, 제2항 및 제3항에도 불구하고 이 법에 따른 심사청구 또는 심판청구와 그에 대한 결정을 거치지 아니하면 제기할 수 없다. 다만, 심사청구 또는 심판청구에 대한 제128조제1항제3호 후단(제131조에서 「국세기본법」을 준용하는 경우를 포함한다)의 재조사 결정에 따른 처분청의 처분에 대한 행정소송은 그러하지 아니하다.(2018.12.31 단서신설)
③ 제2항 본문에 따른 행정소송은 「행정소송법」 제20조에도 불구하고 심사청구나 심판청구에 따른 결정을 통지받은 날부터 90일 이내에 제기하여야 한다. 다만, 제128조제2항 본문 또는 제131조에 따른 결정기간 내에 결정을 통지받지 못한 경우에는 제2항에도 불구하고 결정을 통지받기 전이라도 그 결정기간이 지난 날부터 행정소송을 제기할 수 있다.(2018.12.31 본문개정)
④ 제2항 단서에 따른 행정소송은 「행정소송법」 제20조에도 불구하고 다음 각 호의 구분에 따른 기간 내에 제기하여야 한다.

1. 이 법에 따른 심사청구 또는 심판청구를 거치지 아니하고 제기하는 경우 : 재조사 후 행한 처분청의 처분의 결과 통지를 받은 날부터 90일 이내. 다만, 제128조제5항 전단(제131조에 따라 「국세기본법」을 준용하는 경우를 포함한다)에 따른 처분기간(제128조제5항 후단에 따라 조사를 연기 또는 중지하거나 조사기간을 연장한 경우에는 해당 기간을 포함한다. 이하 이 호에서 같다)에 처분청의 처분 결과 통지를 받지 못하는 경우에는 그 처분기간이 지난 날부터 행정소송을 제기할 수 있다.
2. 이 법에 따른 심사청구 또는 심판청구를 거쳐 제기하는 경우 : 재조사 후 행한 처분청의 처분에 대하여 제기한 심사청구 또는 심판청구에 대한 결정의 통지를 받은 날부터 90일 이내. 다만, 제128조제2항(제131조에서 「국세기본법」을 준용하는 경우를 포함한다)에 따른 결정기간에 결정의 통지를 받지 못하는 경우에는 그 결정기간이 지난 날부터 행정소송을 제기할 수 있다.
(2018.12.31 본항신설)
⑤ 제119조제1항제2호에 따른 심사청구를 거친 경우에는 이 법에 따른 심사청구나 심판청구를 거친 것으로 보고 제2항을 준용한다.(2018.12.31 본항개정)
⑥ 제3항 및 제4항의 기간은 불변기간으로 한다.
(2018.12.31 본항개정)

제121조【심사청구기간】 ① 심사청구는 해당 처분을 한 것을 안 날(처분하였다는 통지를 받았을 때에는 통지를 받은 날)부터 90일 이내에 제기하여야 한다.
② 이의신청을 거친 후 심사청구를 하려는 경우에는 이의신청에 대한 결정을 통지받은 날부터 90일 이내에 하여야 한다. 다만, 제132조제4항 단서에 따른 결정기간 내에 결정을 통지받지 못한 경우에는 결정을 통지받기 전이라도 그 결정기간이 지난 날부터 심사청구를 할 수 있다.
③ 제1항과 제2항 본문의 기한 내에 우편으로 제출(「국세기본법」 제5조의2에서 정한 날을 기준으로 한다)한 심사청구서가 청구기간이 지나 세관장 또는 관세청장에게 도달한 경우에는 그 기간의 만료일에 청구된 것으로 본다.(2014.1.1 본항개정)
④ 심사청구인이 제10조에서 규정하는 사유(신고, 신청, 청구, 그 밖의 서류의 제출 및 통지에 관한 기한 연장 사유로 한정한다)로 제1항에서 정한 기간 내에 심사청구를 할 수 없을 때에는 그 사유가 소멸한 날부터 14일 이내에 심사청구를 할 수 있다. 이 경우 심사청구인은 그 기간 내에 심사청구를 할 수 없었던 사유, 그 사유가 발생한 날과 소멸한 날, 그 밖에 필요한 사항을 적은 문서를 함께 제출하여야 한다.

제122조【심사청구절차】 ① 심사청구는 대통령령으로 정하는 바에 따라 불복하는 사유를 심사청구서에 적어 해당 처분을 하였거나 하였어야 하는 세관장을 거쳐 관세청장에게 하여야 한다.
② 제121조에 따른 심사청구기간을 계산할 때에는 제1항에 따라 해당 심사청구서가 세관장에게 제출된 때에 심사청구가 된 것으로 본다. 해당 심사청구서가 제1항에 따른 세관장 외의 세관장이나 관세청장에게 제출된 경우에도 또한 같다.
③ 제1항에 따라 해당 심사청구서를 제출받은 세관장은 이를 받은 날부터 7일 내에 그 심사청구서에 의견서를 첨부하여 관세청장에게 보내야 한다.
④ 관세청장은 제3항에 따라 세관장의 의견서를 받은 때에는 지체 없이 해당 의견서의 부본을 심사청구인에게 송부하여야 한다.(2017.12.19 본항신설)
⑤ 심사청구인은 제4항에 따라 송부받은 의견서에 대하여 반대되는 증거서류 또는 증거물을 관세청장에게 제출할 수 있다.(2017.12.19 본항신설)

제123조【심사청구서의 보정】 ① 관세청장은 심사청구의 내용이나 절차가 이 절에 적합하지 아니하지만 보정할 수 있다고 인정되는 경우에는 20일 이내의 기간을 정하여 해당 사항을 보정할 것을 요구할 수 있다. 다만, 보정할 사항이 경미한 경우에는 직권으로 보정할 수 있다.
② 제1항 본문의 요구를 받은 심사청구인은 보정할 사항을 서면으로 작성하여 관세청장에게 제출하거나, 관세청에 출석하여 보정할 사항을 말하고 그 말한 내용을 세관공무원이 기록한 서면에 서명 또는 날인함으로써 보정할 수 있다.(2019.12.31 본항신설)
③ 제1항의 보정기간은 제121조에 따른 심사청구기간에 산입(算入)하지 아니한다.

제124조 (2022.12.31 삭제)

제125조【심사청구 등이 집행에 미치는 효력】 ① 이의신청ㆍ심사청구 또는 심판청구는 법령에 특별한 규정이 있는 경우를 제외하고는 해당 처분의 집행에 효력을 미치지 아니한다. 다만, 해당 재결청이 처분의 집행 또는 절차의 속행 때문에 이의신청인, 심사청구인 또는 심판청구인에게 중대한 손해가 생기는 것을 예방할 긴급한 필요성이 있다고 인정할 때에는 처분의 집행 또는 절차 속행의 전부 또는 일부의 정지(이하 "집행정지"라 한다)를 결정할 수 있다.(2019.12.31 단서개정)
② 재결청은 집행정지 또는 집행정지의 취소에 관하여 심리ㆍ결정하면 지체 없이 당사자에게 통지하여야 한다.(2019.12.31 본항신설)

제126조【대리인】 ① 이의신청인, 심사청구인 또는 심판청구인은 변호사나 관세사를 대리인으로 선임할 수 있다.(2016.12.20 본항개정)
② 이의신청인, 심사청구인 또는 심판청구인은 신청 또는 청구의 대상이 대통령령으로 정하는 금액 미만인 경우에는 배우자, 4촌 이내의 혈족 또는 배우자의 4촌 이내의 혈족을 대리인으로 선임할 수 있다.(2016.12.20 본항신설)
③ 대리인의 권한은 서면으로 증명하여야 한다.
④ 대리인은 본인을 위하여 청구에 관한 모든 행위를 할 수 있다. 다만, 청구의 취하는 특별한 위임을 받은 경우에만 할 수 있다.
⑤ 대리인을 해임하였을 때에는 그 뜻을 서면으로 해당 재결청에 신고하여야 한다.

제127조【결정절차】 ① 제122조에 따른 심사청구가 있으면 관세청장은 관세심사위원회의 의결에 따라 결정하여야 한다. 다만, 심사청구기간이 지난 후 심사청구가 제기된 경우 등 대통령령으로 정하는 사유에 해당하는 경우에는 그러하지 아니하다.(2020.12.22 본문개정)
② 관세청장은 제1항에 따른 관세심사위원회의 의결이 법령에 명백히 위반된다고 판단하는 경우 구체적인 사유를 적어 서면으로 관세심사위원회에 한 차례에 한정하여 다시 심의할 것을 요청할 수 있다.(2020.12.22 본항신설)
③ 관세심사위원회의 회의는 공개하지 아니한다. 다만, 관세심사위원회의 위원장이 필요하다고 인정할 때에는 공개할 수 있다.

제128조【결정】 ① 심사청구에 대한 결정은 다음 각 호의 구분에 따른다.
1. 심사청구가 다음 각 목의 어느 하나에 해당하는 경우 : 그 청구를 각하하는 결정
   가. 심판청구를 제기한 후 심사청구를 제기(같은 날 제기한 경우도 포함한다)한 경우
   나. 제121조에 따른 심사청구 기간이 지난 후에 심사청구를 제기한 경우
   다. 제123조에 따른 보정기간 내에 필요한 보정을 하지 아니한 경우

라. 적법하지 아니한 심사청구를 제기한 경우
마. 가목부터 라목까지의 규정에 따른 경우와 유사한 경우로서 대통령령으로 정하는 경우
(2016.12.20 본호개정)
2. 심사청구가 이유 없다고 인정되는 경우 : 그 청구를 기각하는 결정
3. 심사청구가 이유 있다고 인정되는 경우 : 그 청구의 대상이 된 처분의 취소·경정 또는 필요한 처분의 결정. 이 경우 취소·경정 또는 필요한 처분을 하기 위하여 사실관계 확인 등 추가적으로 조사가 필요한 경우에는 처분청으로 하여금 이를 재조사하여 그 결과에 따라 취소·경정하거나 필요한 처분을 하도록 하는 재조사 결정을 할 수 있다.(2017.12.19 본호개정)
② 제1항에 따른 결정은 심사청구를 받은 날부터 90일 이내에 하여야 한다. 다만, 부득이한 사유가 있을 때에는 그러하지 아니하다.
③ 제1항에 따른 결정을 하였을 때에는 제2항의 결정기간 내에 그 이유를 적은 결정서를 심사청구인에게 통지하여야 한다.
④ 제123조에 따른 보정기간은 제2항에 따른 결정기간에 산입하지 아니한다.
⑤ 제1항제3호 후단에 따른 재조사 결정이 있는 경우 처분청은 재조사 결정일부터 60일 이내에 결정서 주문에 기재된 범위에 한정하여 조사하고, 그 결과에 따라 취소·경정하거나 필요한 처분을 하여야 한다. 이 경우 처분청은 대통령령으로 정하는 바에 따라 조사를 연기 또는 중지하거나 조사기간을 연장할 수 있다.
(2017.12.19 본항신설)
⑥ 제1항제3호 후단 및 제5항에서 규정한 사항 외에 재조사 결정에 필요한 사항은 대통령령으로 정한다.
(2017.12.19 본항신설)

제128조의2【불고불리·불이익변경 금지】① 관세청장은 제128조에 따른 결정을 할 때 심사청구를 한 처분 외의 처분에 대해서는 그 처분의 전부 또는 일부를 취소 또는 변경하거나 새로운 처분의 결정을 하지 못한다.
② 관세청장은 제128조에 따른 결정을 할 때 심사청구를 한 처분보다 청구인에게 불리한 결정을 하지 못한다.
(2019.12.31 본조신설)

제129조【불복방법의 통지】① 이의신청·심사청구 또는 심판청구의 재청구는 결정서에 다음 각 호의 구분에 따른 사항을 함께 적어야 한다.
1. 이의신청인 경우 : 결정서를 받은 날부터 90일 이내에 심사청구 또는 심판청구를 제기할 수 있다는 뜻
2. 심사청구 또는 심판청구인 경우 : 결정서를 받은 날부터 90일 이내에 행정소송을 제기할 수 있다는 뜻
② 이의신청·심사청구 또는 심판청구의 재결청은 해당 신청 또는 청구에 대한 결정기간이 지날 때까지 결정을 하지 못한 경우에는 지체 없이 신청인 또는 청구인에게 다음 각 호의 사항을 서면으로 통지하여야 한다.
1. 이의신청인 경우 : 결정을 통지받기 전이라도 그 결정기간이 지난 날부터 심사청구 또는 심판청구를 제기할 수 있다는 뜻
2. 심사청구 또는 심판청구인 경우 : 결정을 통지받기 전이라도 그 결정기간이 지난 날부터 행정소송을 제기할 수 있다는 뜻

제129조의2【정보통신망을 이용한 불복청구】① 이의신청인, 심사청구인 또는 심판청구인은 관세청장 또는 조세심판원장이 운영하는 정보통신망을 이용하여 이의신청서, 심사청구서 또는 심판청구서를 제출할 수 있다.
② 제1항에 따라 이의신청서, 심사청구서 또는 심판청구서를 제출하는 경우에는 관세청장 또는 조세심판원장에게 이의신청서, 심사청구서 또는 심판청구서가 전송된 때에 이 법에 따라 제출된 것으로 본다.
(2019.12.31 본조신설)

제130조【서류의 열람 및 의견 진술】 이의신청인·심사청구인·심판청구인 또는 처분청(처분청의 경우 심판청구에 한정한다)은 그 청구와 관계되는 서류를 열람할 수 있으며 대통령령으로 정하는 바에 따라 해당 재결청에 의견을 진술할 수 있다.(2015.12.15 본조개정)

제131조【심판청구】 제119조제1항에 따른 심판청구에 관하여는 다음 각 호의 규정을 준용한다.
1. 「국세기본법」 제65조의2 및 제7장제3절(제80조의2는 제외한다). 이 경우 「국세기본법」 중 "세무서장"은 "세관장"으로, "국세청장"은 "관세청장"으로 보며, 같은 법 제79조제1항·제2항 및 제80조제1항 중 "제80조의2에서 준용하는 제65조에 따른 결정"은 각각 "제128조에 따른 결정"으로 본다.
2. 제121조제3항·제4항, 제123조 및 제128조(제1항제1호가목 중 심사청구와 심판청구를 같은 날 제기한 경우는 제외한다). 이 경우 제123조제1항 본문 중 "20일 이내의 기간"은 "상당한 기간"으로 본다.
(2023.12.31 본조개정)

제132조【이의신청】① 이의신청은 대통령령으로 정하는 바에 따라 불복의 사유를 갖추어 해당 처분을 하였거나 하였어야 할 세관장에게 하여야 한다. 이 경우 제258조에 따른 결정사항 또는 제259조제1항에 따른 세액에 관한 이의신청은 해당 결정사항 또는 세액에 관한 통지를 직접 우송한 우체국의 장에게 이의신청서를 제출함으로써 할 수 있고, 우체국의 장이 이의신청서를 접수한 때에 세관장이 접수한 것으로 본다.
② 제1항에 따라 이의신청을 받은 세관장은 관세심사위원회의 심의를 거쳐 결정하여야 한다.(2011.12.31 본항개정)
③ (2011.12.31 삭제)
④ 이의신청에 관하여는 제121조, 제122조제2항, 제123조, 제127조제1항 단서·같은 조 제3항, 제128조 및 제128조의2를 준용한다. 다만, 제128조제2항 중 "90일"은 "30일"(제6항에 따라 증거서류 또는 증거물을 제출한 경우에는 "60일")로 본다.(2020.12.22 본문개정)
⑤ 제1항에 따라 이의신청을 받은 세관장은 이의신청을 받은 날부터 7일 이내에 이의신청의 대상이 된 처분에 대한 의견서를 이의신청인에게 송부하여야 한다. 이 경우 의견서에는 처분의 근거·이유 및 처분의 이유가 된 사실 등이 구체적으로 기재되어야 한다.
(2017.12.19 본항신설)
⑥ 이의신청인은 제5항 전단에 따라 송부받은 의견서에 대하여 반대되는 증거서류 또는 증거물을 세관장에게 제출할 수 있다.(2017.12.19 본항신설)

제6장　운송수단
(2010.12.30 본장개정)

제1절　국제항
(2020.12.22 본절제목개정)

제133조【국제항의 지정 등】① 국제항은 대통령령으로 지정한다.
② 제1항에 따른 국제항의 시설기준 등에 관하여 필요한 사항은 대통령령으로 정한다.
③ 국제항의 운영자는 국제항이 제2항에 따른 시설기준 등에 미치지 못하게 된 경우 그 시설 등을 신속하게 개선하여야 하며, 기획재정부장관은 대통령령으로 정하는 바에 따라 그 시설 등의 개선을 명할 수 있다.
(2020.12.22 본조개정)
제134조【국제항 등에의 출입】① 국제무역선이나 국제무역기는 국제항에 한정하여 운항할 수 있다. 다만, 대통령령으로 정하는 바에 따라 국제항이 아닌 지역에

대한 출입의 허가를 받은 경우에는 그러하지 아니하다. (2020.12.22 본항개정)

② 국제무역선의 선장이나 국제무역기의 기장은 제1항 단서에 따른 허가를 받으려면 기획재정부령으로 정하는 바에 따라 허가수수료를 납부하여야 한다. (2020.12.22 본항개정)

③ 세관장은 제1항 단서에 따른 허가의 신청을 받은 날부터 10일 이내에 허가 여부를 신청인에게 통지하여야 한다.(2018.12.31 본항신설)

④ 세관장이 제3항에서 정한 기간 내에 허가 여부 또는 민원 처리 관련 법령에 따른 처리기간의 연장을 신청인에게 통지하지 아니하면 그 기간(민원 처리 관련 법령에 따라 처리기간이 연장 또는 재연장된 경우에는 해당 처리기간을 말한다)이 끝난 날의 다음 날에 허가를 한 것으로 본다.(2018.12.31 본항신설)

(2020.12.22 본조제목개정)

제2절 선박과 항공기

제1관 입출항절차

제135조【입항절차】 ① 국제무역선이나 국제무역기가 국제항(제134조제1항 단서에 따라 출입허가를 받은 지역을 포함한다. 이하 같다)에 입항하였을 때에는 선장이나 기장은 대통령령으로 정하는 사항이 적힌 선박용품 또는 항공기용품의 목록, 여객명부, 승무원명부, 승무원 휴대품목록과 적재화물목록을 첨부하여 지체 없이 세관장에게 입항보고를 하여야 하며, 국제무역선은 선박국적증서와 최종 출발항의 출항허가증이나 이를 갈음할 서류를 제시하여야 한다. 다만, 세관장은 감시ㆍ단속에 지장이 없다고 인정될 때에는 선박용품 또는 항공기용품의 목록이나 승무원 휴대품목록의 첨부를 생략하게 할 수 있다.

② 세관장은 신속한 입항 및 통관절차의 이행과 효율적인 감시ㆍ단속을 위하여 필요할 때에는 관세청장이 정하는 바에 따라 입항하는 해당 선박 또는 항공기가 소속된 선박회사 또는 항공사(그 업무를 대행하는 자를 포함한다. 이하 같다)로 하여금 제1항에 따른 여객명부ㆍ적재화물목록 등을 입항하기 전에 제출하게 할 수 있다. 다만, 제222조제1항제2호에 따른 화물운송주선업자(제254조의2제1항에 따른 탁송품 운송업자로 한정한다. 이하 이 항에서 같다)로서 대통령령으로 정하는 요건을 갖춘 자가 작성한 적재화물목록은 관세청장이 정하는 바에 따라 해당 화물운송주선업자로 하여금 제출하게 할 수 있다.

(2020.12.22 본조개정)

제136조【출항절차】 ① 국제무역선이나 국제무역기가 국제항을 출항하려면 선장이나 기장은 출항하기 전에 세관장에게 출항허가를 받아야 한다.(2020.12.22 본항개정)

② 선장이나 기장은 제1항에 따른 출항허가를 받으려면 그 국제항에서 적재화물목록을 제출하여야 한다. 다만, 세관장이 출항절차를 신속하게 진행하기 위하여 필요하다고 인정하여 출항허가 후 7일의 범위에서 따로 기간을 정하는 경우에는 그 기간 내에 그 목록을 제출할 수 있다.(2020.12.22 본문개정)

③ 세관장은 신속한 출항 및 통관절차의 이행과 효율적인 감시ㆍ단속을 위하여 필요한 경우에는 관세청장이 정하는 바에 따라 출항하는 해당 국제무역선 또는 국제무역기가 소속된 선박회사 또는 항공사로 하여금 제2항에 따른 적재화물목록을 출항허가 신청 전에 제출하게 할 수 있다. 다만, 제222조제1항제2호에 따른 화물운송주선업자(제254조의2제1항에 따른 탁송품 운송업자로 한정한다. 이하 이 항에서 같다)로서 대통령령

으로 정하는 요건을 갖춘 자가 작성한 적재화물목록은 관세청장이 정하는 바에 따라 해당 화물운송주선업자로 하여금 제출하게 할 수 있다.(2020.12.22 본항개정)

④ 세관장은 제1항에 따른 허가의 신청을 받은 날부터 10일 이내에 허가 여부를 신청인에게 통지하여야 한다.(2018.12.31 본항신설)

⑤ 세관장이 제4항에서 정한 기간 내에 허가 여부 또는 민원 처리 관련 법령에 따른 처리기간의 연장을 신청인에게 통지하지 아니하면 그 기간(민원 처리 관련 법령에 따라 처리기간이 연장 또는 재연장된 경우에는 해당 처리기간을 말한다)이 끝난 날의 다음 날에 허가를 한 것으로 본다.(2019.12.31 본항개정)

제137조【간이 입출항절차】 ① 국제무역선이나 국제무역기가 국제항에 입항하여 물품(선박용품 또는 항공기용품과 승무원의 휴대품은 제외한다)을 하역하지 아니하고 입항한 때부터 24시간 이내에 출항하는 경우 세관장은 제135조에 따른 적재화물목록, 선박용품 또는 항공기용품의 목록, 여객명부, 승무원명부, 승무원 휴대품목록 또는 제136조에 따른 적재화물목록의 제출을 생략하게 할 수 있다.

② 세관장은 국제무역선이나 국제무역기가 국제항에 입항하여 제135조에 따른 절차를 마친 후 다시 우리나라의 다른 국제항에 입항할 때에는 제1항을 준용하여 서류제출의 생략 등 간소한 절차로 입출항하게 할 수 있다.

(2020.12.22 본조개정)

제137조의2【승객예약자료의 요청】 ① 세관장은 다음 각 호의 어느 하나에 해당하는 업무를 수행하기 위하여 필요한 경우 제135조에 따라 입항하거나 제136조에 따라 출항하는 선박 또는 항공기가 소속된 선박회사 또는 항공사가 운영하는 예약정보시스템의 승객예약자료(이하 이 조에서 "승객예약자료"라 한다)를 정보통신망을 통하여 열람하거나 기획재정부령으로 정하는 시한 내에 제출하여 줄 것을 선박회사 또는 항공사에 요청할 수 있다. 이 경우 해당 선박회사 또는 항공사는 이에 따라야 한다.

1. 제234조에 따른 수출입금지물품을 수출입한 자 또는 수출입하려는 자에 대한 검사업무

2. 제241조제1항ㆍ제2항을 위반한 자 또는 제241조제1항ㆍ제2항을 위반하여 다음 각 목의 어느 하나의 물품을 수출입하거나 반송하려는 자에 대한 검사업무
   가. 「마약류관리에 관한 법률」에 따른 마약류(이하 "마약류"라 한다)(2023.12.31 본목개정)
   나. 「총포ㆍ도검ㆍ화약류 등 단속법」에 따른 총포ㆍ도검ㆍ화약류ㆍ분사기ㆍ전자충격기 및 석궁

② 세관장이 제1항에 따라 열람이나 제출을 요청할 수 있는 승객예약자료는 다음 각 호의 자료로 한정한다.

1. 국적, 성명, 생년월일, 여권번호 및 예약번호
2. 주소 및 전화번호
3. 예약 및 탑승수속 시점
4. 항공권 또는 승선표의 번호ㆍ발권일ㆍ발권도시 및 대금결제방법
5. 여행경로 및 여행사
6. 동반탑승자 및 좌석번호
7. 수하물 자료
8. 항공사 또는 선박회사의 회원으로 가입한 경우 그 회원번호 및 등급과 승객주문정보

③ 제1항에 따라 제공받은 승객예약자료를 열람할 수 있는 사람은 관세청장이 지정하는 세관공무원으로 한정한다.

④ 제3항에 따른 세관공무원은 직무상 알게 된 승객예약자료를 누설 또는 권한 없이 처리하거나 타인이 이용하도록 제공하는 등 부당한 목적을 위하여 사용하여서는 아니 된다.

⑤ 제1항에 따라 제공받은 승객예약자료의 열람방법, 보존기한 등에 관하여 필요한 사항은 대통령령으로 정한다.

제2관 재해나 그 밖의 부득이한 사유로 인한 면책 등

제138조 【재해나 그 밖의 부득이한 사유로 인한 면책】 ① 제134조부터 제137조까지 및 제140조부터 제143조까지의 규정은 재해나 그 밖의 부득이한 사유에 의한 경우에는 적용하지 아니한다.
② 제1항의 경우 선장이나 기장은 지체 없이 그 이유를 세관공무원이나 경찰공무원(세관공무원이 없는 경우로 한정한다)에게 신고하여야 한다.(2020.12.22 본항개정)
③ 제2항에 따른 신고를 받은 경찰공무원은 지체 없이 그 내용을 세관공무원에게 통보하여야 한다. (2020.12.22 본항개정)
④ 선장이나 기장은 재해나 그 밖의 부득이한 사유가 종료되었을 때에는 지체 없이 세관장에게 그 경과를 보고하여야 한다.

제139조 【임시 외국 정박 또는 착륙의 보고】 재해나 그 밖의 부득이한 사유로 국내운항선이나 국내운항기가 외국에 임시 정박 또는 착륙하고 우리나라로 되돌아왔을 때에는 선장이나 기장은 지체 없이 그 사실을 세관장에게 보고하여야 하며, 외국에서 적재한 물품이 있을 때에는 그 목록을 제출하여야 한다.
(2020.12.22 본조개정)

제3관 물품의 하역

제140조 【물품의 하역】 ① 국제무역선이나 국제무역기는 제135조에 따른 입항절차를 마친 후가 아니면 물품을 하역하거나 환적할 수 없다. 다만, 세관장의 허가를 받은 경우에는 그러하지 아니하다.(2020.12.22 본문개정)
② 세관장은 제1항 단서에 따른 허가의 신청을 받은 날부터 10일 이내에 허가 여부를 신청인에게 통지하여야 한다.(2018.12.31 본항신설)
③ 세관장이 제2항에서 정한 기간 내에 허가 여부 또는 민원 처리 관련 법령에 따른 처리기간의 연장을 신청인에게 통지하지 아니하면 그 기간(민원 처리 관련 법령에 따라 처리기간이 연장 또는 재연장된 경우에는 해당 처리기간을 말한다)이 끝난 날의 다음 날에 허가를 한 것으로 본다.(2018.12.31 본항신설)
④ 국제무역선이나 국제무역기에 물품을 하역하려면 세관장에게 신고하고 현장에서 세관공무원의 확인을 받아야 한다. 다만, 세관공무원이 확인할 필요가 없다고 인정하는 경우에는 그러하지 아니하다.(2021.12.21 본문개정)
⑤ 세관장은 감시ㆍ단속을 위하여 필요할 때에는 제4항에 따라 물품을 하역하는 장소 및 통로(이하 "하역통로"라 한다)와 기간을 제한할 수 있다.(2018.12.31 본항개정)
⑥ 국제무역선이나 국제무역기에는 내국물품을 적재할 수 없으며, 국내운항선이나 국내운항기에는 외국물품을 적재할 수 없다. 다만, 세관장의 허가를 받았을 때에는 그러하지 아니하다.(2020.12.22 본문개정)
⑦ 세관장은 제4항에 따라 신고된 물품이 폐기물ㆍ화학물질 등 관세청장이 관계 중앙행정기관의 장과 협의하여 고시하는 물품으로서 하역 장소 및 통로, 기간을 제한하는 방법으로는 사회안전 또는 국민보건 피해를 방지하기 어렵다고 인정되는 경우에는 하역을 제한하고, 적절한 조치 또는 반송을 명할 수 있다. (2020.12.22 본항신설)

제141조 【외국물품의 일시양륙 등】 다음 각 호의 어느 하나에 해당하는 행위를 하려면 세관장에게 신고를 하고, 현장에서 세관공무원의 확인을 받아야 한다. 다만, 관세청장이 감시ㆍ단속에 지장이 없다고 인정하여 따로 정하는 경우에는 간소한 방법으로 신고 또는 확인하거나 이를 생략하게 할 수 있다.
1. 외국물품을 운송수단으로부터 일시적으로 육지에 내려 놓으려는 경우
2. 해당 운송수단의 여객ㆍ승무원 또는 운전자가 아닌 자가 타려는 경우
3. 외국물품을 적재한 운송수단에서 다른 운송수단으로 물품을 환적 또는 복합환적하거나 사람을 이동시키는 경우

제142조 【항외 하역】 ① 국제무역선이 국제항의 바깥에서 물품을 하역하거나 환적하려는 경우에는 선장은 세관장의 허가를 받아야 한다.(2020.12.22 본항개정)
② 선장은 제1항에 따른 허가를 받으려면 기획재정부령으로 정하는 바에 따라 허가수수료를 납부하여야 한다.
③ 세관장은 제1항에 따른 허가의 신청을 받은 날부터 10일 이내에 허가 여부를 신청인에게 통지하여야 한다. (2018.12.31 본항신설)
④ 세관장이 제3항에서 정한 기간 내에 허가 여부 또는 민원 처리 관련 법령에 따른 처리기간의 연장을 신청인에게 통지하지 아니하면 그 기간(민원 처리 관련 법령에 따라 처리기간이 연장 또는 재연장된 경우에는 해당 처리기간을 말한다)이 끝난 날의 다음 날에 허가를 한 것으로 본다.(2018.12.31 본항신설)

제143조 【선박용품 및 항공기용품 등의 하역 등】 ① 다음 각 호의 어느 하나에 해당하는 물품을 국제무역선ㆍ국제무역기 또는 「원양산업발전법」 제2조제6호에 따른 조업에 사용되는 선박(이하 이 조에서 "원양어선"이라 한다)에 하역하거나 환적하려면 세관장의 허가를 받아야 하며, 하역 또는 환적허가의 내용대로 하역하거나 환적하여야 한다.(2021.12.21 본문개정)
1. 선박용품 또는 항공기용품
2. 국제무역선 또는 국제무역기 안에서 판매하는 물품
3. 「원양산업발전법」 제6조제1항, 제17조제1항 및 제3항에 따라 해양수산부장관의 허가ㆍ승인 또는 지정을 받은 자가 조업하는 원양어선에 무상으로 송부하기 위하여 반출하는 물품으로서 해양수산부장관이 확인한 물품(2021.12.21 본호신설)
(2020.12.22 본항개정)
② 제1항 각 호의 어느 하나에 해당하는 물품이 외국으로부터 우리나라에 도착한 외국물품일 때에는 보세구역으로부터 국제무역선ㆍ국제무역기 또는 원양어선에 적재하는 경우에만 그 외국물품을 그대로 적재할 수 있다.(2021.12.21 본항개정)
③ 제1항 각 호에 따른 물품의 종류와 수량은 선박이나 항공기의 종류, 톤수 또는 무게, 항행일수ㆍ운행일수 또는 조업일수, 여객과 승무원ㆍ선원의 수 등을 고려하여 세관장이 타당하다고 인정하는 범위이어야 한다. (2021.12.21 본항개정)
④ 세관장은 제1항에 따른 허가의 신청을 받은 날부터 10일 이내에 허가 여부를 신청인에게 통지하여야 한다. (2018.12.31 본항신설)
⑤ 세관장이 제4항에서 정한 기간 내에 허가 여부 또는 민원 처리 관련 법령에 따른 처리기간의 연장을 신청인에게 통지하지 아니하면 그 기간(민원 처리 관련 법령에 따라 처리기간이 연장 또는 재연장된 경우에는 해당 처리기간을 말한다)이 끝난 날의 다음 날에 허가를 한 것으로 본다.(2018.12.31 본항신설)
⑥ 제2항에 따른 외국물품이 제1항에 따른 하역 또는 환적허가의 내용대로 운송수단에 적재되지 아니한 경우에는 해당 허가를 받은 자로부터 즉시 그 관세를 징

수한다. 다만, 다음 각 호의 어느 하나에 해당하는 경우에는 그러하지 아니하다.(2021.12.21 본문개정)
1. 세관장이 지정한 기간 내에 그 물품이 다시 보세구역에 반입된 경우
2. 재해나 그 밖의 부득이한 사유로 멸실된 경우
3. 미리 세관장의 승인을 받고 폐기한 경우
⑦ 제1항에 따라 허가를 받아야 하는 물품의 종류와 수량, 사용 또는 판매내역관리, 하역 또는 환적절차 등에 관하여 필요한 사항은 관세청장이 정하여 고시한다.
(2014.12.23 본항개정)
(2021.12.21 본조제목개정)

제4관 국제무역선의 국내운항선으로의 전환 등
(2020.12.22 본관제목개정)

제144조【국제무역선의 국내운항선으로의 전환 등】
국제무역선 또는 국제무역기를 국내운항선 또는 국내운항기로 전환하거나, 국내운항선 또는 국내운항기를 국제무역선 또는 국제무역기로 전환하려면 선장이나 기장은 세관장의 승인을 받아야 한다.(2020.12.22 본조개정)
제145조【선장 등의 직무대행자】 선장이나 기장이 하여야 할 직무를 대행하는 자에게도 제134조제2항, 제135조제1항, 제136조, 제138조제2항·제4항, 제139조, 제142조 및 제144조를 적용한다.
제146조【그 밖의 선박 또는 항공기】 ① 다음 각 호의 어느 하나에 해당하는 선박이나 항공기는 국제무역선이나 국제무역기에 관한 규정을 준용한다. 다만, 대통령령으로 정하는 선박 및 항공기에 대해서는 그러하지 아니하다.
1. 국제무역선 또는 국제무역기 외의 선박이나 항공기로서 외국에 운항하는 선박 또는 항공기
2. 외국을 왕래하는 여행자와 제241조제2항제1호의 물품을 전용으로 운송하기 위하여 국내에서만 운항하는 항공기(이하 "환승전용국내운항기"라 한다)
② 제1항에도 불구하고 환승전용국내운항기에 대해서는 제143조제2항은 적용하지 아니하며 효율적인 통관 및 감시·단속을 위하여 필요한 사항은 대통령령으로 따로 정할 수 있다.
(2020.12.22 본조개정)
제147조【국경하천을 운항하는 선박】 국경하천만을 운항하는 내국선박에 대해서는 국제무역선에 관한 규정을 적용하지 아니한다.(2020.12.22 본조개정)

제3절 차 량

제148조【관세통로】 ① 국경을 출입하는 차량(이하 "국경출입차량"이라 한다)은 관세통로를 경유하여야 하며, 통관역이나 통관장에 정차하여야 한다.
② 제1항에 따른 관세통로는 육상국경(陸上國境)으로부터 통관역에 이르는 철도와 육상국경으로부터 통관장에 이르는 육로 또는 수로 중에서 세관장이 지정한다.
③ 통관역은 국외와 연결되고 국경에 근접한 철도역 중에서 관세청장이 지정한다.
④ 통관장은 관세통로에 접속한 장소 중에서 세관장이 지정한다.
제149조【국경출입차량의 도착절차】 ① 국경출입차량이 통관역이나 통관장에 도착하면 통관역장이나 도로차량(선박·철도차량 또는 항공기가 아닌 운송수단을 말한다. 이하 같다)의 운전자는 차량용품목록·여객명부·승무원명부 및 승무원 휴대품목록과 관세청장이 정하는 적재화물목록을 첨부하여 지체 없이 세관장에게 도착보고를 하여야 하며, 최종 출발지의 출발허가서 또는 이를 갈음하는 서류를 제시하여야 한다. 다만, 세

관장은 감시·단속에 지장이 없다고 인정될 때에는 차량용품목록이나 승무원 휴대품목록의 첨부를 생략하게 할 수 있다.(2020.12.22 본문개정)
② 세관장은 신속한 입국 및 통관절차의 이행과 효율적인 감시·단속을 위하여 필요한 경우에는 관세청장이 정하는 바에 따라 도착하는 해당 차량이 소속된 회사(그 업무를 대행하는 자를 포함한다. 이하 같다)로 하여금 제1항에 따른 여객명부·적재화물목록 등을 도착하기 전에 제출하게 할 수 있다.(2020.12.22 본항개정)
③ 제1항에도 불구하고 대통령령으로 정하는 물품을 일정 기간에 일정량으로 나누어 반복적으로 운송하는 데에 사용되는 도로차량의 운전자는 제152조제2항에 따라 사증(査證)을 받는 것으로 도착보고를 대신할 수 있다. 다만, 최종 도착보고의 경우는 제외한다.
④ 제3항에 따라 사증을 받는 것으로 도착보고를 대신하는 도로차량의 운전자는 최종 도착보고를 할 때에 제1항에 따른 서류를 한꺼번에 제출하여야 한다.
제150조【국경출입차량의 출발절차】 ① 국경출입차량이 통관역이나 통관장을 출발하려면 통관역장이나 도로차량의 운전자는 출발하기 전에 세관장에게 출발보고를 하고 출발허가를 받아야 한다.
② 통관역장이나 도로차량의 운전자는 제1항에 따른 허가를 받으려면 그 통관역 또는 통관장에서 적재한 물품의 목록을 제출하여야 한다.
③ 제1항에도 불구하고 대통령령으로 정하는 물품을 일정 기간에 일정량으로 나누어 반복적으로 운송하는 데에 사용되는 도로차량의 운전자는 제152조제2항에 따라 사증을 받는 것으로 출발보고 및 출발허가를 대신할 수 있다. 다만, 최초 출발보고와 최초 출발허가의 경우는 제외한다.
④ 제3항에 따른 도로차량을 운행하려는 자는 기획재정부령으로 정하는 바에 따라 미리 세관장에게 신고하여야 한다.
제151조【물품의 하역 등】 ① 통관역이나 통관장에서 외국물품을 차량에 하역하려는 자는 세관장에게 신고를 하고, 현장에서 세관공무원의 확인을 받아야 한다. 다만, 세관공무원이 확인할 필요가 없다고 인정할 때에는 그러하지 아니하다.
② 차량용품과 국경출입차량 안에서 판매할 물품을 해당 차량에 하역하거나 환적하는 경우에는 제143조를 준용한다.
제151조의2【국경출입차량의 국내운행차량으로의 전환 등】 국경출입차량을 국내에서만 운행하는 차량(이하 "국내운행차량"이라 한다)으로 전환하거나 국내운행차량을 국경출입차량으로 전환하려는 경우에는 통관역장 또는 도로차량의 운전자는 세관장의 승인을 받아야 한다. 다만, 기획재정부령으로 정하는 차량의 경우에는 그러하지 아니하다.
제151조의3【통관역장 등의 직무대행자】 통관역장이나 도로차량의 운전자가 하여야 할 직무를 대행하는 자에게도 제149조제1항, 제150조, 제151조의2 및 제152조를 적용한다.
제152조【도로차량의 국경출입】 ① 국경을 출입하려는 도로차량의 운전자는 해당 도로차량이 국경을 출입할 수 있음을 증명하는 서류를 세관장으로부터 발급받아야 한다.
② 국경을 출입하는 도로차량의 운전자는 출입할 때마다 제1항에 따른 서류를 세관공무원에게 제시하고 사증을 받아야 한다. 이 경우 전자적인 방법으로 서류의 제시 및 사증 발급을 대신할 수 있다.
③ 제2항에 따른 사증을 받으려는 자는 기획재정부령으로 정하는 바에 따라 수수료를 납부하여야 한다. 다만, 기획재정부령으로 정하는 차량은 수수료를 면제한다.
제153조 (2006.12.30 삭제)

제7장 보세구역
(2010.12.30 본장개정)

제1절 통 칙

제154조【보세구역의 종류】 보세구역은 지정보세구역·특허보세구역 및 종합보세구역으로 구분하고, 지정보세구역은 지정장치장 및 세관검사장으로 구분하며, 특허보세구역은 보세창고·보세공장·보세전시장·보세건설장 및 보세판매장으로 구분한다.

제155조【물품의 장치】 ① 외국물품과 제221조제1항에 따른 내국운송의 신고를 하려는 내국물품은 보세구역이 아닌 장소에 장치할 수 없다. 다만, 다음 각 호의 어느 하나에 해당하는 물품은 그러하지 아니하다.
1. 제241조제1항에 따른 수출신고가 수리된 물품
2. 크기 또는 무게의 과다나 그 밖의 사유로 보세구역에 장치하기 곤란하거나 부적당한 물품
3. 재해나 그 밖의 부득이한 사유로 임시로 장치한 물품
4. 검역물품
5. 압수물품
6. 우편물품
② 제1항제1호부터 제4호까지에 해당되는 물품에 대하여는 제157조, 제158조부터 제161조까지, 제163조, 제172조, 제177조, 제208조부터 제212조까지 및 제321조를 준용한다.

제156조【보세구역 외 장치의 허가】 ① 제155조제1항제2호에 해당하는 물품을 보세구역이 아닌 장소에 장치하려는 자는 세관장의 허가를 받아야 한다.
② 세관장은 외국물품에 대하여 제1항의 허가를 하려는 때에는 그 물품의 관세에 상당하는 담보의 제공, 필요한 시설의 설치 등을 명할 수 있다.
③ 제1항에 따른 허가를 받으려는 자는 기획재정부령으로 정하는 금액과 방법 등에 따라 수수료를 납부하여야 한다.

제157조【물품의 반입·반출】 ① 보세구역에 물품을 반입하거나 반출하려는 자는 대통령령으로 정하는 바에 따라 세관장에게 신고하여야 한다.
② 제1항에 따라 보세구역에 물품을 반입하거나 반출하려는 경우에는 세관장은 세관공무원을 참여시킬 수 있으며, 세관공무원은 해당 물품을 검사할 수 있다.
③ 세관장은 보세구역에 반입할 수 있는 물품의 종류를 제한할 수 있다.

제157조의2【수입신고수리물품의 반출】 관세청장이 정하는 보세구역에 반입되어 수입신고가 수리된 물품의 화주 또는 반입자는 제177조에도 불구하고 그 수입신고 수리일부터 15일 이내에 해당 물품을 보세구역으로부터 반출하여야 한다. 다만, 외국물품을 장치하는 데에 방해가 되지 아니하는 것으로 인정되어 세관장으로부터 해당 반출기간의 연장승인을 받았을 때에는 그러하지 아니하다.

제158조【보수작업】 ① 보세구역에 장치된 물품은 그 현상을 유지하기 위하여 필요한 보수작업과 그 성질을 변하지 아니하게 하는 범위에서 포장을 바꾸거나 구분·분할·합병을 하거나 그 밖의 비슷한 보수작업을 할 수 있다. 이 경우 보세구역에서의 보수작업이 곤란하다고 세관장이 인정할 때에는 기간과 장소를 지정받아 보세구역 밖에서 보수작업을 할 수 있다.
② 제1항에 따른 보수작업을 하려는 자는 세관장의 승인을 받아야 한다.
③ 세관장은 제2항에 따른 승인의 신청을 받은 날부터 10일 이내에 승인 여부를 신청인에게 통지하여야 한다.(2018.12.31 본항신설)

④ 세관장이 제3항에서 정한 기간 내에 승인 여부 또는 민원 처리 관련 법령에 따른 처리기간의 연장을 신청인에게 통지하지 아니하면 그 기간(민원 처리 관련 법령에 따라 처리기간이 연장 또는 재연장된 경우에는 해당 처리기간을 말한다)이 끝난 날의 다음 날에 승인을 한 것으로 본다.(2018.12.31 본항신설)
⑤ 제1항에 따른 보수작업으로 외국물품에 부가된 내국물품은 외국물품으로 본다.
⑥ 외국물품은 수입될 물품의 보수작업의 재료로 사용할 수 없다.
⑦ 제1항 후단에 따라 보수작업을 하는 경우 해당 물품에 관한 반출검사 등에 관하여는 제187조제4항·제5항 및 제7항을 준용한다.(2018.12.31 본항개정)

제159조【해체·절단 등의 작업】 ① 보세구역에 장치된 물품에 대하여는 그 원형을 변경하거나 해체·절단 등의 작업을 할 수 있다.
② 제1항에 따른 작업을 하려는 자는 세관장의 허가를 받아야 한다.
③ 세관장은 제2항에 따른 허가의 신청을 받은 날부터 10일 이내에 허가 여부를 신청인에게 통지하여야 한다.(2018.12.31 본항신설)
④ 세관장이 제3항에서 정한 기간 내에 허가 여부 또는 민원 처리 관련 법령에 따른 처리기간의 연장을 신청인에게 통지하지 아니하면 그 기간(민원 처리 관련 법령에 따라 처리기간이 연장 또는 재연장된 경우에는 해당 처리기간을 말한다)이 끝난 날의 다음 날에 허가를 한 것으로 본다.(2018.12.31 본항신설)
⑤ 제1항에 따라 작업을 할 수 있는 물품의 종류는 관세청장이 정한다.
⑥ 세관장은 수입신고한 물품에 대하여 필요하다고 인정될 때에는 화주 또는 그 위임을 받은 자에게 제1항에 따른 작업을 할 수 있다.

제160조【장치물품의 폐기】 ① 부패·손상되거나 그 밖의 사유로 보세구역에 장치된 물품을 폐기하려는 자는 세관장의 승인을 받아야 한다.
② 보세구역에 장치된 외국물품이 멸실되거나 폐기되었을 때에는 그 운영인이나 보관인으로부터 즉시 그 관세를 징수한다. 다만, 재해나 그 밖의 부득이한 사유로 멸실된 때와 미리 세관장의 승인을 받아 폐기한 때에는 예외로 한다.
③ 제1항에 따른 승인을 받은 외국물품 중 폐기 후에 남아 있는 부분에 대하여는 폐기 후의 성질과 수량에 따라 관세를 부과한다.
④ 세관장은 제1항에도 불구하고 보세구역에 장치된 물품 중 다음 각 호의 어느 하나에 해당하는 것은 화주, 반입자, 화주 또는 반입자의 위임을 받은 자나 「국세기본법」 제38조부터 제41조까지의 규정에 따른 제2차 납세의무자(이하 "화주등"이라 한다)에게 이를 반송 또는 폐기할 것을 명하거나 화주등에게 통고한 후 폐기할 수 있다. 다만, 급박하여 통고할 여유가 없는 경우에는 폐기한 후 즉시 통고하여야 한다.
1. 사람의 생명이나 재산에 해를 끼칠 우려가 있는 물품
2. 부패하거나 변질된 물품
3. 유효기간이 지난 물품
4. 상품가치가 없어진 물품
5. 제1호부터 제4호까지에 준하는 물품으로서 관세청장이 정하는 물품
⑤ 제4항에 따른 통고를 할 때 화주등의 주소나 거소를 알 수 없거나 그 밖의 사유로 통고할 수 없는 경우에는 공고로써 이를 갈음할 수 있다.
⑥ 제1항과 제4항에 따라 세관장이 물품을 폐기하거나 화주등이 물품을 폐기 또는 반송한 경우 그 비용은 화주등이 부담한다.

제161조 【견본품 반출】 ① 보세구역에 장치된 외국물품의 전부 또는 일부를 견본품으로 반출하려는 자는 세관장의 허가를 받아야 한다. 국제무역선에서 물품을 하역하기 전에 외국물품의 일부를 견본품으로 반출하려는 경우에도 또한 같다.(2023.12.31 후단신설)
② 세관장은 제1항에 따른 허가의 신청을 받은 날부터 10일 이내에 허가 여부를 신청인에게 통지하여야 한다.(2018.12.31 본항신설)
③ 세관장이 제2항에서 정한 기간 내에 허가 여부 또는 민원 처리 관련 법령에 따른 처리기간의 연장을 신청인에게 통지하지 아니하면 그 기간(민원 처리 관련 법령에 따라 처리기간이 연장 또는 재연장된 경우에는 해당 처리기간을 말한다)이 끝난 날의 다음 날에 허가를 한 것으로 본다.(2018.12.31 본항신설)
④ 세관공무원은 보세구역에 반입된 물품 또는 국제무역선에 적재되어 있는 물품에 대하여 검사상 필요하면 그 물품의 일부를 견본품으로 채취할 수 있다.(2023.12.31 본항개정)
⑤ 다음 각 호의 어느 하나에 해당하는 물품이 사용·소비된 경우에는 수입신고를 하여 관세를 납부하고 수리된 것으로 본다.
1. 제4항에 따라 채취된 물품(2019.12.31 본호개정)
2. 다른 법률에 따라 실시하는 검사·검역 등을 위하여 견본품으로 채취된 물품으로서 세관장의 확인을 받은 물품
(2016.12.20 본항개정)

제162조 【물품취급자에 대한 단속】 다음 각 호의 어느 하나에 해당하는 자는 물품 및 보세구역감시에 관한 세관장의 명령을 준수하고 세관공무원의 지휘를 받아야 한다.
1. 제155조제1항 각 호의 물품을 취급하는 자
2. 보세구역에 출입하는 자

제163조 【세관공무원의 파견】 세관장은 보세구역에 세관공무원을 파견하여 세관사무의 일부를 처리하게 할 수 있다.

제164조 【보세구역의 자율관리】 ① 보세구역 중 물품의 관리 및 세관감시에 지장이 없다고 인정하여 관세청장이 정하는 바에 따라 세관장이 지정하는 보세구역(이하 "자율관리보세구역"이라 한다)에 장치한 물품은 제157조에 따른 세관공무원의 참여와 이 법에 따른 절차 중 관세청장이 정하는 절차를 생략한다.
② 보세구역의 화물관리인이나 운영인은 자율관리보세구역의 지정을 받으려면 세관장에게 지정을 신청하여야 한다.
③ 제2항에 따라 자율관리보세구역의 지정을 신청하려는 자는 해당 보세구역에 장치된 물품을 관리하는 사람(이하 "보세사"라 한다)을 채용하여야 한다.
④ 세관장은 제2항에 따른 지정신청을 받은 경우 해당 보세구역의 위치와 시설상태 등을 확인하여 제1항에 따른 자율관리보세구역으로 적합하다고 인정될 때에는 해당 보세구역을 자율관리보세구역으로 지정할 수 있다.
⑤ 제4항에 따라 자율관리보세구역의 지정을 받은 자는 제1항에 따라 생략하는 절차에 대하여 기록하고 관리하여야 한다.(2023.12.31 본항개정)
⑥ 세관장은 자율관리보세구역의 지정을 받은 자가 이 법에 따른 의무를 위반하거나 세관감시에 지장이 있다고 인정되는 경우 등 대통령령으로 정하는 사유가 발생한 경우에는 제4항에 따른 지정을 취소할 수 있다.(2017.12.19 본항개정)

제165조 【보세사의 자격 등】 ① 제175조제2호부터 제7호까지의 어느 하나에 해당하지 아니하는 사람으로서 보세화물의 관리업무에 관한 시험(이하 이 조에서 "보세사 시험"이라 한다)에 합격한 사람은 보세사의 자격이 있다.(2023.12.31 본문개정)
1.~2. (2019.12.31 삭제)
② 제1항에도 불구하고 일반직공무원으로 5년 이상 관세행정에 종사한 경력이 있는 사람이 제1항의 보세사 시험에 응시하는 경우에는 시험 과목 수의 2분의 1을 넘지 아니하는 범위에서 대통령령으로 정하는 과목을 면제한다. 다만, 다음 각 호의 어느 하나에 해당하는 사람은 면제하지 아니한다.
1. 탄핵이나 징계처분에 따라 그 직에서 파면되거나 해임된 자
2. 강등 또는 정직처분을 받은 후 2년이 지나지 아니한 자
(2019.12.31 본항신설)
③ 제1항의 자격을 갖춘 사람이 보세사로 근무하려면 해당 보세구역을 관할하는 세관장에게 등록하여야 한다.
④ 다음 각 호의 어느 하나에 해당하는 사람은 제3항에 따른 등록을 할 수 없다.
1. 제5항에 따라 등록이 취소(제175조제1호부터 제3호까지의 어느 하나에 해당하여 등록이 취소된 경우는 제외한다)된 후 2년이 지나지 아니한 사람
2. 등록 신청일을 기준으로 제175조제1호에 해당하는 사람
(2023.12.31 본항개정)
⑤ 세관장은 제3항에 따른 등록을 한 사람이 다음 각 호의 어느 하나에 해당하는 경우에는 등록의 취소, 6개월 이내의 업무정지, 견책 또는 그 밖에 필요한 조치를 할 수 있다. 다만, 제1호 또는 제2호에 해당하면 등록을 취소하여야 한다.(2019.12.31 본문개정)
1. 제175조제1호부터 제7호까지의 어느 하나에 해당하게 된 경우
2. 사망한 경우
3. 이 법이나 이 법에 따른 명령을 위반한 경우
⑥ 관세청장은 다음 각 호의 어느 하나에 해당하는 사람에 대하여는 해당 시험을 정지시키거나 무효로 하고, 그 처분이 있는 날부터 5년간 시험 응시자격을 정지한다.
1. 부정한 방법으로 시험에 응시한 사람
2. 시험에서 부정한 행위를 한 사람
(2019.12.31 본항개정)
⑦ 보세사의 직무, 보세사 시험 및 등록절차와 그 밖에 필요한 사항은 대통령령으로 정한다.(2019.12.31 본항개정)

제165조의2 【보세사의 명의대여 등의 금지】 ① 보세사는 다른 사람에게 자신의 성명·상호를 사용하여 보세사 업무를 하게 하거나 그 자격증 또는 등록증을 빌려주어서는 아니 된다.
② 누구든지 다른 사람의 성명·상호를 사용하여 보세사의 업무를 수행하거나 자격증 또는 등록증을 빌려서는 아니 된다.(2020.12.22 본항신설)
③ 누구든지 제1항 또는 제2항의 행위를 알선해서는 아니 된다.(2020.12.22 본항신설)
(2014.1.1 본조신설)

제165조의3 【보세사의 의무】 ① 보세사는 이 법과 이 법에 따른 명령을 준수하여야 하며, 그 직무를 성실하고 공정하게 수행하여야 한다.
② 보세사는 품위를 손상하는 행위를 하여서는 아니 된다.
③ 보세사는 직무를 수행할 때 고의로 진실을 감추거나 거짓 진술을 하여서는 아니 된다.
(2020.12.22 본조신설)

제165조의4 【금품 제공 등의 금지】 보세사는 다음 각 호의 행위를 하여서는 아니 된다.
1. 공무원에게 금품이나 향응을 제공하는 행위 또는 그 제공을 약속하는 행위
2. 제1호의 행위를 알선하는 행위
(2020.12.22 본조신설)

제165조의5【보세사징계위원회】① 세관장은 보세사가 제165조제5항제3호에 해당한 등록의 취소 등 필요한 조치를 하는 경우 보세사징계위원회의 의결에 따라 징계처분을 한다.(2019.12.31 본항개정)
② 제1항에 따른 보세사징계위원회의 구성 및 운영 등에 필요한 사항은 대통령령으로 정한다.
(2018.12.31 본조신설)

제2절 지정보세구역

제1관 통 칙

제166조【지정보세구역의 지정】① 세관장은 다음 각 호의 어느 하나에 해당하는 자가 소유하거나 관리하는 토지·건물 또는 그 밖의 시설(이하 이 관에서 "토지등"이라 한다)을 지정보세구역으로 지정할 수 있다.
1. 국가
2. 지방자치단체
3. 공항시설 또는 항만시설을 관리하는 법인
② 세관장은 해당 세관장이 관리하지 아니하는 토지등을 지정보세구역으로 지정하려면 해당 토지등의 소유자나 관리자의 동의를 받아야 한다. 이 경우 세관장은 임차료 등을 지급할 수 있다.
제167조【지정보세구역 지정의 취소】세관장은 수출입물량이 감소하거나 그 밖의 사유로 지정보세구역의 전부 또는 일부를 보세구역으로 존속시킬 필요가 없어졌다고 인정될 때에는 그 지정을 취소하여야 한다.
제168조【지정보세구역의 처분】① 지정보세구역의 지정을 받은 토지등의 소유자나 관리자는 다음 각 호의 어느 하나에 해당하는 행위를 하려면 미리 세관장과 협의하여야 한다. 다만, 해당 행위가 지정보세구역으로서의 사용에 지장을 주지 아니하거나 지정보세구역으로 지정된 토지등의 소유자가 국가 또는 지방자치단체인 경우에는 그러하지 아니하다.
1. 해당 토지등의 양도, 교환, 임대 또는 그 밖의 처분이나 그 용도의 변경
2. 해당 토지에 대한 공사나 해당 토지 안에 건물 또는 그 밖의 시설의 신축
3. 해당 건물 또는 그 밖의 시설의 개축·이전·철거나 그 밖의 공사
② 세관장은 제1항에 따른 협의에 대하여 정당한 이유 없이 이를 거부하여서는 아니 된다.

제2관 지정장치장

제169조【지정장치장】지정장치장은 통관을 하려는 물품을 일시 장치하기 위한 장소로서 세관장이 지정하는 구역으로 한다.
제170조【장치기간】지정장치장에 물품을 장치하는 기간은 6개월의 범위에서 관세청장이 정한다. 다만, 관세청장이 정하는 기준에 따라 세관장은 3개월의 범위에서 그 기간을 연장할 수 있다.
제171조 (2003.12.30 삭제)
제172조【물품에 대한 보관책임】① 지정장치장에 반입한 물품은 화주 또는 반입자가 그 보관의 책임을 진다.
② 세관장은 지정장치장의 질서유지와 화물의 안전관리를 위하여 필요하다고 인정할 때에는 화주를 갈음하여 보관의 책임을 지는 화물관리인을 지정할 수 있다. 다만, 세관장이 관리하는 시설이 아닌 경우에는 세관장은 해당 시설의 소유자나 관리자와 협의하여 화물관리인을 지정하여야 한다.(2011.12.31 본문개정)
③ 지정장치장의 화물관리인은 화물관리에 필요한 비

용(제323조에 따른 세관설비 사용료를 포함한다)을 화주로부터 징수할 수 있다. 다만, 그 요율에 대하여는 세관장의 승인을 받아야 한다.
④ 지정장치장의 화물관리인은 제3항에 따라 징수한 비용 중 세관설비 사용료에 해당하는 금액을 세관장에게 납부하여야 한다.
⑤ 세관장은 불가피한 사유로 화물관리인을 지정할 수 없을 때에는 화주를 대신하여 직접 화물관리를 할 수 있다. 이 경우 제3항에 따른 화물관리에 필요한 비용을 화주로부터 징수할 수 있다.
⑥ 제2항에 따른 화물관리인의 지정기준, 지정절차, 지정의 유효기간, 재지정 및 지정 취소 등에 필요한 사항은 대통령령으로 정한다.(2011.12.31 본항신설)

제3관 세관검사장

제173조【세관검사장】① 세관검사장은 통관하려는 물품을 검사하기 위한 장소로서 세관장이 지정하는 지역으로 한다.
② 세관장은 관세청장이 정하는 바에 따라 검사를 받을 물품의 전부 또는 일부를 세관검사장에 반입하여 검사할 수 있다.
③ 제2항에 따라 세관검사장에 반입되는 물품의 채취·운반 등에 필요한 비용(이하 이 항에서 "검사비용"이라 한다)은 화주가 부담한다. 다만, 국가는 「중소기업기본법」 제2조에 따른 중소기업 또는 「중견기업 성장촉진 및 경쟁력 강화에 관한 특별법」 제2조제1호에 따른 중견기업의 컨테이너 화물로서 해당 화물에 대한 검사 결과 이 법 또는 「대외무역법」 등 물품의 수출입과 관련된 법령을 위반하지 아니하는 경우의 물품 등 대통령령으로 정하는 물품에 대해서는 예산의 범위에서 관세청장이 정하는 바에 따라 해당 검사비용을 지원할 수 있다.(2019.12.31 본항개정)

제3절 특허보세구역

제1관 통 칙

제174조【특허보세구역의 설치·운영에 관한 특허】① 특허보세구역을 설치·운영하려는 자는 세관장의 특허를 받아야 한다. 기존의 특허를 갱신하려는 경우에도 또한 같다.
② 특허보세구역의 설치·운영에 관한 특허를 받으려는 자, 특허보세구역을 설치·운영하는 자, 이미 받은 특허를 갱신하려는 자는 기획재정부령으로 정하는 바에 따라 수수료를 납부하여야 한다.
③ 제1항에 따른 특허를 받을 수 있는 요건은 보세구역의 종류별로 대통령령으로 정하는 기준에 따라 관세청장이 정한다.
제175조【운영인의 결격사유】다음 각 호의 어느 하나에 해당하는 자는 특허보세구역을 설치·운영할 수 없다. 다만, 제6호에 해당하는 자의 경우에는 같은 호 각 목의 사유가 발생한 해당 특허보세구역을 제외한 기존의 다른 특허를 받은 특허보세구역에 한정하여 설치·운영할 수 있다.(2020.12.22 단서개정)
1. 미성년자
2. 피성년후견인과 피한정후견인(2014.12.23 본호개정)
3. 파산선고를 받고 복권되지 아니한 자
4. 이 법을 위반하여 징역형의 실형을 선고받고 그 집행이 끝나거나(집행이 끝난 것으로 보는 경우를 포함한다) 면제된 후 2년이 지나지 아니한 자
5. 이 법을 위반하여 징역형의 집행유예를 선고받고 그 유예기간 중에 있는 자

6. 다음 각 목의 어느 하나에 해당하는 경우에는 해당 목에서 정한 날부터 2년이 지나지 아니한 자. 이 경우 동일한 사유로 다음 각 목 모두에 해당하는 경우에는 그 중 빠른 날을 기준으로 한다.
  가. 제178조제2항에 따라 특허보세구역의 설치·운영에 관한 특허가 취소(이 조 제1호부터 제3호까지의 규정 중 어느 하나에 해당하여 특허가 취소된 경우는 제외한다)된 경우 : 해당 특허가 취소된 날
  나. 제276조제3항제3호의2 또는 같은 항 제6호(제178조제2항제1호·제5호에 해당하는 자만 해당한다)에 해당하여 벌금형 또는 통고처분을 받은 경우 : 벌금형을 선고받은 날 또는 통고처분을 이행한 날 (2020.12.22 본호개정)
7. 제268조의2, 제269조, 제270조, 제270조의2, 제271조, 제274조, 제275조의2, 제275조의3 또는 제275조의4에 따라 벌금형 또는 통고처분을 받은 자로서 그 벌금형을 선고받거나 통고처분을 이행한 후 2년이 지나지 아니한 자. 다만, 제279조에 따라 처벌된 개인 또는 법인은 제외한다.(2023.12.31 본문개정)
8. 제2호부터 제7호까지에 해당하는 자를 임원(해당 보세구역의 운영업무를 직접 담당하거나 이를 감독하는 자로 한정한다)으로 하는 법인

제176조【특허기간】① 특허보세구역의 특허기간은 10년 이내로 한다.
② 제1항에도 불구하고 보세전시장과 보세건설장의 특허기간은 다음 각 호의 구분에 따른다. 다만, 세관장은 전시목적을 달성하거나 공사를 진척하기 위하여 부득이하다고 인정할 만한 사유가 있을 때에는 그 기간을 연장할 수 있다.
1. 보세전시장 : 해당 박람회 등의 기간을 고려하여 세관장이 정하는 기간
2. 보세건설장 : 해당 건설공사의 기간을 고려하여 세관장이 정하는 기간

제176조의2【특허보세구역의 특례】① 세관장은 제196조제1항에 따라 물품을 판매하는 보세판매장 특허를 부여하는 경우에 「중소기업기본법」 제2조에 따른 중소기업과 「중견기업 성장촉진 및 경쟁력 강화에 관한 특별법」 제2조제1호에 따른 중견기업으로서 매출액, 자산총액 및 지분 소유나 출자 관계 등이 대통령령으로 정하는 기준에 맞는 기업 중 제174조제3항에 따른 특허를 받을 수 있는 요건을 갖춘 자(이하 이 조에서 "중소기업등"이라 한다)에게 대통령령으로 정하는 일정 비율 이상의 특허를 부여하여야 하고, 「독점규제 및 공정거래에 관한 법률」 제31조제1항에 따른 상호출자제한기업집단에 속한 기업에 대해 대통령령으로 정하는 일정 비율 이상의 특허를 부여할 수 없다. 다만, 세관장은 제196조제2항에 따라 물품을 판매하는 보세판매장의 경우에는 중소기업등에게만 특허를 부여할 수 있다.(2020.12.29 본문개정)
② 제1항에도 불구하고 기존 특허가 만료되었으나 제3항에 따른 신규 특허의 신청이 없는 등 대통령령으로 정하는 경우에는 제1항을 적용하지 아니한다.
③ 보세판매장의 특허는 대통령령으로 정하는 일정한 자격을 갖춘 자의 신청을 받아 대통령령으로 정하는 평가기준에 따라 심사하여 부여한다. 기존 특허가 만료되는 경우(제6항에 따라 갱신되는 경우는 제외한다)에도 또한 같다.(2014.12.23 후단개정)
④ 보세판매장의 특허수수료는 제174조제2항에도 불구하고 운영인의 보세판매장별 매출액(기업회계기준에 따라 계산한 매출액을 말한다)을 기준으로 기획재정부령으로 정하는 바에 따라 다른 종류의 보세구역 특허수수료와 달리 정할 수 있다. 다만, 「재난 및 안전관리 기본법」 제3조제1호의 재난으로 인하여 보세판매장의 영

업에 현저한 피해를 입은 경우 보세판매장의 특허수수료를 감경할 수 있다.(2020.12.22 단서신설)
⑤ (2022.12.31 삭제)
⑥ 제1항에 따라 특허를 받은 자는 두 차례에 한정하여 대통령령으로 정하는 바에 따라 특허를 갱신할 수 있다. 이 경우 갱신기간은 한 차례당 5년 이내로 한다.(2022.12.31 본항개정)
⑦ 기획재정부장관은 매 회계연도 종료 후 4개월 이내에 보세판매장별 매출액을 대통령령으로 정하는 바에 따라 국회 소관 상임위원회에 보고하여야 한다.(2021.12.21 본항개정)
⑧ 그 밖에 보세판매장 특허절차에 관한 사항은 대통령령으로 정한다.(2020.6.9 본항개정)
(2013.1.1 본조신설)

제176조의3【보세판매장 특허심사위원회】① 제176조의2에 따른 보세판매장의 특허에 관한 다음 각 호의 사항을 심의하기 위하여 관세청에 보세판매장 특허심사위원회를 둔다.(2017.12.19 본문개정)
1. 제176조의2제3항에 따른 보세판매장 특허 신청자의 평가 및 선정
1의2. 제176조의2제6항에 따른 특허 갱신의 심사 (2018.12.31 본호신설)
2. 그 밖에 보세판매장 운영에 관한 중요 사항
② 제1항에 따른 보세판매장 특허심사위원회의 설치·구성 및 운영방법 등에 관하여 필요한 사항은 대통령령으로 정한다.(2017.12.19 본항개정)
(2015.12.15 본조신설)

제176조의4【보세판매장 제도운영위원회】① 제176조의2에 따른 보세판매장의 특허 수 등 보세판매장 제도의 중요 사항을 심의하기 위하여 기획재정부에 보세판매장 제도운영위원회를 둔다.
② 제1항에 따른 보세판매장 제도운영위원회의 설치·구성 및 운영 등에 관하여 필요한 사항은 대통령령으로 정한다.(2018.12.31 본조신설)

제177조【장치기간】① 특허보세구역에 물품을 장치하는 기간은 다음 각 호의 구분에 따른다.
1. 보세창고 : 다음 각 목의 어느 하나에서 정하는 기간
  가. 외국물품(다목에 해당하는 물품은 제외한다) : 1년의 범위에서 관세청장이 정하는 기간. 다만, 세관장이 필요하다고 인정하는 경우에는 1년의 범위에서 그 기간을 연장할 수 있다.
  나. 내국물품(다목에 해당하는 물품은 제외한다) : 1년의 범위에서 관세청장이 정하는 기간
  다. 정부비축용물품, 정부와의 계약이행을 위하여 비축하는 방위산업용물품, 장기간 비축이 필요한 수출용원재료와 수출품보수용 물품으로서 세관장이 인정하는 물품, 국제물류의 촉진을 위하여 관세청장이 정하는 물품 : 비축에 필요한 기간
2. 그 밖의 특허보세구역 : 해당 특허보세구역의 특허기간
② 세관장은 물품관리에 필요하다고 인정될 때에는 제1항제1호의 기간에도 운영인에게 그 물품의 반출을 명할 수 있다.

제177조의2【특허보세구역 운영인의 명의대여 금지】특허보세구역의 운영인은 다른 사람에게 자신의 성명·상호를 사용하여 특허보세구역을 운영하게 해서는 아니 된다.(2014.12.23 본조신설)

제178조【반입정지 등과 특허의 취소】① 세관장은 특허보세구역의 운영인이 다음 각 호의 어느 하나에 해당하는 경우에는 관세청장이 정하는 바에 따라 6개월의 범위에서 해당 특허보세구역에의 물품반입 또는 보세건설·보세판매·보세전시 등(이하 이 조에서 "물품반입등"이라 한다)을 정지시킬 수 있다.

1. 장치물품에 대한 관세를 납부할 자금능력이 없다고 인정되는 경우
2. 본인이나 그 사용인이 이 법 또는 이 법에 따른 명령을 위반한 경우
3. 해당 시설의 미비 등으로 특허보세구역의 설치 목적을 달성하기 곤란하다고 인정되는 경우
4. 그 밖에 제1호부터 제3호까지의 규정에 준하는 것으로서 대통령령으로 정하는 사유에 해당하는 경우 (2019.12.31 본호신설)
② 세관장은 특허보세구역의 운영인이 다음 각 호의 어느 하나에 해당하는 경우에는 그 특허를 취소할 수 있다. 다만, 제1호, 제2호 및 제5호에 해당하는 경우에는 특허를 취소하여야 한다.(2014.12.23 단서개정)
1. 거짓이나 그 밖의 부정한 방법으로 특허를 받은 경우 (2011.12.31 본호신설)
2. 제175조 각 호의 어느 하나에 해당하게 된 경우. 다만, 제175조제8호에 해당하는 경우로서 같은 조 제2호 또는 제3호에 해당하는 사람을 임원으로 하는 법인이 3개월 이내에 해당 임원을 변경한 경우에는 그러하지 아니하다.(2018.12.31 단서신설)
3. 1년 이내에 3회 이상 물품반입등의 정지처분(제3항에 따른 과징금 부과처분을 포함한다)을 받은 경우
4. 2년 이상 물품의 반입실적이 없어서 세관장이 특허보세구역의 설치 목적을 달성하기 곤란하다고 인정하는 경우(2016.12.20 본호개정)
5. 제177조의2를 위반하여 명의를 대여한 경우 (2014.12.23 본호신설)
③ 세관장은 제1항에 따른 물품반입등의 정지처분이 그 이용자에게 심한 불편을 주거나 공익을 해칠 우려가 있는 경우에는 특허보세구역의 운영인에게 물품반입등의 정지처분을 갈음하여 해당 특허보세구역 운영에 따른 매출액의 100분의 3 이하의 과징금을 부과할 수 있다. 이 경우 매출액 산정, 과징금의 금액, 과징금의 납부기한 등에 필요한 사항은 대통령령으로 정한다.
④ 제3항에 따른 과징금을 납부하여야 할 자가 납부기한까지 납부하지 아니한 경우 과징금의 징수에 관하여는 제26조를 준용한다.
제179조【특허의 효력상실 및 승계】① 특허보세구역의 설치·운영에 관한 특허는 다음 각 호의 어느 하나에 해당하면 그 효력을 상실한다.
1. 운영인이 특허보세구역을 운영하지 아니하게 된 경우
2. 운영인이 해산하거나 사망한 경우
3. 특허기간이 만료한 경우
4. 특허가 취소된 경우
② 제1항제1호 및 제2호의 경우에는 운영인, 그 상속인, 청산법인 또는 합병·분할·분할합병 후 존속하거나 합병·분할·분할합병으로 설립된 법인(이하 "승계법인"이라 한다)은 지체 없이 세관장에게 그 사실을 보고하여야 한다.
③ 특허보세구역의 설치·운영에 관한 특허를 받은 자가 사망하거나 해산한 경우 상속인 또는 승계법인이 계속하여 그 특허보세구역을 운영하려면 피상속인 또는 피승계법인이 사망하거나 해산한 날부터 30일 이내에 제174조제3항에 따른 요건을 갖추어 대통령령으로 정하는 바에 따라 세관장에게 신고하여야 한다.
④ 상속인 또는 승계법인이 제3항에 따른 신고를 하였을 때에는 피상속인 또는 피승계법인이 사망하거나 해산한 날부터 신고를 한 날까지의 기간 동안 피상속인 또는 피승계법인의 특허보세구역의 설치·운영에 관한 특허는 상속인 또는 승계법인에 대한 특허로 본다. (2020.6.9 본항개정)
⑤ 제175조 각 호의 어느 하나에 해당하는 자는 제3항에 따른 신고를 할 수 없다.

제180조【특허보세구역의 설치·운영에 관한 감독 등】① 세관장은 특허보세구역의 운영인을 감독한다.
② 세관장은 특허보세구역의 운영인에게 그 설치·운영에 관한 보고를 명하거나 세관공무원에게 특허보세구역의 운영상황을 검사하게 할 수 있다.
③ 세관장은 특허보세구역의 운영에 필요한 시설·기계 및 기구의 설치를 명할 수 있다.
④ 제157조에 따라 특허보세구역에 반입된 물품이 해당 특허보세구역의 설치 목적에 합당하지 아니한 경우에는 세관장은 해당 물품을 다른 보세구역으로 반출할 것을 명할 수 있다.
제181조 (2010.1.1 삭제)
제182조【특허의 효력상실 시 조치 등】① 특허보세구역의 설치·운영에 관한 특허의 효력이 상실되었을 때에는 운영인이나 그 상속인 또는 승계법인은 해당 특허보세구역에 있는 외국물품을 지체 없이 다른 보세구역으로 반출하여야 한다.
② 특허보세구역의 설치·운영에 관한 특허의 효력이 상실되었을 때에는 해당 특허보세구역에 있는 외국물품의 종류와 수량 등을 고려하여 6개월의 범위에서 세관장이 지정하는 기간 동안 그 구역은 특허보세구역으로 보며, 운영인이나 그 상속인 또는 승계법인에 대해서는 해당 구역과 장치물품에 관하여는 특허보세구역의 설치·운영에 관한 특허가 있는 것으로 본다. (2020.12.22 본조개정)

제2관 보세창고

제183조【보세창고】① 보세창고에는 외국물품이나 통관을 하려는 물품을 장치한다.
② 운영인은 미리 세관장에게 신고를 하고 제1항에 따른 물품의 장치에 방해되지 아니하는 범위에서 보세창고에 내국물품을 장치할 수 있다. 다만, 동일한 보세창고에 장치되어 있는 동안 수입신고가 수리된 물품은 신고 없이 계속하여 장치할 수 있다.
③ 운영인은 보세창고에 1년(제2항 단서에 따른 물품은 6개월) 이상 계속하여 제2항에서 규정한 내국물품만을 장치하려면 세관장의 승인을 받아야 한다.
④ 제3항에 따른 승인을 받은 보세창고에 내국물품만을 장치하는 기간에는 제161조와 제177조를 적용하지 아니한다.
제184조【장치기간이 지난 내국물품】① 제183조제2항에 따른 내국물품으로서 장치기간이 지난 물품은 그 기간이 지난 후 10일 내에 그 운영인의 책임으로 반출하여야 한다.
② 제183조제3항에 따라 승인받은 내국물품도 그 승인기간이 지난 경우에는 제1항과 같다.

제3관 보세공장

제185조【보세공장】① 보세공장에서는 외국물품을 원료 또는 재료로 하거나 외국물품과 내국물품을 원료 또는 재료로 하여 제조·가공하거나 그 밖에 이와 비슷한 작업을 할 수 있다.
② 보세공장에서는 세관장의 허가를 받지 아니하고는 내국물품만을 원료로 하거나 재료로 하여 제조·가공하거나 그 밖에 이와 비슷한 작업을 할 수 없다.
③ 세관장은 제2항에 따른 허가의 신청을 받은 날부터 10일 이내에 허가 여부를 신청인에게 통지하여야 한다. (2018.12.31 본항신설)
④ 세관장이 제3항에서 정한 기간 내에 허가 여부 또는 민원 처리 관련 법령에 따른 처리기간의 연장을 신청인에게 통지하지 아니하면 그 기간(민원 처리 관련 법

령에 따라 처리기간이 연장 또는 재연장된 경우에는 해당 처리기간을 말한다)이 끝난 날의 다음 날에 허가를 한 것으로 본다.(2018.12.31 본항신설)
⑤ 보세공장 중 수입하는 물품을 제조·가공하는 것을 목적으로 하는 보세공장의 업종은 기획재정부령으로 정하는 바에 따라 제한할 수 있다.
⑥ 세관장은 수입통관 후 보세공장에서 사용하게 될 물품에 대하여는 보세공장에 직접 반입하여 수입신고를 하게 할 수 있다. 이 경우 제241조제3항을 준용한다.
제186조【사용신고 등】 ① 운영인은 보세공장에 반입된 물품을 그 사용 전에 세관장에게 사용신고를 하여야 한다. 이 경우 세관공무원은 그 물품을 검사할 수 있다.
② 제1항에 따라 사용신고를 한 외국물품이 마약, 총기 등 다른 법령에 따라 허가·승인·표시 또는 그 밖의 요건을 갖출 필요가 있는 물품으로서 관세청장이 정하여 고시하는 물품인 경우에는 세관장에게 그 요건을 갖춘 것임을 증명하여야 한다.(2016.12.20 본항개정)
제187조【보세공장 외 작업 허가】 ① 세관장은 가공무역이나 국내산업의 진흥을 위하여 필요한 경우에는 대통령령으로 정하는 바에 따라 기간, 장소, 물품 등을 정하여 해당 보세공장 외에서 제185조제1항에 따른 작업을 허가할 수 있다.
② 세관장은 제1항에 따른 허가의 신청을 받은 날부터 10일 이내에 허가 여부를 신청인에게 통지하여야 한다.(2018.12.31 본항신설)
③ 세관장이 제2항에서 정한 기간 내에 허가 여부 또는 민원 처리 관련 법령에 따른 처리기간의 연장을 신청인에게 통지하지 아니하면 그 기간(민원 처리 관련 법령에 따라 처리기간이 연장 또는 재연장된 경우에는 해당 처리기간을 말한다)이 끝난 날의 다음 날에 허가를 한 것으로 본다.(2018.12.31 본항신설)
④ 제1항에 따른 허가를 한 경우 세관공무원은 해당 물품이 보세공장에서 반출될 때에 이를 검사할 수 있다.
⑤ 제1항에 따라 허가를 받아 지정된 장소(이하 "공장외작업장"이라 한다)에 반입된 외국물품은 지정된 기간이 만료될 때까지는 보세공장에 있는 것으로 본다.
⑥ 세관장은 제1항에 따라 허가를 받은 보세작업에 사용될 물품을 관세청장이 정하는 바에 따라 공장외작업장에 직접 반입하게 할 수 있다.
⑦ 제1항에 따른 허가된 기간이 지난 경우 해당 공장외작업장에 허가된 외국물품이나 그 제품이 있을 때에는 해당 물품의 허가를 받은 보세공장의 운영인으로부터 그 관세를 즉시 징수한다.
제188조【제품과세】 외국물품이나 외국물품과 내국물품을 원료로 하거나 재료로 하여 작업을 하는 경우 그로써 생긴 물품은 외국으로부터 우리나라에 도착한 물품으로 본다. 다만, 대통령령으로 정하는 바에 따라 세관장의 승인을 받고 외국물품과 내국물품을 혼용하는 경우에는 그로써 생긴 제품 중 해당 외국물품의 수량 또는 가격에 상응하는 것은 외국으로부터 우리나라에 도착한 물품으로 본다.
제189조【원료과세】 ① 보세공장에서 제조된 물품을 수입하는 경우 제186조에 따른 사용신고 전에 미리 세관장에게 해당 물품의 원료인 외국물품에 대한 과세의 적용을 신청한 경우에는 제16조에도 불구하고 제186조에 따른 사용신고를 할 때의 그 원료의 성질 및 수량에 따라 관세를 부과한다.
② 세관장은 대통령령으로 정하는 기준에 해당하는 보세공장에 대하여는 1년의 범위에서 원료별, 제품별 또는 보세공장 전체에 대하여 제1항에 따른 신청을 하게 할 수 있다.

제4관 보세전시장

제190조【보세전시장】 보세전시장에서는 박람회, 전람회, 견본품 전시회 등의 운영을 위하여 외국물품을 장치·전시하거나 사용할 수 있다.

제5관 보세건설장

제191조【보세건설장】 보세건설장에서는 산업시설의 건설에 사용되는 외국물품인 기계류 설비품이나 공사용 장비를 장치·사용하여 해당 건설공사를 할 수 있다.
제192조【사용 전 수입신고】 운영인은 보세건설장에 외국물품을 반입하였을 때에는 사용 전에 해당 물품에 대하여 수입신고를 하고 세관공무원의 검사를 받아야 한다. 다만, 세관공무원이 검사가 필요 없다고 인정하는 경우에는 검사를 하지 아니할 수 있다.
제193조【반입물품의 장치 제한】 세관장은 보세건설장에 반입된 외국물품에 대하여 필요하다고 인정될 때에는 보세건설장 안에서 그 물품을 장치할 장소를 제한하거나 그 사용상황에 관하여 운영인으로 하여금 보고하게 할 수 있다.
제194조【보세건설물품의 가동 제한】 운영인은 보세건설장에서 건설된 시설을 제248조에 따른 수입신고가 수리되기 전에 가동하여서는 아니 된다.
제195조【보세건설장 외 작업 허가】 ① 세관장은 보세작업을 위하여 필요하다고 인정될 때에는 대통령령으로 정하는 바에 따라 기간, 장소, 물품 등을 정하여 해당 보세건설장 외에서의 보세작업을 허가할 수 있다.(2020.6.9 본항개정)
② 제1항에 따른 보세건설장 외에서의 보세작업 허가에 관하여는 제187조제2항부터 제7항까지의 규정을 준용한다.(2018.12.31 본항개정)

제6관 보세판매장

제196조【보세판매장】 ① 보세판매장에서는 다음 각 호의 어느 하나에 해당하는 조건으로 물품을 판매할 수 있다.
1. 해당 물품을 외국으로 반출할 것. 다만, 외국으로 반출하지 아니하더라도 대통령령으로 정하는 바에 따라 외국에서 국내로 입국하는 자에게 물품을 인도하는 경우에는 해당 물품을 판매할 수 있다.
2. 제88조제1항제1호부터 제4호까지의 규정에 따라 관세의 면제를 받을 수 있는 자가 해당 물품을 사용할 것(2019.12.31 본항개정)
② 제1항에도 불구하고 공항 및 항만 등의 입국경로에 설치된 보세판매장에서는 외국에서 국내로 입국하는 자에게 물품을 판매할 수 있다.(2018.12.31 본항개정)
③ 보세판매장에서 판매하는 물품의 반입, 반출, 인도, 관리에 필요한 사항은 대통령령으로 정한다.
④ 세관장은 보세판매장에서 판매할 수 있는 물품의 수량, 장치장소 등을 제한할 수 있다. 다만, 보세판매장에서 판매할 수 있는 물품의 종류, 판매한도는 기획재정부령으로 정한다.(2018.12.31 본항신설)
제196조의2【시내보세판매장의 현장 인도 특례】 ① 보세판매장 중 공항 및 항만 등의 출입국경로의 보세구역 외의 장소에 설치되는 보세판매장(이하 이 조에서 "시내보세판매장"이라 한다)에서 제196조제1항제1호 본문의 조건으로 외국인에게 내국물품을 판매하고 이를 판매 현장에서 인도하는 경우에는 대통령령으로 정하는 바에 따라 해당 물품을 인도할 수 있다.

② 세관장은 제1항에 따라 판매 현장에서 인도된 물품의 외국 반출 여부를 확인하기 위하여 물품 구매자의 출입국관리기록 등 대통령령으로 정하는 정보 또는 자료를 관계 중앙행정기관의 장에게 요청할 수 있다. 이 경우 요청을 받은 관계 중앙행정기관의 장은 정당한 사유가 없으면 이에 따라야 한다.

③ 세관장은 제2항에 따른 물품 구매자의 출입국관리기록 등을 확인하여 대통령령으로 정하는 사람에 대해서는 제1항에 따른 인도를 제한할 수 있다.

④ 세관장은 제3항에 따라 인도가 제한되는 사람의 명단을 시내보세판매장의 운영인에게 통보하여야 한다.

⑤ 시내보세판매장의 운영인은 제4항에 따라 통보 받은 명단의 사람에게 물품을 판매할 때에는 해당 물품을 판매 현장에서 인도하여서는 아니되고, 관세청장이 정하는 바에 따라 인도하여야 한다.
(2019.12.31 본조신설)

제4절 종합보세구역

제197조【종합보세구역의 지정 등】 ① 관세청장은 직권으로 또는 관계 중앙행정기관의 장이나 지방자치단체의 장, 그 밖에 종합보세구역을 운영하려는 자(이하 "지정요청자"라 한다)의 요청에 따라 무역진흥에의 기여 정도, 외국물품의 반입·반출 물량 등을 고려하여 일정한 지역을 종합보세구역으로 지정할 수 있다.

② 종합보세구역에서는 보세창고·보세공장·보세전시장·보세건설장 또는 보세판매장의 기능 중 둘 이상의 기능(이하 "종합보세기능"이라 한다)을 수행할 수 있다.

③ 종합보세구역의 지정요건, 지정절차 등에 관하여 필요한 사항은 대통령령으로 정한다.

제198조【종합보세사업장의 설치·운영에 관한 신고 등】 ① 종합보세구역에서 종합보세기능을 수행하려는 자는 그 기능을 정하여 세관장에게 종합보세사업장의 설치·운영에 관한 신고를 하여야 한다.

② 제175조 각 호의 어느 하나에 해당하는 자는 제1항에 따른 종합보세사업장의 설치·운영에 관한 신고를 할 수 없다.

③ 종합보세사업장의 운영인은 그가 수행하는 종합보세기능을 변경하려면 세관장에게 이를 신고하여야 한다.

④ 제1항 및 제3항에 따른 신고의 절차 등에 관하여 필요한 사항은 대통령령으로 정한다.

제199조【종합보세구역에의 물품의 반입·반출 등】 ① 종합보세구역에 물품을 반입하거나 반출하려는 자는 대통령령으로 정하는 바에 따라 세관장에게 신고하여야 한다.

② 종합보세구역에 반입·반출되는 물품이 내국물품인 경우에는 기획재정부령으로 정하는 바에 따라 제1항에 따른 신고를 생략하거나 간소한 방법으로 반입·반출하게 할 수 있다.

제199조의2【종합보세구역의 판매물품에 대한 관세 등의 환급】 ① 외국인 관광객 등 대통령령으로 정하는 자가 종합보세구역에서 구입한 물품을 국외로 반출하는 경우에는 해당 물품을 구입할 때 납부한 관세 및 내국세등을 환급받을 수 있다.

② 제1항에 따른 관세 및 내국세등의 환급 절차 및 방법 등에 관하여 필요한 사항은 대통령령으로 정한다.

제200조【반출입물품의 범위 등】 ① 종합보세구역에서 소비하거나 사용되는 물품으로서 기획재정부령으로 정하는 물품은 수입통관 후 이를 소비하거나 사용하여야 한다.

② 종합보세구역에 반입한 물품의 장치기간은 제한하지 아니한다. 다만, 제197조제2항에 따른 보세창고의 기능을 수행하는 장소 중에서 관세청장이 수출입물품의 원

활한 유통을 촉진하기 위하여 필요하다고 인정하여 지정한 장소에 반입되는 물품의 장치기간은 1년의 범위에서 관세청장이 정하는 기간으로 한다.

③ 세관장은 종합보세구역에 반입·반출되는 물품으로 인하여 국가안전, 공공질서, 국민보건 또는 환경보전 등에 지장이 초래되거나 종합보세구역의 지정 목적에 부합되지 아니하는 물품이 반입·반출되고 있다고 인정될 때에는 해당 물품의 반입·반출을 제한할 수 있다.

제201조【운영인의 물품관리】 ① 운영인은 종합보세구역에 반입된 물품을 종합보세기능별로 구분하여 관리하여야 한다.

② 세관장은 종합보세구역에 장치된 물품 중 제208조제1항 단서에 해당되는 물품은 같은 조에 따라 매각할 수 있다.

③ 운영인은 종합보세구역에 반입된 물품을 종합보세구역 안에서 이동·사용 또는 처분을 할 때에는 장부 또는 전산처리장치를 이용하여 그 기록을 유지하여야 한다. 이 경우 기획재정부령으로 정하는 물품은 미리 세관장에게 신고하여야 한다.

④ 제3항에 따른 기록의 방법과 절차 등에 관하여 필요한 사항은 관세청장이 정한다.

⑤ 운영인은 종합보세구역에 장치된 물품 중 반입한 날부터 6개월 이상의 범위에서 관세청장이 정하는 기간이 지난 외국물품이 다음 각 호의 어느 하나에 해당하는 경우에는 관세청장이 정하여 고시하는 바에 따라 세관장에게 그 외국물품의 매각을 요청할 수 있다.

1. 화주가 분명하지 아니한 경우
2. 화주가 부도 또는 파산한 경우
3. 화주의 주소·거소 등 그 소재를 알 수 없는 경우
4. 화주가 수취를 거절하는 경우
5. 화주가 거절의 의사표시 없이 수취하지 아니한 경우
(2018.12.31 본항신설)

⑥ 제5항에 따른 세관장의 외국물품의 매각에 관하여는 제208조부터 제212조까지의 규정을 준용한다. 이 경우 제208조제1항 각 호 외의 부분 본문 중 "장치기간이 지나면"은 "매각요청을 접수하면"으로, 같은 조 제2항 중 "장치기간이 지난 물품" 및 제209조제1항 중 "외국물품"은 각각 "매각요청물품"으로 본다.(2022.12.31 후단개정)

제202조【설비의 유지의무 등】 ① 운영인은 대통령령으로 정하는 바에 따라 종합보세기능의 수행에 필요한 시설 및 장비 등을 유지하여야 한다.

② 종합보세구역에 장치된 물품에 대하여 보수작업을 하거나 종합보세구역 밖에서 보세작업을 하려는 자는 대통령령으로 정하는 바에 따라 세관장에게 신고하여야 한다.

③ 제2항에 따라 작업을 하는 경우의 반출검사 등에 관하여는 제187조를 준용한다.

제203조【종합보세구역에 대한 세관의 관리 등】 ① 세관장은 관세채권의 확보, 감시·단속 등 종합보세구역을 효율적으로 운영하기 위하여 종합보세구역에 출입하는 인원과 차량 등의 출입을 통제하거나 휴대 또는 운송하는 물품을 검사할 수 있다.

② 세관장은 종합보세구역에 반입·반출되는 물품의 반입·반출 상황, 그 사용 또는 처분 내용 등을 확인하기 위하여 제201조제3항에 따른 장부나 전산처리장치를 이용한 기록을 검사 또는 조사할 수 있으며, 운영인으로 하여금 업무실적 등 필요한 사항을 보고하게 할 수 있다.

③ 관세청장은 종합보세구역 안에 있는 외국물품의 감시·단속에 필요하다고 인정될 때에는 종합보세구역의 지정요청자에게 보세화물의 불법유출, 분실, 도난방지 등을 위한 시설을 설치할 것을 요구할 수 있다. 이 경우 지정요청자는 특별한 사유가 없으면 이에 따라야 한다.

제204조【종합보세구역 지정의 취소 등】 ① 관세청장은 종합보세구역에 반입·반출되는 물량이 감소하거나 그 밖에 대통령령으로 정하는 사유로 종합보세구역을 존속시킬 필요가 없다고 인정될 때에는 종합보세구역의 지정을 취소할 수 있다.

② 세관장은 종합보세사업장의 운영인이 다음 각 호의 어느 하나에 해당하는 경우에는 6개월의 범위에서 운영인의 종합보세기능의 수행을 중지시킬 수 있다.

1. 운영인이 제202조제1항에 따른 설비의 유지의무를 위반한 경우(2018.12.31 본호개정)
2. 운영인이 수행하는 종합보세기능과 관련하여 반입·반출되는 물량이 감소하는 경우(2018.12.31 본호개정)
3. 1년 동안 계속하여 외국물품의 반입·반출 실적이 없는 경우(2018.12.31 본호신설)

③ 세관장은 종합보세사업장의 운영인이 다음 각 호의 어느 하나에 해당하는 경우에는 그 종합보세사업장의 폐쇄를 명하여야 한다.

1. 거짓이나 그 밖의 부정한 방법으로 종합보세사업장의 설치·운영에 관한 신고를 한 경우
2. 제175조 각 호의 어느 하나에 해당하게 된 경우. 다만, 제175조제8호에 해당하는 경우로서 같은 조 제2호 또는 제3호에 해당하는 사람을 임원으로 하는 법인이 3개월 이내에 해당 임원을 변경한 경우에는 그러하지 아니하다.
3. 다른 사람에게 자신의 성명·상호를 사용하여 종합보세사업장을 운영하게 한 경우

(2018.12.31 본항신설)

제205조【준용규정】 종합보세구역에 대하여는 제175조, 제177조제2항, 제177조의2, 제178조제1항·제3항, 제180조제1항·제3항·제4항, 제182조, 제184조, 제185조제2항부터 제6항까지, 제186조, 제188조, 제189조, 제192조부터 제194조까지 및 제241조제2항을 준용한다. (2018.12.31 본조개정)

제5절 유치 및 처분

제1관 유치 및 예치

제206조【유치 및 예치】 ① 세관장은 제1호에 해당하는 물품이 제2호의 사유에 해당하는 경우에는 해당 물품을 유치할 수 있다.

1. 유치대상 : 다음 각 목의 어느 하나에 해당하는 물품
   가. 여행자의 휴대품
   나. 우리나라와 외국 간을 왕래하는 운송수단에 종사하는 승무원의 휴대품
2. 유치사유 : 다음 각 목의 어느 하나에 해당하는 경우
   가. 제226조에 따라 필요한 허가·승인·표시 또는 그 밖의 조건이 갖추어지지 아니한 경우
   나. 제96조제1항제1호와 같은 항 제3호에 따른 관세의 면제 기준을 초과하여 반입하는 물품에 대한 관세를 납부하지 아니한 경우
   다. 제235조에 따른 지식재산권을 침해하는 물품을 수출하거나 수입하는 등 이 법에 따른 의무사항을 위반한 경우
   라. 불법·불량·유해물품 등 사회안전 또는 국민보건을 해칠 우려가 있는 물품으로서 대통령령으로 정하는 경우
   마. 「국세징수법」제30조 또는 「지방세징수법」제39조의2에 따라 세관장에게 강제징수 또는 체납처분이 위탁된 해당 체납자가 물품을 수입하는 경우 (2023.12.31 본목신설)

(2020.12.22 본항개정)

② 제1항에 따라 유치한 물품은 해당 사유가 없어지거나 반송하는 경우에만 유치를 해제한다.(2020.6.9 본항개정)

③ 제1항제1호 각 목의 어느 하나에 해당하는 물품으로서 수입할 의사가 없는 물품은 세관장에게 신고하여 일시 예치시킬 수 있다. 다만, 부패·변질 또는 손상의 우려가 있는 물품 등 관세청장이 정하는 물품은 그러하지 아니하다.(2020.12.22 본항개정)

제207조【유치 및 예치 물품의 보관】 ① 제206조에 따라 유치하거나 예치한 물품은 세관장이 관리하는 장소에 보관한다. 다만, 세관장이 필요하다고 인정할 때에는 그러하지 아니하다.

② 제206조에 따라 유치하거나 예치한 물품에 관하여는 제160조제4항부터 제6항까지, 제170조 및 제208조부터 제212조까지의 규정을 준용한다.

③ 세관장은 유치되거나 예치된 물품의 원활한 통관을 위하여 필요하다고 인정될 때에는 제2항에 따라 준용되는 제209조에도 불구하고 관세청장이 정하는 바에 따라 해당 물품을 유치하거나 예치할 때에 유치기간 또는 예치기간 내에 수출·수입 또는 반송하지 아니하면 매각한다는 뜻을 통고할 수 있다.

제2관 장치기간경과물품의 매각

제208조【매각대상 및 매각절차】 ① 세관장은 보세구역에 반입한 외국물품의 장치기간이 지나면 그 사실을 공고한 후 해당 물품을 매각할 수 있다. 다만, 다음 각 호의 어느 하나에 해당하는 물품은 기간이 지나기 전이라도 공고한 후 매각할 수 있다.

1. 살아 있는 동식물
2. 부패하거나 부패할 우려가 있는 것
3. 창고나 다른 외국물품에 해를 끼칠 우려가 있는 것
4. 기간이 지나면 사용할 수 없게 되거나 상품가치가 현저히 떨어질 우려가 있는 것
5. 관세청장이 정하는 물품 중 화주가 요청하는 것
6. 제26조에 따른 강제징수, 「국세징수법」제30조에 따른 강제징수 및 「지방세징수법」제39조의2에 따른 체납처분을 위하여 세관장이 압류한 수입물품(제2조제4호가목의 외국물품으로 한정한다)(2022.12.31 본호신설)

② 장치기간이 지난 물품이 제1항 각 호의 어느 하나에 해당하는 물품으로서 급박하여 공고할 여유가 없을 때에는 매각한 후 공고할 수 있다.

③ 매각된 물품의 질권자나 유치권자는 다른 법령에도 불구하고 그 물품을 매수인에게 인도하여야 한다.

④ 세관장은 제1항에 따른 매각을 할 때 다음 각 호의 어느 하나에 해당하는 경우에는 대통령령으로 정하는 기관(이하 이 절에서 "매각대행기관"이라 한다)에 이를 대행하게 할 수 있다.

1. 신속한 매각을 위하여 사이버몰 등에서 전자문서를 통하여 매각하려는 경우(2021.12.21 본호개정)
2. 매각에 전문지식이 필요한 경우
3. 그 밖에 특수한 사정이 있어 직접 매각하기에 적당하지 아니하다고 인정되는 경우

⑤ 제4항에 따라 매각대행기관이 매각을 대행하는 경우(제211조제6항에 따라 매각대금의 잔금처리를 대행하는 경우를 포함한다)에는 매각대행기관의 장을 세관장으로 본다.

⑥ 세관장은 제4항에 따라 매각대행기관이 매각을 대행하는 경우에는 매각대행에 따른 실비 등을 고려하여 기획재정부령으로 정하는 바에 따라 수수료를 지급할 수 있다.

⑦ (2016.12.20 삭제)

⑧ 제4항에 따라 매각대행기관이 대행하는 매각에 필요한 사항은 대통령령으로 정한다.

제209조【통고】 ① 세관장은 제208조제1항에 따라 외국물품을 매각하려면 그 화주등에게 통고일부터 1개월 내에 해당 물품을 수출·수입 또는 반송할 것을 통고하여야 한다.(2022.12.31 본항개정)
② 화주등이 분명하지 아니하거나 그 소재가 분명하지 아니하여 제1항에 따른 통고를 할 수 없을 때에는 공고로 이를 갈음할 수 있다.

제210조【매각방법】 ① 제208조에 따른 매각은 일반경쟁입찰·지명경쟁입찰·수의계약·경매 및 위탁판매의 방법으로 하여야 한다.
② 경쟁입찰의 방법으로 매각하려는 경우 매각되지 아니하였을 때에는 5일 이상의 간격을 두어 다시 입찰에 부칠 수 있으며 그 예정가격은 최초 예정가격의 100분의 10 이내의 금액을 입찰에 부칠 때마다 줄일 수 있다. 이 경우에 줄어들 예정가격 이상의 금액을 제시하는 응찰자가 있을 때에는 대통령령으로 정하는 바에 따라 그 응찰자가 제시하는 금액으로 수의계약을 할 수 있다.(2016.12.20 전단개정)
③ 다음 각 호의 어느 하나에 해당하는 경우에는 경매나 수의계약으로 매각할 수 있다.
1. 제2항에 따라 2회 이상 경쟁입찰에 부쳐도 매각되지 아니한 경우(2016.12.20 본호개정)
2. 매각물품의 성질·형태·용도 등을 고려할 때 경쟁입찰의 방법으로 매각할 수 없는 경우
④ 제3항에 따른 방법으로도 매각되지 아니한 물품과 대통령령으로 정하는 물품은 위탁판매의 방법으로 매각할 수 있다.
⑤ 제1항부터 제4항까지에 따라 매각된 물품에 대한 과세가격은 제30조부터 제35조까지의 규정에도 불구하고 제2항에 따른 최초 예정가격을 기초로 하여 과세가격을 산출한다.
⑥ 매각할 물품의 예정가격의 산출방법과 위탁판매에 관한 사항은 대통령령으로 정하고, 경매절차에 관하여는 「국세징수법」을 준용한다.
⑦ 세관장은 제1항에 따라 매각할 때에는 매각 물건, 매각 수량, 매각 예정가격 등을 매각 시작 10일 전에 공고하여야 한다.

제211조【잔금처리】 ① 세관장은 제210조에 따른 매각대금을 그 매각비용, 관세, 각종 세금의 순으로 충당하고, 잔금이 있을 때에는 이를 화주에게 교부한다.
② 제208조에 따라 매각하는 물품의 질권자나 유치권자는 해당 물품을 매각한 날부터 1개월 이내에 그 권리를 증명하는 서류를 세관장에게 제출하여야 한다.
③ 세관장은 제208조에 따라 매각된 물품의 질권자나 유치권자가 있을 때에는 그 잔금을 화주에게 교부하기 전에 그 질권이나 유치권에 의하여 담보된 채권의 금액을 질권자나 유치권자에게 교부한다.
④ 제3항에 따라 질권자나 유치권자에게 공매대금의 잔금을 교부하는 경우 그 잔금액이 질권이나 유치권에 의하여 담보된 채권액보다 적고 교부받을 권리자가 2인 이상인 경우에는 세관장은 「민법」이나 그 밖의 법령에 따라 배분할 순위와 금액을 정하여 배분하여야 한다.
⑤ 제1항에 따른 잔금의 교부는 관세청장이 정하는 바에 따라 일시 보류할 수 있다.
⑥ 제208조제4항에 따라 매각대행기관이 매각을 대행하는 경우에는 매각대행기관이 제1항부터 제5항까지의 규정에 따라 매각대금의 잔금처리를 대행할 수 있다.

제212조【국고귀속】 ① 세관장은 제210조에 따른 방법으로도 매각되지 아니한 물품(제208조제1항제6호의 물품은 제외한다)에 대하여는 그 물품의 화주등에게 장

치 장소로부터 지체 없이 반출할 것을 통고하여야 한다.(2022.12.31 본항개정)
② 제1항의 통고일부터 1개월 내에 해당 물품이 반출되지 아니하는 경우에는 소유권을 포기한 것으로 보고 이를 국고에 귀속시킬 수 있다.
③ 세관장은 제208조제1항제6호의 물품이 제210조에 따른 방법으로 매각되지 아니한 경우에는 납세의무자에게 1개월 이내에 대통령령으로 정하는 유찰물품의 가격에 상당하는 금액을 관세 및 체납액(관세·국세·지방세의 체납액을 말한다. 이하 이 조에서 같다) 충당금으로 납부하도록 통지하여야 한다.(2022.12.31 본항신설)
④ 제3항에 따른 통지를 받은 납세의무자가 그 기한 내에 관세 및 체납액 충당금을 납부하지 아니한 경우에는 같은 항에 따른 유찰물품의 소유권을 포기한 것으로 보고 이를 국고에 귀속시킬 수 있다.(2022.12.31 본항신설)

제8장 운 송
(2010.12.30 본장개정)

제1절 보세운송

제213조【보세운송의 신고】 ① 외국물품은 다음 각 호의 장소 간에 한정하여 외국물품 그대로 운송할 수 있다. 다만, 제248조에 따라 수출신고가 수리된 물품은 해당 물품이 장치된 장소에서 다음 각 호의 장소로 운송할 수 있다.
1. 국제항(2020.12.22 본호개정)
2. 보세구역
3. 제156조에 따라 허가된 장소
4. 세관관서
5. 통관역
6. 통관장
7. 통관우체국
② 제1항에 따라 보세운송을 하려는 자는 관세청장이 정하는 바에 따라 세관장에게 보세운송의 신고를 하여야 한다. 다만, 물품의 감시 등을 위하여 필요하다고 인정하여 대통령령으로 정하는 경우에는 세관장의 승인을 받아야 한다.
③ 세관공무원은 감시·단속을 위하여 필요하다고 인정될 때에는 관세청장이 정하는 바에 따라 보세운송을 하려는 물품을 검사할 수 있다.
④ 수출신고가 수리된 물품은 관세청장이 따로 정하는 것을 제외하고는 보세운송절차를 생략한다.
⑤ 제2항과 제3항에 따른 보세운송의 신고·승인 및 검사에 대하여는 제247조와 제250조를 준용한다.

제214조【보세운송의 신고인】 제213조제2항에 따른 신고 또는 승인신청은 다음 각 호의 어느 하나에 해당하는 자의 명의로 하여야 한다.
1. 화주
2. 관세사등
3. 보세운송을 업(業)으로 하는 자(이하 "보세운송업자"라 한다)

제215조【보세운송 보고】 제213조제2항에 따라 보세운송의 신고를 하거나 승인을 받은 자는 해당 물품이 운송 목적지에 도착하였을 때에는 관세청장이 정하는 바에 따라 도착지의 세관장에게 보고하여야 한다.

제216조【보세운송통로】 ① 세관장은 보세운송물품의 감시·단속을 위하여 필요하다고 인정될 때에는 관세청장이 정하는 바에 따라 운송통로를 제한할 수 있다.
② 보세운송은 관세청장이 정하는 기간 내에 끝내야 한다. 다만, 세관장은 재해나 그 밖의 부득이한 사유로 필요하다고 인정될 때에는 그 기간을 연장할 수 있다.

③ 보세운송을 하려는 자가 운송수단을 정하여 제213조제2항에 따라 신고를 하거나 승인을 받은 경우에는 그 운송수단을 이용하여 운송을 마쳐야 한다. (2023.12.31 본항신설)

제217조【보세운송기간 경과 시의 징수】 제213조제2항에 따라 신고를 하거나 승인을 받아 보세운송하는 외국물품이 지정된 기간 내에 목적지에 도착하지 아니한 경우에는 즉시 그 관세를 징수한다. 다만, 해당 물품이 재해나 그 밖의 부득이한 사유로 망실되었거나 미리 세관장의 승인을 받아 그 물품을 폐기하였을 때에는 그러하지 아니하다.

제218조【보세운송의 담보】 세관장은 제213조에 따른 보세운송의 신고를 하거나 승인을 받으려는 물품에 대하여 관세의 담보를 제공하게 할 수 있다.

제219조【조난물품의 운송】 ① 재해나 그 밖의 부득이한 사유로 선박 또는 항공기로부터 내려진 외국물품은 그 물품이 있는 장소로부터 제213조제1항 각 호의 장소로 운송될 수 있다.
② 제1항에 따라 외국물품을 운송하려는 자는 제213조제2항에 따른 승인을 받아야 한다. 다만, 긴급한 경우에는 세관공무원이나 경찰공무원(세관공무원이 없는 경우로 한정한다)에게 신고하여야 한다. (2020.12.22 단서개정)
③ 제2항 단서에 따라 신고를 받은 경찰공무원은 지체 없이 그 내용을 세관공무원에게 통보하여야 한다. (2020.12.22 본항개정)
④ 제1항에 따른 운송에 관하여는 제215조부터 제218조까지의 규정을 준용한다.

제220조【간이 보세운송】 세관장은 보세운송을 하려는 물품의 성질과 형태, 보세운송업자의 신용도 등을 고려하여 관세청장이 정하는 바에 따라 보세운송업자나 물품을 지정하여 다음 각 호의 조치를 할 수 있다.
1. 제213조제2항에 따른 신고절차의 간소화
2. 제213조제3항에 따른 검사의 생략
3. 제218조에 따른 담보 제공의 면제

제220조의2【국제항 안에서 국제무역선을 이용한 보세운송의 특례】 제214조에도 불구하고 국제무역선이 소속된 선박회사(그 업무를 대행하는 자를 포함한다)로서 기획재정부령으로 정하는 선박회사는 국제항 안에서 제213조제1항에 따라 환적물품 등 기획재정부령으로 정하는 물품을 국제무역선으로 보세운송할 수 있다. (2023.12.31 본조신설)

제2절　내국운송

제221조【내국운송의 신고】 ① 내국물품을 국제무역선이나 국제무역기로 운송하려는 자는 대통령령으로 정하는 바에 따라 세관장에게 내국운송의 신고를 하여야 한다. (2020.12.22 본항개정)
② 제1항에 따른 내국운송에 관하여는 제215조, 제216조, 제246조, 제247조 및 제250조를 준용한다.

제3절　보세운송자 등

제222조【보세운송업자등의 등록 및 보고】 ① 다음 각 호의 어느 하나에 해당하는 자(이하 "보세운송업자등"이라 한다)는 대통령령으로 정하는 바에 따라 관세청장이나 세관장에게 등록하여야 한다.
1. 보세운송업자
2. 보세화물을 취급하려는 자로서 다른 법령에 따라 화물운송의 주선을 업으로 하는 자(이하 "화물운송주선업자"라 한다)(2011.7.25 본호신설)
3. 국제무역선·국제무역기 또는 국경출입차량에 물품을

하역하는 것을 업으로 하는 자(2020.12.22 본호개정)
4. 국제무역선·국제무역기 또는 국경출입차량에 다음 각 목의 어느 하나에 해당하는 물품 등을 공급하는 것을 업으로 하는 자(2020.12.22 본문개정)
　가. 선박용품(2020.12.22 본목개정)
　나. 항공기용품(2020.12.22 본목개정)
　다. 차량용품
　라. 선박·항공기 또는 철도차량 안에서 판매할 물품
　마. 용역
5. 국제항 안에 있는 보세구역에서 물품이나 용역을 제공하는 것을 업으로 하는 자(2020.12.22 본호개정)
6. 국제무역선·국제무역기 또는 국경출입차량을 이용하여 상업서류나 그 밖의 견본품 등을 송달하는 것을 업으로 하는 자(2020.12.22 본호개정)
7. 구매대행업자 중 대통령령으로 정하는 자 (2019.12.31 본호신설)
② 제1항에 따른 등록의 기준·절차 등에 관하여 필요한 사항은 대통령령으로 정한다.
③ 관세청장이나 세관장은 이 법의 준수 여부를 확인하기 위하여 필요하다고 인정할 때에는 보세운송업자등에게 업무실적, 등록사항 변경, 업무에 종사하는 자의 성명이나 그 밖의 인적사항 등 영업에 관한 보고를 하게 하거나 장부 또는 그 밖의 서류를 제출하도록 명할 수 있다. 이 경우 영업에 관한 보고 또는 서류제출에 필요한 사항은 관세청장이 정한다. (2020.12.22 전단개정)
④ 관세청장이나 세관장은 화물운송주선업자에게 제225조제2항에 따라 해당 업무에 관하여 보고하게 할 수 있다.(2011.7.25 본항신설)
⑤ 제1항에 따른 등록의 유효기간은 3년으로 하며, 대통령령으로 정하는 바에 따라 갱신할 수 있다. 다만, 관세청장이나 세관장은 제255조의7제1항에 따른 안전관리 기준의 준수 정도 측정·평가 결과가 우수한 자가 등록을 갱신하는 경우에는 유효기간을 2년의 범위에서 연장하여 정할 수 있다.(2021.12.21 본항개정)
(2011.7.25 본조제목개정)

제223조【보세운송업자등의 등록요건】 보세운송업자등은 다음 각 호의 요건을 갖춘 자이어야 한다.
1. 제175조 각 호의 어느 하나에 해당하지 아니할 것
2. 「항만운송사업법」 등 관련 법령에 따른 면허·허가·지정 등을 받거나 등록을 하였을 것
3. 관세 및 국세의 체납이 없을 것
4. 보세운송업자등의 등록이 취소(제175조제1호부터 제3호까지의 어느 하나에 해당하여 등록이 취소된 경우는 제외한다)된 후 2년이 지났을 것(2014.12.23 본호개정)

제223조의2【보세운송업자등의 명의대여 등의 금지】 보세운송업자등은 다른 사람에게 자신의 성명·상호를 사용하여 보세운송업자등의 업무를 하게 하거나 그 등록증을 빌려주어서는 아니 된다. (2014.1.1 본조신설)

제224조【보세운송업자등의 행정제재】 ① 세관장은 관세청장이 정하는 바에 따라 보세운송업자등이 다음 각 호의 어느 하나에 해당하는 경우에는 등록의 취소, 6개월의 범위에서의 업무정지 또는 그 밖에 필요한 조치를 할 수 있다. 다만, 제1호 및 제2호에 해당하는 경우에는 등록을 취소하여야 한다.(2023.12.31 본문개정)
1. 거짓이나 그 밖의 부정한 방법으로 등록을 한 경우 (2011.12.31 본호신설)
2. 제175조 각 호의 어느 하나에 해당하는 경우. 다만, 제175조제8호에 해당하는 경우로서 같은 조 제2호 또는 제3호에 해당하는 사람을 임원으로 하는 법인이 3개월 이내에 해당 임원을 변경한 경우에는 그러하지 아니하다.(2018.12.31 단서신설)

3. 「항만운송사업법」 등 관련 법령에 따라 면허·허가·지정·등록 등이 취소되거나 사업정지처분을 받은 경우
4. 보세운송업자등(그 임직원 및 사용인을 포함한다)이 보세운송업자등의 업무와 관련하여 이 법이나 이 법에 따른 명령을 위반한 경우
4의2. 제223조의2를 위반한 경우(2014.1.1 본호신설)
5. 보세운송업자등(그 임직원 및 사용인을 포함한다)이 보세운송업자등의 업무와 관련하여 「개별소비세법」 제29조제1항 또는 「교통·에너지·환경세법」 제25조제1항에 따른 과태료를 부과받은 경우(2018.12.31 본호개정)
② 세관장은 제1항에 따른 업무정지가 그 이용자에게 심한 불편을 주거나 공익을 해칠 우려가 있을 경우에는 보세운송업자등에게 업무정지처분을 갈음하여 해당 업무 유지에 따른 매출액의 100분의 3 이하의 과징금을 부과할 수 있다. 이 경우 매출액 산정, 과징금의 금액 및 과징금의 납부기한 등에 관하여 필요한 사항은 대통령령으로 정한다.(2014.12.23 본항신설)
③ 제2항에 따른 과징금을 납부하여야 할 사가 납부기한까지 납부하지 아니한 경우 과징금의 징수에 관하여는 제26조를 준용한다.(2014.12.23 본항신설)
제224조의2【보세운송업자등의 등록의 효력상실】 다음 각 호의 어느 하나에 해당하면 제222조제1항에 따른 보세운송업자등의 등록은 그 효력을 상실한다.
1. 보세운송업자등이 폐업한 경우
2. 보세운송업자등이 사망한 경우(법인인 경우에는 해산된 경우)
3. 제222조제5항에 따른 등록의 유효기간이 만료된 경우
4. 제224조제1항에 따라 등록이 취소된 경우
(2017.12.19 본조신설)
제225조【보세화물 취급 선박회사 등의 신고 및 보고】 ① 보세화물을 취급하는 선박회사 또는 항공사(그 업무를 대행하는 자를 포함한다. 이하 같다)는 대통령령으로 정하는 바에 따라 세관장에게 신고하여야 한다. 신고인의 주소 등 대통령령으로 정하는 중요한 사항을 변경한 때에도 또한 같다.
② 세관장은 통관의 신속을 도모하고 보세화물의 관리절차를 간소화하기 위하여 필요하다고 인정할 때에는 대통령령으로 정하는 바에 따라 제1항에 따른 선박회사 또는 항공사로 하여금 해당 업무에 관하여 보고하게 할 수 있다.(2020.6.9 본항개정)
③ (2011.7.25 삭제)
(2011.7.25 본조개정)

제9장 통 관
(2010.12.30 본장개정)

제1절 통 칙

제1관 통관요건

제226조【허가·승인 등의 증명 및 확인】 ① 수출입을 할 때 법령에서 정하는 바에 따라 허가·승인·표시 또는 그 밖의 조건을 갖출 필요가 있는 물품은 세관장에게 그 허가·승인·표시 또는 그 밖의 조건을 갖춘 것임을 증명하여야 한다.
② 통관을 할 때 제1항의 구비조건에 대한 세관장의 확인이 필요한 수출입물품에 대하여는 다른 법령에도 불구하고 그 물품과 확인방법, 확인절차, 그 밖에 필요한 사항을 대통령령으로 정하는 바에 따라 미리 공고하여야 한다.

③ 제1항에 따른 증명에 관하여는 제245조제2항을 준용한다.
제227조【의무 이행의 요구 및 조사】 ① 세관장은 다른 법령에 따라 수입 후 특정한 용도로 사용하여야 하는 등의 의무가 부가되어 있는 물품에 대하여는 문서로써 해당 의무를 이행할 것을 요구할 수 있다.
② 제1항에 따라 의무의 이행을 요구받은 자는 대통령령으로 정하는 특별한 사유가 없으면 해당 물품에 대하여 부가된 의무를 이행하여야 한다.
③ 세관장은 제1항에 따라 의무의 이행을 요구받은 자의 이행 여부를 확인하기 위하여 필요한 경우 세관공무원으로 하여금 조사하게 할 수 있다. 이 경우 제240조의3을 준용한다.(2021.12.21 본항신설)
(2021.12.21 본조제목개정)
제228조【통관표지】 세관장은 관세 보전을 위하여 필요하다고 인정할 때에는 대통령령으로 정하는 바에 따라 수입하는 물품에 통관표지를 첨부할 것을 명할 수 있다.

제2관 원산지의 확인 등

제229조【원산지 확인 기준】 ① 이 법, 조약, 협정 등에 따른 관세의 부과·징수, 수출입물품의 통관, 제233조제3항의 확인요청에 따른 조사 등을 위하여 원산지를 확인할 때에는 다음 각 호의 어느 하나에 해당하는 나라를 원산지로 한다.(2014.1.1 본문개정)
1. 해당 물품의 전부를 생산·가공·제조한 나라
2. 해당 물품이 2개국 이상에 걸쳐 생산·가공 또는 제조된 경우에는 그 물품의 본질적 특성을 부여하기에 충분한 정도의 실질적인 생산·가공·제조 과정이 최종적으로 수행된 나라
② 제1항 각 호를 적용할 물품의 범위, 구체적 확인 기준 등에 관하여 필요한 사항은 기획재정부령으로 정한다.
③ 제1항과 제2항에도 불구하고 조약·협정 등의 시행을 위하여 원산지 확인 기준 등을 따로 정할 필요가 있을 때에는 기획재정부령으로 원산지 확인 기준 등을 따로 정한다.
제230조【원산지 허위표시물품 등의 통관 제한】 세관장은 법령에 따라 원산지를 표시하여야 하는 물품이 다음 각 호의 어느 하나에 해당하는 경우에는 해당 물품의 통관을 허용하여서는 아니 된다. 다만, 그 위반사항이 경미한 경우에는 이를 보완·정정하도록 한 후 통관을 허용할 수 있다.
1. 원산지 표시가 법령에서 정하는 기준과 방법에 부합되지 아니하게 표시된 경우
2. 원산지 표시가 부정한 방법으로 사실과 다르게 표시된 경우
3. 원산지 표시가 되어 있지 아니한 경우
제230조의2【품질등 허위·오인 표시물품의 통관 제한】 세관장은 물품의 품질, 내용, 제조 방법, 용도, 수량(이하 이 조에서 "품질등"이라 한다)을 사실과 다르게 표시한 물품 또는 품질등을 오인(誤認)할 수 있도록 표시하거나 오인할 수 있는 표지를 붙인 물품으로서 「부정경쟁방지 및 영업비밀보호에 관한 법률」, 「식품 등의 표시·광고에 관한 법률」, 「산업표준화법」 등 품질등의 표시에 관한 법령을 위반한 물품에 대하여는 통관을 허용하여서는 아니 된다.(2021.12.21 본조개정)
제231조【환적물품 등에 대한 유치 등】 ① 세관장은 제141조에 따라 일시적으로 육지에 내려지거나 다른 운송수단으로 환적 또는 복합환적되는 외국물품 중 원산지를 우리나라로 허위 표시한 물품은 유치할 수 있다.
② 제1항에 따라 유치하는 외국물품은 세관장이 관리하는 장소에 보관하여야 한다. 다만, 세관장이 필요하다고 인정할 때에는 그러하지 아니하다.

③ 세관장은 제1항에 따라 외국물품을 유치할 때에는 그 사실을 그 물품의 화주나 그 위임을 받은 자에게 통지하여야 한다.
④ 세관장은 제3항에 따른 통지를 할 때에는 이행기간을 정하여 원산지 표시의 수정 등 필요한 조치를 명할 수 있다. 이 경우 지정한 이행기간 내에 명령을 이행하지 아니하면 매각한다는 뜻을 함께 통지하여야 한다.
⑤ 세관장은 제4항 전단에 따른 명령이 이행된 경우에는 제1항에 따른 물품의 유치를 즉시 해제하여야 한다.
⑥ 세관장은 제4항 전단에 따른 명령이 이행되지 아니한 경우에는 이를 매각할 수 있다. 이 경우 매각 방법 및 절차에 관하여는 제160조제4항부터 제6항까지 및 제210조를 준용한다.

제232조【원산지증명서 등】 ① 이 법, 조약, 협정 등에 따라 원산지 확인이 필요한 물품을 수입하는 자는 해당 물품의 원산지를 증명하는 서류(이하 "원산지증명서"라 한다)를 제출하여야 한다. 다만, 대통령령으로 정하는 경우에는 그러하지 아니하다.
② 세관장은 제1항에 따라 원산지 확인이 필요한 물품을 수입하는 자가 원산지증명서를 제출하지 아니하는 경우에는 이 법, 조약, 협정 등에 따른 관세율을 적용할 때 일반특혜관세·국제협력관세 또는 편익관세를 배제하는 등 관세의 편익을 적용하지 아니할 수 있다.
③ 세관장은 원산지 확인이 필요한 물품을 수입한 자로 하여금 제1항에 따라 제출받은 원산지증명서의 내용을 확인하기 위하여 필요한 자료(이하 "원산지증명서확인자료"라 한다)를 제출하게 할 수 있다. 이 경우 원산지 확인이 필요한 물품을 수입한 자가 정당한 사유 없이 원산지증명서확인자료를 제출하지 아니할 때에는 세관장은 수입신고 시 제출받은 원산지증명서의 내용을 인정하지 아니할 수 있다.
④ 세관장은 제3항에 따라 원산지증명서확인자료를 제출한 자가 정당한 사유를 제시하여 그 자료를 공개하지 아니할 것을 요청한 경우에는 그 제출인의 명시적 동의 없이는 해당 자료를 공개하여서는 아니 된다.
⑤ 제1항부터 제4항까지의 규정에도 불구하고 조약·협정 등의 시행을 위하여 원산지증명서 제출에 관한 사항을 따로 정할 필요가 있을 때에는 기획재정부령으로 정한다.(2011.12.31 본항신설)

제232조의2【원산지증명서의 발급 등】 ① 이 법, 조약, 협정 등에 따라 관세를 양허받을 수 있는 물품의 수출자가 원산지증명서의 발급을 요청하는 경우에는 세관장이나 그 밖에 원산지증명서를 발급할 권한이 있는 기관은 그 수출자에게 원산지증명서를 발급하여야 한다.
② 세관장은 제1항에 따라 발급된 원산지증명서의 내용을 확인하기 위하여 필요하다고 인정되는 경우에는 다음 각 호의 자로 하여금 원산지증명서확인자료(대통령령으로 정하는 자료로 한정한다)를 제출하게 할 수 있다. 이 경우 자료의 제출기간은 20일 이상으로서 기획재정부령으로 정하는 기간 이내로 한다.
1. 원산지증명서를 발급받은 자
2. 원산지증명서를 발급한 자
3. 그 밖에 대통령령으로 정하는 자
(2010.12.30 본조신설)

제232조의3 (2021.12.21 삭제)

제233조【원산지증명서 등의 확인요청 및 조사】 ① 세관장은 원산지증명서를 발급한 국가의 세관이나 그 밖에 발급권한이 있는 기관(이하 이 조에서 "외국세관등"이라 한다)에 제232조제1항 및 제3항에 따라 제출된 원산지증명서 및 원산지증명서확인자료의 진위 여부, 정확성 등의 확인을 요청할 수 있다. 이 경우 세관장의

확인요청은 해당 물품의 수입신고가 수리된 이후에 하여야 하며, 세관장은 확인을 요청한 사실 및 회신 내용과 그에 따른 결정 내용을 수입자에게 통보하여야 한다.(2014.1.1 전단개정)
② 제1항에 따라 세관장이 확인을 요청한 사항에 대하여 조약 또는 협정에서 다르게 규정한 경우를 제외하고 다음 각 호의 어느 하나에 해당하는 경우에는 일반특혜관세·국제협력관세 또는 편익관세를 적용하지 아니할 수 있다. 이 경우 세관장은 제38조의3제6항 및 제39조제2항에 따라 납부하여야 할 세액 또는 납부하여야 할 세액과 납부한 세액의 차액을 부과·징수하여야 한다.(2016.12.20 후단개정)
1. 외국세관등이 기획재정부령으로 정한 기간 이내에 그 결과를 회신하지 아니한 경우
2. 세관장에게 신고한 원산지가 실제 원산지와 다른 것으로 확인된 경우
3. 외국세관등의 회신내용에 제229조에 따른 원산지증명서 및 원산지증명서확인자료를 확인하는 데 필요한 정보가 포함되지 아니한 경우
(2014.1.1 본항신설)
③ 세관장은 원산지증명서가 발급된 물품을 수입하는 국가의 권한 있는 기관으로부터 원산지증명서 및 원산지증명서확인자료의 진위 여부, 정확성 등의 확인을 요청받은 경우 등 필요하다고 인정되는 경우에는 다음 각 호의 어느 하나에 해당하는 자를 대상으로 서면조사 또는 현지조사를 할 수 있다.(2018.12.31 본문개정)
1. 원산지증명서를 발급받은 자
2. 원산지증명서를 발급한 자
3. 수출물품의 생산자 또는 수출자
(2018.12.31 1호~3호신설)
④ 제1항에 따른 확인요청 및 제3항에 따른 조사에 필요한 사항은 대통령령으로 정한다.(2014.1.1 본항개정)
⑤ 제1항부터 제4항까지의 규정에도 불구하고 조약·협정 등의 시행을 위하여 원산지증명서 확인요청 및 조사 등에 관한 사항을 따로 정할 필요가 있을 때에는 기획재정부령으로 정한다.(2014.1.1 본항개정)

제233조의2【한국원산지정보원의 설립】 ① 정부는 이 법과 「자유무역협정의 이행을 위한 관세법의 특례에 관한 법률」 및 조약·협정 등에 따라 수출입물품의 원산지정보 수집·분석과 활용 및 검증 지원 등에 필요한 업무를 효율적으로 수행하기 위하여 한국원산지정보원(이하 "원산지정보원"이라 한다)을 설립한다.(2023.12.31 본항개정)
② 원산지정보원은 법인으로 한다.(2023.12.31 본항개정)
③ 정부는 원산지정보원의 운영 및 사업수행에 필요한 경비를 예산의 범위에서 출연하거나 보조할 수 있다.(2023.12.31 본항개정)
④ 원산지정보원은 설립목적을 달성하기 위하여 다음 각 호의 사업을 수행한다.(2023.12.31 본문개정)
1. 자유무역협정과 원산지 관련 제도·정책·활용 등에 관한 정보의 수집·분석·제공
2. 수출입물품의 원산지정보 관리를 위한 시스템의 구축 및 운영에 관한 사항
3. 원산지인증수출자 인증, 원산지검증 등의 지원에 관한 사항
4. 자유무역협정 및 원산지 관련 교육·전문인력양성에 필요한 사업
5. 자유무역협정과 원산지 관련 정부, 지방자치단체, 공공기관 등으로부터 위탁받은 사업
6. 그 밖에 제1호부터 제5호까지의 사업에 따른 부대사업 및 원산지정보원의 설립목적을 달성하는 데 필요한 사업(2023.12.31 본호개정)

⑤ 원산지정보원에 대하여 이 법과 「공공기관의 운영에 관한 법률」에서 규정한 것 외에는 「민법」 중 재단법인에 관한 규정을 준용한다.(2023.12.31 본항개정)
⑥ 이 법에 따른 원산지정보원이 아닌 자는 한국원산지정보원 또는 이와 유사한 명칭을 사용하지 못한다.(2023.12.31 본항개정)
⑦ 관세청장은 원산지정보원의 업무를 지도·감독한다.(2023.12.31 본항개정)
(2022.12.31 본조개정)

제233조의3【원산지표시위반단속기관협의회】 ① 이 법, 「농수산물의 원산지 표시 등에 관한 법률」 및 「대외무역법」에 따른 원산지표시 위반 단속업무에 필요한 정보교류 등 대통령령으로 정하는 사항을 협의하기 위하여 관세청에 원산지표시위반단속기관협의회를 둔다.(2021.11.30 본항개정)
② 제1항에 따른 원산지표시위반단속기관협의회의 구성·운영과 그 밖에 필요한 사항은 대통령령으로 정한다.(2014.1.1 본조신설)

제3관 통관의 제한

제234조【수출입의 금지】 다음 각 호의 어느 하나에 해당하는 물품은 수출하거나 수입할 수 없다.
1. 헌법질서를 문란하게 하거나 공공의 안녕질서 또는 풍속을 해치는 서적·간행물·도화·영화·음반·비디오물·조각물 또는 그 밖에 이에 준하는 물품
2. 정부의 기밀을 누설하거나 첩보활동에 사용되는 물품
3. 화폐·채권이나 그 밖의 유가증권의 위조품·변조품 또는 모조품

제235조【지식재산권 보호】 ① 다음 각 호의 어느 하나에 해당하는 지식재산권을 침해하는 물품은 수출하거나 수입할 수 없다.
1. 「상표법」에 따라 설정등록된 상표권
2. 「저작권법」에 따른 저작권과 저작인접권(이하 "저작권등"이라 한다)
3. 「식물신품종 보호법」에 따라 설정등록된 품종보호권(2012.6.1 본호개정)
4. 「농수산물 품질관리법」에 따라 등록되거나 조약·협정 등에 따라 보호대상으로 지정된 지리적표시권 또는 지리적표시(이하 "지리적표시권등"이라 한다)(2020.12.22 본호개정)
5. 「특허법」에 따라 설정등록된 특허권
6. 「디자인보호법」에 따라 설정등록된 디자인권
② 관세청장은 제1항 각 호에 따른 지식재산권을 침해하는 물품을 효율적으로 단속하기 위하여 필요한 경우에는 해당 지식재산권을 관계 법령에 따라 등록 또는 설정등록한 자 등으로 하여금 해당 지식재산권에 관한 사항을 신고하게 할 수 있다.
③ 세관장은 다음 각 호의 어느 하나에 해당하는 물품이 제2항에 따라 신고된 지식재산권을 침해하였다고 인정될 때에는 그 지식재산권을 신고한 자에게 해당 물품의 수출입, 환적, 복합환적, 보세구역 반입, 보세운송, 제141조제1호에 따른 일시양륙의 신고(이하 이 조에서 "수출입신고등"이라 한다) 또는 통관우체국 도착 사실을 통보하여야 한다. 이 경우 통보를 받은 자는 세관장에게 담보를 제공하고 해당 통관 보류나 유치를 요청할 수 있다.(2022.12.31 전단개정)
1. 수출입신고된 물품
2. 환적 또는 복합환적 신고된 물품
3. 보세구역에 반입신고된 물품
4. 보세운송신고된 물품
5. 제141조제1호에 따라 일시양륙이 신고된 물품

6. 통관우체국에 도착한 물품(2022.12.31 본호신설)
④ 제1항 각 호에 따른 지식재산권을 보호받으려는 자는 세관장에게 담보를 제공하고 해당 물품의 통관 보류나 유치를 요청할 수 있다.
⑤ 제3항 또는 제4항의 요청을 받은 세관장은 특별한 사유가 없으면 해당 물품의 통관을 보류하거나 유치하여야 한다. 다만, 수출입신고등을 한 자 또는 제3항제6호에 해당하는 물품의 화주가 담보를 제공하고 통관 또는 유치 해제를 요청하는 경우에는 다음 각 호의 물품을 제외하고는 해당 물품의 통관을 허용하거나 유치를 해제할 수 있다.(2022.12.31 단서개정)
1. 위조하거나 유사한 상표를 붙여 제1항제1호에 따른 상표권을 침해하는 물품(2020.6.9 본항개정)
2. 불법복제된 물품으로서 저작권등을 침해하는 물품
3. 같거나 유사한 품종명칭을 사용하여 제1항제3호에 따른 품종보호권을 침해하는 물품
4. 위조하거나 유사한 지리적표시를 사용하여 지리적표시권등을 침해하는 물품
5. 특허로 설정등록된 발명을 사용하여 제1항제5호에 따른 특허권을 침해하는 물품
6. 같거나 유사한 디자인을 사용하여 제1항제6호에 따른 디자인권을 침해하는 물품
⑥ 제2항부터 제5항까지의 규정에 따른 지식재산권에 관한 신고, 담보 제공, 통관의 보류·허용 및 유치·유치 해제 등에 필요한 사항은 대통령령으로 정한다.
⑦ 세관장은 제3항 각 호에 따른 물품이 제1항 각 호의 어느 하나에 해당하는 지식재산권을 침해하였음이 명백한 경우에는 대통령령으로 정하는 바에 따라 직권으로 해당 물품의 통관을 보류하거나 해당 물품을 유치할 수 있다. 이 경우 세관장은 해당 물품의 수출입신고등을 한 자 또는 제3항제6호에 해당하는 물품의 화주에게 그 사실을 즉시 통보하여야 한다.(2022.12.31 후단개정)

제236조【통관물품 및 통관절차의 제한】 관세청장이나 세관장은 감시에 필요하다고 인정될 때에는 통관역·통관장 또는 특정한 세관에서 통관할 수 있는 물품을 제한할 수 있다.

제237조【통관의 보류】 ① 세관장은 다음 각 호의 어느 하나에 해당하는 경우에는 해당 물품의 통관을 보류할 수 있다.
1. 제241조 또는 제244조에 따른 수출·수입 또는 반송에 관한 신고서의 기재사항에 보완이 필요한 경우
2. 제245조에 따른 제출서류 등이 갖추어지지 아니하여 보완이 필요한 경우
3. 이 법에 따른 의무사항(대한민국이 체결한 조약 및 일반적으로 승인된 국제법규에 따른 의무를 포함한다)을 위반하거나 국민보건 등을 해칠 우려가 있는 경우(2020.12.22 본호개정)
4. 제246조의3제1항에 따른 안전성 검사가 필요한 경우(2015.12.15 본호신설)
4의2. 제246조의3제1항에 따른 안전성 검사 결과 불법·불량·유해 물품으로 확인된 경우(2021.12.21 본호신설)
5. 「국세징수법」 제30조 및 「지방세징수법」 제39조의2에 따라 세관장에게 강제징수 또는 체납처분이 위탁된 해당 체납자가 수입하는 경우(2020.12.22 본호개정)
6. 그 밖에 이 법에 따른 필요한 사항을 확인할 필요가 있다고 인정하여 대통령령으로 정하는 경우(2015.12.15 본호개정)
② 세관장은 제1항에 따라 통관을 보류할 때에는 즉시 그 사실을 화주(화주의 위임을 받은 자를 포함한다) 또는 수출입 신고인에게 통지하여야 한다.(2020.12.22 본항신설)

③ 세관장은 제2항에 따라 통지할 때에는 이행기간을 정하여 통관의 보류 해제에 필요한 조치를 요구할 수 있다.(2020.12.22 본항신설)
④ 제2항에 따라 통관의 보류 사실을 통지받은 자는 세관장에게 제1항 각 호의 통관 보류사유에 해당하지 아니함을 소명하는 자료 또는 제3항에 따른 세관장의 통관 보류 해제에 필요한 조치를 이행한 사실을 증명하는 자료를 제출하고 해당 물품의 통관을 요청할 수 있다. 이 경우 세관장은 해당 물품의 통관 허용 여부(허용하지 아니하는 경우에는 그 사유를 포함한다)를 요청받은 날부터 30일 이내에 통지하여야 한다.(2020.12.22 본항신설)

제238조 【보세구역 반입명령】 ① 관세청장이나 세관장은 다음 각 호의 어느 하나에 해당하는 물품으로서 이 법에 따른 의무사항을 위반하거나 국민보건 등을 해칠 우려가 있는 물품에 대해서는 대통령령으로 정하는 바에 따라 화주(화주의 위임을 받은 자를 포함한다) 또는 수출입 신고인에게 보세구역으로 반입할 것을 명할 수 있다.(2020.12.22 본문개정)
1. 수출신고가 수리되어 외국으로 반출되기 전에 있는 물품
2. 수입신고가 수리되어 반출된 물품
② 제1항에 따른 반입명령을 받은 자(이하 이 조에서 "반입의무자"라 한다)는 해당 물품을 지정받은 보세구역으로 반입하여야 한다.(2020.12.22 본항개정)
③ 관세청장이나 세관장은 반입의무자에게 제2항에 따라 반입된 물품을 국외로 반출 또는 폐기할 것을 명하거나 반입의무자가 위반사항 등을 보완 또는 정정한 이후 국내로 반입하게 할 수 있다. 이 경우 반출 또는 폐기에 드는 비용은 반입의무자가 부담한다.(2020.12.22 본항신설)
④ 제2항에 따라 반입된 물품이 제3항에 따라 국외로 반출 또는 폐기되었을 때에는 당초의 수출입 신고 수리는 취소된 것으로 본다. 이 경우 해당 물품을 수입할 때 납부한 관세는 제46조 및 제48조에 따라 환급한다.(2020.12.22 본항신설)
⑤ 제1항에도 불구하고 관세청장이나 세관장은 법 위반사항이 경미하거나 감시·단속에 지장이 없다고 인정되는 경우에는 반입의무자에게 해당 물품을 보세구역으로 반입하지 아니하고 필요한 조치를 하도록 명할 수 있다.(2020.12.22 본항신설)

제4관 통관의 예외 적용

제239조 【수입으로 보지 아니하는 소비 또는 사용】 외국물품의 소비나 사용이 다음 각 호의 어느 하나에 해당하는 경우에는 이를 수입으로 보지 아니한다.
1. 선박용품·항공기용품 또는 차량용품을 운송수단 안에서 그 용도에 따라 소비하거나 사용하는 경우
2. 선박용품·항공기용품 또는 차량용품을 세관장이 정하는 지정보세구역에서 「출입국관리법」에 따라 출국심사를 마치거나 우리나라에 입국하지 아니하고 우리나라를 경유하여 제3국으로 출발하려는 자에게 제공하여 그 용도에 따라 소비하거나 사용하는 경우(2020.12.22 1호~2호개정)
3. 여행자가 휴대품을 운송수단 또는 관세통로에서 소비하거나 사용하는 경우
4. 이 법에서 인정하는 바에 따라 소비하거나 사용하는 경우

제240조 【수출입의 의제】 ① 다음 각 호의 어느 하나에 해당하는 외국물품은 이 법에 따라 적법하게 수입된 것으로 보고 관세 등을 따로 징수하지 아니한다.
1. 체신관서가 수취인에게 내준 우편물
2. 이 법에 따라 매각된 물품
3. 이 법에 따라 몰수된 물품

4. 제269조, 제272조, 제273조 또는 제274조제1항제1호에 해당하여 이 법에 따른 통고처분으로 납부된 물품
5. 법령에 따라 국고에 귀속된 물품
6. 제282조제3항에 따라 몰수를 갈음하여 추징된 물품
② 체신관서가 외국으로 발송한 우편물은 이 법에 따라 적법하게 수출되거나 반송된 것으로 본다.

제5관 통관 후 유통이력 관리

제240조의2 【통관 후 유통이력 신고】 ① 외국물품을 수입하는 자와 수입물품을 국내에서 거래하는 자(소비자에 대한 판매를 주된 영업으로 하는 사업자는 제외한다)는 사회안전 또는 국민보건을 해칠 우려가 현저한 물품 등으로서 관세청장이 지정하는 물품(이하 "유통이력 신고물품"이라 한다)에 대한 유통단계별 거래명세(이하 "유통이력"이라 한다)를 관세청장에게 신고하여야 한다.
② 제1항에 따라 유통이력 신고의 의무가 있는 자(이하 "유통이력 신고의무자"라 한다)는 유통이력을 장부에 기록(전자적 기록방식을 포함한다)하고, 그 자료를 거래일부터 1년간 보관하여야 한다.
③ 관세청장은 유통이력 신고물품을 지정할 때 미리 관계 행정기관의 장과 협의하여야 한다.
④ 관세청장은 유통이력 신고물품의 지정, 신고의무 존속기간 및 신고대상 범위 설정 등을 할 때 수입물품을 내국물품에 비하여 부당하게 차별하여서는 아니 되며, 이를 이행하는 유통이력 신고의무자의 부담이 최소화되도록 하여야 한다.
⑤ 유통이력 신고물품별 신고의무 존속기간, 유통이력의 범위, 신고절차, 그 밖에 유통이력 신고에 필요한 사항은 관세청장이 정한다.

제240조의3 【유통이력 조사】 ① 관세청장은 제240조의2를 시행하기 위하여 필요하다고 인정할 때에는 세관공무원으로 하여금 유통이력 신고의무자의 사업장에 출입하여 영업 관계의 장부나 서류를 열람하여 조사하게 할 수 있다.
② 유통이력 신고의무자는 정당한 사유 없이 제1항에 따른 조사를 거부·방해 또는 기피하여서는 아니 된다.
③ 제1항에 따라 조사를 하는 세관공무원은 신분을 확인할 수 있는 증표를 지니고 이를 관계인에게 보여 주어야 한다.

제6관 통관절차 등의 국제협력
(2014.12.23 본관신설)

제240조의4 【무역원활화 기본계획의 수립 및 시행】 ① 기획재정부장관은 「세계무역기구 설립을 위한 마라케쉬협정」에 따라 이 법 및 관련법에서 정한 통관 등 수출입 절차의 원활화 및 이와 관련된 국제협력의 원활화(이하 "무역원활화"라 한다)를 촉진하기 위하여 다음 각 호의 사항이 포함된 무역원활화 기본계획(이하 "기본계획"이라 한다)을 수립·시행하여야 한다.
1. 무역원활화 정책의 기본 방향에 관한 사항
2. 무역원활화 기반 시설의 구축과 운영에 관한 사항
3. 무역원활화의 환경조성에 관한 사항
4. 무역원활화와 관련된 국제협력에 관한 사항
5. 무역원활화와 관련된 통계자료의 수집·분석 및 활용방안에 관한 사항
6. 무역원활화 촉진을 위한 재원 확보 및 배분에 관한 사항
7. 그 밖에 무역원활화를 촉진하기 위하여 필요한 사항
② 기획재정부장관은 기본계획을 시행하기 위하여 대통령령으로 정하는 바에 따라 무역원활화에 관한 업무를 수행하는 기관 또는 단체에 필요한 지원을 할 수 있다.

제240조의5【상호주의에 따른 통관절차 간소화】국제무역 및 교류를 증진하고 국가 간의 협력을 촉진하기 위하여 우리나라에 대하여 통관절차의 편의를 제공하는 국가에서 수입되는 물품에 대하여는 상호 조건에 따라 대통령령으로 정하는 바에 따라 간이한 통관절차를 적용할 수 있다.

제240조의6【국가 간 세관정보의 상호 교환 등】① 관세청장은 물품의 신속한 통관과 이 법을 위반한 물품의 반입을 방지하기 위하여 세계관세기구에서 정하는 수출입 신고항목 및 화물식별번호를 발급하거나 사용하게 할 수 있다.
② 관세청장은 세계관세기구에서 정하는 수출입 신고항목 및 화물식별번호 정보를 다른 국가와 상호 조건에 따라 교환할 수 있다.
③ 관세청장은 관세의 부과와 징수, 과세 불복에 대한 심리, 형사소추 및 수출입신고의 검증을 위하여 수출입 신고자료 등 대통령령으로 정하는 사항을 대한민국 정부가 다른 국가와 관세행정에 관한 협력 및 상호지원에 관하여 체결한 협정과 국제기구와 체결한 국제협약에 따라 다른 법률에 저촉되지 아니하는 범위에서 다른 국가와 교환할 수 있다. (2019.12.31 본항개정)
④ 제3항에도 불구하고 관세청장은 상호주의 원칙에 따라 상대국에 수출입신고자료 등을 제공하는 것을 제한할 수 있다.
⑤ 관세청장은 제3항에 따라 다른 국가와 수출입신고자료 등을 교환하는 경우 대통령령으로 정하는 바에 따라 이를 신고인 또는 그 대리인에게 통지하여야 한다.

제2절 수출·수입 및 반송

제1관 신 고

제241조【수출·수입 또는 반송의 신고】① 물품을 수출·수입 또는 반송하려면 해당 물품의 품명·규격·수량 및 가격과 그 밖에 대통령령으로 정하는 사항을 세관장에게 신고하여야 한다.
② 다음 각 호의 어느 하나에 해당하는 물품은 대통령령으로 정하는 바에 따라 제1항에 따른 신고를 생략하게 하거나 관세청장이 정하는 간소한 방법으로 신고하게 할 수 있다.
1. 휴대품·탁송품 또는 별송품
2. 우편물
3. 제91조부터 제94조까지, 제96조제1항 및 제97조제1항에 따라 관세가 면제되는 물품 (2014.12.23 본호개정)
3의2. 제135조, 제136조, 제149조 및 제150조에 따른 보고 또는 허가의 대상이 되는 운송수단. 다만, 다음 각 목의 어느 하나에 해당하는 운송수단은 제외한다.
　가. 우리나라에 수입할 목적으로 최초로 반입되는 운송수단
　나. 해외에서 수리하거나 부품 등을 교체한 우리나라의 운송수단
　다. 해외로 수출 또는 반송하는 운송수단
　(2018.12.31 본호신설)
4. 국제운송을 위한 컨테이너(별표 관세율표 중 기본세율이 무세인 것으로 한정한다)
③ 수입하거나 반송하려는 물품을 지정장치장 또는 보세창고에 반입하거나 보세구역이 아닌 장소에 장치한 자는 그 반입일 또는 장치일부터 30일 이내(제243조제1항에 해당하는 물품은 관세청장이 정하는 바에 따라 반송신고를 할 수 있는 날부터 30일 이내)에 제1항에 따른 신고를 하여야 한다.
④ 세관장은 대통령령으로 정하는 물품을 수입하거나 반송하는 자가 제3항에 따른 기간 내에 수입 또는 반송의 신고를 하지 아니한 경우에는 해당 물품 과세가격

의 100분의 2에 상당하는 금액의 범위에서 대통령령으로 정하는 금액을 가산세로 징수한다.
⑤ 세관장은 다음 각 호의 어느 하나에 해당하는 경우에는 해당 물품에 대하여 납부할 세액(관세 및 내국세를 포함한다)의 100분의 20(제1호의 경우에는 100분의 40)으로 하되, 반복적으로 자진신고를 하지 아니하는 경우 등 대통령령으로 정하는 사유에 해당하는 경우에는 100분의 60)에 상당하는 금액을 가산세로 징수한다.
1. 여행자나 승무원이 제2항제1호에 해당하는 휴대품(제96조제1항제1호 및 제3호에 해당하는 물품은 제외한다)을 신고하지 아니하여 과세하는 경우
2. 우리나라로 거주를 이전하기 위하여 입국하는 자가 입국할 때에 수입하는 이사물품(제96조제1항제2호에 해당하는 물품은 제외한다)을 신고하지 아니하여 과세하는 경우
(2014.12.23 본항개정)
⑥ 제3항에도 불구하고 전기·유류 등 대통령령으로 정하는 물품을 그 물품의 특성으로 인하여 전선이나 배관 등 대통령령으로 정하는 시설 또는 장치 등을 이용하여 수출·수입 또는 반송하는 자는 1개월을 단위로 하여 해당 물품에 대한 제1항의 사항을 대통령령으로 정하는 바에 따라 다음 달 10일까지 신고하여야 한다. 이 경우 기간 내에 수출·수입 또는 반송의 신고를 하지 아니하는 경우의 가산세 징수에 관하여는 제4항을 준용한다.

제241조의2【해외 수리 운송수단 수입신고의 특례】제241조제2항제3호의2나목에 따른 운송수단을 수입신고하는 경우 해당 운송수단의 가격은 수리 또는 부품 등이 교체된 부분의 가격으로 한다. (2018.12.31 본조신설)

제242조【수출·수입·반송 등의 신고인】제241조, 제244조 또는 제253조에 따른 신고는 화주 또는 관세사 등의 명의로 하여야 한다. 다만, 수출신고의 경우에는 화주에게 해당 수출물품을 제조하여 공급한 자의 명의로 할 수 있다.

제243조【신고의 요건】① 제206조제1항제1호가목의 물품 중 관세청장이 정하는 물품은 관세청장이 정하는 바에 따라 반송방법을 제한할 수 있다. (2020.12.22 본항개정)
② 제241조제1항에 따른 수입의 신고는 해당 물품을 적재한 선박이나 항공기가 입항된 후에만 할 수 있다.
③ 제241조제1항에 따른 반송의 신고는 해당 물품이 이 법에 따른 장치 장소에 있는 경우에만 할 수 있다.
④ 밀수출 등 불법행위가 발생할 우려가 높거나 감시단속을 위하여 필요하다고 인정하여 대통령령으로 정하는 물품은 관세청장이 정하는 장소에 반입한 후 제241조제1항에 따른 수출의 신고를 하게 할 수 있다.
(2020.6.9 본항개정)

제244조【입항전수입신고】① 수입하려는 물품의 신속한 통관이 필요할 때에는 제243조제2항에도 불구하고 대통령령으로 정하는 바에 따라 해당 물품을 적재한 선박이나 항공기가 입항하기 전에 수입신고를 할 수 있다. 이 경우 입항전수입신고가 된 물품은 우리나라에 도착한 것으로 본다.
② 세관장은 입항전수입신고를 한 물품에 대하여 제246조에 따른 물품검사의 실시를 결정하였을 때에는 수입신고를 한 자에게 이를 통보하여야 한다.
③ 제2항에 따라 검사대상으로 결정된 물품은 수입신고를 한 세관의 관할 보세구역(보세구역이 아닌 장소에 장치하는 경우 그 장소를 포함한다)에 반입되어야 한다. 다만, 세관장이 적재상태에서 검사가 가능하다고 인정하는 물품은 해당 물품을 적재한 선박이나 항공기에서 검사할 수 있다.
④ 제2항에 따라 검사대상으로 결정되지 아니한 물품은 입항 전에 그 수입신고를 수리할 수 있다.

⑤ 입항전수입신고가 수리되고 보세구역 등으로부터 반출되지 아니한 물품에 대하여는 해당 물품이 지정보세구역에 장치되었는지 여부와 관계없이 제106조제4항을 준용한다.(2020.6.9 본항개정)
⑥ 입항전수입신고된 물품의 통관절차 등에 관하여 필요한 사항은 관세청장이 정한다.
제245조【신고 시의 제출서류】① 제241조 또는 제244조에 따른 수출·수입 또는 반송의 신고를 하는 자는 과세가격결정자료 외에 대통령령으로 정하는 서류를 제출하여야 한다.(2013.8.13 본항개정)
② 제1항에 따라 서류를 제출하여야 하는 자가 해당 서류를 관세사등에게 제출하고, 관세사등이 해당 서류를 확인한 후 제241조 또는 제244조에 따른 수출·수입 또는 반송에 관한 신고를 할 때에는 해당 서류의 제출을 생략하게 하거나 해당 서류를 수입신고 수리 후에 제출하게 할 수 있다.
③ 제2항에 따라 서류의 제출을 생략하게 하거나 수입신고 수리 후에 서류를 제출하게 하는 경우 세관장이 필요하다고 인정하여 신고인에게 관세청장이 정하는 장부나 그 밖의 관계 자료의 제시 또는 제출을 요청하면 신고인은 이에 따라야 한다.

제2관 물품의 검사

제246조【물품의 검사】① 세관공무원은 수출·수입 또는 반송하려는 물품에 대하여 검사를 할 수 있다.
② 관세청장은 검사의 효율을 거두기 위하여 검사대상, 검사범위, 검사방법 등에 관하여 필요한 기준을 정할 수 있다.
③ 화주는 수입신고를 하려는 물품에 대하여 수입신고 전에 관세청장이 정하는 바에 따라 확인을 할 수 있다.
제246조의2【물품의 검사에 따른 손실보상】① 관세청장 또는 세관장은 이 법에 따른 세관공무원의 적법한 물품검사로 인하여 물품 등에 손실이 발생한 경우 그 손실을 입은 자에게 보상(이하 "손실보상"이라 한다)하여야 한다.(2023.12.31 본항개정)
② 제1항에 따른 손실보상의 기준, 대상 및 보상금액에 관한 사항은 대통령령으로 정한다.(2023.12.31 본항개정)
③ 제1항에 따른 손실보상의 지급절차 및 방법, 그 밖에 필요한 사항은 관세청장이 정한다.
(2015.12.15 본조신설)
제246조의3【물품에 대한 안전성 검사】① 관세청장은 중앙행정기관의 장의 요청을 받아 세관장으로 하여금 제226조에 따른 세관장의 확인이 필요한 수출입물품 등 다른 법령에서 정한 물품의 성분·품질 등에 대한 안전성 검사(이하 "안전성 검사"라 한다)를 하게 할 수 있다. 다만, 관세청장은 제226조에 따른 세관장의 확인이 필요한 수출입물품에 대하여는 필요한 경우 해당 중앙행정기관의 장에게 세관장과 공동으로 안전성 검사를 할 것을 요청할 수 있다.(2019.12.31 단서신설)
② 중앙행정기관의 장은 제1항에 따라 안전성 검사를 요청하는 경우 관세청장에게 해당 물품에 대한 안전성 검사 방법 등 관련 정보를 제공하여야 하고, 필요한 인력을 제공할 수 있다.(2019.12.31 본항개정)
③ 관세청장은 제1항에 따라 중앙행정기관의 장의 안전성 검사 요청을 받거나 중앙행정기관의 장에게 안전성 검사를 요청한 경우 해당 안전성 검사를 위하여 필요한 인력 및 설비 등을 고려하여 안전성 검사 대상 물품을 지정하여야 하고, 그 결과를 해당 중앙행정기관의 장에게 통보하여야 한다.(2019.12.31 본항개정)
④ 관세청장은 안전성 검사를 위하여 협업검사센터를 주요 공항·항만에 설치할 수 있고, 세관장에게 제3항에 따라 지정된 안전성 검사 대상 물품의 안전성 검사

에 필요한 자체 검사 설비를 지원하는 등 원활한 안전성 검사를 위한 조치를 취하여야 한다.(2019.12.31 본항개정)
⑤ 세관장은 제3항에 따라 안전성 검사 대상 물품으로 지정된 물품에 대하여 중앙행정기관의 장과 협력하여 안전성 검사를 실시하여야 한다.(2017.12.19 본항신설)
⑥ 관세청장은 안전성 검사 결과 불법·불량·유해 물품으로 확인된 물품의 정보를 관세청 인터넷 홈페이지를 통하여 공개할 수 있다.(2017.12.19 본항신설)
⑦ 안전성 검사에 필요한 정보교류, 제264조의10에 따른 불법·불량·유해물품에 대한 정보 등의 제공 요청 등 대통령령으로 정하는 사항을 협의하기 위하여 관세청에 수출입물품안전관리기관협의회를 둔다.(2020.12.22 본항개정)
⑧ 제7항에 따른 수출입물품안전관리기관협의회의 구성·운영과 그 밖에 필요한 사항은 대통령령으로 정한다.(2017.12.19 본항개정)
⑨ 제1항부터 제8항까지에서 규정한 사항 외에 안전성 검사의 방법·절차 등에 관하여 필요한 사항은 관세청장이 정한다.(2017.12.19 본항개정)
(2015.12.15 본조신설)
제247조【검사 장소】① 제186조제1항 또는 제246조에 따른 검사는 제155조제1항에 따라 장치할 수 있는 장소에서 한다. 다만, 수출하려는 물품은 해당 물품이 장치되어 있는 장소에서 검사한다.
② 제1항에도 불구하고 세관장은 효율적인 검사를 위하여 부득이하다고 인정될 때에는 관세청장이 정하는 바에 따라 해당 물품을 보세구역에 반입하게 한 후 검사할 수 있다.
③ (2023.12.31 삭제)

제3관 신고의 처리

제248조【신고의 수리】① 세관장은 제241조 또는 제244조에 따른 신고가 이 법에 따라 적합하게 이루어졌을 때에는 이를 지체 없이 수리하고 신고인에게 신고필증을 발급하여야 한다. 다만, 제327조제2항에 따라 국가관세종합정보시스템의 전산처리설비를 이용하여 신고를 수리하는 경우에는 관세청장이 정하는 바에 따라 신고인이 직접 전산처리설비를 이용하여 신고필증을 발급받을 수 있다.(2023.12.31 단서개정)
② 세관장은 관세를 납부하여야 하는 물품에 대하여는 제241조 또는 제244조에 따른 신고를 수리할 때에 다음 각 호의 어느 하나에 해당하는 자에게 관세에 상당하는 담보의 제공을 요구할 수 있다.
1. 이 법 또는 「수출용원재료에 대한 관세 등 환급에 관한 특례법」 제23조를 위반하여 징역형의 실형을 선고받고 그 집행이 끝나거나(집행이 끝난 것으로 보는 경우를 포함한다) 면제된 후 2년이 지나지 아니한 자
2. 이 법 또는 「수출용원재료에 대한 관세 등 환급에 관한 특례법」 제23조를 위반하여 징역형의 집행유예를 선고받고 그 유예기간 중에 있는 자
3. 제269조부터 제271조까지, 제274조, 제275조의2, 제275조의3 또는 「수출용원재료에 대한 관세 등 환급에 관한 특례법」 제23조에 따라 벌금형 또는 통고처분을 받은 자로서 그 벌금형을 선고받거나 통고처분을 이행한 후 2년이 지나지 아니한 자
4. 제241조 또는 제244조에 따른 수입신고일을 기준으로 최근 2년간 관세 등 조세를 체납한 사실이 있는 자
5. 수입실적, 수입물품의 관세율 등을 고려하여 대통령령으로 정하는 관세채권의 확보가 곤란한 경우에 해당하는 자

③ 제1항에 따른 신고수리 전에는 운송수단, 관세통로, 하역통로 또는 이 법에 따른 장치 장소로부터 신고된 물품을 반출하여서는 아니 된다.

제249조 【신고사항의 보완】 세관장은 다음 각 호의 어느 하나에 해당하는 경우에는 제241조 또는 제244조에 따른 신고가 수리되기 전까지 갖추어지지 아니한 사항을 보완하게 할 수 있다. 다만, 해당 사항이 경미하고 신고수리 후에 보완이 가능하다고 인정되는 경우에는 관세청장이 정하는 바에 따라 신고수리 후 이를 보완하게 할 수 있다.
1. 제241조 또는 제244조에 따른 수출·수입 또는 반송에 관한 신고서의 기재사항이 갖추어지지 아니한 경우
2. 제245조에 따른 제출서류가 갖추어지지 아니한 경우

제250조 【신고의 취하 및 각하】 ① 신고는 정당한 이유가 있는 경우에만 세관장의 승인을 받아 취하할 수 있다. 다만, 수입 및 반송의 신고는 운송수단, 관세통로, 하역통로 또는 이 법에 규정된 장치 장소에서 물품을 반출한 후에는 취하할 수 없다.
② 수출·수입 또는 반송의 신고를 수리한 후 제1항에 따라 신고의 취하를 승인한 때에는 신고수리의 효력이 상실된다.
③ 세관장은 제241조 및 제244조의 신고가 그 요건을 갖추지 못하였거나 부정한 방법으로 신고되었을 때에는 해당 수출·수입 또는 반송의 신고를 각하할 수 있다.
④ 세관장은 제1항에 따른 승인의 신청을 받은 날부터 10일 이내에 승인 여부를 신청인에게 통지하여야 한다. (2020.12.22 본항신설)
⑤ 세관장이 제4항에서 정한 기간 내에 승인 여부 또는 민원 처리 관련 법령에 따른 처리기간의 연장을 신청인에게 통지하지 아니하면 그 기간(민원 처리 관련 법령에 따라 처리기간이 연장 또는 재연장된 경우에는 해당 처리기간을 말한다)이 끝난 날의 다음 날에 승인을 한 것으로 본다.(2020.12.22 본항신설)

제251조 【수출신고수리물품의 적재 등】 ① 수출신고가 수리된 물품은 수출신고가 수리된 날부터 30일 이내에 운송수단에 적재하여야 한다. 다만, 기획재정부령으로 정하는 바에 따라 1년의 범위에서 적재기간의 연장승인을 받은 것은 그러하지 아니하다.
② 세관장은 제1항에 따른 기간 내에 적재되지 아니한 물품에 대하여는 대통령령으로 정하는 바에 따라 수출신고의 수리를 취소할 수 있다.

제4관 통관절차의 특례

제252조 【수입신고수리전 반출】 수입신고를 한 물품을 제248조에 따른 세관장의 수리 전에 해당 물품이 장치된 장소로부터 반출하려는 자는 납부하여야 할 관세에 상당하는 담보를 제공하고 세관장의 승인을 받아야 한다. 다만, 정부 또는 지방자치단체가 수입하거나 담보를 제공하지 아니하여도 관세의 납부에 지장이 없다고 인정하여 대통령령으로 정하는 물품에 대하여는 담보의 제공을 생략할 수 있다.

제253조 【수입신고전의 물품 반출】 ① 수입하려는 물품을 수입신고 전에 운송수단, 관세통로, 하역통로 또는 이 법에 따른 장치 장소로부터 즉시 반출하려는 자는 대통령령으로 정하는 바에 따라 세관장에게 즉시반출신고를 하여야 한다. 이 경우 세관장은 납부하여야 하는 관세에 상당하는 담보를 제공하게 할 수 있다.
② 제1항에 따른 즉시반출을 할 수 있는 자 또는 물품은 대통령령으로 정하는 바에 따라 세관장이 지정한다.
③ 제1항에 따른 즉시반출신고를 하고 반출을 하는 자는 즉시반출신고를 한 날부터 10일 이내에 제241조에 따른 수입신고를 하여야 한다.

④ 세관장은 제1항에 따라 반출을 한 자가 제3항에 따른 기간 내에 수입신고를 하지 아니하는 경우에는 관세를 부과·징수한다. 이 경우 해당 물품에 대한 관세의 100분의 20에 상당하는 금액을 가산세로 징수하고, 제2항에 따른 지정을 취소할 수 있다.

제254조 【전자상거래물품의 특별통관 등】 ① 관세청장은 전자상거래물품에 대하여 대통령령으로 정하는 바에 따라 수출입신고·물품검사 등 통관에 필요한 사항을 따로 정할 수 있다.
② 관세청장은 관세의 부과·징수 및 통관을 위하여 필요한 경우 사이버몰을 운영하는 구매대행업자, 「전자상거래 등에서의 소비자보호에 관한 법률」에 따른 통신판매업자 또는 통신판매중개를 하는 자에게 전자상거래물품의 주문·결제 등과 관련된 거래정보로서 대통령령으로 정하는 정보를 제1항에 따른 수입신고 전에 제공하여 줄 것을 요청할 수 있다.(2022.12.31 본항신설)
③ 제2항에 따라 요청받은 정보의 제공 방법·절차 등 정보의 제공에 필요한 사항은 대통령령으로 정한다. (2022.12.31 본항신설)
④ 관세청장은 납세자의 권리 보호를 위하여 화주에게 전자상거래물품의 통관 및 납세와 관련된 사항으로서 대통령령으로 정하는 사항을 안내할 수 있다. (2022.12.31 본항신설)
⑤ 제1항은 제254조의2제1항 및 제258조제2항에 우선하여 적용한다.(2022.12.31 본항신설)
(2022.12.31 본조개정)

제254조의2 【탁송품의 특별통관】 ① 제241조제2항제1호의 탁송품으로서 기획재정부령으로 정하는 물품은 운송업자(제222조제1항제6호에 따라 관세청장 또는 세관장에게 등록한 자를 말한다. 이하 "탁송품 운송업자"라 한다)가 다음 각 호에 해당하는 사항이 적힌 목록(이하 "통관목록"이라 한다)을 세관장에게 제출함으로써 제241조제1항에 따른 수입신고를 생략할 수 있다.(2017.12.19 본문개정)
1. 물품의 발송인 및 수신인의 성명, 주소, 국가 (2020.12.22 본호개정)
2. 물품의 품명, 수량, 중량 및 가격
3. 탁송품의 통관목록에 관한 것으로 기획재정부령으로 정하는 사항
② 탁송품 운송업자는 통관목록을 사실과 다르게 제출하여서는 아니 된다.
③ 탁송품 운송업자는 제1항에 따라 제출한 통관목록에 적힌 물품수신인의 주소지(제241조제1항에 따른 수입신고를 한 탁송품의 경우에는 수입신고서에 적힌 납세의무자의 주소지)가 아닌 곳에 탁송품을 배송하거나 배송하게 한 경우(「우편법」 제31조 단서에 해당하는 경우는 제외한다)에는 배송한 날이 속하는 달의 다음 달 15일까지 실제 배송한 주소지를 세관장에게 제출하여야 한다.(2020.12.22 본항개정)
④ 세관장은 탁송품 운송업자가 제2항 또는 제3항을 위반하거나 이 법에 따라 통관이 제한되는 물품을 국내에 반입하는 경우에는 제1항에 따른 통관절차의 적용을 배제할 수 있다.(2014.1.1 본항개정)
⑤ 관세청장 또는 세관장은 탁송품에 대하여 세관공무원으로 하여금 검사하게 하여야 하며, 탁송품의 통관목록의 제출시한, 실제 배송지의 제출, 물품의 검사 등에 필요한 사항은 관세청장이 정하여 고시한다.(2014.1.1 본항개정)
⑥ 세관장은 관세청장이 정하는 절차에 따라 별도로 정한 지정장치장에서 탁송품을 통관하여야 한다. 다만, 세관장은 탁송품에 대한 감시·단속에 지장이 없다고 인정하는 경우 탁송품을 해당 탁송품 운송업자가 운영

하는 보세창고 또는 시설(「자유무역지역의 지정 및 운영에 관한 법률」제11조에 따라 입주계약을 체결하여 입주한 업체가 해당 자유무역지역에서 운영하는 시설에 한정한다.)을 통관으로 할 수 있다.(2016.1.27 단서개정)
⑦ 세관장은 제1항에 따른 통관절차가 적용되지 아니하는 탁송품으로서 제5항에 따른 검사를 마치고 탁송품에 대한 감시·단속에 지장이 없다고 인정하는 경우에는 제6항에도 불구하고 관세청장이 정하는 보세구역 등에서 탁송품을 통관하게 할 수 있다.(2020.12.22 본항신설)
⑧ 제6항 단서에 따라 탁송품 운송업자가 운영하는 보세창고 또는 시설에서 통관하는 경우 그에 필요한 탁송품 검사설비 기준, 설비이용 절차, 설비이용 유효기간 등에 관하여 필요한 사항은 대통령령으로 정한다.(2014.1.1 본항개정)
⑨ 관세청장은 탁송품의 신속한 통관과 탁송품에 대한 효율적인 감시·단속 등을 위하여 필요한 세관장과 탁송품 운송업자간 협력에 관한 사항 등 대통령령으로 정하는 사항에 대하여 고시할 수 있다.(2020.12.22 본항신설)
제255조 (2014.12.23 삭제)
제255조의2【수출입 안전관리 우수업체의 공인】① 관세청장은 수출입물품의 제조·운송·보관 또는 통관 등 무역과 관련된 자가 시설, 서류 관리, 직원 교육 등에서 이 법 또는 「자유무역협정의 이행을 위한 관세법의 특례에 관한 법률」등 수출입에 관련된 법령의 준수 여부, 재무 건전성 등 대통령령으로 정하는 안전관리 기준을 충족하는 경우 수출입 안전관리 우수업체로 공인할 수 있다.
② 관세청장은 제1항에 따른 공인을 받기 위하여 심사를 요청한 자에 대하여 대통령령으로 정하는 바에 따라 심사하여야 한다.
③ 제2항에 따른 심사를 요청하려는 자는 제출서류의 적정성, 개별 안전관리 기준의 충족 여부 등 관세청장이 정하여 고시하는 사항에 대하여 미리 관세청장에게 예비심사를 요청할 수 있다.
④ 관세청장은 제3항에 따른 예비심사를 요청한 자에게 예비심사 결과를 통보하여야 하고, 제2항에 따른 심사를 하는 경우 예비심사 결과를 고려하여야 한다.
⑤ 제1항에 따른 공인의 유효기간은 5년으로 하며, 대통령령으로 정하는 바에 따라 공인을 갱신할 수 있다.
⑥ 제1항부터 제5항까지에서 규정한 사항 외에 수출입 안전관리 우수업체의 공인에 필요한 사항은 대통령령으로 정한다.
(2021.12.21 본조개정)
제255조의3【수출입 안전관리 우수업체에 대한 혜택 등】① 관세청장은 제255조의2에 따라 수출입 안전관리 우수업체로 공인된 업체(이하 "수출입안전관리우수업체"라 한다)에 통관절차 및 관세행정상의 혜택으로서 대통령령으로 정하는 사항을 제공할 수 있다.
② 관세청장은 다른 국가의 수출입 안전관리 우수업체에 상호 조건에 따라 제1항에 따른 혜택을 제공할 수 있다.
③ 관세청장은 수출입안전관리우수업체가 제255조의4 제2항에 따른 자율 평가 결과를 보고하지 아니하는 등 대통령령으로 정하는 사유에 해당하는 경우 6개월의 범위에서 제1항에 따른 혜택의 전부 또는 일부를 정지할 수 있다.
④ 관세청장은 제3항에 따른 사유에 해당하는 업체에 그 사유의 시정을 명할 수 있다.
(2021.12.21 본조신설)
제255조의4【수출입안전관리우수업체에 대한 사후관리】① 관세청장은 수출입안전관리우수업체가 제255조의2제1항에 따른 안전관리 기준을 충족하는지를 주기적으로 확인하여야 한다.

② 관세청장은 수출입안전관리우수업체에 제1항에 따른 기준의 충족 여부를 자율적으로 평가하도록 하여 대통령령으로 정하는 바에 따라 그 결과를 보고하게 할 수 있다.
③ 수출입안전관리우수업체가 양도, 양수, 분할 또는 합병하거나 그 밖에 관세청장이 정하여 고시하는 변동사항이 발생한 경우에는 그 변동사항이 발생한 날부터 30일 이내에 그 사항을 관세청장에게 보고하여야 한다. 다만, 그 변동사항이 수출입안전관리우수업체의 유지에 중대한 영향을 미치는 경우로서 관세청장이 정하여 고시하는 사항에 해당하는 경우에는 지체 없이 그 사항을 보고하여야 한다.
④ 제1항부터 제3항까지에서 규정한 사항 외에 수출입안전관리우수업체의 확인 및 보고에 필요한 세부사항은 관세청장이 정하여 고시한다.
(2021.12.21 본조신설)
제255조의5【수출입안전관리우수업체의 공인 취소】관세청장은 수출입안전관리우수업체가 다음 각 호의 어느 하나에 해당하는 경우에는 공인을 취소할 수 있다. 다만, 제1호에 해당하는 경우에는 공인을 취소하여야 한다.
1. 거짓이나 그 밖의 부정한 방법으로 공인을 받거나 공인을 갱신받은 경우
2. 수출입안전관리우수업체가 양도, 양수, 분할 또는 합병 등으로 공인 당시의 업체와 동일하지 아니하다고 관세청장이 판단하는 경우
3. 제255조의2제1항에 따른 안전관리 기준을 충족하지 못하는 경우
4. 제255조의3제3항에 따른 정지 처분을 공인의 유효기간 동안 5회 이상 받은 경우
5. 제255조의3제4항에 따른 시정명령을 정당한 사유 없이 이행하지 아니한 경우
6. 그 밖에 수출입 관련 법령을 위반한 경우로서 대통령령으로 정하는 경우
(2021.12.21 본조신설)
제255조의6【수출입안전관리우수업체의 공인 관련 지원사업】관세청장은 「중소기업기본법」제2조에 따른 중소기업 중 수출입물품의 제조·운송·보관 또는 통관 등 무역과 관련된 기업을 대상으로 수출입안전관리우수업체로 공인을 받거나 유지하는 데에 필요한 상담·교육 등의 지원사업을 할 수 있다.(2021.12.21 본조신설)
제255조의7【수출입 안전관리 기준 준수도의 측정·평가】① 관세청장은 수출입안전관리우수업체로 공인받기 위한 신청 여부와 관계없이 수출입물품의 제조·운송·보관 또는 통관 등 무역과 관련된 자 중 대통령령으로 정하는 자를 대상으로 제255조의2제1항에 따른 안전관리 기준을 준수하는 정도를 대통령령으로 정하는 절차에 따라 측정·평가할 수 있다.
② 관세청장은 제1항에 따른 측정·평가 대상자에 대한 지원·관리를 위하여 같은 항에 따라 측정·평가한 결과를 대통령령으로 정하는 바에 따라 활용할 수 있다.
(2021.12.21 본조신설)

제3절 우편물

제256조【통관우체국】① 수출·수입 또는 반송하려는 우편물(서신은 제외한다. 이하 같다)은 통관우체국을 경유하여야 한다.
② 통관우체국은 체신관서 중에서 관세청장이 지정한다.
제256조의2【우편물의 사전전자정보 제출】① 통관우체국의 장은 수입하려는 우편물의 발송국으로부터 해당 우편물이 발송되기 전에 세관신고정보를 포함하

여 대통령령으로 정하는 전자정보(이하 "사전전자정보"라 한다)를 제공받은 경우에는 그 제공받은 정보를 해당 우편물이 발송국에서 출항하는 운송수단에 적재되기 전까지 세관장에게 제출하여야 한다.
② 세관장은 관세청장이 우정사업본부장과 협의하여 사전전자정보 제출대상으로 정한 국가에서 발송한 우편물 중 사전전자정보가 제출되지 아니한 우편물에 대해서는 통관우체국의 장으로 하여금 반송하도록 할 수 있다.
③ 통관우체국의 장은 사전전자정보가 제출된 우편물에 대해서는 제257조 본문에 따른 우편물목록의 제출을 생략하고 세관장에게 검사를 받을 수 있다. 다만, 통관우체국의 장은 세관장이 통관절차의 이행과 효율적인 감시·단속을 위하여 대통령령으로 정하는 사유에 해당하여 우편물목록의 제출을 요구하는 경우에는 이를 제출하여야 한다.
④ 제1항부터 제3항까지에서 규정한 사항 외에 사전전자정보의 제출 절차 및 반송 등에 필요한 세부사항은 대통령령으로 정한다.
(2021.12.21 본조신설)

제257조【우편물의 검사】 통관우체국의 장이 제256조제1항의 우편물을 접수하였을 때에는 세관장에게 우편물목록을 제출하고 해당 우편물에 대한 검사를 받아야 한다. 다만, 관세청장이 정하는 우편물은 검사를 생략할 수 있다.

제258조【우편물통관에 대한 결정】 ① 통관우체국의 장은 세관장이 우편물에 대하여 수출·수입 또는 반송을 할 수 없다고 결정하였을 때에는 그 우편물을 발송하거나 수취인에게 내줄 수 없다.
② 우편물이 「대외무역법」 제11조에 따른 수출입의 승인을 받은 것이거나 그 밖에 대통령령으로 정하는 기준에 해당하는 것일 때에는 해당 우편물의 수취인이나 발송인은 제241조제1항에 따른 신고를 하여야 한다.
(2021.12.21 본항개정)

제259조【세관장의 통지】 ① 세관장은 제258조에 따른 결정을 한 경우에는 그 결정사항을, 관세를 징수하려는 경우에는 그 세액을 통관우체국의 장에게 통지하여야 한다.
② 제1항의 통지를 받은 통관우체국의 장은 우편물의 수취인이나 발송인에게 그 결정사항을 통지하여야 한다.

제260조【우편물의 납세절차】 ① 제259조제2항에 따른 통지를 받은 자는 대통령령으로 정하는 바에 따라 해당 관세를 수입인지 또는 금전으로 납부하여야 한다.
② 체신관서는 관세를 징수하여야 하는 우편물은 관세를 징수하기 전에 수취인에게 내줄 수 없다.

제261조【우편물의 반송】 우편물에 대한 관세의 납세의무는 해당 우편물이 반송되면 소멸한다.

제10장 세관공무원의 자료 제출 요청 등
(2010.12.30 본장개정)

제1절 세관장 등의 과세자료 요청 등

제262조【운송수단의 출발 중지 등】 관세청장이나 세관장은 이 법 또는 이 법에 따른 명령(대한민국이 체결한 조약 및 일반적으로 승인된 국제법규에 따른 의무를 포함한다)을 집행하기 위하여 필요하다고 인정될 때에는 운송수단의 출발을 중지시키거나 그 진행을 정지시킬 수 있다.(2020.12.22 본조개정)

제263조【서류의 제출 또는 보고 등의 명령】 관세청장이나 세관장은 이 법(「수출용원재료에 대한 관세 등 환급에 관한 특례법」을 포함한다. 이하 이 조에서 같다) 또는 이 법에 따른 명령을 집행하기 위하여 필요하

다고 인정될 때에는 물품·운송수단 또는 장치 장소에 관한 서류의 제출·보고 또는 그 밖에 필요한 사항을 명하거나, 세관공무원으로 하여금 수출입자·판매자 또는 그 밖의 관계자에 대하여 관계 자료를 조사하게 할 수 있다.

제264조【과세자료의 요청】 관세청장은 국가기관 및 지방자치단체 등 관계 기관 등에 대하여 관세의 부과·징수 및 통관에 관계되는 자료 또는 통계를 요청할 수 있다.(2013.8.13 본조개정)

제264조의2【과세자료제출기관의 범위】 제264조에 따른 과세자료를 제출하여야 하는 기관 등(이하 "과세자료제출기관"이라 한다)은 다음 각 호와 같다.
1. 「국가재정법」 제6조에 따른 중앙관서(중앙관서의 업무를 위임받거나 위탁받은 기관을 포함한다. 이하 같다)와 그 하급행정기관 및 보조기관
2. 지방자치단체(지방자치단체의 업무를 위임받거나 위탁받은 기관과 지방자치단체조합을 포함한다. 이하 같다)
3. 공공기관, 정부의 출연·보조를 받는 기관이나 단체, 「지방공기업법」에 따른 지방공사·지방공단 및 지방자치단체의 출연·보조를 받는 기관이나 단체
4. 「민법」 외의 다른 법률에 따라 설립되거나 국가 또는 지방자치단체의 지원을 받는 기관이나 단체로서 그 업무에 관하여 제1호나 제2호에 따른 기관으로부터 감독 또는 감사·검사를 받는 기관이나 단체, 그 밖에 공익 목적으로 설립된 기관이나 단체 중 대통령으로 정하는 기관이나 단체
5. 「여신전문금융업법」에 따른 신용카드업자와 여신전문금융업협회(2014.1.1 본호신설)
6. 「금융실명거래 및 비밀보장에 관한 법률」 제2조제1호에 따른 금융회사등(2016.12.20 본호신설)
(2013.8.13 본조신설)

제264조의3【과세자료의 범위】 ① 과세자료제출기관이 제출하여야 하는 과세자료는 다음 각 호의 어느 하나에 해당하는 자료로서 관세의 부과·징수와 통관에 직접적으로 필요한 자료로 한다.
1. 수입하는 물품에 대하여 관세 또는 내국세등을 감면받거나 낮은 세율을 적용받을 수 있도록 허가, 승인, 추천 등을 한 경우 그에 관한 자료
2. 과세자료제출기관이 법률에 따라 신고·제출받거나 작성하여 보유하고 있는 자료(각종 보조금·보험급여·보험금 등의 지급 현황에 관한 자료를 포함한다) 중 제27조, 제38조, 제241조에 따른 신고내용의 확인 또는 제96조에 따른 감면 여부의 확인을 위하여 필요한 자료(2019.12.31 본호개정)
3. 제226조에 따라 허가·승인·표시 또는 그 밖의 조건을 증명할 필요가 있는 물품에 대하여 과세자료제출기관이 허가 등을 갖추었음을 확인하여 준 경우 그에 관한 자료
4. 이 법에 따라 체납된 관세 등의 징수를 위하여 필요한 자료
5. 제264조의2제1호에 따른 중앙관서 중 중앙행정기관 외의 기관이 보유하고 있는 자료로서 관세청장이 관세의 부과·징수와 통관에 필요한 최소한의 범위에서 해당 기관의 장과 미리 협의하여 정하는 자료
6. 거주자의 「여신전문금융업법」에 따른 신용카드등의 대외지급(물품구매 내역에 한정한다) 및 외국에서의 외국통화 인출 실적(2020.6.9 본호개정)
② 제1항에 따른 과세자료의 구체적인 범위는 과세자료제출기관별로 대통령령으로 정한다.
(2013.8.13 본조신설)

제264조의4【과세자료의 제출방법】 ① 과세자료제출기관의 장은 분기별로 분기만료일이 속하는 달의 다음

달 말일까지 대통령령으로 정하는 바에 따라 관세청장 또는 세관장에게 과세자료를 제출하여야 한다. 다만, 과세자료의 발생빈도와 활용시기 등을 고려하여 대통령령으로 정하는 바에 따라 그 과세자료의 제출시기를 달리 정할 수 있다.
② 제1항에 따라 과세자료제출기관의 장이 과세자료를 제출하는 경우에는 그 기관이 접수하거나 작성한 자료의 목록을 함께 제출하여야 한다.
③ 제2항에 따라 과세자료의 목록을 제출받은 관세청장 또는 세관장은 이를 확인한 후 제출받은 과세자료에 누락이 있거나 보완이 필요한 경우 그 과세자료를 제출한 기관에 대하여 추가하거나 보완하여 제출할 것을 요청할 수 있다.
④ 과세자료의 제출서식 등 제출방법에 관하여 그 밖에 필요한 사항은 기획재정부령으로 정한다.
(2013.8.13 본조신설)
제264조의5【과세자료의 수집에 관한 협조】① 관세청장 또는 세관장으로부터 제264조의3에 따른 과세자료의 제출을 요청받은 기관 등의 장은 다른 법령에 특별한 제한이 있는 경우 등 정당한 사유가 없으면 이에 협조하여야 한다.
② 관세청장 또는 세관장은 제264조의3에 따른 자료 외의 자료로서 관세의 부과·징수 및 통관을 위하여 필요한 경우에는 해당 자료를 보유하고 있는 과세자료제출기관의 장에게 그 자료의 수집에 협조하여 줄 것을 요청할 수 있다.
(2013.8.13 본조신설)
제264조의6【과세자료의 관리 및 활용 등】① 관세청장이 이 법에 따른 과세자료의 효율적인 관리와 활용을 위한 전산관리 체계를 구축하는 등 필요한 조치를 마련하여야 한다.
② 관세청장은 이 법에 따른 과세자료의 제출·관리 및 활용 상황을 수시로 점검하여야 한다.
(2013.8.13 본조신설)
제264조의7【과세자료제출기관의 책임 등】① 과세자료제출기관의 장은 그 소속 공무원이나 임직원이 이 법에 따른 과세자료의 제출 의무를 성실하게 이행하는지를 수시로 점검하여야 한다.
② 관세청장은 과세자료제출기관 또는 그 소속 공무원이나 임직원이 이 법에 따른 과세자료의 제출 의무를 이행하지 아니하는 경우 그 기관을 감독 또는 감사·검사하는 기관의 장에게 그 사실을 통보하여야 한다.
(2013.8.13 본조신설)
제264조의8【비밀유지의무】① 관세청 및 세관 소속 공무원은 제264조, 제264조의2부터 제264조의5까지의 규정에 따라 제출받은 과세자료를 타인에게 제공 또는 누설하거나 목적 외의 용도로 사용하여서는 아니 된다. 다만, 제116조제1항 단서 및 같은 조 제2항에 따라 제공하는 경우에는 그러하지 아니하다.
② 관세청 및 세관 소속 공무원은 제1항을 위반하는 과세자료의 제공을 요구받으면 이를 거부하여야 한다.
③ 제1항 단서에 따라 과세자료를 제공받은 자는 이를 타인에게 제공 또는 누설하거나 목적 외의 용도로 사용하여서는 아니 된다.
(2013.8.13 본조신설)
제264조의9【과세자료 비밀유지의무 위반에 대한 처벌】① 제264조의8제1항 또는 제3항을 위반하여 과세자료를 타인에게 제공 또는 누설하거나 목적 외의 용도로 사용한 자는 3년 이하의 징역 또는 1천만원 이하의 벌금에 처한다.
② 제1항에 따른 징역과 벌금은 병과할 수 있다.
(2013.8.13 본조신설)

제264조의10【불법·불량·유해물품에 대한 정보 등의 제공 요청과 협조】① 관세청장은 우리나라로 반입되거나 우리나라에서 반출되는 물품의 안전 관리를 위하여 필요한 경우 중앙행정기관의 장에게 해당 기관이 보유한 다음 각 호의 불법·불량·유해물품에 대한 정보 등을 제공하여 줄 것을 요청할 수 있다.
1. 이 법 또는 다른 법령에서 정한 구비조건·성분·표시·품질 등을 위반한 물품에 관한 정보
2. 제1호의 물품을 제조, 거래, 보관 또는 유통하는 자에 관한 정보
② 제1항에 따른 요청을 받은 중앙행정기관의 장은 특별한 사유가 없는 경우에는 이에 협조하여야 한다.
(2020.12.22 본조신설)
제264조의11【마약류 관련 정보의 제출 요구】① 관세청장은 법령을 위반하여 우리나라에 반입되거나 우리나라에서 반출되는 마약류를 효과적으로 차단하기 위하여 대통령령으로 정하는 바에 따라 관계 중앙행정기관의 장에게 해당 기관이 보유한 다음 각 호의 정보의 제출을 요구할 수 있다.
1. 마약류 관련 범죄사실 등에 관한 정보
2. 「마약류 관리에 관한 법률」 제11조의2제1항에 따른 마약류 통합정보
3. 마약류 관련 국제우편물에 관한 정보
② 제1항에 따른 요구를 받은 중앙행정기관의 장은 특별한 사유가 없는 경우에는 이에 따라야 한다.
③ 제1항 및 제2항에 따라 제출받은 정보의 관리 및 활용에 관한 사항은 제264조의6을 준용한다.
(2023.12.31 본조신설)

제2절 세관공무원의 물품검사 등

제265조【물품 또는 운송수단 등에 대한 검사 등】세관공무원은 이 법 또는 이 법에 따른 명령(대한민국이 체결한 조약 및 일반적으로 승인된 국제법규에 따른 의무를 포함한다)을 위반한 행위를 방지하기 위하여 필요하다고 인정될 때에는 물품, 운송수단, 장치 장소 및 관계 장부·서류를 검사 또는 봉쇄하거나 그 밖에 필요한 조치를 할 수 있다.(2011.12.31 본조개정)
제265조의2【물품분석】세관공무원은 다음 각 호의 물품에 대한 품명, 규격, 성분, 용도, 원산지 등을 확인하거나 품목분류를 결정할 필요가 있을 때에는 해당 물품에 대하여 물리적·화학적 분석을 할 수 있다.
1. 제246조제1항에 따른 검사의 대상인 수출·수입 또는 반송하려는 물품
2. 제265조에 따라 검사하는 물품
3. 「사법경찰관리의 직무를 수행할 자와 그 직무범위에 관한 법률」 제6조제14호에 따른 범죄와 관련된 물품
(2018.12.31 본조신설)
제266조【장부 또는 자료의 제출 등】① 세관공무원은 이 법에 따른 직무를 집행하기 위하여 필요하다고 인정될 때에는 수출입업자·판매업자 또는 그 밖의 관계자에 대하여 질문하거나 문서화·전산화된 장부, 서류 등 관계 자료 또는 물품을 조사하거나, 그 제시 또는 제출을 요구할 수 있다.(2011.12.31 본항개정)
② 상설영업장을 갖추고 외국에서 생산된 물품을 판매하는 자로서 기획재정부령으로 정하는 기준에 해당하는 자는 해당 물품에 관하여 「부가가치세법」 제32조 및 제35조에 따른 세금계산서나 수입 사실 등을 증명하는 자료를 영업장에 갖추어 두어야 한다.(2013.6.7 본항개정)
③ 관세청장이나 세관장은 이 법 또는 이 법에 따른 명령을 집행하기 위하여 필요하다고 인정될 때에는 제2항에 따른 상설영업장의 판매자나 그 밖의 관계인으로 하여금 대통령령으로 정하는 바에 따라 영업에 관한 보고를 하게 할 수 있다.

④ 관세청장이나 세관장은 소비자 피해를 예방하기 위하여 필요한 경우 「전자상거래 등에서의 소비자보호에 관한 법률」 제2조제4호에 따른 통신판매중개(이하 이 조에서 "통신판매중개"라 한다)를 하는 자를 대상으로 통신판매중개를 하는 사이버몰에서 거래되는 물품 중 이 법 제226조, 제230조 및 제235조를 위반하여 수입된 물품의 유통실태 조사를 서면으로 실시할 수 있다. (2021.12.21 본항개정)
⑤ 관세청장은 제4항에 따라 실시한 서면실태조사의 결과를 공정거래위원회에 제공할 수 있고, 공정거래위원회와 소비자 피해 예방을 위하여 필요하다고 합의한 경우에는 대통령령으로 정하는 바에 따라 그 조사 결과를 공개할 수 있다.(2019.12.31 본항신설)
⑥ 관세청장이나 세관장은 제4항에 따른 서면실태조사를 위하여 필요한 경우에는 해당 통신판매중개를 하는 자에게 필요한 자료의 제출을 요구할 수 있다. (2019.12.31 본항신설)
⑦ 제4항에 따른 서면실태조사의 시기, 범위, 방법 및 조사결과의 공표범위 등에 관하여 필요한 사항은 대통령령으로 정한다.(2019.12.31 본항신설)
제266조의2【위치정보의 수집】① 관세청장이나 세관장은 제241조제1항 및 제2항을 위반하여 수입하는 마약류의 위치정보를 수집할 수 있다.
② 제1항에 따라 수집된 위치정보의 저장·보호·이용 및 파기 등에 관한 사항은 「위치정보의 보호 및 이용 등에 관한 법률」을 따른다.
③ 제1항에 따른 위치정보 수집대상 물품의 구체적인 범위와 방법, 절차 등에 관하여 필요한 사항은 관세청장이 정한다.
(2023.12.31 본조신설)
제267조【무기의 휴대 및 사용】① 관세청장이나 세관장은 직무를 집행하기 위하여 필요하다고 인정될 때에는 그 소속 공무원에게 무기를 휴대하게 할 수 있다.
② 제1항 및 제3항에서 "무기"란 「총포·도검·화약류 등의 안전관리에 관한 법률」에 따른 총포(권총 또는 소총에 한정한다), 도검, 분사기 또는 전자충격기를 말한다.(2017.12.19 본항신설)
③ 세관공무원은 그 직무를 집행할 때 특히 자기나 다른 사람의 생명 또는 신체를 보호하고 공무집행에 대한 방해 또는 저항을 억제하기 위하여 필요한 상당한 이유가 있는 경우 그 사태에 응하여 부득이하다고 판단될 때에는 무기를 사용할 수 있다.
(2017.12.19 본조개정)
제267조의2【운송수단에 대한 검문·검색 등의 협조 요청】① 세관장은 직무를 집행하기 위하여 필요하다고 인정될 때에는 다음 각 호의 어느 하나에 해당하는 자에게 협조를 요청할 수 있다.(2020.12.22 본문개정)
1. 육군·해군·공군의 각 부대장
2. 국가경찰관서의 장
3. 해양경찰관서의 장(2017.7.26 본호개정)
② 제1항에 따라 협조 요청을 받은 자는 밀수 관련 혐의가 있는 운송수단에 대하여 추적감시 또는 진행정지명령을 하거나 세관공무원과 협조하여 해당 운송수단에 대하여 검문·검색을 할 수 있으며, 이에 따르지 아니하는 경우 강제로 그 운송수단을 정지시키거나 검문·검색을 할 수 있다.(2020.12.22 본조제목개정)
(2020.12.22 본조개정)
제268조【명예세관원】① 관세청장은 밀수감시단속활동의 효율적인 수행을 위하여 필요한 경우에는 수출입 관련 분야의 민간종사자 등을 명예세관원으로 위촉하여 다음 각 호의 활동을 하게 할 수 있다.
1. 공항·항만에서의 밀수 감시
2. 정보 제공과 밀수 방지의 홍보

② 제1항에 따른 명예세관원의 자격요건, 임무, 그 밖에 필요한 사항은 기획재정부령으로 정한다.

제11장 벌 칙
(2010.12.30 본장개정)

제268조의2【전자문서 위조·변조죄 등】① 제327조의4제1항을 위반하여 국가관세종합정보시스템이나 전자문서중계사업자의 전산처리설비에 기록된 전자문서 등 관련 정보를 위조 또는 변조하거나 위조 또는 변조된 정보를 행사한 자는 1년 이상 10년 이하의 징역 또는 1억원 이하의 벌금에 처한다.(2023.12.31 본항개정)
② 다음 각 호의 어느 하나에 해당하는 자는 5년 이하의 징역 또는 5천만원 이하의 벌금에 처한다.
1. 제327조의3제1항을 위반하여 관세청장의 지정을 받지 아니하고 전자문서중계업무를 행한 자
2. 제327조의4제2항을 위반하여 국가관세종합정보시스템 또는 전자문서중계사업자의 전산처리설비에 기록된 전자문서 등 관련 정보를 훼손하거나 그 비밀을 침해한 자
3. 제327조의4제3항을 위반하여 업무상 알게 된 전자문서 등 관련 정보에 관한 비밀을 누설하거나 도용한 한국관세정보원 또는 전자문서중계사업자의 임직원 또는 임직원이었던 사람
(2023.12.31 1호~3호개정)
제269조【밀수출입죄】① 제234조 각 호의 물품을 수출하거나 수입한 자는 7년 이하의 징역 또는 7천만원 이하의 벌금에 처한다.(2014.12.23 본항개정)
② 다음 각 호의 어느 하나에 해당하는 자는 5년 이하의 징역 또는 관세액의 10배와 물품원가 중 높은 금액 이하에 상당하는 벌금에 처한다.
1. 제241조제1항·제2항 또는 제244조제1항에 따른 신고를 하지 아니하고 물품을 수입한 자. 다만, 제253조제1항에 따른 반출신고를 한 자는 제외한다.
2. 제241조제1항·제2항 또는 제244조제1항에 따른 신고를 하였으나 해당 수입물품과 다른 물품으로 신고하여 수입한 자
③ 다음 각 호의 어느 하나에 해당하는 자는 3년 이하의 징역 또는 물품원가 이하에 상당하는 벌금에 처한다.
1. 제241조제1항 및 제2항에 따른 신고를 하지 아니하고 물품을 수출하거나 반송한 자
2. 제241조제1항 및 제2항에 따른 신고를 하였으나 해당 수출물품 또는 반송물품과 다른 물품으로 신고하여 수출하거나 반송한 자

[판례] 간이통관절차의 대상이 아닌 상용물품을 부정한 방법으로 간이통관절차를 거쳐 면세통관한 경우, 관세법상 밀수입죄의 성립 여부(적극) : 관세법 제241조 제2항에서 규정하고 있는 간이통관절차의 대상 물품에 해당하지 않는 상용물품을 수입하면서, 같은 조 제1항에서 규정하고 있는 일반수입신고를 하지 아니하고 부정한 방법을 이용하여 간이통관절차를 거쳐 통관하였다면, 이러한 수입행위는 적법한 수입신고 절차 없이 통관한 경우에 해당하므로 관세법 제269조 제2항 제1호의 밀수입죄를 구성한다.
(대판 2008.6.26, 2008도2269)
[판례] 관세법 위반죄에 있어서 물품의 동일성 여부를 판단하는 기준 : 제3항제2호의 당해 수출물품과 '다른 물품'이라 함은 수출신고서에 의하여 신고한 바로 그 물품 이외의 모든 물품을 의미하는 것이 아니고, 수출신고한 물품 또는 그와 동일성이 인정되는 물품을 제외한 모든 물품을 의미하는 것으로 보아야 하며, 물품 간에 동일성이 인정되는지는 재정경제부 장관이 고시한 10단계 분류체계인 '관세·통계통합품목분류표(Harmonized System Korea)'상 양자의 10단위 분류코드가 같은지 다른지를 기준으로 결정되어야 한다.(대판 2006.1.27, 2004도1564)

제270조【관세포탈죄 등】① 제241조제1항·제2항 또는 제244조제1항에 따른 수입신고를 한 자(제19조제5항제1호다목에 따른 구매대행업자를 포함한다) 중 다음 각 호의 어느 하나에 해당하는 자는 3년 이하의 징역 또는 포탈한 관세액의 5배와 물품원가 중 높은 금액 이하에 상당하는 벌금에 처한다. 이 경우 제1호의 물품원가는 전체 물품 중 포탈한 세액의 전체 세액에 대한 비율에 해당하는 물품의 원가로 한다.(2019.12.31 전단개정)
1. 세액결정에 영향을 미치기 위하여 과세가격 또는 관세율 등을 거짓으로 신고하거나 신고하지 아니하고 수입한 자(제19조제5항제1호다목에 따른 구매대행업자를 포함한다)(2019.12.31 본호개정)
2. 세액결정에 영향을 미치기 위하여 거짓으로 서류를 갖추어 제86조제1항·제3항에 따른 사전심사·재심사 및 제87조제3항에 따른 재심사를 신청한 자 (2015.12.15 본호개정)
3. 법령에 따라 수입이 제한된 사항을 회피할 목적으로 부분품으로 수입하거나 주요 특성을 갖춘 미완성·불완전한 물품이나 완제품을 부분품으로 분할하여 수입한 자
② 제241조제1항·제2항 또는 제244조제1항에 따른 수입신고를 한 자 중 법령에 따라 수입에 필요한 허가·승인·추천·증명 또는 그 밖의 조건을 갖추지 아니하거나 부정한 방법으로 갖추어 수입한 자는 3년 이하의 징역 또는 3천만원 이하의 벌금에 처한다.
③ 제241조제1항 및 제2항에 따른 수출신고를 한 자 중 법령에 따라 수출에 필요한 허가·승인·추천·증명 또는 그 밖의 조건을 갖추지 아니하거나 부정한 방법으로 갖추어 수출한 자는 1년 이하의 징역 또는 2천만원 이하의 벌금에 처한다.
④ 부정한 방법으로 관세를 감면받거나 관세를 감면받은 물품에 대한 관세의 징수를 면탈한 자는 3년 이하의 징역에 처하거나, 감면받거나 면탈한 관세액의 5배 이하에 상당하는 벌금에 처한다.
⑤ 부정한 방법으로 관세를 환급받은 자는 3년 이하의 징역 또는 환급받은 세액의 5배 이하에 상당하는 벌금에 처한다. 이 경우 세관장은 부정한 방법으로 환급받은 세액을 즉시 징수한다.
제270조의2【가격조작죄】다음 각 호의 신청 또는 신고를 할 때 부당하게 재물이나 재산상 이득을 취득하거나 제3자로 하여금 이를 취득하게 할 목적으로 물품의 가격을 조작하여 신청 또는 신고한 자는 2년 이하의 징역 또는 물품원가와 5천만원 중 높은 금액 이하의 벌금에 처한다.
1. 제38조의2제1항·제2항에 따른 보정신청
2. 제38조의3제1항에 따른 수정신고
3. 제241조제1항·제2항에 따른 신고
4. 제244조제1항에 따른 신고
(2014.1.1 본조개정)
제271조【미수범 등】① 그 정황을 알면서 제269조 및 제270조에 따른 행위를 교사하거나 방조한 자는 정범(正犯)에 준하여 처벌한다.
② 제268조의2, 제269조 및 제270조의 미수범은 본죄에 준하여 처벌한다.
③ 제268조의2, 제269조 및 제270조의 죄를 저지를 목적으로 그 예비를 한 자는 본죄의 2분의 1을 감경하여 처벌한다.(2020.6.9 본항개정)
제272조【밀수 전용 운반기구의 몰수】제269조의 죄에 전용(專用)되는 선박·자동차나 그 밖의 운반기구는 그 소유자가 범죄에 사용된다는 정황을 알고 있고 다음 각 호의 어느 하나에 해당하는 경우에는 몰수한다.
1. 범죄물품을 적재하거나 적재하려고 한 경우
2. 검거를 기피하기 위하여 권한 있는 공무원의 정지명

령을 받고도 정지하지 아니하거나 적재된 범죄물품을 해상에서 투기·파괴 또는 훼손한 경우
3. 범죄물품을 해상에서 인수 또는 취득하거나 인수 또는 취득하려고 한 경우
4. 범죄물품을 운반한 경우
제273조【범죄에 사용된 물품의 몰수 등】① 제269조에 사용하기 위하여 특수한 가공을 한 물품은 누구의 소유이든지 몰수하거나 그 효용을 소멸시킨다.
② 제269조에 해당되는 물품이 다른 물품 중에 포함되어 있는 경우 그 물품이 범인의 소유일 때에는 그 다른 물품도 몰수할 수 있다.
제274조【밀수품의 취득죄 등】① 다음 각 호의 어느 하나에 해당되는 물품을 취득·양도·운반·보관 또는 알선하거나 감정한 자는 3년 이하의 징역 또는 물품원가 이하에 상당하는 벌금에 처한다.
1. 제269조에 해당되는 물품
2. 제270조제1항제3호, 같은 조 제2항 및 제3항에 해당되는 물품
② 제1항에 규정된 죄의 미수범은 본죄에 준하여 처벌한다.
③ 제1항에 규정된 죄를 저지를 목적으로 그 예비를 한 자는 본죄의 2분의 1을 감경하여 처벌한다. (2020.6.9 본항개정)
제275조【징역과 벌금의 병과】제269조부터 제271조까지 및 제274조의 죄를 저지른 자는 정상(情狀)에 따라 징역과 벌금을 병과할 수 있다.(2020.6.9 본조개정)
제275조의2【강제징수면탈죄 등】① 납세의무자 또는 납세의무자의 재산을 점유하는 자가 강제징수를 면탈할 목적 또는 면탈하게 할 목적으로 그 재산을 은닉·탈루하거나 거짓 계약을 하였을 때에는 3년 이하의 징역 또는 3천만원 이하의 벌금에 처한다. (2020.12.22 본항개정)
② 제303조제2항에 따른 압수물건의 보관자 또는 「국세징수법」 제48조에 따른 압류물건의 보관자가 그 보관한 물건을 은닉·탈루, 손괴 또는 소비하였을 때에도 3년 이하의 징역 또는 3천만원 이하의 벌금에 처한다. (2020.12.22 본항개정)
③ 제1항과 제2항의 사정을 알고도 이를 방조하거나 거짓 계약을 승낙한 자는 2년 이하의 징역 또는 2천만원 이하의 벌금에 처한다.
(2020.12.22 본조제목개정)
제275조의3【명의대여행위죄 등】관세(세관장이 징수하는 내국세등을 포함한다)의 회피 또는 강제집행의 면탈을 목적으로 하거나 재산상 이득을 취할 목적으로 다음 각 호의 행위를 한 자는 1년 이하의 징역 또는 1천만원 이하의 벌금에 처한다.
1. 타인에게 자신의 명의를 사용하여 제38조에 따른 납세신고를 하도록 허락한 자
2. 타인의 명의를 사용하여 제38조에 따른 납세신고를 한 자
(2022.12.31 본조개정)
제275조의4【보세사의 명의대여죄 등】다음 각 호의 어느 하나에 해당하는 자는 1년 이하의 징역 또는 1천만원 이하의 벌금에 처한다.
1. 제165조의2제1항을 위반하여 다른 사람에게 자신의 성명·상호를 사용하여 보세사 업무를 수행하게 하거나 자격증 또는 등록증을 빌려준 자
2. 제165조의2제2항을 위반하여 다른 사람의 성명·상호를 사용하여 보세사의 업무를 수행하거나 자격증 또는 등록증을 빌린 자
3. 제165조의2제3항을 위반하여 같은 조 제1항 또는 제2항의 행위를 알선한 자
(2020.12.22 본조신설)

제276조 【허위신고죄 등】 ① (2013.8.13 삭제)
② 다음 각 호의 어느 하나에 해당하는 자는 물품원가
또는 2천만원 중 높은 금액 이하의 벌금에 처한다.
1. 제198조제1항에 따른 종합보세사업장의 설치·운영
에 관한 신고를 하지 아니하고 종합보세기능을 수행
한 자
2. 제204조제2항에 따른 세관장의 중지조치 또는 같은
조 제3항에 따른 세관장의 폐쇄 명령을 위반하여 종
합보세기능을 수행한 자(2018.12.31 본호개정)
3. 제238조에 따른 보세구역 반입명령에 대하여 반입대
상 물품의 전부 또는 일부를 반입하지 아니한 자
4. 제241조제1항·제2항 또는 제244조제1항에 따른 신
고를 할 때 제241조제1항에 따른 사항을 신고하지 아
니하거나 허위신고를 한 자(제275조의3제2호에 해당
하는 자는 제외한다)(2022.12.31 본호개정)
4의2. 제38조의2제1항 및 제2항, 제38조의3제1항에 따
른 보정신청 또는 수정신고를 할 때 제241조제1항에
따른 사항을 허위로 신청하거나 신고한 자
(2014.1.1 본호신설)
5. 제248조제3항을 위반한 자
③ 다음 각 호의 어느 하나에 해당되는 자는 2천만원
이하의 벌금에 처한다. 다만, 과실로 제2호, 제3호 또는
제4호에 해당하게 된 경우에는 300만원 이하의 벌금에
처한다.(2014.12.31 단서개정)
1. 부정한 방법으로 적재화물목록을 작성하였거나 제출
한 자(2020.12.22 본호개정)
2. 제12조제1항(제277조제7항제2호에 해당하는 경우는
제외한다), 제98조제2항, 제109조제1항(제277조제6항
제3호에 해당하는 경우는 제외한다), 제134조제1항
(제146조제1항에서 준용하는 경우를 포함한다), 제
136조제2항, 제148조제1항, 제149조, 제222조제1항(제
146조제1항에서 준용하는 경우를 포함한다) 또는 제
225조제1항 전단을 위반한 자(2023.12.31 본호개정)
3. 제83조제2항, 제88조제2항, 제97조제2항 및 제102조
제1항을 위반한 자. 다만, 제277조제6항제3호에 해당
하는 자는 제외한다.(2023.12.31 단서개정)
3의2. 제174조제1항에 따른 특허보세구역의 설치·운
영에 관한 특허를 받지 아니하고 특허보세구역을 운
영한 자(2014.12.23 본호신설)
4. 제227조에 따른 세관장의 의무 이행 요구를 이행하
지 아니한 자
5. 제38조제3항 후단에 따른 자율심사 결과를 거짓으로
작성하여 제출한 자
6. 제178조제2항제1호·제5호 및 제224조제1항제1호에
해당하는 자(2014.12.23 본호개정)
④ 다음 각 호의 어느 하나에 해당하는 자는 1천만원
이하의 벌금에 처한다. 다만, 과실로 제2호 또는 제3호
에 해당하게 된 경우에는 200만원 이하의 벌금에 처한
다.(2023.12.31 단서개정)
1. (2023.12.31 삭제)
2. 제135조제1항(제146조제1항에서 준용하는 경우를 포
함한다)에 따른 입항보고를 거짓으로 하거나 제136조
제1항(제146조제1항에서 준용하는 경우를 포함한다)
에 따른 출항허가를 거짓으로 받은 자(2011.12.31 본
호개정)
3. 제135조제1항(제146조제1항에서 준용하는 경우를 포
함하며, 제277조제6항제4호에 해당하는 자는 제외한
다), 제136조제1항(제146조제1항에서 준용하는 경우
를 포함한다), 제137조의2제1항 각 호 외의 부분 후단
(제277조제6항제4호에 해당하는 자는 제외한다), 제
140조제1항·제4항·제6항(제146조제1항에서 준용하
는 경우를 포함한다), 제142조제1항(제146조제1항에
서 준용하는 경우를 포함한다), 제144조(제146조제1
항에서 준용하는 경우를 포함한다), 제150조, 제151

조, 제213조제2항 또는 제223조의2를 위반한 자
(2023.12.31 본호개정)
4. (2023.12.31 삭제)
5. 부정한 방법으로 제248조제1항 단서에 따른 신고필
증을 발급받은 자
6. (2023.12.31 삭제)
7. 제265조에 따른 세관장 또는 세관공무원의 조치를
거부 또는 방해한 자
8. (2023.12.31 삭제)
⑤ 제165조제3항을 위반한 자는 500만원 이하의 벌금
에 처한다.(2019.12.31 본항개정)

제277조 【과태료】 ① 제37조의4제1항 및 제2항에 따
라 과세가격결정자료등의 제출을 요구받은 특수관계에
있는 자로서 제10조에서 정하는 정당한 사유 없이 제37
조의4제4항 각 호의 어느 하나에 해당하는 행위를 한
자에게는 1억원 이하의 과태료를 부과한다. 이 경우 제
276조는 적용되지 아니한다.(2022.12.31 전단개정)
② 제37조의4제7항을 위반한 자에게는 2억원 이하의
과태료를 부과한다. 이 경우 제276조는 적용되지 아니
한다.(2021.12.21 본항신설)
③ 다음 각 호의 어느 하나에 해당하는 자에게는 5천만
원 이하의 과태료를 부과한다. 다만, 과실로 제2호에 해
당하게 된 경우에는 400만원 이하의 과태료를 부과한
다.
1. 세관공무원의 질문에 대하여 거짓의 진술을 하거나
그 직무의 집행을 거부 또는 기피한 자
2. 제200조제3항, 제203조제1항 또는 제262조에 따른
관세청장 또는 세관장의 조치를 위반하거나 검사를
거부·방해 또는 기피한 자
3. 제263조를 위반하여 서류의 제출·보고 또는 그 밖
에 필요한 사항에 관한 명령을 이행하지 아니하거나
거짓의 보고를 한 자
4. 제266조제1항에 따른 세관공무원의 자료 또는 물품
의 제시요구 또는 제출요구를 거부한 자
(2023.12.31 본항신설)
④ 다음 각 호의 어느 하나에 해당하는 자에게는 1천만
원 이하의 과태료를 부과한다.
1. 제139조(제146조제1항에서 준용하는 경우를 포함한
다), 제143조제1항(제146조제1항에서 준용하는 경우를
포함한다), 제152조제1항, 제155조제1항, 제156조제1항,
제159조제2항, 제160조제1항, 제161조제1항, 제186조
제1항(제205조에서 준용하는 경우를 포함한다), 제192
조(제205조에서 준용하는 경우를 포함한다), 제200조
제1항, 제201조제1항·제3항, 제219조제2항 또는 제
266조제2항을 위반한 자(2011.12.31 본호개정)
2. 제187조제1항(제89조제5항에서 준용하는 경우를 포
함한다) 또는 제195조제1항에 따른 허가를 받지 아니
하거나 제202조제2항에 따른 신고를 하지 아니하고
보세공장·보세건설장·종합보세구역 또는 지정공장
외의 장소에서 작업을 한 자(2015.12.15 본호개정)
⑤ 다음 각 호의 어느 하나에 해당하는 자에게는 500만
원 이하의 과태료를 부과한다.
1. 제240조의2제1항을 위반하여 유통이력을 신고하지
아니하거나 거짓으로 신고한 자
2. 제240조의2제2항을 위반하여 장부기록 자료를 보관
하지 아니한 자
3. 제243조제4항을 위반하여 관세청장이 정하는 장소
에 반입하지 아니하고 제241조제1항에 따른 수출의
신고를 한 자(2017.12.19 본호신설)
4. 제327조의2제10항을 위반하여 한국관세정보원 또는
이와 유사한 명칭을 사용한 자(2023.12.31 본호신설)
⑥ 다음 각 호의 어느 하나에 해당하는 자에게는 200만
원 이하의 과태료를 부과한다.
1. 특허보세구역의 특허사항을 위반한 운영인

2. 제38조제3항, 제83조제1항, 제107조제3항, 제135조제2항(제146조제1항에서 준용하는 경우를 포함한다), 제136조제3항(제146조제1항에서 준용하는 경우를 포함한다), 제140조제5항, 제141조제1호·제3호(제146조제1항에서 준용하는 경우를 포함한다), 제157조제1항, 제158조제2항·제6항, 제172조제3항, 제194조(제205조에서 준용하는 경우를 포함한다), 제196조의2제5항, 제198조제3항, 제199조제1항, 제202조제1항, 제214조, 제215조(제219조제4항 및 제221조제2항에서 준용하는 경우를 포함한다), 제216조제2항·제3항(제219조제4항 및 제221조제2항에서 준용하는 경우를 포함한다), 제221조제1항, 제222조제3항, 제225조제1항 후단 또는 제251조제1항을 위반한 자(2023.12.31 본호개정)
3. 제83조제2항, 제88조제2항, 제97조제2항, 제102조제1항 및 제109조제1항을 위반한 자 중 해당 물품을 직접 수입한 경우 관세를 감면받을 수 있고 수입자와 동일한 용도에 사용하려는 자에게 양도한 자 (2011.12.31 본호개정)
4. 제135조제1항 또는 제137조의2제1항 각 호 외의 부분 후단을 위반한 자 중 과실로 여객명부 또는 승객예약자료를 제출하지 아니한 자(2021.12.21 본호개정)
5. 제159조제6항, 제180조제3항(제205조에서 준용하는 경우를 포함한다), 제196조제4항, 제216조제1항(제219조제4항 및 제221조제2항에서 준용하는 경우를 포함한다), 제222조제4항, 제225조제2항, 제228조 또는 제266조제3항에 따른 관세청장 또는 세관장의 조치를 위반한 자(2018.12.31 본호개정)
6. 제321조제2항제2호를 위반하여 운송수단에서 물품을 취급한 자
7. 보세구역에 물품을 반입하지 아니하고 거짓으로 제157조제1항에 따른 반입신고를 한 자(2020.12.22 본호신설)
⑦ 다음 각 호의 어느 하나에 해당하는 자에게는 100만원 이하의 과태료를 부과한다.
1. 적재물품과 일치하지 아니하는 적재화물목록을 작성하였거나 제출한 자. 다만, 다음 각 목의 어느 하나에 해당하는 자가 투입 및 봉인한 것이어서 적재화물목록을 제출한 자가 해당 적재물품의 내용을 확인하는 것이 불가능한 경우에는 해당 적재화물목록을 제출한 자는 제외한다.(2020.12.22 본문개정)
   가. 제276조제3항제1호에 해당하는 자(2013.1.1 본목개정)
   나. 적재물품을 수출한 자
   다. 다른 선박회사·항공사 및 화물운송주선업자
2. 제12조제1항을 위반하여 신고필증을 보관하지 아니한 자(2023.12.31 본호개정)
3. 제28조제2항에 따른 신고를 하지 아니한 자
4. 제107조제4항, 제108조제2항, 제138조제2항·제4항, 제141조제2호, 제157조의2, 제162조, 제179조제2항, 제182조제1항(제205조에서 준용하는 경우를 포함한다), 제183조제2항·제3항, 제184조(제205조에서 준용하는 경우를 포함한다), 제185조제2항(제205조에서 준용하는 경우를 포함한다), 제245조제3항 또는 제254조의2제2항 및 제3항을 위반한 자(2014.1.1 본호개정)
5. 제160조제4항(제207조제2항에서 준용하는 경우를 포함한다)에 따른 세관장의 명령을 이행하지 아니한 자
6. 제177조제2항(제205조에서 준용하는 경우를 포함한다), 제180조제4항(제205조에서 준용하는 경우를 포함한다) 또는 제249조 각 호 외의 부분 단서에 따른 세관장의 명령이나 보완조치를 이행하지 아니한 자(2022.12.31 본호개정)
7. 제180조제1항(제205조에서 준용하는 경우를 포함한다)·제2항(제89조제5항에서 준용하는 경우를 포함한

다), 제193조(제205조에서 준용하는 경우를 포함한다) 또는 제203조제2항에 따른 세관장의 감독·검사·보고지시 등을 따르지 아니한 자(2020.6.9 본호개정)
⑧ 제1항부터 제7항까지의 규정에 따른 과태료는 대통령령으로 정하는 바에 따라 세관장이 부과·징수한다.(2023.12.31 본항개정)

제277조의2【금품 수수 및 공여】 ① 세관공무원이 그 직무와 관련하여 금품을 수수(收受)하였을 때에는「국가공무원법」제82조에 따른 징계절차에서 그 금품 수수액의 5배 내의 징계부가금 부과 의결을 징계위원회에 요구하여야 한다.
② 징계대상 세관공무원이 제1항에 따른 징계부가금 부과 의결 전후에 금품 수수를 이유로 다른 법률에 따라 형사처벌을 받거나 변상책임 등을 이행한 경우(몰수나 추징을 당한 경우를 포함한다)에는 징계위원회에 감경된 징계부가금 부과 의결 또는 징계부가금 감면을 요구하여야 한다.
③ 제1항 및 제2항에 따른 징계부가금 부과 의결 요구에 관하여는「국가공무원법」제78조제4항을 준용한다. 이 경우 "징계 의결 요구"를 "징계부가금 부과 의결 요구"로 본다.
④ 제1항에 따라 징계부가금 부과처분을 받은 자가 납부기간 내에 그 부가금을 납부하지 아니한 때에는 징계권자는 국세강제징수의 예에 따라 징수할 수 있다.(2020.12.29 본항개정)
⑤ 관세청장 또는 세관장은 세관공무원에게 금품을 공여한 자에 대해서는 대통령령으로 정하는 바에 따라 그 금품 상당액의 2배 이상 5배 내의 과태료를 부과·징수한다. 다만,「형법」등 다른 법률에 따라 형사처벌을 받은 경우에는 과태료를 부과하지 아니하고, 과태료를 부과한 후 형사처벌을 받은 경우에는 과태료 부과를 취소한다.(2019.12.31 본문개정)
(2017.12.19 본조신설)

제277조의3【비밀유지 의무 위반에 대한 과태료】 ① 관세청장은 제116조제1항·제6항 또는 제116조의6제10항을 위반하여 과세정보를 타인에게 제공 또는 누설하거나 그 목적 외의 용도로 사용한 자에게 2천만원 이하의 과태료를 부과·징수한다. 다만,「형법」등 다른 법률에 따라 형사처벌을 받은 경우에는 과태료를 부과하지 아니하고, 과태료를 부과한 후 형사처벌을 받은 경우에는 과태료 부과를 취소한다.(2023.12.31 본문개정)
② 제1항 본문에 따른 과태료의 부과기준은 대통령령으로 정한다.
(2022.12.31 본조신설)

제278조【「형법」적용의 일부 배제】 이 법에 따른 벌칙에 위반되는 행위를 한 자에게는「형법」제38조제1항제2호 중 벌금경합에 관한 제한가중규정을 적용하지 아니한다.

제279조【양벌 규정】 ① 법인의 대표자나 법인 또는 개인의 대리인, 사용인, 그 밖의 종업원이 그 법인 또는 개인의 업무에 관하여 제11장에서 규정한 벌칙(제277조의 과태료는 제외한다)에 해당하는 위반행위를 하면 그 행위자를 벌하는 외에 그 법인 또는 개인에게도 해당 조문의 벌금형을 과(科)한다. 다만, 법인 또는 개인이 그 위반행위를 방지하기 위하여 해당 업무에 관하여 상당한 주의와 감독을 게을리하지 아니한 경우에는 그러하지 아니하다.
② 제1항에서 개인은 다음 각 호의 어느 하나에 해당하는 사람으로 한정한다.
1. 특허보세구역 또는 종합보세사업장의 운영인
2. 수출(「수출용원재료에 대한 관세 등 환급에 관한 특례법」제4조에 따른 수출등을 포함한다)·수입 또는 운송을 업으로 하는 사람
3. 관세사

4. 국제항 안에서 물품 및 용역의 공급을 업으로 하는 사람(2020.12.22 본호개정)

5. 제327조의3제3항에 따른 전자문서중계사업자 (2023.12.31 본호개정)

제280조~제281조 (2008.12.26 삭제)

제282조【몰수·추징】 ① 제269조제1항(제271조제3항에 따라 그 죄를 범할 목적으로 예비를 한 자를 포함한다)의 경우에는 그 물품을 몰수한다.(2019.12.31 본항개정)

② 제269조제2항(제271조제3항에 따라 그 죄를 범할 목적으로 예비를 한 자를 포함한다. 이하 이 조에서 같다), 제269조제3항(제271조제3항에 따라 그 죄를 범할 목적으로 예비를 한 자를 포함한다. 이하 이 조에서 같다) 또는 제274조제1항제1호(같은 조 제3항에 따라 그 죄를 범할 목적으로 예비를 한 자를 포함한다. 이하 이 조에서 같다)의 경우에는 범인이 소유하거나 점유하는 그 물품을 몰수한다. 다만, 제269조제2항 또는 제3항의 경우로서 다음 각 호의 어느 하나에 해당하는 물품은 몰수하지 아니할 수 있다.(2019.12.31 본문개정)

1. 제154조의 보세구역에 제157조에 따라 신고를 한 후 반입한 외국물품

2. 제156조에 따라 세관장의 허가를 받아 보세구역이 아닌 장소에 장치한 외국물품

3. 「폐기물관리법」 제2조제1호부터 제5호까지의 규정에 따른 폐기물(2019.12.31 본호신설)

4. 그 밖에 몰수의 실익이 없는 물품으로서 대통령령으로 정하는 물품(2019.12.31 본호신설)

③ 제1항과 제2항에 따라 몰수할 물품의 전부 또는 일부를 몰수할 수 없을 때에는 그 몰수할 수 없는 물품의 범칙 당시의 국내도매가격에 상당한 금액을 범인으로부터 추징한다. 다만, 제274조제1항제1호 중 제269조제2항의 물품을 감정한 자는 제외한다.

④ 제279조의 개인 및 법인은 제1항부터 제3항까지의 규정을 적용할 때에는 이를 범인으로 본다.

[판례] 무신고 수입행위를 처벌하는 주된 입법목적은 수입물품에 대한 적정한 통관절차의 이행을 확보하는 데에 있고, 관세수입의 확보는 그 부수적인 목적에 불과하다. 또한 unsigned 관질서의 적정을 해하였다는 점에서는 관세포탈이 없는 무신고 수입행위나 관세포탈을 수반한 무신고 수입행위가 죄질과 비난가능성의 정도에 있어 다르지 아니하다. 무신고 수입행위에 대한 필요적 몰수·추징은 관련 물품의 사회적 유통을 억제할 뿐만 아니라 일반예방적 차원에서 이를 엄하게 징벌하려는 목적도 있으므로, 관세포탈 없이 일시 수입되었다가 그대로 국외로 다시 반출되어 국내에 유통될 위험이 없는 물품의 무신고 수입행위와 관세포탈과 관련 물품의 국내 유통이 문제되는 무신고 수입행위를 구별하지 않고 동일하게 필요적 몰수·추징 대상으로 정한 데는 합리적 이유가 있는 것으로 보아야 한다.
(헌재결 2021.7.15, 2020헌바201)

[판례] '몰수할 수 없을 때'란 범인이 이를 소비, 은닉하는 등 그 소유 또는 점유의 상실이 범인의 이익으로 귀속시킬 수 있는 사유로 인한 경우뿐 아니라, 범인의 이익과는 관계없는 훼손, 분실 그 밖에 소재장소로 말미암아 장애사유로 인한 경우도 포함하며, '국내도매가격'이란 도매업자가 수입물품을 무역업자로부터 매수하여 국내도매시장에서 공정한 거래방법에 의하여 공개적으로 판매하는 가격으로서, 물품의 도착원가에 관세 등의 제세금과 통관절차비용, 기업의 적정이윤까지 포함한 국내 도매물가시세인 가격을 뜻한다.(대판 2007.12.28, 2007도8401)

제12장 조사와 처분
(2010.12.30 본장개정)

제1절 통 칙

제283조【관세범】 ① 이 법에서 "관세범"이란 이 법 또는 이 법에 따른 명령을 위반하는 행위로서 이 법에 따라 형사처벌되거나 통고처분되는 것을 말한다.

② 관세범에 관한 조사·처분은 세관공무원이 한다.

제284조【공소의 요건】 ① 관세범에 관한 사건에 대하여는 관세청장이나 세관장의 고발이 없으면 검사는 공소를 제기할 수 없다.

② 다른 기관이 관세범에 관한 사건을 발견하거나 피의자를 체포하였을 때에는 즉시 관세청이나 세관에 인계하여야 한다.

[판례] 관세법 제284조 제1항, 제311조, 제312조, 제318조의 규정에 의하면, 관세청장 또는 세관장은 관세범에 대하여 통고처분을 할 수 있고, 범죄의 정상이 징역형에 처하여질 것으로 인정되는 때에는 즉시 고발하여야 하며, 관세범인이 통고를 이행할 수 있는 자금능력이 없다고 인정되거나 주소 및 거소의 불명 기타의 사유로 인하여 통고를 하기 곤란하다고 인정되는 때에도 즉시 고발하여야 하는바, 이들 규정을 종합하여 보면, 통고처분을 할 것인지의 여부는 관세청장 또는 세관장의 재량에 맡겨져 있고, 따라서 관세청장 또는 세관장이 관세범에 대하여 통고처분을 하지 아니한 채 고발하였다는 것만으로는 그 고발 및 이에 기한 공소의 제기가 부적법하게 되는 것은 아니다.(대판 2007.5.11, 2006도1993)

제284조의2【관세범칙조사심의위원회】 ① 범칙사건에 관한 다음 각 호의 사항을 심의하기 위하여 관세청 또는 대통령령으로 정하는 세관에 관세범칙조사심의위원회를 둘 수 있다.

1. 제290조 및 「사법경찰관리의 직무를 수행할 자와 그 직무범위에 관한 법률」 제6조제14호에 해당하는 사건에 대한 조사의 시작 여부에 관한 사항

2. 제1호에 따라 조사한 사건의 고발, 송치, 통고처분(제311조제8항에 따른 통고처분의 면제를 포함한다) 및 종결 등에 관한 사항

3. 그 밖에 범칙사건과 관련하여 관세청장 또는 세관장이 관세범칙조사심의위원회의 심의가 필요하다고 인정하는 사항

② 관세범칙조사심의위원회는 위원장 1명을 포함하여 20명 이내의 위원으로 성별을 고려하여 구성한다.

③ 제2항에서 규정한 사항 외에 관세범칙조사심의위원회의 관할, 구성 및 운영 등에 필요한 사항은 대통령령으로 정한다.

(2019.12.31 본조신설)

제285조【관세범에 관한 서류】 관세범에 관한 서류에는 연월일을 적고 서명날인하여야 한다.

제286조【조사처분에 관한 서류】 ① 관세범의 조사와 처분에 관한 서류에는 장마다 간인(間印)하여야 한다.

② 문자를 추가하거나 삭제할 때와 난의 바깥에 기입할 때에는 날인(捺印)하여야 한다.

③ 문자를 삭제할 때에는 그 문자 자체를 그대로 두고 그 글자수를 적어야 한다.

제287조【조서의 서명】 ① 관세범에 관한 서류에 서명날인하는 경우 본인이 서명할 수 없을 때에는 다른 사람에게 대리서명하게 하고 도장을 찍어야 한다. 이 경우 도장을 지니지 아니하였을 때에는 손도장을 찍어야 한다.

② 다른 사람에게 대리서명하게 한 경우에는 대리서명자가 그 사유를 적고 서명날인하여야 한다.

(2020.12.22 본조개정)

제288조【서류의 송달】 관세범에 관한 서류는 인편이나 등기우편으로 송달한다.

제289조【서류송달 시의 수령증】 관세범에 관한 서류를 송달하였을 때에는 수령증을 받아야 한다.

제2절 조 사

제290조【관세범의 조사】 세관공무원은 관세범이 있다고 인정할 때에는 범인, 범죄사실 및 증거를 조사하여야 한다.

제291조【조사】세관공무원은 관세범 조사에 필요하다고 인정할 때에는 피의자·증인 또는 참고인을 조사할 수 있다.

제292조【조서 작성】① 세관공무원이 피의자·증인 또는 참고인을 조사하였을 때에는 조서를 작성하여야 한다.

② 조서는 세관공무원이 진술자에게 읽어 주거나 열람하게 하여 기재 사실에 서로 다른 점이 있는지 물어보아야 한다.

③ 진술자가 조서 내용의 증감 변경을 청구한 경우에는 그 진술을 조서에 적어야 한다.

④ 조서에는 연월일과 장소를 적고 다음 각 호의 사람이 함께 서명날인하여야 한다.

1. 조사를 한 사람
2. 진술자
3. 참여자

제293조【조서의 대용】① 현행범인에 대한 조사로서 긴급히 처리할 필요가 있을 때에는 그 주요 내용을 적은 서면으로 조서를 대신할 수 있다.

② 제1항에 따른 서면에는 연월일시와 장소를 적고 조사를 한 사람과 피의자가 이에 서명날인하여야 한다.

제294조【출석 요구】① 세관공무원이 관세범 조사에 필요하다고 인정할 때에는 피의자·증인 또는 참고인의 출석을 요구할 수 있다.

② 세관공무원이 관세범 조사에 필요하다고 인정할 때에는 지정한 장소에 피의자·증인 또는 참고인의 출석이나 동행을 명할 수 있다.

③ 피의자·증인 또는 참고인에게 출석 요구를 할 때에는 출석요구서를 발급하여야 한다.

제295조【사법경찰권】세관공무원은 관세범에 관하여「사법경찰관리의 직무를 수행할 자와 그 직무범위에 관한 법률」에서 정하는 바에 따라 사법경찰관리의 직무를 수행한다.

제296조【수색·압수영장】① 이 법에 따라 수색·압수를 할 때에는 관할 지방법원 판사의 영장을 받아야 한다. 다만, 긴급한 경우에는 사후에 영장을 발급받아야 한다.

② 소유자·점유자 또는 보관자가 임의로 제출한 물품이나 남겨 둔 물품은 영장 없이 압수할 수 있다.

제297조【현행범의 체포】세관공무원이 관세범의 현행범인을 발견하였을 때에는 즉시 체포하여야 한다.

제298조【현행범의 인도】① 관세범의 현행범인이 그 장소에 있을 때에는 누구든지 체포할 수 있다.

② 제1항에 따라 범인을 체포한 자는 지체 없이 세관공무원에게 범인을 인도하여야 한다.

제299조【압수물품의 국고귀속】① 세관장은 제269조, 제270조제1항부터 제3항까지 및 제272조부터 제274조까지의 규정에 해당되어 압수된 물품에 대하여 그 압수일부터 6개월 이내에 해당 물품의 소유자 및 범인을 알 수 없는 경우에는 해당 물품을 유실물로 간주하여 유실물 공고를 하여야 한다.

② 제1항에 따른 공고일부터 1년이 지나도 소유자 및 범인을 알 수 없는 경우에는 해당 물품은 국고에 귀속된다.

제300조【검증수색】세관공무원은 관세범 조사에 필요하다고 인정할 때에는 선박·차량·항공기·창고 또는 그 밖의 장소를 검증하거나 수색할 수 있다.

제301조【신변 수색 등】① 세관공무원은 범죄사실을 증명하기에 충분한 물품을 피의자가 신변(身邊)에 은닉하였다고 인정될 때에는 이를 내보이도록 요구하고, 이에 따르지 아니하는 경우에는 신변을 수색할 수 있다.

② 여성의 신변을 수색할 때에는 성년의 여성을 참여시켜야 한다.

제302조【참여】① 세관공무원이 수색을 할 때에는 다음 각 호의 어느 하나에 해당하는 사람을 참여시켜야 한다. 다만, 이들이 모두 부재중일 때에는 공무원을 참여시켜야 한다.

1. 선박·차량·항공기·창고 또는 그 밖의 장소의 소지인·관리인
2. 동거하는 친척이나 고용된 사람
3. 이웃에 거주하는 사람

② 제1항제2호 및 제3호에 따른 사람은 성년자이어야 한다.

제303조【압수와 보관】① 세관공무원은 관세범 조사에 의하여 발견한 물품이 범죄의 사실을 증명하기에 충분하거나 몰수하여야 하는 것으로 인정될 때에는 이를 압수할 수 있다.

② 압수물품은 편의에 따라 소지자나 시·군·읍·면 사무소에 보관시킬 수 있다.

③ 관세청장이나 세관장은 압수물품이 다음 각 호의 어느 하나에 해당하는 경우에는 피의자나 관계인에게 통고한 후 매각하여 그 대금을 보관하거나 공탁할 수 있다. 다만, 통고할 여유가 없을 때에는 매각한 후 통고하여야 한다.

1. 부패 또는 손상되거나 그 밖에 사용할 수 있는 기간이 지날 우려가 있는 경우
2. 보관하기가 극히 불편하다고 인정되는 경우
3. 처분이 지연되면 상품가치가 크게 떨어질 우려가 있는 경우
4. 피의자나 관계인이 매각을 요청하는 경우

④ 제3항에 따른 통고 및 매각에 관하여는 제160조제5항 및 제326조를 준용한다.

제304조【압수물품의 폐기】① 관세청장이나 세관장은 압수물품 중 다음 각 호의 어느 하나에 해당하는 것은 피의자나 관계인에게 통고한 후 폐기할 수 있다. 다만, 통고할 여유가 없을 때에는 폐기한 후 즉시 통고하여야 한다.

1. 사람의 생명이나 재산을 해칠 우려가 있는 것
2. 부패하거나 변질된 것
3. 유효기간이 지난 것
4. 상품가치가 없어진 것

② 제1항에 따른 통고에 관하여는 제160조제5항을 준용한다.

제305조【압수조서 등의 작성】① 검증·수색 또는 압수를 하였을 때에는 조서를 작성하여야 한다.

② 제1항에 따른 검증·수색 또는 압수조서에 관하여는 제292조제2항 및 제3항을 준용한다.

③ 현행범인에 대한 수색이나 압수로서 긴급한 경우의 조서작성에 관하여는 제293조를 준용한다.

제306조【야간집행의 제한】① 해 진 후부터 해 뜨기 전까지는 검증·수색 또는 압수를 할 수 없다. 다만, 현행범인 경우에는 그러하지 아니하다.

② 이미 시작한 검증·수색 또는 압수는 제1항에도 불구하고 계속할 수 있다.

제307조【조사 중 출입금지】세관공무원은 피의자·증인 또는 참고인에 대한 조사·검증·수색 또는 압수 중에는 누구를 막론하고 그 장소에의 출입을 금할 수 있다.

제308조【신분 증명】① 세관공무원은 조사·검증·수색 또는 압수를 할 때에는 제복을 착용하거나 그 신분을 증명할 증표를 지니고 그 처분을 받을 자가 요구하면 이를 보여 주어야 한다.

② 제1항에 따른 세관공무원이 제복을 착용하지 아니한 경우로서 그 신분을 증명하는 증표제시 요구를 따르지 아니하는 경우에는 처분을 받을 자는 그 처분을 거부할 수 있다.(2020.6.9 본항개정)

제309조【경찰관의 원조】 세관공무원은 조사·검증·수색 또는 압수를 할 때 필요하다고 인정하는 경우에는 경찰공무원의 원조를 요구할 수 있다.(2020.12.22 본조개정)

제310조【조사 결과의 보고】 ① 세관공무원은 조사를 종료하였을 때에는 관세청장이나 세관장에게 서면으로 그 결과를 보고하여야 한다.
② 세관공무원은 제1항에 따른 보고를 할 때에는 관계서류를 함께 제출하여야 한다.

제3절 처 분

제311조【통고처분】 ① 관세청장이나 세관장은 관세범을 조사한 결과 범죄의 확증을 얻었을 때에는 대통령령으로 정하는 바에 따라 그 대상이 되는 자에게 그 이유를 구체적으로 밝히고 다음 각 호에 해당하는 금액이나 물품을 납부할 것을 통고할 수 있다.(2018.12.31 본문개정)
1. 벌금에 상당하는 금액
2. 몰수에 해당하는 물품
3. 추징금에 해당하는 금액
② 관세청장이나 세관장은 제1항에 따른 통고처분을 받는 자가 벌금이나 추징금에 상당한 금액을 예납(豫納)하려는 경우에는 이를 예납시킬 수 있다.
③ 제1항에 따른 통고가 있는 때에는 공소의 시효는 정지된다.
④ 제1항에 따른 벌금에 상당하는 금액의 부과기준은 대통령령으로 정한다.(2015.12.15 본항신설)
⑤ 제1항에 따라 통고처분을 받은 자는 납부하여야 할 금액을 대통령령으로 정하는 통고처분납부대행기관을 통하여 신용카드, 직불카드 등(이하 이 조에서 "신용카드등"이라 한다)으로 납부할 수 있다.(2018.12.31 본항신설)
⑥ 제5항에 따라 신용카드등으로 납부하는 경우에는 통고처분납부대행기관의 승인일을 납부일로 본다.(2018.12.31 본항신설)
⑦ 제5항 및 제6항에서 정한 사항 외에 통고처분납부대행기관의 지정 및 운영, 납부대행 수수료 등 통고처분에 따른 금액을 신용카드등으로 납부하는 경우에 필요한 세부사항은 대통령령으로 정한다.(2018.12.31 본항신설)
⑧ 관세청장이나 세관장은 통고처분 대상자의 연령과 환경, 법 위반의 동기와 결과, 범칙금 부담능력과 그 밖에 정상을 고려하여 제284조의2에 따른 관세범칙조사심의위원회의 심의·의결을 거쳐 제1항에 따른 통고처분을 면제할 수 있다. 이 경우 관세청장이나 세관장은 관세범칙조사심의위원회의 심의·의결 결과를 따라야 한다.(2019.12.31 본항신설)
⑨ 제8항에 따른 통고처분 면제는 다음 각 호의 요건을 모두 갖춘 관세범을 대상으로 한다.
1. 제1항제1호의 금액이 30만원 이하일 것
2. 제1항제2호의 물품의 가액과 같은 항 제3호의 금액을 합한 금액이 100만원 이하일 것
(2019.12.31 본항신설)

제312조【즉시 고발】 관세청장이나 세관장은 범죄의 정상이 징역형에 처해질 것으로 인정될 때에는 제311조제1항에도 불구하고 즉시 고발하여야 한다.

제313조【압수물품의 반환】 ① 관세청장이나 세관장은 압수물품을 몰수하지 아니할 때에는 그 압수물품이나 그 물품의 환가대금(換價代金)을 반환하여야 한다.
② 제1항의 물품이나 그 환가대금을 반환받을 자의 주소 및 거소가 분명하지 아니하거나 그 밖의 사유로 반환할 수 없을 때에는 그 요지를 공고하여야 한다.

③ 제2항에 따라 공고를 한 날부터 6개월이 지날 때까지 반환의 청구가 없는 경우에는 그 물품이나 그 환가대금을 국고에 귀속시킬 수 있다.
④ 제1항의 물품에 대하여 관세가 미납된 경우에는 반환받을 자로부터 해당 관세를 징수한 후 그 물품이나 그 환가대금을 반환하여야 한다.

제314조【통고서의 작성】 ① 통고처분을 할 때에는 통고서를 작성하여야 한다.
② 제1항에 따른 통고서에는 다음 각 호의 사항을 적고 처분을 한 자가 서명날인하여야 한다.
1. 처분을 받을 자의 성명, 나이, 성별, 직업 및 주소
2. 벌금에 상당한 금액, 몰수에 해당하는 물품 또는 추징금에 상당한 금액
3. 범죄사실
4. 적용 법조문
5. 이행 장소
6. 통고처분 연월일

제315조【통고서의 송달】 통고처분의 고지는 통고서를 송달하는 방법으로 하여야 한다.

제316조【통고의 불이행과 고발】 관세범인이 통고서의 송달을 받았을 때에는 그 날부터 15일 이내에 이를 이행하여야 하며, 이 기간 내에 이행하지 아니하였을 때에는 관세청장이나 세관장은 즉시 고발하여야 한다. 다만, 15일이 지난 후 고발이 되기 전에 관세범인이 통고처분을 이행한 경우에는 그러하지 아니하다.(2013.1.1 본조개정)

제317조【일사부재리】 관세범인이 통고의 요지를 이행하였을 때에는 동일사건에 대하여 다시 처벌을 받지 아니한다.

제318조【무자력 고발】 관세청장이나 세관장은 다음 각 호의 어느 하나의 경우에는 제311조제1항에도 불구하고 즉시 고발하여야 한다.
1. 관세범인이 통고를 이행할 수 있는 자금능력이 없다고 인정되는 경우
2. 관세범인의 주소 및 거소가 분명하지 아니하거나 그 밖의 사유로 통고를 하기 곤란하다고 인정되는 경우

제319조【준용】 관세범에 관하여는 이 법에 특별한 규정이 있는 것을 제외하고는 「형사소송법」을 준용한다.

제13장 보 칙
(2010.12.30 본장개정)

제320조【가산세의 세목】 이 법에 따른 가산세는 관세의 세목으로 한다.

제321조【세관의 업무시간·물품취급시간】 ① 세관의 업무시간, 보세구역과 운송수단의 물품취급시간은 대통령령으로 정하는 바에 따른다.(2020.6.9 본항개정)
② 다음 각 호의 어느 하나에 해당하는 자는 대통령령으로 정하는 바에 따라 세관장에게 미리 통보하여야 한다.
1. 세관의 업무시간이 아닌 때에 통관절차·보세운송절차 또는 입출항절차를 밟으려는 자
2. 운송수단의 물품취급시간이 아닌 때에 물품을 취급하려는 자
③ 제2항에 따라 사전통보를 한 자는 기획재정부령으로 정하는 바에 따라 수수료를 납부하여야 한다.

제322조【통계 및 증명서의 작성 및 교부 등】 ① 관세청장은 다음 각 호의 사항에 관한 통계를 작성하고 그 열람이나 교부를 신청하는 자가 있으면 이를 열람하게 하거나 교부하여야 한다.
1. 수출하거나 수입한 화물에 관한 사항
2. 입항하거나 출항한 국제무역선 및 국제무역기에 관한 사항(2020.12.22 본호개정)

2의2. 수입물품에 대한 관세 및 내국세등에 관한 사항 (2021.12.21 본호신설)

3. 그 밖에 외국무역과 관련하여 관세청장이 필요하다고 인정하는 사항

② 관세청장은 제1항에 따라 통계를 집계하고 대통령령으로 정하는 바에 따라 정기적으로 그 내용을 공표할 수 있다.

③ 제1항에 따른 통계 외 통관 관련 세부 통계자료를 열람하거나 교부받으려는 자는 사용 용도 및 내용을 구체적으로 밝혀 관세청장에게 신청할 수 있다. 이 경우 관세청장은 대통령령으로 정하는 경우를 제외하고는 이를 열람하게 하거나 교부하여야 한다.

④ 관세청장은 제1항에 따른 통계 및 제3항에 따른 통계자료를 전산처리가 가능한 전달매체에 기록하여 교부하거나 전산처리설비를 이용하여 교부할 수 있다. 이 경우 교부할 수 있는 통계의 범위와 그 절차는 관세청장이 정한다.

⑤ 관세청장은 제1항에 따른 통계, 제3항에 따른 통계자료 및 제4항에 따른 통계의 작성 및 교부 업무를 대행할 자(이하 이 조에서 "대행기관"이라 한다)를 지정하여 그 업무를 대행하게 할 수 있다. 이 경우 관세청장은 통계작성을 위한 기초자료를 대행기관에 제공하여야 한다.(2011.12.31 본항개정)

⑥ 세관사무에 관한 증명서와 제1항에 따른 통계, 제3항에 따른 통계자료 및 제4항에 따른 통계를 교부받으려는 자는 기획재정부령으로 정하는 바에 따라 관세청장에게 수수료를 납부하여야 한다. 다만, 제5항에 따라 대행기관이 업무를 대행하는 경우에는 대행기관이 정하는 수수료를 해당 대행기관에 납부하여야 한다.(2011.12.31 본항개정)

⑦ 대행기관은 제6항 단서에 따라 수수료를 정할 때에는 기획재정부령으로 정하는 바에 따라 관세청장의 승인을 받아야 한다. 승인을 받은 사항을 변경하려는 경우에도 또한 같다.(2011.12.31 본항신설)

⑧ 제6항 단서에 따라 대행기관이 수수료를 징수한 경우 그 수입은 해당 대행기관의 수입으로 한다.(2011.12.31 본항신설)

⑨ 제6항에 따른 증명서 중 수출·수입 또는 반송에 관한 증명서는 해당 물품의 수출·수입 또는 반송 신고의 수리일부터 5년 내의 것에 관하여 발급한다.

⑩ 관세청장은 다음 각 호의 어느 하나에 해당하는 자가 관세정책의 평가 및 연구 등에 활용하기 위하여 통계 작성에 사용된 기초자료와 관세청장이 생산·가공·분석한 데이터(이하 "관세무역데이터"라 한다)를 직접 분석하기를 원하는 경우 제116조제1항 각 호 외의 부분 본문에도 불구하고 관세청 내에 설치된 대통령령으로 정하는 시설 내에서 관세무역데이터를 그 사용목적에 맞는 범위에서 제공할 수 있다. 이 경우 관세무역데이터는 개별 납세자의 과세정보를 직접적 또는 간접적 방법으로 확인할 수 없는 상태로 제공하여야 한다.

1. 국회의원
2. 「국회법」에 따른 국회사무총장·국회도서관장·국회예산정책처장·국회입법조사처장 및 「국회미래연구원법」에 따른 국회미래연구원장
3. 「정부조직법」 제2조에 따른 중앙행정기관의 장
4. 「지방자치법」 제2조에 따른 지방자치단체의 장
5. 「정부출연연구기관 등의 설립·운영 및 육성에 관한 법률」 제2조에 따른 정부출연연구기관의 장 등 대통령령으로 정하는 자
(2022.12.31 본항신설)

⑪ 제1항에 따라 열람·교부된 통계(제2항에 따라 공표된 것은 제외한다), 제3항에 따라 열람·교부된 통계자료, 제4항에 따라 교부된 통계 및 제10항에 따라 제

공된 관세무역데이터를 알게 된 자는 그 통계, 통계자료 및 관세무역데이터를 목적 외의 용도로 사용하여서는 아니 된다.(2022.12.31 본항신설)

⑫ 세관사무에 관한 증명서, 제1항에 따른 통계, 제3항에 따른 통계자료 및 제4항에 따른 통계의 교부 또는 교부 절차와 제10항에 따른 관세무역데이터의 제공 절차에 필요한 사항은 대통령령으로 정한다.(2022.12.31 본항신설)

(2022.12.31 본조제목개정)

제322조의2 【연구개발사업의 추진】 ① 관세청장은 관세행정에 필요한 연구·실험·조사·기술개발(이하 "연구개발사업"이라 한다) 및 전문인력 양성 등 소관 분야의 과학기술진흥을 위한 시책을 마련하여 추진할 수 있다.

② 제1항에 따른 연구개발사업은 단계별·분야별 연구개발과제를 선정하여 다음 각 호의 기관 또는 단체 등과 협약을 맺어 실시하게 할 수 있다.

1. 국가 또는 지방자치단체가 직접 설치하여 운영하는 연구기관
2. 「특정연구기관 육성법」 제2조에 따른 특정연구기관
3. 「과학기술분야 정부출연연구기관 등의 설립·운영 및 육성에 관한 법률」에 따라 설립된 과학기술분야 정부출연연구기관
4. 「고등교육법」에 따른 대학·산업대학·전문대학 및 기술대학
5. 「기초연구진흥 및 기술개발지원에 관한 법률」 제14조의2제1항에 따라 인정받은 기업부설연구소 또는 기업의 연구개발전담부서
6. 「민법」이나 다른 법률에 따라 설립된 법인으로서 관세행정 관련 연구를 하는 기관
7. 그 밖에 대통령령으로 정하는 관세행정 분야의 연구기관 또는 단체

③ 관세청장은 제2항에 따른 기관 또는 단체 등에 연구개발사업을 실시하는 데 필요한 자금의 전부 또는 일부를 출연하거나 보조할 수 있다.

④ 제3항에 따른 출연금 및 보조금의 지급·사용 및 관리 등에 필요한 사항은 대통령령으로 정한다.(2020.12.22 본조신설)

제323조 【세관설비의 사용】 물품장치나 통관을 위한 세관설비를 사용하려는 자는 기획재정부령으로 정하는 사용료를 납부하여야 한다.

제324조 【포상】 ① 관세청장은 다음 각 호의 어느 하나에 해당하는 사람에게는 대통령령으로 정하는 바에 따라 포상할 수 있다.

1. 제269조부터 제271조까지, 제274조, 제275조의2 및 제275조의3에 해당되는 관세범을 세관이나 그 밖의 수사기관에 통보하거나 체포한 자로서 공로가 있는 사람
2. 제269조부터 제274조까지의 규정에 해당되는 범죄물품을 압수한 사람으로서 공로가 있는 사람
3. 이 법이나 다른 법률에 따라 세관장이 관세 및 내국세 등을 추가 징수하는 데에 공로가 있는 사람
4. 관세행정의 개선이나 발전에 특별히 공로가 있는 사람

② 관세청장은 체납자의 은닉재산을 신고한 사람에게 대통령령으로 정하는 바에 따라 10억원의 범위에서 포상금을 지급할 수 있다. 다만, 은닉재산의 신고를 통하여 징수된 금액이 대통령령으로 정하는 금액 미만인 경우 또는 공무원이 그 직무와 관련하여 은닉재산을 신고한 경우에는 포상금을 지급하지 아니한다.(2013.1.1 본항개정)

③ 제2항에서 "은닉재산"이란 체납자가 은닉한 현금·예금·주식이나 그 밖에 재산적 가치가 있는 유형·무형의 재산을 말한다. 다만, 다음 각 호의 어느 하나에 해당하는 재산은 제외한다.

1. 「국세징수법」제25조에 따른 사해행위 취소소송의 대상이 되어 있는 재산(2020.12.22 본호개정)
2. 세관공무원이 은닉 사실을 알고 조사를 시작하거나 강제징수 절차를 진행하기 시작한 재산(2020.12.22 본호개정)
3. 그 밖에 체납자의 은닉재산을 신고받을 필요가 없다고 인정되는 재산으로서 대통령령으로 정하는 것
④ 제2항에 따른 은닉재산의 신고는 신고자의 성명과 주소를 적고 서명하거나 날인한 문서로 하여야 한다.

제325조【편의 제공】 이 법에 따라 물품의 운송·장치 또는 그 밖의 취급을 하는 자는 세관공무원의 직무 집행에 대하여 편의를 제공하여야 한다.

제326조【몰수품 등의 처분】 ① 세관장은 이 법에 따라 몰수되거나 국고에 귀속된 물품(이하 "몰수품등"이라 한다)을 공매 또는 그 밖의 방법으로 처분할 수 있다.
② 몰수품등의 공매에 관하여는 제210조를 준용한다. 다만, 관세청장이 정하는 물품은 경쟁입찰에 의하지 아니하고 수의계약이나 위탁판매의 방법으로 매각할 수 있다.
③ 세관장은 관세청장이 정하는 기준에 해당하는 몰수품등을 처분하려면 관세청장의 지시를 받아야 한다.
④ 세관장은 몰수품등에 대하여 대통령령으로 정하는 금액의 범위에서 몰수 또는 국고귀속 전에 발생한 보관료 및 관리비를 지급할 수 있다.
⑤ 세관장은 몰수품등의 매각대금에서 매각에 든 비용과 제4항에 따른 보관료 및 관리비를 직접 지급할 수 있다.
⑥ 세관장은 제1항에도 불구하고 몰수품등이 농산물인 경우로서 국내시장의 수급조절과 가격안정을 도모하기 위하여 농림축산식품부장관이 요청할 때에는 대통령령으로 정하는 바에 따라 몰수품등을 농림축산식품부장관에게 이관할 수 있다.(2013.3.23 본항개정)
⑦ 관세청장 또는 세관장은 제2항에 따른 위탁판매 물품에 대한 적정한 관리를 위하여 필요한 경우에는 수탁판매기관에게 물품의 판매 현황, 재고 현황 등 관리현황을 관세청장 또는 세관장에게 보고하게 하거나 관련 장부 및 서류의 제출을 명할 수 있다. 이 경우 보고의 방법 및 절차 등 필요한 사항은 관세청장이 정한다.(2018.12.31 본항신설)

제326조의2【사업에 관한 허가 등의 제한】 ① 세관장은 납세자가 허가·인가·면허 및 등록 등(이하 이 조에서 "허가등"이라 한다)을 받은 사업과 관련된 관세 또는 내국세등을 체납한 경우 해당 사업의 주무관청에 그 납세자에 대하여 허가등의 갱신과 그 허가등의 근거 법률에 따른 신규 허가등을 하지 아니할 것을 요구할 수 있다. 다만, 재난, 질병 또는 사업의 현저한 손실, 그 밖에 대통령령으로 정하는 사유가 있는 경우에는 그러하지 아니하다.
② 세관장은 허가등을 받아 사업을 경영하는 자가 해당 사업과 관련된 관세, 내국세등을 3회 이상 체납하고 그 체납된 금액의 합계액이 500만원 이상인 경우 해당 주무관청에 사업의 정지 또는 허가등의 취소를 요구할 수 있다. 다만, 재난, 질병 또는 사업의 현저한 손실, 그 밖에 대통령령으로 정하는 사유가 있는 경우에는 그러하지 아니하다.
③ 제2항의 관세 또는 내국세등을 체납한 횟수와 체납된 금액의 합계액을 정하는 기준과 방법은 대통령령으로 정한다.
④ 세관장은 제1항 또는 제2항의 요구를 한 후 해당 관세 또는 내국세등을 징수한 경우 즉시 그 요구를 철회하여야 한다.
⑤ 해당 주무관청은 제1항 또는 제2항에 따른 세관장

의 요구가 있는 경우 정당한 사유가 없으면 요구에 따라야 하며, 그 조치 결과를 즉시 관할 세관장에게 알려야 한다.
(2022.12.31 본조신설)

제327조【국가관세종합정보시스템의 구축 및 운영】 ① 관세청장은 전자통관의 편의를 증진하고, 외국세관과의 세관정보 교환을 통하여 수출입의 원활화와 교역안전을 도모하기 위하여 전산처리설비와 데이터베이스에 관한 국가관세종합정보시스템(이하 "관세정보시스템"이라 한다)을 구축·운영할 수 있다.(2023.12.31 본항개정)
② 세관장은 관세청장이 정하는 바에 따라 관세정보시스템의 전산처리설비를 이용하여 이 법에 따른 신고·신청·보고·납부 등과 법령에 따른 허가·승인 또는 그 밖의 조건을 갖출 필요가 있는 물품의 증명 및 확인 신청 등(이하 "전자신고등"이라 한다)을 하게 할 수 있다.(2023.12.31 본항개정)
③ 세관장은 관세청장이 정하는 바에 따라 관세정보시스템 또는 「정보통신망 이용촉진 및 정보보호 등에 관한 법률」 제2조제1항제1호에 따른 정보통신망으로서 이 법에 따른 송달을 위하여 관세정보시스템과 연계된 정보통신망(이하 "연계정보통신망"이라 한다)을 이용하여 전자신고등의 승인·허가·수리 등에 대한 교부·통지·통고 등(이하 "전자송달"이라 한다)을 할 수 있다.(2023.12.31 본항개정)
④ 전자신고등을 할 때에는 관세청장이 정하는 바에 따라 관계 서류를 관세정보시스템의 전산처리설비를 이용하여 제출하게 하거나, 그 제출을 생략하게 하거나 간소한 방법으로 하게 할 수 있다.(2023.12.31 본항개정)
⑤ 제2항에 따라 이행된 전자신고등은 관세청장이 정하는 관세정보시스템의 전산처리설비에 저장된 때에 세관에 접수된 것으로 보고, 전자송달은 송달받을 자가 지정한 전자우편주소나 관세정보시스템의 전자사서함 또는 연계정보통신망의 전자고지함(연계정보통신망의 이용자가 접속하여 본인에게 송달된 고지내용을 확인할 수 있는 곳을 말한다)에 고지내용이 저장된 때에 그 송달을 받아야 할 자에게 도달된 것으로 본다.(2023.12.31 본항개정)
⑥ 전자송달은 대통령령으로 정하는 바에 따라 송달을 받아야 할 자가 신청하는 경우에만 한다.
⑦ 제6항에도 불구하고 관세정보시스템 또는 연계정보통신망의 전산처리설비의 장애로 전자송달이 불가능한 경우, 그 밖에 대통령령으로 정하는 사유가 있는 경우에는 교부·인편 또는 우편의 방법으로 송달할 수 있다.(2023.12.31 본항개정)
⑧ 제6항에 따라 전자송달할 수 있는 대상의 구체적 범위·송달방법 등에 관하여 필요한 사항은 대통령령으로 정한다.
(2023.12.31 본조제목개정)

제327조의2【한국관세정보원의 설립】 ① 정부는 관세정보시스템을 안정적으로 운영·관리하고, 관세정보시스템의 지능정보화를 촉진하여 통상환경을 개선함으로써 국민경제의 발전에 이바지하기 위하여 한국관세정보원(이하 "관세정보원"이라 한다)을 설립한다.
② 관세정보원은 법인으로 한다.
③ 관세정보원은 그 주된 사무소의 소재지에 설립등기를 함으로써 성립한다.
④ 관세정보원의 정관에는 다음 각 호의 사항이 포함되어야 하며, 정관을 변경할 때에는 관세청장의 인가를 받아야 한다.
1. 명칭
2. 목적

3. 주된 사무소의 소재지
4. 이사회에 관한 사항
5. 임직원에 관한 사항
6. 조직에 관한 사항
7. 업무 및 그 집행에 관한 사항
8. 재산과 회계에 관한 사항
9. 공고에 관한 사항
10. 정관의 변경에 관한 사항
11. 내부 규정의 제정·개정·폐지에 관한 사항
⑤ 관세정보원은 다음 각 호의 사업을 한다.
1. 관세정보시스템의 운영 및 관리
2. 관세정보시스템 기술지원센터의 운영
3. 관세정보시스템의 지능정보화 촉진을 위한 기획·조사·컨설팅·연구·교육·홍보
4. 그 밖에 국가, 지방자치단체 또는「공공기관의 운영에 관한 법률」에 따른 공공기관 등으로부터 위탁받은 사업
⑥ 관세정보원장은 정관으로 정하는 바에 따라 관세청장이 임명한다.
⑦ 관세정보원은 관세청장의 승인을 받아 제5항에 따른 사업 외에 설립목적 달성에 필요한 경비를 조달하기 위하여 수익사업을 할 수 있다.
⑧ 정부는 관세정보원의 시설, 운영 및 사업에 필요한 경비를 예산의 범위에서 출연하거나 보조할 수 있다.
⑨ 관세정보원에 대하여 이 법과「공공기관의 운영에 관한 법률」에서 규정한 것 외에는「민법」중 재단법인에 관한 규정을 준용한다.
⑩ 이 법에 따른 관세정보원이 아닌 자는 한국관세정보원 또는 이와 유사한 명칭을 사용하지 못한다.
⑪ 관세청장은 관세정보원의 업무를 지도·감독한다. (2023.12.31 본조개정)
제327조의3【전자문서중계사업자의 지정 등】①「전기통신사업법」제2조제8호에 따른 전기통신사업자로서 전자신고등 및 전자송달을 중계하는 업무(이하 "전자문서중계업무"라 한다)를 수행하려는 자는 대통령령으로 정하는 기준과 절차에 따라 관세청장의 지정을 받아야 한다.
② 다음 각 호의 어느 하나에 해당하는 자는 제1항에 따른 지정을 받을 수 없다.
1. 제175조제2호부터 제5호까지의 어느 하나에 해당하는 자
2. 제3항에 따라 지정이 취소(제175조제2호 또는 제3호에 해당하여 지정이 취소된 경우는 제외한다)된 날부터 2년이 지나지 아니한 자(2018.12.31 본호개정)
3. 제1호 또는 제2호에 해당하는 자를 임원으로 하는 법인
③ 관세청장은 제1항에 따라 지정을 받은 자(이하 "전자문서중계사업자"라 한다)가 다음 각 호의 어느 하나에 해당하는 경우에는 그 지정을 취소하거나 1년 이내의 기간을 정하여 전자문서중계업무의 전부 또는 일부의 정지를 명할 수 있다. 다만, 제1호 및 제2호에 해당하는 경우에는 그 지정을 취소하여야 한다.
1. 제2항 각 호의 어느 하나에 해당한 경우. 다만, 제2항제3호에 해당하는 경우로서 제175조제2호 또는 제3호에 해당하는 사람을 임원으로 하는 법인이 3개월 이내에 해당 임원을 변경한 경우에는 그러하지 아니하다.(2018.12.31 단서신설)
2. 거짓이나 그 밖의 부정한 방법으로 제1항에 따른 지정을 받은 경우
3. 제1항에 따른 기준을 충족하지 못하게 된 경우
4. 제7항에 따른 관세청장의 지도·감독을 위반한 경우
5. 제8항에 따른 관세청장의 시정명령을 그 정하여진 기간 이내에 이행하지 아니한 경우(2023.12.31 본호신설)

6. 제327조의4제3항을 위반하여 업무상 알게 된 전자문서상의 비밀과 관련 정보에 관한 비밀을 누설하거나 도용한 경우(2014.1.1 본호신설)
④ 관세청장은 제3항에 따른 업무정지가 그 이용자에게 심한 불편을 주거나 그 밖에 공익을 해칠 우려가 있는 경우에는 업무정지처분을 갈음하여 1억원 이하의 과징금을 부과할 수 있다. 이 경우 과징금을 부과하는 위반행위의 종류와 위반 정도 등에 따른 과징금의 금액 등에 관하여 필요한 사항은 대통령령으로 정한다.
⑤ 제4항에 따른 과징금을 납부하여야 할 자가 납부기한까지 이를 납부하지 아니한 경우에는 제26조를 준용한다.
⑥ 전자문서중계사업자는 전자문서중계업무를 제공받는 자에게 기획재정부령으로 정하는 바에 따라 수수료 등 필요한 요금을 부과할 수 있다.
⑦ 관세청장은 전자문서중계사업의 안정적인 운영을 위하여 전자문서중계사업자에게 사업실적 등 운영사업과 관련된 주요 내용을 매년 보고하도록 하거나 관련 장부 및 서류를 제출하도록 명할 수 있다. 이 경우 보고의 방법 및 절차 등 필요한 사항은 관세청장이 정한다. (2023.12.31 본항개정)
⑧ 관세청장은 전자문서중계사업자의 업무 수행의 방법, 절차 등이 부적절하여 전자문서중계의 안정성을 저해하거나 저해할 우려가 있는 경우 6개월 이내의 기간을 정하여 그 시정을 명할 수 있다.(2023.12.31 본항신설)
⑨ 제3항에 따른 지정취소 및 업무정지 처분의 세부기준에 관한 사항은 기획재정부령으로 정한다. (2023.12.31 본항신설)
제327조의4【전자문서 등 관련 정보에 관한 보안】① 누구든지 관세정보시스템 또는 전자문서중계사업자의 전산처리설비에 기록된 전자문서 등 관련 정보를 위조 또는 변조하거나 위조 또는 변조된 정보를 행사하여서는 아니 된다.(2023.12.31 본항개정)
② 누구든지 관세정보시스템 또는 전자문서중계사업자의 전산처리설비에 기록된 전자문서 등 관련 정보를 훼손하거나 그 비밀을 침해하여서는 아니 된다.(2023.12.31 본항개정)
③ 관세정보원 또는 전자문서중계사업자의 임직원이거나, 임직원이었던 자는 업무상 알게 된 전자문서상의 비밀과 관련 정보에 관한 비밀을 누설하거나 도용하여서는 아니 된다.(2023.12.31 본항개정)
④ (2016.12.20 삭제)

제327조의5【전자문서의 표준】 관세청장은 제240조의6에 따른 국가 간 세관정보의 원활한 상호 교환을 위하여 세계관세기구 등 국제기구에서 정하는 사항을 고려하여 전자신고등 및 전자송달에 관한 전자문서의 표준을 정할 수 있다.(2017.12.19 본조개정)

제328조【청문】 세관장은 다음 각 호의 어느 하나에 해당하는 처분을 하려면 청문을 하여야 한다.
1. 제164조제6항에 따른 자율관리보세구역 지정의 취소
2. 제165조제5항에 따른 보세사 등록의 취소 및 업무정지(2019.12.31 본호개정)
3. 제167조에 따른 지정보세구역 지정의 취소
4. 제172조제6항에 따른 화물관리인 지정의 취소(2011.12.31 본호신설)
5. 제178조제1항 및 제2항에 따른 물품반입등의 정지 및 운영인 특허의 취소(2011.12.31 본호개정)
6. 제204조제1항에 따른 종합보세구역 지정의 취소
7. 제204조제2항에 따른 종합보세기능의 수행 중지
7의2. 제204조제3항에 따른 종합보세사업장의 폐쇄(2018.12.31 본호신설)

8. 제224조제1항에 따른 보세운송업자등의 등록 취소 및 업무정지(2014.12.23 본호개정)
9. 제255조의5에 따른 수출입안전관리우수업체 공인의 취소(2021.12.21 본호개정)
10. 제327조의3제3항에 따른 전자문서중계사업자 지정의 취소 및 사업·업무의 전부 또는 일부의 정지 (2023.12.31 본호개정)

제329조【권한 또는 업무의 위임·위탁】 ① 이 법에 따른 기획재정부장관의 권한 중 다음 각 호의 권한은 대통령령으로 정하는 바에 따라 관세청장에게 위임할 수 있다.
1. 제56조제2항에 따른 덤핑방지관세 재심사에 필요한 사항의 조사
2. 제62조제2항에 따른 상계관세 재심사에 필요한 사항의 조사
(2021.12.21 본항신설)
② 이 법에 따른 관세청장이나 세관장의 권한은 대통령령으로 정하는 바에 그 권한의 일부를 세관장이나 그 밖의 소속 기관의 장에게 위임할 수 있다.
③ 세관장은 대통령령으로 정하는 바에 따라 제257조부터 제259조까지의 규정에 따른 권한을 체신관서의 장에게 위탁할 수 있다.
④ 세관장은 대통령령으로 정하는 바에 따라 제157조, 제158조제2항, 제159조제2항, 제165조제3항, 제209조, 제213조제2항(보세운송신고의 접수만 해당한다)·제3항, 제215조, 제222조제1항제1호 및 제246조제1항에 따른 권한을 다음 각 호의 자에게 위탁할 수 있다.
(2019.12.31 본문개정)
1. 통관질서의 유지와 수출입화물의 효율적인 관리를 위하여 설립된 비영리법인
2. 화물관리인
3. 운영인
4. 제222조에 따라 등록한 보세운송업자
⑤ 이 법에 따른 관세청장 또는 세관장의 업무 중 다음 각 호의 업무는 대통령령으로 정하는 바에 따라 대통령령으로 정하는 단체에 위탁할 수 있다.
1. 제173조제3항 단서에 따른 물품 검사비용 지원 업무 중 신청서 접수, 지원 요건 및 금액에 관한 심사
2. 제235조제2항에 따른 지식재산권의 신고 업무 중 신고서 접수 및 보완 요구
3. 제255조의2제2항에 따른 수출입안전관리우수업체 공인 심사 지원 및 같은 조 제3항에 따른 예비심사 지원
4. 제265조에 따른 물품 또는 운송수단 등에 대한 검사 등에 관한 업무 중 국제항을 출입하는 자가 휴대하는 물품 및 국제항을 출입하는 자가 사용하는 운송수단에 대한 검사
(2021.12.21 본항개정)
⑥ (2021.12.21 삭제)
(2021.12.21 본조제목개정)

제330조【벌칙 적용에서 공무원 의제】 다음 각 호에 해당하는 사람은 「형법」 제127조 및 제129조부터 제132조까지의 규정을 적용할 때에는 공무원으로 본다.
1. 제208조제4항에 따라 대행 업무에 종사하는 사람
2. 제233조의2제1항에 따른 한국원산지정보원의 업무에 종사하는 사람(2022.12.31 본호개정)
3. (2021.12.21 삭제)
4. 제322조제5항에 따라 대행 업무(제116조제5항에 따라 과세정보를 제공하는 경우를 포함한다)에 종사하는 사람(2022.12.31 본호개정)
5. 제327조의2제1항에 따른 관세정보원의 임직원 (2023.12.31 본호개정)
6. 제327조의3제3항에 따른 전자문서중계사업자
7. 제329조제3항부터 제5항까지의 규정에 따라 위탁받은 업무에 종사하는 사람(2021.12.21 본호개정)
8. 다음 각 목의 위원회의 위원 중 공무원이 아닌 사람
가. 제45조제1항에 따른 관세체납정리위원회
나. 제85조제2항에 따른 관세품목분류위원회
다. 제116조의2제2항에 따른 관세정보위원회 (2019.12.31 본목개정)
라. 제118조의4제1항에 따른 납세자보호위원회 (2019.12.31 본목신설)
마. (2022.12.31 삭제)
바. 제165조의5에 따른 보세사징계위원회 (2020.12.22 본목개정)
사. 제176조의3제1항에 따른 보세판매장 특허심사위원회
아. 제176조의4에 따른 보세판매장 제도운영위원회 (2018.12.31 본목신설)
자. (2021.12.21 삭제)
차. 제284조의2에 따른 관세범칙조사심의위원회 (2019.12.31 본목신설)
(2016.12.20 본조신설)

부 칙 (2010.12.30)

제1조【시행일】 이 법은 2011년 1월 1일부터 시행한다. 다만, 제12조, 제178조제2항제2호·제3항·제4항, 제205조 및 제252조의 개정규정은 2011년 4월 1일부터 시행하고, 제229조제1항, 제232조의2, 제233조제2항 및 제3항의 개정규정은 2011년 7월 1일부터 시행하며, 제231조제7항, 제235조 및 제329조제4항의 개정규정은 「대한민국과 유럽연합 및 그 회원국 간의 자유무역협정」이 발효되는 날(제235조제1항제5호에 따른 특허권 및 같은 항 제6호에 따른 디자인권은 발효되는 날 이후 2년이 되는 날)부터 시행한다.<2011.7.1 발효>
제2조【일반적 적용례】 이 법은 이 법 시행 후 최초로 수출입신고하는 분부터 적용한다.
제3조【과징금에 관한 적용례】 제178조제3항의 개정규정은 부칙 제1조 단서에 따른 제178조제3항의 개정규정 시행 후 최초로 물품반입등의 정지처분 사유가 발생한 분부터 적용한다.
제4조【품질등 허위·오인 표시물품의 통관 제한에 관한 적용례】 제230조의2의 개정규정은 이 법 시행 후 최초로 수출입신고하는 분부터 적용한다.
제5조【지식재산권 보호에 관한 적용례】 제235조의 개정규정은 부칙 제1조 단서에 따른 제235조의 개정규정 시행 후 최초로 수출입신고, 환적신고, 복합환적신고, 보세구역 반입신고, 보세운송신고 또는 제141조제1호에 따른 일시양륙의 신고를 하는 분부터 적용한다.
제6조【벌칙에 관한 경과조치】 이 법 시행 전의 행위에 대하여 벌칙을 적용할 때에는 종전의 규정에 따른다.

부 칙 (2011.12.31)

제1조【시행일】 이 법은 2012년 1월 1일부터 시행한다. 다만, 제5조제3항·제4항, 제38조의3제3항, 제42조제1항, 제110조의2, 제110조의3, 제118조제1항, 제146조, 제276조제2항제2호(환승전용내항기에 관한 규정에 한정)·제3항제2호부터 제4호까지 및 제277조제1항제1호의 개정규정은 2012년 3월 1일부터 시행하고, 제38조의4, 제118조제3항, 제124조 및 제132조제2항·제3항의 개정규정은 2012년 7월 1일부터 시행한다.
제2조【일반적 적용례】 이 법은 이 법 시행 후 최초로 수입신고하는 분부터 적용한다.
제3조【후발적 경정청구에 관한 적용례】 제38조의3제3항의 개정규정은 부칙 제1조 단서에 따른 제38조의3

제3항의 개정규정 시행 후 최초로 경정청구하는 분부터 적용한다.

제4조【신고납부한 세액의 보정 및 경정에 관한 적용례】 제38조의2제1항·제2항·제3항·제5항 및 제38조의3제2항 전단의 개정규정은 2012년 1월 1일 이후 최초로 보정신청 또는 경정청구하는 분부터 적용한다.

제5조【수입물품의 과세가격 조정에 따른 경정청구에 관한 적용례】 제38조의4의 개정규정은 2012년 7월 1일 이후 최초로 관할 세무서장 또는 지방국세청장이 과세표준 및 세액을 결정·경정하는 분부터 적용한다.

제6조【재조사 결정에 의한 중복조사 금지의 예외에 관한 적용례】 제111조제2항제3호의 개정규정은 2012년 1월 1일 이후 최초로 이의신청·심사청구 또는 심판청구의 결정이 있는 분부터 적용한다.

제7조【과세 전 통지에 대한 조기 경정 신청에 관한 적용례】 제118조제5항의 개정규정은 2012년 1월 1일 이후 최초로 과세 전 통지를 하는 분부터 적용한다.

제8조【「행정심판법」의 준용에 관한 적용례】 제118조제7항 및 제120조제1항 단서의 개정규정은 2012년 1월 1일 이후 최초로 심사 또는 심판을 청구하는 분부터 적용한다.

제9조【청문대상 확대에 관한 적용례】 제328조의 개정규정은 2012년 1월 1일 이후 최초로 취소·정지 등을 하는 분부터 적용한다.

제10조【과세전적부심사위원회 및 이의신청심의위원회의 지위승계에 관한 경과조치】 ① 2012년 7월 1일 당시 종전의 규정에 따른 과세전적부심사위원회와 이의신청심의위원회에서 한 행위는 각각 제124조의 개정규정에 따른 관세심사위원회가 한 행위로 본다.

② 2012년 7월 1일 당시 종전의 규정에 따른 과세전적부심사위원회와 이의신청심의위원회에 대하여 한 행위는 각각 제124조의 개정규정에 따른 관세심사위원회에 대하여 한 행위로 본다.

제11조【벌칙 등에 관한 경과조치】 2012년 1월 1일 이전의 행위에 대하여 벌칙 또는 과태료를 적용할 때에는 종전의 규정에 따른다.

부 칙 (2013.1.1)

제1조【시행일】 이 법은 2013년 1월 1일부터 시행한다. 다만, 제176조의2의 개정규정은 2013년 10월 1일부터 시행하고, 제4조제1항, 제44조 및 제116조의2의 개정규정은 2014년 1월 1일부터 시행한다.

제2조【일반적 적용례】 이 법은 이 법 시행 후 최초로 수입신고 또는 수출신고하는 분부터 적용한다.

제3조【부과 제척기간의 특례에 관한 적용례】 제21조의 개정규정은 2013년 1월 1일 이후 원산지증명서 등의 확인을 요청하는 분부터 적용한다.

제4조【과세가격의 결정에 관한 적용례】 제30조, 제31조, 제32조, 제34조 및 제37조의3의 개정규정은 2013년 1월 1일 이후 세액을 심사하는 분부터 적용한다.

제5조【관세환급금에 관한 적용례】 제46조, 제47조 및 제48조의 개정규정은 2013년 1월 1일 이후 관세환급금을 충당하거나 환급하는 분부터 적용한다.

제6조【품목분류 사전심사에 관한 적용례】 제86조의 개정규정은 2013년 1월 1일 이후 품목분류 사전심사 결과를 고시 또는 공표하는 분부터 적용한다.

제7조【재수출되지 않은 물품에 대한 가산세 부과에 관한 적용례】 제97조의 개정규정은 2013년 1월 1일 이후 가산세를 부과하는 분부터 적용한다.

제8조【계약 내용과 다른 물품 등에 대한 관세 환급에 관한 적용례】 제106조의 개정규정은 2013년 1월 1일

현재 신고납부 기한이 도래하지 않은 것에 대해서도 적용한다.

제9조【보세판매장 특허에 관한 적용례】 제176조의2의 개정규정은 이 법 시행 후 부여하는 특허분부터 적용한다.

제10조【보세운송업자등의 행정제재에 관한 적용례】 제224조의 개정규정은 2013년 1월 1일 이후 용도 외로 반출한 석유류를 판매하거나 그 사실을 알면서 취득하여 「조세범처벌법」 제4조제4항에 따른 과태료를 부과받은 경우부터 적용한다.

제11조【과세자료 미제출에 따른 과태료 부과에 관한 적용례】 제277조제1항의 개정규정은 2013년 1월 1일 이후 과세자료 제출을 요구하는 분부터 적용한다.

제12조【통고처분 이행기간에 관한 적용례】 제316조의 개정규정은 2013년 1월 1일 현재 통고처분 이행기간이 종료되지 않은 것에 대해서도 적용한다.

제13조【신고 포상금 지급한도에 관한 적용례】 제324조제2항의 개정규정은 2013년 1월 1일 이후 체납자의 은닉재산을 신고하는 분부터 적용한다.

제14조【세율불균형물품의 감면세 개정에 관한 경과조치】 ① 제89조제1항에서 정한 중소기업 이외의 기업에 대한 제89조제1항제1호의 세율불균형물품의 관세감면에 관하여는 제89조제1항의 개정규정에도 불구하고 2019년 1월 1일부터 2019년 4월 30일의 기간 동안 수입신고하는 분에 대하여는 100분의 100의 감면율을 적용한다.

② 제89조제1항에서 정한 중소기업 이외의 기업에 대한 제89조제1항제2호의 세율불균형물품의 관세감면에 관하여는 제89조제1항의 개정규정에도 불구하고 2019년 1월 1일부터 2019년 12월 31일의 기간 동안 수입신고하는 분에 대하여는 100분의 20의 감면율을 적용한다. (2018.12.31 본조개정)

제15조【벌칙 등에 관한 경과조치】 이 법 시행 이전의 행위에 대하여 벌칙 또는 과태료를 적용할 때에는 종전의 규정에 따른다.

부 칙 (2014.1.1)

제1조【시행일】 이 법은 2014년 1월 1일부터 시행한다. 다만, 제71조제4항의 개정규정은 2015년 1월 1일부터 시행한다.

제2조【일반적 적용례】 이 법은 이 법 시행 후 최초로 수입신고하는 분부터 적용한다.

제3조【납세의무 승계에 관한 적용례】 제19조제4항의 개정규정은 이 법 시행 후 법인이 합병하거나 상속이 개시되는 분부터 적용한다.

제4조【공유물 등에 대한 연대납세의무에 관한 적용례】 ① 제19조제5항의 개정규정은 이 법 시행 후 납세의무가 성립하는 분부터 적용한다.

② 제19조제6항의 개정규정은 이 법 시행 후 법인이 분할 또는 분할합병되거나 신회사를 설립하는 분부터 적용한다.

제5조【수입물품의 과세가격 조정에 따른 경정에 관한 적용례】 제38조의4제1항의 개정규정은 이 법 시행 당시 종전의 규정에 따라 세액의 경정을 청구할 수 있는 기간이 경과하지 아니한 경정청구 분부터 적용한다.

제6조【경정청구서 등 우편제출에 관한 특례에 관한 적용례】 제38조의5의 개정규정은 이 법 시행 후 우편으로 발송하는 분부터 적용한다.

제7조【관세조사의 경우 조력을 받을 권리에 관한 적용례】 제112조의 개정규정은 이 법 시행 후 조사를 받는 경우부터 적용한다.

제8조【선용품 및 기용품의 하역 등에 관한 적용례】 제143조제1항의 개정규정은 이 법 시행 후 하역 또는 환적 허가를 받은 분부터 적용한다.
제9조【보세판매장 특허 부여에 관한 적용례】 제176조의2제1항의 개정규정은 이 법 시행 후 보세판매장의 설치·운영에 관한 특허를 부여하기 위하여 개정된 중견기업 기준을 적용하여 시행하는 공고분부터 적용한다.
제10조【원산지증명서 등의 확인요청 및 조사에 관한 적용례】 제233조제2항의 개정규정은 이 법 시행 후 원산지증명서 및 원산지증명서확인자료의 진위 여부, 정확성 등의 확인을 요청하는 분부터 적용한다.
제11조【탁송품의 특별통관에 관한 적용례】 제254조의2제3항 및 제4항의 개정규정은 이 법 시행 후 통관목록을 제출하는 분부터 적용한다.
제12조【국가관세종합정보망 운영사업자 등의 지정취소 등에 관한 적용례】 제327조의2제4항제5호 및 제327조의3제3항제5호의 개정규정은 이 법 시행 후 비밀을 누설하거나 도용하는 경우부터 적용한다.

부   칙 (2014.12.23)

제1조【시행일】 이 법은 2015년 1월 1일부터 시행한다.
제2조【일반적 적용례】 이 법은 이 법 시행 후 수출입신고하는 분부터 적용한다.
제3조【관세징수권 등의 소멸시효에 관한 적용례】 제22조제1항제1호의 개정규정은 이 법 시행 후 관세의 징수권을 행사할 수 있는 날이 개시되는 분부터 적용한다.
제4조【국내판매가격을 기초로 한 과세가격의 결정에 관한 적용례】 제33조제2항의 개정규정은 이 법 시행 후 세액을 심사하는 분부터 적용한다.
제5조【과세가격 사전심사의 재심사에 관한 적용례】 제37조제3항의 개정규정은 이 법 시행 후 과세가격 사전심사의 결과를 통보받는 분부터 적용한다.
제6조【경정청구기간에 관한 적용례】 제38조의3제2항 전단 및 제38조의4제1항의 개정규정은 이 법 시행 전에 최초로 납세신고를 한 후 해당 납세신고일부터 3년이 경과하지 아니한 경정청구에 대해서도 적용한다.
제7조【품목분류의 사전심사 및 재심사에 관한 적용례】 ① 제86조제2항 본문의 개정규정은 이 법 시행 후 품목분류 사전심사를 신청하는 분부터 적용한다.
② 제86조제3항의 개정규정은 이 법 시행 후 품목분류 사전심사 결과를 통지받는 분부터 적용한다.
③ 제86조제7항의 개정규정은 이 법 시행 후 품목분류 사전심사 또는 재심사 결과를 통지받는 분부터 적용한다.
④ 제86조제7항의 개정규정은 이 법 시행 전에 품목분류 사전심사 결과를 통지받은 경우에 대해서도 적용하되, 그 결과의 유효기간은 2016년 1월 1일부터 3년으로 한다.(2015.12.15 본항신설)
(2015.12.15 본조제목개정)
제8조【품목분류 변경의 재심사에 관한 적용례】 제87조제3항의 개정규정은 이 법 시행 후 품목분류 변경 내용을 통지받는 분부터 적용한다.
제9조【여행자 휴대품 등 자진신고자에 대한 감세에 관한 적용례】 제96조제2항의 개정규정은 이 법 시행 후 입국하는 여행자가 수입하는 휴대품 또는 별송품부터 적용한다.
제10조【납세증명서의 제출에 관한 적용례】 제116조의3제1항의 개정규정은 이 법 시행 후 같은 항 각 호의 행위를 하려는 경우부터 적용한다.
제11조【운영인의 결격사유에 관한 적용례】 제175조

제6호의 개정규정은 이 법 시행 전에 특허보세구역의 설치·운영에 관한 특허를 신청한 자에 대해서도 적용한다.
제12조【특허보세구역의 특례에 관한 적용례】 제176조의2제3항 및 제6항의 개정규정은 이 법 시행 후 특허기간 중에 있는 자가 특허의 갱신을 신청하는 분부터 적용한다.
제13조【특허의 취소에 관한 적용례】 제178조제2항의 개정규정은 이 법 시행 후 제177조의2를 위반한 경우부터 적용한다.
제14조【보세운송업자등의 등록요건에 관한 적용례】 제223조제4호의 개정규정은 이 법 시행 전에 보세운송업자등의 등록을 신청한 자에 대해서도 적용한다.
제15조【보세운송업자등의 행정제재에 관한 적용례】 제224조제2항 및 제3항의 개정규정은 이 법 시행 후 업무정지처분을 하는 분부터 적용한다.
제16조【여행자 휴대품 등 자진신고 불이행자 가산세에 관한 적용례】 제241조제5항 각 호 외의 부분의 개정규정은 이 법 시행 후 입국하는 여행자 또는 승무원이 수입하는 휴대품부터 적용한다.
제17조【가산세의 이자율 산정기준에 관한 경과조치】 이 법 시행 전에 수입신고한 분에 대한 가산세에 관하여는 제42조제1항제2호의 개정규정에도 불구하고 종전의 규정에 따른다.
제18조【운영인의 결격사유에 관한 경과조치】 제175조제2호의 개정규정에 따른 피성년후견인 및 피한정후견인에는 법률 제10429호 민법 일부개정법률 부칙 제2조에 따라 금치산 또는 한정치산 선고의 효력이 유지되는 사람을 포함하는 것으로 본다.

부   칙 (2015.12.15)

제1조【시행일】 이 법은 2016년 1월 1일부터 시행한다. 다만, 제116조의2제1항의 개정규정은 2016년 3월 1일부터 시행하고, 제246조의2의 개정규정은 2017년 1월 1일부터 시행한다.
제2조【무신고 가산세에 관한 적용례】 제42조제3항의 개정규정은 이 법 시행 이후 수입신고를 하지 아니하고 수입된 물품부터 적용한다.
제3조【품목분류 재심사 결과의 적용 등에 관한 적용례】 ① 제86조제5항(제2호가목은 제외한다)의 개정규정은 이 법 시행 전에 품목분류 재심사를 거쳐 품목분류가 변경된 경우에도 적용한다.
② 제86조제5항제2호가목의 개정규정(제87조제4항 본문의 개정규정에 따라 준용되는 경우를 포함한다)은 이 법 시행 이후 관세청장이 품목분류를 변경하는 경우부터 적용한다.
제4조【품목분류 변경 내용의 공표에 관한 적용례】 제87조제3항 후단의 개정규정은 이 법 시행 이후 관세청장이 품목분류를 변경하는 경우부터 적용한다.
제5조【품목분류 변경 및 변경의 재심사 결과 유효기간에 관한 적용례】 제87조제5항의 개정규정은 이 법 시행 전에 제87조제2항 본문 또는 같은 조 제3항 후단에 따른 통지를 받은 경우에도 적용한다.
제6조【수입한 상태 그대로 수출되는 자가사용물품에 대한 관세 환급에 관한 적용례】 제106조의2의 개정규정은 이 법 시행 이후 수출하는 물품부터 적용한다.
제7조【과세전적부심사에 관한 적용례】 제118조제3항 단서의 개정규정은 이 법 시행 이후 과세전적부심사를 청구하는 경우부터 적용한다.
제8조【불복 신청 제외대상에 관한 적용례】 제119조제2항제1호 본문의 개정규정은 이 법 시행 이후 재조사 결정에 따라 처분하는 것부터 적용한다.

제9조【화물운송주선업자의 적하목록 제출에 관한 적용례】 제135조제2항 단서의 개정규정은 이 법 시행 이후 입항하는 외국무역선이나 외국무역기부터 적용한다.

제10조【보세운송업자등의 등록 유효기간 연장에 관한 적용례】 제222조제5항 단서의 개정규정은 이 법 시행 전에 갱신된 등록에 대해서도 적용한다.

제11조【수출입 안전관리 우수업체의 공인 유효기간에 관한 적용례】 제255조의2제8항의 개정규정은 이 법 시행 당시 수출입 안전관리 우수업체로 공인을 받은 자의 해당 공인에 대해서도 적용한다.

제12조【통고처분에 관한 적용례】 제311조제4항의 개정규정은 이 법 시행 이후 발생하는 범칙행위부터 적용한다.

      부   칙 (2016.12.20)

제1조【시행일】 이 법은 2017년 1월 1일부터 시행한다. 단, 제237조제5호 및 제6호의 개정규정은 2017년 4월 1일부터 시행한다.

제2조【특수관계자의 증명자료 제출 등에 관한 적용례】 제37조의4제2항부터 제4항까지의 개정규정은 이 법 시행 이후 수입신고하는 분부터 적용한다.

제3조【대리인에 관한 적용례】 제126조제2항의 개정규정은 이 법 시행 전에 이의신청, 심사청구 또는 심판청구를 한 경우에 대해서도 적용한다.

제4조【견본품에 대한 비과세에 관한 적용례】 제161조제3항제2호의 개정규정은 이 법 시행 이후 다른 법률에 따라 실시하는 검사 · 검역 등을 위하여 견본품으로 채취된 물품으로서 세관장의 확인을 받은 물품부터 적용한다.

제5조【특허보세구역의 특허취소에 관한 적용례】 제178조제1항제4호의 개정규정은 이 법 시행 당시 1년 이상 2년 미만의 기간 동안 물품의 반입실적이 없는 경우에 대해서도 적용한다.

제6조【사용신고를 한 외국물품의 증명에 관한 적용례】 제186조제2항의 개정규정은 이 법 시행 이후 사용신고를 하는 외국물품부터 적용한다.

제7조【통관보류에 관한 적용례】 제237조제5호의 개정규정은 같은 개정규정 시행 이후 세관장에게 체납처분을 위탁한 분부터 적용한다.

      부   칙 (2017.12.19)

제1조【시행일】 이 법은 2018년 1월 1일부터 시행한다. 다만, 제37조의2제1항부터 제4항까지 및 제246조의3의 개정규정은 2018년 7월 1일부터 시행한다.

제2조【관세 등의 연대납부 의무에 관한 적용례】 제19조제5항제1호나목의 개정규정은 이 법 시행 이후 수입신고를 하는 분부터 적용한다.

제3조【거래가격과 과세가격 간 조정을 위한 경정 청구에 관한 적용례】 ① 제38조의4제1항의 개정규정은 이 법 시행 이후 경정을 청구하는 분부터 적용한다.
② 제1항에도 불구하고 이 법 시행 전에 종전의 제38조의4제1항에 따른 청구기간이 경과한 분에 대해서는 종전의 규정에 따른다.

제4조【관세조사 대상자 선정 및 재조사에 관한 적용례】 제110조의3제2항제4호 및 제111조제2항제4호의 개정규정은 이 법 시행 이후 납세자가 금품을 제공하거나 금품제공을 알선한 경우부터 적용한다.

제5조【관세청장의 의견서 부본 송부에 관한 적용례】 제122조제4항 및 제5항의 개정규정은 이 법 시행 이후 심사청구서를 제출하는 경우부터 적용한다.

제6조【세관장의 의견서 송부에 관한 적용례】 제132조제4항부터 제6항까지의 개정규정은 이 법 시행 이후 이의신청을 하는 경우부터 적용한다.

제7조【보세사의 등록에 관한 적용례】 제165조제3항의 개정규정은 이 법 시행 이후 등록이 취소된 경우부터 적용한다.

제8조【금품 수수 및 공여에 관한 적용례】 제277조의2의 개정규정은 이 법 시행 후 금품을 수수하거나 공여한 경우부터 적용한다.

제9조【사전조정의 대상에 관한 경과조치】 2018년 7월 1일 전에 사전심사 및 국세의 정상가격 산출방법의 사전승인을 신청한 자에 대해서는 제37조의2제2항의 개정규정에도 불구하고 종전의 규정에 따른다.

      부   칙 (2018.12.31)

제1조【시행일】 이 법은 2019년 1월 1일부터 시행한다. 다만, 제89조제6항의 개정규정은 2019년 5월 1일부터 시행하고, 제37조제5항 · 제6항, 제37조의4제4항 · 제5항, 제277조제6항 및 제311조제5항부터 제7항까지의 개정규정은 2019년 7월 1일부터 시행한다.

제2조【특수관계자 수입물품 과세가격결정자료 제출에 관한 적용례】 제37조의4제4항 및 제5항의 개정규정은 같은 개정규정 시행일 이후 세액심사하는 분부터 적용한다.

제3조【중가산금에 관한 적용례】 제41조제2항 전단의 개정규정은 이 법 시행 이후 가산하는 분부터 적용한다.

제4조【조정관세 부과에 관한 적용례】 제50조제2항, 제69조제2호 및 제70조제1항의 개정규정은 이 법 시행 이후 수입신고하는 분부터 적용한다.

제5조【품목분류의 재심사에 관한 적용례】 제86조제3항 후단의 개정규정은 이 법 시행 이후 품목분류의 재심사를 신청하는 경우부터 적용한다.

제6조【임원의 결격사유로 인한 지정 · 특허 · 등록의 취소에 관한 적용례】 제89조제4항제1호 단서, 제178조제2항제2호 단서, 제204조제3항제2호 단서, 제224조제1항제2호 단서, 제327조의2제4항제1호 단서, 제327조의3제3항제1호 단서의 개정규정은 이 법 시행 전에 법인의 임원이 제175조제2호 또는 제3호에 해당하게 된 경우에도 적용한다.

제7조【재조사 결정에 관한 적용례】 제119조제3항 단서, 제120조제2항 단서 및 같은 조 제4항의 개정규정은 이 법 시행 이후 심사청구, 심판청구 또는 행정소송을 제기하는 분부터 적용한다.

제8조【개항이 아닌 지역에 대한 출입의 허가 신청 등에 관한 적용례】 제134조제3항 · 제4항, 제136조제3항 · 제4항, 제140조제2항 · 제3항, 제142조제3항 · 제4항, 제143조제4항 · 제5항, 제158조제4항 · 제4항, 제159조제3항 · 제4항, 제161조제2항 · 제3항, 제185조제3항 · 제4항 및 제187조제2항 · 제3항(제195조에 따라 준용되는 경우를 포함한다)의 개정규정은 이 법 시행 이후 허가 또는 승인을 신청하는 분부터 적용한다.

제9조【특허보세구역의 특허 취소에 관한 적용례】 제175조 각 호 외의 부분 단서의 개정규정은 특허보세구역의 운영인이 이 법 시행 전에 제175조제6호에 해당하게 되고 그 특허가 취소된 해당 특허보세구역을 제외한 기존의 다른 특허보세구역의 설치 · 운영에 관한 특허가 취소되지 아니한 경우에도 적용한다.

제10조【보세판매장 특허 갱신에 관한 적용례】 제176조의2제6항의 개정규정은 이 법 시행 전 보세판매장 특허를 받은 자에게도 적용한다.

제11조【통고처분에 따른 납부에 관한 적용례】제311조제5항부터 제7항까지의 개정규정은 같은 개정규정 시행일 이후 통고처분을 하는 경우부터 적용한다.

제12조【국가관세종합정보망 운영사업자 등의 결격사유에 관한 적용례】제327조의2제2항제2호 및 제327조의3제2항제2호의 개정규정은 이 법 시행 전에 국가관세종합정보망 운영사업자 및 전자문서중계사업자가 각각 제175조제2호 또는 제3호에 해당하게 된 경우에도 적용한다.

제13조【종합보세구역 장기 미반출화물 매각에 관한 특례】이 법 시행 전에 종합보세구역에 반입하여 장치된 물품은 제201조제5항 및 제6항의 개정규정에도 불구하고 2019년 1월 1일에 반입한 것으로 본다.

제14조【간이세율의 적용에 관한 경과조치】이 법 시행 전에 수입신고한 물품에 대한 간이세율의 적용에 관하여는 제81조제1항부터 제3항까지의 개정규정에도 불구하고 종전의 규정에 따른다.

부 칙 (2019.12.31)

제1조【시행일】이 법은 2020년 1월 1일부터 시행한다. 다만, 제19조제5항제1호다목, 제93조제18호, 제99조제1호, 제116조의5, 제247조제3항 및 제270조제1항의 개정규정은 2020년 4월 1일부터 시행하고, 제110조제2항, 제114조제2제4항단서, 제118조의2부터 제118조의5까지, 제173조제3항, 제196조제1항, 제196조의2, 제246조의3, 제266조제4항부터 제7항까지, 제329조제6항 및 제330조제7호·제8호라목의 개정규정은 2020년 7월 1일부터 시행하며, 제106조의2 및 제277조제4항제2호의 개정규정은 2021년 1월 1일부터 시행하고, 제222조제1항제7호의 개정규정은 2021년 7월 1일부터 시행한다.

제2조【구매대행업자 연대납세의무 부과 및 관세포탈죄 적용에 관한 적용례】제19조제5항제1호다목 및 제270조제1항의 개정규정은 부칙 제1조 단서에 따른 시행일 이후 수입신고하는 분부터 적용한다.

제3조【수입한 상태 그대로 수출되는 자가사용물품 등에 대한 관세 환급에 관한 적용례】제106조의2의 개정규정은 부칙 제1조 단서에 따른 시행일 이후 여행자가 휴대하여 반입하는 물품부터 적용한다.

제4조【고액·상습체납자에 대한 감치에 관한 적용례】제116조의4의 개정규정은 이 법 시행 이후 관세를 체납하는 분부터 적용한다.

제5조【세관검사장에 관한 적용례】제173조제3항의 개정규정은 부칙 제1조 단서에 따른 시행일 이후 검사하는 분부터 적용한다.

제6조【보세판매장 특허수수료에 관한 적용례】제176조의2제4항의 개정규정은 이 법 시행일 이후 최초로 납부하는 분부터 적용한다.

제7조【몰수·추징에 관한 적용례】제282조제2항제3호 및 제4호의 개정규정은 이 법 시행 전에 제269조제2항 또는 제3항에 해당하는 자에 대해서도 적용한다.

제8조【가산금 및 가산세에 관한 경과조치】① 이 법 시행 전에 제38조제1항에 따른 납세신고를 하거나 제39조제1항에 따라 부과고지하는 사유가 발생한 분에 대한 가산금 및 가산세에 대해서는 제4조제1항·제3항, 제19조제4항 전단, 같은 조 제5항 각 호 외의 부분, 같은 조 제6항 각 호 외의 부분, 같은 조 제7항, 같은 조 제10항 본문, 제20조 각 호 외의 부분, 제25조제1항 후단, 제26조의2, 제38조의2제5항, 제41조, 제42조제1항 각 호 외의 부분 본문 및 단서, 같은 항 제1호·제2호, 같은 조 제2항, 같은 조 제3항제2호, 같은 조 제4항부터 제7항까지, 제42조의2, 제46조제1항·제2항 및 제48조

단서의 개정규정에도 불구하고 종전의 규정에 따른다. ② 이 법 시행 전에 「국세기본법」 제38조부터 제41조까지의 규정에 따른 주된 납세자에 대하여 제38조제1항에 따른 납세신고 또는 제39조제1항에 따라 부과고지하는 사유가 발생한 분에 대한 제2차 납세의무자의 가산금 및 가산세에 대해서는 제41조, 제42조제1항 각 호 외의 부분 본문 및 단서, 같은 항 제1호·제2호, 같은 조 제2항, 같은 조 제3항제2호, 같은 조 제4항부터 제7항까지 및 제42조의2의 개정규정에도 불구하고 종전의 규정에 따른다.

제9조【보세사의 자격 등에 관한 경과조치】이 법 시행 당시 종전의 규정에 따라 관세행정에 종사 중인 공무원에 대해서는 제165조의 개정규정에도 불구하고 종전의 규정에 따른다.

제10조【구매대행업자 등록에 관한 경과조치】제222조제1항제7호의 개정규정 시행 당시 같은 개정규정에 따른 수입물품의 구매대행업에 해당하는 영업을 하고 있는 자는 같은 개정규정의 시행일부터 2022년 6월 30일까지는 제222조제1항에 따른 등록을 한 것으로 본다.

부 칙 (2020.2.4)

제1조【시행일】이 법은 공포 후 6개월이 경과한 날부터 시행한다.(이하 생략)

부 칙 (2020.6.9)

이 법은 공포한 날부터 시행한다.(이하 생략)

부 칙 (2020.12.22 법17649호)

제1조【시행일】이 법은 2021년 1월 1일부터 시행한다.

제2조【일반적 적용례】이 법은 이 법 시행 이후 최초로 수출입신고하는 분부터 적용한다.

제3조【관세부과 제척기간에 관한 적용례】제21조제2항제2호의 개정규정은 이 법 시행 이후 이 법과 「자유무역협정의 이행을 위한 관세법의 특례에 관한 법률」 및 조약·협정 등에서 정한 회신기간(이하 "회신기간"이라 한다)이 종료되는 경우부터 적용한다.

제4조【압류·매각의 유예 시 납세담보 제공 요구 예외에 관한 적용례】제43조의2제4항의 개정규정은 이 법 시행 이후 압류 또는 매각을 유예하는 경우부터 적용한다.

제5조【과세전적부심사 결정기간에 관한 적용례】제118조제6항의 개정규정은 이 법 시행 이후 심사청구서를 보정하는 경우부터 적용한다.

제6조【심사청구 결정 절차에 관한 적용례】제124조 및 제127조제1항의 개정규정은 이 법 시행 이후 심사청구를 하는 경우부터 적용한다.

제7조【하역 제한 등에 관한 적용례】제140조제7항의 개정규정은 이 법 시행 이후 우리나라에 입항하는 국제무역선이나 국제무역기부터 적용한다.

제8조【보세판매장 특허수수료 감경에 관한 적용례】제176조의2제4항의 개정규정은 이 법 시행일 이후 최초로 부과하는 분부터 적용한다.

제9조【통관보류에 관한 적용례】제237조제1항제5호의 개정규정은 이 법 시행 이후 세관장에게 지방세 체납처분을 위탁한 체납자가 수입하는 경우부터 적용한다.

제10조【신고 취하 신청에 관한 적용례】제250조제4항 및 제5항의 개정규정은 이 법 시행 이후 신고의 취하를 신청하는 경우부터 적용한다.

제11조【보세구역 물품반입 허위신고 과태료에 관한 적용례】 제277조제4항제7호의 개정규정은 이 법 시행 이후 보세구역에 물품을 반입하지 아니하고 거짓으로 제157조제1항에 따른 반입신고를 한 자에 대해서 적용한다.

제12조【연계정보통신망을 통한 전자송달에 관한 적용례】 제327조의 개정규정은 이 법 시행 이후 연계정보통신망을 통한 전자송달을 신청하는 경우부터 적용한다.

제13조【관세부과 제척기간에 관한 특례】 이 법 시행 전에 종전의 제21조제2항제5호에 따라 원산지증명서 진위 여부 등의 확인을 요청하였으나 그 회신기간이 종료된 경우로서 이 법 시행 이후 회신을 받은 경우에는 제21조제2항제2호의 개정규정에도 불구하고 이 법 시행일부터 1년이 되는 날까지 회신결과에 따른 경정이나 그 밖에 필요한 처분을 할 수 있다.

제14조【특허보세구역 운영인의 결격사유에 관한 경과조치】 이 법 시행 전에 발생한 사유로 인하여 제175조제6호나목 및 같은 조 제7호의 개정규정에 따른 결격사유에 해당하게 된 경우에는 같은 개정규정에도 불구하고 종전의 규정에 따른다.

제15조【다른 법률의 개정】 ※(해당 법령에 가제정리 하였음)

　　부　칙　(2020.12.22 법17689호)
　　　　　(2020.12.29 법17758호)

제1조【시행일】 이 법은 2021년 1월 1일부터 시행한다.(이하 생략)

　　부　칙　(2020.12.29 법17799호)

제1조【시행일】 이 법은 공포 후 1년이 경과한 날부터 시행한다.(이하 생략)

　　부　칙　(2021.11.30)

제1조【시행일】 이 법은 2022년 1월 1일부터 시행한다.(이하 생략)

　　부　칙　(2021.12.21)

제1조【시행일】 이 법은 2022년 1월 1일부터 시행한다. 다만, 제106조의2제2항의 개정규정은 2022년 4월 1일부터 시행하고, 제256조의2의 개정규정은 2022년 7월 1일부터 시행한다.

제2조【일반적 적용례】 이 법은 이 법 시행 이후 수출입신고를 하는 경우부터 적용한다.

제3조【자료제출 관련 위반행위에 대한 시정 요구 등에 관한 적용례】 제37조의4제6항의 개정규정은 이 법 시행 이후 같은 조 제1항에 따라 세관장으로부터 과세가격결정자료의 제출을 요구받은 경우부터 적용한다.

제4조【부당한 방법으로 과소신고한 세액에 대한 보정에 관한 적용례】 제38조의2제6항의 개정규정은 이 법 시행 이후 신고납부를 하는 경우부터 적용한다.

제5조【가산세의 감면에 관한 적용례】 제42조의2제1항제3호의 개정규정은 이 법 시행 전에 제37조제1항제3호에 관한 사전심사의 결과를 통보받아 이 법 시행 이후 세액을 수정신고하는 경우에도 적용한다.

제6조【수입한 상태 그대로 수출되는 자가사용물품 등에 대한 관세 환급에 관한 적용례】 ① 제106조의2제1항제3호의 개정규정은 이 법 시행 이후 수출되는 물품부터 적용한다.

② 제106조의2제2항제1호의 개정규정은 부칙 제1조 단서에 따른 시행일 이후 여행자가 제96조제2항에 따라 자진신고하는 물품부터 적용한다.

제7조【보세판매장별 매출액의 보고에 관한 적용례】 제176조의2제7항의 개정규정은 이 법 시행 이후 기획재정부장관이 2021회계연도의 보세판매장별 매출액을 국회 소관 상임위원회에 보고하는 경우부터 적용한다.

제8조【우편물의 사전전자정보 제출에 관한 적용례】 ① 제256조의2제1항의 개정규정은 부칙 제1조 단서에 따른 시행일 이후 통관우체국의 장이 우편물의 발송국으로부터 사전전자정보를 제공받은 경우부터 적용한다.

② 제1항에도 불구하고 통관우체국의 장은 부칙 제1조 단서에 따른 시행일 전에 우편물의 발송국으로부터 사전전자정보를 제공받은 경우로서 해당 우편물이 부칙 제1조 단서에 따른 시행일 당시 우리나라에 반입되지 아니한 경우에는 해당 사전전자정보를 부칙 제1조 단서에 따른 시행일 이후 지체 없이 세관장에게 제출하여야 한다.

③ 제256조의2제2항의 개정규정은 부칙 제1조 단서에 따른 시행일 이후 우편물이 우리나라에 반입되는 경우부터 적용한다.

제9조【납부지연가산세에 관한 경과조치】 이 법 시행 전에 100만원 이상 150만원 미만인 관세(세관장이 징수하는 내국세가 있을 때에는 그 금액을 포함한다)를 체납하여 그 미납기간에 대하여 납세의무가 성립한 납부지연가산세의 부과에 관하여는 제42조제5항의 개정규정에도 불구하고 종전의 규정에 따른다.

제10조【벌칙에 관한 경과조치】 이 법 시행 전에 제135조제2항(제146조제1항에서 준용하는 경우를 포함하며, 종전의 제277조제4항제4호에 해당하는 경우는 제외한다) 또는 제141조제1호·제3호(제146조제1항에서 준용하는 경우를 포함한다)를 위반하여 벌칙을 적용할 때에는 제276조제4항제3호 및 제4호의 개정규정에도 불구하고 종전의 규정에 따른다.

제11조【다른 법률의 개정】 ※(해당 법령에 가제정리 하였음)

　　　　부　칙　(2022.9.15)

제1조【시행일】 이 법은 공포 후 첫 번째 일요일부터 시행한다.

제2조【과세환율에 관한 적용례】 제18조의 개정규정은 이 법 시행 이후 수입신고를 하는 경우부터 적용한다.

　　부　칙　(2022.12.31)

제1조【시행일】 이 법은 2023년 1월 1일부터 시행한다. 다만, 다음 각 호의 개정규정은 해당 호에서 정한 날부터 시행한다.
1. 제2조제19호, 제19조제5항제1호다목 및 제254조의 개정규정 : 2023년 7월 1일
2. 제42조의2제1항제7호, 제118조제3항, 제118조의4제1항부터 제4항까지, 제118조의4제9항, 제124조 및 제330조제8호마목의 개정규정 : 2023년 7월 1일
3. 제116조 및 제277조의3의 개정규정 : 2023년 4월 1일
4. 제233조의2 및 제330조제2호의 개정규정 : 2023년 7월 1일
5. 제322조의 개정규정 : 2023년 4월 1일

제2조【일반적 적용례】이 법은 이 법 시행 이후 수출입신고를 하는 경우부터 적용한다.

제3조【공시송달 대상 및 방법 등에 관한 적용례】제11조제2항 및 제3항의 개정규정은 이 법 시행 이후 공시송달을 하는 경우부터 적용한다.

제4조【특수관계에 있는 자에 대한 과세가격의 결정 등에 대한 적용례】① 제37조의4제4항 및 제6항의 개정규정은 이 법 시행 이후 제37조의4제1항에 따라 세관장으로부터 과세가격결정자료의 제출을 요구받는 경우부터 적용한다.

② 제277조제1항의 개정규정은 이 법 시행 이후 제37조의4제1항에 따라 세관장으로부터 과세가격결정자료의 제출을 요구받은 특수관계에 있는 자가 제10조에서 정하는 정당한 사유 없이 제37조의4제4항 각 호의 어느 하나에 해당하는 행위를 하는 경우부터 적용한다.

제5조【경정청구 대상 확대에 관한 적용례】제38조의3제3항의 개정규정은 이 법 시행 전에 부족세액에 대하여 제38조의2제1항에 따라 보정신청을 하거나 제38조의3제1항에 따라 수정신고를 하였으나 이 법 시행 당시 해당 세액을 납부하지 아니한 경우에 대해서도 적용한다.

제6조【여행자 휴대품 등 자진신고 시 관세경감액 한도 상향에 관한 적용례】제96조제2항의 개정규정은 이 법 시행 이후 여행자가 반입하는 휴대품 또는 별송품부터 적용한다.

제7조【계약 내용과 다른 물품 등의 관세 환급 요건에 관한 적용례】제106조제1항 및 제106조의2제1항제1호의 개정규정은 이 법 시행 이후 자유무역지역 중 관세청장이 수출물품을 일정기간 보관하기 위하여 필요하다고 인정하여 고시하는 장소에 반입하는 물품부터 적용한다.

제8조【과세정보 제공 확대에 관한 적용례】제116조의 개정규정은 같은 개정규정 시행일 이후 과세정보를 요구하는 경우부터 적용한다.

제9조【관세심사위원회의 심의에 관한 경과조치】이 법 시행 전에 종전의 제124조에 따른 관세심사위원회에 심의 요청된 사항은 제118조의4제9항 전단의 개정규정에 따른 납세자보호위원회 분과위원회인 관세심사위원회에 심의 요청된 것으로 본다.

제10조【관세심사위원회의 위원에 관한 경과조치】이 법 시행 전에 종전의 제124조에 따른 관세심사위원회의 위원으로 위촉된 사람은 제118조의4제9항 전단의 개정규정에 따른 납세자보호위원회 분과위원회인 관세심사위원회의 위원으로 위촉된 것으로 본다. 이 경우 해당 위원의 임기는 종전 임기의 남은 기간으로 한다.

제11조【관세심사위원회 위원의 공무원 의제에 관한 경과조치】이 법 시행 전의 행위에 대하여 벌칙을 적용할 때 종전의 제124조제1항에 따른 관세심사위원회 위원 중 공무원이 아닌 사람의 공무원 의제에 관하여는 제330조제8호마목의 개정규정에도 불구하고 종전의 규정에 따른다.

제12조【보세판매장 특허의 갱신 횟수 조정에 관한 적용례 등】① 제176조의2제6항의 개정규정은 이 법 시행 전에 보세판매장 신규 특허를 받거나 특허를 갱신하여 이 법 시행 당시 그 특허가 만료되지 아니한 자에 대해서도 적용한다.

② 이 법 시행 전에 특허를 갱신한 횟수는 제176조의2제6항의 개정규정에 따른 보세판매장 특허 갱신 횟수 산정에 포함한다.

③ 이 법 시행 전에 보세판매장 신규 특허를 받은 자의

특허가 만료되지 아니한 경우에는 제176조의2제5항의 개정규정에도 불구하고 종전의 규정에 따른다.

제13조【보세구역의 장치기간 종료 전 매각 대상 확대 등에 관한 적용례】① 제208조제1항제6호의 개정규정은 이 법 시행 당시 제26조에 따른 강제징수,「국세징수법」제30조에 따른 강제징수 및「지방세징수법」제39조의2에 따른 체납처분을 위하여 세관장이 압류한 수입물품(제2조제4호가목의 외국물품으로 한정하며, 이하 이 조에서 "압류외국물품"이라 한다)으로서 장치 중인 물품에 대해서도 적용한다.

② 제209조제1항의 개정규정은 다음 각 호의 구분에 따라 적용한다.

1. 제208조제1항제1호부터 제5호까지의 규정에 해당하는 외국물품 : 이 법 시행 당시 장치 중인 외국물품에 대해서도 적용

2. 제208조제1항제6호에 해당하는 압류외국물품 : 이 법 시행 당시 장치 중인 압류외국물품에 대해서도 적용

③ 제212조제3항의 개정규정은 이 법 시행 당시 장치 중인 압류외국물품에 대해서도 적용한다.

제14조【한국원산지정보원의 설립에 따른 경과조치】① 제233조의2의 개정규정 시행 당시「민법」에 따라 설립된 재단법인 국제원산지정보원(이하 "재단법인 국제원산지정보원"이라 한다)이 그 지위의 승계에 관하여 이사회의 의결을 거쳐 관세청장의 승인을 받고 설립등기를 한 경우에는 같은 개정규정에 따라 설립된 한국원산지정보원으로 본다.

② 제1항에 따른 설립등기를 한 경우 재단법인 국제원산지정보원은「민법」중 법인의 해산 및 청산에 관한 규정에도 불구하고 해산된 것으로 본다.

③ 이 법에 따른 한국원산지정보원은 설립등기일에 재단법인 국제원산지정보원의 모든 재산과 권리·의무를 승계한다.

④ 제3항에 따라 포괄승계된 재산과 권리·의무에 관한 등기부와 그 밖의 공부에 표시된 재단법인 국제원산지정보원의 명의는 이 법에 따른 한국원산지정보원의 명의로 본다.

⑤ 제233조의2의 개정규정 시행 당시 재단법인 국제원산지정보원이 행한 행위나 재단법인 국제원산지정보원에 대하여 행하여진 행위는 이 법에 따른 한국원산지정보원의 행위나 한국원산지정보원에 대한 행위로 본다.

⑥ 제233조의2의 개정규정 시행 당시 재단법인 국제원산지정보원의 원장을 포함한 임직원은 이 법에 따른 한국원산지정보원의 임직원으로 보며, 임원의 임기는 종전의 임명일부터 기산한다.

⑦ 제233조의2의 개정규정 시행 전에 종전의 제233조의2제2항에 따라 위탁받은 업무에 종사하는 사람은 제330조제2호의 개정규정에 따른 제233조의2제1항에 따른 한국원산지정보원의 업무에 종사하는 사람으로 본다.

제15조【지식재산권 보호를 위한 사실 통보 등에 관한 적용례】제235조제3항·제5항 및 제7항의 개정규정은 이 법 시행 이후 통관우체국에 도착하는 물품부터 적용한다.

제16조【전자상거래물품의 특별통관 우선 적용에 관한 적용례】제254조제1항 및 제5항의 개정규정은 같은 개정규정 시행일 이후 우편물이 통관우체국에 도착하는 경우부터 적용한다.

제17조【통계 및 증명서의 작성 및 교부 등에 관한 적용례】제322조제10항 각 호 외의 부분 후단의 개정규정은 같은 개정규정 시행 이후 관세무역데이터를 제공하는 경우부터 적용한다.

제18조【체납자에 대한 관허사업 제한에 관한 적용례】 제326조의2의 개정규정은 이 법 시행 이후 관세 또는 내국세등을 체납하는 경우부터 적용한다.

제19조【전자상거래물품의 특별통관 우선 적용에 관한 경과조치】 제254조제1항 및 제2항의 개정규정 시행일 전에 세관장에게 통관목록을 제출한 탁송품은 같은 개정규정에도 불구하고 제254조의2제1항에 따른다.

제20조【다른 법률의 개정】 ※(해당 법령에 가제정리 하였음)

부 칙 (2023.3.4)

제1조【시행일】 이 법은 공포 후 3개월이 경과한 날부터 시행한다.(이하 생략)

부 칙 (2023.12.31)

제1조【시행일】 이 법은 2024년 1월 1일부터 시행한다. 다만, 다음 각 호의 개정규정은 해당 호에서 정하는 날부터 시행한다.
1. 제246조의2제1항 및 제2항의 개정규정 : 2024년 3월 1일
2. 제8조제4항, 제11조제3항, 제116조의6, 제233조의2, 제248조제1항, 제268조의2, 제277조제5항제4호, 제277조의3제1항, 제279조제2항, 제327조, 제327조의2, 제327조의3제7항, 제327조의4, 제328조 및 제330조의 개정규정 : 2024년 7월 1일
3. 제56조의2의 개정규정 : 2025년 1월 1일

제2조【한국관세정보원의 설립 준비】 ① 관세청장은 한국관세정보원의 설립에 관한 사무를 처리하게 하기 위하여 이 법 공포일부터 1개월 이내에 전자통관 정보화 및 공공기관 설립·운영 분야에서 학식과 경험을 갖춘 사람 중에서 위원장을 포함한 7명 이내의 설립위원을 위촉하여 설립위원회를 구성한다.
② 설립위원회는 다음 각 호의 사항을 작성하여 관세청장의 인가를 받아야 한다.
1. 한국관세정보원의 정관
2. 한국관세정보원이 승계하게 되는 다음 각 목의 사항에 관한 계획
   가. 이 법 시행 당시 「민법」 제32조에 따라 설립된 재단법인 국가관세종합정보망운영연합회(이하 "재단법인 연합회"라 한다)가 보유하는 채권·채무, 그 밖의 권리·의무 및 재산의 승계·처분
   나. 재단법인 연합회에 소속된 직원의 승계
③ 한국관세정보원 최초의 원장, 이사 및 감사는 설립위원회의 추천으로 관세청장이 임명한다.
④ 설립위원회는 제2항에 따른 인가를 받은 때에는 지체 없이 한국관세정보원의 설립등기를 한 후 한국관세정보원장에게 사무를 인계하여야 한다.
⑤ 설립위원회 및 설립위원은 제4항에 따른 사무 인계가 끝난 때에는 해산 및 해촉된 것으로 본다.
⑥ 한국관세정보원의 설립 준비에 드는 비용은 재단법인 연합회의 예산에서 지원받을 수 있다.

제3조【장부 등의 보관에 관한 적용례】 제12조의 개정규정은 이 법 시행 이후 신고 또는 제출하는 경우부터 적용한다.

제4조【관세부과의 제척기간에 관한 적용례】 제21조제3항의 개정규정은 이 법 시행 이후 결정 또는 판결이 확정된 경우(이 법 시행 전에 제21조제1항에 따라 부과제척기간이 만료된 경우는 제외한다)부터 적용한다.

제5조【특수관계자의 수입물품 과세가격결정자료등 제출에 관한 적용례】 제37조의4제1항의 개정규정은 이 법 시행 당시 진행 중인 관세조사에 대해서도 적용한다.

제6조【우회덤핑 물품에 대한 덤핑방지관세의 부과에 관한 적용례】 제56조의2의 개정규정은 부칙 제1조제3호에 따른 시행일 이후 우회덤핑에 대한 조사를 개시하는 경우부터 적용한다.

제7조【관세포탈범의 명단공개에 관한 적용례】 제116조의2제1항제2호, 같은 조 제2항부터 제4항까지 및 제6항의 개정규정은 이 법 시행 이후 제270조제1항·제4항 및 제5항에 따른 범죄를 행하고 유죄판결이 확정된 자부터 적용한다.

제8조【납세자 본인에 관한 과세정보의 전송 요구에 대한 적용례】 제116조의6의 개정규정은 부칙 제1조제2호에 따른 시행일 이후 과세정보의 전송을 요구하는 경우부터 적용한다.

제9조【운송수단 신고 등에 따른 의무에 관한 적용례】 제216조제3항의 개정규정(제219조제4항 및 제221조제2항에 따라 준용되는 경우를 포함한다)은 이 법 시행 이후 보세운송 신고를 하거나 승인을 받은 경우부터 적용한다.

제10조【물품의 검사에 따른 손실보상에 관한 적용례】 제246조의2제1항 및 제2항의 개정규정은 부칙 제1조제1호에 따른 시행일 이후 세관공무원이 물품을 검사하는 경우부터 적용한다.

제11조【위치정보의 수집에 관한 적용례】 제266조의2의 개정규정은 이 법 시행 이후 위치정보를 수집하는 경우부터 적용한다.

제12조【가산세의 감면에 관한 경과조치】 이 법 시행 전에 수정신고한 경우의 가산세 감면에 관하여는 제42조의2제1항제5호의 개정규정에도 불구하고 종전의 규정에 따른다.

제13조【심판청구에 관한 경과조치】 이 법 시행 전에 제기한 심판청구의 심판청구기간, 심판청구서의 보정 및 결정 등에 관하여는 제131조의 개정규정에도 불구하고 종전의 규정에 따른다.

제14조【특허보세구역 운영인의 결격사유에 관한 경과조치】 이 법 시행 전에 발생한 사유로 인하여 제175조제7호의 개정규정에 따른 결격사유에 해당하게 된 경우에는 같은 개정규정에도 불구하고 종전의 규정에 따른다.

제15조【물품검사 수수료의 폐지에 관한 경과조치】 이 법 시행 전에 지정장치장이나 세관검사장이 아닌 장소에서 검사한 경우의 수수료에 관하여는 제247조제3항의 개정규정에도 불구하고 종전의 규정에 따른다.

제16조【벌칙에 관한 경과조치】 이 법 시행 전의 위반행위에 대하여 벌칙을 적용할 때에는 제276조제4항 각 호 외의 부분 단서 및 같은 항 제1호·제4호·제6호·제8호의 개정규정에도 불구하고 종전의 규정에 따른다.

〔별표〕 ➡ 「www.hyeonamsa.com」 참조

관세법 시행령

(2000년   12월   29일)
(전개대통령령 제17048호)

개정
2001. 3.27영17157호   <중략>
2014.11.19영25751호(직제)
2014.12. 9영25836호(화학물질관리법시)
2014.12.30영25898호   2015. 2. 6영26089호
2015. 8. 3영26473호(선박의입항및출항등에관한법시)
2015. 9. 9영26516호   2015.11.27영26669호
2015.12.30영26791호(직제)
2015.12.31영26830호
2016. 1. 6영26858호(총포·도검·화약류등의안전관리에관한법
  시)
2016. 2. 5영26957호
2016. 5.10영27129호(행정기관책임성강화)
2016. 6.30영27300호(자유무역협정의이행을위한관세법의특례에
  관한법시)
2016. 8.29영27464호(2018평창동계올림픽대회및동계패럴림픽대
  회지원등에관한특별법시)
2016. 8.31영27472호(감정평가감정평가사시)
2017. 1.17영27793호(부동산거래신고등에관한법시)
2017. 3.27영27952호
2017. 3.27영27958호(지방세기본법시)
2017. 3.29영27970호(항공사업법시)
2017. 3.29영27972호(공항시설법시)
2017. 7.26영28211호(직제)
2017.11.28영28443호   2018. 2.13영28642호
2018. 5. 8영28864호   2019. 2.12영29530호
2019. 9.24영30087호   2020. 2.11영30399호
2020. 6. 2영30753호(공직자윤리시)
2020.10. 7영31088호   2020.12.29영31291호
2021. 2.17영31454호
2021. 9.24영32014호(행정기본법시)
2021.12.28영32274호(독점시)
2022. 1.21영32352호(감정평가감정평가사시)
2022. 2.15영32427호
2022. 2.17영32449호(한국자산관리공사설립등에관한법시)
2022. 9.15영32908호
2022.10. 4영32931호(행정기관정비일부개정법령등)
2023. 2.28영33275호
2023. 4.11영33388호(직제)
2023.12.12영33913호(행정법제혁신을위한일부개정법령등)

제1장 총 칙

제1절 통 칙
(2013.2.15 본절제목개정)

제1조【목적】이 영은 「관세법」에서 위임된 사항과 그 시행에 필요한 사항을 규정함을 목적으로 한다. (2013.2.15 본조신설)

제1조의2【체납된 내국세등의 세무서장 징수】① 「관세법」(이하 "법"이라 한다) 제4조제2항에 따라 납세의무자의 주소지(법인의 경우 그 법인의 등기부에 따른 본점이나 주사무소의 소재지)를 관할하는 세무서장이 체납된 부가가치세, 지방소비세, 개별소비세, 주세, 교육세, 교통·에너지·환경세 및 농어촌특별세(이하 "내국세등"이라 하며, 내국세등의 가산세 및 강제징수비를 포함한다)를 징수하기 위하여는 체납자가 다음 각 호의 모든 요건에 해당해야 한다. 다만, 법에 따른 이의신청·심사청구·심판청구 또는 행정소송이 계류 중인 경우, 「채무자 회생 및 파산에 관한 법률」 제243조에 따라 회생계획인가 결정을 받은 경우 및 압류 등 강제징수가 진행 중이거나 압류 또는 매각을 유예받은 경우에는 세무서장이 징수하게 할 수 없다.(2021.2.17 본문개정)

1. 체납자의 체납액 중 관세의 체납은 없고 내국세등만이 체납되었을 것
2. (2017.3.27 삭제)
3. 체납된 내국세등의 합계가 1천만원을 초과했을 것
② 세관장은 제1항의 요건에 해당되는 체납자의 내국세등을 세무서장이 징수하게 하는 경우 법 제45조에 따른 관세체납정리위원회의 의결을 거쳐 관세청장이 정하는 바에 따라 체납자의 내국세등의 징수에 관한 사항을 기재하여 해당 세무서장에게 서면으로 요청하여야 하며, 그 사실을 해당 체납자에게도 통지하여야 한다.
③ 제2항에 따라 징수를 요청받은 세무서장이 체납된 내국세등을 징수한 경우에는 징수를 요청한 세관장에게 징수 내역을 통보해야 하며, 체납된 내국세등에 대한 불복절차 또는 회생절차의 개시, 체납자의 행방불명 등의 사유로 더 이상의 강제징수 절차의 진행이 불가능하게 된 경우에는 그 사실을 징수를 요청한 세관장 및 체납자에게 통보 및 통지해야 한다.(2021.2.17 본항개정)
(2013.2.15 본조신설)

제1조의3【관세법 해석에 관한 질의회신의 절차와 방법】① 기획재정부장관 및 관세청장은 법의 해석과 관련된 질의에 대하여 법 제5조에 따른 해석의 기준에 따라 해석하여 회신하여야 한다.(2013.2.15 본항개정)

② 관세청장은 제1항에 따라 회신한 문서의 사본을 해당 문서의 시행일이 속하는 달의 다음 달 말일까지 기획재정부장관에게 송부하여야 한다.(2013.2.15 단서삭제)

③ 관세청장은 제1항의 질의가 「국세기본법 시행령」 제9조의3제1항 각 호의 어느 하나에 해당한다고 인정하는 경우에는 기획재정부장관에게 의견을 첨부하여 해석을 요청하여야 한다.

④ 관세청장은 제3항에 따른 기획재정부장관의 해석에 이견이 있는 경우에는 그 이유를 붙여 재해석을 요청할 수 있다.

⑤ 기획재정부장관에게 제출된 법 해석과 관련된 질의는 관세청장에게 이송하고 그 사실을 민원인에게 알려야 한다. 다만, 다음 각 호의 어느 하나에 해당하는 경우에는 기획재정부장관이 직접 회신할 수 있으며, 이 경우 회신한 문서의 사본을 관세청장에게 송부하여야 한다.
1. 「국세기본법 시행령」 제9조의3제1항 각 호의 어느 하나에 해당하여 「국세기본법」 제18조의2에 따른 국세예규심사위원회의 심의를 거쳐야 하는 질의
2. 관세청장의 법 해석에 대하여 다시 질의한 사항으로서 관세청장의 회신문이 첨부된 경우의 질의(사실판단과 관련된 사항은 제외한다)
3. 법이 새로 제정되거나 개정되어 이에 대한 기획재정부장관의 해석이 필요한 경우

⑥ 관세청장은 법을 적용할 때 우리나라가 가입한 관세에 관한 조약에 대한 해석에 의문이 있는 경우에는 기획재정부장관에게 의견을 첨부하여 해석을 요청하여야 한다. 이 경우 기획재정부장관은 필요하다고 인정될 때에는 관련 국제기구에 질의할 수 있다.

⑦ 제1항부터 제6항까지에서 규정한 사항 외에 법 해석에 관한 질의회신 등에 필요한 사항은 기획재정부령으로 정한다.
(2012.2.2 본조신설)

제1절의2 기간과 기한
(2013.2.15 본절제목삽입)

제1조의4【기한의 계산】 ① 법 제8조제3항에서 "대통령령으로 정하는 날"이란 금융기관(한국은행 국고대리점 및 국고수납대리점인 금융기관에 한한다. 이하 같다) 또는 체신관서의 휴무, 그 밖에 부득이한 사유로 인하여 정상적인 관세의 납부가 곤란하다고 관세청장이 정하는 날을 말한다.(2012.2.2 본항개정)

② 정전, 프로그램의 오류, 한국은행(그 대리점을 포함한다) 또는 체신관서의 정보처리장치의 비정상적인 가동이나 그 밖에 관세청장이 정하는 사유로 법 제327조에 따른 국가관세종합정보망, 연계정보통신망 또는 전산처리설비의 가동이 정지되어 법에 따른 신고·신청·승인·허가·수리·교부·통지·통고·납부 등을 기한까지 할 수 없게 된 때에는 법 제8조제4항에 따라 해당 국가관세종합정보망, 연계정보통신망 또는 전산처리설비의 장애가 복구된 날의 다음 날을 기한으로 한다.(2021.2.17 본항개정)
(2007.4.5 본조제목개정)

제1조의5【월별납부】 ① 법 제9조제3항의 규정에 의하여 납부기한이 동일한 달에 속하는 세액을 월별로 일괄하여 납부(이하 "월별납부"라 한다)하고자 하는 자는 납세실적 및 수출입실적에 관한 서류 등 관세청장이 정하는 서류를 갖추어 세관장에게 월별납부의 승인을 신청하여야 한다.

② 세관장은 제1항의 규정에 의하여 월별납부의 승인을 신청한 자가 법 제9조제3항의 규정에 의하여 관세청장이 정하는 요건을 갖춘 경우에는 세액의 월별납부를 승인하여야 한다. 이 경우 승인의 유효기간은 승인일부터 그 후 2년이 되는 날이 속하는 달의 마지막 날까지로 한다.(2010.3.26 후단신설)

③ (2017.3.27 삭제)

④ 세관장은 납세의무자가 다음 각 호의 어느 하나에 해당하게 된 때에는 제2항에 따른 월별납부의 승인을 취소할 수 있다. 이 경우 세관장은 월별납부의 대상으로 납세신고된 세액에 대해서는 15일 이내의 납부기한을 정하여 납부고지해야 한다.(2021.2.17 본문개정)
1. 관세를 납부기한이 경과한 날부터 15일 이내에 납부하지 아니하는 경우
2. 월별납부를 승인받은 납세의무자가 법 제9조제3항의 규정에 의한 관세청장이 정한 요건을 갖추지 못하게 되는 경우
3. 사업의 폐업, 경영상의 중대한 위기, 파산선고 및 법인의 해산 등의 사유로 월별납부를 유지하기 어렵다고 세관장이 인정하는 경우

⑤ 제2항에 따른 승인을 갱신하려는 자는 제1항에 따른 서류를 갖추어 그 유효기간 만료일 1개월 전까지 승인갱신 신청을 하여야 한다.(2010.3.26 본항신설)

⑥ 세관장은 제2항에 따라 승인을 받은 자에게 승인을 갱신하려면 승인의 유효기간이 끝나는 날의 1개월 전까지 승인갱신을 신청하여야 한다는 사실과 갱신절차를 승인의 유효기간이 끝나는 날의 2개월 전까지 휴대폰에 의한 문자전송, 전자메일, 팩스, 전화, 문서 등으로 미리 알려야 한다.(2012.2.2 본항신설)
(2004.3.29 본조신설)

제2조【천재지변 등으로 인한 기한의 연장】 ① 법 제10조에서 "대통령령으로 정하는 사유"란 다음 각 호의 어느 하나에 해당하는 경우를 말한다.(2011.4.1 본문개정)
1. 전쟁·화재 등 재해나 도난으로 인하여 재산에 심한 손실을 입은 경우
2. 사업에 현저한 손실을 입은 경우
3. 사업이 중대한 위기에 처한 경우
4. 그 밖에 세관장이 제1호부터 제3호까지의 규정에 준하는 사유가 있다고 인정하는 경우(2011.4.1 본호개정)

② 세관장은 법 제10조의 규정에 의하여 납부기한을 연장하는 때에는 관세청장이 정하는 기준에 의하여야 한다.

③ 법 제10조의 규정에 의하여 납부기한을 연장받고자 하는 자는 다음 각호의 사항을 기재한 신청서를 당해 납부기한이 종료되기 전에 세관장에게 제출하여야 한다.
1. 납세의무자의 성명·주소 및 상호
2. 납부기한을 연장받고자 하는 세액 및 당해 물품의 신고일자·신고번호·품명·규격·수량 및 가격
3. 납부기한을 연장받고자 하는 사유 및 기간

④ 세관장은 법 제10조에 따라 납부기한을 연장한 때에는 법 제39조에 따른 납부고지를 해야 한다.(2021.2.17 본항개정)

⑤ (2017.3.27 삭제)

⑥ 세관장은 법 제10조의 규정에 의하여 납부기한연장을 받은 납세의무자가 다음 각호의 1에 해당하게 된 때에는 납부기한연장을 취소할 수 있다.
1. 관세를 지정한 납부기한내에 납부하지 아니하는 때
2. 재산상황의 호전 기타 상황의 변화로 인하여 납부기한연장을 할 필요가 없게 되었다고 인정되는 때
3. 파산선고, 법인의 해산 기타의 사유로 당해 관세의 전액을 징수하기 곤란하다고 인정되는 때

⑦ 세관장은 제6항에 따라 납부기한연장을 취소한 때에는 15일 이내의 납부기한을 정하여 법 제39조에 따른 납부고지를 해야 한다.(2021.2.17 본항개정)
(2011.4.1 본조제목개정)

제2절 서류의 송달 등

제2조의2【공시송달】 법 제11조제2항제3호에서 "등기우편으로 송달하였으나 수취인 부재로 반송되는 경우

등 대통령령으로 정하는 경우"란 다음 각 호의 어느 하나에 해당하는 경우를 말한다.

1. 서류를 등기우편으로 송달하였으나 수취인이 부재중(不在中)인 것으로 확인되어 반송됨으로써 납부기한까지 송달이 곤란하다고 인정되는 경우
2. 세관공무원이 2회 이상 납세자를 방문〔처음 방문한 날과 마지막 방문한 날 사이의 기간이 3일(기간을 계산할 때 공휴일, 대체공휴일, 토요일 및 일요일은 산입하지 않는다) 이상이어야 한다〕해 서류를 교부하려고 하였으나 수취인이 부재중인 것으로 확인되어 납부기한까지 송달이 곤란하다고 인정되는 경우 (2023.2.28 본조신설)

제3조【신고서류의 보관기간】 ① 법 제12조에서 "대통령령으로 정하는 기간"이란 다음 각 호의 구분에 따른 기간을 말한다.(2011.4.1 본문개정)

1. 다음 각 목의 어느 하나에 해당하는 서류 : 해당 신고에 대한 수리일부터 5년(2011.4.1 본문개정)
   가. 수입신고필증
   나. 수입거래관련 계약서 또는 이에 갈음하는 서류
   다. 제237조에 따른 지식재산권의 거래에 관련된 계약서 또는 이에 갈음하는 서류(2011.4.1 본문개정)
   라. 수입물품 가격결정에 관한 자료(2001.12.31 본목신설)
2. 다음 각 목의 어느 하나에 해당하는 서류 : 해당 신고에 대한 수리일부터 3년(2011.4.1 본문개정)
   가. 수출신고필증
   나. 반송신고필증(2011.4.1 본목신설)
   다. 수출물품·반송물품 가격결정에 관한 자료 (2011.4.1 본목개정)
   라. 수출거래·반송거래 관련 계약서 또는 이에 갈음하는 서류(2011.4.1 본목개정)
3. 다음 각 목의 어느 하나에 해당하는 서류 : 해당 신고에 대한 수리일부터 2년(2021.2.17 본문개정)
   가. 보세화물반출입에 관한 자료
   나. 적재화물목록에 관한 자료(2021.2.17 본목개정)
   다. 보세운송에 관한 자료(2007.4.5 본목신설)
② 제1항 각 호의 자료는 관세청장이 정하는 바에 따라 마이크로필름·광디스크 등 자료전달 및 보관 매체에 의하여 보관할 수 있다.(2015.2.6 본항개정)

제3절 관세심의위원회

제4조 (2009.2.4 삭제)

제2장 과세가격과 관세의 부과·징수 등

제1절 통칙

제5조【납세의무자】 법 제19조제1항제1호나목에서 "대통령령으로 정하는 상업서류"란 다음 각 호의 어느 하나에 해당하는 것을 말한다.(2011.4.1 본문개정)
1. 송품장
2. 선하증권 또는 항공화물운송장

제2절 납세의무의 소멸 등

제6조【관세부과 제척기간의 기산일】 법 제21조제1항에 따른 관세부과의 제척기간을 산정할 때 수입신고한 날의 다음날을 관세를 부과할 수 있는 날로 한다. 다만, 다음 각 호의 경우에는 해당호에 규정된 날을 관세를 부과할 수 있는 날로 한다.(2012.2.2 본문개정)
1. 법 제16조제1호 내지 제11호에 해당되는 경우에는 그 사실이 발생한 날의 다음날

2. 의무불이행 등의 사유로 감면된 관세를 징수하는 경우에는 그 사유가 발생한 날의 다음날
3. 보세건설장에 반입된 외국물품의 경우에는 다음 각 목의 날중 먼저 도래한 날
   가. 제211조의 규정에 의하여 건설공사완료보고를 한 날
   나. 법 제176조의 규정에 의한 특허기간(특허기간을 연장한 경우에는 연장기간을 말한다)이 만료되는 날
4. 과다환급 또는 부정환급 등의 사유로 관세를 징수하는 경우에는 환급한 날의 다음날(2001.12.31 본호신설)
5. 법 제28조에 따라 잠정가격을 신고한 후 확정된 가격을 신고한 경우에는 확정된 가격을 신고한 날의 다음 날(다만, 법 제28조제2항에 따른 기간 내에 확정가격을 신고하지 아니하는 경우에는 해당 기간의 만료일의 다음날)(2012.2.2 본호신설)

제7조【관세징수권 소멸시효의 기산일】 ① 법 제22조제1항에 따른 관세징수권을 행사할 수 있는 날은 다음 각 호의 날로 한다.(2012.2.2 본문개정)
1. 법 제38조에 따라 신고납부하는 관세에 있어서는 수입신고가 수리된 날부터 15일이 경과한 날의 다음날. 다만, 제1조의5에 따른 월별납부의 경우에는 그 납부기한이 경과한 날의 다음날로 한다.(2013.2.15 단서개정)
1의2. 법 제38조의2제4항의 규정에 의하여 납부하는 관세에 있어서는 부족세액에 대한 보정신청일의 다음날의 다음날(2004.3.29 본호신설)
2. 법 제38조의3제1항의 규정에 의하여 납부하는 관세에 있어서는 수정신고일의 다음날의 다음날 (2004.3.29 본호개정)
3. 법 제39조에 따라 부과고지하는 관세의 경우 납부고지를 받은 날부터 15일이 경과한 날의 다음 날 (2021.2.17 본호개정)
4. 법 제253조제3항의 규정에 의하여 납부하는 관세에 있어서는 수입신고한 날부터 15일이 경과한 날의 다음날
5. 그 밖의 법령에 따라 납부고지하여 부과하는 관세의 경우 납부기한을 정한 때에는 그 납부기한이 만료된 날의 다음 날(2021.2.17 본호개정)
② 법 제22조제2항에 따른 관세환급청구권을 행사할 수 있는 날은 다음 각 호의 날로 한다.(2012.2.2 본문개정)
1. 법 제38조의3제6항에 따른 경정으로 인한 환급의 경우에는 경정결정일(2017.3.27 본호개정)
2. 착오납부 또는 이중납부로 인한 환급의 경우에는 그 납부일
3. 법 제106조제1항에 따른 계약과 상이한 물품 등에 대한 환급의 경우에는 당해 물품의 수출신고수리일 또는 보세공장반입신고일(2010.3.26 본호개정)
3의2. 법 제106조제3항 및 제4항에 따른 폐기, 멸실, 변질, 또는 손상된 물품에 대한 환급의 경우에는 해당 물품이 폐기, 멸실, 변질 또는 손상된 날 (2010.3.26 본호신설)
3의3. 법 제106조의2제1항에 따른 수입한 상태 그대로 수출되는 자가사용물품에 대한 환급의 경우에는 수출신고가 수리된 날. 다만, 수출신고가 생략되는 물품의 경우에는 운송수단에 적재된 날로 한다. (2018.2.13 본호신설)
3의4. 법 제106조의2제2항에 따라 국제무역선, 국제무역기 또는 보세판매장에서 구입한 후 환불한 물품에 대한 환급의 경우에는 해당 물품이 환불된 날 (2022.2.15 본호신설)
3의5. 종합보세구역에서 물품을 판매하는 자가 법 제199조의2 및 이 영 제216조의5제2항의 규정에 의하여 환급받고자 하는 경우에는 동규정에 의한 환급에 필요한 서류의 제출일(2004.3.29 본호신설)

4. 수입신고 또는 입항전수입신고를 하고 관세를 납부한 후 법 제250조의 규정에 의하여 신고가 취하 또는 각하된 경우에는 신고의 취하일 또는 각하일
5. 적법하게 납부한 후 법률의 개정으로 인하여 환급하는 경우에는 그 법률의 시행일

제3절 납세담보

제8조 (2009.2.4 삭제)
제9조【담보물의 평가】 ① 법 제24조제1항제2호 및 제3호에 따른 담보물의 평가는 다음 각 호에 따른다.
1. 「자본시장과 금융투자업에 관한 법률」에 따라 거래소가 개설한 증권시장에 상장된 유가증권 중 매매사실이 있는 것 : 담보로 제공하는 날의 전날에 공표된 최종시세가액(2013.8.27 본호개정)
2. 제1호 외의 유가증권 : 담보로 제공하는 날의 전날에 「상속세 및 증여세법 시행령」 제58조제1항제2호를 준용하여 계산한 가액
② 법 제24조제1항제5호 및 제6호에 따른 담보물에 대한 평가는 다음 각 호에 따른다.
1. 토지 또는 건물의 평가 : 「상속세 및 증여세법」 제61조에 따라 평가한 가액
2. 공장재단·광업재단·선박·항공기 또는 건설기계 : 「감정평가 및 감정평가사에 관한 법률」에 따른 감정평가법인등의 평가액 또는 「지방세법」에 따른 시가표준액(2022.1.21 본호개정)
(2009.2.4 본조개정)
제10조【담보의 제공절차 등】 ① 관세의 담보를 제공하고자 하는 자는 담보의 종류·수량·금액 및 담보사유를 기재한 담보제공서를 세관장에게 제출하여야 한다.
② 금전을 담보로 제공하려는 자는 「국고금 관리법 시행령」 제11조제1항 각 호의 금융기관 중 관세청장이 지정한 금융기관에 이를 납입하고 그 확인서를 담보제공서에 첨부하여야 한다.(2019.2.12 본항신설)
③ 국채 또는 지방채를 담보로 제공하려는 자는 해당 채권에 관하여 모든 권리를 행사할 수 있는 자의 위임장을 담보제공서에 첨부하여야 한다.(2009.2.4 본항개정)
④ 법 제24조제1항제3호에 따른 유가증권을 담보로 제공하려는 자는 해당 증권발행자의 증권확인서와 해당 증권에 관한 모든 권리를 행사할 수 있는 자의 위임장을 담보제공서에 첨부하여야 한다.(2009.2.4 본항개정)
⑤ 법 제24조제1항제4호에 따른 납세보증보험증권이나 같은 항 제7호에 따라 세관장이 인정하는 보증인의 납세보증서를 담보로 제공하려는 자는 그 납세보증보험증권 또는 납세보증서를 담보제공서에 첨부하여야 한다. 이 경우 담보가 되는 보증 또는 보험의 기간은 해당 담보를 필요로 하는 기간으로 하되, 납부기한이 확정되지 아니한 경우에는 관세청장이 정하는 기간으로 한다.(2009.2.4 본항개정)
⑥ 법 제24조제1항제5호에 따른 토지, 같은 항 제6호에 따른 건물·공장재단·광업재단·선박·항공기나 건설기계를 담보로 제공하려는 자는 저당권을 설정하는 데에 필요한 서류를 담보제공서에 첨부하여야 한다. 이 경우 세관장은 저당권의 설정을 위한 등기 또는 등록의 절차를 밟아야 한다.(2009.2.4 본항개정)
⑦ 제6항에 따라 보험에 든 건물·공장재단·광업재단·선박·항공기나 건설기계를 담보로 제공하려는 자는 그 보험증권을 제출하여야 한다. 이 경우에 그 보험기간은 담보를 필요로 하는 기간에 30일 이상을 더한 것이어야 한다.(2019.2.12 본단개정)
⑧ 제공하고자 하는 담보의 금액은 납부하여야 하는 관세에 상당하는 금액이어야 한다. 다만, 그 관세가 확정

되지 아니한 경우에는 관세청장이 정하는 금액으로 한다.
⑨ 세관장은 다음 각 호의 어느 하나에 해당하는 경우에는 법 제39조에 따른 납부고지를 할 수 있다.
(2021.2.17 본문개정)
1. 관세의 담보를 제공하고자 하는 자가 담보액의 확정일부터 10일 이내에 담보를 제공하지 아니하는 경우
2. 납세의무자가 수입신고후 10일이내에 법 제248조제2항의 규정에 의한 담보를 제공하지 아니하는 경우
제11조【포괄담보】 ① 법 제24조제4항의 규정에 의하여 담보를 포괄하여 제공하고자 하는 자는 그 기간 및 담보의 최고액과 담보제공자의 전년도 수출입실적 및 예상수출입물량을 기재한 신청서를 세관장에게 제출하여야 한다.
② 담보를 포괄하여 제공할 수 있는 요건, 그 담보의 종류 기타 필요한 사항은 관세청장이 정한다.
제12조【담보의 변경】 ① 관세의 담보를 제공한 자는 당해 담보물의 가격감소에 따라 세관장이 담보물의 증가 또는 변경을 통지한 때에는 지체없이 이를 이행하여야 한다.
② 관세의 담보를 제공한 자는 담보물, 보증은행, 보증보험회사, 은행지급보증에 의한 지급기일 또는 납세보증보험기간을 변경하고자 하는 때에는 세관장의 승인을 얻어야 한다.
제13조【담보의 해제신청】 제공된 담보를 해제받고자 하는 자는 담보의 종류·수량 및 금액, 담보제공연월일과 해제사유를 기재한 신청서에 해제사유를 증명하는 서류를 첨부하여 세관장에게 제출하여야 한다. 다만, 법 제327조에 따른 국가관세종합정보망의 전산처리설비를 이용하여 세관장이 관세의 사후납부사실 등 담보의 해제사유를 확인할 수 있는 경우에는 해당 사유를 증명하는 서류로서 관세청장이 정하여 고시하는 서류 등을 제출하지 아니할 수 있다.(2009.2.4 단서개정)
제14조【담보물의 매각】 ① 세관장은 제공된 담보물을 매각하고자 하는 때에는 담보제공자의 주소·성명·담보물의 종류·수량, 매각사유, 매각장소, 매각일시 기타 필요한 사항을 공고하여야 한다.
② 세관장은 납세의무자가 매각예정일 1일전까지 관세와 비용을 납부하는 때에는 담보물의 매각을 중지하여야 한다.

제4절 과세가격의 신고 및 결정

제15조【가격신고】 ① 법 제27조제1항 본문에 따른 가격신고를 하려는 자는 다음 각 호의 사항을 적은 서류를 세관장에게 제출하여야 한다.(2008.2.22 본문개정)
1. 수입관련거래에 관한 사항
2. 과세가격산출내용에 관한 사항
② 세관장은 다음 각 호의 어느 하나에 해당하는 경우로서 관세청장이 정하여 고시하는 경우에는 제1항 각 호에 해당하는 서류의 전부 또는 일부를 제출하지 아니하게 할 수 있다.
1. 같은 물품을 같은 조건으로 반복적으로 수입하는 경우
2. 수입항까지의 운임 및 보험료 외에 우리나라에 수출하기 위하여 판매되는 물품에 대하여 구매자가 실제로 지급하였거나 지급하여야 할 가격에 가산할 금액이 없는 경우
3. 그 밖에 과세가격결정에 곤란이 없다고 인정하여 관세청장이 정하는 경우
(2008.2.22 본항신설)
③ 세관장은 가격신고를 하려는 자가 제2항제1호에 해당하는 경우에는 법 제27조제1항 본문에 따른 가격신고를 일정기간 일괄하여 신고하게 할 수 있다.
(2008.2.22 본항신설)

④ 법 제27조제1항 단서의 규정에 의하여 물품의 수입신고일 이전에 가격신고를 하고자 하는 자는 그 사유와 제1항 각호의 사항을 기재한 신고서를 세관장에게 제출하여야 한다.

⑤ 법 제27조제2항의 규정에 의하여 가격신고를 할 때에 제출하여야 하는 과세자료는 다음 각호와 같다. 다만, 당해 물품의 거래의 내용, 과세가격결정방법 등에 비추어 과세가격결정에 곤란이 없다고 세관장이 인정하는 경우에는 자료의 일부를 제출하지 아니할 수 있다.

1. 송품장
2. 계약서
3. 각종 비용의 금액 및 산출근거를 나타내는 증빙자료
4. 기타 가격신고의 내용을 입증하는 데에 필요한 자료

제16조【잠정가격의 신고 등】 ① 법 제28조제1항 전단에서 "대통령령으로 정하는 경우"란 다음 각 호의 어느 하나에 해당하는 경우를 말한다.(2011.4.1 본문개정)

1. 거래관행상 거래가 성립된 때부터 일정기간이 지난 후에 가격이 정하여지는 물품(기획재정부령으로 정하는 것으로 한정한다)으로서 수입신고일 현재 그 가격이 정하여지지 아니한 경우(2011.4.1 본호개정)
2. 법 제30조제1항 각 호에 따라 조정하여야 할 금액이 수입신고일부터 일정기간이 지난 후에 정하여 질 수 있음이 제2항에 따른 서류 등으로 확인되는 경우 (2011.4.1 본호개정)
2의2. 법 제37조제1항제3호에 따라 과세가격 결정방법의 사전심사를 신청한 경우(2008.2.22 본호신설)
2의3. 제23조제1항 각 호의 어느 하나에 해당하는 특수관계가 있는 구매자와 판매자 사이의 거래 중 법 제30조제1항 본문에 따른 수입물품의 거래가격이 수입신고 수리 이후에 「국제조세조정에 관한 법률」 제8조에 따른 정상가격으로 조정될 것으로 예상되는 거래로서 기획재정부령으로 정하는 요건을 갖춘 경우 (2021.2.17 본호개정)
3. 계약의 내용이나 거래의 특성상 잠정가격으로 가격신고를 하는 것이 불가피한 경우로서 기획재정부령으로 정하는 경우(2020.10.7 본호개정)

② 제1항에 따라 잠정가격으로 가격신고를 하려는 자는 다음 각 호의 사항을 적은 신고서에 제15조제5항 각호의 서류를 첨부하여 세관장에게 제출하여야 한다. (2008.2.22 본문개정)

1. 제15조제1항 각호의 사항
2. 거래내용
3. 가격을 확정할 수 없는 사유
4. 잠정가격 및 잠정가격의 결정방법
5. 가격확정예정시기

③ 잠정가격으로 가격신고를 한 자는 2년의 범위안에서 구매자와 판매자 간의 거래계약의 내용 등을 고려하여 세관장이 지정하는 기간내에 확정된 가격(이하 이 조에서 "확정가격"이라 한다)을 신고하여야 한다. 이 경우 잠정가격으로 가격신고를 한 자는 관세청장이 정하는 바에 따라 전단에 따른 신고기간이 끝나기 30일 전까지 확정가격의 계산을 위한 가산율을 산정해 줄 것을 요청할 수 있다.(2020.10.7 후단신설)

④ 세관장은 구매자와 판매자간의 거래계약내용이 변경되는 등 잠정가격을 확정할 수 없는 불가피한 사유가 있다고 인정되는 경우로서 납세의무자의 요청이 있는 경우에는 기획재정부령으로 정하는 바에 따라 제3항 전단에 따른 신고기간을 연장할 수 있다. 이 경우 연장하는 기간은 제3항 전단에 따른 신고기간의 만료일부터 2년을 초과할 수 없다.(2020.10.7 본항개정)

⑤ 법 제28조제2항에 따라 확정가격을 신고하려는 자는 다음 각 호의 사항이 적힌 신고서에 제15조제5항제3호 및 제4호의 자료를 첨부하여 세관장에게 제출하여야 한다.(2008.2.22 본문개정)

1. 잠정가격신고번호 또는 수입신고번호와 신고일자
2. 품명 및 수입신고수리일자
3. 잠정가격 및 확정가격과 그 차액

⑥ 법 제28조제4항에 따라 잠정가격을 기초로 신고납부한 세액과 확정가격에 의한 세액과의 차액을 징수하거나 환급하는 때에는 제33조, 제34조제3항부터 제5항까지 및 제50조 내지 제55조의 규정을 준용한다. (2012.2.2 본항개정)
(2008.2.22 본조제목개정)

제16조의2【수입신고가격 등의 공표】 ① 관세청장은 법 제29조제2항에 따라 수입물품의 평균 신고가격이나 반입 수량에 관한 자료의 집계결과를 공표할 때에는 관세청의 인터넷 홈페이지를 통하여 공표하여야 한다. 이 경우 공표대상 수입물품의 선정기준 및 수입물품의 평균 신고가격이나 반입 수량에 관한 자료의 집계방법 등을 함께 공표하여야 한다.

② 관세청장은 다음 각 호의 어느 하나에 해당하는 사항은 공표하여서는 아니 된다.

1. 수입물품의 상표 및 상호
2. 수입자의 영업상 비밀에 관한 사항
3. 그 밖에 공개될 경우 수입자의 정당한 이익을 현저히 침해할 우려가 있는 사항

③ 법 제29조제2항에 따른 국내물품과 비교 가능한 수입물품은 다음 각 호의 요건을 모두 충족하는 것으로 한다.

1. 제98조에 따른 관세·통계통합품목분류표상 품목번호(이하 이 호에서 "품목번호"라 한다)에 해당할 것. 다만, 품목번호에 해당하는 품목의 가격 공표만으로 법 제29조제2항 각 호에 해당하는 목적을 달성하기 어렵다고 인정되는 경우로서 관세청장이 수입물품의 용도·특성 등을 고려하여 품목번호보다 세분화된 수입물품의 번호를 정하는 경우에는 그 세분화된 번호에 해당할 것(2023.2.28 본호개정)
2. 해당 수입물품의 수입자가 2인 이상일 것
(2011.4.1 본조신설)

제17조【우리나라에 수출하기 위하여 판매되는 물품의 범위】 법 제30조제1항 본문의 규정에 의한 우리나라에 수출하기 위하여 판매되는 물품에는 다음 각호의 물품은 포함되지 아니하는 것으로 한다.

1. 무상으로 수입하는 물품
2. 수입 후 경매 등을 통하여 판매가격이 결정되는 위탁판매수입물품
3. 수출자의 책임으로 국내에서 판매하기 위하여 수입하는 물품
4. 별개의 독립된 법적 사업체가 아닌 지점 등에서 수입하는 물품
5. 임대차계약에 따라 수입하는 물품
6. 무상으로 임차하는 수입물품
7. 산업쓰레기 등 수출자의 부담으로 국내에서 폐기하기 위하여 수입하는 물품

제17조의2【구매수수료의 범위 등】 ① 법 제30조제1항제1호 단서에 따른 구매수수료(이하 "구매수수료"라 한다)는 해당 수입물품의 구매와 관련하여 외국에서 구매자를 대리하여 행하는 용역의 대가로서 구매자가 구매대리인에게 지급하는 비용으로 한다.

② 구매자가 구매대리인에게 지급한 비용에 구매수수료 외의 비용이 포함된 경우에는 그 지급한 비용 중 구매수수료에 해당하는 금액이 따로 구분하여 산정될 수 있는 경우에만 해당 금액을 구매수수료로 한다.

③ 세관장은 필요하다고 인정하는 경우 구매수수료에 관한 자료의 제출을 구매자에게 요청할 수 있다.
(2011.4.1 본조신설)

제18조【무료 또는 인하된 가격으로 공급하는 물품 및 용역의 범위】 법 제30조제1항제3호에서 "대통령령으로 정하는 물품 및 용역"이란 구매자가 직접 또는 간접으로 공급하는 것으로서 다음 각 호의 어느 하나에 해당하는 것을 말한다.(2011.4.1 본문개정)

1. 수입물품에 결합되는 재료·구성요소·부분품 및 그 밖에 이와 비슷한 물품(2011.4.1 본호개정)
2. 수입물품의 생산에 사용되는 공구·금형·다이스 및 그 밖에 이와 비슷한 물품으로서 기획재정부령으로 정하는 것(2011.4.1 본호개정)
3. 수입물품의 생산과정에 소비되는 물품
4. 수입물품의 생산에 필요한 기술·설계·고안·공예 및 디자인. 다만, 우리나라에서 개발된 것은 제외한다.(2011.4.1 단서개정)

제18조의2【무료 또는 인하된 가격으로 공급하는 물품 및 용역금액의 배분 등】 법 제30조제1항제3호에 따라 무료 또는 인하된 가격으로 공급하는 물품 및 용역의 금액(실제 거래가격을 기준으로 산정한 금액을 말하며 국내에서 생산된 물품 및 용역을 공급하는 경우에는 부가가치세를 제외하고 산정한다)을 더하는 경우 다음 각 호의 요소를 고려하여 배분한다.

1. 해당 수입물품의 총생산량 대비 실제 수입된 물품의 비율
2. 공급하는 물품 및 용역이 해당 수입물품 외의 물품 생산과 함께 관련되어 있는 경우 각 생산 물품별 거래가격(해당 수입물품 외의 물품이 국내에서 생산되는 경우에는 거래가격에서 부가가치세를 제외한다) 합계액 대비 해당 수입물품 거래가격의 비율

② 제1항에도 불구하고 납세의무자는 법 제30조제1항제3호에 따라 무료 또는 인하된 가격으로 공급하는 물품 및 용역의 가격 또는 인하차액 전액을 최초로 수입되는 물품의 실제로 지급하였거나 지급하여야 할 가격에 배분할 수 있다. 이 경우 수입되는 전체 물품에 관세율이 다른 여러 개의 물품이 혼재된 경우에는, 전단에 따른 전액을 관세율이 다른 물품별로 최초로 수입되는 물품의 가격에 안분하여 배분한다.(2020.10.7 본항신설)
(2013.2.15 본조신설)

제19조【권리사용료의 산출】 ① 법 제30조제1항제4호에서 "이와 유사한 권리"라 함은 다음 각호의 1에 해당하는 것을 말한다.

1. 저작권 등의 법적 권리
2. 법적 권리에는 속하지 아니하지만 경제적 가치를 가지는 것으로서 상당한 노력에 의하여 비밀로 유지된 생산방법·판매방법 기타 사업활동에 유용한 기술상 또는 경영상의 정보 등(이하 "영업비밀"이라 한다)

② 법 제30조제1항의 규정에 의하여 당해 물품에 대하여 구매자가 실제로 지급하였거나 지급하여야 할 가격에 가산하여야 하는 특허권·실용신안권·디자인권·상표권 및 이와 유사한 권리를 사용하는 대가(특정한 고안이나 창안이 구현되어 있는 수입물품을 이용하여 우리나라에서 그 고안이나 창안을 다른 물품에 재현하는 권리를 사용하는 대가를 제외하며, 이하 "권리사용료"라 한다)는 당해 물품에 관련되고 당해 물품의 거래조건으로 구매자가 직접 또는 간접으로 지급하는 금액으로 한다.(2005.6.30 본항개정)

③ 제2항의 규정을 적용함에 있어서 다음 각호의 1에 해당하는 경우에는 권리사용료가 당해 물품과 관련되는 것으로 본다.

1. 권리사용료가 특허권에 대하여 지급되는 때에는 수입물품이 다음 각목의 1에 해당하는 물품인 경우
  가. 특허발명품
  나. 방법에 관한 특허에 의하여 생산된 물품
  다. 국내에서 당해 특허에 의하여 생산될 물품의 부분

품·원재료 또는 구성요소로서 그 자체에 당해 특허의 내용의 전부 또는 일부가 구현되어 있는 물품
  라. 방법에 관한 특허를 실시하기에 적합하게 고안된 설비·기계 및 장치(그 주요특성을 갖춘 부분품 등을 포함한다)
2. 권리사용료가 디자인권에 대하여 지급되는 때에는 수입물품이 당해 디자인을 표현하는 물품이거나 국내에서 당해 디자인권에 의하여 생산되는 물품의 부분품 또는 구성요소로서 그 자체에 당해 디자인의 전부 또는 일부가 표현되어 있는 경우(2005.6.30 본호개정)
3. 권리사용료가 상표권에 대하여 지급되는 때에는 수입물품에 상표가 부착되거나 희석·혼합·분류·단순조립·재포장 등의 경미한 가공후에 상표가 부착되는 경우
4. 권리사용료가 저작권에 대하여 지급되는 때에는 수입물품에 가사·선율·영상·컴퓨터소프트웨어 등이 수록되어 있는 경우
5. 권리사용료가 실용신안권 또는 영업비밀에 대하여 지급되는 때에는 당해 실용신안권 또는 영업비밀이 수입물품과 제1호의 규정에 준하는 관련이 있는 경우
6. 권리사용료가 기타의 권리에 대하여 지급되는 때에는 당해 권리가 수입물품과 제1호 내지 제5호의 규정 중 권리의 성격상 당해 권리와 가장 유사한 권리에 대한 규정에 준하는 관련이 있는 경우

④ 제2항을 적용할 때 컴퓨터소프트웨어에 대하여 지급되는 권리사용료는 컴퓨터소프트웨어가 수록된 마그네틱테이프·마그네틱디스크·시디롬 및 이와 유사한 물품〔법 별표 관세율표 번호(이하 "관세율표 번호"라 한다) 제8523호에 속하는 것으로 한정한다〕과 관련되지 아니하는 것으로 본다.(2011.4.1 본항개정)

⑤ 제2항의 규정을 적용함에 있어서 다음 각호의 1에 해당하는 경우에는 권리사용료가 당해 물품의 거래조건으로 지급되는 것으로 본다.

1. 구매자가 수입물품을 구매하기 위하여 판매자에게 권리사용료를 지급하는 경우
2. 수입물품의 구매자와 판매자간의 약정에 따라 구매자가 수입물품을 구매하기 위하여 당해 판매자가 아닌 자에게 권리사용료를 지급하는 경우
3. 구매자가 수입물품을 구매하기 위하여 판매자가 아닌 자로부터 특허권등의 사용에 대한 허락을 받아 판매자에게 그 특허권등을 사용하게 하고 당해 판매자가 아닌 자에게 권리사용료를 지급하는 경우

⑥ 제2항을 적용할 때 구매자가 지급하는 권리사용료에 수입물품과 관련이 없는 물품이나 국내 생산 및 그 밖의 사업 등에 대한 활동 대가가 포함되어 있는 경우에는 전체 권리사용료 중 수입물품과 관련된 권리사용료만큼 가산한다. 이 경우 관세청장은 필요한 계산식을 정할 수 있다.(2020.10.7 본항개정)

제19조의2【수입물품을 전매·처분 또는 사용하여 생긴 수익금액의 범위】 법 제30조제1항제5호에서 "해당 수입물품을 수입한 후 전매·처분 또는 사용하여 생긴 수익금액"이란 해당 수입물품의 전매·처분대금, 임대료 등을 말한다. 다만, 주식배당금 및 금융서비스의 대가 등 수입물품과 관련이 없는 금액은 제외한다.(2020.10.7 본조신설)

제20조【운임 등의 결정】 ① 법 제30조제1항제6호의 규정에 의한 운임 및 보험료는 당해 사업자가 발급한 운임명세서·보험료명세서 또는 이에 갈음할 수 있는 서류에 의하여 산출한다.

② 제1항에 따라 운임 및 보험료를 산출할 수 없는 경우의 운임 및 보험료는 운송거리·운송방법등을 고려하여 기획재정부령으로 정하는 바에 따라 산출한다.(2020.10.7 본항개정)

③ 기획재정부령으로 정하는 물품이 항공기로 운송되는 경우에는 제1항에도 불구하고 해당 물품이 항공기 외의 일반적인 운송방법에 의하여 운송된 것으로 보아 기획재정부령으로 정하는 바에 따라 운임 및 보험료를 산출한다.(2020.10.7 본항개정)

④ 다음 각 호의 어느 하나에 해당하는 물품의 운임이 통상의 운임과 현저하게 다른 때에는 제1항에도 불구하고 법 제225조제1항에 따른 선박회사 또는 항공사(그 업무를 대행하는 자를 포함한다. 이하 이 항에서 "선박회사등"이라 한다)가 통상적으로 적용하는 운임을 해당 물품의 운임으로 할 수 있다.(2020.10.7 본항개정)

1. 수입자 또는 수입자와 특수관계에 있는 선박회사등의 운송수단으로 운송되는 물품(2020.10.7 본호개정)

2. 운임과 적재수량을 특약한 항해용선계약에 따라 운송되는 물품(실제 적재수량이 특약수량에 미치지 아니하는 경우를 포함한다)

3. 기타 특수조건에 의하여 운송되는 물품

⑤ 법 제30조제1항제6호 본문에 따른 금액은 해당 수입물품이 수입항에 도착하여 본선하역준비가 완료될 때까지 발생하는 비용으로 한다.(2022.2.15 본항개정)

⑥ 제3항에 따라 산출된 운임 및 보험료를 적용받으려는 납세의무자는 해당 물품의 대하여 법 제27조에 따른 가격신고를 할 때 해당 물품이 제3항에 따른 기획재정부령으로 정하는 물품에 해당됨을 증명하는 자료를 세관장에게 제출해야 한다. 다만, 과세가격 금액이 소액인 경우 등으로서 세관장이 자료 제출이 필요하지 않다고 인정하는 경우는 제외한다.(2020.10.7 본항개정)

⑦ (2020.10.7 삭제)

제20조의2【간접지급금액 등】① 법 제30조제2항 각 호 외의 부분 본문의 "그 밖의 간접적인 지급액"에는 다음 각 호의 금액이 포함되는 것으로 한다.

1. 수입물품의 대가 중 전부 또는 일부를 판매자의 요청으로 제3자에게 지급하는 경우 그 금액

2. 수입물품의 거래조건으로 판매자 또는 제3자가 수행해야 하는 하자보증을 구매자가 대신하고 그에 해당하는 금액을 할인받았거나 하자보증비 중 전부 또는 일부를 별도로 지급하는 경우 그 금액

3. 수입물품의 거래조건으로 구매자가 외국훈련비, 외국교육비 또는 연구개발비 등을 지급하는 경우 그 금액

4. 그 밖에 일반적으로 판매자가 부담하는 금융비용 등을 구매자가 지급하는 경우 그 금액

② 법 제30조제1항 각 호의 가산금액 외에 구매자가 자기의 계산으로 행한 활동의 비용은 같은 조 제2항 각 호 외의 부분 본문의 "그 밖의 간접적인 지급액"으로 보지 않는다.

③ 법 제30조제2항제4호에 따라 구매자가 지급하였거나 지급하여야 할 총금액에서 수입물품에 대한 연불이자를 빼는 경우는 해당 연불이자가 다음 각 호의 요건을 모두 갖춘 경우로 한다.

1. 연불이자가 수입물품의 대가로 실제로 지급하였거나 지급하여야 할 금액과 구분될 것

2. 금융계약이 서면으로 체결되었을 것

3. 해당 물품이 수입신고된 가격으로 판매되고, 그 이자율은 금융이 제공된 국가에서 당시 금융거래에 통용되는 수준의 이자율을 초과하지 않을 것

(2020.10.7 본조신설)

제21조【처분 또는 사용에 대한 제한의 범위】법 제30조제3항제1호의 규정에 의한 물품의 처분 또는 사용에 제한이 있는 경우에는 다음 각호의 경우가 포함되는 것으로 한다.

1. 전시용·자선용·교육용등 당해 물품을 특정용도로 사용하도록 하는 제한

2. 당해 물품을 특정인에게만 판매 또는 임대하도록 하는 제한

3. 기타 당해 물품의 가격에 실질적으로 영향을 미치는 제한

제22조【거래가격에 영향을 미치지 아니하는 제한 등】① 법 제30조제3항제1호 단서에서 "거래가격에 실질적으로 영향을 미치지 아니한다고 인정하는 제한이 있는 경우 등 대통령령으로 정하는 경우"란 다음 각 호의 어느 하나에 해당하는 제한이 있는 경우를 말한다. (2015.2.6 본항개정)

1. 우리나라의 법령이나 법령에 의한 처분에 의하여 부과되거나 요구되는 제한

2. 수입물품이 판매될 수 있는 지역의 제한

3. 그 밖에 해당 수입물품의 특성, 해당 산업부문의 관행 등을 고려하여 통상적으로 허용되는 제한으로서 수입가격에 실질적으로 영향을 미치지 않는다고 세관장이 인정하는 제한(2020.10.7 본호개정)

② 법 제30조제3항제2호의 규정에 의하여 금액으로 계산할 수 없는 조건 또는 사정에 의하여 영향을 받은 경우에는 다음 각호의 경우가 포함되는 것으로 한다.

1. 구매자가 판매자로부터 특정수량의 다른 물품을 구매하는 조건으로 당해 물품의 가격이 결정되는 경우

2. 구매자가 판매자에게 판매하는 다른 물품의 가격에 따라 당해 물품의 가격이 결정되는 경우

3. 판매자가 반제품을 구매자에게 공급하고 그 대가로 그 완제품의 일정수량을 받는 조건으로 당해 물품의 가격이 결정되는 경우

제23조【특수관계의 범위 등】① 법 제30조제3항제4호에서 "대통령령으로 정하는 특수관계"란 다음 각 호의 어느 하나에 해당하는 경우를 말한다.(2011.4.1 본항개정)

1. 구매자와 판매자가 상호 사업상의 임원 또는 관리자인 경우

2. 구매자와 판매자가 상호 법률상의 동업자인 경우

3. 구매자와 판매자가 고용관계에 있는 경우

4. 특정인이 구매자 및 판매자의 의결권있는 주식을 직접 또는 간접으로 5퍼센트 이상 소유하거나 관리하는 경우

5. 구매자 및 판매자중 일방이 상대방에 대하여 법적으로 또는 사실상으로 지시나 통제를 할 수 있는 위치에 있는 등 일방이 상대방을 직접 또는 간접으로 지배하는 경우

6. 구매자 및 판매자가 동일한 제3자에 의하여 직접 또는 간접으로 지배를 받는 경우

7. 구매자 및 판매자가 동일한 제3자를 직접 또는 간접으로 공동지배하는 경우

8. 구매자와 판매자가 「국세기본법 시행령」 제1조의2 제1항 각 호의 어느 하나에 해당하는 친족관계에 있는 경우(2013.2.15 본호개정)

② 법 제30조제3항제4호 단서에서 "해당 산업부문의 정상적인 가격결정 관행에 부합하는 방법으로 결정된 경우 등 대통령령으로 정하는 경우"란 다음 각 호의 어느 하나에 해당하는 경우를 말한다.(2015.2.6 본문개정)

1. 특수관계가 없는 구매자와 판매자간에 통상적으로 이루어지는 가격결정방법으로 결정된 경우

2. 당해 산업부문의 정상적인 가격결정 관행에 부합하는 방법으로 결정된 경우

3. 해당 물품의 가격이 다음 각 목의 어느 하나의 가격(이하 이 조에서 "비교가격"이라 한다)에 근접하는 가격으로서 기획재정부령으로 정하는 가격에 해당함을 구매자가 입증한 경우. 이 경우 비교가격 산출의 기준시점은 기획재정부령으로 정한다.(2020.10.7 본문개정)

가. 특수관계가 없는 우리나라의 구매자에게 수출되는 동종·동질물품 또는 유사물품의 거래가격

나. 법 제33조 및 법 제34조의 규정에 의하여 결정되는 동종·동질물품 또는 유사물품의 과세가격

③ 해당 물품의 가격과 비교가격을 비교할 때에는 거래단계, 거래수량 및 법 제30조제1항 각 호의 금액의 차이 등을 고려해야 한다.(2020.10.7 본항개정)

④ 제2항의 규정을 적용받고자 하는 자는 관세청장이 정하는 바에 따라 가격신고를 하는 때에 그 증명에 필요한 자료를 제출하여야 한다.

제24조【과세가격 불인정의 범위등】 ① 법 제30조제4항에서 "대통령령으로 정하는 경우"란 다음 각 호의 어느 하나에 해당하는 경우를 말한다.(2011.4.1 본문개정)

1. 납세의무자가 신고한 가격이 동종·동질물품 또는 유사물품의 가격과 현저한 차이가 있는 경우

2. 납세의무자가 동일한 공급자로부터 계속하여 수입하고 있음에도 불구하고 신고한 가격에 현저한 변동이 있는 경우

3. 신고한 물품이 원유·광석·곡물 등 국제거래시세가 공표되는 물품인 경우 신고한 가격이 그 국제거래시세와 현저한 차이가 있는 경우

3의2. 신고한 물품이 원유·광석·곡물 등으로서 국제거래시세가 공표되지 않는 물품인 경우 관세청장 또는 관세청장이 지정하는 자가 조사한 수입물품의 산지 조사가격이 있는 때에는 신고한 가격이 그 조사가격과 현저한 차이가 있는 경우(2013.2.15 본호신설)

4. 납세의무자가 거래처를 변경한 경우로서 신고한 가격이 종전의 가격과 현저한 차이가 있는 경우(2016.2.5 본호개정)

5. 제1호부터 제4호까지의 사유에 준하는 사유로서 기획재정부령으로 정하는 경우(2011.4.1 본호개정)

② 세관장은 법 제30조제4항에 따라 자료제출을 요구하는 경우 그 사유와 자료제출에 필요한 기획재정부령으로 정하는 기간을 적은 서면으로 해야 한다.(2020.10.7 본항개정)

③ 법 제30조제5항제3호에서 "대통령령으로 정하는 사유에 해당하여 신고가격을 과세가격으로 인정하기 곤란한 경우"란 다음 각 호의 어느 하나에 해당하는 경우를 말한다.(2011.4.1 본문개정)

1. 납세의무자가 제출한 자료가 수입물품의 거래관계를 구체적으로 나타내지 못하는 경우

2. 그 밖에 납세의무자가 제출한 자료에 대한 사실관계를 확인할 수 없는 등 신고가격의 정확성이나 진실성을 의심할만한 합리적인 사유가 있는 경우(2007.4.5 본항신설)

제25조【동종·동질물품의 범위】 ① 법 제31조제1항 각 호 외의 부분에서 "동종·동질물품"이란 해당 수입물품의 생산국에서 생산된 것으로서 물리적 특성, 품질 및 소비자 등의 평판을 포함한 모든 면에서 동일한 물품(외양에 경미한 차이가 있을 뿐 그 밖의 모든 면에서 동일한 물품을 포함한다)을 말한다.(2020.10.7 본항개정)

② 법 제31조제1항제1호에서 "선적일"은 수입물품을 수출국에서 우리나라로 운송하기 위하여 선적하는 날로 하며, 선하증권, 송품장 등으로 확인한다. 다만, 선적일의 확인이 곤란한 경우로서 해당 물품의 선적국과 운송수단이 동종·동질물품의 선적국 및 운송수단과 동일한 경우에는 같은 호에 따른 "선적일"을 "입항일"로, "선적"을 "입항"으로 본다.(2020.10.7 본항신설)

③ 법 제31조제1항제1호에서 "해당 물품의 선적일을 전후하여 가격에 영향을 미치는 시장조건이나 상관행에 변동이 없는 기간"은 해당 물품의 선적일 전 60일과 선적일 후 60일을 합한 기간으로 한다. 다만, 농림축산물 등 계절에 따라 가격의 차이가 심한 물품의 경우에는 선적일 전 30일과 선적일 후 30일을 합한 기간으로 한다.(2020.10.7 본항신설)

④ 법 제31조제1항제2호에 따른 가격차이의 조정은 다음 각 호의 구분에 따른 방법으로 한다.

1. 거래 단계가 서로 다른 경우 : 수출국에서 통상적으로 인정하는 각 단계별 가격차이를 반영하여 조정

2. 거래 수량이 서로 다른 경우 : 수량할인 등의 근거자료를 고려하여 가격차이를 조정

3. 운송 거리가 서로 다른 경우 : 운송 거리에 비례하여 가격차이를 조정

4. 운송 형태가 서로 다른 경우 : 운송 형태별 통상적으로 적용되는 가격차이를 반영하여 조정(2020.10.7 본항신설)

⑤ 법 제31조제3항을 적용할 때 해당 물품의 생산자가 생산한 동종·동질물품은 다른 생산자가 생산한 동종·동질물품보다 우선하여 적용한다.(2020.10.7 본항신설)

제26조【유사물품의 범위】 ① 법 제32조제1항에서 "유사물품"이라 함은 당해 수입물품의 생산국에서 생산된 것으로서 모든 면에서 동일하지는 아니하지만 동일한 기능을 수행하고 대체사용이 가능할 수 있을 만큼 비슷한 특성과 비슷한 구성요소를 가지고 있는 물품을 말한다.

② 법 제32조에 따라 과세가격을 결정할 때에는 제25조제2항부터 제5항까지의 규정을 준용한다. 이 경우 "동종·동질물품"은 "유사물품"으로 본다.(2020.10.7 본항신설)

제27조【수입물품의 국내판매가격등】 ① 법 제33조제1항제1호에서 "국내에서 판매되는 단위가격"이란 수입후 최초의 거래에서 판매되는 단위가격을 말한다. 다만, 다음 각 호의 어느 하나에 해당하는 경우의 가격은 이를 국내에서 판매되는 단위가격으로 보지 아니한다.(2011.4.1 본문개정)

1. 최초거래의 구매자가 판매자 또는 수출자와 제23조제1항에 따른 특수관계에 있는 경우(2011.4.1 본호개정)

2. 최초거래의 구매자가 판매자 또는 수출자에게 제18조 각 호의 물품 및 용역을 수입물품의 생산 또는 거래에 관련하여 사용하도록 무료 또는 인하된 가격으로 공급하는 경우

② 법 제33조제1항제1호에 따른 금액을 산출할 때에는 해당 물품, 동종·동질물품, 유사물품의 순서로 적용한다. 이 경우 해당 수입자가 동종·동질물품 또는 유사물품을 판매하고 있는 경우에는 해당 수입자의 판매가격을 다른 수입자의 판매가격에 우선하여 적용한다.(2020.10.7 본항신설)

③ 법 제33조제1항제1호의 규정을 적용함에 있어서의 수입신고일과 거의 동시에 판매되는 단위가격은 당해 물품의 종류와 특성에 따라 수입신고일의 가격과 가격변동이 거의 없다고 인정되는 기간중의 판매가격으로 한다. 다만, 수입신고일부터 90일이 경과된 후에 판매되는 가격을 제외한다.

④ 법 제33조제1항제2호에서 "동종·동류의 수입물품"이라 함은 당해 수입물품이 제조되는 특정산업 또는 산업부문에서 생산되고 당해 수입물품과 일반적으로 동일한 범주에 속하는 물품(동종·동질물품 또는 유사물품을 포함한다)을 말한다.

⑤ 법 제33조제1항제2호에 따른 이윤 및 일반경비는 일체로서 취급하며, 일반적으로 인정된 회계원칙에 따라 작성된 회계보고서를 근거로 하여 다음 각 호의 구분에 따라 계산한다.

1. 납세의무자가 제출한 회계보고서를 근거로 계산한 이윤 및 일반경비의 비율이 제6항 또는 제8항에 따라 산출한 이윤 및 일반경비의 비율(이하 이 조에서 "동

종·동류비율"이라 한다)의 100분의 120 이하인 경우 : 납세의무자가 제출한 이윤 및 일반경비(2023.2.28 본호개정)

2. 제1호 외의 경우 : 동종·동류비율을 적용하여 산출한 이윤 및 일반경비
(2012.2.2 본항개정)

⑥ 세관장은 관세청장이 정하는 바에 따라 해당 수입물품의 특성, 거래 규모 등을 고려하여 동종·동류의 수입물품을 선정하고 이 물품이 국내에서 판매되는 때에 부가되는 이윤 및 일반경비의 평균값을 기준으로 동종·동류비율을 산출하여야 한다.(2012.2.2 본항신설)

⑦ 세관장은 동종·동류비율 및 그 산출근거를 납세의무자에게 서면으로 통보하여야 한다.(2012.2.2 본항신설)

⑧ 납세의무자는 세관장이 산출한 동종·동류비율이 불합리하다고 판단될 때에는 제7항에 따른 통보를 받은 날부터 30일 이내에 관세청장이 정하는 바에 따라 해당 납세의무자의 수입물품을 통관했거나 통관할 세관장을 거쳐 관세청장에게 이의를 제기할 수 있다. 이 경우 관세청장은 해당 납세의무자가 제출하는 자료와 관련 업계 또는 단체의 자료를 검토하여 동종·동류비율을 다시 산출할 수 있다.(2023.2.28 전단개정)

⑨ 법 제33조제1항제3호에서 "그 밖의 관련 비용"이란 해당 물품, 동종·동질물품 또는 유사물품의 하역, 검수, 검역, 검사, 통관 비용 등 수입과 관련하여 발생하는 비용을 말한다.(2020.10.7 본항신설)

⑩ 법 제33조제2항에서 "그 가격의 정확성과 진실성을 의심할만한 합리적인 사유가 있는 경우"란 해당 물품의 국내판매가격이 동종·동질물품 또는 유사물품의 국내판매가격보다 현저하게 낮은 경우 등을 말한다.(2020.10.7 본항신설)

제28조【산정가격을 기초로 한 과세가격의 결정】 ① 법 제34조제1항제1호에 해당하는 금액은 해당 물품의 생산자가 생산국에서 일반적으로 인정된 회계원칙에 따라 작성하여 제공하는 회계장부 등 생산에 관한 자료를 근거로 하여 산정한다.(2020.10.7 본항신설)

② 법 제34조제1항제1호에 따른 조립이나 그 밖의 가공에 드는 비용 또는 그 가격에는 법 제30조제1항제2호에 따른 금액이 포함되는 것으로 하며, 우리나라에서 개발된 기술·설계·고안·디자인 또는 공예에 드는 비용을 생산자가 부담하는 경우에는 해당 비용이 포함되는 것으로 한다.
(2020.10.7 본조개정)

제29조【합리적 기준에 따른 과세가격의 결정】 ① 법 제35조에 따라 과세가격을 결정할 때에는 국내에서 이용 가능한 자료를 기초로 다음 각 호의 방법을 적용한다. 이 경우 적용순서는 법 제30조부터 제34조까지의 규정을 따른다.(2020.10.7 본항개정)

1. 법 제31조 또는 법 제32조의 규정을 적용함에 있어서 법 제31조제1항제1호의 요건을 신축적으로 해석·적용하는 방법

2. 법 제33조의 규정을 적용함에 있어서 수입된 것과 동일한 상태로 판매되어야 한다는 요건을 신축적으로 해석·적용하는 방법

3. 법 제33조 또는 법 제34조의 규정에 의하여 과세가격으로 인정된 바 있는 동종·동질물품 또는 유사물품의 과세가격을 기초로 과세가격을 결정하는 방법

4. 제27조제3항 단서를 적용하지 않는 방법(2020.10.7 본호개정)

5. 그 밖에 거래의 실질 및 관행에 비추어 합리적이라고 인정되는 방법(2013.2.15 본호신설)

② 법 제35조의 규정에 의하여 과세가격을 결정함에 있어서는 다음 각호의 1에 해당하는 가격을 기준으로 하여서는 아니된다.

1. 우리나라에서 생산된 물품의 국내판매가격

2. 선택가능한 가격중 반드시 높은 가격을 과세가격으로 하여야 한다는 기준에 따라 결정하는 가격

3. 수출국의 국내판매가격

4. 동종·동질물품 또는 유사물품에 대하여 법 제34조의 규정에 의한 방법외의 방법으로 생산비용을 기초로 하여 결정된 가격

5. 우리나라외의 국가에 수출하는 물품의 가격

6. 특정수입물품에 대하여 미리 설정하여 둔 최저과세기준가격

7. 자의적 또는 가공적인 가격

③ 제1항제1호부터 제4호까지의 규정에 따른 방법을 적용하기 곤란하거나 적용할 수 없는 경우로서 다음 각 호의 어느 하나에 해당하는 물품에 대한 과세가격 결정에 필요한 기초자료, 금액의 계산방법 등 세부사항은 기획재정부령으로 정할 수 있다.(2020.10.7 본문개정)

1. 수입신고전에 변질·손상된 물품

2. 여행자 또는 승무원의 휴대품·우편물·탁송품 및 별송품

3. 임차수입물품

4. 중고물품

5. 법 제188조 단서의 규정에 의하여 외국물품으로 보는 물품

6. 범칙물품

7.「석유 및 석유대체연료 사업법」제2조제1호의 석유로서 국제거래시세를 조정한 가격으로 보세구역에서 거래되는 물품(2020.2.11 본호신설)

8. 그 밖에 과세가격결정에 혼란이 발생할 우려가 있는 물품으로서 기획재정부령으로 정하는 물품(2020.10.7 본호개정)
(2020.10.7 본조제목개정)

제30조【가산율 또는 공제율의 적용】 ① 관세청장 또는 세관장은 장기간 반복하여 수입되는 물품에 대하여 법 제30조제1항이나 법 제33조제1항 또는 제3항을 적용하는 경우 납세의무자의 편의와 신속한 통관업무를 위하여 필요하다고 인정되는 때에는 기획재정부령으로 정하는 바에 따라 해당 물품에 대하여 통상적으로 인정되는 가산율 또는 공제율을 적용할 수 있다.
(2020.10.7 본항개정)

② 제1항의 규정에 의한 가산율 또는 공제율의 적용은 납세의무자의 요청이 있는 경우에 한한다.

제31조【과세가격 결정방법의 사전심사】 ① 법 제37조제1항에 따라 과세가격 결정에 관한 사전심사를 신청하려는 자는 거래당사자·통관예정세관·신청내용등을 적은 신청서에 다음 각 호의 서류를 첨부하여 관세청장에게 제출하여야 한다.(2020.10.7 본문개정)

1. 거래관계에 관한 기본계약서(투자계약서·대리점계약서·기술용역계약서·기술도입계약서 등)

2. 수입물품과 관련된 사업계획서

3. 수입물품공급계약서

4. 수입물품가격결정의 근거자료

4의2. 법 제37조제1항제3호의 사항에 해당하는 경우에는 기획재정부령으로 정하는 서류(2020.10.7 본호신설)

5. 그 밖에 과세가격결정에 필요한 참고자료(2020.10.7 본호개정)

② 관세청장은 제1항에 따라 제출된 신청서 및 서류가 과세가격의 심사에 충분하지 않다고 인정되는 때에는 다음 각 호의 구분에 따른 기간을 정하여 보정을 요구할 수 있다.(2020.10.7 본문개정)

1. 법 제37조제1항제1호 및 제2호에 해당하는 경우 : 20일 이내

2. 법 제37조제1항제3호에 해당하는 경우 : 30일 이내
(2020.10.7 1호~2호신설)

③ 법 제37조제2항에서 "대통령령으로 정하는 기간"이란 다음 각 호의 구분에 따른 기간을 말한다. 이 경우 관세청장이 제2항에 따라 제출된 신청서 및 서류의 보완을 요구한 경우에는 그 기간은 산입하지 아니한다. (2011.4.1 본항개정)
1. 법 제37조제1항제1호 및 제2호에 해당하는 경우 : 1개월
2. 법 제37조제1항제3호에 해당하는 경우 : 1년
(2008.2.22 본항개정)
④ 법 제37조제3항 전단에 따라 사전심사의 결과에 대하여 재심사를 신청하려는 자는 재심사 신청의 요지와 내용이 기재된 신청서에 다음 각 호의 서류 및 자료를 첨부하여 관세청장에게 제출하여야 한다.
1. 법 제37조제2항에 따른 과세가격 결정방법 사전심사서 사본
2. 재심사 신청의 요지와 내용을 입증할 수 있는 자료
(2015.2.6 본항신설)
⑤ 제1항 각 호 및 제4항 각 호의 서류 및 자료는 한글로 작성하여 제출해야 한다. 다만, 관세청장이 허용하는 경우에는 영문 등으로 작성된 서류 및 자료를 제출할 수 있다.(2020.10.7 본항신설)
⑥ 관세청장은 법 제37조제1항에 따른 사전심사 또는 법 제37조제3항 전단에 따른 재심사의 신청이 다음 각 호의 어느 하나에 해당하는 경우에는 해당 신청을 반려할 수 있다.
1. 해당 신청인에 대해 법 제110조제2항제2호의 관세조사(과세가격에 대한 관세조사에 한정한다)가 진행 중인 경우
2. 해당 신청인에 대한 법 제110조제2항제2호의 관세조사를 통해 과세가격결정방법이 확인된 후에 계약관계나 거래실질에 변동이 없는 경우
3. 해당 신청인이 법 제119조에 따른 이의신청·심사청구나 심판청구나 행정소송을 진행 중인 경우
4. 제2항에 따른 기간 내에 보정자료를 제출하지 않은 경우
(2020.10.7 본항신설)
⑦ 법 제37조제4항에서 "대통령령으로 정하는 요건"이란 다음 각 호의 요건을 말한다.(2015.2.6 본문개정)
1. 법 제37조제1항에 따른 신청인과 납세의무자가 동일할 것
2. 제1항에 따라 제출된 내용에 거짓이 없고 그 내용이 가격신고된 내용과 같을 것
3. 사전심사의 기초가 되는 법령이나 거래관계 등이 달라지지 아니하였을 것
4. 법 제37조제2항에 따른 결과의 통보일로부터 3년(제23조제1항에 따른 특수관계에 있는 자가 법 제37조제2항에 따른 결과의 통보일을 기준으로 2년 이후부터 3년이 도래하기 30일 전까지 신고기간을 2년 연장하여 줄 것을 신청한 경우로서 관세청장이 이를 허용하는 경우에는 5년) 이내에 신고될 것(2019.2.12 본호개정)
(2008.2.22 본항개정)
⑧ 법 제37조제5항에 따라 보고서를 제출해야 하는 자는 매년 사업연도 말일 이후 6개월 이내에 다음 각 호의 사항이 포함된 보고서를 관세청장에게 제출해야 한다.
1. 사전심사 결과 결정된 과세가격 결정방법의 전제가 되는 조건 또는 가정의 실현 여부
2. 사전심사 결과 결정된 과세가격 결정방법으로 산출된 과세가격 및 그 산출과정
3. 제2호에 따라 산출된 과세가격과 실제의 거래가격이 다른 경우에는 그 차이에 대한 처리내역
4. 그 밖에 관세청장이 법 제37조제2항에 따라 결과를 통보할 때 보고서에 포함하도록 통보한 사항
(2019.2.12 본항신설)

⑨ 신청인은 관세청장이 법 제37조제2항 또는 제3항에 따라 과세가격의 결정방법을 통보하기 전까지는 신청 내용을 변경하여 다시 신청하거나 신청을 철회할 수 있으며, 관세청장은 신청인이 신청을 철회한 때에는 제1항·제2항·제4항 및 제5항에 따라 제출된 모든 자료를 신청인에게 반환해야 한다.(2020.10.7 본항신설)
⑩ 법 제37조제6항 전단에서 "제5항에 따른 보고서를 제출하지 아니하는 등 대통령령으로 정하는 사유"란 다음 각 호의 구분에 따른 사유를 말한다.
1. 사전심사 결과를 변경할 수 있는 사유 : 다음 각 목의 어느 하나에 해당하는 경우
  가. 사전심사 결과 결정된 과세가격 결정방법의 전제가 되는 조건 또는 가정의 중요한 부분이 변경되거나 실현되지 않은 경우
  나. 관련 법령 또는 국제협약이 변경되어 사전심사 결과 결정된 과세가격 결정방법이 적정하지 않게 된 경우
  다. 사전심사 결과 결정된 과세가격 결정방법을 통보받은 자가 국내외 시장상황 변동 등으로 인하여 과세가격 결정방법의 변경을 요청하는 경우
  라. 그 밖에 사전심사 결과 결정된 과세가격 결정방법의 변경이 필요하다고 관세청장이 정하여 고시하는 사유에 해당하는 경우
2. 사전심사 결과를 철회할 수 있는 사유 : 다음 각 목의 어느 하나에 해당하는 경우
  가. 신청인이 제8항에 따른 보고서의 전부 또는 중요한 부분을 제출하지 않아 보완을 요구했으나 보완을 하지 않은 경우(2020.10.7 본목개정)
  나. 신청인이 제8항에 따른 보고서의 중요한 부분을 고의로 누락했거나 허위로 작성한 경우(2020.10.7 본목개정)
3. 사전심사 결과를 취소할 수 있는 사유 : 다음 각 목의 어느 하나에 해당하는 경우
  가. 신청인이 제1항에 따른 자료의 중요한 부분을 고의로 누락했거나 허위로 작성한 경우
  나. 신청인이 사전심사 결과 결정된 과세가격 결정방법의 내용 또는 조건을 준수하지 않고 과세가격을 신고한 경우
(2019.2.12 본항신설)
⑪ 관세청장 또는 세관장은 제1항·제2항·제4항 및 제5항 및 제8항에 따라 제출된 서류 및 자료 등을 법 제37조에 따른 과세가격 결정방법의 사전심사 외의 용도로는 사용할 수 없다.(2020.10.7 본항개정)
(2008.2.22 본조제목개정)
제31조의2 (2018.2.13 삭제)
제31조의3【사전조정의 절차 등】① 관세청장은 법 제37조의2제1항에 따른 신청을 받은 날부터 90일 이내에 같은 조 제2항에 따른 사전조정 절차를 시작하고, 그 사실을 신청자에게 통지하여야 한다. 다만, 관세청장은 제31조제1항 및 제2항에 따른 자료가 제출되지 아니하거나 거짓으로 작성되는 등의 사유로 사전조정 절차를 시작할 수 없으면 그 사유를 신청자에게 통지하여야 한다.(2018.2.13 본항개정)
② 신청자는 제1항 단서에 따라 사전조정 절차를 시작할 수 없다는 통지를 받은 경우에는 그 통지를 받은 날부터 30일 이내에 자료를 보완하거나 법 제37조제1항제3호의 사항에 관한 사전심사와「국제조세조정에 관한 법률」제14조제2항 단서에 따른 사전승인 절차를 따로 진행할 것인지를 관세청장에게 통지할 수 있다. 이 경우 관세청장은 그 통지받은 사항을 지체 없이 국세청장에게 알려야 한다.(2021.2.17 전단개정)
③ 법 제37조의2제5항에 따른 사전조정 신청 방법 및 절차 등에 관하여는 제31조 및「국제조세조정에 관한

법률 시행령」 제26조, 제27조, 제29조, 제30조, 제32조 및 제40조제3항을 준용한다.(2021.2.17 본항개정)
④ 제1항부터 제3항까지에서 규정한 사항 외에 사전조정의 실시, 그 밖에 사전조정에 필요한 사항은 기획재정부령으로 정한다.
(2015.2.6 본조신설)
제31조의4【관세부과 등을 위한 정보제공 범위】 법 제37조의3 전단에서 "대통령령으로 정하는 정보 또는 자료"란 다음 각 호의 어느 하나에 해당하는 것을 말한다.(2021.2.17 본문개정)
1. 「국제조세조정에 관한 법률」 제7조에 따른 과세표준 및 세액의 결정·경정과 관련된 정보 또는 자료 (2021.2.17 본호개정)
2. 그 밖에 과세가격의 결정·조정에 필요한 자료 (2012.2.2 본조신설)
제31조의5【특수관계자 수입물품 과세자료 제출범위 등】 ① 법 제37조의4제1항에 따라 세관장이 해당 특수관계자에게 요구할 수 있는 자료는 다음 각 호와 같다. 이 경우 세관장은 요구사유 및 자료제출에 필요한 기간을 적은 문서로 자료를 요구해야 한다.(2019.2.12 후단신설)
1. 특수관계자 간 상호출자현황
2. (2019.2.12 삭제)
3. 수입물품 가격산출 내역 등 내부가격 결정자료와 국제거래가격 정책자료(2018.2.13 본호개정)
4. 수입물품 구매계약서 및 원가분담계약서
5. 권리사용료, 기술도입료 및 수수료 등에 관한 계약서
6. 광고 및 판매촉진 등 영업·경영지원에 관한 계약서
7. (2019.2.12 삭제)
8. 해당 거래와 관련된 회계처리기준 및 방법
9. 해외 특수관계자의 감사보고서 및 연간보고서 (2019.2.12 본호개정)
10. 해외 대금 지급·영수 내역 및 증빙자료
11. 「국제조세조정에 관한 법률 시행령」 제33조에 따른 통합기업보고서 및 개별기업보고서(2021.2.17 본호개정)
12. 그 밖에 수입물품에 대한 과세가격 심사를 위하여 필요한 자료
② 제1항에 해당하는 자료는 한글로 작성하여 제출하여야 한다. 다만, 세관장이 허용하는 경우에는 영문으로 작성된 자료를 제출할 수 있다.
③ 법 제37조의4제3항 단서에서 "대통령령으로 정하는 부득이한 사유"란 다음 각 호의 어느 하나에 해당하는 경우를 말한다.(2017.3.27 본문개정)
1. 자료제출을 요구받은 자가 화재·도난 등의 사유로 자료를 제출할 수 없는 경우
2. 자료제출을 요구받은 자가 사업이 중대한 위기에 처하여 자료를 제출하기 매우 곤란한 경우
3. 관련 장부·서류가 권한 있는 기관에 압수되거나 영치된 경우
4. 자료의 수집·작성에 상당한 기간이 걸려 기한까지 자료를 제출할 수 없는 경우
5. 제1호부터 제4호까지에 준하는 사유가 있어 기한까지 자료를 제출할 수 없다고 판단되는 경우
④ 법 제37조의4제3항 단서에 따라 제출기한의 연장을 신청하려는 자는 제출기한이 끝나기 15일 전까지 관세청장이 정하는 자료제출기한연장신청서를 세관장에게 제출하여야 한다.(2017.3.27 본항개정)
⑤ 세관장은 제4항의 자료제출기한 연장신청이 접수된 날부터 7일 이내에 연장 여부를 신청인에게 통지하여야 한다. 이 경우 7일 이내에 연장 여부를 신청인에게 통지를 하지 아니한 경우에는 연장신청한 기한까지 자료제출기한이 연장된 것으로 본다.

⑥ 세관장은 법 제37조의4제4항 후단에 따라 특수관계에 있는 자와 다음 각 호의 사항에 대하여 협의해야 하며, 10일 이상의 기간 동안 의견을 제시할 기회를 주어야 한다.
1. 특수관계에 있는 자가 법 제37조의4제5항에 따라 법 제30조제3항제4호 단서에 해당하는 경우임을 증명하여 같은 조 제1항 및 제2항에 따라 과세가격을 결정해야 하는지 여부
2. 법 제31조부터 제35조까지의 규정에 따른 방법 중 과세가격을 결정하는 방법
(2019.2.12 본항신설)
(2013.2.15 본조신설)

제5절 부과와 징수

제32조【납세신고】 ① 법 제38조제1항의 규정에 의하여 납세신고를 하고자 하는 자는 제246조의 규정에 의한 수입신고서에 동조 각 호의 사항외에 다음 각호의 사항을 기재하여 세관장에게 제출하여야 한다.
1. 당해 물품의 관세율표상의 품목분류·세율과 품목분류마다 납부하여야 할 세액 및 그 합계액
2. 법 기타 관세에 관한 법률 또는 조약에 의하여 관세의 감면을 받는 경우에는 그 감면액과 법적 근거
3. 제23조제1항의 규정에 의한 특수관계에 해당하는지 여부와 그 내용
4. 기타 과세가격결정에 참고가 되는 사항
② 관세청장은 법 제38조제2항의 규정에 의한 세액심사의 원활을 기하기 위하여 필요한 때에는 심사방법 등에 관한 기준을 정할 수 있다.
제32조의2【자율심사】 ① 세관장은 납세의무자가 법 제38조제3항의 규정에 따라 납세신고세액을 자체적으로 심사하고자 신청하는 경우에는 관세청장이 정하는 절차에 의하여 자율심사를 하는 납세의무자(이하 "자율심사업체"라 한다)로 승인할 수 있다. 이 경우 세관장은 자율심사의 방법 및 일정 등에 대하여 자율심사업체와 사전협의할 수 있다.
② 세관장은 자율심사업체에게 수출입업무의 처리방법 및 체계 등에 관한 관세청장이 정한 자료를 제공하여야 한다.
③ 자율심사업체는 제2항의 규정에 의하여 세관장이 제공한 자료에 따라 다음 각호의 사항을 기재한 자율심사 결과 및 조치내용을 세관장에게 제출하여야 한다. 이 경우 자율심사업체는 당해 결과를 제출하기 전에 납부세액의 과부족분에 대하여는 보정신청하거나 수정신고 또는 경정청구하여야 하며, 과다환급금이 있는 경우에는 세관장에게 통지하여야 한다.
1. 제2항의 규정에 의하여 세관장이 제공한 자료에 따라 작성한 심사결과
2. 자율심사를 통하여 업무처리방법·체계 및 세액 등에 대한 보완이 필요한 것으로 확인된 사항에 대하여 조치한 내용
④ 세관장은 제3항의 규정에 의하여 제출된 결과를 평가하여 자율심사업체에 통지하여야 한다. 다만, 자율심사가 부적절하게 이루어진 것으로 판단되는 경우에는 추가적으로 필요한 자료의 제출을 요청하거나 방문하여 심사한 후에 통지할 수 있다.
⑤ 세관장은 제4항의 규정에 의한 자료의 요청 또는 방문심사한 결과에 따라 당해 자율심사업체로 하여금 자율심사를 적정하게 할 수 있도록 보완사항을 고지하고, 개선방법 및 일정 등에 대한 의견을 제출하게 하는 등 자율심사의 유지에 필요한 조치를 할 수 있다.
⑥ 세관장은 자율심사업체가 다음 각호의 1에 해당하는 때에는 자율심사의 승인을 취소할 수 있다.

1. 법 제38조제3항의 규정에 의한 관세청장이 정한 요건을 갖추지 못하게 되는 경우
2. 자율심사를 하지 아니할 의사를 표시하는 경우
3. 자율심사 결과의 제출 등 자율심사의 유지를 위하여 필요한 의무 등을 이행하지 아니하는 경우
(2004.3.29 본조신설)

제32조의3【세액의 정정】 법 제38조제4항의 규정에 의하여 세액을 정정하고자 하는 자는 당해 납세신고와 관련된 서류를 세관장으로부터 교부받아 과세표준 및 세액 등을 정정하고, 그 정정한 부분에 서명 또는 날인하여 세관장에게 제출하여야 한다.(2004.3.29 본조신설)

제32조의4【세액의 보정】 ① 세관장은 법 제38조의2제2항 전단의 규정에 의하여 세액의 보정을 통지하는 경우에는 다음 각호의 사항을 기재한 보정통지서를 교부하여야 한다.
1. 당해 물품의 수입신고번호와 품명·규격 및 수량
2. 보정전 당해 물품의 품목분류·과세표준·세율 및 세액
3. 보정후 당해 물품의 품목분류·과세표준·세율 및 세액
4. 보정사유 및 보정기한
5. 그 밖의 참고사항
② 법 제38조의2제1항 및 제2항 후단의 규정에 따라 신고납부한 세액을 보정하고자 하는 자는 세관장에게 세액보정을 신청한 다음에 이미 제출한 수입신고서를 교부받아 수입신고서상의 품목분류·과세표준·세율 및 세액 그 밖의 관련사항을 보정하고, 그 보정한 부분에 서명 또는 날인하여 세관장에게 제출하여야 한다.
③ (2012.2.2 삭제)
④ 법 제38조의2제5항 본문에 따라 부족세액에 가산하여야 할 이율의 계산에 관하여는 제56조제2항의 규정을 준용한다.(2010.3.26 본항개정)
⑤ 법 제38조의2제5항제1호에서 "국가 또는 지방자치단체가 직접 수입하는 물품 등 대통령령으로 정하는 물품"이란 다음 각 호의 어느 하나에 해당하는 물품을 말한다.
1. 국가 또는 지방자치단체(「지방자치법」에 따른 지방자치단체조합을 포함한다. 이하 같다)가 직접 수입하는 물품과 국가 또는 지방자치단체에 기증되는 물품
2. 우편물. 다만, 법 제241조에 따라 수입신고를 해야 하는 것은 제외한다.
(2020.2.11 본항신설)
⑥ 법 제38조의2제5항제2호에서 "대통령령으로 정하는 정당한 사유가 있는 경우"란 다음 각 호의 어느 하나에 해당하는 경우를 말한다.
1. 법 제10조에 따른 기한 연장 사유에 해당하는 경우
2. 제1조의3에 따른 법 해석에 관한 질의·회신 등에 따라 신고·납부했으나 이후 동일한 사안에 대해 다른 과세처분을 하는 경우
3. 그 밖에 납세자가 의무를 이행하지 않은 정당한 사유가 있는 경우
(2020.2.11 본항신설)
⑦ 법 제38조의2제5항제2호에 따라 부족세액에 가산하여야 할 금액을 면제받으려는 자는 다음 각 호의 사항을 적은 신청서를 세관장에게 제출하여야 한다. 이 경우 제2호 및 제3호와 관련한 증명자료가 있으면 이를 첨부할 수 있다.
1. 납세의무자의 성명 또는 상호 및 주소
2. 면제받으려는 금액
3. 정당한 사유
(2010.3.26 본항신설)
⑧ 세관장은 제7항에 따른 신청서를 제출받은 경우에는 신청일부터 20일 이내에 면제 여부를 서면으로 통

지하여야 한다.(2020.2.11 본항개정)
(2004.3.29 본조신설)
제32조의5【신용카드 등에 의한 관세 등의 납부】 ① 법 제38조제6항에 따라 납세의무자가 신고하거나 세관장이 부과 또는 경정하여 고지한 세액(세관장이 관세와 함께 징수하는 내국세등의 세액을 포함한다)은 신용카드, 직불카드 등(이하 이 조에서 "신용카드등"이라 한다)으로 납부할 수 있다.(2015.2.6 본항개정)
② 법 제38조제6항에 따라 준용되는 「국세징수법」 제12조제1항제3호 각 목 외의 부분에 따른 국세납부대행기관이란 정보통신망을 이용하여 신용카드등에 의한 결제를 수행하는 기관으로서 기획재정부령으로 정하는 바에 따라 관세납부를 대행하는 기관(이하 이 조에서 "관세납부대행기관"이라 한다)을 말한다.(2021.2.17 본항개정)
③ 관세납부대행기관은 납세자로부터 신용카드등에 의한 관세납부대행용역의 대가로 기획재정부령으로 정하는 바에 따라 납부대행수수료를 받을 수 있다.
④ 관세청장은 납부에 사용되는 신용카드등의 종류, 그 밖에 관세납부에 필요한 사항을 정할 수 있다.
(2015.2.6 본조제목개정)
(2009.2.4 본조신설)

제33조【수정신고】 법 제38조의3제1항의 규정에 의하여 수정신고를 하고자 하는 자는 다음 각호의 사항을 기재한 수정신고서를 세관장에게 제출하여야 한다.(2004.3.29 본문개정)
1. 당해 물품의 수입신고번호와 품명·규격 및 수량
2. 수정신고전의 당해 물품의 품목분류·과세표준·세율 및 세액
3. 수정신고후의 당해 물품의 품목분류·과세표준·세율 및 세액
4. 가산세액
5. 기타 참고사항
제34조【세액의 경정】 ① 법 제38조의3제2항의 규정에 의하여 경정의 청구를 하고자 하는 자는 다음 각호의 사항을 기재한 경정청구서를 세관장에게 제출하여야 한다.(2004.3.29 본문개정)
1. 당해 물품의 수입신고번호와 품명·규격 및 수량
2. 경정전의 당해 물품의 품목분류·과세표준·세율 및 세액
3. 경정후의 당해 물품의 품목분류·과세표준·세율 및 세액
4. 경정사유
5. 기타 참고사항
② 법 제38조의3제3항에서 "최초의 신고 또는 경정에서 과세표준 및 세액의 계산근거가 된 거래 또는 행위 등이 그에 관한 소송에 대한 판결(판결과 같은 효력을 가지는 화해나 그 밖의 행위를 포함한다)에 의하여 다른 것으로 확정되는 등 대통령령으로 정하는 사유"란 다음 각 호의 어느 하나에 해당하는 경우를 말한다.
1. 최초의 신고 또는 경정에서 과세표준 및 세액의 계산근거가 된 거래 또는 행위 등이 그에 관한 소송에 대한 판결(판결과 같은 효력을 가지는 화해나 그 밖의 행위를 포함한다)에 의하여 다른 것으로 확정된 경우
2. 최초의 신고 또는 경정을 할 때 장부 및 증거서류의 압수, 그 밖의 부득이한 사유로 과세표준 및 세액을 계산할 수 없었으나 그 후 해당 사유가 소멸한 경우
3. 법 제233조제1항 후단에 따라 원산지증명서 등의 진위 여부 등을 회신받은 세관장으로부터 그 회신 내용을 통보받은 경우(2013.2.15 본호신설)
(2012.2.2 본항신설)
③ 세관장은 법 제38조의3제6항에 따라 세액을 경정하려는 때에는 다음 각 호의 사항을 적은 경정통지서를

납세의무자에게 교부하여야 한다.(2017.3.27 본문개정)
1. 당해 물품의 수입신고번호와 품명·규격 및 수량
2. 경정전의 당해 물품의 품목분류·과세표준·세율 및 세액
3. 경정후의 당해 물품의 품목분류·과세표준·세율 및 세액
4. 가산세액
5. 경정사유
6. 기타 참고사항
④ 제3항에 따라 경정을 하는 경우 이미 납부한 세액에 부족이 있거나 납부할 세액에 부족이 있는 경우에는 그 부족세액에 대하여 제36조에 따른 납부고지를 해야 한다. 이 경우 동일한 납세의무자에게 경정에 따른 납부고지를 여러 건 해야 할 경우 통합하여 하나의 납부고지를 할 수 있다.(2021.2.17 본항개정)
⑤ 세관장은 제3항의 규정에 의하여 경정을 한 후 그 세액에 과부족이 있는 것을 발견한 때에는 그 경정한 세액을 다시 경정한다.(2013.2.15 본항개정)

제35조【수입물품의 과세가격 조정에 따른 경정】① 법 제38조의4제1항에 따라 경정청구를 하려는 자는 다음 각 호의 사항을 적은 경정청구서를 세관장에게 제출하여야 한다.
1. 해당 물품의 수입신고번호와 품명·규격 및 수량
2. 경정 전의 해당 물품의 품목분류·과세표준·세율 및 세액
3. 경정 후의 해당 물품의 품목분류·과세표준·세율 및 세액
4. 수입물품 가격의 조정내역, 가격결정방법 및 계산근거 자료
5. 경정사유
6. 그 밖의 필요한 사항
② 제1항에 따른 경정청구서를 제출받은 세관장은 경정청구의 대상이 되는 납세신고의 사실과 경정청구에 대한 의견을 첨부하여 관세청장에게 보고하여야 한다. 이 경우 관세청장은 세관장을 달리하는 동일한 내용의 경정청구가 있으면 경정처분의 기준을 정하거나, 경정청구를 통합 심사할 세관장을 지정할 수 있다.
③ 세관장은 법 제38조의4제2항에 따라 다음 각 호의 어느 하나에 해당하는 경우에는 세액을 경정할 수 있다.
1. 지방국세청장 또는 세무서장의 결정·경정 처분에 따라 조정된 사항이 수입물품의 지급가격, 권리사용료 등 법 제30조제1항의 과세가격으로 인정되는 경우
2. 지방국세청장 또는 세무서장이 「국제조세조정에 관한 법률」 제8조에 따른 정상가격의 산출방법에 따라 조정하는 경우로서 그 비교대상거래, 통상이윤의 적용 등 조정방법과 계산근거가 법 제31조부터 제35조까지의 규정에 적합하다고 인정되는 경우
(2021.2.17 본호개정)
④ 제3항에 따른 세액경정을 하는 경우 경정통지서의 교부, 납부고지, 경정에 대한 재경정 등의 절차에 관하여는 제34조제3항부터 제5항까지의 규정을 준용한다.(2021.2.17 본항개정)
(2012.2.2 본조신설)

제36조【납부고지】 세관장은 법 제39조제3항·제47조제1항 또는 제270조제5항 후단에 따라 관세를 징수하려는 경우에는 세목·세액·납부장소 등을 기재한 납부고지서를 납세의무자에게 교부하여야 한다. 다만, 법 제43조에 따라 물품을 검사한 공무원이 관세를 수납하는 경우에는 그 공무원으로 하여금 말로써 고지하게 할 수 있다.(2021.2.17 본조개정)

제37조【징수금액의 최저한】① 법 제40조의 규정에 의하여 세관장이 징수하지 아니하는 금액은 1만원으로 한다.(2006.5.22 본항개정)

② 제1항의 규정에 따라 관세를 징수하지 아니하게 된 경우에는 당해 물품의 수입신고수리일을 그 납부일로 본다.(2001.12.31 본항신설)

제38조 (2020.2.11 삭제)

제39조【가산세】① 법 제42조제1항제2호가목 및 같은 조 제3항제2호가목의 계산식에서 "대통령령으로 정하는 이자율"이란 각각 1일 10만분의 22의 율을 말한다.(2022.2.15 본항개정)
② 법 제42조의2제1항제6호에서 "국가 또는 지방자치단체가 직접 수입하는 물품 등 대통령령으로 정하는 물품"이란 제32조의4제5항 각 호의 어느 하나에 해당하는 물품을 말한다.(2020.2.11 본항개정)
③ 법 제42조의2제1항제8호에서 "대통령령으로 정하는 정당한 사유가 있는 경우"란 제32조의4제6항 각 호의 어느 하나에 해당하는 경우를 말한다.(2020.2.11 본항개정)
④ 법 제42조제2항에서 "대통령령으로 정하는 행위"란 다음 각 호의 어느 하나에 해당하는 행위를 말한다.(2023.2.28 본문개정)
1. 이중송품장·이중계약서 등 허위증명 또는 허위문서의 작성이나 수취
2. 세액심사에 필요한 자료의 파기
3. 관세부과의 근거가 되는 행위나 거래의 조작·은폐
4. 그 밖에 관세를 포탈하거나 환급 또는 감면을 받기 위한 부정한 행위(2013.2.15 본호개정)
(2009.2.4 본항신설)
⑤ 법 제42조의2제2항에 따른 가산세 감면 절차에 관하여는 제32조의4제7항 및 제8항을 준용한다.(2020.2.11 본항개정)

제40조【압류·매각의 유예】① 체납자는 법 제43조의2제1항에 따라 압류 또는 매각의 유예를 받으려는 경우에는 다음 각 호의 사항을 적은 신청서를 세관장에게 제출해야 한다.(2021.2.17 본항개정)
1. 체납자의 주소 또는 거소와 성명
2. 납부할 체납액의 세목, 세액과 납부기한
3. 압류 또는 매각의 유예를 받으려는 이유와 기간(2021.2.17 본호개정)
4. 체납자가 체납액을 분할하여 납부하려는 경우에는 그 분납액 및 분납횟수
② 세관장이 제1항의 신청에 따라 압류 또는 매각을 유예하는 경우 그 유예기간은 유예한 날부터 2년 이내로 한다. 이 경우 세관장은 그 유예기간 이내에 분할하여 납부하게 할 수 있다.(2021.2.17 전단개정)
③ 법 제43조의2제4항에 따라 제출받는 체납액 납부계획서에는 다음 각 호의 사항이 포함되어야 한다.
1. 체납액 납부에 제공될 재산 또는 소득에 관한 사항
2. 체납액의 납부일정에 관한 사항(제2항 후단에 따라 분할하여 납부하게 된 경우에는 분납일정을 포함해야 한다)
3. 그 밖에 체납액 납부계획과 관련된 사항으로서 관세청장이 정하여 고시하는 사항
④ 세관장이 제1항의 신청에 따라 압류 또는 매각을 유예하는 경우 그 사실을 통지하는 다음 각 호의 사항을 적은 문서로 해야 한다.(2021.2.17 본문개정)
1. 압류 또는 매각을 유예한 체납액의 세목, 세액과 납부기한(2021.2.17 본호개정)
2. 체납액을 분할하여 납부하게 하는 경우에는 그 분납액 및 분납횟수(2021.2.17 본호개정)
3. 압류 또는 매각의 유예기간(2021.2.17 본호개정)
⑤ 세관장이 제1항에 따른 신청을 거부하거나 법 제43조의2제5항에 따라 압류 또는 매각의 유예를 취소하는 경우에는 그 사유를 적은 문서로 통지해야 한다.(2021.2.17 본항개정)
(2021.2.17 본조제목개정)
(2019.2.12 본조신설)

제41조【체납자료의 제공 등】 ① 법 제44조제1항 각 호 외의 부분 단서에서 "대통령령으로 정하는 경우"란 다음 각 호의 어느 하나에 해당하는 경우를 말한다.
1. 제2조제1항제1호부터 제3호까지의 사유에 해당되는 경우
2. 압류 또는 매각이 유예된 경우(2021.2.17 본호개정)
② 법 제44조제1항 각 호에서 "대통령령으로 정하는 금액"이란 각각 500만원을 말한다.
③ 세관장은 법 제44조제1항 각 호 외의 부분 본문에 따른 체납자료(이하 이 조에서 "체납자료"라 한다)를 전산정보처리조직에 의하여 처리하는 경우에는 체납자료 파일(자기테이프, 자기디스크, 그 밖에 이와 유사한 매체에 체납자료가 기록·보관된 것을 말한다. 이하 같다)을 작성할 수 있다.
④ 법 제44조제1항 각 호 외의 부분 본문에 따라 체납자료를 요구하려는 자(이하 이 조에서 "요구자"라 한다)는 다음 각 호의 사항을 적은 문서를 세관장에게 제출하여야 한다.
1. 요구자의 이름 및 주소
2. 요구하는 자료의 내용 및 이용 목적
⑤ 제4항에 따라 체납자료를 요구받은 세관장은 제3항에 따른 체납자료 파일이나 문서로 제공할 수 있다.
⑥ 제5항에 따라 제공한 체납자료가 체납액의 납부 등으로 체납자료에 해당되지 아니하게 되는 경우에는 그 사실을 사유 발생일부터 15일 이내에 요구자에게 통지하여야 한다.
⑦ 제3항에 따른 체납자료 파일의 정리, 관리, 보관 등에 필요한 사항 또는 이 조에서 규정한 사항 외에 체납자료의 요구 및 제공 등에 필요한 사항은 관세청장이 정한다.
(2013.2.15 본조개정)
제42조【관세체납정리위원회의 구성】 ① 법 제45조의 규정에 의하여 세관에 관세체납정리위원회(이하 "관세체납정리위원회"라 한다)를 둔다.
② 관세체납정리위원회는 위원장 1인을 포함한 5인 이상 7인 이내의 위원으로 구성한다.
③ 관세체납정리위원회의 위원장은 세관장이 되며, 위원은 다음 각호의 자 중에서 세관장이 임명 또는 위촉한다.
1. 세관공무원
2. 변호사·관세사·공인회계사·세무사
3. 상공계의 대표
4. 기획재정에 관한 학식과 경험이 풍부한 자 (2008.2.29 본조개정)
④ 제3항제2호부터 제4호까지의 규정에 해당하는 위원의 임기는 2년으로 하되, 한번만 연임할 수 있다. 다만, 보궐위원의 임기는 전임위원 임기의 남은 기간으로 한다.
(2018.2.13 본문개정)
제43조【관세체납정리위원회 위원의 해임 등】 세관장은 관세체납정리위원회의 위원이 다음 각 호의 어느 하나에 해당하는 경우에는 해당 위원을 해임 또는 해촉(解囑)할 수 있다.
1. 심신장애로 인하여 직무를 수행할 수 없게 된 경우
2. 직무와 관련된 비위사실이 있는 경우
3. 직무태만, 품위손상이나 그 밖의 사유로 인하여 위원으로 적합하지 아니하다고 인정되는 경우
4. 위원 스스로 직무를 수행하는 것이 곤란하다고 의사를 밝히는 경우
5. 제42조제3항제1호 및 제2호에 따른 신분을 상실한 경우
6. 제45조의2제1항 각 호의 어느 하나에 해당함에도 불구하고 회피하지 아니한 경우(2018.2.13 본호개정)
7. 관할 구역 내에 거주하지 아니하게 된 경우

8. 관세 및 국세를 체납한 경우 (2017.3.27 본조개정)
제44조【관세체납정리위원회의 위원장의 직무】 ① 관세체납정리위원회의 위원장은 해당 위원회의 사무를 총괄하고 해당 위원회를 대표한다.(2020.12.29 본항개정)
② 관세체납정리위원회의 위원장이 직무를 수행하지 못하는 부득이한 사정이 있는 때에는 위원장이 지명하는 위원이 그 직무를 대행한다.
제45조【관세체납정리위원회의 회의】 ① 관세체납정리위원회의 위원장은 체납세액이 관세청장이 정하는 금액 이상인 경우로서 다음 각 호의 어느 하나에 해당하는 경우 회의를 소집하고 그 의장이 된다. (2009.2.4 본문개정)
1. 법 제26조제1항에 따라 「국세징수법」 제57조제1항 제4호 본문에 따른 사유로 압류를 해제하려는 경우 (2021.2.17 본호개정)
2. (2013.2.15 삭제)
3. 법 제4조제2항에 따라 체납된 내국세등에 대해 세무서장이 징수하게 하는 경우(2013.2.15 본호신설)
② 관세체납정리위원회의 회의의 의사는 위원장을 포함한 재적위원 과반수의 출석으로 개의하고 출석위원 과반수의 찬성으로 의결한다.
③ (2018.2.13 삭제)
제45조의2【관세체납정리위원회 위원의 제척·회피】 ① 관세체납정리위원회의 위원이 다음 각 호의 어느 하나에 해당하는 경우에는 심의·의결에서 제척된다.
1. 위원이 해당 안건의 당사자(당사자가 법인·단체 등인 경우에는 그 임원을 포함한다. 이하 이 항에서 같다)이거나 해당 안건에 관하여 직접적인 이해관계가 있는 경우
2. 위원의 배우자, 4촌 이내의 혈족 및 2촌 이내의 인척의 관계에 있는 사람이 해당 안건의 당사자이거나 해당 안건에 관하여 직접적인 이해관계가 있는 경우
3. 위원이 해당 안건 당사자의 대리인이거나 최근 5년 이내에 대리인이었던 경우
4. 위원이 해당 안건 당사자의 대리인이거나 최근 5년 이내에 대리인이었던 법인·단체 등에 현재 속하고 있거나 속하였던 경우
5. 위원이 최근 5년 이내에 해당 안건 당사자의 자문·고문에 응하였거나 해당 안건 당사자와 연구·용역 등의 업무 수행에 동업 또는 그 밖의 형태로 직접 해당 안건 당사자의 업무에 관여를 하였던 경우
6. 위원이 최근 5년 이내에 해당 안건 당사자의 자문·고문에 응하였거나 해당 안건 당사자와 연구·용역 등의 업무 수행에 동업 또는 그 밖의 형태로 직접 해당 안건 당사자의 업무에 관여를 하였던 법인·단체 등에 현재 속하고 있거나 속하였던 경우
② 관세체납정리위원회의 위원은 제1항 각 호의 어느 하나에 해당하는 경우에는 스스로 해당 안건의 심의·의결에서 회피하여야 한다.
(2018.2.13 본조신설)
제46조【의견청취】 관세체납정리위원회는 의안에 관하여 필요하다고 인정되는 때에는 체납자 또는 이해관계인 등의 의견을 들을 수 있다.
제47조【관세체납정리위원회의 회의록】 관세체납정리위원회의 위원장은 회의를 개최한 때에는 회의록을 작성하여 이를 비치하여야 한다.
제48조【의결사항의 통보】 관세체납정리위원회의 위원장은 당해 위원회에서 의결된 사항을 관세청장에게 통보하여야 한다.
제49조【수당】 관세체납정리위원회의 회의에 출석한 공무원이 아닌 위원에 대하여는 예산의 범위 안에서 수당을 지급할 수 있다.

제50조 【관세환급금의 환급신청】 법 제46조제1항에 따른 관세환급금(이하 이 조부터 제56조까지에서 "관세환급금"이라 한다)의 환급을 받고자 하는 자는 당해 물품의 품명·규격·수량·수입신고수리연월일·신고번호 및 환급사유와 환급받고자 하는 금액을 기재한 신청서를 세관장에게 제출하여야 한다.(2013.2.15 본조개정)

제51조 【관세환급의 통지】 ① 세관장은 관세환급 사유를 확인한 때에는 권리자에게 그 금액과 이유등을 통지하여야 한다.
② 세관장은 관세환급금결정부와 그 보조부를 비치하고, 이에 필요한 사항을 기록하여야 한다.
③ 세관장은 매월 관세환급금결정액보고서를 작성하여 기획재정부장관에게 제출하여야 한다.
④ 세관장은 관세환급금결정액계산서와 그 증빙서류를 감사원장이 정하는 바에 따라 감사원에 제출하여야 한다.(2013.2.15 본조개정)

제52조 【관세환급금의 충당통지】 세관장은 법 제46조제2항의 규정에 의하여 관세환급금을 충당한 때에는 그 사실을 권리자에게 통보하여야 한다. 다만, 권리자의 신청에 의하여 충당한 경우에는 그 통지를 생략한다.(2013.2.15 본조개정)

제53조 【관세환급금의 양도】 법 제46조제3항에 따라 관세환급금에 관한 권리를 제3자에게 양도하고자 하는 자는 다음 각 호의 사항을 적은 문서를 세관장에게 제출해야 한다.(2019.2.12 본문개정)
1. 양도인의 주소와 성명
2. 양수인의 주소와 성명
3. 환급사유(2013.2.15 본호개정)
4. 환급금액(2013.2.15 본호개정)
(2013.2.15 본조제목개정)

제54조 【환급의 절차】 ① 세관장은 관세환급금을 결정한 때에는 즉시 환급금 해당액을 환급받을 자에게 지급할 것을 내용으로 하는 지급지시서를 한국은행(국고대리점을 포함한다. 이하 같다)에 송부하고, 그 환급받을 자에게 환급내용 및 방법 등을 기재한 환급통지서를 송부하여야 한다.(2013.2.15 본항개정)
② 한국은행은 세관장으로부터 제1항의 규정에 의한 지급지시서를 송부받은 때에는 즉시 세관장의 당해연도 소관세입금중에서 환급에 필요한 금액을 세관장의 환급금지급계정에 이체하고 그 내용을 세관장에게 통지하여야 한다.
③ 한국은행은 제1항의 규정에 의한 환급통지서를 제시받은 때에는 이를 세관장으로부터 송부받은 지급지시서와 대조·확인한 후 환급금을 지급하고 지급내용을 세관장에게 통지하여야 한다.
④ 한국은행은 제3항의 규정에 의하여 환급금을 지급하는 때에는 환급받을 자로 하여금 주민등록증 기타 신분증을 제시하도록 하여 그가 정당한 권리자인지를 확인하여야 한다.
⑤ 관세환급금을 환급받으려는 자는 제50조의 규정에 의한 신청을 하는 때에 다른 지역의 한국은행으로 지급받을 환급금을 송금할 것을 신청하거나, 금융기관에 계좌를 개설하고 세관장에게 계좌개설신고를 한 후 그 계좌에 이체입금하여 줄 것을 신청할 수 있다.(2013.2.15 본항개정)
⑥ 제5항의 규정에 의한 신청을 받은 세관장은 제1항의 규정에 의하여 그 내용을 기재한 지급지시서를 한국은행에 송부하여야 한다. 이 경우 국고금송금요구서 또는 국고금입금의뢰서를 첨부하여야 한다.
⑦ 한국은행은 세관장으로부터 제6항의 규정에 의한 지급지시서를 송부받은 때에는 즉시 그 금액을 당해

은행에 송금하거나 지정 금융기관의 계좌에 이체입금하고 그 내용을 세관장에게 통지하여야 한다.
⑧ 제7항의 규정에 의하여 환급금을 송금받은 다른 지역의 한국은행은 제3항 및 제4항의 규정에 의하여 당해 환급금을 지급한다.

제55조 【미지급자금의 정리】 ① 한국은행은 세관장이 환급금지급계정에 이체된 금액으로부터 당해 회계연도의 환급통지서 발행금액중 다음 회계연도 1월 15일까지 지급하지 못한 환급금을 세관환급금지급미필이월계정에 이월하여 정리하여야 한다.
② 제1항의 규정에 의하여 세관환급금지급미필이월계정에 이월한 금액중 환급통지서발행일부터 1년내에 지급하지 못한 금액은 그 기간이 만료한 날이 속하는 회계연도의 세입에 편입하여야 한다.
③ 관세환급금을 환급받을 자가 환급통지서발행일부터 1년내에 환급금을 지급받지 못한 때에는 세관장에게 다시 환급절차를 밟을 것을 요구할 수 있으며, 세관장은 이를 조사·확인하여 그 지급에 필요한 조치를 하여야 한다.(2013.2.15 본항개정)

제56조 【관세환급가산금 등의 결정】 ① 세관장은 법 제46조에 따라 충당 또는 환급(법 제28조제4항에 따라 잠정가격을 기초로 신고납부한 세액과 확정된 가격에 따른 세액을 충당 또는 환급하는 경우는 제외한다)하거나 법 제47조제1항에 따라 과다환급금을 징수하는 때에는 법 제47조제2항 또는 법 제48조에 따른 가산금을 결정하여야 한다.(2013.2.15 본항개정)
② 제1항에 따른 가산금의 이율은 「은행법」에 따른 은행업의 인가를 받은 은행으로서 서울특별시에 본점을 둔 은행의 1년 만기 정기예금 이자율의 평균을 고려하여 기획재정부령으로 정하는 이자율로 한다.(2020.12.29 본항개정)
③ 법 제48조에서 "대통령령으로 정하는 관세환급가산금 기산일"이란 다음 각 호의 구분에 따른 날의 다음 날로 한다.
1. 착오납부, 이중납부 또는 납부 후 그 납부의 기초가 된 신고 또는 부과를 경정하거나 취소함에 따라 발생한 관세환급금 : 납부일. 다만, 2회 이상 분할납부된 것인 경우에는 그 최종 납부일로 하되, 관세환급금액이 최종 납부된 금액을 초과하는 경우에는 관세환급금액이 될 때까지 납부일의 순서로 소급하여 계산한 관세환급금의 각 납부일로 한다.
2. 적법하게 납부된 관세의 감면으로 발생한 관세환급금 : 감면 결정일
3. 적법하게 납부된 후 법률이 개정되어 발생한 관세환급금 : 개정된 법률의 시행일
4. 이 법에 따라 신청한 환급세액(잘못 신청한 경우 이를 경정한 금액을 말한다)을 환급하는 경우 : 신청을 한 날부터 30일이 지난 날. 다만, 환급세액을 신청하지 아니하였으나 세관장이 직권으로 결정한 환급세액을 환급하는 경우에는 해당 결정일로부터 30일이 지난 날로 한다.
5. 「자유무역협정의 이행을 위한 관세법의 특례에 관한 법률」 제9조제5항에 따른 관세환급금 : 같은 조 제4항 후단에 따른 협정관세 적용 등의 통지일(2021.2.17 본호개정)
(2013.2.15 본항신설)
④ 법 제48조 단서에서 "국가 또는 지방자치단체가 직접 수입하는 물품 등 대통령령으로 정하는 물품"이란 제32조의4제5항 각 호의 어느 하나에 해당하는 물품을 말한다.(2020.2.11 본항신설)
(2013.2.15 본조제목개정)

제3장 세율 및 품목분류

제1절 통 칙

제57조 【잠정세율의 적용정지 등】 ① 법 별표 관세율표중 잠정세율(이하 "잠정세율"이라 한다)의 적용을 받는 물품과 관련이 있는 관계부처의 장 또는 이해관계인은 법 제50조제4항의 규정에 의하여 잠정세율의 적용정지나 잠정세율의 인상 또는 인하의 필요가 있다고 인정되는 때에는 이를 기획재정부장관에게 요청할 수 있다.(2008.2.29 본항개정)
② 관계부처의 장 또는 이해관계인은 제1항에 따른 요청을 하려는 경우에는 해당 물품과 관련된 다음 각 호의 사항에 관한 자료를 기획재정부장관에게 제출하여야 한다.(2011.4.1 본문개정)
1. 해당 물품의 관세율표 번호·품명·규격·용도 및 대체물품(2011.4.1 본호개정)
2. 해당 물품의 제조용 투입원료 및 해당 물품을 원료로 하는 관련제품의 제조공정설명서 및 용도(2011.4.1 본호개정)
3. 적용을 정지하여야 하는 이유 및 기간
4. 변경하여야 하는 세율·이유 및 그 적용기간
5. 최근 1년간의 월별 주요 수입국별 수입가격 및 수입실적
6. 최근 1년간의 월별 주요 국내제조업체별 공장도가격 및 출고실적
7. 기타 참고사항
③ 기획재정부장관은 잠정세율의 적용정지 등에 관한 사항을 조사하기 위하여 필요하다고 인정되는 때에는 관계기관·수출자·수입자 기타 이해관계인에게 관련 자료의 제출 기타 필요한 협조를 요청할 수 있다.(2008.2.29 본항개정)

제2절 세율의 조정

제58조 【정상가격 및 덤핑가격의 비교】 ① 법 제51조에서 "정상가격"이라 함은 당해 물품의 공급국에서 소비되는 동종물품의 통상거래가격을 말한다. 다만, 동종물품이 거래되지 아니하거나 특수한 시장상황 등으로 인하여 통상거래가격을 적용할 수 없는 때에는 당해 국가에서 제3국으로 수출되는 수출가격중 대표적인 가격으로서 비교가능한 가격 또는 원산지국에서의 제조원가에 합리적인 수준의 관리비 및 판매비와 이윤을 합한 가격(이하 "구성가격"이라 한다)을 정상가격으로 본다.
② 당해 물품의 원산지국으로부터 직접 수입되지 아니하고 제3국을 거쳐 수입되는 경우에는 그 제3국의 통상거래가격을 정상가격으로 본다. 다만, 그 제3국안에서 당해 물품을 단순히 옮겨 싣거나 동종물품의 생산실적이 없는 때 또는 그 제3국내에 통상거래가격으로 인정될 가격이 없는 때에는 원산지국의 통상거래가격을 정상가격으로 본다.
③ 당해 물품이 통제경제를 실시하는 시장경제체제가 확립되지 아니한 국가로부터 수입되는 때에는 제1항 및 제2항의 규정에 불구하고 다음 각호의 1에 해당하는 가격을 정상가격으로 본다. 다만, 시장경제체제가 확립되지 아니한 국가가 시장경제로의 전환체제에 있는 등 기획재정부령이 정하는 경우에는 제1항 및 제2항의 규정에 따른 통상거래가격등을 정상가격으로 볼 수 있다.(2008.2.29 단서개정)
1. 우리나라를 제외한 시장경제국가에서 소비되는 동종물품의 통상거래가격

2. 우리나라를 제외한 시장경제국가에서 우리나라를 포함한 제3국으로의 수출가격 또는 구성가격
④ 법 제51조에서 "덤핑가격"이라 함은 제60조의 규정에 의하여 조사가 개시된 조사대상물품에 대하여 실제로 지급하였거나 지급하여야 하는 가격을 말한다. 다만, 공급자와 수입자 또는 제3자 사이에 제23조제1항의 규정에 의한 특수관계 또는 보상약정이 있어 실제로 지급하였거나 지급하여야 하는 가격에 의할 수 없는 때에는 다음 각호의 1의 가격으로 할 수 있다.
1. 수입물품이 그 특수관계 또는 보상약정이 없는 구매자에게 최초로 재판매된 경우에는 기획재정부령이 정하는 바에 따라 그 재판매 가격을 기초로 산정한 가격(2008.2.29 본호개정)
2. 수입물품이 그 특수관계 또는 보상약정이 없는 구매자에게 재판매된 실적이 없거나 수입된 상태로 물품이 재판매되지 아니하는 때에는 기획재정부령이 정하는 합리적인 기준에 의한 가격(2008.2.29 본호개정)
⑤ 정상가격과 덤핑가격의 비교는 가능한 한 동일한 시기 및 동일한 거래단계(통상적으로 공장도 거래단계를 말한다)에서 비교하여야 한다. 이 경우 당해 물품의 물리적 특성, 판매수량, 판매조건, 과세상의 차이, 거래단계의 차이, 환율변동 등이 가격비교에 영향을 미치는 경우에는 기획재정부령이 정하는 바에 따라 정상가격 및 덤핑가격을 조정하여야 하며, 덤핑률 조사대상기간은 6월이상의 기간으로 한다.(2008.2.29 후단개정)
⑥ 이해관계인은 물리적 특성, 판매수량 및 판매조건의 차이로 인하여 제5항의 규정에 의한 가격조정을 요구하는 때에는 그러한 차이가 시장가격 또는 제조원가에 직접적으로 영향을 미친다는 사실을 입증하여야 한다.

제59조 【덤핑방지관세의 부과요청】 ① 법 제51조의 규정에 의한 실질적 피해등(이하 "실질적 피해등"이라 한다)을 받은 국내산업에 이해관계가 있는 자 또는 당해 산업을 관장하는 주무부장관은 기획재정부령이 정하는 바에 따라 기획재정부장관에게 덤핑방지관세의 부과를 요청할 수 있으며, 이 요청은 「불공정무역행위 조사 및 산업피해구제에 관한 법률」 제27조에 따른 무역위원회(이하 "무역위원회"라 한다)에 대한 덤핑방지관세의 부과에 필요한 조사신청으로 갈음한다.(2008.2.29 본항개정)
② 주무부장관은 제1항에 따라 기획재정부장관에게 덤핑방지관세 부과를 요청하기 전에 관세청장에게 해당 수입물품의 덤핑거래에 관한 검토를 요청할 수 있다.(2020.2.11 본항신설)
③ 관세청장은 제2항에 따른 덤핑거래에 관한 검토 요청이 없는 경우에도 덤핑거래 우려가 있다고 판단되는 경우에는 해당 수입물품의 덤핑거래 여부에 대하여 검토하고 그 결과를 주무부장관에게 통지할 수 있다.(2020.2.11 본항신설)
④ 법 제51조를 적용함에 있어서의 국내산업은 정상가격이하로 수입되는 물품과 동종물품의 국내생산사업(당해 수입물품의 공급자 또는 수입자와 제23조제1항의 규정에 의한 특수관계에 있는 생산자에 의한 생산사업과 당해 수입물품의 수입자인 생산자로서 기획재정부령이 정하는 자에 의한 생산사업을 제외할 수 있다. 이하 이 항에서 같다)의 전부 또는 국내총생산량의 상당부분을 점하는 국내생산사업으로 한다.(2008.2.29 본항개정)
⑤ 제1항에서 "국내산업에 이해관계가 있는 자"라 함은 실질적 피해등을 받은 국내산업에 속하는 국내생산자와 이들을 구성원으로 하거나 이익을 대변하는 법인·단체 및 개인으로서 기획재정부령이 정하는 자를 말한다.(2008.2.29 본항개정)

⑥ 제1항에 따라 조사를 신청하려는 자는 다음 각 호의 자료를 무역위원회에 제출해야 한다.(2020.12.29 본문개정)
1. 다음 각목의 사항을 기재한 신청서 3부
   가. 당해 물품의 품명·규격·특성·용도·생산자 및 생산량
   나. 당해 물품의 공급국·공급자·수출실적 및 수출가능성과 우리나라의 수입자·수입실적 및 수입가능성
   다. 당해 물품의 공급국에서의 공장도가격 및 시장가격과 우리나라에의 수출가격 및 제3국에의 수출가격
   라. 국내의 동종물품의 품명·규격·특성·용도·생산자·생산량·공장도가격·시장가격 및 원가계산
   마. 당해 물품의 수입으로 인한 국내산업의 실질적 피해등
   바. 국내의 동종물품생산자들의 당해 조사신청에 대한 지지 정도
   사. 신청서의 기재사항 및 첨부자료를 비밀로 취급할 필요가 있는 경우에는 그 사유
   아. 기타 기획재정부장관이 필요하다고 인정하는 사항(2008.2.29 본목개정)
2. 덤핑물품의 수입사실과 당해 물품의 수입으로 인한 실질적 피해등의 사실에 관한 충분한 증빙자료 3부
⑦ 무역위원회는 제6항에 따라 조사신청을 받은 사실을 기획재정부장관 및 관계 행정기관의 장과 해당 물품의 공급국 정부에 통보해야 한다. 이 경우 제6항 각호의 자료는 제60조제1항에 따른 조사개시결정을 한 후에 통보해야 한다.(2020.12.29 본항신설)
제60조【덤핑 및 실질적 피해등의 조사개시】① 무역위원회는 제59조제1항에 따른 조사신청을 받은 경우 덤핑사실과 실질적인 피해등의 사실에 관한 조사의 개시여부를 결정하여 조사신청을 받은 날부터 2개월 이내에 그 결과와 다음 각 호의 사항을 기획재정부장관에게 통보하여야 한다.(2008.2.29 본문개정)
1. 조사대상물품(조사대상물품이 많은 경우에는 기획재정부령이 정하는 바에 따라 선정된 조사대상물품)(2008.2.29 본호개정)
2. 조사대상기간
3. 조사대상공급자(조사대상공급자가 많은 경우에는 기획재정부령이 정하는 바에 따라 선정된 조사대상공급자)(2008.2.29 본호개정)
② 무역위원회는 제1항에 따라 조사의 개시 여부를 결정할 때에 조사신청이 다음 각 호의 어느 하나에 해당하면 그 조사신청을 기각하여야 한다.(2008.2.22 본문개정)
1. 신청서를 제출한 자가 제59조제1항의 규정에 의하여 부과요청을 할 수 있는 자가 아닌 경우
2. 덤핑사실과 실질적인 피해등의 사실에 관한 충분한 증빙자료를 제출하지 아니한 경우
3. 덤핑차액 또는 덤핑물품의 수입량이 기획재정부령이 정하는 기준에 미달되거나 실질적 피해등이 경미하다고 인정되는 경우(2008.2.29 본호개정)
4. 당해 조사신청에 찬성의사를 표시한 국내생산자들의 생산량합계가 기획재정부령이 정하는 기준에 미달된다고 인정되는 경우(2008.2.29 본호개정)
5. 조사개시전에 국내산업에 미치는 나쁜 영향을 제거하기 위한 조치가 취하여지는 등 조사개시가 필요없게 된 경우
③ 무역위원회는 제1항에 따른 조사개시결정을 한 때에는 그 결정일부터 10일이내에 조사개시의 결정에 관한 사항을 조사신청자, 해당 물품의 공급국 정부 및 공급자, 그 밖의 이해관계인에게 통지하고, 관보에 게재해야 한다. 이 경우 해당 물품의 공급국 정부 및 공급자에게는 제59조제6항 각 호의 자료를 함께 제공해

야 한다.(2020.12.29 본항개정)
④ 무역위원회는 제1항제1호에 따른 조사대상물품의 품목분류 등에 대해서는 관세청장과 협의하여 선정할 수 있다.(2013.2.15 본항신설)
제61조【덤핑 및 실질적 피해등의 조사】① 법 제52조의 규정에 의한 덤핑사실 및 실질적 피해등의 사실에 관한 조사는 무역위원회가 담당한다. 이 경우 무역위원회는 필요하다고 인정하는 때에는 관계행정기관의 공무원 또는 관계전문가로 하여금 조사활동에 참여하도록 할 수 있다.
② 무역위원회는 제60조제3항 전단에 따라 조사개시의 결정에 관한 사항이 관보에 게재된 날부터 3월 이내에 덤핑사실 및 그로 인한 실질적 피해등의 사실이 있다고 추정되는 충분한 증거가 있는지에 관한 예비조사를 하여 그 결과를 기획재정부장관에게 제출해야 한다.(2020.12.29 본항개정)
③ 기획재정부장관은 제2항의 규정에 의한 예비조사결과가 제출된 날부터 1월이내에 법 제53조제1항의 규정에 의한 조치의 필요여부 및 내용에 관한 사항을 결정하여야 한다. 다만, 필요하다고 인정되는 경우에는 20일의 범위내에서 그 결정기간을 연장할 수 있다.(2008.2.29 본문개정)
④ 무역위원회는 제2항의 규정에 의한 예비조사에 따른 덤핑차액 또는 덤핑물품의 수입량이 기획재정부령이 정하는 기준에 미달하거나 실질적 피해등이 경미한 것으로 인정되는 때에는 제5항의 규정에 의한 본조사를 종결하여야 한다. 이 경우 기획재정부장관은 본조사 종결에 관한 사항을 관보에 게재하여야 한다.(2010.3.26 후단신설)
⑤ 무역위원회는 기획재정부령이 정하는 특별한 사유가 없는 한 제2항의 규정에 의한 예비조사결과를 제출한 날의 다음날부터 본조사를 개시하여야 하며, 본조사개시일부터 3월 이내에 본조사결과를 기획재정부장관에게 제출하여야 한다.(2008.2.29 본항개정)
⑥ 무역위원회는 제2항 및 제5항의 규정에 의한 조사와 관련하여 조사기간을 연장할 필요가 있거나 이해관계인이 정당한 사유를 제시하여 조사기간의 연장을 요청하는 때에는 2월의 범위내에서 그 조사기간을 연장할 수 있다.
⑦ 기획재정부장관은 제5항에 따른 본조사 결과가 접수되면 제60조제3항 전단에 따른 관보게재일부터 12개월 이내에 덤핑방지관세의 부과여부 및 내용을 결정하여 법 제51조에 따른 덤핑방지관세의 부과조치를 해야 한다. 다만, 특별한 사유가 있다고 인정되는 경우에는 관보게재일부터 18개월 이내에 덤핑방지관세의 부과조치를 할 수 있다.(2020.12.29 본항개정)
⑧ 제6항에도 불구하고 기획재정부장관은 제7항 단서에 따라 18개월 이내에 덤핑방지관세의 부과조치를 할 특별한 사유가 있다고 인정하는 경우 무역위원회와 협의하여 제6항에 따른 본조사 기간을 2개월의 범위에서 연장하게 할 수 있다.(2020.12.29 본항신설)
⑨ 무역위원회는 제2항 및 제5항에 따라 조사결과를 제출하는 경우 필요하다고 인정되는 때에는 기획재정부장관에게 다음 각 호의 사항을 건의할 수 있다.(2017.3.27 본문개정)
1. 법 제51조의 규정에 의한 덤핑방지관세부과
2. 법 제53조제1항의 규정에 의한 잠정조치
3. 법 제54조제1항에 따른 약속의 제의 또는 수락(2017.3.27 본호개정)
⑩ 제1항부터 제9항까지에서 규정한 사항 외에 덤핑방지관세부과 신청·조사·판정 절차에 관하여 필요한 사항은 무역위원회가 기획재정부장관과 협의하여 고시한다.(2020.12.29 본항개정)

제62조【덤핑방지관세 부과요청의 철회】① 제59조제1항의 규정에 의하여 조사를 신청한 자는 당해 신청을 철회하고자 하는 때에는 서면으로 그 뜻을 무역위원회에 제출하여야 한다. 이 경우 무역위원회는 제61조제2항의 규정에 의한 예비조사결과를 제출하기 전에 당해 철회서를 접수한 때에는 기획재정부장관 및 관계행정기관의 장과 협의하여 제60조제1항의 규정에 의한 조사개시여부의 결정을 중지하거나 제61조제2항의 규정에 의한 예비조사를 종결할 수 있으며, 제61조제2항의 예비조사결과를 제출한 후에 당해 철회서를 접수한 때에는 기획재정부장관에게 이를 통보하여야 한다.
② 기획재정부장관은 제1항의 규정에 의한 통보를 받은 때에는 무역위원회 및 관계행정기관의 장과 협의하여 제61조의 규정에 의한 조사를 종결하도록 할 수 있으며, 법 제53조제1항의 규정에 의한 잠정조치가 취하여진 경우에는 이를 철회할 수 있다.
③ 기획재정부장관은 제2항 후단의 규정에 의하여 잠정조치를 철회하는 때에는 당해 잠정조치에 의하여 납부된 잠정덤핑방지관세를 환급하거나 제공된 담보를 해제하여야 한다.
(2008.2.29 본조개정)
제63조【실질적 피해등의 판정】① 무역위원회는 제61조에 따라 실질적 피해등의 사실을 조사·판정하는 때에는 다음 각 호의 사항을 포함한 실질적 증거에 근거해야 한다.(2020.12.29 본문개정)
1. 덤핑물품의 수입물량(당해 물품의 수입이 절대적으로 또는 국내생산이나 국내소비에 대하여 상대적으로 뚜렷하게 증가되었는지 여부를 포함한다)
2. 덤핑물품의 가격(국내 동종물품의 가격과 비교하여 뚜렷하게 하락되었는지 여부를 포함한다)
3. 덤핑차액의 정도(덤핑물품의 수입가격이 수출국내 정상가격과 비교하여 뚜렷하게 하락되었는지 여부를 포함한다)
4. 국내산업의 생산량·가동률·재고·판매량·시장점유율·가격(가격하락 또는 인상억제의 효과를 포함한다)·이윤·생산성·투자수익·현금 수지·고용·임금·성장·자본조달·투자능력(2020.12.29 본호개정)
5. 제1호 및 제2호의 내용이 국내산업에 미치는 실재적 또는 잠재적 영향
② 제1항에 따라 실질적인 피해 등을 조사·판정하는 경우 실질적 피해등을 받을 우려가 있는지에 대한 판정은 제1항 각 호의 사항뿐만 아니라 다음 각 호의 사항을 포함한 사실에 근거를 두어야 하며, 덤핑물품으로 인한 피해는 명백히 예견되고 급박한 것이어야 한다.(2020.12.29 본문개정)
1. 실질적인 수입증가의 가능성을 나타내는 덤핑물품의 현저한 증가율
2. 우리나라에 덤핑수출을 증가시킬 수 있는 생산능력의 실질적 증가(다른 나라에의 수출가능성을 고려한 것이어야 한다)(2020.12.29 본호개정)
3. 덤핑물품의 가격이 동종물품의 가격을 하락 또는 억제시킬 수 있는지 여부 및 추가적인 수입수요의 증대 가능성
4. 덤핑물품의 재고 및 동종물품의 재고상태
③ 무역위원회는 제1항의 규정에 의하여 실질적 피해등의 사실을 조사·판정함에 있어 2이상의 국가로부터 수입된 물품이 동시에 조사대상물품이 되고 다음 각호에 해당하는 경우에는 그 수입으로부터의 피해를 누적적으로 평가할 수 있다.
1. 덤핑차액 및 덤핑물품의 수입량이 기획재정부령이 정하는 기준에 해당하는 경우(2008.2.29 본호개정)
2. 덤핑물품이 상호 경쟁적이고 국내 동종물품과 경쟁적인 경우

④ 무역위원회는 덤핑물품 외의 다른 요인으로서 국내산업에 피해를 미치는 요인들을 조사해야 하며, 이러한 요인들에 의한 산업피해등을 덤핑물품으로 인한 것으로 간주해서는 안 된다.(2020.12.29 본항개정)
제64조【이해관계인에 대한 자료협조요청】① 기획재정부장관 또는 무역위원회는 법 제52조의 규정에 의한 조사 및 덤핑방지관세의 부과여부등을 결정하기 위하여 필요하다고 인정하는 때에는 관계행정기관·국내생산자·공급자·수입자 및 이해관계인에게 관계자료의 제출등 필요한 협조를 요청할 수 있다. 다만, 공급자에게 덤핑사실여부를 조사하기 위한 질의를 하는 때에는 회신을 위하여 질의서발송일부터 40일 이상의 회신기간을 주어야 하며 공급자가 사유를 제시하여 동 기한의 연장을 요청할 경우 이에 대하여 적절히 고려하여야 한다.
② 기획재정부장관 또는 무역위원회는 제1항, 제8항 후단 및 제59조제6항에 따라 제출된 자료 중 성질상 비밀로 취급하는 것이 타당하다고 인정되거나 조사신청자나 이해관계인이 정당한 사유를 제시하여 비밀로 취급해 줄 것을 요청한 자료에 대해서는 해당 자료를 제출한 자의 명시적인 동의없이 이를 공개해서는 안 된다.(2020.12.29 본항개정)
③ 기획재정부장관 또는 무역위원회는 제2항의 규정에 의하여 비밀로 취급하여 줄 것을 요청한 자료를 제출한 자에게 당해 자료의 비밀이 아닌 요약서의 제출을 요구할 수 있다. 이 경우 당해 자료를 제출한 자가 그 요약서를 제출할 수 없는 때에는 그 사유를 기재한 서류를 제출하여야 한다.
④ 기획재정부장관 또는 무역위원회는 제2항의 규정에 의한 비밀취급요청이 정당하지 아니하다고 인정됨에도 불구하고 자료의 제출자가 정당한 사유없이 자료의 공개를 거부하는 때 또는 제3항의 규정에 의한 비밀이 아닌 요약서의 제출을 거부한 때에는 당해 자료의 정확성이 충분히 입증되지 아니하는 한 당해 자료를 참고하지 아니할 수 있다.
⑤ 기획재정부장관 또는 무역위원회는 법 제52조의 조사 및 덤핑방지관세의 부과여부등을 결정함에 있어서 이해관계인이 관계자료를 제출하지 아니하거나 무역위원회의 조사를 거부·방해하는 경우등의 사유로 조사 또는 자료의 검증이 곤란한 경우에는 이용가능한 자료 등을 사용하여 덤핑방지를 위한 조치를 할 것인지 여부를 결정할 수 있다.
⑥ 기획재정부장관 및 무역위원회는 덤핑방지관세의 부과절차와 관련하여 이해관계인으로부터 취득한 정보·자료 및 인지한 사실을 다른 목적으로 사용할 수 없다.
⑦ 기획재정부장관 및 무역위원회는 이해관계인이 제59조제6항에 따라 제출한 관계증빙자료와 제1항, 제8항 후단 및 제68조에 따라 제출 또는 통보된 자료 중 비밀로 취급되는 것 외의 자료 제공을 요청하는 경우에는 특별한 사유가 없는 한 이에 따라야 한다. 이 경우 이해관계인의 자료제공요청은 그 사유 및 자료목록을 기재한 서면으로 해야 한다.(2020.12.29 본항개정)
⑧ 기획재정부장관 또는 무역위원회는 필요하다고 인정하거나 이해관계인의 요청이 있는 때에는 이해관계인에게 공청회를 통해 의견을 진술할 기회를 주거나 상반된 이해관계인과 협의할 수 있는 기회를 줄 수 있다. 이 경우 이해관계인이 구두로 진술하거나 협의한 내용은 공청회 등이 있은 후 7일 이내에 서면으로 제출된 경우에만 해당 자료를 참고할 수 있다.(2020.12.29 본항개정)
(2008.2.29 본조개정)

제65조 【덤핑방지관세의 부과】 ① 법 제51조의 규정에 의한 덤핑방지관세는 실질적 피해등을 구제하기 위하여 필요한 범위에서 공급자 또는 공급국별로 덤핑방지관세율 또는 기준수입가격을 정하여 부과한다. 다만, 정당한 사유없이 제64조의 규정에 의한 자료를 제출하지 아니하거나 당해 자료의 공개를 거부하는 경우 및 기타의 사유로 조사 또는 자료의 검증이 곤란한 공급자에 대하여는 단일 덤핑방지관세율 또는 단일 기준수입가격을 정하여 부과할 수 있다.(2010.3.26 본문개정)

② 제60조제1항의 규정에 의하여 조사대상으로 선정되지 아니한 공급자에 대하여는 조사대상으로 선정된 공급자의 덤핑방지관세율 또는 기준수입가격을 기획재정부령이 정하는 바에 따라 가중평균한 덤핑방지관세율 또는 기준수입가격을 부과한다. 다만, 조사대상기간중에 수출을 한 자로서 조사대상으로 선정되지 아니한 자중 제64조의 규정에 의한 자료를 제출한 자에 대하여는 제1항의 규정에 의한다.(2008.2.29 본문개정)

③ 법 제51조의 규정에 의하여 공급국을 지정하여 덤핑방지관세를 부과하는 경우 제60조제1항의 규정에 의한 조사대상기간이후에 수출하는 당해 공급국의 신규공급자가 제1항의 규정에 의하여 덤핑방지관세가 부과되는 공급자와 제23조제1항의 규정에 의한 특수관계에 있는 때에는 그 공급자에 대한 덤핑방지관세율 또는 기준수입가격을 적용하여 덤핑방지관세를 부과한다. 다만, 신규공급자가 특수관계에 있지 아니하다고 증명하는 경우에는 조사를 통하여 별도의 덤핑방지관세율 또는 기준수입가격을 정하여 부과할 수 있다. 이 경우 기획재정부령이 정하는 바에 따라 기존 조사대상자에 대한 조사방법 및 조사절차등과 달리할 수 있다.(2008.2.29 단서개정)

④ 제3항 단서에 따라 신규공급자에 대한 조사가 개시된 경우 세관장은 그 신규공급자가 공급하는 물품에 대하여 이를 수입하는 자로부터 담보를 제공받고 조사완료일까지 덤핑방지관세의 부과를 유예할 수 있다.(2010.3.26 본항신설)

⑤ 제3항 단서에 따라 정한 덤핑방지관세율 또는 기준수입가격은 해당 조사의 개시일부터 적용한다.(2010.3.26 본항신설)

⑥ 제3항 단서에 따라 조사가 개시된 신규공급자의 가격수정·수출중지 등의 약속에 관하여는 제68조제1항부터 제3항까지, 제5항 및 제6항을 준용한다. 이 경우 제68조제1항 전단 중 "제61조제5항에 의한 본조사의 결과에 따른 최종판정"은 "제65조제3항 단서에 따른 조사의 종결"로 본다.(2010.3.26 본항신설)

⑦ 제1항 내지 제3항에 규정된 기준수입가격은 제58조제5항의 규정에 의하여 조정된 공급국의 정상가격에 수입관련비용을 가산한 범위안에서 결정한다.

제66조 【잠정조치의 적용】 ① 법 제53조제1항의 규정에 의한 잠정조치는 제61조제2항의 규정에 의한 예비조사결과 덤핑사실 및 그로 인한 실질적 피해등의 사실이 있다고 추정되는 충분한 증거가 있다고 판정된 경우로서 당해 조사의 개시후 최소한 60일이 경과된 날 이후부터 적용할 수 있다.

② 제61조제3항의 규정에 의한 잠정조치의 적용기간은 4월이내로 하여야 한다. 다만, 당해 물품의 무역에 있어서 중요한 비중을 차지하는 공급자가 요청하는 경우에는 그 적용기간을 6월까지 연장할 수 있다.

③ 제2항에도 불구하고 덤핑차액에 상당하는 금액 이하의 관세 부과로도 국내산업 피해를 충분히 제거할 수 있는지 여부를 조사하는 경우 등 기획재정부장관이 필요하다고 인정하는 때에는 국제협약에 따라 잠정조

치의 적용기간을 9개월까지 연장할 수 있다.(2017.3.27 본항개정)

④ 법 제53조제1항의 규정에 의하여 제공되는 담보는 법 제24조제1항제1호부터 제4호까지 및 제7호에 해당하는 것으로서 잠정덤핑방지관세액에 상당하는 금액이어야 한다.(2009.2.4 본항개정)

제67조 【잠정덤핑방지관세액등의 정산】 ① 제69조제1항의 규정에 해당되는 경우로서 법 제53조제3항의 규정에 의하여 잠정조치가 적용된 기간중에 수입된 물품에 대하여 부과하는 덤핑방지관세액이 잠정덤핑방지관세액과 같거나 많은 때에는 그 잠정덤핑방지관세액을 덤핑방지관세액으로 하여 그 차액을 징수하지 아니하며, 적은 때에는 그 차액에 상당하는 잠정덤핑방지관세액을 환급하여야 한다.

② 법 제53조제1항의 규정에 의하여 담보가 제공된 경우로서 제69조제1항의 규정에 해당되는 경우에는 당해 잠정조치가 적용된 기간중에 소급부과될 덤핑방지관세액은 잠정덤핑방지관세액 상당액을 초과할 수 없다.

③ 제68조제1항의 규정에 의한 약속이 제61조제5항의 규정에 의한 본조사의 결과에 따라 당해 물품에 대한 덤핑사실 및 그로 인한 실질적 피해등의 사실이 있는 것으로 판정된 후에 수락된 경우로서 조사된 최종덤핑률이 잠정덤핑방지관세율과 같거나 큰 경우에는 그 차액을 징수하지 아니하며, 작은 경우에는 그 차액에 상당하는 잠정덤핑방지관세액을 환급하여야 한다.

제68조 【가격수정·수출중지 등의 약속】 ① 덤핑방지관세의 부과여부를 결정하기 위한 조사가 개시된 물품의 수출자가 법 제54조제1항에 따라 약속을 제의하거나 법 제54조제2항 단서에 따라 피해조사를 계속하여 줄 것을 요청하고자 하는 때에는 제61조제5항에 따른 본조사의 결과에 따라 최종판정을 하기 45일 전에 서면으로 그 뜻을 무역위원회에 제출해야 한다. 이 경우 무역위원회는 제출된 서류의 원본을 지체없이 기획재정부장관에게 송부해야 한다.(2023.2.28 본항개정)

② 제1항의 규정에 의하여 제의한 약속의 내용이 즉시 가격을 수정하거나 약속일부터 6월이내에 덤핑수출을 중지하는 것인 때에는 기획재정부장관은 그 약속을 수락할 수 있다. 다만, 동 약속의 이행을 확보하는 것이 곤란하다고 인정되는 경우로서 기획재정부령이 정하는 경우에는 그러하지 아니하다.

③ 기획재정부장관은 필요하다고 인정되는 때에는 법 제54조제1항의 규정에 의한 약속을 수출자를 지정하여 제의할 수 있다.

④ 기획재정부장관은 제61조제2항의 규정에 의한 예비조사결과 덤핑사실 및 그로 인한 실질적 피해등의 사실이 있다고 추정되는 충분한 증거가 있다고 판정하기 전에는 제2항의 규정에 의한 약속의 수락이나 제3항의 규정에 의한 약속의 제의를 할 수 없다.

⑤ 기획재정부장관은 수출자가 법 제54조제2항에 따라 수락된 약속을 이행하지 아니한 경우 덤핑방지를 위하여 다음 각 호의 구분에 따른 신속한 조치를 취할 수 있다. 이 경우 제2호에 따른 조치의 적용기간에 관하여는 제66조제2항 및 제3항을 준용한다.

1. 법 제54조제2항 단서에 따라 조사를 계속하여 덤핑방지관세율 등 부과내용을 정한 경우 : 덤핑방지관세의 부과

2. 제1호 외의 경우 : 법 제53조제1항제2호에 따른 잠정조치

(2017.3.27 본항개정)

⑥ 기획재정부장관이 법 제54조제2항 단서의 규정에 의하여 조사를 계속한 결과 실질적 피해등의 사실이 없거나 덤핑차액이 없는 것으로 확인된 때에는 당해 약속의 효력은 소멸된 것으로 본다. 다만, 실질적 피해

등의 사실이 없거나 덤핑차액이 없는 원인이 약속으로 인한 것으로 판단되는 때에는 기획재정부장관은 적정한 기간을 정하여 약속을 계속 이행하게 할 수 있으며, 수출자가 그 약속의 이행을 거부하는 때에는 이용가능한 최선의 정보에 의하여 잠정조치를 실시하는 등 덤핑방지를 위한 신속한 조치를 취할 수 있다.

(2008.2.29 본조개정)

제69조【덤핑방지관세의 소급부과】 ① 법 제55조 단서에 따라 잠정조치가 적용된 물품으로서 덤핑방지관세가 부과되는 물품은 다음과 같다.(2017.3.27 본문개정)

1. 실질적 피해등이 있다고 최종판정이 내려진 경우 또는 실질적인 피해등의 우려가 있다는 최종판정이 내려졌으나 잠정조치가 없었다면 실질적인 피해등이 있다는 최종판정이 내려졌을 것으로 인정되는 경우에는 잠정조치가 적용된 기간동안 수입된 물품

2. 비교적 단기간내에 대량 수입되어 발생되는 실질적 피해등의 재발을 방지하기 위하여 덤핑방지관세를 소급하여 부과할 필요가 있는 경우로서 당해 물품이 과거에 덤핑되어 실질적 피해등을 입힌 사실이 있었던 경우 또는 수입자가 덤핑사실과 그로 인한 실질적 피해등의 사실을 알았거나 알 수 있었을 경우에는 잠정조치를 적용한 날부터 90일전 이후에 수입된 물품

3. 법 제54조제1항에 따른 약속(이하 이 호에서 "약속"이라 한다)을 위반하여 잠정조치가 적용된 물품의 수입으로 인한 실질적 피해등의 사실이 인정되는 경우에는 잠정조치를 적용한 날부터 90일전 이후에 수입된 물품(기획재정부장관이 덤핑 및 그로 인정하는 경우 약속을 위반한 물품으로 한정할 수 있다). 이 경우 약속위반일 이전에 수입된 물품을 제외한다.

(2017.3.27 전단개정)

4. 기타 국제협약에서 정하는 바에 따라 기획재정부장관이 정하는 기간에 수입된 물품(2008.2.29 본호개정)

② 제59조의 규정에 의한 국내산업에 이해관계가 있는 자는 제61조제5항의 규정에 의한 본조사의 결과에 따라 최종판정의 통지를 받은 날부터 7일이내에 당해 물품이 제1항 각호의 1에 해당된다는 증거를 제출하여 법 제55조 단서의 규정에 의한 덤핑방지관세의 부과를 요청할 수 있다.

제70조【덤핑방지관세 및 약속의 재심사】 ① 기획재정부장관은 재심사가 필요하다고 인정되거나 이해관계인이나 해당 산업을 관장하는 주무부장관이 다음 각 호의 어느 하나에 해당하는 경우에 관한 명확한 정보 제공과 함께 재심사 요청서를 제출한 때에는 덤핑방지관세가 부과되고 있거나 약속이 시행되고 있는 물품에 대하여 법 제56조제1항에 따른 재심사여부를 결정해야 한다.(2020.12.29 본문개정)

1. 덤핑방지관세 또는 약속의 시행이후 그 조치의 내용 변경이 필요하다고 인정할 만한 충분한 상황변동이 발생한 경우

2. 덤핑방지관세 또는 약속의 종료로 덤핑 및 국내산업 피해가 지속되거나 재발될 우려가 있는 경우
   (2020.12.29 본호개정)

3. 실제 덤핑차액보다 덤핑방지관세액이 과다하게 납부된 경우

② 제1항에 따른 재심사의 요청은 덤핑방지관세의 부과일 또는 약속의 시행일부터 1년이 경과된 날이후로 할 수 있으며, 덤핑방지관세 또는 약속의 효력이 상실되는 날 6월이전에 요청해야 한다.(2020.12.29 본항개정)

③ 기획재정부장관은 제1항에 따라 재심사를 요청받은 날부터 2개월 이내에 재심사의 필요 여부를 결정해야 하며, 그 결정일부터 10일 이내에 재심사 개시의 결정에 관한 사항을 재심사 요청자, 해당 물품의 공급국 정부 및 공급자, 그 밖의 이해관계인에게 통지하고, 관보에 게재해야 한다. 이 경우 해당 물품의 공급국 정부 및 공급자에게는 제1항에 따른 요청서를 함께 제공해야 한다.(2020.12.29 본항신설)

④ 기획재정부장관은 제1항의 규정에 의하여 재심사를 하는 경우외에 부과중인 덤핑방지관세율 및 시행중인 약속의 적정성여부에 관한 재심사를 할 수 있으며, 이를 위하여 덤핑방지관세 또는 약속의 내용(재심사에 따라 변경된 내용을 포함한다)에 관하여 매년 그 시행일이 속하는 달에 덤핑가격에 대한 재검토를 하여야 한다. 이 경우 관세청장은 재검토에 필요한 자료를 작성하여 매년 그 시행일이 속하는 달에 기획재정부장관에게 제출해야 한다.(2020.2.11 후단신설)

⑤ 기획재정부장관은 제1항 또는 제4항에 따라 재심사의 필요여부를 결정하는 때에는 관계행정기관의 장 및 무역위원회와 협의할 수 있으며, 재심사가 필요한 것으로 결정된 때에는 무역위원회는 이를 조사해야 한다. 이 경우 무역위원회는 재심사의 사유가 되는 부분에 한정하여 조사할 수 있다.(2020.12.29 전단개정)

⑥ 무역위원회는 재심사 개시일부터 6개월 이내에 제5항에 따른 조사를 종결하여 그 결과를 기획재정부장관에게 제출해야 한다. 다만, 무역위원회는 조사기간을 연장할 필요가 있거나 이해관계인이 정당한 사유를 제시하여 조사기간의 연장을 요청하는 때에는 4개월의 범위에서 그 조사기간을 연장할 수 있다.(2020.12.29 본항개정)

⑦ 기획재정부장관은 제6항에 따른 조사결과가 제출되면 제3항 전단에 따른 관보게재일부터 12개월 이내에 법 제56조제1항에 따른 조치 여부 및 내용을 결정하여 필요한 조치를 해야 한다.(2020.12.29 본항개정)

⑧ 제1항제2호의 사유로 재심사를 하는 경우 재심사기간 중에 해당 덤핑방지조치의 적용시한이 종료되는 때에도 그 재심사기간 중 해당 조치의 효력은 계속된다.(2020.12.29 본항개정)

⑨ 제8항에 따라 재심사기간 중 덤핑방지관세가 계속 부과된 물품에 대하여 법 제56조제1항에 따라 기획재정부장관이 새로운 덤핑방지관세의 부과 또는 가격수정·수출중지 등의 약속을 시행하는 때에는 제67조제1항 및 제3항의 예에 따라 정산할 수 있다.(2020.12.29 본항개정)

⑩ 기획재정부장관은 제1항 또는 제4항에 따른 재심사 결과 약속의 실효성이 상실되거나 상실될 우려가 있다고 판단되는 때에는 해당 약속을 이행하고 있는 수출자에게 약속의 수정을 요구할 수 있으며, 해당 수출자가 약속의 수정을 거부하는 때에는 이용가능한 정보에 의하여 덤핑방지조치를 할 수 있다.(2020.12.29 본항개정)

⑪ 법 제56조제2항에서 "덤핑방지조치 물품의 수입 및 징수실적 등 대통령령으로 정하는 사항"이란 다음 각 호의 사항을 말한다.

1. 덤핑방지조치 물품의 수입 및 징수실적

2. 가격수정·수출중지 등의 약속 준수 여부

3. 그 밖에 기획재정부장관이 덤핑방지관세의 부과와 약속의 재심사를 위하여 조사가 필요하다고 인정하는 사항

(2022.2.15 본항개정)

⑫ 제1항에 따라 재심사를 요청한 자가 해당 요청을 철회하려는 경우에는 서면으로 그 뜻을 기획재정부장관에게 제출해야 한다. 이 경우 기획재정부장관은 무역위원회 및 관계 행정기관의 장과 협의하여 제3항 전단에 따른 재심사 개시 여부의 결정을 중지하거나 제5항에 따른 조사를 종결하도록 할 수 있다.(2020.12.29 본항개정)

⑬ 제5항에 따른 조사를 위한 자료협조 요청에 관하여는 제64조를 준용하고, 법 제56조제1항의 재심사 결과에 따른 기획재정부장관의 조치 중 덤핑방지관세의 부과에 관하여는 제65조를, 가격수정·수출중지 등의 약속에 관하여는 제68조제1항 전단, 제2항, 제3항, 제5항 및 제6항을 준용한다. 이 경우 제68조제1항 전단 중 "제61조제5항의 규정에 의한 본조사의 결과에 따른 최종판정"은 "제70조제5항에 따른 조사의 종결"로, "무역위원회"는 "기획재정부장관"으로 본다.(2020.12.29 전단개정)

제71조【이해관계인에 대한 통지·공고등】 ① 기획재정부장관은 다음 각 호의 어느 하나에 해당하는 때에는 그 내용을 관보에 게재하고, 이해관계인에게 서면으로 통지해야 한다.(2020.12.29 본문개정)
1. 법 제51조 및 법 제53조제1항의 규정에 의한 조치를 결정하거나 당해 조치를 하지 아니하기로 결정한 때
2. 법 제54조제1항의 규정에 의한 약속을 수락하여 조사를 중지 또는 종결하거나 조사를 계속하는 때
3. 법 제56조제1항의 규정에 의한 재심사 결과 덤핑방지조치의 내용을 변경한 때(2010.3.26 본호개정)
4. 제70조제8항에 따라 덤핑방지조치의 효력이 연장되는 때(2020.12.29 본호개정)
② 기획재정부장관 또는 무역위원회는 다음 각 호의 어느 하나에 해당되는 때에는 그 내용을 이해관계인에게 통지해야 한다.(2020.12.29 본문개정)
1. 제60조제2항의 규정에 의하여 조사신청이 기각되거나 제61조제4항의 규정에 의하여 조사가 종결된 때
2. 제61조제2항의 규정에 의한 예비조사의 결과에 따라 예비판정을 한 때
3. 제61조제5항의 규정에 의한 본조사의 결과에 따라 최종판정을 한 때
4. 제61조제6항 및 제8항, 제70조제6항 단서에 따라 조사기간을 연장한 때(2020.12.29 본호개정)
5. 제61조제7항 단서에 따라 기간을 연장한 때(2014.3.5 본호개정)
6. 제62조 및 제70조제12항에 따라 덤핑방지관세의 부과 요청 또는 재심사 요청이 철회되어 조사의 개시 여부 또는 재심사의 개시 여부에 관한 결정이 중지되거나 조사가 종결된 때(2020.12.29 본호개정)
7. 제66조제2항 또는 제3항의 규정에 의하여 잠정조치의 적용기간을 연장한 때
8. 제68조제3항의 규정에 의하여 기획재정부장관이 약속을 제의한 때(2008.2.29 본호개정)
9. 제70조제6항에 따른 재심사 조사의 결과에 따라 최종판정을 한 때(2020.12.29 본호개정)
③ 기획재정부장관 또는 무역위원회는 조사과정에서 제61조의 규정에 의한 조사와 관련된 이해관계인의 서면요청이 있는 때에는 조사의 진행상황을 통지하여야 한다.(2008.2.29 본항개정)
④ 무역위원회는 제61조제5항에 따른 본조사의 결과 및 제70조제6항에 따른 재심사조사의 결과에 따라 최종판정을 하기 전에 해당 판정의 근거가 되는 핵심적 고려사항을 관련된 이해관계인에게 통지해야 한다.(2020.12.29 본항신설)

제72조【보조금등】 ① 법 제57조의 규정에 의한 보조금등(이하 "보조금등"이라 한다)은 정부·공공기관등의 재정지원등에 의한 혜택중 특정성이 있는 것을 말한다. 다만, 기획재정부령이 정하는 보조금 또는 장려금은 제외한다.
② 제1항에서 "특정성"이라 함은 보조금등이 특정기업이나 산업 또는 특정기업군이나 산업군에 지급되는 경우를 말하며, 구체적인 판별기준은 기획재정부령으로 정한다.

③ 보조금등의 금액은 수혜자가 실제로 받는 혜택을 기준으로 하여 기획재정부령이 정하는 바에 따라 계산한다.
(2008.2.29 본항개정)

제73조【상계관세의 부과요청】 ① 법 제57조의 규정에 의한 실질적 피해등을 받은 국내산업에 이해관계가 있는 자 또는 당해 산업을 관장하는 주무부장관은 기획재정부령이 정하는 바에 따라 기획재정부장관에게 상계관세의 부과를 요청할 수 있으며, 이 요청은 무역위원회에 대한 상계관세의 부과에 필요한 조사신청으로 갈음한다.(2008.2.29 본항개정)
② 주무부장관은 제1항에 따라 기획재정부장관에게 상계관세 부과를 요청하기 전에 관세청장에게 해당 보조금등을 받은 물품의 수입사실에 관한 검토를 요청할 수 있다.(2020.12.29 본항신설)
③ 관세청장은 제2항에 따른 보조금등을 받은 물품의 수입사실에 관한 검토 요청이 없는 경우에도 보조금등을 받은 물품의 수입 우려가 있다고 판단되는 경우에는 해당 보조금등을 받은 물품의 수입사실 여부에 대하여 검토하고 그 결과를 주무부장관에게 통지할 수 있다.(2020.12.29 본항신설)
④ 법 제57조를 적용함에 있어서의 국내산업은 보조금등을 받은 물품과 동종물품의 국내생산사업(당해 수입물품의 수출국정부 또는 수출자 또는 수입자와 제23조제1항의 규정에 의한 특수관계에 있는 생산자에 의한 생산사업과 당해 수입물품의 수입자인 생산자로서 기획재정부령이 정하는 자에 의한 생산사업을 제외할 수 있다. 이하 이 항에서 같다)의 전부 또는 국내총생산량의 상당부분을 점하는 국내생산사업으로 한다.
(2008.2.29 본항개정)
⑤ 제1항에서 "국내산업에 이해관계가 있는 자"라 함은 실질적 피해등을 받은 국내산업에 속하는 국내생산자와 이들을 구성원으로 하거나 이익을 대변하는 법인·단체 및 개인으로서 기획재정부령이 정하는 자를 말한다.(2008.2.29 본항개정)
⑥ 제1항에 따라 조사를 신청하려는 자는 다음 각 호의 자료를 무역위원회에 제출해야 한다.
1. 다음 각 목의 사항을 기재한 신청서 3부
   가. 해당 물품의 품명·규격·특성·용도·생산자 및 생산량
   나. 해당 물품의 수출국·수출자·수출실적 및 수출가능성과 우리나라의 수입자·수입실적 및 수입가능성
   다. 해당 물품의 수출국에서의 공장도가격 및 시장가격과 우리나라로의 수출가격 및 제3국에의 수출가격
   라. 국내의 동종물품의 품명·규격·특성·용도·생산자·생산량·공장도가격·시장가격 및 원가계산
   마. 해당 물품의 수입으로 인한 관련 국내산업의 실질적 피해등
   바. 수출국에서 해당 물품의 제조·생산 또는 수출에 관하여 지급한 보조금등의 내용과 이로 인한 해당 물품의 수출가격 인하효과
   사. 국내의 동종물품 생산자들의 해당 조사신청에 대한 지지 정도
   아. 신청서의 기재사항 및 첨부자료를 비밀로 취급할 필요가 있는 때에는 그 사유
   자. 그 밖에 기획재정부장관이 필요하다고 인정하는 사항
2. 보조금등을 받은 물품의 수입사실과 해당 물품의 수입으로 인한 실질적 피해등의 사실에 관한 충분한 증빙자료 3부
(2020.12.29 본항개정)

⑦ 무역위원회는 제6항에 따라 조사신청을 받은 사실을 기획재정부장관 및 관계 행정기관의 장과 해당 물품의 수출국 정부에 통보해야 한다. 이 경우 제6항 각 호의 자료는 제74조제1항에 따른 조사개시결정을 한 후에 통보해야 한다.(2020.12.29 본항신설)

제74조【보조금등을 받은 물품의 수입 및 실질적 피해등의 조사개시】 ① 무역위원회는 제73조제1항의 후단의 규정에 의한 조사신청을 받은 경우 보조금등을 받은 물품의 수입사실과 실질적 피해등의 사실에 관한 조사의 개시여부를 결정하여 조사신청을 받은 날부터 2월이내에 그 결과와 다음 각호의 사항을 기획재정부장관에게 통보하여야 한다.(2008.2.29 본문개정)

1. 조사대상물품(조사대상물품이 많은 경우에는 기획재정부령이 정하는 바에 따라 선정된 조사대상물품)(2008.2.29 본호개정)
2. 조사대상기간
3. 조사대상 수출국정부 또는 수출자(조사대상 수출국정부 또는 수출자가 많은 경우에는 기획재정부령이 정하는 바에 따라 선정된 조사대상 수출국정부 또는 수출자)(2008.2.29 본호개정)

② 무역위원회는 제1항의 규정에 의하여 조사의 개시여부를 결정함에 있어서 조사신청이 다음 각호의 1에 해당하는 경우에는 당해 조사신청을 기각할 수 있다.
1. 신청서를 제출한 자가 제73조제1항의 규정에 의하여 부과요청을 할 수 있는 자가 아닌 경우
2. 보조금등을 받은 물품의 수입사실과 실질적 피해등의 사실에 관한 충분한 증빙자료를 제출하지 아니한 경우
3. 보조금등의 금액 또는 보조금등을 받은 물품의 수입량이 기획재정부령이 정하는 기준에 미달되거나 실질적 피해등이 경미하다고 인정되는 경우(2008.2.29 본호개정)
4. 당해 조사신청에 찬성의사를 표시한 국내생산자들의 생산량합계가 기획재정부령이 정하는 기준에 미달된다고 인정되는 경우(2008.2.29 본호개정)
5. 조사개시전에 국내산업에 미치는 나쁜 영향을 제거하기 위한 조치가 취하여지는 등 조사개시가 필요없게 된 경우

③ 무역위원회는 제1항에 따른 조사개시결정을 한 때에는 그 결정일부터 10일이내에 조사개시의 결정에 관한 사항을 조사신청자, 해당 물품의 수출국 정부 및 수출자, 그 밖의 이해관계인에게 통지하고, 관보에 게재해야 한다. 이 경우 해당 물품의 수출국 정부 및 수출자에게는 제73조제6항 각 호의 자료를 함께 제공해야 한다.(2020.12.29 본항개정)

④ 무역위원회는 제1항제1호에 따른 조사대상물품의 품목분류 등에 대해서는 관세청장과 협의하여 선정할 수 있다.(2020.12.29 본항신설)

제75조【보조금등을 받은 물품의 수입 및 실질적 피해등의 조사】 ① 법 제57조의 규정에 의한 보조금등을 받은 물품의 수입사실 및 실질적 피해등의 사실에 관한 조사는 무역위원회가 담당한다. 이 경우 무역위원회는 필요하다고 인정하는 때에는 관계행정기관의 공무원 또는 관계전문가로 하여금 조사활동에 참여하도록 할 수 있다.

② 무역위원회는 제74조제3항 전단에 따라 상계관세의 부과에 관한 사항과 조사개시의 결정에 관한 사항이 관보에 게재된 날부터 3월 이내에 보조금등을 받은 물품의 수입사실 및 그로 인한 실질적 피해등의 사실이 있다고 추정되는 충분한 증거가 있는지에 관한 예비조사를 하여 그 결과를 기획재정부장관에게 제출하여야 한다.(2020.12.29 본항개정)

③ 기획재정부장관은 제2항의 규정에 의한 예비조사결과가 제출된 날부터 1월이내에 법 제59조제1항의 규정에 의한 조치의 필요여부 및 내용에 관한 사항을 결정하여야 한다. 다만, 필요하다고 인정되는 경우에는 20일의 범위내에서 그 결정기간을 연장할 수 있다.(2008.2.29 본문개정)

④ 무역위원회는 제2항의 예비조사에 따른 보조금등의 금액 또는 보조금등을 받은 물품의 수입량이 기획재정부령으로 정하는 기준에 미달하거나 실질적 피해등이 경미한 것으로 인정되는 때에는 제5항에 따른 본조사를 종결하여야 한다. 이 경우 기획재정부장관은 본조사 종결에 관한 사항을 관보에 게재해야 한다.(2020.12.29 본항개정)

⑤ 무역위원회는 기획재정부령이 정하는 특별한 사유가 없는 한 제2항의 규정에 의한 예비조사결과를 제출한 날의 다음날부터 본조사를 개시하여야 하며, 본조사 개시일부터 3월이내에 본조사결과를 기획재정부장관에게 제출하여야 한다.(2008.2.29 본항개정)

⑥ 무역위원회는 제2항 및 제5항의 규정에 의한 조사와 관련하여 조사기간을 연장할 필요가 있거나 이해관계인이 정당한 사유를 제시하여 조사기간의 연장을 요청하는 때에는 2월의 범위내에서 그 조사기간을 연장할 수 있다.

⑦ 기획재정부장관은 제5항에 따른 본조사 결과가 접수되면 제74조제3항 전단에 따른 관보게재일부터 12개월 이내에 상계관세의 부과여부 및 내용을 결정하여 법 제57조에 따른 상계관세의 부과조치를 해야 한다. 다만, 특별한 사유가 있다고 인정되는 경우에는 관보게재일부터 18개월 이내에 상계관세의 부과조치를 할 수 있다.(2020.12.29 본항개정)

⑧ 제6항에도 불구하고 기획재정부장관은 제7항 단서에 따라 18개월 이내에 상계관세의 부과조치를 할 특별한 사유가 있다고 인정하는 경우 무역위원회와 협의하여 제6항에 따른 본조사 기간을 2개월의 범위에서 연장하게 할 수 있다.(2020.12.29 본항개정)

⑨ 무역위원회는 제2항 및 제5항에 따른 조사결과 제출 시 필요하다고 인정되는 때에는 기획재정부장관에게 다음 각 호의 사항을 건의할 수 있다.
1. 법 제57조에 따른 상계관세 부과
2. 법 제59조제1항에 따른 잠정조치
3. 법 제60조제1항에 따른 약속의 제의 또는 수락
(2020.12.29 본항개정)

⑩ 제1항부터 제9항까지에 규정한 사항 외에 상계관세 부과 신청·조사·판정 절차에 관하여 필요한 사항은 무역위원회가 기획재정부장관과 협의하여 고시한다.(2020.12.29 본항신설)

제76조【상계관세 부과요청의 철회】 ① 제73조제1항의 규정에 의하여 조사를 신청한 자가 당해 신청을 철회하고자 하는 때에는 서면으로 그 뜻을 무역위원회에 제출하여야 한다. 이 경우 무역위원회는 제75조제2항의 규정에 의한 예비조사결과를 제출하기 전에 당해 철회서를 접수한 때에는 기획재정부장관 및 관계행정기관의 장과 협의하여 제74조제1항의 규정에 의한 조사개시여부의 결정을 중지하거나 제75조제2항의 규정에 의한 조사를 종결할 수 있으며, 제75조제2항의 예비조사결과를 제출한 후에 당해 철회서를 접수한 때에는 기획재정부장관에게 이를 통보하여야 한다.

② 기획재정부장관은 제1항의 통보를 받은 때에는 무역위원회 및 관계행정기관의 장과 협의하여 제75조의 규정에 의한 조사를 종결하게 할 수 있으며, 법 제59조제1항의 규정에 의한 잠정조치가 취하여진 경우에는 이를 철회할 수 있다.

③ 기획재정부장관은 제2항 후단의 규정에 의하여 잠정조치를 철회하는 때에는 당해 잠정조치에 의하여 납부된 잠정상계관세를 환급하거나 제공된 담보를 해제하여야 한다.
(2008.2.29 본조개정)

제77조【실질적 피해등의 판정】① 무역위원회는 제75조에 따라 실질적 피해등의 사실을 조사·판정하는 때에는 다음 각 호의 사항을 포함한 실질적 증거에 근거해야 한다.(2020.12.29 본문개정)
1. 보조금등을 받은 물품의 수입물량(당해 물품의 수입이 절대적으로 또는 국내생산이나 국내소비에 대한 상대적으로 뚜렷하게 증가되었는지 여부를 포함한다)
2. 보조금등을 받은 물품의 가격(국내의 동종물품의 가격과 비교하여 뚜렷하게 하락되었는지 여부를 포함한다)
3. 보조금등의 금액의 정도(보조금등을 받은 물품의 수입가격이 수출국내 정상가격과 비교하여 뚜렷하게 하락되었는지 여부를 포함한다)
4. 국내산업의 생산량·가동률·재고·판매량·시장점유율·가격(가격하락 또는 인상억제의 효과를 포함한다)·이윤·생산성·투자수익·현금수지·고용·임금·성장·자본조달·투자능력(2020.12.29 본호개정)
5. 제1호 및 제2호의 내용이 국내산업에 미치는 실재적인 잠재적 영향
② 제1항에 따라 실질적 피해등을 조사·판정하는 경우 실질적 피해등을 받을 우려가 있는지에 대한 판정은 제1항 각 호의 사항뿐만 아니라 다음 각 호의 사항을 포함한 사실에 근거하여야 하며, 보조금등을 받은 물품으로 인한 피해는 명백히 예견되고 급박한 것이어야 한다.(2020.12.29 본문개정)
1. 당해 보조금등의 성격 및 이로부터 발생할 수 있는 무역효과
2. 실질적인 수입증가의 가능성을 나타내는 보조금등을 받은 물품의 현저한 증가율
3. 우리나라에 보조금등을 받은 물품의 수출을 증가시킬 수 있는 생산능력의 실질적 증가(다른 나라에의 수출가능성을 고려한 것이어야 한다)(2020.12.29 본호개정)
4. 보조금등을 받은 물품의 가격이 동종물품의 가격을 하락 또는 억제시킬 수 있는지의 여부 및 추가적인 수입수요의 증대가능성
5. 보조금등을 받은 물품의 재고 및 동종물품의 재고상태
③ 무역위원회는 제1항의 규정에 의하여 실질적 피해등의 사실을 조사·판정함에 있어 2 이상의 국가로부터 수입된 물품이 동시에 조사대상물품이 되고 다음 각호에 해당하는 경우에는 그 수입에 따른 피해를 통산하여 평가할 수 있다.
1. 보조금등의 금액 및 보조금등을 받은 물품의 수입량이 기획재정부령이 정하는 기준에 해당하는 경우
   (2008.2.29 본호개정)
2. 보조금 등을 받은 물품이 상호 경쟁적이고 국내 동종물품과 경쟁적인 경우
④ 무역위원회는 보조금등을 받은 물품의 수입외의 다른 요인으로서 국내산업에 피해를 미치는 요인들을 조사하여야 하며, 이러한 요인들에 의한 산업피해등을 보조금등을 받은 물품의 수입에 의한 것으로 간주하여서는 아니된다.
(2020.12.29 본조제목개정)

제78조【이해관계인에 대한 자료협조요청】① 기획재정부장관 또는 무역위원회는 법 제58조의 규정에 의한 조사 및 상계관세의 부과여부등을 결정하기 위하여 필요하다고 인정하는 경우에는 관계행정기관·국내생산자·수출국정부 또는 수출자·수입자 및 이해관계인에

게 관계자료의 제출등 필요한 협조를 요청할 수 있다. 다만, 수출국정부 또는 수출자에게 보조금등의 지급여부를 조사하기 위한 질의를 하는 경우에는 회신을 위하여 수출국정부 또는 수출자에게 40일 이상의 회신기간을 주어야 한다. 수출국정부 또는 수출자가 사유를 제시하여 동 기한의 연장을 요청할 경우 이에 대하여 적절히 고려하여야 한다.
② 기획재정부장관 또는 무역위원회는 제1항, 제8항 후단 및 제73조제6항에 따라 제출된 자료 중 성질상 비밀로 취급하는 것이 타당하다고 인정되거나 조사신청자나 이해관계인이 정당한 사유를 제시하여 비밀로 취급해 줄 것을 요청한 자료에 대해서는 해당 자료를 제출한 자의 명시적인 동의 없이 이를 공개해서는 안 된다.
(2020.12.29 본항개정)
③ 기획재정부장관 또는 무역위원회는 제2항의 규정에 의하여 비밀로 취급하여 줄 것을 요청한 자료를 제출한 자에게 당해 자료의 비밀이 아닌 요약서의 제출을 요구할 수 있다. 이 경우 당해 자료를 제출한 자가 그 요약서를 제출할 수 없는 때에는 그 사유를 기재한 서류를 제출하여야 한다.
④ 기획재정부장관 또는 무역위원회는 제2항의 규정에 의한 비밀취급요청이 정당하지 아니하다고 인정됨에도 불구하고 자료의 제출자가 정당한 사유없이 자료의 공개를 거부하는 때 또는 제3항의 규정에 의한 비밀이 아닌 요약서의 제출을 거부한 때에는 당해 자료의 정확성이 충분히 입증되지 아니하는 한 당해 자료를 참고하지 아니할 수 있다.
⑤ 기획재정부장관 또는 무역위원회는 법 제58조의 조사 및 상계관세의 부과여부 등을 결정할 때 이해관계인이 관계자료를 제출하지 아니하거나 무역위원회의 조사를 거부·방해하는 경우 및 기타 사유로 조사 또는 자료의 검증이 곤란한 경우에는 이용가능한 자료 등을 사용하여 상계관세조치를 할 것인지 여부를 결정할 수 있다.
⑥ 기획재정부장관 및 무역위원회는 상계관세의 부과절차와 관련하여 이해관계인으로부터 취득한 정보·자료 및 인지한 사실을 다른 목적으로 사용할 수 없다.
⑦ 기획재정부장관 및 무역위원회는 이해관계인이 제73조제6항에 따라 제출한 관계증빙자료와 제1항, 제8항 후단 및 제81조에 따라 제출 또는 통보된 자료 중 비밀로 취급되는 것 외의 자료 제공을 요청하는 경우에는 특별한 사유가 없는 한 이에 따라야 한다. 이 경우 이해관계인의 자료제공요청은 그 사유 및 자료목록을 기재한 서면으로 해야 한다.(2020.12.29 본항개정)
⑧ 기획재정부장관 또는 무역위원회는 필요하다고 인정하거나 이해관계인의 요청이 있는 때에는 이해관계인에게 공청회 등을 통해 의견을 진술할 기회를 주거나 상반된 이해관계인과 협의할 수 있는 기회를 줄 수 있다. 이 경우 이해관계인이 구두로 진술하거나 협의한 내용은 공청회 등이 있은 후 7일 이내에 서면으로 제출된 경우에만 해당 자료를 참고할 수 있다.(2020.12.29 본항개정)
(2008.2.29 본조개정)

제79조【상계관세의 부과】① 법 제57조의 규정에 의한 상계관세는 수출자 또는 수출국별로 상계관세율을 정하여 부과할 수 있다. 다만, 정당한 사유없이 제78조의 규정에 의한 자료를 제출하지 아니하거나 당해 자료의 공개를 거부하는 경우 및 기타의 사유로 조사 또는 자료의 검증이 곤란한 수출자에 대하여는 단일 상계관세율을 정하여 부과할 수 있다.
② 제74조제1항의 규정에 의하여 조사대상으로 선정되지 아니한 수출자에 대하여는 조사대상으로 선정된 수출자의 상계관세율을 기획재정부령이 정하는 바에 따라

가중평균한 상계관세율에 의하여 상계관세를 부과한다. 다만, 조사대상기간중에 수출을 한 자로서 조사대상으로 선정되지 아니한 자중 제78조의 규정에 의한 자료를 제출한 자에 대하여는 제1항의 규정에 의한다. (2008.2.29 본문개정)
③ 법 제57조제1항의 규정에 의하여 수출국을 지정하여 상계관세를 부과하는 경우 제74조제1항의 규정에 의한 조사대상기간이후에 수출하는 당해 수출국의 신규수출자가 제1항의 규정에 의하여 상계관세가 부과되는 수출자와 제23조제1항의 규정에 의한 특수관계가 있는 때에는 그 수출자에 대한 상계관세율을 적용하여 상계관세를 부과한다. 다만, 신규수출자가 특수관계가 없다고 증명하는 때에는 조사를 통하여 별도의 상계관세율을 정하여 부과할 수 있다. 이 경우 기획재정부령이 정하는 바에 따라 기존 조사대상자에 대한 조사방법·조사절차등을 달리할 수 있다. (2008.2.29 단서개정)
④ 제3항 단서에 따라 신규수출자에 대한 조사가 개시된 경우 세관장은 그 신규수출자가 수출하는 물품에 대하여 이를 수입하는 자로부터 담보를 제공받고 조사완료일까지 상계관세의 부과를 유예할 수 있다. (2020.12.29 본항신설)
⑤ 제3항 단서에 따라 정한 상계관세율은 해당 조사의 개시일부터 적용한다. (2020.12.29 본항신설)
⑥ 제3항 단서에 따라 조사가 개시된 신규수출자의 가격수정 등의 약속에 관하여는 제81조제1항부터 제3항까지, 제5항 및 제6항을 준용한다. 이 경우 제81조제1항 전단 중 "제75조제5항의 규정에 의한 본조사의 결과에 따른 최종판정"은 "제79조제3항 단서에 따른 조사의 종결"로 본다. (2020.12.29 본항신설)

제80조【잠정조치의 적용】 ① 법 제59조제1항의 규정에 의한 잠정조치는 제75조제2항의 규정에 의한 예비조사결과 보조금등의 지급과 그로 인한 실질적 피해등의 사실이 있다고 추정되는 충분한 증거가 있다고 판정된 경우로서 당해 조사의 개시후 최소한 60일이 경과된 후부터 적용할 수 있다.
② 제75조제3항에 따른 잠정조치의 적용기간은 4개월 이내로 해야 한다. 다만, 해당 물품의 무역에서 중요한 비중을 차지하는 수출자가 요청하는 경우에는 그 적용기간을 6개월까지 연장할 수 있다. (2020.12.29 본항개정)
③ 제2항에도 불구하고 보조금등에 상당하는 금액 이하의 관세 부과로도 국내산업 피해를 충분히 제거할 수 있는지를 조사하는 경우 등 기획재정부장관이 필요하다고 인정하는 때에는 국제협약에 따라 잠정조치의 적용기간을 9개월까지 연장할 수 있다. (2020.12.29 본항신설)
④ 법 제59조제1항의 규정에 의하여 제공되는 담보는 법 제24조제1항제1호부터 제4호까지 및 제7호에 해당하는 것으로서 잠정상계관세액에 상당하는 금액이어야 한다. (2009.2.4 본항개정)

제81조【보조금등의 철폐 또는 삭감, 가격수정등의 약속】 ① 상계관세의 부과여부를 결정하기 위한 조사가 개시된 물품의 수출국정부 또는 수출자가 법 제60조제1항의 규정에 의하여 약속을 제의하거나 법 제60조제2항의 규정에 의하여 피해조사를 계속하여 줄 것을 요청하고자 하는 때에는 제75조제5항의 규정에 의한 본조사의 결과에 따른 최종판정이 있기 전에 서면으로 그 뜻을 무역위원회에 제출하여야 한다. 이 경우 무역위원회는 제출된 서류의 원본을 지체없이 기획재정부장관에게 송부하여야 한다. (2008.2.29 후단개정)
② 기획재정부장관은 제1항의 규정에 의하여 제의한 약속이 다음 각호의 1에 해당하는 것인 때에는 그 약속을 수락할 수 있다. 다만, 그 약속의 이행을 확보하는 것이 곤란하다고 인정되는 경우로서 기획재정부령이 정하는

경우에는 그러하지 아니하다. (2008.2.29 단서개정)
1. 즉시로 가격을 수정하는 약속인 경우
2. 약속일부터 6월이내에 보조금등을 철폐 또는 삭감하는 약속인 경우
3. 약속일부터 6월이내에 보조금등의 국내산업에 대한 피해효과를 제거하기 위한 적절한 조치에 관한 약속인 경우
③ 기획재정부장관은 필요하다고 인정되는 때에는 법 제60조제1항의 규정에 의한 약속을 수출국정부 또는 수출자를 지정하여 제의할 수 있다. (2008.2.29 본항개정)
④ 기획재정부장관은 제75조제2항의 규정에 의한 예비조사결과 보조금등의 지급과 그로 인한 실질적 피해등의 사실이 있다고 추정되는 충분한 증거가 있다고 판정하기 전에는 제2항의 규정에 의한 약속의 수락이나 제3항의 규정에 의한 약속의 제의를 할 수 없다. (2008.2.29 본항개정)
⑤ 기획재정부장관은 수출국 정부 또는 수출자가 법 제60조제2항에 따라 수락된 약속을 이행하지 않은 경우 이용가능한 최선의 정보에 근거하여 다음 각 호의 구분에 따른 신속한 조치를 취할 수 있다. 이 경우 제2호에 따른 조치의 적용기간에 관하여는 제80조제2항 및 제3항을 준용한다.
1. 법 제60조제2항 단서에 따라 조사를 계속하여 상계관세율 등 부과내용을 정한 경우 : 상계관세의 부과
2. 제1호 외의 경우 : 법 제59조제1항제2호에 따른 잠정조치
(2020.12.29 본항개정)
⑥ 기획재정부장관은 법 제60조제2항 단서의 규정에 의하여 조사를 계속한 결과 실질적 피해등의 사실이 없거나 보조금등의 금액이 없는 것으로 확인된 경우에는 당해 약속의 효력은 실효된 것으로 본다. 다만, 실질적 피해등의 사실이 없거나 보조금등의 금액이 없는 원인이 약속으로 인한 것으로 판단되는 때에는 기획재정부장관은 적절한 기간을 정하여 약속을 계속 이행하게 할 수 있으며, 수출국정부 또는 수출자가 그 약속의 이행을 거부하는 때에는 이용가능한 최선의 정보에 의하여 잠정조치를 실시하는 등 상계관세부과를 위한 신속한 조치를 취할 수 있다. (2008.2.29 본문개정)

제82조【상계관세의 소급부과】 ① 법 제61조 단서의 규정에 의하여 잠정조치가 적용된 물품으로서 상계관세가 부과되는 물품은 다음과 같다.
1. 실질적 피해등이 있다고 최종판정이 내려진 경우 또는 실질적 피해등의 우려가 있다는 최종판정이 내려졌으나 잠정조치가 없었다면 실질적 피해등이 있다는 최종판정이 내려졌을 것으로 인정되는 경우에는 잠정조치가 적용된 기간동안 수입된 물품
2. 비교적 단기간내에 대량 수입되어 발생되는 실질적 피해등의 재발을 방지하기 위하여 상계관세를 소급하여 부과할 필요가 있는 경우로서 당해 물품이 과거에 보조금등을 받아 수입되어 실질적 피해등을 입힌 사실이 있는 경우 또는 수입자가 보조금등을 받은 물품의 수입사실과 그로 인한 실질적 피해등의 사실을 알았거나 알 수 있었을 경우에는 잠정조치를 적용한 날부터 90일전 이후에 수입된 물품
3. 법 제60조제1항의 규정에 의한 약속을 위반하여 잠정조치가 적용된 물품의 수입으로 인한 실질적 피해등의 사실이 인정되는 때에는 잠정조치를 적용한 날부터 90일전 이후에 수입된 물품. 이 경우 약속위반일 이전에 수입된 물품을 제외한다.
4. 기타 국제협약에서 정하는 바에 따라 기획재정부장관이 정하는 기간에 수입된 물품 (2008.2.29 본호개정)
② 제73조의 규정에 의한 국내산업에 이해관계가 있는 자는 제75조제5항의 규정에 의한 본조사의 결과에 따

라 최종판정의 통지를 받은 날부터 7일 이내에 당해 물품이 제1항 각호의 1에 해당된다는 증거를 제출하여 법 제61조 단서의 규정에 의한 상계관세의 부과를 요청할 수 있다.

제83조【잠정상계관세액등의 정산】 ① 제82조제1항의 규정에 해당되는 경우로서 법 제59조제2항의 규정에 의하여 잠정조치가 적용된 기간중에 수입된 물품에 대하여 부과하는 상계관세액이 잠정상계관세액과 같거나 많은 때에는 그 잠정상계관세액을 상계관세액으로 하여 그 차액을 징수하지 아니하며, 적은 때에는 그 차액에 상당하는 잠정상계관세액을 환급하여야 한다.

② 법 제59조제1항의 규정에 의하여 담보가 제공된 경우로서 제82조제1항의 규정에 해당되는 경우에는 당해 잠정조치가 적용된 기간중에 소급 부과될 상계관세액은 잠정상계관세액 상당액을 초과할 수 없다.

③ 제81조제1항의 규정에 의한 약속이 제75조제5항의 규정에 의한 본조사의 결과에 따라 보조금등의 지급과 그로 인한 실질적 피해등의 사실이 있는 것으로 판정이 내려진 후에 수락된 경우로서 조사된 최종상계관세율이 잠정상계관세율과 같거나 큰 경우에는 그 차액을 징수하지 아니하며, 작은 경우에는 그 차액에 상당하는 잠정상계관세액을 환급하여야 한다.

제84조【상계관세 및 약속의 재심사】 ① 기획재정부장관은 재심사가 필요하다고 인정되거나 이해관계인이나 해당 산업을 관장하는 주무부장관이 다음 각 호의 어느 하나에 해당하는 경우에 명확한 정보 제공과 함께 재심사 요청서를 제출한 때에는 상계관세가 부과되고 있거나 약속이 시행되고 있는 물품에 대하여 법 제62조제1항에 따른 재심사여부를 결정해야 한다.

1. 상계관세 또는 약속의 시행 이후 그 조치의 내용변경이 필요하다고 인정할 만한 충분한 상황변동이 발생한 경우
2. 상계관세 또는 약속의 종료로 국내산업이 피해를 입을 우려가 있는 경우
3. 실제 보조금 등의 금액보다 상계관세액이 과다하게 납부된 경우

② 제1항에 따른 재심사의 요청은 상계관세 또는 약속의 시행일부터 1년이 경과된 날 이후에 할 수 있으며, 상계관세 또는 약속의 효력이 상실되는 날 6개월 이전에 요청해야 한다.

③ 기획재정부장관은 제1항에 따라 재심사를 요청받은 날부터 2개월 이내에 재심사의 필요 여부를 결정해야 하며, 그 결정일부터 10일 이내에 재심사 개시 결정에 관한 사항을 재심사 요청자, 해당 물품의 수출국 정부 및 수출자, 그 밖의 이해관계인에게 통지하고, 관보에 게재해야 한다. 이 경우 해당 물품의 수출국 정부 및 수출자에게는 제1항에 따른 요청서를 함께 제공해야 한다.

④ 기획재정부장관은 제1항에 따라 재심사를 하는 경우 외에 부과 중인 상계관세율 및 시행 중인 약속의 적정성 여부에 관한 재심사를 할 수 있으며, 이를 위해 상계관세 또는 약속의 내용(재심사에 따라 변경된 내용을 포함한다)에 관하여 매년 그 시행일이 속하는 달에 보조금등을 받은 물품의 수입가격에 대한 재검토를 해야 한다. 이 경우 관세청장은 재검토에 필요한 자료를 작성하여 매년 그 시행일이 속하는 달에 기획재정부장관에게 제출해야 한다.

⑤ 기획재정부장관은 제1항 또는 제4항에 따라 재심사의 필요 여부를 결정하는 때에는 관계 행정기관의 장 및 무역위원회와 협의할 수 있으며, 재심사가 필요한 것으로 결정된 때에는 무역위원회는 이를 조사해야 한다. 이 경우 무역위원회는 해당 재심사의 사유가 되는 부분에 한정하여 조사할 수 있다.

⑥ 무역위원회는 재심사 개시일부터 6개월 이내에 제5항에 따른 조사를 종결하여 그 결과를 기획재정부장관

에게 제출해야 한다. 다만, 무역위원회는 조사기간을 연장할 필요가 있거나 이해관계인이 정당한 사유를 제시하여 조사기간의 연장을 요청하는 때에는 4개월의 범위에서 그 조사기간을 연장할 수 있다.

⑦ 기획재정부장관은 제6항에 따른 조사결과가 제출되면 제3항 전단에 따른 관보게재일부터 12개월 이내에 법 제62조제1항에 따른 조치 여부 및 내용을 결정하여 필요한 조치를 해야 한다.

⑧ 제1항제2호의 사유로 재심사를 하는 경우 재심사기간 중에 해당 상계관세조치의 적용시한이 종료되는 때에도 그 재심사기간 중 해당 조치의 효력은 계속된다.

⑨ 제8항에 따라 재심사기간 중 상계관세가 계속 부과된 물품에 대하여 법 제62조제1항에 따라 기획재정부장관이 새로운 상계관세의 부과 또는 가격수정 등의 약속을 시행하는 때에는 제83조제1항 및 제3항의 예에 따라 정산할 수 있다.

⑩ 기획재정부장관은 제1항 또는 제4항에 따른 재심사 결과 약속의 실효성이 상실되거나 상실될 우려가 있다고 판단되는 때에는 해당 약속을 이행하고 있는 수출국정부 또는 수출자에게 약속의 수정을 요구할 수 있으며, 해당 수출국정부 또는 수출자가 약속의 수정을 거부하는 때에는 이용가능한 정보에 의하여 상계관세조치를 할 수 있다.

⑪ 법 제62조제2항에서 "상계조치 물품의 수입 및 징수실적 등 대통령령으로 정하는 사항"이란 다음 각 호의 사항을 말한다.

1. 상계조치 물품의 수입 및 징수실적
2. 가격수정 등의 약속 준수 여부
3. 그 밖에 기획재정부장관이 상계관세의 부과와 약속의 재심사를 위하여 조사가 필요하다고 인정하는 사항 (2022.2.15 본항개정)

⑫ 제1항에 따라 재심사를 요청한 자가 해당 요청을 철회하려는 경우에는 서면으로 그 뜻을 기획재정부장관에게 제출해야 한다. 이 경우 기획재정부장관은 무역위원회 및 관계 행정기관의 장과 협의하여 제3항 전단에 따른 재심사 개시 여부의 결정을 중지하거나 제5항에 따른 조사를 종결하도록 할 수 있다.

⑬ 제5항에 따른 조사를 위한 자료협조 요청에 관하여는 제78조를 준용하고, 법 제62조제1항의 재심사 결과에 따른 기획재정부장관의 조치 중 상계관세의 부과에 관하여는 제79조를, 가격수정 등의 약속에 관하여는 제81조제1항 전단, 같은 조 제2항, 제3항, 제5항 및 제6항을 준용한다. 이 경우 제81조제1항 전단 중 "제75조제5항의 규정에 의한 본조사의 결과에 따른 최종판정"은 "제84조제6항에 따른 조사의 종결"로, "무역위원회"는 "기획재정부장관"으로 본다.

(2020.12.29 본조개정)

제85조【이해관계인에 대한 통지·공고 등】 ① 기획재정부장관은 다음 각 호의 어느 하나에 해당되는 때에는 그 내용을 관보에 게재하고, 이해관계인에게 서면으로 통지해야 한다. (2020.12.29 본문개정)

1. 법 제57조 및 법 제59조제1항의 규정에 의한 조치를 결정하거나 당해 조치를 하지 아니하기로 결정한 때
2. 법 제60조제1항의 규정에 의한 약속을 수락하여 조사를 중지 또는 종결하거나 조사를 계속하는 때
3. 법 제62조제1항의 규정에 의한 재심사를 개시하거나 재심사결과 상계관세조치의 내용을 변경한 때
4. 제84조제8항에 따라 상계관세조치의 효력이 연장되는 때(2020.12.29 본호개정)

② 기획재정부장관 또는 무역위원회는 다음 각 호의 어느 하나에 해당되는 때에는 그 내용을 이해관계인에게 통지해야 한다.(2020.12.29 본문개정)

1. 제74조제2항의 규정에 의하여 조사신청이 기각되거나 제75조제4항의 규정에 의하여 조사가 종결된 때

2. 제75조제2항의 규정에 의한 예비조사의 결과에 따라 예비판정을 한 때
3. 제75조제5항의 규정에 의한 본조사의 결과에 따라 최종판정을 한 때
4. 제75조제6항 및 제8항, 제84조제6항 단서에 따라 조사기간을 연장한 때(2020.12.29 본호개정)
5. 제75조제7항 단서에 따라 기간을 연장한 때 (2020.12.29 본호개정)
6. 제76조의 규정에 의하여 상계관세의 부과요청이 철회되어 조사의 개시여부에 관한 결정이 중지되거나 조사가 종결된 때
7. (2001.12.31 삭제)
8. 제81조제3항의 규정에 의하여 기획재정부장관이 약속을 제의한 때(2008.2.29 본호개정)
9. 제84조제6항에 따른 재심사 조사의 결과에 따라 최종판정을 한 때(2020.12.29 본호신설)
③ 기획재정부장관 또는 무역위원회는 조사과정에서 제75조의 규정에 의한 조사와 관련된 이해관계인의 서면요청이 있는 때에는 조사의 진행상황을 통지하여야 한다.(2008.2.29 본항개정)
④ 무역위원회는 제75조제5항에 따른 본조사의 결과 및 제84조제6항에 따른 재심사 조사의 결과에 따라 최종판정을 하기 전에 해당 판정의 근거가 되는 핵심적 고려사항을 이해관계인에게 통지해야 한다.
(2020.12.29 본항신설)
제86조【보복관세】 ① 관계부처의 장 또는 이해관계인이 법 제63조의 규정에 의한 보복관세(이하 "보복관세"라 한다)의 부과를 요청하고자 하는 때에는 당해 물품에 대한 다음 각호의 사항에 관한 자료를 기획재정부장관에게 제출하여야 한다.(2008.2.29 본문개정)
1. 법 제63조제1항 각호의 1에 해당하는 행위를 한 나라 및 그 행위의 내용
2. 우리나라에서 보복조치를 할 물품
3. 피해상당액의 금액과 그 산출내역 및 관세부과의 내용
② 기획재정부장관은 보복관세의 적용에 관하여 필요한 사항을 조사하기 위하여 필요하다고 인정되는 때에는 관계기관·수출자·수입자 기타 이해관계인에게 관계자료의 제출 기타 필요한 협조를 요청할 수 있다.(2008.2.29 본항개정)
제87조【긴급관세의 부과】 법 제65조제1항의 규정에 의한 긴급관세(이하 "긴급관세"라 한다)의 부과여부 및 그 내용은 무역위원회의 부과건의가 접수된 날부터 1월 이내에 결정하여야 한다. 다만, 주요 이해당사국과 긴급관세의 부과에 관한 협의등을 하기 위하여 소요된 기간은 이에 포함되지 아니한다.
제88조【잠정긴급관세의 부과 등】 ① 법 제66조제1항의 규정에 의한 잠정긴급관세(이하 "잠정긴급관세"라 한다)의 부과여부 및 그 내용은 무역위원회의 부과건의가 접수된 날부터 1월이내에 법 제65조제2항의 검토사항을 고려하여 결정하여야 한다. 다만, 기획재정부장관은 필요하다고 인정하는 경우에는 20일의 범위내에서 그 결정기간을 연장할 수 있다.(2008.2.29 단서개정)
② 잠정긴급관세가 적용중인 특정수입물품에 긴급관세를 부과하기로 결정한 경우로서 긴급관세액이 잠정긴급관세액과 같거나 많은 경우에는 그 잠정긴급관세액을 긴급관세액으로 하여 그 차액을 징수하지 아니하고, 적은 경우에는 그 차액에 상당하는 잠정긴급관세액을 환급하는 조치를 하여야 한다.
③ 무역위원회가 국내산업의 피해가 없다고 판정하고 이를 기획재정부장관에게 통보한 때에는 동 피해와 관련하여 납부된 잠정긴급관세액을 환급하는 조치를 하여야 한다.(2008.2.29 본항개정)

제89조【긴급관세의 재심사】 기획재정부장관은 부과중인 긴급관세에 대하여 무역위원회가 그 내용의 완화·해제 또는 연장 등을 건의하는 때에는 그 건의가 접수된 날부터 1월 이내에 법 제67조의 규정에 의한 재심사를 하여 긴급관세부과의 완화·해제 또는 연장 등의 조치여부를 결정하여야 한다. 다만, 기획재정부장관은 필요하다고 인정되는 때에는 20일의 범위내에서 그 결정기간을 연장할 수 있다.(2008.2.29 본항개정)
제89조의2【특정국물품긴급관세의 부과 등】 ①~②
(2015.2.6 삭제)
③ 제87조 내지 제89조의 규정은 특정국물품긴급관세 또는 법 제67조의2제5항의 규정에 의한 특정국물품잠정긴급관세의 부과에 관하여 이를 준용한다.
(2002.12.30 본조신설)
제90조【농림축산물에 대한 특별긴급관세】 ① 법 제68조제1항에 따라 특별긴급관세(이하 "특별긴급관세"라 한다)를 부과할 수 있는 경우는 다음 각 호의 어느 하나에 해당하는 경우로 한다. 다만, 다음 각 호 모두에 해당하는 경우에는 기획재정부령으로 정하는 바에 따라 그중 하나를 선택하여 적용할 수 있다.(2014.12.30 본문개정)
1. 당해연도 수입량이 제2항의 규정에 의한 기준발동물량을 초과하는 경우
2. 원화로 환산한 운임 및 보험료를 포함한 해당 물품의 수입가격(이하 "수입가격"이라 한다)이 1988년부터 1990년까지의 평균수입가격(별표1에 해당하는 물품의 경우에는 1986년부터 1988년까지의 평균수입가격으로 하며, 이하 "기준가격"이라 한다)의 100분의 10을 초과하여 하락하는 경우(2014.12.30 본호개정)
② 제1항제1호에서 규정한 기준발동물량은 자료입수가 가능한 최근 3년간의 평균수입량에 다음 각호의 구분에 의한 계수(이하 "기준발동계수"라 한다)를 곱한 것과 자료입수가 가능한 최근 연도의 당해 품목 국내소비량의 그 전년도대비 변화량을 합한 물량(이하 "기준발동물량"이라 한다)으로 한다. 다만, 기준발동물량이 최근 3년간 평균수입량의 100분의 105미만인 경우에는 기준발동물량을 최근 3년간 평균수입량의 100분의 105로 한다.
1. 자료입수가 가능한 최근 3년동안의 당해 물품 국내소비량에 대한 수입량 비율(이하 "시장점유율"이라 한다)이 100분의 10 이하인 때 : 100분의 125
2. 시장점유율이 100분의 10 초과 100분의 30 이하인 때 : 100분의 110
3. 시장점유율이 100분의 30을 초과하는 때 : 100분의 105
4. 시장점유율을 산정할 수 없는 때 : 100분의 125
③ 제1항제1호의 규정에 의하여 부과하는 특별긴급관세는 국내외가격차에 상당한 율인 당해 양허세율에 그 양허세율의 3분의 1까지를 추가한 세율로 부과할 수 있으며 당해연도 말까지 수입되는 분에 대하여서만 이를 적용한다.
④ 제1항제2호의 규정에 의하여 부과하는 특별긴급관세는 국내외가격차에 상당한 율인 당해 양허세율에 의한 관세에 다음 각호의 구분에 의한 금액을 추가하여 부과할 수 있다. 다만, 수입량이 감소하는 때에는 기획재정부령이 정하는 바에 따라 동호의 규정에 의한 특별긴급관세는 이를 부과하지 아니할 수 있다.(2008.2.29 단서개정)
1. 기준가격과 대비한 수입가격하락률이 100분의 10 초과 100분의 40 이하인 때 : 기준가격의 100분의 10을 초과한 금액의 100분의 30
2. 기준가격과 대비한 수입가격하락률이 100분의 40 초과 100분의 60 이하인 때 : (기준가격의 100분의 10 초과 100분의 40까지의 금액의 100분의 30) + (기준가격의 100분의 40을 초과한 금액의 100분의 50)

3. 기준가격과 대비한 수입가격하락률이 100분의 60 초과 100분의 75 이하인 때 : (기준가격의 100분의 10 초과 100분의 40까지 금액의 100분의 30) + (기준가격의 100분의 40 초과 100분의 60까지 금액의 100분의 50) + (기준가격의 100분의 60을 초과한 금액의 100분의 70)

4. 기준가격과 대비한 수입가격하락률이 100분의 75를 초과한 때 : (기준가격의 100분의 10초과 100분의 40까지 금액의 100분의 30) + (기준가격의 100분의 40초과 100분의 60까지 금액의 100분의 50) + (기준가격의 100분의 60 초과 100분의 75까지 금액의 100분의 70) + (기준가격의 100분의 75를 초과한 금액의 100분의 90)

⑤ 제1항의 규정을 적용함에 있어서 부패하기 쉽거나 계절성이 있는 물품에 대하여는 기준발동물량을 산정함에 있어서는 3년보다 짧은 기간을 적용하거나 기준가격을 산정시 다른 기간동안의 가격을 적용하는 등 당해 물품의 특성을 고려할 수 있다.

⑥ 법 제73조의 규정에 의하여 국제기구와 관세에 관한 협상에서 양허된 시장접근물량으로 수입되는 물품은 특별긴급관세 부과대상에서 제외한다. 다만, 그 물품은 제1항제1호의 규정에 의한 특별긴급관세의 부과를 위하여 수입량을 산정하는 때에는 이를 산입한다.

⑦ 특별긴급관세가 부과되기 전에 계약이 체결되어 운송 중에 있는 물품은 제1항제1호의 규정에 의한 특별긴급관세 부과대상에서 제외한다. 다만, 당해 물품은 다음해에 제1항제1호의 규정에 의하여 특별긴급관세를 부과하기 위하여 필요한 수입량에는 산입할 수 있다.

⑧ 관계부처의 장 또는 이해관계인이 법 제68조에 따른 조치를 요청하려는 경우에는 해당 물품과 관련된 다음 각 호의 사항에 관한 자료를 기획재정부장관에게 제출하여야 한다.

1. 해당 물품의 관세율표 번호·품명·규격·용도 및 대체물품

2. 해당 물품의 최근 3년간 연도별 국내소비량·수입량 및 기준가격(2014.12.30 본호개정)

3. 인상하여야 하는 세율, 인상이유, 적용기간 및 그 밖의 참고사항
(2011.4.1 본항개정)

⑨ 기획재정부장관은 특별긴급관세의 적용에 관하여 필요한 사항을 조사하기 위하여 필요하다고 인정되는 때에는 관계기관·수출자·수입자 기타 이해관계인에게 관계자료의 제출 기타 필요한 협조를 요청할 수 있다.
(2008.2.29 본항개정)

제91조【조정관세】① 관계부처의 장 또는 이해관계인이 법 제69조에 따른 조치를 요청하려는 경우에는 해당 물품과 관련된 다음 각 호의 사항에 관한 자료를 기획재정부장관에게 제출해야 한다.(2019.2.12 본문개정)

1. 해당 물품의 관세율표 번호·품명·규격·용도 및 대체물품

2. 해당 물품의 제조용 투입원료 및 해당 물품을 원료로 하는 관련제품의 제조공정설명서 및 용도

3. 해당연도와 그 전후 1년간의 수급실적 및 계획
(2011.4.1 1호~3호개정)

4. 최근 1년간의 월별 주요 수입국별 수입가격 및 수입실적

5. 최근 1년간의 월별 주요 국내제조업체별 공장도가격 및 출고실적

6. 인상하여야 하는 세율·인상이유 및 그 적용기간

7. 세율 인상이 국내 산업, 소비자 이익, 물가 등에 미치는 영향(법 제69조제2호에 해당하는 경우에 한정한다)(2019.2.12 본호신설)

② 기획재정부장관은 법 제69조의 규정에 의한 조정관세의 적용에 관하여 필요한 사항을 조사하기 위하여 필요하다고 인정되는 때에는 관계기관·수출자·수입자 기타 이해관계인에게 관계자료의 제출 기타 필요한

협조를 요청할 수 있다.(2008.2.29 본항개정)

③ 기획재정부장관은 법 제69조제2호에 따라 조정관세를 부과하려는 때에는 미리 관계부처의 장의 의견을 들어야 한다.(2019.2.12 본항신설)

제92조【할당관세】① 관계부처의 장 또는 이해관계인은 법 제71조제1항의 규정에 의하여 할당관세의 부과를 요청하고자 하는 때에는 당해 물품에 관련된 다음 각호의 사항에 관한 자료를 기획재정부장관에게 제출하여야 한다.(2008.2.29 본문개정)

1. 제91조제1항제1호 내지 제5호의 사항에 관한 자료

2. 당해 할당관세를 적용하고자 하는 세율·인하이유 및 그 적용기간

3. 법 제71조제1항 후단의 규정에 의하여 수량을 제한하여야 하는 때에는 그 수량 및 산출근거

② 관계부처의 장 또는 이해관계인은 법 제71조제2항의 규정에 의하여 할당관세의 부과를 요청하고자 하는 때에는 당해 물품에 관련된 다음 각호의 사항에 관한 자료를 기획재정부장관에게 제출하여야 한다.
(2008.2.29 본문개정)

1. 제91조제1항제1호 내지 제5호의 사항에 관한 자료

2. 당해 할당관세를 적용하여야 하는 세율·인상이유 및 그 적용기간

3. 기본관세율을 적용하여야 하는 수량 및 그 산출근거

4. 법 제71조제2항 단서의 규정에 의한 농림축수산물의 경우에는 최근 2년간의 월별 또는 분기별 동종물품·유사물품 또는 대체물품별 국내외 가격동향

③ 법 제71조의 규정에 의한 일정수량의 할당은 당해 수량의 범위안에서 주무부장관 또는 그 위임을 받은 자의 추천으로 행한다. 다만, 기획재정부장관이 정하는 물품에 있어서는 수입신고 순위에 따르되, 일정수량에 달하는 날의 할당은 그날에 수입신고되는 분을 당해 수량에 비례하여 할당한다.(2008.2.29 단서개정)

④ 제3항 본문에 따라 주무부장관 또는 그 위임을 받은 자의 추천을 받은 자는 해당 추천서를 수입신고 수리 전까지 세관장에게 제출해야 한다. 다만, 해당 물품이 보세구역에서 반출되지 않은 경우에는 수입신고 수리일부터 15일이 되는 날까지 제출할 수 있다.(2021.2.17 본항개정)

⑤ 법 제71조의 규정에 의한 일정수량까지의 수입통관실적의 확인은 관세청장이 이를 행한다.

⑥ 관계부처의 장은 제1항 또는 제2항에 따라 할당관세의 부과를 요청하는 경우 다음 각 호의 사항을 해당 관계부처의 인터넷 홈페이지 등에 10일 이상 게시하여 의견을 수렴하고 그 결과를 기획재정부장관에게 제출하여야 한다. 다만, 자연재해 또는 가격급등 등으로 할당관세를 긴급히 부과할 필요가 있는 경우에는 기획재정부장관과 협의하여 의견 수렴을 생략할 수 있다.

1. 해당 물품의 관세율표 번호, 품명, 규격, 용도 및 대체물품

2. 제1항제2호·제3호 또는 제2항제2호·제3호의 사항
(2015.2.6 본항신설)

⑦ 기획재정부장관은 제1항 및 제2항의 규정에 의한 할당관세의 적용에 관하여 필요한 사항을 조사하기 위하여 필요하다고 인정되는 때에는 관계기관·수출자·수입자 기타 이해관계인에게 관계자료의 제출 기타 필요한 협조를 요청할 수 있다.(2008.2.29 본항개정)

⑧ 기획재정부장관은 법 제71조제4항에 따른 관세의 전년도 부과 실적 등의 보고를 위하여 관계부처의 장에게 매 회계연도 종료 후 3개월 이내에 관세의 실적 및 효과 등에 관한 자료를 기획재정부장관에게 제출할 것을 요청할 수 있다. 이 경우 요청을 받은 관계부처의 장은 특별한 사유가 없으면 그 요청에 따라야 한다.(2015.2.6 본항신설)

제93조【계절관세】① 관계행정기관의 장 또는 이해관계인이 법 제72조의 규정에 의한 계절관세(이하 "계절관

세"라 한다)의 부과를 요청하고자 하는 때에는 당해 물품에 관련한 다음 각호의 사항에 관한 자료를 기획재정부장관에게 제출하여야 한다.(2008.2.29 본문개정)
1. 품명·규격·용도 및 대체물품
2. 최근 1년간의 월별 수입가격 및 주요 국제상품시장의 가격동향
3. 최근 1년간의 월별 주요 국내제조업체별 공장도가격
4. 당해 물품 및 주요 관련제품의 생산자물가지수·소비자물가지수 및 수입물가지수
5. 계절관세를 적용하고자 하는 이유 및 그 적용기간
6. 계절별 수급실적 및 전망
7. 변경하고자 하는 세율과 그 산출내역
② 기획재정부장관은 계절관세의 적용에 관하여 필요한 사항을 조사하기 위하여 필요하다고 「관계기관·수출자·수입자 기타 이해관계인에게 관계자료의 제출 기타 필요한 협조를 요청할 수 있다.(2008.2.29 본항개정)
제94조【농림축산물에 대한 양허세율의 적용신청】 법 제73조에 따라 국제기구와 관세에 관한 협상에서 국내외 가격차에 상당한 율로 양허하거나 국내시장 개방과 함께 기본세율보다 높은 세율로 양허한 농림축산물을 시장접근물량 이내로 수입하는 자로서 관련 기관의 추천을 받은 자는 해당 추천서를 수입신고 수리 전까지 세관장에게 제출해야 한다. 다만, 해당 농림축산물이 보세구역에서 반출되지 않은 경우에는 수입신고 수리일부터 15일이 되는 날까지 제출할 수 있다.(2021.2.17 본조개정)
제95조【편익관세】 ① 법 제74조에 따라 관세에 관한 편익을 받을 수 있는 국가는 다음 표와 같다.

지 역	국 가
1. 아시아	부탄
2. 중동	이란·이라크·레바논·시리아
3. 대양주	나우루
4. 아프리카	코모로·에티오피아·소말리아
5. 유럽	안도라·모나코·산마리노·바티칸·덴마크(그린란드 및 페로제도에 한정한다)

(2017.3.27 본항개정)
② 법 제74조에 따라 관세에 관한 편익을 받을 수 있는 물품은 제1항의 표에 따른 국가의 생산물 중 「세계무역기구협정 등에 의한 양허관세 규정」 별표1(이하 이 조에서 "양허표"라 한다)의 가, 나 및 다에 따른 물품으로 한다. 이 경우 해당 물품에 대한 관세율표상의 품목분류가 세분되거나 통합된 때에도 동일한 편익을 받는다.(2017.3.27 전단개정)
③ 제2항에 규정하는 물품에 대하여는 당해 양허표에 규정된 세율을 적용한다. 다만, 다음 각호의 경우에는 당해 양허표에 규정된 세율보다 다음 각호에 규정된 세율을 우선하여 적용한다.
1. 법에 의한 세율이 당해 양허표에 규정된 세율보다 낮은 경우에는 법에 의한 세율. 다만, 법 제50조제3항 단서의 규정에 의한 농림축산물의 경우에는 당해 양허표에 규정된 세율을 기본세율 및 잠정세율에 우선하여 적용한다.
2. 법 제51조·법 제57조·법 제63조·법 제65조 또는 법 제68조의 규정에 의하여 대통령령 또는 기획재정부령으로 세율을 정하는 경우에는 그 세율(2008.2.29 본호개정)
④ 기획재정부장관은 다음 각호의 1에 해당하는 사유가 있는 때에는 국가·물품 및 기간을 지정하여 법 제74조의 규정에 의한 관세에 관한 편익(이하 "편익관세"라 한다)의 적용을 정지시킬 수 있다.(2008.2.29 본문개정)

1. 편익관세의 적용으로 국민경제에 중대한 영향이 초래되거나 초래될 우려가 있는 때
2. 기타 편익관세의 적용을 정지시켜야 할 긴급한 사태가 있는 때
⑤ 기획재정부장관은 편익관세의 적용에 관하여 필요한 사항을 조사하기 위하여 필요하다고 인정되는 때에는 관계행정기관·수출자·수입자 기타 이해관계인에게 관계자료의 제출 기타 필요한 협조를 요청할 수 있다.(2008.2.29 본항개정)

제3절 세율의 적용 등

제96조【간이세율의 적용】 ① 법 제81조의 규정에 의한 간이세율(이하 "간이세율"이라 한다)을 적용하는 물품과 그 세율은 별표2와 같다.
② 제1항의 규정에 불구하고 다음 각호의 물품에 대하여는 간이세율을 적용하지 아니한다.
1. 관세율이 무세인 물품과 관세가 감면되는 물품
2. 수출용원재료
3. 법 제11장의 범칙행위에 관련된 물품
4. 종량세가 적용되는 물품
5. 다음 각목의 1에 해당하는 물품으로서 관세청장이 정하는 물품
가. 상업용으로 인정되는 수량의 물품
나. 고가품
다. 당해 물품의 수입이 국내산업을 저해할 우려가 있는 물품
라. 법 제81조제4항의 규정에 의한 단일한 간이세율의 적용이 과세형평을 현저히 저해할 우려가 있는 물품(2001.12.31 본목개정)
6. 화주가 수입신고를 할 때에 과세대상물품의 전부에 대하여 간이세율의 적용을 받지 아니할 것을 요청한 경우의 당해 물품
제97조【용도세율 적용신청】 법 제83조제1항에 따라 용도세율을 적용받으려는 자는 해당 물품을 수입신고하는 때부터 수입신고가 수리되기 전까지 그 품명·규격·수량·가격·용도·사용방법 및 사용장소를 기재한 신청서를 세관장에게 제출해야 한다. 다만, 해당 물품을 보세구역에서 반출하지 않은 경우에는 수입신고 수리일부터 15일이 되는 날까지 신청서를 제출할 수 있다.(2022.2.15 본조개정)

제4절 품목분류

제98조【품목분류표 등】 ① 기획재정부장관은 「통일상품명 및 부호체계에 관한 국제협약」(이하 이 조, 제98조의2 및 제99조에서 "협약"이라 한다) 제3조제3항에 따라 수출입물품의 신속한 통관, 통계파악 등을 위하여 협약 및 법 별표 관세율표를 기초로 하여 품목을 세분한 관세·통계통합품목분류표(이하 이 조에서 "품목분류표"라 한다)를 고시할 수 있다.(2019.2.12 본항개정)
② 기획재정부장관은 관세협력이사회로부터 협약의 품목분류에 관한 권고 또는 결정이 있거나 새로운 상품이 개발되는 등 법 별표 관세율표와 「세계무역기구협정 등에 의한 양허관세 규정」, 「특정국가와의 관세협상에 따른 국제협력관세의 적용에 관한 규정」 및 「최빈개발도상국에 대한 특혜관세 공여규정」(이하 이 항에서 "양허관세규정등"이라 한다)에 의한 품목분류 및 품목분류표를 변경할 필요가 있는 때에는 그 세율을 변경함이 없이 법 별표 관세율표와 양허관세규정등에 의한 품목분류 및 품목분류표를 변경고시할 수 있다.
③ 기획재정부장관은 관세협력이사회로부터 협약의 품목분류에 관한 권고 또는 결정이 있어서 품목분류를 변경하는 때에는 협약 제16조제4항의 규정에 의한 기

한내에 법 별표 관세율표상의 품목분류 및 품목분류표에 이를 반영하여야 한다.
(2008.2.29 본조개정)

제98조의2 【품목분류 분쟁 해결 절차】 ① 기획재정부장관 또는 관세청장은 상대국과의 품목분류 분쟁 사실을 알게 된 경우 협약 제10조제1항에 따라 그 상대국과 분쟁에 대한 협의를 진행한다. 다만, 관세청장이 해당 협의를 진행하는 경우에는 매 반기 마지막 날까지 그 분쟁 사실과 협의 내용 등을 기획재정부장관에게 보고해야 한다.
② 기획재정부장관은 제1항에 따라 협의를 진행한 품목분류 분쟁이 상대국과 합의되지 않은 경우에는 협약 제10조제2항에 따라 관세협력이사회에 해당 분쟁의 해결을 요구할 수 있다.
(2019.2.12 본조신설)

제99조 【품목분류의 적용기준】 ① 법 제85조제1항에 따른 품목분류의 적용기준은 기획재정부령으로 정한다.
② 기획재정부장관은 관세협력이사회가 협약에 따라 권고한 통일상품명 및 부호체계에 관한 품목분류에 관한 사항을 관세청장으로 하여금 고시하게 할 수 있다. 이 경우 관세청장은 고시할 때 기획재정부장관의 승인을 받아야 한다.
(2015.2.6 본조개정)

제100조 【관세품목분류위원회의 구성 등】 ① 법 제85조제2항에 따른 관세품목분류위원회(이하 "관세품목분류위원회"라 한다)는 위원장 1명과 30명 이상 40명 이하의 위원으로 구성한다.(2019.2.12 본항개정)
② 관세품목분류위원회의 위원장은 관세청의 3급 공무원 또는 고위공무원단에 속하는 일반직공무원으로서 관세청장이 지정하는 사람이 되고, 위원은 다음 각 호의 어느 하나에 해당하는 자 중에서 관세청장이 임명 또는 위촉한다.(2007.4.5 본문개정)
1. 관세청 소속공무원
2. 관계중앙행정기관의 공무원
3. (2004.3.29 삭제)
4. 시민단체(「비영리민간단체 지원법」 제2조의 규정에 의한 비영리민간단체를 말한다. 이하 같다)에서 추천한 자(2006.5.22 본호개정)
5. 기타 상품학에 관한 지식이 풍부한 자
③ 제2항제4호 및 제5호에 해당하는 위원의 임기는 2년으로 하되, 한번만 연임할 수 있다. 다만, 보궐위원의 임기는 전임위원 임기의 남은 기간으로 한다.(2018.2.13 본문개정)
④ 관세청장은 관세품목분류위원회의 위원이 다음 각 호의 어느 하나에 해당하는 경우에는 해당 위원을 해임 또는 해촉할 수 있다.
1. 심신장애로 인하여 직무를 수행할 수 없게 된 경우
2. 직무와 관련된 비위사실이 있는 경우
3. 직무태만, 품위손상이나 그 밖의 사유로 인하여 위원으로 적합하지 아니하다고 인정되는 경우
4. 위원 스스로 직무를 수행하는 것이 곤란하다고 의사를 밝히는 경우
5. 제101조의2제1항 각 호의 어느 하나에 해당함에도 불구하고 회피하지 아니한 경우(2018.2.13 본호개정)
(2017.3.27 본항신설)
⑤ 관세품목분류위원회의 위원장은 위원회의 사무를 총괄하고 위원회를 대표한다.(2020.12.29 본항개정)
⑥ 관세품목분류위원회의 위원장이 직무를 수행하지 못하는 부득이한 사정이 있는 때에는 위원장이 지명하는 위원이 그 직무를 대행한다.
⑦ 관세품목분류위원회의 위원중 공무원인 위원이 회의에 출석하지 못할 부득이한 사정이 있는 때에는 그가 소속된 기관의 다른 공무원으로 하여금 회의에 출석하여 그 직무를 대행하게 할 수 있다.

⑧ 관세청장은 회의의 원활한 운영을 위하여 품목분류와 관련된 기술적인 사항 등에 대한 의견을 듣기 위하여 관련 학계·연구기관 또는 협회 등에서 활동하는 자를 기술자문위원으로 위촉할 수 있다.(2004.3.29 본항신설)

제101조 【관세품목분류위원회의 회의】 ① 관세품목분류위원회의 위원장은 위원회의 회의를 소집하고 그 의장이 된다.
② 관세품목분류위원회의 회의는 위원장과 위원장이 매 회의마다 지정하는 14명 이상 16명 이하의 위원으로 구성하되, 제100조제2항제2호의 위원 2명 이상과 같은 항 제4호 또는 제5호의 위원 8명 이상이 포함되어야 한다.(2019.2.12 본항개정)
③ 관세품목분류위원회의 회의는 제2항에 따른 구성원 과반수의 출석과 출석위원 과반수의 찬성으로 의결한다.(2007.4.5 본항개정)
④ 관세품목분류위원회에서 법 제85조제2항제2호 또는 제3호에 따른 품목분류의 재심사를 심의하려는 경우로서 제2항에 따라 제100조제2항제4호 또는 제5호의 위원을 회의의 구성원으로 포함시키려는 경우에는 재심사의 대상인 품목분류의 사전심사 또는 품목분류의 변경을 심의할 때 출석하지 않은 위원을 회의의 구성원으로 포함시켜야 한다.(2019.2.12 본항신설)

제101조의2 【관세품목분류위원회 위원의 제척·회피】 ① 관세품목분류위원회의 위원은 다음 각 호의 어느 하나에 해당하는 경우에는 심의·의결에서 제척된다.
1. 위원이 해당 안건의 당사자(당사자가 법인·단체 등인 경우에는 그 임원을 포함한다. 이하 이 항에서 같다)이거나 해당 안건에 관하여 직접적인 이해관계가 있는 경우
2. 위원의 배우자, 4촌 이내의 혈족 및 2촌 이내의 인척의 관계에 있는 사람이 해당 안건의 당사자이거나 해당 안건에 관하여 직접적인 이해관계가 있는 경우
3. 위원이 해당 안건 당사자의 대리인이거나 최근 5년 이내에 대리인이었던 경우
4. 위원이 해당 안건 당사자의 대리인이거나 최근 5년 이내에 대리인이었던 법인·단체 등에 현재 속하고 있거나 속하였던 경우
5. 위원이 최근 5년 이내에 해당 안건 당사자의 자문·고문에 응하였거나 해당 안건 당사자와 연구·용역 등의 업무 수행에 동업 또는 그 밖의 형태로 직접 해당 안건 당사자의 업무에 관여를 하였던 경우
6. 위원이 최근 5년 이내에 해당 안건 당사자의 자문·고문에 응하였거나 해당 안건 당사자와 연구·용역 등의 업무 수행에 동업 또는 그 밖의 형태로 직접 해당 안건 당사자의 업무에 관여를 하였던 법인·단체 등에 현재 속하고 있거나 속하였던 경우
② 관세품목분류위원회의 위원은 제1항 각 호의 어느 하나에 해당하는 경우에는 스스로 해당 안건의 심의·의결에서 회피하여야 한다.
(2018.2.13 본조신설)

제102조 【관세품목분류위원회의 간사】 ① 관세품목분류위원회의 서무를 처리하기 위하여 위원회에 간사 1인을 둔다.
② 관세품목분류위원회의 간사는 관세청장이 소속공무원 중에서 임명한다.

제103조 【수당】 관세품목분류위원회의 회의에 출석한 공무원이 아닌 위원 및 기술자문위원에 대하여는 예산의 범위 안에서 수당과 여비를 지급할 수 있다.
(2004.3.29 본조개정)

제104조 【관세품목분류위원회의 운영세칙】 이 영에서 규정한 것외에 관세품목분류위원회의 운영에 관하여 필요한 사항은 위원회의 의결을 거쳐 위원장이 정한다.

제105조 (2004.3.29 삭제)
제106조【특정물품에 적용될 품목분류의 사전심사 등】
① 법 제86조제1항·제3항 및 법 제87조제3항에 따라 특정물품에 적용될 품목분류의 사전심사 또는 재심사(이하 이 조에서 "사전심사 또는 재심사"라 한다)를 신청하려는 자는 관세청장에게 다음 각 호의 서류 및 물품을 제출하여야 한다. 다만, 관세청장은 물품의 성질상 견본을 제출하기 곤란한 물품으로서 견본이 없어도 품목분류 심사에 지장이 없고, 해당 물품의 통관 시에 세관장이 이를 확인할 수 있다고 인정되는 때에는 제2호에 따른 견본의 제출을 생략하게 할 수 있다. (2015.2.6 본문개정)
1. 물품의 품명·규격·제조과정·원산지·용도·통관예정세관 및 신청사유 등을 기재한 신청서(2015.2.6 본호개정)
2. 신청대상물품의 견본
3. 그 밖의 설명자료(2015.2.6 본호개정)
② 관세청장은 제1항에 따라 제출된 신청서와 견본 및 그 밖의 설명자료가 미비하여 품목분류를 심사하기가 곤란한 때에는 20일 이내의 기간을 정하여 보정을 요구할 수 있다.(2015.2.6 본항개정)
③ 관세청장은 사전심사 또는 재심사의 신청이 다음 각 호의 어느 하나에 해당하는 경우에는 해당 신청을 반려할 수 있다.
1. 제2항에 따른 보정기간 내에 보정하지 아니한 경우
2. 신청인이 사전심사 또는 재심사를 신청한 물품과 동일한 물품을 이미 수출입신고한 경우
3. 신청인이 반려를 요청하는 경우
4. 이의신청 등 불복 또는 소송이 진행 중인 경우
5. 그 밖에 사전심사 또는 재심사가 곤란한 경우로서 기획재정부령으로 정하는 경우
(2020.2.11 3호~5호신설)
(2015.2.6 본항개정)
④ 법 제86조제2항 본문에서 "대통령령으로 정하는 기간"이란 사전심사의 신청을 받은 날부터 30일(다음 각 호의 기간은 제외한다)을 말한다.
1. 법 제85조제2항에 따라 관세품목분류위원회에서 사전심사를 심의하는 경우 해당 심의에 소요되는 기간
2. 제2항에 따른 보정기간
3. 해당 물품에 대한 구성재료의 물리적·화학적 분석이 필요한 경우로서 해당 분석에 소요되는 기간
4. 관세협력이사회에 질의하는 경우 해당 질의에 소요되는 기간
5. 전문기관에 기술 자문을 받는 경우 해당 자문에 걸리는 기간(2023.2.28 본호신설)
6. 다른 기관의 의견을 들을 필요가 있는 경우 해당 의견을 듣는 데 걸리는 기간(2023.2.28 본호신설)
7. 신청인의 의견 진술이 필요한 경우 관세청장이 정하는 절차를 거치는 데 걸리는 기간(2023.2.28 본호신설)
(2019.2.12 본항개정)
⑤ 관세청장은 법 제86조제2항에 따라 품목분류를 심사하여 신청인에게 통지하는 경우에는 통관예정세관장에게도 그 내용을 통지하여야 한다. 이 경우 설명자료를 함께 송부하여야 한다.(2015.2.6 본항신설)
⑥ 관세청장은 법 제86조제2항에 따라 품목분류를 심사할 때 신청인이 법 별표 관세율표에 따른 호 및 소호까지의 품목분류에 대한 심사를 요청하는 경우에는 해당 번호까지의 품목분류에 대해서만 심사하여 통지할 수 있다.(2019.9.24 본항신설)
⑦ 법 제86조제3항 후단에서 "대통령령으로 정하는 기간"이란 재심사의 신청을 받은 날부터 60일(법 제85조제2항에 따라 관세품목분류위원회에서 재심사를 심의하는 경우 해당 심의에 소요되는 기간과 제4항제2호부터 제4호까지에 해당하는 기간은 제외한다)을 말한다.(2019.2.12 본항신설)

⑧ 관세청장은 법 제86조제3항 또는 법 제87조제3항에 따라 재심사를 신청한 물품이 다음 각 호의 어느 하나에 해당하는 경우에는 관세품목분류위원회의 심의에 부쳐야 한다.
1. 해당 물품의 품목분류가 변경될 경우 등 납세자(수출자를 포함한다)의 권리 및 의무에 중대한 영향을 미칠 수 있다고 판단되는 경우
2. 법 별표 관세율표 및 품목분류 적용기준에 대하여 사전(事前) 해석이 필요하다고 판단되는 경우
3. 그 밖에 제1호 및 제2호와 유사한 경우로서 관세청장이 정하여 고시하는 경우
(2019.2.12 본항신설)
(2015.2.6 본조제목개정)
제107조【품목분류의 변경】① 법 제87조제1항에서 "관세청장이 직권으로 한 품목분류를 변경하여야 할 부득이한 사유가 생겼을 경우 등 대통령령으로 정하는 경우"란 다음 각 호의 경우를 말한다.(2020.2.11 본문개정)
1. 관계법령의 개정에 따라 당해 물품의 품목분류가 변경된 경우
2. 법 제84조에 따라 품목분류가 변경된 경우 (2019.9.24 본호개정)
3. 신청인의 허위자료 제출 등으로 품목분류에 중대한 착오가 생긴 경우(2019.9.24 본호개정)
4.「통일상품명 및 부호체계에 관한 국제협약」에 따른 관세협력이사회의 권고 또는 결정 및 법원의 확정판결이 있는 경우(2020.2.11 본호신설)
5. 동일 또는 유사한 물품에 대하여 서로 다른 품목분류가 있는 경우(2020.2.11 본호신설)
② 관세청장은「통일상품명 및 부호체계에 관한 국제협약」에 따른 관세협력이사회의 권고·결정이나 법원의 판결로 법 제87조제1항에 따른 품목분류 변경이 필요한 경우에는 그 권고·결정이 있은 날 또는 판결이 확정된 날부터 3개월 이내에 이를 관세품목분류위원회의 심의에 부쳐야 한다.(2019.9.24 본항신설)
(2019.9.24 본조제목개정)

제4장 감면·환급 및 분할납부 등

제1절 감 면

제108조【대사관 등의 관원지정】법 제88조제1항제4호에서 "대통령령으로 정하는 직원"이란 다음 각 호의 어느 하나에 해당하는 직위 또는 이와 동등 이상이라고 인정되는 직위에 있는 사람을 말한다.(2011.4.1 본문개정)
1. 대사관 또는 공사관의 참사관·1등서기관·2등서기관·3등서기관 및 외교관보
2. 총영사관 또는 영사관의 총영사·영사·부영사 및 영사관보(명예총영사 및 명예영사를 제외한다)
3. 대사관·공사관·총영사관 또는 영사관의 외무공무원으로서 제1호 및 제2호에 해당하지 아니하는 사람 (2011.4.1 본호개정)
제109조【감면물품의 용도외 사용 등에 대한 승인신청】① 법 제83조제2항 단서·법 제88조제2항 단서·법 제97조제2항 단서(법 제98조제2항에서 준용하는 경우를 포함한다) 또는 법 제102조제1항 단서에 의하여 세관장의 승인을 얻고자 하는 자는 다음 각호의 사항을 기재한 신청서를 당해 물품의 소재지를 관할하는 세관장(이하 "관할지세관장"이라 한다)에게 제출하여야 한다. 다만, 법 제97조제2항 단서(법 제98조제2항에서 준용하는 경우를 포함한다)의 규정에 해당하는 경우에는 당해 물품을 최초에 수입신고한 세관에서도 할 수 있다.

1. 당해 물품의 품명·규격·수량·관세감면액 또는 적용된 용도세율·수입신고수리 연월일 및 수입신고번호
2. 당해 물품의 통관세관명
3. 승인신청이유
4. 당해 물품의 양수인의 사업의 종류, 주소·상호 및 성명(법인인 경우에는 대표자의 성명)

② 재해 기타 부득이한 사유로 인하여 멸실된 물품에 대하여 법 제83조제3항·법 제97조제3항 단서(법 제98조제2항에서 준용하는 경우를 포함한다)·법 제102조제2항 단서 또는 법 제109조제2항 단서의 규정을 적용받고자 하는 자는 멸실 후 지체없이 다음의 사항을 기재한 신청서에 그 사실을 증빙할 수 있는 서류를 첨부하여 세관장에게 제출하여야 한다.
1. 멸실된 물품의 품명·규격·수량·수입신고수리 연월일 및 수입신고번호
2. 멸실연월일 및 멸실장소
3. 멸실된 물품의 통관세관명

③ 법 제83조제3항 단서·법 제97조제3항 단서(법 제98조제2항에서 준용하는 경우를 포함한다)·법 제102조제2항 단서 또는 법 제109조제2항 단서의 규정에 의하여 물품폐기에 대한 세관장의 승인을 얻고자 하는 자는 다음의 사항을 기재한 신청서를 세관장에게 제출하여야 한다.
1. 당해 물품의 품명·규격·수량·수입신고수리 연월일 및 수입신고번호
2. 당해 물품의 통관세관명
3. 폐기의 사유·방법 및 장소와 폐기예정연월일

제110조【감면물품의 용도외 사용 등의 금지기간】
관세청장은 법 제83조제3항·제88조제2항 또는 제102조제1항에 따라 관세감면물품의 용도 외 사용의 금지기간 및 양수·양도의 금지기간(이하 "사후관리기간"이라 한다)을 정하려는 경우에는 다음 각 호의 기준에 따르며, 각 호의 기준을 적용한 결과 동일물품에 대한 사후관리기간이 다르게 되는 경우에는 그 중 짧은 기간으로 할 수 있다.(2021.2.17 본문개정)
1. 물품의 내용연수(「법인세법 시행령」제28조에 따른 기준내용연수를 말한다)를 기준으로 하는 사후관리기간 : 다음 각 목의 구분에 의한 기간(2007.4.5 본문개정)
   가. 내용연수가 5년 이상인 물품 : 3년. 다만, 법 제90조의 규정에 의하여 관세의 감면을 받는 물품의 경우는 2년으로 한다.(2001.12.31 본목개정)
   나. 내용연수가 4년인 물품 : 2년
   다. 내용연수가 3년 이하인 물품 : 1년 이내의 기간에서 관세청장이 정하여 고시하는 기간(2018.2.13 본목개정)
2. 관세감면물품이 다른 용도로 사용될 가능성이 적은 경우의 사후관리기간 : 1년 이내의 기간에서 관세청장이 정하여 고시하는 기간. 다만, 장애인 등 특정인만이 사용하거나 금형과 같이 성격상 다른 용도로 사용될 수 없는 물품의 경우에는 수입신고수리일까지로 하며, 박람회·전시회 등 특정행사에 사용되는 물품의 경우에는 당해 용도 또는 행사가 소멸 또는 종료되는 때까지로 한다.(2018.2.13 본문개정)
3. 관세감면물품이 원재료·부분품 또는 견본품인 경우의 사후관리기간 : 1년 이내의 기간에서 관세청장이 정하여 고시하는 기간. 다만, 원재료·부분품 또는 견본품 등이 특정용도로 사용된 후 사실상 소모되는 물품인 경우에는 감면용도에 사용하기 위하여 사용장소로 반입된 사실이 확인된 날까지로 하며, 해당 기간이 경과될 때까지 감면받은 용도로 사용되지 않고 보관되는 경우에는 해당 물품이 모두 사용된 날까지로 한다.(2021.2.17 본호개정)

4. 관세감면물품에 대한 법 제50조의 규정에 의한 세율에 감면율을 곱한 율을 기준으로 하는 사후관리기간 : 3퍼센트 이하인 경우에는 1년 이내의 기간에서 관세청장이 정하여 고시하는 기간, 3퍼센트 초과 7퍼센트 이하인 경우에는 2년 이내의 기간에서 관세청장이 정하여 고시하는 기간(2018.2.13 본호개정)

제111조【관세경감률산정의 기준】 ① 법 제89조·법 제90조·법 제95조 및 법 제98조에 의한 관세의 경감에 있어서 경감률의 산정은 실제로 적용되는 관세율(법 제50조제2항제1호의 세율을 제외한다)을 기준으로 한다.
② 이 법 기타 법률 또는 조약에 의하여 관세를 면제하는 경우 면제되는 관세의 범위에 대하여 특별한 규정이 없는 때에는 법 제50조제2항제1호의 세율은 면제되는 관세의 범위에 포함되지 아니한다.

제112조【관세감면신청】 ① 법 기타 관세에 관한 법률 또는 조약에 따라 관세를 감면받으려는 자는 해당 물품의 수입신고 수리 전에 다음 각 호의 사항을 적은 신청서를 세관장에게 제출하여야 한다. 다만, 관세청장이 정하는 경우에는 감면신청을 간이한 방법으로 하게 할 수 있다.(2012.2.2 본문개정)
1. 감면을 받고자 하는 자의 주소·성명 및 상호
2. 사업의 종류(업종에 따라 감면하는 경우에는 구체적으로 기재하여야 한다)
3. 품명·규격·수량·가격·용도와 설치 및 사용장소
4. 감면의 법적 근거
5. 기타 참고사항
② 제1항 각 호 외의 부분 본문에도 불구하고 다음 각 호의 사유가 있는 경우에는 다음 각 호의 구분에 따른 기한까지 감면신청서를 제출할 수 있다.
1. 법 제39조제2항에 따라 관세를 징수하는 경우 : 해당 납부고지를 받은 날부터 5일 이내
2. 그 밖에 수입신고수리전까지 감면신청서를 제출하지 못한 경우 : 해당 수입신고수리일부터 15일 이내(해당 물품이 보세구역에서 반출되지 아니한 경우로 한정한다)
(2012.2.2 본항신설)
③ 제1항 및 제2항에 따른 신청서에 첨부하여야 하는 서류와 그 기재사항은 기획재정부령으로 정한다.
(2012.2.2 본항개정)

제113조【제조·수리공장의 지정】 ① 법 제89조제1항의 규정에 의한 제조·수리공장의 지정을 받고자 하는 자는 다음 각호의 사항을 기재한 신청서에 사업계획서와 그 구역 및 부근의 도면을 첨부하여 세관장에게 제출하여야 한다.(2002.12.30 본항개정)
1. 당해 제조·수리공장의 명칭·소재지·구조·동수 및 평수(2002.12.30 본호개정)
2. 제조하는 제품의 품명과 그 원재료 및 부분품의 품명
3. 작업설비와 그 능력
4. 지정을 받고자 하는 기간
② 제1항의 규정에 의한 신청을 받은 세관장은 그 감시·단속에 지장이 없다고 인정되는 때에는 3년의 범위내에서 기간을 정하여 제조·수리공장의 지정을 하여야 한다. 이 경우 지정기간은 관세청장이 정하는 바에 의하여 갱신할 수 있다.(2002.12.30 본항개정)
③ 세관장은 법 제89조제1항에 따라 항공기의 수리가 일시적으로 이루어지는 공항 내의 특정지역이 감시·단속에 지장이 없고, 세율불균형물품의 관세 감면 관리 업무의 효율화를 위하여 필요하다고 인정되는 경우에는 제1항 및 제2항에 따라 해당 특정지역을 제조·수리공장으로 지정할 수 있다.(2021.2.17 본항개정)
④ (2017.3.27 삭제)
(2002.12.30 본조제목개정)

제114조【재수출기간의 연장신청】 법 제97조제1항제1호 단서의 규정에 의하여 수출기간을 연장받고자 하는 자는 당해 물품의 수입신고수리연월일·신고번호·품

명·규격 및 수량, 연장기간과 연장사유를 기재한 신청서를 당해 물품의 수입지세관장에게 제출하여야 한다. 다만, 관세청장이 정한 물품에 대하여는 수입지세관외의 세관에서도 재수출기간의 연장승인을 할 수 있다. (2004.3.29 본조개정)

제115조【재수출면세기간】 ① 세관장은 법 제97조제1항의 규정에 의하여 재수출면세기간을 정하고자 하는 때에는 다음 각 호의 기간을 재수출면세기간으로 한다. 이 경우 재수출면세물품이 행정당국에 의하여 압류된 경우에는 해당 압류기간은 재수출면세기간에 산입하지 않는다.(2023.2.28 본문개정)

1. 일시 입국하는 자가 본인이 사용하고 재수출할 목적으로 직접 휴대하여 수입하거나 별도로 수입하는 신변용품·취재용품 및 이와 유사한 물품의 경우에는 입국후 처음 출국하는 날까지의 기간

2. 박람회·전시회·품평회 기타 이에 준하는 행사에 출품 또는 사용하기 위하여 수입하는 물품은 박람회 등의 행사기간종료일에 당해 물품을 재수출하는데 필요한 기일을 더한 기간

3. 수리를 위한 물품 및 그 재료는 수리에 소요되는 것으로 인정되는 기간(2023.2.28 본호개정)

4. 기타의 물품은 당해 물품의 반입계약에 관한 증빙서류에 의하여 확인되는 기간으로 하되, 반입계약에 관한 증빙서류에 의하여 확인할 수 없는 때에는 당해 물품의 성질·용도·수입자·내용연수 등을 고려하여 세관장이 정하는 기간

② 세관장은 법 제98조제1항의 규정에 의하여 4년의 범위내에서 재수출 기간을 정하고자 하는 때에는 당해 물품의 반입계약에 관한 증빙서류에 의하여 확인되는 기간을 기준으로 하여야 한다. 다만, 그 증빙서류에 의하여 확인되는 기간을 기준으로 하기가 적당하지 아니하거나 증빙서류에 의하여 확인할 수 없는 때에는 당해 감면물품의 성질·용도·임대차기간 또는 도급기간 등을 고려하여 타당하다고 인정되는 기간을 기준으로 할 수 있다.

제116조【재수출조건 감면물품의 수출 및 가산세징수】 ① 법 제97조제1항 또는 법 제98조제1항의 규정에 의하여 관세의 감면을 받은 물품을 당해 기간내에 수출하고자 하는 자는 수출신고서에 당해 물품의 수입신고필증 또는 이에 대신할 세관의 증명서와 기타 참고서류를 제출하여야 한다.

② 세관장은 제1항의 물품이 수출된 때에는 세관에 제출된 수입신고필증 또는 이에 대신할 세관의 증명서에 수출된 사실을 기재하여 수출신고인에게 교부하여야 한다. ③ (2013.2.15 삭제)

제117조 (2006.5.22 삭제)

제118조【변질·손상 등의 관세경감액】 ① 법 제100조의 규정에 의하여 경감하는 관세액은 다음 각호의 관세액중 많은 금액으로 한다.

1. 수입물품의 변질·손상 또는 사용으로 인한 가치의 감소에 따르는 가격의 저하분에 상응하는 관세액

2. 수입물품의 관세액에서 그 변질·손상 또는 사용으로 인한 가치의 감소후의 성질 및 수량에 의하여 산출한 관세액을 공제한 차액

② 제1항의 변질·손상 또는 사용으로 인한 가치감소의 산정기준은 기획재정부령으로 정할 수 있다. (2020.10.7 본항개정)

제119조【해외임가공물품에 대한 관세경감액】 법 제101조제1항에 따라 경감하는 관세액은 다음 각 호와 같다.(2015.2.6 본문개정)

1. 법 제101조제1항제1호의 물품 : 수입물품의 제조·가공에 사용된 원재료 또는 부분품의 수출신고가격에 당해 수입물품에 적용되는 관세율을 곱한 금액

2. 법 제101조제1항제2호의 물품 : 가공·수리물품의 수출신고가격에 해당 수입물품에 적용되는 관세율을

곱한 금액. 다만, 수입물품이 매매계약상의 하자보수보증기간(수입신고수리 후 1년으로 한정한다) 중에 하자가 발견되거나 고장이 발생하여 외국의 매도인 부담으로 가공 또는 수리하기 위하여 수출된 물품에 대하여는 다음 각 목의 금액을 합한 금액에 해당 수입물품에 적용되는 관세율을 곱한 금액으로 한다. (2015.2.6 본문개정)

가. 수출물품의 수출신고가격

나. 수출물품의 양륙항까지의 운임·보험료

다. 가공 또는 수리 후 물품의 선적항에서 국내 수입항까지의 운임·보험료

라. 가공 또는 수리의 비용에 상당하는 금액

(2015.2.6 가목~라목신설)

제120조【용도 외 사용물품의 관세 감면 신청 등】 ① 법 제103조의 규정에 의하여 관세의 감면을 받고자 하는 자는 제109조제1항 또는 제134조의 규정에 의한 승인 또는 확인신청시에 다음 각호의 사항을 기재한 신청서에 그 새로운 용도에 사용하기 위하여 수입하는 때에 관세의 감면을 받기 위하여 필요한 서류를 첨부하여 세관장에게 제출하여야 한다.

1. 당해 물품의 품명·규격·수량 및 가격

2. 당해 물품의 수입신고번호·수입신고수리 연월일 및 통관세관명

3. 당해 물품의 당초의 용도, 사업의 종류, 설치 또는 사용장소 및 관세감면의 법적 근거

4. 당해 물품의 새로운 용도, 사업의 종류, 설치 또는 사용장소 및 관세감면의 법적 근거

② 법 제103조의 규정에 의하여 관세를 감면하는 경우에 새로운 용도에 따라 감면되는 관세의 금액이 당초에 감면된 관세의 금액보다 적은 경우에는 그 차액에 해당하는 관세를 징수한다.

(2021.2.17 본조제목개정)

제2절 환급 및 분할납부 등

제121조【계약내용이 상이한 물품의 수출 등으로 인한 관세환급】 ① 수입신고가 수리된 물품이 계약내용과 상이하고 수입신고당시의 성질 또는 형태가 변경되지 아니한 경우 법 제106조제1항 또는 제2항에 따라 해당 물품을 수출하거나 보세공장에 반입하려는 자는 수출신고서 또는 보세공장물품반입신고서에 해당 물품의 품명·규격·수량·가격과 수출 또는 반입 사유를 적은 사유서, 해당 물품 수입에 관한 계약내용의 증빙서류와 수입신고필증 또는 이에 대신하는 세관의 증빙서류를 첨부하여 세관장에게 제출하여야 한다. (2008.2.22 본항개정)

② 제1항의 규정에 의하여 물품을 수출하거나 보세공장에 반입하고 관세의 환급을 받고자 하는 자는 당해 물품의 품명·규격·수량·수입신고수리 연월일·수입신고번호와 환급받고자 하는 관세액을 기재한 신청서에 수출신고필증·보세공장반입승인서 또는 이에 대신하는 세관의 증명서를 첨부하여 세관장에게 제출하여야 한다.

③ 제2항의 규정에 의하여 환급하는 관세액은 그 물품에 대하여 이미 납부한 관세의 전액으로 하며, 그 물품의 일부를 수출하거나 보세공장에 반입한 경우에는 그 일부물품에 해당하는 관세액으로 한다.

(2004.3.29 본조개정)

제122조【폐기물품의 관세환급】 ① 법 제106조제3항의 규정에 의하여 물품의 폐기의 승인을 얻고자 하는 자는 다음 각호의 사항을 기재한 신청서에 당해 물품의 수입신고필증 또는 이에 갈음하는 세관의 증명서와 당해 물품의 폐기가 부득이한 것을 증빙하는 서류를 첨부하여 세관장에게 제출하여야 한다.

1. 당해 물품의 품명·규격·수량·수입신고수리 연월일·수입신고번호 및 장치장소
2. 폐기방법·폐기예정연월일 및 폐기예정장소
3. 폐기사유
② 제1항의 규정에 의하여 승인을 얻어 폐기한 물품에 대하여 법 제106조제3항의 규정에 의하여 관세를 환급받고자 하는 자는 다음 각호의 사항을 기재한 신청서에 제1항의 규정에 의한 폐기승인서를 첨부하여 세관장에게 제출하여야 한다.
1. 당해 물품의 품명·규격·수량·수입신고수리 연월일·수입신고번호 및 장치장소
2. 폐기연월일
3. 그 폐기에 의하여 생긴 잔존물의 품명·규격 및 수량
③ 제2항의 규정에 의하여 환급하는 관세액은 그 물품에 대하여 이미 납부한 그 관세액으로 한다. 다만, 제2항제3호의 규정에 의한 잔존물에 대하여는 그 폐기한 때의 당해 잔존물의 성질·수량 및 가격에 의하여 부과될 관세액을 공제한 금액으로 한다.

제123조【멸실·변질·손상 등의 관세환급】① 법 제106조제4항의 규정에 의하여 관세를 환급받고자 하는 자는 다음 각호의 사항을 기재한 신청서에 당해 물품의 수입신고필증 또는 이에 갈음할 세관의 증명서를 첨부하여 세관장에게 제출하여야 한다.
1. 당해 물품의 품명·규격·수량·수입신고수리 연월일·수입신고번호 및 장치장소
2. 피해상황 및 기타 참고사항
3. 환급받고자 하는 관세액과 그 산출기초
② 제1항의 규정에 의하여 환급하는 관세액은 다음 각호의 구분에 의한 금액으로 한다.
1. 멸실된 물품 : 이미 납부한 관세의 전액
2. 변질 또는 손상된 물품 : 제118조의 규정을 준용하여 산출한 금액

제124조【관세가 미납된 계약내용이 상이한 물품의 부과취소신청】 법 제106조제5항의 규정에 의하여 관세의 부과를 취소받고자 하는 자는 해당 수입물품에 대한 관세의 납부기한(징수유예 또는 분할납부의 경우에는 징수유예기간 또는 분할납부기간의 종료일을 말한다) 전에 신청서를 세관장에게 제출하여야 한다.
(2013.2.15 본조개정)

제124조의2【수입한 상태 그대로 수출되는 자가사용물품에 대한 관세 환급】① 법 제106조의2제1항 전단에 따른 수입한 상태 그대로 수출되는 자가사용물품은 다음 각 호의 요건을 모두 갖춘 물품으로 한다.
1. 해당 물품이 수입신고 당시의 성질 또는 형태가 변경되지 아니한 상태로 수출될 것
2. 해당 물품이 국내에서 사용된 사실이 없다고 세관장이 인정할 것
② 법 제106조의2제1항 또는 제2항에 따라 관세의 환급을 받으려는 자는 해당 물품의 품명·규격·수량·수입신고연월일·수입신고번호와 환급받으려는 관세액을 적은 신청서에 다음 각 호의 서류를 첨부하여 세관장에게 제출해야 한다.
1. 해당 물품의 수입신고필증이나 이를 갈음하는 세관의 증명서
2. 해당 물품의 수출 또는 환불을 증명하는 서류로서 다음 각 목의 구분에 따른 서류
   가. 법 제106조의2제1항제1호 및 제2호의 경우 : 수출신고필증이나 이를 갈음하는 세관의 증명서
   나. 법 제106조의2제1항제3호의 경우 : 선하증권 또는 항공화물운송장, 판매자가 발행한 환불 및 반품을 증명하는 자료
   다. 법 제106조의2제2항의 경우 : 판매자가 발행한 환불 및 반품을 증명하는 자료
(2022.2.15 본항개정)

③ 법 제106조의2제1항 및 제2항에 따라 환급하는 관세액은 다음 각 호의 구분에 따른 금액으로 한다.
1. 물품을 전부 수출하거나 환불하는 경우 : 이미 납부한 관세의 전액
2. 물품의 일부를 수출하거나 환불하는 경우 : 그 일부 물품에 해당하는 관세액
(2022.2.15 본항개정)
(2016.2.5 본조신설)

제125조【천재·지변등으로 인한 관세의 분할납부】① 법 제107조제1항의 규정에 의하여 관세를 분할납부하고자 하는 자는 다음의 각호의 사항을 기재한 신청서를 납부기한내에 세관장에게 제출하여야 한다.
1. 납세의무자의 성명·주소 및 상호
2. 분할납부를 하고자 하는 세액 및 당해 물품의 신고일자·신고번호·품명·규격·가격
3. 분할납부하고자 하는 사유 및 기간
4. 분할납부금액 및 횟수
② 세관장은 제1항의 규정에 의하여 분할납부를 하게 하는 경우에는 제2조의 규정을 준용한다.

제126조【관세의 분할납부 승인신청】 법 제107조제2항의 규정에 의하여 관세의 분할납부승인을 얻고자 하는 자는 당해 물품의 수입신고시부터 수입신고수리전까지 그 물품의 품명·규격·수량·가격·용도·사용장소와 사업의 종류를 기재한 신청서를 세관장에게 제출하여야 한다.

제127조【관세의 분할납부고지】① 세관장은 제126조에 따라 관세의 분할납부를 승인한 때에는 납부기한별로 법 제39조에 따른 납부고지를 해야 한다.
② 세관장은 법 제107조제9항에 따라 관세를 징수하는 때에는 15일 이내의 납부기한을 정하여 법 제39조에 따른 납부고지를 해야 한다.
③ 제1항에 따라 고지한 관세로서 그 납부기한이 제2항에 따른 납부기한 이후인 경우 그 납부고지는 취소해야 한다.
(2021.2.17 본조개정)

제128조【용도외 사용등의 승인】 법 제107조제3항의 규정에 의한 세관장의 승인을 얻고자 하는 자는 다음 각호의 사항을 기재한 신청서에 당해 물품의 양도·양수에 관한 계약서의 사본을 첨부하여 그 물품의 관할지세관장에게 제출하여야 한다.
1. 당해 물품의 품명·규격·수량·가격·통관지세관명·수입신고수리 연월일·수입신고번호
2. 분할납부하고자 하는 관세액과 이미 납부한 관세액
3. 양수인
4. 승인을 받고자 하는 사유

제129조【관세감면 및 분할납부 승인물품의 반입 및 변경신고】① 법 제83조·법 제89조제1항제2호·법 제90조·법 제91조·법 제93조·법 제95조·법 제98조 및 법 제107조에 따라 용도세율의 적용, 관세의 감면 또는 분할납부의 승인을 받은 자는 해당 물품을 수입신고 수리일부터 1개월 이내에 설치 또는 사용할 장소에 반입하여야 한다.(2017.3.27 본항개정)
② 제1항에 따른 용도세율의 적용, 관세의 감면 또는 분할납부의 승인을 받은 자는 설치장소 부족 등 부득이한 반입 지연사유가 있는 경우에는 관세청장이 정하는 바에 따라 세관장에게 반입 기한의 연장을 신청할 수 있다.(2017.3.27 본항신설)
③ 제2항에 따른 신청을 받은 세관장은 수입신고 수리일부터 3개월의 범위에서 해당 기한을 연장할 수 있다.
(2017.3.27 본항신설)
④ 제1항의 규정에 의하여 설치 또는 사용할 장소에 물품을 반입한 자는 당해 장소에 다음 각호의 사항을 기재한 장부를 비치하여야 한다.
1. 당해 물품의 품명·규격 및 수량

2. 당해 물품의 가격과 용도세율의 적용, 관세의 감면 또는 분할납부에 관한 사항
3. 당해 물품의 수입신고번호·수입신고수리 연월일과 통관지세관명
4. 설치 또는 사용장소에 반입한 연월일과 사용개시 연월일
5. 설치 또는 사용장소와 사용상황
⑤ 제1항에 따른 용도세율의 적용, 관세의 감면 또는 분할납부의 승인을 받은 자는 다음 각 호의 물품을 해당 호에서 정한 기간 내에 그 설치 또는 사용 장소를 변경하려는 경우에는 변경 전의 관할지 세관장에게 설치 또는 사용장소변경신고서를 제출하고, 제출일부터 1개월 이내에 해당 물품을 변경된 설치 또는 사용 장소에 반입해야 한다. 다만, 재해·노사분규 등의 긴급한 사유로 국내에 소재한 자기 소유의 다른 장소로 해당 물품의 설치 또는 사용 장소를 변경하려는 경우에는 관할지 세관장에게 신고하고, 변경된 설치 또는 사용 장소에 반입한 후 1개월 이내에 설치 또는 사용장소변경신고서를 제출해야 한다.
1. 법 제83조·법 제89조제1항제2호·법 제90조·법 제91조·법 제93조·법 제95조 및 법 제98조에 따라 용도세율이 적용된 물품이나 관세의 감면을 받은 물품 : 해당 규정에서 정하는 기간
2. 법 제107조에 따라 관세의 분할납부 승인을 받은 물품 : 해당 물품의 관세 분할납부기간
(2022.2.15 본항개정)
⑥ 제5항 각 호 외의 부분에 따른 설치 또는 사용장소 변경신고서에는 다음 각 호의 사항이 기재되어야 한다.
1. 해당 물품의 품명·규격 및 수량
2. 해당 물품의 가격 및 적용된 용도세율, 면세액 또는 분할납부승인액과 그 법적 근거
3. 해당 물품의 수입신고번호 및 통관지 세관명
4. 설치 또는 사용 장소에 반입한 연월일과 사용개시 연월일
5. 설치 또는 사용 장소와 신고자의 성명·주소
(2022.2.15 본항신설)

제130조【사후관리 대상물품의 이관 및 관세의 징수】
① 법 제83조, 제89조제1항제2호, 제90조, 제91조, 제93조, 제95조제1항제1호부터 제3호까지, 제98조 및 제107조에 따라 용도세율의 적용, 관세의 감면 또는 분할납부의 승인을 받은 물품의 통관세관과 관할지세관이 서로 다른 경우에는 통관세관장은 관세청장이 정하는 바에 따라 관할지세관장에게 해당 물품에 대한 관계서류를 인계하여야 한다.(2011.4.1 본항개정)
② 제1항의 규정에 의하여 통관세관장이 관할지세관장에게 관계서류를 인계한 물품에 대하여 법 제97조제3항(법 제98조제2항에서 준용하는 경우를 포함한다) 및 법 제102조제2항의 규정에 의하여 징수하는 관세는 관할지세관장이 이를 징수한다.

제131조【담보제공의 신고 등】
① 법 제108조제1항의 규정에 의한 담보의 제공여부는 물품의 성질 및 종류, 관세채권의 확보가능성 등을 기준으로 하여 정하되, 다음 각 호의 어느 하나에 해당하는 경우에 한하여야 한다.(2007.4.5 본문개정)
1. 법 제97조 또는 법 제98조의 규정에 의하여 관세를 감면받은 경우
2. 법 제107조의 규정에 의하여 분할납부승인을 받은 경우
② 법 제108조제1항에 따라 세관장은 수입신고를 수리하는 때까지 담보를 제공하게 할 수 있다. 다만, 긴급한 사유로 법 제8조제3항 각 호에 해당하는 날 등 금융기관이 업무를 수행할 수 없는 날에 수입하는 물품으로서 긴급성의 정도 등을 고려하여 관세청장이 정하여

고시하는 물품에 대하여는 수입신고를 수리하는 때 이후 최초로 금융기관이 업무를 수행하는 날까지 담보를 제공하게 할 수 있다.(2023.2.28 단서개정)

제132조【감면 등의 조건이행의 확인】
① 세관장은 용도세율의 적용, 관세의 감면 또는 분할납부의 승인을 받은 물품에 대하여 관세청장이 정하는 바에 따라 당해 조건의 이행을 확인하기 위하여 필요한 조치를 할 수 있다.(2003.8.21 본항개정)
② 법 제108조제2항에 규정하는 서류는 관세청장이 정하는 바에 따라 통관세관장 또는 관할지세관장에게 제출하여야 한다.

제133조【사후관리의 위탁】
① 관세청장은 용도세율의 적용, 관세의 감면 또는 분할납부의 승인을 받은 물품에 대한 관세의 이행을 확인하기 위하여 필요한 경우에는 법 제108조제3항에 따라 다음 각 호의 구분에 따라 그 사후관리에 관한 사항을 위탁한다.
1. 법 제109조제1항의 경우 : 해당 법률·조약 등의 집행을 주관하는 부처의 장
2. 법 제83조제1항, 제90조, 제91조, 제93조, 제95조제1항제1호부터 제3호까지 또는 제107조의 경우 : 해당 업무를 주관하는 부처의 장
(2011.4.1 본항개정)
② 제1항의 규정에 의하여 사후관리를 위탁받은 부처의 장은 용도세율의 적용, 관세의 감면 또는 분할납부의 승인을 받은 물품에 대한 관세의 징수사유가 발생한 것을 확인한 때에는 지체없이 당해 물품의 관할지세관장에게 다음 각호의 사항을 기재한 통보서를 송부하여야 한다.(2002.12.30 본문개정)
1. 수입신고번호
2. 품명 및 수량
3. 감면 또는 분할납부의 승인을 받은 관세의 징수사유
4. 화주의 주소·성명
③ 제1항의 규정에 의하여 위탁된 물품에 대한 사후관리에 관한 사항은 위탁받은 부처의 장이 관세청장과 협의하여 정한다.

제134조【다른 법령·조약 등에 의한 감면물품의 용도외 사용 등의 확인신청】 법 제109조제1항의 규정에 의한 확인을 받고자 하는 자는 제120조제1항에 정하는 사항 및 당해 물품의 관세감면의 근거가 되는 법령·조약 또는 협정 및 그 조항을 기재한 확인신청서에 동 법령·조약 또는 협정의 규정에 의하여 당해 물품의 용도외 사용 또는 양도에 필요한 요건을 갖춘 것임을 증빙하는 서류를 첨부하여 관할지세관장에게 제출하여야 한다.

제5장 납세자의 권리 및 불복절차

제1절 납세자의 권리

제135조【납세자권리헌장의 교부시기】 법 제110조제2항제3호에서 "대통령령으로 정하는 경우"란 다음 각 호의 어느 하나에 해당하는 경우를 말한다.(2011.4.1 본문개정)
1. 징수권의 확보를 위하여 압류를 하는 경우
2. 보세판매장에 대한 조사를 하는 경우

제135조의2【통합조사 원칙의 예외】 법 제110조의2에서 "특정한 분야만을 조사할 필요가 있는 등 대통령령으로 정하는 경우"란 다음 각 호의 어느 하나에 해당하는 경우를 말한다.
1. 세금탈루 혐의, 수출입 관련 의무위반 혐의, 수출입업자 등의 업종·규모 등을 고려하여 특정 사안만을 조사할 필요가 있는 경우
2. 조세채권의 확보 등을 위하여 긴급히 조사할 필요가 있는 경우

3. 그 밖에 조사의 효율성, 납세자의 편의 등을 고려하여 특정 분야만을 조사할 필요가 있는 경우로서 기획재정부령으로 정하는 경우
(2012.2.2 본조신설)

제135조의3 【장기 미조사자에 대한 관세조사 기준】 법 제110조의3제1항제2호에 따라 실시하는 조사는 수출입업자 등의 업종, 규모, 이력 등을 고려하여 관세청장이 정하는 기준에 따른다.(2012.2.2 본조신설)

제135조의4 【소규모 성실사업자에 대한 관세조사 면제】 법 제110조의3제4항 본문에 따라 다음 각 호의 요건을 모두 충족하는 자에 대해서는 같은 조 제1항에 따른 조사를 하지 아니할 수 있다.
1. 최근 2년간 수출입신고 실적이 30억원 이하일 것
2. 최근 4년 이내에 다음 각 목의 어느 하나에 해당하는 사실이 없을 것
   가. 수출입 관련 법령을 위반하여 통고처분을 받거나 벌금형 이상의 형의 선고를 받은 사실
   나. 관세 및 내국세를 체납한 사실
   다. 법 제38조의3제6항에 따라 신고납부한 세액이 부족하여 세관장으로부터 경정을 받은 사실
   (2017.3.27 본목개정)
(2012.2.2 본조신설)

제136조 【중복조사의 금지】 법 제111조제2항제5호에서 "탈세혐의가 있는 자에 대한 일제조사 등 대통령령으로 정하는 경우"란 밀수출입, 부정·불공정무역 등 경제질서 교란 등을 통한 탈세혐의가 있는 자에 대하여 일제조사를 하는 경우를 말한다.(2018.2.13 본조개정)

제137조 (2014.3.5 삭제)

제138조 【납세자의 성실성 추정 등의 배제사유】 ① 법 제113조제1항에서 "대통령령으로 정하는 경우"란 다음 각 호의 어느 하나에 해당하는 경우를 말한다.
(2011.4.1 본문개정)
1. 납세자가 법에서 정하는 신고 및 신청, 과세자료의 제출 등의 납세협력의무를 이행하지 아니한 경우
2. 납세자에 대한 구체적인 탈세정보가 있는 경우
3. 신고내용에 탈루나 오류의 혐의를 인정할 만한 명백한 자료가 있는 경우
4. 납세자의 신고내용이 관세청장이 정한 기준과 비교하여 불성실하다고 인정되는 경우
② 법 제113조제2항에서 "대통령령으로 정하는 행위"란 다음 각 호의 어느 하나에 해당하는 것을 말한다.
1. 법 제38조제2항에 따른 세액심사를 위한 질문이나 자료제출의 요구
2. 법 제246조에 따른 물품의 검사
3. 법 제266조제1항에 따른 장부 또는 자료의 제출
4. 그 밖의 법(「수출용원재료에 대한 관세 등 환급에 관한 특례법」을 포함한다)에 따른 자료조사나 자료제출의 요구
(2011.4.1 본항개정)

제139조 【관세조사의 사전통지】 법 제114조제1항에 따라 납세자 또는 그 위임을 받은 자에게 관세조사에 관한 사전통지를 하는 경우에는 다음 각 호의 사항을 적은 문서로 하여야 한다.(2012.2.2 본문개정)
1. 납세자 또는 그 위임을 받은 자의 성명과 주소 또는 거소
2. 조사기간
3. 조사대상 및 조사사유
4. (2018.2.13 삭제)
5. 기타 필요한 사항

제139조의2 【관세조사기간】 ① 제139조제2호에 따른 조사기간은 조사대상자의 수출입 규모, 조사 인원·방법·범위 및 난이도 등을 종합적으로 고려하여 최소한이 되도록 하되, 방문하여 조사하는 경우에 그 조사기간은 20일 이내로 한다.(2012.2.2 본항개정)

② 제1항에도 불구하고 다음 각 호의 어느 하나에 해당하는 경우에는 20일 이내의 범위에서 조사기간을 연장할 수 있다. 이 경우 2회 이상 연장하는 경우에는 관세청장의 승인을 받아 각각 20일 이내에서 연장할 수 있다.
(2013.2.15 후단개정)
1. 조사대상자가 장부·서류 등을 은닉하거나 그 제출을 지연 또는 거부하는 등 조사를 기피하는 행위가 명백한 경우
2. 조사범위를 다른 품목이나 거래상대방 등으로 확대할 필요가 있는 경우
3. 천재지변이나 노동쟁의로 조사가 중단되는 경우
4. 제1호부터 제3호까지에 준하는 사유로 사실관계의 확인이나 증거 확보 등을 위하여 조사기간을 연장할 필요가 있는 경우
5. 법 제118조의2제2항에 따른 납세자보호관 또는 담당관(이하 이 조에서 "납세자보호관등"이라 한다)이 세금탈루 혐의와 관련하여 추가적인 사실 확인이 필요하다고 인정하는 경우(2020.2.11 본호신설)
6. 관세조사 대상자가 세금탈루 혐의에 대한 해명 등을 위하여 관세조사 기간의 연장을 신청한 경우로서 납세자보호관등이 이를 인정하는 경우(2020.2.11 본호신설)
③ 세관공무원은 납세자가 자료의 제출을 지연하는 등 다음 각 호의 어느 하나에 해당하는 사유로 조사를 진행하기 어려운 경우에는 조사를 중지할 수 있다. 이 경우 그 중지기간은 제1항 및 제2항의 조사기간 및 조사연장기간에 산입하지 아니한다.
1. 납세자가 천재지변이나 제140조제1항에 따른 관세조사 연기신청 사유에 해당하는 사유가 있어 조사중지를 신청한 경우
2. 납세자가 장부·서류 등을 은닉하거나 그 제출을 지연 또는 거부하는 등으로 인하여 조사를 정상적으로 진행하기 어려운 경우
3. 노동쟁의 등의 발생으로 관세조사를 정상적으로 진행하기 어려운 경우
4. 제144조의2제2항제1호(같은 조 제3항에 따라 위임한 경우를 포함한다)에 따라 납세자보호관등이 관세조사의 일시중지를 요청하는 경우(2020.2.11 본호신설)
5. 그 밖에 관세조사를 중지하여야 할 특별한 사유가 있는 경우로서 관세청장이 정하는 경우
(2012.2.2 본항신설)
④ 세관공무원은 제3항에 따라 관세조사를 중지한 경우에는 그 중지사유가 소멸하면 즉시 조사를 재개하여야 한다. 다만, 관세채권의 확보 등 긴급히 조사를 재개하여야 할 필요가 있는 경우에는 그 중지사유가 소멸하기 전이라도 관세조사를 재개할 수 있다.(2012.2.2 본항신설)
⑤ 세관공무원은 제2항부터 제4항까지의 규정에 따라 조사기간을 연장, 중지 또는 재개하는 경우에는 그 사유, 기간 등을 문서로 통지하여야 한다.(2012.2.2 본항개정)
(2010.3.26 본조신설)

제140조 【관세조사의 연기신청】 ① 법 제114조제2항에서 "대통령령으로 정하는 사유"란 다음 각 호의 어느 하나에 해당하는 경우를 말한다.(2011.4.1 본문개정)
1. 화재나 그 밖의 재해로 사업상 심한 어려움이 있는 경우(2011.4.1 본호개정)
2. 납세자 또는 그 위임을 받은 자의 질병, 장기출장 등으로 관세조사가 곤란하다고 판단되는 경우
3. 권한있는 기관에 의하여 장부 및 증빙서류가 압수 또는 영치된 경우
4. 그 밖에 제1호부터 제3호까지의 규정에 준하는 사유가 있는 경우(2011.4.1 본호개정)
② 법 제114조제2항의 규정에 의하여 관세조사의 연기를 받고자 하는 자는 다음 각호의 사항을 기재한 문서를 당해 세관장에게 제출하여야 한다.
1. 관세조사의 연기를 받고자 하는 자의 성명과 주소 또는 거소

2. 관세조사의 연기를 받고자 하는 기간
3. 관세조사의 연기를 받고자 하는 사유
4. 기타 필요한 사항

③ 제2항에 따라 관세조사 연기를 신청받은 세관장은 연기신청 승인 여부를 결정하고 그 결과를 조사 개시 전까지 신청인에게 통지하여야 한다.(2013.2.15 본항신설)

제140조의2 【장부등의 일시 보관 방법 및 절차】 ① 세관공무원은 법 제114조의2제2항에 따라 납세자의 장부·서류 또는 그 밖의 물건(이하 이 조에서 "장부등"이라 한다)을 일시 보관하려는 경우에는 장부등의 일시 보관 전에 납세자, 소지자 또는 보관자 등 정당한 권한이 있는 자(이하 이 조에서 "납세자등"이라 한다)에게 다음 각 호의 사항을 고지하여야 한다.

1. 법 제110조의3제2항 각 호에 따른 장부등을 일시 보관하는 사유
2. 납세자등이 동의하지 아니하는 경우에는 장부등을 일시 보관할 수 없다는 내용
3. 납세자등이 임의로 제출한 장부등에 대해서만 일시 보관할 수 있다는 내용
4. 납세자등이 요청하는 경우 일시 보관 중인 장부등을 반환받을 수 있다는 내용

② 납세자등은 조사목적이나 조사범위와 관련이 없는 장부등에 대해서는 세관공무원에게 일시 보관할 장부등에서 제외할 것을 요청할 수 있다.

③ 세관공무원은 해당 관세조사를 종료하였을 때에는 일시 보관한 장부등을 모두 반환하여야 한다.
(2018.2.13 본조신설)

제141조 【관세조사에 있어서의 결과통지】 법 제115조 단서에서 "대통령령으로 정하는 경우"란 다음 각 호의 어느 하나에 해당하는 경우를 말한다.(2011.4.1 본문개정)

1. 납세자에게 통고처분을 하는 경우
2. 범칙사건을 고발하는 경우
3. 폐업한 경우
4. 납세자의 주소 및 거소가 불명하거나 그 밖의 사유로 통지를 하기 곤란하다고 인정되는 경우
 (2011.4.1 본호개정)

제141조의2 【과세정보의 제공 기관 및 범위】 ① 법 제116조제1항제5호나목에서 "대통령령으로 정하는 공공기관"이란 다음 각 호의 어느 하나에 해당하는 기관을 말한다.

1. 「기술보증기금법」에 따른 기술보증기금
2. 「농촌진흥법」 제33조에 따른 한국농업기술진흥원
3. 「대한무역투자진흥공사법」에 따른 대한무역투자진흥공사
4. 「무역보험법」 제37조에 따른 한국무역보험공사
5. 「산업기술혁신 촉진법」 제39조에 따른 한국산업기술평가관리원
6. 「신용보증기금법」에 따른 신용보증기금
7. 「정부출연연구기관 등의 설립·운영 및 육성에 관한 법률」에 따른 한국해양수산과학기술진흥원
8. 「중소기업진흥에 관한 법률」 제68조에 따른 중소벤처기업진흥공단
9. 「한국농수산식품유통공사법」에 따른 한국농수산식품유통공사
10. 「한국해양진흥공사법」에 따른 한국해양진흥공사
11. 그 밖에 「공공기관의 운영에 관한 법률」에 따른 공공기관으로서 공공기관이 수행하는 급부·지원사업 등의 대상자 선정 및 자격의 조사·심사를 위하여 과세정보(납세자가 법에서 정한 납세의무를 이행하기 위하여 제출한 자료나 관세의 부과·징수 또는 통관을 목적으로 업무상 취득한 자료 등을 말한다. 이하 같다)가 필요하다고 관세청장이 정하여 고시하는 공공기관

② 법 제116조제1항제5호라목에서 "대통령령으로 정하

는 자"란 다음 각 호의 어느 하나에 해당하는 기관 또는 법인·단체를 말한다.

1. 법 제116조제1항제5호가목 및 나목에 해당하는 자의 급부·지원 등의 대상자 선정 및 그 자격의 조사·심사 업무를 위임 또는 위탁받아 수행하는 기관 또는 법인·단체
2. 법 제116조제1항제5호가목 및 나목에 해당하는 자가 급부·지원 등의 업무를 수행하기 위하여 출연·보조하는 기관 또는 법인·단체로서 관세청장이 정하여 고시하는 기관 또는 법인·단체
3. 그 밖에 기업의 경쟁력 강화, 산업발전 및 무역진흥을 위한 급부·지원 등의 업무를 수행하는 비영리법인으로서 급부·지원 등의 대상자 선정 및 자격의 조사·심사를 위하여 과세정보가 필요하다고 관세청장이 정하여 고시하는 법인

③ 세관공무원이 법 제116조제2항에 따라 제공할 수 있는 과세정보의 구체적인 범위는 별표2의2와 같다.
(2023.2.28 본조신설)

제141조의3 【과세정보 제공의 요구 방법】 ① 법 제116조제3항에 따라 과세정보의 제공을 요구하는 자는 다음 각 호의 사항이 포함된 신청서를 관세청장에게 제출해야 한다.

1. 과세정보의 사용 목적
2. 요구하는 과세정보의 내용
3. 과세정보가 필요한 급부·지원 등 사업명
4. 당사자의 동의

② 제1항에 따른 신청서의 서식, 당사자의 동의 여부 확인 방법 등 과세정보의 제공 요구 및 제공에 필요한 세부 사항은 관세청장이 정하여 고시한다.
(2023.2.28 본조신설)

제141조의4 【과세정보의 안전성 확보】 ① 과세정보공유자(법 제116조제1항에 따라 과세정보를 알게 된 자 또는 같은 조 제5항에 따라 과세정보의 제공 업무를 대행하는 자를 말한다. 이하 이 조에서 같다)는 과세정보의 안전성을 확보하기 위하여 같은 조 제7항에 따라 다음 각 호의 조치를 해야 한다.

1. 과세정보의 유출 및 변조 등을 방지하기 위한 정보보호시스템의 구축
2. 과세정보 이용이 가능한 업무담당자 지정 및 업무담당자 외의 자에 대한 과세정보 이용 금지
3. 과세정보의 보관기간 설정 및 보관기간 경과 시 과세정보의 파기

② 과세정보공유자는 제1항 각 호에 해당하는 조치의 이행 여부를 주기적으로 점검해야 한다.

③ 관세청장은 과세정보공유자에게 제2항에 따른 점검 결과의 제출을 요청할 수 있으며, 해당 요청을 받은 자는 그 점검결과를 관세청장에게 제출해야 한다.
(2023.2.28 본조신설)

제141조의5 【고액·상습체납자 명단공개】 ① 법 제116조의2제1항 단서에서 "체납관세등에 대하여 이의신청·심사청구 등 불복청구가 진행 중이거나 체납액의 일정금액 이상을 납부한 경우 등 대통령령으로 정하는 사유"란 다음 각 호의 어느 하나에 해당하는 경우를 말한다.(2021.2.17 본문개정)

1. 다음 계산식에 따라 계산한 최근 2년간의 체납액 납부비율이 100분의 50 이상인 경우

최근 2년간의 체납액 납부비율 = $\dfrac{B}{A+B}$
A : 명단 공개 예정일이 속하는 연도의 직전 연도 12월 31일 당시 명단 공개 대상 예정자의 체납액
B : 명단 공개 예정일이 속하는 연도의 직전 2개 연도 동안 명단 공개 대상 예정자가 납부한 금액

(2021.2.17 본호개정)

2.「채무자 회생 및 파산에 관한 법률」제243조에 따른 회생계획인가의 결정에 따라 체납된 세금의 징수를 유예받고 그 유예기간 중에 체납된 세금을 회생계획의 납부일정에 따라 납부하고 있는 경우
3. 재산상황, 미성년자 해당여부 및 그 밖의 사정 등을 고려할 때 법 제116조의2제2항에 따른 관세정보위원회가 공개할 실익이 없거나 공개하는 것이 부적절하다고 인정하는 경우(2020.2.11 본호개정)
② 관세청장은 법 제116조의2제3항에 따라 공개대상예정자에게 체납자 명단공개 대상예정자임을 통지하는 때에는 그 체납된 세금의 납부촉구와 명단공개 제외사유에 해당되는 경우 이에 관한 소명자료를 제출하도록 각각 안내하여야 한다.
③ 체납자 명단공개시 공개할 사항은 체납자의 성명ㆍ상호(법인의 명칭을 포함한다)ㆍ연령ㆍ직업ㆍ주소, 체납액의 세목ㆍ납기 및 체납요지 등으로 하고, 체납자가 법인인 경우에는 법인의 대표자를 함께 공개한다.
(2006.5.22 본조신설)

제141조의6【관세정보위원회의 구성 및 운영】 ① 법 제116조의2제2항에 따른 관세정보위원회(이하 이 조에서 "위원회"라 한다)의 위원장은 관세청 차장이 되고, 위원은 다음 각 호의 자가 된다.(2020.2.11 본문개정)
1. 관세청의 고위공무원단에 속하는 일반직공무원 중에서 관세청장이 임명하는 자 4인(2006.6.12 본호개정)
2. 법률또는 재정ㆍ경제에 관한 학식과 경험이 풍부한 자 중에서 관세청장이 성별을 고려하여 위촉하는 자 6인(2020.2.11 본호개정)
② 제1항제2호에 해당하는 위원의 임기는 2년으로 하되, 한번만 연임할 수 있다. 다만, 보궐위원의 임기는 전임위원 임기의 남은 기간으로 한다.(2018.2.13 본문개정)
③ 관세청장은 위원회의 위원이 다음 각 호의 어느 하나에 해당하는 경우에는 해당 위원을 해임 또는 해촉할 수 있다.
1. 심신장애로 인하여 직무를 수행할 수 없게 된 경우
2. 직무와 관련된 비위사실이 있는 경우
3. 직무태만, 품위손상이나 그 밖의 사유로 인하여 위원으로 적합하지 아니하다고 인정되는 경우
4. 위원 스스로 직무를 수행하는 것이 곤란하다고 의사를 밝히는 경우
5. 제5항 각 호의 어느 하나에 해당함에도 불구하고 회피하지 아니한 경우(2018.2.13 본호신설)
(2017.3.27 본항개정)
④ 위원회의 회의는 위원장을 포함한 재적위원 과반수의 출석으로 개의하고, 출석위원 과반수의 찬성으로 의결한다.
⑤ 위원회의 위원은 다음 각 호의 어느 하나에 해당하는 경우에는 심의ㆍ의결에서 제척된다.
1. 위원이 해당 안건의 당사자(당사자가 법인ㆍ단체 등인 경우에는 그 임원을 포함한다. 이하 이 항에서 같다)이거나 해당 안건에 관하여 직접적인 이해관계가 있는 경우
2. 위원의 배우자, 4촌 이내의 혈족 및 2촌 이내의 인척의 관계에 있는 사람이 해당 안건의 당사자이거나 해당 안건에 관하여 직접적인 이해관계가 있는 경우
3. 위원이 해당 안건 당사자의 대리인이거나 최근 5년 이내에 대리인이었던 경우
4. 위원이 해당 안건 당사자의 대리인이거나 최근 5년 이내에 대리인이었던 법인ㆍ단체 등에 현재 속하고 있거나 속하였던 경우
5. 위원이 최근 5년 이내에 해당 안건 당사자의 자문ㆍ고문에 응하였거나 해당 안건 당사자와 연구ㆍ용역 등의 업무 수행에 동업 또는 그 밖의 형태로 직접 해당 안건 당사자의 업무에 관여를 하였던 경우
6. 위원이 최근 5년 이내에 해당 안건 당사자의 자문ㆍ

고문에 응하였거나 해당 안건 당사자와 연구ㆍ용역 등의 업무 수행에 동업 또는 그 밖의 형태로 직접 해당 안건 당사자의 업무에 관여를 하였던 법인ㆍ단체 등에 현재 속하고 있거나 속하였던 경우
(2018.2.13 본항신설)
⑥ 위원회의 위원은 제5항 각 호의 어느 하나에 해당하는 경우에는 스스로 해당 안건의 심의ㆍ의결에서 회피하여야 한다.(2018.2.13 본항신설)
⑦ 제1항부터 제6항까지에서 규정한 사항 외에 위원회의 구성 및 운영에 관하여 필요한 사항은 관세청장이 정한다.(2018.2.13 본항개정)
(2020.2.11 본조제목개정)
(2006.5.22 본조신설)

제141조의7【납세증명서의 제출】 ① 법 제116조의3 제1항제1호에서 "대통령령으로 정하는 정부 관리기관"이란「감사원법」제22조제1항제3호 및 제4호에 따라 감사원의 회계검사의 대상이 되는 법인 또는 단체 등을 말한다.
② 법 제116조의3제1항제2호에서 "체류기간 연장허가 등 대통령령으로 정하는 체류허가"란 다음 각 호의 어느 하나에 해당하는 경우를 말한다.
1.「재외동포의 출입국과 법적 지위에 관한 법률」제6조에 따른 국내거소신고
2.「출입국관리법」제20조에 따른 체류자격 외 활동허가
3.「출입국관리법」제21조에 따른 근무처 변경ㆍ추가에 관한 허가 또는 신고
4.「출입국관리법」제23조에 따른 체류자격부여
5.「출입국관리법」제24조에 따른 체류자격 변경허가
6.「출입국관리법」제25조에 따른 체류기간 연장허가
7.「출입국관리법」제31조에 따른 외국인등록
(2019.2.12 본항신설)
③ 법 제116조의3에 따른 납세증명서의 내용과 납세증명서의 제출 등에 관하여는「국세징수법」제107조제2항(각 호 외의 부분 중 지정납부기한 연장 부분 및 제1호는 제외한다), 같은 법 시행령 제90조, 제91조, 제93조 및 제94조(제1호는 제외한다)를 준용한다. 이 경우「국세징수법 시행령」제93조 중 "국세청장 또는 관할세무서장에게 조회(국세청장에게 조회하는 경우에는 국세정보통신망을 통한 방법으로 한정한다)"는 "관세청장 또는 세관장에게 조회"로 본다.(2021.2.17 본항개정)
(2015.2.6 본조신설)

제141조의8【납세증명서의 발급 신청】 법 제116조의3 제2항에 따라 납세증명서를 발급받으려는 자는 기획재정부령으로 정하는 서식에 따른 신청서를 세관장에게 제출하여야 한다.(2015.2.6 본조신설)

제141조의9【납세증명서의 유효기간】 ① 납세증명서의 유효기간은 그 증명서를 발급한 날부터 30일로 한다. 다만, 발급일 현재 납부기한이 진행 중인 관세 및 내국세등이 있는 경우에는 그 납부기한까지로 할 수 있다.
② 세관장은 제1항 단서에 따라 유효기간을 정할 경우에는 해당 납세증명서에 그 사유와 유효기간을 분명하게 적어야 한다.
(2015.2.6 본조신설)

제141조의10【고액ㆍ상습체납자의 감치 신청에 대한 의견진술 등】 ① 관세청장은 법 제116조의4제3항에 따라 체납자가 소명자료를 제출하거나 의견을 진술할 수 있도록 다음 각 호의 사항이 모두 포함된 서면(체납자가 동의하는 경우에는 전자문서를 포함한다)을 체납자에게 통지해야 한다. 이 경우 제4호에 따른 기간에는 소명자료를 제출하지 않거나 의견진술 신청이 없는 경우에는 의견이 없는 것으로 본다.
1. 체납자의 성명과 주소
2. 감치(監置) 요건, 감치 신청의 원인이 되는 사실, 감치 기간 및 적용 법령

3. 법 제116조의4제6항에 따라 체납된 관세를 납부하는 경우에는 감치 집행이 종료될 수 있다는 사실
4. 체납자가 소명자료를 제출하거나 의견을 진술할 수 있다는 사실과 소명자료 제출 및 의견진술 신청기간. 이 경우 그 기간은 통지를 받은 날부터 30일 이상으로 해야 한다.
5. 그 밖에 소명자료 제출 및 의견진술 신청에 관하여 필요한 사항
② 법 제116조의4제3항에 따라 의견을 진술하려는 사람은 제1항제4호에 따른 기간에 관세청장에게 진술하려는 내용을 간략하게 적은 문서(전자문서를 포함한다)를 제출해야 한다.
③ 제2항에 따라 의견진술 신청을 받은 관세청장은 법 제116조의2제2항에 따른 관세정보위원회의 회의 개최일 3일 전까지 신청인에게 회의 일시 및 장소를 통지해야 한다.
(2020.2.11 본조신설)
제141조의11 【출국금지 등의 요청】① 법 제116조의5 제1항에서 "대통령령으로 정하는 자"란 다음 각 호의 어느 하나에 해당하는 사람으로서 관할 세관장이 압류·공매, 담보 제공, 보증인의 납세보증서 등으로 조세채권을 확보할 수 없고, 강제징수를 회피할 우려가 있다고 인정되는 사람을 말한다.(2021.2.17 본문개정)
1. 배우자 또는 직계존비속이 국외로 이주(국외에 3년 이상 장기체류 중인 경우를 포함한다)한 사람
2. 「출입국관리법」 제4조에 따른 출국금지(같은 법 제29 조에 따른 출국정지를 포함한다. 이하 이 조 및 제141 조의12에서 "출국금지"라 한다)의 요청일 현재 최근 2년간 미화 5만달러 상당액 이상을 국외로 송금한 사람 (2023.2.28 본호개정)
3. 미화 5만달러 상당액 이상의 국외자산이 발견된 사람
4. 법 제116조의2에 따라 명단이 공개된 고액·상습체납자
5. 출국금지 요청일을 기준으로 최근 1년간 체납된 관세(세관장이 부과·징수하는 내국세등을 포함한다)가 5천만원 이상인 상태에서 사업 목적, 질병 치료, 직계존비속의 사망 등 정당한 사유 없이 국외 출입 횟수가 3회 이상이거나 국외 체류 일수가 6개월 이상인 사람
6. 법 제26조에 따라 「국세징수법」 제25조에 따른 사해행위(詐害行爲) 취소소송 중이거나 「국세기본법」 제35조제6항에 따른 제3자와 짜고 한 거짓계약에 대한 취소소송 중인 사람(2021.2.17 본호개정)
② 관세청장은 법 제116조의5제1항에 따라 법무부장관에게 체납자에 대한 출국금지를 요청하는 경우에는 해당 체납자가 제1항 각 호 중 어느 항목에 해당하는지와 조세채권을 확보할 수 없고 강제징수를 회피할 우려가 있다고 인정하는 사유를 구체적으로 밝혀야 한다.
(2021.2.17 본항개정)
(2020.2.11 본조신설)
제141조의12 【출국금지 등의 해제 요청】① 법 제 116조의5제3항제4호에서 "대통령령으로 정하는 사유"란 다음 각 호의 어느 하나에 해당하는 경우를 말한다.
1. 체납액의 부과결정의 취소 등에 따라 체납된 관세(세관장이 부과·징수하는 내국세등을 포함한다)가 5천만원 미만이 된 경우
2. 제141조의11제1항에 따른 출국금지 요청의 요건을 충족하지 않게 된 경우(2023.2.28 본호개정)
② 관세청장은 출국금지 중인 사람에게 다음 각 호의 어느 하나에 해당하는 사유가 발생한 경우로서 강제징수를 회피할 목적으로 국외로 도피할 우려가 없다고 인정할 때에는 법무부장관에게 출국금지의 해제를 요청할 수 있다.(2021.2.17 본문개정)

1. 국외건설계약 체결, 수출신용장 개설, 외국인과의 합작사업계약 체결 등 구체적인 사업계획을 가지고 출국하려는 경우
2. 국외에 거주하는 직계존비속이 사망하여 출국하려는 경우
3. 제1호 및 제2호의 사유 외에 본인의 신병 치료 등 불가피한 사유로 출국할 필요가 있다고 인정되는 경우
(2020.2.11 본조신설)
제142조 【과세전통지의 생략】 법 제118조제1항제6호에서 "대통령령으로 정하는 경우"란 다음 각 호의 어느 하나에 해당하는 경우를 말한다.(2011.4.1 본조개정)
1. 납부세액의 계산착오 등 명백한 오류에 의하여 부족하게 된 세액을 징수하는 경우
2. 「감사원법」 제33조에 따른 감사원의 시정요구에 따라 징수하는 경우(2011.4.1 본호개정)
3. 납세의무자가 부도·휴업·폐업 또는 파산한 경우
4. 법 제85조에 따른 관세품목분류위원회의 의결에 따라 결정한 품목분류에 의하여 수출입물품에 적용할 세율이나 품목분류의 세번이 변경되어 부족한 세액을 징수하는 경우(2011.4.1 본호개정)
5. 법 제118조제4항제2호 후단 및 제128조제1항제3호 후단(법 제132조제4항에서 준용하는 경우를 포함한다)에 따른 재조사 결과에 따라 해당 처분의 취소·경정을 하거나 필요한 처분을 하는 경우
(2018.2.13 본호신설)
제142조의2 【재조사 결과에 따른 처분의 통지】 관세청장 또는 세관장은 법 제118조제4항제2호 후단 및 제128조제1항제3호 후단(법 제132조제4항에서 준용하는 경우를 포함한다)에 따른 재조사 결과에 따라 대상이 된 처분의 취소·경정을 하거나 필요한 처분을 하였을 때에는 그 처분결과를 지체 없이 서면으로 과세전적부심사 청구인 또는 심사청구인(법 제132조제4항에서 준용하는 경우에는 이의신청인을 말한다)에게 통지하여야 한다.(2018.2.13 본조신설)
제143조 【과세전적부심사의 범위 및 청구절차 등】 ① 법 제118조제2항 단서에서 "법령에 대한 관세청장의 유권해석을 변경하여야 하거나 새로운 해석이 필요한 경우 등 대통령령으로 정하는 경우"란 다음 각 호의 어느 하나에 해당하는 경우를 말한다.(2011.4.1 본문개정)
1. 관세청장의 훈령·예규·고시 등과 관련하여 새로운 해석이 필요한 경우
2. 관세청장의 업무감사결과 또는 업무지시에 따라 세액을 경정하거나 부족한 세액을 징수하는 경우
3. 관세평가분류원장의 품목분류 및 유권해석에 따라 수출입물품에 적용할 세율이나 물품분류의 관세율표 번호가 변경되어 세액을 경정하거나 부족한 세액을 징수하는 경우(2011.4.1 본호개정)
4. 동일 납세의무자가 동일한 사안에 대하여 둘 이상의 세관장에게 과세전적부심사를 청구하여야 하는 경우(2011.4.1 본호개정)
5. 제1호부터 제4호까지의 규정에 해당하지 아니하는 경우로서 과세전적부심사 청구금액이 5억원 이상인 것(2012.2.2 본호신설)
② 납세의무자가 법 제118조제2항에 따른 과세전적부심사를 청구한 경우 세관장은 그 청구 부분에 대하여 같은 조 제3항에 따른 결정이 있을 때까지 경정을 유보(留保)해야 한다. 다만, 다음 각 호의 어느 하나에 해당하는 경우에는 그렇지 않다.
1. 과세전적부심사를 청구한 날부터 법 제21조에 따른 관세부과의 제척기간 만료일까지 남은 기간이 3개월 이하인 경우
2. 법 제118조제1항 각 호의 어느 하나에 해당하는 경우

3. 납세의무자가 과세전적부심사를 청구한 이후 세관
   장에게 조기에 경정해 줄 것을 신청한 경우
(2023.2.28 본항신설)
(2023.2.28 본조제목개정)

제144조【관세심사위원회의 심사를 생략할 수 있는 사유】 법 제118조제3항 단서에서 "과세전적부심사 청구기간이 지난 후 과세전적부심사청구가 제기된 경우 등 대통령령으로 정하는 사유"란 다음 각 호의 어느 하나에 해당하는 사유를 말한다.
1. 과세전적부심사 청구기간이 지난 후 과세전적부심사청구가 제기된 경우
2. 법 제118조제1항 각 호 외의 부분 본문에 따른 통지가 없는 경우
3. 법 제118조제1항 각 호 외의 부분 본문에 따른 통지가 청구인에게 하는 것이 아닌 경우
4. 법 제118조제6항에 따라 준용되는 법 제123조제1항 본문에 따른 보정기간 내에 보정을 하지 아니한 경우
5. 과세전적부심사청구의 대상이 되는 통지의 내용이나 쟁점 등이 이미 법 제118조의4제9항 전단에 따른 관세심사위원회(이하 "관세심사위원회"라 한다)의 심의를 거쳐 결정된 사항과 동일한 경우(2023.2.28 본호개정)
(2016.2.5 본조신설)

제144조의2【납세자보호관 및 담당관의 자격·직무 등】 ① 법 제118조의2제2항에서 "대통령령으로 정하는 세관"이란 인천공항세관·서울세관·부산세관·인천세관·대구세관 및 광주세관(이하 "본부세관"이라 한다)을 말한다.(2023.4.11 본항개정)
② 법 제118조의2제5항에 따른 납세자보호관(이하 "납세자보호관"이라 한다)의 직무 및 권한은 다음 각 호와 같다.
1. 위법·부당한 관세조사 및 관세조사 중 세관공무원의 위법·부당한 행위에 대한 일시중지 및 중지
2. 위법·부당한 처분(법에 따른 납부고지는 제외한다)에 대한 시정요구(2021.2.17 본호개정)
3. 위법·부당한 처분이 있을 수 있다고 인정되는 경우 그 처분 절차의 일시중지 및 중지
4. 납세서비스 관련 제도·절차 개선에 관한 사항
5. 납세자의 권리보호업무에 관하여 법 제118조의2제2항에 따른 담당관(이하 "납세자보호담당관"이라 한다)에 대한 지도·감독
6. 세금 관련 고충민원의 해소 등 납세자 권리보호에 관한 사항
7. 그 밖에 납세자의 권리보호와 관련하여 관세청장이 정하는 사항
③ 납세자보호관은 제2항에 따른 업무를 효율적으로 수행하기 위하여 납세자보호담당관에게 그 직무와 권한의 일부를 위임할 수 있다.
④ 납세자보호담당관은 관세청 소속 공무원 중에서 그 직급·경력 등을 고려하여 관세청장이 정하는 기준에 해당하는 사람으로 한다.
⑤ 납세자보호담당관의 직무 및 권한은 다음 각 호와 같다.
1. 세금 관련 고충민원의 처리 등 납세자 권리보호에 관한 사항
2. 제3항에 따라 위임받은 업무
3. 그 밖에 납세자 권리보호에 관하여 관세청장이 정하는 사항
(2020.2.11 본조신설)

제144조의3【납세자보호위원회의 위원】 ① 법 제118조의4제1항에 따른 납세자보호위원회(이하 이 조 및 제144조의4에서 "위원회"라 한다)는 같은 조 제5항에 따른 위원장(이하 이 조 및 제144조의4에서 "위원장"이

라 한다) 1명을 포함하여 다음 각 호의 구분에 따른 위원으로 구성한다.
1. 본부세관에 두는 위원회 : 160명 이내의 위원
2. 관세청에 두는 위원회 : 45명 이내의 위원
(2023.2.28 본항신설)
② 위원회의 위원은 다음 각 호의 구분에 따른 사람이 된다.(2023.2.28 본문개정)
1. 본부세관에 두는 위원회 : 다음 각 목의 사람
   가. 납세자보호담당관 1명
   나. 해당 본부세관의 5급 이상의 공무원 중 본부세관장이 임명하는 7명 이내의 사람(2023.2.28 본목개정)
   다. 관세청장이 정하는 일선세관(본부세관 외의 세관을 말한다. 이하 같다)의 5급 이상의 공무원 중 본부세관장이 임명하는 40명 이내의 사람(일선세관별 임명 위원은 5명 이내로 한다)(2023.2.28 본목신설)
   라. 관세·법률·재정 분야에 관한 전문적인 학식과 경험이 풍부한 사람으로서 본부세관장이 성별을 고려하여 위촉하는 32명 이내의 사람(2023.2.28 본목신설)
   마. 관세·법률·재정 분야에 관한 전문적인 학식과 경험이 풍부한 사람으로서 일선세관장이 성별을 고려하여 추천한 사람 중에서 본부세관장이 위촉하는 80명 이내의 사람(일선세관별 위촉 위원은 10명 이내로 한다)(2023.2.28 본목신설)
2. 관세청에 두는 위원회 : 다음 각 목의 사람
   가. 납세자보호관 1명
   나. 관세청의 3급 또는 고위공무원단에 속하는 공무원 중에서 관세청장이 임명하는 9명 이내의 사람(2023.2.28 본목개정)
   다. 관세·법률·재정 분야의 전문가 중에서 관세청장이 성별을 고려하여 위촉하는 22명 이내의 사람(기획재정부장관이 추천하여 위촉하는 7명 이내의 사람을 포함한다)(2023.2.28 본목신설)
   라. 「관세사법」 제21조에 따른 관세사회의 장이 추천하는 5년 이상 경력을 가진 관세사 중에서 관세청장이 위촉하는 사람 3명(2023.2.28 본목개정)
   마. 「세무사법」 제18조에 따른 한국세무사회의 장이 추천하는 5년 이상 경력을 가진 세무사 또는 「공인회계사법」 제41조에 따른 한국공인회계사회의 장이 추천하는 5년 이상의 경력을 가진 공인회계사 중에서 관세청장이 위촉하는 사람 3명(2023.2.28 본목개정)
   바. 「변호사법」에 따른 대한변호사협회의 장이 추천하는 5년 이상 경력을 가진 변호사 중에서 관세청장이 위촉하는 사람 3명(2023.2.28 본목개정)
   사. 「비영리민간단체 지원법」 제2조에 따른 비영리민간단체가 추천하는 5년 이상의 경력을 가진 관세·법률·재정 분야의 전문가 중에서 관세청장이 위촉하는 사람 4명
③ 위원장은 위원회를 대표하고 위원회의 업무를 총괄한다.(2023.2.28 본항개정)
④ 위원장이 부득이한 사유로 직무를 수행할 수 없을 때에는 관세청장(본부세관에 두는 위원회의 경우에는 해당 세관장을 말한다)이 위촉하는 위원(이하 이 조 및 제144조의4에서 "민간위원"이라 한다) 중 위원장이 미리 지명한 위원이 그 직무를 대행한다.(2023.2.28 본항개정)
⑤ 위원장과 민간위원의 임기는 2년으로 하며, 한 차례만 연임할 수 있다.
⑥ 다음 각 호의 어느 하나에 해당하는 사람은 민간위원이 될 수 없다.
1. 최근 3년 이내에 세관 또는 관세청에서 공무원으로 근무한 사람
2. 「공직자윤리법」 제17조에 따른 취업심사대상기관에 소속되어 있거나 취업심사대상기관에서 퇴직한 지 3년이 지나지 않은 사람(2020.6.2 본호개정)

3. 「관세사법」 제27조, 「세무사법」 제17조, 「공인회계사법」 제48조 또는 「변호사법」 제90조에 따른 징계처분을 받은 날부터 5년이 지나지 않은 사람
4. 그 밖에 공정한 직무수행에 지장이 있다고 인정되는 사람으로서 관세청장이 정하는 사람
⑦ 관세청장(본부세관에 두는 위원회의 경우에는 해당 세관장을 말한다)은 위원장과 위원(납세자보호담당관 및 납세자보호관인 위원은 제외한다)이 다음 각 호의 어느 하나에 해당하는 경우에는 해당 위원을 해임하거나 해촉할 수 있다.(2023.2.28 본문개정)
1. 심신장애로 인하여 직무를 수행할 수 없게 된 경우
2. 직무와 관련된 비위사실이 있는 경우
3. 직무태만, 품위손상이나 그 밖의 사유로 인하여 위원으로 적합하지 않다고 인정되는 경우
4. 위원 스스로 직무를 수행하는 것이 곤란하다고 의사를 밝히는 경우
5. 제144조의4제7항 각 호의 어느 하나에 해당함에도 불구하고 회피하지 않은 경우(2023.2.28 본호개정)
(2023.2.28 본조제목개정)
(2020.2.11 본조신설)

제144조의4【납세자보호위원회의 운영】 ① 위원장은 다음 각 호의 어느 하나에 해당하는 경우 기일을 정하여 위원회의 회의를 소집하고, 그 의장이 된다.
1. 다음 각 목의 구분에 따른 안건에 대한 심의가 필요하다고 인정되는 경우
   가. 본부세관에 두는 위원회 : 법 제118조의4제2항 각 호의 안건
   나. 관세청에 두는 위원회 : 법 제118조의4제3항 각 호의 안건
2. 다음 각 목의 구분에 따른 안건에 대하여 납세자보호관 또는 납세자보호담당관인 위원의 요구가 있는 경우
   가. 본부세관에 두는 위원회 : 법 제118조의4제2항제1호부터 제4호까지 및 제7호의 안건
   나. 관세청에 두는 위원회 : 법 제118조의4제3항제1호 및 제4호의 안건
② 위원회의 회의는 위원장과 다음 각 호의 구분에 따른 사람으로 구성한다.
1. 본부세관에 두는 위원회 : 다음 각 목의 구분에 따른 사람
   가. 법 제118조의4제2항제1호부터 제4호까지 및 제7호의 안건 : 납세자보호담당관과 위원장이 납세자보호담당관인 위원의 의견을 들어 회의마다 성별을 고려하여 지정하는 사람 9명
   나. 법 제118조의4제2항제5호 및 제6호의 안건 : 위원장이 본부세관장의 의견을 들어 회의마다 성별을 고려하여 지정하는 사람 9명
2. 관세청에 두는 위원회 : 다음 각 목의 구분에 따른 사람
   가. 법 제118조의4제3항제1호 및 제4호의 안건 : 납세자보호관과 위원장이 납세자보호관인 위원의 의견을 들어 회의마다 성별을 고려하여 지정하는 사람 9명
   나. 법 제118조의4제3항제2호 및 제3호의 안건 : 위원장이 관세청장의 의견을 들어 회의마다 성별을 고려하여 지정하는 사람 9명
③ 제2항에 따른 위원회의 회의는 다음 각 호에서 정하는 기준에 따라 구성해야 한다.
1. 제2항제1호가목 및 같은 항 제2호가목 : 민간위원이 아닌 위원이 2명 이하일 것
2. 제2항제1호나목 및 같은 항 제2호나목 : 민간위원이 2분의 1 이상일 것
④ 위원회의 회의는 제2항 및 제3항에 따라 구성된 위원 과반수의 출석으로 개의하고, 출석위원 과반수의 찬성으로 의결한다.

⑤ 위원회의 회의는 공개하지 않는다. 다만, 다음 각 호의 어느 하나에 해당하는 경우에는 공개할 수 있다.
1. 법 제118조의4제2항제1호부터 제4호까지, 제7호, 같은 조 제3항제1호 및 제4호의 안건 : 위원장이 납세자보호관 또는 납세자보호담당관인 위원의 의견을 들어 공개가 필요하다고 인정하는 경우
2. 법 제118조의4제2항제5호·제6호, 같은 조 제3항제2호·제3호의 안건 : 해당 안건과 관련된 제144조의6제3항 각 호에 따른 관세심사위원회의 위원장이 필요하다고 인정하여 위원장에게 요청하는 경우
⑥ 위원회에 그 사무를 처리하는 간사 1명을 두고, 간사는 다음 각 호의 구분에 따른 사람이 된다.
1. 본부세관에 두는 위원회 : 해당 본부세관장이 소속 공무원 중에서 지명하는 사람
2. 관세청에 두는 위원회 : 관세청장이 소속 공무원 중에서 지명하는 사람
⑦ 위원회의 위원은 다음 각 호의 구분에 따라 위원회의 심의·의결에서 제척된다.
1. 법 제118조의4제2항제1호부터 제4호까지, 제7호, 같은 조 제3항제1호 및 제4호의 안건의 경우 : 다음 각 목의 어느 하나에 해당하는 경우
   가. 심의의 대상이 되는 관세조사를 받는 사람(이하 이 호에서 "조사대상자"라 한다)인 경우 또는 조사대상자의 관세조사에 대하여 법 제112조에 따라 조력을 제공하거나 제공했던 사람인 경우
   나. 가목에 규정된 사람의 친족이거나 친족이었던 경우
   다. 가목에 규정된 사람의 사용인이거나 사용인이었던 경우
   라. 심의의 대상이 되는 관세조사에 관하여 증언 또는 감정을 한 경우
   마. 심의의 대상이 되는 관세조사 착수일 전 최근 5년 이내에 조사대상자의 법에 따른 신고·신청·청구에 관여했던 경우
   바. 라목 또는 마목에 해당하는 법인 또는 단체에 속하거나 심의의 대상이 되는 관세조사의 착수일 전 최근 5년 이내에 속했던 경우
   사. 그 밖에 조사대상자 또는 조사대상자의 관세조사에 대하여 법 제112조에 따라 조력을 제공하는 자의 업무에 관여하거나 관여했던 경우
2. 법 제118조의4제2항제5호·제6호, 같은 조 제3항제2호·제3호의 안건(관세심사위원회에서 심의·의결하는 안건을 포함한다)의 경우 : 다음 각 목의 어느 하나에 해당하는 경우
   가. 위원이 해당 안건의 당사자(당사자가 법인·단체 등인 경우에는 그 임원을 포함한다. 이하 이 호에서 같다)이거나 해당 안건에 관하여 직접적인 이해관계가 있는 경우
   나. 위원의 배우자, 4촌 이내의 혈족 및 2촌 이내의 인척의 관계에 있는 사람이 해당 안건의 당사자이거나 해당 안건에 관하여 직접적인 이해관계가 있는 경우
   다. 위원이 해당 안건 당사자의 대리인이거나 최근 5년 이내에 대리인이었던 경우
   라. 위원이 해당 안건 당사자의 대리인이거나 최근 5년 이내에 대리인이었던 법인·단체 등에 현재 속하고 있거나 속하였던 경우
   마. 위원이 최근 5년 이내에 해당 안건 당사자의 자문·고문에 응하였거나 해당 안건 당사자와 연구·용역 등의 업무 수행에 동업 또는 그 밖의 형태로 직접 해당 안건 당사자의 업무에 관여를 하였던 경우
   바. 위원이 최근 5년 이내에 해당 안건 당사자의 자문·고문에 응하였거나 해당 안건 당사자와 연구·용역 등의 업무 수행에 동업 또는 그 밖의 형태로 직접 해당 안건 당사자의 업무에 관여를 하였던 법인·단체 등에 현재 속하고 있거나 속하였던 경우

⑧ 위원회의 위원은 제7항 각 호의 어느 하나에 해당하는 경우에는 스스로 해당 안건의 심의ㆍ의결에서 회피해야 한다.
⑨ 제144조의3 및 이 조 제1항부터 제8항까지에서 규정한 사항 외에 위원회의 구성 및 운영 등에 필요한 사항은 관세청장이 정한다.
(2023.2.28 본조신설)

제144조의5【납세자보호위원회에 대한 납세자의 심의 등의 요청 및 결과 통지 등】 ① 납세자는 법 제118조의5제1항에 따라 심의를 요청하는 경우 또는 같은 조 제3항에 따라 취소 또는 변경 요청을 하는 경우에는 서면으로 해야 한다.
② 세관장이 법 제118조의5제2항에 따른 결과를 통지하거나 관세청장이 같은 조 제4항에 따른 결과를 통지하는 경우에는 서면으로 해야 한다.
③ 법 제118조의5제5항 단서에서 "납세자가 관세조사를 기피하려는 것이 명백한 경우 등 대통령령으로 정하는 경우"란 다음 각 호의 경우를 말한다.
1. 납세자가 장부ㆍ서류 등을 은닉하거나 제출을 지연 또는 거부하는 등 조사를 기피하는 행위가 명백한 경우
2. 납세자의 심의 요청 및 취소 또는 변경 요청이 관세조사를 기피하려는 행위임을 세관공무원이 자료ㆍ근거 등으로 명백하게 입증하는 경우
④ 법 제118조의5제7항에 따라 의견 진술을 하려는 납세자는 다음 각 호의 사항을 적은 문서를 해당 세관장 또는 관세청장에게 제출하여 신청해야 한다.
1. 진술자의 성명(법인인 경우 법인의 대표자 성명)
2. 진술자의 주소 또는 거소
3. 진술하려는 내용
⑤ 제4항의 신청을 받은 해당 세관장 또는 관세청장은 출석 일시 및 장소와 필요하다고 인정하는 진술시간을 정하여 회의 개최일 3일 전까지 납세자에게 통지해야 한다.
⑥ 제1항부터 제5항까지에서 규정한 사항 외에 납세자보호위원회에 대한 납세자의 심의 요청 및 결과 통지 등에 필요한 사항은 관세청장이 정한다.
(2020.2.11 본조신설)

제144조의6【관세심사위원회의 구성 등】 ① 다음 각 호의 구분에 따라 납세자보호위원회에 관세심사위원회를 둔다. 이 경우 제1호나목의 위원회는 관세청장이 정하는 바에 따라 본부세관에 둔다.
1. 본부세관 납세자보호위원회에 두는 관세심사위원회 : 다음 각 목의 분과위원회
  가. 본부세관분과 관세심사위원회 : 1개
  나. 일선세관분과 관세심사위원회 : 8개 이내
2. 관세청 납세자보호위원회에 두는 관세심사위원회 : 관세청 관세심사위원회 1개
② 관세심사위원회는 해당 위원회의 위원장(이하 이 조 및 제144조의7에서 "위원장"이라 한다) 1명을 포함하여 다음 각 호의 구분에 따른 위원으로 구성한다.
1. 본부세관 납세자보호위원회에 두는 관세심사위원회 : 다음 각 목의 위원
  가. 본부세관분과 관세심사위원회 : 22명 이내의 위원
  나. 일선세관분과 관세심사위원회 : 15명 이내의 위원
2. 관세청 납세자보호위원회에 두는 관세심사위원회 : 31명 이내의 위원
③ 위원장은 다음 각 호의 구분에 따른 사람이 된다.
1. 본부세관 납세자보호위원회에 두는 관세심사위원회 : 다음 각 목의 사람
  가. 본부세관분과 관세심사위원회 : 제144조의3제2항제1호나목의 위원 중 본부세관장이 임명하는 사람
  나. 일선세관분과 관세심사위원회 : 제144조의3제2항제1호다목의 위원 중 본부세관장이 임명하는 사람
2. 관세청 납세자보호위원회에 두는 관세심사위원회 : 제144조의3제2항제2호나목의 위원 중 관세청장이 임명하는 사람
④ 관세심사위원회는 위원장 1명을 포함하여 다음 각 호의 구분에 따른 사람으로 구성한다.
1. 본부세관 납세자보호위원회에 두는 관세심사위원회 : 다음 각 목에서 정하는 분과위원회별 구분에 따른 사람
  가. 본부세관분과 관세심사위원회 : 다음 구분에 따른 사람
    1) 제144조의3제2항제1호나목에 해당하는 위원 중 본부세관장이 임명하는 7명 이내의 사람
    2) 제144조의3제2항제1호라목에 해당하는 위원 중 본부세관장이 위촉하는 15명 이내의 사람
  나. 일선세관분과 관세심사위원회 : 다음 구분에 따른 사람
    1) 제144조의3제2항제1호다목에 해당하는 위원 중 본부세관장이 임명하는 5명 이내의 사람
    2) 제144조의3제2항제1호마목에 해당하는 위원 중 본부세관장이 위촉하는 10명 이내의 사람
2. 관세청 납세자보호위원회에 두는 관세심사위원회 : 다음 각 목의 사람
  가. 제144조의3제2항제2호나목에 해당하는 위원 중 관세청장이 임명하는 9명 이내의 사람
  나. 제144조의3제2항제2호다목에 해당하는 위원 중 관세청장이 위촉하는 22명 이내의 사람
⑤ 위원장은 관세심사위원회를 대표하고, 관세심사위원회의 업무를 총괄한다.
⑥ 관세심사위원회는 위원장이 부득이한 사유로 직무를 수행할 수 없을 때에는 제4항 각 호에 해당하는 관세심사위원회의 위원 중 위원장(관세청에 두는 관세심사위원회의 경우에는 관세청장을 말한다)이 미리 지명한 위원이 그 직무를 대행한다.
(2023.2.28 본조신설)

제144조의7【관세심사위원회의 운영】 ① 위원장은 다음 각 호의 구분에 따른 안건에 대한 심의가 필요한 경우 기일을 정하여 관세심사위원회의 회의를 소집하고 그 의장이 된다.
1. 본부세관 납세자보호위원회에 두는 관세심사위원회 : 법 제118조의4제2항제5호 및 제6호의 안건
2. 관세청 납세자보호위원회에 두는 관세심사위원회 : 법 제118조의4제3항제2호 및 제3호의 안건
② 관세심사위원회의 회의는 해당 위원장과 다음 각 호의 구분에 따른 위원으로 구성한다. 이 경우 민간위원을 2분의 1 이상 포함해야 한다.
1. 본부세관 납세자보호위원회에 두는 관세심사위원회 : 다음 각 목의 구분에 따른 사람
  가. 본부세관분과 관세심사위원회 : 제144조의6제4항제1호가목1) 및 2)에 해당하는 위원 중 위원장이 회의마다 지정하는 사람 8명
  나. 일선세관분과 관세심사위원회 : 제144조의6제4항제1호나목1) 및 2)에 해당하는 위원 중 위원장이 회의마다 지정하는 사람 6명
2. 관세청 납세자보호위원회에 두는 관세심사위원회 : 제144조의6제4항제2호가목 및 나목에 해당하는 위원 중 위원장이 회의마다 지정하는 사람 10명
③ 위원장은 제1항에 따라 기일을 정하였을 때에는 그 기일 7일 전까지 제2항에 따라 지정된 위원 및 해당 청구인 또는 신청인에게 통지해야 한다.
④ 위원장은 제1항에 따른 관세심사위원회를 소집하는 경우 안건과 관련된 세관장 또는 처분권자를 회의에 참석하도록 요청할 수 있다.
⑤ 관세심사위원회의 회의는 제2항에 따라 구성된 위원 과반수의 출석으로 개의하고, 출석위원 과반수의 찬성으로 의결한다.

⑥ 관세심사위원회에 그 사무를 처리하기 위하여 간사 1명을 두고, 간사는 위원장이 소속 공무원 중에서 지명한다.
⑦ 관세심사위원회의 위원은 관세심사위원회에서 심의·의결하는 안건과 관련하여 제144조의4제7항제2호 각 목의 어느 하나에 해당하는 경우에는 스스로 해당 안건의 심의·의결에서 회피해야 한다.
⑧ 제144조의6 및 이 조 제1항부터 제7항까지에서 규정한 사항 외에 관세심사위원회의 구성 및 운영 등에 필요한 사항은 법 제118조의4제1항에 따른 납세자보호위원회의 의결을 거쳐 위원장이 정한다.
(2023.2.28 본조신설)

제2절 심사와 심판

제145조【심사청구】 ① 법 제119조의 규정에 의한 심사청구를 하는 때에는 관세청장이 정하는 심사청구서에 다음 각호의 사항을 기재하여야 한다. 이 경우 관계증거서류 또는 증거물이 있는 때에는 이를 첨부할 수 있다.
1. 심사청구인의 주소 또는 거소와 성명
2. 처분이 있은 것을 안 연월일(처분의 통지를 받은 경우에는 그 받은 연월일)
3. 처분의 내용
4. 심사청구의 요지와 불복의 이유
② 세관장 또는 관세청장은 제1항에 따른 심사청구에 관한 법 제122조제3항에 따른 의견서 작성 또는 법 제127조에 따른 의결·결정을 위하여 필요하다고 인정하는 경우에는 직권으로 또는 심사청구인의 신청에 따라 해당 청구의 대상이 된 처분에 관계되는 통관절차 등을 대행한 관세사(합동사무소·관세사법인 및 통관취급법인을 포함한다)에게 통관경위에 관하여 질문하거나 관련 자료를 제출하도록 요구할 수 있다.
(2021.2.17 본항개정)
③ 법 제119조제9항 전단에서 "이 법이나 그 밖의 관세에 관한 법률 또는 조약에 따른 처분으로 권리나 이익을 침해받게 되는 제2차 납세의무자 등 대통령령으로 정하는 이해관계인"이란 다음 각 호의 어느 하나에 해당하는 자를 말한다.(2021.2.17 본문개정)
1. 제2차 납세의무자로서 납부고지서를 받은 자
2. 법 제19조제10항에 따라 물적 납세의무를 지는 자로서 납부고지서를 받은 자
(2021.2.17 1호~2호개정)
3. 납세보증인
4. 그 밖에 기획재정부령으로 정하는 자(2011.4.1 본호개정)
④ 심사청구서가 법 제122조제1항의 규정에 의한 세관장외의 세관장 또는 관세청장에게 제출된 때에는 당해 청구서를 관할세관장에게 지체없이 송부하고 그 뜻을 당해 청구인에게 통지하여야 한다.
⑤~⑥ (2018.2.13 삭제)
제146조【보정요구】 법 제123조의 규정에 의하여 심사청구의 내용이나 절차의 보정을 요구하는 때에는 다음 각호의 사항을 기재한 문서에 의하여야 한다.
1. 보정할 사항
2. 보정을 요구하는 이유
3. 보정할 기간
4. 기타 필요한 사항
제147조~제149조 (2023.2.28 삭제)
제149조의2【소액사건】 법 제126조제2항에서 "대통령령으로 정하는 금액"이란 3천만원을 말한다.
(2017.3.27 본조신설)
제150조【경미한 사항】 법 제127조제1항 단서에서 "대통령령으로 정하는 사유에 해당하는 경우"란 다음 각

호의 어느 하나에 해당하는 경우를 말한다.(2011.4.1 본문개정)
1. 심사청구기간이 지난 경우(2011.4.1 본호개정)
2. 심사청구의 대상이 되는 처분이 존재하지 아니하는 경우
3. 해당 처분으로 권리 또는 이익을 침해당하지 아니한 자가 심사청구를 제기한 경우(2011.4.1 본호개정)
4. 심사청구의 대상이 되지 아니하는 처분에 대하여 심사청구가 제기된 경우
5. 법 제123조제1항에 따른 보정기간 내에 필요한 보정을 하지 아니한 경우(2011.4.1 본호개정)
6. 심사청구의 대상이 되는 처분의 내용·쟁점·적용법령 등이 이미 관세심사위원회의 심의를 거쳐 결정된 사항과 동일한 경우
7. 그 밖에 신속히 결정하여 상급심에서 심의를 받도록 하는 것이 권리구제에 도움이 된다고 판단되는 경우(2011.4.1 본호개정)
제151조【결정 등의 통지】 ① 법 제128조 또는 법 제129조의 규정에 의하여 결정 또는 불복방법의 통지를 하는 때에는 인편 또는 등기우편에 의하여야 하며, 인편에 의하는 경우에는 수령증을 받아야 한다.
② 심사청구인의 주소 또는 거소가 불명하거나 기타의 사유로 인하여 제1항의 규정에 의한 방법으로 결정 등을 통지할 수 없는 때에는 그 요지를 당해 재결관서의 게시판 기타 적절한 장소에 공고하여야 한다.
③ 제2항의 규정에 의하여 공고를 한 때에는 그 공고가 있은 날부터 10일을 경과한 날에 결정 등의 통지를 받은 것으로 본다.
제151조의2【재조사의 연기·중지·연장 등】 법 제128조제5항 후단(법 제118조제6항 및 제132조제4항에서 준용하는 경우를 포함한다)에 따라 재조사를 연기 또는 중지하거나 조사기간을 연장하는 경우에는 제139조의2제2항부터 제5항까지 및 제140조를 준용한다.
(2018.2.13 본조신설)
제152조【불복방법의 통지를 잘못한 경우 등의 구제】
① 법 제129조의 규정에 의한 불복방법의 통지에 있어서 불복청구를 할 기관을 잘못 통지하였거나 누락한 경우 그 통지된 기관 또는 당해 처분기관에 불복청구를 한 때에는 정당한 기관에 당해 청구를 한 것으로 본다.
② 제1항의 경우에 청구를 받은 기관은 정당한 기관에 지체없이 이를 이송하고, 그 뜻을 그 청구인에게 통지하여야 한다.
제153조【의견진술】 ① 법 제130조의 규정에 의하여 의견을 진술하고자 하는 자는 그 주소 또는 거소 및 성명과 진술하고자 하는 요지를 기재한 신청서를 당해 재결청에 제출하여야 한다.(2007.4.5 본항개정)
② 제1항의 규정에 의한 신청을 받은 재결청은 다음 각 호의 1에 해당하는 경우로서 심사청구인의 의견진술이 필요없다고 인정되는 때를 제외하고는 출석일시 및 장소와 진술시간을 정하여 관세심사위원회 회의개최예정일 3일전까지 심사청구인에게 통지하여야 한다.
1. 심사청구의 대상이 된 사항이 경미한 때
2. 심사청구의 대상이 된 사항이 오로지 법령해석에 관한 것인 때
③ 제1항의 규정에 의한 신청을 받은 재결청은 심사청구인의 의견진술이 필요없다고 인정되는 때에는 이유를 명시한 문서로 그 뜻을 당해 심사청구인에게 통지하여야 한다.
④ 법 제130조의 규정에 의한 의견진술은 진술하고자 하는 내용을 기재한 문서의 제출로 갈음할 수 있다.
제153조의2 (2012.2.2 삭제)
제154조【준용규정】 이의신청에 관하여는 제145조, 제146조 및 제150조부터 제153조까지의 규정을 준용한다.
(2012.2.2 본조개정)

제6장 운송수단

제1절 국제항
(2021.2.17 본절제목개정)

제155조【국제항의 지정】① 법 제133조에 따른 국제항(이하 "국제항"이라 한다)은 다음 표와 같다.

구분	국 제 항 명
항구	인천항, 부산항, 마산항, 여수항, 목포항, 군산항, 제주항, 동해·묵호항, 울산항, 통영항, 삼천포항, 장승포항, 포항항, 장항항, 옥포항, 광양항, 평택·당진항, 대산항, 삼척항, 진해항, 완도항, 속초항, 고현항, 경인항, 보령항
공항	인천공항, 김포공항, 김해공항, 제주공항, 청주공항, 대구공항, 무안공항, 양양공항

② 국제항의 항계는 「항만법 시행령」 별표1에 따른 항만의 수상구역 또는 「공항시설법」에 따른 범위로 한다. (2021.2.17 본조개정)

제155조의2【국제항의 지정요건 등】① 법 제133조 제2항에 따른 국제항의 지정요건은 다음 각 호와 같다. (2021.2.17 본문개정)
1. 「선박의 입항 및 출항 등에 관한 법률」 또는 「공항시설법」에 따라 국제무역선(기)이 항상 입출항할 수 있을 것(2021.2.17 본호개정)
2. 국내선과 구분되는 국제선 전용통로 및 그 밖에 출입국업무를 처리하는 행정기관의 업무수행에 필요한 인력·시설·장비를 확보할 수 있을 것
3. 공항 및 항구의 여객수 또는 화물량 등에 관한 다음 각 목의 구분에 따른 기준을 갖출 것
   가. 공항의 경우 : 다음의 어느 하나의 요건을 갖출 것
      1) 정기여객기가 주 6회 이상 입항하거나 입항할 것으로 예상될 것
      2) 여객기로 입국하는 여객수가 연간 4만명 이상일 것
   나. 항구의 경우 : 국제무역선인 5천톤급 이상의 선박이 연간 50회 이상 입항하거나 입항할 것으로 예상될 것(2021.2.17 본목개정)
(2015.2.6 2호~3호개정)
② 관세청장 또는 관계 행정기관의 장은 국제항이 제1항에 따른 지정요건을 갖추지 못하여 업무수행 등에 상당한 지장을 준다고 판단하는 경우에는 기획재정부장관에게 그 사실을 보고해야 한다. 이 경우 기획재정부장관은 관세청장 또는 국제항시설의 관리기관의 장과 국제항에 대한 현장점검을 할 수 있다. (2021.2.17 본항개정)
③ 기획재정부장관은 제2항에 따른 보고 또는 현장점검 결과를 검토한 결과 시설 등의 개선이 필요한 경우에는 해당 국제항의 운영자에게 개선대책 수립, 시설개선 등을 명할 수 있으며 그 이행결과를 보고하게 할 수 있다. (2021.2.17 본항개정)
(2021.2.17 본조제목개정)

제156조【국제항이 아닌 지역에 대한 출입허가】① 법 제134조제1항 단서에 따라 국제항이 아닌 지역에 대한 출입의 허가를 받으려는 자는 다음 각 호의 사항을 기재한 신청서를 해당 지역을 관할하는 세관장에게 제출해야 한다. 다만, 국제무역선 또는 국제무역기 항행의 편의도모나 그 밖의 특별한 사정이 있는 경우에는 다른 세관장에게 제출할 수 있다.(2021.2.17 본문개정)
1. 선박 또는 항공기의 종류·명칭·등록기호·국적과 총톤수 및 순톤수 또는 자체무게
2. 지명

3. 당해 지역에 머무는 기간
4. 당해 지역에서 하역하고자 하는 물품의 내외국물품별 구분, 포장의 종류·기호·번호 및 개수와 품명·수량 및 가격
5. 당해 지역에 출입하고자 하는 사유
② 제1항 단서의 규정에 의하여 출입허가를 한 세관장은 지체없이 이를 당해 지역을 관할하는 세관장에게 통보하여야 한다.
(2021.2.17 본조제목개정)

제2절 선박과 항공기

제157조【입항보고서 등의 기재사항】① 법 제135조의 규정에 의한 선박의 입항보고서에는 다음 각호의 사항을 기재하여야 한다.
1. 선박의 종류·등록기호·명칭·국적·선적항·총톤수 및 순톤수
2. 출항지·기항지·최종기항지·입항일시·출항예정일시 및 목적지
3. 적재물품의 개수 및 톤수와 여객·승무원의 수 및 통과여객수
② 법 제135조제1항에 따른 선박용품목록에는 다음 각호의 사항을 기재해야 한다.(2021.2.17 본문개정)
1. 선박의 종류·등록기호·명칭·국적 및 입항연월일
2. 선박용품의 품명·수량 및 가격(2021.2.17 본호개정)
③ 법 제135조의 규정에 의한 선박의 여객명부에는 다음 각호의 사항을 기재하여야 한다.
1. 선박의 종류·등록기호·명칭·국적 및 입항연월일
2. 여객의 국적·성명·생년월일·여권번호·승선지 및 상륙지(2002.12.30 본호개정)
④ 법 제135조의 규정에 의한 선박의 승무원명부에는 다음 각호의 사항을 기재하여야 한다.
1. 선박의 종류·등록기호·명칭·국적 및 입항연월일
2. 승무원의 국적·성명·승무원수첩번호 또는 여권번호·승선지 및 상륙지
⑤ 법 제135조의 규정에 의한 선박의 승무원 휴대품목록에는 다음 각호의 사항을 기재하여야 한다.
1. 선박의 종류·등록기호·명칭·국적 및 입항연월일
2. 선원의 국적·성명·승무원수첩번호 또는 여권번호
3. 품명·수량 및 가격
⑥ 법 제135조제1항에 따른 적재화물목록에는 다음 각호의 사항을 기재해야 한다.(2021.2.17 본문개정)
1. 선박명 및 적재항
2. 품명 및 물품수신인·물품발송인(2021.2.17 본호개정)
3. 그 밖의 선박운항 및 화물에 관한 정보로서 관세청장이 필요하다고 인정하는 것
(2002.12.30 본항신설)
⑦ 법 제135조의 규정에 의한 항공기의 입항보고서에는 다음 각호의 사항을 기재하여야 한다.
1. 항공기의 종류·등록기호·명칭·국적·출항지 및 입항일시
2. 적재물품의 적재지·개수 및 톤수
3. 여객·승무원·통과여객의 수
⑧ 법 제135조제1항에 따른 항공기의 항공기용품목록, 여객명부, 승무원명부, 승무원휴대품목록 및 적재화물목록에 관하여는 제2항부터 제6항까지의 규정을 준용한다.(2021.2.17 본항개정)

제157조의2【적재화물목록을 제출할 수 있는 화물운송주선업자】법 제135조제2항 단서 및 제136조제3항 단서에서 "대통령령으로 정하는 요건을 갖춘 자"란 각각 다음 각 호의 어느 하나에 해당하는 자를 말한다. (2021.2.17 본문개정)
1. 법 제255조의2에 따라 수출입 안전관리 우수업체로 공인된 업체

2. 제259조의6제1항에 따른 준수도측정·평가의 결과가 우수한 자(2022.2.15 본호개정)
3. 기획재정부령으로 정하는 화물운송 주선 실적이 있는 자
(2021.2.17 본조제목개정)
(2016.2.5 본조신설)

제158조【출항허가의 신청】① 법 제136조제1항의 규정에 의하여 선박이 출항하고자 하는 때에는 다음 각 호의 사항을 기재한 신청서를 세관장에게 제출하여야 한다.
1. 선박의 종류·등록기호·명칭·국적·총톤수 및 순톤수
2. 여객·승무원·통과여객의 수
3. 적재물품의 개수 및 톤수
4. 선적지·목적지 및 출항일시
② 법 제136조제1항의 규정에 의하여 항공기가 출항하고자 하는 경우에는 다음 각호의 사항을 기재한 신청서를 세관장에게 제출하여야 한다.
1. 항공기의 종류·등록기호·명칭 및 국적
2. 여객·승무원·통과여객의 수
3. 적재물품의 개수 및 톤수
4. 선적지·목적지 및 출항일시
③ 법 제136조제2항의 규정에 의한 물품의 목록에 관하여는 관세청장이 정하는 바에 의한다.

제158조의2【승객예약자료의 열람 등】① 세관장은 법 제137조의2제1항에 따라 제공받은 승객예약자료(이하 이 조에서 "승객예약자료"라 한다)를 열람할 수 있는 세관공무원(법 제137조의2제3항에 따라 지정받은 자를 말한다. 이하 이 조에서 같다)에게 관세청장이 정하는 바에 따라 개인식별 고유번호를 부여하는 등의 조치를 하여 권한 없는 자가 승객예약자료를 열람하는 것을 방지하여야 한다.
② 세관장은 승객이 입항 또는 출항한 날(이하 이 조에서 "입·출항일"이라 한다)부터 1월이 경과한 때에는 해당 승객의 승객예약자료를 다른 승객의 승객예약자료(승객의 입·출항일부터 1월이 경과하지 아니한 승객예약자료를 말한다)와 구분하여 관리하여야 한다.
③ 세관장은 제2항에 따라 구분하여 관리하는 승객예약자료(이하 이 조에서 "보존승객예약자료"라 한다)를 해당 승객의 입·출항일부터 기산하여 3년간 보존할 수 있다. 다만, 다음 각 호의 어느 하나에 해당하는 자에 대한 보존승객예약자료는 5년간 보존할 수 있다.
1. 법 제234조를 위반하여 수출입금지물품을 수출입한 자 또는 수출입하려고 하였던 자로서 관세청장이나 세관장의 통고처분을 받거나 벌금형 이상의 형의 선고를 받은 사실이 있는 자
2. 법 제241조제1항·제2항을 위반하였거나 법 제241조제1항·제2항을 위반하여 다음 각 목의 어느 하나의 물품을 수출입 또는 반송하려고 하였던 자로서 관세청장이나 세관장의 통고처분을 받거나 벌금형 이상의 형의 선고를 받은 사실이 있는 자
가. 「마약류 관리에 관한 법률」에 따른 마약류
(2012.6.7 본목개정)
나. 「총포·도검·화약류 등의 안전관리에 관한 법률」에 따른 총포·도검·화약류·전자충격기 및 석궁
(2016.1.6 본목개정)
3. 수사기관 등으로부터 제공받은 정보나 세관장이 수집한 정보 등에 근거하여 다음 각 목의 어느 하나에 해당하는 행위를 할 우려가 있다고 인정되는 자로서 관세청장이 정하는 기준에 해당하는 자
가. 법 제234조를 위반하여 수출입금지물품을 수출입하는 행위
나. 법 제241조제1항 또는 제2항을 위반하여 다음의 어느 하나의 물품을 수출입 또는 반송하는 행위

(1) 「마약류 관리에 관한 법률」에 따른 마약류
(2012.6.7 개정)
(2) 「총포·도검·화약류 등의 안전관리에 관한 법률」에 따른 총포·도검·화약류·전자충격기 및 석궁(2016.1.6 개정)
④ 세관공무원은 보존승객예약자료를 열람하려는 때에는 관세청장이 정하는 바에 따라 미리 세관장의 승인을 얻어야 한다.
(2006.5.22 본조신설)

제159조【재해 등으로 인한 행위의 보고】법 제138조제4항의 규정에 의한 경과보고는 다음 각호의 사항을 기재한 보고서에 의하여야 한다.
1. 재해 등의 내용·발생일시·종료일시
2. 재해 등으로 인하여 행한 행위
3. 제166조제1항제2호 및 제3호의 사항

제160조【임시 외국 정박 또는 착륙의 보고】① 법 제139조에 따른 보고는 다음 각 호의 사항을 기재한 보고서로 한다.(2021.2.17 본문개정)
1. 선박 또는 항공기의 종류·명칭 또는 등록기호·국적·총톤수 및 순톤수 또는 자체무게
2. 임시 정박한 항만명 또는 임시 착륙한 공항명
3. 해당 항만 또는 공항에 머무른 기간
4. 임시 정박 또는 착륙 사유
5. 해당 항만 또는 공항에서의 적재물품 유무
(2021.2.17 2호~5호개정)
② 법 제139조의 규정에 의한 물품의 목록에 관하여는 제158조제3항의 규정을 준용한다.
(2021.2.17 본조제목개정)

제161조【물품의 하역 등의 허가신청】① 법 제140조제1항 단서의 규정에 의하여 물품을 하역 또는 환적하기 위하여 허가를 받고자 하는 자는 다음 각호의 사항을 기재한 신청서를 세관장에게 제출하여야 한다.
1. 선박 또는 항공기의 종류·명칭·국적 및 입항연월일
2. 물품의 내외국물품별 구분과 품명·수량 및 가격
3. 포장의 종류·기호·번호 및 개수
4. 신청사유
② 법 제140조제4항에 따라 물품을 하역하려는 자는 다음 각 호의 사항을 기재한 신고서를 세관장에게 제출하고 그 신고필증을 현장세관공무원에게 제시하여야 한다. 다만, 수출물품의 경우에는 관세청장이 정하는 바에 따라 물품목록의 제출로써 이에 갈음할 수 있으며, 항공기인 경우에는 현장세관공무원에 대한 말로써 신고하여 이에 갈음할 수 있다.(2022.2.15 본문개정)
1. 선박 또는 항공기의 명칭
2. 물품의 품명·개수 및 중량
3. 승선자수 또는 탑승자수
4. 선박 또는 항공기 대리점
5. 작업의 구분과 작업예정기간
③ 법 제140조제5항에 따른 하역통로는 세관장이 지정하고 이를 공고해야 한다.(2019.2.12 본항개정)
④ 법 제140조제6항 단서에 따른 허가를 받으려는 자는 다음 각 호의 사항을 기재한 신청서를 세관장에게 제출해야 한다.(2019.2.12 본문개정)
1. 물품의 내외국물품별 구분과 품명 및 수량
2. 포장의 종류 및 개수
3. 적재선박 또는 항공기의 명칭, 적재기간
4. 화주의 주소 및 성명
5. 신청사유
⑤ 세관장은 다음 각 호의 어느 하나에 해당하는 허가를 하거나 신고를 한 경우에는 국제무역선 또는 국제무역기에 내국물품을 적재하거나 국내운항선 또는 국내운항기에 외국물품을 적재하게 할 수 있다.
(2021.2.17 본문개정)
1. 법 제143조의 규정에 의하여 하역허가를 받은 경우

2. 법 제213조의 규정에 의하여 보세운송신고를 하거나 보세운송승인을 받은 경우
3. 법 제221조의 규정에 의하여 내국운송신고를 하는 경우
4. 법 제248조의 규정에 의하여 수출신고가 수리된 경우

제162조【외국물품의 일시양륙등 신고】 ① 법 제141조제1호의 규정에 의하여 외국물품을 일시적으로 육지에 내려 놓고자 하는 경우에는 다음 각호의 사항을 기재한 신고서를 세관장에게 제출하고 그 신고필증을 현장세관공무원에게 제시하여야 한다.
1. 선박 또는 항공기의 종류·명칭·국적
2. 입항연월일
3. 육지에 내려 놓고자 하는 일시 및 기간
4. 육지에 내려 놓고자 하는 물품의 품명·수량 및 가격과 그 포장의 종류·기호·번호·개수
5. 육지에 내려 놓고자 하는 물품의 최종도착지
6. 육지에 내려 놓고자 하는 장소
② 육지에 내려 놓고자 하는 외국물품을 장치할 수 있는 장소의 범위등에 관하여는 관세청장이 정한다.

제163조【승선 또는 탑승의 신고】 법 제143조제2호의 규정에 의하여 승선 또는 탑승을 하고자 하는 자는 다음 각호의 사항을 기재한 신고서를 세관장에게 제출하고 그 신고필증을 현장 세관공무원에게 제시하여야 한다.
1. 선박 또는 항공기의 명칭
2. 승선자 또는 탑승자의 성명·국적 및 생년월일
3. 승선 또는 탑승의 이유 및 기간

제164조【환적 및 이동의 신고】 법 제141조제3호에 따라 물품을 환적 또는 복합환적하거나 사람을 이동시키고자 하는 자는 다음 각 호의 사항을 적은 신고서를 세관장에게 제출하고 그 신고필증을 현장 세관공무원에게 제시하여야 한다.(2008.2.22 본항개정)
1. 각 운송수단의 종류·명칭 및 국적
2. 환적하는 물품의 내외국물품별 구분
3. 환적하는 물품의 품명·수량 및 가격과 그 포장의 종류·기호·번호 및 개수
4. 이동하는 사람의 성명·국적·생년월일·승선지 및 상륙지
5. 신고사유

제165조【항외하역에 관한 허가의 신청】 국제항의 바깥에서 하역 또는 환적하기 위하여 법 제142조제1항에 따른 허가를 받으려는 자는 다음 각 호의 사항을 기재한 신청서를 세관장에게 제출하여야 한다.(2021.2.17 본문개정)
1. 국제항의 바깥에서 하역 또는 환적하려는 장소 및 일시(2021.2.17 본호개정)
2. 선박의 종류·명칭·국적·총톤수 및 순톤수
3. 당해 물품의 내외국물품별 구분과 품명·수량 및 가격
4. 당해 물품의 포장의 종류·기호·번호 및 개수
5. 신청사유

제166조【선박용품 또는 항공기용품 등의 하역 또는 환적】 ① 국제무역선 또는 국제무역기나 「원양산업발전법」 제2조제6호에 따른 조업에 사용되는 선박에 물품을 하역하거나 환적하기 위하여 법 제143조제1항에 따른 허가를 받으려는 자는 다음 각 호의 사항을 기재한 신청서를 세관장에게 제출해야 한다.(2022.2.15 본문개정)
1. 선박 또는 항공기의 종류·등록기호·명칭·국적과 여객 및 승무원·선원의 수(2022.2.15 본호개정)
2. 당해 물품의 내외국물품별 구분과 품명·규격·수량 및 가격
3. 당해 물품의 포장의 종류·기호·번호 및 개수
4. 당해 물품의 하역 또는 환적예정연월일과 방법 및 장소
② 제1항의 경우 당해 물품이 법 제143조제2항에 해당하는 외국물품인 때에는 제1항 각호의 사항외에 다음 각호의 사항을 함께 쓰고 그 물품에 대한 송품장 또는

과세가격결정에 필요한 서류를 첨부하여야 한다.
1. 당해 물품의 선하증권번호 또는 항공화물운송장번호
2. 당해 물품의 장치된 장소(보세구역인 경우에는 그 명칭)와 반입연월일
③ 세관장은 제1항의 규정에 의한 허가를 함에 있어서 필요하다고 인정되는 때에는 소속공무원으로 하여금 당해 물품을 검사하게 할 수 있다.
④ 법 제143조제1항의 규정에 의한 허가를 받은 자가 허가를 받은 사항을 변경하고자 하는 때에는 변경하고자 하는 사항과 변경사유를 기재한 신청서를 세관장에게 제출하여 허가를 받아야 한다.
⑤ 제1항의 규정에 의한 허가를 받은 자는 허가내용에 따라 하역 또는 환적을 완료한 때에는 당해 허가서에 그 사실과 하역 또는 환적연월일을 기재하여 당해 선박 또는 항공기의 장의 서명을 받아 보관하여야 한다. 이 경우 세관장은 필요하다고 인정하는 물품에 대하여는 세관공무원의 확인을 받게 할 수 있으며, 당해 선박 또는 항공기의 장이 적재한 사실을 확인하여 서명한 허가서 등을 제출하게 할 수 있다.
⑥ 제1항에 따른 허가를 받은 자는 법 제143조제6항제1호의 기간 내에 허가받은 물품을 적재하지 않고 다시 보세구역에 반입한 때에는 지체 없이 해당 허가서에 그 사실과 반입연월일을 기재하여 이를 확인한 세관공무원의 서명을 받아 해당 허가를 한 세관장에게 제출해야 한다.(2019.2.12 본항개정)
⑦ 제1항에 따른 허가를 받은 자는 해당 물품이 법 제143조제6항제2호에 따른 재해나 그 밖의 부득이한 사유로 멸실된 경우에는 지체 없이 해당 물품에 관한 제1항제2호의 사항과 멸실연월일·장소 및 사유를 기재한 신고서에 허가서를 첨부하여 해당 허가를 한 세관장에게 제출해야 한다.(2019.2.12 본항개정)
⑧ 법 제143조제6항제3호에 따른 승인을 받으려는 자는 폐기하려는 물품에 관한 다음 각 호의 사항을 기재한 신청서를 해당 허가를 한 세관장에게 제출해야 한다.(2019.2.12 본문개정)
1. 제1항제2호의 사항
2. 당해 물품이 있는 장소
3. 폐기예정연월일·폐기방법 및 폐기이유
(2021.2.17 본조제목개정)

제167조【선박 또는 항공기의 전환】 ① 법 제144조에 따른 승인을 받으려는 자는 다음 각 호의 사항을 기재한 신청서를 세관장에게 제출해야 한다.(2021.2.17 본문개정)
1. 선박 또는 항공기의 명칭·종류·등록기호·국적·총톤수 및 순톤수·자체무게·선적항
2. 선박 또는 항공기의 소유자의 주소·성명
3. 국내운항선·국내운항기·국제무역선 또는 국제무역기 해당 여부(2021.2.17 본호개정)
4. 전환하고자 하는 내용 및 사유
② 세관장은 제1항의 규정에 의한 신청이 있는 때에는 당해 선박 또는 항공기에 적재되어 있는 물품을 검사할 수 있다.

제168조【특수선박】 법 제146조 단서에서 "대통령령으로 정하는 선박 및 항공기"란 다음 각 호의 어느 하나에 해당하는 것을 말한다.(2011.4.1 본문개정)
1. 군함 및 군용기
2. 국가원수 또는 정부를 대표하는 외교사절이 전용하는 선박 또는 항공기

제168조의2【환승전용국내운항기의 관리】 세관장은 법 제146조제2항에 따라 다음 각 호의 어느 하나에 해당하는 사항에 대하여 관세청장이 정하는 바에 따라 그 절차를 간소화하거나 그 밖에 필요한 조치를 할 수 있다.
1. 법 제135조제1항에 따른 입항보고
2. 법 제136조제1항에 따른 출항허가 신청

3. 그 밖에 법 제146조제1항제2호에 따른 환승전용국내운항기 및 해당 항공기에 탑승하는 외국을 왕래하는 여행자와 법 제241조제2항제1호에 따른 물품의 통관 및 감시에 필요한 사항(2021.2.17 본호개정)
(2021.2.17 본조제목개정)
(2012.2.2 본조신설)

제3절 차 량

제169조【국경출입차량의 도착보고등】 ① 법 제149조제1항의 규정에 의한 도착보고서에는 다음 각호의 사항을 기재하여야 한다.
1. 차량의 회사명·국적·종류·등록기호·번호·총화차수·총객차수
2. 차량의 최초출발지·경유지·최종출발지·도착일시·출발예정일시 및 목적지
3. 적재물품의 내용·개수 및 중량
4. 여객 및 승무원수와 통과여객의 수
② 법 제149조제1항의 규정에 의한 차량용품목록·여객명부·승무원명부 및 승무원휴대품목록에 관하여는 제157조제2항 내지 제5항의 규정을 준용한다.
③ 법 제149조제3항 본문에서 "대통령령으로 정하는 물품"이란 다음 각 호의 어느 하나에 해당하는 것을 말한다.(2011.4.1 본문개정)
1. 모래·자갈 등 골재
2. 석탄·흑연 등 광물
(2007.4.5 본항신설)
제170조【국경출입차량의 출발보고】 ① 법 제150조제1항의 규정에 의한 출발보고서에는 다음 각호의 사항을 기재하여야 한다.
1. 차량의 회사명·종류·등록기호·번호·총화차수·총객차수
2. 차량의 출발지·경유지·최종목적지·출발일시 및 도착일시
3. 적재물품의 내용·개수 및 중량
4. 여객 및 승무원의 수와 통과여객의 수
② 법 제150조제2항의 규정에 의하여 제출하는 물품의 목록은 관세청장이 정하는 바에 따라 세관장에게 제출하여야 한다.
③ 법 제150조제3항 본문에서 "대통령령으로 정하는 물품"이란 다음 각 호의 어느 하나에 해당하는 것을 말한다.(2011.4.1 본문개정)
1. 모래·자갈 등 골재
2. 석탄·흑연 등 광물
(2007.4.5 본항신설)
제171조【물품의 하역신고】 법 제151조제1항의 규정에 의하여 물품을 하역하고자 하는 자는 다음 각호의 사항을 기재한 신고서를 세관장에게 제출하고 그 신고필증을 현장 세관공무원에게 제시하여야 한다.
1. 차량번호
2. 물품의 품명·개수 및 중량
3. 작업의 구분과 작업예정기간
제172조【차량용품 등의 하역 또는 환적】 법 제151조제2항의 규정에 의한 차량용품과 국경출입차량에서 판매할 물품에 대하여는 제166조의 규정을 준용한다.
제173조【도로차량에 대한 증서의 교부신청】 법 제152조제1항에 따라 국경을 출입할 수 있는 도로차량임을 증명하는 서류를 교부받으려는 자는 다음 각 호의 사항을 기재한 신청서를 세관장에게 제출하여야 한다.
1. 차량의 종류 및 차량등록번호
2. 적재량 또는 승차정원
3. 운행목적·운행기간 및 운행경로
(2007.4.5 본조개정)

제7장 보세구역

제1절 통 칙

제174조【보세구역장치물품의 제한등】 ① 법 제154조의 규정에 의한 보세구역(이하 "보세구역"이라 한다)에는 인화질 또는 폭발성의 물품을 장치하지 못한다.
② 보세창고에는 부패할 염려가 있는 물품 또는 살아있는 동물이나 식물을 장치하지 못한다.
③ 제1항 및 제2항의 규정은 당해 물품을 장치하기 위하여 특수한 설비를 한 보세구역에 관하여는 이를 적용하지 아니한다.
제175조【보세구역 외 장치의 허가신청】 법 제156조제1항에 따른 허가를 받으려는 자는 해당 물품에 관하여 다음 각 호의 사항을 기재한 신청서에 송품장과 선하증권·항공화물운송장 또는 이에 갈음하는 서류를 첨부하여 세관장에게 제출하여야 한다.(2015.2.6 본문개정)
1. 장치장소 및 장치사유
2. 수입물품의 경우 당해 물품을 외국으로부터 운송하여 온 선박 또는 항공기의 명칭 또는 등록기호·입항예정연월일·선하증권번호 또는 항공화물운송장번호
3. 해당 물품의 내외국물품별 구분과 품명·규격·수량 및 가격(2015.2.6 본호개정)
4. 당해 물품의 포장의 종류·번호 및 개수
(2015.2.6 본조제목개정)
제176조【물품의 반출입신고】 ① 법 제157조제1항에 따른 물품의 반입신고는 다음 각 호의 사항을 기재한 신고서로 해야 한다.(2019.2.12 본문개정)
1. 외국물품(수출신고가 수리된 물품은 제외한다)의 경우(2019.2.12 본문개정)
   가. 당해 물품을 외국으로부터 운송하여 온 선박 또는 항공기의 명칭, 입항일자·입항세관·적재항
   나. 물품의 반입일시, 선하증권번호 또는 항공화물운송장번호와 화물관리번호
   다. 물품의 품명, 포장의 종류, 반입개수와 장치위치
2. 내국물품(수출신고가 수리된 물품을 포함한다)의 경우
   가. 물품의 반입일시
   나. 물품의 품명, 포장의 종류, 반입개수, 장치위치와 장치기간
② 제1항의 규정에 의하여 반입신고된 물품의 반출신고는 다음 각호의 사항을 기재한 신고서에 의하여야 한다.
1. 반출신고번호·반출일시·반출유형·반출근거번호
2. 화물관리번호
3. 반출개수 및 반출중량
③ 세관장은 다음 각 호의 어느 하나에 해당하는 경우에는 제1항 및 제2항에 따른 신고서의 제출을 면제하거나 기재사항의 일부를 생략하게 할 수 있다.(2019.2.12 본문개정)
1. 다음 각 목의 어느 하나에 해당하는 서류를 제출하여 반출입하는 경우(2021.2.17 본문개정)
   가. 적재화물목록(2021.2.17 본목개정)
   나. 보세운송신고서 사본 또는 수출신고필증
   다. 제197조제1항에 의한 내국물품장치신고서
2. 법 제164조에 따라 자율관리보세구역으로 지정받은 자가 제1항제2호의 물품(수입신고가 수리된 물품은 제외한다)에 대하여 장부를 비치하고 반출입사항을 기록관리하는 경우(2019.2.12 본호개정)
④ 세관장은 법 제157조제2항의 규정에 의한 검사를 함에 있어서 반입신고서·송품장 등 검사에 필요한 서류를 제출하게 할 수 있다.

제176조의2【반출기간 연장신청】 법 제157조의2 단서에 의한 승인을 얻고자 하는 자는 다음 각호의 사항을 기재한 신청서를 세관장에게 제출하여야 한다.
1. 제175조제2호에 규정된 사항
2. 장치장소
3. 신청사유
(2004.3.29 본조신설)

제177조【보수작업의 승인신청】 ① 법 제158조제2항에 따른 승인을 받으려는 자는 다음 각 호의 사항을 기재한 신청서를 세관장에게 제출하여야 한다.
(2015.2.6 본문개정)
1. 제175조 각호의 사항
2. 사용할 재료의 품명·규격·수량 및 가격 (2015.2.6 본호개정)
3. 보수작업의 목적·방법 및 예정기간
4. 장치장소
5. 그 밖의 참고사항(2015.2.6 본호신설)
② 법 제158조제2항에 따른 승인을 받은 자는 보수작업을 완료한 경우에는 다음 각 호의 사항을 기재한 보고서를 세관장에게 제출하여 그 확인을 받아야 한다. (2015.2.6 본문개정)
1. 해당 물품의 품명·규격·수량 및 가격(2015.2.6 본호개정)
2. 포장의 종류·기호·번호 및 개수
3. 사용한 재료의 품명·규격·수량 및 가격
4. 잔존재료의 품명·규격·수량 및 가격 (2015.2.6 3호~4호개정)
5. 작업완료연월일

제178조【해체·절단 등 작업】 ① 법 제159조제2항의 규정에 의하여 해체·절단 등의 작업의 허가를 받고자 하는 자는 다음 각호의 사항을 기재한 신청서를 세관장에게 제출하여야 한다.
1. 당해 물품의 품명·규격·수량 및 가격
2. 작업의 목적·방법 및 예정기간
3. 기타 참고사항
② 제1항의 작업을 완료한 때에는 다음 각호의 사항을 기재한 보고서를 세관장에게 제출하여 그 확인을 받아야 한다.
1. 작업후의 물품의 품명·규격·수량 및 가격
2. 작업개시 및 종료연월일
3. 작업상황에 관한 검정기관의 증명서(세관장이 특히 지정하는 경우에 한한다)
4. 기타 참고사항

제179조【장치물품의 폐기승인신청】 ① 법 제160조의 규정에 의한 승인을 얻고자 하는 자는 다음 각호의 사항을 기재한 신청서를 세관장에게 제출하여야 한다.
1. 제175조 각호의 사항
2. 장치장소
3. 폐기예정연월일·폐기방법 및 폐기사유
② 제1항의 규정에 의한 승인을 얻은 자는 폐기작업을 종료한 때에는 잔존하는 물품의 품명·규격·수량 및 가격을 세관장에게 보고하여야 한다.

제180조【장치물품의 멸실신고】 ① 보세구역 또는 법 제155조제1항 단서의 규정에 의하여 보세구역이 아닌 장소에 장치된 외국물품이 멸실된 때에는 다음 각호의 사항을 기재한 신고서를 세관장에게 제출하여 그 확인을 받아야 한다.
1. 제175조 각호의 사항
2. 장치장소
3. 멸실연월일 및 멸실원인
② 제1항의 규정에 의한 신고는 특허보세구역장치물품인 경우에는 운영인의 명의로, 특허보세구역장치물품이 아닌 경우에는 보관인의 명의로 하여야 한다.

제181조【물품의 도난 또는 분실의 신고】 ① 보세구역 또는 법 제155조제1항 단서의 규정에 의하여 보세구역이 아닌 장소에 장치된 물품이 도난당하거나 분실된 때에는 다음 각호의 사항을 기재한 신고서를 세관장에게 제출하여야 한다.
1. 제175조 각호의 사항
2. 장치장소
3. 도난 또는 분실연월일과 사유
② 제180조제2항의 규정은 제1항의 신고에 관하여 이를 준용한다.

제182조【물품이상의 신고】 ① 보세구역 또는 법 제155조제1항 단서의 규정에 의하여 보세구역이 아닌 장소에 장치된 물품에 이상이 있는 때에는 다음 각호의 사항을 기재한 신고서를 세관장에게 제출하여야 한다.
(2001.12.31 본문개정)
1. 제175조 각호의 사항
2. 장치장소
3. 발견연월일
4. 이상의 원인 및 상태
② 제180조제2항의 규정은 제1항의 신고에 관하여 이를 준용한다.

제183조【견본품 반출의 허가신청】 법 제161조제1항의 규정에 의한 허가를 받고자 하는 자는 다음 각호의 사항을 기재한 신청서를 세관장에게 제출하여야 한다.
1. 제175조 각호의 사항
2. 장치장소
3. 반출목적 및 반출기간
(2021.2.17 본조제목개정)

제184조【자율관리보세구역의 지정 등】 ① 법 제164조제2항의 규정에 의한 자율관리보세구역의 지정을 받고자 하는 자는 다음 각호의 사항을 기재한 신청서에 채용된 법 제164조제3항에 따른 보세사(이하 "보세사"라 한다)의 보세사등록증과 관세청장이 정하는 서류를 첨부하여 세관장에게 지정신청을 하여야 한다.
(2018.2.13 본문개정)
1. 보세구역의 종류·명칭·소재지·구조·동수 및 면적
2. 장치하는 물품의 종류 및 수용능력
② 법 제164조제6항에서 "이 법에 따른 의무를 위반하거나 세관감시에 지장이 있다고 인정되는 경우 등 대통령령으로 정하는 사유"란 다음 각 호의 어느 하나에 해당하는 경우를 말한다.
1. 법 제178조제1항 각 호의 어느 하나에 해당하는 경우
2. 자율관리보세구역 운영인이 보세사가 아닌 사람에게 보세사의 직무를 수행하게 한 경우
3. 그 밖에 세관감시에 지장이 있다고 인정되는 경우로서 관세청장이 정하여 고시하는 사유에 해당하는 경우
(2018.2.13 본항신설)
③ 자율관리보세구역의 관리에 관하여 필요한 사항은 관세청장이 정한다.

제185조【보세사의 직무 등】 ① 보세사의 직무는 다음 각 호와 같다.(2018.2.13 본문개정)
1. 보세화물 및 내국물품의 반입 또는 반출에 대한 참관 및 확인(2020.12.29 본호개정)
2. 보세구역안에 장치된 물품의 관리 및 취급에 대한 참관 및 확인(2020.12.29 본호개정)
3. 보세구역출입문의 개폐 및 관세관리의 감독
4. 보세구역의 출입자관리에 대한 감독
5. 견본품의 반출 및 회수(2021.2.17 본호개정)
6. 기타 보세화물의 관리를 위하여 필요한 업무로서 관세청장이 정하는 업무
② 법 제165조제3항에 따라 보세사로 등록하려는 자는 등록신청서를 세관장에게 제출하여야 한다.
(2020.2.11 본항개정)

③ 세관장은 제2항의 규정에 의한 신청을 한 자가 법 제165조제1항의 요건을 갖춘 경우에는 보세사등록증을 교부하여야 한다.

④ 보세사는 관세청장이 정하는 바에 의하여 그 업무 수행에 필요한 교육을 받아야 한다.

⑤ 법 제165조제1항에 따른 보세화물의 관리업무에 관한 시험의 과목은 다음 각 호와 같고, 해당 시험의 합격자는 매과목 100점을 만점으로 하여 매과목 40점 이상, 전과목 평균 60점 이상을 득점한 사람으로 결정한다. (2020.2.11 본문개정)
1. 수출입통관절차
2. 보세구역관리
3. 화물관리
4. 수출입안전관리
5. 자율관리 및 관세벌칙
(2019.2.12 본항신설)

⑥ 법 제165조제2항 각 호 외의 부분 본문에서 "대통령령으로 정하는 과목"이란 다음 각 호의 과목을 말한다.
1. 수출입통관절차
2. 보세구역관리
(2020.2.11 본항신설)

⑦ 법 제165조제2항을 적용할 때 그 경력산정의 기준일은 해당 시험의 응시원서 접수 마감일로 한다. (2020.2.11 본항신설)

⑧ 관세청장은 법 제165조제1항에 따른 보세화물의 관리업무에 관한 시험을 실시할 때에는 그 시험의 일시, 장소, 방법 및 그 밖에 필요한 사항을 시험 시행일 90일 전까지 공고하여야 한다.(2020.2.11 본항개정)

⑨ 관세청장은 법 제165조제7항에 따른 보세사 시험업무를 관세청장이 정하는 법인 또는 단체에 위탁할 수 있다.(2020.2.11 본항신설)

제185조의2【보세사징계의결의 요구】 세관장은 보세사가 법 제165조제5항제3호에 해당하는 경우에는 지체없이 법 제165조의5에 따른 보세사징계위원회(이하 "보세사징계위원회"라 한다)에 징계의결을 요구해야 한다. (2021.2.17 본조신설)

제185조의3【보세사징계위원회의 구성 등】 ① 법 제165조의5에 따라 보세사의 징계에 관한 사항을 심의 · 의결하기 위하여 세관에 보세사징계위원회를 둔다. (2021.2.17 본항개정)

② 보세사징계위원회는 위원장 1명을 포함하여 5명 이상 10명 이하의 위원으로 구성한다.

③ 보세사징계위원회의 위원장은 세관장 또는 해당 세관 소속 4급 이상 공무원으로서 세관장이 지명하는 사람이 되고, 위원은 다음 각 호의 사람 중에서 세관장이 임명 또는 위촉하는 사람으로 구성한다.
1. 소속 세관공무원
2. 제288조제7항에 따라 관세청장이 지정하여 고시하는 법인의 임원
3. 관세 또는 물류 전문가로서 제2호에 따른 법인의 대표자가 추천하는 사람

④ 제3항제2호 및 제3호에 해당하는 위원의 임기는 2년으로 하되, 한 번만 연임할 수 있다. 다만, 보궐위원의 임기는 전임위원 임기의 남은 기간으로 한다.

⑤ 세관장은 보세사징계위원회의 위원이 다음 각 호의 어느 하나에 해당하는 경우에는 해당 위원을 해임 또는 해촉할 수 있다.
1. 심신장애로 인하여 직무를 수행할 수 없게 된 경우
2. 직무와 관련된 비위사실이 있는 경우
3. 직무태만, 품위손상이나 그 밖의 사유로 인하여 위원으로 적합하지 않다고 인정되는 경우
4. 위원 스스로 직무를 수행하는 것이 곤란하다고 의사를 밝히는 경우
5. 제6항 각 호의 어느 하나에 해당함에도 불구하고 회

피하지 않은 경우

⑥ 보세사징계위원회의 위원은 다음 각 호의 어느 하나에 해당하는 경우에는 보세사징계위원회의 심의 · 의결에서 제척된다.
1. 위원 본인이 징계의결 대상 보세사인 경우
2. 위원이 징계의결 대상 보세사와 채권 · 채무 등 금전관계가 있는 경우
3. 위원이 징계의결 대상 보세사와 친족[배우자(사실상 혼인관계에 있는 사람을 포함한다), 6촌 이내의 혈족 또는 4촌 이내의 인척을 말한다. 이하 이 호에서 같다]이거나 친족이었던 경우
4. 위원이 징계의결 대상 보세사와 직접적으로 업무연관성이 있는 경우

⑦ 보세사징계위원회의 위원은 제6항 각 호의 어느 하나에 해당하는 경우에는 스스로 해당 안건의 심의 · 의결에서 회피해야 한다. (2019.2.12 본조신설)

제185조의4【보세사징계위원회의 운영】 ① 보세사징계위원회의 위원장은 보세사징계위원회를 대표하고 보세사징계위원회의 업무를 총괄한다.

② 보세사징계위원회는 제185조의2에 따른 징계의결의 요구를 받은 날부터 30일 이내에 이를 의결해야 한다.

③ 보세사징계위원회의 위원장은 보세사징계위원회의 회의를 소집하고 그 의장이 된다. 다만, 위원장이 부득이한 사유로 그 직무를 수행하지 못하는 경우에는 위원장이 지명하는 위원이 위원장의 직무를 대행한다.

④ 보세사징계위원회의 위원장이 보세사징계위원회의 회의를 소집하려는 경우에는 회의 개최일 7일 전까지 각 위원과 해당 보세사에게 회의의 소집을 서면으로 통지해야 한다.

⑤ 보세사징계위원회의 회의는 위원장을 포함한 재적위원 3분의 2 이상의 출석으로 개의하고 출석위원 과반수의 찬성으로 의결한다.

⑥ 보세사징계위원회는 징계사건의 심사를 위하여 필요하다고 인정하는 경우에는 징계협의자 또는 관계인을 출석하게 하여 혐의내용에 대한 심문을 하거나 심사자료의 제출을 요구할 수 있다.

⑦ 보세사징계위원회의 회의에 출석한 공무원이 아닌 위원에 대해서는 예산의 범위에서 수당을 지급할 수 있다.

⑧ 제1항부터 제7항까지에서 규정한 사항 외에 보세사징계위원회의 운영에 필요한 세부사항은 관세청장이 정할 수 있다.
(2019.2.12 본조신설)

제185조의5【징계의결의 통보 및 집행】 ① 보세사징계위원회는 징계의 의결을 한 경우 의결서에 그 이유를 명시하여 즉시 세관장에게 통보해야 한다.

② 제1항의 통보를 받은 세관장은 보세사에게 징계처분을 하고 징계의결서를 첨부하여 본인 및 제185조의3제3항제2호에 따른 법인에 통보해야 한다.
(2019.2.12 본조신설)

제2절 지정보세구역

제186조 (2004.3.29 삭제)

제187조【화물관리인의 지정】 ① 법 제172조제2항에 따라 화물관리인으로 지정받을 수 있는 자는 다음 각 호의 어느 하나에 해당하는 자로 한다.
1. 직접 물품관리를 하는 국가기관의 장
2. 관세행정 또는 보세화물의 관리와 관련 있는 비영리법인
3. 해당 시설의 소유자 또는 관리자가 요청한 자(법 제172조제2항 단서에 따라 화물관리인을 지정하는 경우로 한정한다)

② 세관장은 다음 각 호의 구분에 따라 화물관리인을 지정한다.
1. 제1항제1호에 해당하는 자 : 세관장이 요청한 후 제1항제1호에 해당하는 자가 승낙한 경우에 지정한다.
2. 제1항제2호 및 제3호에 해당하는 자 : 세관장이 제1항제2호 및 제3호에 해당하는 자로부터 지정신청서를 제출받아 이를 심사하여 지정한다. 이 경우 제1항제3호에 해당하는 자는 해당 시설의 소유자 또는 관리자를 거쳐 제출하여야 한다.
③ 제2항제2호에 따라 화물관리인을 지정할 때에는 다음 각 호의 사항에 대하여 관세청장이 정하는 심사기준에 따라 평가한 결과를 반영하여야 한다.
1. 보세화물 취급경력 및 화물관리시스템 구비 사항
2. 보세사의 보유에 관한 사항
3. 자본금, 부채비율 및 신용평가등급 등 재무건전성에 관한 사항
4. 그 밖에 기획재정부령으로 정하는 사항
④ 화물관리인 지정의 유효기간은 5년 이내로 한다.
⑤ 화물관리인으로 재지정을 받으려는 자는 제4항에 따른 유효기간이 끝나기 1개월 전까지 세관장에게 재지정을 신청하여야 한다. 이 경우 재지정의 기준 및 절차는 제1항부터 제4항까지의 규정을 준용한다. (2012.2.2 전단개정)
⑥ 세관장은 제2항에 따라 지정을 받은 자에게 재지정을 받으려면 지정의 유효기간이 끝나는 날의 1개월 전까지 재지정을 신청하여야 한다는 사실과 재지정 절차를 지정의 유효기간이 끝나는 날의 2개월 전까지 휴대폰에 의한 문자전송, 전자메일, 팩스, 전화, 문서 등으로 미리 알려야 한다. (2012.2.2 본항신설)
⑦ 제2항부터 제6항까지의 규정에 따른 화물관리인 지정 또는 재지정의 심사기준, 절차 등에 관하여 필요한 세부사항은 기획재정부령으로 정한다. (2012.2.2 본항개정)
(2011.4.1 본조개정)
제187조의2 【화물관리인의 지정 취소】 ① 세관장은 다음 각 호의 어느 하나에 해당하는 사유가 발생한 경우에는 화물관리인의 지정을 취소할 수 있다. 이 경우 제1항제3호에 해당하는 자에 대한 지정을 취소할 때에는 해당 시설의 소유자 또는 관리자에게 미리 그 사실을 통보하여야 한다.
1. 거짓이나 그 밖의 부정한 방법으로 지정을 받은 경우
2. 화물관리인이 법 제175조 각 호의 어느 하나에 해당하는 경우
3. 화물관리인이 세관장 또는 해당 시설의 소유자·관리자와 맺은 화물관리업무에 관한 약정을 위반하여 해당 지정장치장의 질서유지 및 화물의 안전관리에 중대한 지장을 초래하는 경우
4. 화물관리인이 그 지정의 취소를 요청하는 경우
② 세관장은 제1항제1호부터 제3호까지의 규정에 따라 화물관리인의 지정을 취소하려는 경우에는 청문을 하여야 한다.
(2011.4.1 본조신설)
제187조의3 【화물관리인의 보관책임】 법 제172조제2항 본문에 따른 보관의 책임은 법 제160조제2항에 따른 보관인의 책임과 해당 화물의 보관과 관련한 하역·재포장 및 경비 등을 수행하는 책임으로 한다.
(2011.4.1 본조신설)
제187조의4 【검사비용 지원 대상】 ① 법 제173조제3항 단서에서 "「중소기업기본법」 제2조에 따른 중소기업 또는 「중견기업 성장촉진 및 경쟁력 강화에 관한 특별법」 제2조제1호에 따른 중견기업의 컨테이너 화물로서 해당 화물에 대한 검사 결과 이 법 또는 「대외무역법」 등 물품의 수출입과 관련된 법령을 위반하지 아니하는 물품 등 대통령령으로 정하는 물품"이란 다음 각 호의 요건을 모두 갖춘 물품을 말한다. (2021.2.17 본문개정)
1. 「중소기업기본법」 제2조에 따른 중소기업 또는 「중견기업 성장촉진 및 경쟁력 강화에 관한 특별법」 제2조제1호에 따른 중견기업이 해당 물품의 화주일 것
2. 컨테이너로 운송되는 물품으로서 관세청장이 정하는 별도 검사 장소로 이동하여 검사받는 물품일 것
3. 검사 결과 법령을 위반하여 통고처분을 받거나 고발되는 경우가 아닐 것
4. 검사 결과 제출한 신고 자료(적재화물목록은 제외한다)가 실제 물품과 일치할 것 (2021.2.17 본호개정)
5. 예산의 범위에 따라 관세청장이 정하는 기준을 충족할 것
② 제1항제3호에 따른 법령은 법, 「자유무역협정의 이행을 위한 관세법의 특례에 관한 법률」, 「수출용 원재료에 대한 관세 등 환급에 관한 특례법」, 「대외무역법」, 「상표법」, 그 밖에 물품의 수출입과 관련된 법령으로 기획재정부령으로 정하는 법령을 말한다. (2020.2.11 본조신설)

제3절 특허보세구역

제188조 【특허보세구역의 설치·운영에 관한 특허의 신청】 ① 법 제174조제1항의 규정에 의하여 법 제154조의 규정에 의한 특허보세구역(이하 "특허보세구역"이라 한다)의 설치·운영에 관한 특허를 받고자 하는 자는 다음 각호의 사항을 기재한 신청서에 기획재정부령이 정하는 서류를 첨부하여 세관장에게 제출하여야 한다. (2008.2.29 본문개정)
1. 특허보세구역의 종류 및 명칭, 소재지, 구조, 동수와 면적 및 수용능력
2. 장치할 물품의 종류
3. 설치·운영의 기간
② 제1항의 규정에 불구하고 특허보세구역 중 보세공장의 설치운영에 관한 특허를 받으려는 자는 다음 각호의 사항을 기재한 신청서에 사업계획서와 그 구역 및 부근의 도면을 첨부하여 세관장에게 제출하여야 한다. 이 경우 세관장은 「전자정부법」 제36조제1항에 따른 행정정보의 공동이용을 통하여 법인 등기사항증명서를 확인하여야 한다. (2010.11.2 후단개정)
1. 공장의 명칭, 소재지, 구조, 동수 및 면적
2. 공장의 작업설비·작업능력
3. 공장에서 할 수 있는 작업의 종류 (2001.12.31 본호개정)
4. 원재료 및 제품의 종류 (2001.12.31 본호신설)
5. 설치·운영의 기간
③ 제1항에 따른 특허를 갱신하려는 자는 다음 각 호의 사항을 적은 신청서에 기획재정부령으로 정하는 서류를 첨부하여 그 기간만료 1개월 전까지 세관장에게 제출하여야 한다.
1. 갱신사유
2. 갱신기간
(2012.2.2 본항개정)
④ 세관장은 제1항에 따라 특허를 받은 자에게 특허를 갱신받으려면 특허기간이 끝나는 날의 1개월 전까지 특허 갱신을 신청하여야 한다는 사실과 갱신절차를 특허기간이 끝나는 날의 2개월 전까지 휴대폰에 의한 문자전송, 전자메일, 팩스, 전화, 문서 등으로 미리 알려야 한다. (2012.2.2 본항신설)
제189조 【특허보세구역의 설치·운영의 특허의 기준】 특허보세구역의 설치·운영에 관한 특허를 받을 수 있는 요건은 다음과 같다.
1. 체납된 관세 및 내국세가 없을 것
2. 법 제175조 각호의 결격사유가 없을 것

3. 「위험물안전관리법」에 따른 위험물 또는 「화학물질관리법」에 따른 유해화학물질 등 관련 법령에서 위험물품으로 분류되어 취급이나 관리에 관하여 별도로 정한 물품(이하 이 호에서 "위험물품"이라 한다)을 장치·제조·전시 또는 판매하는 경우에는 위험물품의 종류에 따라 관계행정기관의 장의 허가 또는 승인 등을 받을 것(2022.2.15 본호개정)
4. 관세청장이 정하는 바에 따라 보세화물의 보관·판매 및 관리에 필요한 자본금·수출입규모·구매수요·장치면적 및 시설·장비 등에 관한 요건을 갖출 것 (2022.2.15 본호개정)

제189조의2 【보세판매장의 신규 특허 수 결정 등】
① 기획재정부장관은 법 제176조의4에 따른 보세판매장 제도운영위원회(이하 "보세판매장 제도운영위원회"라 한다)의 심의·의결을 거쳐 공항 및 항만의 보세구역 외의 장소에 설치되는 보세판매장(이하 "시내보세판매장"이라 한다)의 신규 특허 수를 결정할 수 있다.
② 보세판매장 제도운영위원회는 다음 각 호의 어느 하나에 해당하면 특별시, 광역시, 특별자치시, 도 및 특별자치도(이하 "광역자치단체"라 한다)에 설치되는 법 제176조의2제1항에 따른 중소기업등(이하 "중소기업등"이라 한다)이 아닌 자에 대해 부여할 수 있는 시내보세판매장의 신규 특허 수를 심의·의결할 수 있다. 이 경우 보세판매장 제도운영위원회는 기존 보세판매장의 특허 수, 최근 3년간 외국인 관광객의 동향 등 시장상황을 고려하여 심의·의결해야 한다.
1. 광역자치단체별 시내보세판매장 매출액이 전년 대비 2천억원 이상 증가한 경우
2. 광역자치단체별 외국인 관광객 방문자 수가 전년 대비 20만명 이상 증가한 경우
③ 보세판매장 제도운영위원회는 다음 각 호의 어느 하나에 해당하면 해당 광역자치단체에 설치되는 시내보세판매장의 신규 특허 수를 심의·의결할 수 있다. 이 경우 보세판매장 제도운영위원회는 기존 보세판매장의 특허 수, 외국인 관광객 수의 증가 추이 등을 고려하여 심의·의결해야 하되, 제2항 각 호의 요건은 적용하지 않는다.
1. 법 제88조제1항제1호부터 제4호까지의 규정에 따라 관세의 면제를 받을 수 있는 자에게 판매하는 시내보세판매장을 설치하려는 경우
2. 올림픽·세계육상선수권대회 및 「전시산업발전법 시행령」 제2조제1호에 따른 박람회 등 대규모 국제행사 기간 중에 참가하는 임직원, 선수, 회원 및 관광객들의 편의를 위하여 행사장, 경기장 또는 선수촌 주변에 한시적으로 시내보세판매장을 설치할 필요가 있는 경우
3. 시내보세판매장이 설치되지 않은 광역자치단체의 장이 중소기업등이 아닌 자가 시내보세판매장을 설치할 수 있도록 하려는 경우로서 해당 광역자치단체의 장이 시내보세판매장의 설치를 요청하는 경우
4. 중소기업등이 광역자치단체에 시내보세판매장을 설치하려는 경우
④ 기획재정부장관은 제2항 및 제3항에 따른 보세판매장 제도운영위원회의 심의·의결 결과를 관세청장에게 통보해야 한다.
⑤ 제2항 및 제3항에 따른 시내보세판매장의 설치·운영에 관한 특허절차는 제192조의5를 준용한다.
⑥ 제1항부터 제5항까지에서 규정한 사항 외에 시내보세판매장의 신규 특허 수 결정에 필요한 세부사항은 관세청장이 정하여 고시한다.
(2019.2.12 본조신설)

제190조 【업무내용등의 변경】 ① 특허보세구역의 운영인이 그 장치물품의 종류를 변경하거나 그 특허작업의 종류 또는 작업의 원재료를 변경하고자 하는 때에는 그 사유를 기재한 신청서를 세관장에게 제출하여 그 승인을 얻어야 한다.
② 특허보세구역의 운영인이 법인인 경우에 그 등기사항을 변경한 때에는 지체없이 그 요지를 세관장에게 통보하여야 한다.

제191조 【수용능력증감등의 변경】 ① 특허보세구역의 운영인이 그 장치물품의 수용능력을 증감하거나 그 특허작업의 능력을 변경할 설치·운영시설의 증축, 수선 등의 공사를 하고자 하는 때에는 그 사유를 기재한 신청서에 공사내역서 및 관계도면을 첨부하여 세관장에게 제출하여 그 승인을 얻어야 한다. 다만, 특허받은 면적의 범위내에서 수용능력 또는 특허작업능력을 변경하는 경우에는 신고함으로써 승인을 얻은 것으로 본다. (2001.12.31 단서신설)
② 제1항의 공사를 준공한 운영인은 그 사실을 지체없이 세관장에게 통보하여야 한다.
(2001.12.31 본조제목개정)

제192조 【특허기간】 특허보세구역(보세전시장과 보세건설장은 제외한다)의 특허기간은 10년의 범위내에서 신청인이 신청한 기간으로 한다. 다만, 관세청장은 보세구역의 합리적 운영을 위하여 필요한 경우에는 신청인이 신청한 기간과 달리 특허기간을 정할 수 있다.
(2023.2.28 본문개정)

제192조의2 【보세판매장의 특허 비율 등】 ① 법 제176조의2제1항에 따라 세관장은 「중소기업기본법」 제2조에 따른 중소기업과 「중견기업 성장촉진 및 경쟁력 강화에 관한 특별법」 제2조제1호에 따른 중견기업으로서 다음 각 호의 기준을 모두 충족하는 기업(이하 "중견기업"이라 한다) 중 법 제174조제3항에 따른 특허를 받을 수 있는 요건을 갖춘 기업에 보세판매장 총 특허 수의 100분의 30 이상(2017년 12월 31일까지는 보세판매장 총 특허 수의 100분의 20 이상)의 특허를 부여해야 한다.(2021.2.17 본문개정)
1. 제192조의5제1항에 따른 공고일 직전 3개 사업연도의 매출액(기업회계기준에 따라 작성한 손익계산서상의 매출액으로서, 창업·분할·합병의 경우 그 등기일의 다음 날 또는 창업일이 속하는 사업연도의 매출액을 연간 매출액으로 환산한 금액을 말하며, 사업연도가 1년 미만인 사업연도의 매출액은 1년으로 환산한 매출액을 말한다)의 평균금액이 5천억원 미만인 기업일 것(2014.3.5 본호신설)
2. 자산총액(제192조의5제1항에 따른 공고일 직전 사업연도 말일 현재 재무상태표상의 자산총액을 말한다. 이하 이 항에서 같다)이 1조원 미만인 기업일 것 (2014.3.5 본호신설)
3. 자산총액이 1조원 이상인 법인(외국법인을 포함한다)이 주식 또는 출자지분의 100분의 30 이상을 직접적 또는 간접적으로 소유하고 있는 기업이나 자산총액이 1조원 이상인 법인(외국법인을 포함한다)과 지배 또는 종속의 관계에 있는 기업이 아닐 것. 이 경우 주식 또는 출자지분의 간접소유 비율에 관하여는 「국제조세조정에 관한 법률 시행령」 제2조제3항을 준용하고, 지배 또는 종속의 관계에 관하여는 「중소기업제품 구매촉진 및 판로지원에 관한 법률 시행령」 제9조의3을 준용한다.(2021.2.17 후단개정)
② 법 제176조의2제1항에 따라 세관장은 「독점규제 및 공정거래에 관한 법률」 제31조제1항에 따른 상호출자제한기업집단에 속한 기업에 대하여 보세판매장 총 특허 수의 100분의 60 이상의 특허를 부여할 수 없다. (2021.12.28 본항개정)
③ 제1항과 제2항에 따른 특허 비율에 적합한지를 판단하는 시점은 보세판매장의 설치·운영에 관한 특허를 부여할 때를 기준으로 한다.

④ 세관장이 제3항에 따라 특허 비율에 적합한지를 판단할 때에 제192조의5제1항에 따른 공고일 이후 기존 특허의 반납 등 예상하지 못한 사유로 특허 비율이 변경된 경우 그 변경된 특허 비율은 적용하지 아니한다.

⑤ 법 제176조의2제2항에서 "기존 특허가 만료되었으나 제3항에 따른 신규 특허의 신청이 없는 등 대통령령으로 정하는 경우"란 기존 특허의 기간 만료, 취소 및 반납 등으로 인하여 보세판매장의 설치·운영에 관한 특허를 부여하는 경우로서 다음 각 호의 모두에 해당하는 경우를 말한다.

1. 「중소기업기본법」 제2조에 따른 중소기업 또는 중견기업 외의 자에게 특허를 부여할 경우 제1항 또는 제2항에 따른 특허 비율 요건을 충족하지 못하게 되는 경우(2014.3.5 본호개정)

2. 제192조의3제1항에 따른 특허의 신청자격 요건을 갖춘 「중소기업기본법」 제2조에 따른 중소기업 또는 중견기업이 없는 경우(2014.3.5 본호개정)

(2013.11.5 본조신설)

제192조의3 【보세판매장 특허의 신청자격과 심사 시 평가기준】 ① 법 제176조의2제3항에서 "대통령령으로 정하는 일정한 자격을 갖춘 자"란 제189조에 따른 특허보세구역의 설치·운영에 관한 특허를 받을 수 있는 요건을 갖춘 자를 말한다.

② 법 제176조의2제3항에서 "대통령령으로 정하는 평가기준"이란 다음 각 호의 평가요소를 고려하여 관세청장이 정하는 평가기준을 말한다.

1. 제189조에 따른 특허보세구역의 설치·운영에 관한 특허를 받을 수 있는 요건의 충족 여부

2. 관세 관계 법령에 따른 의무·명령 등의 위반 여부

3. 재무건전성 등 보세판매장 운영인의 경영 능력

4. 중소기업제품의 판매 실적 등 경제·사회 발전을 위한 공헌도

5. 관광 인프라 등 주변 환경요소

6. 기업이익의 사회 환원 정도

7. 「독점규제 및 공정거래에 관한 법률」 제31조제1항에 따른 상호출자제한기업집단에 속한 기업과 「중소기업기본법」 제2조에 따른 중소기업 및 중견기업 간의 상생협력을 위한 노력 정도(2021.12.28 본호개정)

(2013.11.5 본조신설)

제192조의4 → 제192조의7로 이동

제192조의5 【보세판매장의 특허절차】 ① 관세청장은 기존 특허의 기간 만료, 취소 및 반납 등으로 인하여 법 제176조의2에 따른 보세판매장의 설치·운영에 관한 특허를 부여할 필요가 있는 경우에는 다음 각 호의 사항을 관세청의 인터넷 홈페이지 등에 공고하여야 한다.

1. 특허의 신청 기간과 장소 등 특허의 신청절차에 관한 사항

2. 특허의 신청자격

3. 특허장소와 특허기간

4. 제192조의3제2항에 따라 관세청장이 정하는 평가기준(세부평가항목과 배점을 포함한다)(2017.11.28 본호신설)

5. 그 밖에 보세판매장의 설치·운영에 관한 특허의 신청에 필요한 사항

② 법 제176조의2에 따른 보세판매장의 설치·운영에 관한 특허를 받으려는 자(이하 "보세판매장 특허 신청자"라 한다)는 제1항에 따라 공고된 신청 기간에 제188조제1항에 따라 신청서를 세관장에게 제출하여야 한다.(2017.11.28 본항개정)

③ 제2항에 따른 신청서를 제출받은 세관장은 다음 각 호의 서류 또는 자료를 관세청장을 거쳐 법 제176조의3에 따른 보세판매장 특허심사위원회(이하 "특허심사위원회"라 한다)에 제출하여야 한다.

1. 제2항에 따른 신청서

2. 보세판매장 특허 신청자가 제192조의3제1항에 따른 요건을 갖추었는지에 대한 세관장의 검토의견

3. 제192조의3제2항제1호 및 제2호에 관하여 관세청장이 정하는 자료

(2017.11.28 본항개정)

④ 특허심사위원회는 제3항에 따라 제출받은 서류 또는 자료의 적정성을 검토한 후 제192조의3제2항에 따른 평가기준에 따라 보세판매장 특허 신청자를 평가하고 보세판매장 특허 여부를 심의하며, 그 결과를 관세청장 및 해당 세관장에게 통보하여야 한다.

(2017.11.28 본항신설)

⑤ 제4항에 따라 결과를 통보받은 세관장은 선정된 보세판매장 특허 신청자에게 특허를 부여하고, 관세청장이 정하여 고시하는 바에 따라 보세판매장 특허 신청자에게 해당 신청자의 평가 결과와 보세판매장 특허를 부여받을 자로 선정되었는지 여부 등을 통보하여야 한다.(2017.11.28 본항신설)

⑥ 관세청장은 제4항에 따른 특허심사위원회의 심의가 완료된 후 다음 각 호의 사항을 관세청장이 정하는 바에 따라 관세청의 인터넷 홈페이지를 통하여 공개하여야 한다. 다만, 보세판매장 특허를 부여받을 자로 선정되지 아니한 보세판매장 특허 신청자의 평가 결과는 해당 신청자가 동의한 경우에만 공개할 수 있다.

1. 보세판매장 특허 신청자에 대한 평가 결과

2. 심의에 참여한 특허심사위원회 위원의 명단

(2017.11.28 본항신설)

⑦ 관세청장은 보세판매장 특허 관련 업무를 수행하는 과정의 투명성 및 공정성을 높이기 위하여 특허 심사위원회의 회의 및 그 심의에 참여하는 위원 선정 등의 과정을 참관하여 관련 비위사실 등을 적발하고 그에 따른 시정 또는 감사 요구 등을 할 수 있는 청렴 옴부즈만 제도를 운영할 수 있다. 이 경우 관세청장은 특허심사위원회의 심의에 참여한 위원의 명단이 제6항에 따라 공개되기 전까지 유출되지 아니하도록 적절한 조치를 하여야 한다.(2017.11.28 본항신설)

⑧ 제1항부터 제7항까지에서 규정한 사항 외에 보세판매장의 설치·운영에 관한 특허의 구체적인 절차는 관세청장이 정하여 고시한다.(2017.11.28 본항개정)

(2013.11.5 본조신설)

제192조의6 【보세판매장 특허의 갱신】 ① 세관장은 보세판매장의 특허를 받은 자에게 법 제176조의2제6항에 따라 특허를 갱신받으려면 특허기간이 끝나는 날의 6개월 전까지 특허 갱신을 신청해야 한다는 사실과 갱신절차를 특허기간이 끝나는 날의 7개월 전까지 휴대폰에 의한 문자전송, 전자메일, 팩스, 전화, 문서 등으로 미리 알려야 한다.

② 법 제176조의2제6항에 따라 보세판매장의 특허를 갱신하려는 자는 다음 각 호의 사항을 적은 신청서에 기획재정부령으로 정하는 서류를 첨부하여 그 기간만료 6개월 전까지 세관장에게 제출해야 한다.

1. 갱신사유

2. 갱신기간

③ 세관장은 제2항의 신청서를 제출받은 경우 다음 각 호의 서류 또는 자료를 관세청장을 거쳐 특허심사위원회에 제출해야 한다.

1. 제2항의 신청서 및 첨부서류

2. 제2항에 따라 갱신을 신청한 자(이하 이 조에서 "갱신신청자"라 한다)가 제189조에 따른 요건을 충족하는지 여부 및 관세 관계 법령에 따른 의무·명령 등의 위반여부에 대한 세관장의 검토 의견

④ 특허심사위원회는 제3항에 따라 제출받은 서류 또는 자료의 적정성을 검토한 후 제192조의3제2항의 평

가기준에 따라 갱신신청자를 평가하여 보세판매장 특허 갱신 여부를 심의하고, 심의결과를 관세청장 및 해당 세관장에게 통보해야 한다.

⑤ 관세청장은 제4항에 따른 특허심사위원회의 심의가 완료된 후 다음 각 호의 사항을 관세청장이 정하는 바에 따라 관세청의 인터넷 홈페이지 등을 통하여 공개해야 한다. 다만, 보세판매장 특허 갱신을 받지 못한 경우 제1호의 사항은 갱신신청자가 동의한 경우에만 공개할 수 있다.
1. 갱신신청자에 대한 평가결과
2. 심의에 참여한 특허심사위원회의 위원 명단
⑥ 세관장은 제4항에 따라 통보받은 심의결과에 따라 갱신 특허를 부여하고 갱신신청자에게 평가결과와 보세판매장의 특허 갱신 여부 등을 통보해야 한다.
⑦ 제1항부터 제6항까지에서 규정한 사항 외에 보세판매장의 특허 갱신에 관한 세부사항은 관세청장이 정하여 고시한다.
(2019.2.12 본조개정)

제192조의7【보세판매장의 매출액 보고】 관세청장은 법 제176조의2제7항에 따른 기획재정부장관의 국회 소관 상임위원회에 대한 보고를 위하여 매 회계연도 종료 후 3월 말일까지 전국 보세판매장의 매장별 매출액을 기획재정부장관에게 보고해야 한다.(2022.2.15 본조개정)

제192조의8【보세판매장 특허심사위원회의 구성 및 운영】 ① 특허심사위원회는 위원장 1명을 포함하여 100명 이내의 위원으로 성별을 고려하여 구성한다.
② 특허심사위원회의 위원은 다음 각 호의 어느 하나에 해당되는 사람 중에서 관세청장이 제192조의3제2항에 따른 평가기준을 고려하여 관세청장이 정하는 분야(이하 "평가분야"라 한다)별로 위촉하고, 위원장은 위원 중에서 호선한다.
1. 변호사·공인회계사·세무사 또는 관세사 자격이 있는 사람
2. 「고등교육법」 제2조제1호 또는 제3호에 따른 학교에서 법률·회계 등을 가르치는 부교수 이상으로 재직하고 있거나 재직하였던 사람
3. 법률·경영·경제 및 관광 등의 분야에 전문적 지식이나 경험이 풍부한 사람
③ 특허심사위원회 위원의 임기는 1년으로 하되, 한 차례만 연임할 수 있다.
④ 관세청장은 특허심사위원회의 위원이 다음 각 호의 어느 하나에 해당하는 경우에는 해당 위원을 해촉할 수 있다.
1. 심신장애로 인하여 직무를 수행할 수 없게 된 경우
2. 직무와 관련된 비위사실이 있는 경우
3. 직무태만, 품위손상이나 그 밖의 사유로 인하여 위원으로 적합하지 아니하다고 인정되는 경우
4. 위원 스스로 직무를 수행하는 것이 곤란하다고 의사를 밝히는 경우
5. 제192조의9제3항 각 호의 어느 하나에 해당함에도 불구하고 회피하지 아니한 경우
⑤ 관세청장은 제2항에 따라 위촉한 위원 명단을 관세청의 인터넷 홈페이지 등에 공개하여야 한다.
(2017.11.28 본항신설)
⑥ 제1항부터 제5항까지에서 규정한 사항 외에 특허심사위원회의 구성 및 운영에 필요한 사항은 관세청장이 정한다.
(2017.11.28 본조개정)

제192조의9【보세판매장 특허심사위원회의 회의】 ① 특허심사위원회의 위원장은 위원회의 회의를 소집하고 그 의장이 된다. 다만, 특허심사위원회의 위원장이 부득이한 사유로 직무를 수행할 수 없는 경우에는 특허심사위원회의 위원장이 미리 지명한 위원이 그 직무를 대행한다.

② 특허심사위원회의 회의는 회의 때마다 평가분야별로 무작위 추출 방식으로 선정하는 25명 이내의 위원으로 구성한다.
③ 다음 각 호의 어느 하나에 해당하는 사람은 해당 회의에 참여할 수 없다.
1. 해당 안건의 당사자(당사자가 법인·단체 등인 경우에는 그 임원을 포함한다. 이하 이 항에서 같다) 이거나 해당 안건에 관하여 직접적인 이해관계가 있는 사람
2. 배우자, 4촌 이내의 혈족 및 2촌 이내의 인척의 관계에 있는 사람이 해당 안건의 당사자이거나 해당 안건에 관하여 직접적인 이해관계가 있는 사람
3. 해당 안건 당사자의 대리인이거나 대리인이었던 사람
4. 해당 안건 당사자의 대리인이거나 대리인이었던 법인·단체 등에 현재 속하고 있거나 최근 3년 이내에 속하였던 사람
5. 해당 안건 당사자의 자문·고문에 응하였거나 해당 안건 당사자와 연구·용역 등의 업무 수행에 동업 또는 그 밖의 형태로 직접 해당 안건 당사자의 업무에 관여를 하였던 사람
6. 해당 안건 당사자의 자문·고문에 응하였거나 해당 안건 당사자와 연구·용역 등의 업무 수행에 동업 또는 그 밖의 형태로 직접 해당 안건 당사자의 업무에 관여를 하였던 법인·단체 등에 현재 속하고 있거나 최근 3년 이내에 속하였던 사람
④ 특허심사위원회의 회의에 참석하는 위원은 제3항 각 호의 어느 하나에 해당되는 경우에는 스스로 해당 회의의 심의·의결에서 회피하여야 한다.
⑤ 특허심사위원회의 회의는 제2항에 따라 선정된 위원 과반수의 참석으로 개의하고, 회의에 참석한 위원 과반수의 찬성으로 의결한다.
⑥ 제5항에도 불구하고 법 제176조의3제1항제1호에 따른 보세판매장 특허 신청자의 평가·선정 및 같은 항 제1호의2에 따른 특허 갱신에 관한 심의를 하는 경우에는 위원장을 제외하고 각 위원이 자신의 평가분야에 대하여 평가한 후 그 평가분야별 점수를 합산하여 가장 높은 점수를 받은 보세판매장 특허 신청자를 특허를 부여받을 자로 결정한다.(2019.2.12 본항개정)
⑦ 특허심사위원회는 심의를 위하여 필요한 경우에는 관계 행정기관의 장에 대하여 자료 또는 의견의 제출 등을 요구할 수 있으며, 관계 공무원 또는 전문가를 참석하게 하여 의견을 들을 수 있다.
⑧ 제1항부터 제7항까지에서 규정한 사항 외에 특허심사위원회의 회의에 관하여 필요한 사항은 관세청장이 정한다.
(2017.11.28. 본조신설)

제192조의10【보세판매장 제도운영위원회의 구성】
① 보세판매장 제도운영위원회는 위원장 1명을 포함하여 17명 이상 20명 이하의 위원으로 구성한다.
② 위원장은 기획재정부차관 중 기획재정부장관이 지명하는 사람이 되고, 위원은 다음 각 호의 사람 중에서 기획재정부장관이 임명 또는 위촉하는 사람이 된다.
1. 기획재정부 소속 3급 공무원 또는 고위공무원단에 속하는 일반직 공무원
2. 문화체육관광부·산업통상자원부·국토교통부·중소벤처기업부·공정거래위원회 및 관세청 소속 고위공무원단에 속하는 일반직 공무원으로서 업무 관련자 각 1명
3. 관세·무역·법률·경영·경제 및 관광 등의 분야에 학식과 경험이 풍부한 사람 중에서 기획재정부장관이 위촉하는 사람
③ 제2항제3호에 해당하는 위원의 임기는 2년으로 하되, 한 차례만 연임할 수 있다. 다만, 보궐위원의 임기는 전임위원 임기의 남은 기간으로 한다.

④ 기획재정부장관은 보세판매장 제도운영위원회의 위원이 다음 각 호의 어느 하나에 해당하는 경우에는 해당 위원을 해임 또는 해촉할 수 있다.
1. 심신장애로 인하여 직무를 수행할 수 없게 된 경우
2. 직무와 관련된 비위사실이 있는 경우
3. 직무태만, 품위손상이나 그 밖의 사유로 인하여 위원으로 적합하지 않다고 인정되는 경우
4. 위원 스스로 직무를 수행하는 것이 곤란하다고 의사를 밝히는 경우
5. 제192조의12제4항 각 호의 어느 하나에 해당함에도 불구하고 회피하지 않은 경우
⑤ 제1항부터 제4항까지에서 규정한 사항 외에 보세판매장 제도운영위원회의 구성 및 운영에 필요한 세부사항은 기획재정부장관이 정한다.
(2019.2.12 본조신설)

제192조의11 【보세판매장 제도운영위원회 위원장의 직무】① 보세판매장 제도운영위원회의 위원장은 해당 위원회를 대표하고 보세판매장 제도운영위원회의 업무를 총괄한다.
② 보세판매장 제도운영위원회의 위원장이 부득이한 사유로 그 직무를 수행하지 못하는 경우에는 위원장이 지명하는 위원이 그 직무를 대행한다.
(2019.2.12 본조신설)

제192조의12 【보세판매장 제도운영위원회의 회의】
① 보세판매장 제도운영위원회의 위원장은 위원회의 회의를 소집하고 그 의장이 된다.
② 보세판매장 제도운영위원회의 회의는 위원장과 위원장이 매 회의마다 지명하는 재적위원 과반수 이상의 위원으로 구성하되, 지명되는 위원 중 제192조의10제2항제3호의 사람이 2분의 1 이상 포함되어야 한다.
③ 보세판매장 제도운영위원회의 위원 중 공무원인 위원이 회의에 출석하지 못할 부득이한 사정이 있는 경우에는 그가 소속된 기관의 다른 공무원으로 하여금 회의에 출석하게 하여 그 직무를 대행하게 할 수 있다.
④ 보세판매장 제도운영위원회의 위원은 다음 각 호의 어느 하나에 해당하는 경우에는 심의·의결에서 제척된다.
1. 위원이 해당 안건의 당사자(당사자가 법인·단체 등인 경우에는 그 임원을 포함한다. 이하 이 항에서 같다)이거나 해당 안건에 관하여 직접적인 이해관계가 있는 경우
2. 위원의 배우자, 4촌 이내의 혈족 및 2촌 이내의 인척의 관계에 있는 사람이 해당 안건의 당사자이거나 해당 안건에 관하여 직접적인 이해관계가 있는 경우
3. 위원이 해당 안건의 당사자의 대리인이거나 최근 5년 이내에 대리인이었던 경우
4. 위원이 해당 안건의 당사자의 대리인이거나 최근 5년 이내에 대리인이었던 법인·단체 등에 속하고 있거나 속하고 있었던 경우
5. 위원이 최근 5년 이내에 해당 안건의 당사자의 자문·고문에 응했거나 해당 안건의 당사자의 연구·용역 등의 업무 수행에 동업하는 등의 형태로 직접 해당 안건의 당사자의 업무에 관여했던 경우
6. 위원이 최근 5년 이내에 해당 안건의 당사자의 자문·고문에 응했거나 해당 안건의 당사자의 연구·용역 등의 업무 수행에 동업하는 등의 형태로 직접 해당 안건의 당사자의 업무에 관여했던 법인·단체 등에 속하고 있거나 속하고 있었던 경우
⑤ 보세판매장 제도운영위원회의 위원은 제4항 각 호의 어느 하나에 해당하는 경우에는 스스로 해당 회의의 심의·의결에서 회피하여야 한다.
⑥ 보세판매장 제도운영위원회의 회의는 회의마다 구성되는 위원 과반수 출석으로 개의하고 출석위원 과반수의 찬성으로 의결한다.
⑦ 보세판매장 제도운영위원회는 효율적인 운영을 위하여 필요한 경우 관계 행정기관의 장에게 자료 또는 의견의 제출 등을 요구할 수 있으며, 관계 공무원 또는 이해관계인 등의 의견을 들을 수 있다.
⑧ 보세판매장 제도운영위원회의 회의에 출석한 공무원이 아닌 위원에 대해서는 예산의 범위에서 수당을 지급할 수 있다.
⑨ 제1항부터 제8항까지에서 규정한 사항 외에 보세판매장 제도운영위원회의 회의에 관하여 필요한 세부사항은 해당 위원회의 의결을 거쳐 위원장이 정한다.
(2019.2.12 본조신설)

제193조 【특허보세구역의 휴지·폐지등의 통보】① 특허보세구역의 운영인은 당해 특허보세구역을 운영하지 아니하게 된 때에는 다음 각호의 사항을 세관장에게 통보하여야 한다.
1. 당해 특허보세구역의 종류·명칭 및 소재지
2. 운영을 폐지하게 된 사유 및 그 일시
3. 장치물품의 명세
4. 장치물품의 반출완료예정연월일
② 특허보세구역의 운영인은 30일이상 계속하여 특허보세구역의 운영을 휴지하고자 하는 때에는 다음 각호의 사항을 세관장에게 통보하여야 하며, 특허보세구역의 운영을 다시 개시하고자 하는 때에는 그 사실을 세관장에게 통보하여야 한다.
1. 당해 특허보세구역의 종류·명칭 및 소재지
2. 휴지사유 및 휴지기간

제193조의2 【특허보세구역의 물품반입 정지 사유】법 제178조제1항제4호에서 "대통령령으로 정하는 사유"란 다음 각 호의 어느 하나에 해당하는 경우를 말한다.
1. 제207조에 따른 재고조사 결과 원자재소요량 관리가 적정하지 않은 경우
2. 1년 동안 계속하여 물품의 반입·반출 실적이 없거나, 6개월 이상 보세작업을 하지 않은 경우
3. 운영인이 최근 1년 이내에 법에 따른 절차 등을 위반한 경우 등 관세청장이 정하는 사유에 해당하는 경우
(2020.2.11 본조신설)

제193조의3 【특허보세구역의 운영인에 대한 과징금의 부과기준 등】① 법 제178조제3항에 따라 부과하는 과징금의 금액은 제1호의 기간에 제2호의 금액을 곱하여 산정한다.
1. 기간 : 법 제178조제1항에 따라 산정한 물품반입 등의 정지 일수(1개월은 30일을 기준으로 한다)
2. 1일당 과징금 금액 : 해당 특허보세구역 운영에 따른 연간 매출액의 6천분의 1
② 제1항제2호의 연간매출액은 다음 각 호의 구분에 따라 산정한다.
1. 특허보세구역의 운영인이 해당 사업연도 개시일 이전에 특허보세구역의 운영을 시작한 경우 : 직전 3개 사업연도의 평균 매출액(특허보세구역의 운영을 시작한 날부터 직전 사업연도 종료일까지의 기간이 3년 미만인 경우에는 그 시작일부터 그 종료일까지의 매출액을 연평균 매출액으로 환산한 금액)
2. 특허보세구역의 운영인이 해당 사업연도에 특허보세구역 운영을 시작한 경우 : 특허보세구역의 운영을 시작한 날부터 반입정지 등의 처분사유가 발생한 날까지의 매출액을 연매출액으로 환산한 금액
③ 세관장은 제1항에 따라 산정된 과징금 금액의 4분의 1의 범위에서 사업규모, 위반행위의 정도 및 위반횟수 등을 고려하여 그 금액을 가중하거나 감경할 수 있다. 다만, 과징금을 가중하는 경우에는 과징금 총액이 제2항에 따라 산정된 연간매출액의 100분의 3을 초과할 수 없다.
④ 제1항에 따른 과징금의 부과 및 납부에 관하여는 제285조의7을 준용한다. 이 경우 "관세청장"은 "세관장"으로 본다.
(2015.2.6 본조제목개정)
(2011.4.1 본조신설)

제194조【특허의 승계신고】 ① 법 제179조제3항의 규정에 의하여 특허보세구역의 운영을 계속하고자 하는 상속인 또는 승계법인은 당해 특허보세구역의 종류·명칭 및 소재지를 기재한 특허보세구역승계신고서에 다음 각호의 서류를 첨부하여 세관장에게 제출하여야 한다.
1. 상속인 또는 승계법인을 확인할 수 있는 서류
2. 법 제174조제3항의 규정에 의한 특허요건의 구비를 확인할 수 있는 서류로서 관세청장이 정하는 서류
② 제1항의 규정에 의하여 신고를 받은 세관장은 이를 심사하여 신고일부터 5일 이내에 그 결과를 신고인에게 통보하여야 한다.

제195조【특허보세구역의 관리】 ① 세관장은 특허보세구역의 관리상 필요하다고 인정되는 때에는 특허보세구역의 운영인에게 그 업무에 종사하는 자의 성명 기타 인적사항을 보고하도록 명할 수 있다.
② 특허보세구역의 출입구를 개폐하거나 특허보세구역에서 물품을 취급하는 때에는 세관공무원의 참여가 있어야 한다. 다만, 세관장이 불필요하다고 인정하는 때에는 그러하지 아니하다.
③ 특허보세구역의 출입구에는 자물쇠를 채워야 한다. 이 경우 세관장은 필요하다고 인정되는 장소에는 2중으로 자물쇠를 채우게 하고, 그중 1개소의 열쇠를 세관공무원에게 예치하도록 할 수 있다.
④ 지정보세구역의 관리인 또는 특허보세구역의 운영인은 그 업무에 종사하는 자 기타 보세구역에 출입하는 자에 대하여 상당한 단속을 하여야 한다.

제196조 (2010.3.26 삭제)

제197조【내국물품의 장치신고 등】 ① 법 제183조제2항의 규정에 의한 신고를 하고자 하는 자는 다음 각호의 사항을 기재한 신고서를 세관장에게 제출하여야 한다.
1. 제176조제1항제2호의 사항
2. 장치사유
3. 생산지 또는 제조지
② 법 제183조제3항의 규정에 의한 승인을 얻고자 하는 자는 다음 각호의 사항을 기재한 신청서를 세관장에게 제출하여야 한다.
1. 제175조제2호의 사항
2. 장치장소 및 장치기간
3. 생산지 또는 제조지
4. 신청사유
5. 현존 외국물품의 처리완료연월일
③ 세관장은 제2항의 규정에 의한 승인을 얻어 장치하는 물품에 대하여는 제176조의 규정에 의한 반출입신고를 생략하게 할 수 있다.

제198조【보세창고운영인의 기장의무】 보세창고의 운영인은 장치물품에 관한 장부를 비치하고 다음 각호의 사항을 기재하여야 한다. 다만, 법 제177조제1항제1호다목의 규정에 의한 물품의 경우에는 관세청장이 정하는 바에 따라 장부의 비치 및 기재사항의 일부를 생략 또는 간이하게 할 수 있다.
1. 반입 또는 반출한 물품의 내외국물품별 구분, 품명·수량 및 가격과 포장의 종류·기호·번호 및 개수
2. 반입 또는 반출연월일과 신고번호
3. 보수작업물품과 보수작업재료의 내외국물품별 구분, 품명·수량 및 가격과 포장의 종류·기호·번호 및 개수
4. 보수작업의 종류와 승인연월일 및 승인번호
5. 보수작업의 검사완료연월일

제199조【보세공장원재료의 범위등】 ① 법 제185조에 따라 보세공장에서 보세작업을 하기 위하여 반입되는 원료 또는 재료(이하 "보세공장원재료"라 한다)는 다음 각 호의 어느 하나에 해당하는 것을 말한다. 다만, 기계·기구 등의 작동 및 유지를 위한 연료, 윤활유 등 제품의 생산·수리·조립·검사·포장 및 이와 유사한 작업에 간접적으로 투입되어 소모되는 물품은 제외한다. (2017.3.27 본문개정)

1. 당해 보세공장에서 생산하는 제품에 물리적 또는 화학적으로 결합되는 물품
2. 해당 보세공장에서 생산하는 제품을 제조·가공하거나 이와 비슷한 공정에 투입되어 소모되는 물품 (2017.3.27 본호개정)
3. 해당 보세공장에서 수리·조립·검사·포장 및 이와 유사한 작업에 직접적으로 투입되는 물품 (2017.3.27 본호개정)
② 보세공장원재료는 당해 보세공장에서 생산하는 제품에 소요되는 수량(이하 "원자재소요량"이라 한다)을 객관적으로 계산할 수 있는 물품이어야 한다.
③ 세관장은 물품의 성질, 보세작업의 종류등을 고려하여 감사상 필요하다고 인정되는 때에는 보세공장의 운영인으로 하여금 보세작업으로 생산된 제품에 소요된 원자재소요량을 계산한 서류를 제출하게 할 수 있다.
④ 제3항의 규정에 따라 제출하는 서류의 작성 및 그에 필요한 사항은 관세청장이 정한다.
(2001.12.31 본조개정)

제200조【내국물품만을 원재료로 하는 작업의 허가 등】 ① 법 제185조제2항의 규정에 의한 허가를 받고자 하는 자는 다음 각호의 사항을 기재한 신청서를 세관장에게 제출하여야 한다. 이 경우 당해 작업은 외국물품을 사용하는 작업과 구별하여 실시하여야 한다.
1. 작업의 종류
2. 원재료의 품명 및 수량과 생산지 또는 제조지
3. 작업기간
② 제1항의 규정에 의한 작업에 사용하는 내국물품을 반입하는 때에는 제176조의 규정을 준용한다. 다만, 세관장은 보세공장의 운영실태, 작업의 성질 및 기간 등을 고려하여 물품을 반입할 때마다 신고를 하지 아니하고 작업개시 전에 그 작업기간에 소요될 것으로 예상되는 물품의 품명과 수량을 일괄하여 신고하게 할 수 있으며, 작업의 성질, 물품의 종류등에 비추어 필요하다고 인정하는 때에는 신고서의 기재사항중 일부를 생략하도록 할 수 있다.
(2001.12.31 본조개정)

제201조【외국물품의 반입제한】 관세청장은 국내공급 상황을 고려하여 필요하다고 인정되는 때에는 법 제185조제5항에 따른 보세공장에 대해서는 외국물품의 반입을 제한할 수 있다.(2019.2.12 본조개정)

제202조【보세공장 물품반입의 사용신고】 법 제186조제1항의 규정에 의한 사용신고를 하고자 하는 자는 당해 물품의 사용전에 다음 각호의 사항을 기재한 신고서를 세관장에게 제출하여야 한다.
1. 제246조제1항 각호의 사항
2. 품명·규격·수량 및 가격
3. 장치장소

제203조【보세공장 외 작업허가 신청 등】 ① 법 제187조제1항에 따른 보세공장 외 작업허가를 받으려는 자는 다음 각 호의 사항을 기재한 신청서를 세관장에게 제출해야 한다.(2022.2.15 본문개정)
1. 보세작업의 종류·기간 및 장소
2. 신청사유
3. 해당 작업에 투입되는 원재료의 품명·규격 및 수량 (2022.2.15 본호신설)
4. 해당 작업으로 생산되는 물품의 품명·규격 및 수량 (2022.2.15 본호개정)
② 제1항에 따라 보세공장 외 작업허가를 신청하려는 자는 허가절차의 신속한 진행을 위하여 그 신청 전에 작업장소를 세관장에게 알릴 수 있다.(2022.2.15 본항개정)
③ 제1항에 따른 신청을 받은 세관장은 6개월의 범위에서 보세공장 외 작업을 허가할 수 있다. 다만, 다음 각 호의 경우에는 해당 호에서 정한 기간의 범위에서 보세공장 외 작업을 허가할 수 있다.

1. 임가공계약서 등으로 전체 작업 내용(작업장소, 작업종류, 예상 작업기간 등)을 미리 알 수 있어 여러 작업을 일괄적으로 허가하는 경우 : 1년
2. 물품 1단위 생산에 장기간이 소요된다고 세관장이 인정하는 경우 : 2년
(2022.2.15 본항신설)
④ 제3항에 따라 보세공장 외 작업허가를 받은 자는 재해나 그 밖의 부득이한 사유로 허가받은 작업기간의 연장이나 작업장소의 변경이 필요한 경우에는 세관장에게 1년의 범위에서 작업기간의 연장이나 작업장소의 변경허가를 신청할 수 있다.(2022.2.15 본항신설)
⑤ 보세공장 외 작업허가를 받은 자는 제3항 또는 제4항에 따라 허가받은 기간이 끝나는 날부터 5일 이내에 세관장에게 보세공장 외 작업완료 결과를 통보해야 한다.(2022.2.15 본항신설)
(2022.2.15 본조제목개정)

제204조【외국물품과 내국물품의 혼용에 관한 승인】
① 법 제188조 단서의 규정에 의한 승인을 얻고자 하는 자는 다음 각호의 사항을 기재한 신청서를 세관장에게 제출하여야 한다.
1. 혼용할 외국물품 및 내국물품의 기호·번호·품명·규격별 수량 및 손모율
2. 승인을 얻고자 하는 보세작업기간 및 사유
② 제1항의 규정에 의한 승인을 할 수 있는 경우는 작업의 성질·공정 등에 비추어 당해 작업에 사용되는 외국물품과 내국물품의 품명·규격별 수량과 그 손모율이 확인되고, 제4항의 규정에 의한 과세표준이 결정될 수 있는 경우에 한한다.
③ 세관장은 제1항의 규정에 의한 승인을 얻은 사항중 혼용하는 외국물품 및 내국물품의 품명 및 규격이 각각 동일하고, 손모율에 변동이 없는 동종의 물품을 혼용하는 경우에는 새로운 승인신청을 생략하게 할 수 있다.
④ 법 제188조 단서의 규정에 의하여 외국물품과 내국물품을 혼용한 때에는 그로써 생긴 제품중에서 그 원료 또는 재료중 외국물품의 가격(종량세물품인 경우에는 수량을 말한다)이 차지하는 비율에 상응하는 분을 외국으로부터 우리나라에 도착된 물품으로 본다.

제205조【원료과세 적용신청 방법 등】① 법 제189조에 따른 신청을 하려는 자는 다음 각 호의 사항을 적은 신청서를 세관장에게 제출하여야 한다.(2008.2.22 본문개정)
1. 제175조 각 호의 사항(2008.2.22 본호개정)
2. 원료인 외국물품의 규격과 생산지 또는 제조지
3. 신청사유
4. 원료과세 적용을 원하는 기간(2008.2.22 본호신설)
② 제1항의 규정에 의한 신청서에는 다음 각호의 서류를 첨부하여야 한다. 다만, 세관장이 부득이한 사유가 있다고 인정하는 때에는 그러하지 아니하다.
1. 법 제186조제2항의 증명서류
2. 당해 물품의 송품장 또는 이에 갈음할 수 있는 서류
③ 법 제189조제2항에서 "대통령령으로 정하는 기준"이란 다음 각 호의 기준을 말한다.(2022.2.15 본문개정)
1. 최근 2년간 생산되어 판매된 물품 중 수출된 물품의 가격 비율이 100분의 50 이상일 것
2. 법 제255조의2제1항에 따라 수출입 안전관리 우수업체로 공인된 업체가 운영할 것(2022.2.15 본호개정)
(2008.2.22 본항신설)
(2008.2.22 본조제목개정)

제206조【보세공장운영인의 기장의무】① 보세공장의 운영인은 물품에 관한 장부를 비치하고 다음 각호의 사항을 기재하여야 한다.
1. 반입 또는 반출한 물품의 내외국물품의 구별·품명·규격 및 수량, 포장의 종류·기호 및 개수, 반입 또는 반출연월일과 신고번호

2. 작업에 사용한 물품의 내외국물품의 구분, 품명·규격 및 수량, 포장의 종류·기호·번호 및 개수와 사용연월일
3. 작업에 의하여 생산된 물품의 기호·번호·품명·규격·수량 및 검사연월일
4. 외국물품 및 내국물품의 혼용에 관한 승인을 얻은 경우에는 다음 각목의 사항
   가. 승인연월일
   나. 혼용한 물품 및 생산된 물품의 기호·번호·품명·규격 및 수량, 내외국물품의 구별과 생산연월일
5. 보세공장외 작업허가를 받아 물품을 보세공장 바깥으로 반출하는 경우에는 다음 각호의 사항
   가. 허가연월일 및 허가기간
   나. 반출장소
   다. 당해 물품의 품명·규격·수량 및 가격
② 세관장은 물품의 성질, 보세작업의 종류 기타의 사정을 참작하여 제1항 각호의 사항중 필요가 없다고 인정되는 사항에 대하여는 이의 기재를 생략하게 할 수 있다.

제207조【재고조사】 세관장은 제199조제3항의 규정에 의하여 제출한 원자재소요량을 계산한 서류의 적정 여부, 제206조의 규정에 따른 기장의무의 성실한 이행 여부 등을 확인하기 위하여 필요한 경우 보세공장에 대한 재고조사를 실시할 수 있다.(2004.3.29 본조개정)

제208조【보세전시장안에서의 사용】 법 제190조에 규정에 의한 박람회 등의 운영을 위한 외국물품의 사용에는 다음 각호의 행위가 포함되는 것으로 한다.
1. 당해 외국물품의 성질 또는 형상에 변경을 가하는 행위
2. 당해 박람회의 주최자·출품자 및 관람자가 그 보세전시장안에서 소비하는 행위

제209조【보세전시장의 장치제한 등】① 세관장은 필요하다고 인정되는 때에는 보세전시장안의 장치장소에 대하여 장치할 장소를 제한하거나 그 사용사항을 조사하거나 운영인으로 하여금 필요한 보고를 하게 할 수 있다.
② 보세전시장에 장치된 판매용 외국물품은 수입신고가 수리되기 전에는 이를 사용하지 못한다.
③ 보세전시장에 장치된 전시용 외국물품을 현장에서 직매하는 경우 수입신고가 수리되기 전에는 이를 인도하여서는 아니된다.

제210조【보세건설장 반입물품의 범위】 보세건설장에 반입할 수 있는 물품은 법 제191조의 규정에 의한 외국물품 및 이와 유사한 물품으로서 당해 산업시설의 건설에 필요하다고 세관장이 인정하는 물품에 한한다.

제211조【건설공사 완료보고】 보세건설장의 운영인은 법 제192조의 규정에 의한 수입신고를 한 물품을 사용한 건설공사가 완료된 때에는 지체없이 이를 세관장에게 보고하여야 한다.

제212조【보세건설장외 보세작업의 허가신청】① 법 제195조제1항의 규정에 의하여 보세작업의 허가를 받고자 하는 자는 다음 각호의 사항을 기재한 신청서를 세관장에게 제출하여야 한다.
1. 제175조 각호의 사항
2. 보세작업의 종료기한 및 작업장소
3. 신청사유
4. 당해 작업에서 생산될 물품의 품명·규격 및 수량
② 세관장은 재해 기타 부득이한 사유로 인하여 필요하다고 인정되는 때에는 보세건설장 운영인의 신청에 의하여 보세건설장외에서의 보세작업의 기간 또는 장소를 변경할 수 있다.(2001.12.31 본항개정)

제213조【보세판매장의 관리 등】① 보세판매장의 운영인은 보세판매장에서 물품을 판매하는 때에는 판매사항·구매자인적사항 기타 필요한 사항을 관세청장이 정하는 바에 따라 기록·유지하여야 한다.

② 관세청장은 보세판매장에서의 판매방법, 구매자에 대한 인도방법 등을 정할 수 있다.
③ (2019.2.12 삭제)
④ 세관장은 연 2회 이상 보세화물의 반출입량·판매량·외국반출현황·재고량 등을 파악하기 위하여 보세판매장에 대한 조사를 실시할 수 있다.
⑤ 관세청장은 보세화물이 보세판매장에서 불법적으로 반출되지 아니하도록 하기 위하여 반입·반출의 절차 기타 필요한 사항을 정할 수 있다.

제213조의2【입국장 인도장의 설치·운영 등】 ① 보세판매장이 법 제196조제1항제1호 단서에 따라 물품을 판매하는 경우에는 공항·항만 등의 입국경로에 설치된 해당 물품을 인도하는 장소(이하 "입국장 인도장"이라 한다)에서 물품을 인도해야 한다.
② 제1항에 따른 입국장 인도장을 설치·운영하려는 자는 관할 세관장의 승인을 받아야 한다.
③ 제2항에 따라 승인을 받으려는 자는 다음 각 호의 요건을 모두 갖추어 세관장에게 신청해야 한다.
1. 제189조제1호 및 제2호의 요건을 모두 갖출 것
2. 공항·항만 등의 입국경로에 물품을 적절하게 관리·인도할 수 있는 공간을 확보할 것
3. 법 제96조에 따른 여행자 휴대품의 면세 통관이 적절하게 이루어질 수 있도록 입국장 인도장에서 인도한 물품의 내역을 확인하여 세관장에게 통보할 수 있는 관세청장이 정하는 전산설비 또는 시스템을 갖출 것. 다만, 해당 공항·항만 등의 입국경로에 법 제196조제2항에 따른 보세판매장(이하 "입국장 면세점"이라 한다)이 있는 경우에는 입국장 인도장에서 인도한 물품의 내역과 입국장 면세점에서 판매한 물품의 내역을 통합·확인하여 세관장에게 통보할 수 있는 관세청장이 정하는 전산설비 또는 시스템을 갖출 것
4. 입국장 인도장이 설치되는 공항·항만 등 입국경로의 시설을 관리하는 중앙행정기관·지방자치단체 또는 법인의 동의를 받을 것
④ 관할 세관장은 제2항에 따른 승인을 받아 입국장 인도장을 설치·운영하는 자가 다음 각 호의 어느 하나에 해당하는 경우 그 승인을 취소할 수 있다.
1. 거짓이나 그 밖의 부정한 방법으로 승인을 받은 경우
2. 입국장 인도장을 설치한 자가 그 승인의 취소를 요청하는 경우
3. 제3항의 요건에 해당하지 않게 된 경우
⑤ 법 제196조제1항제1호 단서에 따라 입국장 인도장에서 인도할 수 있는 물품의 종류 및 한도는 기획재정부령으로 정한다.
⑥ 제1항부터 제5항까지에서 규정한 사항 외에 입국장 인도장 설치·운영 및 인도 방법 등에 관하여 필요한 사항은 관세청장이 정한다.
(2020.2.11 본조신설)

제213조의3【시내보세판매장의 현장인도 방법 등】 ① 법 제196조의2제1항에 따른 시내보세판매장(이하 "시내보세판매장"이라 한다)에서 외국인에게 내국물품을 판매 현장에서 인도하려는 경우 시내보세판매장 운영인은 구매자의 여권과 항공권 등 출국에 관한 예약 내용을 확인할 수 있는 자료를 확인해야 한다.
② 법 제196조의2제2항 전단에서 "물품 구매자의 출입국 관리기록 등 대통령령으로 정하는 정보 또는 자료"란 다음 각 호의 어느 하나에 해당하는 것을 말한다.
1. 물품을 구매한 외국인의 출입국관리기록
2. 법 제196조의2제1항에 따라 현장인도된 물품의 외국 반출 여부를 확인하기 위하여 관세청장이 필요하다고 인정하는 정보 또는 자료
③ 법 제196조의2제3항에서 "대통령령으로 정하는 사람"이란 다음 각 호를 고려하여 관세청장이 정하는 사람을 말한다.

1. 시내보세판매장에서의 구매내역
2. 항공권 등의 예약 및 취소 내역
3. 그 밖에 현장 인도 제한 사유로 관세청장이 필요하다고 인정하는 사유
④ 제1항부터 제3항까지에서 규정한 사항 외에 시내보세판매장의 현장인도 방법 및 그 밖에 필요한 사항은 관세청장이 정한다.
(2020.2.11 본조신설)

제4절 종합보세구역

제214조【종합보세구역의 지정 등】 ① 법 제197조에 따른 종합보세구역(이하 "종합보세구역"이라 한다)은 다음 각 호의 어느 하나에 해당하는 지역으로서 관세청장이 종합보세구역으로 지정할 필요가 있다고 인정하는 지역을 그 지정대상으로 한다.(2011.4.1 본문개정)
1. 「외국인투자촉진법」에 의한 외국인투자지역
2. 「산업입지 및 개발에 관한 법률」에 의한 산업단지 (2006.5.22 1호~2호개정)
3. (2007.4.5 삭제)
4. 「유통산업발전법」에 의한 공동집배송센터 (2007.4.5 본호개정)
5. 「물류시설의 개발 및 운영에 관한 법률」에 따른 물류단지(2011.4.1 본호개정)
6. 기타 종합보세구역으로 지정됨으로써 외국인투자촉진·수출증대 또는 물류촉진 등의 효과가 있을 것으로 예상되는 지역
② 법 제197조제1항의 규정에 의하여 종합보세구역의 지정을 요청하고자 하는 자(이하 "지정요청자"라고 한다)는 다음 각호의 사항을 기재한 지정요청서에 당해 지역의 도면을 첨부하여 관세청장에게 제출하여야 한다.(2004.3.29 본문개정)
1. 당해 지역의 소재지 및 면적
2. 구역안의 시설물현황 또는 시설계획
3. 사업계획
③ 관세청장은 직권으로 종합보세구역을 지정하고자 하는 때에는 관계중앙행정기관의 장 또는 지방자치단체의 장과 협의하여야 한다.

제214조의2【종합보세구역 예정지의 지정】 ① 관세청장은 지정요청자의 요청에 의하여 종합보세기능의 수행이 예정되는 지역을 종합보세구역예정지역(이하 "예정지역"이라 한다)으로 지정할 수 있다.
② 예정지역의 지정기간은 3년 이내로 한다. 다만, 관세청장은 당해 예정지역에 대한 개발계획의 변경 등으로 인하여 지정기간의 연장이 불가피하다고 인정되는 때에는 3년의 범위내에서 연장할 수 있다.
③ 제214조의 규정은 제1항의 규정에 의한 예정지역의 지정에 관하여 이를 준용한다.
④ 관세청장은 예정지역의 개발이 완료된 후 제214조의 규정에 따라 지정요청자의 요청에 의하여 종합보세구역으로 지정할 수 있다.
(2004.3.29 본조신설)

제215조【종합보세사업장의 설치·운영신고 등】 ① 법 제198조제1항의 규정에 의한 종합보세사업장의 설치·운영에 관한 신고의 절차에 관하여는 제188조의 규정을 준용한다. 다만, 관세청장은 종합보세구역의 규모·기능 등을 고려하여 첨부서류의 일부를 생략하는 등 설치·운영의 신고절차를 간이하게 할 수 있다.
② 법 제198조제3항의 규정에 의하여 종합보세기능의 변경신고를 하고자 하는 자는 그 변경내용을 기재한 신고서를 세관장에게 제출하여야 한다.

제216조【종합보세구역에의 물품 반·출입절차 등】 법 제199조제1항의 규정에 의한 종합보세구역에의 물품반출입신고에 관하여는 제176조의 규정을 준용한다.

제216조의2【외국인관광객 등의 범위】법 제199조의2제1항에서 "외국인 관광객 등 대통령령으로 정하는 자"란 「외국환거래법」 제3조에 따른 비거주자(이하 "외국인관광객등"이라 한다)를 말한다. 다만, 다음 각 호의 자를 제외한다.(2011.4.1 본문개정)
1. 법인
2. 국내에 주재하는 외교관(이에 준하는 외국공관원을 포함한다)
3. 국내에 주재하는 국제연합군과 미국군의 장병 및 군무원
(2004.3.29 본조신설)

제216조의3【종합보세구역에서의 물품판매 등】① 종합보세구역에서 법 제199조의2의 규정에 의하여 외국인관광객등에게 물품을 판매하는 자(이하 "판매인"이라 한다)는 관세청장이 정하는 바에 따라 판매물품에 대한 수입신고 및 신고납부를 하여야 한다.
② 판매인은 제1항의 규정에 의한 수입신고가 수리된 경우에는 구매자에게 당해 물품을 인도하되, 국외반출할 목적으로 구매한 외국인관광객등에게 판매한 경우에는 물품판매확인서(이하 "판매확인서"라 한다)를 교부하여야 한다.
③ 관세청장은 종합보세구역의 위치 및 규모 등을 고려하여 판매하는 물품의 종류 및 수량 등을 제한할 수 있다.
(2004.3.29 본조신설)

제216조의4【외국인관광객등에 대한 관세 등의 환급】① 외국인관광객등이 종합보세구역에서 물품을 구매할 때에 부담한 관세 등을 환급 또는 송금받고자 하는 경우에는 출국하는 때에 출국항을 관할하는 세관장(이하 "출국항 관할세관장"이라 한다)에게 판매확인서와 구매물품을 함께 제시하여 확인을 받아야 한다.
② 출국항 관할세관장은 제1항의 규정에 의하여 외국인관광객등이 제시한 판매확인서의 기재사항과 물품의 일치여부를 확인한 후 판매확인서에 확인인을 날인하고, 외국인관광객등에게 이를 교부하거나 판매인에게 송부하여야 한다.
③ 제2항의 규정에 의하여 외국인관광객등이 판매확인서를 교부받은 때에는 제216조의6의 규정에 의한 환급창구운영사업자에게 이를 제시하고 환급 또는 송금받을 수 있다. 다만, 판매인이 제2항의 규정에 의하여 판매확인서를 송부받은 경우에는 그 송부받은 날부터 20일 이내에 외국인관광객등이 종합보세구역에서 물품을 구매한 때 부담한 관세 등을 당해 외국인관광객등에게 송금하여야 한다.
(2004.3.29 본조신설)

제216조의5【판매인에 대한 관세 등의 환급 등】판매인은 법 제199조의2의 규정에 의하여 종합보세구역에서 관세 및 내국세등(이하 "관세등"이라 한다)이 포함된 가격으로 물품을 판매한 후 다음 각호에 해당하는 경우에는 관세등을 환급받을 수 있다.
1. 외국인관광객등이 구매한 날부터 3월 이내에 물품을 국외로 반출한 사실이 확인되는 경우
2. 판매인이 제216조의4제3항 본문의 규정에 따라 환급창구운영사업자를 통하여 당해 관세등을 환급 또는 송금하거나 동항 단서의 규정에 따라 외국인관광객등에게 송금한 것이 확인되는 경우
② 판매인이 제1항의 규정에 의하여 관세등을 환급받고자 하는 경우에는 다음 각호의 사항을 기재한 신청서에 제216조의4의 규정에 의하여 세관장이 확인한 판매확인서 및 수입신고필증 그 밖에 관세등의 납부사실을 증빙하는 서류와 제1항제2호의 규정에 의한 환급 또는 송금사실을 증명하는 서류를 첨부하여 당해 종합보세구역을 관할하는 세관장에게 제출하여야 한다. 이 경우 관세등의 환급에 관하여는 제54조 및 제55조의 규정을 준용한다.

1. 당해 물품의 품명 및 규격
2. 당해 물품의 판매연월일 및 판매확인번호
3. 당해 물품의 수입신고연월일 및 수입신고번호
4. 환급받고자 하는 금액
③ 제1항 및 제2항의 규정에 의하여 환급금을 지급받은 판매인은 외국인관광객등에 대하여 환급 또는 송금한 사실과 관련된 증거서류를 5년간 보관하여야 한다.
(2004.3.29 본조신설)

제216조의6【환급창구운영사업자】① 관세청장은 외국인관광객등이 종합보세구역에서 물품을 구입한 때에 납부한 관세등을 판매인을 대리하여 환급 또는 송금하는 사업을 영위하는 자(이하 "환급창구운영사업자"라 한다)를 지정하여 운영할 수 있다.
② 제1항의 규정에 의한 환급창구운영사업자에 대하여는 「외국인관광객 등에 대한 부가가치세 및 개별소비세 특례규정」(이하 "특례규정"이라 한다) 제5조의2제2항 내지 제5항, 제10조의2, 제10조의3 및 제14조제2항의 규정을 준용한다. 이 경우 특례규정 제5조의2제2항 내지 제5항중 "관할지방국세청장"은 "관세청장"으로 보고, 제5조의2제5항제1호의 규정에 의하여 준용되는 제5조제4항제3호중 "국세 또는 지방세"는 "관세"로 보며, 제10조의2중 "외국인관광객"을 "외국인관광객등"으로, "면세물품"을 "물품"으로, "세액상당액"을 "관세등"으로, "면세판매자"를 "판매인"으로, 제10조의3중 "외국인관광객"을 "외국인관광객등"으로, "세액상당액"을 "관세등"으로, "면세판매자"를 "판매인"으로 보며, 제14조제2항중 "국세청장·관할지방국세청장 또는 관할세무서장"은 "관세청장 또는 관할세관장"으로, "외국인관광객"을 "외국인관광객등"으로 본다.(2007.12.31 전단개정)
(2004.3.29 본조신설)

제217조【설비유지의무 등】① 법 제202조제1항의 규정에 의하여 종합보세구역의 운영인이 유지하여야 하는 시설 및 장비 등의 설비는 다음 각호의 설비로 한다.
1. 제조·가공·전시·판매·건설 및 장치 기타 보세작업에 필요한 기계시설 및 기구
2. 반입·반출물품의 관리 및 세관의 업무검사에 필요한 전산설비
3. 소방·전기 및 위험물관리 등에 관한 법령에서 정하는 시설 및 장비
4. 보세화물의 분실과 도난방지를 위한 시설
② 제1항의 규정에 의한 설비가 천재·지변 기타 불가피한 사유로 인하여 일시적으로 기준에 미달하게 된 때에는 종합보세구역의 운영인은 관세청장이 정하는 기간내에 이를 갖추어야 한다.
③ 법 제202조제2항의 규정에 의한 보수작업 또는 보세작업에 관한 신고에 관하여는 제177조 및 제203조의 규정을 준용한다.

제218조【종합보세구역의 지정취소 사유】① 법 제204조제1항제3호에서 "대통령령으로 정하는 사유"란 다음 각 호의 경우를 말한다.(2011.4.1 본문개정)
1. 종합보세구역의 지정요청자가 지정취소를 요청한 경우
2. 종합보세구역의 지정요건이 소멸한 경우
② (2019.2.12 삭제)
(2019.2.12 본조제목개정)

제5절 유치 및 처분

제219조【물품의 유치 및 예치와 해제】① 법 제206조제1항제2호라목에서 "대통령령으로 정하는 경우"란 다음 각 호의 경우를 말한다.
1. 해당 물품에 대해 식품의약품안전처장 등 관계 기관의 장으로부터 부적합 통보 또는 통관 제한 요청을 받은 경우

2. 성분 또는 규격 등이 불명확한 물품으로서 식품의약품안전처 등 관계 기관의 확인 또는 법 제265조의2에 따른 물품분석이 필요한 경우
3. 그 밖에 유해 성분이 포함된 식품·의약품 등 세관장이 사회안전 또는 국민보건을 위해 유치가 필요하다고 인정하는 경우
(2021.2.17 본항신설)
② 세관장이 법 제206조의 규정에 의하여 물품을 유치 또는 예치하는 때에는 다음 각호의 사항을 기재한 유치증 또는 예치증을 교부하여야 한다.
1. 당해 물품의 포장의 종류·개수·품명·규격 및 수량
2. 유치사유 또는 예치사유
3. 보관장소
③ 유치를 해제하거나 예치물품을 반환받으려는 자는 제2항에 따라 교부받은 유치증 또는 예치증을 세관장에게 제출해야 한다.(2021.2.17 본항개정)
제220조【매각대행기관】 법 제208조제4항에 따라 세관장이 매각을 대행하게 할 수 있는 기관은 다음 각 호의 기관 또는 법인·단체 중에서 관세청장이 지정하는 기관·법인 또는 단체(이하 "매각대행기관"이라 한다)로 한다.(2023.2.28 본문개정)
1. 「한국자산관리공사 설립 등에 관한 법률」에 따른 한국자산관리공사(2022.2.17 본호개정)
2. 「한국보훈복지의료공단법」에 의하여 설립된 한국보훈복지의료공단(2006.5.22 본호개정)
3. 관세청장이 정하는 기준에 따라 전자문서를 통한 매각을 수행할 수 있는 시설 및 시스템 등을 갖춘 것으로 인정되는 법인 또는 단체
4. (2002.12.30 삭제)
제221조【화주 등에 대한 매각대행의 통지】 ① 세관장은 법 제208조제4항에 따라 매각을 대행하게 하는 때에는 매각대행의뢰서를 매각대행기관에 송부해야 한다.(2023.2.28 본항개정)
② 세관장은 제1항의 규정에 의한 매각대행의 사실을 화주 및 물품보관인에게 통지하여야 한다.
제222조【매각방법 등】 ① 법 제210조제2항의 규정에 의한 예정가격의 체감은 제2회 경쟁입찰 때부터 하되, 그 체감한도액은 최초예정가격의 100분의 50으로 한다. 다만, 관세청장이 정하는 물품을 제외하고는 최초예정가격을 기초로 하여 산출한 세액 이하의 금액으로 체감할 수 없다.
② 응찰가격중 다음회의 입찰에 체감될 예정가격보다 높은 것이 있는 때에는 응찰가격의 순위에 따라 법 제210조제2항의 규정에 의한 수의계약을 체결한다. 단독 응찰자의 응찰가격이 다음 회의 입찰시에 체감될 예정가격보다 높은 경우 또는 공매절차가 종료한 물품을 최종예정가격 이상의 가격으로 매수하려는 자가 있는 때에도 또한 같다.
③ 제2항의 경우 수의계약을 체결하지 못하고 재입찰에 부친 때에는 직전입찰에서의 최고응찰가격을 다음 회의 예정가격으로 한다.(2017.3.27 본항개정)
④ 제2항의 규정에 의하여 수의계약을 할 수 있는 자로서 그 체결에 응하지 아니하는 자는 당해 물품에 대한 다음회 이후의 경쟁입찰에 참가할 수 없다.
⑤ 법 제210조제4항에서 "대통령령으로 정하는 물품"이란 다음 각 호의 어느 하나에 해당하는 물품중에서 관세청장이 신속한 매각이 필요하다고 인정하여 위탁판매대상으로 지정한 물품을 말한다.(2011.4.1 본문개정)
1. 부패하거나 부패의 우려가 있는 물품
2. 기간경과로 사용할 수 없게 되거나 상품가치가 현저히 감소할 우려가 있는 물품
3. 공매하는 경우 매각의 효율성이 저하되거나 공매에 전문지식이 필요하여 직접 공매하기에 부적합한 물품
⑥ 법 제210조제4항의 규정에 의하여 위탁판매하는 경

우 판매가격은 당해 물품의 최종예정가격(제5항의 규정에 해당하는 물품은 제7항의 규정에 의하여 산출한 가격을 말한다)으로 하고, 위탁판매의 장소·방법·수수료 기타 필요한 사항은 관세청장이 정한다.
⑦ 법 제210조에 따라 매각할 물품의 예정가격과 매각된 물품의 과세가격은 기획재정부령으로 정하는 바에 따라 산출한다.(2020.10.7 본항개정)
⑧ 법 제210조의 규정에 의하여 매각한 물품으로 다음 각호의 1에 해당하는 물품은 수출하거나 외화를 받고 판매하는 것을 조건으로 매각한다. 다만, 제2호의 물품으로서 관세청장이 필요하다고 인정하는 물품은 주무부장관 또는 주무부장관이 지정하는 기관의 장과 협의하여 수입하는 것을 조건으로 판매할 수 있다.
1. 법률에 의하여 수입이 금지된 물품
2. 기타 관세청장이 지정하는 물품
⑨ 법 제210조제3항제2호에서 "매각물품의 성질·형태·용도 등을 고려할 때 경쟁입찰의 방법으로 매각할 수 없는 경우"란 다음 각 호의 어느 하나에 해당하는 경우를 말한다.(2011.4.1 본문개정)
1. 부패·손상·변질 등의 우려가 현저한 물품으로서 즉시 매각하지 아니하면 상품가치가 저하할 우려가 있는 경우
2. 물품의 매각예정가격이 50만원미만인 경우
3. 경쟁입찰의 방법으로 매각하는 것이 공익에 반하는 경우(2011.4.1 본호개정)
제223조【매각대상물품의 인도】 ① 세관장이 점유하고 있거나 제3자가 보관하고 있는 매각대상물품은 이를 매각대행기관에 인도할 수 있다. 이 경우 제3자가 보관하고 있는 물품에 대하여는 그 제3자가 발행하는 당해 물품의 보관증을 인도함으로써 이에 갈음할 수 있다.
② 매각대행기관은 제1항의 규정에 의하여 물품을 인수한 때에는 인계·인수서를 작성하여야 한다.
제224조【매각대행의뢰의 철회요구】 ① 매각대행기관은 매각대행의뢰서를 받은 날부터 2년 이내에 매각되지 아니한 물품이 있는 때에는 세관장에게 당해 물품에 대한 매각대행의뢰의 철회를 요구할 수 있다.
② 세관장은 제1항의 규정에 의한 철회요구를 받은 때에는 특별한 사유가 없는 한 이에 응하여야 한다.
제225조【매각대행의 세부사항】 매각대행기관이 대행하는 매각에 관하여 필요한 사항으로서 이 영에 정하지 아니한 것은 관세청장이 매각대행기관과 협의하여 정한다.
제225조의2【압류물품의 유찰 가격】 ① 법 제212조제3항에서 "대통령령으로 정하는 유찰물품의 가격"은 해당 물품의 최종예정가격을 말한다.
② 제1항에 따른 최종예정가격은 마지막 입찰 시 제222조제7항에 따라 산출한 예정가격으로 한다.
(2023.2.28 본조신설)

제8장 운 송

제1절 보세운송

제226조【보세운송의 신고 등】 ① 법 제213조에 따른 보세운송신고를 하거나 승인을 받으려는 자는 다음 각 호의 사항을 기재한 신고서 또는 신청서를 세관장에게 제출해야 한다. 다만, 국제무역선 또는 국제무역기의 효율적인 하역을 위하여 필요하거나 세관의 감시·단속에 지장이 없다고 인정하여 관세청장이 따로 정하는 경우에는 그 정하는 바에 따른다.(2021.2.17 본문개정)
1. 운송수단의 종류·명칭 및 번호
2. 운송통로와 목적지
3. 화물상환증, 선하증권번호 또는 항공화물운송장번호와 물품의 적재지·생산지 또는 제조지

4. 포장의 종류·번호 및 개수
5. 품명·규격·수량 및 가격
6. 운송기간
7. 화주의 명칭(성명)·주소·사업자등록번호 및 대표자성명(2002.12.30 본호신설)

② 세관장은 운송거리 기타의 사정을 참작하여 필요가 없다고 인정되는 때에는 제1항 각호의 사항중 일부의 기재를 생략하게 할 수 있다.

③ 법 제213조제2항 단서에 따라 보세운송의 승인을 받아야 하는 경우는 다음 각 호의 어느 하나에 해당하는 물품을 운송하려는 경우를 말한다.(2021.2.17 본문개정)

1. 보세운송된 물품중 다른 보세구역 등으로 재보세운송하고자 하는 물품

2. 「검역법」·「식물방역법」·「가축전염병예방법」 등에 따라 검역을 요하는 물품(2006.5.22 본호개정)

3. 「위험물안전관리법」에 따른 위험물(2006.5.22 본호개정)

3의2. 「화학물질관리법」에 따른 유해화학물질(2014.12.9 본호개정)

4. 비금속설

5. 화물이 국내에 도착된 후 최초로 보세구역에 반입된 날부터 30일이 경과한 물품

6. 통관이 보류되거나 수입신고수리가 불가능한 물품

7. 법 제156조의 규정에 의한 보세구역외 장치허가를 받은 장소로 운송하는 물품

8. 귀석·반귀석·귀금속·한약재·의약품·향료 등과 같이 부피가 작고 고가인 물품

9. 화주 또는 화물에 대한 권리를 가진 자가 직접 보세운송하는 물품

10. 법 제236조의 규정에 의하여 통관지가 제한되는 물품

11. 적재화물목록상 동일한 화주의 선하증권 단위의 물품을 분할하여 보세운송하는 경우 그 물품(2021.2.17 본호개정)

12. 불법 수출입의 방지 등을 위하여 세관장이 지정한 물품

13. 법 및 법에 의한 세관장의 명령을 위반하여 관세범으로 조사를 받고 있거나 기소되어 확정판결을 기다리고 있는 보세운송업자등이 운송하는 물품

④ 제3항의 규정에 따른 관세청장이 보세운송 승인대상으로 하지 아니하여도 화물관리 및 불법 수출입의 방지에 지장이 없다고 판단하여 정하는 물품에 대하여는 신고만으로 보세운송할 수 있다.

제227조【보세운송기간의 연장신청】 법 제216조제2항 단서의 규정에 의하여 보세운송기간의 연장을 받고자 하는 자는 다음 각호의 사항을 기재한 신청서를 당해 보세운송을 신고하거나 승인한 세관장 또는 도착지세관장에게 제출하여야 한다.

1. 보세운송의 신고 또는 승인연월일과 신고번호 또는 승인번호

2. 당해 물품의 품명·규격 및 수량

3. 연장신청기간 및 신청사유

제228조【운송물품의 폐기승인신청】 제179조 및 제180조의 규정은 법 제217조 단서의 경우에 이를 준용한다.

제229조【조난물품의 운송】 ① 법 제219조제2항의 규정에 의한 승인을 얻고자 하는 자는 제226조제1항 각 호의 사항을 기재한 신청서를 세관장에게 제출하여야 한다.

② 제226조제3항의 규정은 제1항의 경우에 이를 준용한다.

제2절 내국운송

제230조【내국운송의 신고】 제226조의 규정은 법 제221조의 규정에 의한 신고에 관하여 이를 준용한다.

제3절 보세운송업자 등

제231조【보세운송업자등의 등록】 ① 법 제222조제1항제7호에서 "대통령령으로 정하는 자"란 「전자상거래 등에서의 소비자보호에 관한 법률」 제12조제1항에 따라 통신판매업자로 신고한 자로서 직전 연도 구매대행한 수입물품의 총 물품가격이 10억원 이상인 자를 말한다.(2021.2.17 본항신설)

② 법 제222조제1항에 따라 등록을 하고자 하는 자는 다음 각 호의 사항을 기재한 신청서를 세관장에게 제출하여야 한다.(2018.2.13 본문개정)

1. 신청인의 주소·성명 및 상호

2. 영업의 종류 및 영업장소

3. 운송수단의 종류·명칭 및 번호(관련 법령에 따라 등록 등을 한 번호를 말한다)(2018.2.13 본호신설)

③ 세관장은 제2항에 따라 등록신청을 한 자가 법 제223조에 따른 등록요건을 갖추고 다음 각 호에 해당하는 경우에는 해당등록부에 필요한 사항을 기재하고 등록증을 교부한다.(2021.2.17 본문개정)

1. 보세운송, 하역물품의 제공, 국제운송등에 필요하다고 관세청장이 정하는 운송수단 또는 설비를 갖추고 있는 경우

2. 관세청장이 정하는 일정금액 이상의 자본금 또는 예금을 보유한 경우

3. 법 및 법에 의한 세관장의 명령에 위반하여 관세범으로 조사받고 있거나 기소중에 있지 아니한 경우

④ 법 제222조제5항 본문에 따라 등록의 유효기간을 갱신하려는 자는 등록갱신신청서를 기간만료 1개월 전까지 관할지세관장에게 제출하여야 한다.(2016.2.5 본항개정)

⑤ 세관장은 제2항에 따라 등록을 한 자에게 등록의 유효기간을 갱신하려면 등록의 유효기간이 끝나는 날의 1개월 전까지 등록 갱신을 신청해야 한다는 사실과 갱신절차를 등록의 유효기간이 끝나는 날의 2개월 전까지 휴대폰에 의한 문자전송, 전자메일, 팩스, 전화, 문서 등으로 미리 알려야 한다.(2021.2.17 본항개정)

⑥ 제2항에 따라 등록을 한 자는 등록사항에 변동이 생긴 때에는 지체 없이 등록지를 관할하는 세관장에게 신고해야 한다.(2021.2.17 본항개정)

제231조의2【보세운송업자 등에 대한 과징금의 부과기준 등】 ① 법 제224조제2항에 따라 부과하는 과징금의 금액은 제1호의 기간에 제2호의 금액을 곱하여 산정한다.

1. 기간 : 법 제224조제1항에 따라 산정된 업무정지 일수(1개월은 30일을 기준으로 한다)

2. 1일당 과징금 금액 : 해당 사업의 수행에 따른 연간매출액의 6천분의 1

② 제1항제2호의 연간매출액은 다음 각 호의 구분에 따라 산정한다.

1. 법 제222조제1항 각 호의 어느 하나에 해당하는 자(이하 "보세운송업자등"이라 한다)가 해당 사업연도 개시일 전에 사업을 시작한 경우 : 직전 3개 사업연도의 평균 매출액. 이 경우 사업을 시작한 날부터 직전 사업연도 종료일까지의 기간이 3년 미만인 경우에는 그 시작일부터 그 종료일까지의 매출액을 연간 평균매출액으로 환산한 금액으로 한다.

2. 보세운송업자등이 해당 사업연도에 사업을 시작한 경우 : 사업을 시작한 날부터 업무정지의 처분일이 발생한 날까지의 매출액을 연간매출액으로 환산한 금액

③ 세관장은 제1항에 따라 산정된 과징금 금액의 4분의 1 범위에서 사업규모, 위반행위의 정도 및 위반횟수 등을 고려하여 그 금액을 가중하거나 감경할 수 있다. 이 경우 과징금을 가중하는 때에는 과징금 총액이 제2항에 따라 산정된 연간매출액의 100분의 3을 초과할 수 없다.

④ 제1항에 따른 과징금의 부과 및 납부에 관하여는 제285조의7을 준용한다. 이 경우 제285조의7제1항, 제2항 및 제4항 중 "관세청장"은 "세관장"으로 본다.(2015.2.6 본조신설)

제232조【보세화물 취급 선박회사 등의 신고 및 보고】 ① 법 제225조제1항에 따라 보세화물을 취급하는 선박회사 또는 항공사(그 업무를 대행하는 자를 포함하며, 이하 이 조에서 "선박회사 또는 항공사"라 한다)는 다음 각 호의 요건을 모두 갖추어 주소·성명·상호 및 영업장소 등을 적은 신고서를 세관장에게 제출하여야 한다.
1. 법 제175조 각 호의 어느 하나에 해당하지 아니할 것
2. 「해운법」, 「항공사업법」 등 관련 법령에 따른 등록을 할 것(2017.3.29 본호개정)
(2011.9.7 본항개정)
② 법 제225조제1항 후단에서 "대통령령으로 정하는 중요한 사항"이란 다음 각 호의 어느 하나에 해당하는 사항을 말한다.(2011.4.1 본문개정)
1. 신고인의 주소 및 성명
2. 신고인의 상호 또는 영업장소
3. 제1항제2호에 따라 신고한 등록사항
(2006.5.22 본항신설)
③ 세관장은 법 제225조제2항에 따라 다음 각 호의 사항을 선박회사 또는 항공사로 하여금 보고하게 할 수 있다.
1. 선박회사 또는 항공사가 화주 또는 법 제222조제1항제2호에 따른 화물운송주선업자에게 발행한 선하증권 또는 항공화물운송장의 내역
2. 화물 취급과정에서 발견된 보세화물의 이상 유무 등 통관의 신속 또는 관세법의 조사상 필요한 사항
(2011.9.7 본항개정)
(2011.9.7 본조제목개정)

제9장 통 관

제1절 통 칙

제233조【구비조건의 확인】 법 제226조제2항의 규정에 의한 허가·승인·표시 기타 조건(이하 이 조에서 "구비조건"이라 한다)의 구비를 요하는 물품에 대하여 관세청장은 주무부장관의 요청을 받아 세관공무원에 의하여 확인이 가능한 사항인지 여부, 물품의 특성 기타 수출입물품의 통관여건 등을 고려하여 세관장의 확인대상물품, 확인방법, 확인절차(관세청장이 지정·고시하는 정보통신망을 이용한 확인신청 등의 절차를 포함한다), 그 밖에 필요한 사항을 공고하여야 한다.(2006.5.22 본조개정)

제234조【의무의 면제】 법 제227조제1항의 규정에 의하여 수입신고수리시에 부과된 의무를 면제받고자 하는 자는 다음 각호의 1에 해당하는 경우에 한하여 당해 의무이행을 요구한 세관장의 승인을 얻어야 한다.
1. 법령이 정하는 허가·승인·추천 기타 조건을 구비하여 의무이행이 필요하지 아니하게 된 경우
2. 법령의 개정 등으로 인하여 의무이행이 해제된 경우
3. 관계행정기관의 장의 요청 등으로 부과된 의무를 이행할 수 없는 사유가 있다고 인정된 경우

제235조【통관표지의 첨부】 ① 세관장은 다음 각호의 1에 해당하는 물품에 대하여는 관세보전을 위하여 법 제228조의 규정에 의한 통관표지의 첨부를 명할 수 있다.
1. 법에 의하여 관세의 감면 또는 용도세율의 적용을 받은 물품
2. 법 제107조제2항의 규정에 의하여 관세의 분할납부 승인을 얻은 물품

3. 부정수입물품과 구별하기 위하여 관세청장이 지정하는 물품
② 통관표지첨부대상, 통관표지의 종류, 첨부방법 등에 관하여 필요한 사항은 관세청장이 정한다.

제236조【원산지증명서의 제출 등】 ① 다음 각 호의 어느 하나에 해당하는 자는 해당 물품의 수입신고 시에 그 물품의 원산지를 증명하는 서류(이하 "원산지증명서"라 한다)를 세관장에게 제출하여야 한다. 다만, 제1호에 해당하는 자로서 수입신고 전에 원산지증명서를 발급받았으나 분실 등의 사유로 수입신고 시에 원산지증명서를 제출하지 못한 경우에는 제4항에 따른 원산지증명서 유효기간 내에 해당 원산지증명서 또는 그 부본을 제출할 수 있다.(2015.2.6 본문개정)
1. 법·조약·협정 등에 의하여 다른 국가의 생산(가공을 포함한다)물품에 적용되는 세율보다 낮은 세율을 적용받고자 하는 자로서 원산지확인이 필요하다고 관세청장이 정하는 자
2. 관세율의 적용 기타의 사유로 인하여 원산지확인이 필요하다고 관세청장이 지정한 물품을 수입하는 자
② 법 제232조제1항 단서의 규정에 의하여 다음 각호의 물품에 대하여는 제1항의 규정을 적용하지 아니한다.
1. 세관장이 물품의 종류·성질·형상 또는 그 상표·생산국명·제조자 등에 의하여 원산지를 확인할 수 있는 물품
2. 우편물(법 제258조제2항의 규정에 해당하는 것을 제외한다)
3. 과세가격(종량세의 경우에는 이를 법 제15조의 규정에 준하여 산출한 가격을 말한다)이 15만원 이하인 물품(2004.3.29 본호개정)
4. 개인에게 무상으로 송부된 탁송품·별송품 또는 여행자의 휴대품
5. 기타 관세청장이 관계행정기관의 장과 협의하여 정하는 물품
③ 제1항의 규정에 의하여 세관장에게 제출하는 원산지증명서는 다음 각호의 1에 해당하는 것이어야 한다.
1. 원산지국가의 세관 기타 발급권한이 있는 기관 또는 상공회의소가 당해 물품에 대하여 원산지국가(지역을 포함한다)를 확인 또는 발행한 것
2. 원산지국가에서 바로 수입되지 아니하고 제3국을 경유하여 수입된 물품에 대하여 그 제3국의 세관 기타 발급권한이 있는 기관 또는 상공회의소가 확인 또는 발행한 경우에는 원산지국가에서 당해 물품에 대하여 발행된 원산지증명서를 기초로 하여 원산지국가(지역을 포함한다)를 확인 또는 발행한 것
3. 관세청장이 정한 물품의 경우에는 당해 물품의 상업송장 또는 관련서류에 생산자·공급자·수출자 또는 권한있는 자가 원산지국가를 기재한 것
④ 제3항에 따른 원산지증명서에는 해당 수입물품의 품명, 수량, 생산지, 수출자 등 관세청장이 정하는 사항이 적혀 있어야 하며, 제출일부터 소급하여 1년(다음 각 호의 구분에 따른 기간은 제외한다) 이내에 발행된 것이어야 한다.(2015.2.6 본문개정)
1. 원산지증명서 발행 후 1년 이내에 해당 물품이 수입항에 도착하였으나 수입신고는 1년을 경과하는 경우 : 물품이 수입항에 도착한 날의 다음 날부터 해당 물품의 수입신고를 한 날까지의 기간(2011.4.1 본호신설)
2. 천재지변, 그 밖에 이에 준하는 사유로 원산지증명서 발행 후 1년이 경과한 이후에 수입항에 도착한 경우 : 해당 사유가 발생한 날의 다음 날부터 소멸된 날까지의 기간(2011.4.1 본호신설)
⑤ 제1항 각 호 외의 부분 단서에 따라 원산지증명서 또는 그 부본을 제출하는 경우에는 제34조제1항에 따른 경정청구서를 함께 제출하여야 한다.(2015.2.6 본항신설)

제236조의2 【원산지 등에 대한 사전확인】 ① 법 제232조의 규정에 의하여 원산지확인이 필요한 물품을 수입하는 자는 관세청장에게 다음 각호의 1에 해당하는 사항에 대하여 당해 물품의 수입신고를 하기 전에 미리 확인 또는 심사(이하 "사전확인"이라 한다)하여 줄 것을 신청할 수 있다.
1. 법 제229조의 규정에 따른 원산지 확인기준의 충족 여부
2. 조약 또는 협정 등의 체결로 인하여 관련법령에서 특정물품에 대한 원산지 확인기준을 달리 정하고 있는 경우에 당해 법령에 따른 원산지 확인기준의 충족 여부
3. 제1호 및 제2호의 원산지 확인기준의 충족여부를 결정하기 위한 기초가 되는 사항으로서 관세청장이 정하는 사항
4. 그 밖에 관세청장이 원산지에 따른 관세의 적용과 관련하여 필요하다고 정하는 사항
② 사전확인의 신청을 받은 경우 관세청장은 60일 이내에 이를 확인하여 그 결과를 기재한 서류(이하 "사전확인서"라 한다)를 신청인에게 교부하여야 한다. 다만, 제출자료의 미비 등으로 인하여 사전확인이 곤란한 경우에는 그 사유를 신청인에게 통지하여야 한다.
③ 세관장은 수입신고된 물품 및 원산지증명서의 내용이 사전확인서상의 내용과 동일하다고 인정되는 때에는 특별한 사유가 없는 한 사전확인서의 내용에 따라 관세의 경감 등을 적용하여야 한다.
④ 제2항에 따른 사전확인의 결과를 통지받은 자(제236조의3제1항에 따른 사전확인서의 내용변경 통지를 받은 자를 포함한다)는 그 통지내용에 이의를 제기하려는 경우 그 결과를 통지받은 날부터 30일 이내에 다음 각 호의 사항이 기재된 신청서에 이의제기 내용을 확인할 수 있는 자료를 첨부하여 관세청장에게 제출하여야 한다.
1. 이의를 제기하는 자의 성명과 주소 또는 거소
2. 해당 물품의 품명·규격·용도·수출자·생산자 및 수입자
3. 이의제기의 요지와 내용
(2012.2.2 본항신설)
⑤ 관세청장은 제4항에 따라 이의제기를 받은 때에는 이를 심사하여 30일 이내에 그 결정 내용을 신청인에게 알려야 한다.(2012.2.2 본항신설)
⑥ 관세청장은 이의제기의 내용이나 절차가 적합하지 아니하거나 보정할 수 있다고 인정되는 때에는 20일 이내의 기간을 정하여 다음 각 호의 사항을 적은 문서로써 보정하여 줄 것을 요구할 수 있다. 이 경우 보정기간은 제5항에 따른 심사결정기간에 산입하지 아니한다.
1. 보정할 사항
2. 보정을 요구하는 이유
3. 보정할 기간
4. 그 밖의 필요한 사항
(2012.2.2 본항신설)
(2004.3.29 본조신설)

제236조의3 【사전확인서 내용의 변경】 ① 관세청장은 사전확인서의 근거가 되는 사실관계 또는 상황이 변경된 경우에는 사전확인서의 내용을 변경할 수 있다. 이 경우 관세청장은 신청인에게 그 변경내용을 통지하여야 한다.
② 제1항의 규정에 따른 사전확인서의 내용을 변경한 경우에는 그 변경일후에 수입신고되는 물품에 대하여 변경된 내용을 적용한다. 다만, 사전확인서의 내용변경이 자료제출누락 또는 허위자료제출 등 신청인의 귀책사유로 인한 때에는 당해 사전확인과 관련하여 그 변경일전에 수입신고된 물품에 대하여도 소급하여 변경된 내용을 적용한다.
(2004.3.29 본조신설)

제236조의4 (2022.2.15 삭제)
제236조의5 (2023.2.28 삭제)

제236조의6 【원산지증명서확인자료 등】 ① 법 제232조의2제2항 전단에서 "대통령령으로 정하는 자료"란 다음 각 호의 구분에 따른 자료로서 수출신고 수리일부터 3년 이내의 자료를 말한다.
1. 수출물품의 생산자가 제출하는 다음 각 목의 자료
   가. 수출자에게 해당 물품의 원산지를 증명하기 위하여 제공한 서류
   나. 수출자와의 물품공급계약서
   다. 해당 물품의 생산에 사용된 원재료의 수입신고필증(생산자 명의로 수입신고한 경우만 해당한다)
   라. 해당 물품 및 원재료의 생산 또는 구입 관련 증명서류
   마. 원가계산서·원재료내역서 및 공정명세서
   바. 해당 물품 및 원재료의 출납·재고관리대장
   사. 해당 물품의 생산에 사용된 재료를 공급하거나 생산한 자가 그 재료의 원산지를 증명하기 위하여 작성하여 생산자에게 제공한 서류
   아. 원산지증명서 발급 신청서류(전자문서를 포함하며, 생산자가 원산지증명서를 발급받은 경우만 해당한다)
2. 수출자가 제출하는 다음 각 목의 자료
   가. 원산지증명서가 발급된 물품을 수입하는 국가의 수입자에게 제공한 원산지증명서(전자문서를 포함한다)
   나. 수출신고필증
   다. 수출거래 관련 계약서
   라. 원산지증명서 발급 신청서류(전자문서를 포함하며, 수출자가 원산지증명서를 발급받은 경우만 해당한다)
   마. 제1호라목부터 바목까지의 서류(수출자가 원산지증명서를 발급받은 경우만 해당한다)
3. 원산지증명서를 발급한 자가 제출하는 다음 각 목의 자료
   가. 발급한 원산지증명서(전자문서를 포함한다)
   나. 원산지증명서 발급신청 서류(전자문서를 포함한다)
   다. 그 밖에 발급기관이 보관 중인 자료로서 원산지 확인에 필요하다고 판단하는 자료
② 법 제232조의2제2항제3호에서 "대통령령으로 정하는 자"란 해당 수출물품의 생산자 또는 수출자를 말한다.
(2011.4.1 본조신설)

제236조의7 【수입물품의 원산지증명서 등 확인요청】 세관장은 법 제233조제1항에 따라 원산지증명서 및 원산지증명서확인자료에 대한 진위 여부 등의 확인을 요청할 때에는 다음 각 호의 사항이 적힌 요청서와 수입자 또는 그 밖의 조사대상자 등으로부터 수집한 원산지증명서 사본 및 송품장 등 원산지 확인에 필요한 서류를 함께 송부하여야 한다.
1. 원산지증명서 및 원산지증명서확인자료의 진위 여부 등에 대하여 의심을 갖게 된 사유 및 확인 요청사항
2. 해당 물품에 적용된 원산지결정기준
(2013.2.15 본조개정)

제236조의8 【수출물품의 원산지증명서 등에 관한 조사 절차 등】 ① 법 제233조제3항에 따른 현지조사는 서면조사만으로 원산지증명서 및 원산지증명서확인자료의 진위 여부, 정확성 등을 확인하기 곤란하거나 추가로 확인할 필요가 있는 경우에 할 수 있다.
(2018.2.13 본항개정)
② 세관장은 서면조사 또는 현지조사를 하는 경우에는 기획재정부령으로 정하는 사항을 조사대상자에게 조사 시작 7일 전까지 서면으로 통지하여야 한다.
③ 조사의 연기신청, 조사결과의 통지에 관하여는 법 제114조제2항 및 제115조를 준용한다.

④ 조사결과에 대하여 이의가 있는 조사대상자는 조사결과를 통지받은 날부터 30일 이내에 다음 각 호의 사항이 적힌 신청서에 이의제기 내용을 확인할 수 있는 자료를 첨부하여 세관장에게 제출할 수 있다.
1. 이의를 제기하는 자의 성명과 주소 또는 거소
2. 제3항에 따른 조사결과통지서를 받은 날짜 및 조사결정의 내용
3. 해당 물품의 품명·규격·용도·수출자·생산자 및 수입자
4. 이의제기의 요지와 내용
⑤ 세관장은 제4항에 따라 이의제기를 받은 날부터 30일 이내에 심사를 완료하고 그 결정내용을 통지하여야 한다.
⑥ 세관장은 제4항에 따른 이의제기의 내용이나 절차에 결함이 있는 경우에는 20일 이내의 기간을 정하여 다음 각 호의 사항을 적은 문서로서 보정할 것을 요구할 수 있다. 다만, 보정할 사항이 경미한 경우에는 직권으로 보정할 수 있다.
1. 보정할 사항
2. 보정을 요구하는 이유
3. 보정할 기간
4. 그 밖의 필요한 사항
⑦ 제6항 본문에 따른 보정기간은 제5항에 따른 결정기간에 산입하지 아니한다.
(2011.4.1 본조신설)
제236조의9【원산지표시위반단속기관협의회】 ① 법 제233조의3제1항에서 "원산지표시 위반 단속업무에 필요한 정보교류 등 대통령령으로 정하는 사항"이란 다음 각 호의 사항을 말한다.
1. 원산지표시 위반 단속업무에 필요한 정보교류에 관한 사항
2. 원산지표시 위반 단속업무와 관련된 인력교류에 관한 사항
3. 그 밖에 원산지표시 위반 단속업무와 관련되어 위원장이 회의에 부치는 사항
② 법 제233조의3제1항에 따른 원산지표시위반단속기관협의회(이하 이 조에서 "협의회"라 한다)는 위원장 1명을 포함하여 25명 이내의 위원으로 구성한다.
③ 협의회의 위원장은 원산지표시 위반 단속업무를 관장하는 관세청의 고위공무원단에 속하는 공무원 중에서 관세청장이 지정하는 사람이 되고, 위원은 다음 각 호의 사람이 된다.
1. 관세청장이 지정하는 과장급 공무원 1명
2. 농림축산식품부장관이 지정하는 국립농산물품질관리원 소속 과장급 공무원 1명
3. 해양수산부장관이 지정하는 국립수산물품질관리원 소속 과장급 공무원 1명
4. 특별시, 광역시, 특별자치시, 도, 특별자치도의 장이 지정하는 과장급 공무원 각 1명
④ 위원장은 협의회를 대표하고 사무를 총괄한다. 다만, 부득이한 사유로 위원장이 그 직무를 수행하지 못하는 경우에는 위원장이 미리 지명한 사람이 그 직무를 대행한다.(2020.12.29 본문개정)
⑤ 협의회의 회의는 정기회의와 임시회의로 구분하되, 정기회의는 반기마다 소집하며, 임시회의는 위원장이 필요하다고 인정하는 경우에 소집한다.
⑥ 협의회의 회의는 위원장이 소집하며 그 의장은 위원장이 된다.
⑦ 협의회의 회의는 재적위원 과반수의 출석으로 개의하고, 출석위원 3분의 2 이상의 찬성으로 의결한다.
⑧ 협의회의 사무를 처리하기 위하여 관세청 소속 5급 공무원 1명을 간사로 둔다.
⑨ 제1항부터 제8항까지에서 규정한 사항 외에 협의회의 운영에 필요한 사항은 협의회의 의결을 거쳐 위원장이 정한다.
(2014.3.5 본조신설)

제237조【지식재산권의 신고】 ① 법 제235조제1항 각 호에 따른 지식재산권(이하 "지식재산권"이라 한다)을 같은 조 제2항에 따라 신고하려는 자는 다음 각 호의 사항을 적은 신고서 및 해당 지식재산권을 관련 법령에 따라 등록 또는 설정등록한 증명서류를 세관장에게 제출하여야 한다.(2011.4.1 본문개정)
1. 지식재산권을 사용할 수 있는 권리자(2011.4.1 본호개정)
2. 지식재산권의 내용 및 범위(2011.4.1 본호개정)
3. 침해가능성이 있는 수출입자 또는 수출입국
4. 침해사실을 확인하기 위하여 필요한 사항
② 지식재산권의 신고절차 및 기간, 그 밖에 필요한 사항은 관세청장이 정하여 고시한다.(2017.3.27 본항신설)
(2011.4.1 본조제목개정)
제238조【통관보류등의 요청】 법 제235조제3항 및 제4항에 따라 통관의 보류나 유치(이하 "통관보류등"이라 한다)를 요청하려는 자는 다음 각 호의 사항을 적은 신청서와 해당 법령에 따른 정당한 권리자임을 증명하는 서류를 세관장에게 제출하여야 한다.(2011.4.1 본문개정)
1. 품명·수출입자 및 수출입국
2. 지식재산권의 내용 및 범위(2011.4.1 본호개정)
3. 요청사유
4. 침해사실을 입증하기 위하여 필요한 사항
(2011.4.1 본조제목개정)
제239조【통관보류등】 ① 세관장은 법 제235조제3항 및 제4항에 따라 통관보류등이 요청된 같은 조 제3항 각 호의 어느 하나에 해당하는 물품이 지식재산권을 침해한 물품이라고 인정되면 해당 물품의 통관보류등을 하여야 한다. 다만, 지식재산권의 권리자가 해당 물품의 통관 또는 유치 해제에 동의하는 때에는 관세청장이 정하는 바에 따라 통관을 허용하거나 유치를 해제할 수 있다.(2011.4.1 본항개정)
② 세관장은 법 제235조제5항 및 제7항에 따라 통관보류등을 한 경우 그 사실을 해당 물품의 수출입, 환적 또는 복합환적, 보세구역 반입, 보세운송, 법 제141조제1호에 따른 일시양륙의 신고(이하 "수출입신고등"이라 한다)를 한 자 또는 법 제235조제3항제6호에 해당하는 물품의 화주에게 통보해야 하며, 지식재산권의 권리자에게는 통관보류등의 사실 및 다음 각 호의 사항을 통보해야 한다.(2023.2.28 본항개정)
1. 다음 각 목에 해당하는 자의 성명과 주소
  가. 수출입신고등을 한 자 또는 법 제235조제3항제6호에 해당하는 물품의 화주
  나. 물품발송인
  다. 물품수신인
  (2023.2.28 본호개정)
2. 통관보류등을 한 물품의 성질·상태 및 수량(2011.4.1 본호개정)
3. 원산지 등 그 밖의 필요한 사항
(2008.2.22 본항개정)
③ 세관장은 통관보류등을 요청한 자가 제2항에 따라 해당 물품에 대한 통관보류등의 사실을 통보받은 후 10일(법 제8조제3항 각 호에 해당하는 날은 제외한다. 이하 이 항에서 같다)이내에 법원에의 제소사실 또는 무역위원회에의 조사신청사실을 입증하였을 때에는 해당 통관보류등을 계속할 수 있다. 이 경우 통관보류등을 요청한 자가 부득이한 사유로 통관보류등의 기간은 10일간 연장될 수 있다.(2023.2.28 전단개정)
④ 제3항에도 불구하고 해당 통관보류등이 법원의 임시보호조치에 따라 시행되는 상태이거나 계속되는 경우 통관보류등의 기간은 다음 각 호의 구분에 따른다.

1. 법원에서 임시보호조치 기간을 명시한 경우 : 그 마지막 날
2. 법원에서 임시보호조치 기간을 명시하지 않은 경우 : 임시보호조치 개시일부터 31일
(2021.2.17 본항개정)
⑤ 법 제235조제7항에 따른 통관보류등은 위반사실 및 통관보류등을 한 해당 물품의 신고번호·품명·수량 등을 명시한 문서로써 하여야 한다.(2011.4.1 본항개정)
⑥ 법 제235조제5항 및 제7항에 따라 통관보류등이 된 물품은 통관이 허용되거나 유치가 해제될 때까지 세관장이 지정한 장소에 보관하여야 한다.(2011.4.1 본항개정)
(2011.4.1 본조제목개정)

제240조【통관보류등이 된 물품의 통관 또는 유치 해제 요청】 ① 수출입신고등을 한 자 또는 법 제235조제3항제6호에 해당하는 물품의 화주가 법 제235조제5항 단서에 따라 통관 또는 유치 해제를 요청하려는 때에는 관세청장이 정하는 바에 따라 신청서와 해당 물품이 지식재산권을 침해하지 않았음을 소명하는 자료를 세관장에 제출해야 한다.(2023.2.28 본항개정)
② 제1항에 따른 요청을 받은 세관장은 그 요청사실을 지체 없이 통관보류등을 요청한 자에게 통보하여야 하며, 그 통보를 받은 자는 침해와 관련된 증거자료를 세관장에게 제출할 수 있다.
③ 세관장은 제1항에 따른 요청이 있는 경우 해당 물품의 통관 또는 유치 해제 허용 여부를 요청일부터 15일 이내에 결정한다. 이 경우 세관장은 관계기관과 협의하거나 전문가의 의견을 들어 결정할 수 있다.
(2011.4.1 본조개정)

제241조【담보제공 등】 ① 법 제235조제3항 및 제4항에 따라 통관 보류나 유치를 요청하려는 자와 법 제235조제5항 각 호 외의 부분 단서에 따라 통관 또는 유치 해제를 요청하려는 자는 세관장에게 해당 물품의 과세가격의 100분의 120에 상당하는 금액의 담보를 법 제24조제1항제1호부터 제3호까지 및 제7호에 따른 금전 등으로 제공하여야 한다.(2013.2.15 본항개정)
② 제1항에 따른 담보 금액은 담보를 제공해야 하는 자가 「조세특례제한법」 제6조제1항에 따른 중소기업인 경우에는 해당 물품의 과세가격의 100분의 40에 상당하는 금액으로 한다.(2021.2.17 본항개정)
③ 제1항 또는 제2항에 따라 담보를 제공하는 자는 제공된 담보를 법원의 판결에 따라 통관보류등을 한 자 또는 통관보류등을 요청한 자가 입은 손해의 배상에 사용하여도 좋다는 뜻을 세관장에게 문서로 제출하여야 한다.(2011.4.1 본항개정)
④ 세관장은 법 제235조제3항 및 제4항에 따라 통관보류등이 된 물품의 통관을 허용하거나 유치를 해제하였을 때에 또는 법 제235조제5항 단서에 따른 통관 또는 유치 해제 요청에도 불구하고 통관보류등을 계속할 때에는 제1항 또는 제2항에 따라 제공된 담보를 담보제공자에게 반환하여야 한다.(2011.4.1 본항개정)
⑤ 제1항 및 제2항의 규정에 의하여 제공된 담보의 해제신청 및 포괄담보에 관하여는 제11조 및 제13조의 규정을 준용한다.

제242조【지식재산권 침해 여부의 확인 등】 ① 세관장은 수출입신고등이 된 물품 또는 통관우체국에 도착한 물품의 지식재산권 침해 여부를 판단하기 위하여 필요하다고 인정되는 경우에는 해당 지식재산권의 권리자로 하여금 지식재산권에 대한 전문인력 또는 검사시설을 제공하도록 할 수 있다.(2023.2.28 본항개정)
② 세관장은 지식재산권의 권리자, 수출입신고등을 한 자 또는 법 제235조제3항제6호에 해당하는 물품의 화주가 지식재산권의 침해 여부를 판단하기 위하여 법 제235조제3항에 따라 수출입신고등의 사실 또는 통관

우체국 도착 사실이 통보된 물품 또는 법 제235조제5항 본문에 따라 통관보류등이 된 물품에 대한 검사 및 견본품의 채취를 요청하면 해당 물품에 관한 영업상의 비밀보호 등 특별한 사유가 없는 한 이를 허용해야 한다.(2023.2.28 본항개정)
③ 지식재산권 침해 여부의 확인, 통관보류등의 절차 등에 관하여 필요한 사항은 관세청장이 정한다.
(2011.4.1 본조개정)

제243조【적용의 배제】 상업적 목적이 아닌 개인용도에 사용하기 위한 여행자휴대품으로서 소량으로 수출입되는 물품에 대하여는 법 제235조제1항을 적용하지 아니한다.(2015.2.6 본조개정)

제244조【통관의 보류】 법 제237조제1항제6호에서 "대통령령으로 정하는 경우"란 관세 관계 법령을 위반한 혐의로 고발되거나 조사를 받는 경우를 말한다.
(2021.2.17 본조개정)

제245조【반입명령】 ① 관세청장 또는 세관장은 수출입신고가 수리된 물품이 다음 각 호의 어느 하나에 해당하는 경우에는 법 제238조제1항에 따라 해당 물품을 보세구역으로 반입할 것을 명할 수 있다. 다만, 해당 물품이 수출입신고가 수리된 후 3개월이 지났거나 관련 법령에 따라 관계행정기관의 장의 시정조치가 있는 경우에는 그러하지 아니하다.
1. 법 제227조에 따른 의무를 이행하지 아니한 경우
2. 법 제230조에 따른 원산지 표시가 적법하게 표시되지 아니하였거나 수출입신고 수리 당시와 다르게 표시되어 있는 경우
3. 법 제230조의2에 따른 품질등의 표시(표지의 부착을 포함한다. 이하 이 호에서 같다)가 적법하게 표시되지 아니하였거나 수출입신고 수리 당시와 다르게 표시되어 있는 경우(2017.3.27 본호신설)
4. 지식재산권을 침해한 경우
(2011.4.1 본항개정)
② 관세청장 또는 세관장이 제1항의 규정에 의하여 반입명령을 하는 경우에는 반입대상물품, 반입할 보세구역, 반입사유와 반입기한을 기재한 명령서를 화주 또는 수출입신고자에게 송달하여야 한다.
③ 관세청장 또는 세관장은 명령서를 받을 자의 주소 또는 거소가 불분명한 때에는 관세청 또는 세관의 게시판 및 기타 적당한 장소에 반입명령사항을 공시할 수 있다. 이 경우 공시한 날부터 2주일이 경과한 때에는 명령서를 받을 자에게 반입명령서가 송달된 것으로 본다.
④ 제2항 또는 제3항의 규정에 의하여 반입명령서를 받은 자는 관세청장 또는 세관장이 정한 기한내에 제1항 각호의 1에 해당하는 것으로서 명령서에 기재된 물품을 지정받은 보세구역에 반입하여야 한다. 다만, 반입기한내에 반입하기 곤란한 사유가 있는 경우에는 관세청장 또는 세관장의 승인을 얻어 반입기한을 연장할 수 있다.
⑤~⑦ (2021.2.17 삭제)
⑧ 관세청장은 보세구역 반입명령의 적정한 시행을 위하여 필요한 반입보세구역, 반입기한, 반입절차, 수출입신고필증의 관리방법등에 관한 세부기준을 정할 수 있다.

제245조의2【무역원활화위원회의 구성】 ① 법 제240조의4에 따른 통관 등 수출입 절차의 원활화 및 이와 관련된 국제협력의 원활화(이하 "무역원활화"라 한다)의 촉진에 관한 다음 각 호의 사항을 심의하기 위하여 기획재정부장관 소속으로 무역원활화위원회(이하 이 조 및 제245조의3에서 "위원회"라 한다)를 둔다.
1. 무역원활화 기본계획에 관한 사항
2. 무역원활화 추진 관련 행정기관 간의 업무 협조에 관한 사항

3. 무역원활화 관련 법령·제도의 정비·개선에 관한 사항
4. 그 밖에 무역원활화 추진에 관한 주요 사항
② 위원회는 위원장 1명을 포함하여 20명 이내의 위원으로 구성한다.
③ 위원회의 위원장은 기획재정부차관이 되고, 위원은 다음 각 호의 사람이 된다.
1. 무역원활화 관련 행정기관의 고위공무원단에 속하는 공무원 중에서 기획재정부장관이 임명하는 사람
2. 다음 각 목의 어느 하나에 해당하는 사람 중에서 기획재정부장관이 위촉하는 사람
　가. 무역원활화 관계 기관 및 단체의 임직원
　나. 무역원활화에 관한 학식과 경험이 풍부한 사람으로서 해당 업무에 2년 이상 종사한 사람
④ 제3항제2호에 따른 위원의 임기는 2년으로 하되, 한 번만 연임할 수 있다. 다만, 보궐위원의 임기는 전임위원 임기의 남은 기간으로 한다.(2018.2.13 본문개정)
⑤ 기획재정부장관은 위원회의 위원이 다음 각 호의 어느 하나에 해당하는 경우에는 해당 위원을 해임 또는 해촉할 수 있다.
1. 심신장애로 인하여 직무를 수행할 수 없게 된 경우
2. 직무와 관련된 비위사실이 있는 경우
3. 직무태만, 품위손상이나 그 밖의 사유로 인하여 위원으로 적합하지 아니하다고 인정되는 경우
4. 위원 스스로 직무를 수행하는 것이 곤란하다고 의사를 밝히는 경우
(2017.3.27 본항신설)
⑥ 위원회의 사무를 처리하기 위하여 간사 1명을 두며, 간사는 기획재정부의 고위공무원단에 속하는 공무원 중에서 기획재정부장관이 지명한다.
⑦ 제1항부터 제6항까지에서 규정한 사항 외에 위원회의 구성에 필요한 사항은 기획재정부령으로 정한다.
(2017.3.27 본항개정)
(2015.2.6 본조신설)

제245조의3【위원회의 운영】 ① 위원회의 위원장은 회의를 소집하고 그 의장이 된다.
② 위원회의 위원장이 부득이한 사유로 그 직무를 수행할 수 없을 때에는 위원장이 미리 지명한 위원이 그 직무를 대행한다.
③ 위원회의 회의를 소집하려면 회의 개최 7일 전까지 회의 일시·장소 및 안건을 각 위원에게 서면으로 알려야 한다. 다만, 긴급한 사정이나 그 밖의 부득이한 사유가 있는 경우에는 회의 개최 전날까지 구두로 알릴 수 있다.
④ 위원회는 재적위원 과반수의 출석으로 개의하고, 출석위원 과반수의 찬성으로 의결한다.
⑤ 위원회는 업무수행을 위하여 필요한 경우에는 전문적인 지식과 경험이 있는 관계 분야 전문가 및 공무원으로 하여금 위원회의 회의에 출석하여 의견을 진술하게 할 수 있다.
⑥ 위원회에 출석한 위원과 관계 분야 전문가에게는 예산의 범위에서 수당과 여비를 지급할 수 있다. 다만, 공무원이 그 소관 업무와 직접적으로 관련되어 출석하는 경우에는 수당과 여비를 지급하지 아니한다.
⑦ 제1항부터 제6항까지에서 규정한 사항 외에 위원회의 운영에 필요한 사항은 기획재정부령으로 정한다.
(2015.2.6 본조신설)

제245조의4【간이한 통관절차 적용대상 국가】 ① 법 제240조의5에 따른 간이한 통관절차(이하 "통관절차의 특례"라 한다)를 적용받을 수 있는 국가는 다음 각 호의 국가로 한다.
1. 우리나라와 통관절차의 편익에 관한 협정을 체결한 국가
2. 우리나라와 무역협정 등을 체결한 국가
② 통관절차의 특례 부여의 절차 및 특례 부여 중지, 그

밖에 필요한 사항은 관세청장이 정하여 고시한다.
(2015.2.6 본조신설)

제245조의5【다른 국가와의 수출입신고자료 등의 교환】 ① 법 제240조의6제3항에서 "수출입신고자료 등 대통령령으로 정하는 사항"이란 다음 각 호의 어느 하나에 해당하는 사항을 말한다.
1. 수출·수입 또는 반송의 신고와 관련된 다음 각 목의 자료
　가. 신고서
　나. 송품장, 포장명세서, 원산지증명서 및 선하증권 등 신고 시 제출한 자료
　다. 가목 및 나목의 서류 또는 자료의 진위 확인에 필요한 자료
2. 해당 물품에 대한 법 제30조부터 제35조까지의 규정에 따른 과세가격의 결정 및 관세율표상의 품목분류의 정확성 확인에 필요한 자료
3. 법 제234조 및 제235조에 따라 수출하거나 수입할 수 없는 물품의 반출입과 관련된 자료
4. 법 제283조부터 제318조까지의 규정에 따른 관세범의 조사 및 처분과 관련된 자료
② 관세청장은 제1항제1호에 따른 자료를 다른 국가와 교환한 경우에는 법 제240조의6제5항에 따라 그 교환한 날부터 10일 이내에 자료의 교환 사실 및 내용 등을 해당 신고인 또는 그 대리인에게 통지하여야 한다.
③ 관세청장은 제2항에도 불구하고 해당 통지가 다음 각 호의 어느 하나에 해당하는 경우에는 6개월의 범위에서 통지를 유예할 수 있다. 다만, 제1호에 해당하는 경우에는 6개월을 초과하여 유예할 수 있다.
1. 사람의 생명이나 신체의 안전을 위협할 우려가 있는 경우
2. 증거인멸 등 공정한 사법절차의 진행을 방해할 우려가 있는 경우
3. 질문·조사 등의 행정절차 진행을 방해하거나 지나치게 지연시킬 우려가 있는 경우
4. 다른 국가로부터 해당 통지의 유예를 서면으로 요청받은 경우
(2015.2.6 본조신설)

제2절 수출·수입 및 반송

제246조【수출·수입 또는 반송의 신고】 ① 법 제241조제1항에서 "대통령령으로 정하는 사항"이란 다음 각 호의 사항을 말한다.(2011.4.1 본문개정)
1. 포장의 종류·번호 및 개수
2. 목적지·원산지 및 선적지
3. 원산지표시 대상물품인 경우에는 표시유무·방법 및 형태
4. 상표
5. 납세의무자 또는 화주의 상호(개인의 경우 성명을 말한다)·사업자등록번호·통관고유부호와 해외공급자부호 또는 해외구매자부호(2015.2.6 본호개정)
6. 물품의 장치장소(2002.12.30 본호신설)
7. 그 밖에 기획재정부령으로 정하는 참고사항
　(2016.2.5 본호개정)
② 법 제241조제1항의 규정에 의하여 수출·수입 또는 반송의 신고를 하고자 하는 자는 기획재정부령으로 정하는 수출·수입 또는 반송의 신고서를 세관장에게 제출하여야 한다.(2016.2.5 본문개정)
1.~2. (2016.2.5 삭제)
③ 법 제241조제1항에 따른 가격은 다음 각 호의 구분에 따른다.
1. 수출·반송신고가격 : 해당 물품을 본선에 인도하는 조건으로 실제로 지급받았거나 지급받아야 할 가격으로서 최종 선적항 또는 선적지까지의 운임·보험료를 포함한 가격

2. 수입신고가격 : 법 제30조부터 제35조까지의 규정에
   따른 방법으로 결정된 과세가격
(2019.2.12 본항개정)
④ 법 제241조제2항의 규정에 의하여 신고를 생략하게
하는 물품은 다음 각호의 1과 같다. 다만, 법 제226조의
규정에 해당하는 물품을 제외한다.
1. 법 제96조제1항제1호에 따른 여행자휴대품
   (2018.2.13 본호개정)
2. 법 제96조제1항제3호에 따른 승무원휴대품
   (2018.2.13 본호개정)
3. 우편물(법 제258조제2항에 해당하는 것을 제외한다)
4. 국제운송을 위한 컨테이너(법 별표 관세율표중 기본
   세율이 무세인 것에 한한다)
5. 기타 서류·소액면세물품 등 신속한 통관을 위하여
   필요하다고 인정하여 관세청장이 정하는 탁송품 또
   는 별송품
⑤ 법 제241조제2항의 규정에 의한 수입물품중 관세가
면제되거나 무세인 물품에 있어서는 그 검사를 마친 때
에 당해 물품에 대한 수입신고가 수리된 것으로 본다.
⑥ 법 제241조의 규정에 의하여 수출신고를 함에 있어
수출신고가격을 산정하기 위하여 외국통화로 표시된
가격을 내국통화로 환산하는 때에는 수출신고일이 속
하는 주의 전주의 기준환율 또는 재정환율을 평균하여
관세청장이 정한 율로 하여야 한다.(2022.9.15 본항개
정)
⑦ 법 제241조제6항 전단에서 "대통령령으로 정하는
물품"이란 다음 각 호의 어느 하나에 해당하는 것을 말
한다.(2011.4.1 본문개정)
1. 전기
2. 가스
3. 유류
4. 용수(用水)
(2007.4.5 본항신설)
⑧ 법 제241조제6항 전단에서 "전선이나 배관 등 대통
령령으로 정하는 시설 또는 장치 등"이란 전선로, 배관
등 제7항 각 호의 어느 하나에 해당하는 물품을 공급하
기에 적합하도록 설계·제작된 일체의 시설을 말한다.
(2023.2.28 본항개정)
⑨ 제1항 및 제2항은 법 제241조제6항에 따라 수출·수
입 또는 반송하는 경우에 준용한다.(2007.4.5 본항신설)
제247조【가산세율】 ① 법 제241조제4항의 규정에 의
한 가산세액은 다음 각호의 율에 의하여 산출한다.
1. 법 제241조제3항의 규정에 의한 기한(이하 이 조에
   서 "신고기한"이라 한다)이 경과한 날부터 20일내에
   신고를 한 때에는 당해 물품의 과세가격의 1천분의 5
2. 신고기한이 경과한 날부터 50일내에 신고를 한 때에
   는 당해 물품의 과세가격의 1천분의 10
3. 신고기한이 경과한 날부터 80일내에 신고를 한 때에
   는 당해 물품의 과세가격의 1천분의 15
4. 제1호 내지 제3호외의 경우에는 당해 물품의 과세가
   격의 1천분의 20
② 제1항에 따른 가산세액은 500만원을 초과할 수 없다.
(2012.2.2 본항개정)
③ 신고기한이 경과한 후 보세운송된 물품에 대하여는
보세운송신고를 한 때를 기준으로 제1항의 규정에 의
한 가산세율을 적용하며 그 세액은 수입 또는 반송신
고를 하는 때에 징수한다.
④ 법 제241조제5항 각 호 외의 부분에서 "반복적으로
자진신고를 하지 아니하는 경우 등 대통령령으로 정하
는 사유에 해당하는 경우"란 같은 여행자나 승무원에
대하여 그 여행자나 승무원의 입국일을 기준으로 소급
하여 2년 이내에 2회 이상 법 제241조제5항제1호의 경
우에 해당하는 사유로 가산세를 징수한 경우를 말한다.
(2015.2.6 본항신설)

제248조【가산세 대상물품】 법 제241조제4항에 따른
가산세를 징수해야 하는 물품은 물품의 신속한 유통이
긴요하다고 인정하여 보세구역의 종류와 물품의 특성
을 고려하여 관세청장이 정하는 물품으로 한다.
(2020.12.29 본조개정)
제248조의2【보세구역 반입 후 수출신고의 대상 등】
① 법 제243조제4항에서 "대통령령으로 정하는 물품"
이란 다음 각 호의 어느 하나에 해당하는 물품으로서
관세청장이 정하여 고시하는 물품을 말한다.
1. 도난우려가 높은 물품 등 국민의 재산권 보호를 위
   하여 수출관리가 필요한 물품
2. 고세율 원재료를 제조·가공하여 수출하는 물품 등
   부정환급 우려가 높은 물품
3. 국민보건이나 사회안전 또는 국제무역질서 준수 등
   을 위해 수출관리가 필요한 물품(2019.9.24 본호신설)
② 제1항에도 불구하고 법 제255조의2제1항에 따라 수
출입 안전관리 우수업체로 공인된 업체가 수출하는 물
품은 법 제243조제4항에 따라 관세청장이 정하는 장소
에 반입한 후 수출의 신고를 하는 물품(이하 이 조에서
"반입 후 신고물품"이라 한다)에서 제외할 수 있다.
(2022.2.15 본항개정)
③ 반입 후 신고물품의 반입절차 및 그 밖에 필요한 사
항은 관세청장이 정하여 고시한다.
(2017.3.27 본조신설)
제249조【입항전 수입신고】 ① 법 제244조제1항의 규
정에 의한 수입신고는 당해 물품을 적재한 선박 또는
항공기가 그 물품을 적재한 항구 또는 공항에서 출항
하여 우리나라에 입항하기 5일전(항공기의 경우 1일
전)부터 할 수 있다.
② 출항부터 입항까지의 기간이 단기간인 경우등 당해
선박등이 출항한 후에 신고하는 것이 곤란하다고 인정되
어 출항하기 전에 신고하게 할 필요가 있는 때에는 관세
청장이 정하는 바에 따라 그 신고시기를 조정할 수 있다.
③ 제1항에도 불구하고 다음 각 호의 어느 하나에 해
당하는 물품은 해당 물품을 적재한 선박등이 우리나라에
도착된 후에 수입신고하여야 한다.(2008.2.22 본문개정)
1. 세율이 인상되거나 새로운 수입요건을 갖추도록 요
   구하는 법령이 적용되거나 적용될 예정인 물품
   (2008.2.22 본호개정)
2. 수입신고하는 때와 우리나라에 도착하는 때의 물품
   의 성질과 수량이 달라지는 물품으로서 관세청장이
   정하는 물품
제250조【신고서류】 ① 법 제245조제1항에서 "대통
령령으로 정하는 서류"란 다음 각 호의 서류를 말한다.
(2011.4.1 본문개정)
1. 선하증권 사본 또는 항공화물운송장 사본
2. 원산지증명서(제236조제1항이 적용되는 경우로 한정
   한다)(2011.4.1 본호개정)
3. 기타 참고서류
② 수출입신고를 하는 물품이 법 제226조의 규정에 의
한 증명을 필요로 하는 것인 때에는 관련증명서류를
첨부하여 수출입신고를 하여야 한다. 다만, 세관장은
필요없다고 인정되는 때에는 이를 생략하게 할 수 있다.
제251조【통관물품에 대한 검사】 ① 세관장은 법 제
241조제3항의 규정에 의한 신고를 하지 아니한 물품에
대하여는 관세청장이 정하는 바에 의하여 직권으로 이
를 검사할 수 있다.
② 세관장은 법 제241조제1항의 신고인이 제1항의 규정
에 의한 검사에 참여할 것을 신청하거나 신고인의 참여
가 필요하다고 인정하는 때에는 그 일시·장소·방법
등을 정하여 검사에 참여할 것을 통지할 수 있다.
제251조의2【물품의 검사에 대한 손실보상의 금액】
법 제246조의2제1항에 따른 손실보상의 금액은 다음
각 호의 구분에 따른 금액으로 한다.

1. 해당 물품을 수리할 수 없는 경우 : 법 제30조부터 제35조까지의 규정에 따른 해당 물품의 과세가격에 상당하는 금액
2. 해당 물품을 수리할 수 있는 경우 : 수리비에 상당하는 금액. 다만, 제1호에 따른 금액을 한도로 한다.
(2016.2.5 본조신설)

제251조의3【수출입물품안전관리기관협의회의 구성 및 운영 등】 ① 법 제246조의3제7항에서 "안전성 검사에 필요한 정보교류, 제264조의10에 따른 불법·불량·유해물품에 대한 정보 등의 제공 요청 등 대통령령으로 정하는 사항"이란 다음 각 호의 사항을 말한다.
(2021.2.17 본문개정)
1. 법 제246조의3제1항에 따른 안전성 검사(이하 "안전성 검사"라 한다)에 필요한 정보교류
2. 법 제264조의10에 따른 불법·불량·유해물품에 대한 정보 등의 제공에 관한 사항(2021.2.17 본호신설)
3. 안전성 검사 대상 물품의 선정에 관한 사항
4. 그 밖에 관세청장이 안전성 검사, 불법·불량·유해물품에 대한 정보 등의 제공과 관련하여 협의가 필요하다고 인정하는 사항(2021.2.17 본호개정)
② 법 제246조의3제7항에 따른 수출입물품안전관리기관협의회(이하 이 조에서 "협의회"라 한다)는 위원장 1명을 포함하여 25명 이내의 위원으로 구성한다.
(2018.2.13 본항개정)
③ 협의회의 위원장은 관세청 소속 고위공무원단에 속하는 공무원 중에서 관세청장이 지명하는 사람으로 하고, 위원은 다음 각 호의 사람으로 한다.
1. 관세청의 4급 이상 공무원 중에서 관세청장이 지명하는 사람 1명
2. 관계 중앙행정기관의 4급 이상 공무원 중에서 해당 기관의 장이 지명하는 사람 각 1명
④ 제2항에 따라 협의회의 위원을 지명한 자는 해당 위원이 다음 각 호의 어느 하나에 해당하는 경우에는 그 지명을 철회할 수 있다.
1. 심신장애로 인하여 직무를 수행할 수 없게 된 경우
2. 직무와 관련된 비위사실이 있는 경우
3. 직무태만, 품위손상이나 그 밖의 사유로 인하여 위원으로 적합하지 아니하다고 인정되는 경우
4. 위원 스스로 직무를 수행하는 것이 곤란하다고 의사를 밝히는 경우
⑤ 협의회의 회의는 위원의 과반수 출석으로 개의하고, 출석위원 3분의 2 이상의 찬성으로 의결한다.
⑥ 제1항부터 제5항까지에서 규정한 사항 외에 협의회의 운영에 필요한 사항은 협의회의 의결을 거쳐 위원장이 정한다.
(2016.2.5 본조신설)

제252조【담보의 제공】 법 제248조제2항제5호에서 "대통령령으로 정하는 관세채권의 확보가 곤란한 경우에 해당하는 자"란 다음 각 호의 어느 하나에 해당하는 자를 말한다.
1. 최근 2년간 계속해서 수입실적이 없는 자
2. 파산, 청산 또는 개인회생절차가 진행 중인 자
3. 수입실적, 자산, 영업이익, 수입물품의 관세율 등을 고려할 때 관세채권 확보가 곤란한 경우로서 관세청장이 정하는 요건에 해당하는 자
(2010.3.26 본조개정)

제253조【신고취하의 승인신청】 법 제250조제1항의 규정에 의한 승인을 얻고자 하는 자는 다음 각호의 사항을 기재한 신청서를 세관장에게 제출하여야 한다.
1. 제175조 각호의 사항
2. 신고의 종류
3. 신고연월일 및 신고번호
4. 신청사유

제254조【신고각하의 통지】 세관장은 법 제250조제3항의 규정에 의하여 신고를 각하한 때에는 즉시 그 신고인에게 다음 각호의 사항을 기재한 통지서를 송부하여야 한다.
1. 신고의 종류
2. 신고연월일 및 신고번호
3. 각하사유

제255조【수출신고수리의 취소】 ① 세관장은 법 제251조제2항의 규정에 의하여 우리나라와 외국간을 왕래하는 운송수단에 적재하는 기간을 초과하는 물품에 대하여 수출신고의 수리를 취소하여야 한다. 다만, 다음 각호의 1에 해당하는 경우에는 그러하지 아니하다.
1. 법 제250조제1항의 규정에 의한 신고취하의 승인신청이 정당한 사유가 있다고 인정되는 경우
2. 법 제251조제1항단서의 규정에 의한 적재기간연장승인의 신청이 정당한 사유가 있다고 인정되는 경우
3. 세관장이 수출신고의 수리를 취소하기 전에 당해 물품의 적재를 확인한 경우
4. 기타 세관장이 법 제251조제1항의 규정에 의한 기간 내에 적재하기 곤란하다고 인정하는 경우
② 세관장은 제1항의 규정에 의하여 수출신고의 수리를 취소하는 때에는 즉시 신고인에게 그 내용을 통지하여야 한다.

제256조【신고수리전 반출】 ① 법 제252조의 규정에 의한 승인을 얻고자 하는 자는 다음 각호의 사항을 기재한 신청서를 세관장에게 제출하여야 한다.
1. 제175조 각호의 사항
2. 신고의 종류
3. 신고연월일 및 신고번호
4. 신청사유
② 세관장이 제1항의 규정에 의한 신청을 받아 법 제252조의 규정에 의한 승인을 하는 때에는 관세청장이 정하는 절차에 따라야 한다.
③ 다음 각 호의 어느 하나에 해당하는 물품에 대해서는 법 제252조 단서에 따라 담보의 제공을 생략할 수 있다. 다만, 제2호 및 제3호의 물품을 수입하는 자 중 관세 등의 체납, 불성실신고 등의 사유로 담보 제공을 생략하는 것이 타당하지 아니하다고 관세청장이 인정하는 자가 수입하는 물품에 대해서는 담보를 제공하게 할 수 있다.
1. 국가, 지방자치단체, 「공공기관의 운영에 관한 법률」 제4조에 따른 공공기관, 「지방공기업법」 제49조에 따라 설립된 지방공사 및 같은 법 제79조에 따라 설립된 지방공단이 수입하는 물품
2. 법 제90조제1항제1호 및 제2호에 따른 기관이 수입하는 물품
3. 최근 2년간 법 위반(관세청장이 법 제270조·제276조 및 제277조에 따른 처벌을 받은 자로서 재범의 우려가 없다고 인정하는 경우를 제외한다) 사실이 없는 수출입자 또는 신용평가기관으로부터 신용도가 높은 것으로 평가를 받은 자로서 관세청장이 정하는 자가 수입하는 물품
4. 수출용원재료 등 수입물품의 성질, 반입사유 등을 고려할 때 관세채권의 확보에 지장이 없다고 관세청장이 인정하는 물품
5. 거주 이전(移轉)의 사유, 납부할 세액 등을 고려할 때 관세채권의 확보에 지장이 없다고 관세청장이 정하여 고시하는 기준에 해당하는 자의 이사물품
(2011.4.1 본항신설)

제257조【수입신고전 물품반출】 ① 법 제253조제1항의 규정에 의하여 수입하고자하는 물품을 수입신고전에 즉시반출하고자 하는 자는 물품의 품명·규격·수량 및 가격을 기재한 신고서를 제출하여야 한다.
② 법 제253조제1항의 규정에 의한 즉시반출을 할 수 있는 자 및 물품은 다음 각호의 1에 해당하는 것중 법 제226조제2항의 규정에 의한 구비조건의 확인에 지장이 없는 경우로서 세관장이 지정하는 것에 한한다.

1. 관세 등의 체납이 없고 최근 3년동안 수출입실적이 있는 제조업자 또는 외국인투자자가 수입하는 시설재 또는 원부자재
2. (2010.3.26 삭제)
3. 기타 관세 등의 체납우려가 없는 경우로서 관세청장이 정하는 물품

제258조【전자상거래물품의 특별통관 등】① 관세청장은 법 제254조제1항에 따라 전자상거래물품에 대하여 다음 각 호의 사항을 따로 정할 수 있다.
1. 특별통관 대상 거래물품 또는 업체
2. 수출입신고 방법 및 절차
3. 관세 등에 대한 납부방법
4. 물품검사방법
5. 그 밖에 관세청장이 필요하다고 인정하는 사항
② 법 제254조제2항에서 "대통령령으로 정하는 정보"란 다음 각 호의 정보를 말한다.
1. 주문번호 및 구매 일자
2. 물품수신인의 성명 및 통관고유부호
3. 물품의 품명 및 수량
4. 물품의 결제금액
5. 그 밖에 관세청장이 전자상거래물품의 통관을 위하여 수입신고 전에 제공받을 필요가 있다고 인정하여 고시하는 정보
③ 법 제254조제2항에 따라 요청받은 정보의 제공은 관세청장이 정하는 전자적 매체를 통해 제공하는 방법으로 한다.
④ 제3항에 따라 정보를 제공하는 경우 그 제공 기간은 전자상거래물품의 선하증권 또는 화물운송장 번호가 생성되는 시점부터 수입신고 전까지로 한다.
⑤ 법 제254조제4항에서 "대통령령으로 정하는 사항"이란 다음 각 호의 사항을 말한다.
1. 물품의 품명
2. 납부세액
3. 선하증권 또는 화물운송장 번호
4. 그 밖에 관세청장이 전자상거래물품의 화주에게 안내할 필요가 있다고 인정하여 고시하는 정보
(2023.2.28 본조개정)

제258조의2【탁송품의 검사설비】① 법 제254조의2 제6항 단서에 따라 세관장이 탁송품 운송업자가 운영하는 보세창고 또는 시설(이하 이 조부터 제258조의4까지에서 "자체시설"이라 한다)에서 탁송품을 통관하는 경우 탁송품 운송업자가 갖추어야 할 검사설비는 다음 각 호와 같다.(2015.2.6 본문개정)
1. X-Ray 검색기
2. 자동분류기
3. 세관직원전용 검사장소
② 제1항에 따른 검사설비의 세부기준은 관세청장이 고시로 정한다.
(2013.2.15 본조신설)

제258조의3【자체시설 이용 절차 등】① 탁송품을 자체시설에서 통관하려는 탁송품 운송업자는 다음 각 호의 자료를 세관장에게 제출하여야 한다.
1. 탁송품을 장치할 보세창고 또는 시설의 도면(제258조의2제1항 각 호에 따른 검사설비의 배치도를 포함한다) 및 위치도
2. 장치·통관하려는 탁송품이 해당 탁송품 운송업자가 직접 운송하거나 운송을 주선하는 물품임을 증명하는 서류
3. 다음 각 목이 기재된 사업계획서
  가. 보세창고 또는 시설, X-Ray 검색기 및 자동분류기의 수용능력
  나. 탁송품 검사설비의 운용인력 계획과 검사대상화물선별 및 관리를 위한 전산설비
  다. 탁송품 반출입 및 재고관리를 위한 전산설비

라. 탁송품의 수집, 통관, 배송 전과정에 대한 관리방안
4. 자체시설 통관 시 지켜야할 유의사항, 절차 등을 담은 합의각서
5. 그 밖에 관세청장이 고시로 정하는 자료
② 세관장은 제1항에 따라 탁송품 운송업자가 제출한 자료를 검토한 결과 자체시설에서의 통관이 감시·단속에 지장이 없다고 인정되는 경우 제출한 날부터 30일 이내에 검토결과를 탁송품 운송업자에게 서면으로 통보하고 자체시설에서의 통관을 개시할 수 있다.
(2013.2.15 본조신설)

제258조의4【자체시설의 운영에 관한 관리 등】① 세관장은 탁송품 운송업자의 시설 및 설비 기준, 자체시설 운영상황 등을 확인한 결과 자체시설에서의 통관이 감시·단속에 지장이 있다고 인정될 경우 탁송품 운송업자에게 해당 시설 및 설비의 보완 등을 요구할 수 있다.
② 세관장은 탁송품 운송업자가 제1항에 따른 요구사항을 이행하지 않을 경우 그 사유를 서면으로 통보하고 자체시설에서의 통관을 30일 이내에서 일시 정지하거나 종료할 수 있다.
③ 그 밖에 자체시설에서의 통관 개시 및 종료, 자체시설의 운영에 관한 관리 등에 관하여 필요한 사항은 관세청장이 고시로 정한다.
(2013.2.15 본조신설)

제258조의5【세관장과 탁송품 운송업자간 협력 등】 법 제254조의2제9항에서 "세관장과 탁송품 운송업자간 협력에 관한 사항 등 대통령령으로 정하는 사항"이란 다음 각 호의 사항을 말한다.
1. 밀수출입 정보교환 및 법에 따른 정보제공 등 세관장과 탁송품 운송업자 간 협력에 관한 사항
2. 신속한 통관을 위한 절차 개선 협약 등 세관장과 탁송품 운송업자 간 업무협약 체결에 관한 사항
3. 세관장의 탁송품 운송업자에 대한 법 제255조의7제1항 및 제2항에 따른 평가 및 관리에 관한 세부사항 (2022.2.15 본호개정)
4. 그 밖에 관세청장이 필요하다고 인정하는 사항
(2021.2.17 본조신설)

제259조 (2015.2.6 삭제)

제259조의2【수출입 안전관리 기준 등】① 법 제255조의2제1항에 따른 안전관리 기준(이하 "안전관리기준"이라 한다)은 다음 각 호와 같다.(2015.2.6 본문개정)
1. 「관세법」, 「자유무역협정의 이행을 위한 관세법의 특례에 관한 법률」, 「대외무역법」 등 수출입에 관련된 법령을 성실하게 준수하였을 것
2. 관세 등 영업활동과 관련한 세금을 체납하지 않는 등 재무 건전성을 갖출 것
3. 수출입물품의 안전한 관리를 확보할 수 있는 운영시스템, 거래업체, 운송수단 및 직원교육체계 등을 갖출 것
4. 그 밖에 세계관세기구에서 정한 수출입 안전관리에 관한 표준 등을 반영하여 관세청장이 정하는 기준을 갖출 것
② 관세청장은 법 제255조의2제2항에 따른 심사를 할 때 「국제항해선박 및 항만시설보안에 관한 법률」 제12조에 따른 국제선박보안증서를 교부받은 국제항해선박소유자 또는 같은 법 제27조에 따른 항만시설적합확인서를 교부받은 항만시설소유자에 대하여는 제1항 각 호의 안전관리 기준 중 일부에 대하여 심사를 생략할 수 있다.
③~⑤ (2022.2.15 삭제)

제259조의3【수출입 안전관리 우수업체의 공인절차 등】① 법 제255조의2제1항에 따라 수출입 안전관리 우수업체(이하 "수출입안전관리우수업체"라 한다)로 공인받으려는 자는 신청서에 다음 각 호의 서류를 첨부하여 관세청장에게 제출하여야 한다.(2022.2.15 본문개정)

1. 자체 안전관리 평가서
2. 안전관리 현황 설명서
3. 그 밖에 업체의 안전관리 현황과 관련하여 관세청장이 정하는 서류

② 법 제255조의2제5항에 따라 공인을 갱신하려는 자는 공인의 유효기간이 끝나는 날의 6개월 전까지 신청서에 제1항 각 호에 따른 서류를 첨부하여 관세청장에게 제출해야 한다.(2022.2.15 본항개정)

③ 관세청장은 공인을 받은 자에게 공인을 갱신하려면 공인의 유효기간이 끝나는 날의 6개월 전까지 갱신을 신청하여야 한다는 사실을 해당 공인의 유효기간이 끝나는 날의 7개월 전까지 휴대폰에 의한 문자전송, 전자메일, 팩스, 전화, 문서 등으로 미리 알려야 한다. (2016.2.5 본항신설)

④ 관세청장은 제1항 또는 제2항에 따른 신청을 받은 경우 안전관리기준을 충족하는 업체에 대하여 공인증서를 교부하여야 한다.(2016.2.5 본항신설)

⑤ 수출입안전관리우수업체에 대한 공인의 등급, 안전관리 심사에 관한 세부절차, 그 밖에 필요한 사항은 관세청장이 정한다. 다만, 「국제항해선박 및 항만시설의 보안에 관한 법률」 등 안전관리에 관한 다른 법령과 관련된 사항에 대해서는 관계기관의 장과 미리 협의해야 한다.(2022.2.15 본항개정)
(2009.2.4 본조신설)

제259조의4 【수출입안전관리우수업체에 대한 혜택 등】
① 법 제255조의3제1항에서 "대통령령으로 정하는 사항"이란 수출입물품에 대한 검사 완화나 수출입신고 및 관세납부 절차 간소화 등의 사항을 말한다.

② 제1항에 따른 통관절차 및 관세행정상의 혜택의 세부내용은 관세청장이 정하여 고시한다.

③ 법 제255조의3제3항에서 "법 제255조의4제2항에 따른 자율 평가 결과를 보고하지 아니하는 등 대통령령으로 정하는 사유"란 다음 각 호의 어느 하나에 해당하는 경우를 말한다.
1. 수출입안전관리우수업체가 법 제255조의4제2항에 따라 자율평가 결과를 보고하지 않은 경우
2. 수출입안전관리우수업체가 법 제255조의4제3항에 따라 변동사항 보고를 하지 않은 경우
3. 수출입안전관리우수업체(대표자 및 제259조의5제1항에 따라 지정된 관리책임자를 포함한다)가 법 또는 「자유무역협정의 이행을 위한 관세법의 특례에 관한 법률」, 「대외무역법」, 「외국환거래법」, 「수출용 원재료에 대한 관세 등 환급에 관한 특례법」 등 수출입과 관련된 법령을 위반한 경우
4. 수출입안전관리우수업체가 소속 직원에게 안전관리기준에 관한 교육을 실시하지 않는 등 관세청장이 수출입안전관리우수업체에 제공하는 혜택을 정지할 필요가 있다고 인정하여 고시하는 경우
(2022.2.15 본조신설)

제259조의5 【수출입안전관리우수업체에 대한 사후관리 등】
① 수출입안전관리우수업체는 법 제255조의4제2항에 따라 안전관리기준의 충족 여부를 평가·보고하는 관리책임자를 지정해야 한다.

② 수출입안전관리우수업체는 법 제255조의4제2항에 따라 안전관리기준의 충족 여부를 매년 자율적으로 평가하여 그 결과를 해당 업체가 수출입안전관리우수업체로 공인된 날이 속하는 달의 다음 달 15일까지 관세청장에게 보고해야 한다. 다만, 제259조의3제2항에 따라 공인의 갱신을 신청한 경우로서 공인의 유효기간이 끝나는 날이 속한 연도에 실시해야 하는 경우의 평가는 생략할 수 있다.

③ 법 제255조의5제6호에서 "대통령령으로 정하는 경우"란 수출입안전관리우수업체(대표자 및 제1항에 따라 지정된 관리책임자를 포함한다)가 다음 각 호의 어느 하나에 해당하는 경우를 말한다. 다만, 법 제279조

또는 제3호·제4호에서 정한 법률의 양벌규정에 따라 처벌받은 경우는 제외한다.
1. 법 제268조의2, 제269조, 제270조, 제270조의2, 제271조, 제274조 및 제275조의2부터 제275조의4까지의 규정에 따라 벌금형 이상의 형을 선고받거나 통고처분을 받은 경우
2. 법 제276조에 따라 벌금형의 선고를 받은 경우
3. 「자유무역협정의 이행을 위한 관세법의 특례에 관한 법률」, 「대외무역법」, 「외국환거래법」, 「수출용 원재료에 대한 관세 등 환급에 관한 특례법」 등 수출입과 관련된 법령을 위반하여 벌금형 이상의 형을 선고받은 경우
4. 「관세사법」 제29조에 따라 벌금형 이상의 형을 선고받거나 통고처분〔같은 조 제4항 및 같은 법 제32조(같은 법 제29조제4항과 관련된 부분으로 한정한다)에 따라 적용되는 이 법 제311조에 따른 통고처분은 제외한다〕을 받은 경우 (2023.2.28 본호개정)
(2022.2.15 본조신설)

제259조의6 【준수도측정·평가의 절차 및 활용 등】
① 관세청장은 법 제255조의7제1항에 따라 연 4회의 범위에서 다음 각 호의 어느 하나에 해당하는 자를 대상으로 안전관리기준의 준수 정도에 대한 측정·평가 (이하 이 조에서 "준수도측정·평가"라 한다)를 할 수 있다.(2022.2.15 본문개정)
1. 운영인
2. 법 제19조에 따른 납세의무자
3. 법 제172조제2항에 따른 화물관리인
4. 법 제225조제1항에 따른 선박회사 또는 항공사
5. 법 제242조에 따른 수출·수입·반송 등의 신고인 (화주를 포함한다)
6. 법 제254조 및 이 영 제258조제1호에 따른 특별통관 대상 업체
7. 보세운송업자등
8. 「자유무역지역의 지정 및 운영에 관한 법률」 제2조제2호에 따른 입주기업체

② 관세청장은 법 제255조의7제2항에 따라 준수도측정·평가의 결과를 다음 각 호의 사항에 활용할 수 있다. (2022.2.15 본문개정)
1. 간이한 신고 방식의 적용 등 통관 절차의 간소화
2. 검사 대상 수출입물품의 선별
3. 그 밖에 업체 및 화물 관리의 효율화를 위하여 기획재정부령으로 정하는 사항

③ 준수도측정·평가에 대한 평가 항목, 배점 및 등급 등 세부 사항은 관세청장이 정하여 고시한다.(2022.2.15 본항개정)
(2022.2.15 본조제목개정)
(2015.2.6 본조신설)

제259조의7 【수출입안전관리우수업체심의위원회】
① 관세청장은 다음 각 호의 사항을 심의하기 위하여 필요한 경우에는 수출입안전관리우수업체심의위원회(이하 이 조에서 "수출입안전관리우수업체심의위원회"라 한다)를 구성·운영할 수 있다.(2022.10.4 본문개정)
1. 수출입안전관리우수업체의 공인 및 갱신
2. 수출입안전관리우수업체의 공인 취소
3. 그 밖에 수출입안전관리우수업체 제도의 운영에 관하여 관세청장이 수출입안전관리우수업체심의위원회에 부치는 사항

② 수출입안전관리우수업체심의위원회는 위원장 1명을 포함하여 20명 이상 30명 이내의 위원으로 구성한다.

③ 수출입안전관리우수업체심의위원회의 위원장은 관세청 차장으로 하고, 위원은 다음 각 호의 사람 중에서 성별을 고려하여 관세청장이 임명하거나 위촉한다.
1. 관세청 소속 공무원
2. 관세행정에 관한 학식과 경험이 풍부한 사람

④ 제3항제2호에 따라 위촉되는 위원의 임기는 2년으로 한다. 다만, 위원의 사임 등으로 새로 위촉된 위원의 임기는 전임위원의 남은 임기로 하고, 제8항에 따라 수출입안전관리우수업체심의위원회가 해산되는 경우에는 그 해산되는 때에 임기가 만료되는 것으로 한다. (2022.10.4 단서개정)
⑤ 수출입안전관리우수업체심의위원회의 위원장은 위원회의 회의를 소집하고, 그 의장이 된다.
⑥ 수출입안전관리우수업체심의위원회의 회의는 위원장과 위원장이 매 회의마다 지정하는 10명 이상 15명 이내의 위원으로 구성한다. 이 경우 제3항제2호에 따라 위촉되는 위원이 5명 이상 포함되어야 한다.
⑦ 수출입안전관리우수업체심의위원회의 회의는 제6항에 따라 구성된 위원 과반수의 출석으로 개의(開議)하고, 출석위원 과반수의 찬성으로 의결한다.
⑧ 관세청장은 수출입안전관리우수업체심의위원회의 구성 목적을 달성하였다고 인정하는 경우에는 수출입안전관리우수업체심의위원회를 해산할 수 있다. (2022.10.4 본항신설)
⑨ 제1항부터 제8항까지에서 규정한 사항 외에 수출입안전관리우수업체심의위원회의 운영 등에 필요한 사항은 관세청장이 정한다.(2022.10.4 본항개정)
(2022.2.15 본조신설)

제3절 우편물

제259조의8【우편물의 사전전자정보 제출】 ① 법 제256조의2제1항에서 "대통령령으로 정하는 전자정보"란 다음 각 호의 정보를 말한다.
1. 사전 통관정보 : 우편물에 관한 전자적 통관정보로서 다음 각 목의 정보
   가. 우편물번호, 발송인 및 수취인의 성명과 주소, 총수량 및 총중량
   나. 개별 우편물의 품명ㆍ수량ㆍ중량 및 가격
   다. 그 밖에 수입하려는 우편물에 관한 통관정보로서 관세청장이 정하여 고시하는 정보
2. 사전 발송정보 : 개별 우편물이 들어있는 우편 용기에 관한 전자적 발송정보로서 다음 각 목의 정보
   가. 우편물 자루번호 및 우편물번호
   나. 발송ㆍ도착 예정 일시, 발송국ㆍ도착국 공항 또는 항만의 명칭, 운송수단
   다. 그 밖에 수입하려는 우편물에 관한 발송정보로서 관세청장이 정하여 고시하는 정보
② 통관우체국의 장은 법 제256조의2제1항에 따라 제1항 각 호의 전자정보(이하 "사전전자정보"라 한다)를 정보통신망을 이용하여 세관장에게 제출해야 한다.
③ 세관장은 법 제256조의2제2항에 따라 사전전자정보가 제출되지 않은 우편물을 통관우체국의 장으로 하여금 반송하도록 하기로 결정한 경우에는 그 결정사항을 통관우체국의 장에게 통지해야 한다.
④ 제3항에 따른 통지를 받은 통관우체국의 장은 우편물의 수취인이나 발송인에게 그 결정사항을 통지하고 반송해야 한다.
⑤ 법 제256조의2제3항 단서에서 "대통령령으로 정하는 사유"란 다음 각 호의 사유를 말한다.
1. 세관장이 법 제39조에 따라 관세를 부과ㆍ징수하려는 경우
2. 세관장이 법 제235조 또는 제237조에 따라 우편물의 통관을 보류하거나 유치할 필요가 있는 경우
3. 법 제256조의2제1항에 따라 제출된 사전전자정보가 불충분하거나 불분명한 경우
4. 법 제258조제2항에 따라 법 제241조제1항에 따른 수입신고를 해야 하는 경우
5. 세관장이 관세 관계 법령 위반 혐의가 있는 우편물을 조사하려는 경우
(2022.2.15 본조신설)

제260조【우편물의 검사】 ① 통관우체국의 장은 법 제257조에 따른 검사를 받는 때에는 소속공무원을 참여시켜야 한다.
② 통관우체국의 장은 제1항에 따른 검사를 위하여 세관공무원이 해당 우편물의 포장을 풀고 검사할 필요가 있다고 인정하는 경우에는 그 우편물의 포장을 풀었다가 다시 포장해야 한다.
(2022.2.15 본조개정)

제261조【수출입신고대상 우편물】 법 제258조제2항에서 "대통령령으로 정하는 기준에 해당하는 것"이란 다음 각 호의 어느 하나에 해당하는 우편물을 말한다. (2011.4.1 본문개정)
1. 법령에 따라 수출입이 제한되거나 금지되는 물품
2. 법 제226조에 따라 세관장의 확인이 필요한 물품
3. 판매를 목적으로 반입하는 물품 또는 대가를 지급하였거나 지급하여야 할 물품(통관허용여부 및 과세대상여부에 관하여 관세청장이 정한 기준에 해당하는 것으로 한정한다)
(2011.4.1 1호~3호개정)
4. 가공무역을 위하여 우리나라와 외국간에 무상으로 수출입하는 물품 및 그 물품의 원ㆍ부자재(2002.12.30 본호신설)
4의2. 다음 각 목의 어느 하나에 해당하는 물품
   가. 「건강기능식품에 관한 법률」 제3조제1호에 따른 건강기능식품
   나. 「약사법」 제2조제4호에 따른 의약품
   다. 그 밖에 가목 및 나목의 물품과 유사한 물품으로서 관세청장이 국민보건을 위하여 수출입신고가 필요하다고 인정하여 고시하는 물품
(2023.2.28 본호신설)
5. 그 밖에 수출입신고가 필요하다고 인정되는 물품으로서 관세청장이 정하는 금액을 초과하는 물품
(2002.12.30 본호신설)

제262조【세관장 등의 통지】 ① 법 제258조제2항에 해당하는 우편물에 있어서 법 제259조제1항의 규정에 의한 통지는 법 제248조의 규정에 의한 신고의 수리 또는 법 제252조의 규정에 의한 승인을 받은 서류를 당해 신고인이 통관우체국에 제출하는 것으로써 이에 갈음한다.
② 제1항의 경우에 법 제259조제2항에 따른 통지는 세관이 발행하는 납부고지서로 갈음한다.(2021.2.17 본항개정)

제263조【우편물에 관한 납세절차】 법 제260조제1항의 규정에 의하여 관세를 납부하고자 하는 자는 제262조제2항의 경우에는 세관장에게, 기타의 경우에는 체신관서에 각각 금전으로 이를 납부하여야 한다.

제10장 세관공무원의 자료제출요청 등

제263조의2【과세자료의 범위 및 제출시기 등】 ① 법 제264조의2에 따른 과세자료제출기관(이하 "과세자료제출기관"이라 한다)이 법 제264조의3 및 제264조의4에 따라 제출하여야 하는 과세자료의 범위, 과세자료를 제출받을 기관 및 제출시기는 별표3과 같다.
② 과세자료제출기관의 장은 법 제264조의4제3항에 따라 관세청장 또는 세관장으로부터 과세자료의 추가 또는 보완을 요구받은 경우에는 정당한 사유가 없으면 그 요구를 받은 날부터 15일 이내에 그 요구에 따라야 한다. (2014.3.5 본조신설)

제264조【영업에 관한 보고】 법 제266조제3항의 규정에 의하여 관세청장 또는 세관장은 상설영업장을 갖추고 외국에서 생산된 물품을 판매하는 자, 그 대리인 기타 관계인에 대하여 판매물품에 관한 다음 각호의 사항에 관한 보고서의 제출을 명할 수 있다.

1. 판매물품의 품명·규격 및 수량
2. 수입대상국과 생산국 또는 원산지
3. 수입가격 또는 구입가격
4. 수입자 또는 구입처
5. 구입일자, 당해 영업장에의 반입일자
6. 판매일자

제264조의2【실태조사 범위 등】 ① 관세청장은 법 제266조제4항에 따라 통신판매중개자(「전자상거래 등에서의 소비자보호에 관한 법률」 제2조제4호에 따른 통신판매중개를 하는 자를 말한다. 이하 같다)에 대한 서면실태조사(이하 "서면실태조사"라 한다)를 매년 1회 실시할 수 있다.
② 관세청장은 서면실태조사를 하는 경우에 공정거래위원회, 관련 업체 및 단체 등의 의견을 수렴하여 실시계획을 수립하고 이에 따라 실태조사를 해야 한다.
③ 서면실태조사의 항목에는 통신판매중개자가 운영 중인 법 제266조제4항에 따른 사이버몰(이하 이 항에서 "사이버몰"이라 한다) 관련 정보 중에서 다음 각 호의 사항이 포함되어야 한다.
1. 사이버몰에서 법 제226조, 제230조 및 제235조를 위반하여 수입된 물품(이하 이 조 및 제264조의3에서 "부정수입물품"이라 한다)을 판매한 통신판매자(「전자상거래 등에서의 소비자보호에 관한 법률」 제2조제2호에 따른 통신판매를 한 자를 말한다. 이하 제2호에서 같다)가 사이버몰에 등록한 정보에 대한 통신판매중개자의 관리 실태
2. 통신판매중개자가 사이버몰에서 부정수입물품이 유통되는 것을 방지하기 위하여 통신판매자와 판매물품을 검증할 목적으로 갖추고 있는 인력·기술, 검증체계 및 방법에 관한 사항
3. 사이버몰에서 부정수입물품 유통 또는 거래내역 발견 시 판매중지, 거래취소 및 환불 등 소비자 보호에 관한 사항
④ 관세청장은 서면실태조사를 효율적으로 하기 위해 정보통신망, 전자우편 등 전자적 매체를 사용할 수 있다.
⑤ 제1항부터 제4항까지에서 규정한 사항 외에 서면실태조사에 관하여 필요한 사항은 관세청장이 정한다.
(2020.2.11 본조신설)

제264조의3【조사결과 통지 및 공표】 ① 관세청장은 법 제266조제5항에 따라 조사결과를 공개하기 전에 조사대상자에게 조사결과를 통지하여 소명자료를 제출하거나 의견을 진술할 수 있는 기회를 부여해야 한다.
② 관세청장은 공정거래위원회와 함께 서면실태조사의 결과 및 제1항에 따른 조사대상자의 소명자료·의견을 검토한 후에 소비자 피해 예방을 위하여 필요한 경우에는 다음 각 호의 사항을 관세청과 공정거래위원회의 홈페이지에 게시하는 방법으로 공표할 수 있다.
1. 통신판매중개자의 사이버몰에서 판매된 부정수입물품 내역
2. 해당 통신판매중개자가 운영하는 사이버몰의 명칭, 소재지 및 대표자 성명
3. 그 밖에 해당 통신판매중개자에 대한 서면실태조사 결과
(2020.2.11 본조신설)

제265조【무기 관리 의무】 ① 관세청장은 법 제267조에 따른 무기의 안전한 사용, 관리 및 사고예방을 위하여 그 무기의 사용, 관리, 보관 및 해당 시설 등에 대한 안전기준을 마련하여야 한다.
② 관세청장이나 세관장은 무기가 사용된 경우 사용일시·장소·대상, 현장책임자, 종류 및 수량 등을 기록하여 보관하여야 한다.
(2018.2.13 본조신설)

제11장 벌 칙
(2019.2.12 본장제목개정)

제265조의2【과태료의 부과기준】 법 제277조제1항부터 제6항까지 및 제277조의2제5항에 따른 과태료의 부과기준은 별표5와 같다.(2022.2.15 본조개정)
제265조의3【비밀유지 의무 위반에 대한 과태료의 부과기준】 법 제277조의3에 따른 과태료의 부과기준은 별표6과 같다.(2023.2.28 본조신설)
제266조【국내도매가격】 법 제282조제3항에서 "국내도매가격"이라 함은 도매업자가 수입물품을 무역업자로부터 매수하여 국내도매시장에서 공정한 거래방법에 의하여 공개적으로 판매하는 가격을 말한다.

제12장 조사와 처분

제266조의2【관세범칙조사심의위원회의 구성】 ① 법 제284조의2제1항에 따라 인천공항세관·서울세관·부산세관·인천세관·대구세관·광주세관 및 평택세관에 관세범칙조사심의위원회를 둔다.(2023.4.11 본항개정)
② 법 제284조의2제1항에 따른 관세범칙조사심의위원회(이하 "관세범칙조사심의위원회"라 한다)는 위원장 1명을 포함한 10명 이상 20명 이하의 위원으로 구성한다.
③ 관세범칙조사심의위원회의 위원장은 관세청의 3급부터 5급까지에 해당하는 공무원 중 관세청장이 지정하는 사람이 되고, 위원은 다음 각 호의 사람 중에서 세관장이 임명 또는 위촉하되, 제2호부터 제6호까지에 해당하는 위원이 2분의 1 이상 포함되어야 한다.
1. 관세청 소속 공무원
2. 변호사·관세사
3. 대학교수
4. 관세, 무역 및 형사 관련 전문연구기관 연구원
5. 시민단체(「비영리민간단체 지원법」 제2조에 따른 비영리민간단체를 말한다)에서 추천하는 자
6. 그 밖에 범칙조사에 관한 학식과 경험이 풍부한 자
④ 제3항제2호부터 제6호까지에 해당하는 위원의 임기는 2년으로 하되, 한차례만 연임할 수 있다. 다만, 보궐위원의 임기는 전임위원 임기의 남은 기간으로 한다.
(2020.2.11 본조신설)
제266조의3【관세범칙조사심의위원회 위원의 해임 등】 세관장은 관세범칙조사심의위원회 위원이 다음 각 호의 어느 하나에 해당하는 경우에는 해당 위원을 해임 또는 해촉할 수 있다.
1. 심신장애로 인하여 직무를 수행할 수 없게 된 경우
2. 직무와 관련된 비위사실이 있는 경우
3. 직무태만, 품위손상이나 그 밖의 사유로 인하여 위원으로 적합하지 않다고 인정되는 경우
4. 위원 스스로 직무를 수행하는 것이 곤란하다고 의사를 밝힌 경우
5. 제266조의6 각 호의 어느 하나에 해당함에도 불구하고 회피하지 않은 경우
(2020.2.11 본조신설)
제266조의4【관세범칙조사심의위원회 위원장의 직무】 ① 관세범칙조사심의위원회의 위원장은 관세범칙조사심의위원회를 대표하고, 관세범칙조사심의위원회의 업무를 총괄한다.
② 관세범칙조사심의위원회의 위원장이 직무를 수행하지 못하는 부득이한 사정이 있는 때에는 위원장이 지명하는 위원이 그 직무를 대행한다.
(2020.2.11 본조신설)

제266조의5【관세범칙조사심의위원회의 운영】 ① 관세범칙조사심의위원회의 위원장은 법 제284조의2제1항 각 호의 사항에 관한 심의가 필요한 경우 회의를 소집하고 그 의장이 된다.

② 관세범칙조사심의위원회의 회의는 위원장을 포함한 재적위원 과반수의 출석으로 개의하고, 출석위원 과반수의 찬성으로 의결한다.

③ 관세범칙조사심의위원회의 사무를 처리하기 위하여 간사 1명을 두고, 간사는 위원장이 관세청 소속 공무원 중에서 지명한다.

④ 관세범칙조사심의위원회의 위원장은 회의를 개최한 때에는 심의내용, 결정사항 등이 포함된 회의록을 작성하여 보관해야 한다.

⑤ 관세범칙조사심의위원회의 위원장은 회의에서 심의·의결한 사항을 관세청장에게 통보해야 한다.

⑥ 관세범칙조사심의위원회의 회의와 회의록은 공개하지 않는다. 다만, 위원장이 필요하다고 인정하는 경우에는 공개할 수 있다.

⑦ 관세범칙조사심의위원회는 의안에 관하여 필요하다고 인정되는 때에는 공무원 등 관계자에게 출석을 요청하여 의견을 들을 수 있고 관련 기관에 필요한 자료를 요청할 수 있다.

⑧ 제1항부터 제7항까지에서 규정한 사항 외에 위원회의 운영에 필요한 사항은 관세청장이 정한다.
(2020.2.11 본조신설)

제266조의6【관세범칙조사심의위원회 위원의 제척·회피】 ① 관세범칙조사심의위원회의 위원은 다음 각 호의 어느 하나에 해당하는 경우에는 해당 안건의 심의·의결에서 제척된다.

1. 위원이 안건의 당사자(당사자가 법인·단체 등인 경우에는 그 임직원을 포함한다. 이하 이 항에서 같다)이거나 안건에 관하여 직접적인 이해관계가 있는 경우
2. 위원의 배우자, 4촌 이내의 혈족 및 2촌 이내의 인척의 관계에 있는 사람이 안건의 당사자이거나 안건에 관하여 직접적인 이해관계가 있는 경우
3. 위원이 안건 당사자의 대리인이거나 최근 5년 이내에 대리인이었던 경우
4. 위원이 안건 당사자의 대리인이거나 최근 5년 이내에 대리인이었던 법인·단체 등에 현재 속하고 있거나 속했던 경우
5. 위원이 최근 5년 이내에 안건 당사자의 자문·고문에 응했거나 안건 당사자와 연구·용역 등의 업무 수행에 동업 또는 그 밖의 형태로 직접 해당 안건 당사자의 업무에 관여했던 경우
6. 위원이 최근 5년 이내에 안건 당사자의 자문·고문에 응했거나 안건 당사자와 연구·용역 등의 업무 수행에 동업 또는 그 밖의 형태로 직접 안건 당사자의 업무에 관여했던 법인·단체 등에 현재 속하고 있거나 속했던 경우

② 관세범칙조사심의위원회의 위원은 제1항 각 호의 어느 하나에 해당하는 경우에는 스스로 해당 안건의 심의·의결에서 회피해야 한다.
(2020.2.11 본조신설)

제266조의7【수당】 관세범칙조사심의위원회의 회의에 출석한 공무원이 아닌 위원에 대해 예산의 범위에서 수당을 지급할 수 있다.(2020.2.11 본조신설)

제267조【피의자의 구속】 사법경찰관리의 직무를 행하는 세관공무원이 법령에 의하여 피의자를 구속하는 때에는 세관관서·국가경찰관서 또는 교도관서에 유치하여야 한다.(2006.6.29 본조개정)

제268조【물품의 압수 및 보관】 ① 법 제303조제1항의 규정에 의하여 물품을 압수하는 때에는 당해 물품에 봉인하여야 한다. 다만, 물품의 성상에 따라 봉인할

필요가 없거나 봉인이 곤란하다고 인정되는 때에는 그러하지 아니하다.

② 법 제303조제2항의 규정에 의하여 압수물품을 보관시키는 때에는 수령증을 받고 그 요지를 압수 당시의 소유자에게 통지하여야 한다.

제269조【검증·수색 또는 압수조서의 기재사항】 법 제305조제1항의 규정에 의한 검증·수색 또는 압수조서에는 다음 각호의 사항을 기재하여야 한다.
(2010.3.26 본문개정)

1. 당해 물품의 품명 및 수량
2. 포장의 종류·기호·번호 및 개수
3. 검증·수색 또는 압수의 장소 및 일시(2010.3.26 본호개정)
4. 소유자 또는 소지자의 주소 또는 거소와 성명
5. 보관장소
(2010.3.26 본조제목개정)

제270조【몰수물품의 납부】 몰수에 해당하는 물품으로서 시·군·읍·면사무소에서 보관한 것은 그대로 납부절차를 행할 수 있다.

제270조의2【통고처분】 ① 법 제311조제1항제1호에 따른 벌금에 상당하는 금액은 해당 벌금 최고액의 100분의 30으로 한다. 다만, 별표4에 해당하는 범죄로서 해당 물품의 원가가 해당 벌금의 최고액 이하인 경우에는 해당 물품 원가의 100분의 30으로 한다.
(2020.2.11 본항개정)

② 관세청장이나 세관장은 관세범이 조사를 방해하거나 증거물을 은닉·인멸·훼손한 경우 등 관세청장이 정하여 고시하는 사유에 해당하는 경우에는 제1항에 따른 금액의 100분의 50 범위에서 관세청장이 정하여 고시하는 비율에 따라 그 금액을 늘릴 수 있다.

③ 관세청장이나 세관장은 관세범이 조사 중 해당 사건의 부족세액을 자진하여 납부한 경우, 심신미약자인 경우 또는 자수한 경우 등 관세청장이 정하여 고시하는 사유에 해당하는 경우에는 제1항에 따른 금액의 100분의 50 범위에서 관세청장이 정하여 고시하는 비율에 따라 그 금액을 줄일 수 있다.

④ 관세범이 제2항 및 제3항에 따른 사유에 2가지 이상 해당하는 경우에는 각각의 비율을 합산하되, 합산한 비율이 100분의 50을 초과하는 경우에는 100분의 50으로 한다.

⑤ 관세청장이나 세관장은 법 제311조제1항에 따라 통고처분을 하는 경우 관세범의 조사를 마친 날부터 10일 이내에 그 범칙행위자 및 법 제279조의 양벌 규정이 적용되는 법인 또는 개인별로 통고서를 작성하여 통고해야 한다.(2019.2.12 본항신설)

⑥ 법 제311조제5항에서 "대통령령으로 정하는 통고처분납부대행기관"이란 정보통신망을 이용하여 신용카드, 직불카드 등(이하 이 조에서 "신용카드등"이라 한다)에 의한 결재를 수행하는 기관으로서 다음 각 호의 어느 하나에 해당하는 기관을 말한다.

1. 「민법」 제32조에 따라 설립된 금융결제원
2. 시설, 업무수행능력, 자본금 규모 등을 고려하여 관세청장이 지정하는 자
(2019.2.12 본항신설)

⑦ 제6항에 따른 통고처분납부대행기관은 납부대행의 대가로 기획재정부령으로 정하는 바에 따라 납부대행 수수료를 받을 수 있다.(2019.2.12 본항신설)

⑧ 관세청장은 납부에 사용되는 신용카드등의 종류 등 납부에 필요한 사항을 정할 수 있다.(2019.2.12 본항신설)
(2016.2.5 본조신설)

제271조【벌금 또는 추징금의 예납신청 등】 ① 법 제311조제2항의 규정에 의하여 벌금 또는 추징금에 상당한 금액을 예납하고자 하는 자는 다음 각호의 사항을 기재한 신청서를 관세청장 또는 세관장에게 제출하여야 한다.

1. 주소 및 성명
2. 예납금액
3. 신청사유
② 제1항의 규정에 의하여 예납금을 받은 관세청장 또는 세관장은 그 보관증을 예납자에게 교부하여야 한다.
③ 관세청장 또는 세관장은 제2항의 규정에 의하여 보관한 예납금으로써 예납자가 납부하여야 하는 벌금 또는 추징금에 상당하는 금액에 충당하고 잔금이 있는 때에는 지체 없이 예납자에게 환급하여야 한다.
제272조【압수물품의 인계】 ① 관세청장 또는 세관장은 법 제312조 · 법 제316조 및 법 제318조의 규정에 의하여 관세범을 고발하는 경우 압수물품이 있는 때에는 압수물품조서를 첨부하여 인계하여야 한다.
② 관세청장 또는 세관장은 제1항의 규정에 의한 압수물품이 법 제303조제2항의 규정에 해당하는 것인 때에는 당해 보관자에게 인계의 요지를 통지하여야 한다.
제273조【관세범의 조사에 관한 통지】 관세청장 또는 세관장의 조사위촉을 받은 수사기관의 장은 그 조사전말을 관세청장 또는 세관장에게 통지하여야 한다.

제13장 보 칙

제273조의2 (2007.4.5 삭제)
제274조【개청시간과 물품취급시간】 법 제321조의 규정에 의한 세관의 개청시간과 보세구역 및 운수수단의 물품취급시간은 다음 각호의 구분에 의한다.
1. 세관의 개청시간 및 운송수단의 물품취급시간 : 「국가공무원 복무규정」에 의한 공무원의 근무시간. 다만, 항공기 · 선박 등이 상시 입 · 출항하는 등 세관의 업무특성상 필요한 경우에는 세관장은 관세청장의 승인을 얻어 부서별로 근무시간을 달리 정할 수 있다. (2006.5.22 본문개정)
2. 보세구역의 물품취급시간 : 24시간. 다만, 감시 · 단속을 위하여 필요한 경우 세관장은 그 시간을 제한할 수 있다.
제275조【임시개청 및 시간외 물품취급】 ① 법 제8조제3항제1호부터 제3호까지에 해당하는 날 또는 법 제321조제2항에 따라 개청시간외에 통관절차 · 보세운송절차 또는 입출항절차를 밟고자 하는 자는 사무의 종류 및 시간과 사유를 기재한 통보서를 세관장에게 제출해야 한다. 다만, 법 제241조에 따라 신고를 해야 하는 우편물 외의 우편물에 대해서는 그렇지 않다.
(2023.2.28 본항개정)
② 법 제321조제2항에 따라 물품취급시간외에 물품의 취급을 하려는 다음 각 호의 어느 하나에 해당하는 경우를 제외하고는 통보서를 세관장에게 제출하여야 한다.(2008.2.22 본문개정)
1. 우편물(법 제241조의 규정에 의하여 신고를 하여야 하는 것은 제외한다)을 취급하는 경우
2. 제1항의 규정에 의하여 통보한 시간내에 당해 물품의 취급을 하는 경우
3. 보세공장에서 보세작업을 하는 경우. 다만, 감시 · 단속에 지장이 있다고 세관장이 인정할 때에는 예외로 한다.
4. 보세전시장 또는 보세건설장에서 전시 · 사용 또는 건설공사를 하는 경우
5. 수출신고수리시 세관의 검사가 생략되는 수출물품을 취급하는 경우
5의2. 제155조제1항에 따른 항구나 공항에서 하역작업을 하는 경우(2016.2.5 본호개정)
6. 재해 기타 불가피한 사유로 인하여 당해 물품을 취급하는 경우. 이 경우에는 사후에 경위서를 세관장에게 제출하여 그 확인을 받아야 한다.
③ 제1항의 규정에 의한 통보서에는 다음 각호의 사항을 기재하여야 한다.

1. 당해 물품의 내외국물품의 구분과 품명 및 수량
2. 포장의 종류 · 번호 및 개수
3. 취급물품의 종류
4. 물품취급의 시간 및 장소
④ 법 제321조제2항의 규정에 의한 사전통보는 부득이한 경우를 제외하고는 「국가공무원 복무규정」에 의한 공무원의 근무시간내에 하여야 한다.(2006.5.22 본항개정)
제276조【통계 · 증명서의 작성 및 교부의 신청】 ① 법 제322조제1항 및 제3항의 규정에 의하여 통계의 열람 또는 교부를 신청하고자 하는 자는 다음 각호의 사항을 기재한 신청서를 관세청장에게 제출하여야 한다. (2002.12.30 본문개정)
1. 통계의 종류 및 내용
2. 열람 또는 교부의 사유(2002.12.30 본호개정)
② 법 제322조제2항의 규정에 의한 통계의 공표는 연 1회 이상으로 한다.
③ 법 제322조제3항 후단에서 "대통령령으로 정하는 경우"란 열람 또는 교부의 대상이 되는 자료가 「공공기관의 정보공개에 관한 법률」 제9조제1항 각 호의 어느 하나에 해당하는 경우를 말한다.(2011.4.1 본항개정)
④ 법 제322조제6항에 따라 증명서, 통계 또는 통계자료를 교부받으려는 자는 다음 각 호의 사항을 적은 신청서를 관세청장 · 세관장 또는 법 제322조제5항에 따라 업무를 대행하는 자에게 제출하여야 한다.
1. 증명서, 통계 또는 통계자료의 내용이 기록되는 매체의 종류 및 내용
2. 교부받으려는 사유
(2011.4.1 본항개정)
(2002.12.30 본조제목개정)
제276조의2【관세무역데이터 제공시설 및 제공절차 등】 ① 법 제322조제10항 각 호 외의 부분 전단에서 "대통령령으로 정하는 시설"이란 다음 각 호의 요건을 모두 갖춘 시설로서 관세청장이 정하는 시설(이하 "관세무역데이터센터"라고 한다)을 말한다.
1. 해당 시설 외부에서 내부통신망에 접근 · 침입하는 것을 방지하기 위한 정보보호시스템을 갖춘 시설일 것
2. 관세정책의 평가 · 연구 등에 활용하기 위하여 통계작성에 사용된 기초자료와 관세청장이 생산 · 가공 · 분석한 데이터(이하 "관세무역데이터"라 한다)를 분석할 수 있는 설비 등을 갖춘 시설일 것
② 법 제322조제10항제5호에서 "「정부출연연구기관 등의 설립 · 운영 및 육성에 관한 법률」 제2조에 따른 정부출연연구기관의 장 등 대통령령으로 정하는 자"란 다음 각 호의 어느 하나에 해당하는 자를 말한다.
1. 「고등교육법」 제2조에 따른 학교의 장
2. 「공공기관의 운영에 관한 법률」 제4조에 따른 공공기관의 장
3. 「정부출연연구기관 등의 설립 · 운영 및 육성에 관한 법률」 제2조에 따른 정부출연연구기관의 장
4. 제3호에 준하는 민간 연구기관의 장
5. 관세정책의 평가 및 연구를 목적으로 관세무역데이터의 적정성 점검 등을 수행하는 기관의 장
③ 법 제322조제10항 각 호의 어느 하나에 해당하는 자는 같은 항에 따라 관세무역데이터를 직접 분석하기를 원하는 경우에는 다음 각 호의 사항을 포함한 관세무역데이터센터 이용 요청서를 관세청장에게 제출해야 한다.
1. 관세무역데이터의 이용 목적
2. 관세무역데이터의 명칭 및 내용
3. 관세무역데이터센터 이용 기간 및 이용자
④ 제3항에 따른 관세무역데이터센터 이용 요청서를 받은 관세청장은 그 요청서를 받은 날부터 30일 이내에 관세무역데이터센터의 이용 가능 여부 및 이용 기간을 통보해야 한다.

⑤ 관세청장은 다음 각 호의 어느 하나에 해당하는 경우에는 관세무역데이터의 제공을 거부할 수 있다. 이 경우 제4항에 따라 이용 가능 여부를 통보할 때에 거부사유를 함께 통보해야 한다.
1. 관세무역데이터센터 이용 요청자가 요청한 자료를 보유하고 있지 않은 경우
2. 관세무역데이터의 이용 목적이 불분명하거나 이용 목적과 무관한 관세무역데이터의 제공을 요청하는 경우
3. 「공공기관의 정보공개에 관한 법률」 제9조 각 호에 해당하는 비공개정보의 제공을 요청하는 경우
4. 이미 공표된 통계를 요청하거나 공표된 통계로 이용 목적을 달성할 수 있는 경우
5. 관세무역데이터센터 이용 요청 전에 법 제322조제11항을 위반한 사실이 있는 경우
⑥ 제3항에 따른 관세무역데이터 이용 요청서의 서식 및 그 밖에 관세무역데이터센터 이용에 필요한 사항은 관세청장이 정하여 고시한다.
(2023.2.28 본조신설)
제277조 【포상방법】 ① 법 제324조의 규정에 의한 포상은 관세청장이 정하는 바에 의하여 포상장 또는 포상금을 수여하거나 포상장과 포상금을 함께 수여할 수 있다.
② 관세청장이 제1항의 규정에 의하여 포상금의 수여기준을 정하는 경우 포상금의 수여대상자가 공무원인 때에는 공무원에게 수여하는 포상금총액을 그 공로에 대한 실제 국고수입액의 100분의 25 이내로 하여야 한다. 다만, 1인당 수여액을 100만원 이하로 하는 때에는 그러하지 아니하다.(2001.12.31 단서개정)
③ 제1항의 경우에 법 제324조제1항의 규정에 의한 공로자중 관세범을 세관, 그 밖의 수사기관에 통보한 자와 법 제324조제2항에 따라 체납자의 은닉재산을 신고한 자에 대하여는 관세청장이 정하는 바에 의하여 익명으로 포상할 수 있다.(2007.4.5 본항개정)
④ 법 제324조제2항에 따라 체납자의 은닉재산을 신고한 자에 대해서는 은닉재산의 신고를 통하여 징수된 금액(이하 이 조에서 "징수금액"이라 한다)에 다음의 지급률을 곱하여 계산한 금액을 포상금으로 지급할 수 있다. 다만, 10억원을 초과하는 부분은 지급하지 않는다.

징수금액	지급률
2천만원 이상 5억원 이하	100분의 20
5억원 초과 20억원 이하	1억원 + 5억원 초과 금액의 100분의 15
20억원 초과 30억원 이하	3억2천5백만원 + 20억원 초과 금액의 100분의 10
30억원 초과	4억2천5백만원 + 30억원 초과 금액의 100분의 5

(2022.2.15 본항개정)
⑤ 법 제324조제2항 단서에서 "대통령령으로 정하는 금액"이란 2천만원을 말한다.(2011.4.1 본항개정)
⑥ 법 제324조제3항 제3호에서 "대통령령으로 정하는 것"이란 체납자 본인의 명의로 등기된 국내소재 부동산을 말한다.(2011.4.1 본항개정)
⑦ 은닉재산을 신고한 자에 대한 포상금은 재산은닉 체납자의 체납액에 해당하는 금액을 징수한 후 지급한다.(2007.4.5 본항신설)
제278조 【공로심사】 ① 관세청장 또는 세관장은 법 제324조의 규정에 의한 공로자의 공로사실을 조사하여 포상할 필요가 있다고 인정되는 자에 대하여 포상할 수 있다.(2009.2.4 본항개정)
② 관세청장 또는 세관장은 포상을 받을 만한 공로가 있는 자에게 공정하게 포상의 기회를 부여하여야 한다.
③ 제1항에 따른 포상에 필요한 공로의 기준·조사방법과 그 밖에 필요한 사항은 관세청장이 정한다. 다만, 동일한 공로에 대하여 이중으로 포상할 수 없다.(2009.2.4 본문개정)
제279조~제282조 (2009.2.4 삭제)
제282조의2 【몰수농산물의 이관 등】 ① 세관장은 법 제326조제1항의 규정에 의하여 공매 그 밖의 방법으로 처분할 수 있는 물수품등이 농산물(이하 "몰수농산물"이라 한다)인 경우에는 관세청장이 정하는 바에 따라 농림축산식품부장관에게 이를 통보하여야 한다.
② 제1항의 규정에 의한 통보를 받은 농림축산식품부장관이 법 제326조제6항의 규정에 의하여 몰수농산물을 이관받고자 하는 경우에는 통보받은 날부터 20일 이내에 관세청장이 정하는 바에 따라 이관요청서를 세관장에게 제출하여야 한다.
③ 세관장은 농림축산식품부장관이 제2항의 규정에 의한 기한내에 이관요청서를 제출하지 아니하는 경우에는 법 제326조제1항의 규정에 의하여 처분할 수 있다.
④ 제2항의 규정에 의한 농림축산식품부장관의 요청에 따라 이관하는 몰수농산물에 대한 보관료 및 관리비는 관세청장이 정하는 바에 따라 농림축산식품부장관이 지급하여야 한다.
(2013.3.23 본조개정)
제283조 【몰수품등에 대한 보관료 등의 지급기준】 법 제326조제4항에서 "대통령령으로 정하는 금액"이란 통상적인 물품의 보관료 및 관리비를 고려하여 관세청장이 정하여 고시하는 금액을 말한다. 이 경우 해당 물품의 매각대금에서 보관료 및 관리비를 지급하는 경우에는 매각대금에서 매각비용을 공제한 금액을 초과하여 지급할 수 없다.(2020.12.29 전단개정)
제283조의2 【사업에 관한 허가 등의 제한의 예외】 ① 법 제326조의2제1항 단서에서 "대통령령으로 정하는 사유"란 다음 각 호의 어느 하나에 해당하는 경우로서 세관장이 인정하는 사유를 말한다.
1. 공시송달의 방법으로 납부고지된 경우
2. 법 제10조에 따른 기한의 연장 사유에 해당하는 경우
3. 「국세징수법 시행령」 제101조제1항제2호 및 제4호에 해당하는 경우
4. 법 제19조제10항에 따라 양도담보재산으로써 발생한 납세의무(이하 이 호에서 "물적납세의무"라 한다)를 부담하는 양도담보권자가 그 물적납세의무와 관련된 관세·내국세등 및 강제징수비를 체납한 경우
5. 제1호부터 제4호까지의 규정에 준하는 사유가 있는 경우
② 법 제326조의2제2항 단서에서 "대통령령으로 정하는 사유"란 다음 각 호의 어느 하나에 해당하는 경우를 말한다.
1. 제1항 각 호의 어느 하나에 해당하는 경우로서 세관장이 인정하는 경우
2. 그 밖에 세관장이 납세자에게 납부가 곤란한 사정이 있다고 인정하는 경우
(2023.2.28 본조신설)
제283조의3 【체납한 횟수 및 체납된 금액의 합계액의 계산】 ① 법 제326조의2제3항의 체납한 횟수는 납부고지서 1통을 1회로 보아 계산한다.
② 법 제326조의2제3항의 체납된 금액의 합계액은 다음 각 호의 금액을 합한 금액으로 한다.
1. 관세 및 내국세등
2. 관세 및 내국세등의 가산세
3. 관세 및 내국세등의 강제징수비
(2023.2.28 본조신설)
제284조 【매각 및 폐기의 공고】 ① 제14조에 규정된 경우를 제외하고 법의 규정에 의하여 물품을 일반경쟁입찰에 의하여 매각하고자 하는 때에는 다음 사항을 공고하여야 한다.

1. 당해 물품의 품명·규격 및 수량
2. 포장의 종류 및 개수
3. 매각의 일시 및 장소
4. 매각사유
5. 기타 필요한 사항
② 법의 규정에 의하여 물품을 폐기하고자 하는 때에는 다음 각호의 사항을 공고하여야 한다.
1. 당해 물품의 품명 및 수량
2. 포장의 종류·기호·번호 및 개수
3. 폐기의 일시 및 장소
4. 폐기사유
5. 화주의 주소 및 성명
6. 기타 필요한 사항
③ 제1항 및 제2항의 규정에 의하여 공고하는 때에는 소관세관관서의 게시판에 게시하여야 한다. 다만, 세관장은 필요하다고 인정되는 때에는 다른 장소에 게시하거나 관보 또는 신문에 게재할 수 있다.

제285조【교부잔금의 공탁】 세관장은 법의 규정에 의하여 물품 또는 증권을 매각하거나 기타 방법으로 처분한 경우에 교부할 잔금을 교부할 수 없는 때에는 공탁할 수 있다.

제285조의2【전자송달】 ① 법 제327조제6항에 따라 전자송달을 받으려는 자는 관세청장이 정하는 바에 따라 전자송달에 필요한 설비를 갖추고 다음 각 호의 사항을 기재한 신청서를 관할 세관장에게 제출해야 한다. (2021.2.17 본문개정)
1. 성명·주민등록번호 등 인적사항
2. 주소·거소 또는 영업소의 소재지
3. 전자우편주소, 법 제327조제1항에 따른 국가관세종합정보망의 전자사서함 또는 같은 조 제3항에 따른 연계정보통신망의 전자고지함 등 전자송달을 받을 곳 (2021.2.17 본호개정)
4. 제3항의 규정에 의한 서류중 전자송달을 받고자 하는 서류의 종류
5. 그 밖의 필요한 사항으로서 관세청장이 정하는 것
② 법 제327조제7항에서 "대통령령으로 정하는 사유"란 다음 각 호의 어느 하나에 해당하는 경우를 말한다. (2011.4.1 본문개정)
1. 정전, 프로그램의 오류 그 밖의 부득이한 사유로 인하여 금융기관 또는 체신관서의 전산처리장치의 가동이 정지된 경우
2. 전자송달을 받으려는 자의 법 제327조제1항에 따른 국가관세종합정보망 또는 같은 조 제3항에 따른 연계정보통신망 이용권한이 정지된 경우(2021.2.17 본호개정)
3. 그 밖의 전자송달이 불가능한 경우로서 관세청장이 정하는 경우
③ 법 제327조제8항에 따라 전자송달할 수 있는 서류는 납부서·납부고지서·환급통지서 및 그 밖에 관세청장이 정하는 서류로 한다.(2021.2.17 본항개정)
④ 관세청장은 제3항에 따른 서류 중 납부서·납부고지서·환급통지서 및 관세청장이 따로 정하는 서류를 전자송달하는 경우에는 법 제327조제1항에 따른 국가관세종합정보망의 전자사서함 또는 같은 조 제3항에 따른 연계정보통신망의 전자고지함에 저장하는 방식으로 이를 송달해야 한다.(2021.2.17 본항개정)
⑤ 관세청장이 제4항의 규정에 의한 서류외의 서류를 전자송달하는 경우에는 전자송달을 받고자 하는 자가 지정한 전자우편주소로 이를 송달하여야 한다. (2002.12.30 본조신설)

제285조의3【국가관세종합정보망 운영사업자의 지정기준 및 지정절차】 ① 법 제327조의2제1항에 따른 국가관세종합정보망 운영사업자(이하 "국가관세종합정

보망 운영사업자"라 한다)의 지정기준은 다음 각 호와 같다. 다만, 국가관세종합정보망의 유지·보수 업무만을 담당하는 국가관세종합정보망 운영사업자의 경우에는 제1호의 기준을 적용하지 아니한다.(2010.3.26 단서신설)
1. 「민법」 제32조에 따라 설립된 비영리법인 또는 「정부출연연구기관 등의 설립·운영 및 육성에 관한 법률」에 따른 정부출연연구기관일 것
2. 전산정보처리시스템의 구축 및 운영에 관한 경험을 보유할 것
3. 그 밖에 관세청장이 정하는 설비 및 기술인력 등의 기준을 보유할 것
② 국가관세종합정보망 운영사업자의 지정을 받으려는 자는 관세청장이 정하는 서류를 갖추어 관세청장에게 신청하여야 한다. 지정을 받은 운영사업자가 지정받은 사항을 변경할 때에도 또한 같다.
③ 관세청장이 국가관세종합정보망 운영사업자를 지정한 때에는 해당 신청인에게 지정증을 교부하고, 그 사실을 관계 행정기관의 장 및 관세업무 관련 기관의 장에게 통지하여야 한다.
(2009.2.4 본조신설)

제285조의4【전자문서중계사업자의 지정기준】 ① 법 제327조의3제1항에 따른 전자문서중계사업자의 지정기준은 다음 각 호와 같다.(2012.2.2 본문개정)
1. 「상법」상 주식회사로서 납입자본금이 10억원 이상일 것
2. 정부, 「공공기관의 운영에 관한 법률」 제4조에 따른 공공기관 및 비영리법인을 제외한 동일인이 의결권있는 주식총수의 100분의 15를 초과하여 소유하거나 사실상 지배하지 아니할 것(2012.2.2 본호개정)
3. 법 제327조의3제1항에 따른 전자문서중계사업을 영위하기 위한 설비와 기술인력을 보유할 것
(2009.2.4 본항개정)
② 제1항제2호에서 동일인이 소유하거나 사실상 지배하는 주식의 범위는 기획재정부령으로 정한다.
(2008.2.29 본항개정)
③ 제1항제3호의 규정에 의한 지정기준의 세부적인 사항은 기획재정부령으로 정한다.(2008.2.29 본항개정)

제285조의5【전자문서중계사업자의 지정절차】 ① 법 제327조의3제1항에 따른 전자문서중계사업의 지정을 받고자 하는 자는 관세청장이 정하는 서류를 갖추어 관세청장에게 신청하여야 한다. 지정을 받은 전자문서중계사업자가 지정받은 사항을 변경하고자 할 때에도 또한 같다.
② 관세청장은 법 제327조의3제1항에 따라 지정을 한 때에는 당해 신청인에게 지정증을 교부하고, 그 사실을 관계행정기관의 장 및 관세업무 관련기관의 장에게 통지하여야 한다.
(2009.2.4 본조개정)

제285조의6【국가관세종합정보망 운영사업자 등에 대한 과징금의 부과기준 등】 ① 법 제327조의2제5항 또는 제327조의3제4항에 따라 부과하는 과징금의 금액은 제1호의 기간에 제2호의 금액을 곱하여 산정한다. 이 경우 산정한 금액이 1억원을 넘을 때에는 1억원으로 한다.
1. 기간 : 법 제327조의2제4항 또는 제327조의3제3항에 따라 산정된 업무정지 일수(1개월은 30일을 기준으로 한다)
2. 1일당 과징금 금액 : 30만원
② 관세청장은 국가관세종합정보망 운영사업자 및 전자문서중계사업자의 사업규모·위반행위의 정도 및 횟수 등을 참작하여 제1항의 규정에 의한 과징금의 금액의 4분의 1의 범위안에서 이를 가중 또는 경감할 수 있

다. 이 경우 가중하는 때에도 과징금의 총액이 1억원을 초과할 수 없다.
(2015.2.6 본조제목개정)
(2010.3.26 본조개정)

제285조의7【과징금의 납부】① 관세청장은 법 제327 조의2제5항 또는 법 제327조의3제4항에 따라 위반행위를 한 자에게 과징금을 부과하고자 할 때에는 그 위반행위의 종별과 해당과징금의 금액을 명시하여 이를 납부할 것을 서면 또는 전자문서로 통지하여야 한다.
(2009.2.4 본항개정)
② 제1항에 따라 통지를 받은 자는 납부통지일부터 20일 이내에 과징금을 관세청장이 지정하는 수납기관에 납부해야 한다. (2023.12.12 본항개정)
③ 제2항의 규정에 의하여 과징금의 납부를 받은 수납기관은 영수증을 납부자에게 서면으로 교부하거나 전자문서로 송부하여야 한다.
④ 과징금의 수납기관은 제2항의 규정에 의하여 과징금을 수납한 때에는 그 사실을 관세청장에게 서면 또는 전자문서로 지체없이 통지하여야 한다.
⑤ (2021.9.24 삭제)
(2002.12.30 본조신설)

제286조【「국가를 당사자로 하는 계약에 관한 법률」의 적용】법의 규정에 의한 물품 또는 증권의 매각에 관하여 이 영에 규정되지 아니한 사항은 「국가를 당사자로 하는 계약에 관한 법률」의 규정에 의한다.
(2006.5.22 본조개정)

제287조【서식의 제정】법 또는 이 영에 따른 신청서 및 그 밖의 서식으로서 기획재정부령으로 정하는 것을 제외하고는 관세청장이 정하여 고시한다. (2016.2.5 본조개정)

제288조【권한 또는 업무의 위임·위탁】① 기획재정부장관은 법 제329조제1항에 따라 다음 각 호의 사항에 관한 조사 권한을 관세청장에게 위임한다.
1. 제70조제11항 각 호의 사항
2. 제84조제11항 각 호의 사항
(2022.2.15 본항신설)
② 관세청장은 법 제329조제2항에 따라 법 제324조에 따른 포상에 관한 권한 중 관세청장이 정하여 고시하는 권한을 세관장에게 위임한다. (2022.2.15 본항개정)
③ 관세청장은 법 제329조제2항에 따라 다음 각 호의 권한을 관세평가분류원장에게 위임한다. (2022.2.15 본문개정)
1. 법 제18조에 따른 과세환율의 결정
2. 법 제30조에 따른 가산 또는 공제하는 금액의 결정
3. 법 제33조제1항제1호 및 제2호에 따른 금액의 결정
4. 법 제37조에 따른 과세가격 결정방법의 사전심사
   (2011.4.1 본호개정)
5. 법 제86조에 따른 품목분류사전심사(2009.2.4 본호개정)
6. 제246조제6항에 따른 환율의 결정(2015.2.6 본호개정)
④ 관세청장은 법 제329조제2항에 따라 법 제255조의2 제2항 및 제3항에 따른 수출입안전관리우수업체의 심사 및 예비심사에 관한 권한을 세관장 또는 관세평가분류원장에게 위임한다. (2022.2.15 본항개정)
⑤ 세관장은 법 제329조제4항에 따라 법 제209조제1항에 따른 통고(자가용보세구역에서의 통고를 제외한다)의 권한을 보세구역의 운영인 또는 화물관리인에게 위탁한다. (2022.2.15 본항개정)
⑥ 세관장은 법 제329조제4항에 따라 법 제215조에 따른 보세운송의 도착보고의 수리에 관한 권한을 보세구역의 운영인 또는 화물관리인에게 위탁한다.
(2022.2.15 본항개정)

⑦ 세관장은 법 제329조제4항에 따라 법 제165조제3항에 따른 보세사의 등록과 법 제222조제1항제1호에 따른 보세운송업자의 등록에 관한 권한을 「민법」 제32조에 따라 설립된 사단법인 중 관세청장이 지정하여 고시하는 법인의 장에게 위탁한다. (2022.2.15 본항개정)
⑧ 관세청장 또는 세관장은 법 제329조제5항제1호에 따라 법 제173조제3항 단서에 따른 물품 검사비용 지원업무의 일부(신청서 접수, 지원요건 및 금액에 관한 심사에 한정한다)를 세관 검사비용 지급 업무에 전문성이 있다고 인정되어 관세청장이 지정·고시하는 법인 또는 단체에 위탁할 수 있다. (2022.2.15 본항개정)
⑨ 관세청장은 법 제329조제5항제2호에 따라 법 제235조제2항에 따른 지식재산권의 신고에 관한 업무(신고서의 접수 및 보완요구만 해당한다)를 「민법」 제32조에 따라 설립된 사단법인 중 지식재산권 보호업무에 전문성이 있다고 인정되어 관세청장이 지정·고시하는 법인에 위탁한다. (2022.2.15 본항개정)
⑩ 관세청장은 법 제329조제5항제3호에 따라 법 제255조의2제2항에 따른 수출입안전관리우수업체 공인 심사 지원 및 같은 조 제3항에 따른 예비심사 지원 업무를 「민법」 제32조에 따라 설립된 사단법인 중 수출입 안전관리 심사 업무에 전문성이 있다고 인정되어 관세청장이 지정·고시하는 법인에 위탁할 수 있다.
(2022.2.15 본항신설)
⑪ 관세청장 또는 세관장은 법 제329조제5항제4호에 따라 제155조제1항에 따른 국제항(보세구역을 포함한다)으로부터 나오는 사람의 휴대품 및 운송수단에 대한 검사 업무를 관세청장이 정하는 기준에 따라 검사 업무에 전문성이 있다고 인정되어 관세청장이 지정·고시하는 법인 또는 단체에 위탁할 수 있다.
(2022.2.15 본항개정)
⑫ 관세청장 또는 세관장이 제8항, 제10항 및 제11항에 따라 업무를 위탁하는 경우에는 위탁받은 법인 또는 단체와 위탁 업무의 내용을 고시해야 한다.
(2022.2.15 본항신설)
⑬ 제5항부터 제11항까지의 규정에 따라 업무의 위탁을 받은 자에 대한 지휘·감독에 관한 사항은 관세청장이 정한다. (2022.2.15 본항개정)
(2022.2.15 본조제목개정)

제289조【민감정보 및 고유식별정보의 처리】① 관세청장, 세관장 또는 세관공무원은 법 및 이 영에 따른 관세의 부과·징수 및 수출입물품의 통관에 관한 사무를 처리하기 위하여 불가피한 경우 「개인정보 보호법 시행령」 제18조제2호에 따른 범죄경력자료에 해당하는 정보나 같은 영 제19조제1호, 제2호 또는 제4호에 따른 주민등록번호, 여권번호 또는 외국인등록번호가 포함된 자료를 처리할 수 있다.
② 과세자료제출기관의 장은 법 제264조의4 및 제264조의5에 따라 과세자료를 제출하기 위하여 불가피한 경우 「개인정보 보호법 시행령」 제19조제1호, 제2호 또는 제4호에 따른 주민등록번호, 여권번호 또는 외국인등록번호가 포함된 자료를 처리할 수 있다. (2014.3.5 본항신설)
(2012.1.6 본조신설)

제290조【규제의 재검토】기획재정부장관은 보세판매장의 설치·운영에 관한 특허와 관련하여 「독점규제 및 공정거래에 관한 법률」 제31조제1항에 따른 상호출자제한기업집단에 속한 기업과 「중소기업기본법」 제2조에 따른 중소기업 및 중견기업에 적용할 특허 비율을 정한 제192조의2제1항 및 제2항에 대하여 2013년 10월 31일을 기준으로 하여 3년마다 그 타당성을 검토하여 강화·완화 또는 유지 등의 조치를 하여야 한다.
(2021.12.28 본조개정)

제1조【시행일】이 영은 공포한 날부터 시행한다.
제2조【일반적 적용례】이 영은 이 영 시행 이후 수출신고·수입신고 또는 반송신고하는 분부터 적용한다.
제3조【신용카드 등에 의한 관세 등의 납부에 관한 적용례】제32조의5의 개정규정은 이 영 시행 이후 관세 등을 납부하는 분부터 적용한다.
제4조【가산세에 관한 적용례】① 제39조제2항제3호의2 및 같은 조 제3항제3호의 개정규정은 이 영 시행 이후 수정신고하는 분부터 적용한다.
② 제39조제2항제4호의2 및 같은 조 제3항제4호의 개정규정은 이 영 시행 전에 과세전적부심사를 청구하여 이 영 시행 당시 법 제118조제3항에 따른 기간 내에 결정·통지되지 아니한 경우에도 적용한다.
제5조【원산지증명서의 제출에 관한 적용례】제236조제1항 각 호 외의 부분 단서의 개정규정은 이 영 시행 전에 수입신고한 경우로서 분실 등의 사유로 그 수입신고 시에 원산지증명서를 제출하지 못한 경우에도 적용한다.
제6조【관세환급가산금의 기산일에 관한 경과조치】이 영 시행 전에 협정관세 사후 적용을 신청하여 이 영 시행 이후 협정관세의 적용을 통지받은 경우의 관세환급가산금의 기산일에 관하여는 제56조제3항의 개정규정에도 불구하고 종전의 규정에 따른다.
제7조【개항의 지정요건에 관한 경과조치】이 영 시행 전에 제155조에 따라 지정된 공항의 지정요건에 관하여는 제155조의2제3호의 개정규정에도 불구하고 종전의 규정에 따른다.
제8조【원산지증명서의 발행에 관한 경과조치】이 영 시행 전에 발행되어 이 영 시행 이후 제출하는 원산지증명서로서 그 제출일 당시 수입신고일부터 소급하여 1년이 지나지 아니한 원산지증명서에 대해서는 제236조제4항의 개정규정에도 불구하고 종전의 규정에 따른다.
제9조【통관 보류 등의 요청 시 담보금액에 관한 경과조치】이 영 시행 전에 통관 보류나 유치를 요청한 경우의 담보금액에 대해서는 제241조제2항의 개정규정에도 불구하고 종전의 규정에 따른다.

제1조【시행일】이 영은 공포한 날부터 시행한다.
제2조【간이세율에 관한 적용례】별표2 제1호의 개정규정은 2015년 8월 27일 이후 수입신고하는 분부터 적용한다.
제3조【간이세율에 관한 경과조치】2015년 8월 26일 이전 수입신고하는 분에 대해서는 별표2 제1호의 개정규정에도 불구하고 종전의 규정에 따른다.
제4조【세액의 환급 등에 관한 경과조치】법 제19조에 따른 납세의무자가 별표2 제1호의 개정규정에 따라 세율이 인하된 물품을 2015년 8월 27일부터 이 영 시행일 전일까지 수입신고한 분에 대해서는 그 사실을 확인할 수 있는 수입신고필증 등 관세청장이 정하는 증명서류를 첨부하여 2015년 10월 25일까지 관할 세관장에게 신고하면 인하된 분에 해당하는 세액을 환급하거나 납부하여야 할 세액에서 공제한다.

제1조【시행일】이 영은 공포한 날부터 시행한다.
제2조【고급 시계 등의 간이세율 변경에 관한 경과조치】이 영 시행 전 수입신고한 분에 대해서는 별표2 제1호의 개정규정에도 불구하고 종전의 규정에 따른다.

제1조【시행일】이 영은 2016년 1월 1일부터 시행한다.
제2조【간이세율 변경에 관한 경과조치】이 영 시행 전에 수입신고한 분에 대해서는 별표2의 개정규정에도 불구하고 종전의 규정에 따른다.

제1조【시행일】이 영은 공포한 날부터 시행한다. 다만, 제251조의2의 개정규정은 2017년 1월 1일부터 시행한다.
제2조【세액의 경정에 따른 납세고지에 관한 적용례】제34조제4항 후단의 개정규정은 이 영 시행 이후 세액을 경정하는 분부터 적용한다.

제1조【시행일】이 영은 공포한 날부터 시행한다. 다만, 제248조의2의 개정규정은 2017년 4월 1일부터 시행하고, 제16조제1항제2호의3의 개정규정은 2017년 7월 1일부터 시행한다.
제2조【일반적 적용례】이 영은 이 영 시행 이후 수출신고·수입신고 또는 반송신고하는 분부터 적용한다.
제3조【체납된 내국세등의 세무서장 징수에 관한 적용례】제1조의2제1항의 개정규정은 이 영 시행 전에 체납된 내국세등에 대해서도 적용한다.
제4조【관세체납정리위원회 위원의 임기에 관한 적용례】제42조제4항 본문의 개정규정은 이 영 시행 이후 위원을 위촉(연임을 포함한다)하는 경우부터 적용한다.
제5조【관세품목분류위원회 위원의 임기에 관한 적용례】제100조제3항 본문의 개정규정은 이 영 시행 이후 위원을 위촉(연임을 포함한다)하는 경우부터 적용한다.
제6조【보세공장원재료의 범위에 관한 적용례】제199조제1항의 개정규정은 이 영 시행 이후 보세공장에 원료 또는 재료를 반입하는 경우부터 적용한다.
제7조【원산지확인위원회 위원의 임기에 관한 적용례】제236조의4제4항 본문의 개정규정은 이 영 시행 이후 위원을 위촉(연임을 포함한다)하는 경우부터 적용한다.
제8조【통관보류등의 입증기간의 연장에 관한 적용례】제239조제3항의 개정규정은 이 영 시행 이후 통관보류등을 요청하는 경우부터 적용한다.
제9조【과세자료의 범위 및 제출시기 등에 관한 적용례】별표3의 개정규정은 이 영 시행 이후 과세자료를 요청하는 경우부터 적용한다.
제10조【덤핑방지관세의 소급부과에 관한 경과조치】이 영 시행 전에 잠정조치가 이루어진 물품에 대해서는 제69조제1항제3호의 개정규정에도 불구하고 종전의 규정에 따른다.

제1조【시행일】이 영은 공포한 날부터 시행한다.
제2조【보세판매장의 특허공고에 관한 적용례】제192조의5제1항제4호의 개정규정은 이 영 시행 이후 공고하는 경우부터 적용한다.

제1조【시행일】이 영은 공포한 날부터 시행한다. 다만, 별표3(제40조에 관한 부분에 한정한다)의 개정규정은 2018년 4월 1일부터 시행하고, 제31조의2, 제31조의3 및 제251조의3제1항·제2항의 개정규정은 2018년 7월 1일부터 시행한다.

제2조【일반적 적용례】 이 영은 이 영 시행 이후 수출신고·수입신고 또는 반송신고하는 분부터 적용한다.

제3조【관세체납정리위원회 위원 등의 연임에 관한 적용례】 ① 제42조제4항 본문의 개정규정에 따른 관세체납정리위원회의 위원의 연임 제한은 이 영 시행 이후 위원을 위촉하는 경우부터 적용한다. 이 경우 연임 횟수는 이 영 시행 전에 위원으로 위촉되어 개시된 임기를 제외하고 계산한다.

② 제100조제3항 본문의 개정규정에 따른 관세품목분류위원회의 위원의 연임 제한은 이 영 시행 이후 위원을 위촉하는 경우부터 적용한다. 이 경우 연임 횟수는 이 영 시행 전에 위원으로 위촉되어 개시된 임기를 제외하고 계산한다.

③ 제141조의3제2항 본문의 개정규정에 따른 관세정보공개심의위원회의 위원의 연임 제한은 이 영 시행 이후 위원을 위촉하는 경우부터 적용한다. 이 경우 연임 횟수는 이 영 시행 전에 위원으로 위촉되어 개시된 임기를 제외하고 계산한다.

④ 제147조제7항 본문의 개정규정에 따른 관세심사위원회의 위원의 연임 제한은 이 영 시행 이후 위원을 위촉하는 경우부터 적용한다. 이 경우 연임 횟수는 이 영 시행 전에 위원으로 위촉되어 개시된 임기를 제외하고 계산한다.

⑤ 제236조의4제4항 본문의 개정규정에 따른 원산지확인위원회의 위원의 연임 제한은 이 영 시행 이후 위원을 위촉하는 경우부터 적용한다. 이 경우 연임 횟수는 이 영 시행 전에 위원으로 위촉되어 개시된 임기를 제외하고 계산한다.

⑥ 제245조의2제4항 본문의 개정규정에 따른 무역원활화위원회의 위원의 연임 제한은 이 영 시행 이후 위원을 위촉하는 경우부터 적용한다. 이 경우 연임 횟수는 이 영 시행 전에 위원으로 위촉되어 개시된 임기를 제외하고 계산한다.

제4조【보세운송업자 등의 등록에 관한 적용례 등】 ① 제231조제1항제3호의 개정규정은 이 영 시행 이후 등록하는 경우부터 적용한다.

② 이 영 시행 당시 종전의 규정에 따라 보세운송업자 등으로 등록한 자는 이 영 시행 이후 1년 이내에 제231조제1항제3호의 개정규정에 따른 사항을 세관장에게 제출하여야 한다.

부 칙 (2018.5.8)

이 영은 공포한 날부터 시행한다.

부 칙 (2019.2.12)

제1조【시행일】 이 영은 공포한 날부터 시행한다. 다만, 제31조, 제31조의5, 제265조의2, 제270조의2 및 별표5의 개정규정은 2019년 7월 1일부터 시행하고, 별표3 제57호의 개정규정은 2020년 1월 1일부터 시행한다.

제2조【일반적 적용례】 이 영은 이 영 시행 이후 수출신고·수입신고 또는 반송신고하는 분부터 적용한다.

제3조【금전 담보의 제공에 관한 적용례】 제10조제2항의 개정규정은 이 영 시행 이후 금전 담보를 제공하는 분부터 적용한다.

제4조【특수관계자에 대한 수입물품의 과세가격결정 자료 요구에 관한 적용례】 제31조제5제1항의 개정규정은 부칙 제1조 단서에 따른 시행일 이후 세액심사하는 분부터 적용한다.

제5조【조정관세 부과조치의 요청에 관한 적용례】 제91조제1항제7호의 개정규정은 이 영 시행 이후 법 제69조제2호에 따라 조정관세의 부과조치를 요청하는 분부터 적용한다.

제6조【관세품목분류위원회의 회의에 관한 적용례】 제101조제4항의 개정규정은 이 영 시행 이후 품목분류의 재심사를 신청하는 경우부터 적용한다.

제7조【품목분류의 사전심사 또는 재심사에 관한 적용례】 ① 제106조제4항의 개정규정은 이 영 시행 이후 품목분류의 사전심사를 신청하는 경우부터 적용한다.

② 제106조제6항의 개정규정은 2019년 1월 1일 이후 품목분류의 재심사를 신청하는 경우부터 적용한다.

③ 제106조제7항의 개정규정은 이 영 시행 이후 품목분류의 재심사를 신청하는 경우부터 적용한다.

제8조【시내보세판매장의 신규 특허에 관한 적용례】 제189조의2의 개정규정은 이 영 시행 이후 시내보세판매장의 신규 특허 수를 결정하는 경우부터 적용한다.

제9조【수출·수입 또는 반송의 신고에 관한 적용례】 제246조제3항의 개정규정은 이 영 시행 이후 수출·수입 또는 반송의 신고를 하는 경우부터 적용한다.

제10조【미납부관세 가산세율에 관한 경과조치】 이 영 시행 전에 납부기한이 지났거나 환급받은 경우로서 이 영 시행 이후 납부 또는 부과하는 경우 그 납부기한 또는 환급받은 날의 다음 날부터 이 영 시행일 전일까지의 기간에 대한 이자율은 제39조제1항의 개정규정에도 불구하고 종전의 규정에 따른다.

부 칙 (2019.9.24)

제1조【시행일】 이 영은 공포한 날부터 시행한다.

제2조【품목분류의 사전심사에 관한 적용례】 제106조제6항의 개정규정은 이 영 시행 이후 법 제86조제1항에 따른 사전심사를 신청하는 경우부터 적용한다.

제3조【품목분류의 변경에 관한 적용례】 제107조제2항의 개정규정은 이 영 시행 이후의 「통일상품명 및 부호체계에 관한 국제협약」에 따른 관세협력이사회의 권고·결정 또는 법원의 확정판결부터 적용한다.

제4조【보세판매장 특허에 관한 적용례】 제192조의2제1항제3호의 개정규정은 이 영 시행 이후 법 제176조의2제1항에 따라 신규로 특허를 부여하거나 같은 조 제6항에 따라 특허를 갱신하는 분부터 적용한다.

제5조【보세구역 반입 후 수출신고의 대상 등에 관한 적용례】 제248조의2제1항제3호의 개정규정은 이 영 시행 이후 수출신고하는 분부터 적용한다.

부 칙 (2020.2.11)

제1조【시행일】 이 영은 공포한 날부터 시행한다. 다만, 제29조제3항제7호, 제141조의8 및 제141조의9의 개정규정은 2020년 4월 1일부터 시행하고, 제59조제2항 및 제3항, 제70조제3항, 제139조의2제2항제5호·제6호 및 같은 조 제3항제4호, 제144조의2부터 제144조의4까지, 제187조의4, 제213조의2, 제213조의3, 제264조의2, 제264조의3 및 제270조의2제1항의 개정규정은 2020년 7월 1일부터 시행한다.

제2조【품목분류 사전심사 및 재심사 신청의 반려에 관한 적용례】 제106조제3항제3호부터 제5호까지의 개정규정은 이 영 시행 이후 법 제86조제1항에 따른 품목분류 사전심사 또는 같은 조 제3항에 따른 재심사를 신청하는 분부터 적용한다.

제3조【통고처분에 대한 경과조치】 부칙 제1조 단서에 따른 시행일 전에 발생한 범죄에 대한 통고처분에 대해서는 제270조의2제1항의 개정규정에도 불구하고 종전의 규정에 따른다.

부 칙 (2020.6.2)

제1조【시행일】이 영은 2020년 7월 1일부터 시행한다.(이하 생략)

부 칙 (2020.10.7)

제1조【시행일】이 영은 2021년 1월 1일부터 시행한다.
제2조【과세가격 사전심사 신청에 대한 보정요구 기간에 관한 적용례】제31조제2항의 개정규정은 이 영 시행 이후 보정을 요구하는 경우부터 적용한다.
제3조【항공기 외의 일반적인 운송으로 보는 특례에 관한 경과조치】이 영 시행 전에 관세청장이 종전의 제20조제3항에 따라 같은 항이 적용되는 대상물품(같은 항이 적용되는 기간을 정한 경우로 한정한다)을 정한 경우에는 제20조제3항의 개정규정에도 불구하고 해당 물품에 대해서는 종전의 규정에 따른다.

부 칙 (2020.12.29)

제1조【시행일】이 영은 2021년 1월 1일부터 시행한다.
제2조【덤핑방지관세 조사신청 사실의 통보 등에 관한 적용례】제59조제7항, 제60조제3항, 제61조제8항, 제63조제1항·제4항, 제64조제2항·제7항·제8항, 제70조제1항·제2항·제3항, 제71조제2항·제4항의 개정규정은 이 영 시행 당시 제60조에 따른 덤핑 및 실질적 피해등의 조사를 개시한 경우 및 제70조에 따른 덤핑방지관세 및 약속의 재심사를 개시한 경우에 대해서도 적용한다.

부 칙 (2021.2.17)

제1조【시행일】이 영은 공포한 날부터 시행한다. 다만, 제231조의 개정규정은 2021년 7월 1일부터 시행한다.
제2조【할당관세 등 적용을 위한 추천서 제출기한 연장에 관한 적용례】제92조제4항 단서 및 제94조 단서의 개정규정은 이 영 시행 전에 수입신고한 경우로서 이 영 시행 당시 수입신고 수리일부터 15일이 지나지 않은 경우에도 적용한다.

부 칙 (2021.9.24)

제1조【시행일】이 영은 공포한 날부터 시행한다.(이하 생략)

부 칙 (2021.12.28)

제1조【시행일】이 영은 2021년 12월 30일부터 시행한다.(이하 생략)

부 칙 (2022.1.21)

제1조【시행일】이 영은 2022년 1월 21일부터 시행한다.(이하 생략)

부 칙 (2022.2.15)

제1조【시행일】이 영은 공포한 날부터 시행한다. 다만, 제7조제2항제3호의4의 개정규정 중 "국제무역선, 국제무역기 또는"을 개정하는 부분은 2022년 4월 1일부터 시행하고, 제259조의8의 개정규정은 2022년 7월 1일부터 시행한다.
제2조【운임 등의 결정에 관한 적용례】제20조제5항의 개정규정은 이 영 시행 이후 수입신고를 하는 경우부터 적용한다.
제3조【용도세율 적용 신청서 제출기한 연장에 따른 적용례】제97조 단서의 개정규정은 이 영 시행 전에 수입신고하여 이 영 시행 당시 수입신고 수리일부터 15일이 지나지 않은 경우에도 적용한다.
제4조【과세자료의 범위 및 제출시기에 관한 적용례】별표3 제9호의 개정규정은 이 영 시행 이후 관세청장이 과세자료를 요청하는 경우부터 적용한다.
제5조【가산세 산정에 적용되는 이자율에 관한 경과조치】이 영 시행 전에 납부기한이 지났거나 수입신고를 하지 않고 수입한 경우로서 이 영 시행 이후 가산세를 납부하는 경우 이 영 시행일 전의 기간분에 대한 가산세 산정에 적용되는 이자율은 제39조제1항의 개정규정에도 불구하고 종전의 규정에 따르고, 이 영 시행 이후의 기간분에 대한 가산세 산정에 적용되는 이자율은 제39조제1항의 개정규정에 따른다.
제6조【관세 체납자의 은닉재산 신고포상금 지급률에 관한 경과조치】이 영 시행 전에 체납자의 은닉재산을 신고한 사람에게 이 영 시행 이후 포상금을 지급하는 경우에는 제277조제4항의 개정규정에도 불구하고 종전의 규정에 따른다.
제7조【과태료 부과기준에 관한 경과조치】이 영 시행 전의 법 제37조의4제3항을 위반한 행위에 대하여 과태료를 부과하는 경우의 기준에 관하여는 별표5 제1호바목 및 사목의 개정규정에도 불구하고 종전의 규정에 따른다.

부 칙 (2022.2.17)

제1조【시행일】이 영은 2022년 2월 18일부터 시행한다.(이하 생략)

부 칙 (2022.9.15)

제1조【시행일】이 영은 공포 후 첫 번째 일요일부터 시행한다.
제2조【수출신고가격 산정 시 적용하는 환율 기준의 변경에 관한 적용례】제246조제6항의 개정규정은 이 영 시행 이후 수출신고하는 경우부터 적용한다.

부 칙 (2022.10.4)

제1조【시행일】이 영은 공포 후 3개월이 경과한 날부터 시행한다.(이하 생략)

부 칙 (2023.2.28)

제1조【시행일】이 영은 공포한 날부터 시행한다. 다만, 다음 각 호의 개정규정은 해당 호에서 정한 날부터 시행한다.
1. 제141조의2부터 제141조의12까지, 제265조의3, 제276조의2, 별표2의2 및 별표6의 개정규정 : 2023년 4월 1일
2. 제144조, 제144조의3부터 제144조의7까지, 제147조, 제148조, 제148조의2, 제149조, 제236조의5, 제258조 및 제261조제4호의2의 개정규정 : 2023년 7월 1일

제2조【수입물품 평균 신고가격 공표 기준에 관한 적용례】제16조의2제3항제1호의 개정규정은 이 영 시행 이후 수입물품의 평균 신고가격을 공표하는 경우부터 적용한다.

제3조【수입물품에 통상적으로 부가되는 이윤 및 일반경비의 산출에 관한 적용례】제27조제5항의 개정규정은 2023년 1월 1일 이후 수입신고한 물품에 대하여 국내판매가격을 기초로 과세가격을 결정하는 경우부터 적용한다.

제4조【품목분류 사전심사·재심사 처리 기간 산정 시 제외 기간에 관한 적용례】제106조제4항제5호부터 제7호까지의 개정규정은 이 영 시행 이후 법 제86조제1항·제3항 및 제87조제3항에 따라 특정물품에 적용될 품목분류의 사전심사 또는 재심사를 신청하는 경우부터 적용한다.

제5조【과세전적부심사 결정 전 경정유보에 관한 적용례】제143조제2항의 개정규정은 이 영 시행 이후 법 제118조제2항에 따른 과세전적부심사를 청구하는 경우부터 적용한다.

제6조【수출입신고대상 우편물에 관한 적용례】제261조제4호의2의 개정규정은 부칙 제1조제2호에 따른 시행일 이후 통관우체국에 도착하는 물품부터 적용한다.

제7조【과세자료 범위 및 제출시기에 관한 적용례】별표3 제61호 및 같은 표 비고 제3호너목의 개정규정은 이 영 시행 이후 관세청장이 과세자료를 요청하는 경우부터 적용한다.

제8조【가격약속 제의 등 기한에 관한 경과조치】이 영 시행 전에 덤핑방지관세의 부과 여부를 결정하기 위한 조사가 개시된 물품의 수출자가 이 영 시행 이후에 법 제54조제1항에 따라 약속을 제의하거나 같은 조 제2항의 단서에 따라 피해조사를 계속해 줄 것을 요청하려는 경우로서 이 영 시행일부터 제61조제5항에 따른 본조사의 결과에 따른 최종판정이 있기 전까지의 기간이 45일 이내인 경우의 가격약속 제의 등의 기한에 관하여는 제68조제1항의 개정규정에도 불구하고 종전의 규정에 따른다.

제9조【간이세율 변경에 관한 경과조치】① 이 영 시행 전에 반입된 여행자 또는 승무원의 휴대품으로서 이 영 시행 이후에 법 제39조에 따라 세관장이 관세를 부과고지하는 휴대품에 대해서는 별표2의 개정규정에도 불구하고 종전의 규정에 따른다.
② 이 영 시행 전에 법 제241조제1항에 따라 수입신고한 별송품으로서 이 영 시행 이후에 법 제39조에 따라 세관장이 관세를 부과고지하는 별송품에 대해서는 별표2의 개정규정에도 불구하고 종전의 규정에 따른다.
③ 이 영 시행 전에 법 제256조에 따른 통관우체국에 도착한 우편물로서 이 영 시행 이후에 법 제39조에 따라 세관장이 관세를 부과고지하는 우편물에 대해서는 별표2의 개정규정에도 불구하고 종전의 규정에 따른다.

　　부　칙 (2023.4.11)

제1조【시행일】이 영은 2023년 4월 18일부터 시행한다.(이하 생략)

　　부　칙 (2023.12.12)

이 영은 공포한 날부터 시행한다.

〔별표1〕

1986년부터 1988년까지의 평균수입가격 적용 대상 물품

(제90조제1항제2호 관련)

(2014.12.30 신설)

관세율표 번호 호	소호	품명	규격	기준가격
1006		쌀		
1006	10	벼		1986년부터 1988년까지의 평균수입가격
1006	20	현미		
		1. 메현미		1986년부터 1988년까지의 평균수입가격
		2. 찰현미		1986년부터 1988년까지의 평균수입가격
1006	30	정미(연마·광택 여부에 상관없다)		
		1. 멥쌀		1986년부터 1988년까지의 평균수입가격
		2. 찹쌀		1986년부터 1988년까지의 평균수입가격
1006	40	쇄미(broken rice)		1986년부터 1988년까지의 평균수입가격
1102		곡물의 고운 가루[밀가루나 메슬린(meslin) 가루는 제외한다]		
1102	90	기타		
		2. 쌀가루		1986년부터 1988년까지의 평균수입가격
1103		곡물의 부순 알곡·거친 가루·펠릿(pellet)		
1103	1	부순 알곡과 거친 가루		
1103	19	그 밖의 곡물로 만든 것		
		3. 쌀로 만든 것		1986년부터 1988년까지의 평균수입가격
1103	20	펠릿(pellet)		
		2. 쌀로 만든 것		1986년부터 1988년까지의 평균수입가격
1104		그 밖의 가공한 곡물[예 : 껍질을 벗긴 것·압착한 것·플레이크(flake) 모양인 것·진주 모양인 것·얇은 조각으로 만든 것·거칠게 빻		

		은 것(제1006호의 쌀은 제외한다)), 곡물의 씨눈으로서 원래 모양인 것·압착한 것·플레이크(flake) 모양인 것·잘게 부순 것		
1104	1	압착한 것이나 플레이크(flake) 모양인 것		
1104	19	기타 곡물로 만든 것 1. 쌀로 만든 것		1986년부터 1988년까지의 평균수입가격
1806		초콜릿과 코코아를 함유한 그 밖의 조제 식료품		
1806	90	기타 2. 맥아 추출물(extract)과 고운 가루·부순 알곡·거친 가루·전분이나 맥아 추출물(extract)의 조제 식료품[코코아 가루를 함유한 것으로서 완전히 탈지(脫脂)한 상태에서 측정한 코코아의 함유량이 전 중량의 100분의 50 미만이고 전 중량의 100분의 40 이상인 물품으로 따로 분류되지 않은 것으로 한정한다], 제0401호부터 제0404호까지에 해당하는 물품의 조제 식료품[코코아 가루를 함유한 것으로서 완전히 탈지(脫脂)한 상태에서 측정한 코코아의 함유량이 전 중량의 100분의 10 미만이고 전 중량의 100분의 5 이상인 물품으로 따로 분류되지 않은 것으로 한정한다].		
		나. 제1905호의 베이커리 제품 제조용 혼합물과 가루반죽	보릿가루의 것은 제외한다.	1986년부터 1988년까지의 평균수입가격
		다. 기타 3) 기타	오트밀의것및 보릿가루의 것은 제외한다.	1986년부터 1988년까지의 평균수입가격
1901		맥아 추출물(extract)과 고운 가루·부순 알곡·거친 가루·전분이나 맥아 추출물(extract)의 조제 식료품[코코아를 함유하지 않은 것이나 완전히 탈지(脫脂)한 상태에서 측정한 코코아의 함유량이 전 중량의 100분의 40 미만인 것으로 따로 분류되지 않은 것으로 한정한다], 제0401호부터 제0404호까지에 해당하는 물품의 조제 식료품[코코아를 함유하지 않은 것이나 완전히 탈지(脫脂)한 상태에서 측정한 코코아의 함유량이 전 중량의 100분의 5 미만인 것으로 따로 분류되지 않은 것으로 한정한다]		
1901	20	제1905호의 베이커리제품 제조용 혼합물과 가루반죽	보릿가루의 것은 제외한다.	1986년부터 1988년까지의 평균수입가격
1901	90	기타 3. 기타	오트밀 및 보릿가루의 것은 제외한다.	1986년부터 1988년까지의 평균수입가격

〔별표2〕

간이세율(제96조 관련)

(2023.2.28 개정)

품 명	세율(%)
1. 다음 각 목의 어느 하나에 해당하는 물품 중 개별소비세가 과세되는 물품	
가. 투전기, 오락용 사행기구 그 밖의 오락용품	47
나. 보석·진주·별갑·산호·호박 및 상아와 이를 사용한 제품, 귀금속 제품	721,200원＋4,808,000원을 초과하는 금액의 45
다. 고급 시계, 고급 가방	288,450원＋1,923,000원을 초과하는 금액의 45
라. (2017.3.27 삭제)	
2. (2019.2.12 삭제)	
3. 다음 각 목의 어느 하나에 해당하는 물품 중 기본관세율이 10 퍼센트 이상인 것으로서 개별소비세가 과세되지 아니하는 물품	
가. 모피의류, 모피의류의 부속품 그 밖의 모피제품	19
나. 가죽제 또는 콤포지션레더제의 의류와 그 부속품, 방직용 섬유와 방직용 섬유의 제품, 신발류	18
다. 녹용	21
4. 제1호부터 제3호까지에 해당하지 않는 물품. 다만, 고급모피와 그 제품, 고급융단, 고급가구, 승용자동차, 수렵용 총포류, 주류 및 담배는 제외한다.	15

〔별표2의2〕

제공할 수 있는 과세정보의 구체적인 범위
(제141조의2제3항 관련)

(2023.2.28 신설)

1. 법 제116조제1항제5호에 해당하는 경우
   가. 「관세법」에 따른 과세정보
   나. 「수출용 원재료에 대한 관세 등 환급에 관한 특례법」에 따른 과세정보
   다. 「자유무역협정의 이행을 위한 관세법의 특례에 관한 법률」에 따른 과세정보
   라. 「조세특례제한법」에 따른 다음의 과세정보
   　1) 제118조제1항에 따른 국내제작이 곤란한 물품에 대한 관세의 경감에 관한 자료
   　2) 제118조의2제1항에 따른 해외진출기업의 국내복귀에 대한 관세감면 및 같은 조 제3항에 따른 감면받은 관세의 납부에 관한 자료

3) 제121조의3제1항 및 제2항에 따른 외국인투자자에 대한 관세의 면제에 관한 자료
4) 제121조의5제2항에 따른 외국인투자자에 대해 면제된 관세 등의 추징에 관한 자료
5) 제121조의10제1항에 따른 제주첨단과학기술단지 입주기업의 연구개발용 수입물품에 대한 관세의 면제 및 같은 조 제3항에 따른 면제된 관세의 추징에 관한 자료
6) 제121조의11제1항에 따른 제주투자진흥지구 입주기업이 수입하는 자본재에 대한 관세의 면제에 관한 자료
7) 제121조의12에 따른 제주투자진흥지구 또는 제주자유무역지역 입주기업에 대해 감면된 관세의 추징에 관한 자료
8) 제126조제7제9항에 따른 금 현물시장에서 매매하기 위해 수입신고하는 금지금에 대한 관세의 면제 및 같은 조 제13항제3호에 따른 관세 면제의 신청절차 등에 관한 자료
9) 제140조제1항 및 제2항에 따른 해저광물자원개발을 위한 관세의 면제에 관한 자료

마. 「대외무역법」 제52조제1항에 따라 산업통상자원부장관이 세관장에게 위탁한 업무와 관련된 자료

2. 법 제116조제1항제6호에 해당하는 경우 : 제1호가목부터 다목까지의 규정에 따른 과세정보

비고

1. 제공할 수 있는 과세정보의 범위는 제1호 및 제2호의 과세정보 중 법 제116조제1항제5호 또는 제6호의 당사자와 관련된 정보로 한정한다.
2. 제1호 및 제2호의 과세정보 중 유출 시 국가의 안전보장 또는 국민경제의 발전에 지장을 줄 우려가 있는 과세정보는 제공할 수 있는 과세정보에서 제외한다.

[별표3]

과세자료의 범위 및 제출시기 등(제263조의2제1항 관련)

(2023.2.28 개정)

번호	과세자료 제출기관	과세자료명	받을 기관	과세자료 제출시기
1	농림축산식품부·산업통상자원부(농림축산식품부장관 또는 산업통상자원부장관이 제92조제3항에 따라 할당관세 수량의 추천을 위임한 경우에는 그 위임을 받은 기관을 말한다)	제92조제3항에 따른 할당관세 수량의 추천에 관한 자료	관세청	매년 1월 31일, 7월 31일
2	농림축산식품부(농림축산식품부장관이 제94조에 따라 양허세율 적용의 추천을 위임한 경우에는 그 위임을 받은 기관을 말한다)	제94조에 따른 양허세율 적용의 추천에 관한 자료	관세청	매년 1월 31일, 7월 31일
3	과학기술정보통신부	법 제90조제1항제4호에 따라 관세를 감면받는 자의 기업부설연구소 또는 연구개발 전담부서에 관한 자료	관세청	매년 1월 31일
4	문화체육관광부	법 제91조제1호에 따른 종교단체의 의식에 사용되는 물품에 대한 관세 면제를 위한 신청에 관한 자료	관세청	매년 1월 31일
5	보건복지부, 지방자치단체	법 제91조제2호에 따른 자선 또는 구호의 목적으로 기증되는 물품 및 자선시설·구호시설 또는 사회복지시설에 기증되는 물품에 대한 관세 면제를 위한 신청에 관한 자료	관세청	매년 1월 31일
6	외교부	법 제91조제3호에 따라 국제평화봉사활동 또는 국제친선활동을 위하여 기증하는 물품에 대한 관세 면제를 위한 신청에 관한 자료	관세청	매년 1월 31일
7	환경부	법 제92조제6호에 따라 환경오염 측정 또는 분석을 위하여 수입하는 기계·기구에 대한 관세 면제를 위한 신청에 관한 자료	관세청	매년 1월 31일
8	환경부	법 제92조제7호에 따라 상수도 수질 측정 또는 보전·향상을 위하여 수입하는 물품에 대한 관세 면제를 위한 신청에 관한 자료	관세청	매년 1월 31일
9	「포뮬러원 국제자동차경주대회 지원법」에 따른 포뮬러원국제자동차경주대회조직위원회, 「국제경기대회 지원법」에 따라 설립된 2024 강원동계청소년올림픽대회조직위원회	법 제93조제2호에 따라 국제경기대회 행사에 사용하기 위하여 수입하는 물품에 대한 관세 면제를 위한 신청에 관한 자료	관세청	매년 1월 31일
10	「원자력안전위원회의 설치 및 운영에 관한 법률」 제3조에 따른 원자력안전위원회	법 제93조제3호에 따라 핵사고 또는 방사능 긴급사태 복구지원과 구호를 위하여 기증되는 물품에 대한 관세 면제를 위한 신청에 관한 자료	관세청	매년 1월 31일

11	해양수산부	법 제93조제5호에 따라 우리나라 선박이 외국의 선박과 협력하여 채집하거나 포획한 수산물에 대한 관세 면제를 위한 추천에 관한 자료	관세청	매년 1월 31일, 7월 31일
12	해양수산부	법 제93조제6호에 따라 외국인과 합작하여 채집하거나 포획한 수산물에 대한 관세 면제를 위한 추천에 관한 자료	관세청	매년 1월 31일, 7월 31일
13	해양수산부	법 제93조제10호에 따라 조난으로 인하여 해체된 선박 또는 운송수단의 해체재 및 장비에 대한 관세 면제를 위한 신청에 관한 자료	관세청	매년 1월 31일
14	「국민체육진흥법」에 따른 대한체육회 및 대한장애인체육회	법 제93조제15호에 따른 운동용구(부분품을 포함한다)에 대한 관세 면제를 위한 신청에 관한 자료	관세청	매년 1월 31일
15	국세청	「법인세법 시행령」 제90조제1항에 따른 특수관계인 간 거래 명세서 자료	관세청	매년 7월 31일
16	국세청	「법인세법」 제60조제2항에 따른 재무상태표·포괄손익계산서 및 이익잉여금처분계산서(또는 결손금처리계산서) 자료	관세청	매년 7월 31일
17	국세청	「법인세법」 제121조제5항에 따른 매출·매입처별 계산서합계표 자료	관세청	매년 9월 30일
18	국세청	「부가가치세법」 제8조, 「법인세법」 제111조 및 「소득세법」 제168조에 따른 사업자등록에 관한 자료	관세청	매일
19	국세청	「부가가치세법」 제54조제1항에 따른 매출·매입처별 세금계산서합계표 자료	관세청	매년 1월 31일, 7월 31일
20	국세청	「국제조세조정에 관한 법률」 제16조제2항제3호에 따른 정상가격 산출방법 신고서	관세청	매년 7월 31일
21	국세청	「국제조세조정에 관한 법률」 제16조제2항제1호에 따른 국제거래 명세서 자료(국외특수관계인의 요약손익계산서를 제출한 경우에는 이를 포함한다)	관세청	매년 7월 31일
22	국세청	「국제조세조정에 관한 법률」 제34조제3호에 따른 특정외국법인의 유보소득 계산 명세서 자료	관세청	매년 7월 31일
23	국세청	「국제조세조정에 관한 법률 시행령」 제70조제1항제5호에 따른 특정외국법인의 유보소득 합산과세 적용 범위 판정 명세서 자료	관세청	매년 7월 31일
24	국세청	「국제조세조정에 관한 법률 시행령」 제70조제1항제6호에 따른 국외출자 명세서 자료	관세청	매년 7월 31일
25	외교부	「여권법」 제7조제1항에 따른 여권발급에 관한 자료	인천공항 세관	실시간
26	법무부	「출입국관리법」 제3조 및 제6조에 따른 국민의 출국심사 및 입국심사에 관한 자료	인천공항 세관	매일
27	국토교통부	「자동차관리법」 제5조에 따른 자동차 등록에 관한 자료	관세청	매일
28	조달청	「국가를 당사자로 하는 계약에 관한 법률」 제11조에 따른 조달계약에 관한 자료	관세청	매일
29	국세청	「국세기본법」 제51조에 따른 법인세 환급금 내역(관세 등의 체납이 있는 자만 해당한다)	관세청	매년 4월 30일

번호	기관	자료	제출기관	제출시기
30	국세청	「국세기본법」 제51조에 따른 종합소득세 환급금 내역(관세 등의 체납이 있는 자만 해당한다)	관세청	매년 6월 30일
31	국세청	「국세기본법」 제51조에 따른 부가가치세 환급금 내역(관세 등의 체납이 있는 자만 해당한다)	관세청	매년 2월 25일, 5월 25일, 8월 25일, 11월 25일
32	국세청	「소득세법」 제94조제1항제4호나목에 따른 이용권·회원권 자료(관세 등의 체납이 있는 자만 해당한다)	관세청	매월 5일
33	국세청	가. 「소득세법」 제70조에 따른 종합소득과세표준 신고에 관한 자료(관세 등의 체납이 있는 자만 해당한다) 나. 「소득세법」 제71조에 따른 퇴직소득과세표준 신고에 관한 자료(관세 등의 체납이 있는 자만 해당한다) 다. 「소득세법」 제127조에 따른 원천징수에 관한 자료(관세 등의 체납이 있는 자만 해당한다)	관세청	매년 10월 31일
34	지방자치단체	「지방세기본법」 제60조제1항에 따른 지방세환급금 내역(관세 등의 체납이 있는 자만 해당한다)	관세청	실시간
35	행정안전부	「지방세법」 제20조·제21조에 따른 과세물건(부동산·골프회원권·콘도미니엄회원권·항공기·선박만 해당한다)에 대한 취득세 신고납부 또는 징수에 관한 자료(관세 등의 체납이 있는 자만 해당한다)	관세청	매월 15일
36	행정안전부	「지방세법」 제116조에 따른 과세대상(토지·건축물·주택·항공기·선박만 해당한다)에 대한 재산세 부과·징수에 관한 자료(관세 등의 체납이 있는 자만 해당한다)	관세청	매년 10월 15일
37	국토교통부	「부동산 거래신고 등에 관한 법률」 제3조제1항 및 제3항에 따른 부동산(「건축법 시행령」 별표1 제2호가목에 따른 아파트에 한정한다)을 취득할 수 있는 권리에 관한 매매계약에 관한 자료(관세 등의 체납이 있는 자만 해당한다)	관세청	매월 5일
38	특허청	가. 「특허법」 제87조제2항에 따른 특허권의 설정 등록에 관한 자료(관세 등의 체납이 있는 자만 해당한다) 나. 「실용신안법」 제21조제2항에 따른 실용신안권의 설정 등록에 관한 자료(관세 등의 체납이 있는 자만 해당한다) 다. 「디자인보호법」 제39조제2항에 따른 디자인권의 설정 등록에 관한 자료(관세 등의 체납이 있는 자만 해당한다) 라. 「상표법」 제41조제2항에 따른 상표권의 설정등록에 관한 자료(관세 등의 체납이 있는 자만 해당한다)	관세청	매년 4월 30일, 10월 31일
39	법원행정처	「공탁법」 제4조에 따른 법원공탁금 자료(관세 등의 체납이 있는 자만 해당한다	관세청	매년 4월 30일, 10월 31일
40	「여신전문금융업법」에 따른 신용카드업자 및 여신전문금융업협회	「외국환거래법」 제3조제1항제14호에 따른 거주자의 「여신전문금융업법」 제2조제5호가목에 따른 신용카드등의 대외지급(물품구매 내역만	관세청	실시간

번호	기관	자료	제출처	제출시기
		해당한다) 및 외국에서의 외국통화 인출에 관한 자료		
41	국세청	「소득세법 시행령」 제181조의2 제3항에 따른 비거주자 중 외국기업 본점 등의 공통경비배분계산서 자료	관세청	매년 7월 31일
42	국세청	「소득세법」 제164조에 따른 비거주자의 사업소득 및 선박 등의 임대료·사용료·인적용역 등 기타소득의 지급명세서 자료	관세청	매년 7월 31일
43	행정안전부	「지방세법」 제55조에 따른 제조자 또는 수입판매업자의 반출신고에 관한 자료	관세청	매일
44	「여신전문금융업법」에 따라 설립된 여신전문금융업협회	「여신전문금융업법」 제64조 제6호에 따른 신용카드 가맹점에 대한 정보 관리 업무에 관한 자료(관세 등의 체납이 있는 자만 해당한다)	관세청	매일
45	「국민건강보험법」에 따른 국민건강보험공단	「국민건강보험법」 제51조에 따른 장애인 보장구에 대한 보험급여에 관한 자료	관세청	매년 1월 31일, 7월 31일
46	「국민건강보험법」에 따른 국민건강보험공단	「노인장기요양보험법」 제23조에 따른 장기요양급여 제공에 관한 자료	관세청	매년 1월 31일, 7월 31일
47	「무역보험법」에 따른 한국무역보험공사	「무역보험법」 제5조의2에 따른 보험금 등 지급에 관한 자료	관세청	매년 1월 31일, 7월 31일
48	국세청	「법인세법」 제119조에 따른 주식등 변동상황명세서 자료(관세 등의 체납이 있는 자만 해당한다)	관세청	매년 10월 15일
49	「한국수출입은행법」에 따른 한국수출입은행	「외국환거래법」 제18조에 따른 해외직접투자 신고 자료	관세청	매월 15일
50	법원행정처	「부동산등기법」 제62조에 따른 소유권변경 사실의 통지에 관한 자료(관세 등의 체납이 있는 자만 해당한다)	관세청	매년 1월 31일, 7월 31일
51	법원행정처	「부동산등기법」 제72조에 따른 전세권 및 같은 법 제75조에 따른 저당권의 등기에 관한 자료(관세 등의 체납이 있는 자만 해당한다)	관세청	매년 1월 31일, 7월 31일
52	「금융실명거래 및 비밀보장에 관한 법률」 제2조제1호에 따른 금융회사등(「한국수출입은행법」에 따른 한국수출입은행과 「한국은행법」에 따른 한국은행은 제외한다)	「금융실명거래 및 비밀보장에 관한 법률」 제3조에 따른 금융거래에 관한 자료(관세 등의 체납이 있는 자만 해당한다)	관세청	매년 4월 30일, 10월 31일
53	국세청	「소득세법」 제70조 제4항에 따른 재무상태표 및 손익계산서	관세청	매년 10월 31일
54	국세청	「국제조세조정에 관한 법률」 제62조에 따른 해외금융계좌 신고의무불이행 등에 대한 과태료 처분내역	관세청	매년 3월 31일, 9월 30일
55	「국민건강보험법」에 따른 국민건강보험공단	「국민건강보험법」 제6조 및 제70조에 따른 직장가입자에 관한 자료 및 통보된 보수 등에 관한 자료(관세 등의 체납이 있는 자만 해당한다)	관세청	매월 5일
56	방위사업청	「방위사업법」 제57조의2에 따른 군수품무역대리업의 등록을 한 업체의 사업자등록번호	관세청	매년 3월 31일
57	방위사업청	「방위사업법」 제57조의4에 따른 중개수수료의 신고 자료	관세청	매년 3월 31일
58	「무역보험법」에 따른 한국무역보험공사	「무역보험법」 제53조제1항제1호 및 제53조의3제1호에 따른 무역보험 종류별 보험계약 체결에 관한 자료	관세청	매년 1월 31일, 7월 31일
59	「국민건강보험법」에 따른 건강보험심사평가원	「국민건강보험법」 제41조의3 및 제46조에 따른 치료재료에 대한 요양급여 대상 여부의 결정과 요양급여비용의 산정자료	관세청	매년 4월 30일, 10월 31일

60	「국민건강보험법」에 따른 건강보험심사평가원	「국민건강보험법」 제47조에 따른 치료재료에 대한 요양급여비용 청구와 지급 등에 관한 자료	관세청	매년 4월 30일, 10월 31일
61	국세청	「부가가치세법」 제75조제1호와 같은 법 시행령 제121조제1항에 따른 월별 거래 명세(판매대행에 관한 자료를 말한다)로서 법 제19조에 따른 관세 부과·징수 및 법 제222조에 따른 구매대행업자의 등록에 필요한 자료	관세청	매년 2월 15일, 5월 15일, 8월 15일, 11월 15일

비고
1. 제15호부터 제24호까지의 과세자료는 수출입실적이 있는 사업자에 대한 관세 등 부과·징수를 위한 자료로서 관세청장과 국세청장이 협의하여 정한 기준에 맞는 것만 해당한다.
2. 제40호의 신용카드업자는 거주자의 신용카드등의 대외지급(물품구매 내역만 해당한다) 및 외국통화 인출에 관한 자료 중 건별 금액이 미화 600달러를 초과하는 자료를 여신전문금융업협회의 장에게 실시간으로 제출하여야 하고, 여신전문금융업협회의 장은 이를 관세청장에게 실시간으로 제출하여야 한다.
3. 위 표에 따른 과세자료제출시기에 제출하여야 하는 자료는 다음 각 호의 구분에 따른다.
   가. 과세자료제출시기가 매일인 경우 : 제26호는 전전날의 과세자료분, 제18호·제27호·제28호·제43호 및 제44호는 전날의 과세자료분.
   나. 과세자료제출시기가 매월 5일 또는 매월 15일인 경우(제32호·제35호·제37호·제49호·제55호) : 전월의 과세자료분.
   다. 과세자료제출시기가 매년 1월 31일, 4월 30일, 7월 31일, 10월 31일인 경우(제40호) : 해당 시기가 속하는 달의 이전 3개월의 과세자료분.
   라. 과세자료제출시기가 매년 2월 25일, 5월 25일, 8월 25일, 11월 25일인 경우(제31호) : 해당 시기가 속하는 달의 이전 3개월의 과세자료분.
   마. 과세자료제출시기가 매년 1월 31일, 7월 31일인 경우(제1호·제2호·제11호·제12호·제19호, 제45호부터 제47호까지, 제50호·제51호·제58호) : 해당 시기가 속하는 달의 이전 6개월의 과세자료분.
   바. 과세자료제출시기가 매년 4월 30일, 10월 31일인 경우(제38호·제39호·제52호·제59호·제60호) : 해당 시기가 속하는 달의 이전 6개월의 과세자료분.
   사. 과세자료제출시기가 매년 1월 31일인 경우(제3호부터 제10호까지, 제13호·제14호) : 전년도의 과세자료분.
   아. 과세자료제출시기가 매년 4월 30일인 경우(제29호) : 전년도의 4월부터 해당 연도의 3월까지의 과세자료분.
   자. 과세자료제출시기가 매년 6월 30일인 경우(제30호) : 전년도의 6월부터 해당 연도의 5월까지의 과세자료분.
   차. 과세자료제출시기가 매년 7월 31일인 경우(제15호·제16호, 제20호부터 제24호까지, 제41호, 제42호) : 전년도의 과세자료분.
   카. 과세자료제출시기가 매년 9월 30일인 경우(제17호) : 전년도의 과세자료분.
   타. 과세자료제출시기가 매년 10월 15일인 경우(제36호·제48호) : 전년도의 10월부터 해당 연도의 9월까지의 과세자료분.
   파. 과세자료제출시기가 매년 10월 31일인 경우(제33

호 및 제53호) : 전년도의 과세자료분.
   하. 과세자료제출시기가 매년 3월 31일, 9월 30일인 경우(제54호) : 해당 시기가 속하는 달의 이전 6개월의 과세자료분.
   거. 과세자료제출시기가 매년 3월 31일인 경우(제56호 및 제57호) : 전년도의 3월부터 해당 연도의 2월까지의 과세자료분.
   너. 과세자료제출시기가 매년 2월 15일, 5월 15일, 8월 15일 및 11월 15일인 경우(제61호) : 해당 시기가 속하는 달의 직전 분기의 과세자료분.

〔별표4〕
물품 원가를 기준으로 통고처분하는 범죄
(제270조의2제1항 단서 관련)

(2022.2.15 개정)

위반행위	근거 법조문
1. 법 제241조제1항·제2항 또는 제244조제1항에 따른 수입신고를 한 자 중 법령에 따라 수입에 필요한 허가·승인·추천·증명 또는 그 밖의 조건을 갖추지 않거나 부정한 방법으로 갖춰 수입한 경우	법 제270조제2항
2. 법 제241조제1항 및 제2항에 따른 수출신고를 한 자 중 법령에 따라 수출에 필요한 허가·승인·추천·증명 또는 그 밖의 조건을 갖추지 않거나 부정한 방법으로 갖춰 수출한 경우	법 제270조제3항
3. 법 제275조의2제1항을 위반하여 강제징수를 면탈할 목적 또는 면탈하게 할 목적으로 그 재산을 은닉·탈루하거나 거짓 계약을 한 경우	법 제275조의2제1항
4. 법 제275조의2제2항을 위반하여 보관한 물건을 은닉·탈루, 손괴 또는 소비한 경우	법 제275조의2제2항
5. 법 제275조의2제3항을 위반하여 같은 조 제1항 및 제2항의 사정을 알고도 이를 방조하거나 거짓 계약을 승낙한 경우	법 제275조의2제3항
6. 관세(세관장이 징수하는 내국세 등을 포함한다)의 회피 또는 강제집행의 면탈을 목적으로 타인에게 자신의 명의를 사용하여 법 제38조에 따른 납세신고를 할 것을 허락한 경우	법 제275조의3
7. 법 제238조에 따른 보세구역 반입명령에 대해 반입대상 물품의 전부 또는 일부를 반입하지 않은 경우	법 제276조제2항 제3호
8. 법 제241조제1항·제2항 또는 제244조제1항에 따른 신고를 할 때 법 제241조제1항에 따른 사항을 신고하지 않거나 허위신고를 한 경우	법 제276조제2항 제4호
9. 법 제248조제3항을 위반하여 같은 조 제1항에 따른 신고수리 전에 운송수단, 관세통로, 하역통로 또는 법에 따른 장치 장소로부터 신고된 물품을 반출한 경우	법 제276조제2항 제5호
10. 법 제98조제2항을 위반하여 같은 조 제1항에 따라 관세를 감면한 물품을 미리 세관장의 승인을 받지 않고 같은 조 제1항의 기간에 같은 조 제1항에서 정한 용도 외의 다른 용도로 사용하거나 양도한 경우	법 제276조제3항 제2호

11. 법 제109조제1항(법 제277조제5항제3호에 해당하는 경우는 제외한다)을 위반하여 세관장의 확인을 받지 않고 법 외의 법령이나 조약·협정 등에 따라 관세가 감면된 물품을 그 수입신고 수리일부터 3년 내에 해당 법령이나 조약·협정 등에 규정된 용도 외의 다른 용도로 사용하거나 양도한 경우. 다만, 해당 법령이나 조약·협정 등에 다른 용도로 사용하거나 양도한 경우에 해당 관세의 징수를 면제하는 규정이 있는 경우는 제외한다.	법 제276조제3항 제2호
12. 법 제83조제2항을 위반하여 같은 항 단서에 해당하지 않음에도 불구하고 용도세율이 적용된 물품의 수입신고 수리일부터 3년의 범위에서 이 영으로 정하는 기준에 따라 관세청장이 정하는 기간에 해당 용도 외의 다른 용도에 사용하거나 양도한 경우	법 제276조제3항 제3호
13. 법 제88조제2항을 위반하여 미리 세관장의 승인을 받지 않고 같은 조 제1항에 따라 과세를 면제받은 물품 중 기획재정부령으로 정하는 물품을 수입신고 수리일부터 3년의 범위에서 이 영으로 정하는 기준에 따라 관세청장이 정하는 기간에 같은 조 제1항의 용도 외의 다른 용도로 사용하기 위하여 양수한 경우	법 제276조제3항 제3호
14. 법 제97조제2항을 위반하여 법 제97조제1항에 따라 관세를 면제받은 물품을 미리 세관장의 승인을 받지 않고 같은 조 제1항의 기간에 같은 항에서 정한 용도 외의 다른 용도로 사용되거나 양도한 경우	법 제276조제3항 제3호
15. 법 제102조제1항을 위반하여 수입신고 수리일부터 3년의 범위에서 이 영으로 정하는 기준에 따라 관세청장이 정하는 기간에 그 감면받은 용도 외의 다른 용도로 사용하거나 양도(임대를 포함한다. 이하 같다)한 경우. 다만, 기획재정부령으로 정하는 물품과 미리 세관장의 승인을 받은 물품의 경우는 제외한다.	법 제276조제3항 제3호
16. 법 제227조에 따른 세관장의 의무 이행 요구를 이행하지 않은 경우	법 제276조제3항 제4호
17. 법 제140조제1항(법 제146조제1항에서 준용하는 경우를 포함한다)을 위반하여 세관장의 허가를 받지 않고 국제무역선이나 국제무역기가 법 제135조에 따른 입항절차를 마치기 전에 물품을 하역하거나 환적한 경우	법 제276조제4항 제3호
18. 법 제140조제4항(법 제146조제1항에서 준용하는 경우를 포함한다)을 위반하여 세관장에게 신고를 하지 않거나 세관공무원의 확인을 받지 않고 국제무역선이나 국제무역기에 물품을 하역한 경우. 다만, 세관공무원이 확인할 필요가 없다고 인정하는 경우에는 제외한다.	법 제276조제4항 제3호
19. 법 제140조제6항(법 제146조제1항에서 준용하는 경우를 포함한다)을 위반하여 세관장의 허가를 받지 않고 국제무역선이나 국제무역기에 내국물품을 적재하거나 국내운항선이나 국내운항기에 외국물품을 적재한 경우	법 제276조제4항 제3호
20. 법 제142조제1항(법 제146조제1항에서 준용하는 경우를 포함한다)을 위반하여 세관장의 허가를 받지 않고 국제무역선이 국제항의 바깥에서 물품을 하역하거나 환적한 경우	법 제276조제4항 제3호
21. 법 제213조제2항을 위반하여 관세청장이 정하는 바에 따라 세관장에게 보세운송의 신고를 하지 않거나 물품의 감시 등을 위하여 필요하다고 인정하여 이 영으로 정하는 경우 세관장의 승인을 받지 않고 보세운송을 한 경우	법 제276조제4항 제3호
22. 법 제200조제3항을 위반하여 물품의 반입 또는 반출이 제한된 물품을 종합보세구역에 반입·반출한 경우	법 제276조제4항 제4호
23. 「자유무역지역의 지정 및 운영에 관한 법률」 제30조에 따른 국외 반출신고를 한 자가 법령에 따라 국외 반출에 필요한 허가·승인·추천·증명 또는 그 밖의 조건을 구비하지 않거나 부정한 방법으로 이를 구비하여 국외 반출한 경우	「자유무역지역의 지정 및 운영에 관한 법률」 제59조
24. 「자유무역지역의 지정 및 운영에 관한 법률」 제30조제1항 또는 제35조제2항을 위반하여 국외 반출신고를 하지 않거나 거짓으로 국외 반출신고를 하고 자유무역지역 밖으로 반출한 경우	「자유무역지역의 지정 및 운영에 관한 법률」 제60조 제3호
25. 「자유무역지역의 지정 및 운영에 관한 법률」 제38조제1항 또는 제2항을 위반하여 재고 기록을 기록·관리하지 않거나 거짓으로 재고를 기록·관리한 경우	「자유무역지역의 지정 및 운영에 관한 법률」 제60조 제4호
26. 「자유무역지역의 지정 및 운영에 관한 법률」 제38조제4항에 따른 재고 기록을 보존하지 않은 경우	「자유무역지역의 지정 및 운영에 관한 법률」 제60조 제5호
27. 「자유무역지역의 지정 및 운영에 관한 법률」 제39조제3항을 위반하여 정당한 사유 없이 조사를 거부·방해 또는 기피하거나 자료 제출을 거부한 경우	「자유무역지역의 지정 및 운영에 관한 법률」 제60조 제6호
28. 거짓이나 그 밖의 부정한 방법으로 「자유무역지역의 지정 및 운영에 관한 법률」 제29조제2항에 따른 내국물품 확인서를 발급받은 경우	「자유무역지역의 지정 및 운영에 관한 법률」 제61조 제1호
29. 「자유무역지역의 지정 및 운영에 관한 법률」 제33조를 위반하여 허가를 받지 않고 같은 법 제15조제4항에 따른 외국물품등(이하 "외국물품등"이라 한다)을 일시 반출하거나 반출 허용기간이 지난 후에도 이를 반입하지 않은 경우	「자유무역지역의 지정 및 운영에 관한 법률」 제61조 제2호
30. 「자유무역지역의 지정 및 운영에 관한 법률」 제34조제1항 또는 제35조제3항을 위반하여 신고를 하지 않고 역외작업을 하거나 역외작업의 공정에서 발생한 폐품을 처분한 경우	「자유무역지역의 지정 및 운영에 관한 법률」 제61조 제3호

위반행위	근거 법조문
31. 「자유무역지역의 지정 및 운영에 관한 법률」 제36조제2항에 따라 준용되는 법 제213조제2항 또는 제219조제2항을 위반하여 신고하지 않거나 승인을 받지 않고 보세운송을 한 경우	「자유무역지역의 지정 및 운영에 관한 법률」 제61조제4호
32. 「자유무역지역의 지정 및 운영에 관한 법률」 제38조제3항을 위반하여 멸실 또는 분실의 신고를 하지 않거나 폐기신고 없이 외국물품등을 폐기한 경우	「자유무역지역의 지정 및 운영에 관한 법률」 제61조제5호
33. 「자유무역지역의 지정 및 운영에 관한 법률」 제41조제2항에 따라 제한된 물품을 반입 또는 반출한 경우	「자유무역지역의 지정 및 운영에 관한 법률」 제61조제6호
34. 「자유무역지역의 지정 및 운영에 관한 법률」 제42조에 따른 검사 또는 확인을 거부·방해 또는 기피한 경우	「자유무역지역의 지정 및 운영에 관한 법률」 제61조제7호
35. 협정 및 「자유무역협정의 이행을 위한 관세법의 특례에 관한 법률」에 따른 원산지증빙서류를 속임수 또는 그 밖의 부정한 방법으로 신청하여 발급받았거나 작성·발급한 경우	「자유무역협정의 이행을 위한 관세법의 특례에 관한 법률」 제44조제2항제1호
36. 「자유무역협정의 이행을 위한 관세법의 특례에 관한 법률」 제4조제2항에서 준용하는 법 제83조제2항을 위반하여 용도세율 적용 물품을 해당 용도 외의 다른 용도에 사용하거나 양도한 경우(「자유무역협정의 이행을 위한 관세법의 특례에 관한 법률」 제46조제2항제2호에 해당하는 경우는 제외한다)	「자유무역협정의 이행을 위한 관세법의 특례에 관한 법률」 제44조제2항제2호
37. 「자유무역협정의 이행을 위한 관세법의 특례에 관한 법률」 제30조제3항에서 준용하는 법 제97조제2항을 위반하여 관세 면제 물품을 해당 용도 외의 다른 용도에 사용하거나 양도한 경우(「자유무역협정의 이행을 위한 관세법의 특례에 관한 법률」 제46조제2항제4호에 해당하는 경우는 제외한다)	「자유무역협정의 이행을 위한 관세법의 특례에 관한 법률」 제44조제2항제5호
38. 정당한 사유 없이 「자유무역협정의 이행을 위한 관세법의 특례에 관한 법률」 제15조를 위반하여 관련 서류를 보관하지 않은 경우	「자유무역협정의 이행을 위한 관세법의 특례에 관한 법률」 제44조제2항제3호
39. 「자유무역협정의 이행을 위한 관세법의 특례에 관한 법률」 제16조제1항에 따라 관세청장 또는 세관장이 요청한 서류를 거짓으로 제출한 경우	「자유무역협정의 이행을 위한 관세법의 특례에 관한 법률」 제44조제2항제4호
40. 「자유무역협정의 이행을 위한 관세법의 특례에 관한 법률」 제31조에 따른 사전심사에 필요한 자료를 거짓으로 제출하거나 고의로 제출하지 않은 경우	「자유무역협정의 이행을 위한 관세법의 특례에 관한 법률」 제44조제2항제6호
41. 협정 및 「자유무역협정의 이행을 위한 관세법의 특례에 관한 법률」에 따른 원산지증빙서류를 사실과 다르게 신청하여 발급받았거나 작성·발급한 경우. 다만, 「자유무역협정의 이행을 위한 관세법의 특례에 관한 법률」 제14조제1항에 따라 원산지증빙서류의 수정통보를 한 경우는 제외한다.	「자유무역협정의 이행을 위한 관세법의 특례에 관한 법률」 제44조제3항

〔별표5〕

과태료의 부과기준(제265조의2 관련)

(2023.2.28 개정)

1. 일반기준

가. 위반행위의 횟수에 따른 과태료의 가중된 부과기준은 최근 2년간 같은 위반행위로 과태료 부과처분을 받은 경우에 적용한다. 이 경우 기간의 계산은 위반행위에 대하여 과태료 부과처분을 받은 날과 그 처분 후 다시 같은 위반행위를 하여 적발된 날을 기준으로 한다.

나. 가목에 따른 가중된 부과처분을 하는 경우 가중처분의 적용 차수는 그 위반행위 전 부과처분 차수(가목에 따른 기간 내에 과태료 부과처분이 둘 이상 있었던 경우에는 높은 차수를 말한다)의 다음 차수로 한다.

다. 가목 및 나목에도 불구하고 제3호 각 목에 해당하는 위반행위는 위반행위 횟수 별로 구분한 구간에 따라 정한 과태료의 가중된 부과기준을 적용한다. 이 경우 구간의 산정은 위반행위 별로 해당 위반행위를 한 날부터 소급하여 다음 1)부터 4)까지에 따라 산정하되, 과태료의 부과는 위반행위 별로 각각 부과한다.

1) 제3호가목 및 나목에 따른 위반행위 : 다음 구분에 따라 구간을 정한다.
  가) 1년간 1회 이상 5회 이하 위반한 경우 : 1구간
  나) 1년간 6회 이상 10회 이하 위반한 경우 : 2구간
  다) 1년간 11회 이상 위반한 경우 : 3구간

2) 제3호다목부터 사목까지에 따른 위반행위 : 다음 구분에 따라 구간을 정한다.
  가) 1년간 1회 이상 10회 이하 위반한 경우 : 1구간
  나) 1년간 11회 이상 20회 이하 위반한 경우 : 2구간
  다) 1년간 21회 이상 위반한 경우 : 3구간

3) 제3호아목에 따른 위반행위 : 다음 구분에 따라 구간을 정한다.
  가) 1년간 제출한 통관목록의 제출 건수에 대비한 위반행위가 1회 이상 100회 이하인 경우 : 1구간
  나) 1년간 제출한 통관목록의 제출 건수에 대비한 위반행위가 101회 이상 300회 이하인 경우 : 2구간
  다) 1년간 제출한 통관목록의 제출 건수에 대비한 위반행위가 301회 이상인 경우 : 3구간

4) 제3호자목에 따른 위반행위 : 다음 구분에 따라 구간을 정한다.
  가) 1년간 적재화물목록을 작성하거나 제출한 자의 편명별 위반행위가 1회 이상 150회 이하인 경우 : 1구간
  나) 1년간 적재화물목록을 작성하거나 제출한 자의 편명별 위반행위가 151회 이상 300회 이하인 경우 : 2구간
  다) 1년간 적재화물목록을 작성하거나 제출한 자의 편명별 위반행위가 301회 이상인 경우 : 3구간

라. 부과권자는 제2호 및 제3호의 개별기준에 따른 과태료 금액에서 다음의 구분에 따른 범위에서 과태료를 줄일 수 있다. 다만, 과태료를 체납하고 있는 위반행위자의 경우에는 그렇지 않다.

1) 법 제255조의2제1항에 따른 수출입 안전관리 우수업체로 공인받은 경우 : 해당 업체의 등급에 따라 관세청장이 정하여 고시하는 범위

2) 「중소기업기본법」 제2조에 따른 중소기업에 해당하는 경우 : 100분의 20의 범위

3) 「질서위반행위규제법」 제10조제2항 또는 같은 법 시행령 제2조의2제1항 각 호의 어느 하나에 해당하는 경우 : 100분의 50의 범위

4) 법에 따른 행정조사 등의 결과, 동일 업체가 반복적으로 동일한 질서위반행위를 한 경우로서 위반행위의 정도, 동기 및 그 결과 등을 고려하여 줄일 필요가 있다고 인정되는 경우 : 100분의 75의 범위

마. 라목에 따른 과태료의 감경사유가 2개 이상인 경우 해당 사유에 따른 감경의 범위를 합하여 감경할 수 있으나 그 합은 100분의 75의 범위를 초과할 수 없다. 다만, 2개 이상의 감경사유를 가진 부과대상자가 「질서위반행위규제법」 제16조에 따른 의견 제출 기한 이내

에 과태료를 자진하여 납부하는 경우에는 라목에 따라 감경하여 부과할 과태료 금액의 100분의 20의 범위에서 추가로 감경할 수 있다.

바. 부과권자가 법 제277조제1항 및 제2항에 따른 과태료를 부과하는 경우에는 위반행위의 정도와 횟수, 위반행위의 동기와 그 결과 등을 고려하여 제4호의 부과기준에 따른 과태료의 2분의 1 범위에서 그 금액을 줄이거나 늘려 부과할 수 있다. 다만, 늘려 부과하는 경우에도 법 제277조제1항 및 제2항에 따른 과태료의 상한을 넘을 수 없다.

사. 바목에도 불구하고 법 제37조의4제1항 또는 제6항에 따라 자료를 제출하는 자가 경미한 착오로 자료의 일부를 제출하지 않거나 일부 항목에 오류를 발생시킨 경우 부과권자는 보정 자료를 받고 과태료를 부과하지 않을 수 있다.

2. 차수별 개별기준

위반행위	근거 법 조문	과태료 금액			
		1차 위반	2차 위반	3차 위반	4차 이상 위반
가. 법 제12조를 위반하여 신고필증을 보관하지 않은 경우	법 제277조 제6항 제2호	25만원	50만원	100만원	100만원
나. 법 제28조제2항에 따른 신고를 하지 않은 경우	법 제277조 제6항 제3호	25만원	50만원	100만원	100만원
다. 법 제38조제3항을 위반한 경우	법 제277조 제5항 제2호	50만원	100만원	200만원	200만원
라. 법 제83조제1항을 위반한 경우	법 제277조 제5항 제2호	50만원	100만원	200만원	200만원
마. 법 제83조제2항, 제88조제2항, 제97조제2항, 제102조제1항 및 제109조제1항을 위반한 자 중 해당 물품을 직접 수입한 경우 관세를 감면받을 수 있고 수입자와 동일한 용도에 사용하려는 자에게 양도한 경우	법 제277조 제5항 제3호	50만원	100만원	200만원	200만원
바. 법 제107조제3항을 위반한 경우	법 제277조 제5항 제2호	50만원	100만원	200만원	200만원
사. 법 제107조제4항을 위반한 경우	법 제277조 제6항 제4호	25만원	50만원	100만원	100만원
아. 법 제108조제2항을 위반한 경우	법 제277조 제6항 제4호	25만원	50만원	100만원	100만원
자. 법 제135조제2항(법 제146조제1항에서 준용하는 경우를 포함한다)을 위반한 경우	법 제277조 제5항 제2호	60만원	100만원	200만원	200만원
차. 법 제136조제3항(법 제146조제1항에서 준용하는 경우를 포함한다)을 위반한 경우	법 제277조 제5항 제2호	60만원	100만원	200만원	200만원
카. 법 제138조제2항을 위반한 경우	법 제277조 제6항 제4호	25만원	50만원	100만원	100만원
타. 법 제138조제4항을 위반한 경우	법 제277조 제6항 제4호	25만원	50만원	100만원	100만원
파. 법 제139조(법 제146조제1항에서 준용하는 경우를 포함한다)를 위반한 경우	법 제277조 제3항 제1호	200만원	500만원	800만원	1천만원
하. 법 제140조제5항을 위반한 경우	법 제277조 제5항 제2호				
1) 하역통로 및 하역장소를 위반한 경우		50만원	100만원	200만원	200만원
2) 국제무역선에서 물품을 하역하여 반입하는 기간의 만료일부터 3일 이내에 물품을 반입하는 경우		25만원	50만원	100만원	100만원
3) 국제무역선에서 물품을 하역하여 반입하는 기간의 만료일부터 3일을 초과하여 물품을 반입하는 경우		50만원	100만원	200만원	200만원
4) 국제무역기에서 물품을 하역하여 반입하는 기간의 만료시각으로부터 12시간 이내에 물품을 반입하는 경우		25만원	50만원	100만원	100만원
5) 국제무역기에서 물품을 하역하여 반입하는 기간의 만료시각으로부터 12시간을 초과하여 물품을 반입하는 경우		50만원	100만원	200만원	200만원
거. 법 제141조제1호(법 제146조제1항에서 준용하는 경우를 포함한다)를 위반한 경우	법 제277조 제5항 제2호	60만원	100만원	200만원	200만원
너. 법 제141조제2호를 위반한 경우	법 제277조 제6항 제4호	25만원	50만원	100만원	100만원
더. 법 제141조제3호(법 제146조제1항에서 준용하는 경우를 포함한다)를 위반한 경우	법 제277조 제5항 제2호	60만원	100만원	200만원	200만원
러. 법 제143조제1항(법 제146조제1항에서 준용하는 경우를 포함한다)을 위반한 경우	법 제277조 제3항 제1호	200만원	500만원	800만원	1천만원
머. 법 제152조제1항을 위반한 경우	법 제277조 제3항 제1호	200만원	500만원	800만원	1천만원
버. 법 제155조제1항을 위반한 경우	법 제277조 제3항 제1호	200만원	500만원	800만원	1천만원
서. 법 제156조제1항을 위반한 경우	법 제277조 제3항 제1호	200만원	500만원	800만원	1천만원

위반행위	근거 법조문				
어. 법 제158조제2항을 위반한 경우	법 제277조제5항제2호	50만원	100만원	200만원	200만원
저. 법 제158조제6항을 위반한 경우	법 제277조제5항제2호	50만원	100만원	200만원	200만원
처. 법 제159조제2항을 위반한 경우	법 제277조제3항제1호	200만원	500만원	800만원	1천만원
커. 법 제159조제6항에 따른 관세청장 또는 세관장의 조치를 위반한 경우	법 제277조제5항제5호	50만원	100만원	200만원	200만원
터. 법 제160조제1항을 위반한 경우	법 제277조제3항제1호	200만원	500만원	800만원	1천만원
퍼. 법 제160조제4항(법 제207조제2항에서 준용하는 경우를 포함한다)에 따른 세관장의 명령을 이행하지 않은 경우	법 제277조제6항제5호	25만원	50만원	100만원	100만원
허. 법 제161조제1항을 위반한 경우	법 제277조제3항제1호	200만원	500만원	800만원	1천만원
고. 법 제162조를 위반한 경우	법 제277조제6항제4호	25만원	50만원	100만원	100만원
노. 법 제172조제3항을 위반한 경우	법 제277조제5항제2호	50만원	100만원	200만원	200만원
도. 법 제177조제2항(법 제205조에서 준용하는 경우를 포함한다)에 따른 세관장의 명령 또는 보완조치를 이행하지 않은 경우	법 제277조제6항제6호	25만원	50만원	100만원	100만원
로. 법 제179조제2항을 위반한 경우	법 제277조제6항제4호	25만원	50만원	100만원	100만원
모. 법 제180조제1항(법 제205조에서 준용하는 경우를 포함한다)에 따른 세관장의 감독·검사·보고지시에 응하지 않은 경우	법 제277조제6항제7호	25만원	50만원	100만원	100만원
보. 법 제180조제2항(법 제89조제5항에서 준용하는 경우를 포함한다)에 따른 세관장의 감독·검사·보고지시에 응하지 않은 경우	법 제277조제6항제7호	25만원	50만원	100만원	100만원
소. 법 제180조제3항(법 제205조에서 준용하는 경우를 포함한다)에 따른 관세청장 또는 세관장의 조치를 위반한 경우	법 제277조제5항제5호	50만원	100만원	200만원	200만원
오. 법 제180조제4항(법 제205조에서 준용하는 경우를 포함한다)에 따른 세관장의 명령 또는 보완조치를 이행하지 않은 경우	법 제277조제6항제6호	25만원	50만원	100만원	100만원
조. 법 제182조제1항(법 제205조에서 준용하는 경우를 포함한다)을 위반한 경우	법 제277조제6항제4호	25만원	50만원	100만원	100만원
초. 법 제183조제2항을 위반한 경우	법 제277조제6항제4호	25만원	50만원	100만원	100만원
코. 법 제183조제3항을 위반한 경우	법 제277조제6항제4호	25만원	50만원	100만원	100만원
토. 법 제184조(법 제205조에서 준용하는 경우를 포함한다)를 위반한 경우	법 제277조제6항제4호	25만원	50만원	100만원	100만원
포. 법 제185조제2항(법 제205조에서 준용하는 경우를 포함한다)을 위반한 경우	법 제277조제6항제4호	25만원	50만원	100만원	100만원
호. 법 제186조제1항(법 제205조에서 준용하는 경우를 포함한다)을 위반한 경우	법 제277조제3항제1호	200만원	500만원	800만원	1천만원
구. 법 제187조제1항(법 제89조제5항에서 준용하는 경우를 포함한다)에 따른 허가를 받지 않고 보세공장 또는 지정공장 외의 장소에서 작업을 한 경우	법 제277조제3항제2호	200만원	500만원	800만원	1천만원
누. 법 제192조(법 제205조에서 준용하는 경우를 포함한다)를 위반한 경우	법 제277조제3항제1호	200만원	500만원	800만원	1천만원
두. 법 제193조(법 제205조에서 준용하는 경우를 포함한다)에 따른 세관장의 감독·검사·보고지시에 응하지 않은 경우	법 제277조제6항제7호	25만원	50만원	100만원	100만원
루. 법 제194조(법 제205조에서 준용하는 경우를 포함한다)를 위반하는 경우	법 제277조제5항제2호	50만원	100만원	200만원	200만원
무. 법 제195조제1항에 따른 허가를 받지 않고 보세건설장 외의 장소에서 작업을 한 경우	법 제277조제3항제2호	200만원	500만원	800만원	1천만원
부. 법 제196조제4항에 따른 관세청장 또는 세관장의 조치를 위반한 경우	법 제277조제5항제5호	50만원	100만원	200만원	200만원
수. 법 제196조의2제5항을 위반한 경우	법 제277조제5항제2호	50만원	100만원	200만원	200만원
우. 법 제198조제3항을 위반한 경우	법 제277조제5항제2호	50만원	100만원	200만원	200만원

위반행위	근거 법조문				
주. 법 제199조제1항을 위반한 경우	법 제277조제5항제2호				
1) 물품을 반출입한 날부터 5일 이내에 신고를 한 경우		25만원	50만원	100만원	100만원
2) 물품을 반출입한 날부터 5일을 초과하여 신고를 한 경우		50만원	100만원	200만원	200만원
추. 법 제200조제1항을 위반한 경우	법 제277조제3항제1호	200만원	500만원	800만원	1천만원
쿠. 법 제201조제1항을 위반한 경우	법 제277조제3항제1호	200만원	500만원	800만원	1천만원
투. 법 제201조제3항을 위반한 경우	법 제277조제3항제1호	200만원	500만원	800만원	1천만원
푸. 법 제202조제1항을 위반한 경우	법 제277조제5항제2호	50만원	100만원	200만원	200만원
후. 법 제202조제2항에 따른 신고를 하지 않고 종합보세구역 외의 장소에서 작업을 한 경우	법 제277조제3항제2호	200만원	500만원	800만원	1천만원
그. 법 제203조제2항에 따른 세관장의 감독·검사·보고지시에 응하지 않은 경우	법 제277조제6항제7호	25만원	50만원	100만원	100만원
느. 법 제214조를 위반한 경우	법 제277조제5항제2호	50만원	100만원	200만원	200만원
드. 법 제216조제1항(법 제219조제4항 및 제221조제2항에서 준용하는 경우를 포함한다)에 따른 관세청장 또는 세관장의 조치를 위반한 경우	법 제277조제5항제5호	50만원	100만원	200만원	200만원
르. 법 제216조제2항(법 제219조제4항 및 제221조제2항에서 준용하는 경우를 포함한다)을 위반한 경우	법 제277조제5항제2호				
1) 보세운송기간 만료일부터 2일 이내에 보세운송을 끝낸 경우		10만원	30만원	50만원	50만원
2) 보세운송기간 만료일부터 2일을 초과하여 5일 이내에 보세운송을 끝낸 경우		25만원	50만원	100만원	100만원
3) 보세운송기간 만료일부터 5일을 초과하여 보세운송을 끝낸 경우		50만원	100만원	200만원	200만원
므. 법 제219조제2항을 위반한 경우	법 제277조제3항제1호	200만원	500만원	800만원	1천만원
브. 법 제221조제1항을 위반한 경우	법 제277조제5항제2호	50만원	100만원	200만원	200만원
스. 법 제221조제2항에서 법 제215조를 준용하는 경우를 위반한 경우	법 제277조제5항제2호				
1) 운송목적지에 도착한 날부터 5일 이내에 보고를 한 경우		25만원	50만원	100만원	100만원
2) 운송목적지에 도착한 날부터 5일을 초과하여 보고를 한 경우		50만원	100만원	200만원	200만원
으. 법 제222조제3항을 위반한 경우	법 제277조제5항제2호	50만원	100만원	200만원	200만원
즈. 법 제225조제1항 후단을 위반한 경우	법 제277조제5항제2호	50만원	100만원	200만원	200만원
츠. 법 제228조에 따른 관세청장 또는 세관장의 조치를 위반한 경우	법 제277조제5항제5호	50만원	100만원	200만원	200만원
크. 법 제240조의2제1항을 위반하여 유통이력을 신고하지 않거나 거짓으로 신고한 경우	법 제277조제4항제1호				
1) 유통이력을 신고하지 않은 경우		50만원	100만원	300만원	500만원
2) 유통이력을 거짓으로 신고한 경우		100만원	200만원	400만원	500만원
트. 법 제240조의2제2항을 위반하여 장부기록 자료를 보관하지 않은 경우	법 제277조제4항제2호	50만원	100만원	300만원	500만원
프. 법 제243조제4항을 위반하여 관세청장이 정하는 장소에 반입하지 않고 법 제241조제1항에 따른 수출의 신고를 한 경우	법 제277조제4항제3호	100만원	200만원	400만원	500만원
호. 법 제245조제3항을 위반한 경우	법 제277조제6항제4호	25만원	50만원	100만원	100만원
기. 법 제249조에 따른 세관장의 명령 또는 보완조치를 이행하지 않은 경우	법 제277조제6항제6호	25만원	50만원	100만원	100만원
니. 법 제254조의2제3항을 위반한 경우	법 제277조제6항제4호	10만원	25만원	50만원	50만원
디. 법 제266조제2항을 위반한 경우	법 제277조제3항제1호	200만원	500만원	800만원	1천만원
리. 법 제266조제3항에 따른 관세청장 또는 세관장의 조치를 위반한 경우	법 제277조제5항제5호	50만원	100만원	200만원	200만원

위반행위	근거 법조문				
미. 법 제321조제2항제2호를 위반하여 운송수단에서 물품을 취급한 경우	법 제277조제5항제6호	50만원	100만원	200만원	200만원
비. 특허보세구역의 특허사항을 위반한 경우	법 제277조제5항제1호	100만원	150만원	200만원	200만원
시. 보세구역에 물품을 반입하지 않고 거짓으로 법 제157조제1항에 따른 반입신고를 한 경우	법 제277조제5항제7호	50만원	100만원	200만원	200만원

3. 구간별 개별기준

위반행위	근거 법 조문	과태료 금액		
		1구간	2구간	3구간
가. 법 제135조제1항을 위반한 경우 중 과실로 여객명부를 제출하지 않은 경우	법 제277조제5항제4호			
1) 여객명부의 전부를 제출하지 않은 경우		25만원	50만원	100만원
2) 여객명부의 일부를 제출하지 않은 경우(여객명부에서 제출되지 않은 부분이 10퍼센트 이상인 경우에 한정한다)		10만원	25만원	50만원
나. 법 제137조의2제1항 각 호 외의 부분 후단을 위반한 경우로서 과실로 승객예약자료의 전부를 제출하지 않은 경우	법 제277조제5항제4호	25만원	50만원	100만원
다. 법 제157조제1항을 위반한 경우	법 제277조제5항제2호			
1) 물품을 반출입한 날부터 2일 이내에 신고를 한 경우		10만원	30만원	50만원
2) 물품을 반출입한 날부터 2일을 초과하여 5일 이내에 신고를 한 경우		25만원	50만원	100만원
3) 물품을 반출입한 날부터 5일을 초과하여 신고를 한 경우		50만원	100만원	200만원
라. 법 제157조의2를 위반한 경우	법 제277조제6항제4호			
1) 보세구역 반출기간 만료일부터 10일 이내에 반출한 경우		10만원	30만원	50만원
2) 보세구역 반출기간 만료일부터 10일을 초과하여 반출한 경우		25만원	50만원	100만원
마. 법 제215조(법 제219조제4항에서 준용하는 경우를 포함한다)를 위반한 경우	법 제277조제5항제2호			
1) 운송목적지에 도착한 날부터 5일 이내에 보고를 한 경우		25만원	50만원	100만원
2) 운송목적지에 도착한 날부터 5일을 초과하여 보고를 한 경우		50만원	100만원	200만원
바. 법 제222조제4항 및 제225조제2항에 따른 세관장 또는 세관장의 조치를 위반한 경우	법 제277조제5항제5호	50만원	100만원	200만원
사. 법 제251조제1항을 위반한 경우	법 제277조제5항제2호	10만원	30만원	50만원
아. 법 제254조의2제2항을 위반한 경우	법 제277조제6항제4호			
1) 명백한 품명기재 오류(통관목록 제출건수별 오류율이 1퍼센트를 초과하는 경우에 한정한다. 이하 2)부터 4)까지에서 같다)		5만원	10만원	20만원
2) 물품가격 기재 오류		5만원	10만원	20만원
3) 물품수신인 성명 기재 오류		5만원	10만원	20만원
4) 물품수신인 통관고유부호 기재 오류		5만원	10만원	20만원
자. 적재물품과 일치하지 않는 적재화물목록을 작성하였거나 제출하는 경우로서 다음의 어느 하나에 해당하는 경우. 다만, 법 제276조제3항제1호에 해당하는 자, 적재물품을 수출한 자 또는 다른 선박회사·항공사 및 화물운송주선업자에 의하여 투입 및 봉인되어 적재화물목록을 제출한 자가 해당 적재물품의 내용확인이 불가능한 경우에는 해당 적재화물목록을 제출한 자는 제외한다. 1) 선하증권 및 항공화물운송장 누락으로 인한 수출입화물의 적재화물목록 추가제출. 다만, 항공기로 수입한 화물은 입항편 별 제출의 90퍼센트 미만인 경우로 한정한다. 2) 명백한 품명 기재 오류 3) 과적단속 결과 중량이 틀린 것으로 통보된 경우로서 관세청장이 정하는 적재화물목록 정정생략 범위를 벗어나는 중량 기재 오류 4) 1)부터 3)까지에 따른 오류 외에 관세청장이 정하는 적재화물목록 정정 의무기간을 경과하여 정정하는 오류	법 제277조제6항제1호	10만원	20만원	30만원

비고
자목의 위반행위의 경우 해당 적재화물목록에서 오류가 발생한 선하증권 및 항공화물운송장의 건수에 따라 다음 각 호의 구분에 따라 과태료를 가중한다.
1. 오류 건수가 11건 이상 50건 이하인 경우 : 해당 위반행위에 대한 구간별 과태료 금액의 2배

2. 오류 건수가 51건 이상인 경우 : 해당 위반행위에 대한 구간별 과태료 금액의 3배

4. 특수관계에 있는 자의 과세가격결정자료등 제출 위반에 대한 개별 부과기준

위반행위	근거 법조문	과태료
가. 법 제37조의4제1항 및 제2항에 따라 과세가격결정자료등(같은 조 제1항에 따른 과세가격결정자료 또는 같은 조 제2항에 따른 증명자료를 말한다. 이하 같다)의 제출을 요구받은 특수관계에 있는 자로서 법 제10조에서 정하는 정당한 사유 없이 법 제37조의4제4항 각 호의 어느 하나에 해당하는 행위를 한 경우	법 제277조 제1항	
1) 제31조의5제1항제1호, 제5호, 제6호, 제9호 및 제10호의 자료와 이에 대한 증명자료 중 1개 이상의 자료를 제출하지 않거나 거짓의 자료를 제출한 경우		4천만원
2) 제31조의5제1항제3호 및 제4호의 자료와 이에 대한 증명자료 중 1개 이상의 자료를 제출하지 않거나 거짓의 자료를 제출한 경우		5천만원
3) 제31조의5제1항제8호 또는 제11호의 자료와 이에 대한 증명자료를 제출하지 않거나 거짓의 자료를 제출한 경우		3천만원
나. 법 제37조의4제6항에 따라 미제출된 과세가격결정자료등을 제출하도록 요구받거나 거짓의 자료를 시정하여 제출하도록 요구받은 자가 같은 조 제7항에서 정한 기한까지 자료를 제출하지 않은 경우	법 제277조 제2항	(1 + 지연기간/30) × 〔가목1)부터 3)까지에서 정한 금액〕

비고
1. 법 제37조의4제1항 및 제2항에 따라 과세가격결정자료등의 제출을 요구받은 특수관계에 있는 자가 가목1)부터 3)까지의 규정에 따른 위반행위를 동시에 한 경우에는 각 부과금액을 합산하여 과태료를 산정한다. 이 경우 법 제277조제1항에 따른 과태료의 상한을 넘을 수 없다.
2. 제1호에도 불구하고 하나의 과세가격결정자료등이 제31조의5제1항 각 호 중 두 가지 이상의 호에 해당하는 경우에는 가목1)부터 3)까지 중 가장 높은 과태료를 적용하여 산정한다.
3. 나목의 계산식에 따라 과태료를 산정하는 경우 지연기간은 30일의 이행기간이 끝나는 날의 다음 날부터 자료 제출이나 시정요구를 이행한 날까지의 기간으로 하며, 그 지연기간을 30으로 나눈 결과 소수점 이하는 버린다. 이 경우 법 제277조제2항에 따른 과태료의 상한을 넘을 수 없다.

5. 세관공무원에게 금품을 공여한 경우에 대한 개별 부과기준

위반행위	근거 법조문	과태료 금액
세관공무원에게 금품을 공여한 경우	법 제277조의2제5항 본문	
가. 직무관련자가 업무편의를 제공받은 사실 없이 세관공무원에게 의례적으로 금품을 제공한 경우		
1) 500만원 미만의 금품 공여		금품 상당액의 2배
2) 500만원 이상의 금품 공여		금품 상당액의 3배
나. 직무관련자가 업무편의를 제공받은 대가로 세관공무원에게 금품을 제공한 경우		
1) 200만원 미만의 금품 공여		금품 상당액의 2배
2) 200만원 이상 500만원 미만의 금품 공여		금품 상당액의 3배
3) 500만원 이상의 금품 공여		금품 상당액의 4배
다. 세관공무원에게 금품을 공여하여 과태료 부과 또는 형사처벌을 받은 자가 3년 이내에 법 제277조의2제5항에 따라 과태료 부과처분을 받게 되는 경우		금품 상당액의 5배

〔별표6〕

비밀유지 의무 위반에 대한 과태료의 부과기준
(제265조의3 관련)

(2023.2.28 신설)

1. 일반기준
가. 부과권자는 다음의 어느 하나에 해당하는 경우 제2호의 개별기준에 따른 과태료의 2분의 1 범위에서 그 금액을 줄여 부과할 수 있다. 다만, 과태료를 체납하고 있는 위반행위자에 대해서는 그렇지 않다.
1) 위반행위가 사소한 부주의나 오류로 인한 것으로 인정되는 경우
2) 위반의 내용·정도가 경미하여 그 피해가 적다고 인정되는 경우
3) 위반행위자가 법 위반상태를 시정하거나 해소하기 위하여 노력한 것이 인정되는 경우
4) 그 밖에 위반행위의 정도, 위반행위의 동기와 그 결과 등을 고려하여 줄일 필요가 있다고 인정되는 경우
나. 부과권자는 다음의 어느 하나에 해당하는 경우 제2호의 개별기준에 따른 과태료의 2분의 1 범위에서 그 금액을 늘려 부과할 수 있다. 다만, 늘려 부과하는 경우에도 법 제277조의3제1항 본문에 따른 과태료의 상한을 넘을 수 없다.
1) 위반행위가 고의나 중대한 과실에 따른 것으로 인정되는 경우
2) 위반행위의 내용·정도가 중대하여 그 피해가 크다고 인정되는 경우
3) 그 밖에 위반행위의 정도, 위반행위의 동기와 그 결과 등을 고려하여 늘릴 필요가 있다고 인정되는 경우

2. 개별기준

위반행위	근거 법조문	과태료
법 제116조제1항 또는 제6항을 위반하여 과세정보를 타인에게 제공 또는 누설하거나 그 목적 외의 용도로 사용한 경우	법 제277조의3 제1항 본문	타인에게 제공 또는 누설하거나 그 목적 외의 용도로 사용한 과세정보의 건수에 50만원을 곱한 금액과 500만원 중 큰 금액(법 제277조의3제1항 본문에 따른 과태료의 상한을 넘을 수 없다)

비고
위 표에서 "과세정보의 건수"를 계산할 때 1인의 과세정보는 1건으로 하며, 1인의 과세정보가 2개 이상의 전자적 파일, 종이문서 등의 형태로 분리되어 있는 경우에는 분리된 각각의 과세정보를 1건으로 보아 과태료를 산정한다.

관세법 시행규칙

(2000년 12월 30일)
(전개재정경제부령 제175호)

개정
2001. 3.29재정경제부령 186호(직제시규) <중략>
2015. 2. 6기획재정부령 458호 2015. 3. 6기획재정부령 475호
2015. 7.16기획재정부령 491호 2015.12. 1기획재정부령 513호
2016. 1.18기획재정부령 532호(직제시규)
2016. 3. 9기획재정부령 551호 2016. 7. 8기획재정부령 567호
2016.12.30기획재정부령 588호 2017. 2.15기획재정부령 589호
2017. 3.31기획재정부령 619호 2017. 7.19기획재정부령 630호
2017.10.30기획재정부령 636호 2017.12.29기획재정부령 648호
2018. 3.21기획재정부령 672호 2018. 7.19기획재정부령 685호
2018. 9.20기획재정부령 692호 2018.12.31기획재정부령 705호
2019. 1기획재정부령 725호 2019. 8. 2기획재정부령 744호
2019. 8.30기획재정부령 748호
2019.12. 3기획재정부령 756호(직제시규)
2019.12.23기획재정부령 758호 2020. 3.13기획재정부령 770호
2020. 7.30기획재정부령 803호 2020.10. 7기획재정부령 809호
2020.12.29기획재정부령 820호 2021. 3.16기획재정부령 842호
2021. 7.30기획재정부령 861호
2021.10.28기획재정부령 867호(법령용어정비)
2021.12.13기획재정부령 872호 2021.12.31기획재정부령 881호
2022. 3.18기획재정부령 895호 2022. 7.28기획재정부령 929호
2022. 9. 6기획재정부령 933호 2022. 9.16기획재정부령 936호
2022.12.31기획재정부령 955호 2023. 3.20기획재정부령 968호
2023. 4.11기획재정부령 988호(직제)
2023. 5. 1기획재정부령 991호 2023. 7.28기획재정부령1011호
2023.12.29기획재정부령1033호

제1조【목적】 이 규칙은 「관세법」 및 같은 법 시행령에서 위임된 사항과 그 시행에 필요한 사항을 규정함을 목적으로 한다.(2020.10.7 본조신설)

제1조의2【과세환율】 ① 관세청장은 「외국환거래법」 제9조제2항에 따른 외국환중개회사가 「관세법」(이하 "법"이라 한다) 제17조에 따른 날(보세건설장에 반입된 물품의 경우에는 수입신고를 한 날을 말한다)이 속하는 주의 전주(前週) 월요일부터 금요일까지 매일 최초 고시하는 기준환율 또는 재정환율을 평균하여 법 제18조에 따른 과세환율을 결정한다.
② 관세청장은 법 제18조에 따른 과세환율의 세부 결정방법 등 필요한 사항을 따로 정할 수 있다.
(2022.9.16 본조개정)

제1의3조【담보의 관세충당】 법 제25조제1항에 따른 담보의 관세충당은 다음 각 호의 구분에 의한 방법에 따른다.(2020.10.7 본문개정)
1. 담보물이 법 제24조제1항제2호·제3호·제5호 및 제6호에 해당하는 경우 : 이를 매각하는 방법
2. 담보물이 법 제24조제1항제4호 및 제7호에 해당하는 경우 : 그 보증인에게 담보한 관세에 상당하는 금액을 납부할 것을 즉시 통보하는 방법
3. (2009.3.26 삭제)
(2009.3.26 본조개정)

제2조【가격신고의 생략】 ① 법 제27조제3항의 규정에 따라 가격신고를 생략할 수 있는 물품은 다음 각 호와 같다.(2020.10.7 본문개정)
1. 정부 또는 지방자치단체가 수입하는 물품
2. 정부조달물품
3. 「공공기관의 운영에 관한 법률」 제4조에 따른 공공기관이 수입하는 물품(2007.12.31 본호개정)
4. 관세 및 내국세등이 부과되지 않는 물품(2020.10.7 본호개정)
5. 방위산업용 기계와 그 부분품 및 원재료로 수입하는 물품. 다만, 해당 물품과 관련된 중앙행정기관의 장의 수입확인 또는 수입추천을 받은 물품에 한정한다.(2020.10.7 단서개정)
6. 수출용 원재료

7. 「특정연구기관 육성법」의 규정에 의한 특정연구기관이 수입하는 물품(2005.2.11 본호개정)
8. 과세가격이 미화 1만불 이하인 물품. 다만, 개별소비세, 주세, 교통·에너지·환경세가 부과되는 물품과 분할하여 수입되는 물품은 제외한다.(2020.10.7 본호개정)
9. 종량세 적용물품. 다만, 종량세와 종가세 중 높은 세액 또는 높은 세율을 선택하여 적용해야 하는 물품의 경우에는 제외한다.(2020.10.7 본호개정)
10. 법 제37조제1항제3호에 따른 과세가격 결정방법의 사전심사 결과가 통보된 물품. 다만, 「관세법 시행령」(이하 "영"이라 한다) 제16조제1항 각 호의 물품은 제외한다.(2020.10.7 본호신설)
② 다음 각 호의 어느 하나에 해당하는 물품은 제1항(제10호는 제외한다)에 따른 가격신고 생략물품에 해당하지 않는 것으로 한다.(2020.10.7 본문개정)
1. 과세가격을 결정함에 있어서 법 제30조제1항제1호 내지 제5호의 규정에 의한 금액을 가산하여야 하는 물품
1의2. 법 제30조제2항에 따른 구매자가 실제로 지급하였거나 지급하여야 할 가격에 구매자가 해당 수입물품의 대가와 판매자의 채무를 상계(相計)하는 금액, 구매자가 판매자의 채무를 변제하는 금액, 그 밖의 간접적인 지급액이 포함되어 있는 경우에 해당하는 물품(2020.10.7 본호신설)
1의3. 과세가격이 법 제31조부터 제35조까지에 따라 결정되는 경우에 해당하는 물품(2020.10.7 본호신설)
2. 법 제39조에 따라 세관장이 관세를 부과·징수하는 물품(2020.10.7 본호개정)
3. 영 제16조제1항 각 호의 물품(2020.10.7 본호개정)
4. 제8조제1항제3호부터 제5호까지의 물품(2020.10.7 본호개정)

제3조【잠정가격신고 대상물품 등】 ① 영 제16조제1항제1호에서 "기획재정부령으로 정하는 것"이란 원유·곡물·광석 그 밖의 이와 비슷한 1차산품을 말한다.(2011.4.1 본항개정)
② 영 제16조제1항제2호의3에서 "기획재정부령으로 정하는 요건을 갖춘 경우"란 판매자와 구매자가 수립하는 수입물품의 거래가격 조정계획에 따라 조정(국제조세조정에 관한 법률」 제7조에 따른 조정은 제외한다)하는 금액이 실제로 지급 또는 영수되고 해당 거래의 수입물품에 객관적으로 배분·계산될 것으로 판단되는 거래로서 다음 각 호의 요건을 모두 갖춘 경우를 말한다.(2021.3.16 본문개정)
1. 납세의무자가 다음 각 목의 어느 하나에 해당될 것
가. 법 제37조제1항제3호에 따라 과세가격 결정방법의 사전심사를 신청하여 과세가격 결정방법을 통보받아 영 제16조제1항제2호의2에 따른 잠정가격 신고의 자격이 없는 경우 중 해당 통보받은 과세가격 결정방법이 법 제30조제1항 본문에 따른 방법인 경우
나. 「국제조세조정에 관한 법률」 제14조에 따른 정상가격 산출방법의 사전승인을 받은 경우(2021.3.16 본목개정)
2. 납세의무자가 제1호가목에 따른 과세가격 결정방법을 통보받거나 같은 호 나목에 따른 정상가격 산출방법 사전승인을 받은 이후 해당 거래의 수입물품 수입신고 1개월 전까지 별지 제1호의5 서식의 수입물품 거래가격 조정 계획서에 다음 각 목의 서류를 첨부하여 세관장에게 제출했을 것(2021.3.16 본문개정)
가. 수입물품별 가격의 산출방법을 구체적으로 설명하는 다음의 자료
1) 구매자와 판매자간 가격결정 및 조정에 관하여 합의한 계약서, 구매자의 내부지침 등 자료

2)「국제조세조정에 관한 법률」 제8조에 따른 정상가격을 산출하기 위하여 작성한 검토 보고서 및 관련 재무자료(2021.3.16 개정)

나. 과세관청으로부터 과세가격 결정방법을 통보받은 내역 또는 「국제조세조정에 관한 법률」 제14조에 따른 정상가격 산출방법의 사전승인을 받은 내역(2021.3.16 본목개정)

다. 「국제조세조정에 관한 법률」 제16조제1항에 따른 국제거래정보통합보고서(2021.3.16 본목개정)

라. 그 밖에 잠정가격 신고요건을 확인하기 위하여 필요한 서류로서 세관장이 요청하는 서류

(2017.3.31 본항신설)

③ 영 제16조제1항제3호에서 "기획재정부령으로 정하는 경우"란 다음 각 호의 어느 하나에 해당하는 경우를 말한다.

1. 법 제33조에 따라 과세가격을 결정하기 위한 이윤 및 일반경비 산출 등에 오랜 시간이 소요되는 경우

2. 설계·시공 일괄입찰 방식으로 계약된 플랜트 등 물품의 최초 발주시기보다 상당기간이 지나 인도가 완료되는 경우

3. 수입 후에 수입물품의 가격이 확정되는 경우로서 다음 각 목의 요건을 모두 충족하는 경우

　가. 수입 이전에 거래 당사자간의 계약에 따라 최종 거래가격 산출공식이 확정되어 있을 것

　나. 최종 거래가격은 수입 후 발생하는 사실에 따라 확정될 것

　다. 수입 후 발생하는 사실은 거래 당사자가 통제할 수 없는 변수에 기초할 것

4. 그 밖에 계약의 내용이나 거래의 특성상 잠정가격으로 가격신고를 하는 것이 불가피하다고 세관장이 인정하는 경우

(2020.10.7 본항신설)
(2017.3.31 본조제목개정)

제3조의2【확정가격 신고기간의 연장방법】 ① 영 제16조제4항에 따라 확정가격 신고기간의 연장을 요청하려는 자는 확정가격 신고기간이 만료되기 3일전까지 관세청장이 정하는 확정가격 신고기간 연장신청서에 관련 증빙자료를 첨부하여 영 제16조제2항에 따라 잠정가격을 신고한 세관장에게 제출해야 한다.

② 제1항에 따라 확정가격 신고기간 연장을 신청하려는 자는 잠정가격을 신고한 세관장이 둘 이상인 경우 그 중 어느 하나의 세관장에게 일괄적으로 확정가격 신고기간 연장을 신청할 수 있다.

③ 세관장은 영 제16조제4항에 따라 확정가격 신고기간의 연장 여부가 결정되면 세관장은 그 결과를 신청인에게 통보해야 한다.

(2020.10.7 본조신설)

제3조의3【구매자를 대리하여 행하는 용역의 범위 등】 영 제17조의2제1항에 따른 구매자를 대리하여 행하는 용역은 구매자의 계산과 위험부담으로 공급자 물색, 구매 관련 사항 전달, 샘플수집, 물품검사, 보험·운송·보관 및 인도 등을 알선하는 용역으로 한다. 다만, 다음 각 호의 어느 하나에 해당하는 경우에는 그러하지 아니하다.

1. 구매대리인이 자기의 계산으로 용역을 수행하는 경우

2. 구매대리인이 해당 수입물품에 대하여 소유권 또는 그 밖의 이와 유사한 권리가 있는 경우

3. 구매대리인이 해당 거래나 가격을 통제하여 실질적인 결정권을 행사하는 경우

(2011.4.1 본조신설)

제4조【무료 또는 인하된 가격으로 공급하는 물품 및 용역】 ① 영 제18조제2호에서 "기획재정부령으로 정하는 것"이란 해당 수입물품의 조립·가공·성형등의 생산과정에 직접 사용되는 기계·기구등을 말한다. (2011.4.1 본항개정)

② 영 제18조제4호의 규정에 의한 수입물품의 생산에 필요한 기술은 특허기술·노하우 등 이미 개발되어 있는 기술과 새로이 수행하여 얻은 기술로 한다.

③ 영 제18조 각 호의 물품 및 용역의 가격은 다음 각 호의 구분에 따른 금액으로 결정한다.(2020.10.7 본문개정)

1. 해당 물품 및 용역을 영 제23조제1항에 따른 특수관계가 없는 자로부터 구입 또는 임차하여 구매자가 공급하는 경우 : 그 구입 또는 임차하는 데에 소요되는 비용과 이를 생산장소까지 운송하는 데에 소요되는 비용을 합한 금액(2020.10.7 본호개정)

2. 해당 물품 및 용역을 구매자가 직접 생산하여 공급하는 경우 : 그 생산비용과 이를 수입물품의 생산장소까지 운송하는 데에 소요되는 비용을 합한 금액(2020.10.7 본호개정)

3. 해당 물품 및 용역을 구매자와 영 제23조제1항에 따른 특수관계에 있는 자로부터 구입 또는 임차하여 공급하는 경우 : 다음 각 목의 어느 하나에 따라 산출된 비용과 이를 수입물품의 생산장소까지 운송하는 데에 소요되는 비용을 합한 금액(2020.10.7 본문개정)

　가. 해당 물품 및 용역의 생산비용(2020.10.7 본목신설)

　나. 특수관계에 있는 자가 해당 물품 및 용역을 구입 또는 임차한 비용(2020.10.7 본목신설)

4. 수입물품의 생산에 필요한 기술·설계·고안·공예 및 의장(이하 이 호에서 "기술등"이라 한다)이 수입물품 및 국내생산물품에 함께 관련된 경우 : 당해 기술등이 제공되어 생산된 수입물품에 해당되는 기술등의 금액

제4조의2【권리사용료의 산출】 구매자가 수입물품과 관련하여 판매자가 아닌 자에게 권리사용료를 지급하는 경우 그 권리사용료가 영 제19조제2항에 따른 해당 물품의 거래조건에 해당하는지를 판단할 때에는 다음 각 호를 고려해야 한다.

1. 물품판매계약 또는 물품판매계약 관련 자료에 권리사용료에 대해 기술한 내용이 있는지 여부

2. 권리사용계약 또는 권리사용계약 관련 자료에 물품판매에 대해 기술한 내용이 있는지 여부

3. 물품판매계약·권리사용계약 또는 각각의 계약 관련 자료에 권리사용료를 지급하지 않는 경우 물품판매계약이 종료될 수 있다는 조건이 있는지 여부

4. 권리사용료가 지급되지 않는 경우 해당 권리가 결합된 물품을 제조·판매하는 것이 금지된다는 조건이 권리사용계약에 있는지 여부

5. 상표권 등 권리의 사용을 허락한 자가 품질관리 수준을 초과하여 우리나라에 수출하기 위해 판매되는 물품의 생산 또는 판매 등을 관리할 수 있는 조건이 권리사용계약에 포함되어 있는지 여부

6. 그 밖에 실질적으로 권리사용료에 해당하는 지급의무가 있고, 거래조건으로 지급된다고 인정할 만한 거래사실이 존재하는지 여부

(2020.10.7 본조신설)

제4조의3【운임 등의 결정】 ① 영 제20조제2항에 따른 운임은 다음 각 호에 따른다.

1. 법 제241조제2항제3호의2가목에 따른 운송수단이 외국에서 우리나라로 운항하여 수입되는 경우 : 해당 운송수단이 수출항으로부터 수입항에 도착할 때까지의 연료비, 승무원의 급식비, 급료, 수당, 선원 등의 송출비용 및 그 밖의 비용 등 운송에 실제로 소요되는 금액

2. 하나의 용선계약으로 여러가지 화물을 여러 차례에 걸쳐 왕복운송하거나 여러가지 화물을 하나의 운송계약에 따라 일괄운임으로 지급하는 경우 : 수입되는 물품의 중량을 기준으로 계산하여 배분한 운임. 다만, 수입되는 물품의 중량을 알 수 없거나 중량을 기준으로 계산하는 것이 현저히 불합리한 경우에는 가격을 기준으로 계산하여 배분한 운임으로 한다.
3. 운송계약상 적적항 및 수입항의 구분 없이 총 허용 정박 시간만 정하여 체선료(滯船料) 또는 조출료(早出料)의 발생장소를 명확히 구분할 수 없는 경우 : 총 허용정박 시간을 적적항과 수입항에서의 허용 정박 시간으로 반분(半分)하여 계산된 적적항에서의 체선료를 포함한 운임. 이 경우 실제 공제받은 조출료는 운임에 포함하지 아니한다.
4. 법 제254조의2제6항에 따라 통관하는 탁송품으로서 그 운임을 알 수 없는 경우 : 관세청장이 정하는 탁송품 과세운임표에 따른 운임
② 영 제20조제3항에서 "기획재정부령으로 정하는 물품"이란 다음 각 호의 어느 하나에 해당하는 물품을 말한다.
1. 무상으로 반입하는 상품의 견본, 광고용품 및 그 제조용 원료로서 운임 및 보험료를 제외한 총 과세가격이 20만원 이하인 물품
2. 수출물품의 제조·가공에 사용할 외화획득용 원재료로서 세관장이 수출계약의 이행에 필요하다고 인정하여 무상으로 반입하는 물품
3. 계약조건과 다르거나 하자보증기간 안에 고장이 생긴 수입물품을 대체·수리 또는 보수하기 위해 무상으로 반입하는 물품
4. 계약조건과 다르거나 하자보증 기간 안에 고장이 생긴 수입물품을 외국으로 반출한 후 이를 수리하여 무상으로 반입하는 물품으로서 운임 및 보험료를 제외한 총 과세가격이 20만원 이하인 물품
5. 계약조건과 다르거나 하자보증 기간 안에 고장이 생긴 수출물품을 수리 또는 대체하기 위해 무상으로 반입하는 물품
6. 신문사, 방송국 또는 통신사에서 반입하는 뉴스를 취재한 사진필름, 녹음테이프 및 이와 유사한 취재물품
7. 우리나라의 거주자가 받는 물품으로서 자가 사용할 것으로 인정되는 것 중 운임 및 보험료를 제외한 총 과세가격이 20만원 이하인 물품
8. 제48조의2제1항에 따른 우리나라 국민, 외국인 또는 재외영주권자가 입국할 때 반입하는 이사화물로서 운임 및 보험료를 제외한 총 과세가격이 50만원 이하인 물품(2021.3.16 본호개정)
9. 여행자가 휴대하여 반입하는 물품
10. 항공사가 자기 소유인 운송수단으로 운송하여 반입하는 항공기용품과 외국의 본사 또는 지사로부터 무상으로 송부받은 해당 운송사업에 사용할 소모품 및 사무용품(2021.3.16 본호개정)
11. 항공기 외의 일반적인 운송방법으로 운송하기로 계약된 물품으로서 해당 물품의 제작지연, 그 밖에 수입자의 귀책사유가 아닌 사유로 수입자가 그 운송방법의 변경에 따른 비용을 부담하고 항공기로 운송한 물품
12. 항공기 외의 일반적인 운송방법으로 운송하기로 계약된 물품으로서 천재지변이나 영 제2조제1항 각 호에 해당하는 사유로 운송수단을 변경하거나 해외 거래처를 변경하여 항공기로 긴급하게 운송하는 물품
③ 제2항 각 호의 물품의 구분에 따라 운임을 산출한다. 이 경우 다음 각 호의 적용 운임이 실제 발생한 항공운임을 초과하는 경우에는 해당 항공운임을 적용한다.
1. 제2항제1호부터 제9호까지의 물품 : 우리나라에서 적용하고 있는 선편소포우편물요금표에 따른 요금.

이 경우 물품의 중량이 선편소포우편물요금표에 표시된 최대중량을 초과하는 경우에는 최대중량의 요금에 최대중량을 초과하는 중량에 해당하는 요금을 가산하여 계산한다.
2. 제2항제10호부터 제12호까지의 물품 : 법 제225조제1항에 따른 선박회사(그 업무를 대행하는 자를 포함한다)가 해당 물품에 대해 통상적으로 적용하는 운임
④ 영 제20조제3항에 따른 제2항 각 호의 물품에 대한 보험료는 보험사업자가 통상적으로 적용하는 항공기 외의 일반적인 운송방법에 대한 보험료로 계산할 수 있다.(2020.10.7 본조신설)

제5조【특수관계의 영향을 받지 않은 물품가격】 ① 영 제23조제2항제3호 각 목 외의 부분에서 "기획재정부령이 정하는 가격"이란 수입가격과 영 제23조제2항제3호 각 목의 가격(이하 "비교가격"이라 한다)과의 차이가 비교가격을 기준으로 하여 비교할 때 100분의 10 이하인 경우를 말한다. 다만, 세관장은 해당 물품의 특성·거래내용·거래관행 등으로 보아 그 수입가격이 합리적이라고 인정되는 때에는 비교가격의 100의 110을 초과하더라도 비교가격에 근접한 것으로 볼 수 있으며, 수입가격이 불합리한 가격이라고 인정되는 때에는 비교가격의 100분의 110 이하인 경우라도 비교가격에 근접한 것으로 보지 아니할 수 있다.(2009.3.26 본항개정)
② 비교가격은 비교의 목적으로만 사용되어야 하며, 비교가격을 과세가격으로 결정하여서는 아니된다.
③ 영 제23조제2항제3호 후단에 따른 비교가격 산출의 기준시점은 다음 각 호와 같다.
1. 특수관계가 없는 우리나라의 구매자에게 수출되는 동종·동질물품 또는 유사물품의 거래가격 : 적적 시점
2. 법 제33조에 따라 결정되는 동종·동질물품 또는 유사물품의 과세가격 : 국내판매 시점
3. 법 제34조에 따라 결정되는 동종·동질물품 또는 유사물품의 과세가격 : 수입신고 시점
(2020.10.7 본항신설)
(2020.10.7 본조제목개정)

제5조의2【신고가격 증명자료 제출기간】 영 제24조제2항에 따른 "기획재정부령으로 정하는 기간"은 자료제출 요구일로부터 15일로 한다. 다만, 부득이한 사유로 납세의무자가 자료제출 기간 연장을 요청하는 경우에는 세관장이 해당 사유를 고려하여 타당하다고 인정하는 기간으로 한다.(2020.10.7 본조신설)

제6조 (2012.2.28 삭제)

제7조【합리적인 기준에 의한 과세가격의 결정】 ① 영 제29조제1항제1호에서 "법 제31조제1항제1호의 요건을 신축적으로 해석·적용하는 방법"이라 함은 다음 각호의 방법을 말한다.
1. 당해 물품의 생산국에서 생산된 것이라는 장소적 요건을 다른 생산국에서 생산된 것으로 확대하여 해석·적용하는 방법
2. 당해 물품의 적적일 또는 적적일 전후라는 시간적 요건을 적적일 전후 90일로 확대하여 해석·적용하는 방법. 다만, 가격에 영향을 미치는 시장조건이나 상관행(商慣行)이 유사한 경우에는 90일을 초과하는 기간으로 확대하여 해석·적용할 수 있다.(2015.3.6 단서신설)
② 영 제29조제1항제2호에서 "수입된 것과 동일한 상태로 판매하여야 한다는 요건을 신축적으로 해석·적용하는 방법"이라 함은 납세의무자의 요청이 없는 경우에도 법 제33조제3항에 따라 과세가격을 결정하는 방법을 말한다.(2020.3.13 본항개정)
③ 영 제29조제1항제4호에서 "제27조제3항 단서를 적용하지 않는 방법"이란 수입신고일부터 180일까지 판매되는 가격을 적용하는 방법을 말한다.(2022.3.18 본항개정)

제7조의2 【수입신고 전 변질 또는 손상물품의 과세가격의 결정】 영 제29조제3항제1호에 해당하는 물품의 과세가격은 다음 각 호의 가격을 기초로 하여 결정할 수 있다.

1. 변질 또는 손상으로 인해 구매자와 판매자간에 다시 결정된 가격
2. 변질 또는 손상되지 않은 물품의 가격에서 다음 각 목 중 어느 하나의 금액을 공제한 가격
   가. 관련 법령에 따른 감정기관의 손해평가액
   나. 수리 또는 개체(改替)비용
   다. 보험회사의 손해보상액

(2020.10.7 본조신설)

제7조의3 【여행자 휴대품·우편물등의 과세가격의 결정】 ① 영 제29조제3항제2호에 따른 여행자 또는 승무원의 휴대품·우편물·탁송품 및 별송품(이하 "여행자 휴대품·우편물등"이라 한다)의 과세가격을 결정하는 때에는 다음 각 호의 가격을 기초로 하여 결정할 수 있다.

1. 신고인의 제출 서류에 명시된 신고인의 결제금액(명칭 및 형식에 관계없이 모든 성격의 지급수단으로 결제한 금액을 말한다)
2. 외국에서 통상적으로 거래되는 가격으로서 객관적으로 조사된 가격
3. 해당 물품과 동종·동질물품 또는 유사물품의 국내도매가격에 관세청장이 정하는 시가역산율을 적용하여 산출한 가격
4. 관련 법령에 따른 감정기관의 감정가격
5. 중고 승용차(화물자동차를 포함한다) 및 이륜자동차에 대해 제1호 또는 제2호를 적용하는 경우 최초 등록일 또는 사용일부터 수입신고일까지의 사용으로 인한 가치감소에 대해 관세청장이 정하는 기준을 적용하여 산출한 가격
6. 그 밖에 신고인이 제시하는 가격으로서 세관장이 타당하다고 인정하는 가격

② 제1항제3호의 국내도매가격을 산출하려는 경우에는 다음 각 호의 방법에 따른다.

1. 해당 물품과 동종·동질물품 또는 유사물품을 취급하는 2곳 이상의 수입물품 거래처(인터넷을 통한 전자상거래처를 포함한다)의 국내도매가격을 조사해야 한다. 다만, 다음 각 목의 경우에는 1곳의 수입물품 거래처만 조사하는 등 국내도매가격 조사방법을 신축적으로 적용할 수 있다.
   가. 국내도매가격이 200만원 이하인 물품으로 신속한 통관이 필요한 경우
   나. 물품 특성상 2곳 이상의 거래처를 조사할 수 없는 경우
   다. 과세가격 결정에 지장이 없다고 세관장이 인정하는 경우
2. 제1호에 따라 조사된 가격이 둘 이상인 경우에는 다음 각 목에 따라 국내도매가격을 결정한다.
   가. 조사된 가격 중 가장 낮은 가격을 기준으로 최고가격과 최저가격의 차이가 10%를 초과하는 경우에는 조사된 가격의 평균가격
   나. 조사된 가격 중 가장 낮은 가격을 기준으로 최고가격과 최저가격의 차이가 10% 이하인 경우에는 조사된 가격 중 최저가격

③ 제1항제3호의 시가역산율은 국내도매가격에서 법 제33조제1항제2호부터 제4호까지의 금액을 공제하여 과세가격을 산정하기 위한 비율을 말하며, 산출방법은 관세청장이 정하는 바에 따른다.

(2020.10.7 본조신설)

제7조의4 【임차수입물품의 과세가격의 결정】 ① 영 제29조제3항제3호에 따른 임차수입물품의 과세가격은 다음 각 호를 순차적으로 적용한 가격을 기초로 하여 결정할 수 있다.

1. 임차료의 산출 기초가 되는 해당 임차수입물품의 가격
2. 해당 임차수입물품, 동종·동질물품 또는 유사물품을 우리나라에 수출할 때 공개된 가격자료에 기재된 가격(중고물품의 경우에는 제7조의5에 따라 결정된 가격을 말한다)
3. 해당 임차수입물품의 경제적 내구연한 동안 지급될 총 예상임차료를 기초로 하여 계산한 가격. 다만, 세관장이 일률적인 내구연한의 적용이 불합리하다고 판단하는 경우는 제외한다.
4. 임차하여 수입하는 물품에 대해 수입자가 구매선택권을 가지는 경우에는 임차계약상 구매선택권을 행사할 수 있을 때까지 지급할 총 예상임차료와 구매선택권을 행사하는 때에 지급해야 할 금액의 현재가격(제2항제2호 및 제3호를 적용하여 산정한 가격을 말한다)의 합계액을 기초로 하여 결정한 가격
5. 그 밖에 세관장이 타당하다고 인정하는 합리적인 가격

② 제1항제3호에 따라 과세가격을 결정할 때에는 다음 각 호에 따른다.

1. 해당 수입물품의 경제적 내구연한 동안에 지급될 총 예상임차료(해당 물품을 수입한 후 이를 정상으로 유지 사용하기 위해 소요되는 비용이 임차료에 포함되어 있을 때에는 그에 상당하는 실비를 공제한 총 예상임차료)를 현재가격으로 환산한 가격을 기초로 한다.
2. 수입자가 임차료 외의 명목으로 정기적 또는 비정기적으로 지급하는 특허권 등의 사용료 또는 해당 물품의 거래조건으로 별도로 지급하는 비용이 있는 경우에는 이를 임차료에 포함한다.
3. 현재가격을 계산하는 때에 적용할 이자율은 임차계약서에 따르되, 해당 계약서에 이자율이 정해져 있지 않거나 규정된 이자율이 제9조의3에서 정한 이자율 이상인 때에는 제9조의3에서 정한 이자율을 적용한다.

(2020.10.7 본조신설)

제7조의5 【중고물품의 과세가격의 결정】 ① 영 제29조제3항제4호에 따른 중고물품의 과세가격은 다음 각 호의 가격을 기초로 하여 결정할 수 있다.

1. 관련 법령에 따른 감정기관의 감정가격
2. 국내도매가격에 제7조의3제1항제3호의 시가역산율을 적용하여 산출한 가격
3. 해외로부터 수입되어 국내에서 거래되는 신품 또는 중고물품의 수입당시의 과세가격을 기초로 하여 가치감소분을 공제한 가격. 다만, 내용연수가 경과된 물품의 경우는 제외한다.
4. 그 밖에 세관장이 타당하다고 인정하는 합리적인 가격

② 제1항제3호의 가치감소 산정기준은 관세청장이 정할 수 있다.

(2020.10.7 본조신설)

제7조의6 【보세공장에서 내국물품과 외국물품을 혼용하여 제조한 물품의 과세가격의 결정】 ① 영 제29조제3항제5호에 따라 내국물품과 외국물품의 혼용에 관한 승인을 받아 제조된 물품의 과세가격은 다음의 산식에 따른다.

제품가격 × 〔외국물품가격 / (외국물품가격 + 내국물품가격)〕

② 제1항을 적용할 때 제품가격, 외국물품가격 및 내국물품 가격은 다음 각 호의 방법으로 결정한다.

1. 제품가격은 보세공장에서 외국물품과 내국물품을 혼용하여 제조된 물품의 가격으로 하며, 법 제30조부터 제35조까지에서 정하는 방법에 따른다.
2. 제조에 사용된 외국물품의 가격은 법 제30조부터 제35조까지에서 정하는 방법에 따른다.
3. 제조에 사용된 내국물품의 가격은 해당 보세공장에서 구매한 가격으로 한다.

4. 제3호에도 불구하고 다음 각 목의 어느 하나에 해당하는 경우에는 해당 물품과 동일하거나 유사한 물품의 국내판매가격을 구매가격으로 한다. 이 경우 거래 단계 등이 같아야 하며, 두 물품 간 거래 단계 등에 차이가 있는 경우에는 그에 따른 가격 차이를 조정해야 한다.
　가. 구매자와 판매자가 영 제23조제1항 각 호에서 정하는 특수관계가 있는 경우
　나. 영 제18조 각 호에서 정하는 물품 및 용역을 무료 또는 인하된 가격으로 직접 또는 간접으로 공급한 사실이 있는 경우
5. 제2호부터 제4호까지의 가격은 법 제186조제1항에 따라 사용신고를 하는 때에 이를 확인해야 하며, 각각 사용신고 하는 때의 원화가격으로 결정한다.
(2020.10.7 본조신설)

제7조의7【범칙물품의 과세가격의 결정】 영 제29조제3항제6호에 따른 범칙물품의 과세가격은 제7조의2부터 제7조의6까지 및 제7조의8에 따라 결정한다.
(2020.10.7 본조신설)

제7조의8【보세구역에서 거래되는 석유의 과세가격의 결정】 ① 영 제29조제3항제7호에 따른 국제거래시세를 조정한 가격으로 보세구역에서 거래되는 석유의 과세가격은 보세구역에서 거래되어 판매된 가격을 알 수 있는 송품장, 계약서 등의 자료를 기초로 하여 결정할 수 있다.
② 국내에서 발생한 하역비, 보관료 등의 비용이 제1항의 보세구역에서 거래되어 판매된 가격에 포함되어 있고, 이를 입증자료를 통해 구분할 수 있는 경우 그 비용을 해당 가격에서 공제할 수 있다.
(2020.10.7 본조신설)

제7조의9【가산율 또는 공제율의 결정 방법】 ① 영 제30조제2항에 따라 가산율 또는 공제율의 적용을 받으려 하는 자는 관세청장이 정하는 가산율 또는 공제율 산정신청서에 다음 각 호의 서류를 첨부하여 관세청장 또는 세관장에게 제출해야한다.
1. 최근 3년간의 해당물품의 수입실적 자료
2. 영 제31조제1항 각 호의 서류
3. 최근 3년간 해당 수입물품의 국내판매 가격자료와 이윤 및 일반경비를 확인할 수 있는 자료(공제율 산정의 경우에 한정한다)
② 영 제30조제2항에 따라 가산율 또는 공제율을 산정하는 경우 관세청장 또는 세관장은 해당 납세의무자에게 의견을 제시할 기회를 주어야 한다.
③ 제1항에 따른 신청을 받은 관세청장 또는 세관장은 신청서류 및 신청인의 최근 거래관계와 거래내용을 심사하여 20일 이내에 관세청장이 정하는 가산율 또는 공제율 결정서를 신청인에게 발급해야 한다. 다만, 다음 각 호의 어느 하나에 해당하여 가산율 또는 공제율의 산정이 곤란한 경우에는 가산율 또는 공제율 결정서를 발급하지 아니한다.
1. 가산 또는 공제할 금액의 지급기준이 변경되는 경우
2. 가산율 또는 공제율 결정의 기초가 되는 거래관계나 내용이 변경된 경우
3. 그 밖에 관세청장 또는 세관장이 거래관계나 거래내용 등을 고려하여 가산율 또는 공제율의 산정이 곤란하다고 인정하는 경우
④ 제3항에 따라 결정되는 가산율 또는 공제율은 소수점 이하 셋째 자릿수까지 계산한 후 이를 반올림하여 둘째 자릿수까지 산정한다.
⑤ 가산율 또는 공제율은 제3항에 따른 가산율 또는 공제율 결정서를 발급한 날부터 1년 간 적용한다. 다만, 세관장이 필요하다고 인정하는 경우에는 적용 기간을 다르게 정할 수 있다.
(2020.10.7 본조신설)

제7조의10【특수관계자간 거래물품의 과세가격 결정방법 사전심사】 ① 영 제31조제1항제4호의2에서 "기획재정부령으로 정하는 서류"란 다음 각 호의 서류를 말한다. 다만, 제2호 및 제7호의 서류는 특수관계 사전심사 신청 물품의 과세가격 결정방법과 관련이 없다고 관세청장이 인정하는 경우에는 제출하지 않을 수 있다.
1. 거래당사자의 사업연혁, 사업내용, 조직 및 출자관계 등에 관한 설명자료
2. 관할 세무서에 신고한 거래당사자의 최근 3년 동안의 재무제표, 무형자산 및 용역거래를 포함한 「국제조세조정에 관한 법률」 제16조제2항제3호에 따른 정상가격 산출방법 신고서(2021.3.16 본호개정)
3. 원가분담 계약서, 비용분담 계약서 등 수입물품 거래에 관한 서류
4. 수입물품 가격의 산출방법을 구체적으로 설명하는 다음 각 목의 자료
　가. 가격산출 관련 재무자료
　나. 가격산출의 전제가 되는 조건 또는 가정에 대한 설명자료
　다. 특수관계자간 가격결정에 관한 내부지침 및 정책
5. 「국제조세조정에 관한 법률」 제14조에 따른 정상가격 산출방법의 사전승인을 받은 경우 이를 증명하는 서류(2021.3.16 본호개정)
6. 회계법인이 작성한 이전가격보고서가 있는 경우 산출근거자료 및 자산·용역의 가격에 영향을 미치는 요소에 관한 분석자료가 포함된 보고서
7. 판매 형태에 따라 구분한 최근 3년간 수입품목별 매출액·매출원가
8. 특수관계가 거래가격에 영향을 미치지 않았음을 확인할 수 있는 자료
② 제1항에도 불구하고 사전심사를 신청하는 자가 「중소기업기본법」 제2조에 따른 중소기업인 경우에는 영 제31조제1항제4호의2의 "기획재정부령으로 정하는 서류"는 제1항제4호 및 제8호의 자료를 말한다.
③ 영 제31조제7항제4호에 따라 특수관계 사전심사 결과의 적용기간을 연장하려는 자는 관세청장이 정하는 특수관계 사전심사 적용기간 연장 신청서에 다음 각 호의 서류를 첨부하여 관세청장에게 제출해야 한다. 다만, 연장 신청일 이전에 법 제37조제5항에 따른 보고서에 다음 각 호의 서류를 포함하여 제출하였고, 연장 신청일 현재 거래사실 등이 변동되지 않은 경우에는 첨부하지 않을 수 있다.(2022.3.18 본문개정)
1. 수입물품 거래 관련 계약서(수입물품과 관련된 기술 용역 계약서 등을 포함한다)
2. 사전심사 결정물품의 거래 상대방 및 거래단계 등을 확인할 수 있는 서류
3. 사전심사 결과 결정된 과세가격 결정방법의 전제가 되는 조건 또는 가정의 변동 여부를 확인할 수 있는 자료
(2020.10.7 본조신설)

제8조【수입신고수리전 세액심사 대상물품】 ① 법 제38조제2항 단서의 규정에 의하여 수입신고수리전에 세액심사를 하는 물품은 다음 각호와 같다.
1. 법률 또는 조약에 의하여 관세 또는 내국세를 감면받고자 하는 물품
2. 법 제107조의 규정에 의하여 관세를 분할납부하고자 하는 물품
3. 관세를 체납하고 있는 자가 신고하는 물품(체납액이 10만원 미만이거나 체납기간 7일 이내에 수입신고하는 경우를 제외한다)(2002.5.10 본호개정)
4. 납세자의 성실성 등을 참작하여 관세청장이 정하는 기준에 해당하는 불성실신고인이 신고하는 물품

5. 물품의 가격변동이 큰 물품 기타 수입신고수리후에 세액을 심사하는 것이 적합하지 아니하다고 인정하여 관세청장이 정하는 물품

② 제1항의 규정에 의하여 수입신고수리전에 세액심사를 하는 물품중 제1항제1호 및 제2호에 규정된 물품의 감면 또는 분할납부의 적정여부에 대한 심사는 수입신고수리전에 하고, 과세가격 및 세율 등에 대한 심사는 수입신고수리후에 한다.

제8조의2 【신용카드 등에 의한 관세납부】 ① 영 제32조의5제2항에서 "기획재정부령으로 정하는 바에 따라 관세납부를 대행하는 기관"(이하 "관세납부대행기관"이라 한다)이란 다음 각 호의 어느 하나에 해당하는 자를 말한다.
1. 「민법」 제32조 및 「금융위원회 소관 비영리법인의 설립 및 감독에 관한 규칙」에 따라 설립된 금융결제원(2019.3.20 본호개정)
2. 시설, 업무수행능력, 자본금 규모 등을 고려하여 관세청장이 관세납부대행기관으로 지정하는 자

② 영 제32조의5제3항에 따른 납부대행수수료는 관세청장이 관세납부대행기관의 운영경비 등을 종합적으로 고려하여 승인하되, 해당 납부금액의 1천분의 10을 초과할 수 없다.(2012.2.28 본항개정)
(2009.3.26 본조신설)

제9조 【부과고지 대상물품】 법 제39조제1항제6호의 규정에 의하여 세관장이 관세를 부과고지하는 물품은 다음 각호와 같다.
1. 여행자 또는 승무원의 휴대품 및 별송품
2. 우편물(법 제258조제2항에 해당하는 것을 제외한다)
3. 법령의 규정에 의하여 세관장이 관세를 부과·징수하는 물품
4. 제1호 내지 제3호외에 납세신고가 부적당하다고 인정하여 관세청장이 지정하는 물품

제9조의2 【가산세】 법 제42조의2제1항제5호 단서에서 "기획재정부령으로 정하는 경우"란 다음 각 호의 어느 하나에 해당하는 경우를 말한다.(2020.3.13 본문개정)
1. 납세자가 법 제114조제1항 본문에 따른 관세조사의 사전통지를 받은 후 수정신고서를 제출한 경우
2. 납세자가 법 제114조제1항 단서에 따라 사전통지 없이 법 제110조제2항 각 호의 조사가 개시된 사실을 알고 수정신고서를 제출한 경우
3. 납세자가 법 제118조제1항에 따른 서면통지를 받은 후 수정신고서를 제출한 경우
(2015.3.6 본조신설)

제9조의3 【관세 등 환급가산금의 이율】 영 제56조제2항에서 "기획재정부령으로 정하는 이자율"이란 연 1천분의 29를 말한다.(2023.3.20 본조개정)

제9조의4 【압류·매각의 유예 신청 등】 ① 영 제40조제1항에 따른 압류 또는 매각의 유예 신청은 별지 제59호서식의 압류·매각 유예 신청서에 따른다.
② 영 제40조제4항 따른 압류 또는 매각의 유예 통지 및 같은 조 제5항에 따른 압류 또는 매각의 유예 신청에 대한 거부의 통지는 별지 제60호서식의 압류·매각의 유예(거부) 통지서에 따른다.
③ 영 제40조제5항에 따른 압류 또는 매각 유예의 취소 통지는 별지 제61호서식의 압류·매각의 유예 취소 통지서에 따른다.
(2021.3.16 본조개정)

제10조 【정상가격 및 덤핑가격의 비교】 ① 영 제58조제1항 본문의 규정에 의한 통상거래가격과 동항 단서의 규정에 의한 제3국으로 수출되는 수출가격을 결정함에 있어서 동종물품의 판매가 다음 각호의 1에 해당하는 경우에는 그 판매가격을 근거로 하지 아니할 수 있다.
1. 조사대상기간동안 정상가격을 결정하기 위하여 고려되고 있는 거래중 당해 물품의 제조원가에 합리적

인 수준의 판매비 및 일반관리비를 가산한 가격(이하 이 조에서 "원가"라 한다) 이하로 판매한 양이 100분의 20 이상이거나 정상가격을 결정하기 위하여 고려되고 있는 거래의 가중평균 판매가격이 당해 거래의 가중평균 원가 이하이고, 당해 원가 이하의 판매에 의하여 적절한 기간내에 그 물품의 원가수준에 상당하는 비용을 회수할 수 없는 경우(판매시 원가 이하인 가격이 조사대상기간동안의 가중평균 원가보다 높은 때에는 그 물품의 원가수준에 상당하는 비용을 회수할 수 있는 경우로 본다)
2. 영 제23조제1항의 규정에 의한 특수관계가 있는 당사자간의 판매가격으로서 당해 가격이 당사자간의 관계에 의하여 영향을 받은 경우

② 영 제58조제1항 단서의 규정에 의한 특수한 시장상황등에는 공급국안에서의 판매량이 그 공급국으로부터의 수입량의 100분의 5 미만으로서 정상가격결정의 기초로 사용하기에 부적당한 경우를 포함한다. 다만, 공급국안에서의 판매량이 100분의 5 미만인 경우에도 덤핑가격과 비교할 수 있음이 입증되는 때에는 그러하지 아니하다.

③ 영 제58조제1항 단서의 규정에 의한 구성가격을 산정함에 있어서 판매비·일반관리비 및 이윤의 금액은 조사대상 공급자에 의하여 동종물품의 통상적인 거래에서 발생한 생산 및 판매와 관련된 실제자료에 기초하여야 한다. 이 경우 현재 또는 미래의 생산에 기여할 수 있는 일회성 비용이나 조사대상기간중의 생산개시비용등으로 인하여 원가가 적절히 반영되지 아니한 때에는 이를 조정하여야 한다.

④ 제3항의 규정에 의하여 구성가격을 산정함에 있어서 실제자료에 기초할 수 없는 때에는 다음 각호의 자료에 기초할 수 있다.
1. 조사대상 공급자에 의하여 원산지국가의 국내시장에서 동일부류의 물품의 생산·판매와 관련하여 발생되고 실현된 실제금액
2. 원산지국가의 국내시장에서 동종물품의 생산·판매와 관련하여 다른 조사대상 공급자에 의하여 발생되고 실현된 실제금액의 가중평균(2010.3.30 본호개정)
3. 기타 합리적이라고 인정되는 방법. 다만, 이러한 방법으로 산정된 이윤은 원산지국가안에서 동일부류의 물품을 다른 공급자가 판매하여 통상적으로 실현시킨 이윤을 초과하여서는 아니된다.

⑤ 영 제58조제3항 각 호 외의 부분 본문의 규정을 적용함에 있어서의 시장경제국가는 원칙적으로 당해 물품을 공급한 국가와 경제발전정도, 당해 물품의 생산기술 수준 등이 비슷한 국가로 한다.

⑥ 영 제58조제3항 각 호 외의 부분 단서에서 "기획재정부령이 정하는 경우"란 해당 국가 안에서 해당 물품의 생산 및 판매가 시장경제원리에 따르고 있는 경우를 말한다.(2008.12.31 본항개정)

⑦ 영 제58조제4항제1호의 규정에 의한 재판매가격을 기초로 산정한 가격은 수입과 재판매 사이에 발생하는 제세를 포함한 비용과 그로 인한 이윤을 공제한 가격으로 하며, 영 제58조제4항제2호의 규정에 의한 합리적인 기준에 의한 가격은 당해 물품의 수입가격에 당해 수입과 관련하여 발생하거나 당해 수입과 재판매 사이에서 발생하는 비용과 적정한 이윤 등을 참작하여 산출한 가격으로 한다.

⑧ 영 제58조제5항 전단의 규정에 의하여 정상가격과 덤핑가격을 비교하는 때에는 원칙적으로 거래량을 가중치로 하여 가중산술평균한 가격으로 비교하여야 한다. 이 경우 개별 덤핑가격이 정상가격보다 높은 경우를 포함하여 모든 개별 덤핑가격을 가중산술평균한 가격을 덤핑가격으로 한다.(2010.3.30 본항개정)

⑨ 영 제58조제5항 전단에 따라 정상가격과 덤핑가격을 비교할 때 적용하는 환율은 원칙적으로 해당 물품 거래일의 환율로 한다. 다만, 해당 물품 거래가 선물환 거래와 직접적으로 연계되어 있는 경우에는 그 약정환율을 적용할 수 있다.(2010.3.30 본항신설)
⑩ 영 제58조제5항 후단의 규정에 의하여 물리적 특성의 차이로 가격조정을 하는 때에는 그 물리적 특성이 공급국의 시장가격에 미치는 영향을 기준으로 계산하여야 한다. 다만, 공급국의 시장가격에 관한 자료를 구할 수 없거나 그 자료가 가격비교에 사용하기에 부적합한 때에는 물리적 특성의 차이에 따른 제조원가의 차이를 기준으로 조정할 수 있다.
⑪ 영 제58조제5항 후단의 규정에 의하여 판매수량의 차이로 가격조정을 하는 경우는 대량생산에 따른 생산비의 절감에 의한 것이거나 통상적인 거래에서 모든 구매자에게 제공되는 대량판매에 의한 할인이 있는 경우로 한다.
⑫ 영 제58조제5항 후단의 규정에 의하여 판매조건의 차이로 가격조정을 하는 경우는 그 판매조건이 당해 판매가격에 영향을 미칠 정도의 직접적인 관계가 있는 경우에 한한다.
⑬ 영 제58조제5항 후단의 규정에 의하여 환율변동으로 가격을 조정하는 경우는 덤핑률 조사대상 기간 중 환율이 일정한 방향으로 변동하여 지속된 경우로 하며, 그 조정된 가격을 조사대상 공급자에게 환율변동 후 60일 동안 적용할 수 있게 하여야 한다.(2010.3.30 본항개정)
제11조【덤핑방지관세의 부과요청】 ① 영 제59조제4항에서 "동종물품"이라 함은 당해 수입물품과 물리적 특성, 품질 및 소비자의 평가등 모든 면에서 동일한 물품(겉모양에 경미한 차이가 있는 물품을 포함한다)을 말하며, 그러한 물품이 없는 경우에는 당해 수입물품과 매우 유사한 기능·특성 및 구성요소를 가지고 있는 물품을 말한다.(2020.3.13 본항개정)
② 영 제59조제4항에서 "당해 수입물품의 수입자인 생산자로서 기획재정부령이 정하는 자"란 해당 수입물품을 수입한 생산자 중 다음 각 호의 자를 제외한 자를 말한다.(2020.3.13 본항개정)
1. 영 제59조제6항에 따른 신청서 접수일부터 6개월 이전에 덤핑물품을 수입한 생산자(2020.3.13 본호개정)
2. 덤핑물품의 수입량이 근소한 생산자(2009.3.26 본호신설)
③ 영 제59조제4항에 따라 특수관계에 있는 생산자의 범위를 판정함에 있어서 당해 수입물품과 동종물품의 생산자가 영 제23조제1항에 따른 특수관계에 속하지 아니하는 자와 동일 또는 유사한 가격 및 조건등으로 이를 판매하는 때에는 당해 생산자를 특수관계에 있는 생산자의 범위에서 제외할 수 있다.(2020.3.13 본항개정)
④ 영 제59조제5항에서 "기획재정부령이 정하는 자"란 국내생산자로 구성된 협회·조합등을 말한다.(2020.3.13 본항개정)
제12조【덤핑 및 실질적 피해등의 조사개시】 ① 영 제60조제1항제1호 및 제3호의 규정에 의하여 조사대상물품 또는 조사대상 공급자를 선정함에는 이용가능한 자료를 기초로 통계적으로 유효한 표본추출방법(공급자의 수 또는 물품의 수를 수입량의 비율이 큰 순서대로 선정하는 방법등을 포함한다)을 사용함을 원칙으로 한다.
② 영 제60조제2항제3호에서 "기획재정부령이 정하는 기준"이란 다음 각 호의 요건을 모두 갖추는 것을 말한다.(2008.12.31 본항개정)
1. 덤핑차액 : 덤핑가격의 100분의 2이상인 경우
2. 덤핑물품 수입량 : 동종물품의 국내수입량의 100분의 3미만의 점유율을 보이는 공급국들로부터의 수입량의 합계가 국내수입량의 100분의 7을 초과하는 경우

③ 영 제60조제2항제4호에서 "기획재정부령이 정하는 기준"이란 다음 각 호의 어느 하나에 해당하는 경우를 말한다.(2008.12.31 본문개정)
1. 영 제59조제1항에 의한 부과요청에 대하여 찬성 또는 반대의사를 표시한 국내생산자들의 동종물품 국내생산량합계중 찬성의사를 표시한 국내생산자들의 생산량합계가 100분의 50이하인 경우
2. 영 제59조제1항에 의한 부과요청에 대하여 찬성의사를 표시한 국내생산자들의 생산량합계가 동종물품 국내총생산량의 100분의 25미만인 경우
제13조【덤핑방지관세부과를 위한 본조사의 종결 및 피해의 통산】 영 제61조제4항 및 영 제63조제3항제1호에서 "기획재정부령이 정하는 기준"이란 제12조제2항 각 호의 요건을 모두 갖추는 것을 말한다.(2008.12.31 본조개정)
제14조【덤핑방지관세부과에 필요한 조사신청의 철회】 ① 영 제62조제1항의 규정에 의하여 조사신청을 철회하고자 하는 자는 철회사유를 기재한 철회서 및 관련자료를 무역위원회에 제출하여야 한다.
② 기획재정부장관 또는 무역위원회는 영 제61조제2항 또는 제5항의 규정에 의한 예비조사 또는 본조사의 기간중에 철회서가 접수된 경우로서 해당 철회의 사유가 부당하다고 인정되는 경우에는 해당 예비조사 또는 본조사가 종료될 때까지 철회에 따른 조사종결 여부에 대한 결정을 유보할 수 있다.(2008.12.31 본항개정)
제15조【덤핑방지조치관련 비밀취급자료】 영 제64조제2항에 따라 비밀로 취급하는 자료는 다음 각 호의 사항에 관한 자료로서 이들이 공개되는 경우 그 제출자나 이해관계인의 이익이 침해되거나 그 경쟁자에게 중대한 경쟁상 이익이 될 우려가 있는 것으로 한다.(2020.12.29 본문개정)
1. 제조원가
2. 공표되지 않은 회계자료(2020.12.29 본호개정)
3. 거래처의 성명·주소 및 거래량(2014.10.1 본호개정)
4. 비밀정보의 제공자에 관한 사항
5. 그 밖에 비밀로 취급하는 것이 타당하다고 인정되는 자료(2014.10.1 본호개정)
제15조의2【덤핑방지조치 관련 이용가능한 자료】 ① 무역위원회는 이해관계인이 관계자료를 제출하지 않거나 제출한 자료가 불충분하여 영 제64조제5항에 따라 조사 또는 자료의 검증이 곤란하다고 판단한 경우에는 그 사실을 즉시 해당 이해관계인에게 통보하고, 특별한 사정이 없는 한 7일 이내에 추가 자료제출 또는 설명을 할 수 있는 기회를 제공해야 한다.
② 무역위원회는 영 제64조제5항에 따라 이용가능한 자료를 사용할 경우 조사절차가 지나치게 지연되지 않는 한 공식 수입통계 등 다른 자료로부터 취득하거나 조사 과정에서 다른 이해관계인으로부터 얻은 정보를 확인해야 한다.
③ 무역위원회는 영 제64조제5항에 따라 이용가능한 자료를 사용하여 조사·판정한 경우에는 해당 자료를 사용한 사유를 영 제71조제2항제3호 및 제9호에 따른 통지 시에 이해관계인에게 함께 통지해야 한다.(2020.12.29 본조신설)
제16조【덤핑방지관세부과를 위한 공청회】 ① 무역위원회는 영 제64조제8항 전단에 따라 공청회를 개최하는 때에는 그 계획 및 결과를 기획재정부장관에게 통보해야 한다.(2020.12.29 본항개정)
② 기획재정부장관 및 무역위원회는 공청회를 개최하고자 하는 때에는 신청인 및 이해관계인에게 공청회의 일시 및 장소를 개별통지하고, 관보 등 적절한 방법으로 공청회개최일 30일이전에 공고하여야 한다. 다만, 사안이 시급하거나 조사일정상 불가피한 때에는 7일 이전에 알려 줄 수 있다.(2008.12.31 본문개정)

③ 공청회에 참가하고자 하는 자는 공청회개최예정일 7일전까지 신청인 또는 이해관계인이라는 소명자료와 진술할 발언의 요지, 관련근거자료, 자신을 위하여 진술할 자의 인적사항등을 첨부하여 기획재정부장관 및 무역위원회에 신청하여야 한다.(2008.12.31 본항개정)
④ 신청인 또는 이해관계인은 공청회에 대리인과 공동으로 참가하여 진술하거나 필요한 때에는 대리인으로 하여금 진술하게 할 수 있다.
⑤ 공청회에 참가하는 자는 공청회에서 진술한 내용과 관련되는 보완자료를 공청회 종료후 7일 이내에 기획재정부장관 및 무역위원회에 서면으로 제출할 수 있다.(2008.12.31 본항개정)
⑥ 신청인 또는 이해관계인은 공청회에서 진술하는 때에는 한국어를 사용하여야 한다.
⑦ 외국인이 공청회에 직접 참가하는 때에는 통역사를 대동할 수 있다. 이 경우 통역사가 통역한 내용을 당해 외국인이 진술한 것으로 본다.

제17조【덤핑방지관세의 부과등】① 법 제51조의 규정에 의하여 덤핑방지관세를 부과하는 때에는 다음 각호의 방법에 의한다.
1. 덤핑방지관세를 정률세의 방법으로 부과하는 경우 : 다음의 산식에 의하여 산정된 덤핑률의 범위안에서 결정된 율을 과세가격에 곱하여 산출한 금액

$$덤핑률 = \frac{조정된\ 정상가격 - 조정된\ 덤핑가격}{과세가격} \times 100$$

2. 덤핑방지관세를 기준수입가격의 방법으로 부과하는 경우 : 영 제65조제7항에 따른 기준수입가격에서 과세가격을 차감하여 산출한 금액(2010.3.30 본호개정)
② 영 제65조제2항의 규정에 의하여 가중평균 덤핑방지관세율 또는 기준수입가격을 산정함에 있어서 공급자가 다수인 때에는 공급자별 수출량에 따라 가중치를 둘 수 있다. 이 경우 다음 각 호의 어느 하나에 해당하는 공급자는 산정대상에서 제외한다.(2007.12.31 후단개정)
1. 덤핑차액이 없거나 덤핑가격대비 덤핑차액이 100분의 2 미만인 공급자
2. 영 제64조제5항에 따라 이용가능한 자료 등을 사용하여 덤핑차액 등을 산정한 공급자
(2007.12.31 1호~2호신설)
③ 기획재정부장관은 영 제65조제3항 단서에 따른 신규공급자에 대하여 영 제61조의 규정에 의한 조사를 조속히 행하여야 한다. 이 경우 실질적 피해등의 조사는 영 제65조제3항의 규정에 의한 공급자에 대한 실질적 피해등의 조사로 갈음할 수 있다.(2008.12.31 전단개정)

제18조【잠정조치 적용기간의 연장요청】영 제66조제2항 단서의 규정에 의하여 잠정조치 적용기간의 연장을 요청하고자 하는 자는 그 잠정조치의 유효기간종료일 10일전까지 이를 요청하여야 한다.

제19조【가격수정·수출중지등의 약속】① 영 제68조제1항에 따라 수출자가 기획재정부장관에게 약속을 제의하는 경우 그 약속에는 다음 각 호의 사항이 포함되어야 한다.(2008.12.31 본문개정)
1. 수출자가 수출가격을 실질적 피해등이 제거될 수 있는 수준으로 인상한다는 내용 또는 기획재정부장관과 협의하여 정하는 기간내에 덤핑수출을 중지한다는 내용(2008.12.31 본호개정)
2. 약속수락전까지 계약되거나 선적되는 물품에 관한 내용
3. 형식·모양·명칭등의 변경이나 저급품의 판매등의 방법으로 약속의 이행을 회피하는 행위를 하지 아니하겠다는 내용
4. 제3국이나 제3자를 통한 판매등의 방법으로 사실상 약속을 위반하지 아니하겠다는 내용
5. 수출국안에서의 판매물량 및 판매가격과 우리나라로의 수출물량 및 수출가격에 대하여 기획재정부장관에게 정기적으로 보고하겠다는 내용(2008.12.31 본호개정)
6. 관련자료에 대한 검증을 허용하겠다는 내용
7. 그 밖의 상황변동의 경우에 기획재정부장관의 요구에 대하여 재협의할 수 있다는 내용(2008.12.31 본호개정)
② 기획재정부장관은 영 제68조제2항 본문에 따라 약속을 수락하기 전에 무역위원회, 관계행정기관의 장 및 이해관계인의 의견을 물을 수 있다.(2008.12.31 본항개정)
③ 기획재정부장관은 다음 각 호의 어느 하나에 해당하는 경우에는 영 제68조제2항 단서에 따라 약속을 수락하지 아니할 수 있다.(2008.12.31 본문개정)
1. 다수의 수출자를 대리하여 약속을 제의한 자가 그 다수의 수출자간에 완전한 합의가 이루어졌음을 입증하지 못하는 경우
2. 약속의 이행여부에 대한 적절한 확인 또는 조사를 곤란하게 하는 조건이 있는 경우
3. 과거에 약속을 위반하였던 사실이 있는 등 약속을 수락할 수 없다고 인정되는 합리적인 사유가 있는 경우
④ 영 제68조제3항에 따라 기획재정부장관으로부터 약속을 제의받은 수출자는 1개월이내에 수락여부를 통보하여야 한다.(2008.12.31 본항개정)

제20조【덤핑방지관세 및 약속의 재심사】① 영 제70조제1항에 따라 덤핑방지관세 및 약속의 재심사를 요청할 수 있는 이해관계인은 다음 각 호와 같다.(2008.12.31 본문개정)
1. 동종물품의 국내생산자 또는 그 단체
2. 당해 덤핑방지조치대상 물품의 공급자·수입자 또는 그 단체
3. 그 밖에 이해관계가 있다고 기획재정부장관이 인정하는 자(2008.12.31 본호개정)
② (2022.3.18 삭제)

제21조【보조금등의 범위】① 영 제72조제1항 단서에서 "기획재정부령이 정하는 보조금 또는 장려금"이란 영 제72조제2항의 규정에 의한 특정성은 있으나 연구·지역개발 및 환경관련 보조금 또는 장려금(이하 "보조금등"이라 한다)으로서 국제협약에서 인정하고 있는 것을 말한다.(2008.12.31 본항개정)
② 다음 각호의 1에 해당되는 경우에는 영 제72조제2항의 규정에 의한 특정성이 있는 것으로 본다.
1. 보조금등이 일부 기업등에 대하여 제한적으로 지급되는 경우
2. 보조금등이 제한된 수의 기업등에 의하여 사용되어지는 경우
3. 보조금등이 특정한 지역에 한정되어 지급되는 경우
4. 기타 국제협약에서 인정하고 있는 특정성의 기준에 부합되는 경우
③ 영 제72조제3항의 규정에 의하여 보조금등의 금액을 산정함에 있어서는 다음 각호의 기준에 의한다.
1. 지분참여의 경우 : 당해 지분참여와 통상적인 투자와의 차이에 의하여 발생하는 금액 상당액
2. 대출의 경우 : 당해 대출금리에 의하여 지불하는 금액과 시장금리에 의하여 지불하는 금액과의 차액 상당액
3. 대출보증의 경우 : 당해 대출에 대하여 지불하는 금액과 대출보증이 없을 경우 비교가능한 상업적 차입에 대하여 지불하여야 하는 금액과의 차액 상당액
4. 재화·용역의 공급 또는 구매의 경우 : 당해 가격과 시장가격과의 차이에 의하여 발생하는 금액 상당액
5. 기타 국제협약에서 인정하고 있는 기준에 의한 금액

제22조【상계관세의 부과에 필요한 조사신청】① 영 제73조제4항에서 "동종물품"이라 함은 해당 수입물품과 물리적 특성, 품질 및 소비자의 평가등 모든 면에서 동일한 물품(겉모양에 경미한 차이가 있는 물품을 포

함한다)을 말하며, 그러한 물품이 없는 경우 해당 수입물품과 매우 유사한 기능·특성 및 구성요소를 가지고 있는 물품을 말한다.(2020.12.29 본항개정)
② 영 제73조제4항에서 "당해 수입물품의 수입자인 생산자로서 기획재정부령이 정하는 자"란 해당 수입물품을 수입한 생산자 중 다음 각 호의 자를 제외한 자를 말한다.(2020.12.29 본문개정)
1. 영 제73조제6항에 따른 조사신청 접수일부터 6개월 이전에 보조금등을 받은 물품을 수입한 생산자 (2020.12.29 본호개정)
2. 보조금등을 받은 물품의 수입량이 매우 적은 생산자
③ 영 제73조제4항에 따라 특수관계에 있는 생산자를 판정할 때 해당 수입물품과 동종물품의 생산자가 영 제23조제1항에 따른 특수관계가 없는 자와 동일 또는 유사한 가격 및 조건 등으로 이를 판매하는 경우에는 해당 생산자를 특수관계가 있는 생산자의 범위에서 제외할 수 있다.(2020.12.29 본항개정)
④ 영 제73조제7항에서 "기획재정부령이 정하는 자"란 국내생산자로 구성된 협회·조합등을 말한다. (2020.12.29 본항개정)
제23조【보조금등을 받은 물품의 수입 및 실질적 피해등의 조사개시】① 영 제74조제1항제1호 및 제3호의 규정에 의하여 조사대상 물품과 수출국정부 또는 수출자를 선정함에 있어서는 이용가능한 자료를 기초로 통계적으로 유효한 표본추출방법(수출국정부 또는 수출자의 수 또는 물품의 수를 수입량의 비율이 큰 순서대로 선정하는 방법등을 포함한다)을 사용함을 원칙으로 한다.
② 영 제74조제2항제3호에서 "기획재정부령이 정하는 기준"이란 국제협약에서 달리 정하지 아니하는 한 보조금등의 금액이 당해 물품가격대비 100분의 1 이상인 경우를 말한다.(2008.12.31 본항개정)
③ 영 제74조제2항제4호에서 "국내생산자들의 생산량합계가 기획재정부령이 정하는 기준에 미달된다고 인정되는 경우"란 다음 각 호의 어느 하나에 해당하는 경우를 말한다.(2008.12.31 본문개정)
1. 영 제73조제1항에 의한 부과요청에 대하여 찬성 또는 반대의사를 표시한 국내생산자들의 동종물품 국내생산량합계중 찬성의사를 표시한 국내생산자들의 생산량합계가 100분의 50이하인 경우
2. 영 제73조제1항에 의한 부과요청에 대하여 찬성의사를 표시한 국내생산자들의 생산량합계가 동종물품 국내총생산량의 100분의 25미만인 경우
제24조【상계관세부과를 위한 본조사의 종결】영 제75조제4항 전단에서 "기획재정부령으로 정하는 기준"이란 국제협약에서 달리 정하지 않는 한 보조금등의 금액이 해당 물품 가격대비 100분의 1이상인 경우를 말한다.(2020.12.29 본조개정)
제25조【상계관세부과에 필요한 조사신청의 철회】
① 영 제76조제1항의 규정에 의하여 조사신청을 철회하고자 하는 자는 철회사유를 기재한 철회서 및 관련 자료를 무역위원회에 제출하여야 한다.
② 기획재정부장관 또는 무역위원회는 영 제75조제2항 또는 제5항에 따른 예비조사 또는 본조사의 기간중에 철회서가 접수된 경우로서 해당 철회의 사유가 부당하다고 인정되는 경우에는 해당 예비조사 또는 본조사가 종료될 때까지 철회에 따른 조사종결 여부에 대한 결정을 유보할 수 있다.(2008.12.31 본항개정)
제26조【상계관세부과를 위한 피해의 통산】영 제77조제3항제1호에서 "기획재정부령이 정하는 기준"이란 국제협약에서 달리 정하지 아니하는 한 보조금등의 금액이 당해 물품 가격대비 100분의 1이상인 경우를 말한다.(2008.12.31 본조개정)
제27조【상계조치관련 비밀취급자료】영 제78조제2항에 따라 비밀로 취급하는 자료는 다음 각 호의 사항

에 관한 자료로서 이들이 공개되는 경우 그 제출자나 이해관계인의 이익이 침해되거나 그 경쟁자에게 중대한 경쟁상 이익이 될 우려가 있는 것으로 한다. (2020.12.29 본문개정)
1. 제조원가
2. 공표되지 않은 회계자료(2020.12.29 본호개정)
3. 거래처의 성명·주소 및 거래량(2014.10.1 본호개정)
4. 비밀정보의 제공자에 관한 사항
5. 그 밖에 비밀로 취급하는 것이 타당하다고 인정되는 자료(2014.10.1 본호개정)
제27조의2【상계조치 관련 이용가능한 자료】① 무역위원회는 이해관계인이 관계자료를 제출하지 않거나 제출한 자료가 불충분하여 영 제78조제5항에 따라 조사 또는 자료의 검증이 곤란하다고 판단한 경우에는 그 사실을 즉시 해당 이해관계인에게 통보하고, 특별한 사정이 없는 한 7일 이내에 추가 자료제출 또는 설명을 할 수 있는 기회를 제공해야 한다.
② 무역위원회는 영 제78조제5항에 따라 이용가능한 자료를 사용할 경우 조사절차가 지나치게 지연되지 않는 한 공식 수입통계 등 다른 자료로부터 취득하거나 조사 과정에서 다른 이해관계인으로부터 얻은 정보를 확인해야 한다.
③ 무역위원회는 제78조제5항에 따라 이용가능한 자료를 사용하여 조사·판정한 경우에는 해당 자료를 사용한 사유를 영 제85조제2항제3호 및 제9호에 따른 통지 시에 이해관계인에게 함께 통지해야 한다.
(2020.12.29 본조신설)
제28조【상계관세부과를 위한 공청회】영 제78조제8항 전단에 따른 공청회에 관하여는 제16조의 규정을 준용한다.(2020.12.29 본조개정)
제29조【보조금률의 산정등】① 법 제57조의 규정에 의하여 상계관세를 부과하는 경우 상계관세는 다음의 산식에 의하여 산정된 보조금률의 범위안에서 결정된 율을 과세가격에 곱하여 산출한다.

$$보조금률 = \frac{보조금등의\ 금액}{과세가격} \times 100$$

② 영 제79조제2항에 의하여 가중평균 상계관세율을 산정함에 있어서 보조금등을 받는 수출자가 다수인 때에는 수출자별 수출량에 따라 가중치를 둘 수 있다. 이 경우 보조금등의 금액이 과세가격의 100분의 1미만인 수출자를 상계관세율 산정대상에서 제외할 수 있다.
③ 기획재정부장관은 영 제79조제3항 단서에 따른 신규수출자에 대하여 영 제75조에 따른 조사를 조속히 행하여야 한다. 이 경우 실질적 피해등의 조사는 영 제79조제3항 본문에 따른 수출국에 대한 실질적 피해등의 조사로 갈음할 수 있다.(2008.12.31 본항개정)
제30조【가격수정등의 약속】① 영 제81조제1항에 따라 수출자가 기획재정부장관에게 약속을 제의하는 경우 그 약속에는 다음 각 호의 사항이 포함되어야 한다. (2008.12.31 본문개정)
1. 수출자가 수출가격을 실질적 피해등이 제거될 수 있는 수준으로 인상한다는 내용
2. 약속수락전까지 계약되거나 선적되는 물품에 관한 내용
3. 형식·모양·명칭등의 변경이나 저급품의 판매등의 방법으로 약속의 이행을 회피하는 행위를 하지 아니하겠다는 내용
4. 제3국이나 제3자를 통한 판매등의 방법으로 사실상 약속을 위반하지 아니하겠다는 내용
5. 수출국안에서의 판매물량 및 판매가격과 우리나라로의 수출물량 및 수출가격에 대하여 기획재정부장관에게 정기적으로 보고하겠다는 내용(2008.12.31 본호개정)

6. 관련자료에 대한 검증을 허용하겠다는 내용
7. 그 밖의 상황변동의 경우 기획재정부장관의 요구에 대하여 재협의할 수 있다는 내용(2008.12.31 본호개정)
② 기획재정부장관은 영 제81조제2항에 따라 약속을 수락하기 전에 무역위원회·관계행정기관의 장 및 이해관계인의 의견을 물을 수 있다.(2008.12.31 본항개정)
③ 기획재정부장관은 다음 각 호의 어느 하나에 해당하는 경우에는 영 제81조제2항 단서에 따라 약속을 수락하지 아니할 수 있다.(2008.12.31 본문개정)
1. 다수의 수출자를 대리하여 약속을 제의한 자가 그 다수의 수출자간에 완전한 합의가 이루어졌음을 입증하지 못하는 경우
2. 약속의 이행여부에 대한 적절한 확인 또는 조사를 곤란하게 하는 조건이 있는 경우
3. 과거에 약속을 위반하였던 사실이 있는 등 약속을 수락할 수 없다고 인정되는 합리적인 사유가 있는 경우
④ 영 제81조제3항에 따라 기획재정부장관으로부터 약속을 제의받은 수출자는 1개월이내에 수락여부를 통보하여야 한다.(2008.12.31 본항개정)
제31조【상계관세 및 약속의 재심사】 ① 영 제84조제1항에 따라 재심사를 요청할 수 있는 이해관계인은 다음 각 호와 같다.(2008.12.31 본문개정)
1. 동종물품의 국내생산자 또는 그 단체
2. 당해 상계조치대상 물품의 수출국정부 또는 수출자와 수입자 또는 그 단체
3. 그 밖에 이해관계가 있다고 기획재정부장관이 인정하는 자(2008.12.31 본호개정)
② (2022.3.18 삭제)
제32조【긴급관세관련 비밀취급자료】 ① 법 제65조제7항의 규정에 의하여 제출된 자료중 자료를 제출하는 자가 정당한 사유를 제시하여 비밀로 취급하여 줄 것을 요청한 자료에 대하여는 당해 자료를 제출한 자의 명시적인 동의없이 이를 공개하여서는 아니된다.
② 제1항의 규정에 의하여 비밀로 취급하는 자료에 대하여는 제15조의 규정을 준용한다.
제33조【품목분류 사전심사 및 재심사 신청물품에 대한 분석수수료】 법 제86조제6항에 따른 분석수수료는 분석이 필요한 물품에 대한 품목분류 사전심사 및 재심사 신청품목당 3만원으로 한다.(2015.3.6 본조개정)
제33조의2【품목분류 사전심사 및 재심사의 반려사유】 영 제106조제3항제5호의 "기획재정부령으로 정하는 경우"는 다음 각 호와 같다.
1. 농산물 혼합물로서 제조공정이 규격화되어 있지 않아 성분·조성의 일관성 확보가 곤란한 경우
2. 냉장·냉동 물품과 같이 운송수단 및 저장방법 등에 따라 상태가 달라질 수 있는 경우
(2020.3.13 본조신설)
제34조【외교관용 물품 등에 대한 면세 신청】 ① 법 제88조제1항제5호의 규정에 의하여 관세를 면제받고자 하는 자는 영 제112조제1항 각호의 사항외에 계약의 종류, 사업장소재지와 사용목적 및 사용방법을 기재하여 당해 업무를 관장하는 중앙행정기관의 장의 확인을 받은 신청서에 계약서 사본을 첨부하여야 한다.
② 법 제88조제1항제6호에서 "기획재정부령으로 정하는 자"란 면세업무와 관련된 조약등에 의하여 외교관에 준하는 대우를 받는 자로서 해당 업무를 관장하는 중앙행정기관의 장이 확인한 자를 말한다.(2011.4.1 본항개정)
③ 법 제88조제1항제6호의 규정에 의하여 관세를 면제받고자 하는 자는 당해 업무를 관장하는 중앙행정기관의 장이 국제기구 또는 외국정부로부터 정부에 파견된 자임을 증명하는 서류를 신청서에 첨부하여야 한다.
④ 법 제88조제2항의 규정에 의하여 양수가 제한되는 물품은 다음 각호와 같다.

1. 자동차(삼륜자동차와 이륜자동차를 포함한다)
2. 선박
3. 피아노
4. 전자오르간 및 파이프오르간
5. 엽총
(2011.4.1 본조제목개정)
제35조【세율불균형물품에 대한 관세의 감면】 ① 법 제89조제1항 각 호 외의 부분에 따라 관세가 감면되는 물품은 다음 각 호와 같다.
1. 항공기 제조업자 또는 수리업자가 항공기와 그 부분품의 제조 또는 수리에 사용하기 위하여 수입하는 부분품 및 원재료
2. 장비 제조업자 또는 수리업자가 반도체 제조용 장비의 제조 또는 수리에 사용하기 위하여 수입하는 부분품 및 원재료로서 산업통상자원부장관 또는 그가 지정하는 자가 추천하는 물품(2013.3.23 본호개정)
② 법 제89조제6항제1호에서 "세계무역기구 설립을 위한 마라케쉬 협정 부속서 4의 민간항공기 무역에 관한 협정」 대상 물품 중 기획재정부령으로 정하는 물품"은 별표1과 같다.(2019.3.20 본항신설)
(2013.2.23 본조개정)
제36조【세율불균형물품에 대한 관세의 감면신청】 법 제89조제1항 및 제6항에 따라 관세를 감면받고자 하는 자는 영 제112조제1항 각 호의 사항 외에 제조할 물품의 품명·규격·수량 및 가격, 제조개시 및 완료 예정연월일과 지정제조공장의 명칭 및 소재지를 신청서에 기재하고, 원자재소요량증명서 또는 이에 갈음할 서류를 첨부하여 세관장에게 제출하여야 한다. 다만, 세관장이 필요없다고 인정하는 때에는 원자재소요량증명서 등의 첨부를 생략할 수 있다.(2019.3.20 본문개정)
제37조【관세가 감면되는 학술연구용품】 ① 법 제90조제1항제1호 및 제2호에 따라 관세가 감면되는 물품은 다음 각 호와 같다.(2021.3.16 본문개정)
1. 표본, 참고품, 도서, 음반, 녹음된 테이프, 녹화된 슬라이드, 촬영된 필름, 시험지, 시약류, 그 밖에 이와 유사한 물품 및 자료(2010.3.30 본호개정)
2. 다음 각목의 1에 해당하는 것으로서 국내에서 제작하기 곤란한 것중 당해 물품의 생산에 관한 업무를 담당하는 중앙행정기관의 장 또는 그가 지정하는 자가 추천하는 물품
가. 개당 또는 셋트당 과세가격이 100만원 이상인 기기
나. 가목에 해당하는 기기의 부분품 및 부속품
(2004.3.30 본호개정)
3. 부분품(제2호에 따른 기기의 부분품을 제외하며, 법 제90조제1항제1호 및 제2호에 따라 학술연구용 등에 직접 사용되는 것으로 한정한다)·원재료 및 견본품(2021.3.16 본호개정)
② 법 제90조제1항제2호에서 "기획재정부령으로 정하는 기관"이란 다음 각 호와 같다.(2013.2.23 본문개정)
1. 「정부조직법」 제4조 또는 지방자치단체의 조례에 의하여 설치된 시험소·연구소·공공도서관·동물원·식물원 및 전시관(이들 기관에서 사용하기 위하여 중앙행정기관의 장이 수입하는 경우에 한정한다)
2. 대한무역투자진흥공사 전시관(2005.2.11 본호개정)
3. 「산업집적활성화 및 공장설립에 관한 법률」 제31조에 따라 설립된 산업단지관리공단의 전시관(2007.5.29 본호개정)
4. 「정부출연연구기관 등의 설립·운영 및 육성에 관한 법률」 및 「과학기술분야 정부출연연구기관 등의 설립·운영 및 육성에 관한 법률」에 의하여 설립된 연구기관(2005.12.30 본호개정)
5. 수출조합전시관(산업통상자원부장관이 면세추천을 한 것에 한정한다)(2013.3.23 본호개정)

6. 중소기업진흥공단(농가공산품개발사업을 위하여 개설한 전시관과 「중소기업진흥에 관한 법률」 제74조제1항제13호 및 제14호의 사업을 수행하기 위하여 수입하는 물품에 한한다)(2010.3.30 본호개정)
7. 「산업디자인진흥법」 제11조의 규정에 의하여 설립된 한국디자인진흥원(「산업디자인진흥법」 제11조제4항제1호·제2호 및 제5호의 사업을 수행하기 위하여 수입하는 물품에 한한다)(2007.5.29 본호개정)
8. 수입물품을 실험·분석하는 국가기관
9. 도로교통공단(「도로교통법」 제123조제1호·제2호·제4호 및 제5호의 사업을 수행하기 위하여 수입하는 물품에 한한다)(2010.3.30 본호개정)
10. 「독립기념관법」에 의한 독립기념관(2005.2.11 본호개정)
11. 한국소비자원(「소비자기본법」 제35조제1항제2호·제3호 및 제6호의 업무를 수행하기 위하여 수입하는 물품에 한한다)(2007.5.29 본호개정)
12. 「한국산업안전보건공단법」에 따라 설립된 한국산업안전보건공단(같은 법 제6조의 사업을 수행하기 위하여 수입하는 물품으로 한정한다)(2009.3.26 본호개정)
13. 「산업발전법」에 의하여 설립된 한국생산성본부(2005.2.11 본호개정)
14. 「전쟁기념사업회법」에 의하여 설립된 전쟁기념사업회(2005.2.11 본호개정)
15. 「한국교통안전공단법」에 따라 설립된 한국교통안전공단(2018.3.21 본호개정)
16. 교육부장관이 인정하는 사내기술대학 및 사내기술대학원(2013.3.23 본호개정)
17. 고용노동부장관의 인가를 받은 중소기업협동조합부설 직업훈련원(2013.3.23 본호개정)
18. 「국토안전관리원법」에 따라 설립된 국토안전관리원(2021.3.16 본호개정)
19. 「과학관육성법」에 의한 과학관(2005.2.11 본호개정)
20. 「한국교육방송공사법」에 의하여 설립된 한국교육방송공사(2005.2.11 본호개정)
21. 「지방자치단체의 행정기구와 정원기준 등에 관한 규정」에 의하여 설치된 농업기술원(2005.2.11 본호개정)
22. 「특정연구기관 육성법」 제2조의 규정에 의한 연구기관(2005.2.11 본호개정)
23. 산업기술연구를 목적으로 「민법」 제32조 및 「협동조합 기본법」에 따라 설립된 비영리법인으로서 독립된 연구시설을 갖추고 있는 법인임을 산업통상자원부장관, 과학기술정보통신부장관 또는 기획재정부장관이 확인·추천하는 기관(2019.3.20 본호개정)
24. 「산업기술혁신 촉진법」 제42조에 따라 산업통상자원부장관의 허가를 받아 설립된 연구소(2013.3.23 본호개정)
25. 「국립암센터법」에 따라 설립된 국립암센터 및 「국립중앙의료원의 설립 및 운영에 관한 법률」에 따라 설립된 국립중앙의료원(2009.12.31 본호개정)
26. 「방송통신발전 기본법」 제34조에 따라 설립된 한국정보통신기술협회(한국정보통신기술협회에 설치된 시험연구소에서 사용하기 위하여 수입하는 물품으로 한정한다)(2011.4.1 본호개정)
27. 「산업교육진흥 및 산학협력촉진에 관한 법률」에 의하여 설립된 산학협력단(2005.2.11 본호신설)
28. 「경제자유구역 및 제주국제자유도시의 외국교육기관 설립·운영에 관한 특별법」에 따라 설립된 외국교육기관(2007.12.31 본호신설)
29. 「국가표준기본법」 제4장의2에 따라 설립된 한국화학융합시험연구원, 한국기계전기전자시험연구원 및 한국건설생활환경시험연구원(2011.4.1 본호개정)
30. 「산업기술혁신 촉진법」 제21조제4항에 따라 산업

통상자원부장관이 지정한 연구장비관리 전문기관(같은 법 제2조제7호에 따른 산업기술혁신사업을 수행하는 데에 필요한 물품을 제1호부터 제29호까지의 규정에 따른 감면대상기관에서 사용하도록 하기 위하여 수입하는 경우를 포함한다)(2013.3.23 본호개정)
31. 「보건의료기술 진흥법」 제15조에 따라 보건복지부장관이 지정한 연구중심병원(2018.3.21 본호신설)
32. 「국방과학연구소법」에 따라 설립된 국방과학연구소(2020.3.13 본호신설)
33. 「국가과학기술 경쟁력 강화를 위한 이공계지원 특별법」 제18조제2항에 따라 과학기술정보통신부장관에게 신고한 연구개발서비스업을 영위하는 기업(2020.3.13 본호신설)
③ 법 제90조제1항제4호에 따라 관세를 감면받을 수 있는 자는 다음 각 호와 같다.(2011.4.1 본문개정)
1. 기업부설 연구소 또는 연구개발 전담부서를 설치하고 있거나 설치를 위한 신고를 한 기업(「기초연구진흥 및 기술개발지원에 관한 법률」 제14조제1항제2호에 따른 것임을 과학기술정보통신부장관이 확인한 것으로 한정한다)(2019.3.20 본호개정)
2. 산업기술연구조합(「산업기술연구조합 육성법」에 의한 산업기술연구조합으로서 기술개발을 위한 공동연구시설을 갖추고 자연계분야의 학사 이상의 학위를 가진 연구전담요원 3인 이상을 상시 확보하고 있음을 과학기술정보통신부장관이 확인한 산업기술연구조합에 한정한다)(2019.3.20 본호개정)
④ 법 제90조제1항제4호에 따라 관세를 감면하는 물품은 다음 각 호와 같다.(2011.4.1 본문개정)
1. 산업기술의 연구·개발에 사용하기 위하여 수입하는 별표1의2의 물품(2019.3.20 본호개정)
2. 시약 및 견본품(2021.3.16 본호개정)
3. 연구·개발 대상물품을 제조 또는 수리하기 위하여 사용하는 부분품 및 원재료(2009.12.31 본호신설)
4. 제1호의 물품을 수리하기 위한 목적으로 수입하는 부분품(2009.12.31 본호신설)
⑤ 법 제90조제2항의 규정에 의한 관세의 감면율은 100분의 80으로 한다. 다만, 공공의료기관(제2항제25호의 규정에 의한 국립암센터 및 국립중앙의료원은 제외한다) 및 학교부설의료기관에서 사용할 물품에 대한 관세의 감면율은 100분의 50으로 한다.(2009.12.31 단서개정)

제38조【학술연구용품 등에 대한 관세의 감면신청】 ① 법 제90조제1항제3호에 따라 관세를 감면받으려는 자는 해당 기증사실을 증명하는 서류를 신청서에 첨부하여 제출하여야 한다.(2011.4.1 본항개정)
② 법 제90조제1항제4호에 따른 물품을 관세감면대상물품으로 지정받으려는 자는 다음 각 호의 사항을 적은 신청서에 해당 물품의 상품목록 등 참고자료를 첨부하여 주무부처를 경유하여 기획재정부장관에게 제출하여야 한다.(2011.4.1 본문개정)
1. 신청인의 주소·성명 및 상호
2. 사업의 종류
3. 법 별표 관세율표 번호(이하 "관세율표 번호"라 한다)·품명·규격·수량·가격·용도 및 구조(2011.4.1 본호개정)
③ 제2항의 규정에 의한 신청서는 매년 2월말일까지 제출하여야 한다.
(2011.4.1 본조제목개정)

제39조【종교·자선·장애인용품에 대한 관세의 부과】 ① 법 제91조제1호 단서에 따라 관세가 부과되는 물품은 다음 각 호와 같다.
1. 관세율표 번호 제8518호에 해당하는 물품
2. 관세율표 번호 제8531호에 해당하는 물품

3. 관세율표 번호 제8519호·제8521호·제8522호·제8523호 및 제92류에 해당하는 물품(파이프오르간은 제외한다)

(2011.4.1 본항개정)

② 법 제91조제2호에 따라 관세를 면제받을 수 있는 자선·구호시설 또는 사회복지시설은 다음 각 호와 같다.(2008.12.31 본문개정)

1. (2016.12.30 삭제)

2.「국민기초생활 보장법」제32조의 규정에 의한 시설 (2005.2.11 본호개정)

3.「아동복지법」제3조제10호에 따른 아동복지시설 (2016.12.30 본호개정)

③ 법 제91조제2호 단서에 따라 관세가 부과되는 물품은 관세율표 번호 제8702호 및 제8703호에 해당하는 자동차와 번호 제8711호에 해당하는 이륜자동차로 한다.(2011.4.1 본항개정)

④ 법 제91조제4호의 규정에 의하여 관세가 면제되는 물품은 별표2와 같다.

제40조【종교·자선·장애인용품에 대한 관세면세신청】 ① 법 제91조제1호 내지 제3호의 규정에 의하여 관세를 면제받고자 하는 자는 당해 기증사실을 증명하는 서류를 신청서에 첨부하여야 한다.

② 법 제91조제1호에 따라 관세를 면제받으려는 자는 해당 기증목적에 관하여 문화체육관광부장관의 확인을 받아야 한다.(2008.12.31 본항개정)

③ 법 제91조제2호에 따라 관세를 면제받고자 하는 자가 국가 또는 지방자치단체외의 자인 때에는 해당 시설 및 사업에 관하여 보건복지부장관이나 시장 또는 군수가 발급한 증명서 또는 그 사본을 신청서에 첨부하여야 한다.(2017.3.31 본항개정)

④ 법 제91조제3호의 규정에 의하여 관세를 면제받고자 하는 자가 국가·지방자치단체 또는 대한적십자사외의 자인 때에는 당해 기증목적에 관하여 외교부장관의 확인을 받아야 한다.(2013.3.23 본항개정)

⑤ 세관장은 당해 물품의 수량 또는 가격을 참작하는 경우 제1항 내지 제4항의 규정에 의한 확인 및 증명이 필요없다고 인정되는 때에는 이를 생략하게 할 수 있다.

제41조【관세가 면제되는 정부용품 등】 ① 법 제92조제1호 단서에 따라 관세가 부과되는 물품은 관세율표 번호 제8703호에 해당하는 승용자동차로 한다.

(2011.4.1 본항개정)

② 법 제92조제2호 단서의 규정에 의하여 관세가 부과되는 물품은「군수품관리법」제3조의 규정에 의한 통상품으로 한다.(2007.12.31 단서삭제)

1.~11. (2007.12.31 삭제)

③ 법 제92조제6호 또는 제7호의 규정에 의하여 관세가 면제되는 물품은 다음 각호의 물품중 개당 또는 셋트당 과세가격이 100만원이상인 기기와 그 기기의 부분품 및 부속품(사후에 보수용으로 따로 수입하는 물품을 포함한다)중 국내에서 제작하기 곤란한 것으로서 당해 물품의 생산에 관한 사무를 관장하는 주무부처의 장 또는 그가 지정하는 자가 추천하는 물품으로 한다.

1. 대기질의 채취 및 측정용 기계·기구

2. 소음·진동의 측정 및 분석용 기계·기구

3. 환경오염의 측정 및 분석용 기계·기구

4. 수질의 채취 및 측정용 기계·기구

제42조【정부용품 등에 대한 관세의 면제신청】 ① 법 제92조제1호의 규정에 의하여 관세를 면제받고자 하는 자는 당해 기증사실을 증명하는 서류를 신청서에 첨부하여야 한다.

② 법 제92조제2호 본문에 따라 관세를 면제받으려는 경우에는 다음 각 호의 서류를 신청서에 첨부해야 한다.

1. 해당 물품이 제41조제2항에 따른 통상품이 아님을

국방부장관 또는 방위사업청장이 지정하는 자가 확인한 서류

2. 정부의 위탁을 받아 수입하는 경우에는 정부의 위탁을 받아 수입한다는 것을 국방부장관 또는 방위사업청장이 지정하는 자가 확인한 서류

(2021.3.16 본항개정)

③ 법 제92조제6호 또는 제7호의 규정에 의하여 국가 또는 지방자치단체가 설립하였거나 출연 또는 출자한 법인이 관세를 면제받고자 하는 때에는 환경 또는 상수도업무를 관장하는 주무부처의 장이 확인한 서류를 첨부하여야 한다.

제43조【관세가 면제되는 특정물품】 ① 법 제93조제1호에 따라 관세를 면제하는 물품은 사료작물 재배용종자(호밀·귀리 및 수수에 한한다)로 한다.

(2007.5.29 본항개정)

② 법 제93조제2호에 따라 관세를 면제하는 물품은 다음 각 호의 어느 하나에 해당하는 물품으로 한다.

(2012.2.28 본문개정)

1.「포뮬러원 국제자동차경주대회 지원법」에 따른 포뮬러원 국제자동차경주대회에 참가하는 자가 해당 대회와 관련하여 사용할 목적으로 수입하는 물품으로서 같은 법 제4조에 따른 포뮬러원국제자동차경주대회조직위원회가 확인하는 물품

2.「2023 새만금 세계스카우트잼버리 지원 특별법」에 따른 2023 새만금 세계스카우트잼버리에 참가하는 세계스카우트연맹, 각국 스카우트연맹(그 소속 대원·지도자·운영요원 등 구성원이나 다른 참가단체의 소속 대원·지도자·운영요원 등 구성원 또는 같은 법 제5조제1항에 따라 설립된 2023 새만금 세계스카우트잼버리조직위원회에 제공하는 등 해당 행사와 관련하여 사용할 목적으로 수입하는 물품으로서 2023 새만금 세계스카우트잼버리조직위원회가 확인하는 물품(2022.3.18 본호개정)

3.「국제경기대회 지원법」제2조제1호가목에 따른 올림픽대회 중 2024년에 강원도에서 개최되는 15세 이상 18세 이하 선수들이 활동하는 대회(이하 이 호에서 "2024 강원동계청소년올림픽"이라 한다)와 관련하여 사용할 목적으로 수입하는 물품으로서 다음 각 목의 어느 하나에 해당하는 물품

가. 2024 강원동계청소년올림픽에 참가하는 국제올림픽위원회, 국제경기연맹, 각국 올림픽위원회가 그 소속 직원·선수 등 구성원, 다른 참가단체의 소속 직원·선수 등 구성원 또는「국제경기대회 지원법」제9조에 따라 설립된 2024 강원동계청소년올림픽대회조직위원회(이하 이 호에서 "조직위원회"라 한다)에 제공하는 등 해당 대회와 관련하여 사용할 목적으로 수입하는 물품으로서 조직위원회가 확인하는 물품

나. 국제올림픽위원회가 지정한 주관방송사 및 방송권자가 2024 강원동계청소년올림픽에서 사용할 목적으로 수입하는 방송용 기자재로서 조직위원회가 확인하는 물품

다. 국제올림픽위원회가 지정한 후원업체가 2024 강원동계청소년올림픽과 관련하여 사용할 목적으로 수입하여 조직위원회에 제공하는 물품으로서 조직위원회가 확인하는 물품

(2023.3.20 본호신설)

4.~6. (2022.3.18 삭제)

7.~8. (2015.12.1 삭제)

(2010.3.30 본항개정)

③ 제2항에 따라 관세가 면제되는 물품 중 해당 행사외의 다른 용도로 사용하거나 양도하는 물품에 대해서는 관세를 면제하지 아니한다. 다만, 해당 행사 종료 후 다음 각 호의 어느 하나에 해당하는 자에게 무상으로 양도하는 물품은 관세를 면제한다.

1. 국가
2. 지방자치단체
3. 「국민체육진흥법」 제2조제11호에 따른 경기단체
4. 해당 행사의 조직위원회(해당 행사의 조직위원회가
   해산된 후 해당 행사와 관련된 사업 및 자산을 관리
   하기 위한 법인이 설립된 경우에는 그 법인을 말한다)
   (2014.3.14 본항개정)
④ 법 제93조제3호에 따라 관세가 면제되는 물품은 다
음 각 호와 같다.(2011.4.1 본문개정)
1. 방사선측정기
2. 시료채취 및 처리기
3. 시료분석장비
4. 방사능 방호장비
5. 제염용장비
⑤ 법 제93조제5호에서 "기획재정부령으로 정하는 방
법"이란 「원양산업발전법」 제6조에 따라 해양수산부장
관으로부터 원양모선식 어업허가를 받고 외국과의 협
상 등에 의하여 해외수역에서 해당 외국의 국적을 가
진 자선과 공동으로 수산물을 채집 또는 포획하는 원
양어업방법을 말한다.(2013.3.23 본항개정)
⑥ 법 제93조제6호에서 "기획재정부령으로 정하는 요
건"이란 다음 각 호의 요건을 모두 갖춘 경우를 말한다.
1. 「원양산업발전법」 제6조제7항에 따라 해외현지법인
   으로 원양어업을 하기 위하여 신고한 경우로서 해외
   현지법인이 다음 각 목의 어느 하나에 해당할 것
   가. 대한민국 국민이 납입한 자본금이나 보유한 의결
       권이 49퍼센트 이상일 것
   나. 해외현지법인이 설립된 국가의 법령에 따라 대한
       민국 국민이 보유할 수 있는 지분이 25퍼센트 미만
       으로 제한되는 경우에는 대한민국 국민이 납입한
       자본금이나 보유한 의결권이 24퍼센트 이상일 것
2. 「원양산업발전법」 제2조제10호에 따른 해외수역에
   서 해양수산부장관이 기획재정부장관과 협의하여 고
   시한 선박·어구 등의 생산수단을 투입하여 수산동
   식물을 채집 또는 포획(어획할당량 제한으로 불가피
   하게 해외현지법인이 직접 수산동식물을 채집 또는
   포획하지 못하게 되었을 때에는 생산수단을 실질적
   으로 운영하고 소요경비를 전액 부담하는 등 해외현
   지법인의 계산과 책임으로 합작상대국 어업자를 통
   하여 수산동식물을 채집 또는 포획하는 경우를 포함
   한다)하고 직접 수출할 것
   (2021.12.13 본항개정)
⑦ 법 제93조제7호에서 "기획재정부령으로 정하는 물
품"이란 우리나라 선박 등에 의하여 채집 또는 포획된
수산물과 제5항 및 제6항에 따른 방법 또는 요건에 따라
채집 또는 포획된 수산물을 포장한 관세율표 번호 제
4819호의 골판지 어상자를 말한다.(2011.4.1 본항개정)
⑧ 법 제93조제8호에서 "기획재정부령으로 정하는 요
건에 적합한 물품"이란 법 제93조제8호에 따른 해당 중
소기업에 외국인이 무상으로 공급하는 물품을 말한다.
(2011.4.1 본항개정)
⑨ 법 제93조제12호에 따라 관세가 면제되는 증표는
다음 각 호와 같다.(2011.4.1 본문개정)
1. 캐나다 공인검사기관에서 발행하는 시·에스·에이
   (C.S.A)증표(2021.3.16 본호개정)
2. 호주 공인검사기관에서 발행하는 에스·에이·에이
   (S.A.A)증표
3. 독일 공인검사기관에서 발행하는 브이·디·이(V.D.E)
   증표
4. 영국 공인검사기관에서 발행하는 비·에스·아이(B.S.I)
   증표
5. 불란서 공인검사기관에서 발행하는 엘·시·아이·
   이(L.C.I.E)증표
6. 미국 공인검사기관에서 발행하는 유·엘(U.L)증표

7. 유럽경제위원회 공인검사기관에서 발행하는 이·
   시·이(E.C.E)증표
8. 유럽공동시장 공인검사기관에서 발행하는 이·
   시·시(E.E.C)증표
9. 유럽공동체 공인검사기관에서 발행하는 이·시·
   (E.C)증표
⑩ 법 제93조제15호에 따라 관세가 면제되는 물품은
「국민체육진흥법」에 따라 설립된 대한체육회 또는 대
한장애인체육회가 수입하는 물품으로 한다.
(2011.4.1 본항개정)
⑪ 법 제93조제18호에 따라 관세가 면제되는 물품은 「개
별소비세법 시행령」 별표1 제3호가목1)가)에 따른 보
석의 원석 및 나석으로 한다.(2020.3.13 본항신설)
제44조【특정물품에 대한 관세의 면제신청】 ① 법 제
93조제1호·제2호 및 제15호에 따라 관세를 면제받으
려는 자는 신청서에 주무부처의 장 또는 그 위임을 받
은 기관의 장의 확인을 받아야 한다. 다만, 다른 법령에
따라 반입승인·수입승인 등을 받은 물품의 경우 그
승인서에 의하여 해당 물품이 관세의 면제를 받은 용
도에 사용될 것임을 확인할 수 있거나 관할지 세관장
이 이를 확인한 경우에는 그러하지 아니하다.
(2011.4.1 본항개정)
② 법 제93조제3호에 따라 관세를 면제받으려는 자는
해당 기증사실을 증명하는 서류를 신청서에 첨부하여
제출하여야 하며, 해당 기증목적에 관하여 원자력안전
위원회의 확인을 받아야 한다.(2013.3.23 본항개정)
③ 법 제93조제10호에 따라 관세를 면제받으려는 자는
영 제112조제1항 각 호의 사항 외에 운수기관명·조난장
소 및 조난연월일을 신청서에 적고 주무부장관이 확인한
서류를 첨부하여 제출하여야 한다.(2011.4.1 본항개정)
④ 법 제93조제11호에 따라 관세를 면제받으려는 자는
영 제112조제1항 각 호의 사항 외에 사용계획·사용기
간과 공사장의 명칭 및 소재지를 신청서에 적어 제출
하여야 한다.(2011.4.1 본항개정)
⑤ 법 제93조제12호에 따라 관세를 면제받으려는 자는
해당 증표 공급국의 권한있는 기관과의 공급 및 관리
에 관한 계약서 또는 이에 갈음함 서류를 신청서에 첨
부하여 제출하여야 한다. 다만, 세관장이 필요 없다고
인정하는 경우에는 해당 계약서 등의 첨부를 생략할
수 있다.(2011.4.1 본항개정)
⑥ 법 제93조제13호 및 제14호에 따라 관세를 면제받
는 자는 영 제112조제1항 각 호의 사항 외에 수리
선박명 또는 수리항공기명을 신청서에 적고, 해당 수리
가 외국의 보험회사·가해자 또는 매도인의 부담으로
행하는 것임을 증명하는 서류와 수리인이 발급한 수리
사실을 증명하는 서류를 첨부하여 제출하여야 한다.
(2011.4.1 본항개정)
⑦ 제1항 내지 제5항의 규정에 의한 확인 및 증명은 세
관장이 당해 물품의 수량 또는 가격을 참작하여 필요
없다고 인정하는 때에는 이를 생략할 수 있다.
제45조【관세가 면제되는 소액물품】 ① 법 제94조제3
호에 따라 관세가 면제되는 물품은 다음 각 호와 같다.
(2021.3.16 본문개정)
1. 물품이 천공 또는 절단되었거나 통상적인 조건으로
   판매할 수 없는 상태로 처리되어 견본품으로 사용될
   것으로 인정되는 물품(2021.3.16 본호개정)
2. 판매 또는 임대를 위한 물품의 상품목록·가격표 및
   교역안내서 등
3. 과세가격이 미화 250달러 이하인 물품으로서 견본품
   으로 사용될 것으로 인정되는 물품(2021.3.16 본호개정)
4. 물품의 형상·성질 및 성능으로 보아 견본품으로 사
   용될 것으로 인정되는 물품(2021.3.16 본호개정)
② 법 제94조제4호에 따라 관세가 면제되는 물품은 다
음 각 호와 같다.(2022.3.18 본문개정)

1. 물품가격(법 제30조부터 제35조까지의 규정에 따른 방법으로 결정된 과세가격에서 법 제30조제1항제6호 본문에 따른 금액을 뺀 가격. 다만, 법 제30조제1항제6호 본문에 따른 금액을 명백히 구분할 수 없는 경우에는 이를 포함한 가격으로 한다)이 미화 150달러 이하의 물품으로서 자가사용 물품으로 인정되는 것. 다만, 반복 또는 분할하여 수입되는 물품으로서 관세청장이 정하는 기준에 해당하는 것을 제외한다. (2022.3.18 본문개정)
2. 박람회 기타 이에 준하는 행사에 참가하는 자가 행사장안에서 관람자에게 무상으로 제공하기 위하여 수입하는 물품(전시할 기계의 성능을 보여주기 위한 원료를 포함한다). 다만, 관람자 1인당 제공량의 정상 도착가격이 미화 5달러 상당액 이하의 것으로서 세관장이 타당하다고 인정하는 것에 한한다.

제46조 【관세가 감면되는 환경오염방지물품 등】 ① (2019.12.23 삭제)
② 법 제95조제1항제3호에 따라 관세를 감면하는 물품은 별표2의4와 같다.(2011.4.1 본항개정)
③ (2011.4.1 삭제)
④ 법 제95조제2항에 따른 감면율은 다음 각 호의 구분과 같다.(2014.10.31 본문개정)
1. (2019.12.23 삭제)
1의2. (2010.3.30 삭제)
2. 법 제95조제1항제3호에 따른 물품 : 다음 각 목의 구분에 따른 감면율
  가. 제59조제3항에 따른 중소제조업체가 수입신고하는 경우 : 100분의 30(2024년 12월 31일까지 수입신고하는 경우에는 100분의 70)(2023.12.29 본목개정)
  나. 「조세특례제한법 시행령」 제6조의4제1항에 따른 중견기업으로서 「통계법」 제22조에 따라 통계청장이 고시하는 산업에 관한 표준분류(이하 "한국표준산업분류표"라 한다)상 제조업을 경영하는 업체가 2024년 12월 31일까지 수입신고하는 경우 : 100분의 50 (2023.12.29 본목개정)
(2014.10.31 본호개정)
3.~4. (2011.4.1 삭제)

제47조 【환경오염방지물품 등에 대한 관세의 감면신청】 ① 법 제95조제1항제1호부터 제3호까지의 규정에 따른 물품을 관세감면대상물품으로 지정받으려는 자는 다음 각 호의 사항을 적은 신청서에 해당 물품의 상품목록 등 참고자료를 첨부하여 주무부장관을 거쳐 기획재정부장관에게 제출하여야 한다.(2011.4.1 본문개정)
1. 신청인의 주소·성명 및 상호
2. 사업의 종류
3. 관세율표 번호·품명·규격·수량·가격·용도 및 구조(2011.4.1 본호개정)
② 제1항에 따른 신청서의 제출기한(기획재정부장관에게 신청서를 제출하는 기한을 말한다)은 다음 각 호의 구분에 따른다.(2014.10.31 본문개정)
1. 법 제95조제1항제1호 및 제2호의 물품에 대한 것인 경우 : 매년 4월말까지
2. 법 제95조제1항제3호의 물품에 대한 것인 경우 : 매년 7월 31일까지(2016.12.30 본호개정)
(2011.4.1 본항개정)
③~④ (2011.4.1 삭제)

제48조 【관세가 면제되는 여행자 휴대품 등】 ① 법 제96조제1항제1호에 따라 관세가 면제되는 물품은 다음 각 호의 어느 하나에 해당하는 것으로 한다. (2015.2.6 본문개정)
1. 여행자가 통상적으로 몸에 착용하거나 휴대할 필요성이 있다고 인정되는 물품일 것(2021.3.16 본호개정)
2. 비거주자인 여행자가 반입하는 물품으로서 본인의 직업상 필요하다고 인정되는 직업용구일 것

3. 세관장이 반출 확인한 물품으로서 재반입되는 물품일 것
4. 물품의 성질·수량·가격·용도 등으로 보아 통상적으로 여행자의 휴대품 또는 별송품인 것으로 인정되는 물품일 것
② 제1항에 따른 관세의 면제 한도는 여행자 1명의 휴대품 또는 별송품으로서 각 물품(제1항제1호에 따른 물품으로서 국내에서 반출된 물품과 제1항제3호에 따른 물품은 제외한다)의 과세가격 합계 기준으로 미화 800달러 이하(이하 이 항 및 제3항에서 "기본면세범위"라 한다)로 하고, 법 제196조제1항제1호 단서 및 같은 조 제2항에 따라 구매한 내국물품이 포함되어 있을 경우에는 기본면세범위에서 해당 내국물품의 구매가격을 공제한 금액으로 한다. 다만, 농림축산물 등 관세청장이 정하는 물품이 휴대품 또는 별송품에 포함되어 있는 경우에는 기본면세범위에서 해당 농림축산물 등에 대하여 관세청장이 따로 정한 면세한도를 적용할 수 있다.(2022.9.6 본문개정)
③ 제2항에도 불구하고 술·담배·향수에 대해서는 기본면세범위와 관계없이 다음 표(이하 이 항에서 "별도면세범위"라 한다)에 따라 관세를 면제하되, 19세 미만인 사람(19세가 되는 해의 1월 1일을 맞이한 사람은 제외한다)이 반입하는 술·담배에 대해서는 관세를 면제하지 않고, 법 제196조제1항제1호 단서 및 같은 조 제2항에 따라 구매한 내국물품인 술·담배·향수가 포함되어 있을 경우에는 별도면세범위에서 해당 내국물품의 구매수량을 공제한다. 이 경우 해당 물품이 다음 표의 면세한도를 초과하여 관세를 부과하는 경우에는 해당 물품의 가격을 과세가격으로 한다.

구분	면세한도		비고
술	2병		2병 합산하여 용량은 2리터(L) 이하, 가격은 미화 400달러 이하로 한다.
담배	궐련	200개비	2 이상의 담배 종류를 반입하는 경우에는 한 종류로 한정한다.
	엽궐련	50개비	
	전자담배	궐련형	200개비	
		니코틴용액	20밀리리터(mL)	
		기타유형	110그램	
	그 밖의 담배	250그램	
향수	100밀리리터		

(2023.12.29 본항개정)
④~⑤ (2021.3.16 삭제)
⑥ 법 제96조제1항제1호에 따른 별송품은 천재지변 등 부득이한 사유가 있는 경우를 제외하고는 여행자가 입국한 날부터 6월 이내에 도착한 것이어야 한다. (2021.3.16 본항개정)
⑦ (2021.3.16 삭제)
(2021.3.16 본조제목개정)

제48조의2 【관세가 면제되는 이사물품】 ① 법 제96조제1항제2호에 따라 관세가 면제되는 물품은 우리나라 국민(재외영주권자를 제외한다. 이하 이 항에서 같다)으로서 외국에 주거를 설정하여 1년(가족을 동반한 경우에는 6개월) 이상 거주했거나 외국인 또는 재외영주권자로서 우리나라에 주거를 설정하여 1년(가족을 동반한 경우에는 6개월) 이상 거주하려는 사람이 반입하는 다음 각 호의 어느 하나에 해당하는 것으로 한다. 다만, 자동차(제3호에 해당하는 것은 제외한다), 선박, 항공기와 개당 과세가격이 500만원 이상인 보석·진주·별갑(鼈甲)·산호·호박(琥珀)·상아 및 이를 사용한 제품은 제외한다.(2022.3.18 단서개정)

1. 해당 물품의 성질·수량·용도 등으로 보아 통상적으로 가정용으로 인정되는 것으로서 우리나라에 입국하기 전에 3개월 이상 사용했고 입국한 후에도 계속하여 사용할 것으로 인정되는 것
2. 우리나라에 상주하여 취재하기 위하여 입국하는 외국국적의 기자가 최초로 입국할 때에 반입하는 취재용품으로서 문화체육관광부장관이 취재용임을 확인하는 물품일 것
3. 우리나라에서 수출된 물품(조립되지 않은 물품으로서 법 별표 관세율표상의 완성품에 해당하는 번호로 분류되어 수출된 것을 포함한다)이 반입된 경우로서 관세청장이 정하는 사용기준에 적합한 물품일 것
4. 외국에 거주하던 우리나라 국민이 다른 외국으로 주거를 이전하면서 우리나라로 반입(송부를 포함한다)하는 것으로서 통상 가정용으로 3개월 이상 사용하던 것으로 인정되는 물품일 것
② 제1항 각 호 외의 부분 본문에도 불구하고 사망이나 질병 등 관세청장이 정하는 사유가 발생하여 반입하는 이사물품에 대해서는 거주기간과 관계없이 관세를 면제할 수 있다.
③ 법 제96조제1항제2호에 따른 이사물품 중 별도로 수입하는 물품은 천재지변 등 부득이한 사유가 있는 경우를 제외하고는 입국자가 입국한 날부터 6월 이내에 도착한 것이어야 한다.
(2021.3.16 본조신설)

제48조의3【관세가 면제되는 승무원 휴대 수입 물품】
① 법 제96조제1항제3호에 따라 승무원이 휴대하여 수입하는 물품에 대하여 관세를 면제하는 경우 그 면제한도는 각 물품의 과세가격 합계 기준으로 다음 각 호의 구분에 따른 금액으로 한다. 이 경우 법 제196조제1항제1호 단서 및 같은 조 제2항에 따라 구매한 내국물품이 포함되어 있는 경우에는 다음 각 호의 금액에서 해당 내국물품의 구매가격을 공제한 금액으로 한다.
1. 국제무역기의 승무원이 휴대하여 수입하는 물품 : 미화 150달러
2. 국제무역선의 승무원이 휴대하여 수입하는 물품 : 다음 각 목의 구분에 따른 금액
   가. 1회 항행기간이 1개월 미만인 경우 : 미화 90달러
   나. 1회 항행기간이 1개월 이상 3개월 미만인 경우 : 미화 180달러
   다. 1회 항행기간이 3개월 이상인 경우 : 미화 270달러
② 제1항에도 불구하고 국제무역선·국제무역기의 승무원이 휴대하여 수입하는 술 또는 담배에 대해서는 제1항 각 호의 구분에 따른 금액과 관계없이 제48조제3항 표에 따라 관세를 면제한다. 이 경우 법 제196조제1항제1호 단서 및 같은 조 제2항에 따라 구매한 내국물품인 술 또는 담배가 포함되어 있는 경우에는 제48조제3항 표에 따른 한도에서 해당 내국물품의 구매수량을 공제한다.
③ 제2항에 따라 국제무역선·국제무역기의 승무원이 휴대하여 수입하는 술에 대해 관세를 면제하는 경우 다음 각 호의 어느 하나에 해당하는 자에 대해서는 해당 호에 규정된 범위에서 관세를 면제한다.
1. 국제무역기의 승무원 : 3개월에 1회
2. 국제무역선의 승무원으로서 1회 항행기간이 1개월 미만인 경우 : 1개월에 1회
④ 제1항에도 불구하고 자동차(이륜자동차와 삼륜자동차를 포함한다)·선박·항공기 및 개당 과세가격 50만원 이상의 보석·진주·별갑·산호·호박 및 상아와 이를 사용한 제품에 대해서는 관세를 면제하지 않는다.
(2021.3.16 본조신설)

제49조【휴대품 등에 대한 관세의 면제신청】
법 제96조제1항제1호에 따른 별송품 및 법 제96조제1항제2호에 따른 이사물품 중 별도로 수입하는 물품에 대하여

관세를 면제받으려는 자는 휴대반입한 주요 물품의 통관명세서를 입국지 관할 세관장으로부터 발급받아 세관장에게 제출하여야 한다. 다만, 세관장은 관세를 면제받고자 하는 자가 통관명세서를 제출하지 아니한 경우로서 그 주요 물품의 통관명세를 입국지 관할 세관장으로부터 확인할 수 있는 경우에는 통관명세서를 제출하지 아니하게 할 수 있다.(2015.2.6 본조개정)

제49조의2【여행자 휴대품 등에 대한 자진신고 방법】
법 제96조제2항에서 "기획재정부령으로 정하는 방법"이란 여행자가 다음 각 호의 구분에 따른 여행자 휴대품 신고서를 작성하여 세관공무원에게 제출하는 것을 말한다.
1. 항공기를 통하여 입국하는 경우 : 별지 제42호서식의 여행자 휴대품 신고서
2. 선박을 통하여 입국하는 경우 : 별지 제43호서식의 여행자 휴대품 신고서
(2015.2.6 본조신설)

제50조【재수출면세대상물품 및 가산세징수대상물품】
① 법 제97조제1항제1호에 따라 관세가 면제되는 물품과 같은 조 제4항에 따라 가산세가 징수되는 물품은 다음 각 호와 같다.(2009.3.26 본문개정)
1. 수입물품의 포장용기. 다만, 관세청장이 지정하는 물품을 제외한다.
2. 수출물품의 포장용기. 다만, 관세청장이 지정하는 물품을 제외한다.
3. 우리나라에 일시입국하는 자가 본인이 사용하고 재수출할 목적으로 몸에 직접 착용 또는 휴대하여 반입하거나 별도로 반입하는 물품. 다만, 관세청장이 지정하는 물품을 제외한다.(2021.3.16 본문개정)
4. 우리나라에 일시입국하는 자가 본인이 사용하고 재수출할 목적으로 직접 휴대하여 반입하거나 별도로 반입하는 직업용품 및 「신문 등의 진흥에 관한 법률」 제28조에 따라 지사 또는 지국의 설치등록을 한 자가 취재용으로 반입하는 방송용의 녹화되지 아니한 비디오테이프(2016.12.30 본호개정)
5. 관세청장이 정하는 시설에서 국제해운에 종사하는 외국선박의 승무원의 후생을 위하여 반입하는 물품과 그 승무원이 숙박기간중 당해 시설에서 사용하기 위하여 선박에서 하역된 물품
6. 박람회·전시회·공진회·품평회나 그 밖에 이에 준하는 행사에 출품 또는 사용하기 위하여 그 주최자 또는 행사에 참가하는 자가 수입하는 물품 중 해당 행사의 성격·규모 등을 고려하여 세관장이 타당하다고 인정하는 물품(2021.10.28 본호개정)
7. 국제적인 회의·회합 등에서 사용하기 위한 물품
8. 법 제90조제1항제2호에 따른 기관 및 「국방과학연구소법」에 따른 국방과학연구소에서 학술연구 및 교육훈련을 목적으로 사용하기 위한 학술연구용품(2013.2.23 본호개정)
9. 법 제90조제1항제2호에 따른 기관 및 「국방과학연구소법」에 따른 국방과학연구소에서 과학기술연구 및 교육훈련을 위한 과학장비용품(2013.2.23 본호개정)
10. 주문수집을 위한 물품, 시험용 물품 및 제작용 견본품(2021.3.16 본호개정)
11. 수리를 위한 물품[수리를 위하여 수입되는 물품과 수리 후 수출하는 물품이 영 제98조제1항에 따른 관세·통계통합품목분류표(이하 "품목분류표"라 한다)상 10단위의 품목번호가 일치할 것으로 인정되는 물품만 해당한다](2016.3.9 본호개정)
12. 수출물품 및 수입물품의 검사 또는 시험을 위한 기계·기구
13. 일시입국자가 입국할 때에 수송하여 온 본인이 사용할 승용자동차·이륜자동차·캠핑카·캬라반·트레일러·선박 및 항공기와 관세청장이 정하는 그 부분품 및 예비품(2004.3.30 본호개정)

14. 관세청장이 정하는 수출입물품·반송물품 및 환적
물품을 운송하기 위한 차량(2007.5.29 본호개정)
15. 이미 수입된 국제운송을 위한 컨테이너의 수리를
위한 부분품
16. 수출인쇄물 제작원고용 필름(빛에 노출되어 현상된
것에 한한다)
17. 광메모리매체 제조용으로 정보가 수록된 마스터테
이프 및 니켈판(생산제품을 수출할 목적으로 수입하
는 것임을 당해 업무를 관장하는 중앙행정기관의 장
이 확인한 것에 한한다)
18. 항공기 및 그 부분품의 수리·검사 또는 시험을 위
한 기계·기구
19. 항공 및 해상화물운송용 파렛트
20. 수출물품 규격확인용 물품(2021.10.28 본호개정)
21. 항공기의 수리를 위하여 일시 사용되는 엔진 및 부
분품(2003.2.14 본호개정)
22. 산업기계의 수리용 또는 정비용의 것으로서 무상으
로 수입되는 기계 또는 장비(2002.5.10 본호신설)
23. 외국인투자기업이 자체상표제품을 생산하기 위하
여 일시적으로 수입하는 금형 및 그 부분품
(2007.12.31 본호개정)
24. 반도체 제조설비와 함께 수입되는 물품으로서 다음
각 목의 어느 하나에 해당하는 물품
가. 반도체 제조설비 운반용 카트
나. 반도체 제조설비의 운송과정에서 해당 설비의 품
질을 유지하거나 상태를 측정·기록하기 위해 해당
설비에 부착하는 기기
(2023.12.29 본호신설)
② 법 제97조제1항제2호에 따라 관세가 면제되는 물품
과 같은 조 제4항에 따라 가산세가 징수되는 물품은 다
음 각 호와 같다.(2009.3.26 본문개정)
1. 수송기기의 하자를 보수하거나 이를 유지하기 위한
부분품
2. 외국인 여행자가 연 1회 이상 항해조건으로 반입한
후 지방자치단체에서 보관·관리하는 요트(모터보트
를 포함한다)

제51조 【재수출물품에 대한 관세의 감면신청】 법 제97
조제1항의 규정에 의하여 관세를 감면받고자 하는 자
는 영 제112조제1항 각호의 사항외에 당해 물품의 수
출예정시기·수출지 및 수출예정세관명을 신청서에 기
재하여야 한다.

제52조 【재수출감면 및 가산세징수 대상물품】 법 제
98조제1항의 규정에 의하여 관세가 감면되거나 동조제
2항의 규정에 의하여 가산세가 징수되는 물품은 다음
각호의 요건을 갖춘 물품으로서 국내제작이 곤란함을
당해 물품의 생산에 관한 업무를 관장하는 중앙행정기
관의 장 또는 그 위임을 받은 자가 확인하고 추천하는
기관 또는 기업이 수입하는 물품에 한한다.
1. 「법인세법 시행규칙」 제15조의 규정에 의한 내용연
수가 5년(금형의 경우에는 2년) 이상인 물품
(2005.2.11 본호개정)
2. 개당 또는 셋트당 관세액이 500만원 이상인 물품
(2002.5.10 본호개정)

제53조 【재수출물품에 대한 관세의 감면신청】 법 제
98조제1항의 규정에 의하여 관세를 감면받고자 하는
자는 영 제112조제1항 각호의 사항외에 당해 물품의
수출예정시기·수출지 및 수출예정세관명을 신청서에
기재하여야 한다.

제54조 【관세가 면제되는 재수입 물품 등】 ① 법 제
99조제1호에서 "기획재정부령으로 정하는 물품"이란
다음 각 호의 물품을 말한다.
1. 장기간에 걸쳐 사용할 수 있는 물품으로서 임대차계
약 또는 도급계약 등에 따라 해외에서 일시적으로 사
용하기 위하여 수출된 물품 중 「법인세법 시행규칙」

제15조에 따른 내용연수가 3년(금형의 경우에는 2년)
이상인 물품
2. 박람회, 전시회, 품평회, 「국제경기대회 지원법」 제2
조제1호에 따른 국제경기대회, 그 밖에 이에 준하는
행사에 출품 또는 사용된 물품
3. 수출물품을 해외에서 설치, 조립 또는 하역하기 위해
사용하는 장비 및 용구
4. 수출물품을 운송하는 과정에서 해당 물품의 품질을
유지하거나 상태를 측정 및 기록하기 위해 해당 물품
에 부착하는 기기
5. 결함이 발견된 수출물품
6. 수입물품을 적재하기 위하여 수출하는 용기로서 반
복적으로 사용되는 물품
(2020.3.13 본항개정)
② 법 제99조제1호부터 제3호까지의 규정에 따라 관세
를 감면받으려는 자는 그 물품의 수출신고필증·반송
신고필증 또는 이를 갈음할 서류를 세관장에게 제출하
여야 한다. 다만, 세관장이 다른 자료에 의하여 그 물품
이 감면대상에 해당한다는 사실을 인정할 수 있는 경
우에는 그러하지 아니하다.
(2010.3.30 본조개정)

제55조 【손상물품에 대한 감면 신청】 법 제100조제1항
의 규정에 의하여 관세를 경감받고자 하는 자는 영 제
112조제1항 각호의 사항외에 다음 각호의 사항을 신청
서에 기재하여야 한다.
1. 당해 물품의 수입신고번호와 멸실 또는 손상의 원인
및 그 정도
2. 당해 물품에 대하여 관세를 경감받고자 하는 금액과
그 산출기초
(2021.3.16 본조제목개정)

제55조의2 【가치감소 산정기준】 영 제118조제2항에 따
른 가치감소의 산정기준은 다음 각 호와 같다.
1. 변질 또는 손상으로 인한 가치감소의 경우 제7조의2
제2호 각 목에 따른 금액 산정 방법을 준용한다.
2. 사용으로 인한 가치감소의 경우 제7조의5제1항제3
호에 따른 가치감소분 산정방법을 준용한다.
(2020.10.7 본조신설)

제56조 【관세가 감면되는 해외임가공물품】 ① 법 제
101조제1항제1호의 규정에 의하여 관세가 감면되는 물
품은 법 별표 관세율표 제85류 및 제90류중 제9006호
에 해당하는 것으로 한다.(2004.3.30 본항개정)
② 법 제101조제1항제2호에서 "기획재정부령으로 정하
는 기준에 적합한 물품"이란 가공 또는 수리하기 위하
여 수출된 물품과 가공 또는 수리 후 수입된 물품의 품
목분류표상 10단위의 품목번호가 일치하는 물품을 말
한다. 다만, 수율·성능 등이 저하되어 폐기된 물품을
수출하여 용융과정 등을 거쳐 재생한 후 다시 수입하
는 경우와 제품의 제작일련번호 또는 제품의 특성으로
보아 수입물품이 우리나라에서 수출된 물품임을 세관
장이 확인할 수 있는 물품인 경우에는 품목분류표상 10
단위의 품목번호가 일치하지 아니하더라도 법 제101조
제1항제2호에 따라 관세를 경감할 수 있다.(2016.3.9 본
항개정)

제57조 【해외임가공물품에 대한 관세의 감면신청】
① 법 제101조제1항의 규정에 의하여 관세를 감면받고
자 하는 자는 해외에서 제조·가공·수리(이하 이 조
에서 "해외임가공"이라 한다)할 물품을 수출신고할 때
미리 해외임가공 후 수입될 예정임을 신고하고, 감면신
청을 할 때 영 제112조제1항 각호의 사항외에 수출국
및 적출지와 감면받고자 하는 관세액을 기재한 신청서
에 제조인·가공인 또는 수리인이 발급한 제조·가공
또는 수리사실을 증명하는 서류와 당해 물품의 수출신
고필증 또는 이에 갈음할 서류를 첨부하여 세관장에게
제출하여야 한다. 다만, 세관장이 다른 자료에 의하여

그 물품이 감면대상에 해당한다는 사실을 인정할 수 있는 경우에는 수출신고필증 또는 이를 갈음할 서류를 첨부하지 아니할 수 있다.(2010.3.30 본항개정)
② 제1항의 규정에 의한 제조·가공 또는 수리사실을 증명하는 서류에는 다음 각호의 사항을 기재하여야 한다.
1. 원물품의 품명·규격·수량 및 가격
2. 제조·가공 또는 수리에 의하여 부가 또는 환치된 물품의 품명·규격·수량 및 가격
3. 제조·가공 또는 수리에 의하여 소요된 비용
4. 제조·가공 또는 수리의 명세
5. 감면받고자 하는 금액과 그 산출기초
6. 기타 수입물품이 국내에서 수출한 물품으로 제조·가공 또는 수리된 것임을 확인할 수 있는 자료
③ (2010.3.30 삭제)
제58조【사후관리면제】 법 제102조제1항 단서에서 "기획재정부령으로 정하는 물품"이란 다음 각 호의 어느 하나에 해당하는 물품을 말한다.(2011.4.1 본문개정)
1. 법 제89조제1항제1호의 물품
2. (2011.4.1 삭제)
3. 법 제95조제1항제1호의 물품 중 자동차의 부분품 (2008.12.31 본호신설)
제58조의2【수입한 상태 그대로 수출되는 자가사용물품에 대한 관세 환급】 법 제106조의2제1항제3호에서 "기획재정부령으로 정하는 금액 이하인 물품"이란 영 제246조제3항제1호에 따른 수출신고가격이 200만원 이하인 물품을 말한다.(2022.3.18 본조신설)
제59조【관세분할납부의 요건】 ① 법 제107조제2항제1호의 규정에 의하여 관세를 분할납부할 수 있는 물품은 다음 각호의 요건을 갖추어야 한다.
1. 법 별표 관세율표에서 부분품으로 분류되지 아니할 것
2. 법 기타 관세에 관한 법률 또는 조약에 의하여 관세를 감면받지 아니할 것
3. 당해 관세액이 500만원 이상일 것. 다만, 「중소기업기본법」 제2조제1항의 규정에 의한 중소기업이 수입하는 경우에는 100만원 이상일 것(2005.2.11 단서개정)
4. 법 제51조 내지 제72조의 규정을 적용받는 물품이 아닐 것(2002.5.10 본호개정)
② 법 제107조제2항제2호 내지 제5호의 규정에 의하여 관세를 분할납부하는 물품 및 기관은 별표4와 같다.
③ 법 제107조제2항제6호에 따라 관세분할납부의 승인을 얻을 수 있는 중소제조업체는 「중소기업기본법」 제2조에 따른 중소기업자로서 한국표준산업분류표상 제조업을 영위하는 업체에 한한다.(2020.3.13 본항개정)
④ 법 제107조제2항제6호의 규정에 의하여 관세를 분할납부할 수 있는 물품은 법 별표 관세율표 제84류·제85류 및 제90류에 해당하는 물품으로서 다음 각호의 요건을 갖추어야 한다.
1. 법 기타 관세에 관한 법률 또는 조약에 의하여 관세의 감면을 받지 아니할 것
2. 당해 관세액이 100만원 이상일 것
3. 법 제51조 내지 제72조의 규정을 적용받는 물품이 아닐 것(2002.5.10 본호개정)
4. 국내에서 제작이 곤란한 물품으로서 당해 물품의 생산에 관한 사무를 관장하는 주무부처의 장 또는 그 위임을 받은 기관의 장이 확인한 것일 것
⑤ 법 제107조제2항제2호 내지 제5호 및 제7호의 규정에 의하여 관세를 분할납부할 수 있는 물품은 법 기타 관세에 관한 법률 또는 조약에 의하여 관세를 감면받지 아니한 것이어야 한다.
제60조【분할납부의 기간 및 방법】 법 제107조제2항의 규정에 의하여 관세의 분할납부승인을 하는 경우의 납부기간과 납부방법은 별표5와 같다. 다만, 수입신고 건당 관세액이 30만원 미만인 물품을 제외한다.

제60조의2【납세증명서의 발급 신청】 영 제141조의5에 따른 납세증명서의 발급 신청서는 별지 제1호서식과 같다.(2016.3.9 본조신설)
제61조【과세전적부심사의 청구】 법 제118조제2항 본문에 따라 과세전적부심사를 청구하는 세관장은 다음 각 호의 구분에 의한다.(2009.3.26 본문개정)
1. 인천공항세관장 및 김포공항세관장의 통지에 대한 과세전적부심사인 경우 : 인천공항세관장(2023.4.11 본호개정)
2. 서울세관장·안양세관장·천안세관장·청주세관장·성남세관장·파주세관장·속초세관장·동해세관장 및 대전세관장의 통지에 대한 과세전적부심사인 경우 : 서울세관장(2023.3.20 본호개정)
3. 부산세관장·김해공항세관장·용당세관장·양산세관장·창원세관장·마산세관장·경남남부세관장 및 경남서부세관장의 통지에 대한 과세전적부심사인 경우 : 부산세관장(2019.12.3 본호개정)
4. 인천세관장·평택세관장·수원세관장 및 안산세관장의 통지에 대한 과세전적부심사인 경우 : 인천세관장(2023.4.11 본호신설)
5. 대구세관장·울산세관장·구미세관장 및 포항세관장의 통지에 대한 과세전적부심사인 경우 : 대구세관장(2023.3.20 본호개정)
6. 광주세관장·광양세관장·목포세관장·여수세관장·군산세관장·제주세관장 및 전주세관장의 통지에 대한 과세전적부심사인 경우 : 광주세관장(2023.3.20 본호개정)
제62조【국제항이 아닌 지역에 대한 출입허가수수료】 ① 법 제134조제2항에 따라 국제항이 아닌 지역에 출입하기 위하여 내야 하는 수수료는 다음 표에 따라 계산하되, 산정된 금액이 1만원에 미달하는 경우에는 1만원으로 한다. 이 경우 수수료의 총액은 50만원을 초과하지 못한다.

구분	출입 횟수 기준	적용 무게 기준	수수료
국제무역선	1회	해당 선박의 순톤수 1톤	100원
국제무역기	1회	해당 항공기의 자체무게 1톤	1천2백원

(2021.3.16 본항개정)
② 세관장은 다음 각 호의 어느 하나에 해당하는 사유가 있는 경우에는 제1항에 따른 출입허가수수료를 징수하지 아니한다.(2021.3.16 본문개정)
1. 법령의 규정에 의하여 강제로 입항하는 경우
2. 급병환자, 항해중 발견한 밀항자, 항해중 구조한 조난자·조난선박·조난화물 등의 하역 또는 인도를 위하여 일시입항하는 경우
3. 위험물품·오염물품 기타 이에 준하는 물품의 취급, 유조선의 청소 또는 가스발생선박의 가스제거작업을 위하여 법령 또는 권한 있는 행정관청이 정하는 일정한 장소에 입항하는 경우
4. 국제항의 협소 등 입항여건을 고려하여 관세청장이 정하는 일정한 장소에 입항하는 경우(2021.3.16 본호개정)
③ 세관장은 영 제156조제1항제3호 기간의 개시일까지 해당 출입허가를 취소한 경우에는 제1항에 따라 징수한 수수료를 반환한다.(2013.2.23 본항개정)
(2021.3.16 본조제목개정)
제62조의2【적재화물목록을 제출할 수 있는 화물운송주선업자】 영 제157조의2제3호에서 "기획재정부령으로 정하는 화물운송 주선 실적이 있는 자"란 화물운송 주선 실적(선하증권 또는 항공화물운송장을 기준으로 한다)이 직전 연도 총 60만 건 이상인 자를 말한다.(2021.3.16 본조제목개정)
(2016.3.9 본조신설)

제62조의3【승객예약자료 제출시한】 법 제137조의2제1항에 따른 승객예약자료의 제출시한은 다음 각 호의 구분에 의한다.
1. 출항하는 선박 또는 항공기의 경우 : 출항 후 3시간 이내
2. 입항하는 선박 또는 항공기의 경우 : 입항 1시간 전까지. 다만, 운항예정시간이 3시간 이내인 경우에는 입항 30분 전까지 할 수 있다.
(2009.3.26 본조신설)

제63조【항외하역에 관한 허가수수료】 법 제142조제2항의 규정에 의하여 납부하여야 하는 항외하역에 관한 허가수수료는 하역 1일마다 4만원으로 한다. 다만, 수출물품(보세판매장에서 판매하는 물품과 보세공장, 「자유무역지역의 지정 및 운영에 관한 법률」에 의한 자유무역지역에서 제조·가공하여 외국으로 반출하는 물품을 포함한다)에 대한 하역인 경우에는 하역 1일마다 1만원으로 한다.(2005.2.11 본조개정)

제63조의2【반복운송 도로차량의 신고】 법 제150조제3항에 따른 도로차량을 운행하려는 운전자는 다음 각 호의 사항을 기재한 신고서를 세관장에게 제출하여야 한다.
1. 차량의 회사명·종류 및 차량등록번호
2. 차량의 출발지, 경유지, 최종목적지, 최초 출발일시, 최종 도착일시 및 총운행횟수
3. 운송대상 물품의 내용 및 총중량
(2007.5.29 본조신설)

제64조【사증수수료】 법 제152조제3항에 따라 납부하여야 하는 사증수수료는 400원으로 한다.(2007.5.29 본조개정)

제65조【보세구역외 장치허가수수료】 ① 법 제156조제3항의 규정에 의하여 납부하여야 하는 보세구역외 장치허가수수료는 1만8천원으로 한다. 이 경우 동일한 선박 또는 항공기로 수입된 동일한 화주의 화물을 동일한 장소에 반입하는 때에는 1건의 보세구역외 장치허가신청으로 보아 허가수수료를 징수한다.
② 국가 또는 지방자치단체가 수입하거나 협정에 의하여 관세가 면제되는 물품을 수입하는 때에는 제1항의 규정에 의한 보세구역외 장치허가수수료를 면제한다.
③ 제1항의 규정에 의한 보세구역외 장치허가수수료를 납부하여야 하는 자가 관세청장이 정하는 바에 의하여 이를 따로 납부한 때에는 그 사실을 증명하는 증표를 허가신청서에 첨부하여야 한다.
④ 세관장은 전산처리설비를 이용하여 법 제156조제1항의 규정에 의한 보세구역외 장치허가를 신청하는 때에는 제1항의 규정에 의한 보세구역외 장치허가수수료를 일괄고지하여 납부하게 할 수 있다.

제66조 (2004.3.30 삭제)

제67조【특허 및 기간갱신신청시의 첨부서류】 ① 영 제188조제1항 각 호 외의 부분에 따라 신청서에 첨부하여야 하는 서류는 다음 각 호와 같다.(2009.3.26 본문개정)
1. 보세구역의 도면
2. 보세구역의 위치도
3. 운영인의 자격을 증명하는 서류
4. 필요한 시설 및 장비의 구비를 증명하는 서류
② 영 제188조제3항 각 호 외의 부분에 따라 신청서에 첨부하여야 하는 서류는 다음 각 호와 같다.
(2009.3.26 본문개정)
1. 운영인의 자격을 증명하는 서류
2. 필요한 시설 및 장비의 구비를 증명하는 서류

제68조【특허수수료】 ① 법 제174조제2항의 규정에 의하여 납부하여야 하는 특허신청의 수수료는 4만5천원으로 한다.
② 법 제174조제2항의 규정에 의하여 납부하여야 하는

특허보세구역의 설치·운영에 관한 수수료(이하 이 조에서 "특허수수료"라 한다)는 다음 각호의 구분에 의한 금액으로 한다. 다만, 보세공장과 목재만 장치하는 수면의 보세창고에 대하여는 각호의 구분에 의한 금액의 4분의 1로 한다.
1. 특허보세구역의 연면적이 1천제곱미터미만인 경우 : 매분기당 7만2천원
2. 특허보세구역의 연면적이 1천제곱미터이상 2천제곱미터미만인 경우 : 매분기당 10만8천원
3. 특허보세구역의 연면적이 2천제곱미터이상 3천5백제곱미터미만인 경우 : 매분기당 14만4천원
4. 특허보세구역의 연면적이 3천5백제곱미터이상 7천제곱미터미만인 경우 : 매분기당 18만원
5. 특허보세구역의 연면적이 7천제곱미터이상 1만5천제곱미터미만인 경우 : 매분기당 22만5천원
6. 특허보세구역의 연면적이 1만5천제곱미터이상 2만5천제곱미터미만인 경우 : 매분기당 29만1천원
7. 특허보세구역의 연면적이 2만5천제곱미터이상 5만제곱미터미만인 경우 : 매분기당 36만원
8. 특허보세구역의 연면적이 5만제곱미터이상 10만제곱미터미만인 경우 : 매분기당 43만5천원
9. 특허보세구역의 연면적이 10만제곱미터이상인 경우 : 매분기당 51만원
③ 특허수수료는 분기단위로 매분기말까지 다음 분기분을 납부하되, 특허보세구역의 설치·운영에 관한 특허가 있은 날이 속하는 분기분의 수수료는 이를 면제한다. 이 경우 운영인이 원하는 때에는 1년 단위로 일괄하여 미리 납부할 수 있다.
④ 특허수수료를 계산함에 있어서 특허보세구역의 연면적은 특허보세구역의 설치·운영에 관한 특허가 있은 날의 상태에 의하되, 특허보세구역의 연면적이 변경된 때에는 그 변경된 날이 속하는 분기의 다음 분기 첫째 달 1일의 상태에 의한다.
⑤ 특허보세구역의 연면적이 수수료납부후에 변경된 경우 납부하여야 하는 특허수수료의 금액이 증가한 때에는 변경된 날부터 5일내에 그 증가분을 납부하여야 하고, 납부하여야 하는 특허수수료의 금액이 감소한 때에는 그 감소분을 다음 분기이후에 납부하는 수수료의 금액에서 공제한다.
⑥ 영 제193조의 규정에 의한 특허보세구역의 휴지 또는 폐지의 경우에는 당해 특허보세구역안에 외국물품이 없는 때에 한하여 그 다음 분기의 특허수수료를 면제한다. 다만, 휴지 또는 폐지한 날이 속하는 분기분의 특허수수료는 이를 환급하지 아니한다.
⑦ 우리나라에 있는 외국공관이 직접 운영하는 보세전시장에 대하여는 특허수수료를 면제한다.
⑧ 제1항 및 제2항의 규정에 의한 수수료를 납부하여야 하는 자가 관세청장이 정하는 바에 의하여 이를 따로 납부한 때에는 그 사실을 증명하는 증표를 특허신청서등에 첨부하여야 한다.

제68조의2【보세판매장 특허수수료】 ① 법 제176조의2제4항 본문에 따라 보세판매장의 설치·운영에 관한 수수료(이하 이 조에서 "보세판매장 특허수수료"라 한다)는 제68조제2항에 불구하고 영 제192조의7에 따른 보세판매장의 매장별 매출액을 기준으로 다음 표의 특허수수료율을 적용하여 계산한 금액으로 한다.

해당 연도 매출액	특허수수료율
2천억원 이하	해당 연도 매출액의 1천분의 1
2천억원 초과 1조원 이하	2억원 + (2천억원을 초과하는 금액의 1천분의 5)
1조원 초과	42억원 + (1조원을 초과하는 금액의 100분의 1)

(2021.3.16 본항개정)

② 제1항에도 불구하고 다음 각 호의 어느 하나에 해당하는 경우에는 보세판매장 특허수수료는 해당 연도 매출액의 1만분의 1에 해당하는 금액으로 한다. 다만, 제3호의 경우에는 해당 제품에 대한 해당 연도 매출액의 1만분의 1에 해당하는 금액으로 하고, 해당 제품에 대한 매출액을 제외한 매출액에 대한 보세판매장 특허수수료는 제1항에 따른다.

1. 「중소기업기본법」 제2조에 따른 중소기업으로서 영 제192조의2제1항 각 호의 요건을 모두 충족하는 기업이 운영인인 경우

2. 「중견기업 성장촉진 및 경쟁력 강화에 관한 특별법」 제2조제1호에 따른 중견기업으로서 영 제192조의2제1항 각 호의 요건을 모두 충족하는 기업이 운영인인 경우

3. 제1호 및 제2호에 해당하지 않는 자가 「중소기업기본법」 제2조에 따른 중소기업 또는 「중견기업 성장촉진 및 경쟁력 강화에 관한 특별법」 제2조제1호에 따른 중견기업의 제품을 판매하는 경우

(2019.3.20 본항신설)

③ 법 제176조의2제4항 단서에 따라 2020년 1월 1일부터 2022년 12월 31일까지 발생한 매출액에 대한 보세판매장 특허수수료는 제1항 및 제2항에 따른 보세판매장 특허수수료의 100분의 50을 감경한다.(2023.3.20 본항개정)

④ 보세판매장 특허수수료는 연단위로 해당 연도분을 다음 연도 4월 30일까지 납부해야 한다. 다만, 해당 연도 중간에 특허의 기간 만료, 취소 및 반납 등으로 인하여 특허의 효력이 상실된 경우에는 그 효력이 상실된 날부터 3개월 이내에 납부해야 한다.(2023.3.20 본항개정)

제68조의3【보세판매장 특허 갱신 신청시의 첨부서류】 영 제192조의6제2항 각 호 외의 부분에서 "기획재정부령으로 정하는 서류"란 다음 각 호의 서류를 말한다.
1. 운영인의 자격을 증명하는 서류
2. 필요한 시설 및 장비의 구비를 증명하는 서류
3. 고용창출, 중소기업 및 중견기업간의 상생협력 등 기존 특허신청 또는 직전 갱신 신청시 제출한 사업계획서 이행여부에 대한 자체평가보고서
4. 갱신받으려는 특허기간에 대한 사업계획서
(2019.3.20 3호~4호신설)
(2015.3.6 본조신설)

제69조【보세공장업종의 제한】 법 제185조제5항에 따른 수입물품을 제조ㆍ가공하는 것을 목적으로 하는 보세공장의 업종은 다음 각호에 규정된 업종을 제외한 업종으로 한다.(2020.3.13 본문개정)
1. 법 제73조의 규정에 의하여 국내외 가격차에 상당하는 율로 양허한 농ㆍ임ㆍ축산물을 원재료로 하는 물품을 제조ㆍ가공하는 업종
2. 국민보건 또는 환경보전에 지장을 초래하거나 풍속을 해하는 물품을 제조ㆍ가공하는 업종으로 세관장이 인정하는 업종

제69조의2【화물관리인의 지정절차 및 지정기준】 ① 세관장이나 해당 시설의 소유자 또는 관리자는 영 제187조제2항제2호에 따라 화물관리인을 지정하려는 경우에는 지정 예정일 3개월 전까지 지정 계획을 공고하여야 한다.
② 영 제187조제2항제2호에 따라 화물관리인으로 지정을 받으려는 자는 지정신청서를 제1항에 따른 공고일부터 30일 내에 세관장이나 해당 시설의 소유자 또는 관리자에게 제출하여야 한다.
③ 영 제187조제3항제4호에서 "기획재정부령으로 정하는 사항"이란 다음 각 호의 사항을 말한다.
1. 지게차, 크레인 등 화물관리에 필요한 시설장비 구비 현황

2. 법 제255조의2제1항에 따라 수출입 안전관리 우수업체로 공인을 받았는지 여부

3. 그 밖에 관세청장이나 해당 시설의 소유자 또는 관리자가 정하는 사항

④ 제1항 및 제2항에서 규정한 사항 외에 화물관리인의 지정절차 등에 관하여 필요한 사항은 관세청장이 정한다.

(2011.4.1 본조신설)

제69조의3 (2022.3.18 삭제)

제69조의4【보세판매장 판매한도】 ① 법 제196조제2항에 따라 설치된 보세판매장의 운영인이 외국에서 국내로 입국하는 사람에게 물품(술ㆍ담배ㆍ향수는 제외한다)을 판매하는 때에는 미화 800달러의 한도에서 판매해야 하며, 술ㆍ담배ㆍ향수는 제48조제3항에 따른 별도면세범위에서 판매할 수 있다.(2022.9.6 본항개정)
② 법 제196조제1항제1호 단서에 따라 입국장 인도장에서 인도하는 것을 조건으로 보세판매장의 운영인이 판매할 수 있는 물품의 한도는 제1항과 같다.
(2020.3.13 본항신설)
③ 제1항 및 제2항에도 불구하고 제1항에 따른 입국장 면세점과 제2항에 따른 입국장 인도장이 동일한 입국경로에 함께 설치된 경우 보세판매장의 운영인은 입국장 면세점에서 판매하는 물품(술ㆍ담배ㆍ향수는 제외한다)과 입국장 인도장에서 인도하는 것을 조건으로 판매하는 물품(술ㆍ담배ㆍ향수는 제외한다)을 합하여 미화 800달러의 한도에서 판매해야 하며, 술ㆍ담배ㆍ향수는 제48조제3항에 따른 별도면세범위에서 판매할 수 있다.(2022.9.6 본항개정)

제69조의5【보세판매장 판매 대상 물품】 법 제196조에 따른 보세판매장에서 판매할 수 있는 물품은 다음 각 호와 같다.
1. 법 제196조제1항에 따라 외국으로 반출하는 것을 조건으로 보세판매장에서 판매할 수 있는 물품은 다음 각 목의 물품을 제외한 물품으로 한다.
　가. 법 제234조에 따른 수출입 금지 물품
　나. 「마약류 관리에 관한 법률」, 「총포ㆍ도검ㆍ화약류 등의 안전관리에 관한 법률」에 따른 규제대상 물품
2. 법 제196조제1항에 따라 법 제88조제1항제1호부터 제4호까지에 따라 관세의 면제를 받을 수 있는 자가 사용하는 것을 조건으로 보세판매장에서 판매할 수 있는 물품은 별표6과 같다.
3. 법 제196조제2항에 따라 설치된 보세판매장에서 판매할 수 있는 물품은 다음 각 목의 물품을 제외한 물품으로 한다.
　가. 법 제234조에 따른 수출입 금지 물품
　나. 「마약류 관리에 관한 법률」, 「총포ㆍ도검ㆍ화약류 등의 안전관리에 관한 법률」에 따른 규제대상 물품
　다. 「가축전염병 예방법」에 따른 지정검역물과 「식물방역법」에 따른 식물검역 대상물품
　라. 「수산생물질병 관리법」에 따른 지정검역물
4. 법 제196조제1항제1호 단서에 따라 입국장 인도장에서 인도하는 것을 조건으로 보세판매장에서 판매할 수 있는 물품은 다음 각 목의 물품을 제외한 물품으로 한다.
　가. 법 제234조에 따른 수출입 금지 물품
　나. 「마약류 관리에 관한 법률」, 「총포ㆍ도검ㆍ화약류 등의 안전관리에 관한 법률」에 따른 규제대상 물품
　다. 「가축전염병 예방법」에 따른 지정검역물과 「식물방역법」에 따른 식물검역 대상물품
　라. 「수산생물질병 관리법」에 따른 지정검역물
(2020.3.13 본호신설)
(2019.3.20 본조신설)

제70조【내국물품 반출입신고의 생략】 세관장은 법 제199조제2항의 규정에 의하여 다음 각호의 1에 해당하지 아니하는 경우에는 반출입신고를 생략하게 할 수 있다.

1. 법 제185조제2항의 규정에 의하여 세관장의 허가를 받고 내국물품만을 원료로 하여 제조·가공등을 하는 경우 그 원료 또는 재료
2. 법 제188조 단서의 규정에 의한 혼용작업에 소요되는 원재료
3. 법 제196조의 규정에 의한 보세판매장에서 판매하고자 하는 물품
4. 당해 내국물품이 외국에서 생산된 물품으로서 종합보세구역안의 외국물품과 구별되는 필요가 있는 물품(보세전시장의 기능을 수행하는 경우에 한한다)

제71조【수입통관후 소비 또는 사용하는 물품】 법 제200조제1항의 규정에 의하여 수입통관후 소비 또는 사용하여야 하는 물품은 다음 각호의 것으로 한다.
1. 제조·가공에 사용되는 시설기계류 및 그 수리용 물품
2. 연료·윤활유·사무용품등 제조·가공에 직접적으로 사용되지 아니하는 물품

제72조【종합보세구역안에서의 이동신고 대상물품】 법 제201조제3항 후단의 규정에 의하여 세관장에게 신고하여야 하는 물품은 종합보세구역의 운영인 상호간에 이동하는 물품으로 한다.

제73조【매각대행수수료】 ① 법 제208조제6항의 규정에 의한 매각대행수수료는 다음 각호의 금액으로 한다.
1. 매각대행을 의뢰한 물품이 매각된 경우 : 건별 매각금액에 1천분의 20을 곱하여 계산한 금액
2. 매각대행을 의뢰한 물품이 수입 또는 반송되어 매각대행이 중지된 경우 : 건별 최초공매예정가격에 1천분의 1을 곱하여 계산한 금액
3. 매각대행을 의뢰한 물품의 국고귀속·폐기·매각의 뢰철회등의 사유로 매각대행이 종료된 경우 : 건별 최초공매예정가격에 1천분의 2를 곱하여 계산한 금액
② 제1항의 규정에 의한 매각대행수수료를 계산함에 있어서 건별 매각금액이나 건별 최초공매예정가격이 10억원을 초과하는 때에는 당해 매각금액 또는 최초공매예정가격은 10억원으로 한다.
③ 제1항의 규정에 의하여 계산한 매각대행수수료의 금액이 5천원미만인 때에는 당해 매각대행수수료는 5천원으로 한다.

제73조의2【매각물품의 과세가격 및 예정가격】 ① 영 제222조제7항에 따른 매각된 물품의 과세가격은 다음 각 호의 구분에 따라 결정한다.(2023.3.20 본문개정)
1. 여행자 휴대품·우편물등 : 제7조의3에 따라 산출한 가격
2. 변질 또는 손상된 물품 : 제7조의2에 따라 산출한 가격
3. 사용으로 인해 가치가 감소된 물품 : 제7조의5제1항에 따라 산출한 가격
4. 제2호 및 제3호에 따라 산출한 가격이 불합리하다고 인정되는 물품 : 합리적으로 산출한 국내도매가격에 시가역산율을 곱하여 산출한 가격
5. 제1호부터 제4호까지에 해당하지 않는 수입물품 : 법 제30조부터 제35조까지의 방법에 따라 산출한 가격
② 영 제222조제7항에 따른 매각할 물품의 예정가격은 다음 각 호의 구분에 따라 결정한다.(2023.3.20 본문개정)
1. 제1항제1호부터 제5호까지의 물품 : 제1항제1호부터 제5호까지에 따른 과세가격에 관세 등 제세를 합한 금액
2. 수출조건으로 매각하는 물품 : 제1호에 따른 금액에서 관세 등 제세, 운임 및 보험료를 공제한 가격
③ 세관장은 제1항 및 제2항에 따라 과세가격과 예정가격의 산출이 곤란하거나 산출된 금액이 불합리하다고 판단하는 경우에는 그 밖의 합리적인 방법으로 과세가격과 예정가격을 산출할 수 있다.(2020.10.7 본조신설)

제74조【일반물품의 원산지결정기준】 ① 법 제229조제1항제1호의 규정에 의하여 원산지를 인정하는 물품은 다음 각호와 같다.
1. 당해 국가의 영역에서 생산된 광산물과 식물성 생산물
2. 당해 국가의 영역에서 번식 또는 사육된 산 동물과 이들로부터 채취한 물품
3. 당해 국가의 영역에서의 수렵 또는 어로로 채집 또는 포획한 물품
4. 당해 국가의 선박에 의하여 채집 또는 포획한 어획물 기타의 물품
5. 당해 국가에서의 제조·가공의 공정중에 발생한 부스러기
6. 당해 국가 또는 그 선박에서 제1호 내지 제5호의 물품을 원재료로 하여 제조·가공한 물품
② 법 제229조제1항제2호의 규정에 의하여 2개국 이상에 걸쳐 생산·가공 또는 제조(이하 이 조에서 "생산"이라 한다)된 물품의 원산지는 당해 물품의 생산과정에 사용되는 물품의 품목분류표상 6단위 품목번호와 다른 6단위 품목번호의 물품을 최종적으로 생산한 국가로 한다.(2016.3.9 본항개정)
③ 관세청장은 제2항의 규정에 의하여 6단위 품목번호의 변경만으로는 법 제229조제1항제2호에 의한 본질적 특성을 부여하기에 충분한 정도의 실질적인 생산과정을 거친 것으로 인정하기 곤란한 품목에 대하여는 주요공정·부가가치 등을 고려하여 품목별로 원산지기준을 따로 정할 수 있다.
④ 다음 각호의 1에 해당하는 작업이 수행된 국가는 제2항의 규정에 의한 원산지로 인정하지 아니한다.
1. 운송 또는 보세구역장치 중에 있는 물품의 보존을 위하여 필요한 작업
2. 판매를 위한 물품의 포장개선 또는 상표표시 등 상품성 향상을 위한 개수작업
3. 단순한 선별·구분·절단 또는 세척작업
4. 재포장 또는 단순한 조립작업
5. 물품의 특성이 변하지 아니하는 범위안에서의 원산지가 다른 물품과의 혼합작업
6. 가축의 도축작업
⑤ 관세청장은 제3항에 따른 품목별 원산지기준을 정하는 때에는 기획재정부장관 및 해당 물품의 관계부처의 장과 협의하여야 한다.(2008.12.31 본항개정)
⑥ 제1항부터 제5항까지의 규정에도 불구하고 수출물품에 대한 원산지 결정기준이 수입국의 원산지 결정기준과 다른 경우에는 수입국의 원산지 결정기준을 따를 수 있다.(2019.3.20 본항신설)

제75조【특수물품의 원산지결정기준】 ① 제74조에도 불구하고 촬영된 영화용 필름, 부속품·예비부분품 및 공구와 포장용품은 다음 각 호의 구분에 따라 원산지를 인정한다.(2011.4.1 본문개정)
1. 촬영된 영화용 필름은 그 제작자가 속하는 국가
2. 기계·기구·장치 또는 차량에 사용되는 부속품·예비부분품 및 공구로서 기계·기구·장치 또는 차량과 함께 수입되어 동시에 판매되고 그 종류 및 수량으로 보아 통상 부속품·예비부분품 및 공구라고 인정되는 물품은 당해 기계·기구 또는 차량의 원산지
3. 포장용품은 그 내용물품의 원산지. 다만, 품목분류표상 포장용품과 내용물을 각각 별개의 품목번호로 하고 있는 경우에는 그러하지 아니하다.(2016.3.9 단서개정)
② 제1항에도 불구하고 수출물품에 대한 원산지 결정기준이 수입국의 원산지 결정기준과 다른 경우에는 수입국의 원산지 결정기준을 따를 수 있다.(2019.3.20 본항신설)

제76조【직접운송원칙】법 제229조에 따라 원산지를 결정할 때 해당 물품이 원산지가 아닌 국가를 경유하지 아니하고 직접 우리나라에 운송·반입된 물품인 경우에만 그 원산지로 인정한다. 다만, 다음 각 호의 어느 하나에 해당하는 물품인 경우에는 우리나라에 직접 반입한 것으로 본다.
1. 다음 각 목의 요건을 모두 충족하는 물품일 것
  가. 지리적 또는 운송상의 이유로 단순 경유한 것
  나. 원산지가 아닌 국가에서 관세당국의 통제하에 보세구역에 장치된 것
  다. 원산지가 아닌 국가에서 하역, 재선적 또는 그 밖에 정상 상태를 유지하기 위하여 요구되는 작업 외의 추가적인 작업을 하지 아니한 것
2. 박람회·전시회 및 그 밖에 이에 준하는 행사에 전시하기 위하여 원산지가 아닌 국가로 수출되어 해당 국가 관세당국의 통제하에 전시목적에 사용된 후 우리나라로 수출된 물품일 것
(2012.2.28 본조개정)

제77조【원산지증명확인자료의 제출기간】법 제232조의2제2항 각 호 외의 부분 후단에서 "기획재정부령으로 정하는 기간"이란 세관장으로부터 원산지증명서확인자료의 제출을 요구받은 날부터 30일을 말한다. 다만, 제출을 요구받은 자가 부득이한 사유로 그 기간에 원산지증명서확인자료를 제출하기 곤란할 때에는 그 기간을 30일의 범위에서 한 차례만 연장할 수 있다.
(2014.4.1 본조신설)

제77조의2【원산지증명서 등의 확인 요청에 대한 회신기간】법 제233조제2항제1호에서 "기획재정부령으로 정한 기간"이란 다음 각 호의 구분에 따른 기간을 말한다.
1. 법 제73조에 따른 국제협력관세로서 「아시아·태평양 무역협정」에 따른 국제협정관세를 적용하기 위하여 원산지증명서를 발급한 국가의 세관이나 그 밖에 발급권한이 있는 기관(이하 이 조에서 "외국세관등"이라 한다)에 원산지증명서 등의 확인을 요청한 경우 : 확인을 요청한 날부터 4개월
2. 법 제76조제3항에 따른 최빈 개발도상국에 대한 일반특혜관세를 적용하기 위하여 외국세관등에 원산지증명서 등의 확인을 요청한 경우 : 확인을 요청한 날부터 6개월
(2014.3.14 본조신설)

제77조의3【조사 전 통지】영 제236조의8제2항에서 "기획재정부령으로 정하는 사항"이란 다음 각 호의 구분에 따른 사항을 말한다.
1. 서면조사의 경우
  가. 조사대상자 및 조사기간
  나. 조사대상 수출입물품
  다. 조사이유
  라. 조사할 내용
  마. 조사의 법적 근거
  바. 제출서류 및 제출기간
  사. 조사기관, 조사자의 직위 및 성명
  아. 그 밖에 세관장이 필요하다고 인정하는 사항
2. 현지조사의 경우
  가. 조사대상자 및 조사예정기간
  나. 조사대상 수출입물품
  다. 조사방법 및 조사이유
  라. 조사할 내용
  마. 조사의 법적 근거
  바. 조사에 대한 동의 여부 및 조사동의서 제출기간
    (조사에 동의하지 아니하거나 조사동의서 제출기간에 그 동의 여부를 통보하지 아니하는 경우의 조치사항을 포함한다)
  사. 조사기관, 조사자의 직위 및 성명
  아. 그 밖에 세관장이 필요하다고 인정하는 사항
(2011.4.1 본조신설)

제77조의4【무역원활화 위원회의 구성】① 영 제245조의2제3항제1호에 따라 기획재정부장관이 임명하는 위원은 다음 각 호와 같다.
1. 기획재정부 관세정책관(2021.3.16 본호개정)
2. 과학기술정보통신부, 농림축산식품부, 산업통상자원부, 환경부, 국토교통부, 해양수산부, 식품의약품안전처 및 관세청 소속 고위공무원단에 속하는 일반직공무원 중에서 그 소속기관의 장이 추천하는 사람 (2023.3.20 본호개정)
② 영 제245조의2제3항제2호가목에 따라 기획재정부장관이 위촉하는 위원은 「관세사법」에 따른 관세사회, 「대한무역투자진흥공사법」에 따른 대한무역투자진흥공사, 「민법」 제32조에 따라 산업통상자원부장관의 허가를 받아 설립된 한국무역협회 및 「상공회의소법」에 따른 대한상공회의소의 임원 중에서 그 소속기관의 장이 추천하는 사람으로 한다.
③ (2023.3.20 삭제)
(2015.7.16 본조신설)

제77조의5【통관고유부호 등의 신청】① 영 제246조제1항제5호에 따른 통관고유부호, 해외공급자부호 또는 해외구매자부호를 발급받거나 변경하려는 자는 주소, 성명, 사업종류 등을 적은 신청서에 다음 각 호의 서류를 첨부하여 세관장에게 제출하여야 한다. 다만, 세관장이 필요 없다고 인정하는 경우에는 첨부서류의 제출을 생략할 수 있다.
1. 사업자등록증
2. 해외공급자 또는 해외구매자의 국가·상호·주소가 표기된 송품장
3. 그 밖에 관세청장이 정하여 고시하는 서류
② 제1항에 따른 통관고유부호, 해외공급자부호 또는 해외구매자부호의 발급절차 및 관리 등에 관하여 필요한 사항은 관세청장이 정한다.
(2011.4.1 본조신설)

제77조의6【수출·수입 또는 반송의 신고】① 영 제246조제1항에서 "기획재정부령으로 정하는 참고사항"이란 다음 각 호를 말한다.
1. 물품의 모델 및 중량
2. 품목분류표의 품목 번호
3. 법 제226조에 따른 허가·승인·표시 또는 그 밖의 조건을 갖춘 것임을 증명하기 위하여 발급된 서류의 명칭
② 영 제246조제2항에 따른 수출 또는 반송의 신고서는 별지 제1호의2서식과 같다.
③ 영 제246조제2항에 따른 수입의 신고서는 별지 제1호의3서식과 같다.
④ 법 제327조제2항에 따른 전자신고의 작성에 필요한 구체적인 사항은 관세청장이 정하여 고시한다.
(2016.3.9 본조신설)

제78조【검사수수료】① 법 제247조제3항에 따라 내는 검사수수료는 다음 계산식에 따른다.
〔기본수수료(시간당 기본수수료 2천원 × 해당 검사에 걸리는 시간) + 실비상당액(세관과 검사장소와의 거리 등을 고려하여 관세청장이 정하는 금액)〕
(2020.3.13 단서삭제)
② 제1항의 경우 수입화주와 검사의 시기 및 장소가 동일한 물품에 대하여는 이를 1건으로 하여 기본수수료를 계산한다.
③ 제1항의 규정에 의한 검사수수료를 납부하여야 하는 자가 관세청장이 정하는 바에 따라 이를 따로 납부한 때에는 그 사실을 증명하는 증표를 수출입신고서에 첨부하여야 한다.
④ 세관장은 전산처리설비를 이용하여 제1항의 규정에 의한 검사수수료를 고지하는 때에는 검사수수료를 일괄고지하여 납부하게 할 수 있다.

제79조【적재기간 등 연장승인】 법 제251조제1항 단서의 규정에 의하여 적재기간의 연장승인을 얻고자 하는 자는 다음 각호의 사항을 기재한 신청서를 세관장에게 제출하여야 한다.

1. 수출신고번호·품명·규격 및 수량
2. 수출자·신고자 및 제조자
3. 연장승인신청의 사유
4. 기타 참고사항

제79조의2【탁송품의 특별통관】 ① 법 제254조의2제1항 각 호 외의 부분에서 "기획재정부령으로 정하는 물품"이란 자가사용물품 또는 면세되는 상업용 견본품 중 물품가격(법 제30조부터 제35조까지의 규정에 따른 방법으로 결정된 과세가격에서 법 제30조제1항제6호 본문에 따른 금액을 뺀 가격. 다만, 법 제30조제1항제6호 본문에 따른 금액을 명백히 구분할 수 없는 경우에는 이를 포함한 가격으로 한다)이 미화 150달러 이하인 물품을 말한다.(2022.3.18 본항개정)

② 법 제254조의2제1항제3호에서 "기획재정부령으로 정하는 사항"이란 다음 각 호의 사항을 말한다.
1. 운송업자명
2. 선박편명 또는 항공편명
3. 선하증권 번호
4. 물품수신인의 통관고유부호(2023.3.20 본호개정)
5. 그 밖에 관세청장이 정하는 사항
(2009.3.26 본조신설)

제79조의3【준수도 측정·평가 결과 활용】 영 제259조의6제7항제3호에서 "기획재정부령으로 정하는 사항"이란 다음 각 호의 사항을 말한다.(2022.3.18 본문개정)
1. 보세구역의 지정 또는 특허
2. 보세구역의 관리·감독
3. 법 제222조제1항에 따른 보세운송업자등의 관리·감독
4. 「자유무역지역의 지정 및 운영에 관한 법률」에 따른 자유무역지역 입주기업체의 지원·관리
(2018.3.21 3호신설)
5. 과태료·과징금의 산정
6. 행정제재 처분의 감경
(2016.3.9 본조신설)

제79조의4【과세자료의 제출서식 등】 ① 법 제264조의2에 따른 과세자료제출기관이 영 제263조의2 및 별표3에 따른 과세자료를 제출하는 경우에는 다음 각 호의 서식에 따른다.
1. 영 별표3 제1호에 따른 할당관세 수량의 추천에 관한 자료 : 별지 제1호의4서식(2016.3.9 본호개정)
2. 영 별표3 제2호에 따른 양허세율 적용의 추천에 관한 자료 : 별지 제2호서식
3. 영 별표3 제3호에 따른 관세를 감면받는 자의 기업부설 연구소 또는 연구개발 전담부서에 관한 자료 : 별지 제3호서식
4. 영 별표3 제4호에 따른 종교단체의 의식에 사용되는 물품에 대한 관세 면제를 위한 신청에 관한 자료 : 별지 제4호서식(2021.3.16 본호개정)
5. 영 별표3 제5호에 따른 자선 또는 구호의 목적으로 기증되는 물품 및 자선시설·구호시설 또는 사회복지시설에 기증되는 물품에 대한 관세 면제를 위한 신청에 관한 자료 : 별지 제4호서식
6. 영 별표3 제6호에 따른 국제평화봉사활동 또는 국제친선활동을 위하여 기증하는 물품에 대한 관세 면제를 위한 신청에 관한 자료 : 별지 제4호서식
7. 영 별표3 제7호에 따른 환경오염 측정 또는 분석을 위하여 수입하는 기계·기구에 대한 관세 면제를 위한 신청에 관한 자료 : 별지 제4호서식
8. 영 별표3 제8호에 따른 상수도 수질 측정 또는 보전·향상을 위하여 수입하는 물품에 대한 관세 면제

를 위한 신청에 관한 자료 : 별지 제4호서식
9. 영 별표3 제9호에 따른 국제경기대회 행사에 사용하기 위하여 수입하는 물품에 대한 관세 면제를 위한 신청에 관한 자료 : 별지 제4호서식
10. 영 별표3 제10호에 따른 핵사고 또는 방사능 긴급사태 복구지원과 구호를 위하여 기증되는 물품에 대한 관세 면제를 위한 신청에 관한 자료 : 별지 제4호서식
11. 영 별표3 제11호에 따른 우리나라 선박이 외국의 선박과 협력하여 채집하거나 포획한 수산물에 대한 관세 면제를 위한 추천에 관한 자료 : 별지 제5호서식
12. 영 별표3 제12호에 따른 외국인과 합작하여 채집하거나 포획한 수산물에 대한 관세 면제를 위한 추천에 관한 자료 : 별지 제5호서식
13. 영 별표3 제13호에 따른 조난으로 인하여 해체된 선박 또는 운송수단의 해체재 및 장비에 대한 관세 면제를 위한 신청에 관한 자료 : 별지 제4호서식
14. 영 별표3 제14호에 따른 운동용구(부분품을 포함한다)에 대한 관세 면제를 위한 신청에 관한 자료 : 별지 제4호서식
15. 영 별표3 제15호에 따른 특수관계인 간 거래명세서 자료 : 별지 제6호서식
16. 영 별표3 제16호에 따른 다음 각 목의 자료
가. 재무상태표 : 별지 제7호서식
나. 포괄손익계산서 : 별지 제8호서식
다. 이익잉여금처분계산서(또는 결손금처리계산서) : 별지 제9호서식
17. 영 별표3 제17호에 따른 매출·매입처별 계산서합계표 자료 : 별지 제10호서식
18. 영 별표3 제18호에 따른 다음 각 목의 자료
가. 법인사업자 공통내역 : 별지 제11호서식
나. 개인사업자 공통내역 : 별지 제12호서식
다. 주업종·부업종 내역 : 별지 제13호서식
라. 공동사업자 내역 : 별지 제14호서식
마. 휴업·폐업 현황 : 별지 제15호서식
바. 사업자단위 과세사업자 공통내역 : 별지 제16호서식
사. 사업자단위 과세사업자 업종 : 별지 제17호서식
아. 사업자단위 과세사업자 휴업·폐업 현황 : 별지 제18호서식
19. 영 별표3 제19호에 따른 매출·매입처별 세금계산서합계표 자료 : 별지 제10호서식
20. 영 별표3 제20호에 따른 다음 각 목의 자료
가. 무형자산에 대한 정상가격 산출방법 신고서 : 별지 제19호서식
나. 용역거래에 대한 정상가격 산출방법 신고서 : 별지 제20호서식
다. 가목 및 나목 외의 정상가격 산출방법 신고서 : 별지 제21호서식
(2021.3.16 가목~다목개정)
21. 영 별표3 제21호에 따른 국외특수관계인과의 국제거래명세서 자료(국외특수관계인의 요약손익계산서를 제출한 경우에는 이를 포함한다) : 별지 제22호서식
22. 영 별표3 제22호에 따른 특정외국법인의 유보소득 계산 명세서 자료 : 별지 제23호서식
23. 영 별표3 제23호에 따른 특정외국법인의 유보소득 합산과세 적용범위 판정 명세서 자료 : 별지 제24호서식
24. 영 별표3 제24호에 따른 국외출자 명세서 자료 : 별지 제25호서식
25. 영 별표3 제25호에 따른 여권발급에 관한 자료 : 별지 제26호서식
26. 영 별표3 제26호에 따른 국민의 출국심사 및 입국심사에 관한 자료 : 별지 제27호서식

27. 영 별표3 제27호에 따른 자동차 등록에 관한 자료 : 별지 제28호서식
28. 영 별표3 제28호에 따른 조달계약에 관한 자료 : 별지 제29호서식
29. 영 별표3 제29호에 따른 법인세 환급금 내역 : 별지 제30호서식
30. 영 별표3 제30호에 따른 종합소득세 환급금 내역 : 별지 제31호서식
31. 영 별표3 제31호에 따른 부가가치세 환급금 내역 : 별지 제32호서식
32. 영 별표3 제32호에 따른 이용권·회원권 자료 : 별지 제33호서식
33. 영 별표3 제33호 따른 종합소득과세표준 신고에 관한 자료, 퇴직소득과세표준 신고에 관한 자료 및 원천징수에 관한 자료 : 별지 제34호서식
34. 영 별표3 제34호에 따른 지방세환급금 내역 : 별지 제35호서식
35. 영 별표3 제35호에 따른 과세물건(부동산·골프회원권·콘도미니엄회원권·항공기·선박만 해당한다)에 대한 취득세 신고납부 또는 징수에 관한 자료 : 별지 제36호서식(2017.3.31 본호개정)
36. 영 별표3 제36호에 따른 과세대상(토지·건축물·주택·항공기·선박만 해당한다)에 대한 재산세 부과·징수에 관한 자료 : 별지 제37호서식 (2017.3.31 본호개정)
37. 영 별표3 제37호에 따른 부동산(「건축법 시행령」 별표1 제2호 가목에 따른 아파트에 한정한다)을 취득할 수 있는 권리에 관한 매매계약에 관한 자료 : 별지 제38호서식
38. 영 별표3 제38호에 따른 특허권·실용신안권·디자인권 및 상표권의 설정등록에 관한 자료 : 별지 제39호서식
39. 영 별표3 제39호에 따른 법원공탁금 자료 : 별지 제40호서식
40. 영 별표3 제40호에 따른 신용카드등의 대외지급(물품구매 내역만 해당한다) 및 외국에서의 외국통화 인출에 관한 자료 : 별지 제41호서식
41. 영 별표3 제41호에 따른 외국기업 본점 등의 공통경비배분계산서 자료 : 별지 제44호서식
42. 영 별표3 제42호에 따른 비거주자의 사업소득 및 기타소득의 지급명세서 자료 : 별지 제45호서식
43. 영 별표3 제43호에 따른 제조자 또는 수입판매업자의 반출신고 자료 : 별지 제46호서식
44. 영 별표3 제44호에 따른 신용카드가맹점 정보 관리 업무에 관한 자료 : 별지 제47호서식
45. 영 별표3 제45호에 따른 장애인 보장구 보험급여에 관한 자료 : 별지 제48호서식
46. 영 별표3 제46호에 따른 장기요양급여 제공에 관한 자료 : 별지 제49호서식
47. 영 별표3 제47호에 따른 보험금 등 지급에 관한 자료 : 별지 제50호서식 (2015.3.6 41호~47호신설)
48. 영 별표3 제48호에 따른 주식등변동상황명세서에 관한 자료 : 별지 제51호서식
49. 영 별표3 제49호에 따른 해외직접투자 신고에 관한 자료 : 별지 제52호서식
50. 영 별표3 제50호에 따른 부동산 소유권 변경 사실에 관한 자료 : 별지 제53호서식
51. 영 별표3 제51호에 따른 부동산 전세권 및 저당권의 등기에 관한 자료 : 별지 제54호서식
52. 영 별표3 제52호에 따른 금융거래 내역에 관한 자료 : 별지 제55호서식 (2017.3.31 48호~52호신설)

53. 영 별표3 제53호에 따른 다음 각 목의 자료
가. 재무상태표 : 별지 제56호서식(「소득세법 시행규칙」 별지 제40호의6서식으로 갈음할 수 있다)
나. 손익계산서 : 별지 제57호서식(「소득세법 시행규칙」 별지 제40호의7서식으로 갈음할 수 있다) (2018.3.21 본호신설)
54. 영 별표3 제54호에 따른 해외금융계좌 신고의무 불이행 등에 대한 과태료 처분내역 : 별지 제58호서식 (2018.9.20 본호신설)
55. 영 별표3 제55호에 따른 직장가입자에 관한 자료 및 통보된 보수 등에 관한 자료 : 별지 제62호서식 (2019.3.20 본호신설)
56. 영 별표3 제57호에 따른 「방위사업법」 제57조의4에 따른 중개수수료 신고 자료 : 별지 제63호서식 (2019.3.20 본호신설)
57. 영 별표3 제58호에 따른 무역보험 종류별 보험계약 체결에 관한 자료 : 별지 제64호서식
58. 영 별표3 제59호에 따른 치료재료에 대한 요양급여 대상 여부의 결정과 요양급여비용의 산정자료 : 별지 제65호서식
59. 영 별표3 제60호에 따른 치료재료에 대한 요양급여 비용 청구와 지급 등에 관한 자료 : 별지 제66호서식 (2021.3.16 57호~59호신설)
60. 영 별표3 제61호에 따른 월별 거래명세(판매대행에 관한 자료를 말한다)로서 법 제19조에 따른 관세 부과·징수 및 법 제222조에 따른 구매대행업자의 등록에 필요한 자료 : 별지 제67호서식(「부가가치세법 시행규칙」 별지 제48호서식으로 갈음할 수 있다) (2023.3.20 본호신설)
② 법 제264조의2에 따른 과세자료제출기관은 관세청장 또는 세관장과 협의하여 영 제263조의2 및 별표3에 규정된 과세자료를 이동식 저장장치 또는 광디스크 등 전자적 기록매체에 수록하여 제출하거나 정보통신망을 이용하여 제출할 수 있다.
(2014.3.14 본조신설)

제80조【자료를 갖춰 두어야 하는 영업장】 법 제266조제2항에서 "기획재정부령으로 정하는 기준에 해당하는 자"란 다음 각 호의 어느 하나에 해당하는 상설영업장을 갖추고 외국에서 생산된 물품을 판매하는 자를 말한다.(2011.4.1 본문개정)
1. 백화점
2. 최근 1년간 수입물품의 매출액이 5억원 이상인 수입물품만을 취급하거나 수입물품을 할인판매하는 상설영업장
3. 통신판매하는 자로서 최근 1년간 수입물품의 매출액이 10억원 이상인 상설영업장
4. 관세청장이 정하는 물품을 판매하는 자로서 최근 1년간 수입물품의 매출액이 전체 매출액의 30퍼센트를 초과하는 상설영업장
5. 상설영업장의 판매자 또는 그 대리인이 최근 3년 이내에 「관세법」 또는 「관세사법」 위반으로 처벌받은 사실이 있는 경우 그 상설영업장(2005.2.11 본호개정)
(2011.4.1 본조제목개정)

제80조의2【명예세관원의 자격요건 등】 ① 법 제268조에 따른 명예세관원은 다음 각 호의 어느 하나에 해당하는 사람 중에서 위촉한다.
1. 수출입품과 같은 종류의 물품을 생산·유통·보관 및 판매하는 등의 업무에 종사하는 사람 및 관련단체의 임직원
2. 소비자 관련단체의 임직원
3. 관세행정 발전에 기여한 공로가 있는 사람
4. 수출입품의 유통에 관심이 있고 명예세관원의 임무를 성실히 수행할 수 있는 사람
② 명예세관원의 임무는 다음 각 호와 같다.

1. 세관의 조사·감시 등 관세행정과 관련한 정보제공
2. 밀수방지 등을 위한 홍보 활동 지원 및 개선 건의
3. 세관직원을 보조하여 공항, 항만 또는 유통단계의 감시 등 밀수단속 활동 지원
4. 세관직원을 보조하여 원산지 표시 위반, 지식재산권 침해 등에 대한 단속 활동 지원
③ 관세청장은 필요한 경우 명예세관원에게 활동경비 등을 지급할 수 있다.
④ 명예세관원의 위촉·해촉, 그 밖에 필요한 사항은 관세청장이 정한다.
(2012.2.28 본조신설)

제80조의3【신용카드 등에 의한 통고처분 납부】 영 제270조의2제7항에 따른 납부대행수수료는 관세청장이 통고처분납부대행기관의 운영경비 등을 종합적으로 고려하여 승인하되, 해당 납부금액의 1천분의 10을 초과할 수 없다.(2018.3.19 본조신설)

제81조【개청시간 및 물품취급시간외 통관절차 등에 관한 수수료】 ① 법 제321조제3항의 규정에 의하여 납부하여야 하는 개청시간외 통관절차·보세운송절차 또는 입출항절차에 관한 수수료(구호용 물품의 경우 당해 수수료 4천원을 면제한다)는 기본수수료 4천원(휴일은 1만2천원)에 다음 각호의 구분에 의한 금액을 합한 금액으로 한다. 다만, 수출물품의 통관절차 또는 출항절차에 관한 수수료는 수입물품의 통관절차 또는 출항절차에 관한 수수료의 4분의 1에 상당하는 금액으로 한다.
(2003.2.14 본문개정)
1. 오전 6시부터 오후 6시까지 : 1시간당 3천원
2. 오후 6시부터 오후 10시까지 : 1시간당 4천8백원
3. 오후 10시부터 그 다음날 오전 6시까지 : 1시간당 7천원
② 제1항의 규정에 의하여 수수료를 계산함에 있어서 관세청장이 정하는 물품의 경우 여러 건의 수출입물품을 1건으로 하여 통관절차·보세운송절차 또는 입출항절차를 신청하는 때에는 이를 1건으로 한다.
③ 법 제321조제3항의 규정에 의하여 납부하여야 하는 물품취급시간외의 물품취급에 관한 수수료는 당해 물품을 취급하는 때에 세관공무원이 참여하는 경우에는 기본수수료 2천원(휴일은 6천원)에 다음 각호의 1에 해당하는 금액을 합한 금액으로 하며, 세관공무원이 참여하지 아니하는 경우에는 기본수수료 2천원(휴일은 6천원)으로 한다. 다만, 수출물품을 취급하는 때에는 그 금액의 4분의 1에 상당하는 금액(보세구역에 야적하는 산물인 광석류의 경우에는 그 금액의 5분의 1에 상당하는 금액)으로 한다.
1. 오전 6시부터 오후 6시까지 : 1시간당 1천5백원
2. 오후 6시부터 오후 10시까지 : 1시간당 2천4백원
3. 오후 10시부터 그 다음날 오전 6시까지 : 1시간당 3천6백원
④ 제1항 및 제3항의 규정에 의한 수수료금액을 계산함에 있어서 소요시간중 1시간이 제1항 각호 상호간 또는 제3항 각호 상호간에 걸쳐 있는 경우의 수수료는 금액이 많은 것으로 한다.
⑤ 관세청장은 제1항 및 제3항의 규정에 의한 수수료를 일정기간별로 일괄하여 납부하게 할 수 있다.
⑥ 제1항 및 제3항의 규정에 의한 수수료를 납부하여야 하는 자가 관세청장이 정하는 바에 따라 이를 따로 납부한 때에는 그 사실을 증명하는 증표를 세관장에게 제출하여야 한다.

제82조【증명서 및 통계의 교부수수료】 ① 법 제322조제6항의 규정에 의한 세관사무에 관한 증명서, 통계 및 통관관련 세부통계자료의 교부수수료는 별표7과 같다.(2007.12.31 본항개정)
② 법 제322조제5항에 따른 대행기관(이하 "대행기관"이라 한다)은 법 제322조제7항에 따라 교부수수료를 정하거나 변경하려는

경우에는 이해관계인의 의견을 수렴할 수 있도록 대행기관의 인터넷 홈페이지에 30일간 정하거나 변경하려는 교부수수료의 내용을 게시하여야 한다. 다만, 긴급하다고 인정되는 경우에는 대행기관의 인터넷 홈페이지에 그 사유를 소명하고 10일간 게시할 수 있다.(2012.2.28 본항신설)
③ 대행기관은 제2항에 따라 수렴된 의견을 고려하여 제1항에 따른 교부수수료의 범위에서 정한 교부수수료에 대하여 관세청장의 승인을 받아야 한다. 이 경우 대행기관은 원가명세서 등 교부수수료의 승인에 필요한 자료를 관세청장에게 제출하여야 한다.(2012.2.28 본항신설)
④ 대행기관은 제3항에 따라 승인받은 교부수수료의 금액을 대행기관의 인터넷 홈페이지를 통하여 공개하여야 한다.(2012.2.28 본항신설)
⑤ 관세청장은 3년마다 원가명세서, 대행기관의 교부수수료 수입·지출 내역 등을 검토하여 교부수수료 수준을 평가하여야 하며, 필요한 경우 적정한 교부수수료 수준을 통보할 수 있다.(2012.2.28 본항신설)
⑥ 일일자료교부 등 새로운 컴퓨터프로그램이나 전산처리설비를 필요로 하는 방식으로 교부신청을 하는 경우에는 추가되는 비용의 범위에서 제1항 및 제3항에 따른 교부수수료를 인상하여 적용할 수 있다.
(2012.2.28 본항개정)
⑦ 정부 및 지방자치단체에 대하여는 제1항 및 제3항에 따른 교부수수료를 면제한다.(2012.2.28 본항개정)
⑧ 「공공기관의 운영에 관한 법률」 제4조에 따른 공공기관 및 영 제233조에 따라 관세청과 정보통신망을 연결하여 구비조건을 확인하고 있는 기관에 대하여는 관세청장이 정하는 바에 따라 제1항 및 제3항에 따른 교부수수료를 인하하거나 면제할 수 있다.(2012.2.28 본항개정)
(2003.2.14 본조제목개정)

제83조【세관설비사용료】 ① 법 제323조의 규정에 의하여 납부하여야 하는 세관설비사용료는 기본사용료 1만2천원에 다음 각호의 구분에 의한 금액을 합한 금액으로 한다.
1. 토지 : 분기마다 1제곱미터당 780원
2. 건물 : 분기마다 1제곱미터당 1,560원
(2010.3.30 1호~2호개정)
② 세관장은 토지의 상황 기타의 사정에 의하여 필요하다고 인정하는 때에는 관세청장의 승인을 얻어 제1항의 규정에 의한 세관설비사용료를 경감할 수 있다.
③ 제68조제3항 내지 제5항의 규정은 제1항의 규정에 의한 세관설비사용료에 관하여 이를 준용한다.

제84조【동일인이 소유하거나 사실상 지배하는 주식의 범위】 영 제285조의4제2항에서 "동일인이 소유하거나 사실상 지배하는 주식의 범위"란 주주 1명 또는 그와 다음 각 호의 어느 하나에 해당하는 자가 자기 또는 타인의 명의로 소유하는 주식을 말한다.
(2009.3.26 본문개정)
1. 주주 1인의 배우자, 8촌 이내의 혈족 또는 4촌 이내의 인척(이하 "친족"이라 한다)
2. 주주 1인이 법인인 경우에 당해 법인이 100분의 30 이상을 출자 또는 출연하고 있는 법인과 당해 법인에 100분의 30 이상을 출자 또는 출연하고 있는 법인이나 개인
3. 주주 1인이 개인인 경우에 당해 개인 또는 그와 친족이 100분의 30 이상을 출자 또는 출연하고 있는 법인
4. 주주 1인 또는 그 친족이 최다 주식소유자 또는 최다액 출자자로서 경영에 참여하고 있는 법인
5. 주주 1인과 그 친족이 이사 또는 업무집행사원의 과반수인 법인

② 제1항의 규정은 외국인에게도 이를 준용한다.
(2003.2.14 본조신설)
제85조【전자문서중계사업자 지정기준】 ① 영 제285조
의4제3항에 따른 지정기준은 다음과 같다.(2009.3.26 본
문개정)
1. 전자문서중계사업에 필요한 다음 각 목의 설비에 대
한 정당한 사용권을 가질 것(2017.3.31 본문개정)
  가. 전자문서중계사업을 안정적으로 수행할 수 있는
  충분한 속도 및 용량의 전산설비
  나. 전자문서를 변환·처리·전송 및 보관할 수 있는
  소프트웨어
  다. 전자문서를 전달하고자 하는 자의 전산처리설비
  로부터 관세청의 전산처리설비까지 전자문서를 안
  전하게 전송할 수 있는 통신설비 및 통신망
  라. 전자문서의 변환·처리·전송·보관, 데이터베이
  스의 안전한 운영과 보안을 위한 전산설비 및 소프
  트웨어
2. 전자문서중계사업에 필요한 다음 각목의 기술인력
을 보유할 것
  가. 「국가기술자격법」에 의한 정보처리 또는 통신 분
  야의 기술사 이상의 자격이 있는 자 1인 이상
  (2005.2.11 본목개정)
  나. 전자문서중계사업을 위한 표준전자문서의 개발
  또는 전자문서중계방식과 관련한 기술 분야의 근무
  경력이 2년 이상인 자 2인 이상
  다. 전자문서와 데이터베이스의 보안관리를 위한 전
  문요원 1인 이상
  라. 「관세사법」에 의한 관세사 자격이 있는 자 1인 이
  상(2005.2.11 본목개정)
② 제1항제1호 및 제2호 각목의 세부적인 사항은 관세
청장이 정하여 고시한다.
(2003.2.14 본조신설)
제86조【전자문서중계업무의 수수료 등】 전자문서중계
사업자는 법 제327조의3제6항에 따라 수수료 등 필요한
요금을 부과하기 위하여 요금을 정하거나 변경하고자 하
는 경우에는 그 금액과 산출기초를 기재한 서류를 첨부
하여 관세청장에게 신고하여야 한다. 이 경우 관세청장
은 수수료 등의 금액이 관세청장이 정하는 산출기준에
맞지 아니하거나 그 밖에 적정하지 아니하여 보완이 필
요하다고 인정되는 경우에는 그 수리전에 보완을 요구할
수 있다.(2009.3.26 전단개정)
제87조 (2012.2.28 삭제)

부 칙 (2015.12.1)

제1조【시행일】 이 규칙은 공포한 날부터 시행한다.
다만, 별표2와 별표2의4의 개정규정은 2016년 1월 1일
부터 시행한다.
제2조【관세가 면제되는 특정물품에 관한 적용례】 제
43조제2항제2호부터 제4호까지의 개정규정은 이 규칙
시행 이후 수입신고하는 분부터 적용한다.
제3조【일반적 경과조치】 이 규칙 시행 전 수입신고
한 분에 대해서는 종전의 규정에 따른다.
제4조【특송품의 특별통관에 관한 경과조치】 이 규칙 시
행 전 통관목록을 제출한 분에 대해서는 제79조의2제1항
의 개정규정에도 불구하고 종전의 규정에 따른다.

부 칙 (2016.3.9)

제1조【시행일】 이 규칙은 공포한 날부터 시행한다.
제2조【관세 등 환급가산금의 이율에 관한 적용례】
제9조의3의 개정규정은 이 규칙 시행 이후 기간 분부
터 적용한다.

부 칙 (2016.7.8)

제1조【시행일】 이 규칙은 공포한 날부터 시행한다.
제2조【관세가 감면되는 산업기술 연구·개발용 물품
에 관한 경과조치】 이 규칙 시행 전 수입신고한 물품
에 대해서는 별표1의 개정규정에도 불구하고 종전의
규정에 따른다.

부 칙 (2016.12.30)

제1조【시행일】 이 규칙은 2017년 1월 1일부터 시행
한다.
제2조【관세가 감면되는 공장자동화 물품 등에 관한
경과조치】 이 규칙 시행 전에 수입신고한 물품에 대해
서는 별표2의4의 개정규정에도 불구하고 종전의 규정
에 따른다.

부 칙 (2017.2.15)

제1조【시행일】 이 규칙은 공포한 날부터 시행한다.
제2조【보세판매장의 매출액 산정에 관한 특례】 제68
조의2제1항 본문에 따라 특허수수료를 계산할 때 2017
년 1월 1일부터 이 규칙 시행 전까지 발생한 매출액과
이 규칙 시행일부터 2017년 12월 31일까지 발생한 매
출액은 각각 해당 연도 매출액으로 본다.
제3조【보세판매장 특허수수료에 관한 경과조치】 제
68조의2제1항 본문의 개정규정에도 불구하고 이 규칙
시행 전에 발생한 매출액에 대한 특허수수료는 종전의
규정에 따라 계산한다.

부 칙 (2017.3.31)

제1조【시행일】 이 규칙은 공포한 날부터 시행한다.
다만, 제3조제2항의 개정규정은 2017년 7월 1일부터 시
행한다.
제2조【관세가 면제되는 특정물품에 대한 적용례】 제
43조제2항제5호의 개정규정은 이 규칙 시행 이후 수입
신고하는 분부터 적용한다.
제3조【관세 등 환급가산금의 이율에 관한 경과조치】
이 규칙 시행 전에 경과한 기간에 대해서는 제9조의3
의 개정규정에도 불구하고 종전의 제9조의3에 따른다.

부 칙 (2017.7.19)

제1조【시행일】 이 규칙은 공포한 날부터 시행한다.
제2조【관세가 감면되는 산업기술 연구·개발용 물품
에 관한 경과조치】 별표1의 개정규정에도 불구하고 이
규칙 시행 전에 수입신고한 물품에 대해서는 종전의
규정에 따른다.

부 칙 (2017.10.30)

제1조【시행일】 이 규칙은 공포한 날부터 시행한다.
제2조【관세가 감면되는 환경오염 방지물품 또는 폐
기물 처리물품에 관한 경과조치】 제46조제1항, 별표2
의2 및 별표2의3의 개정규정에도 불구하고 이 규칙 시
행 전에 수입신고한 물품에 대해서는 종전의 규정에
따른다.

부 칙 (2017.12.29)

제1조【시행일】 이 규칙은 2018년 1월 1일부터 시행
한다.

제2조【관세가 감면되는 공장자동화 물품에 관한 경과조치】이 규칙 시행 전에 수입신고한 물품에 대해서는 별표2의4의 개정규정에도 불구하고 종전의 규정에 따른다.

부   칙 (2018.3.21)

제1조【시행일】이 규칙은 공포한 날부터 시행한다.
제2조【일반적 적용례】이 규칙은 이 규칙 시행 이후 수입신고하는 분부터 적용한다.
제3조【관세 등 환급가산금의 이율에 관한 경과조치】이 규칙 시행 전에 경과한 기간에 대해서는 제9조의3의 개정규정에도 불구하고 종전의 규정에 따른다.

부   칙 (2018.7.19)

제1조【시행일】이 규칙은 공포한 날부터 시행한다.
제2조【관세가 감면되는 산업기술 연구·개발용 물품에 관한 경과조치】이 규칙 시행 전에 수입신고한 물품에 대해서는 별표1의 개정규정에도 불구하고 종전의 규정에 따른다.

부   칙 (2018.9.20)

제1조【시행일】이 규칙은 공포한 날부터 시행한다.
제2조【전자담배의 여행자 휴대품 면세한도에 관한 적용례】제48조제3항의 개정규정은 이 규칙 시행 이후 여행자가 휴대하여 반입하는 물품부터 적용한다.

부   칙 (2018.12.31)

제1조【시행일】이 규칙은 2019년 1월 1일부터 시행한다.
제2조【관세가 감면되는 공장자동화 물품에 관한 경과조치】이 규칙 시행 전에 수입신고한 물품에 대해서는 별표2의4의 개정규정에도 불구하고 종전의 규정에 따른다.

부   칙 (2019.3.20)

제1조【시행일】이 규칙은 공포한 날부터 시행한다. 다만, 제35조제2항, 제36조 및 별표1의 개정규정은 2019년 5월 1일부터 시행하고, 제80조의2의 개정규정은 2019년 7월 1일부터 시행하며, 제79조의4제1항제56호 및 별지 제63호서식의 개정규정은 2020년 1월 1일부터 시행한다.
제2조【여행자 휴대품 면세한도에 관한 적용례】제48조제2항 및 제3항의 개정규정은 이 규칙 시행 이후 여행자가 수입하는 휴대품 또는 별송품부터 적용한다.
제3조【보세판매장 특허수수료에 관한 적용례】제68조의2제1항 및 제2항의 개정규정은 이 규칙 시행이 속하는 달의 매출액부터 적용한다.
제4조【보세판매장 특허갱신 신청시 첨부서류에 관한 적용례】제68조의3의 개정규정은 이 규칙 시행 이후 보세판매장 특허에 대한 갱신을 신청하는 경우부터 적용한다.
제5조【원산지결정기준에 관한 적용례】제74조제6항 및 제75조제2항의 개정규정은 이 규칙 시행 이후 원산지증명서를 발급하는 경우부터 적용한다.
제6조【관세가 면제되는 희귀병치료제에 대한 적용례】별표2 제2호나목의 개정규정은 이 규칙 시행 이후 수입신고하는 분부터 적용한다.
제7조【관세 등 환급가산금의 이율에 관한 경과조치】이 규칙 시행 전에 경과한 기간에 대해서는 제9조의3의 개정규정에도 불구하고 종전의 규정에 따른다.

부   칙 (2019.8.2)

제1조【시행일】이 규칙은 공포한 날부터 시행한다.
제2조【관세가 감면되는 산업기술 연구·개발용 물품에 관한 경과조치】이 규칙 시행 전에 수입신고한 물품에 대해서는 별표1의2의 개정규정에도 불구하고 종전의 규정에 따른다.

부   칙 (2019.8.30)

제1조【시행일】이 규칙은 2019년 9월 1일부터 시행한다.
제2조【내국인의 보세판매장 판매한도에 관한 적용례】제69조의3의 개정규정은 이 규칙 시행 이후 판매하는 경우부터 적용한다.

부   칙 (2019.12.3)

제1조【시행일】이 규칙은 공포한 날부터 시행한다.
(이하 생략)

부   칙 (2019.12.23)

제1조【시행일】이 규칙은 2020년 1월 1일부터 시행한다.
제2조【관세가 감면되는 환경오염 방지물품에 관한 경과조치】이 규칙 시행 전에 수입신고한 물품에 대해서는 제46조제1항, 같은 조 제4항제1호 및 별표2의2의 개정규정에도 불구하고 종전의 규정에 따른다.
제3조【관세가 감면되는 공장자동화 물품에 관한 경과조치】이 규칙 시행 전에 수입신고한 물품에 대해서는 제46조제4항제2호 및 별표2의4의 개정규정에도 불구하고 종전의 규정에 따른다.

부   칙 (2020.3.13)

제1조【시행일】이 규칙은 공포한 날부터 시행한다. 다만, 제43조제11항, 제54조제1항의 개정규정은 2020년 4월 1일에 시행하고, 제11조, 제48조제2항·제3항(법 제196조제1항제1호 단서와 관련된 부분만 해당한다), 제69조의4제2항 및 제3항 제69조의5제4호의 개정규정은 2020년 7월 1일부터 시행한다.
제2조【여행자 휴대품 면세한도에 관한 적용례】제48조제2항 및 제3항의 개정규정은 시행일 이후 여행자가 수입하는 휴대품 또는 별송품부터 적용한다.
제3조【관세가 면제되는 장애인용품 등에 관한 적용례】별표2의 개정규정은 시행일 이후 수입신고하는 분부터 적용한다.
제4조【관세가 감면되는 학술연구용품에 대한 특례】제37조제2항제32호에 따른 국방과학연구소가 2020년 12월 31일까지 수입신고하는 분에 대해서는 같은 조 제5항에도 불구하고 관세의 감면율을 100분의 100으로 한다.
제5조【관세 등 환급가산금의 이율 적용에 관한 경과조치】이 규칙 시행 전에 경과한 환급 기간에 대해서는 제9조의3의 개정규정에도 불구하고 종전의 규정에 따른다.

부   칙 (2020.7.30)

제1조【시행일】이 규칙은 공포한 날부터 시행한다.
제2조【관세가 감면되는 산업기술 연구·개발용 물품에 관한 경과조치】이 규칙 시행 전에 수입신고한 물품에 대해서는 별표1의2의 개정규정에도 불구하고 종전의 규정에 따른다.

부　칙 (2020.10.7)

이 규칙은 2021년 1월 1일부터 시행한다.

부　칙 (2020.12.29)

제1조【시행일】이 규칙은 2021년 1월 1일부터 시행한다.
제2조【덤핑방지관세 관련 비밀취급자료 및 이용가능한 자료에 관한 적용례】제15조 및 제15조의2의 개정규정은 이 규칙 시행 당시 영 제60조에 따른 덤핑 및 실질적 피해등의 조사를 개시한 경우 및 영 제70조에 따른 덤핑방지관세 및 약속의 재심사를 개시한 경우에 대해서도 적용한다.
제3조【관세가 감면되는 공장자동화 물품에 관한 경과조치】이 규칙 시행 전에 수입신고한 물품에 대해서는 별표2의4의 개정규정에도 불구하고 종전의 규정에 따른다.

부　칙 (2021.3.16)

제1조【시행일】이 규칙은 공포한 날부터 시행한다.
제2조【공장자동화 물품에 대한 관세 감면율에 관한 적용례】제46조제4항제2호의 개정규정은 이 규칙 시행 이후 수입신고하는 경우부터 적용한다.
제3조【관세 등 환급가산금의 이율 적용에 관한 경과조치】이 규칙 시행 당시 경과한 환급 기간에 대해서는 제9조의3의 개정규정에도 불구하고 종전의 규정에 따른다.

부　칙 (2021.7.30)

제1조【시행일】이 규칙은 공포한 날부터 시행한다.
제2조【관세가 감면되는 산업기술 연구 · 개발용 물품에 관한 경과조치】이 규칙 시행 전에 수입신고한 물품에 대해서는 별표1의2의 개정규정에도 불구하고 종전의 규정에 따른다.

부　칙 (2021.10.28)

이 규칙은 공포한 날부터 시행한다.

부　칙 (2021.12.13)

제1조【시행일】이 규칙은 공포한 날부터 시행한다.
제2조【관세가 면제되는 특정물품에 관한 적용례】제43조제6항의 개정규정은 이 규칙 시행 이후 수입신고하는 수산물부터 적용한다.

부　칙 (2021.12.31)

제1조【시행일】이 규칙은 2022년 1월 1일부터 시행한다.
제2조【관세가 감면되는 공장 자동화 물품에 관한 경과조치】이 규칙 시행 전에 수입신고한 물품에 대한 관세 감면에 관하여는 별표2의4의 개정규정에도 불구하고 종전의 규정에 따른다.

부　칙 (2022.3.18)

제1조【시행일】이 규칙은 공포한 날부터 시행한다.
제2조【관세가 면제되는 특정물품에 관한 적용례】제

43조제2항제2호의 개정규정은 이 규칙 시행 이후 수입신고하는 경우부터 적용한다.
제3조【관세가 면제되는 희귀병치료제에 관한 적용례】별표2 제2호나목의 개정규정은 이 규칙 시행 이후 수입신고하는 경우부터 적용한다.

부　칙 (2022.7.28)

제1조【시행일】이 규칙은 공포한 날부터 시행한다.
제2조【관세가 감면되는 산업기술 연구 · 개발용 물품에 관한 경과조치】이 규칙 시행 전에 수입신고한 물품에 대해서는 별표1의2의 개정규정에도 불구하고 종전의 규정에 따른다.

부　칙 (2022.9.6)

제1조【시행일】이 규칙은 2022년 9월 6일부터 시행한다.
제2조【여행자 휴대품 면세 한도에 관한 적용례】제48조제2항 및 제3항의 개정규정은 이 규칙 시행 이후 여행자가 수입하는 휴대품 및 별송품부터 적용한다.
제3조【보세판매장 판매한도에 관한 적용례】제69조의4제1항 및 제3항의 개정규정은 이 규칙 시행 이후 보세판매장의 운영인이 물품을 판매하는 경우부터 적용한다.

부　칙 (2022.9.16)

이 규칙은 2022년 9월 18일부터 시행한다.

부　칙 (2022.12.31)

제1조【시행일】이 규칙은 2023년 1월 1일부터 시행한다.
제2조【관세가 감면되는 공장 자동화 물품에 관한 경과조치】이 규칙 시행 전에 수입신고한 물품에 대한 관세 감면에 관하여는 별표2의4의 개정규정에도 불구하고 종전의 규정에 따른다.

부　칙 (2023.3.20)

제1조【시행일】이 규칙은 공포한 날부터 시행한다.
제2조【관세가 면제되는 특정물품에 관한 적용례】제43조제2항제3호의 개정규정은 이 규칙 시행 이후 수입신고를 하는 경우부터 적용한다.
제3조【관세 등 환급가산금의 이율에 관한 경과조치】
① 법 제48조 본문에 따른 관세환급가산금 기산일이 이 규칙 시행 전인 경우로서 이 규칙 시행 이후 같은 조 본문에 따라 관세환급금을 환급하거나 충당하는 경우 그 기산일부터 이 규칙 시행일 전일까지의 기간에 대한 이율은 제9조의3의 개정규정에도 불구하고 종전의 규정에 따른다.
② 법 제47조제2항에 따른 과다환급을 한 날의 다음 날이 이 규칙 시행 전인 경우로서 이 규칙 시행 이후 같은 조에 따라 과다환급관세를 징수하는 경우 과다환급을 한 날의 다음 날부터 이 규칙 시행일 전일까지의 기간에 대한 이율은 제9조의3의 개정규정에도 불구하고 종전의 규정에 따른다.

부　칙 (2023.4.11)

제1조【시행일】이 영은 2023년 4월 18일부터 시행한다.(이하 생략)

이 규칙은 2023년 5월 1일부터 시행한다.

제1조【시행일】 이 규칙은 공포한 날부터 시행한다.
제2조【관세가 감면되는 산업기술 연구·개발용 물품에 관한 경과조치】 이 규칙 시행 전에 수입신고한 물품에 대한 관세 감면에 관하여는 별표1의2의 개정규정에도 불구하고 종전의 규정에 따른다.

제1조【시행일】 이 규칙은 2024년 1월 1일부터 시행한다.
제2조【여행자 휴대품 면세 한도에 관한 적용례】 제48조제3항의 개정규정은 이 규칙 시행 이후 여행자가 수입하는 휴대품 및 별송품부터 적용한다.
제3조【재수출면세대상물품 및 가산세징수대상물품에 관한 적용례】 제50조제1항제24호의 개정규정은 이 규칙 시행 이후 수입신고하는 경우부터 적용한다.
제4조【관세가 감면되는 공장 자동화 물품에 관한 적용례 등】 ① 별표2의4의 개정규정은 이 규칙 시행 이후 수입신고하는 경우부터 적용한다.
② 이 규칙 시행 전에 수입신고한 물품에 대한 관세 감면에 관하여는 별표2의4의 개정규정에도 불구하고 종전의 규정에 따른다.

〔별표1～1의2〕 ➡ 「www.hyeonamsa.com」 참조

〔별표2〕

법 제91조제4호에 따라 관세가 면제되는 장애인용품 등
(제39조제4항 관련)

(2022.9.6 개정)

1. 장애인 보조기기 등으로서 다음에 정하는 물품과 그 수리용 부분품
  가. 「장애인·노인 등을 위한 보조기기 지원 및 활용촉진에 관한 법률 시행규칙」 제2조에 따른 보조기기로써 장애인용으로 특별히 제작된 것
    (1) 음성 또는 점자 체온계, 체중계, 혈압계
    (2) 점자교육용 보조기기
    (3) 점자 읽기자료
    (4) 지각 훈련용 보조기기 중 청각 훈련용 보조기기
    (5) 음성 및 언어능력 훈련용 보조기기
    (6) 팔, 몸통, 다리 운동 장치 및 스포츠용 보조기기
    (7) 기립틀 및 기립을 위한 지지대
    (8) 팔 보조기, 다리 보조기, 척추 및 머리보조기
    (9) 팔의지, 다리의지
    (10) 기타 의지(의이, 의비, 안면보형물, 구개보형물, 가슴보형물로 한정한다)
    (11) 호흡용 보조기기(산소통 없이 사용하는 것에 한정한다)
    (12) 대화 장치, 의사소통용 증폭기(휴대용인 것에 한정한다)
    (13) 헤드폰(텔레비전용, 전화용, 강연청취용에 한정한다)
    (14) 청각보조기기(청각보조기용 액세서리를 포함한다)
    (15) 시각 신호 표시기
    (16) 읽기 및 독서용 시력 보조기
    (17) 영상 확대 비디오 시스템
    (18) 확대용 돋보기 안경, 렌즈 및 렌즈시스템
    (19) 양팔 조작형 보행용 보조기기
    (20) 수동휠체어, 전동휠체어
    (21) 시계 및 시간 측정 장치
    (22) 나침반, 타이머(시각장애인용으로 한정한다)
    (23) 문자판독기
    (24) 촉각막대기 또는 흰지팡이
    (25) 대소변 흡수용 보조기구
    (26) 욕창방지 방석 및 커버
    (27) 욕창 예방용 등받이 및 패드
    (28) 와상용 욕창 예방 보조기구
    (29) 침대 및 침대장비(욕창방지용으로 한정한다)
    (30) 목욕통, 목욕의자, 바퀴가 있거나 없는 샤워의자
    (31) 소변 처리기기
    (32) 안경 및 콘택트렌즈(선천성 시각장애를 가진 만 19세 미만 아동의 시력발달 위하여 공급하는 것으로 한정한다)
    (33) 타자기 중 점자타자기
    (34) 촉각 화면 표시기
    (35) 특수 키보드(점자키보드에 한정한다)
    (36) 프린터(점자프린터, 점자 또는 입체복사기, 점자라벨기, 점자제판기, 점자 인쇄기를 포함한다)
    (37) 사람을 제외한, 질량 측정용 보조기기 및 도구(음성저울 및 음성 전자계산기에 한정한다)
    (38) 특수 출력 소프트웨어
    (39) 음성 화면 표시기
  나. 「장애인복지법」 제40조에 따른 장애인보조견
  다. 「의료기기법」 제2조에 따른 의료기기로서 장애인용으로 특수하게 제작되거나 제조된 물품
    (1) 인공후두
    (2) 인공달팽이관장치(연결사용하는 외부 장치 및 배터리를 포함한다)
    (3) 인조인체부분(심장병 환자의 것, 연결사용하는 외부 보조장치를 포함한다)
    (4) 보청기(인공중이를 포함한다)
  라. 장애인용 특수차량(관세율표 번호 제8713호의 물품과 장애인을 수송하기 위하여 특수하게 제작·설계된 수송용의 자동차로 한정한다)
  마. 「식품위생법」 제7조에 따른 식품 중 특수의료용도등 식품
    (1) 선천성 대사질환자용 식품

2. 질병치료와 관련한 물품 등
  가. 만성신부전증환자가 사용할 물품
    (1) 인공신장기
    (2) 인공신장기용 투석여과기 및 혈액운송관
    (3) 인공신장기용 투석액을 제조하기 위한 원자재·부자재
    (4) 인공신장기용 투석여과기를 재사용하기 위한 의료용 화학소독기 및 멸균액
    (5) 복막투석액을 제조하기 위한 원자재·부자재
    (6) 인공신장기용 혈액운송관을 제조하기 위한 원자재·부자재
  나. 희귀병치료제
    (1) 세레자임 등 고쉐병환자가 사용할 치료제
    (2) 로렌조오일 등 부신백질디스트로피환자가 사용할 치료제
    (3) 근육이양증환자의 치료에 사용할 치료제
    (4) 윌슨병환자의 치료에 사용할 치료제
    (5) 후천성면역결핍증으로 인한 심신장애인이 사용할 치료제
    (6) 혈우병으로 인한 심신장애인이 사용할 열처리된 혈액응고인자 농축제
    (7) 장애인의 음식물섭취에 사용할 삼킴장애제거제
    (8) 장기이식 후 면역억제제의 합병증으로 생긴 림프구증식증 환자의 치료에 사용할 치료제
    (9) 니티시논 등 타이로신혈증환자가 사용할 치료제
    (10) (2014.3.14 삭제)
    (11) 발작성 야간 헤모글로빈뇨증, 비정형 용혈성 요독증후군, 전신 중증 근무력증 및 시신경 척수염 범주질환 환자의 치료에 사용할 치료제
    (12) 신경섬유종증 1형 환자의 치료에 사용할 치료제
  다. (2015.12.1 삭제)

3. 장애인 교육용 물품(사회복지법인이 수입하는 경우만 해당한다)
   (1) 핸드벨 및 차임벨
   (2) 프뢰벨
   (3) 몬테소리교구
   (4) 디·엠·엘교구

〔별표2의2〕(2019.12.23 삭제)

〔별표2의3〕(2017.10.30 삭제)

〔별표2의4〕➡「www.hyeonamsa.com」참조

〔별표3〕(2011.4.1 삭제)

〔별표4〕

관세의 분할납부대상 물품 및 기관(제59조제2항관련)

(2013.3.23 개정)

1. 법 제107조제2항제2호의 규정에 의하여 관세를 분할납부할 물품
   가. 정부 또는 지방자치단체에서 수입하는 소방차
   나. 교육부에서 국제개발협회 및 국제부흥개발은행의 차관 및 기타 교육차관의 자금으로 수입하는 교육용 기자재
   다. 정부 또는 지방자치단체에서 수입하는 상수도확장시설용 물품과 종합하수처리장 및 동 구역안에 병설되는 위생처리시설건설용 물품
   라. 서울특별시에서 수입하는 종합운동경기장 건설용품
   마. 정부에서 수입하는 경찰용장비와 그 장비의 제조용 부분품 및 부속품

2. 법 제107조제2항제3호의 규정에 의하여 관세를 분할납부할 물품
   한국방송공사 또는 한국교육방송공사가 수입하는 방송용의 송수신기기·중계기기·조정기기 및 이동방송차

3. 법 제107조제2항제4호의 규정에 의하여 관세를 분할납부할 기관
   가. 국립 또는 공립의료기관(특수법인병원 및 공사형태의 의료기관을 포함한다)
   나. 의료법인(비영리의료재단법인을 포함한다)으로서 보건복지가족부장관이 확인하여 추천하는 기관
   다. 의료취약지구에 설립된 의료기관으로서 보건복지부장관이 확인하여 추천하는 기관
   라. 「사회복지사업법」, 「노인복지법」, 「장애인복지법」 또는 「아동복지법」의 규정에 의하여 복지사업을 목적으로 설립된 것으로서 보건복지가족부장관이 확인하여 추천하는 시설 및 단체

4. 법 제107조제2항제5호의 규정에 의하여 관세를 분할납부할 기관
   가. 「기술개발촉진법」 제7조제1항제2호 및 같은 법 시행령 제15조에 따른 기업부설연구소임을 미래창조과학부장관이 인정한 기업부설연구소
   나. 「산업기술연구조합 육성법」에 의한 산업기술연구조합임을 미래창조과학부장관이 인정하는 산업기술연구조합
   다. 「산업기술혁신 촉진법」 제38조에 따른 한국산업기술평가원
   라. 「산업기술혁신 촉진법」 제42조에 따른 전문생산기술연구소임을 산업통상자원부장관이 인정한 전문생산기술연구소

〔별표5〕

관세분할납부 기간 및 방법(제60조관련)

(2009.3.26 개정)

물 품	기 간	방 법
1. 법 제107조제2항제1호의 물품(제59조제3항에 따른 중소제조업체가 직접 사용하기 위하여 수입하는 물품을 제외한다)		분할납부승인액을 수입신고수리일부터 6월마다 균등하게 분할하여 납부하여야 한다. 다만, 제1차분은 수입신고수리일부터 15일 이내에 납부하여야 한다.
가. 분할납부승인액이 1억원 미만인 물품	분할납부승인일부터 2년 6월	
나. 분할납부승인액이 1억원 이상 5억원 미만인 물품	분할납부승인일부터 3년 6월	
다. 분할납부승인액이 5억원 이상인 물품	분할납부승인일부터 4년 6월	
라. 임차선박	가목 내지 다목의 기간내에서 임차기간내	
2. 법 제107조제2항제2호 및 제3호의 물품	분할납부승인일부터 2년	분할납부승인액을 2등분하여 제1차분은 승인일부터 1년 이내에, 제2차분은 2년 이내에 납부하여야 한다.
3. 법 제107조제2항제4호의 물품(별표4 제3호다목의 규정에 의한 의료취약지구에 설립한 의료기관이 수입하는 물품을 제외한다)	분할납부승인일부터 1년 6월	분할납부승인액을 수입신고수리일부터 6월마다 균등하게 분할하여 납부하여야 한다. 다만, 제1차분은 수입신고수리일부터 15일 이내에 납부하여야 한다.
4. 별표4제3호다목의 규정에 의한 의료취약지구에 설립한 의료기관이 수입하는 물품	분할납부승인일부터 4년 6월	분할납부승인액을 수입신고수리일부터 6월마다 균등하게 분할하여 납부하여야 한다. 다만, 제1차분은 수입신고수리일부터 15일 이내에 납부하여야 한다.
5. 법 제107조제2항제6호의 물품 및 법 제107조제2항제1호의 물품중 제59조제3항에 따른 중소제조업체가 직접 사용하기 위하여 수입하는 물품		분할납부승인액을 수입신고수리일부터 6월마다 균등하게 분할하여 납부하여야 한다. 다만, 제1차분은 수입신고수리일부터 15일 이내에 납부하여야 한다.
가. 분할납부승인액이 2천만원 미만인 물품	분할납부승인일부터 2년 6월	
나. 분할납부승인액이 2천만원 이상 5천만원 미만인 물품	분할납부승인일부터 3년 6월	
다. 분할납부승인액이 5천만원 이상인 물품	분할납부승인일부터 4년 6월	

〔별표6〕 ➡ 「www.hyeonamsa.com」 참조

〔별표7〕

증명서 또는 통계 등의 교부수수료(제82조제1항 관련)

(2007.12.31 개정)

구 분		단 위	금 액
1. 증명서		1통	400원
2. 통계	관세청장이 발간하는 무역통계연보·월보에 등재된 통계항목	인쇄물	1년분	기본료 2만8천원 + 1매당 400원
		전산처리가 가능한 전달매체에 기록하거나 전산처리설비를 이용하여 교부하는 것	1월분	20만5천원
			1분기분 1분기분(월별)	26만7천원 55만4천원
			1반기분 1반기분(분기별)	34만7천원 48만1천원
			1반기분(월별)	98만4천원
			1년분 1년분(반기별) 1년분(분기별) 1년분(월별)	45만1천원 62만5천원 98만1천원 172만2천원
	그 밖에 추가항목	수출입통관 자료 항목별	항목당 금액의 10분의 1씩 추가
3. 통관관련 세부통계자료	인쇄물		기본료 2만8천원 + 1매당 400원
	전산처리가 가능한 전달매체에 기록하거나 전산처리설비를 이용하여 교부하는 것		기본료 2만8천원 + (건 수 × 항목수)×5원

〔별지서식〕 ➡ 「www.hyeonamsa.com」 참조

최빈개발도상국에 대한 특혜관세 공여 규정

개정 (2013년 1월 1일 전부개정대통령령 제24291호)
2013.12.31영25056호
2016.12.30영27759호
2019.10. 1영30101호
2021. 1. 5영31380호(법령용어정비)
2021. 5. 4영31662호
2014.12.30영25895호
2019. 7. 1영29934호
2020.12.29영31339호
2021.12.31영32279호

제1조 【목적】 이 영은 「관세법」 제76조제3항에 따라 최빈개발도상국에 대한 특혜관세의 공여에 필요한 사항을 규정함을 목적으로 한다.

제2조 【최빈개발도상국】 이 영에서 "최빈개발도상국"이란 별표1에 규정된 국가를 말한다.

제3조 【특혜대상물품 및 세율】 특혜대상물품과 이에 적용되는 특혜세율은 별표2에 따른다. 다만, 「세계무역기구협정 등에 의한 양허관세 규정」에 따라 최소 시장접근물량이 설정된 품목에 대해서는 그 물량의 범위에서 특혜세율을 적용할 수 있다.

제4조 【국내 산업피해의 구제】 ① 특혜대상물품 중 특정 물품의 수입이 증가하여 이와 같은 종류의 물품 또는 직접적인 경쟁관계에 있는 물품을 생산하는 국내 산업에 중대한 피해를 주거나 줄 우려가 있어 이를 방지할 필요가 있는 경우 관계 중앙행정기관의 장 또는 이해관계인은 해당 물품에 대한 특혜관세의 적용 정지를 기획재정부장관에게 요청할 수 있다.

② 관계 중앙행정기관의 장 또는 이해관계인은 제1항에 따라 특혜관세의 적용 정지를 요청하려는 경우에는 다음 각 호의 사항에 관한 자료를 기획재정부장관에게 제출하여야 한다.

1. 해당 물품의 품목번호·품명·규격·용도 및 대체물품
2. 해당 물품의 제조용 투입원료와 그 물품을 원료로 하는 관련 제품의 제조공정설명서 및 용도
3. 해당 연도의 전후 1년간의 수급(需給) 실적 및 계획
4. 최근 1년간의 월별 주요 수입국별 수입가격 및 수입실적
5. 최근 1년간의 월별 주요 국내 제조업체별 공장도가격 및 출고실적
6. 국내 산업의 피해내용 및 적용정지 기간
7. 그 밖에 국내 산업에 중대한 피해를 주거나 줄 우려가 있다고 판단할 수 있는 자료

③ 기획재정부장관은 특별한 사유가 없으면 제1항에 따른 조치를 요청받은 날부터 15일 내에 특혜관세의 적용을 정지할 사유가 있었는지를 심사하여야 한다.

④ 제3항에 따른 심사 결과 특혜관세의 적용을 정지할 사유가 있다고 판단되는 경우 기획재정부장관은 지체 없이 특혜관세의 적용 정지를 결정하고 그 사실을 고시하여야 한다.

⑤ 특혜관세 적용 정지의 효력은 제4항에 따른 고시가 있은 날부터 발생한다.

제5조 【원산지규정】 ① 특혜관세를 적용받을 수 있는 물품은 수출국에서 완전히 생산되거나 획득된 물품이어야 한다. 이 경우 다음 각 호의 물품은 수출국에서 완전히 생산되거나 획득된 물품으로 본다.

1. 수출국의 토양·수면·해저에서 추출한 원료 또는 광산물
2. 수출국에서 수확한 농산물 및 임산물

3. 수출국에서 생육된 동물 및 그 동물로부터 획득한 물품
4. 수출국에서의 수렵·어로를 통하여 획득한 물품
5. 수출국 선박이 공해(公海)에서 채취·포획한 수산물과 이를 제조·가공한 생산품. 이 경우 "수출국 선박"이란 수출국에 등록되고, 선박가액의 60퍼센트 이상이 수출국의 국민·정부 또는 수출국에 정당하게 등록된 기업·협회 등이 소유하는 선박을 말한다.(2021.1.5 전단개정)
6. 원료를 회수할 목적으로 수출국에서 수집된 중고품
7. 수출국에서의 제조공정으로부터 파생된 웨이스트(waste) 및 스크랩(scrap)
8. 제1호부터 제7호까지의 물품을 원재료로 하여 수출국에서 배타적으로 생산된 물품
② 수출국 외의 국가에서 생산되었거나 원산지가 결정되지 아니한 물품을 원재료로 하여 수출국의 영토에서 최종적으로 제조·가공된 물품에 대해서는 해당 원재료의 가격이 최종 생산물의 본선인도가격의 100분의 60을 초과하지 아니하는 경우에만 특혜관세를 적용한다. 이 경우 최종생산물에 우리나라에서 생산된 원재료로 포함된 때에는 그 가격을 원재료의 가격 산정에서 제외한다.
③ 제2항에 따른 원재료의 가격은 다음 각 호의 순서에 따라 산정한다.
1. 수출국으로 수입될 때의 가격(운임·보험료를 포함한다)
2. 수출국에서 최초로 지급된 가격 중 확인이 가능한 가격
④ 특혜관세를 적용받으려는 자는 수출국정부 또는 그 정부가 지정하는 기관이 발행하는 별지 서식의 원산지증명서를 제출하여야 한다.
⑤ 제1항부터 제4항까지에서 규정한 사항 외에 원산지 인정에 관하여는 「관세법 시행령」 제236조를 준용한다.

부 칙

제1조 【시행일】 이 영은 2013년 1월 1일부터 시행한다.
제2조 【적용례】 이 영은 이 영 시행 후 수입신고하는 물품부터 적용한다.

부 칙 (2014.12.30)

제1조 【시행일】 이 영은 2015년 1월 1일부터 시행한다.
제2조 【최빈개발도상국의 변경과 특혜대상물품 및 세율에 관한 적용례】 별표1 및 별표2의 개정규정은 이 영 시행 이후 수입신고하는 물품부터 적용한다.

부 칙 (2016.12.30)

제1조 【시행일】 이 영은 2017년 1월 1일부터 시행한다.
제2조 【특혜대상물품 및 세율에 관한 적용례】 별표2의 개정규정은 이 영 시행 이후 수입신고하는 물품부터 적용한다.

부 칙 (2019.7.1)

제1조 【시행일】 이 영은 공포한 날부터 시행한다.
제2조 【최빈개발도상국의 변경에 관한 적용례】 별표1의 개정규정은 이 영 시행 이후 수입신고하는 물품부터 적용한다.

부 칙 (2019.10.1)

제1조 【시행일】 이 영은 2019년 10월 1일부터 시행한다.
제2조 【특혜대상물품 및 세율에 관한 적용례】 별표2의 개정규정은 이 영 시행 이후 수입신고하는 물품부터 적용한다.

부 칙 (2020.12.29)

제1조 【시행일】 이 영은 2021년 1월 1일부터 시행한다.
제2조 【특혜대상 물품 및 세율에 관한 적용례】 별표2의 개정규정은 이 영 시행 이후 수입신고하는 물품부터 적용한다.

부 칙 (2021.1.5)

이 영은 공포한 날부터 시행한다.(이하 생략)

부 칙 (2021.5.4)

제1조 【시행일】 이 영은 공포한 날부터 시행한다.
제2조 【앙골라에 대한 특혜관세에 관한 적용례】 별표1 비고 제3호의 개정규정은 2021년 2월 12일 이후 수입신고된 물품부터 적용한다.

부 칙 (2021.12.31)

제1조 【시행일】 이 영은 2022년 1월 1일부터 시행한다.
제2조 【특혜대상물품의 품목번호 및 품명에 관한 적용례】 별표2의 개정규정은 이 영 시행 이후 수입신고하는 물품부터 적용한다.

〔별표·별지서식〕 ➡ 「www.hyeonamsa.com」 참조

자유무역협정의 이행을 위한 관세법의 특례에 관한 법률

(약칭 : 자유무역협정(FTA)관세법)

2015년   12월   29일
전부개정법률 제13625호

개정
2019.12.31법16836호
2020.12.22법17649호(관세)
2021.12.21법18583호(관세)
2021.12.21법18592호   2023.12.31법19935호

제1장 총 칙

제1조【목적】 이 법은 우리나라가 체약상대국과 체결한 자유무역협정의 이행을 위하여 필요한 관세의 부과·징수 및 감면, 수출입물품의 통관 등 「관세법」의 특례에 관한 사항과 자유무역협정에 규정된 체약상대국과의 관세행정(關稅行政) 협조에 필요한 사항을 규정함으로써 자유무역협정의 원활한 이행과 국민경제의 발전에 이바지함을 목적으로 한다.

제2조【정의】 ① 이 법에서 사용하는 용어의 뜻은 다음과 같다.

1. "자유무역협정"이란 우리나라가 체약상대국(締約相對國)과 관세의 철폐, 세율의 연차적인 인하 등 무역의 자유화를 내용으로 하여 체결한 「1994년도 관세 및 무역에 관한 일반협정」 제24조에 따른 국제협정과 이에 준하는 관세의 철폐 또는 인하에 관한 조약·협정을 말한다.

2. "체약상대국"이란 우리나라와 자유무역협정(이하 "협정"이라 한다)을 체결한 국가(국가연합·경제공동체 또는 독립된 관세영역을 포함한다. 이하 같다)를 말한다.

3. "체약상대국의 관세당국"이란 체약상대국의 관세 관련 법령이나 협정(관세분야만 해당한다)의 이행을 관장하는 당국을 말한다.

4. "원산지"란 관세의 부과·징수 및 감면, 수출입물품의 통관 등을 할 때 협정에서 정하는 기준에 따라 물품의 생산·가공·제조 등이 이루어진 것으로 보는 국가를 말한다.

5. "원산지증빙서류"란 우리나라와 체약상대국 간의 수출입물품의 원산지를 증명하는 서류(이하 "원산지증명서"라 한다)와 그 밖에 원산지 확인을 위하여 필요한 서류·정보 등을 말한다.

6. "협정관세"란 협정에 따라 체약상대국을 원산지로 하는 수입물품에 대하여 관세를 철폐하거나 세율을 연차적으로 인하하여 부과하여야 할 관세를 말한다.

② 제1항에 규정된 것 외의 용어에 관하여는 이 법에서 특별히 정한 경우를 제외하고는 「관세법」 제2조에서 정하는 바에 따른다.

제3조【다른 법률과의 관계】 ① 이 법은 「관세법」에 우선하여 적용한다. 다만, 이 법에서 정하지 아니한 사항에 대해서는 「관세법」에서 정하는 바에 따른다.

② 이 법 또는 「관세법」이 협정과 상충되는 경우에는 협정을 우선하여 적용한다.

제2장 협정관세의 적용

제4조【협정관세】 ① 협정관세의 연도별 세율, 적용기간, 적용수량 등은 협정에서 정하는 관세의 철폐비율, 인하비율, 수량기준 등에 따라 대통령령으로 정한다.

② 협정관세에 관하여는 「관세법」 제83조 및 제84조를 준용한다.

제5조【세율 적용의 우선순위】 ① 협정관세의 세율이 「관세법」 제50조에 따른 적용세율과 같거나 그보다 높은 경우에는 「관세법」 제50조에 따른 적용세율을 우선하여 적용한다. 다만, 협정관세의 세율이 「관세법」 제50조에 따른 적용세율과 같은 경우 제8조제1항에 따른 수입자가 협정관세의 적용을 신청하는 때에는 협정관세의 세율을 적용할 수 있다.

② 제1항에도 불구하고 「관세법」 제51조, 제57조, 제63조, 제65조, 제67조의2, 제68조 및 제69조제2호에 따른 세율은 협정관세의 세율보다 우선하여 적용한다. (2019.12.31 본조개정)

제6조【협정관세의 적용요건】 협정관세는 다음 각 호의 요건을 모두 충족하는 수입물품에 대하여 적용한다.

1. 해당 수입물품이 협정에 따른 협정관세의 적용대상일 것

2. 제7조에 따라 결정된 해당 수입물품의 원산지가 해당 체약상대국일 것

3. 해당 수입물품에 대하여 제8조 또는 제9조에 따라 협정관세의 적용을 신청할 것

제7조【원산지결정기준】 ① 협정 및 이 법에 따른 협정관세의 적용, 수출입물품의 통관 등을 위하여 물품의 원산지를 결정할 때에는 협정에서 정하는 바에 따라 다음 각 호의 어느 하나에 해당하는 국가를 원산지로 한다.

1. 해당 물품의 전부를 생산·가공 또는 제조한 국가

2. 해당 물품이 둘 이상의 국가에 걸쳐 생산·가공 또는 제조된 경우에는 다음 각 목의 어느 하나에 해당하는 국가

   가. 해당 물품의 품목번호(「통일상품명 및 부호체계에 관한 국제협약」에 따른 품목분류표상의 품목번호를 말한다. 이하 같다)가 그 물품의 생산·가공 또는 제조에 사용되는 재료 또는 구성물품의 품목번호와 일정 단위 이상 다른 경우 해당 물품을 최종적으로 생산·가공 또는 제조한 국가

   나. 해당 물품에 대하여 일정 수준 이상의 부가가치를 창출한 국가

   다. 해당 물품의 생산·가공 또는 제조의 주요 공정을 수행한 국가

3. 그 밖에 해당 물품이 협정에서 정한 원산지 인정 요건을 충족시킨 국가

② 제1항에 따라 원산지로 결정된 경우에도 해당 물품이 생산·가공 또는 제조된 이후에 원산지가 아닌 국가를 경유하여 운송되거나 원산지가 아닌 국가에서 선적(船積)된 경우에는 그 물품의 원산지로 인정하지 아니한다. 다만, 해당 물품이 원산지가 아닌 국가의 보세구역에서 운송 목적으로 환적(換積)되었거나 일시적으로 보관되었다고 인정되는 경우에는 그러하지 아니하다.

③ 제2항에도 불구하고 협정에서 직접 운송의 요건 등에 관하여 다르게 규정한 경우에는 협정에서 정하는 바에 따른다.

④ 제1항부터 제3항까지의 규정에 따른 원산지결정기준과 관련한 물품의 범위, 적용 방법 및 품목별 원산지결정기준과 그 밖에 필요한 사항은 기획재정부령으로 정한다.

제8조【협정관세의 적용신청 등】 ① 협정관세를 적용받으려는 자(이하 "수입자"라 한다)는 수입신고의 수리 전까지 대통령령으로 정하는 바에 따라 세관장에게 협정관세의 적용을 신청하여야 한다.

② 제1항에 따라 협정관세의 적용을 신청할 때에 수입자는 원산지증빙서류를 갖추고 있어야 하며, 세관장이 요구하면 제출하여야 한다. 다만, 세관장은 대통령령으로 정하는 물품에 대해서는 관세 탈루의 우려가 있는 경우를 제외하고는 원산지증빙서류 제출을 요구할 수 없다.(2019.12.31 단서개정)

③ 세관장은 수입자가 제2항 본문에 따라 요구받은 원산지증빙서류를 제출하지 아니하거나 수입자가 제출한 원산지증빙서류만으로 해당 물품의 원산지를 인정하기가 곤란한 경우에는 제35조에 따라 협정관세를 적용하지 아니할 수 있다.
④ 세관장은 제1항에 따른 협정관세의 적용신청을 받은 경우에는 수입신고를 수리한 후에 심사한다. 다만, 관세채권을 확보하기가 곤란하거나 수입신고를 수리한 후 원산지 및 협정관세 적용의 적정 여부를 심사하는 것이 부적당하다고 인정하여 기획재정부령으로 정하는 물품은 수입신고를 수리하기 전에 심사한다.
제9조【협정관세 사후적용의 신청】① 수입신고의 수리 전까지 제8조에 따른 협정관세의 적용신청을 하지 못한 수입자는 해당 물품의 수입신고 수리일부터 1년 이내에 대통령령으로 정하는 바에 따라 협정관세의 적용을 신청할 수 있다.
② 수입자(제8조 및 이 조 제1항에 따라 협정관세 적용을 신청한 수입자는 제외한다)는 세관장이 수입자가 신고한 품목분류와 다른 품목분류를 적용하여 「관세법」제38조의3제6항 또는 제39조제2항에 따라 관세를 징수하는 경우 납부고지를 받은 날부터 3개월 이내로서 대통령령으로 정하는 기간 이내에 협정관세의 사후적용을 신청할 수 있다.(2020.12.22 본항개정)
③ 수입자는 제1항 또는 제2항에 따른 신청을 할 때에 원산지증빙서류를 제출하여야 한다. 다만, 제33조제2항제4호에 따른 원산지 정보교환 시스템을 구축·운영하고 있는 체약상대국으로부터 물품을 수입하는 경우로서 원산지증명서에 포함된 정보가 전자적으로 교환된 경우에는 원산지증빙서류 중 원산지증명서를 제출하지 아니할 수 있다.(2021.12.21 단서신설)
④ 세관장은 제3항 단서에 따라 원산지증명서를 제출하지 아니하는 수입자에 대하여 원산지증명서의 확인이 필요한 경우로서 대통령령으로 정하는 경우에는 원산지증명서의 제출을 요구할 수 있다.(2021.12.21 본항신설)
⑤ 제1항 또는 제2항에 따라 협정관세의 적용을 신청한 수입자는 대통령령으로 정하는 바에 따라 해당 물품에 대하여 이미 납부한 세액의 경정(更正)을 청구할 수 있다. 이 경우 경정청구를 받은 세관장은 그 청구를 받은 날부터 2개월 이내에 협정관세의 적용 및 세액의 경정 여부를 청구인에게 통지하여야 한다.(2021.12.21 본항개정)
⑥ 세관장은 제5항에 따라 경정을 청구한 세액을 심사한 결과 타당하다고 인정하면 대통령령으로 정하는 바에 따라 그 세액을 경정하고 납부한 세액과 납부하여야 할 세액의 차액을 환급하여야 한다.(2021.12.21 본항개정)
⑦ 제5항 및 제6항에 따른 세액의 경정 및 환급에 관하여는 「관세법」제38조의3제3항부터 제6항까지, 제46조, 제47조 및 제48조를 준용한다.(2021.12.21 본항개정)

제3장 원산지증명

제10조【원산지증명】① 수입자는 협정관세를 적용받으려는 수입물품에 대하여 협정 및 이 법에서 정하는 바에 따라 원산지를 증명하여야 한다.
② 수출자 및 생산자는 체약상대국에서 협정관세를 적용받으려는 수출물품에 대하여 협정 및 이 법에서 정하는 바에 따라 원산지증빙서류를 작성하거나 발급받아야 한다.
제11조【원산지증명서 작성·발급 등】① 원산지증명서는 다음 각 호의 어느 하나에 따라 작성·발급하여야 한다.

1. 협정에서 정하는 방법과 절차에 따라 기획재정부령으로 정하는 기관이 해당 물품에 대하여 원산지를 확인하여 발급할 것
2. 협정에서 정하는 방법과 절차에 따라 수출자·생산자 또는 수입자가 자율적으로 해당 물품에 대한 원산지를 확인하여 작성·서명할 것
② 제1항제1호에 따른 원산지증명서를 발급받으려는 자는 기획재정부령으로 정하는 금액과 방법 등에 따라 수수료를 납부하여야 한다.
③ 관세청장은 원산지증명서 발급의 적정성 확인 또는 효율적 관리를 위하여 필요한 경우에는 제1항제1호에 따라 원산지증명서를 발급하는 기관에 대하여 기획재정부령으로 정하는 바에 따라 자료제출 요구를 하거나 지도·감독(원산지증명서 발급을 담당하는 직원에 대한 교육을 포함한다)을 할 수 있다.
④ 원산지증명서의 기재사항, 기재방법, 유효기간, 그 밖에 필요한 사항은 대통령령으로 정한다.
제12조【원산지인증수출자 인증】① 관세청장 또는 세관장은 수출물품에 대한 원산지증명능력 등 대통령령으로 정하는 요건을 충족하는 수출자를 원산지인증수출자로 인증할 수 있다.
② 제1항에 따라 인증을 받은 수출자(이하 "원산지인증수출자"라 한다)는 협정에서 정하는 범위에서 제11조제1항제2호에 따라 해당 물품에 대하여 자율적으로 원산지를 증명할 수 있으며, 기획재정부령으로 정하는 바에 따라 원산지증명에 관하여 간소한 절차를 적용받을 수 있다.
③ 관세청장 또는 세관장은 원산지인증수출자가 다음 각 호의 어느 하나에 해당하는 경우에는 그 인증을 취소할 수 있다. 다만, 제1호에 해당하는 경우에는 그 인증을 취소하여야 한다.

1. 거짓이나 그 밖의 부정한 방법으로 인증을 받은 경우
2. 제1항에 따른 인증 요건을 충족하지 못하게 된 경우 (2023.12.31 본항개정)
④ 원산지인증수출자 인증 및 그 취소의 절차, 인증유효기간과 그 밖에 필요한 사항은 기획재정부령으로 정한다.
제13조【중소기업 등의 원산지증명 지원】① 관세청장은 자유무역협정의 활용을 촉진하기 위하여 다음 각 호의 사항에 관한 지원사업을 할 수 있다.(2023.12.31 본문개정)

1. 원산지결정기준에 관한 상담 및 교육
2. 원산지증명서의 작성 및 발급 등 원산지증명 절차에 관한 상담 및 교육
3. 그 밖에 원산지증명의 지원에 관한 사항으로서 대통령령으로 정하는 사항
② 제1항에 따른 지원의 대상자는 수출자, 생산자 또는 수출물품이나 수출물품의 생산에 사용되는 재료를 공급하는 자로서 다음 각 호의 어느 하나에 해당하는 자로 한다.

1. 「중소기업기본법」제2조에 따른 중소기업
2. 「농업·농촌 및 식품산업 기본법」제3조제2호부터 제4호까지에 따른 농업인, 농업경영체 및 생산자단체
3. 「수산업·어촌 발전 기본법」제3조제2호부터 제5호까지에 따른 수산인, 어업인, 어업경영체 및 생산자단체

(2023.12.31 본항신설)
(2023.12.31 본조제목개정)
제14조【원산지증빙서류의 수정 통보】① 수출자 또는 생산자가 체약상대국의 협정관세를 적용받을 목적으로 원산지증빙서류를 작성·제출한 후 해당 물품의 원산지에 관한 내용에 오류가 있음을 알았을 때에는

협정에서 정하는 바에 따라 기획재정부령으로 정하는 기간 이내에 그 사실을 세관장 및 원산지증빙서류를 제출받은 체약상대국의 수입자에게 각각 통보하여야 한다. 이 경우 세관장은 그 사실을 관세청장이 정하는 바에 따라 체약상대국의 관세당국에 통보하여야 한다.
② 수입자는 체약상대국의 물품에 대한 원산지증빙서류를 작성한 자나 해당 물품에 대한 수입신고를 수리하거나 원산지를 심사한 세관장으로부터 원산지증빙서류의 내용에 오류가 있음을 통보받은 경우로서 그 오류로 인하여 납세신고한 세액 또는 신고납부한 세액에 부족이 있을 때에는 기획재정부령으로 정하는 기간 이내에 세관장에게 세액정정·세액보정 신청 또는 수정신고를 하여야 한다.(2021.12.21 본항개정)
③ 수입자는 체약상대국의 물품에 대한 원산지증빙서류를 작성한 자나 해당 물품에 대한 수입신고를 수리하거나 원산지를 심사한 세관장으로부터 원산지증빙서류의 내용에 오류가 있음을 통보받은 경우로서 그 오류로 인하여 납세신고한 세액 또는 신고납부한 세액이 과다한 것을 알게 되었을 때에는 세관장에게 세액정정 신청 또는 경정청구를 할 수 있다.(2021.12.21 본항개정)
④ 제2항 및 제3항에 따른 세액정정, 세액보정, 수정신고 및 경정에 관하여는 「관세법」 제38조, 제38조의2 및 제38조의3을 준용한다.(2019.12.31 본항신설)
제15조【원산지증빙서류 등의 보관】 수입자·수출자 및 생산자는 협정 및 이 법에 따른 원산지의 확인, 협정관세의 적용 등에 필요한 것으로서 원산지증빙서류 등 대통령령으로 정하는 서류를 5년의 범위에서 대통령령으로 정하는 기간(협정에서 정한 기간이 5년을 초과하는 경우에는 그 기간) 동안 보관하여야 한다.
제16조【원산지증빙서류 등의 제출】 ① 관세청장 또는 세관장은 협정에서 정하는 범위에서 원산지의 확인, 협정관세의 적용 등에 관한 심사를 하는 데 필요하다고 인정하는 경우에는 다음 각 호의 어느 하나에 해당하는 자에게 제15조에 따른 서류의 제출을 요구할 수 있다.
1. 수입자
2. 수출자 또는 생산자(체약상대국에 거주하는 수출자 및 생산자를 포함한다)
3. 그 밖에 원산지 또는 협정관세 적용의 적정 여부를 확인하기 위하여 필요한 자로서 기획재정부령으로 정하는 자
② 제1항에 따라 서류 제출을 요구받은 자는 20일 이상의 기간으로서 기획재정부령으로 정하는 기간 이내에 이를 제출하여야 한다.

제4장 원산지 조사

제17조【원산지에 관한 조사】 ① 관세청장 또는 세관장은 수출입물품의 원산지 또는 협정관세 적용의 적정 여부 등에 대한 확인이 필요하다고 인정하는 경우에는 협정에서 정하는 범위에서 대통령령으로 정하는 바에 따라 다음 각 호의 어느 하나에 해당하는 자를 대상으로 필요한 서면조사 또는 현지조사를 할 수 있다.
1. 수입자
2. 수출자 또는 생산자(체약상대국에 거주하는 수출자 및 생산자를 포함한다)
3. 원산지증빙서류 발급기관
4. 제16조제1항제3호의 자
② 관세청장 또는 세관장은 제1항에 따라 체약상대국에 거주하는 수출자·생산자 또는 제1항제4호에 해당하는 자 중 체약상대국에 거주하는 자(이하 이 조에서 "체약상대국의 조사대상자"라 한다)를 대상으로 현지

조사를 하는 경우에는 그 조사를 시작하기 전에 체약상대국의 조사대상자에게 조사 사유, 조사 예정기간 등을 통지하여 동의를 받아야 한다.
③ 제2항에 따른 통지를 받은 체약상대국의 조사대상자는 관세청장 또는 세관장이 통지한 예정 조사기간에 조사를 받기가 곤란한 경우에는 대통령령으로 정하는 바에 따라 그 통지를 한 관세청장 또는 세관장에게 조사의 연기를 신청할 수 있다.
④ 관세청장 또는 세관장은 제2항에 따른 통지를 받은 체약상대국의 조사대상자가 20일 이상의 기간으로서 기획재정부령으로 정하는 기간 이내에 그 동의 여부를 통보하지 아니하거나 동의하지 아니한 경우에는 현지조사를 할 수 없다.
⑤ 관세청장 또는 세관장은 제1항에 따라 체약상대국의 조사대상자를 대상으로 서면조사 또는 현지조사를 할 때에는 수입자 및 체약상대국의 관세당국에 그 사실을 서면으로 통지하여야 한다. 이 경우 체약상대국의 관세당국에 대한 통지는 협정에서 정하는 경우에만 한다.
⑥ 관세청장 또는 세관장은 제1항에 따른 서면조사 또는 현지조사를 마치면 조사 결과와 그에 따른 결정 내용을 기획재정부령으로 정하는 기간 이내에 조사대상자(체약상대국의 조사대상자가 생산 또는 수출한 물품을 수입한 자를 포함한다) 및 체약상대국의 관세당국에 서면으로 통지하여야 한다. 이 경우 체약상대국의 관세당국에 대한 통지는 협정에서 정하는 경우에만 한다.
⑦ 제6항에 따른 통지 내용에 이의가 있는 조사대상자(체약상대국의 조사대상자가 생산 또는 수출한 물품을 수입한 자를 포함한다)는 조사 결과를 통지받은 날부터 30일 이내에 대통령령으로 정하는 바에 따라 관세청장 또는 세관장에게 이의를 제기할 수 있다.
⑧ 제1항에 따라 조사를 받는 조사대상자의 조력을 받을 권리에 관하여는 「관세법」 제112조를 준용한다.
⑨ 세관공무원은 제1항에 따라 조사를 하는 때에는 필요 최소한의 범위에서 조사를 하여야 하며, 다른 목적으로 조사권을 남용해서는 아니 된다.
제18조【체약상대국의 요청에 따른 원산지 조사】 ① 관세청장 또는 세관장은 체약상대국의 관세당국으로부터 우리나라의 수출물품에 대한 원산지증빙서류의 진위 여부와 그 정확성 등에 관한 확인 요청을 받은 경우에는 협정에서 정하는 범위에서 대통령령으로 정하는 바에 따라 다음 각 호의 어느 하나에 해당하는 자를 대상으로 원산지 확인에 필요한 서면조사 또는 현지조사를 할 수 있다.
1. 수출자 또는 생산자
2. 원산지증빙서류 발급기관
3. 제16조제1항제3호의 자
② 제1항에 따른 조사에 관하여는 제17조제6항부터 제9항까지를 준용한다.
제19조【체약상대국에 대한 원산지 확인 요청】 ① 관세청장 또는 세관장은 체약상대국에서 수입된 물품과 관련하여 협정에서 정하는 범위에서 원산지 또는 협정관세 적용의 적정 여부 등에 대한 확인에 필요하다고 인정하는 경우에는 원산지증빙서류의 진위 여부와 그 정확성 등에 관한 확인을 체약상대국의 관세당국에 요청할 수 있다.
② 관세청장 또는 세관장은 제1항에 따라 확인을 요청한 사실을 수입자에게 알려야 하며, 체약상대국의 관세당국으로부터 확인 결과를 통보받은 때에는 그 회신 내용과 그에 따른 결정 내용을 수입자에게 알려야 한다.
③ 제1항 및 제2항에 따른 원산지 확인 요청의 방법·절차와 그 밖에 필요한 사항은 대통령령으로 정한다.
제20조【원산지에 관한 체약상대국의 조사】 ① 체약상대국의 관세당국은 협정에서 정하는 범위에서 수출

자·생산자를 대상으로 수출물품에 대한 원산지 확인에 필요한 현지조사를 하는 경우에는 그 조사를 시작하기 전에 조사대상자에게 조사 사유, 조사 예정기간 등을 통지하여 조사대상자의 동의를 받아야 한다.

② 제1항에 따라 조사를 받는 조사대상자의 조력을 받을 권리에 관하여는 「관세법」 제112조를 준용한다.

제21조【원산지 조사 기간 중 협정관세의 적용 보류】 ① 세관장은 제17조에 따른 원산지 조사를 하는 경우 또는 제19조에 따른 원산지 확인 요청을 한 경우에는 기획재정부령으로 정하는 기간 동안 조사대상자가 추가로 수입하는 동종동질(同種同質)의 물품에 대하여 대통령령으로 정하는 바에 따라 협정관세의 적용을 보류할 수 있다. 이 경우 그 보류 대상은 해당 조사대상 물품의 동일한 수출자 또는 생산자로부터 수입하는 물품으로 한정한다.

② 세관장은 원산지 조사를 한 결과 수입자가 신고한 내용이 제7조의 원산지결정기준을 충족한 것으로 확인되는 경우에는 제1항에 따라 협정관세를 적용받지 못한 물품에 대한 세액을 경정하고 납부한 세액과 납부하여야 할 세액의 차액을 환급하여야 한다. 이 경우 세액의 경정 및 환급에 관하여는 「관세법」 제38조의3, 제46조 및 제48조를 준용한다.

③ 세관장은 수입자가 담보를 제공하고 제1항에 따른 협정관세 적용 보류의 해제를 요청하는 경우에는 이를 해제할 수 있다.

④ 제1항부터 제3항까지의 규정에 따른 협정관세의 적용 보류 및 그 해제의 절차·방법, 담보제공과 그 밖에 필요한 사항은 대통령령으로 정한다.

제5장 무역피해 구제를 위한 관세조치

제22조【긴급관세조치】 ① 기획재정부장관은 협정에서 정하는 범위에서 체약상대국을 원산지로 하는 특정 물품의 수입증가로 인하여 같은 종류의 물품 또는 직접적인 경쟁관계에 있는 물품을 생산하는 국내 산업의 심각한 피해 또는 국내 시장의 교란이 발생하거나 발생할 우려(이하 "심각한 피해등"이라 한다)가 있다고 대통령령으로 정하는 조사를 통하여 확인한 경우에는 그 심각한 피해등을 구제하기 위하여 필요한 범위에서 해당 물품에 대하여 대통령령으로 정하는 바에 따라 협정관세의 연차적인 인하 적용을 중지하거나 세율을 인상하는 등의 조치(이하 "긴급관세조치"라 한다)를 할 수 있다.

② 긴급관세조치에 관하여는 「관세법」 제65조제2항부터 제4항까지 및 제7항과 제67조를 준용한다.

③ 기획재정부장관은 협정에서 정하는 바에 따라 체약상대국을 원산지로 하는 동일 물품에 대하여 제1항에 따른 긴급관세조치와 「관세법」 제65조에 따른 긴급관세를 부과하는 조치를 동시에 적용할 수 없다.

④ 기획재정부장관은 제1항에 따른 긴급관세조치를 1년을 초과하여 하는 경우에는 일정한 기간의 간격을 두고 점진적으로 완화하는 조치를 취하여야 한다. 다만, 대통령령으로 정하는 체약상대국 외의 국가에 대해서는 예외로 할 수 있다.

⑤ 긴급관세조치의 대상 물품, 세율, 적용기간, 적용수량과 그 밖에 필요한 사항은 협정에서 정하는 범위에서 기획재정부령으로 정한다.

제23조【잠정긴급관세조치】 ① 기획재정부장관은 제22조제1항에 따른 조사가 시작된 물품에 대하여 그 조사기간에 발생하는 심각한 피해등을 방지하지 아니하는 경우 회복하기 어려운 피해가 발생하거나 발생할 우려가 있다고 판단하면 조사가 끝나기 전에 심각한 피해등을 구제하거나 방지하기 위하여 협정에서 정하

는 범위에서 대통령령으로 정하는 바에 따라 잠정적으로 긴급관세조치(이하 "잠정긴급관세조치"라 한다)를 할 수 있다.

② 잠정긴급관세조치에 관하여는 「관세법」 제65조제4항·제7항 및 제66조제2항·제3항을 준용한다.

③ 잠정긴급관세조치의 대상 물품, 세율, 적용기간, 적용수량과 그 밖에 필요한 사항은 협정에서 정하는 범위에서 기획재정부령으로 정한다.

제24조【특정 농림축산물에 대한 특별긴급관세조치】 ① 기획재정부장관은 체약상대국과의 협정에 따라 양허(讓許)한 특정 농림축산물의 수입물량이 일정한 물량(이하 이 조에서 "기준발동물량"이라 한다)을 초과하면 그 농림축산물에 대하여 대통령령으로 정하는 바에 따라 양허한 세율을 초과하여 관세를 부과하는 조치(이하 "특정 농림축산물에 대한 특별긴급관세조치"라 한다)를 할 수 있다.

② 특정 농림축산물에 대한 특별긴급관세조치의 대상물품, 기준발동물량, 세율, 적용기간 및 적용방법 등은 협정에서 정하는 범위에서 대통령령으로 정한다.

제25조【「관세법」의 긴급관세 부과특례 등】 ① 기획재정부장관은 「관세법」 제65조제1항에도 불구하고 대통령령으로 정하는 체약상대국을 원산지로 하는 물품의 수입증가가 같은 종류의 물품이나 직접적인 경쟁관계에 있는 물품을 생산하는 국내 산업이 받는 심각한 피해 또는 심각한 피해를 받을 우려의 실질적인 원인이 아닌 것으로 조사를 통하여 확인되면 협정에서 정하는 범위에서 그 물품을 「관세법」 제65조제1항에 따른 긴급관세의 부과대상물품에서 제외할 수 있다.

② 기획재정부장관은 「관세법」 제68조에도 불구하고 대통령령으로 정하는 체약상대국을 원산지로 하는 농림축산물에 대해서는 협정에서 정하는 범위에서 「관세법」 제68조에 따른 농림축산물에 대한 특별긴급관세 부과대상에서 제외할 수 있다.

제26조【체약상대국의 조치에 대한 대항조치】 ① 정부는 우리나라를 원산지로 하는 특정 물품에 대하여 체약상대국 정부가 다음 각 호의 어느 하나에 해당하는 조치(이하 "체약상대국의 조치"라 한다)를 하는 경우에는 체약상대국 정부와 해당 조치에 대한 체약상대국의 적절한 보상방법 등에 관하여 협의를 할 수 있다.

1. 협정에 따라 긴급관세조치 또는 잠정긴급관세에 해당하는 조치를 하는 경우
2. 협정에 따른 관세철폐 또는 관세인하 등 관세양허 의무를 이행하지 아니하거나 지연하는 경우

② 제1항에 따른 보상방법 등에 관하여 협정에서 다르게 규정하지 아니하는 한 협의가 이루어지지 아니하거나 협의 개시일부터 30일 이내에 합의가 이루어지지 아니하는 경우에는 협정에서 정하는 바에 따라 체약상대국의 조치에 상응하는 수준의 대항조치를 할 수 있다.

③ 제2항에 따른 대항조치는 체약상대국의 조치에 대응하는 것으로서 필요한 범위로 한정하며, 그 시기·내용과 그 밖에 필요한 사항은 대통령령으로 정한다.

제27조【덤핑방지관세 협의 등】 ① 정부는 체약상대국으로부터 수입된 물품에 대하여 「관세법」 제51조에 따른 덤핑방지관세의 부과 요청을 받으면 국내 산업의 피해를 조사하기 전에 체약상대국 정부에 그 사실을 통보하고 협의할 수 있다.

② 제1항에 따른 국내 산업의 피해조사, 통보·협의 및 그 밖에 필요한 사항은 협정에서 정하는 범위에서 대통령령으로 정한다.

제28조【상계관세 협의 등】 ① 정부는 체약상대국으로부터 수입된 물품에 대하여 「관세법」 제57조에 따른 상계관세의 부과 요청을 받으면 국내 산업의 피해를

조사하기 전에 체약상대국 정부에 그 사실을 통보하고 협의할 수 있다.
② 제1항에 따른 국내 산업의 피해조사, 통보·협의 및 그 밖에 필요한 사항은 협정에서 정하는 범위에서 대통령령으로 정한다.

제6장 통관특례 및 관세상호협력

제29조【통관 절차의 특례】 관세청장은 협정에서 정하는 범위에서 대통령령으로 정하는 바에 따라 체약상대국으로부터 수입되는 물품에 관하여 신속하고 간이한 통관 절차를 적용할 수 있다.

제30조【일시수입물품 등에 대한 관세의 면제】 ① 체약상대국에서 수입되는 것으로서 다음 각 호의 어느 하나에 해당하는 물품은 협정에서 정하는 범위에서 그 원산지에 관계없이 관세를 면제할 수 있다.
1. 수입신고의 수리일부터 2년의 범위에서 대통령령으로 정하는 기간 이내에 다시 수출하기 위하여 일시적으로 수입하는 물품으로서 협정에서 정하는 바에 따라 기획재정부령으로 정하는 물품
2. 수리 또는 개조 등을 할 목적으로 체약상대국으로 수출하였다가 다시 수입하는 물품으로서 기획재정부령으로 정하는 물품
3. 일정 금액 이하의 상용견품(商用見品)·광고용품 등 기획재정부령으로 정하는 물품
② 제1항제2호에도 불구하고 다음 각 호의 어느 하나에 해당하는 경우에는 관세를 면제하지 아니한다.
1.「관세법」또는「수출용 원재료에 대한 관세 등 환급에 관한 특례법」에 따른 환급을 받은 경우
2. 보세가공물품 또는 장치기간(藏置期間) 경과물품을 재수출 조건으로 매각함에 따라 관세가 부과되지 아니한 경우
③ 제1항제1호에 따라 관세를 면제받은 물품에 대한 용도 외 사용의 제한 등에 관하여는「관세법」제97조제2항부터 제4항까지의 규정을 준용한다.
④ 제1항에 따른 관세의 면제 절차와 그 밖에 필요한 사항은 대통령령으로 정한다.

제31조【원산지 등에 대한 사전심사】 ① 협정관세의 적용의 기초가 되는 사항으로서 제7조에 따른 원산지결정기준의 충족 여부 등 대통령령으로 정하는 사항에 대하여 의문이 있는 자(체약상대국의 수출자 및 생산자와 그 대리인을 포함한다)는 해당 물품의 수입신고를 하기 전에 관세청장에게 대통령령으로 정하는 서류를 갖추어 그 의문사항을 미리 심사(이하 "사전심사"라 한다)하여 줄 것을 신청할 수 있다. 다만, 협정에서 사전심사에 관한 사항을 정하지 아니한 경우에는 그러하지 아니하다.
② 관세청장은 제1항 본문에 따른 사전심사의 신청을 받으면 대통령령으로 정하는 기간 이내에 이를 심사하여 그 결과를 기재한 서류(이하 "사전심사서"라 한다)를 신청인에게 통지하여야 한다. 다만, 제출 자료의 미비 등으로 사전심사가 곤란한 경우에는 그 사유를 신청인에게 통지하여야 한다.
③ 세관장은 수입자가 사전심사서에 따라 협정관세의 적용 등을 신청하는 경우 수입신고된 물품의 내용이 사전심사서의 내용과 같다고 인정하는 경우에는 대통령령으로 정하는 특별한 사유가 없으면 사전심사서의 내용에 따라 협정관세를 적용하여야 한다.
④ 사전심사를 신청하는 자는 기획재정부령으로 정하는 수수료를 내야 한다.
⑤ 제2항에 따른 사전심사의 결과에 이의가 있는 자(제32조제2항에 따른 사전심사서의 내용변경 통지를 받은 자를 포함한다)는 그 결과를 통지받은 날부터 30일 이

내에 대통령령으로 정하는 바에 따라 관세청장에게 이의를 제기할 수 있다.
⑥ 사전심사의 절차·방법과 그 밖에 필요한 사항은 기획재정부령으로 정한다.

제32조【사전심사서 내용의 변경】 ① 관세청장은 협정에서 정하는 바에 따라 사전심사서의 근거가 되는 사실관계 또는 상황의 변경 등 대통령령으로 정하는 사유가 있는 경우에는 사전심사서의 내용을 변경할 수 있다.
② 관세청장은 제1항에 따라 사전심사서의 내용을 변경할 때에는 제31조제2항에 따른 신청인에게 그 변경 내용을 통지하여야 한다.
③ 제1항에 따라 사전심사서의 내용을 변경한 경우에는 그 변경일 후에 수입신고되는 물품에 대하여 변경된 내용을 적용한다. 다만, 협정에서 다르게 정하는 경우에는 협정에서 정하는 범위에서 대통령령으로 정하는 바에 따른다.
④ 제3항에도 불구하고 사전심사서의 내용 변경이 자료제출 누락 또는 거짓자료 제출 등 신청인에게 책임이 있는 사유로 인한 것인 경우에는 해당 사전심사와 관련하여 그 변경일 전에 수입신고된 물품에 대해서도 소급하여 변경된 내용을 적용한다.

제33조【상호협력】 ① 기획재정부장관은 협정(관세 분야만 해당한다)의 운용에 관한 사항을 협의하기 위하여 협정에서 정하는 바에 따라 체약상대국 정부와 공동으로 협의기구를 구성하여 운영할 수 있다. 이 경우 기획재정부장관은 미리 산업통상자원부장관과 협의하여야 한다.
② 관세청장은 협정을 통일적이고 효율적으로 시행하기 위하여 협정에서 정하는 바에 따라 다음 각 호의 사항에 관하여 체약상대국의 관세당국과 협력할 수 있다. (2021.12.21 본문개정)
1. 통관 절차의 간소화
2. 다른 법률에 저촉되지 아니하는 범위에서의 정보 교환
3. 세관기술의 지원
4. 체약상대국의 관세당국과 제11조제1항제1호에 따라 작성·발급하는 원산지증명서에 포함되는 정보를 전자적으로 교환하는 시스템의 구축·운영
5. 그 밖에 협정을 통일적으로 이행하고 효율적으로 시행하기 위하여 필요한 사항으로서 대통령령으로 정하는 사항
(2021.12.21 1호~5호신설)
③ 관세청장은 체약상대국에서 수입된 물품에 대한 원산지 또는 협정관세 적용의 적정 여부를 확인하기 위하여 필요한 경우에는 협정에서 정하는 범위에서 다음 각 호의 행위를 할 수 있다.
1. 체약상대국의 관세당국에 필요한 자료의 제공을 요청하는 행위
2. 체약상대국과 동시에 원산지 조사를 하는 행위
3. 체약상대국에 세관공무원을 파견하여 직접 원산지 조사를 하게 하거나 체약상대국의 원산지 조사에 참여하게 하는 행위
4. 체약상대국의 관세당국이 협정에 따라 원산지 조사에 협력하여 줄 것을 요청하는 경우 이를 수락하는 행위
④ 관세청장은 제2항 및 제3항에 따라 체약상대국의 관세당국과 협력활동을 하거나 필요한 조치를 한 경우에는 30일 이내에 기획재정부장관에게 그 결과를 보고하여야 한다.

제34조【관세상호협의의 신청 등】 ① 수출자 또는 생산자는 체약상대국의 관세당국으로부터 수출품에 대하여 협정에 부합하지 아니하는 원산지결정 또는 과세처분을 받았거나 받을 우려가 있는 경우에는 기획재정부장관에게 대통령령으로 정하는 바에 따라 체약상대국의 관세당국과의 관세상호협의를 신청할 수 있다.

② 기획재정부장관은 제1항에 따른 관세상호협의의 신청을 받았을 때에는 다음 각 호의 어느 하나에 해당하는 경우를 제외하고는 체약상대국의 관세당국에 관세상호협의를 요청하여야 한다. 이 경우 기획재정부장관은 미리 산업통상자원부장관과 협의하여야 한다.
1. 원산지결정 또는 과세처분과 관련하여 국내 또는 국외에서 법원의 확정판결이 있은 경우
2. 신청인이 관세회피를 목적으로 관세상호협의의 절차를 이용하려고 하는 사실이 인정되는 경우
3. 원산지결정 또는 과세처분이 있은 날부터 3년이 지난 후 신청한 경우
③ 기획재정부장관은 신속한 관세상호협의를 위하여 필요하다고 판단하는 경우에는 협정에서 정하는 바에 따라 제33조제1항 전단에 따른 협의기구의 개최를 요청할 수 있다. 이 경우 기획재정부장관은 미리 산업통상자원부장관과 협의하여야 한다.
④ 관세상호협의에 관하여 필요한 그 밖의 사항은 대통령령으로 정한다.

제7장 협정관세의 적용제한

제35조 【협정관세의 적용제한】 ① 협정에서 다르게 규정한 경우를 제외하고 세관장은 다음 각 호의 어느 하나에 해당하는 경우에는 해당 수입물품에 대하여 협정관세를 적용하지 아니할 수 있다. 이 경우 세관장은 「관세법」 제38조의3제6항 및 제39조제2항에 따라 납부하여야 할 세액 또는 납부하여야 할 세액과 납부한 세액의 차액을 부과ㆍ징수하여야 한다.(2019.12.31 후단 개정)
1. 정당한 사유 없이 수입자, 체약상대국의 수출자 또는 생산자(이하 이 조 및 제37조에서 "체약상대국수출자 등"이라 한다)가 관세청장 또는 세관장이 요구한 자료를 제16조제2항에 따른 기간 이내에 제출하지 아니하거나 거짓으로 제출한 사실과 다르게 제출한 경우. 다만, 원산지증빙서류의 기재사항을 단순한 착오로 잘못 기재한 것으로서 원산지결정에 실질적인 영향을 미치지 아니하는 경우는 제외한다.
2. 체약상대국수출자등이 제17조제1항에 따른 관세청장 또는 세관장의 서면조사에 대하여 기획재정부령으로 정하는 기간 이내에 회신하지 아니한 경우 또는 제17조제2항에 따른 관세청장 또는 세관장의 현지조사에 대한 동의 요청에 대하여 제17조제4항에 따른 기간 이내에 동의 여부에 대한 통보를 하지 아니하거나 특별한 사유 없이 동의하지 아니하는 경우
3. 제17조제1항에 따라 현지조사를 할 때 체약상대국수출자등이 정당한 사유 없이 원산지증빙서류의 확인에 필요한 장부 또는 관련 자료에 대한 세관공무원의 접근을 거부하거나 협정에서 정한 원산지증빙서류를 보관하지 아니한 경우
4. 제17조에 따른 서면조사 또는 현지조사 결과 세관장에게 신고한 원산지가 실제 원산지와 다른 것으로 확인되거나 수입자 또는 체약상대국수출자등이 제출한 자료에 제7조에 따른 원산지의 정확성을 확인하는 데 필요한 정보가 포함되지 아니한 경우
5. 제19조제1항에 따라 관세청장 또는 세관장이 체약상대국의 관세당국에 원산지의 확인을 요청한 사항에 대하여 체약상대국의 관세당국이 기획재정부령으로 정하는 기간 이내에 그 결과를 회신하지 아니한 경우 또는 세관장에게 신고한 원산지가 실제 원산지와 다른 것으로 확인되거나 회신 내용에 제7조에 따른 원산지의 정확성을 확인하는 데 필요한 정보가 포함되지 아니한 경우
6. 제31조제1항에 따른 사전심사를 신청한 수입자가 사전심사의 결과에 영향을 미칠 수 있는 자료를 고의로 제출하지 아니하였거나 거짓으로 제출한 경우 또는 사전심사서에 기재된 조건을 이행하지 아니한 경우
7. 협정에 따른 협정관세 적용의 거부ㆍ제한 사유에 해당하는 경우
8. 그 밖에 관세청장 또는 세관장이 원산지의 정확성 여부를 확인할 수 없는 경우로서 대통령령으로 정하는 사유에 해당되는 경우
② 제1항 각 호 외의 부분 후단에 따른 납부하여야 할 세액 또는 납부하여야 할 세액과 납부한 세액과의 차액은 대통령령으로 정하는 날부터 5년이 지나면 부과할 수 없다. 이 경우 「관세법」 제21조제2항 각 호에 해당하는 경우 그 해당하는 각각의 기간 내에는 경정 등 필요한 처분을 할 수 있다.
③ 제1항 및 제2항에 따른 협정관세 적용제한의 절차ㆍ방법과 그 밖에 필요한 사항은 대통령령으로 정한다.

제35조의2 【보정이자】 ① 세관장은 협정관세를 적용받은 물품에 대하여 「관세법」 제38조의2제1항 또는 같은 조 제2항 후단(이 법 제14조제4항에 따라 준용되는 경우를 포함한다. 이하 제3항에서 같다)에 따른 신청에 따라 세액을 보정한 결과 부족한 세액이 있을 때에는 제36조에도 불구하고 「관세법」 제9조에 따른 납부기한(이 법 제9조제1항 또는 제2항에 따라 협정관세 사후적용을 신청한 수입자에 대하여 보정이자를 징수하는 경우에는 같은 조 제6항에 따라 관세를 환급한 날을 말한다)의 다음 날부터 보정신청을 한 날까지의 기간과 금융회사의 정기예금에 대하여 적용하는 이자율을 고려하여 대통령령으로 정하는 이율에 따라 계산한 금액(이하 이 조에서 "보정이자"라 한다)을 더하여 해당 부족세액을 징수하여야 한다.
② 제1항에도 불구하고 다음 각 호의 어느 하나에 해당하는 경우에는 보정이자를 징수하지 아니한다.
1. 납세의무자가 제14조제2항에 따라 세액보정 신청을 하는 경우로서 제17조제1항에 따른 원산지 조사의 통지를 받기 전에 세액보정 신청을 하는 경우 등 대통령령으로 정하는 경우
2. 「관세법」 제38조의2제5항 각 호의 어느 하나에 해당하는 경우
③ 세관장은 제1항 및 제2항에도 불구하고 납세의무자가 제36조제1항제1호 단서 또는 「관세법」 제42조제2항에 따른 부정한 행위로 과소신고한 후 같은 법 제38조의2제1항 또는 같은 조 제2항 후단에 따른 신청을 한 경우에는 제36조제1항에 따른 가산세를 징수하여야 한다.
(2023.12.31 본조신설)

제36조 【가산세】 ① 세관장은 협정관세를 적용받은 물품에 대하여 납세의무자가 「관세법」 제9조에 따른 납부기한(이하 이 조에서 "법정납부기한"이라 한다)까지 납부하지 아니한 관세액(이하 이 조에서 "미납부세액"이라 한다)을 징수하거나 「관세법」 제38조의3제1항 또는 제6항에 따라 부족한 관세액(이하 이 조에서 "부족세액"이라 한다)을 징수할 때에는 다음 각 호의 금액을 합한 금액을 가산세로 징수한다.(2019.12.31 본문개정)
1. 부족세액의 100분의 10에 상당하는 금액. 다만, 수입자가 원산지증명서를 위조 또는 변조하는 등 대통령령으로 정하는 부정한 행위로 협정관세의 적용을 신청하여 부족세액이 발생한 경우에는 해당 부족세액의 100분의 40에 상당하는 금액으로 한다.(2023.12.31 단서개정)
2. 미납부세액 또는 부족세액에 가목에 따른 일수와 나목에 따른 이자율을 곱하여 계산한 금액(2019.12.31 본문개정)

가. 법정납부기한(제9조제1항 또는 제2항에 따라 협정관세 사후적용을 신청한 수입자에 대하여 가산세를 징수하는 경우에는 제9조제6항에 따라 관세를 환급한 날을 말한다)의 다음 날부터 납부일까지의 기간(납부고지일부터 납부고지서에 따른 납부기한까지의 기간은 제외한다)(2021.12.21 본문개정)
1)~2) (2019.12.31 삭제)
나. 금융회사 등이 연체대출금에 대하여 적용하는 이자율 등을 고려하여 대통령령으로 정하는 이자율
3. 법정납부기한까지 납부하여야 할 세액 중 납부고지서에 따른 납부기한까지 납부하지 아니한 세액 × 100분의 3(관세를 납부고지서에 따른 납부기한까지 완납하지 아니한 경우에 한정한다)(2020.12.22 본호개정)
② 제1항에도 불구하고 수입자가 제14조제2항에 따라 수정신고를 하는 경우로서 제17조제1항에 따른 원산지 조사의 통지를 받기 전에 수정신고를 하는 경우 등 대통령령으로 정하는 경우(제1항제1호 단서에 해당하는 경우는 제외한다)에는 다음 각 호에 해당하는 가산세의 전부 또는 일부를 징수하지 아니한다.(2019.12.31 본문개정)
1. 제1항제1호에 따른 금액(2019.12.31 본호신설)
2. 제1항제2호에 따른 금액(납부고지서에 따른 납부기한이 지난 날부터 납부일까지의 기간에 해당하는 금액은 제외한다)(2020.12.22 본호개정)
③ 제2항에 따라 가산세의 전부 또는 일부를 징수하지 아니하는 경우 그 징수하지 아니하는 비율 및 방법 등은 대통령령으로 정한다.
④ 가산세의 부과 및 징수와 관련하여 이 조에서 정하지 아니한 사항에 대해서는 「관세법」 제42조제4항부터 제7항까지의 규정을 준용한다.(2019.12.31 본항신설)
제37조【협정관세 적용제한자의 지정 및 지정해제】① 세관장은 협정에서 정하는 바에 따라 최근 5년간 2회 이상 반복적으로 원산지증빙서류의 주요 내용을 거짓으로 작성하거나 잘못 작성한 체약상대국수출자등을 대통령령으로 정하는 바에 따라 협정관세 적용제한자(이하 이 조에서 "적용제한자"라 한다)로 지정할 수 있다.
② 세관장은 제1항에 따라 지정된 자가 수출 또는 생산하는 동종동질의 물품 전체에 대하여 대통령령으로 정하는 바에 따라 5년(협정에서 정한 기간이 5년을 초과하는 경우에는 그 기간)의 범위에서 협정관세를 적용하지 아니할 수 있다.
③ 제2항에도 불구하고 세관장은 수입신고되는 물품별로 원산지 등 협정관세의 적용조건을 심사하여 그 요건을 충족하는 경우에는 협정관세를 적용할 수 있다.
④ 세관장은 제1항에 따라 적용제한자로 지정된 자가 대통령령으로 정하는 바에 따라 원산지증빙서류를 성실하게 작성하였음을 입증하는 경우에는 그 지정을 해제할 수 있다.
⑤ 제1항부터 제4항까지의 규정에 따른 적용제한자의 지정 및 그 해제의 절차·방법과 그 밖에 필요한 사항은 대통령령으로 정한다.

제8장 보 칙

제38조【비밀유지 의무】① 세관공무원과 대통령령으로 정하는 원산지증빙서류 발급자는 수입자·수출자·생산자(체약상대국에 거주하는 수출자·생산자와 그 밖의 이해관계인을 포함한다) 또는 체약상대국의 권한 있는 기관이 협정 및 이 법에서 정하는 바에 따라 원산지의 결정, 관세의 부과·징수 또는 통관을 목적으로 제출한 자료로서 대통령령으로 정하는 바에 따라 비밀취급자료로 지정된 자료(이하 "비밀취급자료"라

한다)를 자료제출자의 동의 없이 타인(체약상대국의 관세당국을 포함한다)에게 제공 또는 누설하거나 사용 목적 외의 용도로 사용해서는 아니 된다. 다만, 다음 각 호의 어느 하나에 해당하는 경우에는 그 사용 목적에 맞는 범위에서 비밀취급자료를 제공할 수 있다.
1. 국가기관이 관세에 관한 쟁송 또는 관세범의 소추(訴追)를 목적으로 비밀취급자료를 요구하는 경우
2. 법원의 제출명령 또는 법관이 발부한 영장에 따라 비밀취급자료를 요구하는 경우
3. 세관공무원 상호 간에 관세의 부과·징수, 통관 또는 질문·검사상의 필요에 따라 제공하는 경우
4. 다른 법률에 따라 비밀취급자료를 요구하는 경우
② 비밀취급자료의 보관기간, 보관 방법 및 제공·사용 절차는 대통령령으로 정한다.
제39조【불복의 신청】대통령령으로 정하는 체약상대국의 수출자 또는 생산자는 다음 각 호의 어느 하나에 관련되는 처분에 대하여 위법 또는 부당한 처분을 받거나 필요한 처분을 받지 못함으로써 권리 또는 이익의 침해를 당한 경우에는 「관세법」 제119조에 따라 심사청구 또는 심판청구를 할 수 있다.
1. 제17조에 따른 원산지에 관한 조사
2. 제31조에 따른 원산지 등에 대한 사전심사
제40조【불복 증거서류 및 증거물의 제출 등】① 「관세법」 제119조에 따른 심사청구 또는 심판청구의 재결청(이하 이 조에서 "재결청"이라 한다)은 청구인이 제기한 심사청구 또는 심판청구를 심의하는 데 필요하다고 인정하면 체약상대국의 수출자 또는 생산자에게 증거서류나 증거물을 재결청에 직접 제출하게 할 수 있다.
② 재결청은 청구인이나 제1항에 따른 체약상대국의 수출자 또는 생산자가 제출한 자료 중 비밀로 취급하여 줄 것을 요청받은 자료에 대해서는 자료제출자의 동의 없이 타인(체약상대국의 관세당국을 포함한다)에게 제공 또는 누설하거나 사용 목적 외의 용도로 사용해서는 아니 된다. 이 경우 해당 자료의 보관·제공·사용 등에 관하여는 제38조를 준용한다.
제41조【관계 자료의 제출요청】① 기획재정부장관은 이 법의 운영 및 협정의 후속조치를 위하여 필요하다고 인정하면 국가기관, 지방자치단체, 주요 경제단체 및 업종별 협회·조합 등 이해관계인에게 관세의 부과·징수 및 통관에 관련된 자료, 무역통계, 관련 산업의 현황자료나 그 밖에 필요한 자료의 제출을 요청할 수 있다.
② 제1항에 따른 요청을 받은 기관·단체·협회 및 조합의 장은 다른 법령에 특별한 규정이 있는 경우 외에는 정당한 사유가 없으면 요청에 협조하여야 한다.
제42조【권한의 위임】이 법에 따른 기획재정부장관, 관세청장 또는 세관장의 권한은 그 일부를 대통령령으로 정하는 바에 따라 관세청장, 세관장, 그 밖의 소속 기관의 장에게 위임할 수 있다.
제43조【협정의 시행】협정의 시행을 위하여 필요한 사항에 관하여는 대통령령으로 정한다.

제9장 벌 칙

제44조【벌칙】① 제38조(제40조제2항에서 준용하는 경우를 포함한다)를 위반하여 비밀취급자료를 타인에게 제공 또는 누설하거나 목적 외의 용도로 사용한 자는 3년 이하의 징역 또는 3천만원 이하의 벌금에 처한다.
② 다음 각 호의 어느 하나에 해당하는 자는 2천만원 이하의 벌금에 처한다. 다만, 과실(過失)로 제2호 및 제5호에 해당하게 된 경우에는 300만원 이하의 벌금에 처한다.

1. 협정 및 이 법에 따른 원산지증빙서류를 속임수 또는 그 밖의 부정한 방법으로 신청하여 발급받았거나 작성·발급한 자
2. 제4조제2항에서 준용하는 「관세법」 제83조제2항을 위반하여 용도세율 적용 물품을 해당 용도 외의 다른 용도에 사용하거나 양도한 자(제46조제2항제2호에 해당하는 자는 제외한다)
2의2. 거짓이나 그 밖의 부정한 방법으로 제12조에 따른 인증을 받은 자(2023.12.31 본호신설)
3. 정당한 사유 없이 제15조를 위반하여 관련 서류를 보관하지 아니한 자
4. 제16조제1항에 따라 관세청장 또는 세관장이 요청한 서류를 거짓으로 제출한 자
5. 제30조제3항에서 준용하는 「관세법」 제97조제2항을 위반하여 관세 면제 물품을 해당 용도 외의 다른 용도에 사용하거나 양도한 자(제46조제2항제4호에 해당하는 자는 제외한다)
6. 제31조에 따른 사전심사에 필요한 자료를 거짓으로 제출하거나 고의로 제출하지 아니한 자
7. 협정 및 이 법에 따른 원산지증빙서류를 속임수나 그 밖의 부정한 방법으로 발급한 세관공무원과 대통령령으로 정하는 원산지증빙서류 발급자
③ 과실로 협정 및 이 법에 따른 원산지증빙서류를 사실과 다르게 신청하여 발급받았거나 작성·발급한 자는 300만원 이하의 벌금에 처한다. 다만, 제14조제1항에 따라 원산지증빙서류의 수정 통보를 한 자는 그러하지 아니한다. (2019.12.31 본문개정)
④ 제2항 및 제3항에 규정한 벌칙에 위반되는 행위를 한 자에 관하여는 「관세법」 제278조 및 제283조부터 제319조까지의 규정을 준용한다.
제45조 【양벌규정】 법인의 대표자나 법인 또는 개인의 대리인, 임직원, 사용인, 그 밖의 종업원이 그 법인 또는 개인의 업무에 관하여 제44조제2항 및 제3항의 위반행위를 하면 그 행위자를 벌하는 외에 그 법인 또는 개인에게도 해당 조문의 벌금형을 과(科)한다. 다만, 법인 또는 개인이 그 위반행위를 방지하기 위하여 해당 업무에 관하여 상당한 주의와 감독을 게을리 하지 아니한 경우에는 그러하지 아니한다.
제46조 【과태료】 ① 다음 각 호의 어느 하나에 해당하는 자(체약상대국의 수출자 및 생산자는 제외한다)에게는 1천만원 이하의 과태료를 부과한다.
1. 정당한 사유 없이 제16조제2항에 따른 기간 이내에 서류를 제출하지 아니한 자
2. 제17조제1항 및 제18조제1항에 따른 관세청장 또는 세관장의 서면조사 또는 현지조사를 거부·방해 또는 기피한 자
② 다음 각 호의 어느 하나에 해당하는 자에게는 500만원 이하의 과태료를 부과한다.
1. 제4조제2항에서 준용하는 「관세법」 제83조제1항을 위반하여 용도에 따라 세율을 다르게 정하는 물품을 세율이 낮은 용도에 사용한 자(2021.12.21 본호개정)
2. 제4조제2항에서 준용하는 「관세법」 제83조제2항을 위반한 자 중 세율이 낮은 용도와 동일한 용도에 사용하려는 자에게 양도한 자
3. 제14조제2항에 따라 원산지증빙서류의 오류 내용을 통보받고도 이를 세관장에게 세액정정·세액보정 신청 또는 수정신고를 하지 아니한 자(2019.12.31 본호개정)
4. 제30조제3항에서 준용하는 「관세법」 제97조제2항을 위반한 자 중 해당 물품을 직접 수입한 경우에는 관세의 감면을 받을 수 있는 자에게 양도한 자
③ 제1항 및 제2항에 따른 과태료는 대통령령으로 정

하는 바에 따라 세관장이 부과·징수한다.

부 칙

제1조 【시행일】 이 법은 2016년 7월 1일부터 시행한다.
제2조 【원산지증빙서류의 수정 통보에 관한 적용례】 제14조제1항의 개정규정은 이 법 시행 후 수정 통보하는 경우부터 적용한다.
제3조 【원산지조사대상자의 조력을 받을 권리에 관한 적용례】 제17조제8항(제18조제2항에서 준용하는 경우를 포함한다) 및 제20조제2항의 개정규정은 이 법 시행 당시 종전의 제13조제2항 및 제13조의2제1항에 따라 진행 중인 조사에 대해서도 적용한다.
제4조 【협정관세의 적용 보류 해제에 관한 적용례】 제21조제3항의 개정규정은 이 법 시행 당시 종전의 제17조제1항에 따라 협정관세의 적용이 보류된 물품에 대해서도 적용한다.
제5조 【가산세에 관한 적용례】 제36조의 개정규정은 이 법 시행 후 수입신고하는 경우부터 적용한다.
제6조 【비밀취급자료 제공에 관한 적용례】 제38조제1항제4호의 개정규정은 이 법 시행 후 최초로 비밀취급자료 제공을 요구하는 경우부터 적용한다.
제7조 【일반적 경과조치】 이 법 시행 당시 종전의 규정에 따른 처분·절차, 그 밖의 행위는 이 법의 해당 개정규정에 따라 한 처분·절차, 그 밖의 행위로 본다.
제8조 【원산지인증수출자 인증에 관한 경과조치】 이 법 시행 당시 원산지인증수출자로 지정되거나 지정이 취소된 자는 제12조의 개정규정에 따라 원산지인증수출자로 인증받거나 인증이 취소된 것으로 본다.
제9조 【협정관세 적용제한자 지정에 관한 경과조치】 이 법 시행 당시 종전의 제16조제3항에 따라 협정관세의 적용이 제한되고 있는 자는 제37조의 개정규정에 따라 협정관세 적용제한자로 지정된 것으로 본다.
제10조 【벌칙에 관한 경과조치】 법률 제9271호 자유무역협정의 이행을 위한 관세법의 특례에 관한 법률 일부개정법률 시행 전의 행위에 대한 벌칙의 적용에 있어서는 종전의 규정(법률 제9271호 자유무역협정의 이행을 위한 관세법의 특례에 관한 법률 일부개정법률로 개정되기 전의 것을 말한다)에 따른다.
제11조 【다른 법령과의 관계】 이 법 시행 당시 다른 법령에서 종전의 「자유무역협정의 이행을 위한 관세법의 특례에 관한 법률」의 규정을 인용한 경우에 이 법 가운데 그에 해당하는 규정이 있는 때에는 종전의 규정을 갈음하여 이 법의 해당 조항을 인용한 것으로 본다.

부 칙 (2019.12.31)

제1조 【시행일】 이 법은 2020년 1월 1일부터 시행한다. 다만, 제9조의 개정규정(제6항 중 「관세법」 제38조의3과 관련되는 부분은 제외한다) 및 제36조제1항제2호가목의 개정규정(제9조와 관련된 부분만 해당한다)은 2020년 4월 1일부터 시행한다.
제2조 【일반적 적용례】 이 법은 이 법 시행 이후 수출신고 또는 수입신고하는 물품부터 적용한다.
제3조 【원산지증빙서류 제출요구에 관한 적용례】 제8조제2항의 개정규정은 이 법 시행 이후 원산지증빙서류의 제출을 요구하는 분부터 적용한다.
제4조 【협정관세 사후적용 신청에 관한 적용례】 제9조제2항의 개정규정은 2020년 4월 1일 이후 협정관세 사후적용을 신청하는 분부터 적용한다.

제5조【가산세에 관한 적용례】제36조의 개정규정은 이 법 시행 이후 협정관세 적용의 신청을 하는 물품부터 적용한다.

    부   칙 (2020.12.22)

제1조【시행일】이 법은 2021년 1월 1일부터 시행한다.(이하 생략)

    부   칙 (2021.12.21 법18583호)

제1조【시행일】이 법은 2022년 1월 1일부터 시행한다.(이하 생략)

    부   칙 (2021.12.21 법18592호)

제1조【시행일】이 법은 2022년 1월 1일부터 시행한다.
제2조【원산지증빙서류의 수정 통보 주체 확대에 따른 세액정정 신청 등에 관한 적용례】제14조제2항 및 제3항의 개정규정은 이 법 시행 전에 수입신고된 물품에 대하여 원산지를 심사한 세관장이 이 법 시행 이후 원산지증빙서류의 내용에 오류가 있음을 통보하는 경우에도 적용한다.

    부   칙 (2023.12.31)

제1조【시행일】이 법은 2024년 1월 1일부터 시행한다. 다만, 제35조의2의 개정규정은 2024년 3월 1일부터 시행한다.
제2조【원산지인증수출자 인증에 관한 적용례】제12조제3항 및 제44조제2항제2호의2의 개정규정은 이 법 시행 이후 원산지인증수출자 인증 신청을 하는 경우부터 적용한다.
제3조【보정이자에 관한 적용례】제35조의2의 개정규정은 같은 개정규정 시행 이후 세액보정 신청을 하는 경우부터 적용한다.
제4조【원산지인증수출자 인증에 관한 경과조치】이 법 시행 당시 종전의 규정에 따라 원산지인증수출자 인증 신청을 한 경우에 대해서는 제12조제3항 및 제44조제2항제2호의2의 개정규정에도 불구하고 종전의 규정에 따른다.

자유무역협정의 이행을 위한 관세법의 특례에 관한 법률 시행령

(2016년   6월   30일)
(전부개정대통령령 제27300호)

개정
2016.12.26영27680호   2018. 4.30영28836호
2019. 2. 8영29522호   2019.10. 1영30099호
2019.10.29영30160호→2021년 1월 1일 시행. 다만, 제2조제7항의 개정규정은 유럽연합당사자와의 협정이 영국에 적용되지 않는 때부터 시행
2020. 2.11영30409호   2020.12.29영31340호
2021. 7.27영31906호   2021.12.31영32277호
2022. 1.25영32353호   2022. 2.15영32432호
2022. 7. 5영32766호   2023. 2.28영33284호

제1장 총 칙

제1조【목적】이 영은 「자유무역협정의 이행을 위한 관세법의 특례에 관한 법률」에서 위임된 사항과 그 시행에 필요한 사항을 규정함을 목적으로 한다.

제2장 협정관세의 적용

제2조【협정관세율】① 「자유무역협정의 이행을 위한 관세법의 특례에 관한 법률」(이하 "법"이라 한다) 제4조제1항 및 「대한민국 정부와 칠레공화국 정부 간의 자유무역협정」(이하 "칠레와의 협정"이라 한다) 제3.4조에 따라 칠레를 원산지로 하는 수입물품에 대하여 협정관세를 적용할 물품 및 세율은 별표1과 같다.
② 법 제4조제1항 및 「대한민국 정부와 싱가포르공화국 정부 간의 자유무역협정」(이하 "싱가포르와의 협정"이라 한다) 제3.4조에 따라 싱가포르를 원산지로 하는 수입물품에 대하여 협정관세를 적용할 물품 및 세율은 별표2와 같다.
③ 법 제4조제1항 및 「대한민국과 유럽자유무역연합 회원국 간의 자유무역협정」(같은 협정의 일부를 구성하는 「대한민국과 아이슬란드공화국 간의 농업에 관한 협정」, 「대한민국과 노르웨이왕국 간의 농업에 관한 협정」 및 「대한민국과 스위스연방 간의 농업에 관한 협정」을 포함하며, 이하 "유럽자유무역연합 회원국과의 협정"이라 한다) 제2.1조, 제2.3조 및 제2.4조에 따라 유럽자유무역연합의 회원국(아이슬란드공화국·리히텐슈타인공국·노르웨이왕국 및 스위스연방을 말하며, 이하 "유럽자유무역연합회원국"이라 한다)을 원산지로 하는 수입물품에 대하여 협정관세를 적용할 물품 및 세율은 별표3과 같다.
④ 법 제4조제1항 및 「대한민국과 동남아시아국가연합 회원국 정부 간의 포괄적 경제협력에 관한 기본협정하의 상품무역에 관한 협정」(이하 "아세안회원국과의 협정"이라 한다) 제3조에 따라 동남아시아국가연합 회원국(브루나이다루살람·캄보디아왕국·인도네시아공화국·라오인민민주주의공화국·말레이시아·미얀마연방·필리핀공화국·싱가포르공화국·태국왕국 및 베트남사회주의공화국을 말하며, 이하 "아세안회원국"이라 한다)을 원산지로 하는 수입물품에 대하여 협정관세를 적용할 물품 및 세율은 별표4와 같다. 다만, 아세안회원국과의 협정 부속서 1 제6항 및 협정 부속서 2 제7항의2에 따라 별표4의 협정관세가 적용되지 아니하는 아세안회원국 및 물품은 별표5와 같다.

⑤ 제4항 단서에 따른 별표5에서 규정한 물품 중 아세안회원국이 우리나라를 원산지로 하는 물품에 적용하는 관세율이 100분의 10 이하인 물품으로서 그 아세안회원국이 아세안회원국과의 협정 부속서 2 제7항에 따라 우리나라에 통보한 물품에 대해서는 「관세법」 제50조에 따른 적용세율(이하 "최혜국세율"이라 한다)을 초과하지 아니하는 범위에서 다음 각 호의 세율 중 높은 세율(이하 "상호대응세율"이라 한다)을 적용한다. 이 경우 상호대응세율이 적용되는 물품, 세율 및 적용기간 등은 기획재정부장관이 정하여 고시한다.
1. 아세안회원국이 우리나라를 원산지로 하는 상호대응세율 적용 물품과 같은 물품에 적용하는 관세율
2. 별표4에 따른 협정관세율
⑥ 법 제4조제1항 및 「대한민국과 인도공화국 간의 포괄적경제동반자협정」(이하 "인도와의 협정"이라 한다) 제2.4조에 따라 인도를 원산지로 하는 수입물품에 대하여 협정관세를 적용할 물품 및 세율은 별표6과 같다.
⑦ 법 제4조제1항 및 「대한민국과 유럽연합 및 그 회원국 간의 자유무역협정」(이하 "유럽연합당사자와의 협정"이라 한다) 제2.5조에 따라 유럽연합 및 그 회원국(그 회원국은 벨기에왕국, 불가리아공화국, 크로아티아공화국, 체코공화국, 덴마크왕국, 독일연방공화국, 에스토니아공화국, 아일랜드, 그리스공화국, 스페인왕국, 프랑스공화국, 이탈리아공화국, 사이프러스공화국, 라트비아공화국, 리투아니아공화국, 룩셈부르크대공국, 헝가리공화국, 몰타, 네덜란드왕국, 오스트리아공화국, 폴란드공화국, 포르투갈공화국, 루마니아, 슬로베니아공화국, 슬로바키아공화국, 핀란드공화국, 스웨덴왕국 및 영국을 말하며, 이하 "유럽연합당사자"라 한다)을 원산지로 하는 수입물품에 대하여 협정관세를 적용할 물품 및 세율은 별표7과 같다.

⑦ 법 제4조제1항 및 「대한민국과 유럽연합 및 그 회원국 간의 자유무역협정」(이하 "유럽연합당사자와의 협정"이라 한다) 제2.5조에 따라 유럽연합 및 그 회원국(그 회원국은 벨기에왕국, 불가리아공화국, 크로아티아공화국, 체코공화국, 덴마크왕국, 독일연방공화국, 에스토니아공화국, 아일랜드, 그리스공화국, 스페인왕국, 프랑스공화국, 이탈리아공화국, 사이프러스공화국, 라트비아공화국, 리투아니아공화국, 룩셈부르크대공국, 헝가리공화국, 몰타, 네덜란드왕국, 오스트리아공화국, 폴란드공화국, 포르투갈공화국, 루마니아, 슬로베니아공화국, 슬로바키아공화국, 핀란드공화국 및 스웨덴왕국을 말하며, 이하 "유럽연합당사자"라 한다)을 원산지로 하는 수입물품에 대하여 협정관세를 적용할 물품 및 세율은 별표7과 같다.(2019.10.29 본항개정 : 유럽연합당사자와의 협정이 영국에 적용되지 않는 때부터 시행)
⑧ 법 제4조제1항 및 「대한민국과 페루공화국 간의 자유무역협정」(이하 "페루와의 협정"이라 한다) 제2.3조에 따라 페루를 원산지로 하는 수입물품에 대하여 협정관세를 적용할 물품 및 세율은 별표8과 같다. 다만, 페루와의 협정 제2.3조제3항에 따라 페루를 원산지로 하는 다음 각 호의 어느 하나에 해당하는 중고품으로서 별표9에 해당하는 물품은 별표8에 따른 협정관세의 적용을 제한할 수 있다.
1. 「관세법」 별표 관세율표의 호 또는 소호의 품명란에 중고로 표기된 것
2. 사용된 후 그 본래의 특성과 규격을 복구하거나 새 것이었을 때 지녔던 기능성을 복구하는 과정을 거쳐 재건·수리·재생 또는 재제조된 것
3. 그 밖에 제1호 및 제2호와 유사한 물품

⑨ 법 제4조제1항, 「대한민국과 미합중국 간의 자유무역협정」(이하 "미합중국과의 협정"이라 한다) 제2.3조 및 「대한민국과 미합중국 간의 자유무역협정에 관한 서한교환」 제1절에 따라 미합중국을 원산지로 하는 수입물품에 대하여 협정관세를 적용할 물품 및 세율은 별표10과 같다. 다만, 품목번호 제8703호에 해당하는 자동차의 경우 미합중국과의 협정 부속서 22-가 제5항에 해당할 때에는 별표10에도 불구하고 최혜국세율을 초과하지 아니하는 범위에서 관세율을 인상할 수 있으며, 그 적용할 품목 및 세율은 기획재정부장관이 정하여 고시한다.
⑩ 법 제4조제1항 및 「대한민국과 터키공화국 간의 상품무역에 관한 협정」(이하 "터키와의 협정"이라 한다) 제2.4조에 따라 터키를 원산지로 하는 수입물품에 대하여 협정관세를 적용할 물품 및 세율은 별표11과 같다.
⑪ 법 제4조제1항 및 「대한민국과 콜롬비아공화국 간의 자유무역협정」(이하 "콜롬비아와의 협정"이라 한다) 제2.3조에 따라 콜롬비아를 원산지로 하는 수입물품에 대하여 협정관세를 적용할 물품 및 세율은 별표12와 같다.
⑫ 법 제4조제1항 및 「대한민국 정부와 호주 정부 간의 자유무역협정」(이하 "호주와의 협정"이라 한다) 제2.3조에 따라 호주를 원산지로 하는 수입물품에 대하여 협정관세를 적용할 물품 및 세율은 별표13과 같다.
⑬ 법 제4조제1항 및 「대한민국과 캐나다 간의 자유무역협정」(이하 "캐나다와의 협정"이라 한다) 제2.3조에 따라 캐나다를 원산지로 하는 수입물품에 대하여 협정관세를 적용할 물품 및 세율은 별표14와 같다.
⑭ 법 제4조제1항 및 「대한민국과 뉴질랜드 간의 자유무역협정」(이하 "뉴질랜드와의 협정"이라 한다) 제2.4조에 따라 뉴질랜드를 원산지로 하는 수입물품에 대하여 협정관세를 적용할 물품 및 세율은 별표15와 같다.
⑮ 법 제4조제1항 및 「대한민국 정부와 베트남사회주의공화국 정부 간의 자유무역협정」(이하 "베트남과의 협정"이라 한다) 제2.3조에 따라 베트남을 원산지로 하는 수입물품에 대하여 협정관세를 적용할 물품 및 세율은 별표16과 같다.
⑯ 법 제4조제1항 및 「대한민국 정부와 중화인민공화국 정부 간의 자유무역협정」(이하 "중국과의 협정"이라 한다) 제2.4조에 따라 중국을 원산지로 하는 수입물품에 대하여 협정관세를 적용할 물품 및 세율은 별표17과 같다.
⑰ 법 제4조제1항 및 「대한민국과 중미 공화국들 간의 자유무역협정」(이하 "중미 공화국들과의 협정"이라 한다) 제2.4조에 따라 코스타리카 공화국, 엘살바도르 공화국, 온두라스 공화국, 니카라과 공화국 및 파나마 공화국(이하 "중미 공화국들"이라 한다)을 원산지로 하는 수입물품에 대하여 협정관세를 적용할 물품 및 세율은 별표17의2와 같다.(2019.2.8 본항신설)
⑱ 법 제4조제1항 및 「대한민국과 영국 간의 자유무역협정」(이하 "영국과의 협정"이라 한다) 제2.5조에 따라 영국을 원산지로 하는 수입물품에 대하여 협정관세를 적용할 물품 및 세율은 별표17의3과 같다.(2019.10.29 본항신설)
⑲ 법 제4조제1항 및 「대한민국 정부와 인도네시아공화국 정부 간의 포괄적경제동반자협정」(이하 "인도네시아와의 협정"이라 한다) 제2.4조에 따라 인도네시아를 원산지로 하는 수입물품에 대하여 협정관세를 적용할 물품 및 세율은 별표17의4와 같다.(2021.7.27 본항신설)
⑳ 법 제4조제1항 및 「대한민국 정부와 이스라엘국 정부 간의 자유무역협정」(이하 "이스라엘과의 협정"이라

한다) 제2.4조에 따라 이스라엘을 원산지로 하는 수입물품에 대하여 협정관세를 적용할 물품 및 세율은 별표17의5와 같다.(2021.7.27 본항신설)

㉑ 법 제4조제1항 및 「역내포괄적경제동반자협정」 제2.4조에 따라 같은 협정의 당사국(아세안회원국, 호주, 중화인민공화국, 일본국 및 뉴질랜드를 말하며, 이하 "역내경제협정당사국"이라 한다)을 원산지로 하는 수입물품에 대하여 협정관세를 적용할 물품 및 세율은 별표17의6과 같다.(2022.1.25 본항신설)

㉒ 법 제4조제1항 및 「대한민국 정부와 캄보디아왕국 정부 간의 자유무역협정」(이하 "캄보디아와의 협정"이라 한다)의 제2.4조에 따라 캄보디아를 원산지로 하는 수입물품에 대하여 협정관세를 적용할 물품 및 세율은 별표17의7과 같다.(2022.7.5 본항신설)

제3조【수량별 차등협정관세의 적용】① 법 제4조제1항에 따라 제2조에 따른 세율 중 일정 수량에 대하여 더 낮은 세율(동일한 물품에 대하여 수량기준에 따라 둘 이상의 세율을 정한 경우에는 그 중 낮은 세율을 말한다. 이하 "한도수량내 협정관세율"이라 한다)이 적용되도록 양허된 물품이 있는 경우로서 한도수량내 협정관세율을 적용받으려는 자는 주무부장관 또는 그 위임을 받은 자의 추천을 받은 후 그 추천서를 수입신고 수리 전까지 세관장에게 제출해야 한다. 다만, 해당 물품이 보세구역에서 반출되지 않은 경우에는 수입신고 수리일부터 15일이 되는 날까지 제출할 수 있다.
(2021.7.27 본항개정)

② 관세청장은 제1항에도 불구하고 기획재정부령으로 정하는 물품에 대해서는 한도수량내 협정관세율이 적용되도록 양허된 물품의 수량(이하 "적용수량"이라 한다)을 선착순(보세구역에 해당 물품을 장치(藏置)한 후 수입신고한 날을 기준으로 한다)의 방법으로 배정하고, 적용수량에 이르는 날에는 남은 적용수량을 그날 수입신고되는 수량에 비례하여 배정한다.

③ 제2항에 따라 선착순의 방법으로 배정하는 물품의 적용수량, 배정수량 및 남은 적용수량 등의 적용과 관련된 정보의 관리 및 공개에 관한 사항은 관세청장이 정하여 고시한다.

④ 주무부장관은 기획재정부령으로 정하는 체약상대국과 제1항에 따른 한도수량내 협정관세율 적용과 관련한 추천 방안에 대하여 협의하는 경우 협의 결과가 한도수량내 협정관세율 적용에 영향을 미치는 사항이면 그 사실을 기획재정부장관에게 통보하여야 한다.

⑤ 기획재정부장관 또는 관세청장은 제1항에 따른 한도수량내 협정관세율 적용 추천 및 제2항에 따른 적용수량의 배정 등에 관한 사항이 적절하게 운영되고 있는지를 확인하기 위하여 필요하다고 인정하는 경우에는 관계기관 및 적용수량이 설정된 물품을 수입하는 자 등 이해관계인에게 관련 자료의 제출 등 필요한 협조를 보세할 수 있다.

제4조【협정관세의 적용신청】① 법 제8조에 따라 협정관세를 적용받으려는 자(이하 "수입자"라 한다)는 기획재정부령으로 정하는 협정관세 적용신청서(이하 이 조 및 제5조에서 "협정관세 적용신청서"라 한다)를 세관장에게 제출하여야 한다. 다만, 수입자가 제3항제1호의 물품에 대하여 협정관세를 적용받으려는 경우에는 관세청장이 정하여 고시하는 방법에 따라 협정관세의 적용을 신청할 수 있다.(2016.12.26 본문개정)

② 협정관세 적용신청서에는 다음 각 호의 사항이 포함되어야 한다.
1. 해당 물품의 수입자의 상호·성명·주소(전자주소를 포함한다. 이하 이 항에서 같다)·사업자등록번호·통관고유부호·전화번호 및 팩스번호

2. 해당 물품의 수출자의 상호·성명·주소·전화번호 및 팩스번호
3. 해당 물품의 생산자의 상호·성명·주소·전화번호 및 팩스번호. 다만, 수입자가 물품 생산자를 알 수 없는 경우는 제외한다.
4. 품명·모델·규격 및 품목번호
5. 협정관세율·원산지 및 해당 물품에 적용한 원산지 결정기준
6. 원산지증빙서류를 갖추고 있는지 여부
7. 법 제2조제1항제5호에 따른 원산지증명서(이하 "원산지증명서"라 한다)의 발급번호(수입자가 발급번호를 알고 있는 경우만 해당한다), 발급일 및 발급기관(기관이 아닌 자가 작성한 경우에는 그 작성일 및 작성자를 말한다)
8. 적출국(積出國)·적출항 및 출항일
9. 환적국(換積國)·환적항 및 환적일

③ 법 제8조제2항 단서에서 "대통령령으로 정하는 물품"이란 다음 각 호의 어느 하나에 해당하는 물품을 말한다.
1. 과세가격이 미화 1천달러(자유무역협정에서 금액을 달리 정하고 있는 경우에는 자유무역협정에 따른다. 이하 이 호에서 같다) 이하로서 자유무역협정(이하 "협정"이라 한다)에서 정하는 범위 내의 물품. 다만, 수입물품을 분할하여 수입하는 등 수입물품의 과세가격이 미화 1천달러를 초과하지 아니하도록 부정한 방법을 사용하여 수입하는 물품은 제외한다.
2. 동종·동질 물품을 계속적·반복적으로 수입하는 경우로서 해당 물품의 생산공정 또는 수입거래의 특성상 원산지의 변동이 없는 물품 중 관세청장이 정하여 고시하는 물품
3. 관세청장으로부터 원산지에 대한 법 제31조제1항 본문에 따른 사전심사(이하 "사전심사"라 한다)를 받은 물품(사전심사를 받은 때와 동일한 조건인 경우만 해당한다)
4. 물품의 종류·성질·형상·상표·생산국명 또는 제조자 등에 따라 원산지를 확인할 수 있는 물품으로서 관세청장이 정하여 고시하는 물품

④ 수입자는 협정관세 적용신청서를 세관장에게 제출한 후 제2항제1호부터 제3호까지에 해당하는 기재사항이 변경되었음을 알았을 때에는 즉시 그 변경사항을 세관장에게 통보하여야 한다.

⑤ 법 제8조제2항 본문에 따라 수입자가 협정관세의 적용을 신청할 당시에 갖추어야 할 원산지증명서는 수입신고일을 기준으로 제6조제2항에 따른 원산지증명서 유효기간(이하 "유효기간"이라 한다) 이내의 것이어야 한다. 이 경우 다음 각 호의 구분에 따른 기간은 유효기간을 계산할 때 제외한다.
1. 유효기간이 지나기 전에 물품이 수입항에 도착한 경우 : 물품이 수입항에 도착한 날의 다음 날부터 해당 물품에 대한 협정관세 적용을 신청한 날까지의 기간
2. 천재지변 등 불가항력에 따른 운송지연, 그 밖에 이에 준하는 사유가 발생한 경우 : 그 사유가 발생한 날의 다음 날부터 소멸된 날까지의 기간

⑥ 법 제8조제2항 본문에 따라 수입자가 원산지증명서를 제출할 때에는 다음 각 호의 어느 하나에 해당하는 경우 외에는 사본을 제출할 수 있다.
1. 협정에서 원본으로 제출하도록 정하고 있는 경우
2. 세관장이 원산지증명서의 위조 또는 변조를 의심할 만한 사유가 있다고 판단하는 경우
3. 해당 물품이 법 제37조제1항에 따라 협정관세 적용제한자로 지정된 자로부터 수입하는 물품인 경우
(2021.7.27 본항신설)

제5조【협정관세 사후적용의 신청 등】 ① 법 제9조제1항 또는 제2항에 따라 수입신고를 수리한 이후에 협정관세의 적용을 신청하려는 자는 협정관세 적용신청서에 다음 각 호의 서류를 첨부하여 세관장에게 제출하여야 한다.(2020.2.11 본문개정)
1. 원산지증빙서류
2. 「관세법 시행령」 제34조제1항에 따른 경정청구서 (2022.2.15 본호개정)
② 제1항에 따라 수입자가 협정관세의 적용을 신청할 당시에 갖추어야 할 원산지증빙서류 중 원산지증명서는 수입신고일 또는 협정관세 적용신청을 기준으로 유효기간 이내의 것이어야 한다. 이 경우 다음 각 호의 구분에 따른 기간은 유효기간을 계산할 때 제외한다.
1. 유효기간이 지나기 전에 물품이 수입항에 도착한 경우 : 물품이 수입항에 도착한 날의 다음 날부터 해당 물품에 대한 협정관세 적용을 신청한 날까지의 기간
2. 천재지변 등 불가항력에 따른 운송지연, 그 밖에 이에 준하는 사유가 발생한 경우 : 그 사유가 발생한 날의 다음 날부터 소멸된 날까지의 기간
③ 법 제9조제2항에서 "대통령령으로 정하는 기간"이란 45일을 말한다.(2020.2.11 본항신설)
④ 법 제9조제4항에서 "대통령령으로 정하는 경우"란 다음 각 호의 경우를 말한다.
1. 법 제17조에 따른 원산지에 관한 조사를 위하여 필요한 경우
2. 법 제37조제1항에 따른 협정관세 적용제한자가 수출하거나 생산한 물품을 수입하려는 경우
3. 그 밖에 세관장이 관세탈루의 우려가 있다고 인정하는 경우
(2022.2.15 본항신설)
⑤ 법 제9조제5항에 따라 세액의 경정청구를 받은 세관장은 협정관세 적용신청서 및 원산지증빙서류의 기재사항을 확인하여 세액을 경정하는 것이 타당하다고 인정하는 경우에는 세액을 경정해야 한다.(2022.2.15 본항개정)
⑥ 수입자는 제1항제1호의 원산지증빙서류 중 원산지증명서를 제출할 때에는 제4조제6항 각 호의 어느 하나에 해당하는 경우 외에는 사본을 제출할 수 있다. (2021.7.27 본항신설)

제3장 원산지증명

제6조【원산지증명서】 ① 원산지증명서의 기재사항 및 기재방법은 협정에서 다르게 규정하는 경우를 제외하고는 다음 각 호와 같다.
1. 해당 물품의 수출자·품명·수량·원산지 등 기획재정부령으로 정하는 사항이 기재되어 있을 것
2. 영문으로 작성될 것
3. 원산지증명서에 서명할 자가 지정되어 있어야 하고, 그 서명할 자가 서명하여 발급할 것
② 각 협정에 따른 유효기간은 다음 각 호의 경우를 제외하고는 발급일 또는 서명일부터 1년으로 한다. (2022.1.25 본문개정)
1. 칠레와의 협정 : 서명일부터 2년
2. 아세안회원국과의 협정 : 발급일부터 1년. 다만, 아세안회원국과의 협정에 따라 잘못 발급된 원산지증명서를 대체하기 위하여 재발급되는 원산지증명서의 경우에는 당초 발급된 원산지증명서의 발급일부터 1년으로 한다.
3. 페루와의 협정 : 서명일부터 1년. 다만, 원산지증명서에 기재된 물품이 비당사국(非當事國) 관세당국의 관할하에 일시적으로 보관된 경우에는 2년으로 한다.

4. 미합중국과의 협정 : 서명일부터 4년 (2022.1.25 3호~4호개정)
5. (2022.1.25 삭제)
6. 호주와의 협정 : 발급일 또는 서명일부터 2년 (2022.1.25 본호개정)
7. 캐나다와의 협정 : 서명일부터 2년
8. 뉴질랜드와의 협정 : 서명일부터 2년
9. 베트남과의 협정 : 발급일 다음 날부터 1년. 다만, 베트남과의 협정에 따라 잘못 발급된 원산지증명서를 대체하기 위하여 재발급되는 원산지증명서의 경우에는 당초 발급된 원산지증명서의 발급일 다음 날부터 1년으로 한다.
10. (2022.1.25 삭제)
11. 인도네시아와의 협정 : 발급일부터 1년. 다만, 인도네시아와의 협정에 따라 잘못 발급된 원산지증명서를 대체하기 위하여 재발급되는 원산지증명서의 경우에는 당초 발급된 원산지증명서의 발급일부터 1년으로 한다.(2021.7.27 본호신설)
12. 이스라엘과의 협정 : 발급일 또는 서명일부터 12개월(2022.1.25 본호개정)
③ 원산지증명서의 작성·발급 및 시행 등에 필요한 사항으로서 다음 각 호의 사항은 기획재정부령으로 정할 수 있다.
1. 체약상대국별 원산지증명서의 인정범위 및 세부기준에 관한 사항
2. 법 제11조제1항제1호에 따라 발급하는 원산지증명서의 발급신청 및 발급절차에 관한 사항
3. 원산지증명서 신청 및 발급 현황 등의 보고·관리를 위하여 필요한 사항
4. 법 제11조제1항제2호에 따라 수출자·생산자 또는 수입자가 자율적으로 작성하는 원산지증명서의 작성·서명 방법 및 절차에 관한 사항
5. 원산지증명서 작성대장의 기재사항·작성방법 및 보관기간에 관한 사항
6. 그 밖에 원산지증빙서류와 관련하여 협정의 시행에 필요한 사항

제7조【원산지인증수출자의 인증요건】 법 제12조제1항에서 "수출물품에 대한 원산지증명능력 등 대통령령으로 정하는 조건을 충족하는 수출자"란 다음 각 호의 구분에 따른 수출자를 말한다.
1. 업체별 원산지인증수출자 : 다음 각 목의 요건을 모두 갖춘 수출자 또는 생산자
가. 수출실적이 있는 물품 또는 새롭게 수출하려는 물품이 법 제7조에 따른 원산지 결정기준을 충족하는 물품(품목번호 6단위를 기준으로 한다)임을 증명할 수 있는 전산처리시스템을 보유하고 있거나 그 밖의 방법으로 증명할 능력이 있을 것
나. 원산지인증수출자 인증신청일 이전 최근 2년간 법 제17조제1항 또는 제18조제1항에 따른 서면조사 또는 현지조사를 거부한 사실이 없을 것
다. 원산지증명서 작성대장을 비치·관리하고 기획재정부령으로 정하는 원산지관리전담자를 지정·운영할 것
라. 원산지인증수출자 인증신청일 이전 최근 2년간 제10조제1항제2호 및 제3호에 따른 서류의 보관의무를 위반한 사실이 없을 것(2023.2.28 본호개정)
마. 원산지인증수출자 인증신청일 이전 최근 2년간 속임수 또는 부정한 방법으로 원산지증명서를 발급 신청하거나 작성·발급한 사실이 없을 것
(2018.4.30 본호개정)
2. 품목별 원산지인증수출자 : 제1호에 따른 업체별 원산지인증수출자에 해당하지 아니하는 자로서 다음 각 목의 요건을 모두 갖춘 수출자 또는 생산자

가. 수출실적이 있는 물품 또는 새롭게 수출하려는 물품이 법 제7조에 따른 원산지 결정기준을 충족하는 물품(품목번호 6단위를 기준으로 한다)일 것

나. 원산지증명서 작성대장을 비치·관리하고 기획재정부령으로 정하는 원산지관리전담자를 지정·운영할 것
(2018.4.30 본호개정)

제8조 【중소기업의 원산지증명 지원】 ① 법 제13조제3호에서 "대통령령으로 정하는 사항"이란 다음 각 호의 사항을 말한다.

1. 원산지인증수출자의 인증 취득에 관한 상담 및 교육
2. 원산지증명에 관한 전산처리시스템의 개발 및 보급
3. 원산지증빙서류의 작성·보관방법에 관한 상담 및 교육
4. 체약상대국의 원산지조사에 대비한 상담 및 교육
5. 그 밖에 중소기업이 원산지증명과 관련하여 요청하는 사항

② 관세청장은 중소기업의 원산지증명 지원사업을 원활히 수행하기 위한 계획을 수립하여 시행할 수 있다.

제9조 【원산지증빙서류 수정 통보 방법】 ① 수출자 또는 생산자는 법 제14조제1항 전단에 따라 해당 물품의 원산지에 관한 내용에 오류가 있다는 사실을 세관장 및 체약상대국의 수입자에게 각각 통보할 때에는 기획재정부령으로 정하는 수정 통보서를 작성하여야 한다.

② 제1항에 따른 수정 통보서에는 다음 각 호의 사항이 포함되어야 한다.

1. 수출자·생산자 및 체약상대국의 수입자
2. 수출신고번호 및 수출신고일
3. 원산지증명서의 발급번호, 발급일 또는 작성일
4. 해당 물품의 품명·규격 및 수량
5. 오류내용 및 정정사항

제10조 【보관대상 원산지증빙서류 등】 ① 법 제15조에서 "원산지증빙서류 등 대통령령으로 정하는 서류"란 다음 각 호의 구분에 따른 서류를 말한다.

1. 수입자가 보관해야 하는 서류(2023.2.28 본문개정)

가. 원산지증명서(전자문서를 포함한다) 사본. 다만, 협정에 따라 수입자의 증명 또는 인지에 기초하여 협정관세 적용신청을 하는 경우로서 수출자 또는 생산자로부터 원산지증명서를 발급받지 아니한 경우에는 그 수입물품이 협정관세의 적용대상임을 증명하는 서류를 말한다.

나. 수입신고필증

다. 수입거래 관련 계약서

라. 지식재산권 거래 관련 계약서

마. 수입물품의 과세가격 결정에 관한 자료

바. 수입물품의 국제운송 관련 서류

사. 법 제31조제2항에 따른 사전심사서(이하 "사전심사서"라 한다) 사본 및 사전심사에 필요한 증빙서류(사전심사서를 받은 경우만 해당한다)

2. 수출자가 보관해야 하는 서류(2023.2.28 본문개정)

가. 체약상대국의 수입자에게 제공한 원산지증명서(전자문서를 포함한다) 사본 및 원산지증명서 발급신청서(전자문서를 포함한다) 사본

나. 수출신고필증

다. 수출거래 관련 계약서

라. 해당 물품의 구입 관련 증빙서류 및 출납·재고관리대장(2023.2.28 본호신설)

마. 생산자 또는 해당 물품의 생산에 사용된 재료를 공급하거나 생산한 자가 해당 물품의 원산지증명을 위하여 작성한 후 수출자에게 제공한 서류

3. 생산자가 보관해야 하는 서류(2023.2.28 본문개정)

가. 수출자 또는 체약상대국의 수입자에게 해당 물품의 원산지증명을 위하여 작성·제공한 서류

나. 해당 물품의 생산에 사용된 원재료의 수입신고필증(생산자의 명의로 수입신고한 경우만 해당한다)(2023.2.28 본호신설)

다. 수출자와의 물품공급계약서

라. 해당 물품의 생산에 사용된 재료를 공급하거나 생산한 자가 해당 재료의 원산지증명을 위하여 작성한 후 생산자에게 제공한 서류

마. 해당 물품 생산 및 원재료의 생산 또는 구입 관련 증빙서류

바. 원가계산서·원재료내역서 및 공정명세서

사. 해당 물품 및 원재료의 출납·재고관리대장
(2023.2.28 마목~사목신설)

② 법 제15조에서 "대통령령으로 정하는 기간"이란 다음 각 호의 구분에 따른 기간을 말한다.

1. 수입자 : 법 제8조제1항, 제9조제1항 또는 제2항에 따라 협정관세의 적용을 신청한 날의 다음 날부터 5년(2020.2.11 본호개정)

2. 수출자 및 생산자 : 원산지증명서의 작성일 또는 발급일부터 5년. 다만, 체약상대국이 중국인 경우에는 중국과의 협정 제3.20조에 따라 3년으로 한다.

③ 제1항 각 호의 구분에 따른 자는 그 구분에 따른 서류를 관세청장이 정하여 고시하는 바에 따라 마이크로필름·광디스크 등 자료전달매체 또는 서버 등 자료보관매체 등을 이용하여 보관할 수 있다.(2020.2.11 본항개정)

제4장 원산지 조사

제11조 【수출입물품의 원산지에 관한 조사】 ① 관세청장 또는 세관장은 법 제17조제1항 또는 제18조제1항에 따라 수출입물품에 대한 원산지 또는 협정관세 적용의 적정 여부 등을 확인하는 데 필요한 조사를 하는 경우에는 서면조사로 한다. 다만, 서면조사 결과 원산지증빙서류의 진위 여부와 그 정확성 등을 확인하기 곤란하여 직접 확인할 필요가 있을 때에는 추가로 현지조사를 할 수 있다.

② 제1항에도 불구하고 관세청장 또는 세관장은 조사대상자의 특성상 현지조사가 필요하다고 판단되는 경우에는 서면조사에 앞서 현지조사를 할 수 있다.

③ 다음 각 호의 자에 대한 제1항 또는 제2항에 따른 서면조사 또는 현지조사는 먼저 수입자를 대상으로 조사를 한 결과 원산지증빙서류의 진위 여부와 그 정확성 등을 확인하기 곤란하거나 추가로 확인할 필요가 있을 때에만 이루어져야 한다.

1. 체약상대국에 거주하는 수출자 또는 생산자
2. 법 제16조제1항제3호에 해당하는 자 중 체약상대국에 거주하는 자

④ 제1항부터 제3항까지에서 규정한 사항 외에 서면조사 및 현지조사의 방법·절차와 조사에 필요한 사항은 기획재정부령으로 정한다.

제12조 【원산지에 관한 현지조사의 연기 신청】 ① 법 제17조제3항에 따라 현지조사의 연기를 신청하려는 자는 기획재정부령으로 정하는 조사연기 신청서를 현지조사에 관한 사전통지를 받은 날부터 15일 이내에 그 통지를 한 관세청장 또는 세관장에게 제출하여야 한다.

② 제1항에 따른 조사연기 신청서에는 다음 각 호의 사항이 포함되어야 한다.

1. 현지조사를 연기받으려는 자의 성명과 주소(전자주소를 포함한다) 또는 거소
2. 현지조사를 연기받으려는 기간과 그 사유

③ 제1항에 따른 현지조사의 연기신청은 1회만 할 수 있다. 이 경우 조사를 연기할 수 있는 기간은 사전통지를 받은 날부터 60일을 초과할 수 없다.
④ 관세청장 또는 세관장은 제1항에 따른 조사의 연기를 승인할 때에는 그 사실을 조사대상자와 체약상대국의 관세당국에 통지하여야 한다. 다만, 체약상대국의 관세당국에 대한 통지는 협정에서 정하는 경우에만 한다.

제13조【체약상대국의 요청에 따른 원산지 조사】 ① 관세청장 또는 세관장은 체약상대국의 관세당국으로부터 수출물품에 대한 법 제18조제1항에 따른 원산지 조사 요청을 받은 경우에는 다음 각 호의 구분에 따른 기간 내에 조사결과를 통지해야 한다.(2022.1.25 본문개정)
1. 유럽자유무역연합회원국 : 조사 요청일부터 15개월
2. 아세안회원국 : 조사 요청을 접수한 날부터 2개월. 다만, 아세안회원국의 관세당국과 협의하여 아세안회원국과의 협정 부속서 3 부록 1 제14조제1항라목에 따라 조사 요청을 접수한 날부터 6개월의 범위에서 그 기간을 연장할 수 있다.
3. 인도 : 조사 요청을 접수한 날부터 3개월. 다만, 인도의 관세당국과 협의하여 인도와의 협정 제4.11조제1항라목에 따라 조사 요청을 접수한 날부터 6개월의 범위에서 그 기간을 연장할 수 있다.
4. 유럽연합당사자 : 조사 요청일부터 10개월
5. 페루 : 조사 요청을 접수한 날부터 150일
6. 터키 : 조사 요청일부터 10개월
7. 콜롬비아 : 조사 요청일부터 150일
8. 베트남 : 조사 요청을 접수한 날의 다음 날부터 6개월
9. 중국 : 조사 요청을 접수한 날부터 6개월
10. 중미 공화국들 : 조사 요청을 접수한 날의 다음 날부터 150일(2019.2.8 본호신설)
11. 영국 : 조사 요청일부터 10개월(2019.10.29 본호신설)
12. 인도네시아 : 조사 요청을 접수한 날부터 2개월. 다만, 인도네시아 관세당국이 추가 정보를 요청하는 경우에는 그 요청을 받은 날부터 4개월 이내에 해당 정보를 제공해야 한다.(2021.7.27 본호신설)
13. 이스라엘 : 조사 요청일부터 10개월. 다만, 이스라엘 관세당국이 추가 정보를 요청하는 경우에는 그 요청을 받은 날부터 90일 이내에 해당 정보를 제공해야 한다.(2021.7.27 본호신설)
14. 역내경제협정당사국 : 조사 요청을 접수한 날부터 90일(2022.1.25 본호신설)
15. 캄보디아 : 조사 요청을 접수한 날부터 90일(2022.7.5 본호신설)
② 제1항에 따른 조사결과의 통지는 다음 각 호의 사항이 기재된 조사결과서를 송부하는 방법으로 한다. 이 경우 관세청장 또는 세관장은 필요하다고 인정하면 조사대상자로부터 받은 원산지증빙서류 사본(조사대상자의 동의를 받은 경우만 해당한다)을 함께 송부할 수 있다.
1. 조사요청국가 및 조사요청서 접수일
2. 조사대상자 및 조사기간
3. 조사대상 수출물품
4. 조사내용 및 조사결과(원산지의 적정 여부, 판단 이유 및 근거법령을 포함한다)
5. 조사의 법적 근거
6. 조사기관 및 조사자의 직위 및 성명
7. 그 밖에 협정에서 정하고 있는 사항 또는 조사를 요청한 관세당국이 요구한 사항

제14조【섬유 관련 물품에 대한 미합중국의 요청에 따른 원산지 조사】 ① 관세청장은 미합중국과의 협정 제4.3조제3항에 따라 미합중국에 수출된 미합중국과의 협정 제4.5조에 따른 물품(이하 "섬유 관련 물품"이라 한다)에 대하여 미합중국의 관세당국으로부터 법 제18조제1항에 따른 수출물품에 대한 원산지증빙서류의 진

위 여부와 그 정확성 등에 관한 확인을 요청받은 경우 요청받은 날부터 6개월 이내에 확인에 필요한 조사를 완료하여야 한다.
② 관세청장은 제1항에 따른 조사를 완료하였을 때에는 미합중국 관세당국이 요청한 날부터 12개월 이내에 관련 증빙자료 등을 포함하여 제13조제2항에 따른 조사결과서를 미합중국의 관세당국에 통지하여야 한다.
③ 관세청장은 제1항에 따라 수출물품에 대한 원산지 조사를 할 때 미합중국의 관세당국으로부터 미합중국과의 협정 제4.3조제6항에 따른 원산지 검증 요청(공동현장방문 및 미합중국의 검증지원 요청을 포함한다)을 받은 경우에는 특별한 사정이 없으면 허락하여야 한다.
④ 관세청장은 미합중국과의 협정 제4.3조제6항에 따라 제3항에 따른 공동현장방문을 할 때에는 사전통지 없이 현장에서 조사т방문을 할 수 있다. 이 경우 조사대상자가 미합중국 관세당국의 현지조사에 동의하지 아니하면 현지조사를 할 수 없다.

제15조【원산지에 관한 조사결과에 대한 이의제기】 ① 법 제17조제7항 및 제18조제2항에 따라 원산지에 관한 조사결과에 대하여 이의를 제기하려는 자는 기획재정부령으로 정하는 이의제기서에 이의를 제기하는 내용을 확인할 수 있는 자료를 첨부하여 관세청장 또는 세관장에게 제출하여야 한다.
② 제1항에 따른 이의제기서는 다음 각 호의 사항이 포함되어야 한다.
1. 이의를 제기하는 자의 성명과 주소(전자주소를 포함한다) 또는 거소
2. 법 제17조제6항 및 제18조제2항에 따라 조사 결과를 통지받은 날짜 및 조사결정의 내용(2016.12.26 본호개정)
3. 이의제기의 요지와 내용
③ 관세청장 또는 세관장은 제1항에 따른 이의제기를 받았을 때에는 이를 심사하여 이의제기를 받은 날부터 30일 이내에 결정 내용을 상대방에게 통지하여야 한다.
④ 관세청장 또는 세관장은 이의제기의 내용이나 절차가 적합하지 않지만 보정할 수 있다고 인정될 때에는 20일 이내의 기간을 정하여 상대방에게 보정하여 줄 것을 요구할 수 있다. 다만, 보정할 사항이 경미할 때에는 직권으로 보정할 수 있다.(2020.2.11 본문개정)
⑤ 관세청장 또는 세관장은 제4항 본문에 따라 보정을 요구할 때에는 다음 각 호의 사항을 기재한 문서로써 하여야 한다.
1. 보정할 사항
2. 보정을 요구하는 이유
3. 보정할 기간
4. 그 밖에 필요한 사항
⑥ 제4항 본문에 따른 기간은 제3항에 따른 기간을 계산할 때 산입하지 아니한다.

제16조【체약상대국에 대한 원산지 확인 요청】 ① 관세청장 또는 세관장은 법 제19조제1항에 따라 다음 각 호의 어느 하나에 해당하는 경우에 원산지증빙서류의 진위 여부와 그 정확성 등에 대한 확인 요청을 할 수 있다.
1. 법 제16조제1항에 따라 수입자를 대상으로 원산지증빙서류 등의 제출을 요구한 결과 원산지를 확인하기 곤란하거나 추가로 확인할 필요가 있는 경우
2. 법 제17조제1항에 따라 수입자를 대상으로 원산지에 관한 조사를 한 결과 원산지를 확인하기 곤란하거나 추가로 확인할 필요가 있는 경우
3. 무작위추출방식으로 표본조사를 하려는 경우
② 관세청장 또는 세관장은 체약상대국의 관세당국에 원산지 확인을 요청할 때에는 다음 각 호의 사항이 기재된 요청서와 함께 수입자 또는 그 밖의 조사대상자 등으로부터 수집한 원산지증빙서류 사본을 송부하여야 한다.

1. 원산지 확인 요청 사유 및 요청사항
2. 해당 물품에 적용된 원산지결정기준
3. 원산지 확인결과의 회신기간
③ 관세청장 또는 세관장은 법 제19조제2항에 따라 체약상대국의 관세당국으로부터 확인 결과를 통보받은 때에는 통보받은 날부터 30일 이내에 그 회신 내용을 수입자에게 알려야 한다.(2021.7.27 본항신설)
④ 관세청장 또는 세관장은 법 제19조제2항에 따라 체약상대국의 관세당국으로부터 통보받은 회신 내용에 따른 결정을 했을 때에는 그 결정을 한 날부터 30일 이내에 결정 내용을 수입자에게 알려야 한다.
(2021.7.27 본항신설)
제17조 【협정관세의 적용 보류】 ① 세관장은 다음 각 호의 어느 하나에 해당하는 경우에는 법 제21조제1항에 따라 협정관세의 적용을 보류할 수 있다.
1. 원산지증빙서류의 작성 또는 법 제8조제1항, 제9조제1항 또는 제2항에 따른 협정관세 적용의 신청에 관하여 불성실 혐의가 있다고 세관장이 인정하는 경우 (2020.2.11 본호개정)
2. 원산지증빙서류를 속임수 또는 그 밖의 부정한 방법으로 작성 또는 발급받았거나 탈세 등의 혐의를 인정할 만한 자료 또는 구체적인 제보가 있는 경우
3. 그 밖에 세관장이 수집한 증거·자료 등을 근거로 수입자, 생산자 또는 수출자의 신고 또는 신청 내용이 법 제7조에 따른 원산지결정기준을 충족하지 못한 것으로 인정하는 경우
② 세관장은 법 제21조제1항에 따라 협정관세의 적용을 보류하려는 경우에는 조사대상 수입자에게 기획재정부령으로 정하는 협정관세 적용 보류 통지서를 통보하여야 한다.
③ 제2항에 따른 협정관세 적용 보류 통지서에는 다음 각 호의 사항이 포함되어야 한다.
1. 협정관세의 적용 보류 대상 수입자
2. 대상물품의 품명·규격·모델·품목번호 및 원산지
3. 협정관세의 적용 보류기간 및 그 법적 근거
4. 대상물품의 수출자 또는 생산자
④ 세관장은 제2항에 따른 통보를 할 때에는 그 사실을 관세청장에게 보고하여야 한다.
⑤ 제2항에 따라 통보를 받은 수입자는 협정관세 적용 보류기간 동안에는 「관세법」 제50조에 따른 세율을 적용하여 같은 법 제38조제1항에 따른 신고를 하여야 한다.
⑥ 제5항에 따라 신고를 한 수입자가 협정관세의 적용 보류 대상물품에 대하여 협정관세 적용 보류기간의 만료 또는 제18조에 따른 협정관세 적용 보류의 해제 등의 사유로 협정관세를 적용받으려는 경우에는 법 제8조제1항, 제9조제1항 또는 제2항에 따른 협정관세 적용 신청을 하여야 한다.(2020.2.11 본항개정)
제18조 【협정관세 적용 보류의 해제】 ① 세관장은 법 제21조제3항에 따라 수입자가 다음 각 호의 요건을 모두 갖추고 협정관세 적용보류의 해제를 요청하는 경우에는 적용 보류를 해제할 수 있다.
1. 적용 보류기간이 만료되기 전일 것
2. 협정관세 적용을 받지 못하는 것으로 확인될 경우 추가로 납부하여야 할 세액(「관세법」 제4조제1항에 따른 내국세등을 포함한다)에 상당하는 담보를 제공할 것
② 법 제21조제3항에 따라 협정관세 적용의 보류를 해제한 세관장은 법 제17조 또는 제19조에 따른 조사대상물품에 대한 원산지 조사 또는 원산지 확인 결과 그 물품이 협정관세 적용대상임을 확인한 경우에는 지체 없이 담보를 해제하여야 한다.
제19조 【고유식별정보의 처리】 관세청장 또는 세관장은 법 제17조부터 제19조까지의 규정에 따라 원산지 조사 관련 사무를 수행하기 위하여 불가피한 경우 「개

인정보 보호법 시행령」 제19조제2호에 따른 여권번호 또는 같은 조 제4호에 따른 외국인등록번호가 포함된 자료를 처리할 수 있다.

제5장 무역피해 구제를 위한 관세조치

제20조 【긴급관세조치의 절차】 ① 법 제22조제1항에서 "대통령령으로 정하는 조사"란 「불공정무역행위 조사 및 산업피해구제에 관한 법률」 제27조에 따른 무역위원회(이하 "무역위원회"라 한다)가 같은 법 제22조의3에 따라 수행하는 조사(이하 이 장에서 "조사"라 한다)를 말한다.
② 무역위원회는 조사를 시작하거나 신청인으로부터 조사의 신청을 받았거나 조사를 시작하지 아니하기로 결정하였을 때에는 그 사실을 기획재정부장관에게 즉시 통보하여야 하며, 무역위원회는 조사를 시작하였을 때에는 그 사실을 체약상대국 정부에 서면으로 통보하여야 한다.
③ 무역위원회는 조사 결과 국내산업의 심각한 피해 또는 국내 시장의 교란이 발생하거나 발생할 우려가 있는 것으로 판정하였을 때에는 다음 각 호의 사항이 기재된 서류를 첨부하여 기획재정부장관에게 법 제22조제1항에 따른 긴급관세조치(이하 "긴급관세조치"라 한다)를 건의할 수 있다.
1. 조사의 결과보고에 관한 사항
2. 산업피해 유무의 판정내용 및 그 이유
3. 긴급관세조치의 건의내용 및 그 이유
4. 조사의 신청에 관한 사항
④ 기획재정부장관은 제3항에 따라 무역위원회로부터 긴급관세조치를 건의받았을 때에는 건의받은 날부터 30일 이내에 긴급관세조치 여부 및 그 내용을 결정하여야 한다. 다만, 필요하다고 인정하는 경우에는 20일의 범위에서 그 결정기간을 연장할 수 있다.
⑤ 해당 수입물품의 체약상대국 정부와 긴급관세조치에 관한 협의 등을 하는 데 걸린 기간은 제4항의 기간을 계산할 때 산입하지 아니한다.
⑥ 기획재정부장관은 제4항에 따른 긴급관세조치 여부 및 그 내용을 결정하기 전에 협정에서 정하는 바에 따라 해당 수입물품의 체약상대국 정부와 적절한 보상방법 등에 대하여 사전협의를 하여야 한다.
⑦ 기획재정부장관은 협정에서 달리 규정한 사항이 없으면 제6항에 따른 사전협의를 요청한 날부터 30일 이내에 협의가 이루어지지 아니할 때에는 긴급관세조치를 할 수 있다.
제21조 【긴급관세조치의 통보 및 협의】 ① 기획재정부장관은 긴급관세조치를 하기 전에 칠레와의 협정 제3.12조제3항에 따라 긴급관세조치와 관련된 사안을 같은 협정에 따른 자유무역위원회에 회부하여야 하고, 칠레의 요청이 있는 경우 자유무역위원회에서 협의하여야 한다. 이 협의기간은 요청일부터 30일 이내로 한다.
② 기획재정부장관은 긴급관세조치를 하기 전에 싱가포르와의 협정 제6.4조제3항에 따라 긴급관세조치와 관련된 사안 및 무역보상방법에 대하여 싱가포르와 지체 없이 협의하여야 한다.
③ 기획재정부장관은 긴급관세조치를 하기 전에 유럽자유무역연합회원국과의 협정 제2.11조제3항에 따라 유럽자유무역연합회원국과 같은 협정에 따른 공동위원회에 서면으로 긴급관세조치와 관련된 사안을 지체 없이 통보하여야 하며, 그 통보를 받은 날부터 30일 이내에 긴급관세조치와 관련된 사안 및 무역보상방법에 대하여 공동위원회에서 유럽자유무역연합회원국과 협의하여야 한다.
④ 기획재정부장관은 긴급관세조치를 하기 전에 아세안회원국과의 협정 제9조제6항 및 제8항에 따라 같은 협정에 따른 이행위원회에 긴급관세조치와 관련된 사

안을 통보하여야 하며, 긴급관세조치와 관련된 사안 및 무역보상방법에 대하여 이행위원회에서 아세안위원국과 협의하여야 한다.

⑤ 기획재정부장관은 긴급관세조치를 하기 전에 인도와의 협정 제2.23조에 따라 긴급관세조치와 관련된 사안 및 무역보상방법에 대하여 인도와 지체 없이 협의하여야 한다.

⑥ 기획재정부장관은 긴급관세조치를 하기 전에 유럽연합당사자와의 협정 제3.2조제1항에 따라 긴급관세조치와 관련된 사안에 대하여 유럽연합당사자와 지체 없이 협의하여야 한다.

⑦ 기획재정부장관은 페루와의 협정 제8.6조제2항 및 제3항에 따라 무역위원회 조사보고서의 공개본 사본을 페루에 제공하여야 하며, 페루의 요청이 있는 경우 긴급관세조치와 관련된 사안(긴급관세조치 조사의 개시, 잠정긴급관세조치, 긴급관세조치 및 그 연장과 관련된 통보자료와 무역위원회의 조사와 관련하여 발표한 자료를 포함한다)에 대하여 협의하여야 한다.

⑧ 기획재정부장관은 미합중국을 원산지로 하는 물품(섬유 관련 물품은 제외한다)에 대하여 긴급관세조치를 하기 전에 미합중국과의 협정 제10.2조제1항에 따라 미합중국과 지체 없이 협의하여야 한다.

⑨ 무역위원회는 미합중국을 원산지로 하는 섬유 관련 물품에 대하여 미합중국과의 협정 제4.1조제3항에 따라 긴급관세조치를 하기 위한 조사를 시작하기 전에 제20조에 따른 조사절차의 내용을 미합중국에 전달하여야 한다.

⑩ 기획재정부장관은 미합중국을 원산지로 하는 섬유 관련 물품에 대하여 미합중국과의 협정 제4.1조제4항에 따라 긴급관세조치를 하려는 경우에는 사전에 그 내용을 미합중국에 서면으로 지체 없이 통보하여야 하며, 미합중국이 그 조치에 관하여 협의를 요청하면 협의하여야 한다.

⑪ 기획재정부장관은 긴급관세조치를 하기 전에 터키와의 협정 제4.2조제1항에 따라 긴급관세조치와 관련된 사안에 대하여 터키와 지체 없이 협의하여야 한다.

⑫ 기획재정부장관은 콜롬비아와의 협정 제7.2조제1항에 따라 긴급관세조치를 하기 위한 조사를 시작한 날부터 30일 이내에 콜롬비아와 협의하여야 한다.

⑬ 기획재정부장관은 호주와의 협정 제6.2조제2항에 따라 긴급관세조치를 하기 위한 조사를 시작한 사실을 호주에 서면으로 통보하여야 하고, 긴급관세조치를 하기 전까지 호주와 협의하여야 한다.

⑭ 기획재정부장관은 캐나다와의 협정 제7.2조제2항에 따라 긴급관세조치를 하기 위한 조사를 시작한 사실과 이와 관련한 협의의 요청을 캐나다에 서면으로 지체 없이 통보하여야 한다.

⑮ 기획재정부장관은 뉴질랜드와의 협정 제7.3조제2항에 따라 긴급관세조치를 하기 위한 조사를 시작한 사실을 뉴질랜드에 서면으로 통보하여야 하고, 긴급관세조치를 하기 전까지 뉴질랜드와 협의하여야 한다.

⑯ 기획재정부장관은 베트남과의 협정 제7.2조제1항에 따라 긴급관세조치를 하기 위한 조사를 시작한 사실과 이와 관련한 협의의 요청을 베트남에 서면으로 통보하여야 한다.

⑰ 기획재정부장관은 중국과의 협정 제7.2조제1항에 따라 긴급관세조치를 하기 위한 조사를 시작한 사실을 서면으로 중국에 통보하여야 하고, 긴급관세조치를 하기 전까지 중국과 협의하여야 한다.

⑱ 기획재정부장관은 중미 공화국들과의 협정 제7.2조제1항에 따라 긴급관세조치를 하기 위한 조사를 시작한 사실을 해당 당사국에 서면으로 통보해야 하고, 조사를 시작한 날부터 30일 이내에 해당 당사국과 협의

해야 한다.(2019.2.8 본항신설)

⑲ 기획재정부장관은 긴급관세조치를 하기 전에 영국과의 협정 제3.2조제1항에 따라 긴급관세조치와 관련된 사안에 대하여 영국과 지체 없이 협의해야 한다.(2019.10.29 본항신설)

⑳ 기획재정부장관은 인도네시아와의 협정 제5.3조제1항에 따라 긴급관세조치를 하기 위한 조사를 시작한 사실을 인도네시아에 서면으로 통보해야 하고, 공청회 및 협의를 해야 한다.(2021.7.27 본항신설)

㉑ 기획재정부장관은 이스라엘과의 협정 제7.2조제7항에 따라 긴급관세조치를 하기 위한 조사를 시작한 사실을 이스라엘에 서면으로 통보해야 하고, 긴급관세조치를 하기 전까지 이스라엘과 협의해야 한다.(2021.7.27 본항신설)

㉒ 기획재정부장관은 긴급관세조치를 하기 전에 「역내포괄적경제동반자협정」 제7.3조에 따라 해당 당사국에 서면으로 긴급관세조치와 관련된 사안을 지체 없이 통보해야 하고, 긴급관세조치와 관련된 사안 및 무역보상방법에 대하여 그 당사국과 협의해야 한다.(2022.1.25 본항신설)

㉓ 기획재정부장관은 캄보디아와의 협정 제5.3조제1항에 따라 긴급관세조치를 하기 위한 조사를 시작한 사실을 캄보디아에 서면으로 통보해야 하고, 긴급관세조치를 하기 전까지 캄보디아와 협의해야 한다.(2022.7.5 본항신설)

제22조【긴급관세조치대상 물품과 세율의 범위】 ① 기획재정부장관은 싱가포르, 유럽자유무역연합회원국, 아세안위원국, 인도, 미합중국 및 중미 공화국들을 원산지로 하는 수입물품[미합중국을 원산지로 하는 수입물품의 경우에는 섬유 관련 물품과 품목번호 제8703호 또는 제8704호에 해당하는 자동차(이하 "자동차"라 한다)로 한정한다]에 대하여 법 제22조제1항 및 해당 체약상대국과의 협정에 따라 다음 각 호의 어느 하나에 해당하는 조치를 할 수 있다. 이 경우 그 조치가 끝났을 때에는 법 제4조 및 제5조에 따른 세율을 적용한다.(2019.2.8 전단개정)

1. 협정관세에 따른 세율의 연차적인 인하 적용을 중지하고, 그 중지한 날에 적용되는 협정관세의 세율을 계속하여 적용하는 조치. 다만, 이 조치에 따른 세율이 해당 조치를 한 날의 최혜국세율보다 높은 경우에는 최혜국세율을 적용한다.

2. 긴급관세조치를 하는 날에 해당 물품에 적용되는 최혜국세율과 해당 체약상대국과의 협정 발효일 전날에 해당 물품에 적용되는 최혜국세율 중에서 낮은 세율을 초과하지 아니하는 범위에서 세율을 인상하는 조치

② 제1항에도 불구하고 기획재정부장관은 아세안위원국과의 협정 제9조제7항에 따라 긴급관세조치의 대상이 되는 물품의 물량이 조사대상기간 동안 전체 아세안위원국으로부터 수입된 해당 물품의 물량의 100분의 3을 초과하지 아니하는 경우에는 그 물품에 대해서는 긴급관세조치를 할 수 없다.

③ 기획재정부장관은 칠레, 유럽연합당사자, 페루, 터키, 콜롬비아, 베트남, 캄보디아, 중국, 영국 및 이스라엘을 원산지로 하는 수입물품에 대하여 법 제22조제1항 및 해당 체약상대국과의 협정에 따라 다음 각 호의 어느 하나에 해당하는 조치를 할 수 있으며, 해당 조치가 끝났을 때에는 법 제4조 및 제5조에 따른 세율을 적용한다.(2022.7.5 본문개정)

1. 협정관세에 따른 세율의 연차적인 인하 적용을 중지하고, 그 중지한 날에 적용되는 협정관세의 세율을 계속하여 적용하는 조치. 다만, 이 조치에 따른 세율이 해당 조치를 한 날의 최혜국세율보다 높은 경우에는 최혜국세율을 적용한다.

2. 긴급관세조치를 하는 날에 해당 물품에 적용되는 최혜국세율과 해당 체약상대국과의 협정에서 정한 기준세율 중에서 낮은 세율을 초과하지 아니하는 범위에서 세율을 인상하는 조치
④ 기획재정부장관은 미합중국, 호주, 캐나다 및 뉴질랜드를 원산지로 하는 수입물품(미합중국을 원산지로 하는 경우에는 섬유 관련 물품 및 자동차는 제외한다)에 대하여 법 제22조제1항 및 해당 체약상대국과의 협정에 따라 다음 각 호의 어느 하나에 해당하는 조치를 할 수 있으며, 그 조치가 끝났을 때에는 법 제4조 및 제5조에 따른 세율을 적용한다.(2016.12.26 본문개정)
1. 협정관세에 따른 세율의 연차적인 인하 적용을 중지하고, 그 중지한 날에 적용되는 협정관세의 세율을 계속하여 적용하는 조치. 다만, 이 조치에 따른 세율이 해당 조치를 한 날의 최혜국세율보다 높은 경우에는 최혜국세율을 적용한다.
2. 긴급관세조치를 하는 날에 해당 물품에 적용되는 최혜국세율과 해당 체약상대국과의 협정 발효일 전날에 해당 물품에 적용되는 최혜국세율 중에서 낮은 세율을 초과하지 아니하는 범위에서 세율을 인상하는 조치
3. 계절에 따라 관세가 다르게 부과되는 물품의 경우 긴급관세조치를 하기 직전 계절별로 해당 물품에 적용되는 최혜국세율과 해당 체약상대국과의 협정이 발효되기 직전 계절별로 해당 물품에 적용되는 최혜국세율 중에서 낮은 세율을 초과하지 아니하는 범위에서 세율을 인상하는 조치
⑤ 기획재정부장관은 인도네시아를 원산지로 하는 수입물품에 대하여 법 제22조제1항 및 인도네시아와의 협정에 따라 다음 각 호의 어느 하나에 해당하는 조치를 할 수 있으며, 해당 조치가 끝났을 때에는 법 제4조 및 제5조에 따른 세율을 적용한다.
1. 협정관세에 따른 세율의 연차적인 인하 적용을 중지하고, 그 중지한 날에 적용되는 협정관세의 세율을 계속하여 적용하는 조치. 다만, 이 조치에 따른 세율이 해당 조치를 한 날의 최혜국세율보다 높은 경우에는 최혜국세율을 적용한다.
2. 긴급관세조치를 하는 날에 해당 물품에 적용되는 최혜국세율과 인도네시아와의 협정에서 정한 기준세율 및 인도네시아와의 협정 발효일 전날에 유효한 그 상품에 대한 최혜국 세율 중에서 낮은 세율을 초과하지 않는 범위에서 세율을 인상하는 조치
(2021.7.27 본항신설)
⑥ 기획재정부장관은 역내경제협정당사국을 원산지로 하는 수입물품에 대하여 법 제22조제1항 및 「역내포괄적경제동반자협정」에 따라 다음 각 호의 어느 하나에 해당하는 조치를 할 수 있으며, 해당 조치가 끝났을 때에는 법 제4조 및 제5조에 따른 세율을 적용한다.
1. 협정관세에 따른 세율의 연차적인 인하 적용을 중지하고, 그 중지한 날에 적용되는 협정관세의 세율을 계속하여 적용하는 조치
2. 긴급관세조치를 하는 날에 해당 물품에 적용되는 최혜국세율과 「역내포괄적경제동반자협정」의 발효일 전날에 해당 물품에 적용되는 최혜국세율 중 낮은 세율을 초과하지 않는 범위에서 세율을 인상하는 조치
(2022.1.25 본항신설)
⑦ 제6항에도 불구하고 기획재정부장관은 「역내포괄적경제동반자협정」에 따라 긴급관세조치의 대상이 되는 물품이 다음 각 호의 어느 하나에 해당하는 경우에는 그 물품에 대해서는 긴급관세조치를 할 수 없다.
1. 「역내포괄적경제동반자협정」 제7.6조제1항에 따라 긴급관세조치의 대상이 되는 물품의 물량이 조사대상이 되는 기간 동안 전체 역내경제협정당사국으로부터 수입된 해당 물품의 물량의 100분의 3을 초과하

지 않는 경우. 다만, 각 당사국으로부터 이 비율을 초과하지 않는 범위에서 수입된 해당 물품의 물량의 합이 전체 역내경제협정당사국으로부터 수입된 해당 물품의 물량의 100분의 9를 초과하는 경우에는 그 각 당사국의 해당 물품에 대하여 긴급관세조치를 할 수 있다.
2. 긴급관세조치의 대상이 되는 물품이 「역내포괄적경제동반자협정」 제7.6조제2항에 따라 국제연합총회의 결의에 따른 최빈(最貧) 개발도상국을 원산지로 하는 물품인 경우
(2022.1.25 본항신설)

제23조【긴급관세조치 과도기간 및 적용기간의 범위】
① 기획재정부장관은 해당 체약상대국과의 협정에 따라 다음 각 호의 수입물품에 대해서만 긴급관세조치를 적용할 수 있다.
1. 아세안회원국을 원산지로 하는 수입물품 : 아세안회원국과의 협정 제9조제2항에 따른 각 물품에 대한 과도기간(협정 발효일부터 각 물품에 대한 관세철폐가 이루어진 날 또는 마지막 단계의 세율인하가 이루어진 날 이후 7년이 되는 날까지를 말한다)
2. 인도를 원산지로 하는 수입물품 : 인도와의 협정 제2.22조에 따른 각 물품에 대한 과도기간(협정 발효일부터 각 물품에 대한 관세철폐가 이루어진 날 또는 마지막 단계의 세율인하가 이루어진 날 이후 10년이 되는 날까지를 말한다)
3. 유럽연합당사자를 원산지로 하는 수입물품 : 유럽연합당사자와의 협정 제3.2조에 따라 유럽연합당사자의 동의를 받은 경우를 제외하고는 각 물품에 대한 과도기간(협정 발효일부터 각 물품에 대한 관세철폐가 이루어진 날 또는 마지막 단계의 세율인하가 이루어진 날 이후 10년이 되는 날까지를 말한다)
4. 페루를 원산지로 하는 수입물품 : 페루와의 협정 제8.3조에 따른 각 물품에 대한 과도기간(협정 발효일의 다음 날부터 10년이 되는 날까지를 말한다. 다만, 협정 발효일의 다음 날부터 관세철폐가 이루어진 날까지의 기간이 10년 이상인 물품의 경우에는 협정 발효일의 다음 날부터 해당 관세철폐가 이루어진 날 이후 5년이 되는 날까지를 말한다)
5. 미합중국을 원산지로 하는 다음 각 목의 구분에 따른 수입물품
가. 수입물품(섬유 관련 물품 및 자동차는 제외한다) : 미합중국과의 협정 제10.2조제5항에 따라 미합중국의 동의를 받은 경우를 제외하고는 각 물품에 대한 과도기간(협정 발효일부터 10년이 되는 날까지를 말한다. 다만, 협정 발효일부터 관세철폐가 이루어지는 날까지의 기간이 10년을 초과하는 물품의 경우에는 협정 발효일부터 각 물품에 대한 관세철폐가 이루어지는 날까지를 말한다)
나. 섬유 관련 물품 : 미합중국과의 협정 제4.1조제5항에 따른 섬유 관련 물품에 대한 과도기간(협정 발효일부터 관세철폐가 이루어지는 날 이후 10년이 되는 날까지를 말한다)
다. 자동차 : 「대한민국과 미합중국 간의 자유무역협정에 관한 서한교환」 제4절에 따른 자동차에 대한 과도기간(협정 발효일부터 관세철폐가 이루어지는 날 이후 10년이 되는 날까지를 말한다)
6. 터키를 원산지로 하는 수입물품 : 터키와의 협정 제4.2조에 따라 터키의 동의를 받은 경우를 제외하고는 같은 협정 제4.5조에 따른 과도기간(협정 발효일부터 10년이 되는 날까지를 말한다)
7. 콜롬비아를 원산지로 하는 수입물품 : 콜롬비아와의 협정 제7.2조제4항에 따라 같은 협정 제7.6조에 따른 과도기간(협정 발효일부터 10년이 되는 날까지를 말

한다. 다만, 협정 발효일부터 관세철폐가 이루어지는 날까지의 기간이 10년을 초과하는 물품의 경우에는 협정 발효일부터 각 물품에 대한 관세철폐가 이루어지는 날까지로 한다.
8. 호주를 원산지로 하는 수입물품 : 호주와의 협정 제6.2조제4항에 따라 같은 협정 제6.6조에 따른 과도기간(협정 발효일부터 각 물품에 대한 관세철폐가 이루어진 날 또는 마지막 단계의 세율인하가 이루어진 날 이후 5년이 되는 날까지를 말한다)
9. 캐나다를 원산지로 하는 수입물품 : 캐나다와의 협정 제7.4조에 따라 같은 협정 제7.9조에 따른 과도기간(협정 발효일부터 각 물품에 대한 관세철폐가 이루어진 날 이후 10년이 되는 날 또는 협정 발효일 이후 15년이 되는 날 중 먼저 도달한 날까지를 말한다)
10. 뉴질랜드를 원산지로 하는 수입물품 : 뉴질랜드와의 협정 제7.3조제4항에 따라 같은 협정 제7.1조에 따른 과도기간(협정 발효일부터 각 물품에 대한 관세철폐가 이루어진 날 또는 마지막 단계의 세율인하가 이루어진 날 이후 5년이 되는 날까지를 말한다) (2016.12.26 본호개정)
11. 베트남을 원산지로 하는 수입물품 : 베트남과의 협정 제7.2조에 따라 같은 협정 제7.12조에 따른 과도기간(협정 발효일부터 10년이 되는 날 또는 물품의 관세철폐기간이 10년을 초과하는 경우 협정발효일부터 그 물품의 관세철폐가 이루어지는 날까지를 말한다)
12. 중국을 원산지로 하는 수입물품 : 중국과의 협정 제7.2조에 따라 중국의 동의를 받은 경우를 제외하고는 각 물품에 대한 과도기간(협정 발효일부터 10년이 되는 날 또는 물품의 관세철폐기간이 10년을 초과하는 경우 협정 발효일부터 그 물품의 관세철폐가 이루어지는 날까지를 말한다)
13. 중미 공화국들을 원산지로 하는 수입물품 : 중미 공화국들과의 협정 제7.2조에 따라 중미 공화국들의 동의를 받은 경우를 제외하고는 같은 협정 제7.15조에 따른 과도기간(협정 발효일의 다음 날부터 10년이 되는 날까지를 말한다. 다만, 협정 발효일의 다음 날부터 관세철폐가 이루어지는 날까지의 기간이 10년 이상인 물품의 경우에는 협정 발효일의 다음 날부터 해당 관세철폐가 이루어진 날 이후 3년이 되는 날까지를 말한다)(2019.2.8 본호신설)
14. 영국을 원산지로 하는 수입물품 : 영국과의 협정 제3.2조에 따른 영국의 동의를 받은 경우를 제외하고는 각 물품에 대한 과도기간(협정 발효일부터 각 물품에 대한 관세철폐가 이루어진 날 또는 마지막 단계의 세율인하가 이루어진 날 이후 10년이 되는 날까지를 말한다)(2019.10.29 본호신설)
15. 인도네시아를 원산지로 하는 수입물품 : 인도네시아와의 협정 제5.3조에 따라 인도네시아의 동의를 받은 경우를 제외하고는 같은 협정 제5.1조에 따른 과도기간(협정 발효일 후 10년이 되는 날 또는 물품의 관세철폐기간이 10년을 초과하는 경우 협정발효일부터 그 물품의 관세철폐가 이루어지는 날까지를 말한다)(2021.7.27 본호신설)
16. 이스라엘을 원산지로 하는 수입물품 : 이스라엘과의 협정 제7.6조에 따른 과도기간(협정 발효일부터 관세 인하 또는 관세철폐 완료일 이후 5년이 되는 날까지의 기간을 말한다). 다만, 과도기간의 첫 해에는 긴급관세조치를 적용할 수 없다.(2021.7.27 본호신설)
17. 역내경제협정당사국을 원산지로 하는 수입물품 : 「역내포괄적경제동반자협정」 제7.1조에 따른 과도기간(협정 발효일부터 관세 인하 또는 철폐의 완료일 이후 8년이 되는 날까지의 기간을 말한다). 다만, 같은 협정 제7.5조제2항에 따라 과도기간의 첫 해에는 긴급관세조치를 적용할 수 없다.(2022.7.5 본문개정)

18. 캄보디아를 원산지로 하는 수입물품 : 캄보디아와의 협정 제5.1조에 따른 과도기간(협정 발효일부터 관세의 인하 또는 철폐의 완료일 이후 3년이 되는 날까지의 기간을 말한다)(2022.7.5 본호신설)
② 체약상대국을 원산지로 하는 수입물품에 대한 긴급관세조치 적용기간은 법 제23조제1항에 따른 잠정긴급관세조치(이하 "잠정긴급관세조치"라 한다) 기간을 포함하여 다음 각 호의 구분에 따른 기간을 초과할 수 없다.
1. 싱가포르를 원산지로 하는 수입물품 : 2년
2. 유럽자유무역연합회원국을 원산지로 하는 수입물품 : 1년
3. 아세안회원국을 원산지로 하는 수입물품 : 3년
4. 인도를 원산지로 하는 수입물품 : 2년
5. 유럽연합당사자를 원산지로 하는 수입물품 : 2년
6. 페루를 원산지로 하는 수입물품 : 2년
7. 미합중국을 원산지로 하는 수입물품 : 2년
8. 터키를 원산지로 하는 수입물품 : 2년
9. 콜롬비아를 원산지로 하는 수입물품 : 2년
10. 호주를 원산지로 하는 수입물품 : 2년
11. 캐나다를 원산지로 하는 수입물품 : 2년
12. 뉴질랜드를 원산지로 하는 수입물품 : 2년
13. 베트남을 원산지로 하는 수입물품 : 2년
14. 중국을 원산지로 하는 수입물품 : 2년
15. 중미 공화국들을 원산지로 하는 수입물품 : 2년 (2019.2.8 본호신설)
16. 영국을 원산지로 하는 수입물품 : 2년(2019.10.29 본호신설)
17. 인도네시아를 원산지로 하는 수입물품 : 2년 (2021.7.27 본호신설)
18. 이스라엘을 원산지로 하는 수입물품 : 2년 (2021.7.27 본호신설)
19. 역내경제협정당사국을 원산지로 하는 수입물품 : 3년(2022.1.25 본호신설)
20. 캄보디아를 원산지로 하는 수입물품 : 2년 (2022.7.5 본호신설)
③ 제2항에도 불구하고 제26조에 따른 재심사 결과에 따라 긴급관세조치 기간을 연장하는 경우 잠정긴급관세조치 기간, 긴급관세조치 기간 및 그 연장기간을 포함한 긴급관세조치의 총기간은 다음 각 호의 구분에 따른 기간을 초과할 수 없다.
1. 싱가포르를 원산지로 하는 수입물품 : 4년
2. 유럽자유무역연합회원국을 원산지로 하는 수입물품 : 3년
3. 아세안회원국을 원산지로 하는 수입물품 : 4년
4. 인도를 원산지로 하는 수입물품 : 4년
5. 유럽연합당사자를 원산지로 하는 수입물품 : 4년
6. 페루를 원산지로 하는 수입물품 : 4년
7. 미합중국을 원산지로 하는 다음 각 목의 수입물품
가. 미합중국을 원산지로 하는 섬유 관련 물품 및 자동차 : 4년
나. 미합중국을 원산지로 하는 가목 외의 물품 : 3년
8. 터키를 원산지로 하는 수입물품 : 3년
9. 콜롬비아를 원산지로 하는 수입물품 : 3년
10. 호주를 원산지로 하는 수입물품 : 3년
11. 캐나다를 원산지로 하는 수입물품 : 4년
12. 뉴질랜드를 원산지로 하는 수입물품 : 3년
13. 베트남을 원산지로 하는 수입물품 : 3년
14. 중국을 원산지로 하는 수입물품 : 4년
15. 중미 공화국들을 원산지로 하는 수입물품 : 4년 (2019.2.8 본호신설)
16. 영국을 원산지로 하는 수입물품 : 4년 (2019.10.29 본호신설)

17. 인도네시아를 원산지로 하는 수입물품 : 3년 (2021.7.27 본호신설)
18. 이스라엘을 원산지로 하는 수입물품 : 3년 (2021.7.27 본호신설)
19. 역내경제협정당사국을 원산지로 하는 수입물품 : 4년(2022.1.25 본호신설)
20. 캄보디아를 원산지로 하는 수입물품 : 3년 (2022.7.5 본호신설)

④ 기획재정부장관은 제2항 및 제3항에도 불구하고 긴급관세조치의 대상이 된 다음 각 호의 물품에 대해서는 제1항에 따른 과도기간이 지나면 긴급관세조치를 종료해야 한다. 다만, 제2호의 물품에 대하여 체약상대국의 동의를 받았으면 제1항에 따른 과도기간이 지나더라도 긴급관세조치를 종료하지 않을 수 있다. (2021.7.27 본문개정)
1. 아세안회원국, 인도, 페루, 콜롬비아, 호주, 캐나다, 뉴질랜드, 역내경제협정당사국, 캄보디아, 베트남, 중국 및 이스라엘을 원산지로 하는 물품과 미합중국을 원산지로 하는 섬유 관련 물품 및 자동차(2022.7.5 본호개정)
2. 유럽연합당사자, 터키, 미합중국, 중미 공화국들, 영국 및 인도네시아를 원산지로 하는 물품(미합중국을 원산지로 하는 물품 중 섬유관련 물품 및 자동차는 제외한다)(2021.7.27 본호개정)

제24조 【긴급관세조치 재부과 금지】 ① 기획재정부장관은 제22조에도 불구하고 해당 체약상대국과의 협정에 따라 다음 각 호의 구분에 따른 물품에 대해서는 긴급관세조치를 할 수 있다.
1. 유럽자유무역연합회원국을 원산지로 하는 물품 : 유럽자유무역연합회원국과의 협정 제2.11조제5항에 따라 긴급관세조치의 대상이었던 물품으로서 그 적용기간이 종료된 날부터 3년이 지나지 아니한 경우
2. 인도를 원산지로 하는 물품 : 인도와의 협정 제2.23조에 따라 긴급관세조치의 대상이었던 물품으로서 그 조치가 끝난 날부터 그 적용기간에 해당하는 기간(적용기간이 2년 미만인 경우에는 2년으로 한다)이 지나지 아니한 경우
3. 페루를 원산지로 하는 물품 : 페루와의 협정 제8.3조에 따라 긴급관세조치의 대상이었던 물품으로서 그 조치가 끝난 날부터 그 적용기간에 해당하는 기간(적용기간이 1년 미만인 경우에는 1년으로 한다)이 지나지 아니한 경우
4. 미합중국을 원산지로 하는 물품(자동차는 제외한다) : 미합중국과의 협정 제4.1조제5항 및 제10.2조제6항에 따라 긴급관세조치가 끝난 물품과 같은 물품의 경우
5. 터키를 원산지로 하는 물품 : 터키와의 협정 제4.2조제7항에 따라 긴급관세조치가 끝난 물품과 같은 물품의 경우
6. 콜롬비아를 원산지로 하는 물품 : 콜롬비아와의 협정 제7.2조제5항에 따라 긴급관세조치가 끝난 물품과 같은 물품의 경우
7. 호주를 원산지로 하는 물품 : 호주와의 협정 제6.2조제5항에 따라 긴급관세조치가 끝난 물품과 같은 물품의 경우
8. 뉴질랜드를 원산지로 하는 물품 : 뉴질랜드와의 협정 제7.3조2제5항에 따라 긴급관세조치가 끝난 물품과 같은 물품의 경우
9. 베트남을 원산지로 하는 물품 : 베트남과의 협정 제7.2조제6항에 따라 긴급관세조치가 끝난 물품과 같은 물품의 경우
10. 중국을 원산지로 하는 물품 : 중국과의 협정 제7.2

조에 따라 긴급관세조치의 대상이었던 물품으로서 그 조치가 끝난 날부터 그 적용기간에 해당하는 기간(적용기간이 2년 미만인 경우에는 2년으로 한다)이 지나지 아니한 경우
11. 중미 공화국들을 원산지로 하는 물품 : 중미 공화국들과의 협정 제7.2조에 따라 긴급관세조치의 대상이었던 물품으로서 그 조치가 끝난 날부터 그 적용기간에 해당하는 기간(적용기간이 2년 미만인 경우에는 2년으로 한다)이 지나지 않은 경우(2019.2.8 본호신설)
12. 인도네시아를 원산지로 하는 물품 : 인도네시아와의 협정 제5.3조에 따라 긴급관세조치의 대상이었던 물품으로서 그 조치가 끝난 날부터 그 적용기간에 해당하는 기간(적용기간이 2년 미만인 경우에는 2년으로 한다)이 지나지 않은 경우(2021.7.27 본호신설)
13. 이스라엘을 원산지로 하는 물품 : 이스라엘과의 협정 제7.2조에 따라 긴급관세조치의 대상이었던 물품으로서 그 조치가 끝난 경우(2021.7.27 본호신설)
14. 역내경제협정당사국을 원산지로 하는 물품 : 「역내포괄적경제동반자협정」 제7.5조제5항에 따라 긴급관세조치의 대상이었던 물품으로서 그 조치가 끝난 날부터 그 적용기간에 해당하는 기간(적용기간이 1년 미만인 경우에는 1년으로 한다)이 지나지 않은 경우(2022.1.25 본호신설)
15. 캄보디아를 원산지로 하는 물품 : 캄보디아와의 협정 제5.3조제6항에 따라 긴급관세조치의 대상이었던 물품으로서 그 조치가 끝난 날부터 그 적용기간에 해당하는 기간(적용기간이 2년 미만인 경우에는 2년으로 한다)이 지나지 않은 경우(2022.7.5 본호신설)
② 기획재정부장관은 제22조에도 불구하고 아세안회원국과의 협정 제9조제6항에 따라 아세안회원국을 원산지로 하는 물품에 대해서는 그 물품에 대한 긴급관세조치가 끝난 날부터 그 긴급관세조치의 적용기간에 해당하는 기간(적용기간이 2년 미만인 경우에는 2년으로 한다)이 지나기 전까지는 같은 물품에 대하여 다시 긴급관세조치를 할 수 없다. 다만, 다음 각 호의 요건을 모두 갖춘 경우에는 180일 이내의 기간을 정하여 긴급관세조치를 할 수 있다.
1. 해당 물품에 대한 긴급관세조치가 시작된 날부터 1년이 지날 것
2. 긴급관세조치를 다시 시작하는 날부터 소급하여 5년 이내에 해당 물품에 대한 긴급관세조치가 2회 이내일 것

제25조 【긴급관세조치 후 무역보상방법의 협의】 ① 기획재정부장관은 칠레를 원산지로 하는 특정 농산물에 대하여 긴급관세조치를 한 경우에는 칠레와의 협정 제3.12조제5항에 따라 적절한 무역보상방법에 대하여 칠레와 협의하여야 한다.
② 기획재정부장관은 유럽연합당사자, 페루, 미합중국, 터키, 콜롬비아, 호주, 캐나다, 뉴질랜드, 베트남, 중국, 역내경제협정당사국, 캄보디아, 중미 공화국들, 영국, 인도네시아 및 이스라엘을 원산지로 하는 물품에 대하여 긴급관세조치를 한 경우에는 해당 체약상대국과의 협정에 따라 그 조치를 한 날부터 30일 이내에 적절한 무역보상방법에 대하여 체약상대국과 협의해야 한다. (2022.7.5 본항개정)
③ 기획재정부장관은 미합중국과의 협정 제4.1조제6항에 따라 미합중국을 원산지로 하는 섬유 관련 물품에 대하여 적절한 무역보상을 하는 경우 그 보상은 미합중국과 별도로 합의하는 경우를 제외하고는 섬유 관련 물품만을 대상으로 한다.

제26조 【긴급관세조치의 재심사 절차】 기획재정부장관은 긴급관세조치에 대하여 「관세법」 제67조에 따라 재심사를 하는 경우에는 다음 각 호의 사항이 있는지를 검토하여야 한다.

1. 긴급관세조치 이후 그 조치의 내용변경이 필요하다고 인정할 만한 상황이 발생하였거나 발생할 가능성
2. 긴급관세조치의 종료로 인하여 국내산업이 피해를 입을 우려
3. 그 밖에 품목분류의 변경 등 긴급관세조치의 대상물품 또는 그 적용 요건의 변동

제27조【긴급관세조치의 점진적 완화 대상국가】 법 제22조제4항 단서에서 "대통령령으로 정하는 체약상대국"이란 싱가포르, 페루, 미합중국(자동차를 제외한 물품의 원산지가 미합중국인 경우로 한정한다), 터키, 콜롬비아, 호주, 뉴질랜드, 베트남, 역내경제협정당사국, 캄보디아, 중국, 중미 공화국들, 인도네시아 및 이스라엘을 말한다.(2022.7.5 본조개정)

제28조【잠정긴급관세조치의 절차 및 기간의 범위】 ① 기획재정부장관은 무역위원회가 잠정긴급관세조치가 필요하다고 인정하여 해당 조치를 건의하는 경우 무역위원회의 건의가 접수된 날부터 30일 이내에 조치 여부 및 내용을 결정하여야 한다.
② 기획재정부장관은 제1항에 따른 결정을 했을 때에는 잠정긴급관세조치를 시행하기 전에 그 사실을 체약상대국 정부에 미리 통보해야 하며, 조치를 시행한 이후에는 즉시 체약상대국 정부와 협의를 시작해야 한다. 다만, 이스라엘과의 협정 제7.3조제3항에 따라 이스라엘의 요청이 있는 경우에는 조치를 시행하기 전에 협의할 수 있다.(2021.7.27 본항개정)
③ 잠정긴급관세조치의 기간은 200일(칠레를 원산지로 하는 수입물품에 대해서는 120일을, 페루 및 인도네시아를 원산지로 하는 수입물품에 대해서는 180일을 말한다)을 초과할 수 없다.(2021.7.27 본항개정)

제29조【잠정긴급관세조치의 절차상 특례】 ① 기획재정부장관은 미합중국(자동차를 제외한 물품의 원산지가 미합중국인 경우로 한정한다), 콜롬비아, 캐나다, 베트남, 중미 공화국들, 인도네시아 및 이스라엘을 원산지로 하는 수입물품에 대해서는 조사를 시작한 날부터 45일이 지나기 전까지는 잠정긴급관세조치를 할 수 없다.(2021.7.27 본항개정)
② 무역위원회는 제1항에 따른 수입물품에 대하여 조사의 예비판정이 이루어지기 전에 해당 긴급관세조치 신청서 공개본을 취득할 수 있는 방법을 관보에 게재하여야 한다.
③ 무역위원회는 제2항에 따라 관보에 게재한 날의 다음 날부터 20일 이상의 기간 동안 잠정긴급관세조치와 관련된 이해관계인에게 해당 조치에 대한 자료 및 의견을 제출할 수 있는 기회를 제공하여야 한다.

제30조【특정 농림축산물에 대한 특별긴급관세조치】 ① 법 제24조 및 해당 체약상대국과의 협정에 따라 체약상대국을 원산지로 하는 특정 농림축산물에 대한 특별긴급관세조치(이하 "특별긴급관세조치"라 한다)를 적용할 물품, 같은 조에 따른 기준발동물량(이하 "기준발동물량"이라 한다) 및 세율은 다음 각 호와 같다.
1. 유럽연합당사자와의 협정 : 별표18
2. 페루와의 협정 : 별표19
3. 미합중국과의 협정 : 별표20
4. 콜롬비아와의 협정 : 별표21
5. 호주와의 협정 : 별표22
6. 캐나다와의 협정 : 별표23
7. 뉴질랜드와의 협정 : 별표24
8. 영국과의 협정 : 별표24의2(2019.10.29 본호신설)
② 제1항 각 호의 별표에서 정한 세율이 특별긴급관세조치를 적용하는 날에 해당 물품에 적용되는 최혜국세율과 해당 체약상대국과의 협정이 발효되기 전날에 해당 물품에 적용되는 최혜국세율 중 낮은 세율을 초과하는 경우에는 그 낮은 세율을 적용한다.

③ 기획재정부장관은 제1항에 따라 특별긴급관세조치를 하는 경우에는 다음 각 호의 조치를 동시에 할 수 없다. 다만, 미합중국 또는 콜롬비아를 원산지로 하는 특정 농림축산물에 대하여 제1항에 따른 특별긴급관세조치를 하는 경우에는 제1호 및 제2호의 조치를 동시에 할 수 없다.
1. 법 제22조에 따른 긴급관세조치
2. 「관세법」 제65조에 따른 긴급관세를 부과하는 조치
3. 「관세법」 제68조에 따른 특별긴급관세를 부과하는 조치
④ 관세청장은 기준발동물량이 초과되는 경우 즉시 그 내용을 기획재정부장관에게 통보하고 관세청장이 지정하는 정보통신망에 게재하여야 한다.
⑤ 관세청장은 특별긴급관세조치에 따라 관세가 부과된 내용을 기획재정부장관에게 지체 없이 보고하여야 한다.
⑥ 기획재정부장관은 제1항에 따라 특별긴급관세조치를 한 날부터 60일 이내에 그 사실과 그에 관계된 자료를 해당 체약상대국에게 서면으로 통보하여야 하며, 체약상대국이 특별긴급관세조치와 관련하여 서면으로 협의를 요청하면 협의하여야 한다.
⑦ 기획재정부장관은 제3조와 다음 각 호의 규정에 따라 한도수량내 협정관세율을 적용받는 물품에 대해서는 특별긴급관세조치를 적용하지 아니한다.
1. 유럽연합당사자와의 협정 부록 2-가-1
2. 미합중국과의 협정 부록 2-나-1
3. 영국과의 협정 부록 2-가-1(2019.10.29 본호신설)
⑧ 미국과의 협정 부속서 3-가 및 캐나다와의 협정 부속서 2-바에 따라 제1항에 따른 특별긴급관세조치 대상물품 중 선착순 방법으로 한도수량내 협정관세율이 적용되는 수량에 대한 배정방법과 그 정보관리 및 공개에 관하여는 제3조제2항 및 제3항을 준용한다.
⑨ 유럽연합당사자와의 협정 제3.6조제8항, 호주와의 협정 제6.7조제7항, 뉴질랜드와의 협정 제2.14조제6항 또는 영국과의 협정 제3.6조제8항에 따라 유럽연합당사자, 호주, 뉴질랜드 또는 영국을 원산지로 하는 특정 농림축산물로서 특별긴급관세조치를 하기 전에 계약이 체결되어 운송 중인 물품은 특별긴급관세조치의 적용 대상에서 제외한다. 이 경우 적용 대상에서 제외한 해당 물품의 수입량은 다음 이행연도의 특별긴급관세조치를 위한 기준발동물량을 계산할 때 산입할 수 있다.(2019.10.29 전단개정)

제31조【「관세법」의 긴급관세 부과특례 등】 ① 법 제25조제1항에서 "대통령령으로 정하는 체약상대국"이란 인도, 페루, 미합중국, 콜롬비아, 호주, 캐나다, 뉴질랜드, 베트남, 인도네시아 및 이스라엘을 말한다.(2021.7.27 본항개정)
② 법 제25조제2항에서 "대통령령으로 정하는 체약상대국"이란 미합중국 및 중국을 말한다.
③ 미합중국 또는 중국을 원산지로 하는 농림축산물 중 법 제25조제2항에 따라 「관세법」 제68조의 농림축산물에 대한 특별긴급관세 부과대상에서 제외되는 물품 등에 대한 구체적인 사항은 기획재정부령으로 정한다.

제32조【체약상대국의 조치에 대한 대항조치의 특례】 ① 기획재정부장관은 인도의 긴급관세조치가 수입물품의 절대적 증가의 결과로서 부과되고 그러한 조치가 인도와의 협정에 부합하는 경우에는 인도와의 협정 제2.25조제2항에 따라 그 긴급관세조치가 있었던 날부터 2년 이내[인도와의 협정 제2.23조제목2)에 따라 2년을 초과하여 연장된 경우에는 그 긴급관세조치가 있었던 날부터 3년 이내]에는 법 제26조제2항에 따른 대항조치(이하 "대항조치"라 한다)를 할 수 없다.

② 기획재정부장관은 유럽연합당사자의 긴급관세조치가 유럽연합당사자와의 협정에 부합하는 경우에는 유럽연합당사자와의 협정 제3.4조에 따라 그 긴급관세조치가 있었던 날부터 24개월 이내에는 대항조치를 할 수 없다.

③ 기획재정부장관은 미합중국과의 협정 제4.1조제6항에 따라 우리나라를 원산지로 하는 섬유 관련 물품에 대한 긴급관세조치가 있었던 날부터 30일 이내에 법 제26조제1항에 따른 보상에 합의할 수 없는 경우에는 대항조치를 할 수 있다.

④ 기획재정부장관은 「대한민국과 미합중국 간의 자유무역협정에 관한 서한교환」 제4절에 따라 우리나라를 원산지로 하는 자동차에 대한 미합중국의 긴급관세조치가 미합중국과의 협정에 부합하는 경우에는 그 긴급관세조치가 있었던 날부터 24개월 이내 대항조치를 할 수 없다.

⑤ 기획재정부장관은 터키의 긴급관세조치가 수입물품의 절대적 증가의 결과로서 부과되고 그러한 조치가 터키와의 협정에 부합하는 경우에는 터키와의 협정 제4.4조제3항에 따라 그 긴급관세조치가 있었던 날부터 2년 이내에는 대항조치를 할 수 없다.

⑥ 기획재정부장관은 콜롬비아의 긴급관세조치가 수입물품의 절대적 증가의 결과로서 부과되고 그러한 조치가 콜롬비아와의 협정에 부합하는 경우에는 콜롬비아와의 협정 제7.4조제3항에 따라 그 긴급관세조치가 있었던 날부터 2년 이내에는 대항조치를 할 수 없다.

⑦ 기획재정부장관은 캐나다의 긴급관세조치가 캐나다와의 협정에 부합하는 경우에는 캐나다와의 협정 제7.2조제4항에 따라 그 긴급관세조치가 있었던 날부터 24개월 이내에는 대항조치를 할 수 없다.

⑧ 기획재정부장관은 베트남의 긴급관세조치가 수입물품의 절대적 증가의 결과로서 부과되고 그러한 조치가 베트남과의 협정에 부합하는 경우에는 베트남과의 협정 제7.4조제5항에 따라 그 긴급관세조치가 있었던 날부터 24개월 이내에는 대항조치를 할 수 없다.

⑨ 기획재정부장관은 중국의 긴급관세조치가 수입물품의 절대적 증가의 결과로서 부과되고 그러한 조치가 중국과의 협정에 부합하는 경우에는 중국과의 협정 제7.4조제4항에 따라 그 긴급관세조치가 있었던 날부터 2년 이내에는 대항조치를 할 수 없다.

⑩ 기획재정부장관은 영국의 긴급관세조치가 영국과의 협정에 부합하는 경우에는 영국과의 협정 제3.4조에 따라 그 긴급관세조치가 있었던 날부터 24개월 이내에는 대항조치를 할 수 없다.(2019.10.29 본항신설)

⑪ 기획재정부장관은 인도네시아의 긴급관세조치가 수입물품의 절대적 증가의 결과로서 부과되고 그러한 조치가 인도네시아와의 협정에 부합하는 경우에는 인도네시아와의 협정 제5.5조제3항에 따라 그 긴급관세조치가 있었던 날부터 2년 이내에는 대항조치를 할 수 없다.(2021.7.27 본항신설)

⑫ 기획재정부장관은 역내경제협정당사국의 긴급관세조치가 수입물품의 절대적 증가의 결과로서 부과되고 그러한 조치가 「역내포괄적경제동반자협정」에 부합하는 경우에는 같은 협정 제7.7조제5항에 따라 그 긴급관세조치가 있었던 날부터 3년 이내에는 대항조치를 할 수 있다.(2022.1.25 본항신설)

⑬ 기획재정부장관은 캄보디아의 긴급관세조치가 수입물품의 절대적 증가의 결과로서 부과되고 그러한 조치가 캄보디아와의 협정에 부합하는 경우에는 같은 협정 제5.5조제3항에 따라 그 긴급관세조치가 있었던 날부터 2년 이내에는 대항조치를 할 수 없다.(2022.7.5 본항신설)

제33조【덤핑방지관세의 협의 등】① 무역위원회는 체약상대국으로부터 수입된 물품에 대하여 「관세법」 제51조에 따른 덤핑방지관세(이하 "덤핑방지관세"라

한다) 부과에 필요한 조사신청이 접수되면 다음 각 호의 구분에 따른 기한까지 해당 체약상대국에 그 사실을 서면으로 통보해야 한다.(2021.7.27 본문개정)

1. 유럽자유무역연합회원국, 미합중국, 콜롬비아, 호주, 캐나다, 뉴질랜드, 중미 공화국들 및 이스라엘 : 조사를 시작하기 전(2021.7.27 본호개정)

2. 인도 : 조사를 시작하기 10일 전(토요일과 공휴일은 제외한다)

3. 유럽연합당사자, 터키, 캄보디아, 베트남, 영국 및 인도네시아 : 조사를 시작하기 15일 전(2022.7.5 본호개정)

4. 중국 및 역내경제협정당사국 : 조사를 시작하기 7일 전(2022.1.25 본호개정)

② 무역위원회는 체약상대국으로부터 수입된 물품에 대하여 「관세법」 제52조제1항에 따른 덤핑 사실과 실질적 피해등의 사실에 관한 조사(이하 이 조에서 "덤핑 사실 등의 조사"라 한다)를 시작할 경우 다음 각 호의 구분에 따른 기한까지 그 체약상대국에 협의 기회를 제공해야 한다.(2021.7.27 본문개정)

1. 유럽자유무역연합회원국, 미합중국, 콜롬비아, 캐나다, 베트남, 중미 공화국들 및 이스라엘 : 조사를 시작하기 전(2021.7.27 본호개정)

2. 호주 및 뉴질랜드 : 조사를 시작한 직후

3. 중국 : 조사를 시작하기 7일전

③ 무역위원회는 페루와의 협정 제8.9조에 따라 「관세법 시행령」 제60조제1항에 따른 조사 개시 결정을 하였을 때에는 페루에 다음 각 호의 사항을 서면으로 통지하여야 한다.

1. 조사대상 물품의 수출자 또는 생산자에 대한 질의서 사본

2. 조사대상 물품의 주요 수출자 또는 생산자의 목록

④ 무역위원회는 중국과의 협정 제7.10조에 따라 현지 조사 전 조사 대상 정보의 일반적인 성격과 제공될 필요가 있는 정보를 중국의 관련 수출자 및 생산자에게 통보하여야 하며, 조사의 결과는 조사의 대상이 되는 중국의 관련 수출자 및 생산자에게 공개하여야 한다.

⑤ 무역위원회는 유럽연합당사자와의 협정 제3.12조, 터키와의 협정 제4.10조, 베트남과의 협정 제7.10조, 캄보디아와의 협정 제5.11조, 중국과의 협정 제7.13조, 영국과의 협정 제3.12조 또는 인도네시아와의 협정 제5.10조에 따라 유럽연합당사자, 터키, 베트남, 캄보디아, 중국, 영국 또는 인도네시아로부터 각각 수입된 물품에 대하여 「관세법 시행령」 제63조제3항에 따라 그 수입으로부터의 피해를 누적적으로 평가하는 경우 수입물품 간 경쟁조건이나 수입물품과 국내 동종물품 간의 경쟁조건에 비추어 볼 때 그 평가가 적절한지에 관하여 특별한 주의를 기울여 검토해야 한다.(2022.7.5 본항개정)

⑥ 무역위원회는 미합중국, 호주, 캐나다, 뉴질랜드, 베트남, 캄보디아 또는 중국으로부터 수입된 물품에 대하여 덤핑 사실 등의 조사를 시작한 경우 「관세법」 제54조제1항에 따른 약속의 제의(이하 "약속의 제의"라 한다)에 필요한 정보를 서면으로 미합중국 또는 미합중국 대사관, 호주, 캐나다 또는 캐나다 대사관, 뉴질랜드, 베트남 또는 베트남 대사관, 캄보디아 또는 캄보디아 대사관 및 중국 또는 중국 대사관에 제공해야 한다.(2022.7.5 본항개정)

⑦ 기획재정부장관은 미합중국, 콜롬비아, 캐나다, 중미 공화국들 또는 캄보디아로부터 수입된 물품에 대하여 약속의 제의(미합중국, 콜롬비아 및 중미 공화국들의 경우에는 가격수정에 관한 약속의 제의를 말한다)와 관련하여 미합중국, 콜롬비아, 캐나다, 중미 공화국들 또는 캄보디아의 수출자에게 협의 기회를 제공해야 한다.(2022.7.5 본항개정)

⑧ 기획재정부장관은 호주, 뉴질랜드, 베트남 또는 중국으로부터 수입된 물품에 대하여 예비조사를 한 결과 해당 물품의 덤핑사실과 그로 인한 「관세법」 제51조에 따른 실질적 피해등의 사실이 있는 것으로 판정된 경우 덤핑방지세와 관련된 약속의 제의를 이용할 수 있다는 점을 호주, 뉴질랜드, 베트남 또는 중국의 수출자에게 통보하여야 한다.

⑨ 기획재정부장관은 덤핑방지관세가 부과되고 있거나 약속의 제의가 시행되고 있는 유럽연합당사자, 터키 또는 영국으로부터 수입된 물품에 대하여 「관세법」 제56조제1항에 따른 재심사(이하 "재심사"라 한다) 결과 덤핑차액이 기획재정부령으로 정하는 금액 미만인 경우에는 유럽연합당사자와의 협정 제3.13조, 터키와의 협정 제4.11조 또는 영국과의 협정 제3.13조에 따라 덤핑방지관세 또는 약속을 종결해야 한다.(2019.10.29 본항개정)

⑩ 무역위원회는 인도로부터 수입된 물품에 대한 재심사 결과 덤핑방지관세의 부과가 끝난 경우 부과가 끝난 날부터 1년 이내에는 인도에서 수입된 같은 물품에 대하여 덤핑 사실 등의 조사를 시작할 수 없다. 다만, 다음 각 호의 요건을 모두 충족하는 경우에는 그러하지 아니하다.
1. 덤핑방지관세 부과 종료조치 이후 덤핑 또는 국내산업의 실질적 피해가 다시 발생한 경우
2. 덤핑에 따른 국내산업의 실질적 피해 또는 피해 우려를 방지하기 위하여 조사가 필요하다는 증거가 있는 경우

⑪ 무역위원회는 유럽연합당사자, 터키, 베트남, 영국 또는 인도네시아로부터 수입된 물품에 대한 재심사 결과 덤핑방지관세의 부과가 끝난 경우에는 유럽연합당사자와의 협정 제3.11조, 터키와의 협정 제4.9조, 베트남과의 협정 제7.9조, 영국과의 협정 제3.11조 또는 인도네시아와의 협정 제5.9조에 따라 덤핑방지관세 부과가 끝난 날부터 1년 이내에는 유럽연합당사자, 터키, 베트남, 영국 또는 인도네시아를 원산지로 하는 같은 물품에 대하여 덤핑 사실 등의 조사를 시작할 수 없다. 다만, 조사를 시작하기 전에 사정이 변경되었음이 확인된 경우에는 그렇지 않다.(2021.7.27 본항개정)

⑫ 무역위원회는 중국 또는 중미 공화국들로부터 수입된 물품에 대한 재심사 결과에 따라 덤핑방지관세의 부과가 끝난 경우에는 그 부과가 끝난 날부터 12개월 이내에 중국 또는 중미 공화국들로부터 수입된 같은 물품에 대한 덤핑방지관세 부과에 필요한 조사신청을 받으면 주의를 기울여 검토하여야 한다.(2019.2.8 본항개정)

⑬ 무역위원회는 덤핑방지관세 부과에 필요한 현장조사를 하기로 결정하는 경우 「역내포괄적경제동반자협정」 제7.11조제2항에 따라 현장조사를 시작하기 7일 전까지 현장조사의 일시·장소, 현장조사에 필요한 준비사항, 검증에 필요한 증명서류 등을 현장조사의 대상이 되는 생산자, 수출자 또는 수입자 등에게 통보해야 한다.(2022.1.25 본항신설)

⑭ 무역위원회가 역내경제협정당사국으로부터 수입된 물품에 대하여 「관세법 시행령」 제61조제5항에 따른 덤핑 사실과 실질적 피해 등의 사실에 관한 본조사의 결과에 따라 최종판정을 하는 경우에는 「역내포괄적경제동반자협정」 제7.14조에 따라 최종판정을 하기 10일 전까지 최종판정과 관련된 이해관계인에게 그 판정의 근거가 되는 핵심적 고려사항을 서면으로 통보해야 한다. 이 경우 무역위원회는 그 서면통보를 받은 자에게 의견을 진술할 수 있는 기회를 부여해야 한다.(2022.1.25 본항신설)

제34조 【상계관세의 협의 등】 ① 무역위원회는 체약상대국으로부터 수입된 물품에 대하여 「관세법」 제57조에 따른 상계관세(이하 "상계관세"라 한다) 부과에 필요한 조사신청이 접수되면 기획재정부장관에게 그 내용을 지체 없이 통보하여야 한다.

② 무역위원회는 유럽자유무역연합회원국, 유럽연합당사자, 페루, 미합중국, 터키, 콜롬비아, 호주, 캐나다, 뉴질랜드, 베트남, 중국, 역내경제협정당사국, 캄보디아, 중미 공화국들, 영국, 인도네시아 또는 이스라엘로부터 수입된 물품에 대하여 상계관세 부과에 필요한 조사신청이 접수되면 조사를 시작하기 전(유럽자유무역연합회원국의 경우에는 유럽자유무역연합회원국과의 협정 제2.9조제2항에 따라 조사를 시작하기 30일 전, 역내경제협정당사국의 경우에는 「역내포괄적경제동반자협정」 제7.12조제2항에 따라 조사를 시작하기 20일 전)까지 해당 체약상대국에 그 내용(페루의 경우에는 조사대상 물품의 수출자 또는 생산자에 대한 질의서 사본 및 조사대상 물품의 주요 수출자 또는 생산자의 목록)을 서면으로 통보하고, 조사를 시작하기 전에 해당 체약상대국과 협의해야 한다. 다만, 유럽자유무역연합회원국이 서면통보를 받은 날부터 10일 이내에 협의를 요청하는 경우에는 유럽자유무역연합회원국과의 협정 제8.1조에 따른 공동위원회에서 협의해야 한다.(2022.7.5 본문개정)

③ 무역위원회는 제2항에 따른 협의결과를 기획재정부장관에게 통보하여야 한다.

④ 제2항에 따라 협의하는 기간은 「관세법 시행령」 제74조제1항에 따른 조사개시 여부의 통보기한을 계산할 때 포함하지 아니한다.

⑤ 무역위원회는 중국과의 협정 제7.10조에 따라 현지조사 전 조사 대상 정보의 일반적인 성격 및 제공될 필요가 있는 정보를 중국의 관련 수출자 및 생산자에게 통보하여야 하며, 조사의 결과는 조사의 대상이 되는 중국의 관련 수출자 및 생산자에게 공개하여야 한다.

⑥ 무역위원회는 유럽연합당사자, 터키, 베트남, 캄보디아, 중국, 영국 또는 인도네시아로부터 수입된 물품에 대하여 「관세법 시행령」 제77조제3항에 따라 피해를 통산하여 평가하는 경우에는 수입물품 간 경쟁조건 및 수입물품과 국내 동종물품 간의 경쟁조건에 비추어 볼 때 그 평가가 적절한지에 대하여 특별한 주의를 기울여 검토해야 한다.(2022.7.5 본항개정)

⑦ 무역위원회는 미합중국, 호주, 캐나다, 뉴질랜드, 베트남, 캄보디아 또는 중국으로부터 수입된 물품에 대하여 「관세법」 제58조제1항에 따른 보조금등의 지급과 실질적 피해등의 사실에 관한 조사를 시작한 후에는 미합중국 대사관 또는 호주, 캐나다 대사관 또는 캐나다, 뉴질랜드, 베트남 또는 베트남 대사관, 캄보디아 또는 캄보디아 대사관 및 중국 또는 중국 대사관에 같은 법 제60조제1항에 따른 약속의 제의에 필요한 정보를 서면으로 통보하여야 한다.(2022.7.5 본항개정)

⑧ 기획재정부장관은 다음 각 호의 구분에 따른 약속의 제의에 대하여 체약상대국 또는 수출자에게 협의 기회를 제공하여야 한다.
1. 미합중국 : 「관세법」 제60조제1항에 따른 가격수정에 관한 약속의 제의 또는 미합중국과의 협정 제10.7조제4항에 따른 물량에 대한 약속의 제의
2. 콜롬비아 : 「관세법」 제60조제1항에 따른 가격수정에 관한 약속의 제의
3. 캐나다 및 캄보디아 : 상계관세와 관련된 약속의 제의(2022.7.5 본호개정)
4. 중미 공화국들 : 「관세법」 제60조제1항에 따른 가격수정에 관한 약속의 제의 또는 중미 공화국들과의 협정 제7.9조제2항에 따른 물량에 대한 약속의 제의(2019.2.8 본호신설)

⑨ 기획재정부장관은 호주, 뉴질랜드, 베트남 또는 중국으로부터 수입된 물품에 대하여 예비조사를 한 결과 「관세법」 제57조에 따른 보조금등의 지급과 그로 인한 실질적 피해등의 사실이 있는 것으로 판정된 경우에는 해당 체약상대국과 상계관세 부과대상물품의 수출자에게 상계관세와 관련된 약속의 제의를 이용할 수 있다는 점을 통보하여야 한다.
⑩ 기획재정부장관은 유럽연합당사자, 페루, 터키, 영국 또는 이스라엘로부터 수입된 물품에 대하여 상계관세를 부과할 때에는 「관세법」 제57조에 따른 보조금등의 지급과 그로 인한 실질적 피해등을 구제하기 위하여 필요한 범위에서 부과해야 한다.(2021.7.27 본항개정)
⑪ 무역위원회는 「관세법 시행령」 제73조제1항에 따라 국내산업에 이해관계가 있는 자 등으로부터 상계관세의 부과에 필요한 조사신청을 받은 경우로서 「역내포괄적경제동반자협정」 제7.12조제3항에 따라 역내경제협정당사국 중 조사대상이 되는 물품의 수출국이 요청하는 경우에는 조사를 시작하기 전에 그 조사신청과 관련된 자료(「관세법 시행령」 제78조제3항에 따른 비밀이 아닌 요약서를 말한다)를 송부해야 한다.(2022.1.25 본항신설)
⑫ 무역위원회는 상계관세 부과에 필요한 현장조사를 하기로 결정하는 경우 「역내포괄적경제동반자협정」 제7.11조제2항에 따라 현장조사를 시작하기 7일 전까지 현장조사의 일시·장소, 현장조사에 필요한 준비사항, 검증에 필요한 증명서류 등을 현장조사의 대상이 되는 수출자, 수입자 또는 수출국의 정부기관의 장 등에게 통보해야 한다.(2022.1.25 본항신설)
⑬ 무역위원회는 역내경제협정당사국으로부터 수입된 물품에 대하여 「관세법 시행령」 제75조제5항에 따른 보조금 등을 받은 물품의 수입사실과 실질적 피해 등의 사실에 관한 본조사의 결과에 따라 최종판정을 하는 경우에는 「역내포괄적경제동반자협정」 제7.14조에 따라 최종판정을 하기 10일 전까지 최종판정과 관련된 이해관계인에게 그 판정의 근거가 되는 핵심적 고려사항을 서면으로 통보해야 한다. 이 경우 무역위원회는 그 서면통보를 받은 자에게 의견을 진술할 수 있는 기회를 부여해야 한다.(2022.1.25 본항신설)

제6장 통관특례 및 관세상호협력

제35조【통관 절차의 특례】 관세청장은 법 제29조 및 미합중국과의 협정 제7.7조에 따라 특별한 사정이 없으면 미합중국으로부터 수입되는 특송물품으로서 그 가격이 기획재정부령으로 정하는 금액 이하인 물품에 대해서는 「관세법」 제241조제1항에 따른 수입신고를 생략하게 할 수 있다.(2016.12.26 본조개정)
제36조【일시수입물품 등에 대한 관세의 면제】 ① 법 제30조제1항제1호에서 "대통령령으로 정하는 기간"이란 수입신고의 수리일부터 1년의 범위에서 세관장이 일시수입거래계약서 등 수입물품 관련서류, 수입사유, 해당 물품의 상태·내용연수(耐用年數) 및 용도 등을 고려하여 인정하는 기간을 말한다.
② 세관장은 제1항에도 불구하고 부득이한 사유가 있다고 인정될 때에는 1년의 범위에서 그 기간을 연장할 수 있다.
③ 법 제30조제1항에 따라 관세를 면제하는 일시수입물품 등에 대한 관세의 면제 절차에 관하여는 「관세법 시행령」 제112조, 제114조, 제115조제1항 및 제116조를 준용한다.
제37조【원산지 등에 대한 사전심사】 ① 법 제31조제1항 본문에서 "대통령령으로 정하는 사항"이란 다음

각 호의 어느 하나에 해당하는 사항을 말한다.
1. 해당 물품 및 물품 생산에 사용된 재료의 원산지에 관한 사항
2. 해당 물품 및 물품 생산에 사용된 재료의 품목분류·가격 또는 원가결정에 관한 사항
3. 해당 물품의 생산·가공 또는 제조과정에서 발생한 부가가치의 산정에 관한 사항
4. 해당 물품에 대한 관세의 환급·감면에 관한 사항
5. 해당 물품의 원산지 표시에 관한 사항
6. 제3조에 따른 수량별 차등협정관세의 적용에 관한 사항
7. 그 밖에 협정관세의 적용 또는 관세면제에 대한 기초가 되는 사항으로서 기획재정부령으로 정하는 사항
② 법 제31조제1항 본문에서 "대통령령으로 정하는 서류"란 다음 각 호의 서류를 말한다.
1. 기획재정부령으로 정하는 사전심사신청서(다음 각 목의 사항이 포함되어야 한다)
   가. 신청인
   나. 해당 물품의 품명·규격·품목번호
2. 거래계약서·원가계산서·원재료내역서·공정명세서 등 물품의 생산에 사용된 재료별 품명·품목번호·가격 및 원산지 등 신청내용에 대한 사전심사에 필요한 사항이 포함된 서류
③ 관세청장은 제2항에 따라 제출된 서류가 미비하거나 원산지결정기준의 충족 여부 등의 신청사항을 사전심사하기가 곤란하다고 인정될 때에는 20일 이내의 기간을 정하여 보정을 요구할 수 있다.
④ 관세청장은 다음 각 호의 어느 하나에 해당하는 경우에는 사전심사의 신청을 반려할 수 있다.
1. 제3항에 따른 관세청장의 보정요구에 응하지 아니한 경우
2. 해당 물품과 동일한 물품에 대하여 법 제17조부터 제19조까지의 규정에 따라 원산지에 관한 조사가 진행되고 있는 경우
3. 사전심사의 신청내용과 동일한 사안에 대하여 이의신청·심사청구·심판청구 또는 소송제기 등의 불복절차가 진행 중인 경우
⑤ 법 제31조제2항 본문에서 "대통령령으로 정하는 기간"이란 사전심사의 신청을 받은 날부터 90일을 말한다. 이 경우 제3항에 따른 보정기간은 산입하지 아니한다.
⑥ 법 제31조제3항에서 "대통령령으로 정하는 특별한 사유"란 다음 각 호의 어느 하나에 해당하는 경우를 말한다.
1. 사전심사 후 수입신고 전에 사전심사의 기초가 되는 사실 또는 상황이 변경되었거나 협정 또는 관계 법령이 개정되어 사전심사의 내용이 변경된 사정을 반영하지 못하는 경우
2. 신청인이 거짓 자료를 제출하거나 사전심사에 필요한 자료를 제출하지 아니하여 사전심사에 중대한 착오가 있는 경우
3. 사전심사의 신청내용과 동일한 사안에 대한 이의신청·심사청구·심판청구 또는 소송제기 등을 받은 권한 있는 기관의 최종결정 또는 법원의 판결이 사전심사의 내용과 다르게 된 경우
제38조【원산지 등에 관한 사전심사 결과에 대한 이의제기】 ① 법 제31조제5항에 따라 사전심사의 결과에 대하여 이의를 제기하려는 자는 기획재정부령으로 정하는 이의제기서에 이의제기 내용을 확인할 수 있는 자료와 사전심사서의 사본을 첨부하여 관세청장에게 제출하여야 한다.
② 제1항에 따른 이의제기서에는 다음 각 호의 사항이 포함되어야 한다.
1. 이의를 제기하는 자의 성명과 주소(전자주소를 포함한다) 또는 거소

2. 사전심사서를 받은 날짜와 사전심사의 내용
3. 해당 물품의 품명 및 품목번호
4. 이의제기의 요지와 내용

③ 제1항에 따른 이의제기의 절차에 관하여는 제15조제3항부터 제6항까지의 규정을 준용한다. 이 경우 "관세청장 또는 세관장"은 "관세청장"으로 본다.

제39조【사전심사서 내용의 변경】 ① 법 제32조제1항에서 "사전심사서의 근거가 되는 사실관계 또는 상황의 변경 등 대통령령으로 정하는 사유"란 다음 각 호의 어느 하나에 해당하는 경우를 말한다.
1. 사전심사의 근거가 되는 사실 또는 상황이 변경되었거나 협정 또는 관계법령이 개정되어 해당 물품의 원산지결정기준이 변경되거나 원산지결정의 기초가 되는 품목분류 등이 변경된 경우
2. 사전심사 대상물품 또는 재료의 품목분류, 부가가치비율의 산정 등에 착오가 있는 경우
3. 제37조제6항제2호 또는 제3호에 해당하는 경우

② 법 제31조제2항에 따라 사전심사서를 받은 자는 제1항 각 호의 어느 하나에 해당하는 사유가 발생한 사실을 알게 되었을 때에는 기획재정부령으로 정하는 바에 따라 관세청장에게 그 변경내용을 통보할 수 있다.

③ 관세청장은 제2항에 따른 통보를 받았을 때 또는 필요하다고 인정할 때에는 변경사실을 심사하여 사전심사서의 내용을 변경하거나 철회할 수 있다. 이 경우 관세청장은 다음 각 호의 사항을 포함한 내용을 신청인에게 통지하여야 한다.
1. 사전심사서 변경 또는 철회 이유와 법적 근거, 적용일 및 대상물품
2. 제40조에 따른 사전심사서 변경효력의 적용 유예를 받기 위한 신청의 절차

제40조【사전심사서 변경효력의 특례】 관세청장은 법 제32조제3항 단서 및 체약상대국과의 협정에 따라 사전심사의 내용을 신뢰한 선의의 수입자(체약상대국의 수출자 및 생산자를 포함한다)가 변경된 사전심사서의 내용을 적용받을 경우 손해가 발생할 것임을 기획재정부령으로 정하는 바에 따라 입증한 때에는 사전심사서의 내용이 변경된 날부터 다음 각 호에서 정한 기간을 초과하지 아니하는 범위에서 변경 전의 사전심사서의 내용을 적용할 수 있다.
1. 칠레 : 90일
2. 싱가포르 : 60일
3. 캐나다 : 90일

제41조【상호협력 절차】 ① 법 제33조제2항에서 "대통령령으로 정하는 사항"이란 다음 각 호의 어느 하나에 해당하는 사항을 말한다.
1. 원산지 확인에 필요한 상호행정지원에 관한 사항
2. 원산지와 관련되는 법령의 교환에 관한 사항
3. 서류 없는 통관절차의 구축, 전자무역환경의 증진 등 통관절차의 개선·발전에 관한 사항
4. 세관공무원과 통관종사자에 대한 교육·훈련에 관한 사항
5. 수출입물품의 원산지에 관한 조사에 필요한 정보 교환
6. 그 밖에 법 제33조제1항에 따른 협의기구에서 합의한 사항

② 관세청장은 원산지에 관한 조사의 협력 절차·방법 및 범위 등 관세행정 협력을 위하여 필요한 사항을 체약상대국의 관세당국과 협의할 수 있다.

③ 기획재정부장관은 법 제33조제1항에 따라 체약상대국과 협정(관세분야로 한정한다)의 운용에 관한 사항의 협의와 같은 조 제1항에 따른 협의기구의 운영을 위하여 관세협의전담관을 지정·운영할 수 있다.

제42조【유럽연합당사자와의 협정에 따른 상호협력절차의 특례】 ① 기획재정부장관은 법 제33조제2항 및 유럽연합당사자와의 원산지 관련 의정서 제14조제1항에 따라 매년 수출용 원재료에 대한 관세환급제도 및 역내가공제도 관련 정보와 기획재정부령으로 정하는 수출입통계(수출입통계는 직전 연도 1월 1일부터 12월 31일까지의 통계를 말한다. 이하 이 조에서 "수출입통계등"이라 한다)를 유럽연합당사자와 상호주의에 따라 교환하여야 한다.

② 관세청장은 수출입통계등을 유럽연합당사자와 교환하려는 경우에는 교환일 1개월 전까지 기획재정부장관에게 보고하여야 한다.

③ 기획재정부장관은 유럽연합당사자의 상호협력을 위하여 필요하다고 인정하는 경우에는 수출입통계등을 제출할 것을 관세청장에게 요청할 수 있다.

④ 기획재정부장관은 법 제33조제1항 및 유럽연합당사자와의 원산지 관련 의정서 제14조제2항에 따라 유럽연합당사자와의 협정 발효 이후 특정제품과 동종인 물품 또는 직접적인 경쟁관계에 있는 물품의 자국 내 생산자에게 부정적인 영향을 미칠 수 있는 원재료 조달방식에 변화가 있는 경우로서 기획재정부령으로 정하는 요건을 충족하는 경우에는 그 특정제품의 관세환급 및 역내가공제도에 대한 제한을 논의하기 위하여 유럽연합당사자와 협의할 수 있다.

⑤ 제4항에 따른 요건을 충족하는지에 대하여 기획재정부장관과 유럽연합당사자가 의견이 일치하지 아니하는 경우에는 유럽연합당사자와의 원산지 관련 의정서 제14조제3항에서 정하는 바에 따른다.

제42조의2【영국과의 협정에 따른 상호협력절차의 특례】 ① 기획재정부장관은 법 제33조제2항 및 영국과의 원산지 관련 의정서 제14조제1항에 따라 매년 수출용 원재료에 대한 관세환급제도 및 역내가공제도 관련 정보와 기획재정부령으로 정하는 수출입통계(수출입통계는 직전 연도 1월 1일부터 12월 31일까지의 통계를 말한다. 이하 이 조에서 "수출입통계등"이라 한다)를 영국과 상호주의에 따라 교환해야 한다.

② 관세청장은 수출입통계등을 영국과 교환하려는 경우에는 교환일 1개월 전까지 기획재정부장관에게 보고해야 한다.

③ 기획재정부장관은 영국과의 상호협력을 위하여 필요하다고 인정하는 경우에는 수출입통계등을 제출할 것을 관세청장에게 요청할 수 있다.

④ 기획재정부장관은 법 제33조제1항 및 영국과의 원산지 관련 의정서 제14조제2항에 따라 영국과의 협정 발효 이후 특정제품과 동종인 물품 또는 직접적인 경쟁관계에 있는 물품의 자국 내 생산자에게 부정적인 영향을 미칠 수 있는 원재료 조달방식에 변화가 있는 경우로서 기획재정부령으로 정하는 요건을 충족하는 경우에는 그 특정제품의 관세환급 및 역내가공제도에 대한 제한을 논의하기 위하여 영국과 협의할 수 있다.

⑤ 제4항에 따른 요건을 충족하는지에 대하여 기획재정부장관과 영국의 의견이 일치하지 않는 경우에는 영국과의 원산지 관련 의정서 제14조제3항에서 정하는 바에 따른다.

(2019.10.29 본조신설)

제43조【관세상호협의의 신청 절차 등】 ① 법 제34조제1항에 따라 관세상호협의를 신청하려는 자는 기획재정부령으로 정하는 관세상호협의 신청서를 기획재정부장관에게 제출하여야 한다.

② 제1항에 따른 관세상호협의 신청서에는 다음 각 호의 사항이 포함되어야 한다.
1. 관세상호협의 신청과 관련된 체약상대국의 원산지 결정 통지서, 과세처분 통지서 또는 이를 갈음하는 서류

2. 신청인 또는 체약상대국에 있는 신청인의 대리인(신청인의 물품을 수입한 자 및 그 대리인을 포함한다)이 체약상대국의 권한 있는 당국에 불복쟁송을 제기한 경우 불복쟁송 청구서

③ 기획재정부장관은 제1항에 따른 신청내용을 검토한 결과 또는 직권으로 법 제34조제1항에 따른 관세상호협의의 필요성이 있다고 인정할 때에는 산업통상자원부장관과의 협의를 거쳐 체약상대국의 관세당국에 필요한 시정조치를 요구할 수 있다.

④ 기획재정부장관은 체약상대국의 관세당국이 시정조치를 요구받은 날부터 합리적인 기간 이내에 협의에 응하지 아니하거나 시정조치의 요구를 수락하지 아니할 때에는 법 제34조제3항에 따라 체약상대국의 관세당국에 협의기구의 개최를 요청할 수 있다.

⑤ 기획재정부장관은 체약상대국의 관세당국과 관세상호협의를 완료하였을 때에는 완료한 날부터 30일 이내에 그 결과를 신청인에게 서면으로 통지하여야 한다.

제7장 협정관세의 적용제한

제44조 【협정관세의 적용제한】 ① 세관장은 법 제35조제1항에 따라 협정관세의 적용을 제한하는 경우에는 「관세법」 제118조제1항에 따라 그 내용을 미리 수입자에게 서면으로 통지하여야 한다.

② 법 제35조제1항제8호에서 "대통령령으로 정하는 사유"란 다음 각 호의 어느 하나에 해당하는 경우를 말한다.

1. 법 제17조제1항에 따른 조사를 받는 자의 부도·폐업·소재불명, 그 밖에 이에 준하는 불가피한 사유로 인하여 관세청장 또는 세관장의 원산지에 관한 조사가 불가능하게 된 경우
2. 법 제17조제1항에 따른 조사를 받는 자가 관세청장 또는 세관장의 서면조사 또는 현지조사를 거부·방해하거나 기피하는 경우

제45조 【협정관세의 적용제한의 특례】 ① 세관장은 아세안회원국에서 수입된 물품에 대하여 수입자가 거짓으로 또는 사실과 다르게 작성하였거나 발급된 원산지증명서를 제출하였음을 이유로 법 제35조제1항제1호에 따라 협정관세의 적용제한 처분을 하였을 때에는 처분한 날부터 2개월 이내에 대상물품, 적용제한 이유 및 그 법적 근거를 기재한 서류와 수입자가 제출한 원산지증명서를 관세청장이 정하는 방법에 따라 그 원산지증명서를 발급한 아세안회원국의 권한 있는 당국에 통보하여야 한다.

② 제1항에 따른 통보를 받은 아세안회원국의 권한 있는 당국은 세관장이 제1항에 따른 통보를 한 날부터 2개월 이내에 원산지증명서의 기재사항이 단순한 착오로 잘못 기재된 것으로서 원산지결정에 실질적인 영향을 미치지 아니하였음을 세관장에게 소명할 수 있다.

③ 세관장은 제2항에 따른 소명이 이유 있다고 인정할 때에는 그 사실을 수입자에게 통지하고 법 제35조제1항 각 호 외의 부분 후단에 따라 부과·징수한 세액을 환급하여야 한다. 이 경우 관세환급가산금은 지급하지 아니한다.

④ 세관장은 미합중국에서 수입된 섬유 관련 물품에 대하여 법 제35조제1항제5호에 해당하는 사유로 협정관세의 적용을 제한하는 경우 그 내용을 미리 미합중국의 관세당국에 통보하여야 한다.

제46조 【관세부과 제척기간의 기산일】 법 제35조제2항 전단에서 "대통령령으로 정하는 날"이란 다음 각 호의 어느 하나에 해당하는 날의 다음 날을 말한다.

1. 법 제8조제1항에 따라 협정관세의 적용을 신청하였을 때에는 그 적용신청을 한 날
2. 법 제9조제1항 또는 제2항에 따라 수입신고의 수리일 이후에 협정관세의 적용을 신청하였을 때에는 그 적용신청을 한 날(2020.2.11 본호개정)

제47조 【가산세】 ① 법 제36조제1항제1호에서 "원산지증명서를 위조 또는 변조하는 등 대통령령으로 정하는 부당한 방법"이란 다음 각 호의 어느 하나에 해당하는 것을 말한다.

1. 수입자가 원산지증명서를 거짓으로 작성하거나 위조·변조하는 것
2. 수입자가 관세의 과세표준 또는 세액계산의 기초가 되는 사실의 전부 또는 일부를 은폐하기 위하여 원산지증빙서류 등 세액심사에 필요한 자료를 파기하는 것
3. 그 밖에 협정관세를 적용받기 위하여 부정한 행위를 하는 것

② 법 제36조제1항제2호나목에서 "대통령령으로 정하는 이자율"이란 「관세법 시행령」 제39조제1항에 따른 이자율을 말한다.

③ 법 제36조제2항 각 호 외의 부분에서 "대통령령으로 정하는 경우"란 다음 각 호의 어느 하나에 해당하는 경우를 말한다.(2020.2.11 본문개정)

1. 수입자가 법 제14조제2항에 따라 원산지증빙서류의 내용에 오류가 있음을 통보받은 경우로서 법 제17조제1항에 따른 원산지 조사의 통지를 받기 전에 수정신고를 하는 경우. 다만, 수입자에게 귀책사유가 없는 경우로 한정한다.
2. 법 제19조제1항에 따라 관세청장 또는 세관장이 체약상대국의 관세당국에 원산지 확인을 요청한 사항에 대하여 체약상대국의 관세당국이 기획재정부령으로 정하는 기간 이내에 그 결과를 회신하지 아니한 경우
3. 체약상대국의 수출자 또는 생산자가 법 제16조제1항에 따라 관세청장 또는 세관장이 요구한 자료를 같은 조 제2항에 따른 기간 내에 제출하지 아니하거나 거짓으로 또는 사실과 다르게 제출한 경우 등으로서 부족세액의 징수와 관련하여 수입자에게 정당한 사유가 있는 경우

④ 세관장은 제3항 각 호의 어느 하나에 해당하는 경우에는 법 제36조제2항 각 호에 해당하는 가산세를 징수하지 아니한다.(2020.2.11 본항개정)

⑤ 법 제36조에 따른 가산세의 징수와 관련하여 이 조에서 정하지 아니한 사항에 대해서는 「관세법」 제42조의2 및 같은 법 시행령 제39조제2항부터 제5항까지의 규정을 적용한다.(2020.2.11 본항개정)

제48조 【협정관세 적용제한자의 지정 등】 ① 세관장은 법 제37조제1항에 따른 협정관세 적용제한자(이하 "적용제한자"라 한다)를 지정하려면 30일의 기간을 정하여 그 적용제한자에게 구술 또는 서면에 의한 의견진술 기회를 주어야 한다. 다만 지정된 기일까지 의견을 진술하지 아니하면 의견이 없는 것으로 본다.

② 세관장은 적용제한자를 지정하는 때에는 그 지정사실과 함께 다음 각 호의 사항을 관세청장에게 보고한 후 관세청장이 지정하는 정보통신망(이하 "지정 정보통신망"이라 한다)에 게시하여야 하며, 필요한 경우 이를 관할세관의 게시판에 게시할 수 있다.

1. 적용제한자의 상호·성명 및 주소
2. 협정관세 적용제한 물품의 품명·모델·규격·품목번호 및 수출국
3. 협정관세 적용제한의 기간 및 사유

③ 관세청장은 제2항에 따른 보고를 받았을 때에는 그 사실을 즉시 지정대상자 및 체약상대국의 관세당국에 통보하여야 한다.

④ 적용제한자 지정의 효력은 세관장이 지정 정보통신망에 게시한 날부터 발생한다.

⑤ 세관장은 제2항제2호에 따른 협정관세 적용제한 물품에 대한 법 제37조제3항에 따른 심사를 해당 물품에 대한 수입신고를 수리하기 전에 하여야 한다.

제49조【협정관세 적용제한자 지정의 해제】 ① 법 제37조제1항에 따라 적용제한자로 지정된 자는 같은 조 제4항에 따라 다음 각 호의 서류를 첨부하여 세관장에게 그 지정의 해제를 신청할 수 있다.

1. 기획재정부령으로 정하는 신청서(다음 각 목의 사항이 포함되어야 한다)

　가. 신청인의 성명·주소(전자주소를 포함한다)

　나. 적용제한자 지정일 및 지정기간

　다. 협정관세 적용제한 물품의 품명·규격·모델·품목번호 및 수출국

　라. 수입자

　마. 적용제한자 지정해제 신청사유

2. 원산지증빙서류

② 세관장은 제1항에 따른 신청을 받았을 때에는 그 내용을 심사하여 원산지증빙서류를 성실하게 작성하였다고 인정되는 경우 적용제한자 지정의 해제를 결정하여야 한다.

③ 세관장은 제2항에 따라 적용제한자 지정의 해제를 결정하였을 때에는 그 사실을 관세청장에게 보고한 후 해제를 결정한 날부터 7일 이내에 지정정보통신망에 게시하여야 하며, 필요한 경우 관할세관의 게시판에 게시할 수 있다.

④ 관세청장은 제3항에 따른 보고를 받았을 때에는 그 사실을 즉시 신청인 및 체약상대국의 관세당국에 각각 통보하여야 한다.

⑤ 적용제한자 지정해제의 효력은 제3항에 따라 해제 사실을 지정정보통신망에 게시한 날부터 발생한다.

제8장　보　칙

제50조【비밀유지】 ① 법 제38조제1항 각 호 외의 부분 본문 및 제44조제2항제7호에서 "대통령령으로 정하는 원산지증빙서류 발급자"란 각각 법 제11조제1항제1호에 따른 원산지증명서 발급권한이 있는 기관(세관을 제외하며, 이하 이 조에서 "발급권한기관"이라 한다)에서 원산지증명서의 발급을 담당하는 직원을 말한다.

② 법 제38조제1항에 따른 자료제출자는 관세청장, 세관장 및 발급권한기관의 장에게 자료를 제출할 때에 정당한 사유를 제시하여 해당 자료를 비밀로 취급할 것을 요청할 수 있다.

③ 제2항에 따른 요청을 받은 관세청장, 세관장 및 발급권한기관의 장은 특별한 사유가 없으면 해당 자료를 지정하여 비밀로 취급하여야 한다.

④ 관세청장, 세관장 및 발급권한기관의 장은 제2항 및 제3항에도 불구하고 다음 각 호의 어느 하나에 해당하는 자료로서 공개될 경우 자료를 제출한 자 또는 이해관계인의 이익이 침해될 우려가 있을 것으로 인정되는 자료에 대해서는 그 자료를 제출한 자나 이해관계인의 요청이 없더라도 법 제38조제1항에 따라 해당 자료를 비밀로 취급하는 자료로 지정하여야 한다.

1. 제조원가

2. 제조공정

3. 거래 상대방의 성명, 주소 및 거래량

4. 협정에 따라 체약상대국의 관세당국으로부터 제공받은 원산지증빙서류

5. 그 밖에 관세청장 또는 세관장이 비밀로 취급하는 것이 타당하다고 인정하는 자료

⑤ 제2항부터 제4항까지의 규정에 따라 비밀로 지정된 자료(이하 "비밀취급자료"라 한다)는 특별한 사정이 없으면 제출받은 날부터 5년간 보관하여야 하며, 보관기간이 지나면 소각 또는 파쇄 등의 방법으로 폐기하여야 한다.

⑥ 관세청장 및 세관장은 체약상대국의 관세당국이 비밀취급자료 제공을 요청하는 경우에는 자료제출자에게 그 사실을 통보하고, 자료제공에 관한 동의를 받았을 때에만 체약상대국의 관세당국에 그 자료를 제공할 수 있다.

⑦ 관세청장 및 세관장은 제6항에 따라 체약상대국의 관세당국에 비밀취급자료를 제공할 때에는 제공되는 자료의 비밀유지에 관한 보증서를 요구할 수 있다. 이 경우 체약상대국의 관세당국이 보증서 제공을 거부하면 자료제공을 거부할 수 있다.

제51조【불복의 신청권자】 법 제39조에서 "대통령령으로 정하는 체약상대국의 수출자 또는 생산자"란 다음 각 호의 어느 하나에 해당하는 자를 말한다.

1. 칠레의 수출자 또는 생산자로서 칠레와의 협정 제5.10조에 따라 원산지 결정의 대상이 된 물품에 대하여 원산지증명서를 작성하고 서명한 자 또는 칠레와의 협정 제5.9조에 따라 원산지 사전심사를 받은 자

2. 싱가포르의 수출자 또는 생산자로서 싱가포르와의 협정 제5.11조에 따라 원산지 결정의 대상이 된 물품의 원산지증명서를 발급받았거나 원산지소명서류를 작성한 자 또는 싱가포르와의 협정 제5.8조에 따라 사전심사를 받은 자

3. 콜롬비아의 수출자 또는 생산자로서 콜롬비아와의 협정 제4.10조에 따라 원산지 결정의 대상이 된 물품의 원산지증명서를 작성하고 서명한 자 또는 콜롬비아와의 협정 제4.9조에 따라 사전심사를 받은 자

4. 호주의 수출자 또는 생산자로서 호주와의 협정 제4.8조에 따라 원산지 결정의 대상이 된 물품의 원산지증명서를 작성하고 서명하거나 발급받은 자 또는 호주와의 협정 제4.7조에 따라 사전심사를 받은 자

5. 캐나다의 수출자 또는 생산자로서 캐나다와의 협정 제4.11조에 따라 원산지 결정의 대상이 된 물품의 원산지증명서를 작성하고 서명한 자 또는 캐나다와의 협정 제4.10조에 따라 사전심사를 받은 자

제52조 (2021.12.31 삭제)

제53조【서식의 제정】 법 또는 이 영의 규정에 따른 신청서 및 그 밖의 서식은 기획재정부령으로 정하는 것을 제외하고는 관세청장이 정하여 고시한다.

제9장　벌　칙

제54조【과태료의 부과기준】 법 제46조제1항 및 제2항에 따른 과태료의 부과기준은 별표25와 같다.

　부　칙

제1조【시행일】 이 영은 2016년 7월 1일부터 시행한다. 다만, 다음 각 호의 개정규정은 각 호의 구분에 따른 날부터 시행한다.

1. 제2조제11항, 제6조제2항제5호, 제13조제1항제7호, 제21조제12항, 제22조제3항, 제23조제1항제7호·제2항제9호·제3항제4항제1호, 제24조제1항제6호, 제25조제2항, 제27조, 제29조제1항, 제30조제1항제4호·제3항, 제31조제1항, 제32조제6항, 제33조제1항제1호·제2항제1호·제7항, 제34조제2항·제8항제2호, 제35조제2호, 제51조제3호, 별표12 및 별표21의 개정규정(각각 콜롬비아로 한정한다) : 콜롬비아와의 협정이 발효되는 날<2016.7.15 발효>

2. 별표5의 개정규정(라오스, 말레이시아 또는 베트남을 원산지로 하는 물품으로 한정한다) : 우리나라와 라오스 간, 우리나라와 말레이시아 간 또는 우리나라와 베트남 간 상호대응세율적용 배제에 관한 의정서가 각각 발효되는 날

제2조【원산지 조사 절차에 관한 적용례】 제14조의 개정규정은 이 영 시행 당시 원산지 조사를 진행 중인 경우에도 적용한다.

제3조【원산지증명서에 관한 특례 등】 체약상대국과의 협정에 따라 작성·서명 또는 발급된 원산지증명서에 관하여는 다음 각 호에서 정하는 바에 따른다.

1. 대통령령 제21940호 자유무역협정의 이행을 위한 관세법의 특례에 관한 법률 시행령 일부개정령의 시행일인 2010년 1월 1일 전 90일 이내에 발급된 것으로서 인도와의 협정 또는 아세안회원국과의 협정 및 같은 일부개정령 제2조에 따른 요건을 갖춘 원산지증명서는 협정관세의 적용신청 등을 할 때에는 같은 일부개정령 제2조에 따른 원산지증명서로 본다.

2. 대통령령 제22999호 자유무역협정의 이행을 위한 관세법의 특례에 관한 법률 시행령 일부개정령의 시행일인 2011년 7월 1일 당시 운송 중이거나 보세창고에 보관 중인 물품 또는 「자유무역지역의 지정 및 운영에 관한 법률」 제2조제1호에 따른 자유무역지역에 있는 물품에 관한 원산지증명서(유럽연합당사자와의 협정 및 같은 일부개정령 제2조에 따른 요건을 갖춘 것을 말한다)가 같은 일부개정령 시행 이후 12개월 이내에 작성되고 해당 물품이 체약상대국에 직접 운송되었음을 증명하는 자료와 함께 제출되는 경우에는 그 원산지증명서를 같은 일부개정령 제2조에 따른 원산지증명서로 본다.

3. 대통령령 제24232호 자유무역협정의 이행을 위한 관세법의 특례에 관한 법률 시행령 일부개정령의 시행일인 2013년 5월 1일 당시 운송 중이거나 보세창고에 보관 중인 물품 또는 「자유무역지역의 지정 및 운영에 관한 법률」 제2조제1호에 따른 자유무역지역에 있는 물품에 관한 원산지증명서(터키와의 협정 제2조 및 같은 일부개정령 제2조제1항에 따른 요건을 갖춘 것을 말한다)가 같은 일부개정령 시행 이후 12개월 이내에 작성되고 해당 물품이 체약상대국에 직접 운송되었음을 증명하는 자료와 함께 제출되는 경우에는 그 원산지증명서를 같은 일부개정령 제2조제1항에 따른 원산지증명서로 본다.

4. 호주와의 협정 제3.15조제7항 또는 캐나다와의 협정 제4.1조제7항에 따라 대통령령 제25848호 자유무역협정의 이행을 위한 관세법의 특례에 관한 법률 시행령 일부개정령의 시행일인 2015년 1월 1일 전에 작성·서명된 원산지증명서의 유효기간은 같은 일부개정령 제9조의2제2항제6호 및 제7호에도 불구하고 그 서명일부터 2년으로 하고, 호주와의 협정 제3.16조제1항에 따라 같은 일부개정령 시행 전에 발급된 원산지증명서의 유효기간은 같은 일부개정령 제9조의2제2항제6호의 규정에도 불구하고 그 발급일부터 2년으로 한다.

5. 대통령령 제26726호 자유무역협정의 이행을 위한 관세법의 특례에 관한 법률 시행령 일부개정령 제9조의2제2항제8호의 개정규정은 뉴질랜드와의 협정 제3.19조제9항에 따라 같은 일부개정령 시행일인 2015년 12월 20일 전에 작성·서명된 원산지증명서에 대하여도 적용한다.

6. 대통령령 제26726호 자유무역협정의 이행을 위한 관세법의 특례에 관한 법률 시행령 일부개정령의 시행일인 2015년 12월 20일 당시 운송 중이거나 보세창고에 보관 중인 물품 또는 「자유무역지역의 지정 및 운영에 관한 법률」 제2조제1호에 따른 자유무역지역에 있는 물품에 관한 원산지증명서(베트남과의 협정 및 같은 일부개정령 제9조의2제1항에 따른 요건을 갖춘 것을 말한다)가 같은 일부개정령 시행 이후 12개월 이내에 작성되고 해당 물품이 체약상대국에 직접 운송되었음을 증명하는 자료와 함께 제출되는 경우에는 그 원산지증명서를 같은 일부개정령 제9조의2에 따른 원산지증명서로 본다.

7. 대통령령 제26726호 자유무역협정의 이행을 위한 관세법의 특례에 관한 법률 시행령 일부개정령의 시행일인 2015년 12월 20일 당시 운송 중이거나 보세창고에 보관 중인 물품 또는 「자유무역지역의 지정 및 운영에 관한 법률」 제2조제1호에 따른 자유무역지역에 있는 물품에 관한 원산지증명서(중국과의 협정 및 같은 일부개정령 제9조의2제1항에 따른 요건을 갖춘 것을 말한다)가 같은 일부개정령 시행 이후 3개월 이내에 작성되고 해당 물품이 체약상대국에 직접 운송되었음을 증명하는 자료와 함께 제출되는 경우에는 그 원산지증명서를 같은 일부개정령 제9조의2에 따른 원산지증명서로 본다.

8. 콜롬비아와의 협정이 발효되기 전 6개월 이내에 콜롬비아와의 협정 제3.18조제8항에 따라 작성·서명된 원산지증명서는 제6조에 따른 원산지증명서로 본다.

제4조【처분 등에 관한 일반적 경과조치】 이 영 시행 당시 종전의 규정에 따른 처분·절차, 그 밖의 행위는 이 영 해당 규정에 따른 처분·절차, 그 밖의 행위로 본다.

제5조【원산지조사 절차에 관한 경과조치】 제11조의 개정규정에도 불구하고 이 영 시행 당시 원산지 조사를 진행 중인 경우에는 대통령령 제27077호 자유무역협정의 이행을 위한 관세법의 특례에 관한 법률 시행령 제15조 및 제16조에 따른다.

제6조【과태료에 관한 경과조치】 이 영 시행 전의 위반행위로 받은 과태료 부과처분은 별표25의 개정규정에 따른 위반행위의 횟수 산정에 포함한다.

제7조【원산지증빙서류의 보관기간에 관한 경과조치】 원산지증빙서류의 보관기관에 관하여는 다음 각 호에서 정하는 바에 따른다.

1. 대통령령 제26305호 자유무역협정의 이행을 위한 관세법의 특례에 관한 법률 시행령 일부개정령 시행일인 2015년 6월 5일 전에 협정관세의 적용을 신청한 수입자의 경우에는 같은 일부개정령 제13조제2항제1호의 개정규정에도 불구하고 종전의 「자유무역협정의 이행을 위한 관세법의 특례에 관한 법률 시행령」(대통령령 제26305호로 개정되기 전의 것을 말한다) 제13조제2항에 따른다.

2. 제10조제2항제2호 본문의 개정규정에도 불구하고 이 영 시행 당시 보관 중인 원산지증빙서류 등의 보관기간은 대통령령 제27077호 자유무역협정의 이행을 위한 관세법의 특례에 관한 법률 시행령 제13조제2항제2호 및 제3호에 따른다.

제8조【협정세율 변경에 관한 경과조치】 대통령령 제27077호 자유무역협정의 이행을 위한 관세법의 특례에 관한 법률 시행령 일부개정령의 시행일인 2016년 3월 31일 전에 수입신고한 분에 대해서는 같은 일부개정령 별표3의 개정규정에도 불구하고 종전의 「자유무역협정의 이행을 위한 관세법의 특례에 관한 법률 시행령」(대통령령 제27077호로 개정되기 전의 것을 말한다) 별표3에 따른다.

제9조【다른 법령의 개정】 ①~② ※(해당 법령에 가제정리 하였음)

제10조【다른 법령과의 관계】이 영 시행 당시 다른 법령에서 종전의「자유무역협정의 이행을 위한 관세법의 특례에 관한 법률 시행령」을 인용하고 있는 경우 이 영 중 그에 해당하는 규정이 있을 때에는 종전의 규정을 갈음하여 이 영의 해당 규정을 인용한 것으로 본다.

부 칙 (2016.12.26)

제1조【시행일】이 영은 2017년 1월 1일부터 시행한다. 다만, 별표5의 개정규정 중 말레이시아 또는 베트남을 원산지로 하는 물품은 우리나라와 말레이시아 간 또는 우리나라와 베트남 간 상호대응세율적용 배제에 관한 의정서가 각각 발효되는 날부터 시행한다.
제2조【품목번호의 개정에 관한 적용례】별표1부터 별표17까지 및 별표19부터 별표21까지의 개정규정은 이 영 시행 이후 수출신고 또는 수입신고하는 물품부터 적용한다.

부 칙 (2018.4.30)

제1조【시행일】이 영은 공포한 날부터 시행한다. 다만, 별표1의 개정규정은 2018년 5월 1일부터 시행한다.
제2조【협정세율 변경에 관한 경과조치】부칙 제1조 단서에 따른 시행일 전에 수입신고한 분에 대해서는 별표1의 개정규정에도 불구하고 종전의 규정에 따른다.

부 칙 (2019.2.8)

제1조【시행일】이 영은「대한민국과 중미 공화국들 간의 자유무역협정」제24.5조에 따라 대한민국과 각 중미 공화국 사이에 같은 협정이 발효되는 날부터 해당 중미 공화국에 대하여 각각 시행한다.
제2조【일반적 적용례】이 영은 이 영 시행 이후 수출 또는 수입신고하는 물품부터 적용한다.

부 칙 (2019.10.1)

제1조【시행일】이 영은 2019년 10월 1일부터 시행한다. 다만, 별표17의2의 개정규정은「대한민국과 중미 공화국들 간의 자유무역협정」제24.5조에 따라 대한민국과 각 중미 공화국 사이에 같은 협정이 발효되는 날부터 해당 중미 공화국에 대하여 각각 시행한다.
제2조【일반적 적용례】이 영은 이 영 시행 이후 수출신고 또는 수입신고하는 물품부터 적용한다.
제3조【협정세율 변경에 관한 적용례】별표2, 별표4, 별표6, 별표10, 별표13 및 별표17의 개정규정은 이 영 시행 전에 종전의 별표2, 별표4, 별표6, 별표10, 별표13 및 별표17에 해당하는 물품을 수입신고한 경우에 대해서도 적용한다. 다만, 별표2, 별표4, 별표6, 별표10, 별표13 및 별표17의 개정규정에 따라 종전의 세율이 인상된 경우는 제외한다.

부 칙 (2019.10.29)

제1조【시행일】이 영은 영국과의 협정이 발효되는 때부터 시행한다. 다만, 제2조제7항의 개정규정은 유럽연합당사자와의 협정이 영국에 적용되지 않는 때부터 시행한다.<본문은 2021.1.1 발효>
제2조【일반적 적용례】이 영은 이 영 시행 이후 수출신고 또는 수입신고하는 물품부터 적용한다.
제3조【원산지증명서에 관한 특례】이 영 시행 당시 운송 중이거나 보세창고에 보관 중이거나「자유무역지역의 지정 및 운영에 관한 법률」제2조제1호에 따른 자유무역지역에 있는 물품에 대한 원산지증명서(영국과의 협정 및 이 영 제6조에 따른 요건을 갖춘 것을 말한다)가 이 영 시행 이후 12개월 이내에 소급하여 작성되고 그 물품이 체약상대국에 직접 운송되었음을 증명하는 자료와 함께 제출되는 경우에는 그 원산지증명서는 제6조에 따른 원산지증명서로 본다.
제4조【영국과의 협정 발효 전 수입물품에 관한 특례】유럽연합당사자와의 협정이 영국에 적용되지 않는 때에 영국과의 협정이 발효되지 않는 경우에는 유럽연합당사자와의 협정이 영국에 적용되지 않는 때부터 영국과의 협정이 발효되기 전까지 수입된 물품에 대해서도 이 영을 적용한다.

부 칙 (2020.2.11)

제1조【시행일】이 영은 공포한 날부터 시행한다. 다만, 제5조, 제10조제2항, 제17조(법 제9조제2항과 관련된 부분만 해당한다) 및 제46조의 개정규정은 2020년 4월 1일부터 시행한다.
제2조【협정관세 사후적용 신청기한에 관한 특례】이 영 시행 당시 납세고지(세관장이 수입자가 신고한 품목분류와 다른 품목분류를 적용하여「관세법」제38조의3제6항 또는 제39조제2항에 따라 관세를 징수하는 경우의 납세고지를 말한다)를 받은 수입자(법 제8조 및 제9조제1항에 따라 협정관세 적용을 신청한 수입자는 제외한다)는 제5조제3항의 개정규정에도 불구하고 납세고지를 받은 날부터 90일 이내에 협정관세의 사후적용을 신청할 수 있다.

부 칙 (2020.12.29)

제1조【시행일】이 영은 2021년 1월 1일부터 시행한다. 다만, 별표17의2의 개정규정 중 제5호의 파나마를 원산지로 하는 수입물품에 적용할 협정관세율은「대한민국과 중미 공화국들 간의 자유무역협정」제24.5조에 따라 대한민국과 파나마 사이에 같은 협정이 발효되는 날부터 파나마에 대하여 시행하고, 별표17의3의 개정규정은「대한민국과 영국 간의 자유무역협정」제15.10조에 따라 대한민국과 영국 사이에 같은 협정이 발효되는 날부터 시행한다.
제2조【품목분류번호와 품명의 추가에 관한 적용례】별표1부터 별표4까지, 별표6부터 별표8까지, 별표10부터 별표17까지, 별표17의2 및 별표17의3의 개정규정은 이 영 시행 이후 수출신고 또는 수입신고하는 물품부터 적용한다.

부 칙 (2021.7.27)

제1조【시행일】이 영은 공포한 날부터 시행한다. 다만, 다음 각 호의 개정규정은 각 호에서 정한 날부터 시행한다.
1. 제2조제19항, 제6조제2항제11호, 제13조제1항제12호, 제21조제20항, 제22조제5항, 제23조제1항제15호, 같은 조 제2항제17호, 같은 조 제3항제17호, 같은 조 제4항제2호, 제24조제1항제12호, 제25조제2항, 제27조, 제28조제3항, 제29조제1항, 제31조제1항, 제32조제11항, 제33조제1항제3호, 같은 조 제5항, 같은 조 제11항, 제34조제2항 · 제6항 및 별표17의4의 개정규정(각각 인도네시아에 관한 부분으로 한정한다) : 인도네시아와의 협정이 발효되는 날<2023.1.1 발효>

2. 제2조제20항, 제6조제2항제12호, 제13조제1항제13
호, 제21조제21항, 제22조제3항, 제23조제1항제16호,
같은 조 제2항제18호, 같은 조 제3항제18호, 같은 조
제4항제1호, 제24조제1항제13호, 제25조제2항, 제27
조, 제28조제2항, 제29조제1항, 제31조제1항, 제33조
제1항제1호, 같은 조 제2항제1호, 제34조제2항, 같은
조 제10항 및 별표17의5의 개정규정(각각 이스라엘에
관한 부분으로 한정한다) : 이스라엘과의 협정이 발
효되는 날<2022.12.1 발효>

제2조【일반적 적용례】 이 영은 이 영 시행 이후 수출
신고 또는 수입신고하는 물품부터 적용한다.

**제3조【수량별 차등협정관세의 적용을 위한 추천서
제출기한 연장에 관한 적용례】** 제3조제1항 단서의 개
정규정은 이 영 시행 전에 수입신고한 경우로서 이 영
시행 당시 수입신고 수리일부터 15일이 지나지 않은
경우에도 적용한다.

**제4조【체약상대국에 대한 원산지 확인 결과 회신 기
한에 관한 적용례】** 제16조제3항 및 제4항의 개정규정
은 이 영 시행 이후 관세청장 또는 세관장이 체약상대
국의 관세당국으로부터 원산지 확인 결과를 통보받는
경우부터 적용한다.

부   칙 (2021.12.31)

제1조【시행일】 이 영은 2022년 1월 1일부터 시행한
다. 다만, 다음 각 호의 개정규정은 해당 호에서 정한
날부터 시행한다.
1. 대통령령 제31906호 자유무역협정의 이행을 위한 관
세법의 특례에 관한 법률 시행령 일부개정령 별표17
의4의 개정규정 : 인도네시아와의 협정이 발효되는
날
2. 대통령령 제31906호 자유무역협정의 이행을 위한
세법의 특례에 관한 법률 시행령 일부개정령 별표17
의5의 개정규정 : 이스라엘과의 협정이 발효되는 날

제2조【품목번호 및 품명의 개정에 관한 적용례】 ①
별표1부터 별표17까지, 별표17의2, 별표17의3 및 별표
20의 개정규정은 이 영 시행 이후 수입신고하는 물품
부터 적용한다.
② 대통령령 제31906호 자유무역협정의 이행을 위한
관세법의 특례에 관한 법률 시행령 일부개정령 별표17
의4 및 별표17의5의 개정규정은 부칙 제1조 각 호에서
정한 시행일 이후 수입신고하는 물품부터 적용한다.

부   칙 (2022.1.25)

제1조【시행일】 이 영은 「역내포괄적경제동반자협정」
제20.6조에 따라 대한민국과 아세안회원국, 호주, 중화
인민공화국, 일본국 또는 뉴질랜드 사이에 같은 협정이
발효되는 날부터 각 아세안회원국, 호주, 중화인민공화
국, 일본국 또는 뉴질랜드에 대하여 시행한다. 다만, 다
음 각 호의 개정규정은 해당 호에서 정한 날부터 시행
한다.<본문은 2022.2.1 발효>
1. 별표17의 개정규정 : 공포한 날
2. 대통령령 제31906호 자유무역협정의 이행을 위한 관
세법의 특례에 관한 법률 시행령 일부개정령 제6조제
2항제12호 및 대통령령 제32277호 자유무역협정의
이행을 위한 관세법의 특례에 관한 법률 시행령 일부
개정령 별표17의5의 개정규정 : 이스라엘과의 협정이
발효되는 날

제2조【일반적 적용례】 이 영은 이 영 시행 이후 수출
신고 또는 수입신고하는 물품부터 적용한다.

제3조【품명의 개정에 관한 적용례】 ① 별표17의 개
정규정은 2022년 1월 1일 이후 수입신고한 물품에 대
해서도 적용한다.
② 대통령령 제32277호 자유무역협정의 이행을 위한
관세법의 특례에 관한 법률 시행령 일부개정령 별표17
의5의 개정규정은 부칙 제1조제2호에서 정한 시행일
이후 수입신고하는 물품부터 적용한다.

제4조【원산지증명서에 관한 특례】 「역내포괄적경제
동반자협정」 제3.30조에 따라 이 영 시행 당시 운송 중
이거나 보세창고에 보관 중이거나 「자유무역지역의 지
정 및 운영에 관한 법률」에 따른 자유무역지역에 있는
물품에 대한 원산지증명서(「역내포괄적경제동반자협
정」 및 이 영 제6조에 따른 요건을 갖춘 것으로 한정한
다)는 해당 물품이 대한민국, 아세안회원국, 호주, 중화
인민공화국, 일본국 또는 뉴질랜드로부터 직접 운송되
었음을 증명하는 자료와 함께 제출되는 경우 「역내포
괄적경제동반자협정」 및 이 영 제6조에 따라 작성된
원산지증명서로 본다.

부   칙 (2022.2.15)

이 영은 공포한 날부터 시행한다.

부   칙 (2022.7.5)

제1조【시행일】 이 영은 캄보디아와의 협정 제10.10조
에 따라 같은 협정이 발효되는 날부터 시행한다. 다만,
제23조제1항제17호 본문의 개정규정 및 같은 조 제4항
제1호의 개정규정 중 "뉴질랜드, 역내경제협정당사국"
을 개정하는 부분은 공포한 날부터 시행한다.
<본문은 2022.12.1 발효>

제2조【일반적 적용례】 이 영은 이 영 시행 이후 수출
신고 또는 수입신고하는 물품부터 적용한다.

제3조【운송 중인 물품 등에 관한 특례】 이 영 시행
당시 운송 중이거나 보세창고에 보관 중이거나 「자유
무역지역의 지정 및 운영에 관한 법률」에 따른 자유무
역지역에 있는 물품으로서 이 영 시행 이후 수입신고
하는 물품에 대하여 제2조제22항 및 별표17의7의 개정
규정에 따른 협정관세율을 적용받으려는 수입자는 다
음 각 호의 자료를 함께 제출하는 것을 조건으로 캄보
디아와의 협정 발효일부터 180일 이내에 같은 협정 제
3.20조에 따른 특혜관세대우 신청을 해야 한다.
1. 해당 물품에 대하여 소급하여 작성된 원산지증명서
(캄보디아와의 협정 및 이 영 제6조에 따른 요건을 갖
춘 것으로 한정한다)
2. 해당 물품이 캄보디아로부터 직접 운송되었음을 증
명하는 자료

부   칙 (2023.2.28)

이 영은 공포한 날부터 시행한다.

〔별표〕 ➡ 「www.hyeonamsa.com」 참조

관세사법

(1995년 12월 6일)
(법 률 제4984호)

개정
1997.12.13법 5453호(행정절차)
1997.12.13법 5454호(정부처명)
1999. 2. 5법 5815호(독점적외)
2000. 1. 7법 6102호
2000.12.29법 6305호(관세)
2002.12.18법 6778호
2005.12.29법 7796호(국가공무원)
2007. 7.19법 8517호
2008. 2.29법 8852호(정부조직)
2008. 3.14법 8883호
2011. 4. 8법 10570호
2015.12.15법 13549호
2016.12.27법 14462호
2018.12.31법 16094호
2020. 6. 9법 17339호(법률용어정비)
2021. 1. 5법 17815호

2009.12.31법 9903호
2014. 1. 1법 12160호
2016. 3. 2법 14036호
2017.12.30법 15329호
2020. 3.31법 17132호

2022. 1. 6법 18722호

제1장 총 칙
(2011.4.8 본장개정)

제1조【목적】 이 법은 관세사 제도를 확립하여 납세자의 편의를 증진하고 관세행정의 원활한 수행을 도모함으로써 국민경제의 발전에 이바지함을 목적으로 한다.(2017.12.30 본조개정)
제1조의2【관세사의 사명】 관세사는 공공성을 지닌 관세 전문가로서 납세자의 권익을 보호하고 건전한 통관질서의 확립에 기여하는 것을 사명으로 한다.
(2017.12.30 본조신설)
제2조【관세사의 직무】 관세사는 타인으로부터 의뢰를 받아 다음 각 호의 업무를 수행하는 것을 그 직무로 한다.
1. 수출입물품에 대한 세번(稅番)·세율의 분류, 과세가격의 확인과 세액의 계산
2.「관세법」제38조제3항의 자율심사와 그에 따른 자율심사보고서의 작성
3.「관세법」이나 그 밖에 관세에 관한 법률에 따른 물품의 수출·수입·반출·반입 또는 반송의 신고 등과 이와 관련되는 절차의 이행
4.「관세법」제226조에 따라 수출입하려는 물품의 허가·승인·표시나 그 밖의 조건을 갖추었음을 증명하기 위하여 하는 증명·표시의 확인의 신청
5.「관세법」에 따른 이의신청, 심사청구 및 심판청구의 대리
6. 관세에 관한 상담 또는 자문에 대한 조언
7.「관세법」제241조 및 제244조에 따른 수출입신고와 관련된 상담 또는 자문에 대한 조언
8.「관세법」및「수출용원재료에 대한 관세 등 환급에 관한 특례법」에 따른 환급청구의 대리
9. 세관의 조사 또는 처분 등과 관련된 화주(貨主)를 위한 의견진술의 대리
10. 제3호·제4호 및 제5호 외에「관세법」에 따른 신고·보고 또는 신청 등과 이와 관련되는 절차의 이행
11.「자유무역협정의 이행을 위한 관세법의 특례에 관한 법률」제17조 및 제20조에 따른 원산지 확인 등을 위한 조사 참여와 의견진술의 대리(2017.12.30 본호신설)
제3조【통관업의 제한】 ① 이 법에 따른 관세사, 관세법인 또는 제19조제4항의 통관취급법인등이 아니면 타인으로부터 의뢰를 받아 제2조에 따른 업무(이하 "통관업"이라 한다)를 할 수 없다. 다만, 제2조제5호·제6호 및 제9조부터 제11호까지의 규정에 따른 업무로서「관세법」이나 그 밖의 법률에 따로 규정이 있는 경우와 제

2조제4호 및 제7호에 따른 업무는 그러하지 아니하다.
(2017.12.30 단서개정)
② 누구든지 관세사 등 제1항에 규정된 자(이하 "관세사등"이라 한다)에게 제2조의 업무를 소개·알선하고 그 대가를 받거나 요구하여서는 아니 되고, 관세사등은 제2조의 업무를 소개·알선받고 그 대가로 금품·향응 또는 그 밖의 이익을 제공하거나 제공하기로 약속하여서는 아니 된다.(2022.1.6 본항개정)
③ 관세사가 아닌 자는 이 법에 따라 관세사가 아니면 할 수 없는 업무를 통하여 받은 보수나 그 밖의 이익을 분배받아서는 아니 된다.

제2장 관세사의 자격과 시험
(2011.4.8 본장개정)

제4조【관세사의 자격】 관세사 시험에 합격한 사람은 관세사 자격이 있다.
제5조【결격사유】 다음 각 호의 어느 하나에 해당하는 사람은 관세사가 될 수 없다.
1. 미성년자
2. 피성년후견인 또는 피한정후견인(2016.3.2 본호개정)
3. 파산선고를 받고 복권되지 아니한 사람
4. 금고 이상의 실형을 선고받고 그 집행이 끝나거나 집행이 면제된 날부터 3년이 지나지 아니한 사람(2017.12.30 본호개정)
5. 금고 이상의 형의 집행유예를 선고받고 그 유예기간이 끝난 날부터 1년이 지나지 아니한 사람(2017.12.30 본호개정)
5의2. 금고 이상의 형의 선고유예를 받고 그 유예기간 중에 있는 사람(2017.12.30 본호신설)
6. 제29조 및「관세법」제269조부터 제271조까지 및 제274조에 따라 벌금형 또는 통고처분을 받은 사람으로서 그 벌금형을 선고받거나 통고처분을 이행한 후 2년이 지나지 아니한 사람. 다만, 제30조 및「관세법」제279조에 따라 처벌된 사람은 제외한다.
7. 탄핵이나 징계처분에 의하여 그 직(職)으로부터 파면되거나 해임된 후 2년이 지나지 아니한 사람(2017.12.30 본호개정)
제6조【관세사 시험】 ① 제4조에 따른 관세사 시험은 제1차시험과 제2차시험으로 구분하여 시행한다.
② 관세사 시험의 최종 합격 발표일을 기준으로 제5조 각 호(제1호는 제외한다)의 어느 하나에 해당하는 사람은 시험에 응시할 수 없다.(2018.12.31 본항신설)
③ 제1차시험에 합격한 사람에 대하여는 다음 회 시험에서만 제1차시험을 면제한다.
④ 관세사 시험과목과 그 밖에 시험에 관하여 필요한 사항은 대통령령으로 정한다.
제6조의2【시험과목의 일부 면제】 ① 관세행정 분야에 종사한 경력이 있는 사람에 대하여는 다음 각 호의 구분에 따라 시험과목의 일부를 면제한다.
1. 일반직공무원으로 관세행정 분야에서 10년 이상 종사한 사람 중 대통령령으로 정하는 분야에서 5년 이상 종사한 사람 : 제1차시험의 전과목 면제
2. 다음 각 목의 어느 하나에 해당하는 사람 : 제1차시험의 전과목과 제2차시험의 일부 과목 면제
　가. 일반직공무원으로 관세행정 분야에서 10년 이상 종사한 사람 중 5급 이상 공무원 또는 고위공무원단에 속하는 일반직공무원으로 대통령령으로 정하는 분야에서 5년 이상 종사한 사람
　나. 일반직공무원으로 관세행정 분야에서 20년 이상 종사한 사람 중 대통령령으로 정하는 분야에서 5년 이상 종사한 사람

② 제1항제2호에 따른 제2차시험의 면제과목은 그 2분의 1을 넘지 아니하는 범위에서 대통령령으로 정한다.
③ 다음 각 호의 어느 하나에 해당하는 사람에게는 제1항을 적용하지 아니한다.
1. 탄핵이나 징계처분에 따라 그 직에서 파면되거나 해임된 사람
2. 강등 또는 정직 처분을 받은 후 2년이 지나지 아니한 사람
(2016.12.27 본항신설)

제6조의3【부정행위자에 대한 제재 등】① 관세청장은 다음 각 호의 어느 하나에 해당하는 사람에 대하여 해당 시험을 정지하거나 무효로 하고, 그 처분이 있은 날부터 5년간 시험 응시 자격을 정지한다.
1. 부정한 방법으로 시험에 응시한 사람
2. 시험에서 부정한 행위를 한 사람
② 누구든지 관세사 시험에 관하여 고의로 방해하거나 부당한 영향을 주는 행위를 하여서는 아니 된다.
(2022.1.6 본항신설)
(2022.1.6 본조제목개정)
(2016.3.2 본조신설)

제6조의4【관세사자격심의·징계위원회】① 다음 각 호의 사항을 심의·의결하기 위하여 관세청에 관세사자격심의·징계위원회를 둔다.
1. 관세사 자격의 취득과 관련된 다음 각 목의 사항
  가. 관세사 시험과목 등 시험에 관한 사항
  나. 시험 선발 인원의 결정에 관한 사항
  다. 시험과목 일부 면제 대상자의 요건에 관한 사항
  라. 그 밖에 관세사 자격의 취득과 관련한 중요 사항
2. 관세사에 대한 징계처분
3. 제27조제5항에 따른 등록거부와 그 기간의 결정에 관한 사항
② 제1항에 따른 관세사자격심의·징계위원회(이하 "관세사자격심의·징계위원회"라 한다) 구성 및 운영 등에 필요한 사항은 대통령령으로 정한다.
(2015.12.15 본조개정)

제3장 등록과 개업
(2011.4.8 본장개정)

제7조【등록】① 관세사의 자격이 있는 사람이 통관업을 하고자 하는 경우에는 대통령령으로 정하는 바에 따라 성명, 사무소명 및 해당 사무소 소재지, 「관세법」에 따른 세관공무원 직에 있다가 퇴직한 자(이하 "공직퇴임관세사"라 한다)인지 여부, 자격증번호 등을 등록신청서에 기재하여 관세청장에게 등록하여야 한다.
(2020.3.31 본항개정)
② 관세사 자격을 가진 사람은 대통령령으로 정하는 바에 따라 6개월 이상의 실무수습을 마친 후에 제1항에 따른 등록을 할 수 있다. 다만, 제6조의2제1항 각 호의 어느 하나에 해당하는 사람으로서 관세사 자격을 취득한 사람과 제8조제1항에 따라 등록이 취소된 사람이 재등록을 하는 경우에는 그러하지 아니하다.
③ 제1항에 따른 등록은 대통령령으로 정하는 바에 따라 갱신할 수 있다. 이 경우 갱신기간은 적어도 3년 이상으로 한다.

제7조의2【등록거부】① 관세청장은 제7조제1항에 따라 등록을 신청한 사람이 다음 각 호의 어느 하나에 해당하는 경우에는 그 등록을 거부하여야 한다.
1. 제5조 각 호의 결격사유 중 어느 하나에 해당하는 경우
2. 제7조제2항에 따른 실무수습을 마치지 아니한 경우
3. 제8조제1항제2호에 따라 등록이 취소된 날부터 2년(제13조의2를 위반하여 제8조제1항제2호에 따라 등

록이 취소된 경우에는 취소된 날부터 5년)이 지나지 아니한 경우(2020.6.9 본호개정)
4. 제15조를 위반하여 공무원을 겸하거나 영리업무에 종사하는 경우
5. 제27조제5항에 따라 관세사자격심의·징계위원회가 의결한 등록거부 기간이 지나지 아니한 경우 (2015.12.15 본호신설)
② 관세청장은 제1항에 따라 등록을 거부하는 경우에는 등록신청을 받은 날부터 30일 이내에 신청인에게 그 사유를 알려야 한다.
(2014.1.1 본조신설)

제8조【등록의 취소】① 관세청장은 관세사가 다음 각 호의 어느 하나에 해당하는 경우에는 등록을 취소하여야 한다.(2020.3.31 단서삭제)
1. 제5조 각 호의 어느 하나에 해당하게 된 경우
2. 관세사자격심의·징계위원회가 등록취소 의결을 한 경우(2015.12.15 본호개정)
3. 폐업한 경우
4. 사망한 경우
② 제1항제2호에 따라 등록이 취소된 사람은 취소된 날부터 2년(제13조의2를 위반하여 제1항제2호에 따라 등록이 취소된 사람은 취소된 날부터 5년) 내에 다시 등록하지 못한다.(2016.3.2 본항개정)

제8조의2【결격사유 확인을 위한 관계 기관 간 업무 협조】① 관세청장은 제5조에 따른 결격사유의 확인을 위하여 관계 기관의 장에게 범죄경력자료 등에 대한 조회를 요청할 수 있다.
② 제1항에 따른 요청을 받은 관계 기관의 장은 정당한 사유가 없으면 그 요청에 따라야 한다.
(2022.1.6 본조신설)

제9조【사무소의 설치 등】① 관세사는 그 업무를 하기 위하여 1개의 사무소만을 설치하여야 한다. 다만, 제2조제5호부터 제8호까지의 업무만을 하려는 경우에는 그러하지 아니하다.
② 관세사가 휴업 또는 폐업하거나 사무소를 이전 또는 폐지하였을 때에는 지체 없이 세관장에게 신고하여야 한다.
③ 관세사는 그 업무를 조직적으로 수행하고 공신력을 높이기 위하여 2명 이상의 관세사로 구성된 합동사무소를 설치할 수 있다. 이 경우 합동사무소에 소속 관세사의 수를 넘지 아니하는 범위에서 주사무소와 분사무소를 둘 수 있으며, 각 사무소에는 그 소속 관세사 1명 이상이 상근하여야 한다.(2017.12.30 본항개정)
④ 제3항에 따라 합동사무소를 설치하려면 관세청장에게 등록하여야 한다.
⑤ 관세사는 기획재정부령으로 정하는 바에 따라 다른 관세사를 채용하거나 직무보조자를 둘 수 있다.
⑥ 관세사는 그가 채용한 관세사와 직무보조자를 지도·감독할 책임이 있다.
⑦ 제1항 및 제3항에 따른 사무소의 설치 및 운영에 필요한 사항은 대통령령으로 정한다.
제10조 (2022.1.6 삭제)

제4장 관세사의 권리와 의무
(2011.4.8 본장개정)

제10조의2【기명날인 등】관세사는 그 직무에 관하여 신고서, 신청서, 청구서, 보고서 또는 그 밖의 서류(전자문서를 포함한다)를 작성하여 관계 기관에 제출할 때에는 해당 서류에 기명날인(記名捺印)하거나 서명(전자문서인 경우에는 전자서명을 말한다)하여야 한다.
제11조【보수】① 관세사는 그 업무에 관하여 의뢰인으로부터 소정의 보수(報酬)를 받는다.

② 관세사는 그 업무에 관하여 제1항에 따른 보수 외에는 어떠한 명목으로도 의뢰인으로부터 금품을 받아서는 아니 된다.
(2017.12.30 본조신설)

제12조 【명의 대여 등의 금지】 ① 관세사는 다른 사람에게 자기의 성명 또는 사무소의 명칭을 사용하여 통관업을 하게 하거나 그 자격증 또는 등록증을 빌려 주어서는 아니 된다.
② 누구든지 관세사로부터 성명 또는 사무소의 명칭을 빌려 통관업을 하거나 그 자격증 또는 등록증을 빌려서는 아니 된다. (2021.1.5 본항신설)
③ 누구든지 제1항 및 제2항에서 금지한 행위를 알선하여서는 아니 된다. (2021.1.5 본항신설)

제13조 【품위유지 및 성실 의무 등】 ① 관세사는 이 법과 「관세법」 및 이 법과 「관세법」에 따른 명령을 준수하여야 하며 통관업을 성실하고 공정하게 수행하여야 한다.
② 관세사는 품위를 손상하는 행위를 해서는 아니 된다. (2017.12.30 본항신설)
③ 관세사는 직무를 행할 때 고의로 진실을 감추거나 거짓 진술을 해서는 아니 된다. (2017.12.30 본항신설)
(2017.12.30 본조제목개정)

제13조의2 【금품 제공 등의 금지】 관세사는 다음 각 호의 행위를 하여서는 아니 된다.
1. 공무원에게 금품이나 향응을 제공하는 행위 또는 그 제공을 약속하는 행위
2. 제1호의 행위를 알선하는 행위
(2016.3.2 본조신설)

제13조의3 【관세사의 교육】 제7조제1항에 따라 등록한 관세사는 전문성과 윤리의식을 높이기 위하여 제21조에 따른 관세사회가 실시하는 연수교육을 대통령령으로 정하는 시간 이상 받아야 한다. 다만, 휴업 등으로 연수교육을 받기에 적당하지 아니한 경우로서 대통령령으로 정하는 경우에는 그러하지 아니하다.
(2018.12.31 본조신설)

제13조의4 【업무실적 보고】 ① 관세사(법인 및 단체 소속 관세사를 포함한다)는 전년도에 처리한 업무실적 내역서를 작성 및 보관하고 이를 매년 1월 말까지 관세사회에 제출하여야 한다. 이 경우 업무실적 내역서는 신고·신청대리, 청구대리, 관세조사대리, 관세·수출입신고 등의 상담 또는 조언 등 업무 성격에 따라 구분하여 작성하되 수임액, 수임 건수, 공직퇴임관세사인지 여부, 그 밖에 대통령령으로 정하는 사항이 포함되어야 한다.
② 제1항에 따른 업무실적 내역서의 작성 및 보고, 보관방법, 보존기간, 그 밖에 필요한 사항은 대통령령으로 정한다.
(2020.3.31 본조신설)

제13조의5 【연고 관계 등의 선전금지】 관세사나 그 사무직원은 통관업의 수임을 위하여 세관공무원과의 연고(緣故) 등 사적인 관계를 드러내며 영향력을 미칠 수 있다는 것을 선전해서는 아니 된다. (2020.3.31 본조신설)

제13조의6 【수임 등의 제한】 ① 5급 이상(고위공무원단을 포함하며, 「국가공무원법」 제40조의4제1항제4호에 따라 특별승진임용 후 명예퇴직한 사람의 경우에는 특별승진임용 전 직급이 5급 이상인 경우를 말한다) 또는 이에 상당하는 직급의 공무원으로 근무하다가 퇴직한 후 관세사 등록을 한 관세사는 퇴직 1년 전부터 퇴직한 날까지 근무한 기획재정부, 관세청, 조세심판원 등의 국가기관이 처리하는 사무와 관련된 통관업을 퇴직한 날부터 1년 동안 다음 각 호의 어느 하나에 해당하는 방법으로 수행할 수 없다. 다만, 당사자가 「민법」

제767조에 따른 친족인 경우의 수임은 그러하지 아니하다. (2022.1.6 본문개정)
1. 통관업을 의뢰받아 수임하는 방법
2. 관세법인 등의 담당 관세사로 지정되는 방법
3. 다른 관세사 또는 관세법인 등으로부터 명의를 빌려 통관업을 실질적으로 수행하는 등 사실상 수임하는 방법
4. 관세에 관한 신고서류 등에는 담당 관세사로 표시되어 있지 아니하나 실질적으로는 통관업 수행에 관여하여 수임료를 받는 방법
② 제1항에 따른 국가기관의 범위, 국가기관이 처리하는 사무와 관련된 통관업의 범위 및 그 밖에 필요한 사항은 대통령령으로 정한다.
(2021.1.5 본조신설)

제14조 【비밀엄수 의무】 관세사나 그 직무보조자 또는 관세사나 그 직무보조자였던 사람은 다른 법률에 특별한 규정이 있는 경우 외에는 직무상 알게 된 비밀을 누설하여서는 아니 된다.

제15조 【공무원 겸임 또는 영리업무 종사 금지】 ① 관세사는 공무원을 겸할 수 없다. 다만, 국회의원이나 지방의회의원 또는 상시 근무가 필요하지 아니한 공무원이 되거나 공공기관에서 위촉한 업무를 수행하는 경우에는 그러하지 아니하다. (2020.6.9 단서개정)
② 관세사는 다음 가 호의 어느 하나에 해당하는 업무 외에는 영리를 목적으로 업무를 경영하는 자의 사용인이 되거나 영리를 목적으로 하는 법인의 업무집행사원, 상근(常勤) 임원 또는 사용인이 될 수 없다.
1. 학교, 학원 등 교육 분야 출강(전임인 경우는 제외한다)
2. 보세화물의 보관업, 하역업, 운송업, 운송주선업 등 통관과 관련한 업무
③ 관세사가 휴업한 경우에는 제1항과 제2항을 적용하지 아니한다.

제15조의2 【회칙 준수 의무】 관세사는 제21조에 따른 관세사회의 회칙을 준수하여야 한다. (2017.12.30 본조신설)

제16조 【손해배상책임의 보장】 관세사(제17조의 관세법인 또는 제19조제4항의 통관취급법인등에 소속된 관세사는 제외한다)는 그 직무를 수행할 때 고의 또는 과실로 의뢰인에게 손해를 발생시키는 경우 그 손해에 대한 배상책임을 보장하기 위하여 대통령령으로 정하는 바에 따라 보험 가입 등 필요한 조치를 하여야 한다.

제5장 관세법인
(2011.4.8 본장개정)

제17조 【관세법인】 ① 관세사는 그 업무를 조직적·전문적으로 수행하고 공신력을 높이기 위하여 관세법인을 설립할 수 있다.
② 관세법인의 정관에는 다음 각 호의 사항이 포함되어야 한다.
1. 목적
2. 명칭
3. 주(主)사무소 및 분(分)사무소의 소재지
4. 사원과 이사의 성명, 주민등록번호 및 주소
5. 출자 1계좌의 금액 (2020.6.9 본호개정)
6. 각 사원의 출자계좌 수 (2020.6.9 본호개정)
7. 자본금 총액
8. 결손금 보전(補塡)에 관한 사항
9. 사원총회에 관한 사항
10. 대표이사에 관한 사항
11. 업무에 관한 사항
12. 존립 시기 또는 해산 사유를 정한 경우에는 그 시기 및 사유

제17조의2【관세법인의 등록】① 관세법인은 그 업무를 수행하려면 관세청장에게 등록하여야 한다.
② 제1항에 따른 등록을 하려는 관세법인은 제17조의3에 따른 사원 등의 요건과 제17조의4제1항에 따른 자본금의 요건을 갖추어야 한다.
③ 관세청장은 등록신청을 한 관세법인이 제2항에 따른 요건을 갖추지 아니한 경우에는 등록을 거부할 수 있으며, 등록신청서류에 미비한 사항이 있는 경우에는 기간을 정하여 그 보완을 요청할 수 있다.
④ 제1항에 따른 관세법인 등록의 절차, 구비서류 등에 관하여 필요한 사항은 대통령령으로 정한다.
제17조의3【사원 등】① 관세법인의 사원은 관세사이어야 한다.
② 관세법인에는 3명 이상의 이사를 두어야 한다.
③ 다음 각 호의 어느 하나에 해당하는 사람은 관세법인의 이사가 될 수 없다.
1. 사원이 아닌 사람
2. 제18조에 따라 등록이 취소되거나 업무가 정지된 관세법인의 이사이었던 사람(등록취소 또는 업무정지의 사유가 발생한 때의 이사이었던 사람으로 한정한다)으로서 그 등록취소 후 3년이 지나지 아니하거나 업무정지기간 중에 있는 사람
3. (2017.12.30 삭제)
④ 관세법인은 이사를 포함하여 5명 이상의 관세사를 두어야 한다.(2017.12.30 후단삭제)
⑤ 관세법인은 대통령령으로 정하는 바에 따라 대표이사를 두어야 한다.
⑥ 관세법인의 사원은 임의로 탈퇴할 수 있다.
(2017.12.30 본항신설)
⑦ 관세법인의 사원은 다음 각 호의 어느 하나에 해당되는 경우에는 당연히 탈퇴된다.(2017.12.30 본문개정)
1. 제8조에 따라 관세사의 등록이 취소된 경우
2. 정관으로 정한 사유가 발생한 경우
3. 사원총회의 결의가 있는 경우
4. 제27조제2항제2호 또는 제3호에 따른 업무정지 또는 업무의 일부정지에 해당하는 징계처분을 받은 경우
(2017.12.30 본호신설)
제17조의4【자본금 등】① 관세법인의 자본금은 2억원 이상이어야 한다.
② 관세법인은 직전 사업연도 말 대차대조표의 자산총액에서 부채총액을 뺀 금액이 제1항의 자본금에 미달하는 경우에는 미달하는 금액을 매 사업연도가 끝난 후 6개월 이내에 사원의 증여로 보전하거나 증자(增資)하여야 한다.
③ 제2항에 따라 증여한 경우에는 특별이익으로 계상(計上)한다.
④ 관세청장은 관세법인이 제2항에 따른 보전 또는 증자를 하지 아니한 경우에는 기간을 정하여 그 보전 또는 증자를 명할 수 있다.
제17조의5【손해배상준비금 등】① 관세법인은 제2조의 직무를 수행하다가 발생시킨 의뢰인의 손해에 대한 배상책임을 보장하기 위하여 대통령령으로 정하는 바에 따라 사업연도마다 손해배상준비금을 적립하거나 손해배상책임보험에 가입하여야 한다.
② 제1항에 따른 손해배상준비금은 관세청장의 승인 없이는 손해배상 외의 다른 용도로 사용하여서는 아니 된다.
제17조의6【다른 법인에 대한 출자의 제한 등】① 관세법인은 자기자본에 대통령령으로 정하는 비율을 곱한 금액을 초과하여 다른 법인에 출자하거나 다른 사람을 위한 채무보증을 하여서는 아니 된다.
② 제1항에서 "자기자본"이란 직전 사업연도 말 대차대조표의 자산총액에서 부채총액(제17조의5제1항에 따른 손해배상준비금은 제외한다)을 뺀 금액을 말한다.

제17조의7【명칭】 관세법인은 그 명칭 중에 관세법인이라는 글자를 사용하여야 한다.
제17조의8【사무소 등】① 관세법인은 주사무소 외에 분사무소를 둘 수 있다.
② 관세법인의 주사무소에는 이사인 관세사 2명 이상이 상근하여야 하고, 분사무소에는 이사인 관세사 1명 이상이 상근하여야 한다.
③ 관세법인의 이사와 이사가 아닌 관세사(이하 "소속관세사"라 한다)는 소속된 관세법인 외에 따로 사무소를 둘 수 없다.(2017.12.30 본항개정)
제17조의9【업무집행방법 등】① 관세법인은 법인 명의로 그 업무를 수행하며, 업무를 수행할 때에는 그 업무를 담당할 관세사를 지정하여야 한다. 이 경우 소속관세사에 대하여는 이사를 포함시켜 지정하여야 한다.
② 관세법인이 그 업무에 관하여 작성하는 문서에는 법인의 명칭 및 그 업무를 담당하는 관세사의 이름을 표시하여야 한다.
제17조의10【경업 금지】① 관세법인의 이사 또는 소속관세사는 자기 또는 제3자를 위하여 그 관세법인의 업무 범위에 속하는 업무를 수행하거나 다른 관세법인의 이사 또는 소속관세사가 되어서는 아니 된다.
② 관세법인의 이사이었거나 소속관세사이었던 사람은 그 관세법인에 소속되었던 기간 중에 그 관세법인이 수행하거나 수행을 승낙한 업무에 관하여는 관세사의 업무를 수행할 수 없다. 다만, 그 관세법인이 동의한 경우에는 그러하지 아니하다.
제17조의11【해산】① 관세법인은 다음 각 호의 어느 하나의 사유로 해산된다.
1. 정관으로 정한 사유의 발생
2. 사원총회의 결의
3. 합병
4. 파산
5. 법원의 명령 또는 판결
6. 등록의 취소
② 관세법인은 제1항제1호부터 제5호까지의 사유가 발생하였을 때에는 그 사실을 관세청장에게 통보하여야 한다.
제17조의12【정관 변경의 신고】 관세법인은 제17조제2항에 따른 정관의 내용 중 같은 항 제1호부터 제4호(사원과 이사의 주소는 제외한다)까지, 제7호(자본금 감소의 경우만 해당한다), 제10호 또는 제11호의 사항을 변경하였을 때에는 지체 없이 관세청장에게 신고하여야 한다.
제17조의13【준용규정】① 관세법인에 관하여는 제7조제3항, 제9조제5항·제6항, 제10조의2, 제12조, 제13조, 제13조의2, 제13조의5 및 제14조를 준용한다.
(2022.1.6 본항개정)
② 관세법인에 관하여 이 법에 규정되지 아니한 사항은 「상법」 중 유한회사에 관한 규정을 준용한다.
제18조【등록의 취소 등】 관세청장은 관세법인이 다음 각 호의 어느 하나에 해당하는 경우에는 등록을 취소하거나 1년 이내의 기간을 정하여 업무의 전부 또는 일부의 정지를 명할 수 있다. 다만, 제1호부터 제3호까지에 해당하는 경우에는 그 등록을 취소하여야 한다.
1. 업무정지명령을 위반하여 업무를 한 경우
2. 거짓이나 그 밖의 부정한 방법으로 제17조의2제1항에 따른 등록을 한 경우
3. 제17조의3제1항부터 제4항까지 또는 제17조의4제1항에 따른 요건을 충족하지 못하게 된 관세법인이 6개월 이내에 해당 요건을 보완하지 아니한 경우
4. 제17조의4제4항에 따른 관세청장의 보전 또는 증자 명령을 위반한 경우

5. 제17조의3제5항, 제17조의5, 제17조의6, 제17조의7, 제17조의8제2항, 제17조의9 또는 제17조의12를 위반하거나 제17조의13제1항에 따라 준용되는 제10조의2, 제12조, 제13조, 제13조의2 또는 제14조를 위반한 경우(2022.1.6 본호개정)

제5장의2　통관취급법인등
(2011.4.8 본장개정)

제19조【통관취급법인등】 ① 다음 각 호의 어느 하나에 해당하는 자로서 대통령령으로 정하는 바에 따라 관세청장에게 등록한 자는 통관업을 할 수 있다.
1. 운송 · 보관 또는 하역(이하 이 조에서 "운송등"이라 한다)을 업(業)으로 하는 법인(2014.1.1 본호개정)
2. 제1호의 법인이 자본금의 100분의 50 이상을 출자하여 설립한 법인
3. 「물류정책기본법」 제38조에 따라 인증을 받은 종합물류기업(이하 이 조에서 "종합물류기업"이라 한다) 중 대통령령으로 정하는 기업
② 제1항에 따라 관세청장에게 등록하려는 자는 다음 각 호의 요건을 모두 갖추어야 한다.
1. 자본금이 대통령령으로 정하는 금액 이상일 것
2. 기획재정부령으로 정하는 시설 또는 장비를 갖출 것
3. 그 밖에 통관업을 수행하는 데에 필요한 사항으로서 대통령령으로 정하는 요건을 갖출 것
③ 관세청장은 등록신청을 한 자가 제2항에 따른 요건을 갖추지 아니한 경우에는 등록을 거부할 수 있으며, 등록신청서류에 미비한 사항이 있는 경우에는 기간을 정하여 그 보완을 요청할 수 있다.
④ 제1항에 따라 등록한 법인 또는 종합물류기업(이하 "통관취급법인등"이라 한다)에 관하여는 제7조제3항, 제10조의2, 제12조, 제13조, 제13조의2, 제13조의5, 제14조 및 제16조를 준용한다.(2022.1.6 본항개정)
⑤ 통관취급법인등은 통관취급법인등 또는 제1항제2호의 통관취급법인에 출자한 법인이 다른 사람으로부터 운송등을 위탁받은 물품에 대해서만 통관업무를 수행할 수 있다.(2014.1.1 본항개정)
⑥ 통관취급법인등이 제5항의 물품에 대하여 통관업무를 수행하는 경우에는 그 물품을 제2항제2호의 시설 또는 장비로 직접 운송등을 하여야 한다. 다만, 통관취급법인등이 제2항제2호의 시설 또는 장비로 제5항의 물품을 직접 운송등을 하는 것이 곤란하다고 대통령령으로 정하는 경우에는 제2항제2호의 시설 또는 장비로 직접 운송등을 하지 아니하여도 된다.(2014.1.1 본항신설)
⑦ 통관취급법인등은 대통령령으로 정하는 바에 따라 통관업을 하려는 사무소마다 1명 이상의 관세사를 두어야 한다.
⑧ 제1항에 따른 등록의 절차와 그 밖에 필요한 사항은 대통령령으로 정한다.
제20조【등록의 취소 등】 관세청장은 통관취급법인등이 다음 각 호의 어느 하나에 해당하는 경우에는 그 등록을 취소하거나 1년 이내의 기간을 정하여 통관업의 전부 또는 일부의 정지를 명할 수 있다. 다만, 제1호부터 제3호까지에 해당하는 경우에는 그 등록을 취소하여야 한다.
1. 업무정지명령을 위반하여 업무를 한 경우
2. 거짓이나 그 밖의 부정한 방법으로 제19조제1항에 따른 등록을 한 경우
3. 제19조제2항에 따른 등록요건을 충족하지 못하게 된 통관취급법인등이 6개월 이내에 해당 요건을 보완하지 아니한 경우

4. 제19조제4항에 따라 준용되는 제10조의2, 제12조, 제13조, 제13조의2, 제14조 또는 제16조를 위반한 경우(2022.1.6 본호개정)
5. 제19조제5항 또는 제6항을 위반하여 통관업을 한 경우(2014.1.1 본호개정)
6. 제19조제7항을 위반한 경우(2014.1.1 본호개정)

제6장　관세사회
(2011.4.8 본장개정)

제21조【관세사회의 설립】 ① 관세사는 그 품위 및 자질의 향상, 직업윤리의 함양과 건전한 통관 질서의 확립을 위하여 관세사회를 설립하여야 한다.
② 관세사회는 그 회칙을 정하거나 변경하려면 관세청장의 인가를 받아야 한다.
③ 관세사, 관세법인 및 통관취급법인등은 관세사회에 가입하여야 한다.
④ 관세사회는 법인으로 한다.
⑤ 관세사회에 관하여는 이 법에 규정된 사항 외에는 「민법」 중 사단법인에 관한 규정을 준용한다.
⑥ 관세사회의 설립과 운영에 필요한 사항은 대통령령으로 정한다.
제21조의2【회원에 대한 연수 등】 ① 관세사회는 다음 각 호의 자에게 연수를 실시하고 회원의 자체적인 연수활동을 지도 · 감독한다.
1. 회원
2. 제9조제5항에 따른 직무보조자 등
② 제1항에 따른 연수를 실시하기 위하여 관세사회에 관세연수원을 둔다.
③ 관세사회는 효율적인 교육을 위하여 전문 교육기관 또는 단체에 연수교육을 위탁하여 운영할 수 있다.(2018.12.31 본항신설)
④ 제1항에 따른 연수와 감독에 필요한 사항은 관세사회가 관세청장의 승인을 받아 정한다.(2014.1.1 본조신설)
제21조의3【업무의 자문 등】 ① 공공기관은 제2조에 따른 관세사의 직무에 속하는 사항에 관하여 관세사회에 업무를 위촉하거나 자문할 수 있다.
② 관세사회는 제1항에 따라 위촉되거나 자문을 받은 경우 그 업무 또는 자문을 회원으로 하여금 수행하게 할 수 있다.(2015.12.15 본조신설)
제21조의4【정보공개】 ① 관세사회는 의뢰인에게 관세사 선임의 편의를 제공하기 위하여 제7조제1항에 따라 등록한 관세사의 전문분야, 자격취득사항 등 필요한 정보를 공개하여야 한다.
② 제7조제1항에 따라 등록한 관세사는 제1항에 따른 정보공개를 위하여 필요한 정보를 관세사회에 제공하여야 한다. 이 경우 관세사는 거짓으로 정보를 제공해서는 아니 된다.
③ 관세청장은 제1항에 따른 정보공개를 위하여 관세사의 등록정보를 관세사회에 제공하여야 한다.
④ 제1항에 따라 공개하여야 하는 정보의 범위, 공개방법 및 그 밖에 필요한 사항은 대통령령으로 정한다.(2018.12.31 본조신설)
제22조【관세사회의 감독】 관세사회는 관세청장의 감독을 받는다.

제7장　보　칙
(2011.4.8 본장개정)

제23조 (2007.7.19 삭제)
제24조【청문】 관세청장은 다음 각 호의 어느 하나에 해당하는 처분을 하려면 청문을 하여야 한다.

1. 제18조에 따른 관세법인의 등록취소 또는 업무정지 (2014.1.1 본호개정)
2. 제20조에 따른 통관취급법인등의 등록취소 또는 업무정지(2014.1.1 본호개정)

제24조의2【등록취소 등의 통보 및 공고 등】 ① 관세청장은 제18조, 제20조 또는 제27조제1항에 따라 등록취소, 업무정지 또는 징계처분을 한 때에는 지체 없이 그 사유를 구체적으로 밝혀 관세사회에 통보하고 그 내용을 관보 또는 인터넷 홈페이지에 공고하여야 한다.
② 관세사회는 제1항에 따라 통보를 받은 경우 그 내용을 인터넷 홈페이지에 3개월 이상 게재하는 방법으로 공개하여야 한다.
③ 제1항 및 제2항에 따른 통보·공고 및 공개에 필요한 사항은 대통령령으로 정한다.
(2021.1.5 본조신설)

제25조【유사명칭 사용금지 등】 ① 제7조, 제17조의2 또는 제19조에 따라 등록을 한 자 또는 제21조에 따른 관세사회가 아닌 자는 관세사, 관세법인, 통관취급법인 또는 관세사회나 이와 유사한 명칭을 사용하지 못한다.
(2014.1.1 본항개정)
② 이 법에 따른 관세사, 관세법인, 통관취급법인등이 아닌 자는 통관업을 직접 수행하는 것으로 오인(誤認)하게 하는 표시를 하거나 광고를 하여서는 아니 된다.

제26조【위임과 위탁】 관세청장은 이 법에 따른 권한 또는 업무의 일부를 대통령령으로 정하는 바에 따라 세관장에게 위임하거나 관세사회 또는 자격검정 관련 전문 기관·단체에 위탁할 수 있다.

제26조의2【벌칙 적용에서 공무원 의제】 관세사자격심의·징계위원회의 위원 중 공무원이 아닌 사람과 제26조에 따라 관세청장으로부터 위탁받은 업무에 종사하는 관세사회 또는 자격검정 관련 전문 기관·단체의 임직원은 「형법」 제127조 및 제129조부터 제132조까지의 규정에 따른 벌칙을 적용할 때에는 공무원으로 본다.
(2021.1.5 본조개정)

제8장 징 계
(2011.4.8 본장개정)

제27조【징계】 ① 관세청장은 관세사가 다음 각 호의 어느 하나에 해당하는 경우로서 대통령령으로 정하는 바에 따라 세관장 또는 관세사회 회장이 징계를 건의한 경우에는 관세사자격심의·징계위원회의 의결에 따라 징계처분을 한다. 다만, 관세청장은 관세사가 제1호에 해당하는 경우에는 직권으로 관세사자격심의·징계위원회에 징계 의결을 요구할 수 있다.(2015.12.15 본문개정)
1. 이 법 또는 「관세법」을 위반하거나 이 법과 「관세법」에 따른 명령을 위반한 경우
2. 관세사회 회칙을 위반한 경우(2015.12.15 본호개정)
② 관세사에 대한 징계의 종류는 다음 각 호와 같다.
(2015.12.15 본문개정)
1. 등록취소
2. 2년 이하의 업무정지(2015.12.15 본호개정)
3. 6개월의 범위에서 업무의 일부정지
4. 1천만원 이하의 과태료(2015.12.15 본호신설)
5. 견책
③ 관세청장이 관세사의 징계의결을 요구하였을 때에는 그 관세사에게 그 사실을 통보하여야 한다.
④ 징계의결 요구를 통보받은 관세사는 관세사자격심의·징계위원회의 의결이 있을 때까지 제9조제3항의 합동사무소 또는 새로운 사무소를 설치하거나 다른 관세사 또는 직무보조자를 채용할 수 없다.(2015.12.15 본항개정)
⑤ 관세청장은 관세사가 제1항 각 호에 해당하는 경우로서 관세사자격심의·징계위원회의 징계 의결 전에 제8조제1항제3호에 따라 등록이 취소된 경우에는 관세

사자격심의·징계위원회의 의결에 따라 5년 이내의 기간을 정하여 제7조에 따른 등록을 거부할 수 있다. (2020.3.31 본항개정)
⑥ 제1항에 따른 징계처분과 제5항에 따른 등록의 거부는 그 사유가 발생한 날부터 3년이 지나면 할 수 없다. (2015.12.15 본항개정)
⑦ 관세청장은 제1항에 따라 징계처분을 하는 경우 징계사유, 징계내용, 공직퇴임관세사인지 여부, 그 밖에 대통령령으로 정하는 사항을 포함한 징계결과를 기록·관리하여야 한다.(2020.3.31 본항신설)

제28조 (2015.12.15 삭제)

제9장 벌 칙
(2011.4.8 본장개정)

제29조【벌칙】 ① 다음 각 호의 어느 하나에 해당하는 자는 3년 이하의 징역 또는 3천만원 이하의 벌금에 처한다.
1. 제3조제1항을 위반하여 통관업을 한 자
2. 제14조(제17조의13제1항 및 제19조제4항에서 준용하는 경우를 포함한다)를 위반하여 비밀을 누설한 자
② 제6조의3제2항을 위반하여 관세사 시험에 관하여 고의로 방해하거나 부당한 영향을 주는 행위를 한 사람은 2년 이하의 징역 또는 2천만원 이하의 벌금에 처한다.(2022.1.6 본항신설)
③ 다음 각 호의 어느 하나에 해당하는 자는 1년 이하의 징역 또는 1천만원 이하의 벌금에 처한다.
1. 제3조제2항 및 제3항을 위반한 자
2. 제7조를 위반하여 관세사 등록을 하지 아니하고 통관업을 수행한 자(2014.1.1 본호신설)
3. 제12조제1항 및 제2항(제17조의13제1항 및 제19조제4항에서 준용하는 경우를 포함한다)을 위반하여 명의 대여 등을 한 자 및 명의 대여 등을 받은 상대방 (2021.1.5 본호개정)
4. 제12조제3항(제17조의13제1항 및 제19조제4항에서 준용하는 경우를 포함한다)을 위반하여 명의 대여 등을 알선한 자
5. 제13조의6을 위반하여 통관업을 수행한 자
6. 제25조제1항을 위반하여 유사한 명칭을 사용한 자
7. 제25조제2항을 위반하여 통관업을 직접 수행하는 것으로 오인하게 하는 표시를 하거나 광고를 한 자 (2021.1.5 4호~7호신설)
④ 다음 각 호의 어느 하나에 해당하는 자는 200만원 이하의 벌금에 처한다.
1. 제9조제1항·제3항 또는 제17조의8제2항·제3항을 위반하여 사무소를 설치한 자
2. (2022.1.6 삭제)
3. 제15조를 위반한 자
4. 제17조의10을 위반한 사람
5. 제19조제5항 또는 제6항을 위반하여 통관업무를 한 자(2014.1.1 본호개정)
6. 제27조제4항을 위반한 사람

제30조【양벌규정】 법인의 대표자나 법인 또는 관세사의 대리인, 사용인, 그 밖의 종업원이 그 법인 또는 관세사의 업무에 관하여 제29조의 위반행위를 하면 그 행위자를 벌하는 외에 그 법인 또는 관세사에게도 해당 조문의 벌금형을 과(科)한다. 다만, 법인 또는 관세사가 그 위반행위를 방지하기 위하여 해당 업무에 관하여 상당한 주의와 감독을 게을리하지 아니한 경우에는 그러하지 아니하다.

제31조【과태료】 ① 다음 각 호의 어느 하나에 해당하는 자에게는 100만원 이하의 과태료를 부과한다.
1. 제9조제2항을 위반하여 신고를 하지 아니한 사람
2. (2015.12.15 삭제)

3. 제19조제7항을 위반한 자(2014.1.1 본호개정)
4.~5. (2021.1.5 삭제)
② 제1항에 따른 과태료는 관세청장 또는 세관장이 부과·징수한다.
제32조【조사와 처분】제29조제1항, 제3항 및 제4항 각 호의 어느 하나에 해당하는 자에 대하여는 「관세법」 제283조부터 제319조까지의 규정을 적용한다. (2022.1.6 본조개정)

부　칙 (2015.12.15)

제1조【시행일】이 법은 공포한 날부터 시행한다. 다만, 제6조의3, 제7조의2제1항제5호, 제8조제1항제2호, 제27조제1항·제4항·제5항·제6항 및 제28조의 개정규정은 2016년 4월 1일부터 시행한다.
제2조【등록거부 등에 관한 적용례】제27조제5항 및 제6항의 개정규정은 2016년 4월 1일 이후 제8조제1항제3호에 따라 등록이 취소되는 경우부터 적용한다.
제3조【관세사자격심의위원회 및 관세사징계위원회에 대한 경과조치】2016년 4월 1일 당시 종전의 규정에 따른 관세사자격심의위원회 또는 관세사징계위원회의 심의·의결 및 그 밖의 행위와 관세사징계위원회에 대한 징계 요구 및 그 밖에 관세사자격심의위원회 또는 관세사징계위원회에 대한 행위는 제6조의3의 개정규정에 따른 관세사자격심의·징세위원회의 행위 또는 관세사자격심의·징계위원회에 대한 행위로 본다.
제4조【관세법인의 등록취소 등에 관한 경과조치】이 법 시행 전에 종전의 제11조를 위반한 경우에는 제11조 및 제18조제5호의 개정규정에도 불구하고 종전의 규정에 따른다.
제5조【통관취급법인등의 등록취소 등에 관한 경과조치】이 법 시행 전에 종전의 제11조를 위반한 경우에는 제11조 및 제20조제4호의 개정규정에도 불구하고 종전의 규정에 따른다.
제6조【징계처분에 관한 경과조치 등】① 이 법 시행 전의 행위에 대하여 징계처분을 하는 경우에는 제27조제2항제2호의 개정규정에도 불구하고 종전의 규정에 따른다.
② 제27조제2항제4호의 개정규정은 이 법 시행 이후 징계사유가 발생하는 경우부터 적용한다.
제7조【과태료에 관한 경과조치】이 법 시행 전의 행위에 대하여 과태료를 적용할 때에는 제31조제1항제2호의 개정규정에도 불구하고 종전의 규정에 따른다.

부　칙 (2016.3.2)

제1조【시행일】이 법은 공포한 날부터 시행한다. 다만, 제6조의3 및 제6조의4의 개정규정은 2016년 4월 1일부터 시행한다.
제2조【등록의 거부 및 취소에 관한 적용례】제7조의2제1항제3호 및 제8조제2항의 개정규정은 이 법 시행 후 등록이 취소된 경우부터 적용한다.
제3조【금치산자 등에 대한 경과조치】제5조제2호의 개정규정에 따른 피성년후견인 또는 피한정후견인에는 법률 제10429호 민법 일부개정법률 부칙 제2조에 따라 금치산 또는 한정치산 선고의 효력이 유지되는 사람을 포함하는 것으로 본다.

부　칙 (2016.12.27)

제1조【시행일】이 법은 2017년 1월 1일부터 시행한다.
제2조【시험의 일부 면제에 관한 적용례】제6조의2제3항의 개정규정은 이 법 시행 후 최초로 탄핵되거나 징계처분을 받은 사람부터 적용한다.

부　칙 (2017.12.30)

제1조【시행일】이 법은 2018년 1월 1일부터 시행한다.
제2조【관세법인 사원의 당연탈퇴사유에 관한 적용례】제17조의3제7항제4호의 개정규정은 이 법 시행 이후 제27조제2항제2호 또는 제3호에 따른 징계처분을 받은 사람부터 적용한다.
제3조【관세사의 결격사유에 관한 경과조치】이 법 시행 전에 발생한 사유로 인하여 제5조제4호·제6호·제5호의2 및 제7호의 개정규정에 따른 결격사유에 해당하게 된 경우에는 같은 개정규정에도 불구하고 종전의 규정에 따른다.
제4조【관세법인 이사 등의 결격사유에 관한 경과조치】이 법 시행 당시 제27조제2항제2호 또는 제3호의 징계처분을 받아 업무정지 기간 중에 있는 사람은 제17조의3제3항제3호 및 같은 조 제4항의 개정규정에도 불구하고 종전의 규정에 따른다.

부　칙 (2018.12.31)

이 법은 2019년 1월 1일부터 시행한다. 다만, 제13조의3 및 제21조의4의 개정규정은 2019년 7월 1일부터 시행한다.

부　칙 (2020.3.31)

제1조【시행일】이 법은 공포 후 3개월이 경과한 날부터 시행한다. 다만, 제8조제1항 단서 및 제27조제5항의 개정규정은 공포한 날부터 시행한다.
제2조【업무실적 보고에 관한 적용례】제13조의4의 개정규정은 이 법 시행 이후 처리한 업무실적 분부터 적용한다.

부　칙 (2020.6.9)

이 법은 공포한 날부터 시행한다.(이하 생략)

부　칙 (2021.1.5)

제1조【시행일】이 법은 공포한 날부터 시행한다. 다만, 제13조의6의 개정규정은 공포 후 1년이 경과한 날부터 시행한다.
제2조【수임 등의 제한에 관한 적용례】제13조의6의 개정규정은 같은 개정규정 시행 이후 같은 조 제1항 각 호의 어느 하나에 해당하는 행위를 하는 경우부터 적용한다.
제3조【과태료에 관한 경과조치】이 법 시행 전에 제25조제1항 또는 제2항을 위반한 자에 대해서는 종전의 제31조제1항제4호 또는 제5호에 따른다.

부　칙 (2022.1.6)

이 법은 공포한 날부터 시행한다. 다만, 제6조의3제2항 및 제29조제2항의 개정규정은 공포 후 3개월이 경과한 날부터 시행하고, 법률 제17815호 관세사법 일부개정법률 제13조의6제1항의 개정규정은 2022년 1월 6일부터 시행한다.

관세사법 시행령

(1996년 5월 4일)
(대통령령 제14991호)

개정
1997.12.31영15561호   <중략>
2001. 3.31영17179호   2002.12.30영17835호
2006. 6.12영19513호(고위공무원단인사규정)
2007.10.31영20350호
2007.12.31영20516호(개별소비세법시)
2008. 2.29영20720호(직제)
2008. 7.24영20928호   2011. 4. 4영22830호
2012. 1. 6영23488호(민감정보고유식별정보)
2012. 2. 2영23605호
2012. 2.29영23644호(대학교원자격기준등에관한규정)
2012. 5. 1영23759호(수험생편의제공일부개정령)
2013.12.30영25050호(행정규제재검토에따른일부개정령)
2014. 2.21영25210호
2014.12. 9영25840호(규제기한정비)
2015.12.30영26774호(주민등록번호수집최소화)
2016. 6.30영27299호(행정규제정비일부개정령)
2016.10. 7영27539호
2016.12.30영27751호(규제기한설정)
2017. 2. 7영27846호   2018. 3. 6영28689호
2019. 2.12영29543호
2020. 3. 3영30509호(규제기한해제)
2020. 7. 1영30813호   2021. 6.22영31785호
2022. 2.15영32433호
2022. 3. 8영32528호(규제기한해제)
2023. 6.27영33565호

제1조【목적】이 영은「관세사법」에서 위임된 사항과 그 시행에 관하여 필요한 사항을 규정함을 목적으로 한다.(2007.10.31 본조개정)

제2조~제3조의2 (2001.3.31 삭제)

제4조【시험의 실시기관】「관세사법」(이하 "법"이라 한다) 제6조제1항에 따른 관세사 시험(이하 "시험"이라 한다)은 관세청장이 실시한다.(2023.6.27 본조개정)

제5조【시험의 과목 및 방법】① 시험의 과목은 별표1과 같다.
② 시험의 제1차시험은 객관식 필기시험에 의하고, 제2차시험은 주관식 필기시험에 의한다.

제5조의2【시험과목의 일부면제 등】① 법 제6조의2제1항제1호 및 제2호 각목에서 "대통령령이 정하는 분야"라 함은 별표1의2의 규정에 의한 관세행정분야를 말한다.
② 법 제6조의2제1항의 규정을 적용함에 있어서 그 경력산정의 기준일은 당해 시험의 응시원서 접수 마감일로 한다.
③ 법 제6조의2제1항제2호의 규정에 의하여 면제되는 제2차시험과목은 다음 각호의 과목으로 한다.
1.「관세법」(관세평가는 제외하며,「수출용원재료에 대한 관세 등 환급에 관한 특례법」을 포함한다)
(2007.10.31 본호개정)
2. 관세율표 및 상품학
(2001.3.31 본조신설)

제5조의3【관세사자격심의·징계위원회의 구성 등】① 법 제6조의4제1항에 따른 관세사자격심의·징계위원회(이하 "관세사자격심의·징계위원회"라 한다)는 위원장 1명을 포함하여 10명의 위원으로 성별을 고려하여 구성한다.
② 관세사자격심의·징계위원회의 위원장(이하 "위원장"이라 한다)은 관세청 차장이 되고, 위원은 다음 각 호의 사람이 된다.
1. 관세 업무를 담당하는 기획재정부의 3급 공무원 또는 고위공무원단에 속하는 일반직공무원 중 기획재정부장관이 지명하는 사람 1명

2. 관세청의 3급 공무원 또는 고위공무원단에 속하는 일반직공무원 중 관세청장이 지명하는 사람 3명
3. 관세 전문가로서 관세에 관한 학식과 경험이 풍부한 사람 중에서 관세청장이 위촉하는 사람 1명 또는 2명
4. 법 제21조에 따른 관세사회(이하 "관세사회"라 한다) 회장이 추천하는 관세사 중 관세청장이 위촉하는 사람 2명 또는 3명(2020.7.1 본호개정)
5. 시민단체(「비영리민간단체 지원법」 제2조에 따른 비영리민간단체를 말한다)가 추천하는 사람 중 관세청장이 위촉하는 사람 1명
③ 제2항제3호부터 제5호까지의 규정에 해당하는 위원의 임기는 2년으로 한다.
④ 기획재정부장관은 제2항제1호에 따른 위원이 다음 각 호의 어느 하나에 해당하는 경우에는 해당 위원의 지명을 철회할 수 있다.
1. 심신장애로 인하여 직무를 수행할 수 없게 된 경우
2. 직무와 관련된 비위사실이 있는 경우
3. 직무태만, 품위손상이나 그 밖의 사유로 인하여 위원으로 적합하지 아니하다고 인정되는 경우
4. 제5조의5제1항 각 호의 어느 하나에 해당하는 데에도 불구하고 회피하지 아니한 경우
5. 위원 스스로 직무를 수행하는 것이 곤란하다고 의사를 밝히는 경우
⑤ 관세청장은 제2항제2호부터 제5호까지의 규정에 해당하는 위원이 제4항 각 호의 어느 하나에 해당하는 경우에는 해당 위원의 지명을 철회하거나 해촉(解囑)할 수 있다.
(2016.10.7 본조개정)

제5조의4【관세사자격심의·징계위원회의 운영】① 위원장은 관세사자격심의·징계위원회를 대표하고, 관세사자격심의·징계위원회의 업무를 총괄한다.
② 위원장은 관세사자격심의·징계위원회의 회의를 소집하고, 그 의장이 된다.
③ 위원장이 부득이한 사유로 그 직무를 수행하지 못하는 경우에는 위원장이 지명하는 위원이 위원장의 직무를 대행한다.
④ 관세사자격심의·징계위원회의 회의는 다음 각 호의 구분에 따라 개의(開議)하고, 출석위원 과반수의 찬성으로 의결한다.
1. 법 제6조의4제1항제1호의 사항 : 위원장을 포함한 재적위원 과반수의 출석
2. 법 제6조의4제1항제2호 또는 제3호의 사항 : 위원장을 포함한 재적위원 3분의 2 이상의 출석
⑤ 제1항부터 제4항까지에서 규정한 사항 외에 관세사자격심의·징계위원회의 운영에 관하여 필요한 사항은 관세청장이 정한다.
(2016.10.7 본조개정)

제5조의5【관세사자격심의·징계위원회의 위원의 제척·기피·회피】① 관세사자격심의·징계위원회의 위원은 다음 각 호의 어느 하나에 해당하는 경우에는 해당 안건의 심의·의결에서 제척(除斥)된다.(2016.10.7 본문개정)
1. 위원 본인이 징계의결 대상 관세사인 경우
2. 위원이 징계의결 대상 관세사와 친족이거나 친족이었던 경우
3. 징계의결 대상 관세사가 위원이 속한 법인이나 사무소에 소속되어 있는 경우
② 징계의결 대상 관세사는 위원장이나 위원에게 공정한 심의·의결을 기대하기 어려운 특별한 사정이 있으면 기피신청을 할 수 있다. 이 경우 관세사자격심의·징계위원회는 의결로 위원장이나 해당 위원의 기피 여부를 결정하여야 하며, 기피결정을 받은 사람은 그 심의·의결에 참여하지 못한다.(2016.10.7 본항개정)

③ 관세사자격심의·징계위원회의 위원은 제1항에 해당하면 스스로 해당 안건의 심의·의결에서 회피하여야 하며, 제2항에 따른 기피신청을 받은 경우에는 회피할 수 있다.(2016.10.7 본항개정)
(2016.10.7 본조제목개정)
(2011.4.4 본조신설)
제6조【실무수습】 ① 법 제7조제2항의 규정에 의한 실무수습(이하 "실무수습"이라 한다)의 기간은 6월로 한다.(2002.12.30 본항개정)
② 실무수습의 내용·방법·절차 기타 필요한 사항은 관세청장이 정한다.
제7조~제8조 (2002.12.30 삭제)
제9조 (2016.10.7 삭제)
제10조【시험의 시행 및 공고】 ① 시험은 매년 1회 이상 실시한다.
② 관세청장은 시험의 일시·장소·방법, 제11조제3항에 따른 응시수수료의 반환절차 및 반환방법에 관한 사항, 그 밖에 시험의 시행에 필요한 사항을 시험 시행일 90일 전까지 공고해야 한다.(2023.6.27 본항개정)
③ 관세청장은 관세사의 수급상황 등을 고려하여 관세사자격심의·징계위원회의 심의를 거쳐 제2차시험의 최소합격인원을 정하여 공고할 수 있다.(2016.10.7 본항개정)
제11조【응시절차】 ① 제1차시험 또는 제2차시험에 응시하려는 사람은 제10조제2항에 따른 공고에서 정하는 바에 따라 응시원서에 필요한 서류를 첨부하여 관세청장에게 각각 제출해야 한다.(2023.6.27 본항개정)
② 제1항에 따라 응시원서를 제출할 때에는 기획재정부령으로 정하는 금액의 수수료를 기획재정부령으로 정하는 방법으로 내야 한다.(2008.7.24 본항개정)
③ 관세청장은 제2항에 따라 수수료를 낸 사람이 다음 각 호의 어느 하나에 해당하는 경우에는 해당 금액을 돌려주어야 한다.
1. 수수료를 과오납한 경우 : 과오납한 수수료 전액
2. 시험 시행기관의 귀책사유로 시험에 응시하지 못한 경우 : 낸 수수료 전액
3. 응시원서 접수기간에 접수를 취소하는 경우 : 낸 수수료 전액
4. 응시원서 접수 마감일의 다음 날부터 시험 시행 20일 전까지 접수를 취소하는 경우 : 낸 수수료의 100분의 60에 해당하는 금액(2023.6.27 본호개정)
5. 시험 시행 19일 전부터 시험 시행 10일 전까지 접수를 취소하는 경우 : 낸 수수료의 100분의 50에 해당하는 금액(2023.6.27 본호개정)
(2011.4.4 본항개정)
제12조 (2016.10.7 삭제)
제13조【합격자의 결정】 ① 제1차시험에서는 매과목 100점을 만점으로 하여 매과목 40점 이상, 전과목 평균 60점 이상을 득점한 자를 합격자로 결정한다.
② 제2차시험에서는 매과목 100점을 만점으로 하여 매과목 40점 이상, 전과목 평균 60점 이상을 득점한 자를 합격자로 결정한다. 다만, 매과목 40점 이상, 전과목 평균 60점 이상을 득점한 자가 제10조제3항의 규정에 의한 최소합격인원에 미달하는 경우에는 동 최소합격인원의 범위안에서 매과목 40점 이상을 득점한 자 중에서 전과목 평균득점에 의한 고득점자순으로 합격자를 결정한다.
③ 제2항 단서의 규정에 의하여 합격자를 결정함에 있어서 동점자로 인하여 최소합격인원을 초과하는 경우에는 당해 동점자 모두를 합격자로 결정한다. 이 경우 동점자의 점수계산은 소수점 이하 둘째자리까지 계산한다.
(2002.12.30 본조개정)

제14조 (2002.12.30 삭제)
제15조【합격자의 공고와 자격증의 교부】 관세청장은 시험의 합격자가 결정된 때에는 지체없이 이를 공고하고, 합격자에게는 관세사자격증을 교부하여야 한다.
제16조【관세사의 등록과 갱신】 ① 법 제7조제1항에 따라 등록을 하려는 사람은 기획재정부령으로 정하는 바에 따라 다음 각 호의 사항을 기재한 등록신청서를 관세청장에게 제출해야 한다.
1. 성명 및 생년월일
2. 성별
3. 사무소명 및 사무소 소재지
4. 자격증번호
5. 자격 취득년도
6. 「관세법」에 따른 세관공무원 직에 있다가 퇴직한 자(이하 "공직퇴임관세사"라 한다)인지 여부
(2020.7.1 본항개정)
② 법 제7조제3항에 따른 갱신기간은 5년으로 하며, 등록을 갱신하려는 사람은 등록의 유효기간이 끝나는 날의 1개월 전까지 제1항 각 호의 사항 및 등록번호가 기재된 기획재정부령으로 정하는 등록갱신신청서를 관세청장에게 제출해야 한다.(2020.7.1 본항개정)
③ 관세청장은 제1항에 따라 관세사의 등록을 한 자에게 등록을 갱신하려면 등록의 유효기간이 끝나는 날의 1개월 전까지 등록갱신을 신청하여야 한다는 사실과 갱신절차를 등록기간이 끝나는 날의 2개월 전까지 휴대폰에 의한 문자전송, 전자메일, 팩스, 전화, 문서 등으로 미리 알려야 한다.(2012.2.2 본항신설)
④ 관세사는 등록사항에 변경이 생긴 때에는 지체없이 그 내용을 관세청장에게 신고하여야 한다.
⑤ 제1항부터 제4항까지에서 규정한 사항 외에 관세사의 등록 및 등록갱신에 필요한 사항은 관세청장이 정하여 고시한다.(2017.2.7 본항신설)
제17조 (2022.2.15 삭제)
제18조 (2007.10.31 삭제)
제19조【합동사무소의 설치】 ① 법 제9조제3항의 규정에 의하여 관세사 2인이상이 합동사무소를 설치하고자 하는 때에는 관세청장이 정하는 바에 따라 관세청장에게 등록하여야 한다.
② (2007.10.31 삭제)
제20조 (2016.10.7 삭제)
제21조【연수교육의 시간 등】 ① 법 제13조의3 본문에서 "대통령령으로 정하는 시간 이상"이란 1년에 직업윤리 과목 2시간 이상을 포함하여 8시간 이상을 말한다. 이 경우 연수교육 이수시간의 계산방법 및 연수교육 이수의 주기 등에 관한 사항은 관세사회가 정한다.
② 법 제13조의3 단서에서 "대통령령으로 정하는 경우"란 다음 각 호의 경우를 말한다.
1. 휴업 등으로 연수교육을 받을 수 없는 정당한 사유가 있는 경우
2. 질병, 부상, 출산, 군복무 또는 장기 국외 체류 등으로 정상적인 관세사 업무를 수행할 수 없는 경우
3. 고령으로 연수교육을 받기에 적당하지 않은 경우로서 관세사회가 정하는 경우
(2019.2.12 본조신설)
제21조의2【업무실적 보고】 ① 관세사(법인 및 단체 소속 관세사를 포함한다. 이하 이 조에서 같다)는 법 제13조의4제1항에 따라 수임액, 수임 건수, 공직퇴임관세사인지 여부 및 제2항 각 호의 사항이 기재된 기획재정부령으로 정하는 업무실적 내역서를 작성하여 관세사회에 제출해야 한다.
② 법 제13조의4제1항 후단에서 "대통령령으로 정하는 사항"이란 다음 각 호의 사항을 말한다.
1. 성명

2. 사무소명 및 사무소 소재지
3. 등록번호
4. 업무실적 보고 대상 연도
③ 관세사는 제1항에 따라 작성한 업무실적 내역서를 법 제13조의4제1항 전단에 따른 제출기한이 지난 날부터 5년간 사무소에 보존해야 한다. 이 경우 업무실적 내역서는 「전자문서 및 전자거래 기본법」 제2조제1호에 따른 전자문서로 작성·보관할 수 있다.
(2020.7.1 본조신설)

제21조의3 【수임 등의 제한 대상 국가기관의 범위】
① 법 제13조의6제1항에 따라 수임 등이 제한되는 국가기관은 해당 관세사가 퇴직 1년 전부터 퇴직한 날까지 「국가공무원법」에 따른 국가공무원으로 근무한 모든 국가기관으로 한다.
② 다음 각 호의 각 국가기관은 이를 별도의 국가기관으로 보아 법 제13조의6제1항을 적용한다.
1. 「정부조직법」 및 그 밖의 다른 법률에 따른 각 중앙행정기관
2. 제1호에 따른 중앙행정기관에 그 소속의 행정기관(관세청의 경우 세관장 소속의 지원센터를 포함한다)이 있는 경우에는 각각의 행정기관(2023.6.27 본호개정)
3. 「법원조직법」 제3조에 따른 대법원, 고등법원, 특허법원, 지방법원, 가정법원, 행정법원, 회생법원, 지방법원 지원, 가정법원 지원, 가정지원, 시·군법원 및 「법원조직법」 제27조제4항에 따라 관할구역의 지방법원 소재지에서 사무를 처리하는 고등법원의 부. 다만, 「법원조직법」 제3조제2항 단서에 따라 지방법원 및 가정법원의 지원 2개를 합하여 1개의 지원으로 하는 경우에 그 지방법원 및 가정법원의 지원은 이를 동일한 국가기관으로 보아 법 제13조의6제1항을 적용한다.
4. 「검찰청법」 제3조에 따른 대검찰청, 고등검찰청, 지방검찰청, 지방검찰청 지청 및 같은 법 제19조제2항에 따라 관할구역의 지방검찰청 소재지에서 사무를 처리하는 고등검찰청의 지부
5. 「군사법원법」 제6조에 따른 각 지역군사법원 (2023.6.27 본호개정)
6. 「군사법원법」 제36조제2항에 따른 고등검찰부 및 보통검찰부
7. 「국가경찰과 자치경찰의 조직 및 운영에 관한 법률」 제12조 및 제13조에 따른 경찰청, 시·도경찰청 및 경찰서
③ 다음 각 호의 기관은 법 제13조의6제1항을 적용할 때 수임 등이 제한되는 국가기관으로 보지 않는다.
1. 파견, 직무대리, 교육훈련, 휴직, 출산휴가 또는 징계 등으로 실제로 근무하지 않은 국가기관
2. 겸임발령 등으로 둘 이상의 기관에 소속된 경우 실제로 근무하지 않은 국가기관
④ 퇴직 1년 전부터 퇴직한 날까지 파견, 직무대리, 겸임발령 등으로 소속된 국가기관에서의 근무기간이 1개월 이하인 국가기관은 법 제13조의6제1항을 적용할 때 수임 등이 제한되는 국가기관으로 보지 않는다.
(2021.6.22 본조신설)

제21조의4 【수임 등의 제한 대상 통관업의 범위】
법 제13조의6제1항에 따른 관세사가 처리하는 사무와 관련된 통관업은 법 제2조에 따른 업무 중 다음 각 호에 해당하지 않는 업무로 한다.
1. 법 제2조제4호 및 제7호의 업무
2. 천재지변이나 전쟁·화재 등의 재난으로 입항 세관이 변경되는 등의 사유가 발생하여 제21조의3에 따른 국가기관이 처리하는 사무와 불가피하게 관련되는 법 제2조제1호·제3호·제6호 및 제10호의 업무
(2021.6.22 본조신설)

제22조 【손해배상책임의 보장】
① 법 제7조제1항에 따라 등록한 관세사와 법 제19조제1항에 따라 등록한 법인 또는 종합물류기업은 법 제16조에 따라 등록 후 15일 이내에 다음 각 호의 어느 하나의 방법으로 관세사 1인당 1천만원 이상의 손해배상책임 보장조치를 해야 한다.
1. 보험 가입
2. 관세사회가 운영하는 공제사업 가입
3. 사무소 소재지를 관할하는 공탁기관에 현금이나 국공채 공탁
4. 그 밖에 관세청장이 정하는 손해배상책임 보장조치 (2022.2.15 본항개정)
② 손해배상책임의 보장에 관하여 기타 필요한 사항은 관세청장이 정한다.

제23조 【분쟁·고충조정위원회의 설치】
① 통관업과 관련한 분쟁을 조정하고 고충을 해소하기 위하여 관세사회에 통관업분쟁·고충조정위원회(이하 "조정위원회"라 한다)를 둔다.
② 조정위원회는 당사자의 일방 또는 쌍방의 신청에 의하여 관세사·관세법인·통관취급법인등과 의뢰인, 관세사 등과 제3자간의 분쟁과 고충을 심사·조정하여 처리한다.(2007.10.31 본항개정)
③ 조정위원회의 구성·운영 기타 필요한 사항은 관세청장이 정한다.

제24조 【관세법인의 등록신청】
① 법 제17조의2제1항에 따라 관세법인의 등록을 하려는 자는 기획재정부령으로 정하는 신청서에 다음 각 호의 서류를 첨부하여 관세청장에게 제출하여야 한다.(2008.2.29 본문개정)
1. 정관 사본
2. 소속된 관세사의 관세사 등록증 사본
3. 자본금 납입을 증명하는 서류
4. 주사무소와 분사무소(분사무소를 두는 경우에만 적용한다)의 설치예정지가 기재된 서류
5. (2011.4.4 삭제)
② 관세법인은 등록사항에 변경이 생긴 때에는 그 내용을 관세청장에게 신고하여야 한다.
③ 관세청장은 제1항에 따른 등록신청을 받은 경우에는 법 제17조의2제2항에 해당하지 아니하면 관세법인 등록부에 적고 관세법인 등록증을 교부하여야 한다.
(2007.10.31 본조개정)

제24조의2 【관세법인의 대표이사】
법 제17조의3제5항에 따라 관세법인에는 3명 이내의 대표이사를 두어야 한다.(2007.10.31 본조신설)

제24조의3 【관세법인의 손해배상준비금 적립 등】
① 법 제17조의5제1항에 따라 관세법인은 손해배상준비금을 적립하는 경우에는 해당 사업연도 총 매출액의 100분의 2에 해당하는 금액을 사업연도마다 손해배상준비금으로 적립하여야 하며, 제1호의 금액이 제2호의 금액에 모자라는 경우에는(손해배상준비금을 적립하지 아니한 경우를 포함한다) 그 차액 이상을 보상한도로 하는 손해배상책임보험에 가입하여야 한다.
1. 해당 관세법인이 손해배상준비금으로 적립한 금액
2. 해당 관세법인에 소속된 관세사의 수에 1천만원을 곱하여 산출한 금액
② 관세법인은 제1항에 따른 손해배상준비금을 직전 2개 사업연도 및 해당 사업연도 총 매출액 평균의 100분의 10에 해당하는 금액에 달할 때까지 적립하여야 한다.
③ 손해배상준비금의 사용 및 손해보상책임보험의 가입 확인에 필요한 사항은 관세청장이 정한다.
(2007.10.31 본조신설)

제24조의4 【관세법인의 다른 법인에 대한 출자의 제한 등】 법 제17조의6제1항에 따라 관세법인이 다른 법인에 출자하거나 다른 사람을 위하여 채무를 보증한 금액의 합계액은 법 제17조의6제2항에 따른 자기자본(이하 이 조에서 "자기자본"이라 한다)의 100분의 25(다른 사람을 위한 채무보증액은 자기자본의 100분의 10)에 해당하는 금액을 초과하여서는 아니 된다. 다만, 다음 각 호의 어느 하나에 해당하는 경우에는 그 금액의 범위에서 다른 법인에 출자할 수 있다.
1. 법 제15조제2항제2호에 따른 업종에 출자하는 경우에는 자기자본의 100분의 50에 해당하는 금액
2. 자기자본에서 손해배상준비금을 뺀 금액이 2억원을 초과하는 경우에는 그 초과금액의 100분의 50에 해당하는 금액

(2007.10.31 본조신설)

제24조의5 【관세법인의 등록 갱신】 관세법인의 등록 갱신에 관하여는 제16조제2항·제3항 및 제5항을 준용한다.(2022.2.15 본조개정)

제25조 【통관취급법인등의 등록】 ① 법 제19조제1항 제3호에서 "대통령령으로 정하는 기업"이란 다음 각 호의 어느 하나에 해당하는 기업(이하 "종합물류기업"이라 한다)을 말한다.
1. 단일 물류기업으로 인증을 받은 종합물류기업
2. 2개 이상의 물류기업으로 구성되어 인증을 받은 종합물류기업 중 기획재정부령으로 정하는 요건에 해당하는 기업

(2008.7.24 본항개정)

② 법 제19조제1항에 따라 등록을 하려는 법인과 종합물류기업은 기획재정부령으로 정하는 신청서에 운송업·보관업·하역업의 등록증 등의 사본[법 제19조제1항제2호의 경우에는 그 법인에 출자한 같은 항 제1호의 법인의 등록증 등의 사본, 「자유무역지역의 지정 및 운영에 관한 법률」에 따른 자유무역지역(이하 '자유무역지역'이라 한다)의 입주업체의 경우에는 입주허가서 사본] 또는 종합물류기업 인증서 사본을 첨부하여 관세청장에게 제출하여야 한다.(2008.7.24 본항개정)

③ 법 제19조제2항제1호에서 "대통령령으로 정하는 금액"이란 3억원을 말하고, 같은 항 제3호에서 "통관업을 수행하는 데 필요한 사항으로서 대통령령으로 정하는 요건"이란 다음 각 호의 어느 하나에 해당하는 법인 또는 종합물류기업일 것을 말한다.(2008.7.24 본문개정)
1. 「관세법」에 따른 운송업·보관업 또는 하역업의 등록 또는 특허를 받은 업체(2008.7.24 본호신설)
2. 자유무역지역에서 물품의 보관업을 영위하는 입주업체(2008.7.24 본호신설)

④ 법 제19조제6항 단서에서 "대통령령으로 정하는 경우"란 다음 각 호의 경우를 말한다.(2022.2.15 본문개정)
1. 법 제19조제1항에 따라 등록한 법인 또는 종합물류기업(이하 "통관취급법인등"이라 한다)이 「관세법」 제241조제1항에 따라 물품의 수출 또는 반송 신고를 한 후 해당 물품의 적선지 또는 적재하는 선박이나 항공기가 변경된 경우(2022.2.15 본호개정)
2. 통관취급법인등이 「관세법」 제241조제1항에 따라 물품의 수출·수입 또는 반송의 신고를 한 후, 화주가 해당 물품을 직접 운송하거나 나른 운송인에게 운송을 위탁하는 경우(2017.2.7 본호신설)
3. 통관취급법인등이 「관세법」 제244조제1항에 따라 물품의 입항전수입신고를 한 후 해당 물품을 적재한 선박이나 항공기의 하역 장소가 변경된 경우
4. 「관세법」 제247조제2항에 따라 세관장이 지정한 보세구역에 반입하여 검사받는 물품으로 선별된 경우
5. 재해 등으로 해당 통관취급법인등이 물품에 대한 운송·보관 또는 하역을 할 시설 또는 장비가 일시적으로 부족한 경우(2016.10.7 본호신설)

(2014.2.21 본항신설)

⑤ 법 제19조제7항에 따라 관세청장은 통관취급법인등이 통관업을 행하는 세관의 수·통관업무량등을 고려하여 필요하다고 인정하는 경우에는 관세사의 수를 증원하게 하거나 통관업을 행하는 세관을 제한할 수 있다.(2014.2.21 본항개정)

⑥ 통관취급법인등의 등록 갱신과 등록사항 변경에 관하여는 제16조제2항부터 제5항까지의 규정을 준용한다.(2022.2.15 본항개정)

⑦ 통관취급법인등의 통관업의 수행에 관하여 기타 필요한 사항은 관세청장이 정한다.(2007.10.31 본항개정)

(2007.10.31 본조제목개정)

제26조 【관세사회 회칙】 법 제21조제2항의 규정에 의한 관세사의 회칙에는 다음 각호의 사항을 기재하여야 한다.
1. 명칭
2. 목적 및 사업
3. 본부의 소재지와 지부의 설치에 관한 사항
4. 회원의 자격에 관한 사항
5. 회원의 권리의무에 관한 사항
6. 회칙을 위반한 회원의 징계의 건의에 관한 사항
7. 회의에 관한 사항
8. 교육에 관한 사항
9. 회비에 관한 사항
10. 회계에 관한 사항
11. 제22조제1항제2호의 규정에 의한 공제사업등 손해배상책임의 보장에 관한 사항
12. 조정위원회에 관한 사항

제27조 【총회】 ① 관세사회는 총회를 개최하고자 하는 때에는 그 일시·장소 및 의제를 7일전에 관세청장에게 통지하여야 한다.

② 관세사회는 총회에서 의결된 사항에 대하여 총회가 종료된 날부터 7일 이내에 관세청장에게 보고하여야 한다.(2011.4.4 본항개정)

③ 제1항 및 제2항에도 불구하고 관세청장이 인정하는 경우에는 제1항에 따른 통지 및 제2항에 따른 보고를 생략할 수 있다.(2016.6.30 본항신설)

제27조의2 【정보의 공개범위 및 공개방법 등】 ① 법 제21조의4제1항에 따른 정보의 공개범위는 다음 각 호와 같다.
1. 성명
2. 사무소 정보
3. 관세사 자격취득일
4. 관세사 등록일
5. 개업·휴업 상태 및 개업일·휴업일
6. 전문분야·경력과 이를 증명할 수 있는 정보
7. 법 제13조의3에 따른 연수교육 이수 현황
8. 그 밖에 관세사 선임과 관련된 정보로서 관세사가 스스로 공개한 정보

② 제1항에 따른 정보는 관세사회의 인터넷 홈페이지를 통하여 공개한다.

③ 제1항에 따른 정보의 수집·갱신 절차와 그 밖에 정보 공개에 필요한 사항은 관세사회가 정한다.

(2019.2.12 본조신설)

제28조 【감독】 관세청장은 법 제22조에 따른 감독을 위하여 매년 관세사회로 하여금 업무 현황 등 운영에 관한 사항을 보고하게 하거나 관세사회에 장부 또는 그 밖의 서류를 제출하도록 명할 수 있다. 이 경우 보고의 방법·절차 등 필요한 사항은 관세청장이 정한다.(2019.2.12 본조개정)

제28조의2【등록취소 등의 공개】 ① 관세청장은 법 제18조, 제20조에 따라 등록취소, 업무정지(이하 이 조에서 "등록취소등"이라 한다) 또는 법 제27조제1항에 따른 징계처분(이하 이 조에서 "징계처분"이라 한다)을 한 때에는 지체 없이 다음 각 호의 사항을 관세사회에 통보해야 한다.
1. 등록취소등 또는 징계처분의 대상자에 관한 다음 각 목의 사항
  가. 등록취소등을 받은 관세법인 또는 통관취급법인 등의 명칭·주소
  나. 징계처분을 받은 관세사의 성명·생년월일·등록번호 및 소속사무소(해당 관세사가 관세법인 또는 통관취급법인등에 소속되어 있는 경우에는 그 관세법인 또는 통관취급법인등을 말한다)의 명칭·주소
2. 등록취소등 또는 징계처분의 내용 및 사유
3. 등록취소등 또는 징계처분의 효력 발생일. 이 경우 등록취소등 또는 징계처분의 종류가 업무정지인 경우에는 해당 업무정지의 정지기간을 포함한다.
② 관세청장은 제1항에 따른 통보를 한 날부터 2주 이내에 그 내용을 관보 또는 인터넷 홈페이지에 공고해야 한다.
③ 관세사회는 법 제24조의2제1항에 따라 관세청장으로부터 제1항에 따른 통보를 받은 날부터 2주 이내에 해당 내용을 관세사회가 운영하는 인터넷 홈페이지에 다음 각 호의 기간 동안 게재해야 한다. 이 경우 게재기간의 계산은 「행정기본법」 제6조제2항에 따른다.
1. 등록취소등의 경우 다음 각 목의 구분에 따른 기간
  가. 등록취소 : 3년
  나. 1년 이내의 업무의 전부 또는 일부의 정지 : 해당 업무정지 기간(업무정지 기간이 3개월 미만인 경우에는 3개월을 말한다)
2. 징계처분의 경우 다음 각 목의 구분에 따른 기간
  가. 등록취소 : 3년
  나. 2년 이하의 업무정지 또는 6개월의범위에서 업무의 일부정지 : 해당 업무정지 기간(업무정지 기간이 3개월 미만인 경우에는 3개월을 말한다)
  다. 1천만원 이하의 과태료 : 6개월
  라. 견책 : 3개월
(2021.6.22 본조신설)
제29조【고유식별정보의 처리】 관세청장 또는 세관장이 다음 각 호의 사무를 수행하기 위하여 불가피한 경우 「개인정보 보호법 시행령」 제19조제1호에 따른 주민등록번호가 포함된 자료를 처리할 수 있다.
1.~2. (2015.12.30 삭제)
3. 영 제10조부터 제13조까지 및 제15조에 따른 관세사 시험에 관한 사무
(2012.1.6 본조신설)
제30조【업무의 위탁】 ① 관세청장은 법 제26조에 따라 다음 각 호의 업무를 관세사회에 위탁한다.
(2022.2.15 본문개정)
1. 법 제7조제1항 및 제3항에 따른 관세사의 등록 및 갱신(2020.7.1 본호개정)
2. 법 제7조제2항에 따른 실무수습의 실시
2의2. 법 제7조의2제1항에 따른 관세사 등록의 거부
2의3. 법 제8조에 따른 관세사 등록의 취소
(2023.6.27 2호의2~2호의3신설)
3. 제1호, 제2호의2 및 제2호의3에 따른 업무를 수행하기 위한 법 제8조의2제1항의 범죄경력자료 등에 대한 조회 요청(2023.6.27 본호개정)
4. 법 제9조제4항에 따른 합동사무소의 등록

5. 법 제17조의2제1항에 따른 관세법인의 등록 (2016.10.7 본호신설)
② 관세청장은 법 제26조에 따라 법 제6조에 따른 관세사시험 업무를 「한국산업인력공단법」에 따른 한국산업인력공단에 위탁한다.
(2008.7.24 본조개정)
제31조 (2016.10.7 삭제)
제32조【징계의 건의】 ① 세관장은 관세사가 법 제27조제1항제1호에 해당하는 경우에는 지체없이 당해 관세사에 대한 징계를 관세청장에게 건의하여야 한다.
② 관세사회 회장은 관세사가 회칙을 위반한 때에는 당해 관세사에 대한 징계를 관세청장에게 건의하여야 한다.(2016.10.7 본항개정)
제33조【징계의결의 요구】 관세청장은 제32조에 따라 관세사 징계의 건의를 받거나 관세사가 법 제27조제1항제1호에 해당하는 경우에는 지체없이 관세사자격심의·징계위원회에 해당 관세사에 대한 징계의결을 요구하여야 한다.(2016.10.7 본조개정)
제34조【회의】 ① 관세사자격심의·징계위원회는 관세청장으로부터 징계의결의 요구가 있는 때에는 그 요구를 받은 날부터 90일 이내에 의결하여야 한다. 다만, 부득이한 사유가 있는 경우에는 관세사자격심의·징계위원회의 의결로 90일의 범위에서 그 기간을 연장할 수 있다.
② (2016.10.7 삭제)
③ 위원장은 관세사자격심의·징계위원회의 회의를 소집하고자 하는 때에는 7일전에 각 위원과 징계의결의 대상이 되는 관세사(이하 이 조에서 "당사자"라 한다)에게 서면으로 통지하여야 한다.
④ (2016.10.7 삭제)
⑤ 관세사자격심의·징계위원회는 징계사건의 심사에 있어서 필요하다고 인정하는 때에는 당사자 또는 관계인을 출석하게 하여 의견을 진술하게 하거나 심사자료의 제출을 요구할 수 있다.
(2016.10.7 본조개정)
제35조【의결통고 및 집행】 ① 관세사자격심의·징계위원회는 징계의 의결을 한 때에는 징계의결서에 그 이유를 명시하여 즉시 관세청장에게 통고하여야 한다.(2016.10.7 본항개정)
② 제1항의 통고를 받은 관세청장은 당해 관세사에 대하여 징계처분을 행하고, 징계의결서의 사본을 첨부하여 당해 세관장 또는 관세사회회장을 거쳐 본인에게 통보하여야 한다.
③ 징계의결된 관세사의 주소 또는 거소를 알 수 없거나 기타의 사유로 통보를 할 수 없는 경우에는 징계사실을 공고하여야 하며, 공고를 한 때에는 그 공고가 있은 날부터 10일이 경과한 날에 통보를 받은 것으로 본다.
④ (2016.10.7 삭제)
제36조【징계결과의 기록·관리】 법 제27조제7항에서 "대통령령으로 정하는 사항"이란 다음 각 호의 사항을 말한다.
1. 성명 및 생년월일
2. 사무소명 및 사무소 소재지
3. 자격증번호
(2020.7.1 본조신설)
제37조【규제의 재검토】 기획재정부장관은 다음 각 호의 사항에 대하여 다음 각 호의 기준일을 기준으로 3년마다(매 3년이 되는 해의 기준일과 같은 날 전까지를 말한다) 그 타당성을 검토하여 개선 등의 조치를 해야 한다.(2022.3.8 본문개정)

1. 제21조의4에 따른 관세사의 업무 수행이 제한되는 통관업의 범위 : 2022년 1월 1일(2022.3.8 본호신설)
2. 제22조에 따른 손해배상책임의 보장 : 2017년 1월 1일
3. 제25조에 따른 통관취급법인등의 등록 : 2017년 1월 1일

(2016.12.30 본조개정)

부   칙 (2017.2.7)

이 영은 공포한 날부터 시행한다. 다만, 제16조제1항, 제2항 및 제5항의 개정규정은 2017년 7월 1일부터 시행한다.

부   칙 (2018.3.6)

이 영은 공포한 날부터 시행한다.

부   칙 (2019.2.12)

이 영은 2019년 7월 1일부터 시행한다. 다만, 제28조의 개정규정은 공포한 날부터 시행한다.

부   칙 (2020.3.3)

이 영은 공포한 날부터 시행한다.

부   칙 (2020.7.1)

이 영은 2020년 7월 1일부터 시행한다.

부   칙 (2021.6.22)

이 영은 2022년 1월 6일부터 시행한다. 다만, 제28조의2의 개정규정은 공포한 날부터 시행한다.

부   칙 (2022.2.15)

제1조 【시행일】 이 영은 공포한 날부터 시행한다.
제2조 【손해배상책임 보장조치에 관한 특례】 제22조제1항의 개정규정에도 불구하고 다음 각 호에 해당하는 관세사 또는 통관취급법인등은 이 영 시행 이후 15일 이내에 손해배상책임 보장조치를 해야 한다.
1. 종전의 제22조제1항에 따라 개업신고 후 15일 이내에 손해배상책임 보장조치를 해야 하는 관세사 또는 통관취급법인등으로서 2022년 1월 6일까지 종전의 규정에 따른 손해배상책임 보장조치 기간이 지나지 않은 관세사 및 통관취급법인등
2. 2022년 1월 6일부터 이 영 시행 전까지 법 제7조제1항에 따라 등록한 관세사 및 통관취급법인등으로서 이 영 시행 당시 손해배상책임 보장조치를 하지 않은 관세사 및 통관취급법인등

부   칙 (2022.3.8)

이 영은 공포한 날부터 시행한다.

부   칙 (2023.6.27)

이 영은 공포한 날부터 시행한다. 다만, 제10조제2항 및 제11조의 개정규정은 2023년 12월 1일부터 시행한다.

〔별표1〕

관세사 시험과목(제5조제1항 관련)

(2012.2.2 개정)

<제1차 시험과목>
1. 내국소비세법(「부가가치세법」・「개별소비세법」・「주세법」에 한한다)
2. 관세법개론(「자유무역협정의 이행을 위한 관세법의 특례에 관한 법률」을 포함한다)
3. 회계학(회계원리와 회계이론에 한한다)
4. 무역영어

<제2차 시험과목>
1. 「관세법」(관세평가는 제외하며, 「수출용원재료에 대한 관세 등 환급에 관한 특례법」을 포함한다)
2. 관세율표 및 상품학
3. 관세평가
4. 무역실무(「대외무역법」 및 「외국환거래법」을 포함한다)

〔별표1의2〕

관세사 시험과목 중 일부가 면제되는 관세행정분야
(제5조의2제1항 관련)

(2016.10.7 개정)

기관명	시험과목 일부면제 관세행정분야
기획재정부	관세정책 및 제도의 기획・입안 등 관세에 관한 업무를 주된 업무로 하는 부서
관세청 (소속 기관을 포함한다)	관세행정과 직접 관련이 없는 업무를 주된 업무로 하는 부서를 제외한 모든 부서
조세심판원	「관세법」 제119조에 따른 관세에 관한 심판업무를 주된 업무로 하는 부서

비고 : 각 기관별 시험과목 일부면제 관세행정분야에 해당하는 구체적인 부서명은 제10조제2항에 따른 관세사시험 공고 전에 해당 기관의 직제 변동 연혁을 고려하여 관세청장이 정하여 고시한다.

〔별표2〕 (2002.12.30 삭제)

관세사법 시행규칙

(1996년 6월 29일)
(총리령 제573호)

개정
2001. 4. 4재정경제부령 197호 2003. 2.14재정경제부령 300호
2007.10.31재정경제부령 582호 2008. 8.21기획재정부령 32호
2009. 6.16기획재정부령 87호 2011. 4. 4기획재정부령 203호
2012. 1.13기획재정부령 255호
2013.12.27기획재정부령 388호(행정규제재검토에따른일부개정령)
2014. 5.26기획재정부령 424호(개인정보보호일부개정령)
2014.10.31기획재정부령 438호 2015. 3. 6기획재정부령 476호
2017. 3.10기획재정부령 608호 2020. 4.14기획재정부령 790호
2020. 7. 1기획재정부령 799호 2023. 7. 4기획재정부령1006호

제1조【목적】 이 규칙은 「관세사법」 및 같은 법 시행령에서 위임된 사항과 그 시행에 관하여 필요한 사항을 규정함을 목적으로 한다.(2007.10.31 본조개정)

제2조【관세사자격증】 「관세사법」(이하 "법"이라 한다) 제4조에 따른 관세사의 자격이 있는 자에게 교부하는 관세사자격증은 별지 제1호서식에 의한다.
(2007.10.31 본조개정)

제2조의2 (2023.7.4 삭제)

제3조【응시수수료】 ① 「관세사법 시행령」(이하 "영"이라 한다) 제11조제2항에서 "기획재정부령으로 정하는 금액"이란 다음 각 호의 구분에 따른 금액을 말한다.
1. 제1차시험 : 3만원
2. 제2차시험 : 3만원
② 영 제11조제2항에서 "기획재정부령으로 정하는 방법"이란 현금, 신용카드 또는 정보통신망을 이용한 전자결제를 말한다.
(2023.7.4 본조개정)

제3조의2【관세사의 등록 신청】 영 제16조제1항 및 제2항에 따른 등록·등록갱신 신청서는 별지 제1호의2서식과 같다.(2017.3.10 본조신설)

제4조【직무보조자의 채용 등】 ① (2011.4.4 삭제)
② 법 제9조제5항에 따라 관세사는 법 제2조에 따른 업무의 수행을 보조하도록 하기 위하여 다른 관세사를 채용하거나 직무보조자를 둘 수 있다.(2014.10.31 본항개정)
③ (2014.10.31 삭제)

제4조의2【업무실적 내역서】 영 제21조2제1항에 따른 업무실적 내역서는 별지 제1호의3서식과 같다.
(2020.7.1 본조신설)

제5조【관세법인의 등록 신청】 ① 법 제17조의2제1항에 따라 관세법인의 등록을 하려는 자 또는 법 제17조의13제1항에 따라 관세법인의 등록을 갱신하려는 자는 별지 제2호서식의 관세법인 등록(등록갱신) 신청서를 법 제21조에 따른 관세사회에 제출하여야 한다.
(2017.3.10 본항개정)
② (2011.4.4 삭제)

제6조【전략적제휴기업집단】 ① 영 제25조제1항제2호에서 "기획재정부령으로 정하는 요건에 해당하는 자"란 「종합물류기업 인증 등에 관한 규칙」 제2조제5호에 따른 전략적제휴기업집단(이하 "전략적제휴기업집단"이라 한다)으로서 그 주력기업(전략적제휴기업집단 중 지분교환 또는 지분투자를 주도적으로 하는 하나의 기업을 말한다)이 법 제19조제2항 각 호의 요건을 갖춘 자를 말한다.(2008.8.21 본항개정)
② 전략적제휴기업집단의 등록 및 업무수행방법, 그 밖에 필요한 사항은 관세청장이 정한다.
(2007.10.31 본조신설)

제6조의2【통관취급법인등의 등록 신청】 법 제19조제1항에 따라 등록을 하려는 법인과 종합물류기업 또는 법 제19조제4항에 따라 등록갱신을 하려는 법인과 종합물류기업은 별지 제3호서식의 통관취급법인등 등록(등록갱신) 신청서를 관세청장에게 제출하여야 한다.(2008.8.21 본조개정)

제7조【등록요건】 법 제19조제2항제2호에서 "기획재정부령으로 정하는 시설 또는 장비"라 함은 별표에 정한 것을 말한다.(2008.8.21 본조개정)

제8조【규제의 재검토】 기획재정부장관은 제7조에 따른 등록요건에 대하여 2014년 1월 1일을 기준으로 3년마다(매 3년이 되는 해의 기준일과 같은 날 전까지를 말한다) 그 타당성을 검토하여 개선 등의 조치를 해야 한다.(2020.4.14 본조개정)

제9조 (2008.8.21 삭제)

　　부　칙 (2014.10.31)
　　　　　 (2015.3.6)

이 규칙은 공포한 날부터 시행한다.

　　부　칙 (2017.3.10)

이 규칙은 2017년 7월 1일부터 시행한다.

　　부　칙 (2020.4.14)

이 규칙은 공포한 날부터 시행한다.

　　부　칙 (2020.7.1)

이 규칙은 2020년 7월 1일부터 시행한다.

　　부　칙 (2023.7.4)

이 규칙은 2023년 12월 1일부터 시행한다. 다만, 제2조의2의 개정규정은 공포한 날부터 시행한다.

〔별표〕

통관취급법인등의 시설·장비기준

(2008.8.21 개정)

1. 운송업
   가. 육상운송 : 화물자동차 20대 이상 또는 트랙터 10대 이상을 갖출 것
   나. 해상운송 : 1천톤 이상의 선박 2척 이상을 갖출 것
   다. 항공운송 : 화물전용기 2대 이상을 갖출 것

2. 보관업
   특허보세창고 또는 자유무역지역 내 창고(관세청장이 정하는 기준을 갖춘 경우에 한정한다)를 갖출 것

3. 하역업
   크레인·지게차 또는 콘테이너취급장비중 2 이상의 장비를 갖출 것

〔별지서식〕 ➡ 「www.hyeonamsa.com」 참조

대한민국과 아메리카합중국 간의 상호방위조약 제4조에 의한 시설과 구역 및 대한민국에서의 합중국군대의 지위에 관한 협정의 실시에 따른 관세법 등의 임시특례에 관한 법률(약칭 : 주한미군관세법)

(1967년 3월 3일)
(법 률 제1898호)

개정
1972.12.30법 2425호
1976.12.22법 2932호(부가가치세실시에따른세법조정에관한임시조치법)
1990.12.31법 4280호(방위세법)
1993.12.31법 4667호(교통세법)
1997.12.13법 5454호(정부부처명)
1998.12.28법 5583호(관세)
2006.12.30법 8138호(교통 · 에너지 · 환경세법)
2007.12.31법 8829호(개별소비세법)
2009. 1.30법 9346호(교통 · 에너지 · 환경세법폐지법)→2025년 1월 1일 시행
2009.12.31법 9902호→2009년 12월 31일 및 2025년 1월 1일 시행
2013. 1. 1법11603호(교통 · 에너지 · 환경세법)
2015.12.15법13550호(교통 · 에너지 · 환경세법)
2018.12.31법16096호(교통 · 에너지 · 환경세법)
2021.12.21법18584호(교통 · 에너지 · 환경세법)

제1조【목적】 이 법은 대한민국과아메리카합중국 간의 상호방위조약제4조에의한시설과구역및대한민국에서의 합중국군대의지위에관한협정(이하 "협정"이라 한다)을 시행하기 위하여 관세법 · 임시수입부가세법 · 부가가치세법 · 「개별소비세법」 · 「주세법」 및 「교통 · 에너지 · 환경세법」(이하 "관세등"이라 한다)의 특례를 규정함을 목적으로 한다.(2007.12.31 본조개정)

> **제1조【목적】** 이 법은 「대한민국과 아메리카합중국 간의 상호방위조약 제4조에 의한 시설과 구역 및 대한민국에서의 합중국군대의 지위에 관한 협정」을 시행하기 위하여 「관세법」, 「임시수입부가세법」, 「부가가치세법」, 「개별소비세법」 및 「주세법」의 특례를 규정함을 목적으로 한다.(2009.12.31 본조개정 : 2025.1.1 시행)

제2조【정의】 ① 이 법에서 "군용선"(軍用船)이란 「대한민국과 아메리카합중국 간의 상호방위조약 제4조에 의한 시설과 구역 및 대한민국에서의 합중국군대의 지위에 관한 협정」(이하 "협정"이라 한다) 제10조에 따라 공용(公用)으로 운항되는 선박을 말한다.
② 이 법에서 "군용기"(軍用機)란 협정 제10조에 따라 공용으로 운항되는 항공기를 말한다.
③ 이 법에서 "면세기관"이란 협정 제9조에 따른 관세와 그 밖의 과징금이 부과되지 아니하는 합중국군대(合衆國軍隊), 그 공인 조달기관과 비세출자금기관(非歲出資金機關)을 말한다.
④ 이 법에서 "면세대상자"란 협정 제1조에 따른 합중국군대의 구성원 · 군속(軍屬) 및 그들의 가족 또는 협정 제15조에 따른 초청계약자를 말한다.
⑤ 이 법에서 "비면세대상자"란 면세기관 및 면세대상자 외의 자를 말한다.
⑥ 이 법에서 "군납품"이란 면세기관이 아닌 자가 합중국군대의 전용(專用)에 제공하거나 합중국군대가 사용할 물품 또는 시설에 최종적으로 합체(合體)하기 위하

여 수입하는 물품으로서 합중국군대가 해당 물품을 이러한 목적으로 사용한다는 것을 합중국군대의 권한 있는 기관에 의하여 증명된 것을 말한다.
(2009.12.31 본조개정)

제3조【개항이 아닌 지역에 대한 출입허가수수료의 징수】 ① 군용선이 협정에 따라 관세가 면제되지 아니하는 물품을 싣고 있을 때에는 그 물품의 무게가 모든 적재물품의 무게에서 차지하는 비율을 「관세법」 제134조제2항에 따라 산출한 해당 선박의 개항이 아닌 지역에 대한 출입허가수수료 상당액에 곱하여 산출한 금액을 개항이 아닌 지역에 대한 출입허가수수료로 징수한다.
② 군용기가 「관세법」 제133조제1항에 따른 개항을 이용하지 아니하고 외국을 왕래하는 경우에는 제1항을 준용한다.
③ 제1항 및 제2항을 적용받으려는 군용선의 선장 또는 군용기의 기장은 해당 선박 또는 항공기가 군용선 또는 군용기임을 세관에 증명하여야 한다.
(2009.12.31 본조개정)

제4조 (1976.12.22 삭제)

제5조【입출항 절차】 ① 군용선이나 군용기에 대해서는 「관세법」 제135조부터 제137조까지, 제140조부터 제144조까지 및 제321조를 적용하지 아니한다. 다만, 같은 법 제135조에 따른 입항보고, 적하목록, 선용품(船用品) · 기용품(機用品) 목록 및 여객명부의 제출과 같은 법 제136조에 따른 출항허가신청서 제출은 예외로 한다.
② 군용선이나 군용기가 협정 제9조에 따라 세관검사를 하지 아니하는 물품을 싣거나 여객을 탑승시키고 있는 경우에는 제1항 단서의 적하목록과 여객명부에는 그 취지와 해당 물품의 총중량 및 여객 인원수만을 적는다.
(2009.12.31 본조개정)

제6조【관세등 제세의 추징】 협정 제9조의 규정에 의하여 관세 · 임시수입부가세 · 부가가치세 · 개별소비세 · 주세 또는 교통 · 에너지 · 환경세(이하 "관세등"이라 한다)의 면제를 받은 군납품이 세관장이 지정한 기간내에 합중국군대에 인도되거나 합중국군대가 사용하는 시설 또는 물품에 합체된 사실이 합중국군대의 권한있는 기관에 의하여 증명되지 아니한 때에는 당해 물품을 수입한 자로부터 면제된 관세등을 즉시 징수한다. 다만, 당해 물품이 천재지변 기타 부득이한 사유로 인하여 멸실되었음을 세관장이 인정할 때에는 예외로 한다.
(2007.12.31 본조개정)

> **제6조【관세 등 각종 세금의 추징】** 협정 제9조에 따라 관세, 임시수입부가세, 부가가치세, 개별소비세 또는 주세(이하 "관세등"이라 한다)를 면제받은 군납품이 다음 각 호의 어느 하나에 해당하는 경우에는 해당 물품을 수입한 자로부터 면제된 관세등을 즉시 징수한다. 다만, 해당 물품이 천재지변이나 그 밖의 부득이한 사유로 멸실되었음을 세관장이 인정할 때에는 예외로 한다.
> 1. 세관장이 지정한 기간 내에 합중국군대에 인도되지 아니한 경우
> 2. 합중국군대가 사용하는 시설 또는 물품에 합체된 사실이 합중국군대의 권한 있는 기관에 의하여 증명되지 아니한 경우
> (2009.12.31 본조개정 : 2025.1.1 시행)

제7조【관세 면제 물품의 제조 등】 ① 협정 제9조에 따라 관세등을 면제받은 군납품을 합중국군대에 인도하거나 합중국군대가 사용할 시설 또는 물품에 합체하기 전에 다음 각 호의 어느 하나에 해당하는 작업을 할 때에는 세관장이 기간을 정하여 승인한 장소에서 하여야 한다.

1. 해당 물품의 재포장·구분·분할·합병 또는 그 밖에 이와 유사한 작업
2. 해당 물품의 가공 또는 다른 물품과의 혼합
3. 해당 물품을 원료로 한 다른 물품의 제조
② 세관장은 제1항에 따른 물품의 반출입(搬出入)·작업·가공·혼합 또는 제조를 확인하기 위하여 그 수입자에게 필요한 서류를 제출하게 하거나 소속 공무원에게 그 물품을 검사하게 할 수 있다. (2009.12.31 본조개정)
제8조【관세 면제 물품의 양도 제한】① 면세대상자나 면세대상자였던 자가 협정에 따라 관세를 면제받은 물품을 대한민국 내에서 비면세대상자에게 양도(양도를 위하여 그 위탁을 받은 자 또는 알선을 하는 자에게 소지하게 하는 것을 포함한다. 이하 같다)하려는 경우에는 세관장의 승인을 받아야 한다.
② 세관장은 제1항에 따른 승인을 하기 위하여 필요하면 해당 물품을 보세구역(「관세법」 제156조제1항에 따라 세관장이 허가한 장소를 포함한다. 이하 같다)에 반입(搬入)시키거나 소속 공무원에게 해당 물품을 검사하게 할 수 있다.
③ 관세청장은 필요하다고 인정할 때에는 제1항에 따른 양도의 승인을 제한할 수 있는 범위를 고시한다.
④ 제1항에 따른 승인을 받지 아니하고 물품을 양도한 자는 「관세법」 제241조에 따른 신고를 하지 아니하고 물품을 수입한 자로 본다. 이 경우 「관세법」 제269조제2항 및 제271조제2항을 적용한다.
⑤ 제1항의 경우에는 「관세법」 제283조부터 제319조까지의 규정을 준용한다. (2009.12.31 본조개정)
제9조【면세물품의 양수와 관세등의 징수】① 비면세대상자가 면세기관, 면세대상자 또는 면세대상자였던 자로부터 협정에 따라 관세를 면제받은 물품(해당 물품을 사용하여 제조된 물품 또는 그 부산물을 포함한다)을 대한민국 내에서 양수(양도 또는 양수의 위탁을 받아 그 알선을 위하여 소지하는 것을 포함한다. 이하 같다)할 때에는 그 양수를 수입으로 보고 「관세법」, 「임시수입부가세법」, 「부가가치세법」, 「개별소비세법」 및 「주세법」을 적용한다.
② 비면세대상자가 제1항에 따른 물품을 수입신고 수리 전에 양수한 경우에는(해당 물품이 「관세법」에 따라 몰수되거나 물품납부의 통고처분이 이행된 경우는 제외한다) 해당 물품에 대한 관세등은 그 양수인을 납세의무자로 하고, 양수한 날에 적용되는 법령과 그 당시 물품의 성질 및 수량에 따라 징수한다. 다만, 관세등을 다 납부하기 전에 해당 물품이 재양도된 경우에는 그 관세등은 최초의 양수인으로부터 징수할 수 없는 경우에만 그 물품의 소유자 또는 점유자로부터 징수한다.
③ 세관장은 제2항에 따른 양수인, 재양수인 또는 해당 물품을 소유 또는 점유하고 있는 자에게 기한을 정하여 그 물품을 보세구역에 반입할 것을 명할 수 있다. 이 경우 그 기한까지 그 물품이 보세구역에 반입되지 아니한 경우에는 소속 공무원에게 그 물품을 보세구역에 반입하게 하고, 그 운반 및 보관에 든 비용을 반입명령을 받은 자로부터 징수할 수 있다.
④ 세관장은 제3항에 따라 보세구역에 반입된 물품이 제8조제3항에 따라 고시된 물품일 때에는 지체 없이 납세의 고지(告知)를 하여야 하며, 고시되지 아니한 물품일 때에는 그 물품을 장치장소에 유치(留置)한다.
⑤ 보세구역에 반입된 물품(제4항에 따라 유치된 물품을 포함한다)이 「관세법」에 따른 장치기간이 지난 것일 때에는 그 물품을 「관세법」 제210조에 따른 물품으로 본다. 이 경우 그 물품에 대한 관세등은 매각한 날에 적용되는 법령과 그 당시 물품의 성질 및 수량에 따라 징수한다.

⑥ 제1항부터 제5항까지의 규정을 적용받는 물품은 「관세법」에 따른 외국물품으로 보며, 제2항 및 제5항에 따라 관세등을 징수한 경우에는 해당 물품은 「관세법」에 따라 수입신고가 수리된 것으로 본다.
⑦ 제8조제1항에 따른 양도의 신고 및 승인, 같은 조 제2항에 따른 검사, 제1항에 따른 수입신고·검사 및 신고수리는 해당 물품을 보세구역에 반입한 경우에는 한꺼번에 할 수 있다. (2009.12.31 본조개정)
제10조【관세 및 임시수입부가세의 과세가격】① 제9조제1항·제2항 또는 제5항의 경우에 양수물품의 과세가격은 「관세법」 및 「임시수입부가세법」에도 불구하고 다음 각 호의 시기에 거래되는 해당 물품과 같은 종류의 물품 또는 유사한 물품의 국내도매가격에서 관세, 그 밖의 과징금 및 통상거래비용을 뺀 금액으로 한다.
1. 제9조제1항의 경우에는 수입신고하였을 때
2. 제9조제2항의 경우에는 양수하였을 때
3. 제9조제5항의 경우에는 매각하였을 때
② 양수물품이 합중국군대가 소유하는 물품으로서 대한민국과 면세기관이 합의하여 처분한 것인 경우에는 제1항에도 불구하고 그 처분가격을 과세가격으로 한다. (2009.12.31 본조개정)
제11조 (1976.12.22 삭제)
제12조【부가가치세·개별소비세·주세 및 교통·에너지·환경세의 과세표준】제9조에 따라 징수하는 부가가치세·특별소비세·주세 및 교통·에너지·환경세의 과세표준은 부가가치세법 제13조·특별소비세법 제8조, 주세법 제19조 및 「교통·에너지·환경세법」 제6조의 규정에 의한다. 이 경우에 관세를 부과하기 위한 감정가격은 제10조의 규정을 준용한다.

제12조【부가가치세, 개별소비세 및 주세의 과세표준】제9조에 따라 징수하는 부가가치세, 개별소비세 및 주세의 과세표준은 「부가가치세법」 제13조, 「개별소비세법」 제8조 및 「주세법」 제21조에 따른다. 이 경우 관세를 부과하기 위한 과세가격은 제10조를 준용한다.
(2009.12.31 본조개정 : 2025.1.1 시행)

부   칙 (2009.12.31)

이 법은 공포한 날부터 시행한다. 다만, 법률 제9346호 교통·에너지·환경세법 폐지 법률과 관련한 제1조, 제6조 및 제12조의 개정규정은 2025년 1월 1일부터 시행한다.(2021.12.21 단서개정)

부   칙 (2015.12.15)

제1조【시행일】이 법은 2015년 12월 31일부터 시행한다.(이하 생략)

부   칙 (2018.12.31)

제1조【시행일】이 법은 2019년 1월 1일부터 시행한다.(이하 생략)

부   칙 (2021.12.21)

제1조【시행일】이 법은 2022년 1월 1일부터 시행한다.(이하 생략)

임시수입부가세법

(1973년 3월 3일)
(법률 제2568호)

개정
1983.12.29법3666호(관세)
1997.12.13법5454호(정부부처명)
2000.12.29법6305호(관세)
2009.12.31법9900호

제1조【목적】 이 법은 수입물품에 대하여 관세 외에 임시수입부가세를 부과하여 국제수지(國際收支)를 개선함으로써 국민경제의 균형 있는 발전을 도모함을 목적으로 한다.(2009.12.31 본조개정)

제2조【임시수입부가세의 부과 요건】 다음 각 호의 어느 하나에 해당하는 경우에는 대통령령으로 정하는 바에 따라 임시수입부가세(이하 "부가세"라 한다)를 부과할 수 있다.
1. 국제수지를 개선하기 위하여 수입수요를 긴급히 억제할 필요가 있는 경우
2. 주요 교역국의 경제 사정의 변동 등으로 인하여 국제수지가 악화될 우려가 있어 이에 긴급히 대처할 필요가 있는 경우
(2009.12.31 본조개정)

제3조【과세물건】 부가세는 수입물품(「관세법」 별표 관세율표의 무세물품(無稅物品)은 제외한다)에 대하여 부과한다.(2009.12.31 본조개정)

제4조【과세표준 및 세율】 ① 부가세의 과세표준은 「관세법」 제15조, 제18조, 제27조부터 제36조까지의 규정에 따른 과세가격으로 한다.
② 부가세의 세율은 모든 과세 대상 물품에 대하여 동일한 율로 하되, 100분의 30의 범위에서 대통령령으로 정한다.
(2009.12.31 본조개정)

제5조【부가세의 면제】 ① 「관세법」이나 그 밖의 다른 법령이나 조약·협정 등에 따라 관세가 감면되는 물품으로서 대통령령으로 정하는 물품이 수입되는 경우에는 부가세를 면제할 수 있다.(2009.12.31 본항개정)
② (1997.12.13 삭제)
③ 제1항에 따라 부가세가 면제되는 물품으로서 그 감면된 관세를 징수하는 경우에는 면제된 부가세를 징수한다.(2009.12.31 본항개정)

제6조【징수】 ① 부가세는 관세와 동시에 징수한다.
② 부가세는 분할납부할 수 없다.
(2009.12.31 본조개정)

제7조【「관세법」의 준용】 부가세에 관하여 이 법에 규정된 것을 제외하고는 「관세법」의 규정을 준용한다.(2009.12.31 본조개정)

제8조 (2009.12.31 삭제)

　　부　칙

이 법은 공포한 날로부터 시행한다.

　　부　칙 (2009.12.31)

이 법은 공포한 날부터 시행한다.

수출용 원재료에 대한 관세 등 환급에 관한 특례법

(약칭 : 관세환급특례법)

(1996년 12월 30일)
(전개법률 제5197호)

개정
2000.12.29법 6305호(관세)
2004. 3.22법 7210호(자유무역지역의지정및운영에관한법)
2006.10. 4법 8050호(국가재정법)
2007. 1.11법 8233호
2007.12.31법 8829호(개별소비세법)
2008. 2.29법 8852호(정부조직)
2011. 7.14법10817호   2011.12.31법11131호
2014. 1. 1법12170호   2015.12.15법13559호
2016.12.27법14466호   2017.12.19법15226호
2018.12.31법16105호
2020. 6. 9법17339호(법률용어정비)
2022.12.31법19197호

제1조【목적】 이 법은 수출용 원재료(原材料)에 대한 관세, 임시수입부가세(臨時輸入附加稅), 개별소비세, 주세(酒稅), 교통·에너지·환경세, 농어촌특별세 및 교육세의 환급을 적정하게 함으로써 능률적인 수출 지원과 균형 있는 산업발전에 이바지하기 위하여 「관세법」, 「임시수입부가세법」, 「개별소비세법」, 「주세법」, 「교통·에너지·환경세법」, 「농어촌특별세법」, 「교육세법」, 「국세기본법」 및 「국세징수법」에 대한 특례를 규정함을 목적으로 한다.(2011.7.14 본조개정)

제2조【정의】 이 법에서 사용하는 용어의 뜻은 다음과 같다.
1. "관세등"이란 관세, 임시수입부가세, 개별소비세, 주세, 교통·에너지·환경세, 농어촌특별세 및 교육세를 말한다.
2. "수출등"이란 「관세법」, 「임시수입부가세법」, 「개별소비세법」, 「주세법」, 「교통·에너지·환경세법」, 「농어촌특별세법」 및 「교육세법」(이하 "관세법"등"이라 한다)의 규정에도 불구하고 제4조 각 호의 어느 하나에 해당하는 것을 말한다.
3. "수출물품"이란 수출등의 용도에 제공되는 물품을 말한다.
4. "소요량"이란 수출물품을 생산(수출물품을 가공·조립·수리·재생 또는 개조하는 것을 포함한다. 이하 같다)하는 데에 드는 원재료의 양으로서 생산과정에서 정상적으로 발생되는 손모량(損耗量)을 포함한 것을 말한다.
5. "환급"이란 제3조에 따른 수출용원재료를 수입하는 때에 납부하였거나 납부할 관세등을 「관세법」등의 규정에 불구하고 이 법에 따라 수출자나 수출물품의 생산자에게 되돌려 주는 것을 말한다.
6. "정산"이란 제6조제1항에 따라 제3조에 따른 수출용원재료에 대하여 일정 기간별로 일괄납부(一括納付)할 관세등과 제16조제3항에 따라 지급이 보류된 환급금을 상계(相計)하는 것을 말한다.(2018.12.31 본호개정)
(2011.7.14 본조개정)

제3조【환급대상 원재료】 ① 관세등을 환급받을 수 있는 원재료(이하 "수출용원재료"라 한다)는 다음 각 호의 어느 하나에 해당하는 것으로 한다.
1. 수출물품을 생산한 경우 : 다음 각 목의 어느 하나에 해당하는 것으로서 소요량을 객관적으로 계산할 수 있는 것(2017.12.19 본문개정)
　가. 해당 수출물품에 물리적 또는 화학적으로 결합되는 물품

나. 해당 수출물품을 생산하는 공정에 투입되어 소모되는 물품. 다만, 수출물품 생산용 기계·기구 등의 작동 및 유지를 위한 물품 등 수출물품의 생산에 간접적으로 투입되어 소모되는 물품은 제외한다.
다. 해당 수출물품의 포장용품
2. 수입한 상태 그대로 수출한 경우 : 해당 수출물품
② 국내에서 생산된 원재료와 수입된 원재료가 동일한 질(質)과 특성을 갖고 있어 상호 대체 사용이 가능하여 수출물품의 생산과정에서 이를 구분하지 아니하고 사용되는 경우에는 수출용원재료가 사용된 것으로 본다. (2011.7.14 본조개정)
제4조【환급대상 수출등】 수출용원재료에 대한 관세등을 환급받을 수 있는 수출등은 다음 각 호의 어느 하나에 해당하는 것으로 한다.
1. 「관세법」에 따라 수출신고가 수리(受理)된 수출. 다만, 무상으로 수출하는 것에 대하여는 기획재정부령으로 정하는 수출로 한정한다.
2. 우리나라 안에서 외화를 획득하는 판매 또는 공사 중 기획재정부령으로 정하는 것
3. 「관세법」에 따른 보세구역 중 기획재정부령으로 정하는 구역 또는 「자유무역지역의 지정 및 운영에 관한 법률」에 따른 자유무역지역의 입주기업체에 대한 공급
4. 그 밖에 수출로 인정되어 기획재정부령으로 정하는 것 (2011.7.14 본조개정)
제5조【수출용원재료에 대한 관세등의 징수】 ① 세관장은 수입하는 수출용원재료에 대하여는 「관세법」 등의 규정에도 불구하고 수입하는 때에 해당 관세등을 징수한다.
② (2018.12.31 삭제)
③ 수출용원재료가 내국신용장(內國信用狀)이나 그 밖에 기획재정부령으로 정하는 이와 유사한 서류(이하 "내국신용장등"이라 한다)에 의하여 거래되는 것으로서 관세청장이 제6조제1항에 따른 관세등의 일괄납부 및 제7조에 따른 정산이 가능하다고 인정하는 경우에는 「관세법」등의 규정에도 불구하고 내국신용장등에 의하여 수출용원재료를 공급하는 것을 수출로, 공급받는 것을 수입으로 볼 수 있다.(2018.12.31 본항개정)
④ (2018.12.31 삭제)
(2011.7.14 본조개정)
제6조【관세등의 일괄납부 등】 ① 세관장은 「관세법」 등의 규정에도 불구하고 수출용원재료를 수입하는 자가 대통령령으로 정하는 바에 따라 신청하는 경우에는 그 원재료에 대한 관세등을 6개월의 범위에서 대통령령으로 정하는 일정 기간(이하 "일괄납부기간"이라 한다)별로 일괄납부할 수 있는 자(이하 "관세등의 일괄납부업체"라 한다)로 지정하여 일괄납부하게 할 수 있다. 이 경우 세관장은 관세등의 일괄납부업체로 지정을 받으려는 자가 다음 각 호의 어느 하나에 해당하는 경우에는 대통령령으로 정하는 바에 따라 일괄납부하려는 세액에 상당하는 금액의 담보제공을 요구할 수 있다.
1. 제23조 또는 「관세법」을 위반하여 징역형의 실형을 선고받고 그 집행이 끝나거나(집행이 끝난 것으로 보는 경우를 포함한다) 면제된 후 2년이 지나지 아니한 자
2. 제23조 또는 「관세법」을 위반하여 징역형의 집행유예를 선고받고 그 유예기간 중에 있는 자
3. 제23조 또는 「관세법」 제269조, 제270조, 제270조의2, 제271조, 제274조, 제275조의2 및 제275조의3에 따라 벌금형 또는 통고처분을 받은 자로서 그 벌금형을 선고받거나 통고처분을 이행한 후 2년이 지나지 아니한 자

4. 「관세법」 제241조 또는 제244조에 따른 수입신고일을 기준으로 최근 2년 동안 관세 등 조세를 체납한 사실이 있는 자
5. 수입실적, 수입물품의 관세율 등을 고려하여 대통령령으로 정하는 관세채권의 확보가 곤란한 경우에 해당하는 자
② 세관장은 제1항에 따라 관세등의 일괄납부업체를 지정하려면 일괄납부할 수 있는 세액의 한도를 정하여야 한다.
③ 제1항에 따른 관세등의 납부기한은 해당 일괄납부기간이 끝나는 날이 속하는 달의 다음 달 15일까지로 한다.
④ 관세등의 일괄납부업체로 지정을 받은 자가 일괄납부할 수 있는 세액의 한도를 조정받으려면 세관장에게 그 세액의 한도 조정을 신청하여야 한다. 이 경우 세관장은 추가로 담보제공을 요구할 수 있다.
⑤ 세관장은 관세등의 일괄납부업체로 지정을 받은 자가 제1항 각 호의 어느 하나에 해당하면 그 지정을 취소하여야 한다.
⑥ 세관장은 제5항에 따라 지정 취소를 받은 자가 관세등을 완납하거나 제8조제1항에 따라 직권정산이 완료된 후 다시 관세등의 일괄납부업체로 지정 신청하는 경우에는 제1항 후단에 따라 담보제공을 요구할 수 있다.
⑦ 관세청장은 제1항에 따른 관세등의 일괄납부업체의 지정에 필요한 기준과 절차를 정할 수 있다.
(2018.12.31 본조개정)
제7조【수출용원재료에 대한 관세등과 환급액의 정산】 ① 세관장은 대통령령으로 정하는 바에 따라 관세등의 일괄납부업체가 제6조제1항에 따라 일괄납부하여야 할 관세등과 제16조제3항에 따라 지급이 보류된 환급금을 정산하고, 대통령령으로 정하는 날까지 관세등의 일괄납부업체에 그 정산 결과를 통지(이하 "정산통지"라 한다)하여야 한다.(2018.12.31 본항개정)
② 세관장은 제1항에 따른 정산 결과 징수하여야 할 관세등이 있는 경우에는 제1항에 따른 통지기한까지 「관세법」 제39조제3항에 따라 납세고지(納稅告知)를 하여야 한다.
③ 제2항에 따른 납세고지를 받은 관세등의 일괄납부업체는 일괄납부기간이 끝나는 날이 속하는 달의 다음 달 15일까지 관세등을 납부하여야 한다.
④ 세관장은 제1항에 따른 정산 결과 지급하여야 할 환급금이 있는 경우에는 제16조제1항 및 제4항에 따라 해당 금액을 즉시 지급하여야 한다.
⑤ 세관장은 정산통지를 한 후 정산금액에 과부족(過不足)이 있는 것을 알았을 때에는 이를 경정(更正)할 수 있다.
(2011.7.14 본조개정)
제8조【직권정산】 ① 세관장은 대통령령으로 정하는 사유가 발생한 경우에는 관세등의 채권 확보를 위하여 제6조제3항에 따른 납부기한이 도래하지 아니한 관세등과 제16조제3항에 따라 지급이 보류된 환급금을 즉시 정산(이하 "직권정산"(職權精算)이라 한다)하여야 한다.(2018.12.31 본항개정)
② 세관장은 직권정산한 결과 지급하여야 할 환급금이 있는 경우에는 즉시 제16조에 따라 환급금을 지급하여야 한다.
③ 세관장은 직권정산한 결과 징수하여야 할 관세등이 있는 경우에는 「관세법」 제39조제3항에 따라 납세고지를 하여야 한다. 이 경우 납세고지를 받은 자는 그 고지를 받은 날부터 10일 이내에 해당 세액을 세관장에게 납부하여야 한다.

④ 세관장은 담보를 제공한 관세등의 일괄납부업체로서 제3항의 납세고지를 받은 자가 해당 관세등을 납부하지 아니한 경우에는 그 담보물을 해당 관세등에 충당하여야 한다.

(2011.7.14 본조개정)

제9조【관세등의 환급】 ① 세관장은 물품이 수출등에 제공된 경우에는 대통령령으로 정하는 날부터 소급하여 2년 이내에 수입된 해당 물품의 수출용원재료에 대한 관세등을 환급한다. 다만, 수출등에 제공되는 데에 장기간이 소요되는 물품으로서 대통령령으로 정하는 물품에 대하여 대통령령으로 정하는 불가피한 수출등의 지연사유가 있는 경우에는 소급하여 3년 이내에 수입된 해당 물품의 수출용원재료에 대한 관세등을 환급한다.(2015.12.15 단서신설)

② 수출용원재료가 내국신용장등에 의하여 거래되고, 그 거래가 직전의 내국신용장등에 의한 거래(직전의 내국신용장등에 의한 거래가 없는 경우에는 수입을 말한다)가 있은 날부터 대통령령으로 정하는 기간에 이루어진 경우에는 해당 수출용원재료가 수입된 날부터 내국신용장등에 의한 최후의 거래가 있은 날까지의 기간은 제1항에 따른 기간에 산입(算入)하지 아니한다. 다만, 수출용원재료가 수입된 상태 그대로 거래된 경우에는 그러하지 아니하다.

(2011.7.14 본조개정)

제10조【환급금의 산출 등】 ① 환급신청자는 대통령령으로 정하는 바에 따라 수출물품에 대한 원재료의 소요량을 계산한 서류(이하 "소요량계산서"라 한다)를 작성하고 그 소요량계산서에 따라 환급금을 산출(算出)한다.

② 관세청장은 제1항에도 불구하고 소요량 계산업무의 간소화 등을 위하여 필요하다고 인정하는 경우에는 수출물품별 평균 소요량 등을 기준으로 한 표준 소요량을 정하여 고시하고, 환급신청자로 하여금 이를 선택적으로 적용하게 할 수 있다.

③ 수출용원재료를 사용하여 생산되는 물품이 둘 이상인 경우에는 생산되는 물품의 가격을 기준으로 관세청장이 정하는 바에 따라 관세등을 환급한다.

④ 관세청장은 다음 각 호의 어느 하나에 해당하는 경우로서 수출용원재료를 수입할 때에 납부하는 세액보다 관세등을 환급할 때 현저히 과다 또는 과소 환급이 발생할 우려가 있다고 인정되는 경우(제2호에 해당하는 경우 수입된 원재료에 제1호 각 목의 사유가 있으면 그 사유도 함께 고려되어야 한다)에는 기획재정부령으로 정하는 바에 따라 환급받을 수 있는 수입신고필증의 유효기간을 제9조제1항에서 정한 기간보다 짧게 정하여 환급하게 하거나, 업체별 수출용원재료의 재고 물량과 수출입 비율 등을 기준으로 하여 환급에 사용할 수 있는 수출용원재료의 물량을 정하여 환급하게 할 수 있다.

1. 수출용원재료(수입된 원재료의 경우로 한정한다)에 대하여 다음 각 목의 어느 하나에 해당하는 사유가 있는 경우
   가. 관세율 변동
   나. 수입가격 변동
   다. 둘 이상의 관세율 적용
2. 국내에서 생산된 원재료와 수입된 원재료가 제3조제2항에 해당하여 수출용원재료가 되는 경우로서 각 원재료가 생산과정에서 수출물품과 국내공급 물품에 구분하지 아니하고 사용되는 경우

(2015.12.15 본항개정)

(2011.7.14 본조개정)

제10조의2【소요량 사전심사의 신청 등】 ① 관세등을 환급받으려는 자는 제14조에 따른 환급신청을 하기 전에 제10조제1항에 따라 산정한 소요량 및 소요량 계산방법의 적정 여부를 세관장에게 미리 심사(이하 "소요량 사전심사"라 한다)하여 줄 것을 신청할 수 있다.

② 제1항에 따라 소요량 사전심사의 신청을 받은 세관장은 대통령령으로 정하는 기간 내에 산정한 소요량 및 소요량 계산방법의 적정 여부를 심사한 후 그 결과를 신청인에게 통지하여야 한다. 다만, 제출 자료의 미비 등으로 심사가 곤란한 경우에는 그 사실을 통지하고 소요량 사전심사를 거절하거나 제출 자료를 보정하게 할 수 있다.

③ 제2항 본문에 따라 소요량 사전심사 결과를 통지받은 자는 통지 결과에 이의가 있는 경우 그 결과를 통지받은 날부터 30일 내에 세관장에게 재심사를 신청할 수 있다. 이 경우 재심사의 기간 및 결과의 통지에 관하여는 제2항을 준용한다.

④ 세관장은 관세등을 환급받으려는 자가 제2항 또는 제3항에 따라 통지된 소요량 사전심사 결과를 적용하여 제14조에 따른 환급신청을 한 경우에는 그 통지된 내용에 따라 소요량을 계산하여 환급하여야 한다.

⑤ 제2항 또는 제3항에 따라 통지받은 소요량 사전심사 결과의 유효기간은 통지를 받은 날부터 1년으로 한다. 다만, 소요량 사전심사의 근거가 되는 사실관계 또는 상황의 변경이 있는 등 대통령령으로 정하는 사유가 있는 경우에는 그 사유가 있는 날부터 해당 소요량 사전심사 결과는 그 효력을 잃는다.

⑥ 제1항부터 제5항까지에서 규정한 사항 외에 소요량 사전심사의 절차 및 방법, 그 밖에 소요량 사전심사에 필요한 사항은 대통령령으로 정한다.

(2017.12.19 본조신설)

제11조【평균세액증명】 ① 세관장은 수출용원재료에 대한 관세등의 환급업무를 간소화하기 위하여 필요하다고 인정하는 경우에는 대통령령으로 정하는 바에 따라 수출용원재료를 수입(내국신용장등에 의한 매입을 포함한다. 이하 이 조 및 제12조에서 같다)하는 자의 신청에 의하여 그가 매월 수입한 수출용원재료의 품목별 물량과 단위당 평균세액을 증명하는 서류(이하 "평균세액증명서"라 한다)를 발행할 수 있다. 이 경우 해당 수출용원재료에 대하여는 수입한 날이 속하는 달의 1일에 수입된 것으로 보아 이 법을 적용한다.

② 제1항에도 불구하고 세관장은 다음 각 호의 어느 하나에 해당하는 자 중 관세청장이 정하는 기준에 해당되는 자로 하여금 대통령령으로 정하는 바에 따라 평균세액증명서를 발급하게 할 수 있다.
1. 수출용원재료를 수입한 자
2. 관세사(제1호에 해당하는 자로부터 위임받은 자로 한정한다)

③ 제1항이나 제2항제2호에 따라 세관장 또는 관세사로부터 평균세액증명서를 발급받은 자나 제2항제1호에 따라 평균세액증명서를 발급한 자가 평균세액증명서에 기재된 수출용원재료와「관세법」제50조제1항의 관세율표상 10단위 품목분류가 동일한 물품으로서 수출등에 제공할 목적 외의 목적으로 수입한 물품에 대하여는 평균세액증명서에 기재된 수출용원재료에 대한 관세등의 환급이 끝난 경우에만 관세등을 환급할 수 있다. 이 경우 물품별 환급액은 그 물품이 수입된 달의 평균세액증명서에 기재된 수출용원재료의 평균세액(수입된 달의 평균세액증명서에 기재된 수출용원재료가 없는 경우에는 해당 물품이 수입된 달부터 소급하여 최초로 그 물품과 품명이 같은 수출용원재료가 수입된 달의 평균세액증명서에 기재된 수출용원재료의 평균세액을 말한다)을 초과할 수 없다.

(2011.7.14 본조개정)

제12조【기초원재료납세증명 등】① 세관장은 수출용원재료가 내국신용장등에 의하여 거래된 경우(제5조제3항을 적용받는 경우는 제외한다) 관세등의 환급업무를 효율적으로 수행하기 위하여 대통령령으로 정하는 바에 따라 제조·가공 후 거래된 수출용원재료에 대한 납부세액을 증명하는 서류(이하 "기초원재료납세증명서"라 한다)를 발급하거나 수입된 상태 그대로 거래된 수출용원재료에 대한 납부세액을 증명하는 서류(이하 "수입세액분할증명서"라 한다)를 발급할 수 있다.
② 제1항에도 불구하고 세관장은 다음 각 호의 어느 하나에 해당하는 자 중 관세청장이 정하는 기준에 해당되는 자로 하여금 대통령령으로 정하는 바에 따라 기초원재료납세증명서 또는 수입세액분할증명서를 발급하게 할 수 있다.
1. 내국신용장등에 의하여 물품을 공급한 자
2. 관세사(제1호에 해당하는 자로부터 위임받은 자로 한정한다)
③ 제1항이나 제2항에 따라 기초원재료납세증명서 또는 수입세액분할증명서를 발급할 때 증명하는 세액은 제10조에 따른 환급금 산출방법에 따르며, 증명세액의 정확 여부의 심사에 대하여는 제14조제2항 및 제3항을 준용한다.
(2011.7.14 본조개정)
제13조【정액환급률표】① 관세청장은 단일(單一) 수출용원재료에 의하여 둘 이상의 제품이 동시에 생산되는 등 생산공정(生産工程)이 특수한 수출물품과 중소기업 수출물품에 대한 관세등의 환급 절차를 간소화하기 위하여 필요하다고 인정하는 경우에는 대통령령으로 정하는 바에 따라 수출용원재료에 대한 관세등의 평균 환급액 또는 평균 납부세액 등을 기초로 수출물품별로 정액환급률표(定額還給率表)를 정하여 고시할 수 있다.
② 제1항에 따라 정액환급률표에 정하여진 금액은 해당 물품을 생산하는 데 드는 수출용원재료를 수입하는 때에 납부하는 관세등으로 보아 환급한다.
③ 제1항에 따라 정액환급률표를 적용받을 수 있는 자는 대통령령으로 정하는 바에 따라 관세청장에게 정액환급률표를 정하여 고시할 것을 요청할 수 있다.
④ 관세청장은 수출구조, 원재료 수입구조, 관세율 및 환율의 변동 등으로 정액환급률표에 고시된 환급액이 많거나 적어 정액환급률표를 적용하는 것이 부적당하다고 인정하는 경우에는 그 적용을 중지하거나 정액환급률표의 전부 또는 일부를 조정하여 고시할 수 있다.
(2011.7.14 본조개정)
제14조【환급신청】① 관세등을 환급받으려는 자는 대통령령으로 정하는 바에 따라 물품이 수출등에 제공된 날부터 5년 이내에 관세청장이 지정한 세관에 환급신청을 하여야 한다. 다만, 수출등에 제공된 수출용원재료에 대한 관세등의 세액에 대하여 다음 각 호의 어느 하나에 해당하는 사유가 있은 때에는 그 사유가 있은 날부터 5년 이내에 환급신청을 할 수 있다.
(2022.12.31 본문개정)
1. 「관세법」 제38조의2에 따른 보정(補正)
2. 「관세법」 제38조의3에 따른 수정 또는 경정
3. 제21조에 따른 환급금액이나 과다환급금액의 징수 또는 자진신고·납부
(2011.12.31 1호~3호신설)
② 세관장은 제1항에 따른 환급신청을 받았을 때에는 환급신청서의 기재 사항과 이 법에 따른 확인 사항 등을 심사하여 환급금을 결정하되, 환급금의 정확 여부에 대하여는 대통령령으로 정하는 바에 따라 환급 후에 심사할 수 있다.
③ 세관장은 제2항에도 불구하고 과다 환급의 우려가 있는 경우로서 환급한 후에 심사하는 것이 부적당하

고 인정되어 기획재정부령으로 정하는 경우에는 환급하기 전에 이를 심사하여야 한다.
(2011.7.14 본조개정)
제15조【전산처리설비의 이용】① 세관장은 관세청장이 정하는 바에 따라 전산처리설비를 이용하여 이 법에 따른 신고, 납부, 신청 등(이하 "전자신고등"이라 한다)을 하게 하거나 통지, 납세고지, 교부, 발급, 지정, 승인 등(이하 "전자송달"이라 한다)을 할 수 있다.
② 제1항에 따라 전자신고등을 할 때에는 관세청장이 정하는 바에 따라 관계 서류를 전산처리설비를 이용하여 제출하게 할 수 있으며, 그 제출을 생략하거나 간단한 방법으로 하게 할 수 있다.
③ 제1항에 따라 한 전자신고등은 관세청장이 정하는 전산처리설비에 입력된 때에 세관에 접수된 것으로 보며, 전자송달은 송달받을 자가 미리 지정한 컴퓨터에 입력된 때나 송달받을 자의 신청에 의하여 관세청장이 정하는 전산처리설비에 입력된 때에 그 송달을 받아야 할 자에게 도달된 것으로 본다.
④ 제1항에 따른 전자송달에 관하여는 「관세법」 제327조제6항부터 제8항까지의 규정을 준용한다.
(2011.7.14 본조개정)
제16조【환급금의 지급】① 이 법에 따른 관세등의 환급금은 「국가재정법」 제17조에도 불구하고 「한국은행법」에 따른 한국은행(이하 "한국은행"이라 한다)이 환급금의 지급을 결정한 세관장의 소관 세입금계정에서 지급한다. 이 경우 지급 절차는 대통령령으로 정한다.
② 관세청장은 제1항에 따른 세관장의 소관 세입금계정에 부족이 있는 경우에는 대통령령으로 정하는 바에 따라 세관장 소관 세입금계정 간의 조정을 한국은행에 요청할 수 있다.
③ 제1항에도 불구하고 세관장은 관세등의 일괄납부업체가 환급신청으로 결정된 환급금은 그 환급금 결정일이 속하는 일괄납부기간별로 제7조제1항에 따라 정산하는 날까지 지급을 보류한다.
④ 세관장은 환급신청자가 세관에 납부하여야 할 다음 각 호의 금액이 있는 경우에는 결정한 환급금을 다음 각 호의 순서에 따른 금액에 우선 충당할 수 있으며, 충당하고 남은 금액은 그 신청자에게 지급하여야 한다.
1. 체납된 관세등(부가가치세를 포함한다)과 가산금, 가산세 및 체납처분비(2016.12.27 본호신설)
2. 다음 각 목의 금액
   가. 「관세법」 제28조제4항에 따라 잠정가격을 기초로 신고납부한 세액과 확정된 가격에 따른 세액의 차액으로서 징수하여야 하는 금액
   나. 제21조제1항 및 제2항에 따라 징수하여야 하는 금액
   (2018.12.31 본호개정)
(2016.12.27 본항개정)
⑤ 세관장은 결정한 환급금을 제4항제2호의 금액에 충당할 때에는 환급신청자의 충당 신청을 받아 충당한다. 이 경우 충당된 세액의 충당 신청을 한 날에 해당 세액을 납부한 것으로 본다.(2016.12.27 본항신설)
⑥ 관세청장은 제4항 및 제5항에 따른 관세등의 충당에 필요한 방법과 절차를 정할 수 있다.(2018.12.31 본항신설)
(2011.7.14 본조개정)
제17조【환급의 제한】① 수출물품의 생산에 국산 원재료의 사용을 촉진하기 위하여 필요하다고 인정되는 경우에는 제9조에도 불구하고 대통령령으로 정하는 바에 따라 환급을 제한할 수 있다.
② 제1항에 따라 환급을 제한하는 물품과 그 제한 비율은 기획재정부령으로 정한다.
(2011.7.14 본조개정)

제18조【용도 외 사용 시 관세등의 징수】① 세관장은 제4조제2호의 용도에 제공되어 관세등을 환급받은 물품이 그 용도에 제공된 날부터 3년의 범위에서 관세청장이 정하는 기간에 관세등을 환급받은 용도 외에 사용된 경우에는 그 용도 외에 사용한 자로부터 환급받은 관세등을 즉시 징수한다. 다만, 재해 등 부득이한 사유로 멸실(滅失)되었거나 미리 세관장의 승인을 받아 없애버린 경우에는 그러하지 아니하다.
② 제4조제3호의 용도에 제공되어 관세등을 환급받은 물품은「관세법」등을 적용할 때 외국물품으로 본다. (2011.7.14 본조개정)

제19조【환급을 갈음하는 관세등의 세율 인하】① 수출등에 제공되는 물품의 생산에 주로 사용하기 위하여 수입되는 물품에 대하여는 그 수출등에 제공되는 비율을 고려하여 관세등의 세율을 인하할 수 있다.
② 제1항에 따라 관세등의 세율을 인하하는 물품과 세율은 대통령령으로 정한다.
③ 제1항에 따라 관세등의 세율이 인하된 물품에 대하여는 이 법에 따른 관세등의 일괄납부 및 환급을 하지 아니한다.
(2011.7.14 본조개정)

제20조【서류의 보관 및 제출 등】① 이 법에 따른 관세등의 환급에 관한 서류로서 대통령령으로 정하는 서류는 환급등의 신청일부터 5년의 범위에서 대통령령으로 정하는 기간 동안 보관하여야 한다.
② 제1항에 따른 서류는 관세청장이 정하는 바에 따라 마이크로필름, 광디스크, 그 밖의 자료보존 매체에 의하여도 보관할 수 있다.
③ 관세청장이나 세관장은 제14조에 따른 환급금의 정확 여부를 심사하는 데 필요하다고 인정하는 경우에는 환급받은 자, 수출용원재료 수입자, 내국신용장등에 의한 수출용원재료의 공급자, 그 밖에 이와 관련된 자에게 제1항에 따른 서류나 그 밖의 관계 자료의 제출을 요구할 수 있다.
(2011.7.14 본조개정)

제21조【과다환급금의 징수 등】① 세관장은 제16조에 따라 지급한 환급금이 다음 각 호의 어느 하나에 해당하는 경우에는 그 환급금액 또는 과다환급금액을「관세법」제47조제1항에 따라 관세등을 환급받은 자(기초원재료납세증명서 또는 수입세액분할증명서를 발급받은 자를 포함한다. 이하 이 조에서 같다)로부터 징수한다.
1. 이 법에 따라 환급받아야 할 금액보다 과다하게 환급받은 경우
2. 제12조에 따른 기초원재료납세증명서 또는 수입세액분할증명서에 관세등의 세액을 과다하게 증명받은 경우로서 그 기초원재료납세증명서 또는 수입세액분할증명서가 환급 등에 이미 사용되어 수정·재발급이 불가능한 경우
3. 선적(船積)이나 기적(機積)을 하지 아니하고 관세등을 환급받은 경우. 다만, 해당 금액을 징수하기 전에 선적되거나 기적된 경우에는 그러하지 아니하다.
4. 제13조제1항에 따른 정액환급률표를 적용할 수 없는 물품에 대하여 정액환급률표에 따라 환급받은 경우
② 제1항에 따라 환급금액 또는 과다환급금액을 징수할 때에는 환급한 날의 다음 날부터 징수결정을 하는 날까지의 기간에 대하여 대통령령으로 정하는 이율에 따라 계산한 금액을 환급금액 또는 과다환급금액에 가산하여야 한다. 다만,「관세법」제28조에 따라 잠정가격을 기초로 신고납부한 세액과 확정된 가격에 따른 세액의 차액으로 인하여 환급금액 또는 과다환급금액을 징수하는 경우에는 가산하지 아니한다.(2011.12.31 단서신설)
③ 제1항과 제2항에 따라 환급금액 또는 과다환급금액

및 이에 가산하여야 할 금액을 징수하려는 경우에는 미리 관세등을 환급받은 자에게 그 내용을 서면으로 통지하여야 한다. 이 경우「관세법」제118조를 준용한다.
④ 관세등을 환급받은 자 또는 제7조제1항에 따른 정산통지를 받은 자는 제1항 각 호의 어느 하나에 해당하는 사실을 알았을 때 또는 정산통지를 받은 후 납부하여야 할 관세등이 부족하게 정산된 사실을 알았을 때에는 대통령령으로 정하는 바에 따라 세관장에게 그 사실을 자진신고하고 그 환급금액 또는 과다환급금액이나 관세등을 납부할 수 있다.(2022.12.31 본항개정)
⑤ 제4항에 따라 환급금액 또는 과다환급금액이나 관세등을 납부할 때에는 대통령령으로 정하는 기간 및 이율 등에 따라 계산하는 금액을 환급금액 또는 과다환급금액이나 관세등에 가산하여 납부하여야 한다. 다만,「관세법」제28조에 따라 잠정가격을 기초로 신고납부한 세액과 확정된 가격에 따른 세액의 차액으로 인하여 환급금액 또는 과다환급금액이나 관세등을 납부하는 경우에는 가산하지 아니한다.(2011.12.31 단서신설)
⑥ 제1항제1호에 따라 환급받아야 할 금액보다 과다하게 환급받은 경우에 해당하여 제2항 또는 제5항에 따라 과다환급금액에 가산한 금액(이하 이 조에서 "가산액"이라 한다)을 납부한 자는 그 가산금액 중 다음 각 호의 어느 하나에 해당하는 금액에 대하여 제14조제1항 단서에서 정하는 기간 이내에 지급을 신청할 수 있다. 이 경우 다음 각 호의 가산액의 지급신청 및 지급은 제14조 및 제16조제1항·제2항·제4항을 준용한다.
1. 제14조제1항제3호에 해당하는 사유로 환급신청을 하는 경우 그 환급분에 해당하는 가산금액
2. 제14조제1항제3호에 해당하는 사유로 환급을 이미 받은 경우 그 환급분에 해당하는 가산금액
(2014.1.1 본항신설)
⑦ 제6항에 따른 지급신청이 거짓이나 그 밖의 부정한 방법으로 과다하게 환급을 받은 사유로 인하여 납부한 가산액과 관련된 경우에는 세관장은 그 가산금액을 지급하지 아니할 수 있다.(2014.1.1 본항신설)
(2011.7.14 본조개정)

제22조【과소환급금의 환급】① 세관장은 제16조에 따라 지급한 환급금이 이 법에 따라 환급하여야 할 금액보다 과소(過少)하게 환급된 사실을 알았을 때에는 지체 없이 해당 과소환급금을 지급하여야 한다.
② 제1항에 따라 과소환급금을 지급할 때에는 환급한 날의 다음 날부터 과소환급금의 지급을 결정하는 날까지의 기간에 대하여 제21조제2항에 따라 대통령령으로 정한 이율로 계산한 금액을 과소환급금에 가산하여야 한다.
(2011.7.14 본조개정)

제23조【벌칙】① 거짓이나 그 밖의 부정한 방법으로 관세등을 환급받은 자는 3년 이하의 징역 또는 환급받은 세액의 5배 이하에 상응하는 벌금에 처한다.
② 다음 각 호의 어느 하나에 해당하는 자는 3년 이하의 징역 또는 2천만원 이하의 벌금에 처한다.
1. 제10조제1항에 따른 소요량계산서를 거짓으로 작성한 자
2. 거짓이나 그 밖의 부정한 방법으로 제12조제1항 또는 제2항에 따라 세관장 또는 관세사로부터 기초원재료납세증명서 또는 수입세액분할증명서를 발급받은 자(2014.1.1 본호개정)
3. 제12조제2항에 따라 기초원재료납세증명서 또는 수입세액분할증명서를 발급하는 자로서 기초원재료납세증명서 또는 수입세액분할증명서를 거짓으로 발급한 자(2014.1.1 본호개정)
③ 정당한 사유 없이 제20조제1항을 위반한 자는 2천만원 이하의 벌금에 처한다.

④ 정당한 사유 없이 제20조제3항에 따라 관세청장이나 세관장이 요청한 서류나 그 밖의 관계 자료를 제출하지 아니한 자는 1천만원 이하의 벌금에 처한다.
⑤ 세관장은 제1항이나 제2항에 해당하는 자에 대하여는 그가 환급받은 관세등을 즉시 징수한다.
(2011.7.14 본조개정)
제23조의2【미수범 등】 ① 그 정황을 알면서 제23조제1항 또는 제2항에 따른 행위를 교사하거나 방조한 자는 정범(正犯)에 준하여 처벌한다.
② 제23조제1항의 미수범은 본죄에 준하여 처벌한다.
③ 제23조제1항의 죄를 저지를 목적으로 예비를 한 자에게는 본죄에 정한 형의 2분의 1을 감경하여 처벌한다.
(2020.6.9 본항개정)
(2015.12.15 본조신설)
제23조의3【징역과 벌금의 병과】 제23조제1항 또는 제2항의 죄를 저지른 자에게는 정상(情狀)에 따라 징역과 벌금을 병과할 수 있다.(2020.6.9 본조개정)
제23조의4【「형법」 적용의 일부 배제】 이 법에 따른 벌칙에 해당하는 행위를 한 자에게는 「형법」 제38조제1항제2호 중 벌금경합에 관한 제한가중규정을 적용하지 아니한다.(2015.12.15 본조신설)
제23조의5【양벌규정】 법인의 대표자나 법인 또는 개인의 대리인, 사용인, 그 밖의 종업원이 그 법인 또는 개인의 업무에 관하여 제23조의 위반행위를 하면 그 행위자를 벌하는 외에 그 법인 또는 개인에게도 해당 조문의 벌금형을 과(科)한다. 다만, 법인 또는 개인이 그 위반행위를 방지하기 위하여 해당 업무에 관하여 상당한 주의와 감독을 게을리하지 아니한 경우에는 그러하지 아니하다.(2015.12.15 본조신설)
제24조【조사와 처분】 제23조제1항부터 제4항까지의 규정에 해당하는 자에 대하여는 「관세법」 제283조부터 제319조까지의 규정을 적용한다.(2011.7.14 본조개정)

부 칙 (2011.12.31)

제1조【시행일】 이 법은 2012년 1월 1일부터 시행한다.
제2조【환급신청에 관한 적용례】 제14조제1항제3호의 개정규정은 이 법 시행 후 최초로 환급금액 또는 과다환급금액을 징수하거나 자진신고·납부하는 것부터 적용한다.
제3조【체납된 관세등의 충당에 관한 적용례】 제16조제4항의 개정규정은 이 법 시행 후 최초로 환급금을 충당하는 것부터 적용한다.
제4조【가산금의 징수면제 등에 관한 적용례】 ① 제21조제2항 단서의 개정규정은 이 법 시행 후 최초로 환급금액 또는 과다환급금액을 징수하는 것부터 적용한다.
② 제21조제5항 단서의 개정규정은 이 법 시행 후 최초로 환급금액 또는 과다환급금액이나 관세등을 자진신고·납부하는 것부터 적용한다.

부 칙 (2014.1.1)

제1조【시행일】 이 법은 2014년 1월 1일부터 시행한다.
제2조【과다환급금에 대한 가산금액의 지급에 관한 적용례】 제21조제6항 및 제7항의 개정규정은 이 법 시행 후 가산금액의 지급을 신청하는 분부터 적용한다.

부 칙 (2015.12.15)

제1조【시행일】 이 법은 2016년 1월 1일부터 시행한다.
제2조【관세등의 환급에 관한 적용례】 제9조제1항 단서의 개정규정은 이 법 시행 이후 수출등에 제공되는 물품의 수출용원재료에 대한 관세등부터 적용한다.
제3조【환급금의 산출 등에 관한 적용례】 제10조제4항의 개정규정은 이 법 시행 이후 수출등에 제공되는 물품의 수출용원재료 또는 내국신용장등에 의하여 거래되는 수출용원재료(제12조에 따라 기초원재료납세증명서가 발급되는 경우로 한정한다)에 대한 환급금 또는 증명세액부터 적용한다.

부 칙 (2016.12.27)

제1조【시행일】 이 법은 2017년 1월 1일부터 시행한다.
제2조【환급금의 충당에 관한 적용례】 제16조제4항 및 제5항의 개정규정은 이 법 시행 이후 환급 결정된 환급금부터 적용한다.

부 칙 (2017.12.19)

이 법은 2018년 7월 1일부터 시행한다. 다만, 제3조제1항제1호의 개정규정은 2018년 1월 1일부터 시행한다.

부 칙 (2018.12.31)

제1조【시행일】 이 법은 2019년 7월 1일부터 시행한다. 다만, 제16조제4항제2호 및 같은 조 제6항의 개정규정은 2019년 1월 1일부터 시행한다.
제2조【신용담보업체에 관한 경과조치】 이 법 시행 당시 종전의 제5조제2항 및 제6조에 따라 신용담보업체로 지정받은 자에 대해서는 그 지정기간이 끝날 때까지 제5조, 제6조 및 제8조의 개정규정에도 불구하고 종전의 규정에 따른다.

부 칙 (2020.6.9)

이 법은 공포한 날부터 시행한다.(이하 생략)

부 칙 (2022.12.31)

제1조【시행일】 이 법은 2023년 1월 1일부터 시행한다. 다만, 제21조제4항의 개정규정은 2023년 4월 1일부터 시행한다.
제2조【환급신청 기간에 관한 적용례】 제14조제1항의 개정규정은 이 법 시행 당시 종전의 규정에 따른 관세등의 환급을 신청할 수 있는 기간이 경과하지 아니한 환급 신청 분에 대해서도 적용한다.
제3조【과다환급금 자진신고에 관한 적용례】 제21조제4항의 개정규정은 같은 개정규정 시행일 이후 자진신고하는 분부터 적용한다.

수출용 원재료에 대한 관세 등 환급에 관한 특례법 시행령

[1997년 3월 8일]
[전개대통령령 제15302호]

1998.12.31영15978호   2000.10.23영16985호
2000.12.29영17048호(관세시)
2002.12. 5영17791호(기술신용보증기금법시)
2003. 8.21영18087호   2006. 2. 9영19337호
2007. 4. 5영19994호
2008. 2.29영20720호(직제)
2012. 1. 6영23488호(민감정보고유식별정보)
2014. 2.21영25209호   2016. 2. 5영26956호
2016. 5.31영27205호(기술보증기금법시)
2017. 2. 7영27845호   2018. 2.13영28646호
2019. 2.12영29537호
2021. 1. 5영31380호(법령용어정비)
2023. 2.28영33279호

제1조【목적】 이 영은 「수출용 원재료에 대한 관세 등 환급에 관한 특례법」에서 위임된 사항과 그 시행에 필요한 사항을 규정함을 목적으로 한다.(2014.2.21 본조개정)
제2조【관세등의 일괄납부기간】 ① 「수출용 원재료에 대한 관세 등 환급에 관한 특례법」(이하 "법"이라 한다) 제6조제1항 각 호 외의 부분 전단에 따른 일괄납부기간은 1개월·2개월 또는 3개월로 한다. 다만, 법 제7조에 따른 정산업무를 효율적으로 수행하기 위하여 필요하다고 인정하여 기획재정부령으로 정하는 경우에는 6개월의 범위에서 일괄납부기간을 따로 정할 수 있다.(2019.2.12 본문개정)
② 법 제6조제1항 각 호 외의 부분 전단에 따라 관세등의 일괄납부를 신청하려는 자는 제1항의 규정에 따른 일괄납부기간 중 어느 하나를 선택하여야 한다.(2019.2.12 본항개정)
③ 제1항의 규정에 따른 일괄납부기간은 관세등의 일괄납부를 신청하는 날이 속하는 달의 1일부터 기산한다.
④ 제2항의 규정에 따라 선택한 일괄납부기간은 관세등의 일괄납부를 신청하는 날이 속하는 달의 1일부터 1년이 경과하기 전에는 변경할 수 없다.(2006.2.9 본조개정)
제3조【담보물의 종류 및 담보제공절차】 ① 세관장이 법 제6조제1항 각 호 외의 부분 후단에 따라 관세등의 일괄납부업체로 지정받으려는 자에게 요구할 수 있는 담보물의 종류는 다음 각 호와 같다.(2019.2.12 본문개정)
1. 금전
2. 국가 또는 지방자치단체가 발행한 채권 및 증권
3. 은행지급보증
4. 납세보증보험증권
5. 「신용보증기금법」 또는 「지역신용보증재단법」의 규정에 의한 신용보증(2006.2.9 본호개정)
6. 「기술보증기금법」에 따른 기술보증 및 신용보증(2016.5.31 본호개정)
② 법 제6조제1항 각 호 외의 부분 후단에 따라 수출용 원재료에 대한 관세등의 담보를 제공하려는 자는 제공할 담보의 종류·수량·금액 등을 기재한 담보제공서를 세관장에게 제출하여야 한다.(2019.2.12 본항개정)
③ 제2항의 규정에 의하여 담보를 제공하는 자는 일괄납부하고자 하는 세액에 상당하는 담보를 포괄하여 수입신고전에 제조장을 관할하는 세관장(주된 사무소에서 환급업무를 취급하는 경우에는 그 주된 사무소를 관할하는 세관장을 말하며, 이하 "관할지세관장"이라 한다)에게 제공하여야 한다.
④ 제3항의 규정에 불구하고 수입신고할 때마다 관세등에 대한 담보를 제공하고자 하는 자는 수입신고시에 통관지세관장에게 담보를 제공할 수 있다.

⑤ 법 제6조제1항제5호에서 "대통령령으로 정하는 관세채권의 확보가 곤란한 경우"란 다음 각 호의 어느 하나에 해당하는 경우를 말한다.
1. 최근 2년간 계속해서 수입실적이 없는 경우
2. 파산, 청산 또는 개인회생 절차가 진행 중인 경우
3. 수입실적, 자산, 영업이익 및 수입물품의 관세율 등을 고려할 때 관세채권 확보가 곤란한 경우로서 관세청장이 정하는 요건에 해당하는 경우
(2019.2.12 본항신설)
⑥ 담보의 제공 및 해제에 대한 절차 기타 필요한 사항은 관세청장이 정한다.
제4조~제5조 (2019.2.12 삭제)
제6조【정산통지】 ① 세관장은 법 제7조제1항에 따라 다음 각 호의 사항이 포함된 정산결과를 관세등의 일괄납부업체에 통지하여야 한다.
1. 법 제6조제1항에 따라 일괄납부하여야 할 관세등의 내역(2019.2.12 본호개정)
2. 법 제16조제3항에 따라 지급이 보류된 환급금의 내역
3. 정산결과 납부하여야 할 관세등의 세액 또는 지급하여야 할 환급액
② 법 제7조제1항에서 "대통령령이 정하는 날"이라 함은 제2조제1항에 따른 일괄납부기간이 종료되는 달의 다음달 1일을 말한다.
③ 법 제7조제3항에 따라 관세등의 일괄납부업체가 납부한 관세등는 그 관세등에 대한 정산결과를 통지한 세관장의 세입금으로 한다.
(2007.4.5 본조개정)
제7조【직권정산】 ① 법 제8조제1항에서 "대통령령으로 정하는 사유"란 다음 각 호의 어느 하나에 해당하는 사유를 말한다.(2019.2.12 본문개정)
1. (2007.4.5 삭제)
2. 법 제23조 또는 「관세법」 제268조의2, 제269조, 제270조, 제270조의2, 제271조, 제274조, 제275조의2, 제275조의3 및 제276조의 위반으로 처벌을 받은 경우(2014.2.21 본호개정)
3. 관세등의 체납이 발생된 경우. 다만, 독촉기간내에 자진납부하는 경우를 제외한다.
4. 파산선고·어음부도등으로 인하여 관세등의 채권확보가 필요한 경우
5. 그 밖에 관세등의 채권확보 등을 위하여 필요하다고 인정하여 기획재정부령으로 따로 정하는 경우(2014.2.21 본호개정)
② 세관장은 제1항 각 호의 사유가 발생하여 관세등의 채권 확보를 위하여 법 제6조제3항에 따른 납부기한이 도래하지 아니한 관세등과 법 제16조제3항에 따라 지급이 보류된 환급금을 즉시 정산(이하 "직권정산"이라 한다)하려는 경우에는 해당 업체에 그 사실을 통지하여야 한다.(2019.2.12 본항개정)
제8조 (2019.2.12 삭제)
제9조【수출이행기간 기준일】 ① 법 제9조제1항 본문에서 "대통령령으로 정하는 날"이란 다음 각 호의 어느 하나에 해당하는 날이 속하는 달의 말일을 말한다.
1. 법 제4조제1호에 따른 수출의 경우에는 수출신고를 수리한 날
2. 법 제4조제2호부터 제4호까지의 규정에 따른 수출등의 경우에는 수출·판매·공사 또는 공급을 완료한 날(2016.2.5 본항개정)
② 법 제9조제1항 본문에 따라 관세등을 환급하는 수출용원재료는 제1항에 따른 수출이행기간 기준일부터 소급하여 2년이내에 다음 각 호의 어느 하나에 해당하는 수입신고수리·반출승인·즉시반출신고·거래등이 행하여진 것이어야 한다.(2016.2.5 본문개정)
1. 「관세법」 제248조에 따른 수입신고수리
2. 「관세법」 제252조에 따른 수입신고수리전 반출승인

3.「관세법」제253조에 따른 수입신고전 즉시반출신고
(2016.2.5 1호~3호개정)
4. 수출용원재료가 법 제5조제3항에 따른 내국신용장
등(이하 "내국신용장등"이라 한다)에 의하여 거래된
경우에는 최후의 거래(2018.2.13 본호개정)

제9조의2【수출이행기간 연장 대상 등】① 법 제9조
제1항 단서에서 "대통령령으로 정하는 물품"이란「대
외무역법」제32조제1항에 따른 플랜트수출에 제공되는
물품을 말한다.
② 법 제9조제1항 단서에서 "대통령령으로 정하는 불
가피한 수출등의 지연사유가 있는 경우"란 무역 상대
국의 전쟁·사변, 천재지변 또는 중대한 정치적·경제
적 위기로 인하여 불가피하게 수출등이 지연되었다고
관세청장이 인정하는 경우를 말한다.
(2016.2.5 본조신설)

제10조【내국신용장 등에 의한 거래시의 기간】법 제
9조제2항 본문에서 "대통령령으로 정하는 기간"이란 1
년을 말한다. 다만, 물품의 특성상 또는 거래의 사정상
부득이한 사유로 관세청장이 정하는 바에 따라 6개월
의 범위에서 추가하여 관할지세관장의 연장 승인을 받
은 경우에는 그 기간을 말한다.(2017.2.7 본조개정)

제11조【소요량의 계산등】① 법 제10조제1항의 규정
에 따라 소요량계산서를 작성하고자 하는 자(이하 "소
요량계산서 작성업체"라 한다)는 다음 각호의 사항을
관할지세관장에게 신고하고 그 신고된 바에 따라 소요
량을 계산하여야 한다.
1. 수출물품명
2. 소요량 산정방법
3. 소요량 산정의 기준이 되는 기간 및 적용기간
4. 수출물품의 제조공정 및 공정설명서
5. 기타 소요량계산과 관련된 사항으로서 관세청장이
정하는 사항
② 소요량계산서 작성업체는 제1항 각호의 내용을 변
경하고자 하는 경우에는 그 내용을 즉시 관할지세관장
에게 신고하여야 한다.
③ 법 제14조제1항의 규정에 의한 환급신청자와 수출
물품의 생산자가 다른 경우 환급신청자는 당해 수출물품
을 생산한 자가 산정한 소요량에 의하여 소요량계산서를
작성하여야 한다. 다만, 법 제10조제2항의 규정에 의하여
표준소요량을 적용하는 경우에는 그러하지 아니하다.
④ 소요량의 산정 및 관리에 대한 기준과 그 절차에 관
하여 필요한 사항은 관세청장이 정한다.

제11조의2【소요량 사전심사의 신청 등】① 법 제10조
의2제1항에 따른 소요량 사전심사 또는 같은 조 제3항
에 따른 재심사를 신청하려는 자는 소요량 사전심사
또는 재심사 사유를 기재한 신청서에 제11조제1항 각
호의 사항에 관한 자료를 첨부하여 관할지세관장에게
제출하여야 한다.
② 법 제10조의2제2항 본문에서 "대통령령으로 정하는
기간"이란 제1항에 따른 신청을 받은 날부터 30일(제4
항 단서에 따라 현지 확인을 실시하는 경우에는 50일)
을 말한다. 이 경우 제3항에 따른 보정에 소요되는 기
간은 제외한다.
③ 관할지세관장은 법 제10조의2제2항 단서에 따라 20
일 이내의 기간을 정하여 제1항에 따라 제출받은 신청
서 및 관련 자료를 보정하게 할 수 있다.
④ 관할지세관장은 제1항에 따라 제출받은 신청서 및
관련 자료를 검토하여 심사하는 것을 원칙으로 한다.
다만, 신청서 및 관련 자료의 검토를 위하여 제조공정
등을 확인할 필요가 있는 경우에는 신청인의 동의를
받아 현지 확인을 병행하여 실시할 수 있다.
⑤ 관할지세관장은 다음 각 호의 어느 하나에 해당하
는 경우에는 심사를 거절할 수 있다.
1. 제3항에 따라 보정을 요청한 신청서 및 관련 자료를

기한 내에 제출하지 아니한 경우
2. 신청 내용과 동일한 사안에 대한 범칙사건의 조사,
관세조사 또는 이의신청·심사청구·심판청구·소
송제기 등의 불복절차가 진행 중인 경우
⑥ 법 제10조의2제5항 단서에서 "소요량 사전심사의
근거가 되는 사실관계 또는 상황의 변경이 있는 등 대
통령령으로 정하는 사유가 있는 경우"란 다음 각 호의
어느 하나에 해당하는 경우를 말한다.
1. 사실관계 또는 생산공정의 변경 등으로 인하여 소요
량 계산 근거가 달라진 경우
2. 허위자료 제출 등 신청인에게 책임 있는 사유로 인
하여 심사결과가 잘못 통지된 경우
3. 신청 내용과 동일한 사안에 대한 이의신청·심사청
구·심판청구 또는 소송제기 등을 받은 권한 있는 기
관의 최종결정 또는 법원의 판결이 심사결과와 다르
게 된 경우
4. 신청인의 요청에 따라 심사결과와 다른 방법으로 소
요량을 계산하는 것이 타당하다고 관할지세관장이
인정하는 경우
(2018.2.13 본조신설)

제12조【평균세액증명】① 법 제11조제1항의 규정에
의하여 평균세액증명서를 발급받고자 하는 자는 관할
지세관장으로부터 평균세액증명 대상물품의 지정을 받
아야 한다. 이 경우 수출용원재료의 관세·통계통합품
목분류표의 품목번호(이하 "품목번호"라 한다) 또는 소
요량이 달라지는 등 평균세액의 결정이 곤란하다고 인
정하여 관세청장이 정하는 물품에 대하여는 평균세액
증명서의 발급대상으로 지정을 받을 수 없다.
(1998.12.31 본항개정)
② 제1항의 규정에 의하여 지정받은 물품에 대하여 평
균세액증명서를 발급받고자 하는 자는 다음 각호의 사
항을 기재한 신청서에 관세청장이 정하는 증빙서류를
첨부하여 수출용원재료를 수입한 날 또는 내국신용장
등에 의하여 매입한 날이 속하는 달의 다음달 1일 이
후에 관할지세관장에게 제출하여야 한다.
1. 지정받은 물품별 수입량 및 관세등의 세액
2. 지정받은 물품별 내국신용장등에 의한 매입량 및 관
세등의 세액
3. 기타 평균세액 증명과 관련된 사항으로서 관세청장
이 정하는 사항
③ 세관장은 평균세액증명서를 발급한 후에 제2항 각
호에 규정된 사항의 전부 또는 일부가 변경된 때에는
기획재정부령이 정하는 바에 따라 평균세액증명서를
발급하여야 한다.(2008.2.29 본항개정)
④ 평균세액증명서는 품목번호를 기준으로 매월 수입하
거나 내국신용장등에 의하여 매입한 수출용원재료 전량
에 대하여 일괄신청하여야 한다. 다만, 기획재정부령이
정하는 경우에는 그러하지 아니하다.(2008.2.29 단서개정)
⑤ 제1항의 규정에 의하여 지정을 받은 물품에 대하여는
계속하여 평균세액증명서의 발급을 신청하여야 한다.
⑥ 평균세액증명서의 발급을 받아야 할 수출용원재료에
대한 수입신고필증 또는 기초원재료납세증명서등은 관세
등의 환급신청 또는 다음 국내 거래단계에 따른 기초원재
료납세증명서의 발급신청자료로 사용하지 못한다.
⑦ 세관장은 평균세액증명서에 의하여 환급 또는 기초
원재료납세증명서등을 발급하는 것이 수출용원재료에
대한 관세등의 세액과 현저한 차이가 있다고 인정하는
경우에는 평균세액증명서 발급대상물품의 지정을 취소
하여야 한다.

제13조【기초원재료납세증명 및 수입세액분할증명】①
법 제12조제1항에 따라 기초원재료납세증명서 또는 수
입세액분할증명서(이하 "기초원재료납세증명서등"이라
한다)를 발급받고자 하는 자는 다음 각호의 사항을 기
재한 증명서발급신청서를 관할지세관장에게 제출하여
야 한다.(2007.4.5 본문개정)

1. 양도자 및 양수자
2. 양도일자
3. 품명 및 규격
4. 양도한 물량 및 세액
5. 그 밖에 기초원재료납세증명서등의 발급에 필요한 사항으로서 관세청장이 정하는 사항(2007.4.5 본호개정)
(1998.12.31 본항신설)
② 세관장은 법 제17조에 따라 관세등의 환급이 제한되는 물품에 대하여는 환급이 제한된 세액을 공제하고 기초원재료납세증명서등을 발급하여야 한다.(2007.4.5 본항개정)
③ 하나의 내국신용장등에 의하여 거래되는 물품이 2회이상 분할공급되는 경우의 기초원재료납세증명서등은 최초의 물품이 거래된 날에 당해 수출용원재료가 전부 거래된 것으로 보아 기초원재료납세증명서등을 발급하여야 한다. 다만, 내국신용장등에 의하여 수출용원재료를 공급하는 자가 원하지 아니하는 경우에는 그러하지 아니하다.(2007.4.5 본항개정)
④ 관세청장은 기초원재료납세증명서등의 발급업무를 효율적으로 수행하기 위하여 필요하다고 인정하는 경우에는 이를 발급하는 세관장을 따로 지정할 수 있다.(2007.4.5 본항개정)
(2007.4.5 본조제목개정)

제14조【정액환급의 기준】 ① 법 제13조제1항의 규정에 의한 정액환급률표는 수출물품의 품목번호를 기준으로 정하되, 필요한 경우에는 수출물품의 품명 또는 규격별로 정할 수 있다.
② 제1항에 따른 정액환급률표를 정할 때에는 적정한 환급을 위하여 관세율 및 환율의 변동등을 고려하여 일정률을 가감할 수 있다.(2021.1.5 본항개정)
③ 수출물품 또는 내국신용장등에 의하여 거래된 물품이 법 제13조제1항에 따른 정액환급률표에 기재된 경우에는 수출등에 제공된 날 또는 내국신용장등에 의하여 거래된 날에 시행되는 정액환급률표에 정하여진 바에 따라 환급하거나 기초원재료납세증명서를 발급한다. 다만, 관세청장이 정하는 바에 따라 정액환급률표를 적용하지 아니하기로 승인(이하 "비적용승인"이라 한다)을 받은 경우에는 그러하지 아니하다.(2023.2.28 본항개정)
④ 제15조의 규정에 의한 정액환급률표가 적용되는 물품에 대하여는 제16조의 규정에 의한 정액환급률표를 적용하지 아니한다.
⑤ 제3항 단서에 따라 비적용승인을 받은 자의 모든 수출물품(내국신용장등에 의하여 거래된 물품을 포함한다)에 대하여는 정액환급률표를 적용하지 아니한다.(2023.2.28 본항개정)
⑥ 제3항 단서에 따라 비적용승인을 받은 자가 관세청장이 정하는 바에 따라 정액환급률표의 적용을 신청하거나 적용승인을 받은 자가 다시 비적용승인을 신청하는 경우에는 비적용승인 또는 적용승인을 받은 날부터 2년이내에는 이를 신청할 수 없다. 다만, 다음 각 호의 어느 하나에 해당하는 때에는 관세청장이 정하는 바에 따라 2년 이내에도 신청할 수 있다.(2023.2.28 본문개정)
1. 생산공정의 변경 등으로 인하여 소요량계산서의 작성이 곤란하게 된 때
2. 정액환급률표에 의한 환급액이 법 제10조의 규정에 의하여 산출된 환급액의 70퍼센트에 미달하게 된 때
3. 비적용승인을 받은 날부터 적용승인을 신청하는 날까지 관세등을 환급받은 실적이 없을 때(2023.2.28 본호신설)
⑦ 제3항 단서 또는 제6항에 따라 비적용승인을 받은 경우에는 그 승인을 받은 날 이후 수출등에 제공되거나 내국신용장등에 의하여 거래된 물품에 대하여 정액환급률표를 적용하지 아니하고, 제6항에 따라 적용승

인을 받은 경우에는 그 승인을 받은 날 이후 수출등에 제공되거나 내국신용장등에 의하여 거래된 물품에 대하여 정액환급률표를 적용한다. 다만, 관세등을 환급받은 실적(법 제3조제1항제2호에 따른 수출용원재료에 대한 관세등의 환급은 제외한다)이 없는 자로서 최초로 비적용승인을 받은 경우에는 그 승인을 받은 날 전에 수출등에 제공되거나 내국신용장등에 의해 거래된 물품에 대하여 정액환급률표를 적용하지 않을 수 있다.(2023.2.28 단서신설)
⑧ 관세청장은 다음 각 호의 어느 하나에 해당하는 경우에는 기획재정부장관과 미리 협의하여야 한다.
1. 법 제13조제1항에 따라 정액환급률표를 정하여 고시하는 경우
2. 법 제13조제4항에 따라 정액환급률표의 전부 또는 일부를 조정하여 고시하는 경우
(2016.2.5 본항신설)

제15조【특수공정물품의 정액환급】 ① 관세청장은 법 제13조제1항의 규정에 의하여 생산공정이 특수한 수출물품의 정액환급률표(이하 "특수공정물품 정액환급률표"라 한다)를 정할 때에는 최근 6월이상 기간동안의 수입 또는 내국신용장등에 의하여 매입한 원재료에 대한 관세등의 평균환급액 또는 평균납부세액을 기초로 한다.
② 관세청장은 특수공정물품 정액환급률표를 정하거나 고시된 특수공정물품 정액환급률표의 조정을 위하여 필요한 경우에는 당해 물품의 생산자에게 관련자료의 제출을 요청할 수 있다.
③ 특수공정물품 정액환급률표의 적용을 받는 자는 수출물품별로 관세용원재료의 납부세액, 제조공정의 변동 등에 관한 사항을 관세청장에게 신고하여야 한다. 이 경우 관세청장은 신고된 자료를 기초로 특수공정물품 정액환급률표를 조정하여 고시할 수 있다.

제16조【간이정액환급】 ① 관세청장은 법 제13조제1항의 규정에 의하여 중소기업의 수출물품에 적용하는 정액환급률표(이하 "간이정액환급률표"라 한다)를 정할 때에는 최근 6월 이상 기간동안의 수출물품의 품목번호별 평균환급액 또는 평균납부세액 등을 기초로 하여 적정한 환급액을 정하여야 한다. 다만, 최근 6월 이상의 기간동안 수출물품의 품목별 수출실적(간이정액환급실적은 제외한다)이 없거나 미미하여 당해 물품의 품목번호별 평균환급액 또는 평균납부세액 등을 기초로 간이정액환급률표의 환급액을 정하는 것이 불합리한 것으로 판단되는 경우에는 직전의 간이정액환급률표의 환급액을 기초로 하여 적정한 환급액을 정할 수 있다.(2003.8.21 단서신설)
② 제1항의 규정에 의한 간이정액환급률표는 기획재정부령이 정하는 자가 생산하는 수출물품에만 적용한다. 이 경우 수출자와 수출물품의 생산자가 다른 경우에는 수출물품의 생산자가 직접 관세등의 환급을 신청하는 경우에 한한다.(2008.2.29 전단개정)

제17조【정액환급률표의 고시요청】 ① 법 제13조제3항의 규정에 의하여 정액환급률표의 고시를 요청하고자 하는 자는 다음 각호의 서류를 첨부한 신청서를 관세청장에게 제출하여야 한다.
1. 고시요청사유서
2. 수출물품의 품목번호별 소요원재료의 내역
3. 원재료별 최근 1년동안의 관세납부내역
4. 기타 정액환급률표의 고시요청의 필요성을 입증하는 서류 등 관세청장이 정하는 서류
② 관세청장은 제1항의 규정에 의한 정액환급률표의 고시를 요청받은 경우에는 제출된 서류 및 환급실적 등을 기초로 이를 고시하여야 한다. 다만, 당해 물품의 거래의 특수성 등으로 현저히 과다·과소환급의 우려가 있어 정액환급 대상물품으로 부적합하다고 인정되는 경우에는 이를 고시하지 아니할 수 있다.

제18조 【환급의 신청】 ① 법 제14조제1항에 따른 관세등의 환급신청은 다음 각 호의 어느 하나에 해당하는 자가 하여야 한다.(2017.2.7 본문개정)
1. 법 제4조제1호의 수출인 경우에는 수출자(수출위탁의 경우에는 수출위탁자를 말한다) 또는 수출물품의 생산자 중에서 수출신고필증에 환급신청인으로 기재된 자(2003.8.21 본호개정)
2. 법 제4조제2호 내지 제4호의 경우에는 수출등에 제공한 사실을 확인하기 위하여 관세청장이 정하는 서류에 당해 물품을 수출·판매 또는 공급 등을 하거나 공사를 한 자로 기재된 자(1998.12.31 본호개정)
3. 제1호 또는 제2호에 해당하는 법인이 합병한 경우 합병 후 존속하는 법인 또는 합병으로 설립된 법인
4. 제1호 또는 제2호에 해당하는 자로부터 상속을 받은 경우 그 상속인(「민법」 제1000조, 제1001조, 제1003조 및 제1004조에 따른 상속인을 말하며, 「상속세 및 증여세법」 제2조제5호에 따른 수유자(受遺者)를 포함한다) 또는 「민법」 제1053조에 따른 상속재산관리인 (2017.2.7 3호~4호신설)
② 법 제14조제1항의 규정에 의하여 관세등의 환급을 받고자 하는 자는 관세청장이 정하는 관세등의 환급신청서에 다음 각호의 서류를 첨부하여 관할지세관장에게 제출하여야 한다. 다만, 정액환급률표가 적용되는 수출물품에 대하여는 제2호 및 제3호의 서류를 첨부하지 아니한다.
1. 제1항 각호의 규정에 의하여 수출등에 제공한 사실을 확인할 수 있는 서류(1998.12.31 본호개정)
2. 소요량계산서
3. 소요원재료의 납부세액을 확인할 수 있는 서류
4. 기타 환급금의 확인과 관련하여 관세청장이 정하는 서류
③ 관세등의 환급신청은 수출물품의 생산에 소요된 원재료에 대하여 일괄신청하여야 한다. 다만, 일괄신청하는 것이 불합리하다고 인정하여 관세청장이 따로 정한 경우에는 그러하지 아니하다.
④ 법 제14조제1항의 규정에 의한 관세등의 환급신청은 다음 각호의 1에 해당하는 경우에 할 수 있다.
1. 법 제4조제1호의 규정에 의한 수출의 경우에는 수출물품이 선적 또는 기적된 경우
2. 법 제4조제2호 내지 제4호의 규정에 의한 수출의 경우에는 수출물품의 수출·판매·공사 또는 공급 등을 완료한 경우
⑤ 법 제14조제1항에 따른 관세등의 환급을 받고자 할 때에는 법 제4조제1호의 경우는 수출신고수리일, 법 제4조제2호부터 제4호까지의 규정에 따른 수출·판매·공사 또는 공급 등을 한 경우는 당해 수출·판매·공사 또는 공급 등을 완료한 날부터 5년 이내에 신청하여야 한다.(2023.2.28 본항개정)
⑥ 환급신청인은 환급신청전에 관세청장이 정하여 고시하는 바에 따라 계좌를 개설하고 관할지세관장에게 그 계좌번호를 통보하여야 한다.(2007.4.5 본항개정)
⑦ 세관장은 제2항 및 제4항의 규정에 불구하고 간이정액환급률표가 적용되는 수출물품에 대하여는 관세청장이 정하는 바에 따라 수출신고시 수출신고서에 환급신청 사항을 간략히 기재함으로써 환급신청에 갈음할 수 있도록 할 수 있다.(2003.8.21 본항신설)
제19조 【환급신청세관의 지정】 관세청장은 관세등의 환급업무를 효율적으로 수행하기 위하여 필요하다고 인정하는 경우에는 환급신청인의 신청 또는 직권에 의하여 관세등의 환급을 신청할 세관을 지정하거나 그 지정을 변경할 수 있다.
제20조 【환급금의 사후심사】 ① 세관장은 법 제14조제2항에 따라 환급금의 정확 여부를 심사할 필요가 있는 경우에는 환급신청서 및 그 첨부서류 또는 법 제20

조제3항에 따라 제출받은 서류나 실지조사에 의하여 정확 여부를 심사한다.
② 제1항에 따른 심사는 환급신청일부터 5년 이내에 완료하여야 한다. 다만, 관세청장이 조사기간을 따로 정하는 경우에는 그러하지 아니하다.
③ 제1항에 따른 심사의 절차·방법과 그 밖에 필요한 사항은 관세청장이 정한다.
(2014.2.21 본조개정)
제21조 【환급금의 이체 및 지급】 ① 법 제16조제1항의 규정에 의한 환급금은 제18조제6항의 규정에 의하여 환급신청인이 통보한 계좌에 입금하는 방법으로 지급한다.
② 제1항의 규정에 의하여 환급금을 지급하고자 하는 세관장은 당해 환급금을 환급신청인의 계좌에 입금할 것을 한국은행에 요구하여야 한다.
③ 제2항의 규정에 의하여 환급금의 지급요구를 받은 한국은행은 지급을 요구한 세관장의 당해연도 소관 세입금계정에서 즉시 당해 환급금을 이체하여 환급신청인의 계좌에 입금시키고 이체 및 입금내역을 당해 세관장에게 통지하여야 한다.
④ 환급금은 제3항의 규정에 의하여 신청인의 계좌에 입금된 때에 지급된 것으로 본다.
(2003.8.21 본조개정)
제22조 【세관장 소관세입금계정간의 조정】 ① 세관장은 소관세입금계정의 세입금이 환급금을 지급하거나 부족하거나 부족이 생길 우려가 있는 때에는 관세청장에게 필요한 금액의 이체를 받을 수 있도록 조치할 것을 요청할 수 있다.
② 제1항의 규정에 의한 요청을 받은 관세청장은 소관세입금계정에 세입금의 여유가 있는 세관장(이하 이 조에서 "이체하는 세관장"이라 한다)으로 하여금 필요한 금액을 세입금의 이체를 요청한 세관장(이하 이 조에서 "이체받는 세관장"이라 한다)에게 이체할 것을 한국은행에 요구하도록 이체하는 세관장에게 지시하고 그 사실을 이체받는 세관장에게 통보하여야 한다.
③ 제2항의 규정에 의한 지시를 받은 세관장은 당해 세입금계정으로부터 당해 금액을 이체받는 세관장의 소관세입금계정으로 이체할 것을 한국은행에 요구하여야 한다.
④ 한국은행은 제3항의 규정에 의한 요구를 받은 때에는 지체없이 세입금을 이체하고 이체받는 세관장과 이체하는 세관장에게 각각 통지하여야 한다.
제23조 【미지급자금의 정리】 ① 한국은행은 제21조제2항의 규정에 의하여 지급을 요구받은 환급금중 신청인의 계좌에 입금시키지 못한 환급금이 있을 경우에는 그 사실을 즉시 당해 세관장에게 통지하여야 한다.(2003.8.21 본항개정)
② 제1항의 규정에 의하여 통지를 받은 세관장은 즉시 환급신청인의 계좌 등을 조사하여 환급금이 지급될 수 있도록 조치하여야 하며 환급금결정일부터 1년이 경과될 때까지 지급되지 아니한 환급금은 그 기간이 종료된 날이 속하는 회계연도의 세입에 편입되도록 조치하여야 한다.
③ 제2항의 규정에 의하여 세관장의 세입금계정에 편입된 환급금을 환급신청인이 수령하고자 할 때에는 다음 각호의 사항을 기재한 신청서를 관할지세관장에게 제출하여야 한다. 이 경우 세관장은 이를 조사·확인하여 그 지급에 필요한 조치를 하여야 한다.
1. 환급받고자 하는 관세등의 금액
2. 환급금결정일부터 1년 이내에 환급금을 지급받지 못한 사유
제24조 【환급금의 지급보류 및 체납충당사실통지】 세관장은 법 제16조제3항 및 제4항의 규정에 의하여 환급금지급을 보류하거나 환급금을 체납한 관세등과

가산금·가산세 및 체납처분비에 충당한 때에는 그 사실을 당해 환급신청인에게 통지하여야 한다. 다만, 환급신청인의 요청에 의하여 충당한 경우에는 그 통지를 하지 아니할 수 있다.

제25조 【환급의 제한】 ① 관계행정기관의 장 또는 이해관계인은 다음 각호의 자료를 기획재정부장관에게 제출하여 법 제17조제1항의 규정에 의한 환급의 제한을 요청할 수 있다.(2008.2.29 본문개정)
1. 당해 물품의 품명·규격 및 용도
2. 환급을 제한하고자 하는 비율 및 그 이유
3. 당해연도와 전년도의 당해 물품에 대한 국내수요·생산실적 및 생산능력
4. 최근 1년간의 월별 수입가격·수입량 및 총수입금액
5. 최근 1년간의 월별 주요국내제조업체별 공장도가격 및 출고실적
6. 향후 1년간의 당해 물품에 대한 국내생산전망 및 수요전망
② 제1항의 규정에 의하여 환급의 제한을 요청받은 기획재정부장관은 관세등의 환급의 제한에 관하여 필요한 사항을 조사하기 위하여 필요하다고 인정하는 경우에는 관계기관·수출자·수입자 기타 이해관계인등에 대하여 관계자료의 제출 기타 필요한 협조를 요청할 수 있다.(2008.2.29 본항개정)
③ (2014.2.21 삭제)

제26조 【용도외 사용등에 대한 승인신청】 법 제18조제1항의 규정에 의하여 관세등의 환급을 받은 물품에 대한 용도외 사용 또는 멸각승인을 얻고자 하는 자는 다음 각호의 사항을 기재한 신청서를 당해 물품의 소재지를 관할하는 세관장에게 제출하여야 한다.
1. 당해 물품의 품명·규격 및 물량
2. 용도외 사용 또는 멸각승인신청의 사유
3. 당해 물품의 공급자
4. 기타 신청인의 인적사항등 관세청장이 정하는 사항

제27조 【환급에 갈음하는 관세등의 세율인하】 ① 관계행정기관의 장 또는 이해관계인은 당해 물품에 대한 다음 각호의 자료를 기획재정부장관에게 제출하여 법 제19조제1항의 규정에 의한 관세등의 세율인하를 요청할 수 있다.(2008.2.29 본문개정)
1. 당해 물품의 품명·규격 및 용도
2. 국내주요생산업체의 최근 1년간의 수출용·내수용별 생산량 및 생산능력
3. 최근 1년간의 수출용·내수용별 월별 수입량 및 수입금액
4. 최근 1년간의 국내주요수요업체의 사용실적
5. 향후 1년간의 국내생산전망 및 수요전망
② 기획재정부장관은 환급에 갈음하는 관세등의 세율인하에 관하여 필요한 사항을 조사하기 위하여 필요하다고 인정하는 경우에는 관계기관·수출자·수입자 기타 이해관계인등에 대하여 관계자료의 제출 기타 필요한 협조를 요청할 수 있다.(2008.2.29 본항개정)
③ 관계행정기관의 장은 법 제19조의 규정에 의하여 관세등의 세율이 인하된 물품(이하 "관세등의 세율인하물품"이라 한다)에 대하여 관계법령이 정하는 바에 의하여 관세등의 세율인하의 기초가 된 수출 및 내수비율에 따라 수출용·내수용별 수입허가비율 또는 승인비율을 정할 수 있다.
④ 관계행정기관의 장은 관세등의 세율인하물품에 대하여 제3항의 규정에 의한 수출용·내수용별 수입허가비율 또는 승인비율 기타 관세등의 세율인하의 기초가 된 중요사항을 변경하고자 할 때에는 미리 기획재정부장관과 협의하여야 한다.(2008.2.29 본항개정)
⑤ 관세청장과 관세등의 세율인하물품에 대한 수입을 허가 또는 승인한 기관의 장은 관세등의 세율인하물품

에 관한 수출용·내수용별 수입실적과 수입허가실적 또는 승인실적을 분기별로 기획재정부장관과 관계행정기관의 장에게 각각 통보하여야 한다.(2008.2.29 본항개정)
⑥ 관세등의 세율이 인하되기 전에 수입한 수출용원재료를 법 제19조의 규정에 의하여 관세등의 세율이 인하된 후 수출등에 제공하고 관세등의 환급을 받고자 하는 자는 수출용으로 수입된 당해 물품의 물량과 관세등의 세액을 기획재정부령이 정하는 바에 따라 관세등의 세율이 인하된 날부터 30일이내에 관할지세관장에게 신고하여 확인을 받아야 한다.(2008.2.29 본항개정)
⑦ 법 제19조제2항의 규정에 의한 관세등의 세율을 인하하는 물품과 세율은 따로 대통령령으로 정한다.

제28조 【서류의 보관과 제출등】 ① 법 제20조제1항에 따라 보관해야 할 서류와 그 기간은 다음 각 호와 같다.(2021.1.5 본문개정)
1. 수출물품별 원재료의 소요량계산근거서류 및 계산내역에 대한 서류는 환급신청일부터 5년. 다만, 「중소기업기본법」 제2조제1항에 따른 중소기업자가 보관하여야 하는 원재료출납대장 및 수출물품출납대장의 보관기간은 3년으로 한다.(2021.1.5 단서개정)
2. 내국신용장등 수출용원재료의 거래관계서류는 당해 물품의 기초원재료납세증명서등의 발급일부터 3년
3. 수출신고필증등 법 제4조에서 정한 수출사실을 증명할 수 있는 서류는 환급신청일부터 3년
4. 수입신고필증등 원재료의 납부세액을 증명할 수 있는 서류는 환급신청등에 사용한 날부터 3년
5. 기타 관세청장이 정하는 서류는 환급신청등에 사용한 날부터 3년
② 관세청장 및 세관장은 법 제20조제3항의 규정에 따라 관계서류 또는 자료의 제출을 요구할 때에는 문서로 이를 하여야 한다.

제29조 【환급금 결정 및 지급사항 보고】 ① 세관장은 법 제14조제2항의 규정에 의한 환급금결정사항과 환급금지급사항을 매월 관세청장에게 보고하여야 하며 관세청장은 이를 종합하여 기획재정부장관에게 제출하여야 한다.(2008.2.29 본항개정)
② 세관장은 환급금결정액계산서와 그 증빙서류를 「감사원법」 제25조의 규정에 따라 감사원에 제출하여야 한다.(2006.2.9 본항개정)

제30조 【가산금액】 ① 법 제21조제2항 본문 및 법 제22조제2항에 따라 다음 각 호의 어느 하나에 해당하는 금액에 가산할 금액의 이율은 1일 10만분의 39로 한다.
1. 법 제21조제1항에 따라 세관장이 징수하는 환급금액 또는 과다환급금액(이하 "과다환급금등"이라 한다)
2. 법 제22조제1항에 따라 세관장이 지급하는 과소환급금
(2014.2.21 본항개정)
② 법 제21조제5항에 따라 과다환급금등을 자진신고하고 해당 관세등을 납부하는 경우 과다환급금등에 가산할 금액의 이율은 환급받은 날(「자유무역협정의 이행을 위한 관세법의 특례에 관한 법률」 제9조에 따라 사후에 협정관세를 적용함으로써 발생하는 과다환급금등을 자진신고하고 해당 관세등을 납부하는 경우에는 같은 조 제5항 후단에 따라 세관장이 협정관세의 적용 등을 통지한 날을 말한다. 이하 이 항에서 같다)의 다음 날부터 자진신고를 하는 날까지의 기간에 대하여 징수할 금액의 1일 10만분의 10으로 한다. 다만, 환급받은 날부터 3개월 이내에 과다환급금등을 자진신고하는 경우 가산할 금액의 이율은 「은행법」에 따른 인가를 받아 설립된 은행으로서 서울특별시에 본점을 둔 은행의 1년 만기 정기예금 이자율의 평균을 고려하여 기획재정부령으로 정하는 이자율로 한다.(2023.2.28 본문개정)

③ 제2항에도 불구하고 다음 각 호의 어느 하나에 해당하여 과다환급금등을 자진신고하는 경우에는 제2항 본문에 따른 기간에 대하여 과다환급금등에 가산할 금액의 이율은 1일 10만분의 39로 한다.
1. 법 제21조제3항에 따라 과다환급금등에 대한 징수 내용을 서면으로 통지한 경우
2. 「관세법」 제114조제1항 본문에 따라 조사의 통지를 한 경우
3. 「관세법」 제114조제1항 단서에 따라 조사의 통지를 하지 않고 조사를 시작한 경우
(2023.2.28 본항신설)
(2014.2.21 본조제목개정)
제31조【과다환급금등에 대한 자진신고】 ① 법 제21조제4항에 따라 과다환급금등 또는 부족하게 정산된 금액을 자진신고하려는 자는 다음 각 호의 사항을 기재한 신고서를 환급을 했거나 정산통지를 한 세관장에게 제출하여야 한다.(2023.2.28 본문개정)
1. 환급, 과다환급 또는 부족정산과 관련된 환급신청등의 내역
2. 환급, 과다환급 또는 부족정산된 세액의 계산내역
3. 환급, 과다환급 또는 부족정산한 사유
4. 그 밖에 신고인의 인적사항 등 관세청장이 정하는 사항
② 제1항에 따른 자진신고의 기간은 다음 각 호의 구분에 따른 날부터 「관세법」 제21조제1항에 따른 기간이 지나기 전까지로 한다.
1. 법 제7조제1항에 따른 정산이 부족하게 정산된 경우 : 해당 정산 결과를 통지받은 날
2. 법 제21조제1항제1호, 제3호 또는 제4호에 해당하는 경우 : 해당 환급금을 지급받은 날
3. 법 제21조제1항제2호에 해당하는 경우 : 해당 기초원재료납세증명서등을 발급받은 날
(2014.2.21 본항신설)
③ 제1항에 따라 자진신고한 관세등은 신고한 날부터 15일 이내에 해당 세액을 납부하여야 한다.
(2014.2.21 본조개정)
제32조【가산금지급대상인 과소환급】 법 제22조제1항에서 과소하게 환급한 경우는 환급신청인이 신청한 환급금을 세관장의 귀책사유로 인하여 신청한 금액보다 적게 지급한 경우를 말한다.
제33조【서식】 이 영에 의한 신청서·통지서·지시서 및 기타 서식은 관세청장이 정한다.
제34조【고유식별정보의 처리】 세관장은 법 제14조에 따른 환급신청에 대한 심사·결정 및 법 제16조에 따른 환급금의 지급 사무를 수행하기 위하여 불가피한 경우 「개인정보 보호법 시행령」 제19조제1호 또는 제4호에 따른 주민등록번호 또는 외국인등록번호가 포함된 자료를 처리할 수 있다.(2012.1.6 본조신설)

부 칙 (2014.2.21)

제1조【시행일】 이 영은 공포한 날부터 시행한다.
제2조【환급금 사후심사기간에 관한 적용례】 제20조제2항의 개정규정은 이 영 시행 후 환급신청하는 분부터 적용한다.

부 칙 (2016.2.5)

이 영은 공포한 날부터 시행한다. 다만, 제30조제2항 단서의 개정규정은 공포 후 3개월이 경과한 날부터 시행한다.

부 칙 (2016.5.31)

제1조【시행일】 이 영은 2016년 9월 30일부터 시행한다.(이하 생략)

부 칙 (2017.2.7)

제1조【시행일】 이 영은 공포한 날부터 시행한다.
제2조【수출이행기간에 산입하지 아니하는 기간의 연장 승인에 관한 적용례】 제10조 단서의 개정규정은 이 영 시행 당시 제10조 본문에 따른 기간이 지나지 아니한 분부터 적용한다.
제3조【가산금의 징수 기산일 변경에 관한 적용례】 제30조제2항의 개정규정은 이 영 시행 이후 자진신고를 하는 분부터 적용한다.

부 칙 (2018.2.13)

이 영은 2018년 7월 1일부터 시행한다. 다만, 제9조제2항제4호, 제14조제7항 및 같은 조 제8항의 개정규정은 공포한 날부터 시행한다.

부 칙 (2019.2.12)

이 영은 2019년 7월 1일부터 시행한다.

부 칙 (2021.1.5)

이 영은 공포한 날부터 시행한다.(이하 생략)

부 칙 (2023.2.28)

제1조【시행일】 이 영은 공포한 날부터 시행한다. 다만, 제30조제3항 및 제31조제1항의 개정규정은 2023년 4월 1일부터 시행한다.
제2조【적용승인 신청기간에 관한 적용례】 제14조제6항제3호의 개정규정은 이 영 시행 이후 정액환급률표의 적용승인을 신청하는 경우부터 적용한다.
제3조【비적용승인에 관한 적용례】 제14조제7항 단서의 개정규정은 이 영 시행 이후 최초로 비적용승인을 받은 자부터 적용한다.
제4조【자진신고 시 가산금액의 이율에 관한 적용례】 제30조제3항의 개정규정은 부칙 제1조 단서에 따른 시행일 이후 과다환급금등을 자진신고하는 분부터 적용한다.

수출용 원재료에 대한 관세 등 환급에 관한 특례법 시행규칙

(1997년 3월 8일)
(전개총리령 제618호)

개정
1999. 3.20재정경제부령 69호
2000.12.30재정경제부령175호(관세규)
2001.11. 3재정경제부령225호   2003. 8.27재정경제부령325호
2005. 9.12재정경제부령462호   2007. 4.23재정경제부령555호
2010. 3.30기획재정부령134호
2013. 3.23기획재정부령342호(직제시규)
2014. 3.14기획재정부령419호   2015. 3. 6기획재정부령477호
2016. 3.11기획재정부령554호   2017. 3.15기획재정부령599호
2018. 3.19기획재정부령661호   2019. 2기획재정부령721호
2021. 7.30기획재정부령862호   2023. 3.20기획재정부령971호

제1조【목적】 이 규칙은「수출용 원재료에 대한 관세 등 환급에 관한 특례법」과 같은 법 시행령에서 위임된 사항 및 그 시행에 필요한 사항을 규정함을 목적으로 한다.(2014.3.14 본조개정)

제2조【환급대상 수출등】 ①「수출용 원재료에 대한 관세 등 환급에 관한 특례법」(이하 "법"이라 한다) 제4조제1호 단서에서 "기획재정부령으로 정하는 수출"이란 다음 각 호의 수출을 말한다.(2014.3.14 본문개정)
1. 외국에서 개최되는 박람회·전시회·견본시장·영화제 등에 출품하기 위하여 무상으로 반출하는 물품의 수출. 다만, 외국에서 외화를 받고 판매된 경우에 한한다.
2. 해외에서 투자·건설·용역·산업설비수출 기타 이에 준하는 사업에 종사하고 있는 우리나라의 국민(법인을 포함한다)에게 무상으로 송부하기 위하여 반출하는 기계·시설자재 및 근로자용 생활필수품 기타 그 사업과 관련하여 사용하는 물품으로서 주무부장관이 지정한 기관의 장이 확인한 물품의 수출 (2001.11.3 본호개정)
3. 수출된 물품이 계약조건과 서로 달라서 반품된 물품에 대체하기 위한 물품의 수출
4. 해외구매자와의 수출계약을 위하여 무상으로 송부하는 견본용 물품의 수출
5. 외국으로부터 가공임 또는 수리비를 받고 국내에서 가공 또는 수리를 할 목적으로 수입된 원재료로 가공하거나 수리한 물품의 수출 또는 당해 원재료 중 가공하거나 수리하는데 사용되지 아니한 물품의 반환을 위한 수출(2005.9.12 본호개정)
5의2. 외국에서 위탁가공할 목적으로 반출하는 물품의 수출(2001.11.3 본호신설)
6. 위탁판매를 위하여 무상으로 반출하는 물품의 수출 (외국에서 외화를 받고 판매된 경우에 한한다) (1999.3.20 본호신설)
② 법 제4조제2호에서 "기획재정부령이 정하는 것"이란 외화를 획득하는 판매 또는 공사로서 다음 각 호의 어느 하나에 해당하는 것을 말한다.(2010.3.30 본문개정)
1. 우리나라 안에 주류하는 미합중국군대(이하 "주한미군"이라 한다)에 대한 물품의 판매
2. 주한미군 또는「관세법」제88조제1항제1호 및 제3호의 규정에 의한 기관이 시행하는 공사
3.「관세법」제88조와「대한민국과 아메리카합중국 간의 상호방위조약 제4조에 의한 시설과 구역 및 대한민국에서의 합중국군대의 지위에 관한 협정」에 의하여 수입하는 승용자동차에 대하여 관세등의 면제를 받을 수 있는 자에 대한 국산승용자동차의 판매. 다만, 주무부장관의 면세추천서를 제출하는 경우에 한한다.

4.「외국인투자촉진법」제5조 내지 제8조의 규정에 의하여 외국인 투자 또는 출자의 신고를 한 자에 대한 자본재(우리나라에서 생산된 것에 한한다)의 판매. 다만, 당해 자본재가 수입되는 경우「조세특례제한법」제121조의3의 규정에 의하여 관세가 면제되는 경우에 한한다.
5. 국제금융기구로부터 제공되는 차관자금에 의한 국제경쟁입찰에서 낙찰(낙찰받은 자로부터 도급을 받는 경우를 포함한다)된 물품(우리나라에서 생산된 것에 한한다)의 판매. 다만, 당해 물품이 수입되는 경우 「관세법」에 의하여 관세가 감면되는 경우에 한한다.(2007.4.23 1호∼5호개정)
6. (2001.11.3 삭제)
③ 법 제4조제3호에서 "기획재정부령으로 정하는 구역"이란 다음 각 호의 어느 하나에 해당하는 구역을 말한다.(2014.3.14 본문개정)
1.「관세법」제183조의 규정에 의한 보세창고. 다만, 수출할 물품에 대한 수리·보수 또는 해외조립생산을 위하여 부품등을 반입하는 경우에 한한다.
2.「관세법」제185조의 규정에 의한 보세공장. 다만, 수출용원재료로 사용될 목적으로 공급되는 경우에 한한다.
3.「관세법」제196조의 규정에 의한 보세판매장
4.「관세법」제197조의 규정에 의한 종합보세구역(수출용원재료로 공급하거나 수출한 물품에 대한 수리·보수 또는 해외조립생산을 위하여 부품등을 반입하는 경우 또는 보세구역에서 판매하기 위하여 반입하는 경우에 한한다)
(2005.9.12 본항개정)
④ 법 제4조제4호에서 "기획재정부령으로 정하는 것"이란 다음 각 호의 어느 하나에 해당하는 수출을 말한다.(2014.3.14 본문개정)
1. 우리나라와 외국간을 왕래하는 선박 또는 항공기에 선용품 또는 기용품으로 사용되는 물품의 공급
2.「원양산업 발전법」제6조제1항, 제17조제1항 및 제3항에 따라 해양수산부장관의 허가·승인 또는 지정을 받은 자가 그 원양어선에 무상으로 송부하기 위하여 반출하는 물품으로서 해양수산부장관 또는 해양수산부장관이 지정한 기관의 장이 확인한 물품의 수출(2013.3.23 본호개정)

제3조【수출등의 사실확인】 법 제4조제1호 단서 및 동조제2호부터 제4호까지의 규정에 따른 수출등에 제공된 물품에 대하여 관세등의 환급을 받으려는 자는 관세청장이 정하는 바에 따라 물품을 공급할 때 또는 환급을 신청할 때 세관장으로부터 수출등의 사실을 확인받아야 한다.(2007.4.23 본조개정)

제4조【관세등의 일괄납부기간】「수출용 원재료에 대한 관세 등 환급에 관한 특례법 시행령」(이하 "영"이라 한다) 제2조제1항 단서에 따른 관세등의 일괄납부기간은 다음 각 호와 같다.(2014.3.14 본문개정)
1. 주로 수출하는 물품을 생산하는 자에게 공급하는 물품의 생산기간이 3월 이상 소요되는 업체가 수입하는 수출용원재료의 경우에는 수출용원재료의 수입신고 수리일이 속하는 반기
2.「중소기업기본법」제2조의 규정에 의한 중소기업자가 수입하는 수출용원재료의 경우에는 최초로 관세등의 일괄납부를 신청한 날이 속하는 달의 1일부터 계산하여 4월. 다만, 당해 중소기업자가 영 제2조제1항 본문을 적용받고자 하는 경우에는 그러하지 아니하다.(2007.4.23 단서개정)

제5조【내국신용장등】 법 제5조제3항에서 "기획재정부령이 정하는 이와 유사한 서류"란 다음 각 호의 어느 하나에 해당하는 서류를 말한다.(2010.3.30 본문개정)

1. 외국환은행의 장 또는 「전자무역 촉진에 관한 법률」 제6조제2항에 따른 전자무역기반사업자가 내국신용장에 준하여 발급하는 구매확인서(2023.3.20 본호개정)
2. 관세청장이 인정하는 매매계약서 기타 이와 유사한 서류

제6조 (2019.3.20 삭제)

제7조 【직권정산】 영 제7조제1항제5호에서 "기획재정부령이 따로 정하는 경우"란 일괄납부업체가 세관장에게 일괄납부의 적용제외를 요청하는 경우를 말한다. (2010.3.30 본조개정)

제8조 (2019.3.20 삭제)

제9조 【관세등 환급방법의 조정】 관세청장이 법 제10조제4항에 따라 환급을 받을 수 있는 수입신고필증의 유효기간 및 환급에 사용할 수 있는 수출용원재료의 물량을 따로 정하는 경우 관세율의 변동 정도, 수출물품의 생산공정, 해당 업종의 재고자산 회전기간 및 수출입절차에 소요되는 기간등을 종합적으로 참작하여 적정한 환급이 이루어지도록 하되, 그 내용이 다음 각 호의 어느 하나에 해당하는 경우에는 미리 기획재정부장관과 협의를 하여야 한다.
1. 수출용원재료에 대하여 환급받을 수 있는 수입신고필증의 유효기간을 6개월보다 짧게 정하려는 경우
2. 업체별 수출용원재료의 재고물량, 수출비율 또는 수입비율 등을 기준으로 하여 환급에 사용할 수 있는 수출용원재료의 물량을 정하려는 경우
(2014.3.14 본조개정)

제10조 【평균세액증명서의 변경발급】 세관장은 평균세액증명서를 발급한 후에 영 제12조제2항 각호 사항의 전부 또는 일부가 변경된 때에는 다음 각호의 규정에 의하여 이를 처리한다.
1. 평균세액증명서를 환급등에 사용하지 아니하였거나 일부만 사용한 경우에는 평균세액증명서를 회수하고 다시 발급한다.
2. 평균세액증명서가 관세등의 환급에 전부 사용된 경우에는 다음달의 평균세액증명서를 발급할 때에 그 사실을 참작하여 발급한다. 다만, 다음달의 평균세액증명서(다음달의 평균세액증명서가 관세등의 환급에 전부 사용되었거나 없는 경우에는 그 다음달의 평균세액증명서를 말한다)가 발급된 경우에는 이를 회수하고 다시 발급한다.
3. 제1호 및 제2호 외에 평균세액증명서의 변경발급에 관하여는 관세청장이 정하는 바에 의한다.

제11조 【평균세액증명서 일괄발급신청의 예외】 ① 영 제12조제4항 단서에서 "기획재정부령이 정하는 경우"란 다음 각호의 1에 해당하는 경우를 말한다. (2010.3.30 본문개정)
1. 평균세액증명서의 발급을 신청할 때에 신청대상에서 누락된 수출용원재료에 대하여 신청하는 것으로서 관세청장이 정하는 경우
2. 평균세액증명서의 발급을 받고자 하는 자의 신청에 의하여 사업장 또는 사업분야별로 구분하여 발급신청할 수 있도록 관세청장으로부터 인정받아 그 사업장 또는 사업분야별로 일괄신청하는 경우
② 제1항제1호의 규정에 의하여 평균세액증명서의 발급을 추가로 신청하는 경우에는 이미 발급받은 평균세액증명서를 첨부하여 신청하여야 한다.
③ 제2항에 따라 신청받은 평균세액증명서의 추가발급은 다음 각 호에 따라 처리한다.(2015.3.6 본문개정)
1. 제출된 평균세액증명서가 관세등의 환급이나 법 제12조제1항에 따른 기초원재료납세증명서(이하 "기초원재료납세증명서"라 한다) 또는 같은 항에 따른 수입

세액분할증명서(이하 "수입세액분할증명서"라 한다) 발급에 사용되지 아니하였거나 일부만 사용된 경우에는 사용되지 아니한 수출용원재료의 물량 및 세액과 추가발급신청된 수출용원재료의 물량 및 세액을 합산하여 평균세액을 산정하되, 평균세액증명서는 1부만 발급한다.(2015.3.6 본호개정)
2. 제출된 평균세액증명서가 관세등의 환급이나 기초원재료납세증명서 또는 수입세액분할증명서 발급에 전부 사용된 경우에는 다음달의 평균세액증명서(다음달의 평균세액증명서가 관세등의 환급이나 기초원재료납세증명서 또는 수입세액분할 증명서발급에 전부 사용되었거나 평균세액증명서의 발급대상이 되는 수출용원재료가 없는 경우에는 그후 최초의 평균세액증명서를 말한다)의 물량 및 세액과 추가발급신청된 수출용원재료의 물량 및 세액을 합산하여 평균세액을 산정하되, 평균세액증명서는 평균세액증명 대상물품을 수입한 날이 속하는 월별로 발급한다.(2007.4.23 본호개정)
3. 제1호 및 제2호외에 평균세액증명서의 추가발급에 관하여는 관세청장이 정하는 바에 의한다.

제12조 【간이정액환급률표의 적용대상】 영 제16조제2항 전단에서 "기획재정부령이 정하는 자"란 「중소기업기본법」 제2조에 따른 중소기업자로서 다음 각 호의 요건을 모두 갖춘 자를 말한다.(2023.3.20 본문개정)
1. 환급신청일이 속하는 연도의 직전 2년간 매년도 환급실적(기초원재료납세증명서 발급실적을 포함한다. 이하 이 조에서 같다)이 6억원 이하일 것
2. 환급신청일이 속하는 연도의 1월 1일부터 환급신청일까지의 환급실적(해당 환급신청일에 기초원재료납세증명서의 발급을 신청한 금액과 환급을 신청한 금액을 포함한다)이 6억원 이하일 것
(2015.3.6 본조개정)

제13조 【환급 전 심사】 ① 법 제14조제3항에서 "기획재정부령으로 정하는 경우"란 다음 각 호의 어느 하나에 해당하는 경우를 말한다. (2014.3.14 본문개정)
1. 법 제23조의 규정을 위반하여 처벌을 받은 자가 관세등의 환급을 신청하거나 기초원재료납세증명서 또는 수입세액분할증명서의 발급을 신청하는 경우
2. 수출용원재료 소요량산출의 특수성 등으로 인하여 과다 또는 부정환급의 우려가 있다고 인정하여 관세청장이 따로 정한 품목의 관세등의 환급을 신청하거나 기초원재료납세증명서 또는 수입세액분할증명서의 발급을 신청하는 경우
3. 영 제11조제1항 및 제2항의 규정에 의한 신고를 하지 아니하고 관세등의 환급을 신청하거나 기초원재료납세증명서 또는 수입세액분할증명서의 발급을 신청한 것이 확인되는 경우
4. 그 밖에 세관장이 환급 후나 기초원재료납세증명서 또는 수입세액분할증명서의 발급 후에 심사하는 것이 적합하지 아니하다고 인정하는 경우(2014.3.14 본호개정)
(2007.4.23 본항개정)
② 제1항제1호 및 제3호의 적용기간은 2년의 범위내에서 관세청장이 정한다.
(2014.3.14 본조제목개정)

제14조 【환급 등의 제한】 법 제17조제2항의 규정에 의하여 관세등의 환급을 제한하는 물품과 그 제한비율은 별표와 같다. 다만, 「관세법」 제185조의 규정에 의한 보세공장과 「자유무역지역의 지정 및 운영에 관한 법률」 제2조제1호에 따른 자유무역지역안의 입주기업체에서 생산하여 수입된 수출용원재료를 제외한다. (2007.4.23 단서개정)

제15조【수출용원재료의 재고신고】① 영 제27조제6항의 규정에 의하여 수출용원재료의 물량과 관세등의 세액을 신고하고자 하는 자는 다음 각 호의 사항을 기재한 신청서에 당해 물품의 수입신고필증을 첨부하여 수출용으로 수입된 당해 물품 또는 이를 생산한 물품의 소재지를 관할하는 세관장에게 제출하여야 한다. 다만, 법 제12조에 따라 기초원재료납세증명서 또는 수입세액분할증명서의 발급을 받은 경우에는 신고를 하지 아니할 수 있다.(2007.4.23 본문개정)
1. 당해 물품의 품명·물량 및 관세등의 세액
2. 당해 물품의 수입신고번호 및 수입신고수리일자
3. 기타 신고인의 인적사항 등 관세청장이 정하는 사항
② 제1항의 규정에 의한 신고는 법 제19조제2항의 규정에 의하여 관세등의 세율이 인하된 날에 신고인이 보유하고 있는 신고대상물품전량을 일괄하여 신고하여야 한다. 다만, 관세청장이 부득이한 사유가 있다고 인정하는 경우에는 그러하지 아니하다.
③ 제1항의 규정에 의한 신고를 받은 세관장은 관세청장이 정하는 바에 따라 이를 확인하여야 하며, 신고된 물품은 관세청장이 정하는 경우를 제외하고는 세관장이 확인할 때까지 다른 장소로 옮기거나 이를 사용할 수 없다.
제16조【가산할 금액의 이율】영 제30조제2항 단서에서 "기획재정부령으로 정하는 이자율"이란 연 1천분의 12를 말한다.(2021.7.30 본조개정)

부 칙 (2010.3.30)

제1조【시행일】이 규칙은 공포한 날부터 시행한다.
제2조【간이정액환급률표의 적용대상에 관한 적용례】제12조의 개정규정은 이 규칙 시행 후 최초로 신청하는 환급부터 적용한다.

부 칙 (2015.3.6)

제1조【시행일】이 규칙은 2015년 7월 1일부터 시행한다.
제2조【간이정액환급률표의 적용대상에 관한 적용례】제12조의 개정규정은 이 규칙 시행 이후 환급을 신청하거나 기초원재료납세증명서의 발급을 신청하는 경우부터 적용한다.

부 칙 (2016.3.11)

이 규칙은 2016년 5월 6일부터 시행한다.

부 칙 (2017.3.15)

제1조【시행일】이 규칙은 공포한 날부터 시행한다.
제2조【가산할 금액의 이율에 관한 경과조치】이 규칙 시행 전에 과다환급받은 자가 이 규칙 시행 이후 환급받은 날부터 3개월 이내 자진신고하는 경우로서 이 규칙 시행 전에 경과한 기간에 대해서는 제16조의 개정규정에도 불구하고 종전의 규정에 따른다.

부 칙 (2018.3.19)

제1조【시행일】이 규칙은 공포한 날부터 시행한다.
제2조【가산할 금액의 이율에 관한 경과조치】이 규칙 시행 전에 과다환급받은 자가 이 규칙 시행 이후 환급받은 날부터 3개월 이내 자진신고하는 경우로서 이

규칙 시행 전에 경과한 기간에 대해서는 제16조의 개정규정에도 불구하고 종전의 규정에 따른다.

부 칙 (2019.3.20)

이 규칙은 2019년 7월 1일부터 시행한다.

부 칙 (2021.7.30)

제1조【시행일】이 규칙은 공포한 날부터 시행한다.
제2조【가산할 금액의 이율에 관한 경과조치】이 규칙 시행 전에 영 제30조제1항제1호에 따른 과다환급금 등을 받은 자가 이 규칙 시행 이후 그 환급금을 받은 날부터 3개월 이내에 자진신고하는 경우로서 이 규칙 시행 전에 경과한 기간에 대해서는 제16조의 개정규정에도 불구하고 종전의 규정에 따른다.

부 칙 (2023.3.20)

제1조【시행일】이 규칙은 공포한 날부터 시행한다.
제2조【구매확인서 발급에 관한 경과조치】이 규칙 시행 전에 「전자무역 촉진에 관한 법률」 제6조제2항에 따른 전자무역기반사업자가 발급한 구매확인서는 제5조제1호의 개정규정에 따라 내국신용장에 준하여 발급된 서류로 본다.

[별표]

환급을 제한하는 물품과 제한비율(제14조관련)

(2007.4.23 개정)

물 품 명	제 한 비 율	비고
1.「관세법」제51조를 적용받는 물품	(「관세법」제51조에 따른 해당 물품의 세액-「관세법」제51조를 적용하지 아니할 경우 해당 물품의 세액)÷「관세법」제51조에 따른 해당 물품의 세액	
2.「관세법」제57조를 적용받는 물품	(「관세법」제57조에 따른 해당 물품의 세액-「관세법」제57조를 적용하지 아니할 경우 해당 물품의 세액)÷「관세법」제57조에 따른 해당 물품의 세액	
3.「관세법」제63조를 적용받는 물품	(「관세법」제63조에 따른 해당 물품의 세액-「관세법」제63조를 적용하지 아니할 경우 해당 물품의 세액)÷「관세법」제63조에 따른 해당 물품의 세액	

지방세기본법

(2016년 12월 27일)
전부개정법률 제14474호)

개정
2017. 1. 4법14524호(보조금관리에관한법)
2017. 7.26법14839호(정부조직)
2017.12.26법15291호   2018.12.24법16039호
2019.12.31법16854호
2020. 3.24법17091호(지방행정제재·부과금의징수등에관한법)
2020.12.22법17651호(국제조세조정에관한법)
2020.12.29법17768호
2021. 1.12법17893호(지방자치)
2021.11.23법18521호(세무사법)
2021.12. 7법18544호(지방세)
2021.12.28법18654호
2023. 3.14법19229호→시행일 부칙 참조
2023. 5. 4법19401호
2023.12.29법19859호→2024년 1월 1일 및 2024년 7월 1일 시행

제1장 총 칙

제1절 통 칙

제1조【목적】 이 법은 지방세에 관한 기본적이고 공통적인 사항과 납세자의 권리·의무 및 권리구제에 관한 사항을 규정함으로써 지방세에 관한 법률관계를 명확하게 하고, 공정한 과세를 추구하며, 지방자치단체 주민이 납세의무를 원활히 이행하도록 함을 목적으로 한다.

제2조【정의】 ① 이 법에서 사용하는 용어의 뜻은 다음과 같다.
1. "지방자치단체"란 특별시·광역시·특별자치시·도·특별자치도·시·군·구(자치구를 말한다. 이하 같다)를 말한다.
2. "지방자치단체의 장"이란 특별시장·광역시장·특별자치시장·도지사·특별자치도지사·시장·군수·구청장(자치구의 구청장을 말한다. 이하 같다)을 말한다.
3. "지방세"란 특별시세, 광역시세, 특별자치시세, 도세, 특별자치도세 또는 시·군세, 구세(자치구의 구세를 말한다. 이하 같다)를 말한다.

4. "지방세관계법"이란 「지방세징수법」, 「지방세법」, 「지방세특례제한법」, 「조세특례제한법」 및 「제주특별자치도 설치 및 국제자유도시 조성을 위한 특별법」을 말한다.
5. "과세표준"이란 「지방세법」에 따라 직접적으로 세액 산출의 기초가 되는 과세물건의 수량·면적 또는 가액(價額) 등을 말한다.
6. "표준세율"이란 지방자치단체가 지방세를 부과할 경우에 통상 적용하여야 할 세율로서 재정상의 사유 또는 그 밖의 특별한 사유가 있는 경우에는 이에 따르지 아니할 수 있는 세율을 말한다.
7. "과세표준 신고서"란 지방세의 과세표준·세율·납부세액 등 지방세의 납부 또는 환급을 위하여 필요한 사항을 기재한 신고서를 말한다.
8. "과세표준 수정신고서"란 처음 제출한 과세표준 신고서의 기재사항을 수정하는 신고서를 말한다.
9. "법정신고기한"이란 이 법 또는 지방세관계법에 따라 과세표준 신고서를 제출할 기한을 말한다.
10. "세무공무원"이란 지방자치단체의 장 또는 지방세의 부과·징수 등에 관한 사무를 위임받은 공무원을 말한다.
11. "납세의무자"란 「지방세법」에 따라 지방세를 납부할 의무(지방세를 특별징수하여 납부할 의무는 제외한다)가 있는 자를 말한다.
12. "납세자"란 납세의무자(연대납세의무자와 제2차 납세의무자 및 보증인을 포함한다)와 특별징수의무자를 말한다.
13. "제2차 납세의무자"란 납세자가 납세의무를 이행할 수 없는 경우에 납세자를 갈음하여 납세의무를 지는 자를 말한다.
14. "보증인"이란 납세자의 지방세 또는 체납처분비의 납부를 보증한 자를 말한다.(2020.12.29 본호개정)
15. "납세고지서"란 납세자가 납부할 지방세의 부과 근거가 되는 법률 및 해당 지방자치단체의 조례 규정, 납세자의 주소·성명, 과세표준, 세율, 세액, 납부기한, 납부장소, 납부기한까지 납부하지 아니한 경우에 이행될 조치 및 지방세 부과가 법령에 어긋나거나 착오가 있는 경우의 구제방법 등을 기재한 문서로서 세무공무원이 작성한 것을 말한다.
16. "신고납부"란 납세의무자가 그 납부할 지방세의 과세표준과 세액을 신고하고, 신고한 세금을 납부하는 것을 말한다.
17. "부과"란 지방자치단체의 장이 이 법 또는 지방세관계법에 따라 납세의무자에게 지방세를 부담하게 하는 것을 말한다.
18. "징수"란 지방자치단체의 장이 이 법 또는 지방세관계법에 따라 납세자로부터 지방자치단체의 징수금을 거두어들이는 것을 말한다.
19. "보통징수"란 세무공무원이 납세고지서를 납세자에게 발급하여 지방세를 징수하는 것을 말한다.
20. "특별징수"란 지방세를 징수할 때 편의상 징수할 여건이 좋은 자로 하여금 징수하게 하고 그 징수한 세금을 납부하게 하는 것을 말한다.
21. "특별징수의무자"란 특별징수에 의하여 지방세를 징수하고 이를 납부할 의무가 있는 자를 말한다.
22. "지방자치단체의 징수금"이란 지방세 및 체납처분비를 말한다.(2020.12.29 본호개정)
23. "가산세"란 이 법 또는 지방세관계법에서 규정하는 의무를 성실하게 이행하도록 하기 위하여 의무를 이행하지 아니할 경우에 이 법 또는 지방세관계법에 따라 산출한 세액에 가산하여 징수하는 금액을 말한다.(2020.12.29 단서삭제)
24. (2020.12.29 삭제)

25. "체납처분비"란 「지방세징수법」 제3장의 체납처분에 관한 규정에 따른 재산의 압류·보관·운반과 매각에 드는 비용(매각을 대행시키는 경우 그 수수료를 포함한다)을 말한다.
26. "공과금"이란 「지방세징수법」 또는 「국세징수법」에서 규정하는 체납처분의 예에 따라 징수할 수 있는 채권 중 국세·관세·임시수입부가세 및 지방세와 이에 관계되는 체납처분비를 제외한 것을 말한다.(2020.12.29 본호개정)
27. "지방자치단체조합"이란 「지방자치법」 제176조제1항에 따른 지방자치단체조합을 말한다.(2021.1.12 본호개정)
28. "지방세통합정보통신망"이란 「전자정부법」 제2조제10호에 따른 정보통신망으로서 행정안전부령으로 정하는 기준에 따라 행정안전부장관이 고시하는 지방세에 관한 정보통신망을 말한다.(2019.12.31 본호개정)
28의2. "연계정보통신망"이란 「정보통신망 이용촉진 및 정보보호 등에 관한 법률」 제2조제1항제1호의 정보통신망으로서 이 법이나 지방세관계법에 따른 신고 또는 송달을 위하여 지방세통합정보통신망과 연계하여 사용하는 정보통신망을 말한다.(2023.12.29 본호개정)
29. "전자신고"란 과세표준 신고서 등 이 법이나 지방세관계법에 따른 신고 관련 서류를 지방세통합정보통신망 또는 연계정보통신망을 통하여 신고하는 것을 말한다.(2021.12.28 본호개정)
30. "전자납부"란 지방세의 징수금을 지방세통합정보통신망 또는 제136조제1항제1호에 따라 지방세통합정보통신망과 지방세수납대행기관 정보통신망을 연계한 인터넷, 전화통신장치, 자동입출금기 등의 전자매체를 이용하여 납부하는 것을 말한다.(2019.12.31 본호개정)
31. "전자송달"이란 이 법이나 지방세관계법에 따라 지방세통합정보통신망 또는 연계정보통신망을 이용하여 송달을 하는 것을 말한다.(2021.12.28 본호개정)
32. "체납자"란 지방세를 납부기한까지 납부하지 아니한 납세자를 말한다.
33. "체납액"이란 체납된 지방세와 체납처분비를 말한다.(2020.12.29 본호개정)
34. "특수관계인"이란 본인과 다음 각 목의 어느 하나에 해당하는 관계에 있는 자를 말한다. 이 경우 이 법 및 지방세관계법을 적용할 때 본인도 그 특수관계인의 특수관계인으로 본다.
    가. 혈족·인척 등 대통령령으로 정하는 친족관계
    나. 임원·사용인 등 대통령령으로 정하는 경제적 연관관계
    다. 주주·출자자 등 대통령령으로 정하는 경영지배관계
35. "과세자료"란 제127조에 따른 과세자료제출기관이 직무상 작성하거나 취득하여 관리하는 자료로서 지방세의 부과·징수와 납세의 관리에 필요한 자료를 말한다.
36. "세무조사"란 지방세의 부과·징수를 위하여 질문을 하거나 해당 장부·서류 또는 그 밖의 물건(이하 "장부등"이라 한다)을 검사·조사하거나 그 제출을 명하는 활동을 말한다.(2019.12.31 본호신설)
② 이 법 또는 지방세관계법에 별도의 규정이 있는 경우를 제외하고는 특별시와 광역시에 관하여는 도(道)에 관한 규정을, 특별자치시와 특별자치도에 관하여는 도와 시·군에 관한 규정을, 구(區)에 관하여는 시·군에 관한 규정을 각각 준용한다. 이 경우 "도", "도세", "도지사" 또는 "도 공무원"은 각각 "특별시, 광역시, 특별자치시 또는 특별자치도", "특별시세, 광역시세, 특별자치시세 또는 특별자치도세", "특별시장, 광역시장, 특별자치시장 또는 특별자치도지사" 또는 "특별시 공무원, 광역시 공무원, 특별자치시 공무원 또는 특별자치도 공무원"으로, "시·군", "시·군세", "시장·군수" 또는 "시·군 공무원"은 각각 "특별자치시, 특별자치도 또는 구", "특별자치시세, 특별자치도세 또는 구세", "특별자치시장, 특별자치도지사 또는 구청장" 또는 "특별자치시 공무원, 특별자치도 공무원 또는 구 공무원"으로 본다.

제3조 【지방세관계법과의 관계】 지방세에 관하여 지방세관계법에 별도의 규정이 있는 경우를 제외하고는 이 법에서 정하는 바에 따른다.

제2절 과세권 등

제4조 【지방자치단체의 과세권】 지방자치단체는 이 법 또는 지방세관계법에서 정하는 바에 따라 지방세의 과세권을 갖는다.

제5조 【지방세의 부과·징수에 관한 조례】 ① 지방자치단체는 지방세의 세목(稅目), 과세대상, 과세표준, 세율, 그 밖에 지방세의 부과·징수에 필요한 사항을 정할 때에는 이 법 또는 지방세관계법에서 정하는 범위에서 조례로 정하여야 한다.
② 지방자치단체의 장은 제1항의 조례 시행에 따르는 절차와 그 밖에 조례 시행에 필요한 사항을 규칙으로 정할 수 있다.

제6조 【지방자치단체의 장의 권한 위탁·위임 등】 ① 지방자치단체의 장은 이 법 또는 지방세관계법에 따른 권한의 일부를 소속 공무원에게 위임하거나 중앙행정기관의 장(소속기관의 장을 포함한다. 이하 이 조에서 같다), 다른 지방자치단체의 장 또는 제151조의2에 따라 설립된 지방자치단체조합(이하 "지방세조합"이라 한다)의 장(이하 "지방세조합장"이라 한다)에게 위탁 또는 위임할 수 있다.
② 제1항에 따라 지방자치단체의 장의 권한을 위탁받거나 위임받은 중앙행정기관의 장, 지방자치단체의 장 또는 지방세조합장은 그 권한의 일부를 소속 공무원(지방세조합장의 경우에는 지방자치단체 등에서 파견된 공무원을 말한다. 이하 이 조에서 같다)에게 재위임할 수 있다.
③ 제1항에 따라 권한을 위탁 또는 위임받은 중앙행정기관의 장, 지방자치단체의 장 또는 지방세조합장과 제2항에 따라 권한을 재위임받은 소속 공무원은 세무공무원으로 본다.(2020.12.29 본조개정)

제7조 【지방세의 세목】 ① 지방세는 보통세와 목적세로 한다.
② 보통세의 세목은 다음 각 호와 같다.
1. 취득세
2. 등록면허세
3. 레저세
4. 담배소비세
5. 지방소비세
6. 주민세
7. 지방소득세
8. 재산세
9. 자동차세
③ 목적세의 세목은 다음 각 호와 같다.
1. 지역자원시설세
2. 지방교육세

제8조 【지방자치단체의 세목】 ① 특별시세와 광역시세는 다음 각 호와 같다. 다만, 광역시의 군(郡) 지역에서는 제2항에 따른 도세를 광역시세로 한다.
1. 보통세
   가. 취득세
   나. 레저세

다. 담배소비세
라. 지방소비세
마. 주민세
바. 지방소득세
사. 자동차세
2. 목적세
가. 지역자원시설세
나. 지방교육세
② 도세는 다음 각 호와 같다.
1. 보통세
가. 취득세
나. 등록면허세
다. 레저세
라. 지방소비세
2. 목적세
가. 지역자원시설세
나. 지방교육세
③ 구세는 다음 각 호와 같다.
1. 등록면허세
2. 재산세
④ 시·군세(광역시의 군세를 포함한다. 이하 같다)는
다음 각 호와 같다.
1. 담배소비세
2. 주민세
3. 지방소득세
4. 재산세
5. 자동차세
⑤ 특별자치시세와 특별자치도세는 다음 각 호와 같다.
1. 취득세
2. 등록면허세
3. 레저세
4. 담배소비세
5. 지방소비세
6. 주민세
7. 지방소득세
8. 재산세
9. 자동차세
10. 지역자원시설세
11. 지방교육세
⑥ 제5항에도 불구하고 특별자치도의 관할 구역 안에
지방자치단체인 시·군이 있는 경우에는 제2항에 따른
도세를 해당 특별자치도의 특별자치도세로, 제4항에
따른 시·군세를 해당 시·군의 시·군세로 한다.
(2023.3.14 본항신설)
제9조【특별시의 관할구역 재산세의 공동과세】 ① 특
별시 관할구역에 있는 구의 경우에 재산세(「지방세법」
제9장에 따른 선박 및 항공기에 대한 재산세와 같은 법
제112조제1항제2호 같은 조 제2항에 따라 산출한
재산세는 제외한다)는 제8조에도 불구하고 특별시세
및 구세인 재산세로 한다.
② 제1항에 따른 특별시세 및 구세인 재산세 중 특별시분
재산세와 구(區)분 재산세는 각각 「지방세법」 제111조제1
항 또는 제111조의2에 따라 산출된 재산세액의 100분의
50을 그 세액으로 한다. 이 경우 특별시분 재산세는 제8조
제1항의 보통세인 특별시세로 보고 구분 재산세는 같은
조 제3항의 보통세인 구세로 본다.(2020.12.29 본항개정)
③ 「지방세법」 제112조제1항제2호 및 같은 조 제2항에
따른 재산세는 제8조제1항 및 제3항에도 불구하고 특
별시세로 한다.
제10조【특별시분 재산세의 교부】 ① 특별시장은 제9
조제1항 및 제2항에 따른 특별시분 재산세 전액을 관
할구역의 구에 교부하여야 한다.
② 제1항에 따른 특별시분 재산세의 교부기준 및 교부
방법 등 필요한 사항은 구의 지방세수(地方稅收) 등을

고려하여 특별시의 조례로 정한다. 다만, 교부기준을
정하지 아니한 경우에는 구에 균등 배분하여야 한다.
③ 제1항과 제2항에 따라 특별시로부터 교부받은 재산
세는 해당 구의 재산세 세입으로 본다.
제11조【주민세의 특례】 광역시의 경우에는 「지방세
법」 제7장제3절 및 제4절에 따른 주민세 사업소분 및
종업원분은 제8조제1항제1호마목에도 불구하고 구세
로 한다.(2020.12.29 본조개정)
제11조의2【지방소비세의 특례】 「지방세법」 제71조
제3항제3호 및 제4호에 따라 시·군·구에 납입된 금
액은 제8조제1항부터 제4항까지에도 불구하고 시·
군·구세로 한다.(2021.12.7 본조개정)
**제12조【관계 지방자치단체의 장의 의견이 서로 다른
경우의 조치】** ① 지방자치단체의 장은 과세권의 귀속
이나 그 밖에 이 법 또는 지방세관계법을 적용할 때 다
른 지방자치단체의 장과 의견이 달라 합의되지 아니할
경우에는 하나의 특별시·광역시·도(이하 “시·도”라
한다)내에 관한 것은 특별시장·광역시장·도지사(이
하 “시·도지사”라 한다), 둘 이상의 특별시·광역시·
특별자치시·도·특별자치도(이하 “시·도등”이라 한
다)에 걸쳐 있는 것에 관하여는 행정안전부장관에게
그에 관한 결정을 청구하여야 한다.
② 시·도지사 또는 행정안전부장관은 관계 지방자치
단체의 장으로부터 제1항에 따른 결정의 청구를 받아
수리(受理)하였을 때에는 청구를 수리한 날부터 60일
이내에 결정하고, 지체 없이 그 결과를 관계 지방자치
단체의 장에게 통지하여야 한다.
③ 제2항에 따른 시·도지사의 결정에 불복하는 시
장·군수·구청장은 그 통지를 받은 날부터 30일 이내
에 행정안전부장관에게 심사를 청구할 수 있다.
④ 행정안전부장관은 제3항의 심사의 청구를 수리하였
을 때에는 청구를 수리한 날부터 60일 이내에 그에 대
한 재결(裁決)을 하고, 그 결과를 지체 없이 관계 지방
자치단체의 장에게 통지하여야 한다.
(2017.7.26 본조개정)
**제13조【시·군·구를 폐지·설치·분리·병합한 경우
의 과세권 승계】** ① 특별자치시·특별자치도·시·군·
구(이하 “시·군·구”라 한다)를 폐지·설치·분리·
병합한 경우 그로 인하여 소멸된 시·군·구(이하 “소
멸 시·군·구”라 한다)의 징수금의 징수를 목적으로
하는 권리(이하 “징수금에 관한 권리”라 한다)는 그 소
멸 시·군·구의 지역이 새로 편입하게 된 시·군·구
(이하 “승계 시·군·구”라 한다)가 각각 승계한다. 이
경우 소멸 시·군·구의 부과·징수, 그 밖의 절차와
이미 접수된 신고 및 그 밖의 절차는 각각 승계 시·
군·구의 부과·징수 및 그 밖의 절차 또는 이미 접수
된 신고 및 그 밖의 절차로 본다.(2019.12.31 후단개정)
② 제1항에 따른 소멸 시·군·구의 징수금에 관한 권
리를 승계할 승계 시·군·구가 둘 이상일 경우에는
각각 승계할 그 소멸 시·군·구의 징수금에 관한 권
리에 대하여 해당 승계 시·군·구의 장 사이에 의견
이 달라 합의가 되지 아니할 때에는 하나의 시·도내
에 있는 것에 관하여는 시·도지사, 둘 이상의 시·도
등에 걸쳐 있는 것에 관하여는 행정안전부장관에게 그
에 관한 결정을 청구하여야 한다.(2017.7.26 본항개정)
③ 제2항의 청구와 그 청구에 대한 시·도지사 또는 행
정안전부장관의 결정에 관하여는 제12조제2항부터 제4
항까지의 규정을 준용한다.(2017.7.26 본항개정)
④ 제1항부터 제3항까지의 규정에 따라 승계 시·군·
구가 소멸 시·군·구의 징수금에 관한 권리를 승계하
여 부과·징수하는 경우에는 소멸 시·군·구의 부과·
징수의 예에 따른다.
**제14조【시·군·구의 경계변경을 한 경우의 과세권
승계】** ① 시·군·구의 경계변경이 있는 경우 또는 시·

地方稅
目的稅

군·구의 폐지·설치·분리·병합으로 새로 설치된 시·군·구의 전부 또는 일부가 종래 속하였던 시·군·구에 아직 존속할 경우에는 그 경계변경이 있었던 구역이 종래 속하였던 시·군·구 또는 새로 설치된 시·군·구 지역의 전부 또는 일부가 종래 속하였던 시·군·구[이하 "구(舊)시·군·구"라 한다]의 해당 구역 또는 지역에 대한 지방자치단체의 징수금으로서 다음 각 호에 열거하는 징수금(제2호의 지방자치단체의 징수금은 그 경계변경 또는 폐지·설치·분리·병합이 있는 날의 연도분 후의 연도분으로 과세되는 것으로 한정한다)에 관한 권리는 해당 구역 또는 지역이 새로 속하게 된 시·군·구[이하 "신(新)시·군·구"라 한다]가 승계한다. 다만, 구(舊)시·군·구와 신(新)시·군·구가 협의하여 이와 다른 결정을 하였을 때에는 그 결정한 바에 따라 승계할 수 있다.

1. 신고납부의 방법으로 징수하는 지방자치단체의 징수금은 그 경계변경 또는 폐지·설치·분리·병합이 있는 날 전에 납부기한이 도래하지 아니한 것으로서 해당 구(舊)시·군·구에 수입(收入)되지 아니한 것
2. 그 밖의 지방자치단체의 징수금은 그 경계변경 또는 폐지·설치·분리·병합을 한 날 이전에 해당 구(舊)시·군·구에 수입되지 아니한 것

② 제1항 본문에 따라 승계하는 경우에는 제13조제1항 후단 및 같은 조 제2항부터 제4항까지의 규정을 준용하고, 제1항 단서에 따라 승계하는 경우에는 제13조제1항 후단 및 같은 조 제4항을 준용한다.

③ 제1항 및 제2항에 따라 지방자치단체의 징수금을 승계하는 경우에는 구(舊)시·군·구는 신(新)시·군·구의 요구에 따라 그 징수금의 부과·징수에 편의를 제공하여야 한다.

제15조【시·도등의 경계변경을 한 경우의 과세권 승계】 ① 시·도등의 경계가 변경된 경우에 그 경계변경된 구역에서의 시·도등의 징수금에 관한 권리의 승계는 제13조와 제14조에서 규정한 방법에 준하여 관계 시·도등이 협의하여 정한다.

② 제1항의 협의가 되지 아니할 경우에는 제12조를 준용하고, 제1항의 협의에 따라 경계변경된 구역에 대한 시·도등의 징수금에 관한 권리를 승계하는 경우에는 제13조제1항 후단 및 같은 조 제4항을 준용한다.

제16조【대통령령의 위임】 제13조부터 제15조까지의 규정에서 정하는 과세권 승계 외에 시·군·구의 경계변경 또는 폐지·설치·분리·병합을 한 경우와 이로 인하여 시·도등의 경계가 변경된 경우의 과세권 승계에 필요한 사항은 대통령령으로 정한다.

제3절 지방세 부과 등의 원칙

제17조【실질과세】 ① 과세의 대상이 되는 소득·수익·재산·행위 또는 거래가 서류상 귀속되는 자는 명의(名義)만 있을 뿐 사실상 귀속되는 자가 따로 있을 때에는 사실상 귀속되는 자를 납세의무자로 하여 이 법 또는 지방세관계법을 적용한다.

② 이 법 또는 지방세관계법 중 과세표준 또는 세액의 계산에 관한 규정은 소득·수익·재산·행위 또는 거래의 명칭이나 형식에 관계없이 그 실질내용에 따라 적용한다.

제18조【신의·성실】 납세자와 세무공무원은 신의에 따라 성실하게 그 의무를 이행하거나 직무를 수행하여야 한다.

제19조【근거과세】 ① 납세의무자가 지방세관계법에 따라 장부를 갖추어 기록하고 있을 때에는 해당 지방세의 과세표준 조사 및 결정은 기록한 장부와 이에 관계되는 증거자료에 따라야 한다.

② 제1항에 따라 지방세를 조사·결정할 때 기록 내용이 사실과 다르거나 누락된 것이 있을 때에는 그 부분에 대해서만 지방자치단체가 조사한 사실에 따라 결정할 수 있다.

③ 지방자치단체는 제2항에 따라 기록 내용과 다른 사실이나 누락된 것을 조사하여 결정하였으면 지방자치단체가 조사한 사실과 결정의 근거를 결정서에 덧붙여 적어야 한다.

④ 지방자치단체의 장은 납세의무자 또는 그 대리인의 요구가 있을 때에는 제3항의 결정서를 열람하게 하거나 사본을 발급하거나 그 사본이 원본(原本)과 다름이 없음을 확인하여야 한다.

⑤ 제4항의 요구는 구술로 한다. 다만, 해당 지방자치단체의 장이 필요하다고 인정하면 결정서를 열람하거나 사본을 발급받은 사람의 서명을 요구할 수 있다.

제20조【해석의 기준 등】 ① 이 법 또는 지방세관계법을 해석·적용할 때에는 과세의 형평과 해당 조항의 목적에 비추어 납세자의 재산권이 부당하게 침해되지 아니하도록 하여야 한다.

② 지방세를 납부할 의무(이 법 또는 지방세관계법에 징수의무자가 따로 규정되어 있는 지방세의 경우에는 이를 징수하여 납부할 의무를 말한다. 이하 같다)가 성립된 소득·수익·재산·행위 또는 거래에 대해서는 의무 성립 후의 새로운 법에 따라 소급하여 과세하지 아니한다.

③ 이 법 및 지방세관계법의 해석 또는 지방세 행정의 관행이 일반적으로 납세자에게 받아들여진 후에는 그 해석 또는 관행에 따른 행위나 계산은 정당한 것으로 보며 새로운 해석 또는 관행에 따라 소급하여 과세되지 아니한다.

제21조【세무공무원의 재량의 한계】 세무공무원은 이 법 또는 지방세관계법의 목적에 따른 한계를 준수하여야 한다.

제22조【기업회계의 존중】 세무공무원이 지방세의 과세표준과 세액을 조사·결정할 때에는 해당 납세의무자가 계속하여 적용하고 있는 기업회계의 기준 또는 관행이 일반적으로 공정하고 타당하다고 인정되는 것이면 존중하여야 한다. 다만, 지방세관계법에서 다른 규정을 두고 있는 경우에는 그 법에서 정하는 바에 따른다.

제4절 기간과 기한

제23조【기간의 계산】 이 법 또는 지방세관계법과 지방세에 관한 조례에서 규정하는 기간의 계산은 이 법 또는 지방세관계법과 해당 조례에 특별한 규정이 있는 것을 제외하고는 「민법」을 따른다.

제24조【기한의 특례】 ① 이 법 또는 지방세관계법에서 규정하는 신고, 신청, 청구, 그 밖의 서류 제출, 통지, 납부 또는 징수에 관한 기한이 다음 각 호의 어느 하나에 해당하는 경우에는 그 다음 날을 기한으로 한다. (2023.3.14 본문개정)

1. 토요일 및 일요일
2. 「공휴일에 관한 법률」에 따른 공휴일 및 대체공휴일
3. 「근로자의 날 제정에 관한 법률」에 따른 근로자의 날 (2023.3.14 1호~3호신설)

② 이 법 또는 지방세관계법에서 규정하는 신고기한 또는 납부기한이 되는 날에 대통령령으로 정하는 장애로 인하여 지방세통합정보통신망의 가동이 정지되어 전자신고 또는 전자납부를 할 수 없는 경우에는 그 장애가 복구되어 신고 또는 납부를 할 수 있게 된 날의 다음 날을 기한으로 한다.(2019.12.31 본항개정)

제25조【우편신고 및 전자신고】 ① 우편으로 과세표준 신고서, 과세표준 수정신고서, 제50조에 따른 경정청구에 필요한 사항을 기재한 경정청구서 또는 이와

관련된 서류를 제출한 경우 우편법령에 따른 우편날짜도장이 찍힌 날(우편날짜도장이 찍히지 아니하였거나 찍힌 날짜가 분명하지 아니할 때에는 통상 걸리는 우편 송달 일수를 기준으로 발송한 날에 해당한다고 인정되는 날)에 신고되거나 청구된 것으로 본다. (2023.12.29 본항개정)

② 제1항의 신고서 등을 지방세통합정보통신망 또는 연계정보통신망을 이용하여 제출하는 경우에는 해당 신고서 등이 지방세통합정보통신망 또는 연계정보통신망에 저장된 때에 신고되거나 청구된 것으로 본다. (2023.12.29 본항개정)

③ 전자신고에 의한 지방세과세표준 및 세액 등의 신고절차 등에 관한 세부적인 사항은 행정안전부령으로 정한다. (2017.7.26 본항개정)

제26조 【천재지변 등으로 인한 기한의 연장】 ① 지방자치단체의 장은 천재지변, 사변(事變), 화재(火災), 그 밖에 대통령령으로 정하는 사유로 납세자가 이 법 또는 지방세관계법에서 규정하는 신고·신청·청구 또는 그 밖의 서류 제출·통지나 납부를 정해진 기한까지 할 수 없다고 인정되는 경우에는 대통령령으로 정하는 바에 따라 직권 또는 납세자의 신청으로 그 기한을 연장할 수 있다.

② 지방자치단체의 장은 제1항에 따라 납부기한을 연장하는 경우 납부할 금액에 상당하는 담보의 제공을 요구할 수 있다. 다만, 사망, 질병, 그 밖에 대통령령으로 정하는 사유로 담보 제공을 요구하기 곤란하다고 인정될 때에는 그러하지 아니하다.

③ 이 법 또는 지방세관계법에서 정한 납부기한 만료일 10일 전에 제1항에 따른 납세자의 납부기한연장신청에 대하여 지방자치단체의 장이 신청일부터 10일 이내에 승인 여부를 통지하지 아니하면 그 10일이 되는 날에 납부기한의 연장을 승인한 것으로 본다.

제27조 【납부기한 연장의 취소】 ① 지방자치단체의 장은 제26조에 따라 납부기한을 연장한 경우에 납세자가 다음 각 호의 어느 하나에 해당되면 그 기한의 연장을 취소하고, 그 지방세를 즉시 징수할 수 있다.
1. 담보의 제공 등 지방자치단체의 장의 요구에 따르지 아니할 때
2. 「지방세징수법」 제22조제1항 각 호의 어느 하나에 해당되어 그 연장한 기한까지 연장된 해당 지방세 전액을 징수할 수 있다고 인정될 때
3. 재산상황의 변동 등 대통령령으로 정하는 사유로 인하여 납부기한을 연장할 필요가 없다고 인정될 때

② 지방자치단체의 장은 제1항에 따라 납부기한의 연장을 취소하였을 때에는 납세자에게 그 사실을 즉시 통지하여야 한다.

제5절　서류의 송달

제28조 【서류의 송달】 ① 이 법 또는 지방세관계법에서 규정하는 서류는 그 명의인(서류에 수신인으로 지정되어 있는 자를 말한다. 이하 같다)의 주소, 거소, 영업소 또는 사무소(이하 "주소 또는 영업소"라 한다)에 송달한다. 다만, 제30조제1항에 따른 전자송달인 경우에는 지방세통합정보통신망에 가입된 명의인의 전자우편주소나 지방세통합정보통신망의 전자사서함(「전자서명법」 제2조에 따른 인증서(서명자의 실지명의를 확인할 수 있는 것을 말한다) 또는 행정안전부장관이 고시하는 본인임을 확인할 수 있는 인증수단으로 접근하여 지방세 고지내역 등을 확인할 수 있는 곳을 말한다. 이하 같다) 또는 연계정보통신망의 전자고지함(연계정보통신망의 이용자가 접속하여 본인의 지방세 고지내역을 확인할 수 있는 곳을 말한다. 이하 같다)에 송달한다. (2019.12.31 단서개정)

② 연대납세의무자에게 서류를 송달할 때에는 그 대표자를 명의인으로 하며, 대표자가 없으면 연대납세의무자 중 지방세를 징수하기 유리한 자를 명의인으로 한다. 다만, 납세의 고지와 독촉에 관한 서류는 연대납세의무자 모두에게 각각 송달하여야 한다.

③ 상속이 개시된 경우에 상속재산관리인이 있을 때에는 그 상속재산관리인의 주소 또는 영업소에 송달한다.

④ 제139조에 따른 납세관리인이 있을 때에는 납세의 고지와 독촉에 관한 서류는 그 납세관리인의 주소 또는 영업소에 송달한다.

제29조 【송달받을 장소의 신고】 제28조에 따라 서류를 송달받을 자가 주소 또는 영업소 중에서 송달받을 장소를 대통령령으로 정하는 바에 따라 지방자치단체에 신고하였을 때에는 그 신고된 장소에 송달하여야 한다. 이를 변경하였을 때에도 또한 같다.

제30조 【서류송달의 방법】 ① 제28조에 따른 서류의 송달은 교부·우편 또는 전자송달로 하되, 해당 지방자치단체의 조례로 정하는 방법에 따른다.

② 제1항에 따른 교부에 의한 서류송달은 송달할 장소에서 그 송달을 받아야 할 자에게 서류를 건네줌으로써 이루어진다. 다만, 송달을 받아야 할 자가 송달받기를 거부하지 아니하면 다른 장소에서 교부할 수 있다.

③ 제2항의 경우에 송달할 장소에서 서류를 송달받아야 할 자를 만나지 못하였을 때에는 그의 사용인, 그 밖의 종업원 또는 동거인으로서 사리를 분별할 수 있는 사람에게 서류를 송달할 수 있으며, 서류의 송달을 받아야 할 자 또는 그의 사용인, 그 밖의 종업원 또는 동거인으로서 사리를 분별할 수 있는 사람이 정당한 사유 없이 서류의 수령을 거부하면 송달할 장소에 서류를 둘 수 있다.

④ 제1항부터 제3항까지의 규정에 따라 서류를 송달하는 경우에 송달받을 자가 주소 또는 영업소를 이전하였을 때에는 주민등록표 등으로 확인하고 그 이전한 장소에 송달하여야 한다.

⑤ 서류를 교부하였을 때에는 송달서에 수령인의 서명 또는 날인을 받아야 한다. 이 경우 수령인이 서명 또는 날인을 거부하면 그 사실을 송달서에 적어야 한다.

⑥ 지방자치단체의 장은 일반우편으로 서류를 송달하였을 때에는 다음 각 호의 사항을 확인할 수 있는 기록을 작성하여 갖추어 두어야 한다.
1. 서류의 명칭
2. 송달받을 자의 성명 또는 명칭
3. 송달장소
4. 발송연월일
5. 서류의 주요 내용

⑦ 제1항에 따른 전자송달은 대통령령으로 정하는 바에 따라 서류의 송달을 받아야 할 자가 신청하는 경우에만 한다.

⑧ 제7항에도 불구하고 지방세통합정보통신망 또는 연계정보통신망의 장애로 인하여 전자송달을 할 수 없는 경우와 그 밖에 대통령령으로 정하는 사유가 있는 경우에는 제1항에 따른 교부 또는 우편의 방법으로 송달할 수 있다. (2019.12.31 본항개정)

⑨ 제7항에 따라 전자송달을 할 수 있는 서류의 구체적인 범위 및 송달방법 등에 필요한 사항은 대통령령으로 정한다.

제31조 【송달지연으로 인한 납부기한의 연장】 ① 기한을 정하여 납세고지서, 납부통지서, 독촉장 또는 납부최고서를 송달하였더라도 다음 각 호의 어느 하나에 해당하면 지방자치단체의 징수금의 납부기한은 해당 서류가 도달한 날부터 14일이 지난 날로 한다.
1. 서류가 납부기한이 지난 후에 도달한 경우
2. 서류가 도달한 날부터 7일 이내에 납부기한이 되는 경우

地方稅·目的稅

② 제1항에도 불구하고「지방세징수법」제22조제2항에 따른 고지의 경우에는 다음 각 호의 구분에 따른 날을 납부기한으로 한다.
1. 고지서가 납부기한이 지난 후에 도달한 경우 : 고지 서가 도달한 날
2. 고지서가 납부기한 전에 도달한 경우 : 납부기한이 되는 날

제32조【송달의 효력 발생】 제28조에 따라 송달하는 서류는 그 송달을 받아야 할 자에게 도달한 때부터 효력이 발생한다. 다만, 전자송달의 경우에는 송달받을 자가 지정한 전자우편주소, 지방세통합정보통신망의 전자사서함 또는 연계정보통신망의 전자고지함에 저장된 때에 그 송달을 받아야 할 자에게 도달된 것으로 본다. (2019.12.31 단서개정)

제33조【공시송달】 ① 서류의 송달을 받아야 할 자가 다음 각 호의 어느 하나에 해당하는 경우에는 서류의 주요 내용을 공고한 날부터 14일이 지나면 제28조에 따른 서류의 송달이 된 것으로 본다.
1. 주소 또는 영업소가 국외에 있고 송달하기 곤란한 경우
2. 주소 또는 영업소가 분명하지 아니한 경우
3. 제30조제1항에 따른 방법으로 송달하였으나 받을 사람(제30조제3항에 규정된 자를 포함한다)이 없는 것으로 확인되어 반송되는 경우 등 대통령령으로 정하는 경우
② 제1항에 따른 공고는 지방세통합정보통신망, 지방자치단체의 정보통신망이나 게시판에 게시하거나 관보・공보 또는 일간신문에 게재하는 방법으로 한다. 이 경우 지방세통합정보통신망이나 지방자치단체의 정보통신망을 이용하여 공시송달을 할 때에는 다른 공시송달방법을 함께 활용하여야 한다.(2019.12.31 본항개정)
③ 제1항에 따른 납세고지서, 납부통지서, 독촉장 또는 납부최고서를 공시송달한 경우 납부기한에 관하여는 제31조를 준용한다.

제2장 납세의무

제1절 납세의무의 성립 및 소멸

제34조【납세의무의 성립시기】 ① 지방세를 납부할 의무는 다음 각 호의 구분에 따른 시기에 성립한다.
1. 취득세 : 과세물건을 취득하는 때
2. 등록면허세
   가. 등록에 대한 등록면허세 : 재산권과 그 밖의 권리를 등기하거나 등록하는 때
   나. 면허에 대한 등록면허세 : 각종의 면허를 받는 때와 납기가 있는 달의 1일
3. 레저세 : 승자투표권, 승마투표권 등을 발매하는 때
4. 담배소비세 : 담배를 제조장 또는 보세구역으로부터 반출(搬出)하거나 국내로 반입(搬入)하는 때
5. 지방소비세 :「국세기본법」에 따른 부가가치세의 납세의무가 성립하는 때
6. 주민세
   가. 개인분 및 사업소분 : 과세기준일(2020.12.29 본목개정)
   나. 종업원분 : 종업원에게 급여를 지급하는 때
7. 지방소득세 : 과세표준이 되는 소득에 대하여 소득세・법인세의 납세의무가 성립하는 때
8. 재산세 : 과세기준일
9. 자동차세
   가. 자동차 소유에 대한 자동차세 : 납기가 있는 달의 1일

   나. 자동차 주행에 대한 자동차세 : 과세표준이 되는 교통・에너지・환경세의 납세의무가 성립하는 때
10. 지역자원시설세
   가. 발전용수 : 발전용수를 수력발전(양수발전은 제외한다)에 사용하는 때
   나. 지하수 : 지하수를 채수(採水)하는 때
   다. 지하자원 : 지하자원을 채광(採鑛)하는 때
   라. 컨테이너 : 컨테이너를 취급하는 부두를 이용하기 위하여 컨테이너를 입항・출항하는 때
   마. 원자력발전 : 원자력발전소에서 발전하는 때
   바. 화력발전 : 화력발전소에서 발전하는 때
   사. 건축물 및 선박 : 과세기준일(2019.12.31 본목개정)
11. 지방교육세 : 과세표준이 되는 세목의 납세의무가 성립하는 때
12. 가산세 : 다음 각 목의 구분에 따른 시기. 다만, 나목부터 마목까지의 규정에 따른 경우 제46조를 적용할 때에는 이 법 및 지방세관계법에 따른 납부기한(이하 "법정납부기한"이라 한다)이 경과하는 때로 한다.
   가. 제53조에 따른 무신고가산세 및 제54조에 따른 과소신고・초과환급신고가산세 : 법정신고기한이 경과하는 때
   나. 제55조제1항제1호에 따른 납부지연가산세 및 제56조제1항제2호에 따른 특별징수 납부지연가산세 : 법정납부기한 경과 후 1일마다 그 날이 경과하는 때
   다. 제55조제1항제2호에 따른 납부지연가산세 : 환급받은 날 경과 후 1일마다 그 날이 경과하는 때
   라. 제55조제1항제3호에 따른 납부지연가산세 : 납세고지서에 따른 납부기한이 경과하는 때
   마. 제55조제1항제4호에 따른 납부지연가산세 및 제56조제1항제3호에 따른 특별징수 납부지연가산세 : 납세고지서에 따른 납부기한 경과 후 1개월마다 그 날이 경과하는 때
   바. 제56조제1항제1호에 따른 특별징수 납부지연가산세 : 법정납부기한이 경과하는 때
   사. 그 밖의 가산세 : 가산세를 가산할 사유가 발생하는 때. 다만, 가산세를 가산할 사유가 발생하는 때를 특정할 수 없거나 가산할 지방세의 납세의무가 성립하기 전에 가산세를 가산할 사유가 발생하는 경우에는 가산할 지방세의 납세의무가 성립하는 때로 한다.
(2020.12.29 본호개정)
② 제1항에도 불구하고 다음 각 호의 지방세를 납부할 의무는 각 호에서 정한 시기에 성립한다.
1. 특별징수하는 지방소득세 : 과세표준이 되는 소득에 대하여 소득세・법인세를 원천징수하는 때
2. 수시로 부과하여 징수하는 지방세 : 수시부과할 사유가 발생하는 때
3. 「법인세법」제67조에 따라 처분되는 상여(賞與)에 대한 주민세 종업원분
   가. 법인세 과세표준을 결정하거나 경정하는 경우 :「소득세법」제131조제2항제1호에 따른 소득금액변동통지서를 받은 날
   나. 법인세 과세표준을 신고하는 경우 : 신고일 또는 수정신고일
③ 이 조와 제7장에서 사용되는 용어 중 이 법에서 정의되지 아니한 용어는「지방세법」을 따른다.
제35조【납세의무의 확정】 ① 지방세는 다음 각 호의 구분에 따른 시기에 세액이 확정된다.
1. 납세의무자가 과세표준과 세액을 지방자치단체에 신고납부하는 지방세 : 신고하는 때. 다만, 납세의무자가 과세표준과 세액의 신고를 하지 아니하거나 신고한 과세표준과 세액이 지방세관계법에 어긋나는 경우에는 지방자치단체가 과세표준과 세액을 결정하거나 경정하는 때로 한다.(2020.12.29 단서신설)

2. (2020.12.29 삭제)
3. 제1호 외의 지방세 : 해당 지방세의 과세표준과 세액을 해당 지방자치단체가 결정하는 때
② 제1항에도 불구하고 다음 각 호의 지방세는 납세의무가 성립하는 때에 특별한 절차 없이 세액이 확정된다. (2020.12.29 본문개정)
1. 특별징수하는 지방소득세
2. 제55조제1항제3호 및 제4호에 따른 납부지연가산세
3. 제56조제1항제3호에 따른 특별징수 납부지연가산세 (2020.12.29 1호~3호신설)

제35조의2【수정신고의 효력】 ① 제49조에 따른 수정신고(과세표준 신고서를 법정신고기한까지 제출한 자의 수정신고로 한정한다)는 당초의 신고에 따라 확정된 과세표준과 세액을 증액하여 확정하는 효력을 가진다.
② 수정신고는 당초 신고에 따라 확정된 세액에 관한 이 법 또는 지방세관계법에서 규정하는 권리·의무관계에 영향을 미치지 아니한다.
(2020.12.29 본조신설)

제36조【경정 등의 효력】 ① 지방세관계법에 따라 당초 확정된 세액을 증가시키는 경정은 당초 확정된 세액에 관한 이 법 또는 지방세관계법에서 규정하는 권리·의무 관계에 영향을 미치지 아니한다.
② 지방세관계법에 따라 당초 확정된 세액을 감소시키는 경정은 경정으로 감소하는 세액 외의 세액에 관한 이 법 또는 지방세관계법에서 규정하는 권리·의무 관계에 영향을 미치지 아니한다.

제37조【납부의무의 소멸】 지방자치단체의 징수금을 납부할 의무는 다음 각 호의 어느 하나에 해당하는 때에 소멸한다.
1. 납부·충당 또는 부과가 취소되었을 때
2. 제38조에 따라 지방세를 부과할 수 있는 기간 내에 지방세가 부과되지 아니하고 그 기간이 만료되었을 때
3. 제39조에 따라 지방자치단체의 징수금의 지방세징수권 소멸시효가 완성되었을 때

제38조【부과의 제척기간】 ① 지방세는 대통령령으로 정하는 바에 따라 부과할 수 있는 날부터 다음 각 호에서 정하는 기간이 만료되는 날까지 부과하지 아니한 경우에는 부과할 수 없다. 다만, 조세의 이중과세를 방지하기 위하여 체결한 조약(이하 "조세조약"이라 한다)에 따라 상호합의절차가 진행 중인 경우에는 「국제조세조정에 관한 법률」 제51조에서 정하는 바에 따른다. (2020.12.22 단서개정)
1. 납세자가 사기나 그 밖의 부정한 행위로 지방세를 포탈하거나 환급·공제 또는 감면받은 경우 : 10년
2. 납세자가 법정신고기한까지 과세표준 신고서를 제출하지 아니한 경우 : 7년. 다만, 다음 각 목에 따른 취득으로서 법정신고기한까지 과세표준 신고서를 제출하지 아니한 경우에는 10년으로 한다.
　가. 상속 또는 증여(부담부(負擔附) 증여를 포함한다)를 원인으로 취득하는 경우(2023.3.14 본목개정)
　나. 「부동산 실권리자명의 등기에 관한 법률」 제2조제1호에 따른 명의신탁약정으로 실권리자가 사실상 취득하는 경우
　다. 타인의 명의로 법인의 주식 또는 지분을 취득하였지만 해당 주식 또는 지분의 실권리자인 자가 제46조제2호에 따른 과점주주가 되어 「지방세법」 제7조제5항에 따라 해당 법인의 부동산등을 취득한 것으로 보는 경우
3. 그 밖의 경우 : 5년
② 제1항에도 불구하고 다음 각 호의 경우에는 제1호에 따른 결정 또는 판결이 확정되거나 제2호에 따른 상호합의가 종결된 날부터 1년, 제3호에 따른 경정청구일이나 제4호에 따른 지방소득세 관련 자료의 통보일부터 2개월

이 지나기 전까지는 해당 결정·판결, 상호합의, 경정청구나 지방소득세 관련 자료의 통보에 따라 경정이나 그 밖에 필요한 처분을 할 수 있다.(2023.3.14 본문개정)
1. 제7장에 따른 이의신청·심판청구, 「감사원법」에 따른 심사청구 또는 「행정소송법」에 따른 소송(이하 "행정소송"이라 한다)에 대한 결정 또는 판결이 있는 경우(2019.12.31 본호개정)
2. 조세조약에 부합하지 아니하는 과세의 원인이 되는 조치가 있는 경우 그 조치가 있음을 안 날부터 3년 이내(조세조약에서 따로 규정하는 경우에는 그에 따른다)에 그 조세조약에 따른 상호합의가 신청된 것으로서 그에 대하여 상호합의가 이루어진 경우
3. 제50조제1항·제2항 및 제6항에 따른 경정청구가 있는 경우(2021.12.28 본호개정)
4. 「지방세법」 제103조의59제1항제1호·제2호·제5호 및 같은 조 제2항제1호·제2호·제5호에 따라 세무서장 또는 지방국세청장이 지방소득세 관련 소득세 또는 법인세 과세표준과 세액의 결정·경정 등에 관한 자료를 통보한 경우(2018.12.24 본호신설)
③ 제1항에도 불구하고 제2항제1호의 결정 또는 판결에 의하여 다음 각 호의 어느 하나에 해당하게 된 경우에는 당초의 부과처분을 취소하고 그 결정 또는 판결이 확정된 날부터 1년 이내에 다음 각 호의 구분에 따른 자에게 경정이나 그 밖에 필요한 처분을 할 수 있다.
1. 명의대여 사실이 확인된 경우 : 실제로 사업을 경영한 자
2. 과세의 대상이 되는 재산의 취득자가 명의자일 뿐이고 사실상 취득한 자가 따로 있다는 사실이 확인된 경우 : 재산을 사실상 취득한 자
(2023.3.14 본항개정)
④ 제1항 각 호에 따른 지방세를 부과할 수 있는 날은 대통령령으로 정한다.
⑤ 제1항제1호에서 "사기나 그 밖의 부정한 행위"란 다음 각 호의 어느 하나에 해당하는 행위로서 지방세의 부과와 징수를 불가능하게 하거나 현저히 곤란하게 하는 적극적 행위를 말한다(이하 제53조, 제54조 및 제102조에서 같다).
1. 이중장부의 작성 등 장부에 거짓으로 기록하는 행위
2. 거짓 증빙 또는 거짓으로 문서를 작성하거나 받는 행위
3. 장부 또는 기록의 파기
4. 재산의 은닉, 소득·수익·행위·거래의 조작 또는 은폐
5. 고의적으로 장부를 작성하지 아니하거나 갖추어 두지 아니하는 행위
6. 그 밖에 위계(僞計)에 의한 행위

제39조【지방세징수권의 소멸시효】 ① 지방자치단체의 징수금의 징수를 목적으로 하는 지방자치단체의 권리(이하 "지방세징수권"이라 한다)는 이를 행사할 수 있는 때부터 다음 각 호의 구분에 따른 기간 동안 행사하지 아니하면 소멸시효가 완성된다.
1. 가산세를 제외한 지방세의 금액이 5천만원 이상인 경우 : 10년
2. 가산세를 제외한 지방세의 금액이 5천만원 미만인 경우 : 5년
② 제1항의 소멸시효에 관하여는 이 법 또는 지방세관계법에 규정되어 있는 것을 제외하고는 「민법」에 따른다.
③ 지방세징수권을 행사할 수 있는 때는 다음 각 호의 날로 한다.
1. 과세표준과 세액의 신고로 납세의무가 확정되는 지방세의 경우 신고한 세액에 대해서는 그 법정납부기한의 다음 날
2. 과세표준과 세액을 지방자치단체의 장이 결정 또는 경정하는 경우 납세고지한 세액에 대해서는 그 납세

地方稅　目的稅

고지서에 따른 납부기한의 다음 날
(2020.12.29 본항신설)
④ 제3항에도 불구하고 다음 각 호의 경우에는 각 호에서 정한 날을 지방세징수권을 행사할 수 있는 때로 본다.
1. 특별징수의무자로부터 징수하는 지방세로서 납세고지한 특별징수세액의 경우 : 납세고지서에 따른 납부기한의 다음 날
2. 제3항제1호의 법정납부기한이 연장되는 경우 : 연장된 기한의 다음 날
(2020.12.29 본항신설)
(2020.12.29 본조개정)

제40조 【시효의 중단과 정지】 ① 지방세징수권의 시효는 다음 각 호의 사유로 중단된다.
1. 납세고지
2. 독촉 또는 납부최고
3. 교부청구
4. 압류
② 제1항에 따라 중단된 시효는 다음 각 호의 기간이 지난 때부터 새로 진행한다.
1. 고지한 납부기간
2. 독촉 또는 납부최고에 따른 납부기간
3. 교부청구 중의 기간
4. 압류해제까지의 기간
③ 제39조에 따른 소멸시효는 다음 각 호의 어느 하나에 해당하는 기간에는 진행되지 아니한다.
1. 「지방세법」에 따른 분할납부기간
2. 「지방세법」에 따른 연부(年賦)기간
3. 「지방세징수법」에 따른 징수유예기간
4. 「지방세징수법」에 따른 체납처분유예기간
5. 지방자치단체의 장이 「지방세징수법」 제39조에 따른 사해행위(詐害行爲) 취소의 소송을 제기하여 그 소송이 진행 중인 기간
6. 지방자치단체의 장이 「민법」 제404조에 따른 채권자대위 소송을 제기하여 그 소송이 진행 중인 기간
7. 체납자가 국외에 6개월 이상 계속하여 체류하는 경우 해당 국외 체류기간(2018.12.24 본호신설)
④ 제3항제5호 또는 제6호에 따른 사해행위 취소의 소송 또는 채권자대위 소송의 제기로 인한 시효정지는 소송이 각하·기각되거나 취하된 경우에는 효력이 없다.

제2절 납세의무의 확장 및 보충적 납세의무

제41조 【법인의 합병으로 인한 납세의무의 승계】 법인이 합병한 경우에 합병 후 존속하는 법인 또는 합병으로 설립된 법인은 합병으로 인하여 소멸된 법인에 부과되거나 그 법인이 납부할 지방자치단체의 징수금을 납부할 의무를 진다.
제42조 【상속으로 인한 납세의무의 승계】 ① 상속이 개시된 경우에 상속인[「상속세 및 증여세법」 제2조제5호에 따른 수유자(受遺者)를 포함한다. 이하 같다] 또는 「민법」 제1053조에 따른 상속재산관리인은 피상속인에게 부과되거나 피상속인이 납부할 지방자치단체의 징수금(이하 이 조에서 "피상속인에 대한 지방자치단체의 징수금"이라 한다)을 상속으로 얻은 재산의 한도 내에서 납부할 의무를 진다.
② 제1항에 따른 납세의무 승계를 피하면서 재산을 상속받기 위하여 피상속인이 상속인을 수익자로 하는 보험 계약을 체결하고 상속인은 「민법」 제1019조제1항에 따라 상속을 포기한 것으로 인정되는 경우로서 상속포기자가 피상속인의 사망으로 보험금(「상속세 및 증여세법」 제8조에 따른 보험금을 말한다)을 받는 때에는 상속포기자를 상속인으로 보고, 보험금을 상속받은 재산으로 보아 제1항을 적용한다.(2020.12.29 본항신설)
③ 제1항의 경우 상속인이 2명 이상일 때에는 각 상속인은 피상속인에 대한 지방자치단체의 징수금을 「민법」 제1009조·제1010조·제1012조 및 제1013조에 따른 상속분(다음 각 호의 어느 하나에 해당하는 경우에는 대통령령으로 정하는 비율로 한다)에 따라 나누어 계산한 금액을 상속으로 얻은 재산의 한도에서 연대하여 납부할 의무를 진다. 이 경우 각 상속인은 상속인 중에서 피상속인에 대한 지방자치단체의 징수금을 납부할 대표자를 정하여 대통령령으로 정하는 바에 따라 지방자치단체의 장에게 신고하여야 한다.(2023.3.14 전단개정)
1. 상속인 중 수유자가 있는 경우
2. 상속인 중 「민법」 제1019조제1항에 따라 상속을 포기한 사람이 있는 경우
3. 상속인 중 「민법」 제1112조에 따른 유류분을 받은 사람이 있는 경우
4. 상속으로 받은 재산에 보험금이 포함되어 있는 경우
(2023.3.14 1호~4호신설)
제43조 【상속재산의 관리인】 ① 제42조제1항의 경우 상속인이 있는지 분명하지 아니할 때에는 상속인에게 하여야 할 납세의 고지, 독촉, 그 밖에 필요한 사항은 상속재산관리인에게 하여야 한다.
② 제42조제1항의 경우에 상속인이 있는지가 분명하지 아니하고 상속재산관리인도 없을 때에는 지방자치단체의 장은 상속개시지(相續開始地)를 관할하는 법원에 상속재산관리인의 선임(選任)을 청구할 수 있다.
③ 제42조제1항의 경우에 상속인에게 한 처분 또는 절차는 상속인이나 상속재산관리인에게도 효력이 미친다.
제44조 【연대납세의무】 ① 공유물(공동주택의 공유물은 제외한다), 공동사업 또는 그 공동사업에 속하는 재산에 관계되는 지방자치단체의 징수금은 공유자 또는 공동사업자가 연대하여 납부할 의무를 진다.
(2017.12.26 본항개정)
② 법인이 분할되거나 분할합병된 후 분할되는 법인(이하 이 조에서 "분할법인"이라 한다)이 존속하는 경우 다음 각 호의 법인은 분할등기일 이전에 분할법인에 부과되거나 납세의무가 성립한 지방자치단체의 징수금을 분할로 승계된 재산가액을 한도로 연대하여 납부할 의무가 있다.
1. 분할법인
2. 분할 또는 분할합병으로 설립되는 법인(이하 이 조에서 "분할신설법인"이라 한다)
3. 분할법인의 일부가 다른 법인과 합병하는 경우 그 합병의 상대방인 다른 법인(이하 이 조에서 "존속하는 분할합병의 상대방 법인"이라 한다)
(2020.12.29 본항개정)
③ 법인이 분할되거나 분할합병된 후 분할법인이 소멸하는 경우 다음 각 호의 법인은 분할법인에 부과되거나 납세의무가 성립한 지방자치단체의 징수금에 대하여 분할로 승계된 재산가액을 한도로 연대하여 납부할 의무가 있다.
1. 분할신설법인
2. 존속하는 분할합병의 상대방 법인
(2020.12.29 본항개정)
④ 법인이 「채무자 회생 및 파산에 관한 법률」 제215조에 따라 신회사(新會社)를 설립하는 경우 기존의 법인에 부과되거나 납세의무가 성립한 지방자치단체의 징수금은 신회사가 연대하여 납부할 의무를 진다.
⑤ 제1항부터 제4항까지의 연대납세의무에 관하여는 「민법」 제413조부터 제416조까지, 제419조, 제421조, 제423조 및 제425조부터 제427조까지의 규정을 준용한다.
제45조 【청산인 등의 제2차 납세의무】 ① 법인이 해산한 경우에 그 법인에 부과되거나 그 법인이 납부할 지방자치단체의 징수금을 납부하지 아니하고 남은 재산을 분배하거나 인도(引渡)하여, 그 법인에 대하여 체납처분

地方稅 目的稅

을 집행하여도 징수할 금액보다 적은 경우에는 청산인과 남은 재산을 분배받거나 인도받은 자는 그 부족한 금액에 대하여 제2차 납세의무를 진다.

② 제1항에 따른 제2차 납세의무는 청산인에게는 분배하거나 인도한 재산의 가액을, 남은 재산을 분배받거나 인도받은 자에게는 각자가 분배·인도받은 재산의 가액을 한도로 한다.

제46조【출자자의 제2차 납세의무】 법인(주식을 「자본시장과 금융투자업에 관한 법률」에 따른 증권시장으로서 대통령령으로 정하는 증권시장에 상장한 법인은 제외한다)의 재산으로 그 법인에 부과되거나 그 법인이 납부할 지방자치단체의 징수금에 충당하여도 부족한 경우에는 그 지방자치단체의 징수금의 과세기준일 또는 납세의무성립일(이에 관한 규정이 없는 세목의 경우에는 납기개시일) 현재 다음 각 호의 어느 하나에 해당하는 자는 그 부족액에 대하여 제2차 납세의무를 진다. 다만, 제2호에 따른 과점주주의 경우에는 그 부족액을 그 법인의 발행주식총수(의결권이 없는 주식은 제외한다. 이하 이 조에서 같다) 또는 출자총액으로 나눈 금액에 해당 과점주주가 실질적으로 권리를 행사하는 소유주식수(의결권이 없는 주식은 제외한다) 또는 출자액을 곱하여 산출한 금액을 한도로 한다.

1. 무한책임사원
2. 주주 또는 유한책임사원 1명과 그의 특수관계인 중 대통령령으로 정하는 자로서 그들의 소유주식의 합계 또는 출자액의 합계가 해당 법인의 발행주식 총수 또는 출자총액의 100분의 50을 초과하면서 그에 관한 권리를 실질적으로 행사하는 자들(이하 "과점주주"라 한다)

제47조【법인의 제2차 납세의무】 ① 지방세(둘 이상의 지방세의 경우에는 납부기한이 뒤에 도래하는 지방세를 말한다)의 납부기간 종료일 현재 법인의 무한책임사원 또는 과점주주(이하 이 조에서 "출자자"라 한다)의 재산(그 법인의 발행주식 또는 출자지분은 제외한다)으로 그 출자자가 납부할 지방자치단체의 징수금에 충당하여도 부족한 경우에는 그 법인은 다음 각 호의 어느 하나에 해당하는 경우에만 그 출자자의 소유주식 또는 출자지분의 가액 한도 내에서 그 부족한 금액에 대하여 제2차 납세의무를 진다.

1. 지방자치단체의 장이 출자자의 소유주식 또는 출자지분을 재공매하거나 수의계약으로 매각하려 하여도 매수희망자가 없는 경우(2023.12.29 본호개정)
2. 법률로는 법인의 정관에서 출자자의 소유주식 또는 출자지분의 양도를 제한하고 있는 경우(「지방세징수법」 제71조제5항 본문에 따라 공매할 수 없는 경우는 제외한다)(2023.12.29 본호개정)
3. 그 법인이 외국법인인 경우로서 출자자의 소유주식 또는 출자지분이 외국에 있는 재산에 해당하여 「지방세징수법」에 따른 압류 등 체납처분이 제한되는 경우(2023.12.29 본호신설)

② 제1항에 따른 법인의 제2차 납세의무는 그 법인의 자산총액에서 부채총액을 뺀 가액을 그 법인의 발행주식총액 또는 출자총액으로 나눈 가액에 그 출자자의 소유주식금액 또는 출자액을 곱하여 산출한 금액을 한도로 한다.

제48조【사업양수인의 제2차 납세의무】 ① 사업의 양도·양수가 있는 경우 그 사업에 관하여 양도일 이전에 양도인의 납세의무가 확정된 지방자치단체의 징수금을 양도인의 재산으로 충당하여도 부족할 때에는 양수인은 그 부족한 금액에 대하여 양수한 재산의 가액 한도 내에서 제2차 납세의무를 진다.

② 제1항에서 "양수인"이란 사업장별로 그 사업에 관한 모든 권리(미수금에 관한 것은 제외한다)와 의무(미지급금에 관한 것은 제외한다)를 포괄적으로 승계한 자로서 다음 각 호의 어느 하나에 해당하는 자를 말한다.

1. 양도인과 특수관계인인 자
2. 양도인의 조세회피를 목적으로 사업을 양수한 자 (2023.12.29 본항개정)

③ 제1항에 따른 양수한 재산의 가액은 대통령령으로 정한다.

제3장 부 과

제49조【수정신고】 ① 이 법 또는 지방세관계법에 따른 법정신고기한까지 과세표준 신고서를 제출한 자 및 제51조제1항에 따른 납기 후의 과세표준 신고서를 제출한 자는 다음 각 호의 어느 하나에 해당할 때에는 지방자치단체의 장이 지방세관계법에 따라 그 지방세의 과세표준과 세액을 결정하거나 경정하여 통지하기 전으로서 제38조제1항부터 제3항까지의 규정에 따른 기간이 끝나기 전까지는 과세표준 수정신고서를 제출할 수 있다.(2019.12.31 본문개정)

1. 과세표준 신고서 또는 납기 후의 과세표준 신고서에 기재된 과세표준 및 세액이 지방세관계법에 따라 신고하여야 할 과세표준 및 세액보다 적을 때
2. 과세표준 신고서 또는 납기 후의 과세표준 신고서에 기재된 환급세액이 지방세관계법에 따라 신고하여야 할 환급세액을 초과할 때
(2019.12.31 1호~2호개정)
3. 그 밖에 특별징수의무자의 정산과정에서 누락 등이 발생하여 그 과세표준 및 세액이 지방세관계법에 따라 신고하여야 할 과세표준 및 세액 등보다 적을 때

② 제1항에 따른 수정신고로 인하여 추가납부세액이 발생한 경우에는 그 수정신고를 한 자는 추가납부세액을 납부하여야 한다.

③ 과세표준 수정신고서의 기재사항 및 신고절차에 관한 사항은 대통령령으로 정한다.

제50조【경정 등의 청구】 ① 이 법 또는 지방세관계법에 따른 과세표준 신고서를 법정신고기한까지 제출한 자 및 제51조제1항에 따른 납기 후의 과세표준 신고서를 제출한 자는 다음 각 호의 어느 하나에 해당할 때에는 법정신고기한이 지난 후 5년 이내(「지방세법」에 따른 결정 또는 경정이 있는 경우에는 그 결정 또는 경정이 있음을 안 날(결정 또는 경정의 통지를 받았을 때에는 통지받은 날)부터 90일 이내(법정신고기한이 지난 후 5년 이내로 한정한다)를 말한다)에 최초신고와 수정신고를 한 지방세의 과세표준 및 세액(「지방세법」에 따른 결정 또는 경정이 있는 경우에는 그 결정 또는 경정 후의 과세표준 및 세액 등을 말한다)의 결정 또는 경정을 지방자치단체의 장에게 청구할 수 있다.

1. 과세표준 신고서 또는 납기 후의 과세표준 신고서에 기재된 과세표준 및 세액(「지방세법」에 따른 결정 또는 는 경정이 있는 경우에는 그 결정 또는 경정 후의 과세표준 및 세액을 말한다)이 「지방세법」에 따라 신고하여야 할 과세표준 및 세액을 초과할 때
2. 과세표준 신고서 또는 납기 후의 과세표준 신고서에 기재된 환급세액(「지방세법」에 따른 결정 또는 경정이 있는 경우에는 그 결정 또는 경정 후의 환급세액을 말한다)이 「지방세법」에 따라 신고하여야 할 환급세액보다 적을 때
(2019.12.31 본항개정)

② 과세표준 신고서를 법정신고기한까지 제출한 자 또는 지방세의 과세표준 및 세액의 결정을 받은 자는 다음 각 호의 어느 하나에 해당하는 사유가 발생하였을 때에는 제1항에서 규정하는 기간에도 불구하고 그 사유가 발생한 것을 안 날부터 90일 이내에 결정 또는 경정을 청구할 수 있다.(2019.12.31 본문개정)

1. 최초의 신고·결정 또는 경정에서 과세표준 및 세액

의 계산 근거가 된 거래 또는 행위 등이 그에 관한 제7장에 따른 심판청구, 「감사원법」에 따른 심사청구에 대한 결정이나 소송의 판결(판결과 동일한 효력을 가지는 화해나 그 밖의 행위를 포함한다)에 의하여 다른 것으로 확정되었을 때(2023.3.14 본호개정)

2. 조세조약에 따른 상호합의가 최초의 신고·결정 또는 경정의 내용과 다르게 이루어졌을 때

3. 제1호 및 제2호의 사유와 유사한 사유로서 대통령령으로 정하는 사유가 해당 지방세의 법정신고기한이 지난 후에 발생하였을 때

③ 제1항 및 제2항에 따라 결정 또는 경정의 청구를 받은 지방자치단체의 장은 청구받은 날부터 2개월 이내에 그 청구를 한 자에게 과세표준 및 세액을 결정·경정하거나 결정·경정하여야 할 이유가 없다는 것을 통지하여야 한다.(2021.12.28 단서삭제)

④ 제1항 및 제2항에 따라 청구를 한 자가 제3항에 정한 기간 내에 같은 항에 따른 통지를 받지 못한 경우 그 청구를 한 자는 통지를 받기 전이라도 그 2개월이 되는 날의 다음 날부터 제7장에 따른 이의신청, 심판청구나 「감사원법」에 따른 심사청구를 할 수 있다.
(2021.12.28 본항신설)

⑤ 제1항 및 제2항에 따라 결정 또는 경정의 청구를 받은 지방자치단체의 장이 제3항에서 정한 기간 내에 과세표준 및 세액의 결정 또는 경정이 곤란한 경우에는 청구를 한 자에게 관련 진행상황과 제4항에 따라 이의신청, 심판청구나 「감사원법」에 따른 심사청구를 할 수 있다는 것을 통지하여야 한다.(2021.12.28 본항신설)

⑥ 「국세기본법」 제45조의2제5항에 따른 원천징수대상자가 지방소득세의 결정 또는 경정의 청구를 하는 경우에는 제1항부터 제4항까지의 규정을 준용한다. 이 경우 제1항 각 호 외의 부분 중 "과세표준 신고서를 법정신고기한까지 제출한 자와 제51조제1항에 따른 납기 후의 과세표준 신고서를 제출한 자"는 "지방세법」 제103조의13, 제103조의18, 제103조의29, 제103조의52에 따라 특별징수를 통하여 지방소득세를 납부한 특별징수의무자나 해당 특별징수 대상 소득이 있는 자"로, "법정신고기한이 지난 후"는 "「지방세법」 제103조의13, 제103조의29에 따른 지방소득세 특별징수세액의 납부기한이 지난 후"로, 제1항제1호 중 "과세표준 신고서 또는 납기 후의 과세표준 신고서에 기재된 과세표준 및 세액"은 "지방소득세 특별징수 계산서 및 명세서나 법인지방소득세 특별징수 명세서에 기재된 과세표준 및 세액"으로, 제1항제2호 중 "과세표준 신고서 또는 납기 후의 과세표준 신고서에 기재된 환급세액"은 "지방소득세 특별징수 계산서 및 명세서나 법인지방소득세 특별징수 명세서에 기재된 환급세액"으로, 제2항 각 호 외의 부분 중 "과세표준 신고서를 법정신고기한까지 제출한 자"는 "「지방세법」 제103조의13, 제103조의18, 제103조의29, 제103조의52에 따라 특별징수를 통하여 지방소득세를 납부한 특별징수의무자나 해당 특별징수 대상 소득이 있는 자"로 본다.(2021.12.28 본항개정)

⑦ 결정 또는 경정의 청구 및 통지절차에 관하여 필요한 사항은 대통령령으로 정한다.

판례 매매계약에 따른 소유권이전등기를 마친 이후 계약이 잔금 지체로 인한 해제로 행사로 해제되었다고 하더라도, 일단 적법한 취득행위가 존재하였던 이상 위와 같은 사유는 특별한 사정이 없는 한 취득행위 당시의 과세표준을 기준으로 성립한 조세채권의 행사에 아무런 영향을 줄 수 없다. 따라서 위와 같은 사유만을 이유로 후발적 경정청구를 할 수 없다. (대판 2018.9.13, 2018두38345)

제51조 【기한 후 신고】

① 법정신고기한까지 과세표준 신고서를 제출하지 아니한 자는 지방자치단체의 장이 「지방세법」에 따라 그 지방세의 과세표준과 세액(이 법 및 「지방세법」에 따른 가산세를 포함한다. 이하

이 조에서 같다)을 결정하여 통지하기 전에는 납기 후의 과세표준 신고서(이하 "기한후신고서"라 한다)를 제출할 수 있다.

② 제1항에 따라 기한후신고서를 제출한 자로서 지방세관계법에 따라 납부하여야 할 세액이 있는 자는 그 세액을 납부하여야 한다.

③ 제1항에 따라 기한후신고서를 제출하거나 제49조제1항에 따라 기한후신고서를 제출한 자가 과세표준 수정신고서를 제출한 경우 지방자치단체의 장은 「지방세법」에 따라 신고일부터 3개월 이내에 그 지방세의 과세표준과 세액을 결정 또는 경정하여 신고인에게 통지하여야 한다. 다만, 그 과세표준과 세액을 조사할 때 조사 등에 장기간이 걸리는 등 부득이한 사유로 신고일부터 3개월 이내에 결정 또는 경정할 수 없는 경우에는 그 사유를 신고인에게 통지하여야 한다.(2019.12.31 본항개정)

④ 기한후신고서의 기재사항 및 신고절차 등에 필요한 사항은 대통령령으로 정한다.

제52조 【가산세의 부과】

① 지방자치단체의 장은 이 법 또는 지방세관계법에 따른 의무를 위반한 자에게 이 법 또는 지방세관계법에서 정하는 바에 따라 가산세를 부과할 수 있다.

② 가산세는 해당 의무가 규정된 지방세관계법의 해당 지방세의 세목으로 한다.

③ 제2항에도 불구하고 지방세를 감면하는 경우에 가산세는 감면대상에 포함시키지 아니한다.

제53조 【무신고가산세】

① 납세의무자가 법정신고기한까지 과세표준 신고를 하지 아니한 경우에는 그 신고로 납부하여야 할 세액(이 법과 지방세관계법에 따른 가산세와 가산하여 납부하여야 할 이자상당액이 있는 경우 그 금액은 제외하며, 이하 "무신고납부세액"이라 한다)의 100분의 20에 상당하는 금액을 가산세로 부과한다.(2020.12.29 본항개정)

② 제1항에도 불구하고 사기나 그 밖의 부정한 행위로 법정신고기한까지 과세표준 신고를 하지 아니한 경우에는 무신고납부세액의 100분의 40에 상당하는 금액을 가산세로 부과한다.(2018.12.24 본항개정)

③ 제1항 및 제2항에 따른 가산세의 계산 및 그 밖에 가산세 부과 등에 필요한 사항은 대통령령으로 정한다.

제54조 【과소신고가산세·초과환급신고가산세】

① 납세의무자가 법정신고기한까지 과세표준 신고를 한 경우로서 신고하여야 할 납부세액보다 낮게 신고(이하 "과소신고"라 한다)하거나 지방소득세 과세표준 신고를 하면서 환급받을 세액을 신고하여야 할 금액보다 많이 신고(이하 "초과환급신고"라 한다)한 경우에는 과소신고한 납부세액과 초과환급신고한 환급세액을 합한 금액(이 법과 지방세관계법에 따른 가산세와 가산하여 납부하여야 할 이자상당액이 있는 경우 그 금액은 제외하며, 이하 "과소신고납부세액등"이라 한다)의 100분의 10에 상당하는 금액을 가산세로 부과한다.(2020.12.29 본항개정)

② 제1항에도 불구하고 사기나 그 밖의 부정한 행위로 과소신고하거나 초과환급신고한 경우에는 다음 각 호의 금액을 합한 금액을 가산세로 부과한다.

1. 사기나 그 밖의 부정한 행위로 인한 과소신고납부세액등(이하 "부정과소신고납부세액등"이라 한다)의 100분의 40에 상당하는 금액

2. 과소신고납부세액등에서 부정과소신고납부세액등을 뺀 금액의 100분의 10에 상당하는 금액

③ 제1항 및 제2항에도 불구하고 다음 각 호의 어느 하나에 해당하는 사유로 과소신고한 경우에는 가산세를 부과하지 아니한다.

1. 신고 당시 소유권에 대한 소송으로 상속재산으로 확정되지 아니하여 과소신고한 경우

2. 「법인세법」 제66조에 따라 법인세 과세표준 및 세액의 결정·경정으로 「상속세 및 증여세법」 제45조의3부터 제45조의5까지의 규정에 따른 증여의제이익이 변경되는 경우(부정행위로 인하여 법인세의 과세표준 및 세액을 결정·경정하는 경우는 제외한다)에 해당하여 「소득세법」 제88조제2호에 따른 주식등의 취득가액이 감소됨에 따라 양도소득에 대한 지방소득세 과세표준을 과소신고한 경우
(2017.12.26 본항개정)
④ 부정과소신고납부세액등의 계산 및 그 밖에 가산세 부과에 필요한 사항은 대통령령으로 정한다.

제55조 【납부지연가산세】 ① 납세의무자(연대납세의무자, 제2차 납세의무자 및 보증인을 포함한다. 이하 이 조에서 같다)가 납부기한까지 지방세를 납부하지 아니하거나 납부하여야 할 세액보다 적게 납부(이하 "과소납부"라 한다)하거나 환급받아야 할 세액보다 많이 환급(이하 "초과환급"이라 한다)받은 경우에는 다음 각 호의 계산식에 따라 산출한 금액을 합한 금액을 가산세로 부과한다. 이 경우 제1호 및 제2호의 가산세는 납부하지 아니한 세액, 과소납부분(납부하여야 할 세액에 미달하는 금액을 말한다. 이하 같다) 세액 또는 초과환급분(환급받아야 할 세액을 초과하는 금액을 말한다. 이하 같다) 세액의 100분의 75에 해당하는 금액을 한도로 하고, 제4호의 가산세를 부과하는 기간은 60개월(1개월 미만은 없는 것으로 본다)을 초과할 수 없다.
1. 과세표준과 세액을 지방자치단체에 신고납부하는 지방세의 법정납부기한까지 납부하지 아니한 세액 또는 과소납부분 세액(지방세관계법에 따라 가산하여 납부하여야 할 이자상당액이 있는 경우 그 금액을 더한다) × 법정납부기한의 다음 날부터 자진납부일 또는 납세고지일까지의 일수 × 금융회사 등이 연체대출금에 대하여 적용하는 이자율 등을 고려하여 대통령령으로 정하는 이자율
2. 초과환급분 세액(지방세관계법에 따라 가산하여 납부하여야 할 이자상당액이 있는 경우 그 금액을 더한다) × 환급받은 날의 다음 날부터 자진납부일 또는 납세고지일까지의 일수 × 금융회사 등이 연체대출금에 대하여 적용하는 이자율 등을 고려하여 대통령령으로 정하는 이자율
3. 납세고지서에 따른 납부기한까지 납부하지 아니한 세액 또는 과소납부분 세액(지방세관계법에 따라 가산하여 납부하여야 할 이자상당액이 있는 경우 그 금액을 더하고, 가산세는 제외한다) × 100분의 3
4. 다음 계산식에 따라 납세고지서에 따른 납부기한이 지난 날부터 1개월이 지날 때마다 계산한 금액

> 납부하지 아니한 세액 또는 과소납부분 세액(지방세관계법에 따라 가산하여 납부하여야 할 이자상당액이 있는 경우 그 금액을 더하고, 가산세는 제외한다) × 금융회사 등이 연체대출금에 대하여 적용하는 이자율 등을 고려하여 대통령령으로 정하는 이자율

(2020.12.29 3호~4호신설)
(2020.12.29 본항개정)
② 제1항에도 불구하고 「법인세법」 제66조에 따라 법인세 과세표준 및 세액의 결정·경정으로 「상속세 및 증여세법」 제45조의3부터 제45조의5까지의 규정에 따른 증여의제이익이 변경되는 경우(부정행위로 인하여 법인세의 과세표준 및 세액을 결정·경정하는 경우는 제외한다)에 해당하여 「소득세법」 제88조제2호에 따른 주식등의 취득가액이 감소됨에 따라 양도소득에 대한 지방소득세를 과소납부하거나 초과환급받은 경우에는 제1항제1호 및 제2호의 가산세를 적용하지 아니한다.
(2020.12.29 본항개정)
③ 지방소득세를 과세기간을 잘못 적용하여 신고납부한 경우에는 제1항을 적용할 때 실제 신고납부한 날에 실제 신고납부한 금액의 범위에서 당초 신고납부하였어야 할 과세기간에 대한 지방소득세를 신고납부한 것으로 본다. 다만, 해당 지방소득세의 신고가 제53조에 따른 신고 중 부정행위로 무신고한 경우 또는 제54조에 따른 신고 중 부정행위로 과소신고·초과환급신고한 경우에는 그러하지 아니하다.(2018.12.24 본항신설)
④ 제1항을 적용할 때 납세고지서별·세목별 세액이 45만원 미만인 경우에는 같은 항 제4호의 가산세를 적용하지 아니한다.(2023.12.29 본항개정)
⑤ 제1항을 적용할 때 납세의무자가 지방자치단체 또는 지방자치단체조합인 경우에는 같은 항 제3호 및 제4호의 가산세를 적용하지 아니한다.(2020.12.29 본항신설)
(2020.12.29 본조제목개정)

제56조 【특별징수 납부지연가산세】 ① 특별징수의무자가 징수하여야 할 세액을 법정납부기한까지 납부하지 아니하거나 과소납부한 경우에는 납부하지 아니한 세액 또는 과소납부분 세액의 100분의 50(제1호 및 제2호에 따른 금액을 합한 금액은 100분의 10)을 한도로 하여 다음 각 호의 계산식에 따라 산출한 금액을 합한 금액을 가산세로 부과한다. 이 경우 제3호의 가산세를 부과하는 기간은 60개월(1개월 미만은 없는 것으로 본다)을 초과할 수 없다.
1. 납부하지 아니한 세액 또는 과소납부분 세액 × 100분의 3
2. 납부하지 아니한 세액 또는 과소납부분 세액 × 법정납부기한의 다음 날부터 자진납부일 또는 납세고지일까지의 일수 × 금융회사 등이 연체대출금에 대하여 적용하는 이자율 등을 고려하여 대통령령으로 정하는 이자율
3. 다음 계산식에 따라 납세고지서에 따른 납부기한이 지난 날부터 1개월이 지날 때마다 계산한 금액

> 납부하지 아니한 세액 또는 과소납부분 세액(가산세는 제외한다) × 금융회사 등이 연체대출금에 대하여 적용하는 이자율 등을 고려하여 대통령령으로 정하는 이자율

② 제1항을 적용할 때 납세고지서별·세목별 세액이 45만원 미만인 경우에는 같은 항 제3호의 가산세를 적용하지 아니한다.(2023.12.29 본항개정)
③ 제1항에도 불구하고 2025년 1월 1일 및 2026년 1월 1일이 속하는 각 과세기간에 발생한 「지방세법」 제87조제1항제2호의2에 따른 금융투자소득의 특별징수세액에 대한 납부지연가산세는 제1항 각 호 외의 부분에서 정하는 한도에서 같은 항 각 호의 금액을 합한 금액의 100분의 50에 해당하는 금액으로 한다.(2023.3.14 본항신설 : 2025.1.1 시행)
(2020.12.29 본조개정)

제57조 【가산세의 감면 등】 ① 지방자치단체의 장은 이 법 또는 지방세관계법에 따라 가산세를 부과하는 경우 그 부과의 원인이 되는 사유가 제26조제1항에 따른 기한연장 사유에 해당하거나 납세자가 해당 의무를 이행하지 아니한 정당한 사유가 있을 때에는 가산세를 부과하지 아니한다.
② 지방자치단체의 장은 다음 각 호의 어느 하나에 해당하는 경우에는 이 법 또는 지방세관계법에 따른 해당 가산세액에서 다음 각 호의 구분에 따른 금액을 감면한다.
1. 과세표준 신고서를 법정신고기한까지 제출한 자가 법정신고기한이 지난 후 2년 이내에 제49조에 따라 수정신고한 경우(제54조에 따른 가산세만 해당하며, 지방자치단체의 장이 과세표준과 세액을 경정할 것을 미리 알고 과세표준 수정신고서를 제출한 경우는 제외한다)에는 다음 각 목의 구분에 따른 금액
가. 법정신고기한이 지난 후 1개월 이내에 수정신고한 경우 : 해당 가산세액의 100분의 90에 상당하는 금액(2019.12.31 본목신설)

나. 법정신고기한이 지난 후 1개월 초과 3개월 이내에 수정신고한 경우 : 해당 가산세액의 100분의 75에 상당하는 금액

다. 법정신고기한이 지난 후 3개월 초과 6개월 이내에 수정신고한 경우 : 해당 가산세액의 100분의 50에 상당하는 금액

라. 법정신고기한이 지난 후 6개월 초과 1년 이내에 수정신고한 경우 : 해당 가산세액의 100분의 30에 상당하는 금액(2019.12.31 본목신설)

마. 법정신고기한이 지난 후 1년 초과 1년 6개월 이내에 수정신고한 경우 : 해당 가산세액의 100분의 20에 상당하는 금액(2019.12.31 본목신설)

바. 법정신고기한이 지난 후 1년 6개월 초과 2년 이내에 수정신고한 경우 : 해당 가산세액의 100분의 10에 상당하는 금액

(2019.12.31 본호개정)

2. 과세표준 신고서를 법정신고기한까지 제출하지 아니한 자가 법정신고기한이 지난 후 6개월 이내에 제51조에 따라 기한 후 신고를 한 경우(제53조에 따른 가산세만 해당하며, 지방자치단체의 장이 과세표준과 세액을 결정할 것을 미리 알고 기한후신고서를 제출한 경우는 제외한다)에는 다음 각 목의 구분에 따른 금액(2019.12.31 본문개정)

가. 법정신고기한이 지난 후 1개월 이내에 기한 후 신고를 한 경우 : 해당 가산세액의 100분의 50에 상당하는 금액

나. 법정신고기한이 지난 후 1개월 초과 3개월 이내에 기한 후 신고를 한 경우 : 해당 가산세액의 100분의 30에 상당하는 금액(2019.12.31 본목신설)

다. 법정신고기한이 지난 후 3개월 초과 6개월 이내에 기한 후 신고를 한 경우 : 해당 가산세액의 100분의 20에 상당하는 금액(2019.12.31 본목개정)

3. 제88조에 따른 과세전적부심사 결정·통지기간 이내에 그 결과를 통지하지 아니한 경우(결정·통지가 지연되어 해당 기간에 부과되는 제55조에 따른 가산세만 해당한다)에는 해당 기간에 부과되는 가산세액의 100분의 50에 상당하는 금액

4. 「지방세법」 제103조의5에 따른 양도소득에 대한 개인지방소득세 예정신고기한 이후 확정신고기한까지 과세표준 신고 및 수정신고를 한 경우로서 다음 각 목의 어느 하나에 해당하는 경우에는 해당 가산세액의 100분의 50에 상당하는 금액

가. 예정신고를 하지 아니하였으나 확정신고기한까지 과세표준 신고를 한 경우(제53조에 따른 무신고가산세만 해당하며, 지방자치단체의 장이 과세표준과 세액을 경정할 것을 미리 알고 과세표준 신고를 하는 경우는 제외한다)

나. 예정신고를 하였으나 납부하여야 할 세액보다 적게 신고하거나 환급받을 세액을 신고하여야 할 금액보다 많이 신고한 경우로서 확정신고기한까지 과세표준을 수정신고한 경우(제54조에 따른 과소신고가산세 또는 초과환급신고가산세만 해당하며, 지방자치단체의 장이 과세표준과 세액을 경정할 것을 미리 알고 과세표준 신고를 하는 경우는 제외한다)(2017.12.26 본호신설)

(3) 제1항 또는 제2항에 따른 가산세 감면 등을 받으려는 자는 대통령령으로 정하는 바에 따라 감면 등을 신청할 수 있다.

제58조【부과취소 및 변경】 지방자치단체의 장은 지방자치단체의 징수금의 부과·징수가 위법·부당한 것임을 확인하면 즉시 그 처분을 취소하거나 변경하여야 한다.

제59조【끝수 계산에 관한 「국고금 관리법」의 준용】 지방자치단체의 징수금의 끝수 계산에 관하여는 「국고금 관리법」 제47조를 준용한다. 이 경우 "국고금"은 "지방자치단체의 징수금"으로 본다.

제4장 지방세환급금과 납세담보

제1절 지방세환급금과 지방세환급가산금

제60조【지방세환급금의 충당과 환급】 ① 지방자치단체의 장은 납세자가 납부한 지방자치단체의 징수금 중 과오납한 금액이 있거나 「지방세법」에 따라 환급하여야 할 환급세액(지방세관계법에 따라 환급세액에서 공제하여야 할 세액이 있을 때에는 공제하고 남은 금액을 말한다)이 있을 때에는 즉시 그 오납액, 초과납부액 또는 환급세액을 지방세환급금으로 결정하여야 한다. 이 경우 착오납부, 이중납부로 인한 환급청구는 대통령령으로 정하는 바에 따른다.

② 지방자치단체의 장은 지방세환급금으로 결정한 금액을 대통령령으로 정하는 바에 따라 다음 각 호의 지방자치단체의 징수금에 충당하여야 한다. 다만, 제1호(「지방세징수법」 제22조제1항 각 호에 따른 납기 전 징수 사유에 해당하는 경우는 제외한다) 및 제3호의 지방세에 충당하는 경우에는 납세자의 동의가 있어야 한다.

1. 납세고지에 따라 납부하는 지방세

2. 체납액

3. 이 법 또는 지방세관계법에 따라 신고납부하는 지방세

③ 제2항제2호의 징수금에 충당하는 경우 체납액과 지방세환급금은 체납된 지방세의 법정납부기한과 대통령령으로 정하는 지방세환급금 발생일 중 늦은 때로 소급하여 같은 금액만큼 소멸한 것으로 본다.(2021.12.28 본항개정)

④ 납세자는 지방세관계법에 따라 환급받을 환급세액이 있는 경우에는 제2항제1호 및 제3호의 지방세에 충당할 것을 청구할 수 있다. 이 경우 충당된 세액의 충당 청구를 한 날에 그 지방세를 납부한 것으로 본다.

⑤ 지방세환급금 중 제2항에 따라 충당한 후 남은 금액은 지방세환급금의 결정을 한 날부터 지체 없이 납세자에게 환급하여야 한다.

⑥ 제5항에도 불구하고 지방세환급금 중 제2항에 따라 충당한 후 남은 금액이 10만원 이하이고, 지급결정을 한 날부터 6개월 이내에 환급이 이루어지지 아니하는 경우에는 대통령령으로 정하는 바에 따라 제2항제1호 및 제3호의 지방세에 충당할 수 있다. 이 경우 제2항 단서의 동의가 있는 것으로 본다.

⑦ 제5항 및 제6항에도 불구하고 지방세를 납부한 납세자가 사망한 경우로서 제2항에 따라 충당한 후 남은 금액이 10만원 이하이고, 지급결정을 한 날부터 6개월 이내에 환급이 이루어지지 아니한 경우에는 지방세환급금을 행정안전부령으로 정하는 주된 상속자에게 지급할 수 있다.(2017.7.26 본항개정)

⑧ 제5항에 따른 지방세환급금(제62조에 따른 지방세환급가산금을 포함한다)의 환급은 「지방재정법」 제7조에도 불구하고 환급하는 해의 수입금 중에서 환급한다.

⑨ 지방자치단체의 장이 지방세환급금의 결정이 취소됨에 따라 이미 충당되거나 지급된 금액의 반환을 청구할 때에는 「지방세징수법」에 따른 고지·독촉 및 체납처분을 준용한다.(2018.12.24 본항개정)

⑩ 제1항에도 불구하고 제55조제3항 본문에 해당하는 경우에는 제1항을 적용하지 아니한다.(2018.12.24 본항신설)

제61조【물납재산의 환급】 ① 납세자가 「지방세법」 제117조에 따라 재산세를 물납(物納)한 후 그 부과의 전부 또는 일부를 취소하거나 감액하는 경정결정에 따라 환급하는 경우에는 그 물납재산으로 환급하여야 한다. 다만, 그 물납재산이 매각되었거나 다른 용도로 사용되고 있는 경우 등 대통령령으로 정하는 경우에는 제60조를 준용한다.

② 제1항 본문에 따라 환급하는 경우에는 제62조를 적용하지 아니한다.

③ 물납재산을 수납할 때부터 환급할 때까지의 관리비용 부담 주체 등 물납재산의 환급에 관한 세부적인 사항은 대통령령으로 정한다.

제62조【지방세환급가산금】① 지방자치단체의 장은 지방세환급금을 제60조에 따라 충당하거나 지급할 때에는 대통령령으로 정하는 날부터 지방세환급금을 충당하는 날이나 지급결정을 하는 날까지의 기간과 금융회사의 예금이자율 등을 고려하여 대통령령으로 정하는 이율에 따라 계산한 금액(이하 "지방세환급가산금"이라 한다)을 지방세환급금에 가산하여야 한다.(2021.12.28 본항개정)

② 제60조제6항에 따라 지방세환급금을 지방세에 충당하는 경우 지방세환급가산금은 지급결정을 한 날까지 가산한다.

③ 제1항에도 불구하고 다음 각 호의 어느 하나에 해당하는 사유 없이 대통령령으로 정하는 고충민원의 처리에 따라 지방세환급금을 충당하거나 지급하는 경우에는 지방세환급가산금을 가산하지 아니한다.

1. 제50조에 따른 경정 등의 청구
2. 제7장에 따른 이의신청, 심판청구, 「감사원법」에 따른 심사청구나 「행정소송법」에 따른 소송에 대한 결정이나 판결
(2021.12.28 본항개정)

제63조【지방세환급금에 관한 권리의 양도】① 지방세환급금(지방세환급가산금을 포함한다. 이하 이 조에서 같다)에 관한 납세자의 권리는 대통령령으로 정하는 바에 따라 타인에게 양도할 수 있다.(2023.3.14 본항개정)

② 지방자치단체의 장은 지방세환급금에 관한 권리의 양도 요구가 있는 경우에 양도인 또는 양수인이 납부할 지방자치단체의 징수금이 있으면 그 지방자치단체의 징수금에 충당하고, 남은 금액에 대해서는 양도의 요구에 지체 없이 따라야 한다.(2023.3.14 본항신설)

제64조【지방세환급금의 소멸시효】① 지방세환급금과 지방세환급가산금에 관한 납세자의 권리는 행사할 수 있는 때부터 5년간 행사하지 아니하면 시효로 인하여 소멸한다.

② 제1항의 소멸시효에 관하여는 이 법 또는 지방세관계법에 별도의 규정이 있는 것을 제외하고는 「민법」을 따른다. 이 경우 지방세환급금 또는 지방세환급가산금과 관련된 과세처분의 취소 또는 무효확인 청구의 소 등 행정소송을 청구한 경우 그 시효의 중단에 관하여는 「민법」 제168조제1호에 따른 청구를 한 것으로 본다.

③ 제1항의 소멸시효는 지방자치단체의 장이 납세자의 지방세 환급청구를 촉구하기 위하여 납세자에게 하는 지방세 환급청구의 안내·통지 등으로 인하여 중단되지 아니한다.(2018.12.24 본항신설)

제2절 납세담보

제65조【담보의 종류】이 법 또는 지방세관계법에 따라 제공하는 담보(이하 "납세담보"라 한다)는 다음 각 호의 어느 하나에 해당하는 것이어야 한다.

1. 금전
2. 국채 또는 지방채
3. 지방자치단체의 장이 확실하다고 인정하는 유가증권
4. 납세보증보험증권
5. 지방자치단체의 장이 확실하다고 인정하는 보증인의 납세보증서
6. 토지
7. 보험에 든 등기되거나 등록된 건물·공장재단·광업재단·선박·항공기 또는 건설기계

제66조【담보의 평가】납세담보의 가액은 다음 각 호에 따른다.

1. 국채, 지방채 및 유가증권 : 대통령령으로 정하는 바에 따라 시가(時價)를 고려하여 결정한 가액
2. 납세보증보험증권 : 보험금액
3. 납세보증서 : 보증액
4. 토지, 주택, 주택 외 건축물, 선박, 항공기 및 건설기계 : 「지방세법」 제4조제1항 및 제2항에 따른 시가표준액
5. 공장재단 또는 광업재단 : 감정기관이나 그 재산의 감정평가에 관한 전문적 기술을 보유한 자의 평가액

제67조【담보의 제공방법】① 금전 또는 유가증권을 납세담보로 제공하려는 자는 이를 공탁하고 공탁영수증을 지방자치단체의 장에게 제출하여야 한다. 다만, 등록된 국채·지방채 또는 사채(社債)의 경우에는 담보 제공의 뜻을 등록하고 등록확인증을 제출하여야 한다.

② 납세보증보험증권 또는 납세보증서를 납세담보로 제공하려는 자는 그 보험증권 또는 보증서를 지방자치단체의 장에게 제출하여야 한다.

③ 토지, 주택, 주택 외 건물, 선박, 항공기, 건설기계 또는 공장재단·광업재단을 납세담보로 제공하려는 자는 등기필증, 등기완료통지서 또는 등록확인증을 지방자치단체의 장에게 제시하여야 하며, 지방자치단체의 장은 이에 따라 저당권 설정을 위한 등기 또는 등록의 절차를 밟아야 한다.

제68조【담보의 변경과 보충】① 납세담보를 제공한 자는 지방자치단체의 장의 승인을 받아 담보를 변경할 수 있다.

② 지방자치단체의 장은 납세담보물의 가액 또는 보증인의 지급능력 감소, 그 밖의 사유로 그 납세담보로써 지방자치단체의 징수금의 납부를 담보할 수 없다고 인정하면 담보를 제공한 자에게 담보물 추가제공 또는 보증인 변경을 요구할 수 있다.

제69조【담보에 의한 납부와 징수】① 납세담보로 금전을 제공한 자는 그 금전으로 담보한 지방자치단체의 징수금을 납부할 수 있다.

② 지방자치단체의 장은 납세담보를 제공받은 지방자치단체의 징수금이 담보의 기간에 납부되지 아니하면 대통령령으로 정하는 바에 따라 그 담보로써 그 지방자치단체의 징수금을 징수한다.

제70조【담보의 해제】지방자치단체의 장은 납세담보를 제공받은 지방자치단체의 징수금이 납부되면 지체 없이 담보 해제 절차를 밟아야 한다.

제5장 지방세와 다른 채권의 관계

제71조【지방세의 우선 징수】① 지방자치단체의 징수금은 다른 공과금과 그 밖의 채권에 우선하여 징수한다. 다만, 다음 각 호의 어느 하나에 해당하는 공과금과 그 밖의 채권에 대해서는 우선 징수하지 아니한다.

1. 국세 또는 공과금의 체납처분을 하여 그 체납처분 금액에서 지방자치단체의 징수금을 징수하는 경우의 그 국세 또는 공과금의 체납처분비
2. 강제집행·경매 또는 파산절차에 따라 재산을 매각하여 그 매각금액에서 지방자치단체의 징수금을 징수하는 경우의 해당 강제집행·경매 또는 파산절차에 든 비용
3. 다음 각 목의 어느 하나에 해당하는 기일(이하 "법정기일"이라 한다) 전에 전세권·질권·저당권의 설정을 등기·등록한 사실 또는 「주택임대차보호법」 제3조의2제2항 또는 「상가건물 임대차보호법」 제5조제2항에 따른 대항요건과 임대차계약증서상의 확정일자(確定日字)를 갖춘 사실이 대통령령으로 정하는 바에 따라 증명되는 재산을 매각하여 그 매각금액에서 지방세(그 재산에 대하여 부과된 지방세는 제외한다)를

징수하는 경우의 그 전세권·질권·저당권에 따라 담보된 채권, 등기 또는 확정일자를 갖춘 임대차계약 증서상의 보증금(2020.12.29 본문개정)

가. 과세표준과 세액의 신고에 의하여 납세의무가 확정되는 지방세의 경우 신고한 해당 세액에 대해서는 그 신고일

나. 과세표준과 세액을 지방자치단체가 결정 또는 경정하는 경우에 고지한 해당 세액(제55조제1항제3호·제4호에 따른 납부지연가산세 및 제56조제1항제3호에 따른 특별징수 납부지연가산세를 포함한다)에 대해서는 납세고지서의 발송일(2020.12.29 본목개정)

다. 특별징수의무자로부터 징수하는 지방세의 경우에는 가목 및 나목의 기일과 관계없이 그 납세의무의 확정일

라. 양도담보재산 또는 제2차 납세의무자의 재산에서 지방세를 징수하는 경우에는 납부통지서의 발송일

마. 「지방세징수법」 제33조제2항에 따라 납세자의 재산을 압류한 경우에 그 압류와 관련하여 확정된 세액에 대해서는 가목부터 라목까지의 기일과 관계없이 그 압류등기일 또는 등록일

바. (2020.12.29 삭제)

4. 「주택임대차보호법」 제8조 또는 「상가건물 임대차보호법」 제14조가 적용되는 임대차관계에 있는 주택 또는 건물을 매각하여 그 매각금액에서 지방세를 징수하는 경우에는 임대차에 관한 보증금 중 일정액으로서 각 규정에 따라 임차인이 우선하여 변제받을 수 있는 금액에 관한 채권(2020.12.29 본호개정)

5. 사용자의 재산을 매각하거나 추심하여 그 매각금액 또는 추심금액에서 지방세를 징수하는 경우에는 「근로기준법」 제38조제2항 및 「근로자퇴직급여 보장법」 제12조제2항에 따라 지방세에 우선하여 변제되는 임금, 퇴직금, 재해보상금(2020.12.29 본호개정)

② 납세의무자를 등기의무자로 하고 채무불이행을 정지조건으로 하는 대물변제의 예약(豫約)을 근거로 하여 권리이전의 청구권 보전(保全)을 위한 가등기(가등록을 포함한다. 이하 같다)와 그 밖에 이와 유사한 담보의 목적으로 된 가등기가 되어 있는 재산을 압류하는 경우에 그 가등기를 근거로 한 본등기가 압류 후에 되었을 때에는 그 가등기의 권리자는 그 재산에 대한 체납처분에 대하여 그 가등기를 근거로 한 권리를 주장할 수 없다. 다만, 지방세(그 재산에 대하여 부과된 지방세는 제외한다)의 법정기일 전에 가등기된 재산에 대해서는 그 권리를 주장할 수 있다.(2020.12.29 단서개정)

③ 지방자치단체의 장은 제2항에 따른 가등기 재산을 압류하거나 공매할 때에는 가등기권리자에게 지체 없이 알려야 한다.

④ 지방자치단체의 장은 납세자가 제3자와 짜고 거짓으로 그 재산에 대하여 제1항제3호에 따른 임대차계약, 전세권·질권 또는 저당권의 설정계약, 제2항에 따른 가등기설정계약 또는 제75조에 따른 양도담보설정계약을 하고 확정일자를 갖추거나 등기 또는 등록 등을 하여, 그 재산의 매각금액으로 지방세의 징수금을 징수하기 어렵다고 인정하면 그 행위의 취소를 법원에 청구할 수 있다. 이 경우 납세자가 지방세의 법정기일 전 1년 내에 그의 특수관계인 중 대통령령으로 정하는 자와 「주택임대차보호법」 또는 「상가건물 임대차보호법」에 따른 임대차계약, 전세권·질권 또는 저당권의 설정계약, 가등기설정계약 또는 양도담보설정계약을 한 경우에는 상대방과 짜고 한 거짓계약으로 추정한다.

⑤ 제1항제3호 각 목 외의 부분 및 제2항 단서에 따른 그 재산에 대하여 부과된 지방세는 다음 각 호와 같다. (2023.5.4 본문개정)

1. 재산세
2. 자동차세(자동차 소유에 대한 자동차세만 해당한다)
3. 지역자원시설세(소방분에 대한 지역자원시설세만 해당한다)
4. 지방교육세(재산세와 자동차세에 부가되는 지방교육세만 해당한다)
(2023.5.4 1호~4호신설)

⑥ 제1항제3호 각 목 외의 부분 및 제2항 단서에도 불구하고 「주택임대차보호법」 제3조의2제2항에 따라 대항요건과 확정일자를 갖춘 임차권에 의하여 담보된 보증금반환채권 또는 같은 법 제2조에 따른 주거용 건물에 설정된 전세권에 의하여 담보된 채권(이하 이 항에서 "임대차보증금반환채권등"이라 한다)은 해당 임차권 또는 전세권이 설정된 재산이 지방세의 체납처분 또는 경매·공매 절차를 통하여 매각되어 그 매각금액에서 지방세를 징수하는 경우 그 확정일자 또는 설정일보다 법정기일이 늦은 해당 재산에 대하여 부과된 제5항제1호, 제3호 및 제4호(재산세에 부가되는 지방교육세만 해당한다)에 해당하는 지방세(이하 이 조에서 "재산세등"이라 한다)의 우선 징수 순서에 대신하여 변제될 수 있다. 이 경우 대신 변제되는 금액은 우선 징수할 수 있었던 해당 재산에 대하여 부과된 재산세등의 징수액에 한정하며, 임대차보증금반환채권등보다 우선 변제되는 저당권 등의 변제액과 제1항제3호 각 목 외의 부분 및 제2항 단서에 따라 해당 재산에 대하여 부과된 재산세등을 징수하는 경우에 배분받을 수 있었던 임대차보증금반환채권등의 변제액에는 영향을 미치지 아니한다.(2023.5.4 본항신설)

제72조 【직접 체납처분비의 우선】 지방자치단체의 징수금 체납으로 인하여 납세자의 재산에 대한 체납처분을 하였을 경우에 그 체납처분비는 제71조제1항제3호 및 제74조에도 불구하고 다른 지방자치단체의 징수금과 국세 및 그 밖의 채권에 우선하여 징수한다.

제73조 【압류에 의한 우선】 ① 지방자치단체의 징수금의 체납처분에 의하여 납세자의 재산을 압류한 후 다른 지방자치단체의 징수금 또는 국세의 교부청구가 있으면 압류에 관계되는 지방자치단체의 징수금은 교부청구한 다른 지방자치단체의 징수금 또는 국세에 우선하여 징수한다.

② 다른 지방자치단체의 징수금 또는 국세의 체납처분에 의하여 납세자의 재산을 압류한 후 지방자치단체의 징수금 교부청구가 있으면 교부청구한 지방자치단체의 징수금은 압류에 관계되는 지방자치단체의 징수금 또는 국세의 다음으로 징수한다.

제74조 【담보가 있는 지방세의 우선】 납세담보가 되어 있는 재산을 매각하였을 때에는 제73조에도 불구하고 해당 지방자치단체에서 다른 지방자치단체의 징수금과 국세에 우선하여 징수한다.

제75조 【양도담보권자 등의 물적 납세의무】 ① 납세자가 지방자치단체의 징수금을 체납한 경우에 그 납세자에게 양도담보재산이 있을 때에는 그 납세자의 다른 재산에 대하여 체납처분을 집행하고도 징수할 금액이 부족한 경우에만 그 양도담보재산으로써 납세자에 대한 지방자치단체의 징수금을 징수할 수 있다. 다만, 지방자치단체의 징수금의 법정기일 전에 담보의 대상이 된 양도담보재산에 대해서는 지방자치단체의 징수금을 징수할 수 없다.

② 제1항에 따른 양도담보재산은 당사자 간의 양도담보설정계약에 따라 납세자가 양도한 재산으로서 실질적으로 양도인에 대한 채권담보의 대상이 된 재산으로 한다.

③ 납세자가 종중(宗中)인 경우로서 지방자치단체의 징수금을 체납한 경우에 그 납세자에게 「부동산 실권리자명의 등기에 관한 법률」 제8조제1호에 따라 종중

외의 자에게 명의신탁한 재산이 있을 때에는 그 납세자의 다른 재산에 대하여 체납처분을 집행하고도 징수할 금액이 부족한 경우에만 그 명의신탁한 재산으로써 납세자에 대한 지방자치단체의 징수금을 징수할 수 있다.(2020.12.29 본항신설)
(2020.12.29 본조제목개정)

제6장 납세자의 권리

제76조【납세자권리헌장의 제정 및 교부】① 지방자치단체의 장은 제78조부터 제87조까지의 사항과 그 밖에 납세자의 권리보호에 관한 사항을 포함하는 납세자권리헌장을 제정하여 고시하여야 한다.
② 세무공무원은 다음 각 호의 어느 하나에 해당하는 경우에는 제1항에 따른 납세자권리헌장의 내용이 수록된 문서를 납세자에게 내주어야 한다.
1. 제102조부터 제109조까지의 규정에 따른 지방세에 관한 범칙사건(이하 "범칙사건"이라 한다)을 조사(이하 "범칙사건조사"라 한다)하는 경우
2. 세무조사를 하는 경우(2019.12.31 본호개정)
③ 세무공무원은 범칙사건조사나 세무조사를 시작할 때 신분을 증명하는 증표를 납세자 또는 관계인에게 제시한 후 납세자권리헌장을 교부하고 그 요지를 직접 낭독해 주어야 하며, 조사사유, 조사기간, 제77조제2항에 따른 납세자보호관(이하 "납세자보호관"이라 한다)의 납세자 권리보호 업무에 관한 사항·절차 및 권리구제 절차 등을 설명하여야 한다.(2018.12.24 본항신설)
④ 세무공무원은 범칙사건조사나 세무조사를 서면으로 하는 경우에는 제3항에 따라 낭독해 주어야 하는 납세자권리헌장의 요지와 설명하여야 하는 사항을 납세자 또는 관계인에 서면으로 알려주어야 한다.
(2018.12.24 본항신설)
제77조【납세자 권리보호】① 지방자치단체의 장은 직무를 수행할 때 납세자의 권리가 보호되고 실현될 수 있도록 하여야 한다.
② 지방자치단체의 장은 납세자보호관을 배치하여 지방세 관련 고충민원의 처리, 세무상담 등 대통령령으로 정하는 납세자 권리보호업무를 전담하여 수행하게 하여야 한다.
③ 납세자보호관의 자격·권한 등 제도의 운영에 필요한 사항은 대통령령으로 정한다.(2018.12.24 본항개정)
(2017.12.26 본조개정)
제78조【납세자의 성실성 추정】세무공무원은 납세자가 제82조제2항제1호부터 제3호까지, 제5호 및 제6호 중 어느 하나에 해당하는 경우를 제외하고는 납세자가 성실하며 납세자가 제출한 서류 등이 진실한 것이라고 추정하여야 한다.(2021.12.28 본조개정)
제79조【납세자의 협력의무】납세자는 세무공무원의 적법한 질문·조사, 제출명령에 대하여 성실하게 협력하여야 한다.
제80조【조사권의 남용 금지】① 지방자치단체의 장은 적절하고 공평한 과세의 실현을 위하여 필요한 최소한의 범위에서 세무조사를 하여야 하며, 다른 목적 등을 위하여 조사권을 남용하여서는 아니 된다.
② 지방자치단체의 장은 다음 각 호의 경우가 아니면 같은 세목 및 같은 과세연도에 대하여 재조사를 할 수 없다.
1. 지방세 탈루의 혐의를 인정할 만한 명백한 자료가 있는 경우
2. 거래상대방에 대한 조사가 필요한 경우
3. 둘 이상의 사업연도와 관련하여 잘못이 있는 경우
4. 제88조제5항제2호 단서, 제96조제1항제3호 단서 또는 제100조에 따라 심판청구에 관하여 준용하는 「국세기본법」 제65조제1항제3호 단서에 따른 필요한 처

분의 결정에 따라 조사를 하는 경우(2019.12.31 본호개정)
5. 납세자가 세무공무원에게 직무와 관련하여 금품을 제공하거나 금품제공을 알선한 경우(2018.12.24 본호신설)
6. 제84조의3제3항에 따른 조사를 실시한 후 해당 조사에 포함되지 아니한 부분에 대하여 조사하는 경우(2019.12.31 본호신설)
7. 그 밖에 제1호부터 제6호까지의 경우와 유사한 경우로서 대통령령으로 정하는 경우(2019.12.31 본호개정)
③ 세무공무원은 세무조사를 하기 위하여 필요한 최소한의 범위에서 장부등의 제출을 요구하여야 하며, 조사대상 세목 및 과세연도의 과세표준과 세액의 계산과 관련 없는 장부등의 제출을 요구해서는 아니 된다.
(2019.12.31 본항신설)
④ 누구든지 세무공무원으로 하여금 법령을 위반하게 하거나 지위 또는 권한을 남용하게 하는 등 공정한 세무조사를 저해하는 행위를 하여서는 아니 된다.
제80조의2【세무조사 범위 확대의 제한】① 세무공무원은 구체적인 세금탈루 혐의가 여러 과세기간 또는 다른 세목까지 관련되는 것으로 확인되는 경우 등 대통령령으로 정하는 경우를 제외하고는 조사진행 중 세무조사의 범위를 확대할 수 없다.
② 세무공무원은 제1항에 따라 세무조사의 범위를 확대하는 경우에는 그 사유와 범위를 납세자에게 문서로 통지하여야 한다.
(2023.3.14 본조신설)
제81조【세무조사 등에 따른 도움을 받을 권리】납세자는 범칙사건조사 및 세무조사를 받는 경우에 변호사, 공인회계사, 세무사로 하여금 조사에 참석하게 하거나 의견을 진술하게 할 수 있다.
제82조【세무조사 대상자 선정】① 지방자치단체의 장은 다음 각 호의 어느 하나에 해당하는 경우에 정기적으로 신고의 적정성을 검증하기 위하여 대상을 선정(이하 "정기선정"이라 한다)하여 세무조사를 할 수 있다. 이 경우 지방자치단체의 장은 제147조제1항에 따른 지방세심의위원회의 심의를 거쳐 객관적 기준에 따라 공정하게 대상을 선정하여야 한다.(2019.12.31 후단개정)
1. 지방자치단체의 장이 납세자의 신고내용에 대한 성실도 분석결과 불성실의 혐의가 있다고 인정하는 경우
2. 최근 4년 이상 지방세와 관련한 세무조사를 받지 아니한 납세자에 대하여 업종, 규모 등을 고려하여 대통령령으로 정하는 바에 따라 신고내용이 적절한지를 검증할 필요가 있는 경우
3. 무작위추출방식으로 표본조사를 하려는 경우
② 지방자치단체의 장은 정기선정에 의한 조사 외에 다음 각 호의 어느 하나에 해당하는 경우에는 세무조사를 할 수 있다.
1. 납세자가 이 법 또는 지방세관계법에서 정하는 신고·납부, 담배의 제조·수입 등에 관한 장부의 기록 및 보관 등 납세협력의무를 이행하지 아니한 경우
2. 납세자에 대한 구체적인 탈세 제보가 있는 경우
3. 신고내용에 탈루나 오류의 혐의를 인정할 만한 명백한 자료가 있는 경우
4. 납세자가 세무조사를 신청하는 경우
5. 무자료거래, 위장·가공거래 등 거래 내용이 사실과 다른 혐의가 있는 경우(2021.12.28 본호신설)
6. 납세자가 세무공무원에게 직무와 관련하여 금품을 제공하거나 금품제공을 알선한 경우(2021.12.28 본호신설)
제83조【세무조사의 통지와 연기신청 등】① 세무공무원은 지방세에 관한 세무조사를 하는 경우에는 조사를 받을 납세자(제139조에 따른 납세관리인이 정해져 있는 경우에는 납세관리인을 포함한다. 이하 이 조에서

같다)에게 조사를 시작하기 15일 전까지 조사대상 세목, 조사기간, 조사 사유 및 그 밖에 대통령령으로 정하는 사항을 알려야 한다. 다만, 사전에 알릴 경우 증거인멸 등으로 세무조사의 목적을 달성할 수 없다고 인정되는 경우에는 사전통지를 생략할 수 있다. (2017.12.26 본문개정)

② 제1항에 따른 통지를 받은 납세자는 천재지변이나 그 밖에 대통령령으로 정하는 사유로 조사를 받기 곤란한 경우에는 대통령령으로 정하는 바에 따라 지방자치단체의 장에게 조사를 연기해 줄 것을 신청할 수 있다.

③ 제2항에 따른 연기신청을 받은 지방자치단체의 장은 연기신청의 승인 여부를 결정하고 조사를 시작하기 전까지 그 결과(연기 결정 시 연기한 기간을 포함한다)를 납세자에게 알려야 한다.(2023.3.14 본항개정)

④ 지방자치단체의 장은 다음 각 호의 어느 하나에 해당하는 사유가 있는 경우에는 제3항에 따라 연기한 기간이 만료되기 전에 조사를 시작할 수 있다.
1. 제2항에 따른 연기 사유가 소멸한 경우
2. 조세채권을 확보하기 위하여 조사를 긴급히 시작할 필요가 있다고 인정되는 경우
(2023.3.14 본항신설)

⑤ 지방자치단체의 장은 제4항제1호의 사유로 조사를 시작하려는 경우에는 조사를 시작하기 5일 전까지 조사를 받을 납세자에게 연기 사유가 소멸한 사실과 조사기간을 통지하여야 한다.(2023.3.14 본항신설)

⑥ 세무공무원은 제1항 단서에 따라 사전통지를 생략하고 세무조사를 시작하거나 제4항제2호의 사유로 세무조사를 시작할 때 다음 각 호의 구분에 따른 사항이 포함된 세무조사통지서를 세무조사를 받을 납세자에게 교부하여야 한다. 다만, 폐업 등 대통령령으로 정하는 경우에는 그러하지 아니하다.
1. 제1항 단서에 따라 사전통지를 생략하고 세무조사를 시작하는 경우 : 다음 각 목의 사항
   가. 사전통지 사항
   나. 사전통지를 하지 아니한 사유
   다. 그 밖에 세무조사의 시작과 관련된 사항으로서 대통령령으로 정하는 사항
2. 제4항제2호의 사유로 세무조사를 시작하는 경우 : 조사를 긴급히 시작하여야 하는 사유
(2023.3.14 본항개정)
(2023.3.14 본조제목개정)

제84조 【세무조사 기간】 ① 지방자치단체의 장은 조사대상 세목·업종·규모, 조사 난이도 등을 고려하여 세무조사 기간을 20일 이내로 하여야 한다. 다만, 다음 각 호의 어느 하나에 해당하는 사유가 있는 경우에는 그 사유가 해소되는 날부터 20일 이내로 세무조사 기간을 연장할 수 있다.
1. 납세자가 장부등의 은닉, 제출지연, 제출거부 등 조사를 기피하는 행위가 명백한 경우(2019.12.31 본호개정)
2. 거래처 조사, 거래처 현지 확인 또는 금융거래 현지 확인이 필요한 경우
3. 지방세 탈루 혐의가 포착되거나 조사 과정에서 범칙사건조사로 조사 유형이 전환되는 경우
4. 천재지변, 노동쟁의로 조사가 중단되는 등 지방자치단체의 장이 정하는 사유에 해당하는 경우
5. 세무조사 대상자가 세금 탈루 혐의에 대한 해명을 위하여 세무조사 기간의 연장을 신청한 경우(2017.12.26 본호신설)
6. 납세자보호관이 세무조사 대상자의 세금 탈루 혐의의 해명과 관련하여 추가적인 사실 확인이 필요하다고 인정하는 경우(2018.12.24 본호신설)

② 지방자치단체의 장은 납세자가 자료의 제출을 지연하는 등 대통령령으로 정하는 사유로 세무조사를 진행하기 어려운 경우에는 세무조사를 중지할 수 있다. 이

경우 그 중지기간은 제1항에 따른 세무조사 기간 및 세무조사 연장기간에 산입하지 아니한다.

③ 세무공무원은 제2항에 따른 세무조사의 중지기간 중에는 납세자에 대하여 세무조사와 관련한 질문을 하거나 장부등의 검사·조사 또는 그 제출을 요구할 수 없다.(2019.12.31 본항개정)

④ 지방자치단체의 장은 제2항에 따라 세무조사를 중지한 경우에는 그 중지사유가 소멸되면 즉시 조사를 재개하여야 한다. 다만, 조세채권의 확보 등 긴급히 조사를 재개하여야 할 필요가 있는 경우에는 중지사유가 소멸되기 전이라도 세무조사를 재개할 수 있다.

⑤ 지방자치단체의 장은 제1항 단서에 따라 세무조사 기간을 연장할 때에는 연장사유와 그 기간을 미리 납세자(제139조에 따른 납세관리인이 정해져 있는 경우에는 납세관리인을 포함한다)에게 문서로 통지하여야 하고, 제2항 또는 제4항에 따라 세무조사를 중지하거나 재개하는 경우에는 그 사유를 문서로 통지하여야 한다. (2018.12.24 본항개정)

⑥ 지방자치단체의 장은 세무조사 기간을 단축하기 위하여 노력하여야 하며, 장부기록 및 회계처리의 투명성 등 납세성실도를 검토하여 더 이상 조사할 사항이 없다고 판단될 때에는 조사기간 종료 전이라도 조사를 조기에 종결할 수 있다.

제84조의2 【장부등의 보관 금지】 ① 세무공무원은 세무조사(범칙사건조사를 포함한다. 이하 이 조에서 같다)의 목적으로 납세자의 장부등을 지방자치단체에 임의로 보관할 수 없다.

② 제1항에도 불구하고 세무공무원은 제82조제2항 각 호의 어느 하나의 사유에 해당하는 경우에는 조사 목적에 필요한 최소한의 범위에서 납세자, 소지자 또는 보관자 등 정당한 권한이 있는 자가 임의로 제출한 장부등을 납세자의 동의를 받아 지방자치단체에 일시 보관할 수 있다.

③ 세무공무원은 제2항에 따라 납세자의 장부등을 지방자치단체에 일시 보관하려는 경우 납세자로부터 일시 보관 동의서를 받아야 하며, 일시 보관증을 교부하여야 한다.

④ 세무공무원은 제2항에 따라 일시 보관하고 있는 장부등에 대하여 납세자가 반환을 요청한 경우에는 그 반환을 요청한 날부터 14일 이내에 장부등을 반환하여야 한다. 다만, 조사목적을 달성하기 위하여 필요한 경우에는 납세자보호관의 승인을 거쳐 한 차례만 14일 이내의 범위에서 보관 기간을 연장할 수 있다.

⑤ 제4항에도 불구하고 세무공무원은 납세자가 제2항에 따라 일시 보관하고 있는 장부등의 반환을 요청한 경우로서 세무조사에 지장이 없다고 판단될 때에는 요청한 장부등을 즉시 반환하여야 한다.

⑥ 제4항 및 제5항에 따라 납세자에게 장부등을 반환하는 경우 세무공무원은 장부등의 사본을 보관할 수 있고, 그 사본이 원본과 다름없다는 사실을 확인하는 납세자의 서명 또는 날인을 요구할 수 있다.

⑦ 제1항부터 제6항까지에서 규정한 사항 외에 장부등의 일시 보관 방법 및 절차 등에 관하여 필요한 사항은 대통령령으로 정한다.
(2019.12.31 본조신설)

제84조의3 【통합조사의 원칙】 ① 세무조사는 이 법 및 지방세관계법에 따라 납세자가 납부하여야 하는 모든 지방세 세목을 통합하여 실시하는 것을 원칙으로 한다.

② 제1항에도 불구하고 다음 각 호의 어느 하나에 해당하는 경우에는 특정한 세목만을 조사할 수 있다.
1. 세목의 특성, 납세자의 신고유형, 사업규모 또는 세금탈루 혐의 등을 고려하여 특정 세목만을 조사할 필요가 있는 경우

2. 조세채권의 확보 등을 위하여 특정 세목만을 긴급히 조사할 필요가 있는 경우
3. 그 밖에 세무조사의 효율성 및 납세자의 편의 등을 고려하여 특정 세목만을 조사할 필요가 있는 경우로서 대통령령으로 정하는 경우
③ 제1항 및 제2항에도 불구하고 다음 각 호의 어느 하나에 해당하는 경우에는 해당 호의 사항에 대한 확인을 위하여 필요한 부분에 한정한 조사를 실시할 수 있다.
1. 제50조제3항에 따른 경정 등의 청구에 따른 처리, 제58조에 따른 부과취소 및 변경 또는 제60조제1항에 따른 지방세환급금의 결정을 위하여 확인이 필요한 경우
2. 제88조제5항제2호 단서, 제96조제1항제3호 단서 또는 제100조에 따라 심판청구에 관하여 준용하는 「국세기본법」제65조제1항제3호 단서에 따른 재조사 결정에 따라 사실관계의 확인이 필요한 경우
3. 거래상대방에 대한 세무조사 중에 거래 일부의 확인이 필요한 경우
4. 납세자에 대한 구체적인 탈세 제보가 있는 경우로서 해당 탈세 혐의에 대한 확인이 필요한 경우
5. 명의위장, 차명계좌의 이용을 통하여 세금을 탈루한 혐의에 대한 확인이 필요한 경우
6. 그 밖에 세무조사의 효율성 및 납세자의 편의 등을 고려하여 특정 사업장, 특정 항목 또는 특정 거래에 대한 조사가 필요한 경우로서 대통령령으로 정하는 경우
(2019.12.31 본조신설)
제85조【세무조사 등의 결과 통지】① 세무공무원은 범칙사건조사 및 세무조사(서면조사를 포함한다)를 마친 날부터 20일(제33조제1항 각 호의 어느 하나에 해당하는 경우에는 40일) 이내에 다음 각 호의 사항이 포함된 조사결과를 서면으로 납세자(제139조에 따른 납세관리인이 정해져 있는 경우에는 납세관리인을 포함한다. 이하 이 조에서 같다)에게 알려야 한다. 다만, 조사결과를 통지하기 곤란한 경우로서 대통령령으로 정하는 경우에는 결과 통지를 생략할 수 있다.
(2020.12.29 본문개정)
1. 세무조사 내용
2. 결정 또는 경정할 과세표준, 세액 및 산출근거
3. 그 밖에 대통령령으로 정하는 사항
(2018.12.24 1호~3호신설)
② 세무공무원은 제1항에도 불구하고 다음 각 호의 어느 하나에 해당하는 사유로 제1항에 따른 기간 이내에 조사결과를 통지할 수 없는 부분이 있는 경우에는 납세자의 동의를 얻어 그 부분을 제외한 조사결과를 납세자에게 설명하고, 이를 서면으로 통지할 수 있다.
1. 「국제조세조정에 관한 법률」및 조세조약에 따른 국외자료의 수집·제출 또는 상호합의절차 개시에 따라 외국 과세기관과의 협의가 진행 중인 경우
2. 해당 세무조사와 관련하여 지방세관계법의 해석 또는 사실관계 확정을 위하여 행정안전부장관에 대한 질의 절차가 진행 중인 경우
(2020.12.29 본항신설)
③ 제2항 각 호에 해당하는 사유가 해소된 때에는 그 사유가 해소된 날부터 20일(제33조제1항 각 호의 어느 하나에 해당하는 경우에는 40일) 이내에 제2항에 따라 통지한 부분 외에 대한 조사결과를 납세자에게 설명하고, 이를 서면으로 통지하여야 한다.(2020.12.29 본항신설)
제85조의2【세무조사의 절차 등】제76조부터 제80조까지, 제80조의2, 제81조부터 제84조까지, 제84조의2, 제84조의3 및 제85조에서 정한 사항 외에 세무조사(범칙사건조사를 포함한다)에 공통적으로 적용하여야 할 사항·절차 등에 대해서는 행정안전부장관이 별도로 정할 수 있다.(2023.5.4 본조신설)

제86조【비밀유지】① 세무공무원은 납세자가 이 법 또는 지방세관계법에서 정한 납세의무를 이행하기 위하여 제출한 자료나 지방세의 부과 또는 징수를 목적으로 업무상 취득한 자료 등(이하 "과세정보"라 한다)을 다른 사람에게 제공 또는 누설하거나 목적 외의 용도로 사용해서는 아니 된다. 다만, 다음 각 호의 어느 하나에 해당하는 경우에는 그 사용 목적에 맞는 범위에서 납세자의 과세정보를 제공할 수 있다.
1. 국가기관이 조세의 부과 또는 징수의 목적에 사용하기 위하여 과세정보를 요구하는 경우
2. 국가기관이 조세쟁송을 하거나 조세범을 소추(訴追)할 목적으로 과세정보를 요구하는 경우
3. 법원의 제출명령 또는 법관이 발급한 영장에 의하여 과세정보를 요구하는 경우
4. 지방자치단체 상호 간 또는 지방자치단체와 지방세조합 간에 지방세의 부과·징수, 조세의 불복·쟁송, 조세범 소추, 범칙사건조사·세무조사·질문·검사, 체납확인, 체납처분 또는 지방세 정책의 수립·평가·연구에 필요한 과세정보를 요구하는 경우
5. 행정안전부장관이 제135조제2항 각 호, 제150조제2항 및 「지방세징수법」제11조제4항에 따른 업무 또는 지방세 정책의 수립·평가·연구에 관한 업무를 처리하기 위하여 과세정보를 요구하는 경우
(2020.12.29 4호~5호개정)
6. 통계청장이 국가통계 작성 목적으로 과세정보를 요구하는 경우
7. 「사회보장기본법」제3조제2호에 따른 사회보험의 운영을 목적으로 설립된 기관이 관련 법률에 따른 소관 업무의 수행을 위하여 과세정보를 요구하는 경우
8. 국가기관, 지방자치단체 및 「공공기관의 운영에 관한 법률」에 따른 공공기관이 급부·지원 등을 위한 자격심사에 필요한 과세정보를 당사자의 동의를 받아 요구하는 경우
9. 지방세조합장이 「지방세징수법」제8조, 제9조, 제11조 및 제71조제5항에 따른 업무를 처리하기 위하여 과세정보를 요구하는 경우(2020.12.29 본호신설)
10. 그 밖에 다른 법률에 따라 과세정보를 요구하는 경우
② 제1항제1호·제2호·제4호(제135조제2항에 따라 지방세통합정보통신망을 이용하여 다른 지방자치단체의 장에게 과세정보를 요구하는 경우는 제외한다) 및 제6호부터 제10호까지의 경우에 과세정보의 제공을 요구하는 자는 다음 각 호의 사항을 기재한 문서로 해당 지방자치단체의 장 또는 지방세조합장에게 요구하여야 한다.(2020.12.29 본문개정)
1. 납세자의 인적사항
2. 사용목적
3. 요구하는 정보의 내용
③ 세무공무원은 제1항 또는 제2항을 위반한 과세정보 제공을 요구받으면 거부하여야 한다.
④ 제1항 단서에 따라 과세정보를 알게 된 자(이 항 단서에 따라 행정안전부장관으로부터 과세정보를 제공받아 알게 된 자를 포함한다)는 이를 다른 사람에게 제공 또는 누설하거나 그 사용 목적 외의 용도로 사용해서는 아니 된다. 다만, 행정안전부장관이 제1항제5호에 따라 알게 된 과세정보를 제135조제2항에 따라 지방세통합정보통신망을 이용하여 제공하는 경우에는 그러하지 아니하다.(2019.12.31 단서개정)
⑤ 세무공무원(지방자치단체의 장 또는 행정안전부장관을 포함한다)은 제1항제4호 또는 제5호에 따라 지방세 정책의 수립·평가·연구를 목적으로 과세정보를 이용하려는 자가 과세정보의 일부의 제공을 요구하는 경우에는 그 사용 목적에 맞는 범위에서 개별 납세자의 과세정보를 직접적 또는 간접적 방법으로 확인할

수 없는 상태로 가공하여 제공하여야 한다.
(2020.12.29 본항신설)
⑥ 이 조에 따라 과세정보를 제공받아 알게 된 사람 중 공무원이 아닌 사람은 「형법」이나 그 밖의 법률에 따른 벌칙을 적용할 때에는 공무원으로 본다.

제87조【납세자 권리 행사에 필요한 정보의 제공】① 세무공무원은 납세자(세무사 등 납세자로부터 세무업무를 위임받은 자를 포함한다)가 본인의 권리 행사에 필요한 정보를 요구하면 신속하게 정보를 제공하여야 한다.
② 제1항에 따라 제공하는 정보의 범위와 수임대상자 등 필요한 사항은 대통령령으로 정한다.

제88조【과세전적부심사】① 지방자치단체의 장은 다음 각 호의 어느 하나에 해당하는 경우에는 미리 납세자에게 그 내용을 서면으로 통지(이하 이 조에서 "과세예고통지"라 한다)하여야 한다.
1. 지방세 업무에 대한 감사나 지도·점검 결과 등에 따라 과세하는 경우. 다만, 제150조, 「감사원법」 제33조, 「지방자치법」 제188조 및 제190조에 따른 시정요구에 따라 과세처분하는 경우로서 시정요구 전에 과세처분 대상자가 지적사항에 대한 소명안내를 받은 경우는 제외한다.(2021.1.12 단서개정)
2. 세무조사에서 확인된 해당 납세자 외의 자에 대한 과세자료 및 현지 확인조사에 따라 과세하는 경우
3. 비과세 또는 감면 신청을 반려하여 과세하는 경우(「지방세법」에서 정한 납기에 따라 납세고지하는 경우는 제외한다)(2020.12.29 본호신설)
4. 비과세 또는 감면한 세액을 추징하는 경우 (2020.12.29 본호신설)
5. 납세고지하려는 세액이 30만원 이상인 경우(「지방세법」에서 정한 납기에 따라 납세고지하는 경우 등 대통령령으로 정하는 사유에 따라 과세하는 경우는 제외한다)(2020.12.29 본호개정)
(2019.12.31 본항신설)
② 다음 각 호의 어느 하나에 해당하는 통지를 받은 자는 통지받은 날부터 30일 이내에 지방자치단체의 장에게 통지내용의 적법성에 관한 심사(이하 "과세전적부심사"라 한다)를 청구할 수 있다.
1. 세무조사결과에 대한 서면 통지
2. 제1항 각 호에 따른 과세예고통지(2019.12.31 본호개정)
3. (2020.12.29 삭제)
③ 다음 각 호의 어느 하나에 해당하는 경우에는 제2항을 적용하지 아니한다.(2019.12.31 본문개정)
1. (2020.12.29 삭제)
2. 범칙사건조사를 하는 경우
3. 세무조사결과 통지 및 과세예고통지를 하는 날부터 지방세 부과 제척기간의 만료일까지의 기간이 3개월 이하인 경우(2019.12.31 본호개정)
4. 그 밖에 법령과 관련하여 유권해석을 변경하여야 하거나 새로운 해석이 필요한 경우 등 대통령령으로 정하는 경우
④ 과세전적부심사청구를 받은 지방자치단체의 장은 제147조제1항에 따른 지방세심의위원회의 심사를 거쳐 제5항에 따른 결정을 하고 그 결과를 청구받은 날부터 30일 이내에 청구인에게 알려야 한다. 이 경우 대통령령으로 정하는 사유가 있으면 30일의 범위에서 1회에 한정하여 심사기간을 연장할 수 있다.(2019.12.31 전단개정)
⑤ 과세전적부심사청구에 대한 결정은 다음 각 호의 구분에 따른다.
1. 청구가 이유 없다고 인정되는 경우 : 채택하지 아니한다는 결정
2. 청구가 이유 있다고 인정되는 경우 : 채택하거나 일

부 채택한다는 결정. 다만, 구체적인 채택의 범위를 정하기 위하여 사실관계 확인 등 추가적으로 조사가 필요한 경우에는 제2항 각 호의 통지를 한 지방자치단체의 장으로 하여금 이를 재조사하여 그 결과에 따라 당초 통지 내용을 수정하여 통지하도록 하는 재조사 결정을 할 수 있다.(2019.12.31 단서개정)
3. 청구기간이 지났거나 보정기간에 보정하지 아니하는 경우 : 심사하지 아니한다는 결정
⑥ 과세전적부심사에 관하여는 「행정심판법」 제15조, 제16조, 제20조부터 제22조까지, 제29조, 제36조제1항 및 제39조부터 제42조까지의 규정을 준용한다. 이 경우 "위원회"는 "지방세심의위원회"로 본다.
⑦ 제2항 각 호의 어느 하나에 해당하는 통지를 받은 자는 과세전적부심사를 청구하지 아니하고 그 통지를 한 지방자치단체의 장에게 통지받은 내용의 전부 또는 일부에 대하여 과세표준 및 세액을 조기에 결정 또는 경정결정을 해 줄 것을 신청할 수 있다. 이 경우 해당 지방자치단체의 장은 신청받은 내용대로 즉시 결정 또는 경정결정을 하여야 한다.(2019.12.31 전단개정)
⑧ 과세전적부심사에 관하여는 제92조, 제93조, 제94조제2항, 제95조, 제96조제1항 각 호 외의 부분 단서 및 같은 조 제4항·제5항을 준용한다.(2017.12.26 본항개정)
⑨ 과세전적부심사의 청구절차 및 심사방법, 그 밖에 필요한 사항은 대통령령으로 정한다.

제7장 이의신청과 심판청구
(2019.12.31 본장제목개정)

제89조【청구대상】① 이 법 또는 지방세관계법에 따른 처분으로서 위법·부당한 처분을 받았거나 필요한 처분을 받지 못하여 권리 또는 이익을 침해당한 자는 이 장에 따른 이의신청 또는 심판청구를 할 수 있다.(2020.12.29 본항개정)
② 다음 각 호의 처분은 제1항의 처분에 포함되지 아니한다.
1. 이 장에 따른 이의신청 또는 심판청구에 대한 처분. 다만, 이의신청에 대한 처분에 대하여 심판청구를 하는 경우는 제외한다.(2019.12.31 본호개정)
2. 제121조제1항에 따른 통고처분
3. 「감사원법」에 따라 심사청구를 한 처분이나 그 심사청구에 대한 처분
4. 과세전적부심사의 청구에 대한 처분
5. 이 법에 따른 과태료의 부과
③ 제1항에 따른 자가 위법·부당한 처분을 받았거나 필요한 처분을 받지 못함으로 인하여 권리 또는 이익을 침해당하게 될 이해관계인으로서 다음 각 호의 어느 하나에 해당하는 자는 이 장에 따른 이의신청 또는 심판청구를 할 수 있다.
1. 제2차 납세의무자로서 납부통지서를 받은 자
2. 이 법 또는 지방세관계법에 따라 물적납세의무를 지는 자로서 납부통지서를 받은 자
3. 보증인
(2023.3.14 본항신설)

제90조【이의신청】 이의신청을 하려면 그 처분이 있은 것을 안 날(처분의 통지를 받았을 때에는 그 통지를 받은 날)부터 90일 이내에 대통령령으로 정하는 바에 따라 불복의 사유를 적어 특별시세·광역시세·도세〔도세 중 소방분 지역자원시설세 및 시·군세에 부가하여 징수하는 지방교육세와 특별시세·광역시세 중 특별시분 재산세, 소방분 지역자원시설세 및 구세(군세 및 특별시분 재산세를 포함한다)에 부가하여 징수하는 지방교육세는 제외한다〕의 경우에는 시·도지사에게, 특별자치시세·특별자치도세의 경우에는 특별자치시장·특별자치도지사에게, 시·군·구세〔도세 중 소방분

지역자원시설세 및 시·군세에 부가하여 징수하는 지방교육세와 특별시세·광역시세 중 특별시분 재산세, 소방분 지역자원시설세 및 구세(군세 및 특별시분 재산세를 포함한다)에 부가하여 징수하는 지방교육세를 포함한다]의 경우에는 시장·군수·구청장에게 이의신청을 하여야 한다.(2019.12.31 본조개정)

제91조【심판청구】 ① 이의신청을 거친 후에 심판청구를 할 때에는 이의신청에 대한 결정 통지를 받은 날부터 90일 이내에 조세심판원장에게 심판청구를 하여야 한다.

② 제1항에도 불구하고 다음 각 호의 어느 하나에 해당하는 경우에는 해당 호에서 정하는 날부터 90일 이내에 심판청구를 할 수 있다.

1. 제96조제1항 본문에 따른 결정기간 내에 결정의 통지를 받지 못한 경우 : 그 결정기간이 지난 날
2. 이의신청에 대한 재조사 결정이 있은 후 제96조제4항 전단에 따른 처분기간 내에 처분 결과의 통지를 받지 못한 경우 : 그 처분기간이 지난 날
(2023.3.14 본항개정)

③ 이의신청을 거치지 아니하고 바로 심판청구를 할 때에는 그 처분이 있은 것을 안 날(처분의 통지를 받았을 때에는 통지받은 날)부터 90일 이내에 조세심판원장에게 심판청구를 하여야 한다.
(2019.12.31 본조개정)

제92조【관계 서류의 열람 및 의견진술권】 이의신청인, 심판청구인 또는 처분청(처분청의 경우 심판청구로 한정한다)은 그 신청 또는 청구에 관계되는 서류를 열람할 수 있으며, 대통령령으로 정하는 바에 따라 지방자치단체의 장 또는 조세심판원장에게 의견을 진술할 수 있다.(2019.12.31 본조개정)

제93조【이의신청의 대리인】 ① 이의신청인과 처분청은 변호사, 세무사 또는 「세무사법」에 따른 세무사등록부 또는 공인회계사 세무대리업무등록부에 등록한 공인회계사를 대리인으로 선임할 수 있다.(2021.11.23 본항개정)

② 이의신청인은 신청 금액이 1천만원 미만인 경우에는 그의 배우자, 4촌 이내의 혈족 또는 그의 배우자의 4촌 이내 혈족을 대리인으로 선임할 수 있다.
(2023.12.29 본항개정)

③ 대리인의 권한은 서면으로 증명하여야 하며, 대리인을 해임하였을 때에는 그 사실을 서면으로 신고하여야 한다.

④ 대리인은 본인을 위하여 그 신청에 관한 모든 행위를 할 수 있다. 다만, 그 신청의 취하는 특별한 위임을 받은 경우에만 할 수 있다.(2023.12.29 본항개정)
(2023.12.29 본조제목개정)

제93조의2【지방자치단체 선정 대리인】 ① 과세전적부심사 청구인 또는 이의신청인(이하 이 조에서 "이의신청인등"이라 한다)은 지방자치단체의 장에게 다음 각 호의 요건을 모두 갖추어 대통령령으로 정하는 바에 따라 변호사, 세무사 또는 「세무사법」에 따른 세무사등록부 또는 공인회계사 세무대리업무등록부에 등록한 공인회계사를 대리인으로 선정하여 줄 것을 신청할 수 있다.(2021.11.23 본문개정)

1. 이의신청인등의 「소득세법」 제14조제2항에 따른 종합소득금액과 소유 재산의 가액이 각각 대통령령으로 정하는 금액 이하일 것
2. 이의신청인등이 법인(제153조에 따라 준용되는 「국세기본법」 제13조에 따라 법인으로 보는 단체를 포함한다)이 아닐 것(2020.12.29 본호개정)
3. 대통령령으로 정하는 고액·상습 체납자 등이 아닐 것
4. 대통령령으로 정하는 금액 이하인 청구 또는 신청일 것
5. 담배소비세, 지방소비세 및 레저세가 아닌 세목에 대한 청구 또는 신청일 것

② 지방자치단체의 장은 제1항에 따른 신청이 제1항 각 호의 요건을 모두 충족하는 경우 지체 없이 대리인을 선정하고, 신청을 받은 날부터 7일 이내에 그 결과를 이의신청인등과 대리인에게 각각 통지하여야 한다.

③ 제1항에 따른 대리인의 권한에 관하여는 제93조제4항을 준용한다.

④ 제1항에 따른 대리인의 선정, 관리 등 그 운영에 필요한 사항은 대통령령으로 정한다.(2020.12.29 본항개정)
(2019.12.31 본조신설)

제94조【청구기한의 연장 등】 ① 이의신청인 또는 심판청구인이 제26조제1항에서 규정하는 사유(신고·신청·청구 및 그 밖의 서류의 제출·통지에 관한 기한 연장사유로 한정한다)로 인하여 이의신청 또는 심판청구기간에 이의신청 또는 심판청구를 할 수 없을 때에는 그 사유가 소멸한 날부터 14일 이내에 이의신청 또는 심판청구를 할 수 있다. 이 경우 신청인 또는 청구인은 그 기간 내에 이의신청 또는 심판청구를 할 수 없었던 사유, 그 사유가 발생한 날 및 소멸한 날, 그 밖에 필요한 사항을 기재한 문서를 함께 제출하여야 한다.
(2019.12.31 본항개정)

② 제90조 및 제91조에 따른 기한까지 우편으로 제출(제25조제1항에서 정한 날을 기준으로 한다)한 이의신청서 또는 심판청구서가 신청기간 또는 청구기간이 지나서 도달한 경우에는 그 기간만료일에 적법한 신청 또는 청구를 한 것으로 본다.(2023.12.29 본항개정)

③ 제90조 및 제91조의 기간은 불변기간으로 한다.

제95조【보정요구】 ① 이의신청을 받은 지방자치단체의 장은 그 신청의 서식 또는 절차에 결함이 있는 경우와 불복사유를 증명할 자료의 미비로 심의할 수 없다고 인정될 경우에는 20일간의 보정기간을 정하여 문서로 그 결함의 보정을 요구할 수 있다. 다만, 보정할 사항이 경미한 경우에는 직권으로 보정할 수 있다.
(2019.12.31 본문개정)

② 제1항에 따른 보정을 요구받은 이의신청인은 문서로 결함을 보정하거나, 지방자치단체에 출석하여 보정할 사항을 말하고, 말한 내용을 지방자치단체 소속 공무원이 기록한 서면에 서명하거나 날인함으로써 보정할 수 있다.(2019.12.31 본항개정)

③ 제1항에 따른 보정기간은 제96조에 따른 결정기간에 포함하지 아니한다.

제96조【결정 등】 ① 이의신청을 받은 지방자치단체의 장은 신청을 받은 날부터 90일 이내에 제147조제1항에 따른 지방세심의위원회의 의결에 따라 다음 각 호의 구분에 따른 결정을 하고 신청인에게 이유를 함께 기재한 결정서를 송달하여야 한다. 다만, 이의신청 기간이 지난 후에 제기된 이의신청 등 대통령령으로 정하는 사유에 해당하는 경우에는 제147조제1항에 따른 지방세심의위원회의 의결을 거치지 아니하고 결정할 수 있다.

1. 이의신청이 적법하지 아니한 때(행정소송, 심판청구 또는 「감사원법」에 따른 심사청구를 제기하고 이의신청을 제기한 경우를 포함한다) 또는 이의신청 기간이 지났거나 보정기간에 필요한 보정을 하지 아니할 때 : 신청을 각하하는 결정(2020.12.29 본호개정)
2. 이의신청이 이유 없다고 인정될 때 : 신청을 기각하는 결정
3. 이의신청이 이유 있다고 인정될 때 : 신청의 대상이 된 처분의 취소, 경정 또는 필요한 처분의 결정. 다만, 처분의 취소·경정 또는 필요한 처분을 하기 위하여 사실관계 확인 등 추가적으로 조사가 필요한 경우에는 처분청으로 하여금 이를 재조사하여 그 결과에 따라 취소·경정하거나 필요한 처분을 하도록 하는 재조사 결정을 할 수 있다.
(2019.12.31 본항개정)

② 제1항에 따른 결정은 해당 처분청을 기속(羈束)한다.
③ 제1항에 따른 결정을 하였을 때에는 해당 처분청은 결정의 취지에 따라 즉시 필요한 처분을 하여야 한다.
④ 제1항제3호 단서에 따른 재조사 결정이 있는 경우 처분청은 재조사 결정일부터 60일 이내에 결정서 주문에 기재된 범위에 한정하여 조사하고, 그 결과에 따라 취소·경정하거나 필요한 처분을 하여야 한다. 이 경우 처분청은 제83조 또는 제84조에 따라 조사를 연기하거나 조사기간을 연장하거나 조사를 중지할 수 있다. (2017.12.26 본항신설)
⑤ 처분청은 제1항제3호 단서 및 제4항 전단에도 불구하고 재조사 결과 신청인의 주장과 재조사 과정에서 확인한 사실관계가 다른 경우 등 대통령령으로 정하는 경우에는 해당 신청의 대상이 된 당초의 처분을 취소·경정하지 아니할 수 있다.(2023.3.14 본항신설)
⑥ 제1항제3호 단서, 제4항 및 제5항에서 규정한 사항 외에 재조사 결정에 필요한 사항은 대통령령으로 정한다.(2023.3.14 본항개정)
⑦ 심판청구에 관하여는 이 법 또는 지방세관계법에서 규정한 것을 제외하고는 「국세기본법」 제7장제3절을 준용한다.
⑧ 지방자치단체의 장은 이의신청의 대상이 되는 처분이 「지방세법」 제91조, 제103조, 제103조의19, 제103조의34, 제103조의41 및 제103조의47에 따른 지방소득세의 과세표준 산정에 관한 사항인 경우에는 「소득세법」 제6조 또는 「법인세법」 제9조에서 납세지를 관할하는 국세청장 또는 세무서장에게 의견을 조회할 수 있다.(2019.12.31 본항개정)
제97조【결정의 경정】① 이의신청에 대한 결정에 오기, 계산착오, 그 밖에 이와 비슷한 잘못이 있는 것이 명백할 때에는 지방자치단체의 장은 직권으로 또는 이의신청인의 신청을 받아 결정을 경정할 수 있다.
(2019.12.31 본항개정)
② 제1항에 따른 경정의 세부적인 절차는 대통령령으로 정한다.
제98조【다른 법률과의 관계】① 이 법 또는 지방세관계법에 따른 이의신청의 대상이 되는 처분에 관한 사항에 관하여는 「행정심판법」을 적용하지 아니한다. 다만, 이의신청에 대해서는 같은 법 제15조, 제16조, 제20조부터 제22조까지, 제29조, 제36조제1항 및 제39조부터 제42조까지의 규정을 준용하며, 이 경우 "위원회"는 "지방세심의위원회"로 본다.(2019.12.31 본항개정)
② 심판청구의 대상이 되는 처분에 관한 사항에 관하여는 「국세기본법」 제56조제1항을 준용한다.
③ 제89조에 규정된 위법한 처분에 대한 행정소송은 「행정소송법」 제18조제1항 본문, 같은 조 제2항 및 제3항에도 불구하고 이 법에 따른 심판청구와 그에 대한 결정을 거치지 아니하면 제기할 수 없다. 다만, 심판청구에 대한 재조사 결정(제100조에 따라 심판청구에 관하여 준용하는 「국세기본법」 제65조제1항제3호 단서에 따른 재조사 결정을 말한다)에 따른 처분청의 처분에 대한 행정소송은 그러하지 아니하다.(2019.12.31 본항신설)
④ 제3항 본문에 따른 행정소송은 「행정소송법」 제20조에도 불구하고 심판청구에 대한 결정의 통지를 받은 날부터 90일 이내에 제기하여야 한다. 다만, 제100조에 따라 심판청구에 관하여 준용하는 「국세기본법」 제65조제2항에 따른 결정기간(이하 이 조에서 "결정기간"이라 한다) 내에 결정의 통지를 받지 못한 경우에는 결정의 통지를 받기 전이라도 그 결정기간이 지난 날부터 행정소송을 제기할 수 있다.(2019.12.31 본항신설)
⑤ 제3항 단서에 따른 행정소송은 「행정소송법」 제20조에도 불구하고 다음 각 호의 기간 내에 제기하여야 한다.

1. 이 법에 따른 심판청구를 거치지 아니하고 제기하는 경우 : 재조사 후 행한 처분청의 처분의 결과 통지를 받은 날부터 90일 이내. 다만, 제100조에 따라 심판청구에 관하여 준용하는 「국세기본법」 제65조제5항에 따른 처분기간(제100조에 따라 심판청구에 관하여 준용하는 「국세기본법」 제65조제5항 후단에 따라 조사를 연기하거나 조사기간을 연장하거나 조사를 중지한 경우에는 해당 기간을 포함한다. 이하 이 호에서 같다) 내에 처분청의 처분 결과 통지를 받지 못하는 경우에는 그 처분기간이 지난 날부터 행정소송을 제기할 수 있다.
2. 이 법에 따른 심판청구를 거쳐 제기하는 경우 : 재조사 후 행한 처분청의 처분에 대하여 제기한 심판청구에 대한 결정의 통지를 받은 날부터 90일 이내. 다만, 결정기간 내에 결정의 통지를 받지 못하는 경우에는 그 결정기간이 지난 날부터 행정소송을 제기할 수 있다.
(2019.12.31 본항신설)
⑥ 「감사원법」에 따른 심사청구를 거친 경우에는 이 법에 따른 심판청구를 거친 것으로 보고 제3항을 준용한다.(2019.12.31 본항신설)
⑦ 제4항의 기간은 불변기간(不變期間)으로 한다.
(2019.12.31 본항신설)
제99조【청구의 효력 등】① 이의신청 또는 심판청구는 그 처분의 집행에 효력이 미치지 아니한다. 다만, 압류한 재산에 대해서는 대통령령으로 정하는 바에 따라 그 공매처분을 보류할 수 있다.
② 이의신청 또는 심판청구에 관한 심의절차 및 그 밖에 필요한 사항은 대통령령으로 정한다.
(2019.12.31 본조개정)
제100조【이의신청 및 심판청구에 관한 「국세기본법」의 준용】이 장에서 규정한 사항을 제외한 이의신청 등의 사항에 관하여는 「국세기본법」 제7장을 준용한다.
(2020.12.29 본조개정)

제8장 범칙행위 등에 대한 처벌 및 처벌절차

제1절 통 칙

제101조【처벌】이 법 또는 지방세관계법을 위반한 자에 대해서는 이 장 제2절 및 제3절과 제133조 및 제134조에서 정한 바에 따라 처벌한다.

제2절 범칙행위 처벌

제102조【지방세의 포탈】① 사기나 그 밖의 부정한 행위로써 지방세를 포탈하거나 지방세를 환급·공제받은 자는 2년 이하의 징역 또는 탈세액이나 환급·공제받은 세액(이하 "포탈세액등"이라 한다)의 2배 이하에 상당하는 벌금에 처한다. 다만, 다음 각 호의 어느 하나에 해당하는 경우에는 3년 이하의 징역 또는 포탈세액등의 3배 이하에 상당하는 벌금에 처한다.
1. 포탈세액등이 3억원 이상이고, 그 포탈세액등이 신고납부하여야 할 세액의 100분의 30 이상인 경우
2. 포탈세액등이 5억원 이상인 경우
② 제1항의 경우에 포탈하거나 포탈하려 한 세액 또는 환급·공제를 받은 세액은 즉시 징수한다.
③ 제1항의 죄를 지은 자에 대해서는 정상(情狀)에 따라 징역형과 벌금형을 병과(倂科)할 수 있다.
④ 제1항의 죄를 지은 자가 포탈세액등에 대하여 제49조에 따라 법정신고기한이 지난 후 2년 이내에 수정신고를 하거나 제51조에 따라 법정신고기한이 지난 후 6개월 이내에 기한 후 신고를 하였을 때에는 형을 감경할 수 있다.

⑤ 제1항의 죄를 상습적으로 지은 자에 대해서는 형의 2분의 1을 가중한다.

⑥ 제1항에서 규정하는 포탈범칙행위의 기수(旣遂) 시기는 다음 각 호의 구분에 따른다.

1. 납세의무자의 신고에 의하여 지방세가 확정되는 세목 : 신고기한이 지난 때

2. 지방자치단체의 장이 세액을 결정하여 부과하는 세목 : 납부기한이 지난 때

제103조【체납처분 면탈】① 납세의무자 또는 납세의무자의 재산을 점유하는 자가 체납처분의 집행을 면탈하거나 면탈하게 할 목적으로 그 재산을 은닉·탈루하거나 거짓 계약을 하였을 때에는 3년 이하의 징역 또는 3천만원 이하의 벌금에 처한다.

② 「형사소송법」제130조제1항에 따른 압수물건을 보관한 자 또는 「지방세징수법」제49조제1항에 따른 압류물건을 보관한 자가 그 보관한 물건을 은닉·탈루하거나 손괴 또는 소비하였을 때에도 3년 이하의 징역 또는 3천만원 이하의 벌금에 처한다.

③ 제1항과 제2항의 사정을 알고도 제1항과 제2항의 행위를 방조하거나 거짓 계약을 승낙한 자는 2년 이하의 징역 또는 2천만원 이하의 벌금에 처한다.

제104조【장부 등의 소각·파기 등】지방세를 포탈하기 위한 증거인멸의 목적으로 이 법 또는 지방세관계법에서 갖추어 두도록 하는 장부 또는 증거서류(제144조제3항에 따른 전산조직을 이용하여 작성한 장부 또는 증거서류를 포함한다)를 해당 지방세의 법정신고기한이 지난 날부터 5년 이내에 소각·파기하거나 숨긴 자는 2년 이하의 징역 또는 2천만원 이하의 벌금에 처한다.

제105조【성실신고 방해 행위】① 납세의무자를 대리하여 세무신고를 하는 자가 지방세의 부과 또는 징수를 면하거나 하기 위하여 타인의 지방세에 관하여 거짓으로 신고를 하였을 때에는 2년 이하의 징역 또는 2천만원 이하의 벌금에 처한다.

② 납세의무자로 하여금 과세표준의 신고(신고의 수정을 포함한다. 이하 이 항에서 "신고"라 한다)를 하지 아니하게 하거나 거짓으로 신고하게 한 자 또는 지방세의 징수나 납부를 하지 않을 것을 선동하거나 교사한 자는 1년 이하의 징역 또는 1천만원 이하의 벌금에 처한다.

제106조【명의대여 행위 등】① 지방세의 회피 또는 강제집행의 면탈을 목적으로 타인의 명의로 사업자등록을 하거나 타인의 명의로 등록된 사업자등록을 이용하여 사업을 한 자는 2년 이하의 징역 또는 2천만원 이하의 벌금에 처한다.

② 지방세의 회피 또는 강제집행의 면탈을 목적으로 타인이 자신의 명의로 사업자등록을 할 것을 허락하거나 자신의 명의로 등록한 사업자등록을 타인이 이용하여 사업을 하도록 허락한 자는 1년 이하의 징역 또는 1천만원 이하의 벌금에 처한다.

(2018.12.24 본조개정)

제107조【특별징수 불이행범】① 특별징수의무자가 정당한 사유 없이 지방세를 징수하지 아니한 경우에는 1천만원 이하의 벌금에 처한다.

② 특별징수의무자가 정당한 사유 없이 징수한 세금을 납부하지 아니한 경우에는 2년 이하의 징역 또는 2천만원 이하의 벌금에 처한다.

제108조【명령사항 위반 등에 대한 과태료 부과】지방자치단체의 장은 다음 각 호의 어느 하나에 해당하는 자에게는 500만원 이하의 과태료를 부과한다.

1.「지방세징수법」제56조제2항에 따른 자동차 또는 건설기계의 인도 명령을 위반한 자

2. 이 법 또는 지방세관계법의 질문·검사권 규정에 따른 세무공무원의 질문에 대하여 거짓으로 진술하거나 그 직무집행을 거부하거나 기피한 자

② 제1항에 따른 과태료는 대통령령으로 정하는 바에 따라 지방자치단체의 장이 부과·징수한다.

제109조【양벌 규정】법인(제153조에 따라 준용되는 「국세기본법」제13조에 따른 법인으로 보는 단체를 포함한다. 이하 같다)의 대표자, 법인 또는 개인의 대리인, 사용인, 그 밖의 종업원이 그 법인 또는 개인의 업무에 관하여 이 절에서 규정하는 범칙행위를 하면 그 행위자를 벌할 뿐만 아니라 그 법인 또는 개인에게도 해당 조문의 벌금형을 과(科)한다. 다만, 법인 또는 개인이 그 위반행위를 방지하기 위하여 해당 업무에 관하여 상당한 주의와 감독을 게을리하지 아니한 경우에는 그러하지 아니하다.

제110조【「형법」적용의 일부 배제】제102조 및 제107조에 따른 범칙행위를 한 자에 대해서는 「형법」제38조제1항제2호 중 벌금경합에 관한 제한가중규정을 적용하지 아니한다.

제111조【고발】이 절에 따른 범칙행위는 지방자치단체의 장의 고발이 있어야 공소를 제기할 수 있다. (2020.12.29 본조개정)

제112조【공소시효의 기간】제102조부터 제107조까지 및 제109조에 따른 범칙행위의 공소시효는 7년으로 한다. 다만, 제109조에 따른 행위자가 「특정범죄 가중처벌 등에 관한 법률」제8조의 적용을 받는 경우에는 제109조에 따른 법인에 대한 공소시효는 10년이 지나면 완성된다.(2018.12.24 본문개정)

제3절 범칙행위 처벌절차

제113조【범칙사건조사의 요건】세무공무원 중 근무지 등을 고려하여 대통령령으로 정하는 바에 따라 지방검찰청 검사장이 지명한 사람(이하 "범칙사건조사공무원"이라 한다)은 다음 각 호의 어느 하나에 해당하는 경우에는 범칙사건조사를 하여야 한다.

1. 범칙사건의 혐의가 있는 자를 처벌하기 위하여 증거수집 등이 필요한 경우

2. 지방세 포탈 혐의가 있는 금액 등의 연간 액수가 대통령령으로 정하는 금액 이상인 경우

제114조【범칙 혐의자 등에 대한 심문·압수·수색】범칙사건조사공무원은 범칙사건조사를 위하여 필요한 경우에는 범칙 혐의자나 참고인을 심문하거나 압수·수색할 수 있다. 이 경우 압수 또는 수색을 할 때에는 대통령령으로 정하는 사람을 참여하게 하여야 한다.

제115조【압수·수색영장】① 범칙사건조사공무원이 범칙사건조사를 하기 위하여 압수 또는 수색을 할 때에는 근무지 관할 검사에게 신청하여 검사의 청구를 받은 관할 지방법원 판사가 발부한 압수·수색영장이 있어야 한다. 다만, 다음 각 호의 어느 하나에 해당하는 경우에는 범칙 혐의자 및 그 밖에 대통령령으로 정하는 자에게 그 사유를 알리고 영장 없이 압수하거나 수색할 수 있다.

1. 제102조부터 제107조까지의 범칙행위가 진행 중인 경우

2. 범칙혐의자가 도피하거나 증거를 인멸할 우려가 있어 압수·수색영장을 발부받을 시간적 여유가 없는 경우

② 범칙사건조사공무원이 제1항 단서에 따라 영장 없이 압수하거나 수색한 경우에는 압수하거나 수색한 때부터 48시간 이내에 압수·수색영장 청구절차에 따라 관할 지방법원 판사에게 압수·수색영장을 청구하여야 한다.

③ 범칙사건조사공무원은 제2항에 따른 압수·수색영장을 발부받지 못한 경우에는 즉시 압수한 물건을 압수당한 본인에게 반환하여야 한다.

④ 범칙사건조사공무원이 압수한 물건을 운반하거나 보관하기 어려운 경우에는 압수한 물건을 소유자, 소지자 또는 관공서(이하 "소유자등"이라 한다)로 하여금 보관하게 할 수 있다. 이 경우 소유자등으로부터 보관증을 받고 봉인(封印)이나 그 밖의 방법으로 압수한 물건임을 명백히 하여야 한다.

제116조【「형사소송법」의 준용】 압수 또는 수색과 압수ㆍ수색영장에 관하여 이 법에서 규정한 것을 제외하고는 「형사소송법」 중 압수 또는 수색과 압수ㆍ수색영장에 관한 규정을 준용한다.

제117조【심문조서의 작성】 범칙사건조사공무원은 범칙사건조사를 하는 과정에서 심문, 수색, 압수 또는 영치(領置)를 하였을 때에는 그 경위(經緯)를 기록하여 참여자 또는 심문을 받은 사람에게 확인하게 한 후 그와 함께 서명날인을 하여야 한다. 참여자 또는 심문을 받은 사람이 서명날인을 하지 아니하거나 할 수 없을 때에는 그 사유를 기록하여야 한다.

제118조【범칙사건의 관할 및 인계】 ① 범칙사건은 지방세의 과세권 또는 지방세징수권(제6조에 따라 위탁한 경우와 「지방세징수법」 제18조에 따라 징수촉탁을 받은 경우는 제외한다)이 있는 지방자치단체에 소속된 범칙사건조사공무원이 담당한다.
② 제1항에도 불구하고 시ㆍ도에 소속된 범칙사건조사공무원은 관할구역의 시ㆍ군ㆍ구에 소속된 범칙사건조사공무원과 공동으로 시ㆍ군세 및 구세에 관한 범칙사건을 담당할 수 있다.
③ 제1항 및 제2항에 따라 범칙사건을 관할하는 지방자치단체가 아닌 지방자치단체나 국가기관에 소속된 공무원이 인지한 범칙사건은 그 범칙사건을 관할하는 지방자치단체에 소속된 범칙사건조사공무원에게 지체 없이 인계하여야 한다.
④ 제1항 및 제2항에 따라 범칙사건을 관할하는 지방자치단체가 아닌 지방자치단체나 국가기관에 소속된 공무원이 다른 지방자치단체 관할 범칙사건의 증거를 발견하였을 때에는 그 다른 지방자치단체에 소속된 범칙사건조사공무원에게 지체 없이 인계하여야 한다.

제119조【국가기관 등에 대한 협조 요청】 ① 지방자치단체의 장은 범칙사건조사를 하거나 직무를 집행할 때 필요하면 국가기관 또는 다른 지방자치단체에 협조를 요청할 수 있다.
② 제1항에 따른 협조 요청을 받은 국가기관 및 지방자치단체는 정당한 사유가 없으면 협조하여야 한다.

제120조【범칙처분의 종류 및 보고】 ① 범칙사건에 대한 처분의 종류는 다음 각 호와 같다.
1. 통고처분
2. 고발
3. 무혐의
② 범칙사건조사공무원은 범칙사건조사를 마쳤을 때에는 지방자치단체의 장에게 보고하여야 한다.

제121조【통고처분】 ① 지방자치단체의 장은 범칙사건조사를 하여 범칙의 확증(確證)을 갖게 되었을 때에는 대통령령으로 정하는 바에 따라 그 대상이 되는 자에게 그 이유를 구체적으로 밝혀 벌금에 해당하는 금액(이하 "벌금상당액"이라 한다) 또는 몰수 대상이 되는 물품, 추징금, 서류의 송달비용 및 압수물건의 운반ㆍ보관비용을 지정한 장소에 납부할 것을 통고하여야 한다. 다만, 몰수 대상이 되는 물품에 대해서는 그 물품을 납부하겠다는 의사표시(이하 "납부신청"이라 한다)를 하도록 통고할 수 있다.
② 제1항 단서에 따른 통고처분을 받은 자가 그 통고에 따라 납부신청을 하고 몰수 대상이 되는 물품을 가지고 있는 경우에는 공매나 그 밖에 필요한 처분을 할 때까지 그 물품을 보관하여야 한다.
③ 제1항에 따른 통고처분을 받은 자가 통고받은 대로

이행하였을 때에는 동일한 사건에 대하여 다시 범칙사건조사를 받거나 처벌받지 아니한다.
④ 벌금상당액의 부과기준은 대통령령으로 정한다.

제122조【공소시효의 중단】 제121조제1항에 따른 통고처분이 있으면 공소시효는 중단된다.

제123조【일사부재리】 범칙자가 통고받은 대로 이행하였을 때에는 동일한 사건에 대하여 소추받지 아니한다.

제124조【고발의무】 ① 지방자치단체의 장은 제121조제1항에 따른 통고처분을 받은 자가 통고서를 송달받은 날부터 15일 이내에 통고받은 대로 이행하지 아니한 경우에는 고발하여야 한다. 다만, 15일이 지났더라도 고발되기 전에 통고받은 대로 이행하였을 때에는 고발하지 아니한다.
② 지방자치단체의 장은 다음 각 호의 어느 하나에 해당하는 경우에는 통고처분을 거치지 아니하고 대상자를 즉시 고발하여야 한다.
1. 정상에 따라 징역형에 처할 것으로 판단되는 경우
2. 제121조제1항에 따른 통고대로 이행할 자금이나 납부 능력이 없다고 인정되는 경우
3. 거소가 분명하지 아니하거나 서류를 받기를 거부하여 통고처분을 할 수 없는 경우
4. 도주하거나 증거를 인멸할 우려가 있는 경우

제125조【압수물건의 인계】 ① 지방자치단체의 장은 제124조에 따라 고발한 경우 압수물건이 있을 때에는 압수목록을 첨부하여 검사 또는 사법경찰관에게 인계하여야 한다.
② 지방자치단체의 장은 제115조제4항에 따라 소유자등이 보관하는 것에 대해서는 검사 또는 사법경찰관에게 보관증을 인계하고, 소유자등에게 압수물건을 검사 또는 사법경찰관에게 인계하였다는 사실을 통지하여야 한다.
(2021.12.28 본조개정)

제126조【무혐의 통지 및 압수의 해제】 지방자치단체의 장은 범칙사건조사를 하여 범칙의 확증을 갖지 못하였을 때에는 그 뜻을 범칙 혐의자에게 통지하고 물건을 압수하였을 때에는 압수 해제를 명하여야 한다.

제9장　과세자료의 제출 및 관리

제127조【과세자료제출기관의 범위】 과세자료를 제출하여야 하는 기관 등(이하 "과세자료제출기관"이라 한다)은 다음 각 호와 같다.
1. 「국가재정법」 제6조에 따른 독립기관 및 중앙관서(독립기관 및 중앙관서의 업무를 위임받거나 위탁받은 기관을 포함한다)와 그 하급행정기관 및 보조기관
2. 지방자치단체 및 지방자치단체의 업무를 위임받거나 위탁받은 기관과 지방자치단체조합(이하 이 조에서 "지방자치단체등"이라 한다)
3. 「금융위원회의 설치 등에 관한 법률」에 따른 금융감독원과 「금융실명거래 및 비밀보장에 관한 법률」 제2조제1호 각 목에 규정된 은행, 회사, 조합 및 그 중앙회, 금고 및 그 연합회, 보험회사, 체신관서 등 법인ㆍ기관 또는 단체
4. 공공기관 및 정부의 출연ㆍ보조를 받는 기관이나 단체
5. 「지방공기업법」에 따른 지방직영기업ㆍ지방공사ㆍ지방공단 및 지방자치단체의 출연ㆍ보조를 받는 기관이나 단체
6. 「민법」을 제외한 다른 법률에 따라 설립되거나 국가 또는 지방자치단체등의 지원을 받는 기관이나 단체로서 이들의 업무에 관하여 제1호나 제2호에 따른 기관으로부터 감독 또는 감사ㆍ검사를 받는 기관이나 단체, 그 밖에 공익 목적으로 설립된 기관이나 단체 중 대통령령으로 정하는 기관이나 단체

제128조【과세자료의 범위】 ① 과세자료제출기관이 제출하여야 하는 과세자료는 다음 각 호의 어느 하나에 해당하는 자료로서 지방세의 부과·징수와 납세의 관리에 직접적으로 필요한 자료로 한다.
1. 법률에 따라 인가·허가·특허·등기·등록·신고 등을 하거나 받는 경우 그에 관한 자료
2. 법률에 따라 하는 조사·검사 등의 결과에 관한 자료
3. 법률에 따라 보고받은 영업·판매·생산·공사 등의 실적에 관한 자료
4. 과세자료제출기관이 지급하는 각종 보조금·보험급여·공제금 등의 지급 현황 및 제127조제6호에 따른 기관이나 단체의 회원·사업자 등의 사업실적에 관한 자료
5. 이 법 및 지방세관계법에 따라 체납된 지방세(지방세와 함께 부과하는 국세를 포함한다)의 징수를 위하여 필요한 자료
② 제1항에 따른 과세자료의 구체적인 범위는 과세자료제출기관별로 대통령령으로 정한다.

제129조【과세자료의 제출방법】 ① 과세자료제출기관의 장은 분기별로 분기 만기일이 속하는 달의 다음 달 말일까지 대통령령으로 정하는 절차와 방법에 따라 행정안전부장관 또는 지방자치단체의 장에게 과세자료를 제출하여야 한다. 다만, 과세자료의 발생빈도와 활용시기 등을 고려하여 대통령령으로 그 과세자료의 제출시기를 달리 정할 수 있다.(2017.7.26 본문개정)
② 과세자료제출기관의 장은 제1항에 따라 과세자료를 제출하는 경우에는 그 기관이 접수하거나 작성한 과세자료의 목록을 함께 제출하여야 한다.
③ 제2항에 따라 과세자료의 목록을 받은 행정안전부장관 또는 지방자치단체의 장은 이를 확인한 후 빠진 것이 있거나 보완이 필요하다고 인정되면 과세자료를 제출한 기관에 대하여 과세자료를 추가하거나 보완하여 제출할 것을 요구할 수 있다.(2017.7.26 본항개정)
④ 과세자료의 제출서식에 관하여 필요한 사항은 행정안전부령으로 정한다.(2017.7.26 본항개정)

제130조【과세자료의 수집에 관한 협조 요청】 ① 행정안전부장관은 지방세통합정보통신망 운영을 위하여 필요하다고 인정하는 경우에는 제128조에 따른 과세자료 외에 과세자료로 활용할 가치가 있다고 인정되는 자료가 있으면 그 자료를 보유하고 있는 과세자료제출기관의 장에게 그 자료의 수집에 협조해 줄 것을 요청할 수 있다.(2019.12.31 본항개정)
② 지방자치단체의 장은 제128조에 따른 과세자료 외에 과세자료로 활용할 가치가 있다고 인정되는 자료가 있으면 그 자료를 보유하고 있는 과세자료제출기관의 장에게 그 자료의 수집에 협조해 줄 것을 요청할 수 있다.
③ 제1항 및 제2항에 따른 요청을 받은 해당 과세자료제출기관의 장은 정당한 사유가 없으면 협조하여야 한다.

제131조【과세자료제출기관의 책임】 ① 과세자료제출기관의 장은 소속 공무원이나 임직원이 이 장에 따른 과세자료의 제출의무를 성실하게 이행하는지를 수시로 점검하여야 한다.
② 행정안전부장관 또는 지방자치단체의 장은 과세자료제출기관 또는 그 소속 공무원이나 임직원이 이 장에 따른 과세자료의 제출의무를 이행하지 아니하면 그 기관을 감독하거나 감사·검사하는 기관의 장에게 그 사실을 통보하여야 한다.(2017.7.26 본항개정)

제132조【비밀유지 의무】 ① 행정안전부 및 지방자치단체 소속 공무원은 이 장에 따라 받은 과세자료(제130조에 따라 수집한 자료를 포함한다. 이하 이 조에서 같다)를 타인에게 제공 또는 누설하거나 목적 외의 용

도로 사용해서는 아니 된다. 다만, 다음 각 호의 경우에는 제공할 수 있다.(2017.7.26 본문개정)
1. 제86조제1항 단서 및 같은 조 제2항에 따라 제공하는 경우
2. 제135조제2항에 따라 제공하는 경우
② 행정안전부 및 지방자치단체 소속 공무원은 제1항을 위반하는 과세자료의 제공을 요구받으면 거부하여야 한다.(2017.7.26 본항개정)
③ 제1항 단서에 따라 과세자료를 받은 자는 타인에게 제공 또는 누설하거나 목적 외의 용도로 사용해서는 아니 된다.

제133조【과세자료 비밀유지 의무 위반에 대한 처벌】 제132조제1항 또는 제3항을 위반하여 과세자료를 타인에게 제공 또는 누설하거나 목적 외의 용도로 사용한 자는 3년 이하의 징역 또는 3천만원 이하의 벌금에 처한다.

제134조【징역과 벌금의 병과】 제133조에 따른 징역과 벌금은 병과할 수 있다.

제10장 지방세 업무의 정보화

제135조【지방세 업무의 정보화】 ① 지방자치단체의 장 또는 지방세조합장은 지방세 업무의 효율성과 투명성을 높이기 위하여 지방세통합정보통신망을 이용하여 이 법 또는 지방세관계법에 규정된 업무를 처리하여야 한다. 다만, 제24조제2항에 따른 장애가 있는 경우에는 그러하지 아니하다.(2020.12.29 본항개정)
② 행정안전부장관은 지방세 관련 정보의 효율적 관리와 전자신고, 전자납부, 전자송달 등 납세편의를 위하여 지방세통합정보통신망을 설치하고, 다음 각 호의 업무를 처리한다.(2019.12.31 본항개정)
1. 제129조에 따라 받은 과세자료 및 제130조에 따라 수집한 자료의 제공(지방자치단체의 장에게 제공하는 경우로 한정한다) 및 관리
2. 제86조제1항제5호에 따라 제공받은 과세정보의 제공. 다만, 다음 각 목의 어느 하나에 해당하는 경우에만 제공할 수 있다.(2019.12.31 본항개정)
   가. 국가기관이 조세의 부과 또는 징수의 목적에 사용하기 위하여 요구하는 경우
   나. 통계청장이 국가통계작성 목적으로 요구하는 경우
   다. 「사회보장기본법」 제3조제2호에 따른 사회보험의 운영을 목적으로 설립된 기관이 관련 법률에 따른 소관업무의 수행을 위하여 요구하는 경우
   라. 국가기관, 지방자치단체 및 「공공기관의 운영에 관한 법률」에 따른 공공기관이 급부·지원 등을 위한 자격심사를 위하여 당사자의 동의를 받아 요구하는 경우
   마. 「지방행정제재·부과금의 징수 등에 관한 법률」 제20조제2항제1호 및 제2호에 따른 업무를 처리하기 위하여 필요하다고 인정하는 경우(2020.3.24 본호개정)
   바. 다른 법률에 따른 요구가 있는 경우
3. 지방자치단체의 장 또는 지방세조합장이 필요로 하는 지방세 부과·징수, 조세의 불복·쟁송, 범칙사건 조사·세무조사·질문·검사, 체납확인, 체납처분 및 지방세 정책의 수립·평가·연구에 필요한 정보의 제공(2020.12.29 본호개정)
4. 제149조에 따라 지방자치단체로부터 받은 지방세 통계자료 등의 관리
5. 전자신고, 전자납부, 전자송달 등 납세편의를 위한 서비스 제공
6. 그 밖에 납세자의 편의를 위한 서비스 제공
③ 행정안전부장관은 지방세 업무의 효율성 및 투명성

을 높이고, 납세자의 편의를 위하여 지방세 업무와 관련된 다른 정보처리시스템과의 연계방안을 마련하여 시행할 수 있다.(2017.7.26 본항개정)
④ 행정안전부장관은 지방세통합정보통신망을 통하여 수집한 과세정보를 분석·가공하여 작성한 통계를 지방자치단체 간 공동이용이나 대국민 공개를 위한 자료로 활용할 수 있다.(2019.12.31 본항신설)
⑤ 행정안전부장관은 제4항에 따른 업무수행을 위하여 필요한 경우에는 지방자치단체의 장 또는 지방세조합장에게 정보를 요구할 수 있으며, 지방자치단체의 장 또는 지방세조합장은 특별한 사정이 없으면 이에 협조하여야 한다.(2020.12.29 본항개정)
⑥ 제1항부터 제5항까지에서 규정한 사항에 대한 처리절차·기준·방법 등에 필요한 사항은 행정안전부령으로 정한다.(2019.12.31 본항개정)
⑦ 행정안전부장관 및 지방자치단체의 장은 지방세통합정보통신망의 운영 등 지방세와 관련된 정보화 사업의 효율적인 추진을 위하여 지방세 관련 정보화 업무를 「전자정부법」 제72조에 따른 한국지역정보개발원에 위탁할 수 있다.(2019.12.31 본항개정)
제136조【지방세수납정보시스템 운영계획의 수립·시행】 ① 행정안전부장관은 납세자가 모든 지방자치단체의 지방세를 편리하게 조회하고 납부할 수 있도록 하기 위하여 다음 각 호의 사항을 포함하는 지방세수납정보시스템 운영계획을 수립·시행하여야 한다.(2017.7.26 본문개정)
1. 지방세통합정보통신망과 지방세수납대행기관 정보통신망의 연계(2019.12.31 본호개정)
2. 지방세 납부의 실시간 처리 및 안전한 관리와 수납통합처리시스템의 운영
3. 지방세 납부의 편의성 제고를 위한 각종 서식의 개선
4. 지방세의 전국적인 조회·납부·수납처리 절차 및 성능 개선과 안전성 제고에 관한 사항
5. 그 밖에 대통령령으로 정하는 지방세수납정보시스템과 관련된 기관의 범위 등 운영계획의 수립·시행에 필요한 사항
② 행정안전부장관은 제1항에 따른 지방세수납정보시스템 운영계획을 수립·시행할 때에는 납세자의 편의성을 우선적으로 고려하여야 하며, 지방세수납정보시스템의 이용에 지역 간 차별이 없도록 하여야 한다.(2017.7.26 본항개정)
제137조【지방세입 정보관리 전담기구의 설치 등】 ① 지방세입(지방세와 지방세외수입을 말한다. 이하 이 조 및 제151조에서 같다)의 부과·징수에 필요한 자료 등의 수집·관리 및 제공을 위하여 행정안전부에 지방세입 정보관리 전담기구를 설치할 수 있다.(2020.12.29 본항개정)
② 제1항에 따른 지방세입 정보관리 전담기구의 조직 및 운영 등에 필요한 사항은 대통령령으로 정한다.
제138조【전자송달, 전자납부 등에 대한 우대】 지방세통합정보통신망 또는 연계정보통신망을 통한 전자송달을 신청한 자와 전자납부를 한 자 또는 납부기한보다 앞서 지방세를 납부한 자에 대해서는 지방자치단체가 조례로 정하는 바에 따라 우대할 수 있다.(2019.12.31 본조개정)

제11장 보 칙

제139조【납세관리인】 ① 국내에 주소 또는 거소를 두지 아니하거나 국외로 주소 또는 거소를 이전하려는 납세자는 지방세에 관한 사항을 처리하기 위하여 납세관리인을 정하여야 한다.
② 제1항에 따른 납세관리인을 정한 납세자는 대통령령으로 정하는 바에 따라 지방자치단체의 장에게 신고

하여야 한다. 납세관리인을 변경하거나 해임할 때에도 또한 같다.
③ 지방자치단체의 장은 납세자가 제2항에 따른 신고를 하지 아니하면 납세자의 재산이나 사업의 관리인을 납세관리인으로 지정할 수 있다.
④ 재산세의 납세의무자는 해당 재산을 직접 사용·수익하지 아니하는 경우에는 그 재산의 사용자·수익자를 납세관리인으로 지정하여 신고할 수 있다.
⑤ 지방자치단체의 장은 재산세의 납세의무자가 제4항에 따라 재산의 사용자·수익자를 납세관리인으로 지정하여 신고하지 아니하는 경우에도 그 재산의 사용자·수익자를 납세관리인으로 지정할 수 있다.
⑥ (2020.12.29 삭제)
제140조【세무공무원의 질문·검사권】 ① 세무공무원은 지방세의 부과·징수에 관련하여 필요한 때에는 다음 각 호의 자에게 질문하거나 그 자의 장부등을 검사할 수 있다.(2019.12.31 본문개정)
1. 납세의무자 또는 납세의무가 있다고 인정되는 자
2. 특별징수의무자
3. 제1호 또는 제2호의 자와 금전 또는 물품을 거래한 자 또는 그 거래를 하였다고 인정되는 자
4. 그 밖에 지방세의 부과·징수에 직접 관계가 있다고 인정되는 자
② 제1항의 경우에 세무공무원은 신분을 증명하는 증표를 지니고 관계인에게 보여 주어야 한다.
③ 세무공무원은 조사에 필요한 경우 제1항 각 호의 자로 하여금 보고하게 하거나 그 밖에 필요한 장부등의 제출을 요구할 수 있다.(2019.12.31 본항개정)
제141조【매각·등기·등록 관계 서류의 열람 등】 세무공무원이 취득세 및 재산세를 부과·징수하기 위하여 토지·건축물 등 과세물건의 매각·등기·등록 및 그 밖의 현황에 대한 관계 서류의 열람 또는 복사를 요청하는 경우 관계 기관은 협조하여야 한다.
제142조【지급명세서 자료의 이용】 「금융실명거래 및 비밀보장에 관한 법률」 제4조제4항에도 불구하고 세무공무원은 「지방세법」 제103조의13 및 제103조의29에 따라 제출받은 이자소득 또는 배당소득에 대한 지급명세서를 다음 각 호의 용도에 이용할 수 있다.
1. 지방세 탈루의 혐의를 인정할 만한 명백한 자료의 확인
2. 체납자의 재산조회와 체납처분
제143조【교부금전의 예탁】 ① 이 법 또는 지방세관계법과 그 법의 위임에 의하여 제정된 조례에 따라 채권자, 납세자, 그 밖의 자에게 교부할 금전은 「지방회계법」 제38조에 따라 지정된 금고에 예탁할 수 있다.
② 세무공무원은 제1항에 따라 예탁하였을 때에는 채권자, 납세자, 그 밖의 자에게 알려야 한다.
제144조【장부 등의 비치와 보존】 ① 납세자는 이 법 및 지방세관계법에서 규정하는 바에 따라 장부 및 증거서류를 성실하게 작성하여 갖춰 두어야 한다.
② 제1항에 따른 장부 및 증거서류는 법정신고기한이 지난 날부터 5년간 보존하여야 한다.
③ 납세자는 제1항에 따른 장부와 증거서류의 전부 또는 일부를 전산조직을 이용하여 작성할 수 있다. 이 경우 그 처리과정 등을 대통령령으로 정하는 기준에 따라 자기테이프, 디스켓 또는 그 밖의 정보보존 장치에 보존할 수 있다.
④ 제1항을 적용하는 경우 「전자문서 및 전자거래 기본법」 제5조제2항에 따른 전자화문서로 변환하여 같은 법 제31조의2에 따른 공인전자문서센터에 보관하였을 때에는 제1항에 따라 장부 및 증거서류를 갖춘 것으로 본다. 다만, 계약서 등 위조·변조하기 쉬운 장부 및 증거서류로서 대통령령으로 정하는 것은 그러하지 아니하다.

제145조【서류접수증 교부】 ① 지방자치단체의 장은 과세표준 신고서, 과세표준 수정신고서, 경정청구서 또는 과세표준신고·과세표준수정신고·경정청구와 관련된 서류 및 그 밖에 대통령령으로 정하는 서류를 받으면 접수증을 내주어야 한다. 다만, 우편신고 등 대통령령으로 정하는 경우에는 접수증을 내주지 아니할 수 있다.

② 지방자치단체의 장은 제1항의 신고서 등을 지방통합정보통신망으로 제출받은 경우에는 접수사실을 전자적 형태로 통보할 수 있다.(2019.12.31 본항개정)

제146조【포상금의 지급】 ① 지방자치단체의 장 또는 지방세조합장은 다음 각 호의 어느 하나에 해당하는 자에게는 예산의 범위에서 포상금을 지급할 수 있다. 이 경우 포상금은 1억원을 초과할 수 없다.(2020.12.29 본문개정)

1. 지방세를 탈루한 자의 탈루세액 또는 부당하게 환급·감면받은 세액을 산정하는 데 중요한 자료를 제공한 자
2. 체납자의 은닉재산을 신고한 자
3. 버려지거나 숨은 세원(稅源)을 찾아내어 부과하게 한 자
4. 행정안전부령으로 정하는 체납액 징수에 기여한 자 (2017.7.26 본호개정)
5. 제1호부터 제4호까지의 규정에 준하는 경우로서 지방자치단체의 장이 지방세 부과·징수에 또는 지방세조합장이 지방세 징수에 특별한 공적이 있다고 인정하는 자(2020.12.29 본호개정)

② 제1항제1호 및 제2호의 경우 탈루세액, 부당하게 환급·감면받은 세액, 은닉재산의 신고를 통하여 징수된 금액이 대통령령으로 정하는 금액 미만인 경우 또는 공무원이 직무와 관련하여 자료를 제공하거나 은닉재산을 신고한 경우에는 포상금을 지급하지 아니한다.

③ 제1항제1호에서 "중요한 자료"란 다음 각 호의 구분에 따른 자료 또는 정보를 말한다.

1. 지방세 탈루 또는 부당하게 환급·감면받은 내용을 확인할 수 있는 거래처, 거래일 또는 거래기간, 거래품목, 거래수량 및 금액 등 구체적 사실이 기재된 자료 또는 장부(자료 또는 장부 제출 당시에 납세자의 부도·폐업 또는 파산 등으로 인하여 과세실익이 없다고 인정되는 것과 세무조사가 진행 중인 것은 제외한다. 이하 이 조에서 "자료등"이라 한다)
2. 자료등의 소재를 확인할 수 있는 구체적인 정보
3. 그 밖에 지방세 탈루 또는 부당한 환급·감면받은 수법, 내용, 규모 등의 정황으로 보아 중요하다고 인정할 만한 자료등으로서 대통령령으로 정하는 자료등

④ 제1항제2호에서 "은닉재산"이란 체납자가 은닉한 현금, 예금, 주식, 그 밖에 재산적 가치가 있는 유형·무형의 재산을 말한다. 다만, 다음 각 호의 재산은 제외한다.

1. 「지방세징수법」 제39조에 따른 사해행위 취소소송의 대상이 되어 있는 재산
2. 세무공무원이 은닉사실을 알고 조사 또는 체납처분 절차에 착수한 재산
3. 그 밖에 체납자의 은닉재산을 신고받을 필요가 없다고 인정되는 재산으로서 대통령령으로 정하는 재산

⑤ 제1항제1호 및 제2호에 따른 자료의 제공 또는 신고는 성명과 주소를 분명히 적고 서명하거나 날인한 문서로 하여야 한다. 이 경우 객관적으로 확인되는 증거자료 등을 첨부하여야 한다.

⑥ 제1항제1호 또는 제2호에 따른 포상금 지급과 관련된 업무를 담당하는 공무원은 자료 제공자 또는 신고자의 신원 등 신고 또는 제보와 관련된 사항을 목적 외의 용도로 사용하거나 타인에게 제공 또는 누설해서는 아니 된다.

⑦ 제1항제1호 및 제2호에 따른 포상금의 지급기준, 지급방법과 제5항에 따른 신고기간, 자료 제공 및 신고 방법 등에 필요한 사항은 대통령령으로 정한다.

⑧ 제1항제3호부터 제5호까지에 해당하는 포상금 지급대상, 지급기준, 지급방법 등에 필요한 사항은 지방자치단체의 조례 또는 「지방자치법」 제178조제1항에 따른 지방자치단체조합회의의 심의·의결을 거쳐 정하는 포상금 관련 규정(規程)으로 정한다.(2023.3.14 본항개정)

⑨ 지방자치단체의 장 및 지방세조합장은 이 법이나 그 밖의 법령에서 정한 포상금에 관한 규정에 따르지 아니하고는 어떠한 금전이나 물품도 지방세의 납부 등 세수 증대에 기여하였다는 이유로 지급할 수 없다. (2020.12.29 본항개정)

제147조【지방세심의위원회 등의 설치·운영】 ① 다음 각 호의 사항을 심의하거나 의결하기 위하여 지방자치단체에 지방세심의위원회를 둔다.(2020.12.29 본문개정)

1. 제82조제1항에 따른 세무조사대상자 선정에 관한 사항
2. 제88조에 따른 과세전적부심사에 관한 사항
3. 제90조 및 제91조에 따른 이의신청에 관한 사항
4. 「지방세징수법」 제11조제1항 및 제3항에 따른 체납자의 체납정보 공개에 관한 사항
5. 「지방세징수법」 제11조의4에 따른 감치에 관한 사항
6. 「지방세법」 제10조의2에 따른 시가인정액의 산정 등에 관한 사항
7. 「지방재정법」 제44조의2에 따라 예산안에 첨부되는 자료로서 대통령령으로 정하는 자료에 관한 사항
8. 지방세관계법에 따라 지방세심의위원회의 심의를 받도록 규정한 사항
9. 그 밖에 지방자치단체의 장이 필요하다고 인정하는 사항

(2023.3.14 1호~9호개정)

② 제1항제4호 및 제9호의 사항을 심의하거나 의결하기 위하여 지방세조합에 지방세징수심의위원회를 둔다. 이 경우 제1항제9호 중 "지방자치단체의 장"은 "지방세조합장"으로 본다.(2023.3.14 본항개정)

③ 제1항에 따른 지방세심의위원회 및 제2항에 따른 지방세징수심의위원회의 조직과 운영, 그 밖의 중요한 사항은 대통령령으로 정한다.(2020.12.29 본항개정)

④ 제1항에 따른 지방세심의위원회 및 제2항에 따른 지방세징수심의위원회의 위원 중 공무원이 아닌 사람은 「형법」과 그 밖의 법률에 따른 벌칙을 적용할 때에는 공무원으로 본다.(2020.12.29 본항개정)

(2020.12.29 본조제목개정)

제148조【지방세법규해석심사위원회】 ① 이 법 및 지방세관계법과 지방세 관련 예규 등의 해석에 관한 사항을 심의하기 위하여 행정안전부에 지방세법규해석심사위원회를 둔다.

② 지방세법규해석심사위원회의 위원은 공정한 심의를 기대하기 어려운 사정이 있다고 인정될 때에는 대통령령으로 정하는 바에 따라 지방세법규해석심사위원회의 회의에서 제척(除斥)되거나 회피(回避)하여야 한다.

③ 제1항에 따른 지방세법규해석심사위원회의 설치·구성 및 운영방법, 해석에 관한 질의회신의 처리 절차 및 방법, 그 밖에 필요한 사항은 대통령령으로 정한다.

④ 제1항에 따른 지방세법규해석심사위원회의 위원 중 공무원이 아닌 사람은 「형법」과 그 밖의 법률에 따른 벌칙을 적용할 때에는 공무원으로 본다.

(2019.12.31 본조개정)

제149조【통계의 작성 및 공개】 ① 지방자치단체의 장은 지방세 관련 자료를 분석·가공한 통계를 작성하여 공개하여야 한다.

② 지방자치단체의 장은 지방세 통계자료 및 추계자료

등 지방세 운용 관련 자료를 행정안전부장관에게 제출하여야 한다.(2017.7.26 본항개정)

③ 행정안전부장관은 제2항에 따라 받은 자료를 토대로 지방세 운용상황을 분석하고 그 결과를 공개하여야 한다.(2017.7.26 본항개정)

④ 제1항부터 제3항까지의 규정에 따른 통계자료의 내용과 공개시기 및 방법, 자료제출, 분석 등에 필요한 사항은 행정안전부령으로 정한다.(2017.7.26 본항개정)

제150조【지방세 운영에 대한 지도 등】 ① 행정안전부장관 또는 시·도지사는 지방세의 부과·징수, 그 밖에 이 법이나 지방세관계법에서 정한 사항의 원활한 운영 및 집행을 위하여 필요한 경우에는 지방자치단체(시·도지사의 경우에는 시·도내에 있는 시·군·구로 한정한다. 이하 이 조에서 같다)에 대하여 지도·조언을 하거나 그 운영·집행에 위법사항이 있는지 점검할 수 있다.

② 행정안전부장관 또는 시·도지사는 제1항에 따른 지도·조언 및 점검을 위하여 필요한 경우에는 지방자치단체에 자료의 제출을 요구할 수 있다.
(2017.7.26 본조개정)

제150조의2【지방세 불복·쟁송의 지원】 ① 행정안전부장관은 이 법 또는 지방세관계법에 따른 처분 등에 대한 다음 각 호의 불복·쟁송 관련 업무를 체계적으로 관리하고 해당 업무를 수행하는 지방자치단체의 장을 효율적으로 지원하기 위한 방안을 마련하여 시행할 수 있다.

1. 제7장에 따른 심판청구
2. 「감사원법」에 따른 심사청구
3. 행정소송 및 「민사소송법」에 따른 소송

② 지방자치단체의 장은 제1항 각 호의 불복·쟁송의 청구서 또는 소장 등을 접수하거나 송달받은 경우로서 같은 항 각 호 외의 부분에 따른 지원을 받기 위하여 필요한 경우에는 청구번호 또는 사건번호 등 대통령령으로 정하는 사항을 행정안전부장관에게 제출할 수 있다.

③ 지방자치단체의 장은 제1항 각 호의 불복·쟁송에 대한 결정 또는 판결 등이 있는 경우로서 같은 항 각 호 외의 부분에 따른 지원을 받기 위하여 필요한 경우에는 그 결과를 행정안전부장관에게 제출할 수 있다.

④ 지방자치단체의 장은 이 법 또는 지방세관계법에 따른 처분에 대한 심판청구 또는 행정소송에 대한 지원이 필요한 경우에는 행정안전부장관 또는 시·도지사에게 조세심판 또는 행정소송의 참가를 요청할 수 있다.
(2023.23.29 본조개정)

제151조【지방세연구기관의 설립·운영】 ① 지방세입 제도의 발전에 필요한 연구·조사·교육 및 이와 관계된 지방자치단체 사업을 위한 지원 등을 하기 위하여 지방자치단체가 출연·운영하는 법인으로 지방세연구기관(이하 "지방세연구원"이라 한다)을 설립한다.
(2020.12.29 본항개정)

② 지방세연구원의 이사회는 성별을 고려하여 이사장과 원장을 포함한 12명 이내의 이사로 구성하고, 감사 2명을 둔다. 이 경우 이사는 특별시장·광역시장·특별자치시장·도지사·특별자치도지사 및 시장·군수·구청장이 각각 협의하여 공무원, 교수 등 지방세에 대한 조예가 있는 사람을 각각 같은 수로 추천·선출하되, 이사장은 특별시장·광역시장·특별자치시장·도지사·특별자치도지사가 협의하여 추천한 사람 중에서 이사회의 의결을 거쳐 선출한다.

③ 지방세연구원의 원장 및 감사는 이사회의 의결을 거쳐 이사장이 임명하며, 이사장과 감사는 비상근으로 한다.

④ 지방세연구원은 다음 각 호의 사항을 인터넷 홈페이지에 공시(이하 이 조에서 "경영공시"라 한다)하여야 한다.

1. 해당 연도의 경영목표, 예산 및 운영계획
2. 전년도의 결산서
3. 전년도의 임원 및 운영인력 현황
4. 전년도의 인건비 예산 및 집행 현황
5. 경영실적의 평가결과
6. 외부기관의 감사결과, 조치요구사항 및 이행결과
7. 기본재산 및 채무 변동 등 재무 현황
8. 그 밖에 경영에 관한 중요한 사항으로서 대통령령으로 정하는 사항
(2023.12.29 본항신설)

⑤ 경영공시의 시기 및 주기 등에 관하여 필요한 사항은 대통령령으로 정한다.(2023.12.29 본항신설)

⑥ 지방세연구원의 설립·운영에 관한 사항은 정관으로 정하되, 이 법에서 정하지 아니한 그 밖의 사항에 관하여는 「민법」 제32조와 「공익법인의 설립·운영에 관한 법률」(같은 법 제5조는 제외한다)을 준용한다.

⑦ 행정안전부장관은 지방세연구원에 지방세입과 관련한 연구·조사 등의 업무를 수행하게 할 수 있다. 이 경우 행정안전부장관은 해당 업무를 수행하는 데 필요한 비용을 지원하기 위하여 지방세연구원에 출연할 수 있다.(2020.12.29 본항신설)

제151조의2【지방세 관련 사무의 공동 수행을 위한 지방자치단체조합의 설립】 ① 지방세의 납부, 체납, 징수, 불복 등 지방세 관련 사무 중 복수의 지방자치단체에 걸쳐 있거나 통합적으로 처리하는 것이 효율적이라고 판단되는 대통령령으로 정하는 사무를 지방자치단체가 공동으로 수행하기 위하여 「지방자치법」 제176조 제1항에 따른 지방자치단체조합을 설립한다.(2023.3.14 본항개정)

② 그 밖에 지방세조합의 설립절차와 운영 등에 관한 사항은 대통령령으로 정한다.
(2020.12.29 본조신설)

제152조【지방세발전기금의 설치·운용】 ① 지방자치단체는 지방세에 대한 연구·조사 및 평가 등에 사용되는 경비를 충당하기 위하여 지방세발전기금을 설치·운용하여야 한다. 이 경우 지방자치단체는 매년 전전년도 보통세 세입결산액(특별시의 경우에는 제9조에 따른 특별시분 재산세를 제외하고, 특별시 관할구역의 자치구의 경우에는 제10조에 따라 교부받은 특별시분 재산세를 포함한다)에 대통령령으로 정하는 비율을 적용하여 산출한 금액을 지방세발전기금으로 적립하여야 한다.

② 지방세발전기금의 적립, 용도, 운용 및 관리에 관한 사항은 대통령령으로 정한다.

③ 제1항 및 제2항에 따라 지방세발전기금으로 적립하여 지방세연구원에 출연하여야 하는 금액을 예산에 반영하여 지방세연구원에 출연한 경우에는 그 부분에 대해서만 제1항에 따른 지방세발전기금 적립 의무를 이행한 것으로 본다.

제152조의2【가족관계등록 전산정보자료의 요청】 ① 행정안전부장관이나 지방자치단체의 장은 다음 각 호의 업무를 처리하기 위하여 필요한 경우에는 법원행정처장에게 「가족관계의 등록 등에 관한 법률」 제11조제6항에 따른 등록전산정보자료의 제공을 요청할 수 있다. 이 경우 법원행정처장은 특별한 사유가 없으면 이에 협조하여야 한다.(2021.12.28 본문개정)

1. 제42조에 따른 상속인에 대한 피상속인의 납세의무 승계
2. 제46조에 따른 과점주주에 대한 제2차 납세의무 부여
3. 제60조제7항에 따른 주된 상속자에 대한 사망자 지방세환급금의 지급
4. 제88조제6항 및 제98조제1항 단서에서 준용하는 「행정심판법」에 따른 과세전적부심사 및 이의신청의 신청인·청구인 지위 승계의 신고 또는 허가
(2019.12.31 본호개정)

② 행정안전부장관은 제1항에 따라 제공받은 등록전산정보자료를 대통령령으로 정하는 바에 따라 지방자치단체의 장에게 제공할 수 있다.(2021.12.28 본항신설)
(2021.12.28 본조제목개정)
(2017.12.26 본조신설)

제153조【「국세기본법」 등의 준용】 지방세의 부과·징수에 관하여 이 법 또는 지방세관계법에서 규정한 것을 제외하고는 「국세기본법」과 「국세징수법」을 준용한다.

제154조【전환 국립대학법인의 납세의무에 대한 특례】 지방세관계법에서 규정하는 납세의무에도 불구하고 종전에 국립대학 또는 공립대학이었다가 전환된 국립대학법인에 대한 지방세의 납세의무를 적용할 때에는 전환 국립대학법인을 별도의 법인으로 보지 아니하고 국립대학법인으로 전환되기 전의 국립학교 또는 공립학교로 본다. 다만, 전환국립대학법인이 해당 법인의 설립근거가 되는 법률에 따른 교육·연구 활동에 지장이 없는 범위 외의 수익사업에 사용된 과세대상에 대한 납세의무에 대해서는 그러지 아니하다.(2019.12.31 본조신설)

부 칙

제1조【시행일】 이 법은 공포 후 3개월이 경과한 날부터 시행한다.
제2조【가점주의 취득에 대한 지방세 부과의 제척기간 변경에 관한 적용례】 제38조제1항제2호 단서의 개정규정은 이 법 시행 후 지방세를 부과할 수 있는 날이 개시되는 분부터 적용한다.
제3조【초과환급신고가산세의 부과에 관한 적용례】 제54조의 개정규정 중 초과환급신고가산세의 부과에 관한 사항은 이 법 시행 후 초과환급신고하는 분부터 적용한다.
제4조【환급불성실가산세의 부과에 관한 적용례】 제55조의 개정규정 중 환급불성실가산세의 부과에 관한 사항은 이 법 시행 후 초과환급받는 분부터 적용한다.
제5조【가산세의 감면에 관한 적용례】 제57조제2항의 개정규정은 이 법 시행 후 최초로 기한 후 신고를 하는 분부터 적용한다.
제6조【지방세환급가산금에 관한 적용례】 제62조제1항제7호의 개정규정은 이 법 시행 후 지방세환급금이 발생하는 분부터 적용한다.
제7조【과세전적부심사에 관한 적용례】 제88조제5항의 개정규정은 이 법 시행 후 과세전적부심사를 청구하는 분부터 적용한다.
제8조【이의신청 또는 심사청구에 관한 적용례】 제98조제1항의 개정규정은 이 법 시행 후 이의신청 또는 심사청구하는 분부터 적용한다.
제9조【일반적 경과조치】 이 법 시행 전에 종전의 규정에 따라 부과하였거나 부과하여야 할 지방자치단체의 징수금에 대해서는 종전의 규정에 따른다.
제10조【경정 등의 청구 기간 연장에 관한 경과조치】 이 법 시행 전에 종전의 제51조제2항에 따른 청구 기간이 경과한 분에 대해서는 제50조제2항 각 호 외의 부분의 개정규정에도 불구하고 종전의 규정에 따른다.
제11조【지방세에 관한 범칙행위의 벌칙 등에 관한 경과조치】 ① 2011년 1월 1일 전의 행위에 대한 벌칙의 적용은 종전의 「지방세법」(법률 제10221호로 개정되기 전의 것을 말한다) 제84조에 따른다.
② 2011년 1월 1일 전에 포탈된 지방세의 일시 부과·징수에 대해서는 종전의 「지방세법」(법률 제10221호로 개정되기 전의 것을 말한다) 제85조에 따른다.
제12조【벌칙 등에 관한 경과조치】 ① 2012년 4월 1일 전의 행위에 대한 벌칙, 과태료, 양벌규정, 「형법」 적용의 일부 배제, 고발 및 공소시효의 기간에 관하여는 종

전의 「지방세기본법」(법률 제11136호로 개정되기 전의 것을 말한다) 제132조 및 제133조와 같은 법 제134조제1항에 따라 준용되는 「조세범 처벌법」에 따른다.
② 2012년 4월 1일 전의 행위에 대한 처벌절차에 관하여는 종전의 「지방세기본법」(법률 제11136호로 개정되기 전의 것을 말한다) 제134조제2항에 따라 준용되는 「조세범 처벌절차법」에 따른다.
제13조【다른 법률의 개정】 ①~⑮ ※(해당 법령에 가제정리 하였음)(2017.1.4 본조개정)
제14조【다른 법령과의 관계】 이 법 시행 당시 다른 법령(조례를 포함한다)에서 종전의 「지방세기본법」 또는 그 규정을 인용한 경우에 이 법에 그에 해당하는 규정이 있을 때에는 이 법 또는 이 법의 해당 조항을 각각 인용한 것으로 본다.

부 칙 (2017.12.26)

제1조【시행일】 이 법은 2018년 1월 1일부터 시행한다.
제2조【과소신고·초과환급신고가산세 및 납부불성실·환급불성실가산세에 관한 적용례】 제54조제3항제2호 및 제55조제2항의 개정규정은 이 법 시행 후 양도소득에 대한 지방소득세 과세표준을 수정신고하거나 결정 또는 경정하는 경우부터 적용한다.
제3조【가산세 감면에 관한 적용례】 제57조제2항제4호의 개정규정은 이 법 시행 후 도래하는 확정신고기한까지 신고하거나 수정신고하는 경우부터 적용한다.
제4조【지방세환급가산금 지급에 관한 적용례】 제62조제1항제7호다목의 개정규정은 이 법 시행 후 내국법인이 해산하는 경우부터 적용한다.
제5조【세무조사의 사전통지에 관한 적용례】 제83조제1항 본문의 개정규정은 이 법 시행 후 세무조사의 사전통지를 하는 경우부터 적용한다.
제6조【이의신청 또는 심사청구 등의 결정에 관한 적용례 등】 ① 제96조제1항 각 호 외의 부분 단서(제88조제7항에서 준용하는 경우를 포함한다)는 이 법 시행 후 과세전적부심사를 청구하거나 이의신청 또는 심사청구를 제기하는 경우부터 적용한다.
② 제1항에도 불구하고 이 법 시행 전에 종전의 규정에 따라 이의신청을 제기한 경우로서 이 법 시행 후 심사청구를 제기하는 경우에는 제96조제1항 각 호 외의 부분 단서의 개정규정에도 불구하고 종전의 규정에 따른다.

부 칙 (2018.12.24)

제1조【시행일】 이 법은 2019년 1월 1일부터 시행한다.
제2조【지방세 부과의 제척기간 연장사유에 관한 적용례】 ① 제38조제2항제3호의 개정규정은 이 법 시행 이후 경정청구하는 분부터 적용한다.
② 제38조제2항제4호의 개정규정은 이 법 시행 이후 세무서장 또는 지방국세청장이 지방소득세 관련 소득세 또는 법인세 과세표준과 세액의 결정·경정 등에 관한 자료를 통보하는 경우부터 적용한다.
제3조【지방세징수권 소멸시효 정지사유에 관한 적용례】 제40조제3항제7호의 개정규정은 이 법 시행 이후 신고 또는 고지하는 분부터 적용한다.
제4조【지방소득세 경정청구에 관한 적용례】 제50조제4항의 개정규정은 이 법 시행 이후 개시하는 과세기간분 또는 사업연도분부터 적용한다.
제5조【납부불성실·환급불성실가산세 감면에 관한 적용례】 제55조제3항 및 제60조제10항의 개정규정은 이 법 시행 이후 개시하는 과세기간분 또는 사업연도분부터 적용한다.

제6조【세무조사에 관한 적용례】① 제76조제3항·제4항, 제80조제3항, 제83조제4항 및 제84조제1항제6호의 개정규정은 이 법 시행 이후 개시하는 범칙사건조사 또는 세무조사부터 적용한다.
② 제80조제2항제5호의 개정규정은 이 법 시행 이후 금품을 제공하거나 금품제공을 알선하는 분부터 적용한다.
③ 제84조제3항 및 제85조의 개정규정은 이 법 시행 당시 진행 중인 세무조사에 대해서도 적용한다.
제7조【공소시효에 관한 경과조치】이 법 시행 전에 범한 죄의 공소시효에 관하여는 제112조 본문의 개정규정에도 불구하고 종전의 규정에 따른다.

　　부　칙 (2019.12.31)

제1조【시행일】이 법은 2020년 1월 1일부터 시행한다. 다만, 다음 각 호의 개정규정은 각 호의 구분에 따른 날부터 시행한다.
1. 제2조제1항제28호, 제29호부터 제31호까지, 제24조제2항, 제25조제2항, 제28조제1항 단서, 제30조제8항, 제32조 단서, 제33조제2항, 제86조제2항 각 호 외의 부분, 같은 조 제4항 단서, 제130조제1항, 제135조, 제136조제1항제1호, 제138조 및 제145조제2항의 개정규정 : 2023년 1월 25일(2021.12.28 본호개정)
2. 제13조제1항 후단, 제34조제1항제10호사목, 제38조제2항제1호, 제50조제3항 단서, 제71조제5항, 제7장의 제목, 제89조제2항제1호(심사청구 제도 폐지와 관련된 개정사항으로 한정한다), 제90조, 제91조의 제목, 같은 조 제1항부터 제3항까지, 제92조, 제93조제1항·제2항, 제94조제1항·제2항, 제95조제1항 본문, 같은 조 제2항, 제96조제1항·제2항, 제97조제1항, 제98조제1항, 같은 조 제3항부터 제7항까지, 제99조제1항 본문, 같은 조 제2항, 제100조의 제목, 제147조의 제목, 같은 조 제1항제2호, 제152조의2제4호(심사청구 제도 폐지와 관련된 개정사항으로 한정한다)의 개정규정 : 2021년 1월 1일
3. 제93조의2의 개정규정 : 2020년 3월 2일
제2조【고액 지방세징수권의 소멸시효 연장에 관한 적용례】제39조제1항의 개정규정은 이 법 시행 이후 납세의무가 성립하는 분부터 적용한다.
제3조【기한 후 신고한 자에 대한 수정신고 및 경정청구 허용에 관한 적용례】제49조제1항 및 제50조제1항·제4항(기한후신고서와 관련된 개정사항으로 한정한다)의 개정규정은 이 법 시행 전에 기한후신고서를 제출하고 이 법 시행 이후 과세표준 수정신고서를 제출하거나 지방세의 과세표준 및 세액의 결정 또는 경정을 청구하는 경우에도 적용한다.
제4조【경정 등의 청구에 관한 적용례】제50조제4항 전단의 개정규정은 이 법 시행 이후 경정 등을 청구하는 분부터 적용한다.
제5조【가산세 감면 등에 관한 적용례】제57조제2항의 개정규정은 이 법 시행 전에 법정신고기한이 만료된 경우로서 이 법 시행 이후 최초로 수정신고하거나 기한 후 신고하는 분에 대해서도 적용한다.
제6조【지방세환급가산금 지급에 관한 적용례】제62조제1항제2호 단서의 개정규정은 이 법 시행 이후 연세액을 일시납부하는 분부터 적용한다.
제7조【세무조사 등에 관한 적용례】제80조제2항제6호 및 제84조의3의 개정규정은 이 법 시행 이후 개시하는 세무조사부터 적용한다.
제8조【세무조사 대상자의 선정방법에 관한 적용례】제82조제1항 각 호 외의 부분 후단 및 제147조제1항제5호의 개정규정은 이 법 시행 이후 세무조사 대상자를 선정하는 경우부터 적용한다.

제9조【재조사 결정에 따른 처분에 대한 불복청구에 관한 적용례】제89조제2항제1호(재조사 결정에 따른 처분에 대한 불복청구와 관련된 개정사항으로 한정한다)의 개정규정은 2020년 1월 1일 전에 재조사를 실시하고 2020년 1월 1일 이후 그에 따른 처분을 받은 경우에도 적용한다.
제10조【지방자치단체 선정 대리인에 관한 적용례】제93조의2의 개정규정은 2020년 3월 2일 전에 과세전적부심사청구 또는 이의신청을 하고 2020년 3월 2일 이후 대리인 선정을 신청하는 경우에도 적용한다.
제11조【조세심판전치주의 도입에 관한 적용례 등】① 제98조제3항부터 제7항까지의 개정규정은 2021년 1월 1일 이후 행정소송을 제기하는 경우부터 적용한다.
② 2021년 1월 1일 당시 종전의 제89조제1항에 따라 심사청구를 거쳤거나 부칙 제12조에 따른 심사청구를 거친 경우에는 제98조제3항의 개정규정에 따른 심판청구와 그에 대한 결정을 거친 것으로 본다.
제12조【심사청구제도 폐지에 관한 경과조치】2021년 1월 1일 당시 심사청구 중인 사건에 대해서는 제13조제1항 후단, 제38조제2항제1호, 제50조제3항 단서, 제7장의 제목, 제89조제1항, 같은 조 제2항제1호(심사청구제도 폐지와 관련된 개정사항으로 한정한다), 제91조, 제92조, 제93조제1항·제2항, 제94조제1항·제2항, 제95조제1항 본문, 같은 조 제2항, 제96조제1항(심사청구 제도 폐지와 관련된 개정사항으로 한정한다)·제7항, 제97조제1항, 제98조제1항, 제99조조제1항 본문 및 같은 조 제2항, 제100조의 제목, 제147조제1항제2호 및 제152조의2제4호(심사청구 제도 폐지와 관련된 개정사항으로 한정한다)의 개정규정에도 불구하고 종전의 규정에 따른다.
제13조【경정 등의 청구기간 변경에 관한 경과조치】이 법 시행 당시 경정 등 청구기간이 경과하지 아니한 분에 대해서는 제50조제2항 각 호 외의 부분의 개정규정에도 불구하고 종전의 규정에 따른다.
제14조【가산세 감면 등에 관한 경과조치】이 법 시행 전에 수정신고하거나 기한 후 신고한 분에 대해서는 제57조제2항의 개정규정에도 불구하고 종전의 규정에 따른다. 이 법 시행 전에 수정신고하거나 기한 후 신고한 분에 대하여 이 법 시행 이후 다시 수정신고하거나 기한 후 신고하는 분에 대해서도 또한 같다.
제15조【지방세예규심사위원회의 명칭 변경에 관한 경과조치】① 이 법 시행 당시 종전의 제148조에 따른 지방세예규심사위원회는 제148조의 개정규정에 따른 지방세법규해석심사위원회로 본다.
② 이 법 시행 당시 종전의 제148조에 따라 임명되거나 위촉된 지방세예규심사위원회의 위원은 제148조의 개정규정에 따라 지방세법규해석심사위원회의 위원으로 임명되거나 위촉된 것으로 본다.
제16조【국립대학법인의 납세의무에 대한 적용례】① 제154조의 개정규정은 이 법 시행 전에 전환된 국립대학법인에 대해서도 적용한다.
② 제154조의 개정규정은 이 법 시행 이후 성립하는 납세의무부터 적용한다.

　　부　칙 (2020.3.24)

제1조【시행일】이 법은 공포한 날부터 시행한다.(이하 생략)

　　부　칙 (2020.12.22)

제1조【시행일】이 법은 2021년 1월 1일부터 시행한다.(이하 생략)

부　칙 (2020.12.29)

제1조 【시행일】 이 법은 2021년 1월 1일부터 시행한다. 다만, 다음 각 호의 개정규정은 각 호의 구분에 따른 날부터 시행한다.
1. 제9조제2항의 개정규정 : 공포한 날
2. 제6조, 제146조제1항(지방세조합과 관련된 개정사항에 한정한다)·제8항·제9항, 제147조제1항(지방세조합과 관련된 개정사항에 한정한다), 같은 조 제2항부터 제4항까지 및 제151조의2의 개정규정 : 공포 후 1년이 경과한 날
3. 제86조제1항제4호(지방세조합과 관련된 개정사항으로 한정한다)·제1항제9호·제2항, 제135조제1항·제2항제3호(지방세조합과 관련된 개정사항으로 한정한다)의 개정규정 : 2022년 2월 3일(2021.12.28 본조개정)
4. 법률 제16854호 지방세기본법 일부개정법률 제135조제5항의 개정규정 : 2023년 1월 25일(2021.12.28 본호신설)
5. 제2조제1항제14호·제22호부터 제24호까지·제26호·제33호, 제34조제1항제12호, 제35조제2항, 제39조제1항부터 제4항까지, 제55조제1항·제2항·제4항·제5항, 제56조, 제71조제1항·제2항의 개정규정 : 2024년 1월 1일(2021.12.28 본조신설)

제2조 【지방세징수권의 소멸시효에 관한 적용례】 제39조제1항, 제3항 및 제4항의 개정규정은 부칙 제1조제5호에 따른 지방세 납세의무가 성립하는 분부터 적용한다.(2021.12.28 본조개정)

제3조 【상속으로 인한 납세의무의 승계에 관한 적용례】 제42조제2항 및 제3항의 개정규정은 이 법 시행 이후 상속이 개시되는 분부터 적용한다.

제4조 【명의신탁된 종중 재산의 물적 납세의무에 관한 적용례】 제75조제3항의 개정규정은 이 법 시행 이후 납세의무가 성립하는 분부터 적용한다.

제5조 【세무조사 등의 결과 통지에 관한 적용례】 제85조제1항 각 호 외의 부분 본문, 같은 조 제2항 및 제3항의 개정규정은 이 법 시행 이후 범칙사건조사 또는 세무조사를 개시하는 경우부터 적용한다.

제6조 【납부지연가산세 및 특별징수 납부지연가산세에 관한 경과조치】 부칙 제1조제5호에 따른 시행일 전에 납세의무가 성립된 분에 대해서는 제2조제14호·제22호부터 제24호까지·제26호·제33호, 제55조제1항·제2항제4항·제5항, 제56조 및 제71조제1항제3호부터 제5호까지 및 같은 조 제2항 단서의 개정규정에도 불구하고 종전의 규정에 따른다. 부칙 제1조제5호에 따른 시행일 전에 제45조부터 제48조까지의 규정에 따른 주된 납세자의 납세의무가 성립한 경우의 제2차 납세의무자에 대해서도 또한 같다.(2021.12.28 본조개정)

제7조 【가산세 납세의무 성립시기에 관한 경과조치】 부칙 제1조제5호에 따른 시행일 전에 종전의 제34조제1항제12호에 따라 납세의무가 성립한 가산세에 대해서는 같은 개정규정에도 불구하고 종전의 규정에 따른다.(2021.12.28 본조개정)

제8조 【지방세 납세의무의 확정에 관한 경과조치】 부칙 제1조제5호에 따른 시행일 전에 제35조제1항에 따라 세액이 확정된 가산세에 대해서는 같은 조 제2항제2호 및 제3호의 개정규정에도 불구하고 종전의 규정에 따른다.(2021.12.28 본조개정)

제9조 【연대납세의무의 한도에 관한 경과조치】 이 법 시행 전에 법인이 분할되거나 분할합병된 경우의 연대납세의무 한도에 대해서는 제44조제2항 및 제3항의 개정규정에도 불구하고 종전의 규정에 따른다.

제10조 【과세전적부심사 청구에 관한 경과조치】 ① 이 법 시행 전에 종전의 제88조제2항제3호에 따른 통지를 받은 경우에는 같은 개정규정에도 불구하고 종전의 규정에 따른다.
② 이 법 시행 전에 종전의 제88조제2항 각 호에 따른 통지를 받은 경우에는 같은 조 제3항제1호의 개정규정에도 불구하고 종전의 규정에 따른다.

부　칙 (2021.1.12)

제1조 【시행일】 이 법은 공포 후 1년이 경과한 날부터 시행한다.(이하 생략)

부　칙 (2021.11.23)

제1조 【시행일】 이 법은 공포한 날부터 시행한다.(이하 생략)

부　칙 (2021.12.7)

제1조 【시행일】 이 법은 2022년 1월 1일부터 시행한다.(이하 생략)

부　칙 (2021.12.28)

제1조 【시행일】 이 법은 2022년 1월 1일부터 시행한다. 다만, 제125조의 개정규정은 공포한 날부터 시행한다.

제2조 【경정결정 또는 경정 관련 진행상황 등의 통보에 관한 적용례】 제50조제5항의 개정규정은 이 법 시행 이후 제50조제1항 또는 제2항에 따라 과세표준 및 세액의 결정 또는 경정이 청구되는 경우부터 적용한다.

제3조 【지방세환급가산금의 가산에 관한 적용례】 제62조제1항 및 제3항의 개정규정은 이 법 시행 이후 지방자치단체의 장이 제60조제1항에 따라 지방세환급금을 결정하는 경우부터 적용한다.

부　칙 (2023.3.14)

제1조 【시행일】 이 법은 공포한 날부터 시행한다. 다만, 제63조제2항의 개정규정은 2023년 6월 1일부터 시행하고, 법률 제17768호 지방세기본법 일부개정법률 제56조제3항의 개정규정은 2025년 1월 1일부터 시행한다.

제2조 【부과의 제척기간에 관한 적용례】 제38조제3항의 개정규정은 이 법 시행 이후 제7장에 따른 이의신청·심판청구, 「감사원법」에 따른 심사청구 또는 행정소송에 대한 결정이나 판결이 확정되어 재산을 사실상 취득한 자가 따로 있다는 사실이 확인되는 경우(이 법 시행 전에 부과의 제척기간이 만료된 경우는 제외한다)부터 적용한다.

제3조 【상속으로 인한 납세의무의 승계에 관한 적용례】 제42조제3항제3호의 개정규정은 이 법 시행 이후 상속이 개시되는 경우부터 적용한다.

제4조 【경정 등의 청구에 관한 적용례 및 특례】 ① 제50조제2항제1호의 개정규정(같은 조 제6항에서 준용되는 경우를 포함한다)은 2023년 1월 1일 이후 제7장에 따른 심판청구, 「감사원법」에 따른 심사청구에 대한 결정이 확정되는 경우부터 적용한다.
② 제1항에도 불구하고 2023년 1월 1일부터 이 법 시행 전에 제7장에 따른 심판청구, 「감사원법」에 따른 심사청구에 대한 결정이 확정된 경우에는 이 법 시행일부터 90일 이내에 경정을 청구할 수 있다.

제5조 【지방세환급금에 관한 권리의 양도에 관한 적용례】 제63조제2항의 개정규정은 같은 개정규정 시행 이후 지방세환급금에 관한 권리의 양도 요구를 하는 경우부터 적용한다.

【세무조사의 통지 등에 관한 적용례】제80조의2, 제83조제4항·제5항, 같은 조 제6항제2호의 개정규정은 이 법 시행 이후 세무조사를 시작하는 경우부터 적용한다.

제7조【청구대상에 관한 적용례】 제89조제3항의 개정규정은 2023년 1월 1일 이후 제7장에 따른 이의신청 또는 심판청구를 하는 경우부터 적용한다.

제8조【심판청구에 관한 적용례】 제91조제2항제2호의 개정규정은 이 법 시행 전에 이의신청을 제기한 경우로서 이 법 시행 당시 같은 개정규정에 따른 청구기간이 경과하지 아니한 경우에도 적용한다.

　　　부　칙 (2023.5.4)

제1조【시행일】 이 법은 공포한 날부터 시행한다.
제2조【지방세의 우선 징수에 관한 적용례】 제71조의 개정규정은 이 법 시행 이후 「지방세징수법」 제92조에 따른 매각결정 또는 「민사집행법」 제128조에 따른 매각허가결정을 하는 경우부터 적용한다.

　　　부　칙 (2023.12.29)

제1조【시행일】 이 법은 2024년 1월 1일부터 시행한다. 다만, 제150조의2제2항 및 제3항의 개정규정은 2024년 7월 1일부터 시행한다.
제2조【법인의 제2차 납세의무에 관한 적용례】 제47조제1항제3호의 개정규정은 이 법 시행 이후 출자자의 납세의무가 성립하는 경우부터 적용한다.
제3조【사업양수인의 제2차 납세의무에 관한 적용례】 제48조제2항의 개정규정은 이 법 시행 전에 사업이 양도·양수된 경우로서 이 법 시행 당시 제2차 납세의무자로서 납부통지를 받지 아니한 경우에 대해서도 적용한다.
제4조【다른 법률의 개정】 ※(해당 법령에 가제정리 하였음)

지방세기본법 시행령

(2017년　　　3월　　　27일)
(전부개정대통령령 제27958호)

개정
2017. 7.26영28211호(직제)
2017.12.29영28523호　　　　　　　　　　2018. 6.26영28991호
2018.12.31영29436호
2019. 1.22영29498호(승강기안전관리법시)
2019. 3.12영29617호(철도의건설및철도시설유지관리에관한법시)
2019. 4. 2영29677호(중소기업진흥시)
2019. 6.11영29849호(한국해양교통안전공단법시)
2019.12.24영30256호(산업안전시)
2019.12.31영30317호　　　　　　　　　　2020. 3.31영30582호
2020. 4.28영30640호(농업·농촌공익기능증진직접지불제도운영에관한법시)
2020. 7.28영30876호(항만법시)
2020. 8. 4영30893호(신용정보의이용및보호에관한법시)
2020. 8.26영30975호(친환경농어업육성및유기식품등의관리·지원에관한법시)
2020. 9. 8영30994호
2020.12. 8영31221호(소프트웨어진흥법시)
2020.12. 8영31222호(전자서명법시)
2020.12.10영31252호(전자문서및전자거래기본법시)
2020.12.31영31341호
2020.12.31영31349호(자치경찰조직운영)
2021. 2. 9영31438호(해양조사와해양정보활용에관한법시)
2021. 2.17영31450호(주류면허등에관한법시)
2021. 2.19영31472호(수산식품산업의육성및지원에관한법시)
2021. 8.31영31961호(한국광해광업공단법시)
2021. 9.14영31986호(건설기술진흥법시)
2021.12.16영32223호(지방자치시)
2021.12.31영32294호
2022. 2.17영32447호(국민평생직업능력개발법시)
2022. 2.18영32455호(지역산업위기대응및지역경제회복을위한특별법시)
2022. 6. 7영32665호
2022. 6.28영32733호(중소기업창업시)
2022.11.29영33004호(소방시설설치및관리에관한법)
2023. 3.14영33327호
2023. 4. 5영33377호(직제)
2023. 4.11영33382호(직제)
2023. 4.18영33417호(오존층보호등을위한특정물질의관리에관한법시)
2023. 6. 7영33517호(수상레저기구의등록및검사에관한법시)
2023.12.29영34077호

제1장　총　칙

제1절　통　칙

제1조【목적】 이 영은 「지방세기본법」에서 위임된 사항과 그 시행에 필요한 사항을 규정함을 목적으로 한다.
제2조【특수관계인의 범위】 ① 「지방세기본법」(이하 "법"이라 한다) 제2조제1항제34호가목에서 "혈족·인척 등 대통령령으로 정하는 친족관계"란 다음 각 호의 어느 하나에 해당하는 관계(이하 "친족관계"라 한다)를 말한다.
1. 6촌 이내의 혈족
2. 4촌 이내의 인척
3. 배우자(사실상의 혼인관계에 있는 사람을 포함한다)
4. 친생자로서 다른 사람에게 친양자로 입양된 사람 및 그 배우자·직계비속
② 법 제2조제1항제34호나목에서 "임원·사용인 등 대통령령으로 정하는 경제적 연관관계"란 다음 각 호의 어느 하나에 해당하는 관계(이하 "경제적 연관관계"라 한다)를 말한다.
1. 임원과 그 밖의 사용인
2. 본인의 금전이나 그 밖의 재산으로 생계를 유지하는 사람
3. 제1호 또는 제2호의 사람과 생계를 함께하는 친족

③ 법 제2조제1항제34호다목에서 "주주·출자자 등 대통령령으로 정하는 경영지배관계"란 다음 각 호의 구분에 따른 관계(이하 "경영지배관계"라 한다)를 말한다. (2023.3.14 본문개정)

1. 본인이 개인인 경우
가. 본인이 직접 또는 그와 친족관계 또는 경제적 연관관계에 있는 자를 통하여 법인의 경영에 대하여 지배적인 영향력을 행사하고 있는 경우 그 법인
나. 본인이 직접 또는 그와 친족관계, 경제적 연관관계 또는 가목의 관계에 있는 자를 통하여 법인의 경영에 대하여 지배적인 영향력을 행사하고 있는 경우 그 법인
(2023.3.14 본호개정)

2. 본인이 법인인 경우
가. 개인 또는 법인이 직접 또는 그와 친족관계 또는 경제적 연관관계에 있는 자를 통하여 본인인 법인의 경영에 대하여 지배적인 영향력을 행사하고 있는 경우 그 개인 또는 법인
나. 본인이 직접 또는 그와 경제적 연관관계 또는 가목의 관계에 있는 자를 통하여 어느 법인의 경영에 대하여 지배적인 영향력을 행사하고 있는 경우 그 법인
다. 본인이 직접 또는 그와 경제적 연관관계, 가목 또는 나목의 관계에 있는 자를 통하여 어느 법인의 경영에 대하여 지배적인 영향력을 행사하고 있는 경우 그 법인(2023.3.14 본목신설)
라. 본인이 「독점규제 및 공정거래에 관한 법률」에 따른 기업집단에 속하는 경우 그 기업집단에 속하는 다른 계열회사 및 그 임원(2023.3.14 본목신설)

④ 제3항제1호 각 목, 같은 항 제2호가목부터 다목까지의 규정을 적용할 때 다음 각 호의 구분에 따른 요건에 해당하는 경우 해당 법인의 경영에 대하여 지배적인 영향력을 행사하고 있는 것으로 본다.(2023.3.14 본문개정)

1. 영리법인인 경우
가. 법인의 발행주식 총수 또는 출자총액의 100분의 30 이상을 출자한 경우(2023.3.14 본목개정)
나. 임원의 임면권의 행사, 사업방침의 결정 등 법인의 경영에 대하여 사실상 영향력을 행사하고 있다고 인정되는 경우

2. 비영리법인인 경우
가. 법인의 이사의 과반수를 차지하는 경우
나. 법인의 출연재산(설립을 위한 출연재산만 해당한다)의 100분의 30 이상을 출연하고 그 중 1명이 설립자인 경우

제2절 과세권 등

제3조 【권한 위탁의 고시】 지방자치단체의 장은 법 제6조제1항에 따라 법 또는 지방세관계법에 따른 권한의 일부를 중앙행정기관의 장(소속기관의 장을 포함한다), 다른 지방자치단체의 장이나 법 제151조의2에 따른 지방자치단체조합의 장에게 위탁한 경우에는 수탁자, 위탁업무, 위탁기간과 그 밖에 필요하다고 인정하는 사항을 공보나 지방자치단체의 정보통신망에 고시해야 한다.(2021.12.31 본조개정)

제4조 【소멸 시·군·구에 대한 지방세환급금의 처리】 ① 법 제13조제1항에 따라 소멸한 특별자치시·특별자치도·시·군 및 구(자치구를 말한다. 이하 같다)의 징수금에 관한 권리를 승계하는 특별자치시·특별자치도·시·군·구(이하 "승계 시·군·구"라 한다)가 둘 이상인 경우에 그 소멸한 특별자치시·특별자치도·시·군 및 구(이하 "소멸 시·군·구"라 한다)에 과오납된 지방자치단체의 징수금이 있으면 그 승계 시·군·구 간의 합의에 따라 충당·환급하여야 한다.
② 제1항에 따라 승계 시·군·구가 소멸 시·군·구의 과오납된 지방자치단체의 징수금을 충당·환급하는 경우에는 소멸 시·군·구의 충당·환급의 예에 따른다.

제3절 기간과 기한

제5조 【기한의 특례 사유】 법 제24조제2항에서 "대통령령으로 정하는 장애로 인하여 지방세정보통신망의 가동이 정지되어 전자신고 또는 전자납부를 할 수 없는 경우"란 정전, 통신상의 장애, 프로그램의 오류, 그 밖의 부득이한 사유로 지방세정보통신망의 가동이 정지되어 전자신고 또는 전자납부를 할 수 없는 경우를 말한다.

제6조 【기한의 연장사유 등】 법 제26조제1항에서 "대통령령으로 정하는 사유"란 다음 각 호의 어느 하나에 해당하는 사유를 말한다.

1. 납세자가 「재난 및 안전관리 기본법」에 따른 재난이나 도난으로 재산에 심한 손실을 입은 경우 (2021.12.31 본호개정)
2. 납세자나 그 동거가족이 질병이나 중상해로 6개월 이상의 치료가 필요하거나 사망하여 상중(喪中)인 경우(2021.12.31 본호개정)
3. 권한 있는 기관에 장부·서류 또는 그 밖의 물건(이하 "장부등"이라 한다)이 압수되거나 영치된 경우 (2019.12.31 본호개정)
4. 납세자가 경영하는 사업에 현저한 손실이 발생하거나 부도 또는 도산 등 사업이 중대한 위기에 처한 경우(납부의 경우로 한정한다)(2021.12.31 본호개정)
5. 정전, 프로그램의 오류, 그 밖의 부득이한 사유로 다음 각 목의 어느 하나에 해당하는 정보처리장치나 시스템을 정상적으로 가동시킬 수 없는 경우
가. 「지방회계법」 제38조에 따른 지방자치단체의 금고(이하 "지방자치단체의 금고"라 한다)가 운영하는 정보처리장치
나. 「지방회계법 시행령」 제49조제1항 및 제2항에 따라 지방자치단체 금고업무의 일부를 대행하는 금융회사 등(이하 "지방세수납대행기관"이라 한다)이 운영하는 정보처리장치
다. 「지방회계법 시행령」 제62조에 따른 세입금통합수납처리시스템
6. 지방자치단체의 금고 또는 지방세수납대행기관의 휴무, 그 밖에 부득이한 사유로 정상적인 신고 또는 납부가 곤란하다고 행정안전부장관이나 지방자치단체의 장이 인정하는 경우(2021.12.31 본호개정)
7. 「세무사법」 제2조제3호에 따라 납세자의 장부 작성을 대행하는 세무사(같은 법 제16조의4에 따라 등록한 세무법인을 포함한다) 또는 같은 법 제20조의2제1항에 따라 세무대리업무등록부에 등록한 공인회계사나 「공인회계사법」 제24조에 따라 등록한 회계법인을 포함한다)가 재난 등으로 피해를 입거나 해당 납세자의 장부(장부 작성에 필요한 자료를 포함한다)를 도난당한 경우(지방소득세에 관하여 신고·신청·청구 또는 그 밖의 서류 제출·통지를 하거나 납부하는 경우로 한정한다)(2021.12.31 본호개정)
8. 제1호부터 제6호까지의 규정에 준하는 사유가 있는 경우

제7조 【기한의 연장 신청과 승인】 ① 법 제26조제1항에 따라 기한의 연장을 신청하려는 납세자는 기한 만료일 3일 전까지 다음 각 호의 사항을 적은 신청서를 해당 지방자치단체의 장에게 제출해야 한다. 다만, 지방자치단체의 장은 납세자가 기한 만료일 3일 전까지 기한의 연장을 신청할 수 없다고 인정하는 경우에는

기한 만료일까지 신청하게 할 수 있다.(2020.12.31 본문개정)

1. 기한의 연장을 받으려는 자의 성명(법인인 경우에는 법인명을 말한다. 이하 같다)과 주소, 거소, 영업소 또는 사무소(이하 "주소 또는 영업소"라 한다) (2020.12.31 본호개정)
2. 연장을 받으려는 기한
3. 연장을 받으려는 사유
4. 그 밖에 필요한 사항

② 지방자치단체의 장은 제1항에 따른 기한의 연장 신청을 받은 경우에는 기한 만료일까지 다음 각 호의 사항을 적은 문서로 신청인에게 통지하여야 한다. 다만, 제1항 후단에 따라 기한의 연장 신청을 받은 경우에는 지체 없이 통지하여야 한다.

1. 기한연장의 승인 여부
2. 연장된 기한(기한의 연장을 승인한 경우만 해당한다)
3. 기한연장의 승인 사유(기한의 연장을 승인한 경우만 해당한다)
4. 그 밖에 필요한 사항

③ 법 제26조에 따라 지방자치단체의 장이 직권으로 기한의 연장을 결정한 경우에는 다음 각 호의 사항을 적은 문서로 지체 없이 납세자에게 통지하여야 한다.

1. 연장된 기한
2. 기한연장의 결정 사유
3. 그 밖에 필요한 사항

④ 지방자치단체의 장은 제2항 및 제3항에도 불구하고 다음 각 호의 어느 하나에 해당하는 경우에는 지방세정보통신망이나 해당 지방자치단체의 정보통신망 또는 게시판에 게시하거나 관보·공보 또는 일간신문에 게재하는 방법으로 통지를 갈음할 수 있다. 이 경우 지방세정보통신망이나 지방자치단체의 정보통신망에 게시하는 방법으로 통지를 갈음할 때에는 지방자치단체의 게시판에 게시하거나 관보·공보 또는 일간신문에 게재하는 방법 중 하나의 방법과 함께 하여야 한다.

1. 제6조제5호에 해당하는 사유가 전국적으로 한꺼번에 발생하는 경우
2. 기한연장의 통지대상자가 불특정 다수인인 경우
3. 기한연장의 사실을 그 대상자에게 개별적으로 통지할 시간적 여유가 없는 경우

제8조【기한연장의 기간과 분납기한 등】① 법 제26조제1항에 따른 기한연장의 기간은 그 기한연장을 결정한 날(납세자가 신청한 경우에는 기한연장을 승인한 날을 말한다)의 다음 날부터 6개월 이내로 한다.

② 지방자치단체의 장은 제1항에 따른 기한을 연장한 후에도 해당 기한연장의 사유가 소멸되지 아니하는 경우에는 6개월을 넘지 아니하는 범위에서 한 차례만 그 기한을 연장할 수 있다.

③ 법 제26조제1항에 따라 납부기한을 연장하는 경우 연장된 기간 중의 분납기한 및 분납금액은 지방자치단체의 장이 정한다. 이 경우 지방자치단체의 장은 가능한 한 매회 같은 금액을 분납할 수 있도록 정하여야 한다.

제8조의2【기한연장과 분납한도의 특례】① 제8조에도 불구하고 다음 각 호의 어느 하나에 해당하는 자가 제6조제1호·제2호 또는 제4호의 사유(이에 준하는 사유를 포함한다. 이하 이 조에서 같다)에 해당하는 경우 법 제26조제1항에 따른 기한연장의 기간은 그 기한연장을 결정한 날(납세자가 신청한 경우에는 기한연장을 승인한 날을 말한다)의 다음 날부터 1년 이내로 한다. 다만, 본문에 따라 기한을 연장한 후에도 해당 기한연장의 사유가 소멸되지 아니하는 경우에는 제3항에 따른 기간의 범위에서 6개월마다 그 기한을 다시 연장할 수 있다.

1. 다음 각 목의 어느 하나의 지역에 사업장이 소재하는 「조세특례제한법 시행령」 제2조에 따른 중소기업

가. 「고용정책 기본법」 제32조의2제2항에 따라 선포된 고용재난지역
나. 「고용정책 기본법 시행령」 제29조제1항에 따라 지정·고시된 지역
다. 「지역 산업위기 대응 및 지역경제 회복을 위한 특별법」 제10조제1항에 따라 지정된 산업위기대응특별지역(2022.2.18 본목개정)

2. 「재난 및 안전관리 기본법」 제60조제2항에 따라 선포된 특별재난지역(선포일부터 2년으로 한정한다) 내에서 재난으로 인하여 피해를 입은 납세자

② 제1항 각 호 외의 부분 본문에 따른 납부기한의 연장은 제6조제1호·제2호 또는 제4호의 사유로 제8조에 따라 납부 관련 기한연장을 받고 그 연장된 기간 중에 있는 경우에도 할 수 있다.

③ 제1항 각 호 외의 부분 단서(제2항에 따라 연장한 경우를 포함한다)에 따른 납부기한을 최대로 연장할 수 있는 기간은 2년으로 하되, 다음 각 호의 기간을 포함하여 산정한다.

1. 제1항 각 호 외의 부분 본문에 따라 연장된 기간
2. 제8조 및 이 조 제2항에 따라 연장된 기간

④ 제1항 및 제2항에 따라 납부기한을 연장하는 경우 연장된 기간 중의 분납기한 및 분납금액은 지방자치단체의 장이 정한다.
(2018.6.26 본조신설)

제9조【기한연장 시 납세담보 제공의 예외사유】법 제26조제2항 단서에서 "대통령령으로 정하는 사유"란 다음 각 호의 어느 하나에 해당하는 사유를 말한다. (2021.12.31 본문개정)

1. 제6조제1호·제2호·제5호 또는 제6호에 해당하는 경우
2. 제6조제4호에 해당하는 경우로서 지방자치단체의 장이 그 납세자가 납부해야 할 금액, 납부기한의 연장기간과 납세자의 과거 지방세 납부명세 등을 고려하여 납세자가 그 연장기간 내에 해당 지방세를 납부할 수 있다고 인정하는 경우
3. 그 밖에 제1호 또는 제2호에 준하는 사유가 있는 경우

(2021.12.31 1호~3호신설)

제10조【납부기한 연장의 취소와 취소통지】① 법 제27조제1항제3호에서 "재산상황의 변동 등 대통령령으로 정하는 사유"란 다음 각 호의 어느 하나에 해당하는 경우를 말한다.

1. 재산상황, 그 밖에 사업의 변화로 인하여 기한을 연장할 필요가 없다고 인정되는 경우
2. 제6조제5호에 해당하는 사유로 납부기한이 연장된 경우에 그 해당 사유가 소멸되어 정상적인 납부가 가능한 경우

② 법 제27조제2항에 따른 납부기한 연장의 취소통지는 다음 각 호의 사항을 적은 문서로 한다.

1. 취소 연월일
2. 취소의 이유

제4절 서류의 송달

제11조【송달받을 장소의 신고】법 제29조에 따라 서류를 송달받을 장소를 신고(변경신고를 포함한다)하려는 자는 다음 각 호의 사항을 적은 문서를 해당 지방자치단체의 장에게 제출하여야 한다.

1. 송달받을 자의 성명과 주소 또는 영업소
2. 서류를 송달받을 장소
3. 서류를 송달받을 장소를 정하는 이유
4. 그 밖에 필요한 사항

제12조【서류송달의 방법】법 제30조제1항에 따른 교부의 방법으로 서류를 송달하려는 경우에는 지방자치

단체의 조례로 정하는 바에 따라 지방자치단체의 하부 조직을 통하여 송달할 수 있다.

제13조 【송달서】 법 제30조제5항에 따른 송달서는 다음 각 호의 사항을 적은 것이어야 한다.
1. 서류의 명칭
2. 송달받아야 할 자의 성명 또는 명칭
3. 수령인의 성명
4. 교부 장소
5. 교부 연월일
6. 서류의 주요 내용

제14조 【전자송달의 신청 및 철회】 ① 법 제30조제7항에 따라 전자송달을 신청하거나 전자송달의 신청을 철회하려는 자는 다음 각 호의 사항을 적은 신청서를 지방자치단체의 장에게 제출해야 한다.(2020.12.31 본문개정)
1. 납세자의 성명·주민등록번호 등 인적사항
2. 납세자의 주소 또는 영업소
3. 전자송달과 관련한 안내를 받을 수 있는 납세자의 전화번호 또는 휴대전화번호 등 연락처(2023.3.14 본호개정)
4. 전자송달을 받을 법 제28조제1항 단서에 따른 전자우편주소, 전자사서함 또는 전자고지함(이하 "전자우편주소등"이라 한다)(2020.12.31 본호개정)
5. 전자송달 철회의 사유(전자송달의 신청을 철회하는 경우만 해당한다)
6. 그 밖에 행정안전부령으로 정하는 사항(2017.7.26 본호개정)
② 지방자치단체의 장은 제1항에 따른 신청서를 접수한 날이 속하는 달의 다음 달부터 전자송달을 하여야 하며, 전자송달의 신청을 철회하는 경우에는 제1항에 따른 신청서를 접수한 날이 속하는 달의 다음 달부터 전자송달을 할 수 없다.(2018.12.31 본항개정)
③ 제1항에 따라 전자송달을 신청한 자가 기존의 전자송달을 철회하지 아니하고 종전과 다른 전자우편주소등을 적어 전자송달을 새로 신청하는 경우에는 그 신청서를 접수한 날이 속하는 달의 다음 달 1일에 전자송달을 받을 전자우편주소등을 변경한 것으로 본다.(2020.12.31 본항개정)
④ 전자송달을 받을 자가 다음 각 호의 어느 하나에 해당하는 경우에는 그 사유가 발생한 날이 속하는 달의 다음 달 1일에 전자송달을 철회한 것으로 본다.(2018.12.31 본문개정)
1. 신청서에 기재된 전자우편주소등이 행정안전부장관이 고시하는 기준에 맞지 않아 더 이상 전자송달을 할 수 없는 것으로 확인된 경우(2020.12.31 본호개정)
2. 전자송달을 받을 자가 전자송달된 서류를 5회 연속하여 법 제32조에 따른 송달의 효력이 발생한 때부터 60일 동안 확인 또는 열람하지 아니한 경우. 다만, 전자송달을 받을 자가 전자송달된 납부고지서에 의한 세액을 그 납부기한까지 전액 납부한 경우는 제외한다.(2023.3.14 단서신설)

제15조 【전자송달 서류의 범위 등】 법 제30조제9항에 따라 전자송달을 할 수 있는 서류는 납세고지서 또는 납부통지서, 지방세환급금 지급통지서, 법 제96조제1항에 따른 결정서, 신고안내문, 그 밖에 행정안전부장관이 정하여 고시하는 서류로 한다. 다만, 연계정보통신망으로 송달할 수 있는 서류는 납세고지서로 한다.(2021.12.31 단서개정)

제16조 【전자송달이 불가능한 경우】 법 제30조제8항에서 "대통령령으로 정하는 사유"란 다음 각 호의 어느 하나에 해당하는 경우를 말한다.
1. 전화(戰禍), 사변(事變) 등으로 납세자가 전자송달을 받을 수 없는 경우
2. 정보통신망의 장애 등으로 지방자치단체의 장이 전자송달이 불가능하다고 인정하는 경우

제17조 【주소불분명의 확인】 법 제33조제1항제2호에 해당하는 경우는 주민등록표나 법인 등기사항증명서 등으로도 주소 또는 영업소를 확인할 수 없는 경우로 한다.

제18조 【공시송달】 법 제33조제1항제3호에서 "대통령령으로 정하는 경우"란 다음 각 호의 어느 하나에 해당하는 경우를 말한다.
1. 서류를 우편으로 송달하였으나 받을 사람(법 제30조제3항에 규정된 자를 포함한다)이 없는 것으로 확인되어 반송됨으로써 납부기한 내에 송달하기 곤란하다고 인정되는 경우
2. 세무공무원이 2회 이상 납세자를 방문[처음 방문한 날과 마지막 방문한 날 사이의 기간이 3일(기간을 계산할 때 공휴일 및 토요일은 산입하지 않는다) 이상이어야 한다]하여 서류를 교부하려고 하였으나 받을 사람(법 제30조제3항에 규정된 사람을 포함한다)이 없는 것으로 확인되어 납부기한 내에 송달하기 곤란하다고 인정되는 경우(2020.12.31 본호개정)

제2장 납세의무

제1절 납세의무의 성립 및 소멸

제19조 【부과 제척기간의 기산일】 ① 법 제38조제1항 각 호 외의 부분 본문에 따른 지방세를 부과할 수 있는 날은 다음 각 호의 구분에 따른다.
1. 법 또는 지방세관계법에서 신고납부하도록 규정된 지방세의 경우 : 해당 지방세에 대한 신고기한의 다음 날. 이 경우 예정신고기한, 중간예납기한 및 수정신고기한은 신고기한에 포함되지 아니한다.
2. 제1호에 따른 지방세 외의 지방세의 경우 : 해당 지방세의 납세의무성립일
② 제1항에도 불구하고 다음 각 호의 경우에는 해당 각 호에서 정한 날을 지방세를 부과할 수 있는 날로 한다.
1. 특별징수의무자 또는 「소득세법」 제149조에 따른 납세조합(이하 "납세조합"이라 한다)에 대하여 부과하는 지방세의 경우 : 해당 특별징수세액 또는 납세조합징수세액의 납부기한의 다음 날
2. 신고납부기한 또는 제1호에 따른 법정 납부기한이 연장되는 경우 : 그 연장된 기한의 다음 날
3. 비과세 또는 감면받은 세액 등에 대한 추징사유가 발생하여 추징하는 경우 : 다음 각 목에서 정한 날
   가. 법 또는 지방세관계법에서 비과세 또는 감면받은 세액을 신고납부하도록 규정된 경우에는 그 신고기한의 다음 날
   나. 가목 외의 경우에는 비과세 또는 감면받은 세액을 부과할 수 있는 사유가 발생한 날

제20조 (2020.12.31 삭제)

제2절 납세의무의 확장 및 보충적 납세의무

제21조 【상속재산의 가액】 ① 법 제42조제1항에 따른 상속으로 얻은 재산은 다음의 계산식에 따른 가액으로 한다.

> 상속으로 얻은 재산 = 상속으로 얻은 자산총액 − (상속으로 얻은 부채총액 + 상속으로 부과되거나 납부할 상속세 및 취득세)

(2019.12.31 본항개정)
② 제1항에 따른 자산총액과 부채총액의 가액은 「상속세 및 증여세법」 제60조부터 제66조까지의 규정을 준용하여 평가한다.
③ 제1항을 적용할 때 다음 각 호의 가액을 포함하여 상속으로 얻은 재산의 가액을 계산한다.

1. 법 제42조제2항에 따라 상속재산으로 보는 보험금
2. 법 제42조제2항에 따라 상속재산으로 보는 보험금을 받은 자가 납부할 상속세
(2020.12.31 본항신설)
④ 법 제42조제3항 전단에서 "대통령령으로 정하는 비율"이란 각각의 상속인(법 제42조제1항에 따른 수유자와 같은 조 제2항에 따른 상속포기자를 포함한다. 이하 이 항에서 같다)의 제1항에 따라 계산한 상속으로 얻은 재산의 가액을 각각의 상속인이 상속으로 얻은 재산가액의 합계액으로 나누어 계산한 비율을 말한다. (2020.12.31 본항신설)

제22조【상속인대표자의 신고 등】 ① 법 제42조제3항 후단에 따른 상속인대표자의 신고는 상속개시일부터 30일 이내에 대표자의 성명과 주소 또는 영업소, 그 밖에 필요한 사항을 적은 문서로 해야 한다.
② 지방자치단체의 장은 법 제42조제3항 후단에 따른 신고가 없을 때에는 상속인 중 1명을 대표자로 지정할 수 있다. 이 경우 지방자치단체의 장은 그 뜻을 적은 문서로 지체 없이 모든 상속인에게 각각 통지해야 한다. (2020.12.31 본조개정)

제23조【청산인 등의 제2차 납세의무 한도】 법 제45조제2항에 따른 재산의 가액은 해당 잔여재산(殘餘財産)을 분배하거나 인도한 날 현재의 시가(時價)로 한다.

제24조【제2차 납세의무를 지는 특수관계인의 범위 등】 ① 법 제46조 각 호 외의 부분 본문에서 "대통령령으로 정하는 증권시장"이란 다음 각 호의 증권시장을 말한다.
1. 「자본시장과 금융투자업에 관한 법률 시행령」 제176조의9제1항에 따른 유가증권시장
2. 대통령령 제24697호 자본시장과 금융투자업에 관한 법률 시행령 일부개정령 부칙 제8조에 따른 코스닥시장 (2023.3.14 1호~2호신설)
② 법 제46조제2호에서 "대통령령으로 정하는 자"란 해당 주주 또는 유한책임사원과 다음 각 호의 어느 하나에 해당하는 관계에 있는 자를 말한다.
1. 친족관계(2023.3.14 본호신설)
2. 경제적 연관관계(2023.3.14 본호신설)
3. 경영지배관계 중 제2조제3항제1호가목, 같은 항 제2호가목 및 나목의 관계. 이 경우 같은 조 제4항을 적용할 때 같은 항 제1호가목 및 제2호나목 중 "100분의 30"은 각각 "100분의 50"으로 본다.(2023.3.14 본호신설)
(2023.3.14 본조개정)

제25조【법인의 제2차 납세의무 한도】 법 제47조제2항에 따른 자산총액과 부채총액의 평가는 해당 지방세(둘 이상의 지방세의 경우에는 납부기한이 뒤에 도래하는 지방세를 말한다)의 납부기간 종료일 현재의 시가에 따른다.

제26조【사업양수인의 제2차 납세의무 한도】 법 제48조제1항에 따른 사업의 양도인에게 둘 이상의 사업장이 있는 경우에는 하나의 사업장을 양수한 자는 양수한 사업장과 관계되는 지방자치단체의 징수금(둘 이상의 사업장에 공통되는 지방자치단체의 징수금이 있는 경우에는 양수한 사업장에 배분되는 금액을 포함한다)에 대해서만 제2차 납세의무를 진다.

제27조【사업양수인에 대한 제2차 납세의무 범위】 ① 법 제48조제3항에 따른 양수한 재산의 가액은 다음 각 호의 가액으로 한다.
1. 사업의 양수인이 양도인에게 지급하였거나 지급하여야 할 금액이 있는 경우에는 그 금액
2. 제1호에 따른 금액이 없거나 그 금액이 불분명한 경우에는 양수한 자산 및 부채를 「상속세 및 증여세법」 제60조부터 제66조까지의 규정을 준용하여 평가한 후 그 자산총액에서 부채총액을 뺀 가액
② 제1항에도 불구하고 같은 항 제1호에 따른 금액과

시가의 차액이 3억원 이상이거나 시가의 100분의 30에 상당하는 금액 이상인 경우에는 같은 항 제1호의 금액과 제2호의 금액 중 큰 금액으로 한다.

제3장 부 과

제28조【과세표준 수정신고서】 법 제49조에 따른 과세표준 수정신고서에는 다음 각 호의 사항을 적어야 하며, 수정한 부분에 대해서는 그 수정한 내용을 증명하는 서류(종전의 과세표준 신고서에 첨부한 서류가 있는 경우에는 이를 수정한 서류를 포함한다)를 첨부하여야 한다.
1. 종전에 신고한 과세표준과 세액
2. 수정신고하는 과세표준과 세액
3. 그 밖에 필요한 사항

제29조【수정신고의 절차】 ① 법 제49조에 따라 수정신고를 하려는 자는 종전에 과세표준과 세액을 신고한 지방자치단체의 장에게 과세표준 수정신고서를 제출하여야 한다.
② 제1항에 따라 과세표준 수정신고서를 제출할 때에는 수정신고사유를 증명할 수 있는 서류를 함께 제출하여야 한다.

제30조【후발적 사유】 법 제50조제2항제3호에서 "대통령령으로 정하는 사유"란 다음 각 호의 어느 하나에 해당하는 경우를 말한다.
1. 최초의 신고·결정 또는 경정(更正)을 할 때 과세표준 및 세액의 계산근거가 된 거래 또는 행위 등의 효력과 관계되는 관청의 허가나 그 밖의 처분이 취소된 경우
2. 최초의 신고·결정 또는 경정을 할 때 과세표준 및 세액의 계산근거가 된 거래 또는 행위 등의 효력과 관계되는 계약이 해당 계약의 성립 후 발생한 부득이한 사유로 해제되거나 취소된 경우
3. 최초의 신고·결정 또는 경정을 할 때 장부 및 증명서류의 압수, 그 밖의 부득이한 사유로 과세표준 및 세액을 계산할 수 없었으나 그 후 해당 사유가 소멸한 경우
4. 제1호부터 제3호까지의 규정에 준하는 사유가 있는 경우

제31조【경정 등의 청구】 법 제50조제1항 또는 제2항에 따른 결정 또는 경정의 청구를 하려는 자는 다음 각 호의 사항을 적은 결정 또는 경정 청구서를 지방자치단체의 장에게 제출(지방세정보통신망에 의한 제출을 포함한다)하여야 한다.
1. 청구인의 성명과 주소 또는 영업소
2. 결정 또는 경정 전의 과세표준 및 세액
3. 결정 또는 경정 후의 과세표준 및 세액
4. 결정 또는 경정의 청구를 하는 이유
5. 그 밖에 필요한 사항

제32조【기한 후 신고】 법 제51조에 따라 기한 후 신고를 하려는 자는 지방세관계법에서 정하는 납기 후의 과세표준 신고서(이하 "기한후신고서"라 한다)를 지방자치단체의 장에게 제출하여야 한다.

제33조【과소신고가산세·초과환급신고가산세】 법 제54조제2항을 적용할 때 같은 항 제1호의 부정과소신고납부세액등(이하 "부정과소신고납부세액등"이라 한다)과 같은 항 제2호의 과소신고납부세액등에서 부정과소신고납부세액등을 뺀 금액(이하 이 조에서 "일반과소신고납부세액등"이라 한다)이 있는 경우로서 부정과소신고납부세액등과 일반과소신고납부세액등을 구분하기 곤란한 경우 부정과소신고납부세액등은 다음의 계산식에 따라 계산한 금액으로 한다.

$$과소신고납부세액등 \times \frac{부정과소신고납부세액등\ 과세표준}{과소신고납부세액등\ 과세표준}$$

제34조【납부지연가산세의 이자율】① 법 제55조제1항제1호·제2호 및 제56조제1항제2호에서 "대통령령으로 정하는 이자율"이란 각각 1일 10만분의 22를 말한다. (2023.12.29 본항개정)
② 법 제55조제1항제4호의 계산식 및 제56조제1항제3호의 계산식에서 "대통령령으로 정하는 이자율"이란 각각 월 1만분의 66을 말한다.(2023.12.29 본항신설)
제35조【가산세의 감면 신청 등】법 제57조제1항 또는 제2항에 따라 가산세의 감면 등을 받으려는 자는 다음 각 호의 사항을 적은 신청서를 지방자치단체의 장에게 제출하여야 한다.
1. 감면 등을 받으려는 가산세와 관계되는 세목, 과세연도
2. 감면 등을 받으려는 가산세의 종류 및 금액
3. 해당 의무를 이행할 수 없었던 사유(법 제57조제1항의 경우만 해당한다)
② 제1항의 경우에 같은 항 제3호의 사유를 증명할 수 있는 서류가 있을 때에는 이를 첨부하여야 한다.
③ 지방자치단체의 장은 법 제57조에 따라 가산세의 감면 등을 하였을 때에는 지체 없이 그 사실을 문서로 해당 납세자에게 통지하여야 한다. 이 경우 제1항에 따른 가산세의 감면 등의 신청을 받은 경우에는 그 승인 여부를 신청일부터 5일 이내에 통지하여야 한다.
제36조【가산세 감면의 제외 사유】법 제57조제2항제1호·제2호 및 제4호에 따른 결정 또는 경정을 미리 알고 제출하거나 신고한 경우에는 해당 지방세에 관하여 세무공무원(지방소득세의 경우「국세기본법」제2조제17호에 따른 세무공무원을 포함한다)이 조사를 시작한 것을 알고 과세표준 신고서, 과세표준 수정신고서 또는 기한후신고서를 제출한 경우로 한다. (2017.12.29 본조개정)

제4장 지방세환급금과 납세담보

제1절 지방세환급금과 지방세환급가산금

제37조【지방세환급금의 충당】① 법 제60조제2항에 따라 지방세환급금을 충당할 경우에는 같은 항 제2호의 체납액에 우선 충당하여야 한다.
② 법 제60조제6항에 따른 지방세환급금의 충당은 납세자가 납세고지에 따라 납부하는 지방세로 한정한다. (2019.12.31 본항개정)
③ 법 제60조제6항에 따른 지방세환급금의 충당은 다음 각 호의 기준에 따른다. 다만, 지역실정을 고려하여 필요한 경우에는 특별시·광역시 또는 도의 조례로 충당 기준을 달리 정할 수 있다.
1. 과세기준일이 정해져 있는 세목이 있는 경우에는 해당 세목에 우선 충당할 것
2. 지방세에 부가되는 지방교육세가 있는 경우에는 해당 지방세에 충당할 것
3. 납세자에게 같은 세목으로 여러 건이 부과되는 경우에는 과세번호가 빠른 건에 우선 충당할 것
④ 제1항 또는 제2항에 따라 충당할 지방세환급금이 2건 이상인 경우에는 소멸시효가 먼저 도래하는 것부터 충당하여야 한다.
⑤ 지방자치단체의 장은 제1항 또는 제2항에 따라 충당하였을 때에는 그 사실을 권리자에게 통지하여야 한다. 이 경우 통지의 방법 등 필요한 사항은 행정안전부령으로 정한다.(2017.7.26 후단개정)
제37조의2【지방세환급금 발생일】법 제60조제3항에서 "대통령령으로 정하는 지방세환급금 발생일"이란 다음 각 호의 구분에 따른 날을 말한다.
1. 착오납부, 이중납부나 그 납부의 기초가 된 신고 또는 부과를 경정하거나 취소함에 따라 환급하는 경우 : 그 지방세의 납부일(지방세관계법에 따라 특별징수의무자가 특별징수하여 납부한 세액의 환급의

경우 해당 세목의 법정신고기한 만료일). 이 경우 지방세가「지방세징수법」제25조에 따른 분할고지로 둘 이상의 납기가 있는 경우와 지방세가 2회 이상 분할납부된 경우에는 그 마지막 납부일로 하되, 지방세환급금이 마지막에 납부된 금액을 초과하는 경우에는 그 금액이 될 때까지 납부일의 순서로 소급하여 계산한 지방세의 각 납부일로 한다.
2. 「지방세법」제128조제3항에 따라 연세액(年歲額)을 일시납부한 경우로서 같은 법 제130조에 따른 세액의 일할계산(日割計算)으로 환급하는 경우 : 소유권이전등록일·양도일이나 사용을 폐지한 날. 다만, 납부일이 소유권이전등록일·양도일이나 사용을 폐지한 날 이후인 경우에는 그 납부일로 한다.
3. 적법하게 납부된 지방세의 감면으로 환급하는 경우 : 그 감면 결정일
4. 적법하게 납부된 후 법령 또는 조례가 개정되어 환급하는 경우 : 그 개정된 법령 또는 조례 규정의 시행일
5. 법 또는 지방세관계법에 따른 환급세액의 신고, 환급신청이나 신고한 환급세액의 경정·결정으로 환급하는 경우 : 그 신고일(법정신고기일 전에 신고한 경우에는 그 법정신고기일) 또는 신청일. 다만, 환급세액을 신고하지 않아 결정에 따라 환급하는 경우에는 그 결정일로 한다.
6. 특별징수의무자가 연말정산이나 특별징수하여 납부한 지방소득세를 법 제50조제4항에 따른 경정청구에 따라 환급하는 경우 : 연말정산세액 또는 특별징수세액의 납부기한 만료일
(2021.12.31 본조신설)
제38조【지방세환급금의 환급】① 법 제60조에 따라 결정한 지방세환급금(법 제62조에 따른 지방세환급가산금을 포함한다. 이하 이 조부터 제44조까지에서 같다)을 미납된 지방자치단체의 징수금에 충당하고 남은 금액이 생겼거나 충당할 것이 없어서 이를 환급하여야 할 경우에는 지체 없이 지급금액, 지급이유, 지급절차, 지급장소, 그 밖에 필요한 사항을 권리자에게 통지하여야 한다.
② 납세의무자 또는 특별징수의무자와 그 자에 대한 지방자치단체의 징수금의 제2차 납세의무자가 각각 그 일부를 납부한 지방세에 지방세환급금이 생겼을 경우 그 지방세환급금의 환급 또는 충당에 대해서는 우선 제2차 납세의무자가 납부한 금액에 대하여 지방세환급금이 생긴 것으로 본다.
③ 지방자치단체의 장은 제2항에 따라 환급하거나 충당한 경우에는 그 사실을 납세의무자 또는 특별징수의무자와 제2차 납세의무자에게 통지하여야 한다.
④ 법 제60조제1항 후단에 따라 환급청구를 하려는 자는 환급 방법, 환급금 내역 등을 적은 지방세 환급청구서를 지방자치단체의 장에게 제출하여야 한다.
⑤ 지방자치단체의 장은 제1항에 따라 통지하거나 제4항에 따라 환급청구를 받은 경우에는 지방자치단체의 금고에 지방세환급금 지급명령서를 송부하여야 한다. 이 경우 지방세환급금 지급명령서는 전자적 형태로 송부할 수 있다.
제39조【지방세환급금의 지급절차】① 제38조제1항에 따른 통지를 받거나 같은 조 제4항에 따라 환급청구한 자는 지방자치단체의 금고에 지방세환급금 지급청구를 하여야 한다.
② 지방자치단체의 금고는 제38조제5항에 따라 지방세환급금 지급명령서를 송부받은 지방세환급금에 대하여 제1항에 따른 지급청구를 받으면 즉시 이를 지급하고, 지방세환급금 지급확인통지서를 지방자치단체의 장에게 송부하여야 한다. 이 경우 제38조제5항 후단에 따라 지방세환급금 지급명령서를 전자적 형태로 송부받은 경우에는 지방세환급금 지급확인통지서를 전자적 형태로 송부할 수 있다.

③ 지방자치단체의 금고는 제2항에 따라 지방세환급금을 지급할 때에는 주민등록증이나 그 밖의 신분증을 제시하도록 하여 상대방이 정당한 권리자인지를 확인하고, 지방세환급금 지급명령서의 권리자란에 수령인의 주민등록번호 등을 적은 후 그 서명을 받아야 한다.
④ 지방자치단체의 금고는 지방세환급금의 권리자가 금융회사 또는 체신관서에 계좌를 개설하고 이체입금하는 방법으로 지급청구를 하는 경우에는 그 계좌에 이체입금하는 방법으로 지급할 수 있다.
⑤ 특별시세·광역시세 또는 도세(이하 "시·도세"라 한다)에 대한 지방세환급금은 시장·군수 또는 구청장(자치구의 구청장을 말한다. 이하 같다)이 지급하되, 이에 필요한 자금은 시·도세 수납액 중에서 충당한다. 다만, 시·도세 수납액의 환급하여야 할 금액보다 적을 경우에는 시장·군수 또는 구청장의 요구에 따라 특별시장·광역시장 또는 도지사(이하 "시·도지사"라 한다)가 그 부족액을 직접 환급할 수 있다.
⑥ 제5항 단서에 따라 시·도지사가 지방세환급금을 직접 환급하는 경우와 지방세환급금을 환급받을 자가 다른 지방자치단체에 있는 경우에는 송금의 방법으로 지급할 수 있다.

제40조【지방세환급금 지급계좌의 신고】 납세자는 지방세환급금이 발생할 때마다 계좌에 이체입금하는 방법으로 지급받으려는 경우에는 금융회사 또는 체신관서의 계좌를 지방자치단체의 장에게 신고하여야 한다.

제41조【지방세환급금의 직권지급】 ① 지방자치단체의 장은 다음 각 호의 어느 하나에 해당하는 경우에는 제39조제1항에 따른 지방세환급금 권리자의 지급청구가 없더라도 해당 계좌에 이체입금하는 방법으로 지방세환급금을 지급할 수 있다.
1. 「지방세징수법」 제24조에 따라 지방세를 자동계좌이체로 납부한 자 중 지방세환급금의 직권지급에 미리 동의한 경우
2. 제31조에 따른 결정 또는 경정 청구서, 제38조제4항에 따른 지방세 환급청구서, 제44조제1항에 따른 지방세환급금 양도신청서에 지급계좌를 기재한 경우(해당 지방자치단체로 한정한다)
3. 제40조에 따라 지방세환급금의 지급계좌를 신고한 경우
② 제1항에 따라 지방세환급금을 직권으로 지급한 경우에는 그 사실을 지방세환급금의 권리자에게 통지하여야 한다.

제42조【물납재산의 환급】 ① 법 제61조제1항 본문에 따라 물납재산을 환급하는 경우에 지방자치단체가 해당 물납재산을 유지 또는 관리하기 위하여 지출한 비용은 지방자치단체의 부담으로 한다. 다만, 지방자치단체가 물납재산에 대하여 「법인세법 시행령」 제31조제2항에 따른 자본적 지출을 한 경우에는 이를 납세자의 부담으로 한다.
② 법 제61조제1항 단서에서 "그 물납재산이 매각되었거나 다른 용도로 사용되고 있는 경우 등 대통령령으로 정하는 경우"란 다음 각 호의 어느 하나에 해당하는 경우를 말한다.
1. 해당 물납재산이 매각된 경우
2. 해당 물납재산의 성질상 분할하여 환급하는 것이 곤란한 경우
3. 해당 물납재산이 임대 중이거나 다른 행정용도로 사용되고 있는 경우
4. 해당 물납재산에 대한 사용계획이 수립되어 그 물납재산으로 환급하는 것이 곤란하다고 인정되는 경우
③ 물납재산의 수납 이후 발생한 과실(법정과실 및 천연과실을 말한다)은 납세자에게 환급하지 아니한다.

제43조【지방세환급가산금의 계산】 ① 법 제62조제1항에서 "대통령령으로 정하는 날"이란 다음 각 호의 구

분에 따른 날의 다음 날을 말한다.
1. 착오납부, 이중납부나 납부의 기초가 된 신고 또는 부과를 경정(제6호에 해당하는 경우는 제외한다)하거나 취소에 따라 환급하는 경우 : 그 지방세의 납부일(지방세관계법에 따라 특별징수의무자가 특별징수하여 납부한 세액의 환급의 경우 해당 세목의 법정신고기한 만료일). 이 경우 지방세가 「지방세징수법」 제25조에 따른 분할납부로 둘 이상의 납기가 있는 경우와 지방세가 2회 이상 분할납부된 경우에는 그 마지막 납부일로 하되, 지방세환급금이 마지막에 납부된 금액을 초과하는 경우에는 그 금액이 될 때까지 납부일의 순서로 소급하여 계산한 지방세의 각 납부일로 한다.
2. 「지방세법」 제128조제3항에 따라 연세액을 일시납부한 경우로서 같은 법 제130조에 따른 세액의 일할계산으로 환급하는 경우 : 소유권이전등록일·양도일이나 사용을 폐지한 날. 다만, 납부일이 소유권이전등록일·양도일이나 사용을 폐지한 날 이후인 경우에는 그 납부일로 한다.
3. 적법하게 납부된 지방세의 감면으로 환급하는 경우 : 그 감면 결정일
4. 적법하게 납부된 후 법령 또는 조례가 개정되어 환급하는 경우 : 그 개정된 법령 또는 조례 규정의 시행일
5. 법 또는 지방세관계법에 따른 환급세액의 신고, 환급신청이나 신고한 환급세액의 경정·결정으로 환급하는 경우 : 그 신고일(신고한 날이 법정신고기일 전인 경우에는 해당 법정신고기일) 또는 신청을 한 날부터 30일이 지난 날(지방세관계법에서 환급기한을 정하고 있는 경우에는 그 환급기한의 다음 날). 다만, 환급세액을 신고하지 않아 결정에 따라 환급하는 경우에는 그 결정일부터 30일이 지난 날로 한다.
6. 다음 각 목의 어느 하나에 해당하는 사유로 지방소득세를 환급하는 경우 : 지방자치단체의 장이 결정하거나 경정한 날부터 30일이 지난 날
   가. 법 제50조에 따른 경정청구 없이 세무서장 또는 지방국세청장이 결정하거나 경정한 자료에 따라 지방소득세를 환급하는 경우
   나. 「지방세법」 제103조의62에 따라 법인지방소득세 특별징수세액을 환급하는 경우
   다. 「지방세법」 제103조의64제3항제2호에 따라 지방소득세를 환급하는 경우
② 법 제62조제1항에서 "대통령령으로 정하는 이율"이란 「국세기본법 시행령」 제43조의3제2항 본문에 따른 이자율(이하 이 항에서 "기본이자율"이라 한다)을 말한다. 다만, 납세자가 법 제7장에 따른 이의신청, 심판청구, 「감사원법」에 따른 심사청구 또는 「행정소송법」에 따른 소송을 제기하여 그 결정 또는 판결에 의하여 지방자치단체의 장이 지방세환급금을 지급하는 경우로서 그 결정 또는 판결이 확정된 날부터 40일 이후에 납세자에게 지방세환급금을 지급하는 경우에는 기본이자율의 1.5배에 해당하는 이자율로 한다.
③ 법 제62조제3항 각 호 외의 부분에서 "대통령령으로 정하는 고충민원"이란 지방세와 관련하여 납세자가 법 제62조제3항 각 호의 불복청구 등을 그 기한까지 제기하지 않은 사항에 대하여 지방자치단체의 장에게 직권으로 법 또는 지방세관계법에 따른 처분의 취소, 변경이나 그 밖에 필요한 처분을 해 줄 것을 요청하는 민원을 말한다.
(2021.12.31 본조개정)

제44조【지방세환급금의 양도】 ① 납세자는 법 제63조에 따라 지방세환급금을 타인에게 양도하려는 경우에는 다음 각 호의 사항을 적은 요구서를 해당 지방자치단체의 장에게 제출하여야 한다.(2023.3.14 본문개정)
1. 권리자(양도인)의 성명과 주소 또는 영업소

2. 양수인의 성명과 주소 또는 영업소
3. 양도하려는 지방세환급금이 발생한 연도·세목과
　금액
②~③ (2023.3.14 삭제)

제2절　납세담보

제45조【납세담보 시 국채 등의 평가】 법 제66조제1
호에 따른 시가를 고려하여 결정한 가액은 법 제65조
에 따른 납세담보(이하 "납세담보"라 한다)로 제공하는
날의 전날을 평가기준일로 하여 「상속세 및 증여세법
시행령」 제58조제1항을 준용하여 계산한 가액으로 한다.
제46조【납세담보의 제공】 ① 법 제67조에 따라 납세
담보를 제공하려는 자는 담보할 지방세의 100분의 120
(현금 또는 납세보증보험증권의 경우에는 100분의 110)
이상의 가액에 상당하는 납세담보의 제공과 함께 행정
안전부령으로 정하는 납세담보제공서를 제출하여야 한
다. 다만, 그 지방세가 확정되지 아니한 경우에는 지방
자치단체의 장이 정하는 가액에 해당하는 납세담보를
제공하여야 한다. (2017.7.26 본문개정)
② 법 제67조제2항에 따라 납세담보로 제공하는 납세
보증보험증권은 그 보험증권의 보험기간이 납세담보를
필요로 하는 기간에 30일 이상을 더한 것이어야 한다.
다만, 납부기한이 확정되지 아니한 지방세의 경우에는
지방자치단체의 장이 정하는 기간에 따른다.
③ 지방자치단체의 장은 납세자가 토지, 주택, 주택 외
건물, 선박, 항공기, 건설기계 또는 공장재단·광업재
단을 납세담보로 제공하려는 경우에는 법 제67조제3항
에 따라 제시된 등기필증, 등기완료통지서 또는 등록확
인증이 사실과 일치하는지 조사하여 다음 각 호의 어
느 하나에 해당하는 경우에는 다른 담보를 제공하게
하여야 한다.
1. 법 또는 지방세관계법에 따라 담보제공이 금지되거
　나 제한된 경우. 다만, 주무관청의 허가를 받아 제공
　하는 경우는 제외한다.
2. 법 또는 지방세관계법에 따라 사용·수익이 제한된 경우
　으로 납세담보의 목적을 달성할 수 없다고 인정된 경우
3. 그 밖에 납세담보의 목적을 달성할 수 없다고 인정
　된 경우
④ 보험에 든 주택, 주택 외 건물, 선박, 항공기, 건설기
계 또는 공장재단·광업재단을 납세담보로 제공하려는
자는 그 화재보험증권을 제출하여야 한다. 이 경우 그
보험기간은 제2항을 준용한다.
⑤ 법 제67조제3항에 따라 저당권을 설정하기 위한 등기
또는 등록을 하려는 경우에는 다음 각 호의 사항을 적은
문서로 등기·등록관서에 촉탁하여야 한다.
1. 재산의 표시
2. 등기 또는 등록의 원인과 그 연월일
3. 등기 또는 등록의 목적
4. 저당권의 범위
5. 등기 또는 등록 권리자
6. 등기 또는 등록 의무자의 성명과 주소 또는 영업소
제47조【납세담보의 변경과 보충】 ① 지방자치단체
의 장은 납세자가 법 제68조제1항에 따라 납세담보의
변경승인을 신청한 경우에는 다음 각 호의 어느 하나
에 해당하면 이를 승인하여야 한다.
1. 보증인의 납세보증서를 갈음하여 다른 담보재산을
　제공한 경우
2. 제공한 납세담보의 가액이 변동되어 과다하게 된 경우
3. 납세담보로 제공한 유가증권 중 상환기간이 정해진
　것이 그 상환시기에 이른 경우
② 제1항에 따른 납세담보의 변경승인 신청 또는 법 제
68조제2항에 따른 납세담보물의 추가제공이나 보증인
변경의 요구는 문서로 하여야 한다.

제48조【납세담보에 의한 납부와 징수】 ① 법 제69조
제1항에 따라 납세담보로 제공한 금전으로 지방자치단
체의 징수금을 납부하려는 자는 그 뜻을 적은 문서로
지방자치단체의 장에게 신청하여야 한다. 이 경우 신청
한 금액에 상당하는 지방자치단체의 징수금을 납부한
것으로 본다.
② 지방자치단체의 장은 법 제69조제2항에 따라 납세
담보로 지방자치단체의 징수금을 징수하려는 경우 납
세담보가 금전이면 그 금전을 해당 지방자치단체의 징
수금에 충당하고, 납세담보가 금전 외의 것이면 다음
각 호의 구분에 따른 방법으로 징수하거나 환가한 금
전을 해당 지방자치단체의 징수금에 충당한다.
1. 국채·지방채나 그 밖의 유가증권, 토지, 주택, 주택
　외 건물, 선박, 항공기, 건설기계 또는 공장재단·광
　업재단인 경우 : 「지방세징수법」 제3장제10절에서 정
　하는 공매절차에 따라 매각
2. 납세보증보험증권인 경우 : 해당 납세보증보험사업
　자에게 보험금의 지급을 청구
3. 납세보증서인 경우 : 법에서 정하는 납세보증인으로
　부터의 징수절차에 따라 징수
③ 제2항에 따라 납세담보를 환가한 금액이 징수할 지
방자치단체의 징수금을 충당하고 남은 경우에는 「지방
세징수법」 제3장제11절에서 정하는 공매대금의 배분
방법에 따라 배분한 후 납세자에게 지급한다.
제49조【납세담보의 해제】 ① 법 제70조에 따른 납세
담보의 해제는 그 뜻을 적은 문서를 납세담보를 제공
한 자에게 통지함으로써 한다. 이 경우 납세담보를 제
공할 때 제출한 관계 서류가 있으면 그 서류를 첨부하
여야 한다.
② 제1항을 적용할 때 제46조제5항에 따라 저당권의
등기 또는 등록을 촉탁한 경우에는 같은 항 각 호에 준
하는 사항을 적은 문서로 등기·등록관서에 저당권 말
소의 등기 또는 등록을 촉탁하여야 한다.

제5장　지방세와 다른 채권의 관계

제50조【지방세의 우선】 ① 법 제71조제1항제3호에
따른 전세권·질권·저당권의 설정을 등기·등록한 사
실 또는 「주택임대차보호법」 제3조의2제2항 및 「상가건
물 임대차보호법」 제5조제2항에 따른 대항요건과 임대
차계약증서상의 확정일자를 갖춘 사실은 다음 각 호의
어느 하나에 해당하는 것으로 증명한다.
1. 등기사항증명서
2. 공증인의 증명
3. 질권에 대한 증명으로서 지방자치단체의 장이 인정
　하는 것
4. 금융회사 등의 장부등으로 증명되는 것으로서 지방
　자치단체의 장이 인정하는 것 (2019.12.31 본호개정)
5. 그 밖에 공부(公簿)상으로 증명되는 것
② 지방자치단체의 장은 법 제71조제1항제4호 및 제5
호에 따른 지방세에 우선하는 채권과 관계있는 재산을
압류한 경우에는 그 사실을 해당 채권자에게 다음 각
호의 사항을 적은 문서로 통지하여야 한다. 다만, 법 제
71조제1항제5호에 따른 채권을 가진 자가 여러 명인
경우에는 지방자치단체의 장이 선정하는 대표자에게
통지할 수 있으며 통지를 받은 대표자는 공고 또는 게
시의 방법으로 그 사실을 해당 채권의 다른 채권자에
게 알려야 한다.
1. 체납자의 성명과 주소 또는 영업소
2. 압류와 관계되는 체납액의 과세연도·세목·세액과
　납부기한
3. 압류재산의 종류·대상 및 수량과 소재지
4. 압류 연월일
③ 법 제71조제3항에 따른 가등기권리자에 대한 압류
의 통지는 제2항을 준용한다.

제51조【상대방과 짜고 한 거짓계약으로 추정되는 계약의 특수관계인의 범위】법 제71조제4항 후단에서 "대통령령으로 정하는 자"란 해당 납세자와 제24조제2항 각 호의 어느 하나에 해당하는 관계에 있는 자를 말한다.(2023.3.14 본조개정)

제6장 납세자의 권리

제51조의2【납세자보호관의 업무·권한·자격 등】① 법 제77조제2항에서 "대통령령으로 정하는 납세자 권리보호업무"란 다음 각 호의 업무를 말한다.
1. 지방세 관련 고충민원의 처리, 세무상담 등에 관한 사항
2. 세무조사·체납처분 등 권리보호요청에 관한 사항
3. 납세자권리헌장 준수 등에 관한 사항
4. 세무조사 기간 연장 및 연기에 관한 사항
5. 그 밖에 납세자 권리보호와 관련하여 조례로 정하는 사항
② 납세자보호관이 제1항의 업무를 처리하기 위한 권한은 다음 각 호와 같다.
1. 위법·부당한 처분에 대한 시정요구
2. 위법·부당한 세무조사의 일시중지 요구 및 중지 요구
2의2. 세무조사 과정에서 위법·부당한 행위를 한 세무공무원 교체 명령 요구 및 징계 요구(2020.12.31 본호신설)
3. 위법·부당한 처분이 행하여 질 수 있다고 인정되는 경우 그 처분 절차의 일시중지 요구
4. 그 밖에 납세자의 권리보호와 관련하여 조례로 정하는 사항
③ 납세자보호관은 지방자치단체 소속 공무원 또는 조세·법률·회계 분야의 전문지식과 경험을 갖춘 사람 중에서 그 직급 또는 경력 등을 고려하여 해당 지방자치단체의 조례로 정하는 바에 따라 지방자치단체의 장이 임명하거나 위촉한다.
④ 지방자치단체의 장은 납세자보호관의 납세자 권리보호 업무 추진실적을 법 제149조에 따른 통계자료의 공개시기 및 방법에 준하여 정기적으로 공개하여야 한다.
⑤ 제1항에 따른 납세자보호관의 업무처리 기간 및 방법, 그 밖의 납세자보호관 제도의 운영에 필요한 사항은 조례로 정한다.(2018.12.31 본항개정)
(2017.12.29 본조신설)

제52조【재조사 금지의 예외】법 제80조제2항제7호에서 "대통령령으로 정하는 경우"란 다음 각 호의 어느 하나에 해당하는 경우를 말한다.(2019.12.31 본문개정)
1. 법 제102조부터 제109조까지의 규정에 따른 지방세에 관한 범칙사건을 조사(이하 "범칙사건조사"라 한다)하는 경우
2. 세무조사 중 서면조사만 하였으나 법 또는 지방세관계법에 따른 경정을 다시 할 필요가 있는 경우 (2019.12.31 본호개정)
3. 각종 과세정보의 처리를 위한 재조사나 지방세환급금의 결정을 위한 확인조사 등을 하는 경우

제52조의2【세무조사 범위의 예외적 확대 사유】법 제80조의2제1항에서 "구체적인 세금탈루 혐의가 여러 과세기간 또는 다른 세목까지 관련되는 것으로 확인되는 경우 등 대통령령으로 정하는 경우"란 다음 각 호의 어느 하나에 해당하는 경우를 말한다.
1. 다른 과세기간·세목 또는 항목에 대한 구체적인 세금탈루 증거자료가 확인되어 다른 과세기간·세목 또는 항목에 대한 조사가 필요한 경우
2. 명백한 세금탈루 혐의나 법 또는 지방세관계법 적용의 착오 등이 있는 조사대상 과세기간의 특정 항목이 다른 과세기간에도 있어 동일하거나 유사한 세금탈

루 혐의나 법 또는 지방세관계법 적용 착오 등이 있을 것으로 의심되어 다른 과세기간의 그 항목에 대한 조사가 필요한 경우
(2023.3.14 본조신설)

제53조【정기 세무조사 대상자 선정 기준】법 제82조제1항제2호에 따라 실시하는 세무조사는 납세자의 이력, 사업 현황, 과세정보 등을 고려하여 지방자치단체의 장이 정하는 기준에 따른다.

제54조【세무조사의 사전통지와 연기신청 등】① 법 제83조제1항 본문에서 "대통령령으로 정하는 사항"이란 다음 각 호의 사항을 말한다.
1. 납세자 및 법 제139조에 따른 납세관리인(이하 "납세관리인"이라 한다)의 성명과 주소 또는 영업소
2. 조사대상 기간
3. 세무조사를 수행하는 세무공무원의 인적사항
4. 그 밖에 필요한 사항
② 법 제83조제2항에서 "대통령령으로 정하는 사유"란 다음 각 호의 어느 하나에 해당하는 경우를 말한다.
1. 화재 및 도난, 그 밖의 재해로 사업상 중대한 어려움이 있는 경우
2. 납세자 또는 납세관리인의 질병, 중상해, 장기출장 등으로 세무조사를 받는 것이 곤란하다고 판단되는 경우
3. 권한 있는 기관에 장부등이 압수되거나 영치된 경우 (2019.12.31 본호개정)
4. 제1호부터 제3호까지에 준하는 사유가 있는 경우
③ 법 제83조제2항에 따라 세무조사를 연기하여 줄 것을 신청하려는 자는 다음 각 호의 사항을 적은 신청서를 해당 지방자치단체의 장에게 제출하여야 한다.
1. 세무조사를 연기받으려는 자의 성명과 주소 또는 영업소
2. 세무조사를 연기받으려는 기간
3. 세무조사를 연기받으려는 사유
4. 그 밖에 필요한 사항
④ 법 제83조제4항 각 호 외의 부분 단서에서 "폐업 등 대통령령으로 정하는 경우"란 다음 각 호의 어느 하나에 해당하는 경우를 말한다.
1. 납세자가 세무조사 대상이 된 사업을 폐업한 경우
2. 납세자가 납세관리인을 정하지 않은 경우로서 국내에 주소 또는 거소를 두지 않은 경우
3. 납세자 또는 납세관리인이 세무조사통지서의 수령을 거부하거나 회피하는 경우
(2018.12.31 본항신설)
(2018.12.31 본조제목개정)

제55조【세무조사의 중지】법 제84조제2항 전단에서 "납세자가 자료의 제출을 지연하는 등 대통령령으로 정하는 사유"란 다음 각 호의 어느 하나에 해당하는 경우를 말한다.
1. 법 제83조제2항 및 이 영 제54조제2항에 따른 세무조사 연기신청 사유에 해당되어 납세자가 세무조사 중지를 신청한 경우
2. 국외자료의 수집·제출 또는 상호합의절차 개시에 따라 외국 과세기관과의 협의가 필요한 경우
3. 다음 각 목의 어느 하나에 해당하여 세무조사를 정상적으로 진행하기 어려운 경우
가. 납세자의 소재를 알 수 없는 경우
나. 납세자가 해외로 출국한 경우
다. 납세자가 장부등을 은닉하거나 그 제출을 지연 또는 거부한 경우(2019.12.31 본목개정)
라. 노동쟁의가 발생한 경우
마. 그 밖에 이와 유사한 사유가 있는 경우
4. 제51조의2제2항제2호에 따라 납세자보호관이 세무조사의 일시중지 또는 중지 요구를 하는 경우
(2018.12.31 본호신설)

제55조의2【장부등의 일시 보관 방법 및 절차】 ① 세무공무원은 법 제84조의2제2항에 따라 장부등을 일시 보관하려는 경우 장부등의 일시 보관 전에 납세자, 소지자 또는 보관자 등 정당한 권한이 있는 자(이하 이 조에서 "납세자등"이라 한다)에게 다음 각 호의 사항을 고지해야 한다.
1. 법 제82조제2항 각 호의 사유 중 장부등을 일시 보관하는 사유
2. 납세자등이 동의하지 않으면 장부등을 일시 보관할 수 없다는 내용
3. 납세자등이 임의로 제출한 장부등에 대해서만 일시 보관할 수 있다는 내용
4. 납세자등이 요청하는 경우 일시 보관 중인 장부등을 반환받을 수 있다는 내용
② 납세자등은 조사목적이나 조사범위와 관련이 없는 사유 등으로 일시 보관에 동의하지 않는 장부등에 대해서는 세무공무원에게 일시 보관할 장부등에서 제외할 것을 요청할 수 있다. 이 경우 세무공무원은 정당한 사유 없이 해당 장부등을 일시 보관할 수 없다.
③ 법 제84조의2제4항 및 제5항에 따라 장부등을 반환한 경우를 제외하고 세무공무원은 해당 세무조사를 종결할 때까지 일시 보관한 장부등을 모두 반환해야 한다. (2019.12.31 본조신설)

제55조의3【특정 세목에 대한 세무조사 사유】 ① 법 제84조의3제2항제3호에서 "대통령령으로 정하는 경우"란 법 제82조제2항제4호에 따라 납세자가 특정 세목에 대하여 세무조사를 신청한 경우를 말한다.
② 법 제84조의3제3항제6호에서 "대통령령으로 정하는 경우"란 무자료거래, 위장·가공 거래 등 특정 거래 내용이 사실과 다른 구체적인 혐의가 있는 경우로서 조세채권의 확보 등을 위하여 긴급한 조사가 필요한 경우를 말한다.
(2019.12.31 본조신설)

제56조【세무조사의 결과 통지의 예외사유】 ① 법 제85조제1항제3호에서 "대통령령으로 정하는 사항"이란 다음 각 호의 사항을 말한다.(2020.12.31 본문개정)
1. 세무조사 대상 기간 및 세목
2. 과세표준 및 세액을 결정 또는 경정하는 경우 그 사유
3. 법 제49조에 따라 과세표준 수정신고서를 제출할 수 있다는 사실
4. 법 제88조제2항에 따라 과세전적부심사를 청구할 수 있다는 사실(2019.12.31 본호개정)
(2018.12.31 본항신설)
② 법 제85조제1항 각 호 외의 부분 단서에서 "대통령령으로 정하는 경우"란 다음 각 호의 어느 하나에 해당하는 경우를 말한다.(2020.12.31 본문개정)
1. 「지방세징수법」 제22조에 따른 납기 전 징수의 사유가 있는 경우
2. 조사결과를 통지하려는 날부터 부과 제척기간의 만료일 또는 지방세징수권의 소멸시효 완성일까지의 기간이 3개월 이하인 경우
3. 납세자의 소재가 불명하거나 폐업으로 통지가 불가능한 경우
4. 납세관리인을 정하지 아니하고 국내에 주소 또는 영업소를 두지 아니한 경우
5. 법 제88조제5항제2호 단서, 제96조제1항제3호 단서 또는 법 제96조제6항 및 「국세기본법」 제81조에 따라 준용되는 같은 법 제65조제1항제3호 단서에 따른 재조사 결정에 따라 조사를 마친 경우(2019.12.31 본호개정)
6. 세무조사 결과 통지서의 수령을 거부하거나 회피하는 경우(2018.12.31 본호신설)

제57조【제공 정보의 범위 등】 ① 법 제87조제1항에 따라 세무공무원이 제공하는 정보의 범위는 다음 각 호의 구분에 따른다.
1. 납세자 본인이 요구하는 경우 : 납세자 본인의 납세와 관련된 정보와 납세자 본인에 대한 체납처분, 행정제재 및 고발 관련된 정보(2018.12.31 본호개정)
2. 납세자로부터 세무업무를 위임받은 자가 요구하는 경우 : 제1호에 따른 정보로서 「개인정보 보호법」 제23조에 따른 민감정보에 해당하지 아니하는 정보
② 세무공무원은 제1항에 따라 정보를 제공하는 경우에는 주민등록증 등 신분증명서에 의하여 정보를 요구하는 자가 납세자 본인 또는 납세자로부터 세무업무를 위임받은 자임을 확인하여야 한다. 다만, 세무공무원이 정보통신망을 통하여 정보를 제공하는 경우에는 전자서명 등을 통하여 그 신원을 확인하여야 한다.
③ 지방소득세 납부내역을 제공받으려는 「지방세법」 제35조제1항제4호 및 제7호에 따른 비거주자 또는 외국법인은 다음 각 호의 어느 하나에 해당하는 서류를 같은 법 제89조에 따른 납세지를 관할하는 지방자치단체의 장에게 제출하여야 한다.
1. 지방소득세를 납부한 영수증
2. 특별징수의무자가 발급한 특별징수영수증 또는 특별징수명세서
3. 그 밖에 지방소득세를 납부한 사실을 확인할 수 있는 서류
④ 제3항에 따른 납부내역 제공 요청을 받은 지방자치단체의 장은 제3항 각 호의 어느 하나에 해당하는 서류가 제출되지 아니하거나 지방소득세 납부내역을 알 수 없는 경우에는 납부내역을 제공하지 아니할 수 있다.
⑤ 제1항부터 제4항까지에서 규정한 사항 외에 납세자의 권리 행사에 필요한 정보의 제공 방법과 절차 등에 관하여 필요한 사항은 행정안전부장관이 정한다.
(2017.7.26 본항개정)

제58조【과세전적부심사】 ① 법 제88조제2항에 따라 과세전적부심사를 청구하려는 자는 다음 각 호의 사항을 적은 과세전적부심사청구서에 증거서류나 증거물을 첨부(증거서류나 증거물이 있는 경우에 한정한다)하여 지방자치단체의 장(법 제90조에 따른 이의신청의 결정기관을 말한다)에게 제출해야 한다.(2019.12.31 본문개정)
1. 청구인의 성명과 주소 또는 영업소
2. 법 제88조제2항 각 호의 통지를 받은 연월일 (2019.12.31 본호개정)
3. 청구세액
4. 청구 내용 및 이유
② 제1항에 따라 과세전적부심사청구서를 제출받은 지방자치단체의 장은 그 청구부분에 대하여 법 제88조제4항에 따른 결정이 있을 때까지 과세표준 및 세액의 결정이나 경정결정을 유보해야 한다. 다만, 법 제88조제3항 각 호의 어느 하나에 해당하는 경우에는 그렇지 않다.(2019.12.31 본항개정)
③ 법 제88조제1항제5호에서 "「지방세법」에서 정한 납기에 따라 납세고지하는 경우 등 대통령령으로 정하는 사유에 따라 과세하는 경우"란 다음 각 호의 경우를 말한다.
1. 「지방세법」에서 정한 납기에 따라 납세고지하는 경우
2. 납세의무자가 신고한 후 납부하지 않은 세액에 대하여 납세고지하는 경우
3. 세무서장 또는 지방국세청장이 결정 또는 경정한 자료에 따라 지방소득세를 납세고지하는 경우
4. 「지방세징수법」 제22조제2항 전단에 따라 납기 전에 징수하기 위하여 고지하는 경우
5. 「지방세법」 제62조·제98조·제103조의9·제103조의26 및 제128조제2항 단서에 따라 수시로 그 세액을 결정하여 부과·징수하는 경우

6. 법 제88조제5항제2호 단서, 제96조제1항제3호 단서 또는 제96조제6항 및 「국세기본법」 제81조에 따라 준용되는 같은 법 제65조제1항제3호 단서에 따른 재조사 결정을 하여 그 재조사한 결과에 따라 과세하는 경우
(2020.12.31 본항신설)
④ (2020.12.31 삭제)
⑤ 법 제88조제3항제4호에서 "법령과 관련하여 유권해석을 변경하여야 하거나 새로운 해석이 필요한 경우 등 대통령령으로 정하는 경우"란 다음 각 호의 어느 하나에 해당하는 경우를 말한다.(2019.12.31 본문개정)
1. 법령과 관련하여 유권해석을 변경하여야 하거나 새로운 해석이 필요한 경우
2. 「국제조세조정에 관한 법률」에 따라 조세조약을 체결한 상대국이 상호합의절차의 개시를 요청한 경우
3.~4. (2020.12.31 삭제)
⑥ 법 제88조제4항 후단에서 "대통령령으로 정하는 사유"란 다음 각 호의 어느 하나에 해당하는 경우를 말한다.(2019.12.31 본문개정)
1. 다른 기관에 법령해석을 요청하는 경우
2. 풍수해, 화재, 천재지변 등으로 법 제147조에 따른 지방세심의위원회를 소집할 수 없는 경우
3. 청구인의 요청이 있거나 관련 자료의 조사 등을 위하여 필요한 경우로서 법 제147조에 따른 지방세심의위원회에서 심사기간의 연장을 결정하는 경우
4. 법 제93조의2제2항에 따른 대리인의 선정 등을 위해 필요한 경우(2019.12.31 본호신설)

제7장 이의신청 및 심판청구
(2020.12.31 본장제목개정)

제59조【이의신청】① 법 제90조에 따라 이의신청을 하려는 자는 다음 각 호의 사항 등을 적은 이의신청서 2부에 증명서류를 각각 첨부하여 소관 지방자치단체의 장(이하 "이의신청기관"이라 한다)에게 제출하여야 한다.
1. 신청인의 성명과 주소 또는 영업소
2. 통지를 받은 연월일 또는 처분이 있은 것을 안 연월일
3. 통지된 사항 또는 처분의 내용
4. 불복의 사유
② 처분청이 이의신청기관을 잘못 통지하여 이의신청서가 다른 기관에 접수된 경우 또는 이의신청을 하려는 자가 이의신청서를 처분청에 제출하여 접수된 경우에는 정당한 권한이 있는 이의신청기관에 해당 이의신청서가 접수된 것으로 본다.
③ 제2항에 따라 정당한 권한이 있는 이의신청기관이 아닌 다른 기관이 이의신청서를 접수하였을 때에는 이를 정당한 권한이 있는 이의신청기관에 지체 없이 이송하고 그 사실을 신청인에게 통지하여야 한다. 이 경우 처분청이 이의신청서를 접수하였을 때에는 이의신청서 중 1부만을 이송한다.
④ 법 제96조제1항에 따른 결정기간을 계산하는 경우 제3항에 따라 정당한 권한이 있는 이의신청기관이 이의신청서를 이송받은 날을 기산일로 한다.
⑤ 이의신청기관이 시·도지사인 경우 시·도지사는 제1항에 따라 이의신청서를 제출받았을 때에는 지체 없이 이 중 1부를 처분청에 송부하고, 처분청은 그 이의신청서를 송부받은 날(제3항 후단에 따라 처분청이 이의신청서를 접수한 경우에는 이의신청서를 접수한 날을 말한다)부터 10일 이내에 의견을 시·도지사에게 제출하여야 한다.
⑥ 제5항에 따른 의견서에는 법 제88조제4항에 따른 과세전적부심사에 대한 결정서(결정이 있은 경우만 해

당한다), 처분의 근거·이유 및 그 사실을 증명할 서류, 청구인이 제출한 증거서류 및 증거물, 그 밖의 심리자료 모두를 첨부해야 한다.(2019.12.31 본항개정)
제60조【심판청구】① 법 제91조에 따라 심판청구를 하려는 자는 다음 각 호의 사항을 적은 심판청구서 2부에 증명서류를 각각 첨부하여 조세심판원장에게 제출해야 한다.(2020.12.31 본문개정)
1. 청구인의 성명과 주소 또는 영업소
2. 이의신청에 대한 결정의 통지를 받은 연월일 또는 한 연월일
3. 이의신청에 대한 결정사항
4. 불복의 취지와 그 사유
5. 그 밖에 필요한 사항
② 제1항에 따른 심판청구서의 제출·접수 및 이송, 청구기간의 계산, 의견서의 제출 등에 대해서는 제59조제2항부터 제6항까지의 규정을 준용한다. 이 경우 "처분청"은 "이의신청기관"으로, "이의신청기관"은 "심판청구기관"으로, "이의신청서"는 "심판청구서"로, "이의신청"은 "심판청구"로, "시·도지사"는 "조세심판원장"으로, "과세전적부심사"는 "과세전적부심사 또는 이의신청"으로 본다.(2020.12.31 본항개정)
③ 제2항에도 불구하고 조세심판원장은 법 제91조제3항에 따라 심판청구서를 접수했을 때에는 지체 없이 그 중 1부를 처분청에 송부해야 하며, 처분청은 그 심판청구서를 송부받은 날부터 10일 이내에 의견서(특별시세·광역시세·특별자치시세·도세 및 특별자치도세에 관한 심판청구서를 제출받은 경우에는 특별시장·광역시장·특별자치시장·도지사 및 특별자치도지사의 의견서를 말한다) 및 제59조제6항에 따른 자료 일체를 조세심판원장에게 제출해야 한다.(2020.12.31 본항개정)
(2020.12.31 본조제목개정)
제61조【관계 서류의 열람신청】① 법 제92조에 따라 이의신청 또는 심판청구에 관계되는 서류를 열람하려는 자는 구술로 해당 지방자치단체의 장 또는 조세심판원장에게 그 열람을 요구할 수 있다.(2020.12.31 본항개정)
② 제1항에 따른 요구를 받은 해당 지방자치단체의 장 또는 조세심판원장은 그 서류를 열람 또는 복사하게 하거나 그 사본이 원본과 다름이 없음을 확인하여야 한다.
③ 제1항에 따른 요구를 받은 해당 지방자치단체의 장 또는 조세심판원장은 필요하다고 인정하는 경우에는 열람하거나 복사하는 자의 서명을 요구할 수 있다.
제62조【의견진술】① 법 제92조에 따라 의견을 진술하려는 자는 진술자의 성명과 주소 또는 영업소(진술자가 처분청인 경우 처분청의 명칭과 소재지를 말한다), 진술하려는 내용의 개요를 적은 문서로 해당 지방자치단체의 장 또는 조세심판원장에게 신청하여야 한다.
② 제1항에 따른 신청을 받은 지방자치단체의 장 또는 조세심판원장은 출석 일시 및 장소와 필요하다고 인정되는 진술시간을 정하여 법 제147조에 따른 지방세심의위원회, 법 제96조제6항에 따라 준용하는 「국세기본법」 제7장제3절에 따른 조세심판관회의 또는 조세심판관합동회의의 회의개최일 3일 전까지 신청인에게 통지하여 의견진술의 기회를 주어야 한다.(2020.12.31 본문개정)
1.~2. (2020.12.31 삭제)
③ (2020.12.31 삭제)
④ 법 제92조에 따라 의견진술을 하는 자는 간단하고 명료하게 하여야 하며, 필요한 경우에는 이에 관한 증거나 그 밖의 자료를 제시할 수 있다.
⑤ 제4항에 따른 의견진술은 진술하려는 의견을 기록한 문서의 제출로 갈음할 수 있다.
⑥ 제2항의 통지는 서면으로 하거나 청구서에 적힌 전화, 휴대전화를 이용한 문자전송, 팩시밀리 또는 전자우편 등의 방법으로 할 수 있다.(2020.12.31 본항개정)

제62조의2【지방자치단체 선정 대리인】① 법 제93조의2제1항에 따라 대리인의 선정을 신청하려는 자는 다음 각 호의 사항을 적은 문서를 지방자치단체의 장에게 제출해야 한다.
1. 과세전적부심사 청구인 또는 이의신청인(이하 이 조에서 "이의신청인등"이라 한다)의 성명과 주소 또는 거소
2. 이의신청인등이 법 제93조의2제1항 각 호의 요건을 충족한다는 사실
3. 지방자치단체의 장이 이의신청인등의 법 제93조의2제1항 각 호의 요건 충족 여부를 확인할 수 있다는 것에 대한 동의에 관한 사항
② 법 제93조의2제1항제1호에서 "대통령령으로 정하는 금액"이란 다음 각 호의 구분에 따른 금액을 말한다.
1. 종합소득금액의 경우 : 5천만원(배우자의 종합소득금액을 포함한다). 이 경우 「소득세법」 제70조에 따른 신고기한 이전에 대리인의 선정을 신청하는 경우 그 신청일이 속하는 과세기간의 전전 과세기간의 종합소득금액을 대상으로 하고, 그 신고기한이 지난 후 신청하는 경우 그 신청일이 속하는 과세기간의 직전 과세기간의 종합소득금액을 대상으로 한다.
2. 소유 재산의 가액의 경우 : 다음 각 목에 따른 재산(배우자 소유 재산의 가액을 포함한다)의 평가 가액 합계액이 5억원. 다만, 지역 실정을 고려하여 필요한 경우에는 5억원을 초과하지 않는 범위에서 조례로 달리 정할 수 있다.
   가. 「지방세법」 제6조제2호에 따른 부동산
   나. 「지방세법」 제6조제14호부터 제18호까지의 회원권
   다. 「지방세법 시행령」 제123조제1호 및 제2호에 따른 승용자동차
③ 법 제93조의2제1항제3호에서 "대통령령으로 정하는 고액·상습체납자 등"이란 「지방세징수법」 제8조에 따른 출국금지 대상자 및 같은 법 제11조에 따른 명단공개 대상자를 말한다.
④ 법 제93조의2제1항제4호에서 "대통령령으로 정하는 금액"이란 1천만원을 말한다.
⑤ 특별시장·광역시장·특별자치시장·도지사 또는 특별자치도지사는 대리인을 선정하는 경우 미리 위촉한 사람 중에서 선정하고, 시장·군수·구청장은 특별시장·광역시장·도지사가 위촉한 사람 중에서 선정할 수 있다.
⑥ 제1항부터 제5항까지에서 규정한 사항 외에 소유 재산의 평가 방법, 대리인의 임기·위촉, 대리인 선정을 위한 신청 방법·절차 등 지방자치단체 선정 대리인 제도의 운영에 필요한 사항은 해당 지방자치단체의 조례로 정한다.
(2019.12.31 본조신설)
제63조【보정요구】① 이의신청기관 또는 심판청구의 결정기관(법 제96조제1항 및 제6항에 따라 결정을 하는 기관을 말한다. 이하 같다)의 장은 법 제95조제1항 본문, 법 제100조에서 준용하는 「국세기본법」 제63조 및 제81조에 따른 보정요구를 할 때에는 다음 각 호의 사항을 포함해야 한다.(2020.12.31 본문개정)
1. 보정할 사항
2. 보정을 요구하는 이유
3. 보정할 기간
4. 그 밖에 필요한 사항
② 이의신청기관 또는 심판청구의 결정기관은 법 제95조제1항 본문, 법 제100조에서 준용하는 「국세기본법」 제63조 및 제81조에 따라 직권으로 보정했을 때에는 그 결과를 해당 신청인 또는 청구인에게 문서로 통지해야 한다.(2020.12.31 본항개정)
제64조【결정 등】① 이의신청기관 또는 심판청구의 결정기관은 법 제96조에 따른 결정을 한 때에는 주문

(主文)과 이유를 붙인 결정서를 정본(正本)과 부본(副本)으로 작성하여 정본은 신청인 또는 청구인에게 송달하고, 부본은 처분청에 송달해야 한다. 다만, 심판청구에 관한 사항은 「국세기본법」 제78조제5항을 준용한다.(2020.12.31 본항개정)
② 제1항에 따라 이의신청에 관한 결정서를 송달할 때에는 그 결정서를 받은 날부터 90일 이내에 이의신청인이 심판청구를 제기할 수 있다는 뜻과 제기해야 하는 기관을 함께 적어야 하며, 심판청구에 관한 결정서를 송달할 때에는 그 결정서를 받은 날부터 90일 이내에 심판청구인이 행정소송을 제기할 수 있다는 뜻을 적어야 한다.(2020.12.31 본항개정)
③ 법 제96조제1항 각 호 외의 부분 단서에서 "대통령령으로 정하는 사유에 해당하는 경우"란 다음 각 호의 어느 하나에 해당하는 경우를 말한다.
1. 이의신청의 내용 또는 각 목의 어느 하나에 해당하는 경우(2020.12.31 본문개정)
   가. 법 제96조제1항제1호에 따른 각하결정사유에 해당하는 경우
   나. 이의신청 금액이 100만원 이하로서 유사한 이의신청에 대하여 법 제147조에 따른 지방세심의위원회(이하 "지방세심의위원회"라 한다) 의결을 거쳐 법 제96조제1항제3호 본문에 따른 결정이 있었던 경우(2020.12.31 본목개정)
2. 신청기간이 지난 후에 이의신청이 제기된 경우(2020.12.31 본호개정)
(2017.12.29 본항신설)
④ 이의신청의 내용이 다음 각 호의 어느 하나에 해당하는 경우에는 제3항제1호나목에도 불구하고 지방세심의위원회 의결을 거쳐 결정한다.(2020.12.31 본문개정)
1. 지방세심의위원회의 의결사항과 배치되는 새로운 조세심판, 법원 판결 또는 행정안전부장관의 해석 등이 있는 경우
2. 지방세심의위원회의 위원장이 지방세심의위원회 의결을 거쳐 결정할 필요가 있다고 인정하는 경우
(2017.12.29 본항신설)
⑤ 이의신청기관 또는 심판청구의 결정기관은 법 제96조제1항 또는 제6항에 따른 신청 또는 청구에 대한 결정기간(이하 이 조에서 "결정기간"이라 한다)이 지나도 결정을 하지 못했을 때에는 지체 없이 이의신청인에게는 결정기간이 경과한 날부터 심판청구 또는 행정소송을 제기할 수 있다는 뜻과 제기해야 하는 기관을, 심판청구인에게는 결정기간이 경과한 날부터 행정소송을 제기할 수 있다는 뜻을 통지해야 한다.(2020.12.31 본항개정)
⑥ 처분청은 법 제96조제4항(법 제88조제8항에서 준용하는 경우를 포함한다)에 따라 신청 또는 청구의 대상이 된 처분의 취소·경정을 하거나 필요한 처분을 하였을 때에는 그 처분결과를 지체 없이 서면으로 이의신청인(법 제88조제8항에 준용하는 경우에는 과세전적부심사 청구인을 말한다)에게 통지해야 한다.(2020.12.31 본항개정)
제65조【결정의 경정】지방자치단체의 장은 법 제97조제1항에 따른 경정 결과를 지체 없이 이의신청인에게 통지해야 한다.(2020.12.31 본조개정)
제66조【이의신청 등에 따른 공매처분의 보류기한】법 제99조제1항 단서에 따라 공매처분을 보류할 수 있는 기한은 이의신청 또는 심판청구의 결정이 있는 날부터 30일까지로 한다.(2020.12.31 본조개정)

제8장 범칙행위 등에 대한 처벌 및 처벌절차

제67조【과태료의 부과기준】법 제108조제1항에 따른 과태료의 부과기준은 별표1과 같다.

제68조 【범칙사건조사공무원 및 포탈 혐의 금액 등】 ① 법 제113조에 따른 지방검찰청 검사장이 지명한 사람은 세무공무원 중 지방자치단체의 장의 제청으로 그 근무지를 관할하는 지방검찰청 검사장이 지명한 사람(이하 "범칙사건조사공무원"이라 한다)으로 한다.
② 법 제113조제2호에서 "대통령령으로 정하는 금액 이상인 경우"란 다음 각 호의 어느 하나에 해당하는 경우를 말한다.
1. 연간 지방세 포탈 혐의금액(가산세는 제외한다)이 3천만원 이상인 경우
2. 법정신고기한까지 과세표준 신고를 하지 아니한 경우로서 그 과세표준의 연간 합계액이 10억원 이상인 경우(납부세액이 없는 경우는 제외한다)
3. 신고하여야 할 납부세액을 100분의 50 이하로 과소신고한 경우로서 그 과세표준의 연간 합계액이 20억원 이상인 경우
③ 제2항제1호에 따른 포탈 혐의금액은 법 제102조제1항에 따른 사기나 그 밖의 부정한 행위로써 지방세를 포탈하거나 지방세를 환급·공제받은 혐의가 있는 금액으로 한다.

제69조 【범칙 혐의자 등에 대한 심문·압수·수색】 ① 법 제114조 후단에서 "대통령령으로 정하는 사람"이란 다음 각 호의 어느 하나에 해당하는 사람을 말한다.
1. 범칙 혐의자
2. 범칙행위와 관련된 물건의 소유자 또는 소지자
3. 변호사, 세무사 또는 「세무사법」 제20조의2제1항에 따라 등록한 공인회계사로서 범칙 혐의자의 대리인
4. 제1호 또는 제2호에 해당하는 사람의 동거인, 사용인 또는 그 밖의 종업원으로서 사리를 분별할 수 있는 성년인 사람(제1호부터 제3호까지의 규정에 해당하는 사람이 참여할 수 없거나 참여를 거부하는 경우만 해당한다)
② 법 제114조에 따른 심문 또는 압수·수색 등에 필요한 서식은 행정안전부령으로 정한다.(2017.7.26 본항개정)
③ 법 제115조제1항 각 호 외의 부분 단서에서 "대통령령으로 정하는 자"란 제1항제2호부터 제4호까지의 어느 하나에 해당하는 자를 말한다.

제70조 【압수물건 등의 매각공고】 지방자치단체의 장은 「형사소송법」 제132조에 따라 압수물건 또는 영치물건을 매각하는 경우에는 물건의 품명, 수량, 매각사유, 매각장소와 그 일시, 그 밖의 필요한 사항을 지방자치단체의 정보통신망 또는 공보에 게시하는 방법으로 공고하여야 한다.

제71조 【범칙사건조사공무원의 압수물건 등 매수 금지】 범칙사건조사공무원은 압수물건, 영치물건 또는 몰수물건을 직접 또는 간접으로 매수(買收)할 수 없다.

제72조 【통고처분의 방법 및 벌금상당액 기준 등】 ① 지방자치단체의 장은 법 제121조제1항에 따라 통고처분을 하는 경우에는 통고서를 작성하여 범칙사건조사를 마친 날부터 10일 이내에 범칙자 및 법 제109조에 따른 법인 또는 개인에게 각각 통고하여야 한다.
② 법 제121조제4항에 따른 벌금상당액의 부과기준은 별표2와 같다.
③ 범칙사건조사공무원은 「형사소송법」의 규정에 준용하여 문서를 작성하고 송달하여야 한다.

제9장 과세자료의 제출 및 관리

제73조 【과세자료제출기관의 범위】 법 제127조제6호에서 "대통령령으로 정하는 기관이나 단체"란 다음 각 호의 기관이나 단체를 말한다.
1. 「건설산업기본법」에 따른 공제조합
2. 「공인노무사법」에 따른 공인노무사회
3. 「관세사법」에 따른 관세사회

4. 「국민건강보험법」에 따른 국민건강보험공단
5. 「국민연금법」에 따른 국민연금공단
6. 「기술사법」에 따른 기술사회
7. 「법무사법」에 따른 대한법무사협회
8. 「변호사법」에 따른 대한변호사협회
9. 「보험업법」에 따른 보험요율 산출기관
10. 「산업재해보상보험법」에 따른 근로복지공단
11. 「세무사법」에 따른 한국세무사회
12. 「여신전문금융업법」에 따른 여신전문금융업협회
13. 「해외건설 촉진법」에 따른 해외건설협회
14. 「환경영향평가법」에 따른 환경영향평가협회

제74조 【과세자료의 범위 및 제출시기 등】 법 제127조에 따른 과세자료제출기관(이하 "과세자료제출기관"이라 한다)이 법 제128조에 따라 제출하여야 하는 과세자료의 구체적인 범위와 법 제129조제1항에 따라 과세자료를 제출받을 기관 및 과세자료 제출시기는 별표3과 같다.

제75조 【과세자료의 추가·보완】 과세자료제출기관은 법 제129조제3항에 따라 행정안전부장관 또는 지방자치단체의 장으로부터 과세자료의 추가 또는 보완을 요구받은 경우에는 정당한 사유가 없으면 요구받은 날부터 15일 이내에 요구에 따라야 한다.(2017.7.26 본조개정)

제10장 지방세 업무의 정보화

제76조 【지방세수납정보시스템 관련 기관의 범위】 법 제136조제1항제5호에 따른 지방세수납정보시스템과 관련된 기관은 다음 각 호의 기관으로 한다.
1. 지방자치단체
2. 지방자치단체의 금고
3. 지방세수납대행기관
4. 「지방회계법 시행령」 제62조에 따른 세입금통합수납처리시스템의 약정 당사자 중 같은 조 제3호 또는 제4호에 해당하는 자
5. 「지방세법 시행령」 제52조제1항에 따라 면허에 대한 등록면허세의 납부 여부를 확인하여야 하는 면허부여기관

제11장 보 칙

제77조 【납세관리인의 지정 및 변경 등 신고】 ① 법 제139조제2항 전단 또는 같은 조 제4항에 따라 납세관리인 지정의 신고를 하려는 자는 다음 각 호의 사항을 적은 신고서를 지방자치단체의 장에게 제출하여야 한다.(2023.3.14 본문개정)
1. 납세자의 성명과 주소 또는 영업소
2. 납세관리인의 성명과 주소 또는 영업소
3. 지정의 이유
② 법 제139조제2항 후단에 따라 납세관리인의 변경 또는 해임의 신고를 하려는 자는 다음 각 호의 사항을 적은 신고서를 지방자치단체의 장에게 제출하여야 한다.
1. 제1항제1호와 제2호의 사항
2. 변경 후의 납세관리인의 성명과 주소 또는 영업소(변경신고의 경우에만 해당한다)
3. 변경의 이유(변경신고의 경우에만 해당한다)

제78조 【납세관리인의 변경요구 등】 ① 지방자치단체의 장은 법 제139조제2항 및 제4항에 따라 신고된 납세관리인이 부적당하다고 인정될 때에는 납세자에게 기한을 지정하여 그 변경을 요구할 수 있다.
② 지방자치단체의 장은 제1항에 따른 요구를 받은 납세자가 그 지정기한까지 납세관리인 변경의 신고를 하지 아니하였을 때에는 납세관리인의 지정이 없는 것으로 보고, 법 제139조제3항 및 제5항에 따라 납세자의 재산이나 사업의 관리인을 납세관리인으로 지정할 수 있다.

③ 지방자치단체의 장은 법 제135조제3항·제5항 및 이 조 제2항에 따라 납세관리인을 지정하였을 때에는 그 납세자와 납세관리인에게 지체 없이 통지하여야 한다.

제79조【자격증명서】 법 제140조제2항에 따른 신분을 증명하는 증표는 세무공무원에 대하여 지방자치단체의 장이 다음 각 호의 사항을 증명한 증표로 한다.
1. 소속
2. 직위, 성명 및 생년월일
3. 질문·검사·수사 또는 지방세 체납자의 재산압류 권한에 관한 사항

제80조【장부등의 비치와 보존】 ① 법 제144조제3항 후단에서 "대통령령으로 정하는 기준"이란 다음 각 호의 기준을 말한다.
1. 자료를 저장하거나 저장된 자료를 수정·추가 또는 삭제하는 절차·방법 등이 마련되어 있고 해당 정보보존 장치의 생산과 이용에 관련된 전산조직의 개발과 운영에 관한 기록을 보관할 것
2. 정보보존 장치에 저장된 자료의 내용을 쉽게 확인할 수 있도록 하거나 이를 문서화할 수 있는 장치와 절차가 마련되어 있어야 하며, 필요시 다른 정보보존 장치에 복제가 가능하도록 되어 있을 것
3. 정보보존 장치가 거래 내용 및 변동사항을 포괄하고 있어야 하며, 과세표준과 세액을 결정할 수 있도록 검색과 이용이 가능한 형태로 보존되어 있을 것
② 제1항에 따른 정보보존 장치에 대한 세부적인 기준 등에 관하여 필요한 사항은 행정안전부장관이 정한다. (2017.7.26 본항개정)
③ 법 제144조제4항 단서에서 "대통령령으로 정하는 것"이란 다음 각 호의 어느 하나에 해당하는 문서를 말한다.
1. 「상법 시행령」 등 다른 법령에 따라 원본을 보존하여야 하는 문서
2. 등기·등록 또는 명의 변경이 필요한 자산의 취득 및 양도와 관련하여 기명날인 또는 서명한 계약서
3. 소송과 관련하여 제출·접수한 서류 및 판결문 사본. 다만, 재발급이 가능한 서류는 제외한다.
4. 인가·허가와 관련하여 제출·접수한 서류 및 인·허가증. 다만, 재발급이 가능한 서류는 제외한다.
(2019.12.31 본조제목개정)

제81조【서류접수증 교부】 ① 법 제145조제1항 본문에서 "대통령령으로 정하는 서류"란 다음 각 호의 어느 하나에 해당하는 서류를 말한다.
1. 과세전적부심사청구서, 이의신청서 및 심판청구서 (2020.12.31 본호개정)
2. 법 또는 지방세관계법에 따라 제출기한이 정해진 서류
3. 그 밖에 지방자치단체의 장이 납세자의 권익보호상 필요하다고 인정하여 지정한 서류
② 법 제145조제1항 단서에서 "우편신고 등 대통령령으로 정하는 경우"란 과세표준 신고서 등의 서류를 우편이나 팩스로 제출하는 경우를 말한다.

제82조【포상금의 지급】 ① 법 제146조제1항제1호에 해당하는 자에게는 탈루세액 또는 부당하게 환급·감면받은 세액(이하 이 조에서 "탈루세액등"이라 한다)에 다음의 지급률을 곱하여 계산한 금액을 포상금으로 지급할 수 있다.

탈루세액등	지급률
3천만원 이상 1억원 이하	100분의 15
1억원 초과 5억원 이하	1,500만원 + 1억원을 초과하는 금액의 100분의 10
5억원 초과	5,500만원 + 5억원을 초과하는 금액의 100분의 5

② 법 제146조제1항제2호에 해당하는 자에게는 은닉재산의 신고를 통하여 징수된 금액(이하 이 조에서 "징수

금액"이라 한다)에 다음의 지급률을 곱하여 계산한 금액을 포상금으로 지급할 수 있다.

징수금액	지급률
1천만원 이상 5천만원 이하	100분의 15
5천만원 초과 1억원 이하	750만원 + 5천만원을 초과하는 금액의 100분의 10
1억원 초과	1,250만원 + 1억원을 초과하는 금액의 100분의 5

③ 법 제146조제1항제1호 또는 제2호에 따른 포상금은 현금지급, 이체입금 등의 방법에 따라 지급한다.
④ 법 제146조제2항에서 "대통령령으로 정하는 금액"이란 탈루세액등의 경우에는 3천만원, 징수금액의 경우는 1천만원을 말한다.
⑤ 법 제146조제3항제3호에서 "대통령령으로 정하는 자료등"이란 다음 각 호의 어느 하나에 해당하는 자료 또는 정보(이하 이 조에서 "자료등"이라 한다)를 말한다.
1. 지방세 탈루 또는 부당한 환급·감면과 관련된 회계부정 등에 관한 자료등
2. 그 밖에 지방세 탈루 또는 부당한 환급·감면의 수법, 내용, 규모 등 정황으로 보아 중요하다고 인정되는 자료등
⑥ 법 제146조제4항제3호에서 "대통령령으로 정하는 재산"이란 체납자 본인의 명의로 등기·등록된 국내에 있는 재산을 말한다.
⑦ 제1항부터 제6항까지에서 규정한 사항 외에 포상금의 신고 방법 등에 관하여 필요한 사항은 지방자치단체의 조례나 「지방자치법」 제178조제1항에 따른 지방자치단체조합회의의 심의·의결을 거쳐 정하는 포상금 관련 규정(規程)으로 정한다. (2021.12.31 본항개정)

제83조【지방세심의위원회의 구성 등】 ① 지방세심의위원회는 다음 각 호의 구분에 따라 구성한다. (2017.12.29 본문개정)
1. 특별시·광역시·특별자치시·도 또는 특별자치도(이하 "시·도등"이라 한다)에 두는 지방세심의위원회는 위원장 1명과 부위원장 1명을 포함하여 25명 이내의 위원으로 성별을 고려하여 구성한다. 다만, 조례로 정하는 바에 따라 위원의 정수를 10명의 범위에서 더 늘릴 수 있다. (2019.12.31 단서신설)
2. 시·군·구에 두는 지방세심의위원회는 위원장 1명과 부위원장 1명을 포함하여 19명 이내의 위원으로 성별을 고려하여 구성한다. 다만, 조례로 정하는 바에 따라 위원의 정수를 6명의 범위에서 더 늘릴 수 있다. (2019.12.31 단서신설)
② 지방세심의위원회의 위원장은 제3항제2호부터 제4호까지의 규정에 따른 위원(이하 "위촉위원"이라 한다) 중 전체 위원으로부터 호선되는 사람이 되고, 부위원장은 다음 각 호의 구분에 따른 사람이 된다.
1. 시·도등에 두는 지방세심의위원회의 부위원장은 지방세에 관한 사무를 담당하는 실장·국장 또는 본부장이 된다.
2. 시·군·구에 두는 지방세심의위원회의 부위원장은 지방세에 관한 사무를 담당하는 실장 또는 국장(실장 및 국장이 없는 시·군·구의 경우에는 과장 또는 담당관을 말한다)이 된다.
③ 지방세심의위원회의 위원은 다음 각 호의 어느 하나에 해당하는 사람 중에서 지방자치단체의 장이 임명하거나 위촉하는 사람이 된다. 이 경우 위촉위원이 전체위원의 과반수가 되어야 한다.
1. 다음 각 목의 구분에 따른 공무원
가. 시·도등에 두는 지방세심의위원회 위원의 경우에는 지방세에 관한 사무를 담당하는 4급 이상 공무원
나. 시·군·구에 두는 지방세심의위원회 위원의 경우에는 지방세에 관한 사무를 담당하는 5급 이상 공무원

2. 판사, 검사, 군법무관, 변호사, 공인회계사, 세무사 또는 감정평가사의 직(職)에 3년 이상 종사한 사람
3. 대학에서 법학, 회계학, 세무학 또는 부동산평가학을 교수하는 사람으로서 조교수 이상의 직에 재직하는 사람
4. 그 밖에 지방세에 관하여 전문지식과 경험이 풍부한 사람
④ 위촉위원의 임기는 2년으로 한다.
⑤ 위촉위원이 궐위된 때에는 새로 위촉하되, 새로 위촉된 위원의 임기는 전임자의 남은 임기로 한다.
⑥ 위원장이 부득이한 사유로 직무를 수행할 수 없을 때에는 부위원장이 그 직무를 대행하고, 부위원장이 부득이한 사유로 위원장의 직무를 대행할 수 없을 때에는 위원 중 연장자 순으로 위원장의 직무를 대행한다.

제84조【지방세심의위원회의 운영】① 지방세심의위원회의 회의는 다음 각 호의 구분에 따라 구성한다. 이 경우 위원장을 포함한 위촉위원이 구성원의 과반수가 되어야 한다.
1. 시·도등에 두는 지방세심의위원회의 회의는 위원장, 부위원장, 그 밖에 지방자치단체의 장이 회의마다 지정하는 9명의 위원으로 구성한다.
2. 시·군·구에 두는 지방세심의위원회의 회의는 위원장, 부위원장, 그 밖에 지방자치단체의 장이 회의마다 지정하는 7명의 위원으로 구성한다.
② 지방세심의위원회의 회의는 위원장이 지방자치단체의 장의 요구로 소집하고, 위원장이 그 회의를 주재한다.
③ 위원장은 지방세심의위원회를 대표하며, 지방세심의위원회의 업무를 총괄한다.
④ 지방세심의위원회는 제1항에 따른 구성원 과반수의 출석과 출석위원 과반수의 찬성으로 의결한다.
⑤ 지방세심의위원회는 회의를 운영할 때 필요하다고 인정하면 신청인·청구인 등 이해관계인, 참고인, 전문가, 관계 공무원 또는 납세자보호관을 출석시켜 의견을 듣거나 증명자료의 제출을 요구할 수 있다.
(2017.12.29 본항개정)
⑥ 지방세심의위원회의 사무를 처리하기 위하여 지방세심의위원회에 간사 1명을 두며, 간사는 지방자치단체의 장이 소속 공무원 중에서 지명한다.

제85조【지방세심의위원회 위원의 제척·기피·회피】
① 지방세심의위원회의 위원이 다음 각 호의 어느 하나에 해당하는 경우에는 그 안건의 심의·의결에서 제척(除斥)된다.
1. 위원이나 그 배우자 또는 그 배우자였던 사람이 해당 안건의 당사자(당사자인 법인·단체 등의 임원 또는 직원인 경우를 포함한다. 이하 이 호 및 제2호에서 같다)가 되거나 그 안건의 당사자와 공동권리자 또는 공동의무자인 경우
2. 위원이 해당 안건의 당사자와 친족이거나 친족이었던 경우
3. 위원이 해당 안건에 관하여 증언, 진술, 자문, 연구, 용역 또는 감정을 한 경우
4. 위원이나 위원이 속한 법인이 해당 안건 당사자의 대리인으로서 관여하거나 관여하였던 경우
5. 위원(위촉위원만 해당한다)이 안건의 대상이 된 처분 또는 부작위 등에 관여한 경우
② 신청인이나 청구인 등 안건의 당사자는 위원에게 공정한 심의·의결을 기대하기 어려운 사정이 있는 경우에는 지방세심의위원에 기피 신청을 할 수 있으며, 지방세심의위원회는 의결로 이를 결정한다. 이 경우 기피 신청의 대상이 된 위원은 그 의결에 참여하지 못한다.
③ 지방세심의위원회의 회의에 참석하는 위원은 제1항 각 호의 어느 하나에 해당하거나 심의 또는 의결의 공정성을 기대하기 어려운 사정이 있는 경우 스스로 그 안건의 심의·의결에서 회피(回避)하여야 한다.

제86조【지방세심의위원회 위원의 해임 및 해촉】지방자치단체의 장은 지방세심의위원회의 위원이 다음 각 호의 어느 하나에 해당하는 경우에는 해당 위원을 해임 또는 해촉(解囑)할 수 있다.
1. 심신장애로 인하여 직무를 수행할 수 없게 된 경우
2. 직무와 관련된 비위사실이 있는 경우
3. 직무태만, 품위손상이나 그 밖의 사유로 인하여 위원으로 적합하지 아니하다고 인정되는 경우
4. 제85조제1항 각 호의 어느 하나에 해당하는 데에도 불구하고 회피하지 아니한 경우
5. 위원 스스로 직무를 수행하는 것이 곤란하다고 의사를 밝히는 경우

제86조의2【지방세심의위원회의 분과위원회】① 시·도등에 두는 지방세심의위원회의 업무를 전문적·효율적으로 수행하기 위해 필요한 경우에는 해당 지방세심의위원회에 분과위원회를 둘 수 있다.
② 제1항에 따른 분과위원회의 구성 및 운영 등에 필요한 사항은 해당 지방세심의위원회의 의결을 거쳐 위원장이 정한다.
(2023.3.14 본조신설)

제87조【지방세심의위원회의 운영세칙】이 영에서 규정한 사항 외에 지방세심의위원회의 조직 및 운영에 필요한 사항은 지방세심의위원회의 의결을 거쳐 위원장이 정한다.

제87조의2【지방자치단체조합에 두는 지방세징수심의위원회의 구성 및 운영】① 법 제147조제2항에 따라 법 제151조의2에 따른 지방자치단체조합에 두는 지방세징수심의위원회(이하 "징수심의위원회"라 한다)는 위원장 1명과 부위원장 1명을 포함하여 15명 이내의 위원으로 성별을 고려하여 구성한다.
② 징수심의위원회의 위원장은 위촉위원 중 호선하고, 부위원장은 법 제151조의2에 따른 지방자치단체조합 사무기구의 장으로 한다.
③ 징수심의위원회의 위원은 다음 각 호의 사람 중에서 법 제151조의2에 따른 지방자치단체조합의 장이 임명하거나 위촉하되, 위촉위원이 전체위원의 과반수가 되어야 한다.
1. 지방세 체납사무를 담당하는 법 제151조의2에 따른 지방자치단체조합의 직원
2. 제83조제3항제2호부터 제4호까지의 규정 중 어느 하나에 해당하는 사람
④ 징수심의위원회 회의는 위원장, 부위원장과 법 제151조의2에 따른 지방자치단체조합의 장이 회의마다 지정하는 위원 7명을 포함하여 총 9명으로 구성한다.
⑤ 제1항부터 제4항까지에서 규정한 사항 외에 징수심의위원회 위원의 임기, 제척·기피·회피, 위원의 해임·해촉과 징수심의위원회 운영세칙에 관하여는 제84조(제1항은 제외한다)부터 제87조까지의 규정을 준용한다. 이 경우 "지방세심의위원회"는 "징수심의위원회"로, "지방자치단체의 장"은 "법 제151조의2에 따른 지방자치단체조합의 장"으로, "소속 공무원"은 "법 제151조의2에 따른 지방자치단체조합의 직원"으로 본다.
(2021.12.31 본조신설)

제88조【지방세법규해석심사위원회의 구성 및 운영】
① 법 제148조제1항에 따른 지방세법규해석심사위원회(이하 "지방세법규해석심사위원회"라 한다)는 다음 각 호의 사항 중 위원장이 회의에 부치는 사항을 심의한다. (2019.12.31 본문개정)
1. 법 및 지방세관계법의 입법 취지에 따른 해석이 필요한 사항
2. 법 및 지방세관계법에 관한 기존의 해석 또는 일반화된 지방세 업무의 관행을 변경하는 사항
3. 지방자치단체 간 운영 등이 달라 조정이 필요하다고 인정하는 사항

4. 그 밖에 법 및 지방세관계법과 지방세 관련 예규 등의 해석에 관한 사항

② 지방세법규해석심사위원회는 위원장을 포함하여 30명 이내의 위원으로 성별을 고려하여 구성한다. (2019.12.31 본항개정)

③ 위원장은 행정안전부에서 지방세에 관한 사무를 총괄하는 실장이 된다.(2017.7.26 본항개정)

④ 지방세법규해석심사위원회의 위원은 다음 각 호의 사람 중에서 행정안전부장관이 임명하거나 위촉하는 사람이 된다.(2019.12.31 본문개정)

1. 행정안전부 소속 4급 이상 공무원 또는 고위공무원단에 속하는 공무원(2017.7.26 본호개정)

2. 지방자치단체의 4급 이상 공무원 중 해당 지방자치단체의 장이 추천하는 사람

3. 법제처의 4급 이상 공무원 또는 고위공무원단에 속하는 공무원 중 법제처장이 추천하는 사람

4. 조세심판원의 4급 이상 공무원 또는 고위공무원단에 속하는 공무원 중 조세심판원장이 추천하는 사람

5. 다음 각 목의 어느 하나에 해당하는 사람
   가. 변호사·공인회계사·세무사의 직에 5년 이상 종사한 사람
   나. 「고등교육법」 제2조제1호 또는 제3호에 따른 학교에서 법률·회계·조세 등을 가르치는 부교수 이상으로 재직하고 있거나 재직하였던 사람
   다. 그 밖에 지방세에 관하여 전문지식과 경험이 풍부한 사람

⑤ 제4항제5호의 위원의 임기는 2년으로 하며, 한 차례만 연임할 수 있다.(2019.12.31 본항개정)

⑥ 위원장은 지방세법규해석심사위원회를 대표하고, 지방세법규해석심사위원회의 업무를 총괄한다. (2019.12.31 본항개정)

⑦ 위원장이 부득이한 사유로 직무를 수행할 수 없는 경우에는 제4항 각 호의 위원 중 위원장이 미리 지명한 위원이 그 직무를 대행한다.(2019.12.31 본항개정)

⑧ 위원장은 지방세법규해석심사위원회의 회의를 소집하고, 그 의장이 된다.(2019.12.31 본항개정)

⑨ 지방세법규해석심사위원회의 회의는 위원장과 위원장이 회의마다 지정하는 8명 이상 14명 이내의 위원으로 구성하되, 제4항제5호의 위원이 2분의 1 이상 포함되어야 한다.(2020.3.31 본항개정)

⑩ 지방세법규해석심사위원회의 회의는 제9항에 따른 구성원 과반수의 출석으로 개의하고, 출석위원 과반수의 찬성으로 의결한다.(2019.12.31 본항개정)

⑪ 지방세법규해석심사위원회의 회의는 공개하지 않는다. 다만, 위원장이 필요하다고 인정하는 경우에는 공개할 수 있다.(2019.12.31 본항개정)

⑫ 이 영에서 규정한 사항 외에 지방세법규해석심사위원회의 구성 및 운영에 필요한 사항은 지방세법규해석심사위원회의 의결을 거쳐 행정안전부장관이 정한다. (2019.12.31 본항개정)
(2019.12.31 본조제목개정)

제89조【지방세법규해석심사위원회 위원의 제척·회피】 ① 지방세법규해석심사위원회의 위원이 다음 각 호의 어느 하나에 해당하는 경우에는 법 제148조제2항에 따라 해당 안건에 대한 지방세법규해석심사위원회의 회의에서 제척된다.(2019.12.31 본문개정)

1. 질의자(지방세에 대한 해석 등에 관하여 질의한 자를 말하며, 지방자치단체의 장이 해석을 요청한 경우에는 해당 지방자치단체의 장으로서 질의한 자를 포함한다. 이하 이 항에서 같다) 또는 질의자의 위임을 받아 질의 업무를 수행하거나 수행하였던 자인 경우

2. 제1호에 규정된 사람의 친족이거나 친족이었던 경우

3. 제1호에 규정된 사람의 사용인이거나 사용인이었던 경우

4. 질의의 대상이 되는 처분이나 처분에 대한 이의신청 또는 심판청구에 관하여 증언 또는 감정을 한 경우 (2020.12.31 본호개정)

5. 질의일 전 최근 5년 이내에 질의의 대상이 되는 처분, 처분에 대한 이의신청·심판청구 또는 그 기초가 되는 세무조사에 관여했던 경우(2020.12.31 본호개정)

6. 제4호 또는 제5호에 해당하는 법인 또는 단체에 속하거나 질의일 전 최근 5년 이내에 속하였던 경우

7. 그 밖에 질의자 또는 질의자의 위임을 받아 질의 업무를 수행하는 자의 업무에 관여하거나 관여했던 경우(2020.12.31 본호개정)

② 지방세법규해석심사위원회의 위원은 제1항 각 호의 어느 하나에 해당하는 경우에는 스스로 해당 안건에 대한 지방세법규해석심사위원회의 회의에서 회피하여야 한다.(2019.12.31 본항개정)
(2019.12.31 본조제목개정)

제90조【지방세법규해석심사위원회 위원의 해임 및 해촉】 행정안전부장관은 지방세법규해석심사위원회 위원이 다음 각 호의 어느 하나에 해당하는 경우에는 해당 위원을 해임 또는 해촉할 수 있다.(2019.12.31 본문개정)

1. 심신장애로 인하여 직무를 수행할 수 없게 된 경우

2. 직무와 관련된 비위사실이 있는 경우

3. 직무태만, 품위손상이나 그 밖의 사유로 인하여 위원으로 적합하지 아니하다고 인정되는 경우

4. 제89조제1항 각 호의 어느 하나에 해당하는 데에도 불구하고 회피하지 아니한 경우

5. 위원 스스로 직무를 수행하는 것이 곤란하다고 의사를 밝히는 경우
(2019.12.31 본조제목개정)

제91조【지방세 예규 등 해석에 관한 절차 및 방법】 ① 법 및 지방세관계법과 지방세 관련 예규 등(이하 "지방세예규등"이라 한다)의 해석과 관련된 질의는 법 제20조에 따른 해석의 기준 등에 따라 해석하여 회신하여야 한다.

② 지방자치단체의 장이 지방세예규등에 대한 해석을 요청할 때에는 해석과 관련된 의견을 첨부하여야 한다.

③ 시장·군수 또는 구청장이 지방세예규등에 대한 해석을 요청할 때에는 시·도지사를 경유하여야 한다. 이 경우 시·도지사는 해당 해석 요청에 대한 의견을 첨부하여야 한다.

④ 제1항부터 제3항까지에서 규정한 사항 외에 법 제148조제3항에 따른 해석에 관한 질의회신의 처리 절차 및 방법은 행정안전부장관이 정한다.(2017.7.26 본항개정)

제92조【수당 등】 지방세심의위원회, 징수심의위원회 및 지방세법규해석심사위원회의 회의에 출석한 위원 및 관계인 등에게는 예산의 범위에서 수당과 여비를 지급할 수 있다. 다만, 공무원이 그 소관 업무와 직접적으로 관련되는 지방세심의위원회, 징수심의위원회 및 지방세법규해석심사위원회의 회의에 출석하는 경우에는 그렇지 않다.(2021.12.31 본조개정)

제93조【지방세연구원의 공무원 파견 요청】 ① 법 제151조제1항에 따른 지방세연구기관(이하 "지방세연구원"이라 한다)은 그 설립 목적의 달성과 전문성 향상을 위하여 필요할 때에는 국가기관 및 지방자치단체 소속 공무원의 파견을 요청할 수 있다.

② 제1항에 따라 소속 공무원의 파견을 요청받은 국가기관 및 지방자치단체의 장은 그 소속 공무원 중 지방세에 관하여 전문지식과 경험이 풍부한 자를 지방세연구원에 파견할 수 있다.

제93조의2【지방자치단체조합의 사무】 ① 법 제151조의2제1항에서 "대통령령으로 정하는 사무"란 다음 각 호의 사무를 말한다.

1. 「지방세법」제71조에 따른 지방소비세의 납입 관리에 관한 사무
2. 「지방세징수법」제8조·제9조 및 제11조에 따른 출국금지 요청, 체납 또는 정리보류 자료의 제공과 고액·상습체납자의 명단공개에 관한 사무(2022.6.7 본호개정)
3. 「지방세징수법」제103조의2제1항 각 호의 업무의 대행에 관한 사무(2022.6.7 본호개정)
4. 법 또는 지방세관계법에서 위탁·대행하는 사무
5. 법 또는 지방세관계법에 따른 처분에 대한 심판청구 또는 행정소송의 공동 대응을 위한 지원 사무
6. 그 밖에 지방자치단체가 공동으로 지방세 관련 사무를 수행하기 위하여 법 제151조의2제1항에 따른 지방자치단체조합의 규약으로 정하는 사무
(2021.12.31 본조신설)

제93조의3【과세자료제출기관협의회의 설치 및 운영】
① 과세자료 및 과세정보의 제출·관리와 지방세 업무의 정보화 등에 관한 다음 각 호의 사항을 협의하기 위하여 행정안전부에 과세자료제출기관협의회(이하 "협의회"라 한다)를 둔다.
1. 법 제86조제1항 각 호 외의 부분 단서에 따른 과세정보의 제공
2. 법 제128조에 따른 과세자료의 제출
3. 법 제135조제2항에 따른 지방세정보통신망 및 같은 조 제3항에 따른 다른 정보처리시스템과의 연계
4. 그 밖에 제1호부터 제3호까지의 사항과 관련하여 협의가 필요한 사항
② 협의회의 장은 행정안전부의 지방세 관련 업무를 총괄하는 고위공무원단에 속하는 공무원이 되며, 구성원은 다음 각 호의 사람이 된다.
1. 법 제127조에 따른 과세자료제출기관 중 행정안전부장관이 정하는 기관의 과장급 직위의 공무원
2. 「지방자치법」제182조제1항제1호 및 제3호에 따른 전국적 협의체의 대표자가 장으로 있는 지방자치단체의 과장급 직위의 공무원(2021.12.16 본호개정)
3. 「전자정부법」제72조제1항에 따른 한국지역정보개발원의 직원으로서 법 제135조제5항에 따라 위탁업무를 수행하는 사람
③ 제1항 및 제2항에서 규정한 사항 외에 협의회의 구성·운영 등에 필요한 사항은 행정안전부장관이 정한다.
(2020.3.31 본조신설)

제93조의4【세무공무원 교육훈련】 ① 행정안전부장관은 세무공무원의 직무역량 강화를 위한 교육과정을 운영해야 한다.
② 지방자치단체의 장은 소속 세무공무원이 제1항에 따른 교육과정을 이수할 수 있도록 노력해야 한다.
(2020.3.31 본조신설)

제94조【지방세발전기금의 적립 및 용도 등】 ① 법 제152조제1항 후단에서 "대통령령으로 정하는 비율"이란 다음 각 호의 비율을 합한 비율을 말한다.
1. 1만분의 1.2(2020.9.8 본호개정)
2. 1만분의 0.5의 범위에서 지방자치단체의 조례로 정하는 경우에는 그 비율(2019.12.31 본호개정)
② 법 제152조제1항 후단에 따라 적립된 지방세발전기금은 다음 각 호의 용도로 사용되어야 한다.
1. 지방세연구원에 대한 출연
2. 「지방세특례제한법」제4조제3항 후단에 따른 지방세 감면의 필요성, 성과 및 효율성 등에 관한 분석·평가
3. 지방세의 연구·홍보
4. 지방세 담당 공무원의 교육
5. 그 밖에 지방세 발전 및 세정운영 지원
③ 지방자치단체는 적립된 지방세발전기금 중 제1항제1호의 비율을 적용하여 적립된 금액을 제2항제1호의 용도에 우선 사용하여야 한다.

④ 지방자치단체는 제3항에 따른 금액을 해당 연도의 3월 31일까지 지방세연구원에 출연하여야 한다.
⑤ 지방자치단체는 해당 연도에 실제로 출연한 금액이 제3항에 따른 금액과 다를 경우에는 그 차액에 해당하는 금액을 그 다음 연도의 지방세발전기금 예산에 반영하여 정산하여야 한다.

제94조의2【등록전산정보자료의 제공】 행정안전부장관은 법 제152조의2제2항에 따라 「가족관계의 등록 등에 관한 법률」제13조제6항에 따른 등록전산정보자료를 지방세정보통신망을 통하여 지방자치단체의 장에게 제공해야 한다.(2021.12.31 본조신설)

제95조【민감정보 및 고유식별정보의 처리】 ① 행정안전부장관, 세무공무원, 법 제6조제1항에 따라 권한을 위탁 또는 위임받은 중앙행정기관의 장(소속기관을 포함한다), 지방자치단체의 장이나 법 제151조의2에 따른 지방자치단체조합의 장, 같은 조 제2항에 따라 권한을 재위임받은 소속 공무원(법 제151조의2에 따른 지방자치단체조합의 경우 지방자치단체에서 파견된 공무원으로 한다) 및 법 제127조에 따른 과세자료제출기관은 다음 지방세관계법에 따른 지방세에 관한 사무를 수행하기 위하여 불가피한 경우 「개인정보 보호법」제23조에 따른 건강에 관한 정보 또는 같은 법 시행령 제18조제2호에 따른 범죄경력자료에 해당하는 정보(이하 이 조에서 "건강정보등"이라 한다)나 「개인정보 보호법」제24조 및 같은 법 시행령 제19조에 따른 주민등록번호, 여권번호, 운전면허의 면허번호 또는 외국인등록번호(이하 이 조에서 "주민등록번호등"이라 한다)가 포함된 자료를 처리할 수 있다.(2021.12.31 본항개정)
② 특별징수의무자는 특별징수 사무를 수행하기 위하여 불가피한 경우 주민등록번호등이 포함된 자료를 처리할 수 있다.
③ 조세심판원장은 법 제91조에 따른 지방세 심판청구에 관한 사무를 수행하기 위하여 불가피한 경우 건강정보등 또는 주민등록번호등이 포함된 자료를 처리할 수 있다.
④ 지방세심의위원회는 법 제147조제1항 각 호의 사항을 처리하기 위하여 불가피한 경우 건강정보등 또는 주민등록번호등이 포함된 자료를 처리할 수 있다.
⑤ 징수심의위원회는 법 제147조제1항제3호 및 제6호의 사항을 처리하기 위하여 불가피한 경우 건강정보등 또는 주민등록번호등이 포함된 자료를 처리할 수 있다.(2021.12.31 본항신설)
⑥ 「전자정부법」제72조에 따른 한국지역정보개발원은 법 제135조제5항에 따라 위탁받은 지방세 관련 정보화 업무를 수행하기 위하여 불가피한 경우 건강정보등 또는 주민등록번호등이 포함된 자료를 처리할 수 있다.

부 칙

제1조【시행일】 이 영은 2017년 3월 28일부터 시행한다.
제2조【전자송달 철회에 관한 적용례】 제14조제4항의 개정규정은 이 영 시행 전에 전자송달을 신청하여 이 영 시행 당시 전자송달을 받고 있는 자에 대해서도 적용한다.
제3조【과세예고 통지 대상 변경에 관한 적용례】 제58조제3항제1호 단서의 개정규정은 이 영 시행 이후 소명안내를 받는 경우부터 적용한다.
제4조【기한연장 시 담보 제공 예외사유 제외에 관한 경과조치】 이 영 시행 전에 종전의 제7조에 따라 기한연장을 신청한 경우에는 제9조제2항의 개정규정에도 불구하고 종전의 규정에 따른다.
제5조【지방세환급금 양도 신청의 처리 결과 통지에 관한 경과조치】 이 영 시행 전에 종전의 제66조제1항

에 따라 지방세환급금의 양도 신청을 한 경우에는 제44조제3항의 개정규정에도 불구하고 종전의 규정에 따른다.
제6조【특수관계인의 범위 조정에 관한 경과조치】① 2013년 1월 1일 전에 성립한 납세의무의 경우 제2차 납세의무를 지는 특수관계인의 범위에 대해서는 대통령령 제24295호 지방세기본법 시행령 일부개정령 제2조의2 및 제24조의 개정규정에도 불구하고 종전의「지방세기본법 시행령」(대통령령 제24295호로 개정되기 전의 것을 말한다)에 따른다.
② 2013년 1월 1일 전에 체결된 계약의 경우 짜고 한 거짓 계약으로 추정되는 계약의 상대방인 특수관계인의 범위에 대해서는 대통령령 제24295호 지방세기본법 시행령 일부개정령 제2조의2 및 제87조의 개정규정에도 불구하고 종전의「지방세기본법 시행령」(대통령령 제24295호로 개정되기 전의 것을 말한다)에 따른다.
제7조【과태료 부과기준 변경에 관한 경과조치】 2014년 1월 1일 전의 위반행위에 대한 과태료 부과처분은 대통령령 제25059호 지방세기본법 시행령 일부개정령 별표1의 개정규정 중 1회 위반행위의 과태료 부과기준에 따른다.
제8조【다른 법령의 개정】①∼⑨ ※(해당 법령에 가제정리 하였음)
제9조【다른 법령과의 관계】 이 영 시행 당시 다른 법령(조례를 포함한다)에서 종전의「지방세기본법 시행령」또는 그 규정을 인용한 경우에 이 영이 그에 해당하는 규정이 있을 때에는 이 영 또는 이 영의 해당 규정을 각각 인용한 것으로 본다.

부 칙 (2018.6.26)

제1조【시행일】 이 영은 공포한 날부터 시행한다.
제2조【기한연장과 분납한도의 특례에 관한 적용례】 제8조의2의 개정규정은 이 영 시행 이후 기한연장을 결정(납세자가 신청한 경우에는 승인)하는 분부터 적용한다.

부 칙 (2018.12.31)

제1조【시행일】 이 영은 2019년 1월 1일부터 시행한다.
제2조【납부불성실가산세 등에 대한 이자율에 관한 경과조치】 이 영 시행 전에 법 제55조제1항 또는 제56조에 따른 납부불성실가산세·환급불성실가산세 또는 특별징수납부 등 불성실가산세를 부과해야 하는 사유가 발생한 경우에는 제34조의 개정규정에도 불구하고 종전의 규정에 따른다.

부 칙 (2019.1.22)

제1조【시행일】 이 영은 2019년 3월 28일부터 시행한다.(이하 생략)

부 칙 (2019.3.12)

제1조【시행일】 이 영은 2019년 3월 14일부터 시행한다.(이하 생략)

부 칙 (2019.4.2)

제1조【시행일】 이 영은 공포한 날부터 시행한다.(이하 생략)

부 칙 (2019.6.11)

제1조【시행일】 이 영은 2019년 7월 1일부터 시행한다.(이하 생략)

부 칙 (2019.12.24)

제1조【시행일】 이 영은 2020년 1월 16일부터 시행한다.(이하 생략)

부 칙 (2019.12.31)

제1조【시행일】 이 영은 2020년 1월 1일부터 시행한다. 다만, 제62조의2의 개정규정은 2020년 3월 2일부터 시행한다.
제2조【세무조사의 결과 통지의 예외사유에 관한 적용례】 제56조제2항제5호의 개정규정은 이 영 시행 이후 법 제96조제6항 및「국세기본법」제81조에 따라 준용되는 같은 법 제65조제1항제3호 단서에 따라 결정하는 재조사를 마치는 경우부터 적용한다.
제3조【상속으로 얻은 재산가액에 관한 경과조치】 이 영 시행 전에 상속이 개시된 경우에 대해서는 제21조제1항의 개정규정에도 불구하고 종전의 규정에 따른다.
제4조【지방세법규해석심사위원회 위원의 연임에 관한 경과조치】 이 영 시행 당시 제88조제4항제5호에 따른 위원에 대하여 제88조제5항의 개정규정을 적용할 때에는 이 영 시행 당시의 임기를 최초의 임기로 본다.

부 칙 (2020.3.31)

이 영은 공포한 날부터 시행한다.

부 칙 (2020.4.28)

제1조【시행일】 이 영은 2020년 5월 1일부터 시행한다.(이하 생략)

부 칙 (2020.7.28)

제1조【시행일】 이 영은 2020년 7월 30일부터 시행한다.(이하 생략)

부 칙 (2020.8.4)

제1조【시행일】① 이 영은 2020년 8월 5일부터 시행한다.(이하 생략)

부 칙 (2020.8.26)

제1조【시행일】 이 영은 2020년 8월 28일부터 시행한다.(이하 생략)

부 칙 (2020.9.8)

제1조【시행일】 이 영은 2021년 1월 1일부터 시행한다.
제2조【지방세발전기금의 적립 비율에 관한 특례】 2021회계연도의 지방세발전기금의 적립 비율은 제94조제1항제1호의 개정규정에도 불구하고 1만분의 1.3으로 한다.

부 칙 (2020.12.8 영31221호)
(2020.12.8 영31222호)
(2020.12.10)

제1조【시행일】 이 영은 2020년 12월 10일부터 시행한다.(이하 생략)

이 영 시행 전에 경정청구되어 이 영 시행 이후 그 경정에 따라 산정하는 지방세환급가산금에 대해서도 적용한다.

② 제43조제1항제5호 본문(지방세관계법에서 환급기한을 정하고 있는 경우와 관련한 개정사항에 한정한다)의 개정규정은 이 영 시행 이후 환급세액을 신고하거나 환급신청하거나 신고한 환급세액의 경정·결정을 하는 경우부터 적용한다.

제3조【지방세환급금의 충당에 관한 경과조치】 이 영 시행 전에 환급세액을 신고하거나 환급신청하거나 신고한 환급세액의 경정·결정을 한 경우 법 제60조제3항에 따른 지방세환급금의 충당에 관하여는 제37조의2제5호의 개정규정에도 불구하고 종전의 「지방세기본법」(법률 제18654호로 개정되기 전의 것을 말한다) 제62조제1항제5호에 따른다.

제4조【「지방자치법」개정에 따른 경과조치】 제82조제7항의 개정규정 중 "「지방자치법」 제178조제1항"은 2022년 1월 12일까지 "「지방자치법」 제161조제1항"으로 본다.

제5조【과태료의 부과기준에 관한 경과조치】 이 영 시행 전의 위반행위에 대하여 과태료의 부과기준을 적용할 때에는 별표1 제1호나목 단서의 개정규정에도 불구하고 종전의 규정에 따른다.

제6조【다른 법령의 개정】 ※(해당 법령에 가제정리하였음)

부 칙 (2022.2.17)

제1조【시행일】 이 영은 2022년 2월 18일부터 시행한다.(이하 생략)

부 칙 (2022.2.18)

제1조【시행일】 이 영은 2022년 2월 18일부터 시행한다.(이하 생략)

부 칙 (2022.6.7)

제1조【시행일】 이 영은 공포한 날부터 시행한다.
제2조【납부지연가산세액의 이자율에 관한 경과조치】 이 영 시행 전에 납세의무가 성립한 납부지연가산세를 이 영 시행 이후 납부하는 경우 이 영 시행일 전의 기간분에 대한 납부지연가산세의 계산에 적용되는 이자율은 제34조의 개정규정에도 불구하고 종전의 규정에 따르고, 이 영 시행 이후의 기간분에 대한 납부지연가산세의 계산에 적용되는 이자율은 제34조의 개정규정에 따른다.

부 칙 (2022.6.28)

제1조【시행일】 이 영은 2022년 6월 29일부터 시행한다.(이하 생략)

부 칙 (2022.11.29)

제1조【시행일】 이 영은 2022년 12월 1일부터 시행한다.(이하 생략)

부 칙 (2023.3.14)

제1조【시행일】 이 영은 공포한 날부터 시행한다. 다만, 제44조의 개정규정은 2023년 6월 1일부터 시행한다.
제2조【전자송달 신청의 철회 간주의 예외에 관한 적용례】 제14조제4항제2호 단서의 개정규정은 이 영 시

부 칙 (2020.12.31 영31341호)

제1조【시행일】 이 영은 2021년 1월 1일부터 시행한다.
제2조【공시송달에 관한 적용례】 제18조제2호의 개정규정은 납세자에 대한 첫 방문이 이 영 시행 이후인 경우부터 적용한다.
제3조【지방세법규해석심사위원회 위원의 제척·회피에 관한 경과조치】 이 영 시행 전에 지방세법규해석심사위원회의 위원이 질의의 대상이 되는 처분에 대한 심사청구에 관하여 증언 또는 감정을 했거나 질의의 대상이 되는 처분에 대한 심사청구에 관여했던 경우에는 제89조제1항제4호 및 제5호의 개정규정에도 불구하고 종전의 규정에 따라 해당 안건에 대한 지방세법규해석심사위원회의 회의에서 제척되며, 스스로 회피해야 한다.

부 칙 (2020.12.31 영31349호)

제1조【시행일】 이 영은 2021년 1월 1일부터 시행한다.(이하 생략)

부 칙 (2021.2.9)

제1조【시행일】 이 영은 2021년 2월 19일부터 시행한다.(이하 생략)

부 칙 (2021.2.17)

제1조【시행일】 이 영은 공포한 날부터 시행한다.(이하 생략)

부 칙 (2021.2.19)

제1조【시행일】 이 영은 2021년 2월 19일부터 시행한다.(이하 생략)

부 칙 (2021.8.31)

제1조【시행일】 이 영은 2021년 9월 10일부터 시행한다.(이하 생략)

부 칙 (2021.9.14)

제1조【시행일】 이 영은 공포한 날부터 시행한다.(이하 생략)

부 칙 (2021.12.16)

제1조【시행일】 이 영은 2022년 1월 13일부터 시행한다.(이하 생략)

부 칙 (2021.12.31)

제1조【시행일】 이 영은 2022년 1월 1일부터 시행한다. 다만, 다음 각 호의 개정규정은 해당 호에서 정한 날부터 시행한다.
1. 제3조, 제82조제7항, 제87조의2, 제92조, 제93조의2(제1항제2호를 제외한다)부터 제93조의4까지 및 제95조의 개정규정 : 공포한 날
2. 제93조의2제1항제2호의 개정규정 : 2022년 2월 3일
제2조【지방세환급가산금 지급대상 기간의 기산일에 관한 적용례】 ① 제43조제1항제1호 전단의 개정규정은

행 전에 서류가 전자송달된 경우로서 이 영 시행 당시 제14조제4항제2호 본문의 사유에 해당하지 않는 경우에 대해서도 적용한다.

제3조【제2차 납세의무를 지는 특수관계인의 범위에 관한 적용례】 제24조제1항 및 제2항의 개정규정은 2023년 1월 1일 이후 지방자치단체의 징수금의 과세기준일 또는 납세의무성립일(이에 관한 규정이 없는 세목의 경우에는 납기개시일)이 도래하는 경우부터 적용한다.

제4조【상대방과 짜고 한 거짓계약으로 추정되는 계약의 특수관계인의 범위에 관한 적용례】 제51조의 개정규정은 2023년 1월 1일 이후 「주택임대차보호법」 또는 「상가건물 임대차보호법」에 따른 임대차계약, 전세권·질권 또는 저당권의 설정계약, 가등기설정계약 또는 는 양도담보설정계약을 하는 경우부터 적용한다.

제5조【지방세환급금의 양도에 관한 경과조치】 제44조제2항 및 제3항의 개정규정에도 불구하고 부칙 제1조 단서에 따른 시행일 전에 제44조제1항에 따라 지방세환급금 양도 신청서를 제출한 경우의 지방세환급금의 양도에 관하여는 종전의 규정에 따른다.

　부　칙 (2023.4.5)
　　　　 (2023.4.11)

제1조【시행일】 이 영은 2023년 6월 5일부터 시행한다.(이하 생략)

　부　칙 (2023.4.18)

제1조【시행일】 이 영은 2023년 4월 19일부터 시행한다.(이하 생략)

　부　칙 (2023.6.7)

제1조【시행일】 이 영은 2023년 6월 11일부터 시행한다.(이하 생략)

　부　칙 (2023.12.29)

이 영은 2024년 1월 1일부터 시행한다.

〔별표〕➡ 「www.hyeonamsa.com」 참조

지방세기본법 시행규칙

(2017년　　　3월　　　28일)
(전부개정행정자치부령 제114호)

개정
2017. 7.26행정안전부령　　　　1호(직제시규)
2017.12.29행정안전부령　　　26호
2018.12.31행정안전부령　　　92호
2019.12.31행정안전부령　　 151호
2020. 5.12농림축산식품부령424호(농업·농촌공익기능증진직접지불제도운영에관한법시규)
2020.12. 1농림축산식품부령457호(농림축산식품부소관친환경농어업육성및유기식품등의관리·지원에관한법시규)
2020.12.31행정안전부령　　 227호
2021. 9. 7행정안전부령　　 274호(법령용어정비)
2021.12.31행정안전부령　　 299호
2022. 6. 7행정안전부령　　 335호
2023. 3.14행정안전부령　　 382호

제1장 총 칙

제1조【목적】 이 규칙은 「지방세기본법」 및 같은 법 시행령에서 위임된 사항과 그 시행에 필요한 사항을 규정함을 목적으로 한다.

제2조【지방세정보통신망의 지정기준】 「지방세기본법」(이하 "법"이라 한다) 제2조제1항제28호에서 "행정안전부령으로 정하는 기준"이란 별표1에 따른 기준을 말한다.(2017.7.26 본조개정)

제3조【전자신고의 방법·절차 등】 ① 법 제25조제2항에 따라 신고서 등을 지방세정보통신망 또는 연계정보통신망을 이용하여 제출(이하 "전자신고"라 한다)하려는 경우에는 지방세정보통신망 또는 연계정보통신망에서 본인확인 절차를 거친 후 할 수 있다.(2021.12.31 본항개정)
② 행정안전부장관 또는 지방자치단체의 장은 지방세정보통신망에 해당 신고서 등이 전자신고된 경우에는 해당 신고서 등이 정상적으로 저장되었음을 전자신고한 자가 알 수 있도록 하여야 한다.(2017.7.26 본항개정)
③ 행정안전부장관은 다음 각 호의 사항을 고려하여 법 제25조제2항에 따라 전자신고를 할 수 있는 세목, 그 밖의 신고절차를 정하여 고시하여야 한다.(2017.7.26 본문개정)
1. 세목별 특성
2. 전자신고에 필요한 기술적·지리적 여건
3. 그 밖에 전자신고에 필요한 사항

제4조【기한연장의 신청】 ① 법 제26조제1항 및 「지방세기본법 시행령」(이하 "영"이라 한다) 제7조제1항에 따른 기한의 연장 신청은 다음 각 호의 구분에 따른 서식에 따른다.
1. 법 또는 지방세관계법에서 규정하는 신고·신청·청구 또는 그 밖의 서류 제출·통지의 기한연장 신청 : 별지 제1호서식의 지방세 기한연장 신청서
2. 법 또는 지방세관계법에서 규정하는 납부의 기한연장 신청 : 별지 제2호서식의 지방세 납부기한 연장 신청서

제5조【기한연장의 결정 결과 등의 통지】 ① 영 제7조제2항에 따른 기한연장 신청에 대한 승인 여부 통지는 다음 각 호의 구분에 따른 서식에 따른다.
1. 법 또는 지방세관계법에서 규정하는 신고·신청·청구 또는 그 밖의 서류 제출·통지의 기한연장 신청에 대한 승인 여부 통지 : 별지 제3호서식의 지방세 기한연장 승인 여부 통지
2. 법 또는 지방세관계법에서 규정하는 납부의 기한연장 신청에 대한 승인 여부 통지 : 별지 제4호서식의 지방세 납부기한 연장 승인 여부 통지
② 영 제7조제3항에 따른 기한연장 결정의 결과 통지

는 별지 제5호서식의 지방세 기한연장 결정 결과 통지에 따른다.

제6조【납부기한 연장의 취소 통지】 법 제27조제2항 및 영 제10조제2항에 따른 납부기한 연장의 취소 통지는 별지 제6호서식의 지방세 납부기한 연장 취소 통지에 따른다.

제7조【송달받을 장소의 신고】 법 제29조 및 영 제11조에 따른 서류를 송달받을 장소의 신고 또는 변경신고는 별지 제7호서식의 지방세 서류 송달장소 신고서(변경신고서)에 따른다.

제8조【송달서】 법 제30조제5항 및 영 제13조에 따른 송달서는 별지 제8호서식의 지방세 송달서에 따른다.

제9조【전자송달의 신청 및 철회】 법 제30조제7항 및 영 제14조제1항에 따른 전자송달 신청 또는 전자송달 철회 신청은 별지 제9호서식의 지방세 전자송달 신청서(철회신청서)에 따른다.

제10조【공시송달】 법 제33조제1항에 따른 서류의 주요 내용 공고는 별지 제10호서식의 지방세 공시송달에 따른다.

제2장   납세의무

제11조【상속인대표자의 신고】 ① 법 제42조제3항 후단 및 영 제22조제1항에 따른 상속인대표자의 신고는 별지 제11호서식의 지방세 상속인대표자 신고서에 따른다.(2020.12.31 본항개정)

② 영 제22조제2항 후단에 따른 상속인대표자의 지정 통지는 별지 제12호서식의 지방세 상속인대표자 지정 통지에 따른다.

제3장   부   과

제12조【과세표준 수정신고서】 법 제49조 및 영 제28조에 따른 과세표준 수정신고서는 별지 제13호서식의 지방세 과세표준 수정신고서에 따른다.

제13조【결정 또는 경정의 청구】 ① 법 제50조제1항·제2항 및 영 제31조에 따른 결정 또는 경정 청구서는 별지 제14호서식의 지방세 과세표준 및 세액 등의 결정 또는 경정 청구서에 따른다.

② 법 제50조제3항에 따른 결정 또는 경정 청구에 대한 결과의 통지는 별지 제15호서식의 지방세 과세표준 및 세액의 결정 또는 경정 청구 결과 통지에 따른다. (2021.12.31 본항개정)

제13조의2【기한 후 세액 결정 통지】 법 제51조제3항 본문에 따른 결정의 통지는 별지 제15호의2서식의 지방세 과세표준 및 세액의 결정 통지에 따른다. (2018.12.31 본조신설)

제14조【가산세의 감면 등 신청】 ① 법 제57조제1항·제2항 및 영 제35조제1항에 따른 가산세의 감면 등 신청은 별지 제16호서식의 지방세 가산세 감면 등 신청서에 따른다.

② 영 제35조제3항에 따른 가산세 감면 등의 결과 및 승인 여부 통지는 별지 제17호서식의 지방세 가산세의 감면 등의 결과(승인 여부) 통지에 따른다.

제15조【부과의 취소 및 변경 통지】 지방자치단체의 장은 법 제58조에 따라 지방자치단체의 징수금의 부과·징수 처분을 취소하거나 변경한 경우에는 별지 제18호서식의 지방자치단체의 징수금에 대한 부과·징수 처분의 취소·변경 통지에 따라 이해관계인에게 통지하여야 한다.

제4장   지방세환급금과 납세담보

제16조【지방세환급금의 충당 청구 등】 ① 법 제60조제2항 각 호 외의 부분 단서에 따른 지방세환급금의 지

방세 충당 동의와 법 제60조제4항 전단에 따른 지방세 환급금의 지방세 충당 청구는 별지 제19호서식의 지방세환급금 충당 동의서와 및 청구서에 따른다.

② 영 제37조제5항에 따른 지방세환급금의 충당 통지는 별지 제20호서식의 지방세환급금 충당 및 지급통지서에 따른다. 다만, 법 제60조제6항 및 영 제37조제2항에 따라 충당하였을 경우의 충당 통지는 「지방세징수법 시행규칙」 별지 제8호서식에 따를 수 있다.

제17조【지방세환급금의 환급】 ① 영 제38조제1항에 따른 지방세환급금 지급 통지는 별지 제20호서식의 지방세환급금 충당 및 지급통지서에 따른다.

② 영 제38조제3항에 따른 납세의무자 또는 특별징수의무자와 제2차 납세의무자에 대한 환급(충당) 통지는 별지 제21호서식의 지방세환급금에 대한 환급(충당) 사실 통지에 따른다.

③ 법 제60조제1항 후단 및 영 제38조제4항에 따른 지방세 환급청구서는 별지 제22호서식의 지방세 환급청구서에 따른다. 다만, 지방소득세에 대한 지방세 환급청구서는 별지 제23호서식의 지방소득세 환급청구서에 따른다.

④ 영 제38조제5항에 따른 지방세환급금 지급명령서는 별지 제24호서식의 지방세환급금 지급명령서에 따른다.

제18조【지방세환급금의 지급절차】 ① 영 제39조제1항에 따른 지방세환급금 지급청구는 별지 제20호서식 부표, 별지 제22호서식 부표 또는 별지 제23호서식 부표에 따른다. 다만, 지방자치단체의 장은 납세자의 이용편의 등을 고려하여 구술 또는 그 밖의 방법으로 지급청구 방법을 달리 정할 수 있다.

② 영 제39조제2항에 따른 지방세환급금 지급확인통지서는 별지 제24호서식의 지방세환급금 지급확인통지서에 따른다.

제19조【지방세환급금 지급계좌의 신고】 영 제40조에 따른 지방세환급금 지급계좌의 신고(변경신고를 포함한다)는 별지 제25호서식의 지방세환급금 지급계좌 개설(변경)신고서에 따른다.

제20조【지방세환급금의 직권지급 통지】 영 제41조제2항에 따른 지방세환급금 직권지급 통지는 별지 제26호서식의 지방세환급금 직권지급 사실 통지에 따른다.

제21조【주된 상속자의 기준】 법 제60조제7항에서 "행정안전부령으로 정하는 주된 상속자"란 「민법」에 따른 상속지분이 가장 높은 사람을 말한다. 이 경우 상속지분이 가장 높은 사람이 두 명 이상이면 그 중 나이가 가장 많은 사람으로 한다.(2017.7.26 전단개정)

제22조【지방세환급금의 양도 요구】 영 제44조제1항에 따른 지방세환급금의 양도 요구는 별지 제27호서식의 지방세환급금 양도 요구서에 따른다.(2023.3.14 본조개정)

제23조【납세담보의 제공】 ① 법 제67조 및 영 제46조제1항에 따른 납세담보제공서는 별지 제29호서식의 납세담보제공서에 따른다.

② 법 제67조제2항에 따른 납세보증서는 별지 제30호서식의 납세보증서에 따른다.

③ 법 제67조제3항 및 영 제46조제5항에 따른 저당권 설정을 위한 등기 또는 등록의 촉탁은 별지 제31호서식의 납세담보에 따른 저당권설정 등기(등록) 촉탁서에 따른다.

제24조【납세담보의 변경과 보충】 ① 법 제68조제1항 및 영 제47조제2항에 따른 납세담보의 변경승인 신청은 별지 제32호서식의 납세담보 변경승인 신청서에 따른다.

② 법 제68조제2항 및 영 제47조제2항에 따른 납세담보물의 추가제공 요구 또는 보증인의 변경 요구는 별지 제33호서식의 납세담보물의 추가제공(보증인의 변경) 요구에 따른다.

제25조【납세담보에 의한 납부신청과 징수 통지】① 법 제69조제1항 및 영 제48조제1항 전단에 따른 납세담보에 의한 지방자치단체의 징수금 납부신청은 별지 제34호서식의 납세담보에 의한 지방자치단체의 징수금 납부신청서에 따른다.
② 지방자치단체의 장은 영 제48조제1항 또는 제2항에 따라 납세담보로 지방자치단체의 징수금을 징수한 경우에는 지체 없이 납세담보를 제공한 자에게 별지 제35호서식의 납세담보에 의한 지방자치단체의 징수금 징수 통지에 따라 통지하여야 한다.
제26조【납세담보의 해제】① 법 제70조 및 영 제49조제1항에 따른 납세담보의 해제 통지는 별지 제36호서식의 납세담보의 해제 통지에 따른다.
② 영 제49조제2항에 따른 저당권 말소의 등기 또는 등록의 촉탁은 별지 제37호서식의 납세담보 해제에 따른 저당권 말소 등기(등록) 촉탁서에 따른다.

제5장 지방세와 다른 채권의 관계

제27조【지방세에 우선하는 채권을 가진 자 등에 대한 통지】영 제50조제2항에 따른 지방세에 우선하는 채권과 관계있는 재산의 압류 통지 또는 같은 조 제3항에 따른 가등기권리자에 대한 압류 통지는 별지 제38호서식의 압류사실 통지에 따른다.

제6장 납세자의 권리

제28조【세무조사의 신청】법 제82조제2항제4호에 따른 납세자의 세무조사 신청은 별지 제39호서식의 지방세 세무조사 신청서에 따른다.
제29조【세무조사의 사전 통지와 연기 신청】① 법 제83조제1항 본문에 따른 세무조사의 사전 통지는 별지 제40호서식의 지방세 세무조사 사전 통지에 따른다.
② 법 제83조제2항 및 영 제54조제3항에 따른 세무조사의 연기신청은 별지 제41호서식의 지방세 세무조사 연기신청서에 따른다.
③ 법 제83조제3항에 따른 세무조사의 연기신청에 대한 승인 여부 통지는 별지 제42호서식의 지방세 세무조사 연기신청에 대한 승인 여부 통지에 따른다.
④ 법 제83조제4항 본문에 따른 세무조사통지서는 별지 제40호의2서식의 지방세 세무조사통지서에 따른다.(2018.12.31 본항신설)
제30조【세무조사 기간연장 또는 중지 신청】법 제84조제1항제5호 또는 영 제55조제1호에 따른 세무조사의 기간연장 또는 중지 신청은 별지 제43호서식의 지방세 세무조사 (기간연장, 중지) 신청서에 따른다.
(2018.12.31 본조개정)
제31조【세무조사 기간의 연장 등의 통지】① 지방자치단체의 장은 법 제84조제1항제3호에 따라 세무조사 과정에서 법 제76조제2항제1호에 따른 범칙사건조사로 조사 유형을 전환할 경우에는 별지 제44호서식의 지방세 세무조사 유형전환 통지에 따라 납세자에게 통지하여야 한다.
② 법 제84조제4항에 따른 세무조사 기간 연장 등의 통지는 다음 각 호의 구분에 따른다.
1. 법 제84조제1항 단서에 따라 세무조사 기간을 연장하는 경우 : 별지 제45호서식에 따른 지방세 세무조사 기간 연장 통지
2. 법 제84조제2항에 따라 세무조사를 중지하는 경우 : 별지 제46호서식의 지방세 세무조사 중지 통지
3. 법 제84조제3항에 따라 세무조사를 재개하는 경우 : 별지 제47호서식의 지방세 세무조사 재개 통지
제31조의2【장부 등의 일시 보관】① 법 제84조의2제3항에 따른 일시 보관 동의서는 별지 제47호의2서식의

장부 등 일시 보관 동의서에 따른다.
② 법 제84조의2제3항에 따른 일시 보관증은 별지 제47호의3서식의 장부 등 일시 보관증에 따른다.
③ 법 제84조의2제4항에 따른 장부등의 반환 요청서는 별지 제47호의4서식의 장부 등 반환 요청서에 따른다.
④ 세무공무원은 법 제84조의2제4항·제5항 및 영 제55조의2제3항에 따라 장부등을 반환하는 경우에는 별지 제47호의5서식의 장부 등 반환 확인서를 받아야 한다.(2019.12.31 본조신설)
제32조【세무조사 등의 결과 통지】법 제85조제1항 각 호 외의 부분 본문에 따른 범칙사건조사 또는 세무조사의 결과 통지는 별지 제48호서식의 지방세 범칙사건조사(세무조사) 결과 통지에 따른다.(2020.12.31 본조개정)
제33조【지방세 정보의 제공방법】① 법 제87조제1항 및 영 제57조제1항에 따른 과세정보의 제공은 별지 제49호서식의 지방세 세목별 과세증명서에 따른다.
② 법 제87조제1항 및 영 제57조제3항에 따른 지방소득세 납부내역의 제공은 별지 제50호서식의 비거주자 등의 지방소득세 납부내역 증명서에 따른다. 이 경우 지방자치단체의 장은 별지 제51호서식의 비거주자 등의 지방소득세 납부내역 증명서 발급대장에 따라 지방소득세 납부내역 증명서 제공내역을 관리하여야 한다.
제34조【과세예고 통지】법 제88조제2항제2호에 따른 과세예고 통지는 별지 제52호서식의 지방세 과세예고 통지에 따른다.(2019.12.31 본조개정)
제35조【과세전적부심사의 청구 및 결과 통지 등】① 법 제88조제2항 및 영 제58조제1항에 따른 과세전적부심사청구서는 별지 제53호서식의 과세전적부심사청구서에 따른다.
② 법 제88조제2항 및 영 제58조제1항에 따라 과세전적부심사청구서를 접수한 지방자치단체의 장은 별지 제53호서식의 과세전적부심사청구서에 딸린 접수증에 접수사실을 증명하는 표시를 하여 과세전적부심사를 청구한 자에게 주어야 한다.
③ 법 제88조제4항에 따른 과세전적부심사의 결과 통지는 별지 제54호서식의 과세전적부심사 결과 통지에 따른다.
④ 법 제88조제7항에 따른 과세표준 및 세액의 조기 결정·경정결정 신청은 별지 제55호서식의 조기결정(경정결정) 신청서에 따른다.
(2019.12.31 본조개정)

제7장 이의신청 및 심판청구
(2020.12.31 본장제목개정)

제36조【이의신청】① 법 제90조 및 영 제59조제1항에 따른 이의신청서는 별지 제56호서식의 이의신청서에 따른다.
② 법 제90조 및 영 제59조에 따라 이의신청서를 접수한 기관은 별지 제56호서식의 이의신청서에 딸린 접수증에 접수사실을 증명하는 표시를 하여 이의신청을 한 자에게 주어야 한다.
③ 영 제59조제5항에 따른 이의신청에 대한 의견서는 별지 제57호서식의 이의신청(심판청구)에 대한 의견서에 따른다.(2020.12.31 본항개정)
제37조【심판청구】① 법 제91조 및 영 제60조제1항에 따른 심판청구서는 별지 제59호서식의 심판청구서에 따른다.
② 법 제91조 및 영 제60조에 따라 심판청구서를 접수한 기관은 별지 제59호서식의 심판청구서에 딸린 접수증에 접수사실을 증명하는 표시를 하여 심판청구를 한 자에게 주어야 한다.

③ 영 제60조제3항에 따른 심판청구에 대한 의견서는 별지 제57호서식의 이의신청(심판청구)에 대한 의견서에 따른다.
(2020.12.31 본조개정)

제38조 【의견진술】 ① 법 제92조 및 영 제62조제1항에 따른 이의신청 또는 심판청구와 관련된 의견진술 신청은 별지 제60호서식의 의견진술 신청서에 따른다.
(2020.12.31 본항개정)
② 영 제62조제2항에 따른 의견진술을 위한 출석 통지는 별지 제61호서식의 출석 통지에 따른다.
③ (2020.12.31 삭제)

제39조 【보정요구】 ① 영 제63조제1항에 따른 보정요구는 별지 제63호서식의 이의신청(심판청구)에 대한 보정요구에 따른다.(2020.12.31 본항개정)
② 제1항에 따른 보정요구서의 송달은 배달증명우편으로 하여야 한다.
③ 법 제95조제1항 단서 및 영 제63조제2항에 따른 직권 보정결과의 통지는 별지 제64호서식의 이의신청(심판청구)에 대한 보정결과 통지에 따른다.(2020.12.31 본항개정)

제40조 【결정】 ① 법 제96조제1항 및 영 제64조제1항에 따른 이의신청에 대한 결정서는 별지 제65호서식의 이의신청 결정서에 따르며, 법 제96조제4항에 따른 심판청구에 대한 결정서는 「국세기본법 시행규칙」 별지 제41호서식을 준용한다.(2020.12.31 본항개정)
② 영 제64조제5항에 따른 결정기간 내 미결정에 따른 통지는 별지 제66호서식의 이의신청(심판청구) 결정기간 내 미결정 통지에 따른다.(2020.12.31 본항개정)
③ 영 제64조제6항에 따른 처분의 취소·경정 등의 결과 통지는 별지 제66호의2서식의 처분의 취소·경정 등 결과 통지에 따른다.(2017.12.29 본항신설)

제41조 【결정의 경정신청과 통지】 ① 법 제97조제1항에 따른 이의신청에 대한 결정의 경정신청은 별지 제67호서식의 이의신청 결정의 경정신청서에 따른다.
② 영 제65조에 따른 경정의 결과 통지는 별지 제68호서식의 이의신청 경정 결과 통지에 따른다.
(2020.12.31 본조개정)

제42조 【이의신청에 대한 「행정심판법」의 준용】 법 제98조제1항 단서에 따라 이의신청에 대하여 「행정심판법」의 규정을 준용하는 경우에 사용하는 서식은 다음 각 호와 같다.(2020.12.31 본문개정)
1. 「행정심판법」 제15조제1항을 준용하는 경우의 선정대표자 선정서 : 별지 제69호서식의 선정대표자 선정서
2. 「행정심판법」 제15조제5항을 준용하는 경우의 선정대표자 해임서 : 별지 제70호서식의 선정대표자 해임서
3. 「행정심판법」 제16조제3항을 준용하는 경우의 이의신청인 지위승계 신고서 : 별지 제71호서식의 이의신청인 지위승계 신고서(2020.12.31 본호개정)
4. 「행정심판법」 제16조제5항을 준용하는 경우의 이의신청인 지위승계 허가신청서 : 별지 제72호서식의 이의신청인 지위승계 허가신청서(2020.12.31 본호개정)
5. 「행정심판법」 제16조제8항, 제20조제6항 및 제29조제7항을 준용하는 경우의 지방세심의위원회 결정에 대한 이의신청서 : 별지 제73호서식의 지방세심의위원회 결정에 대한 이의신청서
6. 「행정심판법」 제20조제2항을 준용하는 경우의 이의신청 참가 허가신청서 : 별지 제74호서식의 이의신청 참가 허가신청서(2020.12.31 본호개정)
7. 「행정심판법」 제21조제1항을 준용하는 경우의 이의신청 참가요구서 : 별지 제75호서식의 이의신청 참가요구서(2020.12.31 본호개정)

8. 「행정심판법」 제29조제3항을 준용하는 경우의 이의신청 변경신청서 : 별지 제76호서식의 이의신청 변경신청서(2020.12.31 본호개정)
9. 「행정심판법」 제36조제1항을 준용하는 경우의 직권 증거조사 또는 같은 법 제40조제1항을 준용하는 경우의 구술심리를 위한 출석통지서 : 별지 제77호서식의 출석통지서
10. 「행정심판법」 제36조제1항을 준용하는 경우의 증거조사신청서 : 별지 제78호서식의 증거조사신청서
11. 「행정심판법」 제36조제1항을 준용하는 경우의 증거조사조서 : 별지 제79호서식의 증거조사조서
12. 「행정심판법」 제40조제1항 단서를 준용하는 경우의 구술심리신청서 : 별지 제80호서식의 구술심리신청서
13. 「행정심판법」 제40조제2항을 준용하는 경우의 서면심리통지서 : 별지 제81호서식
(2020.12.31 본조제목개정)

제8장 범칙행위 등에 대한 처벌 및 처벌절차

제43조 【압수·수색영장】 법 제114조·제115조·제116조·제117조 및 영 제69조제2항에 따른 압수·수색·영치(領置)에 필요한 서식은 다음 각 호의 구분에 따른 서식에 따른다.
1. 별지 제82호서식의 압수·수색영장 신청
2. 별지 제83호서식의 압수·수색조서
3. 별지 제84호서식의 압수물건 보관증
4. 별지 제85호서식의 압수물건 봉인 표지(2021.9.7 본호개정)
5. 별지 제86호서식의 압수목록
6. 별지 제87호서식의 장부·서류 등 임시반환 확인서
7. 별지 제88호서식의 일시보관증
8. 별지 제89호서식의 일시보관 서류 등의 목록

제44조 【심문조서 등】 ① 법 제114조·제117조 및 영 제69조제2항에 따른 심문조서는 별지 제90호서식의 범칙혐의자 심문조서에 따른다.
② 법 제113조에 따른 범칙사건조사공무원(이하 "범칙사건조사공무원"이라 한다)은 범칙행위를 입증하기 위하여 필요한 경우에는 제1항에 따른 심문조서 외에 범칙 혐의자 또는 참고인으로부터 별지 제91호서식에 따른 확인서, 별지 제92호서식에 따른 진술서(서술형) 또는 별지 제93호서식에 따른 진술서(문답형)를 받을 수 있다.
③ 범칙사건조사공무원이 제2항에 따라 범칙 혐의자 또는 참고인으로부터 확인서 또는 진술서를 받을 때에는 다음 각 호의 사항을 유의하여야 한다.
1. 확인서 또는 진술서는 간인을 하여야 한다.
2. 확인서 또는 진술서에는 범칙행위 입증자료와 그 밖에 과세에 필요한 자료를 첨부하여야 한다.
3. 범칙행위 입증자료나 그 밖에 과세에 필요한 자료가 확보되지 아니하여 범칙 혐의자 또는 참고인의 진술에만 의존하여야 하는 경우에는 별지 제93호서식의 진술서(문답형)를 받아야 한다.

제45조 【양벌규정 적용여부 검토】 범칙사건조사공무원이 법 제120조제2항에 따라 범칙사건조사 결과를 보고할 때에는 별지 제94호서식에 따른 양벌규정 적용여부 검토서를 첨부하여야 한다.

제46조 【통고처분】 법 제121조제1항 및 영 제72조제1항에 따른 통고서는 별지 제95호서식의 통고서에 따른다.

제47조 【고발】 법 제124조에 따른 고발은 별지 제96호서식의 고발서에 따른다.

제48조 【무혐의 통지】 법 제126조에 따른 범죄의 확증을 갖지 못하였을 때의 통지는 별지 제97호서식의 무혐의 통지서에 따른다.

제9장 과세자료의 제출 및 관리

제49조【과세자료의 제출서식 등】① 법 제129조제4항 및 영 제74조에 따른 과세자료의 제출서식은 별표2에 따라 별지 제98호서식부터 별지 제422호서식까지 및 제428호서식부터 제433호서식까지에 따른다. (2018.12.31 본항개정)
② 법 제127조에 따른 과세자료제출기관은 행정안전부장관과 협의하여 법 제129조제1항, 영 제74조 및 별표3에 따른 과세자료를 이동식 저장매체 또는 정보통신망을 이용하여 제출할 수 있다.(2017.7.26 본항개정)
제49조의2【지방세정보통신망 개발·운영 위원회】법 제135조제5항에 따라 지방세 관련 정보화 업무를 위탁하는 경우 지방세정보통신망 개발·운영에 관한 사항 등을 심의·의결하기 위하여 「전자정부법」 제72조에 따른 한국지역정보개발원에 지방세정보통신망 개발·운영 위원회를 둘 수 있다.(2019.12.31 본조신설)

제10장 보 칙

제50조【납세관리인의 지정 및 변경신고 등】① 법 제139조제2항 전단, 같은 조 제4항, 제6항 및 영 제77조제1항에 따른 납세관리인의 지정신고는 별지 제423호서식의 납세관리인 지정신고서에 따른다.
② 법 제139조제2항 후단 및 영 제77조제2항에 따른 납세관리인의 변경신고 또는 해임신고는 별지 제424호서식의 납세관리인 변경(해임) 신고서에 따른다.
제51조【납세관리인의 지정통지】법 제139조제3항, 제5항 및 영 제78조제3항에 따른 납세관리인의 지정통지는 별지 제425호서식의 납세관리인 지정통지에 따른다.
제52조【증표】법 제140조제2항 및 영 제79조에 따른 증표는 별지 제426호서식의 세무공무원증에 따른다.
제53조【교부금전의 예탁 통지】법 제143조제2항에 따른 교부금전의 예탁 통지는 별지 제427호서식의 교부금전 예탁통지서에 따른다.
제54조【체납액 징수에 기여한 자】① 법 제146조제1항제4호에서 "행정안전부령으로 정하는 체납액 징수에 기여한 자"란 지속적인 납부독려, 체납처분 등 특별한 노력으로 체납액 징수에 기여한 자를 말한다. (2017.7.26 본항개정)
② 제1항을 적용할 때 다음 각 호의 어느 하나에 해당하는 경우에는 특별한 노력으로 체납액 징수에 기여한 것으로 보지 아니한다.
1. 단순히 독촉장, 납부최고서, 체납액 고지서를 발송한 후 체납자의 자진 납부에 따라 체납액이 징수되는 경우
2. 과세물건에 대한 압류만으로 해당 과세물건에 대한 체납액이 징수된 경우
3. 해당 지방자치단체 외의 자가 체납자의 재산에 대하여 실시한 공매 또는 경매 등에 참가하여 받은 배당금으로 체납액이 징수되는 경우
제55조【통계자료의 작성 및 공개】① 법 제149조에 따른 통계자료는 지방세 부과·징수·체납 및 납세자보호관의 납세자 권리보호 업무와 관련된 내용으로 한다.(2017.12.29 본항개정)
② 지방자치단체의 장은 제1항에 따른 통계자료를 결산의 승인 후 2개월 이내(납세자보호관의 납세자 권리보호 업무의 경우에는 회계연도가 종료된 날부터 2개월 이내)에 지방자치단체의 정보통신망 또는 공보에 게시하거나 그 밖의 방법을 통하여 공개하여야 한다. 이 경우 지방자치단체의 장은 「지방재정법」 제60조제1항제1호에 따른 세입·세출예산의 운용상황에 포함하여 공개할 수 있다.(2017.12.29 전단개정)

③ 제1항 또는 제2항에서 규정한 사항 외에 지방세 통계자료의 작성방법 및 절차 등에 필요한 사항은 행정안전부장관이 정한다.(2017.7.26 본항개정)

부 칙 (2019.12.31)

이 규칙은 2020년 1월 1일부터 시행한다.

부 칙 (2020.5.12)
(2020.12.1)

제1조【시행일】이 규칙은 공포한 날부터 시행한다. (이하 생략)

부 칙 (2020.12.31)

이 규칙은 2021년 1월 1일부터 시행한다.

부 칙 (2021.9.7)

이 규칙은 공포한 날부터 시행한다.

부 칙 (2021.12.31)

이 규칙은 2022년 1월 1일부터 시행한다.

부 칙 (2022.6.7)

이 규칙은 공포한 날부터 시행한다.

부 칙 (2023.3.14)

제1조【시행일】이 규칙은 공포한 날부터 시행한다. 다만, 제22조, 별지 제27호서식 및 별지 제28호서식의 개정규정은 2023년 6월 1일부터 시행한다.
제2조【지방세환급금의 양도에 관한 경과조치】제22조 및 별지 제28호서식의 개정규정에도 불구하고 부칙 제1조 단서에 따른 시행일 전에 제22조제1항에 따른 지방세환급금 양도 신청서를 제출한 경우의 지방세환급금의 양도에 관하여는 종전의 규정에 따른다.

〔별표·별지서식〕➡「www.hyeonamsa.com」 참조

지방세징수법

(2016년 12월 27일)
(법률 제14476호)

개정
2017. 1. 4법14524호(보조금관리에관한법)
2017. 7.26법14839호(정부조직)
2017.12.26법15294호   2018.12.24법16040호
2019.11.26법16652호(자산관리)
2020. 1.29법16886호
2020. 2. 4법16957호(신용정보의이용및보호에관한법)
2020. 3.24법17092호
2020.12. 8법17574호(도로명주소법)
2020.12.22법17651호(국제조세조정에관한법)
2020.12.29법17770호
2021. 1.12법17893호(지방자치)
2022. 1.28법18794호
2023. 3. 4법19228호(정부조직)
2023. 3.14법19231호
2023. 7.18법19563호(가상자산이용자보호등에관한법)→2024년 7
월 19일 시행
2023.12.29법19861호→2024년 1월 1일 및 2024년 7월 1일 시행

제1장 총 칙

제1조【목적】 이 법은 지방세 징수에 필요한 사항을 규정함으로써 지방세수입을 확보함을 목적으로 한다.
제2조【정의】 ① 이 법에서 사용하는 용어의 뜻은 다음과 같다.
1. "체납자"란 납세자로서 지방세를 납부기한까지 납부하지 아니한 자를 말한다.
2. "체납액"이란 체납된 지방세와 체납처분비를 말한다. (2020.12.29 본호개정)
② 제1항 외에 이 법에서 사용하는 용어의 뜻은 「지방세기본법」에서 정하는 바에 따른다.
제3조【다른 법률과의 관계】 이 법에서 규정한 사항 중 「지방세기본법」이나 같은 법 제2조제1항제4호에 따른 지방세관계법(이 법은 제외한다. 이하 "지방세관계법"이라 한다)에 특별한 규정이 있는 것에 관하여는 그 법률에서 정하는 바에 따른다.
제4조【지방자치단체의 징수금 징수의 순위】 ① 지방자치단체의 징수금의 징수 순위는 다음 각 호의 순서에 따른다.
1. 체납처분비
2. 지방세(가산세는 제외한다)(2020.12.29 본호개정)
3. 가산세(2020.12.29 본호개정)

② 제1항제2호의 경우에 제17조에 따라 징수가 위임된 도세는 시·군세에 우선하여 징수한다.
제5조【납세증명서의 제출 및 발급】 ① 납세자(미과세된 자를 포함한다. 이하 이 조에서 같다)는 다음 각 호의 어느 하나에 해당하는 경우에는 대통령령으로 정하는 바에 따라 납세증명서를 제출하여야 한다. 다만, 제4호에 해당하여 납세증명서를 제출할 때에는 이전하는 부동산의 소유자에게 부과되었거나 납세의무가 성립된 해당 부동산에 대한 취득세, 재산세, 지방교육세 및 지역자원시설세의 납세증명서로 한정한다.
1. 국가·지방자치단체 또는 대통령령으로 정하는 정부관리기관으로부터 대금을 받을 때
2. 「출입국관리법」 제31조에 따른 외국인등록 또는 「재외동포의 출입국과 법적 지위에 관한 법률」 제6조에 따른 국내거소신고를 한 외국인이 체류기간 연장허가 등 대통령령으로 정하는 체류 관련 허가 등을 법무부장관에게 신청하는 경우(2022.1.28 본호개정)
3. 내국인이 해외이주 목적으로 「해외이주법」 제6조에 따라 재외동포청장에게 해외이주신고를 하는 경우(2023.3.4 본호개정)
4. 「신탁법」에 따른 신탁을 원인으로 부동산의 소유권을 수탁자에게 이전하기 위하여 등기관서의 장에게 등기를 신청할 때
② 납세자로부터 납세증명서의 발급신청을 받으면 세무공무원은 그 사실을 확인하여 즉시 발급하여야 한다.
제6조【미납지방세 등의 열람】 ① 「주택임대차보호법」 제2조에 따른 주거용 건물 또는 「상가건물 임대차보호법」 제2조에 따른 상가건물을 임차하여 사용하려는 자(이하 이 조에서 "임차인"이라 한다)는 건물에 대한 임대차계약을 하기 전 또는 임대차계약을 체결하고 임대차기간이 시작되는 날까지 임대인의 동의를 받아 임대인이 납부하지 아니한 지방세의 열람을 지방자치단체의 장에게 신청할 수 있다. 이 경우 지방자치단체의 장은 열람신청에 응하여야 한다.(2023.3.14 전단개정)
② 제1항에 따라 임차인이 열람할 수 있는 지방세는 다음 각 호의 어느 하나에 해당하는 지방세로 한정한다.
1. 임대인의 체납액(2023.3.14 본호개정)
2. 납세고지서 또는 납부통지서를 발급한 후 납기가 되지 아니한 지방세(2023.3.14 본호신설)
3. 지방세관계법에 따라 신고기한까지 신고한 지방세 중 납부하지 아니한 지방세
③ 제1항에도 불구하고 임차인이 체결한 임대차계약에 따른 보증금이 대통령령으로 정하는 금액을 초과하는 경우 임차인은 임대차계약이 시작되는 날까지 임대인의 동의 없이 제1항에 따른 열람신청을 할 수 있다. 이 경우 열람신청을 접수한 지방자치단체의 장은 지체 없이 열람 사실을 임대인에게 통지하여야 한다. (2023.3.14 본항신설)
④ 제1항 및 제3항에 따른 열람신청에 필요한 사항은 대통령령으로 정한다.(2023.3.14 본항개정)
제7조【관허사업의 제한】 ① 지방자치단체의 장은 납세자가 대통령령으로 정하는 사유 없이 지방세를 체납하면 허가·인가·면허·등록 및 대통령령으로 정하는 신고와 그 갱신(이하 "허가등"이라 한다)이 필요한 사업의 주무관청에 그 납세자에게 허가등을 하지 아니할 것을 요구할 수 있다.
② 지방자치단체의 장은 허가등을 받아 사업을 경영하는 자가 지방세를 3회 이상 체납한 경우로서 그 체납액이 30만원 이상일 때에는 대통령령으로 정하는 경우를 제외하고, 그 주무관청에 사업의 정지 또는 허가등의 취소를 요구할 수 있다.
③ 지방자치단체는 30만원 이상 100만원 이하의 범위에서 제2항에 따른 사업의 정지 또는 허가등의 취소를 요구할 수 있는 기준이 되는 체납액을 해당 지방자치단체의 조례로 달리 정할 수 있다.

④ 지방자치단체의 장은 제1항 또는 제2항의 요구를 한 후 해당 지방세를 징수하였을 때에는 지체 없이 요구를 철회하여야 한다.

⑤ 제1항 또는 제2항에 따른 지방자치단체의 장의 요구를 받은 주무관청은 정당한 사유가 없으면 요구에 따라야 한다.

제8조【출국금지 요청 등】 ① 지방자치단체의 장 또는 「지방세기본법」 제151조의2에 따른 지방자치단체조합(이하 "지방세조합"이라 한다)의 장(지방자치단체의 장으로부터 체납된 지방세의 징수에 관한 업무를 위탁받은 경우로 한정한다. 이하 "지방세조합장"이라 한다)은 정당한 사유 없이 3천만원 이상(지방세조합장의 경우에는 각 지방자치단체의 장으로부터 징수를 위탁받은 체납 지방세를 합산한 금액이 3천만원 이상인 경우를 말한다)의 지방세를 체납한 자 중 대통령령으로 정하는 자에 대하여 법무부장관에게 「출입국관리법」 제4조제3항에 따라 출국금지를 요청하여야 한다.(2022.1.28 본항개정)

② 법무부장관은 제1항에 따른 출국금지 요청에 따라 출국금지를 한 경우에는 지방자치단체의 장 또는 지방세조합장에게 그 결과를 「정보통신망 이용촉진 및 정보보호 등에 관한 법률」 제2조제1항제1호에 따른 정보통신망 등을 통하여 통보하여야 한다.(2020.12.29 본항개정)

③ 지방자치단체의 장 또는 지방세조합장은 다음 각 호의 어느 하나에 해당하는 경우에는 즉시 법무부장관에게 출국금지의 해제를 요청하여야 한다.(2020.12.29 본문개정)

1. 체납자가 체납액을 전부 납부한 경우
2. 체납자 재산의 압류, 담보 제공 등으로 출국금지 사유가 해소된 경우
3. 지방자치단체의 징수금의 징수를 목적으로 하는 지방자치단체의 권리(이하 "지방세징수권"이라 한다)의 소멸시효가 완성된 경우
4. 그 밖에 대통령령으로 정하는 사유가 있는 경우

④ 제1항부터 제3항까지에서 규정한 사항 외에 출국금지 요청 등의 절차에 관하여 필요한 사항은 대통령령으로 정한다.

제9조【체납 또는 정리보류 자료의 제공】 ① 지방자치단체의 장 또는 지방세조합장은 지방세 징수 또는 공익 목적을 위하여 필요한 경우로서 「신용정보의 이용 및 보호에 관한 법률」 제25조제2항제1호에 따른 종합신용정보집중기관, 그 밖에 대통령령으로 정하는 자가 다음 각 호의 어느 하나에 해당하는 체납자 또는 정리보류자의 인적사항, 체납액 또는 정리보류액에 관한 자료를 요구한 경우에는 자료를 제공할 수 있다. 다만, 체납된 지방세와 관련하여 「지방세기본법」에 따른 이의신청·심판청구, 「감사원법」에 따른 심사청구 또는 행정소송(이하 "심판청구등"이라 한다)이 계속 중인 경우, 그 밖에 대통령령으로 정하는 경우에는 그러하지 아니하다.(2023.12.29 단서개정)

1. 체납 발생일부터 1년이 지나고 체납액(정리보류액을 포함한다. 이하 이 조, 제10조 및 제11조의2에서 같다)이 대통령령으로 정하는 금액 이상(지방세조합장의 경우에는 각 지방자치단체의 장으로부터 징수를 위탁받은 체납 지방세를 합산한 금액이 대통령령으로 정하는 금액 이상인 경우를 말한다)인 자(2022.1.28 본호개정)
2. 지방세를 1년에 3회 이상 체납하고 체납액이 대통령령으로 정하는 금액 이상(지방세조합장의 경우에는 각 지방자치단체의 장으로부터 징수를 위탁받은 체납 지방세를 합산한 금액이 대통령령으로 정하는 금액 이상인 경우를 말한다)인 자

(2020.12.29 본항개정)

② 제1항에 따른 자료의 제공절차 등에 필요한 사항은 대통령령으로 정한다.(2022.1.28 본항개정)

③ 제1항에 따라 자료를 제공받은 자는 이를 업무 외의 목적으로 누설하거나 이용해서는 아니 된다.

(2022.1.28 본항개정)

(2022.1.28 본조제목개정)

제10조【외국인 체납자료 제공 등】 ① 행정안전부장관 또는 지방자치단체의 장은 지방세를 체납한 외국인에 대한 관리와 지방세 징수 등을 위하여 법무부장관에게 다음 각 호의 어느 하나에 해당하는 외국인 체납자의 인적사항, 체납액에 관한 자료를 제공할 수 있다.(2017.7.26 본항개정)

1. 체납 발생일부터 1년이 지나고 체납액이 100만원 이상의 범위에서 대통령령으로 정하는 금액 이상인 자
2. 지방세를 1년에 3회 이상 체납하고 체납액이 5만원 이상의 범위에서 대통령령으로 정하는 금액 이상인 자

② 제1항에 따른 체납액에 관한 자료의 제공 방법 및 절차, 그 밖에 필요한 사항은 대통령령으로 정한다.

③ 제1항에 따라 체납액에 관한 자료를 제공받은 법무부장관은 이를 업무 외의 목적으로 누설하거나 이용해서는 아니 된다.

제11조【고액·상습체납자의 명단공개】 ① 지방자치단체의 장 또는 지방세조합장은 「지방세기본법」 제86조에도 불구하고 체납 발생일부터 1년이 지난 지방세(정리보류액을 포함한다)가 1천만원 이상(지방세조합장의 경우에는 각 지방자치단체의 장으로부터 징수를 위탁받은 체납 지방세를 합산한 금액이 1천만원 이상인 경우를 말한다)인 체납자에 대해서는 「지방세기본법」 제147조제1항에 따른 지방세심의위원회(지방세조합장의 경우에는 같은 조 제2항에 따른 지방세징수심의위원회를 말한다. 이하 이 조에서 "지방세심의위원회"라 한다)의 심의를 거쳐 그 인적사항 및 체납액 등(이하 "체납정보"라 한다)을 공개할 수 있다. 다만, 체납된 지방세와 관련하여 심판청구등이 계속 중이거나 그 밖에 대통령령으로 정하는 사유가 있는 경우에는 체납정보를 공개할 수 없다.(2023.12.29 단서개정)

② 제1항 본문에 따른 체납정보 공개(지방자치단체의 장이 공개하는 경우로 한정한다)의 기준이 되는 최저금액은 1천만원 이상 3천만원 이하의 범위에서 조례로 달리 정할 수 있다.(2020.12.29 본항개정)

③ 지방자치단체의 장 또는 지방세조합장은 지방세심의위원회의 심의를 거친 공개대상자에게 체납자 명단공개 대상임을 알려 소명할 기회를 주어야 하며, 통지일부터 6개월이 지난 후 지방세심의위원회로 하여금 체납액의 납부이행 등을 고려하여 체납자 명단공개 여부를 재심의하게 하여 공개대상자를 선정한다.

(2020.12.29 본항개정)

④ 제1항에 따른 공개는 관보 또는 공보 게재, 행정안전부 또는 지방자치단체의 정보통신망이나 게시판에 게시하는 방법, 지방세조합의 인터넷 홈페이지에 게시하는 방법, 「언론중재 및 피해구제 등에 관한 법률」 제2조제1호에 따른 언론 등이 요청하는 경우 체납정보를 제공하는 방법으로 한다.(2020.12.29 본항개정)

⑤ 제1항에 따라 공개되는 체납정보는 체납자의 성명·상호(법인의 명칭을 포함한다), 나이, 직업, 주소 또는 영업소(「도로명주소법」 제2조제3호에 따른 도로명 및 같은 조 제5호에 따른 건물번호까지로 한다), 체납액의 세목·납부기한 및 체납요지 등으로 한다.

(2020.12.8 본항개정)

⑥ 제1항부터 제5항까지의 규정에 따른 체납자 명단공개 등에 필요한 사항은 대통령령으로 정한다.

제11조의2【둘 이상의 지방자치단체에 체납이 있는 경우의 처리】 다음 각 호의 구분에 따른 지방자치단체의 장 또는 지방세조합장은 체납자가 둘 이상의 지방자치단체에 체납한 지방세, 체납액 또는 체납 횟수 등(이하 이 조에서 "체납자등"이라 한다)을 다음 각 호의 구분에 따라 합산하여 제8조제1항, 제9조제1항 또는

제11조제1항의 기준에 해당하는 경우에는 제8조에 따른 출국금지 요청, 제9조에 따른 자료의 제공 또는 제11조에 따른 체납정보 공개를 할 수 있다.(2022.1.28 본문개정)
1. 동일한 특별시·광역시·도·특별자치도(관할 구역 안에 지방자치단체인 시·군이 있는 특별자치도에 한정한다)의 체납액등 또는 그 관할 지방자치단체의 체납액등을 합산하는 경우 : 해당 특별시장·광역시장·도지사 또는 특별자치도지사(2023.3.14 본호개정)
2. 전국 단위로 체납액등을 합산하는 경우 : 해당 특별시·광역시·특별자치시·도·특별자치도 또는 그 관할 지방자치단체의 체납액등을 합산한 금액이 가장 많은 특별시장·광역시장·특별자치시장·도지사·특별자치도지사 또는 지방세조합장
(2020.12.29 본조신설)
제11조의3【고액체납자의 거래정보등의 제공 요구】 지방세조합장은 각 지방자치단체의 장으로부터 징수를 위탁받은 체납액을 합산한 금액이 1천만원 이상인 체납자에 대한 재산조회를 위하여「금융실명거래 및 비밀보장에 관한 법률」제2조제3호에 따른 금융거래의 내용에 대한 정보 또는 자료(이하 이 조에서 "거래정보등"이라 한다)의 제공을 같은 법 제4조제2항 각 호 외의 부분 단서에 따라 거래정보등을 보관 또는 관리하는 부서에 요구할 수 있다.(2020.12.29 본조신설)
제11조의4【고액·상습체납자의 감치】 ① 법원은 검사의 청구에 따라 체납자가 다음 각 호의 요건에 모두 해당하는 경우 결정으로 30일의 범위에서 체납된 지방세가 납부될 때까지 그 체납자를 감치(監置)에 처할 수 있다.
1. 지방세를 3회 이상 체납하였고, 체납 발생일부터 각각 1년 이상이
2. 체납된 지방세가 체납 발생일부터 각각 1년 이상이 경과하였을 것
3. 체납된 지방세의 합계액이 5천만원 이상일 것
4. 체납된 지방세의 납부능력이 있음에도 불구하고 정당한 사유 없이 체납하였을 것
5. 해당 체납자에 대한 감치 필요성에 대하여「지방세기본법」제147조에 따른 지방세심의위원회의 의결을 거쳤을 것
② 지방자치단체의 장은 체납자가 제1항 각 호의 요건에 모두 해당하는 경우 체납자의 주소 또는 거소를 관할하는 지방검찰청 또는 지청의 검사에게 체납자의 감치를 신청할 수 있다.
③ 지방자치단체의 장은 제2항에 따라 체납자의 감치를 신청하기 전에 체납자에게 대통령령으로 정하는 바에 따라 소명자료를 제출하거나 의견을 진술할 수 있는 기회를 주어야 한다.
④ 제1항의 결정에 대해서는 즉시항고를 할 수 있다.
⑤ 제1항에 따라 감치에 처하여진 체납자는 동일한 체납 사실로 인하여 다시 감치되지 아니한다.
⑥ 제1항에 따라 감치에 처하는 재판을 받은 체납자가 그 감치의 집행 중에 체납된 지방세를 납부한 경우 감치집행을 종료하여야 한다.
⑦ 세무공무원은 제1항에 따른 감치집행 시 감치대상자에게 감치사유, 감치기간, 감치집행의 종료 등 감치결정에 따른 감치의 집행에 필요한 절차에 협력하여야 한다.
⑧ 제1항에 따른 감치에 처하는 재판의 절차 및 그 집행, 그 밖에 필요한 사항은 대법원규칙으로 정한다.
(2022.1.28 본조신설)

제2장 징 수

제1절 징수절차

제12조【납세의 고지 등】 ① 지방자치단체의 장은 지방세를 징수하려면 납세자에게 그 지방세의 과세연도·

세목·세액 및 그 산출근거·납부기한과 납부장소를 구체적으로 밝힌 문서(전자문서를 포함한다. 이하 같다)로 고지하여야 한다.
② 지방자치단체의 장은 체납액 중 지방세만을 완납한 납세자에게 체납처분비를 징수할 때에는 대통령령으로 정하는 바에 따라 문서로 고지하여야 한다.(2020.12.29 본항개정)
제13조【납세고지서의 발급시기】 납세고지서의 발급시기는 다음 각 호의 구분에 따른다.
1. 납부기한이 일정한 경우 : 납기가 시작되기 5일 전
2. 납부기한이 일정하지 아니한 경우 : 부과결정을 한 때
3. 법령에 따라 기간을 정하여 징수유예 등을 한 경우 : 그 기간이 만료한 날의 다음 날
제14조【납부기한의 지정】 지방자치단체의 장은 지방자치단체의 징수금의 납부기한을 납세 또는 납부의 고지를 하는 날부터 30일 이내로 지정할 수 있다.
제15조【제2차 납세의무자에 대한 납부고지】 지방자치단체의 장은 납세자의 지방자치단체의 징수금을「지방세기본법」제45조부터 제48조까지의 규정에 따른 제2차 납세의무자(보증인을 포함한다. 이하 같다)로부터 징수하려면 제2차 납세의무자에게 징수하려는 지방자치단체의 징수금의 과세연도·세목·세액 및 그 산출근거·납부기한·납부장소와 제2차 납세의무자로부터 징수할 금액 및 그 산출근거, 그 밖에 필요한 사항을 기록한 납부통지서로 고지하여야 한다. 이 경우 납세자에게 그 사실을 알려야 한다.
제16조【양도담보권자등에 대한 징수절차】 ① 지방자치단체의 장은「지방세기본법」제75조에 따라 양도담보권자나 종중(宗中) 재산의 명의수탁자(이하 이 조에서 "양도담보권자등"이라 한다)에게 납세자에 대한 지방자치단체의 징수금을 징수할 때에는 제15조를 준용하여 미리 납부의 고지를 하여야 한다.
② 양도담보권자등에게 납세자에 대한 지방자치단체의 징수금을 징수할 때에는 제22조를 준용한다.
③ 제1항에 따라 양도담보권자에게 고지를 하거나 양도담보재산을 압류한 후 그 재산의 양도에 따라 담보된 채권이 채무불이행이나 그 밖의 변제 외의 이유로 소멸된 경우(양도담보재산의 환매, 재매매의 예약, 그 밖에 이와 유사한 계약을 체결한 경우에 기한의 경과 등 그 계약의 이행 외의 이유로 계약의 효력이 상실되었을 때를 포함한다)에도 양도담보재산으로 존속하는 것으로 본다.
(2022.1.28 본조개정)
제17조【도세 등에 대한 징수의 위임】 ① 시장·군수·구청장은 그 시·군·구 내의 특별시세·광역시세·도세·특별자치도세(이하 "시·도세"라 한다)를 징수하여 특별시·광역시·도·특별자치도(관할 구역 안에 지방자치단체인 시·군이 있는 특별자치도에 한정한다. 이하 이 조에서 같다)에 납입할 의무를 진다. 다만, 특별시장·광역시장·도지사·특별자치도지사(관할 구역 안에 지방자치단체인 시·군이 있는 특별자치도의 도지사에 한정한다. 이하 이 조에서 같다)는 필요한 경우 납세자에게 직접 납세고지서를 발급할 수 있다.
② 제1항의 시·도세 징수의 비용은 시·군·구가 부담하고, 특별시장·광역시장·도지사·특별자치도지사는 대통령령으로 정하는 교부율과 교부기준에 따른 특별시·광역시·도·특별자치도의 조례로 정하는 바에 따라 그 처리비용으로 시·군·구에 징수교부금을 교부하여야 한다. 다만, 해당 지방세와 함께 징수하는 시·도세와「지방세기본법」제9조에 따른 특별시분 재산세를 해당 지방세의 고지서에 병기하여 징수하는 경우에는 징수교부금을 교부하지 아니한다.
(2023.3.14 본조개정)

제18조【징수촉탁】① 「지방세기본법」, 이 법이나 지방세관계법에 따라 지방자치단체의 징수금을 납부할 자의 주소 또는 재산이 다른 지방자치단체에 있을 때에는 세무공무원은 그 주소지 또는 재산 소재지의 세무공무원에게 그 징수를 촉탁할 수 있다.
② 제1항에 따라 징수를 촉탁받은 세무공무원이 속하는 지방자치단체는 촉탁받은 사무의 비용과 송금비용 및 체납처분비를 부담하고, 징수한 지방자치단체의 징수금에서 다음 각 호의 금액을 뺀 나머지 금액을 촉탁한 세무공무원이 속하는 지방자치단체에 송금하여야 한다.
1. 지방자치단체의 징수금에서 체납처분비를 뺀 금액에 대통령령으로 정하는 비율을 곱하여 산정한 금액
2. 체납처분비
③ 지방자치단체는 상호 간에 지방세의 징수촉탁에 관한 협약을 체결할 수 있다. 이 경우 징수촉탁에 관한 협약에는 징수촉탁사무의 내용과 범위, 촉탁사무의 관리 및 처리비용, 경비의 부담 등에 관한 사항이 포함되어야 한다.
제19조【지방자치단체의 징수금에 대한 납부의무 면제】① 시·군·구세 또는 특별시세·광역시세·특별자치시세·도세·특별자치도세의 특별징수의무자는 받았던 지방자치단체의 징수금을 불가피한 사고로 잃어버렸을 때에는 그 사실을 증명하는 시·군·구세는 시장·군수·구청장에게, 특별시세·광역시세·특별자치시세·도세·특별자치도세는 특별시장·광역시장·특별자치시장·도지사·특별자치도지사에게 지방자치단체의 징수금 납부의무의 면제를 신청할 수 있다.
② 지방자치단체의 장은 제1항의 신청을 받은 날부터 30일 이내에 면제 여부를 결정하여야 한다.
③ 제2항의 결정에 불복하는 자는 결정의 통지를 받은 날부터 14일 이내에 특별시세·광역시세·특별자치시세·도세·특별자치도세의 경우에는 행정안전부장관에게, 시·군·구세의 경우에는 특별시장·광역시장·도지사·특별자치도지사(관할 구역 안에 지방자치단체인 시·군이 있는 특별자치도의 도지사에 한정한다)에게 심사를 청구할 수 있다.(2023.3.14 본항개정)
④ 행정안전부장관 또는 특별시장·광역시장·도지사·특별자치도지사는 제3항의 심사청구를 받은 날부터 30일 이내에 결정을 하여야 한다.(2023.3.14 본항개정)
제20조【제3자의 납부】① 지방자치단체의 징수금은 납세자를 위하여 제3자가 납부할 수 있다.
② 제1항에 따른 제3자의 납부는 납세자의 명의로 납부하는 것으로 한정한다.
③ 제1항에 따라 납세자를 위하여 지방자치단체의 징수금을 납부한 제3자는 지방자치단체에 대하여 그 반환을 청구할 수 없다.
제21조【지방세에 관한 상계 금지】지방자치단체의 징수금과 지방자치단체에 대한 채권으로서 금전의 급부(給付)를 목적으로 하는 것은 법률에 따로 규정하는 것을 제외하고는 상계(相計)할 수 없다. 환급금에 관한 채권과 지방자치단체에 대한 채무로서 금전의 급부를 목적으로 하는 것에 대해서도 또한 같다.
제22조【납기 전 징수】① 지방자치단체의 장은 납세자에게 다음 각 호의 어느 하나에 해당하는 사유가 있는 경우 납기 전이라도 이미 납세의무가 성립된 지방세를 확정하여 지방자치단체의 징수금을 징수할 수 있다.
1. 국세, 지방세, 그 밖의 공과금의 체납으로 강제징수 또는 체납처분이 시작된 경우
2. 「민사집행법」에 따른 강제집행이 시작되거나 「채무자 회생 및 파산에 관한 법률」에 따른 파산선고를 받은 경우
3. 경매가 시작된 경우
4. 법인이 해산한 경우
5. 지방자치단체의 징수금을 포탈하려는 행위가 있다고 인정되는 경우

6. 「어음법」 및 「수표법」에 따른 어음교환소에서 거래정지처분을 받은 경우
7. 납세자가 납세관리인을 정하지 아니하고 국내에 주소 또는 거소를 두지 아니하게 된 경우
8. 「신탁법」에 따른 신탁을 원인으로 납세의무가 성립된 부동산의 소유권을 이전하기 위하여 등기관서의 장에게 등기를 신청하는 경우
(2023.3.14 본항개정)
② 지방자치단체의 장은 제1항에 따라 납기 전에 징수하려면 납부기한을 정하여 그 취지를 납세자에게 고지하여야 한다. 이 경우 이미 납세고지를 하였으면 납부기한의 변경을 문서로 고지하여야 한다.
제23조【납부의 방법】① 지방자치단체의 징수금은 다음 각 호의 방법으로 납부한다.
1. 현금(대통령령으로 정하는 바에 따라 계좌이체하는 경우를 포함한다)
2. 「증권에 의한 세입납부에 관한 법률」에 따른 증권
3. 대통령령으로 정하는 지방세수납대행기관(이하 "지방세수납대행기관"이라 한다)을 통하여 처리되는 다음 각 목의 결제수단(대통령령으로 정하는 지방자치단체의 징수금을 납부하는 경우만 해당한다)
   가. 「여신전문금융업법」 제2조제3호에 따른 신용카드 또는 같은 조 제6호에 따른 직불카드
   나. 「정보통신망 이용촉진 및 정보보호 등에 관한 법률」 제2조제10호에 따른 통신과금서비스
   다. 그 밖에 가목 또는 나목과 유사한 것으로서 대통령령으로 정하는 결제수단
② 납세의무자는 「지방세기본법」 제35조제1항제3호에 따른 지방세를 지방세수납대행기관을 통하여 제1항제1호 또는 제3호의 결제수단으로 자동납부할 수 있다. 다만, 납부기한이 지난 경우는 그러하지 아니하다.
③ 제1항제3호의 결제수단으로 지방자치단체의 징수금을 납부하는 경우에는 지방세수납대행기관의 승인일을 납부일로 본다.
④ (2018.12.24 삭제)
⑤ 지방자치단체의 징수금 납부에 관하여 그 밖에 필요한 사항은 대통령령으로 정한다.
(2023.3.14 본조개정)
제24조 (2023.3.14 삭제)
제24조의2【가족관계등록 전산정보자료 요청】① 행정안전부장관 또는 지방자치단체의 장은 다음 각 호의 업무를 처리하기 위하여 필요한 경우 법원행정처장에게 「가족관계의 등록 등에 관한 법률」 제11조제4항에 따른 전산정보자료(이하 "전산정보자료"라 한다)의 제공을 요청할 수 있다. 이 경우 요청을 받은 법원행정처장은 특별한 사유가 없으면 이에 협조하여야 한다.
(2023.3.14 전단개정)
1. 제8조에 따른 출국금지 요청
2. 제36조제7호에 해당하는 자에 대한 질문·검사
3. 제47조에 따른 상속인에 대한 체납처분
4. 제71조제1항·제2항 또는 제72조에 따른 압류재산 매각(2023.3.14 본호신설)
5. 「금융실명거래 및 비밀보장에 관한 법률」 제4조제1항제2호에 따른 재산조회 등을 위하여 필요한 거래정보등의 제공
② 행정안전부장관은 제1항에 따라 제공받은 전산정보자료를 대통령령으로 정하는 바에 따라 지방자치단체의 장에게 제공할 수 있다.(2023.3.14 본항개정)
(2020.12.29 본조신설)
제24조의3【가족관계등록 전산정보자료의 공동이용】「한국자산관리공사 설립 등에 관한 법률」에 따른 한국자산관리공사 또는 지방세조합은 제103조의3제1항 각 호의 업무를 대행하기 위하여 필요한 경우 「전자정부법」 제36조제1항에 따라 전산정보자료를 공동이용(「개

인정보 보호법」 제2조제2호에 따른 처리를 포함한다) 할 수 있다.(2023.12.29 본조개정)

제2절 징수유예

제25조【납기 시작 전의 징수유예】 지방자치단체의 장은 납기가 시작되기 전에 납세자가 다음 각 호의 어느 하나에 해당하는 사유로 지방세를 납부할 수 없다고 인정할 때에는 대통령령으로 정하는 바에 따라 납세 고지를 유예(이하 "고지유예"라 한다)하거나 결정한 세액을 분할하여 고지(이하 "분할고지"라 한다)할 것을 결정할 수 있다.
1. 풍수해, 벼락, 화재, 전쟁, 그 밖의 재해 또는 도난으로 재산에 심한 손실을 입은 경우
2. 사업에 현저한 손실을 입은 경우
3. 사업이 중대한 위기에 처한 경우
4. 납세자 또는 동거가족이 질병이나 중상해(重傷害)로 6개월 이상의 치료가 필요한 경우 또는 사망하여 상중(喪中)인 경우(2023.3.14 본호개정)
5. 조세조약에 따라 외국의 권한 있는 당국과 상호합의 절차가 진행 중인 경우. 이 경우 「국제조세조정에 관한 법률」 제24조제2항·제4항 및 제6항에 따른 징수유예의 특례에 따른다.
6. 제1호부터 제4호까지의 경우에 준하는 사유가 있는 경우
(2020.12.29 본조개정)

제25조의2【고지된 지방세 등의 징수유예】 지방자치단체의 장은 납세자가 납세의 고지 또는 독촉을 받은 후에 제25조 각 호의 어느 하나에 해당하는 사유로 고지된 지방세 또는 체납액을 납부기한까지 납부할 수 없다고 인정할 때에는 대통령령으로 정하는 바에 따라 납부기한을 다시 정하여 징수를 유예(이하 "징수유예"라 한다)할 수 있다. 다만 외국의 권한 있는 당국과 상호합의절차가 진행 중일 경우 징수유예는 「국제조세조정에 관한 법률」 제24조제3항부터 제6항까지에서 정하는 징수유예의 특례에 따른다.(2020.12.29 본조신설)

제25조의3【징수유예등의 신청 및 통지】 ① 납세자는 고지유예, 분할고지 또는 징수유예(이하 "징수유예등"이라 한다)를 받으려는 때에는 대통령령으로 정하는 바에 따라 지방자치단체의 장에게 신청할 수 있다.
② 제1항에 따라 징수유예등을 신청 받은 지방자치단체의 장은 고지 예정이거나 고지된 지방세의 납부기한, 체납된 지방세의 독촉기한 또는 최고기한(이하 이 조에서 "납부기한등"이라 한다)의 만료일까지 해당 납세자에게 승인 여부를 통지하여야 한다.
③ 납세자가 납부기한등의 만료일 10일 전까지 제1항에 따른 신청을 한 경우로서 지방자치단체의 장이 신청일부터 10일 이내에 승인 여부를 통지하지 아니하면 그 10일이 되는 날에 제1항에 따른 신청을 승인한 것으로 본다.
④ 지방자치단체의 장은 징수유예등을 하였을 때에는 즉시 납세자에게 그 사실을 통지하여야 한다.
(2020.12.29 본조신설)

제26조【송달불능으로 인한 징수유예등과 부과 철회】 ① 지방자치단체의 장은 주소 또는 영업소가 분명하지 아니한 경우 등 대통령령으로 정하는 사유로 납세고지서를 송달할 수 없을 때에는 대통령령으로 정하는 기간 동안 징수유예등을 할 수 있다.(2020.12.29 본항개정)
② 지방자치단체의 장은 제1항에 따라 징수유예등을 한 지방세의 징수를 확보할 수 없다고 인정할 때에는 그 부과결정을 철회할 수 있다.(2020.12.29 본항개정)
③ 지방자치단체의 장은 제1항에 따라 징수유예등을 하거나 제2항에 따라 부과결정을 철회한 후 납세자의 행방 또는 재산을 발견하였을 때에는 지체 없이 부과 또는 징수의 절차를 밟아야 한다.

제27조【징수유예등에 관한 담보】 지방자치단체의 장은 징수유예등을 결정할 때에는 그 유예에 관계되는 금액에 상당하는 납세담보의 제공을 요구할 수 있다.(2020.12.29 본조개정)

제28조【징수유예 등의 효과】 ① 지방자치단체의 장은 제25조의2에 따라 징수유예를 한 경우에는 그 징수유예기간이 끝날 때까지 「지방세기본법」 제55조제1항제3호에 따른 납부지연가산세를 징수하지 아니한다.
② 지방자치단체의 장은 제25조의2에 따라 징수유예를 한 경우에는 그 징수유예기간이 끝날 때까지 「지방세기본법」 제55조제1항제4호에 따른 납부지연가산세 및 같은 법 제56조제1항제2호·제3호에 따른 특별징수 납부지연가산세를 징수하지 아니한다.(2020.12.29 본항신설)
③ 지방자치단체의 장은 제25조의2에 따라 징수유예를 한 기간 중에는 그 유예한 지방세 또는 체납액에 대하여 체납처분(교부청구는 제외한다)을 할 수 없다.(2020.12.29 본항신설)
④ 「채무자 회생 및 파산에 관한 법률」 제140조에 따라 징수가 유예되었을 경우 그 유예기간은 「지방세기본법」 제55조제1항제3호·제4호에 따른 납부지연가산세 및 같은 법 제56조제1항제2호·제3호에 따른 특별징수 납부지연가산세의 계산기간에 산입하지 아니한다.
⑤ 외국의 권한 있는 당국과의 상호합의절차가 진행중이라는 이유로 지방세 또는 체납액의 징수를 유예한 경우에는 제1항 및 제2항의 규정을 적용하지 아니하고 「국제조세조정에 관한 법률」 제24조제5항을 적용한다.
(2020.12.29 본조개정)

제29조【징수유예등의 취소】 ① 지방자치단체의 장은 징수유예등을 받은 자가 다음 각 호의 어느 하나에 해당하게 되었을 때에는 그 징수유예등을 취소하고 그 징수유예등에 관계되는 지방세 또는 체납액을 한꺼번에 징수할 수 있다.(2020.12.29 본문개정)
1. 지방세와 체납액을 지정된 기한까지 납부하지 아니하였을 때 (2020.12.29 본호개정)
2. 담보의 변경이나 그 밖에 담보 보전에 필요한 지방자치단체의 장의 명령에 따르지 아니하였을 때 (2020.12.29 본호개정)
3. 징수유예등을 받은 자의 재산상황, 그 밖에 사업의 변화로 유예할 필요가 없다고 인정될 때
4. 제22조제1항 각 호의 어느 하나에 해당되어 그 유예한 기한까지 유예에 관계되는 지방자치단체의 징수금 또는 체납액의 전액(全額)을 징수할 수 없다고 인정될 때
② 지방자치단체의 장은 제1항에 따라 징수유예등을 취소하였을 때에는 납세자에게 그 사실을 통지하여야 한다.(2020.12.29 본항개정)
③ 지방자치단체의 장은 제1항제1호, 제2호 또는 제4호에 따라 징수유예를 취소한 경우에는 그 지방세 또는 체납액에 대하여 다시 징수유예를 할 수 없다. (2020.12.29 본항신설)

제3절 독 촉

제30조 ~ 제31조 (2020.12.29 삭제)

제32조【독촉과 최고】 ① 지방자치단체의 장은 납세자(제2차 납세의무자는 제외한다)가 지방세를 납부기한까지 완납하지 아니하면 납부기한이 지난 날부터 50일 이내에 독촉장을 문서로 고지하여야 한다. 다만, 제22조에 따라 지방세를 징수하는 경우에는 그러하지 아니하다.
② 지방자치단체의 장은 제2차 납세의무자가 체납액을 그 납부기한까지 완납하지 아니하면 제22조제1항에 따라 징수할 경우를 제외하고는 납부기한이 지난 후 10일 이내에 납부최고서를 발급하여야 한다.
③ 독촉장 또는 납부최고서를 발급할 때에는 납부기한을 발급일부터 20일 이내로 한다.(2018.12.24 본항개정)

제32조의2【실태조사】 ① 지방자치단체의 장은 제32조에 따라 독촉과 최고를 하였음에도 납부기한까지 납부하지 아니한 납세자에 대한 현황을 파악하기 위하여 대통령령으로 정하는 바에 따라 조사(이하 이 조에서 "실태조사"라 한다)를 실시할 수 있다.
② 지방자치단체의 장은 실태조사 결과에 대한 관리를 위하여 제1항에 따른 납세자 관리대장(이하 "관리대장"이라 한다)을 비치하고 필요한 사항을 기재하여야 한다. 이 경우 해당 사항을 전산처리하는 경우에는 관리대장을 갖춘 것으로 본다.
③ 지방자치단체의 장은 국가기관, 지방자치단체가 「사회보장기본법」에서 규정한 사회보장정책을 원활하게 수립·추진하기 위하여 관리대장을 요청하는 경우 그 목적에 맞게 관리대장을 제공할 수 있다.
④ 실태조사의 대상·시기·방법, 관리대장의 관리 및 제3항에 따라 제공하는 관리대장의 범위·내용·종류·방법 등에 관한 사항은 대통령령으로 정한다.
(2022.1.28 본조신설)

제3장 체납처분

제1절 체납처분의 절차

제33조【압류】 ① 지방자치단체의 장은 다음 각 호의 어느 하나에 해당하는 경우에는 납세자의 재산을 압류한다.
1. 납세자가 독촉장(납부최고서를 포함한다. 이하 같다)을 받고 지정된 기한까지 지방자치단체의 징수금을 완납하지 아니할 때
2. 제22조제1항에 따라 납세자가 납부기한 전에 지방자치단체의 징수금의 납부 고지를 받고 지정된 기한까지 완납하지 아니할 때
② 제1항에도 불구하고 지방자치단체의 장은 제22조제1항 각 호의 어느 하나에 해당하는 사유로 이미 납세의무가 성립한 그 지방세를 징수할 수 없다고 인정되는 경우에 납세자의 재산을 납기 전이라도 압류할 수 있다. 이 경우 지방자치단체의 장은 납세의무가 확정되리라고 추정되는 금액의 한도에서 압류하여야 한다.
③ 납세의 고지 또는 독촉을 받고 납세자가 도피할 우려가 있어 납부기한까지 기다려서는 고지한 지방세나 그 체납액을 징수할 수 없다고 인정되는 경우에는 제2항을 준용한다.
④ 지방자치단체의 장은 제2항 또는 제3항에 따라 재산을 압류하였으면 해당 납세자에게 문서로 알려야 한다.
⑤ 지방자치단체의 장은 다음 각 호의 어느 하나에 해당할 때에는 제2항 또는 제3항에 따른 재산의 압류를 즉시 해제하여야 한다.
1. 제4항에 따른 통지를 받은 자가 납세담보를 제공하고 압류해제를 요구할 때
2. 압류를 한 날부터 3개월이 지날 때까지 압류에 의하여 징수하려는 지방세를 확정하지 아니하였을 때
⑥ 지방자치단체의 장은 제2항 또는 제3항에 따라 압류한 재산이 금전, 납부기한까지 추심할 수 있는 예금 또는 유가증권인 경우 납세자가 신청할 때에는 그 압류 재산을 확정된 지방자치단체의 징수금에 충당할 수 있다.

제34조【신분증의 제시】 세무공무원이 체납처분을 하기 위하여 질문·검사 또는 수색을 하거나 재산을 압류할 때에는 신분을 표시하는 증표를 지니고 관계자에게 보여 주어야 한다.

제35조【수색의 권한과 방법】 ① 세무공무원은 재산을 압류하기 위하여 필요할 때에는 체납자의 가옥·선박·창고 또는 그 밖의 장소를 수색하거나 폐쇄된 문·금고 또는 기구를 열게 하거나 직접 열 수 있다. 체납자의 재산을 점유·보관하는 제3자가 재산의 인도

(引渡) 또는 이전을 거부할 때에도 또한 같다. (2022.1.28 후단개정)
② 세무공무원은 제3자의 가옥·선박·창고 또는 그 밖의 장소에 체납자의 재산을 은닉한 혐의가 있다고 인정될 때에는 제3자의 가옥·선박·창고 또는 그 밖의 장소를 수색하거나 폐쇄된 문·금고 또는 기구를 열게 하거나 직접 열 수 있다.
③ 제1항 또는 제2항에 따른 수색은 해뜰 때부터 해질 때까지만 할 수 있다. 다만, 해뜨기 직전에 시작한 수색은 해가 진 후에도 계속할 수 있다.
④ 주로 야간에 대통령령으로 정하는 영업을 하는 장소에 대해서는 제3항에도 불구하고 해가 진 후에도 영업 중에는 수색을 시작할 수 있다.
⑤ 세무공무원은 제1항 또는 제2항에 따라 수색을 하였으나 압류할 재산이 없을 때에는 수색조서를 작성하여 체납자 또는 제37조에 따른 참여자와 함께 서명날인하여야 하며, 참여자가 서명날인을 거부할 경우 그 사실을 수색조서에 함께 적어야 한다.
⑥ 세무공무원은 제5항에 따라 수색조서를 작성하였을 때에는 그 등본을 수색을 받은 체납자 또는 참여자에게 내주어야 한다.

제36조【체납처분에 따른 질문·검사권】 세무공무원은 체납처분을 집행하면서 압류할 재산의 소재 또는 수량을 알고자 할 때에는 다음 각 호의 어느 하나에 해당하는 자에게 질문하거나 장부, 서류, 그 밖의 물건의 검사 또는 제출을 요구할 수 있다.
1. 체납자
2. 체납자와 거래관계가 있는 자
3. 체납자의 재산을 점유하는 자
4. 체납자와 채권·채무 관계가 있는 자
5. 체납자가 주주 또는 사원인 법인
6. 체납자인 법인의 주주 또는 사원
7. 체납자의 재산을 은닉한 혐의가 있다고 인정되는 자로서 대통령령으로 정하는 자 (2020.3.24 본호개정)

제37조【참여자 설정】 ① 세무공무원은 제35조·제36조에 따라 수색 또는 검사를 할 때에는 수색 또는 검사를 받는 사람과 그의 가족·동거인이나 사무원, 그 밖의 종업원을 증인으로 참여시켜야 한다.
② 제1항의 경우에 참여자가 없을 때는 참여 요청에 따르지 아니할 때에는 성년자 2명 이상과 다른 지방자치단체의 공무원이나 경찰공무원을 증인으로 참여시켜야 한다.

제38조【압류조서】 ① 세무공무원은 체납자의 재산을 압류할 때에는 압류조서를 작성하여야 한다. 이 경우 압류재산이 다음 각 호의 어느 하나에 해당할 때에는 그 등본을 체납자에게 내주어야 한다.
1. 동산 또는 유가증권
2. 채권
3. 채권과 소유권을 제외한 재산권(이하 "무체재산권 등"이라 한다)
② 세무공무원은 압류조서에 제37조에 따른 참여자의 서명날인을 받아야 하며, 참여자가 서명날인을 거부하였을 때에는 그 사실을 압류조서에 함께 적어야 한다.
③ 세무공무원은 질권(質權)이 설정된 동산 또는 유가증권을 압류하였을 때에는 그 동산 또는 유가증권의 질권자에게 압류조서의 등본을 내주어야 한다.
④ 세무공무원은 채권을 압류하였을 때에는 채권의 추심이나 그 밖의 처분을 금지한다는 뜻을 압류조서에 함께 적어야 한다.

제39조【사해행위의 취소 및 원상회복】 지방자치단체의 장은 체납처분을 집행할 때 납세자가 지방세 징수를 피하기 위하여 재산권을 목적으로 한 법률행위(「신탁법」에 따른 사해신탁을 포함한다)를 한 경우에는 「민법」 제406조·제407조 및 「신탁법」 제8조를 준용하여 사해행위의 취소 및 원상회복을 법원에 청구할 수 있다.

제39조의2【체납처분의 위탁】 ① 지방자치단체의 장은 제11조제1항 본문에 따른 명단공개 기준에 해당하는 고액·상습체납자의 수입물품에 대한 체납처분을 세관장에게 위탁할 수 있다.

② 제1항에 따른 체납처분의 위탁 또는 위탁 철회에 필요한 사항은 대통령령으로 정한다.

(2020.12.29 본조신설)

제2절 압류금지 재산

제40조【압류금지 재산】 다음 각 호의 재산은 압류할 수 없다.

1. 체납자와 그 동거가족의 생활에 없어서는 아니 될 의복, 침구, 가구와 주방기구
2. 체납자와 그 동거가족에게 필요한 3개월간의 식료와 연료
3. 인감도장이나 그 밖에 직업상 필요한 도장
4. 제사·예배에 필요한 물건, 비석 및 묘지
5. 체납자 또는 그 동거가족의 상사(喪事)·장례에 필요한 물건
6. 족보나 그 밖에 체납자의 가정에 필요한 장부·서류
7. 직무상 필요한 제복
8. 훈장이나 그 밖의 명예의 증표
9. 체납자와 그 동거가족의 학업에 필요한 서적과 기구
10. 발명 또는 저작에 관한 것으로서 공표되지 아니한 것
11. 법령에 따라 급여하는 사망급여금과 상이급여금(傷痍給與金)
12. 의료·조산(助産)의 업(業) 또는 동물진료업에 필요한 기구·약품과 그 밖의 재료
13. 「주택임대차보호법」 제8조 및 같은 법 시행령에 따라 우선변제를 받을 수 있는 금액
14. 체납자의 생계유지에 필요한 소액금융재산으로서 대통령령으로 정하는 것

제41조【조건부 압류금지 재산】 다음 각 호의 재산은 체납자가 체납액에 충당할 만한 다른 재산을 제공할 때에는 압류할 수 없다.

1. 농업에 필요한 기계·기구, 가축류의 사료, 종자와 비료
2. 어업에 필요한 어망(漁網)·어구(漁具)와 어선
3. 직업 또는 사업에 필요한 기계·기구와 비품

제42조【급여채권의 압류 제한】 ① 급료·연금·임금·봉급·상여금·세비·퇴직연금, 그 밖에 이와 비슷한 성질을 가진 급여채권에 대해서는 그 총액의 2분의 1은 압류할 수 없다. 다만, 그 금액이 표준적인 가구의 「국민기초생활 보장법」에 따른 최저생계비를 고려하여 대통령령으로 정하는 금액에 미치지 못하는 경우 또는 표준적인 가구의 생계비를 고려하여 대통령령으로 정하는 금액을 초과하는 경우에는 각각 대통령령으로 정하는 금액을 압류할 수 없다.

② 퇴직금이나 그 밖에 이와 비슷한 성질을 가진 급여채권에 대해서는 그 총액의 2분의 1은 압류할 수 없다.

제43조【초과압류의 금지】 지방자치단체의 장은 지방세를 징수하기 위하여 필요한 재산 외의 재산을 압류할 수 없다.

제3절 체납처분의 효력

제44조【질권이 설정된 재산의 압류】 ① 세무공무원이 질권이 설정된 재산을 압류하려는 경우에는 그 질권자에게 문서로써 그 질권의 대상물의 인도를 요구하여야 한다. 이 경우 질권자는 질권의 설정 시기에 관계없이 질권의 대상물을 세무공무원에게 인도하여야 한다.

② 세무공무원은 질권자가 제1항에 따라 질권의 대상물을 인도하지 아니하는 경우에는 즉시 압류하여야 한다.

제45조【가압류·가처분 재산에 대한 체납처분의 효력】 재판상의 가압류 또는 가처분 재산이 체납처분 대상인 경우에도 이 법에 따른 체납처분을 한다.

제46조【과실에 대한 압류의 효력】 압류의 효력은 압류재산으로부터 생기는 천연과실(天然果實) 또는 법정과실(法定果實)에 미친다. 다만, 체납자 또는 제3자가 압류재산을 사용하거나 수익하는 경우에는 그 재산으로부터 생기는 천연과실(그 재산의 매각으로 인하여 권리를 이전할 때까지 거두어들이지 아니한 천연과실은 제외한다)에 대해서는 미치지 아니한다.

제47조【상속·합병의 경우에 대한 체납처분의 효력】 ① 체납자의 재산에 대하여 체납처분을 집행한 후 체납자가 사망하였거나 체납자인 법인이 합병으로 소멸되었을 때에도 그 재산에 대한 체납처분은 계속 진행하여야 한다.

② 체납자가 사망한 후 체납자 명의의 재산에 대하여 한 압류는 그 재산을 상속한 상속인에 대하여 한 것으로 본다.

제4절 동산과 유가증권의 압류

제48조【동산과 유가증권의 압류】 ① 동산 또는 유가증권의 압류는 세무공무원이 점유함으로써 한다.

② 세무공무원은 체납자와 그 배우자의 공유재산으로서 체납자가 단독으로 점유하거나 배우자와 공동으로 점유하고 있는 동산 또는 유가증권을 제1항에 따라 압류할 수 있다.(2020.12.29 본항신설)

제49조【압류 동산의 사용·수익】 ① 제48조에도 불구하고 운반하기 곤란한 동산은 체납자 또는 제3자로 하여금 보관하게 할 수 있다. 이 경우 봉인(封印)이나 그 밖의 방법으로 압류재산임을 명백히 하여야 한다.

② 지방자치단체의 장은 제1항에 따라 압류한 동산을 체납자 또는 그 동산을 사용하거나 수익할 권리를 가진 제3자에게 보관하게 한 경우에는 지방세 징수에 지장이 없다고 인정되면 그 동산의 사용 또는 수익을 허가할 수 있다.

제50조【유가증권에 관한 채권의 추심】 ① 지방자치단체의 장은 유가증권을 압류하였을 때에는 그 유가증권에 관계되는 금전채권을 추심할 수 있다.

② 지방자치단체의 장은 제1항에 따라 금전채권을 추심하였을 때에는 추심한 금액의 한도에서 체납자의 압류에 관계되는 체납액을 징수한 것으로 본다.

제5절 채권의 압류

제51조【채권의 압류 절차】 ① 지방자치단체의 장은 채권을 압류할 때에는 그 뜻을 해당 채권의 채무자(이하 "제3채무자"라 한다)에게 통지하여야 한다.

② 지방자치단체의 장은 제1항에 따른 통지를 하였을 때에는 체납액을 한도로 하여 체납자인 채권자를 대위(代位)한다.

③ 지방자치단체의 장은 제1항에 따라 채권을 압류하였을 때에는 그 사실을 체납자에게 통지하여야 한다.

제52조【채권 압류의 효력】 채권 압류의 효력은 채권 압류 통지서가 제3채무자에게 송달된 때에 발생한다.

제53조【채권 압류의 범위】 지방자치단체의 장은 채권을 압류할 때에는 체납액을 한도로 하여야 한다. 다만, 압류할 채권이 체납액을 초과하는 경우에 필요하다고 인정하면 그 채권 전액을 압류할 수 있다.

제54조【계속수입의 압류】 급료·임금·봉급·세비·퇴직연금, 그 밖에 이와 유사한 채권의 압류는 체납액을 한도로 하여 압류 후에 수입(收入)할 금액에 미친다.

제6절 부동산 등의 압류

제55조【부동산 등의 압류 절차】 ① 지방자치단체의 장은 다음 각 호의 재산을 압류할 때에는 압류조서를 첨부하여 압류등기를 소관 등기소에 촉탁하여야 한다. 그 변경의 등기에 관하여도 또한 같다.(2022.1.28 전단개정)
1. 「부동산등기법」 등에 따라 등기된 부동산
2. 「공장 및 광업재단 저당법」에 따라 등기된 공장재단 및 광업재단
3. 「선박등기법」에 따라 등기된 선박
(2022.1.28 1호~3호신설)
② 지방자치단체의 장은 압류하기 위하여 제1항제1호에 따른 부동산 및 같은 항 제2호에 따른, 공장재단 또는 광업재단을 분할하거나 구분할 때에는 분할 또는 구분의 등기를 소관 등기소에 촉탁하여야 한다. 합병 또는 변경의 등기에 관하여도 또한 같다.(2022.1.28 전단개정)
③ 지방자치단체의 장은 등기되지 아니한 부동산을 압류할 때에는 토지대장 등본, 건축물대장 등본 또는 부동산종합증명서를 갖추어 보존등기를 소관 등기소에 촉탁하여야 한다.
④ 지방자치단체의 장은 제1항제3호에 따른 선박을 압류하였을 때에는 체납자(해당 재산을 점유한 제3자를 포함한다)에게 해당 재산을 인도할 것을 명하여 점유할 수 있다.(2022.1.28 본항신설)
⑤ 지방자치단체의 장은 제1항 또는 제3항에 따라 압류하였을 때에는 그 사실을 체납자에게 통지하여야 한다.

제56조【자동차 등의 압류 절차】 ① 지방자치단체의 장은 다음 각 호의 재산을 압류하는 경우에는 압류의 등록을 관계 기관에 촉탁하여야 한다. 변경의 등록에 관하여도 또한 같다.
1. 「자동차관리법」에 따라 등록된 자동차
2. 「건설기계관리법」에 따라 등록된 건설기계
3. 「항공안전법」에 따라 등록된 항공기 또는 경량항공기(이하 이 절에서 "항공기등"이라 한다)
4. 「선박법」에 따라 등록된 선박(「선박등기법」에 따라 등기된 선박은 제외한다)
(2022.1.28 본항개정)
② 지방자치단체의 장은 제1항 각 호에 따른 재산을 압류하였을 때에는 체납자(해당 재산을 점유한 제3자를 포함한다)에게 해당 재산을 인도할 것을 명하여 점유할 수 있다.(2022.1.28 본항개정)
③ 지방자치단체의 장은 제1항에 따라 압류하였을 때에는 그 사실을 체납자에게 통지하여야 한다.
(2022.1.28 본조제목개정)

제57조【부동산 등의 압류의 효력】 ① 제55조 또는 제56조에 따른 압류의 효력은 그 압류의 등기 또는 등록이 완료된 때에 발생한다.
② 제1항에 따른 압류는 압류재산의 소유권이 이전되기 전에 「지방세기본법」 제71조제1항제3호에 따른 법정기일이 도래한 지방세의 체납액에 대해서도 그 효력이 미친다.

제58조【저당권자 등에 대한 압류 통지】 ① 지방자치단체의 장은 전세권·질권 또는 저당권이 설정된 재산을 압류하였을 때에는 그 사실을 해당 채권자에게 통지하여야 한다.
② 지방세보다 우선권을 가진 채권자가 제1항에 따른 통지를 받고 그 권리를 행사하려면 통지를 받은 날부터 10일 내에 그 사실을 지방자치단체의 장에게 신고하여야 한다.

제59조【압류 부동산 등의 사용·수익】 ① 체납자는 지방자치단체의 장이 제55조 또는 제56조에 따라 압류한 재산을 사용하거나 수익할 수 있다. 다만, 지방자치단체의 장은 그 가치가 현저하게 줄어들 우려가 있다고 인정할 때에는 사용 또는 수익을 제한할 수 있다.(2022.1.28 본문개정)
② 지방자치단체의 장이 제55조 또는 제56조에 따라 압류한 재산을 사용하거나 수익할 권리를 가진 제3자에 관하여는 제1항을 준용한다.(2022.1.28 본항개정)
③ 지방자치단체의 장은 체납처분을 집행할 때 필요하다고 인정하면 제55조제1항제3호에 따른 선박, 제56조제1항 각 호에 따른 재산에 대하여 일시 정박 또는 일시 정류를 하게 할 수 있다. 다만, 출항준비(出航準備)를 완료한 제55조제1항제3호에 따른 선박, 제56조제1항제3호에 따른 항공기등 또는 같은 항 제4호에 따른 선박에 대해서는 일시 정박 또는 일시 정류를 하게 할 수 없다.(2022.1.28 본항개정)
④ 지방자치단체의 장은 제3항에 따라 일시 정박 또는 일시 정류를 하게 하였을 때에는 감시와 보존에 필요한 처분을 하여야 한다.

제60조【제3자의 소유권 주장】 압류한 재산에 대하여 소유권을 주장하고 반환을 청구하려는 제3자는 매각 5일 전까지 소유자임을 확인할 수 있는 증거서류를 지방자치단체의 장에게 제출하여야 한다.

제7절 무체재산권등의 압류

제61조【무체재산권등의 압류】 ① 지방자치단체의 장은 무체재산권등을 압류하였을 때에는 그 사실을 해당 권리자에게 통지하여야 한다.
② 지방자치단체의 장은 무체재산권등을 압류할 때 그 무체재산권등의 이전에 관하여 등기 또는 등록이 필요한 것에 대해서는 압류의 등기 또는 등록을 관계 관서에 촉탁하여야 한다. 변경의 등기 또는 등록에 관하여도 또한 같다.
③ 지방자치단체의 장은 제1항에 따라 「가상자산 이용자 보호 등에 관한 법률」 제2조제1호에 따른 가상자산(이하 "가상자산"이라 한다)을 압류하려는 경우 체납자〔같은 법 제2조제2호에 따른 가상자산사업자(이하 "가상자산사업자"라 한다) 등 제3자가 체납자의 가상자산을 보관하고 있을 때에는 그 제3자를 말한다〕에게 대통령령으로 정하는 바에 따라 해당 가상자산의 이전을 요구하여야 한다. 이 경우 제3자에게 이전을 요구하는 경우에는 문서로 하여야 한다.(2023.7.18 전단개정)
④ 지방자치단체의 장은 제2항에 따라 압류하였을 때에는 그 사실을 체납자에게 통지하여야 한다.

제62조【국유·공유 재산에 관한 권리의 압류】 ① 지방자치단체의 장은 체납자가 국유 또는 공유 재산을 매수한 것이 있을 때에는 소유권 이전 전이라도 그 재산에 관한 체납자의 정부 또는 공공단체에 대한 권리를 압류한다.
② 지방자치단체의 장은 제1항에 따라 압류하였을 때에는 그 사실을 체납자에게 통지하여야 한다.
③ 제1항에 따른 압류재산을 매각함에 따라 이를 매수한 자는 그 대금을 완납한 때에 그 국유 또는 공유 재산에 관한 체납자의 정부 또는 공공단체에 대한 모든 권리·의무를 승계한다.

제8절 압류의 해제

제63조【압류해제의 요건】 ① 지방자치단체의 장은 다음 각 호의 어느 하나에 해당하는 경우에는 압류를 즉시 해제하여야 한다.
1. 납부, 충당, 공매의 중지, 부과의 취소, 그 밖의 사유로 압류가 필요 없게 되었을 때
2. 압류한 재산에 대한 제3자의 소유권 주장이 상당한 이유가 있다고 인정할 때

3. 제3자가 체납자를 상대로 소유권에 관한 소송을 제기하여 승소 판결을 받고 그 사실을 증명하였을 때
② 지방자치단체의 장은 다음 각 호의 어느 하나에 해당하는 경우에는 압류재산의 전부 또는 일부에 대하여 압류를 해제할 수 있다. 다만, 제5호의 경우에는 즉시 압류를 해제하여야 한다.
1. 압류 후 재산가격의 변동 또는 그 밖의 사유로 그 가격이 징수할 체납액의 전액을 현저히 초과할 때
2. 압류에 관계되는 체납액의 일부가 납부되거나 충당되었을 때
3. 부과의 일부를 취소하였을 때
4. 압류할 수 있는 다른 재산을 체납자가 제공하여 그 재산을 압류하였을 때
5. 압류한 금융재산 중 「국민기초생활 보장법」에 따른 급여, 「장애인복지법」에 따른 장애수당, 「기초연금법」에 따른 기초연금, 「한부모가족지원법」에 따른 복지급여 등 국가 또는 지방자치단체로부터 지급받은 급여금품으로서 법률에 따라 압류가 금지된 재산임을 증명한 때
6. 압류재산이 사실상 멸실되었다고 인정되는 경우로서 대통령령으로 정하는 경우에 해당할 때(2020.3.24 본호신설)
제64조【압류의 해제】① 지방자치단체의 장은 재산의 압류를 해제하였을 때에는 그 사실을 그 재산의 압류통지를 한 권리자, 제3채무자 또는 제3자에게 알려야 한다.
② 제1항의 경우에 압류의 등기 또는 등록을 한 것에 대해서는 압류해제조서를 첨부하여 압류말소의 등기 또는 등록을 관계 관서에 촉탁하여야 한다.
③ 지방자치단체의 장은 제3자에게 압류재산을 보관하게 한 경우에 그 재산에 대한 압류를 해제하였을 때에는 그 재산을 보관한 자에게 압류해제의 통지를 하고, 압류재산은 체납자 또는 정당한 권리자에게 반환하여야 한다. 이 경우 압류재산의 보관증을 받았을 때에는 보관증을 반환하여야 한다.
④ 지방자치단체의 장은 제3항의 경우 필요하다고 인정하면 재산을 보관한 자로 하여금 그 재산을 체납자 또는 정당한 권리자에게 인도하게 할 수 있다. 이 경우 재산을 보관한 자로부터 압류재산을 받을 것을 체납자 또는 정당한 권리자에게 알려야 한다.
⑤ 지방자치단체의 장은 보관 중인 재산을 반환할 때에는 영수증을 받아야 한다. 다만, 압류조서에 영수 사실을 기입(記入)하여 서명·날인하게 함으로써 영수증을 갈음할 수 있다.
제65조【부동산 등기 수수료의 면제】지방자치단체가 지방세를 징수하기 위하여 부동산에 대한 등기를 신청하는 경우에는 「부동산등기법」 제22조제3항에 따른 수수료를 면제한다.

제9절 교부청구 및 참가압류

제66조【교부청구】지방자치단체의 장은 제22조제1항제1호부터 제4호까지 또는 제6호에 해당할 때에는 해당 국가, 공공단체, 집행법원, 집행공무원, 강제관리인, 파산관재인 또는 청산인에 대하여 체납액의 교부를 청구하여야 한다.
제67조【참가압류】① 지방자치단체의 장은 압류하려는 재산을 이미 다른 기관에서 압류하고 있을 때에는 제66조에 따른 교부청구를 갈음하여 참가압류 통지서를 그 재산을 이미 압류한 기관(이하 "기압류기관"이라 한다)에 송달함으로써 그 압류에 참가할 수 있다.
② 지방자치단체의 장은 제1항에 따라 압류에 참가하였을 때에는 그 사실을 체납자와 그 재산에 대하여 권리를 가진 제3자에게 통지하여야 한다.

③ 지방자치단체의 장은 제1항에 따라 참가압류하려는 재산이 권리의 변동에 등기 또는 등록이 필요한 것일 때에는 참가압류의 등기 또는 등록을 관계 관서에 촉탁하여야 한다.
제68조【참가압류의 효력 등】① 제67조에 따라 참가압류를 한 후에 기압류기관이 그 재산에 대한 압류를 해제하였을 때에는 그 참가압류(제67조제3항에 해당하는 재산에 대하여 둘 이상의 참가압류가 있는 경우에는 그 중 가장 먼저 등기 또는 등록된 것으로 하고, 그 밖의 재산에 대하여 둘 이상의 참가압류가 있는 경우에는 그 중 가장 먼저 참가압류 통지서가 송달된 것으로 한다)는 다음 각 호의 구분에 따른 시기로 소급하여 압류의 효력이 생긴다.
1. 제67조제3항에 해당하는 재산 외의 재산 : 참가압류 통지서가 기압류기관에 송달된 때
2. 제67조제3항에 해당하는 재산 : 참가압류의 등기 또는 등록이 완료된 때
② 기압류기관은 압류를 해제하였을 때에는 압류가 해제된 재산 목록을 첨부하여 그 사실을 참가압류한 지방자치단체의 장에게 통지하여야 한다.
③ 기압류기관은 압류를 해제한 재산이 동산 또는 유가증권으로서 기압류기관이 점유하고 있거나 제3자에게 보관하게 한 재산일 때에는 압류에 참가한 지방자치단체의 장에게 직접 인도하여야 한다. 다만, 제3자가 보관하고 있는 재산에 대해서는 그 제3자가 발행한 보관증을 인도함으로써 재산의 직접 인도를 갈음할 수 있다.
④ 압류에 참가한 지방자치단체의 장은 기압류기관이 그 압류재산을 장기간 매각하지 아니할 때에는 이에 대한 매각처분을 기압류기관에 최고할 수 있다.
⑤ 매각처분을 최고한 지방자치단체의 장은 제4항에 따라 매각처분을 최고받은 기압류기관이 최고받은 날부터 3개월 이내에 다음 각 호의 어느 하나에 해당하는 행위를 하지 아니하면 그 압류재산을 매각할 수 있다.
1. 제103조의3제1항제1호 및 제2호에 따라 공매 또는 수의계약의 대행을 의뢰하는 서면 송부(2023.12.29 본호개정)
2. 제72조에 따른 수의계약 방식으로 매각하려는 사실을 체납자 등에게 통지
3. 제78조제2항에 따른 공매공고
⑥ 매각처분을 최고한 지방자치단체의 장이 제5항에 따라 압류재산을 매각하려는 경우에는 그 내용을 기압류기관에 통지하여야 한다.
⑦ 제6항에 따른 통지를 받은 기압류기관은 점유 중이거나 제3자로 하여금 보관하게 한 동산 또는 유가증권 등 압류재산을 제4항에 따라 매각처분을 최고한 지방자치단체의 장에게 인도하여야 한다. 이 경우 인도 방법에 관하여는 제3항을 준용한다.
제69조【압류 해제에 관한 규정의 준용】참가압류의 해제에 관하여는 제63조부터 제65조까지의 규정을 준용한다.
제70조【교부청구의 해제】① 지방자치단체의 장은 납부, 충당, 부과의 취소나 그 밖의 사유로 교부를 청구한 체납액의 납부의무가 소멸되었을 때에는 교부청구를 해제하여야 한다.
② 제1항에 따른 교부청구의 해제는 교부청구를 받은 기관에 그 뜻을 통지함으로써 한다.

제10절 압류재산의 매각

제71조【공매】① 지방자치단체의 장은 압류한 동산, 유가증권, 부동산, 무체재산권등과 제51조제2항에 따라 체납자를 대위하여 받은 물건[통화(通貨)는 제외한다]을 대통령령으로 정하는 바에 따라 공매한다.

② 제1항에도 불구하고 지방자치단체의 장은 다음 각 호의 압류재산을 해당 호에서 정하는 방법으로 직접 매각할 수 있다.
1. 「자본시장과 금융투자업에 관한 법률」 제8조의2제4항제1호에 따른 증권시장(이하 "증권시장"이라 한다)에 상장된 증권 : 증권시장에서의 매각
2. 가상자산사업자를 통하여 거래되는 가상자산 : 가상자산사업자를 통한 매각
(2022.1.28 본항개정)
③ 지방자치단체의 장은 제2항 각 호의 구분에 따라 압류재산을 직접 매각하려는 경우에는 매각 전에 그 사실을 체납자 등 대통령령으로 정하는 자에게 통지하여야 한다.(2023.3.14 본항신설)
④ 제33조제2항에 따라 압류한 재산은 그 압류에 관계되는 지방세의 납세의무가 확정되기 전에는 공매할 수 없다.
⑤ 심판청구등이 계속 중인 지방세의 체납으로 압류한 재산은 그 신청 또는 청구에 대한 결정이나 소(訴)에 대한 판결이 확정되기 전에는 공매할 수 없다. 다만, 그 재산이 제72조제1항제2호에 해당하는 경우는 그 신청 또는 청구에 대한 결정이나 소에 대한 판결이 확정되기 전이라도 공매할 수 있다.(2023.12.29 본문개정)
⑥~⑨ (2022.1.28 삭제)
제71조의2 (2022.1.28 삭제)
제72조【수의계약】 ① 압류재산이 다음 각 호의 어느 하나에 해당하는 경우에는 수의계약으로 매각할 수 있다.
1. 수의계약으로 매각하지 아니하면 매각대금이 체납처분비에 충당하고 남을 여지가 없는 경우
2. 부패·변질 또는 감량되기 쉬운 재산으로서 속히 매각하지 아니하면 재산가액이 줄어들 우려가 있는 경우
3. 압류한 재산의 추산(推算) 가격이 1천만원 미만인 경우
4. 법령으로 소지(所持) 또는 매매가 규제된 재산인 경우
5. 제1회 공매 후 1년간 5회 이상 공매하여도 매각되지 아니한 경우
6. 공매하는 것이 공익을 위하여 적절하지 아니한 경우
② (2022.1.28 삭제)
제73조【공매대상 재산에 대한 현황조사】 ① 지방자치단체의 장은 제74조에 따라 매각예정가격을 결정하기 위하여 공매대상 재산의 현 상태, 점유관계, 임차료 또는 보증금의 액수, 그 밖의 현황을 조사하여야 한다.
② 세무공무원은 제1항에 따른 조사를 위하여 건물에 출입할 수 있고, 체납자 또는 건물을 점유하는 제3자에게 질문하거나 문서 제시를 요구할 수 있다.
③ 세무공무원은 제2항에 따라 건물에 출입하기 위하여 필요할 때에는 잠긴 문을 여는 등 적절한 처분을 할 수 있다.
④ 세무공무원은 제2항 및 제3항의 경우 직무상 필요한 범위 외에 다른 목적 등을 위하여 그 권한을 남용해서는 아니 된다.(2020.1.29 본항신설)
제74조【매각예정가격의 결정】 ① 지방자치단체의 장은 압류재산을 공매하려면 그 재산의 매각예정가격을 결정하여야 한다.
② 지방자치단체의 장은 매각예정가격을 결정하기 어려울 때에는 대통령령으로 정하는 바에 따라 감정인에게 평가를 의뢰하여 그 가액(價額)을 참고할 수 있다.
③ 감정인은 제2항의 평가를 위하여 필요한 경우 제73조제2항에 따른 조치를 할 수 있다.(2023.3.14 본항신설)
④ 감정인은 제3항에 따라 조치를 하는 경우 직무상 필

요한 범위 외에 다른 목적 등을 위하여 그 권한을 남용해서는 아니 된다.(2023.3.14 본항신설)
제75조【공매 장소】 공매는 관할 지방자치단체의 청사 또는 공매재산이 있는 지방자치단체의 청사에서 한다. 다만, 지방자치단체의 장이 필요하다고 인정할 때에는 다른 장소에서 공매할 수 있다.
제76조【공매보증금】 ① 지방자치단체의 장은 압류재산을 공매하는 경우에 필요하다고 인정하면 공매보증금을 받을 수 있다.
② 공매보증금은 매각예정가격의 100분의 10 이상으로 한다.
③ 공매보증금은 국채 또는 지방채, 증권시장에 상장된 증권 또는 「보험업법」에 따른 보험회사가 발행한 보증보험증권으로 갈음할 수 있다. 이 경우 필요한 요건은 대통령령으로 정한다.
④ 낙찰자 또는 경락자(競落者)가 매수계약을 체결하지 아니하였을 때에는 지방자치단체의 장은 공매보증금을 체납처분비, 압류와 관계되는 지방세의 순으로 충당한 후 남은 금액은 체납자에게 지급한다.(2020.12.29 본항개정)
제77조【매수인의 제한】 다음 각 호의 어느 하나에 해당하는 자는 직접적으로든 간접적으로든 압류재산을 매수하지 못한다.
1. 체납자
2. 세무공무원
3. 매각 부동산을 평가한 「감정평가 및 감정평가사에 관한 법률」에 따른 감정평가법인등(같은 법 제29조에 따른 감정평가법인인 경우 감정평가법인인 및 소속 감정평가사를 말한다)(2023.3.14 본호개정)
(2020.3.24 본조개정)
제78조【공매의 방법과 공고】 ① 공매는 입찰 또는 경매(정보통신망을 이용한 것을 포함한다)의 방법으로 한다.
② 지방자치단체의 장은 공매를 하려면 다음 각 호의 사항을 공고하여야 한다. 이 경우 동일한 재산에 대한 공매·재공매 등 여러 차례의 공매에 관한 사항을 한꺼번에 공고할 수 있다.
1. 매수대금의 납부기한
2. 공매재산의 명칭, 소재, 수량, 품질, 매각예정가격, 그 밖의 중요한 사항
3. 입찰 또는 경매의 장소와 일시(기간입찰의 경우에는 입찰기간)
4. 개찰(開札)의 장소와 일시
5. 공매보증금을 받을 때에는 그 금액
6. 공매재산이 공유물의 지분인 경우 공유자(체납자는 제외한다. 이하 같다)에게 우선매수권이 있다는 사실
7. 배분요구의 종기(終期)
8. 배분요구의 종기까지 배분을 요구하여야 배분받을 수 있는 채권
9. 매각결정 기일
10. 매각으로도 소멸하지 아니하는 공매재산에 대한 지상권, 전세권, 대항력 있는 임차권 또는 가등기가 있는 경우 그 사실
11. 공매재산의 매수인에게 일정한 자격이 필요한 경우 그 사실
12. 제82조제2항 각 호에 따른 자료의 제공 내용 및 기간
13. 제90조에 따른 차순위 매수신고의 기간과 절차
③ 제2항에 따른 공매공고는 지방자치단체, 그 밖의 적절한 장소에 게시한다. 다만, 필요에 따라 관보·공보 또는 일간신문에 게재할 수 있다.
④ 지방자치단체의 장은 제3항에 따른 공매공고를 할 때에는 게시 또는 게재와 함께 정보통신망을 통하여 그 공고 내용을 알려야 한다.

⑤ 제2항제7호에 따른 배분요구의 종기(이하 "배분요구의 종기"라 한다)는 절차에 필요한 기간을 고려하여 정하되, 최초의 입찰기일 이전으로 하여야 한다. 다만, 공매공고에 대한 등기 또는 등록이 지연되거나 누락되는 등 대통령령으로 정하는 사유로 공매절차가 진행되지 못하는 경우 지방자치단체의 장은 배분요구의 종기를 최초의 입찰기일 이후로 연기할 수 있다.

⑥ 제2항제9호에 따른 매각결정 기일은 같은 항 제4호에 따른 개찰일부터 7일(토요일, 일요일, 「공휴일에 관한 법률」 제2조의 공휴일 및 같은 법 제3조의 대체공휴일은 제외한다) 이내로 정하여야 한다.(2023.3.14 본항개정)

⑦ 경매의 방법으로 재산을 공매할 때에는 경매인을 선정하여 이를 취급하게 할 수 있다.

⑧ 제2항에 따른 공고에 필요한 사항은 대통령령으로 정한다.

제79조 【공매공고에 대한 등기 또는 등록의 촉탁】 지방자치단체의 장은 제78조에 따라 공매공고를 한 압류재산이 등기 또는 등록을 필요로 하는 경우에는 공매공고를 한 즉시 그 사실을 등기부 또는 등록부에 기입하도록 관계 관서에 촉탁하여야 한다.

제80조 【공매 통지】 ① 지방자치단체의 장은 제78조제2항에 따른 공매공고를 하였을 때에는 즉시 그 내용을 다음 각 호의 자에게 통지하여야 한다.

1. 체납자
2. 납세담보물 소유자
3. 다음 각 목의 구분에 따른 자
   가. 공매재산이 공유물의 지분인 경우 : 공매공고의 등기 또는 등록 전날을 기준으로 한 공유자
   나. 공매재산이 부부공유의 동산·유가증권인 경우 : 체납자의 배우자
   (2020.12.29 본호개정)
4. 공매재산에 대하여 공매공고의 등기 또는 등록 전일 현재 전세권·질권·저당권 또는 그 밖의 권리를 가진 자

② 제1항 각 호의 자 중 일부에 대한 공매 통지의 송달 불능 등의 사유로 인하여 동일한 공매재산에 대하여 공매공고를 다시 하는 경우, 그 이전 공매공고 당시 공매 통지가 도달되었던 제1항제3호 및 제4호의 자에게 다시 하는 공매 통지는 주민등록표 등본 등 공매 집행기록에 표시된 주소·거소·영업소 또는 사무소에 등기우편을 발송하는 방법으로 할 수 있다. 이 경우 그 공매 통지는 「지방세기본법」 제32조 본문에도 불구하고 송달받아야 할 자에게 발송한 때에 통지의 효력이 발생한 것으로 본다.(2022.1.28 본항신설)

제81조 【배분요구 등】 ① 제79조에 따른 공매공고의 등기 또는 등록 전까지 등기되지 아니하거나 등록되지 아니한 다음 각 호의 채권을 가진 자는 제99조제1항에 따라 배분을 받으려면 배분요구의 종기까지 지방자치단체의 장에게 배분을 요구하여야 한다.

1. 압류재산에 관계되는 체납액
2. 교부청구와 관계되는 체납액·국세 또는 공과금
3. 압류재산에 관계되는 전세권·질권 또는 저당권에 의하여 담보된 채권
4. 「주택임대차보호법」 또는 「상가건물 임대차보호법」에 따라 우선변제권이 있는 임차보증금 반환채권
5. 「근로기준법」 또는 「근로자퇴직급여 보장법」에 따라 우선변제권이 있는 임금, 퇴직금, 재해보상금 및 그 밖에 근로관계로 인한 채권
6. 압류재산에 관계되는 가압류채권
7. 집행력 있는 정본에 의한 채권

② 매각으로 소멸되지 아니하는 전세권을 가진 자가 배분을 받으려면 배분요구의 종기까지 배분을 요구하여야 한다.

③ 제1항 및 제2항에 따른 배분요구에 따라 매수인이 인수하여야 할 부담이 달라지는 경우 배분요구를 한

자는 배분요구의 종기가 지난 뒤에는 요구를 철회할 수 없다.

④ 지방자치단체의 장은 공매공고의 등기 또는 등록 전에 등기되거나 등록된 제1항 각 호의 채권을 가진 자(이하 "채권신고대상채권자"라 한다)로 하여금 채권의 유무, 그 원인 및 액수(원금, 이자, 비용, 그 밖의 부대채권을 포함한다)를 배분요구의 종기까지 지방자치단체의 장에게 신고하도록 최고하여야 한다.

⑤ 지방자치단체의 장은 채권신고대상채권자가 제4항에 따른 신고를 하지 아니할 때에는 등기사항증명서 등 공매 집행기록에 있는 증명자료에 따라 해당 채권신고대상채권자의 채권액을 계산한다. 이 경우 해당 채권신고대상채권자는 채권액을 추가할 수 없다.

⑥ 지방자치단체의 장은 제1항 및 제2항에 해당하는 자와 다음 각 호의 기관의 장에게 배분요구의 종기까지 배분요구를 하여야 한다는 사실을 안내하여야 한다.

1. 행정안전부(2017.7.26 본호개정)
2. 국세청
3. 관세청
4. 「국민건강보험법」에 따른 국민건강보험공단
5. 「국민연금법」에 따른 국민연금공단
6. 「산업재해보상보험법」에 따른 근로복지공단

⑦ 지방자치단체의 장은 제80조에 따라 공매 통지를 할 때 제4항에 따른 채권 신고의 최고 또는 제6항에 따른 배분요구의 안내에 관한 사항을 포함한 경우에는 각 해당 항에 따른 최고 또는 안내를 한 것으로 본다.

⑧ 제6항에 따른 안내는 「지방세기본법」 제2조제1항제28호에 따른 지방세통합정보통신망을 통하여 할 수 있다.(2023.12.29 본항개정)

⑨ 체납자의 배우자는 공매재산이 제48조제2항에 따라 압류한 부부공유의 동산 또는 유가증권에 해당하는 경우 배분요구의 종기까지 매각대금 중 공유지분에 상응하는 대금을 지급하여 줄 것을 지방자치단체의 장에게 요구할 수 있다.(2020.12.29 본항신설)

제82조 【공매재산명세서의 작성 및 비치 등】 ① 지방자치단체의 장은 공매재산에 대하여 제73조에 따른 현황조사를 기초로 다음 각 호의 사항이 포함된 공매재산명세서를 작성하여야 한다.

1. 공매재산의 명칭, 소재, 수량, 품질, 매각예정가격, 그 밖의 중요한 사항
2. 공매재산의 점유자 및 점유 권원, 점유할 수 있는 기간, 임차료 또는 보증금에 관한 관계인의 진술
3. 제81조제1항 및 제2항에 따른 배분요구 현황 및 같은 조 제4항에 따른 채권신고 현황
4. 공매재산에 대하여 등기된 권리 또는 가처분으로서 매각으로 효력을 잃지 아니하는 것
5. 매각에 따라 설정된 것으로 보게 되는 지상권의 개요

② 지방자치단체의 장은 다음 각 호의 자료를 입찰 시작 7일 전부터 입찰 마감 전까지 지방자치단체의 장에게 두거나 정보통신망을 이용하여 게시함으로써 입찰에 참가하려는 자가 열람할 수 있게 하여야 한다.

1. 제1항에 따른 공매재산명세서
2. 제74조제2항에 따라 감정인이 평가한 가액에 관한 자료
3. 그 밖에 입찰가격을 결정하는 데 필요한 자료

제83조 【공매의 취소 및 공고】 ① 지방자치단체의 장은 다음 각 호의 어느 하나에 해당하는 경우에는 공매를 취소할 수 있다.

1. 해당 재산의 압류를 해제한 경우
2. 제105조에 따라 체납처분을 유예한 경우
3. 「행정소송법」 제23조에 따라 법원이 체납처분에 대한 집행정지의 결정을 한 경우
4. 그 밖에 공매를 진행하기 곤란한 경우로서 대통령령으로 정하는 경우

② 지방자치단체의 장은 제1항에 따라 공매를 취소한 후 그 사유가 소멸되어 공매를 계속할 필요가 있다고 인정할 때에는 제91조에 따라 재공매할 수 있다.

③ 지방자치단체의 장은 제78조제2항제9호에 따른 매각결정 기일(이하 "매각결정 기일"이라 한다) 전에 공매를 취소하면 공매 취소 사실을 공고하여야 한다.

제84조【공매공고 기간】 공매는 공고한 날부터 10일이 지난 후에 한다. 다만, 그 재산을 보관하는 데에 많은 비용이 들거나 재산의 가액이 현저히 줄어들 우려가 있으면 10일이 지나기 전이라도 할 수 있다.

제85조【공매의 중지】 ① 공매를 집행하는 공무원은 매각결정 기일 전에 체납자 또는 제3자가 그 체납액을 완납하면 공매를 중지하여야 한다. 이 경우 매수하려는 자들에게 구술(口述)이나 그 밖의 방법으로 알림으로써 제83조에 따른 공고를 갈음한다.

② 여러 재산을 한꺼번에 공매하는 경우에 그 일부의 공매대금으로 체납액 전액에 충당될 때에는 남은 재산의 공매는 중지하여야 한다.

제86조【공매공고의 등기 또는 등록 말소】 지방자치단체의 장은 다음 각 호의 어느 하나에 해당하는 경우에는 제79조에 따른 공매공고의 등기 또는 등록을 말소할 것을 관계 관서에 촉탁하여야 한다.

1. 제83조에 따라 공매취소의 공고를 한 경우
2. 제85조에 따라 공매를 중지한 경우
3. 제95조에 따라 매각결정을 취소한 경우

제87조【공매참가의 제한】 지방자치단체의 장은 다음 각 호의 어느 하나에 해당한다고 인정되는 사실이 있는 자에 대해서는 그 사실이 있은 후 2년간 공매장소 출입을 제한하거나 입찰에 참가시키지 아니할 수 있다. 그 사실이 있은 후 2년이 지나지 아니한 자를 사용인이나 그 밖의 종업원으로 사용한 자와 이러한 자를 입찰대리인으로 한 자에 대해서도 또한 같다.

1. 입찰을 하려는 자의 공매참가, 최고가격 입찰자의 결정 또는 매수인의 매수대금 납부를 방해한 사실
2. 공매에서 부당하게 가격을 낮출 목적으로 담합한 사실
3. 거짓 명의로 매수신청을 한 사실

제88조【입찰과 개찰】 ① 입찰하려는 자는 주소 또는 거소, 성명, 매수하려는 재산의 명칭, 입찰가격, 공매보증금, 그 밖에 필요한 사항을 적어 개찰이 시작되기 전에 공매를 집행하는 공무원에게 제출하여야 한다.

② 개찰은 공매를 집행하는 공무원이 공개하여야 하고 각각 적힌 입찰가격을 불러 입찰조서에 기록하여야 한다.

③ 매각예정가격 이상의 최고액 입찰자를 낙찰자로 한다.

④ 낙찰이 될 가격의 입찰을 한 자가 둘 이상일 때에는 즉시 추첨으로 낙찰자를 정한다.

⑤ 제4항의 경우에 해당 입찰자 중 출석하지 아니한 자 또는 추첨을 하지 아니한 자가 있을 때에는 입찰 사무에 관계없는 공무원으로 하여금 대신 추첨하게 할 수 있다.

⑥ 매각예정가격 이상으로 입찰한 자가 없을 때에는 즉시 그 장소에서 재입찰에 부칠 수 있다.

제89조【공유자·배우자의 우선매수권】 ① 공매재산이 공유물의 지분인 경우 공유자는 매각결정 기일 전까지 제76조에 따른 공매보증금을 제공하고 매각예정가격 이상인 최고입찰가격과 같은 가격으로 공매재산을 우선매수하겠다는 신고를 할 수 있다.

② 체납자의 배우자는 공매재산이 제48조제2항에 따라 압류된 부부공유의 동산 또는 유가증권인 경우 제1항을 준용하여 공매재산을 우선매수하겠다는 신고를 할 수 있다. (2020.12.29 본항개정)

③ 지방자치단체의 장은 제1항 또는 제2항에 따른 우선매수 신고가 있는 경우 제88조제3항·제4항 및 제91조제1항에도 불구하고 그 공유자 또는 체납자의 배우자에게 매각한다는 결정을 하여야 한다. (2020.12.29 본항신설)

④ 지방자치단체의 장은 여러 사람의 공유자가 우선매수 신고를 하고 제2항의 절차를 마쳤을 때에는 특별한 협의가 없으면 공유지분의 비율에 따라 공매재산을 매수하게 한다.

⑤ 지방자치단체의 장은 제2항에 따른 매각결정 후 매수인이 매각대금을 납부하지 아니하였을 때에는 매각예정가격 이상의 최고액 입찰자에게 다시 매각결정을 할 수 있다. (2020.12.29 본조제목개정)

제90조【차순위 매수신고】 ① 제88조에 따라 낙찰자가 결정된 후에 그 낙찰자 외의 입찰자는 매각결정 기일 전까지 공매보증금을 제공하고 제95조제1항제2호 또는 제3호에 해당하는 사유로 매각결정이 취소되는 경우에 최고입찰가격에서 공매보증금을 뺀 금액 이상의 가격으로 공매재산을 매수하겠다는 신고(이하 "차순위 매수신고"라 한다)를 할 수 있다. (2023.12.29 본항개정)

② 제1항에 따라 차순위 매수신고를 한 자(이하 "차순위 매수신고자"라 한다)가 둘 이상인 경우에 지방자치단체의 장은 최고액의 매수신고자를 차순위 매수신고자로 정한다. 다만, 최고액의 매수신고자가 둘 이상인 경우에는 추첨으로 차순위 매수신고자를 정한다.

③ 지방자치단체의 장은 차순위 매수신고가 있는 경우에 제95조제1항제2호 또는 제3호에 해당하는 사유로 매각결정을 취소한 날부터 3일(토요일, 일요일, 「공휴일에 관한 법률」 제2조의 공휴일 및 같은 법 제3조의 대체공휴일은 제외한다) 이내에 차순위 매수신고자를 매수인으로 정하여 매각결정을 할 것인지를 결정하여야 한다. 다만, 다음 각 호의 어느 하나에 해당하는 사유가 있는 경우에는 차순위 매수신고자에게 매각한다는 결정을 할 수 없다. (2023.12.29 본문개정)

1. 제92조제1항제1호·제3호 또는 제4호에 해당하는 경우
2. 차순위 매수신고자가 제87조에 따라 공매참가가 제한된 자로 확인된 경우

제91조【재공매】 ① 지방자치단체의 장은 다음 각 호의 어느 하나에 해당하는 경우 재공매를 한다.

1. 재산을 공매하여도 매수 희망자가 없거나 입찰가격이 매각예정가격 미만인 경우
2. 제95조제1항제2호 또는 제3호에 해당하는 사유로 매각결정을 취소한 경우
(2023.12.29 본항개정)

② (2023.12.29 삭제)

③ 지방자치단체의 장은 재공매할 때마다 매각예정가격의 100분의 10에 해당하는 금액을 차례로 줄여 공매하며, 매각예정가격의 100분의 50에 해당하는 금액까지 차례로 줄여 공매하여도 매각되지 아니할 때에는 제74조에 따라 새로 매각예정가격을 정하여 재공매할 수 있다. 다만, 제88조제6항에 따라 즉시 재입찰에 부친 경우에는 그러하지 아니하다.

④ 제1항에 따른 재공매의 경우에는 제74조부터 제78조까지 및 제80조부터 제90조까지의 규정을 준용한다. 다만, 지방자치단체의 장은 제84조에도 불구하고 공매공고 기간을 5일까지 단축할 수 있다. (2023.12.29 본문개정)

제92조【매각결정 및 매수대금의 납부기한 등】 ① 지방자치단체의 장은 제88조에 따라 낙찰자를 결정하였을 때에는 낙찰자를 매수인으로 정하여 다음 각 호의 사유가 없으면 매각결정 기일에 매각결정을 하여야 한다.

1. 매각결정 전에 제85조에 따른 공매 중지 사유가 있는 경우
2. 낙찰자가 제87조에 따라 공매참가가 제한된 자로 확인된 경우
3. 제89조에 따라 공유자가 우선매수 신고를 한 경우

4. 그 밖에 매각결정을 할 수 없는 중대한 사실이 있다고 지방자치단체의 장이 인정하는 경우
② 매각결정의 효력은 매각결정 기일에 매각결정을 한 때에 발생한다.
③ 지방자치단체의 장은 매각결정을 하였을 때에는 매수인에게 매수대금의 납부기한을 정하여 매각결정 통지서를 발급하여야 한다. 다만, 권리 이전에 등기 또는 등록이 필요하지 아니한 재산의 매수대금을 즉시 납부시킬 때에는 구술로 통지할 수 있다.
④ 제3항에 따른 납부기한은 매각결정을 한 날부터 7일 이내로 한다. 다만, 지방자치단체의 장이 필요하다고 인정할 때에는 그 납부기한을 30일을 한도로 연장할 수 있다.

제92조의2 【매수대금의 차액납부】 ① 공매재산에 대하여 저당권이나 대항력 있는 임차권 등을 가진 매수신청인으로서 대통령령으로 정하는 자는 매각결정 기일 전까지 지방자치단체의 장에게 제99조에 따라 자신에게 배분될 금액을 제외한 금액을 매수대금으로 납부(이하 "차액납부"라 한다)하겠다는 신청을 할 수 있다.
② 제1항에 따른 신청을 받은 지방자치단체의 장은 그 신청인을 매수인으로 정하여 매각결정을 할 때 차액납부 허용 여부를 함께 결정하여 통지하여야 한다.
③ 지방자치단체의 장은 제2항에 따라 차액납부 허용 여부를 결정할 때 차액납부를 신청한 자가 다음 각 호의 어느 하나에 해당하는 경우에는 차액납부를 허용하지 아니할 수 있다.
1. 배분요구의 종기까지 배분요구를 하지 아니하여 배분받을 자격이 없는 경우
2. 배분받으려는 채권이 압류 또는 가압류되어 지급이 금지된 경우
3. 배분순위에 비추어 실제로 배분받을 금액이 없는 경우
4. 그 밖에 제1호부터 제3호까지에 준하는 사유가 있는 경우
④ 지방자치단체의 장은 차액납부를 허용하기로 결정한 경우에는 제92조제4항에도 불구하고 대금납부기한을 정하지 아니하며, 이 조 제5항에 따른 배분기일에 매수인에게 차액납부를 하게 하여야 한다.
⑤ 지방자치단체의 장은 차액납부를 허용하기로 결정한 경우에는 제98조제1항에도 불구하고 그 결정일부터 30일 이내의 범위에서 배분기일을 정하여 배분하여야 한다. 다만, 30일 이내에 배분계산서를 작성하기 곤란한 경우에는 배분기일을 30일 이내의 범위에서 연기할 수 있다.
⑥ 지방자치단체의 장으로부터 차액납부를 허용하는 결정을 받은 매수인은 그가 배분받아야 할 금액에 대하여 제102조제1항 및 제2항에 따라 이의가 제기된 경우 이의가 제기된 금액을 이 조 제5항에 따른 배분기일에 납부하여야 한다.
⑦ 제1항부터 제6항까지에서 규정한 사항 외에 차액납부의 신청 절차 및 차액납부 금액의 계산 방법 등에 필요한 사항은 대통령령으로 정한다.
(2023.12.29 본조신설)

제93조 【매수대금의 납부최고】 지방자치단체의 장은 매수인이 매수대금을 지정된 기한까지 납부하지 아니하였을 때에는 다시 기한을 지정하여 최고하여야 한다.

제94조 【매수대금 납부의 효과】 ① 매수인은 매수대금을 납부한 때에 매각재산을 취득한다.
② 지방자치단체의 장이 매수대금을 수령하였을 때에는 체납자로부터 매수대금만큼의 체납액을 징수한 것으로 본다.

제95조 【매각결정의 취소】 ① 지방자치단체의 장은 다음 각 호의 어느 하나에 해당하는 경우에는 압류재산의 매각결정을 취소하고 그 사실을 매수인에게 통지하여야 한다.

1. 제92조에 따른 매각결정을 한 후 매수인이 매수대금을 납부하기 전에 체납자가 매수인의 동의를 받아 압류와 관련된 체납액을 납부하고 매각결정 취소를 신청하는 경우
2. 매수인이 제92조의2제4항에 따라 배분기일에 차액납부를 하지 아니하거나 같은 조 제6항에 따라 이의가 제기된 금액을 납부하지 아니한 경우(2023.12.29 본호신설)
3. 제93조에 따라 최고하여도 매수인이 매수대금을 지정된 기한까지 납부하지 아니하는 경우
② 제1항제1호에 해당하여 압류재산의 매각결정을 취소하는 경우 공매보증금은 매수인에게 반환하고, 제1항제2호 또는 제3호에 해당하여 압류재산의 매각결정을 취소하는 경우 공매보증금은 체납처분비, 압류와 관계되는 지방세의 순으로 충당하며, 남은 금액은 체납자에게 지급한다.(2023.12.29 본항개정)

제96조 【매각재산의 권리이전 절차】 매각재산에 대하여 체납자가 권리이전의 절차를 밟지 아니할 때에는 대통령령으로 정하는 바에 따라 지방자치단체의 장이 대신하여 그 절차를 밟는다.(2022.1.28 단서삭제)

제11절 청 산

제97조 【배분금전의 범위】 ① 지방자치단체의 장은 다음 각 호의 금전을 제99조에 따라 배분하여야 한다.(2022.1.28 단서삭제)
1. 압류한 금전
2. 채권·유가증권·무체재산권등의 압류로 인하여 체납자 또는 제3채무자로부터 받은 금전
3. 압류재산의 매각대금 및 그 매각대금의 예치 이자
4. 교부청구에 의하여 받은 금전
② (2022.1.28 삭제)

제98조 【배분기일의 지정】 ① 지방자치단체의 장은 제97조제1항제2호 및 제3호의 금전을 배분하려면 체납자, 제3채무자 또는 매수인으로부터 해당 금전을 받은 날부터 30일 이내에서 배분기일을 정하여 배분하여야 한다. 다만, 30일 이내에 배분계산서를 작성하기 곤란한 경우에는 배분기일을 30일 이내에서 연기할 수 있다.
② 지방자치단체의 장은 제1항 또는 제92조의2제5항에 따라 배분기일을 정하였을 때에는 체납자, 채권신고대상채권자 및 배분요구를 한 채권자(이하 "체납자등"이라 한다)에게 통지하여야 한다.(2023.12.29 본항개정)
③ 제2항에도 불구하고 체납자등이 외국에 있거나 있는 곳이 분명하지 아니할 때에는 통지하지 아니할 수 있다.

제99조 【배분 방법】 ① 제97조제1항제2호 및 제3호의 금전은 다음 각 호의 체납액과 채권에 배분한다. 다만, 제81조제1항 및 제2항에 따라 배분요구의 종기까지 배분요구를 하여야 하는 채권의 경우에는 배분요구를 한 채권에 대해서만 배분한다.
1. 압류재산에 관계되는 체납액
2. 교부청구를 받은 체납액·국세 또는 공과금
3. 압류재산에 관계되는 전세권·질권 또는 저당권에 의하여 담보된 채권
4. 「주택임대차보호법」 또는 「상가건물 임대차보호법」에 따라 우선변제권이 있는 임차보증금 반환채권
5. 「근로기준법」 또는 「근로자퇴직급여 보장법」에 따라 우선변제권이 있는 임금, 퇴직금, 재해보상금과 그 밖에 근로관계로 인한 채권
6. 압류재산에 관계되는 가압류채권
7. 집행력 있는 정본에 의한 채권
② 제97조제1항제1호 및 제4호의 금전은 각각 그 압류 또는 교부청구에 관계되는 체납액에 충당한다.

③ 제1항과 제2항에 따라 금전을 배분하거나 충당하고 남은 금액이 있을 때에는 체납자에게 지급하여야 한다.
④ 지방자치단체의 장은 매각대금이 제1항 각 호의 체납액과 채권의 총액보다 적을 때에는 「민법」이나 그 밖의 법령에 따라 배분할 순위와 금액을 정하여 배분하여야 한다.
⑤ 지방자치단체의 장은 제1항에 따른 배분이나 제2항에 따른 충당을 할 때 지방세에 우선하는 채권이 있음에도 불구하고 배분 순위의 착오나 부당한 교부청구 또는 그 밖에 이에 준하는 사유로 체납액에 먼저 배분하거나 충당한 경우에는 그 배분하거나 충당한 금액을 지방세에 우선하는 채권자에게 지방세환급금 환급의 예에 따라 지급하여야 한다.
제100조【국유·공유 재산 매각대금의 배분】제62조제1항에 따라 압류한 국유 또는 공유 재산에 관한 권리의 매각대금의 배분 순위는 다음 각 호의 순서에 따른다.
1. 국유 또는 공유 재산의 매수대금 중 체납자가 아직 지급하지 못한 금액을 지급
2. 체납액에 충당
3. 제1호에 따라 지급하거나 제2호에 따라 충당하고 남은 금액을 체납자에게 지급
제101조【배분계산서의 작성】① 지방자치단체의 장은 제97조에 따라 금전을 배분할 때에는 배분계산서 원안(原案)을 작성하여 배분기일 7일 전까지 갖추어 두어야 한다.
② 체납자등은 지방자치단체의 장에게 교부청구서, 감정평가서, 채권신고서, 배분요구서, 배분계산서 원안 등 배분금액 산정의 근거가 되는 서류의 열람 또는 복사를 신청할 수 있다.
③ 지방자치단체의 장은 제2항에 따른 열람 또는 복사의 신청을 받았을 때에는 열람·복사하도록 제공하여야 한다.
제102조【배분계산서에 대한 이의 등】① 배분기일에 출석한 체납자등은 배분기일이 끝나기 전까지 자기의 채권에 관계되는 범위에서 제101조제1항에 따른 배분계산서 원안에 기재된 다른 채권자의 채권 또는 채권의 순위에 대하여 이의를 제기할 수 있다.
② 제1항에도 불구하고 체납자는 배분기일에 출석하지 아니하였더라도 배분계산서 원안이 갖추어진 이후부터 배분기일이 끝나기 전까지 서면으로 이의를 제기할 수 있다.
③ 지방자치단체의 장은 다음 각 호의 구분에 따라 배분계산서를 확정하여 배분을 실시하고, 확정되지 아니한 부분에 대해서는 배분을 유보한다.
1. 제1항 및 제2항에 따른 이의제기가 있는 경우
  가. 지방자치단체의 장이 이의제기가 정당하다고 인정하거나 배분계산서 원안과 다른 내용으로 체납자등이 한 합의가 있는 경우 : 정당하다고 인정된 이의제기의 내용 또는 합의에 따라 배분계산서를 수정하여 확정
  나. 지방자치단체의 장이 이의제기가 정당하다고 인정하지 아니하고 배분계산서 원안과 다른 내용으로 체납자등이 한 합의도 없는 경우 : 배분계산서 중 이의제기가 없는 부분에 한정하여 확정
2. 제1항 및 제2항에 따른 이의제기가 없는 경우 : 배분계산서 원안대로 확정
(2023.12.29 본항개정)
④ 배분기일에 출석하지 아니한 채권자는 배분계산서 원안과 같이 배분을 실시하는 데에 동의한 것으로 보고, 그 다음 다른 체납자등이 제기한 이의에 관계된 경우 그 이의제기에 동의하지 아니한 것으로 본다.
(2023.12.29 본항개정)
(2023.12.29 본조제목개정)
제102조의2【배분계산서에 대한 이의의 취하간주】제102조제3항제1호나목에 따라 배분계산서 중 이의제기

가 있어 확정되지 아니한 부분이 있는 경우 이의를 제기한 체납자등이 지방자치단체의 장의 배분계산서 작성에 관하여 심판청구등을 한 사실을 증명하는 서류를 배분기일부터 1주일 이내에 제출하지 아니하면 이의제기가 취하된 것으로 본다.(2023.12.29 본조신설)
제103조【배분금전의 예탁】① 지방자치단체의 장은 다음 각 호의 어느 하나에 해당하는 사유가 있는 경우 그 채권에 관계되는 배분금전을 「지방회계법」 제38조에 따라 지정된 금고에 예탁하여야 한다.
1. 채권에 정지조건 또는 불확정기한이 붙어 있는 경우
2. 가압류채권자의 채권인 경우
3. 체납자등이 제102조의2에 따라 배분계산서 작성에 대하여 심판청구등을 한 사실을 증명하는 서류를 제출한 경우
4. 그 밖의 사유로 배분금전을 체납자등에게 지급하지 못한 경우
② 지방자치단체의 장은 제1항에 따라 배분금전을 예탁한 경우에는 그 사실을 체납자등에게 통지하여야 한다. (2023.12.29 본조개정)
제103조의2【예탁금에 대한 배분의 실시】① 지방자치단체의 장은 제103조에 따라 배분금전을 예탁한 후 다음 각 호의 어느 하나에 해당하는 사유가 있는 경우 예탁금을 당초 배분받을 체납자등에게 지급하거나 배분계산서 원안을 변경하여 예탁금에 대한 추가 배분을 실시하여야 한다.
1. 배분계산서 작성에 관한 심판청구등의 결정·판결이 확정된 경우
2. 그 밖에 예탁의 사유가 소멸한 경우
② 지방자치단체의 장은 제1항에 따라 예탁금의 추가 배분을 실시하려는 경우 당초의 배분계산서에 대하여 이의를 제기하지 아니한 체납자등을 위해서도 배분계산서를 변경하여야 한다.
③ 체납자등은 제1항에 따른 추가 배분기일에 제102조에 따라 이의를 제기할 경우 종전의 배분기일에서 주장할 수 없었던 사유만을 주장할 수 있다.
(2023.12.29 본조신설)

제11절의2 공매등의 대행
(2022.1.28 본절신설)

제103조의3【공매등의 대행】① 지방자치단체의 장은 다음 각 호의 업무(이하 이 조에서 "공매등"이라 한다)에 전문지식이 필요하거나 그 밖에 직접 공매등을 하기에 적당하지 아니하다고 인정하는 경우 대통령령으로 정하는 바에 따라 「한국자산관리공사 설립 등에 관한 법률」에 따른 한국자산관리공사 또는 지방세조합(이하 "공매등대행기관"이라 한다)으로 하여금 공매등을 대행하게 할 수 있다. 이 경우 공매등은 지방자치단체의 장이 한 것으로 본다.
1. 제71조에 따른 공매
2. 제72조에 따른 수의계약
3. 제96조에 따른 매각재산의 권리이전
4. 제97조에 따른 금전의 배분
② 제1항에 따라 압류한 재산의 공매등을 공매등대행기관이 대행하는 경우에는 "지방자치단체의 장" 또는 "지방자치단체"는 "공매등대행기관"으로, "세무공무원" 또는 "공무원"은 "공매등대행기관의 직원(임원 및 지방자치단체에서 파견된 공무원을 포함한다. 이하 같다)"으로 본다.
③ 지방자치단체의 장은 제1항에 따라 공매등대행기관이 공매등을 대행하는 경우 대통령령으로 정하는 바에 따라 수수료를 지급할 수 있다.
④ 공매등대행기관이 제1항제1호·제2호 및 제4호의 업무를 대행하는 경우 공매등대행기관의 직원은 「형법」

이나 그 밖의 법률에 따른 벌칙을 적용할 때에는 세무공무원으로 본다.
⑤ 제1항에 따라 공매등대행기관이 대행하는 공매등에 필요한 사항은 대통령령으로 정한다.

제103조의4【전문매각기관의 매각대행 등】 ① 지방자치단체의 장은 압류한 재산이 예술적·역사적 가치가 있어 가격을 일률적으로 책정하기 어렵고, 그 매각에 전문적인 식견이 필요하여 직접 매각하기에 적당하지 아니한 물품(이하 "예술품등"이라 한다)인 경우에는 직권이나 납세자의 신청에 따라 예술품등의 매각에 전문성과 경험이 있는 기관 중에서 전문매각기관을 선정하여 예술품등의 매각을 대행하게 할 수 있다.
② 제1항에 따라 선정된 전문매각기관(이하 "전문매각기관"이라 한다) 및 전문매각기관의 임직원은 직접적으로든 간접적으로든 매각을 대행하는 예술품등을 매수하지 못한다.
③ 지방자치단체의 장은 제1항에 따라 전문매각기관이 매각을 대행하는 경우 대통령령으로 정하는 바에 따라 수수료를 지급할 수 있다.
④ 제1항에 따른 납세자의 신청절차, 전문매각기관의 선정절차 및 예술품등의 매각절차에 필요한 세부적인 사항은 대통령령으로 정한다.
⑤ 제1항에 따라 전문매각기관이 매각을 대행하는 경우 전문매각기관의 임직원은 「형법」 제129조부터 제132조까지의 규정을 적용할 때에는 공무원으로 본다.

제12절 체납처분의 중지·유예

제104조【체납처분의 중지와 그 공고】 ① 체납처분의 목적물인 총재산의 추산가액이 체납처분비에 충당하고 남을 여지가 없을 때에는 체납처분을 중지하여야 한다.
② 체납처분의 목적물인 재산이 「지방세기본법」 제71조제1항제3호에 따른 채권의 담보가 된 재산인 경우에 그 추산가액이 체납처분비와 해당 채권금액에 충당하고 남을 여지가 없을 때에도 체납처분을 중지하여야 한다. 다만, 체납처분의 목적물인 재산에 대하여 제66조에 따른 교부청구 또는 제67조에 따른 참가압류가 있는 경우 지방자치단체의 장은 체납처분을 중지하지 아니할 수 있다.
③ 지방자치단체의 장은 제1항 또는 제2항에 따라 체납처분의 집행을 중지하려는 경우에는 「지방세기본법」 제147조제1항에 따른 지방세심의위원회의 심의를 거쳐 대통령령으로 정하는 바에 따라 그 사실을 1개월간 공고하여야 한다.(2020.3.24 본항개정)
④ 체납자(체납자와 체납처분의 목적물인 재산의 소유자가 다른 경우에는 그 소유자를 포함한다)는 제1항 또는 제2항의 체납처분 중지 사유에 해당하는 경우 체납처분의 중지를 지방자치단체의 장에게 요청할 수 있다.

제105조【체납처분 유예】 ① 지방자치단체의 장은 체납자가 다음 각 호의 어느 하나에 해당하는 경우에는 그 체납액에 대하여 체납처분에 의한 재산의 압류나 압류재산의 매각을 대통령령으로 정하는 바에 따라 유예할 수 있다.
1. 지방자치단체의 조례로 정하는 기준에 따른 성실납부자로 인정될 경우
2. 재산의 압류나 압류재산의 매각을 유예함으로써 사업을 정상적으로 운영할 수 있게 되어 체납액을 징수할 수 있다고 인정될 경우
② 지방자치단체의 장은 제1항에 따라 유예를 하는 경우 필요하다고 인정하면 이미 압류한 재산의 압류를 해제할 수 있다.
③ 지방자치단체의 장은 제1항 및 제2항에 따라 재산의 압류를 유예하거나 압류한 재산의 압류를 해제하는 경우에는 그에 상당하는 납세담보의 제공을 요구할 수 있다.

④ 제1항에 따른 유예의 신청·승인·통지 등의 절차에 관하여 필요한 사항은 대통령령으로 정한다.
⑤ 체납처분 유예의 취소와 체납액의 일시징수에 관하여는 제29조를 준용한다.

제106조【정리보류 등】 ① 지방자치단체의 장은 납세자에게 다음 각 호의 어느 하나에 해당하는 사유가 있을 때에는 정리보류를 할 수 있다.(2022.1.28 본문개정)
1. 체납처분이 종결되고 체납액에 충당된 배분금액이 그 체납액보다 적을 때
2. 체납처분을 중지하였을 때
3. (2022.1.28 삭제)
4. 체납자의 행방불명 등 대통령령으로 정하는 바에 따라 징수할 수 없다고 인정될 때
② 지방자치단체의 장은 지방세징수권의 소멸시효가 완성되었을 때에는 시효완성정리를 하여야 한다.(2022.1.28 본항신설)
③ 지방자치단체의 장은 제1항에 따라 정리보류를 한 후 압류할 수 있는 다른 재산을 발견하였을 때에는 지체 없이 체납처분을 하여야 한다.(2022.1.28 본항개정)(2022.1.28 본조제목개정)

제107조【체납처분에 관한 「국세징수법」의 준용】 지방자치단체의 징수금의 체납처분에 관하여는 「지방세기본법」, 이 법이나 지방세관계법에서 규정하고 있는 사항을 제외하고는 국세 체납처분의 예를 준용한다.

부 칙

제1조【시행일】 이 법은 공포 후 3개월이 경과한 날부터 시행한다. 다만, 제23조제2항은 2017년 6월 1일부터, 제65조는 2018년 1월 1일부터 시행한다.
제2조【체납처분 중지 공고에 관한 적용례】 제104조제3항은 이 법 시행 후 체납처분의 집행을 중지하려는 경우부터 적용한다.
제3조【일반적 경과조치】 ① 이 법 시행 전에 종전의 「지방세기본법」이나 지방세관계법에 따라 부과하였거나 부과하여야 할 지방자치단체의 징수금의 징수에 대해서는 종전의 「지방세기본법」에 따른다.
② 지방자치단체의 징수금의 징수와 관련하여 이 법 시행 당시 종전의 「지방세기본법」에 따라 지방자치단체의 장 등에게 한 행위와 지방자치단체의 장 등이 한 행위는 이 법에 따라 지방자치단체의 장 등에게 한 행위 또는 지방자치단체의 장 등이 한 행위로 본다.
제4조【다른 법률의 개정】 ①~⑥ ※(해당 법령에 가제정되어 있음)(2017.1.4 본조개정)
제5조【다른 법령과의 관계】 이 법 시행 당시 다른 법령(조례를 포함한다)에서 종전의 「지방세기본법」 또는 그 규정을 인용한 경우 이 법에 그에 해당하는 규정이 있을 때에는 이 법 또는 이 법의 해당 조항을 각각 인용한 것으로 본다.

부 칙 (2017.12.26)

이 법은 공포한 날부터 시행한다. 다만, 제8조제1항의 개정규정은 공포 후 6개월이 경과한 날부터 시행하고, 제71조의2의 개정규정은 공포 후 3개월이 경과한 날부터 시행한다.

부 칙 (2018.12.24)

제1조【시행일】 이 법은 2019년 1월 1일부터 시행한다.
제2조【중가산금에 관한 경과조치】 이 법 시행 당시 체납된 지방세를 납부하지 아니한 경우로서 납부기한이 지난 날부터 이 법 시행 전까지 가산되는 중가산금에 대해서는 제31조제1항 전단의 개정규정에도 불구하고 종전의 규정에 따른다.

부 칙 (2019.11.26)

제1조【시행일】 이 법은 공포한 날부터 시행한다.(이하 생략)

부 칙 (2020.1.29)

이 법은 공포 후 3개월이 경과한 날부터 시행한다.

부 칙 (2020.2.4)

제1조【시행일】 이 법은 공포 후 6개월이 경과한 날부터 시행한다.(이하 생략)

부 칙 (2020.3.24)

제1조【시행일】 이 법은 공포한 날부터 시행한다. 다만, 제9조제1항, 제11조제1항 단서 및 제71조제4항의 개정규정은 2021년 1월 1일부터 시행한다.
제2조【매수인의 제한에 관한 적용례】 제77조의 개정규정은 이 법 시행 이후 압류재산을 매각하는 경우부터 적용한다.
제3조【체납 또는 결손처분 자료의 제공 등에 관한 경과조치】 부칙 제1조 단서에 따른 시행일 전에 「지방세기본법」에 따른 심사청구를 하여 그 심사청구가 계류 중인 경우에는 제9조제1항 각 호 외의 부분 단서, 제11조제1항 단서 및 제71조제4항 본문의 개정규정에도 불구하고 종전의 규정에 따른다.

부 칙 (2020.12.8)

제1조【시행일】 이 법은 공포 후 6개월이 경과한 날부터 시행한다.(이하 생략)

부 칙 (2020.12.22)

제1조【시행일】 이 법은 2021년 1월 1일부터 시행한다.(이하 생략)

부 칙 (2020.12.29)

제1조【시행일】 이 법은 2021년 1월 1일부터 시행한다. 다만, 제8조, 제9조(지방세조합장의 체납액 합산 제재와 관련된 개정사항에 한정한다), 제11조, 제11조의2제2호, 제11조의3의 개정규정은 2022년 2월 3일부터 시행하고, 제2조제1항제2호, 제4조제1항제2호·제3호, 제12조제2항, 제28조제1항·제2항·제4항(가산금과 관련된 개정사항에 한정한다), 제30조, 제31조, 제76조제4항 및 제95조제2항의 개정규정은 2024년 1월 1일부터 시행하며, 제71조의 개정규정은 공포 후 1년이 경과한 날부터 시행한다.(2022.1.28 단서개정)
제2조【둘 이상의 지방자치단체에 체납액이 있는 경우의 처리에 관한 적용례】 ① 제9조제1항제1호 및 제11조의2제1호의 개정규정은 이 법 시행 이후 둘 이상의 지방자치단체의 체납액 등을 합산하여 제8조제1항, 제9조제1항 또는 제11조제1항의 각 기준에 해당하는 경우부터 적용한다.
② 제11조의2제2호의 개정규정은 2022년 2월 3일 이후 둘 이상의 지방자치단체의 체납액 등을 합산하여 제8조제1항, 제9조제1항 또는 제11조제1항의 각 기준에 해당하는 경우부터 적용한다.

제3조【징수유예등의 승인 여부 및 통지에 관한 적용례】 제25조의3제2항 및 제3항의 개정규정은 이 법 시행 이후 납세자가 징수유예등을 신청하는 경우부터 적용한다.
제4조【가산금 폐지에 따른 경과조치】 부칙 제1조 단서에 따른 시행일 전에 납세의무가 성립된 분에 대해서는 제2조제1항제2호, 제4조제1항제2호·제3호, 제12조제2항, 제28조제1항·제2항·제4항, 제30조, 제31조, 제76조제4항 및 제95조제2항의 개정규정에도 불구하고 종전의 규정에 따른다.
제5조【가산금 폐지에 따른 다른 법령의 적용에 관한 경과조치】 부칙 제1조 단서에 따른 시행일 당시 다른 법령에서 가산금에 관하여 「지방세징수법」 제30조 또는 제31조를 인용하고 있는 경우에는 종전의 「지방세징수법」 제30조 및 제31조의 규정을 인용한 것으로 보아 해당 규정에 따라 가산금을 징수한다.

부 칙 (2021.1.12)

제1조【시행일】 이 법은 공포 후 1년이 경과한 날부터 시행한다.(이하 생략)

부 칙 (2022.1.28)

제1조【시행일】 이 법은 공포한 날부터 시행한다. 다만, 법률 제17770호 지방세징수법 일부개정법률 제8조제1항 및 제11조제1항 본문의 개정규정은 2022년 2월 3일부터 시행하고, 법률 제17770호 지방세징수법 일부개정법률 제11조의4의 개정규정은 공포 후 6개월이 경과한 날부터 시행하며, 제32조의2의 개정규정은 2023년 1월 1일부터 시행한다.
제2조【고액·상습체납자에 대한 감치에 관한 적용례】 제11조의4의 개정규정은 이 법 시행 이후 지방세를 체납하는 분부터 적용한다.
제3조【종중 재산의 명의수탁자에 대한 징수절차에 관한 적용례】 종중 재산의 명의수탁자에 대한 제16조제1항 및 제2항의 개정규정은 이 법 시행 이후 납세의무가 성립하는 경우부터 적용한다.
제4조【선박 또는 항공기등의 압류절차에 관한 적용례】 제55조제4항 및 제56조제2항의 개정규정은 이 법 시행 이후 선박 또는 항공기등을 압류하는 경우부터 적용한다.
제5조【가상자산 매각에 관한 적용례】 제71조제2항의 개정규정은 이 법 시행 전에 압류한 가상자산을 이 법 시행 이후 매각하는 경우에도 적용한다.
제6조【공매 통지에 관한 적용례】 제80조제2항의 개정규정은 이 법 시행 이후 최초의 공매공고를 하는 경우부터 적용한다.

부 칙 (2023.3.4)

제1조【시행일】 이 법은 공포 후 3개월이 경과한 날부터 시행한다.(이하 생략)

부 칙 (2023.3.14)

제1조【시행일】 이 법은 공포한 날부터 시행한다. 다만, 제6조의 개정규정은 2023년 4월 1일부터 시행한다.
제2조【미납지방세 등의 열람에 관한 적용례】 제6조의 개정규정은 같은 개정규정 시행 전에 임대차계약을 체결한 경우로서 같은 개정규정 시행 이후 열람을 신청하는 경우에도 적용한다.

제3조【납기 전 징수에 관한 적용례】제22조제1항제2호의 개정규정은 이 법 시행 이후 파산선고를 받는 경우부터 적용한다.

제4조【압류재산 직접 매각 통지에 관한 적용례】제71조제3항의 개정규정은 이 법 시행 전에 압류한 재산을 이 법 시행 이후 제71조제2항 각 호의 구분에 따라 직접 매각하는 경우에도 적용한다.

제5조【매각결정 기일에 관한 적용례】제78조제6항의 개정규정은 이 법 시행 이후 공매공고를 하는 경우부터 적용한다.

제6조【차순위 매수신고에 관한 경과조치】이 법 시행 전에 공매공고를 한 경우 차순위 매수신고자에 대한 매각결정에 대해서는 제90조제3항의 개정규정에도 불구하고 종전의 규정에 따른다.

제7조【다른 법률의 개정】※(해당 법령에 가제정리하였음)

부　칙 (2023.7.18)

제1조【시행일】이 법은 공포 후 1년이 경과한 날부터 시행한다.(이하 생략)

부　칙 (2023.12.29)

제1조【시행일】이 법은 2024년 1월 1일부터 시행한다. 다만, 제90조, 제91조, 제92조의2, 제95조 및 제98조제2항의 개정규정은 2024년 7월 1일부터 시행한다.

제2조【매수대금의 차액납부에 관한 적용례】제92조의2의 개정규정은 2024년 7월 1일 이후 공매공고를 하는 경우부터 적용한다.

지방세징수법 시행령

(2017년　3월　27일)
(대통령령　제27959호)

개정
2017. 7.26영28211호(직제)
2018. 3.27영28715호　　　　　　　2018. 6.26영28992호
2018.12.31영29439호
2020.12. 8영31222호(전자서명법시)
2020.12.31영31342호
2021. 2.17영31453호(국세징수시)
2021. 4.27영31647호
2022. 1.21영32352호(감정평가감정평가사시)
2022. 1.28영32372호
2022. 2.18영32455호(지역산업위기대응및지역경제회복을위한특별법시)
2022. 6. 7영32667호　　　　　　　2023. 3.14영33326호
2023. 3.31영33368호

제1장 총 칙

제1조【목적】이 영은 「지방세징수법」에서 위임된 사항과 그 시행에 필요한 사항을 규정함을 목적으로 한다.

제2조【납세증명서】「지방세징수법」(이하 "법"이라 한다) 제5조제1항 각 호 외의 부분에 따른 납세증명서는 발급일 현재 다음 각 호의 금액을 제외하고는 다른 체납액이 없다는 사실을 증명하는 것으로 한다.

1. 법 제25조·제25조의2·제26조 또는 제105조에 따른 유예액(2022.1.28 본호개정)
2. 「채무자 회생 및 파산에 관한 법률」제140조에 따른 징수유예액 또는 체납처분에 따라 압류한 재산의 환가유예에 관련된 체납액
3. 「신탁법」제2조에 따른 수탁자(이하 "수탁자"라 한다)가 「지방세법」제119조의2에 따라 그 신탁재산으로써 위탁자의 재산세·가산금 또는 체납처분비(이하 "재산세등"이라 한다)를 납부할 물적납세의무가 있는 경우 그 수탁자의 물적납세의무와 관련하여 체납한 재산세등(2023.3.14 본호개정)
4. 법 제16조제1항에 따른 양도담보권자(이하 "양도담보권자"라 한다)가 「지방세기본법」제75조제1항에 따라 그 양도담보재산으로써 양도인의 지방자치단체의 징수금을 납부할 물적납세의무가 있는 경우 그 양도담보권자의 물적납세의무와 관련하여 체납한 지방자치단체의 징수금(2023.3.14 본호신설)
5. 법 제16조제1항에 따른 종중 재산의 명의수탁자(이하 "명의수탁자"라 한다)가 「지방세기본법」제75조제3항에 따라 종중이 명의신탁한 재산으로써 종중의 지방자치단체의 징수금을 납부할 물적납세의무가 있는 경우 그 명의수탁자의 물적납세의무와 관련하여 체납한 지방자치단체의 징수금(2023.3.14 본호신설)
6. 「지방세특례제한법」제167조의4제1항 각 호에 따른 체납액 징수특례를 적용받은 개인지방소득세 체납액(2022.6.7 본호신설)

제3조【정부관리기관】법 제5조제1항제1호에서 "대통령령으로 정하는 정부관리기관"이란 「감사원법」제22조제1항제3호 및 제4호에 따라 검사대상이 되는 법인 또는 단체 등을 말한다.

제4조【납세증명서의 제출】① 법 제5조제1항제1호에 따른 대금을 지급받는 자가 원래의 계약자 외의 자인 경우에는 다음 각 호의 구분에 따라 납세증명서를 제출하여야 한다.

1. 채권양도로 인한 경우 : 양도인과 양수인 양쪽의 납세증명서를 제출할 것
2. 법원의 전부명령(轉付命令)에 의한 경우 : 압류채권자의 납세증명서를 제출할 것

3. 「하도급거래 공정화에 관한 법률」제14조제1항제1
호 및 제2호에 따라 건설공사의 하도급대금을 직접 지
급받는 경우 : 수급사업자의 납세증명서를 제출할 것
② 법 제5조제1항제2호에서 "체류기간 연장허가 등 대
통령령으로 정하는 체류 관련 허가 등"이란 다음 각 호
의 어느 하나에 해당하는 것을 말한다.(2022.1.28 본문
개정)
1. 「재외동포의 출입국과 법적 지위에 관한 법률」제6
조에 따른 국내거소신고
2. 「출입국관리법」제20조에 따른 체류자격 외 활동허가
3. 「출입국관리법」제21조에 따른 근무처 변경·추가
에 관한 허가 또는 신고
4. 「출입국관리법」제23조에 따른 체류자격 부여
5. 「출입국관리법」제24조에 따른 체류자격 변경허가
6. 「출입국관리법」제25조에 따른 체류기간 연장허가
7. 「출입국관리법」제31조에 따른 외국인등록
(2020.3.24 본항신설)
제5조【납세증명서 제출의 예외】 ① 법 제5조제1항제1
호의 경우에 다음 각 호의 어느 하나에 해당하면 납세
증명서를 제출하지 아니하여도 된다.
1. 「국가를 당사자로 하는 계약에 관한 법률 시행령」
제26조제1항 각 호의 규정(같은 항 제1호라목은 제외
한다) 및 「지방자치단체를 당사자로 하는 계약에 관
한 법률 시행령」제25조제1항 각 호의 규정(같은 항
제7호가목은 제외한다)에 해당하는 수의계약과 관련
하여 대금을 지급받는 경우
2. 국가 또는 지방자치단체가 대금을 지급받아 그 대
금이 국고 또는 지방자치단체의 금고에 귀속되는 경
우
3. 지방세의 체납처분에 의한 채권압류에 의하여 세무
공무원이 그 대금을 지급받는 경우
4. 「채무자 회생 및 파산에 관한 법률」제355조에 따른
파산관재인이 납세증명서를 발급받지 못하여 파산절
차의 진행이 곤란하다고 관할법원이 인정하고, 해당
법원이 납세증명서의 제출 예외를 지방자치단체의
장에게 요청하는 경우
5. 납세자가 계약대금 전액을 체납세액으로 납부하거
나 계약대금 중 일부금액으로 체납세액 전액을 납부
하려는 경우
② 법 제5조제1항제4호의 경우로서 신탁 대상 부동산
의 소유권 이전 관련 확정판결, 그 밖에 이에 준하는 집
행권원(執行權原)에 의하여 등기를 신청하는 경우에는
납세증명서를 제출하지 않을 수 있다.(2018.12.31 본항
신설)
③ 납세자가 법 제5조제1항 각 호의 어느 하나에 해당
하여 납세증명서를 제출하여야 하는 경우에 해당 주무
관청 등은 지방자치단체의 장에게 조회(지방세정보통
신망을 통한 조회를 포함한다)하거나 납세자의 동의를
받아 「전자정부법」제36조제1항에 따른 행정정보의 공
동이용을 통하여 그 체납사실 여부를 확인함으로써 납
세증명서의 제출을 생략하게 할 수 있다.
제6조【납세증명서의 신청 및 발급】 ① 법 제5조제2
항에 따라 납세증명서를 발급받으려는 자는 세무공무
원에게 다음 각 호의 사항을 적은 문서(전자문서를 포
함한다)로 신청해야 한다.(2020.12.31 본문개정)
1. 납세자의 성명(법인인 경우에는 법인명을 말한다.
이하 같다)과 주소, 거소, 영업소 또는 사무소[「지방
세기본법」제2조제1항제28호에 따른 지방세정보통신
망(이하 "지방세정보통신망"이라 한다) 또는 같은 항
제31호에 따른 연계정보통신망(이하 "연계정보통신
망"이라 한다)을 이용하여 송달하는 경우에는 다음
각 목에 따른 전자우편주소, 전자사서함 또는 전자고
지함을 말한다. 이하 "주소 또는 영업소"라 한다]
가. 지방세정보통신망에 가입된 명의인의 전자우편주소

나. 지방세정보통신망의 전자사서함[「전자서명법」제2
조에 따른 인증서(서명자의 실지명의를 확인할 수
있는 것으로 한정한다) 또는 행정안전부장관이 고
시하는 본인임을 확인할 수 있는 인증수단으로 접
근하여 지방세 고지내역 등을 확인할 수 있는 곳을
말한다]
다. 연계정보통신망의 전자고지함(연계정보통신망의
이용자가 접속하여 본인의 지방세 고지내역을 확인
할 수 있는 곳을 말한다)
(2020.12.31 본호개정)
2. 납세증명서의 사용목적
3. 납세증명서의 수량
② 세무공무원은 제1항에 따라 납세증명서의 발급신청
을 받은 때에는 해당 납세자의 체납액(다른 지방자치
단체의 체납액을 포함한다)을 확인하여 납세증명서를
발급하여야 한다.
제7조【납세증명서의 유효기간】 ① 법 제5조에 따른
납세증명서의 유효기간은 발급일부터 30일로 한다. 다
만, 발급일 현재 해당 신청인에게 고지된 지방세가 있
거나 발급일부터 30일 이내에 법정 납부기한의 말일이
도래하는 지방세(신고납부하거나 특별징수하여 납부
하는 지방세는 제외한다)가 있는 때에는 해당 지방세
의 납부기한까지로 유효기간을 단축할 수 있다.
② 세무공무원은 제1항 단서에 따라 유효기간을 단축
하였을 때에는 해당 납세증명서에 유효기간과 그 사유
를 분명히 밝혀 적어야 한다.
제8조【미납지방세 등의 열람】 ① 법 제6조제1항 및
제3항에 따라 미납지방세 등의 열람을 신청하려는 자
는 행정안전부령으로 정하는 미납지방세 등 열람신청
서에 다음 각 호의 서류를 첨부하여 지방자치단체의
장에게 제출해야 한다.
1. 임대인의 동의를 증명할 수 있는 서류(법 제6조제3
항 전단에 따라 임대인의 동의 없이 신청하는 경우에
는 임대차계약 사실을 증명할 수 있는 서류를 말한다)
2. 임차하려는 자의 신분을 증명할 수 있는 서류
② 법 제6조제3항 전단에서 "대통령령으로 정하는 금
액"이란 1천만원을 말한다.
(2023.3.31 본조개정)
제9조【허가 등의 제한 예외사유】 법 제7조제1항에서
"대통령령으로 정하는 사유"란 다음 각 호의 어느 하나
에 해당하는 경우로서 지방자치단체의 장이 그 사유를
인정하는 경우를 말한다.
1. 공시송달의 방법에 의하여 납세가 고지된 경우
2. 납세자가 풍수해, 벼락, 화재, 전쟁, 그 밖의 재해 또
는 도난으로 재산에 심한 손실을 입어 납부가 곤란한
경우(2023.3.14 본호개정)
3. 납세자나 그 동거가족이 질병이나 중상해로 6개월
이상의 치료가 필요하여 납부가 곤란한 경우 또는 사
망하여 상중으로 납부가 곤란한 경우(2023.3.14 본호
개정)
4. 납세자가 그 사업에 심한 손해를 입어서 납부가 곤
란한 경우
5. 납세자에게 다음 각 목의 어느 하나에 해당하는 사
유가 있는 경우
가. 강제집행을 받은 경우
나. 파산의 선고를 받은 경우
다. 경매가 개시된 경우
라. 법인이 해산한 경우
6. 납세자의 재산이 법 제104조에 따른 체납처분의 중
지사유에 해당하는 경우
7. 「지방세법」제119조의2에 따라 물적납세의무가 있
는 수탁자가 그 물적납세의무와 관련하여 재산세등
을 체납한 경우(2021.4.27 본호신설)
8. 「지방세기본법」제75조제1항에 따라 물적납세의무

가 있는 양도담보권자가 그 물적납세의무와 관련하여 지방자치단체의 징수금을 체납한 경우

9. 「지방세기본법」 제75조제3항에 따라 물적납세의무가 있는 명의수탁자가 그 물적납세의무와 관련하여 지방자치단체의 징수금을 체납한 경우
(2023.3.14 8호~9호신설)

10. 제1호부터 제6호까지의 규정에 준하는 사유가 있는 경우

제10조【관허사업 제한 대상 신고】법 제7조제1항에서 "대통령령으로 정하는 신고"란 「지방세법 시행령」 별표1에 규정된 사업을 적법하게 영위하기 위하여 필요한 신고를 말한다.(2020.12.31 본조개정)

제11조【관허사업 제한 절차 및 방법】지방자치단체의 장이 법 제7조제1항에 따라 주무관청에 같은 항에 따른 허가등(이하 "허가등"이라 한다)을 하지 아니할 것을 요구하는 경우에 그 절차와 방법은 행정안전부령으로 정한다.(2017.7.26 본조개정)

제12조【체납횟수의 계산과 관허사업의 정지 또는 허가등의 취소의 예외사유】① 법 제7조제2항에 따른 체납은 납세고지서 1매를 1회로 보아 그 횟수를 계산한다.

② 법 제7조제2항에서 "대통령령으로 정하는 경우"란 제9조 각 호의 어느 하나에 해당하는 경우로서 지방자치단체의 장이 그 사유를 인정하는 경우를 말한다.

제13조【관허사업의 정지 또는 허가등의 취소 절차】 지방자치단체의 장은 법 제7조제2항에 따라 주무관청에 관허사업의 정지 또는 허가등의 취소를 요구하려는 경우에는 다음 각 호의 사항을 적은 문서로 하여야 한다.
1. 사업자의 성명과 주소 또는 영업소
2. 사업종목
3. 사업의 정지 또는 허가등의 취소가 필요한 이유
4. 그 밖의 참고사항

제14조【관허사업 제한 등의 요구에 관한 조치 결과 회신】법 제7조제1항 또는 제2항에 따른 지방자치단체의 장의 요구가 있을 때에는 해당 주무관청은 그 조치 결과를 지체 없이 해당 지방자치단체의 장에게 알려야 한다.

제15조【출국금지 또는 해제의 요청】① 법 제8조제1항에서 "대통령령으로 정하는 자"란 다음 각 호의 어느 하나에 해당하는 사람으로서 지방자치단체의 장 또는 「지방세기본법」 제151조의2에 따른 지방자치단체조합(이하 "지방세조합"이라 한다)의 장(지방자치단체의 장으로부터 체납된 지방세의 징수에 관한 업무를 위탁받은 자로 한정하며, 이하 "지방세조합장"이라 한다)이 압류·공매, 담보 제공, 보증인의 납세보증서 등으로 조세채권을 확보할 수 없고, 체납처분을 회피할 우려가 있다고 인정하는 사람을 말한다.(2022.1.28 본문개정)
1. 배우자 또는 직계존비속이 국외로 이주(국외에 3년 이상 장기체류 중인 경우를 포함한다)한 사람
2. 출국금지 요청일 기준으로 최근 2년간 미화 3만달러 상당액 이상을 국외로 송금한 사람(2020.12.31 본호개정)
3. 미화 3만달러 상당액 이상의 국외자산이 발견된 사람(2020.12.31 본호개정)
4. 법 제11조제1항에 따라 명단이 공개된 고액·상습체납자
5. 출국금지 요청일 기준으로 최근 1년간 체납된 지방세가 3천만원 이상인 상태에서 국외 출입 횟수가 3회 이상이거나 국외 체류 일수가 6개월 이상인 사람. 다만, 사업목적, 질병치료, 직계존비속의 사망 등 정당한 사유가 있는 경우에는 출입 횟수나 체류 일수에서 제외한다.(2018.6.26 본문개정)
6. 법 제39조에 따라 사해행위의 취소 및 원상회복 소송 중이거나 「지방세기본법」 제71조제4항에 따라 제3자와 짜고 한 거짓계약에 대한 취소소송 중인 사람

② 지방자치단체의 장 또는 지방세조합장은 법 제8조제1항에 따라 법무부장관에게 체납자에 대한 출국금지를 요청하는 경우에는 다음 각 호의 사항을 구체적으로 밝혀야 한다.(2022.1.28 본문개정)
1. 제1항 각 호 중 체납자가 해당되는 항목
2. 압류·공매, 담보 제공, 보증인의 납세보증서 등으로 조세채권을 확보할 수 없는 사유
3. 체납자가 체납처분을 회피할 우려가 있다고 인정되는 사유

③ 법 제8조제3항제4호에서 "대통령령으로 정하는 사유가 있는 경우"란 체납액의 납부 또는 부과결정의 취소 등에 따라 체납된 지방세가 3천만원 미만으로 된 경우를 말한다.(2018.6.26 본항개정)

④ 지방자치단체의 장 또는 지방세조합장은 출국금지 중인 사람이 다음 각 호의 어느 하나에 해당하는 경우로서 체납처분을 회피할 목적으로 국외로 도피할 우려가 없다고 인정할 때에는 법무부장관에게 출국금지의 해제를 요청할 수 있다.(2022.1.28 본문개정)
1. 국외건설계약 체결, 수출신용장 개설, 외국인과의 합작사업 계약 체결 등 구체적인 사업계획을 가지고 출국하려는 경우
2. 국외에 거주하는 직계존비속이 사망하여 출국하려는 경우
3. 제1호 및 제2호의 사유 외에 본인의 질병치료 등 불가피한 사유로 출국금지를 해제할 필요가 있다고 인정되는 경우

제16조【체납 또는 정리보류 자료의 제공】① 법 제9조제1항 각 호 외의 부분 단서에서 "대통령령으로 정하는 경우"란 다음 각 호의 어느 하나에 해당하는 경우를 말한다.
1. 법 제25조제1호부터 제3호까지의 사유에 해당되는 경우(2020.12.31 본호개정)
2. 법 제105조제1항에 따라 체납처분이 유예된 경우
3. 「지방세법」 제119조의2에 따라 물적납세의무가 있는 수탁자가 그 물적납세의무와 관련하여 재산세등을 체납한 경우(2021.4.27 본호신설)
4. 「지방세기본법」 제75조제1항에 따라 물적납세의무가 있는 양도담보권자가 그 물적납세의무와 관련하여 지방자치단체의 징수금을 체납한 경우
5. 「지방세기본법」 제75조제3항에 따라 물적납세의무가 있는 명의수탁자가 그 물적납세의무와 관련하여 지방자치단체의 징수금을 체납한 경우
(2023.3.14 4호~5호신설)

② 법 제9조제1항제1호 및 제2호에서 "대통령령으로 정하는 금액"이란 각각 500만원을 말한다.
(2022.1.28 본조제목개정)

제17조【체납 또는 정리보류 자료의 요구 등】① 법 제9조에 따라 체납 또는 정리보류 자료(체납자 또는 정리보류자의 인적사항, 체납액 또는 정리보류액에 관한 자료를 말한다. 이하 같다)를 요구하는 자(이하 이 조에서 "요구자"라 한다)는 다음 각 호의 사항을 적은 문서를 지방자치단체의 장 또는 지방세조합장에게 제출해야 한다.(2022.1.28 본문개정)
1. 요구자의 성명과 주소 또는 영업소
2. 요구하는 자료의 내용 및 이용목적

② 제1항에 따라 체납 또는 정리보류 자료를 요구받은 지방자치단체의 장 또는 지방세조합장은 제3항에 따른 체납 또는 정리보류 자료파일(자료보관장치, 그 밖에 이와 유사한 매체에 체납 또는 정리보류 자료가 기록·보관된 것을 말한다. 이하 같다) 또는 문서로 이를 제공할 수 있다.(2022.1.28 본항개정)

③ 지방자치단체의 장 또는 지방세조합장은 체납 또는 정리보류 자료를 전산정보처리조직에 의하여 처리하는 경우에는 체납 또는 정리보류 자료파일을 작성할 수 있다.(2022.1.28 본항개정)

④ 제2항에 따라 제공한 체납 또는 정리보류 자료가 체납액의 납부, 지방세징수권의 소멸시효 완성 등의 사유로 인하여 제공대상 자료에 해당되지 않게 된 경우에는 그 사실을 사유발생일부터 15일 이내에 요구자에게 통지해야 한다.(2022.1.28 본항개정)
⑤ 제1항부터 제4항까지에서 규정한 사항 외에 체납 또는 정리보류 자료의 요구, 제공, 정리, 관리 및 보관 등에 필요한 사항은 지방자치단체의 장이 정하거나 지방세조합의 규약으로 정한다.(2022.1.28 본항개정)
(2022.1.28 본조제목개정)
제18조【외국인 체납자료 제공범위 및 절차 등】① 법 제10조제1항제1호에서 "대통령령으로 정하는 금액"이란 100만원을 말한다.
② 법 제10조제1항제2호에서 "대통령령으로 정하는 금액"이란 5만원을 말한다.
③ 행정안전부장관 또는 지방자치단체의 장은 법 제10조제1항에 따른 외국인 체납자료를 전산정보처리조직에 의하여 처리하는 경우에는 체납 자료파일을 작성하여 지방세정보통신망을 통하여 법무부장관에게 제공할 수 있다.(2017.7.26 본항개정)
제19조【고액·상습체납자의 명단공개】① 법 제11조제1항 단서에서 "대통령령으로 정하는 사유가 있는 경우"란 다음 각 호의 어느 하나에 해당하는 경우를 말한다.
1. 체납액의 100분의 50 이상을 납부한 경우(2022.1.28 본호개정)
2. 「채무자 회생 및 파산에 관한 법률」 제243조에 따른 회생계획인가의 결정에 따라 체납된 지방세의 징수를 유예받고 그 유예기간 중에 있거나 체납된 지방세를 회생계획의 납부일정에 따라 납부하고 있는 경우
3. 재산 상황, 미성년자 해당 여부 및 그 밖의 사정 등을 고려할 때 「지방세기본법」 제147조제1항에 따른 지방세심의위원회 또는 같은 조 제2항에 따른 지방세징수심의위원회가 공개할 실익이 없거나 공개하는 것이 부적절하다고 인정하는 경우(2022.1.28 본호개정)
4. 「지방세법」 제119조의2에 따라 물적납세의무가 있는 수탁자가 그 물적납세의무와 관련하여 재산세등을 체납한 경우(2021.4.27 본호신설)
5. 「지방세기본법」 제75조제1항에 따라 물적납세의무가 있는 양도담보권자가 그 물적납세의무와 관련하여 지방자치단체의 징수금을 체납한 경우
6. 「지방세기본법」 제75조제3항에 따라 물적납세의무가 있는 명의수탁자가 그 물적납세의무와 관련하여 지방자치단체의 징수금을 체납한 경우
(2023.3.14 5호~6호신설)
② 지방자치단체의 장 또는 지방세조합장은 법 제11조제3항에 따라 공개대상자에게 체납자 명단공개 대상자임을 알리는 경우에는 체납된 세금을 납부하도록 촉구하고, 공개 제외 사유에 해당하는 경우에는 이에 관한 소명자료를 제출하도록 안내해야 한다.(2022.1.28 본항개정)
③ 법인인 체납자의 명단을 공개하는 경우에는 법인의 대표자를 함께 공개할 수 있다.
제19조의2【감치에 관한 체납자의 의견진술 신청 등】① 지방자치단체의 장은 법 제11조의4제3항에 따라 체납자가 소명자료를 제출하거나 의견진술을 신청할 수 있도록 체납자에게 다음 각 호의 사항을 문서(전자문서의 경우에는 체납자가 동의하는 경우로 한정한다)로 통지해야 한다.
1. 체납자의 성명 및 주소
2. 감치(監置)에 관한 다음 각 목의 사항
가. 법 제11조의4제1항 각 호의 감치요건
나. 법 제11조의4제1항 각 호 외의 부분에 따른 감치기간
다. 감치 신청의 원인이 되는 체납자의 체납 사실

3. 법 제11조의4제3항에 따른 소명자료 제출 및 의견진술 신청에 관한 다음 각 목의 사항
가. 체납자가 지방자치단체의 장에게 소명자료를 제출하거나 「지방세기본법」 제147조제1항에 따른 지방세심의위원회에서 의견을 진술할 수 있다는 사실
나. 가목에 따른 소명자료의 제출 기간 및 의견진술의 신청 기간. 이 경우 그 기간은 통지를 받은 날부터 30일 이상의 기간으로 해야 한다.
다. 가목에 따른 소명자료의 제출 방법 또는 의견진술의 신청 방법
4. 체납자가 법 제11조의4제6항에 따라 체납된 지방세를 납부하는 경우에는 감치집행이 종료된다는 사실
5. 그 밖에 제1호부터 제4호까지에 준하는 것으로서 체납자의 소명자료 제출 및 의견진술 신청에 필요하다고 지방자치단체의 장이 정하는 사항
② 지방자치단체의 장은 법 제11조의4제3항에 따라 체납자의 의견진술 신청을 받은 경우 「지방세기본법」 제147조제1항에 따른 지방세심의위원회의 회의 개최일 3일 전까지 해당 체납자에게 회의 일시 및 장소를 통지해야 한다.
(2022.6.7 본조신설)

제2장 징 수

제1절 징수절차

제20조【납세의 고지】 법 제12조에 따른 납세의 고지는 다음 각 호의 사항을 적은 납세고지서 또는 납부통지서로 하여야 한다.
1. 납부할 지방세의 과세연도·세목·세액 및 납부기한
2. 세액의 산출근거와 납부장소. 다만, 하나의 납세고지서 또는 납부통지서로 둘 이상의 과세대상을 동시에 고지하는 경우에는 세액의 산출근거를 생략할 수 있으며, 이 경우 납세자가 세액 산출근거의 열람을 신청하는 때에는 세무공무원은 지체 없이 열람할 수 있도록 하여야 한다.
제21조【체납처분비의 납부고지】 법 제12조제2항에 따른 체납처분비고지서에는 다음 각 호의 사항을 적어야 한다.
1. 체납처분비의 징수에 관계되는 지방세의 과세연도 및 세목
2. 체납처분비와 그 산출근거·납부기한 및 납부장소
제22조【제2차 납세의무자에 대한 납부고지】 법 제15조에 따른 제2차 납세의무자에 대한 납부통지서에는 다음 각 호의 사항을 적어야 한다.
1. 납세자의 성명과 주소 또는 영업소
2. 체납액의 과세연도·세목·세액·산출근거 및 납부기한
3. 제2호의 체납액 중 「지방세기본법」 제45조부터 제48조까지에 따른 제2차 납세의무자로부터 징수할 금액, 그 산출근거·납부기한과 납부장소
4. 제2차 납세의무자에게 적용할 규정
제23조【양도담보권자등에 대한 고지 등】 양도담보권자 또는 명의수탁자(이하 이 조에서 "양도담보권자등"이라 한다)에 대한 납부의 고지는 다음 각 호의 사항을 적은 문서로 해야 한다.(2023.3.14 본문개정)
1. 납세자 및 양도담보권자등의 성명과 주소 또는 영업소(2022.1.28 본호개정)
2. 체납액의 과세연도·세목·세액 및 납부기한
3. 제2호의 세액 중 양도담보권자등으로부터 징수해야 할 납세자의 지방자치단체의 징수금의 세액 및 그 산출근거·납부기한과 납부장소
4. 납세자 및 양도담보권자등에게 적용한 규정
(2022.1.28 3호~4호개정)
(2022.1.28 본조제목개정)

제24조【특별시세·광역시세·도세·특별자치도세 징수의 위임 등】① 시장·군수·구청장(자치구의 구청장을 말한다. 이하 같다)이 법 제17조제1항 본문에 따라 징수하는 그 시·군·구(자치구를 말한다. 이하 같다) 내의 특별시세·광역시세·도세·특별자치도세에 대하여 체납처분을 하는 경우에 드는 비용은 시·군·구의 부담으로 하고, 체납처분 후에 징수되는 체납처분비는 시·군·구의 수입으로 한다.

② 법 제17조제2항에 따른 교부율(시·군·구에서 징수하여 특별시·광역시·도·특별자치도에 납입한 징수금액에 대한 각 시·군·구별 분배 금액의 합계액의 비율을 말한다)은 100분의 3으로 한다.

③ 법 제17조제2항에 따른 시·군·구별 교부기준(징수교부금으로 확정된 특별시세·광역시세·도세·특별자치도세 징수금의 일정부분을 각 시·군·구에 분배하는 기준을 말한다)은 각 시·군·구에서 징수한 특별시세·광역시세·도세·특별자치도세 징수금액의 100분의 3으로 한다. 다만, 지역실정을 고려하여 필요할 경우에는 특별시·광역시·도·특별자치도의 조례로 징수금액 외에 징수건수를 반영하는 등 교부기준을 달리 정할 수 있으며, 징수건수를 반영할 경우에는 레저세의 징수건수는 포함하지 아니한다.

④ 시장·군수·구청장이 징수한 특별시세·광역시세·도세·특별자치도세는 납입서를 첨부하여 다음 각 호의 구분에 따라 지정된 기한 내에 특별시·광역시·도·특별자치도의 금고에 납입하거나 지정된 은행 또는 체신관서를 통하여 특별시·광역시·도·특별자치도의 금고에 납입하여야 한다.

1. 특별시·광역시·도·특별자치도의 금고, 지정된 은행 또는 체신관서 소재지에 있는 시·군·구는 수납한 날의 다음 날까지
2. 특별시·광역시·도·특별자치도의 금고, 지정된 은행 또는 체신관서 소재지 외에 있는 시·군·구는 수납한 날부터 5일 이내

(2023.3.14 본조개정)

제25조【징수촉탁의 절차 등】① 법 제18조에 따라 징수촉탁을 하려는 세무공무원은 다음 각 호의 사항을 적은 문서로 하여야 한다.

1. 납세자의 변경 전과 변경 후의 주소 또는 영업소
2. 징수촉탁을 하는 지방세의 과세연도·세목·과세대상·과세표준·세율·납부기한 및 그 금액
3. 독촉장 또는 납부최고서를 발급한 사실이 있는지와 그 발급 연월일
4. 그 밖의 참고사항

② 제1항에 따라 징수촉탁을 받은 세무공무원은 징수촉탁을 한 세무공무원에게 지체 없이 인수서를 발송하여야 한다.

③ 제1항 및 제2항에 따라 징수촉탁을 한 경우에 그 징수가 지연되거나 그 밖에 특별한 사유가 있을 때에는 징수촉탁을 한 세무공무원은 징수촉탁을 받은 세무공무원과 협의하여 직접 징수촉탁을 받은 지방자치단체의 구역에서 해당 체납자에 대하여 체납처분을 할 수 있다.

④ 법 제18조제2항제1호에서 "대통령령으로 정하는 비율"이란 100분의 30을 말한다.

제26조【불가피한 사고】법 제19조제1항에 따른 불가피한 사고는 선량한 관리자의 주의를 다하고도 예방할 수 없는 사고로 한다.

제27조【납기 전에 징수하는 지방세】법 제22조제1항에 따라 납기 전이라도 징수할 수 있는 지방자치단체의 징수금은 다음 각 호의 어느 하나에 해당하는 것으로서 지방자치단체의 장이 납부기한까지 기다려서는 해당 지방세를 징수할 수 없다고 인정하는 것으로 한정한다.

1. 신고납부를 하거나 납세의 고지를 하는 지방세
2. 특별징수하는 지방세
3. 납세조합이 징수하는 지방세

제28조【납기 전 징수의 고지】법 제22조제2항에 따른 고지를 할 때에는 같은 조 제1항에 따라 납기 전에 징수를 하는 뜻을 제20조에 따른 납세고지서 또는 납부통지서에 적어야 한다. 다만, 이미 납세의 고지를 하였거나 납세의 고지를 요하지 아니하는 경우에는 납부기한을 변경하는 뜻을 적은 문서(전자문서를 포함한다)로 고지하여야 한다.

제29조【납부 및 수납의 방법】① 납세자가 지방자치단체의 징수금을 납부할 때에는 지방자치단체의 금고 또는 제3항에 따른 지방세수납대행기관에 납부해야 한다.

② 법 제23조제1항제1호에서 "대통령령으로 정하는 바에 따라 계좌이체하는 경우"란 제3항에 따른 지방세수납대행기관에 개설된 계좌로 「전자금융거래법」 제2조제8호에 따른 전자적 장치를 이용해 자금을 이체하는 경우를 말한다.

③ 법 제23조제1항제3호 각 목 외의 부분에서 "대통령령으로 정하는 지방세수납대행기관"이란 다음 각 호의 자를 말한다.

1. 「지방회계법 시행령」 제49조제1항 또는 제2항에 따라 지방자치단체 금고 업무의 일부를 대행하는 자
2. 정보통신망을 이용하여 신용카드, 직불카드, 통신과금서비스 등에 의한 결제를 수행하는 기관으로서 지방자치단체의 장이 지방세수납대행기관으로 지정하는 자

④ 법 제23조제1항제3호 각 목 외의 부분에서 "대통령령으로 정하는 지방자치단체 징수금"이란 자동차 주행에 대한 자동차세를 제외한 모든 지방자치단체 징수금(부가되는 농어촌특별세를 포함한다)을 말한다.

(2023.3.14 본조개정)

제30조【세무공무원의 지방자치단체의 징수금 수납】① 지방자치단체의 징수금은 지방자치단체의 금고 또는 지방세수납대행기관에서 수납해야 하며, 세무공무원은 이를 수납할 수 없다. 다만, 다음 각 호의 어느 하나에 해당하는 경우에는 세무공무원이 지방자치단체의 징수금을 수납할 수 있다.

1. 지방자치단체의 금고 및 지방세수납대행기관이 없는 도서·오지 등으로서 지방자치단체의 조례로 정하는 지역에서 수납하는 경우
2. 지방자치단체의 조례로 정하는 금액 이하의 소액 지방세를 수납하는 경우

② 제1항 각 호 외의 부분 단서에 따라 세무공무원이 징수한 지방자치단체의 징수금을 각 지방자치단체의 금고에 납입할 때에는 제24조제4항을 준용한다.

(2023.3.14 본조개정)

제30조의2【등록전산정보자료의 제공】행정안전부장관은 법 제24조의2제2항에 따라 등록전산정보자료를 지방자치단체의 장에게 제공하는 경우 지방세정보통신망을 통해 제공해야 한다.(2020.12.31 본조신설)

제2절 징수유예

제31조【징수유예등의 결정 및 기간 등】① 지방자치단체의 장이 법 제25조제1호부터 제4호까지 또는 제6호의 사유로 법 제25조에 따른 고지유예, 분할고지 또는 법 제25조의2에 따른 징수유예(이하 "징수유예등"이라 한다)를 하는 경우 징수유예등의 기간은 그 징수유예등을 결정한 날의 다음 날부터 6개월 이내로 하고, 분할하여 납부할 수 있도록 할 경우 그 기간 중의 분납기한과 분납금액은 관할 지방자치단체의 장이 정한다.

② 제1항에 따른 징수유예등의 기간이 만료될 때까지 징수유예등의 사유가 지속되는 경우에는 한 차례에 한정하여 6개월 이내의 기간을 정하여 다시 징수유예등을 결정할 수 있으며, 그 기간의 분납기한과 분납금액은 관할 지방자치단체의 장이 정한다.

③ 법 제25조제5호의 사유로 인한 징수유예등의 기간은 세액의 납부기한 다음 날 또는 상호합의절차의 개시일 중 나중에 도래하는 날부터 상호합의절차의 종료일까지로 한다.
(2020.12.31 본조개정)

제31조의2【징수유예등의 결정 및 기간의 특례】① 제31조에도 불구하고 다음 각 호의 어느 하나에 해당하는 자에 대해 법 제25조제1호부터 제4호까지 또는 제6호의 사유로 징수유예등을 결정하는 경우 그 징수유예등의 기간은 징수유예등을 결정한 날의 다음 날부터 1년 이내로 한다. 다만, 본문에 따라 징수유예등을 결정한 후에도 해당 징수유예등의 사유가 지속되는 경우에는 제3항에 따른 기간의 범위에서 6개월마다 징수유예등의 결정을 다시 할 수 있다.(2020.12.31 본문개정)

1. 다음 각 목의 어느 하나의 지역에 사업장이 소재한 「조세특례제한법 시행령」 제2조에 따른 중소기업
   가. 「고용정책 기본법」 제32조의2제2항에 따라 선포된 고용재난지역
   나. 「고용정책 기본법 시행령」 제29조제1항에 따라 지정·고시된 지역
   다. 「지역 산업위기 대응 및 지역경제 회복을 위한 특별법」 제10조제1항에 따라 지정된 산업위기대응특별지역(2022.2.18 본목개정)
2. 「재난 및 안전관리 기본법」 제60조제2항에 따라 선포된 특별재난지역(선포일부터 2년으로 한정한다) 내에서 피해를 입은 납세자
② 제1항 각 호 외의 부분 본문에 따른 징수유예등의 결정은 법 제25조제1호부터 제4호까지 또는 제6호의 사유로 제31조에 따른 징수유예등의 결정을 받고 그 징수유예등의 기간 중에 있는 경우에도 할 수 있다.
(2020.12.31 본항개정)
③ 제1항 각 호 외의 부분 단서(제2항에 따라 징수유예등을 결정한 경우를 포함한다)에 따라 징수유예등을 결정할 수 있는 기간은 최대 2년으로 하되, 다음 각 호의 기간을 포함하여 산정한다.
1. 제1항 각 호 외의 부분 본문에 따라 징수유예등이 된 기간
2. 제31조 및 이 조 제2항에 따라 징수유예등이 된 기간
④ 제1항 또는 제2항에 따라 징수유예등을 결정하는 경우 그 기간 중의 분납기한과 분납금액은 지방자치단체의 장이 정한다.
(2020.12.31 본조제목개정)
(2018.6.26 본조신설)

제32조【징수유예등의 신청절차】① 납세자가 법 제25조의3제1항에 따라 징수유예등을 신청하려는 경우 고지 예정이거나 고지된 지방세의 납부기한, 체납된 지방세의 독촉기한 또는 최고기한(이하 이 조에서 "납부기한등"이라 한다)의 3일 전까지 다음 각 호의 사항을 적은 신청서(전자문서를 포함한다)를 지방자치단체의 장에게 제출해야 한다. 다만, 지방자치단체의 장이 납부기한등의 3일 전까지 신청서를 제출할 수 없다고 인정하는 납세자의 경우에는 납부기한등의 만료일까지 제출할 수 있다.(2020.12.31 본문개정)
1. 납세자의 성명과 주소 또는 영업소
2. 납부할 지방세의 과세연도·세목·세액 및 납부기한
3. 제2호의 세액 중 징수유예등을 받으려는 세액
4. 징수유예등을 받으려는 이유와 기간

5. 분할납부의 방법에 의하여 징수유예등을 받으려는 경우에는 그 분할납부 세액 및 횟수
② 지방자치단체의 장은 징수유예등의 사유가 있을 때에는 직권으로 징수유예등을 할 수 있다.

제33조【징수유예등에 관한 통지】① 지방자치단체의 장이 법 제25조의3제2항에 따라 징수유예등을 승인하거나 같은 조 제4항에 따라 징수유예등을 통지하는 경우에는 다음 각 호의 사항을 적은 문서로 납세자에게 알려야 하고, 징수유예등을 하지 않기로 결정했을 경우에는 그 사유를 적은 문서로 납세자에게 알려야 한다.
(2020.12.31 본문개정)
1. 징수유예등을 한 지방세의 과세연도·세목·세액 및 납부기한
2. 분할납부의 방법으로 징수유예등을 하였을 때에는 그 분할납부 금액 및 횟수
3. 징수유예등의 기간
4. 그 밖에 필요한 사항
② 지방자치단체의 장이 징수유예등을 하지 않기로 결정했을 경우에는 그 사유를 적은 문서로 납세자에게 알려야 한다.(2020.12.31 본항신설)
③ 징수유예등의 결정의 효력은 다음 각 호의 구분에 따른 날에 발생한다.
1. 납세자의 신청에 의하여 결정하는 경우에는 그 신청일
2. 직권으로 결정하는 경우에는 그 통지서의 발급일

제34조【송달불능으로 인한 징수유예】① 법 제26조제1항에서 "주소 또는 영업소가 분명하지 아니한 경우 등 대통령령으로 정하는 사유"란 다음 각 호의 어느 하나에 해당하는 경우를 말한다.
1. 납세자의 주소 또는 영업소가 분명하지 아니하여 등기우편에 의한 고지를 하여도 반송된 경우
2. 납세자의 주소 또는 영업소가 국외에 있어 고지할 수 없는 경우
3. 제1호 및 제2호에 준하는 사유가 있는 경우
② 법 제26조제1항에서 "대통령령으로 정하는 기간"이란 징수유예등을 결정한 날부터 6개월 이내의 기간을 말한다.

제35조【징수유예등의 취소통지】법 제29조제2항에 따른 징수유예등의 취소통지는 다음 각 호의 사항을 적은 문서로 하여야 한다.
1. 취소 연월일
2. 취소의 이유

제3절 독 촉

제36조【가산금】법 제30조에 따른 가산금 및 법 제31조제1항에 따른 중가산금은 해당 세목의 세입으로 한다.

제37조【독촉장의 기재사항】법 제32조제1항 본문에 따른 독촉장에는 납부할 지방세의 과세연도·세목·세액·가산금·납부기한 및 납부장소를 적어야 한다.

제38조【제2차 납세의무자에 대한 납부최고】법 제32조제2항에 따른 제2차 납세의무자에 대한 납부최고는 다음 각 호의 사항을 적은 문서로 하여야 한다.
1. 납세자의 성명과 주소 또는 영업소
2. 제2차 납세의무자로부터 징수하려는 지방세의 과세연도·세목·세액·가산금·납부기한 및 납부장소

제3장 체납처분

제1절 통 칙

제38조의2【실태조사 대상 및 방법 등】① 지방자치단체의 장은 법 제32조에 따라 독촉과 최고를 하였음

에도 납부기한까지 납부하지 않은 납세자에 대한 현황을 파악하기 위한 경우로서 다음 각 호의 어느 하나에 해당하는 경우에는 법 제32조의2에 따른 실태조사(이하 "실태조사"라 한다)를 실시할 수 있다.

1. 법 제33조에 따른 압류, 법 제39조에 따른 사해행위의 취소 및 원상회복 청구, 법 제40조부터 제42조까지의 규정에 따른 압류금지 재산 등의 확인 및 법 제64조에 따른 압류의 해제를 위하여 필요한 경우
2. 법 제71조부터 제96조까지의 규정에 따른 압류재산 매각 절차를 위하여 필요한 경우
3. 법 제105조에 따른 체납처분의 유예 및 법 제106조에 따른 정리보류와 그 사후관리를 위하여 필요한 경우
4. 그 밖에 체납액 징수를 위하여 지방자치단체의 장이 필요하다고 인정하는 경우

② 지방자치단체의 장은 실태조사 시기를 포함한 체납자 실태조사 계획을 행정안전부령으로 정하는 바에 따라 매년 수립해야 한다.

③ 지방자치단체의 장은 실태조사를 위하여 필요한 경우 지방세정보통신망을 통하여 체납자 현황을 확인할 수 있다.

④ 실태조사는 다음 각 호의 방법으로 실시한다.

1. 서면조사
2. 전화조사
3. 현장조사

(2023.3.14 본조신설)

제38조의3【관리대장의 관리 및 자료제공】 ① 법 제32조의2제2항에 따른 납세자 관리대장(이하 "관리대장"이라 한다)에는 다음 각 호의 사항이 포함되어야 한다.

1. 납세자의 인적사항
2. 체납 현황
3. 체납처분 및 행정제재처분 내역
4. 거주 및 재산 현황
5. 체납사유 및 징수대책

② 지방자치단체의 장은 실태조사 결과를 지방세정보통신망을 활용하여 전자적으로 관리할 수 있다.

③ 지방자치단체의 장은 법 제32조의2제3항에 따라 국가기관, 지방자치단체가 「사회보장기본법」에 규정된 사회보장정책을 수립·추진하기 위하여 관리대장을 요청하는 경우에는 생계유지가 곤란하다고 인정되어 정리보류된 체납자의 인적사항을 지방세정보통신망과 연계된 정보통신망을 통해 제공할 수 있다.

(2023.3.14 본조신설)

제39조【공유물에 대한 체납처분】 압류할 재산이 공유물인 경우에는 그 몫이 정해져 있지 아니하면 그 몫이 균등한 것으로 보아 체납처분을 집행한다.

제40조【압류통지】 법 제33조제4항에 따른 압류통지의 문서에는 다음 각 호의 사항을 적어야 한다.

1. 납세자의 성명과 주소 또는 영업소
2. 압류에 관계되는 지방세의 과세연도·세목 및 세액
3. 압류재산의 종류·수량 및 품질과 소재지
4. 압류 연월일
5. 조서 작성 연월일
6. 압류의 사유
7. 압류해제의 요건

제41조【체납처분의 속행】 지방자치단체의 장은 체납자가 파산선고를 받은 경우에도 이미 압류한 재산이 있을 때에는 체납처분을 속행하여야 한다.

제42조【야간수색 대상 영업】 법 제35조제4항에서 "대통령령으로 정하는 영업"이란 다음 각 호의 어느 하나에 해당하는 영업을 말한다.

1. 객실을 설비하여 음식과 주류를 제공하고, 유흥종사자에게 손님을 유흥하게 하는 영업
2. 무도장(舞蹈場)을 설치하여 일반인에게 이용하게 하는 영업

3. 주류, 식사, 그 밖의 음식물을 제공하는 영업
4. 제1호부터 제3호까지의 규정과 유사한 영업

제43조【체납처분 집행 중의 출입 제한】 세무공무원은 다음 각 호의 어느 하나에 해당하는 경우로서 필요하다고 인정하면 체납처분 집행 중 그 장소에 있는 관계인이 아닌 사람에게 나가 달라고 하거나 관계인이 아닌 사람이 그 장소에 출입하는 것을 제한할 수 있다.

1. 법 제33조에 따라 재산을 압류하는 경우
2. 법 제35조에 따라 수색을 하는 경우
3. 법 제36조에 따라 질문 또는 검사를 하는 경우

제44조【질문·검사 등의 요구】 법 제36조제7호에서 "대통령령으로 정하는 자"란 체납자와 「지방세기본법 시행령」 제2조제1항에 따른 친족관계에 있는 자 또는 같은 조 제2항에 따른 경제적 연관관계에 있는 자를 말한다.(2020.3.24 본조개정)

제45조【사해행위 취소 등의 절차】 지방자치단체의 장은 법 제39조에 따른 사해행위의 취소 및 원상회복을 요구할 때에는 「민법」과 「민사소송법」에 따라 체납자 또는 재산양수인을 상대로 소송을 제기하여야 한다.

제45조의2【체납처분의 위탁 절차 등】 ① 지방자치단체의 장은 법 제39조의2제1항에 따라 체납처분을 위탁하려면 법 제11조제1항 본문에 따른 명단공개 기준에 해당하는 고액·상습체납자(이하 이 조에서 "고액·상습체납자"라 한다)에게 1개월 이내의 기간을 정하여 체납된 세금을 납부하지 않는 경우 수입물품에 대한 체납처분을 세관장에게 위탁할 수 있다는 사실을 미리 알려야 한다.

② 지방자치단체의 장은 법 제39조의2제1항에 따라 세관장에게 체납처분을 위탁한 경우 즉시 그 위탁사실을 고액·상습체납자에게 알려야 한다.

③ 지방자치단체의 장은 고액·상습체납자가 다음 각 호의 어느 하나의 경우에 해당하는 경우 즉시 해당 고액·상습체납자의 수입물품에 대한 체납처분의 위탁을 철회해야 한다.

1. 체납된 지방세의 전부 또는 일부를 납부하여 고액·상습체납자의 범위에서 제외되는 경우
2. 법 제11조제1항 단서에 해당하는 경우

(2020.12.31 본조신설)

제46조【압류금지 재산】 ① 법 제40조제14호에서 "대통령령으로 정하는 것"이란 다음 각 호의 구분에 따른 보장성보험의 보험금, 해약환급금 및 만기환급금과 개인별 잔액이 185만원 이하인 예금(적금, 부금, 예탁금과 우편대체를 포함한다)을 말한다.(2020.3.24 본문개정)

1. 사망보험금 중 1천만원 이하의 보험금
2. 상해·질병·사고 등을 원인으로 체납자가 지급받는 보장성보험의 보험금 중 다음 각 목에 해당하는 보험금
   가. 진료비, 치료비, 수술비, 입원비, 약제비 등 치료 및 장애 회복을 위하여 실제 지출되는 비용을 보장하기 위한 보험금
   나. 치료 및 장애 회복을 위한 보험금 중 가목에 해당하는 보험금을 제외한 보험금의 2분의 1에 해당하는 금액
3. 보장성보험의 해약환급금 중 150만원 이하의 금액
4. 보장성보험의 만기환급금 중 150만원 이하의 금액

② 체납자가 보장성보험의 보험금, 해약환급금 또는 만기환급금 채권을 취득하는 보험계약이 둘 이상인 경우에는 다음 각 호의 구분에 따라 제1항 각 호의 금액을 계산한다.

1. 제1항제1호, 제3호 및 제4호 : 보험계약별 사망보험금, 해약환급금, 만기환급금을 각각 합산한 금액
2. 제1항제2호나목 : 보험계약별 금액

제47조【급여의 압류 범위】 ① 법 제42조에 따른 총액은 지급받을 수 있는 급여금 전액에서 그 근로소득

또는 퇴직소득에 대한 소득세 및 개인지방소득세를 뺀 금액으로 한다.

② 법 제42조제1항 단서에서 "「국민기초생활 보장법」에 따른 최저생계비를 고려하여 대통령령으로 정하는 금액"이란 월 185만원을 말한다.(2020.3.24 본항개정)

③ 법 제42조제1항 단서에서 "표준적인 가구의 생계비를 고려하여 대통령령으로 정하는 금액"이란 제1호와 제2호의 금액을 더한 금액을 말한다.

1. 월 300만원

2. 다음의 계산식에 따라 계산한 금액. 다만, 계산한 금액이 0보다 작은 경우에는 0으로 본다.

〔법 제42조제1항 본문에 따른 압류금지금액(월액으로 계산한 금액을 말한다) − 제1호의 금액〕 × 1/2

제48조【가압류·가처분 재산에 대한 압류 통지】 세무공무원이 법 제45조에 따라 재관상의 가압류 또는 가처분을 받은 재산을 압류할 때에는 그 뜻을 해당 법원, 집행공무원 또는 강제관리인에게 통지하여야 한다. 그 압류를 해제할 때에도 또한 같다.

제49조【과실에 대한 압류의 효력의 특례】 법 제46조에 따른 천연과실(天然果實) 중 성숙한 것은 토지 또는 입목(立木)과 분리하여 동산으로 볼 수 있다.

제2절 동산의 압류

제50조【압류동산의 표시】 세무공무원은 법 제49조제1항 후단에 따라 압류재산임을 표시할 때에는 압류 연월일과 압류한 세무공무원이 소속된 지방자치단체의 명칭을 명백히 하여야 한다.

제51조【압류 동산의 사용·수익 절차】 ① 법 제49조제2항에 따라 압류된 동산을 사용하거나 수익하려는 자는 행정안전부령으로 정하는 압류재산 사용·수익 허가신청서를 지방자치단체의 장에게 제출하여야 한다. (2017.7.26 본항개정)

② 제1항에 따라 압류재산 사용·수익 허가신청서를 받은 지방자치단체의 장은 해당 사용·수익 행위가 압류재산의 보전(保全)에 지장을 주는지를 조사하여 그 허가 여부를 신청인에게 통지하여야 한다.

③ 제2항에 따라 허가를 받은 자는 압류재산을 사용하거나 수익할 때 선량한 관리자의 주의를 다하여야 하며, 지방자치단체의 장이 해당 재산의 인도를 요구하는 경우에는 지체 없이 이에 따라야 한다.

제3절 채권의 압류

제52조【조건부채권의 압류】 지방자치단체의 장은 신원보증금, 계약보증금 등의 조건부채권을 그 조건 성립 전에도 압류할 수 있다. 이 경우 압류한 후에 채권이 성립되지 아니할 것이 확정된 때에는 그 압류를 지체 없이 해제하여야 한다.

제53조【채무불이행에 따른 절차】 ① 지방자치단체의 장은 법 제51조제1항에 따라 채권 압류의 통지를 받은 채무자가 채무이행의 기한이 지나도 이행하지 아니하는 경우에는 최고를 하여야 한다.

② 지방자치단체의 장은 제1항에 따라 최고를 받은 채무자가 최고한 기한까지 채무를 이행하지 아니하는 경우에는 채권자를 대위(代位)하여 채무자를 상대로 소송을 제기하여야 한다. 다만, 채무이행의 자력(資力)이 없다고 인정하는 경우에는 채권의 압류를 해제할 수 있다.

제4절 부동산 등의 압류

제54조【부동산 등의 압류등기 등】 ① 지방자치단체의 장은 법 제55조제1항제1호 및 제2호에 따른 부동

산·공장재단 또는 광업재단의 압류등기 또는 그 변경등기를 촉탁할 때에는 다음 각 호의 사항을 적은 문서로 해야 한다.(2022.1.28 본문개정)

1. 재산의 표시
2. 등기원인과 그 연월일
3. 등기의 목적
4. 등기권리자
5. 등기의무자의 성명과 주소 또는 영업소

② 지방자치단체의 장은 법 제55조제1항제3호에 따른 선박의 압류등기 또는 그 변경등기를 촉탁할 때에는 다음 각 호의 사항을 적은 문서로 해야 한다. (2022.1.28 본문개정)

1. 선박의 표시
2. 선적항
3. 선박소유자의 성명 또는 명칭
4. 등기원인과 그 연월일
5. 등기의 목적
6. 등기권리자
7. 등기의무자의 성명과 주소 또는 영업소

제55조【부동산 등의 분할 또는 구분 등기 등】 ① 법 제55조제2항에 따른 부동산, 공장재단 또는 광업재단의 분할·구분·합병 또는 변경 등기의 촉탁에 대해서는 제54조제1항을 준용한다.

② 지방자치단체의 장은 제1항에 따라 제54조제1항을 준용하는 경우에는 그 촉탁서에 대위등기의 원인을 함께 적어야 한다.

제56조【부동산의 보존등기 절차】 ① 법 제55조제3항에 따른 미등기 부동산의 보존등기의 촉탁에 대해서는 제54조제1항 및 제55조제2항을 준용한다.

② 지방자치단체의 장은 체납처분을 할 때 필요하면 소관 관서에 토지대장 등본이나 건축물대장 등본 또는 부동산종합증명서를 발급하여 줄 것을 요구할 수 있다.

제57조【자동차 등의 압류등록 등】 ① 법 제56조제1항제1호부터 제3호까지의 규정에 따른 자동차, 건설기계, 항공기 또는 경량항공기의 압류등록 또는 그 변경등록의 촉탁에 관하여는 제54조제1항을 준용한다. (2022.1.28 본항개정)

② 법 제56조제1항제4호에 따른 선박의 압류등록 또는 그 변경등록의 촉탁에 관하여는 제54조제2항을 준용한다.(2022.1.28 본항신설)

제58조【압류 부동산 등의 사용·수익 절차】 법 제59조제1항 및 제2항에 따라 압류된 재산을 압류 당시와 달리 사용하거나 수익하려는 경우에는 제51조를 준용한다.

제59조【제3자의 소유권 주장】 ① 세무공무원은 법 제60조에 따라 제3자가 압류재산에 대하여 소유권을 주장하고 반환을 청구하는 경우에는 그 재산에 대한 체납처분의 집행을 정지하여야 한다.

② 세무공무원은 제1항에 따른 청구의 이유가 정당하다고 인정하면 지체 없이 압류를 해제하여야 하며, 그 청구의 이유가 부당하다고 인정하면 지체 없이 그 뜻을 청구인에게 통지하여야 한다.

③ 세무공무원은 제2항에 따라 통지를 받은 청구인이 통지받은 날부터 15일 이내에 체납자를 상대로 그 재산에 대하여 소송을 제기한 사실을 증명하지 아니하면 지체 없이 체납처분을 계속 집행하여야 한다.

제5절 무체재산권 등의 압류

제60조【무체재산권등의 압류 등기 또는 등록 등】 ① 지방자치단체의 장은 법 제61조제2항에 따라 법 제38조제1항제3호에 따른 무체재산권등(이하 "무체재산권등"이라 한다)의 압류 등기 또는 등록과 그 변경 등기

또는 등록을 촉탁할 때에는 다음 각 호의 사항을 적은 문서로 하여야 한다.
1. 무체재산권등의 표시
2. 등기 또는 등록의 원인과 그 연월일
3. 등기 또는 등록의 목적
4. 등기 또는 등록의 권리자
5. 무체재산권등의 권리자의 성명과 주소 또는 영업소
② 지방자치단체의 장은 제1항의 문서에 압류조서를 첨부하여야 한다.

제60조의2【가상자산의 압류】 ① 지방자치단체의 장은 법 제61조제3항에 따라 「특정 금융거래정보의 보고 및 이용 등에 관한 법률」에 따른 가상자산(이하 "가상자산"이라 한다)의 이전을 요구하는 경우 다음 각 호의 구분에 따라 이전하도록 요구해야 한다.
1. 체납자나 제3자(「특정 금융거래정보의 보고 및 이용 등에 관한 법률」 제2조제1호하목에 따른 가상자산사업자는 제외한다. 이하 이 호에서 같다)가 체납자의 가상자산을 보관하고 있는 경우 : 체납자 또는 제3자에게 지방자치단체의 장이 지정하는 가상자산주소(「특정 금융거래정보의 보고 및 이용 등에 관한 법률 시행령」 제10조의10제2호나목에 따른 가상자산주소를 말하며, 제2호의 계정은 제외한다. 이하 같다)로 해당 가상자산을 이전하도록 요구할 것
2. 「특정 금융거래정보의 보고 및 이용 등에 관한 법률」 제2조제1호하목에 따른 가상자산사업자(이하 "가상자산사업자"라 한다)가 체납자의 가상자산을 보관하고 있는 경우 : 가상자산사업자에게 체납자의 계정(가상자산사업자가 가상자산의 거래·보관 등의 서비스 제공을 위해 고객에게 부여한 고유식별부호를 말한다. 이하 같다)에서 지방자치단체의 장이 지정하는 계정으로 해당 가상자산을 이전하도록 요구할 것
② 지방자치단체의 장이 법 제61조제3항에 따라 가상자산의 이전을 문서로 요구하는 경우 그 문서에는 다음 각 호의 사항이 포함되어야 한다.
1. 체납자의 성명 또는 명칭과 주소
2. 체납자의 가상자산을 보관하고 있는 자의 성명 또는 명칭과 주소(제3자가 체납자의 가상자산을 보관하고 있는 경우로 한정한다)
3. 이전하는 가상자산의 종류 및 규모
4. 가상자산의 이전 기한
5. 제1항 각 호에 따라 지방자치단체의 장이 지정하는 가상자산주소 또는 계정
6. 그 밖에 제1호부터 제5호까지에 준하는 것으로서 가상자산의 이전에 필요하다고 지방자치단체의 장이 정하는 사항
③ 지방자치단체의 장은 체납자의 가상자산이 두 종류 이상인 경우 매각의 용이성 및 가상자산의 종류별 규모 등을 고려하여 특정 가상자산을 우선 이전하도록 요구할 수 있다.
(2022.6.7 본조신설)

제61조【국유·공유 재산에 관한 권리의 압류등록】 ① 지방자치단체의 장은 법 제62조제1항에 따라 국유 또는 공유 재산에 관한 권리를 압류할 때에는 다음 각 호의 사항을 적은 문서로 압류의 등록을 관계 관서에 촉탁하여야 한다.
1. 계약자의 성명과 주소 또는 영업소
2. 국유·공유 재산의 표시
3. 그 밖에 필요한 사항
② 제1항에 따라 촉탁을 받은 관계 관서는 관계 대장에 그 사실을 등록하고 그 뜻을 지체 없이 지방자치단체의 장에게 통지하여야 한다.
③ 지방자치단체의 장은 제1항의 문서에 압류조서를 첨부하여야 한다.

제6절 압류의 해제

제61조의2【압류해제의 요건】 법 제63조제2항제6호에서 "대통령령으로 정하는 경우"란 압류재산인 자동차가 「자동차등록령」 제31조제5항제7호에 해당하는 경우를 말한다.(2022.1.28 본조개정)

제62조【압류해제조서】 지방자치단체의 장은 법 제63조에 따라 재산의 압류를 해제할 때에는 행정안전부령으로 정하는 압류해제조서를 작성하여야 한다. 다만, 압류를 해제하려는 재산이 동산이나 유가증권인 경우에는 압류조서의 여백에 해제 연월일과 그 이유를 덧붙여 적는 것으로 압류해제조서를 갈음할 수 있다.
(2017.7.26 본문개정)

제62조의2【가상자산의 압류 해제】 지방자치단체의 장은 법 제63조에 따라 가상자산의 압류를 해제하는 경우 체납자의 가상자산주소(가상자산사업자가 아닌 제3자가 가상자산을 보관했던 경우에는 그 제3자의 가상자산주소를 말한다) 또는 계정으로 해당 가상자산을 이전해야 한다.(2022.6.7 본조신설)

제63조【압류해제의 통지】 법 제64조제1항에 따른 압류해제의 통지는 문서로 하여야 한다.

제64조【압류말소의 등기 또는 등록】 법 제64조제2항에 따른 압류말소의 등기 또는 등록의 촉탁에 대해서는 제54조제1항 및 제2항을 준용한다.

제7절 교부청구 및 참가압류

제65조【파산선고에 따른 교부청구】 지방자치단체의 장이 법 제66조에 따라 파산관재인에게 교부청구를 할 때에는 다음 각 호에 따라야 한다.
1. 압류한 재산의 가액이 징수할 금액보다 적거나 적다고 인정될 때에는 재단채권(財團債權)으로서 파산관재인에게 그 부족액을 교부청구할 것
2. 납세담보물 제공자가 파산선고를 받아 체납처분에 의하여 그 담보물을 공매하려는 경우에는 「채무자 회생 및 파산에 관한 법률」 제447조에 따른 절차를 밟은 후 별제권(別除權)을 행사하거나 부족하다고 인정되는 금액을 교부청구할 것. 다만, 파산관재인이 그 재산을 매각하려는 경우에는 징수할 금액을 교부청구하여야 한다.

제66조【기압류기관의 동산 등 인도 통지】 법 제67조제1항에 따른 기압류기관(이하 "기압류기관"이라 한다)은 법 제68조제3항에 따라 압류를 해제한 동산 또는 유가증권을 압류에 참가한 지방자치단체의 장에게 인도하거나 같은 조 제7항에 따라 압류재산의 매각처분을 최고한 지방자치단체의 장에게 인도할 때에는 행정안전부령으로 정하는 참가압류재산 인도통지서를 보내야 한다. 이 경우 압류재산을 제3자가 보관하고 있는 상태로 인도하려면 참가압류재산 통지서에 그 보관증과 보관자에 대한 인도지시서를 첨부하여야 한다.
(2017.7.26 전단개정)

제67조【참가압류한 동산 등의 인수】 ① 압류에 참가한 지방자치단체의 장이 제66조에 따라 기압류기관으로부터 동산 또는 유가증권의 인도 통지를 받았을 때에는 지체 없이 해당 동산 또는 유가증권을 인수하여야 한다.
② 제1항에 따라 동산 또는 유가증권을 인수한 지방자치단체의 장은 해당 재산이 제3자가 보관하고 있는 재산인 경우에는 제66조 후단에 따라 받은 보관증과 인도지시서를 그 보관자에게 내주어야 한다.
③ 제1항에 따라 동산 또는 유가증권을 인수한 지방자치단체의 장은 필요하다고 인정하면 인수한 동산 또는 유가증권을 체납자 또는 그 재산을 점유한 제3자에게

보관하게 할 수 있다.

④ 압류에 참가한 지방자치단체의 장이 제1항에 따라 동산 또는 유가증권을 인수하였을 때에는 인도를 한 기 압류기관에 지체 없이 그 사실을 통지하여야 한다.

제68조【일반 압류 규정의 준용】 참가압류에 대하여 이 영에 특별한 규정이 없는 경우에는 이 영 중 일반 압류에 관한 규정을 준용한다.

제8절 압류재산의 매각

제69조【공매방법】 ① 지방자치단체의 장은 법 제71조제1항에 따라 공매하는 경우에는 각각의 재산별로 공매하여야 한다. 다만, 지방자치단체의 장이 공매할 재산이 여러 개인 경우로서 해당 재산의 위치·형태·이용관계 등을 고려하여 이를 일괄하여 공매하는 것이 적합하다고 인정하는 경우에는 직권으로 또는 이해관계인의 신청에 따라 일괄하여 공매할 수 있다.

② 제1항 단서에 따라 여러 개의 재산을 일괄하여 공매할 때 각 재산의 매각대금을 특정할 필요가 있는 경우에는 각 재산에 대한 매각예정가격의 비율을 정하여야 하며, 각 재산의 매각대금은 총 매각대금을 각 재산의 매각예정가격비율에 따라 나눈 금액으로 한다.

③ 제1항 단서에 따라 여러 개의 재산을 일괄하여 공매할 수 있는 경우라 하더라도 그 가운데 일부의 매각대금으로 체납액을 변제하기에 충분하면 다른 재산은 공매하지 아니한다. 다만, 토지와 그 위의 건물을 일괄하여 공매하는 경우나 재산을 분리하여 공매하면 그 경제적 효용이 현저하게 떨어지는 경우 또는 체납자의 동의가 있는 경우에는 그러하지 아니하다.

④ 제3항 본문의 경우에 체납자는 그 재산 가운데 매각할 것을 지정할 수 있다.

제70조【압류재산 직접 매각 시 통지 대상】 법 제71조 제3항에서 "체납자 등 대통령령으로 정하는 자"란 다음 각 호의 자를 말한다.

1. 체납자
2. 납세담보물 소유자
3. 압류재산에 질권 또는 그 밖의 권리를 가진 자
(2023.3.14 본조신설)

제71조~제74조의3 (2022.1.28 삭제)

제75조【수의계약】 ① 지방자치단체의 장은 압류재산을 법 제72조에 따라 수의계약으로 매각하려는 경우에는 추산가격조서를 작성하고 매수하려는 2인 이상으로부터 견적서를 받아야 한다. 다만, 법 제72조제1항제5호에 해당하여 수의계약을 하는 경우로서 그 매각금액이 최종 공매 시의 매각예정가격 이상인 경우에는 견적서를 받지 아니할 수 있다.

② 지방자치단체의 장은 압류재산을 법 제72조에 따라 수의계약으로 매각하려는 경우 그 사실을 다음 각 호의 자에게 통지해야 한다.(2022.1.28 본문개정)

1. 체납자
2. 납세담보물소유자
3. 압류재산에 전세권·질권·저당권 또는 그 밖의 권리를 가진 자
(2022.1.28 1호~3호신설)
③ (2022.1.28 삭제)

제76조【감정인】 ① 지방자치단체의 장이 법 제74조제2항에 따라 공매대상 재산의 평가를 의뢰할 수 있는 감정인은 다음 각 호의 구분에 따른 자로 한다.

1. 공매대상 재산이 부동산인 경우 :「감정평가 및 감정평가사에 관한 법률」에 따른 감정평가법인등
(2022.1.21 본호개정)
2. 공매대상 재산이 제1호 외의 재산인 경우 : 해당 재산과 관련된 분야에 5년 이상 종사한 전문가

② 지방자치단체의 장은 법 제74조제2항에 따라 감정인에게 공매대상 재산의 평가를 의뢰한 경우에는 행정안전부령으로 정하는 바에 따라 수수료를 지급할 수 있다.(2017.7.26 본항개정)

제77조【국공채 등의 공매보증금 갈음】 입찰자 등은 법 제76조제3항에 따라 국채 또는 지방채, 증권시장에 상장된 증권 또는 「보험업법」에 따른 보험회사가 발행한 보증보험증권(이하 "국공채등"이라 한다)으로 공매보증금을 갈음하려는 경우에는 해당 국공채등에 다음 각 호의 구분에 따른 서류를 첨부하여 지방자치단체의 장에게 제출하여야 한다.

1. 무기명국채 또는 미등록공사채로 납부하는 경우 : 질권설정서
2. 등록국채 또는 등록공사채로 납부하는 경우 : 다음 각 목의 서류(2020.3.24 본문개정)
   가. 담보권증명서
   나. 등록국채 또는 등록공사채 기명자의 인감증명서 또는 본인서명사실확인서를 첨부한 위임장
   (2020.3.24 가목~나목신설)
3. 주식(출자증권을 포함한다)으로 납부하는 경우 : 다음 각 목의 구분에 따른 서류
   가. 무기명주식인 경우 : 해당 주식을 발행한 법인의 주식확인증
   나. 기명주식인 경우 : 질권설정에 필요한 서류. 이 경우 질권설정에 필요한 서류를 제출받은 지방자치단체의 장은 질권설정의 등록을 해당 법인에 촉탁하여야 한다.

제78조【공매보증금을 갈음하는 국공채등의 평가】 제77조에 따라 공매보증금을 갈음하는 국공채등을 제출하는 경우에 그 가액의 평가에 대해서는 「지방세기본법」 제66조제1호 및 제3호의 규정을 준용한다. 이 경우 「지방세기본법」 제66조제1호에 따라 「지방세기본법 시행령」 제45조를 준용할 때 "담보로 제공하는 날"은 "납부하는 날"로 본다.

제79조【공매공고 사항】 ① 지방자치단체의 장은 법 제78조제2항에 따라 공매공고를 할 때 공매할 토지의 지목(地目) 또는 지적(地籍)이 토지대장의 표시와 다른 경우에는 그 사실을 공매공고문에 함께 적어야 한다.

② 지방자치단체의 장은 법 제78조제2항에 따라 공고한 사항이 변경되었을 때에는 변경된 사항을 지체 없이 다시 공고하여야 한다.

제80조~제81조 (2022.1.28 삭제)

제82조【배분요구의 종기 연기사유】 법 제78조제5항 단서에서 "공매공고에 대한 등기 또는 등록이 지연되거나 누락되는 등 대통령령으로 정하는 사유"란 다음 각 호의 어느 하나에 해당하는 경우를 말한다.

1. 공매공고의 등기 또는 등록이 지연되거나 누락된 경우
2. 법 제80조제1항에 따른 공매통지가 누락되는 등의 사유로 다시 법 제78조제2항에 따른 공매공고를 하여야 하는 경우(2022.6.7 본호개정)
3. 그 밖에 이와 유사한 사유로 공매공고를 다시 진행하는 경우

제83조【공매취소의 사유】 법 제83조제1항제4호에서 "대통령령으로 정하는 경우"란 다음 각 호의 어느 하나에 해당하는 경우를 말한다.(2022.1.28 본문개정)

1. 지방자치단체의 장이 직권으로 해당 재산의 공매대행 의뢰를 해제한 경우
2. 「한국자산관리공사 설립 등에 관한 법률」에 따른 한국자산관리공사 또는 지방세조합(이하 "공매등대행기관"이라 한다)이 제91조의7제1항에 따라 해당 재산의 공매대행 의뢰를 해제해 줄 것을 요구한 경우
(2022.1.28 1호~2호신설)

제84조 (2022.1.28 삭제)

제85조【매각결정 여부의 통지】① 지방자치단체의 장은 법 제92조제1항 각 호의 사유로 매각결정을 할 수 없을 때에는 낙찰자에게 그 사유를 통지하여야 한다.
② (2022.1.28 삭제)

제86조【매수대금 납부최고 기한】지방자치단체의 장은 법 제93조에 따라 매수대금의 납부를 최고할 때에는 납부기한을 최고일부터 10일 이내로 정한다.

제87조~제88조 (2022.1.28 삭제)

제89조【권리이전등기의 촉탁】지방자치단체의 장은 법 제96조에 따라 매각재산의 권리이전 절차를 밟을 때에는 권리이전의 등기 또는 등록이나 매각에 수반하여 소멸되는 권리의 말소등기 촉탁서에 다음 각 호의 문서를 첨부하여 촉탁해야 한다.(2022.1.28 본문개정)
1. 매수인이 제출한 등기청구서
2. 매각결정통지서 또는 그 등본이나 배분계산서 등본

제90조【국유·공유 재산의 매각 통지】① 지방자치단체의 장은 체납처분에 따라 국유·공유 재산을 매수한 자가 그 매수대금을 완납하였을 때에는 해당 국유·공유 재산의 매수대금 중 체납자가 아직 지급하지 못한 금액을 납입하고, 지체 없이 매각사실을 관계 관서에 통지하여야 한다.
② 제1항에 따라 통지를 받은 관계 관서는 소유권 이전에 관한 서류를 매수인에게 발급하여야 한다.

제9절 청 산

제91조【배분금전 예탁의 통지】지방자치단체의 장은 법 제103조제2항에 따라 예탁한 사실을 통지할 때에는 법 제102조제3항 및 제4항에 따라 확정된 배분계산서 등본을 첨부하여야 한다.

제9절의2 공매 등의 대행 등
(2022.1.28 본절신설)

제91조의2【공매대행 의뢰 등】① 지방자치단체의 장은 법 제103조의2제1항제1호에 따라 압류재산의 공매를 공매등대행기관에 대행하게 하는 경우에는 행정안전부령으로 정하는 공매대행 의뢰서를 공매등대행기관에 보내야 한다.
② 지방자치단체의 장은 제1항에 따라 공매를 대행하게 하는 경우 공매대행 사실을 다음 각 호의 자에게 통지해야 한다.
1. 체납자
2. 납세담보물 소유자
3. 압류재산에 전세권·질권·저당권 또는 그 밖의 권리를 가진 자
4. 법 제49조제1항 전단에 따라 압류재산을 보관하고 있는 자

제91조의3【압류재산의 인도】① 지방자치단체의 장은 법 제103조의2제1항제1호에 따라 공매등대행기관에 공매를 대행하게 한 때에는 점유하고 있거나 제3자에게 보관하게 한 압류재산을 공매등대행기관에 인도할 수 있다. 이 경우 제3자에게 보관하게 한 재산에 대해서는 그 제3자가 발행한 해당 재산의 보관증을 인도함으로써 재산의 인도를 갈음할 수 있다.
② 공매등대행기관은 제1항에 따라 압류재산을 인수했을 때에는 인계·인수서를 작성해야 한다.

제91조의4【공매등대행기관에 대한 압류 해제 등의 통지】① 지방자치단체의 장은 법 제103조의2제1항제1호에 따라 공매등대행기관에 공매를 대행하게 한 후 다음 각 호의 어느 하나에 해당하는 사유가 발생한 경우

에는 지체 없이 그 사실을 공매등대행기관에 통지해야 한다.
1. 매각결정 전에 법 제63조에 따라 해당 재산의 압류를 해제하려는 경우
2. 법 제87조에 따라 공매참가를 제한한 경우
② 제1항제1호에 따라 통지를 받은 공매등대행기관은 지체 없이 해당 재산의 공매를 취소해야 한다.

제91조의5【공매등대행기관의 공매공고 등 통지】공매등대행기관은 법 제103조의2제1항제1호에 따라 공매를 대행한 때 다음 각 호의 어느 하나에 해당하는 경우에는 지체 없이 그 사실을 해당 지방자치단체의 장에게 통지해야 한다.
1. 법 제78조제2항에 따라 공매공고를 한 경우
2. 법 제87조에 따라 공매참가를 제한한 경우
3. 법 제90조제3항 또는 제92조제1항에 따라 매각 여부를 결정한 경우
4. 법 제95조제1항에 따라 매각결정을 취소한 경우
5. 제91조의4제2항에 따라 공매를 취소한 경우

제91조의6【공매보증금 등의 인계 등】① 공매등대행기관은 법 제103조의2제1항제1호에 따른 공매로 다음 각 호의 금액을 수령하였을 때에는 같은 항 제4조에 따라 배분을 대행하는 경우를 제외하고는 그 금액을 지체 없이 해당 지방자치단체의 세입세출외현금출납원에게 인계하거나 세입세출외현금출납원 계좌에 입금해야 한다.
1. 법 제76조제1항에 따른 공매보증금
2. 법 제92조제3항에 따른 매수대금
② 공매등대행기관은 제1항에 따라 수령한 공매보증금 등을 세입세출외현금출납원 계좌에 입금하였을 때에는 지체 없이 그 사실을 세입세출외현금출납원에게 통지해야 한다.

제91조의7【공매대행 의뢰 해제 요구】① 공매등대행기관은 공매대행을 의뢰받은 날부터 2년이 지나도 공매되지 않은 재산이 있는 경우에는 지방자치단체의 장에게 해당 재산에 대한 공매대행 의뢰를 해제해 줄 것을 요구할 수 있다.
② 제1항에 따라 해제 요구를 받은 지방자치단체의 장은 특별한 사정이 있는 경우를 제외하고는 해제 요구에 따라야 한다.

제91조의8【공매대행 수수료】법 제103조의2제3항에 따른 수수료는 공매대행에 드는 실제 비용을 고려하여 행정안전부령으로 정한다.

제91조의9【공매대행의 세부사항】법 제103조의2제1항제1호에 따라 공매등대행기관이 대행하는 공매에 필요한 사항으로서 이 영에서 정하지 않은 사항은 행정안전부장관과 공매등대행기관이 협의하여 정한다.

제91조의10【수의계약 대행】지방자치단체의 장이 법 제103조의2제1항제2호에 따른 수의계약(수의계약과 관련된 같은 항 제3호 및 제4호의 업무를 포함한다)을 공매등대행기관에 대행하게 하는 경우 대행 의뢰, 압류재산의 인도, 매수대금 등의 인계, 해제 요구, 수수료 등에 관하여는 제91조의2부터 제91조의9까지의 규정(제91조의4 및 제91조의5는 재산의 압류를 해제하여 공매를 취소하는 부분으로 한정한다)을 준용한다.

제91조의11【전문매각기관의 매각대행】① 지방자치단체의 장은 다음 각 호의 기관 중에서 법 제103조의3제1항에 따른 전문매각기관(이하 "전문매각기관"이라 한다)을 선정한다.
1. 지방자치단체의 장이 법 제103조의3제1항에 따른 예술품등(이하 "예술품등"이라 한다)의 매각에 전문성과 경험을 갖춘 기관으로 인정하여 공보 및 해당 지방자치단체의 홈페이지에 공고한 기관
2. 국세청장이「국세징수법 시행령」제75조제1항에 따라 관보 및 국세청 홈페이지에 공고한 기관

② 제1항에도 불구하고 시장·군수·구청장은 필요한 경우 특별시장·광역시장·도지사가 제1항제1호에 따라 공고한 기관 중에서 전문매각기관을 선정할 수 있다.

③ 법 제103조의3제1항에 따라 예술품등의 매각대행을 신청하려는 납세자는 행정안전부령으로 정하는 신청서를 작성하여 지방자치단체의 장에게 제출해야 한다.

④ 지방자치단체의 장은 직권 또는 제3항의 신청에 따라 전문매각기관을 선정하여 예술품등의 매각대행을 의뢰한 경우 매각 대상인 예술품등을 소유한 납세자에게 그 사실을 통지해야 한다.

⑤ 지방자치단체의 장은 법 제103조의3제1항에 따라 전문매각기관에 예술품등의 매각을 대행하게 한 때에는 직접 점유하고 있거나 제3자에게 보관하게 한 매각 대상 예술품등을 전문매각기관에 인도할 수 있다. 이 경우 제3자에게 보관하고 있는 예술품등에 대해서는 그 제3자가 발행한 해당 예술품등의 보관증을 인도함으로써 예술품등의 인도를 갈음할 수 있다.

⑥ 전문매각기관은 제5항에 따라 매각 대상 예술품등을 인수한 때에는 인계·인수서를 작성해야 한다.

⑦ 제1항부터 제6항까지에서 규정한 사항 외에 전문매각기관의 선정 및 예술품등의 매각 절차에 관하여 필요한 세부사항은 지방자치단체의 조례로 정한다.

제91조의12【전문매각기관의 매각대행 수수료】 법 제103조의3제3항에 따른 수수료는 매각대행에 드는 실제 비용을 고려하여 행정안전부령으로 정한다.

제10절 체납처분의 중지·유예

제92조【체납처분 집행의 중지와 공고】 ① 지방자치단체의 장은 법 제104조제3항에 따라 체납처분 집행의 중지를 공고할 때에는 지방자치단체의 정보통신망이나 게시판에 다음 각 호의 사항을 게시하여야 한다. 다만, 필요한 경우에는 관보·공보 또는 일간신문에 게재할 수 있다.

1. 체납자의 성명과 주소 또는 영업소
2. 체납액
3. 체납처분 중지의 이유
4. 그 밖에 필요한 사항

② 제1항에 따른 공고는 지방자치단체의 장이 「지방세기본법」 제147조에 따른 지방세심의위원회로부터 체납처분 집행의 중지에 관한 의결을 통지받은 날부터 10일 이내에 하여야 한다.

③ 지방자치단체의 장은 제2항에 따른 통지를 받아 체납처분의 집행을 중지하였을 때에는 해당 재산의 압류를 해제하여야 한다.

제93조【체납처분 유예】 ① 법 제105조제1항에 따른 체납처분 유예의 기간은 그 유예한 날의 다음 날부터 1년 이내로 한다.

② 제1항에도 불구하고 다음 각 호의 어느 하나에 해당하는 자에 대하여 체납처분을 유예하는 경우(제1항에 따라 체납처분을 유예받고 그 유예기간 중에 있는 자에 대하여 유예하는 경우를 포함한다) 그 체납처분 유예의 기간은 체납처분을 유예한 날의 다음 날부터 2년(제1항에 따라 체납처분을 유예받은 분에 대해서는 그 유예기간을 포함하여 산정한다) 이내로 할 수 있다.

1. 다음 각 목의 어느 하나의 지역에 사업장이 소재한 「조세특례제한법 시행령」 제2조에 따른 중소기업
가. 「고용정책 기본법」 제32조의2제2항에 따라 선포된 고용재난지역
나. 「고용정책 기본법 시행령」 제29조제1항에 따라 지정·고시된 지역

다. 「지역 산업위기 대응 및 지역경제 회복을 위한 특별법」 제10조제1항에 따라 지정된 산업위기대응특별지역(2022.2.18 본목개정)

2. 「재난 및 안전관리 기본법」 제60조제2항에 따라 선포된 특별재난지역(선포일로부터 2년으로 한정한다) 내에서 피해를 입은 납세자 (2018.6.26 본항신설)

③ 지방자치단체의 장은 체납처분이 유예된 체납액을 제1항 또는 제2항에 따른 체납처분 유예기간 내에 분할하여 징수할 수 있다.(2018.6.26 본항개정)

④ 체납처분 유예의 신청·통지·취소통지 등에 대해서는 제32조, 제33조 및 제35조를 준용한다.

제94조【정리보류】 ① 법 제106조제1항제6호에 따른 정리보류는 다음 각 호의 어느 하나에 해당하는 경우로 한정한다.(2022.1.28 본문개정)

1. 체납자가 행방불명이거나 재산이 없다는 것이 판명된 경우

2. 「채무자 회생 및 파산에 관한 법률」 제251조에 따라 채납한 회사가 납부의무를 면제받게 된 경우

② 지방자치단체의 장은 제1항제1호에 따라 정리보류를 하려는 때에는 체납자와 관계가 있다고 인정되는 행정기관에 체납자의 행방이나 재산의 유무를 확인(「전자정부법」 제36조제1항에 따른 행정정보의 공동이용을 통하여 조회하여 확인하는 것을 포함한다)해야 한다. 다만, 체납된 지방세가 30만원 미만인 때에는 체납자의 행방이나 재산 유무를 확인하지 않을 수 있다. (2022.1.28 본항개정)

③ (2022.1.28 삭제)
(2022.1.28 본조제목개정)

부 칙

제1조【시행일】 이 영은 2017년 3월 28일부터 시행한다.
제2조【관허사업 제한 절차 등에 관한 경과조치】 이 영 시행 전에 종전의 「지방세기본법 시행령」(대통령령 제27958호로 개정되기 전의 것을 말한다. 이하 "종전의 지방세기본법 시행령"이라 한다) 제49조에 따라 관허사업 제한 절차 등을 조례로 규정한 경우로서 이 영 시행 당시 관허사업 제한 절차 등이 진행 중인 경우에는 제11조의 규정에도 불구하고 그 제한 절차 등은 종전의 규정에 따른다.
제3조【다른 법령의 개정】 ①~⑦ ※(해당 법령에 가제정리 하였음)
제4조【다른 법령과의 관계】 이 영 시행 당시 다른 법령(조례를 포함한다)에서 종전의 지방세기본법 시행령 또는 그 규정을 인용하고 있는 경우 이 영에 그에 해당하는 규정이 있으면 종전의 지방세기본법 시행령 또는 그 규정을 갈음하여 이 영 또는 이 영의 해당 조항을 각각 인용한 것으로 본다.

부 칙 (2018.3.27)

이 영은 2018년 3월 27일부터 시행한다.

부 칙 (2018.6.26)

제1조【시행일】 이 영은 공포한 날부터 시행한다. 다만, 제15조제1항 및 제3항의 개정 규정은 2018년 6월 27일부터 시행한다.
제2조【고용재난지역 등에 소재한 중소기업 등의 징수예등의 특례에 관한 적용례】 제31조의2의 개정규정은 이 영 시행 이후 징수예등을 결정하는 분부터 적용한다.

제3조【고용재난지역 등에 소재한 중소기업 등의 체납처분 유예에 관한 적용례】 제93조제2항의 개정규정은 이 영 시행 이후 체납처분을 유예하는 분부터 적용한다.

　부　칙 (2018.12.31)

이 영은 2019년 1월 1일부터 시행한다.

　부　칙 (2020.3.24)

제1조【시행일】 이 영은 공포한 날부터 시행한다. 다만, 제4조의 개정규정은 2020년 4월 30일부터 시행한다.

제2조【신용카드를 통한 지방세 납부에 관한 적용례】 제30조제1항의 개정규정은 이 영 시행 전에 납세의무가 성립된 분에 대해서도 적용한다.

제3조【압류금지 재산에 관한 적용례】 제46조제1항 및 제47조제2항의 개정규정은 이 영 시행 이후 압류하는 분부터 적용한다.

　부　칙 (2020.12.8)

제1조【시행일】 이 영은 2020년 12월 10일부터 시행한다.(이하 생략)

　부　칙 (2020.12.31)

제1조【시행일】 이 영은 2021년 1월 1일부터 시행한다.

제2조【출국금지 요청 대상 확대에 따른 적용례】 제15조제1항제2호 및 제3호의 개정규정은 이 영 시행 당시 같은 개정규정의 출국금지 요청 요건을 충족한 사람에 대해서도 적용한다.

제3조【고액·상습체납자 명단공개 제외 기준 강화에 따른 적용례】 제19조제1항제1호의 개정규정은 이 영 시행 이후 고액·상습체납자 명단공개 대상을 정하는 경우부터 적용한다.

제4조【징수유예등의 신청절차에 관한 적용례】 제32조제1항의 개정규정은 이 영 시행 이후 징수유예등을 신청하는 경우부터 적용한다.

제5조【징수유예등의 통지에 관한 적용례】 제33조제1항 및 제2항의 개정규정은 이 영 시행 이후 징수유예등에 관한 결정을 하는 경우부터 적용한다.

　부　칙 (2021.2.17)

제1조【시행일】 이 영은 공포한 날부터 시행한다.(이하 생략)

　부　칙 (2021.4.27)

제1조【시행일】 이 영은 공포한 날부터 시행한다.

제2조【수탁자의 물적납세의무에 따른 납세증명서 발급 등에 관한 적용례】 제2조제3호, 제9조제8호, 제16조제1항제3호 및 제19조제1항제4호의 개정규정은 이 영 시행 이후 재산세등을 부과하는 경우부터 적용한다.

　부　칙 (2022.1.21)

제1조【시행일】 이 영은 2022년 1월 21일부터 시행한다.(이하 생략)

　부　칙 (2022.1.28)

이 영은 공포한 날부터 시행한다. 다만, 다음 각 호의 개정규정은 2022년 2월 3일부터 시행한다.
1. 제15조의 개정규정
2. 제17조제1항부터 제3항까지 및 제19조제2항의 개정규정 중 "지방자치단체의 장 또는 지방세조합장"을 개정하는 부분
3. 제17조제5항의 개정규정 중 "지방자치단체의 장이 정하거나 지방세조합의 규약으로 정한다"를 개정하는 부분

　부　칙 (2022.2.18)

제1조【시행일】 이 영은 2022년 2월 18일부터 시행한다.(이하 생략)

　부　칙 (2022.6.7)

이 영은 공포한 날부터 시행한다. 다만, 제19조의2의 개정규정은 2022년 7월 29일부터 시행한다.

　부　칙 (2023.3.14)

이 영은 공포한 날부터 시행한다.

　부　칙 (2023.3.31)

이 영은 2023년 4월 1일부터 시행한다.

지방세징수법 시행규칙

(2017년 3월 28일)
(행정자치부령 제115호)

개정
2018. 3.27행정안전부령 49호
2018.12.31행정안전부령 94호
2020. 3.24행정안전부령173호
2020.12.31행정안전부령226호
2021. 3.16기획재정부령840호(국제조세조정에관한법시규)
2021. 9. 7행정안전부령274호(법령용어정비)
2022. 3.18행정안전부령323호
2023. 3.14행정안전부령383호
2023. 3.31행정안전부령391호
2023.12.29행정안전부령449호

제1장 총 칙

제1조【목적】 이 규칙은「지방세징수법」및 같은 법 시행령에서 위임된 사항과 그 시행에 필요한 사항을 규정함을 목적으로 한다.

제2조【납세증명서의 신청 및 발급】 ①「지방세징수법」(이하 "법"이라 한다) 제5조 및「지방세징수법 시행령」(이하 "영"이라 한다) 제6조에 따른 납세증명서의 발급신청 및 납세증명은 별지 제1호서식의 지방세 납세증명(신청)서에 따른다.

② 제1항에 따른 납세증명서의 발급은 무료로 한다.

제3조【미납지방세 등의 열람】 ① 영 제8조제1항 각 호 외의 부분에서 "행정안전부령으로 정하는 미납지방세 등 열람신청서"란 별지 제2호서식의 미납지방세 등 열람신청서를 말한다.

② 법 제6조제3항 후단에 따른 통지는 별지 제2호의2서식의 미납지방세 등 열람내역통지서에 따른다.

(2023.3.31 본조개정)

제4조【관허사업의 제한·정지 또는 취소 요구 등】 ① 법 제7조제1항 및 영 제11조에 따라 지방자치단체의 장이 주무관청에 관허사업의 허가등을 하지 아니할 것을 요구하는 경우에는 별지 제3호서식(갑)의 관허사업의 허가등 제한 요구서에 따른다.

② 지방자치단체의 장은 제1항에 따른 요구를 하는 때에는 해당 사실을 별지 제3호서식(을)의 관허사업의 허가등 제한 요구에 대한 통지서에 따라 체납자에게 알려야 한다.

③ 법 제7조제2항에 따라 지방자치단체의 장이 주무관청에 관허사업의 정지 또는 허가등의 취소를 요구하는 경우에는 별지 제4호서식(갑)의 관허사업의 정지 또는 허가등의 취소 요구서에 따른다.

④ 지방자치단체의 장은 제3항에 따른 요구를 하는 때에는 해당 사실을 별지 제4호서식(을)의 관허사업의 정지 또는 허가등의 취소 요구에 대한 통지서에 따라 체납자에게 알려야 한다.

⑤ 지방자치단체의 장이 제1항 또는 제3항에 따른 요구를 법 제7조제3항에 따라 철회하는 경우에는 별지 제5호서식의 철회 요구서에 따른다.

제5조【외국인 체납자료 제공】 법 제10조에 따라 외국인 인적사항, 체납액에 관한 자료를 제공하는 경우에는 별지 제6호서식의 지방세 체납 외국인 자료 제공 서식에 따른다.

제6조【고액·상습체납자 명단 공개대상자 예정 통지】 법 제11조제3항 및 영 제19조제2항에 따라 공개대상자에게 체납자 명단 공개대상자임을 알리는 경우에는 별지 제7호서식의 체납자 명단 공개대상자 예정 통지서에 따른다.

제6조의2【고액·상습체납자의 감치 관련 소명자료 제출 및 의견진술 신청 통지 등】 ① 영 제19조의2제1항에 따른 소명자료 제출 및 의견진술 신청에 관한 통지는 별지 제7호의2서식에 따른다. 다만, 지방자치단체의 장은 필요하다고 인정하는 경우 별지 제7호의2서식과 달리 정할 수 있다.

② 영 제19조의2제1항에 따른 통지를 받고 소명자료를 제출하는 경우 별지 제7호의3서식에 따른다.

③ 영 제19조의2제1항에 따른 통지를 받고 의견진술을 신청하는 경우 별지 제7호의4서식에 따른다.

④ 영 제19조의2제2항에 따른 지방세심의위원회의 회의 일시 및 장소의 통지는 별지 제7호의5서식에 따른다. (2023.3.14 본조신설)

제2장 징 수

제7조【납세고지서】 법 제12조 및 영 제20조에 따른 납세의 고지는 별지 제8호서식의 납세고지서에 따른다.

제8조【체납처분비의 고지】 법 제12조제2항 및 영 제21조에 따른 체납처분비 고지서는 별지 제9호서식에 따른다.

제9조【제2차 납세의무자에 대한 납부의 고지】 ① 법 제15조 및 영 제22조에 따른 제2차 납세의무자에 대한 납부통지서는 별지 제10호서식에 따른다.

② 지방자치단체의 장은 제1항에 따른 납부통지서를 발부할 때에는 별지 제8호서식의 납세고지서를 첨부하여야 한다.

제10조【양도담보권자 등에 대한 납부의 고지】 ① 법 제16조제1항 및 영 제23조에 따른 납부의 고지는 다음 각 호의 구분에 따른다.

1. 양도담보권자의 경우 : 별지 제11호서식의 양도담보권자에 대한 납부통지서

2. 종중 재산의 명의수탁자의 경우 : 별지 제11호의2서식의 종중 재산의 명의수탁자에 대한 납부통지서

② 지방자치단체의 장은 법 제16조제1항 및 영 제23조에 따라 납부의 고지를 할 때에는 납세고지서를 첨부해야 한다.

(2022.3.18 본조개정)

제11조【징수한 지방세의 납부】 ① 영 제24조제4항에 따라 시장·군수·구청장(자치구의 구청장을 말한다. 이하 같다)이 징수한 특별시세·광역시세·도세를 특별시·광역시·도의 금고에 납입할 경우에는 별지 제12호서식의 납입서에 따른다.

② 시장·군수·구청장이 징수한 시·군·구(자치구를 말한다. 이하 같다)세를 시·군·구의 금고에 납입할 경우에는 제1항을 준용한다.

제12조【징수촉탁 등】 ① 법 제18조 및 영 제25조제1항에 따른 징수촉탁은 별지 제13호서식의 징수촉탁서에 따른다.

② 영 제25조제2항에 따라 징수촉탁서를 받은 세무공무원이 발송하여야 하는 인수서는 별지 제14호서식의 징수촉탁 인수서에 따른다. 다만, 지방자치단체의 징수금을 납부할 자가 그 관할구역에 거주하지 아니하거나 압류할 재산이 없어 그 인수가 불가할 때에는 그 사실을 별지 제15호서식의 징수촉탁 인수 불가 통지서에 따라 징수촉탁을 한 세무공무원에게 통지하여야 한다.

③ 세무공무원은 제2항 본문에 따른 인수서를 발송한 때에는 지방자치단체의 징수금을 납부할 자에게 납부기한을 지정하여 별지 제16호서식의 징수촉탁 인수 통지서를 발부하여야 한다.

제13조【징수금에 대한 납부의무 면제 신청 등】 ① 법 제19조제1항에 따른 특별징수의무자의 징수금 납부의무 면제 신청은 별지 제17호서식의 잃어버린 징수금의 납부의무 면제 신청서에 따른다.

② 법 제19조제2항 또는 제4항에 따른 특별징수의무자의 징수금 납부의무 면제 여부에 대한 결정의 통지는 별지 제18호서식의 잃어버린 징수금의 납부의무 면제 여부 결정 통지서에 따른다.

제14조【납부기한의 변경 고지】법 제22조제2항 후단 및 영 제28조 단서에 따라 납부기한을 변경하는 뜻을 고지하는 경우에는 별지 제19호서식의 납부기한 변경 고지서에 따른다.

제15조【지방세정보통신망을 이용한 지방세 납부확인서의 발급】지방자치단체의 장은 납세자가 지방자치단체의 징수금을 납부한 때에는 납세자의 요청(지방세정보통신망을 통한 요청을 포함한다)에 따라 다음 각 호의 구분에 따른 납부확인서를 발급한다.
1. 취득세 또는 등록면허세(취득세 또는 등록면허세에 부가하여 징수하는 지방세와 국세를 포함한다) 및 가산금을 납부한 경우: 별지 제20호서식의 취득세(등록면허세) 납부확인서
2. 취득세 및 등록면허세를 제외한 지방세(해당 지방세에 부가하여 징수하는 지방세와 국세를 포함한다) 및 가산금을 납부한 경우: 별지 제21호서식의 지방세 납부확인서

제16조【세무공무원이 직접 수납하는 지방자치단체의 징수금에 대한 영수증의 발급 등】세무공무원은 영 제29조제2항 단서에 따라 지방세를 직접 수납하는 경우에는 별지 제22호서식의 영수증서 원부 및 별지 제23호서식의 원부에 따라 영수증서 원부철을 작성하고, 납세자에게는 별지 제24호서식의 영수증서를 발급하여야 하며, 징수관에게는 별지 제25호서식의 영수확인보고서를 제출하여야 한다. 다만, 납세자가 제출하는 별지 제8호서식의 납세고지서 또는 신고납부서에 의하여 지방세를 납부한 경우에는 해당 납세고지서 또는 신고납부서로 영수증서 원부철을 갈음할 수 있고, 납세자에게는 해당 납세고지서 또는 납부서 중 납세자보관용 영수증을 교부함으로써 별지 제24호서식의 영수증서의 발급을 갈음할 수 있다.

제17조【징수유예등의 신청】법 제25조의3제1항 및 영 제32조제1항에 따른 징수유예등의 신청은 별지 제26호서식의 징수유예등 신청서에 따른다.(2020.12.31 본조개정)

제18조【징수유예등에 관한 통지】법 제25조의3제2항 및 영 제33조제1항에 따른 징수유예등의 승인 여부와 같은 법 제25조의3제4항 및 영 제33조제2항에 따른 징수유예등의 통지는 별지 제27호서식의 징수유예등 결과 통지서에 따른다.(2020.12.31 본조개정)

제19조【징수유예등의 취소 통지】법 제29조제2항 및 영 제35조에 따른 징수유예등의 취소 통지는 별지 제28호서식의 징수유예등 취소 통지서에 따른다.(2020.12.31 본조제목개정)

제20조【독촉장】① 법 제32조제1항 본문 및 영 제37조에 따른 독촉장은 별지 제29호서식에 따른다.
② 제1항에 따른 독촉장은 각 납세고지서별로 발부하여야 한다.

제21조【제2차 납세의무자에 대한 납부최고】법 제32조제2항 및 영 제38조에 따른 제2차 납세의무자에 대한 납부최고서는 별지 제30호서식에 따른다.

제22조【체납액 고지서의 발부】지방자치단체의 장은 법 제32조제3항에 따른 독촉장 또는 납부최고서에 기재된 납부기한까지 지방세 및 가산금이 완납되지 아니한 경우에는 별지 제31호서식의 체납액 고지서를 발부할 수 있다.

제22조의2【체납자 실태조사 계획 수립】지방자치단체의 장은 영 제38조의2제2항에 따라 매년 3월 31일까지 체납자 실태조사 계획을 수립해야 한다.(2023.3.14 본조신설)

제22조의3【납세자 관리대장】영 제38조의3제1항 각 호 외의 부분에 따른 납세자 관리대장은 별지 제31호의2서식에 따른다.(2023.3.14 본조신설)

제3장 체납처분

제23조【납기 전 보전 압류의 통지】법 제33조제4항 및 영 제40조에 따른 압류 통지의 문서는 별지 제32호서식의 납기 전 보전 압류 통지서에 따른다.

제24조【신분증】법 제34조에 따른 증표는 「지방세기본법 시행규칙」별지 제426호서식에 따른다.

제25조【수색조서】법 제35조제5항에 따른 수색조서는 별지 제33호서식에 따른다.

제26조【압류조서】법 제38조에 따른 압류조서는 별지 제34호서식에 따른다.

제26조의2【체납처분 위탁사실의 통지】법 제39조의2제1항 및 영 제45조의2제2항에 따른 체납처분 위탁 통지는 별지 제34호의2서식에 따른다.(2020.12.31 본조신설)

제27조【질물의 인도 요구】법 제44조제1항에 따른 질권의 대상물의 인도 요구는 별지 제35호서식의 질물(質物)의 인도 요구서에 따른다.

제28조【가압류·가처분 재산에 대한 압류 및 압류해제 통지】영 제48조에 따른 가압류 또는 가처분 중의 재산에 대한 압류 통지 및 압류해제 통지는 부동산인 경우에는 별지 제36호서식(갑)의, 동산인 경우에는 별지 제36호서식(을)의 가압류 또는 가처분 중의 재산 압류 또는 압류해제 통지서에 따른다.

제29조【압류 동산의 표시】법 제49조제1항 후단 및 영 제50조에 따른 압류 동산의 표시는 별지 제37호서식에 따른다.

제30조【압류 동산의 사용·수익 허가신청】법 제49조제2항 및 영 제51조(영 제58조에서 준용하는 경우를 포함한다)에 따른 압류 동산의 사용·수익 허가신청서는 별지 제38호서식에 따른다.

제31조【채권 압류의 통지】① 법 제51조제1항에 따른 채권 압류의 통지는 별지 제39호서식(갑)의 채권 압류 통지서에 따른다.
② 법 제51조제3항에 따른 채권 압류의 통지는 별지 제39호서식(을)의 채권 압류 통지서에 따른다.

제32조【부동산 등의 압류등기 촉탁 등】① 법 제55조제1항제1호·제2호 및 영 제54조제1항에 따른 부동산·공장재단 또는 광업재단의 압류등기 또는 그 변경등기의 촉탁은 별지 제40호서식의 지방세 체납처분에 의한 압류(변경)등기 촉탁서에 따른다.
② 법 제55조제1항제3호 및 영 제54조제2항에 따른 선박의 압류등기 또는 그 변경등기의 촉탁은 별지 제41호서식의 지방세 체납처분에 의한 선박압류(변경)등기 촉탁서에 따른다.(2022.3.18 본조개정)

제33조【부동산 등의 분할 또는 구분의 등기 촉탁 등】법 제55조제2항 및 영 제55조에 따른 부동산, 공장재단 또는 광업재단의 분할·구분·합병 또는 변경등기의 촉탁은 별지 제42호서식의 부동산·공장재단·광업재단 분할(구분·합병·변경)대위등기 촉탁서에 따른다. 다만, 변경등기 중 상속으로 인한 소유권이전등기의 촉탁은 별지 제43호서식의 상속으로 인한 소유권이전대위등기 촉탁서에 따른다.

제34조【부동산의 보존등기 촉탁】법 제55조제3항 및 영 제56조제1항에 따른 보존등기의 촉탁은 별지 제44호서식의 보존대위등기 촉탁서에 따른다.

제35조【부동산 등의 압류 통지】법 제55조제5항, 제56조제3항, 제58조제1항 및 제61조제1항에 따른 부동산 및 자동차 등 재산의 압류의 통지는 별지 제45호서식의 재산 압류 통지서에 따른다.(2022.3.18 본조개정)

제36조【자동차 등의 압류등록 촉탁】 ① 법 제56조제1항제1호부터 제3호까지 및 영 제57조제1항에 따른 자동차, 건설기계, 항공기 또는 경량항공기(이하 "항공기등"이라 한다)의 압류등록 또는 변경등록의 촉탁은 별지 제46호서식의 자동차ㆍ건설기계ㆍ항공기등 압류(변경)등록 촉탁서에 따른다.(2022.3.18 본항개정)

② 법 제56조제1항제4호 및 영 제57조제2항에 따른 선박의 압류등록 또는 변경등록의 촉탁은 별지 제46호의2서식의 선박 압류(변경)등록 촉탁서에 따른다.
(2022.3.18 본항신설)

제37조【압류자동차 등의 인도 명령】 법 제56조제2항에 따른 압류재산의 인도 명령은 별지 제47호서식의 압류재산(자동차ㆍ건설기계ㆍ항공기등ㆍ선박) 인도 명령서에 따른다.(2022.3.18 본조개정)

제38조【무체재산권등의 압류등기 또는 등록의 촉탁】 법 제61조제2항 및 영 제60조제1항에 따른 무체재산권등의 압류등기ㆍ등록 또는 변경등기ㆍ등록의 촉탁은 별지 제48호서식의 지방세 체납처분에 의한 무체재산권 압류(변경)등기(등록) 촉탁서에 따른다.

제39조【국유ㆍ공유 재산에 관한 권리의 압류등록의 촉탁】 법 제62조제1항 및 영 제61조제1항에 따른 국유ㆍ공유 재산에 관한 권리의 압류등록의 촉탁은 별지 제49호서식의 지방세 체납처분에 의한 국유ㆍ공유재산에 대한 권리 압류등록 촉탁서에 따른다.

제40조【압류해제조서】 법 제63조 및 영 제62조에 따른 압류해제조서는 별지 제50호서식에 따른다.

제41조【압류해제의 통지】 법 제64조제1항 및 영 제63조에 따른 압류해제의 통지는 별지 제51호서식의 압류해제 통지서에 따른다.

제42조【압류말소의 등기 또는 등록의 촉탁】 법 제64조제2항 및 영 제64조에 따른 압류말소의 등기 또는 등록의 촉탁은 별지 제52호서식의 압류말소 등기(등록) 촉탁서에 따른다.

제43조【교부청구】 법 제66조에 따른 교부청구는 별지 제53호서식의 교부청구서에 따른다.

제44조【참가압류의 통지】 ① 법 제67조제1항에 따른 참가압류 통지서는 별지 제54호서식(갑)에 따른다.

② 법 제67조제2항에 따른 참가압류의 통지는 별지 제54호서식(을)의 참가압류 통지서에 따른다.

제45조【기압류기관의 압류해제 통지 등】 ① 법 제68조제2항에 따른 기압류기관의 압류해제의 통지는 별지 제55호서식의 기압류기관 압류해제 통지서에 따른다.

② 법 제68조제3항ㆍ제7항 및 제66조에 따른 참가압류재산 인도의 통지는 별지 제56호서식의 참가압류재산 인도 통지서에 따른다.

제46조【참가압류기관의 매각처분 최고 및 통지】 ① 법 제68조제4항에 따른 참가압류재산 매각처분의 최고는 별지 제57호서식의 참가압류재산 매각처분 최고서에 따른다.

② 법 제68조제6항에 따른 참가압류재산 매각처분의 통지는 별지 제58호서식의 참가압류재산 매각처분 통지서에 따른다.

제47조【참가압류재산의 인수 통지】 영 제67조제4항에 따른 참가압류 재산인수의 통지는 별지 제59호서식의 참가압류재산 인수 통지서에 따른다.

제48조【교부청구의 해제 통지】 법 제70조제2항에 따른 교부청구 해제의 통지는 별지 제60호서식의 교부청구 해제 통지서에 따른다.

제49조 → 제73조의2로 이동
제50조 → 제73조의3으로 이동
제51조 → 제73조의4로 이동
제52조 (2022.3.18 삭제)

제52조의2 → 제73조의7로 이동
제52조의3 → 제73조의8로 이동
제53조【수의계약의 통지】 ① 영 제75조제2항에 따른 수의계약 매각의 통지는 별지 제64호서식의 압류재산의 수의계약 매각 통지서에 따른다.

② 지방자치단체의 장은 법 제80조에 따라 별지 제70호서식에 따른 공매 통지를 하면서 법 제72조제1항제5호에 해당하여 법 제72조에 따른 수의계약으로 매각할 수 있다는 뜻을 함께 통지하였으면 제1항에 따른 서식에 따르지 아니할 수 있다.(2022.3.18 본항개정)

③~④ (2022.3.18 삭제)

제54조【공매대상 재산 현황조사】 법 제73조제1항에 따른 공매대상 재산의 현황조사는 별지 제65호서식의 공매대상 재산 현황조사서에 따른다.

제55조【매각예정가격 조서】 법 제74조제1항에 따른 공매대상 재산의 매각예정가격의 결정은 별지 제66호서식의 공매대상 재산 매각예정가격 조서에 따른다.

제56조【감정서 및 감정수수료】 ① 법 제74조제2항 및 영 제76조제1항에 따라 공매대상 재산의 평가를 의뢰받은 감정인의 감정은 별지 제67호서식의 감정서에 따른다.

② 영 제76조제2항에 따른 수수료는 「국세징수법 시행규칙」 별표2를 준용한다. 이 경우 "세무서장"은 "지방자치단체의 장"으로 본다.(2023.3.14 전단개정)

③ 제2항에도 불구하고 무형자산 등 자산의 특수성으로 인하여 「국세징수법 시행규칙」 별표2의 수수료율을 준용하기 곤란한 경우에는 지방자치단체의 장이 감정인과 협의하여 수수료를 별도로 정할 수 있다.
(2023.3.14 본항개정)

제57조【질권설정서】 영 제77조제1호에 따른 질권설정서는 별지 제68호서식에 따른다.

제58조【공매공고에 대한 등기 또는 등록의 촉탁】 법 제79조에 따른 공매공고의 등기 또는 등록의 촉탁은 별지 제69호서식의 공매공고의 등기(등록) 촉탁서에 따른다.

제59조【공매통지】 법 제80조에 따른 공매의 통지는 별지 제70호서식의 공매 통지서에 따른다.

제60조【채권신고 및 배분요구 등】 ① 법 제81조제1항 및 제2항에 따른 배분요구와 같은 조 제4항에 따른 채권신고는 별지 제71호서식의 채권신고 및 배분요구서에 따른다.

② 법 제81조제4항에 따른 채권신고 최고 및 같은 조 제6항에 따른 배분요구 안내는 별지 제72호서식의 채권신고 최고 및 배분요구 안내서에 따른다.

제61조【공매재산명세서】 법 제82조제1항에 따른 공매재산명세서는 별지 제73호서식에 따른다.

제62조【공매공고의 등기 또는 등록 말소의 촉탁】 법 제86조에 따른 공매공고의 등기 또는 등록 말소의 촉탁은 별지 제74호서식의 공매공고 등기(등록)의 말소등기(등록) 촉탁서에 따른다.

제63조【공매참가 제한의 통지】 법 제87조 및 영 제91조의4제1항제2호에 따른 공매참가 제한의 통지는 별지 제75호서식의 공매참가 제한 통지서에 따른다.
(2022.3.18 본조개정)

제64조【입찰서】 법 제88조제1항에 따라 제출하는 입찰서류는 별지 제76호서식의 입찰서에 따른다.

제65조【입찰조서】 법 제88조제2항에 따른 입찰조서는 별지 제77호서식에 따른다.

제66조【매각결정을 할 수 없는 사유의 통지 등】 ① 영 제85조제1항에 따른 매각결정 불가 사유의 통지는 별지 제78호서식의 매각결정 불가 통지서에 따른다.

② 법 제92조제3항 본문에 따른 매각결정 통지서는 별지 제79호서식에 따른다.

제67조【매수대금의 납부최고】 법 제93조 및 영 제86조에 따른 매수대금의 납부최고는 별지 제80호서식의 매수대금 납부최고서에 따른다.

제68조【매각결정의 취소 통지】 법 제95조제1항에 따른 매각결정의 취소 통지는 별지 제81호서식의 매각결정 취소 통지서에 따른다.

제69조【권리이전 등기·등록의 촉탁 등】 ① 법 제96조 및 영 제89조에 따른 권리이전등기 또는 등록의 촉탁은 별지 제82호서식의 공매처분에 의한 소유권이전 등기(등록) 촉탁서에 따른다.
② 영 제89조제1호에 따라 매수인이 제출하는 등기청구서는 별지 제83호서식의 등기(등록)청구서에 따른다.

제70조【국유·공유 재산의 매각 통지】 영 제90조제1항에 따른 국유·공유 재산의 매각 통지는 별지 제84호서식의 국유·공유 재산 매각 통지서에 따른다.

제71조【배분기일 통지서】 법 제98조제2항에 따른 배분기일의 통지는 별지 제85호서식의 배분기일 통지서에 따른다.

제72조【배분계산서 등】 ① 법 제101조제1항에 따른 배분계산서 원안은 별지 제86호서식의 배분계산서에 따른다.
② 법 제101조제2항에 따른 배분금액 산정의 근거가 되는 서류의 열람 또는 복사 신청은 별지 제87호서식의 배분 관련 서류의 열람·복사 신청서에 따른다.
③ 법 제102조제1항 및 제2항에 따른 배분계산서 원안에 대한 이의제기는 별지 제88호서식의 배분계산서 원안에 대한 이의제기서에 따른다.

제73조【배분금전 예탁의 통지】 법 제103조제2항 및 영 제91조에 따른 배분금전 예탁의 통지는 별지 제89호서식의 배분금전의 예탁 통지서에 따른다.

제73조의2【공매대행 의뢰서】 법 제103조의2제1항제1호 및 영 제91조의2제1항에 따른 공매대행 의뢰서는 별지 제90호서식에 따른다.(2022.3.18 본조개정)

제73조의3【공매대행의 통지】 영 제91조의2제2항에 따른 공매대행의 통지는 별지 제91호서식의 공매대행 통지서에 따른다.(2022.3.18 본조개정)

제73조의4【압류재산의 인계·인수서】 영 제91조의3제2항에 따른 압류재산의 인계·인수서는 별지 제92호서식에 따른다.(2022.3.18 본조개정)

제73조의5【공매대행 수수료】 법 제103조의2제3항 및 영 제91조의8에 따른 수수료는 「국세징수법 시행규칙」제78조를 준용한다. 이 경우 "세무서장"은 "지방자치단체의 장"으로, "한국자산관리공사"는 "공매등대행기관"으로 본다.(2022.3.18 본조신설)

제73조의6【수의계약의 대행】 영 제91조의10에서 준용하는 영 제91조의2 및 제91조의3에 따른 수의계약의 대행 의뢰, 대행 통지 및 압류재산의 인계·인수의 서식에 관하여는 별지 제90호서식부터 별지 제92호서식까지를 각각 준용한다.(2022.3.18 본조신설)

제73조의7【매각대행 신청서 등】 ① 영 제91조의11제3항에 따른 신청서는 별지 제93호서식에 따른다.
② 영 제91조의11제4항에 따른 통지는 별지 제94호서식에 따른다.
(2022.3.18 본조개정)

제73조의8【매각대행 수수료】 법 제103조의3제3항 및 영 제91조의12에 따른 수수료는 별표와 같다.
(2022.3.18 본조개정)

제74조【서식의 준용】 법 제103조의2제1항에 따른 공매등대행기관이 같은 항 각 호의 업무를 대행하는 경우의 서식에 관하여는 별지 제64호서식부터 별지 제89호서식까지를 준용한다.(2022.3.18 본조개정)

　　　부　칙

제1조【시행일】 이 규칙은 공포한 날부터 시행한다.
제2조【다른 법령과의 관계】 이 규칙 시행 당시 다른 법령(조례를 포함한다)에서 종전의 「지방세기본법 시행규칙」 또는 그 규정을 인용하고 있는 경우 이 규칙에 그에 해당하는 규정이 있으면 종전의 「지방세기본법 시행규칙」 또는 그 규정을 갈음하여 이 규칙 또는 이 규칙의 해당 규정을 인용한 것으로 본다.

　　　부　칙 (2018.3.27)

이 규칙은 2018년 3월 27일부터 시행한다.

　　　부　칙 (2018.12.31)

이 규칙은 2019년 1월 1일부터 시행한다.

　　　부　칙 (2020.3.24)

이 규칙은 공포한 날부터 시행한다.

　　　부　칙 (2020.12.31)

이 규칙은 2021년 1월 1일부터 시행한다.

　　　부　칙 (2021.3.16)

제1조【시행일】 이 규칙은 공포한 날부터 시행한다.(이하 생략)

　　　부　칙 (2021.9.7)
　　　　　　(2022.3.18)

이 규칙은 공포한 날부터 시행한다.

　　　부　칙 (2023.3.14)

제1조【시행일】 이 규칙은 공포한 날부터 시행한다.
제2조【체납자 실태조사 계획 수립에 관한 특례】 2023년에 수립하는 체납자 실태조사 계획은 제22조의2의 개정규정에도 불구하고 2023년 4월 30일까지 수립해야 한다.

　　　부　칙 (2023.3.31)

이 규칙은 2023년 4월 1일부터 시행한다.

　　　부　칙 (2023.12.29)

이 규칙은 2024년 1월 1일부터 시행한다.

〔별표〕

수수료(제73조의8 관련)

(2022.3.18 개정)

1. 매각 수수료

매각 수수료는 다음 표의 구분에 따른 기준금액에 공매진행단계별 수수료율을 곱하여 계산한 금액과 최저 수수료 중 큰 금액으로 한다.

구분	기준 금액	공매 진행 단계	수수료율	최저 수수료
가. 법 제85조제1항 또는 법 제95조제1항제1호에 따라 공매가 중지되거나 매각결정을 취소한 경우	해당 납부세액	공매공고 전	0.6%	12만원
		공매공고 후 매각결정 전	0.9%	18만원
		매각결정 후 대금납부 전	1.2%	24만원
나. 매각대행 의뢰가 해제된 경우	체납액 또는 매각예정가격 중 적은 금액	공매공고 전	0.6%	12만원
		공매공고 후 매각결정 전	0.9%	18만원
		매각결정 후 대금납부 전	1.2%	24만원
다. 압류재산을 매각한 경우	해당 매각금액	-	3.0%	30만원
라. 법 제95조제1항제2호에 따라 매각결정을 취소한 경우	해당 매수대금	-	1.2%	24만원

비고 :
1. 기준금액이 12억원을 초과하는 경우에는 12억원으로 한다.
2. 동일한 체납자의 재산에 대하여 2건 이상의 공매 절차가 진행 중인 경우에는 각 재산의 공매진행 단계 등에 따른 수수료율 중 가장 높은 수수료율을 적용한다.
3. 법 제95조제1항제2호에 따라 매각결정을 취소한 경우 수수료는 법 제76조제1항에 따른 건별 공매보증금을 한도로 한다.
4. 위 표에도 불구하고 전문매각기관이 매각대행 의뢰를 받은 날부터 10일 이내에 공매가 중지되거나 매각결정이 취소되거나 매각대행 의뢰가 해제된 경우에는 해당 수수료를 면제할 수 있다.

2. 보전 수수료

보전수수료는 전문매각기관이 물품을 감정하거나 운송 또는 보관한 경우 발생한 실제 비용을 보전하기 위한 금액으로 한다.

〔별지서식〕 ➡ 「www.hyeonamsa.com」 참조

지방세법

(2010년 3월 31일
전부개정법률 제10221호)

개정
2010.12.27법10416호   <중략>
2015. 7.24법13425호(의무경찰대설치및운영에관한법)
2015. 7.24법13427호   2015.12.29법13636호
2016. 1.19법13796호(부동산가격공시에관한법)
2016. 1.19법13797호(부동산거래신고등에관한법)
2016. 1.19법13805호(주택법)
2016. 2.29법14033호(상표법)
2016. 3.29법14116호(항공안전법)
2016.12.27법14474호(지방세기본법)
2016.12.27법14475호
2016.12.27법14476호(지방세징수법)
2017. 2. 8법14567호(도시및주거환경정비법)
2017. 2. 8법14569호(빈집및소규모주택정비에관한특례법)
2017. 7.26법14839호(정부조직)
2017.12.26법15292호   2017.12.30법15335호
2018.12.24법16008호(법인세법)
2018.12.31법16113호   2018.12.31법16194호
2019. 8.27법16568호(양식산업발전법)
2019.12. 3법16663호   2019.12.31법16855호
2020. 8.12법17473호
2020.12.22법17651호(국제조세조정에관한법)
2020.12.29법17757호(소득)
2020.12.29법17769호→시행일 부칙 참조
2021. 1.12법17893호(지방자치)
2021. 7. 8법18294호   2021.12. 7법18544호
2021.12.28법18655호
2022. 6.10법18957호(수상레저기구의등록및검사에관한법)
2023. 3.14법19230호→시행일 부칙 참조. 2025년 1월 1일 시행하는 부분은 추후 수록
2023. 6. 9법19409호(지방자치분권및지역균형발전에관한특별법)
2023. 8.16법19634호(행정기관정비일부개정법령등)
2023.12.29법19860호
2024. 2.13법20264호(채무자회생파산)

제1장 총 칙

제1조【목적】 이 법은 지방자치단체가 과세하는 지방세 각 세목의 과세요건 및 부과・징수, 그 밖에 필요한 사항을 규정함을 목적으로 한다.

제2조【정의】 이 법에서 사용하는 용어의 뜻은 별도의 규정이 없으면 「지방세기본법」 및 「지방세징수법」에서 정하는 바에 따른다.(2016.12.27 본조개정)

제3조【과세 주체】 이 법에 따른 지방세를 부과・징수하는 지방자치단체는 「지방세기본법」 제8조 및 제9조의 지방자치단체의 세목 구분에 따라 해당 지방세의 과세 주체가 된다.

제4조【부동산 등의 시가표준액】 ① 이 법에서 적용하는 토지 및 주택에 대한 시가표준액은 「부동산 가격공시에 관한 법률」에 따라 공시된 가액(價額)으로 한다. 다만, 개별공시지가 또는 개별주택가격이 공시되지 아니한 경우에는 특별자치시장・특별자치도지사・시장・군수 또는 구청장(자치구의 구청장을 말한다. 이하 같다)이 같은 법에 따라 국토교통부장관이 제공한 토지가격비준표 또는 주택가격비준표를 사용하여 산정한 가액으로 하고, 공동주택가격이 공시되지 아니한 경우에는 대통령령으로 정하는 기준에 따라 특별자치시장・특별자치도지사・시장・군수 또는 구청장이 산정한 가액으로 한다.(2016.12.27 단서개정)
② 제1항 외의 건축물(새로 건축하여 건축 당시 개별주택가격 또는 공동주택가격이 공시되지 아니한 주택으로서 토지부분을 제외한 건축물을 포함한다), 선박, 항공기 및 그 밖의 과세대상에 대한 시가표준액은 거래가격, 수입가격, 신축・건조・제조가격 등을 고려하여 정한 기준가격에 종류, 구조, 용도, 경과연수 등 과세대상별 특성을 고려하여 대통령령으로 정하는 기준에 따라 지방자치단체의 장이 결정한 가액으로 한다.
③ 행정안전부장관은 제2항에 따른 시가표준액의 적정한 기준을 산정하기 위하여 조사・연구가 필요하다고 인정하는 경우에는 대통령령으로 정하는 관련 전문기관에 의뢰하여 이를 수행하게 할 수 있다.(2017.7.26 본항개정)
④ 제1항과 제2항에 따른 시가표준액의 결정은 「지방세기본법」 제147조에 따른 지방세심의위원회에서 심의한다.(2016.12.27 본항개정)

제5조【「지방세기본법」 및 「지방세징수법」의 적용】 지방세의 부과・징수에 관하여 이 법 및 다른 법령에서 규정한 것을 제외하고는 「지방세기본법」 및 「지방세징수법」을 적용한다.(2016.12.27 본조개정)

제2장 취득세

제1절 통 칙

제6조【정의】 취득세에서 사용하는 용어의 뜻은 다음 각 호와 같다.
1. "취득"이란 매매, 교환, 상속, 증여, 기부, 법인에 대한 현물출자, 건축, 개수(改修), 공유수면의 매립, 간척에 의한 토지의 조성 등과 그 밖에 이와 유사한 취득으로서 원시취득(수용재결로 취득한 경우 등 과세대상이 이미 존재하는 상태에서 취득하는 경우는 제외한다), 승계취득 또는 유상・무상의 모든 취득을 말한다.(2016.12.27 본호개정)
2. "부동산"이란 토지 및 건축물을 말한다.
3. "토지"란 「공간정보의 구축 및 관리 등에 관한 법률」에 따라 지적공부(地籍公簿)의 등록대상이 되는 토지와 그 밖에 사용되고 있는 사실상의 토지를 말한다.(2014.6.3 본호개정)
4. "건축물"이란 「건축법」 제2조제1항제2호에 따른 건축물(이와 유사한 형태의 건축물을 포함한다)과 토지에 정착하거나 지하 또는 다른 구조물에 설치하는 레저시설, 저장시설, 도크(dock)시설, 접안시설, 도관시설, 급수・배수시설, 에너지 공급시설 및 그 밖에 이와 유사한 시설(이에 딸린 시설을 포함한다)로서 대통령령으로 정하는 것을 말한다.
5. "건축"이란 「건축법」 제2조제1항제8호에 따른 건축을 말한다.
6. "개수"란 다음 각 목의 어느 하나에 해당하는 것을 말한다.
  가. 「건축법」 제2조제1항제9호에 따른 대수선
  나. 건축물 중 레저시설, 저장시설, 도크(dock)시설, 접안시설, 도관시설, 급수・배수시설, 에너지 공급시설 및 그 밖에 이와 유사한 시설(이에 딸린 시설을 포함한다)로서 대통령령으로 정하는 것을 수선하는 것
  다. 건축물에 딸린 시설물 중 대통령령으로 정하는 시설물을 한 종류 이상 설치하거나 수선하는 것
  (2014.1.1 본호개정)
7. "차량"이란 원동기를 장치한 모든 차량과 피견인차 및 궤도로 승객 또는 화물을 운반하는 모든 기구를 말한다.
8. "기계장비"란 건설공사용, 화물하역용 및 광업용으로 사용되는 기계장비로서 「건설기계관리법」에서 규정한 건설기계 및 이와 유사한 기계장비 중 행정안전부령으로 정하는 것을 말한다.(2017.7.26 본호개정)
9. "항공기"란 사람이 탑승・조종하여 항공에 사용하는 비행기, 비행선, 활공기(滑空機), 회전익(回轉翼) 항공기 및 그 밖에 이와 유사한 비행기구로서 대통령령으로 정하는 것을 말한다.
10. "선박"이란 기선, 범선, 부선(艀船) 및 그 밖에 명칭에 관계없이 모든 배를 말한다.(2013.1.1 본호개정)
11. "입목"이란 지상의 과수, 임목과 죽목(竹木)을 말한다.
12. "광업권"이란 「광업법」에 따른 광업권을 말한다.
13. "어업권"이란 「수산업법」 또는 「내수면어업법」에 따른 어업권을 말한다.
13의2. "양식업권"이란 「양식산업발전법」에 따른 양식업권을 말한다.(2019.8.27 본호신설)
14. "골프회원권"이란 「체육시설의 설치・이용에 관한 법률」에 따른 회원제 골프장의 회원으로서 골프장을 이용할 수 있는 권리를 말한다.

15. "승마회원권"이란 「체육시설의 설치·이용에 관한 법률」에 따른 회원제 승마장의 회원으로서 승마장을 이용할 수 있는 권리를 말한다.

16. "콘도미니엄 회원권"이란 「관광진흥법」에 따른 콘도미니엄과 이와 유사한 휴양시설로서 대통령령으로 정하는 시설을 이용할 수 있는 권리를 말한다.

17. "종합체육시설 이용회원권"이란 「체육시설의 설치·이용에 관한 법률」에 따른 회원제 종합 체육시설업에서 그 시설을 이용할 수 있는 회원의 권리를 말한다.

18. "요트회원권"이란 「체육시설의 설치·이용에 관한 법률」에 따른 회원제 요트장의 회원으로서 요트장을 이용할 수 있는 권리를 말한다.(2014.1.1 본호신설)

19. "중과기준세율"이란 제11조 및 제12조에 따른 세율에 가감하거나 제15조제2항에 따른 세율의 특례 적용 기준이 되는 세율로서 1천분의 20을 말한다.

20. "연부(年賦)"란 매매계약서상 연부계약 형식을 갖추고 일시에 완납할 수 없는 대금을 2년 이상에 걸쳐 일정액씩 분할하여 지급하는 것을 말한다.
(2015.12.29 19호~20호신설)

제7조【납세의무자 등】① 취득세는 부동산, 차량, 기계장비, 항공기, 선박, 입목, 광업권, 어업권, 양식업권, 골프회원권, 승마회원권, 콘도미니엄 회원권, 종합체육시설 이용회원권 또는 요트회원권(이하 이 장에서 "부동산등"이라 한다)을 취득한 자에게 부과한다.
(2019.8.27 본항개정)

② 부동산등의 취득은 「민법」, 「자동차관리법」, 「건설기계관리법」, 「항공안전법」, 「선박법」, 「입목에 관한 법률」, 「광업법」, 「수산업법」 또는 「양식산업발전법」 등 관계 법령에 따른 등기·등록 등을 하지 아니한 경우라도 사실상 취득하면 각각 취득한 것으로 보고 해당 취득물건의 소유자 또는 양수인을 각각 취득자로 한다. 다만, 차량, 기계장비, 항공기 및 주문을 받아 건조하는 선박은 승계취득인 경우에만 해당한다.
(2019.8.29 본문개정)

③ 건축물 중 조작(造作) 설비, 그 밖의 부대설비에 속하는 부분으로서 그 주체구조부(主體構造部)와 하나가 되어 건축물로서의 효용가치를 이루고 있는 것에 대하여는 주체구조부 취득자 외의 자가 가설(加設)한 경우에도 주체구조부의 취득자가 함께 취득한 것으로 본다.
(2013.1.1 본항개정)

④ 선박, 차량과 기계장비의 종류를 변경하거나 토지의 지목을 사실상 변경함으로써 그 가액이 증가한 경우에는 취득으로 본다. 이 경우 「도시개발법」에 따른 도시개발사업(환지방식만 해당한다)의 시행으로 토지의 지목이 사실상 변경된 때에는 그 환지계획에 따라 공급되는 환지는 조합원이, 체비지 또는 보류지는 사업시행자가 각각 취득한 것으로 본다.(2023.3.14 후단신설)

⑤ 법인의 주식 또는 지분을 취득함으로써 「지방세기본법」 제46조제2호에 따른 과점주주 중 대통령령으로 정하는 과점주주(이하 "과점주주"라 한다)가 되었을 때에는 그 과점주주가 해당 법인의 부동산등(법인이 「신탁법」에 따라 신탁한 재산으로서 수탁자 명의로 등기·등록이 되어 있는 부동산등을 포함한다)을 취득(법인설립 시에 발행하는 주식 또는 지분을 취득함으로써 과점주주가 된 경우에는 취득으로 보지 아니한다)한 것으로 본다. 이 경우 과점주주의 연대납세의무에 관하여는 「지방세기본법」 제44조를 준용한다.
(2023.3.14 전단개정)

⑥ 외국인 소유의 취득세 과세대상 물건(차량, 기계장비, 항공기 및 선박만 해당한다)을 직접 사용하거나 국내의 대여시설 이용자에게 대여하기 위하여 소유권을 이전 받는 조건으로 임차하여 수입하는 경우에는 수입하는 자가 취득한 것으로 본다.(2023.12.29 본항개정)

⑦ 상속(피상속인이 상속인에게 한 유증 및 포괄유증과 신탁재산의 상속을 포함한다. 이하 이 장과 제3장에서 같다)으로 인하여 취득하는 경우에는 상속인 각자가 상속받는 취득물건(지분을 취득하는 경우에는 그 지분에 해당하는 취득물건을 말한다)을 취득한 것으로 본다. 이 경우 상속인의 납부의무에 관하여는 「지방세기본법」 제44조제1항 및 제5항을 준용한다.(2010.12.27 전단개정)

⑧ 「주택법」 제11조에 따른 주택조합과 「도시 및 주거환경정비법」 제35조제3항 및 「빈집 및 소규모주택 정비에 관한 특례법」 제23조에 따른 재건축조합 및 소규모재건축조합(이하 이 장에서 "주택조합등"이라 한다)이 해당 조합원용으로 취득하는 조합주택용 부동산(공동주택과 부대시설·복리시설 및 그 부속토지를 말한다)은 그 조합원이 취득한 것으로 본다. 다만, 조합원에게 귀속되지 아니하는 부동산(이하 이 장에서 "비조합원용 부동산"이라 한다)은 제외한다.(2017.2.8 본문개정)

⑨ 「여신전문금융업법」에 따른 시설대여업자가 건설기계나 차량의 시설대여를 하는 경우로서 같은 법 제33조제1항에 따라 그 시설이용자의 명의로 등록하는 경우라도 그 건설기계나 차량은 시설대여업자가 취득한 것으로 본다.(2010.12.27 본항신설)

⑩ 기계장비나 차량을 기계장비대여업체 또는 운수업체의 명의로 등록하는 경우(영업용으로 등록하는 경우로 한정한다) 경우라도 해당 기계장비나 차량의 구매계약서, 세금계산서, 차주대장(車主臺帳) 등에 비추어 기계장비나 차량의 취득대금을 지급한 자가 따로 있음이 입증되는 경우 그 기계장비나 차량은 취득대금을 지급한 자가 취득한 것으로 본다.(2015.7.24 본항개정)

⑪ 배우자 또는 직계존비속의 부동산등을 취득하는 경우에는 증여로 취득한 것으로 본다. 다만, 다음 각 호의 어느 하나에 해당하는 경우에는 유상으로 취득한 것으로 본다.

1. 공매(경매를 포함한다. 이하 같다)를 통하여 부동산등을 취득한 경우

2. 파산선고로 인하여 처분되는 부동산등을 취득한 경우

3. 권리의 이전이나 행사에 등기 또는 등록이 필요한 부동산등을 서로 교환한 경우

4. 해당 부동산등의 취득을 위하여 그 대가를 지급한 사실이 다음 각 목의 어느 하나에 의하여 증명되는 경우(2015.12.29 본문개정)

 가. 그 대가를 지급하기 위한 취득자의 소득이 증명되는 경우

 나. 소유재산을 처분 또는 담보한 금액으로 해당 부동산을 취득한 경우

 다. 이미 상속세 또는 증여세를 과세(비과세 또는 감면받은 경우를 포함한다) 받았거나 신고한 경우로서 그 상속 또는 수증 재산의 가액으로 그 대가를 지급한 경우

 라. 가목부터 다목까지에 준하는 것으로서 취득자의 재산으로 그 대가를 지급한 사실이 입증되는 경우
 (2015.12.29 가목~라목신설)
(2014.1.1 본항신설)

⑫ 증여자의 채무를 인수하는 부담부(負擔附) 증여의 경우에는 그 채무액에 상당하는 부분은 부동산등을 유상으로 취득하는 것으로 본다. 다만, 배우자 또는 직계존비속으로부터의 부동산등의 부담부 증여의 경우에는 제11항을 적용한다.(2017.12.26 단서신설)

⑬ 상속개시 후 상속재산에 대하여 등기·등록·명의개서(名義改書) 등(이하 "등기등"이라 한다)에 의하여 각 상속인의 상속분이 확정되어 등기등이 된 후, 그 상속재산에 대하여 공동상속인이 협의하여 재분할한 결과 특정 상속인이 당초 상속분을 초과하여 취득하게

되는 재산가액은 그 재분할에 의하여 상속분이 감소한 상속인으로부터 증여받아 취득한 것으로 본다. 다만, 다음 각 호의 어느 하나에 해당하는 경우에는 그러하지 아니하다.

1. 제20조제1항에 따른 신고·납부기한 내에 재분할에 의한 취득과 등기등을 모두 마친 경우(2018.12.31 본호개정)

2. 상속회복청구의 소에 의한 법원의 확정판결에 의하여 상속인 및 상속재산에 변동이 있는 경우

3. 「민법」 제404조에 따른 채권자대위권의 행사에 의하여 공동상속인들의 법정상속분대로 등기등이 된 상속재산을 상속인사이의 협의분할에 의하여 재분할하는 경우

(2014.1.1 본항신설)

⑭ 「공간정보의 구축 및 관리 등에 관한 법률」 제67조에 따른 대(垈) 중 「국토의 계획 및 이용에 관한 법률」 등 관계 법령에 따른 택지공사가 준공된 토지에 정원 또는 부속시설물 등을 조성·설치하는 경우에는 그 정원 또는 부속시설물 등은 토지에 포함되는 것으로서 토지의 지목을 사실상 변경하는 것으로 보아 토지의 소유자가 취득한 것으로 본다. 다만, 건축물을 건축하면서 그 건축물에 부수되는 정원 또는 부속시설물 등을 조성·설치하는 경우에는 그 정원 또는 부속시설물 등은 건축물에 포함되는 것으로 보아 건축물을 취득하는 자가 취득한 것으로 본다.(2019.12.31 본항개정)

⑮ 「신탁법」 제10조에 따라 신탁재산의 위탁자 지위의 이전이 있는 경우에는 새로운 위탁자가 해당 신탁재산을 취득한 것으로 본다. 다만, 위탁자 지위의 이전에도 불구하고 신탁재산에 대한 실질적인 소유권 변동이 있다고 보기 어려운 경우로서 대통령령으로 정하는 경우에는 그러하지 아니하다.(2015.12.29 본항신설)

⑯ 「도시개발법」에 따른 도시개발사업과 「도시 및 주거환경정비법」에 따른 정비사업의 시행으로 해당 사업의 대상이 되는 부동산의 소유자(상속인을 포함한다)가 환지계획 또는 관리처분계획에 따라 공급받거나 토지상환채권으로 상환받는 건축물은 그 소유자가 원시취득한 것으로 보며, 토지의 경우에는 그 소유자가 승계취득한 것으로 본다. 이 경우 토지는 당초 소유한 토지 면적을 초과하는 경우로서 그 초과한 면적에 해당하는 부분에 한정하여 취득한 것으로 본다.(2023.3.14 본항신설)

제8조 【납세지】 ① 취득세의 납세지는 다음 각 호에서 정하는 바에 따른다.

1. 부동산 : 부동산 소재지

2. 차량 : 「자동차관리법」에 따른 등록지. 다만, 등록지가 사용본거지와 다른 경우에는 사용본거지를 납세지로 하고, 철도차량의 경우에는 해당 철도차량의 청소, 유치(留置), 조성, 검사, 수선 등을 주로 수행하는 철도차량기지의 소재지를 납세지로 한다.(2016.12.27 본호개정)

3. 기계장비 : 「건설기계관리법」에 따른 등록지

4. 항공기 : 항공기의 정치장(定置場) 소재지

5. 선박 : 선적항의 소재지. 다만, 「수상레저기구의 등록 및 검사에 관한 법률」 제3조 각 호에 해당하는 동력수상레저기구의 경우에는 같은 법 제6조제1항에 따른 등록지로 하고, 그 밖에 선적항이 없는 선박의 경우에는 정계장 소재지(정계장이 일정하지 아니한 경우에는 선박 소유자의 주소지)로 한다.(2023.3.14 단서개정)

6. 입목 : 입목 소재지

7. 광업권 : 광구 소재지

8. 어업권·양식업권 : 어장 소재지(2019.8.27 본호개정)

9. 골프회원권, 승마회원권, 콘도미니엄 회원권, 종합체육시설 이용회원권 또는 요트회원권 : 골프장·승마

장·콘도미니엄·종합체육시설 및 요트 보관소의 소재지(2014.1.1 본호개정)

② 제1항에 따른 납세지가 분명하지 아니한 경우에는 해당 취득물건의 소재지를 그 납세지로 한다.

③ 같은 취득물건이 둘 이상의 지방자치단체에 걸쳐 있는 경우에는 대통령령으로 정하는 바에 따라 소재지별로 안분(按分)한다.

제9조 【비과세】 ① 국가 또는 지방자치단체(다른 법률에서 국가 또는 지방자치단체로 의제되는 법인은 제외한다. 이하 같다), 「지방자치법」 제176조제1항에 따른 지방자치단체조합(이하 "지방자치단체조합"이라 한다), 외국정부 및 주한국제기구의 취득에 대해서는 취득세를 부과하지 아니한다. 다만, 대한민국 정부기관의 취득에 대하여 과세하는 외국정부의 취득에 대해서는 취득세를 부과한다.(2021.1.12 본문개정)

② 국가, 지방자치단체 또는 지방자치단체조합(이하 이 항에서 "국가등"이라 한다)에 귀속 또는 기부채납(「사회기반시설에 대한 민간투자법」 제4조제3호에 따른 방식으로 귀속되는 경우를 포함한다. 이하 이 항에서 "귀속등"이라 한다)을 조건으로 취득하는 부동산 및 「사회기반시설에 대한 민간투자법」 제2조제1호 각 목에 해당하는 사회기반시설에 대해서는 취득세를 부과하지 아니한다. 다만, 다음 각 호의 어느 하나에 해당하는 경우 그 해당 부분에 대해서는 취득세를 부과한다.(2015.12.29 단서개정)

1. 국가등에 귀속등의 조건을 이행하지 아니하고 타인에게 매각·증여하거나 귀속등을 이행하지 아니하는 것으로 조건이 변경된 경우

2. 국가등에 귀속등의 반대급부로 국가등이 소유하고 있는 부동산 및 사회기반시설을 무상으로 양여받거나 기부채납 대상물의 무상사용권을 제공받는 경우(2015.12.29 1호~2호신설)

③ 신탁(「신탁법」에 따른 신탁으로서 신탁등기가 병행되는 것만 해당한다)으로 인한 신탁재산의 취득으로서 다음 각 호의 어느 하나에 해당하는 경우에는 취득세를 부과하지 아니한다. 다만, 신탁재산의 취득 중 주택조합등과 조합원 간의 부동산 취득 및 주택조합등의 비조합용 부동산 취득은 제외한다.

1. 위탁자로부터 수탁자에게 신탁재산을 이전하는 경우

2. 신탁의 종료로 인하여 수탁자로부터 위탁자에게 신탁재산을 이전하는 경우(2011.7.25 본호개정)

3. 수탁자가 변경되어 신수탁자에게 신탁재산을 이전하는 경우

④ 「징발재산정리에 관한 특별조치법」 또는 「국가보위에 관한 특별조치법 폐지법률」 부칙 제2항에 따른 동원대상지역 내의 토지의 수용·사용에 관한 환매권의 행사로 매수하는 부동산의 취득에 대하여는 취득세를 부과하지 아니한다.

⑤ 임시흥행장, 공사현장사무소 등(제13조제5항에 따른 과세대상은 제외한다) 임시건축물의 취득에 대하여는 취득세를 부과하지 아니한다. 다만, 존속기간이 1년을 초과하는 경우에는 취득세를 부과한다.(2010.12.27 본문개정)

⑥ 「주택법」 제2조제3호에 따른 공동주택의 개수(「건축법」 제2조제1항제9호에 따른 대수선은 제외한다)로 인한 취득 중 대통령령으로 정하는 가액 이하의 주택과 관련된 개수로 인한 취득에 대해서는 취득세를 부과하지 아니한다.(2016.1.19 본항개정)

⑦ 다음 각 호의 어느 하나에 해당하는 차량에 대해서는 상속에 따른 취득세를 부과하지 아니한다.

1. 상속개시 이전에 천재지변·화재·교통사고·폐차·차령초과(車齡超過) 등으로 사용할 수 없게 된 차량으로서 대통령령으로 정하는 차량

2. 차령초과로 사실상 차량을 사용할 수 없는 경우 등 대통령령으로 정하는 사유로 상속으로 인한 이전등록을 하지 아니한 상태에서 폐차함에 따라 상속개시일부터 3개월 이내에 말소등록된 차량
(2021.12.28 본항개정)
(2014.1.1 본조제목개정)

제2절 과세표준과 세율

제10조【과세표준의 기준】 취득세의 과세표준은 취득 당시의 가액으로 한다. 다만, 연부로 취득하는 경우 취득세의 과세표준은 연부금액(매회 사실상 지급되는 금액을 말하며, 취득금액에 포함되는 계약보증금을 포함한다. 이하 이 장에서 같다)으로 한다.(2021.12.28 본조개정)

제10조의2【무상취득의 경우 과세표준】 ① 부동산등을 무상취득하는 경우 제10조에 따른 취득 당시의 가액(이하 "취득당시가액"이라 한다)은 취득시기 현재 불특정 다수인 사이에 자유롭게 거래가 이루어지는 경우 통상적으로 성립된다고 인정되는 가액(매매사례가액, 감정가액, 공매가액 등 대통령령으로 정하는 바에 따라 시가로 인정되는 가액을 말하며, 이하 "시가인정액"이라 한다)으로 한다.
② 제1항에도 불구하고 다음 각 호의 경우에는 해당 호에서 정하는 가액을 취득당시가액으로 한다.
1. 상속에 따른 무상취득의 경우 : 제4조에 따른 시가표준액
2. 대통령령으로 정하는 가액 이하의 부동산등을 무상취득(제1호의 경우는 제외한다)하는 경우 : 시가인정액과 제4조에 따른 시가표준액 중에서 납세자가 정하는 가액
3. 제1호 및 제2호에 해당하지 아니하는 경우 : 시가인정액으로 하되, 시가인정액을 산정하기 어려운 경우에는 제4조에 따른 시가표준액
③ 납세자가 제20조제1항에 따른 신고를 할 때 과세표준으로 제1항에 따른 감정가액을 신고하려는 경우에는 대통령령으로 정하는 바에 따라 둘 이상의 감정기관(대통령령으로 정하는 가액 이하의 부동산 등의 경우에는 하나의 감정기관으로 한다)에 감정을 의뢰하고 그 결과를 첨부하여야 한다.
④ 제3항에 따른 신고를 받은 지방자치단체의 장은 감정기관이 평가한 감정가액이 다른 감정기관이 평가한 감정가액의 100분의 80에 미달하는 등 대통령령으로 정하는 사유에 해당하는 경우에는 1년의 범위에서 기간을 정하여 해당 감정기관을 시가불인정 감정기관으로 지정할 수 있다.
⑤ 제4항에 따라 시가불인정 감정기관으로 지정된 감정기관이 평가한 감정가액은 그 지정된 기간 동안 시가인정액으로 보지 아니한다.
⑥ 제7조제11항 및 제12항에 따라 증여자의 채무를 인수하는 부담부 증여의 경우 유상으로 취득한 것으로 보는 채무액에 상당하는 부분(이하 이 조에서 "채무부담액"이라 한다)에 대해서는 제10조의3에서 정하는 유상승계취득에서의 과세표준을 적용하고, 취득물건의 시가인정액에서 채무부담액을 뺀 잔액에 대해서는 이 조에서 정하는 무상취득에서의 과세표준을 적용한다.
⑦ 제4항에 따른 시가불인정 감정기관의 지정기간ㆍ지정절차와 제6항에 따라 유상승계취득에서의 과세표준을 적용하는 채무부담액의 범위, 유상승계취득에서 과세표준이 되는 가액과 그 적용 등에 관하여 필요한 사항은 대통령령으로 정한다.
(2021.12.28 본조신설)

제10조의3【유상승계취득의 경우 과세표준】 ① 부동산등을 유상거래(매매 또는 교환 등 취득에 대한 대가를 지급하는 거래를 말한다. 이하 이 장에서 같다)로 승계취득하는 경우 취득당시가액은 취득시기 이전에 해당 물건을 취득하기 위하여 다음 각 호의 자가 거래 상대방이나 제3자에게 지급하였거나 지급하여야 할 일체의 비용으로서 대통령령으로 정하는 사실상의 취득가격(이하 "사실상취득가격"이라 한다)으로 한다.
(2023.12.29 본문개정)
1. 납세의무자
2. 「신탁법」에 따른 신탁의 방식으로 해당 물건을 취득하는 경우에는 같은 법에 따른 위탁자
3. 그 밖에 해당 물건을 취득하기 위하여 비용을 지급하였거나 지급하여야 할 자로서 대통령령으로 정하는 자
(2023.12.29 1호~3호신설)
② 지방자치단체의 장은 특수관계인 간의 거래로 그 취득에 대한 조세부담을 부당하게 감소시키는 행위 또는 계산을 한 것으로 인정되는 경우(이하 이 장에서 "부당행위계산"이라 한다)에는 제1항에도 불구하고 시가인정액을 취득당시가액으로 결정할 수 있다.
③ 부당행위계산의 유형은 대통령령으로 정한다.
(2021.12.28 본조신설)

제10조의4【원시취득의 경우 과세표준】 ① 부동산등을 원시취득하는 경우 취득당시가액은 사실상취득가격으로 한다.
② 제1항에도 불구하고 법인이 아닌 자가 건축물을 건축하여 취득하는 경우로서 사실상취득가격을 확인할 수 없는 경우의 취득당시가액은 제4조에 따른 시가표준액으로 한다.
(2021.12.28 본조신설)

제10조의5【무상취득ㆍ유상승계취득ㆍ원시취득의 경우 과세표준에 대한 특례】 ① 제10조의2 및 제10조의3에도 불구하고 차량 또는 기계장비를 취득하는 경우 취득당시가액은 다음 각 호의 구분에 따른 가격 또는 가액으로 한다.
1. 차량 또는 기계장비를 무상취득하는 경우 : 제4조제2항에 따른 시가표준액
2. 차량 또는 기계장비를 유상승계취득하는 경우 : 사실상취득가격. 다만, 사실상취득가격에 대한 신고 또는 신고가액의 표시가 없거나 그 신고가액이 제4조제2항에 따른 시가표준액보다 낮은 경우 취득당시가액은 같은 항에 따른 시가표준액으로 한다.
3. 차량 제조회사가 생산한 차량을 직접 사용하는 경우 : 사실상취득가격
② 제1항에도 불구하고 천재지변으로 피해를 입은 차량 또는 기계장비를 취득하여 그 사실상취득가격이 제4조제2항에 따른 시가표준액보다 낮은 경우 등 대통령령으로 정하는 경우 그 차량 또는 기계장비의 취득당시가액은 대통령령으로 정하는 바에 따라 달리 산정할 수 있다.
③ 제10조의2부터 제10조의4까지의 규정에도 불구하고 다음 각 호의 경우 취득당시가액의 산정 및 적용 등은 대통령령으로 정한다.
1. 대물변제, 교환, 양도담보 등 유상거래를 원인으로 취득하는 경우
2. 법인의 합병ㆍ분할 및 조직변경을 원인으로 취득하는 경우
3. 「도시 및 주거환경정비법」 제2조제8호의 사업시행자, 「빈집 및 소규모주택 정비에 관한 특례법」 제2조제1항제5호의 사업시행자 및 「주택법」 제2조제11호의 주택조합이 취득하는 경우
4. 그 밖에 제1호부터 제3호까지의 규정에 준하는 경우로서 대통령령으로 정하는 취득에 해당하는 경우
(2021.12.28 본조신설)

제10조의6【취득으로 보는 경우의 과세표준】 ① 다음 각 호의 경우 취득 당시가액은 그 변경으로 증가한 가액에 해당하는 사실상취득가격으로 한다.
1. 토지의 지목을 사실상 변경한 경우
2. 선박, 차량 또는 기계장비의 용도 등 대통령령으로 정하는 사항을 변경한 경우
② 제1항에도 불구하고 법인이 아닌 자가 제1항 각 호의 어느 하나에 해당하는 경우로서 사실상취득가격을 확인할 수 없는 경우 취득당시가액은 제4조에 따른 시가표준액을 대통령령으로 정하는 방법에 따라 계산한 가액으로 한다.
③ 건축물을 개수하는 경우 취득당시가액은 제10조의4에 따른다.
④ 제7조제5항 전단에 따라 과점주주가 취득한 것으로 보는 해당 법인의 부동산등의 취득당시가액은 해당 법인의 결산서와 그 밖의 장부 등에 따른 그 부동산등의 총가액을 그 법인의 주식 또는 출자의 총수로 나눈 가액에 과점주주가 취득한 주식 또는 출자의 수를 곱한 금액으로 한다. 이 경우 과점주주는 조례로 정하는 바에 따라 취득당시가액과 그 밖에 필요한 사항을 신고하여야 한다.
(2021.12.28 본조신설)
제10조의7【취득의 시기】 제10조의2부터 제10조의6까지의 규정을 적용하는 경우 취득물건의 취득유형별 취득시기 등에 관하여 필요한 사항은 대통령령으로 정한다.(2021.12.28 본조신설)
제11조【부동산 취득의 세율】 ① 부동산에 대한 취득세는 제10조의2부터 제10조의6까지의 규정에 따른 과세표준에 다음 각 호에 해당하는 표준세율을 적용하여 계산한 금액을 그 세액으로 한다.(2021.12.28 본문개정)
1. 상속으로 인한 취득(2010.12.27 본문개정)
  가. 농지 : 1천분의 23
  나. 농지 외의 것 : 1천분의 28
2. 제1호 외의 무상취득 : 1천분의 35. 다만, 대통령령으로 정하는 비영리사업자의 취득은 1천분의 28로 한다.(2010.12.27 본문개정)
3. 원시취득 : 1천분의 28
4. (2014.1.1 삭제)
5. 공유물의 분할 또는 「부동산 실권리자명의 등기에 관한 법률」 제2조제1호나목에서 규정하고 있는 부동산의 공유권 해소를 위한 지분이전으로 인한 취득(등기부등본상 본인 지분을 초과하는 부분의 경우에는 제외한다) : 1천분의 23(2010.12.27 본호신설)
6. 합유물 및 총유물의 분할로 인한 취득 : 1천분의 23(2010.12.27 본호개정)
7. 그 밖의 원인으로 인한 취득
  가. 농지 : 1천분의 30
  나. 농지 외의 것 : 1천분의 40
8. 제7호나목에도 불구하고 유상거래를 원인으로 주택〔「주택법」 제2조제1호의 주택으로서 「건축법」에 따른 건축물대장·사용승인서나 「부동산등기법」에 따른 등기부에 주택으로 기재〔「건축법」(법률 제7696호로 개정되기 전의 것을 말한다)에 따라 건축허가 또는 건축신고 없이 건축이 가능하였던 주택(법률 제7696호 건축법 일부개정법률 부칙 제3조에 따라 건축허가를 받거나 건축신고가 있는 것으로 보는 경우를 포함한다)으로서 건축물대장에 기재되어 있지 아니한 주택의 경우에도 건축물대장에 주택으로 기재된 것으로 본다)된 주거용 건축물과 그 부속토지를 말한다. 이하 이 조에서 같다〕를 취득하는 경우에는 다음 각 목의 구분에 따른 세율을 적용한다. 이 경우 지분으로 취득한 주택의 취득당시가액(제10조의3 및 제10조의5제3항에서 정하는 취득당시가액으로 한정한다. 이하 이 호에서 같다)은 다음 계

산식에 따라 산출한 전체 주택의 취득당시가액으로 한다.

$$
\text{전체 주택의} \atop \text{취득당시가액} = \text{취득 지분의} \atop \text{취득당시가액} \times \frac{\text{전체 주택의}\ \text{시가표준액}}{\text{취득 지분의}\ \text{시가표준액}}
$$

(2023.3.14 본문개정)
  가. 취득당시가액이 6억원 이하인 주택 : 1천분의 10
  나. 취득당시가액이 6억원을 초과하고 9억원 이하인 주택 : 다음 계산식에 따라 산출한 세율. 이 경우 소수점이하 다섯째자리에서 반올림하여 소수점 넷째자리까지 계산한다.

$$
\left(\text{해당 주택의} \atop \text{취득당시가액} \times \frac{2}{3억원} - 3 \right) \times \frac{1}{100}
$$

  다. 취득당시가액이 9억원을 초과하는 주택 : 1천분의 30
(2019.12.31 본호개정)
② 제1항제1호·제2호·제7호 및 제8호의 부동산이 공유물일 때에는 그 취득지분의 가액을 과세표준으로 하여 각각의 세율을 적용한다.(2013.12.26 본항개정)
③ 제10조의4 및 제10조의6제3항에 따라 건축(신축과 재축은 제외한다) 또는 개수로 인하여 건축물 면적이 증가할 때에는 그 증가된 부분에 대하여 원시취득으로 보아 제1항제3호의 세율을 적용한다.(2021.12.28 본항개정)
④ 주택을 신축 또는 증축한 이후 해당 주거용 건축물의 소유자(배우자 및 직계존비속을 포함한다)가 해당 주택의 부속토지를 취득하는 경우에는 제1항제8호를 적용하지 아니한다.(2020.8.12 본문개정)
1.~2. (2020.8.12 삭제)
⑤ 법인이 합병 또는 분할에 따라 부동산을 취득하는 경우에는 제1항제7호의 세율을 적용한다.(2023.3.14 본항신설)
제12조【부동산 외 취득의 세율】 ① 다음 각 호에 해당하는 부동산등에 대한 취득세는 제10조의2부터 제10조의6까지의 규정에 따른 과세표준에 다음 각 호의 표준세율을 적용하여 계산한 금액을 그 세액으로 한다.(2021.12.28 본문개정)
1. 선박
  가. 등기·등록 대상인 선박(나목에 따른 소형선박은 제외한다)
    1) 상속으로 인한 취득 : 1천분의 25
    2) 상속으로 인한 취득 외의 무상취득 : 1천분의 30
    3) 원시취득 : 1천분의 20.2
    4) 수입에 의한 취득 및 주문 건조에 의한 취득 : 1천분의 20.2
    5) (2014.1.1 삭제)
    6) 그 밖의 원인으로 인한 취득 : 1천분의 30
  나. 소형선박
    1) 「선박법」 제1조의2제2항에 따른 소형선박 : 1천분의 20.2
    2) 「수상레저기구의 등록 및 검사에 관한 법률」 제3조에 따른 동력수상레저기구 : 1천분의 20.2(2022.6.10 개정)
  다. 가목 및 나목 외의 선박 : 1천분의 20
(2010.12.27 본호개정)
2. 차량
  가. 대통령령으로 정하는 비영업용 승용자동차 : 1천분의 70. 다만, 대통령령으로 정하는 경자동차(이하 이 조에서 "경자동차"라 한다)의 경우에는 1천분의 40으로 한다.(2020.12.29 본목개정)
  나. 「자동차관리법」에 따른 이륜자동차로서 대통령령으로 정하는 자동차 : 1천분의 20(2019.12.31 본목신설)

다. 가목 및 나목 외의 자동차(2019.12.31 본문개정)
  1) 대통령령으로 정하는 비영업용 : 1천분의 50. 다만, 경자자동차의 경우에는 1천분의 40으로 한다.
  2) 대통령령으로 정하는 영업용 : 1천분의 40 (2020.12.29 1)~2)개정)
  3) (2019.12.31 삭제)
라. 가목부터 다목까지의 자동차 외의 차량 : 1천분의 20(2020.12.29 본목개정)
3. 기계장비 : 1천분의 30. 다만, 「건설기계관리법」에 따른 등록대상이 아닌 기계장비는 1천분의 20으로 한다.(2010.12.27 본호개정)
4. 항공기
가. 「항공안전법」 제7조 단서에 따른 항공기 : 1천분의 20(2016.3.29 본목개정)
나. 그 밖의 항공기 : 1천분의 20.2. 다만, 최대이륙중량이 5,700킬로그램 이상인 항공기는 1천분의 20.1로 한다.
5. 입목 : 1천분의 20
6. 광업권·어업권 또는 양식업권 : 1천분의 20 (2019.8.27 본호개정)
7. 골프회원권, 승마회원권, 콘도미니엄 회원권, 종합체육시설 이용회원권 또는 요트회원권 : 1천분의 20 (2014.1.1 본호개정)
② 제1항제1호의 선박 및 같은 항 제3호의 기계장비가 공유물일 때에는 그 취득지분의 가액을 과세표준으로 하여 세율을 적용한다.(2010.12.27 본항개정)

제13조 【과밀억제권역 안 취득 등 중과】 ① 「수도권정비계획법」 제6조에 따른 과밀억제권역에서 대통령령으로 정하는 본점이나 주사무소의 사업용으로 신축하거나 증축하는 건축물(「신탁법」에 따른 수탁자가 취득한 신탁재산 중 위탁자가 신탁기간 중 또는 신탁종료 후 위탁자의 본점이나 주사무소로 사용하기 위하여 신축하거나 증축하는 건축물을 포함한다)과 그 부속토지를 취득하는 경우와 같은 조에 따른 과밀억제권역(「산업집적활성화 및 공장설립에 관한 법률」을 적용받는 산업단지·유치지역 및 「국토의 계획 및 이용에 관한 법률」을 적용받는 공업지역은 제외한다)에서 공장을 신설하거나 증설하기 위하여 사업용 과세물건을 취득하는 경우의 취득세율은 제11조 및 제12조의 세율에 중과기준세율의 100분의 200을 합한 세율을 적용한다.(2019.12.31 본항개정)
② 다음 각 호의 어느 하나에 해당하는 부동산(「신탁법」에 따른 수탁자가 취득한 신탁재산을 포함한다)을 취득하는 경우의 취득세는 제11조제1항의 표준세율의 100분의 300에서 중과기준세율의 100분의 200을 뺀 세율(제11조제1항제8호에 해당하는 주택을 취득하는 경우에는 제13조의2제1항제1호에 해당하는 세율)을 적용한다. 다만, 「수도권정비계획법」 제6조에 따른 과밀억제권역(「산업집적활성화 및 공장설립에 관한 법률」을 적용받는 산업단지는 제외한다. 이하 이 조 및 제28조에서 "대도시"라 한다)에 설치가 불가피하다고 인정되는 업종으로서 대통령령으로 정하는 업종(이하 이 조에서 "대도시 중과 제외 업종"이라 한다)에 직접 사용할 목적으로 부동산을 취득하는 경우의 취득세는 제11조에 따른 해당 세율을 적용한다.(2020.8.12 본문개정)
1. 대도시에서 법인을 설립[대통령령으로 정하는 휴면(休眠)법인(이하 "휴면법인"이라 한다)을 인수하는 경우를 포함한다. 이하 이 호에서 같다]하거나 지점 또는 분사무소를 설치하는 경우 및 법인의 본점·주사무소·지점 또는 분사무소를 대도시 밖에서 대도시로 전입(「수도권정비계획법」 제2조에 따른 수도권의 경우에는 서울특별시 외의 지역에서 서울특별시로의 전입도 대도시로의 전입으로 본다. 이하 이 항 및 제28조제2항에서 같다)함에 따라 대도시의 부동산을 취

득(그 설립·설치·전입 이후의 부동산 취득을 포함한다)하는 경우(2016.12.27 본호개정)
2. 대도시(「산업집적활성화 및 공장설립에 관한 법률」을 적용받는 유치지역 및 「국토의 계획 및 이용에 관한 법률」을 적용받는 공업지역은 제외한다)에서 공장을 신설하거나 증설함에 따라 부동산을 취득하는 경우
③ 제2항 각 호 외의 부분 단서에도 불구하고 다음 각 호의 어느 하나에 해당하는 경우 그 해당 부분에 대하여는 제2항 본문을 적용한다.
1. 제2항 각 호 외의 부분 단서에 따라 취득한 부동산이 다음 각 목의 어느 하나에 해당하는 경우. 다만, 대도시 중과 제외 업종 중 대통령령으로 정하는 업종에 대하여는 직접 사용하여야 하는 기한 또는 다른 업종이나 다른 용도에 사용·겸용이 금지되는 기간을 3년 이내의 범위에서 대통령령으로 달리 정할 수 있다.
가. 정당한 사유 없이 부동산 취득일부터 1년이 경과할 때까지 대도시 중과 제외 업종에 직접 사용하지 아니하는 경우
나. 부동산 취득일부터 1년 이내에 다른 업종이나 다른 용도에 사용·겸용하는 경우
2. 제2항 각 호 외의 부분 단서에 따라 취득한 부동산이 다음 각 목의 어느 하나에 해당하는 경우
가. 부동산 취득일부터 2년 이상 해당 업종 또는 용도에 직접 사용하지 아니하고 매각하는 경우
나. 부동산 취득일부터 2년 이상 해당 업종 또는 용도에 직접 사용하지 아니하거나 다른 업종이나 다른 용도에 사용·겸용하는 경우
(2010.12.27 본항신설)
④ 제3항을 적용할 때 대통령령으로 정하는 임대가 불가피하다고 인정되는 업종에 대하여는 직접 사용하는 것으로 본다.(2010.12.27 본항신설)
⑤ 다음 각 호의 어느 하나에 해당하는 부동산등을 취득하는 경우(고급주택 등을 구분하여 그 일부를 취득하는 경우를 포함한다)의 취득세는 제11조 및 제12조의 세율과 중과기준세율의 100분의 400을 합한 세율을 적용하여 계산한 금액을 그 세율로 한다. 이 경우 골프장은 그 시설을 갖추어 「체육시설의 설치·이용에 관한 법률」에 따라 체육시설업의 등록(시설을 증설하여 변경등록하는 경우를 포함한다. 이하 이 항에서 같다)을 하는 경우뿐만 아니라 등록을 하지 아니하더라도 사실상 골프장으로 사용하는 경우에도 적용하며, 고급주택·고급오락장에 부속된 토지의 경계가 명확하지 아니할 때에는 그 건축물 바닥면적의 10배에 해당하는 토지를 그 부속토지로 본다.(2023.3.14 본문개정)
1. (2023.3.14 삭제)
2. 골프장 : 「체육시설의 설치·이용에 관한 법률」에 따른 회원제 골프장용 부동산 중 구분등록의 대상이 되는 토지와 건축물 및 그 토지 상(上)의 입목
3. 고급주택 : 주거용 건축물 또는 그 부속토지의 면적과 가액이 대통령령으로 정하는 기준을 초과하거나 해당 건축물에 67제곱미터 이상의 수영장 등 대통령령으로 정하는 부대시설을 설치한 주거용 건축물과 그 부속토지. 다만, 주거용 건축물을 취득한 날부터 60일[상속으로 인한 경우는 상속개시일이 속하는 달의 말일부터, 실종으로 인한 경우는 실종선고일이 속하는 달의 말일부터 각각 6개월(납세자가 외국에 주소를 둔 경우에는 각각 9개월)] 이내에 주거용이 아닌 용도로 사용하거나 고급주택이 아닌 용도로 사용하기 위하여 용도변경공사를 착공하는 경우는 제외한다.(2018.12.31 단서개정)
4. 고급오락장 : 도박장, 유흥주점영업장, 특수목욕장, 그 밖에 이와 유사한 용도에 사용되는 건축물 중 대통령령으로 정하는 건축물과 그 부속토지. 다만, 고급오락장용 건축물을 취득한 날부터 60일[상속으로 인한 경우는 상속개시일이 속하는 달의 말일부터, 실종

으로 인한 경우는 실종선고일이 속하는 달의 말일부터 각각 6개월(납세자가 외국에 주소를 둔 경우에는 각각 9개월)] 이내에 고급오락장이 아닌 용도로 사용하거나 고급오락장이 아닌 용도로 사용하기 위하여 용도변경공사를 착공하는 경우는 제외한다.
(2018.12.31 단서개정)
5. 고급선박 : 비업무용 자가용 선박으로서 대통령령으로 정하는 기준을 초과하는 선박
⑥ 제1항과 제2항이 동시에 적용되는 과세물건에 대한 취득세율은 제16조제5항에도 불구하고 제11조제1항에 따른 표준세율의 100분의 300으로 한다.
⑦ 제2항과 제5항이 동시에 적용되는 과세물건에 대한 취득세율은 제16조제5항에도 불구하고 제11조에 따른 표준세율의 100분의 300에 중과기준세율의 100분의 200을 합한 세율을 적용한다. 다만, 제13조의2제1항제8호에 따른 주택을 취득하는 경우에는 해당 세율에 중과기준세율의 100분의 600을 합한 세율을 적용한다.
(2015.12.29 단서신설)
⑧ 제2항에 따른 중과세의 범위와 적용기준, 그 밖에 필요한 사항은 대통령령으로 정하고, 제1항과 제2항에 따른 공장의 범위와 적용기준은 행정안전부령으로 정한다.(2017.7.26 본항개정)

제13조의2【법인의 주택 취득 등 중과】 ① 주택(제11조제1항제8호에 따른 주택을 말한다. 이 경우 주택의 공유지분이나 부속토지만을 소유하거나 취득하는 경우에도 주택을 소유하거나 취득한 것으로 본다. 이하 이 조 및 제13조의3에서 같다)을 유상거래를 원인으로 취득하는 경우로서 다음 각 호의 어느 하나에 해당하는 경우에는 제11조제1항제8호에도 불구하고 다음 각 호에 따른 세율을 적용한다.
1. 법인(「국세기본법」 제13조에 따른 법인으로 보는 단체, 「부동산등기법」 제49조제1항제3호에 따른 법인 아닌 사단·재단 등 개인이 아닌 자를 포함한다. 이하 이 조 및 제151조에서 같다)이 주택을 취득하는 경우 : 제11조제1항제7호나목의 세율을 표준세율로 하여 해당 세율에 중과기준세율의 100분의 400을 합한 세율
2. 1세대 2주택(대통령령으로 정하는 일시적 2주택은 제외한다)에 해당하는 주택으로서 「주택법」 제63조의2제1항제1호에 따른 조정대상지역(이하 이 장에서 "조정대상지역"이라 한다)에 있는 주택을 취득하는 경우 또는 1세대 3주택에 해당하는 주택으로서 조정대상지역 외의 지역에 있는 주택을 취득하는 경우 : 제11조제1항제7호나목의 세율을 표준세율로 하여 해당 세율에 중과기준세율의 100분의 200을 합한 세율
3. 1세대 3주택 이상에 해당하는 주택으로서 조정대상지역에 있는 주택을 취득하는 경우 또는 1세대 4주택 이상에 해당하는 주택으로서 조정대상지역 외의 지역에 있는 주택을 취득하는 경우 : 제11조제1항제7호나목의 세율을 표준세율로 하여 해당 세율에 중과기준세율의 100분의 400을 합한 세율
② 조정대상지역에 있는 주택으로서 대통령령으로 정하는 일정가액 이상의 주택을 제11조제1항제2호에 따른 무상취득(이하 이 조에서 "무상취득"이라 한다)을 원인으로 취득하는 경우에는 제11조제1항제2호에도 불구하고 같은 항 제7호나목의 세율을 표준세율로 하여 해당 세율에 중과기준세율의 100분의 400을 합한 세율을 적용한다. 다만, 1세대 1주택자가 소유한 주택을 배우자 또는 직계존비속이 무상취득하는 등 대통령령으로 정하는 경우는 제외한다.
③ 제1항 또는 제2항과 제13조제5항이 동시에 적용되는 과세물건에 대한 취득세율은 제16조제5항에도 불구하고 제1항 각 호의 세율 및 제2항의 세율에 중과기준세율의 100분의 400을 합한 세율을 적용한다.

④ 제1항부터 제3항까지를 적용할 때 조정대상지역 지정고시일 이전에 주택에 대한 매매계약(공동주택 분양계약을 포함한다)을 체결한 경우(다만, 계약금을 지급한 사실 등이 증빙서류에 의하여 확인되는 경우에 한정한다)에는 조정대상지역으로 지정되기 전에 주택을 취득한 것으로 본다.
⑤ 제1항부터 제4항까지 및 제13조의3을 적용할 때 주택의 범위 포함 여부, 세대의 기준, 주택 수의 산정방법 등 필요한 세부 사항은 대통령령으로 정한다.
(2020.8.12 본조신설)
제13조의3【주택 수의 판단 범위】 제13조의2를 적용할 때 다음 각 호의 어느 하나에 해당하는 경우에는 다음 각 호에서 정하는 바에 따라 세대별 소유 주택 수에 가산한다.
1. 「신탁법」에 따라 신탁된 주택은 위탁자의 주택 수에 가산한다.
2. 「도시 및 주거환경정비법」 제74조에 따른 관리처분계획의 인가 및 「빈집 및 소규모주택 정비에 관한 특례법」 제29조에 따른 사업시행계획인가로 인하여 취득한 입주자로 선정된 지위(「도시 및 주거환경정비법」에 따른 재건축사업 또는 재개발사업, 「빈집 및 소규모주택 정비에 관한 특례법」에 따른 소규모재건축사업을 시행하는 정비사업조합의 조합원으로서 취득한 것(그 조합원으로부터 취득한 것을 포함한다)으로 한정하며, 이에 딸린 토지를 포함한다. 이하 이 조에서 "조합원입주권"이라 한다)는 해당 주거용 건축물이 멸실되었더라도 해당 조합원입주권 소유자의 주택 수에 가산한다.
3. 「부동산 거래신고 등에 관한 법률」 제3조제1항제2호에 따른 "부동산에 대한 공급계약"을 통하여 주택을 공급받는 자로 선정된 지위(해당 지위를 매매 또는 증여 등의 방법으로 취득한 것을 포함한다. 이하 이 조에서 "주택분양권"이라 한다)는 해당 주택분양권을 소유한 자의 주택 수에 가산한다.
4. 제105조에 따라 주택으로 과세하는 오피스텔은 해당 오피스텔을 소유한 자의 주택 수에 가산한다.
(2020.8.12 본조신설)
제14조【조례에 따른 세율 조정】 지방자치단체의 장은 조례로 정하는 바에 따라 취득세의 세율을 제11조와 제12조에 따른 세율의 100분의 50의 범위에서 가감할 수 있다.
제15조【세율의 특례】 ① 다음 각 호의 어느 하나에 해당하는 취득에 대한 취득세는 제11조 및 제12조에 따른 세율에서 중과기준세율을 뺀 세율로 산출한 금액을 그 세액으로 하되, 제11조제1항제8호에 따른 주택의 취득에 대한 취득세는 해당 세율에 100분의 50을 곱한 세율을 적용하여 산출한 금액을 그 세액으로 한다. 다만, 취득물건이 제13조제2항에 해당하는 경우에는 이 항 각 호 외의 부분 본문의 계산방법으로 산출한 세율의 100분의 300을 적용한다.(2015.7.24 본문개정)
1. 환매등기를 병행하는 부동산의 매매로서 환매기간 내에 매도자가 환매한 경우의 그 매도자와 매수자의 취득
2. 상속으로 인한 취득 중 다음 각 목의 어느 하나에 해당하는 취득
   가. 대통령령으로 정하는 1가구 1주택의 취득
   (2015.7.24 본목개정)
   나. 「지방세특례제한법」 제6조제1항에 따라 취득세의 감면대상이 되는 농지의 취득
3. 「법인세법」 제44조제2항 또는 제3항에 해당하는 법인의 합병으로 인한 취득. 다만, 법인의 합병으로 인하여 취득한 과세물건이 합병 후에 제16조에 따른 과세물건에 해당하게 되는 경우 또는 합병등기일부터 3년 이내에 「법인세법」 제44조의3제3항 각 호의 어느 하

나에 해당하는 사유가 발생하는 경우(같은 항 각 호외의 부분 단서에 해당하는 경우는 제외한다)에는 그러하지 아니하다.(2015.12.29 본호개정)
4. 공유물·합유물의 분할 또는 「부동산 실권리자명의 등기에 관한 법률」 제2조제1호나목에서 규정하고 있는 부동산의 공유권 해소를 위한 지분이전으로 인한 취득(등기부등본상 본인 지분을 초과하는 부분의 경우에는 제외한다)(2017.12.26 본호개정)
5. 건축물의 이전으로 인한 취득. 다만, 이전한 건축물의 가액이 종전 건축물의 가액을 초과하는 경우에 그 초과하는 가액에 대하여는 그러하지 아니하다.
6. 「민법」 제834조, 제839조의2 및 제840조에 따른 재산분할로 인한 취득(2015.7.24 본호개정)
7. 그 밖의 형식적인 취득 등 대통령령으로 정하는 취득

② 다음 각 호의 어느 하나에 해당하는 취득에 대한 취득세는 중과기준세율을 적용하여 계산한 금액을 그 세액으로 한다. 다만, 취득물건이 제13조제1항에 해당하는 경우에는 중과기준세율의 100분의 300을, 같은 조 제5항에 해당하는 경우에는 중과기준세율의 100분의 500을 각각 적용한다.(2010.12.27 단서개정)
1. 개수로 인한 취득(제11조제3항에 해당하는 경우는 제외한다). 이 경우 과세표준은 제10조의6제3항에 따른다.(2021.12.28 후단개정)
2. 제7조제4항에 따른 선박·차량과 기계장비 및 토지의 가액 증가. 이 경우 과세표준은 제10조의6제1항에 따른다.(2021.12.28 후단개정)
3. 제7조제5항에 따른 과점주주의 취득. 이 경우 과세표준은 제10조의6제4항에 따른다.(2021.12.28 후단개정)
4. 제7조제6항에 따라 외국인 소유의 취득세 과세대상 물건(차량, 기계장비, 항공기 및 선박만 해당한다)의 소유권을 이전 받는 조건으로 임차하여 수입하는 경우의 취득(연부로 취득하는 경우로 한정한다)(2023.12.29 본호개정)
5. 제7조제9항에 따른 시설대여업자의 건설기계 또는 차량 취득(2010.12.27 본호신설)
6. 제7조제10항에 따른 취득대금을 지급한 자의 기계장비 또는 차량 취득. 다만, 기계장비 또는 차량을 취득하면서 기계장비대여업체 또는 운수업체의 명의로 등록하는 경우로 한정한다.(2015.7.24 단서신설)
7. 제7조제14항 본문에 따른 토지의 소유자의 취득(2019.12.31 본호신설)
8. 그 밖에 레저시설의 취득 등 대통령령으로 정하는 취득

[판례] 사실혼 해소의 경우에도 민법상 재산분할에 관한 규정이 준용되는 점, 법률혼과 사실혼이 혼재된 경우 재산분할을 특별한 사정이 없는 한 전체 기간 중에 쌍방의 협력에 의하여 이룩한 재산을 모두 청산 대상으로 하는 점, 실질적으로 부부의 생활공동체로 인정되는 경우에는 혼인신고의 유무와 상관없이 재산분할에 관하여 동일한 법리가 적용됨에도 세법을 적용할 때 혼인신고의 유무에 따라 다르게 과세하는 것은 합리적이라고 보기 어려운 점, 사실혼 여부에 관하여 과세관청으로서는 이를 쉽게 파악하기 어렵더라도 객관적 자료에 의해 이를 증명한 사람에 대해서는 그에 따른 법률효과를 부여하면 상당한 점 등을 더하여 보면, 법률조항은 사실혼 해소 시 재산분할로 인한 취득에 대해서도 적용된다.(대판 2016.8.30, 2016두36864)

제16조 【세율 적용】
① 토지나 건축물을 취득한 후 5년 이내에 해당 토지나 건축물이 다음 각 호의 어느 하나에 해당하게 된 경우에는 해당 각 호에서 인용한 조항에 규정된 세율을 적용하여 취득세를 추징한다.
1. 제13조제1항에 따른 본점이나 주사무소의 사업용 부동산(본점 또는 주사무소용 건축물을 신축하거나 증축하는 경우와 그 부속토지만 해당한다)

2. 제13조제1항에 따른 공장의 신설용 또는 증설용 부동산
3. 제13조제5항에 따른 골프장, 고급주택 또는 고급오락장(2023.3.14 본호개정)
② 고급주택, 골프장 또는 고급오락장용 건축물을 증축·개축 또는 개수한 경우와 일반건축물을 증축·개축 또는 개수하여 고급주택 또는 고급오락장이 된 경우에 그 증가되는 건축물의 가액에 대하여 적용할 취득세의 세율은 제13조제5항에 따른 세율로 한다.(2023.3.14 본항개정)
③ 제13조제1항에 따른 공장 신설 또는 증설의 경우에 사업용 과세물건의 소유자와 공장을 신설하거나 증설한 자가 다를 때에는 그 사업용 과세물건의 소유자가 공장을 신설하거나 증설한 것으로 보아 같은 항의 세율을 적용한다. 다만, 취득일부터 공장 신설 또는 증설을 시작한 날까지의 기간이 5년이 지난 사업용 과세물건은 제외한다.
④ 취득한 부동산이 대통령령으로 정하는 기간에 제13조제2항에 따른 과세대상이 되는 경우에는 같은 항의 세율을 적용하여 취득세를 추징한다.
⑤ 같은 취득물건에 대하여 둘 이상의 세율이 해당되는 경우에는 그중 높은 세율을 적용한다.
⑥ 취득한 부동산이 다음 각 호의 어느 하나에 해당하는 경우에는 제5항에도 불구하고 다음 각 호의 세율을 적용하여 취득세를 추징한다.
1. 제1항제1호 또는 제2호와 제4항이 동시에 적용되는 경우: 제13조제6항의 세율
2. 제1항제3호와 제13조의2제1항 또는 같은 조 제2항이 동시에 적용되는 경우: 제13조의2제3항의 세율
(2020.8.12 본항개정)

제17조 【면세점】
① 취득가액이 50만원 이하일 때에는 취득세를 부과하지 아니한다.
② 토지나 건축물을 취득한 자가 그 취득한 날부터 1년 이내에 그에 인접한 토지나 건축물을 취득한 경우에는 각각 그 전후의 취득에 관한 토지나 건축물의 취득을 1건의 토지 취득 또는 1구의 건축물 취득으로 보아 제1항을 적용한다.

제3절 부과·징수

제18조 【징수방법】
취득세의 징수는 신고납부의 방법으로 한다.

제19조 【통보 등】
다음 각 호의 자는 취득세 과세물건을 매각(연부로 매각한 것을 포함한다)하면 매각일부터 30일 이내에 대통령령으로 정하는 바에 따라 그 물건 소재지를 관할하는 지방자치단체의 장에게 통보하거나 신고하여야 한다.
1. 국가, 지방자치단체 또는 지방자치단체조합
2. 국가 또는 지방자치단체의 투자기관(재투자기관을 포함한다)
3. (2015.7.24 삭제)
4. 그 밖에 제1호 및 제2호에 준하는 기관 및 단체로서 대통령령으로 정하는 자(2015.7.24 본호개정)

제20조 【신고 및 납부】
① 취득세 과세물건을 취득한 자는 그 취득한 날(「부동산 거래신고 등에 관한 법률」 제10조제1항에 따른 토지거래계약에 관한 허가구역에 있는 토지를 취득하는 경우로서 같은 법 제11조에 따른 토지거래계약에 관한 허가를 받기 전에 거래대금을 완납한 경우에는 그 허가일이나 허가구역의 지정 해제일 또는 축소일을 말한다)부터 60일[무상취득(상속은 제외한다) 또는 증여자의 채무를 인수하는 부담부 증여로 인한 취득의 경우는 취득일이 속하는 달의 말일부터 3개월, 상속으로 인한 경우는 상속개시일이 속하는 달의 말일부터, 실종으로 인한 경우는 실종선고일

이 속하는 달의 말일부터 각각 6개월(외국에 주소를 둔 상속인이 있는 경우에는 각각 9개월)] 이내에 그 과세표준에 제11조부터 제13조까지, 제13조의2, 제13조의3, 제14조 및 제15조의 세율을 적용하여 산출한 세액을 대통령령으로 정하는 바에 따라 신고하고 납부하여야 한다.(2023.12.29 본항개정)

② 취득세 과세물건을 취득한 후에 그 과세물건이 제13조제1항부터 제7항까지의 세율의 적용대상이 되었을 때에는 대통령령으로 정하는 날부터 60일 이내에 제13조제1항부터 제7항까지의 세율(제16조제6항제2호에 해당하는 경우에는 제13조의2제3항의 세율)을 적용하여 산출한 세액에서 이미 납부한 세액(가산세는 제외한다)을 공제한 금액을 세액으로 하여 대통령령으로 정하는 바에 따라 신고하고 납부하여야 한다.
(2020.8.12 본항개정)

③ 이 법 또는 다른 법령에 따라 취득세를 비과세, 과세면제 또는 경감받은 후에 해당 과세물건이 취득세 부과대상 또는 추징 대상이 되었을 때에는 제1항에도 불구하고 그 사유 발생일부터 60일 이내에 해당 과세표준에 제11조부터 제15조까지의 세율을 적용하여 산출한 세액[경감받은 경우에는 이미 납부한 세액(가산세는 제외한다)을 공제한 세액을 말한다]을 대통령령으로 정하는 바에 따라 신고하고 납부하여야 한다.
(2018.12.31 본항개정)

④ 제1항부터 제3항까지의 신고·납부기한 이내에 재산권과 그 밖의 권리의 취득·이전에 관한 사항을 공부(公簿)에 등기하거나 등록[등재(登載)를 포함한다. 이하 같다]하려는 경우에는 등기 또는 등록 신청서를 등기·등록관서에 접수하는 날까지 취득세를 신고·납부하여야 한다.(2018.12.31 본항개정)

⑤ 「부동산등기법」 제28조에 따라 채권자대위권에 의한 등기신청을 하려는 채권자(이하 이 조 및 제30조에서 "채권자대위자"라 한다)는 납세의무자를 대위하여 부동산의 취득에 대한 취득세를 신고납부할 수 있다. 이 경우 채권자대위자는 행정안전부령으로 정하는 바에 따라 납부확인서를 발급받을 수 있다.(2020.12.29 본항신설)

⑥ 지방자치단체의 장은 제5항에 따른 채권자대위자의 신고납부가 있는 경우 납세의무자에게 그 사실을 즉시 통보하여야 한다.(2020.12.29 본항신설)

제20조의2 (2015.7.24 삭제)

제21조【부족세액의 추징 및 가산세】 ① 다음 각 호의 어느 하나에 해당하는 경우에는 제10조의2부터 제10조의7까지, 제11조부터 제13조까지, 제13조의2, 제13조의3, 제14조 및 제15조의 규정에 따라 산출한 세액(이하 이 장에서 "산출세액"이라 한다) 또는 그 부족세액에 「지방세기본법」 제53조부터 제55조까지의 규정에 따라 산출한 가산세를 합한 금액을 세액으로 하여 보통징수의 방법으로 징수한다.(2021.12.28 본문개정)

1. 취득세 납세의무자가 제20조에 따른 신고 또는 납부의무를 다하지 아니한 경우(2019.12.31 본호신설)

2. (2021.12.28 삭제)

3. 제13조의2제1항제2호에 따라 일시적 2주택으로 신고하였으나 그 취득일로부터 대통령령으로 정하는 기간 내에 대통령령으로 정하는 종전 주택을 처분하지 못하여 1주택으로 되지 아니한 경우(2020.8.12 본호신설)

② 납세의무자가 취득세 과세물건을 사실상 취득한 후 제20조에 따른 신고를 하지 아니하고 매각하는 경우에는 제1항 및 「지방세기본법」 제53조, 제55조에도 불구하고 산출세액에 100분의 80을 가산한 금액을 세액으로 하여 보통징수의 방법으로 징수한다. 다만, 등기·등록이 필요하지 아니한 과세물건 등 대통령령으로 정하는

과세물건에 대하여는 그러하지 아니하다.(2016.12.27 본문개정)

③ 제1항에도 불구하고 납세의무자가 제20조에 따른 신고기한까지 취득세를 시가인정액으로 신고한 후 지방자치단체의 장이 세액을 경정하기 전에 그 시가인정액을 수정신고한 경우에는 「지방세기본법」 제53조 및 제54조에 따른 가산세를 부과하지 아니한다.(2021.12.28 본항신설)

제22조【등기자료의 통보】 ① 등기·등록관서의 장은 취득세가 납부되지 아니하였거나 납부부족액을 발견하였을 때에는 대통령령으로 정하는 바에 따라 납세지를 관할하는 지방자치단체의 장에게 통보하여야 한다.

② 등기·등록관서의 장이 등기·등록을 마친 경우에는 취득세의 납세지를 관할하는 지방자치단체의 장에게 그 등기·등록의 신청서 부본(副本)에 접수연월일 및 접수번호를 기재하여 납세지를 관할하는 지방자치단체의 장에게 등기·등록일부터 7일 내에 통보하여야 한다. 다만, 등기·등록사업을 전산처리하는 경우에는 전산처리된 등기·등록자료를 행정안전부령으로 정하는 바에 따라 통보하여야 한다.(2017.7.26 단서개정)

③ 「자동차관리법」 제5조에 따라 자동차의 사용본거지를 관할하지 아니하는 지방자치단체의 장이 자동차의 등록사무(신규등록, 변경등록 및 이전등록을 말한다)를 처리한 경우에는 자동차의 취득가격 등 행정안전부령으로 정하는 사항을 다음 달 10일까지 자동차의 사용본거지를 관할하는 지방자치단체의 장에게 통보하여야 한다.(2017.7.26 본항개정)

제22조의2【장부 등의 작성과 보존】 ① 취득세 납세의무가 있는 법인은 대통령령으로 정하는 바에 따라 취득당시가액을 증명할 수 있는 장부와 관련 증거서류를 작성하여 갖춰 두어야 한다. 이 경우 다음 각 호의 장부 및 증거서류를 포함하여야 한다.(2023.12.29 본문개정)

1. 사업의 재산 상태와 그 거래내용의 변동을 기록한 장부 및 증거서류

2. 「신탁법」에 따른 수탁자가 위탁자로부터 취득세 과세대상 물건의 취득과 관련하여 지급받은 신탁수수료와 그 밖의 대가가 있는 경우 이를 종류·목적·용도별로 구분하여 기록한 장부 및 증거서류
(2023.12.29 1호~2호신설)

② 지방자치단체의 장은 취득세 납세의무가 있는 법인이 제1항에 따른 의무를 이행하지 아니하는 경우에는 산출된 세액 또는 부족세액의 100분의 10에 상당하는 금액을 징수하여야 할 세액에 가산한다.
(2013.1.1 본조신설)

제22조의3【가족관계등록 전산정보 등의 공동이용】 ① 행정안전부장관 또는 지방자치단체의 장은 주택소유관계 확인 및 취득세 납세의무자의 세대원 확인 등의 업무처리를 위하여 필요한 경우에는 전산매체를 이용하여 법원행정처장에게 「가족관계의 등록 등에 관한 법률」 제11조제6항에 따른 가족관계 등록사항에 대한 등록전산정보자료의 제공을 요청할 수 있다. 이 경우 요청을 받은 법원행정처장은 특별한 사유가 없으면 이에 협조하여야 한다.

② 행정안전부장관 또는 지방자치단체의 장은 취득세 납세의무자의 주택 수 확인 등의 업무를 처리하기 위하여 대통령령으로 정하는 바에 따라 국가기관 또는 다른 지방자치단체에게 정보제공 등의 협조를 요청할 수 있다. 이 경우 요청을 받은 자는 정당한 사유가 없으면 협조하여야 한다.

③ 행정안전부장관은 제1항 및 제2항에 따라 제공받은 등록전산정보자료를 대통령령으로 정하는 바에 따라 지방자치단체의 장에게 제공할 수 있다.
(2020.8.12 본조신설)

제22조의4【증여세 관련 자료의 통보】 세무서장 또는 지방국세청장은 「국세기본법」 또는 「상속세 및 증여세법」에 따른 부동산에 대한 증여세의 부과·징수 등에 관한 자료를 대통령령으로 정하는 바에 따라 행정안전부장관 또는 지방자치단체의 장에게 통보하여야 한다. (2021.12.28 본조신설)

제3장 등록면허세

제1절 통 칙

제23조【정의】 등록면허세에서 사용하는 용어의 뜻은 다음과 같다.
1. "등록"이란 재산권과 그 밖의 권리의 설정·변경 또는 소멸에 관한 사항을 공부에 등기하거나 등록하는 것을 말한다. 다만, 제2장에 따른 취득을 원인으로 이루어지는 등기 또는 등록은 제외하되, 다음 각 목의 어느 하나에 해당하는 등기나 등록은 포함한다. (2010.12.27 단서개정)
  가. 광업권·어업권 및 양식업권의 취득에 따른 등록 (2019.8.27 본목개정)
  나. 제15조제2항제4호에 따른 외국인 소유의 취득세 과세대상 물건(차량, 기계장비, 항공기 및 선박만 해당한다)의 연부 취득에 따른 등기 또는 등록 (2010.12.27 본목신설)
  다. 「지방세기본법」 제38조에 따른 취득세 부과제척기간이 경과한 물건의 등기 또는 등록
  라. 제17조에 해당하는 물건의 등기 또는 등록 (2017.12.26 다목~라목신설)
2. "면허"란 각종 법령에 규정된 면허·허가·인가·등록·지정·검사·검열·심사 등 특정한 영업설비 또는 행위에 대한 권리의 설정, 금지의 해제 또는 신고의 수리(受理) 등 행정청의 행위(법률의 규정에 따라 의제되는 행위를 포함한다)를 말한다. 이 경우 면허의 종별은 사업의 종류 및 규모 등을 고려하여 제1종부터 제5종까지 구분하여 대통령령으로 정한다. (2015.12.29 전단개정)
제24조【납세의무자】 다음 각 호의 어느 하나에 해당하는 자는 등록면허세를 납부할 의무를 진다.
1. 등록을 하는 자
2. 면허를 받는 자(변경면허를 받는 자를 포함한다). 이 경우 납세의무자는 그 면허의 종류마다 등록면허세를 납부하여야 한다.
제25조【납세지】 ① 등기 또는 등록에 대한 등록면허세의 납세지는 다음 각 호에서 정하는 바에 따른다. (2015.12.29 본문개정)
1. 부동산 등기 : 부동산 소재지
2. 선박 등기 또는 등록 : 선적항 소재지(2015.12.29 본호개정)
3. 자동차 등록 : 「자동차관리법」에 따른 등록지. 다만, 등록지가 사용본거지와 다른 경우에는 사용본거지를 납세지로 한다.(2010.12.27 단서신설)
4. 건설기계 등록 : 「건설기계관리법」에 따른 등록지
5. 항공기 등록 : 정치장 소재지
6. 법인 등기 : 등기에 관련되는 본점·지점 또는 주사무소·분사무소 등의 소재지
7. 상호 등기 : 영업소 소재지
8. 광업권 및 조광권 등록 : 광구 소재지(2011.12.31 본호개정)
9. 어업권, 양식업권 등록 : 어장 소재지(2019.8.27 본호개정)
10. 저작권, 출판권, 저작인접권, 컴퓨터프로그램 저작권, 데이터베이스 제작자의 권리 등록 : 저작권자, 출판권자, 저작인접권자, 컴퓨터프로그램 저작권자, 데이터베이스 제작권자 주소지
11. 특허권, 실용신안권, 디자인권 등록 : 등록권자 주소지
12. 상표, 서비스표 등록 : 주사무소 소재지
13. 영업의 허가 등록 : 영업소 소재지
14. 지식재산권담보권 등록 : 지식재산권자 주소지 (2011.12.31 본호신설)
15. 그 밖의 등록 : 등록관청 소재지
16. 같은 등록에 관계되는 재산이 둘 이상의 지방자치단체에 걸쳐 있어 등록면허세를 지방자치단체별로 부과할 수 없을 때에는 등록관청 소재지를 납세지로 한다.
17. 같은 채권의 담보를 위하여 설정하는 둘 이상의 저당권을 등록하는 경우에는 이를 하나의 등록으로 보아 그 등록에 관계되는 재산을 처음 등록하는 등록관청 소재지를 납세지로 한다.
18. 제1호부터 제14호까지의 납세지가 분명하지 아니한 경우에는 등록관청 소재지를 납세지로 한다. (2011.12.31 본호개정)
② 면허에 대한 등록면허세의 납세지는 다음 각 호에서 정하는 바에 따른다.
1. 해당 면허에 대한 영업장 또는 사무소가 있는 면허 : 영업장 또는 사무소 소재지
2. 해당 면허에 대한 별도의 영업장 또는 사무소가 없는 면허 : 면허를 받은 자의 주소지
3. 제1호 및 제2호에 따른 납세지가 분명하지 아니하거나 납세지가 국내에 없는 경우에는 면허부여기관 소재지를 납세지로 한다.(2015.12.29 본호신설)
제26조【비과세】 ① 국가, 지방자치단체, 지방자치단체조합, 외국정부 및 주한국제기구가 자기를 위하여 받는 등록 또는 면허에 대하여는 등록면허세를 부과하지 아니한다. 다만, 대한민국 정부기관의 등록 또는 면허에 대하여 과세하는 외국정부의 등록 또는 면허의 경우에는 등록면허세를 부과한다.
② 다음 각 호의 어느 하나에 해당하는 등기·등록 또는 면허에 대하여는 등록면허세를 부과하지 아니한다. (2015.12.29 본문개정)
1. 「채무자 회생 및 파산에 관한 법률」 제6조제3항, 제25조제1항부터 제3항까지, 제26조제1항, 같은 조 제3항, 제27조, 제76조제4항, 제362조제3항, 제578조의5제3항, 제578조의8제3항 및 제578조의9제3항에 따른 등기 또는 등록(2023.12.29 본호개정)
2. 행정구역의 변경, 주민등록번호의 변경, 지적(地籍) 소관청의 지번 변경, 계량단위의 변경, 등기 또는 등록 담당 공무원의 착오 및 이와 유사한 사유로 인한 등기 또는 등록으로서 주소, 성명, 주민등록번호, 지번, 계량단위 등의 단순한 표시변경·회복 또는 경정 등기 또는 등록(2015.12.29 본호개정)
3. 그 밖에 지목이 묘지인 토지 등 대통령령으로 정하는 등록
4. 면허의 단순한 표시변경 등 등록면허세의 과세가 적합하지 아니한 것으로서 대통령령으로 정하는 면허

제2절 등록에 대한 등록면허세

제27조【과세표준】 ① 부동산, 선박, 항공기, 자동차 및 건설기계의 등록에 대한 등록면허세(이하 이 절에서 "등록면허세"라 한다)의 과세표준은 등록 당시의 가액으로 한다.
② 제1항에 따른 과세표준은 조례로 정하는 바에 따라 등록자의 신고에 따른다. 다만, 신고가 없거나 신고가액이 제4조에 따른 시가표준액보다 적은 경우에는 시가표준액을 과세표준으로 한다.

③ 제2항에도 불구하고 제23조제1호 각 목에 따른 취득을 원인으로 하는 등록의 경우 다음 각 호의 구분에 따른 가액을 과세표준으로 한다. 다만, 등록 당시에 자산재평가 또는 감가상각 등의 사유로 그 가액이 달라진 경우에는 변경된 가액을 과세표준으로 한다.(2023.12.29 본항개정)
1. 제23조제1호가목·나목 및 라목에 따른 취득을 원인으로 하는 등록의 경우 : 제10조의2부터 제10조의6까지에서 정하는 취득당시가액(2023.12.29 본호신설)
2. 제23조제1호다목에 따른 취득을 원인으로 하는 등록의 경우 : 제1항에 따른 등록 당시의 가액과 제10조의2부터 제10조의6까지에서 정하는 취득당시가액 중 높은 가액(2023.12.29 본호신설)
④ 채권금액으로 과세액을 정하는 경우에 일정한 채권금액이 없을 때에는 채권의 목적이 된 것의 가액 또는 처분의 제한의 목적이 된 금액을 그 채권금액으로 본다.
⑤ 제1항부터 제4항까지의 규정에 따른 과세표준이 되는 가액의 범위 및 그 적용에 필요한 사항은 대통령령으로 정한다.

제28조【세율】
① 등록면허세는 등록에 대하여 제27조의 과세표준에 다음 각 호에서 정하는 세율을 적용하여 계산한 금액을 그 세액으로 한다. 다만, 제1호부터 제5호까지 및 제5호의2의 규정에 따라 산출한 세액이 해당 각 호의 그 밖의 등기 또는 등록 세율보다 적을 때에는 그 밖의 등기 또는 등록 세율을 적용한다.(2015.12.29 단서신설)
1. 부동산 등기
  가. 소유권의 보존 등기 : 부동산 가액의 1천분의 8(2015.12.29 본목개정)
  나. 소유권의 이전 등기
    1) 유상으로 인한 소유권 이전 등기 : 부동산 가액의 1천분의 20. 다만, 제11조제1항제8호에 따른 세율을 적용받는 주택의 경우에는 해당 주택의 취득세율에 100분의 50을 곱한 세율을 적용하여 산출한 금액을 그 세액으로 한다.(2017.12.26 단서신설)
    2) 무상으로 인한 소유권 이전 등기 : 부동산 가액의 1천분의 15. 다만, 상속으로 인한 소유권 이전 등기의 경우에는 부동산 가액의 1천분의 8로 한다.(2010.12.27 본목신설)
  다. 소유권 외의 물권과 임차권의 설정 및 이전
    1) 지상권 : 부동산 가액의 1천분의 2. 다만, 구분지상권의 경우에는 해당 토지의 지하 또는 지상 공간의 사용에 따른 건축물의 이용저해율(利用沮害率), 지하 부분의 이용저해율 및 그 밖의 이용저해율 등을 고려하여 행정안전부장관이 정하는 기준에 따라 특별자치시장·특별자치도지사·시장·군수 또는 구청장이 산정한 해당 토지 가액의 1천분의 2로 한다.(2017.7.26 단서개정)
    2) 저당권(지상권·전세권을 목적으로 등기하는 경우를 포함한다) : 채권금액의 1천분의 2(2015.7.24 개정)
    3) 지역권 : 요역지(要役地) 가액의 1천분의 2
    4) 전세권 : 전세금액의 1천분의 2
    5) 임차권 : 월 임대차금액의 1천분의 2
  라. 경매신청·가압류·가처분 및 가등기
    1) 경매신청 : 채권금액의 1천분의 2
    2) 가압류(부동산에 관한 권리를 목적으로 등기하는 경우를 포함한다) : 채권금액의 1천분의 2
    3) 가처분(부동산에 관한 권리를 목적으로 등기하는 경우를 포함한다) : 채권금액의 1천분의 2
    4) 가등기(부동산에 관한 권리를 목적으로 등기하는 경우를 포함한다) : 부동산 가액 또는 채권금액의 1천분의 2(2015.7.24 본목개정)

마. 그 밖의 등기 : 건당 6천원(2014.1.1 본목개정)
2. 선박 등기 또는 등록(「선박법」 제1조의2제2항에 따른 소형선박을 포함한다)
  가. 소유권의 등기 또는 등록 : 선박 가액의 1천분의 0.2
  나. 저당권 설정 등기 또는 등록, 저당권 이전 등기 또는 등록 : 채권금액의 1천분의 2(2015.12.29 본목개정)
  다. 그 밖의 등기 또는 등록 : 건당 1만5천원(2015.7.24 본목개정)
3. 차량의 등록
  가. 소유권의 등록
    1) 비영업용 승용자동차 : 1천분의 50. 다만, 경자동차의 경우에는 1천분의 20으로 한다.
    2) 그 밖의 차량
      가) 비영업용 : 1천분의 30. 다만, 경자동차의 경우에는 1천분의 20으로 한다.
      나) 영업용 : 1천분의 20
  나. 저당권 설정 등록 또는 이전 등록 : 채권금액의 1천분의 2(2015.12.29 본목개정)
  다. 제7조제10항에 따른 취득대금을 지급한 자 또는 운수업체의 등록
    1) 운수업체의 명의를 다른 운수업체의 명의로 변경하는 경우 : 건당 1만5천원
    2) 운수업체의 명의를 취득대금을 지급한 자의 명의로 변경하는 경우 : 건당 1만5천원
    3) 취득대금을 지급한 자의 명의를 운수업체의 명의로 변경하는 경우 : 건당 1만5천원(2015.7.24 본목신설)
  라. 그 밖의 등록 : 건당 1만5천원(2014.1.1 본목개정)(2010.12.27 본호개정)
4. 기계장비 등록(2010.12.27 본문개정)
  가. 소유권의 등록 : 1천분의 10(2010.12.27 본목신설)
  나. 저당권 설정 등록 또는 이전 등록 : 채권금액의 1천분의 2(2015.12.29 본목개정)
  다. 제7조제10항에 따른 취득대금을 지급한 자 또는 기계장비대여업체의 등록
    1) 기계장비대여업체의 명의를 다른 기계장비대여업체의 명의로 변경하는 경우 : 건당 1만원
    2) 기계장비대여업체의 명의를 취득대금을 지급한 자의 명의로 변경하는 경우 : 건당 1만원
    3) 취득대금을 지급한 자의 명의를 기계장비대여업체의 명의로 변경하는 경우 : 건당 1만원(2015.7.24 본목신설)
  라. 그 밖의 등록 : 건당 1만원(2014.1.1 본목개정)
5. 공장재단 및 광업재단 등기
  가. 저당권 설정 등기 또는 이전 등기 : 채권금액의 1천분의 1(2015.12.29 본목개정)
  나. 그 밖의 등기 또는 등록 : 건당 9천원(2014.1.1 본목개정)
5의2. 동산담보권 및 채권담보권 등기 또는 지식재산권 담보권 등록
  가. 담보권 설정 등기 또는 등록, 담보권 이전 등기 또는 등록 : 채권금액의 1천분의 1(2015.12.29 본목개정)
  나. 그 밖의 등기 또는 등록 : 건당 9천원(2014.1.1 본목개정)(2011.12.31 본호신설)
6. 법인 등기
  가. 상사회사, 그 밖의 영리법인의 설립 또는 합병으로 인한 존속법인
    1) 설립과 납입 : 납입한 주식금액이나 출자금액 또는 현금 외의 출자가액의 1천분의 4(세액이 7만5천원 미만인 때에는 11만2천5백원으로 한다. 이하 이 목부터 다목까지에서 같다)(2014.1.1 개정)
    2) 자본증가 또는 출자증가 : 납입한 금액 또는 현금 외의 출자가액의 1천분의 4(2013.1.1 개정)

나. 비영리법인의 설립 또는 합병으로 인한 존속법인
 1) 설립과 납입: 납입한 출자총액 또는 재산가액의
  1천분의 2(2013.1.1 개정)
 2) 출자총액 또는 재산총액의 증가: 납입한 출자 또
  는 재산가액의 1천분의 2(2013.1.1 개정)
다. 자산재평가적립금에 의한 자본 또는 출자금액의
 증가 및 출자총액 또는 자산총액의 증가(「자산재평
 가법」에 따른 자본전입의 경우는 제외한다): 증가
 한 금액의 1천분의 1
라. 본점 또는 주사무소의 이전: 건당 11만2천5백원
마. 지점 또는 분사무소의 설치: 건당 4만2백원
바. 그 밖의 등기: 건당 4만2백원
(2014.1.1 라목~바목개정)
7. 상호 등 등기
 가. 상호의 설정 또는 취득: 건당 7만8천7백원
 나. 지배인의 선임 또는 대리권의 소멸: 건당 1만2
  천원
 다. 선박관리인의 선임 또는 대리권의 소멸: 건당
  1만2천원
(2014.1.1 가목~다목개정)
8. 광업권 등록
 가. 광업권 설정(광업권의 존속기간 만료 전에 존속
  기간을 연장한 경우를 포함한다): 건당 13만5천원
  (2014.1.1 본목개정)
 나. 광업권의 변경
  1) 증구(增區) 또는 증감구(增減區): 건당 6만6천5
   백원(2014.1.1 개정)
  2) 감구(減區): 건당 1만5천원(2014.1.1 개정)
 다. 광업권의 이전
  1) 상속: 건당 2만6천2백원
  2) 그 밖의 원인으로 인한 이전: 건당 9만원
   (2014.1.1 1)~2)개정)
 라. 그 밖의 등록: 건당 1만2천원(2014.1.1 본목개정)
8의2. 조광권 등록
 가. 조광권 설정(조광권의 존속기간 만료 전에 존속
  기간을 연장한 경우를 포함한다): 건당 13만5천원
  (2014.1.1 본목개정)
 나. 조광권의 이전
  1) 상속: 건당 2만6천2백원
  2) 그 밖의 원인으로 하는 이전: 건당 9만원
   (2014.1.1 1)~2)개정)
 다. 그 밖의 등록: 건당 1만2천원(2014.1.1 본목개정)
(2011.12.31 본호신설)
9. 어업권·양식업권 등록(2019.8.27 본문개정)
 가. 어업권·양식업권의 이전(2019.8.27 본문개정)
  1) 상속: 건당 6천원
  2) 그 밖의 원인으로 인한 이전: 건당 4만2백원
   (2014.1.1 1)~2)개정)
 나. 어업권·양식업권 지분의 이전(2019.8.27 본문개
  정)
  1) 상속: 건당 3천원
  2) 그 밖의 원인으로 인한 이전: 건당 2만1천원
   (2014.1.1 1)~2)개정)
 다. 어업권·양식업권 설정을 제외한 그 밖의 등록:
  건당 9천원(2019.8.27 본문개정)
10. 저작권, 배타적발행권(「저작권법」 제88조 및 제96
 조에 따라 준용되는 경우를 포함한다), 출판권, 저작
 인접권, 컴퓨터프로그램 저작물 또는 데이터베이스
 제작자의 권리(이하 이 호에서 "저작권등"이라 한다)
 등록(2011.12.2 본문개정)
 가. 저작권등의 상속: 건당 6천원
 나. 「저작권법」 제54조(제90조 및 제98조에 따라 준
  용되는 경우를 포함한다)에 따른 등록 중 상속 외의
  등록(프로그램, 배타적발행권, 출판권 등록은 제외

한다): 건당 4만2백원
 다. 「저작권법」 제54조(제90조 및 제98조에 따라 준
  용되는 경우를 포함한다)에 따른 프로그램, 배타적발
  행권, 출판권 등록 중 상속 외의 등록: 건당 2만원
 라. 그 밖의 등록: 건당 3천원
 (2014.1.1 가목~라목개정)
11. 특허권·실용신안권 또는 디자인권(이하 이 호에서
 "특허권등"이라 한다) 등록
 가. 상속으로 인한 특허권등의 이전: 건당 1만2천원
 나. 그 밖의 원인으로 인한 특허권등의 이전: 건당 1
  만8천원
 (2014.1.1 가목~나목개정)
12. 상표 또는 서비스표 등록
 가. 「상표법」 제82조 및 제84조에 따른 상표 또는 서비
  스표의 설정 및 존속기간 갱신: 건당 7천6백원
  (2016.2.29 본목개정)
 나. 상표 또는 서비스표의 이전(「상표법」 제196조제
  2항에 따른 국제등록기초상표권의 이전은 제외한
  다)(2016.2.29 본문개정)
  1) 상속: 건당 1만2천원
  2) 그 밖의 원인으로 인한 이전: 건당 1만8천원
  (2014.1.1 1)~2)개정)
13. 항공기의 등록
 가. 최대이륙중량 5천700킬로그램 이상의 등록: 그
  가액의 1천분의 0.1
 나. 가목 이외의 등록: 그 가액의 1천분의 0.2
 (2011.3.29 본호신설)
14. 제1호부터 제7호까지의 등기 외의 등기: 건당 1만
 2천원(2014.1.1 본호개정)
② 다음 각 호의 어느 하나에 해당하는 등기를 할 때에
는 그 세율는 제1항제1호 및 제6호에서 규정한 해당 세율
(제1항제1호가목부터 라목까지의 세율을 적용하여 산정
된 세액이 6천원 미만일 때에는 6천원을, 제1항제6호가
목부터 다목까지의 세율을 적용하여 산정된 세액이
11만2천500원 미만일 때에는 11만2천500원으로 한다)의
100분의 300으로 한다. 다만, 대도시에 설치가 불가피하
다고 인정되는 업종으로서 대통령령으로 정하는 업종
(이하 이 조에서 "대도시 중과 제외 업종"이라 한다)에
대해서는 그러하지 아니하다.(2016.12.27 단서개정)
 1. 대도시에서 법인을 설립(설립 후 또는 휴면법인을
  인수한 후 5년 이내에 자본 또는 출자액을 증가하는
  경우를 포함한다)하거나 지점이나 분사무소를 설치
  함에 따른 등기
 2. 대도시 밖에 있는 법인의 본점이나 주사무소를 대도
  시로 전입(전입 후 5년 이내에 자본 또는 출자액이 증
  가하는 경우를 포함한다)함에 따른 등기. 이 경우 전입
  은 법인의 설립으로 보아 세율을 적용한다.
③ 제2항 각 호 외의 부분 단서에도 불구하고 대도시
중과 제외 업종으로 법인등기를 한 법인이 정당한 사
유 없이 그 등기일부터 2년 이내에 대도시 중과 제외
업종 외의 업종으로 변경하거나 대도시 중과 제외 업
종 외의 업종을 추가하는 경우 그 해당 부분에 대하여
는 제2항 본문을 적용한다.(2010.12.27 본항신설)
④ 제2항은 제1항제6호바목의 경우에는 적용하지 아니
한다.
⑤ 제2항에 따른 등록면허세의 중과세 범위와 적용기
준, 그 밖에 필요한 사항은 대통령령으로 정한다.
⑥ 지방자치단체의 장은 조례로 정하는 바에 따라 등
록면허세의 세율을 제1항제1호에 따른 표준세율의 100
분의 50의 범위에서 가감할 수 있다.
제29조【같은 채권의 두 종류 이상의 등록】같은 채
권을 위하여 종류를 달리하는 둘 이상의 저당권에 관
한 등기 또는 등록을 받을 경우에 등록면허세의 부과
방법은 대통령령으로 정한다.

제30조【신고 및 납부】① 등록을 하려는 자는 제27조에 따른 과세표준에 제28조에 따른 세율을 적용하여 산출한 세액을 대통령령으로 정하는 바에 따라 등록을 하기 전까지 납세지를 관할하는 지방자치단체의 장에게 신고하고 납부하여야 한다.

② 등록면허세 과세물건을 등록한 후에 해당 과세물건이 제28조제2항에 따른 세율의 적용대상이 되었을 때에는 대통령령으로 정하는 날부터 60일 이내에 제28조제2항에 따른 세율을 적용하여 산출한 세액에서 이미 납부한 세액(가산세는 제외한다)을 공제한 금액을 세액으로 하여 납세지를 관할하는 지방자치단체의 장에게 대통령령으로 정하는 바에 따라 신고하고 납부하여야 한다.(2018.12.31 본항개정)

③ 이 법 또는 다른 법령에 따라 등록면허세를 비과세, 과세면제 또는 경감받은 후에 해당 과세물건이 등록면허세 부과대상 또는 추징대상이 되었을 때에는 제1항에도 불구하고 그 사유 발생일부터 60일 이내에 해당 과세표준에 제28조에 따른 세율을 적용하여 산출한 세액〔경감받은 경우에는 이미 납부한 세액(가산세는 제외한다)을 공제한 세액을 말한다〕을 납세지를 관할하는 지방자치단체의 장에게 대통령령으로 정하는 바에 따라 신고하고 납부하여야 한다.(2018.12.31 본항개정)

④ 제1항부터 제3항까지의 규정에 따른 신고의무를 다하지 아니한 경우에도 등록면허세 산출세액을 등록을 하기 전까지(제2항 또는 제3항의 경우에는 해당 항에 따른 신고기한까지) 납부하였을 때에는 제1항부터 제3항까지의 규정에 따라 신고를 하고 납부한 것으로 본다. 이 경우 제32조에도 불구하고 「지방세기본법」 제53조 및 제54조에 따른 가산세를 부과하지 아니한다.(2016.12.27 후단개정)

⑤ 채권자대위자는 납세의무자를 대위하여 부동산의 등기에 대한 등록면허세를 신고납부할 수 있다. 이 경우 채권자대위자는 행정안전부령으로 정하는 바에 따라 납부확인서를 발급받을 수 있다.(2020.12.29 본항신설)

⑥ 지방자치단체의 장은 제5항에 따른 채권자대위자의 신고납부가 있는 경우 납세의무자에게 그 사실을 즉시 통보하여야 한다.(2020.12.29 본항신설)

제31조【특별징수】① 특허권, 실용신안권, 디자인권 및 상표권 등록(「표장의 국제등록에 관한 마드리드협정에 대한 의정서」에 따른 국제상표등록출원으로서 「상표법」 제197조에 따른 상표권 등록을 포함한다)의 경우에는 특허청장이 제28조제1항제11호 및 제12호에 따라 산출한 세액을 특별징수하여 그 등록일이 속하는 달의 다음 달 말일까지 행정안전부령으로 정하는 서식에 따라 해당 납세지를 관할하는 지방자치단체의 장에게 그 내용을 통보하고 해당 등록면허세를 납부하여야 한다.(2017.7.26 본항개정)

② 「저작권법」에 따른 등록에 대하여는 해당 등록기관의 장이 제28조제1항제10호에 따라 산출한 세액을 특별징수하여 그 등록일이 속하는 달의 다음 달 말일까지 행정안전부령으로 정하는 서식에 따라 해당 납세지를 관할하는 지방자치단체의 장에게 그 내용을 통보하고 해당 등록면허세를 납부하여야 한다.(2017.7.26 본항개정)

③ 특별징수의무자가 제1항과 제2항에 따라 특별징수한 등록면허세를 납부하기 전에 해당 권리가 등록되지 아니하였거나 잘못 징수하거나 더 많이 징수한 사실을 발견하였을 경우에는 특별징수한 등록면허세를 직접 환급할 수 있다. 이 경우 「지방세기본법」 제62조에 따른 지방세환급가산금을 적용하지 아니한다.(2016.12.27 후단개정)

④ 특별징수의무자가 징수하였거나 징수할 세액을 제1항 또는 제2항에 따른 기한까지 납부하지 아니하거나 부족하게 납부하더라도 특별징수의무자에게 「지방세

기본법」 제56조에 따른 가산세는 부과하지 아니한다.(2016.12.27 본항개정)

제32조【부족세액의 추징 및 가산세】등록면허세 납세의무자가 제30조제1항부터 제3항까지의 규정에 따른 신고 또는 납부의무를 다하지 아니하면 제27조 및 제28조에 따라 산출한 세액 또는 그 부족세액에 「지방세기본법」 제53조부터 제55조까지의 규정에 따라 산출한 가산세를 합한 금액을 세액으로 하여 보통징수의 방법으로 징수한다.(2016.12.27 본문개정)

1.~2. (2013.1.1 삭제)

제33조【등록자료의 통보】등록면허세의 등록자료 통보에 관하여는 제22조를 준용한다.

제3절 면허에 대한 등록면허세

제34조【세율】① 면허에 대한 등록면허세(이하 이 절에서 "등록면허세"라 한다)의 세율은 다음의 구분에 따른다.

구분	인구 50만 명 이상 시	그 밖의 시	군
제1종	67,500원	45,000원	27,000원
제2종	54,000원	34,000원	18,000원
제3종	40,500원	22,500원	12,000원
제4종	27,000원	15,000원	9,000원
제5종	18,000원	7,500원	4,500원

(2014.1.1 본항개정)

② 특별자치시 및 도농복합형태의 시에 제1항을 적용할 때 해당 시의 동(洞)지역(시에 적용되는 세율이 적합하지 아니하다고 조례로 정하는 동지역은 제외한다)은 시로 보고, 읍·면지역(시에 적용되는 세율이 적합하지 아니하다고 조례로 정하는 동지역을 포함한다)은 군으로 보며, "인구 50만 이상 시"란 동지역의 인구가 50만 이상인 경우를 말한다.(2013.1.1 본항개정)

③ 제1항을 적용할 때 특별시·광역시는 인구 50만 이상 시로 보되, 광역시의 군지역은 군으로 본다.

④ 제1항부터 제3항까지의 규정에서 "인구"란 매년 1월 1일 현재 「주민등록법」에 따라 등록된 주민의 수를 말하며, 이하 이 법에서 같다.

⑤ 제1항을 적용할 경우 「지방자치법」 제5조제1항에 따라 둘 이상의 지방자치단체를 통합하여 인구 50만 이상 시에 해당하는 지방자치단체가 되는 경우 해당 지방자치단체의 조례로 정하는 바에 따라 통합 지방자치단체가 설치된 때부터 5년의 범위(기산일은 통합 지방자치단체가 설치된 날이 속하는 해의 다음 연도 1월 1일로 한다)에서 해당 통합 이전의 세율을 적용할 수 있다.(2021.1.12 본항개정)

제35조【신고납부 등】① 새로 면허를 받거나 그 면허를 변경받는 자는 면허증서를 발급받거나 송달받기 전까지 제25조제2항의 납세지를 관할하는 지방자치단체의 장에게 그 등록면허세를 신고하고 납부하여야 한다. 다만, 유효기간이 정하여져 있지 아니하거나 그 기간이 1년을 초과하는 면허를 새로 받거나 그 면허를 변경받은 자는 「지방세기본법」 제34조에도 불구하고 새로 면허를 받거나 면허를 변경받은 때에 해당 면허에 대한 그 다음 연도분의 등록면허세를 한꺼번에 납부할 수 있다.(2020.12.29 단서개정)

② 면허의 유효기간이 정하여져 있지 아니하거나 그 기간이 1년을 초과하는 면허에 대하여는 매년 1월 1일에 그 면허가 갱신된 것으로 보아 제25조제2항에 따른 납세지를 관할하는 해당 지방자치단체의 조례로 정하는 납기에 보통징수의 방법으로 매년 그 등록면허세를 부과하고, 면허의 유효기간이 1년 이하인 면허에 대하여는 면허를 할 때 한 번만 등록면허세를 부과한다.

③ 다음 각 호의 어느 하나에 해당하는 면허에 대하여는 제2항에도 불구하고 면허를 할 때 한 번만 등록면허세를 부과한다.
1. 제조·가공 또는 수입의 면허로서 각각 그 품목별로 받는 면허
2. 건축허가 및 그 밖에 이와 유사한 면허로서 대통령령으로 정하는 면허
④ 등록면허세 납세의무자가 제1항에 따른 신고 또는 납부의무를 다하지 아니한 경우에는 제34조제1항에 따라 산출한 세액에 「지방세기본법」 제53조부터 제55조까지에 따라 산출한 가산세를 합한 금액을 세액으로 하여 보통징수의 방법으로 징수한다. 다만, 제1항에 따른 신고를 하지 아니한 경우에도 등록면허세를 납부기한까지 납부하였을 때에는 「지방세기본법」 제53조 또는 제54조에 따른 가산세를 부과하지 아니한다. (2016.12.27 본항개정)
제36조【납세의 효력】 피상속인이 납부한 등록면허세는 상속인이 납부한 것으로 보고, 합병으로 인하여 소멸한 법인이 납부한 등록면허세는 합병 후 존속하는 법인 또는 합병으로 인하여 설립된 법인이 납부한 것으로 본다.
제37조【이미 납부한 등록면허세에 대한 조치】 ① 지방자치단체의 장은 제35조에 따라 면허증서를 발급받거나 송달받기 전에 등록면허세를 신고납부한 자가 면허신청을 철회하거나 그 밖의 사유로 해당 면허를 받지 못하게 된 경우에는 「지방세기본법」 제60조에 따른 지방세환급금의 처리절차에 따라 신고납부한 등록면허세를 환급하여야 한다. 이 경우 같은 법 제62조는 적용하지 아니한다. (2016.12.27 본항개정)
② 면허를 받은 후에 면허유효기간의 종료, 면허의 취소, 그 밖에 이와 유사한 사유로 면허의 효력이 소멸한 경우에는 이미 납부한 등록면허세를 환급하지 아니한다.
제38조【면허 시의 납세확인】 ① 면허의 부여기관이 면허를 부여하거나 변경하는 경우에는 제35조에 따른 등록면허세의 납부 여부를 확인한 후 그 면허증서를 발급하거나 송달하여야 한다.
② 제1항에 따른 등록면허세의 납부 여부를 확인하는 방법 등에 관한 사항은 대통령령으로 정한다.
제38조의2【면허에 관한 통보】 ① 면허부여기관은 면허를 부여·변경·취소 또는 정지하였을 때에는 면허증서를 교부 또는 송달하기 전에 행정안전부령으로 정하는 바에 따라 그 사실을 관할 특별자치시장·특별자치도지사·시장·군수 또는 구청장에게 통보하여야 한다. (2017.7.26 본항개정)
② 면허부여기관은 제1항에 따른 면허의 부여·변경·취소 또는 정지에 관한 사항을 전산처리하는 경우에는 그 전산자료를 특별자치시장·특별자치도지사·시장·군수 또는 구청장에게 통보함으로써 제1항에 따른 통보를 갈음할 수 있다. (2016.12.27 본조개정)
제38조의3【면허 관계 서류의 열람】 세무공무원이 등록면허세의 부과·징수를 위하여 면허의 부여·변경·취소 또는 정지에 관한 관계 서류를 열람하거나 복사할 것을 청구하는 경우에는 관계 기관은 이에 따라야 한다. (2013.1.1 본조개정)
제39조【면허의 취소 등】 ① 지방자치단체의 장은 등록면허세를 납부하지 아니한 자에 대하여는 면허부여기관에 대하여 그 면허의 취소 또는 정지를 요구할 수 있다.
② 면허부여기관은 제1항에 따른 요구가 있을 때에는 즉시 취소 또는 정지하여야 한다.
③ 면허부여기관이 제2항 또는 그 밖의 사유로 면허를 취소 또는 정지하였을 때에는 즉시 관할 지방자치단체의 장에게 통보하여야 한다.

제4장 레저세

제40조【과세대상】 레저세의 과세대상은 다음 각 호와 같다.
1. 「경륜·경정법」에 따른 경륜 및 경정
2. 「한국마사회법」에 따른 경마
3. 그 밖의 법률에 따라 승자투표권, 승마투표권 등을 팔고 투표적중자에게 환급금 등을 지급하는 행위로서 대통령령으로 정하는 것
제41조【납세의무자】 제40조에 따른 과세대상(이하 이 장에서 "경륜등"이라 한다)에 해당하는 사업을 하는 자는 레저세를 납부할 의무가 있다. (2021.12.28 본조개정)
제42조【과세표준 및 세율】 ① 레저세의 과세표준은 승자투표권, 승마투표권 등의 발매금총액으로 한다.
② 레저세의 세율은 100분의 10으로 한다.
제43조【신고 및 납부】 납세의무자는 승자투표권, 승마투표권 등의 발매일이 속하는 달의 다음 달 10일까지 제42조제1항에 따른 과세표준에 제42조제2항에 따른 세율을 곱하여 산출한 세액(이하 이 장에서 "산출세액"이라 한다)을 대통령령으로 정하는 바에 따라 안분 계산하여 다음 각 호의 구분에 따른 지방자치단체의 장에게 신고하고 납부하여야 한다. (2021.12.28 본문개정)
1. 경륜등의 사업장(이하 이 장에서 "경륜장등"이라 한다)에서 발매하는 승자투표권, 승마투표권 등의 경우 : 해당 경륜장등이 소재하는 지방자치단체의 장
2. 장외발매소에서 발매하는 승자투표권, 승마투표권 등의 경우 : 해당 경륜장등이 소재하는 지방자치단체의 장과 해당 장외발매소가 소재하는 지방자치단체의 장
3. 대통령령으로 정하는 정보통신망을 이용하여 발매하는 승자투표권, 승마투표권 등의 경우 : 해당 경륜장등이 소재하는 지방자치단체의 장과 모든 지방자치단체(해당 경륜장등이 소재하는 지방자치단체를 포함한다)의 장
(2021.12.28 1호~3호신설)
제44조【장부 비치의 의무】 납세의무자는 조례로 정하는 바에 따라 경륜등의 시행에 관한 사항을 장부에 기재하고 필요한 사항을 지방자치단체의 장에게 신고하여야 한다.
제45조【부족세액의 추징 및 가산세】 ① 납세의무자가 제43조에 따른 신고 또는 납부의무를 다하지 아니하면 산출세액 또는 그 부족세액에 「지방세기본법」 제53조부터 제55조까지의 규정에 따라 산출한 가산세를 합한 금액을 세액으로 하여 보통징수의 방법으로 징수한다. (2016.12.27 본문개정)
1.~2. (2013.1.1 삭제)
② 납세의무자가 제44조에 따른 의무를 이행하지 아니한 경우에는 산출세액의 100분의 10에 해당하는 금액을 징수하여야 할 세액에 가산하여 보통징수의 방법으로 징수한다.
제46조【징수사무의 보조 등】 ① 지방자치단체의 장은 대통령령으로 정하는 바에 따라 납세의무자에게 징수사무의 보조를 명할 수 있다.
② 제1항의 경우에 지방자치단체의 장은 납세의무자에게 대통령령으로 정하는 바에 따라 교부금을 교부할 수 있다.

제5장 담배소비세

제47조【정의】 담배소비세에서 사용하는 용어의 뜻은 다음과 같다.
1. "담배"란 다음 각 목의 어느 하나에 해당하는 것을 말한다.

가.「담배사업법」제2조에 따른 담배
나. 가목과 유사한 것으로서 연초(煙草)의 잎이 아닌 다른 부분을 원료의 전부 또는 일부로 하여 피우거나, 빨거나, 증기로 흡입하거나, 씹거나, 냄새 맡기에 적합한 상태로 제조한 것
다. 그 밖에 가목과 유사한 것으로서 대통령령으로 정하는 것
(2020.12.29 본호개정)
2. "수입" 또는 "수출"이란 「관세법」제2조에 따른 수입 또는 수출을 말한다.
3. "보세구역"이란 「관세법」제154조에 따른 보세구역을 말한다.
4. "제조자"란 다음 각 목의 어느 하나에 해당하는 자를 말한다.
가.「담배사업법」제11조에 따른 담배제조업허가를 받아 제1호가목에 따른 담배를 제조하는 자
나. 제1호나목 또는 다목에 따른 담배를 판매할 목적으로 제조하는 자
(2020.12.29 본호개정)
5. "제조장"이란 담배를 제조하는 제조자의 공장을 말한다.
6. "수입판매업자"란 다음 각 목의 어느 하나에 해당하는 자를 말한다.
가.「담배사업법」제13조에 따라 담배수입판매업의 등록을 하고 제1호가목에 따른 담배를 수입하여 판매하는 자
나. 제1호나목 또는 다목에 따른 담배를 수입하여 판매하는 자
(2020.12.29 본호개정)
7. "소매인"이란 다음 각 목의 어느 하나에 해당하는 자를 말한다.
가.「담배사업법」제16조에 따라 담배소매인의 지정을 받은 자
나. 제1호나목 또는 다목에 따른 담배를 소비자에게 판매하는 자
(2020.12.29 본호개정)
8.~9. (2020.12.29 삭제)
제48조【과세대상】① 담배소비세의 과세대상은 담배로 한다.
② 제1항에 따른 담배는 다음과 같이 구분한다.
1. 피우는 담배
가. 제1종 궐련
나. 제2종 파이프담배
다. 제3종 엽궐련
라. 제4종 각련
마. 제5종 전자담배(2010.12.27 본목신설)
바. 제6종 물담배(2014.5.20 본목신설)
2. 씹는 담배
3. 냄새 맡는 담배
4. 머금는 담배(2014.5.20 본호신설)
③ 제2항의 담배의 구분에 관하여는 담배의 성질과 모양, 제조과정 등을 기준으로 하여 대통령령으로 정한다.
제49조【납세의무자】① 제조자는 제조장으로부터 반출(搬出)한 담배에 대하여 담배소비세를 납부할 의무가 있다.
② 수입판매업자는 보세구역으로부터 반출한 담배에 대하여 담배소비세를 납부할 의무가 있다.
③ 외국으로부터 입국(「남북교류협력에 관한 법률」제2조제1호에 따른 출입장소를 이용하여 북한으로부터 들어오는 경우를 포함한다. 이하 이 장에서 같다)하는 사람(이하 이 장에서 "입국자"라 한다)의 휴대품·탁송품(託送品)·별송품(別送品)으로 반입하는 담배 또는 외국으로부터 탁송(託送)의 방법으로 국내로 반입하는 담배에 대해서는 그 반입한 사람이 담배소비세를 납부

할 의무가 있다. 다만, 입국자 또는 수입판매업자가 아닌 사람으로부터 외국으로부터 우편으로 반입하는 담배에 대해서는 그 수취인이 담배소비세를 납부할 의무가 있다.
(2015.12.29 본항개정)
④ 제1항부터 제3항까지의 방법 외의 방법으로 담배를 제조하거나 국내로 반입하는 경우에는 그 제조자 또는 반입한 사람이 각각 담배소비세를 납부할 의무가 있다.
⑤ 제54조에 따른 면세담배를 반출한 후 제54조제1항 각 호의 구분에 따른 해당 용도에 사용하지 아니하고 판매, 소비, 그 밖의 처분을 한 경우에는 제1항부터 제4항까지의 규정에도 불구하고 그 처분을 한 자가 담배소비세를 납부할 의무가 있다.(2020.12.29 본항개정)
제50조【납세지】① 제49조제1항과 제2항의 경우 담배소비세의 납세지는 담배가 판매된 소매인의 영업장 소재지로 한다.(2020.12.29 본항개정)
② 제49조제3항의 경우 담배소비세의 납세지는 담배가 국내로 반입되는 세관 소재지로 한다.
(2015.12.29 본항개정)
③ 제49조제4항의 경우 납세지는 다음과 같다.
1. 담배를 제조한 경우 : 담배를 제조한 장소
2. 담배를 국내로 반입하는 경우 : 국내로 반입하는 자의 주소지(법인의 경우에는 본점이나 주사무소 소재지)
(2023.12.29 본호개정)
④ 제49조제5항의 경우 담배소비세의 납세지는 같은 항에서 처분을 한 자의 영업장 소재지로 하되, 영업장 소재지가 분명하지 아니한 경우에는 그 처분을 한 장소로 한다.
제51조【과세표준】 담배소비세의 과세표준은 담배의 개비수, 중량 또는 니코틴 용액의 용량으로 한다.
(2010.12.27 본조개정)
제52조【세율】① 담배소비세의 세율은 다음 각 호와 같다.
1. 피우는 담배
가. 제1종 궐련 : 20개비당 1,007원
나. 제2종 파이프담배 : 1그램당 36원
다. 제3종 엽궐련 : 1그램당 103원
라. 제4종 각련 : 1그램당 36원
(2014.12.23 가목~라목개정)
마. 제5종 전자담배
1) 니코틴 용액을 사용하는 경우 : 니코틴 용액 1밀리리터당 628원
2) 연초 및 연초고형물을 사용하는 경우
가) 궐련형 : 20개비당 897원
나) 기타유형 : 1그램당 88원
(2017.12.26 개정)
(2016.12.27 본목개정)
바. 제6종 물담배 : 1그램당 715원(2014.12.23 본목개정)
2. 씹거나 머금는 담배 : 1그램당 364원
3. 냄새 맡는 담배 : 1그램당 26원
(2014.12.23 2호~3호개정)
4. (2014.12.23 삭제)
② 제1항에 따른 세율은 그 세율의 100분의 30의 범위에서 대통령령으로 가감할 수 있다.
제53조【미납세 반출】① 다음 각 호의 어느 하나에 해당하는 담배에 대하여는 담배소비세를 징수하지 아니한다.
1. 담배 공급의 편의를 위하여 제조장 또는 보세구역에서 반출하는 것으로서 다음 각 목의 어느 하나에 해당하는 것
가. 제54조제1항에 따른 과세면제 담배를 제조장에서 다른 제조장으로 반출하는 것

나. 「관세법」 제2조제4호에 따른 외국물품인 담배를 보세구역에서 다른 보세구역으로 반출하는 것

다. (2023.3.14 삭제)

(2015.12.29 본호개정)

2. 담배를 다른 담배의 원료로 사용하기 위하여 반출하는 것

3. 그 밖에 제조장을 이전하기 위하여 담배를 반출하는 등 대통령령으로 정하는 바에 따라 반출하는 것

② 제1항에 따라 반입된 담배에 대해서는 그 반입장소를 제조장 또는 보세구역으로 보고, 반입자를 제조자 또는 수입판매업자로 보아 담배소비세의 부과 또는 면제에 관한 규정을 적용한다.(2023.3.14 본항신설)

제54조【과세면제】 ① 제조자 또는 수입판매업자가 담배를 다음 각 호의 어느 하나의 용도에 제공하는 경우에는 담배소비세를 면제한다.

1. 수출(수출 상담을 위한 견본용 담배를 포함한다)

2. 주한외국군의 관할 구역에서 다음 각 목의 사람에 대한 판매

가. 주한외국군의 군인

나. 외국 국적을 가진 민간인으로서 주한외국군대에서 근무하는 사람

다. 가목 또는 나목에 해당하는 사람의 가족

(2015.7.24 1호~2호개정)

3. 보세구역에서의 판매

4. 외항선 또는 원양어선의 선원에 대한 판매

5. 국제항로에 취항하는 항공기 또는 여객선의 승객에 대한 판매

6. 담배의 제품개발·품질개선·품질검사·성분분석이나 이에 준하는 시험분석 또는 연구활동(2023.3.14 본호개정)

7. 「남북교류협력에 관한 법률」 제13조에 따라 반출승인을 받은 담배로서 북한지역에서 취업 중인 근로자 및 북한지역 관광객에게 판매하는 담배(2015.7.24 본호개정)

8. 제1호부터 제7호까지의 담배용도와 유사한 것으로서 대통령령으로 정하는 용도(2015.7.24 본호신설)

② 입국자가 반입하는 담배로서 대통령령으로 정하는 범위의 담배에 대해서는 담배소비세를 면제한다.

(2015.7.24 본항개정)

③ 우리나라에서 수출된 담배가 포장 또는 품질의 불량, 판매부진, 그 밖의 부득이한 사유로 다시 수입되어 제조장 또는 수입판매업자의 담배보관장소로 반입목적으로 보세구역으로부터 반출된 경우에는 담배소비세를 면제한다.(2015.7.24 본항신설)

제55조【담배의 반출신고】 제조자 또는 수입판매업자는 담배를 제조장 또는 보세구역에서 반출(제53조에 따른 미납세 반출 및 제54조에 따른 과세면제를 위한 반출을 포함한다)하였을 때에는 대통령령으로 정하는 바에 따라 지방자치단체의 장에게 신고하여야 한다.(2015.12.29 본조개정)

제56조【제조장 또는 보세구역에서의 반출로 보는 경우】 다음 각 호의 어느 하나에 해당하는 경우에는 제조자 또는 수입판매업자가 담배를 제조장 또는 보세구역에서 반출한 것으로 본다.

1. 담배가 그 제조장 또는 보세구역에서 소비되는 경우. 다만, 제54조제1항제6호의 용도로 소비되는 경우는 제외한다.(2023.3.14 단서신설)

2. 제조장에 있는 담배가 공매, 경매 또는 파산절차 등에 따라 환가(換價)되는 경우

제57조【개업·폐업 등 신고사항 통보】 ① 기획재정부장관은 다음 각 호의 어느 하나에 해당하는 경우에는 그 사실을 제조장 소재지를 관할하는 지방자치단체의 장에게 통보하여야 한다.

1. 「담배사업법」 제11조에 따라 담배제조업의 허가 또는 변경허가를 한 경우

2. 「담배사업법」 제11조의3에 따라 양도·양수·합병 또는 상속의 신고를 받은 경우

3. 「담배사업법」 제11조의4에 따라 담배제조업의 허가취소를 한 경우

② 특별시장·광역시장·특별자치시장·도지사 또는 특별자치도지사는 다음 각 호의 어느 하나에 해당하는 경우 그 사실을 수입판매업자의 주사무소 소재지를 관할하는 지방자치단체의 장에게 통보하여야 한다.

1. 「담배사업법」 제13조에 따라 담배수입판매업의 등록 또는 변경등록을 한 경우

2. 「담배사업법」 제15조에 따라 담배수입판매업의 등록을 취소한 경우

3. 「담배사업법」 제22조의2에 따른 휴업 또는 폐업 신고를 받은 경우

(2016.12.27 본조개정)

제58조【폐업 시의 재고담배 사용계획서 제출】 제조자 또는 수입판매업자는 다음 각 호의 구분에 따라 정하여진 날부터 3일 이내에 그가 보유하고 있는 재고담배의 사용계획서를 제조장 소재지 또는 주사무소 소재지(수입판매업의 경우에 한정한다)를 관할하는 지방자치단체의 장에게 제출하여야 한다.

1. 제조자 : 사실상 휴업 또는 폐업한 날

2. 제47조제6호가목에 해당하는 수입판매업자 : 「담배사업법」 제22조의2에 따라 휴업 또는 폐업신고를 한 날

3. 제47조제6호나목에 해당하는 수입판매업자 : 사실상 휴업 또는 폐업한 날(2020.12.29 본호신설)

(2020.12.29 본조개정)

제59조【기장의무】 제조자 또는 수입판매업자는 담배의 제조·수입·판매 등에 관한 사항을 대통령령으로 정하는 바에 따라 장부에 기장하고 보존하여야 한다.(2020.12.29 본조개정)

제60조【신고 및 납부 등】 ① 제조자는 매월 1일부터 말일까지 제조장에서 반출한 담배에 대한 제52조에 따른 과세표준과 세율에 따라 산출한 세액(이하 이 장에서 "산출세액"이라 한다)을 대통령령으로 정하는 안분기준에 따라 다음 달 20일까지 각 지방자치단체의 장에게 신고납부하여야 한다.(2019.12.31 본항개정)

② 수입판매업자는 매월 1일부터 말일까지 보세구역에서 반출한 담배에 대한 산출세액을 다음 달 20일까지 대통령령으로 정하는 바에 따라 각 지방자치단체의 장에게 신고납부하여야 한다.(2019.12.31 본항개정)

③~④ (2020.12.29 삭제)

⑤ 제49조제3항에 따른 납세의무자는 세관장에게 대통령령으로 정하는 바에 따라 담배소비세를 신고하고 납부하여야 한다.(2015.12.29 본항개정)

⑥ 세관장은 「관세법」 제39조에 따라 관세를 부과고지할 때에 담배소비세를 함께 부과고지할 수 있다.(2015.12.29 본항신설)

⑦ 제5항 및 제6항에 따라 담배소비세를 징수하는 세관장은 지방자치단체의 장의 위탁을 받아 담배소비세를 징수하는 것으로 보며, 세관장은 징수한 담배소비세를 다음 달 10일까지 세관 소재지를 관할하는 지방자치단체의 장에게 징수내역을 첨부하여 납입하여야 한다. 다만, 세관장은 「지방세기본법」 제28조에 따른 지방세통합정보통신망을 이용하여 같은 조 제30호에 따른 전자납부의 방법으로 징수할 수 있다.(2023.12.29 단서개정)

⑧ 제5항 및 제6항에 따른 담배소비세의 징수에 관하여 이 법에 특별한 규정이 있는 경우를 제외하고는 「관세법」을 준용한다.(2015.12.29 본항신설)

제61조【부족세액의 추징 및 가산세】① 다음 각 호의 어느 하나에 해당하는 경우에는 그 산출세액 또는 부족세액의 100분의 10에 해당하는 가산세(제4호 또는 제5호의 경우에는 「지방세기본법」 제53조 또는 제54조에 따른 가산세를 말한다)를 징수하여야 할 세액에 가산하여 징수한다. 다만, 제4호 및 제5호의 경우로서 산출세액을 납부하지 아니하거나 산출세액보다 적게 납부하였을 때에는 「지방세기본법」 제55조에 따른 가산세를 추가로 가산하여 징수한다.(2016.12.27 본문개정)
1. (2016.12.27 삭제)
2. 제58조에 따른 사용계획서를 제출하지 아니한 경우 (2016.12.27 본호개정)
3. 제59조에 따른 기장의무를 이행하지 아니하거나 거짓으로 기장한 경우
4. 제60조에 따라 신고하지 아니하였거나 신고한 세액이 산출세액보다 적은 경우
5. 제60조에 따른 지방자치단체별 담배에 대한 산출세액을 거짓으로 신고한 경우(2020.12.29 본호개정)
② 다음 각 호의 어느 하나에 해당하는 경우에는 그 산출세액 또는 부족세액의 100분의 30에 해당하는 금액을 징수하여야 할 세액에 가산하여 징수한다.
1. 제53조에 따라 반출된 담배를 해당 용도에 사용하지 아니하고 판매, 소비, 그 밖의 처분을 한 경우
2. 제54조제1항에 따라 담배소비세가 면제되는 담배를 같은 항 각 호의 구분에 따른 해당 용도에 사용하지 아니하고 판매, 소비, 그 밖의 처분을 한 경우 (2020.12.29 1호~2호개정)
3. 제조자 또는 수입판매업자가 제55조에 따른 신고를 하지 아니한 경우
4. 부정한 방법으로 제63조에 따른 세액의 공제 또는 환급을 받은 경우
5. 과세표준의 기초가 될 사실의 전부 또는 일부를 은폐하거나 위장한 경우
③ 제1항 및 제2항의 산출세액 및 부족세액은 해당 행위에 의한 담배수량에 대하여 과세표준과 세율을 적용하여 산출한다.
(2013.1.1 본조제목개정)
제62조【수시부과】① 지방자치단체의 장은 다음 각 호의 어느 하나에 해당하는 경우에는 제60조에도 불구하고 관계 증거자료에 따라 수시로 그 세액을 결정하여 부과·징수할 수 있다.
1. 제49조제1항 및 제2항에 따른 납세의무자가 사업 부진이나 그 밖의 사유로 휴업 또는 폐업의 상태에 있는 경우
2. 제61조에 따라 담배소비세를 징수하는 경우
② 제49조제4항 및 제5항의 경우에는 해당 사실이 발견되거나 확인되는 때에 그 세액을 결정하여 부과·징수한다.
제62조의2【특별징수】① 제61조제1항제4호·제5호 또는 같은 조 제2항제3호·제5호의 위반행위를 한 제조자 또는 수입판매업자에 대하여 세액을 부과·징수하는 경우에는 제62조제1항제2호에도 불구하고 해당 제조자 또는 수입판매업자의 주소지(법인의 경우에는 본점 또는 주사무소 소재지)를 관할하는 지방자치단체의 장이 대통령령으로 정하는 바에 따라 세액을 부과·징수하여야 한다. 이 경우 전단에 따른 지방자치단체의 장을 각 지방자치단체가 부과·징수할 담배소비세의 특별징수의무자(이하 이 조에서 "특별징수의무자"라 한다)로 한다.
② 특별징수의무자는 제1항 전단에 따라 징수한 담배소비세 및 그 이자를 다음 달 20일까지 대통령령으로 정하는 바에 따라 납세지를 관할하는 각 지방자치단체에 납입하여야 한다. 이 경우 특별징수의무자는 징수·납입에 따른 사무처리비 등을 행정안전부령으로 정하

는 바에 따라 지방자치단체에 납입하여야 할 세액에서 공제할 수 있다.
③ 특별징수의무자가 징수하였거나 징수할 세액을 제2항에 따른 기한까지 납입하지 아니하거나 부족하게 납입하더라도 해당 특별징수의무자에게 「지방세기본법」 제56조에 따른 가산세를 부과하지 아니한다.
④ 제1항 전단에 따른 담배소비세의 부과·징수에 대하여 불복하려는 경우에는 특별징수의무자를 그 처분청으로 본다.
(2023.12.29 본조신설)
제63조【세액의 공제 및 환급】① 다음 각 호의 어느 하나에 해당하는 경우에는 세액을 공제하거나 환급한다. 다만, 납세의무자가 이미 납부하였거나 납부하여야 할 가산세는 공제하거나 환급하지 아니한다.(2023.3.14 단서신설)
1. 제조장 또는 보세구역에서 반출된 담배가 천재지변이나 그 밖의 부득이한 사유로 멸실되거나 훼손된 경우
2. 제조장 또는 보세구역에서 반출된 담배가 포장 또는 품질의 불량, 판매부진, 그 밖의 부득이한 사유로 제조장 또는 수입판매업자의 담배보관 장소로 반입된 경우
3. 이미 신고납부한 세액이 초과 납부된 경우
4. 제64조제4항에 따라 보세구역으로부터 반출하기 전에 담배소비세를 미리 신고납부한 이후 멸실, 훼손 또는 폐기 등의 사유로 담배를 보세구역으로부터 반출하지 못하게 된 경우(2016.12.27 본호신설)
② 제1항에 따른 공제·환급의 대상 및 범위에 관하여는 대통령령으로 정한다.
③ 제1항제2호에 따라 반입된 담배에 대해서는 그 반입장소를 제조장 또는 보세구역으로 보고, 반입자를 제조자 또는 수입판매업자로 보아 담배소비세의 부과 또는 면제에 관한 규정을 적용한다.(2023.3.14 본항신설)
제64조【납세담보】① 제조자 또는 수입판매업자의 주사무소 소재지를 관할하는 지방자치단체의 장은 담배소비세의 납세보전을 위하여 대통령령으로 정하는 바에 따라 제조자 또는 수입판매업자에게 담보의 제공을 요구할 수 있다.
② 지방자치단체의 장은 제1항에 따라 담보제공을 요구받은 제조자 또는 수입판매업자가 담보를 제공하지 아니하거나 부족하게 제공한 경우 담배의 반출을 금지하거나 세관장에게 반출금지를 요구할 수 있다.
③ 제2항에 따라 담배의 반출금지 요구를 받은 세관장은 요구에 따라야 한다.
④ 제1항에 따라 담보제공을 요구받은 수입판매업자는 제60조제2항에도 불구하고 보세구역으로부터 담배를 반출하기 전에 미리 담배소비세를 신고납부하여 담보를 제공하지 아니할 수 있다. 이 경우 「지방세기본법」 제34조제1항제4호에도 불구하고 담배소비세를 신고하는 때 납세의무가 성립한다.(2016.12.27 본항신설)

제6장 지방소비세

제65조【과세대상】 지방소비세의 과세대상은 「부가가치세법」 제4조를 준용한다.(2013.6.7 본조개정)
제66조【납세의무자】 지방소비세는 제65조에 따른 재화와 용역을 소비하는 자의 주소지 또는 소재지를 관할하는 특별시·광역시·특별자치시·도 또는 특별자치도에서 「부가가치세법」 제3조에 따라 부가가치세를 납부할 의무가 있는 자에게 부과한다.(2016.12.27 본조개정)
제67조【납세지】 지방소비세의 납세지는 「부가가치세법」 제6조에 따른 납세지로 한다.(2013.6.7 본조개정)
제68조【특별징수의무자】 제67조에 따른 납세지를 관할하는 세무서장 또는 「부가가치세법」 제58조제2항에

따라 재화의 수입에 대한 부가가치세를 징수하는 세관장을 지방소비세의 특별징수의무자로 한다.(2013.6.7 본조개정)

제69조【과세표준 및 세액】 ① 지방소비세의 과세표준은「부가가치세법」에 따른 부가가치세의 납부세액에서「부가가치세법」및 다른 법률에 따라 부가가치세의 감면세액 및 공제세액을 빼고 가산세를 더하여 계산한 세액으로 한다.
② 지방소비세의 세액은 제1항의 과세표준에 1천분의 253을 적용하여 계산한 금액으로 한다.(2021.12.7 본항개정)

제70조【신고 및 납부 등】 ① 지방소비세와 부가가치세를 신고·납부·경정 및 환급할 경우에는 제69조제2항에도 불구하고 같은 항에 따른 지방소비세와「부가가치세법」제72조에 따른 부가가치세가 합쳐진 금액으로 신고·납부·경정 및 환급하여야 한다.
②「부가가치세법」제48조부터 제50조까지, 제52조, 제66조 및 제67조에 따라 부가가치세를 신고·납부한 경우에는 지방소비세도 신고·납부한 것으로 본다.(2013.6.7 본조개정)

제71조【납입】 ① 특별징수의무자는 징수한 지방소비세를 다음 달 20일까지 관할구역의 인구 또는 납입관리의 효율성과 전문성 등을 고려하여 대통령령으로 정하는 특별시장·광역시장·특별자치시장·도지사·특별자치도지사 또는「지방세기본법」제151조의2에 따라 설립된 지방자치단체조합의 장 중에서 행정안전부장관이 지정하는 자(이하 "납입관리자"라 한다)에게 행정안전부령으로 정하는 징수명세서와 함께 납입하여야 한다.(2020.12.29 본항개정)
② 제1항의 특별징수의무자가 징수하였거나 징수할 세액을 같은 항에 따른 기한까지 납입하지 아니하거나 부족하게 납입하더라도 특별징수의무자에게「지방세기본법」제56조에 따른 가산세는 부과하지 아니한다.(2016.12.27 본항개정)
③ 납입관리자는 제1항에 따라 납입된 지방소비세를 다음 각 호에 따라 대통령령으로 정하는 기간 이내에 납입하여야 한다.
1. 제69조제2항에 따라 계산한 세액의 253분의 50에 해당하는 부분은 지역별 소비지출 등을 고려하여 대통령령으로 정하는 바에 따라 특별시장·광역시장·특별자치시장·도지사 및 특별자치도지사에게 안분하여 납입한다.(2021.12.7 본호개정)
2. 제69조제2항에 따라 계산한 세액의 253분의 60에 해당하는 부분은 법률 제12118호 지방세법 일부개정법률 제11조제1항제8호의 개정규정에 따라 감소되는 취득세, 지방교육세, 지방교부세, 지방교육재정교부금 등을 보전하기 위하여 대통령령으로 정하는 바에 따라 지방자치단체의 장과 특별시·광역시·특별자치시·도 및 특별자치도의 교육감에게 안분하여 납입한다.(2021.12.7 본호개정)
3. 제69조제2항에 따라 계산한 세액의 253분의 100에 해당하는 부분은 다음 각 목의 구분에 따라 납입한다.(2021.12.7 본문개정)
가. 납입관리자는 국가에서 지방으로 전환되는 지역균형발전특별회계 사업 등(이하 "전환사업"이라 한다)의 비용을 보전하기 위하여 대통령령으로 정하는 금액을「지방자치단체 기금관리기본법」제17조제2항에 따라 설립된 조합의 장(이하 "조합의 장"이라 한다)에게 납입한다. 이 경우 조합의 장은 납입 받은 세액을 같은 법 제18조제1항제5호에 따라 지방자치단체의 장에게 안분하여 배분한다.(2023.6.9 전단개정)<2026.12.31까지 유효>
나. 가목에 따라 시·도 전환사업을 보전함으로써 감소하는「지방재정법」제29조에 따른 시·군 조정교

부금, 같은 법 제29조의2에 따른 자치구 조정교부금,「지방교육재정교부금법」제11조제2항 및「세종특별자치시 설치 등에 관한 특별법」제14조제5항에 따른 시·도 교육비특별회계 전출금을 보전하기 위하여 대통령령으로 정하는 바에 따라 지방자치단체의 장과 특별시·광역시·특별자치시·도 및 특별자치도의 교육감에게 안분하여 납입한다.<2026.12.31까지 유효>
다. 가목 및 나목에 따라 납입한 부분을 제외한 세액은 지역별 소비지출 등을 고려하여 대통령령으로 정하는 바에 따라 특별시장·광역시장·특별자치시장·도지사 및 특별자치도지사에게 안분하여 납입한다.
4. 제69조제2항에 따라 계산한 세액의 253분의 43에 해당하는 부분은 다음 각 목의 구분에 따라 납입한다.
가. 납입관리자는 전환사업의 비용을 보전하기 위하여 대통령령으로 정하는 금액을 조합의 장에게 납입한다. 이 경우 조합의 장은 납입 받은 세액을「지방자치단체 기금관리기본법」제18조제1항제5호에 따라 지방자치단체의 장에게 안분하여 배분한다.<2026.12.31까지 유효>
나. 가목에 따라 보전하는 시·도 전환사업의 총비용에 해당하는 금액을 제3항제1호에 따라 안분하여 산정한「지방재정법」제29조에 따른 시·군 조정교부금(세종특별자치시와 제주특별자치도의 경우에는 대통령령으로 정하는 금액을 말한다), 같은 법 제29조의2에 따른 자치구 조정교부금,「지방교육재정교부금법」제11조제2항 및「세종특별자치시 설치 등에 관한 특별법」제14조제5항에 따른 시·도 교육비특별회계 전출금을 보전하기 위하여 대통령령으로 정하는 바에 따라 지방자치단체의 장과 특별시·광역시·특별자치시·도 및 특별자치도의 교육감에게 안분하여 납입한다.<2026.12.31까지 유효>
다. 가목 및 나목에 따라 납입한 부분을 제외한 세액의 100분의 60은 지역별 소비지출 등을 고려하여 대통령령으로 정하는 바에 따라 특별시장·광역시장·특별자치시장·도지사 및 특별자치도지사에게 안분하여 납입하고, 나머지 100분의 40은 지역별 소비지출·인구 등을 고려하여 대통령령으로 정하는 바에 따라 특별자치시장·특별자치도지사·시장·군수 및 구청장에게 안분하여 납입한다.(2021.12.7 본호신설)
(2019.12.31 본항개정)
④ 특별징수의무자는 제70조제1항에 따라 지방소비세를 환급하는 경우에는 납입관리자에게 납입하여야 할 금액에서 환급하여 줄 지방소비세에 해당하는 금액(이하 이 항에서 "지방소비세환급금"이라 한다)을 공제한다. 다만, 지방소비세환급금이 납입하여야 할 금액을 초과하는 경우에는 초과된 지방소비세환급금은 그 다음 달로 이월한다.

제72조【부과·징수 등의 특례】 지방소비세의 부과·징수 및 불복절차 등에 관하여는 국세의 예를 따른다. 이 경우 제68조에 따른 특별징수의무자를 그 처분청으로 본다.

제73조【「부가가치세법」의 준용】 지방소비세와 관련하여 이 장에 규정되어 있지 아니한 사항에 관하여는「부가가치세법」을 준용한다.

제7장 주민세

제1절 통 칙

제74조【정의】 주민세에서 사용하는 용어의 뜻은 다음 각 호와 같다.

1. "개인분"이란 지방자치단체에 주소를 둔 개인에 대하여 부과하는 주민세를 말한다.(2020.12.29 본호개정)
2. "사업소분"이란 지방자치단체에 소재한 사업소 및 그 연면적을 과세표준으로 하여 부과하는 주민세를 말한다.(2020.12.29 본호개정)
3. "종업원분"이란 지방자치단체에 소재한 사업소 종업원의 급여총액을 과세표준으로 하여 부과하는 주민세를 말한다.(2020.12.29 본호개정)
4. "사업소"란 인적 및 물적 설비를 갖추고 계속하여 사업 또는 사무가 이루어지는 장소를 말한다.
5. "사업주"란 지방자치단체에 사업소를 둔 자를 말한다. (2018.12.31 본호개정)
6. "사업소 연면적"이란 대통령령으로 정하는 사업소용 건축물의 연면적을 말한다.
7. "종업원의 급여총액"이란 사업소의 종업원에게 지급하는 봉급, 임금, 상여금 및 이에 준하는 성질을 가지는 급여로서 대통령령으로 정하는 것을 말한다.
8. "종업원"이란 사업소에 근무하거나 사업소로부터 급여를 지급받는 임직원, 그 밖의 종사자로서 대통령령으로 정하는 사람을 말한다.
(2014.1.1 7호~8호신설)

제75조 【납세의무자】 ① 개인분의 납세의무자는 과세기준일 현재 지방자치단체에 주소(외국인의 경우에는 「출입국관리법」에 따른 체류지를 말한다. 이하 이 장에서 같다)를 둔 개인으로 한다. 다만, 다음 각 호의 어느 하나에 해당하는 사람은 제외한다.
1. 「국민기초생활보장법」에 따른 수급자
2. 「민법」에 따른 미성년자(그 미성년자가 성년자와 「주민등록법」상 같은 세대를 구성하고 있는 경우는 제외한다)
3. 「주민등록법」에 따른 세대원 및 이에 준하는 개인으로서 대통령령으로 정하는 사람
4. 「출입국관리법」 제31조에 따른 외국인등록을 한 날부터 1년이 경과되지 아니한 외국인
(2020.12.29 본항개정)
② 사업소분의 납세의무자는 과세기준일 현재 다음 각 호의 어느 하나에 해당하는 사업주(과세기준일 현재 1년 이상 계속하여 휴업하고 있는 자는 제외한다)로 한다. 다만, 사업용 건축물의 소유자와 사업주가 다른 경우에는 대통령령으로 정하는 바에 따라 건축물의 소유자에게 제2차 납세의무를 지울 수 있다.
(2020.12.29 본문개정)
1. 지방자치단체에 대통령령으로 정하는 규모 이상의 사업소를 둔 개인(2020.12.29 본호신설)
2. 지방자치단체에 사업소를 둔 법인(법인세의 과세대상이 되는 법인격 없는 사단·재단 및 단체를 포함한다. 이하 이 장에서 같다)(2020.12.29 본호신설)
③ 종업원분의 납세의무자는 종업원에게 급여를 지급하는 사업주로 한다.(2014.1.1 본항신설)

제76조 【납세지】 ① 개인분의 납세지는 과세기준일 현재 주소지로 한다.
② 사업소분의 납세지는 과세기준일 현재 각 사업소 소재지로 한다.
③ 종업원분의 납세지는 급여를 지급한 날(월 2회 이상 급여를 지급하는 경우에는 마지막으로 급여를 지급한 날을 말한다) 현재의 사업소 소재지(사업소를 폐업하는 경우에는 폐업하는 날 현재의 사업소 소재지를 말한다)로 한다.
(2020.12.29 본조개정)

제77조 【비과세】 ① 다음 각 호의 어느 하나에 해당하는 자에 대하여는 주민세를 부과하지 아니한다.
1. 국가, 지방자치단체 및 지방자치단체조합

2. 주한외국정부기관·주한국제기구·「외국 민간원조단체에 관한 법률」에 따른 외국 민간원조단체(이하 "주한외국정부기관등"이라 한다) 및 주한외국정부기관·주한국제기구에 근무하는 외국인. 다만, 대한민국의 정부기관·국제기구 또는 대한민국의 정부기관·국제기구에 근무하는 대한민국의 국민에게 주민세와 동일한 성격의 조세를 부과하는 국가와 그 국적을 가진 외국인 및 그 국가의 정부 또는 원조단체의 재산에 대하여는 주민세를 부과한다.
② (2019.12.31 삭제)
③ (2018.12.31 삭제)

제2절 개인분
(2020.12.29 본절제목개정)

제78조 【세율】 ① 개인분의 세율은 1만원을 초과하지 아니하는 범위에서 지방자치단체의 장이 조례로 정한다.
② 제1항에도 불구하고 주민의 청구가 있는 경우에는 개인분의 세율을 1만5천원을 초과하지 아니하는 범위에서 조례로 읍·면·동별로 달리 정할 수 있다.
(2021.12.28 본항신설)
③ 제2항에 따른 주민청구의 요건, 대상, 방법 및 절차 등에 관하여 필요한 사항은 조례로 정한다.
(2021.12.28 본항신설)
(2020.12.29 본조개정)

제79조 【징수방법 등】 ① 개인분은 납세지를 관할하는 지방자치단체의 장이 보통징수의 방법으로 징수한다.
② 개인분의 과세기준일은 매년 7월 1일로 한다.
③ 개인분의 납기는 매년 8월 16일부터 8월 31일까지로 한다.
(2020.12.29 본조개정)

제79조의2 【주민세 과세자료의 제공】 ① 행정안전부장관 또는 지방자치단체의 장은 개인분 납세의무자의 세대원 확인 등을 위하여 필요한 경우에는 법원행정처장에게 「가족관계의 등록 등에 관한 법률」 제11조제6항에 따른 등록전산정보자료의 제공을 요청할 수 있다. 이 경우 요청을 받은 법원행정처장은 특별한 사유가 없으면 이에 협조하여야 한다.(2020.12.29 전단개정)
② 행정안전부장관은 제1항에 따라 제공받은 등록전산정보자료를 대통령령으로 정하는 바에 따라 지방자치단체의 장에게 제공할 수 있다.
(2019.12.31 본조신설)

제3절 사업소분
(2020.12.29 본절제목개정)

제80조 【과세표준】 사업소분의 과세표준은 과세기준일 현재의 사업소 및 그 연면적으로 한다.
(2020.12.29 본조개정)

제81조 【세율】 ① 사업소분의 세율은 다음 각 호의 구분에 따른다.
1. 기본세율
  가. 사업주가 개인인 사업소 : 5만원
  나. 사업주가 법인인 사업소
   1) 자본금액 또는 출자금액이 30억원 이하인 법인 : 5만원
   2) 자본금액 또는 출자금액이 30억원 초과 50억원 이하인 법인 : 10만원
   3) 자본금액 또는 출자금액이 50억원을 초과하는 법인 : 20만원
   4) 그 밖의 법인 : 5만원
2. 연면적에 대한 세율 : 사업소 연면적 1제곱미터당 250원. 다만, 폐수 또는 「폐기물관리법」 제2조제3호

에 따른 사업장폐기물 등을 배출하는 사업소로서 대통령령으로 정하는 오염물질 배출 사업소에 대해서는 1제곱미터당 500원으로 한다.
② 지방자치단체의 장은 조례로 정하는 바에 따라 제1항제1호 및 같은 항 제2호 본문의 세율을 각각 100분의 50 범위에서 가감할 수 있다.
③ (2020.12.29 삭제)
(2020.12.29 본조개정)
제82조 【세액계산】 사업소분의 세액은 제81조제1항제1호 및 제2호의 세율에 따라 각각 산출한 세액을 합산한 금액으로 한다. 다만, 사업소 연면적이 330제곱미터 이하인 경우에는 제81조제1항제2호에 따른 세액을 부과하지 아니한다.(2020.12.29 본조개정)
제83조 【징수방법과 납기 등】 ① 사업소분의 징수는 신고납부의 방법으로 한다.
② 사업소분의 과세기준일은 7월 1일로 한다.
③ 사업소분의 납세의무자는 매년 납부할 세액을 8월 1일부터 8월 31일까지를 납기로 하여 납세지를 관할하는 지방자치단체의 장에게 대통령령으로 정하는 바에 따라 신고하고 납부하여야 한다.
④ 제1항 및 제3항에도 불구하고 납세지 관할 지방자치단체의 장은 사업소분의 납세의무자에게 행정안전부령으로 정하는 납부서(이하 이 조에서 "납부서"라 한다)를 발송할 수 있다.(2020.12.29 본항신설)
⑤ 제4항에 따라 납부서를 받은 납세의무자가 납부서에 기재된 세액을 제3항에 따른 기한까지 납부한 경우에는 같은 항에 따라 신고를 하고 납부한 것으로 본다.(2020.12.29 본항신설)
⑥ 사업소분의 납세의무자가 제3항에 따른 신고 또는 납부의무를 다하지 아니하면 제80조와 제81조에 따라 산출한 세액 또는 그 부족세액에 「지방세기본법」 제53조부터 제55조까지의 규정에 따라 산출한 가산세를 합한 금액을 세액으로 하여 보통징수의 방법으로 징수한다.
1.~2. (2013.1.1 삭제)
(2020.12.29 본조개정)
제84조 【신고의무】 ① 사업소분의 납세의무자 또는 그 사업소용 건축물의 소유자는 조례로 정하는 바에 따라 필요한 사항을 신고하여야 한다.(2020.12.29 본항개정)
② 납세의무자가 제1항에 따른 신고를 하지 아니할 경우에는 세무공무원은 직권으로 조사하여 과세대장에 등재할 수 있다.

제4절 종업원분
(2014.1.1 본절신설)

제84조의2 【과세표준】 종업원분의 과세표준은 종업원에게 지급한 그 달의 급여 총액으로 한다.
제84조의3 【세율】 ① 종업원분의 표준세율은 종업원 급여총액의 1천분의 5로 한다.
② 지방자치단체의 장은 조례로 정하는 바에 따라 종업원분의 세율을 제1항에 따른 표준세율의 100분의 50의 범위에서 가감할 수 있다.
제84조의4 【면세점】 ① 「지방세기본법」 제34조에 따른 납세의무 성립일이 속하는 달부터 최근 1년간 해당 사업소 종업원 급여총액의 월평균금액이 대통령령으로 정하는 금액에 50을 곱한 금액 이하인 경우에는 종업원분을 부과하지 아니한다.
② 제1항에 따른 종업원 급여총액의 월평균금액 산정방법 등 필요한 사항은 대통령령으로 정한다.
(2015.12.29 본조개정)
제84조의5 【중소기업 고용지원】 ① 「중소기업기본법」 제2조에 따른 중소기업(이하 "중소기업"이라 한다)의 사업주가 종업원을 추가로 고용한 경우(해당 월의 종업원 수가 50명을 초과하는 경우만 해당한다)에는 다음

의 계산식에 따라 산출한 금액을 종업원분의 과세표준에서 공제한다. 이 경우 직전 연도의 월평균 종업원 수가 50명 이하인 경우에는 50명으로 간주하여 산출한다.
공제액 = (신고한 달의 종업원 수 − 직전 연도의 월평균 종업원 수) × 월 적용급여액
(2016.12.27 본항개정)
② 다음 각 호의 어느 하나에 해당하는 중소기업에 대해서는 다음 각 호에서 정하는 달부터 1년 동안 월평균 종업원 수 50명에 해당하는 월 적용급여액을 종업원분의 과세표준에서 공제한다.(2019.12.31 본문개정)
1. 사업소를 신설하면서 50명을 초과하여 종업원을 고용하는 경우 : 종업원분을 최초로 신고하여야 하는 달
2. 해당 월의 1년 전부터 계속하여 매월 종업원 수가 50명 이하인 사업소가 추가 고용으로 그 종업원 수가 50명을 초과하는 경우(해당 월부터 과거 5년 내에 종업원 수가 1회 이상 50명을 초과한 사실이 있는 사업소의 경우는 제외한다) : 해당 월의 종업원분을 신고하여야 하는 달(2019.12.31 본호개정)
(2015.12.29 본항개정)
③ 제1항 및 제2항을 적용할 때 월 적용급여액은 해당 월의 종업원 급여 총액을 해당 월의 종업원 수로 나눈 금액으로 한다.(2019.12.31 본항개정)
④ 제1항 등의 휴업 등의 사유로 직전 연도의 월평균 종업원 수를 산정할 수 없는 경우에는 사업을 재개한 후 종업원분을 최초로 신고한 달의 종업원 수를 직전 연도의 월평균 종업원 수로 본다.(2019.12.31 본항개정)
⑤ 제1항부터 제4항까지의 규정에 따른 종업원 수의 산정기준 등은 대통령령으로 정한다.(2015.12.29 본항신설)
제84조의6 【징수방법과 납기 등】 ① 종업원분의 징수는 신고납부의 방법으로 한다.
② 종업원분의 납세의무자는 매월 납부할 세액을 다음 달 10일까지 납세지를 관할하는 지방자치단체의 장에게 대통령령으로 정하는 바에 따라 신고하고 납부하여야 한다.
③ 종업원분의 납세의무자가 제2항에 따른 신고 또는 납부의무를 다하지 아니하면 제84조의2 및 제84조의3조에 따라 산출한 세액 또는 그 부족세액에 「지방세기본법」 제53조부터 제55조까지의 규정에 따라 산출한 가산세를 합한 금액을 세액으로 하여 보통징수의 방법으로 징수한다.(2016.12.27 본항개정)
제84조의7 【신고의무】 ① 종업원분의 납세의무자는 조례로 정하는 바에 따라 필요한 사항을 신고하여야 한다.
② 납세의무자가 제1항에 따른 신고를 하지 아니할 경우에는 세무공무원은 직권으로 조사하여 과세대장에 등재할 수 있다.

제8장 지방소득세

제1절 통 칙
(2014.1.1 본절개정)

제85조 【정의】 ① 지방소득세에서 사용하는 용어의 뜻은 다음과 같다.
1. "개인지방소득"이란 「소득세법」 제3조 및 제4조에 따른 거주자 또는 비거주자의 소득을 말한다.
2. "법인지방소득"이란 「법인세법」 제4조에 따른 내국법인 또는 외국법인의 소득을 말한다.(2018.12.24 본호개정)
3. "거주자"란 「소득세법」 제1조의2제1항제1호에 따른 거주자를 말한다.(2015.7.24 본호개정)
4. "비거주자"란 거주자가 아닌 개인을 말한다.

5. "내국법인"이란 국내에 본점이나 주사무소 또는 사업의 실질적 관리장소를 둔 법인을 말한다.
6. "비영리내국법인"이란 내국법인 중 다음 각 목의 어느 하나에 해당하는 법인을 말한다.
　가. 「민법」 제32조에 따라 설립된 법인
　나. 「사립학교법」이나 그 밖의 특별법에 따라 설립된 법인으로서 「민법」 제32조에 규정된 목적과 유사한 목적을 가진 법인(대통령령으로 정하는 조합법인 등이 아닌 법인으로서 그 주주(株主)·사원 또는 출자자(出資者)에게 이익을 배당할 수 있는 법인은 제외한다)
　다. 「국세기본법」 제13조제4항에 따른 법인으로 보는 단체(이하 "법인으로 보는 단체"라 한다)
7. "외국법인"이란 외국에 본점 또는 주사무소를 둔 단체(국내에 사업의 실질적 관리장소가 소재하지 아니하는 경우만 해당한다)로서 대통령령으로 정하는 기준에 해당하는 법인을 말한다.
8. "비영리외국법인"이란 외국법인 중 외국의 정부·지방자치단체 및 영리를 목적으로 하지 아니하는 법인(법인으로 보는 단체를 포함한다)을 말한다.
9. "사업자"란 사업소득이 있는 거주자를 말한다.
10. "사업장"이란 인적 설비 또는 물적 설비를 갖추고 사업 또는 사무가 이루어지는 장소를 말한다.
11. "사업연도"란 법인의 소득을 계산하는 1회계기간을 말한다.
12. "연결납세방식"이란 둘 이상의 내국법인을 하나의 과세표준과 세액을 계산하는 단위로 하여 제7절에 따라 법인지방소득세를 신고·납부하는 방식을 말한다.
13. "연결법인"이란 연결납세방식을 적용받는 내국법인을 말한다.
14. "연결집단"이란 연결법인 전체를 말한다.
15. "연결모법인"(連結母法人)이란 연결집단 중 다른 연결법인을 연결지배(「법인세법」에 따른 연결지배를 말한다. 이하 같다)하는 연결법인을 말하고, "연결자법인"(連結子法人)이란 연결모법인의 연결지배를 받는 연결법인을 말한다.(2023.3.14 본호개정)
16. "연결사업연도"란 연결집단의 소득을 계산하는 1회계기간을 말한다.
② 이 장에서 사용하는 용어의 뜻은 제1항에서 정하는 것을 제외하고 「소득세법」 및 「법인세법」에서 정하는 바에 따른다.

제86조 【납세의무자 등】 ① 「소득세법」에 따른 소득세 또는 「법인세법」에 따른 법인세의 납세의무가 있는 자는 지방소득세를 납부할 의무가 있다.
② 제1항에 따른 지방소득세 납부의무의 범위는 「소득세법」과 「법인세법」에서 정하는 바에 따른다.

제87조 【지방소득의 범위 및 구분 등】 ① 거주자의 개인지방소득은 다음 각 호와 같이 구분한다. 이 경우 각 호의 소득의 범위는 「소득세법」 제16조부터 제22조까지, 제94조 및 제95조에서 정하는 바에 따르고, 신탁의 이익의 구분에 대해서는 같은 법 제4조제2항에 따른다.(2020.12.29 본문개정)
1. 종합소득
　이 법에 따라 과세되는 개인지방소득에서 제2호 및 제3호에 따른 소득을 제외한 소득으로서 다음 각 목의 소득을 합산한 것
　가. 이자소득
　나. 배당소득
　다. 사업소득
　라. 근로소득
　마. 연금소득
　바. 기타소득
2. 퇴직소득
3. 양도소득

② 비거주자의 개인지방소득은 「소득세법」 제119조에 따라 구분한다.
③ 내국법인 및 외국법인의 법인지방소득은 다음 각 호와 같이 구분하고, 법인의 종류에 따른 각 호의 소득의 범위는 「법인세법」 제4조에서 정하는 바에 따른다.(2018.12.24 본문개정)
1. 각 사업연도의 소득
2. 청산소득(淸算所得)
3. 「법인세법」 제55조의2 및 제95조의2에 따른 토지등 양도소득(2018.12.31 본호개정)
4. 「조세특례제한법」 제100조의32에 따른 미환류소득(2018.12.24 본호개정)

제88조 【과세기간 및 사업연도】 ① 개인지방소득에 대한 지방소득세(이하 "개인지방소득세"라 한다)의 과세기간은 「소득세법」 제5조에 따른 기간으로 한다.
② 법인지방소득에 대한 지방소득세(이하 "법인지방소득세"라 한다)의 각 사업연도는 「법인세법」 제6조부터 제8조까지에 따른 기간으로 한다.

제89조 【납세지 등】 ① 지방소득세의 납세지는 다음 각 호와 같다.
1. 개인지방소득세 : 「지방세기본법」 제34조에 따른 납세의무 성립 당시의 「소득세법」 제6조 및 제7조에 따른 납세지(2019.12.31 본호개정)
2. 법인지방소득세 : 사업연도 종료일 현재의 「법인세법」 제9조에 따른 납세지. 다만, 법인 또는 연결법인이 둘 이상의 지방자치단체에 사업장이 있는 경우에는 각각의 사업장 소재지를 납세지로 한다.(2017.12.26 본문개정)
② 제1항제2호 단서에 따라 둘 이상의 지방자치단체에 법인의 사업장이 있는 경우 또는 각 연결법인의 사업장이 있는 경우에는 대통령령으로 정하는 기준에 따라 법인지방소득세를 안분하여 그 소재지를 관할하는 지방자치단체의 장에게 각각 신고납부하여야 한다.(2016.12.27 본항개정)
③ 제1항 및 제2항에도 불구하고 제103조의13, 제103조의29, 제103조의52에 따라 특별징수하는 지방소득세 중 다음 각 호의 지방소득세는 해당 각 호에서 정하는 납세지를 관할하는 지방자치단체의 장이 부과한다.
1. 근로소득 및 퇴직소득에 대한 지방소득세 : 납세의무자의 근무지. 다만, 퇴직 후 연금계좌(연금신탁·보험을 포함한다)에서 연금외수령의 방식으로 인출하는 퇴직소득의 경우에는 그 소득을 지급받는 사람의 주소지로 한다.(2016.12.27 단서신설)
2. 「소득세법」 제20조의3제1항제1호 및 제2호에 따른 연금소득에 대한 지방소득세 : 그 소득을 지급받는 사람의 주소지
3. 「국민건강보험법」에 따른 국민건강보험공단이 지급하는 사업소득에 대한 지방소득세 : 그 소득을 지급받는 사람의 사업장 소재지
4. 제1호부터 제3호까지에서 규정한 소득 외의 소득에 대한 소득세 및 법인세의 원천징수사무를 본점 또는 주사무소에서 일괄처리하는 경우 그 소득에 대한 지방소득세 : 그 소득의 지급지. 다만, 「복권 및 복권기금법」 제2조에 따른 당첨금 중 일정 등위별 당첨금 또는 「국민체육진흥법」 제27조에 따른 체육진흥투표권의 환급금 중 일정 등위별 환급금을 본점 또는 주사무소에서 한꺼번에 지급하는 경우의 당첨금 또는 환급금에 대한 지방소득세의 경우에는 해당 복권 또는 체육진흥투표권의 판매지로 한다.(2021.12.28 본호개정)

제90조 【비과세】 「소득세법」, 「법인세법」 및 「조세특례제한법」에 따라 소득세 또는 법인세가 비과세되는 소득에 대하여는 지방소득세를 과세하지 아니한다.

제2절 거주자의 종합소득·퇴직소득에 대한 지방소득세
(2014.1.1 본절개정)

제91조【과세표준】 ① 거주자의 종합소득에 대한 개인지방소득세 과세표준은 「소득세법」 제14조제2항부터 제5항까지에 따라 계산한 소득세의 과세표준(「조세특례제한법」 및 다른 법률에 따라 과세표준 산정과 관련된 조세감면 또는 중과세 등의 조세특례가 적용되는 경우에는 이에 따라 계산한 소득세의 과세표준)과 동일한 금액으로 한다.
② 거주자의 퇴직소득에 대한 개인지방소득세 과세표준은 「소득세법」 제14조제6항에 따라 계산한 소득세의 과세표준(「조세특례제한법」 및 다른 법률에 따라 과세표준 산정과 관련된 조세감면 또는 중과세 등의 조세특례가 적용되는 경우에는 이에 따라 계산한 소득세의 과세표준)과 동일한 금액으로 한다.
(2019.12.31 본조개정)

제92조【세율】 ① 거주자의 종합소득에 대한 개인지방소득세의 표준세율은 다음 표와 같다.

과세표준	세율
1천400만원 이하	과세표준의 1천분의 6
1천400만원 초과 5천만원 이하	8만4천원 + (1천400만원을 초과하는 금액의 1천분의 15)
5천만원 초과 8천800만원 이하	62만4천원 + (5천만원을 초과하는 금액의 1천분의 24)
8천800만원 초과 1억5천만원 이하	153만6천원 + (8천800만원을 초과하는 금액의 1천분의 35)
1억5천만원 초과 3억원 이하	370만6천원 + (1억5천만원을 초과하는 금액의 1천분의 38)
3억원 초과 5억원 이하	940만6천원 + (3억원을 초과하는 금액의 1천분의 40)
5억원 초과 10억원 이하	1천740만6천원 + (5억원을 초과하는 금액의 1천분의 42)
10억원 초과	3천840만6천원 + (10억원을 초과하는 금액의 1천분의 45)

(2023.3.14 본항개정)
② 지방자치단체의 장은 조례로 정하는 바에 따라 종합소득에 대한 개인지방소득세의 세율을 제1항에 따른 표준세율의 100분의 50의 범위에서 가감할 수 있다.
③ 거주자의 종합소득에 대한 개인지방소득세 산출세액은 해당 연도의 과세표준에 제1항 및 제2항의 세율을 적용하여 산출한 금액으로 한다.
④ 거주자의 퇴직소득에 대한 개인지방소득세 산출세액은 다음 각 호의 순서에 따라 계산한 금액으로 한다.
1. 해당 과세기간의 제91조제2항에 따른 과세표준에 제1항 및 제2항의 세율을 적용하여 계산한 금액 (2015.12.29 본호개정)
2. 제1호의 금액을 12로 나눈 금액에 근속연수를 곱한 금액(2015.12.29 본호개정)
3. (2015.12.29 삭제)
⑤ (2016.12.27 삭제)

제93조【세액계산의 순서 및 특례】 ① 거주자의 종합소득 및 퇴직소득에 대한 개인지방소득세는 이 법에 특별한 규정이 있는 경우를 제외하고는 다음 각 호에 따라 계산한다.
1. 제92조제3항 및 제4항에 따라 종합소득 및 퇴직소득에 대한 개인지방소득세 산출세액은 각각 구분하여 계산한다.(2017.12.26 본호개정)
2. 제1호에 따라 계산한 산출세액에 제94조에 따른 세액공제 및 세액감면을 적용하여 종합소득 및 퇴직소득에 대한 개인지방소득세 결정세액을 각각 계산한다.

3. 제2호에 따라 계산한 결정세액에 제99조 및 「지방세기본법」 제53조부터 제55조까지에 따른 가산세를 더하여 종합소득 및 퇴직소득에 대한 개인지방소득세 총결정세액을 각각 계산한다.(2016.12.27 본호개정)
② 거주자의 종합소득에 대한 개인지방소득세 과세표준에 포함된 이자소득과 배당소득(이하 이 조에서 "이자소득등"이라 한다)이 「소득세법」 제14조제3항제6호에 따른 이자소득등의 종합과세기준금액(이하 이 조에서 "종합과세기준금액"이라 한다)을 초과하는 그 거주자의 종합소득에 대한 개인지방소득세 산출세액은 다음 각 호의 금액 중 큰 금액으로 하고, 종합과세기준금액을 초과하지 않는 경우에는 제2호의 금액으로 한다. 이 경우 「소득세법」 제17조제1항제8호에 따른 배당소득이 있는 경우에는 그 배당소득금액은 이자소득으로 보지 아니한다.
1. 다음 각 목의 세액을 더한 금액
  가. 이자소득등의 금액 중 종합과세기준금액을 초과하는 금액과 이자소득등을 제외한 다른 종합소득금액을 더한 금액에 대한 개인지방소득세 산출세액
  나. 종합과세기준금액에 「소득세법」 제129조제1항제1호라목의 세율의 100분의 10을 적용하여 계산한 세액. 다만, 「조세특례제한법」 제104조의27에 따른 배당소득이 있는 경우 그 배당소득에 대해서는 같은 조 제1항에 따른 세율의 100분의 10을 적용한다. (2015.7.24 단서신설)
2. 다음 각 목의 세액을 더한 금액(2016.12.27 본문개정)
  가. 이자소득등에 대하여 「소득세법」 제129조제1항제1호·제2호 및 「조세특례제한법」 제104조의27제1항의 세율의 100분의 10을 적용하여 계산한 세액. 다만, 「소득세법」 제127조에 따라 원천징수되지 아니하는 소득에 대해서는 「소득세법」 제129조제1항제1호나목 또는 라목의 세율의 100분의 10을 적용한다.(2016.12.27 단서개정)
  나. 이자소득등을 제외한 다른 종합소득금액에 대한 개인지방소득세 산출세액. 다만, 그 세액이 「소득세법」 제17조제1항제8호에 따른 배당소득에 대하여 「소득세법」 제129조제1항제1호라목의 세율의 100분의 10을 적용하여 계산한 세액과 이자소득등 및 「소득세법」 제17조제1항제8호에 따른 배당소득을 제외한 다른 종합소득금액에 대한 개인지방소득세 산출세액을 합산한 금액(이하 이 목에서 "종합소득 비교세액"이라 한다)에 미달하는 경우 종합소득 비교세액으로 한다.
③ 「소득세법」 제16조제1항제10호에 따른 직장공제회 초과반환금(이하 이 조에서 "직장공제회 초과반환금"이라 한다)에 대해서는 그 금액에서 「소득세법」 제63조제1항 각 호의 금액을 순서대로 공제한 금액을 납입연수(1년 미만인 경우에는 1년으로 한다. 이하 같다)로 나눈 금액에 제92조에 따른 세율을 적용하여 계산한 세액에 납입연수를 곱한 금액을 그 산출세액으로 한다. 다만, 직장공제회 초과반환금을 분할하여 지급받는 경우의 세액의 계산 방법 등은 대통령령으로 정한다. (2017.12.26 본항개정)
④ 대통령령으로 정하는 부동산매매업(이하 "부동산매매업"이라 한다)을 경영하는 거주자(이하 "부동산매매업자"라 한다)로서 종합소득금액에 「소득세법」 제104조제1항제1호의 분양권·제8호·제10호 또는 같은 조 제7항 각 호의 어느 하나에 해당하는 자산의 매매차익(이하 이 조에서 "주택등매매차익"이라 한다)이 있는 자의 종합소득에 대한 개인지방소득세 산출세액은 다음 각 호의 세액 중 많은 것으로 한다. 이 경우 부동산매매업자에 대한 주택등매매차익의 계산과 그 밖에 종합소득에 대한 개인지방소득세 산출세액의 계산에 필요한 사항은 대통령령으로 정한다.(2020.8.12 전단개정)

1. 종합소득에 대한 개인지방소득세 산출세액
2. 다음 각 목에 따른 세액의 합계액
    가. 주택등매매차익에 제103조의3에 따른 세율을 적용하여 산출한 세액의 합계액
    나. 종합소득에 대한 개인지방소득세 과세표준에서 주택등매매차익의 해당 과세기간 합계액을 공제한 금액을 과세표준으로 하고 이에 제92조에 따른 세율을 적용하여 산출한 세액
⑤ 부동산매매업자가「소득세법」제69조제1항에 따른 토지등 매매차익예정신고를 하는 경우에는 토지 또는 건물(이하 이 조에서 "토지등"이라 한다)의 매매차익과 그 세액을 매매일이 속하는 달의 말일부터 2개월이 되는 날까지 대통령령으로 정하는 바에 따라 납세지 관할 지방자치단체의 장에게 신고하여야 한다. 토지등의 매매차익이 없거나 매매차손이 발생하였을 때에도 또한 같다.(2019.12.31 전단개정)
⑥ 제5항에 따른 부동산매매업자의 토지등의 매매차익에 대한 산출세액은 그 매매가액에서「소득세법」제97조를 준용하여 계산한 필요경비를 공제한 금액에 제103조의3에서 규정하는 세율을 곱하여 계산한 금액으로 한다. 다만, 토지등의 보유기간이 2년 미만인 경우에는 제103조의3제1항제2호 및 제3호에도 불구하고 같은 항 제1호에 따른 세율을 곱하여 계산한 금액으로 한다.(2023.3.14 본문개정)
⑦ 부동산매매업자는 제6항에 따른 산출세액을 제5항에 따른 신고기한까지 대통령령으로 정하는 바에 따라 납세지 관할 지방자치단체에 납부하여야 한다. 이 경우 납부할 세액이 100만원을 초과하는 자는 대통령령으로 정하는 바에 따라 그 납부할 세액의 일부를 납부기한이 지난 후 2개월 이내에 분할납부할 수 있다.(2023.3.14 후단신설)
⑧ 토지등의 매매차익에 대한 산출세액의 계산, 결정·경정 및 환산취득가액 적용에 따른 가산세에 관하여는 제103조의6제2항 및 제103조의9를 준용한다.(2019.12.31 본항개정)
⑨ 제5항부터 제8항까지의 토지등의 매매차익과 그 세액의 계산 등에 관하여 필요한 사항은 대통령령으로 정한다.
⑩「소득세법」제14조제3항제7호의 분리과세 주택임대소득(이하 이 조에서 "분리과세 주택임대소득"이라 한다)이 있는 거주자의 종합소득에 대한 개인지방소득세 결정세액은 다음 각 호의 세액 중 하나를 선택하여 적용한다.
1.「소득세법」제14조제3항제7호를 적용하기 전의 종합소득에 대한 개인지방소득세 결정세액
2. 다음 각 목의 세액을 더한 금액
    가. 분리과세 주택임대소득에 대한 사업소득금액에 1천분의 14를 곱하여 산출한 금액. 다만,「조세특례제한법」제96조제1항에 해당하는 거주자가 같은 항에 따른 임대주택을 임대하는 경우에는 해당 임대사업에서 발생한 분리과세 주택임대소득에 대한 사업소득금액에 1천분의 14를 곱하여 산출한 금액에서 같은 항에 따라 감면받는 세액의 100분의 10을 차감한 금액으로 한다.(2019.12.31 단서개정)
    나. 가목 외의 종합소득에 대한 개인지방소득세 결정세액
(2015.7.24 본항신설)
⑪ 제10항제2호가목에 따른 분리과세 주택임대소득에 대한 사업소득금액은 총수입금액에서 필요경비(총수입금액의 100분의 50으로 한다)를 차감한 금액으로 하되, 분리과세 주택임대소득을 제외한 해당 과세기간의 종합소득금액이 2천만원 이하인 경우에는 추가로 200만원을 차감한 금액으로 한다. 다만, 대통령령으로 정하는 임대주택을 임대하는 경우에는 해당 임대사업에서

발생한 사업소득금액은 총수입금액에서 필요경비(총수입금액의 100분의 60으로 한다)를 차감한 금액으로 하되, 분리과세 주택임대소득을 제외한 해당 과세기간의 종합소득금액이 2천만원 이하인 경우에는 추가로 400만원을 차감한 금액으로 한다.(2018.12.31 본항개정)
⑫ 다음 각 호의 어느 하나에 해당하는 경우에는 그 사유가 발생한 날이 속하는 과세기간의 과세표준신고를 할 때 다음 각 호의 구분에 따른 금액을 개인지방소득세로 납부하여야 한다. 다만,「민간임대주택에 관한 특별법」제6조제1항제11호에 해당하여 등록이 말소되는 경우 등 대통령령으로 정하는 경우에는 그러하지 아니하다.
1. 제10항제2호가목 단서에 따라 세액을 감면받은 사업자가 해당 임대주택을 4년(「민간임대주택에 관한 특별법」제2조제4호에 따른 공공지원민간임대주택 또는 같은 법 제2조제5호에 따른 장기일반민간임대주택의 경우에는 10년) 이상 임대하지 아니하는 경우 : 제10항제2호가목 단서에 따라 감면받은 세액
2. 제11항 단서를 적용하여 세액을 계산한 사업자가 해당 임대주택을 10년 이상 임대하지 아니하는 경우 : 제11항 단서를 적용하지 아니하고 계산한 세액과 당초 신고한 세액과의 차액
(2020.12.29 본항개정)
⑬ 제12항 각 호에 따라 개인지방소득세를 납부하는 경우에는「소득세법」제64조의2제4항 본문에 따라 계산한 이자 상당 가산액의 100분의 10을 추가하여 납부하여야 한다. 다만, 대통령령으로 정하는 부득이한 사유가 있는 경우에는 그러하지 아니하다.(2018.12.31 본항신설)
⑭ 분리과세 주택임대소득에 대한 종합소득 결정세액의 계산 및 임대주택 유형에 따른 사업소득금액의 산출방법 등에 필요한 사항은 대통령령으로 정한다.(2018.12.31 본항신설)
⑮ 제5항에 따라 부동산매매업자가 토지등의 매매차익(매매차익이 없는 경우와 매매차손을 포함한다)과 그 세액을 신고하는 경우에 납세지 관할 지방자치단체의 장 외의 지방자치단체의 장에게 신고한 경우에도 그 신고의 효력에는 영향이 없다.(2019.12.31 본항신설)
⑯「소득세법」제14조에 따라 거주자의 종합소득과세표준을 계산할 때 합산하지 아니하는 같은 법 제127조제1항제6호나목의 소득에 대한 개인지방소득세 결정세액은 같은 법 제21조제3항에 따라 계산한 해당 기타소득금액에 같은 법 제129조제1항제6호라목에 따른 세율의 100분의 10을 적용하여 계산한 금액으로 한다.(2020.12.29 본항신설)
⑰「소득세법」제20조의3제1항제2호 및 제3호에 따른 연금소득 중 같은 법 제14조제3항제9호에 따른 분리과세연금소득 외의 연금소득이 있는 거주자의 종합소득에 대한 개인지방소득세 결정세액은 다음 각 호의 세액 중 어느 하나를 선택하여 적용한다.
1. 종합소득에 대한 개인지방소득세 결정세액
2. 다음 각 목의 세액을 더한 금액
    가.「소득세법」제20조의3제1항제2호 및 제3호에 따른 연금소득 중 같은 법 제14조제3항제9호에 따른 분리과세연금소득 외의 연금소득에 1천분의 15를 곱하여 산출한 금액
    나. 가목 외의 종합소득에 대한 개인지방소득세 결정세액
(2023.3.14 본항신설)

⑱「소득세법」제21조제1항제27호에 따른 가상자산소득에 대한 개인지방소득세 결정세액은 같은 조 제3항에 따라 계산한 해당 기타소득금액에서 250만원을 뺀 금액에 1천분의 20을 적용하여 계산한 금액으로 한다.(2020.12.29 본항신설 : 2025.1.1 시행)

제94조【세액공제 및 세액감면】 종합소득 또는 퇴직소득에 대한 개인지방소득세의 세액공제 및 세액감면에 관한 사항은 「지방세특례제한법」에서 정한다. 다만, 종합소득 또는 퇴직소득에 대한 개인지방소득세의 공제세액 또는 감면세액이 산출세액을 초과하는 경우에는 그 초과금액은 없는 것으로 한다.

제95조【과세표준 및 세액의 확정신고와 납부】 ① 거주자가 「소득세법」에 따라 종합소득 또는 퇴직소득에 대한 과세표준확정신고를 하는 경우에는 해당 신고기한까지 종합소득 또는 퇴직소득에 대한 개인지방소득세 과세표준과 세액을 대통령령으로 정하는 바에 따라 납세지 관할 지방자치단체의 장에게 확정신고·납부하여야 한다. 이 경우 거주자가 종합소득 또는 퇴직소득에 대한 개인지방소득세 과세표준과 세액을 납세지 관할 지방자치단체의 장 외의 지방자치단체의 장에게 신고한 경우에도 그 신고의 효력에는 영향이 없다. (2019.12.31 후단신설)
② 제1항은 해당 과세기간 동안 종합소득 또는 퇴직소득에 대한 개인지방소득세 과세표준이 없거나 종합소득에 대한 결손금액이 있는 때에도 적용한다. 다만, 제103조의13에 따라 퇴직소득에 대한 개인지방소득세를 납부한 자에 대하여는 그러하지 아니하다. (2017.12.26 본문개정)
③ 제1항에 따른 확정신고·납부를 할 때에는 해당 과세기간의 종합소득 또는 퇴직소득에 대한 개인지방소득세 산출세액에서 해당 과세기간의 다음 각 호의 세액을 공제하고 납세지 관할 지방자치단체에 납부한다.
1. 제93조제5항부터 제8항까지에 따른 토지등 매매차익예정신고 산출세액 또는 그 결정·경정한 세액
2. 제94조에 따른 공제·감면세액
3. 제98조에 따른 수시부과세액
4. 제103조의13에 따른 특별징수세액
5. 제103조의17에 따른 납세조합의 징수세액
④ 제3항에 따라 납부할 세액이 100만원을 초과하는 거주자는 대통령령으로 정하는 바에 따라 그 납부할 세액의 일부를 납부기한이 지난 후 2개월 이내에 분할납부할 수 있다. (2023.3.14 본항신설)
⑤ 제1항에도 불구하고 납세지 관할 지방자치단체의 장은 소규모사업자 등 대통령령으로 정하는 거주자에게 제1항에 따른 과세표준과 세액을 기재한 행정안전부령으로 정하는 납부서(이하 이 조에서 "납부서"라 한다)를 발송할 수 있다. (2019.12.31 본항신설)
⑥ 제5항에 따라 납부서를 받은 자가 납부서에 기재된 세액을 신고기한까지 납부한 경우에는 제1항에 따른 확정신고를 하고 납부한 것으로 본다. (2023.3.14 본항개정)

제96조【수정신고 등】 ① 제95조에 따른 개인지방소득세 확정신고를 한 거주자가 「국세기본법」 제45조 및 제45조의2에 따라 「소득세법」에 따른 신고내용에 대하여 수정신고 또는 경정 등의 청구를 할 때에는 대통령령으로 정하는 바에 따라 납세지를 관할하는 지방자치단체의 장에게 「지방세기본법」 제49조 및 제50조에 따른 수정신고 또는 경정 등의 청구를 하여야 한다. 이 경우 거주자가 납세지를 관할하는 지방자치단체의 장 외의 지방자치단체의 장에게 「지방세기본법」 제49조 및 제50조에 따른 수정신고 또는 경정 등의 청구를 한 경우에도 그 신고 또는 청구의 효력에는 영향이 없다.
② (2019.12.31 삭제)
③ 제1항에 따른 수정신고를 통하여 추가납부세액이 발생하는 경우에는 이를 납부하여야 한다.
④ (2019.12.31 삭제)
(2019.12.31 본조개정)

제97조【결정과 경정】 ① 납세지 관할 지방자치단체의 장은 거주자가 제95조에 따른 신고를 하지 아니하거나 신고 내용에 오류 또는 누락이 있는 경우에는 해당 과세기간의 과세표준과 세액을 결정 또는 경정한다.
② 납세지 관할 지방자치단체의 장은 개인지방소득세의 과세표준과 세액을 결정 또는 경정한 후 그 결정 또는 경정에 오류나 누락이 있는 것을 발견한 경우에는 즉시 이를 다시 경정한다.
③ 납세지 관할 지방자치단체의 장은 제1항과 제2항에 따라 개인지방소득세의 과세표준과 세액을 결정 또는 경정하는 경우에는 소득세법에 따라 납세지 관할 세무서장 또는 관할 지방국세청장이 결정 또는 경정한 자료, 장부나 그 밖의 증명서류를 근거로 하여야 한다. 다만, 대통령령으로 정하는 사유로 장부나 그 밖의 증명서류에 의하여 소득금액을 계산할 수 없는 경우에는 대통령령으로 정하는 바에 따라 추계(推計)할 수 있다.
④ 지방자치단체의 장이 개인지방소득세의 과세표준과 세액을 결정 또는 경정한 때에는 그 내용을 해당 거주자에게 대통령령으로 정하는 바에 따라 서면으로 통지하여야 한다.

제98조【수시부과결정】 ① 납세지 관할 지방자치단체의 장은 거주자가 과세기간 중에 다음 각 호의 어느 하나에 해당하면 수시로 그 거주자에 대한 개인지방소득세를 부과(이하 이 조에서 "수시부과"라 한다)할 수 있다.
1. 사업부진이나 그 밖의 사유로 장기간 휴업 또는 폐업 상태에 있는 때로서 개인지방소득세를 포탈(逋脫)할 우려가 있다고 인정되는 경우
2. 그 밖에 조세를 포탈할 우려가 있다고 인정되는 상당한 이유가 있는 경우
② 제1항은 해당 과세기간 개시일부터 수시부과사유가 발생한 날까지를 수시부과기간으로 하여 적용한다. 이 경우 수시부과사유가 제95조에 따른 신고기한 이전에 발생한 경우로서 거주자가 직전 과세기간에 대하여 과세표준확정신고를 하지 아니한 경우에는 직전 과세기간을 수시부과기간에 포함한다.
③ 제1항에 따라 개인지방소득세를 수시부과하는 경우 해당 세액에 대하여는 「지방세기본법」 제53조 및 제54조을 적용하지 아니한다. (2016.12.27 본항개정)
④ 제1항 및 제2항에 따른 수시부과에 필요한 사항은 대통령령으로 정한다.

제99조【가산세】 ① 「소득세법」 제81조, 제81조의2부터 제81조의14까지의 규정에 따라 소득세 결정세액에 가산세를 더하는 경우에는 그 더하는 금액의 100분의 10에 해당하는 금액을 개인지방소득세 결정세액에 더한다. 다만, 「소득세법」 제81조의5에 따라 더해지는 가산세의 100분의 10에 해당하는 개인지방소득세 가산세와 「지방세기본법」 제53조 또는 제54조에 따른 가산세가 동시에 적용되는 경우에는 그 중 큰 가산세액만 적용하고, 가산세액이 같은 경우에는 「지방세기본법」 제53조 또는 제54조에 따른 가산세만 적용한다.
② 「소득세법」 제70조제4항 각 호 외의 부분 후단에 따라 종합소득 과세표준확정신고를 하지 아니한 것으로 보는 경우에 해당하여 가산세 부과대상이 되는 때에는 이 법 제95조에 따른 종합소득에 대한 개인지방소득세 과세표준확정신고를 하지 아니한 것으로 본다. (2021.12.28 본항신설)
(2021.12.28 본조개정)

제100조【징수와 환급】 ① 납세지를 관할하는 지방자치단체의 장은 거주자가 제95조에 따라 해당 과세기간의 개인지방소득세로 납부하여야 할 세액의 전부 또는 일부를 납부하지 아니한 경우에는 그 미납된 부분의 개인지방소득세 세액을 「지방세기본법」 및 「지방세징수법」에 따라 징수한다.
② 납세지를 관할하는 지방자치단체의 장은 제98조에 따라 수시부과하거나 제103조의13에 따른 특별징수한 세액이 개인지방소득세 총결정세액을 초과하는 경우에

는 「지방세기본법」 제60조에 따라 이를 환급하거나 지방세에 충당하는 등의 조치를 취하여야 한다. (2016.12.27 본조개정)

제101조【결손금소급공제에 따른 환급】 ① 거주자가 「소득세법」 제85조의2에 따라 결손금소급공제에 의한 환급을 신청하는 경우 해당 이월결손금에 대하여 직전 과세기간 사업소득에 부과된 개인지방소득세액을 한도로 대통령령으로 정하는 바에 따라 계산한 금액(이하 이 조에서 "결손금 소급공제세액"이라 한다)을 환급신청 할 수 있다. 다만, 2021년 12월 31일이 속하는 과세기간에 이월결손금이 발생한 경우로서 「조세특례제한법」 제8조의4에 따라 환급신청을 하는 경우에는 직전 과세기간과 직전전 과세기간의 사업소득에 부과된 개인지방소득세액을 한도로 결손금 소급공제세액을 환급신청 할 수 있다.(2021.12.28 본항개정)
② 결손금 소급공제세액을 환급받으려는 자는 제95조에 따른 과세표준확정신고기한까지 대통령령으로 정하는 바에 따라 납세지 관할 지방자치단체의 장에게 환급을 신청하여야 한다. 다만, 거주자가 납세지 관할 세무서장 또는 지방국세청장에게 「소득세법」 제85조의2 및 「조세특례제한법」 제8조의4에 따른 결손금소급공제 환급을 신청한 경우에는 제1항에 따른 환급을 신청한 것으로 보며, 이 경우 환급가산금의 기산일은 대통령령으로 정한다.(2021.12.28 단서개정)
③ 납세지 관할 지방자치단체의 장이 제2항에 따라 개인지방소득세의 환급신청을 받은 경우에는 지체 없이 환급세액을 결정하여 「지방세기본법」 제60조 및 제62조에 따라 환급하거나 충당하여야 한다.(2016.12.27 본항개정)
④ 제1항부터 제3항까지의 규정은 해당 거주자가 결손금이 발생한 과세기간에 대한 과세표준 및 세액을 신고한 경우로서 그 직전 과세기간(제1항 단서를 적용하는 경우에는 직전전 과세기간을 포함한다)의 소득에 대한 개인지방소득세의 과세표준 및 세액을 각각 신고하였거나 지방자치단체의 장이 부과한 경우에만 적용한다.(2021.12.28 본항개정)
⑤ 납세지 관할 지방자치단체의 장은 제3항에 따라 개인지방소득세를 환급받은 후 다음 각 호의 어느 하나에 해당하는 경우에는 그 환급세액(제1호 및 제2호의 경우에는 과다하게 환급된 세액 상당액을 말한다)을 대통령령으로 정하는 바에 따라 그 이월결손금이 발생한 과세기간의 개인지방소득세로서 징수한다.
1. 결손금이 발생한 과세기간에 대한 개인지방소득세의 과세표준과 세액을 경정함으로써 이월결손금이 감소된 경우
2. 결손금이 발생한 과세기간의 직전 과세기간(제1항 단서에 따라 환급받은 경우에는 직전전 과세기간을 포함한다)의 종합소득에 대한 개인지방소득세 과세표준과 세액을 경정함으로써 환급세액이 감소된 경우(2021.12.28 본항개정)
3. 「소득세법」 제85조의2에 따른 중소기업 요건을 갖추지 아니하고 환급을 받은 경우
⑥ 결손금의 소급공제에 의한 환급세액의 계산 및 신청 절차와 그 밖에 필요한 사항은 대통령령으로 정한다.

제101조의2 (2014.1.1 삭제)

제102조【공동사업장에 대한 과세특례】 ① 「소득세법」 제43조에 따른 공동사업장에서 발생한 소득금액에 대하여 특별징수된 세액과 제99조 및 「지방세기본법」 제56조에 따른 가산세로서 공동사업장에 관련되는 세액은 각 공동사업자의 손익분배비율에 따라 배분한다. (2016.12.27 본항개정)
② 공동사업장에 대한 소득금액의 신고, 결정, 경정 또는 조사 등 공동사업장에 대한 과세에 필요한 사항은 「소득세법」 제87조에서 정하는 바에 따른다.

제3절 거주자의 양도소득에 대한 지방소득세
(2014.1.1 본절제목삽입)

제103조【과세표준】 ① 거주자의 양도소득에 대한 개인지방소득세 과세표준은 종합소득 및 퇴직소득에 대한 개인지방소득세 과세표준과 구분하여 계산한다.
② 양도소득에 대한 개인지방소득세 과세표준은 「소득세법」 제92조에 따라 계산한 소득세의 과세표준(「조세특례제한법」 및 다른 법률에 따라 과세표준 산정과 관련된 조세감면 또는 중과세 등의 조세특례가 적용되는 경우에는 이에 따라 계산한 소득세의 과세표준)과 동일한 금액으로 한다.(2019.12.31 본항개정)
③ 제2항에도 불구하고 거주자의 국외자산 양도소득에 대한 개인지방소득세 과세표준은 「소득세법」 제118조의3, 제118조의4 및 제118조의6부터 제118조의8까지의 규정에 따라 계산한 소득세의 과세표준(「조세특례제한법」 및 다른 법률에 따라 과세표준 산정과 관련된 조세감면 또는 중과세 등의 조세특례가 적용되는 경우에는 이에 따라 계산한 소득세의 과세표준)과 동일한 금액으로 한다.(2019.12.31 본항개정)
④ 「소득세법」 제118조의9에 따른 국외전출자의 양도소득에 대한 개인지방소득세 과세표준은 같은 법 제118조의10에 따라 계산한 소득세의 과세표준(「조세특례제한법」 및 다른 법률에 따라 과세표준 산정과 관련된 조세감면 또는 중과세 등의 조세특례가 적용되는 경우에는 이에 따라 계산한 소득세의 과세표준)과 동일한 금액으로 한다.(2023.3.14 본항개정)
(2014.1.1 본조개정)

제103조의2【세액계산의 순서】 양도소득에 대한 개인지방소득세는 이 법에 특별한 규정이 있는 경우를 제외하고는 다음 각 호에 따라 계산한다.
1. 제103조에 따른 과세표준에 제103조의3에 따른 세율을 적용하여 양도소득에 대한 개인지방소득세 산출세액을 계산한다.
2. 제1호에 따라 계산한 산출세액에서 제103조의4에 따라 감면되는 세액이 있을 때에는 이를 공제하여 양도소득에 대한 개인지방소득세 결정세액을 계산한다.
3. 제2호에 따라 계산한 결정세액에 제103조의8, 제103조의9제2항 및 「지방세기본법」 제53조부터 제55조까지에 따른 가산세를 더하여 양도소득에 대한 개인지방소득세 총결정세액을 계산한다.(2017.12.30 본호개정)
(2023.3.14 본조제목개정)
(2014.1.1 본조신설)

제103조의3【세율】 ① 거주자의 양도소득에 대한 개인지방소득세는 해당 과세기간의 양도소득과세표준에 다음 각 호의 표준세율을 적용하여 계산한 금액을 그 세액으로 한다. 이 경우 하나의 자산이 다음 각 호에 따른 세율 중 둘 이상에 해당할 때에는 해당 세율을 적용하여 계산한 양도소득에 대한 개인지방소득세 산출세액 중 큰 것을 그 세액으로 한다.(2016.12.27 후단개정)
1. 「소득세법」 제94조제1항제1호·제2호 및 제4호에 해당하는 자산 : 제92조제1항에 따른 세율(분양권의 경우에는 양도소득에 대한 개인지방소득세 과세표준의 1천분의 60)(2020.8.12 본호개정)
2. 「소득세법」 제94조제1항제1호 및 제2호에서 규정하는 자산으로서 그 보유기간이 1년 이상 2년 미만인 것 : 양도소득에 대한 개인지방소득세 과세표준의 1천분의 40(주택, 조합원입주권 및 분양권의 경우에는 1천분의 60)(2020.8.12 본호개정)
3. 「소득세법」 제94조제1항제1호 및 제2호에서 규정하는 자산으로서 그 보유기간이 1년 미만인 것 : 양도소득에 대한 개인지방소득세 과세표준의 1천분의 50(주택, 조합원입주권 및 분양권의 경우에는 1천분의 70)(2020.8.12 본호개정)

4. (2020.8.12 삭제)
5.~7. (2014.3.24 삭제)
8. 「소득세법」 제104조의3에 따른 비사업용 토지(제5항 제3호 단서에 해당하는 경우를 포함한다)

과세표준	세율
1천400만원 이하	과세표준의 1천분의 16
1천400만원 초과 5천만원 이하	22만4천원 + (1천400만원을 초과하는 금액의 1천분의 25)
5천만원 초과 8천800만원 이하	112만4천원 + (5천만원을 초과하는 금액의 1천분의 34)
8천800만원 초과 1억5천만원 이하	241만6천원 + (8천800만원을 초과하는 금액의 1천분의 45)
1억5천만원 초과 3억원 이하	520만6천원 + (1억5천만원을 초과하는 금액의 1천분의 48)
3억원 초과 5억원 이하	1천240만6천원 + (3억원을 초과하는 금액의 1천분의 50)
5억원 초과 10억원 이하	2천240만6천원 + (5억원을 초과하는 금액의 1천분의 52)
10억원 초과	4천840만6천원 + (10억원을 초과하는 금액의 1천분의 55)

(2023.3.14 본호개정)
9. 「소득세법」 제94조제1항제4호다목 및 라목에 따른 자산 중 대통령령으로 정하는 자산

과세표준	세율
1천400만원 이하	과세표준의 1천분의 16
1천400만원 초과 5천만원 이하	22만4천원 + (1천400만원을 초과하는 금액의 1천분의 25)
5천만원 초과 8천800만원 이하	112만4천원 + (5천만원을 초과하는 금액의 1천분의 34)
8천800만원 초과 1억5천만원 이하	241만6천원 + (8천800만원을 초과하는 금액의 1천분의 45)
1억5천만원 초과 3억원 이하	520만6천원 + (1억5천만원을 초과하는 금액의 1천분의 48)
3억원 초과 5억원 이하	1천240만6천원 + (3억원을 초과하는 금액의 1천분의 50)
5억원 초과 10억원 이하	2천240만6천원 + (5억원을 초과하는 금액의 1천분의 52)
10억원 초과	4천840만6천원 + (10억원을 초과하는 금액의 1천분의 55)

(2023.3.14 본호개정)
10. 「소득세법」 제104조제3항에 따른 미등기양도자산 : 양도소득에 대한 개인지방소득세 과세표준의 1천분의 70
11. 「소득세법」 제94조제1항제3호가목 및 나목에 따른 자산(2019.12.31 본문개정)
가. 「소득세법」 제104조제1항제11호가목에 따른 대주주(이하 이 절에서 "대주주"라 한다)가 양도하는 「소득세법」 제88조제2호에 따른 주식등(이하 "주식등"이라 한다)
1) 1년 미만 보유한 주식등으로서 대통령령으로 정하는 중소기업(이하 이 절에서 "중소기업"이라 한다) 외의 법인의 주식등 : 양도소득에 대한 개인지방소득세 과세표준의 1천분의 30
2) 1)에 해당하지 아니하는 주식등

과세표준	세율
3억원 이하	1천분의 20
3억원 초과	600만원 + (3억원 초과액 × 1천분의 25)

나. 대주주가 아닌 자가 양도하는 주식등
1) 중소기업의 주식등 : 양도소득에 대한 개인지방소득세 과세표준의 1천분의 10

2) 1)에 해당하지 아니하는 주식등 : 양도소득에 대한 개인지방소득세 과세표준의 1천분의 20
(2017.12.30 가목~나목개정)
다. (2017.12.30 삭제)
12. 「소득세법」 제94조제1항제3호다목에 따른 자산
가. 중소기업의 주식등 : 양도소득에 대한 개인지방소득세 과세표준의 1천분의 10
나. 가목에 해당하지 아니하는 주식등 : 양도소득에 대한 개인지방소득세 과세표준의 1천분의 20
(2019.12.31 본호신설)
13. 「소득세법」 제94조제1항제5호에 따른 파생상품 등 : 양도소득에 대한 개인지방소득세 과세표준의 1천분의 20(2015.7.24 본호신설)
14. 「소득세법」 제94조제1항제6호에 따른 신탁 수익권

과세표준	세율
3억원 이하	1천분의 20
3억원 초과	600만원 + (3억원을 초과하는 금액의 1천분의 25)

(2020.12.29 본호신설)
② 제1항제2호·제3호 및 제11호가목의 보유기간의 산정은 「소득세법」 제104조제2항에서 정하는 바에 따른다.(2017.12.30 본항개정)
③ 거주자의 「소득세법」 제118조의2제1호·제2호 및 제5호에 따른 자산의 양도소득에 대한 개인지방소득세의 표준세율은 제92조제1항에 따른 세율과 같다.
(2019.12.31 본문개정)
1.~2. (2019.12.31 삭제)
3. (2017.12.30 삭제)
④ 지방자치단체의 장은 조례로 정하는 바에 따라 양도소득에 대한 개인지방소득세의 세율을 제1항에 따른 표준세율의 100분의 50의 범위에서 가감할 수 있다.
⑤ 다음 각 호의 어느 하나에 해당하는 부동산을 양도하는 경우 제92조제1항에 따른 세율(제3호의 경우에는 제1항제8호에 따른 세율)에 1천분의 10을 더한 세율을 적용한다. 이 경우 해당 부동산 보유기간이 2년 미만인 경우에는 전단에 따른 세율을 적용하여 계산한 양도소득에 대한 개인지방소득세 산출세액과 제1항제2호 또는 제3호의 세율을 적용하여 계산한 양도소득에 대한 개인지방소득세 산출세액 중 큰 세액을 양도소득에 대한 개인지방소득세 산출세액으로 한다.(2017.12.30 본문개정)
1.~2. (2017.12.30 삭제)
3. 「소득세법」 제104조의2제2항에 따른 지정지역에 있는 부동산으로서 같은 법 제104조의3에 따른 비사업용 토지. 다만, 지정지역의 공고가 있는 날 이전에 토지를 양도하기 위하여 매매계약을 체결하고 계약금을 지급받은 사실이 증명서류에 의하여 확인되는 경우는 제외한다.(2019.12.31 단서신설)
4. 그 밖에 부동산 가격이 급등하였거나 급등할 우려가 있어 부동산 가격의 안정을 위하여 필요한 경우에 대통령령으로 정하는 부동산
(2014.3.24 본항신설)
⑥ 해당 과세기간에 「소득세법」 제94조제1항제1호·제2호 및 제4호에서 규정한 자산을 둘 이상 양도하는 경우 양도소득에 대한 개인지방소득세 산출세액은 다음 각 호의 금액 중 큰 것(제103조의4에 따른 양도소득에 대한 개인지방소득세의 감면세액이 있는 경우에는 해당 감면세액을 차감한 세액이 더 큰 경우의 산출세액을 말한다)으로 한다. 이 경우 제2호의 금액을 계산할 때 제1항제8호 및 제9호의 자산은 동일한 자산으로 보고, 한 필지의 토지가 「소득세법」 제104조의3에 따른 비사업용 토지와 그 외의 토지로 구분되는 경우에는 각각을 별개의 자산으로 보아 양도소득에 대한 개인지방소득세 산출세액을 계산한다.(2019.12.31 전단개정)

1. 해당 과세기간의 양도소득과세표준 합계액에 대하여 제92조제1항에 따른 세율을 적용하여 계산한 양도소득에 대한 개인지방소득세 산출세액
2. 제1항부터 제5항까지 및 제10항의 규정에 따라 계산한 자산별 양도소득에 대한 개인지방소득세 산출세액 합계액. 다만, 둘 이상의 자산에 대하여 제1항 각 호, 제5항 각 호 및 제10항 각 호에 따른 세율 중 동일한 호의 세율이 적용되고, 그 적용세율이 둘 이상인 경우 해당 자산에 대해서는 각 자산의 양도소득과세표준을 합산한 것에 대하여 제1항·제5항 또는 제10항의 각 해당 호별 세율을 적용하여 산출한 세액 중에서 큰 산출세액의 합계액으로 한다.(2019.12.31 단서신설)

(2015.7.24 본항신설)

⑦ 제1항제13호에 따른 세율은 자본시장 육성 등을 위하여 필요한 경우 그 세율의 100분의 75의 범위에서 대통령령으로 정하는 바에 따라 인하할 수 있다.
(2020.12.29 본항개정)

⑧ 「소득세법」 제118조의9에 따라 양도소득으로 보는 국내주식 등의 평가이익에 대한 세율은 다음 표와 같다.

과세표준	세율
3억원 이하	1천분의 20
3억원 초과	600만원 + (3억원 초과액 × 1천분의 25)

(2023.3.14 본항개정)

⑨ 제3항에 따른 세율에 대해서는 제5항을 준용하여 가중할 수 있다.(2017.12.30 본항개정)

⑩ 다음 각 호의 어느 하나에 해당하는 주택(이에 딸린 토지를 포함한다. 이하 이 항에서 같다)을 양도하는 경우 제92조제1항에 따른 세율에 1천분의 20(제3호 또는 제4호에 해당하는 주택은 1천분의 30)을 더한 세율을 적용한다. 이 경우 해당 주택 보유기간이 2년 미만인 경우에는 제92조제1항에 따른 세율에 1천분의 20(제3호 또는 제4호에 해당하는 주택은 1천분의 30)을 더한 세율을 적용하여 계산한 양도소득에 대한 개인지방소득세 산출세액과 제1항제2호 또는 제3호의 세율을 적용하여 계산한 양도소득에 대한 개인지방소득세 산출세액 중 큰 세액을 양도소득에 대한 개인지방소득세 산출세액으로 한다.(2020.8.12 본문개정)
1. 조정대상지역에 있는 주택으로서 대통령령으로 정하는 1세대 2주택에 해당하는 주택
2. 조정대상지역에 있는 주택으로서 1세대가 1주택과 조합원입주권 또는 분양권을 1개 보유한 경우의 해당 주택. 다만, 대통령령으로 정하는 장기임대주택 등은 제외한다.(2020.8.12 본문개정)
3. 조정대상지역에 있는 주택으로서 대통령령으로 정하는 1세대 3주택 이상에 해당하는 주택
4. 조정대상지역에 있는 주택으로서 1세대가 주택과 조합입주권 또는 분양권을 보유한 경우로서 그 수의 합이 3 이상인 경우 해당 주택. 다만, 대통령령으로 정하는 장기임대주택 등은 제외한다.(2020.8.12 본문개정)

(2017.12.30 본항신설)
(2014.1.1 본조신설)

제103조의4【세액공제 및 세액감면】 양도소득에 대한 개인지방소득세의 세액공제 및 세액감면에 관한 사항은 「지방세특례제한법」에서 정한다. 다만, 양도소득에 대한 개인지방소득세의 공제세액 또는 감면세액이 산출세액을 초과하는 경우에는 그 초과금액은 없는 것으로 한다.(2014.1.1 본조신설)

제103조의5【과세표준 예정신고와 납부】 ① 거주자가 「소득세법」 제105조에 따라 양도소득과세표준 예정신고를 하는 경우에는 해당 신고기한에 2개월을 더한 날(이하 이 조에서 "예정신고기한"이라 한다)까지 양도

소득에 대한 개인지방소득세 과세표준과 세액을 대통령령으로 정하는 바에 따라 납세지 관할 지방자치단체의 장에게 신고(이하 이 절에서 "예정신고"라 한다)하여야 한다. 이 경우 거주자가 양도소득에 대한 개인지방소득세 과세표준과 세액을 납세지 관할 지방자치단체의 장 외의 지방자치단체의 장에게 신고한 경우에도 그 신고의 효력에는 영향이 없다.(2019.12.31 본항개정)

② 제1항은 양도차익이 없거나 양도차손이 발생한 경우에도 적용한다.

③ 거주자가 예정신고를 할 때에는 제103조의6에 따른 양도소득에 대한 개인지방소득세 예정신고 산출세액에서 「지방세특례제한법」이나 조례에 따른 감면세액과 제98조 및 제103조의9에 따른 수시부과세액을 공제한 세액을 대통령령으로 정하는 바에 따라 납세지 관할 지방자치단체의 장에게 납부(이하 이 절에서 "예정신고납부"라 한다)하여야 한다.

④ 제1항에도 불구하고 납세지 관할 지방자치단체의 장은 거주자에게 제1항에 따른 과세표준과 세액을 기재한 행정안전부령으로 정하는 바에 따라 납부서(이하 이 조에서 "납부서"라 한다)를 발송할 수 있다.(2019.12.31 본항신설)

⑤ 제4항에 따라 납부서를 받은 자가 납부서에 기재된 세액을 예정신고기한까지 납부한 경우에는 제1항에 따라 예정신고를 하고 납부한 것으로 본다.(2019.12.31 본항신설)

(2014.1.1 본조신설)

제103조의6【예정신고 산출세액의 계산】 ① 예정신고납부를 할 때 납부할 세액은 양도소득에 대한 개인지방소득세 과세표준에 제103조의3의 세율을 적용하여 계산한 금액으로 한다.

② 해당 과세기간에 누진세율 적용대상 자산에 대한 예정신고를 2회 이상 하는 경우로서 거주자가 이미 신고한 양도소득금액과 합산하여 신고하려는 경우에는 「소득세법」 제107조제2항의 산출세액 계산방법을 준용하여 계산한다. 이 경우 세율은 다음 각 호의 구분에 따른 세율로 한다.(2016.12.27 후단개정)
1. 「소득세법」 제107조제2항제1호에 따라 계산하는 경우 : 제103조의3제1항제1호에 따른 세율
2. 「소득세법」 제107조제2항제2호에 따라 계산하는 경우 : 제103조의3제1항제8호 또는 제9호에 따른 세율(2016.12.27 1호~2호신설)
3. 「소득세법」 제107조제2항제3호에 따라 계산하는 경우 : 제103조의3제1항제11호가목)에 따른 세율(2017.12.30 본호신설)
4. 「소득세법」 제107조제2항제4호에 따라 계산하는 경우 : 제103조의3제1항제14호에 따른 세율(2020.12.29 본호신설)

(2014.1.1 본조신설)

제103조의7【과세표준 확정신고와 납부】 ① 거주자가 「소득세법」 제110조에 따라 양도소득과세표준 확정신고를 하는 경우에는 해당 신고기한에 2개월을 더한 날(이하 이 조에서 "확정신고기한"이라 한다)까지 양도소득에 대한 개인지방소득세 과세표준과 세액을 대통령령으로 정하는 바에 따라 납세지 관할 지방자치단체의 장에게 확정신고·납부하여야 한다. 이 경우 거주자가 양도소득에 대한 개인지방소득세 과세표준과 세액을 납세지 관할 지방자치단체의 장 외의 지방자치단체의 장에게 신고한 경우에도 그 신고의 효력에는 영향이 없다.(2019.12.31 본항개정)

② 제1항은 해당 과세기간의 과세표준이 없거나 결손금액이 있는 경우에도 적용한다.

③ 예정신고를 한 자는 제1항에도 불구하고 해당소득에 대한 확정신고를 하지 아니할 수 있다. 다만, 해당 과세기간에 누진세율 적용대상 자산에 대한 예정신고를 2회 이상 하는 경우 등으로서 대통령령으로 정하는 경우에는 그러하지 아니하다.

④ 거주자는 해당 과세기간의 양도소득에 대한 개인지방소득세 산출세액에서 제103조의4에 따라 감면되는 세액을 공제한 금액을 확정신고기한까지 대통령령으로 정하는 바에 따라 납세지 관할 지방자치단체에 납부하여야 한다.(2019.12.31 본항개정)
⑤ 제1항에 따른 확정신고·납부를 하는 경우 제103조의6에 따른 예정신고 산출세액, 제103조의9에 따라 결정·경정한 세액 또는 제98조·제103조의9에 따른 수시부과세액이 있을 때에는 이를 공제하여 납부한다.
⑥ 「소득세법」 제118조의9에 따른 국외전출자(이하 이 조에서 "국외전출자"라 한다)는 같은 법 제118조의15 제2항에 따라 양도소득 과세표준을 신고하는 경우에는 해당 신고기한까지 양도소득에 대한 개인지방소득세과세표준과 세액을 대통령령으로 정하는 바에 따라 납세지 관할 지방자치단체의 장에게 신고납부하여야 한다.(2023.3.14 본항개정)
⑦ 국외전출자는 「소득세법」 제118조의16에 따라 소득세 납부를 유예받은 경우로서 납세지를 관할하는 지방자치단체의 장에게 「지방세기본법」 제65조에 따른 납세담보를 제공하는 경우에는 이 법에 따른 개인지방소득세의 납부를 유예받을 수 있다. 이 경우 개인지방소득세의 납부를 유예받은 경우에는 대통령령으로 정하는 바에 따라 납부유예기간에 대한 이자상당액을 가산하여 개인지방소득세를 납부하여야 한다.(2023.3.14 전단개정)
⑧ 납세지 관할 지방자치단체의 장은 「소득세법」 제118조의17에 따라 국외전출자가 납부한 세액이 환급되거나 납부유예 중인 세액이 취소된 경우에는 국외전출자가 납부한 개인지방소득세를 환급하거나 납부유예 중인 세액을 취소하여야 한다. 이 경우 「지방세기본법」 제62조에 따른 지방세환급가산금을 지방세환급금에 가산하지 아니한다.(2023.3.14 전단개정)
⑨ 제1항에도 불구하고 납세지 관할 지방자치단체의 장은 거주자에게 제1항에 따른 과세표준과 세액을 기재한 행정안전부령으로 정하는 납부서(이하 이 조에서 "납부서"라 한다)를 발송할 수 있다.(2019.12.31 본항신설)
⑩ 제9항에 따라 납부서를 받은 자가 납부서에 기재된 세액을 확정신고기한까지 납부한 경우에는 제1항에 따라 확정신고를 하고 납부한 것으로 본다.(2019.12.31 본항신설)
(2014.1.1 본조신설)

제103조의8 【기장 불성실가산세】 「소득세법」 제115조에 따라 소득세 산출세액에 가산세를 더하는 경우에는 그 더하는 금액의 100분의 10에 해당하는 금액을 양도소득에 대한 개인지방소득세 산출세액에 더한다. 다만, 「소득세법」 제115조에 따라 더해지는 가산세의 100분의 10에 해당하는 양도소득에 대한 개인지방소득세 가산세와 「지방세기본법」 제53조 또는 제54조에 따른 가산세가 동시에 적용되는 경우에는 그 중 큰 가산세액만 적용하고, 가산세액이 같은 경우에는 「지방세기본법」 제53조 또는 제54조에 따른 가산세만 적용한다.(2016.12.27 단서개정)

제103조의9 【수정신고·결정·경정·수시부과·징수·환급·환산취득가액 등】 ① 양도소득에 대한 개인지방소득세의 수정신고·결정·경정·수시부과·징수 및 환급에 관하여는 제96조부터 제98조까지 및 제100조의 규정을 준용한다.
② 거주자가 건물을 신축 또는 증축(증축한 부분의 바닥면적의 합계가 85제곱미터를 초과하는 경우로 한정한다)하고 그 건물의 취득일(증축의 경우에는 증축한 부분의 취득일을 말한다)부터 5년 이내에 양도하는 경우로서 「소득세법」 제97조제1항제1호나목에 따른 감정가액 또는 환산취득가액을 그 취득가액으로 하는 경우에는 해당 건물분(증축의 경우에는 증축한 부분으로

한정한다) 감정가액 또는 환산취득가액의 1천분의 5에 해당하는 금액을 제103조의2제2호에 따른 양도소득에 대한 개인지방소득세 결정세액에 더한다.(2020.12.29 본항개정)
③ 제2항은 양도소득에 대한 개인지방소득세 산출세액이 없는 경우에도 적용한다.(2017.12.30 본항신설)
(2019.12.31 본조제목개정)
(2014.3.24 본조개정)

제4절 비거주자의 소득에 대한 지방소득세
(2014.1.1 본절신설)

제103조의10 【비거주자에 대한 과세방법】 ① 비거주자에 대하여 과세하는 개인지방소득세는 해당 국내원천소득을 종합하여 과세하는 경우와 분류하여 과세하는 경우 및 그 국내원천소득을 분리하여 과세하는 경우로 구분하여 계산한다.
② 비거주자의 국내사업장 및 국내원천소득의 종류에 따른 구체적인 과세방법은 「소득세법」 제120조, 제121조제2항부터 제6항까지의 규정에서 정하는 바에 따른다.

제103조의11 【비거주자에 대한 종합과세】 ① 「소득세법」 제121조제2항 또는 제5항에서 규정하는 비거주자의 국내원천소득에 대한 개인지방소득세의 과세표준과 세액의 계산에 관하여는 이 법 중 거주자에 대한 개인지방소득세의 과세표준과 세액의 계산에 관한 규정을 준용한다. 다만, 과세표준을 계산할 때 「소득세법」 제51조제3항에 따른 인적공제 중 비거주자 본인 외의 자에 대한 공제와 같은 법 제52조에 따른 특별소득공제, 「지방세특례제한법」 제97조의2에 따른 자녀세액공제 및 같은 법 제97조의4에 따른 특별세액공제는 하지 아니한다.(2016.12.27 단서개정)
② 제1항에 따라 개인지방소득세의 과세표준과 세액을 계산하는 비거주자의 신고와 납부에 관하여는 이 법 중 거주자의 신고와 납부에 관한 규정을 준용한다. 다만, 제1항에 따른 과세표준에 제103조의18에 따라 특별징수된 소득의 금액이 포함되어 있는 경우에는 그 특별징수세액은 제95조제3항제4호에 따라 공제되는 세액으로 본다.
③ 제2항에도 불구하고 법인으로 보는 단체 외의 법인 아닌 단체 중 「소득세법」 제2조제3항 각 호 외의 부분 단서 또는 같은 조 제4항제1호에 따라 단체의 구성원별로 납세의무를 부담하는 단체의 비거주자인 구성원(이하 이 항에서 "비거주자구성원"이라 한다)이 국내원천소득(비거주자구성원의 국내원천소득이 해당 단체의 구성원으로서 얻는 소득만 있는 경우로 한정한다)에 대하여 같은 법 제121조제5항에 따라 종합소득 과세표준확정신고를 하는 경우로서 같은 법 제124조제2항에 따라 해당 단체의 거주자인 구성원 1명(이하 이 항에서 "대표신고자"라 한다)이 비거주자구성원을 대신하여 비거주자구성원의 종합소득 과세표준을 일괄하여 신고하는 경우 그 대표신고자는 대통령령으로 정하는 바에 따라 비거주자구성원의 지방소득세 과세표준도 일괄하여 신고할 수 있다.(2021.12.28 본항신설)
④ 비거주자의 국내원천소득에 대한 종합과세하는 경우에 이에 관한 결정 및 경정과 징수 및 환급에 관하여는 이 법 중 거주자에 대한 개인지방소득세의 결정 및 경정과 징수 및 환급에 관한 규정을 준용한다. 다만, 제1항에 따른 과세표준에 제103조의18에 따라 특별징수된 소득의 금액이 포함되어 있는 경우에는 그 특별징수세액은 제95조제3항제4호에 따라 공제되는 세액으로 본다.
⑤ 비거주자에 대한 종합과세와 관련하여 이 법에서 특별한 규정이 있는 경우를 제외하고는 「소득세법」에 따른 비거주자에 대한 종합과세에 관한 규정을 준용한다.

제103조의12【비거주자에 대한 분리과세】① 「소득세법」제121조제3항 및 제4항에서 규정하는 비거주자의 국내원천소득(「소득세법」제119조제7호 및 제8호의2는 제외한다)에 대한 개인지방소득세의 과세표준은 「소득세법」제126조제1항에서 정하는 바에 따른다.
② 제1항에 따른 국내원천소득에 대한 세액은 제103조의18에 따라 계산한 금액으로 한다.
③ 「소득세법」제121조제3항 및 제4항에서 규정하는 비거주자의 국내원천소득 중 「소득세법」제119조제7호 및 제8호의2에 따른 국내원천소득의 과세표준과 세액의 계산, 신고와 납부, 결정ㆍ경정 및 징수와 환급에 대해서는 이 법 중 거주자에 대한 개인지방소득세의 과세표준과 세액의 계산 등에 관한 규정을 준용한다. 다만, 「소득세법」제51조제3항에 따른 인적공제 중 비거주자 본인 외의 자에 대한 공제와 같은 법 제52조에 따른 특별소득공제, 「지방세특례제한법」제97조의2에 따른 자녀세액공제 및 같은 법 제97조의4에 따른 특별세액공제는 하지 아니한다.(2016.12.27 단서개정)
④ 비거주자가 「소득세법」제126조의2에 따라 유가증권 양도소득에 대한 소득세를 신고ㆍ납부하는 경우에는 그 납부하는 소득세의 10분의 1에 해당하는 금액을 같은 조에서 규정하는 신고ㆍ납부기한까지 납세지 관할 지방자치단체에 지방소득세로 신고ㆍ납부하여야 한다. 이 경우 지방소득세의 신고ㆍ납부 등에 관하여 필요한 사항은 대통령령으로 정한다.
⑤ 제4항에 따라 비거주자가 유가증권 양도소득에 대한 개인지방소득세의 세액을 신고하는 경우에 납세지 관할 지방자치단체의 장 외의 지방자치단체의 장에게 신고한 경우에도 그 신고의 효력에는 영향이 없다. (2019.12.31 본항신설)
⑥ 비거주자에 대한 분리과세와 관련하여 이 법에서 특별한 규정이 있는 경우를 제외하고는 「소득세법」에 따른 비거주자에 대한 분리과세에 관한 규정을 준용한다.

제5절 개인지방소득에 대한 특별징수
(2014.1.1 본절신설)

제103조의13【특별징수의무】① 「소득세법」또는 「조세특례제한법」에 따른 원천징수의무자가 거주자로부터 소득세를 원천징수하는 경우에는 대통령령으로 정하는 바에 따라 원천징수하는 소득세(「조세특례제한법」및 다른 법률에 따라 조세감면 또는 중과세 등의 조세특례가 적용되는 경우에는 이를 적용한 소득세)의 100분의 10에 해당하는 금액을 소득세 원천징수와 동시에 개인지방소득세로 특별징수하여야 한다. 이 경우 같은 법에 따른 원천징수의무자는 개인지방소득세의 특별징수의무자(이하 이 절에서 "특별징수의무자"라 한다)로 한다.
② 특별징수의무자가 제1항에 따라 개인지방소득세를 특별징수하였을 경우에는 그 징수일이 속하는 달의 다음 달 10일까지 납세지를 관할하는 지방자치단체에 납부하여야 한다. 다만, 「소득세법」제128조제2항에 따라 원천징수한 소득세를 반기(半期)별로 납부하는 경우에는 반기의 마지막 달의 다음 달 10일까지 반기의 마지막 달 말일 현재의 납세지 관할 지방자치단체에 납부할 수 있다.(2020.12.29 단서개정)
③ 제1항에 따른 개인지방소득세의 특별징수의무자가 제89조제3항제2호ㆍ제3호 및 같은 항 제4호 단서에 따라 납부한 지방자치단체별 특별징수세액에 오류가 있음을 발견하였을 때에는 그 과부족분을 대통령령으로 정하는 바에 따라 해당 지방자치단체에 납부하여야 할 특별징수세액에서 가감하여야 한다. 이 경우 가감으로 인하여 추가로 납부하는 특별징수세액에 대해서는 「지방세기본법」제56조에 따른 가산세를 부과하지 아니하

며, 환급하는 세액에 대해서는 지방세환급가산금을 지급하지 아니한다.(2021.12.28 본항개정)
④ 개인지방소득세의 특별징수에 관하여 이 법에 특별한 규정이 있는 경우를 제외하고는 「소득세법」에 따른 원천징수에 관한 규정을 준용한다.
제103조의14【특별징수 의무불이행 가산세】특별징수의무자가 특별징수하였거나 특별징수하여야 할 세액을 제103조의13제2항에 따른 기한까지 납부하지 아니하거나 부족하게 납부한 경우에는 그 납부하지 아니한 세액 또는 부족한 세액에 「지방세기본법」제56조에 따라 산출한 금액을 가산세로 부과하며, 특별징수의무자가 특별징수를 하지 아니한 경우로서 다음 각 호의 어느 하나에 해당하는 경우에는 특별징수의무자에게 그 가산세액만을 부과한다. 다만, 국가 또는 지방자치단체와 그 밖에 대통령령으로 정하는 자가 특별징수의무자인 경우에는 의무불이행을 이유로 하는 가산세는 부과하지 아니한다.(2018.12.31 본문개정)
1. 납세의무자가 신고납부한 과세표준금액에 특별징수하지 아니한 특별징수대상 개인지방소득금액이 이미 산입된 경우(2018.12.31 본호신설)
2. 특별징수하지 아니한 특별징수대상 개인지방소득금액에 대하여 납세의무자의 관할 지방자치단체의 장이 제97조에 따라 그 납세의무자에게 직접 개인지방소득세를 부과ㆍ징수하는 경우(2018.12.31 본호신설)
제103조의15【특별징수에 대한 연말정산 환급 등】① 특별징수의무자가 「소득세법」에 따라 연말정산을 하는 경우에는 그 결정세액의 100분의 10을 개인지방소득세로 하여 해당 과세기간에 이미 특별징수하여 납부한 지방소득세를 차감하고 그 차액을 특별징수하거나 대통령령으로 정하는 바에 따라 그 소득자에게 환급하여야 한다.(2015.7.24 본문개정)
1.~2. (2015.7.24 삭제)
② (2015.7.24 삭제)
제103조의16【퇴직소득에 대한 지방소득세 특별징수의 환급 등】① 거주자의 퇴직소득이 「소득세법」제146조제2항 각 호의 어느 하나에 해당하는 경우에는 제103조의13제1항에도 불구하고 해당 퇴직소득에 대한 개인지방소득세를 연금외수령하기 전까지 특별징수하지 아니한다. 이 경우 같은 조항에 따라 개인지방소득세가 이미 특별징수된 경우 해당 거주자는 특별징수세액에 대한 환급을 신청할 수 있다.
② 제1항에 따른 퇴직소득의 특별징수와 환급절차 등에 관하여 필요한 사항은 대통령령으로 정한다.
제103조의17【납세조합의 특별징수】① 「소득세법」제149조에 따른 납세조합이 같은 법 제150조 및 제151조에 따라 소득세를 징수ㆍ납부하는 경우에는 징수ㆍ납부하는 소득세의 100분의 10에 해당하는 금액을 그 조합원으로부터 개인지방소득세로 특별징수하여 그 징수일이 속하는 달의 다음 달 10일까지 납세지를 관할하는 지방자치단체에 납부하여야 한다.
② 납세지 관할 지방자치단체의 장은 해당 납세조합이 징수하였거나 징수하여야 할 세액을 납부기한까지 납부하지 아니하거나 과소납부한 경우에는 「지방세기본법」제56조에 따라 산출한 금액을 가산세로 부과한다.(2016.12.27 본항개정)
③ 납세지 관할 지방자치단체의 장은 제1항에 따라 개인지방소득세를 특별징수하여 납부한 납세조합에 대하여 대통령령으로 정하는 바에 따라 교부금을 교부할 수 있다.
제103조의18【비거주자의 국내원천소득에 대한 특별징수의 특례】① 「소득세법」에 따른 원천징수의무자가 비거주자의 국내원천소득에 대하여 소득세를 원천징수하는 경우에는 원천징수할 소득세의 100분의 10을 적용하여 산정한 금액을 개인지방소득세로 특별징수하여야 한다.

② 제1항에 따른 비거주자의 국내원천소득에 대한 개인지방소득세 특별징수에 관한 사항은 거주자의 개인지방소득에 대한 특별징수에 관한 사항을 준용한다.

제6절　내국법인의 각 사업연도의 소득에 대한 지방소득세
(2014.1.1 본절신설)

제103조의19 【과세표준】 ① 내국법인의 각 사업연도의 소득에 대한 법인지방소득세의 과세표준은 「법인세법」 제13조에 따라 계산한 법인세의 과세표준(「조세특례제한법」 및 다른 법률에 따라 과세표준 산정과 관련된 조세감면 또는 중과세 등의 조세특례가 적용되는 경우에는 이에 따라 계산한 법인세의 과세표준)과 동일한 금액으로 한다.
② 제1항에도 불구하고 내국법인의 각 사업연도의 소득에 대한 법인세 과세표준에 국외원천소득이 포함되어 있는 경우로서 「법인세법」 제57조에 따라 외국 납부 세액공제를 하는 경우에는 같은 조 제1항에 따른 외국법인세액(이하 "외국법인세액"이라 한다)을 이 조 제1항에 따른 금액에서 차감한 금액을 법인지방소득세 과세표준으로 한다. 이 경우 해당 사업연도의 과세표준에 「법인세법」 제57조제2항 단서에 따라 손금에 산입한 외국법인세액이 있는 경우에는 그 금액을 이 조 제1항에 따른 금액에 가산한 이후에 전단의 규정을 적용한다.(2020.12.29 본항신설)
③ 제2항 전단에 따라 차감하는 외국법인세액이 해당 사업연도의 제1항에 따른 금액을 초과하는 경우에 그 초과하는 금액은 해당 사업연도의 다음 사업연도 개시일부터 15년 이내에 끝나는 각 사업연도로 이월하여 그 이월된 사업연도의 법인지방소득세 과세표준을 계산할 때 차감할 수 있다.(2020.12.29 본항신설)
④ 제2항 및 제3항을 적용할 때 차감액의 계산 방법, 이월 방법 및 그 밖에 필요한 사항은 대통령령으로 정한다.(2020.12.29 본항신설)
(2019.12.31 본조개정)

제103조의20 【세율】 ① 내국법인의 각 사업연도의 소득에 대한 법인지방소득세의 표준세율은 다음 표와 같다.

과세표준	세율
2억원 이하	과세표준의 1천분의 9
2억원 초과 200억원 이하	180만원 + (2억원을 초과하는 금액의 1천분의 19)
200억원 초과 3천억원 이하	3억7천800만원 + (200억원을 초과하는 금액의 1천분의 21)
3천억원 초과	62억5천800만원 + (3천억원을 초과하는 금액의 1천분의 24)

(2023.3.14 본항개정)
② 지방자치단체의 장은 조례로 정하는 바에 따라 각 사업연도의 소득에 대한 법인지방소득세의 세율을 제1항에 따른 표준세율의 100분의 50의 범위에서 가감할 수 있다.

제103조의21 【세액계산】 ① 내국법인의 각 사업연도의 소득에 대한 법인지방소득세는 제103조의19에 따라 계산한 과세표준에 제103조의20에 따른 세율을 적용하여 계산한 금액(제103조의31에 따른 토지등 양도소득에 대한 법인지방소득세 세액, 「조세특례제한법」 제100조의32에 따른 투자·상생협력 촉진을 위한 과세특례를 적용하여 계산한 법인지방소득세 세액이 있으면 이를 합한 금액으로 한다. 이하 "법인지방소득세 산출세액"이라 한다)을 그 세액으로 한다.(2018.12.24 본항개정)
② 제1항에도 불구하고, 사업연도가 1년 미만인 내국법

인의 각 사업연도의 소득에 대한 법인지방소득세는 그 사업연도의 「법인세법」 제13조에 따라 계산한 법인세의 과세표준(「조세특례제한법」 및 다른 법률에 따라 과세표준 산정과 관련된 조세감면 또는 중과세 등의 조세특례가 적용되는 경우에는 이에 따라 계산한 법인세의 과세표준)과 동일한 금액을 그 사업연도의 월수로 나눈 금액에 12를 곱하여 산출한 금액을 과세표준으로 하여 제103조의20제1항 및 제2항에 따라 계산한 세액에 그 사업연도의 월수를 12로 나눈 수를 곱하여 산출한 세액을 그 세액으로 한다. 이 경우 월수의 계산은 대통령령으로 정하는 방법으로 한다.(2019.12.31 전단개정)

제103조의22 【세액공제 및 세액감면】 ① 내국법인의 각 사업연도의 소득에 대한 법인지방소득세의 세액공제 및 세액감면에 관한 사항은 「지방세특례제한법」에서 정한다. 이 경우 공제 및 감면되는 세액은 법인지방소득세 산출세액(제103조의31에 따른 토지등 양도소득, 「조세특례제한법」 제100조의32제2항에 따른 미환류소득에 대한 법인지방소득세 세액을 제외한 법인지방소득세 산출세액을 말한다. 이하 이 조에서 같다)에서 공제한다.(2018.12.24 후단개정)
② 제1항에 따른 각 사업연도의 소득에 대한 법인지방소득세의 공제세액 또는 감면세액이 법인지방소득세 산출세액을 초과하는 경우에는 그 초과금액은 없는 것으로 한다.

제103조의23 【과세표준 및 세액의 확정신고와 납부】
① 「법인세법」 제60조에 따른 신고의무가 있는 내국법인은 각 사업연도의 종료일이 속하는 달의 말일부터 4개월 이내에 대통령령으로 정하는 바에 따라 그 사업연도의 소득에 대한 법인지방소득세의 과세표준과 세액을 납세지 관할 지방자치단체의 장에게 신고하여야 한다.
② 제1항에 따른 신고를 할 때에는 그 신고서에 다음 각 호의 서류를 첨부하여야 한다.
1. 기업회계기준을 준용하여 작성한 개별 내국법인의 재무상태표·포괄손익계산서 및 이익잉여금처분계산서(또는 결손금처리계산서)
2. 대통령령으로 정하는 바에 따라 작성한 세무조정계산서
3. 대통령령으로 정하는 법인지방소득세 안분명세서. 다만, 하나의 특별자치시·특별자치도·시·군 또는 자치구에만 사업장이 있는 법인의 경우는 제외한다.(2016.12.27 단서신설)
4. 그 밖에 대통령령으로 정하는 서류
③ 내국법인은 각 사업연도의 소득에 대한 법인지방소득세 산출세액에서 다음 각 호의 법인지방소득세 세액(가산세는 제외한다)을 공제한 금액을 각 사업연도의 소득에 대한 법인지방소득세로서 제1항에 따른 신고기한까지 납세지 관할 지방자치단체에 납부하여야 한다. 다만, 「조세특례제한법」 제104조의10제1항제1호에 따라 과세표준 계산의 특례를 적용받은 경우에는 제3호에 해당하는 세액을 공제하지 아니한다.(2016.12.27 단서신설)
1. 제103조의22에 따른 해당 사업연도의 공제·감면 세액
2. 제103조의26에 따른 해당 사업연도의 수시부과세액
3. 제103조의29에 따른 해당 사업연도의 특별징수세액
4. 제103조의32제5항에 따른 해당 사업연도의 예정신고납부세액(2017.12.26 본호신설)
④ 제3항에 따른 납부할 세액이 100만원을 초과하는 내국법인은 대통령령으로 정하는 바에 따라 그 납부할 세액의 일부를 납부기한이 지난 후 1개월(「조세특례제한법」 제6조제1항에 따른 중소기업의 경우에는 2개월) 이내에 분할납부할 수 있다.(2023.12.29 본항신설)

⑤ 제1항은 내국법인으로서 각 사업연도의 소득금액이 없거나 결손금이 있는 법인의 경우에도 적용한다. (2015.7.24 본항신설)
⑥ 둘 이상의 지방자치단체에 법인의 사업장이 있는 경우에는 본점 소재지를 관할하는 지방자치단체의 장에게 제2항 각 호의 첨부서류를 제출하면 법인의 각 사업장 소재지 관할 지방자치단체의 장에게도 이를 제출한 것으로 본다.(2015.12.29 본항신설)
⑦ 제1항에 따른 신고를 할 때 그 신고서에 제2항제1호부터 제3호까지의 서류를 첨부하지 아니하면 이 법에 따른 신고로 보지 아니한다. 다만, 「법인세법」 제4조제3항제1호 및 제7호에 따른 수익사업을 하지 아니하는 비영리내국법인은 그러하지 아니하다.(2018.12.24 단서개정)
⑧ 납세지 관할 지방자치단체장은 제1항 및 제2항에 따라 제출된 신고서 또는 그 밖의 서류에 미비한 점이 있거나 오류가 있는 경우에는 보정을 요구할 수 있다. (2015.12.29 본항신설)

제103조의24 【수정신고 등】 ① 제103조의23에 따라 신고를 한 내국법인이 「국세기본법」에 따라 「법인세법」에 따른 신고내용을 수정신고할 때에는 대통령령으로 정하는 바에 따라 납세지를 관할하는 지방자치단체의 장에게도 해당 내용을 신고하여야 한다.
② 제103조의23에 따라 신고를 한 내국법인이 신고납부한 법인지방소득세의 납세지 또는 지방자치단체별 안분세액에 오류가 있음을 발견하였을 때에는 제103조의25에 따라 지방자치단체의 장이 보통징수의 방법으로 부과고지를 하기 전까지 관할 지방자치단체의 장에게 「지방세기본법」 제49조부터 제51조까지에 따른 수정신고, 경정 등의 청구 또는 기한 후 신고를 할 수 있다.(2017.12.26 본항개정)
③ 제1항 또는 제2항에 따른 수정신고 또는 기한 후 신고를 통하여 추가납부세액이 발생하는 경우에는 이를 납부하여야 한다. 이 경우 제2항에 따라 발생하는 추가납부세액에 대해서는 「지방세기본법」 제53조부터 제55조까지에 따른 가산세를 부과하지 아니한다. (2017.12.26 본항개정)
④ 제2항에 따른 경정 등의 청구를 통하여 환급세액이 발생하는 경우에는 「지방세기본법」 제62조에 따른 지방세환급가산금을 지급하지 아니한다.(2017.12.26 본항개정)
⑤ 둘 이상의 지방자치단체에 사업장이 있는 법인은 제103조의23에 따라 신고한 과세표준에 대하여 해당 사업연도의 종료일 현재 본점 또는 주사무소의 소재지를 관할하는 지방자치단체의 장에게 일괄하여 「지방세기본법」 제50조에 따른 경정 등의 청구를 할 수 있다. 이 경우 본점 또는 주사무소의 소재지를 관할하는 지방자치단체의 장은 해당 법인이 청구한 내용을 다른 사업장의 소재지를 관할하는 지방자치단체의 장에게 통보하여야 한다.(2017.12.26 전단개정)
⑥ 둘 이상의 지방자치단체에 사업장이 있는 법인이 제89조제2항에 따라 사업장 소재지를 관할하는 지방자치단체의 장에게 각각 신고납부하지 아니하고 하나의 지방자치단체의 장에게 일괄하여 과세표준 및 세액을 확정신고(수정신고를 포함한다)하는 경우에는 그 법인에 대해서는 제3항 후단을 적용하지 아니하되, 제4항을 적용한다. 이 경우 제3항 후단을 적용하지 아니함에 따라 「지방세기본법」 제53조제1항에 따른 가산세를 부과하는 경우 해당 가산세의 금액은 같은 법 제53조제1항에 따른 무신고납부세액의 100분의 10에 상당하는 금액으로 한다.(2023.12.29 후단신설)
⑦ 그 밖에 법인지방소득세의 수정신고·납부 및 경정 등의 청구에 관하여 필요한 사항은 대통령령으로 정한다.(2019.12.31 본항개정)

제103조의25 【결정과 경정】 ① 납세지 관할 지방자치단체의 장은 다음 각 호의 어느 하나에 해당하는 경우에는 해당 사업연도의 과세표준과 세액을 결정 또는 경정한다.
1. 내국법인이 제103조의23에 따른 신고를 하지 아니한 경우
2. 제103조의23에 따른 신고를 한 내국법인의 신고 내용에 오류 또는 누락이 있는 경우(2017.12.26 본호개정)
(2016.12.27 본항개정)
② 납세지 관할 지방자치단체의 장은 법인지방소득세의 과세표준과 세액을 결정 또는 경정한 후 그 결정 또는 경정에 오류나 누락이 있는 것을 발견한 경우에는 즉시 이를 다시 경정한다.
③ 납세지 관할 지방자치단체의 장은 제1항과 제2항에 따라 법인지방소득세의 과세표준과 세액을 결정 또는 경정하는 경우에는 「법인세」에 따라 납세지 관할 세무서장 또는 관할 지방국세청장이 결정 또는 경정한 자료, 장부나 그 밖의 증명서류를 근거로 하여야 한다. 다만, 대통령령으로 정하는 사유로 장부나 그 밖의 증명서류에 의하여 소득금액을 계산할 수 없는 경우에는 대통령령으로 정하는 바에 따라 추계(推計)할 수 있다.
④ 지방자치단체의 장이 법인지방소득세의 과세표준과 세액을 결정 또는 경정한 때에는 그 내용을 해당 내국법인에게 대통령령으로 정하는 바에 따라 서면으로 통지하여야 한다.

제103조의26 【수시부과결정】 ① 납세지 관할 지방자치단체의 장은 내국법인이 그 사업연도 중에 대통령령으로 정하는 사유(이하 이 조에서 "수시부과사유"라 한다)로 법인지방소득세를 포탈(逋脫)할 우려가 있다고 인정되는 경우에는 수시로 그 법인에 대한 법인지방소득세를 부과할 수 있다. 이 경우에도 각 사업연도의 소득에 대하여 제103조의23에 따른 신고를 하여야 한다.
② 제1항은 그 사업연도 개시일부터 수시부과사유가 발생한 날까지를 수시부과기간으로 하여 적용한다. 다만, 직전 사업연도에 대한 제103조의23에 따른 신고기한 이전에 수시부과사유가 발생한 경우(직전 사업연도에 대한 과세표준신고를 한 경우는 제외한다)에는 직전 사업연도 개시일부터 수시부과사유가 발생한 날까지를 수시부과기간으로 한다.
③ 제1항 및 제2항에 따른 수시부과에 필요한 사항은 대통령령으로 정한다.

제103조의27 【징수와 환급】 ① 납세지를 관할하는 지방자치단체의 장은 내국법인이 제103조의23에 따라 각 사업연도의 법인지방소득세로 납부하여야 할 세액의 전부 또는 일부를 납부하지 아니한 경우에는 그 미납된 부분의 법인지방소득세 세액을 「지방세기본법」 및 「지방세징수법」에 따라 징수한다.
② 납세지를 관할하는 지방자치단체의 장은 제103조의26에 따라 수시부과하거나 제103조의29에 따른 특별징수한 세액이 제1호부터 제5호까지의 금액을 합한 금액(이하 "법인지방소득세 총부담세액"이라 한다)을 초과하는 경우에는 「지방세기본법」 제60조에 따라 이를 환급하거나 지방세에 충당하는 등의 조치를 취하여야 한다.
1. 법인지방소득세 산출세액에서 제103조의22에 따른 세액공제 및 세액감면을 적용한 금액
2. 이 법 및 「지방세기본법」에 따른 가산세
3. 이 법 및 「지방세특례제한법」에 따른 추가납부세액
4. 「지방세특례제한법」 제2조제14호에 따른 이월과세액(그 이자 상당액을 포함한다)
5. 제103조의51에 따른 외국법인의 신고기한 연장에 따른 이자상당 가산액
(2016.12.27 1호~5호신설)
(2016.12.27 본조개정)

제103조의28【결손금 소급공제에 따른 환급】 ① 내국법인이 「법인세법」 제72조에 따라 결손금 소급공제에 따른 환급을 신청하는 경우 해당 결손금에 대하여 직전 사업연도의 소득에 대하여 과세된 법인지방소득세액(대통령령으로 정하는 법인지방소득세액을 말한다)을 한도로 대통령령으로 정하는 바에 따라 계산한 금액(이하 이 조에서 "결손금 소급공제세액"이라 한다)을 환급신청할 수 있다. 다만, 2021년 12월 31일이 속하는 사업연도에 결손금이 발생한 경우로서 「조세특례제한법」 제8조의4에 따라 환급신청을 하는 경우에는 직전 사업연도와 직전전 사업연도의 소득에 과세된 법인지방소득세액을 한도로 결손금 소급공제세액을 환급신청할 수 있다.(2021.12.28 본항개정)

② 결손금 소급공제세액을 환급받으려는 내국법인은 제103조의23에 따른 신고기한까지 대통령령으로 정하는 바에 따라 납세지 관할 지방자치단체의 장에게 환급을 신청하여야 한다. 다만, 내국법인이 납세지 관할 세무서장 또는 지방국세청장에게 「법인세법」 제72조 및 「조세특례제한법」 제8조의4에 따른 결손금 소급공제 환급을 신청한 경우에는 제1항에 따른 환급을 신청한 것으로 보며, 이 경우 환급가산금의 기산일은 대통령령으로 정한다.(2021.12.28 단서개정)

③ 납세지 관할 지방자치단체의 장이 제2항에 따라 법인지방소득세의 환급신청을 받은 경우에는 지체 없이 환급세액을 결정하여 「지방세기본법」 제60조 및 제62조에 따라 환급하거나 충당하여야 한다. 다만, 제89조제2항에 따라 법인지방소득세를 둘 이상의 지방자치단체에서 부과한 경우에는 대통령령으로 정하는 바에 따라 각각의 납세지 관할 지방자치단체에서 환급하거나 충당하여야 한다.(2016.12.27 본문개정)

④ 제1항부터 제3항까지의 규정은 해당 내국법인이 결손금이 발생한 사업연도에 대한 과세표준 및 세액을 신고한 경우로서 그 직전 사업연도(제1항 단서를 적용하는 경우에는 직전전 사업연도를 포함한다)의 소득에 대한 법인지방소득세의 과세표준 및 세액을 각각 신고하였거나 지방자치단체의 장이 부과한 경우에만 적용한다.(2021.12.28 본항개정)

⑤ 납세지 관할 지방자치단체의 장은 제3항에 따라 법인지방소득세를 환급받은 내국법인이 다음 각 호의 어느 하나에 해당하는 경우에는 그 환급세액(제1호 및 제2호의 경우에는 과다하게 환급된 세액 상당액을 말한다)을 대통령령으로 정하는 바에 따라 그 이월결손금이 발생한 사업연도의 법인지방소득세로서 징수한다.

1. 결손금이 발생한 사업연도에 대한 법인지방소득세의 과세표준과 세액을 경정함으로써 결손금이 감소된 경우

2. 결손금이 발생한 사업연도의 직전 사업연도(제1항 단서에 따라 환급받은 경우에는 직전전 사업연도를 포함한다)의 법인지방소득세 과세표준과 세액을 경정함으로써 환급세액이 감소된 경우(2021.12.28 본호개정)

3. 제1항에 따른 내국법인이 중소기업에 해당하지 않는 경우로서 법인지방소득세를 환급 받은 경우

⑥ 결손금 소급 공제에 따른 환급세액의 계산과 그 밖에 필요한 사항은 대통령령으로 정한다.
(2015.12.29 본조제목개정)

제103조의29【특별징수의무】 ① 「법인세법」 제73조 및 제73조의2에 따른 원천징수의무자가 내국법인으로부터 법인세를 원천징수하는 경우에는 원천징수하는 법인세(「조세특례제한법」 및 다른 법률에 따라 조세감면 또는 중과세 등의 조세특례가 적용되는 경우에는 이를 적용한 법인세)의 100분의 10에 해당하는 금액을 법인지방소득세로 특별징수하여야 한다.(2018.12.24 본항개정)

② 제1항에 따라 특별징수를 하여야 하는 자를 "특별징수의무자"라 한다.

③ 특별징수의무자는 특별징수한 지방소득세를 그 징수일이 속하는 달의 다음 달 10일까지 대통령령으로 정하는 바에 따라 관할 지방자치단체에 납부하여야 한다.

④ 특별징수의무자가 징수하였거나 징수하여야 할 세액을 제3항에 따른 납부기한까지 납부하지 아니하거나 과소납부한 경우에는 「지방세기본법」 제56조에 따라 산출한 금액을 가산세로 부과하여야 한다. 특별징수의무자가 징수하지 아니한 경우로서 납세의무자가 그 법인지방소득세액을 이미 납부한 경우에는 특별징수의무자에게 그 가산세만을 부과한다. 다만, 국가 또는 지방자치단체와 그 밖에 대통령령으로 정하는 자가 특별징수의무자인 경우에는 특별징수 의무불이행을 이유로 하는 가산세는 부과하지 아니한다.(2018.12.31 본항개정)

⑤ 법인지방소득세의 특별징수에 관하여 이 법에 특별한 규정이 있는 경우를 제외하고는 「법인세법」에 따른 원천징수에 관한 규정을 준용한다.

제103조의30【가산세】 ① 납세지 관할 지방자치단체의 장은 납세지 관할 세무서장이 「법인세법」 제74조의2, 제75조 및 제75조의2부터 제75조의9까지의 규정에 따라 법인세 가산세를 징수하는 경우에는 그 징수하는 금액의 100분의 10에 해당하는 금액을 법인지방소득세 가산세로 징수한다. 다만, 「법인세법」 제75조의3에 따라 하는 가산세의 100분의 10에 해당하는 법인지방소득세 가산세와 「지방세기본법」 제53조 또는 제54조에 따른 가산세가 동시에 적용되는 경우에는 그 중 큰 가산세액만 적용하고, 가산세액이 같은 경우에는 「지방세기본법」 제53조 또는 제54조에 따른 가산세만 적용한다.(2021.12.28 본문개정)

② 법인의 사업장 소재지가 둘 이상의 지방자치단체에 있어 각 사업장 소재지 관할 지방자치단체의 장이 제89조제2항에 따라 안분하여 부과·징수하는 경우에는 제1항에 따라 징수하려는 법인지방소득세 가산세도 안분하여 징수한다.
(2015.7.24 본조개정)

제103조의31【토지등 양도소득 및 기업의 미환류소득에 대한 법인지방소득세 특례 등】 ① 내국법인이 「법인세법」 제55조의2에 따른 토지 및 건물(건물에 부속된 시설물과 구축물을 포함한다), 주택을 취득하기 위한 권리로서 「소득세법」 제88조제9호의 조합원입주권 및 같은 조 제10호의 분양권(이하 이 조 및 제103조의34에서 "토지등"이라 한다)을 양도한 때에는 해당 각 호에 따라 계산한 세액을 토지등 양도소득에 대한 법인지방소득세로 하여 각 사업연도의 소득에 대한 법인지방소득세에 추가하여 납부하여야 한다. 이 경우 하나의 자산이 다음 각 호의 규정 중 둘 이상에 해당할 때에는 그 중 가장 높은 세액을 적용한다.(2020.8.12 전단개정)

1. 대통령령으로 정하는 주택(이에 부수되는 토지를 포함한다) 및 주거용 건축물로서 상시 주거용으로 사용하지 아니하고 휴양·피서·위락 등의 용도로 사용하는 건축물을 양도한 경우에는 토지등의 양도소득에 1천분의 20(미등기 토지등의 양도소득에 대하여는 1천분의 40)을 곱하여 산출한 세액. 다만, 「지방자치법」 제3조제3항 및 제4항에 따른 읍 또는 면에 있으면서 대통령령으로 정하는 범위 및 기준에 해당하는 농어촌주택(그 부속토지를 포함한다)은 제외한다.
(2020.8.12 본호개정)

2. 비사업용 토지(「법인세법」 제55조의2제2항 및 제3항에서 정하는 비사업용토지를 말한다)를 양도한 경우에는 토지등의 양도소득에 1천분의 10(미등기 토지등의 양도소득에 대하여는 1천분의 40)을 곱하여 산출한 세액(2014.3.24 본호개정)

3. 주택을 취득하기 위한 권리로서 「소득세법」 제88조 제9호의 조합원입주권 및 같은 조 제10호의 분양권을 양도한 경우에는 토지등의 양도소득에 1천분의 20을 곱하여 산출한 세액(2020.8.12 본호신설)

② 「법인세법」 제55조의2제4항 각 호의 어느 하나에 해당하는 토지등 양도소득에 대하여는 제1항을 적용하지 아니한다. 다만, 미등기 토지등(「법인세법」 제55조의2제5항에서 정하는 미등기 토지등을 말한다)에 대한 토지등 양도소득에 대하여는 그러하지 아니하다.

③ 토지등 양도소득은 토지등의 양도금액에서 양도 당시의 장부가액을 뺀 금액으로 한다.

④ 제1항부터 제3항까지의 규정을 적용할 때 농지·임야·목장용지의 범위, 주된 사업의 판정기준, 해당 사업연도의 토지등의 양도에 따른 손실이 있는 경우 등의 양도소득 계산방법, 토지등의 양도에 따른 손익의 귀속사업연도 등에 관하여 필요한 사항은 대통령령으로 정한다.

⑤ 「조세특례제한법」 제100조의32제2항에 따라 내국법인(연결법인을 포함한다)이 미환류소득에 대한 법인세를 납부하는 경우에는 그 납부하는 세액의 100분의 10에 해당하는 금액을 제103조의19에 따른 과세표준에 제103조의20에 따른 세율을 적용하여 계산한 법인지방소득세액에 추가하여 납부하여야 한다.(2018.12.24 본항개정)

⑥ 다음 각 호의 조합은 제85조제1항제6호에도 불구하고 비영리내국법인으로 보아 법인지방소득세 과세표준과 세액을 계산한다. 이 경우 과세소득의 범위에서 제외되는 사업의 범위 등은 「조세특례제한법」 제104조의7제7항에 따른다.

1. 2003년 6월 30일 이전에 「주택건설촉진법」(법률 제6852호로 개정되기 전의 것을 말한다) 제44조제1항에 따라 조합설립의 인가를 받은 재건축조합으로서 「도시 및 주거환경정비법」 제38조에 따라 법인으로 등기한 조합 중 「조세특례제한법」 제104조의7제1항 단서에 따라 「법인세법」의 적용을 받는 조합
2. 「도시 및 주거환경정비법」 제35조에 따른 조합
3. 「빈집 및 소규모주택 정비에 관한 특례법」 제23조에 따른 조합
(2021.12.28 본항신설)
(2021.12.28 본조제목개정)

제103조의32 【비영리내국법인에 대한 과세특례】
① 비영리내국법인은 「법인세법」 제4조제3항제2호에 따른 이자·할인액 및 이익(「소득세법」 제16조제1항제11호의 비영업대금의 이익은 제외하고, 투자신탁의 이익을 포함하며, 이하 이 조에서 "이자소득"이라 한다)으로서 제103조의29에 따라 특별징수된 이자소득에 대하여는 제103조의23에도 불구하고 과세표준 신고를 하지 아니할 수 있다. 이 경우 과세표준 신고를 하지 아니한 이자소득은 제103조의19에 따라 각 사업연도의 소득금액을 계산할 때 포함하지 아니한다.(2018.12.24 전단개정)

② 제1항에 따른 비영리내국법인의 이자소득에 대한 법인지방소득세의 과세표준 신고와 징수에 필요한 사항은 대통령령으로 정한다.

③ 「법인세법」 제62조의2제2항에 따라 비영리내국법인이 자산양도소득에 대하여 법인세를 납부하는 경우에는 제103조에 따라 계산한 과세표준에 제103조의3에 따른 세율을 적용하여 산출한 금액을 법인지방소득세로 납부하여야 한다. 이 경우 제103조의3제5항에 따라 가중된 세율을 적용하는 때에는 제103조의31제1항을 적용하지 아니한다.(2023.3.14 후단신설)

④ 제3항에 따른 법인지방소득세의 과세표준에 대한 신고·납부·결정·경정 및 징수에 관하여는 자산 양도일이 속하는 각 사업연도의 소득에 대한 법인지방소득세의 과세표준의 신고·납부·결정·경정 및 징수에 관한 규정을 준용하되, 그 밖의 법인지방소득세액에 관하여는

산하여 신고·납부·결정·경정 및 징수한다.(2015.7.24 후단삭제)

⑤ 제3항에 따라 계산한 법인지방소득세는 제103조의5 및 제103조의6을 준용하여 양도소득과세표준 예정신고 및 자진납부를 하여야 한다.(2015.7.24 본항신설)

⑥ 비영리내국법인이 제5항에 따른 양도소득과세표준 예정신고를 한 경우에는 제4항에 따른 과세표준에 대한 신고를 한 것으로 본다. 다만, 제103조의7제3항 단서에 해당하는 경우에는 제4항에 따른 과세표준 신고를 하여야 한다.(2015.7.24 본항신설)

⑦ 제3항부터 제6항까지 규정한 사항 외에 비영리내국법인의 자산양도소득에 대한 과세특례에 관하여는 「법인세법」 제62조의2를 준용한다.(2015.7.24 본항개정)

제7절 내국법인의 각 연결사업연도의 소득에 대한 지방소득세
(2014.1.1 본절신설)

제103조의33 【연결납세방식의 적용 등】
① 「법인세법」 제76조의8에 따라 연결납세방식을 적용받는 내국법인은 법인지방소득세에 관하여 연결납세방식을 적용할 수 있다.

② 연결납세방식의 적용, 연결납세방식의 취소와 포기, 연결자법인의 추가와 배제 등에 관하여는 「법인세법」 제76조의8부터 제76조의12까지의 규정을 준용한다.

제103조의34 【과세표준】
① 각 연결사업연도의 소득에 대한 법인지방소득세 과세표준은 「법인세법」 제76조의13에 따라 계산한 법인세의 과세표준(「조세특례제한법」 및 다른 법률에 따라 과세표준 산정과 관련된 조세감면 또는 중과세 등의 조세특례가 적용되는 경우에는 이에 따라 계산한 법인세의 과세표준)과 동일한 금액으로 한다.

② 제1항에도 불구하고 각 연결사업연도의 소득에 대한 법인세 과세표준에 국외원천소득이 포함되어 있는 경우로서 「법인세법」 제57조에 따라 외국 납부 세액공제를 하는 경우 해당 연결사업연도의 법인지방소득세 과세표준의 계산에 관하여는 제103조의19제2항 및 제3항을 준용한다. 이 경우 차감액의 계산 방법, 이월 방법과 그 밖에 필요한 사항은 대통령령으로 정한다.
(2021.12.28 본항개정)
(2019.12.31 본조개정)

제103조의35 【연결산출세액】
① 각 연결사업연도의 소득에 대한 법인지방소득세 연결산출세액은 제103조의34에 따른 과세표준에 제103조의20에 따른 세율을 적용하여 계산한 금액으로 한다.

② 연결법인이 제103조의31제1항에 따른 토지등을 양도한 경우(해당 토지등을 다른 연결법인이 양수하여 「법인세법」 제76조의14제1항제3호가 적용되는 경우를 포함한다) 또는 같은 조 제5항에 따른 미환류소득이 있는 경우에는 해당 토지등의 양도소득 또는 해당 미환류소득에 대한 법인지방소득세를 합산한 금액을 연결산출세액으로 한다.(2017.12.30 본항개정)

③ 각 연결사업연도의 소득에 대한 법인지방소득세를 계산하는 경우에는 제103조의21제2항을 준용한다.

④ 연결산출세액 중 각 연결법인에 귀속되는 금액(이하 이 장에서 "연결법인별 법인지방소득세 산출세액"이라 한다)의 계산방법은 대통령령으로 정한다.

제103조의36 【세액공제 및 세액감면】
① 연결법인의 연결사업연도의 소득에 대한 법인지방소득세의 세액공제 및 세액감면에 관한 사항은 「지방세특례제한법」에서 정한다. 이 경우 공제 및 감면되는 세액은 법인지방소득세 연결산출세액에서 공제한다.

② 제1항을 적용할 때 각 연결법인의 공제 및 감면 세액은 연결법인별 법인지방소득세 산출세액을 제103조

의21의 법인지방소득세 산출세액으로 보아 「지방세특례제한법」에 따른 세액공제와 세액감면을 적용하여 계산한 금액으로 한다.
③ 각 연결법인의 공제 및 감면 세액을 계산할 때 세액의 계산 등에 필요한 사항은 대통령령으로 정한다.

제103조의37【연결과세표준 및 연결법인지방소득세액의 신고 및 납부】 ① 연결모법인은 각 연결사업연도의 종료일이 속하는 달의 말일부터 5개월 이내에 제103조의34에 따른 각 연결사업연도의 소득에 대한 법인지방소득세 과세표준과 제103조의35제4항에 따른 각 연결사업연도의 소득에 대한 연결법인별 법인지방소득세 산출세액을 대통령령으로 정하는 신고서에 따라 연결법인별 납세지 관할 지방자치단체의 장에게 다음 각 호의 서류를 첨부하여 신고하여야 한다. 이 경우 제103조의23제5항을 준용한다.(2023.12.29 후단개정)
1. 각 연결법인의 제103조의23제2항제1호부터 제3호까지의 서류
2. 대통령령으로 정하는 세액조정계산서 첨부서류
(2015.12.29 1호~2호신설)
② 각 지방자치단체의 연결법인별 법인지방소득세 산출세액은 제89조제2항에서 정하는 바에 따른다.
③ 연결법인의 사업장이 둘 이상의 지방자치단체에 있는 경우에는 제89조제1항에 따른 납세지 관할 지방자치단체의 장에게 각각 신고하여야 한다.
④ 연결법인은 연결법인별 법인지방소득세 산출세액에서 제103조의36에 따라 공제·감면되는 세액 및 제103조의29에 따라 특별징수한 세액을 공제한 금액을 제1항에 따른 신고기한까지 제89조제1항에 따른 납세지 관할 지방자치단체에 납부하여야 한다.
⑤ 제4항에 따라 납부할 세액이 100만원을 초과하는 연결법인은 대통령령으로 정하는 바에 따라 그 납부할 세액의 일부를 납부기한이 지난 후 1개월(「조세특례제한법」 제6조제1항에 따른 중소기업의 경우에는 2개월) 이내에 분할납부할 수 있다.(2023.12.29 본항신설)
⑥ 제1항에 따라 연결모법인이 지방소득세를 신고납부하는 경우에는 각 연결자법인은 제89조제2항에 따라 연결법인별로 계산된 지방소득세 상당액을 연결모법인에게 지급하여야 한다. 다만, 해당 지방소득세 상당액이 음의 수인 경우 연결모법인은 음의 부호를 뗀 금액을 연결자법인에 지급하여야 한다.(2023.3.14 단서신설)
⑦ 제103조의35제1항에 따른 법인지방소득세 연결산출세액이 없는 경우로서 다음 각 호의 어느 하나에 해당하는 경우에는 각 연결법인의 결손금 이전에 따른 손익을 정산한 금액(이하 "정산금"이라 한다)을 해당 호에서 정하는 바에 따라 연결법인별로 배분하여야 한다.
1. 「법인세법」 제76조의19제5항제1호 각 목의 어느 하나에 해당하는 연결자법인이 있는 경우 : 해당 연결자법인이 대통령령으로 정하는 바에 따라 계산한 정산금을 제1항의 기한까지 연결모법인에 지급
2. 「법인세법」 제76조의19제5항제2호 각 목의 어느 하나에 해당하는 연결자법인이 있는 경우 : 연결모법인이 대통령령으로 정하는 바에 따라 계산한 정산금을 제1항의 기한까지 해당 연결자법인에 지급
(2023.12.29 본항신설)
⑧ 제1항에 따른 첨부서류를 연결모법인 본점 소재지를 관할하는 지방자치단체의 장에게 제출한 경우에는 연결법인별 납세지 관할 지방자치단체의 장에게도 이를 제출한 것으로 본다.(2015.12.29 본항신설)
⑨ 제1항에 따른 신고를 할 때 그 신고서에 제1항제1호의 서류를 첨부하지 아니하면 이 법에 따른 신고로 보지 아니한다.(2015.12.29 본항신설)
⑩ 납세지 관할 지방자치단체장은 제1항 및 제3항에 따라 제출된 신고서 또는 그 밖의 서류에 미비한 점이

있거나 오류가 있을 때에는 보정할 것을 요구할 수 있다.(2015.12.29 본항신설)
제103조의38【수정신고·결정·경정 및 징수 등】 각 연결사업연도의 소득에 대한 법인지방소득세의 수정신고·결정·경정·징수 및 환급에 관하여는 제103조의24, 제103조의25 및 제103조의27을 준용한다.(2015.7.24 본조개정)
제103조의39【가산세】 연결법인은 제103조의30을 준용하여 계산한 금액을 각 연결사업연도의 소득에 대한 법인지방소득세 세액에 더하여 납부하여야 한다.
제103조의40【중소기업 관련 규정의 적용】 각 연결사업연도의 소득에 대한 법인지방소득세 세액을 계산할 때 중소기업 관련 규정의 적용에 관하여는 「법인세법」 제76조의22를 준용한다.

제8절 내국법인의 청산소득에 대한 지방소득세
(2014.1.1 본절신설)

제103조의41【과세표준】 내국법인의 청산소득에 대한 법인지방소득세의 과세표준은 「법인세법」 제79조에 따른 해산에 의한 청산소득의 금액(「조세특례제한법」 및 다른 법률에 따라 청산소득 금액 산정과 관련된 과세특례가 적용되는 경우에는 이에 따라 산출한 해산에 의한 청산소득의 금액)과 동일한 금액으로 한다.(2019.12.31 본조개정)
제103조의42【세율】 내국법인의 청산소득에 대한 법인지방소득세는 제103조의41에 따른 과세표준에 제103조의20에 따른 세율을 적용하여 계산한 금액을 그 세액으로 한다.
제103조의43【과세표준 및 세액의 신고와 납부】 ① 「법인세법」 제84조 및 제85조에 따른 확정신고의무 및 중간신고의무가 있는 내국법인은 해당 신고기한까지 대통령령으로 정하는 바에 따라 청산소득에 대한 법인지방소득세의 과세표준과 세액을 납세지 관할 지방자치단체의 장에게 신고하여야 한다.(2015.7.24 본항개정)
② 제1항에 따른 신고를 한 내국법인은 해당 신고기한까지 청산소득에 대한 법인지방소득세를 납세지 관할 지방자치단체에 납부하여야 한다.
(2015.7.24 본조제목개정)
제103조의44【결정과 경정】 ① 납세지 관할 지방자치단체의 장은 내국법인이 제103조의43에 따른 신고를 하지 아니하거나 신고 내용에 오류 또는 누락이 있는 경우에는 해당 청산소득에 대한 과세표준과 세액을 결정 또는 경정한다.
② 납세지 관할 지방자치단체의 장은 청산소득에 대한 법인지방소득세의 과세표준과 세액을 결정 또는 경정한 후 그 결정 또는 경정에 오류나 누락이 있는 것을 발견한 경우에는 즉시 이를 다시 경정한다.
③ 납세지 관할 지방자치단체의 장은 청산소득에 대한 법인지방소득세의 과세표준과 세액을 결정 또는 경정한 때에는 그 내용을 해당 내국법인이나 청산인에게 알려야 한다. 다만, 그 법인이나 청산인에게 알릴 수 없는 경우에는 공시(公示)로써 이를 갈음할 수 있다.
제103조의45【징수】 ① 납세지 관할 지방자치단체의 장은 내국법인이 제103조의43에 따라 납부하여야 할 청산소득에 대한 법인지방소득세의 전부 또는 일부를 납부하지 아니하면 「지방세기본법」 및 「지방세징수법」에 따라 징수한다.(2016.12.27 본항개정)
② 납세지 관할 지방자치단체의 장은 제103조의43에 따라 납부하였거나 제1항에 따라 징수한 법인지방소득세액이 제103조의44에 따라 납세지 관할 지방자치단체의 장이 결정하거나 경정한 법인지방소득세보다 적으면 그 부족한 금액에 상당하는 법인지방소득세를 징수하여야 한다.

제103조의46【청산소득에 대한 과세특례】 ① 청산소득에 대한 법인지방소득세를 징수할 때에는 「지방세기본법」 제55조제1항제3호 및 제4호에 따른 납부지연가산세를 징수하지 아니한다.(2020.12.29 본항개정)
② 내국법인이 「법인세법」 제78조 각 호에 따른 조직변경이 있는 경우에는 청산소득에 대한 법인지방소득세를 과세하지 아니한다.

제9절 외국법인의 각 사업연도의 소득에 대한 지방소득세
(2014.1.1 본절신설)

제103조의47【과세표준】 ① 국내사업장을 가진 외국법인과 「법인세법」 제93조제3호에 따른 소득이 있는 외국법인의 각 사업연도의 소득에 대한 법인지방소득세의 과세표준은 「법인세법」 제91조제1항에 따라 계산한 법인세의 과세표준(「조세특례제한법」 및 다른 법률에 따라 과세표준 산정과 관련된 조세감면 또는 중과세 등의 조세특례가 적용되는 경우에는 이에 따라 계산한 법인세의 과세표준)과 동일한 금액으로 한다.(2019.12.31 본항개정)
② 제1항에 해당하지 아니하는 외국법인의 각 사업연도의 소득에 대한 법인지방소득세의 과세표준은 「법인세법」 제91조제2항에 따라 계산한 법인세의 과세표준(「조세특례제한법」 및 다른 법률에 따라 과세표준 산정과 관련된 조세감면 또는 중과세 등의 조세특례가 적용되는 경우에는 이에 따라 계산한 법인세의 과세표준)과 동일한 금액으로 한다.(2019.12.31 본항개정)
③ 제1항에 해당하는 외국법인의 원천소득으로서 「법인세법」 제98조제1항, 제98조의3, 제98조의5 또는 제98조의6에 따라 원천징수되는 소득에 대한 법인지방소득세의 과세표준은 「법인세법」 제91조제3항에 따라 계산한 법인세의 과세표준(「조세특례제한법」 및 다른 법률에 따라 과세표준 산정과 관련된 조세감면 또는 중과세 등의 조세특례가 적용되는 경우에는 이에 따라 계산한 법인세의 과세표준)과 동일한 금액으로 한다.(2019.12.31 본항개정)
④ 「법인세법」 제91조제1항제3호는 국내사업장을 가지고 있지 아니한 외국법인에 대하여도 적용한다.
⑤ 외국법인의 국내원천소득 금액의 계산, 국내원천소득의 구분 및 외국법인의 국내사업장에 관한 사항은 「법인세법」 제92조부터 제94조까지의 규정에서 정하는 바에 따른다.

제103조의48【세율】 제103조의47제1항에 따른 외국법인과 같은 조 제2항 및 제3항에 따른 외국법인으로서 「법인세법」 제93조제7호에 따른 국내원천소득이 있는 외국법인의 각 사업연도의 소득에 대한 법인지방소득세는 제103조의47에 따른 과세표준의 금액에 제103조의20에 따른 세율을 적용하여 계산한 금액(제103조의49에 따른 토지등의 양도소득에 대한 법인지방소득세액이 있는 경우에는 이를 합한 금액으로 한다)으로 한다.

제103조의49【외국법인의 토지등 양도소득에 대한 과세특례】 제103조의47제1항에 따른 외국법인과 같은 조 제2항에 따른 외국법인의 토지등의 양도소득에 대한 법인지방소득세의 납부에 관하여는 제103조의31을 준용한다. 이 경우 제103조의47제2항에 따른 외국법인의 토지등 양도소득은 「법인세법」 제92조제3항을 준용하여 계산한 금액으로 한다.

제103조의50【외국법인의 국내사업장에 대한 과세특례】 외국법인(비영리외국법인은 제외한다)의 국내사업장은 「법인세법」 제96조에 따라 계산하여 추가로 납부하여야 할 세액의 10분의 1을 제103조의48에 따른 법인지방소득세에 추가하여 납부하여야 한다.

제103조의51【신고·납부·결정·경정·징수 및 특례】 ① 제103조의47제1항에 따른 외국법인과 같은 조 제2항 및 제3항에 해당하는 외국법인으로서 「법인세법」 제93조제7호에 따른 국내원천 부동산등양도소득이 있는 외국법인의 각 사업연도의 소득에 대한 법인지방소득세의 신고·납부·결정·경정 및 징수에 대하여는 이 절에서 규정하는 것을 제외하고는 제6절 및 「법인세법」 제97조를 준용한다. 이 경우 제103조의23제3항을 준용할 때 제103조의47제1항에 따른 외국법인과 같은 조 제2항 및 제3항에 해당하는 외국법인으로서 「법인세법」 제93조제7호에 따른 국내원천 부동산등양도소득이 있는 외국법인의 각 사업연도의 소득에 대한 법인지방소득세 과세표준에 같은 법 제98조제1항제5호 및 같은 조 제8항에 따라 원천징수된 소득이 포함되어 있는 경우에는 그 원천징수세액의 100분의 10에 해당하는 특별징수세액을 제103조의23제3항제3호에 따라 공제되는 세액으로 본다.(2020.12.29 본항개정)
② 제1항에 따라 각 사업연도의 소득에 대한 법인지방소득세의 과세표준을 신고하여야 할 외국법인이 대통령령으로 정하는 사유로 그 신고기한까지 신고서를 제출할 수 없는 경우에는 제1항에도 불구하고 대통령령으로 정하는 바에 따라 납세지 관할 지방자치단체의 장의 승인을 받아 그 신고기한을 연장할 수 있다.
③ 제2항에 따라 신고기한의 연장승인을 받은 외국법인이 신고세액을 납부할 때에는 기한 연장일수에 금융회사 등의 이자율을 고려하여 대통령령으로 정하는 이율을 적용하여 계산한 금액을 가산하여 납부하여야 한다.
④ 제3항에 따라 가산할 금액을 계산할 때의 기한 연장일수는 제103조의23에 따른 신고기한의 다음 날부터 연장승인을 받은 날까지의 일수로 한다. 다만, 연장승인 기한에 신고 및 납부가 이루어진 경우에는 그 날까지의 일수로 한다.
⑤ 「법인세법」 제98조의2에 따라 유가증권 양도소득 등에 대한 신고·납부를 하여야 하는 외국법인은 그 신고·납부할 금액의 100분의 10에 해당하는 금액을 같은 조에서 정한 각 신고·납부기한의 1개월 이내까지 납세지 관할 지방자치단체의 장에게 신고·납부하여야 한다.
⑥ 「법인세법」 제93조제6호에 따른 소득이 특별징수되는 외국법인은 같은 법 제99조제1항에 따라 산정되는 과세표준에 제103조의48을 적용하여 산출한 세액을 용역 제공기간 종료일부터 4개월 이내에 특별징수의무자의 납세지 관할 지방자치단체의 장에게 신고·납부할 수 있다. 이 경우 과세표준에 이미 특별징수된 소득이 포함되어 있으면 특별징수세액은 이미 납부한 세액으로 공제한다.

제103조의52【외국법인에 대한 특별징수 또는 징수의 특례】 ① 외국법인의 국내원천소득에 대하여 「법인세법」 제98조 및 제98조의2부터 제98조의8까지에 따라 법인세를 원천징수하는 경우에는 원천징수하는 법인세의 100분의 10에 해당하는 금액을 법인지방소득세로 특별징수하여야 한다. 이 경우 「법인세법」에 따른 원천징수의무자를 법인지방소득세의 특별징수의무자로 한다.
② 제1항에 따른 특별징수의무자의 납부 등에 관하여는 제103조의29제3항 및 제4항을 준용하고, 그 밖에 외국법인에 대한 특별징수 또는 징수의 특례에 관하여 이 법에서 정하지 아니한 사항은 「법인세법」 제98조 및 제98조의2부터 제98조의8까지를 준용한다.(2023.12.29 본조개정)

제10절 동업기업에 대한 과세특례
(2014.1.1 본절신설)

제103조의53【동업기업 및 동업자의 납세의무】 ① 「조세특례제한법」 제100조의15제1항 및 제2항에 따라

동업기업과세특례를 적용받는 동업기업(이하 "동업기업"이라 한다)과 동업자(이하 "동업자"라 한다) 중 동업자는 같은 법 제100조의18에 따라 배분받은 동업기업의 소득에 대하여 개인지방소득세 또는 법인지방소득세를 납부할 의무를 지며, 같은 법 제100조의16제3항에 따른 동업기업 전환법인은 같은 조항에 따라 계산한 과세표준에 지방세법 제103조의20제1항에 따른 세율을 적용하여 계산한 금액을 법인지방소득세(이하 "준청산소득에 대한 법인지방소득세"라 한다)로 납부할 의무가 있다.(2023.12.29 본항개정)
② 준청산소득에 대한 법인지방소득세의 신고 납부절차 및 기타 필요한 사항은 대통령령으로 정한다.
③ 동업기업과세특례에 관하여 이 법에서 정하지 아니한 사항은「조세특례제한법」제100조의14부터 제100조의26까지의 규정을 준용한다.(2020.12.29 본항신설)

제103조의54【동업기업의 배분 등】① 동업기업과 관련된 다음 각 호의 금액은 각 과세연도의 종료일에 대통령령으로 정하는 동업자 간의 손익배분비율에 따라 동업자에게 배분한다. 다만, 제4호의 금액은 내국법인 및 외국법인인 동업자에게만 배분한다.(2023.12.29 본항개정)
1.「지방세특례제한법」에 따른 세액공제 및 세액감면 금액
2. 동업기업에서 발생한 소득에 대하여 제103조의29에 따라 특별징수된 세액
3. 제103조의30에 따른 가산세 및 제103조의57에 따른 가산세
4. 제103조의31에 따른 토지등 양도소득에 대한 법인지방소득세(2019.12.31 본호개정)
② 동업자는 동업기업의 과세연도의 종료일이 속하는 과세연도의 지방소득세를 신고·납부할 때 제1항에 따라 배분받은 금액 중 같은 항 제1호 및 제2호의 금액은 해당 동업자의 지방소득세에서 공제하고, 같은 항 제3호 및 제4호의 금액은 해당 동업자의 지방소득세에 가산한다.(2023.12.29 본항개정)

제103조의55【동업기업 지분의 양도】「조세특례제한법」제100조의21제1항에 따라 양도소득세 또는 법인세를 과세하는 경우 이 법에 따른 양도소득에 대한 개인지방소득세 또는 법인지방소득세를 과세한다.

제103조의56【비거주자 또는 외국법인인 동업자에 대한 특별징수】「조세특례제한법」제100조의24제1항에 따라 동업기업이 비거주자 또는 외국법인인 동업자에게 배분된 소득에 대하여 소득세 또는 법인세를 원천징수하는 경우에는 원천징수하는 소득세 또는 법인세의 100분의 10에 해당하는 금액을 지방소득세로 특별징수하여 같은 법 제100조의23제1항에 따른 신고기한까지 납세지 관할 지방자치단체의 장에게 납부하여야 한다.(2015.7.24 본조개정)

제103조의57【동업기업에 대한 가산세】「조세특례제한법」제100조의25에 따라 동업기업으로부터 가산세를 징수하는 경우에는 그 징수하여야 할 금액의 100분의 10에 해당하는 금액을 지방소득세의 가산세로 징수하여야 한다.

제11절 법인과세 신탁재산의 각 사업연도의 소득에 대한 지방소득세
(2020.12.29 본조제목신설)

제103조의58【법인과세 신탁재산에 대한 법인지방소득세】①「법인세법」제5조제2항에 따라 내국법인으로 보는 신탁재산(이하 "법인과세 신탁재산"이라 한다) 및 법인세를 납부하는 신탁의 수탁자(이하 "법인과세 수탁자"라 한다)에 대해서는 이 절의 규정을 제1절 및 제6절에 우선하여 적용한다.

② 법인과세 신탁재산에 대한 법인지방소득세의 사업연도는 법인과세 수탁자가「법인세법」제75조의12제3항에 따라 신고하는 기간으로 한다.
③ 법인과세 신탁재산의 법인지방소득세 납세지는 그 법인과세 수탁자의 납세지로 한다.
④ 제1항부터 제3항까지에서 규정한 사항 외에 법인과세 신탁재산에 대한 법인지방소득세 과세방식의 적용 및 제2차 납세의무 등에 관하여는「법인세법」제75조의11부터 제75조의18까지의 규정을 준용한다.(2020.12.29 본조개정)

제12절 보 칙
(2020.12.29 본조제목개정)

제103조의59【지방소득세 관련 세액 등의 통보】① 세무서장 또는 지방국세청장(이하 이 조에서 "세무서장 등"이라 한다)은 소득세의 부과·징수 등에 관한 자료를 행정안전부령으로 정하는 바에 따라 다음 각 호의 구분에 따른 기한까지 대통령령으로 정하는 지방자치단체의 장에게 통보하여야 한다.(2021.12.28 본문개정)
1.「국세기본법」또는「소득세법」에 따라 소득세 과세표준과 세액을 신고(기한 후 신고는 제외한다) 받은 경우 : 신고를 받은 날이 속하는 달의 다음 달 15일. 다만, 다음 각 목의 어느 하나에 해당하는 경우에는 해당 목에서 정하는 기한 내로 한다.
  가.「소득세법」제14조제2항에 따른 종합소득과세표준, 같은 조 제6항에 따른 퇴직소득과세표준, 같은 법 제69조에 따른 토지등의 매매차익 또는 같은 법 제92조에 따른 양도소득과세표준을「국세기본법」제2조제19호에 따른 전자신고 방식으로 신고 받은 경우 : 신고를 받은 즉시
  나.「소득세법」제70조, 제71조, 제74조 및 제110조에 따른 과세표준 확정신고와 같은 법 제69조에 따른 토지등 매매차익예정신고 및 같은 법 제105조에 따른 양도소득과세표준 예정신고의 경우 : 신고를 받은 날이 속하는 달의 다음 달 1일부터 2개월이 되는 날
  다.「국세기본법」제45조에 따른 수정신고를 받은 경우 : 신고를 받은 날이 속하는 달의 다음달 1일부터 3개월이 되는 날
(2019.12.31 본호개정)
2.「국세기본법」또는「소득세법」에 따라 소득세 과세표준과 세액을 결정 또는 경정한 경우 : 결정 또는 경정한 날이 속하는 달의 다음 달 15일(2021.12.28 본호개정)
3.「소득세법」에 따라 원천징수한 소득세를 납부받은 경우 : 납부한 날이 속하는 달의 다음 달 15일. 다만, 제4호에 따른 납세고지에 따라 납부받은 원천징수세액에 관하여는 그 통보를 생략할 수 있다.
4.「국세기본법」또는「소득세법」에 따른 원천징수의무자가 원천징수하였거나 원천징수하여야 할 소득세를 그 기한까지 납부하지 아니하였거나 미달하여 납부한 경우로서 세무서장등이 원천징수의무자로부터 그 금액을 징수하기 위하여 납세고지를 한 경우 : 고지한 날이 속하는 달의 다음 달 15일
5.「국세기본법」또는「소득세법」에 따라 소득세를 환급한 경우 : 환급한 날이 속하는 달의 다음 달 15일. 다만「소득세법」제70조, 제71조, 제74조 및 제110조에 따른 과세표준 확정신고에 따라 소득세를 환급하는 경우에는 신고를 받은 날이 속하는 달의 다음 달 1일부터 2개월
② 세무서장등은 법인세의 부과·징수 등에 관한 자료를 행정안전부령으로 정하는 바에 따라 다음 각 호의 구분에 따른 기한까지 대통령령으로 정하는 지방자치단체의 장에게 통보하여야 한다.(2021.12.28 본문개정)

1. 「국세기본법」 또는 「법인세법」에 따라 법인세 과세표준과 세액을 신고 또는 수정신고 받은 경우 : 신고를 받은 날이 속하는 달의 다음 달 1일부터 2개월
2. 「국세기본법」 또는 「법인세법」에 따라 법인세 과세표준과 세액을 결정 또는 경정한 경우 : 결정 또는 경정한 날이 속하는 달의 다음 달 15일(2021.12.28 본호개정)
3. 「법인세법」에 따라 원천징수한 법인세를 납부받은 경우 : 납부한 날이 속하는 달의 다음 달 15일. 다만, 제4호에 따른 납세고지에 따라 납부받은 원천징수세액에 관하여는 그 통보를 생략할 수 있다.
4. 「법인세법」에 따른 원천징수의무자가 원천징수하였거나 원천징수하여야 할 법인세를 그 기한까지 납부하지 아니하였거나 미달하여 납부한 경우로서 세무서장등이 원천징수의무자로부터 그 금액을 징수하기 위하여 납세고지를 한 경우 : 고지한 날이 속하는 달의 다음 달 15일
5. 「국세기본법」 또는 「법인세법」에 따라 법인세를 환급한 경우 : 환급한 날이 속하는 달의 다음 달 15일
6. 「조세특례제한법」 제100조의23에 따라 동업기업 소득의 계산 및 배분명세 신고를 받은 경우 : 신고를 받은 날이 속하는 달의 다음 달 15일(2016.12.27 본호신설)

③ 지방자치단체의 장은 제1항제5호 또는 제2항제5호에 따른 통보를 받은 경우 해당 소득세 또는 법인세와 동일한 과세표준에 근거하여 산출한 지방소득세를 다시 계산하여 환급세액이 발생하는 경우 이를 환급하여야 한다.(2021.12.28 본항개정)

④ 「지방세기본법」 제64조제1항에도 불구하고 이 조 제3항에 따른 환급의 경우(「지방세기본법」 제38조제2항에 따라 경정결정이나 그 밖에 필요한 처분을 하는 경우는 제외한다) 지방세환급금에 관한 소멸시효는 이 조 제1항제5호 또는 제2항제5호에 따른 통보를 받은 날부터 기산한다.(2021.12.28 본항신설)

제103조의60【소액 징수면제】 지방소득세로 징수할 세액이 고지서 1장당 2천원 미만인 경우에는 그 지방소득세를 징수하지 아니한다.(2018.12.31 본조개정)

제103조의61【가산세 적용의 특례】 ① 「국제조세조정에 관한 법률」 제17조제1항에 따라 「국세기본법」 제47조의3에 따른 과소신고가산세를 부과하지 아니할 때에는 「지방세기본법」 제54조에 따른 과소신고가산세를 부과하지 아니한다.(2020.12.22 본항개정)

② 2021년부터 2024년까지의 각 과세기간에 발생한 소득에 대하여 「소득세법」 제70조제1항에 따른 신고기한 내에 같은 조 제3항에 따른 종합소득 과세표준 확정신고를 한 거주자 또는 같은 법 제71조제1항에 따른 신고기한 내에 같은 조 제3항에 따른 퇴직소득 과세표준 확정신고를 한 거주자가 제95조에 따른 신고의무를 다하지 아니한 경우로서 해당 신고기한이 지난 후 1개월 이내에 종합소득 또는 퇴직소득에 대한 개인지방소득세를 제96조에 따라 수정신고하거나 「지방세기본법」 제51조에 따라 기한 후 신고하는 경우에는 같은 법 제53조 또는 제54조에 따른 가산세를 부과하지 아니한다.(2023.12.29 본항개정)

제103조의62【법인지방소득세 특별징수세액 정산을 위한 특례】 ① 제103조의23제3항제3호에 따라 해당 사업연도의 특별징수세액을 공제할 때 이 법에 따른 특별징수한 법인지방소득세의 납세지(이하 "특별징수지"라 한다)와 확정신고할 법인지방소득세의 납세지(이하 "신고지"라 한다)가 다른 경우 해당 특별징수세액은 신고지 관할 지방자치단체의 장에게 납부하는 법인지방소득세로 본다.

② 제1항의 경우에 특별징수지 관할 지방자치단체의 장은 해당 특별징수세액의 감액경정을 하여 해당 법인의 본점 또는 주사무소 소재지(연결법인의 경우 연결모법인의 본점 또는 주사무소 소재지를 말하며, 이하 이 조에서 "본점 소재지"라 한다)를 관할하는 지방자치단체의 장에게 지급하여야 한다.

③ 제2항에 따라 특별징수세액을 지급받은 본점 소재지 관할 지방자치단체의 장은 제89조제2항에 따라 신고법인이 안분신고한 내역을 근거로 대통령령으로 정하는 정산금액을 신고지 관할 지방자치단체에 배분하고, 그 내역을 통보하여야 한다. 이 경우 신고지 관할 지방자치단체의 장은 해당 배분액을 납세의무자가 납부한 법인지방소득세로 보아 징수하여야 한다.

④ 제3항에 따라 정산 금액을 배분할 때 본점 소재지 관할 지방자치단체의 장은 제103조의29에 따라 특별징수된 세액이 법인지방소득세 총부담세액을 초과하여 환급세액이 발생한 경우 그 환급세액을 대통령령으로 정하는 바에 따라 납세의무자에게 환급하거나 지방세에 충당한다. 이 경우 체납된 징수금이 2건 이상인 경우에는 신고지 관할 지방자치단체의 체납된 징수금 중 소멸시효가 먼저 도래하는 것부터 충당하여야 한다.(2016.12.27 전단개정)

⑤ 지방자치단체의 장은 제1항부터 제4항까지의 규정에 따른 정산을 위하여 지방자치단체간 협약을 체결할 수 있다. 이 경우 협약서에는 정산사무의 내용과 범위, 방법 및 절차 등에 관한 사항을 정하여야 한다.

⑥ 「지방세기본법」에 따른 충당과 환급은 제2항부터 제5항까지의 절차에 따른 정산이 완료된 후에 적용한다.(2015.12.29 본조신설)

제103조의63【법인지방소득세 추가납부 등】 ① 법인세 또는 소득세 과세표준 산정시 「조세특례제한법」 및 다른 법률에 따라 과세표준 산정에 관한 조세특례가 적용되어 법인세 또는 소득세(이자상당가산액을 포함한다)를 추가 납부하는 경우 그 추가납부하는 세액의 100분의 10에 상당하는 금액을 지방소득세로 추가하여 납부하여야 하며 그 대상 및 세액계산에 필요한 사항은 대통령령으로 정한다.

② 「법인세법」 제27조 및 제28조에 따라 업무와 관련 없는 비용 및 지급이자를 손금에 산입하지 아니하여 그 양도한 날이 속하는 달에 가산하여 납부하는 경우 그 납부하는 세액의 100분의 10에 상당하는 금액을 법인지방소득세로 추가하여 납부하여야 한다.

③ 「소득세법」 제46조제1항에 따른 채권등에서 발생하는 이자, 할인액 및 투자신탁의 이익의 계산기간 중에 해당 채권등을 매도하는 경우로서 대통령령으로 정하는 경우에 해당하여 「법인세법」 제73조의2에 따라 법인세를 추가납부하는 경우 그 추가납부하는 세액의 100분의 10에 상당하는 금액을 법인지방소득세로 추가하여 납부하여야 하며, 그 세액의 계산에 필요한 사항은 대통령령으로 정한다.(2018.12.31 본항신설)

제103조의64【사실과 다른 회계처리로 인한 경정 특례】 ① 내국법인이 「법인세법」 제58조의3제1항 각 호의 요건을 모두 충족하는 사실과 다른 회계처리를 하여 과세표준 및 세액을 과다하게 계상함으로써 경정을 받은 경우에는 과다 납부한 세액을 환급하지 아니하고 그 경정일이 속하는 사업연도부터 각 사업연도의 법인지방소득세액에서 과다 납부한 세액을 차감한다. 이 경우 각 사업연도별로 차감하는 금액은 과다 납부한 세액의 100분의 20(제2항을 적용한 경우에는 차감 후 남은 금액을 말한다)을 한도로 하고, 차감 후 남아 있는 과다 납부한 세액은 이후 사업연도에 이월하여 차감한다.(2018.12.31 전단개정)

② 제1항을 적용할 때 내국법인이 해당 사실과 다른 회계처리와 관련하여 그 경정일이 속하는 사업연도 이전의 사업연도에 「지방세기본법」 제49조에 따른 수정신고

를 하여 납부할 세액이 있는 경우에는 그 납부할 세액에서 제1항에 따른 과다 납부한 세액의 100분의 20을 먼저 차감한다.

③ 제1항 및 제2항에 따라 과다 납부한 세액을 차감받은 내국법인으로서 과다 납부한 세액이 남아 있는 내국법인이 해산하는 경우에는 다음 각 호에 따른다.

1. 합병 또는 분할에 따라 해산하는 경우 : 합병법인 또는 분할신설법인(분할합병의 상대방 법인을 포함한다)이 남아 있는 과다 납부한 세액을 승계하여 제1항에 따라 차감한다.

2. 제1호 외의 방법에 따라 해산하는 경우 : 납세지 관할 지방자치단체의 장은 남아 있는 과다 납부한 세액에서 제103조의41에 따른 청산소득에 대한 법인지방소득세 납부세액을 빼고 남은 금액을 즉시 환급하여야 한다.

(2017.12.26 본항신설)

④ 제1항부터 제3항까지에 따른 과다 납부 세액의 차감 방법 및 절차는 대통령령으로 정한다.

(2017.12.26 본조개정)

제103조의65【재해손실에 대한 세액계산 특례】 ① 내국법인이 「법인세법」 제58조에 따라 재해손실에 대한 세액공제를 받은 경우에는 다음 각 호의 법인지방소득세액에 같은 법 제58조에 따른 자산 상실 비율을 곱하여 계산한 금액을 법인지방소득세액에서 차감한다.

1. 재해 발생일을 기준으로 부과되지 아니한 법인지방소득세액과 부과된 법인지방소득세액으로서 미납된 법인지방소득세액

2. 재해 발생일이 속하는 사업연도의 소득에 대한 법인지방소득세액

② 제1항에 따라 세액을 차감받으려는 내국법인은 대통령령으로 정하는 바에 따라 납세지 관할 지방자치단체의 장에게 신청하여야 한다.

③ 제1항 및 제2항에 따른 법인지방소득세의 세액차감 신청 및 결정에 필요한 사항은 대통령령으로 정한다.

(2023.3.14 본조신설)

제9장 재산세

제1절 통 칙

제104조【정의】 재산세에서 사용하는 용어의 뜻은 다음과 같다.

1. "토지"란 「공간정보의 구축 및 관리 등에 관한 법률」에 따라 지적공부의 등록대상이 되는 토지와 그 밖에 사용되고 있는 사실상의 토지를 말한다.(2014.6.3 본호개정)

2. "건축물"이란 제6조제4호에 따른 건축물을 말한다.

3. "주택"이란 「주택법」 제2조제1호에 따른 주택을 말한다. 이 경우 토지와 건축물의 범위에서 주택은 제외한다.

4. "항공기"란 제6조제9호에 따른 항공기를 말한다.

5. "선박"이란 제6조제10호에 따른 선박을 말한다.

6. (2010.12.27 삭제)

제105조【과세대상】 재산세는 토지, 건축물, 주택, 항공기 및 선박(이하 이 장에서 "재산"이라 한다)을 과세대상으로 한다.

제106조【과세대상의 구분 등】 ① 토지에 대한 재산세 과세대상은 다음 각 호에 따라 종합합산과세대상, 별도합산과세대상 및 분리과세대상으로 구분한다.

1. 종합합산과세대상 : 과세기준일 현재 납세의무자가 소유하고 있는 토지 중 별도합산과세대상 또는 분리과세대상이 되는 토지를 제외한 토지(2019.12.3 단서삭제)

가.~나. (2019.12.3 삭제)

2. 별도합산과세대상 : 과세기준일 현재 납세의무자가 소유하고 있는 토지 중 다음 각 목의 어느 하나에 해당하는 토지(2019.12.3 단서삭제)

가. 공장용 건축물의 부속토지 등 대통령령으로 정하는 건축물의 부속토지

나. 차고용 토지, 보세창고용 토지, 시험·연구·검사용 토지, 물류단지시설용 토지 등 공지상태(空地狀態)나 해당 토지의 이용에 필요한 시설 등을 설치하여 업무 또는 경제활동에 활용되는 토지로서 대통령령으로 정하는 토지

다. 철거·멸실된 건축물 또는 주택의 부속토지로서 대통령령으로 정하는 부속토지(2015.12.29 본목신설)

(2010.12.27 본호개정)

3. 분리과세대상 : 과세기준일 현재 납세의무자가 소유하고 있는 토지 중 국가의 보호·지원 또는 중과가 필요한 토지로서 다음 각 목의 어느 하나에 해당하는 토지(2017.12.26 본문개정)

가. 공장용지·전·답·과수원 및 목장용지로서 대통령령으로 정하는 토지

나. 산림의 보호육성을 위하여 필요한 임야 및 종중 소유 임야로서 대통령령으로 정하는 토지

다. 제13조제5항에 따른 골프장용 토지와 같은 항에 따른 고급오락장용 토지로서 대통령령으로 정하는 토지(2016.12.27 본목개정)

라. 「산업집적활성화 및 공장설립에 관한 법률」 제2조제1항에 따른 공장의 부속토지로서 개발제한구역의 지정이 있기 이전에 그 부지취득이 완료된 곳으로서 대통령령으로 정하는 토지

마. 국가 및 지방자치단체 지원을 위한 특정목적 사업용 토지로서 대통령령으로 정하는 토지(2017.12.26 본목개정)

바. 에너지·자원의 공급 및 방송·통신·교통 등의 기반시설용 토지로서 대통령령으로 정하는 토지

사. 국토의 효율적 이용을 위한 개발사업용 토지로서 대통령령으로 정하는 토지

아. 그 밖에 지역경제의 발전, 공익성의 정도 등을 고려하여 분리과세하여야 할 타당한 이유가 있는 토지로서 대통령령으로 정하는 토지

(2017.12.26 바목~아목신설)

② 주거용과 주거 외의 용도를 겸하는 건물 등에서 주택의 범위를 구분하는 방법, 주택 부속토지의 범위 산정은 다음 각 호에서 정하는 바에 따른다.

(2021.12.28 본항개정)

1. 1동(棟)의 건물이 주거와 주거 외의 용도로 사용되고 있는 경우에는 주거용으로 사용되는 부분만을 주택으로 본다. 이 경우 건물의 부속토지는 주거와 주거 외의 용도로 사용되는 건물의 면적비율에 따라 각각 안분하여 주택의 부속토지와 건축물의 부속토지로 구분한다.

2. 1구(構)의 건물이 주거와 주거 외의 용도로 사용되고 있는 경우에는 주거용으로 사용되는 면적이 전체의 100분의 50 이상인 경우에는 주택으로 본다.

2의2. 건축물에서 허가 등이나 사용승인(임시사용승인을 포함한다. 이하 이 항에서 같다)을 받지 아니하고 주거용으로 사용하는 면적이 전체 건축물 면적(허가 등이나 사용승인을 받은 면적을 포함한다)의 100분의 50 이상인 경우에는 그 건축물 전체를 주택으로 보지 아니하고, 그 부속토지는 제1항제1호에 해당하는 토지로 본다.(2021.12.28 본호신설)

3. 주택 부속토지의 경계가 명백하지 아니한 경우 주택 부속토지의 범위 산정에 필요한 사항은 대통령령으로 정한다.

③ 재산세의 과세대상 물건이 토지대장, 건축물대장 등 공부상 등재되지 아니하였거나 공부상 등재현황과 사

실상의 현황이 다른 경우에는 사실상의 현황에 따라 재산세를 부과한다. 다만, 재산세의 과세대상 물건을 공부상 등재현황과 달리 이용함으로써 재산세 부담이 낮아지는 경우 등 대통령령으로 정하는 경우에는 공부상 등재현황에 따라 재산세를 부과한다.(2021.12.28 본항신설)

(2014.1.1 본조제목개정)

제106조의2【분리과세대상 토지 타당성 평가 등】 ① 행정안전부장관은 제106조제1항제3호에 따른 분리과세대상 토지(이하 이 조에서 "분리과세대상토지"라 한다)를 축소·정비 등을 하려는 경우 또는 분리과세대상토지를 확대·추가하려는 경우에는 분리과세의 목적, 과세 형평성, 지방자치단체의 재정여건 및 다른 지원제도와의 중복 여부 등을 종합적으로 고려하여 분리과세의 타당성을 평가할 수 있다.
② 제1항에 따른 타당성 평가 결과에 따라 분리과세대상 토지를 확대·추가하려는 경우에는 「지방재정법」 제27조의2에 따른 지방재정관리위원회의 심의를 거쳐야 한다.(2023.8.16 본항개정)
③ 제1항에 따른 타당성 평가의 평가대상, 분리과세 적용의 필요성 등 평가기준, 분리과세 확대·추가 요청방법 등 평가절차 및 그 밖에 필요한 사항은 대통령령으로 정한다.

(2019.12.31 본조신설)

제107조【납세의무자】 ① 재산세 과세기준일 현재 재산을 사실상 소유하고 있는 자는 재산세를 납부할 의무가 있다. 다만, 다음 각 호의 어느 하나에 해당하는 경우에는 해당 각 호의 자를 납세의무자로 본다.
1. 공유재산인 경우 : 그 지분에 해당하는 부분(지분의 표시가 없는 경우에는 지분이 균등한 것으로 본다)에 대해서는 그 지분권자
2. 주택의 건물과 부속토지의 소유자가 다를 경우 : 그 주택에 대한 산출세액을 제4조제1항 및 제2항에 따른 건축물과 그 부속토지의 시가표준액 비율로 안분계산(按分計算)한 부분에 대해서는 그 소유자
3. (2020.12.29 삭제)

(2014.1.1 본항개정)
② 제1항에도 불구하고 재산세 과세기준일 현재 다음 각 호의 어느 하나에 해당하는 자는 재산세를 납부할 의무가 있다.
1. 공부상의 소유자가 매매 등의 사유로 소유권이 변동되었는데도 신고하지 아니하여 사실상의 소유자를 알 수 없을 때에는 공부상 소유자
2. 상속이 개시된 재산으로서 상속등기가 이행되지 아니하고 사실상의 소유자를 신고하지 아니하였을 때에는 행정안전부령으로 정하는 주된 상속자
(2017.7.26 본호개정)
3. 공부상에 개인 등의 명의로 등재되어 있는 사실상의 종중재산으로서 종중소유임을 신고하지 아니하였을 때에는 공부상 소유자
4. 국가, 지방자치단체, 지방자치단체조합과 재산세 과세대상 재산을 연부(年賦)로 매매계약을 체결하고 그 재산의 사용권을 무상으로 받은 경우에는 그 매수계약자
5. 「신탁법」 제2조에 따른 수탁자(이하 이 장에서 "수탁자"라 한다)의 명의로 등기 또는 등록된 신탁재산의 경우에는 제1항에도 불구하고 같은 조에 따른 위탁자(「주택법」 제2조제11호가목에 따른 지역주택조합 및 같은 조 나목에 따른 직장주택조합이 조합원이 납부한 금전으로 매수하여 소유하고 있는 신탁재산의 경우에는 해당 지역주택조합 및 직장주택조합을 말하며, 이하 이 장에서 "위탁자"라 한다). 이 경우 위탁자가 신탁재산을 소유한 것으로 본다.
(2020.12.29 본호신설)

6. 「도시개발법」에 따라 시행하는 환지(換地) 방식에 의한 도시개발사업 및 「도시 및 주거환경정비법」에 따른 정비사업(재개발사업만 해당한다)의 시행에 따른 환지계획에서 일정한 토지를 환지로 정하지 아니하고 체비지 또는 보류지로 정한 경우에는 사업시행자(2017.2.8 본호개정)
7. 외국인 소유의 항공기 또는 선박을 임차하여 수입하는 경우에는 수입하는 자(2018.12.31 본호신설)
8. 「채무자 회생 및 파산에 관한 법률」에 따른 파산선고 이후 파산종결의 결정까지 파산재단에 속하는 재산의 경우 공부상 소유자(2021.12.28 본호신설)
③ 재산세 과세기준일 현재 소유권의 귀속이 분명하지 아니하여 사실상의 소유자를 확인할 수 없는 경우에는 그 사용자가 재산세를 납부할 의무가 있다.

제108조【납세지】 재산세는 다음 각 호의 납세지를 관할하는 지방자치단체에서 부과한다.
1. 토지 : 토지의 소재지
2. 건축물 : 건축물의 소재지
3. 주택 : 주택의 소재지
4. 선박 : 「선박법」에 따른 선적항의 소재지. 다만, 선적항이 없는 경우에는 정계장(定繫場) 소재지(정계장이 일정하지 아니한 경우에는 선박 소유자의 주소지)로 한다.
5. 항공기 : 「항공안전법」에 따른 등록원부에 기재된 정치장의 소재지(「항공법」에 따라 등록을 하지 아니한 경우에는 소유자의 주소지)(2016.3.29 본호개정)

제109조【비과세】 ① 국가, 지방자치단체, 지방자치단체조합, 외국정부 및 주한국제기구의 소유에 속하는 재산에 대하여는 재산세를 부과하지 아니한다. 다만, 다음 각 호의 어느 하나에 해당하는 재산에 대하여는 재산세를 부과한다.
1. 대한민국 정부기관의 재산에 대하여 과세하는 외국정부의 재산
2. 제107조제2항제4호에 따라 매수계약자에게 납세의무가 있는 재산
② 국가, 지방자치단체 또는 지방자치단체조합이 1년 이상 공용 또는 공공용으로 사용(1년 이상 사용할 것이 계약서 등에 의하여 입증되는 경우를 포함한다)하는 재산에 대하여는 재산세를 부과하지 아니한다. 다만, 다음 각 호의 어느 하나에 해당하는 경우에는 재산세를 부과한다.(2018.12.31 본문개정)
1. 유료로 사용하는 경우(2018.12.31 본호신설)
2. 소유권의 유상이전을 약정한 경우로서 그 재산을 취득하기 전에 미리 사용하는 경우(2018.12.31 본호신설)
③ 다음 각 호에 따른 재산(제13조제5항에 따른 과세대상은 제외한다)에 대하여는 재산세를 부과하지 아니한다. 다만, 대통령령으로 정하는 수익사업에 사용하는 경우와 해당 재산이 유료로 사용되는 경우의 그 재산(제3호 및 제5호의 재산은 제외한다) 및 해당 재산의 일부가 그 목적에 직접 사용되지 아니하는 경우의 그 일부 재산에 대하여는 재산세를 부과한다.
(2010.12.27 단서개정)
1. 대통령령으로 정하는 도로·하천·제방·구거·유지 및 묘지
2. 「산림보호법」 제7조에 따른 산림보호구역, 그 밖에 공익상 재산세를 부과하지 아니할 타당한 이유가 있는 것으로서 대통령령으로 정하는 토지
3. 임시로 사용하기 위하여 건축된 건축물로서 재산세 과세기준일 현재 1년 미만의 것
4. 비상재해구조용, 무료도선용, 선교(船橋) 구성용 및 본선에 속하는 전마용(傳馬用) 등으로 사용하는 선박
5. 행정기관으로부터 철거명령을 받은 건축물 등 재산세를 부과하는 것이 적절하지 아니한 건축물 또는 주

택(「건축법」 제2조제1항제2호에 따른 건축물 부분으로 한정한다)으로서 대통령령으로 정하는 것 (2010.12.27 본호개정)

제2절 과세표준과 세율

제110조【과세표준】 ① 토지·건축물·주택에 대한 재산세의 과세표준은 제4조제1항 및 제2항에 따른 시가표준액에 부동산 시장의 동향과 지방재정 여건 등을 고려하여 다음 각 호의 어느 하나에서 정한 범위에서 대통령령으로 정하는 공정시장가액비율을 곱하여 산정한 가액으로 한다.
1. 토지 및 건축물 : 시가표준액의 100분의 50부터 100분의 90까지
2. 주택 : 시가표준액의 100분의 40부터 100분의 80까지. 다만, 제111조의2에 따른 1세대 1주택은 100분의 30부터 100분의 70까지(2023.3.14 단서신설)
② 선박 및 항공기에 대한 재산세의 과세표준은 제4조제2항에 따른 시가표준액으로 한다.
③ 제1항에 따라 산정한 주택의 과세표준이 다음 계산식에 따른 과세표준상한액보다 큰 경우에는 제1항에도 불구하고 해당 주택의 과세표준은 과세표준상한액으로 한다.

과세표준상한액 = 대통령령으로 정하는 직전 연도 해당 주택의 과세표준 상당액 + (과세기준일 당시 시가표준액으로 산정한 과세표준 × 과세표준상한율)
과세표준상한율 = 소비자물가지수, 주택가격변동률, 지방재정 여건 등을 고려하여 0에서 100분의 5 범위 이내로 대통령령으로 정하는 비율

(2023.3.14 본항신설)
제111조【세율】 ① 재산세는 제110조의 과세표준에 다음 각 호의 표준세율을 적용하여 계산한 금액을 그 세액으로 한다.
1. 토지
가. 종합합산과세대상

과세표준	세율
5,000만원 이하	1,000분의 2
5,000만원 초과 1억원 이하	10만원 + 5,000만원 초과금액의 1,000분의 3
1억원 초과	25만원 + 1억원 초과금액의 1,000분의 5

나. 별도합산과세대상

과세표준	세율
2억원 이하	1,000분의 2
2억원 초과 10억원 이하	40만원 + 2억원 초과금액의 1,000분의 3
10억원 초과	280만원 + 10억원 초과금액의 1,000분의 4

다. 분리과세대상
1) 제106조제1항제3호가목에 해당하는 전·답·과수원·목장용지 및 같은 호 나목에 해당하는 임야 : 과세표준의 1천분의 0.7(2019.12.31 개정)
2) 제106조제1항제3호다목에 해당하는 골프장용 토지 및 고급오락장용 토지 : 과세표준의 1천분의 40 (2019.12.31 개정)
3) 그 밖의 토지 : 과세표준의 1천분의 2
2. 건축물
가. 제13조제5항에 따른 골프장, 고급오락장용 건축물 : 과세표준의 1천분의 40
나. 특별시·광역시(군 지역은 제외한다)·특별자치시(읍·면지역은 제외한다)·특별자치도(읍·면지역은 제외한다) 또는 시(읍·면지역은 제외한다) 지역

에서 「국토의 계획 및 이용에 관한 법률」과 그 밖의 관계 법령에 따라 지정된 주거지역 및 해당 지방자치단체의 조례로 정하는 지역의 대통령령으로 정하는 공장용 건축물 : 과세표준의 1천분의 5 (2016.12.27 가목~나목개정)
다. 그 밖의 건축물 : 과세표준의 1천분의 2.5
3. 주택
가. (2023.3.14 삭제)
나. 그 밖의 주택

과세표준	세율
6천만원 이하	1,000분의 1
6천만원 초과 1억5천만원 이하	60,000원 + 6천만원 초과금액의 1,000분의 1.5
1억5천만원 초과 3억원 이하	195,000원 + 1억5천만원 초과금액의 1,000분의 2.5
3억원 초과	570,000원 + 3억원 초과금액의 1,000분의 4

4. 선박
가. 제13조제5항제5호에 따른 고급선박 : 과세표준의 1천분의 50(2010.12.27 본목개정)
나. 그 밖의 선박 : 과세표준의 1천분의 3
5. 항공기 : 과세표준의 1천분의 3
② 「수도권정비계획법」 제6조에 따른 과밀억제권역(「산업집적활성화 및 공장설립에 관한 법률」을 적용받는 산업단지 및 유치지역과 「국토의 계획 및 이용에 관한 법률」을 적용받는 공업지역은 제외한다)에서 행정안전부령으로 정하는 공장 신설·증설에 해당하는 경우 그 건축물에 대한 재산세의 세율은 최초의 과세기준일부터 5년간 제1항제2호다목에 따른 세율의 100분의 500에 해당하는 세율로 한다.(2017.7.26 본항개정)
③ 지방자치단체의 장은 특별한 재정수요나 재해 등의 발생으로 재산세의 세율 조정이 불가피하다고 인정되는 경우 조례로 정하는 바에 따라 제1항의 표준세율의 100분의 50의 범위에서 가감할 수 있다. 다만, 가감한 세율은 해당 연도에만 적용한다.
제111조의2【1세대 1주택에 대한 주택 세율 특례】
① 제111조제1항제3호나목에도 불구하고 대통령령으로 정하는 1세대 1주택(제4조제1항에 따른 시가표준액이 9억원 이하인 주택에 한한다)에 대해서는 다음의 세율을 적용한다.

과세표준	세율
6천만원 이하	1,000분의 0.5
6천만원 초과 1억5천만원 이하	30,000원 + 6천만원 초과금액의 1,000분의 1
1억5천만원 초과 3억원 이하	120,000원 + 1억5천만원 초과금액의 1,000분의 2
3억원 초과	420,000원 + 3억원 초과금액의 1,000분의 3.5

(2021.7.8 본항개정)
② 제1항에 따른 1세대 1주택의 해당여부를 판단할 때 「신탁법」에 따라 신탁된 주택은 위탁자의 주택 수에 가산한다.
③ 제1항에도 불구하고 제111조제3항에 따라 지방자치단체의 장이 조례로 정하는 바에 따라 가감한 세율을 적용한 세액이 제1항의 세율을 적용한 세액보다 적은 경우에는 제1항을 적용하지 아니한다.
④ 「지방세특례제한법」에도 불구하고 동일한 주택이 제1항과 「지방세특례제한법」에 따른 재산세 경감 규정(같은 법 제92조의2에 따른 자동이체 등 납부에 대한 세액공제를 제외한다)의 적용 대상이 되는 경우에는 중복하여 적용하지 아니하고 둘 중 경감 효과가 큰 것 하나만을 적용한다.
(2020.12.29 본조신설)

제112조【재산세 도시지역분】 ① 지방자치단체의 장은 「국토의 계획 및 이용에 관한 법률」 제6조제1호에 따른 도시지역 중 해당 지방의회의 의결을 거쳐 고시한 지역(이하 이 조에서 "재산세 도시지역분 적용대상 지역"이라 한다) 안에 있는 대통령령으로 정하는 토지, 건축물 또는 주택(이하 이 조에서 "토지등"이라 한다)에 대하여는 조례로 정하는 바에 따라 제1호에 따른 세액에 제2호에 따른 세액을 합산하여 산출한 세액을 재산세액으로 부과할 수 있다.(2013.1.1 본문개정)

1. 제110조의 과세표준에 제111조의 세율 또는 제111조의제1항의 세율을 적용하여 산출한 세액 (2020.12.29 본호개정)

2. 제110조에 따른 토지등의 과세표준에 1천분의 1.4를 적용하여 산출한 세액(2010.12.27 본호개정)

② 지방자치단체의 장은 해당 연도분의 제1항제2호의 세율을 조례로 정하는 바에 따라 1천분의 2.3을 초과하지 아니하는 범위에서 다르게 정할 수 있다.

③ 제1항에도 불구하고 재산세 도시지역분 적용대상 지역 안에 있는 토지 중 「국토의 계획 및 이용에 관한 법률」에 따라 지형도면이 고시된 공공시설용지 또는 개발제한구역으로 지정된 토지 중 지상건축물, 골프장, 유원지, 그 밖의 이용시설이 없는 토지는 제1항제2호에 따른 과세대상에서 제외한다.(2013.1.1 본항개정) (2013.1.1 본조제목개정)

제113조【세율적용】 ① 토지에 대한 재산세는 다음 각 호에서 정하는 바에 따라 세율을 적용한다. 다만, 이 법 또는 관계 법령에 따라 재산세를 경감할 때에는 다음 각 호의 과세표준에서 경감대상 토지의 과세표준액에 경감비율(비과세 또는 면제의 경우에는 이를 100분의 100으로 본다)을 곱한 금액을 공제하여 세율을 적용한다.(2019.12.3 단서신설)

1. 종합합산과세대상 : 납세의무자가 소유하고 있는 해당 지방자치단체 관할구역에 있는 종합합산과세대상이 되는 토지의 가액을 모두 합한 금액을 과세표준으로 하여 제111조제1항제1호가목의 세율을 적용한다.

2. 별도합산과세대상 : 납세의무자가 소유하고 있는 해당 지방자치단체 관할구역에 있는 별도합산과세대상이 되는 토지의 가액을 모두 합한 금액을 과세표준으로 하여 제111조제1항제1호나목의 세율을 적용한다.

3. 분리과세대상 : 분리과세대상이 되는 해당 토지의 가액을 과세표준으로 하여 제111조제1항제1호다목의 세율을 적용한다.

② 주택에 대한 재산세는 주택별로 제111조제1항제3호의 세율 또는 제111조의2제1항의 세율을 적용한다. 이 경우 주택별로 구분하는 기준 등에 관하여 필요한 사항은 대통령령으로 정한다.(2020.12.29 본항개정)

③ 주택을 2명 이상이 공동으로 소유하거나 토지와 건물의 소유자가 다를 경우 해당 주택에 대한 세율을 적용할 때 해당 주택의 토지와 건물의 가액을 합산한 과세표준에 제111조제1항제3호의 세율 또는 제111조의2제1항의 세율을 적용한다.(2020.12.29 본항개정)

④ (2016.12.27 삭제)

⑤ 「지방자치법」 제5조제1항에 따라 둘 이상의 지방자치단체가 통합된 경우에는 통합 지방자치단체의 조례로 정하는 바에 따라 5년의 범위에서 통합 이전 지방자치단체 관할구역별로 제1항제1호 및 제2호를 적용할 수 있다.(2021.1.12 본항개정)

제3절 부과·징수

제114조【과세기준일】 재산세의 과세기준일은 매년 6월 1일로 한다.

제115조【납기】 ① 재산세의 납기는 다음 각 호와 같다.

1. 토지 : 매년 9월 16일부터 9월 30일까지

2. 건축물 : 매년 7월 16일부터 7월 31일까지

3. 주택 : 해당 연도에 부과·징수할 세액의 2분의 1은 매년 7월 16일부터 7월 31일까지, 나머지 2분의 1은 9월 16일부터 9월 30일까지. 다만, 해당 연도에 부과할 세액이 20만원 이하인 경우에는 조례로 정하는 바에 따라 납기를 7월 16일부터 7월 31일까지로 하여 한꺼번에 부과·징수할 수 있다.(2017.12.26 단서개정)

4. 선박 : 매년 7월 16일부터 7월 31일까지

5. 항공기 : 매년 7월 16일부터 7월 31일까지

② 제1항에도 불구하고 지방자치단체의 장은 과세대상 누락, 위법 또는 착오 등으로 인하여 이미 부과한 세액을 변경하거나 수시부과하여야 할 사유가 발생하면 수시로 부과·징수할 수 있다.

제116조【징수방법 등】 ① 재산세는 관할 지방자치단체의 장이 세액을 산정하여 보통징수의 방법으로 부과·징수한다.

② 재산세를 징수하려면 토지, 건축물, 주택, 선박 및 항공기로 구분한 납세고지서에 과세표준과 세액을 적어 늦어도 납기개시 5일 전까지 발급하여야 한다.

③ 재산세의 과세대상별 종합합산방법·별도합산방법, 세액산정 및 그 밖에 부과절차와 징수방법 등에 관하여 필요한 사항은 행정안전부령으로 정한다. (2017.7.26 본항개정)

제117조【물납】 지방자치단체의 장은 재산세의 납부세액이 1천만원을 초과하는 경우에는 납세의무자의 신청을 받아 해당 지방자치단체의 관할구역에 있는 부동산에 대하여만 대통령령으로 정하는 바에 따라 물납을 허가할 수 있다.

제118조【분할납부】 지방자치단체의 장은 재산세의 납부세액이 250만원을 초과하는 경우에는 대통령령으로 정하는 바에 따라 납부할 세액의 일부를 납부기한이 지난 날부터 3개월 이내에 분할납부하게 할 수 있다. (2023.12.29 본조개정)

제118조의2【납부유예】 ① 지방자치단체의 장은 다음 각 호의 요건을 모두 충족하는 납세의무자가 제111조의2에 따른 1세대 1주택(제4조제1항에 따른 시가표준액이 9억원을 초과하는 주택을 포함한다)의 재산세액 (해당 재산세를 징수하기 위하여 함께 부과하는 지방세를 포함하며, 이하 이 조에서 "주택 재산세"라 한다)의 납부유예를 그 납부기한 만료 3일 전까지 신청하는 경우 이를 허가할 수 있다. 이 경우 납부유예를 신청한 납세의무자는 그 유예할 주택 재산세에 상당하는 담보를 제공하여야 한다.(2023.12.29 전단개정)

1. 과세기준일 현재 제111조의2에 따른 1세대 1주택의 소유자일 것

2. 과세기준일 현재 만 60세 이상이거나 해당 주택을 5년 이상 보유하고 있을 것

3. 다음 각 목의 어느 하나에 해당하는 소득 기준을 충족할 것

가. 직전 과세기간의 총급여액이 7천만원 이하일 것 (직전 과세기간에 근로소득만 있거나 근로소득 및 종합소득과세표준에 합산되지 아니하는 종합소득이 있는 자로 한정한다)

나. 직전 과세기간의 종합소득과세표준에 합산되는 종합소득금액이 6천만원 이하일 것(직전 과세기간의 총급여액이 7천만원을 초과하지 아니하는 자로 한정한다)

4. 해당 연도의 납부유예 대상 주택에 대한 재산세의 납부세액이 100만원을 초과할 것

5. 지방세, 국세 체납이 없을 것

② 지방자치단체의 장은 제1항에 따른 신청을 받은 경우 납부기한 만료일까지 대통령령으로 정하는 바에 따라 납세의무자에게 납부유예 허가 여부를 통지하여야 한다.

③ 지방자치단체의 장은 제1항에 따라 주택 재산세의 납부가 유예된 납세의무자가 다음 각 호의 어느 하나

에 해당하는 경우에는 그 납부유예 허가를 취소하여야 한다.
1. 해당 주택을 타인에게 양도하거나 증여하는 경우
2. 사망하여 상속이 개시되는 경우
3. 제1항제1호의 요건을 충족하지 아니하게 된 경우
4. 담보의 변경 또는 그 밖에 담보 보전에 필요한 지방자치단체의 장의 명령에 따르지 아니한 경우
5. 「지방세징수법」 제22조제1항 각 호의 어느 하나에 해당되어 그 납부유예와 관계되는 세액의 전액을 징수할 수 없다고 인정되는 경우
6. 납부유예된 세액을 납부하려는 경우
④ 지방자치단체의 장은 제3항에 따라 주택 재산세의 납부유예 허가를 취소하는 경우 납세의무자(납세의무자가 사망한 경우에는 그 상속인 또는 상속재산관리인을 말한다. 이하 이 조에서 같다)에게 그 사실을 즉시 통지하여야 한다.
⑤ 지방자치단체의 장은 제3항에 따라 주택 재산세의 납부유예 허가를 취소한 경우에는 대통령령으로 정하는 바에 따라 해당 납세의무자에게 납부를 유예받은 세액과 이자상당가산액을 징수하여야 한다. 다만, 상속인 또는 상속재산관리인은 상속으로 받은 재산의 한도에서 납부를 유예받은 세액과 이자상당가산액을 납부할 의무를 진다.
⑥ 지방자치단체의 장은 제1항에 따라 납부유예를 허가한 날부터 제5항에 따라 징수할 세액의 고지일까지의 기간 동안에는 「지방세기본법」 제55조에 따른 납부지연가산세를 부과하지 아니한다.
⑦ 제1항부터 제6항까지에서 규정한 사항 외에 납부유예에 필요한 절차 등에 관한 사항은 대통령령으로 정한다.
(2023.3.14 본조신설)
제119조【소액 징수면제】고지서 1장당 재산세로 징수할 세액이 2천원 미만인 경우에는 해당 재산세를 징수하지 아니한다.
제119조의2【신탁재산 수탁자의 물적납세의무】① 신탁재산의 위탁자가 다음 각 호의 어느 하나에 해당하는 재산세·가산금 또는 체납처분비(이하 이 조에서 "재산세등"이라 한다)를 체납한 경우로서 그 위탁자의 다른 재산에 대하여 체납처분을 하여도 징수할 금액에 미치지 못할 때에는 해당 신탁재산의 수탁자는 그 신탁재산으로써 위탁자의 재산세등을 납부할 의무가 있다.
1. 신탁 설정일 이후에 「지방세기본법」 제71조제1항에 따른 법정기일이 도래하는 재산세 또는 가산금(재산세에 대한 가산금으로 한정한다)으로서 해당 신탁재산과 관련하여 발생한 것. 다만, 제113조제1항제1호 및 제2호에 따라 신탁재산과 다른 토지를 합산하여 과세하는 경우에는 신탁재산과 관련하여 발생한 재산세 등을 제4조에 따른 신탁재산과 다른 토지의 시가표준액 비율로 안분계산한 부분 중 신탁재산 부분에 한정한다.
2. 제1호의 금액에 대한 체납처분 과정에서 발생한 체납처분비
② 제1항에 따라 수탁자로부터 납세의무자의 재산세등을 징수하려는 지방자치단체의 장은 다음 각 호의 사항을 적은 납부통지서를 수탁자에게 고지하여야 한다.
1. 재산세등의 과세표준, 세액 및 그 산출 근거
2. 재산세등의 납부기한
3. 그 밖에 재산세등의 징수를 위하여 필요한 사항
③ 제2항에 따른 고지가 있은 후 납세의무자인 위탁자가 신탁의 이익을 받을 권리를 포기 또는 이전하거나 신탁재산을 양도하는 등의 경우에도 제2항에 따라 고지된 부분에 대한 납세의무에는 영향을 미치지 아니한다.
④ 신탁재산의 수탁자가 변경되는 경우에 새로운 수탁자는 제2항에 따라 이전의 수탁자에게 고지된 납세의무를 승계한다.

⑤ 지방자치단체의 장은 최초의 수탁자에 대한 신탁 설정일을 기준으로 제1항에 따라 그 신탁재산에 대한 현재 수탁자에게 납세의무자의 재산세등을 징수할 수 있다.
⑥ 신탁재산에 대하여 「지방세징수법」에 따라 체납처분을 하는 경우 「지방세기본법」 제71조제1항에도 불구하고 수탁자는 「신탁법」 제48조제1항에 따른 신탁재산의 보존 및 개량을 위하여 지출한 필요비 또는 유익비의 우선변제를 받을 권리가 있다.
⑦ 제1항부터 제6항까지에서 규정한 사항 외에 물적납세의무의 적용에 필요한 사항은 대통령령으로 정한다.
(2020.12.29 본조개정)
제119조의3【향교 및 종교단체에 대한 특례】① 대통령령으로 정하는 개별 향교 또는 개별 종교단체(이하 이 조에서 "개별단체"라 한다)가 소유한 토지로서 개별단체가 속하는 「향교재산법」에 따른 향교재단 또는 대통령령으로 정하는 종교단체(이하 이 조에서 "향교재단"이라 한다)의 명의로 조세 포탈을 목적으로 하지 아니하고 등기한 토지의 경우에는 제113조제1항에도 불구하고 개별단체별로 합산한 토지의 가액을 과세표준으로 하여 해당 재산세를 과세할 수 있다.
② 개별단체 또는 향교재단이 제1항에 따라 토지에 대한 재산세를 개별단체별로 합산하여 납부하려는 경우에는 대통령령으로 정하는 바에 따라 해당 토지의 소재지를 관할하는 지방자치단체의 장에게 신청하여야 한다.
(2019.12.31 본조신설)
제120조【신고의무】① 다음 각 호의 어느 하나에 해당하는 자는 과세기준일부터 15일 이내에 그 소재지를 관할하는 지방자치단체의 장에게 그 사실을 알 수 있는 증거자료를 갖추어 신고하여야 한다.(2021.12.28 본문개정)
1. 재산의 소유권 변동 또는 과세대상 재산의 변동 사유가 발생하였으나 과세기준일까지 그 등기·등록이 되지 아니한 재산의 공부상 소유자(2021.12.28 본호개정)
2. 상속이 개시된 재산으로서 상속등기가 되지 아니한 경우에는 제107조제2항제2호에 따른 주된 상속자
3. 사실상 종중재산으로서 공부상에는 개인 명의로 등재되어 있는 재산의 공부상 소유자
4. 수탁자 명의로 등기·등록된 신탁재산의 수탁자 (2021.12.28 본호개정)
5. 1세대가 둘 이상의 주택을 소유하고 있음에도 불구하고 제111조의2제1항에 따른 세율을 적용받으려는 경우에는 그 세대원(2021.12.28 본호신설)
6. 공부상 등재현황과 사실상의 현황이 다르거나 사실상의 현황이 변경된 경우에는 해당 재산의 사실상 소유자(2021.12.28 본호신설)
② 제1항에 따른 신고 절차 및 방법에 관하여는 행정안전부령으로 정한다.(2017.7.26 본항개정)
③ 제1항에 따른 신고가 사실과 일치하지 아니하거나 신고가 없는 경우에는 지방자치단체의 장이 직권으로 조사하여 과세대장에 등재할 수 있다.
제121조【재산세 과세대장의 비치 등】① 지방자치단체는 재산세 과세대장을 비치하고 필요한 사항을 기재하여야 한다. 이 경우 해당 사항을 전산처리하는 경우에는 과세대장을 갖춘 것으로 본다.(2015.12.29 후단신설)
② 재산세 과세대장은 토지, 건축물, 주택, 선박 및 항공기 과세대장으로 구분하여 작성한다.
제122조【세 부담의 상한】해당 재산에 대한 재산세의 산출세액(제112조제1항 각 호 및 같은 조 제2항에 따른 각각의 세액을 말한다)이 대통령령으로 정하는 방법에 따라 계산한 직전 연도의 해당 재산에 대한 재산세액 상당액의 100분의 150을 초과하는 경우에는 100분의 150에 해당하는 금액을 해당 연도에 징수할 세액으로 한다. 다만, 주택의 경우에는 적용하지 아니한다.
(2023.3.14 단서개정)
1.~3. (2023.3.14 삭제)

제123조【부동산 과세자료분석 전담기구의 설치 등】
① 재산세 및 종합부동산세 과세에 필요한 과세자료와 그 밖의 과세기초자료 등의 수집·처리 및 제공을 위하여 행정안전부에 부동산 과세자료분석 전담기구(이하 이 조에서 "전담기구"라 한다)를 설치한다.
② 행정안전부장관은 1세대 1주택자 판단 등 재산세 및 종합부동산세 부과에 필요한 과세자료 수집과 재산세 제도의 개편을 위해 다음 각 호의 자료를 관계 중앙행정기관의 장, 법원행정처장 및 지방자치단체의 장(이하 이 항에서 "관련 기관의 장"이라 한다)에게 요청할 수 있으며, 자료의 제출을 요청받은 관련 기관의 장은 특별한 사유가 없으면 이에 따라야 한다.
1. 「가족관계의 등록 등에 관한 법률」 제11조제6항에 따른 가족관계 등록사항에 대한 등록전산정보자료
2. 「민간임대주택에 관한 특별법」 제60조에 따른 임대주택정보체계에 포함된 자료, 「부동산 거래신고 등에 관한 법률」 제24조에 따른 정보 및 「주택법」 제88조에 따른 주택 관련 정보
3. 재산세 및 종합부동산세 과세자료
4. 제111조의2에 따른 1세대 1주택 세율 특례 적용대상 선정을 위해 필요한 자료로서 법률에 따라 인가·허가·특허·등기·등록·신고 등을 하거나 받는 경우 그에 관한 자료
5. 재산세 제도의 개편을 위해 필요한 자료로서 관계 중앙행정기관 및 지방자치단체가 보유한 부동산 관련 자료
③ 제1항에 따른 전담기구의 조직·운영 및 제2항에 따른 과세자료의 요청·처리·분석·통보 등에 관하여 필요한 사항은 대통령령으로 정한다.
(2020.12.29 본조개정)

제10장 자동차세

제1절 자동차 소유에 대한 자동차세

제124조【자동차의 정의】 이 절에서 "자동차"란 「자동차관리법」에 따라 등록되거나 신고된 차량과 「건설기계관리법」에 따라 등록된 건설기계 중 차량과 유사한 것으로서 대통령령으로 정하는 것을 말한다.
제125조【납세의무자】 ① 자동차 소유에 대한 자동차세(이하 이 절에서 "자동차세"라 한다)는 지방자치단체 관할구역에 등록되어 있거나 신고되어 있는 자동차를 소유하는 자에게 부과한다.
② 과세기준일 현재 상속이 개시된 자동차로서 사실상의 소유자 명의로 이전등록을 하지 아니한 경우에는 다음 각 호의 순위에 따라 자동차세를 납부할 의무를 진다.
1. 「민법」상 상속지분이 가장 높은 자
2. 연장자
③ 과세기준일 현재 공매되어 매수대금이 납부되었으나 매수인 명의로 소유권 이전등록을 하지 아니한 자동차에 대하여는 매수인이 자동차세를 납부할 의무를 진다.
제126조【비과세】 다음 각 호의 어느 하나에 해당하는 자동차를 소유하는 자에 대하여는 자동차세를 부과하지 아니한다.
1. 국가 또는 지방자치단체가 국방·경호·경비·교통순찰 또는 소방을 위하여 제공하는 자동차
2. 국가 또는 지방자치단체가 환자수송·청소·오물제거 또는 도로공사를 위하여 제공하는 자동차
3. 그 밖에 주한외교기관이 사용하는 자동차 등 대통령령으로 정하는 자동차

제127조【과세표준과 세율】 ① 자동차세의 표준세율은 다음 각 호의 구분에 따른다.
1. 승용자동차
다음 표의 구분에 따라 배기량에 시시당 세액을 곱하여 산정한 세액을 자동차 1대당 연세액(年稅額)으로 한다.

영업용		비영업용	
배기량	시시당 세액	배기량	시시당 세액
1,000시시 이하	18원	1,000시시 이하	80원
1,600시시 이하	18원	1,600시시 이하	140원
2,000시시 이하	19원	1,600시시 초과	200원
2,500시시 이하	19원		
2,500시시 초과	24원		

(2011.12.2 본호개정)
2. 제1호에 따른 비영업용 승용자동차 중 대통령령으로 정하는 차령(이하 이 호에서 "차령"이라 한다)이 3년 이상인 자동차에 대하여는 제1호에도 불구하고 다음의 계산식에 따라 산출한 해당 자동차에 대한 제1기분(1월부터 6월까지) 및 제2기분(7월부터 12월까지) 자동차세액을 합산한 금액을 해당 연도의 그 자동차의 연세액으로 한다. 이 경우 차령이 12년을 초과하는 자동차에 대하여는 그 차령을 12년으로 본다.
자동차 1대의 각 기분세액 = A/2 − (A/2 × 5/100)(n − 2)
A : 제1호에 따른 연세액
n : 차령 (2 ≤ n ≤ 12)
3. 그 밖의 승용자동차
다음의 세액을 자동차 1대당 연세액으로 한다.

영업용	비영업용
20,000원	100,000원

4. 승합자동차
다음의 세액을 자동차 1대당 연세액으로 한다.

구 분	영업용	비영업용
고속버스	100,000원	–
대형전세버스	70,000원	–
소형전세버스	50,000원	–
대형일반버스	42,000원	115,000원
소형일반버스	25,000원	65,000원

5. 화물자동차
다음의 세액을 자동차 1대당 연세액으로 한다. 다만, 적재정량 1만킬로그램 초과 자동차에 대하여는 적재정량 1만킬로그램 이하의 세액에 1만킬로그램을 초과할 때마다 영업용은 1만원, 비영업용은 3만원을 가산한 금액을 1대당 연세액으로 한다.

구 분	영업용	비영업용
1,000킬로그램 이하	6,600원	28,500원
2,000킬로그램 이하	9,600원	34,500원
3,000킬로그램 이하	13,500원	48,000원
4,000킬로그램 이하	18,000원	63,000원
5,000킬로그램 이하	22,500원	79,500원
8,000킬로그램 이하	36,000원	130,500원
1만킬로그램 이하	45,000원	157,500원

6. 특수자동차
다음의 세액을 자동차 1대당 연세액으로 한다.

구 분	영업용	비영업용
대형특수자동차	36,000원	157,500원
소형특수자동차	13,500원	58,500원

7. 3륜 이하 소형자동차
다음의 세액을 자동차 1대당 연세액으로 한다.

영업용	비영업용
3,300원	18,000원

② 제1항 각 호에 규정된 자동차의 영업용과 비영업용 및 종류의 구분 등에 관하여 필요한 사항은 대통령령으로 정한다.
③ 지방자치단체의 장은 제1항에도 불구하고 조례로 정하는 바에 따라 자동차세의 세율을 배기량 등을 고려하여 제1항의 표준세율의 100분의 50까지 초과하여 정할 수 있다.

제128조【납기와 징수방법】 ① 자동차세는 1대당 연세액을 2분의 1의 금액으로 분할한 세액(비영업용 승용자동차의 경우에는 제127조제1항제2호에 따라 산출한 각 기분세액)을 다음 각 기간 내에 그 납기가 있는 달의 1일 현재의 자동차 소유자로부터 자동차 소재지를 관할하는 지방자치단체에서 징수한다. 다만, 납세의무자가 연세액을 4분의 1의 금액(비영업용 승용자동차의 경우에는 각 기분세액의 2분의 1의 금액)으로 분할하여 납부하려고 신청하는 경우에는 제1기분 세액의 2분의 1은 3월 16일부터 3월 31일까지, 제2기분 세액의 2분의 1은 9월 16일부터 9월 30일까지 각각 분할하여 징수할 수 있다. 이 경우 지방자치단체에서 납기 중에 징수할 세액은 이미 분할하여 징수한 세액을 공제한 금액으로 한다.

기 분	기 간	납 기
제1기분	1월부터 6월까지	6월 16일부터 6월 30일까지
제2기분	7월부터 12월까지	12월 16일부터 12월 31일까지

② 지방자치단체의 장은 제1항에 따른 납기마다 늦어도 납기개시 5일 전에 그 기분의 납세고지서를 발급하여야 한다. 다만, 다음 각 호의 어느 하나에 해당하는 경우에는 제1항에 불구하고 수시로 부과할 수 있다.
1. 자동차를 신규등록 또는 말소등록하는 경우 (2016.12.27 본호개정)
2. 과세대상 자동차가 비과세 또는 감면대상이 되거나, 비과세 또는 감면대상 자동차가 과세대상이 되는 경우
3. 영업용 자동차가 비영업용이 되거나, 비영업용 자동차가 영업용이 되는 경우
4. 자동차를 승계취득함으로써 일할계산(日割計算)하여 부과·징수하는 경우(2016.12.27 본호개정)
5. (2016.12.27 삭제)
③ 납세의무자가 연세액을 한꺼번에 납부하려는 경우에는 제1항 및 제2항에도 불구하고 다음 각 호의 기간 중에 대통령령으로 정하는 바에 따라 연세액(한꺼번에 납부하는 납부기한 이후의 기간에 해당하는 세액을 말한다)의 100분의 10의 범위에서 다음의 계산식에 따라 산출한 금액을 공제한 금액을 연세액으로 신고납부할 수 있다.

연세액 신고납부기간	계산식
1월 16일부터 1월 31일까지	연세액 × 연세액 납부기한의 다음 날부터 12월 31일까지의 기간에 해당하는 일수/365(윤년의 경우에는 366) × 금융회사 등의 예금이자율 등을 고려하여 대통령령으로 정하는 이자율
3월 16일부터 3월 31일까지	
6월 16일부터 6월 30일까지	
9월 16일부터 9월 30일까지	제2기분 세액 × 연세액 납부기한의 다음 날부터 12월 31일까지의 기간에 해당하는 일수/184 × 금융회사 등의 예금이자율 등을 고려하여 대통령령으로 정하는 이자율

1. 1월 중에 신고납부하는 경우 : 1월 16일부터 1월 31일까지

2. 제1기분 납기 중에 신고납부하는 경우 : 6월 16일부터 6월 30일까지
3. 제1항 단서에 따른 분할납부기간에 신고납부하는 경우 : 3월 16일부터 3월 31일까지 또는 9월 16일부터 9월 30일까지
(2019.12.31 본항개정)
④ 연세액이 10만원 이하인 자동차세는 제1항 및 제2항에도 불구하고 제1기분을 부과할 때 전액을 부과·징수할 수 있다. 이 경우 제2기분 세액의 100분의 10의 범위에서 다음의 계산식에 따라 산출한 금액을 공제한 금액을 연세액으로 한다.

계산식
연세액 × 연세액 납부기한의 다음 날부터 12월 31일까지의 기간에 해당하는 일수/365(윤년의 경우에는 366) × 금융회사 등의 예금이자율 등을 고려하여 대통령령으로 정하는 이자율

(2019.12.31 본항개정)
⑤ 자동차를 이전등록하거나 말소등록하는 경우 그 양도인 또는 말소등록인은 제1항 및 제2항에도 불구하고 해당 기분(期分)의 세액을 이전등록일 또는 말소등록일을 기준으로 대통령령으로 정하는 바에 따라 일할계산하여 그 등록일에 신고납부할 수 있다.
(2016.12.27 본항개정)

제129조【승계취득 시의 납세의무】 제128조제1항에 따른 과세기간 중에 매매·증여 등으로 인하여 자동차를 승계취득한 자가 자동차 소유권 이전 등록을 하는 경우에는 같은 항에도 불구하고 그 자동차세를 일할계산하여 양도인과 양수인에게 각각 부과·징수한다.

제130조【수시부과 시의 세액계산】 ① 자동차를 신규등록하거나 말소등록한 경우에는 지방자치단체는 그 취득한 날 또는 사용을 폐지한 날이 속하는 기분의 자동차세를 대통령령으로 정하는 바에 따라 일할계산한 금액을 각각 징수하여야 한다.
② 과세대상 자동차가 비과세 또는 감면대상으로 되거나, 비과세 또는 감면대상 자동차가 과세대상이 되는 경우 및 영업용 자동차가 비영업용이 되거나, 비영업용 자동차가 영업용이 되는 경우에는 해당 기분의 자동차세를 대통령령으로 정하는 바에 따라 일할계산한 금액을 징수하여야 한다.
③ 제129조에 따라 자동차세를 소유기간에 따라 일할계산하는 경우에는 소유권 이전 등록일을 기준으로 대통령령으로 정하는 바에 따라 일할계산을 징수하여야 한다. 다만, 양도인 또는 양수인이 행정안전부령으로 정하는 신청서에 소유권 변동사실을 증명할 수 있는 서류를 첨부하여 일할계산신청을 하는 경우에는 그 서류에 의하여 증명된 양도일을 기준으로 일할계산하며, 양도인 또는 피상속인이 연세액을 한꺼번에 납부한 경우에는 이를 양수인(양도인이 동의한 경우만 해당한다) 또는 상속인이 납부한 것으로 본다.(2017.7.26 단서개정)
④ 제1항부터 제3항까지의 규정에 따라 계산한 세액이 2천원 미만이면 자동차세를 징수하지 아니한다.

제131조【자동차등록번호판의 영치 등】 ① 시장·군수·구청장은 자동차세의 납부의무를 이행하지 아니한 자가 있을 때에는 특별시장·광역시장·도지사에게 대통령령으로 정하는 바에 따라 그 자동차등록증을 발급하지 아니하거나 해당 자동차의 등록번호판의 영치(領置)를 요청하여야 한다. 다만, 특별자치시의 경우와 자동차등록업무가 시장·군수·구청장에게 위임되어 있는 경우에는 특별자치시장·특별자치도지사·시장·군수 또는 구청장은 그 자동차등록증을 발급하지 아니하거나 해당 자동차의 등록번호판을 영치할 수 있다.
(2017.12.26 본항개정)

② 특별자치시장·특별자치도지사·시장·군수 또는 구청장은 제1항에 따라 자동차등록번호판이 영치된 납세의무자가 해당 자동차등록번호판을 직접적인 생계유지 목적으로 사용하고 있어 자동차등록번호판을 영치하게 되면 납세의무자의 생계유지가 곤란할 것으로 인정되는 경우 자동차등록번호판을 내주고 영치를 일시 해제하거나 특별시장·광역시장 또는 도지사에게 이를 요청할 수 있다.(2018.12.31 본항신설)
③ 제1항 및 제2항에 따른 시장·군수·구청장의 요청이 있을 때에는 특별시장·광역시장·도지사는 협조하여야 한다.(2018.12.31 본항개정)
④ 자동차등록번호판의 영치방법 및 영치 일시 해제의 기간·요건 등에 관하여 필요한 사항은 대통령령으로 정한다.(2018.12.31 본항개정)
(2017.12.26 본조제목개정)
제132조【납세증명서 등의 제시】 다음 각 호의 어느 하나에 해당하는 자는 해당 등록관청에 해당 자동차에 대한 자동차세 영수증 등 자동차세를 납부한 증명서를 제출하거나 내보여야 한다. 다만,「전자정부법」제36조제1항에 따른 행정정보의 공동이용을 통하여 해당 자동차의 자동차세의 납부사실을 확인할 수 있는 경우에는 그러하지 아니하다.(2015.7.24 본문개정)
1.「자동차관리법」제12조에 따른 이전등록을 하려는 자(2015.7.24 본호신설)
2.「자동차관리법」제13조제1항에 따른 말소등록을 하려는 자(2015.7.24 본호신설)
3.「건설기계관리법」제5조에 따른 변경신고(건설기계의 소유권 이전으로 인한 변경신고만 해당한다)를 하려는 자(2015.7.24 본호신설)
4.「건설기계관리법」제6조에 따른 말소등록(시·도지사가 직권으로 등록을 말소하는 경우는 제외한다)을 하려는 자(2015.7.24 본호신설)
제133조【체납처분】 제127조부터 제130조까지에서 규정된 자동차에 대한 지방자치단체의 징수금을 납부하지 아니하거나 납부한 금액이 부족할 때에는 해당 자동차에 대하여 독촉(督促)절차 없이 즉시 체납처분을 할 수 있다.
제134조【면세규정의 배제】「지방세특례제한법」을 제외한 다른 법률 중에 규정된 조세의 면제에 관한 규정은 자동차세에 관한 지방자치단체의 징수금에 대하여는 적용하지 아니한다.

제2절 자동차 주행에 대한 자동차세

제135조【납세의무자】 자동차 주행에 대한 자동차세(이하 이 절에서 "자동차세"라 한다)는 비영업용 승용자동차에 대한 이 장 제1절에 따른 자동차세의 납세의무를 관할하는 지방자치단체에서 휘발유, 경유 및 이와 유사한 대체유류(이하 이 절에서 "과세물품"이라 한다)에 대한 교통·에너지·환경세의 납세의무가 있는 자(「교통·에너지·환경세법」제3조 및 제11조에 따른 납세의무자를 말한다)에게 부과한다.(2014.1.1 본조개정)
제136조【세율】 ① 자동차세의 세율은 과세물품에 대한 교통·에너지·환경세율의 1천분의 360으로 한다.
② 제1항에 따른 세율은 교통·에너지·환경세율의 변동 등으로 조정이 필요하면 그 세율의 100분의 30의 범위에서 대통령령으로 정하는 바에 따라 가감하여 조정할 수 있다.
제137조【신고납부 등】 ① 자동차세의 납세의무자는「교통·에너지·환경세법」제8조에 따른 과세물품에 대한 교통·에너지·환경세 납부기한까지 교통·에너지·환경세의 납세지를 관할하는 지방자치단체의 장에게 자동차세의 과세표준과 세액을 대통령령으로 정하는 바에 따라 신고하고 납부하여야 한다. 이 경우 교통·에너지·환경세의 납세지를 관할하는 지방자치단

체의 장을 각 지방자치단체가 부과할 자동차세의 특별징수의무자(이하 이 절에서 "특별징수의무자"라 한다)로 한다.(2014.10.15 후단개정)
② 납세의무자가 제1항에 따른 신고 또는 납부의무를 다하지 아니하면 해당 특별징수의무자가 제136조에 따라 산출한 세액 또는 그 부족세액에「지방세기본법」제53조부터 제55조까지의 규정에 따라 산출한 가산세를 합한 금액을 세액으로 하여 보통징수의 방법으로 징수한다. 다만, 자동차세로 징수할 세액이 고지서 1장당 2천원 미만인 경우에는 그 자동차세를 징수하지 아니한다.(2023.12.29 단서신설)
1.~2. (2013.1.1 삭제)
③ 특별징수의무자는 징수한 자동차세(그 이자를 포함한다)를 다음 달 25일까지 이 장 제1절에 따른 지방자치단체별 자동차세의 징수세액 등을 고려하여 대통령령으로 정하는 안분기준 및 방법에 따라 각 지방자치단체에 납부하여야 한다. 이 경우 특별징수의무자는 징수·납부에 따른 사무처리비 등을 행정안전부령으로 정하는 바에 따라 해당 지방자치단체에 납부하여야 할 세액에서 공제할 수 있다.(2017.7.26 후단개정)
④ 특별징수의무자가 징수하였거나 징수할 세액을 제3항에 따른 기한까지 납부하지 아니하거나 부족하게 납부하더라도 특별징수의무자에게「지방세기본법」제56조에 따른 가산세는 부과하지 아니한다.(2016.12.27 본항개정)
⑤ 과세물품을「관세법」에 따라 수입신고 수리 전에 반출하려는 자는 특별징수의무자에게 해당 자동차세액에 상당하는 담보를 제공하여야 한다.
제137조의2【납세담보 등】 ① 특별징수의무자는 자동차세의 납세보전을 위하여 대통령령으로 정하는 바에 따라「교통·에너지·환경세법」제3조에 따른 납세의무자에게 담보의 제공을 요구할 수 있다.
② 특별징수의무자는 제1항에 따라 담보제공을 요구받은 납세의무자가 담보를 제공하지 아니하거나 부족하게 제공한 경우 제조장 또는 보세구역으로부터 과세물품의 반출을 금지하거나 세관장에게 반출금지를 요구할 수 있다.
③ 제2항에 따라 과세물품의 반출금지 요구를 받은 세관장은 그 요구에 따라야 한다.
(2014.10.15 본조신설)
제138조【이의신청 등의 특례】 ① 자동차세의 부과·징수에 대하여 이의신청 등을 하려는 경우에는 특별징수의무자를 그 처분청으로 본다.(2014.10.15 본항개정)
② 자동차세의 지방세환급금이 발생한 경우에는 특별징수의무자가 환급하고 해당 지방자치단체에 납부하여야 할 세액에서 이를 공제한다.
제139조【「교통·에너지·환경세법」의 준용】 자동차세의 부과·징수와 관련하여 이 절에 규정되어 있지 아니한 사항에 관하여는「교통·에너지·환경세법」을 준용한다. 이 경우「교통·에너지·환경세법」에 따른 세무서장 또는 세관장 등은 특별징수의무자로 본다.(2014.10.15 후단개정)
제140조【세액 통보】 세무서장 또는 세관장이 교통·에너지·환경세액을 결정 또는 경정하거나 신고 또는 납부받았을 때에는 그 세액을 다음 달 말일까지 교통·에너지·환경세의 납세지를 관할하는 지방자치단체의 장에게 대통령령으로 정하는 바에 따라 통보하여야 한다.

제11장 지역자원시설세

제1절 통 칙

제141조【목적】 지역자원시설세는 지역의 부존자원 보호·보전, 환경보호·개선, 안전·생활편의시설 설치 등 주민생활환경 개선사업 및 지역개발사업에 필요한

재원을 확보하고 소방사무에 소요되는 제반비용에 충당하기 위하여 부과한다.(2019.12.31 본조개정)

제142조【과세대상】 ① 지역자원시설세는 주민생활환경 개선사업 및 지역개발사업에 필요한 재원을 확보하기 위하여 부과하는 특정자원분 지역자원시설세 및 특정시설분 지역자원시설세와 소방사무에 소요되는 제반비용에 충당하기 위하여 부과하는 소방분 지역자원시설세로 구분한다.

② 제1항의 구분에 따른 지역자원시설세의 과세대상은 다음 각 호와 같다.

1. 특정자원분 지역자원시설세 : 다음 각 목의 것
   가. 발전용수(양수발전용수는 제외한다)로서 대통령령으로 정하는 것(이하 이 장에서 "발전용수"라 한다)
   나. 지하수(용천수를 포함한다)로서 대통령령으로 정하는 것(이하 이 장에서 "지하수"라 한다)
   다. 지하자원으로서 대통령령으로 정하는 것(이하 이 장에서 "지하자원"이라 한다)
2. 특정시설분 지역자원시설세 : 다음 각 목의 것
   가. 컨테이너를 취급하는 부두를 이용하는 컨테이너로서 대통령령으로 정하는 것(이하 이 장에서 "컨테이너"라 한다)
   나. 원자력발전으로서 대통령령으로 정하는 것(이하 이 장에서 "원자력발전"이라 한다)
   다. 화력발전으로서 대통령령으로 정하는 것(이하 이 장에서 "화력발전"이라 한다)
3. 소방분 지역자원시설세 : 소방시설로 인하여 이익을 받는 자의 건축물(주택의 건축물 부분을 포함한다. 이하 이 장에서 같다) 및 선박(납세지를 관할하는 지방자치단체에 소방선이 없는 경우는 제외한다. 이하 이 장에서 같다)

(2019.12.31 본조개정)

제143조【납세의무자】 지역자원시설세의 납세의무자는 다음 각 호와 같다.

1. 특정자원분 지역자원시설세의 납세의무자 : 다음 각 목의 자
   가. 발전용수 : 흐르는 물을 이용하여 직접 수력발전(양수발전은 제외한다)을 하는 자
   나. 지하수 : 지하수를 이용하기 위하여 채수(採水)하는 자
   다. 지하자원 : 지하자원을 채광(採鑛)하는 자
2. 특정시설분 지역자원시설세의 납세의무자 : 다음 각 목의 자
   가. 컨테이너 : 컨테이너를 취급하는 부두를 이용하여 컨테이너를 입항·출항시키는 자
   나. 원자력발전 : 원자력을 이용하여 발전을 하는 자
   다. 화력발전 : 연료를 연소하여 발전을 하는 자
3. 소방분 지역자원시설세의 납세의무자 : 건축물 또는 선박에 대한 재산세 납세의무자(2023.12.29 본호개정)

(2019.12.31 본조개정)

제144조【납세지】 지역자원시설세는 다음 각 호에서 정하는 납세지를 관할하는 지방자치단체의 장이 부과한다.

1. 특정자원분 지역자원시설세 : 다음 각 목의 납세지
   가. 발전용수 : 발전소의 소재지
   나. 지하수 : 채수공(採水孔)의 소재지
   다. 지하자원 : 광업권이 등록된 토지의 소재지. 다만, 광업권이 등록된 토지가 둘 이상의 지방자치단체에 걸쳐 있는 경우에는 광업권이 등록된 토지의 면적에 따라 안분한다.
2. 특정시설분 지역자원시설세 : 다음 각 목의 납세지
   가. 컨테이너 : 컨테이너를 취급하는 부두의 소재지
   나. 원자력발전 : 발전소의 소재지
   다. 화력발전 : 발전소의 소재지
3. 소방분 지역자원시설세 : 다음 각 목의 납세지

가. 건축물 : 건축물의 소재지
나. 선박 : 「선박법」에 따른 선적항의 소재지. 다만, 선적항이 없는 경우에는 정계장 소재지(정계장이 일정하지 아니한 경우에는 선박 소유자의 주소지)

(2019.12.31 본조개정)

제145조【비과세】 ① 다음 각 호의 어느 하나에 해당하는 경우에는 특정자원분 지역자원시설세 및 특정시설분 지역자원시설세를 부과하지 아니한다.

1. 국가, 지방자치단체 및 지방자치단체조합이 직접 개발하여 이용하는 경우
2. 국가, 지방자치단체 및 지방자치단체조합에 무료로 제공하는 경우

② 제109조에 따라 재산세가 비과세되는 건축물과 선박에 대해서는 소방분 지역자원시설세를 부과하지 아니한다.

(2019.12.31 본조개정)

제2절 과세표준과 세율

제146조【과세표준과 세율】 ① 특정자원분 지역자원시설세의 과세표준과 표준세율은 다음 각 호와 같다.(2019.12.31 본문개정)

1. 발전용수 : 발전에 이용된 물 10세제곱미터당 2원
2. 지하수
   가. 먹는 물로 판매하기 위하여 채수된 물 : 세제곱미터당 200원
   나. 목욕용수로 이용하기 위하여 채수된 온천수 : 세제곱미터당 100원
   다. 가목 및 나목 외의 용도로 이용하거나 목욕용수로 이용하기 위하여 채수된 온천수 외의 물 : 세제곱미터당 20원
3. 지하자원 : 채광된 광물가액의 1천분의 5
4.~6. (2019.12.31 삭제)

② 특정시설분 지역자원시설세의 과세표준과 표준세율은 다음 각 호와 같다.

1. 컨테이너 : 컨테이너 티이유(TEU)당 1만5천원
2. 원자력발전 : 발전량 킬로와트시(kWh)당 1원
3. 화력발전 : 발전량 킬로와트시(kWh)당 0.6원
   (2021.12.28 본호개정)

(2019.12.31 본항신설)

③ 소방분 지역자원시설세의 과세표준과 표준세율은 다음 각 호에서 정하는 바에 따른다.(2019.12.31 본문개정)

1. 건축물 또는 선박의 가액 또는 시가표준액을 과세표준으로 하여 다음 표의 표준세율을 적용하여 산출한 금액을 세액으로 한다.(2019.12.31 본호개정)

과세표준	세 율
600만원 이하	10,000분의 4
600만원 초과 1,300만원 이하	2,400원 + 600만원 초과금액의 10,000분의 5
1,300만원 초과 2,600만원 이하	5,900원 + 1,300만원 초과금액의 10,000분의 6
2,600만원 초과 3,900만원 이하	13,700원 + 2,600만원 초과금액의 10,000분의 8
3,900만원 초과 6,400만원 이하	24,100원 + 3,900만원 초과금액의 10,000분의 10
6,400만원 초과	49,100원 + 6,400만원 초과금액의 10,000분의 12

2. 저유장, 주유소, 정유소, 유흥장, 극장 및 4층 이상 10층 이하의 건축물 등 대통령령으로 정하는 화재위험 건축물에 대해서는 제1호에 따라 산출한 금액의 100분의 200을 세액으로 한다.(2014.1.1 본호개정)

2의2. 대형마트, 복합상영관(제2호에 따른 극장은 제외

한다), 백화점, 호텔, 11층 이상의 건축물 등 대통령령으로 정하는 대형 화재위험 건축물에 대해서는 제1호에 따라 산출한 금액의 100분의 300을 세액으로 한다.(2014.1.1 본호신설)
3. (2019.12.31 삭제)
④ 제3항의 건축물 및 선박은 제104조제2호, 제3호 및 제5호에 따른 건축물 및 선박으로 하며, 그 과세표준은 제110조에 따른 가액 또는 시가표준액으로 한다. 다만, 주택의 건축물 부분에 대한 과세표준은 제4조제2항을 준용하여 지방자치단체의 장이 산정한 가액에 제110조제1항제2호에 따른 공정시장가액비율을 곱하여 산정한 가액으로 한다.(2019.12.31 본문개정)
⑤ 지방자치단체의 장은 조례로 정하는 바에 따라 지역자원시설세의 세율을 제1항부터 제3항까지의 규정에 따른 표준세율의 100분의 50의 범위에서 가감할 수 있다. 다만, 제2항제2호 및 제3호는 세율을 가감할 수 없다.(2019.12.31 본항개정)

제3절 부과ㆍ징수

제147조【부과ㆍ징수】 ① 특정자원분 지역자원시설세 및 특정시설분 지역자원시설세의 납기와 징수방법은 다음 각 호에서 정하는 바와 같다.(2019.12.31 본문개정)
1. 특정자원분 지역자원시설세 및 특정시설분 지역자원시설세는 신고납부의 방법으로 징수한다. 다만, 제146조제1항제2호에 따른 지하수에 대한 지역자원시설세의 경우 조례로 정하는 바에 따라 보통징수의 방법으로 징수할 수 있다.(2019.12.31 본문개정)
2. 제1호 본문에 따라 지역자원시설세를 신고납부하는 경우 납세의무자는 제146조에 따라 산출한 세액(이하 이 조에서 "산출세액"이라 한다)을 납세지를 관할하는 지방자치단체의 장에게 조례로 정하는 바에 따라 신고하고 납부하여야 한다.
3. 납세의무자가 제2호에 따른 신고 또는 납부의무를 다하지 아니하면 산출세액 또는 그 부족세액에「지방세기본법」제53조부터 제55조까지의 규정에 따라 산출한 가산세를 합한 금액을 세액으로 하여 보통징수의 방법으로 징수한다.(2016.12.27 본문개정)
가.~나. (2013.1.1 삭제)
② 소방분 지역자원시설세는 재산세의 규정 중 제114조, 제115조, 제118조(같은 조에 따라 재산세를 분할납부하는 경우에만 해당한다) 및 제122조(제122조의 경우는 각 호 외의 부분 본문만 해당한다)를 준용한다.(2021.12.28 본항개정)
③ 소방분 지역자원시설세는 관할 지방자치단체의 장이 세액을 산정하여 보통징수의 방법으로 부과ㆍ징수한다.(2019.12.31 본항개정)
④ 소방분 지역자원시설세를 징수하려면 건축물 또는 선박으로 구분한 납세고지서에 과세표준과 세액을 적어 늦어도 납기개시 5일 전까지 발급하여야 한다.(2019.12.31 본항개정)
⑤ (2019.12.31 삭제)
⑥ 지역자원시설세를 부과할 지역과 부과ㆍ징수에 필요한 사항은 해당 지방자치단체의 조례로 정하는 바에 따른다.
⑦ 제6항의 경우에 컨테이너에 관한 지역자원시설세의 부과ㆍ징수에 대한 사항을 정하는 조례에는 특별징수의무자의 지정 등에 관한 사항을 포함할 수 있다.(2018.12.31 본항개정)
⑧ (2019.12.31 삭제)
제148조【소액 징수면제】 지역자원시설세로 징수할 세액이 고지서 1장당 2천원 미만인 경우에는 그 지역자원시설세를 징수하지 아니한다.

제12장 지방교육세

제149조【목적】 지방교육세는 지방교육의 질적 향상에 필요한 지방교육재정의 확충에 드는 재원을 확보하기 위하여 부과한다.
제150조【납세의무자】 지방교육세의 납세의무자는 다음 각 호와 같다.
1. 부동산, 기계장비(제124조에 해당하는 자동차는 제외한다), 항공기 및 선박의 취득에 대한 취득세의 납세의무자
2. 등록에 대한 등록면허세(제124조에 해당하는 자동차에 대한 등록면허세는 제외한다)의 납세의무자
3. 레저세의 납세의무자
4. 담배소비세의 납세의무자
5. 주민세 개인분 및 사업소분의 납세의무자(2020.12.29 본호개정)
6. 재산세(제112조제1항제2호 및 같은 조 제2항에 따른 재산세액은 제외한다)의 납세의무자(2010.12.27 본호개정)
7. 제127조제1항제1호 및 제3호의 비영업용 승용자동차에 대한 자동차세〔국가, 지방자치단체 및「초ㆍ중등교육법」에 따라 학교를 경영하는 학교법인(목적사업에 직접 사용하는 자동차에 한정한다)을 제외한다〕의 납세의무자
제151조【과세표준과 세율】 ① 지방교육세는 다음 각 호에 따라 산출한 금액을 그 세액으로 한다.
1. 취득물건(제15조제2항에 해당하는 경우는 제외한다)에 대하여 제10조의2부터 제10조의6까지의 규정에 따른 과세표준에 제11조제1항제1호부터 제7호까지와 제12조의 세율(제14조에 따라 조례로 세율을 달리 정하는 경우에는 그 세율을 말한다. 이하 같다)에서 1천분의 20을 뺀 세율을 적용하여 산출한 금액(제11조제1항제8호의 경우에는 해당 세율에 100분의 50을 곱한 세율을 적용하여 산출한 금액)의 100분의 20. 다만, 다음 각 목의 어느 하나에 해당하는 경우에는 해당 목에서 정하는 금액으로 한다.(2021.12.28 본문개정)
가. 제13조제2항ㆍ제3항ㆍ제6항 또는 제7항에 해당하는 경우 : 이 호 각 목 외의 부분 본문의 계산방법으로 산출한 지방교육세액의 100분의 300. 다만, 법인이 제11조제1항제8호에 따른 주택을 취득하는 경우에는 나목을 적용한다.(2020.8.12 본목개정)
나. 제13조의2에 해당하는 경우 : 제11조제1항제7호 나목의 세율에서 중과기준세율을 뺀 세율을 적용하여 산출한 금액의 100분의 20(2020.8.12 본목신설)
다.「지방세특례제한법」,「조세특례제한법」및「지방세감면조례」(이하 "지방세감면법령"이라 한다)에서 취득세를 감면하는 경우
1) 지방세감면법령에서 취득세의 감면율을 정하는 경우 : 이 호 각 목 외의 부분 본문의 계산방법으로 산출한 지방교육세액을 해당 취득세 감면율로 감면하고 남은 금액
2) 지방세감면법령에서 취득세의 감면율을 정하면서 이 법 제13조제2항 본문 및 같은 조 제3항의 세율을 적용하지 아니하도록 정하는 경우 : 이 호 각 목 외의 부분 본문의 계산방법으로 산출한 지방교육세액을 해당 취득세 감면율로 감면하고 남은 금액(2015.7.24 개정)
3) 1)과 2) 외에 지방세감면법령에서 이 법과 다른 취득세율을 정하는 경우 : 해당 취득세율에도 불구하고 이 호 각 목 외의 부분 본문의 계산방법으로 산출한 지방교육세액. 다만, 세율을 1천분의 20으로 정하는 경우에는 과세대상에서 제외한다.(2015.7.24 신설)

라. 가목 또는 나목과 다목1)이 동시에 적용되는 경우 : 가목을 적용하여 산출한 지방교육세액을 해당 취득세 감면율로 감면하고 남은 금액(2020.8.12 본목개정)

2. 이 법 및 지방세감면법령에 따라 납부하여야 할 등록에 대한 등록면허세액의 100분의 20(2013.1.1 본호개정)

3. 이 법 및 지방세감면법령에 따라 납부하여야 할 레저세액의 100분의 40(2013.1.1 본호개정)

4. 이 법 및 지방세감면법령에 따라 납부하여야 할 담배소비세액의 1만분의 4,399(2014.12.23 본호개정)<2024.12.31까지 유효>

5. 이 법 및 지방세감면법령에 따라 납부하여야 할 주민세 개인분 세액 및 사업소분 세액(제81조제1항제1호에 따라 부과되는 세액으로 한정한다)의 각 100분의 10. 다만, 인구 50만 이상 시의 경우에는 100분의 25로 한다.(2020.12.29 본문개정)

6. 이 법 및 지방세감면법령에 따라 납부하여야 할 재산세액(제112조제1항제2호 및 같은 조 제2항에 따른 재산세액은 제외한다)의 100분의 20(2013.1.1 본호개정)

7. 이 법 및 지방세감면법령에 따라 납부하여야 할 자동차세액의 100분의 30(2013.1.1 본호개정)

② 지방자치단체의 장은 지방교육투자재원의 조달을 위하여 필요한 경우에는 해당 지방자치단체의 조례로 정하는 바에 따라 지방교육세의 세율을 제1항(같은 항 제3호는 제외한다)의 표준세율의 100분의 50의 범위에서 가감할 수 있다.

③ 도농복합형태의 시에 대하여 제1항제5호를 적용할 때 "인구 50만 이상 시"란 동지역의 인구가 50만 이상인 경우를 말하며, 해당 시의 읍·면지역에 대하여는 그 세율을 100분의 10으로 한다.

④ 제1항제5호를 적용할 경우 「지방자치법」 제5조제1항에 따라 둘 이상의 지방자치단체가 통합하여 인구 50만 이상 시에 해당하는 지방자치단체가 되는 경우 해당 지방자치단체의 조례로 정하는 바에 따라 5년의 범위에서 통합 이전의 세율을 적용할 수 있다.
(2021.1.12 본항개정)

제152조【신고 및 납부와 부과·징수】 ① 지방교육세 납세의무자가 이 법에 따라 취득세, 등록에 대한 등록면허세, 레저세, 담배소비세 및 주민세 사업소분을 신고하고 납부하는 때에는 그에 대한 지방교육세를 함께 신고하고 납부하여야 한다. 이 경우 담배소비세 납세의무자(제조자 또는 수입판매업자에 한정한다)의 주사무소 소재지를 관할하는 지방자치단체의 장이 제64조제1항에 따라 담보 제공을 요구하는 경우에는 담배소비세분 지방교육세에 대한 담보 제공도 함께 요구할 수 있다.(2020.12.29 전단개정)

② 지방자치단체의 장이 이 법에 따라 납세의무자에게 주민세 개인분·재산세 및 자동차세를 부과·징수하거나 제60조제6항 및 제7항에 따라 세관장이 담배소비세를 부과·징수·납입할 때에는 그에 대한 지방교육세를 함께 부과·징수·납입한다.(2023.12.29 본항개정)

③ 제62조의2에 따른 특별징수의무자가 같은 조 제1항 전단에 따라 담배소비세를 특별징수하는 경우에는 그에 대한 지방교육세를 함께 부과·징수·납입한다.(2023.12.29 본항신설)

④ 제3항에 따른 지방교육세의 부과·징수·납입에 대하여 불복하려는 경우에는 특별징수의무자를 그 처분청으로 본다.(2023.12.29 본항신설)

⑤ 지방교육세의 특별징수, 납입 및 가산세 면제 등에 관하여는 제62조의2제2항 및 제3항을 준용한다.(2023.12.29 본항신설)

⑥ 지방교육세의 납세고지 등 부과·징수·납입에 관하여 필요한 사항은 대통령령으로 정한다.(2023.12.29 본항개정)

제153조【부족세액의 추징 및 가산세】 ① 제152조제1항에 따라 지방교육세를 신고하고 납부하여야 하는 자가 신고의무를 다하지 아니한 경우에도 「지방세기본법」 제53조 또는 제54조에 따른 가산세를 부과하지 아니한다.

② 제152조제1항에 따라 지방교육세를 신고하고 납부하여야 하는 자가 납부의무를 다하지 아니한 경우에는 제151조제1항에 따라 산출한 세액 또는 그 부족세액에 「지방세기본법」 제55조에 따라 산출한 가산세를 합한 금액을 세액으로 하여 보통징수(제152조제3항에 따라 징수하는 경우에는 특별징수)의 방법으로 징수한다.(2023.12.29 본항개정)
(2016.12.27 본조개정)

제154조【환급】 지방교육세의 지방세환급금은 해당 지방자치단체의 장 또는 그 위임을 받은 공무원이 지방교육세의 과세표준이 되는 세목별 세액의 환급의 예에 따라 환급한다.

부 칙 (2015.7.24 법13427호)

제1조【시행일】 이 법은 공포일부터 시행한다. 다만, 제103조의3제1항제12호 및 같은 조 제3항제1호·제3호의 개정규정은 2016년 1월 1일부터 시행하고, 제93조제10항 및 제11항, 제128조제2항 및 제5항, 제132조의 개정규정은 2017년 1월 1일부터 시행한다.(2015.12.29 단서개정)

제2조【일반적 적용례】 이 법은 이 법 시행 후 최초로 납세의무가 성립하는 분부터 적용한다. 다만, 부칙 제3조부터 제10조까지에서 달리 규정한 사항에 대하여는 그러하지 아니하다.

제3조【조건변경으로 인한 취득세 과세에 관한 적용례】 제9조제2항 단서의 개정규정은 이 법 시행 전에 국가등에 귀속등을 조건으로 취득한 것으로서 이 법 시행 후 매각·증여하거나 국가등에 귀속등을 이행하지 아니하는 것으로 조건이 변경되는 부동산 및 사회기반시설에 대해서도 적용한다.

제4조【법인지방소득세 특별징수 납세지에 관한 적용례】 제89조제3항제2호의 개정규정은 2015년 1월 1일 이후 납부하거나 납부해야 할 분부터 적용한다. 다만, 종전의 규정은 이 법 시행일 이전에 납부한 법인지방소득세에 대하여는 종전의 규정에 따른다.

제5조【분리과세 주택임대소득에 관한 적용례】 제93조제10항 및 제11항의 개정규정은 2019년 1월 1일 이후 발생하는 소득분부터 적용한다.(2017.12.26 본조개정)

제6조【개인지방소득세 가산세에 관한 적용례】 제99조 및 제103조의8의 개정규정은 2015년 5월 1일 이후 신고하는 분부터 적용한다.

제7조【양도소득에 대한 개인지방소득세 세율 적용에 관한 적용례】 제103조의3제1항 각 호 외의 부분, 같은 조 제5항 및 제6항의 개정규정은 이 법 시행 후 양도하는 분부터 적용한다.

제8조【파생상품에 대한 양도소득분 개인지방소득세에 관한 적용례】 제103조의3제1항제12호 및 제3항제3호의 개정규정은 2016년 1월 1일 이후 최초로 거래 또는 행위가 발생하는 분부터 적용한다.

제9조【자동차 이전·말소 전 자동차세 과세에 관한 적용례】 제128조제2항 및 제5항, 제132조의 개정규정은 이 법 시행 후 이전하거나 말소하는 분부터 적용한다.

제10조【양도소득에 대한 과세 특례에 관한 적용 특례】 법률 제12505호 지방세법 일부개정법률 부칙 제5조 및 제6조의 개정규정은 2015년 1월 1일부터 이 법 시행일까지 양도한 분에도 적용한다.

제11조【일반적 경과조치】 이 법 시행 당시 종전의 규정에 따라 부과 또는 감면하였거나 부과 또는 감면하여야 할 지방세에 대해서는 종전의 규정에 따른다.

부 칙 (2015.12.29)

제1조 【시행일】 이 법은 2016년 1월 1일부터 시행한다. 다만, 제49조제3항 단서, 제60조제5항부터 제8항까지 및 제152조제2항의 개정규정은 공포 후 6개월이 경과한 날부터 시행한다.

제2조 【일반적 적용례】 이 법은 이 법 시행 후 납세의무가 성립하는 분부터 적용한다.

제3조 【국가등 귀속 및 기부채납에 관한 적용례】 제9조제2항 각 호 외의 부분 단서 및 같은 항 제2호의 개정규정은 이 법 시행 후 취득하는 분부터 적용한다.

제4조 【과밀억제권역 안 취득 등 중과세에 관한 적용례】 제13조제7항 단서의 개정규정은 이 법 시행 후 취득하는 분부터 적용한다.

제5조 【법인합병에 따른 세율특례에 관한 적용례】 제15조제1항제3호의 개정규정은 이 법 시행 후 법인의 합병으로 취득하는 분부터 적용한다.

제6조 【결손금소급공제에 따른 환급에 관한 적용례】 제101조제2항 단서 및 제103조의28제2항 단서의 개정규정은 이 법 시행 후 결손금소급공제를 신청하는 분부터 적용한다.

제7조 【양도소득에 대한 개인지방소득세에 관한 적용례】 제103조의3제1항제8호·제9호, 같은 항 제11호나목 및 제103조의6제2항의 개정규정은 이 법 시행 후 양도하는 분부터 적용한다.

제8조 【법인지방소득세 과세표준 및 세액의 신고에 관한 적용례】 제103조의23제2항제3호, 같은 조 제5항부터 제7항까지, 제103조의37제1항 및 제6항부터 제8항까지의 개정규정은 이 법 시행 후 신고하는 분부터 적용한다.

제9조 【퇴직소득에 대한 개인지방소득세에 관한 특례】 2016년 1월 1일부터 2019년 12월 31일까지의 기간 동안 퇴직한 경우에는 퇴직소득에 대한 개인지방소득세 산출세액을 계산함에 있어 제92조제4항의 개정규정과 「소득세법」 제48조제1항·제2항에도 불구하고 퇴직소득에 대한 개인지방소득세 산출세액을 다음 표의 퇴직일이 속하는 과세기간에 해당하는 계산식에 따른 금액으로 한다.

퇴직일이 속하는 과세기간	퇴직소득 산출세액
2016년 1월 1일부터 2016년 12월 31일까지	종전 규정에 따른 퇴직소득 산출세액 × 80% + 개정규정에 따른 퇴직소득 산출세액 × 20%
2017년 1월 1일부터 2017년 12월 31일까지	종전 규정에 따른 퇴직소득 산출세액 × 60% + 개정규정에 따른 퇴직소득 산출세액 × 40%
2018년 1월 1일부터 2018년 12월 31일까지	종전 규정에 따른 퇴직소득 산출세액 × 40% + 개정규정에 따른 퇴직소득 산출세액 × 60%
2019년 1월 1일부터 2019년 12월 31일까지	종전 규정에 따른 퇴직소득 산출세액 × 20% + 개정규정에 따른 퇴직소득 산출세액 × 80%

제10조 【법인지방소득세 특별징수세액 정산에 관한 특례】 제103조의62의 개정규정은 2015년 1월 1일 이후 징수한 특별징수세액을 이 법 시행 후 정산하거나 환급하는 경우에도 적용한다.

제11조 【일반적 경과조치】 이 법 시행 당시 종전의 규정에 따라 부과 또는 감면하였거나 부과 또는 감면하여야 할 지방세에 대해서는 종전의 규정에 따른다.

제12조 【다른 법률의 개정】 ※(해당 법령에 가제정리하였음)

부 칙 (2016.12.27 법14475호)

제1조 【시행일】 이 법은 2017년 1월 1일부터 시행한다. 다만, 제103조의3제8항, 제103조의7제6항부터 제8항까지 및 제103조의23제3항 각 호 외의 부분 단서의 개정규정은 2018년 1월 1일부터 시행하고, 법률 제12153호 지방세법 일부개정법률 부칙 제1조·제13조 및 법률 제12505호 지방세법 일부개정법률 부칙 제5조·제6조의 개정규정은 공포한 날부터 시행한다.

제2조 【일반적 적용례】 이 법은 이 법 시행 후 납세의무가 성립하는 분부터 적용한다.

제3조 【분양형 노인복지주택 취득의 세율에 관한 적용례】 제11조제1항제8호의 개정규정은 2015년 7월 24일부터 이 법 시행 전까지 취득한 분에 대해서도 적용한다.

제4조 【파생상품 등의 양도에 따른 개인지방소득세 탄력세율 인하에 관한 적용례】 제103조의3제1항 각 호 외의 부분 후단 및 같은 조 제7항의 개정규정은 2016년 1월 1일부터 이 법 시행 전까지 양도한 분에 대해서도 적용한다.

제5조 【거주자의 출국 시 국내주식 등 양도소득에 대한 개인지방소득세 특례에 관한 적용례】 제103조의3제8항, 제103조의7제6항부터 제8항까지의 개정규정은 2018년 1월 1일 이후 거주자가 출국하는 경우부터 적용한다.

제6조 【법인지방소득세에 대한 수정신고 등에 관한 적용례】 ① 제103조의24제4항 및 제5항의 개정규정은 이 법 시행 후 수정신고 또는 경정 등의 청구를 하는 분부터 적용한다.
② 제103조의24제6항의 개정규정은 이 법 시행 후 신고납부한 분에 대하여 수정신고 또는 경정 등의 청구를 하는 분부터 적용한다.

제7조 【분식회계를 한 내국법인에 대한 과세표준과 세액의 경정 및 산정 특례에 관한 적용례】 제103조의64 및 제103조의65의 개정규정은 이 법 시행 후 경정청구를 하거나 결정한 분을 환급하는 경우부터 적용한다.

제8조 【양도소득에 대한 지방소득세 과세특례에 대한 적용례】 법률 제12505호 지방세법 일부개정법률 부칙 제5조 및 제6조의 개정규정은 2016년 1월 1일부터 이 법 시행 전까지 양도한 분에 대해서도 적용한다.

제9조 【일반적 경과조치】 이 법 시행 당시 종전의 규정에 따라 부과 또는 감면하였거나 부과 또는 감면하여야 할 지방세에 대해서는 종전의 규정에 따른다.

부 칙 (2017.12.26)

제1조 【시행일】 이 법은 2018년 1월 1일부터 시행한다. 다만, 법률 제13427호 지방세법 일부개정법률 부칙 제5조의 개정규정은 공포한 날부터 시행한다.

제2조 【일반적 적용례】 이 법은 이 법 시행 후 납세의무가 성립하는 경우부터 적용한다.

제3조 【연초 및 연초고형물을 사용한 전자담배에 대한 적용례】 제52조의 개정규정은 이 법 시행 후 제조장에서 반출하거나 수입신고하는 경우부터 적용한다.

제4조 【국외전출자의 양도소득에 대한 개인지방소득세 과세표준에 관한 적용례】 제103조제4항의 개정규정은 이 법 시행 후 거주자가 국외로 출국하는 경우부터 적용한다.

제5조 【법인지방소득세 세액 공제에 관한 적용례】 제103조의23제3항제4호의 개정규정은 이 법 시행 후 확정신고하는 경우부터 적용한다.

제6조 【법인의 수정신고 등에 관한 적용례】 제103조의24제2항·제3항 및 제6항의 개정규정은 이 법 시행 후 수정신고 또는 기한 후 신고를 하는 경우부터 적용한다.

제7조 【법인지방소득세의 결손금 소급공제에 관한 적용례】 제103조의28제4항의 개정규정은 이 법 시행 후 확정신고하는 경우부터 적용한다.
제8조 【사실과 다른 회계처리로 인한 법인지방소득세 세액의 경정 등에 관한 경과조치】 이 법 시행 전에 종전의 제103조의25제1항제2호나목에 따라 경정청구한 분에 대해서는 제103조의25제1항제2호, 제103조의64 및 제103조의65의 개정규정에도 불구하고 종전의 규정에 따른다.

부 칙 (2017.12.30)

제1조 【시행일】 이 법은 2018년 1월 1일부터 시행한다. 다만, 다음 각 호의 개정규정은 각 호의 구분에 따른 날부터 시행한다.
1. 제103조의3제5항제1호·제2호, 제103조의3제6항제2호 및 제103조의3제10항의 개정규정 : 2018년 4월 1일
2. 제103조의3제1항제11호가목2) : 2020년 1월 1일(단, 제103조의3제1항제11호가목1)에서 정하는 중소기업의 주식등에 한정한다.)(2018.12.31 본호개정)
제2조 【일반적 적용례】 이 법은 이 법 시행 후 납세의무가 성립하는 경우부터 적용한다.
제3조 【국외자산의 양도소득에 대한 개인지방소득세 세율 등에 관한 적용례】 제103조의3제3항제3호 및 같은 조 제9항의 개정규정은 이 법 시행 후 확정신고하는 경우부터 적용한다.

부 칙 (2018.12.31 법16113호)

제1조 【시행일】 이 법은 2019년 1월 1일부터 시행한다.
제2조 【지방소비세의 적용례】 제69조제2항의 개정규정은 이 법 시행 후 「부가가치세법」에 따라 최초로 납부하는 분부터 적용한다.

부 칙 (2018.12.31 법16194호)

제1조 【시행일】 이 법은 2019년 1월 1일부터 시행한다. 다만, 제131조제2항의 개정규정은 2019년 7월 1일부터 시행하고, 제103조의3제8항(제103조의3제1항제11호가목1)에서 정하는 중소기업의 주식등에 한정한다)의 개정규정은 2020년 1월 1일부터 시행한다.
제2조 【일반적 적용례】 이 법은 이 법 시행 이후 납세의무가 성립하는 분부터 적용한다.
제3조 【취득세의 신고 및 납부 기한 연장 등에 관한 적용례】 ① 제13조제5항제3호 단서의 개정규정은 이 법 시행 당시 취득한 날부터 30일이 경과하지 아니한 주거용 건축물을 이 법 시행 이후 주거용이 아닌 용도로 사용하거나 고급주택이 아닌 용도로 사용하기 위하여 용도변경공사를 착공하는 경우에도 적용한다.
② 제13조제5항제4호 단서의 개정규정은 이 법 시행 당시 취득한 날부터 30일이 경과하지 아니한 고급오락장용 건축물을 이 법 시행 이후 고급오락장이 아닌 용도로 사용하거나 고급오락장이 아닌 용도로 사용하기 위하여 용도변경공사를 착공하는 경우에도 적용한다.
③ 제20조제2항의 개정규정은 이 법 시행 당시 같은 항에 따른 대통령령으로 정하는 날부터 30일이 경과하지 아니한 과세물건에 대하여 이 법 시행 이후 같은 항에 따라 신고납부하는 경우에도 적용한다.
④ 제20조제3항의 개정규정은 이 법 시행 당시 같은 항에 따라 해당 과세물건이 취득세 부과대상 또는 추징 대상이 된 것으로서 그 사유 발생일부터 30일이 경과하지 아니한 과세물건에 대하여 이 법 시행 이후 같은 항에 따라 신고납부하는 경우에도 적용한다.

제4조 【등록면허세의 신고 및 납부에 관한 적용례】 ① 제30조제2항의 개정규정은 이 법 시행 당시 같은 항에 따른 대통령령으로 정하는 날부터 30일이 경과하지 아니한 과세물건에 대하여 이 법 시행 이후 같은 항에 따라 신고납부하는 경우에도 적용한다.
② 제30조제3항의 개정규정은 이 법 시행 당시 같은 항에 따라 해당 과세물건이 등록면허세 부과대상 또는 추징 대상이 된 것으로서 그 사유 발생일부터 30일이 경과하지 아니한 과세물건에 대하여 이 법 시행 이후 같은 항에 따라 신고납부하는 경우에도 적용한다.
제5조 【분리과세 주택임대소득에 관한 적용례】 제93조제10항부터 제14항까지의 개정규정은 2019년 1월 1일 이후 발생하는 소득분부터 적용한다.
제6조 【거주자의 출국 시 국내주식 등 양도소득에 대한 개인지방소득세에 관한 적용례】 제103조의3제8항의 개정규정은 이 법 시행 이후 거주자가 출국하는 경우부터 적용한다.
제7조 【지방소득세 소액 징수면제에 대한 적용례】 제103조의60의 개정규정은 이 법 시행 이후 납세고지를 하는 분부터 적용한다.
제8조 【법인지방소득세의 추가납부에 관한 적용례】 제103조의63제3항의 개정규정은 2019년 7월 1일 이후 매도하는 분부터 적용한다.
제9조 【자동차등록번호판 영치의 일시 해제에 관한 적용례】 제131조제2항의 개정규정은 이 법 시행 당시 자동차등록번호판이 영치 중인 납세의무자에 대하여도 적용한다.
제10조 【일반적 경과조치】 이 법 시행 당시 종전의 규정에 따라 부과 또는 감면하였거나 부과 또는 감면하여야 할 지방세에 대해서는 종전의 규정에 따른다.

부 칙 (2019.12.3)

제1조 【시행일】 이 법은 공포한 날부터 시행한다.
제2조 【일반적 적용례】 이 법은 이 법 시행 이후 납세의무가 성립하는 분부터 적용한다.

부 칙 (2019.12.31)

제1조 【시행일】 이 법은 2020년 1월 1일부터 시행한다. 다만, 다음 각 호의 개정규정은 각 호의 구분에 따른 날부터 시행한다.
1. 제89조제1항제1호, 제91조, 제93조제10항·제12항, 제103조제2항부터 제4항까지, 제103조의19, 제103조의21제2항, 제103조의34, 제103조의41 및 제103조의47제1항부터 제3항까지의 개정규정 : 공포한 날
2. 제128조제3항·제4항, 제141조부터 제147조까지의 개정규정, 부칙 제17조 및 부칙 제18조 : 2021년 1월 1일
제2조 【지방소비세의 납입에 관한 유효기간】 제71조제3항제3호가목 및 나목의 개정규정은 이 법 시행일부터 2026년 12월 31일까지 효력을 가진다.(2021.12.7 본조개정)
제3조 【일반적 적용례】 이 법은 이 법 시행 이후 납세의무가 성립하는 분부터 적용한다.
제4조 【지방소비세에 관한 적용례】 제69조, 제71조의 개정규정은 이 법 시행 후 「부가가치세법」에 따라 최초로 납부 또는 환급하는 분부터 적용한다.
제5조 【분리과세 주택임대소득에 대한 개인지방소득세 세액계산에 관한 적용례】 제93조제10항 및 제12항의 개정규정은 부칙 제1조제1호에 따른 시행일이 속하는 과세기간에 발생한 소득분부터 적용한다.
제6조 【개인지방소득세 관련 신고 등의 관할에 관한 적용례】 ① 제93조제15항, 제95조제1항, 제103조의5제1항 후단, 제103조의7제1항 후단 및 제103조의12제5항

의 개정규정은 이 법 시행 이후 신고하는 경우부터 적용한다.
② 제96조제1항 후단의 개정규정은 이 법 시행 이후 신고하거나 경정 청구하는 경우부터 적용한다.
제7조【개인지방소득세 과세표준 및 세액의 확정신고와 납부에 관한 적용례】 제95조제4항·제9항 및 제103조의7제9항·제10항의 개정규정은 이 법 시행 이후 종합소득, 퇴직소득 또는 양도소득에 대한 개인지방소득세 과세표준의 확정신고 기간이 도래하는 분부터 적용한다.
제8조【가산세 적용에 관한 적용례】 제99조 단서의 개정규정은 이 법 시행 이후 종합소득과세표준 확정신고 기간이 도래하는 분부터 적용한다.
제9조【결손금소급공제에 따른 환급에 관한 적용례】 제101조제4항의 개정규정은 이 법 시행 이후 종합소득과세표준 확정신고를 하는 분부터 적용한다.
제10조【지정지역 공고일 이전 양도한 토지의 양도소득에 대한 개인지방소득세 중과 배제에 관한 적용례】 제103조의3제1항 및 제103조의3제5항의 개정규정은 이 법 시행 이후 토지를 양도하기 위하여 매매계약을 체결하고 계약금을 지급하는 분부터 적용한다.
제11조【양도소득에 대한 개인지방소득세 신고기한의 연장에 관한 적용례】 제103조의7제1항 전단 및 제4항의 개정규정은 이 법 시행 이후 양도소득에 대한 개인지방소득세 과세표준 확정신고를 하는 경우부터 적용한다.
제12조【지방소득세 관련 세액 등의 통보에 관한 적용례】 제103조의59제1항제1호가목의 개정규정은 이 법 시행 이후 신고를 받은 경우부터 적용한다.
제13조【가산세 적용 특례에 관한 적용례】 제103조의61제2항의 개정규정은 이 법 시행 이후 수정신고 또는 기한 후 신고를 하는 경우부터 적용한다.
제14조【주택 유상거래 취득세율에 관한 경과조치】 이 법 시행 전에 취득당시가액이 7억5천만원을 초과하고 9억원 이하인 주택에 대한 매매계약을 체결한 자가 이 법 시행 이후 3개월(공동주택 분양계약을 체결한 자의 경우에는 3년) 내에 해당 주택을 취득하는 경우에는 제11조제1항제8호나목의 개정규정에도 불구하고 종전의 제11조제1항제8호에 따른다.
제15조【담배소비세의 신고 및 납부 등에 관한 경과조치】 이 법 시행 전에 담배를 제조장 또는 보세구역으로부터 반출한 경우에는 제60조제1항부터 제4항까지의 개정규정에도 불구하고 종전의 규정에 따른다.
제16조【환산취득가액 적용에 따른 가산세에 관한 경과조치】 이 법 시행 전에 매매계약을 체결하고 계약금을 지급한 사실이 증명서류에 의하여 확인되는 경우에는 제103조의9제2항의 개정규정에도 불구하고 종전의 규정에 따른다.
제17조【다른 법률의 개정】 ①~③ ※(해당 법령에 가제정리 하였음)
제18조【다른 법령과의 관계】 2021년 1월 1일 당시 다른 법령(조례를 포함한다)에서 종전의 제141조부터 제147조까지의 규정을 인용한 경우 이 법에 그에 해당하는 규정이 있을 때에는 종전의 규정을 갈음하여 이 법의 해당 조항을 인용한 것으로 본다.

부 칙 (2020.8.12)

제1조【시행일】 이 법은 공포한 날부터 시행한다. 다만, 제103조의3제10항제2호 및 제4호, 제103조의31제1항의 개정규정은 2021년 1월 1일부터 시행하고, 제93조제4항, 제103조의3제1항 및 같은 조 제10항 각 호 외의 부분의 개정규정은 2021년 6월 1일부터 시행한다.
제2조【일반적 적용례】 이 법은 이 법 시행 이후 납세의무가 성립하는 분부터 적용한다.

제3조【주택 수의 판단 범위에 관한 적용례】 제13조의3제2호부터 제4호까지의 개정규정은 이 법 시행 이후 조합원입주권, 주택분양권 또는 오피스텔을 취득하는 분부터 적용한다.
제4조【양도소득분 지방소득세 등에 관한 적용례】 ① 제93조제4항, 제103조의3제1항 및 같은 조 제10항 각 호 외의 부분의 개정규정은 2021년 6월 1일 이후 양도하는 분부터 적용한다.
② 제103조의3제10항제2호 및 같은 항 제4호의 개정규정은 2021년 1월 1일 이후 새로 취득하는 분양권부터 적용한다.
제5조【토지등 양도소득에 대한 지방소득세 과세특례에 관한 적용례】 제103조의31제1항의 개정규정은 2021년 1월 1일 이후 양도하는 분부터 적용한다.
제6조【법인의 주택 취득 등 중과에 대한 경과조치】 제13조제2항 및 제13조의2의 개정규정을 적용할 때 법인 및 국내에 주택을 1개 이상 소유하고 있는 1세대가 2020년 7월 10일 이전에 주택에 대한 매매계약(공동주택 분양계약을 포함한다)을 체결한 경우에는 그 계약을 체결한 당사자의 해당 주택의 취득에 대하여 종전의 규정을 적용한다. 다만, 해당 계약이 계약금을 지급한 사실 등이 증빙서류에 의하여 확인되는 경우에 한정한다.
제7조【주택 수의 판단 범위에 관한 경과조치】 부칙 제3조에도 불구하고 제13조의3제2호부터 제4호까지의 개정규정은 이 법 시행 전에 매매계약(오피스텔 분양계약을 포함한다)을 체결한 경우는 적용하지 아니한다.

부 칙 (2020.12.22)
(2020.12.29 법17757호)

제1조【시행일】 이 법은 2021년 1월 1일부터 시행한다.(이하 생략)

부 칙 (2020.12.29 법17769호)

제1조【시행일】 이 법은 2021년 1월 1일부터 시행한다. 다만, 제93조제12항, 제111조의2, 제112조, 제113조 및 제123조의 개정규정은 공포한 날부터, 제71조제1항의 개정규정은 공포 후 1년이 경과한 날부터, 제93조제17항의 개정규정은 2025년 1월 1일부터, 제103조의46제1항의 개정규정은 2024년 1월 1일부터 시행한다.(2023.3.14 단서개정)
제2조【1세대 1주택에 대한 재산세 세율 특례의 유효기간】 제111조의2, 제112조 및 제113조의 개정규정은 같은 개정규정 시행일부터 6년이 되는 날까지 성립한 납세의무에 한정하여 적용한다.(2023.12.29 본조개정)
제3조【일반적 적용례】 이 법은 이 법 시행 이후 납세의무가 성립하는 분부터 적용한다.
제4조【법인과세 신탁재산의 소득에 대한 지방소득세 과세 등에 관한 적용례】 제87조제1항 및 제103조의58의 개정규정은 이 법 시행 이후 신탁계약을 체결하는 분부터 적용한다.
제5조【주택임대소득에 대한 세액 계산의 특례에 관한 적용례】 ① 제93조제12항 각 호 외의 부분 단서의 개정규정은 2020년 8월 18일 이후 등록이 말소되는 분부터 적용한다.
② 제93조제12항제1호 및 제2호의 개정규정은 2020년 8월 18일 이후 등록을 신청하는 민간임대주택부터 적용한다.
제6조【가상자산 과세에 관한 적용례】 제93조제17항의 개정규정은 부칙 단서에 따른 시행일 이후 가상자산을 양도·대여하는 분부터 적용한다.

제7조【양도소득에 대한 개인지방소득세에 관한 적용례】제103조의3제1항제8호·제9호·제14호 및 제103조의6제2항제4호의 개정규정은 이 법 시행 이후 양도하는 분부터 적용한다.
제8조【국외전출자의 납세담보 제공에 관한 적용례】제103조의7제7항의 개정규정은 이 법 시행 이후 거주자가 출국하는 경우부터 적용한다.
제9조【지방소득세 특별징수 납세지에 관한 적용례】제103조의13제2항 단서의 개정규정은 이 법 시행 이후 납부하는 경우부터 적용한다.
제10조【법인지방소득세 과세표준에 관한 적용례】제103조의19제2항부터 제4항까지 및 제103조의34제2항의 개정규정은 이 법 시행 이후 법인지방소득세 과세표준을 신고(수정신고는 제외한다)하는 경우부터 적용한다. 다만, 2019년 12월 31일 이전에 개시한 사업연도의 과세표준에 포함된 외국납부세액에 대하여는 제103조의19제3항의 개정규정을 적용할 때 15년을 10년으로 본다.
제11조【신탁재산에 대한 재산세 납세의무자 등에 관한 적용례】제106조제3항, 제107조 및 제119조의2의 개정규정은 이 법 시행 이후 납세의무가 성립하는 분부터 적용한다.
제12조【주민세 사업소분 가산세 부과에 관한 특례】주민세 사업소분의 납세의무자가 제83조제3항에 따른 신고 또는 납부의무를 다하지 아니한 경우에 제81조제1항제1호에 따라 산출한 세액 또는 그 부족세액에 대해서는 제83조제6항의 개정규정에도 불구하고 2024년 12월 31일까지는「지방세기본법」제53조, 제54조 및 제55조제1항제1호·제2호에 따른 가산세를 부과하지 아니한다.(2023.3.14 본조개정)
제13조【종전에 납부한 외국납부세액의 환급에 관한 특례】① 2014년 1월 1일부터 2019년 12월 31일 이전까지 개시한 사업연도에 국외원천소득이 있는 내국법인이 종전의「법인세법」(법률 제17652호 법인세법 일부개정법률에 따라 개정되기 전의 것을 말한다) 제57조제1항제1호에 따라 외국법인세액을 해당 사업연도의 산출세액에서 공제하는 방법을 선택한 경우로서 해당 사업연도의 법인지방소득세 과세표준에 외국법인세액이 포함된 경우에는 이미 납부한 해당 사업연도의 법인지방소득세액과 해당 사업연도의 법인지방소득세 과세표준에서 외국법인세액을 차감하여 계산한 해당 사업연도의 법인지방소득세액과의 차액을「지방세기본법」제60조에는 이후 환급받을 수 있다. 이 경우 외국법인세액이 해당 사업연도의 법인지방소득세 과세표준을 초과하는 경우에 그 초과하는 금액은 해당 사업연도의 다음 사업연도 개시일부터 10년 이내에 끝나는 각 사업연도로 이월하여 그 이월된 사업연도의 법인지방소득세 과세표준을 계산할 때 차감할 수 있다.
② 제1항에 따라 환급을 받으려는 내국법인은 이 법 시행 전에「지방세기본법」제50조제1항의 경정청구 기한이 경과한 경우라 하더라도 2021년 6월 30일까지 납세지 관할 지방자치단체의 장에게 경정을 청구할 수 있다. 이 경우 경정을 청구받은 지방자치단체의 장은「지방세기본법」제50조제3항에 따른 처분을 하여야 한다.
③ 납세지 관할 지방자치단체의 장은 제1항에 따른 환급을 위하여 필요한 경우에는 해당 내국법인에게 해당 사업연도의 외국납부세액 납부에 관한 자료를 요구할 수 있다.
제14조【주택임대소득에 대한 세액 계산의 특례에 관한 경과조치】2020년 8월 18일 전에 등록을 신청한 민간임대주택의 경우에는 제93조제12항제1호 및 제2호의 개정규정에도 불구하고 종전의 규정에 따른다.
제15조【감정가액 적용에 따른 가산세에 관한 경과조치】이 법 시행 전에 매매계약을 체결하고 계약금을 지급받은 사실이 증명서류에 의하여 확인되는 경우에는 제103조의9제2항의 개정규정에도 불구하고 종전의 규정에 따른다.
제16조【신탁재산에 대한 재산세 납세의무자 변경에 관한 경과조치】① 이 법 시행 전에 재산세 납세의무가 성립된 경우에는 제107조제2항제5호의 개정규정에도 불구하고 종전의 규정에 따른다.
② 이 법 시행 전에 제105조에 따른 재산을 취득한 경우로서「조세특례제한법」및「지방세특례제한법」에 따라 감면하여야 할 재산세에 대해서는 그 감면기한이 종료될 때까지 제107조제1항제3호의 개정규정에 따른 위탁자에게 해당 감면규정을 적용한다.
제17조【다른 법률의 개정】①~③ ※(해당 법령에 가제정리 하였음)

부 칙 (2021.1.12)

제1조【시행일】이 법은 공포 후 1년이 경과한 날부터 시행한다.(이하 생략)

부 칙 (2021.7.8)

제1조【시행일】이 법은 공포한 날부터 시행한다.
제2조【적용례】이 법은 2021년 6월 1일 현재 납세의무가 성립하는 분부터 적용한다.
제3조【유효기간】이 법의 유효기간은 법률 제17769호 지방세법 일부개정법률 제111조의2의 개정규정의 유효기간과 동일하게 적용한다.

부 칙 (2021.12.7)

제1조【시행일】이 법은 2022년 1월 1일부터 시행한다.
제2조【지방소비세의 납입에 관한 유효기간】제71조제3항제4호가목 및 나목의 개정규정은 이 법 시행일부터 2026년 12월 31일까지 효력을 가진다.
제3조【지방소비세에 관한 적용례】제69조 및 제71조의 개정규정은 이 법 시행 이후「부가가치세법」에 따라 납부 또는 환급하는 분부터 적용한다.
제4조【지방소비세의 세액에 관한 특례】제69조제2항 및 제71조제3항의 개정규정에도 불구하고 2022년 1월 1일부터 2022년 12월 31일까지 지방소비세의 세액은 제69조제1항의 과세표준에 1천분의 237을 적용하여 계산한 금액으로 한다. 이 경우 제71조제3항제1호의 개정규정 중 253분의 50은 237분의 50으로, 같은 항 제2호의 개정규정 중 253분의 60은 237분의 60으로, 같은 항 제3호의 개정규정 중 253분의 100은 237분의 100으로, 같은 항 제4호의 개정규정 중 253분의 43은 237분의 27로 한다.
제5조【다른 법률의 개정】※(해당 법령에 가제정리 하였음)

부 칙 (2021.12.28)

제1조【시행일】이 법은 2022년 1월 1일부터 시행한다. 다만, 다음 각 호의 개정규정은 각 호의 구분에 따른 날부터 시행한다.
1. 제10조, 제10조의2부터 제10조의7까지, 제11조제1항·제3항, 제12조제1항, 제15조제1항제1호부터 제3호까지, 제20조제1항, 제21조제1항·제3항, 제22조의4, 제27조제3항 및 제151조제1항제1호의 개정규정 : 2023년 1월 1일
2. 제146조제2항제3호의 개정규정 : 2024년 1월 1일
3. 법률 제10221호 지방세법 전부개정법률 부칙 제1조의2의 개정규정 : 2021년 12월 31일

제2조【일반적 적용례】이 법은 이 법 시행 이후 납세의무가 성립하는 경우부터 적용한다.

제3조【상속 차량에 대한 취득세 미부과에 관한 적용례】제9조제7항제2호의 개정규정은 이 법 시행 당시 상속개시일부터 3개월이 지나지 아니한 차량에 대하여 이 법 시행 이후 같은 호에 따라 말소등록하는 경우에도 적용한다.

제4조【비거주자의 지방소득세 과세표준 신고에 관한 적용례】제103조의11제3항의 개정규정은 이 법 시행 이후 지방소득세 과세표준을 신고하는 경우부터 적용한다.

제5조【지방소득세 환급청구권 소멸시효의 기산일 특례에 관한 적용례】제103조의59제4항의 개정규정은 이 법 시행 이후 세무서장등이 소득세 또는 법인세를 환급하여 같은 조 제1항제5호 또는 같은 조 제2항제5호에 따라 지방자치단체의 장에게 이를 통보하는 경우부터 적용한다.

제6조【가산세 적용 특례에 관한 적용례】제103조의61제2항의 개정규정은 이 법 시행 이후 수정신고하거나 기한 후 신고하는 경우부터 적용한다.

제7조【무허가 건축물 등에 대한 재산세 부과에 관한 경과조치】이 법 시행 직전 연도에 주택으로 보아 재산세가 부과된 건축물로서 허가 등이나 사용승인(임시사용승인을 포함한다)을 받지 아니한 건축물에 대해서는 해당 건축물을 계속하여 주거용으로 사용하는 기간까지는 제106조제2항제2호의2 및 같은 조 제3항의 개정규정에도 불구하고 주택으로 보아 재산세를 부과한다.

제8조【다른 법률의 개정】※(해당 법령에 가제정리 하였음)

부   칙 (2022.6.10)

제1조【시행일】이 법은 공포 후 1년이 경과한 날부터 시행한다.(이하 생략)

부   칙 (2023.3.14)

제1조【시행일】이 법은 공포한 날부터 시행한다. 다만, 다음 각 호의 개정규정은 각 호의 구분에 따른 날부터 시행한다.
1. 제8조제1항제5호의 개정규정 : 2023년 6월 11일
2. 제85조제1항제15호, 제103조의37제5항 단서, 제110조제3항 및 제122조의 개정규정 : 2024년 1월 1일
3. 제87조제1항, 제89조제3항제4호, 제93조제18항, 제102조의2부터 제102조의8까지, 제103조제1항, 제103조의2제3호, 제103조의3제1항제12호 · 제13호, 같은 조 제7항, 제103조의8, 제103조의13제2항부터 제6항까지, 제103조의59제1항제1호가목 · 나목 및 같은 항 제5호의 개정규정 : 2025년 1월 1일

제2조【일반적 적용례】이 법은 이 법 시행 이후 납세의무가 성립하는 경우부터 적용한다. 다만, 제7조제4항 후단, 같은 조 제16항, 제92조제1항, 제93조제17항, 제103조의3제1항제8호 · 제9호, 제103조의20제1항의 개정규정은 2023년 1월 1일 이후 납세의무가 성립되는 분부터 적용한다.

제3조【과점주주의 부동산등 취득에 관한 적용례】제7조제5항 전단의 개정규정은 이 법 시행 이후 법인의 주식 또는 지분을 취득하는 경우부터 적용한다.

제4조【법인의 합병 또는 분할에 따른 부동산 취득의 세율에 관한 적용례】제11조제5항의 개정규정은 이 법 시행 이후 법인이 합병 또는 분할에 따라 부동산을 취득하는 경우부터 적용한다.

제5조【담배소비세에 부가된 가산세의 공제 및 환급에 관한 적용례】제63조제1항 각 호 외의 부분 단서의 개정규정은 이 법 시행 전에 납세의무자가 납부하였거나 납부하여야 할 가산세에 대해서도 적용한다.

제6조【연결법인지방소득세액에 관한 적용례】제85조제1항제15호 및 제103조의37제5항 단서의 개정규정은 2024년 1월 1일 이후 개시하는 사업연도부터 적용한다.

제7조【개인지방소득세의 분할납부에 관한 적용례】제93조제7항 후단 및 제95조제4항의 개정규정은 2023년 1월 1일 이후 토지등의 매매차익을 신고(수정신고는 제외한다)하거나 종합소득 · 퇴직소득을 확정신고(수정신고는 제외한다)하는 분부터 적용한다.

제8조【법인지방소득세의 재해손실세액 차감에 관한 적용례】제103조의65의 개정규정은 2023년 1월 1일 이후 법인지방소득세 과세표준을 신고(수정신고는 제외한다)하는 경우부터 적용한다.

제9조【주민세 사업소분 가산세 부과에 대한 특례에 관한 적용례】법률 제17769호 지방세법 일부개정법률 부칙 제12조의 개정규정은 2023년 1월 1일부터 적용한다.

제10조【미납세 반출된 담배의 담배소비세 징수에 관한 경과조치】이 법 시행 전에 종전의 제53조제1호다목에 해당되어 반출된 담배를 이 법 시행 이후 다른 제조장 또는 보세구역에서 반출할 때에는 제53조제1항제1호다목의 개정규정에도 불구하고 종전의 규정에 따른다.

제11조【종합소득에 대한 개인지방소득세율의 변경에 관한 경과조치】2023년 1월 1일 전에 개시한 과세기간의 종합소득에 대한 개인지방소득세의 세율(제92조제4항, 제93조제3항, 같은 조 제4항제2호나목, 제103조의3제1항제1호, 같은 조 제3항 · 제5항, 같은 조 제6항제1호 및 같은 조 제10항에 따라 개인지방소득세율이 적용되는 경우를 포함한다)에 관하여는 제92조제1항의 개정규정에도 불구하고 종전의 규정에 따른다.

제12조【주식 및 파생상품 등의 양도에 따른 세액 계산에 관한 경과조치】2025년 1월 1일 전에 주식 및 파생상품 등을 양도한 경우 그 양도소득에 대한 개인지방소득세의 세액 계산에 관하여는 제103조제1항, 제103조의2제3호, 제103조의3제1항제12호 및 제13호, 같은 조 제7항 및 제103조의8의 개정규정에도 불구하고 종전의 규정에 따른다.

제13조【양도소득에 대한 개인지방소득세율의 변경에 관한 경과조치】2023년 1월 1일 전에 발생한 양도소득에 대한 개인지방소득세의 세율에 관하여는 제103조의3제1항제8호 및 제9호의 개정규정에도 불구하고 종전의 규정에 따른다.

제14조【사업연도 소득에 대한 법인지방소득세율의 변경에 관한 경과조치】2023년 1월 1일 전에 개시한 내국법인의 사업연도 소득에 대한 법인지방소득세의 세율(제103조의48에 따라 법인지방소득세율이 적용되는 경우를 포함한다)에 관하여는 제103조의20제1항의 개정규정 및 부칙 제2조 단서에도 불구하고 종전의 규정에 따른다.

제15조【주택 세부담상한제 폐지에 관한 경과조치】제122조의 개정규정 시행 전에 주택 재산세가 과세된 주택에 대해서는 제122조의 개정규정에도 불구하고 2028년 12월 31일까지는 종전의 규정에 따른다.

제16조【다른 법률의 개정】①~② ※(해당 법령에 가제정리 하였음)

부   칙 (2023.6.9)

제1조【시행일】이 법은 공포 후 1개월이 경과한 날부터 시행한다.(이하 생략)

부   칙 (2023.8.16)

제1조【시행일】이 법은 공포 후 6개월이 경과한 날부터 시행한다.(이하 생략)

부　칙 (2023.12.29)

제1조【시행일】이 법은 2024년 1월 1일부터 시행한다. 다만, 제10조의3 및 제22조의2의 개정규정은 2024년 4월 1일부터 시행한다.

제2조【일반적 적용례】이 법은 이 법 시행 이후 납세의무가 성립하는 경우부터 적용한다.

제3조【법원의 촉탁에 따른 등록면허세 비과세에 관한 특례】제26조제2항제1호 개정규정 시행 당시「채무자 회생 및 파산에 관한 법률」에 따라 회생절차·간이회생절차가 진행 중이거나 회생계획·간이회생계획을 수행 중인 경우와 개정규정 시행 이후 회생절차, 간이회생절차, 파산절차, 개인회생절차가 신청된 사건의 경우에는「채무자 회생 및 파산에 관한 법률」등에 따라 법원, 법원사무관등이 촉탁하여 이루어진 등기 또는 등록은 제26조제2항제1호 개정규정에 따른 등기 또는 등록으로 본다.(2024.2.13 본조개정)

제4조【담배소비세의 납세지 변경에 관한 적용례】제50조제3항제2호의 개정규정은 이 법 시행 이후 담배를 국내로 반입하는 경우부터 적용한다.

제5조【담배소비세 등의 특별징수에 관한 적용례】제62조의2, 제152조제3항부터 제5항까지 및 제153조제2항의 개정규정은 이 법 시행 이후 발생하는 제61조제1항제4호·제5호 또는 같은 조 제2항제3호·제5호의 위반행위에 대하여 세액을 특별징수하는 경우부터 적용한다.

제6조【법인지방소득세 분할납부에 관한 적용례】제103조의23제4항의 개정규정은 2023년 1월 1일 이후 개시한 사업연도의 법인지방소득세를 신고·납부하는 경우부터 적용한다.

제7조【법인지방소득세의 무신고가산세 특례에 관한 적용례】제103조의24제6항 후단의 개정규정은 2023년 1월 1일 이후 개시한 사업연도의 법인지방소득세를 신고·납부하는 경우부터 적용한다.

제8조【연결법인별 법인지방소득세 분할납부에 관한 적용례】법률 제19230호 지방세법 일부개정법률 제103조의37제5항의 개정규정은 2023년 1월 1일 이후 개시한 사업연도의 연결법인별 법인지방소득세를 신고·납부하는 경우부터 적용한다.

제9조【연결산출세액의 부재에 따른 정산금 배분에 관한 적용례】법률 제19230호 지방세법 일부개정법률 제103조의37제7항은 이 법 시행 이후 개시하는 사업연도부터 적용한다.

제10조【외국법인에 대한 특별징수 또는 징수의 특례에 관한 적용례】제103조의52제1항 및 제2항의 개정규정은 이 법 시행 이후 외국법인에 국내원천소득을 지급하는 경우부터 적용한다.

제11조【동업기업과세특례의 확대에 관한 적용례】제103조의53제1항 및 제103조의54제1항의 개정규정은 2023년 12월 31일이 속하는 과세연도부터 적용한다.

제12조【지방교육세 납입 방법 신설에 관한 적용례】제152조제2항 및 제6항의 개정규정은 이 법 시행 이후 지방교육세를 부과·징수하는 경우부터 적용한다.

부　칙 (2024.2.13)

제1조【시행일】이 법은 공포한 날부터 시행한다.(이하 생략)

지방세법 시행령

(2010년　　9월　　20일
전부개정대통령령　제22395호)

개정
2010.12.30영22586호　　　　　　　　<중략>
2015.12.31영26836호
2016. 1. 6영26858호(총포·도검·화약류등의안전관리에관한법시)
2016. 1.19영26916호(화재예방,소방시설설치·유지및안전관리에관한법시)
2016. 1.22영26928호(도시교통정비촉진법시)
2016. 4.26영27102호
2016. 6.21영27245호(수산종자산업육성법시)
2016. 8. 2영27431호(공중위생관리법시)
2016. 8.11영27444호(주택법시)
2016. 8.31영27471호(부동산가격공시에관한법시)
2016. 8.31영27472호(감정평가감정평가사시)
2016. 8.31영27473호(한국감정원법시)
2016.11.29영27619호(예비군법시)
2016.11.29영27621호(지방회계법시)
2016.12.30영27710호
2017. 3.27영27958호(지방세기본법시)
2017. 3.27영27959호(지방세징수법시)
2017. 3.29영27971호(항공안전법시)
2017. 3.29영27972호(공항시설법시)
2017. 7.26영28211호(직제)
2017.10.17영28366호(폐기물의국가간이동및그처리에관한법시)
2017.12.29영28524호
2018. 1.16영28583호(물환경보전법시)
2018. 1.16영28586호(시설물의안전및유지관리에관한특별법시)
2018. 2. 9영28627호(빈집및소규모주택정비에관한특례법시)
2018. 2.27영28686호(혁신도시조성및발전에관한특별법시)
2018. 3.27영28714호
2018. 4.30영28841호(항로표지법시)
2018.12.31영29437호
2019. 1.22영29498호(승강기안전관리법시)
2019. 2. 8영29512호
2019. 2. 8영29518호(한국교통안전공단법시)
2019. 2.12영29529호(법인세법시)
2019. 3.12영29617호(철도의건설및철도시설유지관리에관한법시)
2019. 4. 2영29677호(중소기업진흥에관한법시)
2019. 5.31영29797호
2019.12.24영30256호(산업안전시)
2019.12.31영30318호　　　　　　　　　2020. 4.28영30633호
2020. 5.12영30672호(산업활성공장설립시)
2020. 5.26영30704호(문화재시)
2020. 6. 2영30728호
2020. 8. 4영30893호(신용정보의이용및보호에관한법시)
2020. 8.11영30934호(벤처투자촉진법시)
2020. 8.12영30939호
2020. 8.26영30975호(친환경농어업육성및유기식품등의관리·지원에관한법시)
2020.12. 1영31212호(해양폐기물및해양오염퇴적물관리법시)
2020.12. 8영31221호(소프트웨어산업진흥법시)
2020.12. 8영31222호(전자서명법시)
2020.12. 8영31243호(한국부동산원법시)
2020.12.10영31252호(전자문서및전자거래기본법시)
2020.12.31영31343호
2021. 1. 5영31380호(법령용어정비)
2021. 2. 9영31438호(해양조사와해양정보활용에관한법시)
2021. 2.17영31450호(주류면허등에관한법시)
2021. 2.17영31463호
2021. 2.19영31472호(수산식품산업의육성및지원에관한법시)
2021. 3.30영31576호(전기안전관리법시)
2021. 4.27영31646호
2021. 6. 8영31740호(국가균형발전특별법시)
2021. 6. 8영31741호(산업활성공장설립시)
2021. 7.13영31889호(먹는물관리법시)
2021. 8.10영31941호(건축시)
2021. 8.31영31961호(한국광해광업공단법시)
2021. 9.14영31986호(건설기술진흥법시)
2021.10.21영32091호(자본시장과금융투자업시)
2021.12.28영32251호(직제)
2021.12.31영32293호
2022. 2.17영32447호(국민평생직업능력개발법시)
2022. 2.17영32449호(한국자산관리공사설립등에관한법시)
2022. 2.28영32511호

2022. 4.19영32598호(위치정보의보호및이용등에관한법시)
2022. 6.14영32697호(댐건설·관리및주변지역지원등에관한법시)
2022. 6.30영32747호
2022.11.29영33004호(소방시설설치및관리에관한법시)
2023. 1.10영33225호(수산시)
2023. 2.28영33308호
2023. 3.14영33225호→2023년 3월 14일 시행하는 부분은 가제
수록 하였고 2025년 1월 1일 시행하는 부분은 추후 수록
2023. 4.18영33417호(오존층보호등을위한특정물질의관리에관한
법시)
2023. 4.27영33435호(동물보호법시)
2023. 5.30영33489호
2023. 6. 7영33518호(수상레저안전법시)
2023. 6.30영33609호
2023. 7. 7영33621호(지방자치분권및지역균형발전에관한특별법시)
2023.12.19영34011호(벤처투자촉진에관한법시)
2023.12.29영34080호
2024. 1.16영34153호(해상교통안전법시)

제1장 총 칙

제1조【목적】 이 영은 「지방세법」에서 위임된 사항과 그 시행에 필요한 사항을 규정함을 목적으로 한다.

제2조【토지 및 주택의 시가표준액】 「지방세법」(이하 "법"이라 한다) 제4조제1항 본문에 따른 토지 및 주택의 시가표준액은 「지방세기본법」 제34조에 따른 세목별 납세의무의 성립시기 당시에 「부동산 가격공시에 관한 법률」에 따라 공시된 개별공시지가, 개별주택가격 또는 공동주택가격으로 한다.(2016.8.31 본조개정)

제3조【공시되지 아니한 공동주택가격의 산정가액】 법 제4조제1항 단서에서 "대통령령으로 정하는 기준"이란 지역별·단지별·면적별·층별 특성 및 거래가격 등을 고려하여 행정안전부장관이 정하는 기준을 말한다. 이 경우 행정안전부장관은 미리 관계 전문가의 의견을 들어야 한다.(2017.7.26 본조개정)

제4조【건축물 등의 시가표준액 산정기준】 ① 법 제4조제2항에서 "대통령령으로 정하는 기준"이란 매년 1월 1일 현재를 기준으로 과세대상별 구체적 특성을 고려하여 다음 각 호의 방식에 따라 행정안전부장관이 정하는 기준을 말한다.(2021.12.31 본문개정)

1. 오피스텔 : 행정안전부장관이 고시하는 표준가격기준액에 다음 각 목의 사항을 적용한다.

　가. 오피스텔의 용도별·층별 지수

　나. 오피스텔의 규모·형태·특수한 부대설비 등의 유무 및 그 밖의 여건에 따른 가감산율(加減算率)
(2020.12.31 본호신설)

1의2. 제1호 외의 건축물 : 건설원가 등을 고려하여 행정안전부장관이 산정·고시하는 건물신축가격기준액에 다음 각 목의 사항을 적용한다.(2021.12.31 본문개정)

　가. 건물의 구조별·용도별·위치별 지수

　나. 건물의 경과연수별 잔존가치율

　다. 건물의 규모·형태·특수한 부대설비 등의 유무 및 그 밖의 여건에 따른 가감산율(2020.12.31 본목개정)

2. 선박 : 선박의 종류·용도 및 건조가격을 고려하여 톤수 간에 차등을 둔 단계별 기준가격에 해당 톤수를 차례대로 적용하여 산출한 가액의 합계액에 다음 각 목의 사항을 적용한다.

　가. 선박의 경과연수별 잔존가치율

　나. 급랭시설 등의 유무에 따른 가감산율

3. 차량 : 차량의 종류별·승차정원별·최대적재량별·제조연도별 제조가격(수입하는 경우에는 수입가격을 말한다) 및 거래가격 등을 고려하여 정한 기준가격에 차량의 경과연수별 잔존가치율을 적용한다.

4. 기계장비 : 기계장비의 종류별·톤수별·형식별·제조연도별 제조가격(수입하는 경우에는 수입가격을 말

한다) 및 거래가격 등을 고려하여 정한 기준가격에 기계장비의 경과연수별 잔존가치율을 적용한다.

5. 입목(立木) : 입목의 종류별·수령별 거래가격 등을 고려하여 정한 기준가격에 입목의 목재 부피, 그루 수 등을 적용한다.

6. 항공기 : 항공기의 종류별·형식별·제작회사별·정원별·최대이륙중량별·제조연도별 제조가격 및 거래가격(수입하는 경우에는 수입가격을 말한다)을 고려하여 정한 기준가격에 항공기의 경과연수별 잔존가치율을 적용한다.

7. 광업권 : 광구의 광물매장량, 광물의 톤당 순 수입가격, 광업권 설정비, 광산시설비 및 인근 광구의 거래가격 등을 고려하여 정한 기준가격에서 해당 광산의 기계 및 시설취득비, 기계설비이전비 등을 뺀다.

8. 어업권·양식업권 : 인근 같은 종류의 어장·양식장의 거래가격과 어구 설치비 등을 고려하여 정한 기준가격에 어업·양식업의 종류, 어장·양식장의 위치, 어구 또는 장치, 어업·양식업의 방법, 채취물 또는 양식물 및 면허의 유효기간 등을 고려한다.
(2020.12.31 본호개정)

9. 골프회원권, 승마회원권, 콘도미니엄 회원권, 종합체육시설 이용회원권 및 요트회원권 : 분양 및 거래가격을 고려하여 정한 기준가격에 「소득세법」에 따른 기준시가 등을 고려한다.(2014.3.14 본호개정)

10. 토지에 정착하거나 지하 또는 다른 구조물에 설치하는 시설 : 종류별 신축가격 등을 고려하여 정한 기준가격에 시설의 용도·구조 및 규모 등을 고려하여 가액을 산출한 후, 그 가액에 다시 시설의 경과연수별 잔존가치율을 적용한다.

11. 건축물에 딸린 시설물 : 종류별 제조가격(수입하는 경우에는 수입가격을 말한다), 거래가격 및 설치가격 등을 고려하여 정한 기준가격에 시설물의 용도·형태·성능 및 규모 등을 고려하여 가액을 산출한 후, 그 가액에 다시 시설물의 경과연수별 잔존가치율을 적용한다.

② 제1항제11호에 따른 건축물에 딸린 시설물(이하 이 항에서 "시설물"이라 한다)의 시가표준액을 적용할 때 그 시설물이 주거와 주거 외의 용도로 함께 쓰이고 있는 건축물의 시설물인 경우에는 그 건축물의 연면적 중 주거와 주거 외의 용도 부분의 점유비율에 따라 제1항제11호에 따른 시가표준액을 나누어 적용한다.

③∼⑨ (2021.12.31 삭제)

⑩ (2020.12.31 삭제)

(2021.12.31 본조제목개정)

제4조의2【건축물의 시가표준액 결정 절차 등】 ① 특별자치시장·특별자치도지사·시장·군수 또는 구청장(구청장은 자치구의 구청장을 말하며, 이하 "시장·군수·구청장"이라 한다)은 제4조제1항제1호 및 제1호의2의 방식에 따라 관할 구역 내 건축물의 시가표준액을 산정한다.

② 시장·군수·구청장은 제1항에 따라 산정한 건축물의 시가표준액에 대하여 행정안전부령으로 정하는 절차에 따라 10일 이상 건축물의 소유자와 이해관계인(이하 이 조에서 "소유자등"이라 한다)의 의견을 들어야 한다.(2023.12.29 본항개정)

③ 시장·군수·구청장은 다음 각 호의 어느 하나에 해당하는 경우에는 제1항에 따라 산정한 시가표준액을 행정안전부장관이 정하는 기준에 따라 변경할 수 있다. 이 경우 시장·군수·구청장(특별자치시장과 특별자치도지사는 제외한다)은 그 변경 전에 특별시장·광역시장 또는 도지사(이하 이 조 및 제4조의3에서 "시·도지사"라 한다)의 승인을 받아야 한다.(2023.6.30 전단개정)

1. 제2항에 따라 소유자등이 제출한 의견에 상당한 이유가 있다고 인정되는 경우

2. 시가의 변동이나 그 밖의 사유로 해당 시가표준액을 그대로 적용하는 것이 불합리하다고 인정되는 경우 (2023.6.30 1호~2호신설)

④ 시장·군수·구청장은 제3항에도 불구하고 이미 산정된 시가표준액의 100분의 20을 초과하여 시가표준액을 변경하려는 경우에는 다음 각 호의 구분에 따른 절차를 거쳐야 한다.

1. 특별자치시장 및 특별자치도지사 : 행정안전부장관과 협의
2. 시장·군수·구청장(특별자치시장 및 특별자치도지사는 제외한다) : 시·도지사의 승인. 이 경우 시·도지사는 그 승인 전에 미리 행정안전부장관과 협의하여야 한다.

⑤ 시장·군수·구청장은 제1항, 제3항 및 제4항에 따라 산정(변경산정을 포함한다)한 시가표준액을 결정하여 매년 6월 1일까지 고시해야 한다. 이 경우 시장·군수·구청장(특별자치시장 및 특별자치도지사는 제외한다)은 그 결정 전에 시·도지사의 승인을 받아야 한다.

⑥ 시장·군수·구청장(특별자치시장 및 특별자치도지사는 제외한다)은 제5항에 따라 결정한 시가표준액을 시·도지사에게 제출해야 한다.

⑦ 특별자치시장, 특별자치도지사나 시·도지사는 제5항에 따라 결정한 시가표준액이나 제6항에 따라 제출받은 시가표준액을 관할 지방법원장에게 통보해야 한다. (2021.12.31 본조신설)

제4조의3【건축물 외 물건의 시가표준액 결정 절차 등】 ① 시장·군수·구청장은 제4조제1항제2호부터 제11호까지에서 규정한 방식에 따라 건축물 외 물건의 시가표준액을 산정하여 결정·고시해야 한다.

② 시장·군수·구청장은 해당 연도 1월 1일 이후 제4조제1항 각 호에서 규정한 사항 외에 신규 물건이 발생하거나 같은 조 제1항제2호부터 제11호까지에서 규정한 시가표준액 산정방식에 변경이 필요하다고 인정되는 경우에는 행정안전부장관에게 시가표준액 산정기준의 신설 또는 변경을 요청할 수 있다.

③ 행정안전부장관은 제2항에 따른 요청이 있는 경우 시가표준액 산정기준의 신설 또는 변경 필요성을 검토한 후 검토결과에 따라 제4조제1항제2호부터 제11호까지에서 규정한 시가표준액의 산정방식을 신설하거나 변경할 수 있다.

④ 행정안전부장관은 제3항에 따라 시가표준액의 산정기준을 신설하거나 변경하려는 경우에는 미리 관계 전문가의 의견을 들어야 한다.

⑤ 시장·군수·구청장은 제3항에 따라 변경 산정한 시가표준액을 변경 결정·고시해야 한다.

⑥ 시장·군수·구청장(특별자치시장 및 특별자치도지사는 제외한다)은 제1항 또는 제5항에 따라 결정하거나 변경 결정한 시가표준액을 시·도지사에게 제출해야 한다.

⑦ 특별자치시장, 특별자치도지사나 시·도지사는 제1항 또는 제5항에 따라 결정하거나 변경 결정한 시가표준액이나 제6항에 따라 제출받은 시가표준액을 관할 지방법원장에게 통보해야 한다. (2021.12.31 본조신설)

제4조의4【시가표준액 조사·연구 전문기관】 법 제4조제3항에서 "대통령령으로 정하는 관련 전문기관"이란 다음 각 호의 기관을 말한다.

1. 「지방세기본법」 제151조제1항에 따른 지방세연구원
2. 그 밖에 시가표준액의 기준 산정에 관한 전문성이 있는 것으로 행정안전부장관이 인정하여 고시하는 기관
(2021.12.31 본조신설)

제4조의5【시가표준액심의위원회의 설치 등】 ① 다음 각 호의 사항을 심의하기 위하여 행정안전부장관 소속으로 시가표준액심의위원회(이하 "시가표준액심의위원회"라 한다)를 둔다.

1. 제4조제1항 각 호의 시가표준액 산정방식
2. 제4조의2제4항에 따른 건축물의 시가표준액 변경 협의
3. 제4조의3제3항에 따른 시가표준액 산정기준의 신설
4. 그 밖에 시가표준액의 산정기준 마련과 관련하여 시가표준액심의위원회의 심의가 필요하다고 행정안전부장관이 인정하는 사항

② 시가표준액심의위원회는 위원장 1명과 부위원장 1명을 포함하여 10명 이내의 위원으로 구성한다.

③ 시가표준액심의위원회의 위원장은 행정안전부에서 지방세 관련 업무를 담당하는 고위공무원단에 속하는 일반직공무원 중에서 행정안전부장관이 지명한다.

④ 시가표준액심의위원회의 위원은 다음 각 호의 사람 중에서 행정안전부장관이 임명하거나 위촉한다.

1. 행정안전부 소속 4급 이상 공무원 또는 고위공무원단에 속하는 공무원
2. 변호사, 공인회계사, 세무사 또는 감정평가사의 직(職)에 5년 이상 종사한 사람
3. 「고등교육법」에 따른 대학에서 법률·회계·조세·부동산 등을 가르치는 부교수 이상으로 재직하고 있거나 재직했던 사람
4. 그 밖에 지방세에 관하여 전문지식과 경험이 풍부한 사람

⑤ 제4항제2호부터 제4호까지의 규정에 따른 위원의 임기는 2년으로 한다.

⑥ 시가표준액심의위원회 회의는 재적위원 과반수 출석으로 개의(開議)하고, 출석위원 과반수 찬성으로 의결한다.

⑦ 제1항부터 제6항까지에서 규정한 사항 외에 시가표준액심의위원회의 구성 및 운영에 필요한 사항은 행정안전부장관이 정한다. (2021.12.31 본조신설)

제2장 취득세

제1절 통 칙

제5조【시설의 범위】 ① 법 제6조제4호 및 같은 조 제6호나목에 따른 레저시설, 저장시설, 독(dock)시설, 접안시설, 도관시설, 급수·배수시설 및 에너지 공급시설은 다음 각 호에서 정하는 시설로 한다.(2021.1.5 본문개정)

1. 레저시설 : 수영장, 스케이트장, 골프연습장(「체육시설의 설치·이용에 관한 법률」에 따라 골프연습장업으로 신고된 20타석 이상의 골프연습장만 해당한다), 전망대, 옥외스탠드, 유원지의 옥외오락시설(유원지의 옥외오락시설과 비슷한 오락시설로서 건물 안 또는 옥상에 설치하여 사용하는 것을 포함한다)
2. 저장시설 : 수조, 저유조, 저장창고, 저장조(저장용량이 1톤 이하인 액화석유가스 저장조는 제외한다) 등의 옥외저장시설(다른 시설과 유기적으로 관련되어 있고 일시적으로 저장기능을 하는 시설을 포함한다) (2021.12.31 본호개정)
3. 독시설 및 접안시설 : 독, 조선대(造船臺) (2021.1.5 본호개정)
4. 도관시설(연결시설을 포함한다) : 송유관, 가스관, 열수송관
5. 급수·배수시설 : 송수관(연결시설을 포함한다), 급수·배수시설, 복개설비
6. 에너지 공급시설 : 주유시설, 가스충전시설, 환경친화적 자동차 충전시설, 송전철탑(전압 20만 볼트 미만

을 송전하는 것과 주민들의 요구로「전기사업법」제 72조에 따라 이전·설치하는 것은 제외한다)
(2019.12.31 본호개정)
② 법 제6조제4호 및 같은 조 제6호나목에서 "대통령령으로 정하는 잔교(棧橋)(이와 유사한 구조물을 포함한다), 기계식 또는 철골조립식 주차장, 차량 또는 기계장비 등을 자동으로 세차 또는 세척하는 시설 방송중계탑("방송법」제54조제1항제5호에 따라 국가가 필요로 하는 대외방송 및 사회교육방송 중계탑은 제외한다) 및 무선통신기지국용 철탑을 말한다.
(2014.8.12 본항개정)
제6조【시설물의 종류와 범위】법 제6조제6호다목에서 "대통령령으로 정하는 시설물"이란 다음 각 호의 어느 하나에 해당하는 시설물을 말한다.(2014.1.1 본문개정)
1. 승강기(엘리베이터, 에스컬레이터, 그 밖의 승강시설)
2. 시간당 20킬로와트 이상의 발전시설
3. 난방용·욕탕용 온수 및 열 공급시설(2014.8.12 본호개정)
4. 시간당 7천560킬로칼로리급 이상의 에어컨(중앙조절식만 해당한다)
5. 부착된 금고
6. 교환시설
7. 건물의 냉난방, 급수·배수, 방화, 방범 등의 자동관리를 위하여 설치하는 인텔리전트 빌딩시스템 시설
8. 구내의 변전·배전시설
제7조【원동기를 장치한 차량의 범위】① 법 제6조제7호에서 "원동기를 장치한 모든 차량"이란 원동기로 육상을 이동할 목적으로 제작된 모든 용구(총 배기량 50시시 미만이거나 최고정격출력 4킬로와트 이하인 이륜자동차는 제외한다)를 말한다.(2019.12.31 본항개정)
② 법 제6조제7호에서 "궤도"란「궤도운송법」제2조제1호에 따른 궤도를 말한다.
제8조【콘도미니엄과 유사한 휴양시설의 범위】법 제6조제16호에서 "대통령령으로 정하는 시설"이란「관광진흥법 시행령」제23조제1항에 따라 휴양·피서·위락·관광 등의 용도로 사용되는 것으로서 회원제로 운영하는 시설을 말한다.
제9조 (2010.12.30 삭제)
제10조【재산세 과세대장에의 등재】법 제7조제4항에 따라 토지의 지목변경에 대하여 취득세를 과세한 시장·군수·구청장은 재산세 과세대장에 지목변경 내용을 등재하고 관계인에게 통지하여야 한다.
(2016.12.30 본조개정)
제10조의2【과점주주의 범위】① 법 제7조제5항 전단에서 "대통령령으로 정하는 과점주주"란「지방세기본법」제46조제2호에 따른 과점주주 중 주주 또는 유한책임사원(이하 "본인"이라 한다) 1명과 그의 특수관계인 중 다음 각 호의 어느 하나에 해당하는 특수관계인을 말한다.
1.「지방세기본법 시행령」제2조제1항 각 호의 사람
2.「지방세기본법 시행령」제2조제2항제1호의 사람으로서 다음 각 목의 어느 하나에 해당하는 사람
　가. 주주
　나. 유한책임사원
3.「지방세기본법 시행령」제2조제3항제1호가목에 따른 법인 중 본인이 직접 해당 법인의 경영에 대하여 지배적인 영향력을 행사하고 있는 경우 그 법인
4.「지방세기본법 시행령」제2조제3항제2호가목에 따른 개인·법인 중 해당 개인·법인이 직접 본인인 법인의 경영에 대하여 지배적인 영향력을 행사하고 있는 경우 그 개인·법인
5.「지방세기본법 시행령」제2조제3항제2호나목에 따른 법인 중 본인이 직접 또는 제4호에 해당하는 자를

통해 어느 법인의 경영에 대하여 지배적인 영향력을 행사하고 있는 경우 그 법인
② 제1항제3호부터 제5호까지에 따른 법인의 경영에 대한 지배적인 영향력의 기준에 관하여는「지방세기본법 시행령」제2조제4항제1호가목 및 같은 항 제2호를 적용한다. 이 경우 같은 항 제1호가목 및 제2호나목 중 "100분의 30"은 각각 "100분의 50"으로 본다.
(2023.3.14 본조신설)
제11조【과점주주의 취득 등】① 법인의 과점주주(제10조의2에 따른 과점주주를 말한다. 이하 이 조에서 같다)가 아닌 주주 또는 유한책임사원이 다른 주주 또는 유한책임사원의 주식 또는 지분(이하 "주식등"이라 한다)을 취득하거나 증자 등으로 최초로 과점주주가 된 경우에는 최초로 과점주주가 된 날 현재 해당 과점주주가 소유하고 있는 법인의 주식등을 모두 취득한 것으로 보아 법 제7조제5항에 따라 취득세를 부과한다.
(2023.3.14 본항개정)
② 이미 과점주주가 된 주주 또는 유한책임사원이 해당 법인의 주식등을 취득하여 해당 법인의 주식등의 총액에 대한 과점주주가 가진 주식등의 비율(이하 이 조에서 "주식등의 비율"이라 한다)이 증가된 경우에는 그 증가분을 취득으로 보아 법 제7조제5항에 따라 취득세를 부과한다. 다만, 증가된 후의 주식등의 비율이 해당 과점주주가 이전에 가지고 있던 주식등의 최고비율보다 증가되지 아니한 경우에는 취득세를 부과하지 아니한다.(2015.12.31 단서개정)
③ 과점주주였으나 주식등의 양도, 해당 법인의 증자 등으로 과점주주에 해당되지 아니하는 주주 또는 유한책임사원이 된 자가 해당 법인의 주식등을 취득하여 다시 과점주주가 된 경우에는 다시 과점주주가 된 당시의 주식등의 비율이 그 이전에 과점주주가 된 당시의 주식등의 비율보다 증가된 경우에만 그 증가분만을 취득으로 보아 제2항의 예에 따라 취득세를 부과한다.
(2017.12.29 본항개정)
④ 법 제7조제5항에 따른 과점주주의 취득세 과세자료를 확인한 시장·군수·구청장은 그 과점주주에게 과세할 과세물건이 다른 특별자치시·특별자치도·시·군 또는 구(자치구를 말한다. 이하 "시·군·구"라 한다)에 있을 경우에는 지체 없이 그 과세물건을 관할하는 시장·군수·구청장에게 과점주주의 주식등의 비율, 과세물건, 가격명세 및 그 밖에 취득세 부과에 필요한 자료를 통보하여야 한다.(2016.12.30 본항개정)
제11조의2【비조합원용 부동산의 취득】법 제7조제8항 단서에 따른 비조합원용 부동산의 취득 면적은 다음 계산식에 따라 산출한 면적으로 한다.

일반분양분토지의 면적	×	법 제7조제8항에 따른 주택조합 등이 사업 추진 중에 조합원으로부터 신탁받은 토지의 면적 / 전체 토지의 면적

(2021.12.31 본조신설)
제11조의3【소유권 변동이 없는 위탁자 지위의 이전 범위】법 제7조제15항 단서에서 "대통령령으로 정하는 경우"란 다음 각 호의 어느 하나에 해당하는 경우를 말한다.
1.「자본시장과 금융투자업에 관한 법률」에 따른 부동산집합투자기구의 집합투자업자가 그 위탁자의 지위를 다른 집합투자업자에게 이전하는 경우
2. (2021.12.31 삭제)
(2015.12.31 본조신설)
제12조【취득세 안분 기준】법 제8조제3항에 따라 같은 취득물건이 둘 이상의 시·군·구에 걸쳐 있는 경우 각 시·군·구에 납부할 취득세를 산출할 때 그 과세표준은 취득 당시의 가액을 취득물건의 소재지별 시가표준액 비율로 나누어 계산한다.(2016.12.30 본조개정)

제12조의2【공동주택 개수에 대한 취득세의 면제 범위】 법 제9조제6항에서 "대통령령으로 정하는 가액 이하의 주택"이란 개수로 인한 취득 당시 법 제4조에 따른 주택의 시가표준액이 9억원 이하인 주택을 말한다. (2013.1.1 본조개정)

제12조의3【취득세 비과세 대상 차량의 범위】 ① 법 제9조제7항제1호에서 "대통령령으로 정하는 차량"이란 제121조제2항제4호·제5호 또는 제8호에 해당하는 자동차를 말한다.(2021.12.31 본항개정)
② 법 제9조제7항제2호에서 "차령초과로 사실상 차량을 사용할 수 없는 경우 등 대통령령으로 정하는 사유"란 상속개시일 현재 「자동차등록령」 제31조제2항 각 호의 사유를 말한다.(2021.12.31 본항신설)
③ 법 제9조제7항에 따라 비과세를 받으려는 자는 그 사유를 증명할 수 있는 서류를 갖추어 시장·군수·구청장에게 신청하여야 한다.
(2016.12.30 본조신설)

제2절 과세표준과 세율

제13조【취득 당시의 현황에 따른 부과】 부동산, 차량, 기계장비 또는 항공기는 이 영에서 특별한 규정이 있는 경우를 제외하고는 해당 물건을 취득하였을 때의 사실상의 현황에 따라 부과한다. 다만, 취득하였을 때의 사실상 현황이 분명하지 아니한 경우에는 공부(公簿)상의 등재 현황에 따라 부과한다.

제14조【시가인정액의 산정 및 평가기간의 판단 등】 ① 법 제10조의2제1항에서 "매매사례가액, 감정가액, 공매가액 등 대통령령으로 정하는 바에 따라 시가로 인정되는 가액"(이하 "시가인정액"이라 한다)이란 취득일 전 6개월부터 취득일 후 3개월 이내의 기간(이하 이 절에서 "평가기간"이라 한다)에 취득 대상이 된 법 제7조제1항에 따른 부동산 등(이하 이 장에서 "부동산등"이라 한다)에 대하여 매매, 감정, 경매(「민사집행법」에 따른 경매를 말한다. 이하 이 장에서 같다) 또는 공매(이하 이 조에서 "매매등"이라 한다)한 사실이 있는 경우의 가액으로서 다음 각 호의 구분에 따라 해당 호에서 정하는 가액을 말한다.(2023.6.30 본문개정)
1. 취득한 부동산등의 매매사실이 있는 경우 : 그 거래가액. 다만, 「소득세법」 제101조제1항 또는 「법인세법」에 따른 특수관계인(이하 "특수관계인"이라 한다)과의 거래 등으로 그 거래가액이 객관적으로 부당하다고 인정되는 경우는 제외한다.
2. 취득한 부동산등에 대하여 둘 이상의 감정기관(행정안전부령으로 정하는 공신력 있는 감정기관을 말한다. 이하 같다)이 평가한 감정가액이 있는 경우 : 그 감정가액의 평균액. 다만, 다음 각 목의 가액은 제외하며, 해당 감정가액이 법 제4조에 따른 시가표준액에 미달하는 경우나 시가표준액 이상인 경우에도 「지방세기본법」 제147조제1항에 따른 지방세심의위원회(이하 "지방세심의위원회"라 한다)의 심의를 거쳐 감정평가 목적 등을 고려하여 해당 감정가액이 부적정하다고 인정되는 경우에는 지방자치단체의 장이 다른 감정기관에 의뢰하여 감정한 가액으로 하며, 그 가액이 납세자가 제시한 감정가액보다 낮은 경우에는 납세자가 제시한 감정가액으로 한다.(2023.12.29 단서개정)
가. 일정한 조건이 충족될 것을 전제로 해당 부동산등을 평가하는 등 취득세의 납부 목적에 적합하지 않은 감정가액
나. 취득일 현재 해당 부동산등의 원형대로 감정하지 않은 경우 그 감정가액
3. 취득한 부동산등의 경매 또는 공매 사실이 있는 경우 : 그 경매가액 또는 공매가액
② 제1항 각 호의 가액이 평가기간 이내의 가액인지에

대한 판단은 다음 각 호의 구분에 따른 날을 기준으로 하며, 시가인정액이 둘 이상인 경우에는 취득일 전후로 가장 가까운 날의 가액(그 가액이 둘 이상인 경우에는 평균액을 말한다)을 적용한다.
1. 제1항제1호의 경우 : 매매계약일
2. 제1항제2호의 경우 : 가격산정기준일과 감정가액평가서 작성일
3. 제1항제3호의 경우 : 경매가액 또는 공매가액이 결정된 날
③ 제1항에도 불구하고 납세자 또는 지방자치단체의 장은 취득일 전 2년 이내의 기간 중 평가기간에 해당하지 않는 기간에 매매등이 있거나 평가기간이 지난 후에도 법 제20조제1항에 따른 신고·납부기한의 만료일부터 6개월 이내의 기간 중에 매매등이 있는 경우에는 행정안전부장관이 정하는 바에 따라 지방세심의위원회에 해당 매매등의 가액을 제1항 각 호의 가액으로 인정하여 줄 것을 심의요청할 수 있다.(2023.3.14 본항개정)
④ 제3항에 따른 심의요청을 받은 지방세심의위원회는 취득일부터 제2항 각 호의 날까지의 기간 중에 시간의 경과와 주위환경의 변화 등을 고려할 때 가격변동의 특별한 사정이 없다고 인정하는 경우에는 제3항에 따른 기간 중의 매매등의 가액을 제1항 각 호의 가액으로 심의·의결할 수 있다.(2023.3.14 본항개정)
⑤ 제1항부터 제4항까지의 규정에 따라 시가인정액으로 인정된 가액이 없는 경우에는 취득한 부동산등의 면적, 위치, 종류 및 용도와 법 제4조에 따른 시가표준액이 동일하거나 유사하다고 인정되는 다른 부동산등의 제1항 각 호에 따른 가액(취득일 전 1년부터 법 제20조제1항에 따른 신고·납부기한의 만료일까지의 가액으로 한정한다)을 해당 부동산등의 시가인정액으로 본다.(2023.12.29 본항개정)
⑥ 제5항에 따른 동일하거나 유사하다고 인정되는 다른 부동산등에 대한 판단기준은 행정안전부령으로 정한다.(2023.3.14 본항신설)
⑦ 시가인정액을 산정할 때 제2항 각 호의 날이 부동산등의 취득일 전인 경우로서 같은 항 같은 호의 날부터 취득일까지 해당 부동산등에 대한 자본적지출액(「소득세법 시행령」 제163조제3항에 따른 자본적지출액을 말한다. 이하 이 조에서 같다)이 확인되는 경우에는 그 자본적지출액을 제1항 각 호의 가액에 더할 수 있다.(2021.12.31 본항신설)

제14조의2【시가인정액 적용 예외 부동산등】 법 제10조의2제2항제2호에서 "대통령령으로 정하는 가액 이하의 부동산등"이란 취득물건에 대한 시가표준액이 1억원 이하인 부동산등을 말한다.(2021.12.31 본조신설)

제14조의3【시가불인정 감정기관의 지정절차 등】 ① 법 제10조의2제3항에서 "대통령령으로 정하는 가액 이하의 부동산 등"이란 다음 각 호의 부동산등을 말한다.
1. 시가표준액이 10억원 이하인 부동산등
2. 법 제10조의5제3항제2호의 법인 합병·분할 및 조직 변경을 원인으로 취득하는 부동산등
② 법 제10조의2제4항에서 "감정기관이 평가한 감정가액이 다른 감정기관이 평가한 감정가액의 100분의 80에 미달하는 등 대통령령으로 정하는 사유에 해당하는 경우"란 납세자가 제시한 감정가액(이하 이 조에서 "원감정가액"이라 한다)이 지방자치단체의 장이 다른 감정기관에 의뢰하여 평가한 감정가액(이하 이 조에서 "재감정가액"이라 한다)의 100분의 80에 미달하는 경우를 말한다.
③ 지방자치단체의 장은 감정가액이 제2항의 사유에 해당하는 경우에는 부실감정의 고의성과 원감정가액이 재감정가액에 미달하는 정도 등을 고려하여 1년의 범위에서 행정안전부령으로 정하는 기간 동안 원감정가액을 평가한 감정기관을 법 제10조의2제4항에 따른 시가불인정 감정기관(이하 이 장에서 "시가불인정감정기

관"이라 한다)으로 지정할 수 있다. 이 경우 지방세심의위원회의 심의를 거쳐야 한다.

④ 제3항에 따른 지정 기간은 지방자치단체의 장으로부터 시가불인정감정기관 지정 결과를 통지받은 날부터 기산한다.

⑤ 지방자치단체의 장은 제3항 후단에 따라 지방세심의위원회의 회의를 개최하기 전에 다음 각 호의 내용을 해당 감정기관에 통지하고, 의견을 청취해야 한다.

1. 시가불인정감정기관 지정 내용 및 법적 근거
2. 제1호에 대하여 의견을 제출할 수 있다는 뜻과 의견을 제출하지 않는 경우의 처리 방법
3. 의견제출기한
4. 그 밖에 의견제출에 필요한 사항

⑥ 법 제10조의2제7항에 따라 지방자치단체의 장은 시가불인정감정기관을 지정하는 경우에는 다음 각 호의 사항을 행정안전부령으로 정하는 바에 따라 지방세통합정보통신망에 게재해야 한다.

1. 시가불인정감정기관의 명칭(상호), 성명(법인인 경우 대표자 성명과 법인등록번호) 및 사업자등록번호
2. 시가불인정감정기관 지정 기간
3. 시가불인정감정기관 지정 사유
4. 시가불인정감정기관 지정 처분이 해제된 경우 그 해제 사실

⑦ 제3항부터 제6항까지에서 규정한 사항 외에 시가불인정감정기관의 지정 및 통지 등에 필요한 사항은 행정안전부령으로 정한다.

(2021.12.31 본조신설)

제14조의4 【부담부증여시 취득가격】 ① 법 제10조의2제6항에 따른 부담부증여의 경우 유상으로 취득한 것으로 보는 채무액에 상당하는 부분(이하 이 조에서 "채무부담액"이라 한다)의 범위는 시가인정액을 그 한도로 한다.

② 채무부담액은 취득자가 부동산등의 취득일이 속하는 달의 말일부터 3개월 이내에 인수한 것을 입증한 채무액으로서 다음 각 호의 금액으로 한다.

1. 등기부 등본으로 확인되는 부동산등에 대한 저당권, 가압류, 가처분 등에 따른 채무부담액
2. 금융기관이 발급한 채무자 변경 확인서 등으로 확인되는 금융기관의 금융채무액
3. 임대차계약서 등으로 확인되는 부동산등에 대한 임대보증금액
4. 그 밖에 판결문, 공정증서 등 객관적 입증자료로 확인되는 취득자의 채무부담액

(2021.12.31 본조신설)

제15조 ~ 제17조 (2021.12.31 삭제)

제18조 【사실상취득가격의 범위 등】 ① 법 제10조의3제1항에서 "대통령령으로 정하는 사실상의 취득가격"(이하 "사실상취득가격"이라 한다)이란 해당 물건을 취득하기 위하여 거래 상대방 또는 제3자에게 지급했거나 지급해야 할 직접비용과 다음 각 호의 어느 하나에 해당하는 간접비용의 합계액을 말한다. 다만, 취득대금을 일시급 등으로 지급하여 일정액을 할인받은 경우에는 그 할인된 금액으로 하고, 법인이 아닌 자가 취득한 경우에는 제1호, 제2호 또는 제7호의 금액을 제외한 금액으로 한다.(2021.12.31 본문개정)

1. 건설자금에 충당한 차입금의 이자 또는 이와 유사한 금융비용
2. 할부 또는 연부(年賦) 계약에 따른 이자 상당액 및 연체료(2021.12.31 단서삭제)
3. 「농지법」에 따른 농지보전부담금, 「문화예술진흥법」 제9조제3항에 따른 미술작품의 설치 또는 문화예술진흥기금에 출연하는 금액, 「산지관리법」에 따른 대체산림자원조성비 등 관계 법령에 따라 의무적으로 부담하는 비용(2019.12.31 본호개정)
4. 취득에 필요한 용역을 제공받은 대가로 지급하는 용역비·수수료(건축 및 토지조성공사로 수탁자가 취득하는 경우 위탁자가 수탁자에게 지급하는 신탁수수료를 포함한다)(2021.12.31 본호개정)
5. 취득대금 외에 당사자의 약정에 따른 취득자 조건부담액과 채무인수액
6. 부동산을 취득하는 경우 「주택도시기금법」 제8조에 따라 매입한 국민주택채권을 해당 부동산의 취득 이전에 양도함으로써 발생하는 매각차손. 이 경우 행정안전부령으로 정하는 금융회사 등(이하 이 조에서 "금융회사등"이라 한다) 외의 자에게 양도한 경우에는 동일한 날에 금융회사등에 양도하였을 경우 발생하는 매각차손을 한도로 한다.(2017.7.26 후단개정)
7. 「공인중개사법」에 따른 공인중개사에게 지급한 중개보수(2021.12.31 단서삭제)
8. 붙박이 가구·가전제품 등 건축물에 부착되거나 일체를 이루면서 건축물의 효용을 유지 또는 증대시키기 위한 설비·시설 등의 설치비용(2019.12.31 본호신설)
9. 정원 또는 부속시설물 등을 조성·설치하는 비용(2019.12.31 본호신설)
10. 제1호부터 제9호까지의 비용에 준하는 비용(2019.12.31 본호개정)

② 제1항에도 불구하고 다음 각 호의 어느 하나에 해당하는 비용은 사실상취득가격에 포함하지 않는다.(2021.12.31 본문개정)

1. 취득하는 물건의 판매를 위한 광고선전비 등의 판매비용과 그와 관련한 부대비용
2. 「전기사업법」, 「도시가스사업법」, 「집단에너지사업법」, 그 밖의 법률에 따라 전기·가스·열 등을 이용하는 자가 분담하는 비용
3. 이주비, 지장물 보상금 등 취득물건과는 별개의 권리에 관한 보상 성격으로 지급되는 비용
4. 부가가치세
5. 제1호부터 제4호까지의 비용에 준하는 비용

③ ~ ⑤ (2021.12.31 삭제)
(2021.12.31 본조제목개정)

제18조의2 【부당행위계산의 유형】 법 제10조의3제2항에 따른 부당행위계산은 특수관계인으로부터 시가인정액보다 낮은 가격으로 부동산을 취득한 경우로서 시가인정액과 사실상취득가격의 차액이 3억원 이상이거나 시가인정액의 100분의 5에 상당하는 금액 이상인 경우로 한다.(2021.12.31 본조신설)

제18조의3 【차량 등의 취득가격】 ① 법 제10조의5제2항에서 "천재지변으로 피해를 입은 차량 또는 기계장비를 취득하여 그 사실상취득가격이 제4조제2항에 따른 시가표준액보다 낮은 경우 등 대통령령으로 정하는 경우"란 다음 각 호의 어느 하나에 해당하는 경우를 말한다.(2023.6.30 본문개정)

1. 천재지변, 화재, 교통사고 등으로 중고 차량이나 중고 기계장비의 가액이 시가표준액보다 낮은 것으로 시장·군수·구청장이 인정하는 경우
2. 국가, 지방자치단체 또는 지방자치단체조합으로부터 취득하는 경우
3. 수입으로 취득하는 경우
4. 민사소송 및 행정소송의 확정 판결(화해·포기·인낙 또는 자백간주에 의한 것은 제외한다)에 따라 취득가격이 증명되는 경우
5. 법인장부(금융회사의 금융거래 내역서 또는 「감정평가 및 감정평가사에 관한 법률」 제6조에 따른 감정평가서 등 객관적 증거서류에 따라 법인이 작성한 원장·보조장·출납전표 또는 결산서를 말한다)에 따라 취득가격이 증명되는 경우
6. 경매 또는 공매로 취득하는 경우
(2023.6.30 1호~6호신설)

② 차량 또는 기계장비의 취득이 제1항에 해당하는 경우 법 제10조에 따른 취득 당시의 가액(이하 "취득당시

가액"이라 한다)은 사실상취득가액으로 한다. 다만, 제1 항제5호에 따른 중고 차량 또는 중고 기계장비로서 그 취득가격이 시가표준액보다 낮은 경우(제1호의 경우는 제외한다)에는 해당 시가표준액을 취득당시가액으로 한다.(2023.6.30 단서신설)

제18조의4【유상·무상·원시취득의 경우 과세표준에 대한 특례】 ① 법 제10조의5제3항 각 호에 따른 취득의 경우 취득당시가액은 다음 각 호의 구분에 따른 가액으로 한다.

1. 법 제10조의5제3항제1호의 경우 : 다음 각 목의 구분에 따른 가액. 다만, 특수관계인으로부터 부동산등을 취득하는 경우로서 법 제10조의3제2항에 따른 부당행위계산을 한 것으로 인정되는 경우 취득당시가액은 시가인정액으로 한다.

  가. 대물변제 : 대물변제액(대물변제액 외에 추가로 지급한 금액이 있는 경우에는 그 금액을 포함한다). 다만, 대물변제액이 시가인정액보다 적은 경우 취득당시가액은 시가인정액으로 한다.(2023.12.29 단서개정)

  나. 교환 : 교환을 원인으로 이전받는 부동산등의 시가인정액과 이전하는 부동산등의 시가인정액(상대방에게 추가로 지급하는 금액과 상대방으로부터 승계받는 채무액이 있는 경우 그 금액을 더하고, 상대방으로부터 추가로 지급받는 금액과 상대방에게 승계하는 채무액이 있는 경우 그 금액을 차감한다) 중 높은 가액

  다. 양도담보 : 양도담보에 따른 채무액(채무액 외에 추가로 지급한 금액이 있는 경우 그 금액을 포함한다). 다만, 그 채무액이 시가인정액보다 적은 경우 취득당시가액은 시가인정액으로 한다.(2023.12.29 단서개정)

2. 법 제10조의5제3항제2호의 경우 : 시가인정액. 다만, 시가인정액을 산정하기 어려운 경우 취득당시가액은 시가표준액으로 한다.

3. 법 제10조의5제3항제3호에 따른 사업시행자 또는 주택조합이 법 제7조제8항 단서에 따른 비조합원용 부동산 또는 체비지·보류지를 취득한 경우 : 다음 계산식에 따라 산출한 가액

$$가액 = A \times [B - (C \times B / D)]$$

A : 해당 토지의 제곱미터당 분양가액
B : 해당 토지의 면적
C : 사업시행자 또는 주택조합이 해당 사업 진행 중 취득한 토지면적(조합원으로부터 신탁받은 토지는 제외한다)
D : 해당 사업 대상 토지의 전체 면적

(2023.3.14 본호개정)

4. 법 제10조의5제3항제4호의 경우 : 다음 각 목의 구분에 따른 가액

  가. 제2항제1호에 해당하는 경우 : 다음 계산식에 따라 산출한 가액

$$가액 = A \times [B - (C \times B / D)] - E$$

A : 해당 토지의 제곱미터당 분양가액
B : 해당 토지의 면적
C : 사업시행자가 해당 사업 진행 중 취득한 토지면적
D : 해당 사업 대상 토지의 전체 면적
E : 법 제7조제4항 후단에 따른 토지의 지목 변경에 따른 취득가액

  나. 제2항제2호에 해당하는 경우 : 다음 계산식에 따라 산출한 가액

$$가액 = (A \times B) - C$$

A : 해당 토지의 제곱미터당 분양가액
B : 해당 토지의 면적
C : 법 제7조제4항 후단에 따른 토지의 지목 변경에 따른 취득가액

(2023.3.14 본호신설)

② 법 제10조의5제3항제4호에서 "대통령령으로 정하는 취득"이란 다음 각 호의 취득을 말한다.

1. 「도시개발법」에 따른 도시개발사업의 시행으로 인한 사업시행자의 체비지 또는 보류지의 취득

2. 법 제7조제16항 후단에 따른 조합원의 토지 취득 (2023.3.14 본항개정)

(2021.12.31 본조신설)

제18조의5【선박·차량 등의 종류 변경】 법 제10조의6제1항제2호에서 "선박, 차량 또는 기계장비의 용도 등 대통령령으로 정하는 사항"이란 선박의 선질(船質)·용도·기관·정원 또는 최대적재량이나 차량 또는 기계장비의 원동기·승차정원·최대적재량·차체를 말한다.(2021.12.31 본조신설)

제18조의6【취득으로 보는 경우의 과세표준】 법 제10조의6제1항 각 호의 어느 하나에 해당하는 경우로서 사실상취득가격을 확인할 수 없는 경우의 취득당시가액은 다음 각 호의 구분에 따른 가액으로 한다.

1. 법 제10조의6제1항제1호의 경우 : 토지의 지목이 사실상 변경된 때를 기준으로 가목의 가액에서 나목의 가액을 뺀 가액

  가. 지목변경 이후의 토지에 대한 시가표준액(해당 토지에 대한 개별공시지가의 공시기준일이 지목변경으로 인한 취득일 전인 경우에는 인근 유사토지의 가액을 기준으로 「부동산 가격공시에 관한 법률」에 따라 국토교통부장관이 제공한 토지가격비준표를 사용하여 시장·군수·구청장이 산정한 가액을 말한다)

  나. 지목변경 전의 토지에 대한 시가표준액(지목변경으로 인한 취득일 현재 해당 토지의 변경 전 지목에 대한 개별공시지가를 말한다. 다만, 변경 전 지목에 대한 개별공시지가가 없는 경우에는 인근 유사토지의 가액을 기준으로 「부동산 가격공시에 관한 법률」에 따라 국토교통부장관이 제공한 토지가격비준표를 사용하여 시장·군수·구청장이 산정한 가액을 말한다)

2. 법 제10조의6제1항제2호의 경우 : 법 제4조제2항에 따른 시가표준액

(2021.12.31 본조신설)

제19조【부동산등의 일괄취득】 ① 부동산등을 한꺼번에 취득하여 각 과세물건의 취득 당시의 가액이 구분되지 않는 경우에는 한꺼번에 취득한 가격을 각 과세물건별 시가표준액 비율로 나눈 금액을 각각의 취득 당시의 가액으로 한다.

② 제1항에도 불구하고 주택, 건축물과 그 부속토지를 한꺼번에 취득한 경우에는 다음 각 호의 계산식에 따라 주택 부분과 주택 외 부분의 취득 당시의 가액을 구분하여 산정한다.

1. 주택 부분 :

$$전체\ 취득\ 당시의\ 가액 \times \frac{[건축물 중 주택 부분의 시가표준액(법 제4조제2항에 따른 시가표준액을 말한다. 이하 이 항에서 같다)] + [부속토지 중 주택 부분의 시가표준액(법 제4조제1항에 따른 토지 시가표준액을 말한다. 이하 이 항에서 같다)]}{건축물과 부속토지 전체의 시가표준액}$$

2. 주택 외 부분 :

$$전체\ 취득\ 당시의\ 가액 \times \frac{(건축물 중 주택 외 부분의 시가표준액) + (부속토지 중 주택 외 부분의 시가표준액)}{건축물과 부속토지 전체의 시가표준액}$$

③ 제1항 및 제2항에도 불구하고 신축 또는 증축으로 주택과 주택 외의 건축물을 한꺼번에 취득한 경우에는 다음 각 호의 계산식에 따라 주택 부분과 주택 외 부분의 취득 당시의 가액을 구분하여 산정한다.

1. 주택 부분:

$$\text{전체 취득 당시의 가액} \times \frac{\text{건축물 중 주택 부분의 연면적}}{\text{건축물 전체의 연면적}}$$

2. 주택 외 부분:

$$\text{전체 취득 당시의 가액} \times \frac{\text{건축물 중 주택 외 부분의 연면적}}{\text{건축물 전체의 연면적}}$$

④ 제1항의 경우에 시가표준액이 없는 과세물건이 포함되어 있으면 부동산등의 감정가액 등을 고려하여 시장·군수·구청장이 결정한 비율로 나눈 금액을 각각의 취득 당시의 가액으로 한다.
(2021.12.31 본조개정)

제20조【취득의 시기 등】 ① 무상취득의 경우에는 그 계약일(상속 또는 유증으로 인한 취득의 경우에는 상속 또는 유증 개시일을 말한다)에 취득한 것으로 본다. 다만, 해당 취득물건을 등기·등록하지 않고 다음 각 호의 어느 하나에 해당하는 서류로 계약이 해제된 사실이 입증되는 경우에는 취득한 것으로 보지 않는다.
(2021.12.31 본문개정)
1. 화해조서·인낙조서(해당 조서에서 취득일부터 취득일이 속하는 달의 말일부터 3개월 이내에 계약이 해제된 사실이 입증되는 경우만 해당한다)(2023.12.29 본호개정)
2. 공정증서(공증인이 인증한 사서증서를 포함하되, 취득일부터 취득일이 속하는 달의 말일부터 3개월 이내에 공증받은 것만 해당한다)(2023.12.29 본호개정)
3. 행정안전부령으로 정하는 계약해제신고서(취득일부터 취득일이 속하는 달의 말일부터 3개월 이내에 제출된 것만 해당한다)(2023.12.29 본호개정)
② 유상승계취득의 경우에는 사실상의 잔금지급일(신고인이 제출한 자료로 사실상의 잔금지급일을 확인할 수 없는 경우에는 계약상의 잔금지급일을 말하고, 계약상 잔금 지급일이 명시되지 않은 경우에는 계약일부터 60일이 경과한 날을 말한다)에 취득한 것으로 본다. 다만, 해당 취득물건을 등기·등록하지 않고 다음 각 호의 어느 하나에 해당하는 서류로 계약이 해제된 사실이 입증되는 경우에는 취득한 것으로 보지 않는다.
1. 화해조서·인낙조서(해당 조서에서 취득일부터 60일 이내에 계약이 해제된 사실이 입증되는 경우만 해당한다)
2. 공정증서(공증인이 인증한 사서증서를 포함하되, 취득일부터 60일 이내에 공증받은 것만 해당한다)
3. 행정안전부령으로 정하는 계약해제신고서(취득일부터 60일 이내에 제출된 것만 해당한다)
4. 부동산 거래신고 관련 법령에 따른 부동산거래계약 해제등 신고서(취득일부터 60일 이내에 등록관청에 제출한 경우만 해당한다)
(2023.12.29 본항개정)
③ 차량·기계장비·항공기 및 선박(이하 이 조에서 "차량등"이라 한다)의 경우에는 다음 각 호에 따른 날을 최초의 취득일로 본다.
1. 주문을 받거나 판매하기 위하여 차량등을 제조·조립·건조하는 경우 : 실수요자가 차량등을 인도받는 날과 계약서 상의 잔금지급일 중 빠른 날
2. 차량등을 제조·조립·건조하는 자가 그 차량등을 직접 사용하는 경우 : 차량등의 등기 또는 등록일과 사실상의 사용일 중 빠른 날
(2021.12.31 본항개정)
④ 수입에 따른 취득은 해당 물건을 우리나라에 반입하는 날(보세구역을 경유하는 것은 수입신고필증 교부일을 말한다)을 취득일로 본다. 다만, 차량등의 실수요자가 따로 있는 경우에는 실수요자가 차량등을 인도받

는 날과 계약상의 잔금지급일 중 빠른 날을 승계취득일로 보며, 취득자의 편의에 따라 수입물건을 우리나라에 반입하지 않거나 보세구역을 경유하지 않고 외국에서 직접 사용하는 경우에는 그 수입물건의 등기 또는 등록일을 취득일로 본다.(2021.12.31 단서개정)
⑤ 연부로 취득하는 것(취득가액의 총액이 법 제17조의 적용을 받는 것은 제외한다)은 그 사실상의 연부금 지급일을 취득일로 본다.
⑥ 건축물을 건축 또는 개수하여 취득하는 경우에는 사용승인서(「도시개발법」 제51조제1항에 따른 준공검사 증명서,「도시 및 주거환경정비법 시행령」 제74조에 따른 준공인가증 및 그 밖에 건축 관계 법령에 따른 사용승인서에 준하는 서류를 포함한다. 이하 이 항에서 같다)를 내주는 날(사용승인서를 내주기 전에 임시사용승인을 받은 경우에는 그 임시사용승인일을 말하고, 사용승인서 또는 임시사용승인서를 받을 수 없는 건축물의 경우에는 사실상 사용이 가능한 날을 말한다)과 사실상의 사용일 중 빠른 날을 취득일로 본다.
(2019.5.31 본항개정)
⑦ 「주택법」 제11조에 따른 주택조합이 주택건설사업을 하면서 조합원으로부터 취득하는 토지 중 조합원에게 귀속되지 아니하는 토지를 취득하는 경우에는 「주택법」 제49조에 따른 사용검사를 받은 날에 그 토지를 취득한 것으로 보고,「도시 및 주거환경정비법」 제35조제3항에 따른 재건축조합이 재건축사업을 하거나 「빈집 및 소규모주택 정비에 관한 특례법」 제23조제2항에 따른 소규모재건축조합이 소규모재건축사업을 하면서 조합원으로부터 취득하는 토지 중 조합원에게 귀속되지 아니하는 토지를 취득하는 경우에는 「도시 및 주거환경정비법」 제86조제2항 또는 「빈집 및 소규모주택 정비에 관한 특례법」 제40조제2항에 따른 소유권이전 고시일의 다음 날에 그 토지를 취득한 것으로 본다.
(2018.2.9 본항개정)
⑧ 관계 법령에 따라 매립·간척 등으로 토지를 원시취득하는 경우에는 공사준공인가일을 취득일로 본다. 다만, 공사준공인가일 전에 사용승낙·허가를 받거나 사실상 사용하는 경우에는 사용승낙일·허가일 또는 사실상 사용일 중 빠른 날을 취득일로 본다.
(2014.8.12 단서개정)
⑨ 차량·기계장비 또는 선박의 종류변경에 따른 취득은 사실상 변경한 날과 공부상 변경한 날 중 빠른 날을 취득일로 본다.
⑩ 토지의 지목변경에 따른 취득은 토지의 지목이 사실상 변경된 날과 공부상 변경된 날 중 빠른 날을 취득일로 본다. 다만, 토지의 지목변경일 이전에 사용하는 부분에 대해서는 그 사실상의 사용일을 취득일로 본다.
⑪ (2017.12.29 삭제)
⑫ 「민법」 제245조 및 제247조에 따른 점유로 인한 취득의 경우에는 취득물건의 등기일 또는 등록일을 취득일로 본다.(2021.12.31 본항신설)
⑬ 「민법」 제839조의2 및 제843조에 따른 재산분할로 인한 취득의 경우에는 취득물건의 등기일 또는 등록일을 취득일로 본다.(2015.7.24 본항신설)
⑭ 제1항, 제2항 및 제5항에 따른 취득일 전에 등기 또는 등록을 한 경우에는 그 등기일 또는 등록일에 취득한 것으로 본다.

제21조【농지의 범위】 법 제11조제1항제1호 각 목 및 같은 항 제7호 각 목에 따른 농지는 각각 다음 각 호의 토지로 한다. (2010.12.30 본문개정)
1. 취득 당시 공부상 지목이 논, 밭 또는 과수원인 토지로서 실제 농작물의 경작이나 다년생식물의 재배지로 이용되는 토지. 이 경우 농지 경영에 직접 필요한 농막(農幕)·두엄간·양수장·못·늪·농도(農道)·수로 등이 차지하는 토지 부분을 포함한다.

2. 취득 당시 공부상 지목이 논, 밭, 과수원 또는 목장용지인 토지로서 실제 축산용으로 사용되는 축사와 그 부대시설로 사용되는 토지, 초지 및 사료밭 (2013.1.1 본호개정)

제22조【비영리사업자의 범위】법 제11조제1항제2호 단서에서 "대통령령으로 정하는 비영리사업자"란 각각 다음 각 호의 어느 하나에 해당하는 자를 말한다. (2014.1.1 본문개정)
1. 종교 및 제사를 목적으로 하는 단체
2. 「초·중등교육법」및 「고등교육법」에 따른 학교, 「경제자유구역 및 제주국제자유도시의 외국교육기관 설립·운영에 관한 특별법」또는 「기업도시개발 특별법」에 따른 외국교육기관을 경영하는 자 및 「평생교육법」에 따른 교육시설을 운영하는 평생교육단체
3. 「사회복지사업법」에 따라 설립된 사회복지법인
4. 「지방세특례제한법」제22조제1항에 따른 사회복지법인등(2019.12.31 본호개정)
5. 「정당법」에 따라 설립된 정당

제22조의2 (2020.8.12 삭제)

제23조【비영업용 승용자동차 등의 범위】① 법 제12조제1항제2호가목에서 "대통령령으로 정하는 비영업용 승용자동차"란 개인 또는 법인이 「여객자동차 운수사업법」에 따라 면허를 받거나 등록을 하고 일반의 수요에 제공하는 것 외의 용도에 제공하는 「자동차관리법」제3조제1항제1호에 따른 승용자동차를 말한다. 다만, 「자동차관리법 시행령」제7조제1항제11호 또는 제12호에 따라 임시운행허가를 받은 승용자동차는 제외한다.(2020.12.31 본항개정)
② 법 제12조제1항제2호가목 단서에서 "대통령령으로 정하는 경자동차"란 「자동차관리법」제3조에 따른 자동차의 종류 중 경형자동차를 말한다.(2020.12.31 본항개정)
③ 법 제12조제1항제2호나목에서 "대통령령으로 정하는 자동차"란 총 배기량 125시시 이하이거나 최고정격출력 12킬로와트 이하인 이륜자동차를 말한다. (2019.12.31 본항개정)
④ 법 제12조제1항제2호다목)에 따른 비영업용 자동차는 개인 또는 법인이 「여객자동차 운수사업법」또는 「화물자동차 운수사업법」에 따라 면허를 받거나 등록을 하고 일반의 수요에 제공하는 것 외의 용도에 제공하는 「자동차관리법」제2조제1호에 따른 자동차로 한다. 다만, 「자동차관리법 시행령」제7조제1항제11호 또는 제12호에 따라 임시운행허가를 받은 자동차는 제외한다.(2020.12.31 본항신설)
⑤ 법 제12조제1항제2호다목2)에 따른 영업용 자동차는 개인 또는 법인이 「여객자동차 운수사업법」또는 「화물자동차 운수사업법」에 따라 면허를 받거나 등록을 하고 일반의 수요에 제공하는 용도에 제공되는 「자동차관리법」제2조제1호에 따른 자동차로 한다. (2020.12.31 본항개정)

제24조 (2010.12.30 삭제)

제25조【본점 또는 주사무소의 사업용 부동산】법 제13조제1항에서 "대통령령으로 정하는 본점이나 주사무소의 사업용 부동산"이란 법인의 본점 또는 주사무소의 사무소로 사용하는 부동산과 그 부대시설용 부동산(기숙사, 합숙소, 사택, 연수시설, 체육시설 등 복지후생시설과 예비군 병기고 및 탄약고는 제외한다)을 말한다.(2016.11.29 본조개정)

제26조【대도시 법인 중과세의 예외】① 법 제13조제2항 각 호 외의 부분 본문에서 "대통령령으로 정하는 업종"이란 다음 각 호에 해당하는 업종을 말한다.
1. 「사회기반시설에 대한 민간투자법」제2조제3호에 따른 사회기반시설사업(같은 조 제9호에 따른 부대사업을 포함한다)(2020.12.31 본호개정)

2. 「한국은행법」및 「한국수출입은행법」에 따른 은행업
3. 「해외건설촉진법」에 따라 신고된 해외건설업(해당 연도에 해외건설 실적이 있는 경우로서 해외건설에 직접 사용하는 사무실용 부동산만 해당한다) 및 「주택법」제4조에 따라 국토교통부에 등록된 주택건설사업(주택건설용으로 취득한 후 3년 이내에 주택건설에 착공하는 부동산만 해당한다)(2016.8.11 본호개정)
4. 「전기통신사업법」제5조에 따른 전기통신사업
5. 「산업발전법」에 따라 산업통상자원부장관이 고시하는 첨단기술산업과 「산업집적활성화 및 공장설립에 관한 법률 시행령」별표1의2 제2호마목에 따른 첨단업종(2020.5.12 본호개정)
6. 「유통산업발전법」에 따른 유통산업, 「농수산물유통 및 가격안정에 관한 법률」에 따른 농수산물도매시장·농수산물공판장·농수산물종합유통센터·유통자회사 및 「축산법」에 따른 가축시장(2010.12.30 후단삭제)
7. 「여객자동차 운수사업법」에 따른 여객자동차운송사업 및 「화물자동차 운수사업법」에 따른 화물자동차운송사업과 「물류시설의 개발 및 운영에 관한 법률」제2조제3호에 따른 물류터미널사업 및 「물류정책기본법 시행령」제3조 및 별표1에 따른 창고업 (2010.12.30 본호개정)
8. 정부출자법인 또는 정부출연법인(국가나 지방자치단체가 납입자본금 또는 기본재산의 100분의 20 이상을 직접 출자 또는 출연한 법인만 해당한다)이 경영하는 사업(2013.1.1 본호개정)
9. 「의료법」제3조에 따른 의료업
10. 개인이 경영하던 제조업(「소득세법」제19조제1항제3호에 따른 제조업을 말한다)을 다만, 행정안전부령으로 정하는 바에 따라 법인으로 전환하는 기업만 해당하며, 법인전환에 따라 취득한 부동산의 가액(법 제4조에 따른 시가표준액을 말한다)이 법인 전환 전의 부동산가액을 초과하는 경우에 그 초과부분과 법인으로 전환한 날 이후에 취득한 부동산은 법 제13조제2항 각 호 외의 부분 본문을 적용한다.(2017.7.26 단서개정)
11. 「산업집적활성화 및 공장설립에 관한 법률 시행령」별표1의2 제3호가목에 따른 자원재활용업종 (2020.5.12 본호개정)
12. 「소프트웨어 진흥법」제2조제3호에 따른 소프트웨어사업 및 같은 법 제61조에 따라 설립된 소프트웨어공제조합이 소프트웨어산업을 위하여 수행하는 사업 (2020.12.8 본호개정)
13. 「공연법」에 따른 공연장 등 문화예술시설운영사업
14. 「방송법」제2조제2호·제5호·제8호·제11호 및 제13호에 따른 방송사업·중계유선방송사업·음악유선방송사업·전광판방송사업 및 전송망사업
15. 「과학관의 설립·운영 및 육성에 관한 법률」에 따른 과학관시설운영사업(2013.4.22 본호개정)
16. 「산업집적활성화 및 공장설립에 관한 법률」제28조에 따른 도시형공장을 경영하는 사업(2011.12.31 본호개정)
17. 「벤처투자 촉진에 관한 법률」제37조에 따라 등록한 벤처투자회사가 중소기업창업 지원을 위하여 수행하는 사업. 다만, 법인설립 후 1개월 이내에 같은 법에 따라 등록하는 경우만 해당한다.(2023.12.19 본문개정)
18. 「한국광해광업공단법」에 따른 한국광해광업공단이 석탄산업합리화를 위하여 수행하는 사업(2021.8.31 본호개정)
19. 「소비자기본법」제33조에 따라 설립된 한국소비자원이 소비자 보호를 위하여 수행하는 사업
20. 「건설산업기본법」제54조에 따라 설립된 공제조합이 건설업을 위하여 수행하는 사업

21. 「엔지니어링산업 진흥법」 제34조에 따라 설립된 공제조합이 그 설립 목적을 위하여 수행하는 사업
22. 「주택도시기금법」에 따른 주택도시보증공사가 주택건설업을 위하여 수행하는 사업(2015.6.30 본호개정)
23. 「여신전문금융업법」 제2조제12호에 따른 할부금융업
24. 「통계법」 제22조에 따라 통계청장이 고시하는 한국표준산업분류(이하 "한국표준산업분류"라 한다)에 따른 실내경기장·운동장 및 야구장 운영업 (2021.4.27 본호개정)
25. 「산업발전법」(법률 제9584호 산업발전법 전부개정법률로 개정되기 전의 것을 말한다) 제14조에 따라 등록된 기업구조조정전문회사가 그 설립 목적을 위하여 수행하는 사업. 다만, 법인 설립 후 1개월 이내에 같은 법에 따라 등록하는 경우만 해당한다.
26. 「지방세특례제한법」 제21조제1항에 따른 청소년단체, 같은 법 제45조에 따른 학술단체·장학법인 및 같은 법 제52조에 따른 문화예술단체·체육단체가 그 설립 목적을 위하여 수행하는 사업(2019.12.31 본호개정)
27. 「중소기업진흥에 관한 법률」 제69조에 따라 설립된 회사가 경영하는 사업
28. 「도시 및 주거환경정비법」 제35조 또는 「빈집 및 소규모주택 정비에 관한 특례법」 제23조에 따라 설립된 조합이 시행하는 「도시 및 주거환경정비법」 제2조제2호의 정비사업 또는 「빈집 및 소규모주택 정비에 관한 특례법」 제2조제1항제3호의 소규모주택정비사업(2018.2.9 본호개정)
29. 「방문판매 등에 관한 법률」 제38조에 따라 설립된 공제조합이 경영하는 보상금지급책임의 보험사업 등 같은 법 제37조제1항제3호에 따른 공제사업 (2012.7.10 본호개정)
30. 「한국주택금융공사법」에 따라 설립된 한국주택금융공사가 같은 법 제22조에 따라 경영하는 사업
31. 「민간임대주택에 관한 특별법」 제5조에 따라 등록을 한 임대사업자 또는 「공공주택 특별법」 제4조에 따라 지정된 공공주택사업자가 경영하는 주택임대사업(2016.8.11 단서삭제)
32. 「전기공사공제조합법」에 따라 설립된 전기공사공제조합이 전기공사업을 위하여 수행하는 사업
33. 「소방산업의 진흥에 관한 법률」 제23조에 따른 소방산업공제조합이 소방산업을 위하여 수행하는 사업
34. 「중소기업 기술혁신 촉진법」 제15조 및 같은 법 시행령 제13조에 따라 기술혁신형 중소기업으로 선정된 기업이 경영하는 사업. 다만, 법인의 본점·주사무소·지점·분사무소를 대도시 밖으로 대도시로 전입하는 경우는 제외한다.(2017.12.29 본호신설)
35. 「주택법」에 따른 리모델링주택조합이 시행하는 같은 법 제66조제1항 및 제2항에 따른 리모델링사업 (2021.12.31 본호신설)
36. 「공공주택 특별법」에 따른 공공매입임대주택(같은 법 제4조제1항제2호 및 제3호에 따른 공공주택사업자와 공공매입임대주택을 건설하는 사업자가 공공매입임대주택을 건설하여 양도하기로 2022년 12월 31일까지 약정을 체결하고 약정일부터 3년 이내에 건설에 착공하는 주거용 오피스텔로 한정한다)을 건설하는 사업(2021.12.31 본호신설)
37. 「공공주택 특별법」 제4조제1항에 따라 지정된 공공주택사업자가 같은 법에 따른 지분적립형 분양주택이나 이익공유형 분양주택을 공급·관리하는 사업 (2022.2.28 본호신설)
② (2020.8.12 삭제)
③ 법 제13조제3항제1호 각 목 외의 부분 단서에서 "대통령령으로 정하는 업종"이란 제1항제3호의 주택건설사업을 말하고, 법 제13조제3항제1호 각 목에도 불구하고 직접 사용하여야 하는 기한 또는 다른 업종이나 다

른 용도에 사용·겸용이 금지되는 기간은 3년으로 한다.(2010.12.30 본항개정)
④ 법 제13조제4항에서 "대통령령으로 정하는 임대가 불가피하다고 인정되는 업종"이란 다음 각 호의 어느 하나에 해당하는 업종을 말한다.
1. 제1항제4호의 전기통신사업(「전기통신사업법」에 따른 전기통신사업자가 같은 법 제41조에 따라 전기통신설비 또는 시설을 다른 전기통신사업자와 공동으로 사용하기 위하여 임대하는 경우로 한정한다)
2. 제1항제6호의 유통산업, 농수산물도매시장·농수산물공판장·농수산물종합유통센터·유통자회사 및 가축시장(「유통산업발전법」 등 관계 법령에 따라 임대가 허용되는 매장 등의 전부 또는 일부를 임대하는 경우 임대하는 부분에 한정한다)
(2010.12.30 본항신설)

제27조【대도시 부동산 취득의 중과세 범위와 적용기준】① 법 제13조제2항제1호에서 "대통령령으로 정하는 휴면(休眠)법인"이란 다음 각 호의 어느 하나에 해당하는 법인을 말한다.
1. 「상법」에 따라 해산한 법인(이하 "해산법인"이라 한다)
2. 「상법」에 따라 해산한 것으로 보는 법인(이하 "해산간주법인"이라 한다)
3. 「부가가치세법 시행령」 제13조에 따라 폐업한 법인(이하 "폐업법인"이라 한다)(2013.6.28 본호개정)
4. 법인 인수일 이전 1년 이내에 「상법」 제229조, 제285조, 제521조의2 및 제611조에 따른 계속등기를 한 해산법인 또는 해산간주법인
5. 법인 인수일 이전 1년 이내에 다시 사업자등록을 한 폐업법인
6. 법인 인수일 이전 2년 이상 사업 실적이 없고, 인수일 전후 1년 이내에 인수법인 임원의 100분의 50 이상을 교체한 법인
② 법 제13조제2항제1호에 따른 휴면법인의 인수는 제1항 각 호의 어느 하나에 해당하는 법인에서 최초로 그 법인의 과점주주(「지방세기본법」 제46조제2호에 따른 과점주주를 말한다)가 된 때 이루어진 것으로 본다. (2023.3.14 본항개정)
③ 법 제13조제2항제1호에 따른 대도시에서의 법인 설립, 지점·분사무소 설치 및 법인의 본점·주사무소·지점·분사무소의 대도시 전입에 따른 부동산 취득은 해당 법인 또는 행정안전부령으로 정하는 사무소 또는 사업장(이하 이 조에서 "사무소등"이라 한다)이 그 설립·설치·전입 이전에 법인의 본점·주사무소·지점 또는 분사무소의 용도로 직접 사용하기 위한 부동산 취득(채권을 보전하거나 행사할 목적으로 하는 부동산 취득은 제외한다. 이하 이 조에서 같다)으로 하고, 같은 호에 따른 그 설립·설치·전입 이후의 부동산 취득은 법인 또는 사무소등이 설립·설치·전입 이후 5년 이내에 하는 업무용·비업무용 또는 사업용·비사업용의 모든 부동산 취득으로 한다. 이 경우 부동산 취득에는 공장의 신설·증설, 공장의 승계취득, 해당 대도시에서의 공장 이전 및 공장의 업종변경에 따르는 부동산 취득을 포함한다.(2019.12.31 전단개정)
④ 법 제13조제2항제1호를 적용할 때 분할등기일 현재 5년 이상 계속하여 사업을 한 대도시의 내국법인이 법인의 분할(「법인세법」 제46조제2항제1호가목부터 다목까지의 요건을 갖춘 경우만 해당한다)로 법인을 설립하는 경우에는 중과세 대상으로 보지 아니한다. (2013.1.1 본항개정)
⑤ 법 제13조제2항제1호를 적용할 때 대도시에서 설립 후 5년이 경과한 법인(이하 이 항에서 "기존법인"이라 한다)이 다른 기존법인과 합병하는 경우에는 중과세 대상으로 보지 아니하며, 기존법인이 대도시에서 설립

후 5년이 경과되지 아니한 법인과 합병하여 기존법인 외의 법인이 합병 후 존속하는 법인이 되거나 새로운 법인을 신설하는 경우에는 합병 당시 기존법인에 대한 자산비율에 해당하는 부분을 과세 대상으로 보지 아니한다. 이 경우 자산비율은 자산을 평가하는 때에는 평가액을 기준으로 계산한 비율로 하고, 자산을 평가하지 아니하는 때에는 합병 당시의 장부가액을 기준으로 계산한 비율로 한다.

⑥ 법 제13조제2항을 적용할 때 「신탁법」에 따른 수탁자가 취득한 신탁재산의 경우 취득 목적, 법인 또는 사무소등의 설립·설치·전입 시기 등은 같은 법에 따른 위탁자를 기준으로 판단한다.(2019.12.31 본항신설)

제28조【골프장 등의 범위와 적용기준】 ① 법 제13조제5항 각 호 외의 부분 전단에 따른 골프장 등을 구분하여 그 일부를 취득하는 경우는 골프장·고급주택·고급오락장 또는 고급선박을 2명 이상이 구분하여 취득하거나 1명 또는 여러 명이 시차를 두고 구분하여 취득하는 경우로 한다.(2023.12.29 본항개정)

② ~ ③ (2023.12.29 삭제)

④ 법 제13조제5항제3호에 따라 고급주택으로 보는 주거용 건축물과 그 부속토지는 다음 각 호의 어느 하나에 해당하는 것으로 한다. 다만, 제1호·제2호·제2호의2 및 제4호에서 정하는 주거용 건축물과 그 부속토지 또는 공동주택과 그 부속토지는 법 제4조제1항에 따른 취득 당시의 시가표준액이 9억원을 초과하는 경우만 해당한다.(2020.12.31 단서개정)

1. 1구(1세대가 독립하여 구분 사용할 수 있도록 구획된 부분을 말한다. 이하 같다)의 건축물의 연면적(주차장면적은 제외한다)이 331제곱미터를 초과하는 주거용 건축물과 그 부속토지(2020.12.31 본호개정)

2. 1구의 건축물의 대지면적이 662제곱미터를 초과하는 주거용 건축물과 그 부속토지(2020.12.31 본호개정)

2의2. 1구의 건축물에 엘리베이터(적재하중 200킬로그램 이하의 소형엘리베이터는 제외한다)가 설치된 주거용 건축물과 그 부속토지(공동주택과 그 부속토지는 제외한다)(2011.12.31 본호신설)

3. 1구의 건축물에 에스컬레이터 또는 67제곱미터 이상의 수영장 중 1개 이상의 시설이 설치된 주거용 건축물과 그 부속토지(공동주택과 그 부속토지는 제외한다)(2011.12.31 본호개정)

4. 1구의 공동주택(여러 가구가 한 건축물에 거주할 수 있도록 전용된 다가구용 주택을 포함하되, 이 경우 한 가구가 독립하여 거주할 수 있도록 구획된 부분을 각각 1구의 건축물로 본다)의 건축물 연면적(공용면적은 제외한다)이 245제곱미터(복층형은 274제곱미터로 하되, 한 층의 면적이 245제곱미터를 초과하는 것은 제외한다)를 초과하는 공동주택과 그 부속토지

⑤ 법 제13조제5항제4호 본문에서 "대통령령으로 정하는 건축물과 그 부속토지"란 다음 각 호의 어느 하나에 해당하는 용도에 사용되는 건축물과 그 부속토지를 말한다. 이 경우 고급오락장이 건축물의 일부에 시설되었을 때에는 해당 건축물에 부속된 토지 중 그 건축물의 연면적에 대한 고급오락장용 건축물의 연면적 비율에 해당하는 토지를 고급오락장의 부속토지로 본다. (2010.12.30 전단개정)

1. 당사자 상호간에 재물을 걸고 우연한 결과에 따라 재물의 득실을 결정하는 카지노장(「관광진흥법」에 따라 허가된 외국인전용 카지노장은 제외한다)

2. 사행행위 또는 도박행위에 제공될 수 있도록 자동도박기(파친코, 슬롯머신(slot machine), 아케이드 이큅먼트(arcade equipment) 등을 말한다)를 설치한 장소

3. 머리와 얼굴에 대한 미용시설 외에 욕실 등을 부설한 장소로서 그 설비를 이용하기 위하여 정해진 요금을 지급하도록 시설된 미용실

4. 「식품위생법」 제37조에 따른 허가 대상인 유흥주점영업으로서 다음 각 목의 어느 하나에 해당하는 영업장소(공용면적을 포함한 영업장의 면적이 100제곱미터를 초과하는 것만 해당한다)(2014.12.30 본문개정)

가. 손님이 춤을 출 수 있도록 객석과 구분된 무도장을 설치한 영업장소(카바레·나이트클럽·디스코클럽 등을 말한다)

나. 유흥접객원(남녀를 불문하며, 임시로 고용된 사람을 포함한다)을 두는 경우로, 별도로 반영구적으로 구획된 객실의 면적이 영업장 전용면적의 100분의 50 이상이거나 객실 수가 5개 이상인 영업장소(룸살롱, 요정 등을 말한다)(2017.12.29 본호개정)

⑥ 법 제13조제5항제5호에서 "대통령령으로 정하는 기준을 초과하는 선박"이란 시가표준액이 3억원을 초과하는 선박을 말한다. 다만, 실험·실습 등의 용도에 사용할 목적으로 취득하는 것은 제외한다.(2016.12.30 본문개정)

(2023.12.29 본조제목개정)

제28조의2【주택 유상거래 취득 중과세의 예외】 법 제13조의2제1항을 적용할 때 같은 항 각 호 외의 부분에 따른 주택(이하 이 조 및 제28조의3부터 제28조의6까지에서 "주택"이라 한다)으로서 다음 각 호의 어느 하나에 해당하는 주택은 중과세 대상으로 보지 않는다.

1. 법 제4조에 따른 시가표준액(지분이나 부속토지만을 취득한 경우에는 전체 주택의 시가표준액을 말한다)이 1억원 이하인 주택. 다만, 「도시 및 주거환경정비법」 제2조제1호에 따른 정비구역(종전의 「주택건설촉진법」에 따라 설립인가를 받은 재건축조합의 사업부지를 포함한다)으로 지정·고시된 지역 또는 「빈집 및 소규모주택 정비에 관한 특례법」 제2조제1항제4호에 따른 사업시행구역에 소재하는 주택은 제외한다.

2. 「공공주택 특별법」 제4조제1항에 따라 지정된 공공주택사업자가 다음 각 목의 어느 하나에 해당하는 주택을 공급(가목의 경우 신축·개축하여 공급하는 경우를 포함한다)하기 위하여 취득하는 주택

가. 「공공주택 특별법」 제43조제1항에 따라 공급하는 공공매입임대주택. 다만, 정당한 사유 없이 그 취득일부터 2년이 경과할 때까지 공공매입임대주택으로 공급하지 않거나 공공매입임대주택으로 공급한 기간이 3년 미만인 상태에서 매각·증여하거나 다른 용도로 사용하는 경우는 제외한다.

나. 「공공주택 특별법」에 따른 지분적립형 분양주택이나 이익공유형 분양주택

(2022.2.28 본호개정)

2의2. 「공공주택 특별법」 제4조제1항에 따라 지정된 공공주택사업자가 제2호나목의 주택을 분양받은 자로부터 환매하여 취득하는 주택(2022.2.28 본호신설)

2의3. 「공공주택 특별법」 제40조의7제2항제2호에 따른 토지등소유자가 같은 법 제40조의10제3항에 따라 공공주택사업자로부터 현물보상으로 공급받아 취득하는 주택(2022.2.28 본호신설)

3. 「노인복지법」 제32조제1항제3호에 따른 노인복지주택으로 운영하기 위하여 취득하는 주택. 다만, 정당한 사유 없이 그 취득일부터 1년이 경과할 때까지 해당 용도에 직접 사용하지 않거나 해당 용도로 직접 사용한 기간이 3년 미만인 상태에서 매각·증여하거나 다른 용도로 사용하는 경우는 제외한다.

3의2. 「도시재생 활성화 및 지원에 관한 특별법」 제55조의3에 따른 토지등소유자가 같은 법 제45조제1호에 따른 혁신지구사업시행자로부터 현물보상으로 공급받아 취득하는 주택(2022.2.28 본호신설)

4. 「문화재보호법」 제2조제3항에 따른 지정문화재 또는 같은 조 제4항에 따른 등록문화재에 해당하는 주택(2021.4.27 본호개정)

5. 「민간임대주택에 관한 특별법」 제2조제7호에 따른 임대사업자가 같은 조 제4호에 따른 공공지원민간임대주택으로 공급하기 위하여 취득하는 주택. 다만, 정당한 사유 없이 그 취득일부터 2년이 경과할 때까지 공공지원민간임대주택으로 공급하지 않거나 공공지원민간임대주택으로 공급한 기간이 3년 미만인 상태에서 매각·증여하거나 다른 용도로 사용하는 경우는 제외한다.
6. 「영유아보육법」 제10조제5호에 따른 가정어린이집으로 운영하기 위하여 취득하는 주택. 다만, 정당한 사유 없이 그 취득일부터 1년이 경과할 때까지 해당 용도로 직접 사용하지 않거나 해당 용도로 직접 사용한 기간이 3년 미만인 상태에서 매각·증여하거나 다른 용도로 사용하는 경우는 제외하되, 가정어린이집을 「영유아보육법」 제10조제1호에 따른 국공립어린이집으로 전환한 경우는 당초 용도대로 직접 사용하는 것으로 본다.(2021.12.31 단서개정)
7. 「주택도시기금법」 제3조에 따른 주택도시기금과 「한국토지주택공사법」에 따라 설립된 한국토지주택공사가 공동으로 출자하여 설립한 부동산투자회사 또는 「한국자산관리공사 설립 등에 관한 법률」에 따라 설립된 한국자산관리공사가 출자하여 설립한 부동산투자회사가 취득하는 주택으로서 취득 당시 다음 각 목의 요건을 모두 갖춘 주택
   가. 해당 주택의 매도자(이하 이 호에서 "매도자"라 한다)가 거주하고 있는 주택으로서 해당 주택 외에 매도자가 속한 세대가 보유하고 있는 주택이 없을 것
   나. 매도자로부터 취득한 주택을 5년 이상 매도자에게 임대하고 임대기간 종료 후에 그 주택을 재매입할 수 있는 권리를 매도자에게 부여할 것
   다. 법 제4조에 따른 시가표준액(지분이나 부속토지만을 취득한 경우에는 전체 주택의 시가표준액을 말한다)이 5억원 이하인 주택일 것
8. 다음 각 목의 어느 하나에 해당하는 주택으로서 멸실시킬 목적으로 취득하는 주택. 다만, 나목5)의 경우에는 정당한 사유 없이 그 취득일부터 2년이 경과할 때까지 해당 주택을 멸실시키지 않거나 그 취득일부터 6년이 경과할 때까지 주택을 신축하지 않은 경우는 제외하고, 나목6)의 경우에는 정당한 사유 없이 그 취득일부터 1년이 경과할 때까지 해당 주택을 멸실시키지 않거나 그 취득일부터 3년이 경과할 때까지 주택을 신축하여 판매하지 않은 경우는 제외하며, 나목5) 및 6) 외의 경우에는 정당한 사유 없이 그 취득일부터 3년이 경과할 때까지 해당 주택을 멸실시키지 않거나 그 취득일부터 7년이 경과할 때까지 주택을 신축하지 않은 경우는 제외한다.(2023.12.29 단서개정)
   가. 「공공기관의 운영에 관한 법률」 제4조에 따른 공공기관 또는 「지방공기업법」 제3조에 따른 지방공기업이 「공익사업을 위한 토지 등의 취득 및 보상에 관한 법률」 제4조에 따른 공익사업을 위하여 취득하는 주택
   나. 다음 중 어느 하나에 해당하는 자가 주택건설사업을 위하여 취득하는 주택. 다만, 해당 주택건설사업이 주택과 주택이 아닌 건축물을 한꺼번에 신축하는 사업인 경우에는 신축하는 주택의 건축면적 등을 고려하여 행정안전부령으로 정하는 바에 따라 산정한 부분에 한정한다.
      1) 「도시 및 주거환경정비법」 제2조제8호에 따른 사업시행자
      2) 「빈집 및 소규모주택 정비에 관한 특례법」 제2조제1항제5호에 따른 사업시행자
      3) 「주택법」 제2조제11호에 따른 주택조합(같은 법 제11조제2항에 따른 "주택조합설립인가를 받으려는 자"를 포함한다)

4) 「주택법」 제4조에 따라 등록한 주택건설사업자
5) 「민간임대주택에 관한 특별법」 제23조에 따른 공공지원민간임대주택 개발사업 시행자
6) 주택신축판매업[한국표준산업분류에 따른 주거용 건물 개발 및 공급업과 주거용 건물 건설업(자영건설업으로 한정한다)을 말한다]을 영위할 목적으로 「부가가치세법」 제8조제1항에 따라 사업자등록을 한 자
(2021.4.27 본목개정)
9. 주택의 시공자(「주택법」 제33조제2항에 따른 시공자 및 「건축법」 제2조제16호에 따른 공사시공자를 말한다)가 다음 각 목의 어느 하나에 해당하는 자로부터 해당 주택의 공사대금으로 취득한 미분양 주택(「주택법」 제54조에 따른 사업주체가 같은 조에 따라 공급하는 주택으로서 입주자모집공고에 따른 입주자의 계약일이 지난 주택단지에서 취득일 현재까지 분양계약이 체결되지 않아 선착순의 방법으로 공급하는 주택을 말한다. 이하 이 조 및 제28조의6에서 같다). 다만, 가목의 자로부터 취득한 주택으로서 자기 또는 임대계약 등 권원을 불문하고 타인이 거주한 기간이 1년 이상인 경우는 제외한다.(2020.12.31 본문개정)
   가. 「건축법」 제11조에 따른 허가를 받은 자
   나. 「주택법」 제15조에 따른 사업계획승인을 받은 자
10. 다음 각 목의 어느 하나에 해당하는 자가 저당권의 실행 또는 채권변제로 취득하는 주택. 다만, 취득일부터 3년이 경과할 때까지 해당 주택을 처분하지 않은 경우는 제외한다.
    가. 「농업협동조합법」에 따라 설립된 조합
    나. 「산림조합법」에 따라 설립된 산림조합 및 그 중앙회
    다. 「상호저축은행법」에 따른 상호저축은행
    라. 「새마을금고법」에 따라 설립된 새마을금고 및 그 중앙회
    마. 「수산업협동조합법」에 따라 설립된 조합
    바. 「신용협동조합법」에 따라 설립된 신용협동조합 및 그 중앙회
    사. 「은행법」에 따른 은행
11. 다음 각 목의 요건을 갖춘 농어촌주택
    가. 「지방자치법」 제3조제3항 및 제4항에 따른 읍 또는 면에 있을 것
    나. 대지면적이 660제곱미터 이내이고 건축물의 연면적이 150제곱미터 이내일 것
    다. 건축물의 가액(제4조제1항제1호의2를 준용하여 산출한 가액을 말한다)이 6천500만원 이내일 것
    라. 다음의 어느 하나에 해당하는 지역에 있지 아니할 것
       1) 광역시에 소속된 군지역 또는 「수도권정비계획법」 제2조제1호에 따른 수도권지역. 다만, 「접경지역 지원 특별법」 제2조제1호에 따른 접경지역과 「수도권정비계획법」에 따른 자연보전권역 중 행정안전부령으로 정하는 지역은 제외한다.
       2) 「국토의 계획 및 이용에 관한 법률」 제6조에 따른 도시지역 및 「부동산 거래신고 등에 관한 법률」 제10조에 따른 허가구역
       3) 「소득세법」 제104조의2제1항에 따라 기획재정부장관이 지정하는 지역
       4) 「조세특례제한법」 제99조의4제1항제1호가목5)에 따라 정하는 지역
(2023.12.29 본호개정)
12. 사원에 대한 임대용으로 직접 사용할 목적으로 취득하는 주택으로서 1구의 건축물의 연면적(전용면적을 말한다)이 60제곱미터 이하인 공동주택(「건축법 시행령」 별표1 제1호다목에 따른 다가구주택으로서 「건축법」 제38조에 따른 건축물대장에 호수별로 전

용면적이 구분되어 기재되어 있는 다가구주택을 포함한다). 다만, 다음 각 목의 어느 하나에 해당하는 주택은 제외한다.(2023.3.14 본문개정)
가. 취득하는 자가 개인인 경우로서 「지방세기본법 시행령」 제2조제1항 각 호의 어느 하나에 해당하는 관계인 사람에게 제공하는 주택
나. 취득하는 자가 법인인 경우로서 「지방세기본법」 제46조제2호에 따른 과점주주에게 제공하는 주택
다. 정당한 사유 없이 그 취득일부터 1년이 경과할 때까지 해당 용도에 직접 사용하지 않거나 해당 용도로 직접 사용한 기간이 3년 미만인 상태에서 매각·증여하거나 다른 용도로 사용하는 주택
13. 물적분할[「법인세법」 제46조제2항 각 호의 요건(같은 항 제2호의 경우 전액이 주식등이어야 한다)을 갖춘 경우로 한정한다]로 인하여 분할신설법인이 분할법인으로부터 취득하는 미분양 주택. 다만, 분할등기일부터 3년 이내에 「법인세법」 제47조제3항 각 호의 어느 하나에 해당하는 사유가 발생한 경우(같은 항 각 호 외의 부분 단서에 해당하는 경우는 제외한다)는 제외한다.(2020.12.31 본호신설)
14. 「주택법」에 따른 리모델링주택조합이 같은 법 제22조제2항에 따라 취득하는 주택(2021.12.31 본호신설)
15. 「주택법」 제2조제10호나목의 사업주체가 취득하는 다음 각 목의 주택
가. 「주택법」에 따른 토지임대부 분양주택을 공급하기 위하여 취득하는 주택
나. 「주택법」에 따른 토지임대부 분양주택을 분양받은 자로부터 환매하여 취득하는 주택
(2022.2.28 본호신설)
(2020.8.12 본조신설)

제28조의3 【세대의 기준】 ① 법 제13조의2제1항부터 제4항까지의 규정을 적용할 때 1세대란 주택을 취득하는 사람과 「주민등록법」 제7조에 따른 세대별 주민등록표(이하 이 조에서 "세대별 주민등록표"라 한다) 또는 「출입국관리법」 제34조제1항에 따른 등록외국인기록표 및 외국인등록표(이하 이 조에서 "등록외국인기록표등"이라 한다)에 함께 기재되어 있는 가족(동거인은 제외한다)으로 구성된 세대를 말하며 주택을 취득하는 사람의 배우자(사실혼은 제외하며, 법률상 이혼을 했으나 생계를 같이 하는 등 사실상 이혼한 것으로 보기 어려운 관계에 있는 사람을 포함한다. 이하 제28조의6에서 같다), 취득일 현재 미혼인 30세 미만의 자녀 또는 부모(주택을 취득하는 사람이 미혼이고 30세 미만인 경우로 한정한다)는 주택을 취득하는 사람과 같은 세대별 주민등록표 또는 등록외국인기록표등에 기재되어 있지 않더라도 1세대에 속한 것으로 본다.
② 제1항에도 불구하고 다음 각 호의 어느 하나에 해당하는 경우에는 각각 별도의 세대로 본다.
1. 부모와 같은 세대별 주민등록표에 기재되어 있지 않은 30세 미만의 자녀로서 주택 취득일이 속하는 달의 직전 12개월 동안 발생한 소득으로서 행정안전부장관이 정하는 소득이 「국민기초생활 보장법」에 따른 기준 중위소득을 12개월로 환산한 금액의 100분의 40 이상이고, 소유하고 있는 주택을 관리·유지하면서 독립된 생계를 유지할 수 있는 경우. 다만, 미성년자인 경우는 제외한다.(2021.12.31 본문개정)
2. 취득일 현재 65세 이상의 직계존속(배우자의 직계존속을 포함하며, 직계존속 중 어느 한 사람이 65세 미만인 경우를 포함한다)을 동거봉양(同居奉養)하기 위하여 30세 이상의 직계비속, 혼인한 직계비속 또는 제1호에 따른 소득요건을 충족하는 성년인 직계비속이 합가(合家)한 경우(2023.3.14 본호개정)
3. 취학 또는 근무상의 형편 등으로 세대전원이 90일 이상 출국하는 경우로서 「주민등록법」 제10조의3제1

항 본문에 따라 해당 세대가 출국 후에 속할 거주지를 다른 가족의 주소로 신고한 경우
4. 별도의 세대를 구성할 수 있는 사람이 주택을 취득한 날부터 60일 이내에 세대를 분리하기 위하여 그 취득한 주택으로 주소지를 이전하는 경우(2021.12.31 본호신설)
(2020.8.12 본조신설)

제28조의4 【주택 수의 산정방법】 ① 법 제13조의2제1항제2호 및 제3호를 적용할 때 세율 적용의 기준이 되는 1세대의 주택 수는 주택 취득일 현재 취득하는 주택을 포함하여 1세대가 국내에 소유하는 주택, 법 제13조의3제2호에 따른 조합원입주권(이하 "조합원입주권"이라 한다), 같은 조 제3호에 따른 주택분양권(이하 "주택분양권"이라 한다) 및 같은 조 제4호에 따른 오피스텔(이하 "오피스텔"이라 한다)의 수를 말한다. 이 경우 조합원입주권 또는 주택분양권에 의하여 취득하는 주택의 경우에는 조합원입주권 또는 주택분양권의 취득일(분양사업자로부터 주택분양권을 취득하는 경우에는 분양계약일)을 기준으로 해당 주택 취득 시의 세대별 주택 수를 산정한다.
② 제1항을 적용할 때 주택, 조합원입주권, 주택분양권 또는 오피스텔을 동시에 2개 이상 취득하는 경우에는 납세의무자가 정하는 바에 따라 순차적으로 취득하는 것으로 본다.
③ 제1항을 적용할 때 1세대 내에서 1개의 주택, 조합원입주권, 주택분양권 또는 오피스텔을 세대원이 공동으로 소유하는 경우에는 1개의 주택, 조합원입주권, 주택분양권 또는 오피스텔을 소유한 것으로 본다.
④ 제1항을 적용할 때 상속으로 여러 사람이 공동으로 1개의 주택, 조합원입주권, 주택분양권 또는 오피스텔을 소유하는 경우 지분이 가장 큰 상속인을 그 주택, 조합원입주권, 주택분양권 또는 오피스텔의 소유자로 보고, 지분이 가장 큰 상속인이 두 명 이상인 경우에는 그 중 다음 각 호의 순서에 따라 그 주택, 조합원입주권, 주택분양권 또는 오피스텔의 소유자를 판정한다. 이 경우, 미등기 상속 주택 또는 오피스텔의 소유지분이 종전의 소유지분과 변경되어 등기되는 경우에는 등기상 소유지분을 상속개시일에 취득한 것으로 본다.
1. 그 주택 또는 오피스텔에 거주하는 사람
2. 나이가 가장 많은 사람
⑤ 제1항부터 제4항까지의 규정에 따라 1세대의 주택 수를 산정할 때 다음 각 호의 어느 하나에 해당하는 주택, 조합원입주권, 주택분양권 또는 오피스텔은 소유주택 수에서 제외한다.
1. 다음 각 목의 어느 하나에 해당하는 주택
가. 제28조의2제1호에 해당하는 주택으로서 주택 수 산정일 현재 같은 호에 따른 해당 주택의 시가표준액 기준을 충족하는 주택
나. 제28조의2제3호·제5호·제6호 및 제12호에 해당하는 주택으로서 주택 수 산정일 현재 해당 용도에 직접 사용하고 있는 주택
다. 제28조의2제4호에 해당하는 주택
라. 제28조의2제8호 및 제9호에 해당하는 주택. 다만, 제28조의2제9호에 해당하는 주택의 경우에는 그 주택의 취득일부터 3년 이내의 기간으로 한정한다.
마. 제28조의2제11호에 해당하는 주택으로서 주택 수 산정일 현재 제28조제2항제2호의 요건을 충족하는 주택
2. 「통계법」 제22조에 따라 통계청장이 고시하는 산업에 관한 표준분류에 따른 주거용 건물 건설업을 영위하는 자가 신축하여 보유하는 주택. 다만, 자기 또는 임대계약 등 권원을 불문하고 타인이 거주한 기간이 1년 이상인 주택은 제외한다.

3. 상속을 원인으로 취득한 주택, 조합원입주권, 주택분양권 또는 오피스텔로서 상속개시일부터 5년이 지나지 않은 주택, 조합원입주권, 주택분양권 또는 오피스텔
4. 주택 수 산정일 현재 법 제4조에 따른 시가표준액(지분이나 부속토지만을 취득한 경우에는 전체 건축물과 그 부속토지의 시가표준액을 말한다)이 1억원 이하인 오피스텔
5. 주택 수 산정일 현재 법 제4조에 따른 시가표준액이 1억원 이하인 부속토지만을 소유한 경우 해당 부속토지 (2023.3.14 본호신설)
6. 혼인한 사람이 혼인 전 소유한 주택분양권으로 주택을 취득하는 경우 다른 배우자가 혼인 전부터 소유하고 있는 주택(2023.3.14 본호신설)
(2020.8.12 본조신설)

제28조의5 【일시적 2주택】 ① 법 제13조의2제1항제2호에 따른 "대통령령으로 정하는 일시적 2주택"이란 국내에 주택, 조합원입주권, 주택분양권 또는 오피스텔을 1개 소유한 1세대가 그 주택, 조합원입주권, 주택분양권 또는 오피스텔(이하 이 조 및 제36조의3에서 "종전 주택등"이라 한다)을 소유한 상태에서 이사·학업·취업·직장이전 및 이와 유사한 사유로 다른 1주택(이하 이 조 및 제36조의3에서 "신규 주택"이라 한다)을 추가로 취득한 후(이하 이 조에서 "일시적 2주택 기간"이라 한다) 이내에 종전 주택등(신규 주택이 조합원입주권 또는 주택분양권에 의한 주택이거나 종전 주택등이 조합원입주권 또는 주택분양권인 경우에는 신규 주택을 포함한다)을 처분하는 경우 해당 신규 주택을 말한다.(2023.2.28 본항개정)
② 제1항을 적용할 때 조합원입주권 또는 주택분양권을 1개 소유한 1세대가 그 조합원입주권 또는 주택분양권을 소유한 상태에서 신규 주택을 취득한 경우에는 해당 조합원입주권 또는 주택분양권에 의한 주택을 취득한 날부터 일시적 2주택 기간을 기산한다.
③ 제1항을 적용할 때 종전 주택등이 「도시 및 주거환경정비법」 제74조제1항에 따른 관리처분계획의 인가 또는 「빈집 및 소규모주택 정비에 관한 특례법」 제29조제1항에 따른 사업시행계획인가를 받은 주택인 경우로서 관리처분계획인가 또는 사업시행계획인가 당시 해당 사업구역에 거주하는 세대가 신규 주택을 취득하여 그 신규 주택으로 이주한 경우에는 그 이주한 날에 종전 주택등을 처분한 것으로 본다.(2020.12.31 본항신설)
(2020.8.12 본조신설)

제28조의6 【중과세 대상 무상취득 등】 ① 법 제13조의2제2항에서 "대통령령으로 정하는 일정가액 이상의 주택"이란 취득 당시 법 제4조에 따른 시가표준액(지분이나 부속토지만을 취득한 경우에는 전체 주택의 시가표준액을 말한다)이 3억원 이상인 주택을 말한다.
② 법 제13조의2제2항 단서에서 "1세대 1주택자가 소유한 주택을 배우자 또는 직계존비속이 무상취득하는 등 대통령령으로 정하는 경우"란 다음 각 호의 어느 하나에 해당하는 경우를 말한다.
1. 1세대 1주택을 소유한 사람으로부터 해당 주택을 배우자 또는 직계존비속이 법 제11조제1항제2호에 따른 무상취득을 하는 경우
2. 법 제15조제1항제3호 및 제6호에 따른 세율의 특례 적용대상에 해당하는 경우
3. 「법인세법」 제46조제2항에 따른 적격분할로 인하여 분할신설법인이 분할법인으로부터 취득하는 미분양 주택. 다만, 분할등기일부터 3년 이내에 「법인세법」 제46조의3제3항 각 호의 어느 하나에 해당하는 사유가 발생하는 경우(같은 항 각 호 외의 부분 단서에 해당하는 경우는 제외한다)는 제외한다.(2020.12.31 본호신설)
(2020.8.12 본조신설)

제29조 【1가구 1주택의 범위】 ① 법 제15조제1항제2호가목에서 "대통령령으로 정하는 1가구 1주택"이란 상속인(「주민등록법」 제6조제1항제3호에 따른 재외국민은 제외한다. 이하 이 조에서 같다)과 같은 법에 따른 세대별 주민등록표(이하 이 조에서 "세대별 주민등록표"라 한다)에 함께 기재되어 있는 가족(동거인은 제외한다)으로 구성된 1가구(상속인의 배우자, 상속인의 미혼인 30세 미만의 직계비속 또는 상속인이 미혼이고 30세 미만인 경우 그 부모는 각각 상속인과 같은 세대별 주민등록표에 기재되어 있지 아니하더라도 같은 가구에 속한 것으로 본다)가 국내에 1개의 주택[주택(법 제11조제1항제8호에 따른 주택을 말한다)으로 사용하는 건축물과 그 부속토지를 말하되, 제28조제4항에 따른 고급주택은 제외한다)]을 소유하는 경우를 말한다.(2018.12.31 본항개정)
② 제1항을 적용할 때 1주택을 여러 사람이 공동으로 소유하는 경우에도 공동소유자 각각 1주택을 소유하는 것으로 보고, 주택의 부속토지만을 소유하는 경우에도 주택을 소유하는 것으로 본다.(2015.7.24 본항신설)
③ 제1항 및 제2항을 적용할 때 1주택을 여러 사람이 공동으로 상속받는 경우에는 지분이 가장 큰 상속인을 그 주택의 소유자로 본다. 이 경우 지분이 가장 큰 상속인이 두 명 이상일 때에는 지분이 가장 큰 상속인 중 다음 각 호의 순서에 따라 그 주택의 소유자를 판정한다.(2015.7.24 본문개정)
1. 그 주택에 거주하는 사람
2. 나이가 가장 많은 사람

제29조의2 【분할된 부동산에 대한 과세표준】 법 제15조제1항제4호를 적용할 때 공유물을 분할한 후 분할된 부동산에 대한 단독 소유권을 취득하는 경우의 과세표준은 단독 소유권을 취득하는 그 분할된 부동산 전체의 시가표준액으로 한다.(2017.12.29 본조신설)

제30조 【세율의 특례 대상】 ① 법 제15조제1항제7호에서 "그 밖의 형식적인 취득 등 대통령령으로 정하는 취득"이란 벌채하여 원목을 생산하기 위한 입목의 취득을 말한다.(2015.12.31 본항신설)
② 법 제15조제2항제8호에서 "레저시설의 취득 등 대통령령으로 정하는 취득"이란 다음 각 호의 어느 하나에 해당하는 취득을 말한다.(2019.12.31 본문개정)
1. 제5조에서 정하는 시설의 취득
2. 무덤과 이에 접속된 부속시설물의 부지로 사용되는 토지로서 지적공부상 지목이 묘지인 토지의 취득
3. 법 제9조제5항 단서에 해당하는 임시건축물의 취득
4. 「여신전문금융업법」 제33조제1항에 따라 건설기계나 차량을 등록한 대여시설이용자가 그 시설대여업자로부터 취득하는 건설기계 또는 차량의 취득
5. 건축물을 건축하여 취득하는 경우로서 그 건축물에 대하여 법 제28조제1항제1호가목 또는 나목에 따른 소유권의 보존 등기 또는 소유권의 이전 등기에 대한 등록면허세 납세의무가 성립한 후 제20조에 따른 취득시기가 도래하는 건축물의 취득
(2010.12.30 4호~5호신설)

제31조 【대도시 부동산 취득의 중과세 추징기간】 법 제16조제4항에서 "대통령령으로 정하는 기간"이란 부동산을 취득한 날부터 5년 이내를 말한다.

제3절 부과·징수

제32조 【매각 통보 등】 ① 법 제19조에 따른 매각 통보 또는 신고는 행정안전부령으로 정하는 서식에 따라 물건의 소재지를 관할하는 시장·군수·구청장에게 통보하거나 신고하여야 한다.(2017.7.26 본항개정)
② 시장·군수·구청장이 제10조의2에 따른 과점주주에 대한 취득세를 부과하기 위하여 관할 세무서장에게

「법인세법 시행령」 제161조제6항에 따른 법인의 주식 등변동상황명세서에 관한 자료의 열람을 요청하거나 구체적으로 그 대상을 밝혀 관련 자료를 요청하는 경우에는 관할 세무서장은 특별한 사유가 없으면 그 요청에 따라야 한다.(2023.3.14 본항개정)

③ 시장·군수·구청장이 법 제13조제2항에 따라 취득세를 중과하기 위하여 관할 세무서장에게 「부가가치세법 시행령」 제11조에 따른 법인의 지점 또는 분사무소의 사업자등록신청 관련 자료의 열람을 요청하거나 구체적으로 그 대상을 밝혀 관련 자료를 요청하는 경우에는 관할 세무서장은 특별한 사유가 없으면 그 요청에 따라야 한다.
(2016.12.30 본조개정)

제33조【신고 및 납부】 ① 법 제20조제1항부터 제3항까지의 규정에 따라 취득세를 신고하려는 자는 행정안전부령으로 정하는 신고서에 취득물건, 취득일 및 용도 등을 적어 납세지를 관할하는 시장·군수·구청장에게 신고하여야 한다.(2017.7.26 본항개정)

② (2011.12.31 삭제)

③ 지방자치단체의 금고 또는 지방세수납대행기관(「지방회계법 시행령」 제49조제1항 및 제2항에 따라 지방자치단체 금고업무의 일부를 대행하는 금융회사 등을 말한다. 이하 같다)은 취득세를 납부받으면 납세자 보관용 영수필 통지서, 취득세 영수필 통지서(등기·등록관서의 시·군·구 통보용) 및 취득세 영수필 확인서 각 1부를 납세자에게 내주고, 지체 없이 취득세 영수필 통지서(시·군·구 보관용) 1부를 해당 시·군·구의 세입징수관에게 송부하여야 한다. 다만, 「전자정부법」 제36조제1항에 따라 행정기관 간에 취득세 납부사실을 전자적으로 확인할 수 있는 경우에는 납세자에게 납세자 보관용 영수필 통지서를 교부하는 것으로 갈음할 수 있다.
(2016.12.30 본문개정)

제34조【중과세 대상 재산의 신고 및 납부】 법 제20조제2항에서 "대통령령으로 정하는 날"이란 다음 각 호의 구분에 따른 날을 말한다.

1. 법 제13조제1항에 따른 본점 또는 주사무소의 사업용 부동산을 취득한 경우 : 사무소로 최초로 사용한 날
2. 법 제13조제1항에 따른 공장의 신설 또는 증설을 위하여 사업용 과세물건을 취득하거나 같은 조 제2항제2호에 따른 공장의 신설 또는 증설에 따른 부동산을 취득한 경우 : 그 생산설비를 설치한 날. 다만, 그 이전에 영업허가·인가 등을 받은 경우에는 영업허가·인가 등을 받은 날로 한다.
3. 법 제13조제2항제1호에 따른 부동산 취득이 다음 각 목의 어느 하나에 해당하는 경우 : 해당 사무소 또는 사업장을 사실상 설치한 날
   가. 대도시에서 법인을 설립하는 경우
   나. 대도시에서 법인의 지점 또는 분사무소를 설치하는 경우
   다. 대도시 밖에서 법인의 본점·주사무소·지점 또는 분사무소를 대도시로 전입하는 경우
4. 법 제13조제2항 각 호 외의 부분 단서에 따라 대도시 중과 제외 업종에 직접 사용할 목적으로 부동산을 취득하거나, 법인이 사원에 대한 분양 또는 임대용으로 직접 사용할 목적으로 사원 주거용 목적 부동산을 취득한 후 법 제13조제3항 각 호의 어느 하나에 해당하는 사유가 발생하여 법 제13조제2항 각 호 외의 부분 본문을 적용받게 되는 경우에는 그 사유가 발생한 날
(2010.12.30 본호개정)
5. 법 제13조제5항에 따른 골프장·고급주택·고급오락장 및 고급선박을 취득한 경우 : 다음 각 목의 구분에 따른 날(2023.12.29 본문개정)
   가. 건축물을 증축하거나 개축하여 고급주택이 된 경우 : 그 증축 또는 개축의 사용승인서 발급일. 다만, 그 밖의 사유로 고급주택이 된 경우에는 그 사유가

발생한 날로 한다.(2023.12.29 본목개정)
   나. 골프장 : 「체육시설의 설치·이용에 관한 법률」에 따라 체육시설업으로 등록(변경등록을 포함한다)한 날. 다만, 등록을 하기 전에 사실상 골프장으로 사용하는 경우 그 부분에 대해서는 사실상 사용한 날로 한다.
   다. 건축물의 사용승인서 발급일 이후에 관계 법령에 따라 고급오락장이 된 경우 : 그 대상 업종의 영업허가·인가·등을 받은 날. 다만, 영업허가·인가 등을 받지 아니하고 고급오락장이 된 경우에는 고급오락장 영업을 사실상 시작한 날로 한다.
   라. 선박의 종류를 변경하여 고급선박이 된 경우 : 사실상 선박의 종류를 변경한 날

제35조 (2019.2.8 삭제)
제35조의2 (2015.7.24 삭제)
제36조【취득세 납부 확인 등】 ① 납세자는 취득세 과세물건을 등기 또는 등록하려는 때에는 등기 또는 등록 신청서에 취득세 영수필 통지서(등기·등록관서의 시·군·구 통보용) 1부를 첨부하여야 한다. 다만, 「전자정부법」 제36조제1항에 따라 행정기관 간에 취득세 납부사실을 전자적으로 확인할 수 있는 경우에는 그러하지 아니하다.

② 제1항에도 불구하고 「부동산등기법」 제24조제1항제2호에 따라 전산정보처리조직을 이용하여 등기를 하려는 때에는 취득세 영수필 통지서(등기·등록관서의 시·군·구 통보용)와 취득세 영수필 확인서를 전자적 이미지 정보로 변환한 자료를 첨부하여야 한다. 다만, 「전자정부법」 제36조제1항에 따라 행정기관 간에 취득세 납부사실을 전자적으로 확인할 수 있는 경우에는 그러하지 아니하다.

③ 납세자는 선박의 취득에 따른 등기 또는 등록을 신청하려는 때에는 등기 또는 등록 신청서에 제1항에 따른 취득세 영수필 통지서(등기·등록관서의 시·군·구 통보용)와 취득세 영수필 확인서 각 1부를 첨부하여야 한다. 이 경우 등기·등록관서는 「전자정부법」 제36조제1항에 따른 행정정보의 공동이용을 통하여 선박국적증서를 확인하여야 하며, 신청인이 확인에 동의하지 아니하면 그 사본을 첨부하도록 하여야 한다.

④ 등기·등록관서는 등기·등록을 마친 때에는 제1항부터 제3항까지의 규정에 따른 취득세 영수필 확인서 금액란에 반드시 확인도장을 찍어야 하며, 첨부된 취득세 영수필 통지서(등기·등록관서의 시·군·구 통보용)를 등기 또는 등록에 관한 서류와 대조하여 기재내용을 확인한 후 접수인을 날인하여 접수번호를 붙인 다음 납세지를 관할하는 시·군·구의 세입징수관에게 7일 이내에 송부해야 한다.(2021.12.31 본항개정)

⑤ 등기·등록관서는 제4항에도 불구하고 취득세 영수필 통지서(등기·등록관서의 시·군·구 통보용)를 시·군·구의 세입징수관에게 송부하려는 경우 시·군·구의 세입징수관이 「전자정부법」 제36조제1항에 따른 행정정보의 공동이용을 통하여 취득세 영수필 통지서(등기·등록관서의 시·군·구 통보용)에 해당하는 정보를 확인할 수 있는 때에는 전자적 방법으로 그 정보를 송부할 수 있다.

⑥ 시장·군수·구청장은 제4항 및 제5항에 따라 등기·등록관서로부터 취득세 영수필 통지서(등기·등록관서의 시·군·구 통보용) 또는 그에 해당하는 정보를 송부받은 때에는 취득세 신고 및 수납사항 처리부를 작성하고, 취득세의 과오납 및 누락 여부를 확인하여야 한다.
(2016.12.30 본조개정)

제36조의2【촉탁등기에 따른 취득세 납부영수증서의 처리】 ① 국가기관 또는 지방자치단체는 등기·가등기 또는 등록·가등록을 등기·등록관서에 촉탁하려는 경우에는 취득세를 납부하여야 할 납세자에게 제33조제3

항에 따른 취득세 영수필 통지서(등기·등록관서의 시·군·구 통보용) 1부와 취득세 영수필 확인서 1부를 제출하게 하고, 촉탁서에 이를 첨부하여 등기·등록 관서에 송부하여야 한다. 다만, 「전자정부법」 제36조제1항에 따라 행정기관 간에 취득세 납부사실을 전자적으로 확인할 수 있는 경우에는 그러하지 아니하다.

② 제1항에도 불구하고 「부동산등기법」 제24조제1항제2호에 따른 전산정보처리조직을 이용하여 등기를 촉탁하려는 때에는 취득세를 납부하여야 할 납세의무자로부터 제출받은 취득세 영수필 통지서(등기·등록관서의 시·군·구 통보용)와 취득세 영수필 확인서를 전자적 이미지 정보로 변환한 자료를 첨부하여야 한다. 다만, 「전자정부법」 제36조제1항에 따라 행정기관 간에 취득세 납부사실을 전자적으로 확인할 수 있는 경우에는 그러하지 아니하다.
(2016.12.30 본조개정)

제36조의3【일시적 2주택에 해당하는 기간 등】 ① 법 제21조제1항제3호에 따른 "그 취득일로부터 대통령령으로 정하는 기간"이란 신규 주택(종전 주택등이 조합원입주권 또는 주택분양권인 경우에는 해당 입주권 또는 주택분양권에 의한 주택)을 취득한 날부터 3년을 말한다.(2023.2.28 본항개정)

② 법 제21조제1항제3호에 따른 "대통령령으로 정하는 종전 주택"이란 종전 주택등을 말한다. 이 경우 신규 주택이 조합원입주권 또는 주택분양권에 의한 주택이거나 종전 주택등이 조합원입주권 또는 주택분양권인 경우에는 신규 주택을 포함한다.
(2020.8.12 본조신설)

제37조【중가산세에서 제외되는 재산】 법 제21조제2항 단서에서 "등기·등록이 필요하지 아니한 과세물건 등 대통령령으로 정하는 과세물건"이란 다음 각 호의 어느 하나에 해당하는 것을 말한다.
1. (2013.1.1 삭제)
2. 취득세 과세물건 중 등기 또는 등록이 필요하지 아니하는 과세물건(골프회원권, 승마회원권, 콘도미니엄 회원권, 종합체육시설 이용회원권 및 요트회원권은 제외한다)(2014.3.14 본호개정)
3. 지목변경, 차량·기계장비 또는 선박의 종류 변경, 주식등의 취득 등 취득으로 보는 과세물건

제38조【취득세 미납부 및 납부부족액에 대한 통보】 등기·등록관서의 장은 등기 또는 등록 후에 취득세가 납부되지 아니하였거나 납부부족액을 발견하였을 때에는 다음 달 10일까지 납세지를 관할하는 시장·군수·구청장에게 통보하여야 한다.(2016.12.30 본조개정)

제38조의2【정보 제공 요청 등】 ① 행정안전부장관 또는 지방자치단체의 장은 법 제22조의3제2항에 따라 세대별 보유하고 있는 주택, 조합원입주권, 주택분양권 또는 오피스텔 수의 확인 등을 위하여 필요한 경우에는 국토교통부장관에게 「민간임대주택에 관한 특별법」 제60조에 따른 임대주택정보체계에 포함된 자료, 「부동산 거래신고 등에 관한 법률」 제24조에 따른 정보 및 「주택법」 제88조에 따른 주택 관련 정보의 제공을 요청할 수 있다.

② 행정안전부장관은 법 제22조의3제3항에 따라 자료를 지방자치단체의 장에게 제공하는 경우에는 「지방세기본법」 제135조제2항에 따른 지방세정보통신망을 통하여 제공해야 한다.
(2020.8.12 본조신설)

제38조의3【증여세 관련 자료의 통보】 세무서장 또는 지방국세청장은 법 제22조의4에 따라 행정안전부령으로 정하는 바에 따라 「상속세 및 증여세법」 제76조에 따른 부동산 증여세 결정 또는 경정에 관한 자료를 첨부하여 결정 또는 경정한 날이 속하는 달의 다음 달 말일까지 행정안전부장관 또는 지방자치단체의 장에게 통보해야 한다.(2021.12.31 본조신설)

제3장 등록면허세

제1절 통 칙

제39조【면허의 종류와 종별 구분】 법 제23조제2호에 따른 면허의 종류와 종별 구분은 별표1과 같다.(2019.12.31 본조개정)

제40조【비과세】 ① 법 제26조제2항제3호에서 "지목이 묘지인 토지 등 대통령령으로 정하는 등록"이란 무덤과 이에 접속된 부속시설물의 부지로 사용되는 토지로서 지적공부상 지목이 묘지인 토지에 관한 등기를 말한다.

② 법 제26조제2항제4호에서 "대통령령으로 정하는 면허"란 다음 각 호의 어느 하나에 해당하는 면허를 말한다.
1. 변경하는 내용이 다음 각 목의 경우에 해당하지 아니하는 변경면허
   가. 면허를 받은 자가 변경되는 경우(사업주체의 변경 없이 단순히 대표자의 명의를 변경하는 경우는 제외한다)
   나. 해당 면허에 대한 제39조에 따른 면허의 종별 구분이 상위의 종으로 변경되는 경우
   다. 법 제35조제2항에 따라 면허가 갱신되는 것으로 보는 경우
2. 「의료법」 및 「수의사법」에 따라 의료업 및 동물진료업을 개설한 자의 다음 각 목의 어느 하나에 해당하는 면허
   가. 「농어촌 등 보건의료를 위한 특별조치법」에 따라 종사명령을 이행하기 위하여 휴업하는 기간 중의 해당 면허와 종사명령기간 중에 개설하는 병원·의원(조산원을 포함한다)의 면허
   나. 「수의사법」에 따라 공수의로 위촉된 수의사의 동물진료업의 면허
3. 「총포·도검·화약류 등의 안전관리에 관한 법률」 제47조제2항에 따라 총포 또는 총포의 부품이 보관된 경우 그 총포의 소지 면허. 다만, 같은 과세기간 중에 반환받은 기간이 있는 경우는 제외한다.(2016.1.6 본문개정)
4. 매년 1월 1일 현재 「부가가치세법」에 따른 폐업신고를 하고 폐업 중인 해당 업종의 면허
5. 매년 1월 1일 현재 1년 이상 사실상 휴업 중인 사실이 증명되는 해당 업종의 면허
6. 마을주민의 복지증진 등을 도모하기 위하여 마을주민만으로 구성된 조직의 주민공동체 재산 운영을 위하여 필요한 면허(2010.12.30 본호신설)

제2절 등록에 대한 등록면허세

제41조【정의】 이 절에서 사용하는 용어의 뜻은 다음과 같다.
1. "부동산"이란 법 제6조제3호 및 제4호에 따른 토지와 건축물을 말한다.
2. "선박"이란 법 제6조제10호에 따른 선박을 말한다.
3. "한 건"이란 등기 또는 등록대상 건수마다를 말한다. 「부동산등기법」 등 관계 법령에 따라 여러 개의 등기·등록대상을 한꺼번에 신청하여 등기·등록하는 경우에도 또한 같다.

제42조【과세표준의 적용】 ① 법 제27조제3항 각 호 외의 부분 단서에 따라 자산재평가 또는 감가상각 등의 사유로 변경된 가액을 과세표준으로 할 경우에는 등기일 또는 등록일 현재의 법인장부 또는 결산서 등으로 증명되는 가액을 과세표준으로 한다.(2023.12.29 본항개정)

② 주택의 토지와 건축물을 한꺼번에 평가하여 토지나 건축물에 대한 과세표준이 구분되지 아니하는 경우에는 한꺼번에 평가한 개별주택가격을 토지나 건축물의 가액 비율로 나눈 금액을 각각 토지와 건축물의 과세표준으로 한다.

제42조의2【비영업용 승용자동차 등】 ① 법 제28조제1항제3호 각 목 외의 부분에서의 "차량"에는 총 배기량 125시시 이하이거나 최고정격출력 12킬로와트 이하인 이륜자동차는 포함하지 않는다.(2019.12.31 본항개정)
② 법 제28조제1항제3호가목1)에 따른 비영업용 승용자동차는 제122조제1항에 따른 비영업용으로서 제123조제1호 및 제2호에 해당하는 승용자동차로 한다.
③ 법 제28조제1항제3호가목 2)가) 단서 및 같은 목 2)가)단서에 따른 경자동차는 각각 「자동차관리법」 제3조에 따른 자동차의 종류 중 경형자동차로 한다.
④ 법 제28조제1항제3호라목 및 제4호라목에 따른 등록에는 「자동차등록령」 제22조제4항제4호에 따른 등록 및 「건설기계관리법 시행령」 제6조제1항에 따른 등록은 포함하지 않는다.(2015.7.24 본항개정)
(2011.5.30 본조신설)

제43조【법인등기에 대한 세율】 ① 법 제28조제1항제6호나목 1)2)외의 부분에 따른 비영리법인은 다음 각 호의 어느 하나에 해당하는 법인으로 한다.
1. 「민법」 제32조에 따라 설립된 법인
2. 「사립학교법」 제2조제2호에 따른 학교법인 (2019.2.8 본호개정)
3. 그 밖의 특별법에 따라 설립된 법인으로서 「민법」 제32조에 규정된 목적과 유사한 목적을 가진 법인[주주(株主)·사원·조합원 또는 출자자(出資者)에게 이익을 배당할 수 있는 법인은 제외한다]
(2015.7.24 본항신설)
② 법인이 본점이나 주사무소를 이전하는 경우 구(舊) 소재지에는 법 제28조제1항제6호바목에 따라, 신(新) 소재지에는 같은 호 라목에 따라 각각 법 제3장제2절의 등록에 대한 등록면허세(이하 이 절에서 "등록면허세"라 한다)를 납부하여야 한다.
③ 법인이 지점이나 분사무소를 설치하는 경우 본점 또는 주사무소 소재지에는 법 제28조제1항제6호바목에 따라, 지점 또는 분사무소의 소재지에는 같은 호 마목에 따라 각각 등록면허세를 납부하여야 한다.
④ 법 제28조제1항제6호바목에 해당하는 등기로서 같은 사항을 본점과 지점 또는 주사무소와 분사무소에서 등기하여야 하는 경우에는 각각 한 건으로 본다.
⑤ 「상법」 제606조에 따라 주식회사에서 유한회사로 조직변경의 등기를 하는 경우 또는 같은 법 제607조제5항에 따라 유한회사에서 주식회사로 조직변경의 등기를 하는 경우에는 법 제28조제1항제6호바목에 따른 등록면허세를 납부하여야 한다.(2015.7.24 본항신설)

제44조【대도시 법인 중과세의 예외】 법 제28조제2항 각 호 외의 부분 단서에서 "대통령령으로 정하는 업종"이란 제26조제1항 각 호의 어느 하나에 해당하는 업종을 말한다.

제45조【대도시 법인 중과세의 범위와 적용기준】 ① 법 제28조제2항제1호에 따른 법인의 등기로서 관계 법령의 개정으로 인하여 면허나 등록의 최저기준을 충족시키기 위한 자본 또는 출자액을 증가하는 경우에는 그 최저기준을 충족시키기 위한 증가액은 중과세 대상으로 보지 아니한다.
② 법 제28조제2항을 적용할 때 다음 각 호의 어느 하나에 해당하는 경우에는 중과세 대상으로 보지 않는다.(2018.12.31 본문개정)
1. 분할등기일 현재 5년 이상 계속하여 사업을 경영한 대도시 내의 내국법인이 법인의 분할(「법인세법」 제46조제2항제1호가목부터 다목까지의 요건을 모두 갖춘 경우로 한정한다)로 인하여 법인을 설립하는 경우

2. 「조세특례제한법」 제38조제1항 각 호의 요건을 모두 갖추어 「상법」 제360조의2에 따른 주식의 포괄적 교환 또는 같은 법 제360조의15에 따른 주식의 포괄적 이전에 따라 「금융지주회사법」에 따른 금융지주회사를 설립하는 경우. 이 경우 「조세특례제한법」 제38조제1항제2호 및 제3호를 적용할 때 법령에 따라 불가피하게 주식을 처분하는 경우 등 같은 법 시행령 제35조의2제13항 각 호의 어느 하나에 해당하는 경우에는 그 주식을 보유하거나 사업을 계속하는 것으로 본다. (2018.12.31 1호~2호신설)
3. 「방위산업 발전 및 지원에 관한 법률」 제20조에 따른 방위산업 공제조합을 설립하는 경우(2021.4.27 본호신설)
③ 법 제28조제2항을 적용할 때 대도시에서 설립 후 5년이 경과한 법인(이하 이 항에서 "기존법인"이라 한다)이 다른 기존법인과 합병하는 경우에는 중과세 대상으로 보지 아니하며, 기존법인이 대도시에서 설립 후 5년이 경과되지 아니한 법인과 합병하여 기존법인 외의 법인이 합병 후 존속하는 법인이 되거나 새로운 법인을 신설하는 경우에는 합병 당시 기존법인에 대한 자산비율에 해당하는 부분을 중과세 대상으로 보지 아니한다. 이 경우 자산비율은 자산을 평가하는 때에는 평가액을 기준으로 계산한 비율로 하고, 자산을 평가하지 아니하는 때에는 합병 당시의 장부가액을 기준으로 계산한 비율로 한다.
④ (2016.12.30 삭제)
⑤ 법 제28조제2항을 적용할 때 법인이 다음 각 호의 어느 하나에 해당하는 경우로서 법 제28조제2항 각 호의 등기에 대한 등록면허세의 과세표준이 구분되지 아니한 경우 해당 법인에 대한 등록면허세는 직전 사업연도(직전 사업연도의 매출액이 없는 경우에는 해당 사업연도, 해당 사업연도에도 매출액이 없는 경우에는 그 다음 사업연도)의 총 매출액에서 제26조제1항 각 호에 따른 업종(이하 이 항에서 "대도시 중과 제외 업종"이라 한다)과 그 외의 업종(이하 이 항에서 "대도시 중과 대상 업종"이라 한다)의 매출액이 차지하는 비율을 다음 계산식에 따라 가목 및 나목과 같이 산출한 후 그에 따라 안분하여 과세한다. 다만, 그 다음 사업연도에도 매출액이 없는 경우에는 유형고정자산가액의 비율에 따른다.
1. 대도시 중과 제외 업종과 대도시 중과 대상 업종을 겸업하는 경우
2. 대도시 중과 제외 업종을 대도시 중과 대상 업종으로 변경하는 경우
3. 대도시 중과 제외 업종에 대도시 중과 대상 업종을 추가하는 경우

〈대도시 중과 제외 업종과 대도시 중과 대상 업종의 매출액이 차지하는 비율의 계산식〉
가. 해당 법인 중과 대상 업종 매출비율(퍼센트)

$$\text{해당 법인 중과 대상 업종 매출 비율(퍼센트)} = \frac{\text{해당 법인 중과 대상 업종 산정 매출액*}}{\text{(해당 법인 중과 제외 업종 산정 매출액** + 해당 법인 중과 대상 업종 산정 매출액*)}} \times 100$$

* 해당 법인 중과 대상 업종 산정 매출액 = (해당 법인 중과 대상 업종 매출액 × 365일) / 해당 법인 중과 대상 업종 운영일수
** 해당 법인 중과 제외 업종 산정 매출액 = (해당 법인 중과 제외 업종 매출액 × 365일) / 해당 법인 중과 제외 업종 운영일수

나. 해당 법인 중과 제외 업종 매출비율(퍼센트)

$$\text{해당 법인 중과 제외 업종 매출비율(퍼센트)} = 100 - \text{해당 법인 중과대상 업종 매출비율(퍼센트)}$$

(2010.12.30 본항개정)

제46조【같은 채권등기에 대한 목적물이 다를 때의 징수방법】① 같은 채권을 위한 저당권의 목적물이 종류가 달라 둘 이상의 등기 또는 등록을 하게 되는 경우에 등기·등록관서가 이에 관한 등기 또는 등록 신청을 받았을 때에는 채권금액 전액에서 이미 납부한 등록면허세의 산출기준이 된 금액을 뺀 잔액을 그 채권금액으로 보고 등록면허세를 부과한다.

② 제1항의 경우에 그 등기 또는 등록 중 법 제28조제1항제5호에 해당하는 것과 그 밖의 것이 포함될 때에는 먼저 법 제28조제1항제5호에 해당하는 등기 또는 등록에 대하여 등록면허세를 부과한다.

제47조【같은 채권등기에 대한 담보물 추가 시의 징수방법】같은 채권을 위하여 담보물을 추가하는 등기 또는 등록에 대해서는 법 제28조제1항제1호마목·제2호다목·제3호라목·제5호나목·제8호라목·제9호다목 및 제10호라목에 따라 등록면허세를 각각 부과한다. (2015.7.24 본조개정)

제48조【신고 및 납부기한 등】① 법 제30조제1항에서 "등록을 하기 전까지"란 등기 또는 등록 신청서를 등기·등록관서에 접수하는 날까지를 말한다. 다만, 특허권·실용신안권·디자인권 및 상표권의 등록에 대한 등록면허세의 경우에는 「특허법」, 「실용신안법」, 「디자인보호법」 및 「상표법」에 따른 특허료·등록료 및 수수료의 납부기한까지를 말한다.

② 법 제30조제2항에서 "대통령령으로 정하는 날"이란 다음 각 호의 구분에 따른 날을 말한다.

1. 다음 각 목의 어느 하나에 해당하는 경우에는 해당 사무소나 사업장이 사실상 설치된 날
   가. 법 제28조제2항제1호에 따른 대도시에서 법인을 설립하는 경우
   나. 법 제28조제2항제1호에 따른 대도시에서 법인의 지점이나 분사무소를 설치하는 경우
   다. 법 제28조제2항제2호에 따른 대도시 밖에 있는 법인의 본점이나 주사무소를 대도시로 전입하는 경우
2. 법 제28조제2항 각 호 외의 부분 단서에 따라 법인등기를 한 후 법 제28조제3항에 따른 사유가 발생하여 법 제28조제2항 각 호 외의 부분 본문을 적용받게 되는 경우에는 그 사유가 발생한 날
(2010.12.30 본항개정)

③ 법 제30조제1항부터 제3항까지의 규정에 따라 등록면허세를 신고하려는 자는 행정안전부령으로 정하는 신고서로 납세지를 관할하는 시장·군수·구청장에게 신고하여야 한다. (2017.7.26 본항개정)

④ (2011.12.31 삭제)

⑤ 지방자치단체의 금고 또는 지방세수납대행기관이 등록면허세를 납부받으면 납세자 보관용 영수증, 등록면허세 영수필 통지서(등기·등록관서의 시·군·구 통보용) 및 등록면허세 영수필 확인서 각 1부를 납세자에게 내주고, 지체 없이 등록면허세 영수필 통지서(시·군·구 보관용) 1부를 해당 시·군·구의 세입징수관에게 송부하여야 한다. 다만, 「전자정부법」 제36조제1항에 따라 행정기관 간에 등록면허세 납부사실을 전자적으로 확인할 수 있는 경우에는 납세자에게 납세자 보관용 영수증을 교부하는 것으로 갈음할 수 있다. (2016.12.30 본문개정)

제49조【등록면허세 납부 확인 등】① 납세자는 등기 또는 등록하려는 때에는 등기 또는 등록 신청서에 등록면허세 영수필 통지서(등기·등록관서의 시·군·구 통보용) 1부와 등록면허세 영수필 확인서 1부를 첨부하여야 한다. 다만, 「전자정부법」 제36조제1항에 따라 행정기관 간에 등록면허세 납부사실을 전자적으로 확인할 수 있는 경우에는 그러하지 아니하다.

② 제1항에도 불구하고 「부동산등기법」 제24조제1항제2호에 따른 전산정보처리조직을 이용하여 등기를 하려는 때에는 등록면허세 영수필 통지서(등기·등록관서의 시·군·구 통보용)와 등록면허세 영수필 확인서를 전자적 이미지 정보로 변환한 자료를 첨부하여야 한다. 다만, 「전자정부법」 제36조제1항에 따라 행정기관 간에 등록면허세 납부사실을 전자적으로 확인할 수 있는 경우에는 그러하지 아니하다.

③ 납세자는 선박의 등기 또는 등록을 신청하려는 때에는 등기 또는 등록 신청서에 제1항에 따른 등록면허세 영수필 통지서(등기·등록관서의 시·군·구 통보용) 1부와 등록면허세 영수필 확인서 1부를 첨부하여야 한다. 이 경우 등기·등록관서는 「전자정부법」 제36조제1항에 따른 행정정보의 공동이용을 통하여 선박국적증서를 확인하여야 하며, 신청인이 확인에 동의하지 아니하면 그 사본을 첨부하도록 하여야 한다.

④ 등기·등록관서는 등기 또는 등록을 마친 때에는 제1항부터 제3항까지의 규정에 따른 등록면허세 영수필 확인서 금액란에 반드시 확인도장을 찍어야 하며, 첨부된 등록면허세 영수필 통지서(등기·등록관서의 시·군·구 통보용)를 등기 또는 등록에 관한 서류와 대조하여 기재내용을 확인하고 접수인을 날인하여 접수번호를 붙인 다음 납세지를 관할하는 시·군·구의 세입징수관에게 7일 이내에 송부해야 한다. 다만, 광업권·조광권 등록의 경우에는 등록면허세 영수필 통지서(등기·등록관서의 시·군·구 통보용)의 송부를 생략하고, 광업권·조광권 등록현황을 분기별로 그 분기말의 다음 달 10일까지 관할 시장·군수·구청장에게 송부할 수 있다. (2021.12.31 본항개정)

⑤ 등기·등록관서는 제4항 본문에도 불구하고 등록면허세 영수필 통지서(등기·등록관서의 시·군·구 통보용)를 시·군·구의 세입징수관에게 송부하려는 경우 시·군·구의 세입징수관이 「전자정부법」 제36조제1항에 따른 행정정보의 공동이용을 통하여 등록면허세 영수필 통지서(등기·등록관서의 시·군·구 통보용)에 해당하는 정보를 확인할 수 있는 때에는 전자적 방법으로 그 정보를 송부할 수 있다.

⑥ 시장·군수·구청장은 제4항 본문 및 제5항에 따라 등기·등록관서로부터 등록면허세 영수필 통지서(등기·등록관서의 시·군·구 통보용) 또는 그에 해당하는 정보를 송부받은 때에는 등록면허세 신고 및 수납사항 처리부를 작성하여, 등록면허세의 과오납 및 누락 여부를 확인하여야 한다.
(2016.12.30 본조개정)

제49조의2【촉탁등기에 따른 등록면허세 납부영수증서의 처리】① 국가기관 또는 지방자치단체는 등기·가등기 또는 등록·가등록을 등기·등록관서에 촉탁하려는 경우에는 등록면허세를 납부하여야 할 납세자에게 제48조제5항에 따른 등록면허세 영수필 통지서(등기·등록관서의 시·군·구 통보용) 1부와 등록면허세 영수필 확인서 1부를 제출하게 하고, 촉탁서에 이를 첨부하여 등기·등록관서에 송부하여야 한다. 다만, 「전자정부법」 제36조제1항에 따라 행정기관 간에 등록면허세 납부사실을 전자적으로 확인할 수 있는 경우에는 그러하지 아니하다.

② 제1항에도 불구하고 「부동산등기법」 제24조제1항제2호에 따른 전산정보처리조직을 이용하여 등기를 촉탁하려는 때에는 등록면허세를 납부하여야 할 납세자로부터 제출받은 등록면허세 영수필 통지서(등기·등록관서의 시·군·구 통보용)와 등록면허세 영수필 확인서를 전자적 이미지 정보로 변환한 자료를 첨부하여야 한다. 다만, 「전자정부법」 제36조제1항에 따라 행정기관 간에 등록면허세 납부사실을 전자적으로 확인할 수 있는 경우에는 그러하지 아니하다.
(2016.12.30 본조개정)

제50조 【등록면허세의 미납부 및 납부부족액에 대한 통보 등】 ① 등기·등록관서의 장은 등기 또는 등록 후에 등록면허세가 납부되지 아니하였거나 납부부족액을 발견한 경우에는 다음 달 10일까지 납세지를 관할하는 시장·군수·구청장에게 통보하여야 한다.
② 시장·군수·구청장이 법 제28조제2항에 따라 대도시 법인등기 등에 대한 등록면허세를 중과하기 위하여 관할 세무서장에게 「부가가치세법 시행령」 제11조에 따른 법인의 지점 또는 분사무소의 사업자등록신청 관련 자료의 열람을 요청하거나 구체적으로 그 대상을 밝혀 관련 자료를 요청하는 경우에는 관할 세무서장은 특별한 사유가 없으면 그 요청에 따라야 한다.
(2016.12.30 본조개정)

제3절 면허에 대한 등록면허세

제51조 【건축허가와 유사한 면허의 범위】 법 제35조제3항제2호에서 "대통령령으로 정하는 면허"란 다음 각 호의 어느 하나에 해당하는 면허를 말한다.
1. 매장문화재 발굴
2. 문화재의 국외 반출
3. 「폐기물의 국가 간 이동 및 그 처리에 관한 법률」 제6조, 제10조 또는 제18조의2에 따른 폐기물의 수출·수입 허가 또는 신고(2017.10.17 본호개정)
4. 「농지법」에 따른 농지전용 및 농지전용의 용도변경 (2011.12.31 본호개정)
5. 토지의 형질 변경
6. 「장사 등에 관한 법률」에 따른 사설묘지 설치 및 사설자연장지 조성(재단법인이 설치 또는 조성한 경우는 제외한다)(2018.12.31 본호개정)
7. 사설도로 개설
8. 계량기기의 형식승인 및 특정열사용기자재의 검사
9. 「산림자원의 조성 및 관리에 관한 법률」 제36조에 따른 입목벌채(2011.12.31 본호개정)
10. 「먹는물관리법」 제9조에 따른 샘물 또는 염지하수의 개발허가(2014.12.30 본호개정)
11. 건설기계의 형식승인
12. 보세구역 외 장치의 허가
13. 공유수면의 매립
14. 초지 조성 및 전용
15. 가축분뇨 배출시설의 설치 허가 또는 신고
16. 「전파법」 제58조의2에 따른 방송통신기자재등의 적합성평가(2014.12.30 본호개정)
17. 화약류 사용
18. 비산(飛散) 먼지 발생사업의 신고
19. 특정공사(「소음·진동관리법」 제22조에 따른 특정공사를 말한다)의 사전 신고
20. 「소방시설 설치 및 관리에 관한 법률」 제37조에 따른 소방용품의 형식승인(2022.11.29 본호개정)
21. 「종자산업법」 제38조제1항에 따른 종자의 수입 판매신고. 다만, 같은 법 제15조에 따라 국가품종목록에 등재할 수 있는 작물의 종자에 대한 수입 판매신고로 한정한다.(2014.1.1 본호개정)
22. 선박 및 선박용 물건의 형식승인 및 검정
23. 「산지관리법」 제30조에 따른 산지전용 및 산지전용의 용도 변경(2011.12.31 본호개정)
24. 임산물의 굴취·채취
25. 「자동차관리법」 제30조에 따른 자동차의 자기인증을 위한 제작자등의 등록(자가사용 목적으로 자동차를 자기인증하기 위한 제작자등의 등록으로 한정한다) (2015.12.31 본호개정)
26. 사행기구의 제작 또는 수입품목별 검사
27. 유료도로의 신설 또는 개축
28. 지하수의 개발·이용
29. 골재 채취
30. 환경측정기기의 형식승인
31. 건축 및 대수선
32. 공작물의 설치 허가 또는 축조 신고(2014.12.30 본호개정)
33. 총포·도검·화약류·분사기·전자충격기 또는 석궁의 수출 또는 수입 허가
34. 개발행위허가 중 녹지지역·관리지역 또는 자연환경보전지역에 물건을 1개월 이상 쌓아 놓는 행위 허가
35. 가설건축물의 건축 또는 축조
36. 「농지법」 제36조에 따른 농지의 타용도 일시사용
37. 「산지관리법」 제15조의2에 따른 산지일시사용
38. 「하수도법」 제34조에 따른 개인하수처리시설의 설치
39. 「지하수법」 제9조의4에 따른 지하수에 영향을 미치는 굴착행위
(2011.12.31 36호~39호신설)
40. 도검·화약류·분사기·전자충격기 또는 석궁의 소지허가(2012.4.10 본호신설)
41. 「내수면어업법」 제19조 단서에 따른 유해어법의 사용허가(2014.12.30 본호신설)
42. 「항공안전법」 제27조제1항에 따른 기술표준품에 대한 형식승인(2017.3.29 본호개정)
43. 「산업집적활성화 및 공장설립에 관한 법률」 제28조의2제2항에 따른 지식산업센터의 설립완료신고
44. 「화학물질관리법」 제18조에 따른 금지물질 취급 허가 및 같은 법 제19조에 따른 허가물질 제조·수입·사용 허가
(2014.12.30 43호~44호신설)
45. 「마약류 관리에 관한 법률」 제18조제2항제1호에 따른 마약류 수출의 품목별 허가 또는 같은 법 제51조제1항에 따른 원료물질 수출입의 승인(2015.12.31 본호신설)

제52조 【면허 시의 납세 확인】 ① 면허부여기관이 면허를 부여하거나 면허를 변경하는 경우에는 그 면허에 대한 등록면허세(이하 이 절에서 "등록면허세"라 한다)가 납부되었음을 확인하고 면허증서 발급대장의 비고란에 등록면허세의 납부처·납부금액·납부일 및 면허종별 등을 적은 후 면허증서를 발급하거나 송달하여야 한다.
② (2011.12.31 삭제)

제53조 【면허에 관한 통보】 ①~② (2010.12.30 삭제)
③ 시장·군수·구청장은 제40조제2항제5호에 해당하여 등록면허세를 비과세하는 경우에는 그 사실을 면허부여기관에 통보하여야 한다.(2016.12.30 본항개정)

제54조 (2010.12.30 삭제)

제55조 【과세대장의 비치】 시장·군수·구청장은 등록면허세의 과세대장을 갖추어 두고, 필요한 사항을 등재하여야 한다. 이 경우 해당 사항을 전산처리하는 경우에는 과세대장을 갖춘 것으로 본다.(2016.12.30 본조개정)

제4장 레저세

제56조 【과세대상】 법 제40조제3호에서 "대통령령으로 정하는 것"이란 「전통 소싸움경기에 관한 법률」에 따른 소싸움을 말한다.

제57조 【안분기준】 ① 법 제43조에 따라 레저세를 신고납부하는 경우에는 다음 각 호의 구분에 따라 나누어 계산하여 납부하여야 한다.
1. 법 제40조에 따른 과세대상 사업장(이하 이 장에서 "경륜장등"이라 한다)에서 직접 발매한 승자투표권·승마투표권 등에 대한 세액은 그 경륜장등 소재지를 관할하는 시장·군수·구청장에게 모두 신고납부한다.(2016.12.30 본호개정)
2. 장외발매소에서 발매한 승자투표권·승마투표권 등에 대한 세액은 그 경륜장등 소재지와 그 장외발매소 소재지를 관할하는 시장·군수·구청장에게 각각 100분의 50을 신고납부한다.(2011.12.31 단서삭제)

3. 법 제43조제3호에 따른 승자투표권·승마투표권 등에 대한 세액은 그 경륜장등의 소재지를 관할하는 시장·군수·구청장에게 100분의 50을 신고납부하고, 100분의 50은 발매일이 속하는 해의 1월 1일 현재 「주민등록법」에 따른 19세 이상의 인구통계를 기준으로 하여 다음의 계산식에 따라 안분한 세액을 각 시장·군수·구청장에게 신고납부한다.

시·군·구별 안분세액 = A × B

A : 법 제43조제3호의 승자투표권·승마투표권 등에 대한 세액 × 100분의 50
B : 각 시·군·구의 안분비율

$$\frac{각 시·군·구의 19세 이상 인구}{전국 19세 이상 인구}$$

(2021.12.31 본호신설)

4. 제2호 및 제3호에도 불구하고 경륜장등이 신설된 경우에는 신설 이후 행정안전부령으로 정하는 기간까지 다음 각 목의 비율에 따른 세액을 각 시장·군수·구청장에게 신고납부한다.

가. 장외발매소에서 발매한 승자투표권·승마투표권 등에 대한 세액은 그 경륜장등 소재지를 관할하는 시장·군수·구청장에게 100분의 80을 신고납부하고, 100분의 20은 그 장외발매소 소재지를 관할하는 시장·군수·구청장에게 신고납부한다.

나. 법 제43조제3호에 따른 승자투표권·승마투표권 등에 대한 세액은 그 경륜장등 소재지를 관할하는 시장·군수·구청장에게 100분의 80을 신고납부하고, 100분의 20은 발매일이 속하는 해의 1월 1일 현재 「주민등록법」에 따른 19세 이상의 인구통계를 기준으로 하여 다음의 계산식에 따라 안분한 세액을 각 시장·군수·구청장에게 신고납부한다.

시·군·구별 안분세액 = A × B

A : 법 제43조제3호의 승자투표권·승마투표권 등에 대한 세액 × 100분의 20
B : 각 시·군·구의 안분비율

$$\frac{각 시·군·구의 19세 이상 인구}{전국 19세 이상 인구}$$

(2021.12.31 본호신설)

② 법 제43조제3호에서 "대통령령으로 정하는 정보통신망"이란 경륜장등이나 장외발매소 외의 장소에서 이용하는 「정보통신망 이용촉진 및 정보보호 등에 관한 법률」에 따른 정보통신망을 말한다.(2021.12.31 본항신설)

제58조【신고 및 납부】 ① 법 제43조에 따라 레저세를 신고하려는 자는 행정안전부령으로 정하는 신고서로 제57조제1항 각 호에 따라 시장·군수·구청장에게 신고해야 한다.

② 법 제43조에 따라 레저세를 납부하려는 자는 행정안전부령으로 정하는 납부서로 납부해야 한다.
(2021.12.31 본조개정)

제59조【징수에 필요한 사항의 명령 등】 ① 시장·군수·구청장은 납세의무자에게 법 제46조에 따라 징수에 필요한 사항의 이행을 명령할 수 있다.
(2016.12.30 본항개정)

② 시장·군수·구청장은 납세의무자가 레저세를 납부하면 납세의무자에게 그 징수납부에 든 경비를 교부금으로 지급할 수 있다.(2016.12.30 본항개정)

③ 납세의무자가 제1항에 따른 명령을 위반한 경우에는 교부금의 전부 또는 일부를 지급하지 아니할 수 있다.

제5장 담배소비세

제60조【담배의 구분】 법 제48조제3항에 따른 담배의 구분은 다음 각 호와 같다.(2020.12.31 본항개정)

1. 궐련 : 연초에 향료 등을 첨가하여 일정한 폭으로 썬 후 궐련제조기를 이용하여 궐련지로 말아서 피우기 쉽게 만들어진 담배 및 이와 유사한 형태의 담배
2. 파이프담배 : 고급 특수 연초를 중가향(重加香) 처리하고 압착·열처리 등 특수가공을 하여 각 폭을 비교적 넓게 썰어서 파이프를 이용하여 피울 수 있도록 만든 담배 및 이와 유사한 형태의 담배
3. 엽궐련 : 궐련 맛의 주체가 되는 전충엽을 체제와 형태를 잡아 주는 중권엽으로 싸고 겉모습을 아름답게 하기 위하여 외권엽으로 만 잎말음 담배 및 이와 유사한 형태의 담배
4. 각련 : 하급 연초를 경가향(輕加香)하거나 다소 고급인 연초를 가향하여 가늘게 썰어, 담뱃대를 이용하거나 흡연자가 직접 궐련지로 말아 피울 수 있도록 만든 담배 및 이와 유사한 형태의 담배
5. 전자담배 : 니코틴이 포함된 용액, 연초 또는 연초 고형물을 전자장치를 이용하여 호흡기를 통하여 체내에 흡입함으로써 흡연과 같은 효과를 낼 수 있도록 만든 담배 및 이와 유사한 형태의 담배
5의2. 물담배 : 장치를 이용하여 담배연기를 물로 거른 후 흡입할 수 있도록 만든 만든 담배 및 이와 유사한 형태의 담배
6. 씹는 담배 : 입에 넣고 씹음으로써 흡연과 같은 효과를 낼 수 있도록 가공처리된 담배 및 이와 유사한 형태의 담배
7. 냄새 맡는 담배 : 특수 가공된 담배 가루를 코 주위 등에 발라 냄새를 맡음으로써 흡연과 같은 효과를 낼 수 있도록 만든 가루 형태의 담배 및 이와 유사한 형태의 담배
(2020.12.31 1호~7호개정)
8. 머금는 담배 : 입에 넣고 빨거나 머금으면서 흡연과 같은 효과를 낼 수 있도록 특수가공하여 포장된 담배 가루, 니코틴이 포함된 사탕 및 이와 유사한 형태로 만든 담배(2014.07.18 본호신설)

제61조【조정세율】 법 제52조제2항에 따라 조정한 담배소비세의 세율은 다음 각 호와 같다.

1. 피우는 담배
   가. 제1종 궐련 : 20개비당 1,007원
   나. 제2종 파이프담배 : 1그램당 36원
   다. 제3종 엽궐련 : 1그램당 103원
   라. 제4종 각련 : 1그램당 36원
   (2014.12.30 가목~라목개정)
   마. 제5종 전자담배
   1) 니코틴 용액을 사용하는 경우 : 니코틴 용액 1밀리리터당 628원
   2) 연초 및 연초 고형물을 사용하는 경우
   가) 궐련형 : 20개비당 897원
   나) 기타유형 : 1그램당 88원
   (2018.3.27 개정)
   (2016.12.30 본목개정)
   바. 제6종 물담배 : 1그램당 715원(2014.12.30 본목개정)
2. 씹거나 머금는 담배 : 1그램당 364원
3. 냄새 맡는 담배 : 1그램당 26원
(2014.12.30 2호~3호개정)
4. (2014.12.30 삭제)

제62조【미납세 반출】 법 제53조제1항제3호에서 "제조장을 이전하기 위하여 담배를 반출하는 등 대통령령으로 정하는 바에 따라 반출하는 것"이란 다음 각 호의 어느 하나에 해당하는 것을 말한다.(2023.3.14 본문개정)

1. 제조장을 이전하기 위하여 담배를 반출하는 것
2. 수출할 담배를 제조장으로부터 다른 장소에 반출하는 것
3. 담배를 폐기하기 위하여 제조장 또는 수입판매업자의 담배보관장소로부터 폐기장소로 반출하는 것
(2015.12.31 본호신설)

제63조 【과세면제】법 제54조제1항제8호에서 "대통령령으로 정하는 용도"란 다음 각 호의 어느 하나에 해당하는 용도를 말한다.
1. 해외 함상훈련에 참가하는 해군사관생도 및 승선장병에게 공급하는 용도
2. 외국에 주류(駐留)하는 장병에게 공급하는 용도
(2015.7.24 본조개정)
제64조 【입국자가 반입하는 담배에 대한 면세범위】① 법 제54조제2항에서 "입국자가 반입하는 담배"란 여행자의 휴대품·별송품·탁송품으로 반입되는 담배를 말한다.(2015.7.24 본항개정)
② 법 제54조제2항에서 "대통령령으로 정하는 범위의 담배"란 다음과 같다.

담배종류	수 량
궐 련	200개비
엽궐련	50개비
전자담배	니코틴용액 20밀리리터
	궐련형 200개비
	기타유형 110그램
그 밖의 담배	250그램

(2018.3.27 본항개정)
(2015.7.24 본조제목개정)
제64조의2 【재수입 면세담배의 반입 확인】법 제54조제3항에 따라 담배소비세를 면제받은 자는 행정안전부령으로 정하는 확인서에 해당 담배가 제조장 또는 수입판매업자의 담배보관장소로 반입된 사실을 증명하는 서류를 첨부하여 반입된 날의 다음 날까지 제조장 또는 주사무소 소재지를 관할하는 특별시장·광역시장·특별자치시장·특별자치도지사·시장 및 군수(이하 이 장에서 "시장·군수"라 한다)에게 제출하여야 한다.(2017.7.26 본조개정)
제65조 【담배의 반출신고】① 법 제55조에 따른 반출신고는 반출한 날이 속하는 달의 다음 달 5일까지 행정안전부령으로 정하는 신고서에 지난 달 특별시·광역시·특별자치시·특별자치도·시 및 군(이하 이 장에서 "시·군"이라 한다)별 판매량을 적은 자료를 첨부하여 제조장 또는 주사무소 소재지를 관할하는 시장·군수에게 해야 한다. 다만, 제68조제2항 각 호 외의 부분 단서에 따른 수입판매업자의 경우에는 지난 달 시·군별 판매량을 적은 자료를 첨부하지 않을 수 있다.
(2019.12.31 본항개정)
② 제1항에 따른 반출신고는 과세대상 담배와 미납세 반출대상 담배 및 면세대상 담배의 반출이 각각 구분될 수 있도록 하여야 한다.
③ (2019.12.31 삭제)
제66조 【통보사항】① 법 제57조제1항에 따라 기획재정부장관은 제조장 소재지를 관할하는 지방자치단체의 장에게 다음 각 호의 구분에 따른 사항을 통보하여야 한다.
1. 법 제57조제1항제1호의 경우
　가. 명칭 또는 상호와 주소
　나. 대표자와 관리자의 성명과 주소
　다. 생산하는 담배의 품종
　라. 연간 생산규모
　마. 영업개시일
　바. 담배 보관창고의 지번 및 소유권자와 사용권자 현황
　사. 변경내용(변경허가인 경우만 해당한다)
　아. 그 밖의 참고사항
2. 법 제57조제1항제2호의 경우
　가. 양도인·양수인의 명칭 또는 상호와 주소(양도·양수인 경우만 해당한다)
　나. 양도인·양수인, 상속인·피상속인 또는 피합병인·합병 후 존속(설립)법인의 대표자와 관리자의 성명과 주소

　다. 양도·양수일, 상속개시일 또는 합병일
　라. 양도·양수 또는 합병 사유
　마. 그 밖의 참고사항
3. 법 제57조제1항제3호의 경우
　가. 명칭 또는 상호와 주소
　나. 대표자와 관리자의 성명과 주소
　다. 허가취소일
　라. 허가취소 사유
　마. 그 밖의 참고사항
② 법 제57조제2항에 따라 특별시장·광역시장·특별자치시장·도지사 또는 특별자치도지사는 수입판매업자의 주사무소 소재지를 관할하는 지방자치단체의 장에게 다음 각 호의 구분에 따른 사항을 통보하여야 한다.
1. 법 제57조제2항제1호의 경우
　가. 명칭 또는 상호와 주소
　나. 대표자와 관리자의 성명과 주소
　다. 수입하는 담배의 품종
　라. 제조(공급)업체명
　마. 변경내용(변경등록인 경우만 해당한다)
　바. 그 밖의 참고사항
2. 법 제57조제2항제2호의 경우
　가. 명칭 또는 상호와 주소
　나. 대표자와 관리자의 성명과 주소
　다. 등록취소일
　라. 등록취소 사유
　마. 그 밖의 참고사항
3. 법 제57조제2항제3호의 경우
　가. 명칭 또는 상호와 주소
　나. 대표자와 관리자의 성명과 주소
　다. 휴업기간 또는 폐업일
　라. 휴업 또는 폐업의 사유
　마. 그 밖의 참고사항
(2016.12.30 본조개정)
제67조 (2016.12.30 삭제)
제68조 【기장 의무】① 법 제59조에 따라 담배의 제조자가 장부에 적어야 할 사항은 다음 각 호와 같다.
1. 매입한 담배의 원재료의 종류와 종류별 수량 및 가액(그 원료가 담배인 경우에는 그 담배의 품종별 수량 및 가액을 말한다. 이하 이 조에서 같다), 매입연월일 및 판매자의 성명(법인의 경우에는 법인의 명칭과 대표자의 성명을 말한다)·주소
2. 담배의 제조를 위하여 사용한 원재료의 종류별 수량 및 가격, 사용연월일
3. 도매업자와 소매인에게 판매한 담배의 해당 시·군별, 품종별 수량(2020.12.31 본호개정)
4. 제조한 담배의 품종별 수량 및 제조연월일
5. 보관되어 있는 담배의 품종별 수량
6. 반출하거나 반입(법 제63조제1항제2호에 따른 반입을 포함한다)한 담배(면세·미납세·과세로 구분한다)의 품종별 수량 및 가액, 반출 또는 반입연월일 및 반입자의 성명(법인의 경우에는 법인의 명칭과 대표자의 성명을 말한다)·주소
② 법 제59조에 따라 수입판매업자가 장부에 적어야 할 사항은 다음 각 호와 같다. 다만, 행정안전부령으로 정하는 수입판매업자의 경우에는 제2호의 사항을 적지 않을 수 있다.(2020.12.31 단서개정)
1. 보세구역으로부터 반출되는 담배의 품종별 수량
2. 도매업자와 소매인에게 판매한 담배의 해당 시·군별, 품종별 수량(2020.12.31 본호개정)
3. 보관되어 있는 담배의 보관 장소별, 품종별 수량
4. 훼손·멸실된 담배의 품종별 수량
5. 보세구역 내에서 소비된 담배의 품종별 수량
6. 그 밖에 담배의 수량 확인 등에 필요한 재고 및 사용수량 등

제69조【신고 및 납부와 안분기준 등】 ① 법 제60조 제1항에 따라 담배소비세를 신고하고 납부하려는 제조자는 다음 각 호의 사항을 명확히 하여 행정안전부령으로 정하는 신고서로 관할 시장·군수에게 신고하고, 행정안전부령으로 정하는 납부서로 시·군별 산출세액을 납부하여야 한다.(2017.7.26 본문개정)

1. 지난해 해당 시·군에서 팔린 담배의 품종별 과세표준과 세율에 따라 산출한 세액(2019.12.31 본호개정)
2. 전월 중 제조장에서 반출된 담배의 품종별 과세표준과 세율에 따라 산출한 세액에서 법 제63조에 따라 공제하거나 환급한 세액을 빼고, 법 제61조에 따른 가산세를 합한 총세액
3. 지난해 전 시·군지역(시·군 지역을 말한다. 이하 같다)에서 실제 소매인에게 팔린 담배의 품종별 과세표준과 세율에 따라 산출한 총세액(2019.12.31 본호개정)
4. 다음 계산방식에 따라 해당 시·군이 실제로 받을 세액

$$\text{해당 시·군이 실제로 받을 세액} = \text{제2호에 따른 총세액} \times \frac{\text{제1호에 따른 산출세액}}{\text{제3호에 따른 총세액}}$$

(2019.12.31 본호개정)

② 법 제60조제2항에 따라 담배소비세를 신고하고 납부하려는 수입판매업자는 다음 각 호의 사항을 명확히 하여 행정안전부령으로 정하는 신고서로 관할 시장·군수에게 신고하고, 행정안전부령으로 정하는 납부서로 시·군별 산출세액을 납부해야 한다.(2019.12.31 본문개정)

1. 지난해 각 시·군에서 소매인에게 팔린 외국산담배의 품종별 과세표준과 세율에 따라 산출한 세액(2019.12.31 본호개정)
2. 전월 중 보세구역에서 반출(법 제53조제1항 각 호에 따른 반출은 제외한다)된 외국산담배의 품종별 과세표준과 세율에 따라 산출한 세액에서 법 제63조에 따라 공제하거나 환급한 세액을 빼고, 법 제61조에 따른 가산세를 합한 총세액(2023.3.14 본호개정)
3. 지난해 전 시·군지역별로 소매인에게 실제로 팔린 외국산담배의 품종별 과세표준과 세율에 따라 산출한 총세액(2019.12.31 본호개정)
4. 다음 계산방식으로 각 시·군이 실제로 받을 세액

$$\text{해당 시·군이 실제로 받을 세액} = \text{제2호에 따른 총세액} \times \frac{\text{제1호에 따른 산출세액}}{\text{제3호에 따른 총세액}}$$

(2019.12.31 본호개정)

③ 제1항제1호 및 제3호 또는 제2항제1호 및 제3호에 따른 세액이 없어 제조자 또는 수입판매업자가 판매한 담배에 대한 시·군별 담배소비세액을 산출할 수 없거나 제68조제2항 각 호 외의 부분 단서에 따라 시·군별, 품종별 수량을 장부에 적지 아니한 수입판매업자의 경우에는 전전 연도 1월부터 12월까지 각 시·군별로 징수된 담배소비세액(이하 제7항 및 제8항에서 "징수실적"이라 한다)의 비율에 따라 나눈다.(2019.12.31 본항개정)

④ 법 제60조제5항에 따라 담배소비세를 신고하고 납부하려는 자는 「관세법」 제96조제2항에 따라 기획재정부령으로 정하는 신고서 또는 같은 법 제241조제2항에 따라 기획재정부령이나 관세청장이 정하는 신고서에 담배의 품종·수량 등을 적어 세관장에게 신고하고, 「관세법 시행령」 제287조에 따라 관세청장이 정하는 납부서로 납부하여야 한다.(2015.12.31 본항개정)

⑤ 법 제60조제7항에 따라 세관장이 첨부하는 징수내역서에는 다음 각 호의 사항이 포함되어야 한다.

1. 납세의무자의 성명
2. 과세대상 담배의 품종·수량·세율·세액
3. 신고일 또는 부과일 및 납부일
4. 체납 여부

(2015.12.31 본항개정)

⑥ 제2항에 따라 수입판매업자가 신고 또는 납부하였거나 신고 또는 납부하여야 할 담배소비세에 대하여 착오 등이 있는지에 대한 조사는 주사무소 소재지를 관할하는 시·군의 세무공무원이 하고, 착오 등이 확인된 경우에는 해당 시장·군수에게 통보하여야 한다.

⑦ 시·군의 경계가 변경되거나 폐지·설치·분리·병합이 있는 경우에는 다음 각 호의 구분에 따라 징수실적을 보정한다.

1. 시·군의 경계가 변경되는 구역[종전의 시·군(폐지되는 시·군을 포함한다)의 구역에서 신설되는 시·군 또는 다른 시·군에 편입되는 구역을 말한다. 이하 "변경구역"이라 한다]이 종전에 속하였던 시·군의 징수실적은 해당 시·군의 징수실적에서 변경구역의 징수실적을 차감한다.
2. 변경구역이 편입되어 새로 설치되는 시·군의 징수실적은 편입되는 변경구역의 징수실적을 합산한다.
3. 변경구역이 편입되어 존속하는 시·군의 징수실적은 해당 시·군의 징수실적에 편입되는 변경구역의 징수실적을 가산한다.

(2013.1.1 본항신설)

⑧ 변경구역의 징수실적은 매년 1월 1일 현재 「주민등록법」에 따른 주민등록표에 따라 조사한 인구 통계를 기준으로 하여 다음의 계산식에 따라 산출한다.

$$\text{변경구역의 징수실적} = \text{변경구역이 종전에 속하였던 시·군의 징수실적} \times \frac{\text{변경구역의 인구}}{\text{변경구역이 종전에 속하였던 시·군의 전체 인구}}$$

(2013.1.1 본항신설)

제70조【세액의 공제·환급의 대상 및 범위】 ① 법 제63조제1항 각 호에 해당하는 사유로 세액의 공제 또는 환급을 받으려는 자는 행정안전부령으로 정하는 신청서에 해당 사유의 발생 사실을 증명하는 서류를 첨부하고 사유 발생지역을 관할하는 시장·군수에게 제출하여 공제 또는 환급증명을 발급받아야 한다.

② 제1항에 따른 공제 및 환급증명을 받은 제조자 및 수입판매업자는 다음 달 세액신고 시 납부하여야 할 세액에서 공제받도록 하되, 폐업이나 그 밖의 사유로 다음 달에 신고·납부할 세액이 없는 경우에는 행정안전부령으로 정하는 바에 따라 환급을 신청한다.(2017.7.26 본항개정)

제70조의2【세액의 공제·환급의 사후관리】 ① 제조자 또는 수입판매업자가 법 제63조제1항제1호 또는 제2호의 사유로 반입된 담배를 폐기하는 경우에는 폐기하려는 날의 3일 전까지 행정안전부령으로 정하는 신고서에 다음 각 호의 사항을 기재하여 제조장 또는 수입판매업자의 담배보관장소(이 조에서 "보관장소"라 한다)와 폐기장소의 소재지를 관할하는 시장·군수에게 각각 제출하여야 한다.(2017.7.26 본문개정)

1. 제조자 또는 수입판매업자의 명칭 또는 상호와 주소
2. 폐기대상 담배의 품종별 수량
3. 폐기장소 및 폐기예정일
4. 법 제63조제1항제1호 또는 제2호에 따른 반입일

② 제조자와 수입판매업자는 담배의 폐기를 종료한 날부터 7일 이내에 행정안전부령으로 정하는 확인서에 다음 각 호의 사항을 기재하여 보관장소를 관할하는 시장·군수와 세액의 공제 또는 환급을 받았거나 받을 시장·군수에게 각각 제출하여야 한다.(2017.7.26 본문개정)

1. 제1항제1호부터 제4호까지의 규정에 따른 사항
2. 폐기업체의 명칭 또는 상호와 주소
(2015.12.31 본조신설)

제71조 【납세 담보】 ① 법 제64조에 따라 제조자 또는 수입판매업자로부터 제공받을 수 있는 납세담보액은 다음 각 호에서 정하는 금액 이상으로 한다.
1. 제조자 : 제조장에서 반출한 담배에 대한 산출세액과 제조장에서 반출하는 담배에 대한 산출세액의 합계액에서 이미 납부한 세액의 합계액을 뺀 세액에 해당하는 금액
2. 수입판매업자 : 수입신고를 받은 담배에 대한 산출세액과 수입신고를 받는 담배에 대한 산출세액의 합계액에서 이미 납부한 세액의 합계액을 뺀 세액에 해당하는 금액(2013.1.1 본호개정)
② 수입판매업자가 수입한 담배를 통관할 때에는 행정안전부령으로 정하는 바에 따라 주사무소 소재지 관할 시장·군수가 발행한 납세담보확인서 또는 납부영수증을 통관지 세관장에게 제출하여야 하며, 세관장은 납세담보확인서에 적힌 담보물량 또는 납부영수증에 적힌 반출물량의 범위에서 통관을 허용하여야 한다. 다만, 「전자정부법」 제36조제1항에 따른 행정정보의 공동이용을 통하여 제출서류에 대한 정보를 확인할 수 있는 경우에는 그 확인으로 서류제출을 갈음할 수 있다. (2017.7.26 본문개정)
③ 제조자 또는 수입판매업자의 주사무소 소재지를 관할하는 지방자치단체의 장은 제1항에도 불구하고 담배를 제조장 또는 보세구역에서 반출한 날부터 3년간 담배소비세를 체납하거나 고의로 회피한 사실이 없는 제조자 또는 수입판매업자에 대하여 조례로 정하는 바에 따라 납세담보금액을 감면할 수 있다.(2014.8.12 본항신설)

제72조 【담보에 의한 담배소비세 충당】 법 제64조제1항에 따라 담보를 제공한 자가 기한 내에 담배소비세를 납부하지 아니하거나 부족하게 납부하였을 때에는 그 담보물을 체납처분, 담배소비세액 및 가산금에 충당할 수 있다. 이 경우 부족액이 있으면 징수하며, 잔액이 있으면 환급한다.

제6장 지방소비세

제73조 【납입관리자】 법 제71조제1항에서 "대통령령으로 정하는 특별시장·광역시장·특별자치시장·도지사 또는 특별자치도지사"란 인구대비 지방소비세 비율 등을 고려하여 행정안전부장관이 지정하는 특별시장·광역시장·특별자치시장·도지사 또는 특별자치도지사를 말한다.(2021.12.31 본조개정)

제74조 【특별징수의무자의 납입】 법 제71조제1항에 따라 특별징수의무자가 징수한 지방소비세를 납입하는 경우 납입업무의 효율적 처리를 위하여 국세청장을 통하여 법 제71조제1항에 따른 납입관리자(이하 "납입관리자"라 한다)에게 일괄 납입할 수 있다.
(2021.12.31 본조개정)

제75조 【지방소비세액의 안분기준 등】 ① 이 조에서 사용하는 용어의 뜻은 다음과 같다.
1. "소비지수"란 「통계법」 제17조에 따라 통계청에서 확정·발표하는 민간최종소비지출(매년 1월 1일 현재 발표된 것을 말하며, 이하 이 조에서 "민간최종소비지출"이라 한다)을 백분율로 환산한 각 시·도별 지수를 말한다.
2. "가중치"란 지역 간 재정격차를 해소하기 위하여 소비지수에 적용하는 지역별 가중치로서 「수도권정비계획법」에 따른 수도권은 100분의 100을, 수도권 외의 광역시는 100분의 200을, 특별자치시·수도권 외의 도와 특별자치도는 100분의 300을 말한다.
3. "해당 시·도의 취득세 감소분의 보전비율"이란 해당 시·도의 주택 유상거래별 취득세 감소분의 총합

계액이 전국의 주택 유상거래별 취득세 감소분의 총합계액에서 차지하는 비율을 말한다.
4. "인구"란 매년 1월 1일 현재 「주민등록법」에 따른 주민등록법에 따라 조사한 인구 통계를 말한다.
5. "재정자주도"란 다음의 계산식에 따라 산출한 비율로 매년 1월 1일 현재 행정안전부장관이 확정·발표하는 것을 말한다.

$$재정자주도(\%) = \frac{A + B}{C} \times 100$$

A : 전전년도 결산자료에 따른 자체수입(지방세 및 지방세외수입의 합계액을 말한다)
B : 전전년도 결산자료에 따른 자주재원(지방교부세와 조정교부금의 합계액을 말한다)
C : 전전년도 결산자료에 따른 일반회계 세입결산 규모

(2023.3.14 본호개정)
6. "역재정자주도"란 다음의 계산식에 따라 산출한 비율을 말한다.

$$역재정자주도(\%) = 100\% - 재정자주도(\%)$$

(2021.12.31 본항개정)
② 법 제71조에 따라 납입된 지방소비세는 다음 각 호의 구분에 따라 산출한다. 이 경우 제2호각목에 따라 산출한 해당 특별시·광역시·특별자치시·도 또는 특별자치도(이하 이 조, 제76조 및 제77조에서 "시·도"라 한다)의 안분액 합계액의 100분의 2에 해당하는 금액은 사회복지수요 등을 고려하여 행정안전부령으로 정하는 바에 따라 그 안분액을 달리 산출할 수 있다.(2021.12.31 단서개정)
1. 법 제71조제3항제1호에 해당하는 안분액 : 다음의 계산식에 따라 산출한 금액

해당 시·도의 = 안분액	지방소비세의 과세표준 × 5%	×	해당 시·도의 소비지수 × 해당 시·도의 가중치 각 시·도별 소비지수와 가중치를 곱한 값의 전국 합계액

(2019.12.31 본호개정)
2. 법 제71조제3항제2호에 해당하는 안분액 : 다음 각 목의 계산식에 따라 산출한 금액(2019.12.31 본문개정)
가. 취득세의 보전에 충당하는 안분액 계산식

해당 시·도의 안분액 = {[A-(A×B)-(A×C)]-D}×E

A : 지방소비세의 과세표준 × 6%
B : 법 제71조제3항제2호에 따라 감소되는 지방교부세액의 비율(19.24%)
C : 법 제71조제3항제2호에 따라 감소되는 지방교육재정교부금의 비율(20.27%)
D : 법 제71조제3항제2호에 따라 감소되는 지방교육세 {[A-(A×B)-(A×C)]÷11}
E : 해당 시·도의 취득세 감소분의 보전비율

(2019.12.31 본목개정)
나. 지방교육세의 보전에 충당하는 안분액 계산식

해당 시·도의 안분액 = 가목에 따라 산출한 금액 × 10%

다. 지방교부세의 보전에 충당하는 안분액 계산식

해당 지방자치단체의 안분액 = (A × B) × C

A : 지방소비세의 과세표준 × 6%
B : 법 제71조제3항제2호에 따라 감소되는 지방교부세액의 비율(19.24%)
C : 해당 지방자치단체의 해당 연도 보통교부세 배분비율

(2019.12.31 본목개정)

라. 지방교육재정교부금의 보전에 충당하는 안분액
계산식

해당 시·도 교육청의 안분액 = (A × B) × C - D
A : 지방소비세의 과세표준 × 6% B : 법 제71조제3항제2호에 따라 감소되는 지방교육 　재정교부금의 비율(20.27%) C : 교육부장관이 정하는 해당 시·도 교육청의 보통 　교부금 배분비율 D : 지방교육재정교부금 보전에 충당되는 부분에서 　공제되어 해당 시·도에 충당되는 안분액

(2019.12.31 본목개정)

마. 지방교육재정교부금 보전에 충당되는 부분에서
공제되어 해당 시·도에 충당되는 안분액 계산식

해당 시·도의 안분액 = (A + B) × C
A : 나목에 따른 시·도별 지방교육세 보전금액 B : 다목에 따른 시·도별 지방교부세 보전금액 C : 「지방교육재정교부금법」 제11조제2항제3호 및 「세 　종특별자치시 설치 등에 관한 특별법」 제14조제5항 　에 따른 전입비율(3.6%~10%)

(2021.12.31 본목개정)

3. 법 제71조제3항제3호가목에 해당하는 안분액 : 3조
5천680억 6천230만원(2019.12.31 본호신설)

4. 법 제71조제3항제3호나목에 해당하는 안분액 : 다음
각 목의 구분에 따른 금액
가. 각 시·군·구의 안분액 : 별표2에 따른 금액
나. 각 시·도 교육청의 안분액 : 별표3에 따른 금액
(2019.12.31 본호신설)

5. 법 제71조제3항제3호다목에 해당하는 안분액 : 다음
의 계산식에 따라 산출한 금액

해당 시·도의 안분액 =	[(지방소비세의 과세 표준 × 10%) - (제3 호의 금액 + 제4호 각 목의 금액의 합)]	×	해당 시·도의 소 비자수 × 해당 시· 도의 가중치 각 시·도별 소비지 수와 가중치를 곱한 값의 전국 합계액

(2021.12.31 본호개정)

6. 법 제71조제3항제4호가목에 해당하는 안분액 : 2조
2,521억 1,681만 1천원(2021.12.31 본호신설)

7. 법 제71조제3항제4호나목에 해당하는 안분액 : 다음
각 목의 구분에 따른 금액
가. 각 시·군·구의 안분액 : 별표4에서 정하는 금액
나. 각 시·도 교육청의 안분액 : 별표5에서 정하는
금액
(2021.12.31 본호신설)

8. 법 제71조제3항제4호다목에 해당하는 안분액 : 다음
각 목의 구분에 따른 금액
가. 각 시·도의 안분액 : 다음의 구분에 따른 계산식
에 따라 산출한 금액
1) 2022년 1월 1일부터 2022년 12월 31일까지 :

해당 시·도의 = 안분액	[(지방소비세의 과 세표준 × 2.7%) - (제6호의 금액 + 제 7호 각 목의 금액의 합)] × 60%	×	해당 시·도의 소비 지수 × 해당 시·도 의 가중치 각 시·도별 소비지 수와 가중치를 곱한 값의 전국 합계액

2) 2023년 1월 1일부터 :

해당 시·도의 = 안분액	[(지방소비세의 과 세표준 × 4.3%) - (제6호의 금액 + 제 7호 각 목의 금액의 합)] × 60%	×	해당 시·도의 소비 지수 × 해당 시·도 의 가중치 각 시·도별 소비지 수와 가중치를 곱한 값의 전국 합계액

나. 시·군·구의 안분액 : 다음의 구분에 따른 계산
식에 따라 산출한 금액. 다만, 세종특별자치시와 제
주특별자치도는 A에 해당하는 금액으로 한다.
1) 2022년 1월 1일부터 2022년 12월 31일까지 :

해당 시·군·구의 안분액 = A × B
A : 해당 시·군·구가 속한 시·도의 할당액

[(지방소비세의 과 세표준 × 2.7%) - (제6호의 금액 + 제 7호 각 목의 금액의 합)] × 40%	×	해당 시·도의 소비지수 × 해당 시·도의 가중치 각 시·도별 소비지수와 가중치를 곱한 값의 전국 합계액

B : 해당 시·군·구의 안분비율
[(해당 시·군·구 인구 ÷ 해당 시·군· 구가 속한 시·도 내 시·군·구 인구의 합) + (해당 시·군·구의 역재정자주도 × 1/2 ÷ 해당 시·군·구가 속한 시·도 내 시·군·구의 역재정자주도의 합)]

2) 2023년 1월 1일부터 :

해당 시·군·구의 안분액 = A × B
A : 해당 시·군·구가 속한 시·도의 할당액

[(지방소비세의 과 세표준 × 4.3%) - (제6호의 금액 + 제 7호 각 목의 금액의 합)] × 40%	×	해당 시·도의 소비지수 × 해당 시·도의 가중치 각 시·도별 소비지수와 가중치를 곱한 값의 전국 합계액

B : 해당 시·군·구의 안분비율
[(해당 시·군·구 인구 ÷ 해당 시·군· 구가 속한 시·도 내 시·군·구 인구의 합) + (해당 시·군·구의 역재정자주도 × 1/2 ÷ 해당 시·군·구가 속한 시·도 내 시·군·구의 역재정자주도의 합)]

(2021.12.31 본호신설)
(2016.12.30 본항개정)
③ (2021.12.31 삭제)
④ 지방자치단체의 관할 구역을 변경하거나 지방자치
단체를 폐지하거나 설치하거나 나누거나 합치는 경우
변경구역(관할하는 지방자치단체가 변경된 구역을 말
한다. 이하 이 항에서 같다)이 종래 속하였던 지방자치
단체와 변경구역이 새로 편입하게 된 지방자치단체의
지방소비세액은 다음 각 호의 기준에 따라 보정한다.
1. 제2항제1호 및 제5호와 같은 항 제8호가목의 경우 :
변경구역이 반영된 민간최종소비지출이 확정·발표
되는 해까지 다음의 계산식에 따라 산출한 변경구역
의 지방소비세액을 가감할 것

변경구역의 지방소비세액 =	변경구역이 종 래 속하였던 지 방자치단체의 지방소비세액	×	변경구역의 인구 변경구역이 종래 속 하였던 지방자치 단체의 전체 인구

2. 제1호 외의 경우 : 변경구역이 발생한 해당 연도까지
다음 각 목의 사항 등을 고려하여 행정안전부장관이
정하여 고시하는 기준에 따를 것
가. 변경구역의 주택 유상거래 실적과 사회복지 수요
나. 「지방교부세법」 제12조에 따라 조정된 교부세액
다. 「지방교육재정교부금법」 제10조에 따라 조정된
교부금액
라. 「지방교육재정교부금법」 제11조 및 「세종특별자
치시 설치 등에 관한 특별법」 제14조에 따른 교육비
특별회계 전출금액
마. 「지방재정법」 제29조 또는 제29조의2에 따른
시·군이나 자치구의 조정교부금액
(2022.2.28 본항개정)

⑤ (2021.12.31 삭제)
⑥ 제1항제3호에 따른 해당 시·도의 주택 유상거래별 취득세 감소분은 행정안전부령으로 정하는 기간 및 방법 등에 따라 산출한다.(2021.12.31 본항개정)
⑦ 교육부장관은 매년 제2항제2호라목에 따른 시·도교육청별 보통교부금 배분비율을 산출하여 납입관리자에게 통보해야 한다.(2021.12.31 본항개정)
⑧ 행정안전부장관은 매년 제2항제8호나목의 계산식 중 해당 시·군·구의 안분비율과 제6항에 따른 주택 유상거래별 취득세 감소분의 보전비율을 산출하여 납입관리자에게 통보해야 한다.(2021.12.31 본항개정)
(2019.12.31 본조제목개정)

제76조【납입관리자의 납입 등】① 법 제71조제3항 각 호 외의 부분에서 "대통령령으로 정하는 기간 이내"란 납입관리자가 지방소비세를 납입받은 날부터 5일 이내를 말한다.
② 납입관리자는 법 제71조제3항 각 호에 따라 지방소비세를 안분하여 납입하는 경우 같은 조 제1항에 따른 징수명세서 및 행정안전부령으로 정하는 안분명세서를 첨부해야 한다.
(2019.12.31 본조개정)

제77조【지방소비세환급금의 처리】① 제74조에 따라 특별징수의무자가 징수한 지방소비세액을 국세청장을 통하여 일괄 납입하는 경우 특별징수의무자가 납입관리자에게 납입하여야 할 금액을 초과하여 지방소비세를 환급한 경우에는 국세청장은 초과한 환급금액에 해당하는 금액을 다른 특별징수의무자의 납입금에서 이체(移替)해 줄 수 있다. 이 경우 다른 특별징수의무자의 납입금으로 이체하고도 환급한 금액이 초과할 때에는 그 초과한 금액은 그 다음 달로 이월한다.
② 제1항 후단에도 불구하고 부가가치세 회계연도 마지막 월분에 대해서는 특별징수의무자 또는 국세청장은 납입관리자에게 지방소비세환급금의 부족액에 대한 이체를 신청하여야 한다.
③ 제2항에 따른 이체신청을 받은 납입관리자는 해당 금액을 제75조에 따라 시·도별로 나누어 각 시·도(납입관리자를 포함한다)로부터 환급받아 특별징수의무자가 지정하는 계좌로 이체하여야 한다.(2016.12.30 본항개정)

제7장 주민세

제78조【사업소용 건축물의 범위】① 법 제74조제6호에서 "대통령령으로 정하는 사업소용 건축물의 연면적"이란 다음 각 호의 어느 하나에 해당하는 사업소용 건축물 또는 시설물의 연면적을 말한다.(2015.7.24 본문개정)
1. 「건축법」 제2조제1항제2호에 따른 건축물(이와 유사한 형태의 건축물을 포함한다. 이하 이 조에서 같다)의 연면적. 다만, 종업원의 보건·후생·교양 등에 직접 사용하는 「영유아보육법」에 따른 직장어린이집, 기숙사, 사택, 구내식당, 의료실, 도서실, 박물관, 과학관, 미술관, 대피시설, 체육관, 도서관, 연수관, 오락실, 휴게실 또는 실제 가동하는 오물처리시설 및 공해방지시설용 건축물, 그 밖에 행정안전부령으로 정하는 건축물의 연면적은 제외한다.(2019.12.31 단서개정)
2. 제1호에 따른 건축물 없이 기계장치 또는 저장시설(수조, 저유조, 저장창고 및 저장조 등을 말한다)만이 있는 경우에는 그 수평투영면적
② 제1항에 따른 건축물 또는 시설물을 둘 이상의 사업소가 공동으로 사용하는 경우에는 그 사용면적을 사업소용 건축물의 연면적으로 하되, 사용면적의 구분이 명백하지 아니할 경우에는 전용면적의 비율로 나눈 면적을 사업소용 건축물의 연면적으로 한다.

제78조의2【종업원의 급여총액 범위】법 제74조제7호에서 "대통령령으로 정하는 것"이란 사업주가 그 종업원에게 지급하는 급여로서 「소득세법」 제20조제1항에 따른 근로소득에 해당하는 급여의 총액을 말한다. 다만, 다음 각 호의 어느 하나에 해당하는 급여는 제외한다.(2019.12.31 단서개정)
1. 「소득세법」 제12조제3호에 따른 비과세 대상 급여(2019.12.31 본호신설)
1의2. 「근로기준법」 제74조제1항에 따른 출산전후휴가를 사용한 종업원이 그 출산전후휴가 기간 동안 받는 급여(2020.12.31 본호신설)
2. 「남녀고용평등과 일·가정 양립 지원에 관한 법률」 제19조에 따른 육아휴직(이하 이 조에서 "육아휴직"이라 한다)을 한 종업원이 그 육아휴직 기간 동안 받는 급여(2019.12.31 본호신설)
3. 6개월 이상 계속하여 육아휴직을 한 종업원이 직무 복귀 후 1년 동안 받는 급여(2019.12.31 본호신설)

제78조의3【종업원의 범위】① 법 제74조제8호에서 "대통령령으로 정하는 사람"이란 제78조의2에 따른 급여의 지급 여부와 상관없이 사업주 또는 그 위임을 받은 자와의 계약에 따라 해당 사업에 종사하는 사람을 말한다. 다만, 국외근무자는 제외한다.
② 제1항에 따른 계약은 그 명칭·형식 또는 내용과 상관없이 사업주 또는 그 위임을 받은 자와 한 모든 고용계약으로 하고, 현역 복무 등의 사유로 해당 사업소에 일정 기간 사실상 근무하지 아니하더라도 급여를 지급하는 경우에는 종업원으로 본다.
(2014.3.14 본조신설)

제79조【납세의무자 등】① 법 제75조제1항제3호에서 "대통령령으로 정하는 사람"이란 다음 각 호의 어느 하나에 해당하는 사람을 말한다.(2020.12.31 본문개정)
1. 납세의무자의 주소지(외국인의 경우에는 「출입국관리법」에 따른 체류지를 말한다)와 체류지가 동일한 외국인으로서 「가족관계의 등록 등에 관한 법률」 제9조에 따른 가족관계등록부 또는 「출입국관리법」 제34조제1항에 따른 외국인등록표에 따라 가족관계를 확인할 수 있는 사람
2. 「주민등록법」상 세대주의 직계비속으로서 같은 법에 따라 단독으로 세대를 구성하고 있는 미혼인 30세 미만의 사람(2021.12.31 본호개정)
(2019.12.31 본항개정)
② 법 제75조제2항제1호에서 "대통령령으로 정하는 규모 이상의 사업소를 둔 개인"이란 사업소를 둔 개인 중 직전 연도의 「부가가치세법」에 따른 부가가치세 과세표준액(부가가치세 면세사업자의 경우에는 「소득세법」에 따른 총수입금액을 말한다)이 8천만원 이상인 개인으로서 다음 각 호의 어느 하나에 해당하지 않는 사람을 말한다. 다만, 다음 각 호의 어느 하나에 해당하는 사람으로서 다른 업종의 영업을 겸업하는 사람은 제외한다.(2023.3.14 본문개정)
1. 담배소매인
2.~3. (2015.12.31 삭제)
4. 연탄·양곡소매인
5. 노점상인
6. 「유아교육법」 제2조제2호에 따른 유치원의 경영자
③ 세무서장은 제2항에 따라 직전 연도의 부가가치세 과세표준액(부가가치세 면세사업자의 경우에는 「소득세법」에 따른 총수입금액을 말한다)이 8천만원 이상인 사업소로서 사업소를 둔 개인사업자의 자료를 해당 개인사업자의 사업소 소재지를 관할하는 시장·군수·구청장에게 통보해야 한다.(2023.3.14 본항개정)

제80조【건축물 소유자의 제2차 납세의무】① 법 제75조제2항 단서에 따라 건축물의 소유자에게 사업소분의 제2차 납세의무를 지울 수 있는 경우는 이미 부과된

사업소분을 사업주의 재산으로 징수해도 부족액이 있는 경우로 한정한다.(2020.12.31 본항개정)
② 사업용 건축물의 소유자가 법 제77조에 따른 비과세대상자인 경우에도 제2차 납세의무를 지울 수 있다.
③ 제2차 납세의무자인 건축물의 소유자로부터 사업소분을 징수하는 데에 필요한 사항에 관하여는 「지방세징수법」 제15조 및 제32조제2항·제3항을 준용한다.
(2020.12.31 본항개정)

제81조 【납세지】 ① 사업소용 건축물이 둘 이상의 시·군·구에 걸쳐 있는 경우 사업소분은 건축물의 연면적에 따라 나누어 해당 지방자치단체의 장에게 각각 납부하여야 한다.
② 종업원분의 납세구분이 곤란한 경우에는 종업원분의 총액을 제1항에 따라 산출한 주민세 사업소분의 비율에 따라 안분하여 해당 지방자치단체의 장에게 각각 납부하여야 한다.
(2020.12.31 본조개정)

제81조의2 【등록전산정보자료의 제공】 행정안전부장관은 법 제79조의2제2항에 따라 등록전산정보자료를 지방자치단체의 장에게 제공하는 경우에는 「지방세기본법」 제135조제2항에 따른 지방세정보통신망을 통하여 제공해야 한다.(2019.12.31 본조신설)

제82조 【과세표준의 계산방법】 법 제80조에 따른 사업소분의 과세표준을 계산할 때에는 사업소용 건축물의 연면적 중 1제곱미터 미만은 계산하지 아니한다.
(2020.12.31 본조개정)

제83조 【오염물질 배출 사업소】 법 제81조제1항제2호 단서에서 "대통령령으로 정하는 오염물질 배출 사업소"란 다음 각 호의 어느 하나에 해당하는 사업소로서 「지방세기본법」 제34조제1항에 따른 납세의무 성립일 이전 최근 1년 내에 행정기관으로부터 「물환경보전법」, 「대기환경보전법」 또는 「환경오염시설의 통합관리에 관한 법률」에 따른 개선명령·조업정지명령·사용중지명령 또는 폐쇄명령(이하 이 조에서 "개선명령등"이라 한다)을 받은 사업소(해당 법률에 따라 개선명령등을 갈음하여 과징금이 부과된 사업소를 포함한다)를 말한다.
(2023.6.30 본문개정)
1. 「물환경보전법」 제33조에 따른 폐수배출시설 설치의 허가 또는 신고 대상 사업소로서 같은 법에 따라 배출시설 설치의 허가를 받지 아니하였거나 신고를 하지 아니한 사업소(2018.1.16 본호개정)
2. 「물환경보전법」 제33조에 따른 폐수배출시설 설치의 허가를 받거나 신고를 한 사업소로서 해당 사업소에 대한 점검 결과 부적합 판정을 받은 사업소 (2021.12.31 본호개정)
3. 「대기환경보전법」 제23조에 따른 대기오염물질배출시설 설치의 허가 또는 신고 대상 사업소로서 같은 법에 따라 배출시설 설치의 허가를 받지 아니하였거나 신고를 하지 아니한 사업소(2017.12.29 본호신설)
4. 「대기환경보전법」 제23조에 따른 대기오염물질배출시설 설치의 허가를 받거나 신고를 한 사업소로서 해당 사업소에 대한 점검 결과 부적합 판정을 받은 사업소(2021.12.31 본호개정)
5. 「환경오염시설의 통합관리에 관한 법률」 제6조에 따른 배출시설등(같은 법 제2조제2호나목 및 사목의 배출시설로 한정한다. 이하 이 조에서 같다)의 설치·운영 허가 대상 사업소로서 해당 배출시설 설치·운영 허가를 받지 않은 사업소(2023.6.30 본호신설)
6. 「환경오염시설의 통합관리에 관한 법률」 제6조에 따른 배출시설등의 설치·운영 허가를 받은 사업소로서 해당 배출시설에 대한 점검 결과 부적합 판정을 받은 사업소(2023.6.30 본호신설)

제84조 【신고 및 납부】 ① 법 제83조제3항에 따라 사업소분을 신고하려는 자는 행정안전부령으로 정하는 신고서에 건축물의 연면적, 세액, 그 밖의 필요한 사항을 적은 명세서를 첨부하여 관할 시장·군수·구청장에게 신고해야 한다.
② 법 제83조제3항에 따라 사업소분을 납부하려는 자는 행정안전부령으로 정하는 납부서로 납부해야 한다.
(2020.12.31 본조개정)

제85조 【과세대장 비치 등】 시장·군수·구청장은 개인분과 사업소분 과세대장을 갖추어 두고, 필요한 사항을 등재해야 한다. 이 경우 해당 사항을 전산처리하는 경우에는 과세대장을 갖춘 것으로 본다.(2020.12.31 본조개정)

제85조의2 【종업원 급여총액의 월평균금액 산정기준 등】 ① 법 제84조의4제1항에 따른 종업원 급여총액의 월평균금액은 「지방세기본법」 제34조에 따른 납세의무성립일이 속하는 달을 포함하여 최근 12개월간(사업기간이 12개월 미만인 경우에는 납세의무성립일이 속하는 달부터 개업일이 속하는 달까지의 기간을 말한다) 해당 사업소의 종업원에게 지급한 급여총액을 해당 개월 수로 나눈 금액을 기준으로 한다. 이 경우 개업 또는 휴·폐업 등으로 영업한 날이 15일 미만인 달의 급여총액과 그 1개월 수는 종업원 급여총액의 월평균금액 산정에서 제외한다.
② 법 제84조의4제1항에서 "대통령령으로 정하는 금액"이란 300만원을 말한다.(2019.12.31 본항개정)
(2015.12.31 본조개정)

제85조의3 【종업원 수 산정기준】 법 제84조의5에 따른 종업원 수의 산정은 종업원의 월 통상인원을 기준으로 한다. 이 경우 월 통상인원의 산정 방법은 행정안전부령으로 정한다.(2017.7.26 후단개정)

제85조의4 【종업원분의 신고 및 납부 등】 ① 법 제84조의6제2항에 따라 종업원분을 신고하려는 자는 행정안전부령으로 정하는 신고서에 종업원 수, 급여 총액, 세액, 그 밖에 필요한 사항을 적은 명세서를 첨부하여 지방자치단체의 장에게 제출하여야 한다.
② 법 제84조의6제2항에 따라 종업원분을 납부하려는 자는 행정안전부령으로 정하는 납부서로 납부하여야 한다.
(2017.7.26 본조개정)

제85조의5 【과세대장의 비치 등】 지방자치단체의 장은 종업원분 과세대장을 갖추어 두고, 필요한 사항을 등재해야 한다. 이 경우 해당 사항을 전산처리하는 경우에는 과세대장을 갖춘 것으로 본다.(2019.2.8 본조개정)

제8장 지방소득세

제1절 통 칙

제86조 【비영리내국법인 및 외국법인의 범위】 ① 법 제85조제1항제6호나목에서 "대통령령으로 정하는 조합법인 등"이란 「법인세법 시행령」 제2조제1항 각 호에 따른 법인을 말한다.
② 법 제85조제7호에서 "대통령령으로 정하는 기준에 해당하는 법인"이란 「법인세법 시행령」 제2조제2항에 따른 단체를 말한다.
(2019.2.12 본조개정)

제87조 【납세지 등】 ① 법인이 사업장을 이전한 경우 해당 법인지방소득세의 납세지는 법인의 사업연도 종료일 현재 그 사업장 소재지로 한다.
② 근무지를 변경하거나 둘 이상의 사용자로부터 근로소득을 받는 근로자에 대한 개인지방소득세를 연말정산하여 개인지방소득세를 환급하거나 추징해야 하는 경우 개인지방소득세의 납세지는 다음 각 호의 구분에 따른다.(2019.12.31 본문개정)

1. 근무지를 변경한 근로자 : 연말정산 대상 과세기간의 종료일 현재 근무지
2. 둘 이상의 사용자로부터 근로소득을 받는 근로자 : 연말정산 대상 과세기간의 종료일 현재 주된 근무지 (2019.12.31 1호~2호신설)
③ 「소득세법 시행령」 제5조제6항에 따른 사람의 개인지방소득세의 납세지는 「지방세기본법」 제34조에 따른 납세의무 성립 당시 소속기관의 소재지로 한다. (2019.12.31 본항신설)
(2014.3.14 본조개정)
제88조 【법인지방소득세의 안분방법】 ① 법 제89조제2항에서 "대통령령으로 정하는 기준"이란 다음의 계산식에 따라 산출한 비율(이하 이 장에서 "안분율"이라 한다)을 말한다.

$$\left[\left(\dfrac{\text{관할 지방자치단체 안 종업원 수}}{\text{법인의 총 종업원 수}}\right) + \left(\dfrac{\text{관할 지방자치단체 안 건축물 연면적}}{\text{법인의 총 건축물 연면적}}\right)\right] \div 2$$

② 제1항에 따른 종업원 수와 건축물 연면적의 계산은 각 사업연도 종료일 현재 다음 각 호에서 정하는 기준에 따른다. 이 경우 사업장으로 직접 사용하는 건축물이 둘 이상의 지방자치단체에 걸쳐있는 경우에는 해당 지방자치단체별 건축물 연면적 비율에 따라 종업원 수와 건축물의 연면적을 계산하며, 구체적 안분방법에 관한 사항은 행정안전부령으로 정한다. (2017.7.26 후단개정)
1. 종업원 수 : 법 제74조제8호에 따른 종업원의 수
2. 건축물 연면적 : 사업장으로 직접 사용하는 「건축법」 제2조제1항제2호에 따른 건축물(이와 유사한 형태의 건축물을 포함한다)의 연면적. 다만, 구조적 특성상 연면적을 정하기 곤란한 기계장치 또는 시설물(수조·저유조·저장창고·저장조·송유관·송수관 및 송전철탑만 해당한다)의 경우에는 그 수평투영면적을 연면적으로 한다.
③ 지방자치단체의 장이 법 제103조의20제2항에 따라 법인지방소득세의 세율을 표준세율에서 가감한 경우 납세의무자는 다음의 계산식에 따라 산출한 금액을 법인지방소득세에 가감하여 납부하여야 한다.

법 제103조의19에 따른 과세표준 × 법 제103조의20제1항의 세율 × 안분율 × $\left(\dfrac{\text{해당 지방자치단체의 법인지방소득세 세율}}{\text{법인지방소득세 표준세율}} - 1\right)$

④ 같은 특별시·광역시 안의 둘 이상의 구에 사업장이 있는 법인은 해당 특별시·광역시에 납부할 법인지방소득세를 본점 또는 주사무소의 소재지(연결법인의 경우에는 모법인의 본점 또는 주사무소)를 관할하는 구청장에게 일괄하여 신고·납부하여야 한다. 다만, 특별시·광역시 안에 법인의 본점 또는 주사무소가 없는 경우에는 행정안전부령으로 정하는 주된 사업장의 소재지를 관할하는 구청장에게 신고·납부한다. (2017.7.26 단서개정)
(2015.12.31 본조개정)

제2절 거주자의 종합소득·퇴직소득에 대한 지방소득세
(2014.3.14 본절제목신설)

제88조의2 【직장공제회 초과반환금에 대한 세액계산의 특례법】 법 제93조제3항 단서에 따라 직장공제회 초과반환금을 분할하여 지급하는 경우 그 계산은 「소득세법 시행령」 제120조에 따른다. (2018.3.27 본조개정)
제89조 【부동산매매업자에 대한 세액계산의 특례】
① 법 제93조제4항 각 호 외의 부분 전단에 따른 부동산매매업은 「소득세법 시행령」 제122조제1항·제3항 및 제4항을 따른다.

② 법 제93조제4항 각 호 외의 부분 후단에 따른 부동산매매업자에 대한 주택등매매차익의 계산은 「소득세법 시행령」 제122조제2항을 따른다.
(2014.3.14 본조개정)
제90조 【부동산매매업자의 토지등 매매차익예정신고와 납부】 ① 법 제93조제5항에 따라 토지등 매매차익 예정신고를 하려는 자는 행정안전부령으로 정하는 토지등매매차익예정신고 및 납부계산서를 납세지 관할 지방자치단체의 장에게 제출해야 한다. (2019.12.31 본항개정)
② 부동산매매업자는 법 제93조제7항 전단에 따라 토지등의 매매차익에 대한 산출세액을 납부할 때에는 행정안전부령으로 정하는 납부서로 납부하여야 한다. (2023.3.14 본항개정)
③ 법 제93조제7항 후단에 따라 부동산매매업자가 토지등의 매매차익에 대한 산출세액을 분할납부하는 경우 분할납부할 수 있는 세액은 다음 각 호의 구분에 따른다.
1. 납부할 세액이 100만원 초과 200만원 이하인 경우 : 100만원을 초과하는 금액
2. 납부할 세액이 200만원을 초과하는 경우 : 해당 세액의 100분의 50 이하의 금액
(2023.3.14 본항신설)
제91조 【토지등 매매차익】 법 제93조제9항에 따른 토지등의 매매차익과 그 계산 등은 「소득세법 시행령」 제128조 및 제129조를 따른다. (2023.3.14 본조개정)
제91조의2 【분리과세 주택임대소득에 대한 종합소득 결정세액 등 계산의 특례】 ① 법 제93조제11항 단서에서 "대통령령으로 정하는 임대주택"이란 다음 각 호의 요건을 모두 갖춘 임대주택(이하 이 조에서 "등록임대주택"이라 한다)을 말한다.
1. 다음 각 목의 어느 하나에 해당하는 주택일 것
   가. 「민간임대주택에 관한 특별법」 제5조에 따른 임대사업자등록을 한 자가 임대 중인 같은 법 제2조제4호에 따른 공공지원민간임대주택
   나. 「민간임대주택에 관한 특별법」 제5조에 따른 임대사업자등록을 한 자가 임대 중인 같은 법 제2조제5호에 따른 장기일반민간임대주택[아파트를 임대하는 민간매입임대주택의 경우에는 2020년 7월 10일 이전에 종전의 「민간임대주택에 관한 특별법」(법률 제17482호 민간임대주택에 관한 특별법 일부개정법률에 따라 개정되기 전의 것을 말한다. 이하 같다) 제5조에 따라 등록을 신청(임대할 주택을 추가하기 위해 등록사항의 변경 신고를 한 경우를 포함한다. 이하 이 항에서 같다)한 것으로 한정한다]
   다. 종전의 「민간임대주택에 관한 특별법」 제5조에 따른 임대사업자등록을 한 자가 임대 중인 같은 법 제2조제6호에 따른 단기민간임대주택(2020년 7월 10일 이전에 등록을 신청한 것으로 한정한다)
   (2020.12.31 본호개정)
2. 「소득세법」 제168조에 따른 사업자의 임대주택일 것
3. 임대보증금 또는 임대료(이하 이 호에서 "임대료등"이라 한다)의 증가율이 100분의 5를 초과하지 않을 것. 이 경우 임대료등의 증액 청구는 임대차계약의 체결 또는 약정한 임대료의 증액이 있은 후 1년 이내에는 하지 못하고, 임대사업자가 임대료등의 증액을 청구하면서 임대보증금과 월임대료를 상호 간에 전환하는 경우에는 「민간임대주택에 관한 특별법」 제44조제4항에 따른 전환 규정을 준용한다. (2020.4.28 본호개정)
② 제1항을 적용할 때 종전의 「민간임대주택에 관한 특별법」 제5조에 따라 등록한 같은 법 제2조제6호에 따른 단기민간임대주택을 같은 법 제5조제3항에 따라 2020년 7월 11일 이후 「민간임대주택에 관한 특별법」 제2조제4호 또는 제5호에 따른 공공지원민간임대주택

또는 장기일반민간임대주택으로 변경 신고한 주택은 등록임대주택에서 제외한다.(2020.12.31 본항신설)

③ 법 제93조제12항 각 호 외의 부분 단서에서 "「민간임대주택에 관한 특별법」 제6조제1항제11호에 해당하여 등록이 말소되는 경우 등 대통령령으로 정하는 경우"란 「소득세법 시행령」 제122조의2제3항에 해당하는 경우를 말한다.(2021.4.27 본항신설)

④ 법 제93조제12항제1호를 적용할 때 임대기간의 산정은 「소득세법 시행령」 제122조의2제4항제1호에 따른다.(2021.4.27 본항신설)

⑤ 법 제93조제12항제2호를 적용할 때 임대기간의 산정은 「소득세법 시행령」 제122조의2제4항제2호에 따른다.(2021.4.27 본항신설)

⑥ 법 제93조제12항제1호에 해당하여 납부해야 하는 개인지방소득세액은 같은 조 제10항제2호가목 단서에 따라 감면받은 세액에 「조세특례제한법 시행령」 제96조제6항에 따라 임대기간에 따른 감면율을 적용한 금액으로 한다.(2021.4.27 본항신설)

⑦ 법 제93조제13항 단서에서 "대통령령으로 정하는 부득이한 사유"란 다음 각 호의 어느 하나에 해당하는 경우를 말한다.
1. 파산 또는 강제집행에 따라 임대주택을 처분하거나 임대할 수 없는 경우
2. 법령상 의무를 이행하기 위해 임대주택을 처분하거나 임대할 수 없는 경우
3. 「채무자 회생 및 파산에 관한 법률」에 따른 회생절차에 따라 법원의 허가를 받아 임대주택을 처분한 경우
⑧ 법 제93조제14항에 따른 주택임대소득의 계산은 다음 각 호에 따른다.
1. 제1항을 적용할 때 과세기간 중 일부 기간 동안 등록임대주택을 임대한 경우 등록임대주택의 임대사업에서 발생하는 수입금액은 월수로 계산한다. 이 경우 해당 임대기간의 개시일 또는 종료일이 속하는 달의 등록임대주택을 임대한 기간이 15일 이상인 경우에는 1개월로 본다.
2. 과세기간 중에 임대주택을 등록한 경우 주택임대소득금액은 다음의 계산식에 따라 계산한다.

[등록한 기간에 발생한 수입금액 × (1 − 0.6)] + [등록하지 않은 기간에 발생한 수입금액 × (1 − 0.5)]

3. 해당 과세기간 동안 등록임대주택과 등록임대주택이 아닌 주택에서 수입금액이 발생한 경우 법 제93조제11항에 따라 해당 과세기간의 종합소득금액이 2천만원 이하인 경우에 추가로 차감하는 금액은 다음의 계산식에 따라 계산한다.

$$\left(\frac{\text{등록임대주택에서 발생한 수입금액}}{\text{총 주택임대 수입금액}} \times 400만원\right) + \left(\frac{\text{등록임대주택이 아닌 주택에서 발생한 수입금액}}{\text{총 주택임대 수입금액}} \times 200만원\right)$$

(2019.5.31 본조개정)

제92조【과세표준 및 세액의 확정신고와 납부】 ① 법 제95조제1항에 따라 확정신고·납부를 하려는 자는 행정안전부령으로 정하는 종합소득 또는 퇴직소득에 대한 개인지방소득세 과세표준확정신고 및 납부계산서와 첨부서류를 납세지 관할 지방자치단체의 장에게 제출하여야 한다.
② 법 제95조제3항에 따라 종합소득 또는 퇴직소득에 대한 개인지방소득세를 납부하려는 자는 행정안전부령으로 정하는 납부서로 납부하여야 한다.
③ 법 제95조제4항에 따라 거주자가 종합소득 또는 퇴직소득에 대한 개인지방소득세액을 분할납부하는 경우 분할납부할 수 있는 세액은 다음 각 호의 구분에 따른다.

1. 납부할 세액이 100만원 초과 200만원 이하인 경우 : 100만원을 초과하는 금액
2. 납부할 세액이 200만원을 초과하는 경우 : 해당 세액의 100분의 50 이하의 금액
(2023.3.14 본항신설)

④ 법 제95조제5항에서 "소규모사업자 등 대통령령으로 정하는 거주자"란 「소득세법」 제70조에 따른 종합소득 과세표준확정신고를 위하여 과세표준, 세액 등이 임시 산정된 과세표준확정신고 및 납부계산서를 국세청장으로부터 송달받은 자를 말한다.(2023.3.14 본항개정)
(2017.7.26 본조개정)

제93조【수정신고납부】 ① 법 제96조제1항에 따라 거주자가 수정신고를 할 때에는 수정신고와 함께 소득세의 수정신고 내용을 증명하는 서류를 납세지 관할 지방자치단체의 장에게 제출하여야 한다.
② 법 제96조제3항에 따른 수정신고를 통하여 추가납부세액이 발생하는 경우에는 행정안전부령으로 정하는 납부서로 납부하여야 한다.(2017.7.26 본항개정)
(2014.3.14 본조개정)

제94조【과세표준과 세액의 결정 및 경정】 ① 법 제97조에 따른 과세표준과 세액의 결정 또는 경정은 「소득세법」에 따라 납세지 관할 세무서장 또는 관할 지방국세청장이 결정 또는 경정한 자료, 과세표준확정신고서 및 그 첨부서류에 의하거나 실지조사(實地調査)에 따름을 원칙으로 한다.
② 법 제97조제3항 단서에서 "대통령령으로 정하는 사유"란 「소득세법 시행령」 제143조제1항 각 호의 어느 하나에 해당하는 경우를 말한다.
③ 법 제97조제3항 단서에 따른 소득금액을 추계하여 결정하거나 경정하는 경우는 「소득세법 시행령」 제143조제2항·제3항·제9항, 제144조 및 제145조제2항에서 정한 방법에 따른다.
(2014.3.14 본조개정)

제95조【과세표준과 세액의 통지】 ① 납세지 관할 지방자치단체의 장은 법 제97조제4항에 따라 과세표준과 세액을 통지할 때에는 과세표준과 세율·세액, 그 밖에 필요한 사항을 서면으로 통지하여야 한다. 이 경우 납부할 세액이 없을 때에도 또한 같다.
② 납세지 관할 지방자치단체의 장은 피상속인의 소득금액에 대한 개인지방소득세를 2명 이상의 상속인에게 과세하는 경우에는 과세표준과 세액을 그 지분에 따라 배분하여 상속인별로 통지하여야 한다.
(2014.3.14 본조개정)

제96조【수시부과】 ① 법 제98조에 따른 과세표준 및 세액의 결정은 제94조제1항을 준용하여 납세지 관할 지방자치단체의 장이 한다.(2015.7.24 본항개정)
② 지방자치단체의 장은 사업자가 주한국제연합군 또는 외국기관으로부터 수입금액을 외국환은행을 통하여 외환증서 또는 원화로 영수할 때에는 법 제98조에 따라 그 영수할 금액에 대한 과세표준 및 세액을 결정할 수 있다.
③ 법 제98조에 따른 수시부과의 경우에 그 세액계산에 필요한 사항은 행정안전부령으로 정한다.
(2017.7.26 본항개정)
(2014.3.14 본조개정)

제97조 (2015.7.24 삭제)

제98조【결손금 소급공제에 따른 환급세액의 계산】 ① 법 제101조제1항 본문에서 "대통령령으로 정하는 바에 따라 계산한 금액"이란 제1호의 금액에서 제2호의 금액을 뺀 것(이하 이 조에서 "결손금소급공제세액"이라 한다)을 말한다.(2022.2.28 본문개정)
1. 직전 과세기간의 해당 중소기업의 종합소득에 대한 개인지방소득세 산출세액

2. 직전 과세기간의 종합소득에 대한 개인지방소득세 과세표준에서 「소득세법」 제45조제3항의 이월결손금으로서 같은 법 제85조의2에 따라 소급공제를 받은 금액(직전 과세기간의 종합소득에 대한 개인지방소득세 과세표준을 한도로 한다)을 뺀 금액에 직전 과세기간의 세율을 적용하여 계산한 해당 중소기업에 대한 종합소득에 대한 개인지방소득세 산출세액 (2021.12.31 본호개정)
② 법 제101조제1항 단서에 따라 결손금소급공제세액을 환급신청하는 경우 제1항 및 제7항을 적용할 때에는 "직전 과세기간"은 각각 "직전 또는 직전전 과세기간"으로, "같은 법 제85조의2"는 "「조세특례제한법」제8조의4"로 보며, 직전 과세기간과 직전전 과세기간의 개인지방소득세 산출세액이 모두 있는 경우에는 직전전 과세기간의 과세표준에서 결손금을 먼저 공제한다. (2022.2.28 본항신설)
③ 법 제101조제2항에 따라 결손금소급공제세액을 환급받으려는 자는 행정안전부령으로 정하는 결손금소급공제세액환급신청서를 납세지 관할 지방자치단체의 장에게 제출하여야 한다.(2017.7.26 본항개정)
④ 법 제101조제2항에 따라 결손금소급공제세액을 환급하는 경우 환급가산금 기산일은 「지방세기본법 시행령」제43조제1항제5호 단서에 따른다. (2021.12.31 본항신설)
⑤ 법 제101조제5항에 따라 이월결손금이 감소됨에 따라 징수하는 개인지방소득세 환급세액은 다음의 계산식에 따라 산출한다. 이 경우 「소득세법」제45조제3항에 따른 이월결손금 중 그 일부 금액만을 소급공제받은 경우에는 소급공제받지 않은 결손금이 먼저 감소된 것으로 본다.

| 법 제101조제3항에 따른 환급세액(이하 이 조에서 "당초환급세액"이라 한다) | × | 감소된 결손금액으로서 소급공제받지 않은 결손금을 초과하는 금액 / 소급공제 결손금액 |

(2021.12.31 본항신설)
⑥ 법 제101조제5항에 따라 환급세액을 징수하는 경우에는 제1호의 금액에 제2호의 율을 곱하여 계산한 금액을 환급세액에 가산하여 징수한다.
1. 법 제101조제5항에 따른 환급세액
2. 당초환급세액의 통지일의 다음 날부터 법 제101조제5항에 따라 징수하는 개인지방소득세액의 고지일까지의 기간에 대한 「지방세기본법 시행령」제34조제1항에 따른 이자율. 다만, 납세자가 개인지방소득세를 과다하게 환급받은 데 정당한 사유가 있는 경우에는 같은 영 제43조제2항 본문에 따른 이자율을 적용한다.(2023.12.29 본문개정)
(2021.12.31 본항신설)
⑦ 납세지 관할 지방자치단체의 장은 결손금소급공제세액 계산의 기초가 된 직전 과세기간의 종합소득에 대한 개인지방소득세 과세표준이나 개인지방소득세액이 경정 등으로 변경되는 경우에는 즉시 당초환급세액을 재결정하여 결손금소급공제세액으로 환급한 세액과 재결정한 환급세액의 차액을 환급하거나 징수해야 한다.(2021.12.31 본항신설)
⑧ 결손금소급공제에 의한 환급세액의 계산과 그 밖에 필요한 사항은 행정안전부령으로 정한다.(2017.7.26 본항개정)
(2022.2.28 본조제목개정)
(2014.3.14 본조개정)
제99조 【공동사업자별 분배명세서의 제출】 공동사업자가 과세표준확정신고를 하는 경우 대표공동사업자는 과세표준확정신고와 함께 해당 공동사업장에서 발생한 소득금액과 가산세액 및 특별징수된 세액을 적은 행정

안전부령으로 정하는 공동사업자별 분배명세서를 납세지 관할 지방자치단체의 장에게 제출하여야 한다. 다만, 공동사업자가 「소득세법 시행령」제150조제6항에 따라 납세지 관할 세무서장에게 공동사업자별 분배명세서를 제출한 경우에는 납세지 관할 지방자치단체의 장에게 제출하지 않을 수 있다.(2019.12.31 단서신설)

제3절 거주자의 양도소득에 대한 지방소득세
(2014.3.14 본절제목신설)

제100조 【세율】 ① (2016.12.30 삭제)
② 법 제103조의3제1항제2호에서 "대통령령으로 정하는 토지"란 「소득세법」제89조제1항제3호에 따른 주택부수토지를 말한다.(2014.8.12 본항개정)
③~⑤ (2014.8.12 삭제)
⑥ (2020.12.31 삭제)
⑦ 법 제103조의3제1항제9호에서 "대통령령으로 정하는 자산"이란 「소득세법 시행령」제167조의7에 따른 자산을 말한다.
⑧ 법 제103조의3제1항제11호가목1)에서 "대통령령으로 정하는 중소기업"이란 주식등의 양도일 현재 「중소기업기본법」제2조에 따른 중소기업을 말한다. (2018.3.27 본항개정)
⑨~⑪ (2018.3.27 삭제)
⑫ 법 제103조의3제7항에 따라 같은 조 제1항제13호에 따른 파생상품 등의 양도소득에 대한 개인지방소득세의 세율은 1천분의 10으로 한다.(2020.12.31 본항개정)
⑬ 법 제103조의3제10항제1호에서 "대통령령으로 정하는 1세대 2주택에 해당하는 주택"이란 「소득세법 시행령」제167조의10에 따른 주택을 말한다.(2018.3.27 본항신설)
⑭ 법 제103조의3제10항제2호 단서에서 "대통령령으로 정하는 장기임대주택 등"이란 「소득세법 시행령」제167조의11에 따른 주택을 말한다.(2018.3.27 본항신설)
⑮ 법 제103조의3제10항제3호에서 "대통령령으로 정하는 1세대 3주택 이상에 해당하는 주택"이란 「소득세법 시행령」제167조의3에 따른 주택을 말한다. (2018.3.27 본항신설)
⑯ 법 제103조의3제10항제4호 단서에서 "대통령령으로 정하는 장기임대주택 등"이란 「소득세법 시행령」제167조의4에 따른 주택을 말한다.(2018.3.27 본항신설)
(2014.3.14 본조개정)
제100조의2 【예정신고납부】 ① 법 제103조의5제1항에 따라 예정신고를 하려는 자는 행정안전부령으로 정하는 양도소득에 대한 개인지방소득세 과세표준예정신고 및 납부계산서를 납세지 관할 지방자치단체의 장에게 제출하여야 한다.
② 법 제103조의5제3항에 따라 양도소득에 대한 개인지방소득세를 납부하려는 자는 행정안전부령으로 정하는 납부서로 납부하여야 한다.
(2017.7.26 본조개정)
제100조의3 【양도소득에 대한 개인지방소득세 과세표준 확정신고】 ① 법 제103조의7제1항 및 제6항에 따라 확정신고·납부를 하려는 자는 행정안전부령으로 정하는 양도소득에 대한 개인지방소득세 과세표준확정신고 및 납부계산서를 납세지 관할 지방자치단체의 장에게 제출하여야 한다.(2017.12.29 본항개정)
② 법 제103조의7제3항 단서에서 "대통령령으로 정하는 경우"란 다음 각 호의 어느 하나에 해당하는 경우를 말한다.
1. 해당 연도에 누진세율의 적용대상 자산에 대한 예정신고를 2회 이상 한 자가 법 제103조의6제2항에 따라 이미 신고한 양도소득금액과 합산하여 신고하지 아니한 경우

2. 「소득세법」 제94조제1항제1호·제2호·제4호 및 제6호에 따른 토지, 건물, 부동산에 관한 권리, 기타자산 및 신탁 수익권을 2회 이상 양도한 경우로서 같은 법 제103조제2항을 적용할 경우 당초 신고한 양도소득에 대한 개인지방소득세 산출세액이 달라지는 경우 (2023.3.14 본호개정)
3. 「소득세법」 제94조제1항제1호·제2호 및 제4호에 따른 토지, 건물, 부동산에 관한 권리 및 기타자산을 둘 이상 양도한 경우로서 같은 법 제103조의3제6항을 적용할 경우 당초 신고한 양도소득에 대한 개인지방소득세 산출세액이 달라지는 경우(2020.4.28 본호신설)
4. 「소득세법」 제94조제1항제3호가목 및 나목에 해당하는 주식등을 2회 이상 양도한 경우로서 같은 법 제103조제2항을 적용할 경우 당초 신고한 양도소득에 대한 개인지방소득세 산출세액이 달라지는 경우 (2020.4.28 본호개정)
③ 법 제103조의7제4항부터 제6항까지에 따라 양도소득에 대한 개인지방소득세를 납부하려는 자는 행정안전부령으로 정하는 납부서로 납부하여야 한다. (2017.12.29 본항개정)
④ 법 제103조의7제7항 후단에 따른 이자상당액은 다음의 계산식에 따라 산출된 금액으로 한다.

이자상당액 = 법 제103조의7제7항에 따라 납부유예 받은 금액 × 신고기한의 다음 날부터 납부일까지의 일수 × 납부유예 신청일 현재 「지방세기본법 시행령」 제43조에 따른 이자율

(2017.12.29 본항신설)
(2014.3.14 본조신설)

제4절 비거주자의 소득에 대한 지방소득세
(2014.3.14 본절신설)

제100조의4【비거주자의 개인지방소득세 신고·납부의 특례】 ① 법 제103조의11제3항에 따라 대표신고자가 비거주자구성원의 지방소득세 과세표준을 일괄하여 신고하는 경우에는 행정안전부령으로 정하는 신고서류를 자신의 납세지 관할 지방자치단체의 장에게 제출해야 한다. 다만, 대표신고자가 「소득세법 시행령」 제182조제2항 단서에 해당하는 경우에는 그 소속 단체의 납세지 관할 지방자치단체의 장에게 제출해야 한다. (2022.2.28 본항신설)
② 법 제103조의12제4항에 따라 지방소득세를 신고·납부하려는 비거주자가 「소득세법」 제126조의2제1항 또는 제2항에 해당되는 때에는 해당 유가증권을 발행한 내국법인의 소재지 관할 지방자치단체의 장에게 행정안전부령으로 정하는 비거주자유가증권양도소득정산신고서를 제출하여야 한다.
③ 법 제103조의12제4항에 따라 지방소득세를 신고·납부하려는 비거주자가 「소득세법」 제126조의2제3항 본문에 해당되는 때에는 해당 유가증권을 발행한 내국법인의 소재지 관할 지방자치단체의 장에게 행정안전부령으로 정하는 비거주자유가증권양도소득신고서를 제출하여야 한다. (2022.2.28 본조제목개정)
(2017.7.26 본조개정)

제5절 개인지방소득에 대한 특별징수
(2014.3.14 본절신설)

제100조의5【특별징수의무】 ① 법 제103조의13제1항 후단에 따른 특별징수의무자(이하 이 절에서 "특별징수의무자"라 한다)는 법 제103조의13제2항에 따라 징수한 특별징수세액을 납부하는 경우에는 납부서에 계산서와 명세서를 첨부하여야 한다.
② 제1항에도 불구하고 개인지방소득세의 특별징수의무자가 징수한 특별징수세액을 납부할 때에는 근로소득, 이자소득, 「소득세법」 제20조의3제1항제1호 및 제2호에 따른 연금소득과 「국민건강보험법」에 따른 국민건강보험공단이 지급하는 사업소득에 대해서는 그 명세서를 첨부하지 아니할 수 있다. 다만, 과세권자가 납세증명 발급 등 민원처리를 위하여 개인별 납세실적 파악이 필요하여 명세서 제출을 요구하는 경우에는 첨부하여야 한다.
③ 개인지방소득세의 특별징수의무자가 법 제103조의13제3항 전단에 따라 해당 지방자치단체별 특별징수세액에서 오류를 발견하였을 때에는 그 과부족분(過不足分)을 오류를 발견한 날의 다음 달 10일까지 관할 지방자치단체에 납부하여야 할 특별징수세액에서 가감하여야 한다. 이 경우 그 납는 부분이 관할 지방자치단체에 납부하여야 할 다음 달의 특별징수세액을 초과하는 경우에는 그 다음 달의 특별징수세액에서 조정할 수 있다.
제100조의6【의무불이행 가산세의 예외】 법 제103조의14 단서에서 "대통령령으로 정하는 자"란 주한 미국군을 말한다.
제100조의7【개인지방소득세의 환급 등】 ① 법 제103조의15제1항에 따라 소득자에게 환급하는 경우에는 특별징수의무자가 특별징수하여 납부할 지방소득세에서 그 차액을 조정하여 환급한다. 다만, 특별징수의무자가 특별징수하여 납부할 지방소득세가 없을 때에는 행정안전부령으로 정하는 바에 따라 환급한다.(2017.7.26 단서개정)
② 법 제103조의13에 따라 특별징수의무자가 이미 특별징수하여 납부한 지방소득세에 과오납이 있어 환급하는 경우에도 제1항을 준용한다.
③ 법 제103조의16제1항에 따른 환급신청을 받은 특별징수의무자는 「소득세법 시행령」 제202조의2제1항의 계산식에 따라 계산한 세액의 10분의 1을 환급할 세액으로 하되, 환급할 개인지방소득세가 환급하는 달에 특별징수하여 납부할 개인지방소득세를 초과하는 경우에는 다음 달 이후에 특별징수하여 납부할 개인지방소득세에서 조정하여 환급한다. 다만, 해당 특별징수의무자의 환급신청이 있는 경우에는 특별징수 관할 지방자치단체의 그 초과액을 환급한다.(2020.12.31 본항신설)
(2015.7.24 본조개정)
제100조의8【징수교부금】 ① 법 제103조의17제3항에 따라 납세조합에 교부하는 징수교부금은 그 납세조합이 납부한 세액의 100분의 2로 한다.(2018.12.31 본항개정)
② 제1항에 따른 징수교부금을 받으려는 납세조합은 매월 청구서를 그 다음 달 20일까지 납세지 관할 지방자치단체의 장에게 제출하여야 한다. 다만, 해당 과세기간 동안 발생한 징수교부금을 청구하려는 경우 한꺼번에 다음 연도 2월 말일까지 제출할 수 있다. (2018.12.31 단서신설)
③ 제1항에 따라 납세조합에 징수교부금을 교부한 후 그 납세조합이 납부한 세액 중에서 환급금이 발생한 경우에는 환급금을 제외하고 계산된 징수교부금과의 차액을 그 환급금이 발생한 날 이후에 청구하는 징수교부금에서 조정하여 교부한다.(2018.3.27 본항신설)
제100조의9【비거주자에 대한 특별징수세액의 납부】 특별징수의무자가 국내에 주소·거소·본점·주사무소 또는 국내사업장(외국법인의 국내사업장을 포함한다)이 없는 「지방세기본법」 제139조에 따른 납세관리인을 정하여 관할 지방자치단체의 장에게 신고하여야 한다. 다만, 「소득세법 시행령」 제207조제1항 단서에 따라 관할 세무서장에게 신고한 경우에는 이를 관할 지방자치단체의 장에게 신고한 것으로 본다. (2017.3.27 본문개정)

제100조의10【외국법인세액의 과세표준 차감】 ① 법 제103조의19제2항에 따라 「법인세법」 제57조제1항에 따른 외국법인세액(이하 "외국법인세액"이라 한다)을 차감한 금액을 법인지방소득세 과세표준으로 하려는 내국법인은 법 제103조의23에 따라 법인지방소득세의 과세표준과 세액을 납세지 관할 지방자치단체의 장에게 신고할 때 행정안전부령으로 정하는 바에 따라 외국법인세액 과세표준 차감 명세서를 함께 제출해야 한다.
② 내국법인은 외국정부의 국외원천소득에 대한 법인세의 결정·통지의 지연, 과세기간의 상이 등의 사유로 법 제103조의23에 따라 법인지방소득세의 과세표준과 세액을 신고할 때 제1항에 따른 외국법인세액 과세표준 차감 명세서를 제출할 수 없는 경우에는 외국정부의 국외원천소득에 대한 법인세결정통지를 받은 날부터 3개월 이내에 제1항에 따른 외국법인세액 과세표준 차감 명세서에 지연 사유에 대한 증명서류를 첨부하여 제출할 수 있다.
③ 제2항의 규정은 외국정부가 국외원천소득에 대하여 결정한 법인세액을 경정함으로써 외국법인세액에 변동이 생긴 경우에 준용한다.
④ 제3항에 따른 외국법인세액의 변동으로 환급세액이 발생하면 「지방세기본법」 제60조에 따라 충당하거나 환급할 수 있다.
⑤ 법 제103조의19제3항에 따라 외국법인세액을 이월하여 그 이월된 사업연도의 법인지방소득세 과세표준을 계산할 때 차감하는 경우 먼저 발생한 이월금액부터 차감한다.
⑥ 내국법인의 본점 또는 주사무소의 소재지를 관할하는 지방자치단체의 장은 법 제103조의19제2항에 따라 차감하는 외국법인세액을 확인하기 위하여 필요한 경우 해당 내국법인, 납세지 관할 세무서장 또는 관할 지방국세청장에게 외국법인세액 신고명세, 영수증, 경정내용 및 그 밖에 필요한 자료의 제출을 요구할 수 있다. (2020.12.31 본조신설)

제6절 내국법인의 각 사업연도의 소득에 대한 지방소득세
(2014.3.14 본절신설)

제100조의11【월수의 계산】 법 제103조의21제2항에 따른 월수는 역(曆)에 따라 계산하되, 1월 미만의 일수는 1월로 한다.

제100조의12【과세표준의 신고】 ① 법 제103조의23 제1항 및 제2항에 따른 신고를 할 때에 그 신고서에는 「법인세법」 제112조에 따른 기장(記帳)에 따라 같은 법 제2장제1절(제13조는 제외한다)에 따라 계산한 각 사업연도의 소득에 대한 법인지방소득세의 과세표준과 세액(법 제103조의31에 따른 토지등 양도소득 및 기업의 미환류소득에 대한 법인지방소득세를 포함한다)과 그 밖에 필요한 사항을 적어야 한다. (2015.12.31 본항개정)
② 제1항에 따른 신고서는 행정안전부령으로 정하는 법인지방소득세 과세표준 및 세액신고서로 한다. (2017.7.26 본항개정)
③ 법 제103조의23제2항제2호에 따른 세무조정계산서는 행정안전부령으로 정하는 법인지방소득세 과세표준 및 세액조정계산서로 한다. (2017.7.26 본항개정)
④ 법 제103조의23제2항제3호에서 "대통령령으로 정하는 법인지방소득세 안분명세서"란 지방자치단체별 안분내역 등이 포함된 행정안전부령으로 정하는 안분명세서를 말한다. (2017.7.26 본항개정)
⑤ 법 제103조의23제2항제4호에서 "대통령령으로 정하는 서류"란 「법인세법 시행령」 제97조제5항 각 호에 따른 서류를 말한다. 이 경우 "기획재정부령"은 "행정안전부령"으로 본다. (2017.7.26 후단개정)

⑥ 법인은 「지방세기본법」 제2조제1항제29호에 따른 전자신고를 통하여 법인지방소득세 과세표준 및 세액을 신고할 수 있다. 이 경우 재무제표의 제출은 표준재무상태표, 표준손익계산서, 표준손익계산서부속명세서를 제출하는 것으로 갈음할 수 있다. (2021.1.5 후단개정)

제100조의13【법인지방소득세의 안분 신고 및 납부】 ① 법 제103조의23제1항에 따라 법인지방소득세를 신고하려는 내국법인은 제100조의12제2항에 따른 법인지방소득세 과세표준 및 세액신고서에 법인지방소득세의 총액과 제88조에 따른 본점 또는 주사무소와 사업장별 법인지방소득세의 안분계산내역 등을 적은 제100조의12제4항에 따른 법인지방소득세 안분명세서를 첨부하여 해당 지방자치단체의 장에게 서면으로 제출하여야 한다. 다만, 「지방세기본법」 제135조에 따른 지방세정보통신망에 전자신고를 한 경우에는 이를 제출한 것으로 본다. (2017.3.27 단서개정)
② 내국법인은 법 제103조의23제3항에 따라 법인지방소득세를 납부할 때에는 행정안전부령으로 정하는 서식에 따라 해당 지방자치단체에 납부하여야 한다. (2017.7.26 본항개정)
③ 법 제103조의23제4항에 따라 내국법인이 법인지방소득세를 분할납부하는 경우 분할납부할 수 있는 세액은 다음 각 호의 구분에 따른다.
1. 납부할 세액이 100만원 초과 200만원 이하인 경우 : 100만원을 초과하는 금액
2. 납부할 세액이 200만원을 초과하는 경우 : 해당 세액의 100분의 50 이하의 금액
(2023.12.29 본항신설)

제100조의14【법인지방소득세의 수정신고 등】 ① 법 제103조의24제1항에 따라 수정신고를 하려는 내국법인은 수정신고와 함께 법인세의 수정신고 내용을 증명하는 서류를 관할 지방자치단체의 장에게 제출하여야 한다.
② 법 제103조의24제3항에 따라 수정신고를 통하여 발생한 추가납부세액을 납부하려는 자는 행정안전부령으로 정하는 납부서에 납부하여야 한다. (2017.7.26 본항개정)
③ 법 제103조의24제5항에 따라 「지방세기본법」 제50조에 따른 경정 등의 청구를 하려는 법인은 같은 법 시행령 제31조에 따른 결정 또는 경정 청구서를 납세지별로 각각 작성하여 해당 사업연도의 종료일 현재 본점 또는 주사무소의 소재지를 관할하는 지방자치단체의 장에게 일괄하여 제출해야 한다. (2019.12.31 본항신설)
(2019.12.31 본조제목개정)

제100조의15【결정과 경정】 ① 납세지 관할 지방자치단체의 장은 법 제103조의25에 따라 법인지방소득세의 과세표준과 세액을 결정 또는 경정하는 경우에는 「법인세법」에 따라 납세지 관할 세무서장 또는 관할 지방국세청장이 결정 또는 경정한 자료, 과세표준확정신고서 및 그 첨부서류에 의하거나 장부나 그 밖에 증명서류에 의한 실지조사에 따름을 원칙으로 한다.
② (2018.3.27 삭제)
③ 법 제103조의25제3항 단서에서 "대통령령으로 정하는 사유"란 「법인세법 시행령」 제104조제1항 각 호의 어느 하나에 해당하는 경우를 말한다.
④ 법 제103조의25제3항 단서에 따라 소득금액을 추계하여 결정 또는 경정하는 경우는 「법인세법 시행령」 제104조제2항·제3항 및 제105조에 정한 방법에 따른다.

제100조의16【통지】 지방자치단체의 장은 법 제103조의25제4항에 따라 과세표준과 세액을 통지하는 경우에는 납세고지서에 그 과세표준과 세액의 계산명세서를 첨부하여 통지하여야 하고, 각 사업연도의 과세표준이 되는 금액이 없거나 납부할 세액이 없는 경우에는 그 결정된 내용을 통지하여야 한다.

제100조의17【수시부과결정】 ① 법 제103조의26제1항 전단에서 "대통령령으로 정하는 사유"란 「법인세법 시

행령」제108조제1항 각 호의 어느 하나에 해당하는 경우를 말한다.

② 납세지 관할 지방자치단체의 장은 제1항에 따른 사유가 발생한 법인에 대하여 법 제103조의26제1항에 따라 수시부과를 하는 경우에는 제100조의15제1항·제4항 및 법 제103조의21제2항을 준용하여 그 과세표준 및 세액을 결정한다.(2016.12.30 본항개정)

③ 납세지 관할 지방자치단체의 장은 법인이 주한 국제연합군 또는 외국기관으로부터 사업수입금액을 외국환은행을 통하여 외환증서 또는 원화로 영수할 때에는 법 제103조의26에 따라 그 영수할 금액에 대한 과세표준을 결정할 수 있다.

④ 제3항에 따라 수시부과를 하는 경우에는 제100조의15제4항에 따른 과세표준에 법 제103조의20에 따른 세율을 곱하여 산출한 금액을 그 세액으로 한다.
(2016.12.30 본항개정)

제100조의18【결손금 소급공제에 따른 환급세액의 계산】 ① 법 제103조의28제1항 본문에서 "대통령령으로 정하는 법인지방소득세"란 직전 사업연도의 법인지방소득세 산출세액(법 제103조의31에 따른 토지등 양도소득에 대한 법인지방소득세는 제외한다. 이하 이 조에서 같다)에서 직전 사업연도의 소득에 대한 법인지방소득세로서 공제 또는 감면된 법인지방소득세액(이하 "감면세액"이라 한다)을 뺀 금액(이하 이 조에서 "직전 사업연도의 법인지방소득세액"이라 한다)을 말한다.(2022.2.28 본항개정)

② 법 제103조의28제1항 본문에서 "대통령령으로 정하는 바에 따라 계산한 금액"이란 제1호의 금액에서 제2호의 금액을 뺀 것(이하 이 조에서 "결손금소급공제세액"이라 한다)을 말한다.(2022.2.28 본항개정)

1. 직전 사업연도의 법인지방소득세 산출세액

2. 직전 사업연도의 과세표준에서 「법인세법」 제14조제2항에 따른 해당 사업연도의 결손금으로서 같은 법 제72조에 따라 소급 공제를 받은 금액(직전 사업연도의 과세표준을 한도로 한다. 이하 이 조에서 "소급공제 결손금액"이라 한다)을 뺀 금액에 직전 사업연도의 세율을 적용하여 계산한 금액(2020.12.31 본호개정)

③ 법 제103조의28제1항 단서에 따라 결손금소급공제세액을 환급신청하는 경우 제1항, 제2항 및 제8항을 적용할 때에는 "직전 사업연도"는 각각 "직전 또는 직전전 사업연도"로, "같은 법 제72조"는 "「조세특례제한법」 제8조의4"로 보며, 직전 사업연도와 직전전 사업연도의 법인지방소득세 산출세액이 모두 있는 경우에는 직전전 사업연도의 과세표준에서 결손금을 먼저 공제한다.(2022.2.28 본항신설)

④ 법 제103조의28제2항에 따라 환급을 받으려는 법인은 법 제103조의23제1항에 따른 신고기한까지 행정안전부령으로 정하는 소급공제법인지방소득세액환급신청서를 납세지 관할 지방자치단체의 장에게 제출하여야 한다.(2017.7.26 본항개정)

⑤ 법 제103조의28제2항 단서에 따라 결손금소급공제세액을 환급하는 경우 환급가산금 기산일은 「지방세기본법 시행령」 제43조제1항제5호 단서에 따른다.(2021.12.31 본항신설)

⑥ 법 제103조의28제5항에 따라 결손금이 감소됨에 따라 징수하는 법인지방소득세 환급세액은 다음의 계산식에 따라 산출한다. 이 경우 「법인세법」 제14조제2항의 결손금 중 일부 금액만을 소급 공제받은 경우에는 소급 공제받지 않은 결손금이 먼저 감소된 것으로 본다.

법 제103조의28제3항에 따른 환급세액(이하 이 조에서 "당초환급세액"이라 한다)	×	감소된 결손금액으로서 소급공제받지 않은 결손금을 초과하는 금액
		소급공제 결손금액

(2021.12.31 본항개정)

⑦ 법 제103조의28제5항에 따라 환급세액을 징수하는 경우에는 제1호의 금액에 제2호의 율을 곱하여 계산한 금액을 환급세액에 가산하여 징수한다.

1. 법 제103조의28제5항에 따른 환급세액

2. 당초환급세액의 통지일의 다음 날부터 법 제103조의28 제5항에 따라 징수하는 법인지방소득세액의 고지일까지의 기간에 대한 「지방세기본법 시행령」 제34조제1항에 따른 이자율. 다만, 납세자가 법인지방소득세액을 과다하게 환급받은 데 정당한 사유가 있는 경우에는 같은 영 제43조제2항 본문에 따른 이자율을 적용한다.(2023.12.29 본문개정)

⑧ 납세지 관할 지방자치단체의 장은 당초환급세액을 결정한 후 해당 환급세액의 계산의 기초가 된 직전 사업연도의 법인지방소득세액 또는 과세표준금액이 달라진 경우에는 즉시 당초환급세액을 재결정하여 추가로 환급하거나 과다하게 환급한 세액 상당액을 징수해야 한다.(2021.12.31 본항개정)

⑨ 제8항에 따라 당초환급세액을 재결정할 때에 소급공제 결손금이 과세표준금액을 초과하는 경우에는 그 초과 결손금액은 소급공제 결손금액으로 보지 않는다.(2022.2.28 본항개정)
(2022.2.28 본조제목개정)

제100조의19【특별징수의무】 ① 법 제103조의29제2항에 따른 특별징수의무자(이하 이 조에서 "특별징수의무자"라 한다)는 같은 조 제3항에 따라 징수한 특별징수 세액을 행정안전부령으로 정하는 납부서로 납부하여야 한다.(2017.7.26 본항개정)

② 특별징수의무자는 납세의무자별로 행정안전부령으로 정하는 법인지방소득세 특별징수명세서를 특별징수일이 속하는 해의 다음 해 2월 말일(특별징수의무자가 휴업, 폐업 및 해산한 경우에는 휴업, 폐업 및 해산일이 속하는 달 말일의 다음 날부터 2개월이 되는 날)까지 특별징수의무자 소재지 관할 지방자치단체의 장에게 제출하여야 한다. 이 경우 특별징수의무자 소재지 관할 지방자치단체의 장은 특별징수의무자의 소재지와 납세의무자의 사업장 소재지가 다른 경우 납세의무자의 사업장 소재지 관할 지방자치단체의 장에게 해당 지방법인소득세 특별징수명세서를 통보하여야 한다.
(2018.12.31 전단개정)

③ 특별징수의무자는 제2항 전단에 따른 법인지방소득세 특별징수명세서를 다음 각 호의 어느 하나에 해당하는 방법으로 제출하여야 한다.

1. 출력하거나 디스켓 등 전자적 정보저장매체에 저장하여 인편 또는 우편으로 제출

2. 「지방세기본법」 제2조제1항제28호에 따른 지방세정보통신망으로 제출
(2015.6.1 본항신설)

④ 특별징수의무자는 납세의무자로부터 법인지방소득세를 특별징수한 경우에는 그 납세의무자에게 행정안전부령으로 정하는 법인지방소득세 특별징수영수증을 발급하여야 한다. 다만, 「법인세법」 제73조 및 제73조의2에 따른 원천징수의무자가 같은 법 제74조에 따른 원천징수영수증을 발급할 때 법인지방소득세 특별징수액과 그 납세지 정보를 포함하여 발급하는 경우에는 해당 법인지방소득세 특별징수영수증을 발급한 것으로 본다.(2019.2.12 단서개정)

⑤ 제4항 본문에도 불구하고 「법인세법」 제73조 및 제73조의2에 따른 이자소득금액 또는 배당소득금액이 계좌별로 1년간 1백만원 이하로 발생한 경우에는 법인지방소득세 특별징수영수증을 발급하지 아니할 수 있다. 다만, 납세의무자가 법인지방소득세 특별징수영수증의 발급을 요구하는 경우에는 이를 발급하여야 한다.(2019.2.12 본문개정)

⑥ 법 제103조의29제4항 단서에서 "대통령령으로 정하는 자"란 주한 미국군을 말한다.(2019.2.8 본항신설)

제100조의20 (2015.7.24 삭제)
제100조의21【토지등 양도소득에 대한 과세특례】 ①
법 제103조의31제1항제1호에서 "대통령령으로 정하는
주택"이란 「법인세법 시행령」 제92조의2제2항에 따른
주택을 말한다.
② 법 제103조의31제1항제1호 단서에서 "대통령령으로
정하는 범위 및 기준에 해당하는 농어촌주택(그 부속
토지를 포함한다)"이란 「법인세법 시행령」 제92조의10
에 따른 주택 및 그 부속토지를 말한다.(2020.12.31 본
항신설)
③ 법 제103조의31에 따른 토지등 양도소득의 귀속연
도, 양도시기 및 취득시기는 「법인세법 시행령」 제92조
의2제6항을 따른다.
④ 법인이 각 사업연도에 법 제103조의31을 적용받는
둘 이상의 토지등을 양도하는 경우 토지등 양도소득은
「법인세법 시행령」 제92조의2제9항에 따라 산출한 금
액으로 한다.
제100조의22【비영리내국법인의 과세표준 신고의 특
례】 ① 법 제103조의32제1항을 적용할 때에 비영리내
국법인은 특별징수된 이자소득 중 일부에 대해서도 과
세표준 신고를 하지 아니할 수 있다.
② 법 제103조의32제1항에 따라 과세표준 신고를 하지
아니한 이자소득에 대해서는 수정신고, 기한 후 신고 또
는 경정 등을 통하여 이를 과세표준에 포함시킬 수 없다.
③ 법 제103조의32제5항에 따라 양도소득과세표준 예
정신고를 하려는 경우에는 행정안전부령으로 정하는
법인지방소득세에 대한 양도소득과세표준 예정신고서를
제출하여야 한다.(2017.7.26 본항개정)
④ 비영리내국법인이 법 제103조의32제5항에 따라 양도
소득과세표준 예정신고 및 자진납부를 한 경우에도 법
제103조의23제1항에 따라 과세표준의 신고를 할 수 있
다. 이 경우 예정신고 납부세액은 법 제103조의23제3항
에 따른 납부할 세액에서 공제한다.(2015.7.24 전단개정)

제7절   내국법인의 각 연결사업연도의 소득에
        대한 지방소득세
        (2014.3.14 본절신설)

제100조의23【연결법인별 법인지방소득세의 과세표
준 및 산출세액의 계산】 ① 법 제103조의34제2항에 따
라 외국법인세액을 차감하려는 경우 각 연결법인의 「법
인세법 시행령」 제120조의22제2항제1호에 따른 과세표
준 개별귀속액(이하 이 장에서 "과세표준개별귀속액"
이라 한다)에서 차감한다. 이 경우 차감하는 외국법인
세액은 그 연결법인에서 발생한 외국법인세액으로 한
정한다.(2021.12.31 본항신설)
② 제1항에 따라 차감하는 외국법인세액은 각 연결법
인의 과세표준개별귀속액을 한도로 하고, 과세표준개
별귀속액을 초과하는 금액은 법 제103조의19제3항에
따라 이월하여 차감할 수 있다.(2021.12.31 본항신설)
③ 제2항에 따라 각 연결법인별 외국법인세액을 이월
하여 그 이월된 연결사업연도의 법인지방소득세 과세
표준을 계산하는 경우에는 먼저 발생한 이월금액부터
차감한다.(2021.12.31 본항신설)
④ 법 제103조의34제2항에 따라 외국법인세액을 차감
한 금액을 해당 연결사업연도의 법인지방소득세 과세
표준으로 하려는 연결법인은 법 제103조의37제1항에
따라 법인지방소득세 과세표준 및 산출세액을 납세지
관할 지방자치단체의 장에게 신고할 때 행정안전부령으
로 정하는 외국법인세액 과세표준 차감 명세서를 각
연결법인별로 작성하여 함께 제출해야 한다.
(2021.12.31 본항신설)
⑤ 제1항부터 제4항까지에서 규정한 사항 외에 연결법
인의 외국법인세액 과세표준 차감에 관하여는 제100조

의10제2항부터 제4항까지와 같은 조 제6항을 준용한
다.(2021.12.31 본항신설)
⑥ 법 제103조의35제4항에 따른 연결법인별 법인지방
소득세 산출세액은 제1호의 금액에 제2호의 비율을 곱
하여 계산한 금액으로 한다. 이 경우 연결법인에 법
제103조의31에 따른 토지등 양도소득에 대한 법인지방소
득세가 있는 경우에는 이를 가산한다.
1. 과세표준개별귀속액(제1항에 따라 외국법인세액을
   차감하는 경우에는 해당 연결법인의 과세표준개별귀
   속액에서 법 제103조의34제2항에 따라 외국법인세액
   을 차감한 후의 법인지방소득세 과세표준으로 한다)
   (2021.12.31 본호개정)
2. 법 제103조의34에 따른 연결사업연도의 소득에 대한
   과세표준에 대한 법 제103조의35제1항의 연결산출세
   액(법 제103조의31에 따른 토지등 양도소득에 대한
   법인지방소득세는 제외한다)의 비율(이하 이 장에서
   "연결세율"이라 한다)
(2021.12.31 본조제목개정)
제100조의24【연결법인의 감면세액】 법 제103조의36제
1항 및 제2항을 적용할 때 각 연결법인의 감면 또는 면
제되는 세액은 감면 또는 면제되는 소득에 연결세율을
곱한 금액(감면의 경우에는 그 금액에 해당 감면율을
곱하여 산출한 금액)으로 한다. 이 경우 감면 또는 면제
되는 소득은 과세표준 개별귀속액을 한도로 한다.
제100조의25【연결세액의 신고 및 납부】 ① 법 제
103조의37제1항에 따른 신고는 행정안전부령으로 정하
는 각 연결사업연도의 소득에 대한 법인지방소득세 과
세표준 및 세액신고서로 한다.(2017.7.26 본항개정)
② 법 제103조의37제1항제2호에서 "대통령령으로 정하
는 세액조정계산서 첨부서류"란 행정안전부령으로 정
하는 연결집단 법인지방소득세 과세표준 및 세액조정
계산서와 부속서류를 말한다.(2017.7.26 본항개정)
③ 법 제103조의37제3항 및 제4항에 따른 법인지방소
득세의 안분 신고 및 납부에 관하여는 제100조의13을 준
용한다.
④ 법 제103조의37제5항에 따라 연결모법인이 각 연결
사업연도의 소득에 대한 법인지방소득세액을 분할납부
하는 경우 분할납부할 수 있는 세액은 다음 각 호의 구
분에 따른다.
1. 납부할 세액이 100만원 초과 200만원 이하인 경우 :
   100만원을 초과하는 금액
2. 납부할 세액이 200만원을 초과하는 경우 : 해당 세액
   의 100분의 50 이하의 금액
(2023.12.29 본항신설)

제8절   내국법인의 청산소득에 대한 지방소득세
        (2014.3.14 본절신설)

제100조의26【신고】 내국법인은 법 제103조의43에
따라 신고하는 경우에는 법 제103조의41에 따라 계산
한 청산소득의 금액을 적은 행정안전부령으로 정하는
청산소득에 대한 법인지방소득세과세표준, 세액신고서
및 「법인세법」 제84조제2항제1호에 따른 재무상태표
(중간신고의 경우 같은 법 제85조제2항에 따른 재무상
태표를 말한다)를 납세지 관할 지방자치단체의 장에게
제출하여야 한다.(2017.7.26 본조개정)

제9절   외국법인의 각 사업연도의 소득에
        대한 지방소득세
        (2014.3.14 본절신설)

제100조의27【외국법인의 신고】 ① 법 제103조의51제
2항에 따라 각 사업연도의 소득에 대한 법인지방소득
세의 과세표준을 신고하여야 할 외국법인으로서 「법인

세법 시행령」제7조제6항제2호에 따른 본점등의 결산이 확정되지 아니하거나 그 밖에 부득이한 사유로 법 제103조의23에 따른 신고서를 제출할 수 없는 외국법인은 해당 사업연도의 종료일부터 60일 이내에 사유서를 갖추어 납세지 관할 지방자치단체의 장에게 신고기한 연장승인을 신청할 수 있다. 다만,「법인세법 시행령」제136조에 따라 세무서장에게 신고기한 연장승인을 신청한 경우에는 법인지방소득세에 대한 신고기한 연장승인도 함께 신청한 것으로 본다.(2019.2.12 본문개정)
② 법 제103조의51제3항에서 "대통령령으로 정하는 이율"이란「지방세기본법 시행령」제43조제2항 본문에 따른 이자율을 말한다.(2021.12.31 본항개정)

제100조의28【외국법인의 유가증권 양도소득 등에 대한 신고·납부의 특례】 법 제103조의51제5항에 따라 유가증권 양도소득 등에 대한 신고·납부를 하려는 외국법인은 다음 각 호의 구분에 따른 신고서를 작성하여 신고·납부하여야 한다.
1.「법인세법」제98조의2제1항에 따라 주식 또는 출자증권의 양도소득 중 특별징수되지 아니한 소득의 특별징수세액 상당액을 신고·납부하는 경우 : 외국법인유가증권양도소득정산신고서
2.「법인세법」제98조의2제3항에 따라 주식·출자증권 또는 그 밖의 유가증권의 양도소득에 대한 세액을 신고·납부하는 경우 : 외국법인유가증권양도소득신고서
3.「법인세법」제98조의2제4항에 따라 국내에 있는 자산을 증여받아 생긴 소득에 대한 세액을 신고·납부하는 경우 : 외국법인증여소득신고서

제100조의29【외국법인의 인적용역소득에 대한 신고·납부 특례】 법 제103조의51제6항에 따라 외국법인의 인적용역소득에 대한 신고·납부를 하려는 외국법인은 행정안전부령으로 정하는 외국법인인적용역소득신고서에 그 소득과 관련된 비용을 증명하는 서류를 첨부하여 신고·납부하여야 한다.(2017.7.26 본조개정)

제10절 동업기업에 대한 과세특례
(2014.3.14 본절신설)

제100조의30【준청산소득에 대한 법인지방소득세 신고】 법 제103조의53제2항에 따라 준청산소득에 대한 법인지방소득세를 신고·납부하려는 동업기업 전환법인은 동업기업과세특례를 적용받는 최초 사업연도의 직전 사업연도 종료일 이후 3개월이 되는 날까지 행정안전부령으로 정하는 준청산소득에 대한 법인지방소득세 과세표준 및 세액신고서에 준청산일 현재의 재무상태표를 첨부하여 납세지 관할 지방자치단체의 장에게 신고하고 납부하여야 한다.(2017.7.26 본조개정)

제100조의31【손익배분비율】 법 제103조의54제1항 각 호 외의 부분 본문에서 "대통령령으로 정하는 동업자 간의 손익배분비율"이란 다음 각 호의 구분에 따른 배분 비율을 말한다.
1.「조세특례제한법」제100조의15제1항에 따른 동업자의 경우 : 같은 법 시행령 제100조의17에 따른 손익배분비율
2.「조세특례제한법」제100조의15제2항 및 제3항에 따른 동업자의 경우 : 같은 법 제100조의18제5항 후단에 따라 상위 동업기업의 동업자에게 배분하는 비율
(2023.12.29 본조개정)

제100조의32【동업기업 세액의 계산 및 배분】 ① 법 제103조의54제1항 각 호의 금액은 동업기업을 하나의 내국법인으로 보아 계산한다.
② 법 제103조의54제2항을 적용할 때 같은 조 제1항에 따라 동업기업이 배분받은 금액은 다음 각 호의 방법에 따라 공제하거나 가산한다.
1. 세액공제·세액감면금액 : 지방소득세 산출세액에서 공제하는 방법

2. 특별징수세액 : 기납부세액으로 공제하는 방법
3. 가산세 : 지방소득세 산출세액에 합산하는 방법
4. 토지등 양도소득에 대한 법인지방소득세에 상당하는 세액 : 법인지방소득세 산출세액에 합산하는 방법. 이 경우 토지등 양도소득에 대한 법인지방소득세에 상당하는 세액은 동업기업을 하나의 내국법인으로 보아 산출한 금액에 내국법인 및 외국법인인 동업자의 손익배분비율의 합계를 곱한 금액으로 한다.
③ (2016.12.30 삭제)

제11절 보 칙
(2014.3.14 본절신설)

제100조의33【지방소득세 관련 세액 등의 통보】 ① 법 제103조의59제1항 각 호 외의 부분 및 같은 조 제2항 각 호 외의 부분에서 "대통령령으로 정하는 지방자치단체의 장"이란 소득세 및 법인세의 납세지를 관할하는 지방자치단체의 장을 말한다.
② 법 제103조의59제1항 및 제2항에 따라 세무서장등이 지방자치단체의 장에게 통보하는 자료를 전산처리하였을 때에는 전자문서로 통보할 수 있다.
③ 제1항에 따른 통보를 받은 지방자치단체의 장은 법인의 본점 또는 주사무소와 사업장의 소재지가 다른 경우에는 해당 법인의 사업장 관할 지방자치단체의 장에게 해당 법인의 법인세 과세표준 등을 지체 없이 통보하여야 한다.

제100조의34【지방세환급금의 환급과 충당】 지방소득세의 환급금은 법 제89조에 따른 납세지를 관할하는 지방자치단체에서 환급하거나 충당해야 한다.(2020.4.28 본조개정)

제100조의35【과세관리대장 비치】 지방자치단체의 장은 다음 각 호의 과세관리대장을 갖추어 두고, 필요한 사항을 등재하여야 한다. 이 경우 해당 사항을 전산처리하는 경우에는 과세관리대장을 갖춘 것으로 본다.
1. 지방소득세 과세대장
2. 법인지방소득세 특별징수세액 정산대장
(2015.12.31 1호~2호신설)
(2015.12.31 본조개정)

제100조의36【법인지방소득세 특별징수세액 정산 등】 ① 법 제103조의62제3항에서 "대통령령으로 정하는 정산금액"이란 해당 납세지에 제88조제1항에 따라 사업장 소재지별로 안분하여 납부할 법인지방소득세를 계산한 금액을 말한다.
② 법 제103조의62제2항에 따른 본점 소재지(이하 "본점 소재지"라 한다) 관할 지방자치단체의 장은 같은 조 제4항에 따라 환급세액을 납세의무자에게 환급하는 경우에는 같은 조 제1항에 따른 신고지(이하 "신고지"라 한다)를 관할하는 지방자치단체의 장에게 배분할 금액의 지급을 유보하고 환급금을 해당 법인에 일괄 환급(해당 지방자치단체의 장이 납세의무자에게 환급할 금액에 한정한다)을 하여야 한다. 이 경우에 해당 법인에 환급하고 남은 금액은 그 신고지를 관할하는 지방자치단체의 장에게 교부하여야 한다.
③ 납세자는 법 제103조의62에 따라 법인지방소득세 특별징수세액의 정산을 받으려면 행정안전부령으로 정하는 서류를 본점 소재지를 관할하는 지방자치단체의 장에게 제출하여야 한다.(2017.7.26 본항개정)
④ 본점 소재지를 관할하는 지방자치단체의 장은 법 제103조의62에 따른 정산 등의 처리를 완료하면 다음 각 호의 구분에 따라 해당 사항을 통보하여야 한다.
1. 납세의무자 : 환급 또는 충당 내역
2. 지점 소재지 관할 지방자치단체의 장 : 교부·환급·충당 내역
(2015.12.31 본조신설)

제100조의37 【지방소득세 추가납부 대상 등】 ① 법 제103조의63제1항에 따라 지방소득세를 추가 납부하여야 하는 대상과 그 세액의 계산은 다음 각 호와 같다. (2016.12.30 본문개정)
1. 「법인세법」 제29조제7항 및 제30조제3항에 따라 익금에 산입하고 이자상당가산액을 법인세로 추가납부하는 경우 : 법인세로 추가납부하는 이자상당가산액의 100분의 10(2019.2.12 본호개정)
2. 「조세특례제한법」 제9조제4항, 제10조의2제4항, 제33조제3항, 제34조제2항, 제38조의2제3항, 제39조제3항, 제40조제5항, 제46조제3항, 제46조의4제2항, 제47조의4제2항, 제60조제4항, 제61조제5항, 제62조제2항, 제85조의2제2항, 제85조의7제2항, 제85조의8제2항, 제85조의9제2항, 제97조의6제3항 및 제104조의11제3항에 따라 익금에 산입하고 이자상당가산액을 법인세 또는 소득세로 추가납부하는 경우 : 법인세 또는 소득세로 추가납부하는 이자상당가산액의 100분의 10 (2016.12.30 본호개정)
② 법 제103조의63제3항에서 "대통령령으로 정하는 경우"란 법인이 「소득세법 시행령」 제190조제1호에 따른 날에 원천징수하는 「소득세법」 제46조제1항에 따른 채권등을 취득한 후 사업연도가 종료되어 원천징수된 세액을 전액 공제하여 법인세를 신고하였으나 그 후의 사업연도 중 해당 채권등의 만기상환일이 도래하기 전에 이를 매도함으로써 해당 사업연도 전에 공제한 원천징수세액이 「법인세법 시행령」 제113조제2항에 따라 계산한 금액에 대한 세액을 초과하는 경우를 말한다. (2019.5.31 본항신설)
③ 법 제103조의63제3항에 따라 법인지방소득세로 추가하여 납부하는 금액은 제2항에 따른 채권등을 매도한 날이 속하는 사업연도의 법인지방소득세에 가산한다. (2019.5.31 본항신설)
(2016.12.30 본조제목개정)

제100조의38 【사실과 다른 회계처리로 인한 경정에 따른 환급 특례의 적용 방법】 법 제103조의64를 적용할 때 동일한 사업연도에 같은 조 제1항 전단에 따른 경정청구의 사유 외에 다른 경정청구의 사유가 함께 경정청구된 경우 다음의 계산식에 따라 계산한 금액을 그 차감할 세액으로 한다.

$$과다납부한\ 세액 \times \frac{사실과\ 다른\ 회계처리로\ 인하여\ 과다계상한\ 과세표준}{과다계상한\ 과세표준의\ 합계액}$$

(2018.3.27 본조개정)

제100조의39 【재해손실에 대한 법인지방소득세액 계산의 기준】 법 제103조의65제1항 각 호에 따른 법인지방소득세액에는 법 제103조의30에 따른 가산세(「법인세법」 제75조의3에 따른 가산세가 적용되는 경우로 한정한다)와 「지방세기본법」 제53조부터 제56조까지의 규정에 따른 가산세가 포함되는 것으로 한다.(2023.3.14 본조신설)

제100조의40 【재해손실에 대한 세액계산 특례의 적용 신청 및 결정】 ① 법 제103조의65제1항에 따라 재해손실에 대한 법인지방소득세액의 차감을 받으려는 내국법인은 다음 각 호의 구분에 따른 기간에 행정안전부령으로 정하는 신청서를 납세지 관할 지방자치단체의 장에게 제출해야 한다.
1. 재해 발생일을 기준으로 부과되지 않은 법인지방소득세액과 부과된 법인지방소득세액으로서 미납된 법인지방소득세액의 경우 : 재해 발생일부터 4개월 이내
2. 재해 발생일이 속하는 사업연도의 소득에 대한 법인지방소득세액 : 법 제103조의23제1항에 따른 신고기한. 다만, 재해 발생일부터 신고기한까지의 기간이 4개월 미만인 경우에는 재해 발생일부터 4개월 이내로 한다.

② 납세지 관할 지방자치단체의 장은 제1항제1호에 따라 법인지방소득세액(신고기한이 지나지 않은 세액은 제외한다) 차감 신청을 받은 경우 그 차감세액을 결정하여 해당 내국법인에 알려야 한다.
③ 납세지 관할 지방자치단체의 장은 내국법인이 법 제103조의65제1항에 따라 차감 받을 법인지방소득세에 대해 해당 세액차감이 확인될 때까지 「지방세징수법」에 따라 그 법인지방소득세의 납부기한을 다시 정하여 징수를 유예하거나 납세고지를 유예할 수 있다. (2023.3.14 본조신설)

제9장 재산세

제1절 통 칙

제101조 【별도합산과세대상 토지의 범위】 ① 법 제106조제1항제2호가목에서 "공장용 건축물의 부속토지 등 대통령령으로 정하는 건축물의 부속토지"란 다음 각 호의 어느 하나에 해당하는 건축물의 부속토지를 말한다. 다만, 「건축법」 등 관계 법령에 따라 허가 등을 받아야 할 건축물로서 허가 등을 받지 아니한 건축물 또는 사용승인을 받아야 할 건축물로서 사용승인(임시사용승인을 포함한다)을 받지 아니하고 사용 중인 건축물을 포함하여 제외한다.(2010.12.30 본문개정)
1. 특별시·광역시(군 지역은 제외한다)·특별자치시·특별자치도 및 시지역(다음 각 목의 어느 하나에 해당하는 지역은 제외한다)의 공장용 건축물의 부속토지로서 공장용 건축물의 바닥면적(건축물 외의 시설의 경우에는 그 수평투영면적을 말한다)에 제2항에 따른 용도지역별 적용배율을 곱하여 산정한 범위의 토지(2016.12.30 본문개정)
가. 읍·면지역
나. 「산업입지 및 개발에 관한 법률」에 따라 지정된 산업단지
다. 「국토의 계획 및 이용에 관한 법률」에 따라 지정된 공업지역
2. 건축물(제1호에 따른 공장용 건축물은 제외한다)의 부속토지 중 다음 각 목의 어느 하나에 해당하는 건축물의 부속토지를 제외한 건축물의 부속토지로서 건축물의 바닥면적(건축물 외의 시설의 경우에는 그 수평투영면적을 말한다)에 제2항에 따른 용도지역별 적용배율을 곱하여 산정한 면적 범위의 토지
가. 법 제106조제1항제3호다목에 따른 토지 안의 건축물의 부속토지
나. 건축물의 시가표준액이 해당 부속토지의 시가표준액의 100분의 2에 미달하는 건축물의 부속토지 중 그 건축물의 바닥면적을 제외한 부속토지
② 제1항에 적용할 용도지역별 적용배율은 다음과 같다.

용도지역별		적용배율
도시지역	1. 전용주거지역	5배
	2. 준주거지역·상업지역	3배
	3. 일반주거지역·공업지역	4배
	4. 녹지지역	7배
	5. 미계획지역	4배
도시지역 외의 용도지역		7배

③ 법 제106조제1항제2호나목에서 "대통령령으로 정하는 토지"란 다음 각 호의 어느 하나에 해당하는 토지를 말한다. (2010.12.30 본문개정)
1. 「여객자동차 운수사업법」 또는 「화물자동차 운수사업법」에 따라 여객자동차운송사업 또는 화물자동차운송사업의 면허·등록 또는 자동차대여사업의 등록을 받은 자가 그 면허·등록조건에 따라 사용하는 차

고용 토지로서 자동차운송 또는 대여사업의 최저보유 차고면적기준의 1.5배에 해당하는 면적 이내의 토지
2. 「건설기계관리법」에 따라 건설기계사업의 등록을 한 자가 그 등록조건에 따라 사용하는 건설기계대여업, 건설기계정비업, 건설기계매매업 또는 건설기계폐기업의 등록기준에 맞는 주기장 또는 옥외작업용 토지로서 그 시설의 최저면적기준의 1.5배에 해당하는 면적 이내의 토지(2013.3.23 본호개정)
3. 「도로교통법」에 따라 등록된 자동차운전학원의 자동차운전학원용 토지로서 같은 법에서 정하는 시설을 갖춘 구역 안의 토지
4. 「항만법」에 따라 해양수산부장관 또는 시·도지사가 지정하거나 고시한 야적장 및 컨테이너 장치장용 토지와 「관세법」에 따라 세관장의 특허를 받는 특허보세구역 중 보세창고용 토지로서 해당 사업연도 및 직전 2개 사업연도 중 물품 등의 보관·관리에 사용된 최대면적의 1.2배 이내의 토지(2013.3.23 본호개정)
5. 「자동차관리법」에 따라 자동차관리사업의 등록을 한 자가 그 시설기준에 따라 사용하는 자동차관리사업용 토지(자동차정비사업장용, 자동차해체재활용사업장용, 자동차매매사업장용 또는 자동차경매장용 토지만 해당한다)로서 그 시설의 최저면적기준의 1.5배에 해당하는 면적 이내의 토지
6. 「한국교통안전공단법」에 따른 한국교통안전공단이 같은 법 제6조제6호에 따른 자동차의 성능 및 안전도에 관한 시험·연구의 용도로 사용하는 토지 및 「자동차관리법」 제44조에 따라 자동차검사대행자로 지정된 자, 같은 법 제44조의2에 따라 자동차 종합검사 대행자로 지정된 자, 같은 법 제45조에 따라 지정정비사업자로 지정된 자 및 제45조의2에 따라 종합검사 지정정비사업자로 지정된 자, 「건설기계관리법」 제14조에 따라 건설기계 검사대행 업무의 지정을 받은 자 및 「대기환경보전법」 제64조에 따라 운행차 배출가스 정밀검사 업무의 지정을 받은 자가 자동차 또는 건설기계 검사용 및 운행차 배출가스 정밀검사용으로 사용하는 토지(2019.2.8 본호개정)
7. 「물류시설의 개발 및 운영에 관한 법률」 제22조에 따른 물류단지 안의 토지로서 같은 법 제2조제7호 각 목의 어느 하나에 해당하는 물류단지시설용 토지 및 「유통산업발전법」 제2조제16호에 따른 공동집배송센터로서 행정안전부장관이 산업통상자원부장관과 협의하여 정하는 토지(2017.7.26 본호개정)
8. 특별시·광역시(군 지역은 제외한다)·특별자치시·특별자치도 및 시지역(읍·면 지역은 제외한다)에 위치한 「산업집적활성화 및 공장설립에 관한 법률」의 적용을 받는 레미콘 제조업용 토지(「산업입지 및 개발에 관한 법률」에 따라 지정된 산업단지 및 「국토의 계획 및 이용에 관한 법률」에 따라 지정된 공업지역에 있는 토지는 제외한다)로서 제102조제1항제1호에 따른 공장입지기준면적 이내의 토지(2016.12.30 본호개정)
9. 경기 및 스포츠업을 경영하기 위하여 「부가가치세법」 제8조에 따라 사업자등록을 한 자의 사업에 이용되고 있는 「체육시설의 설치·이용에 관한 법률 시행령」 제2조에 따른 체육시설용 토지(골프장용의 경우에는 「체육시설의 설치·이용에 관한 법률」 제10조의2제2항에 따른 대중형 골프장용 토지로 한정한다)로서 사실상 운동시설에 이용되고 있는 토지(2023.5.30 본호개정)
10. 「관광진흥법」에 따른 관광사업자가 「박물관 및 미술관 진흥법」에 따른 시설기준을 갖추어 설치한 박물관·미술관·동물원·식물원의 야외전시장용 토지
11. 「주차장법 시행령」 제6조에 따른 부설주차장 설치기준면적 이내의 토지(법 제106조제1항제3호다목에 따른 토지 안의 부설주차장은 제외한다). 다만, 「관광

진흥법 시행령」 제2조제1항제3호가목·나목에 따른 전문휴양업·종합휴양업 및 같은 항 제5호에 따른 유원시설업에 해당하는 시설의 부설주차장으로서 「도시교통정비 촉진법」 제15조 및 제17조에 따른 교통영향평가서의 심의 결과로 설치된 주차장의 경우에는 해당 검토 결과에 규정된 범위 이내의 주차장용 토지를 말한다.(2016.1.22 단서개정)
12. 「장사 등에 관한 법률」 제14조제3항에 따른 설치·관리허가를 받은 법인묘지용 토지로서 지적공부상 지목이 임야인 토지
13. 다음 각 목에 규정된 임야(2019.12.31 단서삭제)
가. 「체육시설의 설치·이용에 관한 법률 시행령」 제12조에 따른 스키장 및 골프장용 토지 중 원형이 보전되는 임야
나. 「관광진흥법」 제2조제7호에 따른 관광단지 안의 토지와 「관광진흥법 시행령」 제2조제1항제3호가목·나목 및 같은 항 제5호에 따른 전문휴양업·종합휴양업 및 유원시설업용 토지 중 「환경영향평가법」 제22조 및 제27조에 따른 환경영향평가의 협의 결과에 따라 원형이 보전되는 임야(2012.7.20 본목개정)
다. 「산지관리법」 제4조제1항제2호에 따른 준보전산지에 있는 토지 중 「산림자원의 조성 및 관리에 관한 법률」 제13조에 따른 산림경영계획의 인가를 받아 실행 중인 임야. 다만, 도시지역의 임야는 제외한다.
14. 「종자산업법」 제37조제1항에 따라 종자업 등록을 한 종자업자가 소유하는 농지로서 종자연구 및 생산에 직접 이용되고 있는 시험·연구·실습지 또는 종자생산용 토지(2013.5.31 본호개정)
15. 「양식산업발전법」에 따라 면허·허가를 받은 자 또는 「수산종자산업육성법」에 따라 수산종자생산업의 허가를 받은 자가 소유하는 토지로서 양식어업 또는 수산종자생산업에 직접 이용되고 있는 토지(2020.12.31 본호개정)
16. 「도로교통법」에 따라 견인된 차를 보관하는 토지로서 같은 법에서 정하는 시설을 갖춘 토지
17. 「폐기물관리법」 제25조제3항에 따라 폐기물 최종처리업 또는 폐기물 종합처리업의 허가를 받은 자가 소유하는 토지 중 폐기물 매립용에 직접 사용되고 있는 토지(2011.5.26 본호신설)

제102조【분리과세대상 토지의 범위】① 법 제106조제1항제3호가목에서 "대통령령으로 정하는 토지"란 다음 각 호에서 정하는 것을 말한다.
1. 공장용지 : 제101조제1항제1호 각 목에서 정하는 지역에 있는 공장용 건축물(제103조제1항제2호 및 제3호의 건축물을 포함한다)의 부속토지로서 행정안전부령으로 정하는 공장입지기준면적 범위의 토지. 다만, 「건축법」 등 관계 법령에 따라 허가 등을 받아야 하는 건축물로서 허가 등을 받지 않은 공장용 건축물이나 사용승인을 받아야 하는 건축물로서 사용승인(임시사용승인을 포함한다)을 받지 않고 사용 중인 공장용 건축물의 부속토지는 제외한다.(2021.12.31 본호개정)
2. 전·답·과수원
가. 전·답·과수원(이하 이 조에서 "농지"라 한다)으로서 과세기준일 현재 실제 영농에 사용되고 있는 개인이 소유하는 농지. 다만, 특별시·광역시(군 지역은 제외한다)·특별자치시·특별자치도 및 시지역(읍·면 지역은 제외한다)의 도시지역의 농지는 개발제한구역과 녹지지역(「국토의 계획 및 이용에 관한 법률」 제6조제1호에 따른 도시지역 중 같은 법 제36조제1항제1호 각 목의 구분에 따른 세부 용도지역이 지정되지 않은 지역을 포함한다)에 있는 것으로 한정한다.(2016.12.30 단서개정)

나. 「농지법」 제2조제3호에 따른 농업법인이 소유하는 농지로서 과세기준일 현재 실제 영농에 사용되고 있는 농지. 다만, 특별시·광역시(군 지역은 제외한다)·특별자치시·특별자치도 및 시지역(읍·면 지역은 제외한다)의 도시지역의 농지는 개발제한구역과 녹지지역에 있는 것으로 한정한다.(2016.12.30 단서개정)

다. 「한국농어촌공사 및 농지관리기금법」에 따라 설립된 한국농어촌공사가 같은 법에 따라 농가에 공급하기 위하여 소유하는 농지

라. 관계 법령에 따른 사회복지사업자가 복지시설이 소비목적으로 사용할 수 있도록 하기 위하여 소유하는 농지

마. 법인이 매립·간척으로 취득한 농지로서, 과세기준일 현재 실제 영농에 사용되고 있는 해당 법인 소유농지. 다만, 특별시·광역시(군 지역은 제외한다)·특별자치시·특별자치도 및 시지역(읍·면 지역은 제외한다)의 도시지역의 농지는 개발제한구역과 녹지지역에 있는 것으로 한정한다.(2016.12.30 단서개정)

바. 종중(宗中)이 소유하는 농지

3. 목장용지 : 개인이나 법인이 축산용으로 사용하는 도시지역 안의 개발제한구역·녹지지역과 도시지역 밖의 목장용지로서 과세기준일이 속하는 해의 직전 연도를 기준으로 다음 표에서 정하는 축산용 토지 및 건축물의 기준을 적용하여 계산한 토지면적의 범위에서 소유하는 토지

<축산용 토지 및 건축물의 기준>

구분	사업	가축 마릿수(연중 최고 마릿수를 말한다)	축사 및 부대시설		초지 또는 사료밭		비고
			축사(제곱미터)	부대시설(제곱미터)	초지(헥타르)	사료밭(헥타르)	
1. 한우(육우)	사육사업	1마리당	7.5	5	0.5	0.25	말·노새·당나귀사육을 포함한다.
2. 한우(육우)	비육사업	1마리당	7.5	5	0.2	0.1	
3. 젖소	목장사업	1마리당	11	7	0.5	0.25	
4. 양	목장사업	10마리당	8	3	0.5	0.25	
5. 사슴	목장사업	10마리당	66	16	0.5	0.25	
6. 토끼	사육사업	100마리당	33	7	0.2	0.1	친칠라사육을 포함한다.
7. 돼지	양돈사업	5마리당	50	13	-	-	개사육을 포함한다.
8. 가금	양계사업	100마리당	33	16	-	-	
9. 밍크	사육사업	5마리당	7	7	-	-	여우사육을 포함한다.

② 법 제106조제1항제3호나목에서 "대통령령으로 정하는 임야"란 다음 각 호에서 정하는 임야를 말한다.

1. 「산림자원의 조성 및 관리에 관한 법률」 제28조에 따라 특수산림사업지구로 지정된 임야와 「산지관리법」 제4조제1항제1호에 따른 보전산지에 있는 임야로서 「산림자원의 조성 및 관리에 관한 법률」 제13조에 따른 산림경영계획의 인가를 받아 실행 중인 임야. 다만, 도시지역의 임야는 제외하되, 도시지역으로 편입된 날부터 2년이 지나지 아니한 임야와 「국토의 계획 및 이용에 관한 법률 시행령」 제30조에 따른 보전녹지지역(「국토의 계획 및 이용에 관한 법률」 제6조제1호에 따른 도시지역 중 같은 법 제36조제1항제1호 각 목의 구분에 따른 세부 용도지역이 지정되지 않은 지역을 포함한다)의 임야로서 「산림자원의 조성 및 관리에 관한 법률」 제13조에 따른 산림경영계획의 인가를 받아 실행 중인 임야를 포함한다.(2014.1.1 단서개정)

2. 「문화재보호법」 제2조제3항에 따른 지정문화재 및 같은 조 제5항에 따른 보호구역 안의 임야 (2020.5.26 본호개정)

3. 「자연공원법」에 따라 지정된 공원자연환경지구의 임야

4. 종중이 소유하고 있는 임야

5. 다음 각 목의 어느 하나에 해당하는 임야

가. 「개발제한구역의 지정 및 관리에 관한 특별조치법」에 따른 개발제한구역의 임야

나. 「군사기지 및 군사시설 보호법」에 따른 군사기지 및 군사시설 보호구역 중 제한보호구역의 임야 및 그 제한보호구역에서 해제된 날부터 2년이 지나지 아니한 임야

다. 「도로법」에 따라 지정된 접도구역의 임야

라. 「철도안전법」 제45조에 따른 철도보호지구의 임야

마. 「도시공원 및 녹지 등에 관한 법률」 제2조제3호에 따른 도시공원의 임야

바. 「국토의 계획 및 이용에 관한 법률」 제38조의2에 따른 도시자연공원구역의 임야

사. 「하천법」 제12조에 따라 홍수관리구역으로 고시된 지역의 임야

6. 「수도법」에 따른 상수원보호구역의 임야

③ 법 제106조제1항제3호다목에서 "대통령령으로 정하는 토지"란 법 제13조제5항제4호에 따른 고급오락장의 부속토지를 말한다.(2010.12.30 본항개정)

④ 법 제106조제1항제3호라목에서 "대통령령으로 정하는 토지"란 제1항제1호에서 행정안전부령으로 정하는 공장입지기준면적 범위의 토지를 말한다.(2017.7.26 본항개정)

⑤ 법 제106조제1항제3호마목에서 "대통령령으로 정하는 토지"란 다음 각 호에서 정하는 토지(법 제106조제1항제3호다목에 따른 토지는 제외한다)를 말한다.

1. 국가나 지방자치단체가 국방상의 목적 외에는 그 사용 및 처분 등을 제한하는 공장 구내의 토지

2. 「국토의 계획 및 이용에 관한 법률」, 「도시개발법」, 「도시 및 주거환경정비법」, 「주택법」 등(이하 이 호에서 "개발사업 관계법령"이라 한다)에 따른 개발사업의 시행자가 개발사업의 실시계획승인을 받은 토지로서 개발사업에 제공하는 토지 중 다음 각 목의 어느 하나에 해당하는 토지

가. 개발사업 관계법령에 따라 국가나 지방자치단체에 무상귀속되는 공공시설용 토지

나. 개발사업의 시행자가 국가나 지방자치단체에 기부채납하기로 한 기반시설(「국토의 계획 및 이용에 관한 법률」 제2조제6호의 기반시설을 말한다)용 토지

3. 「방위사업법」 제53조에 따라 허가받은 군용화약류 시험장용 토지(허가받은 용도 외의 다른 용도로 사용하는 부분은 제외한다)와 그 허가가 취소된 날부터 1년이 지나지 아니한 토지

4. 「한국농어촌공사 및 농지관리기금법」에 따라 설립된 한국농어촌공사가 「혁신도시 조성 및 발전에 관한 특별법」 제43조제3항에 따라 국토교통부장관이 매입하게 함에 따라 타인에게 매각할 목적으로 일시적으로 취득하여 소유하는 같은 법 제2조제6호에 따른 종전부동산(2018.2.27 본호개정)
5. 「한국수자원공사법」에 따라 설립된 한국수자원공사가 「한국수자원공사법」 및 「댐건설·관리 및 주변지역지원 등에 관한 법률」에 따라 환경부장관이 수립하거나 승인한 실시계획에 따라 취득한 토지로서 「댐건설·관리 및 주변지역지원 등에 관한 법률」 제2조제1호에 따른 특정용도 중 발전·수도·공업 및 농업 용수의 공급 또는 홍수조절용으로 직접 사용하고 있는 토지(2022.6.14 본호개정)
(2017.12.29 본항개정)
⑥ 법 제106조제1항제3호바목에서 "대통령령으로 정하는 토지"란 다음 각 호에서 정하는 토지(법 제106조제1항제3호다목에 따른 토지는 제외한다)를 말한다. 이 경우 제5호 및 제7호부터 제9호까지의 토지는 같은 호에 따른 시설 및 설비공사를 진행 중인 토지를 포함한다.
1. 과세기준일 현재 계속 염전으로 실제 사용하고 있거나 계속 염전으로 사용하다가 사용을 폐지한 토지. 다만, 염전 사용을 폐지한 후 다른 용도로 사용하는 토지는 제외한다.
2. 「광업법」에 따라 광업권이 설정된 광구의 토지로서 산업통상자원부장관으로부터 채굴계획 인가를 받은 토지(채굴 외의 용도로 사용되는 부분이 있는 경우 그 부분은 제외한다)
3. 「방송법」에 따라 설립된 한국방송공사의 소유 토지로서 같은 법 제54조제1항제5호에 따른 업무에 사용되는 중계시설의 부속토지
4. 「여객자동차 운수사업법」 및 「물류시설의 개발 및 운영에 관한 법률」에 따라 면허 또는 인가를 받은 자가 계속하여 사용하는 여객자동차터미널 및 물류터미널용 토지
5. 「전기사업법」에 따른 전기사업자가 「전원개발촉진법」 제5조제1항에 따른 전원개발사업 실시계획에 따라 취득한 토지 중 발전시설 또는 송전·변전시설에 직접 사용하고 있는 토지(「전원개발촉진법」 시행 전에 취득한 토지로서 담장·철조망 등으로 구획된 경계구역 안의 발전시설 또는 송전·변전시설에 직접 사용하고 있는 토지를 포함한다)
6. 「전기통신사업법」 제5조에 따른 기간통신사업자가 기간통신업무에 제공하는 전기통신설비(「전기통신사업 회계정리 및 보고에 관한 규정」 제8조에 따른 전기통신설비를 말한다)를 설치·보전하기 위하여 직접 사용하는 토지(대통령령 제10492호 한국전기통신공사법시행령 부칙 제5조에 따라 한국전기통신공사가 1983년 12월 31일 이전에 등기 또는 등록을 마친 것만 해당한다)
7. 「집단에너지사업법」에 따라 설립된 한국지역난방공사가 열생산설비에 직접 사용하고 있는 토지
7의2. 「집단에너지사업법」에 따른 사업자 중 한국지역난방공사를 제외한 사업자가 직접 사용하기 위하여 소유하고 있는 공급시설용 토지로서 2022년부터 2025년까지 재산세 납부의무가 성립하는 토지
(2021.12.31 본호신설)
8. 「한국가스공사법」에 따라 설립된 한국가스공사가 제조한 가스의 공급을 위한 공급설비에 직접 사용하고 있는 토지
9. 「한국석유공사법」에 따라 설립된 한국석유공사가 정부의 석유류비축계획에 따라 석유를 비축하기 위한 석유비축시설용 토지와 「석유 및 석유대체연료 사업법」 제17조에 따른 비축의무자의 석유비축시설용

토지, 「송유관 안전관리법」 제2조제3호에 따른 송유관설치자의 석유저장 및 석유수송을 위한 송유설비에 직접 사용하고 있는 토지 및 「액화석유가스의 안전관리 및 사업법」 제20조에 따른 비축의무자의 액화석유가스 비축시설용 토지
10. 「한국철도공사법」에 따라 설립된 한국철도공사가 같은 법 제9조제1항제1호부터 제3호까지 및 제6호의 사업(같은 항 제6호의 경우에는 철도역사 개발사업만 해당한다)에 직접 사용하기 위하여 소유하는 철도용지
11. 「항만공사법」에 따라 설립된 항만공사가 소유하고 있는 항만시설(「항만법」 제2조제5호에 따른 항만시설을 말한다)용 토지 중 「항만공사법」 제8조제1항에 따른 사업에 사용하거나 사용하기 위한 토지. 다만, 「항만법」 제2조제5호다목부터 마목까지의 규정에 따른 시설용 토지로서 제107조에 따른 수익사업(이하 이 조에서 "수익사업"이라 한다)에 사용되는 부분은 제외한다.(2020.6.2 단서개정)
12. 「한국공항공사법」에 따른 한국공항공사가 소유하고 있는 「공항시설법 시행령」 제3조제1호 및 제2호의 공항시설용 토지로서 같은 조 제1호바목 중 공항 이용객을 위한 주차시설(유료주차장만 한정한다)용 토지와 같은 조 제2호의 지원시설용 토지 중 수익사업에 사용되는 부분을 제외한 토지로서 2022년부터 2025년까지 재산세 납부의무가 성립하는 토지
(2021.12.31 본호신설)
(2017.12.29 본항신설)
⑦ 법 제106조제1항제3호사목에서 "대통령령으로 정하는 토지"란 다음 각 호에서 정하는 토지(법 제106조제1항제3호다목에 따른 토지는 제외한다)를 말한다. 다만 제9호 및 제11호에 따른 토지 중 취득일로부터 5년이 지난 토지로서 용지조성사업 또는 건축을 착공하지 않은 토지는 제외한다.(2020.12.31 본문개정)
1. 「공유수면 관리 및 매립에 관한 법률」에 따라 매립하거나 간척한 토지로서 공사준공인가일(공사준공인가일 전에 사용승낙이나 허가를 받은 경우에는 사용승낙일 또는 허가일을 말한다)부터 4년이 지나지 아니한 토지
2. 「한국자산관리공사 설립 등에 관한 법률」에 따른 한국자산관리공사 또는 「농업협동조합의 구조개선에 관한 법률」 제29조에 따라 설립된 농업협동조합자산관리회사가 타인에게 매각할 목적으로 일시적으로 취득하여 소유하고 있는 토지(2022.2.17 본호개정)
3. 「농어촌정비법」에 따른 농어촌정비사업 시행자가 같은 법에 따라 다른 사람에게 공급할 목적으로 소유하고 있는 토지
4. 「도시개발법」 제11조에 따른 도시개발사업의 시행자가 그 도시개발사업에 제공하는 토지(주택건설용 토지와 산업단지용 토지로 한정한다)와 종전의 「토지구획정리사업법」(법률 제6252호 토지구획정리사업법 폐지법률에 의하여 폐지되기 전의 것을 말한다. 이하 이 호에서 같다)에 따른 토지구획정리사업의 시행자가 그 토지구획정리사업에 제공하는 토지(주택건설용 토지와 산업단지용 토지로 한정한다) 및 「경제자유구역의 지정 및 운영에 관한 특별법」 제8조의3에 따른 경제자유구역 또는 해당 단위개발사업지구에 대한 개발사업시행자가 그 경제자유구역개발사업에 제공하는 토지(주택건설용 토지와 산업단지용 토지로 한정한다). 다만, 다음 각 목의 기간 동안만 해당한다.
가. 도시개발사업 실시계획을 고시한 날부터 「도시개발법」에 따른 도시개발사업으로 조성된 토지가 공급 완료(매수자의 취득일을 말한다)되거나 같은 법 제51조에 따른 공사 완료 공고가 날 때까지
나. 토지구획정리사업의 시행인가를 받은 날 또는 사업계획의 공고일(토지구획정리사업의 시행자가 국

가인 경우로 한정한다)부터 종전의 「토지구획정리
사업법」에 따른 토지구획정리사업으로 조성된 토지
가 공급 완료(매수자의 취득일을 말한다)되거나 같
은 법 제61조에 따른 공사 완료 공고가 날 때까지
다. 경제자유구역개발사업 실시계획 승인을 고시한
날부터 「경제자유구역의 지정 및 운영에 관한 특별
법」에 따른 경제자유구역개발사업으로 조성된 토지
가 공급 완료(매수자의 취득일을 말한다)되거나 같
은 법 제14조에 따른 준공검사를 받을 때까지
5. 「산업입지 및 개발에 관한 법률」 제16조에 따른 산
업단지개발사업의 시행자가 같은 법에 따른 산업단지
개발실시계획의 승인을 받아 산업단지조성공사에 제
공하는 토지. 다만, 다음 각 목의 기간으로 한정한다.
가. 사업시행자가 직접 사용하거나 산업단지조성공사
준공인가 전에 분양·임대 계약이 체결된 경우 : 산
업단지조성공사 착공일부터 다음의 날 중 빠른 날
까지
1) 준공인가일
2) 토지 공급 완료일(매수자의 취득일, 임대차 개시
일 또는 건축공사 착공일 등 해당 용지를 사실상
사용하는 날을 말한다. 이하 이 호에서 같다)
나. 산업단지조성공사 준공인가 후에도 분양·임대
계약이 체결되지 않은 경우 : 산업단지조성공사 착
공일부터 다음의 날 중 빠른 날까지
1) 준공인가일 후 5년이 경과한 날
2) 토지 공급 완료일
(2020.12.31 본호개정)
6. 「산업집적활성화 및 공장설립에 관한 법률」 제45조
의17에 따라 설립된 한국산업단지공단이 타인에게
공급할 목적으로 소유하고 있는 토지(임대한 토지를
포함한다)(2021.6.8 본호개정)
7. 「주택법」에 따라 주택건설사업자 등록을 한 주택건
설사업자(같은 법 제11조에 따른 주택조합 및 고용자
인 사업주체와 「도시 및 주거환경정비법」 제24조부
터 제28조까지 또는 「빈집 및 소규모주택 정비에 관
한 특례법」 제17조부터 제19조까지의 규정에 따른 사
업시행자를 포함한다)가 주택을 건설하기 위하여 같
은 법에 따른 사업계획의 승인을 받은 토지로서 주택
건설사업에 제공되고 있는 토지(「주택법」 제2조제11
호에 따른 지역주택조합·직장주택조합이 조합원이
납부한 금전으로 매수하여 소유하고 있는 「신탁법」
에 따른 신탁재산의 경우에는 사업계획의 승인을 받
기 전의 토지를 포함한다)(2018.2.9 본호개정)
8. 「중소기업진흥에 관한 법률」에 따라 설립된 중소벤
처기업진흥공단이 같은 법에 따라 중소기업자에게
분양하거나 임대할 목적으로 소유하고 있는 토지
(2019.4.2 본호개정)
9. 「지방공기업법」 제49조에 따라 설립된 지방공사가
같은 법 제2조제1항제7호 및 제8호에 따른 사업용 토
지로서 타인에게 주택이나 토지를 분양하거나 임대
할 목적으로 소유하고 있는 토지(임대한 토지를 포함
한다)
10. 「한국수자원공사법」에 따라 설립된 한국수자원공
사가 소유하고 있는 토지 중 다음 각 목의 어느 하나
에 해당하는 토지(임대한 토지는 제외한다)
가. 「한국수자원공사법」 제9조제1항제5호에 따른 개
발 토지 중 타인에게 공급할 목적으로 소유하고 있
는 토지
나. 「친수구역 활용에 관한 특별법」 제2조제2호에 따
른 친수구역 내의 토지로서 친수구역조성사업 실시
계획에 따라 주택건설에 제공되는 토지 또는 친수
구역조성사업 실시계획에 따라 공업지역(「국토의
계획 및 이용에 관한 법률」 제36조제1항제1호다목
의 공업지역을 말한다)으로 결정된 토지

11. 「한국토지주택공사법」에 따라 설립된 한국토지주
택공사가 같은 법에 따라 타인에게 토지나 주택을 분
양하거나 임대할 목적으로 소유하고 있는 토지(임대
한 토지를 포함한다) 및 「자산유동화에 관한 법률」에
따라 설립된 유동화전문회사가 한국토지주택공사가
소유하던 토지를 자산유동화 목적으로 소유하고 있
는 토지
12. 「한국토지주택공사법」에 따라 설립된 한국토지주
택공사가 소유하고 있는 비축용 토지 중 다음 각 목
의 어느 하나에 해당하는 토지
가. 「공공토지의 비축에 관한 법률」 제14조 및 제15조
에 따라 공공비축용으로 비축하는 토지
나. 「한국토지주택공사법」 제12조제4항에 따라 국토
교통부장관이 우선 매입하게 함에 따라 매입한 토
지(「자산유동화에 관한 법률」 제3조에 따른 유동화
전문회사등에 양도한 후 재매입한 비축용 토지를
포함한다)
다. 「혁신도시 조성 및 발전에 관한 특별법」 제43조제
3항에 따라 국토교통부장관이 매입하게 함에 따라
매입한 같은 법 제2조제6호에 따른 종전부동산
(2018.2.27 본목개정)
라. 「부동산 거래신고 등에 관한 법률」 제15조 및 제
16조에 따라 매수한 토지
마. 「공익사업을 위한 토지 등의 취득 및 보상에 관한
법률」 제4조에 따른 공익사업(이하 이 목 및 바목에
서 "공익사업"이라 한다)을 위하여 취득하였으나 해
당 공익사업의 변경 또는 폐지로 인하여 비축용으
로 전환된 토지
바. 비축용 토지로 매입한 후 공익사업에 편입된 토지
및 해당 공익사업의 변경 또는 폐지로 인하여 비축
용으로 다시 전환된 토지
사. 국가·지방자치단체 또는 「지방자치분권 및 지역
균형발전에 관한 특별법」 제2조제14호에 따른 공공
기관으로부터 매입한 토지(2023.7.7 본목개정)
아. 2005년 8월 31일 정부가 발표한 부동산제도 개혁
방안 중 토지시장 안정정책을 수행하기 위하여 매
입한 비축용 토지
자. 1997년 12월 31일 이전에 매입한 토지
(2017.12.29 본항신설)
⑧ 법 제106조제1항제3호아목에서 "대통령령으로 정하
는 토지"란 다음 각 호에서 정하는 토지(법 제106조제1
항제3호다목에 따른 토지는 제외한다)를 말한다.
1. 제22조제2호에 해당하는 비영리사업자가 소유하고
있는 토지로서 교육사업에 직접 사용하고 있는 토지.
다만, 수익사업에 사용하는 토지는 제외한다.
(2021.12.31 본호개정)
2. 「농업협동조합법」에 따라 설립된 조합, 농협경제지
주회사 및 그 자회사, 「수산업협동조합법」에 따라 설
립된 조합, 「산림조합법」에 따라 설립된 조합 및 「엽
연초생산협동조합법」에 따라 설립된 조합(조합의 경
우 해당 조합의 중앙회를 포함한다)가 과세기준일 현
재 구판사업에 직접 사용하는 토지와 「농수산물 유통
및 가격안정에 관한 법률」 제70조에 따른 유통자회사
에 농수산물 유통시설로 사용하게 하는 토지 및 「한
국농수산식품유통공사법」에 따라 설립된 한국농수산
식품유통공사가 농수산물 유통시설로 직접 사용하는
토지. 다만, 「유통산업발전법」 제2조제3호에 따른 대
규모점포(「농수산물 유통 및 가격안정에 관한 법률」
제2조제12호에 따른 농수산물종합유통센터 중 대규
모점포의 요건을 충족하는 것을 포함한다)로 사용하
는 토지는 제외한다.(2020.6.2 단서신설)
3. 「부동산투자회사법」 제49조의3제1항에 따른 공모부
동산투자회사(같은 법 시행령 제12조의3제27호, 제29
호 또는 제30호에 해당하는 자가 발행주식 총수의 100

분의 100을 소유하고 있는 같은 법 제2조제1호에 따른 부동산투자회사를 포함한다)가 목적사업에 사용하기 위하여 소유하고 있는 토지(2020.6.2 본호개정)

4. 「산업입지 및 개발에 관한 법률」에 따라 지정된 산업단지와 「산업집적활성화 및 공장설립에 관한 법률」에 따른 유치지역 및 「산업기술단지 지원에 관한 특례법」에 따라 조성된 산업기술단지에서 다음 각 목의 어느 하나에 해당하는 용도에 직접 사용되고 있는 토지
   가. 「산업입지 및 개발에 관한 법률」 제2조에 따른 지식산업・문화산업・정보통신산업・자원비축시설용 토지 및 이와 직접 관련된 교육・연구・정보처리・유통시설용 토지
   나. 「산업집적활성화 및 공장설립에 관한 법률 시행령」 제6조제5항에 따른 폐기물 수집운반・처리 및 원료재생업, 폐수처리업, 창고업, 화물터미널이나 그 밖의 물류시설을 설치・운영하는 사업, 운송업(여객운송업은 제외한다), 산업용기계장비임대업, 전기업, 농공단지에 입주하는 지역특화산업용 토지, 「도시가스사업법」 제2조제5호에 따른 가스공급시설용 토지 및 「집단에너지사업법」 제2조제6호에 따른 집단에너지공급시설용 토지
   다. 「산업기술단지 지원에 관한 특례법」에 따른 연구개발시설 및 시험생산시설용 토지
   라. 「산업집적활성화 및 공장설립에 관한 법률」 제30조제2항에 따른 관리기관이 산업단지의 관리, 입주기업체 지원 및 근로자의 후생복지를 위하여 설치하는 건축물의 부속토지(수익사업에 사용되는 부분은 제외한다)(2020.6.2 본목개정)

5. 「산업집적활성화 및 공장설립에 관한 법률」 제28조의2에 따라 지식산업센터의 설립승인을 받은 자의 토지로서 다음 각 목의 어느 하나에 해당하는 토지. 다만, 지식산업센터의 설립승인을 받은 후 최초로 재산세 납세의무가 성립한 날부터 5년 이내로 한정하고, 증축의 경우에는 증축에 상당하는 토지 부분으로 한정한다.
   가. 같은 법 제28조의5제1항제1호 및 제2호에 따른 시설(이하 이 조에서 "지식산업센터 입주시설용"이라 한다)으로 직접 사용하거나 분양 또는 임대하기 위해 지식산업센터를 신축 또는 증축 중인 토지
   나. 지식산업센터를 신축하거나 증축한 토지로서 지식산업센터 입주시설용으로 직접 사용(재산세 과세기준일 현재 60일 이상 휴업 중인 경우는 제외한다)하거나 분양 또는 임대할 목적으로 소유하고 있는 토지(임대한 토지를 포함한다)(2021.4.27 본목개정)
   (2019.5.31 본호개정)

6. 「산업집적활성화 및 공장설립에 관한 법률」 제28조의4에 따라 지식산업센터를 신축하거나 증축하여 설립한 자로부터 최초로 해당 지식산업센터를 분양받은 입주자(「중소기업기본법」 제2조에 따른 중소기업을 영위하는 자로 한정한다)로서 같은 법 제28조의5제1항제1호 및 제2호에 규정된 사업에 직접 사용(재산세 과세기준일 현재 60일 이상 휴업 중인 경우와 타인에게 임대한 부분은 제외한다)하는 토지(지식산업센터를 분양받은 후 최초로 재산세 납세의무가 성립한 날부터 5년 이내로 한정한다)

7. 「연구개발특구의 육성에 관한 특별법」 제34조에 따른 특구관리계획에 따라 원형지로 지정된 토지

8. 「인천국제공항공사법」에 따라 설립된 인천국제공항공사가 소유하고 있는 공항시설(「공항시설법」 제2조제7호에 따른 공항시설을 말한다)용 토지 중 「인천국제공항공사법」 제10조제1항의 사업에 사용하거나 사용하기 위한 토지. 다만, 다음 각 목의 어느 하나에 해당하는 토지는 제외한다.(2020.6.2 단서개정)
   가. 「공항시설법」 제4조에 따른 기본계획에 포함된 지역 중 국제업무지역, 공항신도시, 유수지(수익사업에 사용되는 부분으로 한정한다), 물류단지(수익사업에 사용되는 부분으로 한정한다) 및 유보지[같은 법 시행령 제5조제1항제3호 및 제4호에 따른 진입표면, 내부진입표면, 전이(轉移)표면 또는 내부전이표면에 해당하지 않는 토지로 한정한다]
   나. 「공항시설법 시행령」 제3조제2호에 따른 지원시설용 토지(수익사업에 사용되는 부분으로 한정한다)
   (2020.6.2 가목~나목신설)

9. 「자본시장과 금융투자업에 관한 법률」 제229조제2호에 따른 부동산집합투자기구[집합투자재산의 100분의 80을 초과하여 같은 호에서 정한 부동산에 투자하는 같은 법 제9조제19항제2호에 따른 일반 사모집합투자기구(투자자가 「부동산투자회사법 시행령」 제12조의3제27호, 제29호 또는 제30호에 해당하는 자로만 이루어진 사모집합투자기구로 한정한다)를 포함한다] 또는 종전의 「간접투자자산 운용업법」에 따라 설정・설립된 부동산간접투자기구가 목적사업에 사용하기 위하여 소유하고 있는 토지 중 법 제106조제1항제2호에 해당하는 토지(2021.10.21 본호개정)

10. 「전시산업발전법 시행령」 제3조제1호 및 제2호에 따른 토지

11. 「전통사찰의 보존 및 지원에 관한 법률」 제2조제3호에 따른 전통사찰보존지 및 「향교재산법」 제2조에 따른 향교재산 중 토지. 다만, 수익사업에 사용되는 부분은 제외한다.(2021.12.31 단서개정)
   (2017.12.29 본항신설)

⑨ 제1항제2호라목・바목 및 제2항제4호・제6호에 따른 농지와 임야는 1990년 5월 31일 이전부터 소유(1990년 6월 1일 이후에 해당 농지 또는 임야를 상속받아 소유하는 경우와 법인합병으로 인하여 취득하여 소유하는 경우를 포함한다)하는 것으로 한정하고, 제1항제3호에 따른 목장용지 중 도시지역의 목장용지 및 제2항제3호 각 목에 규정된 임야는 다음 각 호의 어느 하나에 해당하는 것으로 한정한다.(2023.3.14 본문개정)

1. 1989년 12월 31일 이전부터 소유(1990년 1월 1일 이후에 해당 목장용지 및 임야를 상속받아 소유하는 경우와 법인합병으로 인하여 취득하여 소유하는 경우를 포함한다)하는 것(2023.3.14 본호신설)

2. 법률 제10522호 농업협동조합법 일부개정법률 부칙 제6조에 따라 농협경제지주회사가 농업협동조합중앙회로부터 취득하여 소유하는 것(2023.3.14 본호신설)

⑩ 제1항 및 제2항을 적용할 때 다음 각 호의 경우에는 각 호의 시기까지 계속하여 분리과세 대상 토지로 본다.

1. 「공익사업을 위한 토지 등의 취득 및 보상에 관한 법률」 제4조에 따른 공익사업의 구역에 있는 토지로서 같은 법에 따라 사업시행자에게 협의 또는 수용에 의하여 매각이 예정된 토지 중 「택지개발촉진법」 등 관계 법률에 따라 「국토의 계획 및 이용에 관한 법률」에 따른 도시・군관리계획 결정이 의제되어 용도지역이 변경되거나 개발제한구역에서 해제된 경우 : 그 토지가 매각되기 전(「공익사업을 위한 토지 등의 취득 및 보상에 관한 법률」 제40조제2항에 따라 보상금을 공탁한 경우에는 공탁금 수령일 전을 말한다)까지

2. 제1호에 따라 매각이 예정되어 있는 토지 중 「공공주택 특별법」 제6조의2에 따라 특별관리지역으로 변경된 경우 : 그 토지가 특별관리지역에서 해제되기 전까지
   (2019.12.31 본호개정)
   (2015.12.31 본항개정)

⑪ 과세기준일 현재 납세의무자가 소유하고 있는 토지 중 용도 및 면적 등 현황이 변경됨에 따라 제1항부터 제8항까지의 분리과세 대상 토지의 범위에 포함되거나 제외되는 토지의 경우에는 그 납세의무자가 과세기준일부터 15일 이내에 그 소재지를 관할하는 지방자치단체의

장에게 분리과세대상 토지 적용을 신청할 수 있다.
(2021.12.31 본항신설)
⑫ 제11항에 따른 신청에 필요한 서식과 관련 증빙자
료 등 신청 방법과 절차는 행정안전부령으로 정한다.
(2021.12.31 본항신설)
제103조【건축물의 범위 등】 ① 제101조제1항에 따른
건축물의 범위에는 다음 각 호의 건축물을 포함한다.
1. (2015.12.31 삭제)
2. 건축허가를 받았으나 「건축법」 제18조에 따라 착공
이 제한된 건축물
3. 「건축법」에 따른 건축허가를 받거나 건축신고를 한
건축물로서 같은 법에 따른 공사계획을 신고하고 공
사에 착수한 건축물〔개발사업 관계법령에 따른 개발
사업의 시행자가 소유하고 있는 토지로서 같은 법령
에 따른 개발사업 실시계획의 승인을 받아 그 개발사
업에 제공하는 토지(법 제106조제1항제3호에 따른 분
리과세대상이 되는 토지는 제외한다)로서 건축물의
부속토지로 사용하기 위하여 토지조성공사에 착수하
여 준공검사 또는 사용허가를 받기 전까지의 토지에
건축이 예정된 건축물(관계 행정기관이 허가 등으로
그 건축물의 용도 및 바닥면적을 확인한 건축물을 말
한다)을 포함한다. 다만, 과세기준일 현재 정당한 사
유 없이 6개월 이상 공사가 중단된 경우는 제외한다.
(2019.12.31 본문개정)
4. 가스배관시설 등 행정안전부령으로 정하는 지상정
착물(2017.7.26 본호개정)
(2014.1.1 본항개정)
② 제101조 및 제102조에 따른 공장용 건축물의 범위
에 관한 사항은 행정안전부령으로 정한다.(2017.7.26 본
항개정)
**제103조의2【철거·멸실된 건축물 또는 주택의 범
위】** 법 제106조제1항제2호다목에서 "대통령령으로 정하
는 부속토지"란 과세기준일 현재 건축물 또는 주택이
사실상 철거·멸실된 날(사실상 철거·멸실된 날을 알
수 없는 경우에는 공부상 철거·멸실된 날을 말한다)
부터 6개월〔「빈집 및 소규모주택 정비에 관한 특례법」
에 따른 빈집정비사업 또는 「농어촌정비법」에 따른 생
활환경정비사업(빈집의 정비에 관한 사업만 해당한다)
의 시행으로 빈집이 철거된 경우에는 3년〕이 지나지
아니한 건축물 또는 주택의 부속토지를 말한다. 이 경
우 「건축법」 등 관계 법령에 따라 허가 등을 받아야 하
는 건축물 또는 주택으로서 허가 등을 받지 않은 건축
물 또는 주택이거나 사용승인을 받아야 하는 건축물
또는 주택으로서 사용승인(임시사용승인을 포함한다)
을 받지 않은 경우는 제외한다.(2023.12.29 전단개정)
제104조【도시지역】 제101조 및 제102조에서 "도시
지역"이란 「국토의 계획 및 이용에 관한 법률」 제6조에
따른 도시지역을 말한다.
제105조【주택 부속토지의 범위 산정】 법 제106조제
2항제3호에 따라 주택의 부속토지의 경계가 명백하지
아니한 경우에는 그 주택의 바닥면적의 10배에 해당하
는 토지를 주택의 부속토지로 한다.
제105조의2【공부상 등재현황에 따른 부과】 법 제
106조제3항 단서에서 "재산세의 과세대상 물건을 공부
상 등재현황과 달리 이용함으로써 재산세 부담이 낮아
지는 경우 등 대통령령으로 정하는 경우"란 다음 각 호
의 경우를 말한다.
1. 관계 법령에 따라 허가 등을 받아야 함에도 불구하
고 허가 등을 받지 않고 재산세의 과세대상 물건을
이용하는 경우로서 사실상 현황에 따라 재산세를 부
과하면 오히려 재산세 부담이 낮아지는 경우
2. 재산세 과세기준일 현재의 사용이 일시적으로 공부
상 등재현황과 달리 사용하는 것으로 인정되는 경우
(2021.12.31 본조신설)

제105조의3【분리과세대상 토지 타당성 평가 등】 ①
법 제106조의2제1항에 따른 분리과세의 타당성 평가
(이하 이 조에서 "타당성평가"라 한다) 대상은 다음 각
호와 같다.
1. 행정안전부장관이 법 제106조제1항제3호에 따른 분
리과세대상 토지(이하 이 조에서 "분리과세대상토지"
라 한다)에서 제외하거나 그 범위를 축소하려는 토지
2. 중앙행정기관의 장이 분리과세대상토지에 추가하거
나 그 범위를 확대할 것을 요청한 토지
② 중앙행정기관의 장은 행정안전부장관에게 분리과세
대상토지의 확대 또는 추가를 요청하는 경우에는 다음
각 호의 사항이 포함된 자료를 제출해야 한다.
1. 분리과세대상토지의 확대 또는 추가 필요성
2. 확대 또는 추가되는 분리과세대상토지의 규모
3. 분리과세 적용에 따라 예상되는 경제적 효과
4. 감소되는 지방세 규모 및 재원보전대책
5. 그 밖에 관련 사업계획서, 예산서 및 사업 수지 분석
서 등 타당성평가에 필요한 자료
③ 행정안전부장관은 타당성평가와 관련하여 필요한
경우 관계 행정기관의 장 등에게 의견 또는 자료의 제
출을 요구할 수 있다. 이 경우 관계 행정기관의 장 등은
특별한 사유가 있는 경우를 제외하고는 이에 따라야
한다.
④ 행정안전부장관은 다음 각 호의 사항을 고려하여
타당성평가 기준을 마련해야 한다.
1. 분리과세 적용의 필요성 및 그 대상의 적절성 등 분
리과세의 타당성에 관한 사항
2. 분리과세로 인한 경제적 효과 및 지방자치단체 재정
에 미치는 영향 등에 관한 사항
⑤ 제1항부터 제4항까지에서 규정한 사항 외에 타당성
평가의 세부 평가 기준, 평가 절차 등에 관하여 필요한
사항은 행정안전부장관이 정한다.
(2019.12.31 본조신설)
제106조【납세의무자의 범위 등】 ① (2021.4.27 삭제)
② 국가, 지방자치단체 및 지방자치단체조합이 선수금
을 받아 조성하는 매각용 토지로서 사실상 조성이 완
료된 토지의 사용권을 무상으로 받은 자가 있는 경우
에는 그 자를 법 제107조제2항제4호에 따른 매수계약
자로 본다.
③ 법 제107조제3항에 따라 소유권의 귀속이 분명하지
아니한 재산에 대하여 사용자를 납세의무자로 보아 재
산세를 부과하려는 경우에는 그 사실을 사용자에게 미
리 통지하여야 한다.
제107조【수익사업의 범위】 법 제109조제3항 각 호 외
의 부분 단서에서 "대통령령으로 정하는 수익사업"이
란 「법인세법」 제4조제3항에 따른 수익사업을 말한다.
(2019.2.12 본조개정)
제108조【비과세】 ① 법 제109조제3항제1호에서 "대통
령령으로 정하는 도로·하천·제방·구거·유지 및 묘
지"란 다음 각 호에서 정하는 토지를 말한다.
1. 도로 : 「도로법」에 따른 도로(같은 법 제2조제2호에
따른 도로의 부속물 중 도로관리시설, 휴게시설, 주유
소, 충전소, 교통·관광안내소 및 도로에 연접하여 설
치한 연구시설은 제외한다)와 그 밖에 일반인의 자유
로운 통행을 위하여 제공할 목적으로 개설한 사설 도
로. 다만, 「건축법 시행령」 제80조의2에 따른 대지 안
의 공지는 제외한다.(2019.12.31 본호개정)
2. 하천 : 「하천법」에 따른 하천과 「소하천정비법」에
따른 소하천
3. 제방 : 「공간정보의 구축 및 관리 등에 관한 법률」에
따른 제방. 다만, 특정인이 전용하는 제방은 제외한다.
(2015.6.1 본문개정)
4. 구거(溝渠) : 농업용 구거와 자연유수의 배수처리에
제공하는 구거

5. 유지(溜池) : 농업용 및 발전용에 제공하는 댐ㆍ저수지ㆍ소류지와 자연적으로 형성된 호수ㆍ늪
6. 묘지 : 무덤과 이에 접속된 부속시설물의 부지로 사용되는 토지로서 지적공부상 지목이 묘지인 토지
② 법 제109조제3항제2호에서 "대통령령으로 정하는 토지"란 다음 각 호에서 정하는 토지를 말한다.
1. 「군사기지 및 군사시설 보호법」에 따른 군사기지 및 군사시설 보호구역 중 통제보호구역에 있는 토지. 다만, 전ㆍ답ㆍ과수원 및 대지는 제외한다.
2. 「산림보호법」에 따라 지정된 산림보호구역 및 「산림자원의 조성 및 관리에 관한 법률」에 따라 지정된 채종림ㆍ시험림
3. 「자연공원법」에 따른 공원자연보존지구의 임야
4. 「백두대간 보호에 관한 법률」 제6조에 따라 지정된 백두대간보호지역의 임야
③ 법 제109조제3항제5호에서 "대통령령으로 정하는 것"이란 재산세를 부과하는 해당 연도에 철거하기로 계획이 확정되어 재산세 과세기준일 현재 행정관청으로부터 철거명령을 받았거나 철거보상계약이 체결된 건축물 또는 주택(「건축법」 제2조제1항제2호에 따른 건축물 부분으로 한정한다. 이하 이 항에서 같다)을 말한다. 이 경우 건축물 또는 주택의 일부분을 철거하는 때에는 그 철거하는 부분으로 한정한다.(2010.12.30 본항개정)

제2절 과세표준과 세율

제109조【공정시장가액비율】 ① 법 제110조제1항 각 호 외의 부분에서 "대통령령으로 정하는 공정시장가액비율"이란 다음 각 호의 구분에 따른 비율을 말한다. (2022.6.30 본문개정)
1. 토지 및 건축물 : 시가표준액의 100분의 70
2. 주택 : 시가표준액의 100분의 60. 다만, 2023년도에 납세의무가 성립하는 재산세의 과세표준을 산정하는 경우 제110조의2에 따라 1세대 1주택으로 인정되는 주택(시가표준액이 9억원을 초과하는 주택을 포함한다)에 대해서는 다음 각 목의 구분에 따른다. (2023.6.30 단서개정)
   가. 시가표준액이 3억원 이하인 주택 : 시가표준액의 100분의 43
   나. 시가표준액이 3억원을 초과하고 6억원 이하인 주택 : 시가표준액의 100분의 44
   다. 시가표준액이 6억원을 초과하는 주택 : 시가표준액의 100분의 45
   (2023.6.30 가목~다목신설)
② 행정안전부장관은 제1항에 따른 공정시장가액비율의 점검ㆍ평가를 위하여 필요한 경우 관계 전문기관에 조사ㆍ연구를 의뢰할 수 있다.(2023.3.14 본항신설)
제110조【공장용 건축물】 법 제111조제1항제2호나목에서 "대통령령으로 정하는 공장용 건축물"이란 제조ㆍ가공ㆍ수선이나 인쇄 등의 목적에 사용하도록 생산설비를 갖춘 것으로서 행정안전부령으로 정하는 공장용 건축물을 말한다.(2017.7.26 본조개정)
제110조의2【재산세 세율 특례 대상 1세대 1주택의 범위】 ① 법 제111조의2제1항에서 "대통령령으로 정하는 1세대 1주택"이란 과세기준일 현재 「주민등록법」 제7조에 따른 세대별 주민등록표(이하 이 조에서 "세대별 주민등록표"라 한다)에 함께 기재되어 있는 가족(동거인은 제외한다)으로 구성된 1세대가 국내에 다음 각 호의 주택이 아닌 주택을 1개만 소유하는 경우 그 주택(이하 이 조에서 "1세대1주택"이라 한다)을 말한다.
1. 종업원에게 무상이나 저가로 제공하는 사용자 소유의 주택으로서 과세기준일 현재 다음 각 목의 어느 하나에 해당하는 주택. 다만, 「지방세기본법 시행령」

제2조제1항 각 호의 어느 하나에 해당하는 관계에 있는 사람에게 제공하는 주택은 제외한다.
   가. 법 제4조제1항에 따른 시가표준액이 3억원 이하인 주택
   나. 면적이 「주택법」 제2조제6호에 따른 국민주택규모 이하인 주택
2. 「건축법 시행령」 별표1 제2호 라목의 기숙사
3. 과세기준일 현재 사업자등록을 한 다음 각 목의 어느 하나에 해당하는 자가 건축하여 소유하는 미분양 주택으로서 재산세 납세의무가 최초로 성립한 날부터 5년이 경과하지 않은 주택. 다만, 가목의 자가 건축하여 소유하는 미분양 주택이 「주택법」 제54조에 따라 공급하지 않은 주택인 경우에는 자기 또는 임대계약 등 권원을 불문하고 다른 사람이 거주한 기간이 1년 이상인 주택은 제외한다.
   가. 「건축법」 제11조에 따른 허가를 받은 자
   나. 「주택법」 제15조에 따른 사업계획승인을 받은 자
4. 세대원이 「영유아보육법」 제13조에 따라 인가를 받고 「소득세법」 제168조제5항에 따른 고유번호를 부여받은 이후 「영유아보육법」 제10조제5호에 따른 가정어린이집으로 운영하는 주택(가정어린이집을 「영유아보육법」 제10조제1호에 따른 국공립어린이집으로 전환하여 운영하는 주택을 포함한다)(2021.12.31 본호개정)
5. 주택의 시공자(「주택법」 제33조제2항에 따른 시공자 및 「건축법」 제2조제16호에 따른 공사시공자를 말한다)가 제3호가목 또는 나목의 자로부터 해당 주택의 공사대금으로 받은 같은 호에 해당하는 주택(과세기준일 현재 해당 주택을 공사대금으로 받은 날 이후 해당 주택의 재산세의 납세의무가 최초로 성립한 날부터 5년이 경과하지 않은 주택으로 한정한다). 다만, 제3호가목의 자로부터 받은 주택으로서 「주택법」 제54조에 따라 공급하지 않은 주택인 경우에는 자기 또는 임대계약 등 권원을 불문하고 다른 사람이 거주한 기간이 1년 이상인 주택은 제외한다.
6. 「문화재보호법」 제2조제3항에 따른 지정문화재 또는 같은 조 제4항에 따른 등록문화재에 해당하는 주택(2021.4.27 본호개정)
7. 「노인복지법」 제32조제1항제3호에 따른 노인복지주택으로서 같은 법 제33조제2항에 따라 설치한 사람이 소유한 해당 노인복지주택
8. 상속을 원인으로 취득한 주택(조합원입주권 또는 주택분양권을 상속받아 취득한 신축주택을 포함한다)으로서 과세기준일 현재 상속개시일부터 5년이 경과하지 않은 주택(2023.3.14 본호개정)
9. 혼인 전부터 소유한 주택으로서 과세기준일 현재 혼인일로부터 5년이 경과하지 않은 주택. 다만, 혼인 전부터 각각 최대 1개의 주택만 소유한 경우로서 혼인 후 주택을 추가로 취득하지 않은 경우로 한정한다.
10. 세대원이 소유하고 있는 토지 위에 토지를 사용할 수 있는 정당한 권원이 없는 자가 「건축법」에 따른 허가ㆍ신고 등(다른 법률에 따라 의제되는 경우를 포함한다)을 받지 않고 건축하여 사용(건축한 자와 다른 자가 사용하고 있는 경우를 포함한다) 중인 주택(부속토지만을 소유하고 있는 자로 한정한다)(2023.3.14 본호신설)
② 제1항에도 불구하고 다음 각 호의 어느 하나에 해당하는 경우에는 해당 주택을 1세대1주택으로 본다.
1. 과세기준일 현재 제1항제6호 또는 제8호에 해당하는 주택의 경우에는 다음 각 목의 구분에 따른다. (2023.3.14 본문개정)
   가. 해당 주택을 1개만 소유하고 있는 경우 : 해당 주택(2023.3.14 본목신설)

나. 해당 주택을 2개 이상 소유하고 있는 경우 : 시가표준액이 가장 높은 주택. 다만, 시가표준액이 같은 경우에는 납세의무자가 선택하는 1개의 주택으로 한다.(2023.3.14 본목신설)
2. 제1항제9호에 해당하는 주택을 소유하고 있는 경우 그 주택 중 시가표준액이 높은 주택. 다만, 시가표준액이 같은 경우에는 납세의무자가 선택하는 1개의 주택으로 한다.(2023.3.14 본호신설)
③ 제1항에도 불구하고 제1항 및 제2항을 적용할 때 배우자, 과세기준일 현재 미혼인 19세 미만의 자녀 또는 부모(주택의 소유자가 미혼이고 19세 미만인 경우로 한정한다)는 주택 소유자와 같은 세대별 주민등록표에 기재되어 있지 않더라도 1세대에 속한 것으로 보고, 다음 각 호의 어느 하나에 해당하는 경우에는 각각 별도의 세대로 본다.
1. 과세기준일 현재 65세 이상의 직계존속(배우자의 직계존속을 포함하며, 직계존속 중 어느 한 사람이 65세 미만인 경우를 포함한다)를 동거봉양하기 위하여 19세 이상의 직계비속 또는 혼인한 직계비속이 합가한 경우(2023.3.14 본호개정)
2. 취학 또는 근무상의 형편 등으로 세대 전원이 90일 이상 출국하는 경우로서 「주민등록법」 제10조의3제1항 본문에 따라 해당 세대가 출국 후에 속할 거주지를 다른 가족의 주소로 신고한 경우
④ 제1항 및 제2항을 적용할 때 주택의 공유지분이나 부속토지만을 소유한 경우에도 각각 1개의 주택으로 보아 주택 수를 산정한다. 다만, 1개의 주택을 같은 세대내에서 공동소유하는 경우에는 1개의 주택으로 본다.
⑤ 제4항 본문에도 불구하고 상속이 개시된 재산으로서 상속등기가 이행되지 않은 공동소유 상속 주택(상속개시일부터 5년이 경과한 상속 주택으로 한정한다)의 경우 법 제107조제2항제2호에 따른 납세의무자가 그 상속 주택을 소유한 것으로 본다.(2021.12.31 본항개정)
(2021.2.17 본조신설)
제111조 【토지 등의 범위】 법 제112조제1항 각 호 외의 부분에서 "대통령령으로 정하는 토지, 건축물 또는 주택"이란 다음 각 호에 열거하는 것을 말한다.
1. 토지 : 법 제9장에 따른 재산세 과세대상 토지 중 전·답·과수원·목장용지·임야를 제외한 토지와 「도시개발법」에 따라 환지 방식으로 시행하는 도시개발구역의 토지로서 환지처분의 공고가 된 모든 토지(혼용방식으로 시행하는 도시개발구역 중 환지 방식이 적용되는 토지를 포함한다)
2. 건축물 : 법 제9장에 따른 재산세 과세대상 건축물
3. 주택 : 법 제9장에 따른 재산세 과세대상 주택. 다만, 「국토의 계획 및 이용에 관한 법률」에 따른 개발제한구역에서는 법 제13조제5항제3호에 따른 또는 고급주택(과세기준일 현재의 시가표준액을 기준으로 판단한다)은 해당한다.(2023.12.29 단서개정)
제112조 【주택의 구분】 「건축법 시행령」 별표1 제1호다목에 따른 다가구주택은 1가구가 독립하여 구분사용할 수 있도록 분리된 부분을 1구의 주택으로 본다. 이 경우 그 부속토지는 건물면적의 비율에 따라 각각 나눈 면적을 1구의 부속토지로 본다.

제3절   부과·징수

제113조 【물납의 신청 및 허가】 ① 법 제117조에 따라 재산세를 물납(物納)하려는 자는 행정안전부령으로 정하는 서류를 갖추어 그 납부기한 10일 전까지 납세지를 관할하는 시장·군수·구청장에게 신청하여야 한다.(2017.7.26 본항개정)
② 제1항에 따라 물납신청을 받은 시장·군수·구청장은 신청을 받은 날부터 5일 이내에 납세의무자에게 그 허가 여부를 서면으로 통지하여야 한다.(2016.12.30 본항개정)

③ 제2항에 따라 물납허가를 받은 부동산을 행정안전부령으로 정하는 바에 따라 물납하였을 때에는 납부기한 내에 납부한 것으로 본다.(2017.7.26 본항개정)
제114조 【관리·처분이 부적당한 부동산의 처리】 ① 시장·군수·구청장은 제113조제1항에 따라 물납신청을 받은 부동산이 관리·처분하기가 부적당하다고 인정되는 경우에는 허가하지 아니할 수 있다.(2016.12.30 본항개정)
② 시장·군수·구청장은 제1항 및 제113조제2항에 따라 불허가 통지를 받은 납세의무자가 그 통지를 받은 날부터 10일 이내에 해당 시·군·구의 관할구역에 있는 부동산으로서 관리·처분이 가능한 다른 부동산으로 변경 신청하는 경우에는 변경하여 허가할 수 있다.(2016.12.30 본항개정)
③ 제2항에 따라 허가한 부동산을 행정안전부령으로 정하는 바에 따라 물납하였을 때에는 납부기한 내에 납부한 것으로 본다.(2017.7.26 본항개정)
제115조 【물납허가 부동산의 평가】 ① 제113조제2항 및 제114조제2항에 따라 물납을 허가하는 부동산의 가액은 재산세 과세기준일 현재의 시가로 한다.
② 제1항에 따른 시가는 다음 각 호의 어느 하나에서 정하는 가액에 따른다. 다만, 수용·공매가액 및 감정가액 등으로서 행정안전부령으로 정하는 바에 따라 시가로 인정되는 것은 시가로 본다.(2017.7.26 단서개정)
1. 토지 및 주택 : 법 제4조제1항에 따른 시가표준액
2. 제1호 외의 건축물 : 법 제4조제2항에 따른 시가표준액
③ 제2항을 적용할 때 「상속세 및 증여세법」 제61조제1항제3호에 따른 부동산의 평가방법이 따로 있어 국세청장이 고시한 가액이 증명되는 경우에는 그 고시가액을 시가로 본다.
제116조 【분할납부세액의 기준 및 분할납부신청】 ① 법 제118조에 따라 분할납부하게 하는 경우의 분할납부세액은 다음 각 호의 기준에 따른다.
1. 납부할 세액이 500만원 이하인 경우 : 250만원을 초과하는 금액(2019.12.31 본호개정)
2. 납부할 세액이 500만원을 초과하는 경우 : 그 세액의 100분의 50 이하의 금액(2019.12.31 본호개정)
② 법 제118조에 따라 분할납부하려는 자는 재산세의 납부기한까지 행정안전부령으로 정하는 신청서를 시장·군수·구청장에게 제출하여야 한다.(2017.7.26 본항개정)
③ 시장·군수·구청장은 제2항에 따라 분할납부신청을 받았을 때에는 이미 고지한 납세고지서를 납부기한 내에 납부하여야 할 납세고지서와 분할납부기간 내에 납부하여야 할 납세고지서로 구분하여 수정 고지하여야 한다.(2016.12.30 본항개정)
제116조의2 【주택 재산세의 납부유예】 ① 납세의무자가 법 제118조의2제1항에 따른 주택 재산세(이하 이 조에서 "주택 재산세"라 한다)의 납부유예를 신청하려는 경우에는 행정안전부령으로 정하는 납부유예 신청서에 행정안전부령으로 정하는 서류를 첨부하여 관할 지방자치단체의 장에게 제출해야 한다.
② 관할 지방자치단체의 장은 법 제118조의2제2항에 따라 주택 재산세 납부유예 허가 여부를 통지하는 경우 행정안전부령으로 정하는 서면으로 통지해야 한다.
③ 관할 지방자치단체의 장은 법 제118조의2제3항 각 호에 따른 납부유예 허가를 취소한 경우 해당 납세의무자(그 납세의무자가 사망한 경우에는 상속인 또는 상속재산관리인을 말한다)에게 다음 각 호의 금액을 더한 금액을 징수해야 한다.
1. 법 제118조의2제1항에 따라 납부유예를 허가한 세액에서 실제 납부한 세액을 뺀 금액
2. 제1호에 따라 계산한 금액에 가목의 기간과 나목의 이자율을 각각 곱하여 계산한 금액

가. 당초 납부기한 만료일의 다음 날부터 법 제118조의2제3항 각 호에 따른 납부유예 허가 취소 사유가 발생한 날까지의 기간

나. 「지방세기본법 시행령」 제43조제2항 본문에 따른 이자율

④ 제1항부터 제3항까지에서 규정한 사항 외에 주택 재산세 납부유예에 필요한 세부사항은 행정안전부장관이 정하여 고시한다.

(2023.6.30 본조신설)

제116조의3【신탁재산 수탁자의 물적납세의무】 법 제 119조의2제1항제1호에 따른 신탁 설정일은 「신탁법」 제4조에 따라 해당 재산이 신탁재산에 속한 것임을 제3 자에게 대항할 수 있게 된 날로 한다. 다만, 그 법률에서 제3자에게 대항할 수 있게 된 날을 「신탁법」과 달리 정하고 있는 경우에는 그 달리 정하고 있는 날로 한다.

(2021.4.27 본조신설)

제116조의4【향교 및 종교단체에 대한 재산세 특례 대상 및 신청 등】 ① 법 제119조의3제1항에서 "대통령 령으로 정하는 개별 향교 또는 개별 종교단체"란 「부동산 실권리자명의 등기에 관한 법률 시행령」 제5조제1항제3호에 따른 개별 향교 또는 같은 항 제2호에 따른 소속종교단체를 말한다.

② 법 제119조의3제1항에서 "대통령령으로 정하는 종교단체"란 「부동산 실권리자명의 등기에 관한 법률 시행령」 제5조제1항제1호에 따른 종단을 말한다.

③ 법 제119조의3제2항에 따라 토지에 대한 재산세를 개별단체별로 합산하여 납부할 것을 신청하려는 자는 행정안전부령으로 정하는 토지분 재산세 합산배정 신청서에 다음 각 호의 서류를 첨부하여 법 제115조에 따른 납기개시 20일 전까지 해당 토지의 소재지를 관할하는 지방자치단체의 장에게 제출해야 한다.

1. 「향교재산법」에 따른 향교재단 또는 「부동산 실권리자명의 등기에 관한 법률 시행령」 제5조제1항제1호에 따른 종단(이하 이 조에서 "향교재단등"이라 한다)의 정관(정관이 변경된 경우에는 「민법」 제45조제3항에 따른 향교재단등에 대한 주무관청의 정관 변경허가서를 포함한다)

2. 향교재단등의 이사회 회의록

3. 대상토지의 사실상 소유자가 「부동산 실권리자명의 등기에 관한 법률 시행령」 제5조제1항제3호에 따른 개별 향교 또는 같은 항 제2호에 따른 소속종교단체임을 입증할 수 있는 서류

④ 제3항에 따른 신청을 받은 지방자치단체의 장은 개별단체별 합산 여부를 결정하여, 신청한 내용이 사실과 다를 경우 세액이 추징될 수 있다는 내용과 함께 그 결과를 서면으로 통지해야 한다. 이 경우 상대방이 전자적 통지를 요청할 경우에는 전자적 방법으로 통지할 수 있다.

⑤ 제3항에 따른 신청을 하여 토지에 대한 재산세를 개별단체별로 합산하여 납부한 경우에는 다음 연도부터 해당 토지의 소유관계가 변동하기 전까지는 제3항의 신청을 다시 하지 않아도 된다.

(2019.12.31 본조신설)

제117조【과세대장 등재 통지】 시장·군수·구청장은 법 제120조제3항에 따라 무신고 재산을 과세대장에 등재한 때에는 그 사실을 관계인에게 통지하여야 한다.

(2016.12.30 본조개정)

제118조【세 부담 상한의 계산방법】 법 제122조 각호 외의 부분 본문에서 "대통령령으로 정하는 방법에 따라 계산한 직전 연도의 해당 재산에 대한 재산세액상당액"이란 법 제112조제1항제1호에 따른 산출세액과 법 같은 항 제2호 및 같은 조 제2항에 따른 산출세액 각각에 대하여 다음 각 호의 방법에 따라 각각 산출한 세액 또는 산출세액 상당액을 말한다. (2021.2.17 본문개정)

1. 토지에 대한 세액 상당액

가. 해당 연도의 과세대상 토지에 대한 직전 연도의 과세표준(법 제112조제1항제1호에 따른 산출세액의 경우에는 법 제110조에 따른 과세표준을 말하고, 법 제112조제1항제2호 및 같은 조 제2항에 따른 산출세액의 경우에는 법 제110조에 따른 토지 등의 과세표준을 말한다. 이하 이 조에서 같다)이 있는 경우 : 과세대상 토지별로 직전 연도의 법령과 과세표준 등을 적용하여 산출한 세액. 다만, 해당 연도의 과세대상별 토지에 대한 납세의무자 및 토지현황이 직전 연도와 일치하는 경우에는 직전 연도에 해당 토지에 과세된 세액으로 한다.

나. 토지의 분할·합병·지목변경·신규등록·등록전환으로 인해 해당 연도의 과세대상 토지에 대한 직전 연도의 과세표준이 없는 경우 : 해당 연도 과세대상 토지가 직전 연도 과세기준일 현재 존재하는 것으로 보아 과세대상 토지별로 직전 연도의 법령과 과세표준(직전 연도의 법령을 적용하여 산출한 과세표준을 말한다) 등을 적용하여 산출한 세액. 다만, 토지의 분할·합병으로 해당 연도의 과세대상 토지에 대한 직전 연도의 과세표준이 없는 경우에는 다음의 구분에 따른 세액으로 한다.

1) 분할·합병 전의 과세대상 토지에 비하여 면적 또는 지분의 증가가 없는 경우 : 직전 연도에 분할·합병 전의 토지에 과세된 세액 중 해당 연도에 소유하고 있는 면적 또는 지분에 해당되는 세액

2) 분할·합병 전의 과세대상 토지에 비하여 면적 또는 지분의 증가가 있는 경우 : 분할·합병 전의 과세대상 토지의 면적 또는 지분에 대하여 1)에 따라 산출한 세액과 분할·합병 후에 증가된 과세대상 토지의 면적 또는 지분에 대하여 1) 및 2) 외의 부분 본문에 따라 산출한 세액의 합계액

다. 가목 및 나목에도 불구하고, 해당 연도 과세대상 토지에 대하여 법 제106조제1항에 따른 과세대상 구분의 변경이 있는 경우에는 해당 연도의 과세대상의 구분이 직전 연도 과세대상 토지에 적용되는 것으로 보아 해당 연도 과세대상 토지별로 직전 연도의 법령과 과세표준(직전 연도의 법령을 적용하여 산출한 과세표준을 말한다) 등을 적용하여 산출한 세액

라. 가목부터 다목까지의 규정에도 불구하고 해당 연도 과세대상 토지가 다음의 구분에 따른 정비사업의 시행으로 주택이 멸실되어 토지로 과세되는 경우로서 주택을 건축 중[주택 멸실 후 주택 착공 전이라도 최초로 도래하는 재산세 과세기준일부터 1)의 경우에는 3년 동안, 2)의 경우에는 5년 동안 주택을 건축 중인 것으로 본다]인 경우에는 다음 1) 또는 2)의 계산식에 따라 산출한 세액 상당액(해당 토지에 대하여 나목에 따라 산출한 직전 연도 세액 상당액이 더 적을 때에는 나목에 따른 세액 상당액을 말한다)

1) 「도시 및 주거환경정비법」에 따른 정비사업 또는 「빈집 및 소규모주택 정비에 관한 특례법」에 따른 소규모주택정비사업의 경우

$$멸실 전 주택에 실제 과세한 세액 \times (130/100)^n$$
$$n = (과세 연도 - 멸실 전 주택에 실제 과세한 연도 - 1)$$

2) 「빈집 및 소규모주택 정비에 관한 특례법」에 따른 빈집정비사업 또는 「농어촌정비법」에 따른 생활환경정비사업(빈집의 정비에 관한 사업만 해당한다)의 경우

$$멸실 전 주택에 실제 과세한 세액 \times (105/100)^n$$
$$n = (과세 연도 - 멸실 전 주택에 실제 과세한 연도 - 1)$$

(2023.12.29 본목개정)

2. 주택 및 건축물에 대한 세액 상당액
가. 해당 연도의 주택 및 건축물에 대한 직전 연도의 과세표준이 있는 경우 : 직전 연도의 법령과 과세표준 등을 적용하여 과세대상별로 산출한 세액. 다만, 직전 연도에 해당 납세의무자에 대하여 해당 주택 및 건축물에 과세된 세액이 있는 경우에는 그 세액으로 한다.
나. 주택 및 건축물의 신축·증축 등으로 해당 연도의 과세대상 주택 및 건축물에 대한 직전 연도의 과세표준이 없는 경우 : 해당 연도 과세대상 주택 및 건축물이 직전 연도 과세기준일 현재 존재하는 것으로 보아 직전 연도의 법령과 과세표준(직전 연도의 법령을 적용하여 산출한 과세표준을 말한다) 등을 적용하여 과세대상별로 산출한 세액
다. 해당 연도의 과세대상 주택 및 건축물에 대하여 용도변경 등으로 법 제111조제1항제2호다목 및 같은 항 제3호나목 외의 세율이 적용되거나 적용되지 아니한 경우 : 가목 및 나목에도 불구하고 직전 연도에도 해당 세율이 적용되거나 적용되지 아니한 것으로 보아 직전 연도의 법령과 과세표준(직전 연도의 법령을 적용하여 산출한 과세표준을 말한다) 등을 적용하여 산출한 세액
라. 주택의 경우에는 가목 본문, 나목 및 다목에도 불구하고 가목 본문, 나목 및 다목에 따라 산출한 세액 상당액이 해당 주택과 주택가격(「부동산 가격공시에 관한 법률」에 따라 공시된 주택가격을 말한다)이 유사한 인근 주택의 소유자에 대하여 가목 단서에 따라 직전 연도에 과세된 세액과 현저한 차이가 있는 경우 : 그 과세된 세액을 고려하여 산출한 세액 상당액(2016.8.31 본목개정)
3. 제1호 및 제2호를 적용할 때 해당 연도의 토지·건축물 및 주택에 대하여 비과세·감면규정, 법 제111조제3항에 따른 가감 세율 및 법 제111조의2에 따른 세율 특례가 적용되지 않거나 적용된 경우에는 직전 연도에도 해당 규정이 적용되지 않거나 적용된 것으로 보아 법 제112조제1항제1호에 따른 세액 상당액과 같은 항 제2호 및 같은 조 제2항에 따른 세액 상당액을 계산한다.(2021.2.17 본호개정)
4. 제3호에도 불구하고 직전 연도에 법 제111조의2제1항에 따른 세율 특례를 적용받은 주택이 해당 연도에 그 시가표준액이 9억원을 초과하여 법 제111조제1항제3호나목에 따른 세율이 적용되는 경우(납세의무자가 동일한 경우로 한정한다)에는 제2호가목 단서에 따라 직전 연도에 해당 주택에 과세된 세액으로 한다.
(2022.2.28 본호신설)
제119조 (2021.12.31 삭제)
제119조의2【부동산 과세자료분석 전담기구의 조직·운영 및 자료통보 등】① 법 제123조제1항에 따른 부동산 과세자료분석 전담기구는 「행정안전부와 그 소속기관 직제」 제15조제3항제30호에 따른 업무를 처리하는 기구로서 행정안전부령으로 정하는 기구로 한다.
(2021.2.17 본항개정)
② 법 제123조제2항제3호에 따른 재산세 및 종합부동산세 과세자료는 다음 각 호의 자료로 한다.
(2021.2.17 본문개정)
1. 법 제116조에 따른 주택분·건축물분 및 토지분 재산세 부과자료, 세액변경 자료 및 수시부과 자료
2. 「종합부동산세법」 제21조제2항 및 제3항에 따른 주택 및 토지에 대한 종합부동산세의 납세의무자별 과세표준과 세액에 관한 계산자료
3. 「종합부동산세법」 제21조제4항에 따른 주택 또는 토지에 대한 재산세 및 종합부동산세 과세표준과 세액에 관한 재계산자료
4. 「종합부동산세법」 제21조제6항에 따른 종합부동산

세 납세의무자의 세대원 확인 등을 위한 가족관계등록전산자료
5. 재산세 및 종합부동산세의 납세의무자별 세액산출에 필요한 자료로서 「종합부동산세법 시행령」 제17조제1항·제2항·제4항·제5항 및 제6항에 따른 자료
(2021.2.17 본조제목개정)
(2014.4.22 본조신설)
제119조의3【종합부동산세 과세자료 관련 정보시스템】① 행정안전부장관은 법 제123조제2항제3호에 따른 과세자료 중 종합부동산세 과세자료의 수집·처리 및 제공 등에 필요한 정보시스템을 구축·운영해야 한다.
(2021.2.17 본항개정)
② 행정안전부장관은 「종합부동산세법」 제21조제2항부터 제5항까지의 규정에 따라 국세청장에게 자료를 통보하는 경우에는 제1항에 따른 정보시스템과 국세청에서 운영하는 정보시스템을 연계하여 통보하는 방안을 강구하여야 한다.
(2021.2.17 본조제목개정)
(2017.7.26 본조개정)

제10장 자동차세

제1절 자동차 소유에 대한 자동차세

제120조【자동차로 보는 건설기계의 범위】법 제124조에서 "대통령령으로 정하는 것"이란 「건설기계관리법」에 따라 등록된 덤프트럭 및 콘크리트믹서트럭을 말한다.
제121조【비과세】① 법 제126조제1호 및 제2호에 따른 자동차는 다음 각 호의 어느 하나에 해당하는 것으로 한다.
1. 국방을 위하여 제공하는 자동차 : 「자동차관리법」 제70조제6호에 따라 군용 특수자동차로 등록되어 그 용도에 직접 사용하는 자동차
2. 경호·경비·교통순찰을 위하여 제공하는 자동차 : 다음 각 목의 자동차를 말한다.
가. 경호용 자동차 : 대통령, 외국원수, 그 밖의 요인의 신변 보호에 사용되는 자동차
나. 경비용 자동차 : 경찰관서의 경비용 자동차
다. 교통순찰용 자동차 : 교통의 안전과 순찰을 목적으로 특수표지를 하였거나 특수구조를 가진 자동차로서 교통순찰에 사용되는 자동차
3. 소방, 청소, 오물 제거를 위하여 제공하는 자동차 : 국가 또는 지방자치단체가 화재의 진압 또는 예방, 구조, 청소, 오물 제거를 위한 특수구조를 가지고 그 용도의 표지를 한 자동차로서 그 용도에 직접 사용하는 자동차
4. 환자 수송을 위하여 제공하는 자동차 : 환자를 수송하기 위한 특수구조와 그 표지를 가진 자동차로서 환자 수송 외의 용도에 사용하지 아니하는 자동차
5. 도로공사를 위하여 제공하는 자동차 : 도로의 보수는 신설과 이에 딸린 공사에 사용하기 위한 것으로서 화물운반용이 아닌 작업용 특수구조를 가진 자동차
② 법 제126조제3호에서 "주한외교기관이 사용하는 자동차 등 대통령령으로 정하는 자동차"란 다음 각 호의 어느 하나에 해당하는 것을 말한다.
1. 정부가 우편·전파관리에만 사용할 목적으로 특수한 구조로 제작한 것으로서 그 용도의 표지를 한 자동차
2. 주한외교기관과 국제연합기관 및 주한외국원조기관(민간원조기관을 포함한다)이 사용하는 자동차
3. 「관세법」에 따라 세관장에게 수출신고를 하고 수출된 자동차

4. 천재지변·화재·교통사고 등으로 소멸·멸실 또는 파손되어 해당 자동차를 회수하여 사용할 수 없는 것으로 시장·군수·구청장이 인정하는 자동차 (2016.12.30 본호개정)

5. 「자동차관리법」에 따른 자동차해체재활용업자에게 폐차되었음이 증명되는 자동차

6. 공매 등 강제집행절차가 진행 중인 자동차로서 집행기관 인도일 이후부터 경락대금 납부일 전까지의 자동차

7. (2019.2.8 삭제)

8. 「자동차등록령」 제31조제2항에 해당하는 자동차로서 같은 조 제5항제7호에 해당하는 자동차 (2022.2.28 본항개정)

③ 제2항제3호부터 제5호까지의 규정에 따라 비과세받으려는 자는 그 사유를 증명할 수 있는 서류를 갖추어 시장·군수·구청장에게 신청하여야 한다. (2016.12.30 본항개정)

제122조【영업용과 비영업용의 구분 및 차령 계산】
① 법 제127조에서 "영업용"이란 「여객자동차 운수사업법」 또는 「화물자동차 운수사업법」에 따라 면허(등록을 포함한다)를 받거나 「건설기계관리법」에 따라 건설기계대여업의 등록을 하고 일반의 수요에 제공하는 것을 말하고, "비영업용"이란 개인 또는 법인이 영업용 외의 용도에 제공하거나 국가 또는 지방공공단체가 공용으로 제공하는 것을 말한다.
② 법 제127조제1항제2호에서 "대통령령으로 정하는 차령"이란 「자동차관리법 시행령」 제3조에 따른 자동차의 차령기산일(이하 이 항에서 "기산일"이라 한다)에 따라 다음 각 호의 계산식으로 산정한 자동차의 사용연수를 말한다.
1. 기산일이 1월 1일부터 6월 30일까지의 기간 중에 있는 자동차의 차령 = 과세연도 − 기산일이 속하는 연도 + 1
2. 기산일이 7월 1일부터 12월 31일까지의 기간 중에 있는 자동차의 차령
  가. 제1기분 차령 = 과세연도 − 기산일이 속하는 연도
  나. 제2기분 차령 = 과세연도 − 기산일이 속하는 연도 + 1

제123조【자동차의 종류】 법 제127조제2항에 따른 자동차 종류의 구분은 다음 각 호와 같다.
1. 승용자동차 : 「자동차관리법」 제3조에 따른 승용자동차
2. 그 밖의 승용자동차 : 제1호의 승용자동차 중 전기·태양열 및 알코올을 이용하는 자동차
3. 승합자동차
  가. 고속버스 : 「여객자동차 운수사업법 시행령」 제3조에 따른 시외버스운송사업용 고속운행버스
  나. 대형전세버스 : 「여객자동차 운수사업법 시행령」 제3조에 따른 전세버스운송사업용 버스로서 「자동차관리법」 제3조에 따른 대형승합자동차
  다. 소형전세버스 : 「여객자동차 운수사업법 시행령」 제3조에 따른 전세버스운송사업용 버스로서 나목의 대형전세버스 외의 버스
  라. 대형일반버스 : 「여객자동차 운수사업법 시행령」 제3조에 따른 시내버스운송사업용 버스, 농어촌버스운송사업용 버스, 마을버스운송사업용 버스 및 시외버스운송사업용 버스(가목의 고속버스는 제외한다)와 비영업용 버스로서 「자동차관리법」 제3조에 따른 대형승합자동차
  마. 소형일반버스 : 「여객자동차 운수사업법 시행령」 제3조에 따른 시내버스운송사업용 버스, 농어촌버스운송사업용 버스, 마을버스운송사업용 버스 및 시외버스운송사업용 버스(가목의 고속버스는 제외한다)와 비영업용 버스로서 라목의 대형일반버스 외의 버스

4. 화물자동차 : 「자동차관리법」 제3조에 따른 화물자동차(최대적재량이 8톤을 초과하는 피견인차는 제외한다)와 「건설기계관리법」에 따라 등록된 덤프트럭 및 콘크리트믹서트럭. 이 경우 콘크리트믹서트럭은 최대적재량이 1만킬로그램을 초과하는 화물자동차로 본다.

5. 특수자동차
  가. 대형특수자동차란 다음의 자동차를 말한다.
    1) 최대 적재량이 8톤을 초과하는 피견인차
    2) 「자동차관리법」 제3조에 따른 특수자동차 중 총중량이 10톤 이상이거나 최대적재량이 4톤을 초과하는 자동차
    3) 「여객자동차 운수사업법 시행령」 제3조에 따른 특수여객자동차운송사업용 자동차 중 배기량이 4,000시시를 초과하는 자동차
    4) 최대적재량이 4톤을 초과하거나 배기량이 4,000시시를 초과하는 자동차로서 제1호부터 제4호까지 및 제6호에 해당하지 아니하는 자동차
  나. 소형특수자동차란 다음의 자동차를 말한다.
    1) 「자동차관리법」 제3조에 따른 특수자동차와 「여객자동차 운수사업법 시행령」 제3조에 따른 특수여객자동차운송사업용 자동차 중 가목에 해당하지 아니하는 자동차
    2) 최대적재량이 4톤 이하이고, 배기량이 4,000시시 이하인 자동차로서 제1호부터 제4호까지 및 제6호에 해당하지 아니하는 자동차
  (2013.1.1 본호개정)

6. 3륜 이하 소형자동차
  가. 3륜 자동차 : 3륜의 자동차로서 사람 또는 화물을 운송하는 구조로 되어 있는 소형자동차
  나. 이륜자동차 : 총 배기량 125시시를 초과하거나 최고정격출력 12킬로와트를 초과하는 이륜자동차로서 등록되거나 신고된 자동차(2019.12.31 본목개정)

제124조【자동차의 종류 결정】 자동차의 종류를 결정할 때 해당 자동차가 제123조에 규정된 종류에 둘 이상 해당하는 경우에는 주된 종류에 따르고, 주된 종류를 구분하기 곤란한 것은 시장·군수·구청장이 결정하는 바에 따른다.(2016.12.30 본조개정)

제125조【자동차 소재지 및 신고·납부】 ① 법 제128조제1항 본문에 따른 자동차 소재지는 해당 자동차 또는 건설기계의 등록원부상 사용본거지로 한다. 다만, 등록원부상의 사용본거지가 분명하지 아니한 경우에는 그 소유자의 주소지를 자동차 소재지로 본다.
② 법 제128조제3항에 따라 연세액을 한꺼번에 납부하려는 자는 납부서에 과세물건, 과세표준, 산출세액 및 납부액을 적어 시장·군수·구청장에게 같은 항 각 호에 따른 기간 중에 신고납부하여야 한다. 이 경우 시장·군수·구청장은 법 제128조제3항에 따라 연세액을 한꺼번에 신고납부한 자에 대해서는 그 다음 연도의 1월 중에 연세액 납부서를 송달할 수 있다.(2023.12.29 후단개정)
③ 법 제128조제3항에서 "한꺼번에 납부하는 납부기한 이후의 기간에 해당하는 세액"이란 1월 16일부터 1월 31일까지의 기간 중에 신고납부하는 경우에는 연세액을, 제1기분 납기 중에 신고납부하는 경우에는 제2기분에 해당하는 세액을, 분할납부기간에 신고납부하는 경우에는 그 분할납부기간 이후의 기간에 해당하는 세액을 말한다.(2013.1.1 본항개정)
④ 법 제128조제3항 및 제4항에 따른 연세액을 신고납부하거나 부과징수하는 경우에는 제1항에 따른 자동차 소재지를 납세지로 하며, 연세액을 신고납부 또는 부과징수한 후에 자동차 소재지가 변경된 경우에도 그 변경된 자동차 소재지에서는 해당 연도의 자동차 소유에 대한 자동차세(이하 이 절에서 "자동차세"라 한다)를 부과하지 아니한다.

⑤ 법 제128조제1항 단서에 따라 납세의무자가 연세액을 4분의 1의 금액으로 분할하여 납부하는 경우에는 제1기분의 분할납부분은 3월 16일, 제2기분의 분할납부분은 9월 16일 현재의 자동차 소재지를 관할하는 시·군·구에서 징수한다.(2016.12.30 본항개정)

⑥ 법 제128조제3항 및 제4항의 계산식에서 "대통령령으로 정하는 이자율"이란 각각 과세연도별로 다음 각 호의 구분에 따른 율을 말한다.

1. 2021년 및 2022년 : 100분의 10
2. 2023년 : 100분의 7
3. 2024년 : 100분의 5
4. 2025년 이후 : 100분의 3
(2020.12.31 본항신설)

제126조【과세기간 중 소유권변동 등의 일할계산방법】 법 제128조제5항 및 제130조제1항부터 제3항까지의 규정에 따른 일할계산 금액은 해당 자동차의 연세액에 과세대상기간의 일수를 곱한 금액을 해당 연도의 총일수로 나누어 산출한 금액으로 한다. 다만, 제122조제2항에서 사용연수가 3년 이상인 비영업용 승용자동차의 경우에는 법 제127조제1항제2호에 따라 계산한 소유권이전등록일(법 제130조제3항 단서의 경우에는 양도일을 말한다)이 속하는 해당 기분(期分)의 세액에 과세대상기간의 일수를 곱한 금액을 해당 기분의 총일수로 나누어 산출한 금액으로 한다.(2013.1.1 본문개정)

제127조【자동차의 용도 또는 종류변경 시의 세액】 자동차의 용도 또는 종류를 변경하였을 때에는 변경 전후의 해당 자동차의 종류에 따라 제126조에 준하여 산정한 금액의 합계액을 그 세액으로 한다.

제128조【자동차등록번호판의 영치 등】 ① 특별시장·광역시장 또는 도지사는 법 제131조제1항 본문에 따라 시장·군수·구청장(특별자치시장 및 특별자치도지사는 제외한다. 이하 이 항에서 같다)의 요청을 받았을 때에는 자동차등록증을 발급하지 아니하거나 자동차등록번호판을 영치하며, 그 결과를 시장·군수·구청장에게 통보하여야 한다

② 시장·군수·구청장은 납세의무자가 독촉기간 내에 체납된 자동차세를 납부하지 아니하는 경우에는 그 자동차등록증을 발급하지 아니하거나 자동차등록번호판을 영치하여야 한다.

③ 제2항에 따라 자동차등록증을 발급하지 아니하거나 자동차등록번호판을 영치하였을 때에는 납세의무자에게 그 사실을 통지하여야 한다.

④ 납세의무자가 체납된 자동차세를 납부한 경우에는 시장·군수·구청장은 영치한 자동차등록번호판을 즉시 내주거나 특별시장·광역시장 또는 도지사에게 영치한 자동차등록번호판을 즉시 내주도록 요청(특별자치시장 및 특별자치도지사는 제외한다)하여야 한다.

⑤ 제1항부터 제4항까지에서 규정한 사항 외에 자동차등록번호판의 영치에 필요한 사항은 행정안전부령으로 정한다.
(2019.2.8 본조개정)

제128조의2【자동차등록번호판의 영치 일시 해제】
① 납세의무자는 법 제131조제2항에 따른 자동차등록번호판의 영치 일시 해제를 신청하려는 경우 행정안전부령으로 정하는 신청서에 같은 항에 따른 일시 해제의 사유가 있음을 증명하는 자료를 첨부하여 시장·군수·구청장에게 제출해야 한다. 자동차등록번호판 영치 일시 해제 기간의 연장을 신청하려는 경우에도 또한 같다.

② 특별시장·광역시장·도지사 또는 시장·군수·구청장은 법 제131조제2항에 따라 자동차등록번호판의 영치를 일시 해제하는 경우 그 기간을 6개월 이내로 해야 한다. 이 경우 그 기간이 만료될 때까지 법 제131조제2항에 따른 일시 해제의 사유가 해소되지 않은 경우

에는 1회에 한정하여 3개월의 범위에서 그 기간을 연장할 수 있다.

③ 특별시장·광역시장·도지사 또는 시장·군수·구청장은 제2항에 따라 자동차등록번호판의 영치를 일시 해제하거나 일시 해제 기간을 연장하는 경우 필요한 때에는 체납된 자동차세를 분할납부할 것을 조건으로 붙일 수 있다. 이 경우 분할납부의 기간은 자동차등록번호판의 영치 일시 해제 기간 또는 일시 해제 기간을 연장한 기간으로 하고, 분할납부의 횟수는 납세의무자의 자동차 사용목적과 생계유지의 관련성 등을 고려하여 해당 특별시장·광역시장·도지사 또는 시장·군수·구청장이 정한다.

④ 특별시장·광역시장·도지사 또는 시장·군수·구청장은 다음 각 호의 어느 하나에 해당하는 경우에는 자동차등록번호판의 영치 일시 해제를 취소하고, 자동차등록번호판을 다시 영치할 수 있다.

1. 납세의무자가 다른 지방세를 체납하고 있는 경우
2. 강제집행, 경매의 개시, 파산선고 등 납세의무자로부터 체납된 자동차세를 징수할 수 없다고 인정되는 경우
3. 납세의무자가 제3항에 따른 분할납부 조건을 이행하지 않은 경우
4. 그 밖에 납세의무자에게 체납된 자동차세의 납부를 기대하기 어려운 사정이 발생한 경우

⑤ 특별시장·광역시장·도지사 또는 시장·군수·구청장은 제2항에 따라 자동차등록번호판의 영치 일시 해제 또는 일시 해제 기간의 연장을 하거나 제4항에 따라 자동차등록번호판을 다시 영치할 때에는 납세의무자에게 그 사실을 통지해야 한다.
(2019.5.31 본조신설)

제129조【과세자료 통보】 지방자치단체의 장은 다음 각 호에 열거한 사항이 발생하였을 때에는 납세지 관할 시장·군수·구청장에게 통보하여야 한다.
(2016.12.30 본문개정)

1. 자동차의 취득 또는 소유권의 이전
2. 사용본거지의 변경
3. 자동차의 용도변경
4. 자동차의 사용 폐지
5. 자동차의 원동기, 차체, 승차정원 또는 최대적재량의 변경

제130조【과세대장 비치】 시장·군수·구청장은 자동차세 과세대장을 갖추어 두고, 필요한 사항을 등재하여야 한다. 이 경우 해당 사항을 전산처리하는 경우에는 과세대장을 갖춘 것으로 본다.(2016.12.30 전단개정)

제2절 자동차 주행에 대한 자동차세

제131조【조정세율】 법 제136조제2항에 따른 조정세율은 법 제135조에 따른 과세물품(이하 이 절에서 "과세물품"이라 한다)에 대한 교통·에너지·환경세액의 1천분의 260으로 한다.(2014.12.30 본조개정)

제132조【신고 및 납부】 법 제137조제1항에 따라 자동차 주행에 대한 자동차세(이하 이 절에서 "자동차세"라 한다)를 신고하려는 자는 행정안전부령으로 정하는 신고서에 다음 각 호에서 정하는 서류를 첨부하여 법 제137조제1항 후단에 따른 특별징수의무자(이하 "특별징수의무자"라 한다)에게 신고하고, 행정안전부령으로 정하는 납부서로 납부하여야 한다.(2017.7.26 본문개정)

1. 「교통·에너지·환경세법」 제7조제1항 및 같은 법 제8조에 따라 교통·에너지·환경세를 신고하는 경우 : 과세물품과세표준신고서 사본(2014.12.30 본호개정)
2. 「교통·에너지·환경세법」 제7조제2항 또는 제3항 및 같은 법 제8조에 따라 교통·에너지·환경세를 신고납부하는 경우 : 「관세법」 제248조에 따른 신고필증 사본

제133조【안분기준 및 방법】 ① 법 제137조제3항 전단에 따른 자동차세 징수액의 안분은 다음 각 호에 따른 금액을 기준으로 한다.
1. 법 제10장제1절에 따른 특별시·광역시·특별자치시·특별자치도·시 및 군(이하 이 절에서 "시·군"이라 한다)별 비영업용 승용자동차의 자동차세 징수세액. 이 경우 1월부터 6월까지는 전전연도 결산세액으로 하고, 7월부터 12월까지는 직전 연도 결산세액으로 한다.(2016.12.30 전단개정)
2. 유류에 대한 세금의 인상에 따라 운송업에 지급되는 유류세 보조금. 이 경우 그 총액은 국토교통부장관이 행정안전부장관과 협의하여 정하는 지급연도의 액수로 한다.(2017.7.26 후단개정)
② 제1항의 기준에 따른 자동차세액의 시·군별 안분액은 다음 각 호의 금액을 합계한 금액으로 한다.
1.

$$\frac{9,830억원}{12} \times \frac{\text{해당 시·군의 전전연도 또는 직전 연도}}{\text{전국의 전전연도 또는 직전 연도의 법}}$$
해당 시·군의 전전연도 또는 직전 연도의 법 제10장제1절에 따른 자동차세 징수세액
전국의 전전연도 또는 직전 연도의 법 제10장제1절에 따른 자동차세 징수세액

(2011.12.31 본호개정)
2. 해당 월의 자동차세 징수총액에서 (9,830억원/12)을 뺀 금액을 국토교통부장관이 행정안전부장관과 협의하여 정한 해당 월분의 시·군별 유류세 보조금(2017.7.26 본호개정)
제134조【특별징수의무자의 납부 등】 ① 자동차세를 징수한 특별징수의무자는 자동차세를 징수한 날이 속하는 달의 다음 달 10일까지 징수세액(법 제137조제3항 후단에 따라 사무처리비 등을 공제한 징수세액을 말한다. 이하 같다)을 울산광역시장(이하 이 절에서 "주된 특별징수의무자"라 한다)에게 송금함과 동시에 그 송금내역과 제132조 각 호에 따른 서류의 사본을 보내야 한다.
② 주된 특별징수의무자는 제1항에 따라 특별징수의무자로부터 송금받은 자동차세액과 자체 징수한 전월분 자동차세액을 합한 세액을 제133조에 따라 시·군별로 안분하고, 그 안분한 자동차세를 법 제137조제3항 전단에서 정한 기한까지 행정안전부령으로 정하는 납부통보서에 따라 각 시·군 금고에 납부하고 그 안분명세서를 각 시·군에 통보하여야 한다.(2017.7.26 본항개정)
제134조의2【납세담보 등】 ① 법 제137조의2에 따라 특별징수의무자가 「교통·에너지·환경세법」 제3조에 따른 납세의무자로부터 제공받을 수 있는 납세담보액은 다음 각 호에서 정하는 금액 이상으로 한다.
1. 제조자 : 제조장에서 반출한 과세물품에 대한 산출세액과 제조장에서 반출하는 과세물품에 대한 산출세액의 합계액에서 이미 납부한 세액의 합계액을 뺀 세액에 해당하는 금액
2. 수입판매업자 : 수입신고를 받은 과세물품에 대한 산출세액과 수입신고를 받는 과세물품에 대한 산출세액의 합계액에서 이미 납부한 세액의 합계액을 뺀 세액에 해당하는 금액
② 제1항에도 불구하고 특별징수의무자는 과세물품을 제조장 또는 보세구역에서 반출한 날 이전 3년간 해당 사업을 영위하고, 자동차세를 체납하거나 고의로 회피한 사실이 없는 제조자 또는 수입판매업자에 대하여 납세담보액을 면제할 수 있다. 이 경우 면제받은 제조자 또는 수입판매업자는 과세물품을 제조장 또는 보세구역으로부터 반출할 때 행정안전부령으로 정하는 납세담보면제확인서를 통관지 세관장에게 제출하여야 한다.(2017.7.26 후단개정)
③ 수입판매업자는 수입한 과세물품을 통관할 때에는 행정안전부령으로 정하는 납세담보확인서를 통관지 세관

장에게 제출하여야 한다. 다만, 「전자정부법」 제36조제1항에 따른 행정정보의 공동이용을 통하여 제출서류에 대한 정보를 확인할 수 있는 경우에는 그 확인으로 서류제출을 갈음할 수 있다.(2017.7.26 본문개정)
④ 제3항에 따라 납세담보확인서를 제출받은 통관지 세관장은 납세담보확인서에 적힌 납세담보액의 범위에서 통관을 허용하여야 한다.
(2014.12.30 본조신설)
제134조의3【담보에 의한 자동차세 충당】 법 제137조의2제1항에 따라 담보를 제공한 자가 기한 내에 자동차세를 납부하지 아니하거나 부족하게 납부하였을 때에는 그 담보물을 체납처분비, 자동차세액 및 가산금에 충당할 수 있다. 이 경우 부족액이 있으면 자동차세를 징수하고, 잔액이 있으면 환급한다.(2014.12.30 본조신설)
제135조【세액통보】 법 제140조에 따라 세무서장 또는 세관장이 「교통·에너지·환경세법」 제7조 및 제8조에 따라 교통·에너지·환경세를 신고 또는 납부받거나 같은 법 제9조에 따라 교통·에너지·환경세를 결정 또는 경정하였을 때에는 그 세액을 행정안전부령으로 정하는 서식으로 교통·에너지·환경세의 납세지를 관할하는 특별시장·광역시장·특별자치시장·특별자치도지사·시장 및 군수에게 통보하여야 한다. 이 경우 세무서장 또는 세관장이 관련 자료를 전산처리한 때에는 전자문서로 통보할 수 있다.(2017.7.26 전단개정)

제11장 지역자원시설세

제1절 통 칙

제136조【과세대상】 ① 법 제142조제2항제1호에 따른 특정자원분 지역자원시설세의 과세대상은 다음 각 호와 같다.(2020.12.31 본항개정)
1. 발전용수 : 직접 수력발전에 이용되는 흐르는 물. 다만, 발전시설용량이 시간당 1만킬로와트 미만인 소규모 발전사업을 하는 사업자가 직접 수력발전에 이용하는 흐르는 물로서 해당 발전소의 시간당 발전가능 총발전량 중 3천킬로와트 이하의 전기를 생산하는데 드는 흐르는 물은 제외한다.
2. 지하수
   가. 먹는 물 : 먹는 물로 판매하기 위하여 퍼 올린 지하수(먹는 물로 판매하기 위한 과정에서 사용되는 지하수를 포함한다)(2019.2.8 본목개정)
   나. 목욕용수 : 목욕용수로 이용하기 위하여 퍼 올린 온천수
   다. 그 밖의 용수 : 가목 및 나목 외의 퍼 올린 지하수. 다만, 다음의 지하수는 제외한다.
      1) 「농어촌정비법」 제2조제3호에 따른 농어촌용수 중 행정안전부령으로 정하는 생활용수 및 공업용수 외의 지하수(2017.7.26 개정)
      2) 「지하수법」 제7조제1항 단서 및 제8조제1항제1호부터 제5호까지의 규정(같은 항 제5호의 경우 안쪽지름이 32밀리미터 이하인 토출관을 사용하면서 1일 양수능력이 30톤 미만인 가정용 우물로 한정한다)에 따른 지하수(2013.1.1 개정)
3. 지하자원 : 채광된 광물. 다만, 석탄과 「광업법 시행령」 제58조에 따른 광산 중 납세의무 성립일이 속하는 달부터 최근 1년간 매출액(사업이 시작한 달부터 납세의무 성립일이 속하는 달까지의 기간이 12개월 미만인 경우에는 해당 기간 동안의 매출액)이 10억원 이하인 광산에서 채광된 광물은 제외한다.
   (2020.12.31 단서개정)
4.~6. (2020.12.31 삭제)

② 법 제142조제2항제2호에 따른 특정시설분 지역자원
시설세의 과세대상은 다음 각 호와 같다.
1. 컨테이너: 컨테이너를 취급하는 부두를 이용하여
   입항·출항하는 컨테이너. 다만, 환적 컨테이너, 연안
   수송 컨테이너 및 화물을 싣지 아니한 컨테이너는 제
   외한다.
2. 원자력발전: 원자력발전소에서 생산된 전력
3. 화력발전: 발전시설용량이 시간당 1만킬로와트 이
   상인 화력발전소에서 생산된 전력. 다만, 다음 각 목
   의 어느 하나에 해당하는 전력은 제외한다.
   가. 다음 중 어느 하나에 해당하는 것으로서 「전기사
       업법」 제2조제10호에 따른 전기판매사업자에게 판
       매되지 않은 전력
       1) 「농어촌 전기공급사업 촉진법」 제2조제1호에 따
          른 자가발전시설에서 생산된 전력
       2) 「전기사업법」 제2조제12호에 따른 구역전기사업
          자가 생산한 전력
       3) 「전기사업법」 제2조제19호에 따른 자가용전기설
          비에서 생산된 전력
       4) 「집단에너지사업법」 제9조에 따라 허가받은 사
          업자가 생산한 전력
   나. 「신에너지 및 재생에너지 개발·이용·보급 촉진
       법 시행령」 제2조제2항에 따른 바이오에너지로 생
       산한 전력
(2020.12.31 본항신설)

제137조【비과세】 ① 제5조에 따른 시설(제138조제1
항제2호 및 같은 조 제2항제2호에 해당하는 건축물과
그 건축물의 일부로 설치된 시설은 제외한다)에 대해서
는 법 제142조제2항제3호에 따른 소방분 지역자원시설
세를 부과하지 않는다.
② 소방분 지역자원시설세를 부과하는 해당 연도 내에
철거하기로 계획이 확정되어 행정관청으로부터 철거명
령을 받았거나 보상철거계약이 체결된 건축물 또는 주
택(「건축법」 제2조제1항제2호에 따른 건축물 부분으로
한정한다. 이하 이 항에서 같다)에 대해서는 지역자원
시설세를 부과하지 않는다. 이 경우 건축물 또는 주택
의 일부분을 철거하는 때에는 그 철거하는 부분에 대
해서만 지역자원시설세를 부과하지 않는다.
(2020.12.31 본조개정)

제2절 과세표준과 세율

제138조【화재위험 건축물 등】 ① 법 제146조제3항
제2호에서 "저유장, 주유소, 정유소, 유흥장, 극장 및 4
층 이상 10층 이하의 건축물 등 대통령령으로 정하는
화재위험 건축물"이란 다음 각 호의 어느 하나에 해당
하는 건축물을 말한다. 다만, 제2항 각 호의 어느 하나
에 해당하는 건축물은 제외한다.(2020.12.31 본문개정)
1. 주거용이 아닌 4층 이상 10층 이하의 건축물. 이 경
   우 지하층과 옥탑은 층수로 보지 아니한다.
   (2014.1.1 전단개정)
2. 「소방시설 설치 및 관리에 관한 법률 시행령」 별표2
   에 따른 특정소방대상물 중 다음 각 목의 어느 하나
   에 해당하는 것(2022.11.29 본문개정)
   가. 근린생활시설 중 학원, 비디오물감상실, 비디오물
       소극장 및 노래연습장. 다만, 바닥면적의 합계가
       200제곱미터 미만인 것은 제외한다.
   나. 위락시설. 다만, 바닥면적의 합계가 무도장 또는
       무도학원은 200제곱미터 미만, 유흥주점은 33제곱
       미터 미만, 단란주점은 150제곱미터 미만인 것은 제
       외한다.
   다. 문화 및 집회시설 중 극장, 영화상영관, 비디오물
       감상실, 비디오물소극장 및 예식장(2011.4.6 본목
       개정)

라. 판매시설 중 도매시장·소매시장·상점, 운수시
    설 중 여객자동차터미널(2018.12.31 본목개정)
마. 숙박시설. 다만, 객실로 사용되는 부분의 바닥면
    적 합계가 60제곱미터 미만인 경우는 제외한다.
    (2015.12.31 본목개정)
바. 장례식장(의료시설의 부수시설인 장례식장을 포함
    한다)(2011.4.6 본목개정)
사. 공장 중 행정안전부령으로 정하는 것(이하 이 조
    에서 "공장"이라 한다)(2018.12.31 본호개정)
아. 창고시설 중 창고(영업용 창고만 해당한다), 물류
    터미널, 하역장 및 집배송시설(2018.12.31 본목개정)
자. 항공기 및 자동차 관련 시설 중 주차용 건축물
차. 위험물 저장 및 처리 시설
    (2011.4.6 자목~차목개정)
카. 의료시설 중 「의료법」 제3조제2항제3호에 따른
    병원급 의료기관, 「감염병의 예방 및 관리에 관한
    법률」 제36조에 따른 감염병관리기관, 「정신건강
    증진 및 정신질환자 복지서비스 지원에 관한 법
    률」 제3조제5호에 따른 정신의료기관, 「장애인복
    지법」 제58조제1항제4호에 따른 장애인 의료재활
    시설
타. 교육연구시설 중 학원
    (2018.12.31 카목~타목신설)
② 법 제146조제3항제2호의2에서 "대형마트, 복합상영
관(제2호에 따른 극장은 제외한다), 백화점, 호텔, 11층
이상의 건축물 등 대통령령으로 정하는 대형 화재위험
건축물"이란 다음 각 호의 어느 하나에 해당하는 건축
물을 말한다.(2020.12.31 본문개정)
1. 주거용이 아닌 11층 이상의 고층 건축물
2. 「소방시설 설치 및 관리에 관한 법률 시행령」 별표2
   에 따른 특정소방대상물 중 다음 각 목의 어느 하나
   에 해당하는 것(2022.11.29 본문개정)
   가. 위락시설 중 바닥면적의 합계가 500제곱미터 이상
       인 유흥주점. 다만, 지하 또는 지상 5층 이상의 층에
       유흥주점이 설치된 경우에는 그 바닥면적의 합계가
       330제곱미터 이상(2015.12.31 본목개정)
   나. 문화 및 집회시설 중 다음 어느 하나에 해당하는
       영화상영관
       1) 상영관 10개 이상인 영화상영관
       2) 관람석 500석 이상의 영화상영관
       3) 지하층에 설치된 영화상영관
   다. 연면적 1만제곱미터 이상인 다음 어느 하나에 해
       당하는 판매시설
       1) 도매시장
       2) 소매시장
       3) 상점
   라. 숙박시설 중 5층 이상으로 객실이 50실 이상(동일
       한 건물 내에 「다중이용업소의 안전관리에 관한 특
       별법」 제2조제1항에 따른 다중이용업소가 있는 경
       우는 객실 30실 이상을 말한다)인 숙박시설
       (2014.8.12 본목개정)
   마. 공장 및 창고시설 중 1구 또는 1동의 건축물로서
       연면적 1만5천제곱미터 이상의 공장 및 창고[창고시
       설의 경우 건축물의 벽이 샌드위치 패널(「건축법」
       제52조의4제1항에 따른 복합자재를 말한다)로 된
       물류창고 또는 냉동·냉장창고에 한정한다]
       (2021.8.10 본목개정)
   바. 위험물 저장 및 처리 시설 중 「위험물안전관리법
       시행령」 제3조 및 별표1에서 규정한 지정수량의 3천
       배 이상의 위험물을 저장·취급하는 위험물 저장 및
       처리 시설
   사. 연면적 3만제곱미터 이상의 복합건축물. 이 경우
       주상복합 건축물(하나의 건축물이 근린생활시설, 판
       매시설, 업무시설, 숙박시설 또는 위락시설의 용도

와 주택의 용도로 함께 사용되는 것을 말한다)에 대해서는 주택부분의 면적을 제외하고, 주택부분과 그 외의 용도로 사용되는 부분이 계단을 함께 사용하는 경우에는 계단부분의 면적은 주택부분의 면적으로 보아 연면적을 산정한다.

아. 「정신건강증진 및 정신질환자 복지서비스 지원에 관한 법률」 제3조제5호에 따른 정신의료기관으로서 병상이 100개 이상인 의료기관 및 「의료법」 제3조제2항제3호에 따른 병원급 의료기관 중 5층 이상의 종합병원·한방병원·요양병원으로서 병상이 100개 이상인 의료기관(2018.12.31 본항신설)
(2014.1.1 본항신설)

③ 1구 또는 1동의 건축물이 제1항제2호 및 제2항제2호에 따른 용도와 그 밖의 용도에 겸용되거나 구분사용되는 경우의 과세표준과 세액 산정방법 등에 대해서는 행정안전부령으로 정한다.(2017.7.26 본항개정)
(2014.1.1 본조제목개정)

제3절 부과·징수

제139조 【납세고지】 소방분 지역자원시설세의 납기와 재산세의 납기가 같을 때에는 재산세의 납세고지서에 나란히 적어 고지할 수 있다.(2020.12.31 본조개정)

제12장 지방교육세

제140조 【과세표준의 계산】 지방교육세를 납부하여야 할 자가 지방교육세의 과세표준이 되는 지방세를 납부하지 아니하거나 부족하게 납부함으로써 해당 세액에 가산세를 가산되었을 때에는 그 가산세액은 지방교육세의 과세표준에 산입하지 아니한다.

제141조 【신고납부와 부과·징수】 ① 법 제152조제1항에 따라 납세의무자가 지방교육세를 신고납부할 때에는 그 과세표준이 되는 지방세의 신고서 및 납부서에 해당 지방세액과 지방교육세액을 나란히 적고 그 합계액을 적어야 한다.
② 시장·군수·구청장은 법 제152조제2항에 따라 지방교육세를 부과·징수할 때에는 그 과세표준이 되는 지방세의 납세고지서에 해당 지방세액과 지방교육세액 및 그 합계액을 적어 고지하여야 한다.(2016.12.30 본항개정)
③ 시장·군수·구청장은 불가피한 사유로 지방교육세만을 부과·징수할 때에는 납세고지서에 지방교육세액만을 고지하되, 해당 지방교육세의 과세표준이 되는 세목과 세액을 적어야 한다.(2016.12.30 본항개정)

부 칙 (2015.12.31)

제1조 【시행일】 이 영은 2016년 1월 1일부터 시행한다. 다만, 제69조제4항 및 제5항의 개정규정은 2016년 6월 30일부터 시행한다.
제2조 【일반적 적용례】 이 영은 이 영 시행 이후 최초로 납세의무가 성립하는 분부터 적용한다.
제3조 【법인지방소득세 안분방법에 관한 적용례】 제88조의 개정규정은 이 영 시행일 이후 법인지방소득세를 신고하는 분부터 적용한다.
제4조 【기업의 미환류소득 신고에 관한 적용례】 제100조의12제1항의 개정규정은 이 영 시행일 이후 법인지방소득세를 신고하는 분부터 적용한다.
제5조 【개인지방소득세 환급에 관한 적용례】 제100조의4의 개정규정은 이 영 시행일 이후 개인지방소득세의 결정 또는 경정을 하는 분부터 적용한다.
제6조 【분리과세에 관한 적용례】 영 제102조제7항제2호의 개정규정은 「공공주택건설 등에 관한 특별법」 제6조의2에 따라 2015년 4월 21일 이후 특별관리지역으로 지정된 토지부터 적용한다.

제7조 【일반적 경과조치】 이 영 시행 당시 종전의 규정에 따라 부과 또는 감면하였거나 부과 또는 감면하여야 할 지방세에 대해서는 종전의 규정에 따른다.

부 칙 (2016.4.26)

제1조 【시행일】 이 영은 공포한 날부터 시행한다.
제2조 【적용례】 제18조제4항의 개정규정은 이 영 시행 이후 납세의무가 성립하는 분부터 적용한다.

부 칙 (2016.12.30)

제1조 【시행일】 이 영은 2017년 1월 1일부터 시행한다.
제2조 【일반적 적용례】 이 영은 이 영 시행 이후 납세의무가 성립하는 분부터 적용한다.
제3조 【오염물질 배출 사업소의 주민세 세율적용에 관한 적용례】 제83조의 개정규정은 이 영 시행 이후 「수질 및 수생태계 보전에 관한 법률」에 따른 개선명령·조업정지명령·사용중지명령 또는 폐쇄명령을 받는 사업소부터 적용한다.
제4조 【법인지방소득세에 대한 안분방법에 관한 적용례】 제88조제2항 후단의 개정규정은 이 영 시행 이후 과세표준 및 세액을 신고하는 분부터 적용한다.
제5조 【지방소득세 결정 및 경정에 따른 환급에 관한 적용례】 제100조의34 단서의 개정규정은 이 영 시행 이후 경정청구를 하거나 결정한 분을 환급하는 경우부터 적용한다.
제6조 【일반적 경과조치】 이 영 시행 당시 종전의 규정에 따라 부과 또는 감면하였거나 부과 또는 감면하여야 할 지방세에 대해서는 종전의 규정에 따른다.

부 칙 (2017.12.29)

제1조 【시행일】 이 영은 2018년 1월 1일부터 시행한다.
제2조 【일반적 적용례】 이 영은 이 영 시행 이후 납세의무가 성립하는 분부터 적용한다.
제3조 【휴면법인 인수에 관한 경과조치】 이 영 시행 전에 종전의 제27조제2항에 따라 과점주주가 된 자에 대해서는 제27조제2항의 개정규정에도 불구하고 종전의 규정에 따른다.
제4조 【대기오염물질 배출 사업소에 관한 경과조치】 이 영 시행 전에 위반행위를 한 경우에는 제83조의 개정규정에도 불구하고 종전의 예에 따른다.

부 칙 (2018.3.27)

제1조 【시행일】 이 영은 2018년 4월 1일부터 시행한다. 다만, 제60조제5호, 제61조제1호마목2), 제64조제2항, 제88조의2, 제100조제6항, 제100조제8항, 제100조의9제1항·제3항, 제100조의15제2항 및 제100조의38의 개정규정은 공포한 날부터 시행한다.
제2조 【입국자가 반입하는 궐련형 전자담배의 담배소비세 면제에 관한 적용례】 제64조제2항의 개정규정은 부칙 제1조 단서에 따른 시행일 이후 법 제54조제2항에 따라 입국자가 반입하는 경우부터 적용한다.
제3조 【양도소득에 대한 개인지방소득세에 관한 적용례】 이 영 중 양도소득에 관한 개정규정은 이 영 시행 이후 양도하는 분부터 적용한다. 다만, 제100조제6항의 개정규정은 부칙 제1조 단서에 따른 시행일이 속하는 과세기간에 발생하는 소득분부터 적용한다.
제4조 【징수교부금 조정에 관한 적용례】 제100조의9제3항의 개정규정은 부칙 제1조 단서에 따른 시행일 이

후 환급금이 발생하는 경우부터 적용한다.

부 칙 (2018.12.31)

제1조【시행일】 이 영은 2019년 1월 1일부터 시행한다.
제2조【일반적 적용례】 이 영은 이 영 시행 이후 납세의무가 성립하는 분부터 적용한다.
제3조【납세조합에 교부하는 징수교부금에 대한 적용례】 제100조의9제1항의 개정규정은 이 영 시행 이후 발생하는 소득분부터 적용한다.
제4조【법인지방소득세 특별징수명세서 제출에 대한 적용례】 제100조의19제2항 전단의 개정규정은 이 영 시행 이후 특별징수하는 분부터 적용한다.

부 칙 (2019.1.22)

제1조【시행일】 이 영은 2019년 3월 28일부터 시행한다.(이하 생략)

부 칙 (2019.2.8 영29512호)

제1조【시행일】 이 영은 공포한 날부터 시행한다.
제2조【지방소비세 안분기준에 관한 적용례】 제75조제1항의 개정규정은 법률 제16113호 지방세법 일부개정법률 시행 이후 「부가가치세법」에 따라 최초로 납부하는 분부터 적용한다.

부 칙 (2019.2.8 영29518호)
    (2019.2.12)

제1조【시행일】 이 영은 공포한 날부터 시행한다.(이하 생략)

부 칙 (2019.3.12)

제1조【시행일】 이 영은 2019년 3월 14일부터 시행한다.(이하 생략)

부 칙 (2019.4.2)

제1조【시행일】 이 영은 공포한 날부터 시행한다.(이하 생략)

부 칙 (2019.5.31)

제1조【시행일】 이 영은 공포한 날부터 시행한다. 다만, 제128조의2의 개정규정은 2019년 7월 1일부터 시행한다.
제2조【분리과세대상 토지의 범위에 관한 적용례】 제102조제8항제5호의 개정규정은 이 영 시행 이후 재산세 납세의무가 성립하는 경우부터 적용한다.
제3조【건축물 취득의 시기에 관한 경과조치】 이 영 시행 당시 다음 각 호의 어느 하나에 해당하는 건축물의 취득 시기에 관하여는 제20조제6항의 개정규정에도 불구하고 종전의 규정에 따른다.
1. 「도시개발법」 제51조제1항에 따른 준공검사 증명서를 내주거나 같은 조 제2항에 따라 공사 완료 공고를 한 건축물 또는 같은 법 제53조 단서에 따라 준공검사 또는 공사 완료 공고 전에 사용허가를 한 건축물
2. 「도시 및 주거환경정비법」 제83조제4항에 따라 공사 완료를 고시한 건축물, 같은 조 제5항 본문에 따라 준공인가 전에 사용허가를 한 건축물, 같은 조 제5항 단서에 따라 사용하게 한 건축물 또는 같은 법 시행령 제74조에 따라 준공인가증을 내어 준 건축물
제4조【결손금 소급 공제에 따른 환급세액 추징 시 이자율 인하에 관한 경과조치】 이 영 시행 전에 세액을 환급받은 경우 그 당초환급세액의 통지일의 다음 날부터 이 영 시행일 전날까지의 기간에 대한 이자율은 제100조의18제5항제2호의 개정규정에도 불구하고 종전의 규정에 따른다.
제5조【외국법인의 법인지방소득세 과세표준 신고기한 연장 시 가산금의 이자율 인하에 관한 경과조치】 이 영 시행 전에 신고기한의 연장승인을 받은 경우 그 연장되기 전의 신고기한의 다음 날부터 이 영 시행일 전날까지의 기간에 대한 이자율은 제100조의27제2항의 개정규정에도 불구하고 종전의 규정에 따른다.

부 칙 (2019.12.24)

제1조【시행일】 이 영은 2020년 1월 16일부터 시행한다.(이하 생략)

부 칙 (2019.12.31)

제1조【시행일】 이 영은 2020년 1월 1일부터 시행한다. 다만, 다음 각 호의 개정규정은 각 호의 구분에 따른 날부터 시행한다.
1. 제87조제2항·제3항 및 제100조의34의 개정규정 : 공포한 날
2. 별표1 제4종 제164호 및 제177호의 개정규정 : 2020년 1월 16일
3. 별표1 제1종 제31호, 같은 표 제2종 제31호, 같은 표 제3종 제32호 및 같은 표 제4종 제31호의 개정규정 : 2020년 3월 14일
제2조【일반적 적용례】 이 영은 이 영 시행 이후 납세의무가 성립하는 분부터 적용한다.
제3조【근무지 변경 등에 따른 연말정산 납세지 변경에 관한 적용례】 제87조제2항의 개정규정은 부칙 제1조제1호에 따른 시행일 이후 연말정산하는 분부터 적용한다.
제4조【공동사업자별 분배명세서의 제출에 관한 적용례】 제99조 단서의 개정규정은 이 영 시행 이후 종합소득에 대한 개인지방소득세 과세표준의 확정신고 기간이 도래하는 분부터 적용한다.
제5조【1세대 4주택 이상 주택의 범위에 관한 특례】 제22조의2제1항의 개정규정을 적용할 때 국내에 주택을 3개 이상 소유하고 있는 1세대가 2019년 12월 4일 전에 주택에 대한 매매계약을 체결하고, 그 계약을 체결한 당사자가 이 영 시행 이후 3개월(공동주택 분양계약을 체결한 경우에는 3년) 내에 해당 주택을 취득하는 경우에는 해당 주택을 1세대 4주택 이상에 해당하는 주택으로 보지 않는다.(2020.8.12 본조개정)

부 칙 (2020.4.28)

제1조【시행일】 이 영은 공포한 날부터 시행한다.
제2조【분리과세 주택임대소득 계산에 관한 적용례】 제91조의2제1항제3호의 개정규정은 이 영 시행 이후 주택 임대차계약을 갱신하거나 새로 체결하는 분부터 적용하고, 임대보증금과 월임대료 상호 간 전환은 이 영 시행 이후 전환하는 분부터 적용한다.
제3조【양도소득에 대한 개인지방소득세 과세표준 확정신고에 관한 적용례】 제100조의3제2항제3호의 개정규정은 이 영 시행일이 속하는 과세기간에 자산을 양도하는 분부터 적용한다.

제4조【외국법인의 법인지방소득세 신고기한 연장에 따른 가산이자율에 관한 적용례】제100조의27제2항의 개정규정은 이 영 시행 전에 신고기한의 연장승인을 받았으나 이 영 시행 당시 연장승인 기한이 지나지 않은 경우에 대해서도 적용한다. 다만, 당초 신고기한이 지난 경우에는 이 영 시행일부터 연장승인 기한까지의 기간에 대해서만 적용한다.

제5조【지방세환급금의 환급과 충당에 관한 적용례】제100조의34의 개정규정은 이 영 시행 이후 지방소득세를 환급하는 분부터 적용한다.

부 칙 (2020.5.12)

제1조【시행일】이 영은 2020년 8월 13일부터 시행한다.(이하 생략)

부 칙 (2020.5.26)

제1조【시행일】이 영은 2020년 5월 27일부터 시행한다.(이하 생략)

부 칙 (2020.6.2)

제1조【시행일】이 영은 공포한 날부터 시행한다.
제2조【일반적 적용례】이 영은 이 영 시행 이후 납세의무가 성립하는 분부터 적용한다.
제3조【분리과세대상 토지의 범위에 관한 특례】제102조제8항제1호부터 제3호까지, 제8호 및 제9호의 개정규정에 따라 분리과세대상에서 별도합산과세대상 또는 종합합산과세대상으로 과세대상의 구분이 변경되는 토지(이하 이 조에서 "과세대상 구분 변경 토지"라 한다)에 대해서는 같은 항 제1호부터 제3호까지, 제8호 및 제9호의 개정규정에도 불구하고 2025년까지는 과세대상 구분 변경 토지의 필지별로 다음 표에 따른 과세연도별 비율을 곱하여 계산한 면적은 분리과세대상 토지로 본다. 이 경우 과세대상 구분 변경 토지의 납세의무자가 변경되지 않은 경우로 한정한다.

과세연도	비율
2020년, 2021년	100/100
2022년	80/100
2023년	60/100
2024년	40/100
2025년	20/100

부 칙 (2020.8.4)

제1조【시행일】① 이 영은 2020년 8월 5일부터 시행한다.(이하 생략)

부 칙 (2020.8.11)

제1조【시행일】이 영은 2020년 8월 12일부터 시행한다.(이하 생략)

부 칙 (2020.8.12)

제1조【시행일】이 영은 공포한 날부터 시행한다.
제2조【조합원입주권 또는 주택분양권에 의하여 취득하는 주택에 관한 적용례】제28조의4제1항 후단의 개정규정은 이 영 시행 이후 조합원입주권 또는 주택분양권을 취득하는 경우부터 적용한다.

제3조【상속 주택 등의 주택 수 산정에 관한 특례】이 영 시행 전에 상속을 원인으로 취득한 주택, 조합원입주권, 주택분양권 또는 오피스텔에 대해서는 제28조의4제5항제3호의 개정규정에도 불구하고 이 영 시행 이후 5년 동안 주택 수 산정 시 소유주택 수에서 제외한다.
제4조【주택 취득세율에 관한 경과조치】제22조의2, 제28조의3 및 제28조의4의 개정규정에도 불구하고 2019년 12월 4일 전에 주택에 대한 매매계약을 체결한 경우에는 대통령령 제30318호 지방세법 시행령 일부개정령 부칙 제5조에 따른다.

부 칙 (2020.8.26)

제1조【시행일】이 영은 2020년 8월 28일부터 시행한다.(이하 생략)

부 칙 (2020.12.1)

제1조【시행일】이 영은 2020년 12월 4일부터 시행한다.(이하 생략)

부 칙 (2020.12.8 영31221호)
(2020.12.8 영31222호)
(2020.12.8 영31243호)
(2020.12.10)

제1조【시행일】이 영은 2020년 12월 10일부터 시행한다.(이하 생략)

부 칙 (2020.12.31)

제1조【시행일】이 영은 2021년 1월 1일부터 시행한다. 다만, 다음 각 호의 개정규정은 해당 각 호에서 정하는 날부터 시행한다.
1. 제91조의2제1항제1호, 같은 조 제2항 및 제100조의18제2항제2호의 개정규정 : 공포한 날
2. 제100조제6항의 개정규정 : 2021년 6월 1일
3. 별표1 제1종 제55호, 제2종 제55호, 제3종 제56호, 제4종 제55호 및 제4종 제203호의 개정규정 : 2021년 2월 19일
4. 별표1 제1종 제27호, 제2종 제27호, 제3종 제27호 및 제4종 제27호의 개정규정 : 2021년 3월 5일
5. 별표1 제1종 제199호의 개정규정 : 2021년 4월 8일
6. 제4조제1항제1호·제1호의2 및 제28조제2항제2호의 개정규정 : 2022년 1월 1일
제2조【일반적 적용례】이 영은 이 영 시행 이후 납세의무가 성립하는 분부터 적용한다.
제3조【관리처분 대상 주택 등에 대한 일시적 2주택 기간에 관한 적용례】제28조의5제3항의 개정규정은 「도시 및 주거환경정비법」 제74조제1항에 따른 관리처분계획의 인가 또는 「빈집 및 소규모주택 정비에 관한 특례법」 제29조제1항에 따른 사업시행계획인가를 받은 주택에 거주하고 있던 세대가 이 영 시행 전에 신규 주택을 취득한 경우에 대해서도 적용한다.
제4조【산업단지조성공사에 제공하는 토지의 분리과세 적용에 관한 특례】이 영 시행일 전에 산업단지조성공사의 준공인가를 받았으나 이 영 시행일 현재 분양·임대 계약이 체결되지 않은 토지에 대해서는 이 영 시행일을 준공인가일로 보아 제102조제7항제5호나목의 개정규정을 적용한다.
제5조【고급주택으로 보는 주거용 건축물과 그 부속토지의 범위와 적용기준에 관한 경과조치】이 영 시행 전에 취득 당시 건축물의 가액이 9천만원 이하인 주거용 건축물과 그 부속토지에 대한 매매계약(분양계약을

포함한다)을 체결하고 계약금을 지급한 사실이 증명서류에 의하여 확인되는 경우에는 제28조제4항제1호 및 제2호의 개정규정에도 불구하고 종전의 규정에 따른다.
제6조【다른 법령의 개정】①~② ※(해당 법령에 가제정리 하였음)

부 칙 (2021.1.5)

이 영은 공포한 날부터 시행한다.(이하 생략)

부 칙 (2021.2.9)

제1조【시행일】이 영은 2021년 2월 19일부터 시행한다.(이하 생략)

부 칙 (2021.2.17 영31450호)

제1조【시행일】이 영은 공포한 날부터 시행한다.(이하 생략)

부 칙 (2021.2.17 영31463호)

제1조【시행일】이 영은 공포한 날부터 시행한다.
제2조【다른 법령의 개정】①~③ ※(해당 법령에 가제정리 하였음)

부 칙 (2021.2.19)

제1조【시행일】이 영은 2021년 2월 19일부터 시행한다.(이하 생략)

부 칙 (2021.3.30)

제1조【시행일】이 영은 2021년 4월 1일부터 시행한다.(이하 생략)

부 칙 (2021.4.27)

제1조【시행일】이 영은 공포한 날부터 시행한다.
제2조【일반적 적용례】이 영은 이 영 시행 이후 납세의무가 성립하는 분부터 적용한다.
제3조【분리과세 주택임대소득에 대한 종합소득 결정세액의 계산에 관한 적용례】제91조의2제3항부터 제6항까지의 개정규정은 이 영 시행 이후 과세표준을 신고하는 분부터 적용한다.
제4조【분리과세대상 토지의 범위에 관한 적용례】제102조제8항제5호나목의 개정규정은 2019년 5월 31일 이후부터 납세의무가 성립하는 분에 대해서도 적용한다.

부 칙 (2021.6.8 영31740호)
(2021.6.8 영31741호)

제1조【시행일】이 영은 2021년 6월 9일부터 시행한다.(이하 생략)

부 칙 (2021.7.13)

제1조【시행일】이 영은 공포한 날부터 시행한다.(이하 생략)

부 칙 (2021.8.10)

제1조【시행일】이 영은 공포 후 6개월이 경과한 날부터 시행한다.(이하 생략)

부 칙 (2021.8.31)

제1조【시행일】이 영은 2021년 9월 10일부터 시행한다.(이하 생략)

부 칙 (2021.9.14)

제1조【시행일】이 영은 공포한 날부터 시행한다.(이하 생략)

부 칙 (2021.10.21)

제1조【시행일】이 영은 2021년 10월 21일부터 시행한다.(이하 생략)

부 칙 (2021.12.28)

제1조【시행일】이 영은 2022년 1월 1일부터 시행한다.(이하 생략)

부 칙 (2021.12.31)

제1조【시행일】이 영은 2022년 1월 1일부터 시행한다. 다만, 다음 각 호의 개정규정은 해당 호에서 정한 날부터 시행한다.
1. 제4조제1항 각 호 외의 부분, 같은 항 제1호의2, 같은 조 제3항 및 제6항부터 제8항까지, 제4조의2부터 제4조의5까지, 제14조, 제14조의2부터 제14조의4까지, 제15조부터 제17조까지, 제18조(같은 조 제1항제4호는 제외한다), 제18조의2부터 제18조의6까지, 제19조, 제20조제1항·제2항, 제38조의3 및 부칙 제7조(같은 조 제3항 및 제4항은 제외한다)의 개정규정 : 2023년 1월 1일
2. 별표1 제3종 제157호 및 같은 표 제4종 제111호의 개정규정 : 2022년 1월 21일
제2조【일반적 적용례】이 영은 이 영 시행 이후 납세의무가 성립하는 경우부터 적용한다.
제3조【지방소비세의 안분기준에 관한 적용례】제75조 및 별표2부터 별표5까지의 개정규정은 이 영 시행 이후 「부가가치세법」에 따라 지방소비세를 납부하거나 환급하는 경우부터 적용한다.
제4조【종합소득 과세표준확정신고 납세편의 제공에 관한 적용례】제92조제3항의 개정규정은 이 영 시행 이후 납세지 관할 지방자치단체의 장이 법 제95조제4항에 따라 납세서를 발송하는 경우부터 적용한다.
제5조【지방소비세의 안분기준에 관한 특례】2022년 1월 1일부터 2022년 12월 31일까지 법 제71조제3항제4호가목에 해당하는 안분액은 제75조제2항제6호의 개정규정에도 불구하고 1조 311억 6,709만 2천원으로 한다.
제6조【분리과세대상 토지의 범위에 관한 특례】① 제102조제8항제1호의 개정규정에 따라 분리과세대상에서 종합산과세대상 또는 별도합산과세대상으로 과세구분이 변경되는 토지 중 이 영 시행 전에 소유하여 이 영 시행 이후에도 계속하여 소유하고 있는 토지의 경우에는 같은 개정규정에도 불구하고 과세대상 구분이 변경되는 토지의 필지별로 다음 각 호에 따른 과세연도별 비율을 곱하여 계산한 면적은 분리과세대상 토지로 본다.
1. 제101조제1항 각 호의 어느 하나에 해당하는 토지

과세연도	2022	2023	2024	2025	2026	2027
분리과세 적용비율	100/100	90/100	80/100	60/100	40/100	20/100

2. 제1호 외의 토지

과세연도	2022~2026	2027	2028	2029
분리과세 적용비율	100/100	70/100	40/100	10/100

② 제1항에도 불구하고 과세구분이 변경되는 토지 중「체육시설의 설치·이용에 관한 법률」제10조제1호에 따른 골프장용 토지,「관광진흥법」제3조제2호의 관광숙박업에 사용하는 토지와「유통산업발전법」에 따른 대규모점포에 사용하는 토지에 대해서는 제1항의 특례를 적용하지 않는다.

제7조【다른 법령의 개정】①~⑥ ※(해당 법령에 가제정리 하였음)

부 칙 (2022.2.17 영32447호)
　　 (2022.2.17 영32449호)

제1조【시행일】이 영은 2022년 2월 18일부터 시행한다.(이하 생략)

부 칙 (2022.2.28)

제1조【시행일】이 영은 공포한 날부터 시행한다.
제2조【일반적 적용례】이 영은 이 영 시행 이후 납세의무가 성립하는 경우부터 적용한다.

부 칙 (2022.4.19)

제1조【시행일】이 영은 2022년 4월 20일부터 시행한다.(이하 생략)

부 칙 (2022.6.14)

제1조【시행일】이 영은 2022년 6월 16일부터 시행한다.(이하 생략)

부 칙 (2022.6.30)

제1조【시행일】이 영은 공포한 날부터 시행한다.
제2조【조정대상지역의 일시적 2주택에 대한 취득세 중과 배제 요건에 관한 적용례】제28조의5제1항 및 제36조의3제1항의 개정규정은 2022년 5월 10일 이후 제28조의5 및 제36조의3에 따른 종전 주택등을 처분하여 같은 개정규정에 따른 요건에 해당하게 된 경우에도 적용한다.

부 칙 (2022.11.29)

제1조【시행일】이 영은 2022년 12월 1일부터 시행한다.(이하 생략)

부 칙 (2023.1.10)

제1조【시행일】이 영은 2023년 1월 12일부터 시행한다.(이하 생략)

부 칙 (2023.2.28)

제1조【시행일】이 영은 공포한 날부터 시행한다.
제2조【조정대상지역의 일시적 2주택에 대한 취득세 중과 배제 요건에 관한 적용례】제28조의5제1항 및 제36조의3제1항의 개정규정은 2023년 1월 12일 이후 제28조의5 및 제36조의3에 따른 종전 주택등을 처분하여 같은 개정규정에 따른 요건에 해당하게 된 경우에도 적용한다.

부 칙 (2023.3.14)

제1조【시행일】이 영은 공포한 날부터 시행한다. 다만, 제87조제4항, 제99조의2부터 제99조의4까지, 제100조제12항, 제100조의5제3항 전단 및 제100조의7제4항의 개정규정은 2025년 1월 1일부터 시행한다.
제2조【주택 유상거래 취득 중과세의 예외 등에 관한 적용례】제28조의2부터 제28조의4까지, 제79조제2항·제3항, 제100조의3제2항, 제102조제9항, 제110조의2, 제118조 및 별표 1의 개정규정은 이 영 시행 이후 납세의무가 성립하는 분부터 적용한다.
제3조【지방소비세에 관한 적용례】제75조 및 별표2부터 별표5까지의 개정규정은 2023년 1월 1일 이후「부가가치세법」에 따라 납부 또는 환급하는 분부터 적용한다.
제4조【과점주주의 부동산 취득에 관한 경과조치】이 영 시행 전에 종전의 제11조제1항에 따라 최초로 과점주주가 된 경우(같은 조 제2항 본문에 따라 주식등의 비율이 증가된 경우를 포함한다)의 취득세 부과에 관하여는 같은 조 제1항의 개정규정에도 불구하고 종전의 규정에 따른다.
제5조【다른 법령의 개정】※(해당 법령에 가제정리 하였음)

부 칙 (2023.4.18)

제1조【시행일】이 영은 2023년 4월 19일부터 시행한다.(이하 생략)

부 칙 (2023.4.27)

제1조【시행일】이 영은 공포한 날부터 시행한다.(이하 생략)

부 칙 (2023.5.30)

제1조【시행일】이 영은 공포한 날부터 시행한다.
제2조【별도합산과세대상 토지의 범위에 관한 적용례】제101조제3항의 개정규정은 이 영 시행 이후 납세의무가 성립하는 분부터 적용한다.

부 칙 (2023.6.7)

제1조【시행일】이 영은 2023년 6월 11일부터 시행한다.(이하 생략)

부 칙 (2023.6.30)

제1조【시행일】이 영은 공포한 날부터 시행한다.
제2조【차량 또는 기계장비의 취득당시가액에 관한 적용례】제18조의3제1항 각 호 및 제2항 단서의 개정규정은 2023년 1월 1일 이후 차량 또는 기계장비를 취득한 경우에 대해서도 적용한다.

부 칙 (2023.7.7)

제1조【시행일】이 영은 2023년 7월 10일부터 시행한다.(이하 생략)

부 칙 (2023.12.19)

제1조【시행일】이 영은 2023년 12월 21일부터 시행한다.(이하 생략)

부 칙 (2023.12.29)

제1조【시행일】 이 영은 2024년 1월 1일부터 시행한다.

제2조【감정가액에 따른 시가인정액의 산정 등에 관한 적용례】 제14조제1항제2호 각 목 외의 부분 단서 및 같은 조 제5항의 개정규정은 이 영 시행 이후 취득하는 부동산등에 대해 시가인정액을 산정하는 경우부터 적용한다.

제3조【대물변제 및 양도담보로 취득한 과세물건의 과세표준에 관한 적용례】 제18조의4제1항제1호가목 단서 및 같은 호 다목 단서의 개정규정은 이 영 시행 이후 취득하는 경우부터 적용한다.

제4조【무상취득 등으로 보지 않는 계약해제 기간의 변경에 관한 적용례】 ① 제20조제1항제1호부터 제3호까지의 개정규정은 이 영 시행 전에 무상취득한 경우로서 이 영 시행 당시 그 취득일부터 60일이 경과되지 않은 경우에도 적용한다.
② 제20조제2항의 개정규정은 이 영 시행 이후 유상승계취득하는 경우(사실상의 잔금지급일을 확인할 수 있는 경우로 한정한다)부터 적용한다.

제5조【주택 유상거래 취득 중과세의 예외에 관한 적용례】 제28조의2제8호 각 목 외의 부분 단서의 개정규정〔같은 호 나목6) 외의 개정사항만 해당된다〕은 이 영 시행 이후 멸실시킬 목적으로 주택을 취득하는 경우부터 적용한다.

제6조【철거 빈집의 부속토지에 대한 별도합산과세에 관한 적용례】 제103조의2 전단의 개정규정은 이 영 시행 이후 재산세 납세의무가 성립하는 경우부터 적용한다.

제7조【철거 빈집에 대한 재산세 세 부담 상한에 관한 적용례】 제118조제1호라목의 개정규정은 이 영 시행 이후 재산세 납세의무가 성립하는 경우부터 적용한다. 이 경우 「농어촌정비법」에 따른 생활환경정비사업(빈집의 정비에 관한 사업만 해당한다)의 시행으로 주택이 멸실되는 토지에 대해서는 이 영 시행 이후 주택이 멸실되는 경우로 한정한다.

제8조【등록면허세에 관한 적용례】 별표1의 개정규정은 이 영 시행 이후 납세의무가 성립하는 분부터 적용한다.

부 칙 (2024.1.16)

제1조【시행일】 이 영은 2024년 1월 26일부터 시행한다.(이하 생략)

〔별표〕➡ 「www.hyeonamsa.com」 참조

지방세법 시행규칙

(2010년 12월 23일
전부개정행정안전부령 제177호)

개정
2010.12.31행정안전부령185호　　2011. 5.30행정안전부령221호
2011.12.31행정안전부령272호　　2012. 4.10행정안전부령292호
2013. 1.14행정안전부령336호
2013. 3.23행정안전부령　1호(직제제시규)
2014. 1. 1안전행정부령 48호　　2014. 3.14안전행정부령 62호
2014. 8. 8안전행정부령 88호
2014.11.19행정자치부령　1호(직제제시규)
2015. 1.15행정자치부령 18호　　2015. 6. 1행정자치부령 28호
2015. 7.24행정자치부령 31호
2015.11.16행정자치부령 43호(농어촌도로의구조·시설기준에관한규칙등일부개정령)
2015.12.31행정자치부령 55호　　2016.12.30행정자치부령104호
2017. 7.26행정자치부령　1호(직제제시규)
2017.12.29행정안전부령 27호　　2018. 3.30행정안전부령 53호
2018.12.31행정안전부령 93호　　2019. 2. 8행정안전부령100호
2019. 5.31행정안전부령122호　　2019.12.31행정안전부령152호
2020. 8.18행정안전부령197호　　2020. 8.20행정안전부령196호
2020.12.31행정안전부령228호　　2021. 4.29행정안전부령250호
2021. 5.27행정안전부령252호
2021. 9. 7행정안전부령274호(법령용어정비)
2021.12.31행정안전부령300호　　2022. 3.31행정안전부령325호
2022. 6. 7행정안전부령334호　　2023. 3.14행정안전부령385호
2023. 3.28행정안전부령388호　　2023. 5. 3행정안전부령400호
2023. 6.30행정안전부령413호　　2023.12.29행정안전부령448호
2024. 1.22행정안전부령457호

제1장 총 칙

제1조【목적】 이 규칙은 「지방세법」 및 같은 법 시행령에서 위임된 사항과 그 시행에 필요한 사항을 규정함을 목적으로 한다.

제2조【건축물의 시가표준액 결정 절차】 ① 특별자치시장·특별자치도지사·시장·군수 또는 구청장(구청장은 자치구의 구청장을 말하며, 이하 "시장·군수·구청장"이라 한다)은 「지방세법 시행령」(이하 "영"이라 한다) 제4조의2제1항에 따라 산정된 건축물 시가표준액에 대해 그 소유자와 이해관계인(이하 이 조에서 "소유자등"이라 한다)의 의견을 들으려는 경우에는 다음 각 호의 사항을 「지방세기본법」에 따른 지방세통합정보통신망(이하 "지방세통합정보통신망"이라 한다)에 게재해야 한다.
1. 건축물의 시가표준액
2. 의견제출 방법
3. 의견제출 기한
4. 의견제출 서식
5. 그 밖에 소유자등의 의견청취를 위해 행정안전부장관이 필요하다고 인정하는 사항
② 시장·군수·구청장(특별자치시장 및 특별자치도지사는 제외한다)은 영 제4조의2제3항·제4항 및 제5항 후단에 따라 특별시장·광역시장 또는 도지사(이하 이 조에서 "시·도지사"라 한다)의 시가표준액 승인을 받으려는 경우에는 행정안전부장관이 정하는 바에 따라 승인에 필요한 자료를 시·도지사에게 제출해야 한다.
③ 시·도지사는 정당한 사유가 없는 한 제2항에 따라 승인 신청을 받은 날부터 50일 이내에 시장·군수·구청장(특별자치시장 및 특별자치도지사는 제외한다)에게 그 결과를 통보해야 한다.
④ 제1항부터 제3항까지에서 규정한 사항 외에 소유자등의 의견청취 및 시가표준액 승인의 절차·방법 등에 필요한 사항은 행정안전부장관이 정한다.
(2023.3.28 본조개정)

제2장 취득세

제1절 통 칙

제3조【기계장비의 범위】「지방세법」(이하 "법"이라 한다) 제6조제8호에서 "행정안전부령으로 정하는 것"이란 별표1에 규정된 것을 말한다.(2023.3.28 본조개정)
제4조【과점주주 과세자료의 통보】 영 제11조제4항에 따른 과점주주의 취득세 부과에 필요한 자료의 통보는 별지 제1호서식에 따른다.
제4조의2【비과세 신청】 영 제12조의3제3항에 따른 비과세 신청은 별지 제1호의2서식의 자동차 상속 취득세 비과세 신청서에 따른다.(2021.12.31 본조개정)

제2절 과세표준과 세율

제4조의3【시가인정액의 산정 기준 및 절차 등】 ① 영 제14조제1항제2호 각 목 외의 부분 본문에서 "행정안전부령으로 정하는 공신력 있는 감정기관"이란 「감정평가 및 감정평가사에 관한 법률」에 따른 감정평가법인등을 말한다.
② 납세자 또는 지방자치단체의 장은 영 제14조제3항에 따라 「지방세기본법」 제147조제1항에 따른 지방세심의위원회(이하 "지방세심의위원회"라 한다)에 시가인정액(법 제10조의2제1항에 따른 시가인정액을 말한다. 이하 같다)에 대해 심의요청하는 경우 다음 각 호의 구분에 따른 기한까지 심의요청해야 한다.
1. 취득일 전 2년 이내의 기간 중 평가기간(영 제14조제1항 각 호 외의 부분에 따른 평가기간을 말한다. 이하 같다)에 해당하지 않는 기간 동안의 매매, 감정, 경매 또는 공매(이하 이 조에서 "매매등"이라 한다)의 가액에 대해 심의요청하는 경우 : 법 제20조제1항의 무상취득에 따른 취득세 신고·납부기한 만료일 전 70일까지
2. 평가기간이 지난 후로서 법 제20조제1항에 따른 신고·납부기한의 만료일부터 6개월 이내의 기간 중의 매매등의 가액에 대해 심의요청하는 경우 : 해당 매매등이 있은 날부터 6개월 이내
③ 지방세심의위원회는 영 제14조제3항에 따라 시가인정액에 대해 심의요청을 받은 경우 다음 각 호의 구분에 따른 기한까지 그 심의 결과를 서면으로 통지해야 한다.
1. 제2항제1호에 따른 심의요청의 경우 : 심의요청을 받은 날부터 50일 이내
2. 제2항제2호에 따른 심의요청의 경우 : 심의요청을 받은 날부터 3개월 이내
④ 영 제14조제5항에 따라 법 제4조에 따른 시가표준액이 동일하거나 유사하다고 인정되는 다른 부동산등에 대한 판단기준은 다음 각 호의 구분에 따른다.
1. 「부동산 가격공시에 관한 법률」에 따른 공동주택가격(새로운 공동주택가격이 고시되기 전에는 직전의 공동주택가격을 말한다. 이하 이 항에서 같다)이 있는 공동주택의 경우 : 다음 각 목의 요건을 모두 충족하는 다른 공동주택. 다만, 다음 각 목의 요건을 모두 충족하는 다른 공동주택이 둘 이상인 경우에는 산정대상 공동주택과 공동주택가격 차이가 가장 적은 다른 공동주택으로 한다.
　가. 산정대상 공동주택과 동일한 공동주택단지(「공동주택관리법」에 따른 공동주택단지를 말한다) 내에 있을 것
　나. 산정대상 공동주택과의 주거전용면적(「주택법」에 따른 주거전용면적을 말한다. 이하 이 항에서 같다) 차이가 산정대상 공동주택의 주거전용면적을 기준으로 100분의 5 이내일 것
　다. 산정대상 공동주택과의 공동주택가격 차이가 산정대상 공동주택의 공동주택가격을 기준으로 100분의 5 이내일 것
2. 제1호에 따른 공동주택 외의 부동산등의 경우 : 다음 각 목의 요건을 모두 충족하는 다른 부동산등
　가. 산정대상 부동산등과 면적·위치·용도가 동일 또는 유사할 것
　나. 산정대상 부동산등과의 시가표준액 차이가 산정대상 부동산등의 시가표준액을 기준으로 100분의 5 이내일 것
⑤ 제1항부터 제4항까지에서 규정한 사항 외에 시가인정액의 산정 기준 및 절차 등에 필요한 세부사항은 행정안전부장관이 정하여 고시한다.
(2023.3.14 본조신설)
제4조의4【시가불인정 감정기관의 지정 기간 등】 ① 영 제14조의3제3항 전단에서 "행정안전부령으로 정하는 기간"이란 다음 각 호의 구분에 따른 기간을 말한다. 이 경우 감정기관이 제1호 및 제2호에 모두 해당할 때에는 해당 기간 중 가장 긴 기간으로 한다.
1. 고의 또는 중대한 과실로 다음 각 목의 어느 하나에 해당하는 부실감정을 한 경우 : 1년
　가. 산정대상 부동산의 위치·지형·이용상황·주변환경 등 객관적 가치에 영향을 미치는 요인을 사실과 다르게 조사한 경우
　나. 「감정평가 및 감정평가사에 관한 법률」 제2조 및 제25조제2항을 위반한 경우
　다. 납세자와 담합하여 취득세를 부당하게 감소시킬 목적으로 감정가액을 평가한 경우
2. 납세자가 제시한 감정가액이 지방자치단체의 장이 다른 감정기관에 의뢰하여 평가한 감정가액과 비교해서 다음 각 목의 수준에 미달하는 경우 : 해당 각 목에서 정하는 기간
　가. 100분의 70 이상 100분의 80 미만인 경우 : 6개월
　나. 100분의 60 이상 100분의 70 미만인 경우 : 9개월
　다. 100분의 60 미만인 경우 : 1년
② 지방자치단체의 장은 영 제14조의3제6항에 따라 시가불인정 감정기관의 지정에 관한 사항을 지방세통합정보통신망에 지체 없이 게재해야 한다.
③ 제1항 및 제2항에서 규정한 사항 외에 시가불인정 감정기관의 지정 절차 및 방법 등에 필요한 세부 사항은 행정안전부장관이 정하여 고시한다.
(2023.3.14 본조신설)
제4조의5【금융회사 등】 영 제18조제1항제6호 후단에서 "행정안전부령으로 정하는 금융회사 등"이란 「자본시장과 금융투자업에 관한 법률」에 따른 투자매매업자 또는 투자중개업자 및 「은행법」에 따른 인가를 받아 설립된 은행을 말한다.(2017.7.26 본조개정)
제4조의6【계약해제 신고】 영 제20조제1항제3호 및 같은 조 제2항제2호다목에서 "행정안전부령으로 정하는 계약해제신고서"란 별지 제1호의3서식의 계약해제신고서를 말한다.(2017.7.26 본조개정)
제5조【법인전환 기업】 영 제26조제1항제10호 단서에서 "행정안전부령으로 정하는 바에 따라 법인으로 전환하는 기업"이란 법 제13조제2항 각 호 외의 부분 단서에 따른 대도시(이하 이 조에서 "대도시"라 한다)에서 「부가가치세법」 또는 「소득세법」에 따른 사업자등록을 하고 5년 이상 제조업을 경영한 개인기업이 그 대도시에서 법인으로 전환하는 경우의 해당 기업을 말한다.(2017.7.26 본조개정)

제6조 【사무소 등의 범위】 영 제27조제3항 전단에서 "행정안전부령으로 정하는 사무소 또는 사업장"이란 「법인세법」, 제111조·「부가가치세법」, 제8조 또는 「소득세법」, 제168조에 따른 등록대상 사업장(「법인세법」·「부가가치세법」 또는 「소득세법」에 따른 비과세 또는 과세면제 대상 사업장과 「부가가치세법 시행령」 제11조제2항에 따라 등록된 사업자단위 과세 적용 사업장의 종된 사업장을 포함한다)으로서 인적 및 물적 설비를 갖추고 계속하여 사무 또는 사업이 행하여지는 장소를 말한다. 다만, 다음 각 호의 장소는 제외한다.(2017.7.26 본문개정)
1. 영업행위가 없는 단순한 제조·가공장소
2. 물품의 보관만을 하는 보관창고
3. 물품의 적재와 반출만을 하는 하치장

제7조 【공장의 범위와 적용기준】 ① 법 제13조제8항에 따른 공장의 범위는 별표2에 규정된 업종의 공장(「산업집적활성화 및 공장설립에 관한 법률」 제28조에 따른 도시형 공장은 제외한다)으로서 생산설비를 갖춘 건축물의 연면적(옥외에 기계장치 또는 저장시설이 있는 경우에는 그 시설의 수평투영면적을 포함한다)이 500제곱미터 이상인 것을 말한다. 이 경우 건축물의 연면적에는 해당 공장의 제조시설을 지원하기 위하여 공장 경계 구역 안에 설치되는 부대시설(식당, 휴게실, 목욕실, 세탁장, 의료실, 옥외 체육시설 및 기숙사 등 종업원의 후생복지증진에 제공되는 시설과 대피소, 무기고, 탄약고 및 교육시설은 제외한다)의 연면적을 포함한다.(2011.5.30 전단개정)
② 법 제13조제8항에 따른 공장의 중과세 적용기준은 다음 각 호와 같다.(2011.5.30 본항개정)
1. 공장을 신설하거나 증설하는 경우 중과세할 과세물건은 다음 각 목의 어느 하나에 해당하는 것으로 한다.
   가. 「수도권정비계획법」 제6조제1항제1호에 따른 과밀억제권역(「산업집적활성화 및 공장설립에 관한 법률」의 적용을 받는 산업단지 및 유치지역과 「국토의 계획 및 이용에 관한 법률」의 적용을 받는 공업지역은 제외한다. 이하 이 항에서 "과밀억제권역"이라 한다)에서 공장을 신설하거나 증설하는 경우에는 신설하거나 증설하는 공장용 건축물과 그 부속토지
   나. 과밀억제권역에서 공장을 신설하거나 증설(건축물 연면적의 100분의 20 이상을 증설하거나 건축물 연면적 330제곱미터를 초과하여 증설하는 경우만 해당한다)한 날부터 5년 이내에 취득하는 공장용 차량 및 기계장비
2. 다음 각 목의 어느 하나에 해당하는 경우에는 제1호에도 불구하고 중과세 대상에서 제외한다.
   가. 기존 공장의 기계설비 및 동력장치를 포함한 모든 생산설비를 포괄적으로 승계취득하는 경우
   나. 해당 과밀억제권역에 있는 기존 공장을 폐쇄하고 해당 과밀억제권역의 다른 장소로 이전한 후 해당 사업을 계속 하는 경우. 다만, 타인 소유의 공장을 임차하여 경영하던 자가 그 공장을 신설한 날부터 2년 이내에 이전하는 경우 및 서울특별시 외의 지역에서 서울특별시로 이전하는 경우에는 그러하지 아니하다.
   다. 기존 공장(승계취득한 공장을 포함한다)의 업종을 변경하는 경우
   라. 기존 공장을 철거한 후 1년 이내에 같은 규모로 재축(건축공사에 착공한 경우를 포함한다)하는 경우
   마. 행정구역변경 등으로 새로 과밀억제권역으로 편입되는 지역은 편입되기 전에 「산업집적활성화 및 공장설립에 관한 법률」 제13조에 따른 공장설립 승인을 또는 건축허가를 받은 경우
   바. 부동산을 취득한 날부터 5년 이상 경과한 후 공장

을 신설하거나 증설하는 경우
   사. 차량 또는 기계장비를 노후 등의 사유로 대체취득하는 경우. 다만, 기존의 차량 또는 기계장비를 매각하거나 폐기처분하는 날을 기준으로 그 전후 30일 이내에 취득하는 경우만 해당한다.
3. 제1호 및 제2호를 적용할 때 공장의 증설이란 다음 각 목의 어느 하나에 해당하는 경우를 말한다.
   가. 공장용으로 쓰는 건축물의 연면적 또는 그 공장의 부속토지 면적을 확장하는 경우
   나. 해당 과밀억제권역 안에서 공장을 이전하는 경우에는 종전의 규모를 초과하여 시설하는 경우
   다. 레미콘제조공장 등 차량 또는 기계장비 등을 주로 사용하는 특수업종은 기존 차량 및 기계장비의 100분의 20 이상을 증가하는 경우
③ 시장·군수·구청장은 공장의 신설 또는 증설에 따른 중과세 상황부를 갖추어 두어야 한다.
(2016.12.30 본항개정)

제7조의2 【주택 유상거래 취득 중과세의 예외】 영 제28조의2제8호나목 본문에 따른 주택건설사업이 주택과 주택이 아닌 건축물을 한꺼번에 신축하는 사업인 경우 다음 각 호의 구분에 따라 산정한 부분에 대해서는 중과세 대상으로 보지 않는다.
1. 「도시 및 주거환경정비법」 제2조제2호에 따른 정비사업 중 주거환경을 개선하기 위한 사업, 「주택법」 제2조제11호가목에 따른 지역주택조합 및 같은 호 나목에 따른 직장주택조합이 시행하는 사업 : 해당 주택건설사업을 위하여 취득하는 주택의 100분의 100에 해당하는 부분
2. 「도시 및 주거환경정비법」 제2조제2호나목에 따른 재개발사업 중 도시환경을 개선하기 위한 사업 : 해당 주택건설사업을 위하여 취득하는 주택 중 다음의 비율에 해당하는 부분

신축하는 주택의 연면적
신축하는 주택 및 주택이 아닌 건축물 전체의 연면적

3. 그 밖의 주택건설사업 : 다음 각 목의 구분에 따라 산정한 부분
   가. 신축하는 주택의 연면적이 신축하는 주택 및 주택이 아닌 건축물 전체 연면적의 100분의 50 이상인 경우 : 해당 주택건설사업을 위하여 취득하는 주택의 100분의 100에 해당하는 부분
   나. 신축하는 주택의 연면적이 신축하는 주택 및 주택이 아닌 건축물 전체 연면적의 100분의 50 미만인 경우 : 해당 주택건설사업을 위하여 취득하는 주택 중 제2호의 비율에 해당하는 부분
(2020.12.31 본조신설)

제3절 부과·징수

제8조 【매각통보】 영 제32조제1항에 따른 취득세 과세물건의 매각 통보 또는 신고는 별지 제2호서식에 따른다.
제9조 【신고 및 납부】 ① 영 제33조제1항에 따라 취득세를 신고하려는 자는 별지 제3호서식의 취득세신고서(주택 취득을 원인으로 신고하려는 경우에는 부표를 포함한다)에 제1호의 서류 및 제2호부터 제5호까지의 서류 중 해당되는 서류를 첨부하여 납세지를 관할하는 시장·군수·구청장에게 신고해야 한다.
1. 매매계약서, 증여계약서, 부동산거래계약 신고필증 또는 법인 장부 등 취득가액 및 취득일 등을 증명할 수 있는 서류 사본 1부
2. 「지방세특례제한법 시행규칙」 별지 제1호서식의 지방세 감면 신청서 1부

3. 별지 제4호서식의 취득세 납부서 납세자 보관용 영수증 사본 1부
4. 별지 제8호서식의 취득세 비과세 확인서 1부
5. 근로소득 원천징수영수증 또는 소득금액증명원 1부 (2020.8.18 본항개정)
② 법 제20조제1항에 따른 취득세의 납부는 별지 제4호서식에 따른다.(2011.12.31 본항개정)
③ 「부동산등기법」 제28조에 따라 채권자대위권에 의한 등기신청을 하려는 채권자가 법 제20조제5항 전단에 따라 납세의무자를 대위하여 부동산의 취득에 대한 취득세를 신고납부한 경우에는 「지방세징수법 시행규칙」 별지 제20호서식의 취득세(등록면허세) 납부확인서를 발급받을 수 있다.(2020.12.31 본항신설)
제9조의2 (2011.12.31 삭제)
제10조【취득세 신고 및 수납사항 처리부】 영 제36조제6항에 따른 취득세 신고 및 수납사항 처리부는 별지 제6호서식에 따른다.(2016.12.30 본조개정)
제11조【취득세 미납부 및 납부부족액에 대한 통보】 영 제38조에 따른 취득세 미납부 및 납부부족액에 대한 통보는 별지 제7호서식에 따른다.
제11조의2【차량 취득세 과세자료의 통보】 ① 법 제22조제3항에서 "행정안전부령으로 정하는 사항"이란 다음 각 호의 사항을 말한다.(2017.7.26 본문개정)
1. 취득자의 인적사항
2. 차량번호
3. 취득일 및 취득가격
4. 그 밖에 차량 취득세 과세내역을 파악하는데 필요한 사항
② 법 제22조제3항에 따른 차량 취득세 과세자료의 통보는 별지 제7호의2서식에 따른다.
(2014.1.1 본조신설)
제12조【취득세 비과세 등 확인】 ① 법, 「지방세특례제한법」 또는 「조세특례제한법」에 따라 취득세의 비과세 또는 감면으로 법 제7조에 따른 부동산등을 취득하여 등기하거나 등록하려는 경우에는 그 부동산등의 납세지를 관할하는 시장·군수·구청장의 취득세 비과세 또는 감면 확인을 받아야 한다.
② 제1항에 따른 취득세 비과세 또는 감면에 대한 시장·군수·구청장의 확인은 별지 제8호서식에 따른다.(2016.12.30 본조개정)
제12조의2【부동산 증여 납부 및 징수에 관한 자료】 영 제38조의3에서 "행정안전부령으로 정하는 통보서"란 별지 제7호의3서식에 따른 통보서를 말한다.
(2023.3.14 본조신설)

제3장 등록면허세

제1절 등록에 대한 등록면허세

제13조【신고 및 납부】 ① 영 제48조제3항에 따라 등록에 대한 등록면허세(이하 이 절에서 "등록면허세"라 한다)를 신고하려는 자는 별지 제9호서식의 등록에 대한 등록면허세 신고서에 다음 각 호의 서류를 첨부하여 납세지를 관할하는 시장·군수·구청장에게 신고해야 한다.
1. 전세계약서 등 등록가액 등을 증명할 수 있는 서류 사본 1부
2. 「지방세특례제한법 시행규칙」 별지 제1호서식의 지방세 감면 신청서 1부
3. 별지 제8호서식의 취득세 비과세 확인서 1부
4. 별지 제10호서식의 등록면허세(등록) 납부서 납세자

보관용 영수증 사본 1부 (2020.12.31 본항개정)
② 법 제30조제1항부터 제3항까지에 따른 등록면허세의 납부는 별지 제10호서식에 따른다.(2011.12.31 본항개정)
③ 법 제31조제1항 또는 제2항에 따른 등록면허세 특별징수 내용의 통보는 각각 별지 제13호서식에 따른다.
④ 법 제31조제1항 또는는 제2항에 따라 특별징수한 등록면허세의 납부는 각각 별지 제14호서식에 따른다.
⑤ 영 제49조제6항에 따른 등록면허세 신고 및 수납사항처리부의 작성에 관하여는 별지 제6호서식을 준용한다.(2016.12.30 본항개정)
⑥ 「부동산등기법」 제28조에 따라 채권자대위권에 의한 등기신청을 하려는 채권자가 법 제30조제5항 전단에 따라 납세의무자를 대위하여 부동산의 등기에 대한 등록면허세를 신고납부한 경우에는 「지방세징수법 시행규칙」 별지 제20호서식의 취득세(등록면허세) 납부확인서를 발급받을 수 있다.(2020.12.31 본항신설)
제14조【등록면허세 미납부 및 납부부족액 통보】 영 제50조제1항에 따른 등록면허세 미납부 및 납부부족액에 대한 통보는 별지 제7호서식에 따른다.
제15조【등록면허세 비과세 등 확인】 ① 법, 「지방세특례제한법」 또는 「조세특례제한법」에 따라 등록면허세의 비과세 또는 감면으로 등기 또는 등록하려는 경우에는 법 제25조제1항에 따른 등록면허세의 납세지를 관할하는 시장·군수·구청장의 비과세 또는 감면 확인을 받아야 한다.
② 제1항에 따른 등록면허세 비과세 또는 감면에 대한 시장·군수·구청장의 확인은 별지 제8호서식에 따른다.(2016.12.30 본조개정)

제2절 면허에 대한 등록면허세

제16조【신규 면허에 대한 등록면허세의 신고 및 납부】 ① 법 제35조제1항에 따른 면허에 대한 등록면허세(이하 이 절에서 "등록면허세"라 한다)의 신고는 별지 제15호서식에 따른다.
② 법 제35조제1항에 따라 등록면허세를 납부하려는 자는 별지 제14호서식의 납부서를 이용하여 납부하여야 한다.(2011.12.31 본항개정)
③ 법 제35조제2항에 따라 등록면허세를 보통징수하는 경우에는 별지 제17호서식에 따른다.
제17조【면허의 취소 또는 정지 요구】 법 제39조제1항에 따른 면허의 취소 또는 정지 요구는 별지 제18호서식에 따른다.
제18조【면허에 관한 통보】 법 제38조의2제1항에 따른 면허의 부여·변경·취소 또는 정지에 관한 통보는 별지 제19호서식에 따른다.(2010.12.31 본조개정)
제19조【과세대장의 비치】 ① 영 제55조에 따른 등록면허세의 과세대장은 별지 제20호서식에 따른다.
② 시장·군수·구청장은 제1항에 따른 등록면허세의 과세대장에 준하여 등록면허세 비과세 및 과세면제 대장을 갖추어 두고, 필요한 사항을 등재하여야 한다.(2016.12.30 본항개정)

제4장 레저세

제20조【안분기준을 달리하는 기간】 영 제57조제1항제4호에서 "행정안전부령으로 정하는 기간"이란 5년을 말한다.(2021.12.31 본조개정)
제21조【신고 및 납부】 ① 영 제58조제1항에 따른 레저세의 신고는 별지 제21호서식에 따른다.

② 영 제58조제2항에 따른 레저세의 납부는 별지 제14호서식에 따른다.(2011.12.31 본항개정)

제22조【보통징수】 법 제45조제1항 및 제2항에 따라 레저세의 산출세액, 부족세액, 가산세 등을 보통징수의 방법으로 징수할 경우에는 별지 제22호서식에 따른다.

제5장 담배소비세

제22조의2【과세면제의 표시】 제조자 또는 수입판매업자는 법 제54조제1항제2호부터 제8호까지 및 영 제63조의 규정에 따라 담배소비세가 면제되는 담배를 제조·판매할 경우에는 담뱃갑 포장지에 가로 1센티미터, 세로 3센티미터의 사각형 안에 "면세용, Duty Free"라고 표시하여야 한다.(2015.12.31 본조신설)

제23조【재수입 면세담배의 반입 확인】 영 제64조의2에서 "행정안전부령으로 정하는 확인서"는 별지 제22호의2서식에 따른다.(2017.7.26 본조개정)

제24조【반출신고】 ① 영 제65조제1항에 따라 담배의 반출신고를 하려는 자는 별지 제23호서식의 담배 반출신고서에 담배 수불(受拂)상황표 및 담배의 반출사실을 증명하는 전표 또는 수입신고필증을 첨부하여 제조장 또는 주사무소 소재지를 관할하는 특별시장·광역시장·특별자치시장·특별자치도지사·시장 또는 군수(이하 이 장에서 "시장·군수"라 한다)에게 제출해야 한다.

② 제1항에 따라 담배의 반출신고를 받은 제조장 소재지를 관할하는 시장·군수는 매월 월말집계표를 다음 달 15일까지 제조자의 주사무소 소재지를 관할하는 시장·군수에게 통보해야 한다.
(2019.12.31 본조개정)

제25조 (2019.12.31 삭제)

제26조 (2016.12.30 삭제)

제27조【폐업 시의 재고담배 사용계획서 제출】 법 제58조에 따른 재고담배 사용계획서는 별지 제26호서식의 재고담배의 사용계획서에 따른다.(2016.12.30 본조개정)

제28조【기장 의무가 없는 수입판매업자】 영 제68조제2항 각 호 외의 부분 단서에서 "행정안전부령으로 정하는 수입판매업자"란 다음 각 호의 어느 하나에 해당하는 자를 말한다.(2017.7.26 본문개정)
1. 사업개시 후 1년이 경과되지 아니한 수입판매업자
2. 직전 연도의 월평균 담배소비세 납부액이 5억원 이하인 수입판매업자

제29조【신고 및 납부】 ① 영 제69조제1항에 따라 담배소비세를 신고하고 납부하려는 제조자는 별지 제27호서식의 담배소비세 신고서(제조자용)에 별지 제30호서식의 담배소비세액 공제·환급증명서(공제·환급세액이 있는 경우로 한정한다)를 첨부하여 관할 시장·군수에게 제출하고, 별지 제14호서식의 납부서로 납부해야 한다.(2019.12.31 본항개정)

② 영 제69조제2항에 따라 담배소비세를 신고하고 납부하려는 수입판매업자는 별지 제28호서식의 담배소비세 신고서(수입판매자용)에 별지 제30호서식의 담배소비세액 공제·환급증명서(공제·환급세액이 있는 경우로 한정한다)를 첨부하여 관할 시장·군수에게 제출하고, 별지 제14호서식의 납부서로 납부해야 한다.
(2019.12.31 본항개정)

③ 영 제69조제5항에 따른 징수내역서는 별지 제28호의2서식의 담배소비세 징수내역서에 따른다.
(2015.12.31 본항개정)

제30조 (2019.12.31 삭제)

제31조【세액의 공제·환급증명의 발급 신청】 ① 영 제70조제1항에 따른 담배소비세액의 공제·환급증명 발급신청서 및 공제·환급증명서는 각각 별지 제30호서식에 따른다.

② 제조자 및 수입판매업자는 영 제70조제2항에 따라 세액을 환급받으려면 별지 제31호서식의 담배소비세액 환급신청서에 별지 제30호서식의 담배소비세액 공제·환급증명서를 첨부하여 주사무소 소재지를 관할하는 시장·군수에게 제출해야 한다.

③ 제2항에 따라 환급신청서를 제출받은 시장·군수는 모든 시장·군수에게 환급신청을 받은 사실을 통보해야 하며, 해당 통보를 받은 시장·군수는 환급신청을 받은 시장·군수에게 해당 시·군이 받은 세액 중 환급해야 하는 세액을 즉시 납입해야 한다.
(2019.12.31 본조개정)

제31조의2【담배의 폐기 신고】 영 제70조의2제1항 및 제2항에서 "행정안전부령으로 정하는 신고서"란 별지 제31호의2서식의 담배 폐기 신고서 및 담배 폐기 확인서를 말한다.(2017.7.26 본조개정)

제32조【납세담보확인서】 영 제71조제2항 본문에 따른 담배소비세의 납세담보확인서의 발급 신청은 별지 제32호서식에 따르고, 담배소비세의 납세담보확인서는 별지 제33호서식에 따른다.

제6장 지방소비세

제33조【특별징수의무자의 납입】 법 제71조제1항에 따른 지방소비세의 징수명세서는 별지 제34호서식에 따른다.

제33조의2【안분기준 통보】 ① 행정안전부장관은 영 제75조제1항제1호에 따른 특별시·광역시·특별자치시·도 또는 특별자치도(이하 이 조에서 "시·도"라 한다)별 소비지수를 매년 1월 31일까지 별지 제35호서식에 따라 각 특별시장·광역시장·특별자치시장·도지사 또는 특별자치도지사(이하 이 조에서 "시·도지사"라 한다)에게 통보해야 한다.

② 교육부장관은 영 제75조제7항에 따라 시·도 교육청별 보통교부금 배분비율을 매년 1월 31일까지 별지 제35호의2서식에 따라 행정안전부장관, 시·도지사 및 시·도의 교육감에게 통보해야 한다.

③ 행정안전부장관은 영 제75조제8항에 따른 시·군·구의 안분비율과 주택 유상거래별 취득세 감소분의 보전비율을 매년 1월 31일까지 각각 별지 제35호의3서식 및 별지 제35호의4서식에 따라 시장·군수·구청장과 시·도지사 및 시·도교육감에게 통보해야 한다.
(2021.12.31 본조개정)

제34조【취득세 감소분 산정기간 및 방법 등】 ① 영 제75조제2항 각 호 외의 부분 단서에 따른 사회복지수요 등을 고려하여 취득세의 보전에 충당하는 안분액은 다음 계산식에 따라 산출한다.

해당 시·도의 안분액 : {[A × (1 - B - C)] - D} × 2/100 × E

A : 지방소비세의 과세표준 × 6%
B : 법 제71조제3항제2호에 따라 감소되는 지방교부세액의 비율(19.24%)
C : 법 제71조제3항제2호에 따라 감소되는 지방교육재정교부금액의 비율(20.27%)
D : 법 제71조제3항제2호에 따라 감소되는 지방교육세 {[A × (1 - B - C)] ÷ 11}
E : 매년 1월 1일 현재 「주민등록법」에 따른 인구통계를 기준으로 해당 시·도의 5세 이하의 인구 및 65세 이상의 인구가 전국에서 차지하는 비율

(2021.12.31 본항개정)

② 영 제75조제6항에 따른 주택 유상거래별 취득세 감소분을 산출하는데 필요한 기간 및 방법 등은 별표3과 같다.
(2016.12.30 본조개정)

제35조【납입 통보】영 제76조제2항에 따른 안분명세서는 별지 제36호서식에 따른다.(2019.12.31 본조개정)

제7장 주민세

제36조【과세대상에서 제외되는 건축물】영 제78조제1항제1호 단서에서 "행정안전부령으로 정하는 건축물"이란 다음 각 호의 어느 하나에 해당하는 것을 말한다.(2019.12.31 본문개정)
1. 구내 목욕실 및 탈의실
2. 구내이발소
3. 탄약고

제37조【주민세 사업소분의 신고 및 납부】① 영 제84조제1항에 따른 사업소분의 신고는 별지 제37호서식에 따른다.
② 법 제83조제4항 및 영 제84조제2항에서 "행정안전부령으로 정하는 납부서"란 각각 별지 제14호서식의 납부서를 말한다.
(2020.12.31 본조개정)

제38조【과세대장 비치 등】① 영 제85조에 따른 주민세 개인분 과세대장은 별지 제37호의2서식에 따른다.
② 영 제85조에 따른 주민세 사업소분 과세대장은 별지 제38호서식에 따른다.
③ (2019.2.8 삭제)
(2020.12.31 본조개정)

제38조의2【월 통상 인원의 산정방법】영 제85조의3에 따른 월 통상인원은 다음 계산식에 따라 산정한다.

$$월\ 통상인원 = \frac{해당\ 월의\ 상시\ 고용\ 종업원\ 수}{} + \frac{해당\ 월의\ 수시\ 고용\ 종업원의\ 연인원}{해당\ 월의\ 일수}$$

(2015.12.31 본조개정)

제38조의3【종업원분의 신고 및 납부】① 영 제85조의4제1항에 따른 종업원분의 신고는 별지 제39호의2서식에 따른다.
② 영 제85조의4제2항에 따른 종업원분의 납부는 별지 제14호서식에 따른다.
(2015.12.31 본조개정)

제38조의4【종업원분 과세대장의 비치 등】영 제85조의5제1항에 따른 종업원분 과세대장은 별지 제39조의3서식에 따른다.(2019.2.8 본조개정)

제8장 지방소득세

제38조의5【법인지방소득세 안분 적용방법】영 제88조제2항에 따른 종업원 수와 건축물 연면적 기준은 별표4의 법인지방소득세 안분계산 시 세부 적용기준을 적용하여 계산한다.(2016.12.30 본조신설)

제39조【주된 사업장】영 제88조제4항 단서에서 "행정안전부령으로 정하는 주된 사업장"이란 해당 특별시 또는 광역시 안에 소재하는 사업장 중 영 제78조의3에 따른 종업원의 수가 가장 많은 사업장을 말한다. 다만, 종업원 수가 가장 많은 사업장이 둘 이상인 경우에는 그 중 영 제88조제1항에 따른 안분율이 가장 큰 사업장을 말한다.(2017.7.26 본문개정)

제40조【부동산매매업자의 토지등 매매차익예정신고와 납부】① 영 제90조제1항에 따라 토지등매매차익예정신고를 하려는 자는 별지 제39호의5서식의 토지등매매차익에 대한 개인지방소득세 예정신고 및 납부계산서에 다음 각 호의 서류를 첨부하여 납세지 관할 지방자치단체의 장에게 제출해야 한다.
1. 「소득세법 시행규칙」 별지 제16호서식 부표의 토지 등 매매차익 계산명세서 1부

2. 매매계약서 및 필요경비 증명 서류 각 1부(2019.12.31 본항개정)
② 영 제90조제2항에 따른 개인지방소득세의 납부서는 별지 제14호서식 또는 별지 제40호서식에 따른다.(2014.8.8 본조개정)

제41조【종합소득 및 퇴직소득에 대한 개인지방소득세 신고·납부】① 영 제92조제1항에 따른 종합소득 또는 퇴직소득에 대한 개인지방소득세 과세표준확정신고 및 납부계산서는 다음 각 호의 서식에 따른다.
1. 종합소득에 대한 개인지방소득세 과세표준확정신고 및 납부계산서 : 별지 제40호의2서식. 다만, 영 제92조제3항에 따른 사업자, 「소득세법」 제14조제3항제7호에 따른 분리과세 주택임대소득만 있는 사람 및 같은 법 제21조제1항제26호에 따른 종교인소득만 있는 사람의 경우에는 각각 별지 제40호의3서식부터 별지 제40호의5서식까지로 별지 제40호의2서식을 갈음할 수 있다.
2. 퇴직소득에 대한 개인지방소득세 과세표준확정신고 및 정산계산서 : 별지 제40호의6서식(2019.12.31 본항개정)
② 영 제92조제2항에 따른 종합소득 또는 퇴직소득에 대한 개인지방소득세의 납부서는 별지 제14호서식 또는 별지 제40호서식에 따른다.
③ 법 제95조제5항에 따른 납부서는 별지 제40호의7서식에 따른다.(2023.3.28 본항개정)
(2019.12.31 본조제목개정)
(2014.8.8 본조개정)

제42조【수정신고 납부】영 제93조제2항에 따른 종합소득 또는 퇴직소득에 대한 개인지방소득세 추가납부세액의 납부서는 별지 제14호서식 또는 별지 제40호서식에 따른다.(2014.8.8 본조개정)

제43조【수시부과】영 제96조제3항에 따른 수시부과세액은 「소득세법 시행규칙」 제69조 각 호의 계산식에 따라 계산한 금액으로 한다. 이 경우 기본세율은 법 제92조제1항의 표준세율을 말한다.(2014.8.8 본조개정)

제43조의2【결손금소급공제세액 환급 신청】영 제98조제3항에 따른 결손금소급공제세액환급신청서는 다음 각 호의 구분에 따른 서식에 따른다.(2022.3.31 본문개정)
1. 법 제101조제1항 본문에 따라 결손금 소급공제세액을 환급신청하는 경우 : 별지 제40호의8서식에 따른 결손금 소급공제세액 환급신청서
2. 법 제101조제1항 단서에 따라 결손금 소급공제세액을 환급신청하는 경우 : 별지 제40호의9서식에 따른 결손금 소급공제세액 환급특례신청서(2022.3.31 1호~2호신설)

제44조【공동사업자별 분배명세서】영 제99조에 따른 공동사업자별 분배명세서는 별지 제40호의10서식에 따른다.(2022.3.31 본조개정)

제45조【양도소득에 대한 개인지방소득세 예정신고와 납부】① 영 제100조의2제1항에 따른 양도소득에 대한 개인지방소득세 과세표준예정신고 및 납부계산서는 별지 제40호의11서식에 따른다.(2022.3.31 본항개정)
② 영 제100조의2제2항에 따른 양도소득에 대한 개인지방소득세의 납부서는 별지 제14호서식 또는 별지 제40호서식에 따른다.
③ 법 제103조의5제4항에 따른 양도소득에 대한 개인지방소득세 과세표준 예정신고 납부서는 별지 제40호의12서식에 따른다.(2022.3.31 본항개정)
(2014.8.8 본조개정)

제46조【양도소득에 대한 개인지방소득세 확정신고와 납부】① 영 제100조의3제1항에 따른 양도소득에 대한 개인지방소득세 과세표준확정신고 및 납부계산서는 별지 제40호의11서식에 따른다.(2022.3.31 본항개정)

② 영 제100조의3제3항에 따른 양도소득에 대한 개인지방소득세의 납부는 별지 제14호서식 또는 별지 제40호서식에 따른다.
③ 법 제103조의7제9항에 따른 양도소득에 대한 개인지방소득세 과세표준 확정신고 납부서는 별지 제40호의12서식에 따른다. (2022.3.31 본항개정)
(2014.8.8. 본조신설)

제47조【비거주자의 개인지방소득세 신고·납부】 ① 영 제100조의4제1항 본문에서 "행정안전부령으로 정하는 신고서류"란 다음 각 호의 서류를 말한다.
1. 「소득세법 시행규칙」 제87조제2항제1호에 따른 대표신고자 일괄신고 동의서
2. 법 제103조의11제2항에서 비거주자의 신고 및 납부에 관해 준용되는 규정에 따라 개인지방소득세의 과세표준 신고 시 제출해야 하는 서류
(2022.3.31 본항신설)
② 영 제100조의4제2항에 따른 비거주자유가증권양도소득정산신고서는 별지 제40호의13서식에 따른다.
③ 영 제100조의4제3항에 따른 비거주자유가증권양도소득신고서는 별지 제40호의14서식에 따른다.
④ 영 제100조의4제2항 및 제3항에 따른 양도소득에 대한 개인지방소득세의 납부서는 별지 제14호서식 또는 별지 제40호서식에 따른다.
(2022.3.31 본조개정)

제48조【특별징수세액의 납부 등】 ① 영 제100조의5제1항에 따른 특별징수세액의 납부서는 별지 제42호서식에 따르고, 같은 항에 따른 계산서와 명세서는 별지 제42호의2서식에 따른다.
② 법 제103조의13제1항 후단에 따른 특별징수의무자(이하 이 조 및 제48조의2에서 "특별징수의무자"라 한다)는 같은 항에 따라 특별징수하여 납부한 지방소득세액 중 과오납된 세액이 있는 경우에는 그 특별징수의무자가 특별징수하여 납부할 지방소득세에서 조정하여 환급한다.
③ 제2항에 따라 조정·환급할 지방소득세가 그 달에 특별징수하여 납부할 지방소득세를 초과하는 경우에는 다음 달 이후에 특별징수하여 납부할 지방소득세에 조정하여 환급한다. 다만, 다음 각 호의 어느 하나에 해당하는 경우에는 조정·환급하지 아니하고 해당 지방소득세가 과오납된 지방자치단체에서 환급한다.
1. 다음 달 이후에도 특별징수하여 납부할 지방소득세가 없는 경우
2. 납세자가 조정·환급을 원하지 아니하여 납세자가 특별징수의무자를 경유하여 지방자치단체의 장에게 환급을 신청하거나 해당 특별징수의무자가 지방자치단체의 장에게 환급을 신청하는 경우
(2014.8.8 본조신설)

제48조의2【개인지방소득세 연말정산 시의 환급】 ① 영 제100조의7제1항 단서를 적용할 때 특별징수의무자가 환급할 개인지방소득세가 연말정산하는 달에 특별징수하여 납부할 개인지방소득세를 초과하는 경우에는 다음 달 이후에 특별징수하여 납부할 개인지방소득세에서 조정하여 환급한다. 다만, 해당 특별징수의무자의 환급신청이 있는 경우에는 특별징수 관할 지방자치단체의 장이 그 초과액을 환급한다. (2015.12.31 본문개정)
② 제1항 단서에 따라 환급신청을 하려는 특별징수의무자는 「지방세기본법 시행규칙」 별지 제23호서식에 따른 지방소득세(특별징수분, 신고·고지분) 환급청구서를 특별징수 관할 지방자치단체의 장에게 제출해야 한다. (2021.12.31 본항신설)
③ 제2항에도 불구하고 「소득세법 시행규칙」 제93조제2항 단서에 따라 원천징수 관할세무서장으로부터 환급

액을 지급받은 해당 근로소득이 있는 사람은 개인지방소득세 환급액의 지급을 직접 신청할 수 있다. 이 경우 해당 근로소득이 있는 사람은 별지 제41호의2서식에 따른 폐업·부도기업 특별징수액환급금 지급 신청서를 특별징수 관할 지방자치단체의 장에게 제출해야 한다. (2021.12.31 본항신설)
④ 특별징수의무자가 특별징수하여 납부한 개인지방소득세액 중 잘못 특별징수한 세액이 있는 경우 그 환급에 관하여는 제1항부터 제3항까지의 규정을 준용한다. (2021.12.31 본항개정)

제48조의3【징수교부금 교부 청구】 영 제100조의8제2항에 따른 납세조합의 징수교부금 청구서는 별지 제42호의3서식에 따른다. (2020.12.31 본조개정)

제48조의4【법인지방소득세 과세표준의 신고】 ① 영 제100조의12제2항에 따른 법인지방소득세 과세표준 및 세액신고서는 별지 제43호서식에 따른다.
(2016.12.30 본항개정)
② 영 제100조의12제3항에 따른 법인지방소득세 과세표준 및 세액조정계산서는 별지 제43호의2서식에 따른다.
③ 영 제100조의12제4항에서 "행정안전부령으로 정하는 안분명세서"란 별지 제44호의6서식의 법인지방소득세 안분명세서를 말한다. (2017.7.26 본항개정)
④ 본점 또는 주사무소 소재지 관할 지방자치단체의 장은 법 제103조의23제2항에 따라 납세자가 제출한 첨부서류를 확정신고기한의 다음 달 마지막날까지 지방세통합정보통신망에 입력해야 한다. (2023.3.28 본항개정)
⑤ 영 제100조의12제5항에 따른 세무조정계산서 부속서류는 다음 각 호의 서류 중 해당 법인과 관련된 서류로 한다. (2015.12.31 본문개정)
1. 별지 제43호의3서식에 따른 공제세액 및 추가납부세액합계표
2. 별지 제43호의4서식에 따른 법인지방소득세 가산세액계산서
3. 별지 제43호의5서식에 따른 법인지방소득세 특별징수세액명세서
4. (2016.12.30 삭제)
5. 별지 제43호의9서식에 따른 소급공제법인지방소득세액환급신청서
5의2. 별지 제43호의10서식에 따른 소급공제 법인지방소득세액 환급특례신청서 (2022.3.31 본호신설)
6. 별지 제43호의12서식에 따른 사실과 다른 회계처리로 인하여 과다 납부한 세액의 차감액 명세서
(2022.3.31 본호개정)
7. 별지 제43호의14서식에 따른 재해손실세액 차감신청서 (2023.3.28 본호신설)
⑥ 「법인세법」 제57조제1항에 따른 외국법인세액(이하 "외국법인세액"이라 한다)을 차감한 금액을 법인지방소득세 과세표준으로 하려는 내국법인은 영 제100조의10제1항에 따라 별지 제43호의13서식의 외국법인세액 과세표준 차감 명세서에 다음 각 호의 서류를 첨부하여 납세지 관할 지방자치단체의 장에게 제출해야 한다. (2022.3.31 본문개정)
1. 외국법인세액 증명서류
2. 「법인세법 시행규칙」 별지 제8호서식 부표5
3. 「법인세법 시행규칙」 별지 제8호서식 부표5의3
(2020.12.31 본항신설)

제48조의5【안분 신고 및 납부】 ① (2016.12.30 삭제)
② 영 제100조의13제2항에 따른 법인지방소득세의 납부서는 별지 제14호서식 또는 별지 제43호의8서식에 따른다.
(2014.8.8 본조신설)

제48조의6【수정신고 납부】 영 제100조의14제2항에 따른 법인지방소득세 추가납부세액의 납부서는 별지 제14호서식 또는 별지 제43호의8서식에 따른다.
(2014.8.8 본조신설)

제48조의7【결손금소급공제세액 환급 신청】 영 제100조의18제4항에 따른 소급공제법인지방소득세액환급신청서는 다음 각 호의 구분에 따른 서식에 따른다.

1. 법 제103조의28제1항 본문에 따라 결손금 소급공제세액을 환급신청하는 경우 : 별지 제43호의9서식에 따른 소급공제 법인지방소득세액 환급신청서

2. 법 제103조의28제1항 단서에 따라 결손금 소급공제세액을 환급신청하는 경우 : 별지 제43호의10서식에 따른 소급공제 법인지방소득세액 환급특례신청서
(2022.3.31 1호~2호신설)
(2022.3.31 본조개정)

제48조의8【법인지방소득세 특별징수세액의 납부 등】 ① 영 제100조의19제1항에 따른 특별징수세액의 납부서는 별지 제42호서식에 따른다.

② 영 제100조의19제2항에 따른 법인지방소득세 특별징수명세서 및 같은 조 제4항에 따른 법인지방소득세 특별징수영수증은 별지 제42호의4서식에 따른다.
(2015.6.1 본조개정)

제48조의9【비영리내국법인의 과세표준 신고의 특례】 ① 법 제103조의32제1항에 따른 이자소득만 있는 비영리내국법인의 과세표준신고는 다음 각 호의 서식에 따른다.

1. 별지 제43호의5서식의 법인지방소득세 특별징수세액명세서(부표를 포함한다)

2. 별지 제43호의6서식의 법인지방소득세 과세표준(조정계산) 및 세액신고서(부표를 포함한다)

3. 별지 제44호의6서식의 법인지방소득세 안분명세서

② 영 제100조의22제3항에 따른 법인지방소득에 대한 양도소득과세표준 예정신고서는 별지 제43호의11서식에 따른다.(2022.3.31 본항개정)
(2016.12.30 본조개정)

제48조의10【연결세액의 신고 및 납부】 ① 영 제100조의23제4항에 따른 연결법인은 각 연결법인별로 작성한 별지 제43호의13서식의 외국법인세액 과세표준 차감 명세서에 다음 각 호의 서류를 첨부하여 납세지 관할 지방자치단체의 장에게 제출해야 한다.(2022.3.31 본문개정)

1. 외국법인세액 증명서류

2. 「법인세법 시행규칙」 별지 제8호서식 부표5

3. 「법인세법 시행규칙」 별지 제8호서식 부표5의3
(2021.12.31 본항신설)

② 영 제100조의25제1항에 따른 각 연결사업연도의 소득에 대한 법인지방소득세 과세표준 및 세액신고서는 별지 제44호서식에 따른다.(2016.12.30 본항개정)

③ 영 제100조의25제2항에 따른 연결집단 법인지방소득세 과세표준 및 세액조정계산서는 별지 제44호의2서식에 따른다.

④ 영 제100조의25제2항에 따른 세액조정계산서 부속서류는 다음 각 호의 서류 중 각 연결법인과 관련된 서류로 한다.(2020.8.20 본문개정)

1. 별지 제44호의3서식에 따른 연결법인 법인지방소득세 가산세액 계산서

2. 별지 제44호의4서식에 따른 연결법인별 기본사항 및 법인지방소득세 신고서

3. 별지 제44호의5서식에 따른 연결법인별 법인지방소득세 과세표준 및 세액조정계산서

4. 각 연결법인의 법 제103조의23제2항 각 호의 서류

5. 별지 제43호의12서식에 따른 사실과 다른 회계처리로 인하여 과다 납부한 세액의 차감액 명세서
(2022.3.31 본호개정)

⑤ 본점 또는 주사무소 소재지 관할 지방자치단체의 장은 법 제103조의37제1항에 따라 납세자가 제출한 첨부서류를 확정신고기한의 다음 달 마지막날까지 지방세통합정보통신망에 입력해야 한다.(2023.3.28 본항개정)
(2014.8.8 본조신설)

제48조의11【청산소득에 대한 법인지방소득세 과세표준의 신고】 ① 영 제100조의26에 따른 청산소득에 대한 법인지방소득세과세표준 및 세액신고서는 별지 제45호서식에 따른다.

② 법 제103조의43제2항에 따른 법인지방소득세의 납부서는 별지 제14호서식 또는 별지 제43호의8서식에 따른다.
(2014.8.8 본조신설)

제48조의12【외국법인의 유가증권 양도소득 등에 대한 신고·납부 특례】 ① 영 제100조의28제1호에 따른 외국법인유가증권양도소득정산신고서는 별지 제45호의2서식에 따른다.

② 영 제100조의28제2호에 따른 외국법인유가증권양도소득신고서는 별지 제45호의3서식에 따른다.

③ 영 제100조의28제3호에 따른 외국법인증여소득신고서는 별지 제45호의4서식에 따른다.
(2014.8.8 본조신설)

제48조의13【외국법인의 인적용역소득에 대한 신고·납부 특례】 영 제100조의29에 따른 외국법인인적용역소득신고서는 별지 제45호의5서식에 따른다.
(2014.8.8 본조신설)

제48조의14【준청산소득에 대한 법인지방소득세의 신고】 영 제100조의30에 따른 준청산소득에 대한 법인지방소득세 과세표준 및 세액신고서는 별지 제45호의6서식에 따른다.(2014.8.8 본조신설)

제48조의15【과세표준 및 세액 등의 통보】 ① 법 제103조의59제1항에 따른 소득세의 신고·결정·경정·징수 및 환급과 관련된 자료의 통보는 다음 각 호의 구분에 따른다.

1. 법 제103조의59제1항제1호 및 제2호에 따른 통보 : 별지 제46호서식부터 별지 제48호서식까지 및 별표5에서 정하는 자료

2. 법 제103조의59제1항제3호 및 제4호에 따른 통보 : 별지 제49호서식

3. 법 제103조의59제1항제5호에 따른 통보 : 별지 제50호서식부터 별지 제53호서식까지

② 법 제103조의59제2항에 따른 법인세의 신고·결정·경정·징수 및 환급과 관련된 자료의 통보는 다음 각 호의 구분에 따른다.

1. 법 제103조의59제2항제1호 및 제2호에 따른 통보 : 별지 제54호서식

2. 법 제103조의59제2항제3호 및 제4호에 따른 통보 : 별지 제49호서식

3. 법 제103조의59제2항제5호에 따른 통보 : 별지 제50호서식 및 별지 제55호서식

4. 법 제103조의59제2항제6호에 따른 통보 : 별지 제55호의2서식(2016.12.30 본호신설)

③ 영 제100조의33제3항에 따른 통보는 별지 제56호서식으로 한다.
(2014.8.8 본조신설)

제48조의16【과세대장의 비치】 영 제100조의35에 따른 지방소득세 과세대장은 별지 제57호서식에 따른다.
(2014.8.8 본조신설)

제48조의17【법인지방소득세 특별징수세액 정산 등】 영 제100조의36제3항에서 "행정안전부령으로 정하는 서류"란 별지 제42호의4서식의 법인지방소득세 특별징수명세서 및 법인지방소득세 특별징수영수증을 말한다.(2017.7.26 본조개정)

제48조의18【재해손실에 대한 세액계산 특례】영 제100조의40제1항에서 "행정안전부령으로 정하는 신청서"란 별지 제43호의14서식에 따른 재해손실세액 차감신청서를 말한다.(2023.3.28 본조신설)

제9장 재산세

제49조【건축물 시가표준액의 기준】영 제101조제1항제2호나목에서 "건축물의 시가표준액"이란 해당 건축물이 과세기준일 현재 신축된 것으로 보아 계산한 시가표준액을 말한다.
제50조【공장입지기준면적】영 제102조제1항제1호에서 "행정안전부령으로 정하는 공장입지기준면적"이란 별표6에 따른 공장입지기준면적을 말한다.(2017.7.26 본조개정)
제50조의2【분리과세대상 토지 적용의 신청】영 제102조제11항에 따른 분리과세대상 토지 적용의 신청은 별지 제58호의2서식에 따른다.(2021.12.31 본조신설)
제51조【지상정착물의 범위】영 제103조제1항제4호에서 "행정안전부령으로 정하는 지상정착물"이란 다음 각 호의 시설을 말한다.(2017.7.26 본조개정)
1. 가스배관시설 및 옥외배전시설
2. 「전파법」에 따라 방송전파를 송수신하거나 전기통신역무를 제공하기 위한 무선국 허가를 받아 설치한 송수신시설 및 중계시설
제52조【공장용 건축물의 범위】영 제103조제2항에 따른 공장용 건축물은 영업을 목적으로 물품의 제조·가공·수선이나 인쇄 등의 목적에 사용할 수 있도록 생산설비를 갖춘 제조시설용 건축물, 그 제조시설을 지원하기 위하여 공장 경계구역 안에 설치되는 다음 각 호의 부대시설용 건축물 및 「산업집적활성화 및 공장설립에 관한 법률」제33조에 따른 산업단지관리기본계획에 따라 공장경계구역 밖에 설치된 종업원의 주거용 건축물을 말한다.
1. 사무실, 창고, 경비실, 전망대, 주차장, 화장실 및 자전거 보관시설
2. 수조, 저수조, 저장창고, 저장조 등 저장용 옥외구축물
3. 송유관, 옥외 주유시설, 급수·배수시설 및 변전실
4. 폐기물 처리시설 및 환경오염 방지시설
5. 시험연구시설 및 에너지이용 효율 증대를 위한 시설
6. 공동산업안전시설 및 보건관리시설
7. 식당, 휴게실, 목욕실, 세탁장, 의료실, 옥외 체육시설 및 기숙사 등 종업원의 복지후생 증진에 필요한 시설
제53조【주된 상속자의 기준】법 제107조제2항제2호에서 "행정안전부령으로 정하는 주된 상속자"란 「민법」상 상속지분이 가장 높은 사람으로 하되, 상속지분이 가장 높은 사람이 두 명 이상이면 그 중 나이가 가장 많은 사람으로 한다.(2017.7.26 본조개정)
제54조【납세의무 통지】영 제106조제3항에 따른 사용자에 대한 납세의무 통지는 별지 제58호서식에 따른다.(2014.1.1 본조개정)
제55조【공장용 건축물의 범위】영 제110조에서 "행정안전부령으로 정하는 공장용 건축물"이란 별표2에 규정된 업종의 공장으로서 생산설비를 갖춘 건축물의 연면적(옥외에 기계장치 또는 저장시설이 있는 경우에는 그 시설물의 수평투영면적을 포함한다)이 500제곱미터 이상인 것을 말한다. 이 경우 건축물의 연면적에는 해당 공장의 제조시설을 지원하기 위하여 공장 경계구역 안에 설치되는 부대시설(식당, 휴게실, 목욕실, 세탁장, 의료실, 옥외 체육시설 및 기숙사 등 종업원의 후생복지증진에 제공되는 시설과 대피소, 무기고, 탄약고 및 교육시설은 제외한다)의 연면적을 포함한다.(2017.7.26 전단개정)

제56조【공장의 범위와 적용기준】① 법 제111조제2항에 따른 공장의 범위와 적용기준에 대해서는 제7조를 준용한다. 이 경우 같은 조 제1항 전단 및 제2항 각 호 외의 부분 중 "법 제13조제8항"은 각각 "법 제111조제2항"으로 본다.(2011.5.30 후단개정)
② 법 제111조제2항에 따른 최초의 과세기준일은 공장용 건축물로 건축허가를 받아 건축하였거나 기존의 공장용 건축물을 공장용으로 사용하기 위하여 양수한 경우에는 영 제20조에 따른 취득일, 그 밖의 경우에는 공장시설의 설치를 시작한 날 이후에 최초로 도래하는 재산세 과세기준일로 한다.
제56조의2【재산세 세율 특례 적용을 위한 신청】영 제110조의2제1항 각 호에 따른 주택을 소유 주택 수 산정에서 제외하려는 자는 별지 제58호의3서식에 따른 신청서를 지방자치단체의 장에게 제출해야 한다.(2023.5.3 본조개정)
제57조【재산세 도시지역분 과세대상 토지의 범위】법 제112조제1항제2호 및 영 제111조제1호에 따른 재산세 도시지역분 과세대상 토지는 다음 각 호의 어느 하나에 해당하는 토지로 한다.(2013.1.14 본문개정)
1. 「도시개발법」에 따라 환지 방식으로 시행하는 도시개발구역(혼용방식으로 시행하는 도시개발구역 중 환지 방식이 적용되는 토지를 포함한다. 이하 이 조에서 같다) 외의 지역 및 환지처분의 공고가 되지 아니한 도시개발구역 : 전·답·과수원·목장용지 및 임야를 제외한 모든 토지
2. 환지처분의 공고가 된 도시개발구역 : 전·답·과수원·목장용지 및 임야를 포함한 모든 토지
3. 「국토의 계획 및 이용에 관한 법률」에 따른 개발제한구역 : 지상건축물, 영 제28조에 따른 고급주택, 골프장, 유원지, 그 밖의 이용시설이 있는 토지(2023.12.29 본조개정)
(2013.1.14 본조제목개정)
제58조【재산세의 합산 및 세액산정 등】법 제116조제3항에 따른 재산세의 과세대상 조사, 과세대상별 합산방법, 세액산정, 그 밖의 부과절차와 징수방법 등은 다음 각 호와 같다.
1. 시장·군수·구청장은 법 제120조제1항 각 호의 어느 하나에 해당하는 자의 신고, 영 제102조제11항에 따른 분리과세대상 토지 적용의 신청이나 직권으로 매년 과세기준일 현재 모든 재산을 조사하고, 과세대상 또는 비과세·감면대상으로 구분하여 재산세 과세대장에 등재해야 한다.(2021.12.31 본호개정)
2. 시장·군수·구청장은 제1호에 따라 조사한 재산 중 토지는 종합합산과세대상 토지, 별도합산과세대상 토지와 분리과세대상 토지로 구분하고 납세의무자별로 합산하여 세액을 산출하여야 한다.(2016.12.30 본호개정)
3. 시장·군수·구청장은 납기개시 5일 전까지 토지, 건축물 및 주택에 대한 재산세 납세의무자에게 다음 각 목에서 정하는 서식의 납세고지서를 발급하여 재산세를 징수해야 한다.(2021.12.31 본문개정)
가. 토지 : 별지 제59호서식
나. 건축물 : 별지 제59호의2서식
다. 주택 : 별지 제59호의3서식
(2021.12.31 가목~다목신설)
4. 제3호에 따라 납세고지서를 발급하는 경우 토지에 대한 재산세는 한 장의 납세고지서로 발급하며, 토지 외의 재산에 대한 재산세는 건축물·주택·선박 및 항공기로 구분하여 과세대상 물건마다 각각 한 장의 납세고지서로 발급하거나, 물건의 종류별로 한 장의 고지서로 발급할 수 있다.
5. 시장·군수·구청장은 별지 제58호의2서식의 신청서를 받은 경우 사실 확인과 재산세 과세대장 등재 등 필요한 조치를 해야 한다.(2021.5.27 본호신설)

제59조【재산세의 물납 절차 등】 ① 영 제113조 및 제114조에 따른 물납 허가 신청, 물납부동산 변경허가 신청 및 그 허가 통지는 다음 각 호의 구분에 따른다.

1. 물납 허가 신청 또는 물납부동산 변경허가 신청 : 별지 제61호서식
2. 물납 허가 또는 물납부동산 변경허가 통지 : 별지 제62호서식

② 물납 허가 또는 물납부동산 변경허가를 받은 납세의무자는 그 통지를 받은 날부터 10일 이내에「부동산등기법」에 따른 부동산 소유권이전등기에 필요한 서류를 시장·군수·구청장에게 제출하여야 하며, 해당 시장·군수·구청장은 그 서류를 제출받은 날부터 5일 이내에 관할 등기소에 부동산소유권이전등기를 신청하여야 한다. (2016.12.30 본항개정)

③ 영 제113조제3항 및 제114조제3항에서 "행정안전부령으로 정하는 바에 따라 물납하였을 때"란 각각 제2항에서 정하는 절차에 따라 해당 시장·군수·구청장이 물납대상 부동산의 소유권이전등기필증을 발급받은 때를 말한다.(2017.7.26 본항개정)

제60조【시가로 인정되는 부동산가액】 ① 영 제115조제2항 각 호 외의 부분 단서에서 "행정안전부령으로 정하는 바에 따라 시가로 인정되는 것"이란 재산세의 과세기준일 전 6개월부터 과세기준일 현재까지의 기간 중에 확정된 가액으로서 다음 각 호의 어느 하나에 해당하는 것을 말한다.(2017.7.26 본문개정)

1. 해당 부동산에 대하여 수용 또는 공매사실이 있는 경우 : 그 보상가액 또는 공매가액
2. 해당 부동산에 대하여 둘 이상의 감정평가법인등(「감정평가 및 감정평가사에 관한 법률」 제2조제4호에 따른 감정평가법인등을 말한다)이 평가한 감정가액이 있는 경우 : 그 감정가액의 평균액(2020.12.31 본호개정)
3. 법 제10조제5항제1호 및 제3호에 따른 취득으로서 그 사실상의 취득가격이 있는 경우 : 그 취득가격

② 제1항에 따라 시가로 인정되는 가액이 둘 이상인 경우에는 재산세의 과세기준일부터 가장 가까운 날에 해당하는 가액에 의한다.

제61조【분할납부신청】 영 제116조제2항에 따른 재산세의 분할납부 신청은 별지 제63호서식에 따른다.

제61조의2【신탁재산 물적납세의무 납부통지서】 지방자치단체의 장은 신탁재산의 수탁자에게 법 제119조의2제2항에 따라 고지를 하려는 경우에는 별지 제63호의2서식의 납부통지서에 제58조제3호 각 목의 납세고지서를 첨부해야 한다.(2021.12.31 본조신설)

제61조의3【학교 및 종교단체에 대한 재산세 특례 신청】 ① 영 제116조의4제3항에 따른 행정안전부령으로 정하는 토지분 재산세 합산배제 신청서는 별지 제63호의3서식에 따른다.

② 영 제116조의4제4항에 따른 신청 결과의 통지는 별지 제63호의4서식에 따른다.
(2023.6.30 본조개정)

제61조의4【주택 재산세액의 납부유예】 ① 영 제116조의2제1항에서 "행정안전부령으로 정하는 납부유예 신청서"란 별지 제63호의5서식을 말하며, "행정안전부령으로 정하는 서류"란 다음 각 호의 서류를 말한다.

1.「지방세기본법 시행규칙」별지 제29호서식의 납세담보제공서
2.「국세징수법 시행규칙」별지 제94호서식의 납세증명서
3.「지방세징수법 시행규칙」별지 제1호서식의 지방세 납세증명서
4. 관할 세무서장이 확인·발급한 소득금액 증명서류

② 영 제116조의2제2항에서 "행정안전부령으로 정하는

서면"이란 별지 제63호의6서식을 말한다.

③ 법 제118조의2제4항에 따른 납부유예 허가 취소 사실의 통보는 별지 제63호의7서식에 따른다.

④ 법 제118조의2제5항 및 영 제116조의2제3항에 따른 납부유예 세액과 이자상당가산액의 징수는 별지 제63호의8서식에 따른다.
(2023.6.30 본조신설)

제62조【재산세 납세의무자의 신고 등】 ① 재산의 공부상 소유자가 법 제120조제1항제1호에 따라 재산의 소유권 변동 등에 따른 납세의무자의 변동신고 또는 과세대상 재산의 변동신고를 하는 경우에는 별지 제64호서식에 따른다.

② 법 제107조제2항제2호에 따른 주된 상속자 또는 법 제120조제1항제3호에 따른 사실상 종중재산의 공부상 소유자가 법 제120조제1항에 따른 신고를 하는 경우에는 별지 제64호서식에 따른다.

③ 법 제120조제1항제4호에 따른 신탁재산의 수탁자가 법 제120조제1항에 따른 신고를 하는 경우에는 별지 제64호의2서식에 따른다.(2014.8.8 본항신설)

제63조【과세대장 직권등재】 시장·군수·구청장은 법 제120조제3항에 따라 직권으로 재산세 과세대장에 등재한 때에는 그 재산의 납세의무자에게 별지 제65호서식에 따라 직권등재 사실을 통지해야 한다.(2021.12.31 본조개정)

제64조【과세대장 비치】 ① 법 제121조에 따른 재산세 과세대장은 별지 제67호서식, 별지 제68호서식 및 별지 제69호서식에 따른다.

② 시장·군수·구청장은 제1항의 재산세 과세대장에 준하여 재산세 비과세 및 과세면제 대장을 갖추고 정리하여야 한다.(2016.12.30 본항개정)

제64조의2【직전 연도의 재산세액 상당액 계산식】 ① 주택에 대해 영 제118조제3호를 계산할 때 다음 계산식을 따른다.

> 주택에 대한 직전 연도의 재산세액 상당액 = A × B
>
> A : 직전 연도의 법령을 적용하여 산출한 과세표준 × 해당 연도에 적용되는 세율 × (1 − 해당 연도의 법령을 적용한 감면율)
> B : 직전 연도에 과세된 세액 ÷ [직전 연도의 법령을 적용한 과세표준 × 직전 연도에 적용되는 세율 × (1 − 직전 연도의 법령을 적용한 감면율)]

② 제1항에 따라 A를 계산할 때 "해당 연도에 적용되는 세율"이 법 제111조의2제1항에 따른 특례 세율(이하 이 항에서 "특례 세율"이라 한다)이 적용되는 경우 "해당 연도의 법령을 적용한 감면율"은 '0'으로 보고, B를 계산할 때 "직전 연도에 적용된 세율"이 특례 세율이 적용되는 경우 "직전 연도의 법령을 적용한 감면율"은 '0'으로 본다.

③ 제1항에 따라 주택에 대한 직전 연도의 재산세액 상당액을 계산할 때 직전 연도에 비과세 또는 면제가 적용됐거나 해당 연도에 주택이 신축된 경우에는 B를 '1'로 본다.
(2021.5.27 본조신설)

제10장 자동차세

제1절 자동차 소유에 대한 자동차세

제65조【비과세 신청】 영 제121조제3항에 따른 비과세 신청은 별지 제70호서식에 따른다.

제66조【납세고지서의 발급 등】 ① 법 제128조제2항에 따른 납세고지서는 별지 제71호서식에 따른다.

② 법 제128조제3항 및 영 제125조제2항에 따라 자동차 소유에 대한 자동차세(이하 이 절에서 "자동차세"라 한다) 연세액을 한꺼번에 신고납부할 경우에는 별지 제71호의2서식 및 별지 제14호서식에 따른다. (2013.1.14 본항개정)

③ 법 제128조제5항에 따라 자동차세를 신고납부할 경우에는 별지 제71호의3서식 및 별지 제14호서식에 따른다.(2013.1.14 본항신설)

④ 법 제130조제3항 단서에 따른 자동차세의 일할계산 신청 및 연세액 일시납부를 양수인이 한 것으로 보는 양도인의 동의는 별지 제72호서식에 따른다.

제67조【자동차등록증 등의 영치증 교부】 ① 시장·군수·구청장은 영 제128조제1항 및 제2항에 따라 자동차등록번호판을 영치한 경우에는 자동차 소유주의 주소, 성명, 자동차의 종류, 등록번호 및 영치일시 등을 적은 별지 제73호서식의 영치증을 교부하여야 하며, 그 영치사실을 문서로 자동차등록부서에 지체 없이 통보하여야 한다.(2019.2.8 본항개정)

② 시장·군수·구청장은 영 제128조제1항 및 제2항에 따라 자동차등록번호판을 영치한 자동차 소유자의 소재가 불분명하거나 그 밖에 영치증을 교부하는 것이 곤란하다고 인정되는 경우에는 해당 자동차에 영치증을 부착하는 것으로 제1항에 따른 교부를 갈음할 수 있다. (2024.1.22 본항개정)

제67조의2【자동차등록번호판 영치 일시 해제 신청】 ① 영 제128조의2제1항 전단에서 "행정안전부령으로 정하는 신청서"란 별지 제73호의2서식의 자동차등록번호판 영치 일시 해제 신청서를 말한다.

② 영 제128조의2제1항 후단에 따라 자동차등록번호판 영치 일시 해제 기간의 연장을 신청하려는 경우에는 별지 제73호의2서식의 자동차등록번호판 영치 일시 해제 기간 연장 신청서를 시장·군수·구청장에게 제출해야 한다. (2019.5.31 본조신설)

제68조【자동차 이동사항 통보】 지방자치단체의 장이 영 제129조 각 호의 사항을 납세지 관할 시장·군수·구청장에게 통보할 때에는 별지 제74호서식에 따른다.(2016.12.30 본조개정)

제69조【자동차세 과세대장의 비치】 영 제130조에 따른 자동차세 과세대장은 별지 제75호서식에 따른다.

제2절 자동차 주행에 대한 자동차세

제70조【신고 및 납부】 ① 영 제132조에 따른 자동차 주행에 대한 자동차세(이하 이 절에서 "자동차세"라 한다)의 신고는 별지 제76호서식에 따른다.

② 영 제132조에 따른 자동차세의 납부는 별지 제77호서식에 따른다.

제71조【주된 특별징수의무자에 대한 송금내역 통보】 자동차세 특별징수의무자가 영 제134조제1항에 따라 주된 특별징수의무자에게 자동차세 송금내역을 통보할 경우에는 별지 제78호서식에 따른다.

제72조【사무처리비 등】 ① 법 제137조제3항 후단에 따라 공제할 수 있는 사무처리비 등은 다음 각 호의 금액 또는 비용으로 한다.
1. 행정안전부장관이 자동차세의 징수 또는 납부와 관련하여 드는 비용 등을 고려하여 자동차세 징수세액의 1만분의 5 범위에서 정하는 금액(2024.1.22 본호개정)
2. 특별징수의무자가 자동차세의 부과 또는 징수에 관한 소송으로 인하여 지출한 비용으로서 행정안전부장관이 정하는 비용(「법인세법」 제121조, 「부가가치세법」 제32조·제36조 또는 「소득세법」 제163조에 따른

계산서·세금계산서 또는 영수증 등으로 그 지출사실이 객관적으로 증명되는 경우로 한정한다) (2017.12.29 본항개정)

② 영 제134조제1항에 따른 주된 특별징수의무자가 영 제134조제1항 및 제2항에 따라 사무처리비를 공제하고 자동차세를 각 특별시·광역시·특별자치시·특별자치도·시 또는 군(이하 이 항에서 "시·군"이라 한다) 금고에 납부할 때에는 영 제134조제2항에 따른 시·군별 안분 명세서와 함께 시·군별 사무처리비의 공제명세를 통보해야 한다. 이 경우 시·군별 안분명세서와 사무처리비의 공제명세는 별지 제79호서식에 따른다. (2019.12.31 전단개정)

제72조의2【납세담보확인서 등】 ① 영 제134조의2제2항 후단에 따른 자동차세의 납세담보면제확인서의 발급 신청은 별지 제82호서식에 따르고, 자동차세의 납세담보면제확인서는 별지 제83호서식에 따른다.

② 영 제134조의2제3항 본문에 따른 자동차세의 납세담보확인서의 발급 신청은 별지 제84호서식에 따르고, 자동차세의 납세담보확인서는 별지 제85호서식에 따른다. (2015.1.15 본조신설)

제73조【세액자료 통보】 ① 영 제135조에 따라 교통·에너지·환경세액을 신고 또는 납부받거나 결정한 세액자료의 통보는 별지 제80호서식에 따른다.

② 영 제135조에 따라 교통·에너지·환경세액을 경정한 세액자료의 통보는 별지 제81호서식에 따른다.

제11장 지역자원시설세

제74조【과세대상 용수】 영 제136조제2호다목1)에서 "행정안전부령으로 정하는 생활용수 및 공업용수"는 다음 각 호의 용수를 말한다.(2017.7.26 본문개정)
1. 영업용으로 사용되는 생활용수(「농어촌정비법」 제2조제4호라목에 따른 농어촌 관광휴양자원 개발사업 및 「도시와 농어촌 간의 교류촉진에 관한 법률」 제2조제5호에 따른 농어촌체험·휴양마을사업에 사용되는 생활용수는 제외한다)
2. 별표2 제2호 "음료 제조업"에 사용되는 공업용수 (2015.7.24 본호개정)
(2014.1.1 본조개정)
(2015.7.24 본조제목개정)

제75조【다른 용도와 겸용되거나 구분 사용되는 화재위험 건축물의 세액 산정방법】 ① 1구 또는 1동의 건축물(주거용이 아닌 4층 이상의 것은 영 제138조제1항제2호 및 같은 조 제2항제2호에 따른 용도(이하 이 조에서 "화재위험 건축물 중과대상 용도"라 한다)와 그 밖의 용도에 겸용되고 있을 때에는 그 건축물의 주된 용도에 따라 해당 건축물의 용도를 결정한다. 이 경우 화재위험 건축물 중과대상 용도로 사용하는 건축물에 대한 세율은 그 건축물의 주된 용도에 따라 법 제146조제3항제2호 또는 같은 항 제2호의2의 세율을 각각 적용한다.

② 1구 또는 1동의 건축물이 화재위험 건축물 중과대상 용도와 그 밖의 용도로 구분 사용되는 경우에는 1구의 건축물을 기준으로 하여 그 밖의 용도로 사용되는 부분을 제외한 부분만을 화재위험 건축물 및 대형 화재위험 건축물로 보아 법 제146조제3항제2호 및 같은 항 제2호의2의 세율을 각각 적용한다. 다만, 1동의 건축물이 2 이상의 구로 구성되어 있는 경우에는 1동의 건축물을 기준으로 하여 그 밖의 용도로 사용되는 부분을 제외한 부분만을 화재위험 건축물 및 대형 화재위험 건축물로 보아 법 제146조제3항제2호 및 같은 항 제2호의2의 세율을 각각 적용한다.

③ 제2항에 따른 건축물에 대하여 소방시설에 충당하는 지역자원시설세를 과세하는 경우의 세액 산정은 각 구별로 다음 계산식에 따른다.

$$소방시설에\ 충당하는\ 지역자원시설세액 = X + Y + Z$$

$$X = \frac{1구의\ 건축물의}{과세표준} \times 법\ 제146조제3항제1호에\ 따른\ 세율$$

$$Y = X \times \frac{화재위험\ 건축물의\ 과세표준}{1구의\ 건축물의\ 과세표준}$$

$$Z = 2X \times \frac{대형\ 화재위험\ 건축물의\ 과세표준}{1구의\ 건축물의\ 과세표준}$$

④ 영 제138조제1항제2호사목에서 "행정안전부령으로 정하는 것"이란 제55조에 따른 공장용 건축물을 말한다. (2020.12.31 본조개정)

부　칙 (2015.12.31)

제1조【시행일】 이 규칙은 2016년 1월 1일부터 시행한다. 다만, 제29조제3항의 개정규정은 2016년 6월 30일부터 시행한다.
제2조【사무처리비 공제에 관한 적용례】 제72조제1항의 개정규정은 2016년 1월 1일 이후 공제하는 분부터 적용한다.

부　칙 (2019.5.31)

제1조【시행일】 이 규칙은 공포한 날부터 시행한다. 다만, 제67조의2 및 별지 제73호의2서식의 개정규정은 2019년 7월 1일부터 시행한다.
제2조【소방시설에 충당하는 지역자원시설세를 과세하는 경우의 세액 산정에 관한 적용례】 제75조제2항 및 제3항의 개정규정은 이 규칙 시행 이후 지역자원시설세의 납세의무가 성립하는 경우부터 적용한다.
제3조【서식에 관한 적용례】 서식에 관한 개정규정은 이 규칙 시행 이후 신고, 신청 또는 제출하는 분부터 적용한다.

부　칙 (2019.12.31)

제1조【시행일】 이 규칙은 2020년 1월 1일부터 시행한다.
제2조【서식에 관한 적용례】 서식에 관한 개정규정은 이 규칙 시행 이후 신고, 신청, 통보 또는 제출하는 분부터 적용한다.

부　칙 (2020.8.18)

이 규칙은 공포한 날부터 시행한다.

부　칙 (2020.8.20)

제1조【시행일】 이 규칙은 공포한 날부터 시행한다.
제2조【세무조정계산서 부속서류에 관한 적용례】 제48조의4제5항제6호 및 제48조의10제3항제5호의 개정규정은 이 규칙 시행 이후 법인지방소득세 과세표준 및 세액을 신고하는 경우부터 적용한다.

부　칙 (2020.12.31)

제1조【시행일】 이 규칙은 2021년 1월 1일부터 시행한다.
제2조【서식에 관한 적용례】 서식에 관한 개정규정은 이 규칙 시행 이후 신고 또는 발송하는 분부터 적용한다.

부　칙 (2021.4.29)
　　　(2021.5.27)
　　　(2021.9.7)

이 규칙은 공포한 날부터 시행한다.

부　칙 (2021.12.31)

제1조【시행일】 이 규칙은 2022년 1월 1일부터 시행한다.
제2조【서식에 관한 적용례】 서식에 관한 개정규정은 이 규칙 시행 이후 신고, 신청, 납부, 제출 또는 통보하는 경우부터 적용한다.
제3조【지방소득세 특별징수분 환급신청에 관한 적용례】 제48조의2제2항 및 제3항의 개정규정은 이 규칙 시행 이후 해당 근로소득이 있는 사람이 특별징수 관할 지방자치단체의 장에게 환급신청을 하는 경우부터 적용한다.

부　칙 (2022.3.31)

제1조【시행일】 이 규칙은 공포한 날부터 시행한다. 다만, 별지 제40호의4서식의 개정규정은 2023년 1월 1일부터 시행한다.
제2조【서식에 관한 적용례】 서식에 관한 개정규정은 이 규칙 시행 이후 신고, 신청, 제출, 통지, 통보 또는 납부 등을 하는 경우부터 적용한다.

부　칙 (2022.6.7)

제1조【시행일】 이 규칙은 2022년 6월 7일부터 시행한다.
제2조【서식에 관한 적용례】 법 제55조에 따른 납부지연가산세의 적용 이자율에 관한 별지 제4호서식(전산용 2), 별지 제42호의4서식, 별지 제43호의4서식, 별지 제43호의6서식 부표, 별지 제43호의11서식, 별지 제44호의3서식(갑), 별지 제44호의3서식(을) 및 별지 제45호서식 부표의 개정규정은 이 규칙 시행 이후 신고, 납부 또는 통지 등을 하는 경우부터 적용한다.

부　칙 (2023.3.14)
　　　(2023.3.28)
　　　(2023.5.3)
　　　(2023.6.30)

이 규칙은 공포한 날부터 시행한다.

부　칙 (2023.12.29)

이 규칙은 2024년 1월 1일부터 시행한다. 다만, 제57조제3호 및 별지 제3호서식 부표의 개정규정은 공포한 날부터 시행한다.

부　칙 (2024.1.22)

제1조【시행일】 이 규칙은 공포한 날부터 시행한다.
제2조【사무처리비 공제 상한 상향 조정에 따른 적용례】 제72조제1항제1호의 개정규정은 이 규칙 시행 이후 특별징수의무자가 사무처리비를 공제하는 경우부터 적용한다.

[별표1]

과세대상 기계장비의 범위(제3조 관련)

(2021.9.7 개정)

건설기계명	범 위
1. 불도저	무한궤도 또는 타이어식인 것
2. 굴착기	무한궤도 또는 타이어식으로 굴착장치를 가진 것
3. 로더	무한궤도 또는 타이어식으로 적재장치를 가진 것
4. 지게차	들어올림장치를 가진 모든 것
5. 스크레이퍼	흙·모래의 굴착 및 운반장치를 가진 자주식인 것
6. 덤프트럭	적재용량 12톤 이상인 것. 다만, 적재용량 12톤 이상 20톤 미만의 것으로 화물운송에 사용하기 위하여 「자동차관리법」에 따라 자동차로 등록된 것은 제외한다.
7. 기중기	강재의 지주 및 상하좌우로 이동하거나 선회하는 장치를 가진 모든 것
8. 모터그레이더	정지장치를 가진 자주식인 것
9. 롤러	① 전압장치를 가진 자주식인 것 ② 피견인 진동식인 것
10. 노상안정기	노상안정장치를 가진 자주식인 것
11. 콘크리트뱃칭플랜트	골재저장통·계량장치 및 혼합장치를 가진 모든 것으로서 이동식인 것
12. 콘크리트 피니셔	정리 및 사상장치를 가진 것
13. 콘크리트 살포기	정리장치를 가진 것으로 원동기를 가진 것
14. 콘크리트 믹서트럭	혼합장치를 가진 자주식인 것(재료의 투입·배출을 위한 보조장치가 부착된 것을 포함한다)
15. 콘크리트 펌프	콘크리트 배송능력이 시간당 5세제곱미터 이상으로 원동기를 가진 이동식과 트럭 적재식인 것
16. 아스팔트 믹싱플랜트	골재공급장치·건조가열장치·혼합장치·아스팔트 공급장치를 가진 것으로 원동기를 가진 이동식인 것
17. 아스팔트 피니셔	정리 및 사상장치를 가진 것으로 원동기를 가진 것
18. 아스팔트 살포기	아스팔트 살포장치를 가진 자주식인 것
19. 골재 살포기	골재 살포장치를 가진 자주식인 것
20. 쇄석기	20킬로와트 이상의 원동기를 가진 것
21. 공기압축기	공기토출량이 분당 2.84세제곱미터(제곱센티미터당 7킬로그램 기준) 이상인 것
22. 천공기	크로라식 또는 굴진식으로서 천공장치를 가진 것
23. 항타 및 항발기	원동기를 가진 것으로서 해머 또는 뽑는 장치의 중량이 0.5톤 이상인 것
24. 자갈채취기	자갈채취장치를 가진 것으로 원동기를 가진 것
25. 준설선	펌프식·바켓식·딧퍼식 또는 그래브식으로 비자항식인 것
26. 노면측정장비	노면측정장치를 가진 자주식인 것
27. 도로보수트럭	도로보수장치를 가진 자주식인 것
28. 노면파쇄기	파쇄장치를 가진 자주식인 것
29. 선별기	골재 선별장치를 가진 것으로 원동기가 장치된 모든 것
30. 타워크레인	수직타워의 상부에 위치한 지브를 선회시켜 중량물을 상하, 전후 또는 좌우로 이동시킬 수 있는 정격하중 3톤 이상의 것으로서 원동기 또는 전동기를 가진 것
31. 그 밖의 건설기계	제1호부터 제30호까지의 기계장비와 유사한 구조 및 기능을 가진 기계류로서 행정안전부장관 또는 국토교통부장관이 따로 정하는 것

[별표2] ➡ 「www.hyeonamsa.com」 참조

[별표3]

취득세 감소분 산정기간 및 방법 등

(제34조제2항 관련)

(2021.12.31 개정)

1. 산정기간

> 2020년도분 : 2017. 1. 1. ~ 2019. 10. 31.
> ※ 2021년 이후 매년 산정기간은 2020년도분 산정기간을 준용하여 매 1년씩 연동한 기간으로 한다.

2. 산정방법 및 가산비율

> 시·도별 산출금액 : 〔(A × (B − C)〕
> A : 주택 유상거래 취득가액(제1호에 따른 산정기간에 발생한 취득가액을 말한다)
> B : 법(법률 제12118호 지방세법 일부개정법률로 개정되기 전의 것을 말한다) 제11조제1항7호에 따른 세율 및 「지방세특례제한법」(법률 제12175호 지방세특례제한법 일부개정법률로 개정되기 전의 것을 말한다) 제40조의2에 따른 주택 유상거래 감면율
> C : 법(법률 제12118호 지방세법 일부개정법률로 개정된 것을 말한다) 제11조제1항제8호에 따른 세율

3. 계산방법
   해당 시·도의 주택 유상거래별 취득세 감소분은 제1호 및 제2호에 따라 산출한 금액을 시·도별로 합산한 다음 그 금액을 연평균하여 계산한다. 다만, 연평균을 함에 있어 산정기간 중 마지막 연도는 10개월을 1년으로 환산하여 계산한다.

[별표4]

법인지방소득세 안분계산 시 세부 적용기준

(제38조의5 관련)

(2016.12.30 개정)

1. 종업원 수

구 분	적용례
가. 「소득세법」 제12조제3호에 따른 비과세 대상 급여만을 받는 사람	종업원 수에 포함
나. 대표자	종업원 수에 포함
다. 현역복무 등의 사유로 사실상 해당 사업소에 일정기간 근무하지 아니하는 사람	급여를 지급하는 경우 종업원 수에 포함
라. 국외파견자 또는 국외교육 중인 사람	종업원 수에 포함하지 않음
마. 국내교육 중인 사람	종업원 수에 포함

구 분	적용례
바. 고용관계가 아닌 계약에 따라 사업소득에 해당하는 성과금을 지급하는 방문판매원	종업원 수에 포함하지 않음
사. 특정업무의 수요가 있을 경우에만 이를 수임 처리하기로 하고 월간 또는 연간 일정액의 급여를 지급받는 자	종업원 수에 포함
아. 해당 사업장에 근무하지 아니하고 사업주로부터 급여를 지급받지 아니하는 비상근이사	종업원 수에 포함하지 않음
자. 소속회사 직원이 용역이나 도급계약 등에 의하여 1년이 초과하는 기간 동안 계약업체에 파견되어 일정한 장소에서 계속 근무하는 자	계약업체의 종업원 수에 포함
차. 물적설비 없이 인적설비만 있는 사업장의 종업원	본점 또는 주사업장의 종업원 수에 포함

2. 건축물 연면적 등

구 분	적용례
가. 사업연도 종료일 현재 미사용중인 공실의 연면적	사용을 개시하지 않은 경우는 건축물 연면적에 포함하지 않음
	사용하던 중 사업연도 종료일 현재 일시적 미사용 상태인 경우 건축물 연면적에 포함
나. 기숙사 등 직원 후생복지시설의 연면적	법인 목적사업 및 복리후생에 공여되는 시설 중 직원 후생복지시설은 건축물 연면적에 포함
다. 공동도급공사 수행을 위한 현장사무소의 연면적	각 참여업체가 공동으로 사용하고 있는 현장사무소의 경우로 실제 사용면적 산정이 불가능한 경우 도급공사 지분별로 안분
라. 건설법인의 사업연도 종료일 현재 미분양 상태로 소유하고 있는 주택과 상가의 연면적	법인의 사업장으로 직접 사용하고 있지 않은 것으로 보아 안분대상 건축물에 포함하지 않음
마. 별도의 사업장이 필요하지 않아 주소지 또는 거소지를 사업장 소재지로 등록한 경우 주소지 또는 거소지의 연면적	주소지 또는 거소지를 사업장소재지로 하여 사업자등록을 하였더라도, 사실상 별도의 사업장이 없는 것으로 보아 해당 주소지 또는 거소지의 면적을 건축물 연면적에 포함하지 않음
바. 수평투영면적의 적용	지하에 설치된 시설물을 포함
	기계장치 또는 각 시설물의 수평투영면적은 사업연도 종료일 현재 고정된 상태에서의 바닥면적을 적용
	수평투영면적을 산정하기 곤란한 경우, 기계장치 또는 각 시설물의 설계 도면상 면적을 적용
사. 기계장치의 범위	기계장치란 동력을 이용한 작업도구 중 특정장소에 고정된 것을 말하며, 그 기계의 작동에 필수적인 부대설비를 포함하여 적용함

[별표5]

소득세의 부과징수에 관한 자료
(제48조의15제1항 및 제2항 관련)

(2021.4.29 개정)

구 분	서 식 명
「소득세법 시행규칙」	
1. 별지 제16호서식 부표1 및 부표2	토지등 매매차익 계산명세서 토지등 매매차익 계산명세서(기준경비율 적용대상자)
2. 별지 제20호의3서식	비거주자 유가증권양도소득 정산신고서
3. 별지 제20호의4서식	비거주자 유가증권양도소득 신고서
4. 별지 제23호서식(1), (2), (4) 및 (5)	이자·배당소득 지급명세서(발행자 보고용) 거주자의 사업소득 지급명세서(발행자 보고용) 거주자의 기타소득 지급명세서(발행자 보고용) 비거주자의 사업·선박등 임대·사용료·인적용역·기타소득 지급명세서(발행자보고용)
5. 별지 제24호서식(1), (2), (4), (5), (6), (7) 및 (8)	근로소득 지급명세서(발행자 보고용) 퇴직소득지급명세서(발행자 보고용) 일용근로소득 지급명세서(지급자 제출용) 연금소득 지급명세서(발행자 보고용) 연금계좌 지급명세서(발행자 보고용) 및 부표 유가증권양도소득 지급명세서(발행자 보고용) 양도소득 지급명세서(양수자 제출용)
6. 별지 제29호의10서식	비거주연예인 등의 용역제공소득 지급명세서
7. 별지 제30호서식(1) 및 (2)	이자·배당소득 지급명세서 유가증권양도소득 지급명세서
8. 별지 제40호서식(1) ⑫, ⑬, ⑮, ⑯, ⑰, ⑲, ⑳, ㉑, ㉒ 및 ㉓	세액감면명세서 세액공제명세서 가산세명세서 기납부세액명세서 종합소득산출세액계산서(금융소득자용) 종합소득산출세액계산서(주택등매매업자용) 종합소득산출세액계산서(주택등매매차익이 있는 금융소득자용) 주식매수선택권 행사이익 납부특례 세액계산 명세서 종합소득산출세액계산서(외국인근로자 과세특례 적용자) 분리과세 결정세액 계산서
9. 별지 제40호의4서식	결손금소급공제세액환급신청서
10. 별지 제41호서식	공동사업자별 분배명세서
11. 별지 제46호서식	조정계산서

12. 별지 제84호서식 부표1, 부표2 및 부 표2의2	양도소득금액 계산명세서 주식등 양도소득금액 계산명세서 파생상품등 양도소득금액 계산명 세서

[별표6]

공장입지기준면적(제50조 관련)

(2013.3.23 개정)

1. 공장입지기준면적 = 공장건축물
연면적 × $\dfrac{100}{\text{업종별 기준공}}$
장 면적률

2. 공장입지기준면적의 산출기준
   가. 공장건축물 연면적 : 해당 공장의 경계구역 안에 있는
   모든 공장용 건축물 연면적(종업원의 후생 복지시설 등
   각종 부대시설의 연면적을 포함하되, 무허가 건축물 및
   위법시공 건축물 연면적은 제외한다)과 옥외에 있는 기
   계장치 또는 저장시설의 수평투영면적을 합한 면적을
   말한다.
   나. 업종별 기준공장면적률 : 「산업집적활성화 및 공장설
   립에 관한 법률」 제8조에 따라 산업통상자원부장관이
   고시하는 "업종별 기준공장면적률"에 따른다.
   다. 1개의 단위 공장에 2개 이상의 업종을 영위하는 경우
   에는 각 업종별 공장입지기준면적을 산출하여 합한 면
   적을 공장입지기준면적으로 보며, 명확한 업종구분이
   불가능한 경우에는 매출액이 가장 많은 업종의 기준공
   장면적률을 적용하여 산출한다.

3. 공장입지기준면적의 추가 인정기준
   가. 제1호 및 제2호에 따라 산출한 면적을 초과하는 토지
   중 다음의 어느 하나에 해당하는 토지는 공장입지기준
   면적에 포함되는 것으로 한다.
   1) 「산업집적활성화 및 공장설립에 관한 법률」 제20조제
   1항 본문에 따라 공장의 신설 등이 제한되는 지역에 소
   재하는 공장의 경우에는 제1호 및 제2호에 따라 산출된
   면적의 100분의 10 이내의 토지(그 면적이 3,000제곱미
   터를 초과하지 아니하는 부분에 한정한다)
   2) 1)에 규정된 지역 외의 지역에 소재하는 공장의 경우
   에는 제1호 및 제2호 따라 산출된 면적의 100분의 20
   이내의 토지
   나. 도시관리계획상의 녹지지역, 활주로, 철로, 6미터 이
   상의 도로 및 접도구역은 공장입지기준면적에 포함되는
   것으로 한다.
   다. 생산공정의 특성상 대규모 저수지 또는 침전지로 사
   용되는 토지는 공장입지기준면적에 포함되는 것으로
   한다.
   라. 공장용으로 사용하는 것이 적합하지 아니한 경사도가
   30도 이상인 사면용지는 공장입지기준면적에 포함되는
   것으로 한다.
   마. 공장의 가동으로 인하여 소음·분진·악취 등 생활환
   경의 오염피해가 발생하게 되는 토지로서 해당 공장과
   인접한 토지를 그 토지 소유자의 요구에 따라 취득하는
   경우에는 공장경계구역 안에 있는 공장의 면적과 합한
   면적을 해당 공장의 부속토지로 보아 공장입지기준면적
   을 산정한다.
   바. 공장입지기준면적을 산출할 때 다음 표의 기준면적에
   해당하는 종업원용 체육시설용지(공장입지기준면적의
   100분의 10 이내에 해당하는 토지에 한정한다)는 공장
   입지기준 면적에 포함되는 것으로 한다.

(단위 : 제곱미터)

구분		종업원 100명 이하	종업원 500명 이하	종업원 2,000명 이하	종업원 10,000명 이하	종업원 10,000명 초과
실외체육시설	운동장	1,000	1,000제곱미터 + (100명 초과 종업원 수 × 9 제곱미터)	4,600제곱미터 + (500명 초과 종업원 수 × 3 제곱미터)	9,100제곱미터 +(2,000명 초과 종업원 수 × 1 제곱미터)	17,100
	테니스 또는 정 구코트	970	970	1,940	2,910	2,910
실내체육시설		150	300	450	900	900

※비고
1. 적용요건
   운동장과 코트에는 축구·배구·테니스 등 운동경기가
   가능한 시설이 있어야 하고, 실내체육시설은 영구적인
   시설물이어야 하며, 탁구대 2면 이상을 둘 수 있어야 한다.

2. 적용요령
   가. 종업원수는 그 사업장에 근무하는 종업원을 기준으로
   한다.
   나. 종업원이 50명 이하인 법인의 경우에는 코트면적만을
   기준면적으로 한다.
   다. 실내체육시설의 건축물바닥면적이 기준면적 이하인
   경우에는 그 건축물 바닥면적을 그 기준면적으로 한다.
   라. 종업원용 실내체육시설이 있는 경우에는 그 실내체육
   시설의 기준면적에 영 제101조제2항의 용도지역별 적용
   배율을 곱하여 산출한 면적을 합한 면적을 기준면적으
   로 한다.

[별지서식] ➡ 「www.hyeonamsa.com」 참조

지방세특례제한법

$$\binom{2010년\ \ 3월\ \ 31일}{법\ \ 률\ \ 제10220호}$$

개정
2010. 4.12법10252호(산업활성공장설립) <중략>
2016.12.27법14477호
2016.12.27법14481호(농협)
2017. 2. 8법14567호(도시및주거환경정비법)
2017. 2. 8법14569호(빈집및소규모주택정비에관한특례법)
2017. 7.26법14839호(정부조직)
2017.10.24법14939호(한국교통안전공단법)
2017.10.31법15012호(해양환경관리법)
2017.12.26법15295호
2017.12.26법15309호(혁신도시조성및발전에관한특별법)
2018. 1.16법15356호(민간임대주택에관한특별법)
2018. 3.13법15460호(철도의건설및철도시설유지관리에관한법)
2018. 3.20법15523호(공무원연금법)
2018.10.16법15830호(국립공원공단법)
2018.12.11법15881호(노인장기요양보험법)
2018.12.24법16008호(법인세법)
2018.12.24법16041호
2018.12.24법16057호(문화재)
2018.12.31법16133호(환경친화적자동차의개발및보급촉진에관한법)
2018.12.31법16172호(중소기업진흥에관한법)
2019. 4.30법16407호(첨단의료복합단지육성에관한특별법)
2019. 4.30법16413호(파견근로자보호)
2019. 8.27법16568호(양식산업발전법)
2019.11.26법16596호(문화재)
2019.11.26법16652호(자산관리)
2020. 1.15법16865호
2020. 2.18법17039호(수산업협동조합의부실예방및구조개선에관한법)
2020. 5.19법17278호(후계농어업인및청년농어업인육성·지원에관한법)
2020. 6. 9법17460호(국가철도공단법)
2020. 8.12법17474호
2020.12. 8법17598호(산업활성공장설립)
2020.12.22법17651호(국제조세조정에관한법)
2020.12.29법17771호
2020.12.29법17779호(독점)
2021. 1. 5법17883호(5·18민주유공자예우및단체설립에관한법)
2021. 1.12법17893호(지방자치)
2021. 3. 9법17919호(한국광해광업공단법)
2021. 4.20법18075호(연구산업진흥법)
2021. 4.20법18091호
2021. 4.20법18128호(자본시장금융투자업)
2021. 6. 8법18209호
2021. 7.27법18358호(지역중소기업육성및혁신촉진등에관한법)
2021. 8.17법18425호(국민평생직업능력개발법)
2021. 8.17법18437호(한국자산관리공사설립등에관한법)
2021.10.19법18503호(무역조정지원등에관한법)
2021.11.30법18522호(소방시설설치및관리에관한법)
2021.12.28법18656호
2021.12.28법18661호(중소기업창업)
2022. 1. 4법18682호(비상대비에관한법)
2022. 1.11법18755호(수산)
2023. 3. 4법19228호(정부조직)
2023. 3.14법19230호(지방세)
2023. 3.14법19231호(지방세징수법)
2023. 3.14법19232호
2023. 3.21법19251호(자연유산의보존및활용에관한법)
2023. 6. 1법19422호
2023. 8. 8법19590호(문화유산의보존및활용에관한법)
2023. 8.16법19634호(행정기관위임일부개정법령등)
2023. 9.14법19702호(근현대문화유산의보존및활용에관한법)→
2024년 9월 15일 시행이므로 추후 수록
2023.12.29법19862호
2024. 1. 9법19990호(벤처기업육성에관한특별법)→2024년 7월 10
일 시행
2024년 1월 25일 제412회 국회 본회의 통과(무역조정지원등에
관한법)→추후 수록
2024년 2월 1일 제412회 국회 본회의 통과(관광진흥법)→추후 수
록

2024년 2월 1일 제412회 국회 본회의 통과(녹색건축물조성지원
법)→추후 수록

제1장 총 칙

제1조【목적】이 법은 지방세 감면 및 특례에 관한 사항과 이의 제한에 관한 사항을 규정하여 지방세 정책을 효율적으로 수행함으로써 건전한 지방재정 운영 및 공평과세 실현에 이바지함을 목적으로 한다.

제2조【정의】① 이 법에서 사용하는 용어의 뜻은 다음과 같다.

1. "고유업무"란 법령에서 개별적으로 규정한 업무와 법인등기부에 목적사업으로 정하여진 업무를 말한다.
2. "수익사업"이란 「법인세법」 제4조제3항에 따른 수익사업을 말한다.(2018.12.24 본호개정)
2의2. "주택"이란 「지방세법」 제104조제3호에 따른 주택을 말한다.(2015.12.29 본호신설)
3. "공동주택"이란 「주택법」 제2조제3호에 따른 공동주택을 말하되 기숙사는 제외한다.(2016.1.19 본호개정)
4. "수도권"이란 「수도권정비계획법」 제2조제1호에 따른 수도권을 말한다.
5. "과밀억제권역"이란 「수도권정비계획법」 제6조제1항제1호에 따른 과밀억제권역을 말한다.
6. "지방세 특례"란 세율의 경감, 세액감면, 세액공제, 과세표준 공제(중과세 배제, 재산세 과세대상 구분전환을 포함한다) 등을 말한다.
7. "재산세"란 「지방세법」 제111조에 따라 부과된 세액을 말한다.
8. "직접 사용"이란 부동산·차량·건설기계·선박·항공기 등의 소유자(「신탁법」 제2조에 따른 수탁자를 포함하며, 신탁등기를 하는 경우만 해당한다)가 해당 부동산·차량·건설기계·선박·항공기 등을 사업 또는 업무의 목적이나 용도에 맞게 사용(이 법에서 임대를 목적 사업 또는 업무로 규정한 경우 외에는 임대하여 사용하는 경우는 제외한다)하는 것을 말한다.(2023.3.14 본호개정)

8의2. "매각·증여"란 이 법에 따라 지방세를 감면받은 자가 해당 부동산, 차량, 선박 등을 매매, 교환, 증여 등 유상이나 무상으로 소유권을 이전하는 것을 말한다. 다만, 대통령령으로 정하는 소유권 이전은 제외한다. (2021.12.28 본호신설)
9. "내국인"이란 「지방세법」에 따른 거주자 및 내국법인을 말한다.(2014.1.1 본호신설)
10. "과세연도"란 「지방세법」에 따른 과세기간 또는 사업연도를 말한다.(2014.1.1 본호신설)
11. "과세표준신고"란 「지방세법」 제95조, 제103조의5 및 제103조의23에 따른 과세표준의 신고를 말한다. (2016.12.27 본호개정)
12. "익금(益金)"이란 「소득세법」 제24조에 따른 총수입금액 또는 「법인세법」 제14조에 따른 익금을 말한다.
13. "손금(損金)"이란 「소득세법」 제27조에 따른 필요경비 또는 「법인세법」 제14조에 따른 손금을 말한다.
14. "이월과세(移越課稅)"란 개인이 해당 사업에 사용되는 사업용고정자산 등(이하 이 호에서 "종전사업용고정자산등"이라 한다)을 현물출자(現物出資) 등을 통하여 법인에 양도하는 경우 이를 양도하는 개인에 대해서는 「소득세법」 제103조에 따른 양도소득에 대한 개인지방소득세 (이하 "양도소득분 개인지방소득세"라 한다)를 과세하지 아니하고, 그 대신 이를 양수한 법인이 그 사업용고정자산 등을 양도하는 경우 개인이 종전사업용고정자산등을 그 법인에 양도한 날이 속하는 과세기간에 다른 양도자산이 없다고 보아 계산한 같은 법 제103조의3에 따른 양도소득에 대한 개인지방소득세 산출세액(이하 "양도소득분 개인지방소득 산출세액"이라 한다) 상당액을 법인지방소득세로 납부하는 것을 말한다.
(2014.1.1 12호~14호신설)
② 이 법에서 사용하는 용어의 뜻은 특별한 규정이 없으면 「지방세기본법」, 「지방세징수법」 및 「지방세법」에서 정하는 바에 따른다. 다만, "제3장 지방소득세 특례"에서 사용하는 용어의 뜻은 「지방세기본법」, 「지방세징수법」 및 「지방세법」에서 정하는 경우를 제외하고 「조세특례제한법」 제2조에서 정하는 바에 따른다. (2016.12.27 본항개정)

제2조의2 【지방세 특례의 원칙】 행정안전부장관 및 지방자치단체는 지방세 특례를 정하려는 경우에는 다음 각 호의 사항 등을 종합적으로 고려하여야 한다. (2020.1.15 본문개정)
1. 지방세 특례 목적의 공익성 및 지방자치단체 사무와의 연계성
2. 국가의 경제·사회정책에 따른 지역발전효과 및 지역균형발전에의 기여도
3. 조세의 형평성
4. 지방세 특례 적용 대상자의 조세부담능력
5. 지방세 특례 대상·적용 대상자 및 세목의 구체성·명확성
6. 지방자치단체의 재정여건
7. 국가 및 지방자치단체의 보조금 등 예산 지원과 지방세 특례의 중복 최소화
8. 지역자원시설세 등 특정 목적을 위하여 부과하는 지방세에 대한 지방세 특례 설정 최소화
(2020.1.15 1호~8호신설)

제3조 【지방세 특례의 제한】 ① 이 법, 「지방세기본법」, 「지방세징수법」, 「지방세법」, 「조세특례제한법」 및 조약에 따르지 아니하고는 「지방세법」에서 정한 일반과세에 대한 지방세 특례를 정할 수 없다.(2016.12.27 본항개정)
② 관계 행정기관의 장은 이 법에 따라 지방세 특례를 받고 있는 법인 등에 대한 특례 범위를 변경하려고 법

률을 개정하려면 미리 행정안전부장관과 협의하여야 한다.(2017.7.26 본항개정)

제4조 【조례에 따른 지방세 감면】 ① 지방자치단체는 주민의 복리 증진 등 효율적인 정책 추진을 위하여 필요하다고 인정될 경우 제2조의2에 따라 3년의 기간 이내에서 지방세의 세율경감, 세액감면 및 세액공제(이하 이 조 및 제182조에서 "지방세 감면"이라 한다)를 할 수 있다.(2023.12.29 본항개정)
② 지방자치단체는 제1항에도 불구하고 다음 각 호의 어느 하나에 해당하는 지방세 감면을 할 수 없다. 다만, 국가 및 지방자치단체의 경제적 상황, 긴급한 재난관리 필요성, 세목의 종류 및 조세의 형평성 등을 고려하여 대통령령으로 정하는 경우에는 제1호에 해당하는 지방세 감면을 할 수 있다.(2020.1.15 단서신설)
1. 이 법에서 정하고 있는 지방세 감면을 확대(지방세 감면율·감면액을 확대하거나 지방세 감면 적용대상자·세목·기간을 확대하는 것을 말한다)하는 지방세 감면(2023.3.14 본호개정)
2. 「지방세법」 제13조 및 제28조제2항에 따른 중과세의 배제를 통한 지방세 감면
3. 「지방세법」 제106조제1항 각 호에 따른 토지에 대한 재산세 과세대상의 구분 전환을 통한 지방세 감면
4. 제177조에 따른 감면 제외대상에 대한 지방세 감면. 다만, 다음 각 목의 어느 하나에 해당하는 경우에는 지방세 감면을 할 수 있다.(2023.12.29 단서개정)
가. 「감염병의 예방 및 관리에 관한 법률」 제49조제1항제2호에 따른 집합 제한 또는 금지로 인하여 영업이 금지되는 경우(2023.12.29 본목신설)
나. 「재난 및 안전관리 기본법」 제60조에 따른 특별재난지역으로 선포된 경우로서 해당 재난으로 입은 중대한 재산상 피해로 영업이 현저히 곤란하다고 인정되는 경우(2023.12.29 본목신설)
5. 과세의 형평을 현저하게 침해하거나 국가의 경제시책에 비추어 합당하지 아니한 지방세 감면으로서 대통령령으로 정하는 사항(2023.12.29 본호개정)
(2010.12.27 본항신설)
③ 지방자치단체가 지방세 감면(이 법 또는 「조세특례제한법」의 위임에 따른 감면은 제외한다)을 하려면 「지방세기본법」 제147조에 따른 지방세심의위원회의 심의를 거쳐 조례로 정하여야 한다. 이 경우 대통령령으로 정하는 일정 규모 이상의 지방세 감면을 신설 또는 연장하거나 변경하려는 경우에는 대통령령으로 정하는 조세 관련 전문기관이나 법인 또는 단체에 의뢰하여 감면의 필요성, 성과 및 효율성 등을 분석·평가하여 심의자료로 활용하여야 한다.(2016.12.27 전단개정)
④ 제1항과 제3항에도 불구하고 지방자치단체의 장은 천재지변이나 그 밖에 대통령령으로 정하는 특수한 사유로 지방세 감면이 필요하다고 인정되는 자에 대해서는 해당 지방의회의 의결을 얻어 지방세 감면을 할 수 있다.(2015.12.29 본항개정)
⑤ 지방자치단체는 지방세 감면에 관한 사항을 정비하여야 하며, 지방자치단체의 장은 정비 결과를 행정안전부장관에게 제출하여야 한다. 이 경우 행정안전부장관은 그 정비 결과를 지방세 감면에 관한 정책 수립 등에 활용할 수 있다.(2017.7.26 본항개정)
⑥ 지방자치단체는 제1항부터 제3항까지의 규정에 따라 지방세 감면을 하는 경우에는 전전년도 지방세징수 결산액에 대통령령으로 정하는 일정비율을 곱한 규모(이하 이 조에서 "지방세 감면규모"라 한다) 이내에서 조례로 정하여야 한다.(2010.12.27 본항신설)
⑦ 지방자치단체는 제6항의 조례에 따라 감면된 지방세액이 지방세 감면규모를 초과한 경우 그 다음 다음 연도의 지방세 감면은 대통령령으로 정하는 바에 따라 축소·조정된 지방세 감면규모 이내에서 조례로 정할

수 있다. 다만, 지방세 감면규모를 초과하여 정하려는 경우로서 행정안전부장관의 허가를 받아 조례로 정한 지방세 감면에 대해서는 지방세 감면규모 축소·조정 대상에서 제외한다.(2023.12.29 개정)

⑧ 제1항에 따른 지방세 감면을 조례로 정하는 경우 제주특별자치도에 대해서는 제2항(단서 및 제1호는 제외한다)·제6항 및 제7항을 적용하지 아니한다.
(2020.1.15 본항개정)
(2010.12.27 본조제목개정)

제5조 【지방세지출보고서의 작성】 ① 지방자치단체의 장은 지방세 감면 등 지방세 특례에 따른 재정 지원의 직전 회계연도의 실적과 해당 회계연도의 추정 금액에 대한 보고서(이하 "지방세지출보고서"라 한다)를 작성하여 지방의회에 제출하여야 한다.

② 지방세지출보고서의 작성방법 등에 관하여는 행정안전부장관이 정한다.(2017.7.26 본항개정)

제2장 감 면

제1절 농어업을 위한 지원

제6조 【자경농민의 농지 등에 대한 감면】 ① 대통령령으로 정하는 바에 따라 농업을 주업으로 하는 사람으로서 2년 이상 영농에 종사한 사람 또는 「후계농어업인 및 청년농어업인 육성·지원에 관한 법률」 제8조에 따른 후계농업경영인 및 청년창업형 후계농업경영인(이하 이 조에서 "자경농민"이라 한다)이 대통령령으로 정하는 기준에 따라 직접 경작할 목적으로 취득하는 대통령령으로 정하는 농지(이하 이 절에서 "농지"라 한다) 및 관계 법령에 따라 농지를 조성하기 위하여 취득하는 임야에 대해서는 취득세의 100분의 50을 2026년 12월 31일까지 경감한다. 다만, 다음 각 호의 어느 하나에 해당하는 경우 그 해당 부분에 대해서는 경감된 취득세를 추징한다.(2023.12.29 본문개정)
1. 정당한 사유 없이 그 취득일부터 2년이 경과할 때까지 자경농민으로서 농지를 직접 경작하지 아니하거나 농지조성을 시작하지 아니하는 경우(2015.12.29 본호개정)
2. 직접 경작한 기간이 2년 미만인 상태에서 매각·증여하거나 다른 용도로 사용하는 경우(2023.12.29 본호개정)

② 자경농민이 다음 각 호의 어느 하나에 해당하는 시설로서 대통령령으로 정하는 기준에 적합한 시설을 농업용으로 직접 사용하기 위하여 취득하는 경우 해당 농업용 시설에 대해서는 취득세의 100분의 50을 2026년 12월 31일까지 경감한다.(2023.12.29 본문개정)
1. 양잠(養蠶) 또는 버섯재배용 건축물, 고정식 온실
2. 「축산법」 제2조제1호에 따른 가축을 사육하기 위한 시설 및 그 부속시설로서 대통령령으로 정하는 시설(2020.12.29 본호개정)
3. 창고[저온창고, 상온창고(常溫倉庫) 및 농기계보관용 창고만 해당한다] 및 농산물 선별처리시설(2014.12.31 본항개정)

③ 자경농민이 경작할 목적으로 받는 도로점용, 하천점용 및 공유수면점용의 면허에 대해서는 등록면허세를 2021년 12월 31일까지 면제한다.(2018.12.24 본항개정)

④ 대통령령으로 정하는 바에 따라 「농업·농촌 및 식품산업 기본법」 제3조제5호에 따른 농촌 외의 지역에 주하는 귀농인(이하 이 항에서 "귀농인"이라 한다)이 대통령령으로 정하는 기준에 따라 직접 경작 또는 직접 사용할 목적으로 대통령령으로 정하는 귀농일(이하 이 항에서 "귀농일"이라 한다)부터 3년 이내에 취득하는 농지, 「농지법」 등 관계 법령에 따라 농지를 조성하기 위하여 취득하는 임야 및 제2항에 따른 농업용 시설

(농지, 임야 및 농업용 시설을 취득한 사람이 그 취득일부터 60일 이내에 귀농인이 되는 경우 그 농지, 임야 및 농업용 시설을 포함한다)에 대해서는 취득세의 100분의 50을 2024년 12월 31일까지 경감한다. 다만, 귀농인이 다음 각 호의 어느 하나에 해당하는 경우에는 경감된 취득세를 추징하되, 제3호 및 제4호의 경우에는 그 해당 부분에 한정하여 경감된 취득세를 추징한다.
1. 정당한 사유 없이 귀농일부터 3년 이내에 주민등록 주소지를 취득 농지 및 임야 소재지 특별자치시·특별자치도·시·군·구(구의 경우에는 자치구를 말한다. 이하 같다), 그 지역과 연접한 시·군·구 또는 농지 및 임야 소재지로부터 30킬로미터 이내의 지역 외의 지역으로 이전하는 경우
2. 정당한 사유 없이 귀농일부터 3년 이내에 「농업·농촌 및 식품산업 기본법」 제3조제1호에 따른 농업(이하 이 항에서 "농업"이라 한다) 외의 산업에 종사하는 경우. 다만, 「농업·농촌 및 식품산업 기본법」 제3조제8호에 따른 식품산업과 농업을 겸업하는 경우는 제외한다.
3. 정당한 사유 없이 다음 각 목의 어느 하나에 해당하는 경우
  가. 농지의 취득일부터 2년 이내에 직접 경작하지 아니하는 경우
  나. 임야의 취득일부터 2년 이내에 농지의 조성을 시작하지 아니하는 경우
  다. 농업용 시설의 취득일부터 1년 이내에 해당 용도로 직접 사용하지 아니하는 경우
4. 직접 경작 또는 직접 사용한 기간이 3년 미만인 상태에서 매각·증여하거나 다른 용도로 사용하는 경우(2023.12.29 본항개정)

제7조 【농기계류 등에 대한 감면】 ① 농업용(영농을 위한 농산물 등의 운반에 사용하는 경우를 포함한다)에 직접 사용하기 위한 자동경운기 등 「농업기계화 촉진법」에 따른 농업기계에 대해서는 취득세를 2026년 12월 31일까지 면제한다.

② 농업용수의 공급을 위한 관정시설(管井施設)에 대해서는 취득세 및 재산세를 각각 2026년 12월 31일까지 면제한다.
(2023.12.29 본조개정)

제8조 【농지확대개발을 위한 면제 등】 ① 「농어촌정비법」에 따른 농업생산기반 개량사업의 시행으로 인하여 취득하는 농지 및 같은 법에 따른 농지확대 개발사업의 시행으로 인하여 취득하는 개간농지에 대해서는 취득세를 2025년 12월 31일까지 면제한다. 다만, 「한국농어촌공사 및 농지관리기금법」에 따라 설립된 한국농어촌공사(이하 이 조 및 제13조에서 "한국농어촌공사"라 한다)가 취득하는 경우에는 취득세를 면제하지 아니한다.(2023.12.29 본문개정)

② 「농어촌정비법」이나 「한국농어촌공사 및 농지관리기금법」에 따라 교환·분합하는 농지, 농업진흥지역에서 교환·분합하는 농지에 대해서는 취득세를 2025년 12월 31일까지 면제한다. 다만, 한국농어촌공사가 교환·분합하는 경우에는 취득세를 면제하지 아니한다.(2023.3.14 본문개정)

③ 대통령령으로 정하는 바에 따라 임업을 주업으로 하는 사람 또는 임업후계자가 직접 임업을 하기 위하여 교환·분합하는 임야의 취득에 대해서는 취득세를 2025년 12월 31일까지 면제하고, 임업을 주업으로 하는 사람 또는 임업후계자가 「산지관리법」에 따라 지정된 보전산지를 취득(99만제곱미터 이내의 면적을 취득하는 경우로 한정하되, 보전산지를 추가적으로 취득하는 경우에는 기존에 소유하고 있는 보전산지의 면적과 합산하여 99만제곱미터를 초과하지 아니하는 분에 한정한다)하는 경우에는 취득세의 100분의 50을 2025년 12월 31일까지 경감한다.(2023.3.14 본항개정)

④「공유수면 관리 및 매립에 관한 법률」에 따른 공유수면의 매립 또는 간척으로 인하여 취득하는 농지에 대한 취득세는 「지방세법」 제11조제1항제3호의 세율에도 불구하고 2021년 12월 31일까지 1천분의 8을 적용하여 과세한다. 다만, 취득일부터 2년 이내에 다른 용도에 사용하는 경우 그 해당 부분에 대해서는 경감된 취득세를 추징한다.(2018.12.24 본문개정)

제9조【자영어민 등에 대한 감면】 ① 어업(양식업을 포함한다. 이하 같다)을 주업으로 하는 사람 중 대통령령으로 정하는 사람 또는 「후계농어업인 및 청년농어업인 육성·지원에 관한 법률」 제8조에 따른 후계어업경영인 및 청년창업형 후계어업경영인이 대통령령으로 정하는 기준에 따라 직접 어업을 하기 위하여 취득하는 어업권·양식업권, 어선(제2항의 어선은 제외한다), 다음 각 호의 어느 하나에 해당하는 어업용으로 사용하기 위하여 취득하는 토지(「공간정보의 구축 및 관리 등에 관한 법률」 제67조에 따른 공부상 지목이 양어장인 토지를 말한다) 및 대통령령으로 정하는 건축물에 대해서는 취득세의 100분의 50을 2026년 12월 31일까지 경감한다.(2023.12.29 본문개정)
1. 「양식산업발전법」 제43조제1항제1호에 따른 육상해수양식어업(2022.1.11 본호개정)
2. 「내수면어업법」 제11조제2항에 따른 육상양식어업
3. 「수산종자산업육성법」에 따른 육상 수조식(水槽式) 수산종자생산산업 및 육상 축제식(築堤式) 수산종자생산산업
(2017.12.26 2호~3호신설)
② 20톤 미만의 소형어선에 대해서는 취득세와 재산세 및 「지방세법」 제146조제3항에 따른 지역자원시설세를 2025년 12월 31일까지 면제한다.(2023.3.14 본항개정)
③ 출원에 의하여 취득하는 어업권·양식업권에 대해서는 취득세를, 어업권·양식업권에 관한 면허 중 설정을 제외한 등록에 해당하는 면허로 새로 면허를 받거나 그 면허를 변경하는 경우에는 면허에 대한 등록면허세를 2025년 12월 31일까지 각각 면제한다.(2023.3.14 본항개정)

제10조【농어업인 등에 대한 융자관련 감면 등】 ① 다음 각 호의 조합 및 그 중앙회 등이 「농어업경영체 육성 및 지원에 관한 법률」 제4조제1항에 따라 농어업경영정보를 등록한 농어업인〔영농조합법인, 영어조합법인(營漁組合法人) 및 농업회사법인을 포함한다. 이하 이 조에서 같다〕에게 융자할 때에 제공받는 담보물에 관한 등기(20톤 미만 소형어선에 대한 담보물 등록을 포함한다)에 대해서는 등록면허세의 100분의 50을 2025년 12월 31일까지 경감한다. 다만, 중앙회, 농협은행 및 수협은행에 대해서는 영농자금·영어자금·영림자금(營林資金) 또는 축산자금을 융자하는 경우로 한정한다.(2023.3.14 본문개정)
1. 「농업협동조합법」에 따라 설립된 조합 및 농협은행
2. 「수산업협동조합법」에 따라 설립된 조합(어촌계를 포함한다) 및 수협은행(2016.12.27 본호개정)
3. 「산림조합법」에 따라 설립된 산림조합 및 그 중앙회
4. 「신용협동조합법」에 따라 설립된 신용협동조합 및 그 중앙회
5. 「새마을금고법」에 따라 설립된 새마을금고 및 그 중앙회
(2011.12.31 본항개정)
② 농어업인이 영농, 영림, 가축사육, 양식, 어획 등에 직접 사용하는 사업소에 대해서는 주민세 사업소분(「지방세법」 제81조제1항제2호에 따라 부과되는 세액으로 한정한다) 및 종업원분을 2024년 12월 31일까지 면제한다.(2021.12.28 본항개정)

제11조【농업법인에 대한 감면】 ① 다음 각 호의 어느 하나에 해당하는 법인 중 경영상황을 고려하여 대통령령으로 정하는 법인(이하 이 조에서 "농업법인"이라 한다)이 대통령령으로 정하는 기준에 따라 영농에 사용하기 위하여 법인설립등기일부터 2년 이내(대통령령으로 정하는 청년농업법인의 경우에는 4년 이내)에 취득하는 농지, 관계 법령에 따라 농지를 조성하기 위하여 취득하는 임야 및 제6조제2항 각 호의 어느 하나에 해당하는 시설에 대해서는 취득세의 100분의 75를 2026년 12월 31일까지 경감한다.(2023.12.29 본문개정)
1. 「농어업경영체 육성 및 지원에 관한 법률」 제16조에 따른 영농조합법인(2017.12.26 본호신설)
2. 「농어업경영체 육성 및 지원에 관한 법률」 제19조에 따른 농업회사법인(2017.12.26 본호신설)
② 농업법인이 영농·유통·가공에 직접 사용하기 위하여 취득하는 부동산에 대해서는 취득세의 100분의 50을, 과세기준일 현재 해당 용도에 직접 사용하는 부동산에 대해서는 재산세의 100분의 50을 각각 2026년 12월 31일까지 경감한다.(2023.12.29 본항개정)
③ 제1항 및 제2항에 대한 감면을 적용할 때 다음 각 호의 어느 하나에 해당하는 경우 그 해당 부분에 대해서는 감면된 취득세를 추징한다.
1. 정당한 사유 없이 그 취득일부터 1년이 경과할 때까지 해당 용도로 직접 사용하지 아니하는 경우
2. 해당 용도로 직접 사용한 기간이 3년 미만인 상태에서 매각·증여하거나 다른 용도로 사용하는 경우
3. 해당 용도로 직접 사용한 기간이 5년 미만인 상태에서 「농어업경영체 육성 및 지원에 관한 법률」 제20조의3에 따라 해산명령을 받은 경우(2016.12.27 본호신설)
(2014.12.31 본항신설)
④ 농업법인의 설립등기에 대해서는 등록면허세를 2020년 12월 31일까지 면제한다.(2017.12.26 본항신설)

제12조【어업법인에 대한 감면】 ① 다음 각 호의 어느 하나에 해당하는 법인 중 경영상황을 고려하여 대통령령으로 정하는 법인(이하 이 조에서 "어업법인"이라 한다)이 영어·유통·가공에 직접 사용하기 위하여 취득하는 부동산에 대해서는 취득세의 100분의 50을, 과세기준일 현재 해당 용도에 직접 사용하는 부동산에 대해서는 재산세의 100분의 50을 각각 2026년 12월 31일까지 경감한다.(2023.12.29 본문개정)
1. 「농어업경영체 육성 및 지원에 관한 법률」 제16조에 따른 영어조합법인(2017.12.26 본호신설)
2. 「농어업경영체 육성 및 지원에 관한 법률」 제19조에 따른 어업회사법인(2017.12.26 본호신설)
② 어업법인의 설립등기에 대해서는 2020년 12월 31일까지 등록면허세를 면제한다.(2017.12.26 본항개정)
③ 제1항에 대한 감면을 적용할 때 다음 각 호의 어느 하나에 해당하는 경우 그 해당 부분에 대해서는 감면된 취득세를 추징한다.
1. 정당한 사유 없이 그 취득일부터 1년이 경과할 때까지 해당 용도로 직접 사용하지 아니하는 경우
2. 해당 용도로 직접 사용한 기간이 3년 미만인 상태에서 매각·증여하거나 다른 용도로 사용하는 경우
3. 해당 용도로 직접 사용한 기간이 5년 미만인 상태에서 「농어업경영체 육성 및 지원에 관한 법률」 제20조의3에 따라 해산명령을 받은 경우
(2016.12.27 본항신설)

제13조【한국농어촌공사의 농업 관련 사업에 대한 감면】 ① 한국농어촌공사가 하는 다음 각 호의 등기에 대해서는 해당 호에서 정한 날까지 각각 등록면허세를 면제한다.(2020.1.15 본문개정)
1. 한국농어촌공사가 「한국농어촌공사 및 농지관리기금법」에 따라 농민(영농조합법인 및 농업회사법인을 포함한다. 이하 이항에서 같다)에게 농지관리기금을

융자할 때 제공받는 담보물에 관한 등기 및 같은 법 제19조에 따라 임차(賃借)하는 토지에 관한 등기 : 2014년 12월 31일까지
2. 한국농어촌공사가 「자유무역협정 체결에 따른 농어업인 등의 지원에 관한 특별법」 제5조제1항제1호에 따른 농업경영 규모의 확대 사업을 지원하기 위하여 농민에게 자유무역협정이행지원기금을 융자할 때 제공받는 담보물에 관한 등기 및 임차하는 농지에 관한 등기 : 2015년 12월 31일까지
(2013.1.1 본항개정)
② 한국농어촌공사가 취득하는 부동산에 대해서는 다음 각 호에서 정하는 바에 따라 지방세를 2025년 12월 31일까지 감면한다. 다만, 제1호, 제1호의2, 제1호의3, 제2호, 제3호 및 제5호의 경우에는 그 취득일부터 2년 이내에 다른 용도로 사용하거나 농업인, 농업법인 및 「한국농어촌공사 및 농지관리기금법」 제18조제1항제1호에 따른 전업농 육성 대상자 외의 자에게 매각·증여하는 경우 그 해당 부분에 대해서는 경감된 취득세를 추징(제4호 및 제4호의2는 제외한다)한다.(2023.3.14 본문개정)
1. 한국농어촌공사가 「한국농어촌공사 및 농지관리기금법」 제18조·제20조, 「농지법」 제11조·제15조 및 「공유수면 관리 및 매립에 관한 법률」 제46조에 따라 취득하는 농지에 대해서는 취득세의 100분의 50을 각각 경감한다.(2023.3.14 본호개정)
1의2. 한국농어촌공사가 「농어촌정비법」에 따른 국가 또는 지방자치단체의 농업생산기반 정비계획에 따라 취득·소유하는 농업기반시설용 토지와 그 시설물에 대해서는 취득세의 100분의 50과 재산세의 100분의 75를 각각 경감한다.(2023.3.14 본호개정)
1의3. 한국농어촌공사가 「한국농어촌공사 및 농지관리기금법」 제44조에 따라 취득하는 부동산에 대해서는 취득세의 100분의 50을 경감한다.(2023.3.14 본호신설)
2. 한국농어촌공사가 「한국농어촌공사 및 농지관리기금법」 제24조의3제1항에 따라 취득[같은 법 제24조의3제3항에 따라 해당 농지를 매도할 당시 소유자 또는 포괄승계인이 환매(還買)로 취득하는 경우(이하 "환매취득"이라 한다. 이하 이 호에서 같다)를 포함한다]하는 부동산에 대해서는 취득세의 100분의 50(환매취득의 경우에는 취득세의 100분의 100)을, 과세기준일 현재 같은 법 제24조의3제1항에 따라 임대하는 부동산에 대해서는 재산세의 100분의 50을 각각 경감한다.(2016.12.27 본호개정)
3. 한국농어촌공사가 「자유무역협정 체결에 따른 농어업인 등의 지원에 관한 특별법」 제5조제1항제1호에 따라 취득·소유하는 농지에 대해서는 취득세의 100분의 50을 경감한다.(2016.12.27 본호개정)
4. 한국농어촌공사가 국가 또는 지방자치단체의 계획에 따라 제3자에게 공급할 목적으로 「농어촌정비법」 제2조제10호에 따른 생활환경정비사업에 직접 사용하기 위하여 일시 취득하는 부동산에 대해서는 취득세의 100분의 25를 경감한다.(2020.1.15 본호개정)
4의2. 한국농어촌공사가 「한국농어촌공사 및 농지관리기금법」 제24조제2항 각 호에 따른 사업에 직접 사용하기 위하여 취득하는 부동산에 대해서는 취득세의 100분의 25를 경감한다.(2023.3.14 본호신설)
5. 한국농어촌공사가 「한국농어촌공사 및 농지관리기금법」 제24조의2제2항에 따라 취득하는 농지에 대해서는 취득세의 100분의 50을 경감한다.(2016.12.27 본호개정)
③ 제2항제4호에 따라 취득하는 부동산 중 택지개발사업지구 및 단지조성사업지구에 있는 부동산으로서 관

계 법령에 따라 국가 또는 지방자치단체에 무상으로 귀속될 공공시설물 및 그 부속토지와 공공시설용지에 대해서는 재산세(「지방세법」 제112조에 따른 부과액을 포함한다)를 2024년 12월 31일까지 면제한다. 이 경우 공공시설물 및 그 부속토지의 범위는 대통령령으로 정한다.(2021.12.28 전단개정)
제14조【농업협동조합 등의 농어업 관련 사업 등에 대한 감면】 ① 농업협동조합중앙회(제3호만 해당한다), 수산업협동조합중앙회, 산림조합중앙회가 구매·판매 사업 등에 직접 사용하기 위하여 취득하는 다음 각 호의 부동산(「농수산물유통 및 가격안정에 관한 법률」 제70조제1항에 따른 유통자회사에 농수산물 유통시설로 사용하게 하는 부동산을 포함한다. 이하 이 항에서 같다)에 대해서는 취득세의 100분의 25를, 과세기준일 현재 그 사업에 직접 사용하는 부동산에 대해서는 재산세의 100분의 25를 각각 2026년 12월 31일까지 경감한다.(2023.12.29 본문개정)
1. 구매·판매·보관·가공·무역 사업용 토지와 건축물
2. 생산 및 검사 사업용 토지와 건축물
3. 농어민 교육시설용 토지와 건축물
② 농업협동조합중앙회, 수산업협동조합중앙회, 산림조합중앙회, 엽연초생산협동조합중앙회가 회원의 교육·지도·지원 사업과 공동이용시설사업에 직접 사용하기 위하여 취득하는 부동산에 대해서는 취득세의 100분의 25를 2016년 12월 31일까지 경감한다.(2023.3.14 본문개정)
1.~2. (2014.12.31 삭제)
③ 「농업협동조합법」에 따라 설립된 조합(조합공동사업법인을 포함한다), 「수산업협동조합법」에 따라 설립된 조합(어촌계 및 조합공동사업법인을 포함한다), 「산림조합법」에 따라 설립된 산림조합(산림계 및 조합공동사업법인을 포함한다) 및 엽연초생산협동조합이 고유업무에 직접 사용하기 위하여 취득하는 부동산에 대해서는 취득세를, 과세기준일 현재 고유업무에 직접 사용하는 부동산에 대해서는 재산세를 각각 2026년 12월 31일까지 면제한다.(2023.12.29 본항개정)
④ 「농업협동조합법」에 따라 설립된 조합(조합공동사업법인을 포함한다), 「수산업협동조합법」에 따라 설립된 조합, 「산림조합법」에 따라 설립된 산림조합 및 엽연초생산협동조합에 대해서는 2014년 12월 31일까지 주민세 사업소분(「지방세법」 제81조제1항제2호에 따라 부과되는 세액으로 한정한다) 및 종업원분의 100분의 50을 경감한다.(2020.12.29 본항개정)
⑤ 제3항 및 제4항에서 정하는 각 조합들의 중앙회에 대해서는 해당 감면 규정을 적용하지 아니한다.
(2015.12.29 본항개정)
제14조의2 (2023.12.29 삭제)
제14조의3【농협경제지주회사의 구매·판매 사업 등에 대한 감면】 「농업협동조합법」 제161조의2에 따라 설립된 농협경제지주회사가 구매·판매 사업 등에 직접 사용하기 위하여 취득하는 다음 각 호의 부동산(「농수산물 유통 및 가격안정에 관한 법률」 제70조제1항에 따른 유통자회사에 농수산물 유통시설로 사용하게 하는 부동산을 포함한다. 이하 이 조에서 같다)에 대해서는 취득세의 100분의 25를, 과세기준일 현재 그 사업에 직접 사용하는 부동산에 대해서는 재산세의 100분의 25를 각각 2026년 12월 31일까지 경감한다.
1. 구매·판매·보관·가공·무역 사업용 토지와 건축물
2. 생산 및 검사 사업용 토지와 건축물
(2023.12.29 본조신설)
제15조【한국농수산식품유통공사 등의 농어업 관련 사업 등에 대한 감면】 ① 「한국농수산식품유통공사법」

에 따라 설립된 한국농수산식품유통공사와 「농수산물 유통 및 가격안정에 관한 법률」 제70조제1항에 따른 유통자회사와 농수산물종합직판장 등의 농수산물 유통시설과 농수산물유통에 관한 교육훈련시설에 직접 사용(「농수산물 유통 및 가격안정에 관한 법률」 제2조제7호부터 제9호까지의 규정에 따른 도매시장법인, 시장도매인, 중도매인 및 그 밖의 소매인이 해당 부동산을 그 고유업무에 사용하는 경우를 포함한다. 이하 이 조에서 같다)하기 위하여 취득하는 부동산에 대해서는 취득세의 100분의 50을, 과세기준일 현재 그 시설에 직접 사용하는 부동산에 대해서는 재산세의 100분의 50을 각각 2025년 12월 31일까지 경감한다.(2023.3.14 본항개정)

② 「지방공기업법」 제49조에 따른 지방공사로서 농수산물의 원활한 유통 및 적정한 가격의 유지를 목적으로 설립된 지방공사(이하 이 조에서 "지방농수산물공사"라 한다)에 대해서는 다음 각 호에서 정하는 바에 따라 지방세를 2025년 12월 31일까지 감면한다.(2023.3.14 본문개정)

1. 지방농수산물공사가 도매시장의 관리 및 농수산물의 유통사업에 직접 사용하기 위하여 취득하는 부동산에 대해서는 취득세의 100분의 100(100분의 100의 범위에서 조례로 따로 정하는 경우에는 그 율)에 대통령령으로 정하는 지방자치단체 투자비율(이하 이 조에서 "지방자치단체 투자비율"이라 한다)을 곱한 금액을 감면한다.

2. (2023.3.14 삭제)

3. 지방농수산물공사가 과세기준일 현재 도매시장의 관리 및 농수산물의 유통사업에 직접 사용하는 부동산에 대해서는 재산세(「지방세법」 제112조에 따른 부과액을 포함한다)의 100분의 100(100분의 100의 범위에서 조례로 따로 정하는 경우에는 그 율)에 지방자치단체 투자비율을 곱한 금액을 감면한다.
(2020.1.15 본항개정)

제16조【농어촌 주택개량에 대한 감면】
① 대통령령으로 정하는 사업의 계획에 따라 주택개량 대상자로 선정된 사람이 주택개량 사업계획에 따라 본인과 그 가족이 상시 거주(본인이 「주민등록법」에 따른 전입신고를 하고 계속하여 거주하는 것을 말한다. 이하 이 조에서 같다)할 목적으로 취득하는 연면적 150제곱미터 이하의 주거용 건축물(증축하여 취득하는 경우에는 기존에 소유하고 있는 주거용 건축물 연면적과 합산하여 150제곱미터 이하인 경우로 한정한다. 이하 이 조에서 같다)에 대해서는 취득세를 다음 각 호에서 정하는 바에 따라 2024년 12월 31일까지 감면한다. 다만, 과밀억제권역에서 주택개량 사업계획에 따라 주거용 건축물을 취득하는 경우에는 취득일 현재까지 해당 시·군·구에 1년 이상 계속하여 거주한 사실이 「주민등록법」에 따른 주민등록표 등에 따라 증명되는 사람으로 한정한다.(2021.12.28 본항개정)

1. 취득세액이 280만원 이하인 경우 : 전액 면제
2. 취득세액이 280만원을 초과하는 경우 : 280만원을 공제
② 제1항을 적용할 때 다음 각 호의 어느 하나에 해당하는 경우에는 그 해당 부분에 대해서는 감면된 취득세를 추징한다.
1. 정당한 사유 없이 그 취득일부터 3개월이 지날 때까지 해당 주택에 상시 거주를 시작하지 아니한 경우
2. 해당 주택에 상시 거주를 시작한 날부터 2년이 되기 전에 상시 거주하지 아니하게 된 경우
3. 해당 주택에 상시 거주한 기간이 2년 미만인 상태에서 해당 주택을 매각·증여하거나 다른 용도(임대를 포함한다)로 사용하는 경우
(2018.12.24 본조개정)

제2절 사회복지를 위한 지원

제17조【장애인용 자동차에 대한 감면】
① 대통령령으로 정하는 장애인(제29조제4항에 따른 국가유공자등은 제외하며, 이하 이 조에서 "장애인"이라 한다)이 보철용·생업활동용으로 사용하기 위하여 취득하여 등록하는 다음 각 호의 어느 하나에 해당하는 자동차로서 취득세 또는 「지방세법」 제125조제1항에 따른 자동차세(이하 "자동차세"라 한다) 중 어느 하나의 세목(稅目)에 대하여 먼저 감면을 신청하는 1대에 대해서는 취득세 및 자동차세를 각각 2024년 12월 31일까지 면제한다.(2021.12.28 본문개정)

1. 다음 각 목의 어느 하나에 해당하는 승용자동차
   가. 배기량 2천시시 이하인 승용자동차
   나. 승차 정원 7명 이상 10명 이하인 대통령령으로 정하는 승용자동차. 이 경우 장애인의 이동편의를 위하여 「자동차관리법」에 따라 구조를 변경한 승용자동차의 승차 정원은 구조변경 전의 승차 정원을 기준으로 한다.(2017.12.26 후단신설)
   다. 「자동차관리법」에 따라 자동차의 구분기준이 화물자동차에서 2006년 1월 1일부터 승용자동차에 해당하게 되는 자동차(2005년 12월 31일 이전부터 승용자동차로 분류되어 온 것은 제외한다)
2. 승차 정원 15명 이하인 승합자동차
3. 최대적재량 1톤 이하인 화물자동차
4. 배기량 250시시 이하인 이륜자동차(2015.12.29 본호개정)

② 장애인이 대통령령으로 정하는 바에 따라 대체취득을 하는 경우 해당 자동차에 대해서는 제1항의 방법에 따라 취득세와 자동차세를 면제한다.(2018.12.24 본항개정)
③ 제1항 및 제2항을 적용할 때 장애인 또는 장애인과 공동으로 등록한 사람이 자동차 등록일부터 1년 이내에 사망, 혼인, 해외이민, 운전면허취소, 그 밖에 이와 유사한 부득이한 사유 없이 소유권을 이전하거나 세대를 분가하는 경우에는 면제된 취득세를 추징한다. 다만, 장애인과 공동 등록할 수 있는 사람의 소유권을 장애인이 이전받는 경우, 장애인과 공동 등록하는 사람이 그 장애인으로부터 소유권의 일부를 이전받는 경우 또는 공동 등록할 수 있는 사람 간에 등록 전환하는 경우는 제외한다.(2016.12.27 본문개정)

제17조의2【한센인 및 한센인정착농원 지원을 위한 감면】
① 한센병에 걸린 사람 또는 한센병에 걸렸다가 치료가 종결된 사람(이하 이 조에서 "한센인"이라 한다)이 한센인의 치료·재활·자활 등을 위하여 집단으로 정착하여 거주하는 지역으로서 거주목적, 거주형태 등을 고려하여 대통령령으로 정하는 지역(이하 이 조에서 "한센인정착농원"이라 한다) 내의 다음 각 호의 부동산을 취득하는 경우에는 취득세를 2024년 12월 31일까지 면제한다.(2021.12.28 본문개정)

1. 주택(전용면적이 85제곱미터 이하인 경우로 한정한다)(2015.12.29 본호개정)
2. 축사용 부동산
3. 한센인의 재활사업에 직접 사용하기 위한 부동산(한센인정착농원의 대표자나 한센인이 취득하는 경우로 한정한다)
② 한센인이 과세기준일 현재 소유하는 한센인정착농원 내의 부동산(제1항 각 호의 부동산을 말한다)에 대해서는 재산세(「지방세법」 제112조에 따른 부과액을 포함한다) 및 「지방세법」 제146조제3항에 따른 지역자원시설세를 2024년 12월 31일까지 면제한다.
(2021.12.28 본항개정)
(2011.12.31 본조신설)

제18조【한국장애인고용공단에 대한 감면】「장애인고용촉진 및 직업재활법」에 따른 한국장애인고용공단이 같은 법 제43조제2항제1호부터 제11호까지의 사업에 직접 사용하기 위하여 취득하는 부동산(수익사업용 부동산은 제외한다)에 대해서는 취득세의 100분의 25를, 과세기준일 현재 그 사업에 직접 사용하는 부동산에 대해서는 재산세의 100분의 25를 각각 2025년 12월 31일까지 경감한다.(2023.3.14 본조개정)

제19조【어린이집 및 유치원에 대한 감면】① 「영유아보육법」에 따른 어린이집과 「유아교육법」에 따른 유치원(이하 이 조에서 "유치원등"이라 한다)으로 직접 사용하기 위하여 취득하는 부동산에 대해서는 취득세를 2024년 12월 31일까지 면제하고, 「영유아보육법」 제14조에 따라 직장어린이집을 설치하여야 하는 사업주가 같은 법 제24조제3항에 따라 법인·단체 또는 개인에게 위탁하여 운영하기 위하여 취득하는 부동산에 대해서는 취득세의 100분의 50을 2024년 12월 31일까지 경감한다.(2023.3.14 본항개정)
② 다음 각 호의 부동산에 대해서는 재산세(「지방세법」 제112조에 따른 부과액을 포함한다)를 2024년 12월 31일까지 면제한다.(2021.12.28 본문개정)
1. 해당 부동산 소유자가 과세기준일 현재 유치원등에 직접 사용하는 부동산
2. 과세기준일 현재 유치원등에 사용하는 부동산으로서 해당 부동산 소유자와 사용자의 관계 등을 고려하여 대통령령으로 정하는 부동산
③ 제1항에 따라 취득세를 감면받은 자가 다음 각 호의 구분에 따른 사유에 해당하는 경우 그 해당 부분에 대해서는 감면된 취득세를 추징한다.
1. 유치원등으로 직접 사용하기 위하여 부동산을 취득한 경우 : 다음 각 목의 어느 하나에 해당하는 경우
가. 정당한 사유 없이 그 취득일부터 1년이 경과할 때까지 해당 용도로 직접 사용하지 아니하는 경우
나. 해당 용도로 직접 사용한 기간이 2년 미만인 상태에서 매각·증여하거나 다른 용도로 사용하는 경우
2. 직장어린이집을 위탁하여 운영하기 위하여 부동산을 취득한 경우 : 다음 각 목의 어느 하나에 해당하는 경우
가. 정당한 사유 없이 그 취득일부터 1년이 경과할 때까지 해당 용도로 위탁하여 운영하지 아니하는 경우
나. 해당 용도로 위탁하여 운영한 기간이 2년 미만인 상태에서 매각·증여하거나 다른 용도로 사용하는 경우
(2023.12.29 본항신설)
(2015.12.29 본조제목개정)
(2011.12.31 본조개정)

제19조의2【아동복지시설에 대한 감면】「아동복지법」 제52조제1항제8호에 따른 지역아동센터로 직접 사용하기 위하여 취득하는 부동산에 대해서는 취득세를, 과세기준일 현재 지역아동센터로 직접 사용하는 부동산에 대해서는 재산세(「지방세법」 제112조에 따른 부과액을 포함한다)를 각각 2026년 12월 31일까지 면제한다.(2023.12.29 본조개정)

제20조【노인복지시설에 대한 감면】「노인복지법」 제31조에 따른 노인복지시설로 직접 사용하기 위하여 취득하는 부동산에 대해서는 다음 각 호에서 정하는 바에 따라 지방세를 2026년 12월 31일까지 감면한다.
1. 대통령령으로 정하는 무료 노인복지시설로 직접 사용하기 위하여 취득하는 부동산에 대해서는 취득세를 면제하고, 과세기준일 현재 노인복지시설로 직접 사용(종교단체의 경우 해당 부동산의 소유자가 아닌 그 대표자 또는 종교법인이 해당 부동산을 노인복지시설로 사용하는 경우를 포함한다)하는 부동산에 대해서는 재산세의 100분의 50을 경감한다. 다만, 노인

의 여가선용을 위하여 과세기준일 현재 경로당으로 사용하는 부동산(부대시설을 포함한다)에 대해서는 재산세(「지방세법」 제112조에 따른 부과액을 포함한다) 및 같은 법 제146조제3항에 따른 지역자원시설세를 각각 면제한다.
2. 제1호 외의 노인복지시설로 직접 사용하기 위하여 취득하는 부동산에 대해서는 취득세의 100분의 25를 경감하고, 과세기준일 현재 제1호 외의 노인복지시설로 직접 사용(종교단체의 경우 해당 부동산의 소유자가 아닌 그 대표자 또는 종교법인이 해당 부동산을 노인복지시설로 사용하는 경우를 포함한다)하는 부동산에 대해서는 재산세의 100분의 25를 경감한다.(2023.12.29 본조개정)

제21조【청소년단체 등에 대한 감면】① 다음 각 호의 법인 또는 단체가 그 고유업무에 직접 사용하기 위하여 취득하는 부동산에 대해서는 취득세의 100분의 75를 2026년 12월 31일까지 경감하고, 과세기준일 현재 그 고유업무에 직접 사용하는 부동산에 대해서는 재산세를 2026년 12월 31일까지 면제한다.(2023.12.29 본문개정)
1. 「스카우트활동 육성에 관한 법률」에 따른 스카우트 주관단체
2. 「한국청소년연맹 육성에 관한 법률」에 따른 한국청소년연맹
3. 「한국해양소년단연맹 육성에 관한 법률」에 따른 한국해양소년단연맹
4. 제1호부터 제3호까지의 단체 등과 유사한 청소년단체로서 대통령령으로 정하는 단체
② 「청소년활동 진흥법」에 따라 청소년수련시설의 설치허가를 받은 비영리법인이 청소년수련시설을 설치하기 위하여 취득하는 부동산에 대해서는 취득세를 2026년 12월 31일까지 면제하고, 과세기준일 현재 그 시설에 직접 사용하는 부동산에 대해서는 재산세의 100분의 50을 2026년 12월 31일까지 경감한다.(2023.12.29 본항개정)

제22조【사회복지법인등에 대한 감면】① 「사회복지사업법」에 따른 사회복지사업(이하 이 조에서 "사회복지사업"이라 한다)을 목적으로 하는 법인 또는 단체가 해당 사회복지사업에 직접 사용하기 위하여 취득하는 부동산에 대해서는 다음 각 호에서 정하는 바에 따라 취득세를 2025년 12월 31일까지 감면한다.
1. 「사회복지사업법」에 따른 사회복지법인(이하 이 조에서 "사회복지법인"이라 한다) 또는 한센인 권익·복지의 증진·개선 등을 목적으로 설립된 법인·단체로서 대통령령으로 정하는 법인·단체에 대해서는 취득세를 면제한다.
2. 「사회복지사업법」에 따른 사회복지시설(이하 이 조에서 "사회복지시설"이라 한다)을 설치·운영하는 법인 또는 단체 중 대통령령으로 정하는 법인 또는 단체에 대해서는 취득세의 100분의 25를 경감한다. 다만, 사회복지시설의 입소자 및 이용자가 입소 및 이용에 대한 비용을 부담하지 아니하는 사회복지시설의 경우에는 취득세를 면제한다.
(2023.3.14 본항개정)
② 제1항에 따라 취득세를 감면받은 법인 또는 단체가 다음 각 호의 어느 하나에 해당하는 경우 그 해당 부분에 대해서는 감면된 취득세를 추징한다.
1. 부동산을 취득한 날부터 5년 이내에 수익사업에 사용하는 경우
2. 정당한 사유 없이 부동산의 취득일부터 3년이 경과할 때까지 해당 용도로 직접 사용하지 아니하는 경우
3. 해당 용도로 직접 사용한 기간이 2년 미만인 상태에서 부동산을 매각·증여하거나 다른 용도로 사용하는 경우
(2023.3.14 본항신설)

③ 제1항 각 호에 해당하는 법인 또는 단체(이하 이 조에서 "사회복지법인등"이라 한다)가 과세기준일 현재 해당 사회복지사업에 직접 사용(종교단체의 경우 해당 부동산의 소유자가 아닌 그 대표자 또는 종교법인이 해당 부동산을 사회복지사업의 용도로 사용하는 경우를 포함한다. 이하 이 조에서 같다)하는 부동산(대통령령으로 정하는 건축물의 부속토지를 포함한다)에 대해서는 다음 각 호에서 정하는 바에 따라 지방세를 2025년 12월 31일까지 각각 감면한다. 다만, 수익사업에 사용하는 경우와 해당 재산이 유료로 사용되는 경우의 그 재산 및 해당 재산의 일부가 그 목적에 직접 사용되지 아니하는 경우의 그 일부 재산에 대해서는 감면하지 아니한다.(2023.3.14 본문개정)
1. 제1항제1호에 해당하는 법인 또는 단체에 대해서는 재산세(「지방세법」 제112조에 따른 부가세액을 포함한다) 및 「지방세법」 제146조제3항에 따른 지역자원시설세를 각각 면제한다.(2023.3.14 본호신설)
2. 제1항제2호에 해당하는 법인 또는 단체에 대해서는 재산세의 100분의 25를 경감한다. 다만, 사회복지시설의 입소자 및 이용자가 전액 그 비용을 부담하지 아니하는 사회복지시설의 경우에는 재산세의 100분의 50을 경감한다.(2023.3.14 본호신설)
④ 지방자치단체의 장은 제1항 또는 제3항에 따라 취득세 또는 재산세를 감면하는 경우 해당 지역의 재정여건 등을 고려하여 100분의 50의 범위에서 조례로 정하는 율을 추가로 경감할 수 있다.(2023.3.14 본항신설)
⑤ 사회복지법인등이 그 사회복지사업에 직접 사용하기 위한 면허에 대해서는 등록면허세를, 사회복지법인등(「장애인활동 지원에 관한 법률」에 따른 활동지원기관을 설치·운영하는 법인·단체 중 대통령령으로 정하는 법인·단체를 포함한다)에 대해서는 주민세 사업소분(「지방세법」 제81조제1항제2호에 따라 부과되는 세액으로 한정한다. 이하 이 항에서 같다) 및 종업원분을 각각 2025년 12월 31일까지 면제한다. 다만, 수익사업에 관계되는 대통령령으로 정하는 주민세 사업소분 및 종업원분은 면제하지 아니한다.(2023.3.14 본문개정)
⑥ 사회복지법인등에 생산된 전력 등을 무료로 제공하는 경우 그 부분에 대해서는 「지방세법」 제146조제1항 및 제2항에 따른 지역자원시설세를 2019년 12월 31일까지 면제한다.(2020.1.15 본항개정)
⑦ 사회복지법인의 설립등기 및 합병등기에 대한 등록면허세와 사회복지시설을 경영하는 자에게 해당 사회복지시설 사업장에 과세되는 주민세 사업소분(「지방세법」 제81조제1항제1호에 따라 부과되는 세액으로 한정한다)을 각각 2025년 12월 31일까지 면제한다.(2023.3.14 본항개정)
⑧ 제1항부터 제7항까지의 규정에도 불구하고 사회복지법인이 의료기관을 경영하기 위하여 취득하거나 사용하는 부동산에 대해서는 다음 각 호에 따라 취득세와 재산세를 각각 경감한다.(2023.3.14 본문개정)
1. 의료업에 직접 사용하기 위하여 취득하는 부동산에 대해서는 2024년 12월 31일까지 취득세의 100분의 30(「감염병의 예방 및 관리에 관한 법률」 제8조의2에 따라 지정된 감염병전문병원(이하 "감염병전문병원"이라 한다)의 경우에는 100분의 40]을 경감한다.(2021.12.28 본호개정)
2. 과세기준일 현재 의료업에 직접 사용하는 부동산에 대해서는 2024년 12월 31일까지 재산세의 100분의 50(감염병전문병원의 경우에는 100분의 60)을 경감한다.(2021.12.28 본호개정)
3. (2021.12.28 삭제)
(2011.12.31 본조제목개정)
제22조의2【출산 및 양육 지원을 위한 감면】 ① 18세 미만의 자녀(가족관계등록부 기록을 기준으로 하고, 양

자 및 배우자의 자녀를 포함하되, 입양된 자녀는 친생부모의 자녀 수에는 포함하지 아니한다) 3명 이상을 양육하는 자(이하 이 조에서 "다자녀 양육자"라 한다)가 양육을 목적으로 2024년 12월 31일까지 취득하여 등록하는 자동차로서 다음 각 호의 어느 하나에 해당하는 자동차(자동차의 종류 구분은 「자동차관리법」 제3조에 따른다) 중 먼저 감면 신청하는 1대에 대해서는 취득세를 면제하되, 제1호나목에 해당하는 승용자동차는 「지방세법」 제12조제1항제2호에 따라 계산한 취득세가 140만원 이하인 경우는 면제하고 140만원을 초과하면 140만원을 경감한다. 다만, 다자녀 양육자 중 1명 이상이 종전에 감면받은 자동차를 소유하고 있거나 배우자 및 자녀(자녀와의 공동등록은 제2항제3호의 경우로 한정한다) 외의 자와 공동등록을 하는 경우에는 그러하지 아니하다.(2023.3.14 단서개정)
1. 다음 각 목의 어느 하나에 해당하는 승용자동차
가. 승차정원이 7명 이상 10명 이하인 승용자동차
나. 가목 외의 승용자동차
2. 승차정원이 15명 이하인 승합자동차
3. 최대적재량이 1톤 이하인 화물자동차
4. 배기량 250시시 이하인 이륜자동차(2015.12.29 본호개정)
② 다자녀 양육자가 제1항 각 호의 어느 하나에 해당하는 자동차를 2024년 12월 31일까지 다음 각 호의 어느 하나의 방법으로 취득하여 등록하는 경우 해당 자동차에 대해서는 제1항의 방법에 따라 취득세를 감면한다.(2021.12.28 본문개정)
1. 대통령령으로 정하는 바에 따라 대체취득하여 등록하는 경우(2018.12.24 본호개정)
2. 다자녀 양육자가 감면받은 자동차의 소유권을 해당 다자녀 양육자의 배우자에게 이전하여 등록하는 경우
3. 다자녀 양육자의 사망으로 해당 다자녀 양육자가 취득세를 감면받은 자동차의 소유권을 그 배우자와 자녀가 「민법」 제1009조에 따라 법정상속분대로 이전받아 등록하는 경우(2023.3.14 본호신설)
(2016.12.27 본항개정)
③ 제1항 및 제2항에 따라 취득세를 감면받은 자가 자동차 등록일부터 1년 이내에 사망, 혼인, 해외이민, 운전면허 취소, 그 밖에 이와 유사한 사유 없이 해당 자동차의 소유권을 이전하는 경우에는 감면된 취득세를 추징한다. 다만, 제1항 본문에 따라 취득세를 감면받은 다자녀 양육자가 해당 자동차의 소유권을 해당 다자녀 양육자의 배우자에게 이전하는 경우에는 감면된 취득세를 추징하지 아니한다.(2016.12.27 단서신설)
④ 제1항 및 제2항에 따라 감면을 받은 자동차가 다음 각 호의 어느 하나에 해당되는 경우에는 장부상 등록 여부에도 불구하고 자동차를 소유하지 아니한 것으로 보아 제1항 및 제2항에 따른 취득세 감면 규정을 적용한다.
1. 「자동차관리법」에 따른 자동차매매업자가 중고자동차 매매의 알선을 요청한 사실을 증명하는 자동차(매도되지 아니하고 그 소유자에게 반환되는 중고자동차는 제외한다)
2. 천재지변, 화재, 교통사고 등으로 소멸, 멸실 또는 파손되어 해당 자동차를 회수할 수 없거나 사용할 수 없는 것으로 특별자치시장·특별자치도지사·시장·군수 또는 구청장(구청장의 경우에는 자치구의 구청장을 말하며, 이하 "시장·군수"라 한다)이 인정하는 자동차(2016.12.27 본호개정)
3. 「자동차관리법」에 따른 자동차해체재활용업자가 폐차되었음을 증명하는 자동차
4. 「관세법」에 따라 세관장에게 수출신고를 하고 수출된 자동차
(2010.12.27 본조신설)

제22조의3【휴면예금관리재단에 대한 면제】「서민의 금융생활 지원에 관한 법률」에 따라 설립된 휴면예금관리재단(같은 법 제2조제6호에 따른 사업수행기관(대통령령으로 정하는 자로 한정한다) 중 2008년 8월 1일 이후에 같은 법 제2조제5호에 따른 서민 금융생활 지원사업만을 목적으로 금융위원회의 허가를 받아 설립하는 법인인 사업수행기관을 포함한다)의 법인설립의 등기(출자의 총액 또는 재산의 총액을 증가하기 위한 등기를 포함한다)에 대해서는 등록면허세를 2016년 12월 31일까지 면제한다.(2016.3.22 본조개정)

제22조의4【사회적기업에 대한 감면】「사회적기업 육성법」 제2조제1호에 따른 사회적기업(「상법」에 따른 회사인 경우에는 「중소기업기본법」 제2조제1항에 따른 중소기업으로 한정한다)에 대해서는 다음 각 호에서 정하는 바에 따라 지방세를 2024년 12월 31일까지 경감한다.(2021.12.28 본조개정)
1. 그 고유업무에 직접 사용하기 위하여 취득하는 부동산에 대해서는 취득세의 100분의 50을 경감한다. 다만, 다음 각 목의 어느 하나에 해당하는 경우 그 해당 부분에 대해서는 경감된 취득세를 추징한다.
  가. 그 취득일부터 3년 이내에 「사회적기업 육성법」 제18조에 따라 사회적기업의 인증이 취소되는 경우
  나. 정당한 사유 없이 그 취득일부터 1년이 경과할 때까지 해당 용도로 직접 사용하지 아니하는 경우
  다. 해당 용도로 직접 사용한 기간이 2년 미만인 상태에서 매각·증여하거나 다른 용도로 사용하는 경우
2. (2021.12.28 삭제)
3. 과세기준일 현재 그 고유업무에 직접 사용하는 부동산에 대해서는 재산세의 100분의 25를 경감한다.
(2011.12.31 본조신설)

제23조【권익 증진 등을 위한 감면】① 「법률구조법」에 따른 법률구조법인이 그 고유업무에 직접 사용하기 위하여 취득하는 부동산에 대해서는 취득세의 100분의 25를, 과세기준일 현재 그 고유업무에 직접 사용하는 부동산에 대해서는 재산세의 100분의 25를 2025년 12월 31일까지 각각 경감한다.
② 「소비자기본법」에 따른 한국소비자원이 그 고유업무에 직접 사용하기 위하여 취득하는 부동산에 대해서는 취득세의 100분의 25를, 과세기준일 현재 그 고유업무에 직접 사용하는 부동산에 대해서는 재산세의 100분의 25를 2025년 12월 31일까지 각각 경감한다.
(2023.3.14 본조개정)

제24조【연금공단 등에 대한 감면】① 「국민연금법」에 따른 국민연금공단이 같은 법 제25조에 따른 업무에 직접 사용하기 위하여 취득하는 부동산에 대하여는 다음 각 호에서 정하는 바에 따라 2014년 12월 31일까지 지방세를 감면한다.(2013.1.1 본문개정)
1. 「국민연금법」 제25조제4호에 따른 복지증진사업을 위한 부동산에 대하여는 취득세 및 재산세를 면제한다.
2. 「국민연금법」 제25조제7호에 따라 위탁받은 그 밖의 국민연금사업을 위한 부동산에 대하여는 취득세 및 재산세의 100분의 50을 경감한다.
② 「공무원연금법」에 따른 공무원연금공단이 같은 법 제17조에 따른 사업에 직접 사용하기 위하여 취득하는 부동산에 대하여는 다음 각 호에서 정하는 바에 따라 2014년 12월 31일까지 지방세를 감면한다.
1. 「공무원연금법」 제17조제4호 및 제5호의 사업을 위한 부동산에 대하여는 취득세 및 재산세를 면제한다.
2. 「공무원연금법」 제17조제3호 및 제6호의 사업을 위한 부동산에 대하여는 취득세 및 재산세의 100분의 50을 경감한다.
(2018.3.20 본항개정)
③ 「사립학교교직원 연금법」에 따른 사립학교교직원연금공단이 같은 법 제4조에 따른 사업에 직접 사용하기 위하여 취득하는 부동산에 대하여는 다음 각 호에서 정하는 바에 따라 2014년 12월 31일까지 지방세를 감면한다.(2013.1.1 본문개정)
1. 「사립학교교직원 연금법」 제4조제4호의 사업을 위한 부동산에 대하여는 취득세 및 재산세를 면제한다.
2. 「사립학교교직원 연금법」 제4조제3호·제5호의 사업을 위한 부동산에 대하여는 취득세 및 재산세의 100분의 50을 경감한다.

제25조【근로자 복지를 위한 감면】① 다음 각 호의 법인이 대통령령으로 정하는 회원용 공동주택을 건설하기 위하여 취득하는 부동산에 대하여는 2014년 12월 31일까지 취득세의 100분의 50을 경감한다.(2013.1.1 본문개정)
1. 「군인공제회법」에 따라 설립된 군인공제회
2. 「경찰공제회법」에 따라 설립된 경찰공제회
3. 「대한지방행정공제회법」에 따라 설립된 대한지방행정공제회
4. 「한국교직원공제회법」에 따라 설립된 한국교직원공제회
② 「근로복지기본법」에 따른 기금법인의 설립등기 및 변경등기에 대하여는 2016년 12월 31일까지 등록면허세를 면제한다.(2015.12.29 본항개정)

제26조【노동조합에 대한 감면】「노동조합 및 노동관계조정법」에 따라 설립된 노동조합이 그 고유업무에 직접 사용하기 위하여 취득하는 부동산(수익사업용 부동산은 제외한다. 이하 이 조에서 같다)에 대해서는 취득세를, 과세기준일 현재 그 고유업무에 직접 사용하는 부동산에 대해서는 재산세를 각각 2024년 12월 31일까지 면제한다.(2021.12.28 본조개정)

제27조【근로복지공단 지원을 위한 감면】① 「산업재해보상보험법」에 따른 근로복지공단(이하 이 조에서 "근로복지공단"이라 한다)이 같은 법 제11조제1항제1호부터 제5호까지, 제6호 및 제7호의 사업에 직접 사용하기 위하여 취득하는 부동산에 대해서는 취득세의 100분의 25를 2025년 12월 31일까지 경감한다.(2023.3.14 본항개정)
② 근로복지공단이 「산업재해보상보험법」 제11조제1항제5호의2, 제5호의3 및 같은 조 제2항에 따른 의료사업 및 재활사업에 직접 사용하기 위하여 취득하는 부동산에 대하여는 취득세를, 과세기준일 현재 그 업무에 직접 사용하는 부동산에 대해서는 재산세를 다음 각 호에서 정하는 바에 따라 각각 경감한다.(2018.12.24 본문개정)
1. 2024년 12월 31일까지 취득세 및 재산세의 100분의 50(감염병전문병원의 경우에는 100분의 60)을 각각 경감한다.(2021.12.28 본호개정)
2. (2021.12.28 삭제)

제28조【산업인력 등 지원을 위한 감면】① 「국민 평생 직업능력 개발법」에 따른 직업능력개발훈련시설(숙박시설을 포함한다. 이하 이 항에서 같다)에 직접 사용하기 위하여 취득하는 토지(건축물 바닥면적의 10배 이내의 것으로 한정한다)와 건축물에 대하여는 2014년 12월 31일까지 취득세의 100분의 50을 경감하고, 과세기준일 현재 직업능력개발훈련시설에 직접 사용하는 부동산에 대하여는 2014년 12월 31일까지 재산세를 면제한다.(2021.8.17 본항개정)
② 「한국산업안전보건공단법」에 따라 설립된 한국산업안전보건공단이 같은 법 제6조제2호 및 제6호의 사업에 직접 사용하기 위하여 취득하는 부동산에 대해서는 취득세의 100분의 25를, 과세기준일 현재 그 사업에 직접 사용하는 부동산에 대해서는 재산세의 100분의 25를 각각 2025년 12월 31일까지 경감한다.(2023.3.14 본항개정)

③ 「한국산업인력공단법」에 따라 설립된 한국산업인력공단이 같은 법 제6조제1호의 사업에 직접 사용하기 위하여 취득하는 부동산에 대해서는 취득세의 100분의 25를 2025년 12월 31일까지 경감한다.(2023.3.14 본항개정)

제29조 【국가유공자 등에 대한 감면】 ① 「국가유공자 등 예우 및 지원에 관한 법률」, 「보훈보상대상자 지원에 관한 법률」, 「5·18민주유공자예우 및 단체설립에 관한 법률」 및 「특수임무유공자 예우 및 단체설립에 관한 법률」에 따른 대부금을 받은 사람이 취득(부동산 취득일부터 60일 이내에 대부금을 수령하는 경우를 포함한다)하는 다음 각 호의 부동산에 대해서는 취득세를 2026년 12월 31일까지 면제한다.(2023.12.29 본문개정)

1. 전용면적 85제곱미터 이하인 주택(대부금을 초과하는 부분을 포함한다)(2015.12.29 본호개정)
2. 제1호 외의 부동산(대부금을 초과하는 부분은 제외한다)

② 제1호 각 목의 단체에 대해서는 제2호 각 목의 지방세를 2026년 12월 31일까지 면제한다.(2023.12.29 본문개정)

1. 대상 단체
   가. 「국가유공자 등 단체 설립에 관한 법률」에 따라 설립된 대한민국상이군경회, 대한민국전몰군경유족회, 대한민국전물군경미망인회, 광복회, 4·19민주혁명회, 4·19혁명희생자유족회, 4·19혁명공로자회, 재일학도의용군동지회 및 대한민국무공수훈자회
   나. 「특수임무유공자 예우 및 단체설립에 관한 법률」에 따라 설립된 대한민국특수임무유공자회
   다. 「고엽제후유의증 등 환자지원 및 단체설립에 관한 법률」에 따라 설립된 대한민국고엽제전우회
   라. 「참전유공자 예우 및 단체설립에 관한 법률」에 따라 설립된 대한민국6·25참전유공자회 및 대한민국월남전참전자회
   (2015.12.22 다목~라목개정)
   마. 「5·18민주유공자예우 및 단체설립에 관한 법률」에 따라 설립된 5·18민주화운동부상자회, 5·18민주유공자유족회 및 5·18민주화운동공로자회
   (2023.12.29 본목신설)
2. 면제 내용
   가. 그 고유업무에 직접 사용하기 위하여 취득하는 부동산에 대한 취득세
   나. 그 고유업무에 직접 사용하기 위한 면허에 대한 등록면허세
   다. 과세기준일 현재 그 고유업무에 직접 사용하는 부동산에 대한 재산세(「지방세법」 제112조제1항제2호에 따른 재산세를 포함한다) 및 「지방세법」 제146조제3항에 따른 지역자원시설세(2020.1.15 본목개정)
   라. 해당 단체에 대한 주민세 사업소분(「지방세법」 제81조제1항제2호에 따라 부과되는 세액으로 한정한다) 및 종업원분(2020.12.29 본목개정)
   (2011.12.31 본항개정)

③ 대통령령으로 정하는 바에 따라 상이등급 1급을 판정받은 사람들로 구성되어 국가보훈부장관이 지정한 국가유공자 자활용사촌에 거주하는 중상이자(重傷痍者)와 그 유족 또는 그 중상이자와 유족으로 구성된 단체가 취득·소유하는 자활용사촌 안의 부동산에 대해서는 취득세와 재산세(「지방세법」 제112조에 따른 부과액을 포함한다) 및 「지방세법」 제146조제3항에 따른 지역자원시설세를 각각 2026년 12월 31일까지 면제한다.(2023.12.29 본항개정)

④ 「국가유공자 등 예우 및 지원에 관한 법률」에 따른 국가유공자(「보훈보상대상자 지원에 관한 법률」 제2조제1항 각 호의 어느 하나에 해당하는 보훈보상대상자 및 법률 제11041호 국가유공자 등 예우 및 지원에 관한 법률 일부개정법률 부칙 제19조에 해당하는 사람을 포함한다)로서 상이등급 1급부터 7급까지의 판정을 받은 사람 또는 그 밖에 대통령령으로 정하는 사람(이하 "국가유공자등"이라 한다)이 보철용·생업활동용으로 사용하기 위하여 취득하여 등록하는(대통령령으로 정하는 바에 따라 대체취득하는 경우를 포함한다) 다음 각 호의 어느 하나에 해당하는 자동차로서 취득세 또는 자동차세 중 어느 하나의 세목(稅目)에 대하여 먼저 감면 신청하는 1대에 대해서는 취득세 및 자동차세를 각각 2024년 12월 31일까지 면제(「보훈보상대상자 지원에 관한 법률」 제2조제1항 각 호의 어느 하나에 해당하는 보훈보상대상자 및 법률 제11041호 국가유공자 등 예우 및 지원에 관한 법률 일부개정법률 부칙 제19조에 해당하는 사람으로서 상이등급 1급부터 7급까지의 판정을 받은 사람의 경우에는 취득세 및 자동차세의 100분의 50을 각각 경감)한다. 다만, 제17조에 따른 장애인용 자동차에 대한 감면을 받은 경우는 제외한다.(2023.12.29 본문개정)

1. 다음 각 목의 어느 하나에 해당하는 승용자동차
   가. 배기량 2천시시 이하인 승용자동차
   나. 승차 정원 7명 이상 10명 이하인 대통령령으로 정하는 승용자동차
   다. 「자동차관리법」에 따라 자동차의 구분기준이 화물자동차에서 2006년 1월 1일부터 승용자동차에 해당하게 되는 자동차(2005년 12월 31일 이전부터 승용자동차로 분류되어 온 것은 제외한다)
2. 승차 정원 15명 이하인 승합자동차
3. 최대적재량 1톤 이하인 화물자동차
4. 배기량 250시시 이하인 이륜자동차
(2015.12.29 본항신설)

⑤ 제4항을 적용할 때 국가유공자등 또는 국가유공자등과 공동으로 등록한 사람이 자동차 등록일부터 1년 이내에 사망, 혼인, 해외이민, 운전면허취소, 그 밖에 이와 유사한 부득이한 사유 없이 소유권을 이전하거나 세대를 분가하는 경우에는 감면된 취득세를 추징한다. 다만, 국가유공자등과 공동 등록할 수 있는 사람의 소유권을 국가유공자등이 이전받은 경우, 국가유공자등과 공동 등록할 수 있는 사람이 그 국가유공자등으로부터 소유권의 일부를 이전받는 경우 또는 공동 등록할 수 있는 사람 간에 등록 전환하는 경우는 제외한다.(2023.12.29 본문개정)

제30조 【한국보훈복지의료공단 등에 대한 감면】 ① 「한국보훈복지의료공단법」에 따라 설립된 한국보훈복지의료공단이 같은 법 제6조제2호부터 제9호까지의 사업에 직접 사용하기 위하여 취득하는 부동산에 대해서는 취득세의 100분의 25를, 과세기준일 현재 해당 사업에 직접 사용하는 부동산에 대해서는 재산세의 100분의 25를 각각 2025년 12월 31일까지 경감한다.(2023.3.14 본항개정)

② 「한국보훈복지의료공단법」 제7조제1항에 따른 보훈병원이 의료업에 직접 사용하기 위하여 취득하는 부동산에 대해서는 취득세를, 과세기준일 현재 해당 사업에 직접 사용하는 부동산에 대해서는 재산세를 다음 각 호에서 정하는 바에 따라 각각 경감한다.(2018.12.24 본문개정)

1. 2024년 12월 31일까지 취득세 및 재산세의 100분의 50(감염병전문병원의 경우에는 100분의 60)을 각각 경감한다.(2021.12.28 본호개정)
2. (2021.12.28 삭제)

③ 「독립기념관법」에 따라 설립된 독립기념관이 같은 법 제6조제1항의 업무에 직접 사용하기 위하여 취득하는 부동산에 대해서는 취득세를, 과세기준일 현재 해당 업무에 직접 사용하는 부동산(해당 부동산을 다른 용도로 함께 사용하는 경우 그 부분은 제외한다)에 대해서

는 재산세(「지방세법」 제112조에 따른 부과액을 포함한다)를. 해당 법인에 대해서는 주민세 사업소분(「지방세법」 제81조제1항제2호에 따라 부과되는 세액으로 한정한다)을 각각 2024년 12월 31일까지 면제한다. (2021.12.28 본항개정)

제31조【임대주택 등에 대한 감면】 ① 「공공주택 특별법」에 따른 공공주택사업자 및 「민간임대주택에 관한 특별법」에 따른 임대사업자〔임대용 부동산 취득일부터 60일 이내에 해당 임대용 부동산을 임대목적물〔2020년 7월 11일 이후 「민간임대주택에 관한 특별법」(법률 제17482호로 개정되기 전의 것을 말한다) 제5조에 따른 임대사업자등록 신청(임대할 주택을 추가하기 위하여 등록사항의 변경 신고를 한 경우를 포함한다)을 한 같은 법 제2조제5호에 따른 장기일반민간임대주택(이하 이 조에서 "장기일반민간임대주택"이라 한다) 중 아파트를 임대하는 민간매입임대주택이나 같은 조 제6호에 따른 단기민간임대주택(이하 이 조에서 "단기민간임대주택"이라 한다)인 경우 또는 같은 법 제5조에 따라 등록한 단기민간임대주택을 같은 조 제3항에 따라 2020년 7월 11일 이후 같은 법 제2조제4호에 따른 공공지원민간임대주택이나 장기일반민간임대주택으로 변경 신고한 주택은 제외한다)로 하여 임대사업자로 등록한 경우를 말하되, 토지에 대해서는 「주택법」 제15조에 따른 사업계획승인을 받은 날 또는 「건축법」 제11조에 따른 건축허가를 받은 날부터 60일 이내로서 토지 취득일부터 1년 6개월 이내에 해당 임대용 부동산을 임대목적물로 하여 임대사업자로 등록한 경우를 포함한다. 이하 이 조에서 "임대사업자"라 한다)가 임대할 목적으로 공동주택(해당 공동주택의 부대시설 및 임대수익금 전액을 임대주택관리비로 충당하는 임대용 복리시설을 포함한다. 이하 이 조에서 같다)을 건축하는 경우 그 공동주택에 대해서는 다음 각 호에서 정하는 바에 따라 지방세를 2024년 12월 31일까지 감면한다. 다만, 토지를 취득한 날부터 정당한 사유 없이 2년 이내에 공동주택을 착공하지 아니한 경우는 제외한다. (2021.12.28 본문개정)

1. 전용면적 60제곱미터 이하인 공동주택을 취득하는 경우에는 취득세를 면제한다.(2020.8.12 본호개정)
2. 「민간임대주택에 관한 특별법」 또는 「공공주택 특별법」에 따라 10년 이상의 장기일반 목적으로 전용면적 60제곱미터 초과 85제곱미터 이하인 임대주택(이하 이 조에서 "장기임대주택"이라 한다)을 20호(戶) 이상 취득하거나, 20호 이상의 장기임대주택을 보유한 임대사업자가 추가로 장기임대주택을 취득하는 경우(추가로 취득한 결과로 20호 이상을 보유하게 되었을 때에는 그 20호부터 20호까지를 포함한다)에는 취득세의 100분의 50을 경감한다.(2020.12.29 본호개정)

② 임대사업자가 임대할 목적으로 건축주로부터 공동주택 또는 「민간임대주택에 관한 특별법」 제2조제1호에 따른 준주택 중 오피스텔(그 부속토지를 포함한다. 이하 이 조에서 "오피스텔"이라 한다)을 최초로 분양받은 경우 그 공동주택 또는 오피스텔에 대해서는 다음 각 호에서 정하는 바에 따라 지방세를 2024년 12월 31일까지 감면한다. 다만, 「지방세법」 제10조의3에 따른 취득 당시의 가액이 3억원(「수도권정비계획법」 제2조제1호에 따른 수도권은 6억원으로 한다)을 초과하는 경우에는 감면 대상에서 제외한다.(2021.12.28 본문개정)

1. 전용면적 60제곱미터 이하인 공동주택 또는 오피스텔을 취득하는 경우에는 취득세를 면제한다.
2. 장기임대주택을 20호(戶) 이상 취득하거나, 20호 이상의 장기임대주택을 보유한 임대사업자가 추가로 장기임대주택을 취득하는 경우(추가로 취득한 결과로 20호 이상을 보유하게 되었을 때에는 그 20호부터

초과분까지를 포함한다)에는 취득세의 100분의 50을 경감한다.
(2020.8.12 본항신설)

③ 제1항 및 제2항을 적용할 때 「민간임대주택에 관한 특별법」, 제43조제1항 또는 「공공주택 특별법」 제50조의2제1항에 따른 임대의무기간에 대통령령으로 정한 경우가 아닌 사유로 다음 각 호의 어느 하나에 해당하는 경우에는 감면된 취득세를 추징한다.(2020.8.12 본문개정)

1. 임대 외의 용도로 사용하거나 매각·증여하는 경우
2. 「민간임대주택에 관한 특별법」 제6조에 따라 임대사업자 등록이 말소된 경우
(2018.12.24 1호~2호신설)

④ 대통령령으로 정하는 임대사업자 등이 대통령령으로 정하는 바에 따라 국내에서 임대용 공동주택 또는 오피스텔〔2020년 7월 11일 이후 「민간임대주택에 관한 특별법」, (법률 제17482호로 개정되기 전의 것을 말한다) 제5조에 따른 임대사업자등록 신청(임대할 주택을 추가하기 위하여 등록사항의 변경 신고를 한 경우를 포함한다)을 한 장기일반민간임대주택 중 아파트를 임대하는 민간매입임대주택이거나 단기민간임대주택인 경우 또는 같은 법 제5조에 따라 등록한 단기민간임대주택을 같은 조 제3항에 따라 2020년 7월 11일 이후 공공지원민간임대주택이나 장기일반민간임대주택으로 변경 신고한 주택은 제외한다)을 과세기준일 현재 2세대 이상 임대 목적으로 직접 사용하는 경우에는 다음 각 호에서 정하는 바에 따라 재산세를 2024년 12월 31일까지 감면한다. 다만, 「지방세법」 제4조제1항에 따른 공시된 가액 또는 시장·군수가 산정한 가액이 3억원〔「수도권정비계획법」 제2조제1호에 따른 수도권은 6억원(「민간임대주택에 관한 특별법」 제2조제2호에 따른 민간건설임대주택 또는 「공공주택 특별법」 제2조제1호의2에 따른 공공건설임대주택인 경우에는 9억원)으로 한다)을 초과하는 공동주택과 「지방세법」 제4조에 따른 시가표준액이 2억원(「수도권정비계획법」 제2조제1호에 따른 수도권은 4억원으로 한다)을 초과하는 오피스텔은 감면 대상에서 제외한다.(2021.12.28 본문개정)

1. 전용면적 40제곱미터 이하인 「공공주택 특별법」, 제50조의2제1항에 따라 30년 이상 임대 목적의 공동주택에 대해서는 재산세(「지방세법」 제112조에 따른 부과액을 포함한다)를 면제한다.
2. 전용면적 60제곱미터 이하인 임대 목적의 공동주택(제1호에 따른 공동주택은 제외한다) 또는 오피스텔에 대해서는 재산세(「지방세법」 제112조에 따른 부과액을 포함한다)의 100분의 50을 경감한다.(2023.3.14 본호개정)
3. 전용면적 60제곱미터 초과 85제곱미터 이하인 임대 목적의 공동주택 또는 오피스텔에 대해서는 재산세의 100분의 25를 경감한다.(2021.12.28 본호개정)
(2018.12.24 본항개정)

⑤ 제4항을 적용할 때 「민간임대주택에 관한 특별법」 제6조에 따라 임대사업자 등록이 말소되거나 같은 법 제43조제1항 또는 「공공주택 특별법」 제50조의2제1항에 따른 임대의무기간에 임대용 공동주택 또는 오피스텔을 매각·증여하는 경우에는 그 감면 사유 소멸일부터 소급하여 5년 이내에 감면된 재산세를 추징한다. 다만, 다음 각 호의 어느 하나에 해당하는 경우에는 추징에서 제외한다.(2021.12.28 본문개정)

1. 「민간임대주택에 관한 특별법」 제43조제1항에 따른 임대의무기간이 경과한 후 등록이 말소된 경우
2. 그 밖에 대통령령으로 정하는 경우
(2020.1.15 1호~2호신설)

⑥「한국토지주택공사법」에 따라 설립된 한국토지주택
공사(이하 "한국토지주택공사"라 한다)가 「공공주택
특별법」제43조제1항에 따라 매입하여 공급하는 것으
로서 대통령령으로 정하는 주택 및 건축물에 대해서는
취득세의 100분의 25와 재산세의 100분의 50을 각각
2024년 12월 31일까지 경감한다. 다만, 다음 각 호의 어
느 하나에 해당하는 경우 그 해당 부분에 대해서는 경
감된 취득세 및 재산세를 추징한다.(2021.12.28 본문개정)
1. 정당한 사유 없이 그 매입일부터 1년이 경과할 때까
 지 해당 용도로 직접 사용하지 아니하는 경우
2. 해당 용도로 직접 사용한 기간이 2년 미만인 상태에
 서 매각·증여하거나 다른 용도로 사용하는 경우
(2011.12.31 1호~2호신설)
⑦ 제6항에 따른 재산세 경감 대상에는 한국토지주택
공사가 「공공주택 특별법」제43조제1항에 따라 매입하
여 세대수·구조 등을 변경하거나 철거 후 신축하여
공급하는 주택 및 건축물을 포함한다.(2021.12.28 본항
신설)

제31조의2【준공 후 미분양 주택에 대한 감면】 ① 「주
택법」제54조제1항에 따른 사업주체가 분양하는 다음
각 호의 요건을 모두 갖춘 주택(이하 이 조에서 "준공
후 미분양 주택"이라 한다)을 2016년 12월 31일까지 최
초로 취득하는 경우 취득세의 100분의 25를 경감한다.
(2016.1.19 본문개정)
1. 「주택법」제49조 또는 「건축법」제22조에 따른 사용
 검사 또는 임시사용승인을 받은 후에도 분양되지 아
 니한 주택일 것(2016.1.19 본호개정)
2. 「주택법」에 따른 입주자 모집공고에 공시된 분양가
 격이 6억원 이하이며, 전용면적이 149제곱미터 이하
 의 주택(주거용 건축물 및 그 부속토지를 포함한다)
 으로서 실제 입주한 사실이 없을 것
3. 2011년 12월 31일까지 임대차계약을 체결하고 2년
 이상 임대하였을 것
② 제1항제1호 및 제2호의 요건을 갖춘 준공 후 미분양
주택을 5년 이상 임대할 목적으로 2011년 12월 31일까
지 취득하는 경우 취득세의 100분의 25를 경감한다. 다
만, 정당한 사유 없이 임대한 기간이 5년 미만인 상태
에서 매각·증여하거나 다른 용도로 사용하는 경우에
는 경감된 취득세를 추징한다.(2011.12.31 단서개정)
③ 제1항 또는 제2항을 적용할 때 준공 후 미분양 주택,
임대기간 등의 확인절차 및 방법 등에 대해서는 행정
안전부장관이 정한다.(2017.7.26 본항개정)
④ 지방자치단체는 제1항제2호의 요건에도 불구하고
해당 지역의 주택시장 동향 및 재정여건 등에 따라 조
례로 분양가격 및 전용면적을 달리 정하는 경우를 포
함하여 준공 후 미분양 주택에 대한 취득세를 100분의
25의 범위에서 추가 경감할 수 있다. 이 경우 조례로 정
하는 분양가격 및 전용면적의 요건이 제1항제2호의 요
건에 해당하지 아니하는 경우에는 제1항 또는 제2항의
감면율을 적용하는 것으로 본다.
⑤ 제4항에 따라 지방자치단체가 지방세 감면을 조례
로 정하는 경우 제4조제1항 각 호 외의 부분·제3항 후
단·제6항 및 제7항을 적용하지 아니한다.
(2011.3.29 본조신설)

제31조의3【장기일반민간임대주택 등에 대한 감면】 ①
「민간임대주택에 관한 특별법」제2조제4호에 따른 공
공지원민간임대주택[「민간임대주택에 관한 특별법」(법
률 제17482호로 개정되기 전의 것을 말한다) 제5조에
따라 등록한 같은 법 제2조제6호에 따른 단기민간임대
주택(이하 이 조에서 "단기민간임대주택"이라 한다)을
같은 법 제5조제3항에 따라 2020년 7월 11일 이후 공공
지원민간임대주택으로 변경 신고한 주택은 제외한다]
및 같은 조 제5호에 따른 장기일반민간임대주택[2020

년 7월 11일 이후 「민간임대주택에 관한 특별법」(법률
제17482호로 개정되기 전의 것을 말한다) 제5조에 따
른 임대사업자등록 신청(임대할 주택을 추가하기 위하
여 등록사항의 변경 신고를 할 경우를 포함한다)을 한
장기일반민간임대주택 중 아파트를 임대하는 민간매입
임대주택이거나 단기민간임대주택을 같은 조 제3항에
따라 2020년 7월 11일 이후 장기일반민간임대주택으로
변경 신고한 주택은 제외한다]을 임대하려는 자가 대
통령령으로 정하는 바에 따라 국내에서 임대 목적의
공동주택 2세대 이상 또는 대통령령으로 정하는 다가
구주택(모든 호수의 전용면적이 40제곱미터 이하인 경
우를 말하며, 이하 이 조에서 "다가구주택"이라 한다)
을 과세기준일 현재 임대 목적에 직접 사용하는 경우
또는 같은 법 제2조제1호에 따른 준주택 중 오피스텔
(이하 이 조에서 "오피스텔"이라 한다)을 2세대 이상
과세기준일 현재 임대 목적에 직접 사용하는 경우에는
다음 각 호에서 정하는 바에 따라 2024년 12월 31일까
지 지방세를 감면한다. 다만, 「지방세법」제4조제1항에
따라 공시된 가액 또는 시장·군수가 산정한 가액이 3
억원[「수도권정비계획법」제2조제1호에 따른 수도권
은 6억원(「민간임대주택에 관한 특별법」제2조제2호에
따른 민간건설임대주택인 경우에는 9억원)으로 한다]
을 초과하는 공동주택과 「지방세법」제4조에 따른 시가표
준액이 2억원[「수도권정비계획법」제2조제1호에 따른
수도권은 4억원으로 한다]을 초과하는 오피스텔은 감
면 대상에서 제외한다.(2021.12.28 본문개정)
1. 전용면적 40제곱미터 이하인 임대 목적의 공동주택,
 다가구주택 또는 오피스텔에 대해서는 재산세(「지방
 세법」제112조에 따른 부과액을 포함한다)를 면제한
 다.(2018.12.24 본호개정)
2. 전용면적 40제곱미터 초과 60제곱미터 이하인 임대 목
 적의 공동주택 또는 오피스텔에 대하여는 재산세(「지
 방세법」제112조에 따른 부과액을 포함한다)의 100분
 의 75를 경감한다.(2018.12.24 본호개정)
3. 전용면적 60제곱미터 초과 85제곱미터 이하인 임대
 목적의 공동주택 또는 오피스텔에 대하여는 재산세
 의 100분의 50을 경감한다.(2014.5.28 본호개정)
② 제1항을 적용할 때 「민간임대주택에 관한 특별법」
제6조에 따라 임대사업자 등록이 말소되거나 같은 법
제43조제1항에 따른 임대의무기간 내에 매각·증여하
는 경우에는 그 감면 사유 소멸일부터 소급하여 5년 이
내에 감면된 재산세를 추징한다. 다만, 다음 각 호의 어
느 하나에 해당하는 경우에는 추징에서 제외한다.
(2021.12.28 본문개정)
1. 「민간임대주택에 관한 특별법」제43조제1항에 따른
 임대의무기간이 경과한 후 등록이 말소된 경우
2. 그 밖에 대통령령으로 정하는 경우
(2020.1.15 1호~2호신설)
(2018.1.16 본조제목개정)

**제31조의4【주택임대사업에 투자하는 부동산투자회사
에 대한 감면】** ① 「부동산투자회사법」제2조제1호나목
에 따른 위탁관리 부동산투자회사(해당 부동산투자회
사의 발행주식 총수에 대한 국가, 지방자치단체, 한국
토지주택공사 및 지방공사가 단독 또는 공동으로 출자
한 경우 그 소유주식 수의 비율이 100분의 50을 초과하
는 경우를 말한다)가 임대할 목적으로 취득하는 부동
산[「주택법」제2조제3호에 따른 공동주택(같은 법 제2
조제4호에 따른 준주택 중 오피스텔을 포함한다. 이하
이 조에서 같다)을 건축 또는 매입하기 위하여 취득하
는 경우의 부동산으로 한정한다]에 대해서는 취득세의
100분의 20을 2021년 12월 31일까지 경감한다. 이 경우
「지방세법」제13조제2항 본문 및 같은 조 제3항의 세
율을 적용하지 아니한다.(2018.12.24 전단개정)

② 제1항에 따른 부동산투자회사가 과세기준일 현재 국내에 2세대 이상의 해당 공동주택을 임대 목적에 직접 사용(「부동산투자회사법」 제22조의2 또는 제35조에 따라 위탁하여 임대하는 경우를 포함한다)하는 경우에는 다음 각 호에서 정하는 바에 따라 지방세를 2021년 12월 31일까지 감면한다.

1. 전용면적 60제곱미터 이하인 임대 목적의 공동주택에 대해서는 재산세(「지방세법」 제112조에 따른 부과액을 포함한다)의 100분의 40을 경감한다.
2. 전용면적 85제곱미터 이하인 임대 목적의 공동주택에 대해서는 재산세의 100분의 15를 경감한다. (2018.12.24 본항개정)

③ 제1항을 적용할 때 다음 각 호의 어느 하나에 해당하는 경우에는 경감받은 취득세를 추징한다.

1. 토지를 취득한 날부터 정당한 사유 없이 2년 이내에 착공하지 아니한 경우
2. 정당한 사유 없이 해당 부동산의 매입일부터 1년이 경과할 때까지 해당 용도로 직접 사용하지 아니하는 경우
3. 해당 용도로 직접 사용한 기간이 2년 미만인 상태에서 매각·증여하거나 다른 용도로 사용하는 경우
(2014.12.31 본조신설)

제31조의5【공공주택사업자의 임대 목적으로 주택을 매도하기로 약정을 체결한 자에 대한 감면】 ① 「공공주택 특별법」에 따른 공공주택사업자(이하 이 조에서 "공공주택사업자"라 한다)의 임대가 목적인 주택을 건축하여 공공주택사업자에게 매도하기로 약정을 체결한 자가 해당 주택 등을 건축하기 위하여 취득하는 부동산에 대해서는 취득세의 100분의 10을 2024년 12월 31일까지 경감한다. (2023.3.14 본항개정)

② 공공주택사업자의 임대가 목적인 주택을 건축하여 공공주택사업자에게 매도하기로 약정을 체결한 자가 해당 주택 등을 건축하여 최초로 취득하는 경우에는 취득세의 100분의 10을 2024년 12월 31일까지 경감한다. (2023.3.14 본항개정)

③ 다음 각 호의 어느 하나에 해당하는 경우에는 제1항 및 제2항에 따라 경감받은 취득세를 추징한다.

1. 제1항에 따른 부동산을 취득한 날부터 1년 이내에 공공주택사업자의 임대가 목적인 주택 등을 착공하지 아니한 경우
2. 제2항에 따라 최초로 취득한 주택 등을 6개월 이내에 공공주택사업자에게 매도하지 아니한 경우
(2021.12.28 본조신설)

제32조【한국토지주택공사의 소규모 공동주택 취득에 대한 감면】 ① 한국토지주택공사가 임대를 목적으로 취득하여 소유하는 대통령령으로 정하는 소규모 공동주택(이하 이 조에서 "소규모 공동주택"이라 한다)용 부동산에 대해서는 취득세 및 재산세의 100분의 25를 각각 2024년 12월 31일까지 경감한다. (2021.12.28 본항개정)

② 한국토지주택공사가 분양을 목적으로 취득하는 소규모 공동주택용 부동산에 대해서는 취득세의 100분의 25를 2016년 12월 31일까지 경감한다. (2014.12.31 본항개정)

③ 제1항 또는 제2항을 적용할 때 토지를 취득한 후 대통령령으로 정하는 기간에 소규모 공동주택의 건축을 착공하지 아니하거나 소규모 공동주택이 아닌 용도에 사용하는 경우 그 해당 부분에 대해서는 감면된 취득세 및 재산세를 추징한다. (2015.12.29 본항개정)

제32조의2【한국토지주택공사의 방치건축물 사업재개에 대한 감면】 「공사중단 장기방치 건축물의 정비 등에 관한 특별조치법」 제6조에 따른 공사중단 건축물 정비계획(건축물 완공으로 인한 수익금이 같은 법 제

13조에 따른 공사중단 건축물 정비기금에 납입되는 경우에 한정한다)에 따라 한국토지주택공사가 공사 재개를 위하여 취득하는 부동산에 대해서는 취득세의 100분의 35를, 과세기준일 현재 해당 사업에 직접 사용하는 부동산에 대해서는 재산세의 100분의 25를 각각 2021년 12월 31일까지 경감한다. (2018.12.24 본조개정)

제33조【주택 공급 확대를 위한 감면】 ① 대통령령으로 정하는 주택건설사업자가 공동주택(해당 공동주택의 부대시설 및 복리시설을 포함하되, 분양하거나 임대하는 복리시설은 제외한다. 이하 이 조에서 같다)을 분양할 목적으로 건축한 전용면적 60제곱미터 이하인 5세대 이상의 공동주택(해당 공동주택의 부속토지를 제외한다. 이하 이 항에서 같다)과 그 공동주택을 건축한 후 미분양 등의 사유로 제31조에 따른 임대용으로 전환하는 경우 그 공동주택에 대해서는 2014년 12월 31일까지 취득세를 면제한다. (2014.1.1 본항개정)

② 상시거주(취득일 이후 「주민등록법」에 따른 전입신고를 하고 계속하여 거주하거나 취득일 전에 같은 법에 따른 전입신고를 하고 취득일부터 계속하여 거주하는 것을 말한다. 이하 이 조에서 같다)할 목적으로 대통령령으로 정하는 서민주택을 취득[상속·증여로 인한 취득 및 원시취득(原始取得)은 제외한다]하여 대통령령으로 정하는 1가구 1주택에 해당하는 경우(해당 주택을 취득한 날부터 60일 이내에 종전 주택을 증여 외의 사유로 매각하여 1가구 1주택이 되는 경우를 포함한다)에는 취득세를 2024년 12월 31일까지 면제한다. (2021.12.28 본항개정)

③ 제2항을 적용할 때 다음 각 호의 어느 하나에 해당하는 경우에는 면제된 취득세를 추징한다.

1. 정당한 사유 없이 그 취득일부터 3개월이 지날 때까지 해당 주택에 상시 거주를 시작하지 아니한 경우
2. 해당 주택에 상시 거주를 시작한 날부터 2년이 되기 전에 상시 거주하지 아니하게 된 경우
3. 해당 주택에 상시 거주한 기간이 2년 미만인 상태에서 해당 주택을 매각·증여하거나 다른 용도(임대를 포함한다)로 사용하는 경우
(2018.12.24 본항신설)

제34조【주택도시보증공사의 주택분양보증 등에 대한 감면】 ① 「주택도시기금법」에 따른 주택도시보증공사(이하 "주택도시보증공사"라 한다)가 같은 법 제26조제1항제2호에 따른 주택에 대한 분양보증을 이행하기 위하여 취득하는 건축물로서 분양계약이 된 주택에 대해서는 취득세의 100분의 50을 2016년 12월 31일까지 경감한다. (2016.12.27 본항개정)

②~③ (2011.12.31 삭제)

④ 「부동산투자회사법」 제2조제1호가목 및 나목에 따른 부동산투자회사(이하 이 조에서 "부동산투자회사"라 한다)가 임대목적으로 2014년 12월 31일까지 취득하는 주택에 대하여는 취득세를 면제하고, 취득한 주택에 대한 재산세는 2014년 12월 31일까지 「지방세법」 제111조제1항제3호나목의 세율에도 불구하고 1천분의 1을 적용하여 과세한다. 다만, 취득세를 면제받거나 재산세를 감면받은 후 정당한 사유 없이 제5항에 따른 계약조건을 유지하지 아니하거나 위반한 경우에는 감면된 취득세와 재산세를 추징한다. (2013.5.10 본항신설)

⑤ 제4항에 따라 취득세를 면제받거나 재산세를 감면받으면 다음 각 호의 계약을 모두 체결하여야 한다.

1. 부동산투자회사와 임차인 간의 계약
   가. 부동산투자회사가 전용면적 85제곱미터 이하의 1가구[주택 취득일 현재 세대별 주민등록표에 기재되어 있는 세대주와 그 세대원(배우자, 직계존속 또는 직계비속으로 한정한다)으로 구성된 가구를 말한다] 1주택자의 주택을 매입(주택지분의 일부를

매입하는 경우를 포함한다)하여 해당 주택의 양도인(이하 이 조에서 "양도인"이라 한다)에게 임대하되, 그 임대기간을 5년 이상으로 하는 계약

나. 가목에 따른 임대기간 종료 후 양도인이 해당 주택을 우선적으로 재매입(임대기간 종료 이전이라도 양도인이 재매입하는 경우를 포함한다)할 수 있는 권리를 부여하는 계약

2. 부동산투자회사와 한국토지주택공사 간의 계약 : 양도인이 제1호 나목에 따른 우선매입권을 행사하지 아니하는 경우 한국토지주택공사가 해당 주택의 매입을 확약하는 조건의 계약

(2013.5.10 본항신설)

⑥ (2014.1.1 삭제)

⑦ 「부동산투자회사법」 제2조제1호다목에 따른 기업구조조정 부동산투자회사 또는 「자본시장과 금융투자업에 관한 법률」 제229조제2호에 따른 부동산집합투자기구(집합투자재산의 100분의 80을 초과하여 같은 법 제229조제2호에서 정한 부동산에 투자하는 같은 법 제9조제19항제2호에 따른 일반 사모집합투자기구를 포함한다. 이하 같다)가 2016년 12월 31일까지 「주택법」에 따른 사업주체로부터 직접 취득하는 미분양주택 및 그 부속토지(이하 이 항에서 "미분양주택등"이라 한다)에 대해서는 취득세의 100분의 50을 경감하고, 취득한 미분양주택등에 대한 재산세는 2016년 12월 31일까지 「지방세법」 제111조제1항제3호나목의 세율에도 불구하고 1천분의 1을 적용하여 과세한다.(2021.4.20 본항개정)

(2015.1.6 본조제목개정)

제35조【주택담보노후연금보증 대상 주택에 대한 감면】 ① 「한국주택금융공사법」에 따른 연금보증을 하기 위하여 같은 법에 따라 설립된 한국주택금융공사와 같은 법에 따라 연금을 지급하는 금융회사가 같은 법 제9조제1항에 따라 설치한 주택금융운영위원회가 같은 조 제2항제5호에 따라 심의·의결한 연금보증의 보증기준에 해당되는 주택(「주택법」 제2조제4호의 준주택 중 주거목적으로 사용되는 오피스텔을 포함한다. 이하 이 조에서 같다)을 담보로 하는 등기에 대하여 그 담보의 대상이 되는 주택을 제공하는 자가 등록면허세를 부담하는 경우에는 다음 각 호의 구분에 따라 등록면허세를 2024년 12월 31일까지 감면한다.(2021.12.28 본항개정)

1. 「지방세법」 제4조에 따른 시가표준액(이하 이 조에서 "시가표준액"이라 한다)이 5억원 이하인 주택으로서 대통령령으로 정하는 1가구 1주택(이하 이 조에서 "1가구 1주택"이라 한다) 소유자의 주택을 담보로 하는 등기에 대해서는 등록면허세의 100분의 75를 경감한다.(2021.12.28 본호개정)

2. 제1호 외의 등기 : 다음 각 목의 구분에 따라 감면

가. 등록면허세액이 300만원 이하인 경우에는 등록면허세의 100분의 75를 경감한다.(2021.12.28 본목개정)

나. 등록면허세액이 300만원을 초과하는 경우에는 225만원을 공제한다.(2021.12.28 본목개정)

(2020.1.15 본호신설)

② 제1항에 따른 주택담보노후연금보증을 위하여 담보로 제공된 주택(1가구 1주택인 경우로 한정한다)에 대해서는 다음 각 호의 구분에 따라 재산세를 2024년 12월 31일까지 감면한다.

1. 시가표준액이 5억원 이하인 주택의 경우에는 재산세의 100분의 25를 경감한다.(2020.1.15 본호개정)

2. 시가표준액이 5억원을 초과하는 경우에는 해당 연도 시가표준액이 5억원에 해당하는 재산세액의 100분의 25를 공제한다.

(2021.12.28 본항개정)

③ 「한국주택금융공사법」 제2조제11호에 따른 금융기관으로부터 연금 방식으로 생활자금 등을 지급받기 위하여 장기주택저당대출에 가입한 사람이 담보로 제공하는 주택(1가구 1주택인 경우로 한정한다)에 대해서는 다음 각 호의 구분에 따라 재산세를 2021년 12월 31일까지 감면한다.(2020.1.15 본문개정)

1. 주택공시가격등이 5억원 이하인 주택의 경우에는 재산세의 100분의 25를 경감한다.

2. 주택공시가격등이 5억원을 초과하는 경우에는 해당 연도 주택공시가격등이 5억원에 해당하는 재산세액의 100분의 25를 공제한다.

(2013.1.1 본항신설)

제35조의2【농업인의 노후생활안정자금대상 농지에 대한 감면】 「한국농어촌공사 및 농지관리기금법」 제24조의5에 따른 노후생활안정자금을 지원받기 위하여 담보로 제공된 농지에 대해서는 다음 각 호의 구분에 따라 재산세를 2024년 12월 31일까지 감면한다.(2021.12.28 본항개정)

1. 「지방세법」 제4조제1항에 따라 공시된 가액 또는 시장·군수가 산정한 가액(이하 이 조에서 "토지공시가격등"이라 한다)이 6억원 이하인 농지의 경우에는 재산세를 면제한다.

2. 토지공시가격등이 6억원을 초과하는 경우에는 해당 연도 토지공시가격등이 6억원에 해당하는 재산세액의 100분의 100을 공제한다.

(2013.1.1 본조신설)

제35조의3【임차인의 전세자금 마련 지원을 위한 주택담보대출 주택에 대한 재산세액 공제】 ① 재산세 과세기준일 현재 임대인과 임차인 간에 임대차계약을 체결하고 임대주택으로 사용하는 경우로서 그 주택을 소유한 자에 대해서는 다음 각 호에서 정하는 요건을 모두 충족하는 경우 「지방세법」 제111조제1항제3호나목의 세율을 적용하여 산출한 재산세액에서 주택담보대출금액의 100분의 60에 1천분의 1을 적용하여 산출한 세액을 2016년 12월 31일까지 공제한다. 다만, 임대차계약 기간 동안 다음 각 호의 요건 중 어느 하나를 위반하는 경우 공제된 재산세액을 추징한다.

(2015.12.29 본문개정)

1. 임차인이 계약일 현재 무주택세대주이면서 직전 연도 소득(그 배우자의 소득을 포함한다)이 6천만원 이하인 경우

2. 임차주택의 전세보증금이 2억원(수도권은 3억원) 이하인 경우

3. 주택담보대출금액이 3천만원(수도권은 5천만원) 이하인 경우

4. 제2호에 따른 전세보증금의 전부 또는 일부를 임대인의 주택담보대출로 조달하고 그 대출이자는 임차인이 부담하는 방식으로 하고, 국토교통부장관이 정하는 임대차계약서 서식에 따라 「금융실명거래 및 비밀보장에 관한 법률」 제2조제1호에 따른 금융회사등(이하 이 조에서 "금융회사등"이라 한다)과 주택담보대출 계약을 체결하는 경우

5. 금융회사등이 취급하는 주택담보대출로서 목돈 안 드는 전세대출임이 표시된 통장으로 거래하는 경우

② 제1항에 따라 재산세액을 공제하는 경우에는 산출한 재산세액 중 공제되는 세액이 차지하는 비율(백분율로 계산한 비율이 소수점 이하일 경우에는 절사한다)에 해당하는 부분 만큼을 재산세 감면율로 본다.

③ 제1항을 적용할 때 무주택세대주 및 직전 연도 소득을 확인하는 방법은 제36조의2제4항에 따라 행정안전부장관이 정하는 기준을 준용한다.(2017.7.26 본항개정)

(2013.8.6 본조신설)

제36조【무주택자 주택공급사업 지원을 위한 감면】 「공익법인의 설립·운영에 관한 법률」에 따라 설립된 공익법인으로서 대통령령으로 정하는 법인이 무주택자에게 분양할 목적으로 취득하는 주택건축용 부동산에 대해서는 취득세를, 과세기준일 현재 그 업무에 직접 사

용하는 부동산에 대해서는 재산세(「지방세법」 제112조에 따른 부과액을 포함한다)를 각각 2024년 12월 31일까지 면제한다. 다만, 그 취득일부터 2년 이내에 정당한 사유 없이 주택건축을 착공하지 아니하거나 다른 용도에 사용하는 경우 그 해당 부분에 대해서는 면제된 취득세를 추징한다.(2021.12.28 본문개정)

제36조의2 【생애최초 주택 구입 신혼부부에 대한 취득세 경감】 ① 혼인한 날(「가족관계의 등록 등에 관한 법률」에 따른 혼인신고일을 기준으로 한다)부터 5년 이내인 사람과 주택 취득일부터 3개월 이내에 혼인할 예정인 사람(이하 이 조에서 "신혼부부"라 한다)으로서 다음 각 호의 요건을 갖춘 사람이 거주할 목적으로 주택(「지방세법」 제11조제1항제8호에 따른 주택을 말한다. 이하 이 조에서 같다)을 유상거래(부담부증여는 제외한다)로 취득한 경우에는 취득세의 100분의 50을 2020년 12월 31일까지 경감한다.(2020.1.15 본문개정)
1. 주택 취득일 현재 신혼부부로서 본인과 배우자(배우자가 될 사람을 포함한다. 이하 이 조에서 같다) 모두 주택 취득일까지 주택을 소유한 사실이 없을 것. 이 경우 본인 또는 배우자가 주택 취득 당시 대통령령으로 정하는 주택을 소유하였거나 소유하고 있는 경우에는 주택을 소유한 사실이 없는 것으로 본다.
2. 주택 취득 연도 직전 연도의 신혼부부의 합산 소득이 7천만원(「조세특례제한법」 제100조의3제5항제2호 가목에 따른 홑벌이 가구는 5천만원)을 초과하지 아니할 것
3. 「지방세법」(법률 제18655호로 개정되기 전의 것을 말한다) 제10조에 따른 취득 당시의 가액이 3억원(「수도권정비계획법」 제2조제1호에 따른 수도권은 4억원으로 한다) 이하이고 전용면적이 60제곱미터 이하인 주택을 취득할 것(2021.12.28 본호개정)
② 제1항에 따라 취득세를 경감받은 사람이 다음 각 호의 어느 하나에 해당하는 경우에는 경감된 취득세를 추징한다.
1. 혼인할 예정인 신혼부부가 주택 취득일부터 3개월 이내에 혼인하지 아니한 경우
2. 주택을 취득한 날부터 3개월 이내에 대통령령으로 정하는 1가구 1주택이 되지 아니한 경우
3. 정당한 사유 없이 취득일부터 3년 이내에 경감받은 주택을 매각·증여하거나 다른 용도(임대를 포함한다)로 사용하는 경우
③ 제1항을 적용할 때 신혼부부의 직전 연도 합산 소득은 신혼부부의 소득을 합산한 것으로서 급여·상여 등 일체의 소득을 합산한 것으로 한다.
④ 제1항 및 제3항을 적용할 때 신혼부부의 직전 연도 소득 및 주택 소유사실 확인 등에 관한 세부적인 기준은 행정안전부장관이 정하여 고시한다.
⑤ 행정안전부장관 또는 지방자치단체의 장은 제3항에 따른 신혼부부 합산소득의 확인을 위하여 필요한 자료의 제공을 관계 기관의 장에게 요청할 수 있다. 이 경우 요청을 받은 관계 기관의 장은 특별한 사유가 없으면 이에 따라야 한다.
(2018.12.24 본조신설)

제36조의3 【생애최초 주택 구입에 대한 취득세 감면】 ① 주택 취득일 현재 본인 및 배우자(「가족관계의 등록 등에 관한 법률」에 따른 가족관계등록부에서 혼인이 확인되는 외국인 배우자를 포함한다. 이하 이 조 및 제36조의5에서 같다)가 주택(「지방세법」 제11조제1항제8호에 따른 주택을 말한다. 이하 이 조 및 제36조의5에서 같다)을 소유한 사실이 없는 경우로서 「지방세법」 제10조의3에 따른 취득당시가액이 12억원 이하인 주택을 유상거래(부담부증여는 제외한다)로 취득하는 경우에는 다음 각 호의 구분에 따라 2025년 12월 31일까지 지방세를 감면(이 경우 「지방세법」 제13조의2의 세율

을 적용하지 아니한다)한다. 다만, 취득자가 미성년자인 경우는 제외한다.(2023.12.29 본문개정)
1. 「지방세법」 제11조제1항제8호의 세율을 적용하여 산출한 취득세(이하 이 조 및 제36조의5에서 "산출세액"이라 한다)이 200만원 이하인 경우에는 취득세를 면제한다.(2023.12.29 본호개정)
2. 산출세액이 200만원을 초과하는 경우에는 산출세액에서 200만원을 공제한다.
② 2인 이상이 공동으로 주택을 취득하는 경우에는 해당 주택에 대한 제1항에 따른 총 감면액은 200만원 이하로 한다.(2023.3.14 본항개정)
③ 제1항에서 "주택을 소유한 사실이 없는 경우"란 다음 각 호의 어느 하나에 해당하는 경우를 말한다.
(2021.12.28 본문개정)
1. 상속으로 주택의 공유지분을 소유(주택 부속토지의 공유지분만을 소유하는 경우를 포함한다)하였다가 그 지분을 모두 처분한 경우
2. 「국토의 계획 및 이용에 관한 법률」 제6조에 따른 도시지역(취득일 현재 도시지역을 말한다)이 아닌 지역에 건축되어 있거나 면의 행정구역(수도권은 제외한다)에 건축되어 있는 주택으로서 다음 각 목의 어느 하나에 해당하는 주택을 소유한 자가 그 주택 소재지역에 거주하다가 다른 지역(해당 주택 소재지역인 특별시·광역시·특별자치시 및 시·군 이외의 지역을 말한다)으로 이주한 경우. 이 경우 그 주택을 감면대상 주택 취득일 전에 처분했거나 감면대상 주택 취득일부터 3개월 이내에 처분한 경우로 한정한다.
가. 사용 승인 후 20년 이상 경과된 단독주택
나. 85제곱미터 이하인 단독주택
다. 상속으로 취득한 주택
3. 전용면적 20제곱미터 이하인 주택을 소유하고 있거나 처분한 경우. 다만, 전용면적 20제곱미터 이하인 주택을 둘 이상 소유했거나 소유하고 있는 경우는 제외한다.
4. 취득일 현재 「지방세법」 제4조제2항에 따라 산출한 시가표준액이 100만원 이하인 주택을 소유하고 있거나 처분한 경우
5. 제36조의4제1항에 따라 전세사기피해주택을 소유하고 있거나 처분한 경우(2023.6.1 본호신설)
④ 제1항에 따라 취득세를 감면받은 사람이 다음 각 호의 어느 하나에 해당하는 경우에는 감면된 취득세를 추징한다.
1. 대통령령으로 정하는 정당한 사유 없이 주택을 취득한 날부터 3개월 이내에 상시 거주(취득일 이후 「주민등록법」에 따른 전입신고를 하고 계속하여 거주하거나 취득일 전에 같은 법에 따른 전입신고를 하고 취득일부터 계속하여 거주하는 것을 말한다. 이하 이 조 및 제36조의5에서 같다)를 시작하지 아니하는 경우(2023.12.29 본호개정)
2. 주택을 취득한 날부터 3개월 이내에 추가로 주택을 취득(주택의 부속토지만을 취득하는 경우를 포함한다)하는 경우. 다만, 상속으로 인한 추가 취득은 제외한다.(2021.12.28 본호개정)
3. 해당 주택에 상시 거주한 기간이 3년 미만인 상태에서 해당 주택을 매각·증여(배우자에게 지분을 매각·증여하는 경우는 제외한다)하거나 다른 용도(임대를 포함한다)로 사용하는 경우(2021.12.28 본호개정)
⑤ 제3항을 적용할 때 무주택자 여부 등을 확인하는 세부적인 기준은 행정안전부장관이 정하여 고시한다.
(2023.3.14 본항개정)
⑥ (2023.3.14 삭제)
(2020.8.12 본조신설)

제36조의4【전세사기피해자 지원을 위한 감면】 ① 「전세사기피해자 지원 및 주거안정에 관한 특별법」에 따른 전세사기피해자(이하 이 조에서 "전세사기피해자"라 한다)가 같은 법에 따른 전세사기피해주택(이하 이 조에서 "전세사기피해주택"이라 한다)을 취득하는 경우에는 다음 각 호의 구분에 따라 2026년 12월 31일까지 취득세를 감면한다.

1. 「지방세법」에 따라 산출한 취득세액(이하 이 조에서 "산출세액"이라 한다)이 200만원 이하인 경우에는 취득세를 면제한다.

2. 산출세액이 200만원을 초과하는 경우에는 산출세액에서 200만원을 공제한다.

② 전세사기피해자가 전세사기피해주택을 보유하고 있는 경우에는 재산세 납세의무가 최초로 성립하는 날부터 3년간 다음 각 호에서 정하는 바에 따라 재산세를 경감한다.

1. 전용면적 60제곱미터 이하인 전세사기피해주택에 대해서는 재산세의 100분의 50을 경감한다.

2. 전용면적 60제곱미터 초과인 전세사기피해주택에 대해서는 재산세의 100분의 25를 경감한다.

③ 전세사기피해자가 본인의 임차권 보호를 위하여 신청한 임차권등기의 집행에 따른 등기등기에 대해서는 등록면허세를 2026년 12월 31일까지 면제한다.

④ 「공공주택 특별법」 제4조에 따른 공공주택사업자가 「전세사기피해자 지원 및 주거안정에 관한 특별법」 제25조제3항에 따라 전세사기피해주택을 취득하는 경우에는 해당 전세사기피해주택에 대한 취득세의 100분의 50을 2026년 12월 31일까지 경감한다.

(2023.6.1 본조신설)

제36조의5【출산·양육을 위한 주택 취득에 대한 취득세 감면】 ① 2025년 12월 31일까지 자녀를 출산한 부모(미혼모 또는 미혼부를 포함한다)가 해당 자녀와 상시 거주할 목적으로 출산일부터 5년 이내에 「지방세법」 제10조에 따른 취득 당시의 가액이 12억원 이하인 1주택을 취득하는 경우(출산일 전 1년 이내에 주택을 취득한 경우를 포함한다)로서 다음 각 호의 요건을 모두 충족하는 경우에는 그 산출세액이 500만원 이하인 경우에는 취득세를 면제하고, 500만원을 초과하는 경우에는 산출세액에서 500만원을 공제한다.

1. 가족관계등록부에서 자녀의 출생 사실이 확인될 것

2. 해당 주택이 대통령령으로 정하는 1가구 1주택에 해당할 것(해당 주택을 취득한 날부터 3개월 이내에 1가구 1주택이 되는 경우를 포함한다)

② 제1항에 따라 취득세를 감면받은 사람이 다음 각 호의 어느 하나에 해당하는 경우에는 감면된 취득세를 추징한다.

1. 대통령령으로 정하는 정당한 사유 없이 주택의 취득일(출산일 전에 취득한 경우에는 출산일)부터 3개월 이내에 해당 자녀와 상시 거주를 시작하지 아니하는 경우

2. 해당 자녀와의 상시 거주 기간이 3년 미만인 상태에서 주택을 매각·증여(배우자에게 지분을 매각·증여하는 경우는 제외한다)하거나 다른 용도(임대를 포함한다)로 사용하는 경우

(2023.12.29 본조신설)

제37조【국립대병원 등에 대한 감면】 ① 다음 각 호의 법인이 고유업무에 직접 사용하기 위하여 취득하는 부동산에 대해서는 취득세의 100분의 50(감염병전문병원의 경우에는 100분의 60)을, 과세기준일 현재 그 고유업무에 직접 사용하는 부동산에 대해서는 재산세의 100분의 50(감염병전문병원의 경우에는 100분의 60)을 2024년 12월 31일까지 각각 경감한다.(2021.12.28 본문개정)

1. 「서울대학교병원 설치법」에 따라 설치된 서울대학교병원

2. 「서울대학교치과병원 설치법」에 따라 설치된 서울대학교치과병원

3. 「국립대학병원 설치법」에 따라 설치된 국립대학병원

4. 「암관리법」에 따라 설립된 국립암센터(2010.5.31 본호개정)

5. 「국립중앙의료원의 설립 및 운영에 관한 법률」에 따라 설립된 국립중앙의료원(2010.12.27 본호신설)

6. 「국립대학치과병원 설치법」에 따라 설립된 국립대학치과병원(2014.1.1 본호신설)

7. 「방사선 및 방사성동위원소 이용진흥법」에 따라 설립된 한국원자력의학원(2020.1.15 본호신설)

② (2021.12.28 삭제)

(2018.12.24 본조제목개정)

제38조【의료법인 등에 대한 과세특례】 ① 「의료법」 제48조에 따라 설립된 의료법인이 의료업에 직접 사용하기 위하여 취득하는 부동산에 대해서는 취득세를, 과세기준일 현재 의료업에 직접 사용하는 부동산에 대해서는 재산세를 다음 각 호에서 정하는 바에 따라 각각 경감한다.

1. 2024년 12월 31일까지 취득세의 100분의 30(감염병전문병원의 경우에는 100분의 40)을, 재산세의 100분의 50(감염병전문병원의 경우에는 100분의 60)을 각각 경감한다.(2021.12.28 본호개정)

2. (2021.12.28 삭제)

(2018.12.24 본항개정)

② 「고등교육법」 제4조에 따라 설립된 의과대학(한의과대학, 치과대학 및 수의과대학을 포함한다)의 부속병원에 대하여는 주민세 사업소분(「지방세법」 제81조제1항제2호에 따라 부과되는 세액으로 한정한다) 및 종업원분을 2014년 12월 31일까지 면제한다.(2020.12.29 본항개정)

③ (2018.12.24 삭제)

④ 「민법」 제32조에 따라 설립된 재단법인이 「의료법」에 따른 의료기관 개설을 통하여 의료업에 직접 사용할 목적으로 취득하는 부동산에 대해서는 취득세의 100분의 15(감염병전문병원의 경우에는 100분의 25)를, 과세기준일 현재 의료업에 직접 사용하는 부동산에 대해서는 재산세의 100분의 25(감염병전문병원의 경우에는 100분의 35)를 2024년 12월 31일까지 각각 경감한다. 다만, 종교단체의 경우에는 취득세의 100분의 30(감염병전문병원의 경우에는 100분의 40)을, 재산세의 100분의 50(감염병전문병원의 경우에는 100분의 60)을 2024년 12월 31일까지 각각 경감한다.(2023.12.29 본문개정)

1. (2023.12.29 삭제)

2. (2021.12.28 삭제)

⑤ 「지방자치법」 제5조제1항에 따라 둘 이상의 시·군이 통합되어 도청 소재지인 시가 된 경우 종전의 시(도청 소재지인 시는 제외한다)·군 지역에 대해서는 제1항 및 제4항에도 불구하고 지방자치단체의 조례로 정하는 바에 따라 통합 지방자치단체가 설치된 때부터 5년의 범위에서 통합되기 전의 감면율을 적용할 수 있다.(2021.1.12 본항개정)

제38조의2【지방의료원에 대한 감면】 「지방의료원의 설립 및 운영에 관한 법률」에 따라 설립된 지방의료원이 의료업에 직접 사용하기 위하여 취득하는 부동산에 대해서는 취득세를, 과세기준일 현재 의료업에 직접 사용하는 부동산에 대해서는 재산세를 다음 각 호에서 정하는 바에 따라 각각 경감한다.

1. 2024년 12월 31일까지 취득세 및 재산세의 100분의 75(감염병전문병원의 경우에는 100분의 85)를 각각 경감한다.(2021.12.28 본호개정)

2. (2021.12.28 삭제)

(2018.12.24 본조신설)

제39조【국민건강보험사업 지원을 위한 감면】① 「국민건강보험법」에 따른 국민건강보험공단이 고유업무에 직접 사용하기 위하여 취득하는 부동산에 대하여는 다음 각 호에서 정하는 바에 따라 2014년 12월 31일까지 지방세를 감면한다.(2013.1.1 본문개정)

1. 국민건강보험공단이 「국민건강보험법」 제14조제1항제1호부터 제3호까지, 제7호 및 제8호의 업무에 직접 사용하기 위하여 취득하는 부동산에 대하여는 취득세를 면제하고, 과세기준일 현재 그 업무에 직접 사용하는 부동산에 대하여는 재산세의 100분의 50을 경감한다.(2011.12.31 본호개정)

2. 국민건강보험공단이 「국민건강보험법」 제14조제1항제6호의 업무에 사용하기 위하여 취득하는 부동산에 대하여는 취득세의 100분의 50을 경감하고, 과세기준일 현재 그 업무에 직접 사용하는 부동산에 대하여는 재산세의 100분의 50을 경감한다.(2011.12.31 본호개정)

② 「국민건강보험법」에 따른 건강보험심사평가원이 고유업무에 직접 사용하기 위하여 취득하는 부동산에 대하여는 다음 각 호에서 정하는 바에 따라 2014년 12월 31일까지 지방세를 감면한다.(2013.1.1 본문개정)

1. 건강보험심사평가원이 「국민건강보험법」 제63조제1항제1호의 업무에 직접 사용하기 위하여 취득하는 부동산에 대하여는 취득세를 면제하고, 과세기준일 현재 그 업무에 직접 사용하는 부동산에 대하여는 재산세의 100분의 50을 경감한다.

2. 건강보험심사평가원이 「국민건강보험법」 제63조제1항제2호의 업무에 직접 사용하기 위하여 취득하는 부동산에 대하여는 취득세의 100분의 50을 경감하고, 과세기준일 현재 그 업무에 직접 사용하는 부동산에 대하여는 재산세의 100분의 25를 경감한다.

(2011.12.31 1호~2호개정)

제40조【국민건강 증진사업자에 대한 감면】① 다음 각 호의 법인이 그 고유업무에 직접 사용하기 위하여 취득하는 부동산에 대해서는 취득세의 100분의 50을, 과세기준일 현재 그 고유업무에 직접 사용하는 부동산에 대해서는 재산세의 100분의 50을 2024년 12월 31일까지 각각 경감한다.(2023.3.14 본문개정)

1. 「모자보건법」에 따른 인구보건복지협회
2. 「감염병의 예방 및 관리에 관한 법률」에 따른 한국건강관리협회
3. 「결핵예방법」에 따른 대한결핵협회
② (2021.12.28 삭제)

제40조의2【주택거래에 대한 취득세의 감면】① 유상거래를 원인으로 2013년 1월 1일부터 2013년 6월 30일까지 「지방세법」(법률 제18655호로 개정되기 전의 것을 말한다) 제10조에 따른 취득 당시의 가액이 9억원 이하인 주택을 취득하여 다음 각 호의 어느 하나에 해당하게 된 경우에는 같은 법 제11조제1항제7호나목의 세율을 적용하여 산출한 취득세의 75를, 9억원 초과 12억원 이하의 주택을 취득하여 다음 각 호의 어느 하나에 해당하는 경우나 12억원 이하의 주택을 취득하여 제2호 외의 다주택자가 되는 경우에는 같은 법 제11조제1항제7호나목의 세율을 적용하여 산출한 취득세의 100분의 50을, 12억원 초과 주택을 취득하는 경우에는 같은 법 제11조제1항제7호나목의 세율을 적용하여 산출한 취득세의 100분의 25를 각각 경감한다. 다만, 9억원 이하의 주택을 제2호의 경우로 취득하여 취득세를 경감받고 정당한 사유 없이 그 취득일부터 3년 이내에 1주택으로 되지 아니한 경우에는 경감된 취득세의 3분의 1을 추징한다.(2021.12.28 본문개정)

1. 1주택이 되는 경우
2. 대통령령으로 정하는 일시적 2주택이 되는 경우
② 유상거래를 원인으로 2013년 7월 1일부터 2013년 12월 31일까지 「지방세법」(법률 제18655호로 개정되기 전의 것을 말한다) 제10조에 따른 취득 당시의 가액이 9억원 이하인 주택을 취득하여 다음 각 호의 어느 하나에 해당하게 된 경우에는 같은 법 제11조제1항제7호나목의 세율을 적용하여 산출한 취득세의 100분의 50을 경감한다. 다만, 제2호의 경우로 취득하여 취득세를 경감받고 정당한 사유 없이 그 취득일부터 3년 이내에 1주택으로 되지 아니한 경우에는 경감된 취득세를 추징한다.(2021.12.28 본문개정)

1. 1주택이 되는 경우
2. 대통령령으로 정하는 일시적 2주택이 되는 경우
(2013.3.23 본조개정)

제40조의3【대한적십자사에 대한 감면】「대한적십자사 조직법」에 따른 대한적십자사가 그 고유업무에 직접 사용하기 위하여 취득하는 부동산에 대해서는 취득세를, 과세기준일 현재 그 고유업무에 직접 사용하는 부동산에 대해서는 재산세를 다음 각 호에서 정하는 바에 따라 각각 경감한다.(2023.3.14 본문개정)

1. 같은 법 제7조제4호 중 의료사업(간호사업 및 혈액사업을 포함한다. 이하 이 조에서 "의료사업"이라 한다)에 직접 사용하기 위하여 취득하는 부동산에 대해서는 취득세의 100분의 50(감염병전문병원의 경우에는 100분의 60)을, 과세기준일 현재 의료사업에 직접 사용하는 부동산에 대해서는 재산세의 100분의 50(감염병전문병원의 경우에는 100분의 60)을 각각 2024년 12월 31일까지 경감한다.(2021.12.28 본호개정)

2. (2021.12.28 삭제)
3. 제1호의 의료사업 외의 사업(이하 이 조에서 "의료외사업"이라 한다)에 직접 사용하기 위하여 취득하는 부동산에 대해서는 취득세의 100분의 50을, 과세기준일 현재 의료외사업에 직접 사용하는 부동산에 대해서는 재산세의 100분의 50을 각각 2026년 12월 31일까지 경감한다.(2023.12.29 본호개정)

제3절 교육 및 과학기술 등에 대한 지원

제41조【학교 및 외국교육기관에 대한 면제】① 「초·중등교육법」 및 「고등교육법」에 따른 학교, 「경제자유구역 및 제주국제자유도시의 외국교육기관 설립·운영에 관한 특별법」 또는 「기업도시개발 특별법」에 따른 외국교육기관을 경영하는 자(이하 이 조에서 "학교등"이라 한다)가 해당 사업에 직접 사용하기 위하여 취득하는 부동산(대통령령으로 정하는 기숙사는 제외한다)에 대해서는 취득세를 2024년 12월 31일까지 면제한다. 다만, 다음 각 호의 어느 하나에 해당하는 경우 그 해당 부분에 대해서는 면제된 취득세를 추징한다.(2021.12.28 본문개정)

1. 해당 부동산을 취득한 날부터 5년 이내에 수익사업에 사용하는 경우(2016.12.27 본호개정)
2. 정당한 사유 없이 그 취득일부터 3년이 경과할 때까지 해당 용도로 직접 사용하지 아니하는 경우
3. 해당 용도로 직접 사용한 기간이 2년 미만인 상태에서 매각·증여하거나 다른 용도로 사용하는 경우(2011.12.31 2호~3호신설)

② 학교등이 과세기준일 현재 해당 사업에 직접 사용하는 부동산(대통령령으로 정하는 건축물의 부속토지를 포함한다)에 대해서는 재산세(「지방세법」 제112조에 따른 부과액을 포함한다) 및 「지방세법」 제146조제3항에 따른 지역자원시설세를 각각 2024년 12월 31일까지 면제한다. 다만, 수익사업에 사용하는 경우와 해당 재산이 유료로 사용되는 경우의 그 재산 및 해당 재산의 일부가 그 목적에 직접 사용되지 아니하는 경우의 그 일부 재산에 대해서는 면제하지 아니한다.(2021.12.28 본문개정)

③ 학교등이 그 사업에 직접 사용하기 위한 면허에 대한 등록면허세와 학교등에 대한 주민세 사업소분(「지방세법」 제81조제1항제2호에 따라 부과되는 세액으로 한정한다. 이하 이 항에서 같다)과 종업원분을 각각 2024년 12월 31일까지 면제한다. 다만, 수익사업에 관계되는 대통령령으로 정하는 주민세 사업소분 및 종업원분은 면제하지 아니한다.(2021.12.28 본문개정)
④ 학교등에 생산된 전력 등을 무료로 제공하는 경우 그 부분에 대해서는 「지방세법」 제146조제1항 및 제2항에 따른 지역자원시설세를 2021년 12월 31일까지 면제한다.(2020.1.15 본항개정)
⑤ 「사립학교법」에 따른 학교법인과 국가가 국립대학법인으로 설립하는 국립학교의 설립등기, 합병등기 및 국립대학법인에 대한 국유재산이나 공유재산의 양도에 따른 변경등기에 대해서는 등록면허세를, 그 학교에 대해서는 주민세 사업소분(「지방세법」 제81조제1항제1호에 따라 부과되는 세액으로 한정한다)을 각각 2024년 12월 31일까지 면제한다.(2021.12.28 본항개정)
⑥ 국립대학법인 전환 이전에 기부채납받은 부동산으로서 국립대학법인 전환 이전에 체결한 계약에 따라 기부자에게 무상사용을 허가한 부동산에 대해서는 그 무상사용기간 동안 재산세(「지방세법」 제112조에 따른 부과액을 포함한다) 및 「지방세법」 제146조제3항에 따른 지역자원시설세를 각각 2021년 12월 31일까지 면제한다.(2020.1.15 본항개정)
⑦ 제1항부터 제6항까지의 규정에도 불구하고 「고등교육법」 제4조에 따라 설립된 의과대학(한의과대학, 치과대학 및 수의과대학을 포함한다)의 부속병원이 의료업에 직접 사용하기 위하여 취득하는 부동산에 대해서는 취득세를, 과세기준일 현재 의료업에 직접 사용하는 부동산에 대해서는 재산세를 다음 각 호에서 정하는 바에 따라 각각 경감한다.
1. 2024년 12월 31일까지 취득세의 100분의 30(감염병전문병원의 경우에는 100분의 40)을, 재산세의 100분의 50(감염병전문병원의 경우에는 100분의 60)을 각각 경감한다.(2021.12.28 본호개정)
2. (2021.12.28 삭제)
(2018.12.24 본항개정)
⑧ 「지방대학 및 지역균형인재 육성에 관한 법률」에 따른 지방대학을 경영하는 자(이하 이 조에서 "지방대학법인"이라 한다)가 대통령령으로 정하는 수익용기본재산(이하 이 조에서 "수익용기본재산"이라 한다)으로 직접 사용(임대하는 경우를 포함한다. 이하 이 항에서 같다)하기 위하여 취득하는 다음 각 호의 어느 하나에 해당하는 부동산에 대해서는 취득세의 100분의 50을 경감하고(제2호의 경우 매각대금의 범위 내로 한정한다), 과세기준일 현재 해당 용도에 직접 사용하는 부동산에 대해서는 재산세 납세의무가 최초로 성립한 날부터 5년간 재산세의 100분의 50을 경감한다(제2호의 경우 매각대금의 범위 내로 한정한다). 다만, 해당 부동산을 취득한 날부터 2년 이내에 매각·증여하거나 다른 용도로 사용하는 경우에는 경감된 취득세를 추징한다.
1. 해당 지방대학법인의 수익용기본재산인 토지 위에 2024년 1월 1일부터 2024년 12월 31일까지의 기간 동안 신축 및 소유권 보존등기를 경료한 건축물
2. 해당 지방대학법인이 2024년 1월 1일부터 2026년 12월 31일까지 수익용기본재산인 토지를 매각한 경우로서 그 매각일부터 3년 이내에 취득하는 건축물 및 그 부속토지
(2023.12.29 본항신설)
제42조【기숙사 등에 대한 감면】 ① 「초·중등교육법」 및 「고등교육법」에 따른 학교, 「경제자유구역 및 제주국제자유도시의 외국교육기관 설립·운영에 관한 특별법」 또는 「기업도시개발 특별법」에 따른 외국교육기관을 경

영하는 자(이하 이 조에서 "학교등"이라 한다)가 대통령령으로 정하는 기숙사(「한국사학진흥재단법」 제19조제4호 및 제4호의2에 따른 기숙사로 한정한다)로 사용하기 위하여 취득하는 부동산에 대해서는 취득세를, 과세기준일 현재 해당 용도로 사용하는 부동산에 대해서는 재산세 및 주민세 사업소분(「지방세법」 제81조제1항제2호에 따라 부과되는 세액으로 한정한다. 이하 이 조에서 같다)을 각각 2024년 12월 31일까지 면제한다. 다만, 다음 각 호의 어느 하나에 해당하는 경우 그 해당 부분에 대해서는 면제된 취득세를 추징한다.(2021.12.28 본문개정)
1. 정당한 사유 없이 그 취득일부터 3년이 경과할 때까지 해당 용도로 직접 사용하지 아니하는 경우
2. 해당 용도로 직접 사용한 기간이 2년 미만인 상태에서 매각·증여하거나 다른 용도로 사용하는 경우
② 「교육기본법」 제11조에 따른 학교를 설치·경영하는 자가 학생들의 실험·실습용으로 사용하기 위하여 취득하는 차량·기계장비·항공기·입목(立木) 및 선박에 대해서는 취득세를, 과세기준일 현재 학생들의 실험·실습용으로 사용하는 항공기와 선박에 대해서는 재산세를 각각 2024년 12월 31일까지 면제한다. 다만, 다음 각 호의 어느 하나에 해당하는 경우 면제된 취득세를 추징한다.(2021.12.28 본문개정)
1. 정당한 사유 없이 그 취득일부터 1년이 경과할 때까지 해당 용도로 직접 사용하지 아니하는 경우
2. 해당 용도로 직접 사용한 기간이 2년 미만인 상태에서 매각·증여하거나 다른 용도로 사용하는 경우
(2011.12.31 1호~2호신설)
③ 「산업교육진흥 및 산학연협력촉진에 관한 법률」 제25조에 따라 설립·운영하는 산학협력단이 그 고유업무에 직접 사용하기 위하여 취득하는 부동산에 대해서는 취득세의 100분의 75를, 과세기준일 현재 그 고유업무에 직접 사용하는 부동산에 대해서는 재산세의 100분의 75를 2026년 12월 31일까지 각각 경감한다.(2023.12.29 본항개정)
④ 제3항에 따른 산학협력단에 대하여는 2014년 12월 31일까지 주민세 사업소분 및 종업원분을 면제한다. 다만, 수익사업에 관계되는 대통령령으로 정하는 주민세 사업소분 및 종업원분은 면제하지 아니한다.(2020.12.29 본항개정)
⑤ (2011.12.31 삭제)
제43조【평생교육단체 등에 대한 면제】 ① 「평생교육법」에 따른 교육시설을 운영하는 평생교육단체(이하 이 조에서 "평생교육단체"라 한다)가 해당 사업에 직접 사용하기 위하여 취득하는 부동산에 대해서는 취득세를 2019년 12월 31일까지 면제한다.
② 평생교육단체가 과세기준일 현재 해당 사업에 직접 사용하는 부동산(대통령령으로 정하는 건축물의 부속토지를 포함한다)에 대해서는 재산세를 2019년 12월 31일까지 면제한다. 다만, 수익사업에 사용하는 경우와 해당 재산이 유료로 사용되는 경우의 그 재산 및 해당 재산의 일부가 그 목적에 직접 사용되지 아니하는 경우의 그 일부 재산에 대해서는 면제하지 아니한다.
③ 평생교육단체가 2020년 1월 1일부터 2024년 12월 31일까지 해당 사업에 직접 사용하기 위하여 취득하는 부동산에 대해서는 취득세를, 같은 기간에 취득한 부동산으로서 과세기준일 현재 해당 사업에 직접 사용하는 부동산(대통령령으로 정하는 건축물의 부속토지를 포함한다)에 대해서는 재산세를 다음 각 호의 구분에 따라 각각 경감한다.(2021.12.28 본항개정)
1. 해당 부동산에 대해서는 취득세의 100분의 50을 경감한다.
2. 해당 부동산 취득일 이후 해당 부동산에 대한 재산세 납세의무가 최초로 성립한 날부터 5년간 재산세의

100분의 50을 경감한다. 다만, 수익사업에 사용하는 경우와 해당 재산이 유료로 사용되는 경우의 그 재산 및 해당 재산의 일부가 그 목적에 직접 사용되지 아니하는 경우의 그 일부 재산에 대해서는 경감하지 아니한다.
④ 제1항 및 제3항제1호를 적용할 때 다음 각 호의 어느 하나에 해당하는 경우 감면된 취득세를 추징한다.
1. 해당 부동산을 취득한 날부터 5년 이내에 수익사업에 사용하는 경우
2. 정당한 사유 없이 그 취득일부터 3년이 지날 때까지 해당 용도로 직접 사용하지 아니하는 경우
3. 해당 용도로 직접 사용한 기간이 2년 미만인 상태에서 매각·증여하거나 다른 용도로 사용하는 경우
(2018.12.24 본조개정)

제44조【평생교육시설 등에 대한 감면】 ① 대통령령으로 정하는 평생교육시설에 사용하기 위하여 취득하는 부동산에 대해서는 취득세를, 과세기준일 현재 평생교육시설에 직접 사용하는 부동산(해당 시설을 다른 용도로 함께 사용하는 경우 그 부분은 제외한다)에 대해서는 재산세를 다음 각 호에서 정하는 바에 따라 각각 감면한다.
1. 2019년 12월 31일까지는 취득세 및 재산세를 각각 면제한다.(2018.12.24 본호신설)
2. 2020년 1월 1일부터 2024년 12월 31일까지 취득하는 부동산에 대해서는 다음 각 목의 구분에 따라 취득세 및 재산세를 각각 경감한다.(2021.12.28 본문개정)
  가. 해당 부동산에 대해서는 취득세의 100분의 50을 경감한다.
  나. 해당 부동산 취득일 이후 해당 부동산에 대한 재산세 납세의무가 최초로 성립한 날부터 5년간 재산세의 100분의 50을 경감한다.
  (2018.12.24 본호신설)
② 제1항에 따른 평생교육시설로서 「평생교육법」 제31조제4항에 따라 전공대학 명칭을 사용할 수 있는 평생교육시설(이하 이 조에서 "전공대학"이라 한다)에 대해서는 다음 각 호에서 정하는 바에 따라 지방세를 2024년 12월 31일까지 면제한다.(2023.3.14 본문개정)
1. 전공대학이 해당 사업에 직접 사용하하기 위하여 취득하는 부동산에 대한 취득세. 다만, 다음 각 목의 어느 하나에 해당하는 경우 그 해당 부분에 대해서는 면제된 취득세를 추징한다.
  가. 해당 부동산을 취득한 날부터 5년 이내에 수익사업에 사용하는 경우
  나. 정당한 사유 없이 그 취득일부터 3년이 경과할 때까지 해당 용도로 직접 사용하지 아니하는 경우
  다. 해당 용도로 직접 사용한 기간이 2년 미만인 상태에서 매각·증여하거나 다른 용도로 사용하는 경우
  (2023.3.14 본호신설)
2. 전공대학이 과세기준일 현재 해당 사업에 직접 사용하는 부동산(제41조제2항 본문에 따른 건축물의 부속토지를 포함한다)에 대한 재산세(「지방세법」 제112조에 따른 부과액을 포함한다) 및 「지방세법」 제146조제3항에 따른 지역자원시설세. 다만, 수익사업에 사용하는 경우와 해당 재산이 유료로 사용되는 경우의 그 재산 및 해당 재산의 일부가 그 목적에 직접 사용되지 아니하는 경우의 그 일부 재산에 대해서는 면제하지 아니한다.(2023.3.14 본호신설)
3. 전공대학이 그 사업에 직접 사용하기 위한 면허에 대한 등록면허세와 전공대학에 대한 주민세 사업소분(「지방세법」 제81조제1항제1호에 따라 부과되는 세액으로 한정한다. 이하 이 호에서 같다) 및 종업원분. 다만, 수익사업에 관계되는 주민세 사업소분 및 종업원분(수익사업 관계 여부는 제41조제3항 단서에 따른다)은 면제하지 아니한다.(2023.3.14 본호신설)
③ 전공대학의 운영과 관련하여 「산업교육진흥 및 산

학연협력촉진에 관한 법률」 제25조에 따라 설립·운영하는 산학협력단이 그 고유업무에 직접 사용하기 위하여 취득하는 부동산에 대해서는 취득세의 100분의 75를, 과세기준일 현재 그 고유업무에 직접 사용하는 부동산에 대해서는 재산세의 100분의 75를 2026년 12월 31일까지 각각 경감한다.(2023.12.29 본항개정)
④ 「국민 평생 직업능력 개발법」 제2조제3호가목에 따른 공공직업훈련시설에 직접 사용하기 위하여 취득하는 부동산에 대해서는 2024년 12월 31일까지 취득세의 100분의 50을 경감하고, 과세기준일 현재 공공직업훈련시설에 직접 사용하는 부동산(해당 시설을 다른 용도로 함께 사용하는 경우 그 부분은 제외한다)에 대해서는 2024년 12월 31일까지 재산세의 100분의 50을 경감한다.(2021.12.28 본항개정)
⑤ 제1항 및 제4항을 적용할 때 다음 각 호의 어느 하나에 해당하는 경우 그 해당 부분에 대해서는 감면된 취득세 및 재산세를 추징한다.(2023.3.14 본문개정)
1. 해당 부동산을 취득한 날부터 5년 이내에 수익사업에 사용하는 경우
2. 정당한 사유 없이 그 취득일부터 3년이 지날 때까지 해당 용도로 직접 사용하지 아니하는 경우
3. 해당 용도로 직접 사용한 기간이 2년 미만인 상태에서 매각·증여하거나 다른 용도로 사용하는 경우
(2018.12.24 본항신설)
(2020.12.29 본조제목개정)
(2018.12.24 본조개정)

제44조의2【박물관 등에 대한 감면】 ① 대통령령으로 정하는 박물관 또는 미술관으로 직접 사용하기 위하여 취득하는 부동산에 대해서는 취득세를, 과세기준일 현재 해당 박물관 또는 미술관으로 직접 사용하는 부동산(해당 시설을 다른 용도로 함께 사용하는 경우에는 그 부분은 제외한다)에 대해서는 해당 부동산 취득일 이후 해당 부동산에 대한 재산세를 2024년 12월 31일까지 각각 면제한다.
② 대통령령으로 정하는 도서관 또는 과학관으로 직접 사용하기 위하여 취득하는 부동산에 대해서는 취득세를, 과세기준일 현재 도서관 또는 과학관으로 직접 사용하는 부동산(해당 시설을 다른 용도로 함께 사용하는 경우에는 그 부분은 제외한다)에 대해서는 재산세를 각각 2024년 12월 31일까지 면제한다.
(2023.12.29 본조개정)

제45조【학술단체 및 장학법인에 대한 감면】 ① 대통령령으로 정하는 학술단체가 학술연구사업에 직접 사용하기 위하여 취득하는 부동산에 대해서는 취득세를, 과세기준일 현재 학술연구사업에 직접 사용하는 부동산에 대해서는 재산세를 각각 2024년 12월 31일까지 면제한다. 다만, 제45조의2에 따른 단체는 제외한다.(2021.12.28 본항개정)
② 「공익법인의 설립·운영에 관한 법률」에 따라 설립된 장학법인(이하 이 조에서 "장학법인"이라 한다)에 대해서는 다음 각 호에서 정하는 바에 따라 지방세를 2024년 12월 31일까지 감면한다.(2021.12.28 본문개정)
1. 장학법인이 장학사업에 직접 사용하기 위하여 취득하는 부동산에 대해서는 취득세를, 과세기준일 현재 장학사업에 직접 사용하는 부동산에 대해서는 재산세를 각각 면제한다.
2. 장학법인이 장학금을 지급할 목적으로 취득하는 임대용 부동산에 대해서는 취득세의 100분의 80을, 과세기준일 현재 해당 임대용으로 사용하는 부동산에 대해서는 재산세의 100분의 80을 각각 경감한다.
③ 제1항 및 제2항에 따라 취득세를 면제 또는 경감받은 후 다음 각 호의 어느 하나에 해당하는 경우 그 해당 부분에 대해서는 면제 또는 경감된 취득세를 추징한다.

1. 정당한 사유 없이 그 취득일부터 1년이 경과할 때까지 해당 용도로 직접 사용하지 아니하는 경우
2. 해당 용도로 직접 사용한 기간이 2년 미만인 상태에서 매각·증여하거나 다른 용도로 사용하는 경우
3. 취득일부터 3년 이내에 관계 법령에 따라 설립허가가 취소되는 등 대통령령으로 정하는 사유에 해당하는 경우
(2020.1.15 본항신설)
(2020.1.15 본조개정)

제45조의2【기초과학연구 지원을 위한 연구기관 등에 대한 감면】다음 각 호의 법인이 연구사업에 직접 사용하기 위하여 취득하는 부동산에 대해서는 취득세의 100분의 50을, 과세기준일 현재 연구사업에 직접 사용하는 부동산에 대해서는 재산세의 100분의 50을 각각 2026년 12월 31일까지 경감한다.
1. 「과학기술분야 정부출연연구기관 등의 설립·운영 및 육성에 관한 법률」에 따른 과학기술분야 정부출연연구기관
2. 「국방과학연구소법」에 따른 국방과학연구소
3. 「국제과학비즈니스벨트 조성 및 지원에 관한 특별법」에 따른 기초과학연구원
4. 「정부출연연구기관 등의 설립·운영 및 육성에 관한 법률」에 따른 정부출연연구기관
5. 「한국국방연구원법」에 따른 한국국방연구원
6. 「한국해양과학기술원법」에 따른 한국해양과학기술원
(2023.12.29 본조개정)

제46조【연구개발 지원을 위한 감면】① 기업이 대통령령으로 정하는 기업부설연구소(이하 이 조에서 "기업부설연구소"라 한다)에 직접 사용하기 위하여 취득하는 부동산(부속토지는 건축물 바닥면적의 7배 이내인 것으로 한정한다. 이하 이 조에서 같다)에 대해서는 취득세의 100분의 35〔대통령령으로 정하는 신성장동력 또는 원천기술 분야를 연구하기 위한 기업부설연구소(이하 이 조에서 "신성장동력·원천기술 관련 기업부설연구소"라 한다)의 경우에는 100분의 50〕를, 과세기준일 현재 기업부설연구소에 직접 사용하는 부동산에 대해서는 재산세의 100분의 35(신성장동력·원천기술 관련 기업부설연구소의 경우에는 100분의 50)를 각각 2025년 12월 31일까지 경감한다.(2023.3.14 본항개정)
② 제1항에도 불구하고 「독점규제 및 공정거래에 관한 법률」에 따른 상호출자제한기업집단이나 「수도권정비계획법」제6조제1항제1호에 따른 과밀억제권역 외에 설치하는 기업부설연구소에 직접 사용하기 위하여 취득하는 부동산에 대해서는 취득세의 100분의 35(신성장동력·원천기술 관련 기업부설연구소의 경우에는 100분의 50)를, 과세기준일 현재 기업부설연구소에 직접 사용하는 부동산에 대해서는 재산세의 100분의 35(신성장동력·원천기술 관련 기업부설연구소의 경우에는 100분의 50)를 각각 2025년 12월 31일까지 경감한다.(2023.3.14 본항개정)
③ 제1항에도 불구하고 「조세특례제한법」제10조제1항제1호가목)에 따른 중견기업이 기업부설연구소에 직접 사용하기 위하여 취득하는 부동산에 대해서는 취득세의 100분의 50(신성장동력·원천기술 관련 기업부설연구소의 경우에는 100분의 65)을, 과세기준일 현재 기업부설연구소에 직접 사용하는 부동산에 대해서는 재산세의 100분의 50(신성장동력·원천기술 관련 기업부설연구소의 경우에는 100분의 65)을 각각 2025년 12월 31일까지 경감한다.(2023.3.14 본항개정)
④ 제1항에도 불구하고 「중소기업기본법」제2조제1항에 따른 중소기업(이하 이 장에서 "중소기업"이라 한다)이 기업부설연구소에 직접 사용하기 위하여 취득하는 부동산에 대해서는 취득세의 100분의 60(신성장동력·원천기술 관련 기업부설연구소의 경우에는 100분

의 75)을, 과세기준일 현재 기업부설연구소에 직접 사용하는 부동산에 대해서는 재산세의 100분의 50(신성장동력·원천기술 관련 기업부설연구소의 경우에는 100분의 65)을 각각 2025년 12월 31일까지 경감한다.
(2023.3.14 본항개정)
⑤ 제1항부터 제4항까지의 규정을 적용할 때 다음 각 호의 어느 하나에 해당하는 경우 그 해당 부분에 대해서는 경감된 취득세 및 재산세를 추징한다.
(2021.12.28 본문개정)
1. 토지 또는 건축물을 취득한 후 1년('건축법」에 따른 신축·증축 또는 대수선을 하는 경우에는 2년) 이내에 「기초연구진흥 및 기술개발지원에 관한 법률」제14조의2에 따른 기업부설연구소로 인정받지 못한 경우(2017.12.26 본호신설)
2. 기업부설연구소로 인정받은 날부터 3년 이내에 「조세특례제한법 시행령」제9조제11항에 따른 신성장동력·원천기술심의위원회로부터 해당 기업이 지출한 신성장동력·원천기술연구개발비의 연구개발 대상 기술이 같은 영 별표7에 해당한다는 심의 결과를 받지 못한 경우(신성장동력·원천기술 분야 기업부설연구소로 추가 감면된 부분에 한한다)(2020.1.15 본호신설)
3. 기업부설연구소 설치 후 4년 이내에 정당한 사유 없이 연구소를 폐쇄하거나 다른 용도로 사용하는 경우
(2017.12.26 본호신설)

제47조【한국환경공단에 대한 감면】「한국환경공단법」에 따라 설립된 한국환경공단이 같은 법 제17조제1항의 사업에 직접 사용하기 위하여 취득하는 부동산에 대해서는 다음 각 호에서 정하는 바에 따라 취득세를 2025년 12월 31일까지 경감하고, 과세기준일 현재 그 사업에 직접 사용하는 부동산에 대해서는 재산세의 100분의 25를 2025년 12월 31일까지 경감한다.
(2023.3.14 본문개정)
1. 「한국환경공단법」제17조제1항제2호 및 제5호의 사업을 위한 부동산 : 취득세의 100분의 25
(2016.12.27 본호개정)
2. 「한국환경공단법」제17조제1항제11호·제21호 및 제22호의 사업을 위한 부동산 : 취득세의 100분의 25
(2021.12.28 본호개정)

제47조의2【녹색건축 인증 건축물에 대한 감면】① 신축(증축 또는 개축을 포함한다. 이하 이 조에서 같다)하는 건축물('건축법」제2조제1항제2호에 따른 건축물 부분으로 한정한다. 이하 이 조에서 같다)로서 다음 각 호의 요건을 모두 갖춘 건축물(취득일부터 70일 이내에 다음 각 호의 요건을 모두 갖춘 건축물을 포함한다)에 대해서는 취득세를 100분의 3부터 100분의 10까지의 범위에서 대통령령으로 정하는 바에 따라 2026년 12월 31일까지 경감한다.(2023.12.29 본문개정)
1. 「녹색건축물 조성 지원법」제16조에 따른 녹색건축의 인증(이하 이 조에서 "녹색건축의 인증"이라 한다) 등급이 대통령령으로 정하는 기준 이상일 것
2. 「녹색건축물 조성 지원법」제17조에 따라 인증받은 건축물 에너지효율등급(이하 이 조에서 "에너지효율등급"이라 한다)이 대통령령으로 정하는 기준 이상일 것
(2017.12.26 본항개정)
② 신축하는 건축물로서 「녹색건축물 조성 지원법」제17조에 따라 제로에너지건축물 인증(이하 이 조에서 "제로에너지건축물 인증"이라 한다)을 받은 건축물(취득일부터 100일 이내에 제로에너지건축물 인증을 받는 건축물을 포함한다)에 대해서는 취득세를 100분의 15부터 100분의 20까지의 범위에서 대통령령으로 정하는 바에 따라 2026년 12월 31일까지 경감한다.
(2023.12.29 본항개정)
③ 신축하는 주거용 건축물로서 대통령령으로 정하는 에너지절약형 친환경주택에 대해서는 취득세의 100분

의 10을 2026년 12월 31일까지 경감한다.(2023.12.29 본항개정)

④ 제1항 및 제2항에 따라 취득세를 경감받은 건축물 중 다음 각 호의 어느 하나에 해당하는 건축물에 대해서는 경감된 취득세를 추징한다.

1. 취득일부터 70일 이내에 제1항 각 호의 요건을 갖출 것을 요건으로 취득세를 경감받은 경우에는 그 요건을 70일 이내에 갖추지 못한 경우

2. 취득일부터 100일 이내에 제로에너지건축물 인증을 받을 것을 요건으로 취득세를 경감받은 경우에는 100일 이내에 제로에너지건축물 인증을 받지 못한 경우

3. 취득일부터 3년 이내에 녹색건축의 인증, 에너지효율등급 인증 또는 제로에너지건축물 인증이 취소된 경우

(2018.12.24 본항개정)

⑤ 녹색건축의 인증을 받거나 에너지효율등급 인증을 받은 건축물로서 대통령령으로 정하는 기준 이상인 건축물인 경우에는 한 차례에 한정하여 2018년 12월 31일까지 그 인증을 받은 날(건축물 준공일 이전에 인증을 받은 경우에는 준공일)부터 5년간 대통령령으로 정하는 바에 따라 재산세를 100분의 3부터 100분의 15까지의 범위에서 경감한다. 다만, 재산세 과세기준일 현재 녹색건축의 인증 또는 에너지효율등급 인증이 취소된 경우는 제외한다.(2018.12.24 본항개정)

⑥ 제5항을 적용할 때 녹색건축의 인증을 받은 날과 에너지효율등급 인증을 받은 날이 서로 다른 경우에는 2개의 인증 중 먼저 인증을 받은 날을 기준으로 경감 기간을 산정하며, 그 구체적인 경감세액의 산정방법은 대통령령으로 정한다.(2017.12.26 본항개정)

제47조의3 【신재생에너지 인증 건축물에 대한 감면】 ① 신축하는 업무용 건축물로서 「신에너지 및 재생에너지 개발·이용·보급 촉진법」 제12조의2제1항에 따른 신·재생에너지 이용 건축물인증을 받은 건축물에 대해서는 2015년 12월 31일까지 취득세의 100분의 5부터 100분의 15까지의 범위에서 신·재생에너지 공급률 등을 고려하여 대통령령으로 정하는 율을 경감한다.

② 제1항에 따라 취득세를 경감받은 건축물 중 그 취득일부터 3년 이내에 신·재생에너지 이용 건축물 인증이 취소된 건축물에 대해서는 경감된 취득세를 추징한다.(2014.12.31 본조신설)

제47조의4 【내진성능 확보 건축물에 대한 감면】 ① 「건축법」 제48조제2항에 따른 구조 안전 확인 대상이 아니거나 건축 당시 「건축법」상 구조안전 확인 대상이 아니었던 건축물(「건축법」 제2조제1항제2호에 따른 건축물 부분으로 한정한다. 이하 이 조에서 같다)로서 「지진재해대책법」 제16조의2에 따라 내진성능 확인을 받은 건축물에 대해서는 다음 각 호에서 정하는 바에 따라 지방세를 2021년 12월 31일까지 경감한다. 다만, 그 건축물에 대한 소유권이 이전된 이후의 재산세는 그러하지 아니하다.(2021.12.28 단서개정)

1. 「건축법」 제2조제1항제8호에 따른 건축을 하는 경우 취득세의 100분의 50을 경감하고, 그 건축물에 대한 재산세의 납세의무가 최초로 성립하는 날부터 5년간 재산세의 100분의 50을 경감한다.

2. 「건축법」 제2조제1항제9호에 따른 대수선을 하는 경우 취득세를 면제하고, 그 건축물에 대한 재산세의 납세의무가 최초로 성립하는 날부터 5년간 재산세를 면제한다.

(2016.12.27 본항개정)

② 제1항을 적용할 때 재산세 경감세액의 산정방법은 제47조의2제6항을 준용한다.(2018.12.24 본항개정)

③ 신축하는 건축물로서 「지진·화산재해대책법」 제16조의3제1항에 따라 지진안전 시설물의 인증을 받은 건축물(취득일부터 180일 이내 지진안전 시설물의 인증

을 받은 경우를 포함한다)에 대해서는 취득세의 100분의 5부터 100분의 10까지의 범위에서 대통령령으로 정하는 율을 2024년 12월 31일까지 경감한다. 다만, 제1항에 따라 지방세를 감면받은 건축물의 경우에는 본문을 적용하지 아니한다.(2021.12.28 본문개정)
(2018.12.24 본조제목개정)

제47조의5 【환경친화적 자동차 충전시설에 대한 감면】 ① 환경친화적 자동차 충전시설을 설치하는 자(「환경친화적 자동차의 개발 및 보급 촉진에 관한 법률」 제11조의2에 따른 설치 의무가 없는 자로 한정한다)가 「지방세법」 제6조제4호에 따른 에너지 공급시설 중 환경친화적 자동차 충전시설을 설치하는 경우 그 시설에 대하여 취득세의 100분의 25를 2026년 12월 31일까지 경감한다.

② 제1항에 따라 취득세를 경감받은 경우로서 다음 각 호의 어느 하나에 해당하는 경우에는 경감된 취득세를 추징한다.

1. 정당한 사유 없이 그 취득일부터 1년이 경과할 때까지 해당 용도로 직접 사용하지 아니하는 경우

2. 해당 용도로 직접 사용한 기간이 2년 미만인 상태에서 매각·증여하거나 다른 용도로 사용하는 경우

(2023.12.29 본조신설)

제48조 【국립공원관리사업에 대한 감면】 「국립공원공단법」에 따른 국립공원공단이 공원시설의 설치·유지·관리 등의 공원관리사업에 직접 사용하기 위하여 취득하는 부동산에 대해서는 취득세의 100분의 25를, 과세기준일 현재 그 사업에 직접 사용하는 부동산에 대해서는 재산세의 100분의 25를 각각 2025년 12월 31일까지 경감한다.(2023.3.14 본조개정)

제49조 【해양환경방제 등에 대한 감면】 「해양환경관리법」에 따른 해양환경공단이 같은 법 제97조에 따른 사업에 직접 사용하기 위하여 취득하는 부동산(수익사업용 부동산은 제외한다. 이하 이 조에서 같다)과 해양오염방제용 및 해양환경관리용에 제공하기 위하여 취득하는 선박에 대해서는 다음 각 호에서 정하는 바에 따라 2025년 12월 31일까지 지방세를 경감한다.(2023.3.14 본조개정)

1. 「해양환경관리법」 제97조제1항제3호가목 및 나목의 사업을 위한 부동산에 대해서는 취득세의 100분의 25를, 과세기준일 현재 해당 사업에 직접 사용하는 부동산에 대해서는 재산세의 100분의 25를 각각 경감한다.

2. 「해양환경관리법」 제97조제1항제2호나목 및 같은 항 제6호의 사업을 위한 부동산에 대해서는 취득세의 100분의 25를, 과세기준일 현재 해당 사업에 직접 사용하는 부동산에 대해서는 재산세의 100분의 25를 각각 경감한다.

3. 해양오염방제설비를 갖춘 선박에 대해서는 취득세 및 재산세의 100분의 25를 각각 경감한다.

(2016.12.27 본조개정)

제49조의2 【5세대 이동통신 무선국에 대한 감면】 내국법인이 아이엠티이천이십(IMT-2020, 5세대 이동통신) 서비스 제공을 위하여 과밀억제권역 외의 지역에 개설한 무선국의 면허에 대해서는 등록면허세의 100분의 50을 2023년 12월 31일까지 경감한다.(2020.12.29 본조신설)

제4절 문화 및 관광 등에 대한 지원

제50조 【종교단체 또는 향교에 대한 면제】 ① 종교단체 또는 향교가 종교행위 또는 제사를 목적으로 하는 사업에 직접 사용하기 위하여 취득하는 부동산에 대해서는 취득세를 면제한다. 다만, 다음 각 호의 어느 하나에 해당하는 경우 그 해당 부분에 대해서는 면제된 취득세를 추징한다.(2015.12.29 본문개정)

1. 해당 부동산을 취득한 날부터 5년 이내에 수익사업에 사용하는 경우(2016.12.27 본호개정)
2. 정당한 사유 없이 그 취득일부터 3년이 경과할 때까지 해당 용도로 직접 사용하지 아니하는 경우
3. 해당 용도로 직접 사용한 기간이 2년 미만인 상태에서 매각·증여하거나 다른 용도로 사용하는 경우
(2011.12.31 2호~3호신설)
② 제1항의 종교단체 또는 향교가 과세기준일 현재 해당 사업에 직접 사용(종교단체 또는 향교가 제3자의 부동산을 무상으로 해당 사업에 사용하는 경우를 포함한다)하는 부동산(대통령령으로 정하는 건축물의 부속토지를 포함한다)에 대해서는 재산세(「지방세법」 제112조에 따른 부과액을 포함한다) 및 「지방세법」 제146조제3항에 따른 지역자원시설세를 각각 면제한다. 다만, 수익사업에 사용하는 경우와 해당 재산이 유료로 사용되는 경우의 그 재산 및 해당 재산의 일부가 그 목적에 직접 사용되지 아니하는 경우의 그 일부 재산에 대해서는 면제하지 아니한다.(2020.1.15 본문개정)
③ 제1항의 종교단체 또는 향교가 그 사업에 직접 사용하기 위한 면허에 대해서는 등록면허세를 면제하고, 해당 단체에 대해서는 주민세 사업소분(「지방세법」 제81조제1항제2호에 따라 부과되는 세액으로 한정한다. 이하 이 항에서 같다) 및 종업원분을 각각 면제한다. 다만, 수익사업에 관계되는 대통령령으로 정하는 주민세 사업소분 및 종업원분은 면제하지 아니한다.
(2020.12.29 본항개정)
④ 종교단체 또는 향교에 생산된 전력 등을 무료로 제공하는 경우 그 부분에 대해서는 「지방세법」 제146조제1항 및 제2항에 따른 지역자원시설세를 면제한다.
(2020.1.15 본항개정)
⑤ 사찰림(寺刹林)과 「전통사찰의 보존 및 지원에 관한 법률」 제2조제1호에 따른 전통사찰이 소유하고 있는 경우로서 같은 조 제3호에 따른 전통사찰보존지에 대해서는 재산세(「지방세법」 제112조에 따른 부과액을 포함한다)를 면제한다. 다만, 수익사업에 사용하는 경우와 해당 재산이 유료로 사용되는 경우의 그 재산 및 해당 재산의 일부가 그 목적에 직접 사용되지 아니하는 경우의 그 일부 재산에 대해서는 면제하지 아니한다.
(2017.12.26 본문개정)
⑥ 법인의 사업장 중 종교의식을 행하는 교회·성당·사찰·불당·향교 등에 대해서는 주민세 사업소분(「지방세법」 제81조제1항제1호에 따라 부과되는 세액으로 한정한다)을 면제한다.(2020.12.29 본항개정)
(2015.12.29 본조제목개정)

제51조【신문·통신사업 등에 대한 감면】「신문 등의 진흥에 관한 법률」을 적용받는 신문·통신 사업을 수행하는 사업소에 대해서는 주민세 사업소분(「지방세법」 제81조제1항제2호에 따라 부과되는 세액으로 한정한다) 및 종업원분의 100분의 50을 각각 2024년 12월 31일까지 경감한다.(2021.12.28 본조개정)

제52조【문화·예술 지원을 위한 과세특례】① 대통령령으로 정하는 문화예술단체가 문화예술사업에 직접 사용하기 위하여 취득하는 부동산에 대해서는 취득세를, 과세기준일 현재 문화예술사업에 직접 사용하는 부동산에 대해서는 재산세를 각각 2024년 12월 31일까지 면제한다.(2021.12.28 본항개정)
② 대통령령으로 정하는 체육단체가 체육진흥사업에 직접 사용하기 위하여 취득하는 부동산에 대해서는 취득세를, 과세기준일 현재 체육진흥사업에 직접 사용하는 부동산에 대해서는 재산세를 각각 2024년 12월 31일까지 면제한다.(2021.12.28 본항개정)
③ 제1항 및 제2항에 따라 취득세를 면제받은 후 다음 각 호의 어느 하나에 해당하는 경우 그 해당 부분에 대해서는 면제된 취득세를 추징한다.

1. 정당한 사유 없이 그 취득일부터 1년이 경과할 때까지 해당 용도로 직접 사용하지 아니하는 경우
2. 해당 용도로 직접 사용한 기간이 2년 미만인 상태에서 매각·증여하거나 다른 용도로 사용하는 경우
3. 취득일부터 3년 이내에 관계 법령에 따라 설립허가가 취소되는 등 대통령령으로 정하는 사유에 해당하는 경우
(2020.1.15 본항신설)

제52조의2【체육진흥기관 등에 대한 감면】 다음 각 호의 법인이 체육진흥사업 또는 문화예술사업에 직접 사용하기 위하여 취득하는 부동산에 대해서는 취득세의 100분의 50을, 과세기준일 현재 해당 사업에 직접 사용하는 부동산에 대해서는 재산세의 100분의 50을 각각 2026년 12월 31일까지 경감한다.
1. 「국민체육진흥법」에 따른 대한체육회, 대한장애인체육회 및 서울올림픽기념국민체육진흥공단
2. 「문화산업진흥 기본법」에 따른 한국콘텐츠진흥원
3. 「문화예술진흥법」에 따른 예술의 전당
4. 「영화 및 비디오물의 진흥에 관한 법률」에 따른 영화진흥위원회 및 한국영상자료원
5. 「태권도 진흥 및 태권도공원 조성 등에 관한 법률」에 따른 태권도진흥재단
(2023.12.29 본조신설)

제53조【사회단체 등에 대한 감면】「문화유산과 자연환경자산에 관한 국민신탁법」에 따른 국민신탁법인이 그 고유업무에 직접 사용하기 위하여 취득하는 부동산에 대해서는 취득세를, 과세기준일 현재 그 고유업무에 직접 사용하는 부동산에 대해서는 재산세를 각각 2024년 12월 31일까지 면제한다.(2023.3.14 본조개정)

제54조【관광단지 등에 대한 과세특례】① 「관광진흥법」 제55조제1항에 따른 관광단지개발 사업시행자가 관광단지개발사업을 시행하기 위하여 취득하는 부동산에 대해서는 취득세의 100분의 25를 2025년 12월 31일까지 경감하며, 해당 지역의 관광단지 조성 여건, 재정여건 등을 고려하여 100분의 25의 범위에서 조례로 정하는 율을 추가로 경감할 수 있다. 다만, 다음 각 호의 어느 하나에 해당하는 경우에는 경감된 취득세를 추징하되, 제2호부터 제4호까지의 경우에는 그 해당 부분에 한정하여 추징한다.(2023.3.14 본문개정)
1. 「관광진흥법」 제56조제2항 및 제3항에 따라 조성계획의 승인이 실효되거나 취소되는 경우
2. 그 취득일부터 3년 이내에 정당한 사유 없이 「관광진흥법」 제58조의2에 따른 준공검사를 받지 아니한 경우
3. 「관광진흥법」 제58조의2에 따른 준공검사를 받은 날부터 3년 이내에 정당한 사유 없이 해당 용도로 분양·임대하지 아니하거나 직접 사용하지 아니한 경우
4. 해당 용도로 직접 사용한 기간이 2년 미만인 상태에서 매각·증여하거나 다른 용도로 사용하는 경우
(2023.3.14 1호~4호신설)
② 「관광진흥법」에 따른 호텔업을 경영하는 자가 외국인투숙객 비율 등 대통령령으로 정하는 기준에 해당되는 경우에는 과세기준일 현재 「관광진흥법」 제3조제1항제2호가목에 따른 호텔업에 직접 사용하는 토지(「지방세법」 제106조제1항제2호가 적용되는 경우로 한정한다) 및 건축물에 대해서는 2014년 12월 31일까지 재산세의 100분의 50(「관광진흥법」 제19조에 따른 관광숙박업의 등급이 특1등급 및 특2등급인 경우에는 100분의 25)을 경감한다.(2014.1.1 본항개정)
③ 「관광진흥법」 제3조제1항제2호가목에 따른 호텔업을 하기 위하여 취득하는 부동산에 대해서는 2014년 12월 31일까지 취득세를 과세할 때에는 제4조제2항제1호에도 불구하고 지방자치단체의 조례로 표준세율을 적용하도록 규정하는 경우에 한정하여 「지방세법」 제13

조제1항부터 제4항까지의 세율을 적용하지 아니하며, 법인등기(설립 후 5년 이내에 자본 또는 출자액을 증가하는 경우를 포함한다)에 대하여 2014년 12월 31일까지 등록면허세를 과세할 때에는 제4조제2항제1호에도 불구하고 지방자치단체의 조례로 표준세율을 적용하도록 규정하는 경우에 한정하여 「지방세법」 제28조제2항 및 제3항의 세율을 적용하지 아니한다. 다만, 다음 각 호의 어느 하나에 해당하는 경우 그 해당 부분에 대해서는 감면된 취득세를 추징한다.(2014.1.1 본문개정)
1. 정당한 사유 없이 그 취득일부터 3년이 경과할 때까지 해당 용도로 직접 사용하지 아니하는 경우
2. 해당 용도로 직접 사용한 기간이 2년 미만인 상태에서 매각·증여하거나 다른 용도로 사용하는 경우
(2011.12.31 1호~2호신설)
④ (2014.1.1 삭제)
⑤ 다음 각 호의 재단, 기업 및 사업시행자가 그 고유업무에 직접 사용하기 위하여 취득하는 부동산에 대해서는 취득세를, 과세기준일 현재 그 고유업무에 직접 사용하는 부동산에 대해서는 재산세(「지방세법」 제112조에 따른 부과액을 포함한다)를 지방자치단체가 조례로 정하는 바에 따라 각각 2019년 12월 31일까지 감면할 수 있다. 이 경우 감면율은 100분의 50(제1호의 경우에는 100분의 100) 범위에서 정하여야 한다.
(2016.12.27 전단개정)
1. 「여수세계박람회 기념 및 사후활용에 관한 특별법」 제4조에 따라 설립된 2012여수세계박람회재단
2. 「여수세계박람회 기념 및 사후활용에 관한 특별법」 제15조제1항에 따라 지정·고시된 해양박람회특구에서 창업하거나 사업장을 신설(기존 사업장을 이전하는 경우는 제외한다)하는 기업
3. 「여수세계박람회 기념 및 사후활용에 관한 특별법」 제17조에 따른 사업시행자
(2014.1.1 본항개정)
⑥ 「2018 평창 동계올림픽대회 및 동계패럴림픽대회 지원 등에 관한 특별법」 제2조제2호나목에 따른 선수촌에 대해서는 다음 각 호에서 정하는 바에 따라 지방세를 감면한다.(2016.5.29 본항개정)
1. 평창군에 위치한 대회직접관련시설 중 선수촌을 건축하여 취득하는 경우에 취득세를 2017년 12월 31일까지 면제한다.
2. 제1호에 해당하는 시설이 대회 이후에 「지방세법」 제13조제5항제1호에 해당하는 경우에는 같은 법 제111조제1항제3호가목 및 이 법 제177조에도 불구하고 2022년 12월 31일까지 「지방세법」 제111조제1항제3호나목을 적용한다.
(2015.12.29 본항신설)

제55조 【문화유산 등에 대한 감면】 ① 「문화유산의 보존 및 활용에 관한 법률」에 따라 사적지로 지정된 토지(소유자가 사용·수익하는 사적지는 제외한다)에 대해서는 재산세(「지방세법」 제112조에 따른 부과액을 포함한다)를 면제한다. 다만, 수익사업에 사용하는 경우와 해당 재산이 유료로 사용되는 경우의 그 재산 및 해당 재산의 일부를 그 목적에 직접 사용되지 아니하는 경우의 그 일부 재산에 대해서는 면제하지 아니한다.
② 「문화유산의 보존 및 활용에 관한 법률」에 따른 문화유산, 「자연유산의 보존 및 활용에 관한 법률」에 따른 자연유산에 대해서는 다음 각 호에 따라 재산세를 감면한다.
1. 「문화유산의 보존 및 활용에 관한 법률」 제2조제3항에 따른 지정문화유산 및 「자연유산의 보존 및 활용에 관한 법률」 제2조제5호에 따른 천연기념물등으로 지정된 부동산에 대해서는 재산세(「지방세법」 제112조에 따른 부과액을 포함한다. 이하 이 항에서 같다)를 면제하고, 「문화유산의 보존 및 활용에 관한 법률」

제27조 및 「자연유산의 보존 및 활용에 관한 법률」 제13조에 따라 지정된 보호구역에 있는 부동산에 대해서는 재산세의 100분의 50을 경감한다. 이 경우 지방자치단체의 장이 해당 보호구역의 재정여건 등을 고려하여 100분의 50의 범위에서 조례로 정하는 율을 추가로 경감할 수 있다.
2. 「문화유산의 보존 및 활용에 관한 법률」 제53조제1항에 따른 국가등록문화유산과 그 부속토지에 대해서는 재산세의 100분의 50을 경감한다.
(2023.8.8 본조개정)

제5절 기업구조 및 재무조정 등에 대한 지원
(2014.12.31 본조제목개정)

제56조 【기업의 신용보증 지원을 위한 감면】 ① 「신용보증기금법」에 따른 신용보증기금이 같은 법 제23조제1항제2호의 신용보증 업무에 직접 사용하기 위하여 취득하는 부동산에 대하여는 2014년 12월 31일까지 취득세의 100분의 50을 경감한다.(2013.1.1 본항개정)
② 「기술보증기금법」에 따라 설립된 기술보증기금이 같은 법 제28조제1항제2호 및 제3호의 신용보증 업무에 직접 사용하기 위하여 취득하는 부동산에 대하여는 2014년 12월 31일까지 취득세의 100분의 50을 경감한다.(2016.3.29 본항개정)
③ 「지역신용보증재단법」에 따라 설립된 신용보증재단에 대해서는 다음 각 호로 정하는 바에 따라 2025년 12월 31일까지 지방세를 경감한다.(2023.3.14 본문개정)
1. 「지역신용보증재단법」 제17조제2호에 따른 신용보증업무(이하 이 조에서 "신용보증업무"라 한다)에 직접 사용하기 위하여 취득하는 부동산에 대해서는 취득세의 100분의 50을 경감한다.
2. (2016.12.27 삭제)
3. 과세기준일 현재 신용보증업무에 직접 사용하는 부동산에 대해서는 재산세의 100분의 50을 경감한다.
(2011.12.31 본항신설)

제57조 (2014.12.31 삭제)

제57조의2 【기업합병·분할 등에 대한 감면】 ① 「법인세법」 제44조제2항 또는 제3항에 해당하는 합병으로서 대통령령으로 정하는 합병에 따라 양수(讓受)하는 사업용 재산을 2024년 12월 31일까지 취득하는 경우에는 「지방세법」 제15조제1항에 따라 산출한 취득세의 100분의 50(법인으로서 「중소기업기본법」에 따른 중소기업 간 합병 및 법인이 대통령령으로 정하는 기술혁신형사업법인과의 합병을 하는 경우에는 취득세의 100분의 60)을 경감하되, 해당 재산이 「지방세법」 제15조제1항제3호 단서에 해당하는 경우에는 다음 각 호에서 정하는 금액을 빼고 산출한 취득세를 경감한다. 다만, 합병등기일부터 3년 이내에 「법인세법」 제44조의3제3항 각 호의 어느 하나에 해당하는 사유가 발생하는 경우(같은 항 각 호 외의 부분 단서에 해당하는 경우는 제외한다)에는 경감된 취득세를 추징한다.(2021.12.28 본문개정)
1. 「지방세법」 제13조제1항에 따른 취득 재산에 대해서는 같은 조에 따른 중과기준세율(이하 "중과기준세율"이라 한다)의 100분의 300을 적용하여 산정한 금액
2. 「지방세법」 제13조제5항에 따른 취득 재산에 대해서는 중과기준세율의 100분의 500을 적용하여 산정한 금액
② 다음 각 호에서 정하는 법인이 「법인세법」 제44조제2항에 따른 합병으로 양수받은 재산에 대해서는 취득세를 2024년 12월 31일까지 면제하고, 합병으로 양수받아 3년 이내에 등기하는 재산에 대해서는 2024년 12월 31일까지 등록면허세의 100분의 50을 경감한다. 다만, 합병등기일부터 3년 이내에 「법인세법」 제44조의3 제3항 각 호의 어느 하나에 해당하는 사유가 발생하는

경우(같은 항 각 호 외의 부분 단서에 해당하는 경우는 제외한다)에는 면제된 취득세를 추징한다.(2021.12.28 본문개정)
1. 「농업협동조합법」, 「수산업협동조합법」 및 「산림조합법」에 따라 설립된 조합 간의 합병
2. 「새마을금고법」에 따라 설립된 새마을금고 간의 합병
3. 「신용협동조합법」에 따라 설립된 신용협동조합 간의 합병
4. (2018.12.24 삭제)
③ 다음 각 호의 어느 하나에 해당하는 재산을 2024년 12월 31일까지 취득하는 경우에는 취득세의 100분의 75를 경감한다. 다만, 제1호의 경우 2019년 12월 31일까지는 취득세의 100분의 75를, 2020년 12월 31일까지는 취득세의 100분의 50을, 2024년 12월 31일까지는 취득세의 100분의 25를 각각 경감하고, 제7호의 경우에는 취득세를 면제한다.(2021.12.28 본문개정)
1. 「국유재산법」에 따라 현물출자한 재산
2. 「법인세법」 제46조제2항 각 호(물적분할의 경우에는 같은 법 제47조제1항을 말한다)의 요건을 갖춘 분할(같은 법 제46조제3항에 해당하는 경우는 제외한다)로 인하여 취득하는 재산. 다만, 분할등기일부터 3년 이내에 같은 법 제46조의3제3항(물적분할의 경우에는 같은 법 제47조제3항을 말한다) 각 호의 어느 하나에 해당하는 사유가 발생하는 경우(같은 항 각 호 외의 부분 단서에 해당하는 경우는 제외한다)에는 경감받은 취득세를 추징한다.(2023.12.29 본문개정)
3. 「법인세법」 제47조의2에 따른 현물출자에 따라 취득하는 재산. 다만, 취득일부터 3년 이내에 같은 법 제47조의2제3항 각 호의 어느 하나에 해당하는 사유가 발생하는 경우(같은 항 각 호 외의 부분 단서에 해당하는 경우는 제외한다)에는 경감받은 취득세를 추징한다.(2018.12.24 단서개정)
4. (2021.12.28 삭제)
5. 「조세특례제한법」 제31조에 따른 중소기업 간의 통합에 따라 설립되거나 존속하는 법인이 양수하는 해당 사업용 재산(「통계법」 제22조에 따라 통계청장이 고시하는 한국표준산업분류에 따른 부동산 임대 및 공급업에 해당하는 중소기업이 양수하는 재산은 제외한다). 다만, 사업용 재산을 취득한 날부터 5년 이내에 같은 조 제7항 각 호의 어느 하나에 해당하는 사유가 발생하는 경우에는 경감받은 취득세를 추징한다.(2021.12.28 본문개정)
6. (2018.12.24 삭제)
7. 특별법에 따라 설립된 법인 중 「공공기관의 운영에 관한 법률」 제2조제1항에 따른 공공기관이 그 특별법의 개정 또는 폐지로 인하여 「상법」상의 회사로 조직 변경됨에 따라 취득하는 사업용 재산
④ 「조세특례제한법」 제32조에 따른 현물출자 또는 사업 양도·양수에 따라 2024년 12월 31일까지 취득하는 사업용 고정자산(「통계법」 제22조에 따라 통계청장이 고시하는 한국표준산업분류에 따른 부동산 임대 및 공급업에 대해서는 제외한다)에 대해서는 취득세의 100분의 75를 경감한다. 다만, 취득일부터 5년 이내에 대통령령으로 정하는 정당한 사유 없이 해당 사업을 폐업하거나 해당 재산을 처분(임대를 포함한다) 또는 주식을 처분하는 경우에는 경감받은 취득세를 추징한다.(2021.12.28 본문개정)
⑤ 다음 각 호의 어느 하나에 해당하는 경우에는 「지방세법」 제7조제5항에 따라 과점주주가 해당 법인의 부동산등(같은 조 제1항에 따른 부동산등을 말한다)을 취득한 것으로 보아 부과하는 취득세를 2024년 12월 31일까지 면제한다.(2021.12.28 본문개정)
1. 「금융산업의 구조개선에 관한 법률」 제10조에 따른

제3자의 인수, 계약이전에 관한 명령 또는 같은 법 제14조제2항에 따른 계약이전결정을 받은 부실금융기관으로부터 주식 또는 지분을 취득하는 경우
2. 금융기관이 법인에 대한 대출금을 출자로 전환함에 따라 해당 법인의 주식 또는 지분을 취득하는 경우
3. 「독점규제 및 공정거래에 관한 법률」에 따른 지주회사(「금융지주회사법」에 따른 금융지주회사를 포함하되, 지주회사가 「독점규제 및 공정거래에 관한 법률」 제2조제12호에 따른 동일한 기업집단 내 계열회사가 아닌 회사의 과점주주인 경우는 제외한다. 이하 이 조에서 "지주회사"라 한다)가 되거나 지주회사가 같은 법 또는 「금융지주회사법」에 따른 자회사의 주식을 취득하는 경우. 다만, 해당 지주회사의 설립·전환일부터 3년 이내에 「독점규제 및 공정거래에 관한 법률」에 따른 지주회사의 요건을 상실하게 되는 경우에는 면제받은 취득세를 추징한다.(2020.12.29 본문개정)
4. 「예금자보호법」 제3조에 따른 예금보험공사 또는 같은 법 제36조의3에 따른 정리금융회사가 같은 법 제36조의5제1항 및 제38조에 따라 주식 또는 지분을 취득하는 경우(2015.12.22 본호개정)
5. 한국자산관리공사가 「한국자산관리공사 설립 등에 관한 법률」 제26조제1항제1호가목에 따라 인수한 채권을 출자전환함에 따라 주식 또는 지분을 취득하는 경우(2021.8.17 본호개정)
6. 「농업협동조합의 구조개선에 관한 법률」에 따른 농업협동조합자산관리회사가 같은 법 제30조제3호다목에 따라 인수한 부실자산을 출자전환함에 따라 주식 또는 지분을 취득하는 경우
7. 「조세특례제한법」 제38조제1항 각 호의 요건을 모두 갖춘 주식의 포괄적 교환·이전으로 완전자회사의 주식을 취득하는 경우. 다만, 같은 법 제38조제2항에 해당하는 경우(같은 조 제3항에 해당하는 경우는 제외한다)에는 면제받은 취득세를 추징한다.
8. 「자본시장과 금융투자업에 관한 법률」에 따른 증권시장으로서 대통령령으로 정하는 증권시장에 상장한 법인의 주식을 취득한 경우
⑥ 「농업협동조합법」에 따라 설립된 농업협동조합중앙회(이하 이 조에서 "중앙회"라 한다)가 같은 법에 따라 사업구조를 개편하는 경우 다음 제1호 및 제2호의 구분에 따른 등기에 대해서는 2017년 12월 31일까지 등록면허세를 면제하고, 제3호의 경우에는 취득세를 면제한다.(2016.12.27 본문개정)
1. 법률 제10522호 농업협동조합법 일부개정법률 부칙 제3조에 따라 자본지원이 이루어지는 경우 그 자본증가에 관한 등기
2. 법률 제10522호 농업협동조합법 일부개정법률 부칙 제6조에 따라 경제사업을 이관하는 경우 다음 각 목의 어느 하나에 해당하는 등기
   가. 중앙회에서 분리되는 경제지주회사의 법인설립등기
   나. 「농업협동조합법」 제161조의2에 따라 설립된 농협경제지주회사가 중앙회로부터 경제사업을 이관(「상법」 제360조의2에 따른 주식의 포괄적 교환을 포함한다)받아 자본이 증가하는 경우 그 자본증가에 관한 등기(2016.12.27 본목개정)
3. 「농업협동조합법」 제134조의2에 따라 설립된 농협경제지주회사가 이 조 제3항제3호에 따라 중앙회로부터 경제사업을 이관받아 취득하는 재산(2016.12.27 본호신설)
⑦ 법률 제12663호 한국산업은행법 전부개정법률 부칙 제3조제1항에 따라 한국산업은행이 산은금융지주주식회사 및 「한국정책금융공사법」에 따른 한국정책금융공사와 합병하는 경우 그 자본증가에 관한 등기에 대해서는 2015년 12월 31일까지 등록면허세의 100분의 90을 경감한다.

⑧「기업 활력 제고를 위한 특별법」 제4조제1항에 해당하는 내국법인이 같은 법 제10조 또는 제12조에 따라 주무부처의 장이 승인 또는 변경승인한 사업재편계획에 의해 합병 등 사업재편을 추진하는 경우 해당 법인에 대한 법인등기에 대하여 등록면허세의 100분의 50을 2024년 12월 31일까지 경감한다. 다만, 같은 법 제13조에 따라 사업재편계획 승인이 취소된 경우에는 경감된 등록면허세를 추징한다.(2021.12.28 본문개정)

⑨「수산업협동조합법」에 따라 설립된 수산업협동조합중앙회(이하 이 항에서 "중앙회"라 한다)가 대통령령으로 정하는 바에 따라 분할하는 경우에는 다음 각 호에서 정하는 바에 따라 지방세를 면제한다.

1. 대통령령으로 정하는 바에 따른 분할로 신설된 자회사(이하 이 항에서 "수협은행"이라 한다)가 그 분리로 인하여 취득하는 재산에 대해서는 취득세를 2016년 12월 31일까지 면제한다.

2. 수협은행의 법인설립등기에 대해서는 등록면허세를 2016년 12월 31일까지 면제한다.

(2015.12.29 본항신설)

⑩「금융산업의 구조개선에 관한 법률」 제4조에 따른 금융위원회의 인가를 받고 「법인세법」 제44조제2항에 해당하는 금융회사 간의 합병을 하는 경우 금융기관이 합병으로 양수받은 재산에 대해서는 취득세의 100분의 50을 2024년 12월 31일까지 경감하고, 합병으로 양수받아 3년 이내에 등기하는 재산에 대해서는 2024년 12월 31일까지 등록면허세의 100분의 25를 경감한다. 다만, 합병등기일부터 3년 이내에 「법인세법」 제44조의3제3항 각 호의 어느 하나에 해당하는 사유가 발생하는 경우(같은 항 각 호 외의 부분 단서에 해당하는 경우는 제외한다)에는 경감된 취득세를 추징한다.

(2021.12.28 본문개정)

(2014.12.31 본조신설)

제57조의3【기업 재무구조 개선 등에 대한 감면】① 다음 각 호에 해당하는 재산의 취득에 대해서는 취득세를 2024년 12월 31일까지 면제한다.(2021.12.28 본문개정)

1. 「금융산업의 구조개선에 관한 법률」 제2조제1호에 따른 금융기관, 한국자산관리공사, 예금보험공사, 정리금융회사가 같은 법 제10조제2항에 따른 적기시정조치(영업의 양도 또는 계약이전에 관한 명령으로 한정한다) 또는 같은 법 제14조제2항에 따른 계약이전결정을 받은 부실금융기관으로부터 양수한 재산 (2015.12.22 본호개정)

2. 「농업협동조합법」에 따른 조합, 「농업협동조합의 구조개선에 관한 법률」에 따른 상호금융예금자보호기금 및 농업협동조합자산관리회사가 같은 법 제4조에 따른 적기시정조치(사업양도 또는 계약이전에 관한 명령으로 한정한다) 또는 같은 법 제6조제2항에 따른 계약이전결정을 받은 부실조합으로부터 양수한 재산

3. 「수산업협동조합법」에 따른 조합 및 「수산업협동조합의 부실예방 및 구조개선에 관한 법률」에 따른 상호금융예금자보호기금이 같은 법 제4조의2에 따른 적기시정조치(사업양도 또는 계약이전에 관한 명령으로 한정한다) 또는 같은 법 제10조제2항에 따른 계약이전결정을 받은 부실조합으로부터 양수한 재산 (2020.2.18 본호개정)

4. 「산림조합법」에 따른 조합 및 「산림조합의 구조개선에 관한 법률」에 따른 상호금융예금자보호기금이 같은 법 제4조에 따른 적기시정조치(사업양도 또는 계약이전에 관한 명령으로 한정한다) 또는 같은 법 제10조제2항에 따른 계약이전결정을 받은 부실조합으로부터 양수한 재산

5. 「신용협동조합법」에 따른 조합이 같은 법 제86조의4에 따른 계약이전의 결정을 받은 부실조합으로부터 양수한 재산(2015.12.29 본호신설)

6. 「새마을금고법」에 따른 금고가 같은 법 제80조의2에 따른 계약이전의 결정을 받은 부실조합으로부터 양수한 재산(2015.12.29 본호신설)

② 한국자산관리공사가 「한국자산관리공사 설립 등에 관한 법률」 제26조제1항제3호가목 및 나목에 따라 취득하는 재산에 대해서는 취득세를 2024년 12월 31일까지 면제한다.(2021.12.28 본항개정)

③ 한국자산관리공사가 「한국자산관리공사 설립 등에 관한 법률」 제26조제1항제2호라목에 따라 중소기업이 보유한 자산을 취득하는 경우에는 취득세의 100분의 50을 2026년 12월 31일까지 경감한다.(2023.12.29 본항개정)

④ 제3항에 따라 한국자산관리공사에 자산을 매각한 중소기업이 매각일부터 10년 이내에 그 자산을 환매하는 경우에는 2026년 12월 31일까지 취득세를 면제한다. 다만, 취득한 가액이 한국자산관리공사에 매각한 가액을 초과하는 경우 그 초과부분에 대해서는 취득세를 부과한다.(2023.12.29 본항개정)

⑤ 한국자산관리공사가 중소기업의 경영 정상화를 지원하기 위하여 대통령령으로 정하는 요건을 갖추어 중소기업의 자산을 임대조건부로 2026년 12월 31일까지 취득하여 과세기준일 현재 해당 중소기업에 임대중인 자산에 대해서는 해당 자산에 대한 납세의무가 최초로 성립하는 날부터 5년간 재산세의 100분의 50을 경감한다.(2023.12.29 본항개정)

(2014.12.31 본조신설)

제57조의4【주거안정 지원에 대한 감면】「한국자산관리공사 설립 등에 관한 법률」에 따라 설립된 한국자산관리공사가 주택담보대출 상환을 연체하는 자(이하 이 조에서 "연체자"라 한다)의 채무 상환 및 주거 안정을 지원하기 위하여 해당 연체자가 그 주택에 계속 거주하는 내용의 임대차계약을 체결하는 것을 조건으로 취득하는 해당 연체자의 주택에 대해서는 취득세의 100분의 50을 2026년 12월 31일까지 경감하고, 2021년 1월 1일 이후 취득하는 주택으로서 과세기준일 현재 연체자에게 임대 중인 주택에 대해서는 해당 주택에 대한 재산세 납세의무가 최초로 성립하는 날부터 5년간 재산세의 100분의 50을 경감한다.(2023.12.29 본조개정)

제58조【벤처기업 등에 대한 과세특례】①「벤처기업육성에 관한 특별법」에 따라 지정된 벤처기업집적시설 또는 신기술창업집적지역을 개발·조성하여 분양 또는 임대하거나 직접 사용([「벤처기업육성에 관한 특별법」에 따른 벤처기업(이하 이 절에서 "벤처기업"이라 한다)이 벤처기업집적시설을 직접 사용하는 경우로 한정한다]할 목적으로 취득(「산업집적활성화 및 공장설립에 관한 법률」 제41조에 따른 환수권의 행사로 인한 취득을 포함한다)하는 부동산에 대해서는 취득세 및 재산세(벤처기업이 직접 사용하는 경우는 과세기준일 현재 직접 사용하는 부동산으로 한정한다)의 100분의 35(수도권 외의 지역에 소재하는 부동산의 재산세는 100분의 60)를 각각 2026년 12월 31일까지 경감한다. 다만, 그 취득일부터 3년 이내에 정당한 사유 없이 벤처기업집적시설 또는 신기술창업집적지역을 개발·조성하지 아니하는 경우 또는 부동산의 취득일부터 5년 이내에 벤처기업집적시설 또는 신기술창업집적지역의 지정이 취소되거나 「벤처기업육성에 관한 특별법」 제17조의3 또는 제18조제2항에 따른 요건을 갖춘 날부터 5년 이내에 부동산을 다른 용도로 사용하는 경우에 해당 부분에 대해서는 경감된 취득세와 재산세를 추징한다.(2024.1.9 본항개정)

② 「벤처기업육성에 관한 특별법」에 따라 지정된 벤처기업집적시설에 입주하는 벤처기업이 해당 사업에 직접 사용하기 위하여 취득하는 부동산에 대해서는 취득

세의 100분의 50을, 과세기준일 현재 해당 사업에 직접 사용하는 부동산에 대해서는 재산세의 100분의 50(수도권 외의 지역에 소재하는 부동산의 경우에는 100분의 60)을 각각 2026년 12월 31일까지 경감한다. (2024.1.9 본항개정)

③ 「벤처기업육성에 관한 특별법」 제17조의2에 따라 지정된 신기술창업집적지역에서 산업용 건축물·연구시설 및 시험생산용 건축물로서 대통령령으로 정하는 건축물(이하 이 조에서 "산업용 건축물등"이라 한다)을 신축하거나 증축하려는 자(대통령령으로 정하는 공장용 부동산을 중소기업자에게 임대하려는 자를 포함한다)가 취득하는 부동산에 대해서는 2026년 12월 31일까지 취득세의 100분의 50을 경감하고, 그 부동산에 대한 재산세의 납세의무가 최초로 성립하는 날부터 3년간 재산세의 100분의 50(수도권 외의 지역에 소재하는 부동산의 경우에는 100분의 60)을 경감한다. 다만, 다음 각 호의 어느 하나에 해당하는 경우 그 해당 부분에 대해서는 경감된 취득세 및 재산세를 추징한다. (2024.1.9 본문개정)

1. 정당한 사유 없이 그 취득일부터 3년이 경과할 때까지 해당 용도로 직접 사용하지 아니하는 경우
2. 해당 용도로 직접 사용한 기간이 2년 미만인 상태에서 매각·증여하거나 다른 용도로 사용하는 경우 (2011.12.31 1호~2호신설)

④ 벤처기업에 대해서는 다음 각 호에서 정하는 바에 따라 지방세를 경감한다. (2023.12.29 본문개정)

1. 「벤처기업육성에 관한 특별법」 제18조의4에 따른 벤처기업육성촉진지구에서 그 고유업무에 직접 사용하기 위하여 취득하는 부동산에 대해서는 취득세의 100분의 50을 2025년 12월 31일까지 경감한다. (2024.1.9 본호개정)
2. 과세기준일 현재 제1호에 따른 벤처기업육성촉진지구에서 그 고유업무에 직접 사용하는 부동산에 대해서는 재산세의 100분의 35를 2025년 12월 31일까지 경감한다. 이 경우 지방자치단체의 장은 해당 지역의 재정 여건 등을 고려하여 100분의 15의 범위에서 조례로 정하는 율을 추가로 경감할 수 있다. (2023.3.14)

제58조의2【지식산업센터 등에 대한 감면】 ① 「산업집적활성화 및 공장설립에 관한 법률」 제28조의2에 따라 지식산업센터를 설립하는 자에 대해서는 다음 각 호에서 정하는 바에 따라 2025년 12월 31일까지 지방세를 경감한다. (2023.3.14 본문개정)

1. 「산업집적활성화 및 공장설립에 관한 법률」 제28조의5제1항제1호 및 제2호에 따른 시설용(이하 이 조에서 "사업시설용"이라 한다)으로 직접 사용하기 위하여 신축 또는 증축하여 취득하는 부동산(신축 또는 증축한 부분에 해당하는 부속토지를 포함한다. 이하 이 조에서 같다)과 사업시설용으로 분양 또는 임대(「중소기업기본법」 제2조에 따른 중소기업을 대상으로 분양 또는 임대하는 경우로 한정한다. 이하 이 조에서 같다)하기 위하여 신축 또는 증축하여 취득하는 부동산에 대해서는 취득세의 100분의 35를 경감한다. 다만, 다음 각 목의 어느 하나에 해당하는 경우 그 해당 부분에 대해서는 경감된 취득세를 추징한다. (2016.12.27 본문개정)

가. 직접 사용하기 위하여 부동산을 취득하는 경우로서 다음의 어느 하나에 해당하는 경우
  1) 정당한 사유 없이 그 취득일부터 1년이 경과할 때까지 착공하지 아니한 경우
  2) 정당한 사유 없이 그 취득일부터 1년이 경과할 때까지 사업시설용으로 직접 사용하지 아니한 경우
  3) 해당 용도로 직접 사용한 기간이 4년 미만인 상태에서 매각·증여하거나 다른 용도로 사용하는 경우
나. 분양 또는 임대하기 위하여 부동산을 취득하는 경우로서 다음의 어느 하나에 해당하는 경우
  1) 정당한 사유 없이 그 취득일부터 1년이 경과할 때까지 착공하지 아니한 경우
  2) 그 취득일부터 5년 이내에 사업시설용으로 분양·임대하지 아니하거나 다른 용도로 사용하는 경우
(2023.3.14 가목~나목개정)

2. 과세기준일 현재 사업시설용으로 직접 사용하거나 그 사업시설용으로 분양 또는 임대 업무에 직접 사용하는 부동산에 대해서는 해당 부동산에 대한 재산세 납세의무가 최초로 성립한 날부터 5년간 재산세의 100분의 35를 경감한다. (2023.3.14 본호개정)

② 「산업집적활성화 및 공장설립에 관한 법률」 제28조의4에 따라 지식산업센터를 신축하거나 증축하여 설립한 자로부터 최초로 해당 지식산업센터를 분양받은 입주자(「중소기업기본법」 제2조에 따른 중소기업을 영위하는 자로 한정한다)에 대해서는 다음 각 호에서 정하는 바에 따라 지방세를 경감한다. (2016.12.27 본문개정)

1. 2025년 12월 31일까지 사업시설용으로 직접 사용하기 위하여 취득하는 부동산에 대해서는 취득세의 100분의 35를 경감한다. 다만, 다음 각 목의 어느 하나에 해당하는 경우 그 해당 부분에 대해서는 경감된 취득세를 추징한다. (2023.3.14 본문개정)
가. 정당한 사유 없이 그 취득일부터 1년이 경과할 때까지 해당 용도로 직접 사용하지 아니하는 경우
나. 해당 용도로 직접 사용한 기간이 4년 미만인 상태에서 매각·증여하거나 다른 용도로 사용하는 경우 (2023.3.14 본목개정)

2. 과세기준일 현재 사업시설용으로 직접 사용하는 부동산에 대해서는 해당 부동산에 대한 재산세 납세의무가 최초로 성립한 날부터 5년간 재산세의 100분의 35를 2025년 12월 31일까지 경감한다. (2023.3.14 본호개정)

제58조의3【창업중소기업 등에 대한 감면】 ① 2026년 12월 31일까지 과밀억제권역 외의 지역에서 창업하는 중소기업(이하 이 조에서 "창업중소기업"이라 한다)이 대통령령으로 정하는 날(이하 이 조에서 "창업일"이라 한다)부터 4년 이내(대통령령으로 정하는 청년창업기업의 경우에는 5년 이내)에 취득하는 부동산에 대해서는 다음 각 호에서 정하는 바에 따라 지방세를 경감한다. (2023.12.29 본문개정)

1. 창업 당시 업종의 사업을 계속 영위하기 위하여 취득하는 부동산에 대해서는 취득세의 100분의 75를 경감한다.
2. 창업일 당시 업종의 사업에 과세기준일 현재 직접 사용하는 부동산(건축물 부속토지인 경우에는 대통령령으로 정하는 공장입지기준면적 이내 또는 대통령령으로 정하는 용도지역별 적용 배율 이내의 부분만 해당한다)에 대해서는 창업일부터 3년간 재산세를 면제하고, 그 다음 2년간은 재산세의 100분의 50을 경감한다. (2023.3.14 본호개정)
(2020.12.29 본항개정)

② 2026년 12월 31일까지 창업하는 벤처기업 중 대통령령으로 정하는 기업으로서 창업일부터 3년 이내에 같은 법 제25조에 따라 벤처기업으로 확인받은 기업(이하 이 조에서 "창업벤처중소기업"이라 한다)이 최초로 확인받은 날(이하 이 조에서 "확인일"이라 한다)부터 4년 이내(대통령령으로 정하는 청년창업벤처기업의 경우에는 5년 이내)에 취득하는 부동산에 대해서는 다음 각 호에서 정하는 바에 따라 지방세를 경감한다. (2023.12.29 본문개정)

1. 창업일 당시 업종의 사업을 계속 영위하기 위하여 취득하는 부동산에 대해서는 취득세의 100분의 75를 경감한다.
2. 창업일 당시 업종의 사업에 과세기준일 현재 직접 사용하는 부동산(건축물 부속토지인 경우에는 대통령령으로 정하는 공장입지기준면적 이내 또는 대통령령으로 정하는 용도지역별 적용배율 이내의 부분만 해당한다)에 대해서는 확인일부터 3년간 재산세를 면제하고, 그 다음 2년간은 재산세의 100분의 50을 경감한다.(2023.3.14 본호개정)
(2020.12.29 본항개정)
③ 다음 각 호의 어느 하나에 해당하는 등기에 대해서는 등록면허세를 면제한다.
1. 2020년 12월 31일까지 창업하는 창업중소기업의 법인설립 등기(창업일부터 4년 이내에 자본 또는 출자액을 증가하는 경우를 포함한다)(2017.12.26 본호개정)
2. 2020년 12월 31일까지「벤처기업육성에 관한 특별법」제2조의2제1항제2호다목에 따라 창업 중에 벤처기업으로 확인받은 중소기업이 그 확인일부터 1년 이내에 하는 법인설립 등기(2024.1.9 본호개정)
④ 창업중소기업과 창업벤처중소기업의 범위는 다음 각 호의 업종을 경영하는 중소기업으로 한정한다. 이 경우 제1호부터 제8호까지의 규정에 따른 업종은「통계법」제22조에 따라 통계청장이 고시하는 한국표준산업분류에 따른 업종으로 한다.
1. 광업
2. 제조업
3. 건설업
4. 정보통신업. 다만 다음 각 목의 어느 하나에 해당하는 업종은 제외한다.
　가. 비디오물 감상실 운영업
　나. 뉴스 제공업
　다.「통계법」제22조에 따라 통계청장이 고시하는 블록체인기술 산업분류에 따른 블록체인 기반 암호화자산 매매 및 중개업
5. 다음 각 목의 어느 하나에 해당하는 전문, 과학 및 기술 서비스업(대통령령으로 정하는 엔지니어링사업을 포함한다)
　가. 연구개발업
　나. 광고업
　다. 기타 과학기술서비스업
　라. 전문 디자인업
　마. 시장조사 및 여론조사업
6. 다음 각 목의 어느 하나에 해당하는 사업시설 관리, 사업지원 및 임대서비스업
　가. 사업시설 관리 및 조경 서비스업
　나. 고용알선 및 인력공급업
　다. 경비 및 경호 서비스업
　라. 보안시스템 서비스업
　마. 전시, 컨벤션 및 행사대행업
7. 창작 및 예술관련 서비스업(자영예술가는 제외한다)
8. 수도, 하수 및 폐기물 처리, 원료 재생업
9. 대통령령으로 정하는 물류산업
10.「학원의 설립·운영 및 과외교습에 관한 법률」에 따른 학원을 운영하는 사업 또는「국민 평생 직업능력 개발법」에 따른 직업능력개발훈련시설을 운영하는 사업(직업능력개발훈련을 주된 사업으로 하는 경우로 한정한다)(2021.8.17 본호개정)
11.「관광진흥법」에 따른 관광숙박업, 국제회의업, 유원시설업 또는 대통령령으로 정하는 관광객이용시설업
12.「전시산업발전법」에 따른 전시산업
(2020.12.29 본항개정)

⑤ 제1항부터 제4항까지의 규정을 적용할 때 창업중소기업으로 지방세를 감면받은 경우에는 창업벤처중소기업에 대한 감면은 적용하지 아니한다.(2016.12.27 본항신설)
⑥ 제1항부터 제4항까지의 규정을 적용할 때 다음 각 호의 어느 하나에 해당하는 경우는 창업으로 보지 아니한다.
1. 합병·분할·현물출자 또는 사업의 양수를 통하여 종전의 사업을 승계하거나 종전의 사업에 사용되던 자산을 인수 또는 매입하여 같은 종류의 사업을 하는 경우. 다만, 종전의 사업에 사용되던 자산을 인수하거나 매입하여 같은 종류의 사업을 하는 경우 그 자산가액의 합계가「부가가치세법」제5조제2항에 따른 사업개시 당시 토지·건물 및 기계장치 등 대통령령으로 정하는 사업용자산의 총가액에서 차지하는 비율이 100분의 50 미만으로서 대통령령으로 정하는 비율 이하인 경우는 제외한다.
2. 거주자가 하던 사업을 법인으로 전환하여 새로운 법인을 설립하는 경우
3. 폐업 후 사업을 다시 개시하여 폐업 전의 사업과 같은 종류의 사업을 하는 경우
4. 사업을 확장하거나 다른 업종을 추가하는 경우 (2023.12.29 본호개정)
5. 그 밖에 새로운 사업을 최초로 개시하는 것으로 보기 곤란한 경우로서 대통령령으로 정하는 경우 (2023.12.29 본호신설)
(2016.12.27 본항신설)
⑦ 다음 각 호의 어느 하나에 해당하는 경우에는 제1항제1호 및 제2항제1호에 따라 경감된 취득세를 추징한다. 다만,「조세특례제한법」제31조제1항에 따른 통합(이하 이 조에서 "중소기업간 통합"이라 한다)을 하는 경우와 같은 법 제32조제1항에 따른 법인전환(이하 이 조에서 "법인전환"이라 한다)을 하는 경우는 제외한다. (2020.12.29 본문개정)
1. 정당한 사유 없이 취득일부터 3년 이내에 그 부동산을 해당 사업에 직접 사용하지 아니하는 경우
2. 취득일부터 3년 이내에 다른 용도로 사용하거나 매각·증여하는 경우
3. 최초 사용일부터 계속하여 2년간 해당 사업에 직접 사용하지 아니하고 다른 용도로 사용하거나 매각·증여하는 경우
(2016.12.27 본항신설)
⑧ 창업중소기업 및 창업벤처중소기업이 제1항제2호 및 제2항제2호에 따른 경감기간이 지나기 전에 중소기업간 통합 또는 법인전환을 하는 경우 그 법인은 대통령령으로 정하는 바에 따라 남은 경감기간에 대하여 제1항제2호 및 제2항제2호를 적용받을 수 있다. 다만, 중소기업간 통합 및 법인전환 전에 취득한 사업용재산에 대해서만 적용한다.(2020.12.29 본문개정)
⑨ 제1항부터 제4항까지의 규정에 따른 창업중소기업 및 창업벤처중소기업 감면을 적용받으려는 경우에는 행정안전부령으로 정하는 감면신청서를 관할 지방자치단체의 장에게 제출하여야 한다.(2017.7.26 본항개정)
(2014.12.31 본조신설)
제59조【중소벤처기업진흥공단 등에 대한 감면】①「중소기업진흥에 관한 법률」에 따른 중소벤처기업진흥공단이 중소기업 전문기술인력 양성을 위하여 취득하는 교육시설용 부동산에 대해서는 취득세의 100분의 25를 2025년 12월 31일까지 경감한다.
②「중소기업진흥에 관한 법률」에 따른 중소벤처기업진흥공단이 중소기업자에게 분양 또는 임대할 목적으로 취득하는 부동산에 대해서는 취득세의 100분의 50을, 과세기준일 현재 해당 사업에 직접 사용하는 부동

산에 대해서는 재산세의 100분의 50을 각각 2025년 12월 31일까지 경감한다. 다만, 그 취득일부터 5년 이내에 중소기업자에게 분양 또는 임대하지 아니한 경우 그 해당 부분에 대해서는 경감된 취득세를 추징한다.
③「중소기업진흥에 관한 법률」제29조에 따라 협동화 실천계획의 승인을 받은 자(과밀억제권역 및 광역시는 「산업집적 활성화 및 공장설립에 관한 법률」에 따른 산업단지에서 승인을 받은 경우로 한정한다)가 해당 사업에 직접 사용하기 위하여 최초로 취득하는 공장용 부동산(이미 해당 사업용으로 사용하던 부동산을 승계하여 취득한 경우 및 과세기준일 현재 60일 이상 휴업하고 있는 경우는 제외한다)에 대해서는 취득세의 100분의 50을 2025년 12월 31일까지 경감하고, 그 공장용 부동산을 과세기준일 현재 해당 사업에 직접 사용하는 경우에는 그 공장용 부동산에 대한 재산세의 납세의무가 최초로 성립하는 날부터 3년간 재산세의 100분의 50을 경감한다. 다만, 그 취득일부터 1년 이내에 정당한 사유 없이 공장용으로 직접 사용하지 아니하는 경우 또는 그 취득일부터 5년 이내에 공장용 외의 용도로 양도하거나 다른 용도로 사용하는 경우 해당 부분에 대해서는 감면된 취득세를 추징한다.
④ (2020.12.29 삭제)
(2023.3.14 본조개정)

제60조【중소기업협동조합 등에 대한 과세특례】①「중소기업협동조합법」에 따라 설립된 중소기업협동조합(사업협동조합, 연합회 및 중앙회를 포함한다)이 제품의 생산·가공·수주·판매·보관·운송을 위하여 취득하는 공동시설용 부동산에 대해서는 취득세의 100분의 50을 2025년 12월 31일까지 경감한다. 다만, 「전통시장 및 상점가 육성을 위한 특별법」에 따른 전통시장의 상인이 조합원으로서 설립한 협동조합 또는 사업협동조합과 그 밖에 대통령령으로 정하는 사업자가 조합원으로 설립하는 협동조합과 사업협동조합의 경우에는 취득세의 100분의 75를 2025년 12월 31일까지 경감한다.
(2023.3.14 본항개정)
②「중소기업협동조합법」에 따라 설립된 중소기업중앙회가 그 중앙회 및 회원 등에게 사용하게 할 목적으로 신축한 건축물에 대한 취득세는 「지방세법」제11조제1항제3호의 세율에도 불구하고 1천분의 20을 적용하여 2022년 12월 31일까지 과세한다. 다만, 다음 각 호의 어느 하나에 해당하는 경우 그 해당 부분에 대해서는 경감된 취득세를 추징한다.(2020.1.15 본문개정)
1. 해당 부동산을 취득한 날부터 5년 이내에 수익사업에 사용하는 경우(2016.12.27 본호개정)
2. 정당한 사유 없이 그 등기일부터 1년이 경과할 때까지 해당 용도로 직접 사용하지 아니하는 경우
3. 해당 용도로 직접 사용한 기간이 2년 미만인 상태에서 매각·증여하거나 다른 용도로 사용하는 경우
(2011.12.31 2호∼3호신설)
③「중소기업창업 지원법」에 따른 창업보육센터에 대해서는 다음 각 호에서 정하는 바에 따라 지방세를 감면한다.(2014.12.31 본문개정)
1. 창업보육센터사업자의 지정을 받은 자가 창업보육센터용으로 직접 사용하기 위하여 취득하는 부동산에 대해서는 취득세의 100분의 50을, 과세기준일 현재 창업보육센터용으로 직접 사용하는 부동산에 대해서는 재산세의 100분의 50(수도권 외의 지역에 소재하는 부동산의 경우에는 100분의 60)을 각각 2026년 12월 31일까지 경감한다.(2023.12.29 본호개정)
1의2. 제41조제1항에 따른 학교등이 창업보육센터사업자의 지정을 받고 창업보육센터용으로 직접 사용하기 위하여 취득하는 부동산(학교등이 취득한 부동산을 「산업교육진흥 및 산학연협력촉진에 관한 법률」에 따른 산학협력단이 운영하는 경우의 부동산을 포

함한다. 이하 이 호에서 같다)에 대해서는 취득세의 100분의 75를, 과세기준일 현재 창업보육센터용으로 직접 사용하는 부동산에 대해서는 재산세(「지방세법」제112조에 따른 부과액을 포함한다)의 100분의 100을 각각 2026년 12월 31일까지 감면한다.
(2023.12.29 본호개정)
2. 창업보육센터에 입주하는 자가 해당 창업보육센터용으로 직접 사용하기 위하여 취득하는 부동산에 대하여 취득세, 등록면허세 및 재산세를 과세할 때에는 2023년 12월 31일까지 「지방세법」제13조제1항부터 제4항까지, 제28조제2항·제3항 및 제111조제2항의 세율을 적용하지 아니한다.(2020.12.29 본호개정)
④ 특별시장·광역시장·특별자치시장·도지사 또는 특별자치도지사가 「지역중소기업 육성 및 혁신촉진 등에 관한 법률」제2조제1호에 따른 지역중소기업에 대하여 경영·산업기술·무역정보의 제공 등 종합적인 지원을 하게 할 목적으로 설치한 법인으로서 대통령령으로 정하는 법인에 대해서는 다음 각 호에서 정하는 바에 따라 2025년 12월 31일까지 지방세를 경감한다.
(2023.3.14 본문개정)
1. 그 고유업무에 직접 사용하기 위하여 취득하는 부동산에 대해서는 취득세의 100분의 50을 경감한다.
2. (2016.12.27 삭제)
3. 과세기준일 현재 그 고유업무에 직접 사용하는 부동산에 대해서는 재산세의 100분의 50을 경감한다.
(2016.12.27 본항신설)

제61조【도시가스사업 등에 대한 감면】①「한국가스공사법」에 따라 설립된 한국가스공사 또는 「도시가스사업법」제3조에 따라 허가를 받은 도시가스사업자가 도시가스사업에 직접 사용하기 위하여 취득하는 가스관에 대해서는 취득세 및 재산세의 100분의 50을 각각 2016년 12월 31일까지 경감한다. 다만, 특별시·광역시에 있는 가스관에 대해서는 경감하지 아니한다.
②「집단에너지사업법」에 따라 설립된 한국지역난방공사 또는 「집단에너지사업법」제9조에 따라 허가를 받은 지역난방사업자가 열공급사업에 직접 사용하기 위하여 취득하는 열수송관에 대해서는 취득세 및 재산세의 100분의 50을 각각 2016년 12월 31일까지 경감한다. 다만, 특별시·광역시에 있는 열수송관에 대해서는 경감하지 아니한다.
(2015.12.29 본조개정)

제62조【광업 지원을 위한 감면】① 광업권의 설정·변경·이전, 그 밖의 등록에 해당하는 면허로서 면허를 새로 받거나 변경받는 경우에는 면허에 대한 등록면허세를 2024년 12월 31일까지 면제한다.(2021.12.28 본항개정)
② 출원에 의하여 취득하는 광업권과 광산용에 사용하기 위하여 취득하는 지상입목에 대해서는 취득세를 2021년 12월 31일까지 면제한다.(2018.12.24 본항개정)
③「한국광해광업공단법」에 따라 설립된 한국광해광업공단이 과세기준일 현재 석재기능공 훈련시설과 「광산안전법」제5조제1항제5호에 따른 광산근로자의 위탁교육시설에 직접 사용하는 건축물 및 그 부속토지(건축물 바닥면적의 7배 이내인 것으로 한정한다)에 대해서는 재산세의 100분의 25를 2019년 12월 31일까지 경감한다.(2021.3.9 본항개정)

제62조의2【석유판매업 중 주유소에 대한 감면】「석유 및 석유대체연료 사업법」제10조에 따른 석유판매업 중 주유소가 「한국석유공사법」에 따른 한국석유공사와 석유제품 구매 계약을 체결하고, 한국석유공사로부터 구매하는 석유제품의 의무구매 비율 등 대통령령으로 정하는 조건을 충족하는 경우 석유제품 판매에 직접 사용하는 부동산에 대해서는 2014년 12월 31일까지 재산세의 100분의 50을 경감한다.(2013.1.1 본조신설)

제6절 수송 및 교통에 대한 지원

제63조【철도시설 등에 대한 감면】 ① 「국가철도공단법」에 따라 설립된 국가철도공단(이하 이 조에서 "국가철도공단"이라 한다)이 「철도산업발전기본법」 제3조제2호에 따른 철도시설(같은 호 마목 및 바목에 따른 시설은 제외하며, 이하 이 항에서 "철도시설"이라 한다)용으로 직접 사용하기 위하여 취득하는 부동산에 대해서는 취득세의 100분의 25를 2025년 12월 31일까지 경감한다.(2023.3.14 본문개정)
1.~2. (2016.12.27 삭제)
② 국가철도공단이 다음 각 호의 어느 하나에 해당하는 재산을 취득하는 경우에는 취득세 및 재산세(「지방세법」 제112조에 따른 부과액을 포함한다)를 각각 2025년 12월 31일까지 면제한다.
1. 국가, 지방자치단체 또는 「지방자치법」 제176조제1항에 따른 지방자치단체조합(이하 "지방자치단체조합"이라 한다)에 귀속 또는 기부채납하는 것을 조건으로 취득하는 「철도산업발전기본법」 제3조제4호에 따른 철도차량(2021.1.12 본호개정)
2. 「철도의 건설 및 철도시설 유지관리에 관한 법률」 제17조제1항 또는 제3항에 따라 국가로 귀속되는 부동산(사업시행자가 국가철도공단인 경우에 한정한다)(2020.6.9 본호개정)
③ 「한국철도공사법」에 따라 설립된 한국철도공사에 대해서는 다음 각 호에서 정하는 바에 따라 2025년 12월 31일까지 지방세를 경감한다.(2023.3.14 본문개정)
1. 「한국철도공사법」 제9조제1항제1호부터 제3호까지 및 제6호(같은 호의 사업 중 철도역사 개발사업으로 한정한다)의 사업(이하 이 항에서 "해당사업"이라 한다)에 직접 사용하기 위하여 취득하는 부동산에 대해서는 취득세의 100분의 25를, 과세기준일 현재 해당사업에 직접 사용하는 부동산에 대해서는 재산세(「지방세법」 제112조에 따른 부과액을 포함한다)의 100분의 50을 각각 경감한다.
2. 해당사업에 직접 사용하기 위해 취득하는 「철도산업발전기본법」 제3조제4호에 따른 철도차량에 대해서는 취득세의 100분의 50(「철도사업법」 제4조의2제1호에 따른 고속철도차량의 경우에는 취득세의 100분의 25)을 경감한다.
(2020.1.15 본문개정)
④ 철도건설사업으로 인하여 철도건설부지로 편입된 토지의 확정·분할에 따른 토지의 취득에 대해서는 취득세를 면제하고, 분할등기에 대해서는 등록면허세를 면제한다.(2015.12.29 본문개정)
⑤ 「지방공기업법」 제49조에 따른 지방공사로서 「도시철도법」 제2조제4호에 따른 도시철도사업(이하 이 항에서 "도시철도사업"이라 한다)을 수행하는 것을 목적으로 설립된 지방공사(이하 이 조에서 "도시철도공사"라 한다)에 대해서는 다음 각 호에서 정하는 바에 따라 2025년 12월 31일까지 지방세를 감면한다.(2023.3.14 본문개정)
1. 도시철도공사가 도시철도사업에 직접 사용하기 위하여 취득하는 부동산 및 철도차량에 대해서는 취득세의 100분의 100(100분의 100의 범위에서 조례로 따로 정하는 경우에는 그 율)에 대통령령으로 정하는 지방자치단체 투자비율(이하 이 조에서 "지방자치단체 투자비율"이라 한다)을 곱한 금액을 감면한다.
2. 도시철도공사의 법인등기 및 구분지상권설정등기에 대해서는 등록면허세의 100분의 100(100분의 100의 범위에서 조례로 따로 정하는 경우에는 그 율)에 지방자치단체 투자비율을 곱한 금액을 감면한다.

3. 도시철도공사가 과세기준일 현재 도시철도사업에 직접 사용하는 부동산에 대해서는 재산세(「지방세법」 제112조에 따른 부과액을 포함한다)의 100분의 100(100분의 100의 범위에서 조례로 따로 정하는 경우에는 그 율)에 지방자치단체 투자비율을 곱한 금액을 감면한다.
(2020.1.15 본항개정)
⑥ 「공공기관의 운영에 관한 법률」 제4조에 따른 공공기관으로서 「철도사업법」 제5조에 따라 철도사업면허를 받은 자가 해당 사업에 직접 사용하기 위하여 같은 법 제4조의2제1호에 따른 고속철도차량을 취득하는 경우에는 취득세의 100분의 25를 2025년 12월 31일까지 경감한다.(2023.3.14 본항신설)

제64조【해운항만 등 지원을 위한 과세특례】 ① 「국제선박등록법」에 따른 국제선박으로 등록하기 위하여 취득하는 선박에 대해서는 「지방세법」 제12조제1항제1호의 세율에서 1천분의 20을 경감하여 취득세를 과세하고, 과세기준일 현재 국제선박으로 등록되어 있는 선박에 대해서는 재산세의 100분의 50을 2024년 12월 31일까지 경감한다. 다만, 선박의 취득일부터 6개월 이내에 국제선박으로 등록하지 아니하는 경우에는 감면된 취득세를 추징한다.(2021.12.28 본문개정)
② 연안항로에 취항하기 위하여 취득하는 대통령령으로 정하는 화물운송용 선박과 외국항로에만 취항하기 위하여 취득하는 대통령령으로 정하는 외국항로취항용 선박에 대해서는 2024년 12월 31일까지 「지방세법」 제12조제1항제1호의 세율에서 1천분의 10을 경감하여 취득세를 과세하고, 과세기준일 현재 화물운송용에 사용하는 선박에 대해서는 재산세의 100분의 50을 경감하며, 외국항로취항용에 사용하는 선박에 대해서는 해당 선박의 취득일 이후 해당 선박에 대한 재산세 납세의무가 최초로 성립하는 날부터 5년간 재산세의 100분의 50을 경감한다. 다만, 다음 각 호의 어느 하나에 해당하는 경우 그 해당 부분에 대해서는 경감된 취득세를 추징한다.(2021.12.28 본문개정)
1. 정당한 사유 없이 그 취득일부터 1년이 경과할 때까지 해당 용도로 직접 사용하지 아니하는 경우
2. 해당 용도로 직접 사용한 기간이 2년 미만인 상태에서 매각·증여하거나 다른 용도로 사용하는 경우
(2011.12.31 1호~2호신설)
③ 연안항로에 취항하기 위하여 대통령령으로 정하는 화물운송용 선박 중 천연가스를 연료로 사용하는 선박을 취득하는 경우에는 2024년 12월 31일까지 「지방세법」 제12조제1항제1호의 세율에서 1천분의 20을 경감하여 취득세를 과세한다. 다만, 다음 각 호의 어느 하나에 해당하는 경우 그 해당 부분에 대해서는 경감된 취득세를 추징한다.(2021.12.28 본문개정)
1. 정당한 사유 없이 그 취득일부터 1년이 경과할 때까지 해당 용도로 직접 사용하지 아니하는 경우
2. 해당 용도로 직접 사용한 기간이 2년 미만인 상태에서 매각·증여하거나 다른 용도로 사용하는 경우
(2020.1.15 1호~2호신설)
④ 「환경친화적 선박의 개발 및 보급 촉진에 관한 법률」 제6조에 따라 환경친화적 선박의 인증등급(이하 "친환경선박 인증등급"이라 한다)이 3등급 이상인 선박을 취득하는 경우(선박 취득일부터 60일 이내에 친환경선박 인증등급 3등급 이상으로 인증을 받은 경우를 포함한다)에는 2026년 12월 31일까지 「지방세법」 제12조제1항제1호의 세율에서 다음 각 호의 구분에 따른 율을 경감하여 취득세를 과세한다. 다만, 그 취득일부터 5년 이내에 환경친화적 선박의 인증이 취소되는 경우에는 경감된 취득세를 추징한다.

1. 친환경선박 인증등급이 1등급인 경우: 1천분의 20
2. 친환경선박 인증등급이 2등급인 경우: 1천분의 15
3. 친환경선박 인증등급이 3등급인 경우: 1천분의 10
(2023.12.29 본항신설)

제64조의2【지능형 해상교통정보서비스 무선국에 대한 감면】선박의 소유자가「지능형 해상교통정보서비스의 제공 및 이용 활성화에 관한 법률」제18조제1항에 따라 같은 법 제2조제3호에 따른 지능형 해상교통정보서비스를 송신·수신할 수 있는 설비를 선박에 설치하여 무선국을 개설한 경우에 해당 무선국의 면허에 대해서는 등록면허세를 2023년 12월 31일까지 면제한다. (2020.12.29 본조신설)

제65조【항공운송사업 등에 대한 과세특례】「항공사업법」에 따라 면허를 받거나 등록을 한 자가 국내항공운송사업, 국제항공운송사업, 소형항공운송사업 또는 항공기사용사업에 사용하기 위하여 취득하는 항공기에 대해서는 2024년 12월 31일까지「지방세법」제12조제1항제4호의 세율에서 1천분의 12를 경감하여 취득세를 과세하고, 과세기준일 현재 그 사업에 직접 사용하는 항공기에 대해서는 해당 항공기 취득일 이후 재산세 납세의무가 최초로 성립한 날부터 5년간 재산세의 100분의 50을 경감한다. 다만, 자산총액이 대통령령으로 정하는 금액 이상인 자가 취득하는 항공기는 해당 항공기 취득일 이후 재산세 납세의무가 최초로 성립한 날부터 5년간 재산세의 100분의 50을 2024년 12월 31일까지 경감한다.(2023.12.29 단서개정)

제66조【교환자동차 등에 대한 감면】① 자동차(기계장비를 포함한다. 이하 이 항에서 "자동차등"이라 한다)의 제작 결함으로 인하여「소비자기본법」에 따른 소비자분쟁해결기준 또는「자동차관리법」에 따른 자동차안전·하자심의위원회의 중재에 따라 반납한 자동차등과 같은 종류의 자동차등(자동차의 경우에는「자동차관리법」제3조에 따른 같은 종류의 자동차를 말한다)으로 교환받는 자동차등에 대해서는 취득세를 면제한다. 다만, 교환으로 취득하는 자동차등에 부과되어야 할 세액이 종전의 자동차등의 취득으로 납부한 세액을 초과하는 경우에는 그 초과분을 취득세로 부과한다.
(2021.12.28 단서개정)
② 「자동차관리법」제13조제7항 또는「건설기계관리법」제6조제1항제7호에 따라 말소된 자동차 또는 건설기계를 다시 등록하기 위한 등록면허세는 면제한다.
(2020.1.15 본항개정)
③ 「환경친화적 자동차의 개발 및 보급촉진에 관한 법률」제2조제5호에 따른 하이브리드자동차로서 같은 조 제2호에 따라 고시된 자동차를 취득하는 경우에는 다음 각 호에서 정하는 바에 따라 취득세를 감면한다.
1. 취득세액이 40만원 이하인 경우에는 2024년 12월 31일까지 취득세를 면제한다.
2. 취득세액이 40만원을 초과하는 경우에는 2024년 12월 31일까지 취득세액에서 40만원을 공제한다.
(2023.3.14 1호~2호개정)
(2018.12.24 본항개정)
④ 「환경친화적 자동차의 개발 및 보급 촉진에 관한 법률」제2조제3호에 따른 전기자동차 또는 같은 조 제6호에 따른 수소전기자동차로서 같은 조 제2호에 따라 고시된 자동차(제5항에 따른 화물자동차는 제외한다)를 취득하는 경우에는 2024년 12월 31일까지 취득세액이 140만원 이하인 경우 취득세를 면제하고, 취득세액이 140만원을 초과하는 경우 취득세액에서 140만원을 공제한다.(2023.3.14 본문개정)
1.~2. (2020.1.15 삭제)
⑤ 「환경친화적 자동차의 개발 및 보급 촉진에 관한 법률」제2조제6호에 따른 수소전기자동차로서 같은 조

제2호에 따라 고시된 자동차 중 「화물자동차 운수사업법」제2조제1호에 따른 화물자동차를 취득하는 경우에는 취득세의 100분의 50을 2025년 12월 31일까지 경감한다.(2023.3.14 본항신설)

제66조의2【노후경유자동차 교체에 대한 취득세 감면】① 「자동차관리법」에 따라 2006년 12월 31일 이전에 신규등록된 경유를 원료로 하는 승합자동차 또는 화물자동차(「자동차관리법」에 따라 자동차매매업으로 등록한 자가 매매용으로 취득한 중고자동차는 제외한다. 이하 이 항에서 "노후경유자동차"라 한다)를 2017년 1월 1일 현재 소유(등록일을 기준으로 한다)하고 있는 자가 노후경유자동차를 폐차하고 말소등록한 이후 승합자동차 또는 화물자동차[신조차(新造車)에 한정한다. 이하 이 항에서 "신조차"라 한다]를 2017년 6월 30일까지 본인의 명의로 취득하여 신규등록하는 경우에는 취득세의 100분의 50을 경감한다. 이 경우 노후경유자동차 1대당 신조차 1대만 취득세를 경감한다.
② 제1항에 따른 1대당 취득세 경감액이 100만원 이하인 경우에는 산출세액 전액을, 취득세 경감액이 100만원을 초과하는 경우에는 산출세액에서 100만원을 공제한다.
(2016.12.27 본조신설)

제67조【경형자동차 등에 대한 과세특례】① 「자동차관리법」제3조제1항에 따른 승용자동차 중 대통령령으로 정하는 규모의 자동차를 대통령령으로 정하는 비영업용 승용자동차로 취득하는 경우에는 다음 각 호에서 정하는 바에 따라 취득세를 2024년 12월 31일까지 감면한다. 다만, 취득일부터 1년 이내에 영업용으로 사용하는 경우에는 감면된 취득세를 추징한다.
1. 취득세액이 75만원 이하인 경우 취득세를 면제한다.
2. 취득세액이 75만원을 초과하는 경우 취득세액에서 75만원을 공제한다.
② 「자동차관리법」제3조제1항에 따른 승합자동차 또는 화물자동차(같은 법 제3조에 따른 자동차의 유형별 세부기준이 특수용도형 화물자동차로서 피견인형 자동차는 제외한다) 중 대통령령으로 정하는 규모의 자동차를 취득하는 경우에는 취득세를 2024년 12월 31일까지 면제한다.
③ 승차 정원 7명 이상 10명 이하 비영업용 승용자동차로서 행정안전부령으로 정하는 자동차에 대한 자동차세는「지방세법」제127조제1항제1호에도 불구하고 2024년 12월 31일까지 같은 항 제4호에 따른 소형일반버스 세율을 적용하여 과세한다. 이 경우 2007년 12월 31일 이전에「자동차관리법」에 따라 신규등록 또는 신규로 신고된 차량으로 한정한다.
(2021.12.28 본조개정)

제68조【매매용 및 수출용 중고자동차 등에 대한 감면】① 다음 각 호에 해당하는 자가 매매용으로 취득(「지방세법」제7조제4항에 따른 취득은 제외한다. 이하 이 조에서 같다)하는 중고자동차 또는 중고건설기계(이하 이 조에서 "중고자동차등"이라 한다)에 대해서는 취득세와 자동차세를 각각 2024년 12월 31일까지 면제한다. 이 경우 자동차세는 다음 각 호에 해당하는 자의 명의로 등록된 기간에 한정하여 면제한다.(2021.12.28 전단개정)
1. 「자동차관리법」제53조에 따라 자동차매매업을 등록한 자
2. 「건설기계관리법」제21조제1항에 따라 건설기계매매업을 등록한 자
② 제1항에 따라 취득한 중고자동차등을 그 취득일부터 2년(「자동차관리법」제3조제1항에 따른 승합자동차, 화물자동차 또는 특수자동차의 경우에는 3년) 이내에 매각하지 아니하거나 수출하지 아니하는 경우에는 면제된 취득세를 추징한다. 다만, 중고자동차로서 다음

각 호의 어느 하나에 해당하여 「자동차관리법」 제2조 제5호 및 「건설기계관리법」 제2조제1항제2호에 따라 폐차 또는 폐기한 경우에는 감면된 취득세를 추징하지 아니한다.(2023.12.29 본문개정)
1. 취득일부터 1년이 경과한 중고자동차로서 「자동차관리법」 제43조제1항제2호 또는 제4호에 따른 자동차 검사에서 부적합 판정을 받은 경우(2023.12.29 본호신설)
2. 「재난 및 안전관리 기본법」 제3조제1호에 따른 재난으로 인하여 피해를 입은 경우(2023.12.29 본호신설)
③ 「대외무역법」에 따른 무역을 하는 자가 수출용으로 취득하는 중고선박, 중고기계장비 및 중고항공기에 대해서는 「지방세법」 제12조제1항제1호ㆍ제3호 및 제4호의 세율에서 각각 1천분의 20을 경감하여 취득세를 2024년 12월 31일까지 과세하고, 「대외무역법」에 따른 무역을 하는 자가 수출용으로 취득하는 중고자동차에 대해서는 취득세를 2024년 12월 31일까지 면제한다.(2021.12.28 본항개정)
④ 제3항에 따른 중고선박, 중고기계장비, 중고항공기 및 중고자동차를 취득일부터 2년 이내에 수출하지 아니하는 경우에는 감면된 취득세를 추징한다. 다만, 중고자동차로서 「재난 및 안전관리 기본법」 제3조제1호에 따른 재난으로 인하여 피해를 입어 「자동차관리법」 제2조제5호 및 「건설기계관리법」 제2조제1항제2호에 따라 폐차 또는 폐기한 경우에는 감면된 취득세를 추징하지 아니한다.(2023.12.29 단서신설)

제69조 【교통안전 등을 위한 감면】 「한국교통안전공단법」에 따라 설립된 한국교통안전공단이 같은 법 제6조제6호의 사업을 위한 부동산을 취득하는 경우 및 「자동차관리법」 제44조에 따른 지정을 받아 자동차검사업무를 대행하는 자동차검사소용 부동산을 취득하는 경우에는 취득세의 100분의 25를 2025년 12월 31일까지 경감한다.(2023.3.14 본조개정)

제70조 【운송사업 지원을 위한 감면】 ① 「여객자동차 운수사업법」 제4조에 따라 여객자동차운송사업 면허를 받거나 등록을 한 자가 같은 법 제3조에 따른 여객자동차운송사업 중 다음 각 호의 어느 하나에 해당하는 사업에 직접 사용하기 위하여 취득하는 자동차에 대해서는 취득세의 100분의 50을 2024년 12월 31일까지 경감한다.(2021.12.28 본항개정)
1. 시내버스운송사업ㆍ농어촌버스운송사업ㆍ마을버스운송사업 또는 시외버스운송사업
2. 일반택시운송사업 또는 개인택시운송사업
(2018.12.24 본항개정)
② (2014.12.31 삭제)
③ 「여객자동차 운수사업법」 제4조에 따라 여객자동차운송사업 면허를 받거나 등록을 한 자가 같은 법 제3조에 따른 여객자동차운송사업에 직접 사용하기 위하여 천연가스 버스를 취득하는 경우에는 2020년 12월 31일까지 취득세를 면제하고, 2021년 1월 1일부터 2024년 12월 31일까지 취득세의 100분의 75를 경감한다.(2021.12.28 본항개정)
④ 「여객자동차 운수사업법」 제4조에 따라 여객자동차운송사업 면허를 받거나 등록을 한 자가 같은 법 제3조에 따른 여객자동차운송사업에 직접 사용하기 위하여 「환경친화적 자동차의 개발 및 보급 촉진에 관한 법률」 제2조제3호에 따른 전기자동차 또는 같은 조 제6호에 따른 수소전기자동차로서 같은 조 제2호에 따라 고시된 전기버스 또는 수소전기버스를 취득하는 경우에는 2024년 12월 31일까지 취득세를 면제한다.(2021.12.28 본항개정)

제71조 【물류단지 등에 대한 감면】 ① 「물류시설의 개발 및 운영에 관한 법률」 제27조에 따른 물류단지개발사업의 시행자가 같은 법 제22조제1항에 따라 지정된 물류단지(이하 이 조에서 "물류단지"라 한다)를 개

발하기 위하여 취득하는 부동산에 대해서는 취득세의 100분의 35를, 과세기준일 현재 해당 사업에 직접 사용하는 부동산에 대해서는 재산세의 100분의 25를 각각 2025년 12월 31일까지 경감한다. 이 경우 지방자치단체의 장은 재산세에 대해서는 해당 지역의 재정 여건 등을 고려하여 100분의 10의 범위에서 조례로 정하는 율을 추가로 경감할 수 있다.(2023.3.14 본항개정)
② 물류단지에서 대통령령으로 정하는 물류사업(이하 이 항에서 "물류사업"이라 한다)을 직접 하려는 자가 물류사업에 직접 사용하기 위해 취득하는 대통령령으로 정하는 물류시설용 부동산(이하 이 항에서 "물류시설용 부동산"이라 한다)에 대해서는 2025년 12월 31일까지 취득세의 100분의 50을 경감하고, 2025년 12월 31일까지 취득하여 과세기준일 현재 물류사업에 직접 사용하는 물류시설용 부동산에 대해서는 그 물류시설용 부동산을 취득한 날부터 5년간 재산세의 100분의 35를 경감한다.(2023.3.14 본항개정)
③ 「물류시설의 개발 및 운영에 관한 법률」 제7조에 따라 복합물류터미널사업(「사회기반시설에 대한 민간투자법」 제2조제5호에 따른 민간투자사업 방식의 사업으로 한정된다. 이하 이 항에서 복합물류터미널사업자"라 한다)가 사용하는 부동산에 대해서는 다음 각 호에서 정하는 바에 따라 지방세를 경감한다.
1. 복합물류터미널사업자가 「물류시설의 개발 및 운영에 관한 법률」 제9조제1항에 따라 인가받은 공사계획을 이행하기 위하여 취득하는 부동산에 대해서는 2025년 12월 31일까지 취득세의 100분의 25를 경감한다. 다만, 그 취득일부터 3년이 경과할 때까지 정당한 사유 없이 그 사업에 직접 사용하지 아니하는 경우에는 경감된 취득세를 추징한다.(2023.3.14 본문개정)
2. 복합물류터미널사업자가 과세기준일 현재 복합물류터미널사업에 직접 사용하는 부동산에 대해서는 2022년 12월 31일까지 재산세의 100분의 25를 경감한다.
④~⑤ (2016.12.27 삭제)
(2020.1.15 본조개정)

제71조의2 【도시첨단물류단지에 대한 감면】 ① 「물류시설의 개발 및 운영에 관한 법률」 제22조의2제1항에 따라 지정된 도시첨단물류단지(이하 이 조에서 "도시첨단물류단지"라 한다) 개발에 직접 사용하기 위하여 취득하는 토지 및 물류시설(「물류시설의 개발 및 운영에 관한 법률」 제2조제1호가목부터 다목까지의 시설을 말한다. 이하 이 조에서 "물류시설"이라 한다)용 건축물에 대해서는 취득세의 100분의 15를 2025년 12월 31일까지 경감한다. 다만, 다음 각 호의 어느 하나에 해당하는 경우 그 해당 부분에 대해서는 경감된 취득세를 추징한다.
1. 정당한 사유 없이 그 취득일부터 2년이 경과할 때까지 해당 용도로 직접 사용하지 아니하는 경우
2. 「물류시설의 개발 및 운영에 관한 법률」 제46조에 따른 준공인가를 받은 날부터 3년 이내에 정당한 사유 없이 물류시설용으로 분양 또는 임대하지 아니하거나 직접 사용하지 아니한 경우
3. 해당 용도로 직접 사용한 기간이 2년 미만인 상태에서 매각ㆍ증여하거나 다른 용도로 사용하는 경우
② 도시첨단물류단지에서 제71조제2항에 따른 물류사업을 직접 하려는 자가 물류사업에 직접 사용하기 위하여 취득하는 물류시설용 부동산에 대해서는 취득세의 100분의 40(제1항에 따른 자가 직접 사용하는 경우에는 100분의 15)을 2025년 12월 31일까지 경감한다. 다만, 다음 각 호의 어느 하나에 해당하는 경우 그 해당 부분에 대해서는 경감된 취득세를 추징한다.
1. 정당한 사유 없이 그 취득일부터 2년이 경과할 때까지 해당 용도로 직접 사용하지 아니하는 경우

2. 해당 용도로 직접 사용한 기간이 2년 미만인 상태에서 매각·증여하거나 다른 용도로 사용하는 경우
③ 제1항 및 제2항을 적용할 때 지방자치단체의 장은 해당 지역의 재정 여건 등을 고려하여 100분의 10의 범위에서 조례로 정하는 율을 추가로 경감할 수 있다. (2023.12.29 본조신설)

제72조【별정우체국에 대한 과세특례】 ① 「별정우체국법」 제3조에 따라 과학기술정보통신부장관의 지정을 받은 사람(같은 법 제3조의3에 따라 별정우체국의 지정을 승계한 사람을 포함한다. 이하 이 조에서 "피지정인"이라 한다)이 별정우체국사업에 직접 사용(같은 법 제4조제2호에 해당하는 사람을 별정우체국의 국장으로 임용하는 경우에도 피지정인이 직접 사용하는 것으로 본다. 이하 이 조에서 같다)하기 위하여 취득하는 부동산에 대한 취득세는 2025년 12월 31일까지 「지방세법」 제11조제1항의 세율에서 1천분의 20을 경감하여 과세한다. 다만, 다음 각 호의 어느 하나에 해당하는 경우 그 해당 부분에 대해서는 경감된 취득세를 추징한다. (2023.3.14 본문개정)
1. 해당 부동산을 취득한 날부터 5년 이내에 수익사업에 사용하는 경우(2016.12.27 본호개정)
2. 정당한 사유 없이 그 취득일부터 1년이 경과할 때까지 해당 용도로 직접 사용하지 아니하는 경우
3. 해당 용도로 직접 사용한 기간이 2년 미만인 상태에서 매각·증여하거나 다른 용도로 사용하는 경우 (2011.12.31 2호~3호신설)
② 피지정인이 과세기준일 현재 별정우체국 사업에 직접 사용하는 부동산(「별정우체국법」 제3조의3에 따라 별정우체국의 지정을 승계한 경우로서 피승계인 명의의 부동산을 무상으로 직접 사용하는 경우를 포함한다)에 대해서는 재산세(「지방세법」 제112조에 따른 부과액을 포함한다)를 2025년 12월 31일까지 면제하고, 별정우체국에 대한 주민세 사업소분(「지방세법」 제81조제1항제2호에 따라 부과되는 세액으로 한정한다) 및 종업원분을 2025년 12월 31일까지 각각 면제한다. 다만, 수익사업에 사용하는 경우와 해당 재산이 유료로 사용되는 경우의 그 재산 및 해당 재산의 일부가 그 목적에 직접 사용되지 아니하는 경우의 그 일부 재산에 대해서는 면제하지 아니한다.(2023.3.14 본문개정)
③ 「별정우체국법」에 따라 설립된 별정우체국 연금관리단이 같은 법 제16조제1항의 업무에 직접 사용하기 위하여 취득하는 부동산에 대하여는 다음 각 호에서 정하는 바에 따라 2014년 12월 31일까지 지방세를 감면한다.(2013.1.1 본문개정)
1. 「별정우체국법」 제16조제1항제4호의 복리증진사업을 위한 부동산에 대하여는 취득세 및 재산세를 각각 면제한다.
2. 「별정우체국법」 제16조제1항제3호 및 제5호의 업무를 위한 부동산에 대하여는 취득세 및 재산세의 100분의 50을 각각 경감한다.

제7절 국토 및 지역개발에 대한 지원

제73조【토지수용 등으로 인한 대체취득에 대한 감면】 ① 「공익사업을 위한 토지 등의 취득 및 보상에 관한 법률」, 「국토의 계획 및 이용에 관한 법률」, 「도시개발법」 등 관계 법령에 따라 토지 등을 수용할 수 있는 사업인정을 받은 자(「관광진흥법」 제55조제1항에 따른 조성계획의 승인을 받은 자 및 「농어촌정비법」 제56조에 따른 농어촌정비사업 시행자를 포함한다)에게 부동산(선박·어업권·양식업권 및 광업권을 포함한다. 이하 이 조에서 "부동산등"이라 한다)이 매수, 수용 또는

철거된 자(「공익사업을 위한 토지 등의 취득 및 보상에 관한 법률」이 적용되는 공공사업에 필요한 부동산등을 해당 공공사업의 시행자에게 매도한 자 및 같은 법 제78조제1항부터 제4항까지 및 제81조에 따른 이주대책의 대상이 되는 자를 포함한다)가 계약일 또는 해당 사업인정 고시일(「관광진흥법」에 따른 조성계획 고시일 및 「농어촌정비법」에 따른 개발계획 고시일을 포함한다) 이후에 대체취득할 부동산등에 관한 계약을 체결하거나 건축허가를 받고, 그 보상금을 마지막으로 받은 날(사업인정을 받은 자의 사정으로 대체취득이 불가능한 경우에는 취득이 가능한 날을 말하고, 「공익사업을 위한 토지 등의 취득 및 보상에 관한 법률」 제63조제1항에 따라 토지로 보상을 받는 경우에는 해당 토지에 대한 취득이 가능한 날을 말하며, 같은 법 제63조제6항 및 제7항에 따라 보상금을 채권으로 받는 경우에는 채권 상환기간 만료일을 말한다)부터 1년 이내(제6조제1항에 따른 농지의 경우에는 2년 이내)에 다음 각 호의 구분에 따른 지역에서 종전의 부동산등을 대체할 부동산등을 취득하였을 때(건축 중인 주택을 분양받는 경우에는 분양계약을 체결한 때를 말한다)에는 그 취득에 대한 취득세를 면제한다. 다만, 새로 취득한 부동산등의 가액 합계액이 종전의 부동산등의 가액 합계액을 초과하는 경우에 그 초과액에 대해서는 취득세를 부과하며, 초과액의 산정 기준과 방법 등은 대통령령으로 정한다. (2019.8.27 본문개정)
1. 농지 외의 부동산등
   가. 매수·수용·철거된 부동산등이 있는 특별시·광역시·특별자치시·도·특별자치도 내의 지역
   나. 가목 외의 지역으로서 매수·수용·철거된 부동산등이 있는 특별자치시·시·군·구와 잇닿아 있는 특별자치시·시·군·구 내의 지역
   다. 매수·수용·철거된 부동산등이 있는 특별시·광역시·특별자치시·도와 잇닿아 있는 특별시·광역시·특별자치시·도 내의 지역. 다만, 「소득세법」 제104조의2제1항에 따른 지정지역은 제외한다.
   (2016.12.27 가목~다목개정)
2. 농지(제6조제1항에 따른 자경농민이 농지 경작을 위하여 총 보상금액의 100분의 50 미만의 가액으로 취득하는 주택을 포함한다)(2015.12.29 본문개정)
   가. 제1호에 따른 지역
   나. 가목 외의 지역으로서 「소득세법」 제104조의2제1항에 따른 지정지역을 제외한 지역
② 제1항에도 불구하고 「지방세법」 제13조제5항에 따른 과세대상을 취득하는 경우와 대통령령으로 정하는 부재부동산 소유자가 부동산을 대체취득하는 경우에는 취득세를 부과한다.(2010.12.27 본항개정)
③ 「공익사업을 위한 토지 등의 취득 및 보상에 관한 법률」에 따른 환매권을 행사하여 매수하는 부동산에 대해서는 취득세를 면제한다.(2015.12.29 본항개정)

제73조의2【기부채납용 부동산 등에 대한 감면】 ① 「지방세법」 제9조제2항에 따른 부동산 및 사회기반시설 중에서 국가, 지방자치단체 또는 지방자치단체조합(이하 이 조에서 "국가등"이라 한다)에 귀속되거나 기부채납(이하 이 조에서 "귀속등"이라 한다)한 것의 반대급부로 국가등이 소유하고 있는 부동산 또는 사회기반시설을 무상으로 양여받거나 기부채납 대상물의 무상사용권을 제공받는 조건으로 취득하는 부동산 또는 사회기반시설에 대해서는 다음 각 호의 구분에 따라 감면한다.(2021.12.28 본문개정)
1. 2020년 12월 31일까지 취득세를 면제한다.
   (2018.12.24 본호신설)
2. 2021년 1월 1일부터 2024년 12월 31일까지는 취득세의 100분의 50을 경감한다.(2021.12.28 본호개정)

② 제1항의 경우 국가등에 귀속등의 조건을 이행하지 아니하고 타인에게 매각·증여하거나 국가등에 귀속등을 이행하지 아니하는 것으로 조건이 변경된 경우에는 그 감면된 취득세를 추징한다. (2018.12.24 본조개정)

제74조【도시개발사업 등에 대한 감면】 ①~② (2023. 3.14 삭제)

③ 「도시개발법」에 따른 도시개발사업의 사업시행자가 해당 도시개발사업의 시행으로 취득하는 체비지 또는 보류지에 대해서는 취득세의 100분의 75를 2025년 12월 31일까지 경감한다.(2023.3.14 본항개정)

④ 「도시 및 주거환경정비법」 제2조제2호가목에 따른 주거환경개선사업(이하 이 조에서 "주거환경개선사업"이라 한다)의 시행에 따라 취득하는 주택에 대해서는 다음 각 호의 구분에 따라 취득세를 2025년 12월 31일까지 감면한다. 다만, 그 취득일부터 5년 이내에 「지방세법」 제13조제5항제1호부터 제4호까지의 규정에 해당하는 부동산이 되거나 관계 법령을 위반하여 건축한 경우에는 감면된 취득세를 추징한다.(2023.3.14 본문개정)

1. 주거환경개선사업의 시행자가 주거환경개선사업의 대지조성을 위하여 취득하는 주택에 대해서는 취득세의 100분의 75를 경감한다.

2. 주거환경개선사업의 시행자가 「도시 및 주거환경정비법」 제74조에 따라 해당 사업의 시행으로 취득하는 체비지 또는 보류지에 대해서는 취득세의 100분의 75를 경감한다.

3. 「도시 및 주거환경정비법」에 따른 주거환경개선사업의 정비구역지정 고시일 현재 부동산의 소유자가 같은 법 제23조제1항제1호에 따라 스스로 개량하는 방법으로 취득하는 주택 또는 같은 항 제4호에 따른 주거환경개선사업의 시행으로 취득하는 전용면적 85제곱미터 이하의 주택에 대해서는 취득세를 면제한다. (2020.1.15 본항신설)

⑤ 「도시 및 주거환경정비법」에 따른 재개발사업(이하 이 조에서 "재개발사업"이라 한다)의 시행에 따라 취득하는 부동산에 대해서는 다음 각 호의 구분에 따라 취득세를 2025년 12월 31일까지 경감한다. 다만, 그 취득일부터 5년 이내에 「지방세법」 제13조제5항제1호부터 제4호까지의 규정에 해당하는 부동산이 되거나 관계 법령을 위반하여 건축한 경우 및 제3호에 따라 대통령령으로 정하는 일시적 2주택자에 해당하여 취득세를 경감받은 사람이 그 취득일부터 3년 이내에 대통령령으로 정하는 1가구 1주택이 되지 아니한 경우에는 감면된 취득세를 추징한다.(2023.3.14 본문개정)

1. 재개발사업의 시행자가 재개발사업의 대지 조성을 위하여 취득하는 부동산에 대해서는 취득세의 100분의 50을 경감한다.

2. 재개발사업의 시행자가 「도시 및 주거환경정비법」 제74조에 따른 해당 사업의 관리처분계획에 따라 취득하는 주택에 대해서는 취득세의 100분의 50을 경감한다.

3. 재개발사업의 정비구역지정 고시일 현재 부동산의 소유자가 재개발사업의 시행으로 주택을 취득함으로써 대통령령으로 정하는 1가구 1주택이 되는 경우(취득 당시 대통령령으로 정하는 일시적으로 2주택이 되는 경우를 포함한다)에는 다음 각 목에서 정하는 바에 따라 취득세를 경감한다.(2023.3.14 본문개정)
   가. 전용면적 60제곱미터 이하의 주택을 취득하는 경우에는 취득세의 100분의 75를 경감한다.
   나. 전용면적 60제곱미터 초과 85제곱미터 이하의 주택을 취득하는 경우에는 취득세의 100분의 50을 경감한다.
(2020.1.15 본항신설)

제74조의2【도심 공공주택 복합사업 등에 대한 감면】

① 「공공주택 특별법」 제2조제3호마목에 따른 도심 공공주택 복합사업(이하 이 조에서 "복합사업"이라 한다) 및 「도시재생 활성화 및 지원에 관한 특별법」 제2조제1항제7호나목에 따른 혁신지구재생사업(「도시재생 활성화 및 지원에 관한 특별법」 제2조제1항제6호의3에 따른 주거재생혁신지구에서 시행하는 사업에 한정한다. 이하 이 조에서 "주거혁신지구재생사업"이라 한다)의 시행으로 해당 사업의 대상이 되는 부동산의 소유자(상속인을 포함한다. 이하 이 조에서 같다)가 「공공주택 특별법」 제40조의10제3항 및 「도시재생 활성화 및 지원에 관한 특별법」 제55조의3제1항에 따른 현물보상(이하 이 조에서 "현물보상"이라 한다)에 따라 취득하는 건축물(건축물에 부속된 토지를 포함한다. 이하 이 조에서 같다)에 대해서는 취득세를 2024년 12월 31일까지 면제한다. 다만, 현물보상에 따라 취득하는 건축물의 가액 합계액이 종전의 부동산 가액의 합계액을 초과하는 경우에는 그 초과액에 상당하는 부동산에 대해서는 취득세를 부과한다.

② 제1항 단서에 따른 초과액의 산정 기준과 방법 등은 대통령령으로 정한다.

③ 복합사업 및 주거혁신지구재생사업(이하 이 항에서 "복합사업등"이라 한다)의 시행에 따라 취득하는 부동산에 대해서는 다음 각 호의 구분에 따라 취득세를 2024년 12월 31일까지 감면한다. 다만, 그 취득일부터 5년 이내에 「지방세법」 제13조제5항제1호부터 제4호까지의 규정에 해당하는 부동산이 되거나 관계 법령을 위반하여 건축한 경우 및 제3호에 따라 대통령령으로 정하는 일시적 2주택자에 해당하여 취득세를 경감받은 사람이 그 취득일부터 3년 이내에 대통령령으로 정하는 1가구 1주택자가 되지 아니한 경우에는 감면된 취득세를 추징한다.

1. 복합사업등의 시행자가 사업 시행을 위하여 취득하는 부동산에 대해서는 다음 각 목의 구분에 따른다.
   가. 현물보상의 약정을 체결한 소유자의 부동산을 취득하는 경우에는 취득세를 면제한다.
   나. 현물보상의 약정을 체결하지 아니한 소유자의 부동산을 취득하는 경우에는 취득세의 100분의 50을 경감한다.

2. 복합사업등의 시행자가 사업계획에 따라 건축하여 취득하는 주택에 대해서는 취득세의 100분의 50을 경감한다.

3. 「공공주택 특별법」에 따른 복합사업의 복합지구 지정 고시일 또는 「도시재생 활성화 및 지원에 관한 특별법」에 따른 혁신지구재생사업의 주거재생혁신지구 지정 고시일 현재 부동산의 소유자가 복합사업등의 시행으로 주택을 취득함으로써 대통령령으로 정하는 1가구 1주택자가 되는 경우(취득 당시 대통령령으로 정하는 일시적 2주택자가 되는 경우를 포함한다)에는 다음 각 목에서 정하는 바에 따라 취득세를 경감한다.
   가. 전용면적 60제곱미터 이하의 주택을 취득하는 경우에는 취득세의 100분의 75를 경감한다.
   나. 전용면적 60제곱미터 초과 85제곱미터 이하의 주택을 취득하는 경우에는 취득세의 100분의 50을 경감한다.
(2021.12.28 본조신설)

제75조【지역개발사업에 대한 감면】 「지역균형개발 및 지방중소기업 육성에 관한 법률」 제9조에 따라 개발촉진지구로 지정된 지역에서 사업시행자로 지정된 자가 같은 법에 따라 고시된 개발사업을 시행하기 위하여 취득하는 부동산에 대하여는 2015년 12월 31일까지 취득세를 면제하고, 그 부동산에 대한 재산세의 납세의무가 최초로 성립하는 날부터 5년간 재산세의 100분의 50을 경감한다. 다만, 그 취득일부터 3년 이내에 정당한

사유 없이 그 사업에 직접 사용하지 아니하거나 매각·증여하는 경우에 해당 부분에 대하여는 감면된 취득세와 재산세를 추징한다.(2013.1.1 본문개정)

제75조의2【기업도시개발구역 및 지역개발사업구역 내 창업기업 등에 대한 감면】 ① 다음 각 호의 어느 하나에 해당하는 사업을 영위하기 위하여 취득하는 부동산으로서 그 업종, 투자금액 및 고용인원이 대통령령으로 정하는 기준에 해당하는 경우에 대해서는 취득세 및 재산세의 100분의 50의 범위에서 조례로 정하는 경감률을 각각 2025년 12월 31일까지 적용한다. (2023.3.14 본문개정)

1. 「기업도시개발 특별법」 제2조제2호에 따른 기업도시개발구역에 2025년 12월 31일까지 창업하거나 사업장을 신설(기존 사업장을 이전하는 경우는 제외한다)하는 기업이 그 구역의 사업장에서 하는 사업 (2023.3.14 본문개정)

2. 「기업도시개발 특별법」 제10조에 따라 지정된 사업시행자가 하는 사업으로서 같은 법 제2조제3호에 따른 기업도시개발사업

3. 「지역 개발 및 지원에 관한 법률」 제11조에 따라 지정된 지역개발사업구역(같은 법 제7조제1항제1호에 해당하는 지역으로 한정한다)에 2025년 12월 31일까지 창업하거나 사업장을 신설(기존 사업장을 이전하는 경우는 제외한다)하는 기업(법률 제12737호 지역 개발 및 지원에 관한 법률 부칙 제4조에 따라 의제된 지역개발사업구역 중 「폐광지역 개발 지원에 관한 특별법」에 따라 지정된 폐광지역진흥지구에 개발사업시행자로 선정되어 입주하는 경우에는 「관광진흥법」에 따른 관광숙박업 및 종합휴양업과 축산업을 경영하는 내국인을 포함한다)이 그 구역 또는 지역의 사업장에서 하는 사업(2023.3.14 본호개정)

4. 「지역 개발 및 지원에 관한 법률」 제11조(같은 법 제7조제1항제1호에 해당하는 지역개발구역으로 한정한다)에 따른 지역개발사업구역에서 같은 법 제19조에 따라 지정된 사업시행자가 하는 지역개발사업 (2016.12.27 본호개정)

② 제1항에 따른 지방세 감면세액은 대통령령으로 정하는 바에 따라 추징할 수 있다. (2015.12.29 본조신설)

제75조의3【위기지역 내 중소기업 등에 대한 감면】 ① 다음 각 호의 지역(이하 이 조에서 "위기지역"이라 한다)에서 제58조의3제4항 각 호의 업종을 경영하는 중소기업이 위기지역으로 지정된 기간 내에 「중소기업 사업전환 촉진에 관한 특별법」 제2조제2호에 따른 사업전환을 위하여 같은 법 제8조에 따라 2024년 12월 31일까지 사업전환계획 승인을 받고 사업전환계획 승인일부터 3년 이내에 그 전환한 사업에 직접 사용하기 위하여 취득하는 부동산에 대해서는 취득세의 100분의 50(100분의 50 범위에서 조례로 따로 정하는 경우에는 그 율)을 경감하고, 2024년 12월 31일까지 사업전환계획 승인을 받은 중소기업이 과세기준일 현재 전환한 사업에 직접 사용하는 부동산에 대해서는 사업전환일 이후 재산세 납세의무가 최초로 성립하는 날부터 5년간 재산세의 100분의 50(100분의 50 범위에서 조례로 따로 정하는 경우에는 그 율)을 경감한다. (2021.12.28 본문개정)

1. 「고용정책 기본법」 제32조제1항에 따라 지원할 수 있는 지역으로서 대통령령으로 정하는 지역

2. 「고용정책 기본법」 제32조의2제2항에 따라 선포된 고용재난지역

3. 「지역 산업위기 대응 및 지역경제 회복을 위한 특별법」 제10조제1항에 따라 지정된 산업위기대응특별지역(2023.3.14 본호개정)

4. 「인구감소지역 지원 특별법」에 따라 지정된 인구감소지역(2023.3.14 본호신설)

② 다음 각 호의 어느 하나에 해당하는 경우에는 제1항에 따라 경감된 취득세를 추징한다.

1. 정당한 사유 없이 취득일부터 3년이 지날 때까지 그 부동산을 해당 사업에 직접 사용하지 아니하는 경우

2. 취득일부터 3년 이내에 다른 용도로 사용하거나 매각·증여하는 경우

3. 최초 사용일부터 계속하여 2년 이상 해당 사업에 직접 사용하지 아니하고 매각·증여하거나 다른 용도로 사용하는 경우(2023.3.14 본항개정)

③ 제58조의3에 따라 감면받은 중소기업이 제1항에 따른 경감 대상에 해당하는 경우에는 제58조의3제7항 본문에 따른 추징을 하지 아니한다. (2018.12.24 본조신설)

제75조의4【반환공여구역 등에 대한 감면】 ① 「주한미군 공여구역주변지역 등 지원 특별법」 제2조에 따른 반환공여구역 및 반환공여구역주변지역에 대통령령으로 정하는 업종을 창업하기 위하여 취득하는 사업용 재산이나 대통령령으로 정하는 사업장을 신설(기존 사업장을 이전하는 경우를 포함한다)하기 위하여 취득하는 부동산에 대해서는 2025년 12월 31일까지 취득세를 면제한다. 다만, 다음 각 호의 어느 하나에 해당하는 경우 그 해당 부분에 대해서는 면제된 취득세를 추징한다. (2023.12.29 단서개정)

1. 정당한 사유 없이 그 취득일부터 3년이 경과할 때까지 해당 용도로 직접 사용하지 아니하는 경우

2. 해당 용도로 직접 사용한 기간이 2년 미만인 상태에서 매각·증여하거나 다른 용도로 사용하는 경우 (2023.12.29 1호~2호신설)

② 제1항을 적용받으려는 자는 대통령령으로 정하는 바에 따라 그 감면신청을 하여야 한다. (2021.12.28 본조신설)

제75조의5【인구감소지역에 대한 감면】 ① 「인구감소지역 지원 특별법」에 따라 지정된 인구감소지역에서 대통령령으로 정하는 업종을 창업하기 위하여 취득하는 부동산이나 대통령령으로 정하는 사업장을 신설(기존 사업장을 이전하는 경우를 포함한다)하기 위하여 취득하는 부동산에 대해서는 다음 각 호에서 정하는 바에 따라 지방세를 감면한다.

1. 2025년 12월 31일까지 취득세를 면제한다.

2. 과세기준일 현재 해당 용도로 직접 사용하는 부동산(2023년 1월 1일부터 2025년 12월 31일까지 취득한 부동산만 해당한다)에 대해서는 재산세 납세의무가 최초로 성립한 날부터 5년간 재산세를 면제하며, 그 다음 3년간은 재산세의 100분의 50을 경감한다.

② 제1항에 따라 지방세를 감면받은 자가 다음 각 호의 어느 하나에 해당하는 경우 그 해당 부분에 대해서는 감면된 취득세 및 재산세를 추징한다.

1. 정당한 사유 없이 그 취득일부터 1년이 경과할 때까지 해당 용도로 직접 사용하지 아니하는 경우

2. 해당 용도로 직접 사용한 기간이 2년 미만인 상태에서 매각·증여하거나 다른 용도로 사용하는 경우 (2023.3.14 본조신설)

제76조【택지개발용 토지 등에 대한 감면】 ① 한국토지주택공사가 국가 또는 지방자치단체의 계획에 따라 제3자에게 공급할 목적으로 대통령령으로 정하는 사업에 사용하기 위하여 일시 취득하는 부동산에 대해서는 취득세의 100분의 20을 2019년 12월 31일까지 경감한다.

② 한국토지주택공사가 국가 또는 지방자치단체의 계획에 따라 제3자에게 공급할 목적으로 대통령령으로 정하는 사업에 직접 사용하기 위하여 취득하는 부동산 중 택지개발사업지구 및 단지조성사업지구에 있는 부

동산으로서 관계 법령에 따라 국가 또는 지방자치단체에 무상으로 귀속될 공공시설물 및 그 부속토지와 공공시설용지에 대해서는 재산세(「지방세법」 제112조에 따른 부과액을 포함한다)를 2024년 12월 31일까지 면제한다. 이 경우 공공시설물 및 그 부속토지의 범위는 대통령령으로 정한다.(2023.3.14 전단개정)

③ (2011.12.31 삭제)

(2016.12.27 본조개정)

제77조【수원공사의 단지조성용 토지에 대한 감면】
① 「한국수자원공사법」에 따라 설립된 한국수자원공사가 국가 또는 지방자치단체의 계획에 따라 분양의 목적으로 취득하는 단지조성용 토지에 대해서는 취득세의 100분의 30을 2019년 12월 31일까지 경감한다.

② 「한국수자원공사법」에 따라 설립된 한국수자원공사가 국가 또는 지방자치단체의 계획에 따라 분양의 목적으로 취득하는 부동산 중 택지개발사업지구 및 단지조성사업지구에 있는 부동산으로서 관계 법령에 따라 국가 또는 지방자치단체에 무상으로 귀속될 공공시설물 및 그 부속토지와 공공시설용지에 대해서는 재산세(「지방세법」 제112조에 따른 부과액을 포함한다)를 2024년 12월 31일까지 면제한다. 이 경우 공공시설물 및 그 부속토지의 범위는 대통령령으로 정한다.(2023.3.14 전단개정)

(2016.12.27 본조개정)

제78조【산업단지 등에 대한 감면】 ① 「산업입지 및 개발에 관한 법률」 제16조에 따른 산업단지개발사업의 시행자 또는 「산업기술단지 지원에 관한 특례법」 제4조에 따른 사업시행자가 산업단지 또는 산업기술단지를 조성하기 위하여 취득하는 부동산에 대해서는 취득세의 100분의 35를, 조성공사가 시행되고 있는 토지에 대해서는 재산세의 100분의 35(수도권 외의 지역에 있는 산업단지의 경우에는 100분의 60)를 각각 2025년 12월 31일까지 경감한다. 다만, 다음 각 호의 어느 하나에 해당하는 경우에는 경감된 취득세 및 재산세를 추징한다.(2023.3.14 본문개정)

1. 산업단지 또는 산업기술단지를 조성하기 위하여 취득한 부동산의 취득일부터 3년 이내에 정당한 사유 없이 산업단지 또는 산업기술단지를 조성하지 아니하는 경우에 해당 부분에 대해서는 경감된 취득세를 추징한다.(2020.1.15 본호신설)

2. 산업단지 또는 산업기술단지를 조성하기 위하여 취득한 토지의 취득일(「산업입지 및 개발에 관한 법률」 제19조의2에 따른 실시계획의 승인 고시 이전에 취득한 경우에는 실시계획 승인 고시일)부터 3년 이내에 정당한 사유 없이 산업단지 또는 산업기술단지를 조성하지 아니하는 경우에 해당 부분에 대해서는 경감된 재산세를 추징한다.(2020.1.15 본호신설)

② 제1항에 따른 사업시행자가 산업단지 또는 산업기술단지를 개발·조성한 후 대통령령으로 정하는 산업용 건축물등(이하 이 조에서 "산업용 건축물등"이라 한다)의 용도로 분양 또는 임대할 목적으로 취득·보유하는 부동산에 대해서는 다음 각 호에서 정하는 바에 따라 지방세를 경감한다.(2017.12.26 본문개정)

1. 제1항에 따른 사업시행자가 신축 또는 증축으로 2025년 12월 31일까지 취득하는 산업용 건축물등에 대해서는 취득세의 100분의 35를, 그 산업용 건축물등에 대한 재산세의 100분의 35(수도권 외의 지역에 있는 산업단지에 대해서는 100분의 60)를 각각 경감한다. 다만, 그 취득일부터 3년 이내에 정당한 사유 없이 해당 용도로 분양 또는 임대하지 아니하는 경우에 해당 부분에 대해서는 경감된 재산세를 추징한다.

2. 제1항에 따른 사업시행자가 2025년 12월 31일까지 취득하여 보유하는 조성공사가 끝난 토지(사용승인을 받거나 사실상 사용하는 경우를 포함한다)에 대해서는 재산세 납세의무가 최초로 성립하는 날부터 5년

간 재산세의 100분의 35(수도권 외의 지역에 있는 산업단지의 경우에는 100분의 60)를 경감한다. 다만, 조성공사가 끝난 날부터 3년 이내에 정당한 사유 없이 해당 용도로 분양 또는 임대하지 아니하는 경우에 해당 부분에 대해서는 경감된 재산세를 추징한다.(2023.3.14 1호~2호개정)

③ 제1항에 따른 사업시행자가 산업단지 또는 산업기술단지를 개발·조성한 후 직접 사용하기 위하여 취득·보유하는 부동산에 대해서는 다음 각 호에서 정하는 바에 따라 지방세를 경감한다.

1. 제1항에 따른 사업시행자가 신축 또는 증축으로 2025년 12월 31일까지 취득하는 산업용 건축물등에 대해서는 취득세의 100분의 35를, 그 산업용 건축물등에 대한 재산세의 납세의무가 최초로 성립하는 날부터 5년간 재산세의 100분의 35(수도권 외의 지역에 있는 산업단지의 경우에는 100분의 60)를 각각 경감한다. 다만, 다음 각 목의 어느 하나에 해당하는 경우 그 해당 부분에 대해서는 경감된 지방세를 추징한다.(2023.3.14 본문개정)

가. 정당한 사유 없이 그 취득일부터 3년 이내에 해당 용도로 직접 사용하지 아니하는 경우

나. 해당 용도로 직접 사용한 기간이 2년 미만인 상태에서 매각·증여하거나 다른 용도로 사용하는 경우

2. 제1항에 따른 사업시행자가 2025년 12월 31일까지 취득하여 보유하는 조성공사가 끝난 토지(사용승인을 받거나 사실상 사용하는 경우를 포함한다)에 대해서는 재산세의 납세의무가 최초로 성립하는 날부터 5년간 재산세의 100분의 35(수도권 외의 지역에 있는 산업단지의 경우에는 100분의 60)를 경감한다. 다만, 다음 각 목의 어느 하나에 해당하는 경우 그 해당 부분에 대해서는 경감된 재산세를 추징한다.(2023.3.14 본문개정)

가. 정당한 사유 없이 그 조성공사가 끝난 날부터 3년 이내에 해당 용도로 직접 사용하지 아니하는 경우

나. 해당 용도로 직접 사용한 기간이 2년 미만인 상태에서 매각·증여하거나 다른 용도로 사용하는 경우
(2016.12.27 본항개정)

④ 제1항에 따른 사업시행자 외의 자가 제1호 각 목의 지역(이하 "산업단지등"이라 한다)에서 취득하는 부동산에 대해서는 제2호 각 목에서 정하는 바에 따라 지방세를 경감한다.(2015.12.29 본문개정)

1. 대상 지역

가. 「산업입지 및 개발에 관한 법률」에 따라 지정된 산업단지

나. 「산업집적활성화 및 공장설립에 관한 법률」에 따른 유치지역

다. 「산업기술단지 지원에 관한 특례법」에 따라 조성된 산업기술단지

2. 경감 내용

가. 산업용 건축물등을 신축하기 위하여 취득하는 토지와 신축 또는 증축하여 취득(취득하여 중소기업자에게 임대하는 경우를 포함한다)하는 산업용 건축물등에 대해서는 취득세의 100분의 50을 2025년 12월 31일까지 경감한다.(2023.3.14 본목개정)

나. 산업단지등에서 대수선(「건축법」 제2조제1항제9호에 해당하는 경우로 한정한다)하여 취득하는 산업용 건축물등에 대해서는 취득세의 100분의 25를 2025년 12월 31일까지 경감한다.(2023.3.14 본목개정)

다. 가목의 부동산에 대해서는 해당 납세의무가 최초로 성립하는 날부터 5년간 재산세의 100분의 35를 경감(수도권 외의 지역에 있는 산업단지의 경우에는 100분의 75를 경감)한다.(2015.12.29 본목개정)

(2014.12.31 본호개정)

(2011.12.31 본항개정)

⑤ 다음 각 호의 어느 하나에 해당하는 경우 그 해당 부분에 대해서는 제4항에 따라 감면된 취득세 및 재산세를 추징한다.
1. 정당한 사유 없이 그 취득일부터 3년(2019년 1월 1일부터 2020년 12월 31일까지의 기간 동안 취득한 경우에는 4년)이 경과할 때까지 해당 용도로 직접 사용하지 아니하는 경우(2021.12.28 본호개정)
2. 해당 용도로 직접 사용한 기간이 2년 미만인 상태에서 매각(해당 산업단지관리기관 또는 산업기술단지관리기관이 환매하는 경우는 제외한다)·증여하거나 다른 용도로 사용하는 경우
(2011.12.31 본항신설)
⑥ (2020.1.15 삭제)
⑦ (2021.12.28 삭제)
⑧ 제4항에 따라 취득세를 경감하는 경우 지방자치단체의 장은 해당 지역의 재정여건 등을 고려하여 100분의 25(같은 항 제2호나목에 따라 취득세를 경감하는 경우에는 100분의 15)의 범위에서 조례로 정하는 율을 추가로 경감할 수 있다. 이 경우 제4조제1항 각 호 외의 부분, 같은 조 제6항 및 제7항을 적용하지 아니한다.(2016.12.27 본항개정)
⑨「산업기술단지 지원에 관한 특례법」에 따라 조성된 산업기술단지에 입주하는 자에 대하여 취득세, 등록면허세 및 재산세를 과세할 때에는 2025년 12월 31일까지「지방세법」제13조제1항부터 제4항까지, 제28조제2항·제3항 및 제111조제2항의 세율을 적용하지 아니한다.(2023.12.29 본항신설)

제78조의2【한국산업단지공단에 대한 감면】「산업집적활성화 및 공장설립에 관한 법률」에 따른 한국산업단지공단(이하 이 조에서 "한국산업단지공단"이라 한다)이 같은 법 제45조의21제1항제3호 및 제5호의 사업을 위하여 취득하는 부동산(같은 법 제41조에 따른 환수권의 행사로 취득하는 경우를 포함한다)에 대해서는 취득세의 100분의 35, 재산세의 100분의 50을 각각 2025년 12월 31일까지 경감한다. 다만, 취득일부터 3년 이내에 정당한 사유 없이 한국산업단지공단이「산업집적활성화 및 공장설립에 관한 법률」제45조의21제1항제3호 및 제5호의 사업에 사용하지 아니하는 경우에 해당 부분에 대해서는 경감된 취득세 및 재산세를 추징한다.(2023.3.14 본문개정)

제78조의3【외국인투자에 대한 감면】①「외국인투자 촉진법」제2조제1항제6호에 따른 외국인투자기업이나 출연을 한 비영리법인(이하 이 조에서 "외국인투자기업"이라 한다)이「조세특례제한법」제121조의2제1항에 해당하는 외국인투자(이하 이 조에서 "외국인투자"라 한다)에 대해서 2025년 12월 31일까지 같은 법 제121조의2제6항에 따른 감면신청(이하 이 조에서 "조세감면신청"이라 한다)을 하여 같은 조 제8항에 따라 감면결정(이하 이 조에서 "조세감면결정"이라 한다)을 받은 경우에는 다음 각 호에서 정하는 바에 따라 지방세를 감면한다. 다만, 지방자치단체가 조례로 정하는 바에 따라 감면기간을 15년까지 연장하거나 감면율을 높인 경우에는 다음 각 호에도 불구하고 조례로 정한 기간 및 비율에 따른다.(2023.3.14 본문개정)
1. 외국인투자기업이「외국인투자 촉진법」제5조제1항 또는 제2항에 따라 신고한 사업(이하 이 조에서 "외국인투자신고사업"이라 한다)에 직접 사용하기 위하여 대통령령으로 정하는 사업개시일(이하 이 조에서 "사업개시일"이라 한다)부터 5년(「조세특례제한법」제121조의2제1항제2호의2부터 제2호의9까지 및 제3호에 따른 감면대상이 되는 사업의 경우 3년) 이내에 취득하는 부동산에 대해서는「지방세법」에 따른 취득세 산출세액에 대통령령으로 정하는 외국인투자비율(이하 이 조에서 "외국인투자비율"이라 한다)을 곱한 세액(이하 이 조에서 "취득세 감면대상세액"이라

한다)의 100분의 100을 감면하고, 그 다음 2년 이내에 취득하는 부동산에 대해서는 취득세 감면대상세액의 100분의 50을 경감한다.
2. 외국인투자기업이 과세기준일 현재 외국인투자신고사업에 직접 사용하는 부동산에 대해서는 사업개시일 이후 최초로 재산세 납세의무가 성립하는 날부터 5년(「조세특례제한법」제121조의2제1항제2호의2부터 제2호의9까지 및 제3호에 따른 감면대상이 되는 사업의 경우 3년) 동안은「지방세법」에 따른 재산세 산출세액에 외국인투자비율을 곱한 세액(이하 이 조에서 "재산세 감면대상세액"이라 한다)의 100분의 100을 감면하고, 그 다음 2년 동안은 재산세 감면대상세액의 100분의 50을 경감한다.
② 2025년 12월 31일까지 외국인투자에 대해서 조세감면신청을 하여 조세감면결정을 받은 외국인투자기업이 사업개시일 전에「조세특례제한법」제121조의2제1항 각 호의 사업에 직접 사용하기 위하여 취득하거나 과세기준일 현재 직접 사용하는 부동산에 대해서는 제1항에도 불구하고 다음 각 호에서 정하는 바에 따라 지방세를 감면한다. 다만, 지방자치단체가 조례로 정하는 바에 따라 감면기간을 15년까지 연장하거나 감면율을 높인 경우에는 제2호에도 불구하고 조례로 정한 기간 및 비율에 따른다.(2023.3.14 본문개정)
1. 조세감면결정을 받은 날 이후 취득하는 부동산에 대해서는 취득세 감면대상세액의 100분의 100을 감면한다.
2. 제1호에 따라 해당 부동산을 취득한 후 최초로 재산세 납세의무가 성립하는 날부터 5년(「조세특례제한법」제121조의2제1항제2호의2부터 제2호의9까지 및 제3호에 따른 감면대상이 되는 사업의 경우 3년) 동안은 재산세 감면대상세액의 100분의 100을 감면하고, 그 다음 2년 동안은 재산세 감면대상세액의 100분의 50을 경감한다.
③「조세특례제한법」제121조의2제1항제1호의 사업에 대한 외국인투자 중 사업의 양수 등 대통령령으로 정하는 방식에 해당하는 외국인투자자에 대해서는 제1항 및 제2항에도 불구하고 다음 각 호에서 정하는 바에 따라 지방세를 감면한다. 다만, 지방자치단체가 조례로 정하는 바에 따라 감면기간을 10년까지 연장하거나 감면율을 높인 경우에는 다음 각 호에도 불구하고 조례로 정한 기간 및 비율에 따른다.
1. 2025년 12월 31일까지 조세감면신청을 하여 조세감면결정을 받은 외국인투자기업이「조세특례제한법」제121조의2제1항 각 호의 사업에 직접 사용하기 위하여 취득하는 부동산 및 과세기준일 현재 해당 사업에 직접 사용하는 부동산에 대해서는 다음 각 목의 구분에 따라 지방세를 감면한다.(2023.3.14 본문개정)
가. 사업개시일부터 3년 이내에 취득하는 부동산에 대해서는 취득세 감면대상세액의 100분의 50을, 그 다음 2년 이내에 취득하는 부동산에 대해서는 취득세 감면대상세액의 100분의 30을 경감한다.
나. 사업개시일 이후 최초로 재산세 납세의무가 성립하는 날부터 3년 동안은 재산세 감면대상세액의 100분의 50을, 그 다음 2년 동안은 재산세 감면대상세액의 100분의 30을 경감한다.
2. 2025년 12월 31일까지 조세감면신청을 하여 조세감면결정을 받은 외국인투자기업이 사업개시일 전에「조세특례제한법」제121조의2제1항제1호의 사업에 직접 사용하기 위하여 취득하는 부동산 및 과세기준일 현재 해당 사업에 직접 사용하는 부동산에 대해서는 다음 각 목의 구분에 따라 지방세를 감면한다.(2023.3.14 본문개정)
가. 조세감면결정을 받은 날 이후 취득하는 부동산에 대해서는 취득세 감면대상세액의 100분의 50을 경감한다.

나. 해당 부동산을 취득한 후 최초로 재산세 납세의무
가 성립하는 날부터 3년 동안은 재산세 감면대상세
액의 100분의 50을, 그 다음 2년 동안은 재산세 감면
대상세액의 100분의 30을 경감한다.

④ 「외국인투자 촉진법」 제2조제1항제8호사목 또는 같
은 항 제4호가목2), 제5조제2항제1호 및 제6조에 따른
외국인투자에 대해서는 제1항부터 제3항까지의 규정을
적용하지 아니한다.

⑤ 외국인투자기업이 조세감면신청 기한이 지난 후
감면신청을 하여 조세감면결정을 받은 경우에는 조세
감면결정을 받은 날 이후의 남은 감면기간에 대해서
만 제1항부터 제3항까지의 규정을 적용한다. 이 경우
외국인투자기업이 조세감면결정을 받기 이전에 이미
납부한 세액이 있을 때에는 그 세액은 환급하지 아니
한다.

⑥ 제1항부터 제3항까지의 규정을 적용할 때 다음 각
호의 어느 하나에 해당하는 외국인투자자의 경우 대통령
령으로 정하는 바에 따라 계산한 주식 또는 출자지분
(이하 이 조에서 "주식등"이라 한다)의 소유비율(소유
비율이 100분의 5 미만인 경우에는 100분의 5로 본다)
상당액, 대여금 상당액 또는 외국인투자금액에 대해서
는 조세감면대상으로 보지 아니한다.
1. 외국법인 또는 외국기업(이하 이 항에서 "외국법인
등"이라 한다)이 외국인투자를 하는 경우로서 다음
각 목의 어느 하나에 해당하는 경우
가. 대한민국 국민(외국에 영주하고 있는 사람으로서
거주지국의 영주권을 취득하거나 영주권을 갈음하
는 체류허가를 받은 사람은 제외한다) 또는 대한민
국 법인(이하 이 항에서 "대한민국국민등"이라 한
다)이 해당 외국법인등의 의결권 있는 주식등의 100
분의 5 이상을 직접 또는 간접으로 소유하고 있는
경우
나. 대한민국국민등이 단독으로 또는 다른 주주와의
합의 · 계약 등에 따라 해당 외국법인등의 대표이
사 또는 이사의 과반수를 선임한 주주에 해당하는
경우
2. 다음 각 목의 어느 하나에 해당하는 자가 「외국인투
자 촉진법」 제2조제1항제5호에 따른 외국투자가(이
하 이 조에서 "외국투자가"라 한다)에게 대여한 금액
이 있는 경우
가. 외국인투자기업
나. 외국인투자기업의 의결권 있는 주식등을 100분의
5 이상 직접 또는 간접으로 소유하고 있는 대한민국
국민등
다. 단독으로 또는 다른 주주와의 합의 · 계약 등에 따
라 외국인투자기업의 대표이사 또는 이사의 과반수
를 선임한 주주인 대한민국국민등
3. 외국인이 「국제조세조정에 관한 법률」 제2조제1항
제7호에 따른 조세조약 또는 투자보장협정을 체결하
지 아니한 국가 또는 지역 중 대통령령으로 정하는
국가 또는 지역을 통하여 외국인투자를 하는 경우
(2020.12.22 본호개정)

⑦ 외국인투자기업이 증자하는 경우에 그 증자분에 대
한 취득세 및 재산세 감면에 대해서는 제1항부터 제6
항까지의 규정을 준용한다. 이 경우 제1항부터 제3항까
지의 규정에 따른 사업개시일은 자본증가에 관한 변경
등기를 한 날로 본다. 다만, 대통령령으로 정하는 기준
에 해당하는 조세감면신청에 대해서는 「조세특례제한
법」 제121조의2제8항에 따른 행정안전부장관 또는 지
방자치단체의 장과의 협의를 생략할 수 있다.

⑧ 제7항에 따라 외국인투자기업에 대한 취득세 감면
대상세액 및 재산세 감면대상세액을 계산하는 경우 다
음 각 호의 주식등에 대해서는 그 발생근거가 되는 주
식등에 대한 감면의 예에 따라 그 감면기간의 남은 기

간과 남은 기간의 감면비율에 따라 감면한다.
1. 「외국인투자 촉진법」 제5조제2항제2호에 따라 준비
금 · 재평가적립금과 그 밖에 다른 법령에 따른 적립
금이 자본으로 전입됨으로써 외국투자가가 취득한
주식등
2. 「외국인투자 촉진법」 제5조제2항제5호에 따라 외국
투자가가 취득한 주식등으로부터 생긴 과실(주식등
으로 한정한다)을 출자하여 취득한 주식등

⑨ 제7항에 따라 외국인투자기업에 대한 취득세 감면
대상세액 및 재산세 감면대상세액을 계산하는 경우 제
1항부터 제3항까지의 규정에 따른 감면기간이 종료된
사업의 사업용 고정자산을 제7항에 따른 증자분에 대
한 조세감면을 받는 사업(이하 이 항에서 "증자분사업"
이라 한다)에 계속 사용하는 경우 등 대통령령으로 정
하는 사유가 있는 경우에는 다음 계산식에 따라 계산
한 금액을 증자분사업에 대한 취득세 감면대상세액 및
재산세 감면대상세액으로 한다.

취득세 감면대상세액 및 재산세 감면대상세액	×	자본증가에 관한 변경등기를 한 날 이후 새로 취득 · 설치되는 사업용 고정자산의 가액
		증자분사업의 사업용 고정자산의 총가액

⑩ 제7항에도 불구하고 외국인투자신고 후 최초의 조
세감면결정 통지일부터 3년이 되는 날 이전에 외국인
투자기업이 조세감면결정 시 확인된 외국인투자신고금
액의 범위에서 증자하는 경우에는 조세감면신청을 하
지 아니하는 경우에도 그 증자분에 대하여 조세감면결
정을 받은 것으로 본다.

⑪ 외국인투자신고 후 최초의 조세감면결정 통지일부
터 3년이 경과한 날까지 최초의 출자(증자를 포함한다.
이하 이 항에서 같다)를 하지 아니하는 경우에는 조세
감면결정의 효력이 상실되며, 외국인투자신고 후 최초
의 조세감면결정 통지일부터 3년 이내에 최초의 출자
를 한 경우로서 최초의 조세감면결정 통지일부터 5년
이 되는 날까지 사업을 개시하지 아니한 경우에는 최
초의 조세감면결정 통지일부터 5년이 되는 날을 그 사
업을 개시한 날로 보아 제1항부터 제3항까지의 규정을
적용한다.

⑫ 지방자치단체의 장은 다음 각 호의 어느 하나에 해
당하는 경우에는 제1항부터 제3항까지의 규정에 따라
감면된 취득세 및 재산세를 추징한다. 이 경우 추징할
세액의 범위와 여러 추징사유에 해당하는 경우의 추징
방법 등 그 밖에 필요한 사항은 대통령령으로 정한다.
1. 제1항 및 제3항에 따라 취득세 또는 재산세가 감면
된 후 외국투자가가 이 법에 따라 소유하는 주식등을
대한민국 국민 또는 대한민국 법인에 양도하는 경우
2. 제2항 및 제3항에 따라 취득세 또는 재산세가 감면
된 후 외국투자가의 주식등의 비율이 감면 당시의 주
식등의 비율에 미달하게 된 경우
3. 「외국인투자 촉진법」에 따라 등록이 말소된 경우
4. 해당 외국인투자기업이 폐업하는 경우
5. 외국인투자기업이 외국인투자신고 후 5년(고용 관련
조세감면기준은 3년) 이내에 출자목적물의 납입, 「외
국인투자 촉진법」 제2조제1항제4호나목에 따른 장기
차관의 도입 또는 고용인원이 「조세특례제한법」 제
121조의2제1항에 따른 조세감면기준에 미달하는 경우
6. 정당한 사유 없이 그 취득일부터 3년이 경과할 때까
지 해당 용도로 직접 사용하지 아니하는 경우
7. 해당 용도로 직접 사용한 기간이 2년 미만인 상태에
서 매각 · 증여하거나 다른 용도로 사용하는 경우

⑬ 제12항에도 불구하고 다음 각 호의 어느 하나에 해
당하는 경우에는 대통령령으로 정하는 바에 따라 그
감면된 세액을 추징하지 아니할 수 있다.

1. 외국인투자기업이 합병으로 인하여 해산됨으로써 외국인투자기업의 등록이 말소된 경우
2. 「조세특례제한법」 제121조의3에 따라 관세 등을 면제받고 도입되어 사용 중인 자본재를 천재지변이나 그 밖의 불가항력적인 사유, 감가상각, 기술의 진보, 그 밖에 경제여건의 변동 등으로 그 본래의 목적에 사용할 수 없게 되어 기획재정부장관의 승인을 받아 본래의 목적 외의 목적에 사용하거나 처분하는 경우
3. 「자본시장과 금융투자업에 관한 법률」에 따라 해당 외국인투자기업을 공개하기 위하여 주식등을 대한민국 국민 또는 대한민국 법인에 양도하는 경우
4. 「외국인투자 촉진법」에 따라 시·도지사가 연장한 이행기간 내에 출자목적물을 납입하여 해당 조세감면기준을 충족한 경우
5. 그 밖에 조세감면의 목적을 달성하였다고 인정되는 경우로서 대통령령으로 정하는 경우
⑭ 조세감면결정을 받은 외국인투자기업이 제12항제3호부터 제7호까지의 어느 하나에 해당하는 경우에는 대통령령으로 정하는 바에 따라 해당 과세연도와 남은 감면기간 동안 제1항부터 제3항까지의 규정 및 제7항에 따른 감면을 적용하지 아니한다.
⑮ 제1항부터 제14항까지의 규정에 따른 조세감면신청 및 조세감면결정에 관한 절차 등에 대해서는 「조세특례제한법」 제121조의2제6항부터 제8항까지의 규정에 따른다.
(2020.1.15 본조신설)
제79조【법인의 지방 이전에 대한 감면】 ① 대통령령으로 정하는 대도시(이하 이 절에서 "대도시"라 한다)에 본점 또는 주사무소를 설치하여 사업을 직접 하는 법인이 해당 본점 또는 주사무소를 매각하거나 임차를 종료하고 과밀억제권역 외의 지역으로 본점 또는 주사무소를 이전하는 경우에 해당 사업을 직접 하기 위하여 취득하는 부동산에 대해서는 취득세를 2024년 12월 31일까지 면제하고, 재산세의 경우 그 부동산에 대한 재산세의 납세의무가 최초로 성립하는 날부터 5년간 면제하며 그 다음 3년간 재산세의 100분의 50을 경감한다. 다만, 다음 각 호의 어느 하나에 해당하는 경우에는 감면한 취득세 및 재산세를 추징한다.(2021.12.28 본문개정)
1. 법인을 이전하여 5년 이내에 법인이 해산된 경우(합병·분할 또는 분할합병으로 인한 경우는 제외한다)와 법인을 이전하여 과세감면을 받고 있는 기간에 과밀억제권역에서 이전 전에 생산하던 제품을 생산하는 법인을 다시 설치한 경우
2. 해당 사업에 직접 사용한 기간이 2년 미만인 상태에서 매각·증여하거나 다른 용도로 사용하는 경우
(2015.12.29 1호~2호신설)
② 대도시에 등기되어 있는 법인이 과밀억제권역 외의 지역으로 본점 또는 주사무소를 이전하는 경우에 그 이전에 따른 법인등기 및 부동산등기에 대해서는 2024년 12월 31일까지 등록면허세를 면제한다.
(2021.12.28 본항개정)
③ 제1항 및 제2항에 따른 과밀억제권역 외의 지역으로 이전하는 본점 또는 주사무소의 범위와 감면 등의 적용기준은 행정안전부령으로 정한다.(2021.12.28 본항개정)
제79조의2【해외진출기업의 국내복귀에 대한 감면】
① 「해외진출기업의 국내복귀 지원에 관한 법률」 제7조제3항에 따라 선정된 지원대상 국내복귀기업(이하 "지원대상 국내복귀기업"이라 한다)으로서 다음 각 호의 요건을 모두 충족하는 지원대상 국내복귀기업이 제3호에 따른 업종(「통계법」 제22조에 따라 통계청장이 고시하는 한국표준산업분류에 따른 세분류를 기준으로 한 업종을 말한다. 이하 이 조에서 같다)을 영위하기 위하여 취득하는 사업용 부동산에 대해서는 취득세의 100

분의 50을 2026년 12월 31일까지 경감하고, 과세기준일 현재 해당 용도로 직접 사용하는 부동산에 대해서는 재산세 납세의무가 최초로 성립한 날부터 5년간 재산세의 100분의 75를 경감한다.
1. 해외 사업장을 청산·양도할 것
2. 과밀억제권역 외의 지역에서 사업장을 신설 또는 증설할 것
3. 해외 사업장에서 영위하던 업종과 동일한 업종을 영위할 것
② 지방자치단체의 장은 제1항에 따라 취득세를 경감하는 경우 해당 지역의 재정여건 등을 고려하여 100분의 50의 범위에서 조례로 정하는 율을 추가로 경감할 수 있다.
③ 제1항 및 제2항에 따라 지방세를 경감받은 자가 다음 각 호의 어느 하나에 해당하는 경우 그 해당 부분에 대해서는 경감된 취득세 및 재산세를 추징한다.
1. 정당한 사유 없이 그 취득일부터 1년이 경과할 때까지 해당 용도로 직접 사용하지 아니하는 경우
2. 해당 용도로 직접 사용한 기간이 2년 미만인 상태에서 매각·증여하거나 다른 용도로 사용하는 경우
3. 지원대상 국내복귀기업으로 선정된 날부터 4년 이내에 해외 사업장을 청산·양도하지 아니하는 경우
4. 지원대상 국내복귀기업으로 선정된 날부터 5년 이내에 국내 사업장 신설 또는 증설을 완료하지 아니하는 경우
5. 해당 사업용 부동산의 취득일부터 5년 이내에 지원대상 국내복귀기업 선정이 취소된 경우
(2023.12.29 본조신설)
제80조【공장의 지방 이전에 따른 감면】 ① 대도시에서 공장시설을 갖추고 사업을 직접 하는 자가 그 공장을 폐쇄하고 과밀억제권역 외의 지역으로서 공장 설치가 금지되거나 제한되지 아니한 지역으로 이전한 후 해당 사업을 계속하기 위하여 취득하는 부동산에 대해서는 취득세를 2024년 12월 31일까지 면제하고, 재산세의 경우 그 부동산에 대한 납세의무가 최초로 성립하는 날부터 5년간 면제하고 그 다음 3년간 재산세의 100분의 50을 경감한다. 다만, 다음 각 호의 어느 하나에 해당하는 경우에는 감면한 취득세 및 재산세를 추징한다.(2021.12.28 본문개정)
1. 공장을 이전하여 지방세를 감면받고 있는 기간에 대도시에서 이전 전에 생산하던 제품을 생산하는 공장을 다시 설치한 경우
2. 해당 사업에 직접 사용한 기간이 2년 미만인 상태에서 매각·증여하거나 다른 용도로 사용하는 경우
(2015.12.29 1호~2호신설)
② 제1항에 따른 공장의 업종 및 그 규모, 감면 등의 적용기준은 행정안전부령으로 정한다.(2017.7.26 본항개정)
제80조의2【기회발전특구로의 이전 등에 대한 감면】
① 「지방자치분권 및 지역균형발전에 관한 특별법」 제23조에 따라 지정된 기회발전특구(이하 이 조에서 "기회발전특구"라 한다)에서 창업(제58조의3제6항 각 호에 해당하지 아니하는 경우로서 같은 조 제4항 각 호의 업종을 영위하는 경우로 한정한다)하는 기업에 대해서는 다음 각 호에서 정하는 바에 따라 지방세를 감면한다.
1. 창업하기 위하여 취득하는 사업용 부동산에 대해서는 2026년 12월 31일까지 취득세의 100분의 50을 경감하고, 과세기준일 현재 해당 용도로 직접 사용하는 그 사업용 부동산에 대해서는 재산세 납세의무가 최초로 성립한 날부터 5년간 재산세를 면제(수도권 지역에 있는 기회발전특구의 경우에는 3년간 재산세를 면제하며, 그 다음 2년간은 재산세의 100분의 50을 경감)한다. 다만, 다음 각 목의 어느 하나에 해당하는 경우 감면한 취득세를 추징한다.

가. 정당한 사유 없이 부동산 취득일부터 3년이 경과할 때까지 해당 사업에 직접 사용하지 아니하거나 다른 용도로 사용하는 경우

나. 해당 사업에 직접 사용한 기간이 2년 미만인 상태에서 매각·증여하거나 다른 용도로 사용하는 경우

2. 지방자치단체의 장은 해당 지역의 재정 여건 등을 고려하여 제1호에 따라 취득세를 감면하는 경우에는 100분의 50(수도권 지역에 있는 기회발전특구의 경우에는 100분의 25)의 범위에서 조례로 정하는 율을 추가로 경감할 수 있고, 재산세를 감면하는 경우에는 5년간 감면기간을 연장하여 100분의 50(수도권 지역에 있는 기회발전특구는 제외한다)의 범위에서 조례로 정하는 율에 따라 경감할 수 있다.

② 수도권(제75조의5에 따른 인구감소지역 또는 「접경지역 지원 특별법」 제2조제1호에 따른 접경지역을 제외한다)에서 본점 또는 주사무소를 설치하거나 공장시설을 갖추고 사업을 영위하는 기업이 해당 본점이나 주사무소 또는 공장을 폐쇄하고 수도권 외의 기회발전특구로 이전하는 경우 다음 각 호에서 정하는 바에 따라 지방세를 감면한다. 이 경우 이전하는 본점 또는 주사무소의 범위 및 공장의 범위, 업종, 규모 및 공장용부동산의 요건은 행정안전부령으로 정한다.

1. 해당 사업에 직접 사용하기 위하여 취득하는 사업용 부동산에 대해서는 2026년 12월 31일까지 취득세의 100분의 50을 경감하고, 과세기준일 현재 해당 용도로 직접 사용하는 그 사업용 부동산에 대해서는 재산세 납세의무가 최초로 성립한 날부터 5년간 재산세를 면제한다. 다만, 다음 각 목의 어느 하나에 해당하는 경우 감면한 취득세와 재산세를 추징한다.

가. 본점이나 주사무소 또는 공장을 이전하여 지방세를 감면받고 있는 기간에 수도권에서 이전하기 전에 하던 사업과 동일한 사업을 수행하는 본점, 주사무소, 공장을 수도권에 다시 설치하는 경우

나. 본점이나 주사무소 또는 공장을 이전하여 취득한 날부터 5년 이내에 해당 사업을 폐업한 경우

다. 정당한 사유 없이 부동산 취득일부터 3년이 경과할 때까지 해당 사업에 직접 사용하지 아니하거나 다른 용도로 사용하는 경우

라. 해당 사업에 직접 사용한 기간이 2년 미만인 상태에서 매각·증여하거나 다른 용도로 사용하는 경우

2. 지방자치단체의 장은 해당 지역의 재정 여건 등을 고려하여 제1호에 따라 취득세를 감면하는 경우에는 100분의 50의 범위에서 조례로 정하는 율을 추가로 경감할 수 있고, 재산세를 감면하는 경우에는 5년간 감면기간을 연장하여 100분의 50의 범위에서 조례로 정하는 율에 따라 경감할 수 있다.

③ 기회발전특구에서 공장을 신설·증설하는 기업에 대해서는 다음 각 호에서 정하는 바에 따라 지방세를 감면한다. 이 경우 공장의 범위, 업종, 요건 등은 행정안전부령으로 정한다.

1. 해당 사업에 직접 사용하기 위하여 취득하는 사업용 부동산에 대해서는 2026년 12월 31일까지 취득세의 100분의 50을 경감하고, 과세기준일 현재 해당 용도로 직접 사용하는 그 사업용 부동산에 대해서는 재산세 납세의무가 최초로 성립한 날부터 5년간 재산세의 100분의 75(수도권 지역에 있는 기회발전특구의 경우에는 100분의 35)를 경감한다. 다만, 다음 각 목의 어느 하나에 해당하는 경우 감면한 취득세 및 재산세를 추징한다.

가. 공장을 신설·증설하여 취득한 날부터 5년 이내에 해당 사업을 폐업한 경우

나. 정당한 사유 없이 부동산 취득일부터 3년이 경과할 때까지 해당 사업에 직접 사용하지 아니하거나 다른 용도로 사용하는 경우

다. 해당 사업에 직접 사용한 기간이 2년 미만인 상태에서 매각·증여하거나 다른 용도로 사용하는 경우

2. 지방자치단체의 장은 해당 지역의 재정 여건 등을 고려하여 제1호에 따라 취득세를 경감하는 경우 100분의 25의 범위에서 조례로 정하는 율을 추가로 경감할 수 있다.

(2023.12.29 본조신설)

제81조【이전공공기관 등 지방이전에 대한 감면】 ① 「혁신도시 조성 및 발전에 관한 특별법」에 따른 이전공공기관(이하 이 조에서 "이전공공기관"이라 한다)이 같은 법 제4조에 따라 국토교통부장관의 지방이전계획 승인을 받아 이전할 목적으로 취득하는 부동산에 대해서는 취득세의 100분의 50을 2025년 12월 31일까지 경감하고, 재산세는 그 부동산에 대한 납세의무가 최초로 성립하는 날부터 5년간 재산세의 100분의 50을 경감한다.(2023.3.14 본항개정)

② 이전공공기관의 법인등기에 대해서는 2025년 12월 31일까지 등록면허세를 면제한다.(2023.3.14 본항개정)

③ 제1호 각 목의 자가 해당 지역에 거주할 목적으로 주택을 취득함으로써 대통령령으로 정하는 1가구 1주택이 되는 경우에는 제2호 각 목에서 정하는 바에 따라 취득세를 2025년 12월 31일까지 감면한다.(2023.3.14 본문개정)

1. 감면 대상자

가. 이전공공기관을 따라 이주하는 소속 임직원

나. 「신행정수도 후속대책을 위한 연기·공주지역 행정중심복합도시 건설을 위한 특별법」 제16조에 따른 이전계획에 따라 행정중심복합도시로 이전하는 중앙행정기관 및 그 소속기관(이전계획에 포함되어 있지 않은 중앙행정기관의 소속기관으로서 행정중심복합도시로 이전하는 소속기관을 포함하며, 이하 이 조에서 "중앙행정기관등"이라 한다)을 따라 이주하는 공무원(1년 이상 근무한 기간제근로자로서 해당 소속기관이 이전하는 날까지 계약이 유지되는 종사자 및 「국가공무원법」 제26조의4에 따라 수습으로 근무하는 자를 포함한다. 이하 이 조에서 같다)(2015.5.18 본목개정)

다. 행정중심복합도시건설청 소속 공무원(2019년 12월 31일 이전에 소속된 경우로 한정한다)(2020.1.15 본목개정)

2. 감면 내용

가. 전용면적 85제곱미터 이하의 주택 : 면제

나. 전용면적 85제곱미터 초과 102제곱미터 이하의 주택 : 1천분의 750을 경감

다. 전용면적 102제곱미터 초과 135제곱미터 이하의 주택 : 1천분의 625를 경감

(2015.12.29 가목~다목개정)

(2011.12.31 본항개정)

④ 제3항에 따라 취득세를 감면받은 사람이 사망, 혼인, 정년퇴직 또는 파견근무로 인한 근무지역의 변동 등의 정당한 사유 없이 다음 각 호의 어느 하나에 해당하는 경우에는 감면된 취득세를 추징한다. 다만, 파견근무의 경우에는 제1호와 제3호(해당 주택을 매각·증여하는 경우로 한정하는 경우)에만 감면된 취득세를 추징한다.(2023.3.14 본문개정)

1. 이전공공기관 또는 중앙행정기관등의 이전일(이전공공기관의 경우에는 이전에 따른 등기일 또는 업무개시일 중 빠른 날을 말하며, 중앙행정기관등의 경우에는 업무개시일을 말한다. 이하 이 조에서 같다) 전에 주택을 매각·증여한 경우(2017.12.26 본호개정)

2. 주택을 취득한 날(이전일이 취득일보다 늦은 경우에는 해당 이전일을 말한다)부터 3개월 이내에 상시거주(「주민등록법」에 따른 전입신고를 하고 계속하여 거주하는 것을 말한다. 이하 이 조에서 같다)를 시작하지 아니한 경우(2023.3.14 본호개정)

3. 상시거주한 기간이 3년 미만인 상태에서 해당 주택을 매각·증여하거나 다른 용도(임대를 포함한다)로 사용하는 경우(2023.3.14 본호신설)

⑤ 제3항제1호에 따른 이전공공기관, 중앙행정기관등, 행정중심복합도시건설청 및 세종청사관리소(이하 이 항에서 "감면대상기관"이라 한다)의 소속 임직원 또는 공무원(소속기관의 장이 인정하여 주택특별공급을 받은 사람을 포함한다)으로서 해당 지역에 거주할 목적으로 주택을 취득하기 위한 계약을 체결하였으나 취득 시에 인사발령으로 감면대상기관 외의 기관에서 근무하게 되어 제3항에 따른 취득세 감면을 받지 못한 사람이 3년 이내의 근무기간을 종료하고 감면대상기관으로 복귀하였을 때에는 이미 납부한 세액에서 제3항제2호에 따른 감면을 적용하였을 경우의 납부세액을 뺀 금액을 환급한다.(2015.12.29 본항개정)

⑥ 제5항에 따라 환급받은 사람이 제4항 각 호의 어느 하나에 해당하는 경우 환급받은 세액을 추징한다. 이 경우 제4항제2호의 "주택을 취득한 날"은 "감면대상기관으로 복귀한 날"로 본다.(2023.3.14 본항신설)

(2011.12.31 본조제목개정)

제81조의2【주한미군 한국인 근로자 평택이주에 대한 감면】① '대한민국과 미합중국군대의 서울지역으로부터의 이전에 관한 협정' 및 '대한민국과 미합중국간의 연합토지관리계획협정'에 따른 주한미군기지 이전(평택시 외의 지역에서 평택시로 이전하는 경우로 한정한다)에 따라 제1호 각 목의 자가 평택시에 거주할 목적으로 주택(해당 지역에서 최초로 취득하는 주택으로 한정한다)을 취득함으로써 대통령령으로 정하는 1가구 1주택이 되는 경우에는 제2호 각 목에서 정하는 바에 따라 취득세를 2024년 12월 31일까지 감면한다.(2021.12.28 본문개정)

1. 감면대상자
  가. '대한민국과 아메리카합중국 간의 상호방위조약 제4조에 의한 시설과 구역 및 대한민국에서의 합중국 군대의 지위에 관한 협정' 제17조에 따른 미합중국군대의 민간인 고용원 및 같은 협정 제15조에 따른 법인인 초청 계약자의 민간인 고용원 중 주한미군기지 이전에 따라 평택시로 이주하는 한국인 근로자
  나. '대한민국과 미합중국간의 한국노무단의 지위에 관한 협정' 제1조에 따른 민간인 고용원 중 주한미군기지를 따라 평택시로 이주하는 한국인 근로자
2. 감면내용
  가. 전용면적 85제곱미터 이하인 주택 : 면제
  나. 전용면적 85제곱미터 초과 102제곱미터 이하인 주택 : 1천분의 750을 경감
  다. 전용면적 102제곱미터 초과 135제곱미터 이하인 주택 : 1천분의 625를 경감

② 제1항에 따라 취득세를 감면받은 사람이 사망, 혼인, 해외이주, 정년퇴직, 파견근무 등의 정당한 사유 없이 주택 취득일부터 2년 이내에 주택을 매각·증여하거나 다른 용도로 사용(임대를 포함한다)하는 경우에는 감면된 취득세를 추징한다.

(2018.12.24 본조신설)

제82조【개발제한구역에 있는 주택의 개량에 대한 감면】'개발제한구역의 지정 및 관리에 관한 특별조치법' 제3조에 따른 개발제한구역에 거주하는 사람(과밀억제권역에 거주하는 경우에는 1년 이상 거주한 사실이 '주민등록법'에 따른 세대별 주민등록표 등에 따라 입증되는 사람으로 한정한다) 및 그 가족이 해당 지역에 상시 거주할 목적으로 취득하는 취락지구 지정대상 지역에 있는 주택으로서 취락정비계획에 따라 개량하는 전용면적 100제곱미터 이하인 주택(그 부속토지는 주거

용 건축물 바닥면적의 7배를 초과하지 아니하는 부분으로 한정한다)에 대해서는 2024년 12월 31일까지 주거용 건축물 취득 후 납세의무가 최초로 성립하는 날부터 5년간 재산세를 면제한다.(2021.12.28 본조개정)

제83조【시장정비사업에 대한 감면】① '전통시장 및 상점가 육성을 위한 특별법' 제37조에 따라 승인된 시장정비구역에서 시장정비사업을 추진하려는 자(이하 이 조에서 "시장정비사업시행자"라 한다)가 해당 사업에 직접 사용하기 위하여 취득하는 부동산에 대해서는 취득세를 2024년 12월 31일까지 면제하고, 과세기준일 현재 해당 용도로 직접 사용하는 부동산에 대해서는 재산세의 납세의무가 최초로 성립하는 날부터 5년간 재산세의 100분의 50을 경감한다. 다만, 토지분 재산세에 대한 감면은 건축공사 착공일부터 적용한다. (2023.12.29 본문개정)

② 제1항에 따른 시장정비구역에서 대통령령으로 정하는 자가 시장정비사업시행자로부터 시장정비사업시행에 따른 부동산을 최초로 취득하는 경우 해당 부동산(주택은 제외한다)에 대해서는 취득세를 2024년 12월 31일까지 면제하고, 시장정비사업 시행으로 인하여 취득하는 건축물에 대해서는 재산세의 납세의무가 최초로 성립하는 날부터 5년간 재산세의 100분의 50을 경감한다.(2021.12.28 본항개정)

③ '전통시장 및 상점가 육성을 위한 특별법' 제38조에 따라 사업추진계획의 승인이 취소되는 경우, 그 취득일부터 3년 이내에 정당한 사유 없이 그 사업에 직접 사용하지 아니하거나 매각·증여하는 경우와 다른 용도로 사용하는 경우에 해당 부분에 대해서는 제1항 및 제2항에 따라 감면된 취득세를 추징한다.

(2015.12.29 본조개정)

제84조【사권 제한토지 등에 대한 감면】① '국토의 계획 및 이용에 관한 법률' 제2조제7호에 따른 도시·군계획시설로서 같은 법 제32조에 따라 지형도면이 고시된 후 10년 이상 장기간 미집행된 토지, 지상건축물, '지방세법' 제104조제3호에 따른 주택(각각 그 해당 부분으로 한정한다)에 대해서는 2024년 12월 31일까지 재산세의 100분의 50을 경감하고, '지방세법' 제112조에 따라 부과되는 세액을 면제한다.

② '국토의 계획 및 이용에 관한 법률' 제2조제13호에 따른 공공시설을 위한 토지(주택의 부속토지를 포함한다)로서 같은 법 제30조 및 제32조에 따라 도시·군관리계획의 결정 및 도시·군관리계획에 관한 지형도면의 고시가 된 후 과세기준일 현재 미집행된 토지의 경우 해당 부분에 대해서는 재산세의 100분의 50을 2024년 12월 31일까지 경감한다.

③ '철도안전법' 제45조에 따라 건축 등이 제한된 토지의 경우 해당 부분에 대해서는 재산세의 100분의 50을 2024년 12월 31일까지 경감한다.

(2021.12.28 본조개정)

제8절 공공행정 등에 대한 지원

제85조【한국법무보호복지공단 등에 대한 감면】① '보호관찰 등에 관한 법률'에 따른 한국법무보호복지공단 및 같은 법에 따라 갱생보호사업의 허가를 받은 비영리법인이 갱생보호사업에 직접 사용하기 위하여 취득하는 부동산에 대해서는 취득세의 100분의 25를, 과세기준일 현재 그 사업에 직접 사용하는 부동산에 대해서는 재산세의 100분의 25를 2025년 12월 31일까지 각각 경감한다.(2023.3.14 본항개정)

② '민영교도소 등의 설치·운영에 관한 법률' 제2조제4호에 따른 민영교도소등을 설치·운영하기 위하여 취득하는 부동산에 대해서는 취득세의 100분의 50을, 과세기준일 현재 민영교도소등에 직접 사용하는 부동

산에 대해서는 재산세의 100분의 50을 각각 2014년 12월 31일까지 경감한다.(2014.1.1 본항개정)

제85조의2【지방공기업 등에 대한 감면】 ① 「지방공기업법」 제49조에 따라 설립된 지방공사(이하 이 조에서 "지방공사"라 한다)에 대해서는 다음 각 호에서 정하는 바에 따라 2025년 12월 31일(제4호의 경우에는 2024년 12월 31일까지)까지 지방세를 감면한다.(2023.3.14 본문개정)

1. 지방공사가 그 설립 목적과 직접 관계되는 사업(그 사업에 필수적으로 부대되는 사업을 포함한다. 이하 이 조에서 "목적사업"이라 한다)에 직접 사용하기 위하여 취득하는 부동산에 대해서는 취득세의 100분의 50(100분의 50의 범위에서 조례로 따로 정하는 경우에는 그 율)에 대통령령으로 정하는 지방자치단체 투자비율(이하 이 조에서 "지방자치단체 투자비율"이라 한다)을 곱한 금액을 경감한다.

2. (2020.1.15 삭제)

3. 지방공사가 과세기준일 현재 그 목적사업에 직접 사용하는 부동산(「지방공기업법」 제2조제1항제7호 및 제8호에 따른 사업용 부동산은 제외한다)에 대해서는 재산세의 50(100분의 50의 범위에서 조례로 따로 정하는 경우에는 그 율)에 지방자치단체 투자비율을 곱한 금액을 경감한다.

4. 「지방공기업법」 제2조제1항제7호 및 제8호에 따른 사업용 부동산 중 택지개발사업지구 및 단지조성사업지구에 있는 부동산으로서 관계 법령에 따라 국가 또는 지방자치단체에 무상으로 귀속될 공공시설물 및 그 부속토지와 공공시설용지에 대해서는 재산세를 면제한다. 이 경우 공공시설물 및 그 부속토지와 공공시설용지의 범위는 대통령령으로 정한다.(2023.3.14 전단개정)

② 「지방공기업법」 제76조에 따라 설립된 지방공단(이하 이 조에서 "지방공단"이라 한다)에 대해서는 다음 각 호에서 정하는 바에 따라 2025년 12월 31일까지 지방세를 감면한다.(2023.3.14 본문개정)

1. 지방공단이 그 목적사업에 직접 사용하기 위하여 취득하는 부동산에 대해서는 취득세의 100분의 100(100분의 100의 범위에서 조례로 따로 정하는 경우에는 그 율)을 감면한다.

2. (2020.1.15 삭제)

3. 지방공단이 과세기준일 현재 그 목적사업에 직접 사용하는 부동산에 대해서는 재산세의 100분의 100(100분의 100의 범위에서 조례로 따로 정하는 경우에는 그 율)을 감면한다.

③ 「지방자치단체 출자·출연 기관의 운영에 관한 법률」 제5조에 따라 지정·고시된 출자·출연기관(이하 이 항에서 "지방출자·출연기관"이라 한다)에 대해서는 다음 각 호에서 정하는 바에 따라 2025년 12월 31일까지 지방세를 경감한다.(2023.3.14 본문개정)

1. 지방출자·출연기관이 그 목적사업에 직접 사용하기 위하여 취득하는 부동산에 대해서는 취득세의 100분의 50(100분의 50의 범위에서 조례로 따로 정하는 경우에는 그 율)에 지방자치단체 투자비율을 곱한 금액을 경감한다.

2. 지방출자·출연기관이 과세기준일 현재 그 목적사업에 직접 사용하는 부동산에 대해서는 재산세의 100분의 50(100분의 50의 범위에서 조례로 따로 정하는 경우에는 그 율)에 지방자치단체 투자비율을 곱한 금액을 경감한다.

④ (2020.1.15 삭제)
(2020.1.15 본조개정)

제86조【주한미군 임대용 주택 등에 대한 감면】 한국토지주택공사가 주한미군에 임대하기 위하여 취득하는 임대주택용 부동산에 대해서는 취득세를 2016년 12월 31일까지 면제하고, 과세기준일 현재 임대주택용으로 사용되는 부동산에 대해서는 재산세의 100분의 50을 2016년 12월 31일까지 경감한다.(2015.12.29 본조개정)

제87조【새마을금고 등에 대한 감면】 ① 「신용협동조합법」에 따라 설립된 신용협동조합(중앙회는 제외하며, 이하 제1호 및 제2호에서 "신용협동조합"이라 한다)에 대해서는 다음 각 호에서 정하는 바에 따라 지방세를 각각 감면한다.(2017.12.26 본문개정)

1. 신용협동조합이 「신용협동조합법」 제39조제1항제1호의 업무에 직접 사용하기 위하여 취득하는 부동산에 대해서는 취득세를, 과세기준일 현재 그 업무에 직접 사용하는 부동산에 대해서는 재산세를 각각 2026년 12월 31일까지 면제한다.(2023.12.29 본호개정)

2. 신용협동조합이 「신용협동조합법」 제39조제1항제2호 및 제4호의 업무에 직접 사용하기 위하여 취득하는 부동산에 대해서는 취득세를, 과세기준일 현재 그 업무에 직접 사용하는 부동산에 대해서는 재산세를 각각 2026년 12월 31일까지 면제한다.(2023.12.29 본호개정)

3. 「신용협동조합법」에 따라 설립된 신용협동조합중앙회가 같은 법 제78조제1항제1호 및 제2호의 업무에 직접 사용하기 위하여 취득하는 부동산에 대해서는 취득세의 100분의 25를, 과세기준일 현재 그 사업에 직접 사용하는 부동산에 대해서는 재산세의 100분의 25를 각각 2017년 12월 31일까지 경감한다.

② 「새마을금고법」에 따라 설립된 새마을금고(중앙회는 제외하며, 이하 제1호 및 제2호에서 "새마을금고"라 한다)에 대해서는 다음 각 호에서 정하는 바에 따라 지방세를 각각 감면한다.(2017.12.26 본문개정)

1. 새마을금고가 「새마을금고법」 제28조제1항제1호의 업무에 직접 사용하기 위하여 취득하는 부동산에 대해서는 취득세를, 과세기준일 현재 그 업무에 직접 사용하는 부동산에 대해서는 재산세를 각각 2026년 12월 31일까지 면제한다.(2023.12.29 본호개정)

2. 새마을금고가 「새마을금고법」 제28조제1항제2호부터 제4호까지의 업무에 직접 사용하기 위하여 취득하는 부동산에 대해서는 취득세를, 과세기준일 현재 그 업무에 직접 사용하는 부동산에 대해서는 재산세를 각각 2026년 12월 31일까지 면제한다.(2023.12.29 본호개정)

3. 「새마을금고법」에 따라 설립된 새마을금고중앙회가 같은 법 제67조제1항제1호 및 제2호의 업무에 직접 사용하기 위하여 취득하는 부동산에 대해서는 취득세의 100분의 25를, 과세기준일 현재 그 사업에 직접 사용하는 부동산에 대해서는 재산세의 100분의 25를 각각 2017년 12월 31일까지 경감한다.(2015.12.29 본조개정)

제88조【새마을운동조직 등에 대한 감면】 ① 「새마을운동 조직육성법」을 적용받는 새마을운동조직이 그 고유업무에 직접 사용하기 위하여 취득하는 부동산에 대하여는 취득세를, 과세기준일 현재 그 고유업무에 직접 사용하는 부동산에 대하여는 재산세를 각각 2025년 12월 31일까지 면제한다.

② 「한국자유총연맹 육성에 관한 법률」에 따른 한국자유총연맹이 그 고유업무에 직접 사용하기 위하여 취득하는 부동산에 대해서는 취득세를, 과세기준일 현재 그 고유업무에 직접 사용하는 부동산에 대해서는 재산세를 각각 2025년 12월 31일까지 면제한다.(2023.3.14 본조개정)

제89조【정당에 대한 면제】 ① 「정당법」에 따라 설립된 정당(이하 이 조에서 "정당"이라 한다)이 해당 사업에 직접 사용하기 위하여 취득하는 부동산에 대해서는 취득세를 2025년 12월 31일까지 면제한다. 다만, 다음 각 호의 어느 하나에 해당하는 경우 그 해당 부분에 대해서는 면제된 취득세를 추징한다.(2023.3.14 본문개정)

1. 해당 부동산을 취득한 날부터 5년 이내에 수익사업에 사용하는 경우(2016.12.27 본호개정)
2. 정당한 사유 없이 그 취득일부터 3년이 경과할 때까지 해당 용도로 직접 사용하지 아니하는 경우
3. 해당 용도로 직접 사용한 기간이 2년 미만인 상태에서 매각·증여하거나 다른 용도로 사용하는 경우 (2011.12.31 2호~3호신설)
② 정당이 과세기준일 현재 해당 사업에 직접 사용하는 부동산(대통령령으로 정하는 건축물의 부속토지를 포함한다)에 대해서는 재산세(「지방세법」 제112조에 따른 부과액을 포함한다) 및 「지방세법」 제146조제3항에 따른 지역자원시설세를 각각 2025년 12월 31일까지 면제한다. 다만, 수익사업에 사용하는 경우와 해당 재산이 유료로 사용되는 경우의 그 재산 및 해당 재산의 일부가 그 목적에 직접 사용되지 아니하는 경우의 그 일부 재산에 대해서는 면제하지 아니한다.(2023.3.14 본문개정)
③ 정당이 그 사업에 직접 사용하기 위한 면허에 대해서는 등록면허세를, 정당에 대해서는 주민세 사업소분(「지방세법」 제81조제1항제2호에 따라 부과되는 세액으로 한정한다. 이하 이 항에서 같다) 및 종업원분을 각각 2025년 12월 31일까지 면제한다. 다만, 수익사업에 관계되는 대통령령으로 정하는 주민세 사업소분 및 종업원분은 면제하지 아니한다.(2023.3.14 본문개정)
④ 정당에 생산된 전력 등을 무료로 제공하는 경우 해당 부분에 대해서는 「지방세법」 제146조제1항 및 제2항에 따른 지역자원시설세를 2019년 12월 31일까지 면제한다.(2020.1.15 본항개정)

제90조【마을회 등에 대한 감면】① 대통령령으로 정하는 마을회 등 주민공동체(이하 "마을회등"이라 한다)의 주민 공동소유를 위한 부동산 및 선박을 취득하는 경우 취득세를 2025년 12월 31일까지 면제한다. 다만, 다음 각 호의 어느 하나에 해당하는 경우 그 해당 부분에 대해서는 면제된 취득세를 추징한다.(2023.3.14 본문개정)
1. 해당 부동산을 취득한 날부터 5년 이내에 수익사업에 사용하는 경우(2016.12.27 본호개정)
2. 정당한 사유 없이 그 취득일부터 1년이 경과할 때까지 해당 용도로 직접 사용하지 아니하는 경우 (2011.12.31 본호개정)
3. 해당 용도로 직접 사용한 기간이 2년 미만인 상태에서 매각·증여(해당 용도로 사용하기 위하여 국가나 지방자치단체에 기부채납하는 경우는 제외한다)하거나 다른 용도로 사용하는 경우(2017.12.26 본호개정)
② 마을회등이 소유한 부동산에 대해서는 재산세(「지방세법」 제112조에 따른 부과액을 포함한다) 및 「지방세법」 제146조제3항에 따른 지역자원시설세를, 마을회등에 대해서는 주민세 사업소분(「지방세법」 제81조제1항제2호에 따라 부과되는 세액으로 한정한다) 및 종업원분을 2025년 12월 31일까지 각각 면제한다. 다만, 수익사업에 사용하는 경우와 해당 재산이 유료로 사용되는 경우의 그 재산 및 해당 재산의 일부가 그 목적에 직접 사용되지 아니하는 경우의 그 일부 재산에 대해서는 면제하지 아니한다.(2023.3.14 본문개정)

제91조【재외 외교관 자녀 기숙사용 부동산에 대한 과세특례】사단법인 한국외교협회의 재외 외교관 자녀 기숙사용 토지 및 건축물에 대한 취득세는 「지방세법」 제11조제1항의 세율에도 불구하고 2025년 12월 31일까지 1천분의 20을 적용하여 과세하고, 그 부동산의 등기에 대하여는 등록면허세를 2022년 12월 31일까지 면제한다. 다만, 다음 각 호의 어느 하나에 해당하는 경우 그 해당 부분에 대해서는 감면된 취득세 및 등록면허세를 추징한다.(2023.3.14 본문개정)

1. 해당 부동산을 취득한 날부터 5년 이내에 수익사업에 사용하는 경우(2016.12.27 본호개정)
2. 정당한 사유 없이 그 취득일부터 1년이 경과할 때까지 해당 용도로 직접 사용하지 아니하는 경우
3. 해당 용도로 직접 사용한 기간이 2년 미만인 상태에서 매각·증여하거나 다른 용도로 사용하는 경우 (2011.12.31 2호~3호신설)

제92조【천재지변 등으로 인한 피해에 대한 감면】① 천재지변, 그 밖의 불가항력으로 멸실 또는 파손된 건축물·선박·자동차 및 기계장비를 그 멸실일 또는 파손일부터 2년 이내에 다음 각 호의 어느 하나에 해당하는 취득을 하는 경우에는 취득세를 면제한다. 다만, 새로 취득한 건축물의 연면적이 종전의 건축물의 연면적을 초과하거나 새로 건조, 종류 변경 또는 대체취득한 선박의 톤수가 종전의 선박의 톤수를 초과하는 경우 또는 새로 취득하는 자동차 또는 기계장비의 가액이 종전의 자동차 또는 기계장비의 가액(신제품구입가액을 말한다)을 초과하는 경우에 그 초과부분에 대해서는 취득세를 부과한다.(2018.12.24 본문개정)
1. 복구를 위하여 건축물을 건축 또는 개수하는 경우
2. 선박을 건조하거나 종류 변경을 하는 경우
3. 건축물·선박·자동차 및 기계장비를 대체취득하는 경우
② 천재지변, 그 밖의 불가항력으로 멸실 또는 파손된 건축물·선박·자동차·기계장비의 말소등기 또는 말소등록과 멸실 또는 파손된 건축물을 복구하기 위하여 그 멸실일 또는 파손일부터 2년 이내에 신축 또는 개축을 위한 건축허가 면허에 대해서는 등록면허세를 면제한다.(2018.12.24 본항개정)
③ (2023.12.29 삭제)
④ 지방자치단체는 「재난 및 안전관리 기본법」 제60조에 따른 특별재난지역 내의 재산(부동산·차량·건설기계·선박·항공기를 말하며, 이하 이 항에서 같다)으로서 같은 법 제3조제1호에 따른 재난으로 피해를 입은 재산에 대해서는 그 피해가 발생한 날이 속하는 회계연도의 지방세를 100분의 100의 범위에서 조례로 정하거나 해당 지방의회의 의결을 얻어 감면할 수 있다.(2023.12.29 본항신설)
⑤ 「재난 및 안전관리 기본법」 제60조에 따른 특별재난지역의 선포와 관련된 재난으로 인하여 사망한 자(이하 이 항에서 "사망자"라 한다) 또는 사망자의 부모, 배우자 및 자녀(이하 이 항에서 "유족"이라 한다)에 대해서는 다음 각 호에서 정하는 바에 따라 지방세를 면제한다.
1. 사망자의 경우에는 다음 각 목의 지방세(사망일이 속하는 회계연도로 한정한다)를 면제한다.
  가. 주민세[개인분 및 사업소분(사업소분의 경우에는 「지방세법」 제81조제1항제1호가목에 따라 부과되는 세액으로 한정한다)]
  나. 자동차세(「지방세법」 제125조제1항에 따른 자동차세로 한정한다)
  다. 재산세(「지방세법」 제112조에 따른 부과액을 포함한다)
  라. 지역자원시설세(「지방세법」 제146조제3항에 따른 지역자원시설세로 한정한다)
2. 유족의 경우에는 다음 각 목의 지방세를 면제한다.
  가. 제1호가목부터 라목까지에 따른 지방세(사망자의 사망일이 속하는 회계연도로 한정한다)
  나. 취득세[당해 재난으로 인한 사망자 소유의 부동산등(「지방세법」 제7조에 따른 부동산등을 말한다)을 상속으로 취득하는 경우로 한정한다]
(2023.12.29 본항신설)
(2023.12.29 본조제목개정)

제92조의2【자동이체 등 납부에 대한 세액공제】① 「지방세기본법」 제35조제1항제3호에 따른 지방세(수

시로 부과하여 징수하는 지방세는 제외한다)에 대하여 그 납부기한이 속하는 달의 전달 말일까지 같은 법 제30조제1항에 따른 전자송달 방식(이하 이 조에서 "전자송달 방식"이라 한다) 및 「지방세징수법」 제23조제2항에 따른 자동납부 방식(이하 이 조에서 "자동납부 방식"이라 한다)에 따른 납부를 신청하는 납세의무자에 대해서는 다음 각 호의 구분에 따른 금액을 「지방세법」에 따라 부과할 해당 지방세의 세액에서 공제한다.
1. 전자송달 방식에 따른 납부만을 신청하거나 자동납부 방식에 따른 납부만을 신청한 경우 : 고지서 1장당 250원부터 800원까지의 범위에서 조례로 정하는 금액
2. 전자송달 방식과 자동납부 방식에 의한 납부를 모두 신청한 경우 : 고지서 1장당 500원부터 1천600원까지의 범위에서 조례로 정하는 금액
(2023.3.14 본항개정)
② 제1항에 따른 세액의 공제는 「지방세법」에 따라 부과할 해당 지방세의 세액에서 같은 법에 따른 지방세의 소액 징수면제 기준금액을 한도로 한다.
③ 제1항에 따라 세액공제를 받은 자가 그 납부기한까지 그 지방세를 납부하지 아니한 경우에는 그 공제받은 세액을 추징한다.
(2017.12.26 본조제목개정)
(2010.12.27 본조신설)

제3장 지방소득세 특례
(2014.1.1 본장신설)

제1절 종합소득 세액공제와 세액감면

제93조【기장세액공제】 ① 「소득세법」 제160조제3항에 따른 간편장부대상자가 「지방세법」 제95조에 따른 과세표준확정신고를 할 때 복식부기에 따라 기장(記帳)하여 소득금액을 계산하고 「소득세법」 제70조제4항제3호에 따른 서류를 제출하는 경우에는 해당 장부에 의하여 계산한 사업소득금액이 종합소득금액에서 차지하는 비율을 종합소득에 대한 개인지방소득세 산출세액(이하 "종합소득분 개인지방소득 산출세액"이라 한다)에 곱하여 계산한 금액의 100분의 20에 해당하는 금액을 종합소득분 개인지방소득 산출세액에서 공제한다. 다만, 공제세액이 10만원을 초과하는 경우에는 10만원을 공제한다.
② 다음 각 호의 어느 하나에 해당하는 경우에는 제1항에 따른 공제[이하 "기장세액공제"(記帳稅額控除)라 한다]를 적용하지 아니한다.
1. 비치·기록한 장부에 의하여 신고하여야 할 소득금액의 100분의 20 이상을 누락하여 신고한 경우
2. 기장세액공제와 관련된 장부 및 증명서류를 해당 과세표준확정신고기간 종료일부터 5년간 보관하지 아니한 경우. 다만, 천재지변 등 대통령령으로 정하는 부득이한 사유에 해당하는 경우에는 그러하지 아니하다.
③ 기장세액공제에 관하여 필요한 사항은 대통령령으로 정한다.

제94조【근로소득세액공제】 ① 근로소득이 있는 거주자 또는 비거주자에 대해서는 그 근로소득에 대한 종합소득분 개인지방소득 산출세액에서 다음의 금액을 공제한다.

근로소득에 대한 종합소득분 개인지방소득 산출세액	공제액
13만원 이하	산출세액의 100분의 55
13만원 초과	7만1,500원 + (13만원을 초과하는 금액의 100분의 30)

(2016.12.27 본항개정)

② 제1항에도 불구하고 공제세액이 다음 각 호의 구분에 따른 금액을 초과하는 경우에 그 초과하는 금액은 없는 것으로 한다.
1. 총급여액이 3천300만원 이하인 경우 : 7만4천원
2. 총급여액이 3천300만원 초과 7천만원 이하인 경우 : 7만4천원 - 〔(총급여액 - 3천300만원) × 8/10,000〕. 다만, 위 금액이 6만6천원보다 적은 경우에는 6만6천원으로 한다.
3. 총급여액이 7천만원을 초과하는 경우 : 6만6천원 - 〔(총급여액 - 7천만원) × 1/20〕. 다만, 위 금액이 5만원보다 적은 경우에는 5만원으로 한다.
(2016.12.27 1호~3호개정)
(2014.3.24 본항신설)

제95조【배당세액공제】 ① 거주자 또는 비거주자의 종합소득금액에 「소득세법」 제17조제3항 각 호 외의 부분 단서가 적용되는 배당소득금액이 합산되어 있는 경우에는 같은 항 각 호 외의 부분 단서에 따라 해당 과세기간의 총수입금액에 더한 금액에 해당하는 금액의 100분의 10에 상당하는 금액을 종합소득분 개인지방소득 산출세액에서 공제한다.(2014.12.31 본항개정)
② 제1항에 따른 공제를 "배당세액공제"라 한다.
③ 제1항을 적용할 때 배당세액공제의 대상이 되는 배당소득금액은 「소득세법」 제14조제2항의 종합소득 과세표준에 포함된 배당소득금액으로서 이자소득등의 종합과세기준금액을 초과하는 것으로 한다.
④ 배당세액공제액의 계산 등에 필요한 사항은 대통령령으로 정한다.

제96조【재해손실세액공제】 ① 사업자가 해당 과세기간에 천재지변이나 그 밖의 재해(이하 "재해"라 한다)로 대통령령으로 정하는 자산총액(이하 이 항에서 "자산총액"이라 한다)의 100분의 20 이상에 해당하는 자산을 상실하여 납세가 곤란하다고 인정되는 경우에는 다음 각 호의 개인지방소득세(사업소득에 대한 개인지방소득세를 말한다. 이하 이 조에서 같다)에 그 상실된 가액이 상실 전의 자산총액에서 차지하는 비율(이하 이 조에서 "자산상실비율"이라 한다)을 곱하여 계산한 금액(상실된 자산의 가액을 한도로 한다)을 그 세액에서 공제한다. 이 경우 자산의 가액에는 토지의 가액을 포함하지 아니한다.
1. 재해 발생일 현재 부과되지 아니한 소득세와 부과된 소득세로서 미납된 개인지방소득세(가산금을 포함한다)
2. 재해 발생일이 속하는 과세기간의 소득에 대한 개인지방소득세
② 제1항의 경우에 제93조·제95조 및 제97조에 따라 공제할 세액이 있을 때에는 이를 공제한 후의 세액을 개인지방소득세로 하여 제1항을 적용한다.
③ 제1항에 따른 공제를 "재해손실세액공제"라 한다.
④ 재해손실세액공제를 적용받으려는 자는 대통령령으로 정하는 바에 따라 납세지 관할 지방자치단체의 장에게 신청할 수 있다. 「소득세법」 제58조에 따라 납세지 관할 세무서장에게 소득세 재해손실세액공제를 신청하는 경우에는 개인지방소득세에 대한 세액공제도 함께 신청한 것으로 본다.<단서는 2016.12.31까지 적용>
⑤ 납세지 관할 지방자치단체의 장이 제4항의 신청을 받았을 때에는 그 공제할 세액을 결정하여 신청인에게 알려야 한다.
⑥ 제4항의 신청이 없는 경우에도 제1항을 적용한다.
⑦ 집단적으로 재해가 발생한 경우에는 대통령령으로 정하는 바에 따라 납세지 관할 지방자치단체의 장이 조사결정한 자산상실비율에 따라 제1항을 적용한다.
⑧ 재해손실세액공제에 관하여 필요한 사항은 대통령령으로 정한다.

제97조【종합소득 외국납부세액공제 등】 ① 거주자의 종합소득금액 또는 퇴직소득금액에 국외원천소득이 합산되어 있는 경우에 그 국외원천소득에 대하여 외국에서 대통령령으로 정하는 외국소득세액을 납부하였거나 납부할 것이 있어 「소득세법」 제57조제1항제1호에 따라 종합소득 산출세액 또는 퇴직소득 산출세액에서 공제한 경우 그 공제액의 100분의 10에 상당하는 금액을 종합소득분 개인지방소득 산출세액 또는 퇴직소득에 대한 개인지방소득세 산출세액에서 공제받을 수 있다. 다만, 거주자가 「소득세법」 제57조제1항제2호에 따라 처리한 경우에는 본문을 적용하지 아니한다.
② 제1항을 적용할 때 외국정부에 납부하였거나 납부할 외국소득세액의 100분의 10에 상당하는 금액이 「소득세법」 제57조제1항제1호의 공제한도의 100분의 10을 초과하는 경우 그 초과하는 금액은 해당 과세기간의 다음 과세기간부터 5년 이내에 끝나는 과세기간으로 이월하여 그 이월된 과세기간의 공제한도 범위에서 공제받을 수 있다.
③ 국외자산의 양도소득에 대하여 해당 외국에서 과세를 하는 경우 그 양도소득에 대하여 「소득세법」 제118조의6제1항제1호에 따라 납부세액을 공제한 경우 그 공제금액의 100분의 10에 상당하는 금액을 양도소득분 개인지방소득 산출세액에서 공제받을 수 있다.
④ 제1항부터 제3항까지의 규정에 따른 세액공제 등에 필요한 사항은 대통령령으로 정한다.

제97조의2【자녀세액공제】 ① 종합소득이 있는 거주자의 기본공제대상자에 해당하는 자녀(입양자 및 위탁아동을 포함한다)에 대해서는 다음 각 호의 구분에 따른 금액을 종합소득분 개인지방소득 산출세액에서 공제한다.
1. 1명인 경우 : 연 1만5천원
2. 2명인 경우 : 연 3만원
3. 3명 이상인 경우 : 연 3만원과 2명을 초과하는 1명당 연 3만원을 합한 금액(2016.12.27 본호개정)
② 6세 이하의 공제대상자녀가 2명 이상인 경우 1명을 초과하는 1명당 연 1만5천원을 종합소득분 개인지방소득 산출세액에서 공제한다.(2016.12.27 본항신설)
③ 해당 과세기간에 출생하거나 입양 신고한 공제대상자녀가 있는 경우 다음 각 호의 구분에 따른 금액을 종합소득분 개인지방소득 산출세액에서 공제한다.
1. 출생하거나 입양 신고한 공제대상자녀가 첫째인 경우 : 연 3만원
2. 출생하거나 입양 신고한 공제대상자녀가 둘째인 경우 : 연 5만원
3. 출생하거나 입양 신고한 공제대상자녀가 셋째 이상인 경우 : 연 7만원
(2016.12.27 본항신설)
④ 제1항부터 제3항까지의 규정에 따른 공제를 "자녀세액공제"라 한다.(2016.12.27 본항신설)
(2014.3.24 본조신설)

제97조의3【연금계좌세액공제】 ① 종합소득이 있는 거주자 또는 비거주자가 연금계좌에 납입한 금액 중 다음 각 호에 해당하는 금액을 제외한 금액(이하 "연금계좌 납입액"이라 한다)의 1,000분의 12에 해당하는 금액을 해당 과세기간의 종합소득분 개인지방소득 산출세액에서 공제한다. 다만, 연금계좌 중 연금저축계좌에 납입한 금액이 연 400만원을 초과하는 경우에는 그 초과하는 금액은 없는 것으로 하고, 연금저축계좌에 납입한 금액 중 400만원 이내의 금액과 퇴직연금계좌에 납입한 금액을 합한 금액이 연 700만원을 초과하는 경우에는 그 초과하는 금액은 없는 것으로 한다.
(2014.12.31 본문개정)
1. 「소득세법」 제146조제2항에 따라 소득세가 원천징수되지 아니한 퇴직소득 등 과세가 이연된 소득

2. 연금계좌에서 다른 연금계좌로 계약을 이전함으로써 납입되는 금액
② 제1항에 따른 공제를 "연금계좌세액공제"라 한다.
③ (2014.12.31 삭제)
④ 연금계좌세액공제의 신청 절차 등에 관하여 필요한 사항은 대통령령으로 정한다.
(2014.3.24 본조신설)

제97조의4【특별세액공제】 ① 근로소득이 있는 거주자(일용근로자는 제외한다. 이하 이 조에서 같다)가 해당 과세기간에 만기에 환급되는 금액이 납입보험료를 초과하지 아니하는 보험의 보험계약에 따라 지급하는 다음 각 호의 보험료를 지급한 경우 그 금액의 1,000분의 12(제1호의 경우에는 1,000분의 15)에 해당하는 금액을 해당 과세기간의 종합소득분 개인지방소득 산출세액에서 공제한다. 다만, 다음 각 호의 보험료별로 그 합계액이 각각 연 100만원을 초과하는 경우 그 초과하는 금액은 각각 없는 것으로 한다.(2016.12.27 본문개정)
1. 기본공제대상자 중 장애인을 피보험자 또는 수익자로 하는 장애인전용보험으로서 대통령령으로 정하는 장애인전용보장성보험료
2. 기본공제대상자를 피보험자로 하는 대통령령으로 정하는 보험료(제1호에 따른 장애인전용보장성보험료는 제외한다)
② 근로소득이 있는 거주자가 기본공제대상자(나이 및 소득의 제한을 받지 아니한다)를 위하여 해당 과세기간에 대통령령으로 정하는 의료비를 지급한 경우 다음 각 호의 금액의 1,000분의 15에 해당하는 금액을 해당 과세기간의 종합소득분 개인지방소득 산출세액에서 공제한다.
1. 기본공제대상자를 위하여 지급한 의료비(제2호에 따른 의료비는 제외한다)로서 총급여액에 100분의 3을 곱하여 계산한 금액을 초과하는 금액. 다만, 그 금액이 연 700만원을 초과하는 경우에는 연 700만원으로 한다.(2014.12.31 본호개정)
2. 해당 거주자, 과세기간 종료일 현재 65세 이상인 사람과 장애인을 위하여 지급한 의료비와 대통령령으로 정하는 난임시술비. 다만, 제1호의 의료비가 총급여액에 100분의 3을 곱하여 계산한 금액에 미달하는 경우에는 그 미달하는 금액을 뺀다.(2014.12.31 본호개정)
③ 근로소득이 있는 거주자가 그 거주자와 기본공제대상자(나이의 제한을 받지 아니하되, 제3호나목의 기관에 대해서는 과세기간 종료일 현재 18세 미만인 사람만 해당한다)를 위하여 해당 과세기간에 대통령령으로 정하는 교육비를 지급한 경우 다음 각 호의 금액의 1,000분의 15에 해당하는 금액을 해당 과세기간의 종합소득분 개인지방소득 산출세액에서 공제한다. 다만, 소득세 또는 증여세가 비과세되는 대통령령으로 정하는 교육비는 공제하지 아니한다.(2016.12.27 단서개정)
1. 기본공제대상자인 배우자·직계비속·형제자매·입양자 및 위탁아동을 위하여 지급한 다음 각 목의 교육비를 합산한 금액. 다만, 대학원에 지급하거나 제2호라목의 학자금 대출을 받아 지급하는 교육비는 제외하며, 대학생인 경우에는 1명당 연 900만원, 초등학교 취학 전 아동과 초·중·고등학생인 경우에는 1명당 연 300만원을 한도로 한다.(2016.12.27 단서개정)
가. 「유아교육법」, 「초·중등교육법」, 「고등교육법」 및 특별법에 따른 학교에 지급한 교육비
나. 다음의 평생교육시설 또는 과정을 위하여 지급한 교육비
1) 「평생교육법」 제31조제2항에 따라 고등학교졸업 이하의 학력이 인정되는 학교형태의 평생교육시설
2) 「평생교육법」 제31조 제4항에 따라 전공대학의 명칭을 사용할 수 있는 평생교육시설(이하 "전공대학"이라 한다)

3) 「평생교육법」 제33조에 따른 원격대학 형태의 평생교육시설(이하 "원격대학"이라 한다) 중 대통령령으로 정하는 교육과정(이하 이 항에서 "학위취득과정"이라 한다)

4) 「학점인정 등에 관한 법률」 제3조에 따른 평가인정을 받은 학습과정과 「독학에 의한 학위취득에 관한 법률」 제5조제1항에 따른 과정 중 대통령령으로 정하는 교육과정(이하 이 항에서 "학위취득과정"이라 한다)
(2014.12.31 본목개정)

다. 대통령령으로 정하는 국외교육기관(국외교육기관의 학생을 위하여 교육비를 지급하는 거주자가 국내에서 근무하는 경우에는 대통령령으로 정하는 학생만 해당한다)에 지급한 교육비

라. 초등학교 취학 전 아동을 위하여 「영유아보육법」에 따른 어린이집, 「학원의 설립·운영 및 과외교습에 관한 법률」에 따른 학원 또는 대통령령으로 정하는 체육시설에 지급한 교육비(학원 및 체육시설에 지급하는 비용의 경우에는 대통령령으로 정하는 금액만 해당한다)

2. 해당 거주자를 위하여 지급한 다음 각 목의 교육비를 합산한 금액

가. 제1호가목부터 다목까지의 규정에 해당하는 교육비

나. 대학(전공대학, 원격대학 및 학위취득과정을 포함한다) 또는 대학원의 1학기 이상에 해당하는 교육과정과 「고등교육법」 제36조에 따른 시간제 과정에 지급하는 교육비

다. 「국민 평생 직업능력 개발법」 제2조에 따른 직업능력개발훈련시설에서 실시하는 직업능력개발훈련을 위하여 지급한 수강료. 다만, 대통령령으로 정하는 지원금 등을 받는 경우에는 이를 뺀 금액으로 한다.(2021.8.17 본호개정)

라. 대통령령으로 정하는 학자금 대출의 원리금 상환액(상환 연체로 인하여 추가로 지급하는 금액은 제외한다)(2016.12.27 본목신설)

3. 기본공제대상자인 장애인(소득의 제한을 받지 아니한다)을 위하여 다음 각 목의 어느 하나에 해당하는 자에게 지급하는 대통령령으로 정하는 특수교육비

가. 대통령령으로 정하는 사회복지시설 및 비영리법인

나. 장애인의 기능향상과 행동발달을 위한 발달재활서비스를 제공하는 대통령령으로 정하는 기관

다. 가목의 시설 또는 법인과 유사한 것으로서 외국에 있는 시설 또는 법인

④ 거주자(사업소득만 있는 자는 제외하되, 「소득세법」 제73조제1항제4호에 따른 자 등 대통령령으로 정하는 자는 포함한다)가 해당 과세기간에 지급한 기부금[「소득세법」 제50조제1항제2호 및 제3호(나이의 제한을 받지 아니하며, 다른 거주자의 기본공제를 적용받은 사람은 제외한다)에 해당하는 사람(다른 거주자의 기본공제를 적용받은 사람은 제외한다)이 지급한 기부금을 포함한다]이 있는 경우 다음 각 호의 기부금을 합한 금액에서 사업소득금액을 계산할 때 필요경비에 산입한 기부금을 뺀 금액의 1,000분의 15(해당 금액이 2천만원을 초과하는 경우 그 초과분에 대해서는 1,000분의 30)에 해당하는 금액(이하 이 조에서 "기부금 세액공제액"이라 한다)을 해당 과세기간의 합산과세되는 종합소득분 개인지방소득 산출세액(필요경비에 산입한 기부금이 있는 경우 사업소득에 대한 산출세액은 제외한다)에서 공제한다. 이 경우 제1호의 기부금과 제2호의 기부금이 함께 있으면 제1호의 기부금을 먼저 공제하되, 2013년 12월 31일 이전에 지급한 기부금을 2014년 1월 1일 이후에 개시하는 과세기간에 이월하여 소득공제하는 경우에는 해당 과세기간에 지급한 기부금보다 먼저 공제한다.(2016.12.27 본문개정)

1. 법정기부금

2. 지정기부금. 이 경우 지정기부금의 한도액은 다음 각 목의 구분에 따른다.

가. 종교단체에 기부한 금액이 있는 경우
한도액 = 〔종합소득금액(「소득세법」 제62조에 따른 원천징수세율을 적용받는 이자소득 및 배당소득은 제외한다)에서 제1호에 따른 기부금을 뺀 금액을 말하며, 이하 이 항에서 "소득금액"이라 한다〕 × 100분의 10 + 〔소득금액의 100분의 20과 종교단체 외에 지급한 금액 중 적은 금액〕

나. 가목 외의 경우
한도액 = 소득금액의 100분의 30
(2016.12.27 1호~2호신설)

⑤ 제1항부터 제3항까지의 규정을 적용할 때 과세기간 종료일 이전에 혼인·이혼·별거·취업 등의 사유로 기본공제대상자에 해당되지 아니하게 되는 종전의 배우자·부양가족·장애인 또는 과세기간 종료일 현재 65세 이상인 사람을 위하여 이미 지급한 금액이 있는 경우에는 그 사유가 발생한 날까지 지급한 금액에 제1항부터 제3항까지의 규정에 따른 율을 적용한 금액을 해당 과세기간의 종합소득분 개인지방소득 산출세액에서 공제한다.

⑥ 제1항부터 제4항까지의 규정에 따른 공제는 해당 거주자가 대통령령으로 정하는 바에 따라 신청한 경우에 적용한다.

⑦~⑧ (2014.12.31 삭제)

⑨ 근로소득이 있는 거주자로서 제6항, 「소득세법」 제52조제8항, 「조세특례제한법」 제95조의2제2항에 따른 소득공제 신청이나 세액공제 신청을 하지 아니한 사람에 대해서는 연 1만3천원을 종합소득분 개인지방소득 산출세액에서 공제하고, 「소득세법」 제160조의5제3항에 따른 사업용계좌의 신고 등 대통령령으로 정하는 요건에 해당하는 사업자(이하 "성실사업자"라 한다)로서 「조세특례제한법」 제122조의3에 따른 세액공제 신청을 하지 아니한 사업자에 대해서는 연 1만2천원을 종합소득분 개인지방소득 산출세액에서 공제하며, 근로소득이 없는 거주자로서 종합소득이 있는 사람(성실사업자는 제외한다)에 대해서는 연 7천원을 종합소득분 개인지방소득 산출세액에서 공제한다(이하 "표준세액공제"라 한다)한다.(2016.12.27 본항개정)

⑩ 제1항부터 제6항까지 및 제9항에 따른 공제를 "특별세액공제"라 한다.(2014.12.31 본항개정)

⑪ 특별세액공제에 관하여 그 밖에 필요한 사항은 대통령령으로 정한다.
(2014.3.24 본조신설)

제98조【급여 등에 대한 세액의 감면】 ① 종합소득금액 중 다음 각 호의 어느 하나의 소득이 있을 때에는 종합소득분 개인지방소득 산출세액에서 그 세액에 해당 근로소득금액 또는 사업소득금액이 종합소득금액에서 차지하는 비율을 곱하여 계산한 금액 상당액을 감면한다.

1. 정부 간의 협약에 따라 우리나라에 파견된 외국인이 그 양쪽 또는 한쪽 당사국의 정부로부터 받는 급여

2. 거주자 중 대한민국의 국적을 가지지 아니한 자가 대통령령으로 정하는 선박과 항공기의 외국항행사업으로부터 얻는 소득. 다만, 그 거주자의 국적지국(國籍地國)에서 대한민국 국민이 운용하는 선박과 항공기에 대해서도 동일한 면제를 하는 경우만 해당한다.

② 이 법 외의 법률에 따라 개인지방소득세가 감면되는 경우에도 그 법률에 특별한 규정이 있는 경우 외에는 제1항을 준용하여 계산한 개인지방소득세를 감면한다.

③ 제1항에 따른 세액감면의 신청 등 필요한 사항은 대통령령으로 정한다.(2014.3.24 본항신설)

제2절 중소기업에 대한 특례

제99조【중소기업 투자 세액공제】 ① 대통령령으로 정하는 중소기업(이하 "중소기업"이라 한다) 및 2015년 1월 1일부터 2015년 12월 31일까지 「자본시장과 금융투자업에 관한 법률」에 따른 증권시장(이하 이 조에서 "증권시장"이라 한다)에 최초로 신규 상장한 대통령령으로 정하는 중견기업(이하 이 조에서 "신규상장 중견기업"이라 한다)을 경영하는 내국인이 다음 각 호의 어느 하나에 해당하는 자산을 2018년 12월 31일까지[중소기업 중 2015년 1월 1일부터 2015년 12월 31일까지 증권시장에 최초로 신규 상장한 중소기업(이하 이 조에서 "신규상장 중소기업"이라 한다)과 신규상장 중견기업의 경우는 상장일이 속하는 과세연도와 그 다음 과세연도의 개시일부터 3년 이내에 끝나는 과세연도까지] 투자(중고품 및 대통령령으로 정하는 리스에 의한 투자는 제외한다)하는 경우에는 해당 투자금액의 1,000분의 3(신규상장 중소기업과 신규상장 중견기업의 경우는 1,000분의 4)에 상당하는 금액을 그 투자를 완료한 날이 속하는 과세연도의 개인지방소득세[사업소득(「소득세법」 제45조제2항에 따른 부동산임대업에서 발생하는 소득은 포함하지 아니한다. 제166조 및 제172조를 제외하고 이하에서 같다)에 대한 개인지방소득세만 해당한다]에서 공제한다.(2016.12.27 본문개정)

1. 기계장치 등 대통령령으로 정하는 사업용자산(이하 "사업용자산"이라 한다)

2. 「유통산업발전법」에 따른 판매시점 정보관리 시스템설비(이하 "판매시점 정보관리 시스템설비"라 한다)

3. 「국가정보화 기본법」 제3조제6호에 따른 정보보호 시스템에 사용되는 설비로서 감가상각 기간이 2년 이상인 설비(이하 "정보보호 시스템설비"라 한다)

② 제1항에 따른 투자가 2개 이상의 과세연도에 걸쳐서 이루어지는 경우에는 그 투자가 이루어지는 과세연도마다 해당 과세연도에 투자한 금액에 대하여 제1항을 적용받을 수 있다.

③ 제2항에 따른 투자금액의 계산에 필요한 사항은 대통령령으로 정한다.

④ 제1항과 제2항을 적용받으려는 내국인은 대통령령으로 정하는 바에 따라 세액공제신청을 하여야 한다.

제100조【창업중소기업 등에 대한 세액감면】 ① 2018년 12월 31일 이전에 수도권과밀억제권역 외의 지역에서 창업한 중소기업(이하 "창업중소기업"이라 한다)과 「중소기업창업 지원법」 제53조제1항에 따라 창업보육센터사업자로 지정받은 내국인에 대해서는 해당 사업에서 최초로 소득이 발생한 과세연도(사업 개시일부터 5년이 되는 날이 속하는 과세연도까지 해당 사업에서 소득이 발생하지 아니하는 경우에는 5년이 되는 날이 속하는 과세연도)와 그 다음 과세연도의 개시일부터 4년 이내에 끝나는 과세연도까지 해당 사업에서 발생한 소득에 대한 개인지방소득세의 100분의 50에 상당하는 세액을 경감한다.(2021.12.28 본항개정)

② 「벤처기업육성에 관한 특별법」 제2조제1항에 따른 벤처기업(이하 "벤처기업"이라 한다) 중 대통령령으로 정하는 기업으로서 창업 후 3년 이내에 같은 법 제25조에 따라 2018년 12월 31일까지 벤처기업으로 확인받은 기업(이하 "창업벤처중소기업"이라 한다)의 경우에는 그 확인받은 날 이후 최초로 소득이 발생한 과세연도(벤처기업으로 확인받은 날부터 5년이 되는 날이 속하는 과세연도까지 해당 사업에서 소득이 발생하지 아니하는 경우에는 5년이 되는 날이 속하는 과세연도)와 그 다음 과세연도의 개시일부터 4년 이내에 끝나는 과세연도까지 해당 사업에서 발생한 소득에 대한 개인지방

소득세의 100분의 50에 상당하는 세액을 경감한다. 다만, 제1항을 적용받는 경우는 제외하며, 감면기간 중 다음 각 호의 사유가 있는 경우에는 다음 각 호의 구분에 따른 날이 속하는 과세연도부터 감면을 적용하지 아니한다.(2024.1.9 본문개정)

1. 벤처기업의 확인이 취소된 경우 : 취소일(2016.12.27 본호신설)

2. 「벤처기업육성에 관한 특별법」 제25조제2항에 따른 벤처기업확인서의 유효기간이 만료된 경우(해당 과세연도 종료일 현재 벤처기업으로 재확인받은 경우는 제외한다) : 유효기간 만료일(2024.1.9 본호개정)

③ 창업중소기업과 창업벤처중소기업의 범위는 「조세특례제한법」 제6조제3항 각 호의 업종을 경영하는 중소기업으로 한다.(2016.12.27 본항개정)

④ 창업일이 속하는 과세연도와 그 다음 3개 과세연도가 지나지 아니한 중소기업으로서 2015년 12월 31일까지 대통령령으로 정하는 에너지신기술중소기업(이하 "에너지신기술중소기업"이라 한다)에 해당하는 경우에는 그 해당하는 날 이후 최초로 해당 사업에서 소득이 발생한 과세연도(에너지신기술중소기업에 해당하는 날부터 5년이 되는 날이 속하는 과세연도까지 해당 사업에서 소득이 발생하지 아니하는 경우에는 5년이 되는 날이 속하는 과세연도)와 그 다음 과세연도의 개시일부터 4년 이내에 끝나는 과세연도까지 해당 사업에서 발생한 소득에 대한 개인지방소득세의 100분의 50에 상당하는 세액을 감면한다. 다만, 제1항 및 제2항을 적용받는 경우는 제외하며, 감면기간 중 에너지신기술중소기업에 해당하지 않게 되는 경우에는 그 날이 속하는 과세연도부터 감면하지 아니한다.

⑤ 제4항을 적용할 때 해당 사업에서 발생한 소득의 계산은 대통령령으로 정한다.

⑥ 제1항부터 제5항까지의 규정을 적용할 때 다음 각 호의 어느 하나에 해당하는 경우는 창업으로 보지 아니한다. 다만, 「조세특례제한법」 제99조의6제1항에 따른 재기중소기업인이 2018년 12월 31일까지 이 조에 따른 창업, 지정 또는 확인을 받은 경우에는 제3호를 적용하지 아니한다.(2016.12.27 단서신설)

1. 합병·분할·현물출자 또는 사업의 양수를 통하여 종전의 사업을 승계하거나 종전의 사업에 사용되던 자산을 인수 또는 매입하여 같은 종류의 사업을 하는 경우. 다만, 종전의 사업에 사용되던 자산을 인수하거나 매입하여 같은 종류의 사업을 하는 경우 그 자산가액의 합계가 사업 개시 당시 토지·건물 및 기계장치 등 대통령령으로 정하는 사업용자산의 총가액에서 차지하는 비율이 100분의 50 미만으로서 대통령령으로 정하는 비율 이하인 경우는 제외한다.

2. 거주자가 하던 사업을 법인으로 전환하여 새로운 법인을 설립하는 경우

3. 폐업 후 사업을 다시 개시하여 폐업 전의 사업과 같은 종류의 사업을 하는 경우

4. 사업을 확장하거나 다른 업종을 추가하는 경우 등 새로운 사업을 최초로 개시하는 것으로 보기 곤란한 경우

⑦ 제1항, 제2항 및 제4항에 따라 감면을 적용받은 기업이 「중소기업기본법」에 따른 중소기업이 아닌 기업과 합병하는 등 대통령령으로 정하는 사유에 따라 중소기업에 해당하지 아니하게 된 경우에는 해당 사유 발생일이 속하는 과세연도부터 감면하지 아니한다.(2016.12.27 본항개정)

⑧ 제1항, 제2항 및 제4항을 적용받으려는 내국인 및 제6항 단서를 적용받으려는 재기중소기업인은 대통령령으로 정하는 바에 따라 세액감면신청을 하여야 한다.(2016.12.27 본항개정)

제101조【중소기업에 대한 특별세액감면】 ① 중소기업 중 다음 제1호의 감면 업종을 경영하는 기업에 대해서는 2017년 12월 31일 이전에 끝나는 과세연도까지 해당 사업장에서 발생한 소득에 대한 개인지방소득세에 제2호의 감면 비율을 곱하여 계산한 세액상당액을 감면한다.(2016.12.27 본문개정)
1. 감면 업종
  가. 작물재배업
  나. 축산업
  다. 어업
  라. 광업
  마. 제조업
  바. 하수·폐기물 처리(재활용을 포함한다), 원료재생 및 환경복원업
  사. 건설업
  아. 도매 및 소매업
  자. 운수업 중 여객운송업
  차. 출판업
  카. 영화·비디오물 및 방송프로그램 제작업, 영화·비디오물 및 방송프로그램 제작 관련 서비스업, 영화·비디오물 및 방송프로그램 배급업, 오디오물 출판 및 원판녹음업
  타. 방송업
  파. 전기통신업
  하. 컴퓨터프로그래밍, 시스템 통합 및 관리업
  거. 정보서비스업
  너. 연구개발업
  더. 광고업
  러. 그 밖의 과학기술서비스업
  머. 포장 및 충전업
  버. 전문디자인업
  서. 창작 및 예술관련 서비스업(자영예술가는 제외한다)
  어. 대통령령으로 정하는 주문자상표부착방식에 따른 수탁생산업(受託生産業)
  저. 엔지니어링사업
  처. 물류산업
  커. 「학원의 설립·운영 및 과외교습에 관한 법률」에 따른 직업기술 분야를 교습하는 학원을 운영하는 사업 또는 「국민 평생 직업능력 개발법」에 따른 직업능력개발훈련시설을 운영하는 사업(직업능력개발훈련을 주된 사업으로 하는 경우에 한한다) (2021.8.17 본문개정)
  터. 대통령령으로 정하는 자동차정비공장을 운영하는 사업
  퍼. 「해운법」에 따른 선박관리업
  허. 「의료법」에 따른 의료기관을 운영하는 사업(의원·치과의원 및 한의원은 제외한다. 이하 이 조에서 "의료업"이라 한다)
  고. 「관광진흥법」에 따른 관광사업(카지노, 관광유흥음식점 및 외국인전용유흥음식점업은 제외한다)
  노. 「노인복지법」에 따른 노인복지시설을 운영하는 사업
  도. 「전시산업발전법」에 따른 전시산업
  로. 인력공급 및 고용알선업(농업노동자 공급업을 포함한다)
  모. 콜센터 및 텔레마케팅 서비스업
  보. 「에너지이용 합리화법」 제25조에 따른 에너지절약전문기업이 하는 사업
  소. 「노인장기요양보험법」 제31조에 따른 장기요양기관 중 재가급여를 제공하는 장기요양기관을 운영하는 사업 (2018.12.11 본문개정)
  오. 건물 및 산업설비 청소업
  조. 경비 및 경호 서비스업
  초. 시장조사 및 여론조사업
  코. 사회복지 서비스업
  토. 무형재산권 임대업(「지식재산 기본법」 제3조제1호에 따른 지식재산을 임대하는 경우에 한정한다)
  포. 「연구산업진흥법」 제2조제1호나목의 산업 (2021.4.20 본문개정)
  호. 개인 간병인 및 유사 서비스업, 사회교육시설, 직원훈련기관, 기타 기술 및 직업훈련 학원, 도서관·사적지 및 유사 여가관련 서비스업(독서실 운영업을 제외한다)
  구. 「민간임대주택에 관한 특별법」에 따른 주택임대관리업
  누. 「신에너지 및 재생에너지 개발·이용·보급 촉진법」에 따른 신·재생에너지 발전사업
  두. 보안시스템 서비스
  루. 임업
  (2016.12.27 구목~루목신설)
2. 감면 비율
  가. 대통령령으로 정하는 소기업(이하 이 조에서 "소기업"이라 한다)이 도매 및 소매업, 의료업(이하 이 조에서 "도매업등"이라 한다)을 경영하는 사업장 : 100분의 10
  나. 소기업이 수도권에서 제1호에 따른 감면 업종 중 도매업등을 제외한 업종을 경영하는 사업장 : 100분의 20
  다. 소기업이 수도권 외의 지역에서 제1호에 따른 감면 업종 중 도매업등을 제외한 업종을 경영하는 사업장 : 100분의 30
  라. 소기업을 제외한 중소기업(이하 이 조에서 "중기업"이라 한다)이 수도권 외의 지역에서 도매업등을 경영하는 사업장 : 100분의 5
  마. 중기업의 사업장으로서 수도권에서 대통령령으로 정하는 지식기반산업을 경영하는 사업장 : 100분의 10
  바. 중기업이 수도권 외의 지역에서 제1호에 따른 감면 업종 중 도매업등을 제외한 업종을 경영하는 사업장 : 100분의 15
② 「여객자동차 운수사업법」 제28조에 따라 자동차대여사업의 등록을 한 중소기업이 그 사업용 자동차 총 대수 중 「환경친화적 자동차의 개발 및 보급 촉진에 관한 법률」 제2조제3호에 따른 전기자동차를 100분의 50 이상 보유한 경우에는 제1항의 규정에도 불구하고 2019년 12월 31일까지 해당 자동차대여사업에서 발생하는 소득에 대한 개인지방소득세의 100분의 30을 경감한다. (2016.12.27 본항신설)
③ 제1항과 제2항을 적용받으려는 내국인은 대통령령으로 정하는 바에 따라 감면신청을 하여야 한다. (2016.12.27 본항개정)

제101조의2【상생결제 지급금액에 대한 세액공제】 ① 중소기업을 경영하는 내국인이 2022년 12월 31일까지 중소기업에 지급한 구매대금(「조세특례제한법」 제7조의2제3항제1호에 따른 구매대금을 말한다. 이하 이 조에서 같다) 중 대통령령으로 정하는 상생결제제도(이하 이 조에서 "상생결제제도"라 한다)를 통하여 지급한 금액이 있는 경우로서 다음 각 호의 요건을 모두 충족하는 경우에는 제2항에 따라 계산한 금액을 개인지방소득세(사업소득에 대한 소득세만 해당한다)에서 공제한다. 다만, 공제받는 금액이 해당 과세연도의 개인지방소득세의 100분의 10을 초과하는 경우에는 100분의 10을 한도로 한다.(2020.12.29 본문개정)
1. 해당 과세연도에 지급한 구매대금 중 대통령령으로 정하는 현금성결제 금액이 차지하는 비율이 직전 과세연도보다 낮아지지 아니할 것
2. 해당 과세연도에 구매대금을 지급하기 위하여 결제한 약속어음의 금액이 직전 과세연도보다 증가하지 아니할 것

② 제1항에 따라 공제할 금액은 제1호의 금액에 제2호의 금액을 합하여 계산한 금액으로 한다.
1. 상생결제제도를 통한 지급금액 중 지급기한이 세금계산서등(「조세특례제한법」 제7조의2제1항제2호에 따른 세금계산서등)을 말한다. 이하 이 조에서 같다)의 작성일부터 15일 이내인 금액 × 1만분의 2
2. 상생결제제도를 통한 지급금액 중 지급기한이 세금계산서등의 작성일부터 15일 초과 60일 이내인 금액 × 1만분의 1
③ 제1항과 제2항을 적용받으려는 내국인은 대통령령으로 정하는 바에 따라 감면신청을 하여야 한다.
(2016.12.27 본조신설)

제3절 연구 및 인력개발에 대한 특례

제102조【연구·인력개발비에 대한 세액공제】 ① 내국인이 각 과세연도에 연구·인력개발비가 있는 경우에는 다음 각 호의 금액을 합한 금액의 100분의 10을 해당 과세연도의 개인지방소득세(사업소득에 대한 개인지방소득세만 해당한다)에서 공제한다. 이 경우 제1호는 2018년 12월 31일까지 발생한 해당 연구·인력개발비에 대해서만 적용한다.(2016.12.27 후단개정)
1. 연구·인력개발비 중 대통령령으로 정하는 신성장동력 분야의 연구개발비 또는 원천기술을 얻기 위한 연구개발비(이하 이 조에서 "신성장동력·원천기술연구개발비"라 한다)에 대해서는 해당 과세연도에 발생한 신성장동력·원천기술연구개발비에 다음 각 목의 구분에 따른 비율을 곱하여 계산한 금액
가. 중소기업의 경우 : 100분의 30
나. 중소기업에 해당하지 아니하는 경우 : 다음의 계산식에 따른 비율(100분의 30을 한도로 한다)
100분의 20 + (해당 과세연도의 수입금액에서 신성장동력·원천기술연구개발비 비율 × 대통령령으로 정하는 일정 배수)
(2016.12.27 본호개정)
2. (2016.12.27 삭제)
3. 제1호에 해당하지 아니하거나 제1호를 선택하지 아니한 내국인의 연구·인력개발비(이하 이 조에서 "일반연구·인력개발비"라 한다)의 경우에는 다음 각 목 중에서 선택하는 어느 하나에 해당하는 금액. 다만, 해당 과세연도의 개시일부터 소급하여 4년간 일반연구·인력개발비가 발생하지 아니하거나 직전 과세연도에 발생한 일반연구·인력개발비가 해당 과세연도의 개시일부터 소급하여 4년간 발생한 일반연구·인력개발비의 연평균 발생액보다 적은 경우에는 나목에 해당하는 금액(2016.12.27 본문개정)
가. 해당 과세연도에 발생한 일반연구·인력개발비가 직전 과세연도에 발생한 일반연구·인력개발비를 초과하는 경우 그 초과하는 금액의 100분의 40(중소기업의 경우에는 100분의 50)에 상당하는 금액
나. 해당 과세연도에 발생한 일반연구·인력개발비에 다음의 구분에 따른 비율을 곱하여 계산한 금액
1) 중소기업인 경우 : 100분의 25
2) 대통령령이 정하는 바에 따라 최초로 중소기업에 해당하지 아니하게 된 경우 : 다음의 구분에 따른 비율
가) 최초로 중소기업에 해당하지 아니하게 된 과세연도의 개시일부터 3년 이내에 끝나는 과세연도까지 : 100분의 15
나) 가)의 기간 이후부터 2년 이내에 끝나는 과세연도까지 : 100분의 10
3) 대통령령으로 정하는 중견기업(이하 "중견기업"이라 한다)이 2)에 해당하지 아니하는 경우 : 100분의 8

4) 1)부터 3)까지의 어느 하나에 해당하지 아니하는 경우 : 다음 계산식에 따른 비율(100분의 3을 한도로 한다)
100분의 2 + 해당 과세연도의 수입금액에서 일반연구·인력개발비가 차지하는 비율 × 2분의 1
(2014.12.31 개정)
② 제1항제3호에 따른 4년간의 일반연구·인력개발비의 연평균 발생액의 구분 및 계산과 그 밖에 필요한 사항은 대통령령으로 정한다.
③ 제1항을 적용받으려는 내국인은 대통령령으로 정하는 바에 따라 세액공제신청을 하여야 한다.
④ 제1항제1호를 적용받으려는 내국인은 일반연구·인력개발비와 신성장동력·원천기술연구개발비를 대통령령이 정하는 바에 따라 구분경리(區分經理)하여야 한다.(2016.12.27 본항개정)

제103조【연구 및 인력개발을 위한 설비투자에 대한 세액공제】 ① 내국인이 2018년 12월 31일까지 연구 및 인력개발을 위한 시설에 투자(중고품 및 대통령령으로 정하는 리스에 의한 투자는 제외한다)하는 경우에는 해당 투자금액의 1,000분의 1(대통령령으로 정하는 중견기업의 경우에는 1,000분의 3, 중소기업의 경우에는 1,000분의 6)에 상당하는 금액을 그 투자를 완료한 날이 속하는 과세연도의 개인지방소득세(사업소득에 대한 개인지방소득세만 해당한다)에서 공제한다.
(2016.12.27 본항개정)
② 제1항에서 "연구 및 인력개발을 위한"이란 다음 각 호의 어느 하나에 해당하는 것을 말한다.
(2016.12.27 본문개정)
1. 연구시험용 시설로서 대통령령으로 정하는 시설
2. 직업훈련용 시설로서 대통령령으로 정하는 시설
3. (2016.12.27 삭제)
③ 제1항에 따른 투자가 2개 이상의 과세연도에 걸쳐서 이루어지는 경우에는 그 투자가 이루어지는 과세연도마다 해당 과세연도에 투자한 금액에 대하여 제1항을 적용받을 수 있다.
④ 제3항에 따른 투자금액의 계산에 필요한 사항은 대통령령으로 정한다.
⑤ 제1항이나 제3항을 적용받으려는 내국인은 대통령령으로 정하는 바에 따라 세액공제신청을 하여야 한다.

제104조【기술이전소득등에 대한 과세특례】 ① 중소기업 및 대통령령으로 정하는 중견기업이 대통령령으로 정하는 자체 연구·개발한 특허권 및 실용신안권, 기술비법 또는 기술, 대통령령으로 정하는 기술비법 또는 대통령령으로 정하는 기술(이하 이 조에서 "특허권등"이라 한다)을 2018년 12월 31일까지 내국인에게 이전(대통령령으로 정하는 특수관계인에게 이전한 경우는 제외한다)함으로써 발생하는 소득에 대하여는 해당 소득에 대한 개인지방소득세의 100분의 50에 상당하는 세액을 경감한다.
② 내국인이 특허권등을 자체 연구·개발한 내국인으로부터 2018년 12월 31일까지 특허권등을 취득(대통령령으로 정하는 특수관계인으로부터 취득한 경우는 제외한다)한 경우에는 취득금액에 다음 각 호의 구분에 따른 비율을 곱하여 계산한 금액을 해당 과세연도의 개인지방소득세(사업소득에 대한 개인지방소득세만 해당한다)에서 공제한다. 이 경우 공제받을 수 있는 금액은 해당 과세연도의 개인지방소득세의 100분의 10을 한도로 한다.
1. 중소기업이 취득하는 경우 : 100분의 10
2. 중소기업에 해당하지 아니하는 자가 취득하는 경우 : 100분의 5(중소기업으로부터 특허권등을 취득한 경우에 한정한다)
(2016.12.27 1호~2호신설)

③ 중소기업이 특허권등을 2018년 12월 31일까지 대여(대통령령으로 정하는 특수관계인에게 대여한 경우는 제외한다)함으로써 발생하는 소득에 대해서는 해당 소득에 대한 개인지방소득세의 100분의 25를 경감한다. (2016.12.27 본항신설)
④ 제1항부터 제3항까지의 규정을 적용받으려는 내국인은 대통령령으로 정하는 바에 따라 세액감면 또는 세액공제신청을 하여야 한다.
(2016.12.27 본조개정)
제105조【연구개발특구에 입주하는 첨단기술기업 등에 대한 개인지방소득세 등의 감면】① 「연구개발특구의 육성에 관한 특별법」제2조제1호에 따른 연구개발특구에 입주한 기업으로서 다음 각 호의 어느 하나에 해당하는 기업이 해당 구역의 사업장(이하 이 조에서 "감면대상사업장"이라 한다)에서 생물산업ㆍ정보통신산업 등 대통령령으로 정하는 사업(이하 이 조에서 "감면대상사업"이라 한다)을 하는 경우에는 제2항부터 제6항까지의 규정에 따라 개인지방소득세를 감면한다.
1. 「연구개발특구의 육성에 관한 특별법」제9조제1항에 따라 2018년 12월 31일까지 지정을 받은 첨단기술기업(2016.12.27 본호개정)
2. 「연구개발특구의 육성에 관한 특별법」제9조의3제2항에 따라 2018년 12월 31일까지 등록한 연구소기업(2016.12.27 본호개정)
② 제1항에 따른 요건을 갖춘 기업의 감면대상사업에서 발생한 소득에 대해서는 해당 감면대상사업에서 최초로 소득이 발생한 과세연도(지정을 받은 날 또는 등록한 날부터 5년이 되는 날이 속하는 과세연도까지 해당 감면대상사업에서 소득이 발생하지 아니한 경우에는 5년이 되는 날이 속하는 과세연도)의 개시일부터 3년 이내에 끝나는 과세연도의 경우에는 개인지방소득세의 100분의 100에 상당하는 세액을 감면하고, 그 다음 2년 이내에 끝나는 과세연도의 경우에는 개인지방소득세의 100분의 50에 상당하는 세액을 감면한다.
③ 제2항이 적용되는 감면기간 동안 감면받는 개인지방소득세의 총합계액이 제1호와 제2호의 금액을 합한 금액을 초과하는 경우에는 그 합한 금액을 한도(이하 이 조에서 "감면한도"라 한다)로 하여 세액을 감면한다. 다만, 대통령령으로 정하는 서비스업(이하 이 조에서 "서비스업"이라 한다)을 영위하는 경우로서 해당 서비스업에서 발생한 소득에 대하여 제2항이 적용되는 감면기간 동안 감면받는 소득세 또는 법인세 총합계액이 제1호와 제2호의 금액을 합한 금액과 제3호의 금액 중 큰 금액을 초과하는 경우에는 그 큰 금액을 한도로 하여 세액을 감면한다.(2016.12.27 본문개정)
1. 대통령령으로 정하는 투자누계액의 100분의 5
2. 다음 각 목의 금액 중 적은 금액
  가. 해당 과세연도의 감면대상사업장의 상시근로자 수 × 100만원
  나. 제1호의 투자누계액의 100분의 2
3. 다음 각 목의 금액 중 적은 금액
  가. 해당 과세연도의 감면대상사업장의 상시근로자 수 × 2백만원
  나. 제1호의 투자누계액의 100분의 10
(2016.12.27 본호신설)
④ 제2항에 따라 각 과세연도에 감면받을 개인지방소득세에 대하여 감면한도를 적용할 때에는 제3항제1호의 금액을 먼저 적용한 후 같은 항 제2호의 금액을 적용한다.
⑤ 제3항제2호 및 제3호를 적용받아 개인지방소득세를 감면받은 기업이 감면받은 과세연도 종료일부터 2년이 되는 날이 속하는 과세연도 종료일까지의 기간 중 각 과세연도의 감면대상사업장의 상시근로자수가 감면받

은 과세연도의 상시근로자 수보다 감소한 경우에는 대통령령으로 정하는 바에 따라 감면받은 세액에 상당하는 금액의 개인지방소득세를 납부하여야 한다.
(2016.12.27 본항신설)
⑥ 제3항 및 제5항을 적용할 때 상시근로자의 범위, 상시근로자 수의 계산방법, 그 밖에 필요한 사항은 대통령령으로 정한다.
⑦ 제2항을 적용받으려는 자는 대통령령으로 정하는 바에 따라 감면신청을 하여야 한다.
⑧ 제3항 각 호 외의 부분 단서에 따라 감면한도를 적용하는 경우에는 「조세특례제한법」제143조를 준용하여 서비스업과 그 밖의 업종을 각각 구분하여 경리하여야 한다.(2016.12.27 본항신설)
제106조【외국인기술자에 대한 개인지방소득세의 감면】① 대통령령으로 정하는 외국인기술자가 국내에서 내국인에게 근로를 제공하고 받는 근로소득으로서 그 외국인기술자가 국내에서 최초로 근로를 제공한 날(2018년 12월 31일 이전인 경우만 해당한다)부터 2년이 되는 날이 속하는 달까지 발생한 근로소득에 대해서는 개인지방소득세의 100분의 50에 상당하는 세액을 감면한다.
② (2014.12.31 삭제)
③ 제1항을 적용받으려는 자는 대통령령으로 정하는 바에 따라 그 감면신청을 하여야 한다.
(2014.12.31 본조개정)
제106조의2【외국인근로자에 대한 과세특례】「조세특례제한법」제18조의2제2항을 적용(법률 제12173호 조세특례제한법 일부개정법률 부칙 제59조에 따른 경과조치를 포함한다)받는 외국인근로자에 대하여는 「지방세법」제92조제1항에도 불구하고 「조세특례제한법」제18조의2제2항에서 규정하는 소득세 세율의 100분의 10에 해당하는 세율을 적용한다. 이 경우 이 법에 따른 개인지방소득세와 관련된 세액공제ㆍ감면에 관한 규정은 적용하지 아니한다.(2014.3.24 본조신설)

제4절 국제자본거래에 대한 특례

제107조【공공차관 도입에 따른 과세특례】① 「공공차관의 도입 및 관리에 관한 법률」제2조제6호에 따른 공공차관의 도입과 관련하여 외국인에게 지급되는 기술 또는 용역의 대가에 대해서는 해당 공공차관협약(「공공차관의 도입 및 관리에 관한 법률」제2조제7호에 따른 공공차관협약을 말한다)에서 정하는 바에 따라 개인지방소득세를 감면한다.
② 제1항에 따른 개인지방소득세 감면은 「공공차관의 도입 및 관리에 관한 법률」제2조제10호에 따른 대주 또는 기술제공자의 신청에 의하여 감면하지 아니할 수 있다.
제108조【국제금융거래에 따른 이자소득 등에 대한 개인지방소득세 면제】① 다음 각 호의 어느 하나의 소득을 받는 자(거주자의 국내 사업장은 제외한다)에 대해서는 개인지방소득세를 면제한다.
1. 국가ㆍ지방자치단체 또는 내국법인이 국외에서 발행하는 외화표시채권의 이자 및 수수료
2. 「외국환거래법」에 따른 외국환업무취급기관이 같은 법에 따른 외국환업무를 하기 위하여 외국금융기관으로부터 차입하여 외화로 상환하여야 할 외화채무에 대하여 지급하는 이자 및 수수료(2014.12.31 본호개정)
3. 대통령령으로 정하는 금융회사 등이 「외국환거래법」에서 정하는 바에 따라 국외에서 발행하거나 매각하는 외화표시어음과 외화예금증서의 이자 및 수수료
② 국가ㆍ지방자치단체 또는 내국법인이 발행한 대통령령으로 정하는 유가증권을 비거주자가 국외에서 양도함으로써 발생하는 소득에 대한 개인지방소득세를 면제한다.

제5절 투자촉진을 위한 특례

제109조【생산성향상시설 투자 등에 대한 세액공제】
① 내국인이 생산성 향상을 위하여 다음 각 호의 어느 하나에 해당하는 시설에 2017년 12월 31일까지 투자(중고품 및 대통령령으로 정하는 리스에 의한 투자는 제외한다)하는 경우에는 그 투자금액의 1,000분의 3(대통령령으로 정하는 중견기업의 경우에는 1,000분의 5, 중소기업의 경우에는 1,000분의 7)에 상당하는 금액을 개인지방소득세(사업소득에 대한 개인지방소득세만 해당한다)에서 공제한다. (2016.12.27 본문개정)
1. 공정(工程) 개선 및 자동화 시설 중 대통령령으로 정하는 시설
2. 첨단기술설비 중 대통령령으로 정하는 설비
3. 자재조달·생산계획·재고관리 등 공급망을 전자적 형태로 관리하기 위하여 사용되는 컴퓨터와 그 주변기기, 소프트웨어, 통신설비, 그 밖의 유형·무형의 설비로서 감가상각기간이 2년 이상인 설비(이하 "공급망관리 시스템설비"라 한다)
4. 고객자료의 통합·분석, 마케팅 등 고객관계를 전자적 형태로 관리하기 위하여 사용되는 컴퓨터와 그 주변기기, 소프트웨어, 통신설비, 그 밖의 유형·무형의 설비로서 감가상각기간이 2년 이상인 설비(이하 "고객관계관리 시스템설비"라 한다)
5. 구매·주문관리·수송·생산·창고운영·재고관리·유통망 등 물류 프로세스를 전략적으로 관리하고 효율화하기 위하여 사용되는 컴퓨터와 그 주변기기, 소프트웨어, 통신설비, 그 밖의 유형·무형의 설비로서 감가상각 기간이 2년 이상인 설비
6. 내국인이 고용하고 있는 임원 또는 사용인이 보유하고 있는 지식을 체계화하고 공유하기 위한 지식관리 시스템 등 대통령령으로 정하는 시스템
② 중소기업이 생산성 향상을 위하여 타인이 보유한 제1항제3호 및 제4호에 해당하는 설비를 2017년 12월 31일까지 인터넷을 통하여 이용하는 경우에는 그 이용비용의 1,000분의 7에 상당하는 금액을 개인지방소득세(사업소득에 대한 개인지방소득세만 해당한다)에서 공제한다. (2016.12.27 본항개정)
③ 제1항 또는 제2항에 따른 세액공제의 방법에 관하여는 제103조제1항·제3항 및 제4항을 준용한다.
④ 제1항 및 제2항을 적용받으려는 내국인은 대통령령으로 정하는 바에 따라 세액공제신청을 하여야 한다.

제110조【안전설비 투자 등에 대한 세액공제】
① 내국인이 다음 각 호의 어느 하나에 해당하는 시설(제1호의 경우에는 물품을 포함한다. 이하 이 조에서 같다) 중 산업정책·안전정책상 필요하다고 인정하여 대통령령으로 정하는 시설에 2017년 12월 31일까지 투자(중고품 및 대통령령으로 정하는 리스에 의한 투자는 제외한다)하는 경우에는 그 투자금액의 1,000분의 3(대통령령으로 정하는 중견기업의 경우에는 1,000분의5, 중소기업의 경우에는 1,000분의 7(중소기업이 제7호의 설비에 투자하는 경우에는 1,000분의 10)에 상당하는 금액을 개인지방소득세(사업소득에 대한 개인지방소득세만 해당한다)에서 공제한다. 이 경우 세액공제의 방법에 관하여는 제103조제1항·제3항 및 제4항을 준용한다. (2016.12.27 전단개정)
1. 「유통산업발전법」에 따라 시행되는 유통사업을 위한 시설
1의2. 「소방시설 설치 및 관리에 관한 법률」 제2조에 따른 소방시설(같은 법 제12조에 따라 특정소방대상물에 설치하여야 하는 소방시설은 제외한다)과 그 밖에 대통령령으로 정하는 소방 관련 물품 (2021.11.30 본호개정)

1의3. 내진보강 설비(2016.12.27 본호신설)
2. 「대·중소기업 상생협력 촉진에 관한 법률」에 따라 위탁기업체가 수탁기업체에 설치하는 시설
3. 산업재해 예방시설
4. 광산보안시설
5. 「비상대비에 관한 법률」에 따라 중점관리대상으로 지정된 자가 정부의 시설 보강 및 확장 명령에 따라 비상대비업무를 수행하기 위하여 보강하거나 확장한 시설(2022.1.4 본호개정)
6. 「축산물 위생관리법」 제9조에 따라 안전관리인증기준을 적용받거나 「식품위생법」 제48조에 따라 위해요소중점관리기준을 적용받는 영업자 등이 설치하는 위해요소 방지시설
7. 기술유출 방지설비
8. 해외자원 개발설비
② 제1항을 적용받으려는 내국인은 대통령령으로 정하는 바에 따라 세액공제신청을 하여야 한다.

제111조【에너지절약시설 투자에 대한 세액공제】
① 내국인이 대통령령으로 정하는 에너지절약시설에 2019년 12월 31일까지 투자(중고품 및 대통령령으로 정하는 리스에 의한 투자는 제외한다)하는 경우에는 그 투자금액의 1,000분의 1(대통령령으로 정하는 중견기업의 경우에는 1,000분의 3, 중소기업의 경우에는 1,000분의 6)에 상당하는 금액을 개인지방소득세(사업소득에 대한 개인지방소득세만 해당한다)에서 공제한다. (2016.12.27 본항개정)
② 제1항을 적용할 때 세액공제의 방법에 관하여는 제103조제1항·제3항 및 제4항을 준용한다.
③ 제1항을 적용받으려는 내국인은 대통령령으로 정하는 바에 따라 세액공제신청을 하여야 한다.

제112조【환경보전시설 투자에 대한 세액공제】
① 내국인이 대통령령으로 정하는 환경보전시설에 2019년 12월 31일까지 투자(중고품 및 대통령령으로 정하는 리스에 의한 투자는 제외한다)하는 경우에는 그 투자금액의 1,000분의 3(중견기업의 경우에는 1,000분의 5, 중소기업의 경우에는 1,000분의 10)에 상당하는 금액을 개인지방소득세(사업소득에 대한 개인지방소득세만 해당한다)에서 공제한다. 이 경우 세액공제의 방법은 제103조제1항·제3항 및 제4항을 준용한다. (2016.12.27 전단개정)
② 제1항을 적용받으려는 내국인은 대통령령으로 정하는 바에 따라 세액공제신청을 하여야 한다.

제113조【의약품 품질관리 개선시설투자에 대한 세액공제】
① 내국인이 대통령령으로 정하는 의약품 품질관리 개선시설에 2019년 12월 31일까지 투자(중고품 및 대통령령으로 정하는 리스에 의한 투자는 제외한다)하는 경우에는 그 투자금액의 1,000분의 3(중견기업의 경우에는 1,000분의 5, 중소기업의 경우에는 1,000분의 7)에 상당하는 금액을 개인지방소득세(사업소득에 대한 개인지방소득세만 해당한다)에서 공제한다. 이 경우 세액공제의 방법은 제103조제1항·제3항 및 제4항을 준용한다. (2016.12.27 전단개정)
② 제1항을 적용받으려는 내국인은 대통령령으로 정하는 바에 따라 세액공제신청을 하여야 한다.

제113조의2【신성장기술 사업화를 위한 시설투자에 대한 세액공제】
① 내국인이 대통령령으로 정하는 신성장기술의 사업화를 위한 시설에 2018년 12월 31일까지 투자(중고품 및 대통령령으로 정하는 리스에 의한 투자는 제외한다)하는 경우로서 다음 각 호의 요건을 모두 충족하는 경우에는 그 투자금액의 1,000분의 7(대통령령으로 정하는 중견기업의 경우에는 1,000분의 8, 중소기업의 경우에는 1,000분의 10)에 상당하는 금액을 개인지방소득세(사업소득에 대한 개인지방소득세만 해당한다)에서 공제한다.

1. 해당 투자를 개시하는 날이 속하는 과세연도의 직전 과세연도의 수입금액에서 연구·인력개발비가 차지하는 비율이 100분의 5 이상이고, 신성장동력·원천기술연구개발비 등이 대통령령으로 정하는 요건을 충족할 것
2. 해당 과세연도의 상시근로자 수가 직전 과세연도의 상시근로자 수보다 감소하지 아니할 것. 다만, 중소기업의 경우에는 해당 과세연도의 상시근로자 수가 직전 과세연도의 상시근로자 수보다 감소한 경우에도 세액 공제대상으로 하되, 공제대상 세액에서 감소한 상시근로자 1명당 1천만원씩 뺀 금액을 공제[해당 금액이 음수(陰數)인 경우에는 영으로 한다]한다.
② 제1항 또는 제174조제4항에 따라 개인지방소득세를 공제받은 자가 그 공제받은 과세연도종료일부터 2년이 되는 날이 속하는 과세연도종료일까지의 기간 중 각 과세연도의 상시근로자 수가 공제받은 과세연도의 상시근로자 수보다 감소할 경우에는 대통령령으로 정하는 바에 따라 공제받은 세액에 상당하는 금액을 개인지방소득세로 납부하여야 한다.
③ 제1항을 적용받으려는 내국인은 대통령령으로 정하는 바에 따라 세액공제 신청을 하여야 한다.
④ 제1항부터 제3항까지의 규정을 적용하거나 제174조제4항을 적용할 때의 해당 신성장기술·원천기술 등의 판정방법, 상시근로자의 범위, 상시근로자 수, 그 밖에 필요한 사항은 대통령령으로 정한다.
(2016.12.27 본조신설)

제113조의3【영상콘텐츠 제작비용에 대한 세액공제】 ① 대통령령으로 정하는 내국인이 2019년 12월 31일이 속하는 과세연도까지 다음 각 호의 어느 하나에 해당하는 것으로서 대통령령으로 정하는 방송프로그램 또는 영화(이하 이 조에서 "영상콘텐츠"라 한다)의 제작을 위하여 국내에서 발생한 비용 중 대통령령으로 정하는 비용(이하 이 조에서 "영상콘텐츠 제작비용"이라 한다)이 있는 경우에는 해당 영상콘텐츠 제작비용의 1,000분의 7(중소기업의 경우에는 1,000분의 10)에 상당하는 금액을 대통령령으로 정하는 바에 따라 해당 영상콘텐츠가 처음으로 방송되거나 영화관에서 상영된 과세연도의 개인지방소득세(사업소득에 대한 개인지방소득세만 해당한다)에서 공제한다.
1.「방송법」제2조에 따른 방송프로그램
2.「영화 및 비디오물의 진흥에 관한 법률」제2조에 따른 영화
② 제1항을 적용받으려는 내국인은 대통령령으로 정하는 바에 따라 세액공제 신청을 하여야 한다.
③ 제1항을 적용할 때 영상콘텐츠의 범위, 제작비용의 계산방법과 그 밖에 필요한 사항은 대통령령으로 정한다.
(2016.12.27 본조신설)

제114조【고용창출투자세액공제】 ① 내국인이 2017년 12월 31일까지 대통령령으로 정하는 투자(중고품 및 대통령령으로 정하는 리스에 의한 투자와 수도권과밀억제권역 내에 투자하는 경우는 제외한다. 이하 이 조에서 같다)를 하는 경우로서 해당 과세연도의 상시근로자 수가 직전 과세연도의 상시근로자 수보다 감소하지 아니한 경우에는 다음 각 호의 구분에 따라 계산한 금액을 더한 금액을 해당 투자가 이루어지는 각 과세연도의 개인지방소득세(사업소득에 대한 개인지방소득세만 해당한다)에서 공제한다. 다만, 중소기업의 경우에는 해당 과세연도의 상시근로자 수가 직전 과세연도의 상시근로자 수보다 감소한 경우에도 제1호를 적용한다. 이 경우 제1호의 금액에서 감소한 상시근로자 1명당 100만원씩 뺀 금액으로 하며, 해당 금액이 음수인 경우에는 영으로 한다.(2016.12.27 본문개정)
1. 기본공제금액 : 중소기업의 경우 해당 투자금액의 1,000분의 3에 상당하는 금액으로 하고, 대통령령으로

정하는 중견기업(이하 이 조에서 "중견기업"이라 한다)의 경우 다음 각 목에서 정한 바에 따른다.
가.「수도권정비계획법」제6조제1항제2호의 성장관리권역 또는 같은 항 제3호의 자연보전권역 내에 투자하는 경우에는 해당 투자금액의 1,000분의 1에 상당하는 금액
나. 수도권 밖의 지역에 투자하는 경우에는 해당 투자금액의 1,000분의 2에 상당하는 금액
(2016.12.27 본호개정)
2. 추가공제금액 : 해당 투자금액의 1,000분의 3(중소기업 및 중견기업은 1,000분의 4)에 상당하는 금액으로 하고, 수도권 밖의 지역에 투자하는 경우에는 해당 투자금액의 1,000분의 4(중소기업 및 중견기업은 1,000분의 5)에 상당하는 금액으로 하되, 대통령령으로 정하는 서비스업을 영위하는 경우에는 각각 해당 투자금액의 1,000분의 1에 상당하는 금액을 가산한 금액으로 한다.(2016.12.27 본문개정)
가. 해당 과세연도에 최초로 근로계약을 체결한 상시근로자 중「초·중등교육법」제2조에 따른 학교로서 산업계의 수요에 직접 연계된 맞춤형 교육과정을 운영하는 고등학교 등 직업교육훈련을 실시하는 대통령령으로 정하는 학교(이하 "산업수요맞춤형고등학교등"이라 한다)의 졸업생 수 × 200만원(중소기업의 경우는 250만원)
나. 해당 과세연도에 최초로 근로계약을 체결한 가목 외의 상시근로자 중 청년근로자, 장애인근로자, 60세 이상인 근로자 수 × 150만원(중소기업의 경우는 200만원)
다. (해당 과세연도의 상시근로자 수 - 직전 과세연도의 상시근로자 수 - 가목에 따른 졸업생 수 - 나목에 따른 청년근로자, 장애인근로자, 60세 이상인 근로자 수) × 100만원(중소기업의 경우는 150만원)
(2016.12.27 가목~다목개정)
라. 해당 과세연도에 제174조제3항에 따라 이월공제 받는 금액의 100분의 10
② 제1항에 따라 개인지방소득세를 공제받은 자가 그 공제받은 과세연도 종료일부터 2년이 되는 날이 속하는 과세연도 종료일까지의 기간 중 각 과세연도의 상시근로자 수가 공제받은 과세연도의 상시근로자 수보다 감소한 경우에는 대통령령으로 정하는 바에 따라 공제받은 세액에 상당하는 금액을 개인지방소득세로 납부하여야 한다.
③ 제1항·제2항 및 제174조제3항을 적용할 때 상시근로자 및 청년근로자, 장애인근로자, 60세 이상인 근로자의 범위와 상시근로자, 산업수요맞춤형고등학교등의 졸업생 및 청년근로자, 장애인근로자, 60세 이상인 근로자 수의 계산방법, 그 밖에 필요한 사항은 대통령령으로 정한다.
④ 제1항의 규정을 적용받으려는 내국인은 대통령령으로 정하는 바에 따라 세액공제신청을 하여야 한다.

제6절   고용지원을 위한 특례

제115조【산업수요맞춤형고등학교등 졸업자를 병역이행후 복직시킨 중소기업에 대한 세액공제】 ① 중소기업이 산업수요맞춤형고등학교등을 졸업한 사람 중 대통령령으로 정하는 사람을 고용한 경우 그 근로자가 대통령령으로 정하는 병역을 이행한 후 2017년 12월 31일까지 복직되는 경우(병역을 이행한 후 1년 이내에 복직된 경우만 해당한다)에는 해당 복직자에게 복직일 이후 2년 이내에 지급한 대통령령으로 정하는 인건비의 100분의 1에 상당하는 금액을 해당 과세연도의 개인지방소득세(사업소득에 대한 개인지방소득세만 해당한다)에서 공제한다.

② 제1항을 적용받으려는 중소기업은 대통령령으로 정하는 바에 따라 세액공제신청을 하여야 한다.

제115조의2【경력단절 여성 재고용 중소기업에 대한 세액공제】 ① 중소기업이 다음 각 호의 요건을 모두 충족하는 여성(이하 이 조 및 제118조제1항제1호에서 "경력단절 여성"이라 한다)과 2017년 12월 31일까지 1년 이상의 근로계약을 체결(이하 이 조에서 "재고용"이라 한다)하는 경우에는 재고용한 날부터 2년이 되는 날이 속하는 달까지 해당 경력단절 여성에게 지급한 대통령령으로 정하는 인건비의 100분의 1에 상당하는 금액을 해당 과세연도의 개인지방소득세(사업소득에 대한 개인지방소득세만 해당한다)에서 공제한다.
1. 해당 중소기업에서 1년 이상 근무하였을 것(대통령령으로 정하는 바에 따라 해당 중소기업이 경력단절 여성의 근로소득세를 원천징수하였던 사실이 확인되는 경우로 한정한다)
2. 대통령령으로 정하는 임신·출산·육아의 사유로 해당 중소기업에서 퇴직하였을 것
3. 해당 중소기업에서 퇴직한 날부터 3년 이상 10년 미만의 기간이 지났을 것
4. 해당 중소기업의 최대주주 또는 최대출자자(개인사업자의 경우에는 대표자를 말한다)나 그와 대통령령으로 정하는 특수관계인이 아닐 것
② 제1항을 적용받으려는 중소기업은 대통령령으로 정하는 바에 따라 세액공제 신청을 하여야 한다.
(2016.12.27 본조신설)

제115조의3【근로소득을 증대시킨 기업에 대한 세액공제】 ① 내국인이 다음 각 호의 요건을 모두 충족하는 경우에는 2017년 12월 31일이 속하는 과세연도까지 직전 3년 평균 초과 임금증가분의 1,000분의 5(중소기업과 대통령령으로 정하는 중견기업의 경우에는 100분의 1)에 상당하는 금액을 해당 과세연도의 개인지방소득세(사업소득에 대한 개인지방소득세만 해당한다)에서 공제한다.
1. 대통령령으로 정하는 상시근로자(이하 이 조에서 "상시근로자"라 한다)의 해당 과세연도의 평균임금 증가율이 직전 3개 과세연도의 평균임금 증가율의 평균(이하 이 조에서 "직전 3년 평균임금 증가율의 평균"이라 한다)보다 클 것
2. 해당 과세연도의 상시근로자 수가 직전 과세연도의 상시근로자 수보다 크거나 같을 것
② 제1항에 따른 직전 3년 평균 초과 임금증가분은 다음의 계산식에 따라 계산한 금액으로 한다.
직전 3년 평균 초과 임금증가분 = 〔해당 과세연도 상시근로자의 평균임금 − 직전 과세연도 상시근로자의 평균임금 × (1 + 직전 3년 평균임금 증가율의 평균)〕 × 직전 과세연도 상시근로자 수
③ 내국인이 다음 각 호의 요건을 모두 충족하는 경우에는 2017년 12월 31일이 속하는 과세연도까지 근로기간 및 근로형태 등 대통령령으로 정하는 요건을 충족하는 정규직 전환 근로자(이하 이 조에서 "정규직 전환 근로자"라 한다)에 대한 임금증가분 합계액의 1,000분의 5(대통령령으로 정하는 중견기업의 경우에는 100분의 1, 중소기업의 경우에는 100분의 2)에 상당하는 금액을 해당 과세연도의 개인지방소득세(사업소득에 대한 개인지방소득세만 해당한다)에서 공제한다.
1. 해당 과세연도에 정규직 전환 근로자가 있을 것
2. 해당 과세연도의 상시근로자 수가 직전 과세연도의 상시근로자 수보다 크거나 같을 것
④ 제3항에 따라 개인지방소득세를 공제받은 내국인이 공제받은 과세연도 종료일부터 1년이 되는 날이 속하는 과세연도의 종료일까지의 기간 중 정규직 전환

근로자와의 근로관계를 끝내는 경우에는 근로관계가 끝나는 날이 속하는 과세연도의 과세표준신고를 할 때 대통령령으로 정하는 바에 따라 계산한 세액을 개인지방소득세로 납부하여야 한다.
⑤ 제1항에도 불구하고 중소기업이 다음 각 호의 요건을 모두 충족하는 경우에는 2017년 12월 31일이 속하는 과세연도까지 전체 중소기업의 평균임금증가분을 초과하는 임금증가분의 1,000분의 10에 상당하는 금액을 제1항에 따른 금액 대신 해당 과세연도의 개인지방소득세(사업소득에 대한 개인지방소득세만 해당한다)에서 공제할 수 있다.
1. 상시근로자의 해당 과세연도의 평균임금 증가율이 전체 중소기업 임금증가율을 고려하여 대통령령으로 정하는 비율보다 클 것
2. 해당 과세연도의 상시근로자 수가 직전 과세연도의 상시근로자 수보다 크거나 같을 것
3. 직전 과세연도의 평균임금 증가율이 음수가 아닐 것
⑥ 제5항에 따른 전체 중소기업의 임금증가분을 초과하는 임금증가분은 다음의 계산식에 따라 계산한 금액으로 한다.
전체 중소기업의 평균임금증가분을 초과하는 임금증가분 = 〔해당 과세연도 상시근로자의 평균임금 − 직전 과세연도 상시근로자의 평균임금 × (1 + 전체 중소기업 임금증가율을 고려하여 대통령령으로 정하는 비율)〕 × 직전 과세연도 상시근로자 수
⑦ 제1항 또는 제3항을 적용받으려는 내국인은 대통령령으로 정하는 바에 따라 세액공제신청을 하여야 한다.
⑧ 제1항부터 제4항까지의 규정을 적용할 때 임금의 범위, 평균임금 증가율 및 직전 3년 평균임금 증가율의 평균의 계산방법, 정규직 전환 근로자의 임금 증가분 합계액과 그 밖에 필요한 사항은 대통령령으로 정한다.
(2016.12.27 본조신설)

제115조의4【청년고용을 증대시킨 기업에 대한 세액공제】 ① 내국인(소비성서비스업 등 대통령령으로 정하는 업종을 경영하는 내국인은 제외한다)의 2017년 12월 31일이 속하는 과세연도까지의 기간 중 해당 과세연도의 대통령령으로 정하는 청년 정규직 근로자의 수(이하 이 조에서 "청년 정규직 근로자 수"라 한다)가 직전 과세연도의 청년 정규직 근로자 수보다 증가한 경우에는 증가한 인원 수〔대통령령으로 정하는 정규직 근로자(이하 이 조에서 "전체 정규직 근로자"라 한다)의 증가한 인원 수와 대통령령으로 정하는 상시근로자(이하 이 조에서 "상시근로자"라 한다)의 증가한 인원 수 중 작은 수를 한도로 한다)에 20만원(중소기업 또는 대통령령으로 정하는 중견기업의 경우에는 50만원)을 곱한 금액을 해당 과세연도의 개인지방소득세(사업소득에 대한 개인지방소득세만 해당한다)에서 공제한다.
② 제1항에 따라 개인지방소득세를 공제받은 내국인이 공제를 받은 과세연도의 종료일부터 2년이 되는 날이 속하는 과세연도의 종료일까지의 기간 중 각 과세연도의 청년 정규직 근로자 수, 전체 정규직 근로자 수 또는 상시근로자 수가 공제를 받은 과세연도보다 감소한 경우에는 대통령령으로 정하는 바에 따라 공제받은 세액에 상당하는 금액을 개인지방소득세로 납부하여야 한다.
③ 제1항을 적용받으려는 내국인은 대통령령으로 정하는 바에 따라 세액공제신청을 하여야 한다.
④ 제1항 및 제2항을 적용할 때 청년 정규직 근로자, 전체 정규직 근로자 및 상시근로자 수의 계산방법과 그 밖에 필요한 사항은 대통령령으로 정한다.
(2016.12.27 본조신설)

제115조의5【중소기업 핵심인력 성과보상기금 수령액에 대한 개인지방소득세 감면 등】 ①「중소기업 인력지원 특별법」제2조제6호에 따른 중소기업 핵심인력

(해당 기업의 최대주주 등 대통령령으로 정하는 사람은 제외하며, 이하 이 조에서 "핵심인력"이라 한다)가 같은 법 제35조의2에 따른 중소기업 핵심인력 성과보상기금(이하 이 조에서 "성과보상기금"이라 한다)의 공제사업에 2018년 12월 31일까지 가입하여 공제납입금을 5년 이상 납입하고 그 성과보상기금으로부터 공제금을 수령하는 경우에 해당 공제금 중 같은 법 제35조의3제1호에 따라 중소기업이 부담한 기여금(이하 이 조에서 "기여금"이라 한다) 부분에 대해서는 「소득세법」 제20조에 따른 근로소득으로 보아 개인지방소득세를 부과하되, 개인지방소득세의 100분의 50에 상당하는 세액을 경감한다.
② 공제금 중 핵심인력이 납부한 공제납입금과 기여금을 제외한 금액은 「소득세법」 제16조제1항의 이자소득으로 보아 개인지방소득세를 부과한다.
③ 제1항에서 규정한 사항 외에 개인지방소득세 감면의 계산방법, 신청절차 및 그 밖에 필요한 사항은 대통령령으로 정한다.
(2016.12.27 본조신설)

제116조【중소기업에 취업하는 취업자에 대한 개인지방소득세 감면】 ① 대통령령으로 정하는 청년(이하 이 항에서 "청년"이라 한다), 60세 이상의 사람 및 장애인이 「중소기업기본법」 제2조에 따른 중소기업(비영리기업을 포함한다)으로서 대통령령으로 정하는 기업(이하 이 조에서 "중소기업체"라 한다)에 2012년 1월 1일(60세 이상의 사람 또는 장애인의 경우 2014년 1월 1일)부터 2018년 12월 31일까지 취업하는 경우 그 중소기업체로부터 받는 근로소득으로서 취업일부터 3년이 되는 날(청년으로서 대통령령으로 정하는 병역을 이행한 후 1년 이내에 병역 이행 전에 근로를 제공한 중소기업체에 복직하는 경우에는 복직한 날부터 2년이 되는 날을 말하며, 그 복직한 날이 최초 취업일부터 3년이 지나지 아니한 경우에는 최초 취업일부터 5년이 되는 날을 말한다)이 속하는 달까지 발생한 소득에 대해서는 개인지방소득세의 100분의 70에 상당하는 세액을 감면(과세기간별로 15만원을 한도로 한다)한다. 이 경우 개인지방소득세 감면기간은 개인지방소득세를 감면받은 사람이 다른 중소기업체에 취업하거나 해당 중소기업체에 재취업하는 경우에 관계없이 개인지방소득세를 감면받은 최초 취업일부터 계산한다.(2016.12.27 전단개정)
② 제1항을 적용받으려는 근로자는 대통령령으로 정하는 바에 따라 신청을 하여야 한다.
③ 제1항에 따라 감면 신청을 한 근로자가 제1항의 요건을 갖추지 못한 사실을 안 특별징수의무자는 해당 근로자가 퇴직하여 제1항을 적용받을 수 없거나 과소징수된 금액을 특별징수할 수 없는 경우에는 그 사실을 납세지 관할 지방자치단체의 장에게 통지하여야 하며 납세지 관할 지방자치단체의 장은 제1항을 적용받음에 따라 과소징수된 금액에 100분의 105를 곱한 금액을 해당 근로자에게 개인지방소득세로 즉시 부과·징수하여야 한다.
④ 제1항부터 제3항까지 규정한 사항 외에 개인지방소득세 감면의 신청절차, 제출서류, 그 밖의 필요한 사항은 대통령령으로 정한다.

제117조【정규직 근로자로의 전환에 따른 세액공제】 ① 중소기업이 2016년 6월 30일 당시 고용하고 있는 「기간제 및 단시간근로자 보호 등에 관한 법률」에 따른 기간제근로자 및 단시간근로자와 「파견근로자 보호 등에 관한 법률」에 따른 파견근로자, 「하도급거래 공정화에 관한 법률」에 따른 수급사업자에게 고용된 기간제근로자 및 단시간근로자를 2017년 12월 31일까지 기간의 정함이 없는 근로계약을 체결한 근로자로 전환하거나 「파견근로자 보호 등에 관한 법률」에 따라 사용사업주

가 직접 고용하거나 「하도급거래 공정화에 관한 법률」 제2조제2항제2호에 따른 원사업자가 기간의 정함이 없는 근로계약을 체결하여 직접 고용하는 경우(이하 이 조에서 "정규직 근로자로의 전환"이라 한다)에는 정규직 근로자로의 전환에 해당하는 인원에 20만원을 곱한 금액을 해당 과세연도의 개인지방소득세(사업소득에 대한 개인지방소득세만 해당한다)에서 공제한다.
(2019.4.30 신설)
② 제1항에 따라 개인지방소득세를 공제받은 자가 정규직 근로자로의 전환을 한 날부터 1년이 지나기 전에 해당 정규직 근로자와의 근로관계를 끝내는 경우에는 근로관계가 끝나는 날이 속하는 과세연도의 과세표준 신고를 할 때 공제받은 세액상당액에 대통령령으로 정하는 바에 따라 계산한 이자상당액을 가산하여 개인지방소득세로 납부하여야 한다.
③ 제1항의 적용을 위한 세액공제 신청 등에 관해 필요한 사항은 대통령령으로 정한다.

제118조【중소기업 고용증가 인원에 대한 사회보험료 세액 공제】 ① 중소기업이 2018년 12월 31일이 속하는 과세연도까지의 기간 중 해당 과세연도의 상시근로자 수가 직전 과세연도의 상시근로자 수보다 증가한 경우에는 다음 각 호의 따른 금액을 더한 금액을 해당 과세연도의 개인지방소득세(사업소득에 대한 소득세만 해당한다)에서 공제한다.
1. 청년 및 경력단절 여성(이하 이 조에서 "청년등"이라 한다) 상시근로자 고용증가인원에 대하여 사용자가 부담하는 사회보험료 상당액 : 청년등 상시근로자 고용증가인원으로서 대통령령으로 정하는 인원 × 청년등 상시근로자 고용증가 인원에 대한 사용자의 사회보험료 부담금액으로서 대통령령으로 정하는 금액 × 100분의 10
2. 청년등 외 상시근로자 고용증가 인원에 대하여 사용자가 부담하는 사회보험료 상당액 : 청년등 외 상시근로자 고용증가인원으로서 대통령령으로 정하는 인원 × 청년등 외 상시근로자 외의 상시근로자고용증가인원에 대한 사용자의 사회보험료 부담금액으로서 대통령령으로 정하는 금액 × 100분의 5(대통령령으로 정하는 신성장 서비스업을 영위하는 중소기업의 경우 1,000분의 75)
(2016.12.27 본항개정)
② 제1항에 따른 사회보험이란 다음 각 호의 것을 말한다.
1. 「국민연금법」에 따른 국민연금
2. 「고용보험법」에 따른 고용보험
3. 「산업재해보상보험법」에 따른 산업재해보상보험
4. 「국민건강보험법」에 따른 국민건강보험
5. 「노인장기요양보험법」에 따른 장기요양보험
③ 제1항을 적용할 때 세액공제 신청, 상시근로자, 청년등 상시근로자의 범위 및 제115조의2에 따른 세액공제를 적용받은 경우 청년등 상시근로자 고용증가인원의 계산방법과 그 밖에 필요한 사항은 대통령령으로 정한다.
(2016.12.27 본항개정)

제7절 기업구조조정을 위한 특례

제119조【중소기업 간의 통합에 대한 양도소득분 개인지방소득세의 이월과세 등】 ① 대통령령으로 정하는 업종을 경영하는 중소기업 간의 통합으로 인하여 소멸되는 중소기업이 대통령령으로 정하는 사업용고정자산(이하 "사업용고정자산"이라 한다)을 통합에 의하여 설립된 법인 또는 통합 후 존속하는 법인(이하 이 조에서 "통합법인"이라 한다)에 양도하는 경우 그 사업용고정자산에 대해서는 이월과세를 적용받을 수 있다.
② 제1항의 적용대상이 되는 중소기업 간 통합의 범위 및 요건에 관하여는 대통령령으로 정한다.

③ 제1항을 적용받으려는 내국인은 대통령령으로 정하는 바에 따라 이월과세 적용신청을 하여야 한다.

④ 제1항을 적용받은 내국인이 사업용고정자산을 양도한 날부터 5년 이내에 다음 각 호의 어느 하나에 해당하는 사유가 발생하는 경우에는 해당 내국인은 사유발생일이 속하는 달의 말일부터 2개월 이내에 제1항에 따른 이월과세액(통합법인이 이미 납부한 세액을 제외한 금액을 말한다)을 양도소득분 개인지방소득세로 납부하여야 한다. 이 경우 사업 폐지의 판단기준 등에 관하여 필요한 사항은 대통령령으로 정한다.(2014.12.31 전단개정)

1. 통합법인이 소멸되는 중소기업으로부터 승계받은 사업을 폐지하는 경우

2. 제1항을 적용받은 내국인이 통합으로 취득한 통합법인의 주식 또는 출자지분의 100분의 50 이상을 처분하는 경우

제120조【법인전환에 대한 양도소득분 개인지방소득세의 이월과세】 ① 거주자가 사업용고정자산을 현물출자하거나 대통령령으로 정하는 사업 양도·양수의 방법에 따라 법인(대통령령으로 정하는 소비성서비스업을 경영하는 법인은 제외한다)으로 전환하는 경우 그 사업용고정자산에 대해서는 이월과세를 적용받을 수 있다.

② 제1항은 새로 설립되는 법인의 자본금이 대통령령으로 정하는 금액 이상인 경우에만 적용한다.

③ 제1항을 적용받으려는 거주자는 대통령령으로 정하는 바에 따라 이월과세 적용신청을 하여야 한다.

④ 제1항에 따라 설립된 법인의 설립일부터 5년 이내에 다음 각 호의 어느 하나에 해당하는 사유가 발생하는 경우에는 제1항을 적용받은 거주자가 사유발생일이 속하는 달의 말일부터 2개월 이내에 제1항에 따른 이월과세액(해당 법인이 이미 납부한 세액을 제외한 금액을 말한다)에 대해서는 양도소득분 개인지방소득세로 납부하여야 한다. 이 경우 사업 폐지의 판단기준 등에 관하여 필요한 사항은 대통령령으로 정한다.(2014.12.31 전단개정)

1. 제1항에 따라 설립된 법인이 제1항을 적용받은 거주자로부터 승계받은 사업을 폐지하는 경우

2. 제1항을 적용받은 거주자가 법인전환으로 취득한 주식 또는 출자지분의 100분의 50 이상을 처분하는 경우

제121조【사업전환 무역조정지원기업에 대한 세액감면】 ①「무역조정 지원 등에 관한 법률」제6조에 따른 무역조정지원기업(이하 이 조 및 제122조에서 "무역조정지원기업"이라 한다)이 경영하던 사업(이하 이 조에서 "전환전사업"이라 한다)을「조세특례제한법」제6조제3항 각 호의 어느 하나에 해당하는 사업(이하 이 조에서 "전환사업"이라 한다)으로 전환하기 위하여 해당 전환전사업에 직접 사용하는 사업용고정자산(이하 이 조에서 "전환전사업용고정자산"이라 한다)을 2018년 12월 31일까지 양도하고 양도일부터 1년 이내에 전환사업에 직접 사용할 사업용고정자산을 취득하는 경우로써 그 전환전사업의 사업장 건물 및 그 부속토지의 양도가액(이하 이 조에서 "전환전사업양도가액"이라 한다)으로 전환사업의 기계장치를 취득한 경우에는 대통령령으로 정하는 바에 따라 양도소득분 개인지방소득세의 100분의 50에 상당하는 세액을 감면받을 수 있다. 다만, 거주자가「조세특례제한법」제33조제2항에 의한 과세이연을 받은 경우에는 본문을 적용하지 아니한다.(2021.10.19 본문개정)

② 제1항을 적용받은 내국인이 사업전환을 하지 아니하거나 전환사업 개시일부터 3년 이내에 해당 사업을 폐업하거나 해산한 경우에는 그 사유가 발생한 날이 속하는 사업연도의 소득금액을 계산할 때 감면받은 세액을 양도소득분 개인지방소득세로 납부하여야 한다.

이 경우 대통령령으로 정하는 바에 따라 계산한 이자상당 가산액을 양도소득분 개인지방소득세에 가산하여 납부하여야 하며 해당 세액은「지방세법」제103조의7에 따라 납부하여야 할 세액으로 본다.

③ 제1항부터 제2항까지의 규정을 적용하는 경우 사업전환의 범위, 사업용고정자산의 범위, 세액감면신청서 및 사업용고정자산 양도차익명세서의 제출, 그 밖에 필요한 사항은 대통령령으로 정한다.

제122조【사업전환 중소기업 및 무역조정지원기업에 대한 세액감면】 ① 중소기업을 경영하는 내국인이 5년 이상 계속하여 경영하던 사업 및 무역조정지원기업이 경영하던 사업(이하 이 조에서 "전환전사업"이라 한다)을 다음 각 호에 따라 2018년 12월 31일(공장을 신설하는 경우에는 2020년 12월 31일)까지 수도권과밀억제권역 밖(무역조정지원기업은 수도권과밀억제권역에서 사업을 전환하는 경우를 포함한다)에서「조세특례제한법」제6조제3항 각 호의 어느 하나에 해당하는 사업(이하 이 조에서 "전환사업"이라 한다)으로 전환하는 경우에는 대통령령으로 정하는 사업전환일(이하 이 조에서 "사업전환일"이라 한다) 이후 최초로 소득이 발생한 날이 속하는 과세연도(사업전환일부터 5년이 되는 날이 속하는 과세연도까지 해당 사업에서 소득이 발생하지 아니하는 경우에는 5년이 되는 날이 속하는 과세연도)와 그 다음 과세연도의 개시일부터 3년 이내에 끝나는 과세연도까지 해당 전환사업에서 발생하는 소득에 대한 개인지방소득세의 100분의 50에 상당하는 세액을 감면한다.(2016.12.27 본항개정)

1. 전환전사업을 양도하거나 폐업하고 양도하거나 폐업한 날부터 1년(공장을 신설하는 경우에는 3년) 이내에 전환사업으로 전환하는 경우

2. 대통령령으로 정하는 바에 따라 전환전사업의 규모를 축소하고 전환사업을 추가하는 경우

② 제1항제2호를 적용하는 경우 감면기간 중 대통령령으로 정하는 과세연도에 대해서는 같은 항에 따른 감면을 적용하지 아니한다.

③ 제1항을 적용받은 내국인이 사업전환을 하지 아니하거나 사업전환일부터 3년 이내에 해당 사업을 폐업하거나 해산한 경우에는 그 사유가 발생한 날이 속하는 과세연도의 소득금액을 계산할 때 감면받은 세액을 개인지방소득세로 납부하여야 한다.

④ 제1항에 따라 감면받은 개인지방소득세를 제3항에 따라 납부하는 경우에는 대통령령으로 정하는 바에 따라 이자 상당 가산액을 개인지방소득세에 가산하여 납부하여야 하며 해당 세액은「지방세법」제95조에 따라 납부하여야 할 세액으로 본다.

⑤ 제1항을 적용받으려는 내국인은 대통령령으로 정하는 바에 따라 세액감면신청을 하여야 한다.

제123조【주주등의 자산양도에 관한 개인지방소득세 과세특례】 ①「조세특례제한법」제40조제1항에 따라 주주등이 법인에 자산을 증여할 때 거주자인 주주등이 소유하던 자산을 양도하고 2018년 12월 31일 이전에 그 양도대금을 해당 법인에 증여하는 경우에는 해당 자산을 양도함으로써 발생하는 양도차익 중 대통령령으로 정하는 증여금액에 상당하는 금액(이하 이 조에서 "양도차익상당액"이라 한다)에 대한 양도소득분 개인지방소득세를 면제한다.(2016.12.27 본항개정)

② 제1항에 따라 자산을 증여받은 법인이「조세특례제한법」제40조제4항 각 호의 어느 하나에 해당하는 경우에는 제1항에 따라 감면한 세액을 해당 법인이 납부할 법인지방소득세에 가산하여 징수한다.(2014.3.24 본항신설)

③ 제2항에 따라 법인이 납부할 세액에는 대통령령으로 정하는 바에 따라 계산한 이자상당가산액을 가산하며 해당 세액은「지방세법」제103조의23제3항에 따라

납부하여야 할 세액으로 본다. 다만, 「조세특례제한법」제40조제4항제3호 단서에 해당하는 경우에는 그러하지 아니하다.(2014.3.24 본항신설)

④ 제1항부터 제3항까지의 규정을 적용할 때 세액감면의 신청 등 필요한 사항은 대통령령으로 정한다.(2014.3.24 본항개정)

제8절 지역 간의 균형발전을 위한 특례

제124조 【수도권과밀억제권역 밖으로 이전하는 중소기업에 대한 세액감면】 ① 수도권과밀억제권역에서 2년 이상 계속하여 공장시설을 갖추고 사업을 하는 중소기업(내국인만 해당한다)이 대통령령으로 정하는 바에 따라 수도권과밀억제권역 밖으로 그 공장시설을 전부 이전(본점이나 주사무소가 수도권과밀억제권역에 있는 경우에는 해당 본점이나 주사무소도 함께 이전하는 경우만 해당한다)하여 2017년 12월 31일까지 사업을 개시한 경우에는 이전 후의 공장에서 발생하는 소득에 대하여 이전일 이후 해당 공장에서 최초로 소득이 발생한 과세연도(이전일부터 5년이 되는 날이 속하는 과세연도까지 소득이 발생하지 아니한 경우에는 이전일부터 5년이 되는 날이 속하는 과세연도)와 그 다음 과세연도 개시일부터 6년(「수도권정비계획법」 제6조제1항제2호의 성장관리권역, 같은 항 제3호의 자연보전권역, 수도권 외 지역에 소재하는 광역시 및 대통령령으로 정하는 지역으로 이전하는 경우에는 4년) 이내에 끝나는 과세연도에는 개인지방소득세의 100분의 100에 상당하는 세액을 감면하고, 그 다음 3년(「수도권정비계획법」 제6조제1항제2호의 성장관리권역, 같은 항 제3호의 자연보전권역, 수도권 외 지역에 소재하는 광역시 및 대통령령으로 정하는 지역으로 이전하는 경우에는 2년) 이내에 끝나는 과세연도에는 개인지방소득세의 100분의 50에 상당하는 세액을 감면한다.(2016.12.27 본항개정)

② 제1항에 따라 감면을 적용받은 중소기업이 다음 각 호의 어느 하나에 해당하는 경우에는 그 사유가 발생한 과세연도의 개인지방소득 과세표준신고를 할 때 대통령령으로 정하는 바에 따라 계산한 세액을 개인지방소득세로 납부하여야 한다.

1. 공장을 이전하여 사업을 개시한 날부터 3년 이내에 그 사업을 폐업하는 경우. 다만, 합병·분할 또는 분할합병으로 인한 경우에는 그러하지 아니하다.
2. 대통령령으로 정하는 바에 따라 공장을 수도권과밀억제권역 밖으로 이전하여 사업을 개시한 경우에 해당하지 아니하는 경우
3. 제1항에 따라 감면을 받는 기간에 수도권과밀억제권역에 제1항에 따라 이전한 공장에서 생산하는 제품과 같은 제품을 생산하는 공장을 설치하거나 본사를 설치하는 경우

③ 제1항에 따라 감면받은 개인지방소득세를 제2항에 따라 납부하는 경우에는 제122조제4항의 이자 상당 가산액에 관한 규정을 준용한다.

④ 제1항을 적용받으려는 자는 대통령령으로 정하는 바에 따라 세액감면신청을 하여야 한다.

⑤ 제1항을 적용받는 중소기업은 대통령령으로 정하는 분류를 기준으로 이전 전의 공장에서 영위하던 업종과 이전 후의 공장에서 영위하는 업종이 같아야 한다.

⑥ 제1항에 따라 감면을 적용받은 기업이 「중소기업기본법」에 따른 중소기업이 아닌 기업과 합병 등 대통령령으로 정하는 사유에 따라 중소기업에 해당하지 아니하게 된 경우에는 해당 사유 발생일이 속하는 과세연도부터 감면하지 아니한다.(2016.12.27 본항신설)

제125조 【농공단지 입주기업 등에 대한 세액감면】 ① 다음 각 호의 어느 하나에 해당하는 자에 대해서는 제100조제1항을 준용하여 해당 사업에서 발생한 소득에 대한 개인지방소득세를 감면한다.

1. 2018년 12월 31일까지 「산업입지 및 개발에 관한 법률」에 따른 농공단지 중 대통령령으로 정하는 농공단지에 입주하여 농어촌소득원개발사업을 하는 내국인(2016.12.27 본호개정)
2. 2018년 12월 31일까지 「지역중소기업 육성 및 혁신촉진 등에 관한 법률」 제23조에 따른 중소기업특별지원지역으로서 대통령령으로 대통령령으로 정하는 지역에 입주하여 사업을 하는 중소기업(2021.7.27 본호개정)

② 제1항을 적용받으려는 자는 대통령령으로 정하는 바에 따라 세액감면신청을 하여야 한다.

제126조 【영농조합법인의 조합원에 대한 개인지방소득세의 면제】 ① 「농어업경영체 육성 및 지원에 관한 법률」에 따른 영농조합법인(이하 "영농조합법인"이라 한다)의 조합원이 영농조합법인으로부터 2018년 12월 31일까지 받는 배당소득 중 곡물 및 기타 식량작물 재배업에서 발생하는 소득(이하 "식량작물재배업소득"이라 한다)에서 발생한 배당소득 전액과 식량작물재배업소득 외의 소득에서 발생한 배당소득 중 대통령령으로 정하는 범위의 금액에 대해서는 개인지방소득세를 면제한다. 이 경우 식량작물재배업소득에서 발생한 배당소득과 식량작물재배업소득 외의 소득에서 발생한 배당소득의 계산은 대통령령으로 정하는 바에 따른다.(2016.12.27 본항개정)

② 대통령령으로 정하는 농업인이 2018년 12월 31일 이전에 농지 또는 「초지법」 제5조에 따른 초지조성허가를 받은 초지(이하 "초지"라 한다)를 영농조합법인에 현물출자함으로써 발생하는 소득에 대해서는 양도소득분 개인지방소득세의 100분의 100에 상당하는 세액을 감면한다. 다만, 해당 농지 또는 초지가 「국토의 계획 및 이용에 관한 법률」에 따른 주거지역·상업지역 또는 공업지역(이하 이 조부터 제131조까지에서 "주거지역 등"이라 한다)에 편입되거나 「도시개발법」 또는 그 밖의 법률에 따라 환지처분 전에 농지 또는 초지 외의 토지로 환지예정지 지정을 받은 경우에는 주거지역등에 편입되거나 환지예정지 지정을 받은 날까지 발생한 소득으로서 대통령령으로 정하는 소득에 대해서만 양도소득분 개인지방소득세의 100분의 100에 상당하는 세액을 감면한다.(2016.12.27 본항개정)

③ 제2항에 따라 양도소득분 개인지방소득세를 감면받은 자가 그 출자지분을 출자일부터 3년 이내에 다른 사람에게 양도하는 경우에는 그 양도일이 속하는 과세연도의 개인지방소득 과세표준신고를 할 때 대통령령으로 정하는 바에 따라 계산한 세액을 양도소득분 개인지방소득세로 납부하여야 한다. 다만, 대통령령으로 정하는 경우에는 그러하지 아니하다.(2014.12.31 본문개정)

④ 제2항에 따라 감면받은 양도소득분 개인지방소득세를 제3항 본문에 따라 납부하는 경우에는 대통령령으로 정하는 바에 따라 계산한 이자 상당액을 가산한다.(2014.12.31 본항개정)

⑤ 대통령령으로 정하는 농업인이 2018년 12월 31일 이전에 영농조합법인에 「농업·농촌 및 식품산업 기본법」 제3조제1호에 따른 농작물재배업·축산업 및 임업에 직접 사용되는 부동산(제2항에 따른 농지 및 초지는 제외한다)을 현물출자하는 경우에는 이월과세를 적용받을 수 있다.(2016.12.27 본항개정)

⑥ 제1항·제2항 및 제5항을 적용받으려는 자는 대통령령으로 정하는 바에 따라 신청을 하여야 한다.

⑦ 제5항을 적용받은 농업인이 현물출자로 취득한 주식 또는 출자지분의 100분의 50 이상을 출자일부터 3년 이내에 처분하는 경우에는 처분일이 속하는 달의 말일부터 2개월 이내에 제7항에 따른 이월과세액(해당

영농조합법인이 이미 납부한 세액을 제외한 금액을 말한다)을 대통령령으로 정하는 바에 따라 양도소득분 개인지방소득세로 납부하여야 한다.(2014.12.31 본항개정)

⑧ 제5항에 따른 이월과세액을 제7항에 따라 납부하는 경우 주식 또는 출자지분의 100분의 50 이상을 처분하는 경우의 판단기준 등에 관하여 필요한 사항은 대통령령으로 정하며, 대통령령으로 정하는 바에 따라 계산한 이자상당액을 가산한다.

제127조【영어조합법인의 조합원에 대한 개인지방소득세의 면제】① '농어업경영체 육성 및 지원에 관한 법률'에 따른 영어조합법인(이하 "영어조합법인"(營漁組合法人)이라 한다)의 조합원이 영어조합법인으로부터 2018년 12월 31일까지 받는 배당소득중 대통령령으로 정하는 범위의 금액에 대해서는 개인지방소득세를 면제한다.(2016.12.27 본항개정)

② 대통령령으로 정하는 어업인이 2018년 12월 31일 이전에 대통령령으로 정하는 어업용 토지 등(이하 이 조에서 "어업용 토지등"이라 한다)을 영어조합법인과 「농어업경영체 육성 및 지원에 관한 법률」에 따른 어업회사법인에 현물출자함으로써 발생하는 소득에 대해서는 양도소득분 개인지방소득세의 100분의 100에 상당하는 세액을 감면한다. 다만, 해당 어업용 토지등이 주거지역등에 편입되거나 「도시개발법」 또는 그 밖의 법률에 따라 환지처분 전에 어업용 토지등 외의 토지로 환지예정지 지정을 받은 경우에는 주거지역등에 편입되거나 환지예정지 지정을 받은 날까지 발생한 소득으로서 대통령령으로 정하는 소득에 대해서만 양도소득분 개인지방소득세의 100분의 100에 상당하는 세액을 감면한다.(2016.12.27 본항개정)

③ 제2항에 따라 양도소득분 개인지방소득세를 감면받은 자가 그 출자지분을 출자일부터 3년 이내에 다른 사람에게 양도하는 경우에는 그 양도일이 속하는 과세연도의 개인지방소득 과세표준신고를 할 때 대통령령으로 정하는 바에 따라 계산한 세액을 양도소득분 개인지방소득세를 납부하여야 한다. 다만, 대통령령으로 정하는 경우에는 그러하지 아니하다.(2014.12.31 본문개정)

④ 제1항 및 제2항에 따른 감면신청과 제3항 본문에 따른 세액의 납부에 관하여는 제126조제4항 및 제6항을 준용한다.(2014.12.31 본항개정)

제128조【농업인 등에 대한 양도소득분 개인지방소득세의 면제 등】① 대통령령으로 정하는 농업인이 2018년 12월 31일 이전에 농지 또는 초지를 「농어업경영체 육성 및 지원에 관한 법률」에 따른 농업회사법인(이하 "농업회사법인"이라 한다. 본 항에서 농업회사법인은 「농지법」에 따른 농업법인의 요건을 갖춘 경우만 해당한다)에 현물출자함으로써 발생하는 소득에 대해서는 양도소득분 개인지방소득세의 100분의 100에 상당하는 세액을 감면한다. 다만, 해당 농지 또는 초지가 주거지역등에 편입되거나 「도시개발법」 또는 그 밖의 법률에 따라 환지처분 전에 농지 또는 초지 외의 토지로 환지예정지 지정을 받은 경우에는 주거지역등에 편입되거나 환지예정지 지정을 받은 날까지 발생한 소득으로서 대통령령으로 정하는 양도소득분 개인지방소득세의 100분의 100에 상당하는 세액을 감면한다.(2016.12.27 본항개정)

② 대통령령으로 정하는 농업인이 2018년 12월 31일 이전에 농업회사법인에 「농업·농촌 및 식품산업 기본법」 제3조제1호에 따른 농작물재배업·축산업 및 임업에 직접 사용하는 부동산(제1항에 따른 농지 및 초지는 제외한다)을 현물출자하는 경우에는 이월과세를 적용받을 수 있다. 이 경우 제126조제7항 및 제8항을 준용한다.(2016.12.27 전단개정)

③ 농업회사법인에 출자한 거주자가 2018년 12월 31일

까지 받는 배당소득 중 식량작물재배업소득에서 발생한 배당소득 전액에 대해서는 개인지방소득세를 면제한다.(2016.12.27 본항개정)

④ 제1항부터 제3항까지를 적용받으려는 자는 대통령령으로 정하는 바에 따라 신청을 하여야 한다.

⑤ 제1항에 따른 양도소득분 개인지방소득세의 감면에 관하여는 제126조제3항·제4항 및 제6항을 준용한다.(2016.12.27 본항신설)

제129조【자경농지에 대한 양도소득분 개인지방소득세의 감면】① 농지 소재지에 거주하는 대통령령으로 정하는 거주자가 8년 이상〔대통령령으로 정하는 경영이양 직접지불보조금의 지급대상이 되는 농지를 「한국농어촌공사 및 농지관리기금법」에 따른 한국농어촌공사 또는 농업을 주업으로 하는 법인으로서 대통령령으로 정하는 법인(이하 이 조에서 "농업법인"이라 한다)에 2018년 12월 31일까지 양도하는 경우에는 3년 이상〕대통령령으로 정하는 방법으로 직접 경작한 토지 중 대통령령으로 정하는 토지의 양도로 인하여 발생하는 양도소득분 개인지방소득세를 면제한다. 다만, 해당 토지가 주거지역등에 편입되거나 「도시개발법」 또는 그 밖의 법률에 따라 환지처분 전에 농지 외의 토지로 환지예정지 지정을 받은 경우에는 주거지역등에 편입되거나, 환지예정지 지정을 받은 날까지 발생한 소득으로서 대통령령으로 정하는 소득에 대해서만 양도소득분 개인지방소득세를 면제한다.(2016.12.27 본항개정)

② 농업법인이 해당 토지를 취득한 날부터 3년 이내에 그 토지를 양도하거나 대통령령으로 정하는 사유가 발생한 경우에는 그 법인이 그 사유가 발생한 과세연도의 과세표준신고를 할 때 제1항에 따라 감면된 세액에 상당하는 금액을 법인지방소득세로 납부하여야 한다.

③ 제1항을 적용하려는 자는 대통령령으로 정하는 바에 따라 감면신청을 하여야 한다.

제130조【축사용지에 대한 양도소득분 개인지방소득세의 감면】① 축산에 사용하는 축사와 이에 딸린 토지(이하 이 조에서 "축사용지"라 한다) 소재지에 거주하는 대통령령으로 정하는 거주자가 8년 이상 대통령령으로 정하는 방법으로 직접 축산에 사용한 대통령령으로 정하는 축사용지(1명당 1,650제곱미터를 한도로 한다)를 폐업을 위하여 2017년 12월 31일까지 양도함에 따라 발생하는 소득에 대해서는 양도소득분 개인지방소득세를 면제한다. 다만, 해당 토지가 주거지역등에 편입되거나 「도시개발법」 또는 그 밖의 법률에 따라 환지처분 전에 해당 축사용지 외의 토지로 환지예정지 지정을 받은 경우에는 주거지역등에 편입되거나, 환지예정지 지정을 받은 날까지 발생한 소득으로서 대통령령으로 정하는 소득에 대하여만 양도소득분 개인지방소득세를 면제한다.(2016.12.27 본항개정)

② 제1항에 따라 양도소득분 개인지방소득세를 감면받은 거주자가 해당 축사용지 양도 후 5년 이내에 축산업을 다시 하는 경우에는 감면받은 세액을 추징한다. 다만, 상속 등 대통령령으로 정하는 경우에는 그러하지 아니한다.

③ 제1항을 적용받으려는 자는 대통령령으로 정하는 바에 따라 감면신청을 하여야 한다.

④ 제1항부터 제3항까지의 규정을 적용하는 경우 축사용지의 보유기간, 폐업의 범위, 감면세액의 계산방법 및 그 밖에 필요한 사항은 대통령령으로 정한다.

제131조【농지대토에 대한 양도소득분 개인지방소득세 감면】① 농지 소재지에 거주하는 대통령령으로 정하는 거주자가 대통령령으로 정하는 방법으로 직접 경작한 토지를 경작상의 필요에 의하여 대통령령으로 정하는 경우에 해당하는 농지로 대토(代土)함으로써 발생하는 소득에 대해서는 양도소득분 개인지방소득세를 면제한다. 다만, 해당 토지가 주거지역등에 편입되거나

「도시개발법」 또는 그 밖의 법률에 따라 환지처분 전에 농지 외의 토지로 환지예정지 지정을 받은 경우에는 주거지역등에 편입되거나, 환지예정지 지정을 받은 날까지 발생한 소득으로서 대통령령으로 정하는 소득에 대해서만 양도소득분 개인지방소득세를 면제한다. (2016.12.27 단서개정)
② 제1항에 따라 양도하거나 취득하는 토지가 주거지역등에 편입되거나 「도시개발법」 또는 그 밖의 법률에 따라 환지처분 전에 농지 외의 토지로 환지예정지 지정을 받은 토지로서 대통령령으로 정하는 토지외 경우에는 제1항을 적용하지 아니한다.(2016.12.27 본항개정)
③ 제1항에 따라 감면을 받으려는 자는 대통령령으로 정하는 바에 따라 감면신청을 하여야 한다.
④ 제1항에 따라 양도소득분 개인지방소득세의 감면을 적용받은 거주자가 대통령령으로 정하는 사유가 발생하여 제1항에 정하는 요건을 충족하지 못하는 경우에는 그 사유가 발생한 날이 속하는 달의 말일부터 2개월 이내에 감면받은 양도소득분 개인지방소득세를 납부하여야 한다.
⑤ 제1항에 따라 감면받은 양도소득분 개인지방소득세를 제4항에 따라 납부하는 경우에는 대통령령으로 정하는 바에 따라 계산한 이자상당액을 가산한다.

제131조의2【경영회생 지원을 위한 농지 매매 등에 대한 양도소득분 개인지방소득세 과세특례】① 「농지법」 제2조에 따른 농업인(이하 이 조에서 "농업인"이라 한다)이 「한국농어촌공사 및 농지관리기금법」 제24조의3 제1항에 따라 직접 경작한 농지 및 그 농지에 딸린 농업용시설(이하 이 조에서 "농지등"이라 한다)을 같은 법 제3조에 따른 한국농어촌공사(이하 이 조에서 "한국농어촌공사"라 한다)에 양도한 후 같은 법 제24조의3 제3항에 따라 임차하여 직접 경작한 경우로서 해당 농지등을 같은 법 제24조의3제3항에 따른 임차기간 이내에 환매한 경우 대통령령으로 정하는 바에 따라 해당 농지등의 양도소득에 대하여 납부한 양도소득분 개인지방소득세를 환급받을 수 있다.
② 제1항에 따라 양도소득분 개인지방소득세를 환급받은 농업인이 환매한 해당 농지등을 다시 양도하는 경우 그 취득가액과 취득시기는 「조세특례제한법」 제70조의2제2항을 준용한다.
③ 제1항에 따라 환급받으려는 자는 대통령령으로 정하는 바에 따라 환급신청을 하여야 한다.
④ 제1항 및 제2항을 적용함에 있어 환매한 농지등을 다시 양도하는 경우 제129조에 따른 자경농지에 대한 양도소득분 개인지방소득세의 감면의 적용방법 등 그 밖에 필요한 사항은 대통령령으로 정한다.
(2014.3.24 본조신설)

제9절 공익사업지원을 위한 특례

제132조【공익사업용 토지 등에 대한 양도소득분 개인지방소득세의 감면】① 다음 각 호의 어느 하나에 해당하는 소득으로서 해당 토지등이 속한 사업지역에 대한 사업인정고시일(사업인정고시일 전에 양도하는 경우에는 양도일)부터 소급하여 2년 이전에 취득한 토지등을 2018년 12월 31일 이전에 양도함으로써 발생하는 소득에 대해서는 양도소득분 개인지방소득세의 100분의 10〔토지등의 양도대금을 대통령령으로 정하는 채권으로 받는 부분에 대해서는 100분의 15로 하되, 「공공주택 특별법」 등 대통령령으로 정하는 법률에 따라 협의매수 또는 수용됨으로써 발생하는 소득으로서 대통령령으로 정하는 방법으로 해당 채권을 3년 이상의 만기까지 보유하기로 특약을 체결하는 경우에는 100분의 30(만기가 5년 이상인 경우에는 100분의 40)〕에 상당하는 세액을 감면한다.(2016.12.27 본문개정)

1. 「공익사업을 위한 토지 등의 취득 및 보상에 관한 법률」이 적용되는 공익사업에 필요한 토지등을 그 공익사업의 시행자에게 양도함으로써 발생하는 소득
2. 「도시 및 주거환경정비법」에 따른 정비구역(정비기반시설을 수반하지 아니하는 정비구역은 제외한다)의 토지등을 같은 법에 따른 사업시행자에게 양도함으로써 발생하는 소득
3. 「공익사업을 위한 토지 등의 취득 및 보상에 관한 법률」이나 그 밖의 법률에 따른 토지등의 수용으로 인하여 발생하는 소득
② 거주자가 제1항제1호에 따른 공익사업의 시행자 및 같은 항 제2호에 따른 사업시행자(이하 이 조에서 "사업시행자"라 한다)로 지정되기 전의 사업자(이하 이 항에서 "지정 전 사업자"라 한다)에게 2년 이상 보유한 토지등(제1항제1호의 공익사업에 필요한 토지등 또는 같은 항 제2호에 따른 정비구역의 토지등을 말한다. 이하 이 항에서 같다)을 2015년 12월 31일 이전에 양도하고 해당 토지등을 양도한 날이 속하는 과세기간의 개인지방소득 과세표준신고(예정신고를 포함한다)를 법정신고기한까지 한 경우로서 지정 전 사업자가 그 토지등의 양도일부터 5년 이내에 사업시행자로 지정받은 경우에는 대통령령으로 정하는 바에 따라 제1항에 따른 양도소득분 개인지방소득세 감면을 받을 수 있다. 이 경우 감면할 양도소득분 개인지방소득세의 계산은 감면율 등이 변경되더라도 양도 당시 법률에 따른다.
③ 다음 각 호의 어느 하나에 해당하는 경우 사업시행자는 제1항 또는 제2항에 따라 감면된 세액에 상당하는 금액을 그 사유가 발생한 과세연도의 과세표준신고를 할 때 지방소득세로 납부하여야 한다.
(2014.12.31 본문개정)
1. 제1항제1호에 따른 공익사업의 시행자가 사업시행인가 등을 받은 날부터 3년 이내에 그 공익사업에 착수하지 아니하는 경우
2. 제1항제2호에 따른 사업시행자가 대통령령으로 정하는 기한까지 「도시 및 주거환경정비법」에 따른 사업시행계획인가를 받지 아니하거나 그 사업을 완료하지 아니하는 경우(2017.2.8 본호개정)
④ 제1항에 따라 해당 채권을 만기까지 보유하기로 특약을 체결하고 양도소득분 개인지방소득세의 100분의 30(만기가 5년 이상인 경우에는 100분의 40)에 상당하는 세액을 감면받은 자가 그 특약을 위반하게 된 경우에는 즉시 감면받은 세액 중 양도소득분 개인지방소득세의 100분의 10(만기가 5년 이상인 경우에는 100분의 20)에 상당하는 금액을 징수한다.(2014.3.24 본항개정)
⑤ 제1항제1호・제2호 또는 제2항에 따라 감면받은 세액을 제3항에 따라 납부하는 경우에는 제122조제4항의 이자 상당 가산액에 관한 규정을 준용하고 제1항에 따라 감면받은 세액을 제4항에 따라 징수하는 경우에는 제126조제4항을 준용한다.
⑥ 제1항제1호 또는 제2호에 따라 세액을 감면받으려면 해당 사업시행자가 대통령령으로 정하는 바에 따라 감면신청을 하여야 한다.
⑦ 제1항제3호에 따른 감면을 받으려는 자는 대통령령으로 정하는 바에 따라 감면신청을 하여야 한다.
⑧ 제1항과 제4항을 적용하는 경우 채권을 만기까지 보유하기로 한 특약의 내용, 그 밖에 필요한 사항은 대통령령으로 정한다.
⑨ 제1항 및 제2항을 적용하는 경우 상속받거나 「소득세법」 제97조의2제1항이 적용되는 증여받은 토지등은 피상속인 또는 증여자가 해당 토지등을 취득한 날을 해당 토지등의 취득일로 본다.
제133조【개발제한구역 지정에 따른 매수대상 토지 등에 대한 양도소득분 개인지방소득세의 감면】①「개발제한구역의 지정 및 관리에 관한 특별조치법」 제3조

에 따라 지정된 개발제한구역(이하 이 조에서 "개발제한구역"이라 한다) 내의 해당 토지등을 같은 법 제17조에 따른 토지매수의 청구 또는 같은 법 제20조에 따른 협의매수를 통하여 2017년 12월 31일까지 양도함으로써 발생하는 소득에 대해서는 다음 각 호에 따른 세액을 감면한다.(2014.12.31 본문개정)

1. 개발제한구역 지정일 이전에 해당 토지등을 취득하여 취득일부터 매수청구일 또는 협의매수일까지 해당 토지등의 소재지에서 거주하는 대통령령으로 정하는 거주자가 소유한 토지등 : 양도소득분 개인지방소득세의 100분의 40에 상당하는 세액
2. 매수청구일 또는 협의매수일부터 20년 이전에 취득하여 취득일부터 매수청구일 또는 협의매수일까지 해당 토지등의 소재지에서 거주하는 대통령령으로 정하는 거주자가 소유한 토지등 : 양도소득분 개인지방소득세의 100분의 25에 상당하는 세액
(2014.3.24 1호~2호개정)

② 개발제한구역에서 해제된 해당 토지등을 「공익사업을 위한 토지 등의 취득 및 보상에 관한 법률」 및 그 밖의 법률에 따른 협의매수 또는 수용을 통하여 2017년 12월 31일까지 양도함으로써 발생하는 소득에 대해서는 다음 각 호에 따른 세액을 감면한다. 다만, 개발제한구역 해제일부터 1년(개발제한구역 해제 이전에 「경제자유구역의 지정 및 운영에 관한 법률」에 따른 경제자유구역의 지정 등 대통령령으로 정하는 지역으로 지정이 된 경우에는 5년) 이내에 「공익사업을 위한 토지 등의 취득 및 보상에 관한 법률」 및 그 밖의 법률에 따라 사업인정고시가 된 경우에 한정한다.(2014.12.31 본문개정)

1. 개발제한구역 지정일 이전에 해당 토지등을 취득하여 취득일부터 사업인정고시일까지 해당 토지등의 소재지에서 거주하는 대통령령으로 정하는 거주자가 소유한 토지등 : 양도소득분 개인지방소득세의 100분의 40에 상당하는 세액(2014.3.24 본호개정)
2. 사업인정고시일부터 20년 이전에 취득하여 취득일부터 사업인정고시일까지 해당 토지등의 소재지에서 거주하는 대통령령으로 정하는 거주자가 소유한 토지등 : 양도소득분 개인지방소득세의 100분의 25에 상당하는 세액(2014.3.24 본호개정)

③ 제1항 및 제2항을 적용하는 경우 상속받은 토지등은 피상속인이 해당 토지등을 취득한 날을 해당 토지등의 취득일로 본다.

④ 제1항 및 제2항을 적용할 때 감면신청, 거주기간의 계산, 그 밖에 필요한 사항은 대통령령으로 정한다.

제134조【행정중심복합도시·혁신도시 개발예정지구 내 공장의 지방 이전에 대한 세액감면】① 「신행정수도 후속대책을 위한 연기·공주지역 행정중심복합도시 건설을 위한 특별법」에 따른 행정중심복합도시 예정지역 또는 「혁신도시 조성 및 발전에 관한 특별법」에 따른 혁신도시개발예정지구(이하 이 조에서 "행정중심복합도시등"이라 한다)에서 공장시설을 갖추고 사업을 하던 내국인이 대통령령으로 정하는 행정중심복합도시 등 밖(이하 이 조에서 "지방"이라 한다)으로 이전하여 사업을 개시하는 경우 이전사업에서 발생하는 소득에 대해서는 이전일 이후 최초로 소득이 발생한 날이 속하는 과세연도(이전일부터 5년이 되는 날이 속하는 과세연도까지 해당 사업에서 소득이 발생하지 아니하는 경우에는 5년이 되는 날이 속하는 과세연도)와 그 다음 과세연도의 개시일부터 3년 이내에 끝나는 과세연도까지 이전사업에서 발생하는 소득에 대한 개인지방소득세의 100분의 50에 상당하는 세액을 감면한다.
(2017.12.26 본항개정)

② 제1항을 적용받으려는 내국인은 해당 과세연도의 과세표준신고와 함께 대통령령으로 정하는 바에 따라 감면신청을 하여야 한다.

제135조【사회적기업 및 장애인 표준사업장에 대한 개인지방소득세 등의 감면】① 「사회적기업 육성법」 제2조제1호에 따라 2019년 12월 31일까지 사회적기업으로 인증받은 내국인은 해당 사업에서 최초로 소득이 발생한 과세연도(인증을 받은 날부터 5년이 되는 날이 속하는 과세연도까지 해당 사업에서 소득이 발생하지 아니한 경우에는 5년이 되는 날이 속하는 과세연도)와 그 다음 과세연도의 개시일부터 2년 이내에 끝나는 과세연도까지 해당 사업에서 발생한 소득에 대한 개인지방소득세의 100분의 100에 상당하는 세액을 감면하고, 그 다음 2년 이내에 끝나는 과세연도의 경우에는 개인지방소득세의 100분의 50에 상당하는 세액을 경감한다.(2016.12.27 본항개정)

② 2019년 12월 31일까지 「장애인고용촉진 및 직업재활법」 제2조제8호에 따른 장애인 표준사업장으로 인정받은 내국인은 해당 사업에서 최초로 소득이 발생한 과세연도(인정을 받은 날부터 5년이 되는 날이 속하는 과세연도까지 해당 사업에서 소득이 발생하지 아니한 경우에는 5년이 되는 날이 속하는 과세연도)와 그 다음 과세연도의 개시일부터 2년 이내에 끝나는 과세연도까지 해당 사업에서 발생한 소득에 대한 개인지방소득세의 100분의 100에 상당하는 세액을 감면하고, 그 다음 2년 이내에 끝나는 과세연도의 경우에는 개인지방소득세의 100분의 50에 상당하는 세액을 경감한다.
(2016.12.27 본항개정)

③ 제1항을 적용할 때 세액감면기간 중 다음 각 호의 어느 하나에 해당하여 「사회적기업 육성법」 제18조에 따라 사회적기업의 인증이 취소되었을 때에는 해당 과세연도부터 제1항에 따른 개인지방소득세를 감면받을 수 없다.
1. 거짓이나 그 밖의 부정한 방법으로 인증을 받은 경우
2. 「사회적기업 육성법」 제8조의 인증요건을 갖추지 못하게 된 경우

④ 제2항을 적용할 때 세액감면기간 중 해당 장애인 표준사업장이 다음 각 호의 어느 하나에 해당하는 경우에는 해당 과세연도부터 제2항에 따른 개인지방소득세를 감면받을 수 없다.
1. 「장애인고용촉진 및 직업재활법」 제21조 또는 제22조에 따른 융자 또는 지원을 거짓이나 그 밖의 부정한 방법으로 받은 경우
2. 사업주가 「장애인고용촉진 및 직업재활법」 제21조 또는 제22조에 따라 받은 융자금 또는 지원금을 같은 규정에 따른 용도에 사용하지 아니한 경우
3. 「장애인고용촉진 및 직업재활법」 제2조제8호에 따른 기준에 미달하게 된 경우

⑤ 제1항 및 제2항에 따라 세액을 감면받은 내국인이 제3항제1호 또는 제4항제1호에 해당하는 경우에는 그 사유가 발생한 과세연도의 과세표준신고를 할 때 감면받은 세액에 대통령령으로 정하는 이자상당가산액을 계산한 금액을 가산하여 개인지방소득세로 납부하여야 한다.

⑥ 제1항 및 제2항을 적용받으려는 자는 대통령령으로 정하는 바에 따라 감면신청을 하여야 한다.

제136조【국가에 양도하는 산지에 대한 양도소득분 개인지방소득세의 감면】① 거주자가 「산지관리법」에 따른 산지(「국토의 계획 및 이용에 관한 법률」에 따른 도시지역에 소재하는 산지를 제외하며, 이하 이 항에서 "산지"라 한다)로서 2년 이상 보유한 산지를 2017년 12월 31일 이전에 「국유림의 경영 및 관리에 관한 법률」 제18조에 따라 국가에 양도함으로써 발생하는 소득에 대해서는 양도소득분 개인지방소득세의 100분의 10에 상당하는 세액을 감면한다.(2016.12.27 본항개정)

② 제1항을 적용받으려는 자는 대통령령으로 정하는 바에 따라 감면신청을 하여야 한다.

제10절 국민생활의 안정을 위한 특례

제137조【근로자복지 증진을 위한 시설투자에 대한 세액공제】

① 대통령령으로 정하는 내국인이 그 종업원의 주거 안정 등 복지 증진을 위하여 다음 각 호의 어느 하나에 해당하는 시설을 2018년 12월 31일까지 취득(신축, 증축, 개축 또는 구입을 포함한다. 이하 이 조에서 같다)한 경우에는 해당 시설의 취득금액(해당 시설에 딸린 토지의 매입대금은 제외한다)의 1,000분의 7(취득주체가 중소기업인 경우와 제1호 또는 제2호의 시설로서 수도권 밖의 지역에 있는 대통령령으로 정하는 주택과 제3호의 시설을 취득한 경우에는 1,000분의 10)에 상당하는 금액을 취득일이 속하는 과세연도의 개인지방소득세(사업소득에 대한 개인지방소득세로 한정한다)에서 공제한다. (2016.12.27 본문개정)

1. 무주택 종업원(출자자인 임원은 제외한다)에게 임대하기 위한 국민주택
2. 종업원용 기숙사
3. 「영유아보육법」에 따른 직장어린이집
4. 장애인·노인·임산부 등의 편의 증진을 위한 시설로서 대통령령으로 정하는 시설
5. 종업원의 휴식 또는 체력단련 등을 위한 시설로서 대통령령으로 정하는 시설
6. 종업원의 건강관리를 위하여 「의료법」 제35조에 따라 개설한 부속 의료기관(2014.12.31 본호신설)

② 제1항제1호의 국민주택과 그 밖의 주택을 함께 취득하는 경우 또는 제1항제2호의 기숙사와 그 밖의 건물을 함께 취득하는 경우에 공제세액의 계산에 필요한 사항은 대통령령으로 정한다.

③ 제1항을 적용받으려는 내국인은 대통령령으로 정하는 바에 따라 세액공제신청을 하여야 한다.

④ 제1항 및 제2항에 따라 개인지방소득세를 공제받은 자가 해당 자산의 준공일 또는 구입일부터 5년 이내에 그 자산을 다른 목적으로 전용한 경우에는 전용한 날이 속하는 과세연도의 개인지방소득세 과세표준신고를 할 때 그 자산에 대한 세액공제액 상당액에 대통령령으로 정하는 바에 따라 계산한 이자 상당 가산액을 가산하여 개인지방소득세로 납부하여야 하며, 해당 세액은 「지방세법」 제95조에 따라 납부하여야 할 세액으로 본다. (2014.12.31 본항개정)

제137조의2【월세액에 대한 세액공제】

「조세특례제한법」 제95조의2제1항에 따라 월세액 지급금액을 종합소득산출세액에서 공제하는 경우 그 공제금액의 100분의 12에 해당하는 금액을 해당 과세기간의 종합소득분 개인지방소득산출세액에서 공제한다. (2016.12.27 본조신설)

제138조【소형주택 임대사업자에 대한 세액감면】

① 대통령령으로 정하는 내국인이 대통령령으로 정하는 임대주택(이하 이 조에서 "임대주택"이라 한다)을 3호 이상 임대하는 경우에는 2019년 12월 31일 이전에 끝나는 과세연도까지 해당 임대사업에서 발생한 소득에 대한 개인지방소득세의 100분의 30[임대주택 중 「민간임대주택에 관한 특별법」 제2조제4호에 따른 공공지원민간임대주택 또는 같은 법 제2조제5호에 따른 장기일반민간임대주택(이하 이 조에서 "장기일반민간임대주택등"이라 한다)의 경우에는 100분의 75]에 상당하는 세액을 경감한다. (2018.1.16 본항개정)

② 제1항 따라 개인지방소득세를 감면받은 내국인이 대통령령으로 정하는 바에 따라 3호 이상의 임대주택을 4년(장기일반민간임대주택등의 경우에는 8년) 이상 임대하지 아니하는 경우 그 사유가 발생한 날이 속하는 과세연도의 과세표준신고를 할 때 감면받은 세액을 개인지방소득세로 납부하여야 한다. (2018.1.16 본항개정)

③ 제1항에 따라 감면받은 개인지방소득세액을 제2항에 따라 납부하는 경우에는 제122조제4항의 이자 상당 가산액에 관한 규정을 준용한다. 다만, 대통령령으로 정하는 부득이한 사유가 있는 경우에는 그러하지 아니하다.

④ 제1항에 따라 개인지방소득세를 감면받으려는 자는 대통령령으로 정하는 바에 따라 세액의 감면을 신청하여야 한다.

⑤ 제1항부터 제4항까지의 규정을 적용할 때 임대주택의 수, 세액감면의 신청 등 그 밖에 필요한 사항은 대통령령으로 정한다.

제139조【장기임대주택에 대한 양도소득분 개인지방소득세의 감면】

① 대통령령으로 정하는 거주자가 다음 각호의 어느 하나에 해당하는 국민주택(해당 건물 연면적의 2배 이내의 토지를 포함한다)을 2000년 12월 31일 이전에 임대를 개시하여 5년 이상 임대한 후 양도하는 경우에는 그 주택(이하 "임대주택"이라 한다)을 양도함으로써 발생하는 소득에 대한 양도소득분 개인지방소득세의 100분의 50을 감면한다. 다만, 「민간임대주택에 관한 특별법」 또는 「공공주택 특별법」에 따른 건설임대주택 중 5년 이상 임대한 임대주택과 같은 법에 따른 매입임대주택 중 1995년 1월 1일 이후 취득 및 임대를 개시하여 5년 이상 임대한 임대주택(취득 당시 입주된 사실이 없는 주택만 해당한다) 및 10년 이상 임대한 임대주택의 경우에는 양도소득분 개인지방소득세를 면제한다. (2015.8.28 단서개정)

1. 1986년 1월 1일부터 2000년 12월 31일까지의 기간 중 신축된 주택
2. 1985년 12월 31일 이전에 신축된 공동주택으로서 1986년 1월 1일 현재 입주된 사실이 없는 주택

② 「소득세법」 제89조제1항제3호를 적용할 때 임대주택은 그 거주자의 소유주택으로 보지 아니한다.

③ 제1항에 따라 양도소득분 개인지방소득세를 감면받으려는 자는 대통령령으로 정하는 바에 따라 주택임대에 관한 사항을 신고하고 세액의 감면신청을 하여야 한다.

④ 제1항에 따른 임대주택에 대한 임대기간의 계산과 그 밖에 필요한 사항은 대통령령으로 정한다.

제140조【신축임대주택에 대한 양도소득분 개인지방소득세의 면제】

① 대통령령으로 정하는 거주자가 다음 각호의 어느 하나에 해당하는 국민주택(이에 딸린 해당 건물 연면적의 2배 이내의 토지를 포함한다)을 5년 이상 임대한 후 양도하는 경우에는 그 주택(이하 이 조에서 "신축임대주택"이라 한다)을 양도함으로써 발생하는 소득에 대한 양도소득분 개인지방소득세를 면제한다.

1. 다음 각 목의 어느 하나에 해당하는 「민간임대주택에 관한 특별법」 또는 「공공주택 특별법」에 따른 건설임대주택(2015.8.28 본문개정)
   가. 1999년 8월 20일부터 2001년 12월 31일까지의 기간 중에 신축된 주택
   나. 1999년 8월 19일 이전에 신축된 공동주택으로서 1999년 8월 20일 현재 입주된 사실이 없는 주택
2. 다음 각 목의 어느 하나에 해당하는 「민간임대주택에 관한 특별법」 또는 「공공주택 특별법」에 따른 매입임대주택 중 1999년 8월 20일 이후 취득(1999년 8월 20일부터 2001년 12월 31일까지의 기간 중에 매매계약을 체결하고 계약금을 지급한 경우만 해당한다) 및 임대를 개시한 임대주택(취득 당시 입주된 사실이 없는 주택만 해당한다)(2015.8.28 본문개정)
   가. 1999년 8월 20일 이후 신축된 주택
   나. 제1호나목에 해당하는 주택

② 신축임대주택에 관하여는 제139조제2항부터 제4항까지의 규정을 준용한다.

제140조의2【장기일반민간임대주택등에 대한 양도소득분 개인지방소득세 세액감면】 거주자가 「조세특례제한법」 제97조의5제1항에 따라 양도소득세를 감면받는 경우에는 그 감면금액의 100분의 10에 해당하는 금액을 양도소득분 개인지방소득세로 감면한다.
(2018.1.16 본조제목개정)
(2014.12.31 본조신설)

제140조의3【임대사업자에게 양도한 토지에 대한 과세특례】 ① 거주자가 공공지원민간임대주택을 300호 이상 건설하려는 「민간임대주택에 관한 특별법」 제2조제7호에 따른 임대사업자(이하 이 조에서 "임대사업자"라 한다)에게 2018년 12월 31일까지 토지를 양도함으로써 발생하는 소득에 대해서는 양도소득분 개인지방소득세의 100분의 10에 상당하는 세액을 경감한다.
(2018.1.16 본항개정)
② 제1항에 따라 세액감면을 적용받으려는 자는 대통령령으로 정하는 바에 따라 세액감면 신청을 하여야 한다.
③ 임대사업자가 다음 각 호의 어느 하나에 해당하는 경우 제1항에 따라 감면된 세액에 상당하는 금액을 그 사유가 발생한 과세연도의 과세표준을 신고할 때 양도소득분 개인지방소득세로 납부하여야 한다.
1. 「민간임대주택에 관한 특별법」 제23조에 따라 공공지원민간임대주택 개발사업의 시행자로 지정받은 자인 경우 : 토지 양도일부터 대통령령으로 정하는 기간 이내에 해당 토지가 「민간임대주택에 관한 특별법」 제22조에 따른 공급촉진지구로 지정을 받지 못하거나, 공급촉진지구로 지정을 받았으나 공급촉진지구 지정일로부터 대통령령으로 정한 기간 이내에 공급촉진지구 내 유상공급면적의 100분의 50 이상을 공공지원민간임대주택으로 건설하여 취득하지 아니하는 경우
2. 제1호 외의 임대사업자의 경우 : 토지 양도일부터 대통령령으로 정하는 기간 이내에 해당 토지에 공공지원민간임대주택 건설을 위한 「주택법」 제15조에 따른 사업계획승인 또는 「건축법」 제11조에 따른 건축허가(이하 이 조에서 "사업계획승인등"이라 한다)를 받지 못하거나, 사업계획승인을 받았으나 사업계획승인등을 받은 날부터 대통령령으로 정하는 기간 이내에 사업부지 내 전체 건축물 연면적 대비 공공지원민간임대주택 연면적의 비율이 100분의 50 이상이 되지 아니하는 경우
(2018.1.16 본항개정)
④ 제1항에 따라 감면받은 세액을 제3항에 따라 납부하는 경우에는 제121조제2항의 이자 상당 가산액에 관한 규정을 준용한다.
(2018.1.16 본조제목개정)
(2016.12.27 본조신설)

제141조【미분양주택에 대한 과세특례】 ① 거주자가 대통령령으로 정하는 미분양 국민주택(이하 이 조에서 "미분양주택"이라 한다)을 1995년 11월 1일부터 1997년 12월 31일까지의 기간 중에 취득(1997년 12월 31일까지 매매계약을 체결하고 계약금을 납부한 경우를 포함한다)하여 5년 이상 보유·임대한 후에 양도하는 경우 그 주택을 양도함으로써 발생하는 양도소득분 개인지방소득세에 대해서는 다음 각 호의 방법 중 하나를 선택하여 적용받을 수 있다.
1. 「지방세법」에 따른 양도소득분 개인지방소득세의 과세표준과 세액을 계산하여 양도소득분 개인지방소득세를 납부하는 방법. 이 경우 양도소득분 개인지방소득세의 세율은 「지방세법」 제103조의3에도 불구하고 1,000분의 20으로 한다.
2. 「지방세법」에 따라 종합소득에 대한 개인지방소득세의 과세표준과 세액을 계산하여 종합소득에 대한 개인지방소득세를 납부하는 방법. 이 경우 해당 주택

을 양도함으로써 발생하는 소득금액의 계산에 관하여는 「소득세법」 제19조제2항을 준용한다.
② 제1항을 적용할 때 「소득세법」 제89조제1항제3호 각 목의 어느 하나에 해당하는 주택에 대한 1세대1주택의 판정, 과세특례 적용의 신청 등 미분양주택에 대한 과세특례에 관하여 필요한 사항은 대통령령으로 정한다.(2014.3.24 본항개정)
③ 거주자가 대통령령으로 정하는 미분양 국민주택을 1998년 3월 1일부터 1998년 12월 31일까지의 기간 중에 취득(1998년 12월 31일까지 매매계약을 체결하고 계약금을 납부한 경우를 포함한다)하여 5년 이상 보유·임대한 후에 양도하는 경우 그 주택을 양도함으로써 발생하는 소득에 대한 개인지방소득세는 제1항을 준용한다.

제142조【지방 미분양주택 취득에 대한 양도소득분 개인지방소득세 등 과세특례】 ① 거주자가 2008년 11월 3일부터 2010년 12월 31일까지의 기간 중에 취득(2010년 12월 31일까지 매매계약을 체결하고 계약금을 납부한 경우를 포함한다)한 수도권 밖에 있는 대통령령으로 정하는 미분양주택(이하 이 조에서 "지방 미분양주택"이라 한다)을 양도함으로써 발생하는 소득에 대해서는 「지방세법」 제103조의3제1항제3호에도 불구하고 같은 항 제1호에 따른 세율을 적용한다.
(2014.3.24 본항개정)
② 「지방세법」 제90조를 적용할 때 제1항을 적용받는 지방 미분양주택은 해당 거주자의 소유주택으로 보지 아니한다.(2014.3.24 본항개정)
③ 제1항부터 제2항까지 규정을 적용할 때 과세표준확정신고와 그 밖에 필요한 사항은 대통령령으로 정한다.

제143조【미분양주택의 취득자에 대한 양도소득분 개인지방소득세의 과세특례】 ① 거주자 또는 「소득세법」 제120조에 따른 국내사업장이 없는 비거주자가 서울특별시 밖의 지역(「소득세법」 제104조의2제1항에 따른 지정지역은 제외한다)에 있는 대통령령으로 정하는 미분양주택(이하 이 조에서 "미분양주택"이라 한다)을 다음 각 호의 기간 중에 「주택법」 제54조에 따라 주택을 공급하는 해당 사업주체(20호 미만의 주택을 공급하는 경우 해당 주택건설사업자를 포함한다)와 최초로 매매계약을 체결하고 취득(2010년 2월 11일까지 매매계약을 체결하고 계약금을 납부한 경우를 포함한다)하여 그 취득일부터 5년 이내에 양도함으로써 발생하는 소득에 대해서는 양도소득분 개인지방소득세의 100분의 100(수도권과밀억제권역인 경우에는 100분의 60)에 상당하는 세액을 감면한다.(2016.1.19 본문개정)
1. 거주자인 경우 : 2009년 2월 12일부터 2010년 2월 11일까지의 기간
2. 비거주자인 경우 : 2009년 3월 16일부터 2010년 2월 11일까지의 기간
② 제1항을 적용할 때 자기가 건설한 신축주택으로서 2009년 2월 12일부터 2010년 2월 11일까지의 기간 중에 공사에 착공(착공일이 불분명한 경우에는 착공신고서 제출일을 기준으로 한다)하고, 사용승인 또는 사용검사(임시사용승인을 포함한다)를 받은 주택을 포함한다. 다만, 다음 각 호의 경우에는 이를 적용하지 아니한다.
1. 「도시 및 주거환경정비법」에 따른 재개발사업 또는 재건축사업, 「빈집 및 소규모주택 정비에 관한 특례법」에 따른 소규모재건축사업을 시행하는 정비사업조합의 조합원이 해당 관리처분계획에 따라 취득하는 주택(2017.2.8 본호개정)
2. 거주하거나 보유하는 중에 소실·붕괴·노후 등으로 인하여 멸실되어 재건축한 주택
③ 「지방세법」 제90조를 적용할 때 제1항 및 제2항을 적용받는 지방 미분양주택은 해당 거주자의 소유주택으로 보지 아니한다.(2014.3.24 본항개정)

④ 제1항 및 제2항을 적용받는 주택을 양도함으로써 발생하는 소득에 대해서는 「지방세법」 제103조의3제1항제3호에도 불구하고 같은 항 제1호에 따른 세율을 적용한다.(2014.3.24 본항개정)

⑤ 제1항 및 제2항을 적용할 때 과세특례의 신청 및 그 밖에 필요한 사항은 대통령령으로 정한다.

제144조【비거주자의 주택취득에 대한 양도소득분 지방소득세의 과세특례】「소득세법」 제120조에 따른 국내사업장이 없는 비거주자가 2009년 3월 16일부터 2010년 2월 11일까지의 기간 중에 제143조제1항에 따른 미분양주택 외의 주택을 취득(2010년 2월 11일까지 매매계약을 체결하고 계약금을 납부한 경우를 포함한다)하여 양도함으로써 발생하는 소득에 대해서는 양도소득분 개인지방소득세의 100분의 10에 상당하는 세액을 감면한다.

제145조【수도권 밖의 지역에 있는 미분양주택의 취득자에 대한 양도소득분 개인지방소득세의 과세특례】 ① 거주자 또는 「소득세법」 제120조에 따른 국내사업장이 없는 비거주자가 2010년 2월 11일 현재 수도권 밖의 지역에 있는 대통령령으로 정하는 미분양주택(이하 이 조에서 "미분양주택"이라 한다)을 2011년 4월 30일까지 「주택법」 제54조에 따라 주택을 공급하는 해당 사업주체 등과 최초로 매매계약을 체결하고 취득(2011년 4월 30일까지 매매계약을 체결하고 계약금을 납부한 경우를 포함한다)하여 양도함으로써 발생하는 소득에 대하여는 양도소득분 개인지방소득세에 다음 각 호의 분양가격(「주택법」에 따른 입주자 모집공고안에 공시된 분양가격을 말한다. 이하 이 조에서 같다) 인하율에 따른 감면율을 곱하여 계산한 세액을 감면한다.(2016.1.19 본문개정)

1. 분양가격 인하율이 100분의 10 이하인 경우 : 100분의 60
2. 분양가격 인하율이 100분의 10을 초과하고 100분의 20 이하인 경우 : 100분의 80
3. 분양가격 인하율이 100분의 20을 초과하는 경우 : 100분의 100

② 「지방세법」 제90조를 적용할 때 제1항을 적용받는 미분양주택은 해당 거주자의 소유주택으로 보지 아니한다.(2014.3.24 본항개정)

③ 제1항을 적용받는 미분양주택을 양도함으로써 발생하는 소득에 대하여는 「지방세법」 제103조의3제1항제3호에도 불구하고 같은 항 제1호에 따른 세율을 적용한다.(2014.3.24 본항개정)

④ 제1항을 적용할 때 미분양주택의 분양가격 인하율의 산정방법과 그 밖에 필요한 사항은 대통령령으로 정한다.

제146조【준공후미분양주택의 취득자에 대한 양도소득분 개인지방소득세의 과세특례】 ① 거주자 또는 「소득세법」 제120조에 따른 국내사업장이 없는 비거주자(이하 이 조에서 "비거주자"라 한다)가 다음 각 호의 어느 하나에 해당하는 주택을 양도하는 경우에는 해당 주택의 취득일부터 5년 이내에 양도함으로써 발생하는 소득에 대하여는 양도소득분 개인지방소득세의 100분의 50에 상당하는 세액을 감면(제1호의 요건을 갖춘 주택에 한정한다)한다.

1. 「주택법」 제54조에 따라 주택을 공급하는 사업주체 및 그 밖에 대통령령으로 정하는 사업자(이하 이 조에서 "사업주체등"이라 한다)가 대통령령으로 정하는 준공후미분양주택(이하 이 조에서 "준공후미분양주택"이라 한다)을 2011년 12월 31일까지 임대계약을 체결하여 2년 이상 임대한 주택으로서 거주자 또는 비거주자가 해당 사업주체등과 최초로 매매계약을 체결하고 취득한 주택(2016.1.19 본호개정)
2. 거주자 또는 비거주자가 준공후미분양주택을 사업

주체등과 최초로 매매계약을 체결하여 취득하고 5년 이상 임대한 주택(거주자 또는 비거주자가 「소득세법」 제168조에 따른 사업자등록과 「민간임대주택에 관한 특별법」 제5조에 따른 임대사업자등록을 하고 2011년 12월 31일 이전에 임대계약을 체결한 경우에 한정한다)(2015.8.28 본호개정)

② 「지방세법」 제90조를 적용할 때 제1항을 적용받는 주택은 해당 거주자의 소유주택으로 보지 아니한다.(2014.3.24 본항개정)

③ 제1항을 적용받는 주택을 양도함으로써 발생하는 소득에 대하여는 「지방세법」 제103조의3제1항제3호에도 불구하고 같은 항 제1호에 따른 세율을 적용한다.(2014.3.24 본항개정)

④ 제1항을 적용할 때 준공후미분양주택·임대기간의 확인절차 및 그 밖에 필요한 사항은 대통령령으로 정한다.

제147조【미분양주택의 취득자에 대한 양도소득분 개인지방소득세의 과세특례】 ① 내국인이 2012년 9월 24일 현재 대통령령으로 정하는 미분양주택으로서 취득가액이 9억원 이하인 주택(이하 이 조에서 "미분양주택"이라 한다)을 2012년 9월 24일부터 2012년 12월 31일까지 「주택법」 제54조에 따라 주택을 공급하는 해당 사업주체 또는 그 밖에 대통령령으로 정하는 사업자와 최초로 매매계약(계약금을 납부한 경우에 한정한다)을 체결하거나 그 계약에 따라 취득한 경우에는 취득일부터 5년 이내에 양도함으로써 발생하는 소득에 대하여는 양도소득분 개인지방소득세를 면제한다.(2016.1.19 본항개정)

② 「지방세법」 제103조의3제1항제3호를 적용할 때 제1항을 적용받는 미분양주택은 해당 거주자의 소유주택으로 보지 아니한다.(2014.3.24 본항개정)

③ 제1항을 적용할 때 과세특례 신청 및 그 밖에 필요한 사항은 대통령령으로 정한다.

제148조【신축주택 등 취득자에 대한 양도소득분 개인지방소득세의 과세특례】 ① 거주자 또는 비거주자가 대통령령으로 정하는 신축주택, 미분양주택 또는 1세대 1주택자의 주택으로서 취득가액이 6억원 이하이거나 주택의 연면적(공동주택의 경우에는 전용면적)이 85제곱미터 이하인 주택을 2013년 4월 1일부터 2013년 12월 31일까지 「주택법」 제54조에 따라 주택을 공급하는 사업주체 등 대통령령으로 정하는 자와 최초로 매매계약을 체결하여 그 계약에 따라 취득(2013년 12월 31일까지 매매계약을 체결하고 계약금을 지급한 경우를 포함한다)한 경우에 해당 주택을 취득일부터 5년 이내에 양도함으로써 발생하는 양도소득에 대하여는 양도소득분 개인지방소득세를 면제한다.(2016.1.19 본항개정)

② 「지방세법」 제103조의3제1항제3호를 적용할 때 제1항을 적용받는 주택은 해당 거주자의 소유주택으로 보지 아니한다.(2014.3.24 본항개정)

③ 제1항은 전국 소비자물가상승률 및 전국 주택매매가격상승률을 고려하여 부동산 가격이 급등하거나 급등할 우려가 있는 지역으로서 대통령령으로 정하는 지역에는 적용하지 아니한다.

④ 제1항을 적용받으려는 자는 대통령령으로 정하는 바에 따라 감면신청을 하여야 한다.

⑤ 제1항을 적용할 때 과세특례 신청 및 그 밖에 필요한 사항은 대통령령으로 정한다.

제11절 그 밖의 지방소득세 특례

제149조【산림개발소득에 대한 세액감면】 ① 내국인이 「산림자원의 조성 및 관리에 관한 법률」에 따른 산림경영계획 또는 특수산림사업지구사업(법률 제4206호 산림법중개정법률의 시행 전에 종전의 「산림법」에

따라 지정된 지정개발지역으로서 같은 개정법률 부칙 제2조에 해당하는 지정개발지역에서의 지정개발사업을 포함한다)에 따라 새로 조림(造林)한 산림과 채종림, 「산림보호법」 제7조에 따른 산림보호구역으로서 그가 조림한 기간이 10년 이상인 것은 2018년 12월 31일까지 벌채(伐採) 또는 양도함으로써 발생한 소득에 대해서는 개인지방소득세의 100분의 50에 상당하는 세액을 감면한다.(2016.12.27 본항개정)

② 제1항을 적용받으려는 자는 대통령령으로 정하는 바에 따라 그 감면신청을 하여야 한다.

제150조【제3자물류비용에 대한 세액공제】 ① 제조업을 경영하는 내국인이 다음 각 호의 요건을 모두 갖추어 2018년 12월 31일 이전에 끝나는 과세연도까지 각 과세연도에 지출한 물류비용 중 제3자물류비용이 직전 과세연도에 지출한 제3자물류비용을 초과하는 경우 그 초과하는 금액의 1,000분의 3(중소기업의 경우에는 1,000분의 5)에 상당하는 금액을 개인지방소득세(사업소득에 대한 개인지방소득세만 해당한다)에서 공제한다. 다만, 공제받는 금액이 해당 과세연도의 개인지방소득세의 100분의 10을 초과하는 경우에는 100분의 10을 한도로 한다.(2016.12.27 본문개정)

1. 각 과세연도에 지출한 제3자물류비용이 각 과세연도에 지출한 물류비용의 100분의 30 이상일 것
2. 해당 과세연도에 지출한 물류비용 중 제3자물류비용이 차지하는 비율이 직전 과세연도보다 낮아지지 아니할 것

② 직전 과세연도에 지출한 제3자물류비용이 직전 과세연도에 지출한 물류비용의 100분의 30 미만이거나 없는 경우로서 해당 과세연도에 지출한 제3자물류비용이 해당 과세연도에 지출한 물류비용의 100분의 30을 초과하는 경우에는 제1항에도 불구하고 그 초과금액의 1,000분의 3(중소기업의 경우에는 1,000분의 5)에 상당하는 금액을 개인지방소득세(사업소득에 대한 개인지방소득세만 해당한다)에서 공제한다. 다만, 공제받는 금액이 해당 과세연도의 개인지방소득세의 100분의 10을 초과하는 경우에는 100분의 10을 한도로 한다.(2016.12.27 본문개정)

③ 제1항 및 제2항을 적용받으려는 내국인은 대통령령으로 정하는 바에 따라 세액공제신청을 하여야 한다.

제151조【대학 맞춤형 교육비용 등에 대한 세액공제】 ① 「고등교육법」 제2조에 따른 학교(이하 이 조에서 "대학교"라 한다)가 산업교육을 실시하는 학교로서 대통령령으로 정하는 학교 또는 산업수요맞춤형고등학교 등이 「산업교육진흥 및 산학연협력촉진에 관한 법률」 제8조에 따라 내국인과 계약으로 직업교육훈련과정 또는 학과 등을 설치·운영하고, 해당 내국인이 그 운영비로 비용(이하 이 조에서 "맞춤형 교육비용"이라 한다)을 2019년 12월 31일까지 지급하는 경우에는 제102조를 준용한다. 이 경우 "일반연구·인력개발비"를 "맞춤형 교육비용"으로 본다.(2016.12.27 전단개정)

② 내국인이 대학교 또는 산업수요맞춤형고등학교 등에 대통령령으로 정하는 연구 및 인력개발을 위한 시설을 2019년 12월 31일까지 기부하는 경우에는 제103조를 준용한다.(2016.12.27 본항개정)

③ 제1항 및 제2항을 적용할 때 내국인이 수도권에 있는 대학교에 지급하거나 기부하는 경우에는 해당 금액의 100분의 5를 곱한 금액을 지급하거나 기부한 것으로 본다.

④ 산업수요맞춤형고등학교 등과 대통령령으로 정하는 사전 취업계약 등을 체결한 내국인이 해당 산업수요맞춤형고등학교의 재학생에게 직업교육훈련을 실시하고 현장훈련수당 등 대통령령으로 정하는 비용(이하 이 조에서 "현장훈련수당등"이라 한다)을 2019년 12월 31일까지 지급하는 경우에는 제102조를 준용한다. 이 경우

"일반연구·인력개발비"는 "현장훈련수당등"으로 본다.(2016.12.27 전단개정)

제152조【해외진출기업의 국내복귀에 대한 세액감면】 ① 대한민국 국민 등 대통령령으로 정하는 자가 다음 각 호의 어느 하나에 해당하는 경우로서 2018년 12월 31일까지 국내(수도권은 제외한다. 이하 이 조에서 같다)에서 창업하거나 사업장을 신설하는 경우에는 제2항 또는 제3항에 따라 개인지방소득세를 감면한다.(2016.12.27 본문개정)

1. 국외에서 2년 이상 계속하여 경영하던 사업장을 대통령령으로 정하는 바에 따라 국내로 이전하는 경우
2. 국외에서 2년 이상 계속하여 경영하던 사업장을 부분 축소 또는 유지하면서 국내로 복귀하는 중소기업 및 대통령령으로 정하는 중견기업(생산량 축소 등 대통령령으로 정하는 부분 축소인 경우에는 국내에 사업장이 있는 경우를 포함한다)으로서 국내에 사업장이 없는 경우(2016.12.27 본호개정)

② 제1항제1호의 경우에는 이전 후의 사업장에서 발생하는 소득에 대하여 이전일 이후 해당 사업장에서 최초로 소득이 발생한 과세연도(이전일부터 5년이 되는 날이 속하는 과세연도까지 소득이 발생하지 아니한 경우에는 이전일부터 5년이 되는 날이 속하는 과세연도)와 그 다음 과세연도 개시일부터 4년 이내에 끝나는 과세연도에는 개인지방소득세의 100분의 100에 상당하는 세액을 감면하고, 그 다음 2년 이내에 끝나는 과세연도에는 개인지방소득세의 100분의 50에 상당하는 세액을 감면한다.(2016.12.27 본항개정)

③ 제1항제2호의 경우에는 복귀 후의 사업장에서 발생하는 소득에 대하여 복귀일 이후 해당 사업장에서 최초로 소득이 발생한 과세연도(복귀일부터 5년이 되는 날이 속하는 과세연도까지 소득이 발생하지 아니한 경우에는 복귀일부터 5년이 되는 날이 속하는 과세연도)와 그 다음 과세연도 개시일부터 2년 이내에 끝나는 과세연도에는 개인지방소득세의 100분의 100에 상당하는 세액을 감면하고, 그 다음 2년 이내에 끝나는 과세연도에는 개인지방소득세의 100분의 50에 상당하는 세액을 감면한다.(2016.12.27 본항개정)

④ 제1항에 따라 개인지방소득세를 감면받은 내국인이 다음 각 호의 어느 하나에 해당하는 경우에는 그 사유가 발생한 과세연도의 과세표준신고를 할 때 대통령령으로 정하는 바에 따라 계산한 세액을 개인지방소득세로 납부하여야 한다.

1. 사업장을 이전 또는 복귀하여 사업을 개시한 날부터 3년 이내에 그 사업을 폐업하거나 법인이 해산한 경우. 다만, 합병·분할 또는 분할합병으로 인한 경우는 제외한다.
2. 대통령령으로 정하는 바에 따라 사업장을 국내로 이전 또는 복귀하여 사업을 개시하지 아니한 경우

⑤ 제1항에 따라 감면받은 개인지방소득세액을 제4항에 따라 납부하는 경우 이자 상당 가산액에 관하여는 제122조제4항을 준용한다.

⑥ 제1항부터 제5항까지의 규정을 적용할 때 세액감면신청, 그 밖에 필요한 사항은 대통령령으로 정한다.

제153조【외국인투자에 대한 개인지방소득세 등의 감면】 ① 「조세특례제한법」 제121조의2제1항각호의 어느 하나에 해당하는 사업을 하기 위한 외국인투자(「외국인투자촉진법」 제2조제1항제4호에 따른 외국인투자를 말한다. 이하 이 조에서 같다)로서 대통령령으로 정하는 기준에 해당하는 외국인투자에 대해서는 제2항부터 제5항까지 및 제12항에 따라 개인지방소득세를 각각 감면한다.

② 「외국인투자 촉진법」 제2조제1항제6호에 따른 외국인투자기업(이하 이 조에서 "외국인투자기업"이라 한다)에 대한 개인지방소득세는 제1항에 따라 감면대상

지방세특례제한법/地方稅·目的稅　2171

이 되는 사업을 함으로써 발생한 소득(「조세특례제한법」 제121조의2제1항제1호에 따른 사업의 감면대상이 되는 소득은 대통령령으로 정한다)에 대해서만 감면하되, 감면기간 및 감면대상이 되는 세액은 다음 각 호와 같다. 이 경우 감면대상이 되는 세액을 산정할 때 외국인투자기업이 감면기간 중에 내국법인(감면기간 중인 외국인투자기업은 제외한다)과 합병하여 해당 합병법인의 외국인투자비율(외국인투자기업이 발행한 주식의 종류 등을 고려하여 대통령령으로 정하는 바에 따라 계산한 외국인투자비율을 말한다. 이하 이 장에서 같다)이 감소한 경우에는 합병 전 외국인투자기업의 외국인투자비율을 적용한다.
1. 「조세특례제한법」 제121조의2제1항제1호 및 제2호에 따라 감면대상이 되는 사업을 함으로써 발생한 소득에 대해서는 해당 사업을 개시한 후 그 사업에서 최초로 소득이 발생한 과세연도(사업개시일부터 5년이 되는 날이 속하는 과세연도까지 그 사업에서 소득이 발생하지 아니한 경우에는 5년이 되는 날이 속하는 과세연도)의 개시일부터 5년 이내에 끝나는 과세연도까지 해당 사업소득에 대한 개인지방소득세 상당금액(총산출세액에 제1항 각 호의 사업을 함으로써 발생한 소득이 총과세표준에서 차지하는 비율을 곱한 금액을 말한다)에 외국인투자비율을 곱한 금액(이하 이 항 및 제8항에서 "감면대상세액"이라 한다)의 전액을, 그 다음 2년 이내에 끝나는 과세연도까지는 감면대상세액의 100분의 50에 상당하는 세액을 각각 감면한다.
2. 「조세특례제한법」 제121조의2제1항제2호의2부터 제2호의9까지 및 제3호에 따라 감면대상이 되는 사업을 함으로써 발생한 소득에 대해서는 해당 사업을 개시한 후 그 사업에서 최초로 소득이 발생한 과세연도(사업개시일부터 5년이 되는 날이 속하는 과세연도까지 그 사업에서 소득이 발생하지 아니한 경우에는 5년이 되는 날이 속하는 과세연도)의 개시일부터 3년 이내에 끝나는 과세연도까지는 감면대상세액의 전액을, 그 다음 2년 이내에 끝나는 과세연도까지는 감면대상세액의 100분의 50에 상당하는 세액을 각각 감면한다.
(2016.12.27 본항개정)
③ 외국인투자기업이 제2항 및 제8항에 따른 감면을 받으려면 그 외국인투자기업의 사업개시일이 속하는 과세연도의 종료일까지 해당 지방자치단체의 장에게 감면신청을 하여야 하고, 제4항에 따라 개인지방소득세 감면결정을 받은 사업내용을 변경하는 경우 그 변경된 사업에 대한 감면을 받으려면 해당 변경사유가 발생한 날부터 2년이 되는 날까지 해당 지방자치단체의 장에게 조세감면내용 변경신청을 하여야 하며, 이에 따른 조세감면내용 변경결정이 있는 경우 그 변경결정의 내용은 당초 감면기간의 남은 기간에 대해서만 적용된다. 다만, 「조세특례제한법」 제121조의2에 따라 기획재정부장관에게 감면신청한 자는 지방자치단체의 장에게 감면신청한 것으로 본다.
④ 지방자치단체의 장은 제3항에 따른 개인지방소득세 감면신청 또는 개인지방소득세 감면내용 변경신청을 받은 경우 관계 중앙관서의 장과 협의하여 그 감면ㆍ감면내용변경ㆍ감면기간을 결정하고 이를 신청인에게 알려야 한다. 다만, 제3항 단서에 따라 기획재정부장관에게 감면신청한 자에 대해서는 그러하지 아니하다.(2016.12.27 본문개정)
⑤ 「외국인투자 촉진법」 제2조제1항제8호사목 또는 같은 법 제2조제1항제6호가목2), 제5조제2항제1호 및 제6조에 따른 외국인투자자에 대해서는 제2항 및 제8항을 적용하지 아니한다.(2016.1.27 본항개정)
⑥ 외국인투자기업이 제3항에 따른 감면신청기한이 지

난 후 감면신청을 하여 제4항에 따라 감면결정을 받은 경우에는 그 감면신청일이 속하는 과세연도와 그 후의 남은 감면기간에 대해서만 제1항, 제2항 및 제8항을 적용한다. 이 경우 외국인투자기업이 제4항에 따라 감면결정을 받기 이전에 이미 납부한 세액이 있을 때에는 그 세액은 환급하지 아니한다.
⑦ 이 조를 적용할 때 다음 각 호의 어느 하나에 해당하는 외국인투자자의 경우 대통령령으로 정하는 바에 따라 계산한 주식 또는 출자지분(이하 이 장에서 "주식등"이라 한다)의 소유비율(소유비율이 100분의 5 미만인 경우에는 100분의 5로 본다) 상당액, 대여금 상당액 또는 외국인투자금액에 대해서는 조세감면대상으로 보지 아니한다.(2016.12.27 본문개정)
1. 외국법인 또는 외국기업(이하 이 항에서 "외국법인등"이라 한다)이 외국인투자를 하는 경우로서 다음 각 목의 어느 하나에 해당하는 경우
   가. 대한민국 국민(외국에 영주하고 있는 사람으로서 거주지국의 영주권을 취득하거나 영주권을 갈음하는 체류허가를 받은 사람은 제외한다) 또는 대한민국 법인(이하 이 항에서 "대한민국국민등"이라 한다)이 해당 외국법인등의 의결권 있는 주식등의 100분의 5 이상을 직접 또는 간접으로 소유하고 있는 경우
   나. 대한민국국민등이 단독으로 또는 다른 주주와의 합의ㆍ계약 등에 따라 해당 외국법인등의 대표이사 또는 이사의 과반수를 선임한 주주에 해당하는 경우
2. 다음 각 목의 어느 하나에 해당하는 자가 「외국인투자 촉진법」 제2조제1항제5호에 따른 외국투자가에게 대여한 금액이 있는 경우
   가. 외국인투자기업
   나. 외국인투자기업의 의결권 있는 주식등을 100분의 5 이상 직접 또는 간접으로 소유하고 있는 대한민국국민등
   다. 단독으로 또는 다른 주주와의 합의ㆍ계약 등에 따라 외국인투자기업의 대표이사 또는 이사의 과반수를 선임한 주주인 대한민국국민등
   (2016.12.27 1호~2호개정)
3. 외국인이 「국제조세조정에 관한 법률」 제2조제1항제7호에 따른 조세조약 또는 투자보장협정을 체결하지 아니한 국가 또는 지역 중 대통령령으로 정하는 국가 또는 지역을 통하여 외국인투자를 하는 경우
   (2020.12.22 본호개정)
⑧ 「조세특례제한법」 제121조의2제1항제1호에서 규정하는 사업에 대한 외국인투자 중 사업의 양수 등 대통령령으로 정하는 방식에 해당하는 외국인투자에 대해서는 제2항의 규정에 따른 감면기간 및 감면비율에도 불구하고 외국인투자기업에 대한 개인지방소득세는 같은 조 제1항제1호에 따라 감면대상이 되는 사업을 함으로써 발생한 소득에 대해서만 감면하되, 그 사업을 개시한 후 그 사업에서 최초로 소득이 발생한 과세연도(사업개시일부터 5년이 되는 날이 속하는 과세연도까지 그 사업에서 소득이 발생하지 아니한 경우에는 5년이 되는 날이 속하는 과세연도)의 개시일부터 3년 이내에 끝나는 과세연도에는 감면대상세액의 100분의 50을, 그 다음 2년 이내에 끝나는 과세연도에는 감면대상세액의 100분의 30에 상당하는 세액을 각각 경감한다.(2016.12.27 본항개정)
⑨ 외국인투자신고 후 최초의 개인지방소득세 감면결정 통지일로부터 3년이 지나는 날까지 최초의 출자(증자를 포함한다)가 없는 경우에는 제4항에 따른 개인지방소득세 감면결정의 효력은 상실되며, 외국인투자신고 후 최초의 조세감면결정 통지일부터 3년 이내에 최초의 출자를 한 경우로서 최초의 조세감면결정 통지일부터 5년이 되는 날까지 사업을 개시하지 아니한 경우

에는 최초의 조세감면결정 통지일부터 5년이 되는 날을 그 사업을 개시한 날로 보아 이 조 제2항, 제8항 및 제15항을 적용한다.(2016.12.27 본항개정)
⑩ 제2항 및 제8항이 적용되는 감면기간 동안 감면받는 개인지방소득세의 총합계액이 다음 각 호의 금액을 합한 금액을 초과하는 경우에는 그 합한 금액을 한도로(이하 이 조에서 "감면한도"라 한다)로 하여 세액을 감면한다.
1. 투자금액을 기준으로 한 한도로서 다음 각 목의 구분에 따른 금액
  가. 「조세특례제한법」 제121조의2제1항제1호 및 제2호의 경우 : 대통령령으로 정하는 외국인투자누계액(이하 이 항에서 "외국인투자누계액"이라 한다)의 1,000분의 5
  나. 「조세특례제한법」 제121조의2제1항제2호의2부터 제2호의9까지, 제3호 및 제10항제1호의 경우 : 외국인투자누계액의 1,000분의 40
  (2016.12.27 가목~나목개정)
2. 고용을 기준으로 한 다음 각 목의 금액을 합한 금액. 다만, 외국인투자누계액의 100분의 20에 상당하는 금액을 한도로 하되, 「조세특례제한법」 제121조의2제1항제1호 및 제2호의 경우에는 외국인투자누계액의 100분의 40에 상당하는 금액을 한도로 하고, 같은 조 제1항제2호의2부터 제2호의9까지 및 제3호, 같은 조 제12항제1호의 경우에는 외국인투자누계액의 100분의 30에 상당하는 금액을 한도로 한다.
  가. 해당 과세연도의 해당 외국인투자기업의 상시근로자 중 산업수요맞춤형고등학교등의 졸업생 수 × 200만원
  나. 해당 과세연도의 해당 외국인투자기업의 가목 외의 상시근로자 중 청년근로자, 장애인근로자 및 60세 이상인 근로자 수 × 150만원
  다. (해당 과세연도의 상시근로자 수 - 가목에 따른 졸업생 수 - 나목에 따른 청년근로자, 장애인근로자 및 60세 이상인 근로자 수) × 100만원
  (2016.12.27 본목신설)
  (2016.12.27 본호개정)
⑪ 제2항 및 제8항에 따라 각 과세연도에 감면받을 개인지방소득세에 대하여 감면한도를 적용할 때에는 제10항제1호의 금액을 먼저 적용한 후 같은 항 제2호의 금액을 적용한다.
⑫ 제10항제2호를 적용받아 개인지방소득세를 감면받은 외국인투자기업이 감면받은 과세연도 종료일부터 2년이 되는 날이 속하는 과세연도 종료일까지의 기간 중 각 과세연도의 상시근로자 수가 감면받은 과세연도의 상시근로자 수보다 감소한 경우에는 대통령령으로 정하는 바에 따라 감면받은 세액에 상당하는 금액을 개인지방소득세로 납부하여야 한다.
⑬ 제10항 및 제12항을 적용할 때 상시근로자의 범위, 상시근로자 수의 계산방법, 그 밖에 필요한 사항은 대통령령으로 정한다.
⑭ 외국인투자기업이 동일한 사업장에서 「조세특례제한법」 제121조의2제1항 각 호의 사업 중 같은 항 제1호의 사업과 같은 항 제1호 외의 사업을 같은 법 제143조를 준용하여 각각 구분하여 경리하는 경우에는 각각의 사업에 대하여 이 조 제2항에 따른 감면을 적용한다. 다만, 각각의 사업에 대한 감면기간은 해당 사업장에서 최초로 감면 대상 소득이 발생한 과세연도(사업개시일부터 5년이 되는 과세연도까지는 소득이 발생하지 아니한 경우에는 5년이 되는 날이 속하는 과세연도)의 개시일부터 기산한다.(2016.12.27 본항신설)
⑮ 제2항 및 제8항이 적용되는 감면기간 동안 감면받는 개인지방소득세의 총합계액이 「조세특례제한법」 제121조의2제14항 각 호의 금액을 합한 금액의 100분의

10을 초과하는 경우에는 그 합한 금액의 100분의 10을 한도(이하 이 조에서 "감면한도"라 한다)로 하여 개인지방소득세 세액을 경감하고, 감면한도 적용에 대해서는 같은 조 제15항부터 제17항까지의 규정에 따른다.(2016.12.27 본항신설)
⑯ 제2항 및 제8항에 따라 개인지방소득세를 감면받은 외국인투자기업은 「조세특례제한법」 제121조의5제1항 각 호의 어느 하나에 해당하는 사유가 발생한 경우 사유가 발생한 날이 속하는 과세연도의 과세표준신고를 할 때 대통령령으로 정하는 바에 따라 계산한 세액에 대통령령으로 정하는 바에 따라 계산한 이자 가산액을 가산하여 개인지방소득세로 납부하여야 하며, 해당 세액은 「지방세법」 제95조에 따라 납부하여야 할 세액으로 본다.

제154조【제주첨단과학기술단지 입주기업에 대한 개인지방소득세의 감면】① 「제주특별자치도 설치 및 국제자유도시 조성을 위한 특별법」 제161조에 따라 지정된 제주첨단과학기술단지(이하 이 장에서 "제주첨단과학기술단지"라 한다)에 2018년 12월 31일까지 입주하는 기업이 생물산업, 정보통신산업 등 대통령령으로 정하는 사업(이하 이 조에서 "감면대상사업"이라 한다)을 하는 경우 감면대상사업에서 발생한 소득에 대하여 사업개시일 이후 그 사업에서 최초로 소득이 발생한 과세연도(사업개시일부터 5년이 되는 날이 속하는 과세연도까지 해당 사업에서 소득이 발생하지 아니한 경우에는 5년이 되는 날이 속하는 과세연도)의 개시일부터 3년 이내에 끝나는 과세연도에는 개인지방소득세의 100분의 100에 상당하는 세액을 감면하고, 그 다음 2년 이내에 끝나는 과세연도에는 개인지방소득세의 100분의 50에 상당하는 세액을 감면한다.(2016.12.27 본항개정)
② 제1항이 적용되는 감면기간 동안 감면받는 개인지방소득세의 총합계액이 제1호와 제2호의 금액을 합한 금액을 초과하는 경우에는 그 합한 금액을 한도로(이하 이 조에서 "감면한도"라 한다)로 하여 세액을 감면한다. 다만, 대통령령으로 정하는 서비스업(이하 이 조에서 "서비스업"이라 한다)을 영위하는 경우로서 해당 서비스업에서 발생한 소득에 대해 제1항이 적용되는 감면기간 동안 감면받는 개인지방소득세 총 합계액이 제1호와 제2호의 금액을 합한 금액과 제3호의 금액 중 큰 금액을 초과하는 경우에는 그 큰 금액을 한도로 하여 세액을 감면할 수 있다.(2016.12.27 본문개정)
1. 대통령령으로 정하는 투자누계액의 100분의 5
2. 다음 각 목의 금액 중 적은 금액
  가. 해당 과세연도의 제주첨단과학기술단지 사업장(이하 이 조에서 "감면대상사업장"이라 한다)의 상시근로자 수 × 1백만원
  나. 제1호의 투자누계액의 100분의 2
3. 다음 각 목의 금액 중 적은 금액
  가. 해당 과세연도의 감면대상사업장의 상시근로자 수 × 2백만원
  나. 제1호의 투자누계액의 100분의 10
  (2016.12.27 본호신설)
③ 제1항에 따라 각 과세연도에 감면받을 개인지방소득세에 대하여 감면한도를 적용할 때에는 제2항제1호의 금액을 먼저 적용한 후 같은 항 제2호의 금액을 적용한다.
④ 제2항제2호 또는 제3호를 적용받아 개인지방소득세를 감면받은 기업이 감면받은 과세연도 종료일부터 2년이 되는 날이 속하는 과세연도 종료일까지의 기간 중 각 과세연도의 감면대상사업장의 상시근로자 수가 감면받은 과세연도의 상시근로자 수보다 감소한 경우에는 대통령령으로 정하는 바에 따라 감면받은 세액에 상당하는 금액을 개인지방소득세로 납부하여야 한다.(2016.12.27 본항개정)

⑤ 제2항 및 제4항을 적용할 때 상시근로자의 범위, 상시근로자 수의 계산방법, 그 밖에 필요한 사항은 대통령령으로 정한다.
⑥ 제1항을 적용받으려는 자는 대통령령으로 정하는 바에 따라 그 감면신청을 하여야 한다.
⑦ 제2항에 따라 서비스업에 대한 감면한도를 적용받는 기업은 「조세특례제한법」 제143조를 준용하여 서비스업과 그 밖의 업종을 각각 구분하여 경리하여야 한다.(2016.12.27 본항신설)

제155조【제주투자진흥지구 또는 제주자유무역지역 입주기업에 대한 개인지방소득세의 감면】 ① 다음 각 호의 어느 하나에 해당하는 사업(이하 이 조에서 "감면대상사업"이라 한다)을 하기 위한 투자로서 대통령령으로 정하는 기준에 해당하는 투자의 경우에 대해서는 제2항부터 제6항까지의 규정에 따라 개인지방소득세를 감면한다.
1. 「제주특별자치도 설치 및 국제자유도시 조성을 위한 특별법」 제162조에 따라 지정되는 제주투자진흥지구(이하 이 조에서 "제주투자진흥지구"라 한다)에 2018년 12월 31일까지 입주하는 기업이 해당 구역의 사업장에서 하는 사업(2016.12.27 본호개정)
2. 「자유무역지역의 지정 및 운영에 관한 법률」 제4조에 따라 제주특별자치도에 지정되는 자유무역지역(이하 이 장에서 "제주자유무역지역"이라 한다)에 2018년 12월 31일까지 입주하는 기업이 해당 구역의 사업장에서 하는 사업(2016.12.27 본호개정)
3. 제주투자진흥지구의 개발사업시행자가 제주투자진흥지구를 개발하기 위하여 기획, 금융, 설계, 건축, 마케팅, 임대, 분양 등을 일괄적으로 수행하는 개발사업
② 제1항의 어느 하나에 해당하는 감면대상사업에서 발생한 소득에 대해서는 사업개시일 이후 그 감면대상사업에서 최초로 소득이 발생한 과세연도(사업개시일부터 5년이 되는 날이 속하는 과세연도까지 그 사업에서 소득이 발생하지 아니한 경우에는 5년이 되는 날이 속하는 과세연도)의 개시일부터 3년 이내에 끝나는 과세연도에 있어서 제1항제1호와 제2호의 경우에는 개인지방소득세의 100분의 100에 상당하는 세액을, 제1항제3호의 경우에는 개인지방소득세의 100분의 50에 상당하는 세액을 각각 감면하며, 그 다음 2년 이내에 끝나는 과세연도에 있어서 제1항제1호와 제2호의 경우에는 개인지방소득세의 100분의 50에 상당하는 세액을, 제1항제3호의 경우에는 개인지방소득세의 100분의 25에 상당하는 세액을 각각 감면한다.
③ 제2항이 적용되는 감면기간 동안 감면받는 개인지방소득세의 총합계액이 제1호와 제2호의 금액을 합한 금액을 초과하는 경우에는 그 합한 금액을 한도(이하 이 조에서 "감면한도"라 한다)로 하여 세액을 감면한다. 다만, 대통령령으로 정하는 서비스업(이하 이 조에서 "서비스업"이라 한다)을 영위하는 경우로서 해당 서비스업에서 발생한 소득에 대하여 제2항이 적용되는 감면기간 동안 감면받은 개인지방소득세 총 합계액이 제1호와 제2호의 금액을 합한 금액과 제3호의 금액 중 큰 금액을 초과하는 경우에는 그 큰 금액을 한도로 하여 세액을 감면할 수 있다.(2016.12.27 본문개정)
1. 대통령령으로 정하는 투자누계액의 100분의 5
2. 다음 각 목의 금액 중 적은 금액
   가. 해당 과세연도의 제1항 각 호의 어느 하나에 해당하는 사업장(이하 이 조에서 "감면대상사업장"이라 한다)의 상시근로자 수 × 1백만원
   나. 제1호의 투자누계액의 100분의 2
3. 다음 각 목의 금액 중 적은 금액
   가. 해당 과세연도의 감면대상사업장의 상시근로자 수 × 2백만원
   나. 제1호의 투자누계액의 100분의 10
   (2016.12.27 본호신설)

④ 제2항에 따라 각 과세연도에 감면받을 개인지방소득세에 대하여 감면한도를 적용할 때에는 제3항제1호의 금액을 먼저 적용한 후 같은 항 제2호의 금액을 적용한다.
⑤ 제3항제2호 또는 제3호를 적용받아 개인지방소득세를 감면받은 기업이 감면받은 과세연도 종료일부터 2년이 되는 날이 속하는 과세연도 종료일까지의 기간 중 각 과세연도의 감면대상사업장의 상시근로자 수가 감면받은 과세연도의 상시근로자 수보다 감소한 경우에는 대통령령으로 정하는 바에 따라 감면받은 세액에 상당하는 금액을 개인지방소득세로 납부하여야 한다.(2016.12.27 본항개정)
⑥ 제3항 및 제5항을 적용할 때 상시근로자의 범위, 상시근로자 수의 계산방법, 그 밖에 필요한 사항은 대통령령으로 정한다.
⑦ 제2항을 적용받으려는 자는 대통령령으로 정하는 바에 따라 그 감면신청을 하여야 한다.
⑧ 제3항 각 호 외의 부분 단서에 따라 서비스업에 대한 감면한도를 적용받는 기업은 「조세특례제한법」 제143조를 준용하여 서비스업과 그 밖의 업종을 각각 구분하여 경리하여야 한다.(2016.12.27 본항신설)
⑨ 제주투자진흥지구 또는 제주자유무역지역 입주기업이 「조세특례제한법」 제121조의12제1항 각 호의 어느 하나에 해당하는 사유가 발생한 경우 대통령령이 정하는 바에 따라 제주투자진흥지구 또는 제주자유무역지역 입주기업에 대한 개인지방소득세의 감면세액을 추징한다.

제156조【기업도시개발구역 등의 창업기업 등에 대한 개인지방소득세의 감면】 ① 다음 각 호의 어느 하나에 해당하는 사업(이하 이 조에서 "감면대상사업"이라 한다)을 하기 위한 투자로서 업종 및 투자금액이 대통령령으로 정하는 기준에 해당하는 투자에 대해서는 제2항부터 제8항까지의 규정에 따라 개인지방소득세를 감면한다.
1. 기업도시개발구역에 2018년 12월 31일까지 창업하거나 사업장을 신설(기존 사업장을 이전하는 경우는 제외한다)하는 기업이 그 구역의 사업장에서 하는 사업(2016.12.27 본호개정)
2. 기업도시개발사업 시행자가 하는 사업으로서 「기업도시개발 특별법」 제2조제3호에 따른 기업도시개발사업
3. 「지역 개발 및 지원에 관한 법률」 제11조에 따라 지정된 지역개발사업구역(같은 법 제7조제1항제1호에 해당하는 지역개발사업으로 한정한다) 또는 같은 법 제67조에 따른 지역활성화지역에 2018년 12월 31일까지 창업하거나 사업장을 신설(기존 사업장을 이전하는 경우는 제외한다)하는 기업(법률 제12737호 「지역 개발 및 지원에 관한 법률」 부칙 제4조에 따라 폐지된 지역개발사업구역 중 「폐광지역 개발 지원에 관한 특별법」에 따라 지정된 폐광지역진흥지구에 개발사업시행자로 선정되어 입주하는 경우에는 「관광진흥법」에 따른 관광숙박업 및 종합휴양업과 축산업을 경영하는 내국인을 포함한다)이 그 구역 또는 지역 안의 사업장에서 하는 사업(2016.12.27 본호개정)
4. 「지역 개발 및 지원에 관한 법률」 제11조(같은 법 제7조제1항제1호에 해당하는 지역개발사업으로 한정한다)에 따른 지역개발사업구역과 같은 법 제67조에 따른 지역활성화지역에서 같은 법 제19조에 따라 지정된 사업시행자가 하는 지역개발사업(2014.12.31 본호개정)
5. 「여수세계박람회 기념 및 사후활용에 관한 특별법」 제15조에 따라 지정·고시된 해양박람회특구에 2018년 12월 31일까지 창업하거나 사업장을 신설(기존 사업장을 이전하는 경우는 제외한다)하는 기업이 그 구역 안의 사업장에서 하는 사업(2016.12.27 본호개정)

6. 「여수세계박람회 기념 및 사후활용에 관한 특별법」 제17조에 따라 지정된 사업시행자가 박람회 사후활용에 관하여 시행하는 사업(2014.3.24 본호개정)
7. 「새만금사업 추진 및 지원에 관한 특별법」 제8조제1항에 따른 사업시행자에 해당하는 기업이 같은 법 제2조에 따른 사업시행자가 되어 실시하는 새만금사업(2016.12.27 본호신설)

② 제1항에 해당하는 기업의 감면대상사업에서 발생한 소득에 대해서는 사업개시일 이후 그 감면대상사업에서 최초로 소득이 발생한 과세연도(사업개시일부터 5년이 되는 날이 속하는 과세연도까지 그 사업에서 소득이 발생하지 아니한 경우에는 5년이 되는 날이 속하는 과세연도)의 개시일부터 3년 이내에 끝나는 과세연도에는 제1항제1호·제3호·제5호의 경우 개인지방소득세의 100분의 100에 상당하는 세액을, 제1항제2호·제4호·제6호·제7호의 경우 개인지방소득세의 100분의 50에 상당하는 세액을 각각 경감하고, 그 다음 2년 이내에 끝나는 과세연도에는 제1항제1호·제3호·제5호의 경우 개인지방소득세의 100분의 50에 상당하는 세액을, 제1항제2호·제4호·제6호·제7호의 경우 개인지방소득세의 100분의 25에 상당하는 세액을 각각 경감한다.(2016.12.27 본항개정)

③ 제2항이 적용되는 감면기간 동안 감면받는 개인지방소득세의 총합계액이 제1호와 제2호의 금액을 합한 금액을 초과하는 경우에는 그 합한 금액을 한도(이하 이 조에서 "감면한도"라 한다)로 하여 세액을 감면한다. 다만, 대통령령으로 정하는 서비스업(이하 이 조에서 "서비스업"이라 한다)을 영위하는 경우로서 해당 서비스업에서 발생한 소득에 대하여 제2항이 적용되는 감면기간 동안 감면받은 개인지방소득세 총 합계액이 제1호와 제2호의 금액을 합한 금액과 제3호의 금액 중 큰 금액을 초과하는 경우에는 그 큰 금액을 한도로 하여 세액을 감면할 수 있다.(2016.12.27 본문개정)
1. 대통령령으로 정하는 투자누계액의 100분의 5
2. 다음 각 목의 금액 중 적은 금액
   가. 해당 과세연도의 제1항 각 호의 어느 하나에 해당하는 사업을 하는 사업장(이하 이 조에서 "감면대상사업장"이라 한다)의 상시근로자 수 × 1백만원
   나. 제1호의 투자누계액의 100분의 2
3. 다음 각 목의 금액 중 적은 금액
   가. 해당 과세연도의 감면대상사업장의 상시근로자 수 × 2백만원
   나. 제1호의 투자누계액의 100분의 10
   (2016.12.27 본호신설)

④ 제2항에 따라 각 과세연도에 감면받을 개인지방소득세에 대하여 감면한도를 적용할 때에는 제3항제1호의 금액을 먼저 적용한 후 같은 항 제2호의 금액을 적용한다.

⑤ 제3항제2호 또는 제3호를 적용받아 개인지방소득세를 감면받은 기업이 감면받은 과세연도 종료일부터 2년이 되는 날이 속하는 과세연도 종료일까지의 기간 중 각 과세연도의 감면대상사업장의 상시근로자 수가 감면받은 과세연도의 상시근로자 수보다 감소한 경우에는 대통령령으로 정하는 바에 따라 감면받은 세액에 상당하는 금액을 개인지방소득세로 납부하여야 한다.(2016.12.27 본항개정)

⑥ 제3항 및 제5항을 적용할 때 상시근로자의 범위, 상시근로자 수의 계산방법, 그 밖에 필요한 사항은 대통령령으로 정한다.

⑦ 제1항부터 제6항까지의 규정을 적용할 때 창업의 범위에 관하여는 제100조제6항을 준용한다.

⑧ 제2항을 적용받으려는 자는 대통령령으로 정하는 바에 따라 감면신청을 하여야 한다.

⑨ 제3항 각 호 외의 부분 단서에 따라 서비스업에 대한 감면한도를 적용받는 기업은 「조세특례제한법」 제143조를 준용하여 서비스업과 그 밖의 업종을 각각 구분하여 경리하여야 한다.(2016.12.27 본항신설)

⑩ 제2항 및 제3항에 따라 개인지방소득세를 감면받은 기업이도시개발구역 등의 창업기업이나 「조세특례제한법」 제121조의19제1항 각 호의 어느 하나에 해당하는 경우에는 감면받은 개인지방소득세를 추징하며, 같은 항 제3호에 해당하는 경우에는 해당 과세연도와 남은 감면기간 동안 제2항을 적용하지 아니한다.

제157조【아시아문화중심도시 투자진흥지구 입주기업 등에 대한 개인지방소득세의 감면 등】 ① 「아시아문화중심도시 조성에 관한 특별법」 제16조에 따른 투자진흥지구에 2018년 12월 31일까지 입주하는 기업이 그 지구에서 사업을 하기 위한 투자로서 업종 및 투자금액이 대통령령으로 정하는 기준에 해당하는 투자에 대해서는 제2항부터 제6항까지의 규정에 따라 개인지방소득세를 감면한다.(2016.12.27 본항개정)

② 제1항에 따른 기업의 감면대상사업에서 발생한 소득에 대해서는 사업개시일 이후 해당 감면대상사업에서 최초로 소득이 발생한 과세연도(사업개시일부터 5년이 되는 날이 속하는 과세연도까지 해당 사업에서 소득이 발생하지 아니한 때에는 5년이 되는 날이 속하는 과세연도)의 개시일부터 3년 이내에 끝나는 과세연도의 개인지방소득세의 100분의 100에 상당하는 세액을, 그 다음 2년 이내에 끝나는 과세연도의 개인지방소득세의 100분의 50에 상당하는 세액을 감면한다.

③ 제2항이 적용되는 감면기간 동안 감면받는 개인지방소득세의 총합계액이 제1호와 제2호의 금액을 합한 금액을 초과하는 경우에는 그 합한 금액을 한도(이하 이 조에서 "감면한도"라 한다)로 하여 세액을 감면한다. 다만, 대통령령으로 정하는 서비스업(이하 이 조에서 "서비스업"이라 한다)을 영위하는 경우로서 해당 서비스업에서 발생한 소득에 대하여 제2항이 적용되는 감면기간 동안 감면받은 개인지방소득세 총 합계액이 제1호와 제2호의 금액을 합한 금액과 제3호의 금액 중 큰 금액을 초과하는 경우에는 그 큰 금액을 한도로 하여 세액을 감면할 수 있다.(2016.12.27 본문개정)
1. 대통령령으로 정하는 투자누계액의 100분의 5
2. 다음 각 목의 금액 중 적은 금액
   가. 해당 과세연도의 제1항에 따른 투자진흥지구의 사업장(이하 이 조에서 "감면대상사업장"이라 한다)의 상시근로자 수 × 1백만원
   나. 제1호의 투자누계액의 100분의 2
3. 다음 각 목의 금액 중 적은 금액
   가. 해당 과세연도의 감면대상사업장의 상시근로자 수 × 2백만원
   나. 제1호의 투자누계액의 100분의 10
   (2016.12.27 본호신설)

④ 제2항에 따라 각 과세연도에 감면받을 개인지방소득세에 대하여 감면한도를 적용할 때에는 제3항제1호의 금액을 먼저 적용한 후 같은 항 제2호의 금액을 적용한다.

⑤ 제3항제2호 또는 제3호를 적용받아 개인지방소득세를 감면받은 기업이 감면받은 과세연도 종료일부터 2년이 되는 날이 속하는 과세연도 종료일까지의 기간 중 각 과세연도의 감면대상사업장의 상시근로자 수가 감면받은 과세연도의 상시근로자 수보다 감소한 경우에는 대통령령으로 정하는 바에 따라 감면받은 세액에 상당하는 금액을 개인지방소득세로 납부하여야 한다.(2016.12.27 본항개정)

⑥ 제3항 및 제5항을 적용할 때 상시근로자의 범위, 상시근로자 수의 계산방법, 그 밖에 필요한 사항은 대통령령으로 정한다.

⑦ 지방자치단체의 장은 해당 감면대상사업에서 최초로 소득이 발생한 과세연도(사업개시일부터 3년이 되는 날이 속하는 과세연도까지 해당 사업에서 소득이 발생하지 아니한 경우에는 3년이 되는 날이 속하는 과세연도) 종료일 이후 2년 이내에 제1항에 따른 개인지방소득세감면기준에 해당하는 투자가 이루어지지 아니한 경우에는 대통령령으로 정하는 바에 따라 제1항부터 제6항까지의 규정에 따라 감면된 개인지방소득세를 추징한다.

⑧ 제7항에 해당하는 경우에는 해당 과세연도와 남은 감면기간 동안 제2항을 적용하지 아니한다.

⑨ 제2항에 따라 개인지방소득세를 감면받으려는 자는 대통령령으로 정하는 바에 따라 그 감면신청을 하여야 한다.

⑩ 제3항 각 호 외의 부분 단서에 따라 서비스업에 대한 감면한도를 적용받는 기업은 「조세특례제한법」 제143조를 준용하여 서비스업과 그 밖의 업종을 각각 구분하여 경리하여야 한다.(2016.12.27 본항신설)

제158조 【금융중심지 창업기업 등에 대한 개인지방소득세의 감면 등】 ① 「금융중심지의 조성과 발전에 관한 법률」 제5조제3항에 따라 지정된 금융중심지(수도권과밀억제권역 안의 금융중심지는 제외한다)에 2018년 12월 31일까지 창업하거나 사업장을 신설(기존 사업장을 이전하는 경우는 제외한다)하여 해당 구역 안의 사업장(이하 이 조에서 "감면대상사업장"이라 한다)에서 대통령령으로 정하는 기준을 충족하는 금융 및 보험업(이하 이 조에서 "감면대상사업"이라 한다)을 영위하는 경우에는 제2항부터 제6항까지의 규정에 따라 개인지방소득세를 감면한다.(2016.12.27 본항개정)

② 제1항의 금융중심지 구역 안 사업장의 감면대상사업에서 발생한 소득에 대하여는 사업개시일 이후 해당 감면대상사업에서 최초로 소득이 발생한 과세연도(사업개시일부터 5년이 되는 날이 속하는 과세연도까지 해당 사업에서 소득이 발생하지 아니한 때에는 5년이 되는 날이 속하는 과세연도)의 개시일부터 3년 이내에 종료하는 과세연도의 개인지방소득세의 100분의 100에 상당하는 세액을 감면하고, 그 다음 2년 이내에 종료하는 과세연도의 개인지방소득세의 100분의 50에 상당하는 세액을 감면한다.

③ 제2항이 적용되는 감면기간 동안 감면받는 개인지방소득세의 총합계액이 제1호와 제2호의 금액을 합한 금액을 초과하는 경우에는 그 합한 금액을 한도(이하 이 조에서 "감면한도"라 한다)로 하여 세액을 감면한다. 다만, 대통령령으로 정하는 서비스업(이하 이 조에서 "서비스업"이라 한다)을 영위하는 경우로서 해당 서비스업에서 발생한 소득에 대하여 제2항이 적용되는 감면기간 동안 감면받은 개인지방소득세 총 합계액이 제1호와 제2호의 금액을 합한 금액과 제3호의 금액 중 큰 금액을 초과하는 경우에는 그 큰 금액을 한도로 하여 세액을 감면할 수 있다.(2016.12.27 본문개정)
1. 대통령령으로 정하는 투자누계액의 100분의 5
2. 다음 각 목의 금액 중 적은 금액
   가. 해당 과세연도의 감면대상사업장의 상시근로자 수 × 1백만원
   나. 제1호의 투자누계액의 100분의 2
3. 다음 각 목의 금액 중 적은 금액
   가. 해당 과세연도의 감면대상사업장의 상시근로자 수 × 2백만원
   나. 제1호의 투자누계액의 100분의 10
   (2016.12.27 본호신설)

④ 제2항에 따라 각 과세연도에 감면받을 개인지방소득세에 대하여 감면한도를 적용할 때에는 제3항제1호의 금액을 먼저 적용한 후 같은 항 제2호의 금액을 적용한다.

⑤ 제3항제2호 또는 제3호를 적용받아 개인지방소득세를 감면받은 기업이 감면받은 과세연도 종료일부터 2년이 되는 날이 속하는 과세연도 종료일까지의 기간 중 각 과세연도의 감면대상사업장의 상시근로자 수가 감면받은 과세연도의 상시근로자 수보다 감소한 경우에는 대통령령으로 정하는 바에 따라 감면받은 세액에 상당하는 금액을 개인지방소득세로 납부하여야 한다.(2016.12.27 본항개정)

⑥ 제3항 및 제5항을 적용할 때 상시근로자의 범위, 상시근로자 수의 계산방법, 그 밖에 필요한 사항은 대통령령으로 정한다.

⑦ 지방자치단체의 장은 해당 감면대상사업에서 최초로 소득이 발생한 과세연도(사업개시일부터 3년이 되는 날이 속하는 과세연도까지 해당 사업에서 소득이 발생하지 아니한 경우에는 3년이 되는 날이 속하는 과세연도) 종료일 이후 2년 이내에 제1항에 따른 조세감면기준에 해당하는 투자가 이루어지지 아니한 경우에는 대통령령으로 정하는 바에 따라 제1항부터 제6항까지의 규정에 따라 감면된 개인지방소득세를 추징한다.

⑧ 제7항에 해당하는 경우에는 해당 과세연도와 남은 감면기간 동안 제2항을 적용하지 아니한다.

⑨ 제2항에 따라 개인지방소득세를 감면받고자 하는 자는 대통령령으로 정하는 바에 따라 그 감면신청을 하여야 한다.

⑩ 제3항 각 호 외의 부분 단서에 따라 서비스업에 대한 감면한도를 적용받는 기업은 「조세특례제한법」 제143조를 준용하여 서비스업과 그 밖의 업종을 각각 구분하여 경리하여야 한다.(2016.12.27 본항신설)

제159조 【첨단의료복합단지 입주기업에 대한 개인지방소득세의 감면】 ① 「첨단의료복합단지 육성에 관한 특별법」 제6조에 따라 지정된 첨단의료복합단지에 2019년 12월 31일까지 입주한 기업이 첨단의료복합단지에 위치한 사업장(이하 이 조에서 "감면대상사업장"이라 한다)에서 보건의료기술사업 등 대통령령으로 정하는 사업(이하 이 조에서 "감면대상사업"이라 한다)을 하는 경우에는 제2항부터 제6항까지의 규정에 따라 개인지방소득세를 감면한다.(2019.4.30 본항개정)

② 제1항의 감면대상사업장의 감면대상사업에서 발생한 소득에 대하여는 사업개시일 이후 해당 감면대상사업에서 최초로 소득이 발생한 과세연도(사업개시일부터 5년이 되는 날이 속하는 과세연도까지 해당 사업에서 소득이 발생하지 아니한 때에는 5년이 되는 날이 속하는 과세연도)의 개시일부터 3년 이내에 끝나는 과세연도의 개인지방소득세의 100분의 100에 상당하는 세액을 감면하고, 그 다음 2년 이내에 끝나는 과세연도의 개인지방소득세의 100분의 50에 상당하는 세액을 감면한다.

③ 제2항이 적용되는 감면기간 동안 감면받는 개인지방소득세의 총합계액이 제1호와 제2호의 금액을 합한 금액을 초과하는 경우에는 그 합한 금액을 한도(이하 이 조에서 "감면한도"라 한다)로 하여 세액을 감면한다. 다만, 대통령령으로 정하는 서비스업(이하 이 조에서 "서비스업"이라 한다)을 영위하는 경우로서 해당 서비스업에서 발생한 소득에 대하여 제2항이 적용되는 감면기간 동안 감면받은 개인지방소득세 또는 법인세 총 합계액이 제1호와 제2호의 금액을 합한 금액과 제3호의 금액 중 큰 금액을 초과하는 경우에는 그 큰 금액을 한도로 하여 세액을 감면할 수 있다.(2016.12.27 본문개정)
1. 대통령령으로 정하는 투자누계액의 100분의 5
2. 다음 각 목의 금액 중 적은 금액
   가. 해당 과세연도의 감면대상사업장의 상시근로자 수 × 1백만원
   나. 제1호의 투자누계액의 100분의 2

3. 다음 각 목의 금액 중 적은 금액

　가. 해당 과세연도의 감면대상사업장의 상시근로자
　　수 × 2백만원

　나. 제1호의 투자누계액의 100분의 10
　　(2016.12.27 본호신설)

④ 제2항에 따라 각 과세연도에 감면받을 개인지방소득
세에 대하여 감면한도를 적용할 때에는 제3항제1호의 금
액을 먼저 적용한 후 같은 항 제2호의 금액을 적용한다.

⑤ 제3항제2호 또는 제3호를 적용받아 개인지방소득세
를 감면받은 기업이 감면받는 과세연도 종료일부터 3년
이 되는 날이 속하는 과세연도 종료일까지의 기간 중
각 과세연도의 감면대상사업장의 상시근로자 수가 감
면받은 과세연도의 상시근로자 수보다 감소한 경우에
는 대통령령으로 정하는 바에 따라 감면받은 세액에
상당하는 금액을 개인지방소득세로 납부하여야 한다.
(2016.12.27 본항개정)

⑥ 제3항 및 제5항을 적용할 때 상시근로자의 범위, 상
시근로자 수의 계산방법, 그 밖에 필요한 사항은 대통
령령으로 정한다.

⑦ 제2항에 따라 개인지방소득세를 감면받고자 하는
자는 대통령령으로 정하는 바에 따라 감면신청을 하여
야 한다.

⑧ 제3항 각 호 외의 부분 단서에 따라 서비스업에 대
한 감면한도를 적용받는 기업은 「조세특례제한법」 제
143조를 준용하여 서비스업과 그 밖의 업종을 각각 구
분하여 경리하여야 한다.(2016.12.27 본항신설)

제160조 【금사업자와 스크랩등사업자의 수입금액의 증가 등에 대한 세액공제】

① 금사업자(「조세특례제한
법」 제106조의4제1항제3호의 제품을 공급하거나 공급
받으려는 사업자 또는 수입하려는 사업자로 한정한다)
또는 스크랩등사업자가 과세표준신고를 할 때 신고한
사업장별 익금 및 손금(이하 이 항에서 "익금 및 손금"
이라 한다)에 각각 같은 법 제106조의4 또는 제106조의9
에 따라 금거래계좌나 스크랩등거래계좌를 사용하여
결제하거나 결제받은 익금 및 손금(이하 이 항에서 "매
입자납부 익금 및 손금"이라 한다)이 포함되어 있는 경
우에는 2018년 12월 31일 이전에 끝나는 과세연도까지
다음 각 호의 어느 하나를 선택하여 그 금액을 해당 과
세연도의 개인지방소득세에서 공제받을 수 있다. 이 경
우 공제세액은 해당 과세연도의 종합소득분 개인지방소
득 산출세액에서 직전 과세연도의 종합소득분 개인지방
소득산출세액을 공제한 금액을 한도로 한다.
(2016.12.27 전단개정)

1. 과세표준신고를 할 때 신고한 사업장별 매입자납부
　익금 및 손금을 합친 금액이 직전 과세연도의 매입자
　납부 익금 및 손금을 합친 금액을 초과하는 경우에는
　그 초과금액(사업장별 익금 및 손금을 합친 금액의
　증가분을 한도로 한다)의 100분의 50에 상당하는 금
　액이 익금 및 손금을 합친 금액에서 차지하는 비율을
　종합소득분 개인지방소득 산출세액에 곱하여 계산한
　금액. 이 경우 직전 과세연도의 매입자납부 익금 및
　손금을 합친 금액이 없는 경우에는 직전 과세연도의
　익금 및 손금을 합친 금액을 직전 과세연도의 매입자
　납부 익금 및 손금을 합친 금액으로 한다.

2. 과세표준신고를 할 때 신고한 사업장별 매입자납부
　익금 및 손금을 합친 금액의 100분의 5에 상당하는
　금액이 익금 및 손금을 합친 금액에서 차지하는 비율
　을 종합소득분 개인지방소득 산출세액에 곱하여 계
　산한 금액

② 제1항을 적용할 때 공제세액의 계산 등에 관하여 필
요한 사항은 대통령령으로 정한다.

③ 제1항을 적용받으려는 자는 대통령령으로 정하는
바에 따라 세액공제신청을 하여야 한다.
(2016.12.27 본조제목개정)

제161조 【현금영수증가맹점에 대한 세액공제】

① 신
용카드단말기 등에 현금영수증발급장치를 설치한 사업
자(이하 이 조에서 "현금영수증가맹점"이라 한다)가 제
2항에 따른 현금영수증(거래건별 5천원 미만의 거래만
해당하며, 발급승인 시 전화망을 사용한 것을 말한다)
을 발급한 경우 해당 과세기간별 현금영수증 발급건
수에 대통령령으로 정하는 금액을 곱한 금액(이하 이
조에서 "공제세액"이라 한다)을 해당 과세기간의 개인
지방소득세 산출세액에서 공제받을 수 있다. 이 경우
공제세액은 산출세액을 한도로 한다.

② 제1항에 따른 "현금영수증"이란 현금영수증가맹점
이 재화 또는 용역을 공급하고 그 대금을 현금으로 받
는 경우 해당 재화 또는 용역을 공급받는 자에게 현금
영수증 발급장치에 의해 발급하는 것으로서 거래일
시·금액 등 결제내용이 기재된 영수증을 말한다.

③ 제1항에 따른 세액공제의 방법과 절차 등은 대통령
령으로 정한다.

제162조 【금 현물시장에서 거래되는 금지금에 대한 세액공제】

① 대통령령으로 정하는 금지금(이하 이 조
에서 "금지금"이라 한다)을 공급하는 대통령령으로 정
하는 사업자(이하 이 조에서 "금지금공급사업자"라 한
다)가 대통령령으로 정하는 보관기관에 임치된 금지금
을 대통령령으로 정하는 금 현물시장(이하 이 조에서
"금 현물시장"이라 한다)을 통하여 2015년 12월 31일까
지 공급하거나 금 현물시장에서 금지금을 매수한 사업
자(이하 이 항에서 "금지금매수사업자"라 한다)가 해당
금지금을 보관기관에서 2015년 12월 31일까지 인출하
는 경우 해당 공급가액 및 매수금액(이하 이 항에서
"금 현물시장 이용금액"이라 하되, 금지금공급사업자
와 금지금매수사업자가 대통령령으로 정하는 특수관계
에 있는 경우 해당 금액은 제외한다)에 대해서는 다음
각 호 중에서 선택하는 어느 하나에 해당하는 금액을
공급일 또는 매수일(「부가가치세법」 제15조에 따른 재
화의 공급 시기를 말한다)이 속하는 과세연도의 개인
지방소득세(사업소득에 대한 개인지방소득세만 해당
한다. 이하 이 항에서 같다)에서 공제한다. 다만, 직전
과세연도의 금 현물시장 이용금액이 전전 과세연도의
이용금액 보다 적은 경우 제2호를 적용하여 계산한 금
액을 해당 과세연도의 개인지방소득세에서 공제한다.
(2014.3.24 본문개정)

1. 금 현물시장 이용금액이 직전 과세연도의 금 현물시
　장 이용금액을 초과하는 경우 그 초과금액(이하 이
　호에서 "이용금액 초과분"이라 한다)이 해당 과세연
　도의 매출액에서 차지하는 비율을 종합소득분 개인
　지방소득 산출세액에 곱하여 계산한 금액. 다만, 직전
　과세연도 금 현물시장 이용금액이 없는 경우로서 금
　현물시장을 최초로 이용한 경우에는 해당 과세연도
　의 금 현물시장 이용금액을 이용금액 초과분으로 본
　다.

2. 해당 과세연도 금 현물시장 이용금액의 100분의 5에
　상당하는 금액이 해당 과세연도 매출액에서 차지하
　는 비율을 종합소득분 개인지방소득 산출세액에 곱
　하여 계산한 금액

② 제1항의 규정을 적용할 때 공제세액의 계산 등에 관
하여 필요한 사항과 세액공제신청에 관한 사항은 대통
령령으로 정한다.

제163조 【양도소득에 대한 개인지방소득세의 감면】

「소득세법」 제95조에 따른 양도소득금액에 이 법에서
규정하는 감면대상소득금액이 있는 때에는 「소득세법」
제90조제1항에서 규정하는 계산방법을 준용하여 계산
한 금액을 감면한다. 이 경우 양도소득과세표준에 적용
하는 세율은 「지방세법」 제103조의3에 따른 세율로 한
다.(2014.12.31 본조개정)

제164조【정치자금의 세액공제】 거주자가 「정치자금법」에 따라 정당(같은 법에 따른 후원회 및 선거관리위원회를 포함한다)에 기부한 정치자금은 이를 지출한 해당 과세연도의 개인지방소득세 산출세액에서 「조세특례제한법」 제76조제1항에서 세액공제하는 금액의 100분의 10에 해당하는 금액을 세액공제한다.(2014.3.24 본조개정)

제165조【석유제품 전자상거래에 대한 세액공제】 ① 「석유 및 석유대체연료 사업법」 제2조제7호에 따른 석유정제업자 등 대통령령으로 정하는 자가 대통령령으로 정하는 전자결제망을 이용하여 「석유 및 석유대체연료 사업법」 제2조제2호에 따른 석유제품을 2019년 12월 31일까지 공급하거나 공급받는 경우 다음 각 호의 구분에 따른 금액을 공급일 또는 공급받은 날(「부가가치세법」 제15조에 따른 재화의 공급시기를 말한다)이 속하는 과세연도의 개인지방소득세(사업소득에 대한 소득세만 해당한다)에서 공제한다. 다만, 공제받는 금액이 해당 과세연도의 개인지방소득세의 100분의 10을 초과하는 경우에는 그 초과하는 금액은 없는 것으로 한다.(2016.12.27 본문개정)
1. 석유제품을 공급하는 자 : 공급가액(「부가가치세법」 제29조에 따른 공급가액을 말한다. 이하 이 항에서 같다)의 1만분의 1에 상당하는 금액
2. 석유제품을 공급받는 자 : 공급가액의 1만분의 2에 상당하는 금액
(2016.12.27 1호~2호신설)
② 제1항을 적용받으려는 내국인은 대통령령으로 정하는 바에 따라 세액공제신청을 하여야 한다.

제166조【성실신고 확인비용에 대한 세액공제】 ① 「조세특례제한법」 제126조의6에 따라 성실신고 확인비용에 대한 세액공제를 받는 사업자는 같은 법 제1항에 따라 세액공제 받는 금액의 100분의 10에 해당하는 금액을 해당 과세연도의 개인지방소득세에서 공제하며, 같은 법 제2항에 따라 공제받은 금액을 추징하는 경우에는 개인지방소득세에서 공제받은 금액에 상당하는 세액도 추징한다.
② 제1항을 적용받으려는 자는 대통령령으로 정하는 바에 따라 세액공제신청을 하여야 한다.

제167조【조합법인 등에 대한 법인지방소득세 과세특례】 「조세특례제한법」 제72조제1항을 적용받는 법인에 대해서는 2025년 12월 31일 이전에 끝나는 사업연도까지 「지방세법」 제103조의20에서 규정하는 법인지방소득세의 표준세율에도 불구하고 「조세특례제한법」 제72조제1항에서 규정하는 법인세 세율의 100분의 10에 해당하는 세율을 법인지방소득세의 세율로 한다.(2023.3.14 본조개정)

제167조의2【개인지방소득세의 세액공제·감면 등】 ① 「소득세법」 또는 「조세특례제한법」에 따라 소득세가 세액공제·감면(「조세특례제한법」 제144조에 따른 세액공제액의 이월공제를 포함하며, 같은 법 제104조의8제1항에 따른 세액공제는 제외한다)에는 이 장에서 규정하는 개인지방소득세 세액공제·감면 내용과 이 법 제180조에도 불구하고 그 공제·감면되는 금액(「조세특례제한법」 제127조부터 제129조까지, 제132조 및 제133조가 적용되는 경우에는 이를 적용한 최종 금액을 말한다)의 100분의 10에 해당하는 개인지방소득세를 공제·감면한다.(2021.12.28 본항개정)
<2026.12.31까지 유효>
② 「조세특례제한법」에 따라 소득세가 이월과세를 적용받는 경우에는 이 장에서 규정하는 개인지방소득세의 이월과세 내용에도 불구하고 그에 해당하는 개인지방소득세에 대하여 이월과세를 적용한다.(2020.1.15 본항신설)<2026.12.31까지 유효>
③ 「소득세법」 또는 「조세특례제한법」에 따라 세액공

제·감면받거나 이월과세를 적용받은 소득세의 추징사유가 발생하여 소득세를 납부하는 경우에는 제1항 및 제2항에 따라 세액공제·감면받거나 이월과세를 적용받은 개인지방소득세도 납부하여야 한다. 이 경우 납부하는 소득세에 「소득세법」 또는 「조세특례제한법」에서 이자상당가산액을 가산하는 경우에는 그 가산하는 금액의 100분의 10에 해당하는 금액을 개인지방소득세에 가산한다.(2020.1.15 전단개정)
(2020.1.15 본조제목개정)

제167조의3【개인지방소득세의 전자신고 등에 대한 세액공제】 ① 납세자가 직접 「지방세기본법」 제25조에 따른 전자신고(이하 이 조에서 "전자신고"라 한다)의 방법으로 대통령령으로 정하는 개인지방소득세를 신고하는 경우에는 해당 납부세액에서 대통령령으로 정하는 금액을 공제한다. 이 경우 납부할 세액이 음수인 경우에는 이를 없는 것으로 한다.
② 「지방세법」 제95조제4항에 따라 납세지 관할 지방자치단체의 장이 종합소득에 대한 개인지방소득세 납부서를 발송하여 납세자가 신고기한까지 해당 세액을 납부하는 경우에는 제1항에 따른 금액을 공제한다. (2021.12.28 본조신설)

제167조의4【영세개인사업자의 개인지방소득세 체납액 징수특례】 ① 지방자치단체의 장은 「조세특례제한법」 제99조의10에 따른 종합소득세 및 부가가치세(이하 이 조에서 "국세"라 한다)의 체납액 징수특례(이하 이 조에서 "국세 체납액 징수특례"라 한다)를 적용받은 거주자의 종합소득에 대한 개인지방소득세의 체납액 중 지방세징수권 소멸시효가 완성되지 아니한 금액에 대해 그 거주자에게 직권으로 다음 각 호에 따른 체납액 징수특례(이하 이 조에서 "개인지방소득세 체납액 징수특례"라 한다)를 적용한다.
1. 「조세특례제한법」 제99조의10제2항제1호에 따른 납부지연가산세의 납부의무가 면제된 경우의 종합소득에 대한 개인지방소득세 가산금과 「지방세기본법」 제55조제1항제1호에 따른 개인지방소득세 납부지연가산세의 납부의무 면제(2021.12.28 본호개정)
2. 국세 체납액에 대한 분납이 허가된 경우의 종합소득에 대한 개인지방소득세 분납 허가. 이 경우 차수 및 납부기간은 국세와 동일하게 적용하며, 분납할 금액은 국세와 동일한 비율의 금액을 적용한다.
② 개인지방소득세 체납액 징수특례의 취소, 강제징수 등에 대해서는 「조세특례제한법」 제99조의10의 규정을 준용한다.
③ 세무서장 또는 지방국세청장은 국세 체납액 징수특례를 결정하거나 취소하는 경우에는 행정안전부령으로 정하는 서식에 따라 납세지 관할 지방자치단체의 장에게 해당 자료를 즉시 통보하여야 한다.
④ 지방자치단체의 장은 개인지방소득세 체납액 징수특례를 결정하거나 그 결정을 취소하는 경우에는 행정안전부령으로 정하는 통지서를 해당 거주자에게 즉시 통지하여야 한다.
(2021.4.20 본조신설)

제12절 지방소득세 특례제한 등

제168조【중복지원의 배제】 ① 내국인이 이 법에 따라 투자한 자산에 대하여 제99조, 제103조, 제109조부터 제114조까지, 제137조 및 제151조제2항을 적용받는 경우 다음 각 호의 금액을 투자금액 또는 취득금액에서 차감한다.
1. 내국인이 자산에 대한 투자를 목적으로 국가, 지방자치단체, 「공공기관의 운영에 관한 법률」에 따른 공공기관 및 「지방공기업법」에 따른 지방공기업(이하 이 조에서 "국가등"이라 한다)으로부터 출연금 등의 자

산을 지급받아 투자에 지출하는 경우 : 출연금 등 중 투자에 지출한 금액에 상당하는 금액

가. 국가

나. 지방자치단체

다. 「공공기관의 운영에 관한 법률」에 따른 공공기관

라. 「지방공기업법」에 따른 지방공기업

2. 내국인이 자산에 대한 투자를 목적으로 「금융실명거래 및 비밀보장에 관한 법률」 제2조제1호 각 목의 어느 하나에 해당하는 금융회사등(이하 이 조에서 "금융회사등"이라 한다)으로부터 융자를 받아 투자에 지출하고 금융회사등에 지급해야 할 이자비용의 전부 또는 일부를 국가등이 내국인을 대신하여 지급하는 경우 : 대통령령으로 정하는 바에 따라 계산한 국가등이 지급하는 이자비용에 상당하는 금액

3. 내국인이 자산에 대한 투자를 목적으로 국가등으로부터 융자를 받아 투자에 지출하는 경우 : 대통령령으로 정하는 바에 따라 계산한 국가등이 지원하는 이 자지원금에 상당하는 금액

② 내국인이 이 법에 따라 투자한 자산에 대하여 제99조, 제103조, 제109조부터 제114조까지, 제137조, 제151조제2항이 동시에 적용되는 경우와 동일한 과세연도에 제114조와 제118조가 동시에 적용되는 경우에는 각각 그 중 하나만을 선택하여 적용받을 수 있다.

③ 내국인에 대하여 동일한 과세연도에 제99조, 제103조, 제109조부터 제114조까지, 제118조, 제137조, 제150조 및 제151조제2항을 적용할 때 제153조에 따라 개인지방소득세를 감면하는 경우에는 해당 규정에 따라 공제할 세액에 해당 기업의 총주식 또는 총지분에 대한 내국인투자자의 소유주식 또는 지분의 비율을 곱하여 계산한 금액의 100분의 10에 상당하는 금액을 공제한다.

④ 내국인이 동일한 과세연도에 제100조, 제101조, 제105조, 제122조, 제124조부터 제128조까지, 제135조제1항·제2항, 제152조제1항, 제154조부터 제159조까지에 따라 지방소득세가 감면되는 경우와 제99조, 제103조, 제109조부터 114조까지, 제118조, 제137조, 제150조, 제151조, 제160조, 제162조 및 제165조에 따라 지방소득세가 공제되는 경우를 동시에 적용받을 수 있는 경우에는 그 중 하나만을 선택하여 적용받을 수 있다. (2014.12.31 본항개정)

⑤ 내국인의 동일한 사업장에 대하여 동일한 과세연도에 제100조, 제101조, 제105조, 제122조, 제124조, 제125조, 제135조제1항·제2항, 제152조부터 제159조까지에 따른 지방소득세의 감면규정 중 둘 이상의 규정이 적용될 수 있는 경우에는 그 중 하나만을 선택하여 적용받을 수 있다.

⑥ 거주자가 토지등을 양도하여 둘 이상의 양도소득분 개인지방소득세의 감면규정을 동시에 적용받는 경우에는 그 거주자가 선택하는 하나의 감면규정만을 적용한다. 다만, 토지등의 일부에 대하여 특정의 감면규정을 적용받는 경우에는 남은 부분에 대하여 다른 감면규정을 적용받을 수 있다.

⑦ 거주자가 주택을 양도하여 이 법 제142조와 제143조가 동시에 적용되는 경우에는 그 중 하나만을 선택하여 적용받을 수 있다.

⑧ 제3항과 제4항을 적용할 때 「조세특례제한법」 제143조에 따라 세액감면을 적용받는 사업과 그 밖의 사업을 구분경리하는 경우로서 그 밖의 사업에 공제규정이 적용되는 경우에는 해당 세액감면과 공제는 중복지원에 해당하지 아니한다.

제169조【추계과세 시 등의 감면배제】 ① 「소득세법」 제80조제3항 단서에 따라 추계(推計)를 하는 경우에는 제99조, 제102조, 제103조, 제104조제2항, 제109조부터 제115조까지, 제117조, 제118조, 제137조, 제150조, 제151조, 제160조, 제162조 및 제165조를 적용하지 아니

한다. 다만, 추계를 하는 경우에도 이 법 제99조 및 제114조(투자에 관한 증거서류를 제출하는 경우만 해당한다)는 거주자에 대해서만 적용한다.(2014.12.31 본문개정)

② 「지방세법」 제97조에 따라 결정을 하는 경우와 「지방세기본법」 제51조에 따라 기한 후 신고를 하는 경우에는 제100조, 제101조, 제104조제1항, 제105조, 제122조, 제124조부터 제128조까지, 제135조제1항·제2항, 제138조, 제149조, 제152조제1항, 제154조부터 제159조까지의 세액공제·감면을 적용하지 아니한다.(2016.12.27 본항개정)

③ 「지방세법」 제97조에 따라 경정(제4항 각 호의 어느 하나에 해당되어 경정하는 경우는 제외한다)을 하는 경우와 과세표준 수정신고서를 제출한 과세표준과 세액을 경정할 것을 미리 알고 제출한 경우에는 대통령령으로 정하는 과소신고금액(過少申告金額)에 대하여 제100조, 제101조, 제104조제1항, 제105조, 제122조, 제124조부터 제128조까지, 제135조제1항·제2항, 제138조, 제149조, 제152조제1항, 제154조부터 제159조까지를 적용하지 아니한다.

④ 사업자가 다음 각 호의 어느 하나에 해당하는 경우에는 해당 과세기간의 해당 사업장에 대하여 제100조, 제101조, 제104조제1항, 제105조, 제122조, 제124조부터 제128조까지, 제135조제1항·제2항, 제149조, 제152조, 제154조부터 제159조까지의 세액공제·감면을 적용하지 아니한다. 다만, 사업자가 제1호 또는 제2호의 의무 불이행에 대하여 정당한 사유가 있는 경우에는 그러하지 아니하다.

1. 「소득세법」 제160조의5제3항에 따라 사업용계좌를 신고하여야 할 사업자가 이를 이행하지 아니한 경우

2. 「소득세법」 제162조의3제1항에 따라 현금영수증가맹점으로 가입하여야 할 사업자가 이를 이행하지 아니한 경우

3. 「소득세법」 제162조의2제2항에 따른 신용카드가맹점으로 가입한 사업자 또는 「소득세법」 제162조의3제1항에 따라 현금영수증가맹점으로 가입한 사업자가 다음 각 목의 어느 하나에 해당하는 경우로서 그 횟수·금액 등을 고려하여 대통령령으로 정하는 때에 해당하는 경우

가. 신용카드에 의한 거래를 거부하거나 신용카드매출전표를 사실과 다르게 발급한 경우

나. 현금영수증의 발급요청을 거부하거나 사실과 다르게 발급한 경우

제170조【양도소득분 개인지방소득세의 감면 배제 등】 ① 「소득세법」 제94조제1항제1호 및 제2호에 따른 자산을 매매하는 거래당사자가 매매계약서의 거래가액을 실지거래가액과 다르게 적어 같은 법 제91조제3항에 따라 감면이 제한되는 경우에는 양도소득분 개인지방소득세의 감면을 제한하며, 비과세 또는 감면받았거나 받을 세액에서 같은 법 제91조제2항 각호에 따라 배제되는 금액의 100분의 10에 상당하는 금액을 뺀다.

② 「소득세법」 제104조제3항에 따른 미등기양도자산에 대해서는 양도소득세분 개인지방소득세의 감면에 관한 규정을 적용하지 아니한다.

제171조【수도권과밀억제권역의 투자에 대한 감면 배제】 ① 1989년 12월 31일 이전부터 수도권과밀억제권역에서 계속하여 사업을 경영하고 있는 내국인과 1990년 1월 1일 이후 수도권과밀억제권역에서 새로 사업장을 설치하여 사업을 개시하거나 종전의 사업장(1989년 12월 31일 이전에 설치한 사업장을 포함한다. 이하 이 조에서 같다)을 이전하여 설치하는 중소기업(이하 이 항에서 "1990년이후중소기업등"이라 한다)이 수도권과밀억제권역에 있는 해당 사업장에서 사용하기 위하여 취득하는 사업용 고정자산(대통령령으로 정하는 디지

털방송장비 및 대통령령으로 정하는 정보통신장비는 제외한다)으로서 대통령령으로 정하는 증설투자에 해당하는 것에 대해서는 제99조제1항제1호·제2호, 제103조제2항제3호, 제109조제1항제1호·제2호 및 제110조(같은 조 제1항제5호 및 제7호는 제외하며 1990년이후 중소기업등이 투자한 경우만 해당한다)를 적용하지 아니한다. 다만, 대통령령으로 정하는 산업단지 또는 공업지역에서 증설투자를 하는 경우에는 그러하지 아니하다.
② 중소기업이 아닌 자가 1990년 1월 1일 이후 수도권과밀억제권역에서 새로 사업장을 설치하여 사업을 개시하거나 종전의 사업장을 이전하여 설치하는 경우 수도권과밀억제권역에 있는 해당 사업장에서 사용하기 위하여 취득하는 사업용고정자산(대통령령으로 정하는 디지털방송장비 및 대통령령으로 정하는 정보통신장비는 제외한다)에 대해서는 제103조제2항제3호, 제109조제1항제1호·제2호 및 제110조(같은 조 제1항제5호 및 제7호는 제외한다)를 적용하지 아니한다.

제172조【최저한세액에 미달하는 세액에 대한 감면 등의 배제】 ① 거주자의 사업소득(「조세특례제한법」제16조를 적용받는 경우에만 해당 부동산임대업에서 발생하는 소득을 포함한다. 이하 이 항에서 같다)과 비거주자의 국내사업장에서 발생한 사업소득에 대한 개인지방소득세(가산세와 대통령령으로 정하는 추징세액은 제외하며 사업소득에 대한 대통령령으로 정하는 세액공제 등을 하지 아니한 개인지방소득세를 말한다)를 계산할 때 다음 각 호의 어느 하나에 해당하는 감면 등을 적용받은 후의 세액이 「조세특례제한법」제132조제2항제1호 및 제2호에 따른 손금산입 및 소득공제 등을 하지 아니한 경우의 사업소득(제1호에 따른 준비금을 관계 규정에 따라 익금에 산입한 금액을 포함한다)에 대한 산출세액에 100분의 45(산출세액이 3백만원 이하인 부분은 100분의 35)를 곱하여 계산한 세액(이하 "개인지방소득세 최저한세액"이라 한다)에 미달하는 경우 그 미달하는 세액에 상당하는 부분에 대해서는 감면 등을 하지 아니한다. (2014.12.31 본문개정)
1. 제99조, 제102조(중소기업이 아닌 자만 해당한다), 제103조, 제104조제2항, 제109조부터 제115조까지, 제117조, 제118조, 제137조, 제150조, 제151조, 제160조, 제161조, 제162조 및 제165조에 따른 세액공제금액 (2014.12.31 본호개정)
2. 제100조, 제101조, 제104조제1항, 제105조, 제108조, 제122조, 제124조(수도권 밖으로 이전하는 경우는 제외한다), 제125조, 제138조, 제149조 및 제159조에 따른 개인지방소득세의 면제 및 감면
② 이 법을 적용할 때 제1항 각 호에 열거된 감면 등과 그 밖의 감면 등이 동시에 적용되는 경우 그 적용순위는 제1항 각 호에 열거된 감면 등을 먼저 적용한다.
③ 제1항에 따른 최저한세의 적용에 필요한 사항은 대통령령으로 정한다.

제173조【양도소득분 개인지방소득세 감면의 종합한도】 ① 개인이 제121조, 제126조부터 제131조까지, 제132조, 제133조 또는 제136조에 따라 감면받을 양도소득분 개인지방소득세액의 합계액 중에서 다음 각 호의 금액 중 큰 금액은 감면하지 아니한다. 이 경우 감면받는 양도소득분 개인지방소득세액의 합계액은 자산양도의 순서에 따라 합산한다. (2014.12.31 전단개정)
1. 과세기간별로 계산된 다음 각 목의 금액 중 큰 금액
   가. 제121조, 제131조 또는 제132조(100분의 15 및 100분의 20의 감면율을 적용받는 경우에 한한다), 제133조 또는 제136조에 따라 감면받을 양도소득분 개인지방소득세액의 합계액이 과세기간별로 1천만원을 초과하는 경우에는 그 초과하는 부분에 상당하는 금액(2014.3.24 본목개정)

나. 제121조, 제126조부터 제131조까지, 제132조, 제133조 또는 제136조에 따라 감면 받을 양도소득분 개인지방소득세액의 합계액이 과세기간별로 2천만원을 초과하는 경우에는 그 초과하는 부분에 상당하는 금액(2014.12.31 본목개정)
2. 5개 과세기간의 합계액으로 계산된 다음 각 목의 금액 중 큰 금액. 이 경우 5개 과세기간의 감면받을 양도소득분 개인지방소득세액의 합계액은 당해 과세기간에 감면받을 양도소득분 개인지방소득세액과 직전 4개 과세기간에 감면받은 양도소득분 개인지방소득세액을 합친 금액으로 계산한다.
   가. 5개 과세기간의 제131조에 따라 감면받을 양도소득세액의 합계액이 1천만원을 초과하는 경우에는 그 초과하는 부분에 상당하는 금액
   나. 5개 과세기간의 제131조 및 제132조(100분의 15 및 100분의 20의 감면율을 적용받는 경우에 한한다)에 따라 감면받을 양도소득분 개인지방소득세액의 합계액이 2천만원을 초과하는 경우에는 그 초과하는 부분에 상당하는 금액(2014.3.24 본목개정)
   다. 5개 과세기간의 제126조부터 제131조까지 및 제132조에 따라 감면받을 양도소득분 개인지방소득세액의 합계액이 3천만원을 초과하는 경우에는 그 초과하는 부분에 상당하는 금액(2014.12.31 본목개정)

제174조【세액공제액의 이월공제】 ① 제99조, 제102조, 제103조, 제104조제2항, 제109조부터 제115조까지, 제117조, 제118조, 제137조, 제150조, 제151조, 제160조, 제162조, 제165조 및 제166조에 따라 지방소득세 공제할 세액 중 해당 과세연도에 납부할 세액이 없거나 제172조에 따른 개인지방소득세 최저한세액에 미달하여 공제받지 못한 부분에 상당하는 금액은 해당 과세연도의 다음 과세연도 개시일부터 5년(제99조에 따라 공제할 세액으로서 중소기업이 설립일로부터 5년이 되는 날이 속하는 과세연도까지 공제받지 못한 부분에 상당하는 금액은 해당 과세연도의 다음 과세연도 개시일부터 7년, 제102조에 따라 공제할 세액을 중소기업이 설립일부터 5년이 되는 날이 속하는 과세연도까지 공제받지 못하는 경우는 10년까지) 이내에 끝나는 각 과세연도에 이월하여 그 이월된 각 과세연도의 개인지방소득세(사업소득(「조세특례제한법」제126조의6을 적용하는 경우에는 「소득세법」제45조제2항에 따른 부동산임대업에서 발생하는 소득을 포함한다)에 대한 개인지방소득세만 해당한다)에서 공제한다. (2016.12.27 본항개정)
② 각 과세연도의 개인지방소득세에서 공제할 금액으로서 제99조, 제102조, 제103조, 제104조제2항, 제109조부터 제115조까지, 제117조, 제118조, 제137조, 제150조, 제151조, 제160조, 제162조, 제165조 및 제166조에 따라 공제할 금액과 제1항에 따라 이월된 미공제 금액이 중복되는 경우에는 제1항에 따라 이월된 미공제 금액을 먼저 공제하고 그 이월된 미공제 금액 간에 중복되는 경우에는 먼저 발생한 것부터 차례대로 공제한다. (2014.12.31 본항개정)
③ 제1항에도 불구하고 제114조제1항제2호 각 목외의 부분 단서에 따라 해당 투자가 이루어진 과세연도에 공제받지 못한 금액과 제114조제2항에 따라 개인지방소득세로 납부한 금액은 다음 각 호의 순서대로 계산한 금액을 더한 금액을 한도로 하여 해당 투자가 이루어진 과세연도의 다음 과세연도 개시일부터 5년 이내에 끝나는 각 과세연도에 이월하여 그 이월된 각 과세연도의 개인지방소득세(사업소득에 대한 개인지방소득세만 해당한다)에서 공제한다. 이 경우 이월공제 받는 과세연도의 상시근로자수는 제3호 각 목에 따른 상시근로자 수 중 큰 수를 초과하여야 한다.

1. 이월공제받는 과세연도에 최초로 근로계약을 체결한 상시근로자 중 산업수요맞춤형고등학교등의 졸업생 수 × 200만원(중소기업의 경우는 250만원)
2. 이월공제받는 과세연도에 최초로 근로계약을 체결한 제1호 외의 상시근로자 중 청년근로자, 장애인근로자, 60세 이상인 근로자 수 × 150만원(중소기업의 경우는 200만원)
(2016.12.27 1호~2호개정)
3. (이월공제받는 과세연도의 상시근로자 수 - 제1호에 따른 졸업생 수 - 제2호에 따른 청년근로자, 장애인근로자, 60세 이상인 근로자 수 - 다음 각 목의 수 중 큰 수) × 100만원(중소기업의 경우는 150만원)
(2016.12.27 본문개정)
가. 이월공제받는 과세연도의 직전 과세연도의 상시근로자 수
나. 이월공제받는 금액의 해당 투자가 이루어진 과세연도의 직전 과세연도의 상시근로자 수
다. 제114조제2항에 따라 상시근로자 수가 감소하여 개인지방소득세를 납부한 경우 그 상시근로자 수가 감소한 과세연도(2개 과세연도 연속으로 상시근로자 수가 감소한 경우에는 두 번째 과세연도)의 상시근로자 수
④ 제1항에도 불구하고 제113조의2제2항에 따라 개인지방소득세로 납부한 금액은 해당 투자가 이루어진 과세연도의 다음 과세연도 개시일부터 5년 이내에 끝나는 각 과세연도에 이월하여 그 이월된 각 과세연도의 개인지방소득세(사업소득에 대한 개인지방소득세만 해당한다)에서 공제하되, 이월공제받는 과세연도에 최초로 근로계약을 체결한 상시근로자 수에 100만원을 곱한 금액을 한도로 한다. 이 경우 이월공제받는 과세연도의 상시근로자 수는 제3항제3호 각 목을 준용하여 산정한 상시근로자 수 중 큰 수를 초과하여야 한다.
(2016.12.27 본항신설)

제175조【감면세액의 추징】제99조, 제103조, 제109조부터 제114조까지, 제137조에 따라 개인지방소득세를 공제받은 자가 같은 조에 따라 투자완료일부터 2년(대통령령으로 정하는 건물과 설비 등의 경우에는 5년)이 지나기 전에 해당 자산을 처분한 경우(임대하는 경우를 포함하며, 대통령령으로 정하는 경우는 제외한다)에는 처분한 날이 속하는 과세연도의 과세표준신고를 할 때 해당 자산에 대한 세액공제액 상당액에 대통령령으로 정하는 바에 따라 계산한 이자 상당 가산액을 가산하여 개인지방소득세로 납부하여야 하며, 해당 세액은 「지방세법」 제95조에 따라 납부하여야 할 세액으로 본다.(2014.12.31 본조개정)

제176조【세액감면 및 세액공제 시 적용순위 등】① 개인지방소득세의 감면에 관한 규정과 세액공제에 관한 규정이 동시에 적용되는 경우 그 적용순위는 다음 각 호의 순서로 한다.
1. 해당 과세기간의 소득에 대한 개인지방소득세의 감면
2. 이월공제가 인정되지 아니하는 세액공제
3. 이월공제가 인정되는 세액공제. 이 경우 해당 과세기간 중에 발생한 세액공제액과 이전 과세기간에서 이월된 미공제액이 함께 있을 때에는 이월된 미공제액을 먼저 공제한다.
②~③ (2014.12.31 삭제)

제176조의2【세액감면액 및 세액공제액이 산출세액 초과 시의 적용방법 등】① 제97조의2에 따른 자녀세액공제액, 제97조의3에 따른 연금계좌세액공제액 및 제97조의4에 따른 특별세액공제액의 합계액이 그 거주자의 해당 과세기간의 합산과세되는 종합소득분 개인지방소득 산출세액(「소득세법」 제62조에 따라 원천징수세율을 적용받는 이자소득 및 배당소득에 대한 대통령령으로 정하는 산출세액은 제외하며, 이하 이 조에서 "공제기

준산출세액"이라 한다)을 초과하는 경우 그 초과하는 금액은 없는 것으로 한다. 다만, 그 초과한 금액에 기부금 세액공제액이 포함되어 있는 경우 해당 기부금과 「소득세법」 제59조의4제4항제2호에 따라 한도액을 초과하여 공제받지 못한 지정기부금의 100분의 10에 상당하는 금액은 해당 과세기간의 다음 과세기간의 개시일부터 5년 이내에 끝나는 각 과세기간에 이월하여 「소득세법」 제61조제3항에 따른 세액공제금액의 100분의 10에 상당하는 금액을 공제기준산출세액에서 공제한다.
② 제97조의4제1항부터 제3항, 제137조의2 규정에 따른 세액공제액의 합계액이 그 거주자의 해당 과세기간의 대통령령으로 정하는 근로소득에 대한 종합소득분 개인지방소득 산출세액을 초과하는 경우 그 초과하는 금액은 없는 것으로 한다.
③ 이 법에 따른 감면액 및 세액공제액의 합계액이 해당 과세기간의 합산과세되는 종합소득분 개인지방소득 산출세액을 초과하는 경우 그 초과하는 금액은 없는 것으로 보고, 그 초과하는 금액을 한도로 연금계좌세액 공제를 받지 아니한 것으로 본다. 다만, 제96조에 따른 재해손실세액공제액이 종합소득분 개인지방소득 산출세액에서 다른 세액감면액 및 세액공제액을 뺀 후 가산세를 더한 금액을 초과하는 경우 그 초과하는 금액은 없는 것으로 본다.
(2014.12.31 본조신설)

제4장 보 칙
(2014.1.1 본장신설)

제177조【감면 제외대상】이 법의 감면을 적용할 때 다음 각 호의 어느 하나에 해당하는 부동산은 감면 대상에서 제외한다.(2020.1.15 본문개정)
1. (2023.3.14 삭제)
2. 골프장: 「체육시설의 설치·이용에 관한 법률」에 따른 회원제 골프장용 부동산 중 구분등록의 대상이 되는 토지와 건축물 및 그 토지 상(上)의 입목. 이 경우 등록을 하지 아니하고 사실상 골프장으로 사용하는 부동산을 포함한다.
3. 고급주택: 주거용 건축물 또는 그 부속토지의 면적과 가액이 「지방세법 시행령」 제28조제4항에 따른 기준을 초과하거나 해당 건축물에 67제곱미터 이상의 수영장 등 「지방세법 시행령」 제28조제4항에 따른 부대시설을 설치한 주거용 건축물과 그 부속토지
4. 고급오락장: 도박장, 유흥주점영업장, 특수목욕장, 그 밖에 이와 유사한 용도에 사용되는 건축물 중 「지방세법 시행령」 제28조제5항에 따른 건축물과 그 부속토지
5. 고급선박: 비업무용 자가용 선박으로서 「지방세법 시행령」 제28조제6항에 따른 기준을 초과하는 선박
(2020.1.15 2호~5호신설)

제177조의2【지방세 감면 특례의 제한】① 이 법에 따라 취득세 또는 재산세가 면제(지방세 특례 중에서 세율경감률이 100분의 100인 경우와 세율경감률이 「지방세법」에 따른 해당 과세대상에 대한 세율 전부를 감면하는 것을 말한다. 이하 이 조에서 같다)되는 경우에는 이 법에 따른 취득세 또는 재산세의 면제규정에도 불구하고 100분의 85에 해당하는 감면율(「지방세법」 제13조제1항부터 제4항까지의 세율은 적용하지 아니한 감면율을 말한다)을 적용한다. 다만, 다음 각 호의 어느 하나에 해당하는 경우에는 그러하지 아니하다.
(2015.12.29 본문개정)
1. 「지방세법」에 따라 산출한 취득세의 세액(연부로 부동산을 취득하는 경우 매회 세액을 합산한 것을 말하며, 1년 이내에 동일한 소유자로부터 부동산을 취득하는 경우 또는 1년 이내에 연접한 부동산을 취득하

는 경우에는 각각의 부동산에 대하여 산출한 취득세의 세액을 합산한 것을 말한다) 및 재산세의 세액이 다음 각 목의 어느 하나에 해당하는 경우(2021.12.28 본문개정)

가. 취득세 : 200만원 이하

나. 재산세 : 50만원 이하(「지방세법」 제122조에 따른 세 부담의 상한을 적용하기 이전의 산출액을 말한다)

2. 제7조부터 제9조까지, 제13조제3항, 제16조, 제17조, 제17조의2, 제20조제1호, 제29조, 제30조제3항, 제33조제2항, 제35조의2, 제36조, 제36조의5, 제41조제1항부터 제6항까지, 제44조제2항, 제50조, 제55조, 제57조의2제2항(2020년 12월 31일까지로 한정한다), 제62조, 제63조제2항·제4항, 제66조, 제73조, 제74조의2제1항, 제76조제2항, 제77조제2항, 제85조의2제1항제4호 및 제92조에 따른 감면(2023.12.29 본호개정)

② 제4조에 따라 지방자치단체 감면조례로 취득세 또는 재산세를 면제하는 경우에도 제1항을 따른다. 다만, 「조세특례제한법」의 위임에 따른 감면은 그러하지 아니하다.(2017.12.26 단서신설)

③ 제2항에도 불구하고 제1항의 적용 여부와 그 적용시기는 해당 지방자치단체의 감면조례로 정할 수 있다.(2016.12.27 본항신설)

(2014.12.31 본조신설)

제178조【감면된 취득세의 추징】① 부동산에 대한 감면을 적용할 때 이 법에서 특별히 규정하는 경우를 제외하고는 다음 각 호의 어느 하나에 해당하는 경우 그 해당 부분에 대해서는 감면된 취득세를 추징한다.

1. 정당한 사유 없이 그 취득일부터 1년이 경과할 때까지 해당 용도로 직접 사용하지 아니하는 경우

2. 해당 용도로 직접 사용한 기간이 2년 미만인 상태에서 매각·증여하거나 다른 용도로 사용하는 경우

② 이 법에 따라 부동산에 대한 취득세 감면을 받은 자가 제1항 또는 그 밖에 이 법의 각 규정에서 정하는 추징 사유에 해당하여 그 해당 부분에 대해서 감면된 세액을 납부하여야 하는 경우에는 대통령령으로 정하는 바에 따라 계산한 이자상당액을 가산하여 납부하여야 하며, 해당 세액은 「지방세법」 제20조에 따라 납부하여야 할 세액으로 본다. 다만, 파산 등 대통령령으로 정하는 부득이한 사유가 있는 경우에는 이자상당액을 가산하지 아니한다.(2020.1.15 본항신설)

제179조【토지에 대한 재산세의 경감율 적용】이 법 또는 다른 법령에서 토지에 대한 재산세의 경감 규정을 둔 경우에는 경감대상 토지의 과세표준액에 해당 경감비율을 곱한 금액을 경감한다.

제180조【중복 특례의 배제】동일한 과세대상의 동일한 세목에 대하여 둘 이상의 지방세 특례 규정이 적용되는 경우에는 그 중 감면되는 세액이 큰 것 하나만을 적용한다. 다만, 제66조제1항, 제73조, 제74조의2제1항, 제92조 및 제92조의2와 다른 지방세 특례 규정이 함께 적용되는 경우에는 해당 특례 규정을 모두 적용하되, 제66조제1항, 제73조, 제74조의2제1항 및 제92조 간에 중복되는 경우에는 그 중 감면되는 세액이 큰 것 하나만을 적용한다.(2023.12.29 단서개정)

제180조의2【지방세 중과세율 적용 배제 특례】① 다음 각 호의 어느 하나에 해당하는 부동산의 취득에 대해서는 「지방세법」에 따른 취득세를 과세할 때 2024년 12월 31일까지 같은 법 제13조제2항 본문 및 같은 조 제3항의 세율을 적용하지 아니한다.(2021.12.28 본문개정)

1. 「부동산투자회사법」 제2조제1호에 따른 부동산투자회사가 취득하는 부동산

2. 「자본시장과 금융투자업에 관한 법률」 제229조제2호에 따른 부동산집합투자기구(집합투자재산의 100분의 80을 초과하여 같은 법 제229조제2호에서 정한 부

동산에 투자하는 같은 법 제9조제19항제2호에 따른 전문투자형 사모집합투자기구를 포함한다)의 집합투자재산으로 취득하는 부동산

3. 「조세특례제한법」 제104조의31제1항에 해당하는 회사가 취득하는 부동산(2021.12.28 본호개정)

(2018.12.24 본항개정)

② 다음 각 호의 어느 하나에 해당하는 설립등기(설립 후 5년 이내에 자본 또는 출자액을 증가하는 경우를 포함한다)에 대해서는 「지방세법」에 따른 등록면허세를 과세할 때 2024년 12월 31일까지 같은 법 제28조제2항·제3항의 세율을 적용하지 아니한다.(2021.12.28 본문개정)

1. 「자본시장과 금융투자업에 관한 법률」 제9조제18항제2호, 같은 조 제19항제1호 및 제249조의13에 따른 투자회사, 기관전용 사모집합투자기구 및 투자목적회사(2021.4.20 본호개정)

2. 「기업구조조정투자회사법」 제2조제3호에 따른 기업구조조정투자회사

3. 「부동산투자회사법」 제2조제1호에 따른 부동산투자회사(같은 호 가목에 따른 자기관리 부동산투자회사는 제외한다)

4. 대통령령으로 정하는 특수 목적 법인(2015.8.28 본호개정)

5. 「조세특례제한법」 제104조의31제1항에 해당하는 회사(2021.12.28 본호개정)

6. 「문화산업진흥 기본법」 제2조제21호에 따른 문화산업전문회사

7. 「선박투자회사법」 제3조에 따른 선박투자회사

(2014.12.31 본조신설)

제181조【지방세 특례의 사전·사후관리】① 행정안전부장관은 매년 2월 말일까지 지방세 특례 및 그 제한에 관한 기본계획을 수립하여 「지방재정법」 제27조의2에 따른 지방재정관리위원회 및 국무회의의 심의를 거쳐 중앙행정기관의 장에게 통보하여야 한다.(2023.8.16 본항개정)

② 중앙행정기관의 장은 그 소관 사무로서 지방세를 감면하려는 경우에는 감면이 필요한 사유, 세목 및 세율, 감면기간, 지방세 수입 증감 추계, 관련 사업계획서, 예산서 및 사업 수지 분석서, 감면액을 보충하기 위한 기존 지방세 감면에 대한 축소 또는 폐지방안 및 조세부담능력 등을 적은 지방세 감면건의서(이하 이 조에서 "지방세감면건의서"라 한다)를 매년 3월 31일(제7항에 해당하는 경우에는 2월 20일)까지 행정안전부장관에게 제출하여야 한다.(2018.12.24 본항개정)

③ 대통령령으로 정하는 지방세 특례 사항에 대하여 중앙행정기관의 장은 지방세 감면으로 인한 효과 분석 및 지방세 감면제도의 존치 여부 등에 대한 의견서(이하 이 조에서 "지방세감면평가서"라 한다)를 매년 3월 31일(제6항 후단에 해당하는 경우에는 2월 20일)까지 행정안전부장관에게 제출하여야 한다.(2017.12.26 본항개정)

④ 중앙행정기관의 장은 조례에 따른 지방세 감면제도의 신설, 연장 또는 폐지 등을 요청하려는 경우에는 지방세감면건의서 또는 지방세감면평가서를 해당 지방자치단체의 장에게 제출하여야 한다.

⑤ 행정안전부장관은 제2항 및 제3항에 따라 제출받은 지방세감면건의서 및 지방세감면평가서에 대하여 각 지방자치단체의 의견을 들어야 한다.(2017.7.26 본항개정)

⑥ 행정안전부장관은 주요 지방세 특례에 대한 평가를 실시할 수 있다. 이 경우 해당 연도에 적용기한이 종료되는 사항으로서 대통령령으로 정하는 지방세 특례에 대해서는 예산의 범위 내에서 조세 관련 조사·연구기관에 의뢰하여 목표달성도, 경제적 효과, 지방재정에 미치는 영향 등에 대하여 평가할 수 있다.(2020.12.29 후단개정)

⑦ 행정안전부장관은 예상 감면액이 대통령령으로 정하는 일정금액 이상인 지방세 특례를 신규로 도입하려는 경우에는 조세 관련 조사·연구기관에 의뢰하여 지방세 특례의 필요성 및 적시성, 기대효과, 지방재정에 미치는 영향 및 예상되는 문제점에 대한 타당성 평가를 실시하여야 한다.(2020.12.29 본항개정)
⑧ 행정안전부장관은 지방세감면건의서, 지방세감면평가서 및 제6항과 제7항에 따른 평가와 관련하여 전문적인 조사·연구를 수행할 기관을 지정하고 그 운영 등에 필요한 경비를 출연할 수 있다.(2017.12.26 본항개정)
⑨ 행정안전부장관은 지방세감면평가서 및 제6항과 제7항에 따른 평가와 관련하여 필요하다고 인정할 때에는 관계 행정기관의 장 등에게 의견 또는 자료의 제출을 요구할 수 있다. 이 경우 관계 행정기관의 장 등은 특별한 사유가 있는 경우를 제외하고는 이에 따라야 한다.(2017.12.26 전단개정)
⑩ 제1항부터 제9항까지의 규정에 따른 지방세 특례 및 그 제한에 관한 기본계획 수립, 지방세감면건의서 및 지방세감면평가서의 제출, 지방자치단체의 의견 청취, 주요 지방세 특례의 범위, 조사·연구기관의 지정과 그 밖에 필요한 사항은 대통령령으로 정한다.(2017.12.26 본항개정)
제182조【지방자치단체의 감면율 자율 조정】 ① 지방자치단체는 이 법에 따른 지방세 감면 중 지방세 감면기한이 연장되는 경우에는 지방자치단체의 재정여건, 감면대상자의 조세부담능력 등을 고려하여 해당 조에 따른 지방세 감면율을 100분의 50의 범위에서 조례로 인하하여 조정할 수 있다. 이 경우 면제는 감면율 100분의 100에 해당하는 것으로 본다.
② 지방자치단체는 제1항에도 불구하고 사회적 취약계층 보호, 공익 목적, 그 밖에 전국적으로 동일한 지방세 감면이 필요한 경우 등으로서 대통령령으로 정하는 사항에 대해서는 지방세 감면율을 인하하여 조정할 수 없다.(2015.12.29 본항개정)
제183조【감면신청 등】 ① 지방세의 감면을 받으려는 자는 대통령령으로 정하는 바에 따라 지방세 감면신청을 하여야 한다. 다만, 지방자치단체의 장이 감면대상을 알 수 있을 때에는 직권으로 감면할 수 있다.
② 제1항에 따른 지방세 감면신청을 받은 지방자치단체의 장은 지방세의 감면을 신청한 자(위임을 받은 자를 포함한다)에게 행정안전부령으로 정하는 바에 따라 지방세 감면 관련 사항을 안내하여야 한다.(2020.12.29 본항개정)
제184조【감면자료의 제출】 지방세를 감면받은 자는 대통령령으로 정하는 바에 따라 관할 지방자치단체의 장에게 감면에 관한 자료를 제출하여야 한다.

부 칙 (2014.12.31)

제1조【시행일】 이 법은 2015년 1월 1일부터 시행한다. 다만, 제126조제2항부터 제4항까지 및 제7항, 제127조제2항부터 제4항까지, 제128조제1항 및 제173조의 개정규정은 2015년 7월 1일부터 시행하고, 제67조제2항의 개정규정은 2016년 1월 1일부터 시행한다.
제2조【개인지방소득세에 대한 유효기간】 제167조의2제1항 및 제2항의 개정규정은 2026년 12월 31일까지 적용한다.(2023.12.29 본조개정)
제3조【일반적 적용례】 ① 이 법은 이 법 시행 후 납세의무가 성립하는 분부터 적용한다.
② 제3장 지방소득세 특례에 대해서는 이 법 시행 후 양도하거나 이 법 시행 후 개시하는 과세연도 분부터 적용한다.
제4조【산업은행 등의 합병에 대한 등록면허세 경감에 관한 적용례】 제57조의2제7항의 개정규정은 법률

제12663호 한국산업은행법 전부개정법률 부칙 제3조제1항에 따라 한국산업은행이 산은금융지주주식회사 및 「한국정책금융공사법」에 따른 한국정책금융공사와 합병하는 경우에 대해서도 적용한다.
제5조【비거주자의 근로소득세액공제 등에 관한 적용례】 제94조제1항, 제95조제1항, 제97조의3제1항 본문 및 같은 조 제3항의 개정규정은 이 법 시행 후 연말정산 또는 종합소득 과세표준 확정신고하는 분부터 적용한다.
제6조【연금계좌공제 한도 금액 확대에 관한 적용례】 제97조의3제1항 단서의 개정규정은 이 법 시행 후 연금계좌에 납입하는 분부터 적용한다.
제7조【특별세액공제에 관한 적용례】 제97조의4의 개정규정은 이 법 시행 후 연말정산 또는 종합소득 과세표준 확정신고하는 분부터 적용한다.
제8조【중소기업 취업 청년에 대한 개인지방소득세 감면에 관한 적용례】 제116조제1항의 개정규정은 이 법 시행 후 복직하는 경우부터 적용한다.
제9조【개인지방소득세의 세액공제·감면에 관한 적용례】 제167조의2의 개정규정은 이 법 시행 후 양도하거나 연말정산, 종합소득 과세표준 확정신고하는 분부터 적용한다.
제10조【감면세액의 추징에 관한 적용례】 제175조의 개정규정은 이 법 시행 후 투자하는 경우부터 적용한다.
제11조【세액감면액 및 세액공제액이 산출세액 초과 시의 적용방법 등에 관한 적용례】 제176조 및 제176조의2의 개정규정은 이 법 시행 후 연말정산, 종합소득 과세표준 확정신고하는 분부터 적용한다.
제12조【지방세 면제 특례의 제한에 관한 적용례】 제177조의2의 개정규정은 다음 각 호의 구분에 따른 시기부터 적용한다.
1. 제11조제1항, 제13조제2항제1호·제2호·제3호·제5호, 제13조제3항, 제18조, 제23조, 제26조, 제30조제1항·제2항, 제31조의3제1항제1호, 제33조제2항, 제36조, 제40조, 제42조제1항, 제44조, 제45조제1항, 제52조제1항, 제54조제5항제1호, 제57조의3, 제67조제1항·제2항, 제75조, 제83조제1항, 제85조제1항 및 제86조 : 2016년 1월 1일
2. 제15조제2항, 제27조제2항, 제63조제4항, 제64조, 제68조제1항 및 제85조의2제2항 : 2017년 1월 1일
3. 제6조제4항, 제16조, 제42조제2항, 제53조, 제70조제3항, 제82조 및 제83조제2항 : 2019년 1월 1일
4. 제22조제1항·제2항, 제72조제1항·제2항, 제89조 및 제90조 : 2020년 1월 1일
5. 제1호부터 제4호까지에서 규정한 면제 외의 면제 : 2015년 1월 1일
(2015.12.29 본조개정)
제13조【지방세 감면 축소·조정에 따른 중과세율 적용에 관한 특례】 이 법 시행 당시 종전의 「조세특례제한법」과 「지방세특례제한법」에 따라 지방세를 면제하였으나 이 법 시행에 따라 일부 또는 전부가 과세대상으로 전환된 제22조제6항, 제34조, 제38조, 제41조제7항, 제42조제3항, 제46조, 제57조의2, 제57조의3, 제58조, 제58조의3, 제59조, 제60조 및 제71조의 개정규정에 대한 「지방세법」 제13조 및 제28조에 따른 중과세율은 2016년 1월 1일부터 적용한다. 다만, 제37조의 개정규정에 대한 「지방세법」 제13조 및 제28조에 따른 중과세율은 2017년 1월 1일부터 적용한다.
제14조【일반적 경과조치】 이 법 시행 전에 종전의 규정에 따라 부과 또는 감면하였거나 부과 또는 감면하여야 할 지방세에 대해서는 종전의 규정에 따른다.
제15조【농업법인에 대한 취득세 및 재산세 면제 추징에 관한 경과조치】 이 법 시행 전에 농업법인이 영농에 사용하기 위하여 취득한 부동산에 해당 용도로 직접 사용한 기간이 2년 미만인 상태에서 매각·증여

하거나 다른 용도로 사용하는 경우에는 제11조제3항의 개정규정에도 불구하고 종전의 규정에 따른다.

제16조【생애최초 주택 취득자에 대한 취득세 면제분의 추징에 관한 경과조치】 이 법 시행 전에 종전의 규정에 따라 생애최초로 주택을 취득한 자가 종전의 제36조의2제1항 각 호 외의 부분 단서에 해당하는 경우에는 제36조의2의 개정규정에도 불구하고 종전의 제36조의2제1항 각 호 외의 부분 단서에 따른다.

제17조【금융기관 등의 합병에 관한 경과조치】 이 법 시행 전에 종전의 제57조제1항에 따라 합병한 금융기관에 대해서는 제57조의2제2항의 개정규정에도 불구하고 2015년 12월 31일까지 종전의 제57조제1항에 따른다.

제18조【신기술창업집적지역 등 입주기업 재산세 감면기간에 관한 경과조치】 이 법 시행 전에 신기술창업집적지역 등에 입주한 기업이 취득하는 부동산에 대한 재산세 감면기간에 대해서는 제58조제3항 및 제59조제3항의 개정규정에도 불구하고 각각 종전의 규정에 따른다.

제19조【외국인기술자에 대한 개인지방소득세의 감면에 관한 경과조치】 이 법 시행 전에 국내에서 근로를 제공하고 있는 외국인기술자의 경우에는 제106조제2항의 개정규정에도 불구하고 종전의 규정에 따른다.

제20조【농공단지 입주기업 등에 대한 세액감면에 관한 경과조치】 ① 이 법 시행 전에 종전의 제125조제1항제2호에 따라「지역균형개발 및 지방중소기업 육성에 관한 법률」제9조에 따른 개발촉진지구에 입주하여 세액을 감면받고 있는 중소기업의 경우에는 제125조제1항제2호의 개정규정에도 불구하고 종전의 규정에 따른다. 다만, 해당 중소기업이 제156조의 개정규정을 적용받을 수 있는 경우에는 종전의 제125조제1항제2호 또는 제156조의 개정규정 중 하나를 선택하여 적용받을 수 있다.

② 제1항 단서에 따라 종전의 제125조제1항제2호 또는 제156조의 개정규정 중 하나를 선택하여 적용받는 경우에는 감면기간 동안 동일한 규정을 계속하여 적용하여야 한다.

제21조【근로자복지 증진을 위한 시설투자에 대한 세액공제에 관한 경과조치】 이 법 시행 전에 근로자복지 증진을 위한 시설을 취득(신축, 증축, 개축 또는 구입을 포함한다)한 경우에 대해서는 제137조제4항의 개정규정에도 불구하고 종전의 규정에 따른다.

제22조【기업도시개발구역 등의 창업기업 등에 대한 개인지방소득세의 감면에 관한 경과조치】 ① 이 법 시행 전에 종전의 제156조제1항제3호 또는 제4호에 따라 세액감면을 받고 있던 경우에는 제156조제1항제3호 및 제4호의 개정규정에도 불구하고 종전의 규정을 적용받을 수 있다.

② 제1항에 따라 종전의 규정 또는 개정규정의 감면을 적용받는 경우에는 그 중 하나를 선택하여 감면기간 동안 동일한 규정을 계속하여 적용하여야 한다.

제23조【프로젝트금융회사에 관한 경과조치】 법률 제9921호 조세특례제한법 일부개정법률 부칙 제76조에 따라「법인세법」제51조의2제1항제9호에 해당하는 회사가 2010년 1월 1일 이전에 설립·등기한 경우, 해당 회사가 취득하는 부동산에 대한 취득세의 감면에 대해서는 종전의 규정에 따른다.

제24조【기업부설연구소 감면에 관한 경감세율 특례】 이 법 시행 전에 기업부설연구소로 직접 사용하기 위하여 부동산을 취득한 자가 2016년 12월 31일까지「기초연구진흥 및 기술개발지원에 관한 법률」제14조제1항제2호에 따라 미래창조과학부장관에게 기업부설연구소로 신고하여 인정을 받는 경우에는 제46조의 개정규정에도 불구하고 2016년 12월 31일까지 취득세 및 재

산세의 100분의 75를 각각 경감한다.

제25조【산업단지 입주기업 등에 대한 경감세율 특례】 제78조제1항에 따른 사업시행자와 2015년 12월 31일까지 분양계약을 체결하고 제78조제4항제1호의 대상지역에서 산업용 건축물등을 건축〔공장용 건축물(「건축법」제2조제1항제2호에 따른 건축물을 말한다)을 건축하여 중소기업자에게 임대하려는 자를 포함한다〕 또는 대수선 하려는 자가 제78조제4항에 따라 취득하는 부동산에 대해서는 이 법 개정 법률에도 불구하고 2017년 12월 31일까지 종전의 법률을 적용한다.

제26조【다른 법률의 개정】 ※(해당 법령에 가제정리하였음)

　　　부　칙　(2015.12.29)

제1조【시행일】 이 법은 2016년 1월 1일부터 시행한다. 다만, 제181조제6항 단서의 개정규정은 2017년 1월 1일부터 시행한다.

제2조【일반적 적용례】 ① 이 법은 이 법 시행 후 납세의무가 성립하는 분부터 적용한다.

② 제3장 지방소득세 특례에 대해서는 이 법 시행 후 양도하거나 이 법 시행 후 개시하는 과세연도 분부터 적용한다.

제3조【임대주택 등에 대한 취득세 감면분 추징에 관한 적용례】 이 법 시행 전에 종전의 제31조제1항제2호에 따라 취득세 감면을 받은 자가 이 법 시행 후 제31조제2항에 따른 추징사유가 발생한 경우에는 제31조제1항제2호의 개정규정에 따른 임대의무기간을 적용하여 감면받은 취득세를 추징한다.

제4조【법인 등의 지방 이전에 대한 감면세액 추징에 관한 적용례】 제79조제1항 단서 및 같은 항 제2호, 제80조제1항 단서 및 같은 항 제2호의 개정규정은 이 법 시행 후 이전하는 경우부터 각각 적용한다.

제5조【지방세 면제 특례의 제한에 관한 적용례】 제177조의2의 개정규정은 다음 각 호의 구분에 따른 시기부터 적용한다.

1. 제30조제2항, 제37조, 제38조제3항, 제40조의3제1호, 제57조의2제9항, 제64조의2, 제65조, 제68조제2항 및 제88조제1항 : 2017년 1월 1일

2. 제2조제2항, 제43조, 제54조제6항, 제57조의2제3항제5호·제7호, 같은 조 제4항·제5항, 제60조제3항제1호의2, 제73조의2, 제74조제3항제4호·제5호, 제79조 및 제80조 : 2019년 1월 1일

3. 제74조제1항·제2항 : 2020년 1월 1일

4. 제1호부터 제3호까지에서 규정한 면제 외의 면제 : 2016년 1월 1일

제6조【일반적 경과조치】 이 법 시행 당시 종전의 규정에 따라 부과 또는 감면하였거나 부과 또는 감면하여야 할 지방세에 대해서는 종전의 규정에 따른다.

제7조【농지 등에 대한 취득세 감면분 추징에 관한 경과조치】 이 법 시행 전에 종전의 제6조제1항에 따라 농업계열 학교 또는 학과의 이수자 및 재학생이 농지 등을 취득하여 취득세 감면을 받고 이 법 시행 후 종전의 제6조제1항 각 호 외의 부분 단서 및 각 호에 따른 추징 사유가 발생한 경우에는 제6조제1항 각 호 외의 부분 본문의 개정규정에도 불구하고 종전의 규정에 따라 감면받은 취득세를 추징한다.

제8조【다른 법률의 개정】 ※(해당 법령에 가제정리하였음)

　　　부　칙　(2016.12.27 법14477호)

제1조【시행일】 이 법은 2017년 1월 1일부터 시행한

다. 다만, 법률 제12955호 지방세특례제한법 일부개정법률 부칙 제2조의 개정규정은 공포한 날부터 시행한다.

제2조【일반적 적용례】 이 법은 이 법 시행 이후 납세의무가 성립하는 분부터 적용한다.

제3조【감면된 취득세 등의 추징에 관한 적용례】 제11조제3항제3호, 제12조제3항, 제57조의2제2항 단서 및 같은 조 제3항제5호 단서의 개정규정은 이 법 시행 이후 감면받는 분부터 적용한다.

제4조【지방세 감면분 추징에 관한 적용례】 제22조제1항제1호, 제22조의2제3항 단서, 제41조제1항제1호, 제43조제1항제1호, 제50조제1항제1호, 제52조제2항제1호, 제60조제2항제1호, 제72조제1항제1호, 제89조제1항제1호, 제90조제1항제1호 및 제91조제1항제1호의 개정규정은 이 법 시행 전에 감면받은 지방세를 이 법 시행 이후 추징하는 경우에도 적용한다.

제5조【내진성능 확인 건축물 또는 주택에 대한 지방세 감면에 관한 적용례】 이 법 시행 전에 「건축법」 제48조에 따른 구조 안전 확인 대상 건축물이 아니었던 건축물로서 「지진·화산재해대책법」 제16조의2에 따라 내진성능을 확인받은 건축물 또는 주택의 경우에는 이 법 시행 당시 재산세 납세의무가 최초로 성립한 날부터 5년이 경과하지 아니한 분에 대해서는 제47조의4제1항제1호 및 제2호의 개정규정을 적용한다.

제6조~제8조 (2017.12.26 삭제)

제9조【지방세 면제 특례의 제한에 관한 적용례】 제177조의2제1항의 개정규정은 법률 제12955호 지방세특례제한법 일부개정법률 부칙 제12조 및 법률 제13637호 지방세특례제한법 일부개정법률 부칙 제5조에도 불구하고 다음 각 호의 구분에 따른 시기부터 적용한다.
1. 제22조의2, 제42조제2항, 제43조, 제53조, 제54조제6항, 제57조의2제3항제5호·제7호, 같은 조 제4항·제5항·제6항제3호, 제60조제3항제1호의2, 제70조제3항, 제73조의2, 제74조제3항제4호·제5호, 제79조, 제80조 및 제83조제2항 : 2019년 1월 1일
2. 제15조제2항, 제22조제1항·제2항, 제63조제5항, 제72조제1항·제2항, 제74조제1항, 제85조의2제2항, 제88조제1항, 제89조 및 제90조 : 2020년 1월 1일
3. 제1호 및 제2호에서 규정한 면제 외의 면제 : 2017년 1월 1일

제10조【지식산업센터에 대한 경감세율 특례】 제58조의2제1항에 따라 지식산업센터를 설립하는 자가 「산업집적활성화 및 공장설립에 관한 법률」 제28조의5제1항제1호 및 제2호에 따른 사업시설용으로 취득하는 부동산에 대해서는 이 법 개정규정에도 불구하고 2017년 12월 31일까지 종전의 감면율을 적용한다.

제11조【주거환경개선사업에 대한 경감세율 특례】 제74조제3호에 따라 주거환경개선사업의 시행자가 「도시 및 주거환경정비법」 제2조제2호가목에 따른 주거환경개선사업의 시행을 위하여 취득하는 주택에 대해서는 이 법 개정규정에도 불구하고 2017년 12월 31일까지 종전의 감면율을 적용한다.

제12조【기업도시개발구역 내 창업기업 등에 대한 경감세율 특례】 제75조의2제1항제1호 및 제2호에 따른 사업을 영위하기 위하여 기업도시개발구역 내에서 창업하거나 사업장을 신설하는 기업 및 사업시행자가 취득하는 부동산에 대해서는 이 법 개정규정에도 불구하고 2017년 12월 31일까지 종전의 감면율을 적용한다.

제13조【산업단지 사업시행자 등에 대한 경감세율 특례】 제78조제1항부터 제3항까지 따른 사업시행자와 같은 조 제6항에 따른 한국산업단지공단이 해당 사업을 영위하기 위하여 취득하는 부동산에 대해서는 이 법 개정 규정에도 불구하고 2017년 12월 31일까지 종전의 감면율을 적용한다.

제14조【이전공공기관 등에 대한 경감세율 특례】 제81조제1항 및 제2항에 따른 이전공공기관이 「공공기관 지방이전에 따른 혁신도시 건설 및 지원에 관한 특별법」 제4조에 따라 국토교통부장관의 지방이전계획 승인을 받아 이전할 목적으로 취득하는 부동산 및 법인등기에 대해서는 이 법 개정규정에도 불구하고 2017년 12월 31일까지 종전의 감면율을 적용한다.

제15조【일반적 경과조치】 이 법 시행 당시 종전의 규정에 따라 지방세를 부과 또는 감면하였거나 부과 또는 감면하여야 할 지방세에 대해서는 종전의 규정에 따른다.

제16조【자경농민의 농지 등에 대한 취득세 감면분 추징에 관한 경과조치】 이 법 시행 전에 종전의 제6조제1항 각 호 외의 부분 본문에 따라 취득세 감면을 받은 농지 등에 이 법 시행 후 종전의 제6조제1항제2호에 따른 추징사유가 발생한 경우의 추징에 대해서는 제6조제1항제2호의 개정규정에도 불구하고 종전의 규정에 따른다.

제17조【농어촌 주택개량에 대한 재산세 면제에 관한 경과조치】 이 법 시행 전에 자력으로 주택을 개량한 자가 해당 주택에 대하여 종전의 제16조에 따라 취득세를 면제받은 경우 그 주택에 대한 재산세의 감면에 대해서는 제16조의 개정규정에도 불구하고 종전의 규정에 따른다.

제18조【창업중소기업 등에 대한 지방세 감면분 추징에 관한 경과조치 등】 ① 이 법 시행 전에 종전의 제58조의3제1항 각 호 외의 부분 본문 및 같은 항 각 호에 따라 감면된 취득세의 추징에 대해서는 제58조의3제7항 각 호 외의 부분 본문 및 같은 항 각 호의 개정규정에도 불구하고 종전의 제58조의3제1항 각 호 외의 부분 단서의 규정에 따른다. 다만, 이 법 시행 이후 「조세특례제한법」 제31조제1항에 따른 통합을 하는 경우나 같은 법 제32조제1항에 따른 법인전환을 하는 경우에는 제58조의3제7항 각 호 외의 부분 단서의 개정규정에 따라 취득세를 추징하지 아니한다.
② 이 법 시행 전에 종전의 제58조의3제2항에 따라 재산세를 감면받은 자가 같은 항에 따른 감면기간이 지나기 전에 이 법 시행 이후 「조세특례제한법」 제32조제1항에 따른 법인전환을 하는 경우에는 제58조의3제8항의 개정규정을 적용한다.

제19조【선박등록특구의 국제선박 등에 대한 감면분 추징에 관한 경과조치】 이 법 시행 전에 종전의 제64조의2제1항 각 호 외의 부분 본문에 따라 감면된 지방세의 추징에 대해서는 제64조의2의 개정규정에도 불구하고 종전의 규정에 따른다.

제20조【지역개발사업구역 내 창업기업 등에 대한 감면분의 추징에 관한 경과조치】 이 법 시행 전에 종전의 제75조의2제1항에 따라 감면된 지방세의 추징에 대해서는 제75조의2제1항제3호 및 제4호의 개정규정에도 불구하고 종전의 규정에 따른다.

제21조【이전공공기관 등 지방이전에 대한 감면에 관한 경과조치】 이 법 시행 전에 「공공기관 지방이전에 따른 혁신도시 건설 및 지원에 관한 특별법」 제2조제2호에 따른 이전공공기관이 같은 법 제4조에 따라 국토교통부장관의 지방이전계획 승인을 받아 이전할 목적으로 취득하는 부동산에 대해서는 제81조제1항의 개정규정에도 불구하고 종전의 규정에 따른다.

　　부　칙 (2017.12.26 법15295호)

제1조【시행일】 이 법은 2018년 1월 1일부터 시행한다. 다만, 제47조의2제1항 및 제66조제1항의 개정규정은 2019년 1월 1일부터 시행한다.

제2조【일반적 적용례】이 법은 이 법 시행 후 납세의무가 성립하는 경우부터 적용한다.

제3조【기업 재무구조 개선 등에 대한 재산세 경감에 관한 적용례】제57조의3제4항의 개정규정은 한국자산관리공사가 이 법 시행 전에 취득하여 임대중인 자산에 대해서도 적용한다. 이 경우 해당 자산에 대한 재산세의 경감기간은 이 법 시행 당시 해당 자산의 재산세 납세의무가 최초로 성립하는 날부터 5년이 지나지 아니한 잔여기간으로 한다.

제4조【창업중소기업 등에 대한 재산세 경감에 관한 적용례 등】이 법 시행 전에 창업한 창업중소기업 및 창업벤처중소기업에 대해서는 제58조의3제2항의 개정규정에도 불구하고 종전의 규정을 적용한다.

제5조【경형자동차 등에 대한 감면된 취득세 추징에 관한 적용례】제67조제1항 단서의 개정규정은 이 법 시행 후 감면받는 경우부터 적용한다.

제6조【마을회 등에 대한 감면된 취득세 추징에 관한 적용례】제90조제1항제3호의 개정규정은 이 법 시행 후 기부채납하는 경우부터 적용한다.

제7조【지방세 면제 특례의 제한에 관한 적용례】제177조의2제1항의 개정규정은 법률 제12955호 지방세특례제한법 일부개정법률 부칙 제12조, 법률 제13637호 지방세특례제한법 일부개정법률 부칙 제5조 및 법률 제14477호 지방세특례제한법 일부개정법률 부칙 제9조에도 불구하고 다음 각 호의 구분에 따른 시기부터 적용한다.

1. 제22조의2, 제42조제2항, 제43조, 제53조, 제57조의2제3항제5호·제7호, 제57조의2제4항·제5항, 제60조제3항제1호의2, 제70조제3항, 제73조의2, 제74조제3항제4호·제5호, 제79조, 제80조 및 제83조제2항 : 2019년 1월 1일

2. 제22조제1항·제2항, 제72조제1항·제2항, 제74조제1항, 제85조의2제2항, 제88조제1항, 제89조 및 제90조 : 2020년 1월 1일(2020.1.15 본호개정)

3. 제15조제2항, 제63조제5항 : 2026년 1월 1일 (2023.3.14 본호개정)

4. 제1호부터 제3호까지에서 규정한 면제 외의 면제 : 2018년 1월 1일(2020.1.15 본호개정)

제8조【일반적 경과조치】이 법 시행 당시 종전의 규정에 따라 부과 또는 감면하였거나 부과 또는 감면하여야 할 지방세에 대해서는 종전의 규정에 따른다.

　　　부　칙 (2018.12.24 법16041호)

제1조【시행일】이 법은 2019년 1월 1일부터 시행한다.

제2조【일반적 적용례】이 법은 이 법 시행 이후 납세의무가 성립하는 분부터 적용한다.

제3조【서민주택의 취득 등에 대한 지방세 추징에 관한 적용례】제16조제2항, 제31조의3제2항, 제33조제3항, 제36조의2제2항, 제44조제2항, 제47조의2제4항 및 제68조제2항의 개정규정은 이 법 시행 이후 감면되는 분부터 적용한다.

제4조【한국인 근로자 평택이주 감면에 관한 적용례】제81조의2의 개정규정은 감면대상자가 주택을 취득한 날부터 이 법 시행일까지의 기간이 60일 미만이 되는 경우에도 적용하고, 같은 조 제2항의 개정규정은 이 법 시행 이후 감면받는 분부터 적용한다.

제5조【의료기관 등에 대한 재산세 감면 적용에 관한 특례】① 제22조제6항제3호나목, 제27조제2항제2호나목, 제30조제2항제2호나목, 제37조제2항제2호, 제38조제1항제2호나목, 같은 조 제4항제2호나목, 제38조의2제2호나목, 제40조제2항제2호, 제40조의3제2호나목 및 제41조제7항제2호나목의 개정규정은 2020년 12월 31일까지 취득한 부동산으로서 2021년 1월 1일 당시 그 부동

산에 대한 재산세 납세의무가 최초로 성립한 날부터 5년이 지나지 아니한 경우에도 각각 적용한다. 이 경우 재산세의 경감기간은 2021년 1월 1일을 기준으로 해당 부동산에 대한 재산세 납세의무가 최초로 성립한 날부터 5년이 지나지 아니한 잔여기간으로 한다.

② 제43조제3항제2호 및 제44조제1항제2호나목의 개정규정은 2019년 12월 31일까지 취득한 부동산으로서 2020년 1월 1일 당시 그 부동산에 대한 재산세 납세의무가 최초로 성립한 날부터 5년이 지나지 아니한 경우에도 각각 적용한다. 이 경우 재산세의 경감기간은 2020년 1월 1일을 기준으로 해당 부동산에 대한 재산세 납세의무가 최초로 성립한 날부터 5년이 지나지 아니한 잔여기간으로 한다.

제6조【연안항로 취항 등에 대한 재산세 경감 적용 특례】제64조제2항 각 호 외의 부분의 개정규정 중 재산세 경감에 관한 부분은 이 법 시행 전에 취득세를 경감받은 선박으로서 이 법 시행 당시 그 선박에 대한 재산세 납세의무가 최초로 성립한 날부터 5년이 지나지 아니한 경우에도 적용한다. 이 경우 해당 선박에 대한 재산세의 경감기간은 이 법 시행 당시 재산세 납세의무가 최초로 성립한 날부터 5년이 지나지 아니한 잔여기간으로 한다.

제7조【항공운송사업자 등에 대한 재산세 경감 적용 특례】제65조 본문의 개정규정 중 재산세 경감에 관한 부분은 이 법 시행 전에 취득세를 경감받은 항공기로서 이 법 시행 당시 그 항공기에 대한 재산세 납세의무가 최초로 성립한 날부터 5년이 지나지 아니한 항공기(같은 조 단서의 개정규정에 해당하는 자가 취득하는 항공기는 제외한다)에 대해서도 적용한다. 이 경우 해당 항공기에 대한 재산세의 경감기간은 이 법 시행 당시 재산세 납세의무가 최초로 성립한 날부터 5년이 지나지 아니한 잔여기간으로 한다.

제8조【일반적 경과조치】이 법 시행 당시 종전의 규정에 따라 부과 또는 감면하였거나 부과 또는 감면하여야 할 지방세에 대해서는 종전의 규정에 따른다.

제9조【농어촌 주택개량에 대한 감면 기준 변경에 관한 경과조치】① 이 법 시행 전 종전의 제16조에 따른 사업계획에 따라 주택개량대상자로 선정된 사람이 이 법 시행 이후 주택을 취득한 경우의 그 주택에 대한 취득세 감면 기준은 제16조의 개정규정 또는 종전의 규정에 따른 면적기준 중 유리한 것을 적용한다.

② 종전의 제16조에 따라 취득세가 감면된 주택으로서 이 법 시행 당시 그 주택 취득 후 재산세 납세의무가 최초로 성립하는 날부터 5년이 지나지 아니한 주택에 대한 재산세 감면에 대해서는 제16조의 개정규정에도 불구하고 종전의 규정에 따른다.

제10조【자산의 포괄적 양도 등에 대한 취득세 추징에 관한 경과조치】이 법 시행 전에 감면받은 취득세의 추징에 대해서는 제57조의2제3항제6호 및 같은 조 제4항의 개정규정에도 불구하고 종전의 규정에 따른다.

제11조【기부채납용 부동산 등에 대한 취득세 경감에 관한 경과조치】이 법 시행 전 무상으로 양여받거나 기부채납 대상물의 무상사용권을 제공받는 것을 조건으로 「국토의 계획 및 이용에 관한 법률」제56조에 따른 개발행위허가, 같은 법 제88조에 따른 실시계획의 인가 또는 「사회기반시설에 대한 민간투자법」제15조에 따른 실시계획의 승인을 받은 경우로서 이 법 시행 당시 해당 부동산 또는 사회기반시설을 취득하는 경우의 취득세의 감면은 제73조의2제1항의 개정규정에도 불구하고 종전의 규정에 따라 취득세를 면제한다.

　　　부　칙 (2020.1.15)

제1조【시행일】이 법은 공포한 날부터 시행한다. 다

만, 제9조제2항(「지방세법」 제146조를 인용하는 부분으로 한정한다), 제17조의2제2항, 제20조제1호 단서, 제22조제2항 본문(「지방세법」 제146조를 인용하는 부분으로 한정한다) 및 같은 조 제4항, 제29조제2항제2호다목 및 같은 조 제3항, 제41조제2항 본문, 같은 조 제4항·제6항, 제50조제2항 본문, 같은 조 제4항, 제53조, 제89조제2항 본문(「지방세법」 제146조를 인용하는 부분으로 한정한다), 같은 조 제4항 및 제90조제2항 본문(「지방세법」 제146조를 인용하는 부분으로 한정한다)의 개정규정은 2021년 1월 1일부터 시행한다.

제2조【일반적 적용례】 이 법은 2020년 1월 1일 이후 납세의무가 성립하는 분부터 적용한다.

제3조【문화예술단체 및 체육단체에 대한 감면의 추징에 관한 적용례】 제52조제3항의 개정규정은 2020년 1월 1일 이후 취득세를 면제받는 경우부터 적용한다.

제4조【천연가스를 연료로 사용하는 선박에 대한 감면의 추징에 관한 적용례】 제64조제3항 단서 및 같은 항 각 호의 개정규정은 2020년 1월 1일 이후 취득세를 경감받는 경우부터 적용한다.

제5조【도시개발사업 등에 대한 감면에 관한 적용례】 ① 제74조제1항 및 제3항의 개정규정은 「도시개발법」 제2조제1항제2호에 따른 도시개발사업 또는 「도시 및 주거환경정비법」 제2조제2호나목에 따른 재개발사업으로서 2020년 1월 1일 이후 「도시개발법」 제17조에 따른 실시계획 인가를 받거나 「도시 및 주거환경정비법」 제50조에 따른 사업시행계획 인가를 받는 사업부터 적용한다.

② 제74조제4항제1호 및 제3호와 제5항의 개정규정은 「도시 및 주거환경정비법」 제2조제2호가목에 따른 주거환경개선사업 또는 같은 호 나목에 따른 재개발사업으로서 2020년 1월 1일 이후 「도시 및 주거환경정비법」 제50조에 따른 사업시행계획 인가를 받는 사업부터 적용한다.

제6조【외국인투자자에 대한 감면에 관한 적용례】 제78조의3의 개정규정은 2020년 1월 1일 이후 「조세특례제한법」 제121조의2제6항에 따라 감면신청을 하는 경우부터 적용한다.

제7조【감면된 취득세의 추징에 관한 적용례】 제178조제2항의 개정규정은 이 법 시행 이후 부동산에 대한 취득세 감면을 받는 경우부터 적용한다.

제8조【종전 농업법인에 대한 감면에 관한 특례】 2020년 1월 1일 전에 법인설립등기를 한 농업법인이 영농에 사용하기 위하여 그 법인설립등기일부터 2년 이내에 취득하는 농지, 관계 법령에 따라 농지를 조성하기 위하여 취득하는 임야 및 제6조제2항 각 호의 어느 하나에 해당하는 시설에 대해서는 제11조제1항 각 호 외의 부분의 개정규정에도 불구하고 취득세를 면제한다. 이 경우 면제된 취득세의 추징에 관하여는 제11조제3항을 적용한다.

제9조【한국원자력의학원에 대한 감면에 관한 특례】 제37조제1항제7호의 개정규정에 따른 한국원자력의학원이 그 고유업무에 직접 사용하기 위하여 2020년 12월 31일까지 취득하는 부동산으로서 2021년 1월 1일 당시 그 부동산에 대한 재산세 납세의무가 최초로 성립한 날부터 5년이 지나지 아니한 부동산에 대해서는 해당 부동산 취득일 이후 해당 부동산에 대한 재산세 납세의무가 최초로 성립한 날부터 5년간 재산세의 100분의 50을 2021년 1월 1일부터 경감(과세기준일 현재 그 고유업무에 직접 사용하고 있지 아니한 경우는 제외한다)한다. 이 경우 재산세의 경감기간은 2021년 1월 1일을 기준으로 해당 부동산에 대한 재산세 납세의무가 최초로 성립한 날부터 5년이 지나지 아니한 잔여기간으로 한다.

제10조【일반적 경과조치】 2020년 1월 1일 당시 종전의 규정에 따라 부과 또는 감면하였거나 부과 또는 감면하여야 할 지방세에 대해서는 종전의 규정에 따른다.

제11조【종전 농업법인에 대한 감면에 관한 경과조치】 ① 제11조제1항 각 호의 어느 하나에 해당하는 법인이 영농·유통·가공에 직접 사용하기 위하여 취득하는 부동산과 과세기준일 현재 해당 용도에 직접 사용하는 부동산에 대해서는 제11조제1항 각 호 외의 부분의 개정규정에도 불구하고 같은 조 제2항에 따라 취득세 및 재산세의 100분의 50을 각각 2020년 12월 31일까지 경감한다. 이 경우 경감된 취득세의 추징에 관하여는 제11조제3항을 적용한다.

② 제11조제1항 각 호의 어느 하나에 해당하는 법인의 설립등기에 대해서는 제11조제1항 각 호 외의 부분의 개정규정에도 불구하고 같은 조 제4항에 따라 등록면허세를 2020년 12월 31일까지 면제한다.

제12조【임대주택 등에 대한 감면의 추징에 관한 경과조치】 2020년 1월 1일 전에 감면받은 재산세의 추징에 관하여는 제31조제4항의 개정규정에도 불구하고 종전의 규정에 따른다.

제13조【장기일반민간임대주택 등에 대한 감면의 추징에 관한 경과조치】 2020년 1월 1일 전에 감면받은 재산세의 추징에 관하여는 제31조의3제2항의 개정규정에도 불구하고 종전의 규정에 따른다.

제14조【학술연구단체 및 장학단체에 대한 감면의 추징에 관한 경과조치】 2020년 1월 1일 전에 감면받은 취득세의 추징에 관하여는 제45조제3항의 개정규정에도 불구하고 종전의 제45조제2항에 따른다.

제15조【도서관에 대한 감면의 추징에 관한 경과조치】 2020년 1월 1일 전에 감면받은 취득세 및 등록면허세의 추징에 관하여는 제52조제2항의 개정규정에도 불구하고 종전의 규정에 따른다.

제16조【물류사업용 부동산에 대한 경감에 관한 경과조치】 2020년 1월 1일 전에 취득한 물류사업용 부동산에 대한 재산세의 경감에 관하여는 제71조제2항의 개정규정에도 불구하고 종전의 규정에 따른다.

제17조【도시개발사업 등에 대한 감면 및 추징에 관한 경과조치】 ① 2020년 1월 1일 전에 「도시개발법」 제17조에 따른 실시계획 인가를 받거나 「도시 및 주거환경정비법」 제50조에 따른 사업시행계획 인가를 받은 사업의 시행으로 2020년 1월 1일 이후 취득하는 부동산에 대한 취득세 감면에 대해서는 제74조제1항 및 제3항의 개정규정에도 불구하고 종전의 제74조제1항에 따른다.

② 「도시 및 주거환경정비법」 제2조제2호가목에 따른 주거환경개선사업 중 도시저소득 주민이 집단거주하는 지역으로서 정비기반시설이 극히 열악하고 노후·불량건축물이 과도하게 밀집한 지역의 주거환경을 개선하기 위한 사업으로서 2020년 1월 1일 전에 「도시 및 주거환경정비법」 제50조에 따른 사업시행계획 인가를 받은 사업의 시행에 따라 2020년 1월 1일 이후 취득하는 부동산에 대한 취득세 감면 및 추징에 대해서는 제74조제3항과 제4항제1호 및 제3호의 개정규정에도 불구하고 종전의 제74조제3항에 따른다.

③ 「도시 및 주거환경정비법」 제2조제2호나목에 따른 재개발사업 중 정비기반시설이 열악하고 노후·불량건축물이 밀집한 지역에서 주거환경을 개선하기 위한 사업으로서 2020년 1월 1일 전에 「도시 및 주거환경정비법」 제50조에 따른 사업시행계획 인가를 받은 사업의 시행에 따라 2020년 1월 1일 이후 취득하는 부동산에 대한 취득세 감면 및 추징에 대해서는 제74조제3항 및 제5항의 개정규정에도 불구하고 종전의 제74조제3항에 따른다.

제18조【기업도시개발구역 및 지역개발사업 구역 내 창업기업 등의 감면에 관한 경과조치】2020년 1월 1일 전 기업도시개발구역 등에 창업하거나 사업장을 신설한 기업과 투자를 개시한 사업시행자가 2020년 1월 1일 전 취득한 부동산에 대한 감면 기준은 제75조의2의 개정규정에도 불구하고 종전의 규정에 따른다.
제19조【산업단지 등에 대한 감면의 추징에 관한 경과조치】2020년 1월 1일 전에 감면받은 취득세 및 재산세의 추징에 관하여는 제78조제1항 및 제6항의 개정규정에도 불구하고 종전의 규정에 따른다.

　　　부　칙 (2020.2.18)

제1조【시행일】이 법은 공포 후 6개월이 경과한 날부터 시행한다.(이하 생략)

　　　부　칙 (2020.5.19)

제1조【시행일】이 법은 공포 후 1년이 경과한 날부터 시행한다.(이하 생략)

　　　부　칙 (2020.6.9)

제1조【시행일】이 법은 공포 후 3개월이 경과한 날부터 시행한다.(이하 생략)

　　　부　칙 (2020.8.12)

제1조【시행일】이 법은 공포한 날부터 시행한다.
제2조【임대주택 등에 대한 감면에 관한 적용례】① 제31조제2항의 개정규정은 이 법 시행 이후 임대사업자가 임대할 목적으로 공동주택 및 오피스텔을 취득하는 경우부터 적용한다.
② 제31조제4항의 개정규정은 이 법 시행 이후 임대사업자가 임대할 목적으로 공동주택 및 오피스텔을 취득하여 등록하거나 이 법 시행 전에 보유한 공동주택 및 오피스텔을 신규 등록한 경우부터 적용한다.
제3조【장기일반민간임대주택 등에 대한 감면에 관한 적용례】제31조의3제1항의 개정규정은 이 법 시행 이후 「민간임대주택에 관한 특별법」제2조제4호에 따른 공공지원민간임대주택 및 같은 조 제5호에 따른 장기일반민간임대주택을 임대하려는 자가 임대할 목적으로 공동주택 및 오피스텔을 취득하여 등록하거나 이 법 시행 전에 보유한 공동주택 및 오피스텔을 신규 등록한 경우부터 적용한다.
제4조【생애최초 주택 구입 취득세의 감면에 관한 적용례】제36조의3의 개정규정은 2020년 7월 10일 이후 최초로 취득하는 경우부터 적용한다.
제5조【기업합병·분할 등에 대한 감면에 관한 적용례】제57조의2제4항의 개정규정은 이 법 시행 이후 사업용 고정자산을 취득하는 경우부터 적용한다.
제6조【임대주택 등에 대한 감면에 관한 경과조치】① 이 법 시행 전에 임대사업자가 임대할 목적으로 취득한 공동주택 및 오피스텔의 취득세 감면에 대해서는 종전의 규정에 따른다.
② 이 법 시행 전에 임대사업자가 임대할 목적으로 취득하여 등록한 공동주택 및 오피스텔의 재산세 감면에 대해서는 종전의 규정에 따른다.
제7조【장기일반민간임대주택 등에 대한 감면에 관한 경과조치】이 법 시행 전에 「민간임대주택에 관한 특별법」제2조제4호에 따른 공공지원민간임대주택 및 같은 조 제5호에 따른 장기일반민간임대주택을 임대하려는 자가 임대할 목적으로 취득하여 등록한 공동주택 및 오피스텔의 재산세 감면에 대해서는 종전의 규정에 따른다.

　　　부　칙 (2020.12.8)

제1조【시행일】이 법은 공포 후 6개월이 경과한 날부터 시행한다.(이하 생략)

　　　부　칙 (2020.12.22)

제1조【시행일】이 법은 2021년 1월 1일부터 시행한다.(이하 생략)

　　　부　칙 (2020.12.29 법17771호)

제1조【시행일】이 법은 2021년 1월 1일부터 시행한다. 다만, 제64조의2의 개정규정은 2021년 1월 30일부터 시행한다.
제2조【일반적 적용례】이 법은 이 법 시행 이후 납세의무가 성립하는 분부터 적용한다.
제3조【5세대 이동통신 무선국에 대한 감면에 관한 적용례】제49조의2의 개정규정은 이 법 시행 이후 「전파법」제19조의2에 따라 신고하는 경우부터 적용한다.
제4조【창업중소기업 등에 대한 감면에 관한 적용례】제58조의3제1항, 제2항 및 제4항의 개정규정은 이 법 시행 이후 창업하는 경우부터 적용한다.
제5조【지능형 해상교통정보서비스 무선국에 대한 감면에 관한 적용례】제64조의2의 개정규정은 부칙 제1조 단서에 따른 시행일 이후 「전파법」제19조에 따라 허가를 받은 경우부터 적용한다.
제6조【귀농인의 농지 등에 대한 감면의 추징에 관한 경과조치】이 법 시행 전에 감면받은 취득세의 추징에 관하여는 제6조제4항제1호의 개정규정에도 불구하고 종전의 규정에 따른다.
제7조【장기임대주택 취득세 감면에 관한 경과조치】2020년 8월 18일 전에 「민간임대주택에 관한 특별법」제5조에 따라 등록을 신청한 장기임대주택에 관하여는 제31조제1항제2호의 개정규정에도 불구하고 종전의 규정에 따른다.
제8조【전공대학에 대한 감면에 관한 경과조치】① 이 법 시행 전에 제44조제1항에 따라 재산세의 감면을 받고 있던 경우에는 같은 조 제2항의 개정규정에도 불구하고 종전의 규정을 적용받을 수 있다.
② 제1항에 따라 재산세의 감면에 관하여 종전의 규정 또는 개정규정의 감면을 적용받는 경우에는 그 중 하나를 선택하여 감면기간 동안 동일한 규정을 계속하여 적용하여야 한다.
제9조【창업중소기업 등에 대한 감면에 관한 경과조치】이 법 시행 전에 창업한 기업에 대한 지방세의 경감에 관하여는 제58조의3제1항, 제2항 및 제4항의 개정규정에도 불구하고 종전의 규정에 따른다.
제10조【중소벤처기업진흥공단 등에 대한 감면에 관한 경과조치】① 이 법 시행 전에 취득한 공장용 부동산에 대한 재산세의 경감에 관하여는 제59조제3항 본문의 개정규정에도 불구하고 종전의 규정에 따른다.
② 이 법 시행 전에 감면받은 취득세 및 재산세의 추징에 관하여는 제59조제2항부터 제4항까지의 개정규정에도 불구하고 종전의 규정에 따른다.

　　　부　칙 (2020.12.29 법17779호)

제1조【시행일】이 법은 공포 후 1년이 경과한 날부터 시행한다.(이하 생략)

　　　부　칙 (2021.1.5)

제1조【시행일】이 법은 공포 후 3개월이 경과한 날부터 시행한다.(이하 생략)

적용한다.

부　칙　(2021.1.12)

제1조【시행일】이 법은 공포 후 1년이 경과한 날부터 시행한다.(이하 생략)

부　칙　(2021.3.9)
　　　　(2021.4.20 법18075호)

제1조【시행일】이 법은 공포 후 6개월이 경과한 날부터 시행한다.(이하 생략)

부　칙　(2021.4.20 법18091호)

제1조【시행일】이 법은 공포한 날부터 시행한다.
제2조【영세개인사업자의 체납액 징수특례에 관한 적용례】제167조의3의 개정규정은 이 법 시행 이후 「조세특례제한법」제99조의10에 따라 종합소득세 및 부가가치세의 체납액 징수특례를 적용받은 경우부터 적용한다.

부　칙　(2021.4.20 법18128호)

제1조【시행일】이 법은 공포 후 6개월이 경과한 날부터 시행한다.(이하 생략)

부　칙　(2021.6.8)

이 법은 공포한 날부터 시행한다.

부　칙　(2021.7.27)
　　　　(2021.8.17 법18425호)
　　　　(2021.8.17 법18437호)
　　　　(2021.10.19)

제1조【시행일】이 법은 공포 후 6개월이 경과한 날부터 시행한다.(이하 생략)

부　칙　(2021.11.30)

제1조【시행일】이 법은 공포 후 1년이 경과한 날부터 시행한다.(이하 생략)

부　칙　(2021.12.28 법18656호)

제1조【시행일】이 법은 2022년 1월 1일부터 시행한다. 다만, 제2조제1항제8호의2, 제31조제2항 각 호 외의 부분 단서, 제36조의2제1항제3호, 제36조의3제1항 각 호 외의 부분 본문(「지방세법」제10조의3에 관한 부분에 한정한다), 제40조의2제1항 각 호 외의 부분 본문, 같은 조 제2항 각 호 외의 부분 본문 및 제75조의4의 개정규정은 2023년 1월 1일부터 시행하고, 법률 제12955호 지방세특례제한법 일부개정법률 부칙 제2조의 개정규정은 공포한 날부터 시행한다.
제2조【일반적 적용례】이 법은 이 법 시행 이후 납세의무가 성립하는 경우부터 적용한다.
제3조【자경농민의 농지에 대한 감면 등에 관한 적용례 등】① 제6조제1항의 개정규정은 이 법 시행 이후 같은 항에 따라 대통령령으로 정하는 농지 또는 그 농지를 조성하기 위한 임야를 취득하는 경우부터 적용한다.
② 제6조제4항의 개정규정은 이 법 시행 당시 농지, 농지를 조성하기 위한 임야 및 농업용 시설을 취득한 사람이 귀농인이 된 지 60일이 지나지 아니한 경우에도

제4조【임대주택 등에 대한 감면에 관한 적용례 등】① 제31조제1항 및 제4항의 개정규정은 이 법 시행 이후 납세의무가 성립하는 경우부터 적용한다. 다만, 제31조제4항의 개정규정 중 「지방세법」제4조에 관한 부분은 이 법 시행 이후 임대사업자 등이 임대할 목적으로 공동주택 및 오피스텔을 취득하여 등록하거나 이 법 시행 전에 보유한 공동주택 및 오피스텔을 신규 등록하는 경우부터 적용한다.
② 이 법 시행 전에 감면받은 재산세의 추징에 관하여는 제31조제5항의 개정규정에도 불구하고 종전의 규정에 따른다.
③ 제31조제7항의 개정규정은 이 법 시행 이후 한국토지주택공사가 「공공주택 특별법」제43조제1항에 따라 주택 및 건축물을 매입하여 세대수·구조 등을 변경하거나 철거 후 신축하여 공급하는 경우부터 적용한다.
제5조【장기일반민간임대주택 등에 대한 감면에 관한 적용례 등】① 제31조의3제1항의 개정규정은 이 법 시행 이후 납세의무가 성립하는 경우부터 적용한다. 다만, 제31조의3제1항의 개정규정 중 「지방세법」제4조에 관한 부분은 이 법 시행 이후 「민간임대주택에 관한 특별법」제2조제4호에 따른 공공지원민간임대주택 및 같은 조 제5호에 따른 장기일반민간임대주택을 임대하려는 자가 임대할 목적으로 공동주택 및 오피스텔을 취득하여 등록하거나 이 법 시행 전에 보유한 공동주택 및 오피스텔을 신규 등록하는 경우부터 적용한다.
② 이 법 시행 전에 감면받은 재산세의 추징에 관하여는 제31조의3제2항의 개정규정에도 불구하고 종전의 규정에 따른다.
제6조【공공주택사업자의 임대 목적으로 주택을 매도하기로 약정을 체결한 자에 대한 감면에 관한 적용례】제31조의5제1항 및 제2항의 개정규정은 이 법 시행 이후 공공주택사업자에게 주택 등을 매도하기로 약정을 체결한 경우부터 적용한다.
제7조【주택담보노후연금보증 대상 주택에 대한 감면에 관한 적용례】제35조제1항제2호가목 및 나목의 개정규정은 이 법 시행 이후 연금보증의 보증기준에 해당되는 주택을 담보로 하는 등기에 대하여 그 담보의 대상이 되는 주택을 제공하는 자가 등록면허세를 부담하는 경우부터 적용한다.
제8조【중견기업 기업부설연구소로 사용할 부동산에 대한 감면에 관한 적용례】제46조제3항의 개정규정은 이 법 시행 이후 「조세특례제한법」제10조제1항제1호가목2)에 해당하는 중견기업이 기업부설연구소에 직접 사용하는 부동산을 취득하는 경우부터 적용한다.
제9조【지진안전 시설물 인증을 받은 건축물의 감면에 관한 적용례】제47조의4제3항 본문의 개정규정은 이 법 시행 당시 지진안전 시설물의 인증을 받은 지 180일이 지나지 아니한 건축물에도 적용한다.
제10조【중소기업의 자산 재취득에 대한 감면에 관한 적용례】제57조의3제4항의 개정규정은 이 법 시행 당시 같은 조 제3항에 따라 한국자산관리공사에 자산을 매각한 중소기업에도 적용한다.
제11조【개인지방소득세의 전자신고 등에 대한 세액공제에 관한 적용례】제167조의3제1항의 개정규정은 이 법 시행 이후 「지방세기본법」제25조에 따른 전자신고의 방법으로 개인지방소득세를 신고하는 경우부터 적용한다.
제12조【생애최초 주택 구입에 대한 취득세 감면의 추징에 관한 경과조치】이 법 시행 전에 감면받은 취득세의 추징에 관하여는 제36조의3제4항제1호부터 제3호까지의 개정규정에도 불구하고 종전의 규정에 따른다.

제13조【금융회사 간의 합병으로 양수받아 등기하는 재산의 감면에 관한 경과조치】이 법 시행 전에 금융회사 간의 합병이 이루어진 경우 합병일부터 3년 이내에 등기하는 재산의 등록면허세의 경감에 관하여는 제57조의2제10항 본문의 개정규정에도 불구하고 종전의 규정에 따른다.

제14조【교환자동차의 취득세 부과에 관한 경과조치】이 법 시행 전에 교환으로 취득한 자동차등의 가액이 종전의 자동차등의 가액을 초과하는 경우 그 초과분에 대한 취득세 부과에 관하여는 제66조제1항 단서의 개정규정에도 불구하고 종전의 규정에 따른다.

제15조【법인 및 공장의 지방 이전에 대한 감면에 관한 경과조치】① 이 법 시행 전에 대도시에 본점 또는 주사무소를 설치하여 사업을 직접 하던 법인이 과밀억제권역 외의 지역으로 본점 또는 주사무소를 이전한 경우의 취득세 및 재산세 감면ㆍ추징에 관하여는 제79조제1항의 개정규정에도 불구하고 종전의 규정에 따른다.

② 이 법 시행 전에 대도시에 등기되어 있던 법인이 과밀억제권역 외의 지역으로 본점 또는 주사무소를 이전하는 경우의 등록면허세 면제에 관하여는 제79조제2항의 개정규정에도 불구하고 종전의 규정에 따른다.

③ 이 법 시행 전에 대도시에서 공장시설을 갖추고 사업을 직접 하던 자가 그 공장을 폐쇄하고 과밀억제권역 외의 지역으로서 공장 설치가 금지되거나 제한되지 아니한 지역으로 공장을 이전한 경우의 취득세 및 재산세 감면ㆍ추징에 관하여는 제80조제1항의 개정규정에도 불구하고 종전의 규정에 따른다.

제16조【자동이체 등 납부에 대한 세액공제에 관한 경과조치】전자송달 방식 및 자동이체 방식에 따른 지방세의 납부를 신청하는 납세의무자에 대한 세액의 공제는 제92조의2제1항제1호 및 제2호의 개정규정에 따라 조례가 제정ㆍ개정되기 전까지는 종전의 규정에 따른다.

　　　부　　칙 (2021.12.28 법18661호)
　　　　　　(2022.1.4)

제1조【시행일】이 법은 공포 후 6개월이 경과한 날부터 시행한다.(이하 생략)

　　　부　　칙 (2022.1.11)

제1조【시행일】이 법은 공포 후 1년이 경과한 날부터 시행한다.(이하 생략)

　　　부　　칙 (2023.3.4)

제1조【시행일】이 법은 공포 후 3개월이 경과한 날부터 시행한다.(이하 생략)

　　　부　　칙 (2023.3.14 법19230호)
　　　　　　(2023.3.14 법19231호)

제1조【시행일】이 법은 공포한 날부터 시행한다.(이하 생략)

　　　부　　칙 (2023.3.14 법19232호)

제1조【시행일】이 법은 공포한 날부터 시행한다.

제2조【일반적 적용례】이 법은 2023년 1월 1일 이후 납세의무가 성립하는 경우부터 적용한다.

제3조【한국농어촌공사의 경감 취득세의 추징에 관한 적용례】제13조제2항 단서의 개정규정은 2023년 1월 1일 이후 취득세를 경감받는 경우부터 적용한다.

제4조【임대용 공동주택 등의 재산세 감면에 관한 적용례】제31조제4항제2호의 개정규정은 임대용 공동주택 또는 오피스텔에 대한 2022년 납세의무가 성립하여 같은 개정규정에 따른 요건에 해당하게 된 경우에도 적용한다.

제5조【생애최초 주택 구입에 대한 취득세 감면에 관한 적용례】제36조의3의 개정규정은 2022년 6월 21일 이후 취득하는 경우부터 적용한다.

제6조【관광단지 개발사업 시행자의 경감 취득세의 추징에 관한 적용례】제54조제1항 단서의 개정규정은 2023년 1월 1일 이후 취득세를 경감받는 경우부터 적용한다.

제7조【이전공공기관의 지방세 감면에 관한 적용례】① 제81조제1항의 개정규정은 2023년 1월 1일 이후 부동산을 취득하는 경우부터 적용한다.

② 제81조제2항의 개정규정은 2023년 1월 1일 이후 이전하는 공공기관의 경우부터 적용한다.

제8조【지식산업센터 등에 대한 재산세 감면에 관한 특례】2023년 1월 1일 전에 종전의 제58조의2제1항제2호 및 같은 조 제2항제2호에 따른 부동산을 취득한 경우에는 제58조의2제1항제2호 및 같은 조 제2항제2호의 개정규정에도 불구하고 2023년 1월 1일부터 5년간 재산세의 100의 35를 경감한다.

제9조【사회복지법인등에 대한 지방세 감면 등에 관한 경과조치】① 2023년 1월 1일 전에 종전의 제22조제1항 각 호 외의 부분 본문에 따라 면제받은 취득세의 추징에 관하여는 제22조제1항 및 제2항의 개정규정에도 불구하고 종전의 제22조제1항 각 호 외의 부분 단서에 따라 추징한다.

② 2023년 1월 1일 전에 종전의 제22조제2항에 따라 2022년도 재산세(「지방세법」 제112조에 따른 부과액을 포함한다. 이하 이 항에서 같다) 및 「지방세법」 제146조제3항에 따른 소방분 지역자원시설세를 면제받은 경우(2022년 6월 2일부터 12월 31일까지 부동산을 취득하여 종전의 제22조제1항에 따라 취득세를 면제받은 부동산이 해당 사회복지사업에 직접 사용되는 경우를 포함한다)에는 제22조제3항의 개정규정에도 불구하고 2024년 12월 31일까지 종전의 제22조제2항에 따라 재산세 및 소방분 지역자원시설세를 면제한다.

제10조【지식산업센터 설립자 등의 경감 취득세의 추징에 관한 경과조치】2023년 1월 1일 전에 「산업집적활성화 및 공장설립에 관한 법률」에 따른 지식산업센터의 설립자 등이 경감받은 취득세의 추징에 관하여는 제58조의2제1항제1호가목ㆍ나목 및 같은 조 제2항제1호나목의 개정규정에도 불구하고 종전의 규정에 따른다.

제11조【도시개발사업 등에 대한 감면에 관한 경과조치】① 2023년 1월 1일 전에 「도시개발법」 제29조에 따른 환지계획 인가 또는 「도시 및 주거환경정비법」 제74조에 따른 관리처분계획 인가를 받은 도시개발사업 또는 재개발사업의 시행으로 해당 사업의 대상이 되는 부동산의 소유자가 2023년 1월 1일 이후 취득(토지상환채권으로 취득하는 경우를 포함한다)하는 부동산에 대해서는 제74조제1항 및 제2항의 개정규정에도 불구하고 종전의 제74조제1항 및 제2항에 따라 취득세를 면제하거나 부과한다. 이 경우 종전의 제74조제1항 각 호 외의 부분 본문 중 "2022년 12월 31일"은 "2025년 12월 31일"로 본다.

② 제1항에 따라 취득세가 부과되는 자에 대해서는 종전의 제74조제5항제3호에 따라 2025년 12월 31일까지 그 취득세를 경감한다.

③ 2023년 1월 1일 전에 종전의 제74조제5항제3호에 따라 청산금에 상당하는 부동산을 취득하여 해당 부동산에 대한 취득세를 경감받았거나 제2항에 따라 취득

세를 경감받는 경우 그 경감 취득세에 관하여는 제74조제5항 각 호 외의 부분 단서에 따라 추징한다.

제12조【이전공공기관의 임직원 등의 감면 취득세의 추징에 관한 경과조치】 2023년 1월 1일 전에 이전공공기관의 임직원 또는 중앙행정기관의 공무원 등이 감면받은 취득세의 추징에 관하여는 제81조제4항 및 제6항의 개정규정에도 불구하고 종전의 규정에 따른다.

제13조【중복 감면의 배제에 관한 경과조치】 2023년 1월 1일 전에 「도시개발법」 제29조에 따른 환지계획 인가 또는 「도시 및 주거환경정비법」 제74조에 따른 관리처분계획 인가를 받은 도시개발사업 또는 재개발사업의 시행으로 해당 사업의 대상이 되는 부동산의 소유자가 취득(토지상환채권으로 취득하는 경우를 포함한다)하는 부동산의 지방세 특례의 중복 적용에 대해서는 제180조의 개정규정에도 불구하고 종전의 규정에 따른다.

　　부　　칙 (2023.3.21)

제1조【시행일】 이 법은 공포 후 1년이 경과한 날부터 시행한다.(이하 생략)

　　부　　칙 (2023.6.1)

제1조【시행일】 이 법은 공포한 날부터 시행한다.
제2조【전세사기피해자 지원을 위한 감면에 관한 적용례】 ① 제36조의3제3항제5호 및 제36조의4제1항부터 제3항까지의 개정규정은 「전세사기피해자 지원 및 주거안정에 관한 특별법」에 따른 전세사기피해자가 이 법 시행 전에 전세사기피해주택을 취득하였거나 임차권등기를 마친 경우에도 적용한다.
② 제36조의4제4항의 개정규정은 「공공주택 특별법」 제4조에 따른 공공주택사업자가 이 법 시행 전에 「전세사기피해자 지원 및 주거안정에 관한 특별법」 제25조제3항에 따라 전세사기피해주택을 취득한 경우에도 적용한다.

　　부　　칙 (2023.8.8)

제1조【시행일】 이 법은 2024년 5월 17일부터 시행한다.(이하 생략)

　　부　　칙 (2023.8.16)

제1조【시행일】 이 법은 공포 후 6개월이 경과한 날부터 시행한다.(이하 생략)

　　부　　칙 (2023.12.29)

제1조【시행일】 이 법은 2024년 1월 1일부터 시행한다.
제2조【일반적 적용례】 이 법은 이 법 시행 이후 납세의무가 성립하는 경우부터 적용한다.
제3조【지방세 감면규모 초과에 따른 지방세 감면에 관한 적용례】 제4조제7항 본문의 개정규정은 2023 회계연도에 감면된 지방세액이 지방세 감면규모를 초과한 경우부터 적용한다.
제4조【직장어린이집의 감면 취득세 추징에 관한 적용례】 제19조제3항제2호의 개정규정은 이 법 시행 이후 직장어린이집의 위탁 운영을 위하여 취득하는 부동산에 대하여 그 취득세를 감면받는 경우부터 적용한다.
제5조【출산·양육을 위한 주택의 취득세 감면에 관한 적용례】 ① 제36조의5제1항의 개정규정은 이 법 시행 이후 자녀를 출산한 경우로서 해당 자녀의 부모가

1주택을 취득하는 경우부터 적용한다.
② 제1항에도 불구하고 제36조의5제1항의 개정규정 중 자녀의 출산일 전 1년 이내에 주택을 취득한 부분에 대한 개정규정은 이 법 시행 이후 취득하는 1주택의 경우부터 적용한다.
제6조【신기술창업집적지역의 산업용 건축물 등에 대한 재산세 경감에 관한 적용례】 제58조제3항 각 호 외의 부분 본문의 개정규정(재산세 경감에 관한 사항만 해당한다)은 이 법 시행 전에 수도권 외의 지역에서 종전의 제58조제3항에 따른 부동산을 취득한 경우로서 이 법 시행 당시 재산세 납세의무가 최초로 성립한 날부터 3년이 경과하지 아니한 재산세 분에 대해서도 적용한다. 이 경우 해당 부동산에 대한 재산세 경감기간은 이 법 시행 당시 재산세 납세의무가 최초로 성립한 날부터 3년이 지나지 아니한 잔여기간으로 한다.
제7조【지원대상 국내복귀기업의 감면에 관한 적용례】 제79조의2제1항 및 제2항의 개정규정은 이 법 시행 이후 지원대상 국내복귀기업을 선정하는 경우부터 적용한다.
제8조【재난으로 인한 사망자 및 그 유족의 지방세 면제에 관한 적용례】 제92조제4항의 개정규정은 이 법 시행 이후 「재난 및 안전관리 기본법」 제60조에 따라 특별재난지역을 선포하는 경우부터 적용한다.
제9조【종전 어업법인의 감면에 관한 특례】 종전의 제12조제1항에 따른 어업법인(제12조제1항 각 호 외의 부분의 개정규정에 따른 어업법인은 제외한다)이 영어·유통·가공에 직접 사용하기 위하여 취득하는 부동산과 과세기준일 현재 해당 용도에 직접 사용하는 부동산에 대해서는 제12조제1항의 개정규정에도 불구하고 취득세 및 재산세의 100분의 50을 각각 2024년 12월 31일까지 경감한다. 이 경우 경감된 취득세의 추징에 관하여는 제12조제3항을 적용한다.
제10조【한국자산관리공사에 자산을 매각한 중소기업의 취득세 면제에 관한 특례】 이 법 시행 전에 한국자산관리공사에 자산을 매각한 중소기업이 이 법 시행 이후 한국자산관리공사로부터 그 자산을 취득하는 경우의 취득세 면제에 관하여는 2026년 12월 31일까지 제57조의3제4항 본문의 개정규정에 따라 면제한다.
제11조【자경농민 등에 대한 경감 취득세의 추징에 관한 경과조치】 이 법 시행 전에 자경농민 및 귀농인이 경감받은 취득세의 추징에 관하여는 제6조제1항제2호, 같은 조 제4항제3호 및 제4호의 개정규정에도 불구하고 종전의 규정에 따른다.
제12조【반환공여구역 등에서의 창업 등에 따른 감면 취득세 추징에 관한 경과조치】 이 법 시행 전에 반환공여구역 및 반환공여구역주변지역에서의 창업 또는 사업장을 신설함에 따라 감면받은 부동산 취득세의 추징에 관하여는 제75조의4제1항 각 호 외의 부분 단서 및 같은 항 각 호의 개정규정에도 불구하고 종전의 제75조의4제1항 단서에 따른다.

　　부　　칙 (2024.1.9)

제1조【시행일】 이 법은 공포 후 6개월이 경과한 날부터 시행한다.(이하 생략)

지방세특례제한법 시행령

(2010년 9월 20일)
(대통령령 제22396호)

제1장 총 칙

제1조【목적】 이 영은 「지방세특례제한법」에서 위임된 사항과 그 시행에 필요한 사항을 규정함을 목적으로 한다.

제1조의2【매각·증여의 예외】 법 제2조제1항제8호의2 단서에서 "대통령령으로 정하는 소유권 이전"이란 다음 각 호의 어느 하나에 해당하는 소유권 이전을 말한다.
1. 상속으로 인한 소유권 이전
2. 「공익사업을 위한 토지 등의 취득 및 보상에 관한 법률」 등 다른 법률에 따른 부동산의 수용으로 인한 소유권 이전. 다만, 같은 법 제22조에 따른 사업인정의 고시(다른 법률에 따라 해당 사업인정의 고시가 준용되거나 간주되는 경우를 포함한다) 또는 다른 법률에 따라 해당 사업인정의 고시에 준하는 행정기관의 고시 등이 있은 이후에 부동산을 취득하여 수용되는 경우는 제외한다.
3. 「지방세법」 제9조제3항에 따라 취득세가 부과되지 않는 신탁재산의 소유권 이전
(2023.3.14 본조신설)

제2조【지방세 감면규모 등】 ① 「지방세특례제한법」(이하 "법"이라 한다) 제4조제2항 각 호 외의 부분 단서에서 "대통령령으로 정하는 경우"란 다음 각 호의 어느 하나에 해당하는 경우로서 지방세 감면(법 제4조제1항에 따른 지방세 감면을 말한다. 이하 이 조에서 같다)이 필요한 것으로 행정안전부장관이 인정하는 경우를 말한다.
1. 「재난 및 안전관리 기본법」 제3조제1호에 따른 재난의 대응 및 복구를 위해 필요한 경우

2. 경기침체, 대량실업 등 국가 및 지방자치단체의 경제위기 극복을 위해 필요한 경우
3. 장애인 등 사회적 취약계층 보호를 위해 필요한 경우
4. 법 제3장 지방소득세 특례의 적용 대상자로서 법 제2장 감면의 적용 대상자가 아닌 자에 대해 감면 세목(지방소득세는 제외한다)을 추가하려는 경우
5. 해당 지방자치단체의 주요 역점사업 추진을 위해 필요한 경우(2023.3.14 본호신설)
(2020.1.15 본항신설)
② 법 제4조제2항제5호에서 "대통령령으로 정하는 사항"이란 다음 각 호의 어느 하나에 해당하는 사항을 말한다.
1. 「지방세기본법」, 「지방세징수법」 또는 「지방세법」에 따른 지방세의 납부기한이 경과된 사항
2. 「지방세기본법」, 「지방세징수법」, 「지방세법」, 「조세특례제한법」 또는 법에 따른 지방세 과세정책에 중대한 영향을 미치는 사항
3. 토지 등 부동산정책, 사회적 취약계층의 보호 등 사회복지정책이나 그 밖의 주요 국가시책에 반하는 사항
4. 그 밖에 지방자치단체 주민 간 지방세 부담의 현저한 형평성 침해 등 지방세 과세정책 추진에 저해되는 사항
(2023.12.29 본항개정)
③ 법 제4조제3항 후단에서 "대통령령으로 정하는 일정 규모 이상"이란 지방세 감면을 신설하는 경우에는 해당 조례안의 지방세 감면 조문별로 그 감면기간 동안 발생할 것으로 예상되는 지방세 감면 추계액이 30억원(시·군·자치구의 경우에는 10억원) 이상인 것을 말하며, 지방세 감면을 연장하거나 변경하려는 경우에는 해당 조례의 감면기한이 도래하는 날 또는 지방세 감면의 변경에 관한 조례안을 해당 지방자치단체의 장이 정하는 날이 속하는 해의 직전 3년간(지방세 감면을 신설한 지 3년이 지나지 않은 경우에는 그 기간)의 연평균 지방세 감면액이 30억원(시·군·자치구의 경우에는 10억원) 이상인 경우를 말한다.(2023.12.29 본항개정)
④ 법 제4조제3항 후단에서 "대통령령으로 정하는 조세 관련 전문기관이나 법인 또는 단체"란 다음 각 호의 어느 하나에 해당하는 기관이나 법인 또는 단체를 말한다.
1. 「지방세기본법」 제151조에 따른 지방세연구원(2017.3.27 본호개정)
2. 「민법」 외의 다른 법률에 따라 설립된 조세 관련 기관이나 법인
3. 「민법」에 따라 설립된 조세 관련 학회 등 법인
4. 조세 관련 교육과정이 개설된 「고등교육법」 제2조에 따른 학교
5. 조세에 관한 사무에 근무한 경력이 15년 이상인 사람이 2명 이상 속해 있는 법인 또는 단체
6. 그 밖에 행정안전부장관이 정하여 고시하는 기관이나 법인 또는 단체(2017.7.26 본호개정)
⑤ 법 제4조제4항에서 "대통령령으로 정하는 특수한 사유"란 지진, 풍수해, 벼락, 전화(戰禍) 또는 이와 유사한 재해를 말한다.(2021.1.5 본항개정)
⑥ 법 제4조제4항에 따라 지방세 감면을 받으려는 자는 그 사유가 발생한 날부터 30일 이내에 그 사유를 증명할 수 있는 서류를 갖추어 관할 특별자치시장·특별자치도지사·시장·군수·구청장(구청장은 자치구의 구청장을 말한다. 이하 "시장·군수·구청장"이라 한다)에게 지방세 감면을 신청하여야 한다.(2016.12.30 본항개정)
⑦ 시장·군수·구청장은 법 제4조제4항에 따라 지방세 감면을 할 필요가 있다고 인정할 경우에는 직권으로 지방세 감면 대상자를 조사할 수 있다.(2016.12.30 본항개정)

⑧ 법 제4조제6항에서 "대통령령으로 정하는 일정비율"이란 지방자치단체의 재정상황 및 지방세 수입 규모 등을 고려하여 100분의 5의 범위에서 행정안전부장관이 정하여 고시하는 비율을 말한다. 이 경우 행정안전부장관은 법 제4조제2항 각 호 외의 부분 단서에 따른 지방세 감면(행정안전부장관이 별도로 정하는 지방세 감면으로 한정한다)과 다음 각 호의 어느 하나에 해당하는 경우로서 지방자치단체가 행정안전부장관과 협의하여 조례로 정하는 지방세 감면이 있는 경우에는 해당 감면규모를 반영한 비율을 전단에 따라 고시하는 비율에 별도로 추가하여 고시(각 비율의 합은 100분의 5를 초과할 수 없다)할 수 있다.(2020.1.15 후단신설)

1. 「재난 및 안전관리 기본법」 제3조제1호에 따른 재난의 대응 및 복구를 위해 필요한 경우
2. 여러 지방자치단체에 영향을 미치는 국가적 현안의 해결을 위해 필요한 경우
3. 특정 지역에 소재한 국가기반시설의 지원을 위해 필요한 경우
4. 특정 산업의 육성을 목적으로 제정된 법률에 따라 지정된 특구나 단지 등의 지원을 위해 필요한 경우
5. 그 밖에 제1호부터 제4호까지의 경우와 유사한 것으로 행정안전부장관이 인정하는 경우
(2020.1.15 1호~5호신설)

⑨ 법 제4조제6항의 조례에 따라 감면된 지방세액이 해당 연도의 지방세 감면규모(법 제4조제6항에 따른 지방세 감면규모를 말한다. 이하 이 항에서 같다)를 초과한 경우에는 법 제4조제7항 본문에 따라 그 초과한 금액의 2배에 해당하는 금액을 그 다음 다음 연도의 지방세 감면규모에서 차감한다.(2023.12.29 본항개정)
(2010.12.30 본조개정)

제2장 감 면

제1절 농어업을 위한 지원

제3조 【자경농민 및 직접 경작농지의 기준 등】 ① 법 제6조제1항 각 호 외의 부분 본문에서 "대통령령으로 정하는 바에 따라 농업을 주업으로 하는 사람으로서 2년 이상 영농에 종사한 사람"이란 본인 또는 배우자[「주민등록법」 제7조에 따른 세대별 주민등록표(이하 "세대별 주민등록표"라 한다)에 함께 기재되어 있는 경우로 한정한다. 이하 이 조에서 같다] 중 1명 이상이 취득일 현재 다음 각 호의 요건을 모두 갖추고 있는 사람을 말한다.(2020.1.15 본문개정)

1. 농지(「지방세법 시행령」 제21조에 따른 농지를 말한다. 이하 같다)를 소유하거나 임차하여 경작하는 방법으로 직접 2년 이상 계속하여 농업에 종사할 것
2. 제1호에 따른 농지의 소재지인 특별자치시·특별자치도·시·군·구(자치구를 말한다. 이하 "시·군·구"라 한다) 또는 그와 잇닿아 있는 시·군·구에 거주하거나 해당 농지의 소재지로부터 30킬로미터 이내의 지역에 거주할 것(2020.12.31 본호개정)
3. 직전 연도 농업 외의 종합소득금액(「소득세법」 제4조제1항제1호에 따른 종합소득에서 농업, 임업에서 발생하는 소득, 「소득세법」 제45조제2항 각 호의 어느 하나에 해당하는 사업에서 발생하는 부동산임대소득 또는 같은 법 시행령 제9조에 따른 농가부업소득을 제외한 금액을 말한다)이 「농업·농촌 공익기능 증진 직접지불제도 운영에 관한 법률」 제9조제3항제1호 및 같은 법 시행령 제6조제1항에 따른 금액 미만일 것(2020.4.28 본호개정)
(2014.8.20 본항개정)

② 법 제6조제1항 각 호 외의 부분 본문 및 같은 조 제4

항 각 호 외의 부분 본문에서 "대통령령으로 정하는 기준"이란 각각 다음 각 호의 요건을 모두 갖춘 경우를 말한다.(2021.12.31 본문개정)

1. 농지 및 임야의 소재지가 「국토의 계획 및 이용에 관한 법률」에 따른 도시지역(개발제한구역과 녹지지역은 제외한다. 이하 이 항 및 제4항에서 "도시지역"이라 한다) 외의 지역일 것(2023.3.14 본호개정)
2. 농지 및 임야를 취득하는 사람의 주소지가 농지 및 임야의 소재지인 시·군·구 또는 그 지역과 잇닿아 있는 시·군·구 지역이거나 농지 및 임야의 소재지로부터 30킬로미터 이내의 지역일 것(2020.12.31 본호개정)
3. 본인 또는 배우자가 소유하고 있는 농지 및 임야(도시지역 안의 농지 및 임야를 포함한다)와 본인 또는 배우자가 새로 취득하는 농지 및 임야를 모두 합한 면적이 논, 밭, 과수원은 3만제곱미터(「농지법」에 따라 지정된 농업진흥지역 안의 논, 밭, 과수원은 20만제곱미터로 한다), 목장용지는 25만제곱미터, 임야는 30만제곱미터 이내일 것. 이 경우 초과부분이 있을 때에는 그 초과부분만을 경감대상에서 제외한다.
(2016.12.30 전단개정)

③ 법 제6조제1항 각 호 외의 부분 본문에서 "대통령령으로 정하는 농지"란 「지방세법 시행령」 제21조에 따른 농지를 말한다.(2021.12.31 본항신설)

④ 법 제6조제2항 각 호 외의 부분에서 "대통령령으로 정하는 기준에 적합한 시설"이란 다음 각 호의 요건을 모두 갖춘 농업용 시설을 말한다.

1. 농업용 시설의 소재지가 도시지역 외의 지역일 것
2. 농업용 시설을 취득하는 사람의 주소지가 해당 농업용 시설의 소재지인 시·군·구 또는 그 지역과 잇닿아 있는 시·군·구 지역이거나 그 농업용 시설의 소재지로부터 30킬로미터 이내의 지역일 것. 다만, 법 제6조제2항제1호에 따른 고정식 온실과 같은 항 제2호에 따른 시설은 소재지에 관한 제한을 받지 않는다.
(2020.12.31 본문개정)
(2018.12.31 본항신설)

⑤ 법 제6조제2항제2호에서 "대통령령으로 정하는 시설"이란 다음 각 호의 시설을 말한다

1. 사육시설, 소독 및 방역 시설, 착유실, 집란실
2. 「가축분뇨의 관리 및 이용에 관한 법률」 제2조제3호에 따른 배출시설
3. 「가축분뇨의 관리 및 이용에 관한 법률」 제2조제7호에 따른 정화시설
(2020.12.31 본항신설)

⑥ 법 제6조제4항 각 호 외의 부분 본문에서 "대통령령으로 정하는 바에 따라 「농업·농촌 및 식품산업 기본법」 제3조제5호에 따른 농촌 지역으로 이주하는 귀농인"이란 다음 각 호의 요건을 모두 갖춘 사람을 말한다.

1. 농촌(「농업·농촌 및 식품산업 기본법」 제3조제5호에 따른 지역을 말한다. 이하 이 조에서 같다) 외의 지역에서 제7항에 따른 귀농일을 기준으로 1년 이전부터 「주민등록법」 제16조에 따른 전입신고를 하고 계속하여 실제 거주한 사람일 것(2021.12.31 본호개정)
2. 제7항에 따른 귀농일 전까지 계속하여 1년 이상 「농업·농촌 및 식품산업 기본법」 제3조제1호에 따른 농업에 종사하지 않은 사람일 것(2021.12.31 본호개정)
3. 농촌에 「주민등록법」에 따른 전입신고를 하고 실제 거주하는 사람일 것
(2015.12.22 본항개정)

⑦ 법 제6조제6항 각 호 외의 부분 본문에서 "대통령령으로 정하는 귀농일"이란 제4항에 따른 귀농인이 새로 이주한 해당 농촌으로 전입신고를 하고 거주를 시작한 날을 말한다.(2021.12.31 본항개정)

⑧ 제1항에 따른 직전 연도 농업 외의 종합소득금액, 2년 이상 농업에 종사하는 사람을 확인하는 세부적인 기준, 감면신청 절차 및 그 밖에 필요한 사항은 행정안전부령으로 정한다.(2017.7.26 본항개정)

제4조【임업을 주업으로 하는 사람 등】 법 제8조제3항에서 "대통령령으로 정하는 바에 따라 임업을 주업으로 하는 사람 또는 임업후계자"란 「임업 및 산촌 진흥촉진에 관한 법률」 제2조제5호에 따른 독림가(篤林家) 또는 같은 조 제4호에 따른 임업후계자를 말한다.

제5조【어업을 주업으로 하는 사람 및 그 기준】 ① 법 제9조제1항에서 "대통령령으로 정하는 사람"이란 다음 각 호의 사람을 말한다.
1. 어업권·양식업권 또는 어선을 취득하여 그 취득세를 경감받으려는 사람으로서 어선 선적지(船籍地) 및 어장·양식장에 잇닿아 있는 연안이 속하는 특별자치시·특별자치도·시·군·구(자치구가 아닌 구를 포함한다. 이하 이 조에서 같다) 지역(그 지역과 잇닿아 있는 다른 시·군·구 지역을 포함한다. 이하 이 조에서 같다)에 거주하며 어선 또는 어장·양식장을 소유하는 사람과 그 배우자(동일한 세대별 주민등록표에 기재되어 있는 경우로 한정한다. 이하 이 조에서 같다) 중에서 1명 이상이 직접 어업(양식업을 포함한다. 이하 같다)에 종사하는 사람(2020.8.26 본호개정)
2. 지목이 양어장인 토지 또는 제3항에 따른 수조를 취득하여 그 취득세를 경감받으려는 사람으로서 해당 토지 또는 수조가 소재한 특별자치시·특별자치도·시·군·구 지역에 거주하면서 지목이 양어장인 토지를 소유하거나 임차한 사람과 그 배우자 중에서 1명 이상이 직접 법 제9조제1항 각 호에 따른 어업을 전업으로 하는 사람. 다만, 직전 연도 어업 외의 종합소득금액(「소득세법」 제4조제1항제1호에 따른 종합소득에서 어업에서 발생하는 소득, 같은 법 제45조제2항 각 호의 어느 하나에 해당하는 사업에서 발생하는 부동산임대소득 및 같은 법 시행령 제9조에 따른 농가부업소득을 제외한 금액을 말한다)이 「조세특례제한법 시행령」 제64조제11항에 따른 금액 이상인 사람은 제외한다.(2017.12.29 본항개정)
② 법 제9조제1항에서 "대통령령으로 정하는 기준"이란 다음 각 호의 요건을 갖춘 경우를 말한다.
1. 어업권·양식업권 또는 어선을 취득하는 사람의 주소지가 어선 선적지 및 어장·양식장에 잇닿아 있는 연안이 속하는 특별자치시·특별자치도·시·군·구 지역일 것(2020.8.26 본호개정)
1의2. 지목이 양어장인 토지 또는 제3항에 따른 수조를 취득하는 사람의 주소지가 해당 토지 또는 수조가 소재한 특별자치시·특별자치도·시·군·구 지역일 것(2017.12.29 본호신설)
2. 어업권·양식업권은 새로 취득하는 어장·양식장과 소유 어장·양식장의 면적을 합하여 10헥타르 이내, 어선은 새로 취득하는 어선과 소유 어선의 규모를 합하여 30톤 이내, 지목이 양어장인 토지는 새로 취득하는 지목이 양어장인 토지와 기존에 소유하고 있던 지목이 양어장인 토지의 면적을 합하여 1만 제곱미터 이내일 것. 이 경우 초과부분이 있을 때에는 그 초과부분만을 경감대상에서 제외한다.(2020.8.26 전단개정)
③ 법 제9조제1항에서 "대통령령으로 정하는 건축물"이란 「지방세법 시행령」 제5조제1항제2호에 따른 수조를 말한다.(2017.12.29 본항신설)
④ 제1항제2호 단서에 따른 직전 연도 어업 외의 종합소득금액, 감면신청 절차 및 그 밖에 필요한 사항은 행정안전부령으로 정한다.(2017.12.29 본항신설)

제5조의2【농업법인의 기준 등】 ① 법 제11조제1항 각 호 외의 부분에서 "대통령령으로 정하는 법인"이란 「농어업경영체 육성 및 지원에 관한 법률」 제4조제1항에 따라 농업경영정보를 등록한 법인(설립등기일부터 90일 이내에 등록한 법인을 포함한다)을 말한다.(2023.12.29 본항개정)
② 법 제11조제1항 각 호 외의 부분에서 "대통령령으로 정하는 기준"이란 농지, 임야 및 농업용 시설의 소재지가 「국토의 계획 및 이용에 관한 법률」에 따른 도시지역(개발제한구역과 녹지지역은 제외한다) 외의 지역인 것을 말한다.
③ 법 제11조제1항 각 호 외의 부분에서 "대통령령으로 정하는 청년농업법인"이란 대표자가 다음 각 호의 요건을 모두 갖춘 농업법인을 말한다.
1. 법인 설립 당시 15세 이상 34세 이하인 사람. 다만, 「조세특례제한법 시행령」 제27조제1항제1호 각 목의 어느 하나에 해당하는 병역을 이행한 경우에는 그 기간(6년을 한도로 한다)을 법인 설립 당시 연령에서 빼고 계산한 연령이 34세 이하인 사람을 포함한다.
2. 「법인세법 시행령」 제43조제7항에 따른 지배주주등으로서 해당 법인의 최대주주 또는 최대출자자일 것(2020.1.15 본조신설)

제5조의3【어업법인의 기준】 법 제12조제1항 각 호 외의 부분에서 "대통령령으로 정하는 법인"이란 「농어업경영체 육성 및 지원에 관한 법률」 제3조제1항에 따라 어업경영정보를 등록한 법인(설립등기일부터 90일 이내에 등록한 법인을 포함한다)을 말한다.(2023.12.29 본조신설)

제6조【공공시설물의 범위】 법 제13조제3항 후단에 따른 공공시설물 및 그 부속토지는 공용청사·도서관·박물관·미술관 등의 건축물과 그 부속토지 및 도로·공원 등으로 한다. 이 경우 공공시설용지의 범위는 해당 사업지구의 실시계획 승인 등으로 공공시설용지가 확정된 경우에는 확정된 면적으로 하고, 확정되지 아니한 경우에는 해당 사업지구 총면적의 100분의 45(산업단지조성사업의 경우에는 100분의 35로 한다)에 해당하는 면적으로 한다.

제6조의2【지방농수산물공사에 대한 지방자치단체 투자비율】 법 제15조제2항제1호에서 "대통령령으로 정하는 지방자치단체 투자비율"이란 「지방공기업법」 제49조에 따른 지방공사로서 농수산물의 원활한 유통 및 적정한 가격의 유지를 목적으로 설립된 지방공사(이하 이 조에서 "지방농수산물공사"라 한다)의 자본금에 대한 지방자치단체의 출자금액(둘 이상의 지방자치단체가 공동으로 설립한 경우에는 각 지방자치단체의 출자금액을 합한 금액)의 비율을 말한다. 다만, 지방농수산물공사가 「지방공기업법」 제53조제3항에 따라 주식을 발행한 경우에는 해당 발행 주식 총수에 대한 지방자치단체의 소유 주식(같은 조 제4항에 따라 지방자치단체가 출자한 것으로 보는 주식을 포함한다) 수(둘 이상의 지방자치단체가 주식을 소유하고 있는 경우에는 각 지방자치단체의 소유 주식 수를 합한 수)의 비율을 말한다.(2020.1.15 본조신설)

제7조【주택개량사업의 범위】 법 제16조제1항 각 호 외의 부분 본문에서 "대통령령으로 정하는 사업"이란 「농어촌정비법」 제2조제10호에 따른 생활환경정비사업을 말한다.(2021.12.31 본조개정)

제2절 사회복지를 위한 지원

제8조【장애인의 범위 등】 ① 법 제17조제1항 각 호 외의 부분에서 "대통령령으로 정하는 장애인"이란 「장애인복지법」에 따른 장애인으로서 장애의 정도가 심한 장애인(이하 이 조에서 "장애인"이라 한다)을 말한다.(2018.12.31 본문개정)
1.~4. (2015.12.31 삭제)

② 법 제17조제1항제1호나목에서 "대통령령으로 정하는 승용자동차"란 「자동차관리법」에 따라 승용자동차로 분류된 자동차 중 승차 정원이 7명 이상 10명 이하인 승용자동차를 말한다.(2020.1.15 본항개정)
③ 법 제17조제1항 및 제2항에 따라 취득세 및 자동차세를 면제하는 자동차는 장애인이 본인 명의로 등록하거나 그 장애인과 동일한 세대별 주민등록표에 기재되어 있고 「가족관계의 등록 등에 관한 법률」 제9조에 따른 가족관계등록부(이하 "가족관계등록부"라 한다)에 따라 다음 각 호의 어느 하나에 해당하는 관계가 있는 것이 확인(취득세의 경우에는 해당 자동차 등록일에 세대를 함께 하는 것이 확인되는 경우로 한정한다)되는 사람이 공동명의로 등록하는 자동차를 말한다.
1. 장애인의 배우자·직계혈족·형제자매
2. 장애인의 직계혈족의 배우자
3. 장애인의 배우자의 직계혈족·형제자매
(2020.1.15 본항개정)
④ 제3항을 적용할 때 장애인 및 같은 항 각 호의 어느 하나에 해당하는 사람이 모두 「출입국관리법」 제31조에 따라 외국인등록을 하고 같은 법 제10조의3에 따른 영주자격을 가진 사람인 경우에는 같은 법 제34조제1항에 따른 등록외국인기록표 및 외국인등록표(이하 "등록외국인기록표등"이라 한다)로 가족관계등록부와 세대별 주민등록표를 갈음할 수 있다.(2020.1.15 본항신설)
⑤ 법 제17조제2항에 따른 대체취득을 하는 경우는 법 제17조에 따라 취득세 또는 자동차세를 면제받은 자동차를 말소등록하거나 이전등록(장애인과 공동명의로 등록한 자가 아닌 자에게 이전등록하는 경우를 말한다. 이하 이 항에서 같다)하고 다른 자동차를 다시 취득하는 경우(취득하여 등록한 날부터 60일 이내에 취득세 또는 자동차세를 면제받은 종전 자동차를 말소등록하거나 이전등록하는 경우를 포함한다)로 한다.(2018.12.31 본항개정)
⑥ 법 제17조제1항 및 제2항에 따라 취득세와 자동차세를 면제받은 자동차가 다음 각 호의 어느 하나에 해당하는 경우에는 장부상 등록 여부에도 불구하고 자동차를 소유하지 아니한 것으로 본다.(2016.12.30 본문개정)
1. 「자동차관리법」에 따른 자동차매매업자가 중고자동차 매매의 알선을 요청받은 사실을 증명하는 자동차. 다만, 중고자동차가 매도(賣渡)되지 아니하고 그 소유자에게 반환되는 경우에는 그 자동차를 소유한 것으로 본다.
2. 천재지변·화재·교통사고 등으로 소멸·멸실 또는 파손되어 해당 자동차를 회수할 수 없거나 사용할 수 없는 것으로 해당 시장·군수·구청장이 인정하는 자동차(2016.12.30 본호개정)
3. 「자동차관리법」에 따른 자동차해체재활용업자가 폐차되었음을 증명하는 자동차
4. 「관세법」에 따라 세관장에게 수출신고를 하고 수출된 자동차
제8조의2【한센인정착농원의 범위】 법 제17조의2제1항 각 호 외의 부분에서 "대통령령으로 정하는 지역"이란 별표에 따른 지역을 말한다.(2014.1.1 본조신설)
제8조의3【영유아어린이집 등에 사용하는 부동산의 범위】 법 제19조제2항제2호에서 "대통령령으로 정하는 부동산"이란 다음 각 호의 어느 하나에 해당하는 부동산을 말한다.
1. 해당 부동산의 소유자가 해당 부동산을 영유아어린이집 또는 유치원으로 사용하는 자(이하 "사용자"라 한다)의 배우자 또는 직계혈족으로서 그 운영에 직접 종사하는 경우의 해당 부동산
2. 해당 부동산의 사용자가 그 배우자 또는 직계혈족과 공동으로 해당 부동산을 소유하는 경우의 해당 부동산
3. 해당 부동산의 소유자가 종교단체이면서 사용자가

해당 종교단체의 대표자이거나 종교법인인 경우의 해당 부동산
4. 「영유아보육법」 제14조제1항에 따라 사업주가 공동으로 설치·운영하는 직장어린이집과 같은 법 제24조제3항에 따라 법인·단체 또는 개인에게 위탁하여 운영하는 직장어린이집의 경우 해당 부동산 (2017.12.29 본호신설)
(2011.12.31 본조신설)
제8조의4【무료 노인복지시설의 범위】 법 제20조제1호에서 "대통령령으로 정하는 무료 노인복지시설"이란 「노인복지법」 제31조에 따른 노인여가복지시설·노인보호전문기관·노인일자리지원기관·노인주거복지시설·노인의료복지시설 또는 재가노인복지시설로서 다음 각 호의 어느 하나에 해당하는 시설을 말한다.
1. 입소자의 입소비용(이용비용을 포함한다)을 국가 또는 지방자치단체가 전액 부담하는 시설
2. 노인복지시설 이용자 중 「노인장기요양보험법」에 따른 재가급여 또는 시설급여를 지급받는 사람과 「국민기초생활 보장법」 제7조제1항제1호부터 제3호까지의 규정에 따른 급여를 지급받는 사람이 연평균 입소인원의 100분의 80 이상인 시설로서 행정안전부령으로 정하는 기준에 적합한 시설(2017.7.26 본호개정)
(2015.12.31 본조신설)
제9조【청소년단체의 범위】 법 제21조제1항제4호에서 "대통령령으로 정하는 단체"란 다음 각 호의 어느 하나에 해당하는 청소년단체를 말한다.
1. 정부로부터 허가 또는 인가를 받거나 「민법」 외의 법률에 따라 설립되거나 그 적용을 받는 청소년단체
2. 행정안전부장관이 여성가족부장관과 협의하여 고시하는 단체(2017.7.26 본호개정)
제10조【사회복지법인등의 면제대상 사업의 범위 등】
① 법 제22조제1항제1호에서 "대통령령으로 정하는 법인·단체"란 「민법」 제32조에 따라 설립된 사단법인 한국한센복지협회를 말한다.
② 법 제22조제1항제2호에서 "대통령령으로 정하는 법인 또는 단체"란 다음 각 호의 법인 또는 단체를 말한다.
1. 「민법」 제32조에 따라 설립된 비영리법인
2. 다음 각 목의 요건을 모두 갖춘 단체
가. 단체의 조직과 운영에 관한 일반 규정(規程)이 있을 것
나. 단체의 대표자나 관리인이 있을 것
다. 단체 자신의 명의와 계산으로 수익과 재산을 독립적으로 소유·관리하고 있을 것
라. 단체의 수익을 구성원에게 분배하지 않을 것
(2023.3.14 본항신설)
③ 법 제22조제3항 본문에서 "대통령령으로 정하는 건축물의 부속토지"란 해당 사업에 직접 사용할 건축물을 건축 중인 경우와 건축허가 후 행정기관의 건축규제조치로 건축에 착공하지 못한 경우의 건축 예정 건축물의 부속토지를 말한다.
④ 법 제22조제5항 본문에서 "사회복지법인등이 그 사업에 직접 사용하기 위한 면허"란 법 제22조제3항 각 호 외의 부분 본문에 따른 사회복지법인등이 그 비영리사업의 경영에 필요한 면허 또는 그 면허로 인한 영업 설비나 행위에서 발생한 수익금의 전액을 그 비영리사업에 사용하는 경우의 면허를 말한다.
⑤ 법 제22조제5항 본문에서 "대통령령으로 정하는 법인·단체"란 제2항 각 호의 법인·단체를 말한다. (2023.3.14 본항신설)
⑥ 법 제22조제5항 단서에서 "수익사업에 관계되는 대통령령으로 정하는 주민세 사업소분 및 종업원분"이란 수익사업에 제공되고 있는 사업소와 종업원을 기준으로 부과하는 주민세 사업소분(「지방세법」 제81조제1항제2호에 따라 부과되는 세액으로 한정한다)과 종업원

분을 말한다. 이 경우 면제대상 사업과 수익사업에 건축물이 겸용되거나 종업원이 겸직하는 경우에는 주된 용도 또는 직무에 따른다.
(2023.3.14 본조개정)

제10조의2【다자녀 양육자의 대체취득 범위】 법 제22조의2제2항제1호에 따른 대체취득을 하는 경우는 법 제22조의2에 따라 취득세를 감면받은 자동차를 말소등록하거나 이전등록(배우자 간 이전하는 경우는 제외한다. 이하 이 조에서 같다)하고 다른 자동차를 다시 취득하는 경우(취득하여 등록한 날부터 60일 이내에 취득세를 감면받은 종전의 자동차를 말소등록하거나 이전등록하는 경우를 포함한다)로 한다.(2018.12.31 본조신설)

제10조의3【등록면허세 면제 대상이 되는 휴면예금관리재단의 지정하는 자】 법 제22조의3에서 "대통령령으로 정하는 자"란 「서민의 금융생활 지원에 관한 법률」 제2조제6호에 따른 사업수행기관을 말한다.(2016.9.22 본조개정)

제11조【회원용 공동주택의 범위】 법 제25조제1항 각 호의 부분에서 "대통령령으로 정하는 회원용 공동주택"이란 전용면적 85제곱미터 이하의 회원용 공동주택을 말한다.

제12조【자활용사촌의 정의】 법 제29조제3항에서 "대통령령으로 정하는 바에 따라 상이등급 1급을 판정받은 사람들로 구성되어 국가보훈부장관이 지정한 국가유공자 자활용사촌"이란 「국가유공자 등 예우 및 지원에 관한 법률 시행령」 제88조의4제1항에 따라 지정된 자활용사촌(自活勇士村)을 말한다.(2023.4.11 본조개정)

제12조의2【국가유공자 등의 범위 등】 ① 법 제29조제4항에서 "대통령령으로 정하는 사람"이란 다음 각 호의 어느 하나에 해당하는 사람을 말한다.
1. 「5·18민주유공자예우 및 단체설립에 관한 법률」에 따라 등록된 5·18민주화운동부상자로서 신체장해등급 1급부터 14급까지의 판정을 받은 사람(2021.4.6 본호개정)
2. 「고엽제후유의증 등 환자지원 및 단체설립에 관한 법률」에 따른 고엽제후유의증환자로서 경도(輕度) 장애 이상의 장애등급 판정을 받은 사람
② 법 제29조제4항제1호나목에서 "대통령령으로 정하는 승용자동차"란 「자동차관리법」에 따라 승용자동차로 분류된 자동차 중 승차 정원이 7명 이상 10명 이하인 승용자동차를 말한다. 다만, 법 제29조제4항에 따른 국가유공자등(이하 이 조에서 "국가유공자등"이라 한다)의 이동편의를 위하여 구조를 변경한 자동차의 경우 그 승차 정원은 구조변경 전의 승차 정원을 기준으로 한다.
③ 법 제29조제4항에 따라 취득세 및 자동차세를 면제하는 자동차는 국가유공자등이 본인 명의로 등록하거나 그 국가유공자등과 동일한 세대별 주민등록표에 기재되어 있고 가족관계등록부에 따라 다음 각 호의 어느 하나에 해당하는 관계가 있는 것이 확인(취득세의 경우에는 해당 자동차 등록일에 세대를 함께 하는 것이 확인되는 경우로 한정한다)되는 사람이 공동명의로 등록하는 자동차를 말한다.
1. 국가유공자등의 배우자·직계혈족·형제자매
2. 국가유공자등의 직계혈족의 배우자
3. 국가유공자등의 배우자의 직계혈족·형제자매
(2020.1.15 본항개정)
④ 제3항을 적용할 때 국가유공자등 및 같은 항 각 호의 어느 하나에 해당하는 사람이 모두 「출입국관리법」 제31조에 따라 외국인등록을 하고 같은 법 제10조의3에 따른 영주자격을 가진 사람인 경우에는 등록외국인기록표등으로 가족관계등록부와 세대별 주민등록표를 갈음할 수 있다.(2020.1.15 본항신설)
⑤ 법 제29조제4항 각 호 외의 부분 본문에 따른 대체취득을 하는 경우는 법 제29조에 따라 취득세 또는 자

동차세를 면제받은 자동차를 말소등록하거나 이전등록(국가유공자등과 공동명의로 등록한 자가 아닌 자에게 이전등록하는 경우를 말한다. 이하 이 항에서 같다)하고 다른 자동차를 다시 취득하여 등록한 날부터 60일 이내에 취득세 또는 자동차세를 면제받은 종전의 자동차를 말소등록하거나 이전등록하는 경우를 포함한다)로 한다.(2018.12.31 본항개정)
⑥ 법 제29조제4항에 따라 취득세와 자동차세를 면제받은 자가 소유한 자동차가 다음 각 호의 어느 하나에 해당하는 경우에는 자동차등록원부의 기재 여부와 관계없이 그 날부터 해당 자동차를 소유하지 아니한 것으로 본다.
1. 「자동차관리법」에 따른 자동차매매업자에게 해당 자동차의 매매 알선을 요청하는 경우. 다만, 자동차를 매도(賣渡)하지 아니하고 반환받는 경우에는 자동차를 소유한 것으로 본다.
2. 천재지변·화재·교통사고 등으로 자동차가 소멸·멸실 또는 파손되어 해당 자동차를 회수할 수 없거나 사용할 수 없는 것으로 해당 시장·군수·구청장이 인정한 경우(2016.12.30 본호개정)
3. 「자동차관리법」에 따른 자동차해체재활용업자가 폐차한 경우
4. 「관세법」에 따라 세관장에게 수출신고를 하고 수출된 경우
(2015.12.31 본조신설)

제13조【추징이 제외되는 임대의무기간 내 분양 등】 ① 법 제31조제3항 각 호 외의 부분에서 "대통령령으로 정한 경우"란 「민간임대주택에 관한 특별법」 제43조제4항 또는 「공공주택 특별법 시행령」 제54조제2항제1호 및 제2호에서 정하는 경우를 말한다.(2020.12.31 본항개정)
② 법 제31조제4항 각 호 외의 부분 본문에서 "대통령령으로 정하는 임대사업자 등"이란 다음 각 호의 어느 하나에 해당하는 자를 말한다.(2020.12.31 본문개정)
1. 주택건설사업자(해당 건축물의 사용승인서를 내주는 날 또는 매입일 이전에 「부가가치세법」 제8조에 따라 건설업 또는 부동산매매업의 사업자등록증을 교부받거나 같은 법 시행령 제8조에 따라 고유번호를 부여받은 자를 말한다)(2013.6.28 본호개정)
2. 「주택법」 제4조제1항제6호에 따른 고용자(2016.8.11 본호개정)
3. 「민간임대주택에 관한 특별법」 제2조제7호의 임대사업자 또는 「공공주택 특별법」 제4조에 따른 공공주택사업자(2015.12.28 본호개정)
③ 법 제31조제4항 각 호에서 정하는 바에 따라 재산세를 감면받으려는 자는 「민간임대주택에 관한 특별법」 제5조에 따라 해당 부동산을 임대목적물로 하여 임대사업자로 등록해야 한다. 다만, 「공공주택 특별법」 제4조에 따른 공공주택사업자는 임대사업자로 등록하지 않아도 재산세를 감면받을 수 있다.(2021.12.31 본항개정)
④ 법 제31조제5항제2호에서 "대통령령으로 정하는 경우"란 「민간임대주택에 관한 특별법」 제43조제4항의 사유로 임대사업자 등록이 말소된 경우를 말한다.(2020.12.31 본항개정)
⑤ 법 제31조제6항 각 호 외의 부분 본문에서 "대통령령으로 정하는 주택 및 건축물"이란 다음 각 호의 것을 말한다.
1. 「공공주택 특별법 시행령」 제4조의 공공준주택과 그 부속토지
2. 「공공주택 특별법 시행령」 제37조제1항의 주택 및 건축물과 그 부속토지(제1호에 따른 공공준주택과 그 부속토지는 제외한다)
(2021.12.31 본항개정)

제13조의2【다가구주택의 범위 등】 ① 법 제31조의3 제1항 각 호에서 정하는 바에 따라 지방세를 감면받으려는 자는 「민간임대주택에 관한 특별법」 제5조에 따라 해당 부동산을 임대목적물로 하여 임대사업자로 등록하여야 한다.

② 법 제31조의3제1항 각 호 외의 부분에서 "대통령령으로 정하는 다가구주택"이란 다가구주택(「민간임대주택에 관한 특별법 시행령」 제2조의2에 따른 일부만을 임대하는 다가구주택을 임대 목적으로 제공하는 부분만 해당한다)으로서 「건축법」 제38조에 따른 건축물대장에 호수별로 전용면적이 구분되어 기재되어 있는 다가구주택을 말한다.

③ 법 제31조의3제2항제2호에서 "대통령령으로 정하는 경우"란 「민간임대주택에 관한 특별법」 제43조제4항의 사유로 임대사업자 등록이 말소된 경우를 말한다.

(2020.1.15 본항신설)

(2018.12.31 본조신설)

제14조【소규모 공동주택의 범위 등】 ① 법 제32조제1항에 따른 소규모 공동주택용 부동산은 1구(1세대가 독립하여 구분 사용할 수 있도록 구획된 부분을 말한다. 이하 같다)당 건축면적(전용면적을 말한다)이 60제곱미터 이하인 공동주택(해당 공동주택의 입주자가 공동으로 사용하는 부대시설 및 공공용으로 사용하는 토지와 영구임대주택단지 안의 복리시설 중 임대수익금 전액을 임대주택 관리비로 충당하는 시설을 포함한다) 및 그 부속토지(관계 법령에 따라 국가 또는 지방자치단체에 무상으로 귀속될 공공시설용지를 포함한다)를 말한다.

② 법 제32조제3항에서 "대통령령으로 정하는 기간"이란 제1항에 따른 소규모 공동주택용 토지를 취득한 날(토지를 일시에 취득하지 아니하는 경우에는 최종 취득일을 말하며, 최종 취득일 이전에 사업계획을 승인받은 경우에는 그 사업계획승인일을 말한다)부터 4년을 말한다.

제15조【주택건설사업자의 범위 등】 ① 법 제33조제1항에서 "대통령령으로 정하는 주택건설사업자"란 다음 각 호의 어느 하나에 해당하는 자를 말한다.

1. 해당 건축물의 사용승인서를 내주는 날 이전에 「부가가치세법」 제8조에 따라 건설업 또는 부동산매매업의 사업자등록증을 교부받거나 같은 법 시행령 제8조에 따라 고유번호를 부여받은 자(2013.6.28 본호개정)

2. 「주택법」 제4조제1항제6호에 따른 고용자 (2016.8.11 본호개정)

② 법 제33조제2항에서 "대통령령으로 정하는 서민주택"이란 연면적 또는 전용면적이 40제곱미터 이하인 주택[「주택법」 제2조제1호에 따른 주택으로서 「건축법」에 따른 건축물대장·사용승인서·임시사용승인서 또는 「부동산등기법」에 따른 등기부에 주택으로 기재(「건축법」(법률 제7696호로 개정되기 전의 것을 말한다)에 따라 건축허가 또는 건축신고 없이 건축이 가능했던 주택(법률 제7696호 건축법 일부개정법률 부칙 제3조에 따라 건축허가를 받거나 건축신고가 있는 것으로 보는 경우를 포함한다)으로서 건축물대장에 기재되어 있지 않은 주택의 경우에는 「부동산등기법」에 따른 등기부에 주택으로 기재된 것으로 본다)된 주거용 건축물과 그 부속토지를 말한다. 이하 이 조에서 같다]으로서 취득가액이 1억원 미만인 것을 말한다.(2020.1.15 본항개정)

③ 법 제33조제2항에서 "대통령령으로 정하는 1가구 1주택"이란 취득일 현재 취득자와 같은 세대별 주민등록표에 기재되어 있는 가족(동거인은 제외한다)으로 구성된 1가구(취득자의 배우자, 취득자의 미혼인 30세 미만의 직계비속 또는 취득자가 미혼이고 30세 미만인 경우 그 부모는 각각 취득자와 같은 세대별 주민등록표에 기재되어 있지 아니하더라도 같은 가구에 속한 것으로 본다)가 국내에 1개의 주택을 소유하는 것을 말하며, 주택의 부속토지만을 소유하는 경우에도 주택을 소유한 것으로 본다. 이 경우 65세 이상인 직계존속, 「국가유공자 등 예우 및 지원에 관한 법률」에 따른 국가유공자(상이등급 1급부터 7급까지의 판정을 받은 국가유공자만 해당한다)인 직계존속 또는 「장애인복지법」에 따라 등록한 장애인(장애의 정도가 심한 장애인만 해당한다)인 직계존속을 부양하고 있는 사람은 같은 세대별 주민등록표에 기재되어 있더라도 같은 가구에 속하지 아니하는 것으로 본다.(2018.12.31 본항개정)

제16조【주택담보노후연금보증 대상 주택의 1가구 1주택 범위】 ① 법 제35조제1항제1호에서 "대통령령으로 정하는 1가구 1주택"이란 과세기준일 현재 주택 소유자와 같은 세대별 주민등록표에 기재되어 있는 가족(동거인은 제외한다)으로 구성된 1가구(소유자의 배우자, 소유자의 미혼인 30세 미만의 직계비속은 각각 소유자와 같은 세대별 주민등록표에 기재되어 있지 않더라도 같은 가구에 속한 것으로 본다)가 국내에 1개의 주택을 소유하는 것을 말하며, 주택의 부속토지만을 소유하는 경우에도 주택을 소유한 것으로 본다.

(2020.1.15 본항개정)

② 제1항을 적용할 때 주택담보노후연금보증을 위해 담보로 제공하는 주택 외에 소유하고 있는 주택이 다음 각 호의 어느 하나에 해당하는 주택인 경우에는 그 주택을 소유하지 않는 것으로 본다.

1. 「국토의 계획 및 이용에 관한 법률」 제6조에 따른 도시지역(과세기준일 현재 도시지역을 말한다)이 아닌 지역에 건축되어 있거나 면의 행정구역(수도권은 제외한다)에 건축되어 있는 주택으로서 다음 각 목의 어느 하나에 해당하는 주택

가. 사용 승인 후 20년 이상 경과된 「건축법 시행령」 별표1 제1호가목에 따른 단독주택(이하 "단독주택"이라 한다)

나. 85제곱미터 이하인 단독주택

다. 상속으로 취득한 주택

2. 전용면적이 20제곱미터 이하인 주택. 다만, 전용면적이 20제곱미터 이하인 주택을 둘 이상 소유하는 경우는 제외한다.

3. 「문화재보호법」 제2조제3항에 따른 지정문화재 또는 같은 법 제53조제1항에 따른 국가등록문화재 (2020.5.26 본호개정)

(2018.12.31 본조신설)

제17조【공익법인의 범위】 법 제36조 본문에서 "대통령령으로 정하는 법인"이란 「주택법」 제4조제1항제4호를 적용받는 사단법인 한국사랑의집짓기운동연합회를 말한다.(2016.8.11 본조개정)

제17조의2【생애최초 주택 구입 신혼부부 취득세 감면대상이 되는 주택의 범위 등】 ① 법 제36조의2제1항제1호 후단에서 "대통령령으로 정하는 주택을 소유하였거나 소유하고 있는 경우"란 다음 각 호의 어느 하나에 해당하는 경우를 말한다.

1. 상속으로 주택의 공유지분을 소유(주택 부속토지의 공유지분만을 소유하는 경우를 포함한다)하였다가 그 지분을 모두 처분한 경우

2. 「국토의 계획 및 이용에 관한 법률」 제6조에 따른 도시지역(취득일 현재 도시지역을 말한다)이 아닌 지역에 건축되어 있거나 면의 행정구역(수도권은 제외한다)에 건축되어 있는 주택으로서 다음 각 목의 어느 하나에 해당하는 주택을 소유한 자가 주택 소재지역에 거주하다가 다른 지역(해당 주택 소재지역인 특별시·광역시·특별자치시·특별자치도 및 시·군 이외의 지역을 말한다)으로 이주한 경우. 이 경우 그 주택을 감면대상 주택 취득일 전에 처분했거나 감면대상 주택 취득일부터 3개월 이내에 처분한 경우로 한정한다.

가. 사용 승인 후 20년 이상 경과된 단독주택

나. 85제곱미터 이하인 단독주택

다. 상속으로 취득한 주택

3. 전용면적 20제곱미터 이하인 주택을 소유하고 있거나 처분한 경우. 다만, 전용면적 20제곱미터 이하인 주택을 둘 이상 소유했거나 소유하고 있는 경우는 제외한다.

4. 취득일 현재 「지방세법」 제4조제2항에 따라 산출한 시가표준액이 100만원 이하인 주택을 소유하고 있거나 처분한 경우

② 법 제36조의2제2항제2호에서 "대통령령으로 정하는 1가구 1주택"이란 주택 취득자와 같은 세대별 주민등록표에 기재되어 있는 가족(동거인은 제외한다)으로 구성된 1가구[취득자의 배우자, 취득자의 미혼인 30세 미만의 직계비속은 각각 취득자와 같은 세대별 주민등록표에 기재되어 있지 않더라도 같은 가구에 속한 것으로 본다]가 국내에 1개의 주택을 소유하는 것을 말하며, 주택의 부속토지만을 소유하는 경우에도 주택을 소유한 것으로 본다.

(2018.12.31 본조신설)

제17조의3【상시 거주 지역의 정당한 사유】 법 제36조의2제4항제1호에서 "대통령령으로 정하는 정당한 사유"란 다음 각 호의 어느 하나에 해당하는 경우를 말한다.

1. 기존 거주자의 퇴거가 지연되어 주택을 취득한 자가 법원에 해당 주택의 인도명령을 신청하거나 인도소송을 제기한 경우

2. 주택을 취득한 자가 기존에 거주하던 주택에 대한 임대차 기간이 만료되었으나 보증금 반환이 지연되어 대항력을 유지하기 위하여 기존 거주지에 「주민등록법」에 따른 주소를 유지하는 경우(「주택임대차보호법」 제3조의3에 따른 임차권등기가 이루어진 경우는 제외한다)

3. 주택을 취득한 사람이 「주택임대차보호법」 제3조제4항에 따라 임대인의 지위를 승계한 경우로서 해당 주택의 임대차계약(같은 법 제6조 및 제6조의3에 따라 임대차계약이 갱신된 경우를 포함한다)에 따른 임차인이 그 주택에 계속 거주하고 있는 경우(해당 주택의 취득일을 기준으로 남아 있는 임대차기간이 1년 이내인 경우로 한정한다)(2023.5.16 본호신설)

(2021.12.31 본조신설)

제17조의4【출산·양육을 위한 주택 취득세 감면 요건 및 추징 예외 사유】 ① 법 제36조의5제1항제2호에서 "대통령령으로 정하는 1가구 1주택"이란 주택 취득자와 같은 세대별 주민등록표에 기재되어 있는 가족(동거인은 제외한다)으로 구성된 1가구[취득자의 배우자, 취득자의 미혼인 30세 미만의 직계비속은 각각 취득자와 같은 세대별 주민등록표에 기재되어 있지 않더라도 같은 가구에 속한 것으로 본다]가 국내에 1개의 주택을 소유하는 것을 말한다. 이 경우 주택의 부속토지만을 소유하고 있는 경우에도 주택을 소유한 것으로 본다.

② 법 제36조의5제2항제1호에서 "대통령령으로 정하는 정당한 사유"란 제17조의3 각 호의 어느 하나에 해당하는 경우를 말한다.

(2023.12.29 본조신설)

제17조의5【취득세 감면 대상이 되는 일시적 2주택의 범위】 법 제40조의2제2호에서 "대통령령으로 정하는 일시적으로 2주택이 되는 경우"란 이사, 근무지의 이동, 본인이나 가족의 취학, 질병의 요양, 그 밖의 사유로 인하여 다른 주택을 취득하였으나 종전의 주택을 처분하지 못한 경우를 말한다.(2010.12.30 본조신설)

제3절 교육 및 과학기술 등에 대한 지원

제18조【학교등 면제대상 사업의 범위 등】 ① 법 제41조제1항 각 호 외의 부분 본문에서 "대통령령으로 정

하는 기숙사"란 제18조의2에 따른 기숙사를 말한다. (2017.12.29 본항신설)

② 법 제41조제2항 본문에서 "대통령령으로 정하는 건축물의 부속토지"란 해당 사업에 직접 사용할 건축물을 건축 중인 경우와 건축허가 후 행정기관의 건축규제조치로 건축에 착공하지 못한 경우의 건축 예정 건축물의 부속토지를 말한다.

③ 법 제41조제3항 본문에서 "학교등이 그 사업에 직접 사용하기 위한 면허"란 법 제41조제1항에 따른 학교등이 그 비영리사업의 경영을 위하여 필요한 면허 또는 그 면허로 인한 영업 설비나 행위에서 발생한 수익금의 전액을 그 비영리사업에 사용하는 경우의 면허를 말한다.

④ 법 제41조제3항 단서에서 "수익사업에 관계되는 대통령령으로 정하는 주민세 사업소분 및 종업원분"이란 수익사업에 제공되고 있는 사업소와 종업원을 기준으로 부과하는 주민세 사업소분(「지방세법」 제81조제1항제2호에 따라 부과되는 세액으로 한정한다)과 종업원분을 말한다. 이 경우 면제대상 사업과 수익사업에 건축물이 겸용되거나 종업원이 겸직하는 경우에는 주된 용도 또는 직무에 따른다.(2020.12.31 전단개정)

⑤ 법 제41조제8항 각 호 외의 부분 본문에서 "대통령령으로 정하는 수익용기본재산"이란 「대학설립·운영규정」 제7조제1항에 따른 수익용기본재산을 말한다.

(2023.12.29 본항신설)

제18조의2【민간투자사업 방식으로 설립·운영되는 면제대상 기숙사의 범위】 법 제42조제1항 본문에서 "대통령령으로 정하는 기숙사"란 다음 각 호의 어느 하나에 해당하는 방식으로 설립·운영되는 기숙사를 말한다.

1. 법 제42조제1항에 따른 학교등(이하 이 조에서 "학교등"이라 한다)이 사용하는 기숙사를 건설하는 사업시행자(이하 이 조에서 "사업시행자"라 한다)에게 준공 후 학교등과의 협약에서 정하는 기간 동안 해당 시설의 소유권이 인정되며, 그 기간이 만료되면 시설 소유권이 학교등에 귀속되는 방식

2. 준공 후 해당 시설의 소유권이 학교등에 귀속되며, 학교등과의 협약에서 정하는 기간 동안 사업시행자에게 시설관리운영권을 인정하는 방식(제3호에 해당하는 경우는 제외한다)

3. 준공 후 해당 시설의 소유권이 학교등에 귀속되며, 학교등과의 협약에서 정하는 기간 동안 사업시행자에게 시설관리운영권을 인정하되, 그 시설을 협약에서 정하는 기간 동안 임차하여 사용·수익하는 방식

(2014.12.31 본조신설)

제19조【산학협력단 면제대상 사업의 범위】 법 제42조제4항 단서에서 "수익사업에 관계되는 대통령령으로 정하는 주민세 사업소분 및 종업원분"이란 수익사업에 제공되고 있는 사업소와 종업원을 기준으로 부과하는 주민세 사업소분(「지방세법」 제81조제1항제2호에 따라 부과되는 세액으로 한정한다)과 종업원분을 말한다. 이 경우 면제대상 사업과 수익사업에 건축물이 겸용되거나 종업원이 겸직하는 경우에는 주된 용도 또는 직무에 따른다.(2020.12.31 전단개정)

제20조【평생교육단체 면제대상 사업의 범위】 ① 법 제43조제2항 본문 및 같은 조 제3항 각 호 외의 부분에서 "대통령령으로 정하는 건축물의 부속토지"란 각각 해당 사업에 직접 사용할 건축물을 건축 중인 경우와 건축허가 후 행정기관의 건축규제조치로 건축에 착공하지 못한 경우의 건축 예정 건축물의 부속토지를 말한다.(2018.12.31 본항개정)

②~③ (2018.12.31 삭제)

제21조【평생교육시설의 범위】 법 제44조제1항 각 호 외의 부분에서 "대통령령으로 정하는 평생교육시설"이란 「평생교육법」에 따라 보고·인가·등록·신고된 평생교육시설로서 다음 각 호에서 정하는 것을 말한다. (2018.12.31 본항개정)

1. 「평생교육법」제30조에 따른 학교 부설 평생교육시설
2. 「평생교육법」제31조에 따른 학교형태의 평생교육시설
3. 「평생교육법」제32조에 따른 사내대학형태의 평생교육시설
4. 「평생교육법」제33조에 따른 원격대학형태의 평생교육시설
5. 「평생교육법」제35조에 따른 사업장 부설 평생교육시설(2015.12.31 본호신설)
6. 「평생교육법」제36조에 따른 시민사회단체 부설 평생교육시설(2015.12.31 본호신설)
7. 「평생교육법」제37조에 따른 언론기관 부설 평생교육시설(2015.12.31 본호신설)
8. 「평생교육법」제38조에 따른 지식·인력개발사업 관련 평생교육시설(2015.12.31 본호신설)
(2015.12.31 본조개정)

제21조의2【박물관 등의 범위】 ① 법 제44조의2제1항에서 "대통령령으로 정하는 박물관 또는 미술관"이란 「박물관 및 미술관 진흥법」제16조에 따라 등록된 박물관 또는 미술관을 말한다.
② 법 제44조의2제2항에서 "대통령령으로 정하는 도서관 또는 과학관"이란 다음 각 호에 따른 도서관 또는 과학관을 말한다.
1. 「도서관법」제36조에 따라 등록된 공공도서관〔2024년 12월 31일까지는 종전의 「도서관법」(법률 제18547호로 개정되기 전의 것을 말한다) 제40조에 따라 등록된 전문도서관을 포함한다〕(2022.12.6 본호개정)
2. 「과학관의 설립·운영 및 육성에 관한 법률」제6조에 따라 등록된 과학관
(2018.12.31 본조개정)

제22조【학술단체의 정의 등】 ① 법 제45조제1항 본문에서 "대통령령으로 정하는 학술단체"란 「학술진흥법」제2조제1호에 따른 학술의 연구·발표활동 등을 목적으로 하는 법인 또는 단체로서 다음 각 호의 어느 하나에 해당하는 법인 또는 단체를 말한다. 다만, 「공공기관의 운영에 관한 법률」제4조에 따른 공공기관은 제외한다.(2023.12.29 단서개정)
1. 「공익법인의 설립·운영에 관한 법률」제4조에 따라 설립된 공익법인
2. 「민법」제32조에 따라 설립된 비영리법인
3. 「민법」및 「상법」외의 법령에 따라 설립된 법인
4. 「비영리민간단체 지원법」제4조에 따라 등록된 비영리민간단체
② 법 제45조제3항제3호에서 "관계 법령에 따라 설립허가가 취소되는 등 대통령령으로 정하는 사유"란 다음 각 호의 어느 하나에 해당하는 경우를 말한다.
1. 「공익법인의 설립·운영에 관한 법률」제16조에 따라 공익법인의 설립허가가 취소된 경우
2. 「민법」제38조에 따라 비영리법인의 설립허가가 취소된 경우
3. 「비영리민간단체 지원법」제4조의2에 따라 비영리민간단체의 등록이 말소된 경우
(2020.1.15 본조개정)

제23조【기업부설연구소】 ① 법 제46조제1항에서 "대통령령으로 정하는 기업부설연구소"란 「기초연구진흥 및 기술개발지원에 관한 법률」제14조의2제1항에 따라 인정받은 기업부설연구소를 말한다. 다만, 「독점규제 및 공정거래에 관한 법률」제14조제1항에 따른 상호출자제한기업집단등이 「수도권정비계획법」제6조제1항제1호에 따른 과밀억제권역 내에 설치하는 기업부설연구소는 제외한다.(2017.12.29 본문개정)
② 법 제46조제1항에서 "대통령령으로 정하는 신성장동력 또는 원천기술 분야를 연구하기 위한 기업부설연구소"란 제1항에 따른 기업부설연구소로서 다음 각 호의 요건을 모두 갖춘 기업의 부설 연구소를 말한다.
1. 「연구산업진흥법」제2조제1호가목 또는 나목의 산업을 영위하는 국내 소재 기업으로서 「조세특례제한법 시행령」제9조제2항제1호가목에 따른 신성장·원천기술연구개발업무(이하 이 조에서 "신성장·원천기술연구개발업무"라 한다)를 수행(신성장·원천기술연구개발업무와 그 밖의 연구개발을 모두 수행하는 경우를 포함한다)하는 기업일 것(2021.10.19 본호개정)
2. 「기초연구진흥 및 기술개발지원에 관한 법률」제14조의2제1항에 따라 기업부설연구소로 인정받은 날부터 3년 이내에 「조세특례제한법 시행령」제9조제12항에 따른 신성장·원천기술심의위원회로부터 해당 기업이 지출한 신성장·원천기술연구개발비의 연구개발 대상 기술이 같은 영 별표7에 해당된다는 심의 결과를 통지받은 기업일 것(2020.12.131 본호개정)
(2020.1.15 본항신설)

제24조【친환경건축물 등의 감면】 ① 법 제47조의2제1항 각 호 외의 부분에 따른 취득세의 경감률은 다음 각 호와 같다.(2014.12.31 본문개정)
1. 「녹색건축물 조성 지원법」제16조에 따라 인증받은 녹색건축 인증 등급(이하 이 조에서 "녹색건축 인증 등급"이라 한다) 최우수 건축물로서 같은 법 제17조에 따라 인증받은 건축물 에너지효율 인증 등급(이하 이 조에서 "에너지효율등급"이라 한다)이 1+등급 이상인 건축물 : 100분의 10(2020.12.31 본호개정)
가. ~ 나. (2020.12.31 삭제)
2. 녹색건축 인증등급 우수 건축물로서 에너지효율등급이 1+등급 이상인 건축물 : 100분의 5
(2020.12.31 본호개정)
② 법 제47조의2제1항제1호에서 "대통령령으로 정하는 기준 이상"이란 녹색건축 인증등급이 우수 등급 이상인 경우를 말한다.(2016.12.30 본항개정)
③ 법 제47조의2제1항제2호에서 "대통령령으로 정하는 기준 이상"이란 에너지효율등급이 1+등급 이상인 경우를 말한다.(2020.12.31 본항개정)
④ 법 제47조의2제2항에 따른 취득세의 경감률은 다음 각 호의 구분에 따른다.
1. 「녹색건축물 조성 지원법」제17조에 따라 인증받은 제로에너지건축물 인증 등급(이하 이 조에서 "제로에너지건축물 인증등급"이라 한다) 1등급부터 3등급까지에 해당하는 건축물 : 100분의 20
2. 제로에너지건축물 인증등급이 4등급인 건축물 : 100분의 18
3. 제로에너지건축물 인증등급이 5등급인 건축물 : 100분의 15
(2020.12.31 본항개정)
⑤ 법 제47조의2제3항에서 "대통령령으로 정하는 에너지절약형 친환경주택"이란 「주택건설기준 등에 관한 규정」제64조에 따른 주택(이하 이 조에서 "친환경 주택"이라 한다) 중 총 에너지 절감률 또는 총 이산화탄소 저감률(이하 이 조에서 "에너지 절감율 등"이라 한다)이 65퍼센트 이상임을 「주택법」제49조에 따른 사용검사권자로부터 확인을 받은 주택을 말한다.
(2020.12.31 본항개정)
⑥ 법 제47조의2제5항 본문에 따른 재산세 경감률은 다음 각 호와 같다.(2017.12.29 본문개정)
1. 녹색건축 인증등급이 최우수인 경우(2014.1.1 본문개정)
가. 에너지효율등급이 1+등급 이상인 경우 : 100분의 10(2017.12.29 본목개정)
나. 에너지효율등급이 1등급인 경우 : 100분의 7(2017.12.29 본목개정)
다. (2017.12.29 삭제)
2. 녹색건축 인증등급이 우수인 경우(2014.1.1 본문개정)

가. 에너지효율등급이 1+등급 이상인 경우 : 100분의 7(2017.12.29 본목개정)

나. 에너지효율등급이 1등급인 경우 : 100분의 3 (2017.12.29 본목개정)

3. (2017.12.29 삭제)

⑦ 법 제47조의2제6항에 따른 주택에 대한 재산세 경감액은 다음의 계산식에 따라 산정한다.

○ 감면액 = 산출세액 × $\dfrac{건물시가표준액}{건물시가표준액 + 토지시가표준액}$ × 감면율

※산출세액 : 「지방세법」 제104조제3호에 따른 주택으로서 그 부속토지를 포함한 산출세액

(2017.12.29 본항개정)

⑧ 법 제47조의3제1항에 따른 취득세 경감률은 다음 각 호와 같다.(2014.12.31 본문개정)

1. 신·재생에너지 공급률(건축물의 총에너지사용량 중 「신에너지 및 재생에너지 개발·이용·보급 촉진법」 제2조제1호 및 제2호에 따른 신에너지 및 재생에너지를 이용하여 공급되는 에너지의 비율을 말한다. 이하 이 항에서 같다)이 20퍼센트를 초과하는 건축물 : 100분의 15(2015.6.15 본호개정)

2. 신·재생에너지 공급률이 20퍼센트 이하이고 15퍼센트를 초과하는 건축물 : 100분의 10

3. 신·재생에너지 공급률이 15퍼센트 이하이고 10퍼센트를 초과하는 건축물 : 100분의 5

(2011.12.31 본항신설)

제24조의2 【지진안전 시설물의 인증을 받은 건축물의 감면】 법 제47조의4제3항 본문에서 "대통령령으로 정하는 율"이란 100분의 5를 말한다.(2020.12.31 본조신설)

제4절 문화 및 관광 등에 대한 지원

제25조 【종교 및 제사를 목적으로 하는 단체에 대한 면제대상 사업의 범위 등】 ① 법 제50조제2항 본문에서 "대통령령으로 정하는 건축물의 부속토지"란 해당 사업에 직접 사용할 건축물을 건축 중인 경우와 건축허가 후 행정기관의 건축규제조치로 건축에 착공하지 못한 경우의 건축 예정 건축물의 부속토지를 말한다.

② 법 제50조제3항 본문에서 "제1항의 단체가 그 사업에 직접 사용하기 위한 면허"란 법 제50조제1항에 따른 종교 및 제사를 목적으로 하는 단체가 그 비영리사업의 경영을 위하여 필요한 면허 또는 그 면허로 인한 영업설비나 행위에서 발생한 수익금의 전액을 그 비영리사업에 사용하는 경우의 면허를 말한다.

③ 법 제50조제3항 단서에서 "수익사업에 관계되는 대통령령으로 정하는 주민세 사업소분 및 종업원분"이란 수익사업에 직접 제공되고 있는 사업소와 종업원을 기준으로 부과하는 주민세 사업소분(「지방세법」 제81조제1항제2호에 따라 부과되는 세액으로 한정한다)과 종업원분을 말한다. 이 경우 면제대상 사업과 수익사업에 건축물이 겸용되거나 종업원이 겸직하는 경우에는 주된 용도 또는 직무에 따른다.(2020.12.31 전단개정)

제26조 【문화예술단체 및 체육단체의 정의 등】 ① 법 제52조제1항에서 "대통령령으로 정하는 문화예술단체"란 「문화예술진흥법」 제2조제1항제1호에 따른 문화예술의 창작·진흥활동 등을 목적으로 하는 법인 또는 단체로서 다음 각 호의 어느 하나에 해당하는 법인 또는 단체를 말한다. 다만, 「공공기관의 운영에 관한 법률」 제4조에 따른 공공기관은 제외한다.(2023.12.29 단서개정)

1. 「공익법인의 설립·운영에 관한 법률」 제4조에 따라 설립된 공익법인

2. 「민법」 제32조에 따라 설립된 비영리법인

3. 「민법」 및 「상법」 외의 법령에 따라 설립된 법인

4. 「비영리민간단체 지원법」 제4조에 따라 등록된 비영리민간단체

② 법 제52조제2항에서 "대통령령으로 정하는 체육단체"란 「국민체육진흥법」 제2조제1호에 따른 체육에 관한 활동이나 사업을 목적으로 하는 법인 또는 단체로서 제1항 각 호의 어느 하나에 해당하는 법인 또는 단체를 말한다. 다만, 「공공기관의 운영에 관한 법률」 제4조에 따른 공공기관은 제외한다.(2023..12.29 단서개정)

③ 법 제52조제3항제3호에서 "관계 법령에 따라 설립허가가 취소되는 등 대통령령으로 정하는 사유"란 다음 각 호의 어느 하나에 해당하는 경우를 말한다.

1. 「공익법인의 설립·운영에 관한 법률」 제16조에 따라 공익법인의 설립허가가 취소된 경우

2. 「민법」 제38조에 따라 비영리법인의 설립허가가 취소된 경우

3. 「비영리민간단체 지원법」 제4조의2에 따라 비영리민간단체의 등록이 말소된 경우

(2020.1.15 본조개정)

제27조 【외국인투숙객 비율 등의 범위】 법 제54조제2항에서 "외국인투숙객 비율 등 대통령령으로 정하는 기준"이란 다음 각 호와 같다.

1. 「부가가치세법」에 따라 신고된 직전 연도 숙박용역 공급가액(객실요금만 해당한다) 중에서 다음 각 목의 요건을 모두 충족하는 용역의 공급가액이 차지하는 비율이 수도권 지역은 100분의 30 이상, 수도권이 아닌 지역은 100분의 20 이상일 것

가. 「외국인관광객 등에 대한 부가가치세 및 개별소비세 특례 규정」 제2조에 따른 외국인관광객 등(이하 이 호에서 "외국인관광객"이라 한다)에게 공급하는 용역일 것

나. 숙박인의 성명·국적·여권번호·입국일 및 입국장소 등이 적힌 외국인 숙박 및 음식매출 기록표에 의하여 외국인관광객과의 거래임이 표시될 것

다. 대금(代金)이 거주자 또는 내국법인의 부담으로 지급되지 아니할 것

2. 외국인관광객에게 조례로 정하는 객실요금 인하율에 따라 숙박용역을 제공할 것(해당 지방자치단체에서 조례로 그 인하율을 정한 경우만 해당한다)

제5절 중소기업 등에 대한 지원

제28조 (2014.12.31 삭제)

제28조의2 【법인 합병의 범위 등】 ① 법 제57조의2제1항 각 호 외의 부분 본문에서 "대통령령으로 정하는 합병"이란 합병일 현재 「조세특례제한법 시행령」 제29조제3항에 따른 소비성서비스업과 다른 사업을 겸영하고 있는 경우로서 합병일이 속하는 사업연도의 직전 사업연도의 소비성서비스업의 사업별 수입금액이 가장 큰 경우를 포함하며, 이하 이 항에서 "소비성서비스업"이라 한다)을 제외한 사업을 1년 이상 계속하여 영위한 법인(이하 이 항에서 "합병법인"이라 한다) 간의 합병을 말한다. 이 경우 소비성서비스업을 1년 이상 영위한 법인이 합병으로 인하여 소멸하고 합병법인이 소비성서비스업을 영위하지 아니하는 경우에는 해당 합병을 포함한다.

② 법 제57조의2제1항 각 호 외의 부분 본문에서 "대통령령으로 정하는 기술혁신형사업법인"이란 다음 각 호의 어느 하나에 해당하는 법인을 말한다.

1. 합병등기일까지 「벤처기업육성에 관한 특별조치법」 제25조에 따라 벤처기업으로 확인받은 법인

2. 합병등기일까지 「중소기업 기술혁신 촉진법」 제15조와 같은 법 시행령 제13조에 따라 기술혁신형 중소기업으로 선정된 법인

3. 합병등기일이 속하는 사업연도의 직전 사업연도의 「조세특례제한법」 제10조제1항 각 호 외의 부분 전단에 따른 연구·인력개발비가 매출액의 100분의 5 이상인 중소기업(2020.12.31 본호개정)
4. 합병등기일까지 다음 각 목의 어느 하나에 해당하는 인증 등을 받은 중소기업
  가. 「보건의료기술 진흥법」 제8조제1항에 따른 보건신기술 인증
  나. 「산업기술혁신 촉진법」 제15조의2제1항에 따른 신기술 인증
  다. 「산업기술혁신 촉진법」 제16조제1항에 따른 신제품 인증
  라. 「제약산업 육성 및 지원에 관한 특별법」 제7조제2항에 따른 혁신형 제약기업 인증
  마. 「중견기업 성장촉진 및 경쟁력 강화에 관한 특별법」 제18조제1항에 따른 중견기업등의 선정 (2018.12.31 본항개정)
③ 법 제57조의2제4항 단서에서 "대통령령으로 정하는 정당한 사유"란 다음 각 호의 어느 하나에 해당하는 경우를 말한다.
1. 해당 사업용 재산이 「공익사업을 위한 토지 등의 취득 및 보상에 관한 법률」 또는 그 밖의 법률에 따라 수용된 경우
2. 법령에 따른 폐업·이전명령 등에 따라 해당 사업을 폐지하거나 사업용 재산을 처분하는 경우
3. 「조세특례제한법 시행령」 제29조제7항 각 호의 어느 하나에 해당하는 경우(2018.12.31 본호신설)
4. 「조세특례제한법」 제32조제1항에 따른 법인전환으로 취득한 주식의 100분의 50 미만을 처분하는 경우 (2018.12.31 본호신설)
④ 법 제57조의2제5항제8호에서 "대통령령으로 정하는 증권시장"이란 대통령령 제24697호 자본시장과 금융투자업에 관한 법률 시행령 부칙 제8조에 따른 코스닥시장을 말한다.(2015.12.31 본항개정)
⑤ (2016.12.30 삭제)
⑥ 법 제57조의2제9항 각 호 외의 부분에서 "대통령령으로 정하는 바에 따라 분할한 경우"란 「수산업협동조합법」 제2조제5호에 따른 수산업협동조합중앙회가 같은 법 제141조의4제1항에 따라 신용사업을 분리하여 수협은행을 설립한 경우를 말한다.(2016.11.30 본항신설)
⑦ 법 제57조의2제9항제1호에서 "대통령령으로 정하는 바에 따른 분할로 신설된 자회사"란 「수산업협동조합법」 제141조의4제1항에 따라 설립된 수협은행을 말한다.(2016.11.30 본항신설)
(2014.12.31 본조신설)
제28조의3【한국자산관리공사의 자산매입 및 임대 요건】 법 제57조의3제5항에서 "대통령령으로 정하는 요건"이란 다음 각 호의 요건을 모두 갖출 것을 말한다. (2021.12.31 본문개정)
1. 해당 중소기업으로부터 금융회사 채무내용 및 상환계획이 포함된 재무구조개선계획을 제출받을 것
2. 해당 중소기업의 보유자산을 매입하면서 해당 중소기업이 그 자산을 계속 사용하는 내용의 임대차계약을 체결할 것
(2017.12.29 본조신설)
제29조【산업용 건축물 등의 범위】 ① 법 제58조제3항 각 호 외의 부분 본문에서 "대통령령으로 정하는 건축물"이란 다음 각 호의 어느 하나에 해당하는 건축물을 말한다.
1. 「도시가스사업법」 제2조제5호에 따른 가스공급시설용 건축물[「벤처기업육성에 관한 특별조치법」에 따른 신기술창업집적지역에 설치된 「지방세법 시행령」 제5조제1항제4호의 도관시설(연결시설을 포함한다. 이하 같다)의 경우에는 해당 지역에 가스를 공급하기

위한 도관시설로 한정한다](2023.3.14 본호개정)
2. 「산업기술단지 지원에 관한 특례법」에 따른 연구개발시설 및 시험생산시설용 건축물
3. 「산업입지 및 개발에 관한 법률」 제2조에 따른 공장·지식산업·문화산업·정보통신산업·자원비축시설용 건축물과 이와 직접 관련된 교육·연구·정보처리·유통시설용 건축물
4. 「산업집적활성화 및 공장설립에 관한 법률」 제30조제2항에 따른 관리기관이 산업단지의 관리, 입주기업체 지원 및 근로자의 후생복지를 위하여 설치하는 건축물(수익사업용으로 사용되는 부분은 제외한다)
5. 「집단에너지사업법」 제2조제6호에 따른 공급시설용 건축물[「벤처기업육성에 관한 특별조치법」에 따른 신기술창업집적지역에 설치된 「지방세법 시행령」 제5조제1항제4호의 도관시설의 경우에는 해당 지역에 집단에너지를 공급하기 위한 도관시설로 한정한다) (2023.3.14 본호개정)
6. 「산업집적활성화 및 공장설립에 관한 법률 시행령」 제6조제5항제1호부터 제5호까지, 제7호 및 제8호에 해당하는 산업용 건축물
② 법 제58조제3항 각 호 외의 부분 본문에서 "대통령령으로 정하는 공장용 부동산"이란 「산업집적활성화 및 공장설립에 관한 법률」 제2조제1호에 따른 공장을 말한다.(2017.12.29 본항신설)
(2016.12.30 본조개정)
제29조의2【창업중소기업 등의 범위】 ① 법 제58조의3제1항 각 호 외의 부분 전단에서 "대통령령으로 정하는 날"이란 다음 각 호의 어느 하나에 해당하는 날을 말한다.
1. 법인이 창업하는 경우 : 설립등기일
2. 개인이 창업하는 경우 : 「부가가치세법」 제8조에 따른 사업자등록일
(2016.12.30 본항신설)
② 법 제58조의3제1항 각 호 외의 부분에서 "대통령령으로 정하는 청년창업기업"이란 같은 항 각 호 외의 부분에 따른 창업중소기업으로서 대표자(「소득세법」 제43조제1항에 따른 공동사업장의 경우에는 같은 조 제2항에 따른 손익분배비율이 더 큰 사업자를 말한다. 이하 이 조에서 같다)가 다음 각 호의 구분에 따른 요건을 충족하는 기업을 말한다.(2020.12.31 본문개정)
1. 개인사업자로 창업하는 경우 : 창업 당시 15세 이상 34세 이하인 사람. 다만, 「조세특례제한법 시행령」 제27조제1항제3호 각 목의 어느 하나에 해당하는 병역을 이행한 경우에는 그 기간(6년을 한도로 한다)을 창업 당시 연령에서 빼고 계산한 연령이 34세 이하인 사람을 포함한다.
2. 법인으로 창업하는 경우 : 다음 각 목의 요건을 모두 갖춘 사람
  가. 제1호의 요건을 갖출 것
  나. 「법인세법 시행령」 제43조제7항에 따른 지배주주 등으로서 해당 법인의 최대주주 또는 최대출자자일 것
(2018.12.31 본항신설)
③ 법 제58조의3제1항제2호 및 제2항제2호에서 "대통령령으로 정하는 공장입지기준면적"이란 각각 「지방세법 시행령」 제102조제1항제1호에 따른 공장입지기준면적을 말하고, "대통령령으로 정하는 용도지역별 적용배율"이란 각각 「지방세법 시행령」 제101조제2항에 따른 용도지역별 적용배율을 말한다.(2020.12.31 본항개정)
④ 법 제58조의3제2항 각 호 외의 부분에서 "대통령령으로 정하는 기업"이란 다음 각 호의 어느 하나에 해당하는 기업을 말한다.(2020.12.31 본문개정)
1. 「벤처기업육성에 관한 특별조치법」 제2조의2의 요건을 갖춘 중소기업(같은 조 제1항제2호나목에 해당하는 중소기업은 제외한다)

2. 연구개발 및 인력개발을 위한 비용으로서 「조세특례제한법 시행령」 별표6의 비용이 해당 과세연도의 수입금액의 100분의 5(「벤처기업육성에 관한 특별조치법」 제25조에 따라 벤처기업 해당 여부에 대한 확인을 받은 날이 속하는 과세연도부터 연구개발 및 인력개발을 위한 비용의 비율이 100분의 5 이상을 유지하는 경우로 한정한다) 이상인 중소기업

⑤ 법 제58조의3제2항 각 호 외의 부분에서 "대통령령으로 정하는 청년창업벤처기업"이란 같은 항 각 호 외의 부분에 따른 창업벤처중소기업으로서 대표자가 제2항 각 호의 요건을 충족하는 기업을 말한다. (2020.12.31 본항신설)

⑥ 법 제58조의3제4항제5호 각 목 외의 부분에서 "대통령령으로 정하는 엔지니어링사업"이란 「조세특례제한법 시행령」 제5조제9항에 따른 엔지니어링사업을 말한다. (2020.12.31 본항개정)

⑦ 법 제58조의3제4항제9호에서 "대통령령으로 정하는 물류산업"이란 「조세특례제한법 시행령」 제5조제7항에 따른 물류산업을 말한다. (2020.12.31 본항개정)

⑧ 법 제58조의3제4항제11호에서 "대통령령으로 정하는 관광객이용시설업"이란 「관광진흥법 시행령」 제2조제1항제3호다목 및 나목에 따른 전문휴양업과 종합휴양업을 말한다. (2020.12.31 본항개정)

⑨ 법 제58조의3제6항제1호 단서에서 "토지·건물 및 기계장치 등 대통령령으로 정하는 사업용자산"이란 토지와 「법인세법 시행령」 제24조에 따른 감가상각자산을 말한다. (2016.12.30 본항신설)

⑩ 법 제58조의3제6항제1호 단서에서 "대통령령으로 정하는 비율"이란 100분의 30을 말한다. (2016.12.30 본항신설)

⑪ 법 제58조의3제6항제1호 및 제3호에 따른 같은 종류의 사업은 「통계법」 제22조에 따라 통계청장이 고시하는 산업에 관한 표준분류(이하 "한국표준산업분류"라 한다)에 따른 세분류가 동일한 사업으로 한다. (2016.12.30 본항신설)

⑫ 법 제58조의3제6항제5호에서 "대통령령으로 정하는 경우"란 다음 각 호의 어느 하나에 해당하는 경우를 말한다.
1. 개인사업자가 동종 사업을 영위하는 법인인 중소기업을 새로 설립하여 과점주주(「지방세기본법」 제46조제2호에 따른 과점주주를 말한다. 이하 이 조에서 같다)가 되는 경우
2. 법인 또는 law는 해당 법인의 과점주주가 신설되는 법인인 중소기업의 과점주주가 되는 경우(해당 법인과 신설되는 법인인 중소기업이 동종의 사업을 영위하는 경우로 한정한다)
3. 법인인 중소기업이 회사의 형태를 변경한 이후에도 변경 전의 사업과 동종의 사업을 영위하는 경우 (2023.12.29 본항신설)
(2014.12.31 본조신설)

제29조의3 【취득세 경감대상 협동조합과 사업협동조합의 범위】 법 제60조제1항 단서에서 "대통령령으로 정하는 사업자가 조합원으로 설립하는 협동조합과 사업협동조합"이란 한국표준산업분류에 따른 슈퍼마켓 또는 기타 음·식료품 위주 종합 소매업의 사업자가 조합원으로서 설립한 협동조합과 사업협동조합을 말한다. (2016.12.30 본조개정)

제29조의4 【지방중소기업 육성사업 등에 대한 감면】 법 제60조제4항 각 호 외의 부분에서 "대통령령으로 정하는 법인"이란 「지역중소기업 육성 및 혁신촉진에 관한 법률 시행령」 제20조에 따른 지역중소기업 종합지원센터를 말한다. (2022.1.25 본조개정)

제29조의5 【재산세 경감대상 주유소의 조건】 법 제62조의2에서 "대통령령으로 정하는 조건을 충족하는 경우"란 다음 각 호의 조건을 모두 충족하는 경우를 말한다.
1. 판매하는 석유제품의 50퍼센트 이상을 「한국석유공사법」에 따른 한국석유공사로부터 의무적으로 구매할 것
2. 알뜰주유소 상표로 영업할 것
(2013.1.1 본조신설)

제29조의6 【도시철도공사에 대한 지방자치단체 투자비율】 법 제63조제5항제1호에서 "대통령령으로 정하는 지방자치단체 투자비율"이란 「지방공기업법」 제49조에 따른 지방공사로서 「도시철도법」 제2조제4호에 따른 도시철도사업을 수행하는 것을 목적으로 설립된 지방공사(이하 이 조에서 "도시철도공사"라 한다)의 자본금에 대한 지방자치단체 출자금액(둘 이상의 지방자치단체가 공동으로 설립한 경우에는 각 지방자치단체의 출자금액을 합한 금액)의 비율을 말한다. 다만, 도시철도공사가 「지방공기업법」 제53조제3항에 따라 주식을 발행한 경우에는 해당 발행 주식 총수에 대한 지방자치단체의 소유 주식(같은 조 제4항에 따라 지방자치단체가 출자한 것으로 보는 주식을 포함한다) 수(둘 이상의 지방자치단체가 주식을 소유하고 있는 경우에는 각 지방자치단체의 소유 주식 수를 합한 수)의 비율을 말한다. (2020.1.15 본조신설)

제6절 수송 및 교통에 대한 지원

제30조 【화물운송용 선박 등의 범위 등】 ① 법 제64조제2항 각 호 외의 부분 본문에서 "연안항로에 취항하기 위하여 취득하는 대통령령으로 정하는 화물운송용 선박과 외국항로에만 취항하기 위하여 취득하는 대통령령으로 정하는 외국항로취항용 선박"이란 다음 각 호의 어느 하나에 해당하는 선박을 말한다. (2011.12.31 본문개정)
1. 「해운법」 제24조에 따라 내항 화물운송사업을 등록한 자(취득일부터 30일 이내에 내항 화물운송사업을 등록하는 경우를 포함한다) 또는 같은 법 제33조에 따라 선박대여업을 등록한 자(「여신전문금융업법」에 따른 시설대여업자가 선박을 대여하는 경우를 포함하며, 이하 이 항에서 "선박대여업의 등록을 한 자"라 한다)가 취득하는 내항 화물운송용 선박
2. 다음 각 목의 어느 하나에 해당하는 선박으로서 「국제선박등록법」에 따라 등록되지 아니한 선박
  가. 「해운법」 제4조에 따라 외항 여객운송사업의 면허를 받거나 같은 법 제24조에 따라 외항 화물운송사업을 등록한 자가 외국항로에 취항하는 선박
  나. 선박대여업의 등록을 한 자가 외국항로에 전용할 것을 조건으로 대여한 선박
  다. 원양어업선박(취득일부터 3개월 이내에 「원양산업발전법」 제6조에 따라 허가를 받는 경우를 포함한다)
② 법 제64조제3항에서 "대통령령으로 정하는 화물운송용 선박"이란 제1항제1호에 따른 선박을 말한다. (2016.12.30 본항신설)

제30조의2 【항공운송사업 등의 과세특례 제외 기준】 법 제65조 단서에서 "대통령령으로 정하는 금액 이상인 자"란 「자본시장과 금융투자업에 관한 법률」 제159조에 따른 사업보고서를 제출해야 하는 법인으로서 직전사업연도 재무상태표의 자산총액(새로 설립된 회사로서 직전사업연도의 재무상태표가 없는 경우에는 「지방세기본법」 제34조에 따른 납세의무 성립시기의 납입자본금으로 한다)의 합계액이 5조원 이상인 자를 말한다. (2018.12.31 본조신설)

제31조 【비영업용 승용자동차의 구분 등】 ① 법 제67조제1항 및 제2항에서 "대통령령으로 정하는 규모의 자동차"란 각각 배기량 1천시시 미만으로서 길이 3.6미터, 너비 1.6미터, 높이 2.0미터 이하인 승용자동차·승

합차 및 화물자동차를 말한다. 다만, 동력원으로 전기만 사용하는 자동차의 경우에는 길이·너비 및 높이 기준만 적용한다.
② 법 제67조제1항 각 호 외의 부분에서 "대통령령으로 정하는 비영업용 승용자동차"란 「지방세법 시행령」 제122조제1항에 따른 비영업용으로 이용되는 승용자동차를 말한다.(2018.12.31 본항개정)
제32조 (2018.12.31 삭제)
제33조【물류사업의 범위 등】 ① 법 제71조제2항에서 "대통령령으로 정하는 물류사업"이란 「물류정책기본법」 제2조제1항제2호에 따른 물류사업을 말한다.
② 법 제71조제2항에서 "대통령령으로 정하는 물류시설용 부동산"이란 「물류시설의 개발 및 운영에 관한 법률」 제2조제7호에 따른 일반물류단지시설(「유통산업발전법」 제2조제3호에 따른 대규모점포는 제외한다)을 설치하기 위해 「물류시설의 개발 및 운영에 관한 법률」 제27조에 따른 물류단지개발사업의 시행자로부터 취득하는 토지와 그 토지 취득일부터 5년 이내에 해당 토지에 신축하거나 증축하여 취득하는 건축물(토지 취득일 전에 신축하거나 증축한 건축물을 포함한다)을 말한다.(2020.1.15 본조개정)

제7절 국토 및 지역개발에 대한 지원

제34조【수용 시의 초과액 산정기준】 ① 법 제73조제1항 각 호 외의 부분 단서에 따른 초과액의 산정 기준과 산정 방법은 다음 각 호와 같다.
1. 법 제73조제1항 각 호 외의 부분 본문에 따른 부동산등(이하 이 조에서 "부동산등"이라 한다)의 대체취득이 다음 각 목에 따른 취득에 해당하는 경우의 초과액 : 대체취득한 부동산등의 사실상의 취득가격에서 매수·수용·철거된 부동산등의 보상금액을 뺀 금액 (2021.12.31 본문개정)
  가. 국가, 지방자치단체 또는 「지방자치법」 제176조제1항에 따른 지방자치단체조합으로부터의 취득
  나. 외국으로부터의 수입에 의한 취득
  다. 민사소송 및 행정소송에 의하여 확정된 판결문(화해·포기·인낙 또는 자백간주에 의한 것은 제외한다), 금융회사의 금융거래 내역 또는 「감정평가 및 감정평가사에 관한 법률」 제6조에 따른 감정평가서 등 객관적 증거서류에 의하여 법인이 작성한 원장·보조장·출납전표·결산서 등 법인장부(법인장부의 기재사항 중 중고자동차 또는 중고기계장비의 취득가액이 「지방세법」 제4조제2항으로 정하는 시가표준액보다 낮은 경우에는 그 취득 가액 부분(중고자동차 또는 중고기계장비가 천재지변, 화재, 교통사고 등으로 그 가액이 시가표준액보다 하락한 것으로 시장·군수·구청장이 인정한 경우는 제외한다)은 객관적 증거서류에 의하여 취득가액이 증명되는 법인장부에서 제외한다)에 따라 취득가격이 증명되는 취득
  라. 공매방법에 의한 취득
  마. 「부동산 거래신고 등에 관한 법률」 제3조에 따른 신고서를 제출하여 같은 법 제5조에 따라 검증이 이루어진 취득
  (2021.12.31 가목~마목신설)
2. 부동산등의 대체취득이 제1호 각 목에 따른 취득 외의 취득에 해당하는 경우의 초과액 : 대체취득한 부동산등의 취득세 과세표준(「지방세법」 제10조의2부터 제10조의6까지의 규정에 따른 과세표준을 말한다)에서 매수·수용·철거된 부동산등의 매수·수용·철거 당시의 보상금액을 뺀 금액(2021.12.31 본호개정)
② 법 제73조제2항에서 "대통령령으로 정하는 부재부

동산 소유자"란 「공익사업을 위한 토지 등의 취득 및 보상에 관한 법률」 등 관계 법령에 따른 사업고시지구 내에 매수·수용 또는 철거되는 부동산을 소유하는 자로서 다음 각 호의 어느 하나에 따른 지역에 계약일(사업인정고시일 전에 체결된 경우로 한정한다) 또는 사업인정고시일 현재 1년 전부터 계속하여 주민등록 또는 사업자등록을 하지 아니하거나 1년 전부터 계속하여 주민등록 또는 사업자등록을 한 경우라도 사실상 거주 또는 사업을 하고 있지 아니한 거주자 또는 사업자(법인을 포함한다)를 말한다. 이 경우 상속으로 부동산을 취득하였을 때에는 상속인과 피상속인의 거주기간을 합한 것을 상속인의 거주기간으로 본다.(2017.12.29 전단개정)
1. 매수 또는 수용된 부동산이 농지인 경우 : 그 소재지 시·군·구 및 그와 잇닿아 있는 시·군·구 또는 농지의 소재지로부터 30킬로미터 이내의 지역 (2020.12.31 본호개정)
2. 매수·수용 또는 철거된 부동산이 농지가 아닌 경우 : 그 소재지 구[자치구가 아닌 구를 포함하며, 도농복합형태의 시의 경우에는 동(洞) 지역만 해당한다. 이하 이 호에서 같다]·시[자치구가 아닌 구를 두지 아니한 시를 말하며, 도농복합형태의 시의 경우에는 동 지역만 해당한다. 이하 이 호에서 같다]·읍·면 및 그와 잇닿아 있는 구·시·읍·면 지역

제35조【환지계획 등에 따른 취득부동산의 초과액 산정기준 등】 ①~② (2023.3.14 삭제)
③ 법 제74조제5항 각 호 외의 부분 단서에서 "대통령령으로 정하는 일시적 2주택자"란 취득일 현재 같은 항 제3호에 따른 재개발사업의 시행으로 취득하는 주택을 포함하여 2개의 주택을 소유한 자를 말한다. 이 경우 주택의 부속토지만을 소유하는 경우에도 주택을 소유한 것으로 보며, 상속으로 인하여 주택의 공유지분을 소유한 경우(주택 부속토지의 공유지분만을 소유하는 경우를 포함한다)에는 주택을 소유한 것으로 보지 않는다.(2020.1.15 본항신설)
④ 법 제74조제5항 각 호 외의 부분 단서 및 같은 항 제3호 각 목 외의 부분에서 "대통령령으로 정하는 1가구 1주택"이란 각각 주택 취득자와 같은 세대별 주민등록표에 기재되어 있는 가족(동거인은 제외한다)으로 구성된 1가구(취득자의 배우자, 취득자의 미혼인 30세 미만의 직계비속은 각각 취득자와 같은 세대별 주민등록표에 기재되어 있지 않더라도 같은 가구에 속한 것으로 본다)가 국내에 1개의 주택을 소유하고, 그 소유한 주택이 「도시 및 주거환경정비법」 제2조제2호나목에 따른 재개발사업의 시행에 따라 취득한 주택일 것을 말한다. 이 경우 주택의 부속토지만을 소유하는 경우에도 주택을 소유한 것으로 본다.(2020.1.15 본항신설)
⑤ 법 제74조제5항제3호 각 목 외의 부분에서 "대통령령으로 정하는 일시적으로 2주택이 되는 경우"란 제3항에 해당하게 되는 경우를 말한다.(2020.1.15 본항신설)
제35조의2【현물보상에 따라 취득하는 건축물의 초과액 산정기준 등】 ① 법 제74조의2제1항 단서에 따른 초과액은 다음 각 호의 구분에 따라 산정한다.
1. 「공공주택 특별법」 제40조의10제3항에 따른 현물보상에 따라 취득하는 건축물(건축물에 부속된 토지를 포함한다. 이하 이 호 및 제2호에서 같다)의 경우 : 같은 법 시행령 제35조의9제6항 전단에 따라 현물보상한 건축물의 분양가격에서 지급을 유보한 금액을 뺀 금액
2. 「도시재생 활성화 및 지원에 관한 특별법」 제55조의3제1항에 따른 현물보상에 따라 취득하는 건축물의 경우 : 같은 법 시행령 제53조의5제8항 전단에 따라 현물보상한 건축물의 분양가격에서 지급을 유보한 금액을 뺀 금액

② 법 제74조의2제3항 각 호 외의 부분 단서에서 "대통령령으로 정하는 일시적 2주택자"란 제35조제3항에 따른 일시적 2주택자를 말한다. 이 경우 제35조제3항 전단의 "같은 항 제3호에 따른 재개발사업"은 "법 제74조의2제3항에 따른 복합사업 및 주거혁신지구재생사업"으로 본다.

③ 법 제74조의2제3항 각 호 외의 부분 단서에서 "대통령령으로 정하는 1가구 1주택자"란 제35조제4항에 따른 1가구 1주택을 소유한 자를 말한다. 이 경우 제35조제4항 전단의 "「도시 및 주거환경정비법」 제2조제2호나목에 따른 재개발사업"은 "법 제74조의2제3항에 따른 복합사업 및 주거혁신지구재생사업"으로 본다.

④ 법 제74조의2제3항제3호 각 목 외의 부분에서 "대통령령으로 정하는 1가구 1주택자"란 제35조제4항에 따른 1가구 1주택을 소유한 자를 말한다. 이 경우 제35조제4항 전단의 "「도시 및 주거환경정비법」 제2조제2호나목에 따른 재개발사업"은 "법 제74조의2제3항에 따른 복합사업 및 주거혁신지구재생사업"으로 본다.

⑤ 법 제74조의2제3항제3호 각 목 외의 부분에서 "대통령령으로 정하는 일시적 2주택자"란 제35조제3항에 따른 일시적 2주택자를 말한다. 이 경우 제35조제3항 전단의 "같은 항 제3호에 따른 재개발사업"은 "법 제74조의2제3항에 따른 복합사업 및 주거혁신지구재생사업"으로 본다. (2023.3.14 본조신설)

제35조의3 【기업도시 및 지역개발사업구역 내 창업기업 등】 ① 법 제75조의2제1항 각 호 외의 부분 본문에서 "대통령령으로 정하는 기준"이란 다음 각 호의 구분에 따른 기준을 말한다. (2020.1.15 본문개정)

1. 법 제75조의2제1항제1호 및 제3호에 따라 취득세 또는 재산세를 감면하는 사업 : 다음 각 목의 어느 하나에 해당하는 사업일 것
가. 「조세특례제한법 시행령」 제116조의2제17항제1호·제4호 또는 제5호에 해당하는 사업으로서 투자금액이 20억원 이상이고 상시근로자 수가 30명 이상일 것
나. 「조세특례제한법 시행령」 제116조의2제17항제2호에 해당하는 사업으로서 투자금액이 5억원 이상이고 상시근로자 수가 10명 이상일 것
다. 「조세특례제한법 시행령」 제116조의2제17항제3호에 해당하는 사업으로서 투자금액이 10억원 이상이고 상시근로자 수가 15명 이상일 것
(2020.1.15 본호개정)

2. 법 제75조의2제1항제2호 및 제4호에 따라 취득세 또는 재산세를 감면하는 사업 : 다음 각 목의 어느 하나에 해당하는 경우로서 총 개발사업비가 500억원 이상인 사업일 것 (2020.1.15 본문개정)
가. 「기업도시개발 특별법」 제11조에 따른 기업도시개발계획에 따라 같은 법 제2조제2호에 따른 기업도시개발구역(이하 이 조에서 "기업도시개발구역"이라 한다)을 개발하는 경우
나. 「지역 개발 및 지원에 관한 법률」 제19조에 따라 지정된 사업시행자가 같은 법 제11조에 따라 지정된 지역개발사업구역(이하 이 조에서 "지역개발사업구역"이라 한다)을 개발하기 위한 지역개발사업을 하는 경우
다. 「지역 개발 및 지원에 관한 법률」 제19조에 따라 지정된 사업시행자가 같은 법 제67조에 따른 지역활성화지역(이하 이 조에서 "지역활성화지역"이라 한다)을 개발하기 위한 지역개발사업을 하는 경우

② 다음 각 호의 어느 하나에 해당하는 경우에는 법 제75조의2제2항에 따라 그 감면된 취득세 또는 재산세를 각 호에서 정하는 바에 따라 추징한다.

1. 다음 각 목의 어느 하나에 해당하는 경우에는 그 사유가 발생한 날부터 소급하여 5년 이내에 감면받은 세액 전액을 추징한다.
가. 「기업도시개발 특별법」 제7조에 따라 기업도시개발구역의 지정이 해제된 경우
나. 기업도시개발구역에 창업한 기업이 폐업하거나 신설한 사업장을 폐쇄한 경우
다. 「지역 개발 및 지원에 관한 법률」 제18조에 따라 지역개발사업구역의 지정이 해제되거나 같은 법 제69조에 따라 지역활성화지역의 지정이 해제된 경우
라. 지역개발사업구역과 지역활성화지역에 창업한 기업이 폐업하거나 신설한 사업장을 폐쇄한 경우

2. 다음 각 목의 어느 하나에 해당하는 경우에는 감면받은 세액 전액을 추징한다.
가. 해당 감면대상사업에서 최초로 소득이 발생한 과세연도(사업개시일부터 3년이 되는 날이 속하는 과세연도까지 해당 사업에서 소득이 발생하지 아니한 경우에는 사업개시일부터 3년이 되는 날이 속하는 과세연도를 말한다. 이하 이 목에서 같다)의 종료일부터 2년 이내에 제1항에 따른 감면기준을 충족하지 못한 경우. 다만, 제1항제1호 각 목의 기준 중 상시근로자 수의 경우 해당 감면대상사업에서 최초로 소득이 발생한 과세연도의 종료일 이후 2년 이내의 과세연도 종료일까지의 기간 중 하나 이상의 과세연도에 해당 기준을 충족하는 경우에는 추징하지 않는다. (2020.1.15 본목개정)
나. 정당한 사유 없이 부동산 취득일부터 3년이 경과할 때까지 취득한 부동산을 해당 용도로 직접 사용하지 아니하거나 해당 용도로 직접 사용한 기간이 2년 미만인 상태에서 그 부동산을 매각·증여하거나 다른 용도로 사용하는 경우

③ 제1항제1호를 적용할 때 상시근로자의 범위 및 상시근로자 수의 계산에 관하여는 「조세특례제한법 시행령」 제11조의2제5항부터 제7항까지의 규정을 준용한다. (2020.1.15 본항신설)
(2015.12.31 본조신설)

제35조의4 【고용위기지역의 범위】 법 제75조의3제1항제1호에서 "대통령령으로 정하는 지역"이란 「고용정책 기본법 시행령」 제29조제1항에 따라 고용노동부장관이 지정·고시하는 지역을 말한다. (2018.12.31 본조신설)

제35조의5 【반환공여구역등에 대한 감면 등】 ① 법 제75조의4제1항 본문에서 "대통령령으로 정하는 업종"이란 법 제58조의3제4항 각 호의 업종을 말한다.

② 법 제75조의4제1항 본문에서 "대통령령으로 정하는 사업장"이란 「중소기업기본법」에 따른 중소기업이 제1항의 업종을 영위하기 위해 신설(기존 사업장을 이전하는 경우를 포함한다)하는 사업장을 말한다. 이 경우 기존 사업장을 이전하여 설치하는 사업장은 과밀억제권역(「산업집적활성화 및 공장설립에 관한 법률」을 적용받는 산업단지는 제외한다)에서 이전하는 사업장으로 한정한다.
(2023.3.14 본조신설)

제35조의6 【인구감소지역에 대한 감면 등】 ① 법 제75조의5제1항 각 호 외의 부분에서 "대통령령으로 정하는 업종"이란 법 제58조의3제4항 각 호의 업종을 말한다.

② 법 제75조의5제1항 각 호 외의 부분에서 "대통령령으로 정하는 사업장"이란 제1항의 업종을 영위하기 위해 신설(기존 사업장을 이전하는 경우를 포함한다)하는 사업장을 말한다. 이 경우 기존 사업장을 이전하여 설치하는 사업장은 과밀억제권역(「산업집적활성화 및 공장설립에 관한 법률」을 적용받는 산업단지는 제외한다)에서 이전하는 사업장으로 한정한다.
(2023.3.14 본조신설)

제36조【공급목적사업의 범위 등】① 법 제76조제1항 및 같은 조 제2항 전단에서 "대통령령으로 정하는 사업"이란 각각 다음 각 호의 어느 하나에 해당하는 사업을 말한다.(2018.12.31 본문개정)
1.「한국토지주택공사법」제8조제1항제1호(국가 또는 지방자치단체가 매입을 지시하거나 의뢰한 것으로 한정한다)에 따른 사업(2015.12.31 본호개정)
2.「한국토지주택공사법」제8조제1항제2호가목부터 라목까지의 사업(2015.12.31 본호신설)
3.「한국토지주택공사법」제8조제1항제3호·제7호에 따른 사업. 다만,「주택법」제2조제14호가목에 따른 근린생활시설 또는 같은 호 나목에 따른 공동시설을 건설·개량·매입·비축·공급·임대 및 관리하는 사업은 제외한다.(2017.12.29 단서신설)
4.「한국토지주택공사법」제8조제1항제10호(공공기관으로부터 위탁받은 사업은 제외한다)에 따른 사업
5. 제1호부터 제3호까지의 규정에 따른 사업 및「한국토지주택공사법」제8조제1항제4호·제5호의 사업에 따라 같은 법 시행령 제11조 각 호의 공공복리시설을 건설·공급하는 사업
(2015.12.31 4호~5호신설)
6.「공공토지의 비축에 관한 법률」제14조 및 제15조에 따른 공공개발용 토지의 비축사업
② 법 제76조제2항 후단에 따른 공공시설물 및 그 부속토지의 범위는 제6조에 따른다.
제37조【공공시설물의 범위】법 제77조제2항 후단에 따른 공공시설물 및 그 부속토지의 범위는 제6조에 따른다.
제38조【산업용 건축물 등의 범위】법 제78조제2항 각 호 외의 부분에서 "대통령령으로 정하는 산업용 건축물등"이란 다음 각 호의 어느 하나에 해당하는 건축물을 말한다.(2023.3.14 본문개정)
1.「도시가스사업법」제2조제5호에 따른 가스공급시설용 건축물(「산업입지 및 개발에 관한 법률」에 따른 산업단지에 설치된「지방세법 시행령」제5조제1항제4호의 도관시설의 경우에는 해당 지역에 가스를 공급하기 위한 도관시설로 한정한다)
2.「산업기술단지 지원에 관한 특례법」에 따른 연구개발시설 및 시험생산시설용 건축물
3.「산업입지 및 개발에 관한 법률」제2조에 따른 공장·지식산업·문화산업·정보통신산업·자원비축시설용 건축물과 이와 직접 관련된 교육·연구·정보처리·유통시설용 건축물. 다만, 공장용 건축물은 행정안전부령으로 정하는 업종 및 면적기준 등을 갖추어야 한다.
4.「산업집적활성화 및 공장설립에 관한 법률」제30조제2항에 따른 관리기관이 산업단지의 관리, 입주기업체 지원 및 근로자의 후생복지를 위하여 설치하는 건축물(수익사업용으로 사용되는 부분은 제외한다)
5.「집단에너지사업법」제2조제6호에 따른 공급시설용 건축물(「산업기술단지 지원에 관한 특례법」에 따른 산업기술단지에 설치된「지방세법 시행령」제5조제1항제4호의 도관시설의 경우에는 해당 지역에 집단에 너지를 공급하기 위한 도관시설로 한정한다)
6.「산업집적활성화 및 공장설립에 관한 법률 시행령」제6조제5항제1호부터 제5호까지, 제7호 및 제8호에 해당하는 산업용 건축물
(2023.3.14 1호~6호신설)
제38조의2【외국인투자기업의 사업개시일 등】① 법 제78조의3제1항제1호에서 "대통령령으로 정하는 사업개시일"이란「부가가치세법」제8조제1항에 따른 사업개시일을 말한다.
② 법 제78조의3제1항제1호에서 "대통령령으로 정하는 외국인투자비율"이란「외국인투자 촉진법」제5조제3

항에 따른 외국인투자비율을 말한다. 다만, 회사정리계획인가를 받은 내국법인의 채권금융기관이 그 회사정리계획에 따라 출자하여 새로 설립한 내국법인(이하 이 항에서 "신설법인"이라 한다)에 대해「외국인투자 촉진법」제2조제1항제5호에 따른 외국투자가(이하 이 조 및 제38조의4에서 "외국투자가"라 한다)가 2002년 12월 31일까지 같은 항 제4호에 따른 외국인투자를 개시하여 해당 기한까지 출자목적물의 납입을 완료한 경우로서 해당 신설법인의 부채가 출자전환(2002년 12월 31일까지 출자전환된 분으로 한정한다)됨으로써 우선주가 발행된 때에는 다음 각 호의 비율 중 높은 비율을 그 신설법인의 외국인투자비율로 한다.
1. 우선주를 포함하여「외국인투자 촉진법」제5조제3항에 따라 계산한 외국인투자비율
2. 우선주를 제외하고「외국인투자 촉진법」제5조제3항에 따라 계산한 외국인투자비율
③ 법 제78조의3제3항 각 호 외의 부분 본문에서 "사업의 양수 등 대통령령으로 정하는 방식에 해당하는 외국법인"이란 그 사업에 관한 권리와 의무를 포괄적 또는 부분적으로 승계하는 것을 말한다.
④ 법 제78조의3제6항에 따라 조세감면대상으로 보지 않는 주식 또는 출자지분(이하 이 조에서 "주식등"이라 한다)의 소유비율 상당액 또는 대여금 상당액은 다음 각 호의 구분에 따라 계산한 금액으로 한다.
1. 법 제78조의3제6항제1호에 해당하는 경우 : 외국법인 또는 외국기업(이하 이 조에서 "외국법인등"이라 한다)의 외국인투자금액에 해당 외국법인등의 주식등을 같은 호 가목에 따른 대한민국국민등(이하 이 조 및 제38조의4에서 "대한민국국민등"이라 한다)이 직접 또는 간접으로 소유하고 있는 비율(그 비율이 100분의 5 미만인 경우에는 100분의 5로 한다)을 곱하여 계산한 금액. 이 경우 주식등의 직접 또는 간접 소유비율은 법 제78조의3제1항부터 제3항까지 및 제7항에 따라 지방세 감면 대상 또는 면제의 대상이 되는 해당 지방세의 납세의무 성립일을 기준으로 산출한다.
2. 법 제78조의3제6항제2호에 해당하는 경우 : 외국인투자금액 중 같은 호 각 목의 어느 하나에 해당하는 자가 외국투자가에게 대여한 금액 상당액
⑤ 제4항제1호를 적용할 때 주식등의 간접소유비율은 다음 각 호의 구분에 따라 계산한다. 다만, 외국법인등의 주주 또는 출자자인 법인(이하 이 조에서 "주주법인"이라 한다)이 둘 이상인 경우에는 다음 각 호에 따라 각 주주법인별로 계산한 비율을 더한 비율을 대한민국국민등의 해당 외국법인등에 대한 간접소유비율로 한다.
1. 대한민국국민등이 외국법인등의 주주법인의 의결권 있는 주식의 100분의 50 이상을 소유하고 있는 경우에는 주주법인이 소유하고 있는 해당 외국법인등의 의결권 있는 주식이 그 외국법인등이 발행한 의결권 있는 주식의 총수에서 차지하는 비율(이하 이 조에서 "주주법인의 주식소유비율"이라 한다)
2. 대한민국국민등이 외국법인등의 주주법인의 의결권 있는 주식의 100분의 50 미만을 소유하고 있는 경우에는 그 소유비율에 주주법인의 주식소유비율을 곱한 비율
⑥ 제5항에 따른 주식등의 간접소유비율의 계산방법은 외국법인등의 주주법인과 대한민국국민등 사이에 하나 이상의 법인이 주식소유관계를 통하여 연결되어 있는 경우에 대해서도 준용한다.
⑦ 법 제78조의3제6항제3호에서 "대통령령으로 정하는 국가 또는 지역"이란「조세특례제한법 시행령」제116조의2제13항에 따른 국가 또는 지역을 말한다.
(2020.1.15 본조신설)
제38조의3【외국인투자기업 증자 시의 감면 적용 방법 등】① 법 제78조의3제7항에 따라 외국인투자기업

의 증자분에 대하여 지방세를 감면하는 경우 해당 증자분과 관계된 감면대상사업과 그 밖의 사업을 구분경리하여 해당 증자분 감면대상 사업을 기준으로 같은 조 제1항제1호에 따른 외국인투자비율(이하 이 조에서 "외국인투자비율"이라 한다)을 계산한다. 이 경우 구분경리에 관하여는 「조세특례제한법」 제143조를 준용한다.
② 법 제78조의3제7항에 따라 외국인투자기업의 증자분에 대하여 지방세를 감면하는 경우 외국인투자기업이 유상감자(주식 또는 출자지분의 유상소각, 자본금액의 반환 등에 따라 실질적으로 자산이 감소되는 경우를 말한다)를 한 후 5년 이내에 증자하여 조세감면신청을 하는 경우에는 그 유상감자 전보다 순증가하는 부분에 대한 외국인투자비율에 대해서만 지방세를 감면한다.
③ 법 제78조의3제7항 단서에서 "대통령령으로 정하는 기준"이란 법 제78조의3제1항부터 제3항까지의 규정 또는 「조세특례제한법」 제121조의2에 따라 지방세 감면을 받고 있는 사업을 위하여 증액투자하는 것을 말한다.
④ 법 제78조의3제7항에 따라 증자분에 대한 지방세의 감면결정을 받은 외국인투자기업이 해당 증자 후 7년 내에 유상감자를 하는 경우에는 해당 유상감자를 하기 직전의 증자분(「외국인투자 촉진법」 제5조제2항제2호에 따른 준비금·재평가적립금 및 그 밖의 다른 법령에 따른 적립금의 자본전입으로 인하여 주식이 발행되는 형태의 증자를 제외한다)부터 역순으로 감자한 것으로 보아 감면세액을 계산한다.
⑤ 법 제78조의3제9항 계산식 외의 부분에서 "대통령령으로 정하는 사유"란 다음 각 호의 요건을 모두 갖춘 경우를 말한다.
1. 외국인투자기업이 증자 전에 「조세특례제한법」 제121조의2제1항 각 호에 따른 사업(이하 이 항에서 "증자전감면사업"이라 한다)에 대해 법 제78조의3제1항부터 제3항까지의 규정 또는 「조세특례제한법」 제121조의2에 따른 지방세 감면을 받고 그 감면기간이 종료된 경우로서 법 제78조의3제7항에 따라 증자를 통하여 「조세특례제한법」 제121조의2제1항 각 호에 따른 사업(이하 이 항에서 "증자분감면사업"이라 한다)에 대한 감면결정을 받았을 것
2. 법 제78조의3제1항부터 제3항까지의 규정 또는 「조세특례제한법」 제121조의2에 따른 감면기간이 종료된 증자전감면사업의 사업용 고정자산을 증자분감면사업에 계속 사용하는 경우로서 자본증가에 관한 변경등기를 한 날 현재 해당 증자전감면사업의 사업용 고정자산의 가액이 증자분감면사업의 사업용 고정자산의 총가액에서 차지하는 비율이 100분의 30 이상일 것 (2020.1.15 본조신설)

제38조의4【외국인투자기업 감면세액의 추징 등】① 법 제78조의3제12항에 따른 취득세 및 재산세의 추징은 다음 각 호의 구분에 따른다.
1. 법 제78조의3제12항제1호 및 제2호의 경우 : 주식등의 양도일 또는 주식등의 비율의 미달일부터 소급하여 5년 이내에 감면된 취득세 및 재산세의 세액에 그 양도비율 또는 미달비율을 곱하여 산출한 세액을 각각 추징
2. 법 제78조의3제12항제3호 및 제4호의 경우 : 등록 말소일 또는 폐업일(「부가가치세법」 제8조제8항 및 제9항에 따른 폐업일과 말소일 중 빠른 날을 말한다)부터 소급하여 5년 이내에 감면된 취득세 및 재산세를 각각 추징(2021.2.17 본호개정)
3. 법 제78조의3제12항제5호의 경우 : 외국인투자신고 후 5년(고용과 관련된 조세감면기준에 미달하는 경우에는 3년)이 경과한 날부터 소급하여 5년(고용과 관련된 조세감면기준에 미달하는 경우에는 3년) 이내에

감면된 취득세 및 재산세를 각각 추징
4. 법 제78조의3제12항제6호 및 제7호의 경우 : 해당 추징사유가 발생한 날부터 소급하여 5년 이내에 감면된 취득세 및 재산세의 세액을 각각 추징. 이 경우 추징하는 세액은 해당 추징사유가 발생한 부분으로 한정한다.
② 법 제78조의3제12항 각 호의 사유가 동시에 발생하는 경우에는 제1항 각 호에 따른 추징하는 세액이 큰 것을 적용하고, 법 제78조의3제12항 각 호의 사유가 순차적으로 발생하는 경우에는 감면받은 세액의 범위에서 발생순서에 따라 먼저 발생한 사유부터 순차적으로 적용한다.
③ 법 제78조의3제13항제1호 및 제3호부터 제5호까지에 해당하는 경우에는 감면된 취득세 및 재산세를 추징하지 않는다.
④ 법 제78조의3제13항제5호에서 "대통령령으로 정하는 경우"란 다음 각 호의 어느 하나에 해당하는 경우를 말한다.
1. 「경제자유구역의 지정 및 운영에 관한 특별법」 제8조의3제1항 및 제2항에 따른 개발사업시행자가 같은 법 제2조제1호에 따른 경제자유구역의 개발사업을 완료한 후 법 제78조의3제12항에 따른 취득세 및 재산세의 추징사유가 발생한 경우
2. 「기업도시개발 특별법」 제10조제1항에 따라 지정된 기업도시 개발사업시행자가 같은 법 제2조제2호에 따른 기업도시개발구역의 개발사업을 완료한 후 법 제78조의3제12항에 따른 취득세 및 재산세의 추징사유가 발생한 경우
3. 「새만금사업 추진 및 지원에 관한 특별법」 제8조제1항에 따라 지정된 사업시행자가 같은 법 제2조제1호에 따른 새만금사업지역의 개발사업을 완료한 후 법 제78조의3제12항에 따른 취득세 및 재산세의 추징사유가 발생한 경우
4. 「제주특별자치도 설치 및 국제자유도시 조성을 위한 특별법」 제162조에 따라 지정되는 제주투자진흥지구의 개발사업시행자가 제주투자진흥지구의 개발사업을 완료한 후 법 제78조의3제12항에 따른 취득세 및 재산세의 추징사유가 발생한 경우
5. 「조세특례제한법」 제121조의2제1항제1호에 따른 신성장동력산업기술을 수반하는 사업에 투자한 외국투자가가 그 감면사업 또는 소유주식등을 대한민국국민 등에게 양도한 경우로서 해당 기업이 신성장동력산업기술을 수반하는 사업에 생산되거나 제공되는 제품 또는 서비스를 국내에서 자체적으로 생산하는 데 지장이 없다고 기획재정부장관이 확인하는 경우
6. 외국투자가가 소유하는 주식등을 다른 법령이나 정부의 시책에 따라 대한민국국민등에게 양도한 경우로서 기획재정부장관이 확인하는 경우
7. 외국투자가가 소유하는 주식등을 대한민국국민등에게 양도한 후 양도받은 대한민국 국민등이 7일 이내에 해당 주식등을 다시 다른 외국투자가에게 양도한 경우로서 당초 사업을 계속 이행하는 데 지장이 없다고 기획재정부장관이 확인하는 경우
⑤ 제4항제5호부터 제7호까지의 규정에 따른 확인 절차에 관하여는 「조세특례제한법 시행령」 제116조의10 제3항부터 제5항까지의 규정을 따른다.
⑥ 법 제78조의3제14항을 적용할 때 같은 조 제12항제3호부터 제7호까지의 어느 하나에 해당하는 사유가 발생한 경우 해당 사유가 발생한 날 이후의 남은 감면기간(재산세 과세기준일 이전에 사유가 발생한 경우 해당 과세연도를 포함한다)에 대해서는 같은 조 제1항부터 제3항까지의 규정 및 제7항에 따른 취득세 및 재산세 감면을 적용하지 않는다. 이 경우 법 제78조의3제12항제3호부터 제7호까지의 어느 하나에 해당하는 사유

가 발생한 날 이후의 남은 감면기간 중에 같은 조 제1항 및 「조세특례제한법」 제121조의2제1항 각 호 외의 부분에 따른 조세감면기준을 다시 충족하는 경우에도 또한 같다.
(2020.1.15 본조신설)

제39조【대도시의 범위】 법 제79조제1항 본문에서 "대통령령으로 정하는 대도시"란 과밀억제권역(「산업집적활성화 및 공장설립에 관한 법률」을 적용받는 산업단지는 제외한다)을 말한다.

제40조【1가구 1주택의 범위】 법 제81조제3항 각 호 외의 부분에서 "대통령령으로 정하는 1가구 1주택"이란 취득일 현재 취득자와 같은 세대별 주민등록표에 기재되어 있는 가족(동거인은 제외한다)으로 구성된 1가구(취득자의 배우자와 취득자의 미혼인 30세 미만의 직계비속은 각각 취득자와 같은 세대 주민등록표에 기재되어 있지 아니하더라도 같은 가구에 속한 것으로 본다)가 다음 각 호의 구분에 따른 지역에서 해당 기관에 대한 「신행정수도 후속대책을 위한 연기·공주지역 행정중심복합도시 건설을 위한 특별법」 제16조제5항에 따른 이전계획의 고시일이나 「혁신도시 조성 및 발전에 관한 특별법」 제4조제4항에 따른 지방이전계획의 승인일 또는 업무개시일(법 제81조제3항제1호다목의 경우에만 해당한다) 이후 1개의 주택을 최초로 취득하는 것을 말한다. 이 경우 주택의 부속토지만을 소유하는 경우에도 주택을 소유한 것으로 본다.
(2018.2.27 전단개정)
1. 법 제81조제3항제1호가목의 감면대상자의 경우 : 다음 각 목의 지역
   가. 법 제81조제1항에 따른 이전공공기관(이하 이 조에서 "이전공공기관"이라 한다)이 「혁신도시 조성 및 발전에 관한 특별법」 제31조에 따른 공동혁신도시로 이전하는 경우 : 그 혁신도시를 공동으로 건설한 광역시·도 또는 특별자치도 내(2018.2.27 본목개정)
   나. 가목 외의 경우 : 다음의 구분에 따른 지역
      1) 2012년 6월 30일까지 : 이전공공기관의 소재지 특별시·광역시·도·특별자치도 또는 「신행정수도 후속대책을 위한 연기·공주지역 행정중심복합도시 건설을 위한 특별법」 제2조제1호에 따른 예정지역(이하 이 조에서 "예정지역"이라 한다) 내
      2) 2012년 7월 1일 이후 : 이전공공기관의 소재지 특별시·광역시·특별자치시·도 또는 특별자치도 내
2. 법 제81조제3항제1호나목 및 다목의 감면대상자의 경우 : 다음 각 목의 구분에 따른 지역
   가. 2012년 6월 30일까지 : 법 제81조제3항에 따른 중앙행정기관등(이하 이 조에서 "중앙행정기관등"이라 한다)의 소재지 특별시·광역시·도·특별자치도 또는 예정지역 내
   나. 2012년 7월 1일 이후 : 중앙행정기관등의 소재지 특별시·광역시·특별자치시 또는 특별자치도 내
(2011.12.31 본조개정)

제40조의2【주한미군 한국인 근로자 1가구 1주택의 범위】 법 제81조의2제1항 각 호 외의 부분에서 "대통령령으로 정하는 1가구 1주택이 되는 경우"란 취득일 현재 취득자와 같은 세대별 주민등록표에 기재되어 있는 가족(동거인은 제외한다)으로 구성된 1가구(취득자의 배우자, 취득자의 미혼인 30세 미만의 직계비속은 각각 취득자와 같은 세대별 주민등록표에 기재되어 있지 않더라도 같은 가구에 속한 것으로 본다)가 평택시에 1개의 주택을 소유하는 경우를 말하며, 주택의 부속토지만을 소유하는 경우에도 주택을 소유한 것으로 본다.
(2018.12.31 본조신설)

제41조【입점한 상인 등 감면대상자】 법 제83조제2항에서 "대통령령으로 정하는 자"란 시장정비사업 시행인

가일 현재 기존의 전통시장(「전통시장 및 상점가 육성을 위한 특별법」 제2조제1호에 따른 전통시장을 말한다. 이하 이 조에서 같다)에서 3년 전부터 계속하여 입점한 상인 또는 시장정비사업 시행인가일 현재 전통시장에서 부동산을 소유한 자를 말한다.

제41조의2【지방공기업 등에 대한 지방자치단체 투자비율 및 공공시설물의 범위】 ① 법 제85조의2제1항제1호에서 "대통령령으로 정하는 지방자치단체 투자비율"이란 다음 각 호의 구분에 따른 비율을 말한다.
1. 「지방공기업법」 제49조에 따라 설립된 지방공사(이하 이 조에서 "지방공사"라 한다)에 대한 투자비율 : 지방공사의 자본금에 대한 지방자치단체의 출자금액(둘 이상의 지방자치단체가 공동으로 설립한 경우에는 각 지방자치단체의 출자금액을 합한 금액)의 비율. 다만, 지방공사가 「지방공기업법」 제53조제3항에 따라 주식을 발행한 경우에는 해당 발행 주식 총수에 대한 지방자치단체의 소유 주식(같은 조 제4항에 따라 지방자치단체가 출자한 것으로 보는 주식을 포함한다) 수(둘 이상의 지방자치단체가 주식을 소유하고 있는 경우에는 각 지방자치단체의 소유 주식 수를 합한 수)의 비율을 말한다.
2. 「지방자치단체 출자·출연 기관의 운영에 관한 법률」 제5조에 따라 지정·고시된 출자·출연기관(이하 이 조에서 "지방출자·출연기관"이라 한다)에 대한 투자비율 : 지방출자·출연기관의 자본금 또는 출연금에 대한 지방자치단체의 출자·출연금액(같은 법 제4조제2항에 따라 지방자치단체가 출자하거나 출연한 것으로 보는 금액을 포함하며, 둘 이상의 지방자치단체가 출자·출연한 경우 각 지방자치단체의 출자·출연금액을 합한 금액)의 비율
② 법 제85조의2제1항제4호에 따라 재산세를 면제하는 공공시설물 및 그 부속토지와 공공시설용지의 범위는 제6조에 따른다.
(2020.1.15 본조개정)

제8절　공공행정 등에 대한 지원

제42조【정당에 대한 면제대상 사업의 범위 등】 ① 법 제89조제2항 본문에서 "대통령령으로 정하는 건축물의 부속토지"란 해당 사업에 직접 사용할 건축물을 건축 중인 경우와 건축허가 후 행정기관의 건축규제조치로 건축에 착공하지 못한 경우의 건축 예정 건축물의 부속토지를 말한다.
② 법 제89조제3항 본문에서 "정당이 그 사업에 직접 사용하기 위한 면허"란 법 제89조제1항에 따른 정당이 그 비영리사업의 경영을 위하여 필요한 면허 또는 그 면허로 인한 영업 설비나 행위에서 발생한 수익금의 전액을 그 비영리사업에 사용하는 경우의 면허를 말한다.
③ 법 제89조제3항 단서에서 "수익사업에 관계되는 대통령령으로 정하는 주민세 사업소분 및 종업원분"이란 수익사업에 직접 제공되고 있는 사업소와 종업원을 기준으로 부과하는 주민세 사업소분(「지방세법」 제81조제1항제2호에 따라 부과되는 세액으로 한정한다)과 종업원분을 말한다. 이 경우 면제대상 사업과 수익사업에 건축물이 겸용되거나 종업원이 겸직하는 경우에는 주된 용도 또는 근무에 따른다.(2020.12.31 전단개정)
제43조【마을회등의 정의】 법 제90조제1항 각 호 외의 부분 본문에서 "대통령령으로 정하는 마을회 등 주민공동체"란 마을주민의 복지증진 등을 도모하기 위하여 마을주민만으로 구성된 조직을 말한다.
(2011.12.31 본조개정)
제44조 (2015.12.31 삭제)

제3장 지방소득세 특례
(2014.3.14 본장신설)

제1절 종합소득 세액공제와 세액감면

제45조 【기장세액공제】 ① 법 제93조제2항제2호 단서에서 "천재지변 등 대통령령으로 정하는 부득이한 사유"란 「소득세법 시행령」 제116조의3제2항 각 호의 어느 하나에 해당하는 경우를 말한다.
② 법 제93조에 따른 기장세액공제를 받으려는 자는 과세표준확정신고서에 행정안전부령으로 정하는 기장세액공제신청서를 첨부하여 납세지 관할 지방자치단체의 장에게 제출하여야 한다. 다만, 「소득세법 시행령」 제116조의3제3항에 따라 납세지 관할 세무서장에게 소득세 공제를 신청하는 경우에는 법 제93조에 따른 개인지방소득세에 대한 세액공제도 함께 신청한 것으로 본다. (2017.7.26 본문개정)<단서는 2016.12.31까지 유효>

제46조 【배당세액공제대상 배당소득금액의 계산방법】 법 제95조를 적용할 때 같은 조 제3항에서 정하는 이자소득등의 종합과세기준금액을 초과하는 배당소득금액의 계산은 「소득세법 시행령」 제116조의2에 따른다.

제47조 【재해손실세액공제】 ① 법 제96조제1항 각 호 외의 부분 전단에서 "대통령령으로 정하는 자산"이란 「소득세법 시행령」 제118조제1항 각 호의 어느 하나에 해당하는 것을 말한다.
② 법 제96조제1항을 적용할 때 재해발생 비율의 계산은 「소득세법 시행령」 제118조제2항에 따른다.
③ 법 제96조제1항에 따라 재해손실세액공제를 받으려는 자는 다음 각 호의 구분에 따른 기한 내에 행정안전부령으로 정하는 재해손실세액공제신청서를 납세지 관할 지방자치단체의 장에게 제출하여야 한다. (2017.7.26 본문개정)
1. 과세표준확정신고기한이 경과되지 아니한 개인지방소득세의 경우 : 그 신고기한. 다만, 재해 발생일부터 신고기한까지의 기간이 1개월 미만인 경우에는 재해 발생일부터 1개월이 지난 날로 한다.
2. 제1호 외의 재해 발생일 현재 미납된 개인지방소득세와 납부하여야 할 개인지방소득세의 경우 : 재해 발생일부터 1개월
④ 법 제96조제7항에 따른 자산상실비율의 계산은 「소득세법 시행령」 제118조제4항에 따른다.

제48조 【종합소득 외국납부세액공제 등】 ① 법 제97조제1항 본문에서 "대통령령으로 정하는 외국소득세액"이란 「소득세법 시행령」 제117조제1항에 따른 세액을 말한다.
② 법 제97조제1항에 따른 외국납부세액의 공제를 받으려는 사람은 국외 원천소득이 산입된 과세기간의 과세표준확정신고 또는 연말정산을 할 때에 행정안전부령으로 정하는 외국납부세액공제신청서를 납세지 관할 지방자치단체의 장 또는 특별징수의무자에게 제출하여야 한다. 다만, 「소득세법 시행령」 제117조제3항에 따라 납세지 관할 세무서장에게 소득세 공제를 신청하는 경우에는 법 제97조에 따른 개인지방소득세에 대한 세액공제도 함께 신청한 것으로 본다.(2017.7.26 본문개정)<단서는 2016.12.31까지 유효>

제48조의2 【연금계좌세액공제】 ① 법 제97조의3제1항에 따라 연금계좌세액공제를 받으려는 자는 「소득세법 시행령」 제118조의2제1항에 따른 연금납입확인서를 같은 법 시행령 제113조제1항 각 호에 따른 날까지 특별징수의무자, 납세조합 또는 납세지 관할 지방자치단체의 장에게 제출하여야 한다. 다만, 「소득세법 시행령」 제118조의2제1항에 따라 납세지 관할 세무서장에게 연금납입확인서를 제출한 경우에는 납세지 관할 지방자

치단체의 장에게도 함께 제출한 것으로 본다.<단서는 2016.12.31까지 유효>
② 제1항을 적용하는 경우 「소득세법 시행령」 제216조의3에 따라 세액공제 증명서류가 국세청장에게 제출된 경우에는 같은 법 시행령 제118조의2제2항에 따른 서류를 같은 법 시행령 제113조제1항 각 호에 따른 날까지 납세지 관할 지방자치단체의 장에게 제출할 수 있다. 다만, 「소득세법 시행령」 제118조의2제2항에 따라 납세지 관할 세무서장에게 제출한 경우에는 납세지 관할 지방자치단체의 장에게도 함께 제출한 것으로 본다.<단서는 2016.12.31까지 유효>
③ 연금계좌 가입자가 이전 과세기간에 연금계좌에 납입한 연금보험료 중 법 제97조의3에 따른 연금계좌세액공제를 받지 아니한 금액이 남아 있는 경우로서 그 금액의 전부 또는 일부를 해당 과세기간에 연금계좌에 납입한 연금보험료로 전환하여 줄 것을 연금계좌 취급자에게 신청한 경우에는 법 제97조의3을 적용할 때 그 전환을 신청한 금액을 연금계좌에서 가장 먼저 인출하여 그 신청을 한 날에 다시 해당 연금계좌에 납입한 연금보험료로 본다. 이 경우 전환을 신청한 금액은 그 신청한 날에 연금계좌에 납입한 연금보험료로 보아 「소득세법 시행령」 제40조의2제2항 각 호의 요건을 충족하여야 한다.
④ 제3항에 따른 납입한 연금보험료의 전환 신청 등에 필요한 사항은 「소득세법 시행령」 제118조의3에 따른다.
(2014.8.20 본조신설)

제48조의3 【보험료세액공제】 ① 법 제97조의4제1항제1호에서 "대통령령으로 정하는 장애인전용보장성보험료"란 「소득세법 시행령」 제118조의4제1항에 따른 보험료·공제료를 말한다.
② 법 제97조의4제1항제2호에서 "대통령령으로 정하는 보험료"란 「소득세법 시행령」 제118조의4제2항에 따른 보험료·공제료를 말한다.
(2014.8.20 본조신설)

제48조의4 【의료비 세액공제】 ① 법 제97조의4제2항 각 호 외의 부분에서 "대통령령으로 정하는 의료비"란 「소득세법 시행령」 제118조의5제1항 각 호의 어느 하나에 해당하는 의료비를 말한다.
② 제1항에 따른 의료비에는 「소득세법 시행령」 제118조의5제2항에 따른 비용은 포함하지 아니한다.
③ 특별징수의무자는 「지방세법」 제103조의15에 따른 근로소득세액 연말정산을 할 때 특별세액공제 대상이 되는 의료비가 있는 근로자에 대해서는 「소득세법 시행령」 제215조제2항에 따른 근로소득지급명세서를 제출할 때에 해당 근로자의 의료비지급명세서가 전산처리된 테이프 또는 디스켓을 납세지 관할 지방자치단체의 장에게 제출하여야 한다. 다만, 「소득세법 시행령」 제118조의5제3항에 따라 납세지 관할 세무서장에게 해당 근로자의 의료비지급명세서가 전산처리된 테이프 또는 디스켓을 제출한 경우에는 납세지 관할 지방자치단체의 장에게도 함께 제출한 것으로 본다.<단서는 2016.12.31까지 유효>
(2014.8.20 본조신설)

제48조의5 【교육비 세액공제】 ① 법 제97조의4제3항 각 호 외의 부분 본문에서 "대통령령으로 정하는 교육비"란 「소득세법 시행령」 제118조의6제1항 각 호의 어느 하나에 해당하는 교육비를 말한다.
② 법 제97조의4제3항제1호나목에서 "대통령령으로 정하는 교육과정"이란 「소득세법 시행령」 제118조의6제3항에 따른 교육과정을 말한다.
③ 법 제97조의4제3항제1호다목에서 "대통령령으로 정하는 국외교육기관"이란 「소득세법 시행령」 제118조의6제4항에 따른 교육기관을 말한다.

④ 법 제97조의4제3항제1호다목에서 "대통령령으로 정하는 학생"이란 「소득세법 시행령」 제118조의6제5항에 따른 학생을 말한다.
⑤ 법 제97조의4제3항제1호라목에서 "대통령령으로 정하는 체육시설"이란 「소득세법 시행령」 제118조의6제6항 각 호의 어느 하나에 해당하는 체육시설을 말한다.
⑥ 법 제97조의4제3항제1호라목에서 "대통령령으로 정하는 금액"이란 「소득세법 시행령」 제118조의6제7항에 따른 수강료를 말한다.
⑦ 법 제97조의4제3항제2호다목 단서에서 "대통령령으로 정하는 지원금 등을 받는 경우"란 「소득세법 시행령」 제118조의6제8항에 따른 지원을 받는 경우를 말한다.
⑧ 법 제97조의4제3항제3호 각 목 외의 부분에서 "대통령령으로 정하는 특수교육비"란 「소득세법 시행령」 제118조의6제9항에 따른 비용을 말한다.
⑨ 법 제97조의4제3항제3호가목에서 "대통령령으로 정하는 사회복지시설 및 비영리법인"이란 「소득세법 시행령」 제118조의6제10항 각 호의 시설 및 법인을 말한다.
⑩ 법 제97조의4제3항제3호나목에서 "대통령령으로 정하는 기관"이란 「소득세법 시행령」 제118조의6제11항에 따른 기관을 말한다.
(2014.8.20 본조신설)
제48조의6【기부금의 세액공제 등】① 특별징수의무자는 「지방세법」 제103조의15에 따른 근로소득세액 연말정산 또는 사업소득세액의 연말정산을 할 때 기부금세액공제를 적용받는 거주자에 대해서는 「소득세법」 제164조에 따른 지급명세서를 제출할 때에 해당 거주자의 기부금명세서가 전산처리된 테이프 또는 디스켓을 납세지 관할 지방자치단체의 장에게 제출하여야 한다. 다만, 「소득세법 시행령」 제118조의7제2항에 따라 납세지 관할 세무서장에게 근로자의 기부금명세서가 전산처리된 테이프 또는 디스켓을 제출한 경우에는 납세지 관할 지방자치단체의 장에게도 함께 제출한 것으로 본다.<단서는 2016.12.31까지 유효>
② 법 제97조의4제7항에서 "대통령령으로 정하는 근로소득에 대한 종합소득분 개인지방소득 산출세액"이란 해당 과세기간의 종합소득산출세액에 근로소득금액이 그 과세기간의 종합소득금액에서 차지하는 비율을 곱하여 산출한 금액을 말한다.
③ 제1항에 따라 기부금세액공제를 받은 자가 사망한 이후 유류분(遺留分) 권리자가 「민법」 제1115조에 따라 신탁재산의 반환을 청구하면서 이를 반환받은 경우에는 그 유류분 권리자의 주소지 관할 지방자치단체의 장은 제1호의 금액에서 제2호에 해당하는 비율을 곱하여 계산한 금액을 유류분 권리자에게서 추징한다.
1. 유류분 권리자가 유류분을 반환받은 날 현재 「지방세기본법」 제38조에 따른 부과의 제척기간 이내에 해당하는 과세기간에 해당 거주자가 기부금세액공제를 받은 금액에 해당하는 개인지방소득세액
2. 유류분 권리자가 반환받은 금액을 유류분 권리자가 유류분을 반환받은 시점의 신탁재산가액으로 나눈 비율
(2014.8.20 본조신설)
제48조의7【성실사업자의 범위】법 제97조의4제9항 본문에서 "사업용계좌의 신고 등 대통령령으로 정하는 요건에 해당하는 사업자"란 「소득세법 시행령」 제118조의8제1항 각 호의 요건을 모두 갖춘 사업자를 말한다.
(2014.8.20 본조신설)
제49조【근로소득 세액감면】① 법 제98조제1항 또는 다른 법률에 따라 감면되는 사업과 그 밖의 사업을 겸영(兼營)하는 경우에 감면사업과 그 밖의 사업의 공통필요경비와 공통수입금액은 「소득세법 시행령」 제119조에 따라 구분 계산한다.
② 법 제98조제1항제1호에 따라 근로소득에 대한 세액

을 감면받으려는 자는 행정안전부령으로 정하는 세액감면신청서를 국내에서 근로소득금액을 지급하는 자를 거쳐 그 감면을 받으려는 달의 다음 달 10일까지 특별징수 관할 지방자치단체의 장에게 제출하여야 한다. 다만, 「소득세법 시행령」 제138조제2항에 따라 납세지 관할 세무서장에게 소득세 감면을 신청하는 경우에는 법 제98조제1항에 따른 개인지방소득세에 대한 세액감면도 함께 신청한 것으로 본다.(2017.7.26 본문개정)
<단서는 2016.12.31까지 유효>
제50조【외국항행소득 세액감면】① 법 제98조제1항제2호 본문에서 "대통령령으로 정하는 선박과 항공기의 외국항행사업으로부터 얻는 소득"이란 「소득세법 시행령」 제119조의2 각 호의 어느 하나에 해당하는 소득을 말한다.
② 법 제98조제1항제2호에 따라 외국항행사업으로부터 얻는 소득에 대한 세액을 감면받으려는 자는 「지방세법」 제93조제5항 또는 제95조에 따른 신고와 함께 행정안전부령으로 정하는 세액감면신청서를 납세지 관할 지방자치단체의 장에게 제출하여야 한다. 다만, 「소득세법 시행령」 제138조제1항에 따라 납세지 관할 세무서장에게 소득세 감면을 신청하는 경우에는 법 제98조제1항에 따른 개인지방소득세에 대한 세액감면도 함께 신청한 것으로 본다.(2017.7.26 본문개정)
<단서는 2016.12.31까지 유효>

제2절 중소기업에 대한 특례

제51조【중소기업의 범위】법 제99조제1항 각 호 외의 부분에 따른 중소기업의 범위는 「조세특례제한법 시행령」 제2조에 따른다.
제52조【투자세액공제 제외 대상 리스】법 제99조제1항 각 호 외의 부분, 제103조제1항, 제109조제1항 각 호 외의 부분, 제110조제1항 각 호 외의 부분 전단, 제111조제1항, 제112조제1항 전단, 제113조제1항 전단 및 제114조제1항 각 호 외의 부분 본문에서 "대통령령으로 정하는 리스"란 각각 「조세특례제한법 시행령」 제3조에 따른 리스를 말한다.
제53조【중소기업 투자 세액공제】① 중소기업이 「조세특례제한법 시행령」 제2조제1항에 따른 중소기업의 범위에 해당하는 사업과 그 밖의 사업에 공동으로 사용되는 사업용자산, 판매시점정보관리시스템설비 및 정보보호시스템설비를 취득하는 경우에는 해당 자산은 그 자산을 주로 사용하는 사업의 자산으로 보아 법 제99조를 적용한다.
② 법 제99조제1항제1호에서 "대통령령으로 정하는 사업용자산"이란 「조세특례제한법 시행령」 제4조제2항에 따른 자산을 말한다.
③ 법 제99조제3항에 따른 투자금액의 계산에 필요한 사항은 「조세특례제한법 시행령」 제4조제3항에 따른다.
④ 법 제99조에 따른 투자 세액공제를 받으려는 자는 투자완료일이 속하는 과세연도(같은 조 제2항을 적용받으려는 경우에는 해당 투자가 이루어지는 각 과세연도를 말한다)의 과세표준신고와 함께 행정안전부령으로 정하는 투자세액공제신청서를 납세지 관할 지방자치단체의 장에게 제출하여야 한다. 다만, 「조세특례제한법 시행령」 제4조제5항에 따라 납세지 관할 세무서장에게 소득세 공제를 신청하는 경우에는 법 제99조에 따른 개인지방소득세에 대한 세액공제도 함께 신청한 것으로 본다.(2017.7.26 본문개정)<단서는 2016.12.31까지 유효>
제54조【창업중소기업 등에 대한 세액감면】① 법 제100조제2항 각 호 외의 부분 본문에서 "대통령령으로 정하는 기업"이란 「조세특례제한법 시행령」 제5조제4항 및 제5항에 따른 기업을 말한다.(2016.12.30 본항개정)
②~④ (2016.12.30 삭제)

⑤ 법 제100조제4항 본문에서 "대통령령으로 정하는 에너지신기술중소기업"이란 「조세특례제한법 시행령」 제5조제10항 각 호의 제품을 제조하는 중소기업을 말한다.
⑥ 법 제100조제5항에 따른 해당 사업에서 발생한 소득의 계산은 「조세특례제한법 시행령」 제5조제11항 및 제12항에 따른다.
⑦ 법 제100조제6항제1호 단서에서 "토지·건물 및 기계장치 등 대통령령으로 정하는 사업용자산"이란 토지와 「법인세법 시행령」 제24조에 따른 감가상각자산을 말한다.
⑧ 법 제100조제6항제1호 단서에서 "대통령령으로 정하는 비율"이란 100분의 30을 말한다.
⑨ 법 제100조제9항을 적용할 때 같은 종류의 사업의 분류는 한국표준산업분류에 따른 세분류를 따른다.
⑩ 법 제100조제1항·제2항·제4항 및 제7항에 따라 개인지방소득세를 감면받으려는 자는 과세표준신고와 함께 행정안전부령으로 정하는 세액감면신청서를 납세지 관할 지방자치단체의 장에게 제출하여야 한다. 다만, 「조세특례제한법 시행령」 제5조제16항 및 제99조의6제11항에 따라 납세지 관할 세무서장에게 소득세 감면을 신청하는 경우에는 법 제100조에 따른 개인지방소득세에 대한 세액감면도 함께 신청한 것으로 본다.(2017.7.26 본문개정)<단서는 2016.12.31까지 유효>

제55조【중소기업에 대한 특별세액감면】① 법 제101조제1항제1호어목에서 "대통령령으로 정하는 주문자상표부착방식에 따른 수탁생산업"이란 「조세특례제한법 시행령」 제6조제1항에 따른 사업을 말한다.
② 법 제101조제1항제1호터목에서 "대통령령으로 정하는 자동차정비공장"이란 「조세특례제한법 시행령」 제54조제1항에 따른 자동차정비공장을 말한다.
③ 법 제101조제1항제2호가목에서 "대통령령으로 정하는 소기업"이란 「조세특례제한법 시행령」 제6조제5항에 따른 기업을 말한다.
④ 법 제101조제1항제2호마목에서 "대통령령으로 정하는 지식기반산업"이란 「조세특례제한법 시행령」 제6조제6항의 각 호의 어느 하나에 해당하는 사업을 말한다.
⑤ 법 제101조에 따라 개인지방소득세를 감면받으려는 자는 과세표준신고와 함께 행정안전부령으로 정하는 세액감면신청서를 납세지 관할 지방자치단체의 장에게 제출하여야 한다. 다만, 「조세특례제한법 시행령」 제6조제8항에 따라 납세지 관할 세무서장에게 소득세 감면을 신청하는 경우에는 법 제101조에 따른 개인지방소득세에 대한 세액감면도 함께 신청한 것으로 본다.
(2017.7.26 본문개정)<단서는 2016.12.31까지 유효>

제3절 연구 및 인력개발에 대한 특례

제56조【연구 및 인력개발비에 대한 세액공제】① 법 제102조제1항제1호 각 목 외의 부분에서 "대통령령으로 정하는 신성장동력산업 분야의 연구개발비"란 「조세특례제한법 시행령」 제9조제1항에 따른 비용을 말한다.(2016.12.30 후단개정)
② (2016.12.30 삭제)
③ 법 제102조제1항제3호나목2)에서 "대통령령으로 정하는 바에 따라 최초로 중소기업에 해당하지 아니하게 된 경우"란 「조세특례제한법 시행령」 제9조제3항에 따른 경우를 말하고, 같은 목 3)에서 "대통령령으로 정하는 중견기업"이란 「조세특례제한법 시행령」 제9조제4항 각 호의 요건을 모두 갖춘 기업을 말한다.
④ 법 제102조제2항에 따른 4년간의 일반연구·인력개발비의 연평균 발생액의 계산은 「조세특례제한법 시행령」 제9조제5항부터 제7항까지의 규정에 따른다.
⑤ 법 제102조제1항제1호를 적용받으려는 내국인은 신성장동력연구개발비, 원천기술연구개발비 및 일반연구·인력개발비를 각각 별개의 회계로 구분경리하여야 한다. 이 경우 신성장동력연구개발비 또는 원천기술연구개발비가 일반연구·인력개발비와 공통되는 경우에는 해당 비용 전액을 일반연구·인력개발비로 한다.(2016.12.30 전단개정)
⑥ 법 제102조제1항을 적용받으려는 내국인은 과세표준신고를 할 때 행정안전부령으로 정하는 세액공제신청서, 연구및인력개발비명세서 및 연구개발계획서 등 증거서류를 납세지 관할 지방자치단체의 장에게 제출하여야 한다. 다만, 「조세특례제한법 시행령」 제9조제9항에 따라 납세지 관할 세무서장에게 소득세 공제를 신청하는 경우에는 법 제102조에 따른 개인지방소득세에 대한 세액공제도 함께 신청한 것으로 본다.
(2017.7.26 본문개정)<단서는 2016.12.31까지 유효>

제57조【연구시험용시설의 범위 등】① 법 제103조제1항에서 "대통령령으로 정하는 중견기업"이란 「조세특례제한법 시행령」 제10조제1항 각 호의 요건을 모두 갖춘 기업을 말한다.(2014.8.20 본항신설)
② 법 제103조제2항제1호에서 "대통령령으로 정하는 시설"이란 「조세특례제한법 시행령」 제10조제2항에 따른 시설을 말하고, 같은 항 제2호에서 "대통령령으로 정하는 시설"은 「조세특례제한법 시행령」 제10조제3항에 따른 시설을 말한다.
③ (2016.12.30 삭제)
④ 법 제103조제3항 및 제4항에 따른 투자금액 계산은 「조세특례제한법 시행령」 제4조제3항에 따른다.
⑤ 법 제103조에 따른 투자세액공제를 받으려는 자는 투자완료일이 속하는 과세연도(같은 조 제3항을 적용받으려는 경우에는 해당 투자가 이루어지는 각 과세연도를 말한다. 이하 제62조제2항, 제63조제2항, 제64조제2항, 제65조제2항 및 제66조제2항에서 같다)의 과세표준신고와 함께 행정안전부령으로 정하는 세액공제신청서를 납세지 관할 지방자치단체의 장에게 제출하여야 한다. 다만, 「조세특례제한법 시행령」 제10조제7항에 따라 납세지 관할 세무서장에게 소득세 공제를 신청하는 경우 법 제103조에 따른 개인지방소득세에 대한 세액공제도 함께 신청한 것으로 본다.(2017.7.26 본문개정)<단서는 2016.12.31까지 유효>

제58조【기술비법의 범위 등】① 법 제104조제1항 및 제2항에서 "대통령령으로 정하는 특수관계인"이란 「소득세법 시행령」 제98조제1항에 따른 특수관계인을 말한다.
② 법 제104조제1항에서 "대통령령으로 정하는 기술비법"이란 「조세특례제한법 시행령」 제11조제3항에 따른 기술비법을 말하고, "대통령령으로 정하는 기술"이란 「조세특례제한법 시행령」 제11조제4항에 따른 기술을 말한다.(2015.2.3 본항신설)
③ 법 제104조제3항을 적용받으려는 자는 과세표준신고와 함께 행정안전부령으로 정하는 세액감면신청서 또는 세액공제신청서를 납세지 관할 지방자치단체의 장에게 제출하여야 한다. 다만, 「조세특례제한법 시행령」 제11조제6항에 따라 납세지 관할 세무서장에게 소득세 감면 또는 공제를 신청하는 경우에는 법 제104조에 따른 개인지방소득세에 대한 세액감면 또는 세액공제도 함께 신청한 것으로 본다.(2017.7.26 본문개정)<단서는 2016.12.31까지 유효>

제59조【연구개발특구에 입주하는 첨단기술기업 등에 대한 개인지방소득세의 감면】① 법 제105조제1항에서 "생물산업·정보통신산업 등 대통령령으로 정하는 사업"이란 「조세특례제한법 시행령」 제11조의2제1항 각 호의 산업을 하는 사업을 말한다.
② 법 제105조제3항제1호에서 "대통령령으로 정하는 투자누계액"이란 「조세특례제한법 시행령」 제11조의2제2항에 따른 투자 합계액을 말한다.

③ 법 제105조제5항에 따라 납부하여야 할 개인지방소득세액은 다음의 계산식에 따라 계산한 금액(그 수가 음수이면 영으로 보고, 감면받은 과세연도 종료일 이후 2개 과세연도 연속으로 상시근로자 수가 감소한 경우에는 두 번째 과세연도에는 첫 번째 과세연도에 납부한 금액을 뺀 금액을 말한다)으로 하고, 이를 상시근로자 수가 감소된 과세연도의 과세표준을 신고할 때 개인지방소득세로 납부하여야 한다.

해당 기업의 상시근로자 수가 감소된 과세연도의 직전 2년 이내
과세연도에 법 제105조제3항제2호에 따라 감면받은 세액의 합계액 − (상시근로자 수가 감소된 과세연도의 감면대상사업장의 상시근로자 수 × 1백만원)

④ 법 제105조제6항에 따른 상시근로자의 범위 및 상시근로자 수의 계산방법은 「조세특례제한법 시행령」 제23조제10항부터 제12항까지의 규정에 따른다.
(2015.2.3 본항개정)
⑤ 법 제105조제7항에 따라 개인지방소득세를 감면받으려는 자는 과세표준신고와 함께 행정안전부령으로 정하는 세액감면신청서를 납세지 관할 지방자치단체의 장에게 제출하여야 한다. 다만, 「조세특례제한법 시행령」 제11조의2제5항에 따라 납세지 관할 세무서장에게 소득세 감면을 신청하는 경우에는 법 제105조에 따른 개인지방소득세에 대한 세액감면도 함께 신청한 것으로 본다.(2017.7.26 본문개정)<단서는 2016.12.31까지 유효>

제60조【외국인기술자의 범위 등】 ① 법 제106조제1항에서 "대통령령으로 정하는 외국인기술자"란 대한민국의 국적을 가지지 아니한 사람으로서 「조세특례제한법 시행령」 제16조제1항 각 호의 어느 하나에 해당하는 사람을 말한다.
② 법 제106조제2항에서 "대통령령으로 정하는 고도기술"이란 「조세특례제한법 시행령」 제16조제2항에 따른 기술을 말한다.
③ 법 제106조제1항 및 제2항에 따라 개인지방소득세를 감면받으려는 사람은 근로를 제공한 날이 속하는 달의 다음 달 10일까지 행정안전부령으로 정하는 바에 따라 특별징수의무자를 거쳐 특별징수 관할 지방자치단체의 장에게 세액감면신청서를 제출하여야 한다. 다만, 「조세특례제한법 시행령」 제16조제3항에 따라 원천징수 관할 세무서장에게 소득세 감면을 신청하는 경우에는 법 제106조에 따른 개인지방소득세에 대한 세액감면도 함께 신청한 것으로 본다.(2017.7.26 본문개정)
<단서는 2016.12.31까지 유효>

제4절 국제자본거래에 대한 특례

제61조【국제금융거래에 따른 이자소득 등에 대한 개인지방소득세 면제】 ① 법 제108조제1항제3호에서 "대통령령으로 정하는 금융회사 등"이란 「조세특례제한법 시행령」 제18조제2항 각 호의 어느 하나에 해당하는 금융회사 등을 말한다.
② 법 제108조제2항에서 "대통령령으로 정하는 유가증권"이란 「조세특례제한법 시행령」 제18조제4항 각 호의 어느 하나에 해당하는 것을 말한다.

제5절 투자촉진을 위한 특례

제62조【생산성향상시설투자의 범위】 ① 법 제109조제1항제1호에서 "대통령령으로 정하는 시설"이란 「조세특례제한법 시행령」 제21조제2항에 따른 시설을 말하고, 같은 항 제2호에서 "대통령령으로 정하는 설비"란 「조세특례제한법 시행령」 제21조제3항에 따른 설비를 말하며, 같은 항 제6호에서 "대통령령으로 정하는

시스템"이란 「조세특례제한법 시행령」 제21조제4항에 따른 시스템을 말한다.
② 법 제109조제1항을 적용받으려는 자는 투자완료일이 속하는 과세연도의 과세표준신고와 함께 행정안전부령으로 정하는 세액공제신청서를 납세지 관할 지방자치단체의 장에게 제출하여야 한다. 다만, 「조세특례제한법 시행령」 제21조제5항에 따라 납세지 관할 세무서장에게 소득세 공제를 신청하는 경우에는 법 제109조에 따른 개인지방소득세에 대한 세액공제도 함께 신청한 것으로 본다.(2017.7.26 본문개정)
<단서는 2016.12.31까지 유효>
(2015.2.3 본항개정)

제63조【안전설비 투자 등의 범위】 ① 법 제110조제1항 각 호 외의 부분 전단에서 "대통령령으로 정하는 시설"이란 「조세특례제한법 시행령」 제22조제1항 각 호의 어느 하나에 해당하는 시설을 말한다.
② 법 제110조제1항을 적용받으려는 자는 투자완료일이 속하는 과세연도의 과세표준신고와 함께 행정안전부령으로 정하는 세액공제신청서를 납세지 관할 지방자치단체의 장에게 제출하여야 한다. 다만, 「조세특례제한법 시행령」 제22조제4항에 따라 납세지 관할 세무서장에게 소득세 공제를 신청하는 경우에는 법 제110조에 따른 개인지방소득세에 대한 세액공제도 함께 신청한 것으로 본다.(2017.7.26 본문개정)
<단서는 2016.12.31까지 유효>

제64조【에너지절약시설의 범위】 ① 법 제111조제1항에서 "대통령령으로 정하는 에너지절약시설"이란 「조세특례제한법 시행령」 제22조의2제1항 각 호의 어느 하나에 해당하는 시설을 말한다.
② 법 제111조제1항에 따른 중견기업은 「조세특례제한법 시행령」 제10조제1항에 따른 중견기업으로 한다.(2014.8.20 본항신설)
③ 법 제111조제1항을 적용받으려는 자는 투자완료일이 속하는 과세연도의 과세표준신고와 함께 행정안전부령으로 정하는 세액공제신청서를 납세지 관할 지방자치단체의 장에게 제출하여야 한다. 다만, 「조세특례제한법 시행령」 제22조의2제3항에 따라 납세지 관할 세무서장에게 소득세 공제를 신청하는 경우에는 법 제111조에 따른 개인지방소득세에 대한 세액공제도 함께 신청한 것으로 본다.(2017.7.26 본문개정)
<단서는 2016.12.31까지 유효>

제65조【환경보전설비의 범위 등】 ① 법 제112조제1항 전단에서 "대통령령으로 정하는 환경보전시설"이란 「조세특례제한법 시행령」 제22조의3제1항 각 호의 어느 하나에 해당하는 시설을 말한다.
② 법 제112조제1항 전단에 따른 중견기업은 「조세특례제한법 시행령」 제10조제1항에 따른 중견기업으로 한다.(2014.8.20 본항신설)
③ 법 제112조제1항을 적용받으려는 자는 투자완료일이 속하는 과세연도에 과세표준신고와 함께 행정안전부령으로 정하는 세액공제신청서를 납세지 관할 지방자치단체의 장에게 제출하여야 한다. 다만, 「조세특례제한법 시행령」 제22조의3제2항에 따라 납세지 관할 세무서장에게 소득세 공제를 신청하는 경우에는 법 제112조에 따른 개인지방소득세에 대한 세액공제도 함께 신청한 것으로 본다.(2017.7.26 본문개정)
<단서는 2016.12.31까지 유효>

제66조【의약품 품질관리 개선시설의 범위 등】 ① 법 제113조제1항 전단에서 "대통령령으로 정하는 의약품 품질관리 개선시설"이란 「조세특례제한법 시행령」 제22조의4제1항에 따른 시설을 말한다.
② 법 제113조제1항 전단에 따른 중견기업은 「조세특례제한법 시행령」 제10조제1항에 따른 중견기업으로 한다.(2014.8.20 본항신설)

③ 법 제113조제1항을 적용받으려는 자는 투자완료일이 속하는 과세연도에 과세표준 신고와 함께 행정안전부령으로 정하는 세액공제신청서를 납세지 관할 지방자치단체의 장에게 제출하여야 한다. 다만, 「조세특례제한법 시행령」 제22조의4제3항에 따라 납세지 관할 세무서장에게 소득세 공제를 신청하는 경우에는 법 제113조에 따른 개인지방소득세에 대한 세액공제도 함께 신청한 것으로 본다. (2017.7.26 본문개정)
<단서는 2016.12.31까지 유효>

제67조【고용창출투자세액공제】 ① 법 제114조제1항 각 호 외의 부분 전단에서 "대통령령으로 정하는 투자"란 「조세특례제한법 시행령」 제23조제1항에 따른 투자를 말한다.
② 법 제114조제1항에 따른 투자금액은 「조세특례제한법 시행령」 제23조제2항에 따른 금액으로 한다.
③ 법 제114조제1항제1호가목에 따른 중견기업은 「조세특례제한법 시행령」 제10조제1항에 따른 중견기업으로 한다.(2014.8.20 본항신설)
④ 법 제114조제1항제2호가목에서 "대통령령으로 정하는 학교"란 「조세특례제한법 시행령」 제23조제5항 각 호의 어느 하나에 해당하는 학교를 말한다.(2015.2.3 본항개정)
⑤ 법 제114조제1항제2호가목에 따른 산업수요맞춤형고등학교등의 졸업생 수는 「조세특례제한법 시행령」 제23조제7항에 따른 졸업생 수로 한다.(2015.2.3 본항개정)
⑥ 법 제114조제1항제2호나목에 따른 청년근로자 수, 장애인근로자 수 및 60세 이상인 근로자 수는 「조세특례제한법 시행령」 제23조제8항 각 호에 따른 청년근로자 수, 장애인근로자 수 및 60세 이상인 근로자 수로 한다.(2015.2.3 본항개정)
⑦ 법 제114조제2항에 따라 납부하여야 할 개인지방소득세액은 「조세특례제한법 시행령」 제23조제9항에 따라 산출한 금액의 100분의 10으로 한다.(2015.2.3 본항개정)
⑧ 제5항부터 제7항까지의 규정을 적용할 때 상시근로자는 「조세특례제한법 시행령」 제23조제10항에 따른 상시근로자로 한다.(2015.2.3 본항개정)
⑨ 제5항 및 제6항을 적용할 때 상시근로자 수는 「조세특례제한법 시행령」 제23조제11항 및 제12항에 따른 상시근로자 수로 한다.(2015.2.3 본항개정)
⑩ 제5항 및 제6항을 적용할 때 해당 과세연도에 창업 등을 한 내국인의 경우에는 「조세특례제한법 시행령」 제23조제13항 각 호의 구분에 따른 수를 직전 또는 해당 과세연도의 상시근로자 수로 본다.(2015.2.3 본항개정)
⑪ 제1항 및 제2항을 적용할 때 투자의 개시 시기는 「조세특례제한법 시행령」 제23조제14항 각 호의 어느 하나에 해당하는 때로 한다.(2015.2.3 본항개정)
⑫ 법 제114조제1항에 따라 세액공제를 받으려는 자는 과세표준신고와 함께 행정안전부령으로 정하는 세액공제신청서 및 공제세액계산서를 납세지 관할 지방자치단체의 장에게 제출하여야 한다. 다만, 「조세특례제한법 시행령」 제23조제15항에 따라 납세지 관할 세무서장에게 소득세 공제를 신청하는 경우에는 법 제114조에 따른 개인지방소득세에 대한 세액공제도 함께 신청한 것으로 본다. (2017.7.26 본문개정)
<단서는 2016.12.31까지 유효>
⑬ 「개성공업지구 지원에 관한 법률」 제2조제1호에 따른 개성공업지구에 제1항에 따른 투자를 하는 경우에도 제2항부터 제12항까지의 규정을 준용한다.
(2014.8.20 본항개정)

제6절 고용지원을 위한 특례

제68조【산업수요맞춤형고등학교등 졸업자를 병역 이행 후 복직시킨 중소기업에 대한 세액공제】 ① 법 제

115조제1항에서 "대통령령으로 정하는 사람"이란 「조세특례제한법 시행령」 제26조의2제1항에 따른 사람을 말하고, "대통령령으로 정하는 병역"이란 「조세특례제한법 시행령」 제27조제1항제1호 각 목의 어느 하나에 해당하는 병역을 말하며, "대통령령으로 정하는 인건비"란 「조세특례제한법 시행령」 제26조의2제1항에 따른 인건비를 말한다.
② 법 제115조제1항에 따라 세액공제를 받으려는 자는 과세표준신고와 함께 행정안전부령으로 정하는 세액공제신청서를 납세지 관할 지방자치단체의 장에게 제출하여야 한다. 다만, 「조세특례제한법 시행령」 제26조의2제2항에 따라 납세지 관할 세무서장에게 소득세 공제를 신청하는 경우에는 법 제115조에 따른 개인지방소득세에 대한 세액공제도 함께 신청한 것으로 본다.
(2017.7.26 본문개정)<단서는 2016.12.31까지 유효>

제69조【중소기업 취업자에 대한 개인지방소득세 감면】 ① 법 제116조제1항 전단에서 "대통령령으로 정하는 청년, 60세 이상의 사람 및 장애인"이란 「조세특례제한법 시행령」 제27조제1항 각 호의 구분에 따른 사람을 말한다.
② 제1항을 적용할 때 「조세특례제한법 시행령」 제27조제2항 각 호의 어느 하나에 해당하는 사람은 제외한다.
③ 법 제116조제1항 전단에서 "대통령령으로 정하는 기업"이란 「조세특례제한법 시행령」 제27조제3항에 따른 기업을 말한다.
④ 법 제116조제1항을 적용받으려는 근로자는 행정안전부령으로 정하는 감면신청서에 병역복무기간을 증명하는 서류 등을 첨부하여 취업일이 속하는 달의 다음 달 말일까지 특별징수의무자에게 제출하여야 한다. 다만, 「조세특례제한법 시행령」 제27조제5항에 따라 원천징수의무자에게 소득세 감면을 신청한 경우에는 법 제116조에 따른 개인지방소득세에 대한 세액감면도 함께 신청한 것으로 본다.(2017.7.26 본문개정)
⑤ 특별징수의무자는 「조세특례제한법 시행령」 제27조제6항 및 제7항에 따라 원천징수 관할 세무서장에게 제출한 자료를 특별징수 관할 지방자치단체의 장에게도 제출하여야 한다.(2015.2.3 본항개정)
⑥ 법 제116조제1항에 따른 중소기업체로부터 받는 근로소득(이하 이 조에서 "감면소득"이라 한다)과 그 외의 종합소득이 있는 경우에 해당 과세기간의 감면세액은 「조세특례제한법 시행령」 제27조제8항에 따른 감면세액의 100분의 10으로 한다.(2015.2.3 본항개정)
⑦ 법 제94조에 따른 근로소득세액공제를 할 때 감면소득과 다른 근로소득이 있는 경우(감면소득 외에 다른 근로소득이 없는 경우를 포함한다)에는 다음 계산식에 따라 계산한 금액을 근로소득세액공제액으로 한다.

> 세액공제액 = 법 제94조에 따라 계산한 근로소득세액공제액 × (1 − 법 제116조제1항에 따른 중소기업체로부터 받는 총급여액이 해당 근로자의 총급여액에서 차지하는 비율)

제70조【정규직 근로자로의 전환에 따른 세액공제】 ① 법 제117조제2항에서 "대통령령으로 정하는 바에 따라 계산한 이자상당액"이란 법 제117조제1항에 따라 공제받은 세액에 제1호의 기간과 제2호의 율을 곱하여 계산한 금액을 말한다.
1. 공제받은 과세연도의 종료일의 다음 날부터 납부사유가 발생한 날이 속하는 과세연도의 종료일까지의 기간
2. 1일 1만분의 3
② 법 제117조제3항에 따라 세액공제를 받으려는 자는 과세표준신고와 함께 행정안전부령으로 정하는 세액공제신청서를 납세지 관할 지방자치단체의 장에게 제출하여야 한다. 다만, 「조세특례제한법」 제30조의2제3항에 따라 납세지 관할 세무서장에게 소득세 공제를 신

청하는 경우에는 법 제117조에 따른 개인지방소득세에 대한 세액공제도 함께 신청한 것으로 본다.
(2017.7.26 본문개정)〈단서는 2016.12.31까지 유효〉

제71조【중소기업 고용증가 인원에 대한 사회보험료 세액 공제 적용 시 상시근로자의 범위 등】 ① 법 제118조제1항에 따른 상시근로자는 「조세특례제한법 시행령」 제27조의4제1항에 따른 근로자로 한다.

② 법 제118조제1항제1호에 따른 청년 상시근로자 및 같은 항 제2호에 따른 청년 외 상시근로자는 「조세특례제한법 시행령」 제27조의4제2항에 따른다.

③ 법 제118조제1항제1호에서 "대통령령으로 정하는 인원"이란 「조세특례제한법 시행령」 제27조의4제3항에 따른 상시근로자 수를 말하고, 법 제118조제1항제2호에서 "대통령령으로 정하는 인원"이란 「조세특례제한법 시행령」 제27조의4제4항에 따른 상시근로자 수를 말한다.

④ 제3항에 따른 상시근로자와 청년 상시근로자의 수에 대한 계산은 「조세특례제한법 시행령」 제27조의4제5항 및 제6항에 따른다.

⑤ 법 제118조제1항제1호에서 "대통령령으로 정하는 금액"이란 「조세특례제한법 시행령」 제27조의4제7항에 따라 계산한 금액을 말하고, 같은 항 제2호에서 "대통령령으로 정하는 금액"이란 「조세특례제한법 시행령」 제27조의4제8항에 따라 계산한 금액을 말한다.

⑥ 법 제118조제1항을 적용받으려는 중소기업은 해당 과세연도의 과세표준신고를 할 때 행정안전부령으로 정하는 세액공제신청서 및 공제세액계산서를 납세지 관할 지방자치단체의 장에게 제출하여야 한다. 다만, 「조세특례제한법」 제30조의4제3항에 따라 납세지 관할 세무서장에게 소득세 공제를 신청하는 경우에는 법 제118조제1항에 따른 개인지방소득세에 대한 세액공제도 함께 신청한 것으로 본다.(2017.7.26 본문개정)
〈단서는 2016.12.31까지 유효〉

제7절 기업구조조정을 위한 특례

제72조【중소기업 간의 통합에 대한 양도소득분 개인지방소득세의 이월과세 등】 ① 법 제119조제1항에서 "대통령령으로 정하는 업종을 경영하는 중소기업 간의 통합"이란 「조세특례제한법 시행령」 제28조제1항에 따른 통합을 말하고, "대통령령으로 정하는 사업용고정자산"이란 「조세특례제한법 시행령」 제28조제2항에 따른 자산을 말한다.

② 법 제119조제1항에 따라 양도소득분 개인지방소득세의 이월과세를 적용받으려는 자는 통합일이 속하는 과세연도의 과세표준신고 시 통합법인과 함께 행정안전부령으로 정하는 이월과세적용신청서를 납세지 관할 지방자치단체의 장에게 제출하여야 한다. 다만, 「조세특례제한법」 제28조제3항에 따라 납세지 관할 세무서장에게 양도소득세 이월과세를 신청하는 경우에는 법 제119조에 따른 개인지방소득세에 대한 이월과세도 함께 신청한 것으로 본다.(2017.7.26 본문개정)
〈단서는 2016.12.31까지 유효〉

③ 법 제119조제4항 각 호 외의 부분 후단에 따른 사업폐지의 판단기준 등에 관하여는 「조세특례제한법 시행령」 제28조제9항부터 제11항까지의 규정을 준용한다.(2020.1.15 본항개정)

제73조【법인전환에 대한 양도소득분 개인지방소득세의 이월과세】 ① 법 제120조제1항에서 "대통령령으로 정하는 사업 양도·양수의 방법"이란 「조세특례제한법 시행령」 제29조제2항에 따른 방법을 말하고, "대통령령으로 정하는 소비성서비스업"이란 「조세특례제한법 시행령」 제29조제3항 각 호의 어느 하나에 해당하는 사업을 말한다.

② 법 제120조제2항에서 "대통령령으로 정하는 금액"이란 「조세특례제한법 시행령」 제29조제5항에 따라 계산한 금액을 말한다.

③ 법 제120조제1항에 따라 양도소득분 개인지방소득세의 이월과세를 적용받으려는 자는 현물출자 또는 사업 양도·양수를 한 날이 속하는 과세연도의 과세표준신고 시 새롭게 설립되는 법인과 함께 행정안전부령으로 정하는 이월과세적용신청서를 납세지 관할 지방자치단체의 장에게 제출하여야 한다. 다만, 「조세특례제한법 시행령」 제29조제4항에 따라 납세지 관할 세무서장에게 양도소득세 이월과세를 신청하는 경우에는 법 제120조에 따른 개인지방소득세에 대한 이월과세도 함께 신청한 것으로 본다.(2017.7.26 본문개정)
〈단서는 2016.12.31까지 유효〉

④ 법 제120조제4항 각 호 외의 부분 후단에 따른 사업폐지의 판단기준 등에 관하여 필요한 사항은 「조세특례제한법 시행령」 제29조제6항부터 제8항까지의 규정을 준용한다.(2020.1.15 본항개정)

제74조【사업전환 무역조정지원기업에 대한 세액감면】 ① 법 제121조제1항 본문에 따른 사업용고정자산은 「조세특례제한법 시행령」 제30조제2항에 따른 자산으로 한다.

② 법 제121조제1항의 적용대상이 되는 사업전환은 「조세특례제한법 시행령」 제30조제3항에 따른 사업전환으로 한다.

③ 법 제121조제1항에 따라 감면하는 세액은 다음 계산식에 따라 계산한 금액으로 한다.

| 전환전사업의 사업장 건물 및 그 부속토지의 양도에 따른 「지방세법」 제103조 및 제103조의2에 따른 양도소득분 개인지방소득세 산출세액 | × | 전환전사업의 양도가액 중 전환사업의 기계장치 취득가액이 차지하는 비율 | × | $\dfrac{50}{100}$ |

④ 제3항을 적용할 때 전환전사업용고정자산의 양도일이 속하는 사업연도 종료일까지 전환사업용고정자산, 전환사업의 기계장치·사업장건물 및 그 부속토지를 취득하지 아니한 경우 해당 취득가액은 사업전환(예정)명세서상의 예정가액으로 한다.

⑤ 법 제121조제2항 전단에 따라 납부할 세액은 다음 각 호의 금액으로 한다.

1. 제3항에 따라 양도소득분 개인지방소득세를 감면받은 경우 : 감면받은 세액 전액

2. 제4항에 따른 예정가액에 따라 세액감면을 받은 경우 : 실제 가액을 기준으로 제3항에 따라 계산한 금액을 초과하여 적용받은 금액

⑥ 법 제121조제2항 후단에서 "대통령령으로 정하는 바에 따라 계산한 이자 상당 가산액"이란 제5항에 따라 납부하여야 할 감면세액에 대하여 제1호에 따른 기간과 제2호에 따른 율을 곱하여 계산한 금액을 말한다.

1. 감면을 받은 과세연도 종료일의 다음 날부터 납부사유가 발생한 과세연도 종료일까지의 기간

2. 1일 1만분의 3

⑦ 법 제121조를 적용하는 경우 사업의 분류는 한국표준산업분류에 따른 세세분류를 따른다.

⑧ 법 제121조제1항에 따라 양도소득분 개인지방소득세 감면을 적용받으려는 거주자는 전환전사업용고정자산의 양도일이 속하는 과세연도의 과세표준신고와 함께 행정안전부령으로 정하는 세액감면신청서와 사업전환(예정)명세서를 납세지 관할 지방자치단체의 장에게 제출하여야 한다. 다만, 「조세특례제한법 시행령」 제30조제12항에 따라 납세지 관할 세무서장에게 소득세 감면을 신청하는 경우에는 법 제121조에 따른 개인지방소득세에 대한 세액감면도 함께 신청한 것으로 본다.
(2017.7.26 본문개정)〈단서는 2016.12.31까지 유효〉

⑨ 제4항을 적용받은 후 전환사업을 개시한 경우에는 그 사업개시일이 속하는 과세연도의 과세표준신고와 함께 행정안전부령으로 정하는 사업전환완료보고서를 납세지 관할 지방자치단체의 장에게 제출하여야 한다. 다만, 「조세특례제한법 시행령」 제30조제13항에 따라 납세지 관할 세무서장에게 사업전환완료보고서를 제출한 경우에는 납세지 관할 지방자치단체의 장에게도 함께 제출한 것으로 본다.(2017.7.26 본문개정)<단서는 2016.12.31까지 유효>

제75조【사업전환 중소기업에 대한 세액감면】 ① 법 제122조제1항 각 호 외의 부분에서 "대통령령으로 정하는 사업전환일"이란 「조세특례제한법 시행령」 제30조의2제2항 각 호의 어느 하나에 해당하는 날을 말한다.
② 법 제122조제1항제2호에 따른 사업전환은 「조세특례제한법 시행령」 제30조의2제3항에 따른 사업전환으로 한다.
③ 법 제122조제2항에서 "대통령령으로 정하는 과세연도"란 「조세특례제한법 시행령」 제30조의2제4항에 따른 과세연도를 말한다.
④ 법 제122조를 적용하는 경우 사업의 분류는 한국표준산업분류에 따른 세세분류를 따른다.
⑤ 법 제122조제4항에서 "대통령령으로 정하는 바에 따라 계산한 이자 상당 가산액"이란 같은 조 제3항에 따라 납부하여야 할 세액에 상당하는 금액에 제1호에 따른 기간과 제2호에 따른 율을 곱하여 계산한 금액을 말한다.
1. 감면을 받은 과세연도의 종료일 다음 날부터 법 제122조제3항에 해당하는 사유가 발생한 과세연도의 종료일까지의 기간
2. 1일 1만분의 3
⑥ 법 제122조제1항에 따라 개인지방소득세를 감면받으려는 내국인은 사업전환일이 속하는 과세연도의 과세표준신고와 함께 행정안전부령으로 정하는 세액감면신청서를 납세지 관할 지방자치단체의 장에게 제출하여야 한다. 다만, 「조세특례제한법 시행령」 제30조의2제7항에 따라 납세지 관할 세무서장에게 소득세 감면을 신청하는 경우에는 법 제122조에 따른 개인지방소득세에 대한 세액감면도 함께 신청한 것으로 본다.
(2017.7.26 본문개정)<단서는 2016.12.31까지 유효>
제76조【주주등의 자산양도에 관한 개인지방소득세 과세특례】 ① 법 제123조제1항에서 "대통령령으로 정하는 증여금액에 상당하는 금액"이란 「조세특례제한법 시행령」 제37조제12항에 따라 계산한 금액을 말한다.
② 법 제123조제1항에 따라 주주등이 감면받은 세액 중 같은 조 제2항에 따라 해당 법인이 납부하여야 할 법인지방소득세액에 가산하여 징수하는 금액은 「조세특례제한법 시행령」 제37조제15항제1호 각 목에서 계산한 금액의 100분의 10에 해당하는 금액으로 한다.
(2014.8.20 본항신설)
③ 법 제123조제3항 본문에서 "대통령령으로 정하는 바에 따라 계산한 이자상당가산액"이란 제2항에 따른 세액에 제1호에 따른 기간과 제2호에 따른 율을 곱하여 계산한 금액을 말한다.
1. 제2항에 따른 세액을 납부하지 아니한 사업연도 종료일의 다음 날부터 제2항에 따른 세액을 납부하는 사업연도 종료일까지의 기간
2. 1일 1만분의 3
(2014.8.20 본항신설)
④ 법 제123조제1항을 적용받으려는 주주등은 같은 항에 따라 자산을 양도한 날이 속하는 과세연도의 과세표준신고와 함께 자산매매계약서, 증여계약서, 행정안전부령으로 정하는 채무상환(예정)명세서 및 세액감면신청서를 납세지 관할 지방자치단체의 장에게 제출하여야 한다. 다만, 「조세특례제한법 시행령」 제37조제25

항에 따라 납세지 관할 세무서장에게 소득세 감면을 신청하는 경우에는 법 제123조에 따른 개인지방소득세에 대한 세액감면도 함께 신청한 것으로 본다.
(2017.7.26 본문개정)<단서는 2016.12.31까지 유효>

제8절 지역 간의 균형발전을 위한 특례

제77조【수도권과밀억제권역 밖으로 이전하는 중소기업에 대한 세액감면】 ① 법 제124조제1항에 따라 세액을 감면받을 수 있는 경우는 「조세특례제한법 시행령」 제60조제1항에 따른 경우로 하고, 법 제124조제1항에서 "대통령령으로 정하는 지역"이란 「조세특례제한법 시행령」 제60조제2항에 따른 지역을 말한다.
② 법 제124조제2항 각 호 외의 부분에서 "대통령령으로 정하는 바에 따라 계산한 세액"이란 공장의 이전일 이후 법 제124조제1항에 따라 감면받은 개인지방소득세를 말한다. 이 경우 수도권과밀억제권역 밖으로 이전한 공장이 둘 이상인 경우로서 법 제124조제2항제3호에 해당하는 때(본사를 설치한 때는 제외한다)에는 수도권 과밀억제권역 안에 설치된 공장의 제품과 동일한 제품을 생산하는 공장의 이전으로 감면받은 분으로 한정한다.
③ 법 제124조제2항제2호에서 "대통령령으로 정하는 바에 따라 공장을 수도권과밀억제권역 밖으로 이전하여 사업을 개시한 경우"란 제1항에서 정하는 바에 따라 공장을 이전하여 사업을 개시한 경우를 말한다.
④ 법 제124조제1항을 적용받으려 자는 과세표준신고와 함께 행정안전부령으로 정하는 세액감면신청서 및 감면세액계산서를 납세지 관할 지방자치단체의 장에게 제출하여야 한다. 다만, 「조세특례제한법 시행령」 제60조제5항에 따라 납세지 관할 세무서장에게 소득세 감면을 신청하는 경우에는 법 제124조에 따른 개인지방소득세에 대한 세액감면도 함께 신청한 것으로 본다.
(2017.7.26 본문개정)<단서는 2016.12.31까지 유효>
⑤ 법 제124조제5항에서 "대통령령으로 정하는 분류"란 한국표준산업분류상의 세분류를 말한다.
제78조【농공단지 입주기업 등에 대한 세액감면】 ① 법 제125조제1항제1호에서 "대통령령으로 정하는 농공단지"란 「조세특례제한법 시행령」 제61조제1항에 따른 농공단지를 말하고, 같은 항 제2호에서 "대통령령으로 정하는 지구·지역"이란 「조세특례제한법 시행령」 제61조제2항에 따른 지구·지역을 말한다.
② 법 제125조제1항을 적용받으려는 자는 과세표준신고와 함께 행정안전부령으로 정하는 세액감면신청서를 납세지 관할 지방자치단체의 장에게 제출하여야 한다. 다만, 「조세특례제한법 시행령」 제61조제3항에 따라 납세지 관할 세무서장에게 소득세 감면을 신청하는 경우에는 법 제125조에 따른 개인지방소득세에 대한 세액감면도 함께 신청한 것으로 본다.(2017.7.26 본문개정)<단서는 2016.12.31까지 유효>
제79조【영농조합법인의 조합원에 대한 개인지방소득세의 면제】 ① 법 제126조제1항 전단에 따라 면제되는 배당소득은 「조세특례제한법 시행령」 제63조제2항에 따라 소득세가 면제되는 배당소득으로 한다.
② 법 제126조제1항 후단에 따른 배당소득의 계산은 「조세특례제한법 시행령」 제63조제3항에 따른다.
③ 법 제126조제2항에서 "대통령령으로 정하는 농업인"이란 「조세특례제한법」 제66조제4항 및 「조세특례제한법 시행령」 제63조제4항에 따른 농업인을 말한다.
④ 법 제126조제5항, 제128조제1항 전단 및 같은 조 제2항에서 "대통령령으로 정하는 농업인"이란 「조세특례제한법」 제66조제7항, 제68조제2항 전단, 같은 조 제3항 및 「조세특례제한법 시행령」 제63조제4항에 따른 농업인을 말한다.

⑤ 법 제126조제2항 및 제128조제1항에 따라 현물출자함으로써 발생한 소득에 대하여 양도소득분 개인지방소득세가 면제되는 농지는 「조세특례제한법 시행령」 제63조제5항에 따른 농지로 한다.
⑥ 법 제126조제3항에 따른 세액의 납부에 관하여는 「조세특례제한법 시행령」 제63조제6항을 준용하되, 그 세액은 같은 항에서 산출한 금액의 100분의 10에 해당하는 금액으로 한다.
⑦ 법 제126조제1항에 따라 배당소득에 대한 개인지방소득세를 면제받으려는 자는 해당 배당소득을 지급받는 때에 행정안전부령으로 정하는 세액면제신청서를 영농조합법인에 제출하여야 하고, 영농조합법인은 배당금을 지급한 날이 속하는 달의 다음 달 말일까지 조합원이 제출한 세액면제신청서를 특별징수 관할 지방자치단체의 장에게 제출하여야 한다. 다만, 「조세특례제한법 시행령」 제63조제8항에 따라 원천징수 관할 세무서장에게 소득세 면제를 신청하는 경우에는 법 제126조제1항에 따른 개인지방소득세에 대한 면제도 함께 신청한 것으로 본다.(2017.7.26 본문개정)
<단서는 2016.12.31까지 유효>
⑧ 법 제126조제4항 및 제8항에서 "대통령령으로 정하는 바에 따라 계산한 이자 상당액"이란 법 제126조제3항 및 제7항에 따라 납부하여야 할 세액에 상당하는 금액에 제1호의 기간과 제2호의 율을 곱하여 계산한 금액을 말한다.
1. 당초 현물출자한 농지등에 대한 양도소득분 개인지방소득세 예정신고 납부기한의 다음 날부터 법 제126조제3항 또는 제7항에 따른 납부일까지의 기간
2. 1일 1만분의 3
⑨ 법 제126조제2항 또는 제5항에 따라 양도소득분 개인지방소득세를 면제받거나 이월과세를 적용받으려는 자는 과세표준신고와 함께 행정안전부령으로 정하는 세액면제신청서 또는 이월과세적용신청서에 현물출자계약서 사본을 첨부하여 납세지 관할 지방자치단체의 장에게 제출하되, 이월과세적용신청서는 영농조합법인과 함께 제출하여야 한다. 다만, 「조세특례제한법 시행령」 제63조제10항에 따라 납세지 관할 세무서장에게 양도소득세 면제 또는 이월과세를 신청하는 경우에는 법 제126조제2항 또는 제5항에 따른 개인지방소득세에 대한 면제 또는 이월과세도 함께 신청한 것으로 본다.(2017.7.26 본문개정)<단서는 2016.12.31까지 유효>
⑩ 법 제126조제7항을 적용할 때 현물출자로 취득한 주식 또는 출자지분의 100분의 50 이상을 처분하는 경우의 판단기준은 「조세특례제한법 시행령」 제28조제10항에 따른다.
⑪ 법 제126조제7항에 따른 세액의 납부는 해당 부동산을 현물출자하기 전에 직접 사용하였던 기간과 현물출자후 주식 또는 출자지분 처분일까지의 기간을 합한 기간이 8년 미만인 경우에 한다. 이 경우 상속받은 부동산의 사용기간을 계산할 때 피상속인이 사용한 기간은 상속인이 이를 사용한 기간으로 본다.
⑫ 법 제126조에 따른 면제에 관하여는 제1항부터 제11항까지에서 규정한 사항 외에는 「조세특례제한법 시행령」 제63조를 준용한다.

제80조【영어조합법인의 조합원에 대한 개인지방소득세의 면제】 ① 법 제127조제1항에서 "대통령령으로 정하는 범위의 금액"이란 「조세특례제한법 시행령」 제64조제2항에 따른 금액을 말한다.
② 법 제127조제2항에서 "대통령령으로 정하는 어업인"이란 「조세특례제한법 시행령」 제64조제3항에 따른 자를 말한다.
③ 법 제127조제2항에서 "대통령령으로 정하는 어업용 토지 등"이란 「조세특례제한법 시행령」 제64조제4항에 따른 토지 및 건물을 말한다.

④ 법 제127조제3항에 따라 납부하여야 하는 세액은 「조세특례제한법 시행령」 제64조제5항에 따라 산출한 금액의 100분의 10에 해당하는 금액으로 한다.
⑤ 법 제127조제3항 단서에서 "대통령령으로 정하는 경우"란 「해외이주법」에 따른 해외이주에 의하여 세대전원이 출국하는 경우를 말한다.
⑥ 법 제127조제1항에 따라 배당소득에 대한 개인지방소득세를 면제받으려는 자는 해당 배당소득을 지급받는 때에 행정안전부령으로 정하는 세액면제신청서를 영어조합법인에 제출하여야 하고, 영어조합법인은 배당금을 지급한 날이 속하는 달의 다음 달 말일까지 조합원이 제출한 세액면제신청서를 특별징수 관할 지방자치단체의 장에게 제출하여야 한다. 다만, 「조세특례제한법 시행령」 제64조제8항에 따라 원천징수 관할 세무서장에게 소득세 면제를 신청하는 경우에는 법 제127조제1항에 따른 개인지방소득세에 대한 면제도 함께 신청한 것으로 본다.(2017.7.26 본문개정)
<단서는 2016.12.31까지 유효>
⑦ 법 제127조제1항 및 제2항에 따라 양도소득분 개인지방소득세의 면제신청을 하려는 자는 해당 어업용 토지 등을 양도한 날이 속하는 과세연도의 과세표준신고와 함께 행정안전부령으로 정하는 세액면제신청서에 현물출자계약서 사본 1부를 첨부하여 납세지 관할 지방자치단체의 장에게 제출하여야 한다. 다만, 「조세특례제한법 시행령」 제64조제9항에 따라 납세지 관할 세무서장에게 신청하는 경우에는 법 제127조제1항 및 제2항에 따른 개인지방소득세에 대한 면제도 함께 신청한 것으로 본다.(2017.7.26 본문개정)
<단서는 2016.12.31까지 유효>

제81조【농업인 등에 대한 개인지방소득세의 감면 등】 ① 법 제128조제3항에 따른 농업소득에서 발생한 배당소득은 「조세특례제한법 시행령」 제65조제2항제1호에 따라 계산한 금액을 말한다.
② 법 제128조제2항에 따라 양도소득분 개인지방소득세 이월과세를 적용받으려는 자는 과세표준신고와 함께 행정안전부령으로 정하는 이월과세적용신청서를 납세지 관할 지방자치단체의 장에게 제출하되, 이월과세적용신청서는 농업회사법인과 함께 제출하여야 한다. 다만, 「조세특례제한법 시행령」 제65조제5항에 따라 납세지 관할 세무서장에게 양도소득세 이월과세를 신청하는 경우에는 법 제128조제1항에 따른 개인지방소득세에 대한 이월과세도 함께 신청한 것으로 본다.(2020.1.15 단서개정)
<단서는 2016.12.31까지 유효>
③ 법 제128조제3항에 따라 배당소득에 대한 개인지방소득세를 면제받으려는 자는 해당 배당소득을 지급받는 때에 행정안전부령으로 정하는 세액면제신청서를 영농조합법인에 제출하여야 하고, 영농조합법인은 배당금을 지급한 날이 속하는 달의 다음 달 말일까지 조합원이 제출한 세액면제신청서를 특별징수 관할 지방자치단체의 장에게 제출하여야 한다. 다만, 「조세특례제한법 시행령」 제65조제5항에 따라 원천징수 관할 세무서장에게 소득세 면제를 신청하는 경우에는 법 제128조제3항에 따른 개인지방소득세에 대한 면제도 함께 신청한 것으로 본다.(2017.7.26 본문개정)
<단서는 2016.12.31까지 유효>

제82조【자경농지에 대한 양도소득분 개인지방소득세의 감면】 ① 법 제129조제1항 본문에서 "농지 소재지에 거주하는 대통령령으로 정하는 거주자"란 「조세특례제한법 시행령」 제66조제1항 및 제5항을 말한다.
② 법 제129조제1항 본문에서 "대통령령으로 정하는 경영이양 직접지불보조금"이란 「농산물의 생산자를 위한 직접지불제도 시행규정」 제4조에 따른 경영이양보조금을 말하고, "대통령령으로 정하는 법인"이란 「조세특례제한법 시행령」 제66조제2항에 따른 법인을 말한다.

③ 법 제129조제1항 본문에서 "대통령령으로 정하는 방법으로 직접 경작"이란 「조세특례제한법 시행령」 제66조제13항에 따른 경작 또는 재배를 말하고, "대통령령으로 정하는 토지"란 「조세특례제한법 시행령」 제66조제4항·제5항·제11항 및 제12항에 따른 농지를 말한다.
④ 법 제129조제1항 단서에서 "대통령령으로 정하는 소득"이란 「조세특례제한법 시행령」 제66조제7항에 따라 계산한 금액을 말한다.
⑤ 법 제129조제2항에서 "대통령령으로 정하는 사유가 발생한 경우"란 「조세특례제한법 시행령」 제66조제8항 각 호의 어느 하나에 해당하는 경우를 말한다.
⑥ 법 제129조제3항에 따라 양도소득분 개인지방소득세의 감면신청을 하려는 자는 해당 농지를 양도한 날이 속하는 과세연도의 과세표준신고와 함께 행정안전부령으로 정하는 세액감면신청서를 납세지 관할 지방자치단체의 장에게 제출하되, 제2항에 따른 법인에게 양도한 경우에는 해당 양수인과 함께 세액감면신청서를 제출하여야 한다. 다만, 「조세특례제한법 시행령」 제66조제9항에 따라 납세지 관할 세무서장에게 양도소득세 감면을 신청하는 경우에는 법 제129조에 따른 개인지방소득세에 대한 감면도 함께 신청한 것으로 본다. (2017.7.26 본문개정)<단서는 2016.12.31까지 유효>
⑦ 제6항에 따른 세액감면신청서를 접수한 해당 지방자치단체의 장은 제2항에 따른 법인의 납세지 관할 지방자치단체의 장에게 이를 즉시 통지하여야 한다.

제83조【축사용지에 대한 양도소득분 개인지방소득세의 감면】 ① 법 제130조제1항 본문에서 "대통령령으로 정하는 거주자"란 「조세특례제한법 시행령」 제66조의2제1항에 따른 자를 말하고, "대통령령으로 정하는 방법으로 직접 축산"이란 「조세특례제한법 시행령」 제66조의2제2항에 따른 것을 말하며, "대통령령으로 정하는 축사용지"란 「조세특례제한법 시행령」 제66조의2제3항부터 제7항까지의 규정에 따른 축사용지를 말한다.
② 법 제130조제1항 본문에 따른 폐업은 「조세특례제한법 시행령」 제66조의2제8항에 따라 축산기간 및 폐업 확인서에 폐업임을 확인받은 경우로 한다.
③ 법 제130조제1항에 따라 감면하는 세액은 다음 계산식에 따라 계산한다.

| 감면세액 | = | 양도소득분 개인지방소득세 산출세액 | × | 축사용지면적(다만, 990제곱미터를 초과하는 경우 990제곱미터로 한다) ÷ 총 양도면적 |

④ 법 제130조제1항 단서에서 "대통령령으로 정하는 소득"이란 「조세특례제한법 시행령」 제66조의2제10항에 따라 계산한 금액을 말한다.
⑤ 법 제130조제2항에서 "상속 등 대통령령으로 정하는 경우"란 「조세특례제한법 시행령」 제66조의2제11항에 따른 경우를 말한다.
⑥ 법 제130조제3항에 따라 양도소득분 개인지방소득세 감면신청을 하려는 사람은 해당 축사용지를 양도한 날이 속하는 과세기간의 과세표준신고와 함께 행정안전부령으로 정하는 세액감면신청서 및 제2항에 따른 축산기간 및 폐업 확인서를 납세지 관할 지방자치단체의 장에게 제출하여야 한다. 다만, 「조세특례제한법 시행령」 제66조의2제12항에 따라 납세지 관할 세무서장에게 양도소득세 감면을 신청하는 경우에는 법 제130조에 따른 개인지방소득세에 대한 감면도 함께 신청한 것으로 본다. (2017.7.26 본문개정)<단서는 2016.12.31까지 유효>

제84조【농지대토에 대한 양도소득분 개인지방소득세 감면요건 등】 ① 법 제131조제1항 본문에서 "대통령령으로 정하는 거주자"란 「조세특례제한법 시행령」 제67조제1항에 따른 자를 말하고, "대통령령으로 정하

는 방법으로 직접 경작"이란 「조세특례제한법 시행령」 제67조제2항에 따른 경작 또는 재배를 말하며, "대통령령으로 정하는 경우"란 「조세특례제한법 시행령」 제67조제3항부터 제6항까지의 규정에 해당하는 경우를 말한다.(2014.8.20 본항개정)
② 법 제131조제1항 단서에서 "대통령령으로 정하는 소득"이란 「조세특례제한법 시행령」 제67조제7항에 따라 계산한 금액을 말한다.
③ 법 제131조제2항에서 "대통령령으로 정하는 토지"란 「조세특례제한법 시행령」 제67조제8항 각 호의 어느 하나에 해당하는 농지를 말한다.
④ 법 제131조제3항에 따라 양도소득분 개인지방소득세의 감면신청을 하려는 자는 해당 농지를 양도한 날이 속하는 과세연도의 과세표준신고와 함께 행정안전부령으로 정하는 세액감면신청서를 납세지 관할 지방자치단체의 장에게 제출하여야 한다. 다만, 「조세특례제한법 시행령」 제67조제9항에 따라 납세지 관할 세무서장에게 양도소득세 감면을 신청하는 경우에는 법 제131조에 따른 개인지방소득세에 대한 감면도 함께 신청한 것으로 본다.(2017.7.26 본문개정)
<단서는 2016.12.31까지 유효>
⑤ 법 제131조제4항에서 "대통령령으로 정하는 사유"란 「조세특례제한법 시행령」 제67조제10항 각 호의 어느 하나에 해당하는 경우를 말한다.
⑥ 법 제131조제5항에서 "대통령령으로 정하는 바에 따라 계산한 이자상당액"이란 법 제131조제4항에 따라 납부하여야 할 세액에 상당하는 금액에 제1호의 기간과 제2호의 율을 곱하여 계산한 금액으로 한다.
1. 종전의 농지에 대한 양도소득분 개인지방세 예정신고 납부기한의 다음 날부터 법 제131조제4항에 따른 양도소득분 개인지방세 납부일까지의 기간
2. 1일 1만분의 3

제84조의2【경영회생 지원을 위한 농지 매매 등에 대한 양도소득분 개인지방소득세 과세특례】 ① 법 제131조의2제3항에 따라 환급을 받으려는 자는 행정안전부령으로 정하는 환급신청서에 「조세특례제한법 시행령」 제67조의2제1항 각 호의 서류를 첨부하여 납세지 관할 지방자치단체의 장에게 제출하여야 한다. 다만, 「조세특례제한법 시행령」 제67조의2제1항에 따라 납세지 관할 세무서장에게 양도소득세 환급을 신청하는 경우에는 법 제131조의2에 따른 양도소득분 개인지방소득세에 대한 환급도 함께 신청한 것으로 본다.(2017.7.26 본문개정)<단서는 2016.12.31까지 유효>
② 제1항에 따라 환급신청서를 제출받은 납세지 관할 지방자치단체의 장이 환급을 하는 경우에 관하여는 「지방세기본법」 제60조를 준용한다. 이 경우 「지방세기본법」 제62조의 지방세환급가산금에 관한 규정은 적용하지 아니한다. (2017.3.27 본항개정)
③ 법 제131조의2제1항에 따라 양도소득분 개인지방소득세를 환급받은 농업인이 환매한 농지등을 다시 양도하는 경우 「한국농어촌공사 및 농지관리기금법」 제24조의3제3항에 따른 임차기간 내에 경작한 기간은 해당 농업인이 직접 농지등을 경작한 것으로 보아 제82조를 적용한다.
④ 「한국농어촌공사 및 농지관리기금법 시행령」 제19조의6제2항에 따라 농지등의 일부에 대하여 환매를 신청한 경우 제2항에 따른 환급세액은 환매한 농지등에 대하여 납부한 양도소득분 개인지방소득세에 상당하는 금액으로 한다.
(2014.8.20 본조신설)

제9절 공익사업지원을 위한 특례

제85조【공익사업용 토지 등에 대한 양도소득분 개인지방소득세의 감면】 ① 법 제132조제1항 각 호 외의

부분에서 "대통령령으로 정하는 채권"이란 「조세특례제한법 시행령」 제72조제1항에 따른 보상채권을 말하고, "「보금자리주택 건설 등에 관한 특별법」 등 대통령령으로 정하는 법률"이란 「조세특례제한법 시행령」 제72조제2항 각 호의 어느 하나에 해당하는 법률을 말하며, "대통령령으로 정하는 방법"이란 「조세특례제한법 시행령」 제72조제3항에 따른 방법을 말한다.

② 법 제132조제2항에 따라 공익사업용 토지등을 양도한 자가 양도소득분 개인지방소득세를 감면받으려는 경우에는 법 제132조제1항제1호에 따른 공익사업의 시행자 및 같은 항 제2호에 따른 사업시행자(이하 이 조에서 "사업시행자"라 한다)가 해당 사업시행자로 지정받은 날부터 2개월 이내에 행정안전부령으로 정하는 세액감면신청서에 해당 사업시행자임을 확인할 수 있는 서류를 첨부하여 양도자의 납세지 관할 지방자치단체의 장에게 제출하여야 한다. 다만, 「조세특례제한법 시행령」 제72조제4항에 따라 양도자의 납세지 관할 세무서장에게 소득세 감면을 신청하는 경우에는 법 제132조제2항에 따른 개인지방소득세에 대한 세액감면도 함께 신청한 것으로 본다.(2017.7.26 본문개정)
<단서는 2016.12.31까지 유효>

③ 법 제132조제3항제2호에서 "대통령령으로 정하는 기한"이란 「조세특례제한법 시행령」 제72조제5항에 따른 기한을 말한다.

④ 사업시행자는 법 제132조제1항에 따라 보상채권을 만기까지 보유하기로 특약을 체결한 자(이하 이 조에서 "특약체결자"라 한다)가 있으면 그 특약체결자에 대한 보상명세를, 특약체결자가 그 특약을 위반하는 경우 그 위반사실을 다음 달 말일까지 납세지 관할 지방자치단체의 장에게 통보하여야 한다. 다만, 「조세특례제한법 시행령」 제72조제6항에 따라 납세지 관할 세무서장에게 위반사실을 통보한 경우에는 납세지 관할 지방자치단체의 장에게도 함께 통보한 것으로 본다.
<단서는 2016.12.31까지 유효>

⑤ 법 제132조제6항에 따른 감면신청을 하려는 사업시행자는 해당 토지등을 양도한 날이 속하는 과세연도의 과세표준신고와 함께 행정안전부령으로 정하는 세액감면신청서에 해당 사업시행자임을 확인할 수 있는 서류(특약체결자의 경우에는 특약체결 사실 및 보상채권 예탁사실을 확인할 수 있는 서류를 포함한다)를 첨부하여 양도자의 납세지 관할 지방자치단체의 장에게 제출하여야 한다. 다만, 「조세특례제한법 시행령」 제72조제7항에 따라 사업시행자가 양도자의 납세지 관할 세무서장에게 소득세 감면을 신청하는 경우에는 법 제132조제6항에 따른 개인지방소득세에 대한 감면도 함께 신청한 것으로 본다.(2017.7.26 본문개정)
<단서는 2016.12.31까지 유효>

⑥ 법 제132조제7항에 따른 감면신청을 하려는 자는 해당 토지등을 양도한 날이 속하는 과세연도의 과세표준신고(예정신고를 포함한다)와 함께 행정안전부령으로 정하는 세액감면신청서에 수용된 사실을 확인할 수 있는 서류(특약체결자의 경우에는 특약체결 사실 및 보상채권 예탁사실을 확인할 수 있는 서류를 포함한다)를 첨부하여 납세지 관할 지방자치단체의 장에게 제출하여야 한다. 다만, 「조세특례제한법 시행령」 제72조제8항에 따라 납세지 관할 세무서장에게 양도소득세 감면을 신청하는 경우에는 법 제132조제7항에 따른 개인지방소득세에 대한 감면도 함께 신청한 것으로 본다.(2017.7.26 본문개정)<단서는 2016.12.31까지 유효>

제86조【개발제한구역 지정에 따른 매수대상 토지등에 대한 양도소득분 개인지방소득세의 감면】① 법 제133조제1항제1호·제2호 및 같은 조 제2항제1호·제2호에서 "해당 토지등의 소재지에서 거주하는 대통령령으로 정하는 거주자"란 각각 「조세특례제한법 시행령」

제74조제1항 각 호의 어느 하나에 해당하는 지역(거주시작 당시에는 해당 지역에 해당하였으나 행정구역의 개편 등으로 이에 해당하지 아니하게 된 지역을 포함한다)에 거주한 자를 말한다.

② 법 제133조제2항 각 호 외의 부분 단서에서 "「경제자유구역의 지정 및 운영에 관한 특별법」에 따른 경제자유구역의 지정 등 대통령령으로 정하는 지역"이란 「조세특례제한법 시행령」 제74조제2항 각 호의 어느 하나에 해당하는 지역을 말한다.

③ 법 제133조제4항에 따라 양도소득분 개인지방소득세의 감면신청을 하려는 자는 해당 토지등을 양도한 날이 속하는 과세연도의 과세표준신고(예정신고를 포함한다)와 함께 행정안전부령으로 정하는 세액감면신청서에 토지매수 청구 또는 협의매수된 사실을 알 수 있는 서류를 첨부하여 납세지 관할 지방자치단체의 장에게 제출하여야 한다. 다만, 「조세특례제한법 시행령」 제74조제3항에 따라 납세지 관할 세무서장에게 양도소득세 감면을 신청하는 경우에는 법 제133조에 따른 개인지방소득세에 대한 감면도 함께 신청한 것으로 본다.(2017.7.26 본문개정)<단서는 2016.12.31까지 유효>

④ 법 제133조제4항에 따라 거주기간을 계산하는 경우에는 「조세특례제한법 시행령」 제74조제4항에 따른다.

제87조【행정중심복합도시·혁신도시 개발예정지구 내 공장에 대한 세액감면】① 법 제134조제1항에서 "대통령령으로 정하는 행정중심복합도시 등 밖"이란 「조세특례제한법 시행령」 제79조의3제1항에 따른 지역을 말하고, 법 제134조제1항에 따른 공장은 「조세특례제한법 시행령」 제54조제1항에 따른 공장으로 한다.

② 법 제134조제1항이 적용되는 지방 이전은 「조세특례제한법 시행령」 제79조의3제5항에 따른 지방 이전으로 한다.

③ 법 제134조제2항에 따른 감면신청을 하려는 자는 지방공장을 취득하여 사업을 개시한 때에 그 사업개시일이 속하는 과세연도의 과세표준신고와 함께 행정안전부령으로 정하는 세액감면신청서를 납세지 관할 지방자치단체의 장에게 제출하여야 한다. 다만, 「조세특례제한법」 제85조의2제5항에 따라 납세지 관할 세무서장에게 소득세 감면을 신청하는 경우에는 법 제134조에 따른 개인지방소득세에 대한 감면도 함께 신청한 것으로 본다.(2017.7.26 본문개정)<단서는 2016.12.31까지 유효>

제88조【사회적기업 및 장애인 표준사업장에 대한 개인지방소득세 등의 감면】① 법 제135조제5항에서 "대통령령으로 정하는 이자상당가산액을 계산한 금액"이란 제75조제4항을 준용하여 계산한 금액을 말한다.

② 법 제135조제6항에 따른 감면신청을 하려는 자는 과세표준신고와 함께 행정안전부령으로 정하는 세액감면신청서를 납세지 관할 지방자치단체의 장에게 제출하여야 한다. 다만, 「조세특례제한법 시행령」 제79조의7에 따라 납세지 관할 세무서장에게 소득세 감면을 신청하는 경우에는 법 제135조에 따른 개인지방소득세에 대한 감면도 함께 신청한 것으로 본다.(2017.7.26 본문개정)<단서는 2016.12.31까지 유효>

제89조【국가에 양도하는 산지에 대한 양도소득분 개인지방소득세의 감면신청】법 제136조제2항에 따른 감면신청을 하려는 자는 해당 산지를 양도한 날이 속하는 과세연도의 과세표준신고(예정신고를 포함한다)를 할 때 행정안전부령으로 정하는 세액감면신청서에 「국유림의 경영 및 관리에 관한 법률」 제18조제2항에 따라 산림청장이 매수한 사실을 확인할 수 있는 매매계약서 사본을 첨부하여 납세지 관할 지방자치단체의 장에게 제출하여야 한다. 다만, 「조세특례제한법 시행령」 제79조의11에 따라 납세지 관할 세무서장에게 양도소득세 감면을 신청하는 경우에는 법 제136조에 따른 개인지방소득세에 대한 감면도 함께 신청한 것으로 본다.(2017.7.26 본문개정)<단서는 2016.12.31까지 유효>

제10절 국민생활의 안정을 위한 특례

제90조【근로자복지 증진을 위한 시설투자에 대한 세액공제】 ① 법 제137조제1항 각 호 외의 부분에서 "대통령령으로 정하는 내국인"이란 「조세특례제한법 시행령」 제94조제1항 각 호의 어느 하나에 해당하는 시설을 신축하거나 구입하는 자를 말하고, "대통령령으로 정하는 미분양주택"이란 「조세특례제한법 시행령」 제94조제2항에 따른 주택을 말하며, 법 제137조제1항제4호에서 "대통령령으로 정하는 시설"이란 「조세특례제한법 시행령」 제94조제3항에 따른 시설을 말하고, 법 제137조제1항제5호에서 "대통령령으로 정하는 시설"이란 「조세특례제한법 시행령」 제94조제4항에 따른 시설을 말한다.
② 법 제137조제2항에 따른 공제세액은 「조세특례제한법 시행령」 제94조제5항에 따라 계산한 공제세액의 100분의 10에 상당하는 금액으로 한다.
③ 법 제137조제1항을 적용받으려는 자는 해당 시설의 취득일이 속하는 과세연도의 과세표준신고와 함께 행정안전부령으로 정하는 세액공제신청서를 납세지 관할 지방자치단체의 장에게 제출하여야 한다. 다만, 「조세특례제한법 시행령」 제94조제6항에 따라 납세지 관할 세무서장에게 소득세 공제를 신청하는 경우에는 법 제137조에 따른 개인지방소득세에 대한 세액공제도 함께 신청한 것으로 본다. (2017.7.26 본문개정)
<단서는 2016.12.31까지 유효>
④ 제1항에 따른 미분양주택을 취득한 경우 관련 증명서류의 제출에 관하여는 제97조제3항을 준용하고, 관련 증명서류의 작성·보관은 「조세특례제한법 시행령」 제98조의4제4항에 따른다.
⑤ 법 제137조제4항에서 "대통령령으로 정하는 바에 따라 계산한 이자 상당 가산액"이란 공제받은 세액에 제1호의 기간 및 제2호의 율을 곱하여 계산한 금액을 말한다.
1. 공제받은 과세연도의 과세표준신고일의 다음 날부터 법 제137조제4항의 사유가 발생한 날이 속하는 과세연도의 과세표준신고일까지의 기간
2. 1일 1만분의 3

제91조【소형주택 임대사업자에 대한 세액감면】 ① 법 제138조제1항에서 "대통령령으로 정하는 내국인"이란 「조세특례제한법 시행령」 제96조제1항 각 호의 요건을 모두 충족하는 내국인을 말한다.
② 법 제138조제1항에서 "대통령령으로 정하는 임대주택"이란 제1항에 따른 내국인이 임대주택으로 등록한 「민간임대주택에 관한 특별법」 제2조에 따른 민간임대주택과 「공공주택 특별법」 제2조제1호가목에 따른 공공임대주택으로서 「조세특례제한법 시행령」 제96조제2항 각 호의 요건을 모두 충족하는 임대주택을 말한다. (2015.12.28 본항개정)
③ 법 제138조제1항 및 제2항에 따른 3호 이상의 임대주택을 5년 이상 임대하는지를 판단하는 기준은 「조세특례제한법 시행령」 제96조제3항 각 호에 따른다.
④ 법 제138조제3항 단서에서 "대통령령으로 정하는 부득이한 사유가 있는 경우"란 「조세특례제한법 시행령」 제96조제5항 각 호의 어느 하나에 해당하는 경우를 말한다.(2015.2.3 본항개정)
⑤ 법 제138조제1항을 적용받으려는 자는 해당 과세연도의 과세표준신고와 함께 행정안전부령으로 정하는 세액감면신청서에 「조세특례제한법 시행령」 제96조제6항 각 호의 서류를 첨부하여 납세지 관할 지방자치단체의 장에게 제출하여야 한다. 다만, 「조세특례제한법 시행령」 제96조제6항에 따라 납세지 관할 세무서장에게 소득세 감면을 신청하는 경우에는 법 제138조에 따른 개인지방

소득세에 대한 감면도 함께 신청한 것으로 본다. (2017.7.26 본문개정)<단서는 2016.12.31까지 유효>

제92조【장기임대주택에 대한 양도소득분 개인지방소득세의 감면】 ① 법 제139조제1항 각 호 외의 부분 본문에서 "대통령령으로 정하는 거주자"란 임대주택을 5호 이상 임대하는 거주자를 말한다.
② 법 제139조제1항 단서에 따른 건설임대주택의 일부 또는 동일한 지번상에 상가 등 다른 목적의 건물이 설치된 경우의 주택으로 보는 범위 및 필요경비 계산은 「소득세법 시행령」 제122조제4항 및 제5항에 따른다.
③ 법 제139조제3항에 따라 세액의 감면신청을 하려는 자는 해당 임대주택을 양도한 날이 속하는 과세연도의 과세표준신고와 함께 행정안전부령으로 정하는 세액감면신청서에 「조세특례제한법 시행령」 제97조제4항 각 호의 서류를 첨부하여 납세지 관할 지방자치단체의 장에게 제출하여야 한다. 다만, 「조세특례제한법 시행령」 제97조제4항에 따라 납세지 관할 세무서장에게 양도소득세 감면을 신청하는 경우에는 법 제139조에 따른 개인지방소득세에 대한 감면도 함께 신청한 것으로 본다. (2017.7.26 본문개정)<단서는 2016.12.31까지 유효>
④ 법 제139조제4항에 따른 임대주택에 대한 임대기간의 계산은 「조세특례제한법 시행령」 제97조제5항에 따른다.
⑤ 법 제139조제3항에 따라 세액의 감면신청을 받은 납세지 관할 지방자치단체의 장은 「전자정부법」 제36조제1항에 따른 행정정보의 공동이용을 통하여 임대주택에 대한 등기부등본 또는 토지 및 건축물대장 등본을 확인하여야 한다.

제93조【신축임대주택에 대한 양도소득분 개인지방소득세의 면제】 ① 법 제140조제1항 각 호 외의 부분에서 "대통령령으로 정하는 거주자"란 「조세특례제한법 시행령」 제97조의2제1항에 따른 거주자를 말한다.
② 법 제140조제1항에 따른 신축임대주택의 주택임대 사항의 신고, 세액감면의 신청 및 임대기간의 계산 등에 관하여는 제92조제2항부터 제5항까지를 준용하되, 법 제140조제1항제2호에 따른 매입임대주택의 경우에는 제92조제3항 각 호 외에 매매계약서 사본과 계약금 지급일을 증명할 수 있는 증명서류를 첨부하여 납세지 관할 지방자치단체의 장에게 제출하여야 한다. 다만, 「조세특례제한법 시행령」 제97조의2제2항에 따라 납세지 관할 세무서장에게 양도소득세 감면 특례를 신청하는 경우에는 법 제140조에 따른 개인지방소득세에 대한 면제도 함께 신청한 것으로 본다.
<단서는 2016.12.31까지 유효>

제94조【미분양 국민주택에 대한 과세특례】 ① 법 제141조제1항 각 호 외의 부분에서 "대통령령으로 정하는 미분양 국민주택"이란 「조세특례제한법 시행령」 제98조제1항 각 호의 요건을 모두 갖춘 국민주택규모 이하의 주택으로서 서울특별시 외의 지역에 소재하는 것을 말한다.
② 1995년 11월 1일부터 1997년 12월 31일 사이에 취득(1997년 12월 31일까지 매매계약을 체결하고 계약금을 납부한 경우를 포함한다)한 법 제1항에 따른 미분양 국민주택 외의 주택을 소유하고 있는 거주자가 그 주택을 양도할 경우에는 해당 미분양 국민주택 외의 주택만을 기준으로 하여 「소득세법」 제89조제1항제3호의 1세대 1주택에 관한 규정을 적용한다.
③ 법 제141조제1항에 따른 미분양 국민주택 보유기간의 계산은 「소득세법」 제95조제4항에 따른다.
④ 법 제141조제1항에 따라 과세특례 적용을 신청하려는 자는 해당 주택을 양도한 날이 속하는 과세연도의 과세표준확정신고(같은 항 제1호의 방법을 선택한 경우에는 예정신고를 포함한다)와 함께 행정안전부령으로 정하는 미분양국민주택과세특례적용신고서에 다음

각 호의 서류를 첨부하여 납세지 관할 지방자치단체의 장에게 제출하여야 한다. 다만, 「조세특례제한법 시행령」 제98조제4항에 따라 납세지 관할 세무서장에게 양도소득세 과세특례를 신청하는 경우에는 법 제141조에 따른 개인지방소득세에 대한 과세특례도 함께 신청한 것으로 본다.(2017.7.26 본문개정)<단서는 2016.12.31까지 유효>

1. 시장·군수·구청장이 발행한 미분양국민주택확인서 사본(2016.12.30 본호개정)
2. 미분양 국민주택 취득 시의 매매계약서 사본(1998년 1월 1일 이후 취득등기하는 분에 한정한다)

⑤ 법 제141조제3항에서 "대통령령으로 정하는 미분양 국민주택"이란 「조세특례제한법 시행령」 제98조제5항 각 호의 요건을 모두 갖춘 국민주택규모 이하의 주택으로서 서울특별시 외의 지역에 소재하는 것을 말한다.

⑥ 1998년 3월 1일부터 1998년 12월 31일 사이에 취득(1998년 12월 31일까지 매매계약을 체결하고 계약금을 납부한 경우를 포함한다)한 제5항에 따른 미분양 국민주택 외의 주택을 소유하고 있는 거주자가 그 주택을 양도할 경우에는 해당 미분양 국민주택 외의 주택만을 기준으로 하여 「소득세법」 제89조제1항제3호의 1세대 1주택에 관한 규정을 적용한다.

⑦ 법 제141조제3항에 따른 과세특례 적용의 신청에 관하여는 제4항을 준용하고, 미분양 국민주택 보유기간의 계산은 「소득세법」 제95조제4항에 따른다.

제95조【지방 미분양주택 취득에 대한 양도소득분 개인지방소득세 등 과세특례】① 법 제142조제1항에서 "대통령령으로 정하는 미분양주택"이란 「조세특례제한법 시행령」 제98조의2제1항 각 호의 어느 하나에 해당하는 주택(이하 이 조에서 "미분양주택"이라 한다)을 말한다.

② 법 제142조에 따라 과세특례를 적용받으려는 자는 해당 주택을 양도하는 날이 속하는 과세연도의 과세표준확정신고 또는 과세표준예정신고와 함께 시장·군수·구청장으로부터 「조세특례제한법 시행령」 제98조의2제2항에 따라 미분양주택임을 확인하는 날인을 받은 매매계약서 사본 또는 다음 각 호의 서류를 납세지 관할 지방자치단체의 장에게 제출하여야 한다. 다만, 「조세특례제한법 시행령」 제98조의2제2항에 따라 납세지 관할 세무서장에게 양도소득세 과세표준신고와 함께 매매계약서 사본 등을 제출한 경우에는 납세지 관할 지방자치단체의 장에게도 함께 제출한 것으로 본다.
<단서는 2016.12.31까지 유효>

1. 「조세특례제한법 시행령」 제98조의2제1항제1호의 주택 : 시장·군수·구청장이 확인한 미분양주택 확인서 및 매매계약서 사본
2. 「조세특례제한법 시행령」 제98조의2제1항제2호의 주택 : 시장·군수·구청장이 확인한 사업계획승인사실·사업계획승인일 사실을 확인할 수 있는 서류 및 매매계약서 사본
(2016.12.30 본항개정)

③ 법 제142조에 따른 과세특례의 적용에 관하여는 제1항 및 제2항에서 규정한 사항 외에는 「조세특례제한법 시행령」 제98조의2를 준용한다.

제96조【미분양주택 취득자에 대한 양도소득분 개인지방소득세의 과세특례】① 법 제143조제1항 각 호 외의 부분에서 "대통령령으로 정하는 미분양주택"이란 「조세특례제한법 시행령」 제98조의3제1항 및 제2항에 따른 주택을 말한다.

② 법 제143조에 따라 과세특례를 적용받으려는 자는 해당 주택의 양도소득분 개인지방소득세 과세표준예정신고 또는 과세표준확정신고와 함께 시장·군수·구청장으로부터 「조세특례제한법 시행령」 제98조의3제5항에 따라 미분양주택임을 확인하는 날인을 받은 매매계

약서 사본을 납세지 관할 지방자치단체의 ㅇ하여야 하고, 법 제143조제2항 각 호 외의 주택에 대해서는 시장·군수·구청장에게 착공신고서 사본과 사용검사 또는 사용ㅇ 승인을 포함한다) 사실을 확인할 수 있는 ㅇ지 관할 지방자치단체의 장에게 제출하ㅇ만, 「조세특례제한법 시행령」 제98조의3ㅇ 납세지 관할 세무서장에게 양도소득세 과세ㅇ 함께 매매계약서 사본 등을 제출한 경우에ㅇ 할 지방자치단체의 장에게도 함께 제출한 ㅇ (2016.12.30 본문개정)<단서는 2016.12.31까ㅇ

③ 법 제143조에 따른 과세특례의 적용에 ㅇ 항 및 제2항에서 규정한 사항 외에는 「조세ㅇ 시행령」 제98조의3을 준용한다.

제97조【수도권 밖의 지역에 있는 미분양주ㅇ에 대한 양도소득분 개인지방소득세의 과세ㅇ 제145조제1항 각 호 외의 부분에서 "대통령ㅇ는 미분양주택"이란 「조세특례제한법 시행령ㅇ 제1항 및 제2항에 따른 주택을 말한다.

② 법 제145조제1항에 따른 분양가격 인하ㅇ 특례제한법 시행령」 제98조의4제4항에 따라ㅇ으로 한다.

③ 법 제145조에 따라 과세특례를 적용받으려ㅇ 당 미분양주택의 양도소득분 개인지방소득세 ㅇ 예정신고 또는 과세표준확정신고와 함께 시ㅇ 구청장으로부터 「조세특례제한법 시행령」 제ㅇ 5항에 따라 미분양주택임을 확인하는 날인을 ㅇ 계약서 사본을 납세지 관할 지방자치단체의 ㅇ 출하여야 한다. 다만, 「조세특례제한법 시행령ㅇ 의4제5항에 따라 납세지 관할 세무서장에게 양ㅇ 과세표준신고와 함께 매매계약서 사본 등을 제ㅇ 우에는 납세지 관할 지방자치단체의 장에게도 ㅇ 출한 것으로 본다.(2016.12.30 본문개정)
<단서는 2016.12.31까지 유효>

④ 법 제145조에 따른 과세특례의 적용에 관하여ㅇ 항부터 제3항까지에서 규정한 사항 외에는 「조ㅇ 제한법 시행령」 제98조의4를 준용한다.

제98조【준공후미분양주택의 취득자에 대한 ㅇ 득분 개인지방소득세의 과세특례】① 법 제146ㅇ 제1호에서 "대통령령으로 정하는 사업자"란 「조ㅇ 제한법 시행령」 제98조의5제1항 각 호의 어느 ㅇ 해당하는 자를 말하고, "대통령령으로 정하는 준ㅇ 분양주택"이란 「조세특례제한법 시행령」 제98조ㅇ 제1항 및 제3항에 따른 주택을 말한다.

② 법 제146조제1항을 적용할 때 해당 준공후미ㅇ 택의 임대기간은 「조세특례제한법 시행령」 제98ㅇ 제5항에 따라 계산한 기간을 말한다.

③ 법 제146조에 따라 과세특례를 적용받으려는 자ㅇ 당 준공후미분양주택의 양도소득분 개인지방소득ㅇ 세표준예정신고 또는 과세표준확정신고와 함께 「조ㅇ 례제한법 시행령」 제98조의5제6항 각 호의 서류를 ㅇ 지 관할 지방자치단체의 장에게 제출하여야 한다. ㅇ 「조세특례제한법 시행령」 제98조의5제6항에 따라 ㅇ 지 관할 세무서장에게 양도소득세 과세표준신고와 ㅇ 매매계약서 사본 등을 제출한 경우에는 납세지 관ㅇ 방자치단체의 장에게도 함께 제출한 것으로 본다.
<단서는 2016.12.31까지 유효>

④ 법 제146조에 따른 과세특례의 적용에 관하여는 ㅇ 항부터 제3항까지에서 규정한 사항 외에는 「조세특ㅇ 제한법 시행령」 제98조의5를 준용한다.

제99조【미분양주택의 취득자에 대한 양도소득분 개인ㅇ 지방소득세의 과세특례】① 법 제147조제1항에서 "대ㅇ 통령령으로 정하는 미분양주택"이란 「조세특례제한법ㅇ 시행령」 제98조의6제1항 및 제2항에 따른 주택을 말하ㅇ

"대통령령으로 정하는 사업자"란 「조세특례제한법 시행령」 제98조의6제3항 각 호의 어느 하나에 해당하자를 말한다.

법 제147조에 따라 과세특례를 적용받으려는 사람해당 미분양주택의 양도소득분 개인지방소득세 과세표준예정신고와 함께 「조세특제한법 시행령」 제98조의6제8항에 따라 사업주체등로부터 교부받은 매매계약서 사본을 납세지 관할 지자치단체의 장에게 제출하여야 한다. 다만, 「조세특제한법 시행령」 제98조의6제5항에 따라 납세지 관할무서장에게 양도소득세 과세표준신고와 함께 매매계약서 사본 등을 제출한 경우에는 납세지 관할 지방자단체의 장에게도 함께 제출한 것으로 본다.
〈단서는 2016.12.31까지 유효〉
③ 법 제147조에 따른 과세특례의 적용에 관하여는 제1항 및 제2항에서 규정한 사항 외에는 「조세특례제한법 시행령」 제98조의6을 준용한다.

제100조【신축주택 등 취득자에 대한 양도소득분 개인지방소득세의 과세특례】 ① 법 제148조제1항에서 "대통령령으로 정하는 신축주택, 미분양주택 또는 1세대 1주택자의 주택"이란 다음 각 호의 구분에 따른 주택을 말한다.
1. 신규주택 또는 미분양주택 : 「조세특례제한법 시행령」 제99조의2제1항 및 제2항에 따른 주택
2. 1세대 1주택자의 주택 : 「조세특례제한법 시행령」 제99조의2제3항부터 제5항까지의 규정에 따른 주택
② 법 제148조제1항에서 "대통령령으로 정하는 자"란 「조세특례제한법 시행령」 제99조의2제6항 각 호의 구분에 따른 자를 말한다.
③ 법 제148조에 따라 과세특례를 적용받으려는 자는 해당 주택의 양도소득 과세표준예정신고 또는 과세표준확정신고와 함께 「조세특례제한법 시행령」 제99조의2제11항 또는 제12항에 따른 신축주택, 미분양주택 또는 1세대 1주택자의 주택임을 확인하는 날인을 받아 교부받은 매매계약서 사본을 납세지 관할 지방자치단체의 장에게 제출하여야 한다. 다만, 「조세특례제한법 시행령」 제99조의2제8항에 따라 납세지 관할 세무서장에게 양도소득세 과세표준신고와 함께 매매계약서 사본 등을 제출한 경우에는 납세지 관할 지방자치단체의 장에게도 함께 제출한 것으로 본다.〈단서는 2016.12.31까지 유효〉
④ 법 제148조에 따른 과세특례의 적용에 관하여는 제1항 및 제2항에서 규정한 사항 외에는 「조세특례제한법 시행령」 제99조의2를 준용한다.

제11절 그 밖의 지방소득세 특례

제101조【산림개발소득에 대한 세액감면신청】 법 제149조제1항을 적용받으려는 내국인은 과세표준신고와 함께 행정안전부령으로 정하는 세액감면신청서를 납세지 관할 지방자치단체의 장에게 제출하여야 한다. 다만, 「조세특례제한법 시행령」 제102조에 따라 납세지 관할 세무서장에게 소득세 감면을 신청하는 경우에는 법 제149조에 따른 개인지방소득세에 대한 세액감면도 함께 신청한 것으로 본다.(2017.7.26 본문개정)
〈단서는 2016.12.31까지 유효〉
제102조【제3자물류비용에 대한 세액공제신청】 법 제150조제1항 및 제2항에 따라 개인지방소득세를 공제받으려는 자는 과세표준신고와 함께 행정안전부령으로 정하는 세액공제신청서를 납세지 관할 지방자치단체의 장에게 제출하여야 한다. 다만, 「조세특례제한법 시행령」 제104조의14에 따라 납세지 관할 세무서장에게 소득세 공제를 신청하는 경우에는 법 제150조에 따른 개인지방소득세에 대한 세액공제도 함께 신청한 것으로 본다.
(2017.7.26 본문개정)〈단서는 2016.12.31까지 유효〉

제103조【대학 맞춤형 교육비용 등에 대한 세액공제】 ① 법 제151조제2항에서 "대통령령으로 정하는 연구 및 인력개발을 위한 시설"이란 「조세특례제한법 시행령」 제104조의17제1항에 따른 시설을 말한다.
② 법 제151조제4항 전단에서 "대통령령으로 정하는 사전 취업계약 등"이란 「조세특례제한법 시행령」 제104조의17제2항 각 호의 어느 하나에 해당하는 계약을 말한다.
③ 법 제151조제4항 전단에서 "대통령령으로 정하는 비용"이란 「조세특례제한법 시행령」 제104조의17제3항에 따른 비용을 말한다.

제104조【해외진출기업의 국내복귀에 대한 세액감면】 ① 법 제152조제1항 각 호 외의 부분에서 "대한민국 국민 등 대통령령으로 정하는 자"란 「조세특례제한법 시행령」 제104조의21제1항에 따른 대한민국 국민을 말한다.
② 법 제152조제1항에 따라 사업장을 국내로 이전 또는 복귀하는 경우에는 한국표준산업분류에 따른 세분류를 기준으로 이전 또는 복귀 전의 사업장에서 영위하던 업종과 이전 또는 복귀 후의 사업장에서 영위하는 업종이 동일하여야 한다.
③ 법 제152조제4항제2호에서 "대통령령으로 정하는 바에 따라 사업장을 국내로 이전 또는 복귀하여 사업을 개시하지 아니한 경우"란 「조세특례제한법 시행령」 제104조의21제1항 각 호의 요건을 갖추지 아니한 경우를 말한다.
④ 법 제152조제4항에 따라 납부하여야 하는 세액은 법 제152조제2항 및 제3항에 따라 감면받은 개인지방소득세 전액으로 한다.
⑤ 법 제152조제1항부터 제3항까지의 규정을 적용받으려는 자는 과세표준신고와 함께 행정안전부령으로 정하는 세액감면신청서 및 감면세액계산서를 납세지 관할 지방자치단체의 장에게 제출하여야 한다. 다만, 「조세특례제한법 시행령」 제104조의21제5항에 따라 납세지 관할 세무서장에게 소득세 감면을 신청하는 경우에는 법 제152조에 따른 개인지방소득세에 대한 세액감면도 함께 신청한 것으로 본다.(2017.7.26 본문개정)
〈단서는 2016.12.31까지 유효〉
제105조【외국인투자에 대한 개인지방소득세 감면의 기준 등】 ① 법 제153조제1항에 따른 외국인투자기준은 「조세특례법제한법 시행령」 제116조의2제1항부터 제10항까지 및 같은 조 제16항부터 제21항까지의 규정에 따른다.
② 법 제153조제2항 본문에서 "대통령령으로 정하는 바에 따라 계산한 외국인투자비율"이란 「조세특례제한법 시행령」 제116조의2제14항에 따른 외국인투자비율을 말한다.
③ 법 제153조제7항을 적용할 때 조세감면의 대상으로 보지 아니하는 주식등 소유비율 상당액 또는 대여금 상당액은 「조세특례제한법 시행령」 제116조의2제11항 및 제12항에 따라 계산한 금액으로 한다.
④ 법 제153조제8항에서 "사업의 양수 등 대통령령으로 정하는 방식에 해당하는 외국인투자"란 「조세특례제한법 시행령」 제116조의2제15항에 따른 외국인투자를 말한다.
⑤ 법 제153조제10항제1호가목에서 "대통령령으로 정하는 외국인 투자누계액"이란 「조세특례제한법 시행령」 제116조의2제22항에 따른 외국인 투자누계액을 말한다.
⑥ 법 제153조제12항에 따라 납부하여야 할 개인지방소득세액은 다음 계산식에 따라 계산한 금액(그 수가 음수인 경우엔 영으로 보고, 감면받은 과세연도 종료일 이후 2개 과세연도 연속으로 상시근로자 수가 감소한 경우에는 두 번째 과세연도에는 첫 번째 과세연도에 납부한 금액을 뺀 금액을 말한다)으로 하고, 이를 상시근로

자 수가 감소된 과세연도의 과세표준을 신고할 때 개인지방소득세로 납부하여야 한다.

> 해당 기업의 상시근로자 수가 감소된 과세연도의 직전 2년 이내의 과세연도에 법 제153조제10항제2호에 따라 감면받은 세액의 합계액 - (상시근로자 수가 감소된 과세연도의 감면대상사업장의 상시근로자 수 × 1백만원)

⑦ 법 제153조제13항에 따른 상시근로자의 범위 및 상시근로자 수의 계산은 「조세특례제한법 시행령」 제23조제10항부터 제12항까지의 규정에 따른다.(2015.2.3 본항개정)

⑧ 법 제153조제14항에서 "대통령령으로 정하는 바에 따라 계산한 세액"이란 「조세특례제한법 시행령」 제116조의7제1항·제4항 및 제5항에 따른 세액을 말하고, "대통령령으로 정하는 바에 따라 계산한 이자 상당 가산액"이란 「조세특례제한법 시행령」 제116조의7제3항에 따라 계산한 금액을 말한다.

제106조【제주첨단과학기술단지 입주기업에 대한 개인지방소득세의 감면】
① 법 제154조제1항에서 "생물산업, 정보통신산업 등 대통령령으로 정하는 사업"이란 「조세특례제한법 시행령」 제116조의14제1항 각 호의 산업을 영위하는 사업을 말한다.

② 법 제154조제2항제1호에서 "대통령령으로 정하는 투자누계액"이란 「조세특례제한법 시행령」 제116조의14제2항에 따른 투자 합계액을 말한다.

③ 법 제154조제4항에 따라 납부하여야 할 개인지방소득세액은 다음 계산식에 따라 계산한 금액(그 수가 음수이면 영으로 보고, 감면받은 과세연도 종료일 이후 2개 과세연도 연속으로 상시근로자 수가 감소한 경우에는 두 번째 과세연도에는 첫 번째 과세연도에 납부한 금액을 뺀 금액을 말한다)으로 하고, 이를 상시근로자 수가 감소된 과세연도의 과세표준을 신고할 때 개인지방소득세로 납부하여야 한다.

> 해당 기업의 상시근로자 수가 감소된 과세연도의 직전 2년 이내의 과세연도에 법 제154조제2항제2호에 따라 감면받은 세액의 합계액 - (상시근로자 수가 감소된 과세연도의 감면대상사업장의 상시근로자 수 × 1백만원)

④ 법 제154조제5항에 따른 상시근로자의 범위 및 상시근로자 수의 계산은 「조세특례제한법 시행령」 제23조제10항부터 제12항까지의 규정에 따른다.(2015.2.3 본항개정)

⑤ 법 제154조제1항에 따라 개인지방소득세를 감면받으려는 자는 과세표준신고와 함께 행정안전부령으로 정하는 세액감면신청서를 납세지 관할 지방자치단체의 장에게 제출하여야 한다. 다만, 「조세특례제한법 시행령」 제116조의14제5항에 따라 납세지 관할 세무서장에게 소득세 감면을 신청하는 경우에는 법 제154조에 따른 개인지방소득세에 대한 세액감면도 함께 신청한 것으로 본다.(2017.7.26 본문개정)<단서는 2016.12.31까지 유효>

제107조【제주투자진흥지구 또는 제주자유무역지역 입주기업에 대한 개인지방소득세의 감면】
① 법 제155조제1항 각 호 외의 부분에서 "대통령령으로 정하는 기준에 해당하는 투자"란 다음 각 호의 구분에 따른 투자를 말한다.
1. 법 제155조제1항제1호에 따른 사업 : 「조세특례제한법 시행령」 제116조의15제1항에 따른 투자
2. 법 제155조제1항제2호에 따른 사업 : 「조세특례제한법 시행령」 제116조의15제2항에 따른 투자
3. 법 제155조제1항제3호에 따른 사업 : 「조세특례제한법 시행령」 제116조의15제3항에 따른 투자

② 법 제155조제3항제1호에서 "대통령령으로 정하는 투자누계액"이란 「조세특례제한법 시행령」 제116조의15제4항에 따른 투자 합계액을 말한다.

③ 법 제155조제5항에 따라 납부하여야 할 개인지방소득세액은 다음 계산식에 따라 계산한 금액(그 수가 음수이면 영으로 보고, 감면받은 과세연도 종료일 이후 2개 과세연도 연속으로 상시근로자 수가 감소한 경우에는 두 번째 과세연도에는 첫 번째 과세연도에 납부한 금액을 뺀 금액을 말한다)으로 하고, 이를 상시근로자 수가 감소된 과세연도의 과세표준을 신고할 때 개인지방소득세로 납부하여야 한다.

> 해당 기업의 상시근로자 수가 감소된 과세연도의 직전 2년 이내의 과세연도에 법 제155조제3항제2호에 따라 감면받은 세액의 합계액 - (상시근로자 수가 감소된 과세연도의 감면대상사업장의 상시근로자 수 × 1백만원)

④ 법 제155조제6항에 따른 상시근로자의 범위 및 상시근로자 수의 계산은 「조세특례제한법 시행령」 제23조제10항부터 제12항까지의 규정에 따른다.(2015.2.3 본항개정)

⑤ 법 제155조제2항에 따라 개인지방소득세를 감면받으려는 자는 과세표준신고와 함께 행정안전부령으로 정하는 세액감면신청서를 납세지 관할 지방자치단체의 장에게 제출하여야 한다. 다만, 「조세특례제한법 시행령」 제116조의15제7항에 따라 납세지 관할 세무서장에게 소득세 감면을 신청하는 경우에는 법 제155조에 따른 개인지방소득세에 대한 세액감면도 함께 신청한 것으로 본다.(2017.7.26 본문개정)<단서는 2016.12.31까지 유효>

⑥ 법 제155조제8항에 따른 제주투자진흥지구 또는 제주자유무역지역 입주기업에 대한 개인지방소득세의 감면세액의 추징은 「조세특례제한법 시행령」 제116조의17제1항 각 호의 기준에 따른다.

제108조【기업도시개발구역 등의 창업기업 등에 대한 개인지방소득세의 감면】
① 법 제156조제1항 각 호 외의 부분에서 "대통령령으로 정하는 기준에 해당하는 투자"란 다음 각 호의 구분에 따른 투자를 말한다.
1. 법 제156조제1항제1호·제3호 및 제5호에 따른 사업 : 「조세특례제한법 시행령」 제116조의21제1항에 따른 투자
2. 법 제156조제1항제2호·제4호 및 제6호에 따른 사업 : 「조세특례제한법 시행령」 제116조의21제2항에 따른 투자

② 법 제156조제1항제1호·제3호 및 제5호에 해당하는 기업도시개발구역, 신발전지역발전촉진지구, 신발전지역투자촉진지구 및 박람회장 조성사업구역에 창업하거나 사업장을 신설하는 기업이 그 구역에 있는 사업장에서 경영하는 사업의 감면대상소득은 제1항제1호에 따른 감면대상사업을 경영하기 위하여 그 구역에 투자한 시설에서 직접 발생한 소득으로 한다.

③ 법 제156조제3항제1호에서 "대통령령으로 정하는 투자누계액"이란 「조세특례제한법 시행령」 제116조의21제4항에 따른 투자 합계액을 말한다.

④ 법 제156조제5항에 따라 납부하여야 할 개인지방소득세는 다음의 계산식에 따라 계산한 금액(그 수가 음수이면 영으로 보고, 감면받은 과세연도 종료일 이후 2개 과세연도 연속으로 상시근로자 수가 감소한 경우에는 두 번째 과세연도에는 첫 번째 과세연도에 납부한 금액을 뺀 금액을 말한다)으로 하고, 이를 상시근로자 수가 감소된 과세연도의 과세표준을 신고할 때 개인지방소득세로 납부하여야 한다.

> 해당 기업의 상시근로자 수가 감소된 과세연도의 직전 2년 이내의 과세연도에 법 제158조제3항제2호에 따라 감면받은 세액의 합계액 - (상시근로자 수가 감소된 과세연도의 감면대상사업장의 상시근로자 수 × 1백만원)

⑤ 법 제156조제6항에 따른 상시근로자의 범위 및 상시근로자 수의 계산은 「조세특례제한법 시행령」 제23조제10항부터 제12항까지의 규정에 따른다.(2015.2.3 본항개정)

⑥ 법 제156조제2항에 따라 개인지방소득세를 감면받으려는 자는 과세표준신고와 함께 행정안전부령으로 정하는 세액감면신청서를 납세지 관할 지방자치단체의 장에게 제출하여야 한다. 다만, 「조세특례제한법 시행령」 제116조의21제7항에 따라 납세지 관할 세무서장에게 소득세 감면을 신청하는 경우에는 법 제156조에 따른 개인지방소득세에 대한 세액감면도 함께 신청한 것으로 본다.(2017.7.26 본문개정)<단서는 2016.12.31까지 유효>

제109조【아시아문화중심도시 투자진흥지구 입주기업 등에 대한 개인지방소득세의 감면】 ① 법 제157조제1항에 따라 개인지방소득세를 감면받은 투자는 「조세특례제한법 시행령」 제116조의25제1항에 따른 투자로 한다.
② 법 제157조제3항제1호에서 "대통령령으로 정하는 투자누계액"이란 「조세특례제한법 시행령」 제116조의25제2항에 따른 투자 합계액을 말한다.
③ 법 제157조제5항에 따라 납부하여야 할 개인지방소득세액은 다음 계산식에 따라 계산한 금액(그 수가 음수이면 영으로 보고, 감면받은 과세연도 종료일 이후 2개 과세연도 연속으로 상시근로자 수가 감소한 경우에는 두 번째 과세연도에는 첫 번째 과세연도에 납부한 금액을 뺀 금액을 말한다)으로 하고, 이를 상시근로자 수가 감소된 과세연도의 과세표준을 신고할 때 개인지방소득세로 납부하여야 한다.

해당 기업의 상시근로자 수가 감소된 과세연도의 직전 2년 이내의 과세연도에 법 제157조제3항제2호에 따라 감면받은 세액의 합계액 - (상시근로자 수가 감소된 과세연도의 감면대상사업장의 상시근로자 수 × 1백만원)

④ 법 제157조제6항에 따른 상시근로자의 범위 및 상시근로자 수의 계산은 「조세특례제한법 시행령」 제23조제10항부터 제12항까지의 규정에 따른다.(2015.2.3 본항개정)
⑤ 법 제157조제7항에 따라 추징하는 개인지방소득세액은 감면받은 세액 전액으로 한다.
⑥ 법 제157조제9항에 따라 개인지방소득세 감면신청을 하려는 자는 과세표준신고와 함께 행정안전부령으로 정하는 세액감면신청서를 납세지 관할 지방자치단체의 장에게 제출하여야 한다. 다만, 「조세특례제한법 시행령」 제116조의25제6항에 따라 납세지 관할 세무서장에게 소득세 감면을 신청하는 경우에는 법 제157조에 따른 개인지방소득세에 대한 세액감면도 함께 신청한 것으로 본다.(2017.7.26 본문개정)<단서는 2016.12.31까지 유효>

제110조【금융중심지 창업기업 등에 대한 개인지방소득세의 감면】 ① 법 제158조제1항서 "대통령령으로 정하는 기준"이란 「조세특례제한법 시행령」 제116조의26제1항에 따른 기준을 말한다.
② 법 제158조제2항에 따른 금융중심지 구역 안 사업장의 과세대상사업에서 발생한 소득은 「조세특례제한법 시행령」 제116조의26제2항에 따른 소득으로 한다.
③ 법 제158조제3항제1호에서 "대통령령으로 정하는 투자누계액"이란 「조세특례제한법 시행령」 제116조의26제3항에 따른 투자 합계액을 말한다.
④ 법 제158조제5항에 따라 납부하여야 할 개인지방소득세액은 다음 계산식에 따라 계산한 금액(그 수가 음수이면 영으로 보고, 감면받은 과세연도 종료일 이후 2개 과세연도 연속으로 상시근로자 수가 감소한 경우에는 두 번째 과세연도에는 첫 번째 과세연도에 납부한 금액을 뺀 금액을 말한다)으로 하고, 이를 상시근로자 수가 감소된 과세연도의 과세표준을 신고할 때 개인지방소득세로 납부하여야 한다.

해당 기업의 상시근로자 수가 감소된 과세연도의 직전 2년 이내의 과세연도에 법 제158조제3항제2호에 따라 감면받은 세액의 합계액 - (상시근로자 수가 감소된 과세연도의 감면대상사업장의 상시근로자 수 × 1백만원)

⑤ 법 제158조제6항에 따른 상시근로자의 범위 및 상시근로자 수의 계산은 「조세특례제한법 시행령」 제23조제10항부터 제12항까지의 규정에 따른다.(2015.2.3 본항개정)
⑥ 법 제158조제7항에 따라 추징하는 개인지방소득세액은 감면받은 세액 전액으로 한다.
⑦ 법 제158조제9항에 따라 개인지방소득세 감면신청을 하려는 자는 과세표준신고와 함께 행정안전부령으로 정하는 세액감면신청서를 납세지 관할 지방자치단체의 장에게 제출하여야 한다. 다만, 「조세특례제한법 시행령」 제116조의26제9항에 따라 납세지 관할 세무서장에게 소득세 감면을 신청하는 경우에는 법 제158조에 따른 개인지방소득세에 대한 세액감면도 함께 신청한 것으로 본다.(2017.7.26 본문개정)<단서는 2016.12.31까지 유효>

제111조【첨단의료복합단지에 입주하는 의료연구개발기관 등에 대한 개인지방소득세의 감면】 ① 법 제159조제1항에서 "대통령령으로 정하는 사업"이란 「보건의료기술 진흥법」 제2조제1항제1호에 따른 보건의료기술과 관련된 사업을 말한다.
② 법 제159조제3항제1호에서 "대통령령으로 정하는 투자누계액"이란 「조세특례제한법 시행령」 제116조의27제2항에 따른 투자합계액을 말한다.
③ 법 제159조제5항에 따라 납부하여야 할 개인지방소득세액은 다음 계산식에 따라 계산한 금액(그 수가 음수이면 영으로 보고, 감면받은 과세연도 종료일 이후 3개 과세연도 연속으로 상시근로자 수가 감소한 경우에는 세 번째 과세연도에는 첫 번째 과세연도에 납부한 금액과 두 번째 과세연도에 납부한 금액의 합을 뺀 금액을 말하고, 2개 과세연도 연속으로 상시근로자 수가 감소한 경우에는 두 번째 과세연도에는 첫 번째 과세연도에 납부한 금액을 뺀 금액을 말한다)으로 하고, 이를 상시근로자 수가 감소된 과세연도의 과세표준을 신고할 때 개인지방소득세로 납부하여야 한다.

해당 기업의 상시근로자 수가 감소된 과세연도의 직전 3년 이내의 과세연도에 법 제159조제3항제2호에 따라 감면받은 세액의 합계액 - (상시근로자 수가 감소된 과세연도의 감면대상사업장의 상시근로자 수 × 1백만원)

④ 법 제159조제6항에 따른 상시근로자의 범위 및 상시근로자 수의 계산은 「조세특례제한법 시행령」 제23조제10항부터 제12항까지의 규정에 따른다.(2015.2.3 본항개정)
⑤ 법 제159조제7항에 따라 개인지방소득세를 감면받으려는 자는 과세표준신고와 함께 행정안전부령으로 정하는 세액감면신청서를 납세지 관할 지방자치단체의 장에게 제출하여야 한다. 다만, 「조세특례제한법 시행령」 제116조의27제5항에 따라 납세지 관할 세무서장에게 소득세 감면을 신청하는 경우에는 법 제159조에 따른 개인지방소득세에 대한 세액감면도 함께 신청한 것으로 본다.(2017.7.26 본문개정)<단서는 2016.12.31까지 유효>

제112조【구리 스크랩등사업자의 수입금액의 증가 등에 대한 세액공제】 ① 법 제160조제1항제1호는 세액공제를 받으려는 과세연도의 직전 과세연도 종료일부터 소급하여 1년 이상 계속하여 해당 사업을 영위한 자에 한정하여 적용한다.
② 법 제160조제1항에 따른 매입자납부 익금 및 손금의 합계액이 변경되는 경우 또는 해당 과세연도의 과세표준과 세액이 경정됨에 따라 세액공제액이 감소되는 경우에는 이를 다시 계산한다.

③ 법 제160조1항에 따른 세액공제를 받으려는 자는 종합소득분 개인지방소득세 과세표준신고와 함께 행정안전부령으로 정하는 수입증가등세액공제신청서, 매입자납부익금 및 손금명세서를 납세지 관할 지방자치단체의 장에게 제출하여야 한다. 다만, 「조세특례제한법 시행령」 제117조의4제3항에 따라 납세지 관할 세무서장에게 소득세 공제를 신청하는 경우에는 법 제160조에 따른 개인지방소득세에 대한 세액공제도 함께 신청한 것으로 본다 (2017.7.26 본문개정)
<단서는 2016.12.31까지 유효>
제113조【현금영수증가맹점에 대한 세액공제】① 법 제161조제1항에서 "대통령령으로 정하는 금액"이란 2원을 말한다.
② 현금영수증의 발급방법·기재내용·양식 및 현금영수증 결제내역의 보관·제출 등 현금영수증제도의 원활한 운영을 위하여 필요한 사항은 「조세특례제한법 시행령」 제121조의3제3항에 따른다.
③ 법 제161조에 따른 세액공제의 적용에 관하여는 제1항 및 제2항에서 규정한 사항 외에는 「조세특례제한법 시행령」 제121조의3을 준용한다.
제114조【금 현물시장에서 거래되는 금지금에 대한 세액공제】① 법 제162조제1항 각 호 외의 부분 본문에서 "대통령령으로 정하는 금지금"이란 「조세특례제한법 시행령」 제121조의7제1항에 따른 금지금을 말한다.(2014.8.20 본항개정)
② 법 제162조제1항 각 호 외의 부분 본문에서 "대통령령으로 정하는 사업자"란 「조세특례제한법 시행령」 제121조의7제2항에 따른 사업자를 말한다.(2014.8.20 본항신설)
③ 법 제162조제1항 각 호 외의 부분 본문에서 "대통령령으로 정하는 보관기관"이란 「조세특례제한법 시행령」 제121조의7제3항에 따른 보관기관을 말한다. (2014.8.20 본항신설)
④ 법 제162조제1항 각 호 외의 부분 본문에서 "대통령령으로 정하는 금 현물시장"이란 「조세특례제한법 시행령」 제121조의7제4항에 따른 시장을 말한다. (2014.8.20 본항신설)
⑤ 제1항에 따른 금지금을 보관기관에서 인출하는 경우 법 제162조제1항 각 호 외의 부분 본문에 따른 금 현물시장 이용금액은 「조세특례제한법 시행령」 제121조의7제14항에 따라 평가한 금액으로 한다.
⑥ 법 제162조제1항 각 호 외의 부분 본문에서 "대통령령으로 정하는 특수관계"란 「소득세법 시행령」 제98조제1항에 따른 특수관계인의 관계를 말한다.
⑦ 법 제162조에 따른 세액공제의 적용에 관하여는 제1항부터 제6항까지에서 규정한 사항 외에는 「조세특례제한법 시행령」 제121조의7을 준용한다.(2014.8.20 본항신설)
제115조【석유제품 전자상거래에 대한 세액공제】① 법 제165조제1항 본문에서 "대통령령으로 정하는 전자결제망"이란 「조세특례제한법 시행령」 제104조의22제1항에 따른 석유제품 전자결제망을 말한다.
② 법 제165조에 따라 개인지방소득세를 공제받으려는 자는 과세표준신고와 함께 행정안전부령으로 정하는 세액공제신청서를 납세지 관할 지방자치단체의 장에게 제출하여야 한다. 다만, 「조세특례제한법 시행령」 제104조의22제2항에 따라 납세지 관할 세무서장에게 소득세 공제를 신청하는 경우에는 법 제165조에 따른 개인지방소득세에 대한 세액감면도 함께 신청한 것으로 본다.(2017.7.26 본문개정)<단서는 2016.12.31까지 유효>
제116조【성실신고 확인비용에 대한 세액공제】법 제166조제1항을 적용받으려는 자는 「소득세법」 제70조의2제1항에 따른 성실신고확인서를 제출할 때 행정안전부령으로 정하는 성실신고확인비용세액공제신청서를 납세

지 관할 지방자치단체의 장에게 제출하여야 한다. 다만, 「조세특례제한법 시행령」 제121조의6제2항에 따라 소득세 공제를 신청하는 경우에는 법 제166조에 따른 개인지방소득세에 대한 세액공제도 함께 신청한 것으로 본다.(2017.7.26 본문개정)<단서는 2016.12.31까지 유효>
제116조의2【개인지방소득세의 전자신고 세액공제】① 법 제167조의3제1항 전단에서 "대통령령으로 정하는 개인지방소득세"란 「지방세법」 제95조에 따라 과세표준 및 세액을 확정신고하는 종합소득에 대한 개인지방소득세 및 같은 법 제103조의5에 따라 과세표준 및 세액을 예정신고하는 양도소득에 대한 개인지방소득세를 말한다.
② 법 제167조의3제1항 전단에서 "대통령령으로 정하는 금액"이란 2천원(「소득세법」 제73조에 따라 과세표준확정신고의 예외에 해당하는 자가 과세표준확정신고를 한 경우에는 추가로 납부하거나 환급받은 결정세액과 1천원 중 적은 금액)을 말한다. (2021.12.31 본조신설)

제12절 지방소득세 특례제한 등

제117조【투자세액공제 등의 배제】① 법 제168조제1항제2호에서 "대통령령으로 정하는 바에 따라 계산한 국가등이 지급하는 이자비용에 상당하는 금액"이란 「조세특례제한법 시행령」 제123조제1항에 따른 이자비용의 합계액을 말한다.
② 법 제168조제1항제3호에서 "대통령령으로 정하는 바에 따라 계산한 국가등이 지원하는 이자지원금에 상당하는 금액"이란 「조세특례제한법 시행령」 제123조제2항에 따라 계산한 금액을 말한다.
제118조【과소신고소득금액의 범위】① 법 제169조제3항에서 "대통령령으로 정하는 과소신고금액"이란 「조세특례제한법 시행령」 제122조제1항에 따른 금액을 말한다.
② 법 제169조제4항제3호 각 목외의 부분에서 "대통령령으로 정하는 때에 해당하는 경우"란 「조세특례제한법 시행령」 제122조제2항에 따른 경우를 말한다.
제119조【수도권과밀억제권역 안의 투자에 대한 감면배제 등】① 법 제171조제1항 본문과 같은 조 제2항에서 "대통령령으로 정하는 디지털방송장비"란 「조세특례제한법 시행령」 제124조제3항에 따른 방송장비를 말한다.
② 법 제171조제1항 본문 및 같은 조 제2항에서 "대통령령으로 정하는 정보통신장비"란 「전기통신사업 회계정리 및 보고에 관한 규정」 제8조에 따른 전기통신설비 중 교환설비, 전송설비, 선로설비 및 정보처리설비를 말한다.
③ 법 제171조제1항 본문에서 "대통령령으로 정하는 증설투자"란 「조세특례제한법 시행령」 제124조제1항 각 호의 구분에 따른 투자를 말한다.
④ 법 제171조제1항 단서에서 "대통령령으로 정하는 산업단지 또는 공업지역"이란 「조세특례제한법 시행령」 제124조제2항에 따른 산업단지 또는 공업지역을 말한다.
제120조【최저한세액에 미달하는 세액에 대한 감면 등의 배제】① 법 제172조제1항 각 호 외의 부분에서 "대통령령으로 정하는 추징세액"이란 다음 각 호의 어느 하나에 해당하는 것을 말한다.
1. 법에 따라 감면세액을 추징하는 경우(개인지방소득세에 가산하여 자진납부하거나 부과징수하는 경우를 포함한다)의 이자 상당 가산액
2. 법에 따라 개인지방소득세의 감면세액을 추징하는 경우 해당 사업연도에 개인지방소득세에 가산하여 자진납부하거나 부과징수하는 경우
② 법 제172조제1항 각 호 외의 부분에서 "대통령령으로 정하는 세액공제 등"이란 개인지방소득세의 감면 중 같은 항 제1호 및 제2호에 열거되지 아니한 세액공제, 세액면제 및 감면을 말한다.

③ 납세의무자가 신고(「지방세기본법」에 따른 수정신고 및 경정 등의 청구를 포함한다)한 개인지방소득세액이 법 제172조에 따라 계산한 세액에 미달하여 개인지방소득세를 경정하는 경우에는 다음 각 호의 순서(동일한 호에서는 법 제172조제1항 각 호에 열거된 조문순서에 따른다)에 따라 해당하는 감면을 배제하여 세액을 계산한다.
1. 법 제172조제1항제1호에 따른 세액공제금액. 이 경우 같은 조문에 따른 감면세액 중 이월된 공제세액이 있는 경우에는 나중에 발생한 것부터 적용배제한다.
2. 법 제172조제1항제2호에 따른 개인지방소득세의 면제 및 감면

제121조【세액공제액의 이월공제】 ① 법 제174조제3항제1호에 따른 산업수요맞춤형고등학교등의 졸업생 수는 「조세특례제한법 시행령」 제136조의2제1항에 따른 졸업생 수로 한다.
② 법 제174조제3항제2호에 따른 청년근로자 수는 「조세특례제한법 시행령」 제136조의2제2항에 따른 청년근로자 수로 한다.
③ 법 제174조제3항제2호에 따른 장애인근로자 수는 「조세특례제한법 시행령」 제136조의2제3항에 따른 장애인근로자 수로 한다.
④ 법 제174조제3항제2호에 따른 60세 이상인 근로자 수는 「조세특례제한법 시행령」 제136조의2제4항에 따른 60세 이상인 근로자 수로 한다.
⑤ 제1항부터 제4항까지에서 규정한 상시근로자의 범위 및 상시근로자 수의 계산은 「조세특례제한법 시행령」 제23조제10항부터 제13항까지의 규정에 따른다.
(2015.2.3 본항개정)

제122조【감면세액의 추징】 ① 법 제175조에서 "대통령령으로 정하는 경우"란 「조세특례제한법 시행령」 제137조제1항 각 호의 어느 하나에 해당하는 경우를 말한다.
② 법 제175조에 따른 이자 상당 가산액은 공제받은 세액에 제1호의 기간 및 제2호의 율을 곱하여 계산한 금액으로 한다.
1. 공제받은 과세연도의 과세표준신고일의 다음 날부터 법 제175조의 사유가 발생한 날이 속하는 과세연도의 과세표준신고일까지의 기간
2. 1일 1만분의 3

제4장 보 칙

제123조【직접 사용의 범위】 법 또는 다른 법령에서의 토지에 대한 재산세의 감면규정을 적용할 때 직접사용의 범위에는 해당 감면대상 업무에 사용할 건축물 및 주택을 건축 중인 경우를 포함한다.(2020.12.31 본조개정)

제123조의2【감면된 취득세의 추징에 관한 이자상당액의 계산 등】 ① 법 제178조제2항 본문에 따라 가산하여 납부해야 하는 이자상당액은 감면된 세액에 제1호의 기간과 제2호의 율을 곱하여 계산한 금액으로 한다.
1. 당초 감면받은 부동산에 대한 취득세 납부기한의 다음 날부터 추징사유가 발생한 날까지의 기간. 다만, 「지방세기본법」 제60조에 따라 환급·충당한 후 추징사유가 발생한 경우에는 같은 법 시행령 제43조제1항 각 호에 따른 날부터 추징사유가 발생한 날까지의 기간으로 한다.(2021.12.31 단서신설)
2. 「지방세기본법 시행령」 제34조제1항에 따른 이자율(2023.12.29 본호개정)
② 법 제178조제2항 단서에서 "파산 등 대통령령으로 정하는 부득이한 사유"란 다음 각 호의 어느 하나에 해당하는 사유를 말한다.

1. 파산선고를 받은 경우
2. 천재지변이나 그 밖에 이에 준하는 불가피한 사유로 해당 부동산을 매각·증여하거나 다른 용도로 사용한 경우
(2020.1.15 본조신설)

제124조【지방세감면 의견서 제출】 ① 법 제181조제3항에서 "대통령령으로 정하는 지방세 특례 사항"이란 다음 각 호의 어느 하나에 해당하는 사항을 말한다.(2014.3.14 본문개정)
1. 해당 과세연도에 기한이 종료되는 지방세 특례 사항
2. 시행 후 2년이 지나지 아니한 지방세 특례 사항
3. 범위를 확대하려는 지방세 특례 사항
4. 법 제181조제2항에 따른 지방세의 감면과 관련되는 사업계획의 변경 등으로 재검토가 필요한 지방세 특례 사항(2014.3.14 본호개정)
5. 행정안전부장관이 다른 중앙행정기관의 장과 협의하여 고시하는 법인 및 단체의 변경 등으로 재검토가 필요한 지방세 특례 사항(2017.7.26 본호개정)
② 법 제181조제6항 후단에서 "대통령령으로 정하는 지방세 특례"란 다음 각 호의 어느 하나에 해당하는 경우를 말한다.
1. 해당 지방세 특례의 적용기한이 종료되는 날이 속하는 해의 직전 3년간(지방세 특례가 신설된 지 3년이 지나지 않은 경우에는 그 기간) 연평균 지방세 감면액이 100억원 이상인 경우
2. 둘 이상의 감면 조문을 분야별로 일괄하여 평가할 필요가 있는 경우
3. 지방세 감면액이 지속적으로 증가할 것으로 예상되어 객관적인 검증을 통해 지방세 지출의 효율화가 필요한 경우
4. 그 밖에 행정안전부장관이 지방세 특례에 대한 평가가 필요하다고 인정하는 경우
(2018.12.31 본항개정)
③ 법 제181조제7항에서 "대통령령으로 정하는 일정 금액 이상인 지방세 특례를 신규로 도입하려는 경우"란 해당 특례안의 감면기간 동안 발생할 것으로 예상되는 지방세 감면 추계액이 100억원 이상인 경우(기존 지방세특례의 내용을 변경하는 경우에는 기존 지방세특례 금액에 추가되는 해당 특례안의 감면기간 동안 추가되는 예상 감면액이 100억원 이상인 경우를 말한다)를 말한다. 다만, 경제·사회적 상황에 대응하기 위하여 도입할 필요가 있는 경우로서 행정안전부장관이 인정하는 경우는 제외한다.(2017.12.29 본문개정)
④ 법 제181조제6항 후단 및 같은 조 제7항에서 조세 관련 조사·연구기관은 각각 다음 각 호의 어느 하나에 해당하는 기관으로 한다.
1. 「지방세기본법」 제151조에 따른 지방세연구원
2. 그 밖에 지방세 특례의 타당성에 대한 평가 등과 관련하여 전문 인력과 조사·연구 능력 등을 갖춘 것으로 행정안전부장관이 정하여 고시하는 기관
2의2.~3. (2020.12.31 삭제)
(2020.12.31 본항개정)
⑤ 법 제181조제6항 및 제7항에 따른 지방세 특례에 대한 평가의 세부 기준, 절차 및 그 밖에 필요한 사항은 행정안전부장관이 정한다.(2017.12.29 본항개정)

제125조【지방자치단체의 감면율 조정 제외 대상】 법 제182조제2항에서 "대통령령으로 정하는 사항"이란 법 제6조, 제17조 및 제29조에 규정된 사항을 말한다.(2014.3.14 본조개정)

제126조【감면 신청】 ① 법 제183조제1항 본문에 따라 지방세의 감면을 신청하려는 자는 다음 각 호의 구분에 따른 시기에 행정안전부령으로 정하는 감면신청서에 감면받을 사유를 증명하는 서류를 첨부하여 납세지를 관할하는 지방자치단체의 장에게 제출해야 한다.

1. 납세의무자가 과세표준과 세액을 지방자치단체의 장에게 신고납부하는 지방세 : 해당 지방세의 과세표준과 세액을 신고하는 때. 다만, 「지방세기본법」제50조제1항 및 제2항에 따라 결정 또는 경정을 청구하는 경우에는 그 결정 또는 경정을 청구하는 때로 한다.
2. 제1호 외의 지방세 : 다음 각 목의 구분에 따른 시기로 한다.
  가. 주민세 개인분, 재산세(「지방세법」제112조에 따른 부과분을 포함한다) 및 소방분 지역자원시설세 : 과세기준일이 속하는 달의 말일까지
  나. 등록면허세(「지방세법」제35조제2항에 따라 보통징수의 방법으로 징수하는 경우로 한정한다), 같은 법 제125조제1항에 따른 자동차세 및 특정자원분 지역자원시설세(같은 법 제147조제1항제1호 단서에 따라 보통징수의 방법으로 징수하는 경우로 한정한다) : 납기가 있는 달의 10일까지
(2020.12.31 본항개정)
② 제1항에도 불구하고 자동차에 대한 취득세 및 등록면허세를 감면하려는 경우에는 해당 자동차의 사용본거지를 관할하지 않는 시장·군수·구청장도 제1항에 따른 업무를 처리할 수 있다. 이 경우 그 업무는 사용본거지를 관할하는 시장·군수·구청장이 처리한 것으로 본다.(2020.12.31 전단개정)
③ 해당 자동차의 사용본거지를 관할하지 아니하는 시장·군수·구청장이 제2항에 따른 업무를 처리하였을 때에는 관련 서류 전부를 해당 자동차의 사용본거지를 관할하는 시장·군수·구청장에게 즉시 이송하여야 한다.(2016.12.30 본항개정)
제127조【감면자료의 제출】 법 제184조에 따라 지방세의 감면자료를 제출하여야 하는 자는 해당 연도 1월 1일부터 12월 31일까지의 기간 중에 감면대상 및 감면받은 세액 등을 확인할 수 있는 자료를 행정안전부령으로 정하는 바에 따라 다음 연도 1월 31일까지 과세물건 소재지를 관할하는 시장·군수·구청장에게 제출하여야 한다.(2017.7.26 본조개정)

부 칙 (2015.12.31)

제1조【시행일】 이 영은 2016년 1월 1일부터 시행한다.
제2조【일반적 적용례】 이 영은 이 영 시행 후 납세의무가 성립하는 분부터 적용한다.
제3조【일반적 경과조치】 이 영 시행 당시 종전의 규정에 따라 부과 또는 감면하였거나 부과 또는 감면하여야 할 지방세에 대해서는 종전의 규정에 따른다.
제4조【다른 법령의 개정】 ※(해당 법령에 가제정리 하였음)

부 칙 (2016.12.30)

제1조【시행일】 이 영은 2017년 1월 1일부터 시행한다. 다만, 제22조 각 호 외의 부분 단서 및 제26조 각 호 외의 부분 단서의 개정규정은 2018년 1월 1일부터 시행하고, 제8조제4항 및 제12조의2제4항의 개정규정은 2019년 1월 1일부터 시행한다.(2017.12.29 단서개정)
제2조【일반적 적용례】 이 영은 이 영 시행 이후 납세의무가 성립하는 분부터 적용한다.
제3조【대체취득 기준 변경에 관한 적용례 등】 ① 제8조제4항 및 제12조의2제4항의 개정규정은 부칙 제1조 단서에 따른 시행일 이후 자동차를 말소등록하거나 이전등록하는 경우부터 적용한다.
② 제1항에도 불구하고 부칙 제1조 단서에 따른 시행일 전 자동차를 대체취득한 후 이 영 시행 이후 종전의 자동차를 말소등록하거나 이전등록하는 경우에는 종전의 제8조제4항 및 제12조의2제4항을 적용한다.

제4조【일반적 경과조치】 이 영 시행 당시 종전의 규정에 따라 부과 또는 감면하였거나 부과 또는 감면하여야 할 지방세에 대해서는 종전의 규정에 따른다.
제5조【다른 법령의 개정】 ※(해당 법령에 가제정리 하였음)

부 칙 (2017.12.29)

제1조【시행일】 이 영은 2018년 1월 1일부터 시행한다. 다만, 제24조제1항부터 제3항까지의 개정규정은 2019년 1월 1일부터 시행한다.
제2조【일반적 적용례】 이 영은 이 영 시행 이후 납세의무가 성립하는 분부터 적용한다.
제3조【일반적 경과조치】 이 영 시행 당시 종전의 규정에 따라 부과 또는 감면하였거나 부과 또는 감면하여야 할 지방세에 대해서는 종전의 규정에 따른다.
제4조【조례에 따른 지방세 감면에 대한 경과조치】 이 영 시행 전에 지방세 감면을 신설 또는 연장하거나 변경하기 위하여 법 제4조제3항 전단에 따라 지방세심의위원회의 심의를 거친 경우에는 제2조제2항의 개정규정에도 불구하고 종전의 규정에 따른다.
제5조【친환경건축물 등의 감면에 관한 경과조치】 이 영 시행 전에 법 제47조의2제4항에 따라 재산세를 경감하기로 한 건축물 또는 주택으로서 이 영 시행 당시 에너지효율등급 인증을 받은 날부터 5년이 경과되지 아니한 분에 대해서는 제24조제6항의 개정규정에도 불구하고 종전의 규정에 따른다.

부 칙 (2018.12.31 영29438호)

제1조【시행일】 이 영은 2019년 1월 1일부터 시행한다.
제2조【일반적 적용례】 이 영은 이 영 시행 이후 납세의무가 성립하는 분부터 적용한다.
제3조【대체취득 기준 변경에 관한 적용례 등】 ① 대통령령 제27711호 지방세특례제한법 시행령 일부개정령 제8조제4항 및 제12조의2제4항의 개정규정은 이 영 시행 이후 자동차를 말소등록하거나 이전등록하는 경우부터 적용한다.
② 제1항에도 불구하고 이 영 시행 전에 자동차를 대체취득한 후 이 영 시행 이후 종전의 자동차를 말소등록하거나 이전등록하는 경우에는 종전의 「지방세특례제한법 시행령」(대통령령 제27711호 지방세특례제한법 시행령 일부개정령으로 개정되기 전의 것을 말한다) 제8조제4항 및 제12조의2제4항을 적용한다.
제4조【일반적 경과조치】 이 영 시행 당시 종전의 규정에 따라 부과 또는 감면했거나 부과 또는 감면해야 할 지방세에 대해서는 종전의 규정에 따른다.
제5조【조례에 따른 지방세 감면에 관한 경과조치】 이 영 시행 전에 지방세 감면을 신설 또는 연장하거나 변경하기 위해 법 제4조제3항 전단에 따라 지방세심의위원회의 심의를 거친 경우에는 제2조제2항의 개정규정에도 불구하고 종전의 규정에 따른다.
제6조【다른 법령의 개정】 ①~② ※(해당 법령에 가제정리 하였음)

부 칙 (2020.1.15)

제1조【시행일】 이 영은 공포한 날부터 시행한다.
제2조【장애인용 자동차의 취득세 및 자동차세 면제에 관한 적용례】 제8조제3항 및 제4항의 개정규정은 이 영 시행 이후 취득세 및 자동차세의 납세의무가 성립하는 분부터 적용한다.

제3조【국가유공자등의 자동차의 취득세 및 자동차세 면제에 관한 적용례】제12조의2제3항 및 제4항의 개정규정은 이 영 시행 이후 취득세 및 자동차세의 납세의무가 성립하는 분부터 적용한다.

제4조【서민주택의 범위에 관한 적용례】제15조제2항의 개정규정은 이 영 시행 이후 취득세의 납세의무가 성립하는 분부터 적용한다.

제5조【다른 법령의 개정】①~② ※(해당 법령에 가제정리 하였음)

부 칙 (2020.4.28)

제1조【시행일】이 영은 2020년 5월 1일부터 시행한다.(이하 생략)

부 칙 (2020.5.26)

제1조【시행일】이 영은 2020년 5월 27일부터 시행한다.(이하 생략)

부 칙 (2020.8.26)

제1조【시행일】이 영은 2020년 8월 28일부터 시행한다.(이하 생략)

부 칙 (2020.12.31)

제1조【시행일】이 영은 2021년 1월 1일부터 시행한다.

제2조【일반적 적용례】이 영은 이 영 시행 이후 납세의무가 성립하는 분부터 적용한다.

제3조【친환경건축물 등의 감면에 관한 경과조치】① 이 영 시행 전에「녹색건축물 조성 지원법」제16조에 따른 녹색건축 인증 및 같은 법 제17조에 따른 건축물에너지효율등급 인증을 받은 건축물을 이 영 시행 이후에 취득하는 경우에는 제24조제1항 및 제3항의 개정규정에도 불구하고 종전의 규정에 따른다.
② 이 영 시행 전에 총에너지 절감율 또는 총이산화탄소 저감율이 55퍼센트 이상임을「주택법」제49조에 따른 사용검사권자로부터 확인받은 건축물을 이 영 시행 이후에 취득하는 경우에는 제24조제5항의 개정규정에도 불구하고 종전의 규정에 따른다.

부 칙 (2021.1.5)

이 영은 공포한 날부터 시행한다.(이하 생략)

부 칙 (2021.2.17)

제1조【시행일】이 영은 공포한 날부터 시행한다.(이하 생략)

부 칙 (2021.4.6)

제1조【시행일】이 영은 2021년 4월 6일부터 시행한다.(이하 생략)

부 칙 (2021.10.19)

제1조【시행일】이 영은 2021년 10월 21일부터 시행한다.(이하 생략)

부 칙 (2021.12.31)

제1조【시행일】이 영은 2022년 1월 1일부터 시행한다. 다만, 제34조제1항 및 제35조제2항의 개정규정은 2023년 1월 1일부터 시행한다.

제2조【일반적 적용례】이 영은 이 영 시행 이후 납세의무가 성립하는 분부터 적용한다.

제3조【감면된 취득세의 추징에 관한 이자상당액의 계산에 관한 적용례】제123조의2제1항제1호 단서의 개정규정은 이 영 시행 이후「지방세기본법」제60조에 따라 환급·충당하는 경우부터 적용한다.

부 칙 (2022.1.25)

제1조【시행일】이 영은 2022년 1월 28일부터 시행한다.(이하 생략)

부 칙 (2022.12.6)

제1조【시행일】이 영은 2022년 12월 8일부터 시행한다.(이하 생략)

부 칙 (2023.3.14)

제1조【시행일】이 영은 공포한 날부터 시행한다.
제2조【다른 법령의 개정】※(해당 법령에 가제정리 하였음)

부 칙 (2023.4.11)

제1조【시행일】이 영은 2023년 6월 5일부터 시행한다.(이하 생략)

부 칙 (2023.5.16)

제1조【시행일】이 영은 공포한 날부터 시행한다.
제2조【생애최초 주택 구입에 대한 취득세 감면의 추징 예외에 관한 적용례】제17조의3제3호의 개정규정은 이 영 시행 이후 생애최초로 주택을 취득하는 경우부터 적용한다.

부 칙 (2023.12.29)

제1조【시행일】이 영은 2024년 1월 1일부터 시행한다.

제2조【지방세 감면의 신설 등을 위한 관련 전문기관 등에의 분석·평가 의뢰 기준 변경에 따른 경과조치】이 영 시행 전에 법 제4조제3항 후단에 따라 지방세 감면의 신설·연장·변경에 관한 분석·평가를 의뢰한 경우에는 제2조제3항의 개정규정에도 불구하고 종전의 규정에 따라 분석·평가한 후 지방세심의위원회의 심의자료로 활용해야 한다.

제3조【감면 취득세 추징을 위한 이자상당액 계산 이자율 변경에 따른 경과조치】이 영 시행 전에 부동산에 대한 취득세 감면을 받은 자가 이 영 시행 이후 추징사유가 발생하여 이자상당액을 납부하는 경우 이 영 시행일 전일까지의 기간분에 대한 이자상당액 계산 이자율은 종전의 제123조의2제1항제2호에 따르고, 이 영 시행일 이후 기간분에 대한 이자상당액 계산 이자율은 제123조의2제1항제2호의 개정규정에 따른다.

〔별표〕➡「www.hyeonamsa.com」참조

지방세특례제한법 시행규칙

(2010년 12월 23일)
(행정안전부령 제178호)

개정
2011.12.31행정안전부령273호
2013. 3.23안전행정부령 1호(직제시규)
2014.11.19행정자치부령 1호(직제시규)
2014.12.31행정자치부령 12호   2014.12.31행정자치부령 15호
2015.12.31행정자치부령 57호   2016.12.30행정자치부령101호
2017. 7.26안전안전부령 1호(직제시규)
2017.12.29행정안전부령 28호   2018.12.31행정안전부령 95호
2020. 1.17행정안전부령157호   2020.12.31행정안전부령225호
2021. 4.20행정안전부령248호   2021.12.31행정안전부령302호
2023. 3.14행정안전부령384호

제1조【목적】 이 규칙은 「지방세특례제한법」 및 같은 법 시행령에서 위임된 사항과 그 시행에 필요한 사항을 규정함을 목적으로 한다.

제2조【감면 신청】 ① 「지방세특례제한법 시행령」(이하 "영"이라 한다) 제2조제6항 및 제126조제1항에 따른 지방세 감면 신청은 별지 제1호서식에 따른다.

② 제1항에 따른 지방세 감면 신청을 받은 특별자치시장·특별자치도지사·시장·군수 또는 구청장(자치구의 구청장을 말하며, 이하 "시장·군수·구청장"이라 한다)은 지방세 감면을 신청한 자 또는 그 위임을 받은 자(이하 이 항에서 "감면신청인"이라 한다)에게 지방세 감면 관련 사항을 별지 제2호서식에 따라 직접 또는 우편발송 등의 방법으로 안내해야 한다. 이 경우 감면신청인이 요청하는 경우에는 전자적 방법으로 안내할 수 있다. (2020.12.31 본조개정)

제2조의2【자경농민 농지 감면 및 자영어민 어업용 토지 감면 소득기준 등의 범위】 ① 영 제3조제8항에서 "직전 연도 농업 외의 종합소득금액"이란 다음 각 호의 금액을 합산한 것을 말한다.(2021.12.31 본문개정)
1. 「소득세법」 제19조에 따른 사업소득금액 (2017.12.29 본호개정)
2. 「소득세법」 제20조제1항에 따른 근로소득에서 같은 법 제12조에 따른 비과세소득을 차감한 금액
3. 「소득세법」 제16조, 제17조, 제20조의3 및 제21조에 따른 이자소득금액, 배당소득금액, 연금소득금액 및 기타소득금액

② 제1항에 따른 직전 연도 농업 외의 종합소득금액은 다음 각 호의 구분에 따른 연도의 소득금액으로 한다.
1. 「소득세법」 제70조에 따른 종합소득 과세표준이 확정된 경우 : 「지방세특례제한법」(이하 "법"이라 한다) 제6조에 따른 농지 취득일이 속하는 연도의 직전 연도
2. 「소득세법」 제70조에 따른 종합소득 과세표준이 확정되지 아니한 경우 : 법 제6조에 따른 농지 취득일이 속하는 연도의 전전 연도

③ 법 제6조에 따라 취득세를 경감받으려는 자(이하 이 항에서 "감면신청인"이라 한다)는 제2조제1항에도 불구하고 별지 제1호의2서식에 따른 감면신청서에 제2항에 따른 소득금액을 확인할 수 있는 다음 각 호의 서류를 첨부하여 관할 지방자치단체의 장에게 제출해야 한다. 이 경우 감면신청인이 「전자정부법」 제36조제1항에 따른 행정정보의 공동이용을 통한 주민등록등본 등의 확인에 동의하는 경우에는 그 확인으로 주민등록등본 등의 제출을 갈음할 수 있다.(2020.12.31 전단개정)
1. 주민등록등본
2. 소득금액증명원, 그 밖의 종합소득금액을 확인하는 서류로서 행정안전부장관이 정하여 고시하는 서류
3. 2년 이상 영농에 종사하고 있음을 확인하는 서류로서 행정안전부장관이 정하여 고시하는 서류
(2017.12.29 본항개정)

④ 영 제5조제4항에 따른 직전 연도 어업 외의 종합소득금액은 제1항 각 호의 금액을 합산한 것으로 한다.(2017.12.29 본항신설)

⑤ 제4항에 따른 직전 연도 어업 외의 종합소득금액의 산정은 다음 각 호의 구분에 따른 연도의 소득금액을 기준으로 한다.
1. 「소득세법」 제70조에 따른 종합소득 과세표준이 확정된 경우 : 법 제9조제1항에 따른 양어장인 토지 및 영 제5조3항에 따른 수조의 취득일이 속하는 연도의 직전 연도
2. 「소득세법」 제70조에 따른 종합소득 과세표준이 확정되지 아니한 경우 : 법 제9조제1항에 따른 양어장인 토지 및 영 제5조3항에 따른 수조의 취득일이 속하는 연도의 전전 연도
(2017.12.29 본항신설)

⑥ 법 제9조에 따라 취득세를 경감받으려는 자(이하 이 항에서 "감면신청인"이라 한다)는 제2조제1항에도 불구하고 별지 제1호의3서식에 따른 감면신청서에 제4항에 따른 소득금액을 확인할 수 있는 다음 각 호의 서류를 첨부하여 관할 지방자치단체의 장에게 제출해야 한다. 이 경우 감면신청인이 「전자정부법」 제36조제1항에 따른 행정정보의 공동이용을 통한 주민등록등본 등의 확인에 동의하는 경우에는 그 확인으로 주민등록등본 등의 제출을 갈음할 수 있다.(2020.12.31 전단개정)
1. 주민등록등본
2. 소득금액증명원, 그 밖의 종합소득금액을 확인하는 서류로서 행정안전부장관이 정하여 고시하는 서류
3. 어업에 종사하고 있음을 확인하는 서류로서 행정안전부장관이 정하여 고시하는 서류
(2017.12.29 본항신설)
(2017.12.29 본조제목개정)
(2014.12.31 본조신설)

제2조의3【연평균 입소 인원의 계산】 영 제8조의4제2호에서 "행정안전부령으로 정하는 기준"이란 다음의 계산식에 따라 계산한 연평균 입소 인원 비율이 100분의 80 이상인 경우를 말한다.

$$(\text{연평균 입소 인원 비율}) = \frac{(A+B+C)}{(A+B+C+D)}$$

A : 「국민기초생활 보장법」 제7조제1호부터 제3호에 따른 급여를 지급받는 사람
B : 「노인장기요양보험법」에 따른 급여를 지급받는 사람의 입소일수의 합
C : 무료로 입소한 사람의 입소일수의 합
D : 「국민기초생활 보장법」 제7조제1호부터 제3호에 따른 급여를 지급받는 사람과 「노인장기요양보험법」에 따른 급여를 지급받는 사람 및 무료로 입소한 사람을 제외한 사람의 입소일수의 합
(2017.7.26 본조개정)

제3조【외국인관광객 투숙 실적 신고서】 법 제54조제2항 및 영 제27조에 따라 재산세를 경감받으려는 자는 별지 제3호서식의 외국인관광객 투숙 실적 신고서에 다음 각 호의 서류를 첨부하여 관할 시장·군수·구청장에게 제출하여야 한다.(2016.12.30 본문개정)
1. 부가가치세 확정신고서(부가가치세 확정신고를 하지 아니한 경우에는 부가가치세 예정신고서를 말한다) 1부
2. 영 제27조제1호가목에 따른 외국인관광객(이하 "외국인관광객"이라 한다)에 대한 직전 연도 숙박용역 공급가액(객실요금만 해당한다) 1부
3. 별지 제4호서식의 외국인관광객 숙박 및 음식 매출 기록표 1부
4. 외국인관광객에 대한 객실요금 인하율표(해당 지방자치단체에서 조례로 그 인하율을 정한 경우만 해당한다) 1부

제3조의2【창업중소기업 지방세 감면신청】① 법 제58조의3제9항에 따라 창업중소기업 및 창업벤처중소기업이 지방세를 경감받으려는 경우에는 제2조제1항에도 불구하고 별지 제1호의4서식의 창업중소기업 지방세 감면 신청서를 관할 지방자치단체의 장에게 제출해야 한다.

② 제1항에 따라 신청서를 제출받은 관할 지방자치단체의 장은 「전자정부법」 제36조제1항에 따른 행정정보의 공동이용을 통하여 다음 각 호의 서류를 확인해야 한다. 다만, 제2호 및 제3호의 서류는 신청인이 확인에 동의하지 않는 경우에는 이를 제출하도록 해야 한다.
1. 사업자등록증
2. 법인등기사항증명서
3. 벤처기업확인서(창업벤처중소기업의 경우만 해당한다)
(2020.12.31 본조개정)

제4조【전방조종자동차에 대한 과세특례】 법 제67조제3항 전단에서 "행정안전부령으로 정하는 자동차"란 「자동차 및 자동차부품의 성능과 기준에 관한 규칙」 제2조제23호에 따른 전방조종자동차를 말한다.(2017.7.26 본조개정)

제5조【부동산등의 수용 등 확인서】 법 제73조제1항에 따른 부동산등(이하 이 조에서 "부동산등"이라 한다)이 매수, 수용 또는 철거된 자가 종전의 부동산등을 대체할 부동산등을 취득함에 따라 취득세를 면제받으려는 경우에는 별지 제5호서식의 부동산등 매수, 수용 또는 철거 확인서를 관할 시장·군수·구청장에게 제출하여야 한다.(2016.12.30 본조개정)

제6조【산업단지 등 입주 공장의 범위】 영 제38조제3호 단서에 따른 공장의 범위는 「지방세법 시행규칙」 별표2에서 규정하는 업종의 공장으로서 생산설비를 갖춘 건축물의 연면적(옥외에 기계장치 또는 저장시설이 있는 경우에는 그 시설물의 수평투영면적을 포함한다)이 200제곱미터 이상인 것으로 한다. 이 경우 건축물의 연면적에는 그 제조시설을 지원하기 위하여 공장 경계구역 안에 설치되는 종업원의 후생복지시설 등 각종 부대시설(수익사업용으로 사용되는 부분은 제외한다)을 포함한다.(2023.3.14 전단개정)

제7조【과밀억제권역 외의 지역으로 이전하는 본점 또는 주사무소에 대한 감면 등의 적용기준】① 법 제79조제1항 각 호 외의 부분 본문에 따라 과밀억제권역 외의 지역으로 본점 또는 주사무소를 이전(移轉)하여 해당 사업을 직접 하기 위하여 취득하는 부동산의 범위는 법인의 본점 또는 주사무소로 사용하는 부동산과 그 부대시설용 부동산으로서 다음 각 호의 요건을 모두 갖춘 것으로 한다.
1. 과밀억제권역 외의 지역으로 이전하기 위하여 취득한 본점 또는 주사무소용 부동산으로서 사업을 시작하기 이전에 취득한 것일 것
2. 대도시(영 제39조에 따른 대도시를 말한다. 이하 같다) 내의 본점 또는 주사무소를 과밀억제권역 외의 지역으로 이전하기 위하여 사업을 중단한 날까지 6개월(임차한 경우에는 2년을 말한다) 이상 사업을 한 실적이 있을 것
3. 과밀억제권역 외의 지역에서 그 사업을 시작한 날부터 6개월 이내에 대도시 내에 있는 종전의 본점 또는 주사무소를 폐쇄할 것
4. 과밀억제권역 외의 지역에서 본점 또는 주사무소용 부동산을 취득한 날부터 6개월 이내에 건축공사를 시작하거나 직접 그 용도에 사용할 것. 다만, 정당한 사유가 있는 경우에는 6개월 이내에 건축공사를 시작하지 않거나 직접 그 용도에 사용하지 않을 수 있다.
(2021.12.31 본항개정)
② 제1항에 따른 감면대상이 되는 본점 또는 주사무소용 부동산 가액의 합계액이 이전하기 전의 본점 또는 주사무소용 부동산 가액의 합계액을 초과하는 경우 그 초과액에 대해서는 취득세를 과세한다. 이 경우 그 초과액의 산정방법과 적용기준은 다음 각 호와 같다.
1. 이전한 본점 또는 주사무소용 부동산의 가액과 이전하기 전의 본점 또는 주사무소용 부동산의 가액이 각각 영 제34조제1항제1호 각 목의 취득에 대하여 「지방세법」 제10조의3부터 제10조의6까지의 규정에 따른 사실상의 취득가격 및 연부금액으로 증명되는 경우에는 그 차액(2021.12.31 본호개정)
2. 제1호 외의 경우에는 이전한 본점 또는 주사무소용 부동산의 시가표준액(「지방세법」 제4조에 따른 시가표준액을 말한다. 이하 같다)과 이전하기 전의 본점 또는 주사무소용 부동산의 시가표준액의 차액

제8조【과밀억제권역 외의 지역으로 이전하는 공장의 범위와 적용기준】① 법 제80조제1항에 따른 공장의 범위는 「지방세법 시행규칙」 별표2에서 규정하는 업종의 공장으로서 생산설비를 갖춘 건축물의 연면적(옥외에 기계장치 또는 저장시설이 있는 경우에는 그 시설물의 수평투영면적을 포함한다)이 200제곱미터 이상인 것으로 한다. 이 경우 건축물의 연면적에는 그 제조시설을 지원하기 위하여 공장 경계구역 안에 설치되는 종업원의 후생복지시설 등 각종 부대시설(수익사업용으로 사용되는 부분은 제외한다)을 포함한다.(2018.12.31 후단개정)
② 법 제80조제1항에 따라 감면 대상이 되는 공장용 부동산은 다음 각 호의 요건을 모두 갖춘 것이어야 한다.(2016.12.30 본문개정)
1. 이전한 공장의 사업을 시작하기 이전에 취득한 부동산일 것
2. 공장시설(제조장 단위별로 독립된 시설을 말한다. 이하 같다)을 이전하기 위하여 대도시 내에 있는 공장의 조업을 중단한 날까지 6개월(임차한 공장의 경우에는 2년을 말한다) 이상 계속하여 조업한 실적이 있을 것. 이 경우 「물환경보전법」 또는 「대기환경보전법」에 따라 폐수배출시설 또는 대기오염물질배출시설 등의 개선명령·이전명령·조업정지나 그 밖의 처분을 받아 조업을 중단하였을 때의 그 조업 중지기간은 조업한 기간으로 본다.(2020.12.31 후단개정)
3. 과밀억제권역 외에서 그 사업을 시작한 날부터 6개월(시운전 기간은 제외한다) 이내에 대도시 내에 있는 해당 공장시설을 완전히 철거하거나 폐쇄할 것(2021.12.31 본호개정)
4. 토지를 취득하였을 때에는 그 취득일부터 6개월 이내에 공장용 건축물 공사를 시작하여야 하며, 건축물을 취득하거나 토지와 건축물을 동시에 취득하였을 때에는 그 취득일부터 6개월 이내에 사업을 시작할 것. 다만, 정당한 사유가 있을 때에는 6개월 이내에 공장용 건축물 공사를 시작하지 아니하거나 사업을 시작하지 아니할 수 있다.
③ 제2항에 따른 감면대상이 되는 공장용 부동산 가액의 합계액이 이전하기 전의 공장용 부동산 가액의 합계액을 초과하는 경우 그 초과액에 대해서는 취득세를 과세한다. 이 경우 초과액의 산정기준은 다음 각 호와 같다.
1. 이전한 공장용 부동산의 가액과 이전하기 전의 공장용 부동산의 가액이 각각 영 제34조제1항제1호 각 목의 취득에 대하여 「지방세법」 제10조의3부터 제10조의6까지의 규정에 따른 사실상의 취득가격 및 연부금액으로 증명되는 경우에는 그 차액(2021.12.31 본호개정)
2. 제1호 외의 경우에는 이전한 공장용 부동산의 시가표준액과 이전하기 전의 공장용 부동산의 시가표준액의 차액

④ 제3항에 따른 부동산의 초과액에 대하여 과세하는 경우에는 이전한 공장용 토지와 건축물 가액의 비율로 나누어 계산한 후 각각 과세한다.
⑤ 법 제80조제1항에 따라 공장의 지방 이전에 따른 지방세 감면을 신청하려는 자는 제2조제1항에도 불구하고 별지 제6호서식에 다음 각 호의 서류를 첨부하여 시장·군수·구청장에게 제출해야 한다.
1. 이전하기 전의 공장 규모와 조업실적을 증명할 수 있는 서류
2. 이전하기 전의 공장용 토지의 지목이 둘 이상이거나 그 토지가 두 필지 이상인 경우 또는 건물이 여러 동일 경우에는 그 명세서
3. 이전한 공장용 토지의 지목이 둘 이상이거나 그 토지가 두 필지 이상인 경우 또는 건물이 여러 동일 경우에는 그 명세서
(2020.12.31 본항신설)
제9조【영세개인사업자의 개인지방소득세 체납액 징수 특례】 ① 법 제167조의4제3항에 따른 국세 체납액 징수특례의 결정 또는 취소의 통보는 별지 제6호의2서식에 따른다.
② 법 제167조의4제4항에 따른 개인지방소득세 체납액 징수특례의 결정 또는 결정 취소의 통지는 각각 별지 제6호의3서식 또는 별지 제6호의4서식에 따른다.
(2021.12.31 본조개정)
제10조【지방세 감면자료의 제출】 영 제127조에 따라 지방세의 감면자료를 제출하려는 자는 세목별로 각각 별지 제7호서식에 감면받은 세액 등을 확인할 수 있는 서류를 첨부하여 제출하여야 한다.(2014.12.31 본조개정)

부 칙 (2020.1.17)

이 규칙은 공포한 날부터 시행한다.

부 칙 (2020.12.31)

이 규칙은 2021년 1월 1일부터 시행한다.

부 칙 (2021.4.20)

이 규칙은 공포한 날부터 시행한다.

부 칙 (2021.12.31)

이 규칙은 2022년 1월 1일부터 시행한다. 다만, 제7조제2항제1호 및 제8조제3항제1호의 개정규정은 2023년 1월 1일부터 시행한다.

부 칙 (2023.3.14)

이 규칙은 공포한 날부터 시행한다.

〔별지서식〕 ➡ 「www.hyeonamsa.com」 참조

지방교부세법

(1961년 12월 31일)
법 률 제931호

개정
1963.12. 5법 1460호
1968. 7.15법 2031호
1988. 4. 6법 4008호
1989.12.30법 4175호(개발이익환수에관한법)
1990. 4. 7법 4223호
1997.12.13법 5454호(정부부처명)
1999.12.28법 6059호
2004.12.30법 7257호
2005.12.31법 7844호
2007. 5.11법 8423호(지방자치)
2008. 2.29법 8852호(정부조직)
2009. 2. 6법 9421호
2011. 3. 7법10434호
2013. 3.23법11690호(정부조직)
2014. 1. 1법12151호
2014.11.19법12844호(정부조직)
2014.12.23법12854호
2017. 7.26법14839호(정부조직)
2019.12.10법16776호
2021. 1.12법17893호(지방자치)

1965. 8.23법 1709호
1982. 4. 3법 3557호

1990.12.31법 4272호

2004. 1.29법 7126호
2005. 1. 5법 7333호

2010. 1. 1법 9925호

2014.12.31법12953호

제1조【목적】 이 법은 지방자치단체의 행정 운영에 필요한 재원(財源)을 교부하여 그 재정을 조정함으로써 지방행정을 건전하게 발전시키도록 함을 목적으로 한다.(2009.2.6 본조개정)
제2조【정의】 이 법에서 사용하는 용어의 뜻은 다음과 같다.
1. "지방교부세"란 제4조에 따라 산정한 금액으로서 제6조, 제9조, 제9조의3 및 제9조의4에 따라 국가가 재정적 결함이 있는 지방자치단체에 교부하는 금액을 말한다.(2014.12.31 본호개정)
2. "지방자치단체"란「지방자치법」제2조제1항 및 제2항에 따른 특별시·광역시·특별자치시·도·특별자치도 및 시·군·자치구와 같은 법 제176조제1항에 따른 지방자치단체조합을 말한다.(2021.1.12 본호개정)
3. "기준재정수요액"이란 각 지방자치단체의 재정수요를 합리적으로 측정하기 위하여 제7조에 따라 산정한 금액을 말한다.
4. "기준재정수입액"이란 각 지방자치단체의 재정수입을 합리적으로 측정하기 위하여 제8조에 따라 산정한 금액을 말한다.
5. "측정항목"이란 각 지방자치단체의 기준재정수요액을 합리적으로 측정하기 위하여 기능별·성질별로 분류하여 설정한 표준적 경비의 종류를 말한다.
6. "측정단위"란 기준재정수요액을 합리적으로 측정하기 위한 각 측정항목의 단위를 말한다.
7. "단위비용"이란 기준재정수요액을 산정하기 위한 각 측정단위의 단위당 금액을 말한다.
(2009.2.6 본조개정)
제3조【교부세의 종류】 지방교부세(이하 "교부세"라 한다)의 종류는 보통교부세·특별교부세·부동산교부세 및 소방안전교부세로 구분한다.(2014.12.31 본조개정)
제4조【교부세의 재원】 ① 교부세의 재원은 다음 각 호로 한다.
1. 해당 연도의 내국세(목적세 및 종합부동산세, 담배에 부과하는 개별소비세 총액의 100분의 45 및 다른 법률에 따라 특별회계의 재원으로 사용되는 세목의 해당 금액은 제외한다. 이하 같다) 총액의 1만분의 1,924에 해당하는 금액(2019.12.10 본호개정)
2. 「종합부동산세법」에 따른 종합부동산세 총액
3. 「개별소비세법」에 따라 담배에 부과하는 개별소비세 총액의 100분의 45에 해당하는 금액(2019.12.10 본호개정)

4. 제5조제3항에 따라 같은 항 제1호의 차액을 정산한 금액(2014.12.23 본호개정)
5. 제5조제3항에 따라 같은 항 제2호의 차액을 정산한 금액(2014.12.23 본호개정)
6. 제5조제3항에 따라 같은 항 제3호의 차액을 정산한 금액(2014.12.23 본호신설)
② 교부세의 종류별 재원은 다음 각 호와 같다.
1. 보통교부세 : (제1항제1호의 금액 + 제1항제4호의 정산액) × 100분의 97
2. 특별교부세 : (제1항제1호의 금액 + 제1항제4호의 정산액) × 100분의 3
(2014.12.31 1호~2호개정)
3. (2014.12.31 삭제)
4. 부동산교부세 : 제1항제2호의 금액 + 제1항제5호의 정산액(2014.12.23 본호개정)
5. 소방안전교부세 : 제1항제3호의 금액 + 제1항제6호의 정산액(2014.12.23 본호신설)
(2009.2.6 본조개정)
제5조【예산 계상】 ① 국가는 해마다 이 법에 따른 교부세를 국가예산에 계상하여야 한다.(2014.1.1 단서삭제)
② 추가경정예산에 의하여 교부세의 재원인 국세(國稅)가 늘거나 줄면 교부세도 함께 조절하여야 한다. 다만, 국세가 줄어드는 경우에는 지방재정 여건 등을 고려하여 다음 다음 연도까지 교부세를 조절할 수 있다.(2014.1.1 본항신설)
③ 다음 각 호의 교부세 차액은 늦어도 다음 다음 연도의 국가예산에 계상하여 정산하여야 한다.
1. 내국세 예산액과 그 결산액의 차액으로 인한 교부세의 차액
2. 종합부동산세 예산액과 그 결산액의 차액으로 인한 교부세의 차액
3. 「개별소비세법」에 따라 담배에 부과되는 개별소비세 총액의 100분의 45의 예산액과 그 결산액의 차액으로 인한 교부세의 차액(2019.12.10 본호개정)
(2009.2.6 본조개정)
제6조【보통교부세의 교부】 ① 보통교부세는 해마다 기준재정수입액이 기준재정수요액에 못 미치는 지방자치단체에 그 미달액을 기초로 교부한다. 다만, 자치구의 경우에는 기준재정수요액과 기준재정수입액을 각각 해당 특별시 또는 광역시의 기준재정수요액 및 기준재정수입액과 합산하여 산정한 후, 그 특별시 또는 광역시에 교부한다.
② 행정안전부장관은 제1항에 따라 보통교부세를 교부하려면 해당 지방자치단체의 장에게 다음 각 호의 자료를 첨부하여 보통교부세의 결정을 통지하여야 한다.(2017.7.26 본문개정)
1. 보통교부세의 산정 기초자료
2. 지방자치단체별 내역
3. 관련 자료
(2009.2.6 본조개정)
제7조【기준재정수요액】 ① 기준재정수요액은 각 측정항목별로 측정단위의 수치를 해당 단위비용에 곱하여 얻은 금액을 합산한 금액으로 한다.
② 측정항목 및 측정단위는 대통령령으로 정하고, 단위비용은 대통령령으로 정하는 기준 이내에서 물가변동 등을 고려하여 행정안전부령으로 정한다.(2017.7.26 본항개정)
③ 제1항과 제2항에 따라 기준재정수요액을 산정할 때에 다음 각 호의 어느 하나에 해당하는 경우에는 단위비용을 조정하거나 기준재정수요액을 보정(補正)하여야 한다.
1. 대통령령으로 정하는 섬이나 외딴곳의 특수성을 고려할 필요가 있는 경우

2. 대통령령으로 정하는 낙후지역의 개발 등 지역 간의 균형 잡힌 발전을 촉진하기 위하여 필요한 경우
3. 단위비용의 획일적 적용 또는 그 밖의 사유로 각 지방자치단체의 기준재정수요액이 매우 불합리하게 책정된 경우
(2009.2.6 본조개정)
제8조【기준재정수입액】 ① 기준재정수입액은 기준세율로 산정한 해당 지방자치단체의 보통세 수입액으로 한다.
② 제1항의 기준세율은 「지방세법」에 규정된 표준세율의 100분의 80에 해당하는 세율로 한다.
③ 제1항과 제2항의 기준세율로 산정한 각 지방자치단체의 기준재정수입액이 매우 불합리한 경우에는 이를 보정하여야 한다.
(2009.2.6 본조개정)
제8조의2【산정자료의 착오 등에 대한 조치】 교부세 산정자료에 대한 착오 등으로 기준재정수요액 또는 기준재정수입액이 잘못 산정되어 보통교부세가 교부된 경우에는 착오 등의 사실을 확인한 시점의 다음 연도 보통교부세를 산정할 때에 잘못 산정된 금액을 해당 지방자치단체의 기준재정수요액 또는 기준재정수입액에 가감하여 산정할 수 있다.(2009.2.6 본조개정)
제8조의3【건전재정운영을 위한 자체노력 반영】 ① 지방자치단체의 건전재정운영을 유도·촉진하기 위하여 제7조에 따른 기준재정수요액과 제8조에 따른 기준재정수입액을 산정함에 있어 지방자치단체별로 건전재정운영을 위한 자체노력의 정도를 반영할 수 있다.
② 제1항에 따라 지방자치단체별 자체노력의 정도를 반영할 때 항목 및 산정기준은 행정안전부령으로 정한다.(2017.7.26 본항개정)
(2011.3.7 본조신설)
제9조【특별교부세의 교부】 ① 특별교부세는 다음 각 호의 구분에 따라 교부한다.
1. 기준재정수요액의 산정방법으로는 파악할 수 없는 지역 현안에 대한 특별한 재정수요가 있는 경우 : 특별교부세 재원의 100분의 40에 해당하는 금액
2. 보통교부세의 산정기일 후에 발생한 재난을 복구하거나 재난 및 안전관리를 위한 특별한 재정수요가 생기거나 재정수입이 감소한 경우 : 특별교부세 재원의 100분의 50에 해당하는 금액
3. 국가적 장려사업, 국가와 지방자치단체 간에 시급한 협력이 필요한 사업, 지역 역점시책 또는 지방행정 및 재정운용 실적이 우수한 지방자치단체에 재정 지원 등 특별한 재정수요가 있을 경우 : 특별교부세 재원의 100분의 10에 해당하는 금액
(2014.1.1 1호~3호개정)
② 행정안전부장관은 지방자치단체의 장이 제1항 각 호에 따른 특별교부세의 교부를 신청하는 경우에는 이를 심사하여 특별교부세를 교부한다. 다만, 행정안전부장관이 필요하다고 인정하는 경우에는 신청이 없는 경우에도 일정한 기준을 정하여 특별교부세를 교부할 수 있다.(2017.7.26 본항개정)
③ (2017.7.26 삭제)
④ 행정안전부장관은 제1항에 따른 특별교부세의 사용에 관하여 조건을 붙이거나 용도를 제한할 수 있다.(2017.7.26 본항개정)
⑤ 지방자치단체의 장은 제4항에 따른 교부조건의 변경이 필요하거나 용도를 변경하여 특별교부세를 사용하고자 하는 때에는 미리 행정안전부장관의 승인을 받아야 한다.(2017.7.26 본항개정)
⑥ 행정안전부장관은 제1항에 따른 특별교부세를 교부하는 경우 민간에 지원하는 보조사업에 대하여는 교부할 수 없다.(2017.7.26 본항개정)

⑦ 제1항제3호에 따른 우수한 지방자치단체의 선정기준 등 특별교부세의 운영에 필요한 사항은 대통령령으로 정한다.(2014.1.1 본항개정)
(2009.2.6 본조개정)
제9조의2 (2014.12.31 삭제)
제9조의3【부동산교부세의 교부】 ① 부동산교부세는 지방자치단체에 전액 교부하여야 한다.
② 제1항에 따른 부동산교부세의 교부기준은 지방자치단체의 재정여건이나 지방세 운영상황 등을 고려하여 대통령령으로 정한다.(2010.1.1 본항개정)
(2009.2.6 본조개정)
제9조의4【소방안전교부세의 교부】 ① 행정안전부장관은 지방자치단체의 소방 인력 운용, 소방 및 안전시설 확충, 안전관리 강화 등을 위하여 소방안전교부세를 지방자치단체에 전액 교부하여야 한다. 이 경우 소방 분야에 대해서는 소방청장의 의견을 들어 교부하여야 한다.
② 제1항에 따른 소방안전교부세의 교부기준은 지방자치단체의 소방 인력, 소방 및 안전시설 현황, 소방 및 안전시설 투자 소요, 재난예방 및 안전강화 노력, 재정여건 등을 고려하여 대통령령으로 정한다. 다만, 소방안전교부세 중 「개별소비세법」에 따라 담배에 부과하는 개별소비세 총액의 100분의 20을 초과하는 부분은 소방 인력의 인건비로 우선 충당하여야 한다.
(2019.12.10 본조개정)
제9조의5【관련 규정의 준용】 부동산교부세 및 소방안전교부세의 산정자료의 착오 등에 관한 조치, 이의신청, 보고에 관하여는 제8조의2·제13조 및 제15조를, 특별교부세의 보고에 관하여는 제15조를 준용한다.
(2014.12.31 본조개정)
제10조【교부 시기】 교부세는 1년을 4기(期)로 나누어 교부한다. 다만, 특별교부세는 예외로 할 수 있다.
(2009.2.6 본조개정)
제11조【부당 교부세의 시정 등】 ① 행정안전부장관은 지방자치단체가 교부세 산정에 필요한 자료를 부풀리거나 거짓으로 기재하여 교부세를 부당하게 교부받거나 받으려 하는 경우에는 그 지방자치단체가 정당하게 받을 수 있는 금액을 초과하는 부분을 반환하도록 명하거나 부당하게 받으려 하는 금액을 감액(減額)할 수 있다.(2017.7.26 본항개정)
② 행정안전부장관은 지방자치단체가 법령을 위반하여 지나치게 많은 경비를 지출하였거나 수입 확보를 위한 징수를 게을리한 경우에는 그 지방자치단체에 교부할 교부세를 감액하거나 이미 교부한 교부세의 일부를 반환하도록 명할 수 있다. 이 경우 감액하거나 반환을 명하는 교부세의 금액은 법령을 위반하여 지출하였거나 징수를 게을리하여 확보하지 못한 금액을 초과할 수 없다.(2017.7.26 전단개정)
③ 행정안전부장관은 지방자치단체의 장이 제9조제4항에 따른 교부조건이나 용도를 위반하여 특별교부세를 사용한 때에는 교부조건이나 용도를 위반하여 사용한 금액의 반환을 명하거나 다음 연도에 교부할 지방교부세에서 이를 감액할 수 있다.(2017.7.26 본항개정)
④ 제1항부터 제3항까지의 규정에 따라 교부세를 반환하는 경우에는 대통령령으로 정하는 바에 따라 분할하여 반환할 수 있다.(2014.12.31 본항신설)
제12조【구역 변경 등으로 인한 교부세 조정】 행정안전부장관은 지방자치단체의 구역을 변경하거나 지방자치단체를 폐지·설치·분리·병합하는 경우에는 해당 지방자치단체에 교부할 교부세를 대통령령으로 정하는 바에 따라 조정한다.(2017.7.26 본조개정)
제13조【교부세액 등에 대한 이의신청】 ① 지방자치

단체의 장은 제6조제2항에 따라 보통교부세의 결정 통지를 받은 경우에 그 지방자치단체의 교부세액의 산정기초자료 등에 이의가 있으면 통지를 받은 날부터 30일 이내에 행정안전부장관에게 이의를 신청할 수 있다. 이 경우 지방자치단체의 장이 시장 또는 군수인 경우에는 광역시장 또는 도지사를 거쳐야 한다.
② 행정안전부장관은 제1항에 따라 이의신청을 받으면 그 신청을 받은 날부터 30일 이내에 심사하여 그 결과를 해당 지방자치단체의 장에게 통지하여야 한다.
(2017.7.26 본조개정)
제14조 (1999.12.28 삭제)
제15조【보통교부세의 보고】 행정안전부장관은 매 회계연도 종료 후 3개월 이내에 보통교부세의 배분기준, 배분내용, 집행실적, 그 밖에 보통교부세의 운영에 필요한 주요 사항을 국회 소관 상임위원회에 보고하여야 한다.(2017.7.26 본조개정)

부   칙 (2014.1.1)

제1조【시행일】 이 법은 공포한 날부터 시행한다.
제2조【교부세의 재원 등에 관한 적용례】 제4조 및 제9조의 개정규정은 2014년도에 교부하는 교부세의 재원부터 적용한다.

부   칙 (2014.12.23)

제1조【시행일】 이 법은 2015년 1월 1일부터 시행한다.
제2조【다른 법률의 개정】 ※(해당 법령에 가제정리하였음)

부   칙 (2014.12.31)

제1조【시행일】 이 법은 2015년 1월 1일부터 시행한다. 다만, 제11조제4항의 개정규정은 공포 후 6개월이 경과한 날부터 시행한다.
제2조【분권교부세 폐지에 따른 보통교부세 지급 등에 관한 특례】 ① 제9조의2의 개정규정 및 법률 제7257호 지방교부세법 일부개정법률 부칙 제2항에 따라 보통교부세에 통합되는 분권교부세 중 기준재정수입액이 기준재정수요액을 초과하여 보통교부세가 교부되지 아니한 지방자치단체에 대하여 이 법 시행 전에 분권교부세로 교부되던 금액은 제6조에도 불구하고 해당 지방자치단체에 2015년부터 2019년까지 보통교부세로 교부한다. 이 경우 2015년도 교부액은 2014년도에 교부된 분권교부세액 중 다음 각 호의 사업에 교부된 금액을 제외한 금액으로 하고, 2016년부터 2019년까지의 교부액은 2015년도 교부액에 해당 연도의 내국세 증감률을 곱한 금액을 지급하되, 제5조에 따른 교부세 정산이 발생하는 경우에는 이를 반영한다. 2020년도 이후에는 보통교부세가 교부되지 아니하는 지방자치단체의 재정여건을 감안하여 필요한 조치를 할 수 있다.
1. 「노인복지법」 제32조제1항제1호 및 제47조에 따른 양로시설 지원사업
2. 「장애인복지법」 제58조제1항제1호 및 제79조제2항에 따른 거주시설 지원사업
3. 「정신보건법」 제3조제5호 및 제52조제4항에 따른 정신요양시설 지원사업
② 제1항에 따라 2015년에 보통교부세로 교부하는 총금액은 1,253억원으로 한다.
③ 제1항 및 제2항에도 불구하고 기준재정수입액이 기준재정수요액을 초과하여 보통교부세가 교부되지 아니한 지방자치단체의 수에 변동이 있는 경우에는 대통령

령으로 정하는 기준에 따라 제1항에 따른 교부액을 달리 지급할 수 있다.

제3조【재난 및 안전관리를 위한 특별교부세에 관한 경과조치】 이 법 시행 전에 종전의 제9조제3항 본문에 따라 행정자치부장관에게 신청한 제9조제1항제2호에 따른 특별교부세는 제9조제3항 본문의 개정규정에 따라 국민안전처장관에게 신청한 것으로 본다.

제4조【부당 교부세의 반환에 관한 경과조치】 이 법 시행 전에 제9조제1항제2호에 따라 행정자치부장관이 교부한 특별교부세 중 부당하게 교부된 금액에 대해서는 제11조제1항 단서 및 같은 조 제3항 단서의 개정규정에도 불구하고 행정자치부장관이 반환을 명할 수 있다.

부 칙 (2017.7.26)

제1조【시행일】 ① 이 법은 공포한 날부터 시행한다. (이하 생략)

부 칙 (2019.12.10)

이 법은 「소방공무원법」에 따라 지방소방공무원의 신분이 국가소방공무원으로 전환되는 날부터 시행한다.

부 칙 (2021.1.12)

제1조【시행일】 이 법은 공포 후 1년이 경과한 날부터 시행한다.(이하 생략)

지방교부세법 시행령

(1988년 5월 7일
전개대통령령 제12446호)

개정
1990.12.31영13189호   1991.12.31영13537호
1992.12. 1영13766호
1994.12.31영14486호(도농복합형태의설치에따른상훈법시행령등)
1997.12.31영15571호   1999.12.28영16629호
2001.12.31영17446호   2004.12.31영18660호
2005.11.30영19146호   2006.12.27영19781호
2007.12.13영20444호
2008. 2.29영20741호(직제)
2008.10.20영21087호(행정기관정비일부개정령)
2008.12.17영21168호   2009. 2. 6영21317호
2009. 5.21영21499호   2010. 1. 1영21976호
2010.12.27영22543호
2011. 9. 6영23121호(지방재정시)
2011.12.30영23441호   2013. 1. 1영24293호
2013. 3.23영24425호(직제)
2013.12.30영25041호   2014. 4.22영25318호
2014.11.19영25751호(직제)
2014.11.28영25781호(지방재정시)
2014.12.30영25909호   2014.12.31영25957호
2015. 6.22영26328호   2015.12.10영26697호
2016. 4.28영27113호(보조금관리에관한법시)
2017. 7.26영28211호(직제)
2017.12.29영28526호
2018. 5.21영28894호(지방자치분권및지방행정체제개편에관한특별법시)
2020. 3.10영30515호(소방공무원의국가직전환관련제도정비를위한일부개정령)
2020. 8.11영30922호
2021. 6.22영31803호(섬발전촉진법시)
2021. 7.13영31883호(지방자치단체보조금관리에관한법시)
2021.12.16영32223호(지방자치시)
2023. 7. 7영33621호(지방자치분권및지역균형발전에관한특별법시)
2023.12.29영34078호

제1조【목적】 이 영은 「지방교부세법」에서 위임된 사항과 그 시행에 필요한 사항을 규정함을 목적으로 한다. (2011.12.30 본조개정)

제2조【교부세액의 산정일】 지방교부세(이하 "교부세"라 한다)는 매년 1월 1일을 기준으로 산정한다. 다만, 「지방교부세법」(이하 "법"이라 한다) 제9조에 따른 특별교부세는 그 사유가 발생한 때를 기준으로 산정한다. (2011.12.30 본조개정)

제3조【교부세 산정자료】 ① 각 지방자치단체의 장은 해당 지방자치단체의 교부세 산정에 필요한 자료를 행정안전부장관에게 제출하여야 한다. 다만, 특별시장 및 광역시장은 관할 자치구의 자료를 종합하여 제출하여야 한다.(2017.7.26 본문개정)
② 시장·군수는 제1항에 따라 교부세 산정자료를 제출할 때에는 광역시장 또는 도지사(이하 "시·도지사"라 한다)를 거쳐야 하며, 시·도지사는 이를 심사한 의견을 붙여 행정안전부장관에게 제출하여야 한다. (2017.7.26 본항개정)
③ 각 지방자치단체의 장은 제1항에 따른 교부세 산정자료의 기초가 되는 사항을 기록한 대장을 비치·관리하여야 한다.
④ 중앙행정기관의 장은 소관 사무에 대하여 행정안전부장관으로부터 교부세 산정에 필요한 자료의 제출을 요청받으면 이에 협조하여야 한다.(2017.7.26 본항개정)
(2011.12.30 본조개정)

제3조의2【교부세 산정자료의 검사】 ① 행정안전부장관은 제3조제1항에 따라 받은 교부세 산정자료가 사실대로 작성되었는지를 확인하기 위하여 제3조제3항에 따라 각 지방자치단체(자치구는 제외한다)의 장이 비치·관리하고 있는 대장을 검사할 수 있다.

② 행정안전부장관은 제1항에 따른 시·군의 교부세 산정자료의 검사를 시·도지사에게 위임할 수 있다. 이 경우 위임을 받은 시·도지사는 그 검사 결과를 행정안전부장관에게 보고하여야 한다.(2017.7.26 본조개정)

제3조의3 (2006.12.27 삭제)

제4조 【보통교부세의 산정기초】 법 제6조제1항에 따른 보통교부세는 제8조에 따라 보정(補正)한 기준재정수입액이 제7조에 따라 보정한 기준재정수요액에 못 미치는 금액을 기초로 산정한다.(2011.12.30 본조개정)

제5조 【측정항목 및 측정단위】 ① 법 제7조제2항에 따른 측정항목 및 측정단위는 별표1과 같다.
② 제1항에 따른 측정단위의 산정기준은 별표2와 같다.(2011.12.30 본조개정)

제6조 【단위비용의 기준】 법 제7조제2항에 따른 단위비용은 특별시·광역시·특별자치시·도·특별자치도·시 및 군별로 구분하여 정한다. 이 경우 지방자치단체의 직전 연도 예산을 기준으로 법 제8조제2항에 따른 기준세율을 고려하되, 물가상승 및 재정여건 등 단위비용 결정 요인의 변동이 있는 경우에는 이를 반영한다.(2011.12.30 본조개정)

제7조 【기준재정수요액의 보정】 ① 법 제7조제3항에 따른 단위비용의 조정이나 기준재정수요액의 보정은 측정단위의 산정기준, 단위비용, 물가지수, 그 밖에 기준재정수요액 산정에 관계되는 사항을 기초로 하여 일정한 기준이나 객관적인 원칙에 따라 하여야 한다.
② 법 제7조제3항제1호에서 "대통령령으로 정하는 섬이나 외딴곳"과 같은 항 제2호에서 "대통령령으로 정하는 낙후지역"이란 각각 다음 각 호의 어느 하나에 해당하는 지역을 말한다.
1. 「섬 발전 촉진법」제4조제2항에 따라 행정안전부장관이 지정하는 섬(2021.6.22 본호개정)
2. 도시지역으로부터 상당한 거리에 떨어져 있는 지역으로서 교통이 불편하고 주민의 소득수준과 생활수준이 현저히 낮은 지역(제1호에 따른 섬 지역은 제외한다) 중 행정안전부장관이 지정하는 지역(2017.7.26 본호개정)
③ 법 제7조제3항에 따라 섬이나 외딴곳의 특수성을 고려하고 낙후지역의 균형 있는 개발을 촉진하기 위하여 일반관리비·지역관리비를 증액 산정할 수 있다.(2014.4.22 본항개정)
④ 기준재정수요액은 다음 각 호의 어느 하나에 해당하는 경우에 보정한다.
1. 교부세 산정자료 작성기준일 이후의 측정단위 수치가 급격히 증가하거나 감소하는 경우
2. 측정항목 및 측정단위의 결정 이후 새로 추가되거나 제외되는 행정상 또는 재정상의 수요가 발생하는 경우
3. 국고보조의 중단으로 인하여 지방자치단체의 사업비 부담이 증가하는 경우 그 경비와 국가적인 사업 수행을 위한 필수적인 사업비가 추가로 필요한 경우
4. 지방자치단체가 부담하여야 할 재해복구비나 지방채무 상환액 등을 별도로 보전(補塡)할 필요가 있는 경우
5. 측정단위당 비용이 수치의 다소(多少) 및 밀도에 따라 점차적으로 증가하거나 감소하는 경우
6. 그 밖에 지역 간의 균형 있는 개발과 사회복지·문화 수준의 향상을 위하여 기준재정수요액을 합리적으로 산정할 필요가 있는 경우(2011.12.30 본조개정)

제7조의2 【세종특별자치시의 기준재정수요액 보정에 관한 특례】 ① 행정안전부장관은 「세종특별자치시 설치 등에 관한 특별법」제14조제2항에 따라 기준재정수요액을 보정할 때에는 기준재정수요액에 기준재정수요액과 기준재정수입액의 차액의 100분의 25에 해당하는 금액을 더하여 보정한다.

② 세종특별자치시장은 제1항에 따라 기준재정수입액을 보정받으려면 기준재정수요액의 측정항목에 반영되지 아니하거나 측정항목에 반영되어 있더라도 추가적인 재원이 필요한 재정수요에 관한 자료를 매년 행정안전부장관에게 제출하여야 한다.(2017.7.26 본조개정)

제8조 【기준재정수입액의 보정】 ① 법 제8조제3항에 따른 기준재정수입액의 보정은 지방자치단체의 부동산교부세수입과 세외수입 등으로 한다. 이 경우 구체적인 보정의 대상 및 방법 등은 행정안전부령으로 정한다.(2017.7.26 후단개정)
② 기준재정수입액을 보정하는 경우에는 지방세 및 세외수입의 징수전망 또는 징수실적 등을 기초로 한 세수(稅收)의 변동 요인이 고려되어야 한다.(2011.12.30 본조개정)

제9조 (2011.12.30 삭제)

제9조의2 【특별교부세의 교부기준 등】 ① 법 제9조제1항에 따른 특별교부세의 교부대상별 교부기준은 다음 각 호와 같다.
1. 법 제9조제1항제1호에 따른 특별교부세 : 지방공공시설의 설치 등으로 인하여 특별한 재정수요가 있는 경우에 교부
2. 법 제9조제1항제2호에 따른 특별교부세 : 각종 재난 및 안전관리 등으로 인하여 드는 지방비 부담분을 보전할 필요가 있는 경우에 교부
3. 법 제9조제1항제3호에 따른 특별교부세 : 지역경제 활성화, 주민생활 안정, 지방행정기능 강화, 국가적 행사 관련 시책, 지방행정 및 재정운용 실적이 우수한 지방자치단체에 대한 재정 지원 또는 그 밖의 주요 시책으로 인하여 특별한 재정수요가 있는 경우에 교부(2014.4.22 2호~3호개정)
② 법 제9조제1항제3호에 따른 지방행정 및 재정운용 실적이 우수한 지방자치단체의 선정기준은 다음 각 호와 같다.(2014.4.22 본문개정)
1. 행정·재정 분야 운용실적에 대하여 국가가 실시하는 평가에서 우수한 성과를 거둔 지방자치단체
2. 주민복지, 지역경제, 지역개발, 민원서비스, 정보화 등의 분야에서 수우한 실적을 거둔 지방자치단체
3. 그 밖에 국가정책의 추진에 적극적으로 협력하는 등의 사유로 행정안전부장관이 인정하는 지방자치단체(2017.7.26 본호개정)
③ 특별교부세는 해당 재정수요가 있는 사업이 차질 없이 수행될 수 있도록 최대한 빨리 교부되어야 한다.(2011.12.30 본조개정)

제10조 (2004.12.31 삭제)

제10조의2 (2014.12.31 삭제)

제10조의3 【부동산교부세의 교부기준 등】 ① 법 제9조의3제2항에 따른 부동산교부세의 교부기준은 다음 각 호와 같다.
1. 특별자치시·시·군 및 자치구 : 다음 각 목의 기준 및 비중에 따라 산정한 금액
가. 재정여건 : 100분의 50
나. 사회복지 : 100분의 35(2015.12.10 본목개정)
다. 지역교육 : 100분의 10(2015.12.10 본목개정)
라. 부동산 보유세 규모 : 100분의 5
2. 제주특별자치도 : 부동산교부세 총액의 1천분의 18에 해당하는 금액
② 법 제5조제3항제2호에 따른 종합부동산세 예산액과 그 결산액의 차액으로 인한 정산액은 그 차액이 발생한 당시의 부동산교부세 교부기준에 따라 교부한다.(2014.4.22 본항개정)
③ 부동산교부세는 매년 12월 16일부터 12월 31일까지 교부하되, 예산이 허용하는 범위에서 그 전에 교부할 수 있다.

④ 제1항에 따른 지방자치단체별 부동산교부세 교부액 산정의 구체적인 사항과 교부절차 및 교부방법에 관하여 필요한 사항은 행정안전부령으로 정한다.
(2017.7.26 본항개정)
(2011.12.30 본조개정)

제10조의4【소방안전교부세의 교부기준 등】 ① 법 제9조의4제1항에 따른 소방안전교부세는 특별시·광역시·특별자치시·도 및 특별자치도(이하 "시·도"라 한다)에 교부한다. 이 경우 「지방자치분권 및 지역균형발전에 관한 특별법」 제59조제4호에 따라 소방사무를 처리하는 인구 100만 이상 대도시를 관할하는 시·도에 대해서는 그 대도시에 지급되는 금액을 별도로 구분하여 교부한다.(2023.7.7 후단개정)
② 제1항에 따른 소방안전교부세를 사용할 수 있는 대상사업은 다음 각 호와 같다.
1. 소방분야 : 다음 각 목의 사업
  가. 소방 인력 운용
  나. 소방시설(소방장비를 포함한다. 이하 같다) 확충 및 소방안전관리 강화
  (2020.3.10 본호개정)
2. 안전분야 : 안전시설 확충 및 안전관리 강화
③ 법 제9조의4제2항에 따른 소방안전교부세의 교부기준은 다음 각 호의 구분에 따른다.
1. 소방안전교부세 중 법 제9조의4제2항 단서에 해당하는 부분 : 소방 인력 충원
2. 소방안전교부세 중 제1호 외의 부분 : 다음 각 목의 세부기준별 비중
  가. 소방시설 및 안전시설 현황과 투자 소요 : 100분의 40
  나. 재난예방 및 안전강화 노력 : 100분의 40
  다. 재정여건 : 100분의 20
  (2020.3.10 본항개정)
④ 법 제5조제3항제3호에 따른 담배에 부과되는 개별소비세 총액의 100분의 45에 해당하는 예산과 그 결산액의 차액으로 인한 정산액은 그 차액이 발생한 당시의 소방안전교부세 교부기준에 따라 교부한다.
(2020.3.10 본항개정)
⑤ 제1항부터 제3항까지에 따른 소방안전교부세의 교부절차, 교부방법, 구체적인 대상사업 및 교부기준 등에 관하여 필요한 사항은 행정안전부령으로 정한다.
(2017.7.26 본항개정)
(2015.6.22 본조신설)

제11조【교부세의 통지】 행정안전부장관은 매 회계연도 시작 전에 각 지방자치단체에 교부할 교부세 총액을 해당 지방자치단체에 통지하여야 한다. 다만, 회계연도 중에 교부세 총액이 변경된 경우 또는 그 밖의 특별한 사유로 해당 지방자치단체의 교부세액이 변경된 경우에는 그 때마다 이를 해당 지방자치단체에 통지하여야 한다.(2017.7.26 본문개정)

제12조【교부세의 반환 또는 감액】 ① 법 제11조제2항에 따른 지방자치단체가 법령을 위반하여 지나치게 많은 경비를 지출하였거나 수입 확보를 위한 징수를 게을리한 경우와 그에 따른 교부세의 감액 또는 반환금액의 범위는 다음 각 호와 같다.(2015.12.10 본문개정)
1. 「지방재정법」 제11조제2항 단서 및 같은 조 제3항에 따라 행정안전부장관의 지방채 발행 승인을 받지 아니하거나 지방채 발행 승인 결과를 따르지 아니하고 지방채를 발행한 경우 : 승인을 받지 아니하거나 승인 결과를 따르지 아니하고 지출한 금액 이내
(2017.7.26 본호개정)
1의2. 「지방재정법」 제18조를 위반하여 출자 또는 출연을 한 경우 : 같은 조를 위반하여 출자 또는 출연한 금액 이내(2015.12.10 본호신설)
1의3. 「지방자치단체 보조금 관리에 관한 법률」 제6조

제2항 전단을 위반하여 지방보조금을 운영비로 교부한 경우 : 같은 항 전단을 위반하여 지방보조금을 운영비로 교부한 금액 이내(2021.7.13 본호개정)
1의4. 「지방자치단체 보조금 관리에 관한 법률」 제26조제2항에 따른 심의를 거치지 아니하거나 심의 결과를 따르지 아니하고 지방보조금을 지출한 경우 : 심의를 거치지 아니하거나 심의 결과를 따르지 아니하고 지출한 금액 이내(2021.7.13 본호개정)
1의5. 「지방자치단체 보조금 관리에 관한 법률」 제6조제3항에 따른 관리의무에 위반하여 지방보조금을 중복 교부하거나 부적격자에게 교부한 경우 : 중복 교부하거나 부적격자에게 교부한 금액 이내
(2021.7.13 본호개정)
1의6. 「지방자치단체 보조금 관리에 관한 법률」 제13조를 위반하여 지방보조사업인 지방자치단체가 지방보조금을 다른 용도에 사용한 경우 : 다른 용도로 사용한 금액 이내(2021.7.13 본호개정)
1의7. 「지방자치단체 보조금 관리에 관한 법률」 제14조를 위반하여 지방보조사업인 지방자치단체가 같은 조에 따른 승인을 받지 아니하거나 승인 결과를 따르지 아니하고 지방보조금을 사용한 경우 : 승인을 받지 아니하거나 승인 결과를 따르지 아니하고 사용한 금액 이내(2021.7.13 본호개정)
1의8. 「지방자치단체 보조금 관리에 관한 법률」 제31조제1항 및 제2항을 위반하여 교부결정의 취소에 따른 반환 명령 또는 초과액의 발생에 따른 반환 명령을 하지 아니하는 경우 : 취소된 부분에 해당하는 지방보조금 또는 그 초과액 이내(2021.7.13 본호개정)
2. 「지방재정법」 제37조에 따른 투자심사를 받지 아니하거나 투자심사 결과를 따르지 아니하고 재정투자사업에 지출한 경우 : 투자심사를 받지 아니하거나 투자 심사 결과를 따르지 아니하고 지출한 금액 이내(2015.12.10 본호개정)
2의2. 「지방재정법」 제55조의2에 따라 지정된 재정위기단체의 장이 같은 법 제55조의4제1항 또는 제2항을 위반하여 재정건전화계획에 의하지 아니하고 지방채발행 등의 예산을 편성하거나 재정투자사업에 관한 예산을 편성하여 지출한 경우 : 재정건전화계획에 의하지 아니하고 지출한 금액 이내(2015.12.10 본호신설)
3. 「지방재정법」 제38조제2항에 따른 지방자치단체 예산편성기준을 위반하여 예산을 편성한 경비를 지출한 경우 : 지방자치단체 예산편성기준을 위반하여 지출한 금액 이내
4. 「지방재정법」 제47조제1항을 위반하여 세출예산에서 정한 각 정책사업 간에 경비를 서로 이용한 경우 : 예산의 이용 범위를 위반하여 지출한 금액 이내
5. 「지방재정법」 제49조제1항에 따른 예산의 전용(轉用) 범위를 위반하여 예산을 전용한 경우 : 예산의 전용 범위를 위반하여 지출한 금액 이내
(2013.1.1 4호~5호신설)
6. 「보조금 관리에 관한 법률」 제22조를 위반하여 지방자치단체가 보조금을 다른 용도에 사용한 경우 : 다른 용도에 사용한 금액 이내
7. 「보조금 관리에 관한 법률」 제31조제1항에 따른 중앙관서의 장의 보조금 반환 명령이나 같은 조 제2항에 따른 중앙관서의 장의 초과액 반환 명령에도 불구하고 지방자치단체가 이에 따르지 않은 경우 : 해당 중앙관서의 장이 반환 명령을 한 금액 이내
(2015.12.10 6호~7호신설)
8. 「보조금 관리에 관한 법률」 제33조제1항을 위반하여 지방자치단체가 보조금수령자에게 지급한 보조금을 환수하여야 함에도 불구하고 하지 아니한 경우 : 지방자치단체가 보조금수령자로부터 환수하여야 하는 금액 이내(2016.4.28 본호개정)

9. 「사회보장기본법」 제26조제2항 및 제3항에 따른 협의·조정을 거치지 아니하고 사회보장제도를 신설 또는 변경하여 경비를 지출하거나 협의·조정 결과를 따르지 아니하고 경비를 지출한 경우 : 협의·조정을 거치지 아니하거나 협의·조정 결과를 따르지 아니하고 지출한 금액 이내(2015.12.10 본호신설)
10. 그 밖에 「감사원법」 제22조제1항에 따른 감사원의 감사결과나 「지방자치법」 제21조 또는 제190조에 따른 주무부장관 또는 행정안전부장관의 감사결과 등에 의하여 법령을 위반하여 지나치게 많은 경비를 지출하였거나 수입 확보를 위한 징수를 게을리하였음이 밝혀진 경우 : 법령을 위반하여 지출한 금액 또는 징수하지 못한 수입액 이내(2021.12.16 본호개정)
② 제1항제10호에 따라 수입 확보를 위한 징수를 게을리하였음을 이유로 교부세를 감액하거나 반환하도록 하는 경우 그 금액을 정할 때에는 해당 수입의 징수가 용이하였는지를 고려하여야 한다.(2015.12.10 본항개정)
③ 법 제11조제2항에 따른 교부세의 감액이나 반환에 대해서는 관련 분야 전문가에게 자문할 수 있다.
④ 법 제11조제4항에 따라 교부세를 분할하여 반환하는 경우 그 반환 기간은 다음 각 호에 따른 연도별 반환액(1회의 반환명령에 따른 연도별 반환액을 말한다. 이하 이 조에서 같다)을 기준으로 행정안전부장관이 정한다.(2017.7.26 본문개정)
1. 시·도 : 40억
2. 시·군 및 자치구 : 25억
(2015.6.22 본항신설)
⑤ 제4항제1호 및 제2호에도 불구하고 행정안전부장관은 지방자치단체의 재정여건 등을 고려하여 필요하다고 인정하는 경우에는 연도별 반환액을 100분의 30의 범위에서 늘리거나 줄일 수 있다.(2017.7.26 본항개정)
⑥ 법 제11조에 따라 반환하거나 감액한 금액은 다른 지방자치단체의 재원을 보전하는 데에 충당하거나 지방자치단체의 건전한 재정운영을 촉진하기 위한 재원으로 활용할 수 있다.(2015.12.10 본항개정)
(2011.12.30 본조개정)
제12조의2 (2008.10.20 삭제)
제13조【구역 변경과 폐지·설치·분리·병합의 경우】 행정안전부장관은 지방자치단체의 폐지·설치·분리·병합 또는 구역 변경이 있는 경우에는 다음 각 호의 구분에 따라 해당 지방자치단체에 교부할 교부세를 조정한다.(2017.7.26 본문개정)
1. 둘 이상의 지방자치단체가 합하여 새로운 지방자치단체가 설치된 경우 : 종전의 지방자치단체에 교부할 보통교부세·부동산교부세 및 소방안전교부세를 그대로 새로운 지방자치단체에 교부(2014.12.31 본호개정)
2. 지방자치단체의 구역이 변경되거나 하나의 지방자치단체가 둘 이상의 지방자치단체로 나누어진 경우 : 새로운 지방자치단체에 교부할 보통교부세·부동산교부세 및 소방안전교부세는 종전의 그 지방자치단체에 교부할 보통교부세·부동산교부세 및 소방안전교부세를 기준으로 법 제6조부터 제8조까지, 제9조의3 및 제9조의4에 따라 다시 산정. 다만, 구역의 변경이 일부에 국한되거나 경미한 경우에는 그 내용 연도 교부세를 산정할 때에 조정할 수 있다.(2014.12.31 본문개정)
3. 지방자치단체의 폐지·설치·분리·병합 또는 구역 변경이 있는 경우 : 새로운 지방자치단체에 교부할 특별교부세는 법 제9조제1항 각 호의 요건을 고려하여 다시 산정
(2011.12.30 본조개정)
제14조【교부세액 등에 대한 이의신청】 행정안전부장관은 법 제13조제1항에 따른 지방자치단체의 이의신청이 타당하다고 인정하는 경우에는 다음 교부세 산정 시 해당 지방자치단체의 기준재정수요액 및 기준재

수입액을 증액하거나 감액하고, 그 결과를 해당 지방자치단체에 통지하여야 한다.(2017.7.26 본조개정)
제15조【교부세 감액 내용 등의 공개】 행정안전부장관은 법 제8조의3에 따른 자체노력 반영사항과 제12조제1항에 따른 교부세의 반환 또는 감액 결정 내용을 언론매체 등을 통하여 공개할 수 있다.(2017.7.26 본조개정)

부 칙 (2015.6.22)

제1조【시행일】 이 영은 공포한 날부터 시행한다. 다만, 제12조제4항부터 제6항까지의 개정규정은 2015년 7월 1일부터 시행한다.
제2조【소방안전교부세의 사용에 관한 특례】 시·도는 제10조의4제2항의 개정규정에도 불구하고 2024년까지는 법 제9조의4에 따라 교부되는 소방안전교부세(같은 조 제2항 단서에 해당하는 부분은 제외한다)의 100분의 75 이상에 해당하는 금액을 매년 제10조의4제2항제1호나목에 해당하는 사업에 사용해야 한다.(2023.12.29 본조개정)

부 칙 (2015.12.10)

제1조【시행일】 이 영은 2016년 1월 1일부터 시행한다. 다만, 제10조의3의 개정규정은 공포한 날부터 시행한다.
제2조【부동산교부세의 교부기준에 관한 적용례】 제10조의3제1항제1호나목 및 다목의 개정규정은 부칙 제1조 단서에 따른 시행일 이후 부동산교부세를 교부하는 경우부터 적용한다.

부 칙 (2020.3.10)

이 영은 2020년 4월 1일부터 시행한다.(이하 생략)

부 칙 (2020.8.11)

이 영은 공포한 날부터 시행한다.

부 칙 (2021.6.22)

제1조【시행일】 이 영은 2021년 6월 23일부터 시행한다.(이하 생략)

부 칙 (2021.7.13)

제1조【시행일】 이 영은 2021년 7월 13일부터 시행한다.(이하 생략)

부 칙 (2021.12.16)

제1조【시행일】 이 영은 2022년 1월 13일부터 시행한다.(이하 생략)

부 칙 (2023.7.7)

제1조【시행일】 이 영은 2023년 7월 10일부터 시행한다.(이하 생략)

부 칙 (2023.12.29)

이 영은 공포한 날부터 시행한다.

〔별표1〕~〔별표2〕 ➡ 「www.hyeonamsa.com」 참조
〔별표3〕(2014.12.31 삭제)

지방교부세법 시행규칙

(2011년 12월 28일)
전부개정행정안전부령 제267호

개정
2012.12.31행정안전부령331호
2013. 3.23안전행정부령 1호(직제시규)
2013.12.31안전행정부령 47호   2014. 4.28안전행정부령 66호
2014.11.19행정자치부령 1호(직제시규)
2014.12.31행정자치부령 13호   2015.12.17행정자치부령 49호
2016. 6.16행정자치부령 73호   2016.12.30행정자치부령103호
2017. 7.26행정안전부령 1호(직제시규)
2017.12.29행정안전부령 33호   2018.12.31행정안전부령 87호
2019.12.31행정안전부령148호   2020.12.31행정안전부령222호
2021. 9. 7행정안전부령274호(법령용어정비)
2021.12.31행정안전부령301호   2022.12.30행정안전부령369호
2023.12.29행정안전부령446호

제1조 【목적】 이 규칙은 「지방교부세법」 및 같은 법 시행령에서 위임된 사항과 그 시행에 필요한 사항을 규정함을 목적으로 한다.

제2조 【교부세 산정자료의 제출】 지방자치단체의 장은 「지방교부세법 시행령」(이하 "영"이라 한다) 제3조에 따른 교부세 산정자료를 행정안전부장관이 정하는 바에 따라 작성하여 매년 8월 31일까지 제출하여야 한다. (2017.7.26 본조개정)

제3조 【보통교부세의 교부】 보통교부세는 각 지방자치단체의 영 제4조에 따른 금액(이하 "재정부족액"이라 한다)의 합산액이 보통교부세 총액을 초과하는 경우에는 해당 지방자치단체의 재정부족액에 다음의 계산식에 따른 조정률을 곱한 금액으로 한다.

$$\text{조정률} = \frac{\text{보통교부세의 총액}}{\text{재정부족액이 발생한 지방자치단체의 재정부족액 총액}}$$

제4조 【단위비용】 ① 「지방교부세법」(이하 "법"이라 한다) 제7조제2항에 따른 단위비용은 별표1과 같다.
② 제1항의 단위비용을 산정하기 위한 측정항목별 표준행정수요액의 산정방식은 별표2와 같다.

제5조 【기준재정수요액의 보정】 ① 법 제7조제3항 및 영 제7조제1항에 따른 단위비용을 조정하는 보정(補正)은 별표1에 따른 각 측정항목의 측정단위의 표시단위 수치에 해당 단위비용을 곱한 후 별표3에 따른 보정계수를 곱하여 한다.
② 다음 각 호의 금액은 제1항에 따라 보정된 기준재정수요액에 추가하여 보정한다.
1. 광역시·도 : 다음 각 목의 금액과 이들 금액의 전전년도 결산액 정산분의 100분의 80에 해당하는 금액
   가. 「지방재정법 시행령」 제36조에 따른 시·군 조정교부금(특별조정교부금은 제외한다.)(2014.12.31 본목개정)
   나. 「지방세징수법 시행령」 제24조제2항·제3항에 따른 시·도세 징수교부금(2017.12.29 본목개정)
   다. 「지방자치분권 및 지역균형발전에 관한 특별법」 제61조제1항 및 제2항에 따라 대도시에 교부하는 금액(2023.12.29 본목개정)
2. 「지방자치분권 및 지역균형발전에 관한 특별법」 제2조제18호에 따른 통합 지방자치단체(이하 이 호에서 "통합 지방자치단체"라 한다) : 다음 각 목의 구분에 따른 금액(2023.12.29 본문개정)
   가. 통합 지방자치단체가 설치된 후 최초로 시작되는 회계연도(통합 지방자치단체가 1월 1일에 설치되는 경우에는 다음 연도를 말한다. 이하 이 호에서 같다)의 경우 : 그 회계연도의 통합 지방자치단체 재정부족액이 통합 지방자치단체가 설치된 해에 폐지되는 각 지방자치단체의 재정부족액을 합한 금액보다 적을 경우에는 그 차액
   나. 통합 지방자치단체가 설치된 후 최초로 시작되는 회계연도의 다음 회계연도부터 3년 동안의 경우 : 해당 회계연도별 통합 지방자치단체의 재정부족액이 통합 지방자치단체가 설치된 해에 폐지되는 각 지방자치단체의 재정부족액을 합한 금액보다 적을 경우에는 그 차액
3. 「공직선거법」 제277조제2항에 따라 지방자치단체가 부담하는 지방선거(임기만료에 의한 선거만 해당한다) 관련 경비 및 정산분의 100분의 80에 해당하는 금액
4. 낙후지역 개발 등 지역의 특성을 반영하고 사회복지·문화 수준을 향상시키기 위하여 별표4에 따라 산정한 금액

제6조 【지방세 및 세외수입 등 수입액의 산정방식】 법 제8조제1항에 따른 기준재정수입액 및 영 제8조에 따른 기준재정수입액의 보정금액의 산정기초가 되는 지방세 및 세외수입 등 수입액의 산정방식은 별표5와 같다.

제7조 【기준재정수입액의 보정】 ① 영 제8조에 따른 기준재정수입액의 보정대상 및 반영비율은 다음 각 호와 같다.
1. (2015.12.17 삭제)
2. 보통세 결산액 정산분의 100분의 80에 해당하는 금액(2015.12.17 본호개정)
3. 시·군의 경우 다음 각 목의 금액과 이들 금액의 전전년도 정산분의 100분의 80에 해당하는 금액
   가. 「지방재정법 시행령」 제36조에 따른 시·군 조정교부금(특별조정교부금은 제외한다.)(2014.12.31 본목개정)
   나. 「지방세징수법 시행령」 제24조제2항·제3항에 따른 시·도세 징수교부금(2019.12.31 본목개정)
   다. 「지방자치분권 및 지역균형발전에 관한 특별법」 제61조제1항 및 제2항에 따라 대도시에 교부하는 금액(2023.12.29 본목개정)
   라. (2014.12.31 삭제)
4. 세외수입 중 사용료·수수료·재산임대수입·이자수입·사업수입 및 이들 금액의 전전년도 결산액 정산분의 100분의 80에 해당하는 금액
5. 부동산교부세 수입액 및 부동산교부세 수입액의 전전년도 결산액 정산분의 100분의 80에 해당하는 금액
6. 지방소비세 재원으로 조성된 지역상생발전기금에서 배분받은 금액, 지방세 등 감면에 따른 세입 감소분에 대한 보전액 등 지방자치단체의 일반재원 성격의 수입액 및 이들 금액의 전전년도 정산분의 100분의 80에 해당하는 금액
② 행정안전부장관은 제1항 각 호에 따른 정산분의 과다·과소에 따른 지방자치단체의 재정 충격을 완화하기 위하여 필요한 경우에는 보통교부세 증감률, 지방자치단체별 보통교부세 증감 규모 등을 고려하여 5년의 범위에서 정산분을 분할하여 반영할 수 있다. (2023.12.29 본항개정)

제8조 【건전재정운영을 위한 자체노력 반영】 법 제8조의3제1항에 따라 지방자치단체별 자체노력의 정도를 반영하기 위한 항목 및 산정기준은 별표6과 같다. (2015.12.17 본조개정)

제9조 【특별교부세의 교부신청】 ① 지방자치단체는 법 제9조에 따른 특별교부세를 교부받으려면 사업의 필요성, 투자효과, 재원계획 등을 종합하여 판단한 후 신청하여야 한다.

② 제1항에 따라 특별교부세의 교부를 신청하는 경우에는 다음 각 호의 서류를 첨부하여야 한다.
1. 사업계획
2. 재원계획
3. 그 밖에 특별교부세의 교부에 필요한 관련 서류
③ 법 제9조제1항제1호에 따른 특별교부세 중 토목·건축 관련 신설 사업으로서 20억원 이상이 필요한 사업은 설계비 등의 예산을 반영한 후 신청하여야 한다.
제10조【특별교부세 교부기준】영 제9조의2제1항 및 제2항에 따라 배분하는 특별교부세의 교부대상별 산정항목과 그 교부기준 등은 별표8과 같다.(2017.12.29 본조개정)
제10조의2【지방교부세위원회의 설치와 운영】① 다음 각 호의 사항을 심의 또는 자문하기 위하여 행정안전부에 지방교부세위원회(이하 "위원회"라 한다)를 둔다.
1. 법 제6조제1항에 따른 보통교부세 제도의 운영방향에 관한 사항
2. 법 제9조제1항 및 제2항에 따른 특별교부세 제도의 운영방향에 관한 사항
3. 법 제9조제1항제3호에 따른 특별교부세 교부 사업 등의 선정에 관한 사항
4. 법 제9조의3에 따른 부동산교부세 제도의 운영방향에 관한 사항
5. 법 제11조제1항부터 제3항까지에 따른 지방교부세의 반환 또는 감액(減額)에 관한 사항
6. 그 밖에 지방교부세의 교부 및 제도 운영과 관련하여 행정안전부장관이 필요하다고 인정하는 사항
(2017.12.29 본항개정)
② 위원회는 위원장 1인을 포함한 21명 이내의 위원으로 구성한다.(2018.12.31 본항개정)
③ 위원회의 위원장(이하 "위원장"이라 한다)은 행정안전부차관이 되고, 위원은 다음 각 호의 사람이 된다.
1. 지방교부세 업무를 담당하는 행정안전부의 고위공무원단에 속하는 일반직공무원(직무등급이 가등급에 해당하는 공무원으로 한정한다)
2. 다음 각 목의 어느 하나에 해당하는 사람 중에서 성별을 고려하여 행정안전부장관이 위촉하는 사람
가. 지방행정·지방재정·지역정책·지역개발·재난안전 및 관련 분야에 대한 전문지식이 있는 조교수 이상의 대학교수
나. 가목에 해당하는 사람으로서 「지방자치법」 제182조제1항 각 호의 전국적 협의체에서 추천하는 각 1명(2022.12.30 본목개정)
다. 그 밖에 지방행정·지방재정·지역정책·지역개발·재난안전 및 관련 분야에 대한 학식과 경험이 있다고 인정되는 사람
(2018.12.31 본항개정)
④ 제3항제2호에 따라 위촉된 위원의 임기는 2년으로 한다.(2022.12.30 본항개정)
⑤ 위원회는 재적위원의 과반수의 출석으로 개회하고, 출석위원의 과반수의 찬성으로 의결한다.(2016.6.16 본항개정)
⑥ 위원회는 심의를 효율적으로 운영하고 심의사항을 전문적으로 검토하게 하기 위하여 분과위원회를 둘 수 있으며, 분과위원은 위원회의 위원 중에서 위원장이 임명한다.(2017.12.29 본항개정)
⑦ 제1항부터 제6항까지에서 규정한 사항 외에 위원회의 운영에 관하여 필요한 사항은 행정안전부장관이 정한다.(2017.12.29 본항개정)
(2017.12.29 본조제목개정)
제10조의3【위원회 위원의 제척·기피·회피 등】① 위원회의 위원이 다음 각 호의 어느 하나에 해당하는 경우에는 해당 안건의 심의에서 제척된다.(2016.6.16 본문개정)

1. 위원 또는 그 배우자나 배우자였던 사람이 해당 안건과 관련된 사업 등의 당사자가 되거나 그 사업 등과 관련된 권리·의무를 갖는 경우
2. 위원이 해당 안건과 관련된 사업 등의 당사자의 대리인으로 관여하거나 관여하였던 경우
3. 그 밖에 위원이 심의 안건과 직접적인 이해관계가 있다고 인정되는 경우
② 해당 안건의 당사자는 위원이 제1항 각 호의 어느 하나에 해당하거나 공정한 심의를 기대하기 어려운 경우에는 그 사유를 밝혀 위원회에 그 위원의 기피를 신청할 수 있다. 이 경우 위원회는 의결로 해당 위원의 기피여부를 결정하여야 하고, 기피신청을 받은 위원은 그 결정에 참여할 수 없다.(2016.6.16 본항개정)
③ 위원이 제1항 각 호의 어느 하나의 사유에 해당하면 스스로 그 안건의 심의를 회피하여야 한다.
④ 행정안전부장관은 위원회의 위촉 위원이 다음 각 호의 어느 하나에 해당하는 경우에는 해당 위원을 해촉(解囑)할 수 있다.(2017.7.26 본문개정)
1. 심신장애로 인하여 직무를 수행할 수 없게 된 경우
2. 직무와 관련된 비위사실이 있는 경우
3. 직무태만, 품위 손상, 그 밖의 사유로 인하여 위원의 직을 유지하는 것이 적합하지 아니하다고 인정되는 경우
4. 제1항 각 호의 어느 하나의 사유에 해당함에도 불구하고 회피하지 아니한 경우
5. 위원 스스로 직무를 수행하는 것이 곤란하다고 의사를 밝히는 경우
(2016.6.16 본조제목개정)
(2015.12.17 본조신설)
제11조【특별교부세의 집행】특별교부세는 교부 목적에 따라 해당 연도 예산에 계상하여 집행한다. 다만, 회계연도 중에 용도가 지정되고 필요한 금액이 전부 교부된 경우에는 「지방재정법」 제45조 단서에 따라 추가경정예산 성립 전에 사용할 수 있다.
제12조【교부조건의 확인 등】행정안전부장관은 지방자치단체가 법 제9조제4항에 따른 조건이나 용도를 성실히 이행하였는지를 확인하거나, 소속 공무원으로 하여금 서류를 검사하게 할 수 있으며, 지방자치단체에 필요한 자료의 제출을 요구할 수 있다.(2017.7.26 본조개정)
제13조~제14조 (2014.12.31 삭제)
제15조【부동산교부세 교부액의 산정방식】영 제10조의3제1항제1호에 따른 부동산교부세 교부액의 산정방식은 별표12와 같다.
제16조【부동산교부세의 교부절차 및 교부방법】행정안전부장관은 영 제10조의3제1항에 따라 부동산교부세를 교부하려는 경우에는 해당 지방자치단체의 장에게 그 교부의 결정을 통지하여야 한다. 이 경우 행정안전부장관은 교부액의 산정기초, 지방자치단체별 교부 명세 및 관련 자료를 작성하여 지방자치단체의 장에게 보내야 한다.(2017.7.26 본조개정)
제17조【끝수 계산】교부세를 산정할 때 500원 미만의 끝수가 있는 경우에는 그 끝수금액을 버리고, 500원 이상 1,000원 미만의 끝수가 있는 경우에는 이를 1,000원으로 한다.

부 칙 (2015.12.17)

제1조【시행일】이 규칙은 2016년 1월 1일부터 시행한다. 다만, 별표12의 개정규정은 공포한 날부터 시행한다.
제2조【기준재정수입액의 보정에 관한 경과조치】제7조제1항의 개정규정에도 불구하고 2015 회계연도 목적세 결산액 정산분은 2017년도분 보통교부세 산정을 위한 기준재정수입액의 보정에 반영한다.

부 칙 (2017.12.29)

이 규칙은 2018년 1월 1일부터 시행한다.

부 칙 (2018.12.31)

제1조【시행일】이 규칙은 2019년 1월 1일부터 시행한다.

부 칙 (2019.12.31)

이 규칙은 2020년 1월 1일부터 시행한다.

부 칙 (2020.12.31)

제1조【시행일】이 규칙은 2021년 1월 1일부터 시행한다.
제2조【자체노력 산정기준 변경에 따른 적용례】별표6의 개정규정은 2022년에 교부하는 보통교부세를 산정하는 경우부터 적용한다.

부 칙 (2021.9.7)

이 규칙은 공포한 날부터 시행한다.

부 칙 (2021.12.31)

이 규칙은 2022년 1월 1일부터 시행한다. 다만, 별표4 제4호타목의 개정규정은 2022년 1월 13일부터 시행한다.

부 칙 (2022.12.30)

제1조【시행일】이 규칙은 공포한 날부터 시행한다.
제2조【기준재정수요액 산정 등에 관한 적용례】별표1, 별표2, 별표4 및 별표6의 개정규정은 이 규칙의 시행일이 속하는 회계연도부터 적용한다.
제3조【보궐위원의 임기에 관한 경과조치】이 영 시행 전에 보궐위원으로 위촉된 사람의 임기에 관하여는 제10조의2제4항의 개정규정에도 불구하고 종전의 규정에 따른다.

부 칙 (2023.12.29)

제1조【시행일】이 규칙은 2024년 1월 1일부터 시행한다.
제2조【기준재정수입액의 보정에 관한 적용례】제7조제2항의 개정규정은 2022년 회계연도 결산액 정산분부터 적용한다.

〔별표1〕~〔별표6〕➡「www.hyeonamsa.com」참조

〔별표7〕(2015.12.17 삭제)

〔별표8〕➡「www.hyeonamsa.com」참조

〔별표9〕~〔별표11〕(2014.12.31 삭제)

〔별표12〕➡「www.hyeonamsa.com」참조

(舊 : 지방세외수입금의 징수 등에 관한 법률)

지방행정제재·부과금의 징수 등에 관한 법률

(약칭 : 지방행정제재부과금법)

(2013년 8월 6일 법률 제11998호)

개정
2014. 5.20법12617호(기초연금법)
2014.11.19법12844호(정부조직)
2015. 5.18법13294호   2016. 5.29법14193호
2016.12.27법14474호(지방세기본법)
2016.12.27법14476호(지방세징수법)
2017. 7.26법14839호(정부조직)
2017.12.26법15293호   2020. 1.29법16885호
2020. 2. 4법16957호(신용정보의이용및보호에관한법)
2020. 3.24법17091호→시행일 부칙 참조
2020.12. 8법17574호(도로명주소법)
2020.12.29법17758호(국세징수)
2021. 1. 5법17837호   2021.12.28법18658호
2023. 3.14법19233호→2023년 3월 14일 및 2025년 1월 1일 시행
2023.12.29법19863호

제1장 총 칙

제1조【목적】이 법은 지방행정제재·부과금의 체납처분절차를 명확하게 하고 지방행정제재·부과금의 효율적 징수 및 관리 등에 필요한 사항을 규정함으로써 지방자치단체의 재정 확충 및 재정건전성 제고에 이바지함을 목적으로 한다.(2020.3.24 본조개정)
제2조【정의】이 법에서 사용하는 용어의 뜻은 다음과 같다.
1. "지방행정제재·부과금"이란 지방자치단체의 장 및 그 소속 행정기관의 장이 행정목적을 달성하기 위하여 법률에 따라 부과·징수(국가기관의 장으로부터 위임·위탁받아 부과·징수하는 경우를 포함한다)하여 지방자치단체의 수입으로 하는 조세 외의 금전으로서 다음 각 목의 어느 하나에 해당되는 것을 말한다.(2020.3.24 본문개정)
  가. 다른 법률에서 이 법에 따라 징수하기로 한 과징금, 이행강제금, 부담금 및 변상금(2020.3.24 본목개정)
  나. 그 밖의 조세 외의 금전으로서 다른 법률에서 이 법에 따라 징수하기로 한 금전
  (2016.5.29 본호개정)
1의2. "지방세외수입"이란 지방행정제재·부과금과 그 밖의 다른 법률 또는 조례에 따라 부과·징수하는 지방자치단체의 조세 외의 금전 수입으로서 수수료, 재산임대수입 등 행정안전부령으로 정하는 금전 수입을 말한다.(2020.3.24 본호개정)
2. "지방행정제재·부과금관계법"이란 지방행정제재·부과금의 부과·징수에 관한 근거를 규정한 법률로서 이 법을 제외한 법률을 말한다.(2020.3.24 본호개정)
3. "징수공무원"이란 지방자치단체의 장 또는 지방자치단체의 장으로부터 지방행정제재·부과금의 부과·징수 등에 관한 사무를 위임받은 공무원을 말한다.(2020.3.24 본호개정)
4. "납부의무자"란 지방행정제재·부과금관계법에 따라 지방행정제재·부과금을 납부할 의무가 있는 자를 말한다.(2020.3.24 본호개정)
5. "체납자"란 납부의무자로서 지방행정제재·부과금을 납부기한까지 납부하지 아니한 자를 말한다.(2020.3.24 본호개정)
6. "가산금"이란 납부의무자가 지방행정제재·부과금을 납부기한까지 납부하지 아니할 때에 지방행정제

재·부과금관계법에 따라 지방행정제재·부과금에 가산하여 징수하는 금액과 납부기한이 지난 후 일정기한까지 납부하지 아니할 때에 그 금액에 다시 가산하여 징수하는 금액을 말한다.(2020.3.24 본호개정)
7. "체납처분비"란 이 법 중 체납처분에 관한 규정에 따라 재산의 압류·보관·운반과 매각에 든 비용(매각을 대행시키는 경우 그 수수료를 포함한다)을 말한다.
8. "지방행정제재·부과징수금"이란 지방행정제재·부과금과 가산금 및 체납처분비를 말한다.(2020.3.24 본호개정)
9. "부과"란 지방자치단체의 장이 지방행정제재·부과금관계법에 따라 납부의무자에게 지방행정제재·부과금을 부담하게 하는 것을 말한다.(2020.3.24 본호개정)
10. "징수"란 지방자치단체의 장이 이 법 및 지방행정제재·부과금관계법에 따라 납부의무자로부터 지방행정제재·부과징수금을 거두어들이는 것을 말한다.(2020.3.24 본호개정)
11. "체납액"이란 체납된 지방행정제재·부과징수금을 말한다.(2020.3.24 본호개정)
12. "지방세외수입정보통신망"이란 「전자정부법」 제2조제10호에 따른 정보통신망으로서 지방자치단체의 지방세외수입의 부과·징수 및 관리에 관한 업무를 처리하기 위하여 행정안전부장관이 고시하는 정보통신망을 말한다.(2017.7.26 본호개정)
13. "전자납부"란 지방세외수입을 지방세외수입정보통신망 또는 제22조제1항제1호에 따른 지방세외수입정보통신망과 지방세외수입수납대행기관 정보통신망의 연계 방식을 통하여 인터넷, 전화통신장치, 자동입출금기 등의 전자매체를 이용하여 납부하는 것을 말한다.(2016.5.29 본호개정)
14. "전자송달"이란 이 법이나 지방행정제재·부과금관계법에 따라 지방세외수입정보통신망 또는 「정보통신망 이용촉진 및 정보보호 등에 관한 법률」 제2조제1항제1호의 정보통신망으로서 송달을 위하여 지방세외수입정보통신망과 연계된 정보통신망을 이용하여 송달하는 것을 말한다.(2021.12.28 본호개정)
제3조【적용범위】 이 법은 지방행정제재·부과금관계법에서 납부의무자가 지방행정제재·부과금을 납부기한까지 납부하지 아니한 경우에 이 법에 따라 징수하도록 한 지방행정제재·부과금에 대하여 적용한다.(2020.3.24 본조개정)

제2장 지방행정제재·부과금의 징수
(2020.3.24 본장제목개정)

제4조【지방행정제재·부과징수금 징수의 우선순위】
지방행정제재·부과징수금은 다음 각 호의 순서에 따라 징수한다.(2020.3.24 본문개정)
1. 체납처분비
2. 지방행정제재·부과금(2020.3.24 본호개정)
3. 가산금
(2020.3.24 본조제목개정)
제5조【과세정보 등의 요구·이용 등】 ① 행정안전부장관 또는 지방자치단체의 장은 체납된 지방행정제재·부과금을 징수하기 위하여 필요한 경우에는 「지방세기본법」 제86조제1항에 따른 과세정보(이하 "과세정보"라 한다)를 요구하거나 이용할 수 있다.(2020.3.24 본항개정)
② 행정안전부장관 또는 지방자치단체의 장은 체납된 지방행정제재·부과금을 징수하기 위하여 필요한 경우에는 「지방세기본법」 제129조 또는 제130조에 따라 같은 법 제127조 각 호의 과세자료제출기관(이하 "과세자료

제출기관"이라 한다)으로부터 제공받은 과세자료(「지방세기본법」 제128조에 따른 과세자료를 말한다. 이하 같다) 또는 과세자료 외의 자료를 이용할 수 있다.(2020.3.24 본항개정)
③ 행정안전부장관 또는 지방자치단체의 장은 제2항에 따른 자료 외의 자료로서 체납된 지방행정제재·부과금을 징수하기 위하여 필요하다고 인정되는 자료가 있으면 해당 자료를 보유하고 있는 과세자료제출기관의 장에게 그 자료의 수집에 협조하여 줄 것을 요청할 수 있다. 이 경우 협조 요청을 받은 과세자료제출기관의 장은 정당한 사유가 없는 한 협조하여야 한다.(2020.3.24 전단개정)
④ 제1항부터 제3항까지의 규정에 따라 과세정보, 과세자료, 과세자료 외의 자료 또는 제3항에 따른 자료를 이용하거나 제공받은 자는 이를 타인에게 제공 또는 누설하거나 목적 외의 용도로 사용하여서는 아니 된다. 다만, 행정안전부장관은 제20조제2항의 업무를 처리하기 위하여 그 사용목적에 맞는 범위에서 이를 제공할 수 있다.(2017.12.26 본문개정)
(2017.12.26 본조제목개정)
제6조【체납 또는 정리보류 자료의 제공】 ① 지방자치단체의 장은 체납된 지방행정제재·부과금의 징수를 위하여 필요한 경우로서 「신용정보의 이용 및 보호에 관한 법률」 제2조제6호의 신용정보집중기관, 그 밖에 대통령령으로 정하는 자가 다음 각 호의 어느 하나에 해당하는 체납자의 인적사항, 체납액 또는 정리보류액에 관한 자료를 요구하는 경우에는 자료를 제공할 수 있다. 다만, 체납된 지방행정제재·부과금과 관련하여 지방행정제재·부과금관계법에 따른 이의신청, 심판청구 또는 행정소송이 계류 중인 경우와 그 밖에 대통령령으로 정하는 경우에는 그러하지 아니하다.(2021.12.28 본문개정)
1. 체납일부터 1년이 지난 체납액(정리보류한 지방행정제재·부과금 포함한다. 이하 이 조에서 같다)의 총액이 500만원 이상인 체납자(2021.12.28 본호개정)
2. 1년에 3회 이상 체납하고 체납액의 총액이 500만원 이상인 체납자
3. (2017.12.26 삭제)
② 행정안전부장관이나 지방자치단체의 장은 외국인 체납자의 체류기간 연장허가 등 대통령령으로 정하는 체류 관련 허가 등을 할 경우에 활용할 수 있도록 하기 위하여 다음 각 호의 어느 하나에 해당하는 외국인 체납자의 인적사항 또는 체납액에 관한 자료를 법무부장관에게 제공할 수 있다.(2021.12.28 본문개정)
1. 체납일부터 1년이 지난 체납액의 총액이 100만원 이상으로서 대통령령으로 정하는 금액 이상인 체납자
2. 지방행정제재·부과금을 3회 이상 체납하고 체납액의 총액이 5만원 이상으로서 대통령령으로 정하는 금액 이상인 체납자
(2021.1.5 본항신설)
③ 제1항 및 제2항에 따른 자료를 제공받은 자는 이를 업무 외의 목적으로 누설하거나 이용해서는 아니 된다.(2021.12.28 본항개정)
④ 제1항 및 제2항에 따른 자료의 제공절차 등에 관하여 필요한 사항은 대통령령으로 정한다.(2021.12.28 본항개정)
(2021.12.28 본조제목개정)
제7조【대금지급 정지】 지방자치단체의 장은 100만원 이상의 지방행정제재·부과금을 체납한 체납자에 대해서는 그 체납액을 완납할 때까지 해당 지방자치단체가 체납자에게 지급하여야 하는 대금 중 체납액에 상당하는 금액의 지급을 정지할 수 있다.(2020.3.24 본조개정)
<2023.12.31까지 유효>

제7조의2【관허사업의 제한】 ① 지방자치단체의 장은 대통령령으로 정하는 사유 없이 지방행정제재·부과금을 체납한 납부의무자가 그 지방행정제재·부과금 부과 대상 사업과 같은 종류의 사업에 대한 허가·인가·면허·등록 및 대통령령으로 정하는 신고와 그 갱신(이하 "허가등"이라 한다)을 신청하는 경우 그 허가등을 하지 아니할 수 있다. 다만, 그 사업의 주무관청이 따로 있는 경우 그 주무관청에 허가등을 하지 아니할 것을 요구할 수 있다.(2020.3.24 본항개정)
② 지방자치단체의 장은 허가등을 받아 사업을 경영하는 납부의무자가 대통령령으로 정하는 사유 없이 해당 사업으로 인하여 부과받은 지방행정제재·부과금(과징금은 제외한다)을 3회 이상 체납한 경우로서 세 번째 체납일부터 1년이 경과하고, 총 체납액이 30만원 이상인 경우에는 납부의무자가 경영하는 사업의 정지 또는 허가등의 취소를 할 수 있다. 다만, 그 사업의 주무관청이 따로 있는 경우 그 주무관청에 사업의 정지 또는 허가등의 취소를 요구할 수 있다.(2021.1.5 본문개정)
③ 제2항에 따라 납부의무자의 사업을 정지하는 경우에도 그 정지기간은 지방행정제재·부과금관계법에 따른 해당 사업 정지기간의 최고한도를 초과할 수 없으며, 허가등의 취소는 납부의무자가 부정한 방법으로 납부를 회피한 경우에 한정하여 할 수 있다.(2020.3.24 본항개정)
④ 지방행정제재·부과금관계법에서 지방행정제재·부과금의 체납을 이유로 한 사업의 정지 또는 허가등의 취소에 대하여 제2항 및 제3항과 다른 규정이 있는 경우에는 그에 따른다.(2020.3.24 본항개정)
⑤ 지방자치단체의 장은 제1항 또는 제2항에 따른 처분 또는 요구를 한 후 해당 지방행정제재·부과금을 징수하였을 때에는 지체 없이 그 처분 또는 요구를 철회하여야 한다.(2020.3.24 본항개정)
⑥ 주무관청은 제1항 단서 또는 제2항 단서에 따른 지방자치단체의 장의 요구를 받았을 때에는 정당한 사유가 없으면 그 요구에 따라야 한다.
(2016.5.29 본조신설)
제7조의3【체납자의 명단공개】 ① 지방자치단체의 장은 제5조제4항에도 불구하고 체납일부터 1년이 지난 지방행정제재·부과금(정리보류한 지방행정제재·부과금을 포함한다. 이하 이 조에서 같다)이 1천만원 이상인 체납자에 대해서는 「지방세기본법」 제147조에 따른 지방세심의위원회(이하 "지방세심의위원회"라 한다)의 의결을 거쳐 그 인적사항 및 체납액 등(이하 "체납정보"라 한다)을 공개할 수 있다. 다만, 체납된 지방행정제재·부과금과 관련하여 지방행정제재·부과금관계법에 따른 이의신청, 심판청구 또는 행정소송이 계류 중이거나 그 밖에 대통령령으로 정하는 경우에는 공개할 수 없다.(2021.12.28 본문개정)
② 지방자치단체의 장은 제1항에 따른 체납정보 공개의 기준이 되는 최저금액을 1천만원 이상 3천만원 이하의 범위에서 조례로 달리 정할 수 있다.
③ 지방자치단체의 장은 지방세심의위원회의 심의를 거친 공개대상자에게 체납자 명단공개 대상자임을 알려 소명할 기회를 주어야 하며, 통지일부터 6개월이 지난 후 지방세심의위원회로 하여금 체납액의 납부이행 등을 고려하여 체납자 명단공개 여부를 재심의하게 하여 공개대상자를 선정한다.
④ 제1항에 따른 명단공개는 「언론중재 및 피해구제 등에 관한 법률」 제2조제1호에 따른 언론에 공개하거나 행정안전부장관 또는 지방자치단체의 장이 운영하는 지방세외수입정보통신망, 홈페이지, 게시판, 관보 또는 공보 등에 게재 또는 게시하는 방법으로 한다.
(2017.7.26 본항개정)

⑤ 제1항에 따라 공개되는 체납정보는 체납자의 성명·상호(법인의 명칭을 포함한다), 나이, 직업, 주소 또는 영업소(「도로명주소법」 제2조제3호에 따른 도로명 및 같은 조 제5호에 따른 건물번호까지로 한다), 체납액의 종류·납부기한 및 체납요지 등으로 한다.(2020.12.8 본항개정)
⑥ 특별시장·광역시장 또는 도지사는 해당 특별시·광역시·도 또는 그 관할 지방자치단체에 체납한 체납액으로서 체납일부터 1년이 지난 체납액의 합계가 1천만원 이상인 체납자에 대하여 제1항부터 제5항까지를 준용하여 그 체납정보를 공개할 수 있다.(2021.1.5 본항신설)
⑦ 제1항부터 제6항까지의 규정에 따른 명단공개에 필요한 사항은 대통령령으로 정한다.(2021.1.5 본항개정)
(2016.5.29 본조신설)
제7조의4【징수촉탁】 ① 이 법 또는 지방행정제재·부과금관계법에 따라 지방행정제재·부과징수금을 납부할 자의 주소 또는 재산이 다른 지방자치단체에 있을 때에는 징수공무원은 그 주소지 또는 재산 소재지의 징수공무원에게 그 징수를 촉탁할 수 있다.
(2020.3.24 본항개정)
② 제1항에 따라 징수를 촉탁하는 경우 촉탁을 받은 징수공무원이 속하는 지방자치단체는 촉탁을 받은 사무의 비용과 송금비용 및 체납처분비를 부담하되, 징수한 지방행정제재·부과징수금에서 다음 각 호의 금액을 뺀 나머지 금액을 촉탁한 징수공무원이 속하는 지방자치단체에 송금하여야 한다.(2020.3.24 본항개정)
1. 지방행정제재·부과징수금에서 체납처분비를 뺀 금액에 대통령령으로 정하는 비율을 곱하여 산정한 금액(2020.3.24 본호개정)
2. 체납처분비
③ 지방자치단체는 상호 간에 지방행정제재·부과징수금의 징수촉탁에 관한 협약을 체결할 수 있다. 이 경우 징수촉탁에 관한 협약에는 징수촉탁사무의 내용과 범위, 촉탁사무의 관리 및 처리비용, 경비의 부담 등에 관한 사항을 정하여야 한다.(2020.3.24 전단개정)
(2016.5.29 본조신설)
제7조의5【소액 징수면제】 지방행정제재·부과금으로 징수할 금액이 고지서 1장당 2천원 미만인 경우에는 그 지방행정제재·부과금을 징수하지 아니한다.
(2020.3.24 본조개정)

제7조의6【납부증명서 제출】 국가·지방자치단체 또는 대통령령으로 정하는 공공기관으로부터 대금을 지급받으려는 자는 대통령령으로 정하는 바에 따라 지방행정제재·부과금(해당 지방자치단체의 장 외의 지방자치단체의 장이 부과한 지방행정제재·부과금을 포함한다)을 납부하였다는 사실을 확인할 수 있는 증명서를 제출하여야 한다. 다만, 「전자정부법」 제36조제1항에 따른 행정정보 공동이용을 통하여 납부사실을 확인할 수 있는 경우에는 그러하지 아니하다.(2023.3.14 본문개정 : 2025.1.1 시행)

제7조의7【지방행정제재·부과금 환급금의 충당】 ① 지방자치단체의 장은 지방행정제재·부과금을 체납한 자에게 지방행정제재·부과금으로 납부된 금액 중 환급할 금액이 있을 때에는 대통령령으로 정하는 순위에 따라 그 환급할 금액과 이에 대한 이자 등을 체납액에 전부 또는 일부 충당할 수 있다.
② 지방행정제재·부과금의 환급 결정이 취소되어 지방자치단체의 장이 이미 충당되거나 환급된 금액의 반환을 청구할 때에는 이 법 및 지방행정제재·부과금관계법에 따른 고지, 독촉 및 체납처분에 관한 규정을 준용한다.
(2021.1.5 본조신설)

제7조의8【제3자의 납부】① 납부의무자가 아닌 제3자도 해당 납부의무자를 위하여 지방행정제재·부과징수금을 납부할 수 있다. 이 경우 제3자의 납부는 납부의무자의 명의로 납부하는 것으로 한정한다.
② 제1항에 따라 지방행정제재·부과징수금을 납부한 제3자는 지방자치단체에 대하여 그 반환을 청구할 수 없다.
(2023.3.14 본조신설)

제3장 체납처분절차 등

제8조【독촉】① 납부의무자가 지방행정제재·부과금을 납부기한까지 완납하지 아니한 경우에는 지방자치단체의 장은 납부기한이 지난 날부터 50일 이내에 독촉장을 발급하여야 한다.
② 제1항에 따라 독촉장을 발급할 때에는 납부기한을 발급일부터 20일 이내로 한다.
③ 제1항 및 제2항에도 불구하고 지방행정제재·부과금관계법에서 독촉 절차에 관하여 따로 정하고 있는 경우에는 그에 따른다.
(2020.3.24 본조개정)
제9조【압류의 요건 등】① 지방자치단체의 장은 체납자가 제8조 또는 지방행정제재·부과금관계법에 따라 독촉장을 받고 지정된 기한까지 지방행정제재·부과금과 가산금을 완납하지 아니한 경우에는 체납자의 재산을 압류한다.(2020.3.24 본항개정)
② 지방자치단체의 장은 제1항에 따라 재산을 압류하였을 때에는 그 사실을 체납자에게 문서로 알려 주어야 한다.
제9조의2【압류의 효력】① 제9조에 따라 다음 각 호의 재산을 압류한 경우 그 압류의 효력은 압류의 등기 또는 등록이 완료된 때에 발생한다.(2021.12.28 본문개정)
1. 「부동산등기법」 등에 따라 등기된 부동산
2. 「공장 및 광업재단 저당법」에 따라 등기된 공장재단 및 광업재단
3. 「선박등기법」에 따라 등기된 선박
4. 「자동차관리법」에 따라 등록된 자동차
5. 「선박법」에 따라 등록된 선박(「선박등기법」에 따라 등기된 선박은 제외한다)
6. 「항공안전법」에 따라 등록된 항공기 또는 경량항공기
7. 「건설기계관리법」에 따라 등록된 건설기계
(2021.12.28 1호~7호신설)
② 제1항에 따른 압류는 지방행정제재·부과금관계법에 따라 부과결정되어 압류재산의 소유권이 이전되기 전에 그 납기가 도래한 지방행정제재·부과금의 체납액에 대해서도 그 효력이 미친다.
③ 제9조에 따라 급료, 임금, 봉급, 세비, 퇴직연금 또는 그 밖에 계속적 거래관계에서 발생하는 이와 유사한 채권을 압류한 경우 그 압류의 효력은 체납액을 한도로 하여 압류 후에 발생할 채권에 대해서 미친다.
(2021.1.5 본조신설)
제10조【신분증의 제시】 징수공무원은 체납처분을 하기 위하여 질문·검사 또는 수색을 하거나 재산을 압류할 때에는 그 신분을 표시하는 증표를 지니고 이를 관계자에게 보여주어야 한다.(2021.1.5 본조개정)
제11조【질문권·검사권】 징수공무원은 체납처분을 집행하면서 압류할 재산의 소재 또는 수량을 파악하려 할 때에는 다음 각 호의 어느 하나에 해당하는 자에게 질문하거나 장부, 서류, 그 밖의 물건을 검사할 수 있다.
1. 체납자
2. 체납자와 거래관계가 있는 자

3. 체납자의 재산을 점유하는 자
4. 체납자와 채권·채무 관계가 있는 자
5. 체납자가 주주 또는 사원인 법인
6. 체납자인 법인의 주주 또는 사원
7. 대통령령으로 정하는 친족으로서 지방행정제재·부과금을 3회 이상 체납하거나 체납액이 1천만원 이상인 자의 재산을 숨긴 혐의가 있다고 인정되는 사람
(2020.3.24 본호개정)
제11조의2【수색의 권한과 방법】① 징수공무원은 재산을 압류하기 위하여 필요한 때에는 체납자의 주거·창고·사무실·선박·항공기·자동차 또는 그 밖의 장소(이하 "주거등"이라 한다)를 수색할 수 있고, 해당 주거등의 폐쇄된 문·금고 또는 기구를 열게 하거나 직접 열 수 있다.
② 징수공무원은 다음 각 호의 어느 하나에 해당하는 경우 제3자의 주거등을 수색할 수 있고, 해당 주거등의 폐쇄된 문·금고 또는 기구를 열게 하거나 직접 열 수 있다.
1. 체납자 또는 제3자가 제3자의 주거등에 체납자의 재산을 감춘 혐의가 있다고 인정되는 경우
2. 체납자의 재산을 점유·보관하는 제3자가 재산의 인도(引渡) 또는 이전을 거부하는 경우(2021.12.28 본호개정)
③ 제1항 또는 제2항에 따른 수색은 해가 뜰 때부터 해가 질 때까지만 할 수 있다. 다만, 해가 지기 전에 시작한 수색은 해가 진 후에도 계속 할 수 있다.
④ 주로 야간에 대통령령으로 정하는 영업을 하는 장소에 대해서는 제3항에도 불구하고 해가 진 후에도 영업 중에는 수색을 시작할 수 있다.
⑤ 징수공무원은 제1항 또는 제2항에 따라 수색을 하였으나 압류할 재산이 없는 경우 수색조서를 작성하고 수색조서에 체납자 또는 제12조에 따른 참여자와 함께 서명날인하여야 한다. 이 경우 체납자 또는 참여자가 서명날인을 거부하면 그 사실을 수색조서에 함께 적는 것으로 체납자 또는 참여자의 서명날인을 갈음할 수 있다.
⑥ 징수공무원은 제5항에 따라 수색조서를 작성한 경우 그 등본을 수색을 받은 체납자 또는 참여자에게 내주어야 한다.
(2021.1.5 본조신설)
제12조【검사 및 수색 참여자】① 징수공무원은 제11조 또는 제11조의2에 따라 검사 또는 수색을 할 때에는 그 검사 또는 수색을 받는 사람과 그 가족·동거인이나 사무원, 그 밖의 종업원을 증인으로 참여시켜야 한다.(2021.1.5 본항개정)
② 징수공무원은 제1항에 따른 참여자가 없을 때 또는 참여 요청에 따르지 아니할 때에는 성년자 2명 이상 또는 특별시·광역시·특별자치시·도·특별자치도·시·군·자치구의 공무원이나 경찰공무원을 증인으로 참여시켜야 한다.
(2021.1.5 본조제목개정)
제13조【압류조서】① 징수공무원은 제9조에 따라 체납자의 재산을 압류할 때에는 압류조서를 작성하여야 한다. 이 경우 압류재산이 다음 각 호의 어느 하나에 해당할 때에는 압류조서의 등본을 체납자에게 내주어야 한다.
1. 동산 또는 유가증권
2. 채권
3. 채권과 소유권을 제외한 재산권
② 징수공무원은 압류조서에 제12조에 따른 참여자의 서명 또는 기명날인을 받아야 하며, 참여자가 서명 또는 기명날인을 거부하였을 때에는 그 사실을 압류조서에 함께 적어야 한다.

③ 징수공무원은 질권이 설정된 동산 또는 유가증권을 압류하였을 때에는 그 동산 또는 유가증권의 질권자에게 압류조서의 등본을 내주어야 한다.
④ 징수공무원은 채권을 압류하였을 때에는 채권의 추심이나 그 밖의 처분을 금지한다는 뜻을 압류조서에 함께 적어야 한다.

제14조【압류해제의 요건】 ① 지방자치단체의 장은 다음 각 호의 어느 하나에 해당하는 경우에는 압류를 즉시 해제하여야 한다.
1. 납부, 충당, 공매(公賣)의 중지, 부과의 취소, 그 밖의 사유로 압류가 필요 없게 된 경우(2021.1.5 본호개정)
2. 압류한 재산에 대하여 제3자의 소유권 주장이 상당한 이유가 있다고 인정할 경우
3. 제3자가 체납자를 상대로 소유권에 관한 소송을 제기하여 승소판결을 받고 그 사실을 증명한 경우
4. 압류한 금융재산 중「국민기초생활 보장법」에 따른 급여, 「장애인복지법」에 따른 장애수당, 「기초연금법」에 따른 기초연금, 「한부모가족지원법」에 따른 복지급여 등 국가 또는 지방자치단체로부터 지급받은 급여금품으로서 법률에 따라 압류가 금지된 재산임을 증명한 경우(2014.5.20 본호개정)
② 지방자치단체의 장은 다음 각 호의 어느 하나에 해당하는 경우에는 압류재산의 전부 또는 일부에 대하여 압류를 해제할 수 있다.
1. 압류 후 재산가격의 변동 또는 그 밖의 사유로 그 가격이 징수할 체납액의 전액(全額)을 현저히 초과한 경우
2. 압류에 관계되는 체납액의 일부가 납부 또는 충당된 경우(2021.1.5 본호개정)
3. 부과의 일부를 취소한 경우
4. 체납자가 압류할 수 있는 다른 재산을 제공하여 그 재산을 압류한 경우
5. 압류재산이 사실상 멸실되었다고 인정되는 경우로서 대통령령으로 정하는 경우(2021.1.5 본호신설)

제15조【압류해제의 통지 등】 ① 지방자치단체의 장은 재산의 압류를 해제하였을 때에는 그 사실을 그 재산의 압류통지를 한 권리자, 제3채무자 또는 제3자에게 알려 주어야 한다.
② 지방자치단체의 장은 제14조에 따라 재산의 압류를 해제하였을 때에는 압류의 등기 또는 등록을 한 것에 대해서는 압류해제조서를 첨부하여 압류말소의 등기 또는 등록을 관계 관서에 촉탁하여야 한다.
③ 지방자치단체의 장은 제3자에게 압류재산을 보관하게 한 경우에 그 재산에 대한 압류를 해제하였을 때에는 그 보관자에게 압류해제의 통지를 하고 압류재산은 체납자 또는 정당한 권리자에게 반환하여야 한다. 이 경우 압류재산의 보관증을 받았을 때에는 보관자에게 보관증을 반환하여야 한다.
④ 제3항의 경우에 지방자치단체의 장은 필요하다고 인정하면 보관자에게 그 재산을 체납자 또는 정당한 권리자에게 인도하게 할 수 있다. 이 경우 체납자 또는 정당한 권리자에게 보관자로부터 압류재산을 받을 것을 알려 주어야 한다.
⑤ 지방자치단체의 장은 보관 중인 재산을 반환할 때에는 영수증을 받아야 한다. 이 경우 압류조서에 영수사실을 적고 체납자 또는 정당한 권리자로 하여금 서명 또는 기명날인하게 함으로써 영수증을 갈음할 수 있다.

제15조의2【상속인 등에 대한 체납처분의 집행】 ① 지방자치단체의 장은 지방행정제재·부과금이 부과된 이후 납부의무자인 개인이 사망한 경우에는 상속인이 상속받은 재산에 대하여 체납처분을 집행할 수 있다.
② 지방자치단체의 장은 지방행정제재·부과금이 부과된 이후 납부의무자인 법인이 합병으로 소멸한 경우에는 합병 후 존속한 법인 또는 합병에 따라 설립된 법인의 재산에 대하여 체납처분을 집행할 수 있다. (2023.3.14 본조신설)

제16조【체납처분의 중지】 ① 지방자치단체의 장은 체납처분의 목적물인 총재산의 추산가액이 체납처분비와 지방행정제재·부과금에 우선하는 채권에 충당하고 남을 여지가 없을 때에는 체납처분을 중지하여야 한다. (2020.3.24 본항개정)
② 제1항의 체납처분 중지사유에 해당하는 경우에는 체납자(체납자와 체납처분의 목적물인 재산의 소유자가 다른 경우에는 체납처분의 목적물인 재산의 소유자를 포함한다)도 체납처분의 중지를 지방자치단체의 장에게 요청할 수 있다.

제17조【체납처분 유예】 ① 지방자치단체의 장은 체납자가 다음 각 호의 어느 하나에 해당하는 경우에는 체납자의 신청 또는 직권으로 그 체납액에 대하여 체납처분에 따른 재산의 압류나 압류재산의 매각을 대통령령으로 정하는 바에 따라 유예할 수 있다. (2021.12.28 본문개정)
1. 전쟁, 감염병, 풍수해, 화재, 그 밖의 재해나 도난으로 재산에 심한 손실을 입은 경우(2021.12.28 본호신설)
2. 재산의 압류나 압류재산의 매각을 유예함으로써 사업을 정상적으로 운영할 수 있게 되어 체납액을 징수할 수 있다고 인정되는 경우(2021.12.28 본호신설)
② 지방자치단체의 장은 제1항에 따라 유예를 하는 경우에 필요하다고 인정하면 이미 압류한 재산의 압류를 해제할 수 있다.
③ 지방자치단체의 장은 제1항 및 제2항에 따라 재산의 압류를 유예하거나 압류한 재산의 압류를 해제하는 경우에는 그에 상당하는 담보의 제공을 요구할 수 있다. 이 경우 담보의 종류와 평가, 절차 등에 관하여는 「지방세기본법」 제65조부터 제70조까지를 준용한다. (2016.12.27 후단개정)
④ 제1항에 따른 유예의 신청·결정 및 통지 등의 절차에 관하여 필요한 사항은 대통령령으로 정한다.
⑤ 체납처분 유예의 취소와 체납액의 일시징수에 관하여는 「지방세징수법」 제29조를 준용한다. (2016.12.27 본항개정)

제18조【사해행위의 취소】 지방자치단체의 장은 체납처분을 집행할 때에 체납자가 지방행정제재·부과금의 징수를 피하기 위하여 재산권을 목적으로 한 법률행위를 한 경우에는 「민법」 제406조 및 제407조를 준용하여 사해행위(詐害行爲)의 취소 및 원상회복을 법원에 청구할 수 있다. (2020.3.24 본조개정)

제19조【체납처분절차 등에 관한「국세징수법」등의 준용】 지방행정제재·부과징수금에 대한 체납처분절차 등에 관하여 이 법에서 규정한 사항을 제외하고는 압류금지 재산에 관하여는 「국세징수법」 제32조, 제33조, 제3장제2절제2관을, 체납처분의 효력에 관하여는 같은 법 제26조, 제27조, 제3장제2절제3관, 제48조제2항 및 제3항을, 재산유형별 압류의 방법 등에 관하여는 같은 법 제3장제2절제4관부터 제7관까지를, 교부청구와 참가압류의 절차 및 효력에 관하여는 같은 법 제3장제2절제9관을, 압류재산의 매각 및 청산 절차에 관하여는 같은 법 제3장제3절부터 제5절까지를 준용하고, 정리보류 등에 관하여는 「지방세징수법」 제106조를 준용한다. (2021.12.28 본조개정)

제4장 보 칙

제20조【지방세외수입 징수 및 관리 업무의 정보화】 ① 지방자치단체의 장은 지방세외수입 징수 및 관리 업무의 효율성과 투명성을 높이기 위하여 지방세외수입정보통신망을 이용하여 이 법에 따른 업무나 지방세

외수입의 부과·징수 또는 지방세외수입의 관리에 관한 업무 등을 처리할 수 있다.(2016.5.29 본항개정)

② 행정안전부장관은 지방세외수입 징수 및 관리에 관한 정보의 효율적 관리와 납부의 편의를 위하여 지방세외수입정보통신망을 설치하여 다음 각 호에 해당하는 업무를 처리하여야 한다.(2017.7.26 본문개정)

1. 지방세외수입의 부과·징수 관련 자료의 관리 및 제공(2016.5.29 본호개정)

2. 지방세외수입의 체납정보 및 체납처분에 필요한 정보의 관리 및 제공(2016.5.29 본호개정)

3. 전자납부, 전자송달 등 납부편의를 위한 서비스의 제공

4. 지방세외수입의 운영상황의 분석, 통계관리 등에 필요한 정보의 관리 및 제공(2016.5.29 본호개정)

5. 그 밖에 지방세외수입 징수 및 관리 업무의 원활한 수행에 필요한 서비스의 제공(2016.5.29 본호개정)

③ 행정안전부장관은 지방세외수입 징수 및 관리 업무의 효율성 및 투명성을 높이고, 납부의무자의 편의를 위하여 지방세외수입 징수 및 관리 업무와 관련된 다른 정보처리시스템과 지방세외수입정보통신망의 연계 방안을 마련하여 시행할 수 있다.(2017.7.26 본항개정)

④ 행정안전부장관 및 지방자치단체의 장은 지방세외수입정보통신망의 운영 등 지방세외수입 징수 및 관리 업무와 관련된 정보화 사업을 효율적으로 추진하기 위하여 지방세외수입 징수 및 관리 관련 정보화 사업을 「전자정부법」 제72조에 따른 한국지역정보개발원에 위탁할 수 있다.(2017.7.26 본항개정)

⑤ 제1항부터 제4항까지에서 규정한 사항에 관한 처리 절차·기준·방법 및 관리체계 등에 관하여 필요한 사항은 대통령령으로 정한다.
(2016.5.29 본조제목개정)

제20조의2【지방세외수입정보통신망의 통합 구축】 행정안전부장관은 지방세외수입 징수 및 관리 업무의 효율적 처리를 위하여 지방세외수입정보통신망을 「지방세기본법」 제135조제2항에 따른 지방세통합정보통신망에 통합하여 구축한다.(2020.3.24 본조신설)

제21조【신용카드등에 의한 지방세외수입의 납부】 ① 납부의무자는 지방세외수입을 대통령령으로 정하는 지방세외수입수납대행기관(이하 "지방세외수입수납대행기관"이라 한다)을 통하여 신용카드, 직불카드 등(이하 "신용카드등"이라 한다)으로 납부할 수 있다.

② 납부의무자는 지방세외수입을 지방세외수입수납대행기관을 통하여 신용카드등으로 자동납부할 수 있다. 다만, 납부기한이 지난 지방세외수입은 그러하지 아니하다.(2020.3.24 본항신설)

③ 제1항 및 제2항에 따라 신용카드등으로 지방세외수입을 납부하는 경우에는 지방세외수입수납대행기관의 승인일을 납부일로 본다.(2020.3.24 본항개정)

④ 제1항부터 제3항까지에서 규정한 사항 외의 신용카드등에 의한 지방세외수입의 납부에 필요한 사항은 대통령령으로 정한다.(2020.3.24 본항개정)
(2016.5.29 본조개정)

제21조의2【부동산 등기 수수료의 면제】 지방자치단체의 장이 지방행정제재·부과금의 체납액을 징수하기 위하여 해당 지방자치단체가 부동산에 대한 등기를 신청하는 경우에는 「부동산등기법」 제22조제3항에 따른 수수료를 면제한다.(2021.1.5 본조신설)

제22조【지방세외수입수납정보시스템 운영계획의 수립·시행】 ① 행정안전부장관은 납부의무자가 모든 지방자치단체의 지방세외수입을 편리하게 조회하고 납부할 수 있도록 하기 위하여 다음 각 호의 사항을 포함하는 지방세외수입수납정보시스템 운영계획을 수립·시행하여야 한다.(2017.7.26 본문개정)

1. 지방세외수입정보통신망과 지방세외수입수납대행기관 정보통신망의 연계

2. 지방세외수입 납부의 실시간 처리 및 안전한 관리와 수납통합처리시스템의 운영

3. 지방세외수입 납부의 편의성 제고를 위한 각종 서식의 개선

4. 지방세외수입의 전국적인 조회, 납부, 수납처리 절차 및 성능개선과 안전성 제고에 관한 사항

5. 그 밖에 대통령령으로 정하는 지방세외수입수납정보시스템과 관련된 기관의 범위 등 운영계획의 수립·시행에 필요한 사항

② 행정안전부장관은 제1항에 따른 지방세외수입수납정보시스템 운영계획을 수립·시행할 때에는 납부의무자의 편의성을 우선적으로 고려하여야 하며, 지방세외수입수납정보시스템의 이용에 지역 간 차별이 발생하지 아니하도록 하여야 한다.(2017.7.26 본항개정)
(2016.5.29 본조개정)

제22조의2【지방세외수입의 분석·진단 등】 ① 행정안전부장관은 지방세외수입의 효율적 관리를 위하여 매년 지방세외수입의 부과·징수에 관한 분석 및 진단을 실시할 수 있다.(2017.7.26 본항개정)

② 행정안전부장관은 제1항에 따른 분석 및 진단을 실시한 경우 그 결과를 공개할 수 있다.(2017.7.26 본항개정)

③ 행정안전부장관은 지방자치단체의 장에게 제1항에 따른 분석 및 진단에 필요한 자료의 제출을 요구할 수 있다. 이 경우 지방자치단체의 장은 특별한 사유가 없으면 이에 협조하여야 한다.(2017.7.26 전단개정)

④ 행정안전부장관은 제1항에 따른 분석 및 진단의 객관성과 전문성을 확보하기 위하여 필요한 경우에는 대통령령으로 정하는 전문기관에 그 분석과 진단을 수행하게 할 수 있으며, 분석 및 진단의 원활한 수행을 위하여 전문기관에 출연할 수 있다.(2021.1.5 본항개정)

⑤ 행정안전부장관은 제1항에 따른 분석 및 진단을 실시한 결과 지방세외수입의 징수에 공적이 있다고 인정되는 지방자치단체 또는 징수공무원을 대통령령으로 정하는 바에 따라 포상할 수 있다.(2017.7.26 본항개정)

⑥ 제1항에 따른 분석 및 진단의 방법과 절차 등에 필요한 사항은 대통령령으로 정한다.
(2016.5.29 본조제목개정)
(2015.5.18 본조신설)

제22조의3【지방세외수입 정책협의회】 ① 지방세외수입의 효율적인 징수 및 관리 등에 필요한 사항을 관계 행정기관 등과 협의·조정하고 관련 정책을 종합적인 관점에서 수립·추진하기 위하여 행정안전부에 지방세외수입 정책협의회(이하 "협의회"라 한다)를 둔다.

② 협의회의 위원장은 행정안전부차관이 된다.

③ 협의회의 효율적인 운영을 위하여 지방세외수입 정책실무협의회(이하 "실무협의회"라 한다)를 둘 수 있으며, 관련 전문가로 구성된 자문단을 운영할 수 있다.

④ 협의회는 직무 수행을 위하여 필요한 경우 관계 중앙행정기관의 장 또는 지방자치단체의 장 등에게 자료 또는 의견의 제출, 협의·조정 결과의 반영 등 협조를 요청할 수 있다.

⑤ 제1항부터 제4항까지에서 규정한 사항 외에 협의회, 실무협의회 및 자문단의 구성·운영 등에 필요한 사항은 대통령령으로 정한다.
(2017.12.26 본조신설)

제5장 벌 칙

제23조【벌칙】 제5조제4항을 위반하여 과세정보, 과세자료, 과세자료 외의 자료 또는 같은 조 제3항에 따른 자료를 타인에게 제공 또는 누설하거나 목적 외의 용

도로 사용한 자는 3년 이하의 징역 또는 3천만원 이하의 벌금에 처한다. 이 경우 징역형과 벌금형을 병과할 수 있다.(2017.12.26 전단개정)

부　칙 (2016.5.29)

제1조【시행일】이 법은 공포 후 6개월이 경과한 날부터 시행한다.
제2조【적용례】제7조의2 및 제7조의3의 개정규정은 이 법 시행 후 지방세외수입금을 체납하는 납부의무자부터 적용한다.

부　칙 (2020.1.29)

제1조【시행일】이 법은 공포한 날부터 시행한다.
제2조【소액 징수면제에 관한 적용례】제7조의5의 개정규정은 이 법 시행 이후 납입 고지할 지방세외수입금이 2천원 미만인 경우부터 적용한다.

부　칙 (2020.2.4)

제1조【시행일】이 법은 공포 후 6개월이 경과한 날부터 시행한다.(이하 생략)

부　칙 (2020.3.24)

제1조【시행일】이 법은 공포한 날부터 시행한다. 다만, 다음 각 호의 개정규정은 각 호의 구분에 따른 날부터 시행한다.
1.～3. (생략)
4. 제20조의2의 개정규정 : 2023년 1월 25일
　(2021.12.28 본호개정)
5. 제7조의6의 개정규정 : 2025년 1월 1일(2023.12.29 본호개정)
제2조【대금지급 정지에 대한 유효기간】제7조의 개정규정은 2024년 12월 31일까지 효력을 가진다.
(2023.12.29 본조개정)
제3조【납부증명서 제출에 관한 적용례】제7조의6의 개정규정은 2025년 1월 1일 이후 대금을 지급받으려는 자부터 적용한다.(2023.12.29 본조개정)
제4조【다른 법률의 개정】①～⑫ ※(해당 법령에 가제정리 하였음)
제5조【다른 법령과의 관계】이 법 시행 당시 다른 법령에서 종전의 「지방세외수입금의 징수 등에 관한 법률」 또는 그 규정을 인용한 경우 이 법 중 그에 해당하는 규정이 있는 경우에는 종전의 「지방세외수입금의 징수 등에 관한 법률」 또는 그 규정을 갈음하여 이 법 또는 이 법의 해당 규정을 인용한 것으로 본다.

부　칙 (2020.12.8)

제1조【시행일】이 법은 공포 후 6개월이 경과한 날부터 시행한다.(이하 생략)

부　칙 (2020.12.29)

제1조【시행일】이 법은 2021년 1월 1일부터 시행한다.(이하 생략)

부　칙 (2021.1.5)

제1조【시행일】이 법은 공포 후 6개월이 경과한 날부터 시행한다. 다만, 제6조제2항의 개정규정은 2024년 1월 1일부터 시행한다.(2021.12.28 단서개정)
제2조【관허사업의 제한에 관한 적용례】제7조의2제2항의 개정규정은 이 법 시행 이후 새로 체납하는 체납액이 30만원 이상이 되는 경우부터 적용한다.
제3조【지방행정제재·부과금 환급금의 충당에 관한 적용례】제7조의7, 제14조제1항제1호 및 같은 조 제2항제2호의 개정규정은 이 법 시행 이후 지방행정제재·부과금 환급사유가 발생한 경우부터 적용한다.
제4조【부동산 등기 수수료의 면제에 관한 적용례】제21조의2의 개정규정은 이 법 시행 이후 지방행정제재·부과금의 체납액을 징수하기 위하여 부동산 등기를 신청하는 경우부터 적용한다.
제5조【관허사업의 제한에 관한 경과조치】이 법 시행 전에 종전의 규정에 따라 관허사업제한 대상이 된 체납자의 경우에는 제7조의2제2항의 개정규정에 불구하고 종전 규정에 따른다. 체납자가 이 법 시행 전에 체납한 체납액과 이 법 시행 이후에 체납한 체납액을 합하여 100만원 이상인 경우에도 같다.

부　칙 (2021.12.28)

제1조【시행일】이 법은 2022년 1월 1일부터 시행한다. 다만, 법률 제17837호 지방행정제재·부과금의 징수 등에 관한 법률 일부개정법률 제6조제2항 각 호 외의 부분의 개정규정은 2024년 1월 1일부터 시행한다.
제2조【전쟁 등으로 인한 체납처분 유예에 관한 적용례】제17조제1항제1호의 개정규정은 이 법 시행 전 발생한 전쟁, 감염병, 풍수해, 화재, 그 밖의 재해나 도난으로 재산에 심한 손실을 입은 경우에도 적용한다.

부　칙 (2023.3.14)

제1조【시행일】이 법은 공포한 날부터 시행한다. 다만, 법률 제17091호 지방세외수입금의 징수 등에 관한 법률 일부개정법률 제7조의6 본문의 개정규정은 2025년 1월 1일부터 시행한다.(2023.12.29 단서개정)
제2조【제3자의 납부에 관한 적용례】제7조의8의 개정규정은 이 법 시행 전에 부과된 지방행정제재·부과징수금에 대해서도 적용한다.

부　칙 (2023.12.29)

이 법은 공포한 날부터 시행한다.

지방행정제재 · 부과금의 징수 등에 관한 법률 시행령

(2014년 5월 21일)
(대통령령 제25357호)

개정
2014.11.19영25751호(직제)
2016.11.22영27594호
2016.11.29영27621호(지방회계법시)
2017. 3.27영27958호(지방세기본법시)
2017. 3.27영27960호(주민등록번호처리제한일부개정령)
2017. 7.26영28211호(직제)
2018. 3.27영28716호
2020. 3.24영30545호→2020년 3월 24일 및 2025년 1월 1일 시행
2021. 1.26영31413호
2021.12.16영32223호(지방자치시)
2021.12.31영32295호   2023. 3.14영33328호
2023.12.29영34081호

제1장 총 칙

제1조【목적】이 영은 「지방행정제재 · 부과금의 징수 등에 관한 법률」에서 위임된 사항과 그 시행에 필요한 사항을 규정함을 목적으로 한다.(2020.3.24 본조개정)
제2조 (2016.11.22 삭제)

제2장 지방행정제재 · 부과금의 징수
(2020.3.24 본장제목개정)

제3조【체납 또는 정리보류 자료의 제공 제외 사유】「지방행정제재 · 부과금의 징수 등에 관한 법률」(이하 "법"이라 한다)제6조제1항 각 호 외의 부분 단서에서 "대통령령으로 정하는 경우"란 다음 각 호의 어느 하나에 해당하는 경우를 말한다.(2020.3.24 본문개정)
1. 천재지변, 화재, 전화(戰禍), 그 밖의 재해 등으로 체납자의 재산에 심한 손실을 입은 경우(2016.11.22 본호개정)
2. 체납자의 사업에 현저한 손실이 발생한 경우
3. 체납자의 사업이 중대한 위기에 처한 경우
4. 법 제17조제1항에 따라 체납처분이 유예된 경우
(2021.12.31 본조제목개정)
제4조【체납 또는 정리보류 자료파일 작성 등】 ① 지방자치단체의 장은 법 제6조제1항 각 호의 어느 하나에 해당하는 자의 인적사항, 체납액 또는 정리보류액에 관한 자료(이하 "체납 또는 정리보류 자료"라 한다)를 전산정보처리조직에 의하여 처리하는 경우에는 체납 또는 정리보류 자료파일(자료보관장치나 그 밖에 이와 유사한 매체에 체납 또는 정리보류 자료가 기록 · 보관된 것을 말한다. 이하 같다)을 작성할 수 있다.
② 체납 또는 정리보류 자료파일의 정리 · 관리 · 보관 등에 필요한 사항은 지방자치단체의 장이 정한다.
(2021.12.31 본조개정)
제4조의2【체납 또는 정리보류 자료의 요구 등】 ① 법 제6조제1항에 따라 체납 또는 정리보류 자료를 요구하는 자(이하 이 조에서 "요구자"라 한다)는 다음 각 호의 사항을 적은 문서를 지방자치단체의 장에게 제출해야 한다.(2021.12.31 본문개정)
1. 요구자의 성명과 주소 또는 영업소
2. 요구하는 자료의 내용 및 이용 목적
② 제1항에 따라 체납 또는 정리보류 자료를 요구받은 지방자치단체의 장은 해당 자료를 체납 또는 정리보류 자료파일 또는 문서로 제공할 수 있다.(2021.12.31 본항개정)
③ 지방자치단체의 장은 제2항에 따라 제공한 체납 또

는 정리보류 자료가 체납액의 납부, 지방행정제재 · 부과금징수권의 소멸시효 완성 등의 사유로 인하여 제공대상 자료에 해당하지 않게 된 경우에는 그 사실을 사유 발생일부터 15일 이내에 요구자에게 통지해야 한다.(2021.12.31 본항개정)
④ 제1항부터 제3항까지에서 규정한 사항 외에 체납 또는 정리보류 자료의 요구 및 제공 등에 필요한 사항은 지방자치단체의 장이 정한다.(2021.12.31 본항개정)
(2021.12.31 본조제목개정)
제5조【외국인 체납자료 제공범위 및 절차 등】 ① 법 제6조제2항 각 호 외의 부분에서 "체류기간 연장허가 등 대통령령으로 정하는 체류 관련 허가 등"이란 다음 각 호의 어느 하나에 해당하는 것을 말한다.(2021.12.31 본문개정)
1. 「재외동포의 출입국과 법적 지위에 관한 법률」 제6조에 따른 국내거소신고
2. 「출입국관리법」 제20조에 따른 체류자격 외 활동허가
3. 「출입국관리법」 제21조에 따른 근무지 변경 · 추가에 관한 허가 또는 신고
4. 「출입국관리법」 제23조에 따른 체류자격 부여
5. 「출입국관리법」 제24조에 따른 체류자격 변경허가
6. 「출입국관리법」 제25조에 따른 체류기간 연장허가
7. 「출입국관리법」 제31조에 따른 외국인등록
② 법 제6조제2항제1호에서 "대통령령으로 정하는 금액"이란 100만원을 말한다.
③ 법 제6조제2항제2호에서 "대통령령으로 정하는 금액"이란 5만원을 말한다.
④ 행정안전부장관 또는 지방자치단체의 장은 법 제6조제2항에 따른 자료를 전산정보처리조직을 이용하여 처리하는 경우에는 체납처분 자료파일(자료보관장치나 그 밖에 이와 유사한 매체에 체납처분 자료가 기록 · 보관된 것을 말한다)을 작성하여 지방세외수입정보통신망을 통해 법무부장관에게 제공할 수 있다.(2021.1.26 본조신설)
제5조의2【관허사업 제한의 예외 사유 등】 ① 법 제7조의2제1항 본문에서 "대통령령으로 정하는 사유"란 다음 각 호의 어느 하나에 해당하는 경우로서 지방자치단체의 장이 체납액 납부가 곤란하다고 인정하는 사유를 말한다.
1. 납부의무자가 천재지변, 화재, 전화, 그 밖의 재해를 입었거나 도난을 당한 경우
2. 납부의무자 본인 또는 동거 가족이 질병을 앓고 있는 경우
3. 납부의무자가 그 사업에 심한 손해를 입은 경우
4. 납부의무자에게 다음 각 목의 어느 하나에 해당하는 사유가 있는 경우
가. 강제집행을 받은 경우
나. 파산의 선고를 받은 경우
다. 경매가 개시된 경우
라. 법인이 해산한 경우
5. 납부의무자의 재산이 법 제16조제1항에 따른 체납처분의 중지사유에 해당하는 경우
6. 그 밖에 제1호부터 제5호까지의 규정에 준하는 사유가 있는 경우
② 법 제7조의2제1항 본문에서 "대통령령으로 정하는 신고"란 관계 법령에 따라 신고를 하고 경영해야 하는 사업 중 「지방세법 시행령」 별표1에 따른 등록면허세가 부과되는 사업의 신고를 말한다.(2021.12.31 본항개정)
(2016.11.22 본조신설)
제5조의3【체납횟수의 계산과 관허사업 제한의 예외】 ① 법 제7조의2제2항 본문에서 "대통령령으로 정하는 사유"란 제5조의2제1항 각 호의 어느 하나에 해당하는 사유를 말한다.

② 법 제7조의2제2항에 따른 체납의 횟수는 납부고지서 1통을 1회로 산정한다.
(2016.11.22 본조신설)

제5조의4【관허사업의 정지 또는 허가취소 등】 ① 지방자치단체의 장은 주무관청에 법 제7조의2제1항 단서에 따라 관허사업의 허가등을 하지 아니할 것을 요구하거나 법 제7조의2제2항 단서에 따라 관허사업의 정지 또는 허가등의 취소를 요구하려는 경우에는 다음 각 호의 사항을 적은 문서로 하여야 한다.
1. 체납자의 성명(법인의 경우에는 명칭 및 대표자의 성명), 주민등록번호(법인의 경우에는 법인등록번호, 외국인의 경우에는 외국인등록번호), 주소 또는 영업소
2. 허가등의 제한이나 정지 또는 취소가 필요한 사업의 종목
3. 법 제7조의2제1항에 따른 관허사업 허가등의 제한이 필요한 이유 또는 법 제7조의2제2항에 따른 관허사업의 정지 또는 허가등의 취소가 필요한 이유
4. 체납명세
5. 그 밖의 참고사항
② 제1항에 따른 요구를 받은 해당 주무관청은 그 조치 결과를 즉시 해당 지방자치단체의 장에게 통지하여야 한다.
(2016.11.22 본조신설)

제5조의5【체납자 명단공개】 ① 법 제7조의3제1항 단서에서 "대통령령으로 정하는 경우"란 다음 각 호의 어느 하나에 해당하는 경우를 말한다.
1. 체납액의 100분의 50 이상을 납부한 경우 (2021.12.31 본호개정)
2. 「채무자 회생 및 파산에 관한 법률」 제243조에 따른 회생계획인가의 결정에 따라 체납된 지방행정제재·부과금의 징수를 유예받고 그 유예기간 중에 있거나 체납된 지방행정제재·부과금을 회생계획의 납부일정에 따라 납부하고 있는 경우(2020.3.24 본호개정)
3. 재산 상황, 미성년자 여부 및 그 밖의 사정 등을 고려할 때 「지방세기본법」 제147조에 따른 지방세심의위원회가 공개할 실익이 없거나 공개하는 것이 부적절하다고 인정하는 경우(2017.3.27 본호개정)
② 지방자치단체의 장은 법 제7조의3제3항에 따라 공개대상자에게 체납자 명단공개 대상자임을 통지하는 경우에는 체납액을 납부하도록 촉구하여야 한다. 이 경우 법 제7조의3제1항 단서에 따른 공개 제외 사유에 해당하면 그 소명자료를 제출할 수 있다는 안내를 하여야 한다.
③ 법 제7조의3제1항에 따른 체납자 명단공개 여부를 결정할 때에는 다음 각 호의 사항을 명단 공개일이 속하는 연도의 1월 1일을 기준으로 계산하여 결정한다.
1. 법 제7조의3제1항 본문의 지방행정제재·부과금의 체납 기간
2. 제1항제1호의 체납액
(2021.12.31 본항개정)
④ 지방자치단체의 장은 법 제7조의3제1항 본문 및 같은 조 제5항에 따라 법인인 체납자의 체납정보를 공개하는 경우에는 법인의 대표자를 함께 공개할 수 있다. (2023.12.29 본항신설)
(2016.11.22 본조신설)

제5조의6【징수촉탁의 절차 등】 ① 법 제7조의4에 따라 징수촉탁을 하려는 징수공무원은 다음 각 호의 사항을 적은 문서로 하여야 한다.
1. 납부의무자의 변경 전과 변경 후의 주소 또는 영업소
2. 징수촉탁을 하는 지방행정제재·부과금의 부과연도, 항목, 부과대상, 납부기한과 그 금액(2020.3.24 본호개정)

3. 독촉장 또는 납부최고서를 발급한 사실이 있는 지와 그 발급 연월일
4. 그 밖의 참고사항
② 제1항에 따라 징수촉탁을 받은 징수공무원은 징수촉탁을 한 징수공무원에게 지체 없이 인수서를 발송하여야 한다.
③ 법 제7조의4제1항에 따라 징수촉탁을 한 경우에 그 징수가 지연되거나 그 밖에 특별한 사유가 있을 때에는 징수촉탁을 한 징수공무원은 징수촉탁을 받은 징수공무원과 협의하여 직접 징수촉탁을 받은 지방자치단체의 구역에서 해당 체납자에 대하여 체납처분을 할 수 있다.
④ 법 제7조의4제2항제1호에서 "대통령령으로 정하는 비율"이란 100분의 30을 말한다.
(2016.11.22 본조신설)

제5조의7【납부증명서】 법 제7조의6 본문에 따른 증명서(이하 "납부증명서"라 한다)는 발급일 현재 법 제17조에 따른 체납처분 유예액을 제외하고는 다른 체납액이 없다는 사실을 증명하는 것으로 한다.
(2020.3.24 본조신설 : 2025.1.1 시행)

제5조의8【납부증명서의 제출】 ① 법 제7조의6 본문에서 "대통령령으로 정하는 공공기관"이란 「감사원법」 제22조제1항제3호 및 제4호에 따라 감사원의 회계검사 대상이 되는 법인 또는 단체 등을 말한다.
(2023.3.14 본항신설 : 2025.1.1 시행)
② 법 제7조의6에 따라 대금을 지급받으려는 자는 납부증명서를 제출해야 한다. 이 경우 대금을 지급받으려는 자가 원래의 계약자가 아닌 경우에는 다음 각 호의 구분에 따라 납부증명서를 제출해야 한다.
1. 채권양도로 인한 경우 : 양도인과 양수인의 납부증명서 제출
2. 법원의 전부명령(轉付命令)에 따른 경우 : 압류채권자의 납부증명서 제출
3. 「하도급거래 공정화에 관한 법률」 제14조제1항제1호 및 제2호에 따라 건설공사의 하도급대금을 직접 지급받는 경우 : 수급사업자의 납부증명서 제출
(2020.3.24 본조신설 : 2025.1.1 시행)

제5조의9【납부증명서 제출의 예외】 제5조의8에도 불구하고 다음 각 호의 어느 하나에 해당하는 경우에는 법 제7조의6에 따른 납부증명서를 제출하지 않을 수 있다.
1. 「국가를 당사자로 하는 계약에 관한 법률 시행령」 제26조제1항 각 호(같은 항 제1호라목은 제외한다) 및 「지방자치단체를 당사자로 하는 계약에 관한 법률 시행령」 제25조제1항 각 호(같은 항 제7호가목은 제외한다)에 따라 수의계약을 하고 그 대금을 지급받는 경우
2. 대금을 지급받으려는 자가 국가 또는 지방자치단체인 경우로서 그 지급받은 대금이 국고 또는 지방자치단체의 금고에 귀속되는 경우
3. 법 제9조제1항에 따라 체납자의 재산을 압류한 경우로서 해당 대금에 대한 채권압류에 따라 징수공무원이 그 대금을 지급받는 경우
4. 납부증명서를 발급받지 못하여 「채무자 회생 및 파산에 관한 법률」 제355조에 따른 파산관재인이 파산절차를 진행하기 곤란하다고 관할법원이 인정하는 경우로서 해당 법원이 납부증명서의 제출 예외를 지방자치단체의 장에게 요청하는 경우
5. 대금을 지급받으려는 자가 계약대금 전액으로 체납액을 납부하거나 계약대금 중 일부 금액으로 체납액 전액을 납부하려는 경우
(2020.3.24 본조신설 : 2025.1.1 시행)

제5조의10 【납부증명서의 신청 및 발급】 ① 납부증명서를 발급받으려는 자는 징수공무원에게 다음 각 호의 사항을 적은 신청서(전자문서를 포함한다)를 제출해야 한다.
1. 신청인의 성명(법인인 경우에는 법인명을 말한다. 이하 이 조에서 같다)과 주소, 거소, 영업소 또는 사무소. 다만, 신청인이 전자송달을 통해 납부증명서를 받으려는 경우에는 신청인의 성명과 다음 각 목의 어느 하나에 해당하는 사항을 적어야 한다. (2023.3.14 본문개정)
   가. 전자우편주소
   나. 지방세외수입정보통신망의 전자사서함
   다. 지방세외수입정보통신망과 연계된 정보통신망의 전자고지함
   (2023.3.14 가목~다목신설)
2. 납부증명서의 사용목적
3. 납부증명서의 수
② 제1항에 따라 납부증명서의 발급신청을 받은 징수공무원은 해당 신청인의 지방행정제재·부과금(해당 지방자치단체의 장 외의 지방자치단체의 장이 부과한 지방행정제재·부과금을 포함한다) 체납액을 확인하여 납부증명서를 발급해야 한다.
(2020.3.24 본조신설 : 2025.1.1 시행)

제5조의11 【납부증명서의 유효기간】 ① 납부증명서의 유효기간은 발급일부터 30일로 한다. 다만, 발급일 현재 해당 신청인에게 고지되거나 발급일부터 30일 이내에 납부기한이 도래하는 지방행정제재·부과금이 있는 때에는 해당 지방행정제재·부과금의 납부기한까지로 유효기간을 단축할 수 있다.
② 징수공무원은 제1항 단서에 따라 유효기간을 단축했을 때에는 해당 납부증명서에 유효기간과 그 단축 사유를 적어야 한다.
(2020.3.24 본조신설 : 2025.1.1 시행)

제5조의12 【지방행정제재·부과금 환급금의 충당】 ① 지방자치단체의 장은 법 제7조의7제1항에 따라 지방행정제재·부과금의 체납액에 충당할 환급금이 둘 이상인 경우에는 소멸시효가 먼저 도래하는 환급금부터 체납액에 충당해야 한다.
② 지방자치단체의 장은 법 제7조의7제1항에 따라 지방행정제재·부과금의 환급금을 체납액에 충당할 경우 둘 이상의 체납액이 있는 때에는 납부기한이 먼저 경과한 체납액부터 충당하고, 각 체납액에 충당할 경우 체납처분비, 지방행정제재·부과금, 가산금 순으로 충당한다.
③ 지방자치단체의 장은 법 제7조의7제1항에 따라 지방행정제재·부과금으로 납부된 금액 중 환급할 금액을 체납액에 충당했을 때에는 그 사실을 납부자에게 통지해야 한다. 이 경우 통지의 방법 등 그 밖에 필요한 사항은 행정안전부령으로 정한다.
(2021.1.26 본조신설)

제3장 체납처분절차 등

제6조 【독촉장의 기재사항】 법 제8조제1항에 따른 독촉장에는 납부할 지방행정제재·부과금의 부과연도·과목·금액·가산금·납부기한과 납부장소를 적어야 한다.(2020.3.24 본조개정)
제7조 【공유물에 대한 체납처분】 압류할 재산이 공유물인 경우에는 그 몫이 정해져 있지 아니하면 그 몫이 균등한 것으로 보아 체납처분을 집행한다.
제8조 【압류통지】 법 제9조제2항에 따른 압류통지의

문서에는 다음 각 호의 사항을 적어야 한다.
1. 제10조에 따라 압류조서에 적은 사항
2. 압류의 사유
3. 압류해제의 요건
제9조 【자격증명서】 법 제10조에 따른 신분을 표시하는 증표는 징수공무원에 대하여 지방자치단체의 장이 다음 각 호의 사항을 증명한 증표로 한다.
1. 소속
2. 직위, 성명 및 생년월일
3. 질문·검사·수사 또는 체납자의 재산압류 권한에 관한 사항
제9조의2 【친족의 범위】 법 제11조제7호에서 "대통령령으로 정하는 친족"이란 다음 각 호의 어느 하나에 해당하는 사람을 말한다.
1. 배우자(사실상의 혼인관계에 있는 사람을 포함한다)
2. 6촌 이내의 혈족
3. 4촌 이내의 인척
4. 친생자로서 다른 사람에게 친양자로 입양된 사람 및 그 배우자·직계비속
(2018.3.27 본조신설)
제9조의3 【야간수색 대상 영업】 법 제11조의2제4항에서 "대통령령으로 정하는 영업"이란 다음 각 호의 영업을 말한다.
1. 객실을 설비하여 음식과 주류를 제공하고, 유흥종사자에게 손님을 유흥하게 하는 영업
2. 무도장(舞蹈場)을 설치하여 일반인에게 이용하게 하는 영업
3. 주류, 식사, 그 밖의 음식물을 제공하는 영업
4. 그 밖에 제1호부터 제3호까지의 규정에서 정한 영업과 유사한 영업으로서 행정안전부령으로 정하는 영업
(2021.1.26 본조신설)
제10조 【압류조서】 법 제13조에 따른 압류조서에는 다음 각 호의 사항을 적어야 한다.
1. 체납자의 성명과 주소 또는 영업소
2. 압류에 관계되는 지방행정제재·부과금의 부과연도·과목·납부기한과 금액(2020.3.24 본호개정)
3. 압류재산의 종류·수량 및 품질과 소재지
4. 압류 연월일
5. 압류조서 작성 연월일
제11조 【압류해제조서】 지방자치단체의 장은 법 제14조에 따라 재산의 압류를 해제할 때에는 다음 각 호의 사항을 적은 압류해제조서를 작성하여야 한다. 다만, 동산(動産)과 유가증권에 대해서는 압류조서의 여백에 해제 연월일과 해제 이유를 덧붙여 적는 것으로 압류해제조서를 갈음할 수 있다.
1. 체납자의 성명과 주소 또는 영업소
2. 압류에 관계되는 지방행정제재·부과금의 부과연도·과목·납부기한과 금액(2020.3.24 본호개정)
3. 압류재산의 종류·수량 및 품질과 소재지
4. 압류 연월일
5. 압류해제의 이유와 압류해제 연월일
제11조의2 【압류해제의 요건】 법 제14조제2항제5호에서 "대통령령으로 정하는 경우"란 압류재산인 자동차가 「자동차등록령」 제31조제5항제7호에 해당하는 경우를 말한다.(2021.12.31 본조개정)
제12조 【압류해제의 통지】 법 제15조제1항에 따른 압류해제의 통지는 제11조 각 호의 사항을 적은 문서로 하여야 한다.
제13조 【체납처분의 속행】 지방자치단체의 장은 체납자가 파산선고를 받은 경우에도 이미 압류한 재산이 있을 때에는 체납처분을 속행(續行)하여야 한다.

제14조【체납처분 유예의 신청 등】① 법 제17조제1항에 따른 체납처분 유예를 받으려는 자는 다음 각 호의 사항을 적은 문서(전자문서를 포함한다)로 지방자치단체의 장에게 신청하여야 한다.
1. 납부의무자의 성명과 주소 또는 영업소
2. 납부할 지방행정제재·부과금의 부과연도·과목·납부기한과 금액(2020.3.24 본호개정)
3. 제2호의 금액 중 체납처분 유예를 받으려는 금액
4. 체납처분 유예를 받으려는 이유와 기간
5. 분할납부의 방법으로 체납처분 유예를 받으려는 경우에는 분할납부 금액 및 횟수
② (2021.12.31 삭제)
제15조【체납처분 유예】① 법 제17조제1항에 따른 체납처분 유예의 기간은 그 유예한 날의 다음 날부터 1년 이내로 한다.
② 지방자치단체의 장은 체납처분이 유예된 체납액을 제1항에 따른 체납처분 유예기간 내에 분할하여 징수할 수 있다.
제16조【체납처분 유예에 관한 통지】① 지방자치단체의 장은 법 제17조제1항에 따라 체납처분 유예를 하였을 때에는 다음 각 호의 사항을 적은 문서로 납부의무자에게 통지하여야 한다.
1. 체납처분 유예를 한 지방행정제재·부과금의 부과연도·과목·납부기한과 금액(2020.3.24 본호개정)
2. 분할납부의 방법으로 체납처분 유예를 하였을 때에는 분할납부 금액 및 횟수
3. 체납처분 유예의 기간
4. 그 밖에 체납처분 유예에 필요한 사항
② 체납처분 유예 결정의 효력은 다음 각 호의 구분에 따른 날에 발생한다.
1. 납부의무자의 신청에 의하여 결정하는 경우에는 유예 신청일
2. 직권으로 결정하는 경우에는 제1항에 따른 통지서의 발급일

제4장 보 칙

제17조 (2016.11.22 삭제)
제18조【납부 및 수납의 방법】① 납부의무자가 지방세외수입을 납부할 때에는 지방자치단체의 금고 또는 제19조제1항에 따른 지방세외수입수납대행기관(이하 "지방세외수입수납대행기관"이라 한다)에 현금, 법 제21조제1항에 따른 신용카드등 또는「증권에 의한 세입납부에 관한 법률」에 따른 증권으로 납부하여야 한다.
② 지방세외수입은 지방자치단체의 금고 또는 지방세외수입수납대행기관에서 수납하여야 하며, 징수공무원은 이를 수납할 수 없다. 다만, 다음 각 호의 어느 하나에 해당하는 경우에는 징수공무원이 지방세외수입을 수납할 수 있다.
1. 지방자치단체의 금고 및 지방세외수입수납대행기관이 없는 섬·외딴곳 등으로서 지방자치단체의 조례로 정하는 지역에서 수납하는 경우
2. 지방자치단체의 조례로 정하는 금액 이하의 소액 지방세외수입을 수납하는 경우
(2016.11.22 본조개정)
제19조【지방세외수입수납대행기관 등】① 법 제21조제1항에서 "대통령령으로 정하는 지방세외수입수납대행기관"이란「지방회계법 시행령」제49조제1항 및 제2항에 따라 지방자치단체 금고업무의 일부를 대행하는 금융회사 등을 말한다.(2016.11.29 본항개정)
② (2020.3.24 삭제)

제20조【지방세외수입수납정보시스템 관련 기관의 범위】법 제22조제1항제5호에 따른 지방세외수입수납정보시스템과 관련된 기관은 다음 각 호의 기관으로 한다.(2016.11.22 본문개정)
1. 지방자치단체
2. 지방자치단체의 금고
3. 지방세외수입수납대행기관(2016.11.22 본호개정)
4.「지방회계법 시행령」제62조제3호 및 제4호에 해당하는 자로서 세입금통합수납처리시스템의 약정 체결 당사자(2016.11.29 본호개정)
(2016.11.22 본조제목개정)
제21조【지방세외수입의 분석·진단의 방법 등】① 행정안전부장관은 법 제22조의2제1항에 따른 분석 및 진단의 결과 필요하다고 인정하는 경우에는 지방자치단체에 지방세외수입의 부과·징수에 관한 방법·절차 등의 운영개선을 지도·권고할 수 있다.
② 행정안전부장관은 법 제22조의2제3항에 따라 제출한 자료의 확인 등을 위하여 필요한 경우 지방자치단체를 방문하여 조사할 수 있다. 이 경우 지방자치단체의 장은 특별한 사정이 없으면 이에 협조하여야 한다.
③ 법 제22조의2제4항에서 "대통령령으로 정하는 전문기관"이란「지방세기본법」제151조제1항에 따른 지방세연구원을 말한다.(2021.1.26 본항신설)
④ 행정안전부장관은 법 제22조의2제5항에 따라 지방세외수입의 징수에 공적이 있다고 인정되는 지방자치단체와 징수공무원에 대해서는 예산 지원이나「정부 표창 규정」에 따른 표창 등을 할 수 있다.
(2017.7.26 본조개정)
제22조【지방세외수입 정책협의회의 구성·기능】① 법 제22조의3에 따른 지방세외수입 정책협의회(이하 "협의회"라 한다)는 성별을 고려하여 다음 각 호의 사람으로 구성한다.
1. 법무부, 행정안전부, 법제처와 협의회에 안건으로 부쳐진 지방세외수입과 관련된 법령 소관 중앙행정기관의 고위공무원단에 속하는 일반직공무원(이에 상당하는 특정직공무원을 포함한다) 중에서 해당 기관의 장이 추천하는 사람
2. 지방세외수입 관련 분야의 학식과 경험이 풍부한 사람으로서 행정안전부장관이 위촉하는 사람
3.「지방자치법」제182조제1항 각 호에 따른 지방자치단체의 장 등의 협의체가 추천하는 사람으로서 행정안전부장관이 위촉하는 사람(2021.12.16 본호개정)
② 제1항제2호 및 제3호에 따른 위원(이하 "위촉위원"이라 한다)의 임기는 2년으로 한다.(2021.12.31 본항개정)
③ 위촉위원의 사임 등으로 인하여 새로 위촉된 위원의 임기는 전임 위촉위원 임기의 남은 기간으로 한다.
④ 행정안전부장관은 위촉위원이 다음 각 호의 어느 하나에 해당하는 경우에는 해당 위원을 해촉할 수 있다.
1. 심신장애로 인하여 직무를 수행할 수 없게 된 경우
2. 직무와 관련된 비위사실이 있는 경우
3. 직무태만, 품위손상이나 그 밖의 사유로 인하여 위원으로 적합하지 아니하다고 인정되는 경우
4. 위원 스스로 직무를 수행하는 것이 곤란하다고 의사를 밝히는 경우
⑤ 협의회에 협의회의 사무를 처리할 간사 1명을 두며, 간사는 행정안전부 소속 공무원 중에서 행정안전부장관이 지명한다.
⑥ 협의회는 다음 각 호의 사항을 협의·조정한다.
1. 지방세외수입 징수에 영향을 미치는 정책 및 제도의 신설 또는 개선 및 폐지 등에 관한 주요사항

2. 지방세외수입 징수와 관련하여 각 중앙행정기관 및 지방자치단체 등에서 건의하는 제도개선 사항
3. 법 제22조의2에 따른 지방세외수입의 분석·진단 결과의 평가 및 지방세외수입 운용방향에 관한 사항
4. 지방세외수입의 납부편의 시책에 관한 사항
5. 그 밖에 지방세외수입의 효율적 징수 및 관리 등과 관련하여 법 제22조의3제2항에 따른 협의회의 위원장(이하 "위원장"이라 한다)이 협의회의 심의가 필요하다고 인정하는 사항
⑦ 제1항부터 제6항까지에서 규정한 사항 외에 협의회의 구성에 필요한 사항은 행정안전부장관이 정한다. (2018.3.27 본조신설)

제23조 【협의회의 운영】 ① 위원장은 협의회를 대표하여 회의에 상정할 안건을 선정하고, 회의를 소집한다.
② 위원장이 부득이한 사유로 직무를 수행할 수 없을 때에는 위원장이 미리 지명한 위원이 그 직무를 대행한다.
③ 협의회는 회의마다 제22조제1항 각 호에 따라 구성되는 위원(위원장을 포함한다. 이하 이 항에서 같다) 과반수의 출석으로 개의하고, 출석위원 과반수의 찬성으로 의결한다.
④ 제22조제1항제1호에 따른 위원이 회의에 출석하지 못하는 경우에는 그 바로 하위직위 또는 하위직급에 있는 사람으로서 해당 위원이 지명하는 사람이 그 직무를 대행할 수 있다.
⑤ 협의회는 안건의 심의를 위하여 필요하다고 인정하는 경우에는 관계 공무원과 제25조에 따른 자문단의 그 구성원을 회의에 참석하게 하여 의견을 들을 수 있다.
⑥ 협의회의 회의에 출석한 위촉위원 등에게는 예산의 범위에서 수당, 여비 등을 지급할 수 있다. 다만, 공무원이 소관 업무와 직접 관련되어 출석하는 경우에는 그러하지 아니하다.
⑦ 제1항부터 제6항까지에서 규정한 사항 외에 협의회의 운영에 필요한 사항은 행정안전부장관이 정한다. (2018.3.27 본조신설)

제24조 【지방세외수입 정책실무협의회의 구성·운영】 ① 다음 각 호의 사항을 처리하기 위하여 협의회에 법 제22조의3제3항에 따른 지방세외수입 정책실무협의회(이하 "실무협의회"라 한다)를 둔다.
1. 협의회의 회의에 부칠 안건의 사전 검토·조정
2. 협의회가 위임한 사항
3. 지방세외수입 징수에 관한 관계 행정기관 간의 실무적인 협조 사항
4. 그 밖에 위원장이 실무협의회의 회의에 부치는 사항
② 실무협의회의 위원장(이하 "실무위원장"이라 한다)은 행정안전부 소속 고위공무원단에 속하는 일반직공무원 중에서 행정안전부장관이 임명하는 사람이 되고, 실무협의회의 위원(이하 "실무위원"이라 한다)은 행정안전부와 실무협의회에 안건으로 부쳐진 지방세외수입과 관련된 법령 소관 중앙행정기관의 장이 추천하는 4급 이상 또는 이에 상당하는 공무원이 된다.
③ 실무협의회의 운영에 관하여는 제23조를 준용한다. 이 경우 "협의회"는 "실무협의회"로, "위원장"은 "실무위원장"으로, "위원"은 "실무위원"으로 본다. (2018.3.27 본조신설)

제25조 【자문단의 구성·운영】 ① 행정안전부장관은 협의회 및 실무협의회의 운영을 위하여 필요한 경우 다음 각 호의 어느 하나에 해당하는 사람으로 법 제22조의3제3항에 따른 자문단(이하 "자문단"이라 한다)을 구성하여 협의회 또는 실무협의회에 자문을 하게 할 수 있다.
1. 대학에서 지방세외수입 관련 분야의 조교수 이상으로 재직 중인 사람

2. 정부 또는 지방자치단체가 출연한 연구기관에 소속된 박사 학위 소지자로서 지방세외수입 관련 분야에 대한 전문지식이 있는 사람
3. 지방세외수입 관련 분야에서 5년 이상 실무에 종사한 경험이 있는 사람
4. 그 밖에 지방세외수입 관련 분야에 관한 전문지식과 경험이 풍부하다고 인정되는 사람
② 제1항에 따른 자문에 응한 자문단의 구성원에게는 예산의 범위에서 수당과 여비를 지급할 수 있다.
③ 제1항 및 제2항에서 규정한 사항 외에 자문단의 구성 및 운영에 필요한 사항은 행정안전부장관이 정한다. (2018.3.27 본조신설)

제26조 【민감정보 및 고유식별정보의 처리】 ① 행정안전부장관, 지방자치단체의 장 또는 징수공무원은 이 법 또는 지방행정제재·부과금관계법에 따른 지방행정제재·부과금에 관한 사무를 수행하기 위하여 불가피한 경우에는 「개인정보 보호법」 제23조에 따른 건강에 관한 정보 또는 같은 법 시행령 제18조제2호에 따른 범죄경력자료에 해당하는 정보(이하 이 조에서 "건강정보등"이라 한다)나 같은 영 제19조에 따른 주민등록번호, 여권번호, 운전면허의 면허번호 또는 주민등록번호(이하 이 조에서 "주민등록번호등"이라 한다)가 포함된 자료를 처리할 수 있다.(2020.3.24 본항개정)
② 「전자정부법」 제72조에 따른 한국지역정보개발원은 법 제20조제4항에 따라 위탁받은 지방세외수입의 징수 및 관리 업무와 관련된 정보화 업무를 수행하기 위하여 불가피한 경우에는 건강정보등 또는 주민등록번호등이 포함된 자료를 처리할 수 있다.(2016.11.22 본항개정)
③ 제20조제2호부터 제4호까지에 따른 지방세외수입수납정보시스템 관련 기관은 지방행정제재·부과금 수납에 관한 사무를 수행하기 위하여 불가피한 경우 「개인정보 보호법 시행령」 제19조에 따른 주민등록번호 또는 외국인등록번호가 포함된 자료를 처리할 수 있다. (2020.3.24 본항개정)

부 칙

제1조 【시행일】 이 영은 2014년 8월 7일부터 시행한다.
제2조 【다른 법령의 개정】 ①~③ ※(해당 법령에 가제정리 하였음)

부 칙 (2016.11.22)

이 영은 2016년 11월 30일부터 시행한다.

부 칙 (2017.3.27 영27958호)

제1조 【시행일】 이 영은 2017년 3월 28일부터 시행한다.(이하 생략)

부 칙 (2017.3.27 영27960호)

이 영은 2017년 3월 30일부터 시행한다.(이하 생략)

부 칙 (2017.7.26)

제1조 【시행일】 이 영은 공포한 날부터 시행한다.(이하 생략)

부 칙 (2018.3.27)

이 영은 2018년 6월 27일부터 시행한다.

부 칙 (2020.3.24)

제1조【시행일】이 영은 공포한 날부터 시행한다. 다만, 제5조의7부터 제5조의11까지의 개정규정은 2025년 1월 1일부터 시행한다.(2023.12.29 단서개정)
제2조【다른 법령의 개정】①~⑬ ※(해당 법령에 가제정리 하였음)

부 칙 (2021.1.26)

제1조【시행일】이 영은 2021년 7월 6일부터 시행한다. 다만, 다음 각 호의 개정규정은 각 호의 구분에 따른 날부터 시행한다.
1. 제4조의2 및 제5조의 개정규정 : 2024년 1월 1일 (2021.12.31 본호개정)
2. 제5조의5제1항제1호 및 같은 조 제3항의 개정규정 : 공포한 날
제2조【체납자 명단공개 제외 기준 강화에 따른 경과조치】2021년 1월 1일을 기준으로 명단공개 대상에 해당하는 체납자가 부칙 제1조제2호의 시행일 전에 종전의 규정에 따라 명단공개 제외 대상이 된 경우에는 제5조의5제1항제1호의 개정규정에도 불구하고 2021년 명단공개 대상에서 제외한다.

부 칙 (2021.12.16)

제1조【시행일】이 영은 2022년 1월 13일부터 시행한다.(이하 생략)

부 칙 (2021.12.31)

이 영은 2022년 1월 1일부터 시행한다. 다만, 대통령령 제31413호 지방행정제재·부과금의 징수 등에 관한 법률 시행령 일부개정령 제5조제1항 각 호 외의 부분의 개정규정은 2024년 1월 1일부터 시행한다.

부 칙 (2023.3.14)

이 영은 2024년 1월 1일부터 시행한다.

부 칙 (2023.12.29)

이 영은 공포한 날부터 시행한다.

〔별표〕(2016.11.22 삭제)

교육세법

1990년 12월 31일
전개법률 제4279호

개정
1993.12.31법 4669호	<중략>
1995.12.29법 5037호	
1998.12.28법 5581호(법인세법)	
1998.12.28법 5584호(조세감면규제법)	
1999.12 .3법 6032호(특별소비세법)	
1999.12.28법 6050호	2000.12.29법 6296호
2001.12.15법 6521호(특별소비세법)	
2003.12.30법 7011호(교통세법)	
2005. 7.13법 7578호	2006.12.30법 8137호
2007.12.31법 8829호(개별소비세법)	
2008.12.26법 9262호	
2010. 5.17법10303호(은행법)	
2010.12.27법10407호	2011.12.31법11122호
2014. 1. 1법12157호(개별소비세법)	
2014. 3.18법12420호(공익신탁법)	
2014.12.23법12846호(개별소비세법)	
2015.12.29법13620호	2016. 3. 2법14037호
2016.12.20법14380호	2017.12.30법15330호
2018.12.24법16008호(법인세법)	
2018.12.31법16095호	2019.12.31법16839호
2020.12.29법17758호(국세징수)	
2022.12.31법19187호	
2022.12.31법19201호(주세법)	
2023.12.31법19925호	

제1조【목적】이 법은 교육의 질적 향상을 도모하기 위하여 필요한 교육재정의 확충에 드는 재원을 확보함을 목적으로 한다.(2010.12.27 본조개정)
제2조【정의】이 법에서 사용하는 용어의 뜻은 이 법에서 정하는 것을 제외하고는 「국세기본법」, 「개별소비세법」, 「교통·에너지·환경세법」 및 「주세법」에서 정하는 바에 따른다.(2010.12.27 본조개정)
제3조【납세의무자】다음 각 호의 어느 하나에 해당하는 자는 이 법에 따라 교육세를 납부할 의무를 진다.
1. 국내에서 금융업·보험업을 경영하는 자 중 별표에 규정하는 자(이하 "금융·보험업자"라 한다)
2. 「개별소비세법」에 따른 개별소비세(「개별소비세법」 제1조제2항제4호가목·나목·마목·사목 및 같은 항 제6호의 물품에 대한 것은 제외한다. 이하 같다)의 납세의무자(2014.12.23 본호개정)
3. 「교통·에너지·환경세법」에 따른 교통·에너지·환경세의 납세의무자
4. 「주세법」에 따른 주세(주정, 탁주, 약주에 대한 것은 제외한다. 이하 같다)의 납세의무자
(2010.12.27 본조개정)
제4조【비과세】금융·보험업자가 하는 「공익신탁법」에 따른 공익신탁의 신탁재산에서 발생하는 수익금액에 대하여는 교육세를 부과하지 아니한다.
(2014.3.18 본조개정)
제5조【과세표준과 세율】① 교육세는 다음 각 호의 과세표준에 해당 세율을 곱하여 계산한 금액을 그 세액으로 한다. 다만, 제1호의 경우에 「한국은행법」에 따른 한국은행과의 환매조건부외화자금매각거래(이하 "스와프거래"라 한다)와 관련하여 발생하는 수익금액에 대한 교육세액은 대통령령으로 정하는 바에 따라 스와프거래와 관련하여 발생하는 수익금액에서 그와 관련된 모든 비용을 공제한 금액을 초과하지 못한다.

호별	과세표준	세율
1	금융·보험업자의 수익금액	1천분의 5

2	「개별소비세법」에 따라 납부하여야 할 개별소비세액	100분의 30. 다만, 「개별소비세법」 제1조제2항제4호다목·라목·바목 및 아목의 물품인 경우에는 100분의 15로 한다.
3	「교통·에너지·환경세법」에 따라 납부하여야 할 교통·에너지·환경세액	100분의 15
4	「주세법」에 따라 납부하여야 할 주세액	100분의 10. 다만, 다음 각 목의 주류에 대해서는 100분의 30으로 한다. 가. 「주세법」 제8조제1항제2호다목 맥주 나. 「주세법」 제8조제1항제3호의 증류주류 다. 「주세법」 제8조제1항제4호가목의 주류. 다만, 같은 목 단서의 주류는 제외한다.

(2022.12.31 본항개정)
② 제1항 각 호에 따른 세율은 교육투자재원의 조달 또는 해당 물품의 수급상 필요한 경우 그 세율의 100분의 30의 범위에서 대통령령으로 조정할 수 있다.
③ 제1항제1호의 과세표준이 되는 수익금액이란 금융·보험업자가 수입한 이자, 배당금, 수수료, 보증료, 유가증권의 매각익·상환익(유가증권의 매각 또는 상환에 따라 지급받은 금액에서 「법인세법」 제41조에 따라 계산한 취득가액을 차감한 금액을 말한다), 보험료(보험계약의 만기·해지 및 보험사고 등 보험계약에 따른 지급에 대비하여 적립되는 금액에서 비상위험준비금 등 대통령령으로 정하는 금액과 재보험료를 공제한다), 그 밖에 대통령령으로 정하는 금액을 말하며, 그 계산에 관하여는 대통령령으로 정한다.(2022.12.31 본항개정)
④ 제1항제1호의 과세표준이 되는 수익금액은 제8조에 따른 각 과세기간분의 수익금액의 총액에 따른다.
(2010.12.27 본조개정)
제6조【납세지】 ① 금융·보험업자의 수익금액에 부과되는 교육세의 납세지는 그 금융·보험업자의 본점 또는 주사무소의 소재지(외국에 본점 또는 주사무소가 있는 경우에는 국내의 주된 사업장 소재지)로 한다. 다만, 금융·보험업자에게 둘 이상의 사업장이 있는 경우에는 대통령령으로 정하는 바에 따라 각 사업장 소재지를 납세지로 할 수 있다.(2010.12.27 본항개정)
② 제1항에도 불구하고 「법인세법」 제2조제6호에 따른 연결납세방식(이하 "연결납세방식"이라 한다)을 적용받는 금융·보험업자의 수익금액에 부과되는 교육세의 납세지는 같은 조 제9호에 따른 연결모법인(연결모법인이 금융·보험업자인 경우로 한정한다)의 납세지로 한다.(2018.12.31 본항개정)
제7조【금융·보험업자의 수익금액의 귀속시기】 ① 금융·보험업자의 수익금액의 귀속시기에 관하여는 「법인세법」 제40조·제43조 및 「소득세법」 제39조를 준용한다.(2022.12.31 본항개정)
② 제1항에도 불구하고 별표 제6호에 따른 금융·보험업자의 다음 각 호의 구분에 따른 수익금액의 귀속시기는 해당 호에서 정하는 과세기간으로 한다.
1. 보험료 : 실제로 수입된 날이 속하는 과세기간. 다만, 과세기간 말 현재 경과하지 아니한 보험기간에 대응하는 보험료의 경우에는 다음 각 목의 구분에 따른 과세기간으로 한다.
가. 보험계약이 계속 유지되는 경우 : 해당 보험료에 대응하는 보험기간이 속하는 각 과세기간

나. 보험계약이 해지된 경우 : 해당 계약이 해지된 날이 속하는 과세기간
2. 보험약관에 따라 대출한 금액에서 발생한 이자 : 실제로 수입된 날이 속하는 과세기간
(2022.12.31 본항신설)
제8조【과세기간】 ① 금융·보험업자의 수익금액에 부과되는 교육세의 과세기간은 다음 각 호와 같다. 다만, 사업연도의 변경, 해산, 청산, 합병·분할 등의 경우에는 「법인세법」 제7조 및 제8조제1항부터 제4항까지의 규정을 준용한다.(2018.12.24 단서개정)
1. 납세의무자가 법인인 경우 : 「법인세법」 제6조에 따른 사업연도(2015.12.29 본호개정)
2. 납세의무자가 개인인 경우 : 「소득세법」 제5조에 따른 과세기간(2015.12.29 본호개정)
② 신규로 금융·보험업자에 속하게 되는 자에 대한 최초의 과세기간은 사업 개시일부터 그 날이 속하는 과세기간의 종료일까지로 한다.
③ 금융·보험업자가 폐업하는 경우의 과세기간은 폐업일이 속하는 과세기간의 개시일부터 폐업일까지로 한다.
(2010.12.27 본조개정)
제8조의2【중간예납】 ① 금융·보험업자(제8조제1항제1호의 사업연도가 3개월 이하인 법인은 제외한다)는 과세기간 중 다음 각 호에서 규정하는 기간(이하 "중간예납기간"이라 한다)이 끝난 후 2개월 이내에 직전 과세기간의 교육세로서 확정된 산출세액에서 직전 과세기간의 월수로 나눈 금액에 3을 곱하여 계산한 금액(이하 "중간예납세액"이라 한다)을 대통령령으로 정하는 바에 따라 납세지 관할 세무서, 한국은행(그 대리점을 포함한다) 또는 체신관서에 납부하여야 한다. 다만, 새로 설립된 법인으로서 설립 후 최초 과세기간인 경우, 직전 최초 과세기간의 교육세로서 확정된 산출세액이 없는 경우 및 중간예납기간의 납부기한까지 직전 과세기간의 교육세가 확정되지 아니한 경우에는 중간예납세액을 0으로 한다.
1. 제1차 중간예납기간 : 직전 과세기간 종료 후 최초 3개월
2. 제2차 중간예납기간 : 제1차 중간예납기간 종료 후 3개월
3. 제3차 중간예납기간 : 제2차 중간예납기간 종료 후 3개월
② 제1항에도 불구하고 합병, 분할, 사업연도의 변경 등이 있는 경우의 중간예납에 대해서는 대통령령으로 정한다.
(2015.12.29 본조신설)
제9조【신고·납부】 ① 금융·보험업자는 각 과세기간의 과세표준에 대한 산출세액에서 중간예납세액을 공제한 후 과세기간 종료일이 속하는 달의 말일부터 3개월(연결납세방식을 적용받는 금융·보험업자의 경우에는 4개월) 이내에 납세지 관할 세무서장에게 신고함과 동시에 세액을 납부하여야 한다. 다만, 중간예납세액이 과세기간의 과세표준에 대한 산출세액을 초과하는 경우 그 초과하는 금액은 「국세기본법」 제51조에 따라 환급하거나 다른 국세 및 강제징수비에 충당하여야 한다.(2022.12.31 단서개정)
1.~4. (2015.12.29 삭제)
② 제3조제2호부터 제4호까지의 규정에 따른 납세의무자는 해당 세법에 따라 해당 세액을 신고·납부하는 때에는 그에 대한 교육세를 신고·납부하여야 한다.
③ 제1항 및 제2항에 따른 신고·납부에 필요한 사항은 대통령령으로 정한다.
(2010.12.27 본조개정)

제10조 【부과와 징수】 ① 납세지 관할 세무서장은 제9조제1항에 따라 교육세를 신고하여야 할 자가 신고하지 아니하거나 신고의 내용에 오류 또는 탈루가 있을 때에는 과세표준과 세액을 결정 또는 경정하며, 그 결정 또는 경정한 과세표준과 세액에 오류 또는 탈루가 있는 것이 발견된 때에는 경정 또는 재경정한다.
② 납세지 관할 세무서장은 제9조제1항에 따라 신고한 세액을 납부하지 아니하거나 미달하게 납부한 경우에 그 미납부세액을 제1항에 따라 결정 · 경정 또는 재경정을 한 때에는 추가로 납부하여야 할 세액을 즉시 징수하여야 한다.
③ 개별소비세액, 교통 · 에너지 · 환경세액 또는 주세액에 부과되는 교육세는 납세지 관할 세무서장이 개별소비세, 교통 · 에너지 · 환경세 또는 주세의 부과 · 징수의 예에 따라 부과 · 징수한다.
④ 납세지 관할 세무서장은 금융 · 보험업자(제8조제1항제1호의 사업연도가 3개월 이하인 법인은 제외한다)가 제8조의2에 따라 납부하여야 할 중간예납세액의 전부 또는 일부를 납부하지 아니하면 그 미납된 중간예납세액을 「국세징수법」에 따라 징수하여야 한다. (2016.12.20 본항신설)
⑤ 제4항에도 불구하고 다음 각 호의 어느 하나에 해당하는 법인의 분할 후 최초의 사업연도에 대한 중간예납세액을 납부하지 아니한 경우에는 제8조의2제2항에 따라 계산한 중간예납세액을 결정하여 「국세징수법」에 따라 징수하여야 한다.
1. 분할에 따라 설립되는 법인
2. 분할되는 법인의 일부가 다른 법인과 합병하여 그 다른 법인이 존속하는 경우 그 다른 법인
(2016.12.20 본항신설)
(2016.12.20 본조개정)
제11조 (2006.12.30 삭제)
제12조 【환급】 ① 금융 · 보험업자의 수익금액에 부과되는 교육세로서 납부한 금액 중 잘못 납부하거나 초과하여 납부한 금액의 환급에 관하여는 「국세기본법」 제51조, 제51조의2 및 제52조부터 제54조까지의 규정을 준용한다.
② 개별소비세액, 교통 · 에너지 · 환경세액 또는 주세액에 부과되는 교육세로서 납부한 금액 중 잘못 납부하거나 초과하여 납부한 금액과 「개별소비세법」 · 「교통 · 에너지 · 환경세법」 또는 「주세법」에 따라 개별소비세액, 교통 · 에너지 · 환경세액 또는 주세액을 환급하는 경우의 해당 세액에 부과된 교육세의 환급에 관하여는 「국세기본법」 제51조, 제51조의2 및 제52조부터 제54조까지의 규정과 「개별소비세법」 제20조 · 제20조의2, 「교통 · 에너지 · 환경세법」 제17조 및 「주세법」 제18조 · 제19조를 준용한다.(2022.12.31 본항개정)
(2010.12.27 본조개정)
제13조 【필요경비 또는 손금 불산입】 교육세의 과세표준이 되는 세액으로서 「소득세법」 또는 「법인세법」에 따라 필요경비 또는 손금에 산입되지 아니하는 세액에 부과된 교육세는 「소득세법」 또는 「법인세법」에 따른 소득금액을 계산할 때 필요경비 또는 손금에 산입하지 아니한다.(2010.12.27 본조개정)

부   칙 (1995.12.29)

제1조 【시행일】 이 법은 1996년 7월 1일부터 시행한다.
제2조 【적용시한】 (2010.12.27 삭제)
제3조~제5조 (생략)

부   칙 (2000.12.29)

제1조 【시행일】 이 법은 2001년 1월 1일부터 시행한다. 다만, 제3조제2호 및 제5조제1항제2호 단서의 개정규정은 2001년 7월 1일부터 시행한다.
제2조 【적용시한】 (2010.12.27 삭제)
제3조~제9조 (생략)

부   칙 (2011.12.31)

제1조 【시행일】 이 법은 2012년 3월 2일부터 시행한다.
제2조 【농업협동조합중앙회의 교육세에 관한 경과조치】 2012년 1월 1일부터 2012년 3월 1일까지의 과세기간에 해당하는 농업협동조합중앙회의 교육세는 별표 제7호의 개정규정에 따른 농협은행이 2012년 5월 31일까지 신고 · 납부한다.

부   칙 (2015.12.29)

제1조 【시행일】 이 법은 공포한 날부터 시행한다.
제2조 【일반적 적용례】 이 법은 이 법 시행 후 최초로 개시하는 과세기간 분부터 적용한다.

부   칙 (2016.3.2)

제1조 【시행일】 이 법은 공포한 날부터 시행한다.
제2조 【연결납세방식을 적용받는 금융 · 보험업자의 납세지에 관한 적용례】 제6조제2항의 개정규정은 이 법 시행일이 속하는 과세기간에 대한 교육세를 신고 · 납부하는 분부터 적용한다.

부   칙 (2016.12.20)

제1조 【시행일】 이 법은 2017년 1월 1일부터 시행한다.
제2조 【금융 · 보험업자의 교육세 납세의무에 관한 적용례】 별표 제15호의 개정규정은 이 법 시행 이후 최초로 개시하는 과세기간 분부터 적용한다.
제3조 【중간예납세액의 징수에 관한 적용례】 제10조 제4항 및 제5항의 개정규정은 이 법 시행 이후 중간예납하는 분부터 적용한다.
제4조 【중간예납에 관한 특례】 이 법 시행 이후 신규로 교육세 납세의무자가 되는 대부업자 또는 대부중개업자의 경우 최초로 개시하는 과세기간의 중간예납세액은 법 제8조의2제1항 각 호 외의 부분 본문에도 불구하고 영(0)으로 한다.

부   칙 (2017.12.30)

제1조 【시행일】 이 법은 공포한 날부터 시행한다.
제2조 【과세표준의 신고 및 세액의 납부에 관한 적용례】 제9조제1항의 개정규정은 이 법 시행일이 속하는 과세기간 분부터 적용한다.

부   칙 (2018.12.24)

제1조 【시행일】 이 법은 2019년 1월 1일부터 시행한다.(이하 생략)

부   칙 (2018.12.31)

제1조 【시행일】 이 법은 2019년 1월 1일부터 시행한다.

제2조【연결납세방식을 적용받는 금융·보험업자의 교육세 신고·납부에 관한 적용례 등】① 제9조제1항 본문의 개정규정은 이 법 시행일 이후 교육세를 신고·납부하는 분부터 적용한다.
② 제1항에도 불구하고 이 법 시행 당시 종전의 제9조제1항 본문에 따른 신고·납부기한이 경과한 분에 관하여는 종전의 규정에 따른다.

부 칙 (2019.12.31)

제1조【시행일】이 법은 2020년 1월 1일부터 시행한다.
제2조【주세액을 과세표준으로 하는 교육세의 세율에 관한 적용례】제5조제1항제4호의 개정규정은 이 법 시행 이후 주류 제조장에서 출고하거나 수입신고하는 분부터 적용한다.

부 칙 (2020.12.29)

제1조【시행일】이 법은 2021년 1월 1일부터 시행한다.(이하 생략)

부 칙 (2022.12.31 법19187호)

제1조【시행일】이 법은 2023년 1월 1일부터 시행한다.
제2조【금융·보험업자에 대한 과세표준 계산 등에 관한 적용례】제5조제3항 및 제7조의 개정규정은 이 법 시행 이후 개시하는 과세기간부터 적용한다. 다만, 금융·보험업자가 2022년 12월 31일이 속하는 과세기간에「법인세법」제42조의3제1항에 따른 보험계약국제회계기준을 적용하는 경우에는 이 법 시행 이후 신고하는 과세기간부터 적용한다.

부 칙 (2022.12.31 법19201호)

제1조【시행일】이 법은 2023년 4월 1일부터 시행한다.(이하 생략)

부 칙 (2023.12.31)

제1조【시행일】이 법은 2024년 1월 1일부터 시행한다.
제2조【온라인투자연계금융업자 등의 교육세 납세의무에 관한 적용례】별표 제6호 및 제16호의 개정규정은 이 법 시행 이후 개시하는 과세기간 분부터 적용한다.

〔별표〕➡「www.hyeonamsa.com」참조

교육세법 시행령

(1990년 12월 31일
전개대통령령 제13197호)

개정
1993.12.31영14088호
1994.12.23영14438호(직제)
1995.11.30영14812호(예산회계시)
1996. 5. 4영14992호
1997.12.31영15569호(여신전문금융업법시)
1998.12.31영15970호(법인세법시)
1999. 4.30영16270호(전당포영업법시폐지령)
2000.12.29영17038호   2003.12.30영18181호
2004.12.31영18630호   2006. 2. 9영19339호
2007. 2.28영19898호
2007.12.31영20516호(개별소비세법시)
2009. 2. 4영21296호   2010. 2.18영22046호
2010.12.30영22570호   2011. 7.14영23022호
2014. 2.21영25206호   2015. 2. 3영26076호
2016. 2. 5영26953호   2016. 3.31영27076호
2016. 9.22영27511호(서민의금융생활지원에관한법시)
2017. 2. 7영27842호
2019. 2.12영29529호(법인세법시)
2021. 1. 5영31380호(법령용어정비)
2021. 2.17영31455호   2023. 2.28영33283호

제1조【납세의무자】「교육세법」(이하 "법"이라 한다) 별표 제6호에서 "대통령령으로 정하는 외국보험회사"란 「보험업법」에 따른 외국보험회사로서 국내에서 내국인과 외국인을 대상으로 보험사업을 영위하는 자를 말하며, 국내에서 외국인만을 대상으로 보험사업을 영위하는 외국보험회사는 제외한다.
제2조【과세표준의 계산】① 개별소비세액·교통·에너지·환경세액 또는 주세액에 부과되는 교육세는 「개별소비세법」,「교통·에너지·환경세법」또는 「주세법」상의 과세표준에 산입하지 아니한다.(2007.12.31 본항개정)
② 교육세를 납부하여야 할 자가 교육세의 과세표준이 되는 세액을 납부하지 아니함으로써 당해 세액에 가산세가 가산된 때에는 그 가산세액은 교육세의 과세표준에 산입하지 아니한다.
③ 법 제5조제1항제2호 내지 제4호의 과세표준을 계산함에 있어서 교육세가 부과되는 물품을 원료로 하여 제조·가공한 물품에 대하여는 그 제조·가공한 물품의 개별소비세산출세액·교통·에너지·환경세산출세액 또는 주세산출세액에서 그 원료에 대하여 납부한 개별소비세·교통·에너지·환경세액 또는 주세액을 공제한 것을 과세표준으로 한다.(2007.12.31 본항개정)
제3조【스와프거래에 대한 교육세 과세한도】법 제5조제1항 단서의 규정에 의한 스와프거래와 관련하여 발생하는 수익금액에 대한 교육세의 한도는 제1호의 금액에서 제2호의 금액을 차감한 금액으로 한다.
1. 외화자금의 매각으로 획득한 원화자금의 총운용수익 및 외화자금의 환매로 인하여 발생한 각종보전수익의 합계액
2. 외화자금차입에 따른 총지급이자·각종수수료 및 외화자금의 환매시 한국은행이 환수하는 국내·국외 금리차와 환율변동에 따른 이익의 합계액
제3조의2【보험계약에 따른 지급에 대비해 적립되는 금액의 범위】법 제5조제3항에서 "비상위험준비금 등 대통령령으로 정하는 금액"이란 다음 각 호의 금액을 말한다.
1.「보험업법」제120조에 따른 책임준비금과 유사한 항목으로서 다음 각 목의 금액
가.「보험업법」제127조제1항에 따라 작성한 보험약관에 따라 해당 과세기간 종료일 현재 법 별표 제6

호에 따른 해당 금융·보험업자의 모든 보험계약이 해지된 경우 계약자 또는 수익자에게 지급해야 할 환급액(해약공제액을 포함한다. 이하 "계약자적립액"이라 한다)

나. 해당 과세기간 종료일 현재 보험계약에 따른 지급사유가 발생한 계약에 대해 아직 지급해야 할 보험금이 확정되지 않은 경우 그 손해액 및 환급액을 고려하여 추정한 보험금 상당액(손해사정, 보험대위 및 구상권 행사 등에 소요될 것으로 예상되는 금액과 보험계약자에게 향후 지급해야 할 의무가 있는 배당액을 포함한다. 이하 "발생사고요소"라 한다)

2. 「법인세법」 제31조제1항에 따른 비상위험준비금(이하 "비상위험준비금"이라 한다)

(2023.2.28 본조신설)

제4조【금융보험업의 수익금액】 ① 법 제5조제3항에서 "대통령령으로 정하는 금액"이란 다음 각 호의 금액을 말한다.(2011.7.14 본문개정)

1. 수입할인료
2. 위탁자보수 및 이익분배금
3. 신탁보수
4. 대여료(2004.12.31 본호개정)
5. 다음 각 목의 금액을 합산한 후의 순이익

가. 「자본시장과 금융투자업에 관한 법률」 제4조제7항에 따른 파생결합증권, 같은 항 제1호에 따른 증권 및 같은 법 제5조제1항에 따른 파생상품(이하 이 호에서 "파생상품등"이라 한다) 거래의 손익을 통산(通算)한 순손익(「법인세법 시행령」 제76조제1항에 따른 통화선도등의 평가손익 및 같은 조 제2항에 따른 환위험회피용통화선도등의 평가손익을 포함한다) (2015.2.3 본목개정)

나. 외환(파생상품등은 제외한다)매매손익(「법인세법 시행령」 제76조제1항 및 제2항에 따른 화폐성외화자산·부채의 평가손익을 포함한다)(2021.2.17 본목개정)

(2011.7.14 본호개정)

5의2.~5의3. (2011.7.14 삭제)
6. 수입임대료
7. 고정자산처분익
7의2. 「법인세법 시행령」 제75조제4항에 따른 자산의 평가에서 발생한 이익(2023.2.28 본호신설)
8. 기타영업수익 및 영업외수익

② 다음의 금액은 법 제5조제1항제1호의 과세표준이 되는 수입금액에 이를 산입하지 아니한다.

1. 국외의 사업장에서 발생한 수익금액
2. 자산·부채의 평가 또는 수익·비용의 귀속시기 차이 등에 따라 발생하는 수익으로서 다음 각 목에 해당하는 것

가. 「법인세법」 제42조에 따라 익금으로 보지 아니하는 자산 및 부채의 평가익

나. 과세표준에서 차감되지 아니하는 비용의 환입에 따라 발생하는 수익

다. 채권의 매각익 또는 상환익 중 해당 채권의 대손금 및 대손충당금에 상당하는 금액

라. 그 밖에 대외거래와 관계없이 내부적·일시적으로 인식하는 수익

(2010.2.18 본호개정)

3. 국고보조금·보험차익·채무면제익 및 자산수증익 (2010.2.18 본호개정)
3의2. 「서민의 금융생활 지원에 관한 법률」 제2조제3호에 따른 휴면예금의 소멸시효완성익(2016.9.22 본호개정)
4. 부가가치세가 과세되는 재화 또는 용역의 가액

5. 국외의 보험회사가 인수한 보험으로서 재보험계약에 의하여 국내에 수입된 보험료(2009.2.4 본호개정)
6. 보험회사가 재보험에 가입함으로써 재보험회사로부터 받은 출재보험수수료·출재이익수수료·이재조사비(2009.2.4 본호개정)
7. 법 별표 제4호·제9호·제10호 및 제12호의 금융·보험업자가 영위하는 투자자문업 및 투자일임업에서 발생하는 수수료
8. 법 별표 제12호의 금융·보험업자가 금융투자상품의 중개를 다른 회사와 공동으로 수행하고 자신의 수수료와 다른 회사에 분배될 수수료를 함께 수령한 경우, 그 다른 회사에 분배될 수수료
9. 법 별표 제12호의 금융·보험업자가 국외에서 수행한 투자중개업무에 대한 수수료
(2010.12.30 7호~9호개정)
10. 「여신전문금융업법」 제2조제2호의 신용카드 발행업무를 행하는 신용카드업자(이하 "신용카드 발행자"라 한다)와 신용카드 가맹점의 모집 및 관리업무를 행하는 신용카드업자(이하 "가맹점 모집 및 관리자"라 한다)가 다른 경우 가맹점 모집 및 관리자가 신용카드 등의 거래로 인하여 신용카드 가맹점으로부터 지급받은 가맹점수수료 중 신용카드 발행자에게 지급하는 수수료(2009.2.4 본호신설)
11. 법 별표 제14호의 금융·보험업자가 수입한 다음 각 목의 수익금액(2010.12.30 본문개정)

가. 보증료
나. 무역어음 재할인으로 인하여 발생한 이자
다. 비거주자로부터 수입한 이자 및 수수료
(2009.2.4 본호신설)

12. 「한국산업은행법」에 따라 설립된 한국산업은행(이하 이 호에서 "한국산업은행"이라 한다)이 수입한 다음 각 목의 수익금액

가. 법률 제12633호 한국산업은행법 전부개정법률 부칙 제6조에 따라 한국산업은행이 「한국정책금융공사법」(법률 제12633호 한국산업은행법 전부개정법률 부칙 제2조에 따라 폐지되기 전의 것을 말한다. 이하 이 호에서 같다)에 따른 한국정책금융공사(이하 이 호에서 "한국정책금융공사"라 한다)로부터 승계한 대출채권(법률 제12633호 한국산업은행법 전부개정법률 부칙 제4조제6항에 따른 합병의 등기를 한 날 이전에 한국정책금융공사가 대출계약을 체결한 것을 포함한다)으로부터 발생하는 이자 및 수수료 등의 수익금액

나. 법률 제12633호 한국산업은행법 전부개정법률 부칙 제7조에 따라 한국산업은행이 한국정책금융공사로부터 승계한 업무로서 「한국정책금융공사법」 제21조제1항제1호에 따른 중소기업의 육성 분야에 자금을 공급하는 업무를 같은 조 제3항 각 호의 방법에 따라 금융·보험업자에게 대출·투자 또는 보증한 채권으로부터 발생하는 이자 및 수수료 등의 수익금액

(2015.2.3 본호신설)

③ (2010.12.30 삭제)

④ 「자본시장과 금융투자업에 관한 법률」에 따른 종합금융회사의 수익금액은 「법인세법 시행령」 제24조제5항에 따른 금융리스 외의 리스로 인한 리스료 중 취득가액에 상당하는 금액(이하 "운용리스 원금"이라 한다) 외의 수익금액의 합계액으로 한다.(2009.2.4 본항개정)

⑤ 전당포영업자의 수익금액은 수입이자·수입할인료 및 유질물처분익의 합계액으로 한다.(1999.4.30 본항개정)

⑥ 「외국환거래법」에 의한 환전영업자의 수익금액은 외국환매매익 및 수입수수료의 합계액으로 한다. (2006.2.9 본항개정)

⑦ 금전대부업자의 수익금액은 수입이자·수입할인료·수입수수료 및 수입대여료의 합계액으로 한다.

⑧ 「여신전문금융업법」에 따른 여신전문금융회사의 수익금액은 다음 각 호 외의 수익금액의 합계액으로 한다.

1. 운용리스 원금
2. 「여신전문금융업법」 제41조제1항에 따른 업무를 함으로써 발생하는 수익금액 (2023.2.28 본호개정)
(2009.2.4 본항신설)

제5조 【보험료수익금액의 계산】 법 제5조제3항에 따른 보험료(계약자적립액, 발생사고요소 및 비상위험준비금으로 적립되는 금액과 재보험료를 공제한다)는 제1호의 금액에서 제2호의 금액을 공제한 금액으로 한다. (2023.2.28 본문개정)

1. 보험료·수재보험료·전기말 현재의 계약자적립액, 발생사고요소와 비상위험준비금 및 재보험회사로부터 받은 해약환급금(중도해약으로 인하여 지급받은 금액 중 미경과보험료에 해당하는 금액을 말한다)의 합계액 (2023.2.28 본호개정)
2. 당기말 현재의 계약자적립액, 발생사고요소와 비상위험준비금·해약환급금(중도해약으로 인하여 지급한 금액 중 미경과보험료에 해당하는 금액을 말한다)·출재보험료(제4조제2항제5호에 따른 보험료에 관계되는 출재보험료를 제외한다)의 합계액. 다만, 당기 중에 다음 각 목에 해당하는 금액이 발생한 경우에는 해당 금액을 당기에 한정하여 당기말 계약자적립액 및 발생사고요소에 가산한다.(2023.2.28 본문개정)
   가. 만기·사망·해약 등으로 소멸된 계약자적립액 및 발생사고요소 해당액(2023.2.28 본목개정)
   나. 사고 등에 따라 지급된 보험금으로서 보험료 산출기초에 이자율을 적용하지 아니하고 순보험료가 위험보험료로만 구성된 보험계약에 따라 지급된 보험금(2010.2.18 본목신설)
   다. 「법인세법 시행령」 제75조제4항에 따른 자산의 평가에서 손실이 발생하여 감소한 계약자적립액 상당액(2023.2.28 본목신설)

제6조 【금융·보험업자의 사업장 소재지】 ① 법 제6조제1항 단서에 따라 납세지로 할 수 있는 각 사업장 소재지는 법 제3조제1호에 따른 금융·보험업자(이하 "금융·보험업자"라 한다)가 본점 외에 지점을 독립채산제 방식으로 운영하고 있는 경우의 그 본점 및 지점의 사업장 소재지로 한다.(2016.3.31 본항개정)

② 금융·보험업자가 그 납세지를 본점 또는 주사무소의 소재지에서 각 사업장의 소재지로 변경하거나 각 사업장의 소재지에서 본점 또는 주사무소의 소재지로 변경하고자 하는 경우에는 당해 과세기간의 종료일까지 사업자의 인적사항, 변경전·후의 납세지 및 변경사유를 기재한 납세지변경신고서를 변경후의 납세지소관 세무서장에게 제출하여야 한다.(1993.12.31 본항신설)

③ 제2항의 규정에 의한 신고를 받은 세무서장은 지체없이 변경전의 납세지소관세무서장에게 신고받은 사실을 통보하여야 한다.(1993.12.31 본항신설)

제6조의2 【중간예납】 ① 금융·보험업자는 법 제8조의2제1항에 따른 중간예납세액(이하 "중간예납세액"이라 한다)을 납부할 때에는 별지 제1호서식의 교육세중간예납계산서를 납세지 관할 세무서장에게 제출하여야 한다.

② 제1항에도 불구하고 제6조의3제3호의 경우에는 별지 제2호서식의 교육세과세표준신고서를 납세지 관할

세무서장에게 제출하여야 한다.

③ 중간예납기간 중 휴업 등의 사유로 수익금액이 없는 금융·보험업자는 해당 중간예납기간에 대한 교육세를 납부하지 아니한다.(2016.2.5 본조신설)

제6조의3 【합병 등의 경우 중간예납】 법인이 중간예납세액을 납부할 때에는 다음 각 호에 따라 중간예납세액을 계산하여 납부하여야 한다.

1. 합병 후 존속하는 합병법인이 합병 후 최초의 사업연도에 중간예납세액을 납부하는 경우에는 합병법인의 직전 사업연도와 피합병법인(합병에 따라 소멸하는 법인을 말한다. 이하 이 조에서 같다)의 해산등기일이 속하는 사업연도의 직전 사업연도 모두를 법 제8조의2제1항에 따른 직전 과세기간으로 보아 중간예납세액을 계산하여 납부하여야 한다.
2. 합병에 따라 설립된 합병법인이 설립 후 최초의 사업연도에 중간예납세액을 납부하는 경우에는 피합병법인의 해산등기일이 속하는 사업연도의 직전 사업연도를 법 제8조의2제1항에 따른 직전 과세기간으로 보아 중간예납세액을 계산하여 납부하여야 한다.
3. 다음 각 목의 어느 하나에 해당하는 법인의 분할 후 최초의 사업연도의 경우에는 해당 사업연도의 수익금액에 대하여 법 제4조, 법 제5조, 법 제7조 및 법 제8조에 따라 중간예납세액을 계산하여 납부하여야 한다.
   가. 분할에 따라 설립되는 법인
   나. 분할되는 법인의 일부가 다른 법인과 합병하여 다른 법인이 존속하는 경우 그 다른 법인
(2016.2.5 본조신설)

제7조 【신고·납부】 ① 법 제9조제1항의 규정에 의하여 교육세를 신고·납부하는 때에는 별지 제2호서식의 교육세과세표준신고서와 함께 소관세무서장에게 납부하거나 「국세징수법」에 의한 납부서에 교육세과세표준신고서를 첨부하여 한국은행(그 대리점을 포함한다. 이하 같다) 또는 체신관서에 납부하여야 한다.(2016.2.5 본항개정)

② 법 제9조제2항에 따라 교육세를 신고·납부하는 때에는 해당 세법에 따라 해당 조세의 신고·납부서에 해당 세액과 교육세액을 함께 적고 그 합계액을 기재한다.(2021.1.5 본항개정)

제8조 【부과 및 징수】 ① 법 제10조에 따라 교육세와 교육세의 과세표준이 되는 세액을 함께 징수하는 때에는 해당 조세의 납부고지서에 해당 세액과 교육세액을 함께 적고 그 합계액을 기재하여 고지해야 한다. (2021.1.5 본항개정)

② 세무서장은 교육세만을 고지하는 경우에는 교육세의 과세표준이 되는 세액에 대한 교육세임을 표시하여 고지하여야 한다.(2000.12.29 본항개정)

제9조~제12조 (2000.12.29 삭제)

부 칙 (2009.2.4)

제1조 【시행일】 이 영은 2009년 7월 1일부터 시행한다.

제2조 【여신전문금융회사 등에 관한 적용례】 제4조제4항 및 제8항의 개정규정 중 「여신전문금융업법」 제2조제2호나목의 업무에 따른 수익금액은 신용카드회원이 이 영 시행 후 최초로 신용카드를 이용하는 분부터 적용하고, 「여신전문금융업법」 제2조제9호·제12호 및 같은 법 시행령 제2조의3제1항제2호·제7호의 업무에 따른 수익금액은 이 영 시행 후 최초로 계약을 체결하는 분부터 적용한다.

제3조 【서식에 관한 적용례】 별지 서식의 개정규정은 금융·보험업자의 2009년도 제3기의 신고 분부터 적용한다.

    부   칙 (2010.2.18)

제1조 【시행일】 이 영은 공포한 날부터 시행한다.
제2조 【금융·보험업의 수익금액에 관한 적용례】 제4조제2항제3호의2·제4조제8항제2호 및 제5조제2호의 개정규정은 이 영 시행일이 속하는 과세기간 분부터 적용한다.

    부   칙 (2011.7.14)

제1조 【시행일】 이 영은 공포한 날부터 시행한다.
제2조 【적용례】 이 영은 이 영 시행일이 속하는 과세기간분부터 적용한다.

    부   칙 (2014.2.21)

제1조 【시행일】 이 영은 공포한 날부터 시행한다.
제2조 【금융보험업의 수익금액에 관한 적용례】 제4조제1항제5호가목의 개정규정은 이 영 시행일이 속하는 과세기간 분부터 적용한다.

    부   칙 (2015.2.3)

제1조 【시행일】 이 영은 공포한 날부터 시행한다.
제2조 【금융보험업의 수익금액에 관한 적용례】 제4조제1항제5호 및 같은 조 제2항제12호의 개정규정은 이 영 시행일이 속하는 과세기간분부터 적용한다.

    부   칙 (2016.2.5)
         (2016.3.31)

이 영은 공포한 날부터 시행한다.

    부   칙 (2016.9.22)

제1조 【시행일】 이 영은 2016년 9월 23일부터 시행한다.(이하 생략)

    부   칙 (2017.2.7)

이 영은 공포한 날부터 시행한다.

    부   칙 (2019.2.12)

제1조 【시행일】 이 영은 공포한 날부터 시행한다.(이하 생략)

    부   칙 (2021.1.5)

이 영은 공포한 날부터 시행한다.(이하 생략)

    부   칙 (2021.2.17)

이 영은 공포한 날부터 시행한다.

    부   칙 (2023.2.28)

제1조 【시행일】 이 영은 공포한 날부터 시행한다.

제2조 【금융보험업의 수익금액에 관한 적용례】 제4조제1항제7호의2의 개정규정은 이 영 시행 이후 신고하는 분부터 적용한다.
제3조 【보험료수익금액의 계산에 관한 적용례 등】 ① 제5조의 개정규정(같은 조 제2호다목의 개정규정은 제외한다)은 2023년 1월 1일 이후 개시하는 과세기간분부터 적용한다. 다만, 금융·보험업자가 2022년 12월 31일이 속하는 과세기간에 「법인세법」 제42조의3제1항에 따른 보험계약국제회계기준을 적용하는 경우에는 이 영 시행 이후 신고하는 분부터 적용한다.
② 제5조제2호다목의 개정규정은 이 영 시행 이후 신고하는 분부터 적용한다. 이 경우 금융·보험업자가 2022년 12월 31일이 속하는 과세기간에 「법인세법」 제42조의3제1항에 따른 보험계약국제회계기준을 적용하지 않은 경우에는 제5조제2호다목의 개정규정 중 "계약자적립액"은 "「법인세법」(법률 제19193호 법인세법 일부개정법률로 개정되기 전의 것을 말한다) 제30조제1항에 따른 책임준비금"으로 본다.
③ 금융·보험업자가 「법인세법」 제42조의3제1항에 따른 보험계약국제회계기준을 최초로 적용하는 과세기간에 대해 보험료수익금액을 계산하는 경우 전기말 현재를 기준으로 하는 금액에 관하여는 제5조제1호의 개정규정에도 불구하고 종전의 규정에 따른다.
제4조 【서식에 관한 적용례】 별지 제1호서식 및 별지 제2호서식의 개정규정은 이 영 시행 이후 신고 또는 제출하는 경우부터 적용한다.

[별지서식] ➡ 「www.hyeonamsa.com」 참조

근로소득·연금소득·종교인소득에 대한

간이세액표

(소득세법 시행령 제189조·제202조제4항 관련)

근로소득 간이세액표(제189조제1항 관련)

(2023.2.28 개정)

1. 이 간이세액표의 해당 세액(제6호의 월급여액별·공제대상가족수별 금액을 말한다)은 「소득세법」에 따른 근로소득공제, 기본공제, 특별소득공제 및 특별세액공제 중 일부, 연금보험료공제, 근로소득세액공제와 해당 세율을 반영하여 계산한 금액임. 이 경우 "특별소득공제 및 특별세액공제 중 일부"는 다음의 계산식에 따라 계산한 금액을 소득공제하여 반영한 것임.

총급여액	공제대상가족의 수가 1명인 경우	공제대상가족의 수가 2명인 경우	공제대상가족의 수가 3명 이상인 경우	
3,000만원 이하	310만원 + 연간 총급여액의 4%	360만원 + 연간 총급여액의 4%	500만원 + 연간 총급여액의 7%	+ 연간 총급여액 중 4,000만원을 초과하는 금액의 4%
3,000만원 초과 4,500만원 이하	310만원 + 연간 총급여액의 4% - 연간 총급여액 중 3,000만원을 초과하는 금액의 5%	360만원 + 연간 총급여액의 4% - 연간 총급여액 중 3,000만원을 초과하는 금액의 5%	500만원 + 연간 총급여액의 7% - 연간 총급여액 중 3,000만원을 초과하는 금액의 5%	
4,500만원 초과 7,000만원 이하	310만원 + 연간 총급여액의 1.5%	360만원 + 연간 총급여액의 2%	500만원 + 연간 총급여액의 5%	
7,000만원 초과 1억 2,000만원 이하	310만원 + 연간 총급여액의 0.5%	360만원 + 연간 총급여액의 2%	500만원 + 연간 총급여액의 3%	

2. 공제대상가족의 수를 산정할 때 본인 및 배우자도 각각 1명으로 보아 계산함.
3. 자녀세액공제 적용 방법
   가. 공제대상가족 중 8세 이상 20세 이하 자녀가 있는 경우의 세액은 다음 "나목"의 계산식에 따른 공제대상가족의 수에 해당하는 금액으로 함.
   나. 자녀세액공제 적용 시 공제대상가족의 수 = 실제 공제대상가족의 수 + 8세 이상 20세 이하 자녀의 수
   < 적용사례 >
   1) 공제대상가족의 수가 3명(8세 이상 20세 이하 자녀가 1명)인 경우에는 "4명"의 세액을 적용함.
   2) 공제대상가족의 수가 4명(8세 이상 20세 이하 자녀가 2명)인 경우에는 "6명"의 세액을 적용함.
   3) 공제대상가족의 수가 5명(8세 이상 20세 이하 자녀가 3명)인 경우에는 "8명"의 세액을 적용함.
4. 공제대상가족의 수가 11명을 초과하는 경우의 세액은 다음 "가목"의 금액에서 "나목"의 금액을 공제한 금액으로 함.
   가. 공제대상가족의 수가 11명인 경우의 세액
   나. (공제대상가족의 수가 10명인 경우의 세액 - 공제대상가족의 수가 11명인 경우의 세액) × 11명을 초과하는 가족의 수
5. 원천징수의무자가 근로소득에 해당하는 학자금을 지급하는 때에 원천징수하는 소득세의 계산은 해당 학자금을 제외한 월급여액(비과세 제외)을 기준으로 하여 계산할 수 있음.
6. 근로소득 간이세액표

(단위 : 원)

월급여액(천원) [비과세 및 학자금 제외]		공제대상가족의 수										
이상	미만	1	2	3	4	5	6	7	8	9	10	11
770	775	-	-	-	-	-	-	-	-	-	-	-
775	780	-	-	-	-	-	-	-	-	-	-	-
780	785	-	-	-	-	-	-	-	-	-	-	-
785	790	-	-	-	-	-	-	-	-	-	-	-
790	795	-	-	-	-	-	-	-	-	-	-	-
795	800	-	-	-	-	-	-	-	-	-	-	-
800	805	-	-	-	-	-	-	-	-	-	-	-
805	810	-	-	-	-	-	-	-	-	-	-	-
810	815	-	-	-	-	-	-	-	-	-	-	-
815	820	-	-	-	-	-	-	-	-	-	-	-
820	825	-	-	-	-	-	-	-	-	-	-	-
825	830	-	-	-	-	-	-	-	-	-	-	-
830	835	-	-	-	-	-	-	-	-	-	-	-
835	840	-	-	-	-	-	-	-	-	-	-	-
840	845	-	-	-	-	-	-	-	-	-	-	-
845	850	-	-	-	-	-	-	-	-	-	-	-
850	855	-	-	-	-	-	-	-	-	-	-	-
855	860	-	-	-	-	-	-	-	-	-	-	-
860	865	-	-	-	-	-	-	-	-	-	-	-
865	870	-	-	-	-	-	-	-	-	-	-	-
870	875	-	-	-	-	-	-	-	-	-	-	-
875	880	-	-	-	-	-	-	-	-	-	-	-

(단위 : 원)

월급여액(천원) [비과세 및 학자금 제외]		공제대상가족의 수										
이상	미만	1	2	3	4	5	6	7	8	9	10	11
880	885	-	-	-	-	-	-	-	-	-	-	-
885	890	-	-	-	-	-	-	-	-	-	-	-
890	895	-	-	-	-	-	-	-	-	-	-	-
895	900	-	-	-	-	-	-	-	-	-	-	-
900	905	-	-	-	-	-	-	-	-	-	-	-
905	910	-	-	-	-	-	-	-	-	-	-	-
910	915	-	-	-	-	-	-	-	-	-	-	-
915	920	-	-	-	-	-	-	-	-	-	-	-
920	925	-	-	-	-	-	-	-	-	-	-	-
925	930	-	-	-	-	-	-	-	-	-	-	-
930	935	-	-	-	-	-	-	-	-	-	-	-
935	940	-	-	-	-	-	-	-	-	-	-	-
940	945	-	-	-	-	-	-	-	-	-	-	-
945	950	-	-	-	-	-	-	-	-	-	-	-
950	955	-	-	-	-	-	-	-	-	-	-	-
955	960	-	-	-	-	-	-	-	-	-	-	-
960	965	-	-	-	-	-	-	-	-	-	-	-
965	970	-	-	-	-	-	-	-	-	-	-	-
970	975	-	-	-	-	-	-	-	-	-	-	-
975	980	-	-	-	-	-	-	-	-	-	-	-
980	985	-	-	-	-	-	-	-	-	-	-	-
985	990	-	-	-	-	-	-	-	-	-	-	-
990	995	-	-	-	-	-	-	-	-	-	-	-
995	1,000	-	-	-	-	-	-	-	-	-	-	-
1,000	1,005	-	-	-	-	-	-	-	-	-	-	-
1,005	1,010	-	-	-	-	-	-	-	-	-	-	-
1,010	1,015	-	-	-	-	-	-	-	-	-	-	-
1,015	1,020	-	-	-	-	-	-	-	-	-	-	-
1,020	1,025	-	-	-	-	-	-	-	-	-	-	-
1,025	1,030	-	-	-	-	-	-	-	-	-	-	-
1,030	1,035	-	-	-	-	-	-	-	-	-	-	-
1,035	1,040	-	-	-	-	-	-	-	-	-	-	-
1,040	1,045	-	-	-	-	-	-	-	-	-	-	-
1,045	1,050	-	-	-	-	-	-	-	-	-	-	-
1,050	1,055	-	-	-	-	-	-	-	-	-	-	-
1,055	1,060	-	-	-	-	-	-	-	-	-	-	-
1,060	1,065	1,040	-	-	-	-	-	-	-	-	-	-
1,065	1,070	1,110	-	-	-	-	-	-	-	-	-	-
1,070	1,075	1,180	-	-	-	-	-	-	-	-	-	-
1,075	1,080	1,250	-	-	-	-	-	-	-	-	-	-
1,080	1,085	1,320	-	-	-	-	-	-	-	-	-	-
1,085	1,090	1,390	-	-	-	-	-	-	-	-	-	-
1,090	1,095	1,460	-	-	-	-	-	-	-	-	-	-
1,095	1,100	1,530	-	-	-	-	-	-	-	-	-	-
1,100	1,105	1,600	-	-	-	-	-	-	-	-	-	-
1,105	1,110	1,670	-	-	-	-	-	-	-	-	-	-
1,110	1,115	1,740	-	-	-	-	-	-	-	-	-	-
1,115	1,120	1,810	-	-	-	-	-	-	-	-	-	-
1,120	1,125	1,880	-	-	-	-	-	-	-	-	-	-
1,125	1,130	1,950	-	-	-	-	-	-	-	-	-	-
1,130	1,135	2,020	-	-	-	-	-	-	-	-	-	-
1,135	1,140	2,090	-	-	-	-	-	-	-	-	-	-

월급여액(천원) [비과세 및 학자금 제외]		공제대상가족의 수										
이상	미만	1	2	3	4	5	6	7	8	9	10	11
1,140	1,145	2,160	–	–	–	–	–	–	–	–	–	–
1,145	1,150	2,230	–	–	–	–	–	–	–	–	–	–
1,150	1,155	2,300	–	–	–	–	–	–	–	–	–	–
1,155	1,160	2,370	–	–	–	–	–	–	–	–	–	–
1,160	1,165	2,440	–	–	–	–	–	–	–	–	–	–
1,165	1,170	2,500	–	–	–	–	–	–	–	–	–	–
1,170	1,175	2,570	–	–	–	–	–	–	–	–	–	–
1,175	1,180	2,640	–	–	–	–	–	–	–	–	–	–
1,180	1,185	2,710	–	–	–	–	–	–	–	–	–	–
1,185	1,190	2,780	–	–	–	–	–	–	–	–	–	–
1,190	1,195	2,850	–	–	–	–	–	–	–	–	–	–
1,195	1,200	2,920	–	–	–	–	–	–	–	–	–	–
1,200	1,205	2,990	–	–	–	–	–	–	–	–	–	–
1,205	1,210	3,060	–	–	–	–	–	–	–	–	–	–
1,210	1,215	3,130	–	–	–	–	–	–	–	–	–	–
1,215	1,220	3,200	–	–	–	–	–	–	–	–	–	–
1,220	1,225	3,270	–	–	–	–	–	–	–	–	–	–
1,225	1,230	3,340	–	–	–	–	–	–	–	–	–	–
1,230	1,235	3,410	–	–	–	–	–	–	–	–	–	–
1,235	1,240	3,480	–	–	–	–	–	–	–	–	–	–
1,240	1,245	3,550	–	–	–	–	–	–	–	–	–	–
1,245	1,250	3,620	–	–	–	–	–	–	–	–	–	–
1,250	1,255	3,700	–	–	–	–	–	–	–	–	–	–
1,255	1,260	3,810	–	–	–	–	–	–	–	–	–	–
1,260	1,265	3,910	–	–	–	–	–	–	–	–	–	–
1,265	1,270	4,010	–	–	–	–	–	–	–	–	–	–
1,270	1,275	4,120	–	–	–	–	–	–	–	–	–	–
1,275	1,280	4,220	–	–	–	–	–	–	–	–	–	–
1,280	1,285	4,320	–	–	–	–	–	–	–	–	–	–
1,285	1,290	4,430	–	–	–	–	–	–	–	–	–	–
1,290	1,295	4,530	–	–	–	–	–	–	–	–	–	–
1,295	1,300	4,630	–	–	–	–	–	–	–	–	–	–
1,300	1,305	4,740	–	–	–	–	–	–	–	–	–	–
1,305	1,310	4,840	–	–	–	–	–	–	–	–	–	–
1,310	1,315	4,940	–	–	–	–	–	–	–	–	–	–
1,315	1,320	5,050	–	–	–	–	–	–	–	–	–	–
1,320	1,325	5,150	–	–	–	–	–	–	–	–	–	–
1,325	1,330	5,250	–	–	–	–	–	–	–	–	–	–
1,330	1,335	5,360	–	–	–	–	–	–	–	–	–	–
1,335	1,340	5,460	–	–	–	–	–	–	–	–	–	–
1,340	1,345	5,560	1,060	–	–	–	–	–	–	–	–	–
1,345	1,350	5,670	1,170	–	–	–	–	–	–	–	–	–
1,350	1,355	5,770	1,270	–	–	–	–	–	–	–	–	–
1,355	1,360	5,870	1,370	–	–	–	–	–	–	–	–	–
1,360	1,365	5,980	1,480	–	–	–	–	–	–	–	–	–
1,365	1,370	6,080	1,580	–	–	–	–	–	–	–	–	–
1,370	1,375	6,180	1,680	–	–	–	–	–	–	–	–	–
1,375	1,380	6,290	1,790	–	–	–	–	–	–	–	–	–
1,380	1,385	6,390	1,890	–	–	–	–	–	–	–	–	–
1,385	1,390	6,490	1,990	–	–	–	–	–	–	–	–	–
1,390	1,395	6,600	2,100	–	–	–	–	–	–	–	–	–
1,395	1,400	6,700	2,200	–	–	–	–	–	–	–	–	–

월급여액(천원) [비과세 및 학자금 제외]		공제대상가족의 수										
이상	미만	1	2	3	4	5	6	7	8	9	10	11
1,400	1,405	6,800	2,300	–	–	–	–	–	–	–	–	–
1,405	1,410	6,910	2,410	–	–	–	–	–	–	–	–	–
1,410	1,415	7,010	2,510	–	–	–	–	–	–	–	–	–
1,415	1,420	7,110	2,610	–	–	–	–	–	–	–	–	–
1,420	1,425	7,210	2,710	–	–	–	–	–	–	–	–	–
1,425	1,430	7,320	2,820	–	–	–	–	–	–	–	–	–
1,430	1,435	7,420	2,920	–	–	–	–	–	–	–	–	–
1,435	1,440	7,520	3,020	–	–	–	–	–	–	–	–	–
1,440	1,445	7,630	3,130	–	–	–	–	–	–	–	–	–
1,445	1,450	7,730	3,230	–	–	–	–	–	–	–	–	–
1,450	1,455	7,830	3,330	–	–	–	–	–	–	–	–	–
1,455	1,460	7,940	3,440	–	–	–	–	–	–	–	–	–
1,460	1,465	8,040	3,540	–	–	–	–	–	–	–	–	–
1,465	1,470	8,140	3,640	–	–	–	–	–	–	–	–	–
1,470	1,475	8,250	3,750	–	–	–	–	–	–	–	–	–
1,475	1,480	8,350	3,850	–	–	–	–	–	–	–	–	–
1,480	1,485	8,450	3,950	–	–	–	–	–	–	–	–	–
1,485	1,490	8,560	4,060	–	–	–	–	–	–	–	–	–
1,490	1,495	8,660	4,160	–	–	–	–	–	–	–	–	–
1,495	1,500	8,760	4,260	–	–	–	–	–	–	–	–	–
1,500	1,510	8,920	4,420	–	–	–	–	–	–	–	–	–
1,510	1,520	9,120	4,620	–	–	–	–	–	–	–	–	–
1,520	1,530	9,330	4,830	–	–	–	–	–	–	–	–	–
1,530	1,540	9,540	5,040	–	–	–	–	–	–	–	–	–
1,540	1,550	9,740	5,240	–	–	–	–	–	–	–	–	–
1,550	1,560	9,950	5,450	–	–	–	–	–	–	–	–	–
1,560	1,570	10,160	5,660	–	–	–	–	–	–	–	–	–
1,570	1,580	10,360	5,860	–	–	–	–	–	–	–	–	–
1,580	1,590	10,570	6,070	–	–	–	–	–	–	–	–	–
1,590	1,600	10,780	6,280	–	–	–	–	–	–	–	–	–
1,600	1,610	10,980	6,480	–	–	–	–	–	–	–	–	–
1,610	1,620	11,190	6,690	–	–	–	–	–	–	–	–	–
1,620	1,630	11,400	6,900	–	–	–	–	–	–	–	–	–
1,630	1,640	11,600	7,100	–	–	–	–	–	–	–	–	–
1,640	1,650	11,810	7,310	–	–	–	–	–	–	–	–	–
1,650	1,660	12,020	7,520	–	–	–	–	–	–	–	–	–
1,660	1,670	12,220	7,720	–	–	–	–	–	–	–	–	–
1,670	1,680	12,430	7,930	–	–	–	–	–	–	–	–	–
1,680	1,690	12,640	8,140	–	–	–	–	–	–	–	–	–
1,690	1,700	12,840	8,340	–	–	–	–	–	–	–	–	–
1,700	1,710	13,050	8,550	–	–	–	–	–	–	–	–	–
1,710	1,720	13,260	8,760	–	–	–	–	–	–	–	–	–
1,720	1,730	13,460	8,960	1,040	–	–	–	–	–	–	–	–
1,730	1,740	13,670	9,170	1,240	–	–	–	–	–	–	–	–
1,740	1,750	13,880	9,380	1,440	–	–	–	–	–	–	–	–
1,750	1,760	14,080	9,580	1,640	–	–	–	–	–	–	–	–
1,760	1,770	14,290	9,790	1,830	–	–	–	–	–	–	–	–
1,770	1,780	14,500	10,000	2,030	–	–	–	–	–	–	–	–
1,780	1,790	14,700	10,200	2,230	–	–	–	–	–	–	–	–
1,790	1,800	14,910	10,410	2,430	–	–	–	–	–	–	–	–
1,800	1,810	15,110	10,610	2,630	–	–	–	–	–	–	–	–
1,810	1,820	15,320	10,820	2,830	–	–	–	–	–	–	–	–

월급여액(천원)[비과세 및 학자금 제외]		공제대상가족의 수										
이상	미만	1	2	3	4	5	6	7	8	9	10	11
1,820	1,830	15,530	11,030	3,020	–	–	–	–	–	–	–	–
1,830	1,840	15,730	11,230	3,220	–	–	–	–	–	–	–	–
1,840	1,850	15,940	11,440	3,420	–	–	–	–	–	–	–	–
1,850	1,860	16,150	11,650	3,620	–	–	–	–	–	–	–	–
1,860	1,870	16,350	11,850	3,820	–	–	–	–	–	–	–	–
1,870	1,880	16,560	12,060	4,020	–	–	–	–	–	–	–	–
1,880	1,890	16,770	12,270	4,220	–	–	–	–	–	–	–	–
1,890	1,900	16,970	12,470	4,410	1,040	–	–	–	–	–	–	–
1,900	1,910	17,180	12,680	4,610	1,240	–	–	–	–	–	–	–
1,910	1,920	17,390	12,890	4,810	1,440	–	–	–	–	–	–	–
1,920	1,930	17,590	13,090	5,010	1,630	–	–	–	–	–	–	–
1,930	1,940	17,800	13,300	5,210	1,830	–	–	–	–	–	–	–
1,940	1,950	18,010	13,510	5,410	2,030	–	–	–	–	–	–	–
1,950	1,960	18,210	13,710	5,600	2,230	–	–	–	–	–	–	–
1,960	1,970	18,420	13,920	5,800	2,430	–	–	–	–	–	–	–
1,970	1,980	18,630	14,130	6,000	2,630	–	–	–	–	–	–	–
1,980	1,990	18,880	14,330	6,200	2,820	–	–	–	–	–	–	–
1,990	2,000	19,200	14,540	6,400	3,020	–	–	–	–	–	–	–
2,000	2,010	19,520	14,750	6,600	3,220	–	–	–	–	–	–	–
2,010	2,020	19,850	14,950	6,800	3,420	–	–	–	–	–	–	–
2,020	2,030	20,170	15,160	6,990	3,620	–	–	–	–	–	–	–
2,030	2,040	20,490	15,370	7,190	3,820	–	–	–	–	–	–	–
2,040	2,050	20,810	15,570	7,390	4,020	–	–	–	–	–	–	–
2,050	2,060	21,130	15,780	7,590	4,210	–	–	–	–	–	–	–
2,060	2,070	21,450	15,990	7,790	4,410	1,040	–	–	–	–	–	–
2,070	2,080	21,770	16,190	7,990	4,610	1,240	–	–	–	–	–	–
2,080	2,090	22,090	16,400	8,180	4,810	1,430	–	–	–	–	–	–
2,090	2,100	22,420	16,600	8,380	5,010	1,630	–	–	–	–	–	–
2,100	2,110	22,740	16,810	8,580	5,210	1,830	–	–	–	–	–	–
2,110	2,120	23,060	17,020	8,780	5,400	2,030	–	–	–	–	–	–
2,120	2,130	23,380	17,220	8,980	5,600	2,230	–	–	–	–	–	–
2,130	2,140	23,700	17,430	9,180	5,800	2,430	–	–	–	–	–	–
2,140	2,150	24,020	17,640	9,380	6,000	2,630	–	–	–	–	–	–
2,150	2,160	24,340	17,840	9,570	6,200	2,820	–	–	–	–	–	–
2,160	2,170	24,660	18,050	9,770	6,400	3,020	–	–	–	–	–	–
2,170	2,180	24,990	18,260	9,970	6,600	3,220	–	–	–	–	–	–
2,180	2,190	25,310	18,460	10,170	6,790	3,420	–	–	–	–	–	–
2,190	2,200	25,630	18,670	10,370	6,990	3,620	–	–	–	–	–	–
2,200	2,210	25,950	18,950	10,570	7,190	3,820	–	–	–	–	–	–
2,210	2,220	26,270	19,270	10,760	7,390	4,010	–	–	–	–	–	–
2,220	2,230	26,590	19,590	10,960	7,590	4,210	–	–	–	–	–	–
2,230	2,240	26,910	19,910	11,160	7,790	4,410	1,040	–	–	–	–	–
2,240	2,250	27,240	20,240	11,360	7,980	4,610	1,230	–	–	–	–	–
2,250	2,260	27,560	20,560	11,560	8,180	4,810	1,430	–	–	–	–	–
2,260	2,270	27,880	20,880	11,760	8,380	5,010	1,630	–	–	–	–	–
2,270	2,280	28,200	21,200	11,960	8,580	5,210	1,830	–	–	–	–	–
2,280	2,290	28,520	21,520	12,150	8,780	5,400	2,030	–	–	–	–	–
2,290	2,300	28,840	21,840	12,350	8,980	5,600	2,230	–	–	–	–	–
2,300	2,310	29,160	22,160	12,550	9,180	5,800	2,430	–	–	–	–	–
2,310	2,320	29,480	22,480	12,750	9,370	6,000	2,620	–	–	–	–	–
2,320	2,330	29,810	22,810	12,950	9,570	6,200	2,820	–	–	–	–	–
2,330	2,340	30,130	23,130	13,150	9,770	6,400	3,020	–	–	–	–	–

월급여액(천원) [비과세 및 학자금 제외]		공제대상가족의 수										
이상	미만	1	2	3	4	5	6	7	8	9	10	11
2,340	2,350	30,450	23,450	13,340	9,970	6,590	3,220	-	-	-	-	-
2,350	2,360	30,770	23,770	13,540	10,170	6,790	3,420	-	-	-	-	-
2,360	2,370	31,090	24,090	13,740	10,370	6,990	3,620	-	-	-	-	-
2,370	2,380	31,410	24,410	13,940	10,560	7,190	3,810	-	-	-	-	-
2,380	2,390	31,730	24,730	14,140	10,760	7,390	4,010	-	-	-	-	-
2,390	2,400	32,050	25,050	14,340	10,960	7,590	4,210	-	-	-	-	-
2,400	2,410	32,380	25,380	14,530	11,160	7,780	4,410	1,030	-	-	-	-
2,410	2,420	32,700	25,700	14,730	11,360	7,980	4,610	1,230	-	-	-	-
2,420	2,430	33,020	26,020	14,930	11,560	8,180	4,810	1,430	-	-	-	-
2,430	2,440	33,340	26,340	15,130	11,760	8,380	5,010	1,630	-	-	-	-
2,440	2,450	33,660	26,660	15,330	11,950	8,580	5,200	1,830	-	-	-	-
2,450	2,460	33,980	26,980	15,530	12,150	8,780	5,400	2,030	-	-	-	-
2,460	2,470	34,300	27,300	15,730	12,350	8,980	5,600	2,230	-	-	-	-
2,470	2,480	34,630	27,630	15,920	12,550	9,170	5,800	2,420	-	-	-	-
2,480	2,490	34,950	27,950	16,120	12,750	9,370	6,000	2,620	-	-	-	-
2,490	2,500	35,270	28,270	16,320	12,950	9,570	6,200	2,820	-	-	-	-
2,500	2,510	35,600	28,600	16,530	13,150	9,780	6,400	3,030	-	-	-	-
2,510	2,520	35,940	28,940	16,740	13,360	9,990	6,610	3,240	-	-	-	-
2,520	2,530	36,280	29,280	16,950	13,580	10,200	6,830	3,450	-	-	-	-
2,530	2,540	36,630	29,630	17,160	13,790	10,410	7,040	3,660	-	-	-	-
2,540	2,550	36,970	29,970	17,370	14,000	10,620	7,250	3,870	-	-	-	-
2,550	2,560	37,310	30,310	17,590	14,210	10,840	7,460	4,090	-	-	-	-
2,560	2,570	37,650	30,650	17,800	14,420	11,050	7,670	4,300	-	-	-	-
2,570	2,580	38,000	31,000	18,010	14,630	11,260	7,880	4,510	1,130	-	-	-
2,580	2,590	38,340	31,340	18,220	14,850	11,470	8,100	4,720	1,350	-	-	-
2,590	2,600	38,830	31,680	18,430	15,060	11,680	8,310	4,930	1,560	-	-	-
2,600	2,610	39,690	32,020	18,650	15,270	11,900	8,520	5,150	1,770	-	-	-
2,610	2,620	40,540	32,360	18,920	15,480	12,110	8,730	5,360	1,980	-	-	-
2,620	2,630	41,400	32,710	19,250	15,690	12,320	8,940	5,570	2,190	-	-	-
2,630	2,640	42,260	33,050	19,580	15,910	12,530	9,160	5,780	2,410	-	-	-
2,640	2,650	43,110	33,390	19,910	16,120	12,740	9,370	5,990	2,620	-	-	-
2,650	2,660	43,970	33,730	20,240	16,330	12,960	9,580	6,210	2,830	-	-	-
2,660	2,670	44,820	34,080	20,570	16,540	13,170	9,790	6,420	3,040	-	-	-
2,670	2,680	45,680	34,420	20,900	16,750	13,380	10,000	6,630	3,250	-	-	-
2,680	2,690	46,540	34,760	21,230	16,970	13,590	10,220	6,840	3,470	-	-	-
2,690	2,700	47,390	35,100	21,560	17,180	13,800	10,430	7,050	3,680	-	-	-
2,700	2,710	48,250	35,450	21,890	17,390	14,020	10,640	7,270	3,890	-	-	-
2,710	2,720	49,100	35,790	22,220	17,600	14,230	10,850	7,480	4,100	-	-	-
2,720	2,730	49,960	36,130	22,550	17,810	14,440	11,060	7,690	4,310	-	-	-
2,730	2,740	50,810	36,470	22,880	18,030	14,650	11,280	7,900	4,530	1,150	-	-
2,740	2,750	51,670	36,810	23,210	18,240	14,860	11,490	8,110	4,740	1,360	-	-
2,750	2,760	52,530	37,160	23,540	18,450	15,070	11,700	8,320	4,950	1,570	-	-
2,760	2,770	53,380	37,500	23,870	18,660	15,290	11,910	8,540	5,160	1,790	-	-
2,770	2,780	54,240	37,840	24,200	18,950	15,500	12,120	8,750	5,370	2,000	-	-
2,780	2,790	55,090	38,180	24,520	19,270	15,710	12,340	8,960	5,590	2,210	-	-
2,790	2,800	55,950	38,530	24,850	19,600	15,920	12,550	9,170	5,800	2,420	-	-
2,800	2,810	56,800	39,300	25,180	19,930	16,130	12,760	9,380	6,010	2,630	-	-
2,810	2,820	57,660	40,160	25,510	20,260	16,350	12,970	9,600	6,220	2,850	-	-
2,820	2,830	58,520	41,020	25,840	20,590	16,560	13,180	9,810	6,430	3,060	-	-
2,830	2,840	59,370	41,870	26,170	20,920	16,770	13,400	10,020	6,650	3,270	-	-
2,840	2,850	60,230	42,730	26,500	21,250	16,980	13,610	10,230	6,860	3,480	-	-
2,850	2,860	61,080	43,580	26,830	21,580	17,190	13,820	10,440	7,070	3,690	-	-

월급여액(천원) [비과세 및 학자금 제외]		공제대상가족의 수										
이상	미만	1	2	3	4	5	6	7	8	9	10	11
2,860	2,870	61,940	44,440	27,160	21,910	17,410	14,030	10,660	7,280	3,910	–	–
2,870	2,880	62,790	45,290	27,490	22,240	17,620	14,240	10,870	7,490	4,120	–	–
2,880	2,890	63,650	46,150	27,820	22,570	17,830	14,460	11,080	7,710	4,330	–	–
2,890	2,900	64,510	47,010	28,150	22,900	18,040	14,670	11,290	7,920	4,540	1,170	–
2,900	2,910	65,360	47,860	28,480	23,230	18,250	14,880	11,500	8,130	4,750	1,380	–
2,910	2,920	66,220	48,720	28,810	23,560	18,470	15,090	11,720	8,340	4,970	1,590	–
2,920	2,930	67,070	49,570	29,140	23,890	18,680	15,300	11,930	8,550	5,180	1,800	–
2,930	2,940	67,930	50,430	29,470	24,220	18,970	15,510	12,140	8,760	5,390	2,010	–
2,940	2,950	68,780	51,280	29,800	24,550	19,300	15,730	12,350	8,980	5,600	2,230	–
2,950	2,960	69,640	52,140	30,130	24,880	19,630	15,940	12,560	9,190	5,810	2,440	–
2,960	2,970	70,500	53,000	30,460	25,210	19,960	16,150	12,780	9,400	6,030	2,650	–
2,970	2,980	71,350	53,850	30,790	25,540	20,290	16,360	12,990	9,610	6,240	2,860	–
2,980	2,990	72,210	54,710	31,120	25,870	20,620	16,570	13,200	9,820	6,450	3,070	–
2,990	3,000	73,060	55,560	31,450	26,200	20,950	16,790	13,410	10,040	6,660	3,290	–
3,000	3,020	74,350	56,850	31,940	26,690	21,440	17,100	13,730	10,350	6,980	3,600	–
3,020	3,040	76,060	58,560	32,600	27,350	22,100	17,530	14,150	10,780	7,400	4,030	–
3,040	3,060	77,770	60,270	33,260	28,010	22,760	17,950	14,580	11,200	7,830	4,450	1,080
3,060	3,080	79,480	61,980	33,920	28,670	23,420	18,380	15,000	11,630	8,250	4,880	1,500
3,080	3,100	81,190	63,690	34,580	29,330	24,080	18,830	15,430	12,050	8,680	5,300	1,930
3,100	3,120	82,900	65,400	35,240	29,990	24,740	19,490	15,850	12,470	9,100	5,720	2,350
3,120	3,140	84,620	67,120	35,900	30,650	25,400	20,150	16,270	12,900	9,520	6,150	2,770
3,140	3,160	86,330	68,830	36,560	31,310	26,060	20,810	16,700	13,320	9,950	6,570	3,200
3,160	3,180	88,040	70,540	37,220	31,970	26,720	21,470	17,120	13,750	10,370	7,000	3,620
3,180	3,200	89,750	72,250	37,880	32,630	27,380	22,130	17,540	14,170	10,790	7,420	4,040
3,200	3,220	91,460	73,960	38,540	33,290	28,040	22,790	17,970	14,590	11,220	7,840	4,470
3,220	3,240	93,170	75,670	40,120	33,950	28,700	23,450	18,390	15,020	11,640	8,270	4,890
3,240	3,260	95,430	77,380	41,770	34,610	29,360	24,110	18,860	15,440	12,070	8,690	5,320
3,260	3,280	97,880	79,100	43,420	35,270	30,020	24,770	19,520	15,870	12,490	9,120	5,740
3,280	3,300	100,320	80,810	45,070	35,920	30,670	25,420	20,170	16,290	12,910	9,540	6,160
3,300	3,320	102,770	82,520	46,720	36,580	31,330	26,080	20,830	16,710	13,340	9,960	6,590
3,320	3,340	105,210	84,230	48,370	37,240	31,990	26,740	21,490	17,140	13,760	10,390	7,010
3,340	3,360	107,660	85,940	49,940	37,870	32,620	27,370	22,120	17,540	14,170	10,790	7,420
3,360	3,380	110,100	87,650	51,510	38,500	33,250	28,000	22,750	17,950	14,570	11,200	7,820
3,380	3,400	112,550	89,370	53,070	39,950	33,880	28,630	23,380	18,350	14,970	11,600	8,220
3,400	3,420	114,990	91,080	54,640	41,510	34,500	29,250	24,000	18,750	15,370	12,000	8,620
3,420	3,440	117,440	92,790	56,200	43,080	35,130	29,880	24,630	19,380	15,780	12,400	9,030
3,440	3,460	119,880	94,880	57,770	44,640	35,750	30,500	25,250	20,000	16,180	12,800	9,430
3,460	3,480	122,330	97,330	59,330	46,210	36,380	31,130	25,880	20,630	16,580	13,210	9,830
3,480	3,500	124,770	99,770	60,900	47,770	37,010	31,760	26,510	21,260	16,980	13,610	10,230
3,500	3,520	127,220	102,220	62,460	49,340	37,630	32,380	27,130	21,880	17,390	14,010	10,640
3,520	3,540	129,660	104,660	64,030	50,900	38,260	33,010	27,760	22,510	17,790	14,410	11,040
3,540	3,560	132,110	107,110	65,590	52,460	39,340	33,630	28,380	23,130	18,190	14,820	11,440
3,560	3,580	134,550	109,550	67,150	54,030	40,900	34,260	29,010	23,760	18,590	15,220	11,840
3,580	3,600	137,000	112,000	68,720	55,590	42,470	34,880	29,630	24,380	19,130	15,620	12,250
3,600	3,620	139,440	114,440	70,280	57,160	44,030	35,510	30,260	25,010	19,760	16,020	12,650
3,620	3,640	141,890	116,890	71,850	58,720	45,600	36,140	30,890	25,640	20,390	16,420	13,050
3,640	3,660	144,330	119,330	73,410	60,290	47,160	36,760	31,510	26,260	21,010	16,830	13,450
3,660	3,680	146,780	121,780	74,980	61,850	48,730	37,390	32,140	26,890	21,640	17,230	13,850
3,680	3,700	149,220	124,220	76,540	63,420	50,290	38,010	32,760	27,510	22,260	17,630	14,260
3,700	3,720	151,670	126,670	78,110	64,980	51,860	38,730	33,390	28,140	22,890	18,030	14,660
3,720	3,740	154,110	129,110	79,670	66,550	53,420	40,300	34,020	28,770	23,520	18,440	15,060
3,740	3,760	156,560	131,560	81,230	68,110	54,980	41,860	34,640	29,390	24,140	18,890	15,460

월급여액(천원) 〔비과세 및 학자금 제외〕		공제대상가족의 수										
이상	미만	1	2	3	4	5	6	7	8	9	10	11
3,760	3,780	163,920	136,090	84,260	71,130	58,010	44,880	35,850	30,600	25,350	20,100	16,240
3,780	3,800	166,590	138,740	85,970	72,850	59,720	46,600	36,540	31,290	26,040	20,790	16,680
3,800	3,820	169,260	141,400	87,680	74,560	61,430	48,310	37,220	31,970	26,720	21,470	17,120
3,820	3,840	171,930	144,050	89,390	76,270	63,140	50,020	37,900	32,650	27,400	22,150	17,560
3,840	3,860	174,600	146,710	91,100	77,980	64,850	51,730	38,600	33,340	28,090	22,840	18,000
3,860	3,880	177,270	149,360	92,820	79,690	66,570	53,440	40,320	34,020	28,770	23,520	18,440
3,880	3,900	179,940	152,020	94,920	81,400	68,280	55,150	42,030	34,710	29,460	24,210	18,960
3,900	3,920	182,610	154,670	97,370	83,110	69,990	56,860	43,740	35,390	30,140	24,890	19,640
3,920	3,940	185,280	157,330	99,810	84,830	71,700	58,580	45,450	36,080	30,830	25,580	20,330
3,940	3,960	187,950	159,980	102,260	86,540	73,410	60,290	47,160	36,760	31,510	26,260	21,010
3,960	3,980	190,620	162,640	104,700	88,250	75,120	62,000	48,870	37,450	32,200	26,950	21,700
3,980	4,000	193,290	165,290	107,150	89,960	76,840	63,710	50,590	38,130	32,880	27,630	22,380
4,000	4,020	195,960	167,950	109,590	91,670	78,550	65,420	52,300	39,170	33,570	28,320	23,070
4,020	4,040	198,630	170,600	112,040	93,380	80,260	67,130	54,010	40,880	34,250	29,000	23,750
4,040	4,060	201,300	173,260	114,480	95,730	81,970	68,840	55,720	42,590	34,930	29,680	24,430
4,060	4,080	203,970	175,910	116,930	98,180	83,680	70,560	57,430	44,310	35,620	30,370	25,120
4,080	4,100	206,640	178,570	119,370	100,620	85,390	72,270	59,140	46,020	36,300	31,050	25,800
4,100	4,120	209,310	181,220	121,820	103,070	87,100	73,980	60,850	47,730	36,990	31,740	26,490
4,120	4,140	211,980	183,880	124,260	105,510	88,820	75,690	62,570	49,440	37,670	32,420	27,170
4,140	4,160	214,650	186,530	126,710	107,960	90,530	77,400	64,280	51,150	38,360	33,110	27,860
4,160	4,180	217,320	189,190	129,150	110,400	92,240	79,110	65,990	52,860	39,740	33,790	28,540
4,180	4,200	219,990	191,840	131,600	112,850	94,100	80,830	67,700	54,580	41,450	34,480	29,230
4,200	4,220	222,660	194,500	134,040	115,290	96,540	82,540	69,410	56,290	43,160	35,160	29,910
4,220	4,240	225,330	197,150	136,490	117,740	98,990	84,250	71,120	58,000	44,870	35,850	30,600
4,240	4,260	228,000	199,810	138,930	120,180	101,430	85,960	72,830	59,710	46,580	36,530	31,280
4,260	4,280	230,670	202,460	141,380	122,630	103,880	87,670	74,550	61,420	48,300	37,220	31,970
4,280	4,300	233,340	205,120	143,820	125,070	106,320	89,380	76,260	63,130	50,010	37,900	32,650
4,300	4,320	236,010	207,770	146,270	127,520	108,770	91,090	77,970	64,840	51,720	38,590	33,330
4,320	4,340	238,680	210,430	148,710	129,960	111,210	92,810	79,680	66,560	53,430	40,310	34,020
4,340	4,360	241,350	213,080	151,160	132,410	113,660	94,910	81,390	68,270	55,140	42,020	34,700
4,360	4,380	244,020	215,740	153,600	134,850	116,100	97,350	83,100	69,980	56,850	43,730	35,390
4,380	4,400	246,690	218,390	156,050	137,300	118,550	99,800	84,820	71,690	58,570	45,440	36,070
4,400	4,420	249,360	221,050	158,490	139,740	120,990	102,240	86,530	73,400	60,280	47,150	36,760
4,420	4,440	252,030	223,700	160,940	142,190	123,440	104,690	88,240	75,110	61,990	48,860	37,440
4,440	4,460	254,700	226,360	163,380	144,630	125,880	107,130	89,950	76,820	63,700	50,570	38,130
4,460	4,480	257,370	229,010	165,830	147,080	128,330	109,580	91,660	78,540	65,410	52,290	39,160
4,480	4,500	260,040	231,670	168,270	149,520	130,770	112,020	93,370	80,250	67,120	54,000	40,870
4,500	4,520	262,840	234,460	170,850	152,100	133,350	114,600	95,850	82,050	68,930	55,800	42,680
4,520	4,540	265,650	237,250	173,430	154,680	135,930	117,180	98,430	83,860	70,730	57,610	44,480
4,540	4,560	268,450	240,040	176,010	157,260	138,510	119,760	101,010	85,670	72,540	59,420	46,290
4,560	4,580	271,260	242,830	178,590	159,840	141,090	122,340	103,590	87,470	74,350	61,220	48,100
4,580	4,600	276,560	248,120	183,670	164,920	146,170	127,420	108,670	89,920	76,150	63,030	49,900
4,600	4,620	279,370	250,910	186,250	167,500	148,750	130,000	111,250	92,500	77,960	64,830	51,710
4,620	4,640	282,170	253,700	188,830	170,080	151,330	132,580	113,830	95,080	79,760	66,640	53,510
4,640	4,660	284,980	256,490	191,410	172,660	153,910	135,160	116,410	97,660	81,570	68,450	55,320
4,660	4,680	287,780	259,280	193,990	175,240	156,490	137,740	118,990	100,240	83,380	70,250	57,130
4,680	4,700	290,590	262,070	196,570	177,820	159,070	140,320	121,570	102,820	85,180	72,060	58,930
4,700	4,720	293,390	264,860	199,150	180,400	161,650	142,900	124,150	105,400	86,990	73,860	60,740
4,720	4,740	296,200	267,650	201,730	182,980	164,230	145,480	126,730	107,980	89,230	75,670	62,540
4,740	4,760	299,000	270,440	204,310	185,560	166,810	148,060	129,310	110,560	91,810	77,480	64,350
4,760	4,780	301,810	273,230	206,890	188,140	169,390	150,640	131,890	113,140	94,390	79,280	66,160
4,780	4,800	304,610	276,020	209,470	190,720	171,970	153,220	134,470	115,720	96,970	81,090	67,960

월급여액(천원) [비과세 및 학자금 제외]		공제대상가족의 수										
이상	미만	1	2	3	4	5	6	7	8	9	10	11
4,800	4,820	307,420	278,810	212,050	193,300	174,550	155,800	137,050	118,300	99,550	82,890	69,770
4,820	4,840	310,220	281,600	214,630	195,880	177,130	158,380	139,630	120,880	102,130	84,700	71,570
4,840	4,860	313,030	284,390	217,210	198,460	179,710	160,960	142,210	123,460	104,710	86,510	73,380
4,860	4,880	315,830	287,180	219,790	201,040	182,290	163,540	144,790	126,040	107,290	88,540	75,190
4,880	4,900	318,640	289,970	222,370	203,620	184,870	166,120	147,370	128,620	109,870	91,120	76,990
4,900	4,920	321,440	292,760	224,950	206,200	187,450	168,700	149,950	131,200	112,450	93,700	78,800
4,920	4,940	324,250	295,550	227,530	208,780	190,030	171,280	152,530	133,780	115,030	96,280	80,600
4,940	4,960	327,050	298,340	230,110	211,360	192,610	173,860	155,110	136,360	117,610	98,860	82,410
4,960	4,980	329,860	301,130	232,690	213,940	195,190	176,440	157,690	138,940	120,190	101,440	84,220
4,980	5,000	332,660	303,920	235,270	216,520	197,770	179,020	160,270	141,520	122,770	104,020	86,020
5,000	5,020	335,470	306,710	237,850	219,100	200,350	181,600	162,850	144,100	125,350	106,600	87,850
5,020	5,040	338,270	309,500	240,430	221,680	202,930	184,180	165,430	146,680	127,930	109,180	90,430
5,040	5,060	341,080	312,290	243,010	224,260	205,510	186,760	168,010	149,260	130,510	111,760	93,010
5,060	5,080	343,880	315,080	245,590	226,840	208,090	189,340	170,590	151,840	133,090	114,340	95,590
5,080	5,100	346,690	317,870	248,170	229,420	210,670	191,920	173,170	154,420	135,670	116,920	98,170
5,100	5,120	349,490	320,660	250,750	232,000	213,250	194,500	175,750	157,000	138,250	119,500	100,750
5,120	5,140	352,300	323,450	253,330	234,580	215,830	197,080	178,330	159,580	140,830	122,080	103,330
5,140	5,160	355,100	326,240	255,910	237,160	218,410	199,660	180,910	162,160	143,410	124,660	105,910
5,160	5,180	357,910	329,030	258,490	239,740	220,990	202,240	183,490	164,740	145,990	127,240	108,490
5,180	5,200	360,710	331,820	261,070	242,320	223,570	204,820	186,070	167,320	148,570	129,820	111,070
5,200	5,220	363,520	334,610	263,650	244,900	226,150	207,400	188,650	169,900	151,150	132,400	113,650
5,220	5,240	366,320	337,400	266,230	247,480	228,730	209,980	191,230	172,480	153,730	134,980	116,230
5,240	5,260	369,130	340,190	268,810	250,060	231,310	212,560	193,810	175,060	156,310	137,560	118,810
5,260	5,280	371,930	342,980	271,390	252,640	233,890	215,140	196,390	177,640	158,890	140,140	121,390
5,280	5,300	374,740	345,770	273,970	255,220	236,470	217,720	198,970	180,220	161,470	142,720	123,970
5,300	5,320	377,540	348,560	276,550	257,800	239,050	220,300	201,550	182,800	164,050	145,300	126,550
5,320	5,340	380,350	351,350	279,130	260,380	241,630	222,880	204,130	185,380	166,630	147,880	129,130
5,340	5,360	383,150	354,140	281,710	262,960	244,210	225,460	206,710	187,960	169,210	150,460	131,710
5,360	5,380	385,960	356,930	284,290	265,540	246,790	228,040	209,290	190,540	171,790	153,040	134,290
5,380	5,400	388,760	359,720	286,870	268,120	249,370	230,620	211,870	193,120	174,370	155,620	136,870
5,400	5,420	391,570	362,510	289,450	270,700	251,950	233,200	214,450	195,700	176,950	158,200	139,450
5,420	5,440	394,370	365,300	292,030	273,280	254,530	235,780	217,030	198,280	179,530	160,780	142,030
5,440	5,460	397,180	368,090	294,610	275,860	257,110	238,360	219,610	200,860	182,110	163,360	144,610
5,460	5,480	399,980	370,880	297,190	278,440	259,690	240,940	222,190	203,440	184,690	165,940	147,190
5,480	5,500	402,790	373,670	299,770	281,020	262,270	243,520	224,770	206,020	187,270	168,520	149,770
5,500	5,520	405,590	376,460	302,350	283,600	264,850	246,100	227,350	208,600	189,850	171,100	152,350
5,520	5,540	408,400	379,250	304,930	286,180	267,430	248,680	229,930	211,180	192,430	173,680	154,930
5,540	5,560	411,200	382,040	307,510	288,760	270,010	251,260	232,510	213,760	195,010	176,260	157,510
5,560	5,580	414,010	384,830	310,090	291,340	272,590	253,840	235,090	216,340	197,590	178,840	160,090
5,580	5,600	416,810	387,620	312,670	293,920	275,170	256,420	237,670	218,920	200,170	181,420	162,670
5,600	5,620	419,620	390,410	315,250	296,500	277,750	259,000	240,250	221,500	202,750	184,000	165,250
5,620	5,640	422,420	393,200	317,830	299,080	280,330	261,580	242,830	224,080	205,330	186,580	167,830
5,640	5,660	425,230	395,990	320,410	301,660	282,910	264,160	245,410	226,660	207,910	189,160	170,410
5,660	5,680	428,030	398,780	322,990	304,240	285,490	266,740	247,990	229,240	210,490	191,740	172,990
5,680	5,700	430,840	401,570	325,570	306,820	288,070	269,320	250,570	231,820	213,070	194,320	175,570
5,700	5,720	433,640	404,360	328,150	309,400	290,650	271,900	253,150	234,400	215,650	196,900	178,150
5,720	5,740	436,450	407,150	330,730	311,980	293,230	274,480	255,730	236,980	218,230	199,480	180,730
5,740	5,760	439,250	409,940	333,310	314,560	295,810	277,060	258,310	239,560	220,810	202,060	183,310
5,760	5,780	442,060	412,730	335,890	317,140	298,390	279,640	260,890	242,140	223,390	204,640	185,890
5,780	5,800	444,860	415,520	338,470	319,720	300,970	282,220	263,470	244,720	225,970	207,220	188,470
5,800	5,820	447,670	418,310	341,050	322,300	303,550	284,800	266,050	247,300	228,550	209,800	191,050
5,820	5,840	450,470	421,100	343,630	324,880	306,130	287,380	268,630	249,880	231,130	212,380	193,630

(단위 : 원)

월급여액(천원) [비과세 및 학자금 제외]		공제대상가족의 수										
이상	미만	1	2	3	4	5	6	7	8	9	10	11
5,840	5,860	470,380	441,000	372,100	353,350	334,600	315,850	297,100	278,350	259,600	240,850	222,100
5,860	5,880	475,720	446,320	377,240	358,490	339,740	320,990	302,240	283,490	264,740	245,990	227,240
5,880	5,900	478,690	449,140	379,880	361,130	342,380	323,630	304,880	286,130	267,380	248,630	229,880
5,900	5,920	483,220	451,960	382,520	363,770	345,020	326,270	307,520	288,770	270,020	251,270	232,520
5,920	5,940	487,760	454,780	385,160	366,410	347,660	328,910	310,160	291,410	272,660	253,910	235,160
5,940	5,960	492,300	457,600	387,800	369,050	350,300	331,550	312,800	294,050	275,300	256,550	237,800
5,960	5,980	496,830	460,420	390,440	371,690	352,940	334,190	315,440	296,690	277,940	259,190	240,440
5,980	6,000	501,370	463,240	393,080	374,330	355,580	336,830	318,080	299,330	280,580	261,830	243,080
6,000	6,020	505,900	466,060	395,720	376,970	358,220	339,470	320,720	301,970	283,220	264,470	245,720
6,020	6,040	510,440	468,880	398,360	379,610	360,860	342,110	323,360	304,610	285,860	267,110	248,360
6,040	6,060	514,980	471,700	401,000	382,250	363,500	344,750	326,000	307,250	288,500	269,750	251,000
6,060	6,080	519,510	474,520	403,640	384,890	366,140	347,390	328,640	309,890	291,140	272,390	253,640
6,080	6,100	524,050	477,340	406,280	387,530	368,780	350,030	331,280	312,530	293,780	275,030	256,280
6,100	6,120	528,580	481,250	408,920	390,170	371,420	352,670	333,920	315,170	296,420	277,670	258,920
6,120	6,140	533,120	485,760	411,560	392,810	374,060	355,310	336,560	317,810	299,060	280,310	261,560
6,140	6,160	537,660	490,280	414,200	395,450	376,700	357,950	339,200	320,450	301,700	282,950	264,200
6,160	6,180	542,190	494,790	416,840	398,090	379,340	360,590	341,840	323,090	304,340	285,590	266,840
6,180	6,200	546,730	499,300	419,480	400,730	381,980	363,230	344,480	325,730	306,980	288,230	269,480
6,200	6,220	551,260	503,810	422,120	403,370	384,620	365,870	347,120	328,370	309,620	290,870	272,120
6,220	6,240	555,800	508,320	424,760	406,010	387,260	368,510	349,760	331,010	312,260	293,510	274,760
6,240	6,260	560,340	512,840	427,400	408,650	389,900	371,150	352,400	333,650	314,900	296,150	277,400
6,260	6,280	564,870	517,350	430,040	411,290	392,540	373,790	355,040	336,290	317,540	298,790	280,040
6,280	6,300	569,410	521,860	432,680	413,930	395,180	376,430	357,680	338,930	320,180	301,430	282,680
6,300	6,320	573,940	526,370	435,320	416,570	397,820	379,070	360,320	341,570	322,820	304,070	285,320
6,320	6,340	578,480	530,880	437,960	419,210	400,460	381,710	362,960	344,210	325,460	306,710	287,960
6,340	6,360	583,020	535,400	440,600	421,850	403,100	384,350	365,600	346,850	328,100	309,350	290,600
6,360	6,380	587,550	539,910	443,240	424,490	405,740	386,990	368,240	349,490	330,740	311,990	293,240
6,380	6,400	592,090	544,420	445,880	427,130	408,380	389,630	370,880	352,130	333,380	314,630	295,880
6,400	6,420	596,620	548,930	448,520	429,770	411,020	392,270	373,520	354,770	336,020	317,270	298,520
6,420	6,440	601,160	553,440	451,160	432,410	413,660	394,910	376,160	357,410	338,660	319,910	301,160
6,440	6,460	605,700	557,960	453,800	435,050	416,300	397,550	378,800	360,050	341,300	322,550	303,800
6,460	6,480	610,230	562,470	456,440	437,690	418,940	400,190	381,440	362,690	343,940	325,190	306,440
6,480	6,500	614,770	566,980	459,080	440,330	421,580	402,830	384,080	365,330	346,580	327,830	309,080
6,500	6,520	619,300	571,490	461,720	442,970	424,220	405,470	386,720	367,970	349,220	330,470	311,720
6,520	6,540	623,840	576,000	464,360	445,610	426,860	408,110	389,360	370,610	351,860	333,110	314,360
6,540	6,560	628,380	580,520	467,000	448,250	429,500	410,750	392,000	373,250	354,500	335,750	317,000
6,560	6,580	632,910	585,030	469,640	450,890	432,140	413,390	394,640	375,890	357,140	338,390	319,640
6,580	6,600	637,450	589,540	472,280	453,530	434,780	416,030	397,280	378,530	359,780	341,030	322,280
6,600	6,620	641,980	594,050	474,920	456,170	437,420	418,670	399,920	381,170	362,420	343,670	324,920
6,620	6,640	646,520	598,560	477,560	458,810	440,060	421,310	402,560	383,810	365,060	346,310	327,560
6,640	6,660	651,060	603,080	481,320	461,450	442,700	423,950	405,200	386,450	367,700	348,950	330,200
6,660	6,680	655,590	607,590	485,540	464,090	445,340	426,590	407,840	389,090	370,340	351,590	332,840
6,680	6,700	660,130	612,100	489,760	466,730	447,980	429,230	410,480	391,730	372,980	354,230	335,480
6,700	6,720	664,660	616,610	493,990	469,370	450,620	431,870	413,120	394,370	375,620	356,870	338,120
6,720	6,740	669,200	621,120	498,210	472,010	453,260	434,510	415,760	397,010	378,260	359,510	340,760
6,740	6,760	673,740	625,640	502,440	474,650	455,900	437,150	418,400	399,650	380,900	362,150	343,400
6,760	6,780	678,270	630,150	506,660	477,290	458,540	439,790	421,040	402,290	383,540	364,790	346,040
6,780	6,800	682,810	634,660	510,880	480,880	461,180	442,430	423,680	404,930	386,180	367,430	348,680
6,800	6,820	687,340	639,170	515,110	485,110	463,820	445,070	426,320	407,570	388,820	370,070	351,320
6,820	6,840	691,880	643,680	519,330	489,330	466,460	447,710	428,960	410,210	391,460	372,710	353,960
6,840	6,860	696,420	648,200	523,560	493,560	469,100	450,350	431,600	412,850	394,100	375,350	356,600
6,860	6,880	700,950	652,710	527,780	497,780	471,740	452,990	434,240	415,490	396,740	377,990	359,240

(단위 : 원)

월급여액(천원) [비과세 및 학자금 제외]		공제대상가족의 수										
이상	미만	1	2	3	4	5	6	7	8	9	10	11
6,880	6,900	705,490	657,220	532,000	502,000	474,380	455,630	436,880	418,130	399,380	380,630	361,880
6,900	6,920	710,020	661,730	536,230	506,230	477,020	458,270	439,520	420,770	402,020	383,270	364,520
6,920	6,940	714,560	666,240	540,450	510,450	480,450	460,910	442,160	423,410	404,660	385,910	367,160
6,940	6,960	719,100	670,760	544,680	514,680	484,680	463,550	444,800	426,050	407,300	388,550	369,800
6,960	6,980	723,630	675,270	548,900	518,900	488,900	466,190	447,440	428,690	409,940	391,190	372,440
6,980	7,000	728,170	679,780	553,120	523,120	493,120	468,830	450,080	431,330	412,580	393,830	375,080
7,000	7,020	732,700	684,290	557,350	527,350	497,350	471,470	452,720	433,970	415,220	396,470	377,720
7,020	7,040	737,240	688,800	561,570	531,570	501,570	474,110	455,360	436,610	417,860	399,110	380,360
7,040	7,060	741,780	693,320	565,800	535,800	505,800	476,750	458,000	439,250	420,500	401,750	383,000
7,060	7,080	746,310	697,830	570,020	540,020	510,020	480,020	460,640	441,890	423,140	404,390	385,640
7,080	7,100	750,850	702,340	574,240	544,240	514,240	484,240	463,280	444,530	425,780	407,030	388,280
7,100	7,120	755,380	706,850	578,470	548,470	518,470	488,470	465,920	447,170	428,420	409,670	390,920
7,120	7,140	759,920	711,360	582,690	552,690	522,690	492,690	468,560	449,810	431,060	412,310	393,560
7,140	7,160	764,460	715,880	586,920	556,920	526,920	496,920	471,200	452,450	433,700	414,950	396,200
7,160	7,180	768,990	720,390	591,140	561,140	531,140	501,140	473,840	455,090	436,340	417,590	398,840
7,180	7,200	773,530	724,900	595,360	565,360	535,360	505,360	476,480	457,730	438,980	420,230	401,480
7,200	7,220	778,060	729,410	599,590	569,590	539,590	509,590	479,590	460,370	441,620	422,870	404,120
7,220	7,240	782,600	733,920	603,810	573,810	543,810	513,810	483,810	463,010	444,260	425,510	406,760
7,240	7,260	787,140	738,440	608,040	578,040	548,040	518,040	488,040	465,650	446,900	428,150	409,400
7,260	7,280	791,670	742,950	612,260	582,260	552,260	522,260	492,260	468,290	449,540	430,790	412,040
7,280	7,300	796,210	747,460	616,480	586,480	556,480	526,480	496,480	470,930	452,180	433,430	414,680
7,300	7,320	800,740	751,970	620,710	590,710	560,710	530,710	500,710	473,570	454,820	436,070	417,320
7,320	7,340	805,280	756,480	624,930	594,930	564,930	534,930	504,930	476,210	457,460	438,710	419,960
7,340	7,360	809,820	761,000	629,160	599,160	569,160	539,160	509,160	479,160	460,100	441,350	422,600
7,360	7,380	814,350	765,510	633,380	603,380	573,380	543,380	513,380	483,380	462,740	443,990	425,240
7,380	7,400	818,890	770,020	637,600	607,600	577,600	547,600	517,600	487,600	465,380	446,630	427,880
7,400	7,420	823,420	774,530	641,830	611,830	581,830	551,830	521,830	491,830	468,020	449,270	430,520
7,420	7,440	827,960	779,040	646,050	616,050	586,050	556,050	526,050	496,050	470,660	451,910	433,160
7,440	7,460	832,500	783,560	650,280	620,280	590,280	560,280	530,280	500,280	473,300	454,550	435,800
7,460	7,480	837,030	788,070	654,500	624,500	594,500	564,500	534,500	504,500	475,940	457,190	438,440
7,480	7,500	841,570	792,580	658,720	628,720	598,720	568,720	538,720	508,720	478,720	459,830	441,080
7,500	7,520	846,100	797,090	662,950	632,950	602,950	572,950	542,950	512,950	482,950	462,470	443,720
7,520	7,540	850,640	801,600	667,170	637,170	607,170	577,170	547,170	517,170	487,170	465,110	446,360
7,540	7,560	855,180	806,120	671,400	641,400	611,400	581,400	551,400	521,400	491,400	467,750	449,000
7,560	7,580	859,710	810,630	675,620	645,620	615,620	585,620	555,620	525,620	495,620	470,390	451,640
7,580	7,600	864,250	815,140	679,840	649,840	619,840	589,840	559,840	529,840	499,840	473,030	454,280
7,600	7,620	868,780	819,650	684,070	654,070	624,070	594,070	564,070	534,070	504,070	475,670	456,920
7,620	7,640	873,320	824,160	688,290	658,290	628,290	598,290	568,290	538,290	508,290	478,310	459,560
7,640	7,660	877,860	828,680	692,520	662,520	632,520	602,520	572,520	542,520	512,520	482,520	462,200
7,660	7,680	882,390	833,190	696,740	666,740	636,740	606,740	576,740	546,740	516,740	486,740	464,840
7,680	7,700	886,930	837,700	700,960	670,960	640,960	610,960	580,960	550,960	520,960	490,960	467,480
7,700	7,720	891,460	842,210	705,190	675,190	645,190	615,190	585,190	555,190	525,190	495,190	470,120
7,720	7,740	896,000	846,720	709,410	679,410	649,410	619,410	589,410	559,410	529,410	499,410	472,760
7,740	7,760	900,540	851,240	713,640	683,640	653,640	623,640	593,640	563,640	533,640	503,640	475,400
7,760	7,780	905,070	855,750	717,860	687,860	657,860	627,860	597,860	567,860	537,860	507,860	478,040
7,780	7,800	909,610	860,260	722,080	692,080	662,080	632,080	602,080	572,080	542,080	512,080	482,080
7,800	7,820	914,140	864,770	726,310	696,310	666,310	636,310	606,310	576,310	546,310	516,310	486,310
7,820	7,840	918,680	869,280	730,530	700,530	670,530	640,530	610,530	580,530	550,530	520,530	490,530
7,840	7,860	923,220	873,800	734,760	704,760	674,760	644,760	614,760	584,760	554,760	524,760	494,760
7,860	7,880	927,750	878,310	738,980	708,980	678,980	648,980	618,980	588,980	558,980	528,980	498,980
7,880	7,900	932,290	882,820	743,200	713,200	683,200	653,200	623,200	593,200	563,200	533,200	503,200
7,900	7,920	936,820	887,330	747,430	717,430	687,430	657,430	627,430	597,430	567,430	537,430	507,430

월급여액(천원) [비과세 및 학자금 제외]		공제대상가족의 수										
이상	미만	1	2	3	4	5	6	7	8	9	10	11
7,920	7,940	941,360	891,840	751,650	721,650	691,650	661,650	631,650	601,650	571,650	541,650	511,650
7,940	7,960	945,900	896,360	755,880	725,880	695,880	665,880	635,880	605,880	575,880	545,880	515,880
7,960	7,980	950,430	900,870	760,100	730,100	700,100	670,100	640,100	610,100	580,100	550,100	520,100
7,980	8,000	954,970	905,380	764,320	734,320	704,320	674,320	644,320	614,320	584,320	554,320	524,320
8,000	8,020	959,500	909,890	768,550	738,550	708,550	678,550	648,550	618,550	588,550	558,550	528,550
8,020	8,040	964,040	914,400	772,770	742,770	712,770	682,770	652,770	622,770	592,770	562,770	532,770
8,040	8,060	968,580	918,920	777,000	747,000	717,000	687,000	657,000	627,000	597,000	567,000	537,000
8,060	8,080	973,110	923,430	781,220	751,220	721,220	691,220	661,220	631,220	601,220	571,220	541,220
8,080	8,100	977,650	927,940	785,440	755,440	725,440	695,440	665,440	635,440	605,440	575,440	545,440
8,100	8,120	982,180	932,450	789,670	759,670	729,670	699,670	669,670	639,670	609,670	579,670	549,670
8,120	8,140	986,720	936,960	793,890	763,890	733,890	703,890	673,890	643,890	613,890	583,890	553,890
8,140	8,160	991,260	941,480	798,120	768,120	738,120	708,120	678,120	648,120	618,120	588,120	558,120
8,160	8,180	995,790	945,990	802,340	772,340	742,340	712,340	682,340	652,340	622,340	592,340	562,340
8,180	8,200	1,000,330	950,500	806,560	776,560	746,560	716,560	686,560	656,560	626,560	596,560	566,560
8,200	8,220	1,004,860	955,010	810,790	780,790	750,790	720,790	690,790	660,790	630,790	600,790	570,790
8,220	8,240	1,009,400	959,520	815,010	785,010	755,010	725,010	695,010	665,010	635,010	605,010	575,010
8,240	8,260	1,013,940	964,040	819,240	789,240	759,240	729,240	699,240	669,240	639,240	609,240	579,240
8,260	8,280	1,018,470	968,550	823,460	793,460	763,460	733,460	703,460	673,460	643,460	613,460	583,460
8,280	8,300	1,023,010	973,060	827,680	797,680	767,680	737,680	707,680	677,680	647,680	617,680	587,680
8,300	8,320	1,027,540	977,570	831,910	801,910	771,910	741,910	711,910	681,910	651,910	621,910	591,910
8,320	8,340	1,032,080	982,080	836,130	806,130	776,130	746,130	716,130	686,130	656,130	626,130	596,130
8,340	8,360	1,036,740	986,720	840,480	810,480	780,480	750,480	720,480	690,480	660,480	630,480	600,480
8,360	8,380	1,041,420	991,370	844,840	814,840	784,840	754,840	724,840	694,840	664,840	634,840	604,840
8,380	8,400	1,046,100	996,030	849,210	819,210	789,210	759,210	729,210	699,210	669,210	639,210	609,210
8,400	8,420	1,050,780	1,000,680	853,580	823,580	793,580	763,580	733,580	703,580	673,580	643,580	613,580
8,420	8,440	1,055,460	1,005,340	857,950	827,950	797,950	767,950	737,950	707,950	677,950	647,950	617,950
8,440	8,460	1,060,140	1,010,000	862,320	832,320	802,320	772,320	742,320	712,320	682,320	652,320	622,320
8,460	8,480	1,064,820	1,014,650	866,680	836,680	806,680	776,680	746,680	716,680	686,680	656,680	626,680
8,480	8,500	1,069,500	1,019,310	871,050	841,050	811,050	781,050	751,050	721,050	691,050	661,050	631,050
8,500	8,520	1,074,180	1,023,960	875,420	845,420	815,420	785,420	755,420	725,420	695,420	665,420	635,420
8,520	8,540	1,078,860	1,028,620	879,790	849,790	819,790	789,790	759,790	729,790	699,790	669,790	639,790
8,540	8,560	1,083,540	1,033,280	884,160	854,160	824,160	794,160	764,160	734,160	704,160	674,160	644,160
8,560	8,580	1,088,220	1,037,930	888,520	858,520	828,520	798,520	768,520	738,520	708,520	678,520	648,520
8,580	8,600	1,092,900	1,042,590	892,890	862,890	832,890	802,890	772,890	742,890	712,890	682,890	652,890
8,600	8,620	1,097,580	1,047,240	897,260	867,260	837,260	807,260	777,260	747,260	717,260	687,260	657,260
8,620	8,640	1,102,260	1,051,900	901,630	871,630	841,630	811,630	781,630	751,630	721,630	691,630	661,630
8,640	8,660	1,106,940	1,056,560	906,000	876,000	846,000	816,000	786,000	756,000	726,000	696,000	666,000
8,660	8,680	1,111,620	1,061,210	910,360	880,360	850,360	820,360	790,360	760,360	730,360	700,360	670,360
8,680	8,700	1,116,300	1,065,870	914,730	884,730	854,730	824,730	794,730	764,730	734,730	704,730	674,730
8,700	8,720	1,120,980	1,070,520	919,100	889,100	859,100	829,100	799,100	769,100	739,100	709,100	679,100
8,720	8,740	1,125,660	1,075,180	923,470	893,470	863,470	833,470	803,470	773,470	743,470	713,470	683,470
8,740	8,760	1,130,340	1,079,840	927,840	897,840	867,840	837,840	807,840	777,840	747,840	717,840	687,840
8,760	8,780	1,135,020	1,084,490	932,200	902,200	872,200	842,200	812,200	782,200	752,200	722,200	692,200
8,780	8,800	1,139,700	1,089,150	936,570	906,570	876,570	846,570	816,570	786,570	756,570	726,570	696,570
8,800	8,820	1,144,380	1,093,800	940,940	910,940	880,940	850,940	820,940	790,940	760,940	730,940	700,940
8,820	8,840	1,149,060	1,098,460	945,310	915,310	885,310	855,310	825,310	795,310	765,310	735,310	705,310
8,840	8,860	1,153,740	1,103,120	949,680	919,680	889,680	859,680	829,680	799,680	769,680	739,680	709,680
8,860	8,880	1,158,420	1,107,770	954,040	924,040	894,040	864,040	834,040	804,040	774,040	744,040	714,040
8,880	8,900	1,163,100	1,112,430	958,410	928,410	898,410	868,410	838,410	808,410	778,410	748,410	718,410
8,900	8,920	1,167,780	1,117,080	962,780	932,780	902,780	872,780	842,780	812,780	782,780	752,780	722,780
8,920	8,940	1,172,460	1,121,740	967,150	937,150	907,150	877,150	847,150	817,150	787,150	757,150	727,150
8,940	8,960	1,177,140	1,126,400	971,520	941,520	911,520	881,520	851,520	821,520	791,520	761,520	731,520

(단위 : 원)

월급여액(천원) [비과세 및 학자금 제외]		공제대상가족의 수										
이상	미만	1	2	3	4	5	6	7	8	9	10	11
8,960	8,980	1,181,820	1,131,050	975,880	945,880	915,880	885,880	855,880	825,880	795,880	765,880	735,880
8,980	9,000	1,186,500	1,135,710	980,250	950,250	920,250	890,250	860,250	830,250	800,250	770,250	740,250
9,000	9,020	1,191,180	1,140,360	984,620	954,620	924,620	894,620	864,620	834,620	804,620	774,620	744,620
9,020	9,040	1,195,860	1,145,020	988,990	958,990	928,990	898,990	868,990	838,990	808,990	778,990	748,990
9,040	9,060	1,200,540	1,149,680	993,360	963,360	933,360	903,360	873,360	843,360	813,360	783,360	753,360
9,060	9,080	1,205,220	1,154,330	997,720	967,720	937,720	907,720	877,720	847,720	817,720	787,720	757,720
9,080	9,100	1,209,900	1,158,990	1,002,090	972,090	942,090	912,090	882,090	852,090	822,090	792,090	762,090
9,100	9,120	1,214,580	1,163,640	1,006,460	976,460	946,460	916,460	886,460	856,460	826,460	796,460	766,460
9,120	9,140	1,219,260	1,168,300	1,010,830	980,830	950,830	920,830	890,830	860,830	830,830	800,830	770,830
9,140	9,160	1,223,940	1,172,960	1,015,200	985,200	955,200	925,200	895,200	865,200	835,200	805,200	775,200
9,160	9,180	1,228,620	1,177,610	1,019,560	989,560	959,560	929,560	899,560	869,560	839,560	809,560	779,560
9,180	9,200	1,233,300	1,182,270	1,023,930	993,930	963,930	933,930	903,930	873,930	843,930	813,930	783,930
9,200	9,220	1,237,980	1,186,920	1,028,300	998,300	968,300	938,300	908,300	878,300	848,300	818,300	788,300
9,220	9,240	1,244,640	1,191,580	1,032,670	1,002,670	972,670	942,670	912,670	882,670	852,670	822,670	792,670
9,240	9,260	1,251,470	1,196,240	1,037,040	1,007,040	977,040	947,040	917,040	887,040	857,040	827,040	797,040
9,260	9,280	1,258,290	1,200,890	1,041,400	1,011,400	981,400	951,400	921,400	891,400	861,400	831,400	801,400
9,280	9,300	1,265,120	1,205,550	1,045,770	1,015,770	985,770	955,770	925,770	895,770	865,770	835,770	805,770
9,300	9,320	1,271,940	1,210,200	1,050,140	1,020,140	990,140	960,140	930,140	900,140	870,140	840,140	810,140
9,320	9,340	1,278,770	1,214,860	1,054,510	1,024,510	994,510	964,510	934,510	904,510	874,510	844,510	814,510
9,340	9,360	1,285,590	1,219,520	1,058,880	1,028,880	998,880	968,880	938,880	908,880	878,880	848,880	818,880
9,360	9,380	1,292,420	1,224,170	1,063,240	1,033,240	1,003,240	973,240	943,240	913,240	883,240	853,240	823,240
9,380	9,400	1,299,240	1,228,830	1,067,610	1,037,610	1,007,610	977,610	947,610	917,610	887,610	857,610	827,610
9,400	9,420	1,306,070	1,233,480	1,071,980	1,041,980	1,011,980	981,980	951,980	921,980	891,980	861,980	831,980
9,420	9,440	1,312,890	1,238,140	1,076,350	1,046,350	1,016,350	986,350	956,350	926,350	896,350	866,350	836,350
9,440	9,460	1,319,720	1,244,840	1,080,720	1,050,720	1,020,720	990,720	960,720	930,720	900,720	870,720	840,720
9,460	9,480	1,326,540	1,251,630	1,085,080	1,055,080	1,025,080	995,080	965,080	935,080	905,080	875,080	845,080
9,480	9,500	1,333,370	1,258,420	1,089,450	1,059,450	1,029,450	999,450	969,450	939,450	909,450	879,450	849,450
9,500	9,520	1,340,190	1,265,210	1,093,820	1,063,820	1,033,820	1,003,820	973,820	943,820	913,820	883,820	853,820
9,520	9,540	1,347,020	1,272,000	1,098,190	1,068,190	1,038,190	1,008,190	978,190	948,190	918,190	888,190	858,190
9,540	9,560	1,353,840	1,278,790	1,102,560	1,072,560	1,042,560	1,012,560	982,560	952,560	922,560	892,560	862,560
9,560	9,580	1,360,670	1,285,580	1,106,920	1,076,920	1,046,920	1,016,920	986,920	956,920	926,920	896,920	866,920
9,580	9,600	1,367,490	1,292,370	1,111,290	1,081,290	1,051,290	1,021,290	991,290	961,290	931,290	901,290	871,290
9,600	9,620	1,374,320	1,299,160	1,115,660	1,085,660	1,055,660	1,025,660	995,660	965,660	935,660	905,660	875,660
9,620	9,640	1,381,140	1,305,950	1,120,030	1,090,030	1,060,030	1,030,030	1,000,030	970,030	940,030	910,030	880,030
9,640	9,660	1,387,970	1,312,740	1,124,400	1,094,400	1,064,400	1,034,400	1,004,400	974,400	944,400	914,400	884,400
9,660	9,680	1,394,790	1,319,530	1,128,760	1,098,760	1,068,760	1,038,760	1,008,760	978,760	948,760	918,760	888,760
9,680	9,700	1,401,620	1,326,320	1,133,130	1,103,130	1,073,130	1,043,130	1,013,130	983,130	953,130	923,130	893,130
9,700	9,720	1,408,440	1,333,110	1,137,500	1,107,500	1,077,500	1,047,500	1,017,500	987,500	957,500	927,500	897,500
9,720	9,740	1,415,270	1,339,900	1,141,870	1,111,870	1,081,870	1,051,870	1,021,870	991,870	961,870	931,870	901,870
9,740	9,760	1,422,090	1,346,690	1,146,240	1,116,240	1,086,240	1,056,240	1,026,240	996,240	966,240	936,240	906,240
9,760	9,780	1,428,920	1,353,480	1,150,600	1,120,600	1,090,600	1,060,600	1,030,600	1,000,600	970,600	940,600	910,600
9,780	9,800	1,435,740	1,360,270	1,154,970	1,124,970	1,094,970	1,064,970	1,034,970	1,004,970	974,970	944,970	914,970
9,800	9,820	1,442,570	1,367,060	1,159,340	1,129,340	1,099,340	1,069,340	1,039,340	1,009,340	979,340	949,340	919,340
9,820	9,840	1,449,390	1,373,850	1,163,710	1,133,710	1,103,710	1,073,710	1,043,710	1,013,710	983,710	953,710	923,710
9,840	9,860	1,456,220	1,380,640	1,168,080	1,138,080	1,108,080	1,078,080	1,048,080	1,018,080	988,080	958,080	928,080
9,860	9,880	1,463,040	1,387,430	1,172,440	1,142,440	1,112,440	1,082,440	1,052,440	1,022,440	992,440	962,440	932,440
9,880	9,900	1,469,870	1,394,220	1,176,810	1,146,810	1,116,810	1,086,810	1,056,810	1,026,810	996,810	966,810	936,810
9,900	9,920	1,476,690	1,401,010	1,181,180	1,151,180	1,121,180	1,091,180	1,061,180	1,031,180	1,001,180	971,180	941,180
9,920	9,940	1,483,520	1,407,800	1,185,550	1,155,550	1,125,550	1,095,550	1,065,550	1,035,550	1,005,550	975,550	945,550
9,940	9,960	1,490,340	1,414,590	1,189,920	1,159,920	1,129,920	1,099,920	1,069,920	1,039,920	1,009,920	979,920	949,920
9,960	9,980	1,497,170	1,421,380	1,194,280	1,164,280	1,134,280	1,104,280	1,074,280	1,044,280	1,014,280	984,280	954,280
9,980	10,000	1,503,990	1,428,170	1,198,650	1,168,650	1,138,650	1,108,650	1,078,650	1,048,650	1,018,650	988,650	958,650

월급여액(천원) [비과세 및 학자금 제외]	공제대상가족의 수										
	1	2	3	4	5	6	7	8	9	10	11
이상 　 미만											
10,000천원	1,507,400	1,431,570	1,200,840	1,170,840	1,140,840	1,110,840	1,080,840	1,050,840	1,020,840	990,840	960,840
10,000천원 초과 14,000천원 이하	(10,000천원인 경우의 해당 세액) + (10,000천원을 초과하는 금액에 98%를 곱한 금액의 35% 상당액) + (25,000원)										
14,000천원 초과 28,000천원 이하	(10,000천원인 경우의 해당 세액) + (1,397,000원) + (14,000천원을 초과하는 금액에 98%를 곱한 금액의 38% 상당액)										
28,000천원 초과 30,000천원 이하	(10,000천원인 경우의 해당 세액) + (6,610,600원) + (28,000천원을 초과하는 금액에 98%를 곱한 금액의 40% 상당액)										
30,000천원 초과 45,000천원 이하	(10,000천원인 경우의 해당 세액) + (7,394,600원) + (30,000천원을 초과하는 금액의 40% 상당액)										
45,000천원 초과 87,000천원 이하	(10,000천원인 경우의 해당 세액) + (13,394,600원) + (45,000천원을 초과하는 금액의 42% 상당액)										
87,000천원 초과	(10,000천원인 경우의 해당 세액) + (31,034,600원) + (87,000천원을 초과하는 금액의 45% 상당액)										

연금소득 간이세액표(제189조제2항 관련)

(2023.2.28 개정)

주 : 1. 이 간이세액표의 해당 세액은 연금소득공제·인적공제 및 표준공제를 반영하여 계산한 금액임.
 2. 공제대상 가족수가 7명을 초과하는 경우의 세액은 다음 가목의 금액에서 나목의 금액을 뺀 금액으로 함.
　가. 공제대상 가족의 수가 7명인 경우의 세액
　나. (공제대상 가족의 수가 6명인 경우의 세액 − 공제대상 가족의 수가 7명인 경우의 세액) × 7명을 초과하는 가족의 수

(70세 이상자가 없는 경우)　　　　　　　　　　　　　　　　　　　　　　　　　　　　(단위 : 원)

월환산액(천원)	공제대상 가족수	1	2	3	4	5	6	7
560	565	0	0	0	0	0	0	0
565	570	0	0	0	0	0	0	0
570	575	0	0	0	0	0	0	0
575	580	0	0	0	0	0	0	0
580	585	0	0	0	0	0	0	0
585	590	0	0	0	0	0	0	0
590	595	0	0	0	0	0	0	0
595	600	0	0	0	0	0	0	0
600	605	0	0	0	0	0	0	0
605	610	0	0	0	0	0	0	0
610	615	0	0	0	0	0	0	0
615	620	0	0	0	0	0	0	0
620	625	0	0	0	0	0	0	0
625	630	0	0	0	0	0	0	0
630	635	0	0	0	0	0	0	0
635	640	0	0	0	0	0	0	0
640	645	0	0	0	0	0	0	0
645	650	0	0	0	0	0	0	0
650	655	0	0	0	0	0	0	0
655	660	0	0	0	0	0	0	0
660	665	0	0	0	0	0	0	0
665	670	1,200	0	0	0	0	0	0
670	675	1,440	0	0	0	0	0	0
675	680	1,680	0	0	0	0	0	0
680	685	1,920	0	0	0	0	0	0
685	690	2,160	0	0	0	0	0	0
690	695	2,400	0	0	0	0	0	0
695	700	2,640	0	0	0	0	0	0
700	705	2,880	0	0	0	0	0	0
705	710	3,120	0	0	0	0	0	0
710	715	3,360	0	0	0	0	0	0
715	720	3,600	0	0	0	0	0	0
720	725	3,840	0	0	0	0	0	0
725	730	4,080	0	0	0	0	0	0
730	735	4,320	0	0	0	0	0	0
735	740	4,560	0	0	0	0	0	0
740	745	4,800	0	0	0	0	0	0
745	750	5,040	0	0	0	0	0	0
750	755	5,280	0	0	0	0	0	0
755	760	5,520	0	0	0	0	0	0
760	765	5,760	0	0	0	0	0	0

월환산액(천원)	공제대상 가족수	1	2	3	4	5	6	7
765	770	6,000	0	0	0	0	0	0
770	775	6,240	0	0	0	0	0	0
775	780	6,480	0	0	0	0	0	0
780	785	6,720	0	0	0	0	0	0
785	790	6,960	0	0	0	0	0	0
790	795	7,200	0	0	0	0	0	0
795	800	7,440	0	0	0	0	0	0
800	805	7,680	0	0	0	0	0	0
805	810	7,920	0	0	0	0	0	0
810	815	8,160	0	0	0	0	0	0
815	820	8,400	0	0	0	0	0	0
820	825	8,640	1,140	0	0	0	0	0
825	830	8,880	1,380	0	0	0	0	0
830	835	9,120	1,620	0	0	0	0	0
835	840	9,360	1,860	0	0	0	0	0
840	845	9,600	2,100	0	0	0	0	0
845	850	9,840	2,340	0	0	0	0	0
850	855	10,080	2,580	0	0	0	0	0
855	860	10,320	2,820	0	0	0	0	0
860	865	10,560	3,060	0	0	0	0	0
865	870	10,800	3,300	0	0	0	0	0
870	875	11,040	3,540	0	0	0	0	0
875	880	11,280	3,780	0	0	0	0	0
880	885	11,520	4,020	0	0	0	0	0
885	890	11,760	4,260	0	0	0	0	0
890	895	12,000	4,500	0	0	0	0	0
895	900	12,240	4,740	0	0	0	0	0
900	905	12,480	4,980	0	0	0	0	0
905	910	12,720	5,220	0	0	0	0	0
910	915	12,960	5,460	0	0	0	0	0
915	920	13,200	5,700	0	0	0	0	0
920	925	13,440	5,940	0	0	0	0	0
925	930	13,680	6,180	0	0	0	0	0
930	935	13,920	6,420	0	0	0	0	0
935	940	14,160	6,660	0	0	0	0	0
940	945	14,400	6,900	0	0	0	0	0
945	950	14,640	7,140	0	0	0	0	0
950	955	14,880	7,380	0	0	0	0	0
955	960	15,120	7,620	0	0	0	0	0
960	965	15,360	7,860	0	0	0	0	0
965	970	15,600	8,100	0	0	0	0	0
970	975	15,840	8,340	0	0	0	0	0
975	980	16,080	8,580	1,080	0	0	0	0
980	985	16,320	8,820	1,320	0	0	0	0
985	990	16,560	9,060	1,560	0	0	0	0
990	995	16,800	9,300	1,800	0	0	0	0
995	1,000	17,040	9,540	2,040	0	0	0	0
1,000	1,010	17,400	9,900	2,400	0	0	0	0
1,010	1,020	17,880	10,380	2,880	0	0	0	0

월환산액(천원)	공제대상 가족수	1	2	3	4	5	6	7
1,020	1,030	18,360	10,860	3,360	0	0	0	0
1,030	1,040	18,840	11,340	3,840	0	0	0	0
1,040	1,050	19,320	11,820	4,320	0	0	0	0
1,050	1,060	19,800	12,300	4,800	0	0	0	0
1,060	1,070	20,280	12,780	5,280	0	0	0	0
1,070	1,080	20,760	13,260	5,760	0	0	0	0
1,080	1,090	21,240	13,740	6,240	0	0	0	0
1,090	1,100	21,720	14,220	6,720	0	0	0	0
1,100	1,110	22,200	14,700	7,200	0	0	0	0
1,110	1,120	22,680	15,180	7,680	0	0	0	0
1,120	1,130	23,160	15,660	8,160	0	0	0	0
1,130	1,140	23,640	16,140	8,640	1,140	0	0	0
1,140	1,150	24,120	16,620	9,120	1,620	0	0	0
1,150	1,160	24,600	17,100	9,600	2,100	0	0	0
1,160	1,170	25,080	17,580	10,080	2,580	0	0	0
1,170	1,180	25,610	18,110	10,610	3,110	0	0	0
1,180	1,190	26,150	18,650	11,150	3,650	0	0	0
1,190	1,200	26,690	19,190	11,690	4,190	0	0	0
1,200	1,210	27,230	19,730	12,230	4,730	0	0	0
1,210	1,220	27,770	20,270	12,770	5,270	0	0	0
1,220	1,230	28,310	20,810	13,310	5,810	0	0	0
1,230	1,240	28,850	21,350	13,850	6,350	0	0	0
1,240	1,250	29,390	21,890	14,390	6,890	0	0	0
1,250	1,260	29,930	22,430	14,930	7,430	0	0	0
1,260	1,270	30,470	22,970	15,470	7,970	0	0	0
1,270	1,280	31,010	23,510	16,010	8,510	1,010	0	0
1,280	1,290	31,550	24,050	16,550	9,050	1,550	0	0
1,290	1,300	32,090	24,590	17,090	9,590	2,090	0	0
1,300	1,310	32,630	25,130	17,630	10,130	2,630	0	0
1,310	1,320	33,170	25,670	18,170	10,670	3,170	0	0
1,320	1,330	33,710	26,210	18,710	11,210	3,710	0	0
1,330	1,340	34,250	26,750	19,250	11,750	4,250	0	0
1,340	1,350	34,790	27,290	19,790	12,290	4,790	0	0
1,350	1,360	35,330	27,830	20,330	12,830	5,330	0	0
1,360	1,370	35,870	28,370	20,870	13,370	5,870	0	0
1,370	1,380	36,410	28,910	21,410	13,910	6,410	0	0
1,380	1,390	36,950	29,450	21,950	14,450	6,950	0	0
1,390	1,400	37,490	29,990	22,490	14,990	7,490	0	0
1,400	1,410	38,030	30,530	23,030	15,530	8,030	0	0
1,410	1,420	38,570	31,070	23,570	16,070	8,570	1,070	0
1,420	1,430	39,110	31,610	24,110	16,610	9,110	1,610	0
1,430	1,440	39,650	32,150	24,650	17,150	9,650	2,150	0
1,440	1,450	40,190	32,690	25,190	17,690	10,190	2,690	0
1,450	1,460	40,730	33,230	25,730	18,230	10,730	3,230	0
1,460	1,470	41,270	33,770	26,270	18,770	11,270	3,770	0
1,470	1,480	41,810	34,310	26,810	19,310	11,810	4,310	0
1,480	1,490	42,350	34,850	27,350	19,850	12,350	4,850	0
1,490	1,500	42,890	35,390	27,890	20,390	12,890	5,390	0
1,500	1,510	43,430	35,930	28,430	20,930	13,430	5,930	0

(70세 이상자가 없는 경우)　　　(단위 : 원)

월환산액(천원)	공제대상 가족수	1	2	3	4	5	6	7
1,510	1,520	43,970	36,470	28,970	21,470	13,970	6,470	0
1,520	1,530	44,510	37,010	29,510	22,010	14,510	7,010	0
1,530	1,540	45,050	37,550	30,050	22,550	15,050	7,550	0
1,540	1,550	45,590	38,090	30,590	23,090	15,590	8,090	0
1,550	1,560	46,130	38,630	31,130	23,630	16,130	8,630	1,130
1,560	1,570	46,670	39,170	31,670	24,170	16,670	9,170	1,670
1,570	1,580	47,210	39,710	32,210	24,710	17,210	9,710	2,210
1,580	1,590	47,750	40,250	32,750	25,250	17,750	10,250	2,750
1,590	1,600	48,290	40,790	33,290	25,790	18,290	10,790	3,290
1,600	1,610	48,830	41,330	33,830	26,330	18,830	11,330	3,830
1,610	1,620	49,370	41,870	34,370	26,870	19,370	11,870	4,370
1,620	1,630	49,910	42,410	34,910	27,410	19,910	12,410	4,910
1,630	1,640	50,450	42,950	35,450	27,950	20,450	12,950	5,450
1,640	1,650	50,990	43,490	35,990	28,490	20,990	13,490	5,990
1,650	1,660	51,530	44,030	36,530	29,030	21,530	14,030	6,530
1,660	1,670	52,070	44,570	37,070	29,570	22,070	14,570	7,070
1,670	1,680	52,610	45,110	37,610	30,110	22,610	15,110	7,610
1,680	1,690	53,150	45,650	38,150	30,650	23,150	15,650	8,150
1,690	1,700	53,690	46,190	38,690	31,190	23,690	16,190	8,690
1,700	1,710	54,230	46,730	39,230	31,730	24,230	16,730	9,230
1,710	1,720	54,770	47,270	39,770	32,270	24,770	17,270	9,770
1,720	1,730	55,310	47,810	40,310	32,810	25,310	17,810	10,310
1,730	1,740	55,850	48,350	40,850	33,350	25,850	18,350	10,850
1,740	1,750	56,390	48,890	41,390	33,890	26,390	18,890	11,390
1,750	1,760	56,930	49,430	41,930	34,430	26,930	19,430	11,930
1,760	1,770	57,470	49,970	42,470	34,970	27,470	19,970	12,470
1,770	1,780	58,010	50,510	43,010	35,510	28,010	20,510	13,010
1,780	1,790	58,550	51,050	43,550	36,050	28,550	21,050	13,550
1,790	1,800	59,090	51,590	44,090	36,590	29,090	21,590	14,090
1,800	1,810	59,630	52,130	44,630	37,130	29,630	22,130	14,630
1,810	1,820	60,170	52,670	45,170	37,670	30,170	22,670	15,170
1,820	1,830	60,710	53,210	45,710	38,210	30,710	23,210	15,710
1,830	1,840	61,250	53,750	46,250	38,750	31,250	23,750	16,250
1,840	1,850	61,790	54,290	46,790	39,290	31,790	24,290	16,790
1,850	1,860	62,330	54,830	47,330	39,830	32,330	24,830	17,330
1,860	1,870	62,870	55,370	47,870	40,370	32,870	25,370	17,870
1,870	1,880	63,410	55,910	48,410	40,910	33,410	25,910	18,410
1,880	1,890	63,950	56,450	48,950	41,450	33,950	26,450	18,950
1,890	1,900	64,990	56,990	49,490	41,990	34,490	26,990	19,490
1,900	1,910	66,340	57,530	50,030	42,530	35,030	27,530	20,030
1,910	1,920	67,690	58,070	50,570	43,070	35,570	28,070	20,570
1,920	1,930	69,040	58,610	51,110	43,610	36,110	28,610	21,110
1,930	1,940	70,390	59,150	51,650	44,150	36,650	29,150	21,650
1,940	1,950	71,740	59,690	52,190	44,690	37,190	29,690	22,190
1,950	1,960	73,090	60,230	52,730	45,230	37,730	30,230	22,730
1,960	1,970	74,440	60,770	53,270	45,770	38,270	30,770	23,270
1,970	1,980	75,790	61,310	53,810	46,310	38,810	31,310	23,810
1,980	1,990	77,140	61,850	54,350	46,850	39,350	31,850	24,350
1,990	2,000	78,490	62,390	54,890	47,390	39,890	32,390	24,890
2,000	2,020	80,510	63,200	55,700	48,200	40,700	33,200	25,700

월환산액(천원)	공제대상 가족수	1	2	3	4	5	6	7
2,020	2,040	83,210	64,460	56,780	49,280	41,780	34,280	26,780
2,040	2,060	85,910	67,160	57,860	50,360	42,860	35,360	27,860
2,060	2,080	88,610	69,860	58,940	51,440	43,940	36,440	28,940
2,080	2,100	91,310	72,560	60,020	52,520	45,020	37,520	30,020
2,100	2,120	94,010	75,260	61,100	53,600	46,100	38,600	31,100
2,120	2,140	96,710	77,960	62,180	54,680	47,180	39,680	32,180
2,140	2,160	99,410	80,660	63,260	55,760	48,260	40,760	33,260
2,160	2,180	102,110	83,360	64,610	56,840	49,340	41,840	34,340
2,180	2,200	104,810	86,060	67,310	57,920	50,420	42,920	35,420
2,200	2,220	107,510	88,760	70,010	59,000	51,500	44,000	36,500
2,220	2,240	110,210	91,460	72,710	60,080	52,580	45,080	37,580
2,240	2,260	112,910	94,160	75,410	61,160	53,660	46,160	38,660
2,260	2,280	115,610	96,860	78,110	62,240	54,740	47,240	39,740
2,280	2,300	118,310	99,560	80,810	63,320	55,820	48,320	40,820
2,300	2,320	121,010	102,260	83,510	64,760	56,900	49,400	41,900
2,320	2,340	123,710	104,960	86,210	67,460	57,980	50,480	42,980
2,340	2,360	126,410	107,660	88,910	70,160	59,060	51,560	44,060
2,360	2,380	129,110	110,360	91,610	72,860	60,140	52,640	45,140
2,380	2,400	131,810	113,060	94,310	75,560	61,220	53,720	46,220
2,400	2,420	134,510	115,760	97,010	78,260	62,300	54,800	47,300
2,420	2,440	137,210	118,460	99,710	80,960	63,380	55,880	48,380
2,440	2,460	139,910	121,160	102,410	83,660	64,910	56,960	49,460
2,460	2,480	142,610	123,860	105,110	86,360	67,610	58,040	50,540
2,480	2,500	145,310	126,560	107,810	89,060	70,310	59,120	51,620
2,500	2,520	148,010	129,260	110,510	91,760	73,010	60,200	52,700
2,520	2,540	150,710	131,960	113,210	94,460	75,710	61,280	53,780
2,540	2,560	153,410	134,660	115,910	97,160	78,410	62,360	54,860
2,560	2,580	156,110	137,360	118,610	99,860	81,110	63,440	55,940
2,580	2,000	158,810	140,060	121,310	102,560	83,810	65,060	57,020
2,600	2,620	161,510	142,760	124,010	105,260	86,510	67,760	58,100
2,620	2,640	164,210	145,460	126,710	107,960	89,210	70,460	59,180
2,640	2,660	166,910	148,160	129,410	110,660	91,910	73,160	60,260
2,660	2,680	169,610	150,860	132,110	113,360	94,610	75,860	61,340
2,680	2,700	172,310	153,560	134,810	116,060	97,310	78,560	62,420
2,700	2,720	175,010	156,260	137,510	118,760	100,010	81,260	63,500
2,720	2,740	177,710	158,960	140,210	121,460	102,710	83,960	65,210
2,740	2,760	180,410	161,660	142,910	124,160	105,410	86,660	67,910
2,760	2,780	183,110	164,360	145,610	126,860	108,110	89,360	70,610
2,780	2,800	185,810	167,060	148,310	129,560	110,810	92,060	73,310
2,800	2,820	188,510	169,760	151,010	132,260	113,510	94,760	76,010
2,820	2,840	191,210	172,460	153,710	134,960	116,210	97,460	78,710
2,840	2,860	193,910	175,160	156,410	137,660	118,910	100,160	81,410
2,860	2,880	196,610	177,860	159,110	140,360	121,610	102,860	84,110
2,880	2,900	199,310	180,560	161,810	143,060	124,310	105,560	86,810
2,900	2,920	202,010	183,260	164,510	145,760	127,010	108,260	89,510
2,920	2,940	204,710	185,960	167,210	148,460	129,710	110,960	92,210
2,940	2,960	207,410	188,660	169,910	151,160	132,410	113,660	94,910
2,960	2,980	210,110	191,360	172,610	153,860	135,110	116,360	97,610
2,980	3,000	212,810	194,060	175,310	156,560	137,810	119,060	100,310
3,000	3,020	215,510	196,760	178,010	159,260	140,510	121,760	103,010

(단위 : 원)

월환산액(천원)	공제대상 가족수	1	2	3	4	5	6	7
3,020	3,040	218,210	199,460	180,710	161,960	143,210	124,460	105,710
3,040	3,060	220,910	202,160	183,410	164,660	145,910	127,160	108,410
3,060	3,080	223,610	204,860	186,110	167,360	148,610	129,860	111,110
3,080	3,100	226,310	207,560	188,810	170,060	151,310	132,560	113,810
3,100	3,120	229,010	210,260	191,510	172,760	154,010	135,260	116,510
3,120	3,140	231,710	212,960	194,210	175,460	156,710	137,960	119,210
3,140	3,160	234,410	215,660	196,910	178,160	159,410	140,660	121,910
3,160	3,180	237,110	218,360	199,610	180,860	162,110	143,360	124,610
3,180	3,200	239,810	221,060	202,310	183,560	164,810	146,060	127,310
3,200	3,220	242,510	223,760	205,010	186,260	167,510	148,760	130,010
3,220	3,240	245,210	226,460	207,710	188,960	170,210	151,460	132,710
3,240	3,260	247,910	229,160	210,410	191,660	172,910	154,160	135,410
3,260	3,280	250,610	231,860	213,110	194,360	175,610	156,860	138,110
3,280	3,300	253,310	234,560	215,810	197,060	178,310	159,560	140,810
3,300	3,320	256,010	237,260	218,510	199,760	181,010	162,260	143,510
3,320	3,340	258,710	239,960	221,210	202,460	183,710	164,960	146,210
3,340	3,360	261,410	242,660	223,910	205,160	186,410	167,660	148,910
3,360	3,380	264,110	245,360	226,610	207,860	189,110	170,360	151,610
3,380	3,400	266,810	248,060	229,310	210,560	191,810	173,060	154,310
3,400	3,420	269,510	250,760	232,010	213,260	194,510	175,760	157,010
3,420	3,440	272,410	253,660	234,910	216,160	197,410	178,660	159,910
3,440	3,460	275,410	256,660	237,910	219,160	200,410	181,660	162,910
3,460	3,480	278,410	259,660	240,910	222,160	203,410	184,660	165,910
3,480	3,500	281,410	262,660	243,910	225,160	206,410	187,660	168,910
3,500	3,520	284,410	265,660	246,910	228,160	209,410	190,660	171,910
3,520	3,540	287,410	268,660	249,910	231,160	212,410	193,660	174,910
3,540	3,560	290,410	271,660	252,910	234,160	215,410	196,660	177,910
3,560	3,580	293,410	274,660	255,910	237,160	218,410	199,660	180,910
3,580	3,600	296,410	277,660	258,910	240,160	221,410	202,660	183,910
3,600	3,620	299,410	280,660	261,910	243,160	224,410	205,660	186,910
3,620	3,640	302,410	283,660	264,910	246,160	227,410	208,660	189,910
3,640	3,660	305,410	286,660	267,910	249,160	230,410	211,660	192,910
3,660	3,680	308,410	289,660	270,910	252,160	233,410	214,660	195,910
3,680	3,700	311,410	292,660	273,910	255,160	236,410	217,660	198,910
3,700	3,720	314,410	295,660	276,910	258,160	239,410	220,660	201,910
3,720	3,740	317,410	298,660	279,910	261,160	242,410	223,660	204,910
3,740	3,760	320,410	301,660	282,910	264,160	245,410	226,660	207,910
3,760	3,780	323,410	304,660	285,910	267,160	248,410	229,660	210,910
3,780	3,800	326,410	307,660	288,910	270,160	251,410	232,660	213,910
3,800	3,820	329,410	310,660	291,910	273,160	254,410	235,660	216,910
3,820	3,840	332,410	313,660	294,910	276,160	257,410	238,660	219,910
3,840	3,860	335,410	316,660	297,910	279,160	260,410	241,660	222,910
3,860	3,880	338,410	319,660	300,910	282,160	263,410	244,660	225,910
3,880	3,900	341,410	322,660	303,910	285,160	266,410	247,660	228,910
3,900	3,920	344,410	325,660	306,910	288,160	269,410	250,660	231,910
3,920	3,940	347,410	328,660	309,910	291,160	272,410	253,660	234,910
3,940	3,960	350,410	331,660	312,910	294,160	275,410	256,660	237,910
3,960	3,980	353,410	334,660	315,910	297,160	278,410	259,660	240,910
3,980	4,000	356,410	337,660	318,910	300,160	281,410	262,660	243,910
4,000이상		357,910	339,160	320,410	301,660	282,910	264,160	245,410

(단위 : 원)

월환산액(천원)	공제대상 가족수	1	2	3	4	5	6	7
670	675	0	0	0	0	0	0	0
675	680	0	0	0	0	0	0	0
680	685	0	0	0	0	0	0	0
685	690	0	0	0	0	0	0	0
690	695	0	0	0	0	0	0	0
695	700	0	0	0	0	0	0	0
700	705	0	0	0	0	0	0	0
705	710	0	0	0	0	0	0	0
710	715	0	0	0	0	0	0	0
715	720	0	0	0	0	0	0	0
720	725	0	0	0	0	0	0	0
725	730	0	0	0	0	0	0	0
730	735	0	0	0	0	0	0	0
735	740	0	0	0	0	0	0	0
740	745	0	0	0	0	0	0	0
745	750	0	0	0	0	0	0	0
750	755	0	0	0	0	0	0	0
755	760	0	0	0	0	0	0	0
760	765	0	0	0	0	0	0	0
765	770	1,000	0	0	0	0	0	0
770	775	1,240	0	0	0	0	0	0
775	780	1,480	0	0	0	0	0	0
780	785	1,720	0	0	0	0	0	0
785	790	1,960	0	0	0	0	0	0
790	795	2,200	0	0	0	0	0	0
795	800	2,440	0	0	0	0	0	0
800	805	2,680	0	0	0	0	0	0
805	810	2,920	0	0	0	0	0	0
810	815	3,160	0	0	0	0	0	0
815	820	3,400	0	0	0	0	0	0
820	825	3,640	0	0	0	0	0	0
825	830	3,880	0	0	0	0	0	0
830	835	4,120	0	0	0	0	0	0
835	840	4,360	0	0	0	0	0	0
840	845	4,600	0	0	0	0	0	0
845	850	4,840	0	0	0	0	0	0
850	855	5,080	0	0	0	0	0	0
855	860	5,320	0	0	0	0	0	0
860	865	5,560	0	0	0	0	0	0
865	870	5,800	0	0	0	0	0	0
870	875	6,040	0	0	0	0	0	0
875	880	6,280	0	0	0	0	0	0
880	885	6,520	0	0	0	0	0	0
885	890	6,760	0	0	0	0	0	0
890	895	7,000	0	0	0	0	0	0
895	900	7,240	0	0	0	0	0	0
900	905	7,480	0	0	0	0	0	0
905	910	7,720	0	0	0	0	0	0
910	915	7,960	0	0	0	0	0	0
915	920	8,200	0	0	0	0	0	0
920	925	8,440	0	0	0	0	0	0
925	930	8,680	1,180	0	0	0	0	0
930	935	8,920	1,420	0	0	0	0	0

월환산액(천원)	공제대상 가족수	1	2	3	4	5	6	7
935	940	9,160	1,660	0	0	0	0	0
940	945	9,400	1,900	0	0	0	0	0
945	950	9,640	2,140	0	0	0	0	0
950	955	9,880	2,380	0	0	0	0	0
955	960	10,120	2,620	0	0	0	0	0
960	965	10,360	2,860	0	0	0	0	0
965	970	10,600	3,100	0	0	0	0	0
970	975	10,840	3,340	0	0	0	0	0
975	980	11,080	3,580	0	0	0	0	0
980	985	11,320	3,820	0	0	0	0	0
985	990	11,560	4,060	0	0	0	0	0
990	995	11,800	4,300	0	0	0	0	0
995	1,000	12,040	4,540	0	0	0	0	0
1,000	1,010	12,400	4,900	0	0	0	0	0
1,010	1,020	12,880	5,380	0	0	0	0	0
1,020	1,030	13,360	5,860	0	0	0	0	0
1,030	1,040	13,840	6,340	0	0	0	0	0
1,040	1,050	14,320	6,820	0	0	0	0	0
1,050	1,060	14,800	7,300	0	0	0	0	0
1,060	1,070	15,280	7,780	0	0	0	0	0
1,070	1,080	15,760	8,260	0	0	0	0	0
1,080	1,090	16,240	8,740	1,240	0	0	0	0
1,090	1,100	16,720	9,220	1,720	0	0	0	0
1,100	1,110	17,200	9,700	2,200	0	0	0	0
1,110	1,120	17,680	10,180	2,680	0	0	0	0
1,120	1,130	18,160	10,660	3,160	0	0	0	0
1,130	1,140	18,640	11,140	3,640	0	0	0	0
1,140	1,150	19,120	11,620	4,120	0	0	0	0
1,150	1,160	19,600	12,100	4,600	0	0	0	0
1,160	1,170	20,080	12,580	5,080	0	0	0	0
1,170	1,180	20,610	13,110	5,610	0	0	0	0
1,180	1,190	21,150	13,650	6,150	0	0	0	0
1,190	1,200	21,690	14,190	6,690	0	0	0	0
1,200	1,210	22,230	14,730	7,230	0	0	0	0
1,210	1,220	22,770	15,270	7,770	0	0	0	0
1,220	1,230	23,310	15,810	8,310	0	0	0	0
1,230	1,240	23,850	16,350	8,850	1,350	0	0	0
1,240	1,250	24,390	16,890	9,390	1,890	0	0	0
1,250	1,260	24,930	17,430	9,930	2,430	0	0	0
1,260	1,270	25,470	17,970	10,470	2,970	0	0	0
1,270	1,280	26,010	18,510	11,010	3,510	0	0	0
1,280	1,290	26,550	19,050	11,550	4,050	0	0	0
1,290	1,300	27,090	19,590	12,090	4,590	0	0	0
1,300	1,310	27,630	20,130	12,630	5,130	0	0	0
1,310	1,320	28,170	20,670	13,170	5,670	0	0	0
1,320	1,330	28,710	21,210	13,710	6,210	0	0	0
1,330	1,340	29,250	21,750	14,250	6,750	0	0	0
1,340	1,350	29,790	22,290	14,790	7,290	0	0	0
1,350	1,360	30,330	22,830	15,330	7,830	0	0	0
1,360	1,370	30,870	23,370	15,870	8,370	0	0	0
1,370	1,380	31,410	23,910	16,410	8,910	1,410	0	0
1,380	1,390	31,950	24,450	16,950	9,450	1,950	0	0
1,390	1,400	32,490	24,990	17,490	9,990	2,490	0	0

(단위 : 원)

월환산액(천원)	공제대상 가족수	1	2	3	4	5	6	7
1,400	1,410	33,030	25,530	18,030	10,530	3,030	0	0
1,410	1,420	33,570	26,070	18,570	11,070	3,570	0	0
1,420	1,430	34,110	26,610	19,110	11,610	4,110	0	0
1,430	1,440	34,650	27,150	19,650	12,150	4,650	0	0
1,440	1,450	35,190	27,690	20,190	12,690	5,190	0	0
1,450	1,460	35,730	28,230	20,730	13,230	5,730	0	0
1,460	1,470	36,270	28,770	21,270	13,770	6,270	0	0
1,470	1,480	36,810	29,310	21,810	14,310	6,810	0	0
1,480	1,490	37,350	29,850	22,350	14,850	7,350	0	0
1,490	1,500	37,890	30,390	22,890	15,390	7,890	0	0
1,500	1,510	38,430	30,930	23,430	15,930	8,430	0	0
1,510	1,520	38,970	31,470	23,970	16,470	8,970	1,470	0
1,520	1,530	39,510	32,010	24,510	17,010	9,510	2,010	0
1,530	1,540	40,050	32,550	25,050	17,550	10,050	2,550	0
1,540	1,550	40,590	33,090	25,590	18,090	10,590	3,090	0
1,550	1,560	41,130	33,630	26,130	18,630	11,130	3,630	0
1,560	1,570	41,670	34,170	26,670	19,170	11,670	4,170	0
1,570	1,580	42,210	34,710	27,210	19,710	12,210	4,710	0
1,580	1,590	42,750	35,250	27,750	20,250	12,750	5,250	0
1,590	1,600	43,290	35,790	28,290	20,790	13,290	5,790	0
1,600	1,610	43,830	36,330	28,830	21,330	13,830	6,330	0
1,610	1,620	44,370	36,870	29,370	21,870	14,370	6,870	0
1,620	1,630	44,910	37,410	29,910	22,410	14,910	7,410	0
1,630	1,640	45,450	37,950	30,450	22,950	15,450	7,950	0
1,640	1,650	45,990	38,490	30,990	23,490	15,990	8,490	0
1,650	1,660	46,530	39,030	31,530	24,030	16,530	9,030	1,530
1,660	1,670	47,070	39,570	32,070	24,570	17,070	9,570	2,070
1,670	1,680	47,610	40,110	32,610	25,110	17,610	10,110	2,610
1,680	1,690	48,150	40,650	33,150	25,650	18,150	10,650	3,150
1,690	1,700	48,690	41,190	33,690	26,190	18,690	11,190	3,690
1,700	1,710	49,230	41,730	34,230	26,730	19,230	11,730	4,230
1,710	1,720	49,770	42,270	34,770	27,270	19,770	12,270	4,770
1,720	1,730	50,310	42,810	35,310	27,810	20,310	12,810	5,310
1,730	1,740	50,850	43,350	35,850	28,350	20,850	13,350	5,850
1,740	1,750	51,390	43,890	36,390	28,890	21,390	13,890	6,390
1,750	1,760	51,930	44,430	36,930	29,430	21,930	14,430	6,930
1,760	1,770	52,470	44,970	37,470	29,970	22,470	14,970	7,470
1,770	1,780	53,010	45,510	38,010	30,510	23,010	15,510	8,010
1,780	1,790	53,550	46,050	38,550	31,050	23,550	16,050	8,550
1,790	1,800	54,090	46,590	39,090	31,590	24,090	16,590	9,090
1,800	1,810	54,630	47,130	39,630	32,130	24,630	17,130	9,630
1,810	1,820	55,170	47,670	40,170	32,670	25,170	17,670	10,170
1,820	1,830	55,710	48,210	40,710	33,210	25,710	18,210	10,710
1,830	1,840	56,250	48,750	41,250	33,750	26,250	18,750	11,250
1,840	1,850	56,790	49,290	41,790	34,290	26,790	19,290	11,790
1,850	1,860	57,330	49,830	42,330	34,830	27,330	19,830	12,330
1,860	1,870	57,870	50,370	42,870	35,370	27,870	20,370	12,870
1,870	1,880	58,410	50,910	43,410	35,910	28,410	20,910	13,410
1,880	1,890	58,950	51,450	43,950	36,450	28,950	21,450	13,950
1,890	1,900	59,490	51,990	44,490	36,990	29,490	21,990	14,490
1,900	1,910	60,030	52,530	45,030	37,530	30,030	22,530	15,030
1,910	1,920	60,570	53,070	45,570	38,070	30,570	23,070	15,570
1,920	1,930	61,110	53,610	46,110	38,610	31,110	23,610	16,110

월환산액(천원)	공제대상 가족수	1	2	3	4	5	6	7
1,930	1,940	61,650	54,150	46,650	39,150	31,650	24,150	16,650
1,940	1,950	62,190	54,690	47,190	39,690	32,190	24,690	17,190
1,950	1,960	62,730	55,230	47,730	40,230	32,730	25,230	17,730
1,960	1,970	63,270	55,770	48,270	40,770	33,270	25,770	18,270
1,970	1,980	63,810	56,310	48,810	41,310	33,810	26,310	18,810
1,980	1,990	64,640	56,850	49,350	41,850	34,350	26,850	19,350
1,990	2,000	65,990	57,390	49,890	42,390	34,890	27,390	19,890
2,000	2,020	68,010	58,200	50,700	43,200	35,700	28,200	20,700
2,020	2,040	70,710	59,280	51,780	44,280	36,780	29,280	21,780
2,040	2,060	73,410	60,360	52,860	45,360	37,860	30,360	22,860
2,060	2,080	76,110	61,440	53,940	46,440	38,940	31,440	23,940
2,080	2,100	78,810	62,520	55,020	47,520	40,020	32,520	25,020
2,100	2,120	81,510	63,600	56,100	48,600	41,100	33,600	26,100
2,120	2,140	84,210	65,460	57,180	49,680	42,180	34,680	27,180
2,140	2,160	86,910	68,160	58,260	50,760	43,260	35,760	28,260
2,160	2,180	89,610	70,860	59,340	51,840	44,340	36,840	29,340
2,180	2,200	92,310	73,560	60,420	52,920	45,420	37,920	30,420
2,200	2,220	95,010	76,260	61,500	54,000	46,500	39,000	31,500
2,220	2,240	97,710	78,960	62,580	55,080	47,580	40,080	32,580
2,240	2,260	100,410	81,660	63,660	56,160	48,660	41,160	33,660
2,260	2,280	103,110	84,360	65,610	57,240	49,740	42,240	34,740
2,280	2,300	105,810	87,060	68,310	58,320	50,820	43,320	35,820
2,300	2,320	108,510	89,760	71,010	59,400	51,900	44,400	36,900
2,320	2,340	111,210	92,460	73,710	60,480	52,980	45,480	37,980
2,340	2,360	113,910	95,160	76,410	61,560	54,060	46,560	39,060
2,360	2,380	116,610	97,860	79,110	62,640	55,140	47,640	40,140
2,380	2,400	119,310	100,560	81,810	63,720	56,220	48,720	41,220
2,400	2,420	122,010	103,260	84,510	65,760	57,300	49,800	42,300
2,420	2,440	124,710	105,960	87,210	68,460	58,380	50,880	43,380
2,440	2,460	127,410	108,660	89,910	71,160	59,460	51,960	44,460
2,460	2,480	130,110	111,360	92,610	73,860	60,540	53,040	45,540
2,480	2,500	132,810	114,060	95,310	76,560	61,620	54,120	46,620
2,500	2,520	135,510	116,760	98,010	79,260	62,700	55,200	47,700
2,520	2,540	138,210	119,460	100,710	81,960	63,780	56,280	48,780
2,540	2,560	140,910	122,160	103,410	84,660	65,910	57,360	49,860
2,560	2,580	143,610	124,860	106,110	87,360	68,610	58,440	50,940
2,580	2,600	146,310	127,560	108,810	90,060	71,310	59,520	52,020
2,600	2,620	149,010	130,260	111,510	92,760	74,010	60,600	53,100
2,620	2,640	151,710	132,960	114,210	95,460	76,710	61,680	54,180
2,640	2,660	154,410	135,660	116,910	98,160	79,410	62,760	55,260
2,660	2,680	157,110	138,360	119,610	100,860	82,110	63,840	56,340
2,680	2,700	159,810	141,060	122,310	103,560	84,810	66,060	57,420
2,700	2,720	162,510	143,760	125,010	106,260	87,510	68,760	58,500
2,720	2,740	165,210	146,460	127,710	108,960	90,210	71,460	59,580
2,740	2,760	167,910	149,160	130,410	111,660	92,910	74,160	60,660
2,760	2,780	170,610	151,860	133,110	114,360	95,610	76,860	61,740
2,780	2,800	173,310	154,560	135,810	117,060	98,310	79,560	62,820
2,800	2,820	176,010	157,260	138,510	119,760	101,010	82,260	63,900
2,820	2,840	178,710	159,960	141,210	122,460	103,710	84,960	66,210
2,840	2,860	181,410	162,660	143,910	125,160	106,410	87,660	68,910
2,860	2,880	184,110	165,360	146,610	127,860	109,110	90,360	71,610
2,880	2,900	186,810	168,060	149,310	130,560	111,810	93,060	74,310
2,900	2,920	189,510	170,760	152,010	133,260	114,510	95,760	77,010

월환산액(천원)	공제대상 가족수	1	2	3	4	5	6	7
2,920	2,940	192,210	173,460	154,710	135,960	117,210	98,460	79,710
2,940	2,960	194,910	176,160	157,410	138,660	119,910	101,160	82,410
2,960	2,980	197,610	178,860	160,110	141,360	122,610	103,860	85,110
2,980	3,000	200,310	181,560	162,810	144,060	125,310	106,560	87,810
3,000	3,020	203,010	184,260	165,510	146,760	128,010	109,260	90,510
3,020	3,040	205,710	186,960	168,210	149,460	130,710	111,960	93,210
3,040	3,060	208,410	189,660	170,910	152,160	133,410	114,660	95,910
3,060	3,080	211,110	192,360	173,610	154,860	136,110	117,360	98,610
3,080	3,100	213,810	195,060	176,310	157,560	138,810	120,060	101,310
3,100	3,120	216,510	197,760	179,010	160,260	141,510	122,760	104,010
3,120	3,140	219,210	200,460	181,710	162,960	144,210	125,460	106,710
3,140	3,160	221,910	203,160	184,410	165,660	146,910	128,160	109,410
3,160	3,180	224,610	205,860	187,110	168,360	149,610	130,860	112,110
3,180	3,200	227,310	208,560	189,810	171,060	152,310	133,560	114,810
3,200	3,220	230,010	211,260	192,510	173,760	155,010	136,260	117,510
3,220	3,240	232,710	213,960	195,210	176,460	157,710	138,960	120,210
3,240	3,260	235,410	216,660	197,910	179,160	160,410	141,660	122,910
3,260	3,280	238,110	219,360	200,610	181,860	163,110	144,360	125,610
3,280	3,300	240,810	222,060	203,310	184,560	165,810	147,060	128,310
3,300	3,320	243,510	224,760	206,010	187,260	168,510	149,760	131,010
3,320	3,340	246,210	227,460	208,710	189,960	171,210	152,460	133,710
3,340	3,360	248,910	230,160	211,410	192,660	173,910	155,160	136,410
3,360	3,380	251,610	232,860	214,110	195,360	176,610	157,860	139,110
3,380	3,400	254,310	235,560	216,810	198,060	179,310	160,560	141,810
3,400	3,420	257,010	238,260	219,510	200,760	182,010	163,260	144,510
3,420	3,440	259,910	241,160	222,410	203,660	184,910	166,160	147,410
3,440	3,460	262,910	244,160	225,410	206,660	187,910	169,160	150,410
3,460	3,480	265,910	247,160	228,410	209,660	190,910	172,160	153,410
3,480	3,500	268,910	250,160	231,410	212,660	193,910	175,160	156,410
3,500	3,520	271,910	253,160	234,410	215,660	196,910	178,160	159,410
3,520	3,540	274,910	256,160	237,410	218,660	199,910	181,160	162,410
3,540	3,560	277,910	259,160	240,410	221,660	202,910	184,160	165,410
3,560	3,580	280,910	262,160	243,410	224,660	205,910	187,160	168,410
3,580	3,600	283,910	265,160	246,410	227,660	208,910	190,160	171,410
3,600	3,620	286,910	268,160	249,410	230,660	211,910	193,160	174,410
3,620	3,640	289,910	271,160	252,410	233,660	214,910	196,160	177,410
3,640	3,660	292,910	274,160	255,410	236,660	217,910	199,160	180,410
3,660	3,680	295,910	277,160	258,410	239,660	220,910	202,160	183,410
3,680	3,700	298,910	280,160	261,410	242,660	223,910	205,160	186,410
3,700	3,720	301,910	283,160	264,410	245,660	226,910	208,160	189,410
3,720	3,740	304,910	286,160	267,410	248,660	229,910	211,160	192,410
3,740	3,760	307,910	289,160	270,410	251,660	232,910	214,160	195,410
3,760	3,780	310,910	292,160	273,410	254,660	235,910	217,160	198,410
3,780	3,800	313,910	295,160	276,410	257,660	238,910	220,160	201,410
3,800	3,820	316,910	298,160	279,410	260,660	241,910	223,160	204,410
3,820	3,840	319,910	301,160	282,410	263,660	244,910	226,160	207,410
3,840	3,860	322,910	304,160	285,410	266,660	247,910	229,160	210,410
3,860	3,880	325,910	307,160	288,410	269,660	250,910	232,160	213,410
3,880	3,900	328,910	310,160	291,410	272,660	253,910	235,160	216,410
3,900	3,920	331,910	313,160	294,410	275,660	256,910	238,160	219,410
3,920	3,940	334,910	316,160	297,410	278,660	259,910	241,160	222,410
3,940	3,960	337,910	319,160	300,410	281,660	262,910	244,160	225,410
3,960	3,980	340,910	322,160	303,410	284,660	265,910	247,160	228,410
3,980	4,000	343,910	325,160	306,410	287,660	268,910	250,160	231,410
4,000이상		345,410	326,660	307,910	289,160	270,410	251,660	232,910

월환산액(천원)	공제대상 가족수	2	3	4	5	6	7
930	935	0	0	0	0	0	0
935	940	0	0	0	0	0	0
940	945	0	0	0	0	0	0
945	950	0	0	0	0	0	0
950	955	0	0	0	0	0	0
955	960	0	0	0	0	0	0
960	965	0	0	0	0	0	0
965	970	0	0	0	0	0	0
970	975	0	0	0	0	0	0
975	980	0	0	0	0	0	0
980	985	0	0	0	0	0	0
985	990	0	0	0	0	0	0
990	995	0	0	0	0	0	0
995	1,000	0	0	0	0	0	0
1,000	1,010	0	0	0	0	0	0
1,010	1,020	0	0	0	0	0	0
1,020	1,030	0	0	0	0	0	0
1,030	1,040	1,340	0	0	0	0	0
1,040	1,050	1,820	0	0	0	0	0
1,050	1,060	2,300	0	0	0	0	0
1,060	1,070	2,780	0	0	0	0	0
1,070	1,080	3,260	0	0	0	0	0
1,080	1,090	3,740	0	0	0	0	0
1,090	1,100	4,220	0	0	0	0	0
1,100	1,110	4,700	0	0	0	0	0
1,110	1,120	5,180	0	0	0	0	0
1,120	1,130	5,660	0	0	0	0	0
1,130	1,140	6,140	0	0	0	0	0
1,140	1,150	6,620	0	0	0	0	0
1,150	1,160	7,100	0	0	0	0	0
1,160	1,170	7,580	0	0	0	0	0
1,170	1,180	8,110	0	0	0	0	0
1,180	1,190	8,650	1,150	0	0	0	0
1,190	1,200	9,190	1,690	0	0	0	0
1,200	1,210	9,730	2,230	0	0	0	0
1,210	1,220	10,270	2,770	0	0	0	0
1,220	1,230	10,810	3,310	0	0	0	0
1,230	1,240	11,350	3,850	0	0	0	0
1,240	1,250	11,890	4,390	0	0	0	0
1,250	1,260	12,430	4,930	0	0	0	0
1,260	1,270	12,970	5,470	0	0	0	0
1,270	1,280	13,510	6,010	0	0	0	0
1,280	1,290	14,050	6,550	0	0	0	0
1,290	1,300	14,590	7,090	0	0	0	0
1,300	1,310	15,130	7,630	0	0	0	0
1,310	1,320	15,670	8,170	0	0	0	0
1,320	1,330	16,210	8,710	1,210	0	0	0
1,330	1,340	16,750	9,250	1,750	0	0	0
1,340	1,350	17,290	9,790	2,290	0	0	0
1,350	1,360	17,830	10,330	2,830	0	0	0
1,360	1,370	18,370	10,870	3,370	0	0	0
1,370	1,380	18,910	11,410	3,910	0	0	0
1,380	1,390	19,450	11,950	4,450	0	0	0
1,390	1,400	19,990	12,490	4,990	0	0	0

(70세 이상자가 2명인 경우)   (단위 : 원)

월환산액(천원)	공제대상 가족수	2	3	4	5	6	7
1,400	1,410	20,530	13,030	5,530	0	0	0
1,410	1,420	21,070	13,570	6,070	0	0	0
1,420	1,430	21,610	14,110	6,610	0	0	0
1,430	1,440	22,150	14,650	7,150	0	0	0
1,440	1,450	22,690	15,190	7,690	0	0	0
1,450	1,460	23,230	15,730	8,230	0	0	0
1,460	1,470	23,770	16,270	8,770	1,270	0	0
1,470	1,480	24,310	16,810	9,310	1,810	0	0
1,480	1,490	24,850	17,350	9,850	2,350	0	0
1,490	1,500	25,390	17,890	10,390	2,890	0	0
1,500	1,510	25,930	18,430	10,930	3,430	0	0
1,510	1,520	26,470	18,970	11,470	3,970	0	0
1,520	1,530	27,010	19,510	12,010	4,510	0	0
1,530	1,540	27,550	20,050	12,550	5,050	0	0
1,540	1,550	28,090	20,590	13,090	5,590	0	0
1,550	1,560	28,630	21,130	13,630	6,130	0	0
1,560	1,570	29,170	21,670	14,170	6,670	0	0
1,570	1,580	29,710	22,210	14,710	7,210	0	0
1,580	1,590	30,250	22,750	15,250	7,750	0	0
1,590	1,600	30,790	23,290	15,790	8,290	0	0
1,600	1,610	31,330	23,830	16,330	8,830	1,330	0
1,610	1,620	31,870	24,370	16,870	9,370	1,870	0
1,620	1,630	32,410	24,910	17,410	9,910	2,410	0
1,630	1,640	32,950	25,450	17,950	10,450	2,950	0
1,640	1,650	33,490	25,990	18,490	10,990	3,490	0
1,650	1,660	34,030	26,530	19,030	11,530	4,030	0
1,660	1,670	34,570	27,070	19,570	12,070	4,570	0
1,670	1,680	35,110	27,610	20,110	12,610	5,110	0
1,680	1,690	35,650	28,150	20,650	13,150	5,650	0
1,690	1,700	36,190	28,690	21,190	13,690	6,190	0
1,700	1,710	36,730	29,230	21,730	14,230	6,730	0
1,710	1,720	37,270	29,770	22,270	14,770	7,270	0
1,720	1,730	37,810	30,310	22,810	15,310	7,810	0
1,730	1,740	38,350	30,850	23,350	15,850	8,350	0
1,740	1,750	38,890	31,390	23,890	16,390	8,890	1,390
1,750	1,760	39,430	31,930	24,430	16,930	9,430	1,930
1,760	1,770	39,970	32,470	24,970	17,470	9,970	2,470
1,770	1,780	40,510	33,010	25,510	18,010	10,510	3,010
1,780	1,790	41,050	33,550	26,050	18,550	11,050	3,550
1,790	1,800	41,590	34,090	26,590	19,090	11,590	4,090
1,800	1,810	42,130	34,630	27,130	19,630	12,130	4,630
1,810	1,820	42,670	35,170	27,670	20,170	12,670	5,170
1,820	1,830	43,210	35,710	28,210	20,710	13,210	5,710
1,830	1,840	43,750	36,250	28,750	21,250	13,750	6,250
1,840	1,850	44,290	36,790	29,290	21,790	14,290	6,790
1,850	1,860	44,830	37,330	29,830	22,330	14,830	7,330
1,860	1,870	45,370	37,870	30,370	22,870	15,370	7,870
1,870	1,880	45,910	38,410	30,910	23,410	15,910	8,410
1,880	1,890	46,450	38,950	31,450	23,950	16,450	8,950
1,890	1,900	46,990	39,490	31,990	24,490	16,990	9,490
1,900	1,910	47,530	40,030	32,530	25,030	17,530	10,030
1,910	1,920	48,070	40,570	33,070	25,570	18,070	10,570
1,920	1,930	48,610	41,110	33,610	26,110	18,610	11,110
1,930	1,940	49,150	41,650	34,150	26,650	19,150	11,650

월환산액(천원)	공제대상가족수	2	3	4	5	6	7
1,940	1,950	49,690	42,190	34,690	27,190	19,690	12,190
1,950	1,960	50,230	42,730	35,230	27,730	20,230	12,730
1,960	1,970	50,770	43,270	35,770	28,270	20,770	13,270
1,970	1,980	51,310	43,810	36,310	28,810	21,310	13,810
1,980	1,990	51,850	44,350	36,850	29,350	21,850	14,350
1,990	2,000	52,390	44,890	37,390	29,890	22,390	14,890
2,000	2,020	53,200	45,700	38,200	30,700	23,200	15,700
2,020	2,040	54,280	46,780	39,280	31,780	24,280	16,780
2,040	2,060	55,360	47,860	40,360	32,860	25,360	17,860
2,060	2,080	56,440	48,940	41,440	33,940	26,440	18,940
2,080	2,100	57,520	50,020	42,520	35,020	27,520	20,020
2,100	2,120	58,600	51,100	43,600	36,100	28,600	21,100
2,120	2,140	59,680	52,180	44,680	37,180	29,680	22,180
2,140	2,160	60,760	53,260	45,760	38,260	30,760	23,260
2,160	2,180	61,840	54,340	46,840	39,340	31,840	24,340
2,180	2,200	62,920	55,420	47,920	40,420	32,920	25,420
2,200	2,220	64,000	56,500	49,000	41,500	34,000	26,500
2,220	2,240	66,460	57,580	50,080	42,580	35,080	27,580
2,240	2,260	69,160	58,660	51,160	43,660	36,160	28,660
2,260	2,280	71,860	59,740	52,240	44,740	37,240	29,740
2,280	2,300	74,560	60,820	53,320	45,820	38,320	30,820
2,300	2,320	77,260	61,900	54,400	46,900	39,400	31,900
2,320	2,340	79,960	62,980	55,480	47,980	40,480	32,980
2,340	2,360	82,660	64,060	56,560	49,060	41,560	34,060
2,360	2,380	85,360	66,610	57,640	50,140	42,640	35,140
2,380	2,400	88,060	69,310	58,720	51,220	43,720	36,220
2,400	2,420	90,760	72,010	59,800	52,300	44,800	37,300
2,420	2,440	93,460	74,710	60,880	53,380	45,880	38,380
2,440	2,460	96,160	77,410	61,960	54,460	46,960	39,460
2,460	2,480	98,860	80,110	63,040	55,540	48,040	40,540
2,480	2,500	101,560	82,810	64,120	56,620	49,120	41,620
2,500	2,520	104,260	85,510	66,760	57,700	50,200	42,700
2,520	2,540	106,960	88,210	69,460	58,780	51,280	43,780
2,540	2,560	109,660	90,910	72,160	59,860	52,360	44,860
2,560	2,580	112,360	93,610	74,860	60,940	53,440	45,940
2,580	2,600	115,060	96,310	77,560	62,020	54,520	47,020
2,600	2,620	117,760	99,010	80,260	63,100	55,600	48,100
2,620	2,640	120,460	101,710	82,960	64,210	56,680	49,180
2,640	2,660	123,160	104,410	85,660	66,910	57,760	50,260
2,660	2,680	125,860	107,110	88,360	69,610	58,840	51,340
2,680	2,700	128,560	109,810	91,060	72,310	59,920	52,420
2,700	2,720	131,260	112,510	93,760	75,010	61,000	53,500
2,720	2,740	133,960	115,210	96,460	77,710	62,080	54,580
2,740	2,760	136,660	117,910	99,160	80,410	63,160	55,660
2,760	2,780	139,360	120,610	101,860	83,110	64,360	56,740
2,780	2,800	142,060	123,310	104,560	85,810	67,060	57,820
2,800	2,820	144,760	126,010	107,260	88,510	69,760	58,900
2,820	2,840	147,460	128,710	109,960	91,210	72,460	59,980
2,840	2,860	150,160	131,410	112,660	93,910	75,160	61,060
2,860	2,880	152,860	134,110	115,360	96,610	77,860	62,140
2,880	2,900	155,560	136,810	118,060	99,310	80,560	63,220
2,900	2,920	158,260	139,510	120,760	102,010	83,260	64,510
2,920	2,940	160,960	142,210	123,460	104,710	85,960	67,210
2,940	2,960	163,660	144,910	126,160	107,410	88,660	69,910

월환산액(천원) 〱 공제대상 가족수		2	3	4	5	6	7
2,960	2,980	166,360	147,610	128,860	110,110	91,360	72,610
2,980	3,000	169,060	150,310	131,560	112,810	94,060	75,310
3,000	3,020	171,760	153,010	134,260	115,510	96,760	78,010
3,020	3,040	174,460	155,710	136,960	118,210	99,460	80,710
3,040	3,060	177,160	158,410	139,660	120,910	102,160	83,410
3,060	3,080	179,860	161,110	142,360	123,610	104,860	86,110
3,080	3,100	182,560	163,810	145,060	126,310	107,560	88,810
3,100	3,120	185,260	166,510	147,760	129,010	110,260	91,510
3,120	3,140	187,960	169,210	150,460	131,710	112,960	94,210
3,140	3,160	190,660	171,910	153,160	134,410	115,660	96,910
3,160	3,180	193,360	174,610	155,860	137,110	118,360	99,610
3,180	3,200	196,060	177,310	158,560	139,810	121,060	102,310
3,200	3,220	198,760	180,010	161,260	142,510	123,760	105,010
3,220	3,240	201,460	182,710	163,960	145,210	126,460	107,710
3,240	3,260	204,160	185,410	166,660	147,910	129,160	110,410
3,260	3,280	206,860	188,110	169,360	150,610	131,860	113,110
3,280	3,300	209,560	190,810	172,060	153,310	134,560	115,810
3,300	3,320	212,260	193,510	174,760	156,010	137,260	118,510
3,320	3,340	214,960	196,210	177,460	158,710	139,960	121,210
3,340	3,360	217,660	198,910	180,160	161,410	142,660	123,910
3,360	3,380	220,360	201,610	182,860	164,110	145,360	126,610
3,380	3,400	223,060	204,310	185,560	166,810	148,060	129,310
3,400	3,420	225,760	207,010	188,260	169,510	150,760	132,010
3,420	3,440	228,660	209,910	191,160	172,410	153,660	134,910
3,440	3,460	231,660	212,910	194,160	175,410	156,660	137,910
3,460	3,480	234,660	215,910	197,160	178,410	159,660	140,910
3,480	3,500	237,660	218,910	200,160	181,410	162,660	143,910
3,500	3,520	240,660	221,910	203,160	184,410	165,660	146,910
3,520	3,540	243,660	224,910	206,160	187,410	168,660	149,910
3,540	3,560	246,660	227,910	209,160	190,410	171,660	152,910
3,560	3,580	249,660	230,910	212,160	193,410	174,660	155,910
3,580	3,600	252,660	233,910	215,160	196,410	177,660	158,910
3,600	3,620	255,660	236,910	218,160	199,410	180,660	161,910
3,620	3,640	258,660	239,910	221,160	202,410	183,660	164,910
3,640	3,660	261,660	242,910	224,160	205,410	186,660	167,910
3,660	3,680	264,660	245,910	227,160	208,410	189,660	170,910
3,680	3,700	267,660	248,910	230,160	211,410	192,660	173,910
3,700	3,720	270,660	251,910	233,160	214,410	195,660	176,910
3,720	3,740	273,660	254,910	236,160	217,410	198,660	179,910
3,740	3,760	276,660	257,910	239,160	220,410	201,660	182,910
3,760	3,780	279,660	260,910	242,160	223,410	204,660	185,910
3,780	3,800	282,660	263,910	245,160	226,410	207,660	188,910
3,800	3,820	285,660	266,910	248,160	229,410	210,660	191,910
3,820	3,840	288,660	269,910	251,160	232,410	213,660	194,910
3,840	3,860	291,660	272,910	254,160	235,410	216,660	197,910
3,860	3,880	294,660	275,910	257,160	238,410	219,660	200,910
3,880	3,900	297,660	278,910	260,160	241,410	222,660	203,910
3,900	3,920	300,660	281,910	263,160	244,410	225,660	206,910
3,920	3,940	303,660	284,910	266,160	247,410	228,660	209,910
3,940	3,960	306,660	287,910	269,160	250,410	231,660	212,910
3,960	3,980	309,660	290,910	272,160	253,410	234,660	215,910
3,980	4,000	312,660	293,910	275,160	256,410	237,660	218,910
4,000이상		314,160	295,410	276,660	257,910	239,160	220,410

월환산액(천원)	공제대상 가족수	3	4	5	6	7
1,150	1,160	0	0	0	0	0
1,160	1,170	0	0	0	0	0
1,170	1,180	0	0	0	0	0
1,180	1,190	0	0	0	0	0
1,190	1,200	0	0	0	0	0
1,200	1,210	0	0	0	0	0
1,210	1,220	0	0	0	0	0
1,220	1,230	0	0	0	0	0
1,230	1,240	0	0	0	0	0
1,240	1,250	0	0	0	0	0
1,250	1,260	0	0	0	0	0
1,260	1,270	0	0	0	0	0
1,270	1,280	1,010	0	0	0	0
1,280	1,290	1,550	0	0	0	0
1,290	1,300	2,090	0	0	0	0
1,300	1,310	2,630	0	0	0	0
1,310	1,320	3,170	0	0	0	0
1,320	1,330	3,710	0	0	0	0
1,330	1,340	4,250	0	0	0	0
1,340	1,350	4,790	0	0	0	0
1,350	1,360	5,330	0	0	0	0
1,360	1,370	5,870	0	0	0	0
1,370	1,380	6,410	0	0	0	0
1,380	1,390	6,950	0	0	0	0
1,390	1,400	7,490	0	0	0	0
1,400	1,410	8,030	0	0	0	0
1,410	1,420	8,570	1,070	0	0	0
1,420	1,430	9,110	1,610	0	0	0
1,430	1,440	9,650	2,150	0	0	0
1,440	1,450	10,190	2,690	0	0	0
1,450	1,460	10,730	3,230	0	0	0
1,460	1,470	11,270	3,770	0	0	0
1,470	1,480	11,810	4,310	0	0	0
1,480	1,490	12,350	4,850	0	0	0
1,490	1,500	12,890	5,390	0	0	0
1,500	1,510	13,430	5,930	0	0	0
1,510	1,520	13,970	6,470	0	0	0
1,520	1,530	14,510	7,010	0	0	0
1,530	1,540	15,050	7,550	0	0	0
1,540	1,550	15,590	8,090	0	0	0
1,550	1,560	16,130	8,630	1,130	0	0
1,560	1,570	16,670	9,170	1,670	0	0
1,570	1,580	17,210	9,710	2,210	0	0
1,580	1,590	17,750	10,250	2,750	0	0
1,590	1,600	18,290	10,790	3,290	0	0
1,600	1,610	18,830	11,330	3,830	0	0
1,610	1,620	19,370	11,870	4,370	0	0
1,620	1,630	19,910	12,410	4,910	0	0
1,630	1,640	20,450	12,950	5,450	0	0
1,640	1,650	20,990	13,490	5,990	0	0
1,650	1,660	21,530	14,030	6,530	0	0
1,660	1,670	22,070	14,570	7,070	0	0
1,670	1,680	22,610	15,110	7,610	0	0
1,680	1,690	23,150	15,650	8,150	0	0
1,690	1,700	23,690	16,190	8,690	1,190	0
1,700	1,710	24,230	16,730	9,230	1,730	0
1,710	1,720	24,770	17,270	9,770	2,270	0
1,720	1,730	25,310	17,810	10,310	2,810	0
1,730	1,740	25,850	18,350	10,850	3,350	0
1,740	1,750	26,390	18,890	11,390	3,890	0
1,750	1,760	26,930	19,430	11,930	4,430	0
1,760	1,770	27,470	19,970	12,470	4,970	0

(단위 : 원)

월환산액(천원)	공제대상 가족수	3	4	5	6	7
1,770	1,780	28,010	20,510	13,010	5,510	0
1,780	1,790	28,550	21,050	13,550	6,050	0
1,790	1,800	29,090	21,590	14,090	6,590	0
1,800	1,810	29,630	22,130	14,630	7,130	0
1,810	1,820	30,170	22,670	15,170	7,670	0
1,820	1,830	30,710	23,210	15,710	8,210	0
1,830	1,840	31,250	23,750	16,250	8,750	1,250
1,840	1,850	31,790	24,290	16,790	9,290	1,790
1,850	1,860	32,330	24,830	17,330	9,830	2,330
1,860	1,870	32,870	25,370	17,870	10,370	2,870
1,870	1,880	33,410	25,910	18,410	10,910	3,410
1,880	1,890	33,950	26,450	18,950	11,450	3,950
1,890	1,900	34,490	26,990	19,490	11,990	4,490
1,900	1,910	35,030	27,530	20,030	12,530	5,030
1,910	1,920	35,570	28,070	20,570	13,070	5,570
1,920	1,930	36,110	28,610	21,110	13,610	6,110
1,930	1,940	36,650	29,150	21,650	14,150	6,650
1,940	1,950	37,190	29,690	22,190	14,690	7,190
1,950	1,960	37,730	30,230	22,730	15,230	7,730
1,960	1,970	38,270	30,770	23,270	15,770	8,270
1,970	1,980	38,810	31,310	23,810	16,310	8,810
1,980	1,990	39,350	31,850	24,350	16,850	9,350
1,990	2,000	39,890	32,390	24,890	17,390	9,890
2,000	2,020	40,700	33,200	25,700	18,200	10,700
2,020	2,040	41,780	34,280	26,780	19,280	11,780
2,040	2,060	42,860	35,360	27,860	20,360	12,860
2,060	2,080	43,940	36,440	28,940	21,440	13,940
2,080	2,100	45,020	37,520	30,020	22,520	15,020
2,100	2,120	46,100	38,600	31,100	23,600	16,100
2,120	2,140	47,180	39,680	32,180	24,680	17,180
2,140	2,160	48,260	40,760	33,260	25,760	18,260
2,160	2,180	49,340	41,840	34,340	26,840	19,340
2,180	2,200	50,420	42,920	35,420	27,920	20,420
2,200	2,220	51,500	44,000	36,500	29,000	21,500
2,220	2,240	52,580	45,080	37,580	30,080	22,580
2,240	2,260	53,000	46,160	38,660	31,160	23,660
2,260	2,280	54,740	47,240	39,740	32,240	24,740
2,280	2,300	55,820	48,320	40,820	33,320	25,820
2,300	2,320	56,900	49,400	41,900	34,400	26,900
2,320	2,340	57,980	50,480	42,980	35,480	27,980
2,340	2,360	59,060	51,560	44,060	36,560	29,060
2,360	2,380	60,140	52,640	45,140	37,640	30,140
2,380	2,400	61,220	53,720	46,220	38,720	31,220
2,400	2,420	62,300	54,800	47,300	39,800	32,300
2,420	2,440	63,380	55,880	48,380	40,880	33,380
2,440	2,460	64,910	56,960	49,460	41,960	34,460
2,460	2,480	67,610	58,040	50,540	43,040	35,540
2,480	2,500	70,310	59,120	51,620	44,120	36,620
2,500	2,520	73,010	60,200	52,700	45,200	37,700
2,520	2,540	75,710	61,280	53,780	46,280	38,780
2,540	2,560	78,410	62,360	54,860	47,360	39,860
2,560	2,580	81,110	63,440	55,940	48,440	40,940
2,580	2,600	83,810	65,060	57,020	49,520	42,020
2,600	2,620	86,510	67,760	58,100	50,600	43,100
2,620	2,640	89,210	70,460	59,180	51,680	44,180
2,640	2,660	91,910	73,160	60,260	52,760	45,260
2,660	2,680	94,610	75,860	61,340	53,840	46,340
2,680	2,700	97,310	78,560	62,420	54,920	47,420
2,700	2,720	100,010	81,260	63,500	56,000	48,500
2,720	2,740	102,710	83,960	65,210	57,080	49,580
2,740	2,760	105,410	86,660	67,910	58,160	50,660
2,760	2,780	108,110	89,360	70,610	59,240	51,740

월지급액(천원)		부양가족 인원별 원천징수 세액(원)									
이상	미만	1명	2명	3명	4명	5명	6명	7명	8명	9명	10명
1,165	1,170	–	–	–	–	–	–	–	–	–	–
1,170	1,175	–	–	–	–	–	–	–	–	–	–
1,175	1,180	–	–	–	–	–	–	–	–	–	–
1,180	1,185	–	–	–	–	–	–	–	–	–	–
1,185	1,190	–	–	–	–	–	–	–	–	–	–
1,190	1,195	–	–	–	–	–	–	–	–	–	–
1,195	1,200	–	–	–	–	–	–	–	–	–	–
1,200	1,205	–	–	–	–	–	–	–	–	–	–
1,205	1,210	–	–	–	–	–	–	–	–	–	–
1,210	1,215	–	–	–	–	–	–	–	–	–	–
1,215	1,220	–	–	–	–	–	–	–	–	–	–
1,220	1,225	–	–	–	–	–	–	–	–	–	–
1,225	1,230	–	–	–	–	–	–	–	–	–	–
1,230	1,235	–	–	–	–	–	–	–	–	–	–
1,235	1,240	–	–	–	–	–	–	–	–	–	–
1,240	1,245	–	–	–	–	–	–	–	–	–	–
1,245	1,250	–	–	–	–	–	–	–	–	–	–
1,250	1,255	1,000	–	–	–	–	–	–	–	–	–
1,255	1,260	1,000	–	–	–	–	–	–	–	–	–
1,260	1,265	1,000	–	–	–	–	–	–	–	–	–
1,265	1,270	1,000	–	–	–	–	–	–	–	–	–
1,270	1,275	1,000	–	–	–	–	–	–	–	–	–
1,275	1,280	1,000	–	–	–	–	–	–	–	–	–
1,280	1,285	1,000	–	–	–	–	–	–	–	–	–
1,285	1,290	1,000	–	–	–	–	–	–	–	–	–
1,290	1,295	1,000	–	–	–	–	–	–	–	–	–
1,295	1,300	1,000	–	–	–	–	–	–	–	–	–
1,300	1,305	1,000	–	–	–	–	–	–	–	–	–
1,305	1,310	1,000	–	–	–	–	–	–	–	–	–
1,310	1,315	1,000	–	–	–	–	–	–	–	–	–
1,315	1,320	1,000	–	–	–	–	–	–	–	–	–
1,320	1,325	1,000	–	–	–	–	–	–	–	–	–
1,325	1,330	1,000	–	–	–	–	–	–	–	–	–
1,330	1,335	1,000	–	–	–	–	–	–	–	–	–
1,335	1,340	1,000	–	–	–	–	–	–	–	–	–
1,340	1,345	1,000	–	–	–	–	–	–	–	–	–
1,345	1,350	1,000	–	–	–	–	–	–	–	–	–
1,350	1,355	1,000	–	–	–	–	–	–	–	–	–
1,355	1,360	1,000	–	–	–	–	–	–	–	–	–
1,360	1,365	1,000	–	–	–	–	–	–	–	–	–
1,365	1,370	1,000	–	–	–	–	–	–	–	–	–
1,370	1,375	1,000	–	–	–	–	–	–	–	–	–
1,375	1,380	1,000	–	–	–	–	–	–	–	–	–
1,380	1,385	1,000	–	–	–	–	–	–	–	–	–
1,385	1,390	1,000	–	–	–	–	–	–	–	–	–
1,390	1,395	1,000	–	–	–	–	–	–	–	–	–
1,395	1,400	1,000	–	–	–	–	–	–	–	–	–
1,400	1,405	1,000	–	–	–	–	–	–	–	–	–
1,405	1,410	1,000	–	–	–	–	–	–	–	–	–
1,410	1,415	1,000	–	–	–	–	–	–	–	–	–
1,415	1,420	1,000	–	–	–	–	–	–	–	–	–
1,420	1,425	1,000	–	–	–	–	–	–	–	–	–
1,425	1,430	1,000	–	–	–	–	–	–	–	–	–
1,430	1,435	1,000	–	–	–	–	–	–	–	–	–

월지급액(천원)		부양가족 인원별 원천징수 세액(원)									
이상	미만	1명	2명	3명	4명	5명	6명	7명	8명	9명	10명
1,435	1,440	1,000	-	-	-	-	-	-	-	-	-
1,440	1,445	1,000	-	-	-	-	-	-	-	-	-
1,445	1,450	1,000	-	-	-	-	-	-	-	-	-
1,450	1,455	1,000	-	-	-	-	-	-	-	-	-
1,455	1,460	1,000	-	-	-	-	-	-	-	-	-
1,460	1,465	1,000	-	-	-	-	-	-	-	-	-
1,465	1,470	1,000	-	-	-	-	-	-	-	-	-
1,470	1,475	1,000	-	-	-	-	-	-	-	-	-
1,475	1,480	1,000	-	-	-	-	-	-	-	-	-
1,480	1,485	1,000	-	-	-	-	-	-	-	-	-
1,485	1,490	1,000	-	-	-	-	-	-	-	-	-
1,490	1,495	1,000	-	-	-	-	-	-	-	-	-
1,495	1,500	1,000	-	-	-	-	-	-	-	-	-
1,500	1,505	1,000	-	-	-	-	-	-	-	-	-
1,505	1,510	1,000	-	-	-	-	-	-	-	-	-
1,510	1,520	1,000	-	-	-	-	-	-	-	-	-
1,520	1,530	1,000	-	-	-	-	-	-	-	-	-
1,530	1,540	1,000	-	-	-	-	-	-	-	-	-
1,540	1,550	1,000	-	-	-	-	-	-	-	-	-
1,550	1,560	1,000	-	-	-	-	-	-	-	-	-
1,560	1,570	1,000	-	-	-	-	-	-	-	-	-
1,570	1,580	1,000	-	-	-	-	-	-	-	-	-
1,580	1,590	1,000	-	-	-	-	-	-	-	-	-
1,590	1,600	1,000	-	-	-	-	-	-	-	-	-
1,600	1,610	1,000	-	-	-	-	-	-	-	-	-
1,610	1,620	1,000	-	-	-	-	-	-	-	-	-
1,620	1,630	1,000	-	-	-	-	-	-	-	-	-
1,630	1,640	1,000	-	-	-	-	-	-	-	-	-
1,640	1,650	1,000	-	-	-	-	-	-	-	-	-
1,650	1,660	1,000	-	-	-	-	-	-	-	-	-
1,660	1,670	1,000	-	-	-	-	-	-	-	-	-
1,670	1,680	1,000	-	-	-	-	-	-	-	-	-
1,680	1,690	1,000	-	-	-	-	-	-	-	-	-
1,690	1,700	1,000	-	-	-	-	-	-	-	-	-
1,700	1,710	1,000	-	-	-	-	-	-	-	-	-
1,710	1,720	1,000	-	-	-	-	-	-	-	-	-
1,720	1,730	1,000	1,000	-	-	-	-	-	-	-	-
1,730	1,740	1,000	1,000	-	-	-	-	-	-	-	-
1,740	1,750	1,000	1,000	-	-	-	-	-	-	-	-
1,750	1,760	1,000	1,000	-	-	-	-	-	-	-	-
1,760	1,770	1,000	1,000	-	-	-	-	-	-	-	-
1,770	1,780	1,000	1,000	-	-	-	-	-	-	-	-
1,780	1,790	1,000	1,000	-	-	-	-	-	-	-	-
1,790	1,800	1,000	1,000	-	-	-	-	-	-	-	-
1,800	1,810	1,000	1,000	-	-	-	-	-	-	-	-
1,810	1,820	1,000	1,000	-	-	-	-	-	-	-	-
1,820	1,830	1,000	1,000	-	-	-	-	-	-	-	-
1,830	1,840	1,000	1,000	-	-	-	-	-	-	-	-
1,840	1,850	1,000	1,000	-	-	-	-	-	-	-	-
1,850	1,860	1,000	1,000	-	-	-	-	-	-	-	-
1,860	1,870	1,000	1,000	-	-	-	-	-	-	-	-
1,870	1,880	1,000	1,000	-	-	-	-	-	-	-	-
1,880	1,890	1,000	1,000	-	-	-	-	-	-	-	-
1,890	1,900	1,000	1,000	-	-	-	-	-	-	-	-

월지급액(천원)		부양가족 인원별 원천징수 세액(원)									
이상	미만	1명	2명	3명	4명	5명	6명	7명	8명	9명	10명
1,900	1,910	1,000	1,000	–	–	–	–	–	–	–	–
1,910	1,920	1,000	1,000	–	–	–	–	–	–	–	–
1,920	1,930	1,000	1,000	–	–	–	–	–	–	–	–
1,930	1,940	1,470	1,000	–	–	–	–	–	–	–	–
1,940	1,950	2,060	1,000	–	–	–	–	–	–	–	–
1,950	1,960	2,640	1,000	–	–	–	–	–	–	–	–
1,960	1,970	3,230	1,000	–	–	–	–	–	–	–	–
1,970	1,980	3,820	1,000	1,000	–	–	–	–	–	–	–
1,980	1,990	4,410	1,000	1,000	–	–	–	–	–	–	–
1,990	2,000	5,000	1,000	1,000	–	–	–	–	–	–	–
2,000	2,010	5,590	1,000	1,000	–	–	–	–	–	–	–
2,010	2,020	6,180	1,000	1,000	–	–	–	–	–	–	–
2,020	2,030	6,770	1,000	1,000	–	–	–	–	–	–	–
2,030	2,040	7,360	1,000	1,000	–	–	–	–	–	–	–
2,040	2,050	7,950	1,000	1,000	–	–	–	–	–	–	–
2,050	2,060	8,530	1,000	1,000	–	–	–	–	–	–	–
2,060	2,070	9,120	1,000	1,000	–	–	–	–	–	–	–
2,070	2,080	9,710	1,000	1,000	–	–	–	–	–	–	–
2,080	2,090	10,300	1,000	1,000	–	–	–	–	–	–	–
2,090	2,100	10,890	1,000	1,000	–	–	–	–	–	–	–
2,100	2,110	11,480	1,000	1,000	–	–	–	–	–	–	–
2,110	2,120	12,070	1,000	1,000	–	–	–	–	–	–	–
2,120	2,130	12,660	1,000	1,000	–	–	–	–	–	–	–
2,130	2,140	13,250	1,000	1,000	–	–	–	–	–	–	–
2,140	2,150	13,840	1,000	1,000	–	–	–	–	–	–	–
2,150	2,160	14,420	1,000	1,000	–	–	–	–	–	–	–
2,160	2,170	15,010	1,000	1,000	–	–	–	–	–	–	–
2,170	2,180	15,600	1,000	1,000	–	–	–	–	–	–	–
2,180	2,190	16,190	1,000	1,000	–	–	–	–	–	–	–
2,190	2,200	16,780	1,000	1,000	–	–	–	–	–	–	–
2,200	2,210	17,370	1,000	1,000	–	–	–	–	–	–	–
2,210	2,220	17,960	1,000	1,000	–	–	–	–	–	–	–
2,220	2,230	18,550	1,000	1,000	1,000	–	–	–	–	–	–
2,230	2,240	19,140	1,000	1,000	1,000	–	–	–	–	–	–
2,240	2,250	19,730	1,000	1,000	1,000	–	–	–	–	–	–
2,250	2,260	20,310	1,000	1,000	1,000	–	–	–	–	–	–
2,260	2,270	20,900	1,000	1,000	1,000	–	–	–	–	–	–
2,270	2,280	21,490	1,000	1,000	1,000	–	–	–	–	–	–
2,280	2,290	22,080	1,000	1,000	1,000	–	–	–	–	–	–
2,290	2,300	22,670	1,000	1,000	1,000	–	–	–	–	–	–
2,300	2,310	23,260	1,000	1,000	1,000	–	–	–	–	–	–
2,310	2,320	23,850	1,350	1,000	1,000	–	–	–	–	–	–
2,320	2,330	24,440	1,940	1,000	1,000	–	–	–	–	–	–
2,330	2,340	25,030	2,530	1,000	1,000	–	–	–	–	–	–
2,340	2,350	25,620	3,120	1,000	1,000	–	–	–	–	–	–
2,350	2,360	26,200	3,700	1,000	1,000	–	–	–	–	–	–
2,360	2,370	26,790	4,290	1,000	1,000	–	–	–	–	–	–
2,370	2,380	27,380	4,880	1,000	1,000	–	–	–	–	–	–
2,380	2,390	27,970	5,470	1,000	1,000	–	–	–	–	–	–
2,390	2,400	28,560	6,060	1,000	1,000	–	–	–	–	–	–
2,400	2,410	29,150	6,650	1,000	1,000	–	–	–	–	–	–
2,410	2,420	29,740	7,240	1,000	1,000	–	–	–	–	–	–
2,420	2,430	30,330	7,830	1,000	1,000	–	–	–	–	–	–
2,430	2,440	30,920	8,420	1,000	1,000	–	–	–	–	–	–

월지급액(천원)		부양가족 인원별 원천징수 세액(원)									
이상	미만	1명	2명	3명	4명	5명	6명	7명	8명	9명	10명
2,440	2,450	31,510	9,010	1,000	1,000	-	-	-	-	-	-
2,450	2,460	32,090	9,590	1,000	1,000	-	-	-	-	-	-
2,460	2,470	32,680	10,180	1,000	1,000	-	-	-	-	-	-
2,470	2,480	33,270	10,770	1,000	1,000	1,000	-	-	-	-	-
2,480	2,490	33,860	11,360	1,000	1,000	1,000	-	-	-	-	-
2,490	2,500	34,450	11,950	1,000	1,000	1,000	-	-	-	-	-
2,500	2,510	35,040	12,540	1,000	1,000	1,000	-	-	-	-	-
2,510	2,520	35,630	13,130	1,000	1,000	1,000	-	-	-	-	-
2,520	2,530	36,220	13,720	1,000	1,000	1,000	-	-	-	-	-
2,530	2,540	36,810	14,310	1,000	1,000	1,000	-	-	-	-	-
2,540	2,550	37,400	14,900	1,000	1,000	1,000	-	-	-	-	-
2,550	2,560	37,980	15,480	1,000	1,000	1,000	-	-	-	-	-
2,560	2,570	38,570	16,070	1,000	1,000	1,000	-	-	-	-	-
2,570	2,580	39,160	16,660	1,000	1,000	1,000	-	-	-	-	-
2,580	2,590	39,750	17,250	1,000	1,000	1,000	-	-	-	-	-
2,590	2,600	40,340	17,840	1,000	1,000	1,000	-	-	-	-	-
2,600	2,610	40,930	18,430	1,000	1,000	1,000	-	-	-	-	-
2,610	2,620	41,520	19,020	1,000	1,000	1,000	-	-	-	-	-
2,620	2,630	42,110	19,610	1,000	1,000	1,000	-	-	-	-	-
2,630	2,640	42,700	20,200	1,000	1,000	1,000	-	-	-	-	-
2,640	2,650	43,290	20,790	1,000	1,000	1,000	-	-	-	-	-
2,650	2,660	43,870	21,370	1,000	1,000	1,000	-	-	-	-	-
2,660	2,670	44,460	21,960	1,000	1,000	1,000	-	-	-	-	-
2,670	2,680	45,050	22,550	1,000	1,000	1,000	-	-	-	-	-
2,680	2,690	45,640	23,140	1,220	1,000	1,000	-	-	-	-	-
2,690	2,700	46,230	23,730	1,230	1,000	1,000	-	-	-	-	-
2,700	2,710	46,820	24,320	1,820	1,000	1,000	-	-	-	-	-
2,710	2,720	47,410	24,910	2,410	1,000	1,000	-	-	-	-	-
2,720	2,730	48,000	25,500	3,000	1,000	1,000	1,000	-	-	-	-
2,730	2,740	48,590	26,090	3,590	1,000	1,000	1,000	-	-	-	-
2,740	2,750	49,180	26,680	4,180	1,000	1,000	1,000	-	-	-	-
2,750	2,760	49,760	27,260	4,760	1,000	1,000	1,000	-	-	-	-
2,760	2,770	50,350	27,850	5,350	1,000	1,000	1,000	-	-	-	-
2,770	2,780	50,940	28,440	5,940	1,000	1,000	1,000	-	-	-	-
2,780	2,790	51,530	29,030	6,530	1,000	1,000	1,000	-	-	-	-
2,790	2,800	52,120	29,620	7,120	1,000	1,000	1,000	-	-	-	-
2,800	2,810	52,710	30,210	7,710	1,000	1,000	1,000	-	-	-	-
2,810	2,820	53,300	30,800	8,300	1,000	1,000	1,000	-	-	-	-
2,820	2,830	53,890	31,390	8,890	1,000	1,000	1,000	-	-	-	-
2,830	2,840	54,480	31,980	9,480	1,000	1,000	1,000	-	-	-	-
2,840	2,850	55,070	32,570	10,070	1,000	1,000	1,000	-	-	-	-
2,850	2,860	55,650	33,150	10,650	1,000	1,000	1,000	-	-	-	-
2,860	2,870	56,240	33,740	11,240	1,000	1,000	1,000	-	-	-	-
2,870	2,880	56,830	34,330	11,830	1,000	1,000	1,000	-	-	-	-
2,880	2,890	57,420	34,920	12,420	1,000	1,000	1,000	-	-	-	-
2,890	2,900	58,010	35,510	13,010	1,000	1,000	1,000	-	-	-	-
2,900	2,910	58,600	36,100	13,600	1,000	1,000	1,000	-	-	-	-
2,910	2,920	59,190	36,690	14,190	1,000	1,000	1,000	-	-	-	-
2,920	2,930	59,780	37,280	14,780	1,000	1,000	1,000	-	-	-	-
2,930	2,940	60,370	37,870	15,370	1,000	1,000	1,000	-	-	-	-
2,940	2,950	60,960	38,460	15,960	1,000	1,000	1,000	-	-	-	-
2,950	2,960	61,540	39,040	16,540	1,000	1,000	1,000	-	-	-	-
2,960	2,970	62,130	39,630	17,130	1,000	1,000	1,000	-	-	-	-
2,970	2,980	62,720	40,220	17,720	1,000	1,000	1,000	1,000	-	-	-

월지급액(천원)		부양가족 인원별 원천징수 세액(원)									
이상	미만	1명	2명	3명	4명	5명	6명	7명	8명	9명	10명
2,980	2,990	63,310	40,810	18,310	1,000	1,000	1,000	1,000	-	-	-
2,990	3,000	63,900	41,400	18,900	1,000	1,000	1,000	1,000	-	-	-
3,000	3,020	64,780	42,280	19,780	1,000	1,000	1,000	1,000	-	-	-
3,020	3,040	65,960	43,460	20,960	1,000	1,000	1,000	1,000	-	-	-
3,040	3,060	67,140	44,640	22,140	1,000	1,000	1,000	1,000	-	-	-
3,060	3,080	68,320	45,820	23,320	1,000	1,000	1,000	1,000	-	-	-
3,080	3,100	69,500	47,000	24,500	2,000	1,000	1,000	1,000	-	-	-
3,100	3,120	70,670	48,170	25,670	3,170	1,000	1,000	1,000	-	-	-
3,120	3,140	71,850	49,350	26,850	4,350	1,000	1,000	1,000	-	-	-
3,140	3,160	73,030	50,530	28,030	5,530	1,000	1,000	1,000	-	-	-
3,160	3,180	74,210	51,710	29,210	6,710	1,000	1,000	1,000	-	-	-
3,180	3,200	75,390	52,890	30,390	7,890	1,000	1,000	1,000	-	-	-
3,200	3,220	76,560	54,060	31,560	9,060	1,000	1,000	1,000	-	-	-
3,220	3,240	77,740	55,240	32,740	10,240	1,000	1,000	1,000	1,000	-	-
3,240	3,260	78,920	56,420	33,920	11,420	1,000	1,000	1,000	1,000	-	-
3,260	3,280	80,100	57,600	35,100	12,600	1,000	1,000	1,000	1,000	-	-
3,280	3,300	81,280	58,780	36,280	13,780	1,000	1,000	1,000	1,000	-	-
3,300	3,320	82,450	59,950	37,450	14,950	1,000	1,000	1,000	1,000	-	-
3,320	3,340	83,630	61,130	38,630	16,130	1,000	1,000	1,000	1,000	-	-
3,340	3,360	85,410	62,910	40,410	17,910	1,000	1,000	1,000	1,000	-	-
3,360	3,380	87,310	64,810	42,310	19,810	1,000	1,000	1,000	1,000	-	-
3,380	3,400	89,210	66,710	44,210	21,710	1,000	1,000	1,000	1,000	-	-
3,400	3,420	91,100	68,600	46,100	23,600	1,100	1,000	1,000	1,000	-	-
3,420	3,440	93,000	70,500	48,000	25,500	3,000	1,000	1,000	1,000	1,000	-
3,440	3,460	94,900	72,400	49,900	27,400	4,900	1,000	1,000	1,000	1,000	-
3,460	3,480	96,800	74,300	51,800	29,300	6,800	1,000	1,000	1,000	1,000	-
3,480	3,500	98,700	76,200	53,700	31,200	8,700	1,000	1,000	1,000	1,000	-
3,500	3,520	100,590	78,090	55,590	33,090	10,590	1,000	1,000	1,000	1,000	-
3,520	3,540	102,490	79,990	57,490	34,990	12,490	1,000	1,000	1,000	1,000	-
3,540	3,560	104,390	81,890	59,390	36,890	14,390	1,000	1,000	1,000	1,000	-
3,560	3,580	106,290	83,790	61,290	38,790	16,290	1,000	1,000	1,000	1,000	-
3,580	3,600	108,190	85,690	63,190	40,690	18,190	1,000	1,000	1,000	1,000	-
3,600	3,620	110,080	87,580	65,080	42,580	20,080	1,000	1,000	1,000	1,000	1,000
3,620	3,640	111,980	89,480	66,980	44,480	21,980	1,000	1,000	1,000	1,000	1,000
3,640	3,660	113,880	91,380	68,880	46,380	23,880	1,380	1,000	1,000	1,000	1,000
3,660	3,680	115,780	93,280	70,780	48,280	25,780	3,280	1,000	1,000	1,000	1,000
3,680	3,700	117,680	95,180	72,680	50,180	27,680	5,180	1,000	1,000	1,000	1,000
3,700	3,720	119,570	97,070	74,570	52,070	29,570	7,070	1,000	1,000	1,000	1,000
3,720	3,740	121,470	98,970	76,470	53,970	31,470	8,970	1,000	1,000	1,000	1,000
3,740	3,760	123,370	100,870	78,370	55,870	33,370	10,870	1,000	1,000	1,000	1,000
3,760	3,780	125,270	102,770	80,270	57,770	35,270	12,770	1,000	1,000	1,000	1,000
3,780	3,800	127,170	104,670	82,170	59,670	37,170	14,670	1,000	1,000	1,000	1,000
3,800	3,820	129,060	106,560	84,060	61,560	39,060	16,560	1,000	1,000	1,000	1,000
3,820	3,840	130,960	108,460	85,960	63,460	40,960	18,460	1,000	1,000	1,000	1,000
3,840	3,860	132,860	110,360	87,860	65,360	42,860	20,360	1,000	1,000	1,000	1,000
3,860	3,880	134,760	112,260	89,760	67,260	44,760	22,260	1,000	1,000	1,000	1,000
3,880	3,900	136,660	114,160	91,660	69,160	46,660	24,160	1,660	1,000	1,000	1,000
3,900	3,920	138,550	116,050	93,550	71,050	48,550	26,050	3,550	1,000	1,000	1,000
3,920	3,940	140,450	117,950	95,450	72,950	50,450	27,950	5,450	1,000	1,000	1,000
3,940	3,960	142,350	119,850	97,350	74,850	52,350	29,850	7,350	1,000	1,000	1,000
3,960	3,980	144,250	121,750	99,250	76,750	54,250	31,750	9,250	1,000	1,000	1,000
3,980	4,000	146,150	123,650	101,150	78,650	56,150	33,650	11,150	1,000	1,000	1,000
4,000	4,020	148,040	125,540	103,040	80,540	58,040	35,540	13,040	1,000	1,000	1,000
4,020	4,040	149,940	127,440	104,940	82,440	59,940	37,440	14,940	1,000	1,000	1,000

월지급액(천원)		부양가족 인원별 원천징수 세액(원)									
이상	미만	1명	2명	3명	4명	5명	6명	7명	8명	9명	10명
4,040	4,060	151,840	129,340	106,840	84,340	61,840	39,340	16,840	1,000	1,000	1,000
4,060	4,080	153,740	131,240	108,740	86,240	63,740	41,240	18,740	1,000	1,000	1,000
4,080	4,100	155,640	133,140	110,640	88,140	65,640	43,140	20,640	1,000	1,000	1,000
4,100	4,120	157,530	135,030	112,530	90,030	67,530	45,030	22,530	1,000	1,000	1,000
4,120	4,140	159,430	136,930	114,430	91,930	69,430	46,930	24,430	1,930	1,000	1,000
4,140	4,160	161,330	138,830	116,330	93,830	71,330	48,830	26,330	3,830	1,000	1,000
4,160	4,180	163,230	140,730	118,230	95,730	73,230	50,730	28,230	5,730	1,000	1,000
4,180	4,200	165,130	142,630	120,130	97,630	75,130	52,630	30,130	7,630	1,000	1,000
4,200	4,220	167,020	144,520	122,020	99,520	77,020	54,520	32,020	9,520	1,000	1,000
4,220	4,240	168,920	146,420	123,920	101,420	78,920	56,420	33,920	11,420	1,000	1,000
4,240	4,260	170,820	148,320	125,820	103,320	80,820	58,320	35,820	13,320	1,000	1,000
4,260	4,280	172,720	150,220	127,720	105,220	82,720	60,220	37,720	15,220	1,000	1,000
4,280	4,300	174,620	152,120	129,620	107,120	84,620	62,120	39,620	17,120	1,000	1,000
4,300	4,320	176,510	154,010	131,510	109,010	86,510	64,010	41,510	19,010	1,000	1,000
4,320	4,340	178,410	155,910	133,410	110,910	88,410	65,910	43,410	20,910	1,000	1,000
4,340	4,360	180,360	157,860	135,360	112,860	90,360	67,860	45,360	22,860	1,000	1,000
4,360	4,380	182,420	159,920	137,420	114,920	92,420	69,920	47,420	24,920	2,420	1,000
4,380	4,400	184,480	161,980	139,480	116,980	94,480	71,980	49,480	26,980	4,480	1,000
4,400	4,420	186,540	164,040	141,540	119,040	96,540	74,040	51,540	29,040	6,540	1,000
4,420	4,440	188,600	166,100	143,600	121,100	98,600	76,100	53,600	31,100	8,600	1,000
4,440	4,460	190,660	168,160	145,660	123,160	100,660	78,160	55,660	33,160	10,660	1,000
4,460	4,480	192,720	170,220	147,720	125,220	102,720	80,220	57,720	35,220	12,720	1,000
4,480	4,500	194,780	172,280	149,780	127,280	104,780	82,280	59,780	37,280	14,780	1,000
4,500	4,520	196,840	174,340	151,840	129,340	106,840	84,340	61,840	39,340	16,840	1,000
4,520	4,540	198,900	176,400	153,900	131,400	108,900	86,400	63,900	41,400	18,900	1,000
4,540	4,560	200,960	178,460	155,960	133,460	110,960	88,460	65,960	43,460	20,960	1,000
4,560	4,580	203,020	180,520	158,020	135,520	113,020	90,520	68,020	45,520	23,020	1,000
4,580	4,600	205,080	182,580	160,080	137,580	115,080	92,580	70,080	47,580	25,080	2,580
4,600	4,620	207,140	184,640	162,140	139,640	117,140	94,640	72,140	49,640	27,140	4,640
4,620	4,640	209,200	186,700	164,200	141,700	119,200	96,700	74,200	51,700	29,200	6,700
4,640	4,660	211,260	188,760	166,260	143,760	121,260	98,760	76,260	53,760	31,260	8,760
4,660	4,680	213,320	190,820	168,320	145,820	123,320	100,820	78,320	55,820	33,320	10,820
4,680	4,700	215,380	192,880	170,380	147,880	125,380	102,880	80,380	57,880	35,380	12,880
4,700	4,720	217,440	194,940	172,440	149,940	127,440	104,940	82,440	59,940	37,440	14,940
4,720	4,740	219,500	197,000	174,500	152,000	129,500	107,000	84,500	62,000	39,500	17,000
4,740	4,760	221,560	199,060	176,560	154,060	131,560	109,060	86,560	64,060	41,560	19,060
4,760	4,780	223,620	201,120	178,620	156,120	133,620	111,120	88,620	66,120	43,620	21,120
4,780	4,800	225,680	203,180	180,680	158,180	135,680	113,180	90,680	68,180	45,680	23,180
4,800	4,820	227,740	205,240	182,740	160,240	137,740	115,240	92,740	70,240	47,740	25,240
4,820	4,840	229,800	207,300	184,800	162,300	139,800	117,300	94,800	72,300	49,800	27,300
4,840	4,860	231,860	209,360	186,860	164,360	141,860	119,360	96,860	74,360	51,860	29,360
4,860	4,880	233,920	211,420	188,920	166,420	143,920	121,420	98,920	76,420	53,920	31,420
4,880	4,900	235,980	213,480	190,980	168,480	145,980	123,480	100,980	78,480	55,980	33,480
4,900	4,920	238,040	215,540	193,040	170,540	148,040	125,540	103,040	80,540	58,040	35,540
4,920	4,940	240,100	217,600	195,100	172,600	150,100	127,600	105,100	82,600	60,100	37,600
4,940	4,960	242,160	219,660	197,160	174,660	152,160	129,660	107,160	84,660	62,160	39,660
4,960	4,980	244,220	221,720	199,220	176,720	154,220	131,720	109,220	86,720	64,220	41,720
4,980	5,000	246,280	223,780	201,280	178,780	156,280	133,780	111,280	88,780	66,280	43,780
5,000	5,020	248,520	226,020	203,520	181,020	158,520	136,020	113,520	91,020	68,520	46,020
5,020	5,040	250,940	228,440	205,940	183,440	160,940	138,440	115,940	93,440	70,940	48,440
5,040	5,060	253,360	230,860	208,360	185,860	163,360	140,860	118,360	95,860	73,360	50,860
5,060	5,080	255,780	233,280	210,780	188,280	165,780	143,280	120,780	98,280	75,780	53,280
5,080	5,100	258,200	235,700	213,200	190,700	168,200	145,700	123,200	100,700	78,200	55,700
5,100	5,120	260,620	238,120	215,620	193,120	170,620	148,120	125,620	103,120	80,620	58,120

월지급액(천원)		부양가족 인원별 원천징수 세액(원)									
이상	미만	1명	2명	3명	4명	5명	6명	7명	8명	9명	10명
5,120	5,140	263,040	240,540	218,040	195,540	173,040	150,540	128,040	105,540	83,040	60,540
5,140	5,160	265,460	242,960	220,460	197,960	175,460	152,960	130,460	107,960	85,460	62,960
5,160	5,180	267,880	245,380	222,880	200,380	177,880	155,380	132,880	110,380	87,880	65,380
5,180	5,200	270,300	247,800	225,300	202,800	180,300	157,800	135,300	112,800	90,300	67,800
5,200	5,220	272,720	250,220	227,720	205,220	182,720	160,220	137,720	115,220	92,720	70,220
5,220	5,240	275,140	252,640	230,140	207,640	185,140	162,640	140,140	117,640	95,140	72,640
5,240	5,260	277,560	255,060	232,560	210,060	187,560	165,060	142,560	120,060	97,560	75,060
5,260	5,280	279,980	257,480	234,980	212,480	189,980	167,480	144,980	122,480	99,980	77,480
5,280	5,300	282,400	259,900	237,400	214,900	192,400	169,900	147,400	124,900	102,400	79,900
5,300	5,320	284,820	262,320	239,820	217,320	194,820	172,320	149,820	127,320	104,820	82,320
5,320	5,340	287,240	264,740	242,240	219,740	197,240	174,740	152,240	129,740	107,240	84,740
5,340	5,360	289,660	267,160	244,660	222,160	199,660	177,160	154,660	132,160	109,660	87,160
5,360	5,380	292,080	269,580	247,080	224,580	202,080	179,580	157,080	134,580	112,080	89,580
5,380	5,400	294,500	272,000	249,500	227,000	204,500	182,000	159,500	137,000	114,500	92,000
5,400	5,420	296,920	274,420	251,920	229,420	206,920	184,420	161,920	139,420	116,920	94,420
5,420	5,440	299,340	276,840	254,340	231,840	209,340	186,840	164,340	141,840	119,340	96,840
5,440	5,460	301,760	279,260	256,760	234,260	211,760	189,260	166,760	144,260	121,760	99,260
5,460	5,480	304,180	281,680	259,180	236,680	214,180	191,680	169,180	146,680	124,180	101,680
5,480	5,500	306,600	284,100	261,600	239,100	216,600	194,100	171,600	149,100	126,600	104,100
5,500	5,520	309,020	286,520	264,020	241,520	219,020	196,520	174,020	151,520	129,020	106,520
5,520	5,540	311,440	288,940	266,440	243,940	221,440	198,940	176,440	153,940	131,440	108,940
5,540	5,560	313,860	291,360	268,860	246,360	223,860	201,360	178,860	156,360	133,860	111,360
5,560	5,580	316,280	293,780	271,280	248,780	226,280	203,780	181,280	158,780	136,280	113,780
5,580	5,600	318,700	296,200	273,700	251,200	228,700	206,200	183,700	161,200	138,700	116,200
5,600	5,620	321,120	298,620	276,120	253,620	231,120	208,620	186,120	163,620	141,120	118,620
5,620	5,640	323,540	301,040	278,540	256,040	233,540	211,040	188,540	166,040	143,540	121,040
5,640	5,660	325,960	303,460	280,960	258,460	235,960	213,460	190,960	168,460	145,960	123,460
5,660	5,680	328,380	305,880	283,380	260,880	238,380	215,880	193,380	170,880	148,380	125,880
5,680	5,700	330,800	308,300	285,800	263,300	240,800	218,300	195,800	173,300	150,800	128,300
5,700	5,720	333,220	310,720	288,220	265,720	243,220	220,720	198,220	175,720	153,220	130,720
5,720	5,740	335,640	313,140	290,640	268,140	245,640	223,140	200,640	178,140	155,640	133,140
5,740	5,760	338,060	315,560	293,060	270,560	248,060	225,560	203,060	180,560	158,060	135,560
5,760	5,780	340,480	317,980	295,480	272,980	250,480	227,980	205,480	182,980	160,480	137,980
5,780	5,800	342,900	320,400	297,900	275,400	252,900	230,400	207,900	185,400	162,900	140,400
5,800	5,820	345,320	322,820	300,320	277,820	255,320	232,820	210,320	187,820	165,320	142,820
5,820	5,840	347,740	325,240	302,740	280,240	257,740	235,240	212,740	190,240	167,740	145,240
5,840	5,860	350,540	328,040	305,540	283,040	260,540	238,040	215,540	193,040	170,540	148,040
5,860	5,880	353,420	330,920	308,420	285,920	263,420	240,920	218,420	195,920	173,420	150,920
5,880	5,900	356,300	333,800	311,300	288,800	266,300	243,800	221,300	198,800	176,300	153,800
5,900	5,920	359,180	336,680	314,180	291,680	269,180	246,680	224,180	201,680	179,180	156,680
5,920	5,940	362,060	339,560	317,060	294,560	272,060	249,560	227,060	204,560	182,060	159,560
5,940	5,960	364,940	342,440	319,940	297,440	274,940	252,440	229,940	207,440	184,940	162,440
5,960	5,980	367,820	345,320	322,820	300,320	277,820	255,320	232,820	210,320	187,820	165,320
5,980	6,000	370,700	348,200	325,700	303,200	280,700	258,200	235,700	213,200	190,700	168,200
6,000	6,020	373,580	351,080	328,580	306,080	283,580	261,080	238,580	216,080	193,580	171,080
6,020	6,040	376,460	353,960	331,460	308,960	286,460	263,960	241,460	218,960	196,460	173,960
6,040	6,060	379,340	356,840	334,340	311,840	289,340	266,840	244,340	221,840	199,340	176,840
6,060	6,080	382,220	359,720	337,220	314,720	292,220	269,720	247,220	224,720	202,220	179,720
6,080	6,100	385,100	362,600	340,100	317,600	295,100	272,600	250,100	227,600	205,100	182,600
6,100	6,120	387,980	365,480	342,980	320,480	297,980	275,480	252,980	230,480	207,980	185,480
6,120	6,140	390,860	368,360	345,860	323,360	300,860	278,360	255,860	233,360	210,860	188,360
6,140	6,160	393,740	371,240	348,740	326,240	303,740	281,240	258,740	236,240	213,740	191,240
6,160	6,180	396,620	374,120	351,620	329,120	306,620	284,120	261,620	239,120	216,620	194,120
6,180	6,200	399,500	377,000	354,500	332,000	309,500	287,000	264,500	242,000	219,500	197,000

월지급액(천원)		부양가족 인원별 원천징수 세액(원)									
이상	미만	1명	2명	3명	4명	5명	6명	7명	8명	9명	10명
6,200	6,220	402,380	379,880	357,380	334,880	312,380	289,880	267,380	244,880	222,380	199,880
6,220	6,240	405,260	382,760	360,260	337,760	315,260	292,760	270,260	247,760	225,260	202,760
6,240	6,260	408,140	385,640	363,140	340,640	318,140	295,640	273,140	250,640	228,140	205,640
6,260	6,280	411,020	388,520	366,020	343,520	321,020	298,520	276,020	253,520	231,020	208,520
6,280	6,300	413,900	391,400	368,900	346,400	323,900	301,400	278,900	256,400	233,900	211,400
6,300	6,320	416,780	394,280	371,780	349,280	326,780	304,280	281,780	259,280	236,780	214,280
6,320	6,340	419,660	397,160	374,660	352,160	329,660	307,160	284,660	262,160	239,660	217,160
6,340	6,360	422,540	400,040	377,540	355,040	332,540	310,040	287,540	265,040	242,540	220,040
6,360	6,380	425,420	402,920	380,420	357,920	335,420	312,920	290,420	267,920	245,420	222,920
6,380	6,400	428,300	405,800	383,300	360,800	338,300	315,800	293,300	270,800	248,300	225,800
6,400	6,420	431,180	408,680	386,180	363,680	341,180	318,680	296,180	273,680	251,180	228,680
6,420	6,440	434,060	411,560	389,060	366,560	344,060	321,560	299,060	276,560	254,060	231,560
6,440	6,460	436,940	414,440	391,940	369,440	346,940	324,440	301,940	279,440	256,940	234,440
6,460	6,480	439,820	417,320	394,820	372,320	349,820	327,320	304,820	282,320	259,820	237,320
6,480	6,500	442,700	420,200	397,700	375,200	352,700	330,200	307,700	285,200	262,700	240,200
6,500	6,520	445,580	423,080	400,580	378,080	355,580	333,080	310,580	288,080	265,580	243,080
6,520	6,540	448,460	425,960	403,460	380,960	358,460	335,960	313,460	290,960	268,460	245,960
6,540	6,560	451,340	428,840	406,340	383,840	361,340	338,840	316,340	293,840	271,340	248,840
6,560	6,580	454,220	431,720	409,220	386,720	364,220	341,720	319,220	296,720	274,220	251,720
6,580	6,600	457,100	434,600	412,100	389,600	367,100	344,600	322,100	299,600	277,100	254,600
6,600	6,620	459,980	437,480	414,980	392,480	369,980	347,480	324,980	302,480	279,980	257,480
6,620	6,640	462,860	440,360	417,860	395,360	372,860	350,360	327,860	305,360	282,860	260,360
6,640	6,660	465,740	443,240	420,740	398,240	375,740	353,240	330,740	308,240	285,740	263,240
6,660	6,680	468,620	446,120	423,620	401,120	378,620	356,120	333,620	311,120	288,620	266,120
6,680	6,700	471,500	449,000	426,500	404,000	381,500	359,000	336,500	314,000	291,500	269,000
6,700	6,720	474,380	451,880	429,380	406,880	384,380	361,880	339,380	316,880	294,380	271,880
6,720	6,740	477,260	454,760	432,260	409,760	387,260	364,760	342,260	319,760	297,260	274,760
6,740	6,760	480,140	457,640	435,140	412,640	390,140	367,640	345,140	322,640	300,140	277,640
6,760	6,780	483,020	460,520	438,020	415,520	393,020	370,520	348,020	325,520	303,020	280,520
6,780	6,800	485,900	463,400	440,900	418,400	395,900	373,400	350,900	328,400	305,900	283,400
6,800	6,820	488,780	466,280	443,780	421,280	398,780	376,280	353,780	331,280	308,780	286,280
6,820	6,840	491,660	469,160	446,660	424,160	401,660	379,160	356,660	334,160	311,660	289,160
6,840	6,860	494,540	472,040	449,540	427,040	404,540	382,040	359,540	337,040	314,540	292,040
6,860	6,880	497,420	474,920	452,420	429,920	407,420	384,920	362,420	339,920	317,420	294,920
6,880	6,900	500,300	477,800	455,300	432,800	410,300	387,800	365,300	342,800	320,300	297,800
6,900	6,920	503,180	480,680	458,180	435,680	413,180	390,680	368,180	345,680	323,180	300,680
6,920	6,940	506,060	483,560	461,060	438,560	416,060	393,560	371,060	348,560	326,060	303,560
6,940	6,960	508,940	486,440	463,940	441,440	418,940	396,440	373,940	351,440	328,940	306,440
6,960	6,980	511,820	489,320	466,820	444,320	421,820	399,320	376,820	354,320	331,820	309,320
6,980	7,000	514,700	492,200	469,700	447,200	424,700	402,200	379,700	357,200	334,700	312,200
7,000	7,020	517,580	495,080	472,580	450,080	427,580	405,080	382,580	360,080	337,580	315,080
7,020	7,040	520,460	497,960	475,460	452,960	430,460	407,960	385,460	362,960	340,460	317,960
7,040	7,060	523,340	500,840	478,340	455,840	433,340	410,840	388,340	365,840	343,340	320,840
7,060	7,080	526,220	503,720	481,220	458,720	436,220	413,720	391,220	368,720	346,220	323,720
7,080	7,100	529,100	506,600	484,100	461,600	439,100	416,600	394,100	371,600	349,100	326,600
7,100	7,120	531,980	509,480	486,980	464,480	441,980	419,480	396,980	374,480	351,980	329,480
7,120	7,140	534,860	512,360	489,860	467,360	444,860	422,360	399,860	377,360	354,860	332,360
7,140	7,160	537,740	515,240	492,740	470,240	447,740	425,240	402,740	380,240	357,740	335,240
7,160	7,180	540,620	518,120	495,620	473,120	450,620	428,120	405,620	383,120	360,620	338,120
7,180	7,200	543,800	521,000	498,500	476,000	453,500	431,000	408,500	386,000	363,500	341,000
7,200	7,220	547,000	523,880	501,380	478,880	456,380	433,880	411,380	388,880	366,380	343,880
7,220	7,240	550,260	526,760	504,260	481,760	459,260	436,760	414,260	391,760	369,260	346,760
7,240	7,260	553,400	529,640	507,140	484,640	462,140	439,640	417,140	394,640	372,140	349,640
7,260	7,280	556,600	532,520	510,020	487,520	465,020	442,520	420,020	397,520	375,020	352,520

월지급액(천원)		부양가족 인원별 원천징수 세액(원)									
이상	미만	1명	2명	3명	4명	5명	6명	7명	8명	9명	10명
7,280	7,300	559,800	535,400	512,900	490,400	467,900	445,400	422,900	400,400	377,900	355,400
7,300	7,320	563,000	538,280	515,780	493,280	470,780	448,280	425,780	403,280	380,780	358,280
7,320	7,340	566,200	541,200	518,660	496,160	473,660	451,160	428,660	406,160	383,660	361,160
7,340	7,360	569,400	544,400	521,540	499,040	476,540	454,040	431,540	409,040	386,540	364,040
7,360	7,380	572,600	547,600	524,420	501,920	479,420	456,920	434,420	411,920	389,420	366,920
7,380	7,400	575,800	550,800	527,300	504,800	482,300	459,800	437,300	414,800	392,300	369,800
7,400	7,420	579,000	554,000	530,180	507,680	485,180	462,680	440,180	417,680	395,180	372,680
7,420	7,440	582,200	557,200	533,060	510,560	488,060	465,560	443,060	420,560	398,060	375,560
7,440	7,460	585,400	560,400	535,940	513,440	490,940	468,440	445,940	423,440	400,940	378,440
7,460	7,480	588,600	563,600	538,820	516,320	493,820	471,320	448,820	426,320	403,820	381,320
7,480	7,500	591,800	566,800	541,800	519,200	496,700	474,200	451,700	429,200	406,700	384,200
7,500	7,520	595,000	570,000	545,000	522,080	499,580	477,080	454,580	432,080	409,580	387,080
7,520	7,540	598,200	573,200	548,200	524,960	502,460	479,960	457,460	434,960	412,460	389,960
7,540	7,560	601,400	576,400	551,400	527,840	505,340	482,840	460,340	437,840	415,340	392,840
7,560	7,580	604,600	579,600	554,600	530,720	508,220	485,720	463,220	440,720	418,220	395,720
7,580	7,600	607,800	582,800	557,800	533,600	511,100	488,600	466,100	443,600	421,100	398,600
7,600	7,620	611,000	586,000	561,000	536,480	513,980	491,480	468,980	446,480	423,980	401,480
7,620	7,640	614,200	589,200	564,200	539,360	516,860	494,360	471,860	449,360	426,860	404,360
7,640	7,660	617,400	592,400	567,400	542,400	519,740	497,240	474,740	452,240	429,740	407,240
7,660	7,680	620,600	595,600	570,600	545,600	522,620	500,120	477,620	455,120	432,620	410,120
7,680	7,700	623,800	598,800	573,800	548,800	525,500	503,000	480,500	458,000	435,500	413,000
7,700	7,720	627,000	602,000	577,000	552,000	528,380	505,880	483,380	460,880	438,380	415,880
7,720	7,740	630,200	605,200	580,200	555,200	531,260	508,760	486,260	463,760	441,260	418,760
7,740	7,760	633,400	608,400	583,400	558,400	534,140	511,640	489,140	466,640	444,140	421,640
7,760	7,780	636,600	611,600	586,600	561,600	537,020	514,520	492,020	469,520	447,020	424,520
7,780	7,800	639,800	614,800	589,800	564,800	539,900	517,400	494,900	472,400	449,900	427,400
7,800	7,820	643,000	618,000	593,000	568,000	543,000	520,280	497,780	475,280	452,780	430,280
7,820	7,840	646,200	621,200	596,200	571,200	546,200	523,160	500,660	478,160	455,660	433,160
7,840	7,860	649,400	624,400	599,400	574,400	549,400	526,040	503,540	481,040	458,540	436,040
7,860	7,880	652,600	627,600	602,600	577,600	552,600	528,920	506,420	483,920	461,420	438,920
7,880	7,900	655,800	630,800	605,800	580,800	555,800	531,800	509,300	486,800	464,300	441,800
7,900	7,920	659,000	634,000	609,000	584,000	559,000	534,680	512,180	489,680	467,180	444,680
7,920	7,940	662,200	637,200	612,200	587,200	562,200	537,560	515,060	492,560	470,060	447,560
7,940	7,960	665,400	640,400	615,400	590,400	565,400	540,440	517,940	495,440	472,940	450,440
7,960	7,980	668,600	643,600	618,600	593,600	568,600	543,600	520,820	498,320	475,820	453,320
7,980	8,000	671,800	646,800	621,800	596,800	571,800	546,800	523,700	501,200	478,700	456,200
8,000	8,020	675,000	650,000	625,000	600,000	575,000	550,000	526,580	504,080	481,580	459,080
8,020	8,040	678,200	653,200	628,200	603,200	578,200	553,200	529,460	506,960	484,460	461,960
8,040	8,060	681,400	656,400	631,400	606,400	581,400	556,400	532,340	509,840	487,340	464,840
8,060	8,080	684,600	659,600	634,600	609,600	584,600	559,600	535,220	512,720	490,220	467,720
8,080	8,100	687,800	662,800	637,800	612,800	587,800	562,800	538,100	515,600	493,100	470,600
8,100	8,120	691,000	666,000	641,000	616,000	591,000	566,000	541,000	518,480	495,980	473,480
8,120	8,140	694,200	669,200	644,200	619,200	594,200	569,200	544,200	521,360	498,860	476,360
8,140	8,160	697,400	672,400	647,400	622,400	597,400	572,400	547,400	524,240	501,740	479,240
8,160	8,180	700,600	675,600	650,600	625,600	600,600	575,600	550,600	527,120	504,620	482,120
8,180	8,200	703,800	678,800	653,800	628,800	603,800	578,800	553,800	530,000	507,500	485,000
8,200	8,220	707,000	682,000	657,000	632,000	607,000	582,000	557,000	532,880	510,380	487,880
8,220	8,240	710,200	685,200	660,200	635,200	610,200	585,200	560,200	535,760	513,260	490,760
8,240	8,260	713,400	688,400	663,400	638,400	613,400	588,400	563,400	538,640	516,140	493,640
8,260	8,280	716,600	691,600	666,600	641,600	616,600	591,600	566,600	541,600	519,020	496,520
8,280	8,300	719,800	694,800	669,800	644,800	619,800	594,800	569,800	544,800	521,900	499,400
8,300	8,320	723,000	698,000	673,000	648,000	623,000	598,000	573,000	548,000	524,780	502,280
8,320	8,340	726,200	701,200	676,200	651,200	626,200	601,200	576,200	551,200	527,660	505,160
8,340	8,360	729,400	704,400	679,400	654,400	629,400	604,400	579,400	554,400	530,540	508,040

월지급액(천원)		부양가족 인원별 원천징수 세액(원)									
이상	미만	1명	2명	3명	4명	5명	6명	7명	8명	9명	10명
8,360	8,380	732,600	707,600	682,600	657,600	632,600	607,600	582,600	557,600	533,420	510,920
8,380	8,400	735,800	710,800	685,800	660,800	635,800	610,800	585,800	560,800	536,300	513,800
8,400	8,420	739,000	714,000	689,000	664,000	639,000	614,000	589,000	564,000	539,180	516,680
8,420	8,440	742,200	717,200	692,200	667,200	642,200	617,200	592,200	567,200	542,200	519,560
8,440	8,460	745,400	720,400	695,400	670,400	645,400	620,400	595,400	570,400	545,400	522,440
8,460	8,480	748,600	723,600	698,600	673,600	648,600	623,600	598,600	573,600	548,600	525,320
8,480	8,500	751,800	726,800	701,800	676,800	651,800	626,800	601,800	576,800	551,800	528,200
8,500	8,520	755,000	730,000	705,000	680,000	655,000	630,000	605,000	580,000	555,000	531,080
8,520	8,540	758,200	733,200	708,200	683,200	658,200	633,200	608,200	583,200	558,200	533,960
8,540	8,560	761,400	736,400	711,400	686,400	661,400	636,400	611,400	586,400	561,400	536,840
8,560	8,580	764,600	739,600	714,600	689,600	664,600	639,600	614,600	589,600	564,600	539,720
8,580	8,600	767,800	742,800	717,800	692,800	667,800	642,800	617,800	592,800	567,800	542,800
8,600	8,620	771,000	746,000	721,000	696,000	671,000	646,000	621,000	596,000	571,000	546,000
8,620	8,640	774,200	749,200	724,200	699,200	674,200	649,200	624,200	599,200	574,200	549,200
8,640	8,660	777,400	752,400	727,400	702,400	677,400	652,400	627,400	602,400	577,400	552,400
8,660	8,680	780,600	755,600	730,600	705,600	680,600	655,600	630,600	605,600	580,600	555,600
8,680	8,700	783,800	758,800	733,800	708,800	683,800	658,800	633,800	608,800	583,800	558,800
8,700	8,720	787,000	762,000	737,000	712,000	687,000	662,000	637,000	612,000	587,000	562,000
8,720	8,740	790,200	765,200	740,200	715,200	690,200	665,200	640,200	615,200	590,200	565,200
8,740	8,760	793,400	768,400	743,400	718,400	693,400	668,400	643,400	618,400	593,400	568,400
8,760	8,780	796,600	771,600	746,600	721,600	696,600	671,600	646,600	621,600	596,600	571,600
8,780	8,800	799,800	774,800	749,800	724,800	699,800	674,800	649,800	624,800	599,800	574,800
8,800	8,820	803,000	778,000	753,000	728,000	703,000	678,000	653,000	628,000	603,000	578,000
8,820	8,840	806,200	781,200	756,200	731,200	706,200	681,200	656,200	631,200	606,200	581,200
8,840	8,860	809,400	784,400	759,400	734,400	709,400	684,400	659,400	634,400	609,400	584,400
8,860	8,880	812,600	787,600	762,600	737,600	712,600	687,600	662,600	637,600	612,600	587,600
8,880	8,900	815,800	790,800	765,800	740,800	715,800	690,800	665,800	640,800	615,800	590,800
8,900	8,920	819,000	794,000	769,000	744,000	719,000	694,000	669,000	644,000	619,000	594,000
8,920	8,940	822,200	797,200	772,200	747,200	722,200	697,200	672,200	647,200	622,200	597,200
8,940	8,960	825,400	800,400	775,400	750,400	725,400	700,400	675,400	650,400	625,400	600,400
8,960	8,980	828,600	803,600	778,600	753,600	728,600	703,600	678,600	653,600	628,600	603,600
8,980	9,000	831,800	806,800	781,800	756,800	731,800	706,800	681,800	656,800	631,800	606,800
9,000	9,020	835,000	810,000	785,000	760,000	735,000	710,000	685,000	660,000	635,000	610,000
9,020	9,040	838,200	813,200	788,200	763,200	738,200	713,200	688,200	663,200	638,200	613,200
9,040	9,060	841,400	816,400	791,400	766,400	741,400	716,400	691,400	666,400	641,400	616,400
9,060	9,080	844,600	819,600	794,600	769,600	744,600	719,600	694,600	669,600	644,600	619,600
9,080	9,100	847,800	822,800	797,800	772,800	747,800	722,800	697,800	672,800	647,800	622,800
9,100	9,120	851,000	826,000	801,000	776,000	751,000	726,000	701,000	676,000	651,000	626,000
9,120	9,140	854,200	829,200	804,200	779,200	754,200	729,200	704,200	679,200	654,200	629,200
9,140	9,160	857,400	832,400	807,400	782,400	757,400	732,400	707,400	682,400	657,400	632,400
9,160	9,180	860,600	835,600	810,600	785,600	760,600	735,600	710,600	685,600	660,600	635,600
9,180	9,200	863,800	838,800	813,800	788,800	763,800	738,800	713,800	688,800	663,800	638,800
9,200	9,220	867,000	842,000	817,000	792,000	767,000	742,000	717,000	692,000	667,000	642,000
9,220	9,240	870,200	845,200	820,200	795,200	770,200	745,200	720,200	695,200	670,200	645,200
9,240	9,260	873,400	848,400	823,400	798,400	773,400	748,400	723,400	698,400	673,400	648,400
9,260	9,280	876,600	851,600	826,600	801,600	776,600	751,600	726,600	701,600	676,600	651,600
9,280	9,300	879,800	854,800	829,800	804,800	779,800	754,800	729,800	704,800	679,800	654,800
9,300	9,320	883,000	858,000	833,000	808,000	783,000	758,000	733,000	708,000	683,000	658,000
9,320	9,340	886,200	861,200	836,200	811,200	786,200	761,200	736,200	711,200	686,200	661,200
9,340	9,360	889,400	864,400	839,400	814,400	789,400	764,400	739,400	714,400	689,400	664,400
9,360	9,380	892,600	867,600	842,600	817,600	792,600	767,600	742,600	717,600	692,600	667,600
9,380	9,400	895,800	870,800	845,800	820,800	795,800	770,800	745,800	720,800	695,800	670,800
9,400	9,420	899,000	874,000	849,000	824,000	799,000	774,000	749,000	724,000	699,000	674,000
9,420	9,440	902,200	877,200	852,200	827,200	802,200	777,200	752,200	727,200	702,200	677,200

월지급액(천원)		부양가족 인원별 원천징수 세액(원)									
이상	미만	1명	2명	3명	4명	5명	6명	7명	8명	9명	10명
9,440	9,460	905,400	880,400	855,400	830,400	805,400	780,400	755,400	730,400	705,400	680,400
9,460	9,480	908,600	883,600	858,600	833,600	808,600	783,600	758,600	733,600	708,600	683,600
9,480	9,500	911,800	886,800	861,800	836,800	811,800	786,800	761,800	736,800	711,800	686,800
9,500	9,520	915,000	890,000	865,000	840,000	815,000	790,000	765,000	740,000	715,000	690,000
9,520	9,540	918,200	893,200	868,200	843,200	818,200	793,200	768,200	743,200	718,200	693,200
9,540	9,560	921,400	896,400	871,400	846,400	821,400	796,400	771,400	746,400	721,400	696,400
9,560	9,580	924,600	899,600	874,600	849,600	824,600	799,600	774,600	749,600	724,600	699,600
9,580	9,600	927,800	902,800	877,800	852,800	827,800	802,800	777,800	752,800	727,800	702,800
9,600	9,620	931,000	906,000	881,000	856,000	831,000	806,000	781,000	756,000	731,000	706,000
9,620	9,640	934,200	909,200	884,200	859,200	834,200	809,200	784,200	759,200	734,200	709,200
9,640	9,660	937,400	912,400	887,400	862,400	837,400	812,400	787,400	762,400	737,400	712,400
9,660	9,680	940,600	915,600	890,600	865,600	840,600	815,600	790,600	765,600	740,600	715,600
9,680	9,700	943,800	918,800	893,800	868,800	843,800	818,800	793,800	768,800	743,800	718,800
9,700	9,720	947,000	922,000	897,000	872,000	847,000	822,000	797,000	772,000	747,000	722,000
9,720	9,740	950,200	925,200	900,200	875,200	850,200	825,200	800,200	775,200	750,200	725,200
9,740	9,760	953,400	928,400	903,400	878,400	853,400	828,400	803,400	778,400	753,400	728,400
9,760	9,780	956,600	931,600	906,600	881,600	856,600	831,600	806,600	781,600	756,600	731,600
9,780	9,800	959,800	934,800	909,800	884,800	859,800	834,800	809,800	784,800	759,800	734,800
9,800	9,820	963,000	938,000	913,000	888,000	863,000	838,000	813,000	788,000	763,000	738,000
9,820	9,840	966,200	941,200	916,200	891,200	866,200	841,200	816,200	791,200	766,200	741,200
9,840	9,860	969,400	944,400	919,400	894,400	869,400	844,400	819,400	794,400	769,400	744,400
9,860	9,880	972,600	947,600	922,600	897,600	872,600	847,600	822,600	797,600	772,600	747,600
9,880	9,900	975,800	950,800	925,800	900,800	875,800	850,800	825,800	800,800	775,800	750,800
9,900	9,920	979,000	954,000	929,000	904,000	879,000	854,000	829,000	804,000	779,000	754,000
9,920	9,940	982,200	957,200	932,200	907,200	882,200	857,200	832,200	807,200	782,200	757,200
9,940	9,960	985,400	960,400	935,400	910,400	885,400	860,400	835,400	810,400	785,400	760,400
9,960	9,980	988,600	963,600	938,600	913,600	888,600	863,600	838,600	813,600	788,600	763,600
9,980	10,000	991,800	966,800	941,800	916,800	891,800	866,800	841,800	816,800	791,800	766,800
10,000	10,020	995,000	970,000	945,000	920,000	895,000	870,000	845,000	820,000	795,000	770,000
10,020	10,040	998,200	973,200	948,200	923,200	898,200	873,200	848,200	823,200	798,200	773,200
10,040	10,060	1,001,400	976,400	951,400	926,400	901,400	876,400	851,400	826,400	801,400	776,400
10,060	10,080	1,004,600	979,600	954,600	929,600	904,600	879,600	854,600	829,600	804,600	779,600
10,080	10,100	1,007,800	982,800	957,800	932,800	907,800	882,800	857,800	832,800	807,800	782,800
10,100	10,120	1,011,000	986,000	961,000	936,000	911,000	886,000	861,000	836,000	811,000	786,000
10,120	10,140	1,014,200	989,200	964,200	939,200	914,200	889,200	864,200	839,200	814,200	789,200
10,140	10,160	1,017,400	992,400	967,400	942,400	917,400	892,400	867,400	842,400	817,400	792,400
10,160	10,180	1,020,600	995,600	970,600	945,600	920,600	895,600	870,600	845,600	820,600	795,600
10,180	10,200	1,023,800	998,800	973,800	948,800	923,800	898,800	873,800	848,800	823,800	798,800
10,200	10,220	1,027,000	1,002,000	977,000	952,000	927,000	902,000	877,000	852,000	827,000	802,000
10,220	10,240	1,030,200	1,005,200	980,200	955,200	930,200	905,200	880,200	855,200	830,200	805,200
10,240	10,260	1,033,400	1,008,400	983,400	958,400	933,400	908,400	883,400	858,400	833,400	808,400
10,260	10,280	1,036,600	1,011,600	986,600	961,600	936,600	911,600	886,600	861,600	836,600	811,600
10,280	10,300	1,039,800	1,014,800	989,800	964,800	939,800	914,800	889,800	864,800	839,800	814,800
10,300	10,320	1,043,000	1,018,000	993,000	968,000	943,000	918,000	893,000	868,000	843,000	818,000
10,320	10,340	1,046,200	1,021,200	996,200	971,200	946,200	921,200	896,200	871,200	846,200	821,200
10,340	10,360	1,049,400	1,024,400	999,400	974,400	949,400	924,400	899,400	874,400	849,400	824,400
10,360	10,380	1,052,600	1,027,600	1,002,600	977,600	952,600	927,600	902,600	877,600	852,600	827,600
10,380	10,400	1,055,800	1,030,800	1,005,800	980,800	955,800	930,800	905,800	880,800	855,800	830,800
10,400	10,420	1,059,000	1,034,000	1,009,000	984,000	959,000	934,000	909,000	884,000	859,000	834,000
10,420	10,440	1,062,200	1,037,200	1,012,200	987,200	962,200	937,200	912,200	887,200	862,200	837,200
10,440	10,460	1,065,400	1,040,400	1,015,400	990,400	965,400	940,400	915,400	890,400	865,400	840,400
10,460	10,480	1,068,600	1,043,600	1,018,600	993,600	968,600	943,600	918,600	893,600	868,600	843,600
10,480	10,500	1,071,800	1,046,800	1,021,800	996,800	971,800	946,800	921,800	896,800	871,800	846,800
10,500	10,520	1,075,000	1,050,000	1,025,000	1,000,000	975,000	950,000	925,000	900,000	875,000	850,000

월지급액(천원)		부양가족 인원별 원천징수 세액(원)									
이상	미만	1명	2명	3명	4명	5명	6명	7명	8명	9명	10명
10,520	10,540	1,078,200	1,053,200	1,028,200	1,003,200	978,200	953,200	928,200	903,200	878,200	853,200
10,540	10,560	1,081,400	1,056,400	1,031,400	1,006,400	981,400	956,400	931,400	906,400	881,400	856,400
10,560	10,580	1,084,600	1,059,600	1,034,600	1,009,600	984,600	959,600	934,600	909,600	884,600	859,600
10,580	10,600	1,087,800	1,062,800	1,037,800	1,012,800	987,800	962,800	937,800	912,800	887,800	862,800
10,600	10,620	1,091,000	1,066,000	1,041,000	1,016,000	991,000	966,000	941,000	916,000	891,000	866,000
10,620	10,640	1,094,200	1,069,200	1,044,200	1,019,200	994,200	969,200	944,200	919,200	894,200	869,200
10,640	10,660	1,097,400	1,072,400	1,047,400	1,022,400	997,400	972,400	947,400	922,400	897,400	872,400
10,660	10,680	1,100,600	1,075,600	1,050,600	1,025,600	1,000,600	975,600	950,600	925,600	900,600	875,600
10,680	10,700	1,103,800	1,078,800	1,053,800	1,028,800	1,003,800	978,800	953,800	928,800	903,800	878,800
10,700	10,720	1,107,000	1,082,000	1,057,000	1,032,000	1,007,000	982,000	957,000	932,000	907,000	882,000
10,720	10,740	1,110,200	1,085,200	1,060,200	1,035,200	1,010,200	985,200	960,200	935,200	910,200	885,200
10,740	10,760	1,113,400	1,088,400	1,063,400	1,038,400	1,013,400	988,400	963,400	938,400	913,400	888,400
10,760	10,780	1,116,600	1,091,600	1,066,600	1,041,600	1,016,600	991,600	966,600	941,600	916,600	891,600
10,780	10,800	1,119,800	1,094,800	1,069,800	1,044,800	1,019,800	994,800	969,800	944,800	919,800	894,800
10,800	10,820	1,123,000	1,098,000	1,073,000	1,048,000	1,023,000	998,000	973,000	948,000	923,000	898,000
10,820	10,840	1,126,200	1,101,200	1,076,200	1,051,200	1,026,200	1,001,200	976,200	951,200	926,200	901,200
10,840	10,860	1,129,400	1,104,400	1,079,400	1,054,400	1,029,400	1,004,400	979,400	954,400	929,400	904,400
10,860	10,880	1,132,600	1,107,600	1,082,600	1,057,600	1,032,600	1,007,600	982,600	957,600	932,600	907,600
10,880	10,900	1,135,800	1,110,800	1,085,800	1,060,800	1,035,800	1,010,800	985,800	960,800	935,800	910,800
10,900	10,920	1,139,000	1,114,000	1,089,000	1,064,000	1,039,000	1,014,000	989,000	964,000	939,000	914,000
10,920	10,940	1,142,200	1,117,200	1,092,200	1,067,200	1,042,200	1,017,200	992,200	967,200	942,200	917,200
10,940	10,960	1,145,400	1,120,400	1,095,400	1,070,400	1,045,400	1,020,400	995,400	970,400	945,400	920,400
10,960	10,980	1,148,600	1,123,600	1,098,600	1,073,600	1,048,600	1,023,600	998,600	973,600	948,600	923,600
10,980	11,000	1,151,800	1,126,800	1,101,800	1,076,800	1,051,800	1,026,800	1,001,800	976,800	951,800	926,800
11,000	11,020	1,155,000	1,130,000	1,105,000	1,080,000	1,055,000	1,030,000	1,005,000	980,000	955,000	930,000
11,020	11,040	1,158,200	1,133,200	1,108,200	1,083,200	1,058,200	1,033,200	1,008,200	983,200	958,200	933,200
11,040	11,060	1,161,400	1,136,400	1,111,400	1,086,400	1,061,400	1,036,400	1,011,400	986,400	961,400	936,400
11,060	11,080	1,164,600	1,139,600	1,114,600	1,089,600	1,064,600	1,039,600	1,014,600	989,600	964,600	939,600
11,080	11,100	1,167,800	1,142,800	1,117,800	1,092,800	1,067,800	1,042,800	1,017,800	992,800	967,800	942,800
11,100	11,120	1,171,000	1,146,000	1,121,000	1,096,000	1,071,000	1,046,000	1,021,000	996,000	971,000	946,000
11,120	11,140	1,174,200	1,149,200	1,124,200	1,099,200	1,074,200	1,049,200	1,024,200	999,200	974,200	949,200
11,140	11,160	1,177,400	1,152,400	1,127,400	1,102,400	1,077,400	1,052,400	1,027,400	1,002,400	977,400	952,400
11,160	11,180	1,180,600	1,155,600	1,130,600	1,105,600	1,080,600	1,055,600	1,030,600	1,005,600	980,600	955,600
11,180	11,200	1,183,800	1,158,800	1,133,800	1,108,800	1,083,800	1,058,800	1,033,800	1,008,800	983,800	958,800
11,200	11,220	1,187,000	1,162,000	1,137,000	1,112,000	1,087,000	1,062,000	1,037,000	1,012,000	987,000	962,000
11,220	11,240	1,190,200	1,165,200	1,140,200	1,115,200	1,090,200	1,065,200	1,040,200	1,015,200	990,200	965,200
11,240	11,260	1,193,400	1,168,400	1,143,400	1,118,400	1,093,400	1,068,400	1,043,400	1,018,400	993,400	968,400
11,260	11,280	1,196,600	1,171,600	1,146,600	1,121,600	1,096,600	1,071,600	1,046,600	1,021,600	996,600	971,600
11,280	11,300	1,199,800	1,174,800	1,149,800	1,124,800	1,099,800	1,074,800	1,049,800	1,024,800	999,800	974,800
11,300	11,320	1,203,000	1,178,000	1,153,000	1,128,000	1,103,000	1,078,000	1,053,000	1,028,000	1,003,000	978,000
11,320	11,340	1,206,200	1,181,200	1,156,200	1,131,200	1,106,200	1,081,200	1,056,200	1,031,200	1,006,200	981,200
11,340	11,360	1,209,400	1,184,400	1,159,400	1,134,400	1,109,400	1,084,400	1,059,400	1,034,400	1,009,400	984,400
11,360	11,380	1,212,600	1,187,600	1,162,600	1,137,600	1,112,600	1,087,600	1,062,600	1,037,600	1,012,600	987,600
11,380	11,400	1,215,800	1,190,800	1,165,800	1,140,800	1,115,800	1,090,800	1,065,800	1,040,800	1,015,800	990,800
11,400	11,420	1,219,000	1,194,000	1,169,000	1,144,000	1,119,000	1,094,000	1,069,000	1,044,000	1,019,000	994,000
11,420	11,440	1,222,200	1,197,200	1,172,200	1,147,200	1,122,200	1,097,200	1,072,200	1,047,200	1,022,200	997,200
11,440	11,460	1,225,400	1,200,400	1,175,400	1,150,400	1,125,400	1,100,400	1,075,400	1,050,400	1,025,400	1,000,400
11,460	11,480	1,228,600	1,203,600	1,178,600	1,153,600	1,128,600	1,103,600	1,078,600	1,053,600	1,028,600	1,003,600
11,480	11,500	1,231,800	1,206,800	1,181,800	1,156,800	1,131,800	1,106,800	1,081,800	1,056,800	1,031,800	1,006,800
11,500	11,520	1,235,000	1,210,000	1,185,000	1,160,000	1,135,000	1,110,000	1,085,000	1,060,000	1,035,000	1,010,000
11,520	11,540	1,238,200	1,213,200	1,188,200	1,163,200	1,138,200	1,113,200	1,088,200	1,063,200	1,038,200	1,013,200
11,540	11,560	1,241,400	1,216,400	1,191,400	1,166,400	1,141,400	1,116,400	1,091,400	1,066,400	1,041,400	1,016,400
11,560	11,580	1,244,600	1,219,600	1,194,600	1,169,600	1,144,600	1,119,600	1,094,600	1,069,600	1,044,600	1,019,600
11,580	11,600	1,247,800	1,222,800	1,197,800	1,172,800	1,147,800	1,122,800	1,097,800	1,072,800	1,047,800	1,022,800

월지급액(천원)		부양가족 인원별 원천징수 세액(원)									
이상	미만	1명	2명	3명	4명	5명	6명	7명	8명	9명	10명
11,600	11,620	1,251,000	1,226,000	1,201,000	1,176,000	1,151,000	1,126,000	1,101,000	1,076,000	1,051,000	1,026,000
11,620	11,640	1,254,200	1,229,200	1,204,200	1,179,200	1,154,200	1,129,200	1,104,200	1,079,200	1,054,200	1,029,200
11,640	11,660	1,257,400	1,232,400	1,207,400	1,182,400	1,157,400	1,132,400	1,107,400	1,082,400	1,057,400	1,032,400
11,660	11,680	1,260,600	1,235,600	1,210,600	1,185,600	1,160,600	1,135,600	1,110,600	1,085,600	1,060,600	1,035,600
11,680	11,700	1,263,800	1,238,800	1,213,800	1,188,800	1,163,800	1,138,800	1,113,800	1,088,800	1,063,800	1,038,800
11,700	11,720	1,267,000	1,242,000	1,217,000	1,192,000	1,167,000	1,142,000	1,117,000	1,092,000	1,067,000	1,042,000
11,720	11,740	1,270,200	1,245,200	1,220,200	1,195,200	1,170,200	1,145,200	1,120,200	1,095,200	1,070,200	1,045,200
11,740	11,760	1,273,400	1,248,400	1,223,400	1,198,400	1,173,400	1,148,400	1,123,400	1,098,400	1,073,400	1,048,400
11,760	11,780	1,276,600	1,251,600	1,226,600	1,201,600	1,176,600	1,151,600	1,126,600	1,101,600	1,076,600	1,051,600
11,780	11,800	1,279,800	1,254,800	1,229,800	1,204,800	1,179,800	1,154,800	1,129,800	1,104,800	1,079,800	1,054,800
11,800	11,820	1,283,000	1,258,000	1,233,000	1,208,000	1,183,000	1,158,000	1,133,000	1,108,000	1,083,000	1,058,000
11,820	11,840	1,286,200	1,261,200	1,236,200	1,211,200	1,186,200	1,161,200	1,136,200	1,111,200	1,086,200	1,061,200
11,840	11,860	1,289,400	1,264,400	1,239,400	1,214,400	1,189,400	1,164,400	1,139,400	1,114,400	1,089,400	1,064,400
11,860	11,880	1,292,600	1,267,600	1,242,600	1,217,600	1,192,600	1,167,600	1,142,600	1,117,600	1,092,600	1,067,600
11,880	11,900	1,295,800	1,270,800	1,245,800	1,220,800	1,195,800	1,170,800	1,145,800	1,120,800	1,095,800	1,070,800
11,900	11,920	1,299,000	1,274,000	1,249,000	1,224,000	1,199,000	1,174,000	1,149,000	1,124,000	1,099,000	1,074,000
11,920	11,940	1,302,200	1,277,200	1,252,200	1,227,200	1,202,200	1,177,200	1,152,200	1,127,200	1,102,200	1,077,200
11,940	11,960	1,305,400	1,280,400	1,255,400	1,230,400	1,205,400	1,180,400	1,155,400	1,130,400	1,105,400	1,080,400
11,960	11,980	1,308,600	1,283,600	1,258,600	1,233,600	1,208,600	1,183,600	1,158,600	1,133,600	1,108,600	1,083,600
11,980	12,000	1,311,800	1,286,800	1,261,800	1,236,800	1,211,800	1,186,800	1,161,800	1,136,800	1,111,800	1,086,800
12,000		1,315,000	1,290,000	1,265,000	1,240,000	1,215,000	1,190,000	1,165,000	1,140,000	1,115,000	1,090,000
12,000 초과		12,000천원인 경우의 해당 세액 + 12,000천원을 초과하는 금액의 20퍼센트 상당액									

記號 · 略語表

《本文記號表》

【 】 法令固有의 標題
[ ] 編者가 붙인 標題
①②③ 法令固有의 項表示
(1)(2)(3) 編者가 붙인 項表示

改前 개정전 조문　　판례 우리나라 판례
참조 참조조문　　　일판 일본 판례
독판 독일 판례　　프판 프랑스 판례
영판 영국 판례　　미판 미국 판례

《法令略語》

가

가등기담보　　가등기담보등에관한법률
가소　　　　　가사소송법
가소규　　　　가사소송규칙
가족관계등록　가족관계의등록등에관한
　　　　　　　법률
간이절차에의한민사
　　　　　　　簡易節次에의한民事紛
　　　　　　　爭事件處理特例法
감규　　　　　監査院規則
감사　　　　　감사원법
감염병　　　　감염병의예방및관리에
　　　　　　　관한법률
감정평가감정평가사
　　　　　　　감정평가및감정평가사
　　　　　　　에관한법률
개인정보보호일부개정법령등
　　　　　　　개인정보보호를위한일부
　　　　　　　개정법령등
거절증서　　　거절증서령
건설산업　　　건설산업기본법
건축　　　　　건축법
검찰　　　　　검찰청법
경범　　　　　경범죄처벌법
경제활성화친서민화소등
　　　　　　　경제활성화및친서민국민
　　　　　　　불편해소등을위한일부
　　　　　　　개정법령등
경찰공무원　　경찰공무원법
경찰직무　　　경찰관직무집행법
계엄　　　　　계엄법
고등교육　　　고등교육법
고유정보처리　고유식별정보처리마련을
　　　　　　　위한일부개정법령등, 고
　　　　　　　유식별정보마련을위한
　　　　　　　일부개정법령등
공간정보구축관리
　　　　　　　공간정보의구축및관리
　　　　　　　등에관한법률
공공보상　　　公共用地의取得및損失
　　　　　　　補償에관한特例法
공공차관　　　공공차관의도입및관리에
　　　　　　　관한법률
공무원범죄　　공무원범죄에관한몰수
　　　　　　　특례법
공무원보수　　공무원보수규정
공무원복무　　국가공무원복무규정
공무원연금　　공무원연금법

공무원임용　　공무원임용령
공무원임용시　공무원임용시험령
공선　　　　　공직선거법
공수처법　　　고위공직자범죄수사처 설
　　　　　　　치 및 운영에 관한 법률
공익설립　　　공익법인의설립·운영
　　　　　　　에관한법률
공인중개사부동산거래신고
　　　　　　　공인중개사의업무및부
　　　　　　　동산거래신고에관한법률
공장광업재단　공장및광업재단저당법
공증　　　　　공증인법
공증인수수료　공증인수수료규칙
공직선거규　　공직선거관리규칙
공직윤리강화　공직윤리 강화를 위한 일
　　　　　　　부개정법령등
공직자범죄수사처
　　　　　　　고위공직자범죄수사처
　　　　　　　설치에 따른 일부개정
　　　　　　　법령등
공직자윤리　　공직자윤리법
공탁　　　　　공탁법
공토법　　　　공익사업을위한토지등의
　　　　　　　취득및보상에관한법률
과기령　　　　科學技術部令
과태료금액정비　과태료금액정비를위한
　　　　　　　일부개정법령등
과태료부과일부개정법령등
　　　　　　　과태료부과·징수절차
　　　　　　　정비를위한일부개정법
　　　　　　　령등
관세　　　　　관세법
광업　　　　　광업법
광업재단저당　鑛業財團抵當法
교령　　　　　教育部令
교육　　　　　教育法(舊)
교육공무원　　교육공무원법
교육기본　　　교육기본법
국가계약　　　국가를당사자로하는계
　　　　　　　약에관한법률
국가공무원　　국가공무원법
국가배상　　　국가배상법
국가보안　　　國家保安法
국가소송　　　국가를당사자로하는소
　　　　　　　송에관한법률
국가안보　　　국가안전보장회의법
국가유공자등예우
　　　　　　　국가유공자등예우및지
　　　　　　　원에관한법률
국가자치경찰　국가경찰과 자치경찰의
　　　　　　　운영에 관한 법률
국감　　　　　국정 감사 및 조사에 관한
　　　　　　　법률
국군조직　　　국군조직법
국민기초생활　국민기초생활보장법
국민보험　　　국민건강보험법
국방령　　　　國防部令
국세　　　　　국세기본법
국세와지방세의조정
　　　　　　　국세와지방세의조정에
　　　　　　　관한법률
국세징수　　　국세징수법
국유재산　　　국유재산법
국제연합　　　國際聯合憲章
국토이용　　　국토의계획및이용에관한
　　　　　　　법률
국회　　　　　국회법

국회에서의증언
　　　　　　　국회에서의증언·감정
　　　　　　　등에관한법률
군무원　　　　군무원인사법
군사기밀　　　군사기밀보호법
군사법원　　　군사법원법
군사법원의재판권
　　　　　　　軍事法院의裁判權에관한
　　　　　　　법률
군용물등범죄　군용물등범죄에관한특
　　　　　　　별조치법
군인연금　　　군인연금법
군형　　　　　군형법
권한지방이양　중앙행정권한및사무등
　　　　　　　의지방일괄이양을위한
　　　　　　　일부개정법령등
귀속재산　　　歸屬財產處理法
규　　　　　　規則
규제기한설정　규제재검토기한설정을
　　　　　　　위한일부개정법령등
규제기한정비　규제재검토기한설정및
　　　　　　　규제 정비를 위한일부개
　　　　　　　정법령등
규제기한해제　규제재검토기한설정해제
　　　　　　　등을위한일부개정법령등
규제일몰제적용
　　　　　　　규제일몰제적용을위한
　　　　　　　일부개정법령등
근기　　　　　근로기준법
근로자참여　　근로자참여및협력증진
　　　　　　　에관한법률
금감설치　　　金融監督機構의設置등
　　　　　　　에관한법률
금융감독　　　金融監督機構의設置등
　　　　　　　에관한法律制定등에따
　　　　　　　른公認會計士등의整備
　　　　　　　에관한法律
금융부실　　　금융회사부실자산등의
　　　　　　　효율적처리와한국자산관
　　　　　　　리공사의설립에관한법률
금융산업　　　금융산업의구조개선에
　　　　　　　관한법률
금융실명　　　금융실명거래및비밀보
　　　　　　　장에관한법률
기초연구진흥개발
　　　　　　　기초연구진흥및기술개발
　　　　　　　지원에관한법률

나

내수면　　　　內水面漁業法
노노　　　　　노동조합및노동관계조
　　　　　　　정법
노동위　　　　노동위원회법
(구)노동쟁의　(구)勞動爭議調整法
(구)노사　　　(구)勞使協議會法
(구)노조　　　(구)勞動組合法
노령　　　　　勞動部令
노무사　　　　공인노무사법
노인복지　　　노인복지법
농수산물유통　농수산물유통및가격안
　　　　　　　정에관한법률
농어촌등보건의료
　　　　　　　농어촌보건의료를위
　　　　　　　한특별조치법
농어촌정비　　농어촌정비법

농지 농지법
농협 농업협동조합법

다

담배 담배事業法
담보부사채 擔保附社債信託法
대규 大法院規則
대기환경 대기환경보전법
대외무역 대외무역법
도농복합 都農複合形態의市設置에따른行政特例등에관한法律
도로교통 도로교통법
도시공원녹지 도시공원및녹지등에관한법률
도시재개발 都市再開發法
독점 독점규제및공정거래에관한법률
디자인보호 디자인보호법

라

령(영) 大統領令

마

마약 마약류관리에관한법률
모자 모자보건법
문화예술진흥 문화예술진흥법
문화유산 문화유산의 보존 및 활용에 관한 법률
문화재 문화재보호법
물가안정 물가안정에관한법률
민 민법
민감정보고유식별정보 민감정보및고유식별정보처리근거마련(정비)을위한일부개정법령등
민소규 민사소송규칙
민방위 民防衛基本法
민부 民法附則
민사소송비용 민사소송비용법
민사조정 민사조정법
민소 민사소송법
민집 민사집행법
민집규 민사집행규칙

바

반도체 반도체집적회로의배치설계에관한법률
발명 발명진흥법
방문판매 방문판매등에관한법률
벌금 벌금등임시조치법
범죄피해자구조 犯罪被害者救助法
법 法律

법령 法務部令
법령등공포 법령등공포에관한법률
법령서식개선 법령서식개선등을위한일부개정법령등
법령용어정비 어려운법령용어정비를위한일부개정법령등
법률구조 법률구조법
법률용어정비 법률용어 정비를 위한 일부개정법령
법원공무원 법원공무원규칙
법원조직 법원조직법
법정공고방식확대 법정공고 방식 확대를 위한 일부개정법령
변리사 변리사법
변호사 변호사법
병역 병역법
보복령 保健福祉部令
보험 보험업법
보호관찰 보호관찰등에관한법률
본적삭제일부개정법령등 서식중본적란삭제를위한일부개정법령등
부 附則
부가세 부가가치세법
부동산가격공시감정평가 부동산가격 공시 및 감정평가에관한법률
부동산중개 不動産仲介業法
부등 부동산등기법
부등규 부동산등기규칙
부정경쟁 부정경쟁방지및영업비밀보호에관한법률
부정수표 부정수표단속법
비상자원 비상대비자원관리법
비송 비송사건절차법

사

사립학교 사립학교법
사면 사면법
사법경찰관리 司法警察官吏의職務를行할者와그職務範圍에관한法律
사법경찰관리규 司法警察官吏執務規則
사회기반시설민간투자 사회기반시설에대한민간투자법
사회보장 사회보장기본법
산림 山林法
산림자원조성관리 산림자원의조성및관리에관한법률
산업안전 산업안전보건법
산업재해 산업재해보상보험법
산업활성공장설립 산업집적활성화및공장설립에관한법률
산자령 産業資源部令
상 상법
상건보 상가건물임대차보호법
상고심 상고심절차에관한특례법
상속세 상속세및증여세법
상표 상표법

상훈 상훈법
서식설계변경일부개정법령등 서식설계기준변경에따른일부개정법령등
석유대체연료사업 석유및석유대체연료사업법
선거관리위 선거관리위원회법
선관위 선거관리위원회
선원 선원법
소년 소년법
소득 소득세법
소비자 消費者保護法
소송촉진 소송촉진등에관한특례법
소액 少額事件審判法
소음 騷音·振動規制法
수산 수산업법
수질수생태계보전 수질 및 수생태계 보전에 관한법률
수표 수표법
수험생편의제공일부개정법령등 수험생편의제공및충분한 수험준비기간부여등을위한일부개정법령등
수협 수산업협동조합법
수형자규 수형자등호송규칙
시 施行令
시규 施行規則
시설물 시설물의안전관리에관한특별법
식품위생 식품위생법
신탁 신탁법
실용신안 실용신안법
실화책임 실화책임에관한법률

아

아동 아동복지법
약사 약사법
양곡 양곡관리법
어음 어음법
엔지니어링 엔지니어링技術振興法
여권 여권법
여성부령 女性部令
영해 영해및접속수역법
영훈 大統領訓令
예산회계 豫算會計法
오수·분뇨 汚水·糞尿및畜産廢水의처리에관한法律
외국인서명날인 외국인의서명날인에관한법률
외국인토지 외국인토지법
외국인투자 외국인투자촉진법
외무공무원 외무공무원법
외통령 外交通商部令
원자력 원자력손해배상법
위원회공정성일부개정법령등 위원회운영의공정성제고를위한일부개정법령등
유실물 유실물법
유연한규제혁신 유연한분류체계규제혁신을위한일부개정법령등